Fridgen/Geiwitz/Göpfert
Insolvenzrecht

Insolvenzrecht

Band II

Länderberichte · Geschichte · Datenschutz
Steuerrecht · Bau-, Architekten-
und Immobilienrecht

Kommentar

Herausgegeben von

Dr. Alexander Fridgen
Rechtsanwalt, SPLIEDT Rechtsanwälte, München

Dipl.-Kfm. Arndt Geiwitz
Wirtschaftsprüfer und Steuerberater, SGP Schneider Geiwitz & Partner, Neu-Ulm

Dr. Burkard Göpfert, LL.M.
Rechtsanwalt, Kliemt & Vollstaedt, München

2022

C.H.BECK

Zitiervorschlag:
Fridgen/Geiwitz/Göpfert/*Bearbeiter* … Rn. …

www.beck.de

ISBN 978 3 406 77763 9

© 2022 Verlag C. H. Beck oHG
Wilhelmstraße 9, 80801 München
Druck: Eberl & Koesel GmbH & Co.KG
Am Buchweg 1, 87452 Altusried-Krugzell

Satz: Meta Systems Publishing & Printservices GmbH, Wustermark
Umschlaggestaltung: Druckerei C.H.Beck Nördlingen

chbeck.de/nachhaltig

Gedruckt auf säurefreiem, alterungsbeständigem Papier
(hergestellt aus chlorfrei gebleichtem Zellstoff)

Bearbeiterverzeichnis

Aurich, Dipl.-Kffr. (FH) Dorit	Steuerberaterin, ECKERT Rechtsanwälte Steuerberater Partnerschaftsgesellschaft mbB, Leipzig
Berberich, Dr. Matthias, LL.M. (Cambridge)	Rechtsanwalt, Hengeler Mueller, Berlin
Bodungen von, Prof. Dr. Benjamin, LL.M.	Rechtsanwalt, Bird & Bird, Frankfurt a.M.
Boscheinen-Duursma, Priv.-Doz. Mag. Dr. Henriette, LL.M. (Passau), M.A.S. (European Law)	Rechtsanwältin, Deutschmann Rechtsanwälte, Universitätsdozentin, akademische Finanzmanagerin, Linz
Bruder, Florian, M.Jur. (Oxford)	Rechtsanwalt, DLA Piper, München/Frankfurt a.M.
Budnik, Andreas	Rechtsanwalt, AndresPartner, Düsseldorf
Cymutta, Dr. Claudia R.	Rechtsanwältin, Mannheim
Dachner, Dr. Christoph	Rechtsanwalt, DLA Piper, München
Dammann, Prof. Dr. Reinhard	Rechtsanwalt, Dammann Avocat, Paris
Danckelmann von, Dr. Volker	Rechtsanwalt, SGP Schneider Geiwitz & Partner, Stuttgart
Desch, Dr. Wolfram, LL.M.	Rechtsanwalt, GvW Graf von Westphalen, München
Ellers, Dr. Holger	Rechtsanwalt, Dentons, Berlin
Erdmann, Dr. Sven	Rechtsanwalt, GÖRG, Köln
Farian, Dr. Matthias	Rechtsanwalt, HF+P legal, Stuttgart
Fernández, Carlos	Rechtsanwalt, Lozano Schindhelm, Valencia/Spanien
Flöther, Prof. Dr. Lucas F.	Rechtsanwalt, FLÖTHER & WISSING Rechtsanwälte · Insolvenzverwaltung · Sanierungskultur, Halle (Saale)
Fridgen, Dr. Alexander	Rechtsanwalt, SPLIEDT Rechtsanwälte, München
Frind, Frank	Richter am Amtsgericht Hamburg
Geiwitz, Dipl.-Kfm. Arndt	Wirtschaftsprüfer und Steuerberater, SGP Schneider Geiwitz & Partner, Neu-Ulm
Gelbrich, Dr. Katharina	Martin-Luther-Universität, Halle
Göcke, Dr. Torsten	Rechtsanwalt, Ernst & Young Law, Berlin
Göpfert, Dr. Burkard, LL.M.	Rechtsanwalt, Kliemt & Vollstaedt, München
Gossak, Dr. Andree	Rechtsanwalt, WINKLER GOSSAK Rechtsanwaltsgesellschaft mbH, Stuttgart
Haneke, Severin	Rechtsanwalt, Müller-Heydenreich Bierbach & Kollegen, München
Hochdorfer, Uli	Rechtsanwalt, GvW Graf von Westphalen, München
Happe, Dr. Eike Edo	Rechtsanwalt, Eckert Rechtsanwälte Steuerberater, Frankfurt a.M.

Bearbeiterverzeichnis

Jungmann, Prof. Dr. Carsten, LL.M. (Yale), M.Sc. in Finance (Leicester) . . Bucerius Law School, Hochschule für Rechtswissenschaft, Hamburg

Karg, Dr. Thomas .... Rechtsanwalt, Dr. Karg Puhlmann & Kollegen, Memmingen

Kaubisch, Arndt, LL.M. (East Anglia) .... Rechtsanwalt, Eversheds Sutherland, Berlin/München

Kirchner, Dr. Sven .... Rechtsanwalt, Leonhardt Rattunde, Berlin

Kopp, Wolfgang .... Richter am Oberlandesgericht München

Kramer, Dr. Adrian Sebastian .... Richter am Amtsgericht Hannover

Krawczyk, Dr. Aleksandra, LL.M. corp. restruc. .... adwokat (Rechtsanwältin PL), doradca restrukturyzacyjny (Restrukturierungsberaterin PL), Breslau

Kreutz, Dr. Giannina .... Rechtsanwältin, Dentons, Berlin

Lozano, Fernando .... Rechtsanwalt, Steuerberater, Lozano Schindhelm, Valencia, Madrid/Spanien

Liefke, Dr. Johannes, LL.M. (Columbia) .... Rechtsanwalt/Attorney-at-Law (NY), Düsseldorf/London

Lütcke, Niklas .... Rechtsanwalt, CMS Hasche Sigle, Berlin

Madaus, Prof. Dr. Stephan .... Lehrstuhl für Bürgerliches Recht, Zivilprozess- und Insolvenzrecht, Martin-Luther-Universität Halle-Wittenberg

Magers, Jens .... Rechtsanwalt, Avvocato Stabilito (Mailand), RITTERSHAUS Rechtsanwälte, München

Marković, Dr. Dejan, LL.M. Eur .... Rechtsanwalt, Spliedt Rechtsanwälte, München

Martin, R. Craig, J.D. (Houston), M.Sc. (Edinburgh) .... DLA Piper LLP (US), Wilmington, Delaware

Martini, Prof. Dr. Torsten .... Rechtsanwalt, Leonhardt Rattunde, Berlin

Matthies, Dr. Stefan .... Rechtsanwalt, Kapellmann und Partner Rechtsanwälte, Düsseldorf

Meier, Dr. Anke, LL.M. .... Rechtsanwältin, Noerr, Frankfurt a.M.

Miller, Anna Maria, LL.M. .... Rechtsanwältin, München

Mock, Prof. Dr. Sebastian, LL.M. (NYU), Attorney-at-Law (New York) .... Institut für Zivil- und Zivilverfahrensrecht – Abteilung für Unternehmens- und Insolvenzrecht, Wirtschaftsuniversität Wien

de Muro, Barbara .... Avvocata, LCA Studio Legale, Mailand

Nicht, Prof. Dr. Matthias .... Hochschule für Wirtschaft und Recht (HWR) Berlin

Pienicka, Emilia, LL.M. .... adwokat (Rechtsanwältin PL), Danzig

Plaßmeier, Dr. Heiko, LL.M. (Cantab.) .... Rechtsanwalt, Baker McKenzie, Düsseldorf

Platzer, Dr. Matthias .... Rechtsanwalt, leffler schlitt Rechtsanwälte Partnerschaft mbB, München

Bearbeiterverzeichnis

Prosteder, Dr. Dorothee	Rechtsanwältin, Noerr, München
Raupach, Dr. Karsten	Rechtsanwalt, Ashurst, München
Riedel, Dipl.-Rpfl. Ernst	Hochschule für den öffentlichen Dienst in Bayern, Fachbereich Rechtspflege, Starnberg
Riewe, Dr. Anne Deike	Rechtsanwältin, Eversheds Sutherland, München
Roth, Axel	Rechtsanwalt, Lozano Schindhelm, Barcelona/Spanien
Ruland, Dr. Yorick	Rechtsanwalt, GÖRG, Köln
Sanzo, Salvatore	Avvocato, LCA Studio Legale, Mailand
Savini, Dipl.-Rpfl. Peter	Hochschule für den öffentlichen Dienst in Bayern, FB Rechtspflege, Starnberg
Schillig, Prof. Dr. Michael Anderson, LL.M.	Professor of Law, King's College London
Schoon, Sebastian	Rechtsanwalt, Gibson Dunn & Crutcher LLP, Frankfurt a.M.
Stadler, Prof. Dr. Markus, LL.M./M.B.A.	Rechtsanwalt, WELLENSIEK Rechtsanwälte, München, Professor für Betriebswirtschaftslehre, FOM Hochschule
Strub, Benno, LL.M. (Chicago)	Rechtsanwalt, Schellenberg Wittmer AG, Rechtsanwälte, Zürich
Theiselmann, Dr. Rüdiger	Rechtsanwalt, Theiselmann & Cie. Rechtsanwälte, Kronberg im Taunus
Verhoeven, Dr. Alexander	Rechtsanwalt, Buchalik Brömmekamp, Frankfurt a.M.
Voda, JUDr. Jiří, LL.M.	advokát (Rechtsanwalt), insolvenční správce (Insolvenzverwalter), Prag
Weissinger, Dr. Matthias, LL.M. (UPenn)	Rechtsanwalt, Ashurst, München
Wolfer, Hendrik	Rechtsanwalt, GRUB BRUGGER Partnerschaft von Rechtsanwälten mbB, München
Zenker, Wolfgang	Rechtsanwalt, Berlin
Zimny, Marcin	doradca podatkowy (Steuerberater PL), Warschau

Bearbeiterverzeichnis

Prostrednik, Dr. Dorothee	Rechtsanwältin, Noerr, München
Raupach, Dr. Karsten	Rechtsanwalt, Ashurst, München
Riedel, Dipl.-Kpfl. Ernst	Hochschule für den öffentlichen Dienst in Bayern, Fachbereich Rechtspflege, Starnberg
Riewe, Dr. Anne Deike	Rechtsanwältin, Eversheds Sutherland, München
Roth, Axel	Rechtsanwalt, Lozano Schindhelm, Barcelona/Spanien
Ruland, Dr. Yorick	Rechtsanwalt, GÖRG, Köln
Saxe, Salvatore	Avvocato, LCA Studio Legale, Mailand
Savini, Dipl.-Rpfl. Peter	Hochschule für den öffentlichen Dienst in Bayern, FB Rechtspflege, Starnberg
Schillig, Prof. Dr. Michael Anderson, LL.M.	Professor of Law, King's College London
Schoon, Sebastian	Rechtsanwalt, Gibson Dunn & Crutcher LLP, Frankfurt a.M.
Stadler, Prof. Dr. Markus, LL.M., M.B.A.	Rechtsanwalt, WELLENSIEK Rechtsanwälte, München, Professor für Betriebswirtschaftslehre, FOM Hochschule
Strub, Benno, LL.M. (Chicago)	Rechtsanwalt, Schellenberg Wittmer AG, Rechtsanwälte, Zürich
Theusmann, Dr. Rüdiger	Rechtsanwalt, Theselmann & Cie Rechtsanwälte, Kronberg im Taunus
Verhoeven, Dr. Alexander	Rechtsanwalt, Buchalik Brömmekamp, Frankfurt a.M.
Voda, JUDr. Jiří, LL.M.	advokát (Rechtsanwalt), insolvenční správce (Insolvenzverwalter), Prag
Weisinger, Dr. Matthias, LL.M. (Oxon)	Rechtsanwalt, Ashurst, München
Wolter, Hendrik	Rechtsanwalt GRUB BRUGGER Partnerschaft von Rechtsanwälten mbB, München
Zenker, Wolfgang	Rechtsanwalt, Berlin
Zimny, Marcin	doradca podatkowy (Steuerberater PL), Warschau

Im Einzelnen haben bearbeitet

Aurich, Dipl.-Kffr. (FH) Dorit	Steuerrecht in der Insolvenz (Ertragssteuerrecht, Umsatzsteuer, sonstige Steuern und Nebenleistungen)
Berberich, Dr. Matthias, LL.M. (Cambridge)	§§ 103–112, 115–119 InsO
Bodungen von, Prof. Dr. Benjamin, LL.M.	§§ 148–155 InsO
Boscheinen-Duursma, Priv.-Doz. Mag. Dr. Henriette, LL.M. (Passau), M.A.S. (European Law)	Länderbericht Österreich
Bruder, Florian, M.Jur. (Oxford)	Länderbericht USA (zusammen mit Martin)
Budnik, Andreas	§§ 1–20 InsVV
Cymutta, Dr. Claudia R.	§§ 85–93 InsO
Dachner, Dr. Christoph	§§ 39, 44a, 135 InsO (zusammen mit Prosteder)
Dammann, Prof. Dr. Reinhard	Länderbericht Frankreich
Danckelmann von, Dr. Volker	§§ 217–253 InsO (zusammen mit Geiwitz)
Desch, Dr. Wolfram, LL.M.	§§ 60–62 InsO (zusammen mit Hochdorfer)
Ellers, Dr. Holger	§§ 270–270d InsO aF; § 270, 270a (zusammen mit Kreutz), 270b, 270c (zusammen mit Kreutz), 270d, 270e (zusammen mit Kreutz), 270f (zusammen mit Plaßmeier), 270g, 271, 272 (zusammen mit Kreutz), 273, 276a, 279–285 (zusammen mit Kreutz) InsO; §§ 5, 6 COVInsAG
Erdmann, Dr. Sven	§§ 45–46, 53–55 InsO
Farian, Dr. Matthias	§§ 26–34 InsO
Fernández, Carlos	Länderbericht Spanien (zusammen mit Lozano und Roth)
Flöther, Prof. Dr. Lucas F.	§§ 3a–3e, 269a–269i InsO (zusammen mit Gelbrich)
Fridgen, Dr. Alexander	§§ 315–334 InsO; § 7 COVInsAG
Frind, Frank	§§ 67–73 InsO
Geiwitz, Dipl.-Kfm. Arndt	§§ 217–253 InsO (zusammen mit von Danckelmann)
Gelbrich, Dr. Katharina	§§ 3a–3e, 269a–269i InsO (zusammen mit Flöther)
Göcke, Dr. Torsten	§§ 56–59 InsO
Göpfert, Dr. Burkard, LL.M.	§§ 128, 337 (zusammen mit Gossak) InsO
Gossak, Dr. Andree	§§ 113, 120–127, 337 InsO
Haneke, Severin	§§ 47–52 InsO
Hochdorfer, Uli	§§ 60–62 InsO (zusammen mit Desch)
Happe, Dr. Eike Edo	Steuerrecht in der Insolvenz (Steuerverfahrensrecht)
Jungmann, Prof. Dr. Carsten, LL.M. (Yale), M.Sc. in Finance (Leicester)	§§ 40–44 InsO
Karg, Dr. Thomas	§§ 63–66, 74–79 InsO
Kaubisch, Arndt, LL.M. (East Anglia)	§§ 80–84 InsO (zusammen mit Riewe)
Kirchner, Dr. Sven	§§ 35–38 InsO
Kopp, Wolfgang	§§ 20–25 InsO
Kramer, Dr. Adrian Sebastian	§§ 97–102 InsO
Krawczyk, Dr. Aleksandra, LL.M. corp. restruc.	Länderbericht Polen (zusammen mit Miller, Pienicka und Zimny)
Kreutz, Dr. Giannina	§§ 270a, 270c, 270e, 272, 279–285 InsO (zusammen mit Ellers)
Lozano, Fernando	Länderbericht Spanien (zusammen mit Fernández und Roth)
Liefke, Dr. Johannes, LL.M. (Columbia)	§§ 94–96 InsO
Lütcke, Niklas	§§ 165–173 InsO
Madaus, Prof. Dr. Stephan	§§ 1–10a InsO
Magers, Jens	Länderbericht Italien (zusammen mit de Muro und Sanzo)
Marković, Dr. Dejan, LL.M. Eur	Immobilienverwertung in der Insolvenz
Martin, R. Craig, J.D. (Houston), M.Sc. (Edinburgh)	Länderbericht USA (zusammen mit Bruder)
Martini, Prof. Dr. Torsten	§§ 335, 336, 338–342 InsO
Matthies, Dr. Stefan	Bau- und Architektenrecht in der Insolvenz
Meier, Dr. Anke, LL.M.	Geschichte und Chronik Teil I

Im Einzelnen haben bearbeitet

Miller, Anna Maria, LL.M.	Länderbericht Polen (zusammen mit Krawczyk, Pienicka und Zimny)
Mock, Prof. Dr. Sebastian, LL.M. (NYU), Attorney-at-Law (New York)	Art. 1–92 EuInsVO
de Muro, Barbara	Länderbericht Italien (zusammen mit Magers und Sanzo)
Nicht, Prof. Dr. Matthias	§§ 187–206 InsO
Pienicka, Emilia, LL.M.	Länderbericht Polen (zusammen mit Krawczyk, Miller und Zimny)
Plaßmeier, Dr. Heiko, LL.M. (Cantab.)	§§ 270f, 274–278 InsO (zusammen mit Ellers)
Platzer, Dr. Matthias	Datenschutz in der Insolvenz
Prosteder, Dr. Dorothee	§§ 39, 44a, 135 InsO (zusammen mit Dachner)
Raupach, Dr. Karsten	§§ 129–134 InsO, § 2 COVInsAG
Riedel, Dipl.-Rpfl. Ernst	§§ 286–303a InsO
Riewe, Dr. Anne Deike	§§ 80–84 InsO (zusammen mit Kaubisch)
Roth, Axel	Länderbericht Spanien (zusammen mit Fernández und Lozano)
Ruland, Dr. Yorick	§§ 207–2016 InsO
Sanzo, Salvatore	Länderbericht Italien (zusammen mit de Muro und Magers)
Savini, Dipl.-Rpfl. Peter	§§ 304–314 InsO
Schillig, Prof. Dr. Michael Anderson, LL.M.	Länderbericht England
Schoon, Sebastian	§§ 136–147 InsO
Stadler, Prof. Dr. Markus, LL.M./M.B.A.	§§ 254–269 InsO
Strub, Benno, LL.M. (Chicago)	Länderbericht Schweiz
Theiselmann, Dr. Rüdiger	§§ 156–164 InsO (zusammen mit Verhoeven)
Verhoeven, Dr. Alexander	§§ 156–164 InsO (zusammen mit Theiselmann)
Voda, JUDr. Jiří, LL.M.	Länderbericht Tschechische Republik
Weissinger, Dr. Matthias, LL.M. (UPenn)	§§ 343–359 InsO
Wolfer, Hendrik	§§ 11–19 InsO; §§ 1, 3–4 COVInsAG
Zenker, Wolfgang	§§ 174–186 InsO
Zimny, Marcin	Länderbericht Polen (zusammen mit Krawczyk, Miller und Pienicka)

Vorwort

Sehr verehrte, liebe Leserinnen und Leser,
das Insolvenzrecht ist der Fluchtpunkt des Zivilrechts. Unser Bestreben ist es daher, allen, die mit dem Insolvenzrecht in Berührung kommen, einen dauerhaft aktuellen, praktisch anwendbaren und übersichtlichen Zugang zum gesamten Insolvenzrecht an die Hand zu geben, ohne den wissenschaftlichen Ansatz und den Blick für die Einbettung des Verfahrens in das System des Wirtschaftsrechts vermissen zu lassen. Unsere rund 70 Autoren und Autorinnen aus Wissenschaft, Justiz und Praxis beobachten, dokumentieren und kommentieren zu diesem Zweck das praktisch gesamte in Deutschland geltende und sich entwickelnde Recht aus diesem Blickwinkel.

Weil aber Insolvenzverfahren häufig grenzüberschreitende Berührungspunkte haben, stellen wir in Länderberichten auch die Insolvenzrechte verschiedener Länder, mit denen die deutsche Wirtschaft häufig Berührungspunkte hat. Die Länderberichte bieten einen angemessenen Tiefgang, der es ermöglicht, eine erste Einschätzung und einen substanziellen Überblick über das im jeweiligen Ausland geltende Recht zu gewinnen. Das kann insbesondere dann von Vorteil sein, wenn in einem Insolvenzverfahren entsprechende Rechtsfragen ersichtlich werden, aber keine Mittel zur Beauftragung ausländischer Rechtsberater vorhanden sind.

Die bloße Kommentierung der InsO, der InsVV und des COVInsAG reicht aber alleine nicht aus, um das tatsächliche Geschehen auch nur eines deutschen Insolvenzverfahrens ausreichend zu beleuchten. Vor diesem Hintergrund haben wir uns schon vor einiger Zeit dazu entschlossen, auch für die Behandlung von Spezialthemen einen besonderen Raum zu schaffen. Dazu gehören die Schilderungen des Datenschutzrechts, des Bau-, Architekten- und Immobilienrechts sowie insbesondere die sehr umfangreiche und wirtschaftlich außerordentlich bedeutsame Darstellung des Steuerrechts. Es ist heutzutage undenkbar, die dort auftretenden Rechtsfragen bei der Abwicklung von Insolvenzverfahren außer Acht zulassen.

Seit Inkrafttreten der Insolvenzordnung am 1.1.1999 gab es mehr als 50 – mehr oder weniger umfangreiche – Änderungen an diesem Gesetz. Seit 2016 veröffentlicht der Verlag C.H.Beck den BeckOK Insolvenzrecht (ursprüngliche Bezeichnung: Beck'scher Online-Kommentar zur Insolvenzordnung), der von rund 70 Autorinnen und Autoren in quartalsweise erfolgenden Updates laufend auf dem aktuellsten Stand gehalten wird. Diese waren es auch, die die Flut von Gesetzesänderungen und die auch ansonsten sehr dynamische rechtliche Situation der letzten Monate und Jahre zeitnah in die Kommentierung eingearbeitet haben. Dies umfasst sowohl die durch das SanInsFoG eingetretenen Änderungen als auch die wegen der COVID-Pandemie geschaffenen besonderen Regeln. Den Autorinnen und Autoren gebührt daher der allergrößte Dank für ihren persönlichen, oft mühevollen und überobligatorischen Einsatz, mit dem sie den BeckOK Insolvenzrecht zu dem aktuellsten am Markt verfügbaren Kommentar machen. Die Texte der nunmehr 24. Edition des BeckOK Insolvenzrecht liegen nun als Printausgabe vor. Das Werk bietet daher eine profunde und umfassende Momentaufnahme des derzeitigen Rechtsstandes.

Die Darstellung des am 1.1.2021 in Kraft getretenen Gesetzes über den Stabilisierungs- und Restrukturierungsrahmen für Unternehmen – StaRUG hätte thematisch ebenfalls gut zur Kommentierung der InsO gepasst. Den Rahmen dieses Werkes hätte das allerdings deutlich gesprengt, so dass insoweit auf den in der gleichen Reihe erscheinenden BeckOK StaRUG verwiesen werden kann.

An dieser Stelle ist aber auch dem Verlag C.H.Beck und dem Team von Herrn Dr. Klaes und Herrn Dr. Pech zu danken. Sie haben stets ein offenes Ohr für die Anpassung des Werkes an sich ändernde Umstände, stellen zur Bearbeitung die entsprechenden Ressourcen zur Verfügung und arbeiteten stetig daran, das Werk zum Erscheinen zu bringen.

Sollten Sie, sehr verehrte, liebe Leserinnen und Leser, Anlass zu Kritik an unserem Werk haben oder wenn Sie interessante Themen vermissen, fühlen Sie sich bitte herzlich eingeladen, Kontakt mit uns aufzunehmen.

Im September 2021

Die Herausgeber

Dr. Alexander Fridgen   Arndt Geiwitz   Dr. Burkard Göpfert

Vorwort

Sehr verehrte, liebe Leserinnen und Leser,

das Insolvenzrecht ist der Fluchtpunkt des Zivilrechts. Unser Bestreben ist es daher, allen, die mit dem Insolvenzrecht in Berührung kommen, einen dogmatisch fundierten, praktisch anwendbaren und übersichtlichen Zugang zum gesamten Insolvenzrecht an die Hand zu geben, ohne den wissenschaftlichen Anspruch und den Blick für die Einbettung des Verfahrens in das System der Wirtschaftsordnung zu lassen. Unsere rund 70 Autoren und Autorinnen aus Wissenschaft, Justiz und Praxis beobachten, dokumentieren und kommentieren zu diesem Zweck das praktisch gesamte in Deutschland geltende und für Insolvenzfälle Recht aus diesem Blickwinkel.

Weil aber Insolvenzverfahren häufig grenzüberschreitende Berührungspunkte haben, sollen wir in Lauderberichten auch das Insolvenzrecht verschiedener Länder die, mit denen die deutsche Wirtschaft häufig Berührungspunkte hat. Die Länderberichte bieten nicht ausgenommenen Teilhabe, der es ermöglicht, eine erste Einschätzung und einen überzielen Überblick über das im jeweiligen Ausland geltende Recht zu gewinnen. Das kann insbesondere dann von Vorteil sein, wenn in einem Insolvenzverfahren eingegangene Rechtsfragen ausdrücklich werden, aber keine Mittel zur Beauftragung ausländischer Rechtsberater vorhanden sind.

Die bloße Kommentierung der InsO, der InsVv und der COVInsAG reicht aber alleine nicht aus, um das tatsächliche Geschehen auch mit einer deutschen Insolvenzverfahrens anschuldigen zu beleuchten. Vor diesem Hintergrund haben wir uns schon vor einiger Zeit dazu entschlossen, auch für die Behandlung von Spezialthemen einen besonderen Raum zu schaffen. Dazu gehören die Schilderungen des Datenschutzrechtes, des Bau-, Architekten- und Immobilienrechts, sowie insbesondere die sehr umfangreiche und wirtschaftlich außerordentlich bedeutsame Darstellung des Steuerrechts. Es ist beachtlich, in denkbar, die dort auftretenden Rechtsfragen bei der Abwicklung von Insolvenzverfahren außer Acht zu lassen.

Seit Inkrafttreten der Insolvenzordnung am 1.1.1999 gab es bisher als 50 – mehr oder weniger umfangreiche – Änderungen an diesem Gesetz. Seit 2016 veröffentlicht der Verlag C.H.Beck den BeckOK Insolvenzrecht, insgesamt gebräuchliche Bezeichnung Beck'scher Online-Kommentar zur Insolvenzordnung, der von rund 70 Autorinnen und Autoren in quartalsweise erfolgenden Updates laufend auf dem aktuellen Stand gehalten wird. Dieses waren es auch, die die Flut von Gesetzesänderungen und die sich ausgewogen, die dynamische rechtliche Situation der letzten Monate und Jahre zeitnah an die Kommentierung angepasster haben. Dies mussten sowohl die durch das SanInsFoG eingetretenen Änderungen als auch die wegen der COVID-Pandemie geschaffenen besonderen Regeln. Den Autorinnen und Autoren gebührt dafür der allergrößte Dank für ihren persönlichen, oft nachvollen und überobligatorischen Einsatz, mit dem sie das BeckOK Insolvenzrecht zu dem stattlichen am Markt verfügbaren Kommentar machten. Wir freuen, numnehr 24. Edition des BeckOK Insolvenzrecht liegen nun als Printausgabe vor. Das Werk bietet daher eine profunde und umfassende Momentaufnahme des derzeugen Rechtstandes.

Die Darstellung des am 1.1.2021 in Kraft getretenen Gesetzes über den Stabilisierungs- und Restrukturierungsrahmen für Unternehmen – StaRUG hätte thematisch ebenfalls gut zur Kommentierung der InsO gepasst. Den Rahmen dieses Werkes hätte das allerdings deutlich gesprengt, so dass insoweit auf den inhaltlich gleichen Reihe erscheinenden BeckOK StaRUG verwiesen werden kann.

An dieser Stelle ist aber auch dem Verlag C.H.Beck und dem Raum von Herrn Dr. Klaes und Herrn Dr. Peetz zu danken. Sie haben stets ein offenes Ohr für die Anpassung des Werkes an sich ändernde Umstände, stellen zur Bearbeitung die entsprechenden Ressourcen zur Verfügung und scheinen streng darin, das Werk zum Erscheinen zu bringen.

Sollten Sie, sehr verehrte, liebe Leserinnen und Leser, Anlass zu Kritik an unserem Werk haben oder wenn Sie interessante Themen vermissen, fühlen Sie sich bitte herzlich eingeladen, Kontakt mit uns aufzunehmen.

Im September 2021

Die Herausgeber

Dr. Alexander Fridgen   Arndt Geiwitz   Dr. Burkhard Gopfert

Inhaltsübersicht

Seite

Band I

Insolvenzordnung (InsO)	1
Eigenverwaltung idF bis 31.12.2020 (InsO aF)	2008
Gesetz zur vorübergehenden Aussetzung der Insolvenzantragspflicht und zur Begrenzung der Organhaftung bei einer durch die COVID-19-Pandemie bedingten Insolvenz (COVInsAG)	2069
Insolvenzrechtliche Vergütungsverordnung (InsVV)	2094
Europäische Insolvenzverordnung (EUInsVO)	2225

Band II
Länderberichte

Länderbericht England	3
Länderbericht Frankreich	99
Länderbericht Italien	222
Länderbericht Österreich	294
Länderbericht Polen	398
Länderbericht Schweiz	593
Länderbericht Spanien	670
Länderbericht Tschechische Republik	855
Länderbericht USA	937

Spezialthemen

Geschichte	995
Bau- und Architektenrecht in der Insolvenz	1007
Datenschutz in der Insolvenz	1111
Immobilienverwertung im Insolvenzverfahren	1133
Steuerrecht in der Insolvenz – Ertragsteuerrecht	1271
Steuerrecht in der Insolvenz – Umsatzsteuer	1321
Steuerrecht in der Insolvenz – Sonstige Steuern und Nebenleistungen	1387
Steuerrecht in der Insolvenz – Steuerverfahrensrecht	1406

Inhaltsverzeichnis

	Seite
Bearbeiterverzeichnis	V
Im Einzelnen haben bearbeitet	IX
Vorwort	XI
Literaturverzeichnis	XVII

Band II
Länderberichte

Internationales Insolvenzrecht – England	3
Internationales Insolvenzrecht – Frankreich	99
Internationales Insolvenzrecht – Italien	222
Internationales Insolvenzrecht – Österreich	294
Internationales Insolvenzrecht – Polen	398
Internationales Insolvenzrecht – Schweiz	593
Internationales Insolvenzrecht – Spanien	670
Internationales Insolvenzrecht – Tschechische Republik	855
Internationales Insolvenzrecht – USA	937

Spezialthemen

Geschichte	995
Bau- und Architektenrecht in der Insolvenz	1007
Datenschutz in der Insolvenz	1111
Immobilienverwertung im Insolvenzverfahren	1133
Steuerrecht in der Insolvenz – Ertragssteuerrecht	1271
Steuerrecht in der Insolvenz – Umsatzsteuer	1321
Steuerrecht in der Insolvenz – Sonstige Steuern und Nebenleistungen	1387
Steuerrecht in der Insolvenz – Steuerverfahrensrecht	1406
Sachverzeichnis	1445

Literaturverzeichnis

Adamus PrRest	Adamus, Prawo restrukturyzacyjne, 2. Aufl. 2018
Adamus PrUp	Adamus, Prawo upadłościowe, 2. Aufl. 2018
AGR	Ahrens/Gehrlein/Ringstmeier, Insolvenzrecht, Kommentar, 4. Aufl. 2020
Andres/Leithaus	Andres/Leithaus, Insolvenzordnung, Kommentar, 4. Aufl. 2018
Bauer/Schaub	Bauer/Schaub, GBO, Kommentar, 4. Aufl. 2018
Bauer/v. Oefele	Bauer/v. Oefele, Grundbuchordnung, 34. Aufl. 2018
Baumbach/Hopt	Baumbach/Hopt, Handelsgesetzbuch: HGB, Kommentar, 40. Aufl. 2021
Baumbach/Hueck	Baumbach/Hueck, GmbHG, Kommentar, 22. Aufl. 2019
BeckBilKo	Grottel/Schmidt/Schubert/Störk, Beck'scher Bilanz-Kommentar, Kommentar, 12. Aufl. 2020
BeckHdB GmbH	Prinz/Winkeljohann, Beck'sches Handbuch der GmbH, Handbuch, 6. Aufl. 2021
BK-InsR	Blersch/Goetsch/Haas, Berliner Kommentar Insolvenzrecht, Kommentar, Loseblattwerk
BK-VVG	Honsell, Berliner Kommentar zum Versicherungsvertragsgesetz, Kommentar, 1. Aufl. 2012
BLHAG	Baumbach/Lauterbach/Hartmann/Anders/Gehle, Zivilprozessordnung: ZPO, Kommentar, 79. Aufl. 2021
Böttcher	Böttcher, ZVG, 6. Aufl. 2016
Bork/Hölzle InsR-HdB	Bork/Hölzle, Handbuch Insolvenzrecht, Handbuch, 2. Aufl. 2019
Bork InsAnfechtungsR	Bork, Handbuch des Insolvenzanfechtungsrechts, Handbuch, 1. Aufl. 2006
Braun	Braun, Insolvenzordnung: InsO, Kommentar, 8. Aufl. 2020
CPM	Cranshaw/Paulus/Michel, Bankenkommentar zum Insolvenzrecht, Kommentar, 3. Aufl. 2016
Depré ZVG	Depré, ZVG, 2 Aufl. 2019
DKW	Däubler/Klebe/Wedde, BetrVG: Betriebsverfassungsgesetz, Kommentar, 17. Aufl. 2020
FAHdB InsR	Wimmer/Dauernheim/Wagner/Gietl, Handbuch des Fachanwalts Insolvenzrecht, Handbuch, 8. Aufl. 2018
Fitting	Fitting, Betriebsverfassungsgesetz, Kommentar, 30. Aufl. 2020
FK-InsO	Wimmer, FK-InsO: Frankfurter Kommentar zur Insolvenzordnung, Kommentar, 9. Aufl. 2018
FKR InsR	Frege/Keller/Riedel, Insolvenzrecht, Handbuch, 8. Aufl. 2015
Flöther KonzernInsR-HdB	Flöther, Konzerninsolvenzrecht, Handbuch, 2. Aufl. 2018
Foerste InsR	Foerste, Insolvenzrecht, Lehrbuch, 7. Aufl. 2018
Frotscher Besteuerung Insolvenz	Frotscher, Besteuerung bei Insolvenz, 9. Aufl. 2021
GK-BetrVG	Wiese/Kreutz/Oetker/Raab/Weber/Franzen/Gutzeit/Jacobs, Gemeinschaftskommentar zum Betriebsverfassungsgesetz (GK-BetrVG), Kommentar, 11. Aufl. 2018
Gottwald/Haas InsR-HdB	Gottwald/Haas, Insolvenzrechts-Handbuch, Handbuch, 6. Aufl. 2020
Graeber/Graeber	Graeber/Graeber, InsVV – Kommentar zur Insolvenzrechtlichen Vergütungsverordnung, Kommentar, 3. Aufl. 2019
Graf-Schlicker	Graf-Schlicker, InsO, Kommentar, 5. Aufl. 2020
Gurgul PrUpPrRest	Gurgul, Prawo upadłościowe Prawo restrukturyzacyjne Komentarz, 10. Aufl. 2016
Haarmeyer/Mock InsVV	Haarmeyer/Mock, Insolvenzrechtliche Vergütungsverordnung, Kommentar, 6. Aufl. 2019
Hess InsR	Hess, Insolvenzrecht, Kommentar, Band 1, 2, 3, 2. Aufl. 2001 ff.
HGHF PrRest	Hrycaj/Groele/Hrycaj/Filipiak, Prawo restrukturyzacyjne, 1. Aufl. 2017
HHGH	Haß/Huber/Gruber/Heiderhoff, EU-Insolvenzverordnung (EuInsVO), Kommentar, 1. Aufl. 2005
HHS	Hübschmann/Hepp/Spitaler, Abgabenordnung, Finanzgerichtsordnung, Loseblatt
HK-InsO	Kayser/Thole, Insolvenzordnung, Kommentar, 10. Aufl. 2020

Literaturverzeichnis

HK-ZV	Kindl/Meller-Hannich, Gesamtes Recht der Zwangsvollstreckung, Kommentar, 4. Aufl. 2021
HmbKommInsR	Schmidt, Hamburger Kommentar zum Insolvenzrecht, Kommentar, 7. Aufl. 2018
Hofmann Eigenverwaltung	Hofmann, Eigenverwaltung, Handbuch, 3. Aufl. 2021
HWF InsVV	Haarmeyer/Wutzke/Förster, Insolvenzrechtliche Vergütung (InsVV), Kommentar, 4. Aufl. 2006
Häsemeyer InsR	Häsemeyer, Insolvenzrecht, Handbuch, 4. Aufl. 2007
Jaeger	Jaeger, Insolvenzordnung, Kommentar, Band 1, 2, 3, 4, 5/1, 5/2, 6, 7, 8, 9, 1. Aufl. 2004 ff.(Reprint 2012)
Janda PrUp	Janda, Prawo upadłościowe, 2. Aufl. 2018
K. Schmidt InsO	Schmidt, Insolvenzordnung: InsO, Kommentar, 19. Aufl. 2016
Keller Insolvenzverfahren	Keller, Vergütung und Kosten im Insolvenzverfahren, Handbuch, 4. Aufl. 2016
Keller InsR	Keller, Insolvenzrecht, 2. Aufl. 2020
Kindler/Nachmann/Bitzer InsR-HdB	Kindler/Nachmann/Bitzer, Handbuch Insolvenzrecht in Europa, Kommentar, 7. Aufl. 2020
KKRD	Koller/Kindler/Roth/Drüen, HGB, Kommentar, 9. Aufl. 2019
Klein	Klein, Abgabenordnung, 15. Aufl. 2020
KPB	Kübler/Prütting/Bork, InsO, Kommentar zur Insolvenzordnung, Kommentar, 86. Aufl. 2020
KR	Etzel/Bader/Friedrich/Fischermeier/Griebeling/Klose/Kreft/Link/Lipke/Rachor/Rinck/Rost/Spilger/Treiber/Vogt/Weigand, KR – Gemeinschaftskommentar zum Kündigungsschutzgesetz und zu sonstigen kündigungsschutzrechtlichen Vorschriften, Kommentar, 13. Aufl. 2021
KVV Insolvenz-HdB	Kraemer/Vallender/Vogelsang, Handbuch zur Insolvenz, Handbuch, 95. Aufl. 2020
Kölner Komm InsO	Hess, Kölner Kommentar zur Insolvenzordnung, Kommentar, Band 1, 2, 3, 4, 5, 1. Aufl. 2016 ff.
Kölner Schrift InsO	Arbeitskreis für Insolvenz- und schiedsgerichtswesen e.V, Kölner Schrift zur Insolvenzordnung, Monografie, 3. Aufl. 2009
Koenig	Koenig, Abgabenordnung, 4. Aufl. 2021
Kühling/Buchner	Kühling/Buchner, DS-GVO BDSG, Kommentar, 3. Aufl. 2020
Lorenz/Klanke	Lorenz/Klanke, InsVV, GKG, RVG – Kommentar zu Vergütung und Kosten in der Insolvenz, Kommentar, 3. Aufl. 2016
LSZ InsVV	Leonhardt/Smid/Zeuner, Insolvenzrechtliche Vergütungsverordnung (InsVV), Kommentar, 1. Aufl. 2014
MMS	Mankowski/Müller/Schmidt, EuInsVO 2015, Kommentar, 1. Aufl. 2016
Musielak/Voit	Musielak/Voit, ZPO, Kommentar, 17. Aufl. 2020
MüKoAktG	Goette/Habersack/Kalss, Münchener Kommentar zum Aktiengesetz: AktG, Kommentar, Band 1, 2, 4, 5, 5. Aufl. 2019 ff.
MüKoGmbHG	Fleischer/Goette, Münchener Kommentar zum Gesetz betreffend die Gesellschaften mit beschränkter Haftung: GmbHG, Kommentar, Band 1, 2, 3, 3. Aufl. 2018 ff.
MüKoInsO	Stürner/Eidenmüller/Schoppmeyer, Münchener Kommentar zur Insolvenzordnung: InsO, Kommentar, Band 1, 2, 3, 4. Aufl. 2019 ff.
MüKoZPO	Krüger/Rauscher, Münchener Kommentar zur ZPO, Kommentar, Band 1, 2, 6. Aufl. 2020
Nerlich/Römermann	Nerlich/Römermann, Insolvenzordnung (InsO), Kommentar, Loseblattwerk
NK-DatenschutzR	Simitis/Hornung/Spiecker gen. Döhmann, Datenschutzrecht, Kommentar, 1. Aufl. 2019
Palandt	Palandt, Bürgerliches Gesetzbuch, Kommentar, 80. Aufl. 2021
Pahlke/Koenig	Pahlke/Koenig, AO, 2. Aufl. 2009
Prölss/Martin	Prölss/Martin, Versicherungsvertragsgesetz: VVG, Kommentar, 31. Aufl. 2021
PWW	Prütting/Wegen/Weinreich, BGB Kommentar, Kommentar, 15. Aufl. 2020
Roth InsSteuerR	Roth, Insolvenzsteuerrecht, 3. Aufl. 2020
RSZ InsO	Rattunde/Smid/Zeuner, Insolvenzordnung (InsO), Kommentar, 4. Aufl. 2018
SBL BankR-HdB	Schimansky/Bunte/Lwowski, Bankrechts-Handbuch, Handbuch, Band I, II, 5. Aufl. 2017

Literaturverzeichnis

Schaub ArbR-HdB	Schaub, Arbeitsrechts-Handbuch, Handbuch, 18. Aufl. 2019
Staub	Staub/Canaris/Habersack, Handelsgesetzbuch: HGB, Kommentar, Band 1, 2, 3, 4, 5, 6, 7/1, 7/2, 8/1, 8/2, 9, 10, 11/1, 11/2, 12, 13, 14, 15, 5. Aufl. 2008 ff.
Sonnleitner InsSteuerR	Sonnleitner, Insolvenzsteuerrecht, 1. Aufl. 2017
SPH	Hrycaj/Jakubecki/Witosz, Prawo restrukturyzacyjne i upadłościowe. System Prawa Handlowego, 6. Aufl. 2016
Staudinger	Staudinger, BGB – J. von Staudingers Kommentar zum Bürgerlichen Gesetzbuch mit Einführungsgesetz, Kommentar, 18. Aufl. 2018
Stephan/Riedel	Stephan/Riedel, Insolvenzrechtliche Vergütungsverordnung, Kommentar, 1. Aufl. 2010
Thomas/Putzo	Thomas/Putzo, ZPO, Kommentar, 41. Aufl. 2020
Tipke/Kruse	Tipke/Kruse, AO/FGO, Loseblatt
Tipke/Lang SteuerR	Tipke/Lang, Steuerrecht, 24. Aufl. 2021
TWW	Torbus/Witosz/Witosz, Prawo restrukturyzacyjne, 1. Aufl. 2016
Uhlenbruck	Uhlenbruck, InsO, 15. Aufl. 2015
WUS Insolvenzen	Waza/Uhländer/Schmittmann, Insolvenzen und Steuern, 13. Aufl. 2021.
Witosz PrUpad	Witosz, Prawo Upadłosciowe Komentarz, 1. Aufl. 2017
Zimmerman PrUpPrRest	Zimmerman, Prawo upadłościowe. Prawo restrukturyzacyjne, 5. Aufl. 2018
Zöller	Zöller, ZPO, 32. Aufl. 2018

Literaturverzeichnis

Schaub ArbR-HdB	Schaub, Arbeitsrechts-Handbuch, Handbuch, 18. Aufl. 2019
Staub	Staub/Canaris/Habersack, Handelsgesetzbuch: HGB, Kommentar, Band 1, 2, 3, 4, 5, 6, 7/1, 7/2, 8/1, 8/2, 9, 10, 11/1, 11/2, 12, 13, 14, 15, 5. Aufl. 2008 ff.
Stadtmüller InsSteuerR	Stadtmüller, Insolvenzsteuerrecht, 1. Aufl. 2017
SPH	Hrycaj/Jakubecki/Witosz, Prawo restrukturyzacyjne i upadłościowe, System Prawa Handlowego, 6. Aufl. 2016
Staudinger	Staudinger, BGB – J. von Staudingers Kommentar zum Bürgerlichen Gesetzbuch mit Einführungsgesetz, Kommentar, 18. Aufl. 2018
Stephan/Riedel	Stephan, Riedel, Insolvenzrechtliche Vergütungsverordnung, Kommentar, 4. Aufl. 2010
Thomas/Putzo	Thomas/Putzo, ZPO, Kommentar, 41. Aufl. 2020
Tipke/Kruse	Tipke/Kruse, AO/FGO, Loseblatt
Tipke/Lang SteuerR	Tipke/Lang, Steuerrecht, 24. Aufl. 2021
TWW	Torbus, Witosz, Witosz, Prawo restrukturyzacyjne, 1. Aufl. 2016
Uhlenbruck	Uhlenbruck, InsO, 15. Aufl. 2015
WUS Insolvenzen	Waza/Uhländer/Schumann, Insolvenzen und Steuern, 13. Aufl. 2021
Witosz PrUpad	Witosz, Prawo Upadłościowe Komentarz, 1. Aufl. 2017
Zimmermann PrUpRest	Zimmermann, Prawo upadłościowe, Prawo restrukturyzacyjne, 5. Aufl. 2018
Zöller	Zöller, ZPO, 32. Aufl. 2018

Länderberichte

Länderberichte

Internationales Insolvenzrecht – England

Übersicht

	Rn.
A. Geschichte und Rahmenbedingungen für Insolvenz und Restrukturierung	1
I. Historischer Überblick	2
1. Insolvenzverfahren für natürliche Personen, insbesondere bankruptcy	3
2. Insolvenzverfahren der Kapitalgesellschaften: insolvent liquidation, winding up	6
3. Neuere und neueste Entwicklungen	8
II. Institutionelle Rahmenbedingungen	18
1. Staatliche Verwaltung des Insolvenzrechts	19
2. Vielzahl der Verfahrensarten und Rechtsquellen	23
B. Vorinsolvenzliche Restrukturierung	27
I. Restrukturierungsmoratorium	28a
II. Scheme of Arrangement	29
III. Restrukturierungsplanverfahren	40a
IV. Company Voluntary Arrangement (CVA)	41
V. Natürliche Personen: Individual Voluntary Arrangement (IVA)	51
C. Insolvenzverfahren	63
I. Freiwillige Liquidation durch die Gläubiger (creditors' voluntary winding up)	65
II. Gerichtliche Liquidation (Compulsory Winding up by the Court)	69
1. Antrag, Antragsinhalt	69
2. Zuständiges Gericht	77
3. Eröffnungsentscheidung und Rechtsmittel	81
4. Verfahrensverlauf und Verfahrensbeendigung	90
III. Administration	93
1. Antrag, Antragsinhalt	93
2. Zuständiges Gericht	108
3. Eröffnungsentscheidung und Rechtsmittel	109
4. Verfahrensverlauf und Verfahrensbeendigung	114
IV. Bankruptcy	125
1. Antrag, Antragsinhalt	125
2. Zuständiges Gericht	133
3. Eröffnungsentscheidung und Rechtsmittel	139
4. Verfahrensverlauf und Verfahrensbeendigung, insbesondere Restschuldbefreiung	145
V. Vorläufiges Verfahren	148
1. Vorläufiger Insolvenzverwalter	149
2. Administration: vorläufige Anordnung, vorläufiges Moratorium	155
VI. Verfahrenskosten und Folgen bei fehlender Deckung	157
1. Amtlicher Verwalter (official receiver)	158
2. Vorläufiger Insolvenzverwalter (provisional liquidator)	159
3. Insolvenzverwalter (liquidator, administrator, trustee in bankruptcy)	160
4. Adjudicator	162
5. Fehlende Deckung	163

	Rn.
VII. Verfahrensöffentlichkeit und Akteneinsicht	165
1. Öffentlichkeit	165
2. Information der Verfahrensbeteiligten	166
3. Akteneinsicht	169
VIII. Anerkennung von ausländischen Verfahren	170
1. Anerkennung nach den Grundsätzen des common law	172
2. Kooperation im Rahmen von s. 426 IA	174
3. Cross-Border Insolvency Regulations 2006	177
4. EuInsVO vor und nach Brexit	187
IX. Anerkennung von Verfahren im Ausland	189
D. Materielles Insolvenzrecht	192
I. Anwendungsbereich	192
1. Insolvenzgründe	193
2. Verfahrensziele	204
3. Insolvenzfähigkeit	214
II. Verfahrensbeteiligte: Aufgaben, Rechte und Pflichten	223
1. Natürliche Person als Schuldner	223
2. Kapitalgesellschaft als Schuldner	225
3. Einzelne Gläubiger	227
4. Gläubigergemeinschaft	232
5. Gläubigerausschuss, Liquidationsausschuss	240
6. Insolvenzgericht	241
7. Amtlicher Verwalter (official receiver)	243
8. Insolvenzverwalter	245
III. Sanierungsmöglichkeiten im und durch das Insolvenzverfahren	255
IV. Bedeutung der Verfahrenseröffnung	258
1. Gläubigerzugriff	258
2. Verfügungsbefugnis	264
3. Laufende Verträge	268
4. Aufrechnung	276
5. Anhängige Rechtsstreite	281
6. Gesellschaftsrechtliche Folgen	284
V. Arbeits- und Sozialrecht	290
1. Beendigung des Arbeitsverhältnisses	290
2. Betriebsübergang	294
3. Sozialrechtliche Ansprüche	299
VI. Insolvenzmasse	302
1. Umfang des Insolvenzbeschlages	302
2. Verwertung der Insolvenzmasse	318
3. Verwertung von Sicherheiten durch Dritte	320
VII. Von Dritten gestellte Sicherheiten	324
1. Insolvenz des Hauptschuldners	328
2. Insolvenz des Bürgen	331
VIII. Haftungsansprüche	332
1. Gesellschaftsrechtliche Durchgriffshaftung (piercing/lifting the corporate veil)	332
2. Kapitalaufbringung und Kapitalerhaltung	338
3. Geschäftsleiterhaftung	344
IX. Anfechtung	354
1. Allgemeine Voraussetzungen für Transaktionen unter Wert und Gläubigerbegünstigung	355

Internationales Insolvenzrecht – England

		Rn.
2.	Transaktionen unter Wert	357
3.	Gläubigerbegünstigung	359
4.	Rechtsfolgen	361
5.	„Betrügerische" Transaktionen zulasten der Gläubiger	363
6.	Unwirksamkeit von bestimmten floating charges	366
7.	Wucherische Kreditgeschäfte	368
X.	Verteilung der Insolvenzmasse	369
1.	Forderungsanmeldung	370
2.	Verteilungsverfahren	375
3.	Rangfolge der Befriedigung	380
E.	**Insolvenzstrafrecht**	390
I.	Straftatbestände im Liquidationsverfahren	392
1.	Betrügerisches Verhalten in Erwartung eines Liquidationsverfahrens	394
2.	Betrügerische Transaktionen zulasten der Gläubiger	396
3.	Fehlverhalten während des Liquidationsverfahrens	397
4.	Verfälschung von Büchern der Gesellschaft	400
5.	Unterlassung von Angaben	401
6.	Falschangaben gegenüber den Gläubigern	402
II.	Straftatbestände im bankruptcy-Verfahren	403

		Rn.
1.	Unterlassene Offenlegung von Vermögen und Vermögensverschiebungen	405
2.	Verschleierung von Vermögen	406
3.	Verschleierung und Verfälschung von Büchern und sonstigen Dokumenten	407
4.	Falschangaben	408
5.	Betrügerische Vermögenstransaktionen	409
6.	Flucht des Schuldners	410
7.	Betrügerische Veräußerung von auf Kredit erworbenen Gegenständen	411
8.	Kreditgeschäfte und Geschäftstätigkeit	412
III.	Tätigkeitsverbote nach Company Directors Disqualification Act 1986	413
1.	Automatische Tätigkeitsverbote	415
2.	Tätigkeitsverbote im Ermessen des Gerichts	416
3.	Zwingende Tätigkeitsverbote	423
4.	Wirkungen	426
IV.	Beschränkungen für natürliche Personen	430
F.	**Insolvenzsteuerrecht**	434
I.	Steuerliche Auswirkungen von Liquidation und administration	435
1.	Bilanzierungsperiode; Wirtschaftsjahr	435
2.	Rangfolge von Steuerforderungen	436
3.	Steuerforderungen nach Verfahrensbeginn	439
II.	Bankruptcy	447

A. Geschichte und Rahmenbedingungen für Insolvenz und Restrukturierung

1 Das Insolvenzgesetz von 1986 (Insolvency Act 1986; IA) gilt für England und Wales. Die Vorschriften der ersten Gruppe von Teilen (betreffend das Insolvenzrecht für Gesellschaften) gelten grundsätzlich auch für Schottland, nicht dagegen die zweite Gruppe von Teilen (betreffend das Insolvenzrecht für natürliche Personen, s. 440(1) und (2)(b) IA). Grundsätzlich keine Anwendung findet der IA in Nordirland (s. 441(2) IA). Die Präjudizienbindung, abgesehen von Entscheidungen des United Kingdom Supreme Court (vormals House of Lords), gilt nur innerhalb der jeweiligen Jurisdiktion. Die nachfolgenden Ausführungen beschränken sich auf England und Wales, schottische Besonderheiten bleiben außer Betracht.

I. Historischer Überblick

2 Das englische Insolvenzrecht und die hierauf beruhenden Rechtsordnungen (beispielsweise Australien, Neuseeland, Irland) unterscheiden streng zwischen der Insolvenz natürlicher Personen einerseits und der Insolvenz juristischer Personen, insbesondere von Kapitalgesellschaften, andererseits (Fletcher, The Law of Insolvency, 5. Aufl. 2017, Rn. 1-022). Je nach Rechtsnatur des Schuldners kommen unterschiedliche insolvenzrechtliche Regelungsrahmen zur Anwendung. Im Laufe der Zeit erfolgte zwar eine gesetzgebungstechnische und inhaltliche Annäherung; gleichwohl hat die grundsätzliche Trennung ihre Bedeutsamkeit behalten. Die Ursachen sind historisch bedingt (ausf. hierzu Report of the Review Committee, Insolvency Law and Practice, Cmnd. 8558 – Cork Report, 1982, Chapter 2).

1. Insolvenzverfahren für natürliche Personen, insbesondere bankruptcy

3 Dem mittelalterlichen common law war ein Kollektivverfahren zur gemeinschaftlichen Gläubigerbefriedigung unbekannt. Jeder einzelne Gläubiger konnte wahlweise die Verhaftung und Einkerkerung des Schuldners betreiben oder dessen Vermögen zum Zwecke der Befriedigung in Beschlag nehmen. Damit waren sowohl das Stigma der Insolvenz im Sinne einer Straftat begründet, als auch dem Wettlauf der Gläubiger Tür und Tor geöffnet (Cork Report, 1982, 15).

4 Der Erlass des ersten englischen Insolvenzgesetzes erfolgte zur Zeit Heinrichs VIII. im Jahre 1542 (Stat. 34 & 35 (Hen. 8, c.4)). Obwohl im Anwendungsbereich auf flüchtige Schuldner beschränkt, enthielt dieses Gesetz bereits die Grundprinzipien der gemeinschaftlichen und anteiligen Gläubigerbefriedigung durch Verkauf und Verteilung des in Beschlag genommenen Schuldnervermögens (Fletcher, The Law of Insolvency, 5. Aufl. 2017, Rn. 1-017). Im Jahre 1571 unter Elisabeth I. folgten zwei weitere Gesetze, von denen eines die Vorschriften bezüglich insolventer Schuldner ausweitete und präzisierte (Bankrupts Act 1571 (13 Eliz. 1, c.7)), während das andere die Grundlage für die Insolvenzanfechtung (The Fraudulent Conveyances Act 1571 (13 Eliz. 1, c.5)) legte. Sämtliche Insolvenzgesetze beschränkten sich in ihrem persönlichen Anwendungsbereich auf Kaufleute („traders") als Schuldner, Personen also, die ihr Geld mit der Herstellung oder dem Kauf und Verkauf von beweglichen Sachen verdienten. Alle anderen, insbesondere abhängig Beschäftigte, Angehörige „freier Berufe", Grundeigentümer und Landwirte, unterfielen nach wie vor den Grundsätzen des common law (Cork Report, 1982, 15). Die Verfahrenseröffnung erfolgte ausschließlich auf Initiative der Gläubiger. Die Möglichkeit zur Restschuldbefreiung für Kaufleute wurde im Jahre 1705 eingeführt ((4 & 5 Anne, c.4) s. 8., geändert durch (6 Anne, c.22) (1706)). Gleichzeitig wurden die Strafen verschärft, bis hin zur Todesstrafe im Falle des Betrugs. Nicht-Kaufleute mussten auf eine Möglichkeit, um den harschen Sanktionen des common law zu entgehen, noch bis zum Jahre 1813 (53 Geo.3, c.102 and c.138 (Ireland), geändert durch (54 Geo. 3, c.23 and c.28)) warten.

Im 19. Jahrhundert wurden erhebliche Anstrengungen zur Reform des Insolvenzrechts unternommen. Mit Gesetzen aus den Jahren 1824, 1825, 1831 und 1869 erfolgte eine ständige Neupositionierung des Systems, ausgelöst meist von Skandalen und Missbräuchen des je bestehenden Rechtsrahmens. Die Akzentuierung pendelte dabei zwischen Gläubigerhoheit unter Rückzug des Staates und verstärkter staatlicher Überwachung im öffentlichen Interesse (Cork Report, 1982, 18 f.). Im Jahre 1861 erfolgte endlich die Gleichstellung von Kaufleuten und Nicht-Kaufleuten (Bankruptcy Act 1861, (24 and 25 Vict., c.134)). Allgemeine öffentliche Unzufriedenheit mit dem bestehenden Regime führte schließlich zum Bankruptcy Act 1883, dessen Grundprinzipien auch heute noch für das Insolvenzrecht der natürlichen Personen von Bedeutung sind: Im Zuge des Insolvenzverfahrens erfolgten umfassende Ermittlungen zur Feststellung der Angelegenheiten des Schuldners durch einen dem Handelsministerium (Board of Trade) unterstellten amtlichen Verwalter (official receiver) unter der Aufsicht des Gerichts; je nach dem Ausgang dieser Ermittlungen kam dann eine Schuldbefreiung durch gerichtliche Entscheidung in Betracht (Cork Report, 1982, 19 f.). Eine Konsolidierung des Rechts erfolgte mit dem Bankruptcy Act 1914. Abgesehen von bestimmten Erleichterung im Hinblick auf die vorzunehmenden Ermittlungen und die umfassende Restschuldbefreiung, die im Jahre 1976 (Insolvency Act 1976) eingefügt wurden, blieb dieses Gesetz in Kraft bis zum Jahre 1986.

2. Insolvenzverfahren der Kapitalgesellschaften: insolvent liquidation, winding up

Im Zuge der Industriellen Revolution, und insbesondere mit dem Bau von Eisenbahnen, ergab sich ein gesteigertes Bedürfnis nach Unternehmensformen, die die Aufbringung großer Kapitalmengen ermöglichten. Die zugunsten ihrer Mitglieder haftungsbeschränkte Kapitalgesellschaft stand hierfür freilich zunächst nicht zur Verfügung. Neben auf staatlicher Konzession oder Gesetz beruhenden Korporationen bediente sich der Rechtsverkehr vor allem sog. joint stock companies, bei denen es sich im Wesentlichen um Personengesellschaften handelte, allerdings mit in die hunderte oder sogar tausende gehenden Mitgliedern, handelte (Keay, McPherson's Law of Company Liquidation, 4. Aufl. 2017, Rn. 1-023). Für die Vollstreckung in das Vermögen der Gesellschaft war ein Titel gegen sämtliche Gesellschafter erforderlich, was dies nahezu unmöglich machte. Allerdings hafteten die Gesellschafter persönlich mit ihrem Privatvermögen für die Schulden der Gesellschaft, sodass Gläubiger gegen jeden beliebigen Gesellschafter vorgehen konnten, bis dieser entweder selbst insolvent war oder die Schulden der Gesellschaft beglichen hatte (Keay, McPherson's Law of Company Liquidation, 4. Aufl. 2017, Rn. 1-023).

Der Joint Stock Companies Registration and Regulation Act 1844 erlaubte zum ersten Mal die Inkorporation im Wege der Eintragung nach Normativbestimmungen, allerdings ohne das Privileg einer allgemeinen Haftungsbeschränkung der Mitglieder. Der Companies Winding Up Act 1844 beschäftigte sich als erstes Gesetz mit der Insolvenz von im Wege der Eintragung gegründeten Gesellschaften. Danach konnte der Gläubiger einer insolventen Gesellschaft gegen diese in der gleichen Weise vorgehen wie gegen eine insolvente natürliche Person (Keay, McPherson's Law of Company Liquidation, 4. Aufl. 2017, Rn. 1-025). Der Winding Up Amending Act 1848 leitete jedoch bereits die Abspaltung des Insolvenzrechts der Kapitalgesellschaften von demjenigen der natürlichen Personen ein: Die Gesellschafter konnten nunmehr einen Antrag auf Auflösung vor dem Court of Chancery stellen. Nach heftigen politischen Auseinandersetzungen setzte sich das Prinzip der beschränkten Haftung schließlich durch und wurde zunächst im Limited

Internationales Insolvenzrecht – England

Liability Act 1855 und später im Joint Stock Companies Act 1856 festgeschrieben. Die höchstrichterliche Absegnung der Prinzipien der selbstständigen Rechtspersönlichkeit und beschränkten Haftung erfolgte schließlich durch das House of Lords in der grundlegenden Entscheidung Salomon v Salomon & Co. [1897] A.C. 22, wonach die Form der Kapitalgesellschaft nunmehr auch Kleinunternehmern offen stand. Mit dem Joint Stock Companies Act 1856 erhielt die Gesetzgebung zur insolvenzbedingten Liquidation im Wesentlichen ihre heutige Form, und ihren Platz seit 1856 bis 1986 in einer Reihe aufeinander folgender Companies Acts (Companies Act 1908, 1929, 1948 und 1985). Der Companies Act 1862 war das erste moderne gesellschaftsrechtliche Gesetz. Die ausschließliche sachliche Zuständigkeit zur insolvenzbedingten Liquidation einer Gesellschaft wurde darin dem Court of Chancery zugewiesen. Für Insolvenzverfahren über das Vermögen natürlicher Personen war dagegen bis 1921 die Queen's Bench Division des High Court zuständig. Im Ergebnis war damit die Aufspaltung des Insolvenzrechts vollzogen. Für die Insolvenz von natürlichen und juristischen Personen galten jeweils unterschiedliche Gesetze – Bankruptcy Acts bzw. Companies Acts – die durch je unterschiedliche Gerichtszweige mit unterschiedlichem Prozessrecht ausgelegt und angewandt wurden. Selbst nach Konzentration der Zuständigkeit in der Chancery Division am High Court werden in erster Instanz bankruptcy-Verfahren von High Court Registrars in als bankruptcy court ausgezeichneten Räumen behandelt und Liquidationsverfahren durch Richter oder Registrars in Kammern oder im companies court gehört. Erst bei Einlegung eines Rechtsmittels werden beide Stränge des Insolvenzrechts institutionell zusammengeführt (Fletcher, The Law of Insolvency, 5. Aufl. 2017, Rn. 2-002). Trotz Ähnlichkeiten und Überschneidungen, ja zum Teil einer Verdopplung von Vorschriften und Lehrmeinungen, verbleiben in vielen Bereichen, auch im Lichte der nachfolgenden Entwicklung, bedeutsame Unterschiede bis zum heutigen Tag (Fletcher, The Law of Insolvency, 5. Aufl. 2017, Rn. 1-026).

3. Neuere und neueste Entwicklungen

8   Bis zu Beginn der 70er Jahre des 20. Jahrhunderts wurden zahlreiche Expertenkommission eingesetzt, die sich mit dem einen oder anderen Aspekt des Insolvenzrechts beschäftigten und hier und da zu einem Eingriff des Gesetzgebers führten. Eine längerdauernde Rezession mit hoher Inflation und einer Zunahme an Insolvenzen zeitigte ein gesteigertes Interesse an einer grundsätzlichen Reform des Insolvenzrechts zu Beginn der 70er Jahre des vorigen Jahrhunderts. Hinzu kam der Beitritt des Vereinigten Königreichs zur Europäischen Wirtschaftsgemeinschaft im Jahre 1973. Mit Blick auf den Entwurf eines Europäischen Konkursabkommens und dessen potentielle Auswirkungen wurde im Juli 1973 eine Kommission unter dem Vorsitz von Kenneth Cork eingesetzt, die in ihrem Bericht von 1976 zu dem Schluss kam, dass eine umfassende Überprüfung des gesamten Insolvenzrechts sowohl im Hinblick auf die Europäische Rechtsentwicklung als auch im Interesse der Praxis dringend geboten ist (Report of the Cork Advisory Committee, Cmnd. 6602 (1976)).

9   Die daraufhin im Januar 1977 eingesetzte Kommission, wiederum unter dem Vorsitz von Kenneth Cork, erhielt einen umfassenden Auftrag zur Durchsicht des gesamten Insolvenzrechts mit Blick auf die notwendigen Reformen im Sinne einer Harmonisierung und Integration der verschiedenen Systeme und unter Berücksichtigung eventueller Alternativen zu formalen Insolvenzverfahren. Der 1982 vorgelegte Abschlussbericht, bekannt unter dem Kürzel Cork Report, ist eines der wichtigsten Dokumente des englischen Insolvenzrechts überhaupt und bildet den Kristallisationspunkt der modernen Insolvenzrechtsentwicklung. Zentrale Vorschläge waren die umfassende Konsolidierung des gesamten Insolvenzrechts in einem einheitlichen Insolvenzgesetz, zu dessen Anwendung ein einheitlicher Gerichtszweig berufen sein sollte, eine Stärkung der Rolle der staatlichen Verwalter, hohe berufliche Standards im Hinblick auf die Kompetenz der professionellen privaten Insolvenzpraktiker sowie alternative Verfahren, die im Einzelfall ein formelles Insolvenz- oder Auflösungsverfahren vermeiden sollten.

10 Der Gesetzgeber reagierte freilich zunächst nicht. Erst im Jahre 1984, nachdem weitere finanzielle Skandale und Fehlentwicklungen an die Öffentlichkeit kamen, wurde der Gesetzgeber aktiv. Der folgende Insolvency Act 1985 war allerdings nicht das erstrebte einheitliche Insolvenzgesetz, Teile des Insolvenzrechts für Kapitalgesellschaften fanden sich noch immer im Companies Act 1985. Bereits am Tage seines Inkrafttretens wurde das Gesetz daher aufgehoben und als Teil des Insolvency Act 1986 neu erlassen, der nunmehr auch das Insolvenzrecht für Kapitalgesellschaften enthält. Eine Ausnahme gilt für Tätigkeitsverbote von Geschäftsleitern, die in den zur gleichen Zeit in Kraft getretenen Company Directors Disqualification Act 1986 ausgelagert wurden. Eine wichtige Neuerung des Insolvency Act 1986 war die Einführung der administration procedure,

Internationales Insolvenzrecht – England

die, wie im Cork Report vorgeschlagen, durch ein umfassendes Moratorium den Erhalt von Unternehmen begünstigen sollte.

Seither kam es zu einer Reihe mehr oder weniger bedeutsamer Änderungen. Eine wichtige **11** Neujustierung erfolgte durch den Enterprise Act 2002. Hierdurch wurde das Institut der administrative receivership, von wichtigen Ausnahmen abgesehen, praktisch abgeschafft. Administrative receivership ist kein Gesamtvollstreckungsverfahren im eigentlichen Sinne, sondern dient einzig zur Befriedigung der Forderungen des Inhaber eines dinglichen Sicherungsrechts („floating charge"), welches (nahezu) das gesamte Schuldnervermögen umfasst. Hierzu wird ein Zwangsverwalter eingesetzt, der ausschließlich im Interesse des gesicherten Gläubigers das Vermögen des Schuldners verwertet. Für nach dem 14.9.2003 entstandene floating charges ist, von Ausnahmen abgesehen, die Einsetzung eines administrative receivers nicht mehr möglich. Lediglich das Institut der administration steht zur Verfügung, das nun auch außergerichtlich initiiert werden kann. Der eingesetzte administrator hat dabei das vorrangige Ziel der Erhaltung des Unternehmens im Interesse aller Gläubiger (para. 3.(1) IA Sch. B1). Hierin kommt ein wichtiger Trend hin zu einer Stärkung der Position der ungesicherten Gläubiger sowie zum Erhalt des Unternehmens (rescue culture) zum Ausdruck. Zu berücksichtigen ist dabei freilich, dass seit den 70er Jahren bis zum Beginn des neuen Jahrtausends etwaige Restrukturierungsmaßnahmen vornehmlich außergerichtlich auf Grundlage des sog. London Approach umgesetzt wurden. In einem von einer Handvoll Großbanken dominierten Kreditmarkt war die Bank of England als Regulierungsbehörde in der Lage, die beteiligten Banken auf eine Reihe informeller Prinzipien zu verpflichten: Verzicht auf Vollstreckungsmaßnahmen in das Vermögen des Schuldners während der Sanierungsvorbereitung, eventuelle Bereitstellung neuer Kredite, und im Allgemeinen faires Verhalten im Zuge der Sanierungsverhandlungen. Mit der Öffnung des Kreditmarktes für internationale Anbieter und diverse Investmentfonds, die nicht notwendigerweise vom guten Willen der Bank of England abhängig waren, verlor der London Approach jedoch allmählich seine Wirksamkeit (S Paterson, Corporate Reorganization Law and Forces for Change, OUP, 2021, 39-40).

Der Tribunals, Courts and Enforcement Act 2007 brachte wichtige Änderungen und Neuerung **12** für Verbraucher und Personen mit geringem Einkommen und Vermögen. Insbesondere die Regelungen zu den Schuldbefreiungsanordnungen (debt relief orders) stellen eine Art bankruptcy-light für diejenigen Schuldner zur Verfügung, die die Kosten eines regulären bankruptcy-Verfahrens nicht aufbringen können.

Der zum 21.2.2009 in Kraft getretene Banking Act 2009 führte als Reaktion auf die globale **13** Finanzkrise und den Zusammenbruch von Northern Rock plc im Herbst 2007 erstmals ein spezielles Insolvenzregime für Kreditinstitute und Investmentfirmen ein. Im Zuge der Umsetzung der Bankensanierungs- und Abwicklungsrichtlinie (BRRD) erfolgten zahlreiche Änderungen und Angleichungen an die europäische Rechtslage. Besonders bedeutsam sind insoweit der Financial Services (Banking Reform) Act 2013 für die erstmalige Einführung des sog. „bail-in" sowie die Bank Recovery and Resolution Order 2014 (SI 2014/3329) und Bank Recovery and Resolution (No 2) Order 2014 (SI 2014/3348) zur weiteren prozeduralen Ausformung des Abwicklungsregimes.

Aufgrund des Enterprise and Regulatory Reform Act 2013 werden Schuldneranträge auf Eröff- **14** nung eines bankruptcy-Verfahrens seit April 2016 nicht mehr durch den Richter behandelt, sondern außergerichtlich durch einen behördlich bestellten Schiedsrichter (adjudicator). Hintergrund dieser Reform war das Ziel, die Gerichte vor der stetig steigenden Zahl nicht-streitiger Schuldneranträge zu bewahren (Keay/Walton, Insolveny Law: Corporate and Personal, 4. Aufl. 2017, 335).

Eine Vielzahl kleiner und größerer Änderungen wurden durch den Small Business, Enterprise **15** and Employment Act 2015 installiert. Insbesondere wurde das Erfordernis zur Abhaltung von Gläubigerversammlungen in Gesellschaftsinsolvenzen weitgehend abgeschafft. Anstatt eine Gläubigerversammlung einzuberufen, kann der jeweilige Insolvenzverwalter auf eine der „qualifizierten Entscheidungsprozesse" zurückgreifen. Dazu gehören der Briefverkehr, elektronische Abstimmung durch ein elektronisches Abstimmungssystem, die virtuelle Versammlung am Telefon oder online, sowie jede andere Entscheidungsprozedur, die die gleichwertige Beteiligung aller beteiligungsberechtigten Gläubiger sicherstellt. Die Gläubigerversammlung unter gleichzeitiger körperlicher Anwesenheit steht nunmehr zur Verfügung, soweit eine Gläubigerminderheit von mindestens 10 % nach Wert oder Köpfen, oder mindestens 10 Gläubiger eine solche verlangen (r. 15.3 Insolvency (England and Wales) Rules 2016).

Mit Wirkung zum 6.4.2017 sind die Insolvency (England and Wales) Rules 2016 (SI 2016-1024) **16** („IR") an die Stelle der Insolvency Rules 1986 getreten. Als untergesetzliche Rechtsverordnung enthalten die IR nicht nur prozessuale Vorschriften, sondern regeln auch wichtige materiell-rechtliche Fragen, etwa zur Insolvenzaufrechnung oder zur Rangfolge von Forderungen. Die am 18.10.2016 verabschiedeten neuen IR sind das Ergebnis eines mehrjährigen Reformprojekts und beinhalten im Wesentlichen eine Konsolidierung der bisherigen Rechtslage.

17   Am 26.8.2018 legte die Regierung ein Positionspapier vor: Department for Business, Energy & Industrial Strategy, Insolvency and Corporate Governance: Government response. Neben etwas zweifelhaften Maßnahmen, die der tagespolitischen Lage Rechnung tragen sollten – die Großinsolvenzen der Unternehmen Carillion und BHS lösten heftige Diskussion im Hinblick auf die Verantwortlichkeit der jeweiligen Geschäftsleiter aus – fasste die Regierung die Einführung zweier neuer Verfahren ins Auge, die sowohl als je eigenständige Option als auch in Kombination mit anderen Verfahren zur Anwendung kommen können. Dabei handelt es sich zunächst um ein Restrukturierungsmoratorium für Gesellschaften, die zwar gegenwärtig noch zahlungsfähig sind, deren Insolvenz aber absehbar ist. Weiterhin schwebte der Regierung die Einführung eines neuen Restrukturierungsplan-Verfahrens vor. Inspiriert von Chapter 11 des US Bankruptcy Code sollte in diesem Verfahren ein sog. „cross-class cramdown" ermöglicht werden, also die Umsetzung des Plans auch gegen die Stimmen einer ganzen Gläubigerklasse. Ob überhaupt, und wenn ja wann, entsprechende Gesetzentwürfe dem Parlament vorgelegt werden könnten, war aufgrund des Brexit-Prozesses zunächst nicht absehbar.

17a   Die Corona-Krise hat die Einführung der geplanten Maßnahmen nun allerdings erheblich beschleunigt. Der **Corporate Insolvency and Governance Act 2020** (CIGA) führt nicht nur das geplante Restrukturierungsmoratorium und das Restrukturierungsplanverfahren ein, sondern suspendierte darüber hinaus, zeitlich beschränkt vom 1.3.2020 bis zum 30.9.2020, und vom 26.11.2020 bis zum 30.6.2021, die Geschäftsleiterhaftung für **wrongful trading** und reduzierte, ebenfalls zeitlich befristet, nach erfolgter Verlängerung bis zum 30.6.2021, die Möglichkeiten zur Eröffnung eines insolvenzbedingten Liquidationsverfahrens über das Vermögen einer in Schieflage geratenen Gesellschaft. Hinzu kommen umfassende Befugnisse der Regierung zur Abänderung der Insolvenzgesetzgebung mit dem Ziel, die Anzahl der durch die Corona-Krise verursachten Insolvenzen zu verringern bzw. deren Folgen abzumildern. Die Änderungsbefugnisse bestanden zeitlich befristet bis zum 30.4.2021. Etwaige Änderung selbst waren auf höchstens sechs Monate zu befristen (CIGA, sec. 20–27).

II. Institutionelle Rahmenbedingungen

18   Das administrative System zur Verwaltung des Insolvenzrechts, das sich im Wesentlichen in der zweiten Hälfte des 19. Jahrhunderts herausbildete, ist auch heute noch in weiten Teilen für die Insolvenzrechtspraxis maßgeblich. Trotz der Bemühungen um Konsolidierung, Kodifikation und Abstimmung der einzelnen Systemteile aufeinander, zeichnet sich das englische Insolvenzrecht durch eine Fülle von ganz unterschiedlichen Verfahrensarten aus, die in einem bisweilen chaotisch anmutenden Netzwerk von Vorschriften einer Regelung zugeführt wurden.

1. Staatliche Verwaltung des Insolvenzrechts

19   Den Insolvenzgerichten kommt naturgemäß eine zentrale Stellung zu. Zu berücksichtigen ist dabei allerdings, dass die Einschaltung der Gerichte nur im Falle der gerichtlichen insolvenzbedingten Liquidation einer Gesellschaft (compulsory winding up) bzw. dem formellen Insolvenzverfahren einer natürlichen Person (bankruptcy) im Falle eines Gläubigerantrags zwingend ist. Eine Vielzahl von Verfahrensarten kommt ganz ohne gerichtliche Einflussnahme aus. Auch hier besteht jedoch für die Beteiligten jederzeit die Möglichkeit, die Überwachungsfunktion der Gerichte zu aktivieren. Innerhalb des London Insolvency District ist ausschließlich dem High Court die Funktion als Insolvenzgericht zugewiesen, außerhalb Londons kommt den County Courts, denen eine Kompetenz in Insolvenzangelegenheiten speziell zugewiesen wurde, eine konkurrierende Zuständigkeit zu (ausf. → Rn. 79 f., → Rn. 108, → Rn. 133– → Rn. 138).

20   Die grundsätzliche Verantwortlichkeit für das Insolvenzrecht liegt beim Wirtschaftsministerium (Department of Business, Energy & Industrial Strategy). Innerhalb des Ministeriums ist eine ausführende Behörde – der Insolvency Service – mit der Verwaltung des Insolvenzrechts betraut. Dessen Hauptaufgabe besteht in der Kontrolle und Überwachung der am Insolvenzverfahren Beteiligten, insbesondere auch der amtlichen Verwalter und der privaten Insolvenzpraktiker. Daneben stellt der Insolvency Service auf seiner Webseite umfassende Informationen zum Insolvenzrecht, einschließlich der relevanten Formulare, für die Öffentlichkeit bereit (http://www.gov.uk/government/organisations/insolvency-service).

21   Die amtlichen Verwalter werden von der zuständigen Behörde bestellt und sind als Gerichtsbeamte dem jeweiligen Insolvenzgericht zugeordnet (s. 399(2) und (3) IA). Neben ihrer wichtigen

Internationales Insolvenzrecht – England

Ermittlungs-, Aufklärungs- und Überwachungsfunktion werden amtliche Verwalter vor allem als (vorläufige) Insolvenzverwalter tätig, entweder bis ein Insolvenzverwalter aus der Reihe der privaten Insolvenzpraktiker berufen wird, oder, im Falle der Massearmut, bis zur Verfahrensbeendigung (Keay/Walton, Insolvency Law Corporate and Personal, 4. Aufl. 2017, 33).

Bereits der Cork Report stellte die Notwendigkeit strikter Zulassungsvoraussetzungen für diejenigen heraus, die in irgendeiner Form als Verwalter (liquidator, administrator, administrative receiver, supervisor, trustee in bankruptcy) tätig werden wollen. Die Umsetzung der entsprechenden Vorschlägen des Cork Reports erfolgte zunächst im Insolvency Act 1986. Im Zuge des Deregulation Act 2015 und des Small Business, Enterprise and Employment Act 2015 erfolgte eine umfassende Neujustierung. Zur Sicherstellung der professionellen Kompetenz ist die Mitgliedschaft in einer der anerkannten Berufsvereinigungen und Erfüllung von deren Voraussetzungen für die Tätigkeit als Insolvenzverwalter erforderlich (s. 390 IA). Behördlich anerkannte Berufsvereinigungen sind derzeit ausschließlich die folgenden fünf: Chartered Association of Certified Accountants, Insolvency Practitioners' Association, Institute of Chartered Accountants in England and Wales, Institute of Chartered Accountants in Ireland und Institute of Chartered Accountants in Scotland. Die direkte Autorisierung durch das zuständige Ministerium (BEIS) ist nicht mehr möglich. Im Zuge der Neuregelung erhielt BEIS weitreichende Aufsichtsbefugnisse im Hinblick auf die anerkannten Berufsvereinigungen, bis hin zu einer möglichen Aufhebung der Anerkennung einer Berufsvereinigung und dem entsprechenden Entzug der Autorisierungs- und Regelungsfunktion. In der Praxis wird die Insolvenzverwaltertätigkeit weit überwiegend von Wirtschaftsprüfern (accountants), gelegentlich von Rechtsanwälten (solicitors) ausgeübt. Die Rolle von auf das Insolvenzrecht spezialisierten Rechtsanwälten beschränkt sich daher weitgehend auf die rechtliche Beratung von Insolvenzverwaltern sowie der anderen am Insolvenzverfahren beteiligten Parteien, insbesondere der Gläubiger(-Banken) (Keay/Walton, Insolvency Law Corporate and Personal, 4. Aufl. 2017, 37).

2. Vielzahl der Verfahrensarten und Rechtsquellen

Das englische Insolvenzrecht kennt kein Einheitsverfahren. Je nach Rechtsnatur des Schuldners steht eine Mehrzahl von Verfahrensarten mit je unterschiedlichen Voraussetzungen und Zielsetzungen zur Verfügung.

Ist der Schuldner eine juristische Person, so kommt zunächst die insolvenzbedingte Liquidation in Betracht. Hier nun sind bereits zwei Verfahren zu unterscheiden: die freiwillige Liquidation durch die Gläubiger (creditors' voluntary winding up) und die gerichtliche Liquidation (compulsory winding up by the court). Hinzu kommt das Verfahren der administration, das nicht auf Liquidation, sondern vorrangig auf den Erhalt des Unternehmens abzielt und dem Schuldner vor allem eine Atempause verschaffen soll. Die Einsetzung des administrators, und damit die Verfahrenseröffnung, erfolgte entweder auf Anordnung des Gerichts oder außergerichtlich aufgrund einer Einsetzung durch die Gesellschaft, deren Geschäftsleiter oder den Inhaber eines hierzu qualifizierenden Sicherungsrechts. Das Ende des Verfahrens ist offen, insbesondere ist die administration als solche nicht eigentlich ein Sanierungsverfahren vergleichbar mit Chapter 11 des US Bankruptcy Code. Viele administrations enden mit Auflösung der Gesellschaft und Zerschlagung des Unternehmens. Zu einer Sanierung kommt es aber häufig dann, wenn die administration mit einem Company Voluntary Arrangement (CVA) verbunden wird. Ein solches ist auch außerhalb des administration-Verfahrens und zur Abwendung der Insolvenz möglich. Es bindet alle stimmberechtigten Gläubiger und führt häufig zum Verkauf des Unternehmens als Ganzes. Als Alternative kommt ein scheme of arrangement nach ss. 895 – 901 Companies Act 2006 in Betracht. Für vor dem 15.9.2003 entstandene floating charges, und in wichtigen Ausnahmebereichen, besteht noch immer die Möglichkeit zur Einsetzung eines administrative receivers. Als selbstständige vorinsolvenzliche Sanierungsverfahren wurden durch den Corporate Insolvency and Governance Act 2020 ein neues Restrukturierungsmoratorium sowie ein Restrukturierungsplanverfahren eingeführt. Anders als das **scheme of arrangement,** an welches Letzteres verfahrensmäßig stark angelehnt ist, erlaubt es erstmals die Planbestätigung entgegen dem Willen dissentierender Gläubigerklassen.

Ist der Schuldner eine natürliche Person, so steht zunächst das formelle Insolvenzverfahren (bankruptcy) zur Verfügung, das regelmäßig mit der Schuldbefreiung nach einem Jahr seit gerichtlichem Eröffnungsbeschluss endet. Zur Abwendung der Insolvenz steht auch Privatpersonen der Weg eines Individual Voluntary Arrangements (IVA) offen, für das im Wesentlichen die gleichen Grundsätze gelten wie für ein CVA. Für Schuldner, deren Gesamtverbindlichkeiten £5.000 nicht übersteigen, besteht die Möglichkeit einer county court administration order, die im Wesentlichen eine gerichtlich verwaltete Ratenzahlung beinhaltet und praktisch von nur geringer Bedeutung

Internationales Insolvenzrecht – England

ist. Seit 2009 besteht für Schuldner mit geringem Vermögen und Einkommen die Möglichkeit einer debt relief order, die der amtliche Verwalter auf Antrag erlassen kann. Dadurch werden die in der order genannten Gläubiger für 12 Monate an der Durchsetzung ihrer Forderungen gehindert, danach wird der Schuldner grundsätzlich von seinen Verbindlichkeiten frei. Es handelt sich also um eine Art „bankruptcy-lite" für besonders arme Schuldner, denen aus Kostengründen der Weg in das reguläre Verfahren nicht offen steht (Keay/Walton, Insolvency Law Corporate and Personal, 4. Aufl. 2017, 197). Seit Mai 2021 steht Schuldnern zudem die Möglichkeit offen, eine sog. Atempause (breathing space) im Hinblick auf bestimmte Schulden (Kreditkarten, Miete, Daseinsvorsorge) zu beantragen. Für einen Zeitraum von bis zu 60 Tagen ist danach die Verfolgung der betroffenen Schulden ausgesetzt. Soweit die Atempause aufgrund einer psychischen Krise des Schuldners gewährt wurde, können Forderungen bis zu 30 Tagen nach Ende der psychischen Krise nicht eingefordert werden (The Debt Respite Scheme (Breathing Space Moratorium and Mental Health Crisis Moratorium) (England and Wales) Regulations 2020).

26   Mit dieser Vielzahl der Verfahren geht eine Vielzahl der Rechtsquellen einher. Dabei sind die wichtigsten Gesetze (im formellen Sinne) die folgenden:
- Insolvency Act 1986 (IA);
- Companies Act 2006 (CA);
- Company Directors Disqualification Act 1986 (CDDA);
- Banking Act 2009;
- Financial Services and Markets Act 2000 (FSMA).

Hinzu kommt eine Fülle von Verordnungen (Statutory Instruments), wobei am bedeutsamsten die seit 6.4.2017 geltenden Insolvency (England and Wales) Rules 2016 (IR) sind, die, über lediglich prozessuale Vorgaben hinausgehend, auch wichtige materiell-rechtliche Fragen, etwa zur Aufrechnung oder zur Rangfolge von Forderungen, einer Regelung zuführen. Insgesamt erscheint die Gesetzgebung im Insolvenzrecht sehr unübersichtlich, teilweise exzentrisch und mitunter chaotisch. Der Eindruck verstärkt sich, wenn man berücksichtigt, dass viele für das Insolvenzrecht bedeutsame Rechtsbereiche noch immer unkodifiziert sind und damit den Prinzipien des common law bzw. der equity unterliegen. Dies gilt etwa für die dinglichen Sicherungsrechte, die Wirksamkeit von Verträgen, der daraus entspringenden Forderungen und Gegenforderungen, sowie für weite Teile des Rechts der receivership (zum Ganzen van Zwieten, Goode on Principles of Corporate Insolvency, 5. Aufl. 2019, Rn. 1-10–1-17).

B. Vorinsolvenzliche Restrukturierung

27   Im Juni 2016 hat das Vereinigte Königreich durch Referendum entschieden, aus der EU auszutreten. Mit Wirkung zum 31.1.2020 ist der Austritt nunmehr formal erfolgt. Nach dem European Union (Withdrawal) Act 2018 blieb freilich zunächst bis zum Ablauf der Übergangsfrist am 31.12.2020 alles beim Alten. Der Umsetzung der EU-Richtlinie über präventive Restrukturierungsmaßnahmen (2019/1023) bedurfte es daher an sich nicht mehr. Gleichwohl waren die im August 2018 vorgelegten Reformvorhaben der Regierung auch vor dem Hintergrund der EU-rechtlichen Harmonisierungsbestrebungen zu sehen, knüpften diese doch an eine Konsultation aus dem Jahr 2016 an, die ausdrücklich auch durch die entsprechende EU-Initiative angestoßen wurde. Die Umsetzung der anvisierten Maßnahmen wurde durch die Corona-Krise erheblich beschleunigt. Ein umfassendes Restrukturierungsmoratorium sowie ein neues Restrukturierungsplan-Verfahren wurden durch den Corporate Insolvency and Governance Act 2020 eingeführt, der den **Insolvency Act 1986** und den **Companies Act 2006** entsprechend geändert hat.

28   Doch bereits zuvor stellte das englische Recht mit dem scheme of arrangement nach Pt 26 Companies Act 2006 ein Restrukturierungsverfahren bereit, das sich international, insbesondere bei größeren Unternehmen mit komplexer Kapitalstruktur, großer Beliebtheit erfreut. Das neue Restrukturierungsplan-Verfahren lehnt sich verfahrensmäßig eng an das erprobte scheme-Verfahren an, welches unverändert erhalten bleibt. Das praktisch weniger bedeutsame Verfahren eines **Company Voluntary Arrangement** kann ebenfalls im vorinsolvenzlichen Stadium und selbstständig durchgeführt werden, wird allerdings häufig mit dem administration-Verfahren verbunden. Für natürliche Personen steht mit dem Individual Voluntary Arrangement ein vorinsolvenzliches Verfahren zur Vermeidung einer bankruptcy zur Verfügung.

I. Restrukturierungsmoratorium

28a   Durch section 1 des Corporate Insolvency and Governance Act 2020 wurde ein neuer Part A1 in den Insolvency Act 1986 eingefügt, der nunmehr ein umfassendes Restrukturierungsmoratorium

Internationales Insolvenzrecht – England

vorsieht. Das Moratorium steht grundsätzlich allen Gesellschaften unabhängig von deren Größe zur Verfügung, allerdings mit der Maßgabe, dass sich die jeweilige Gesellschaft nicht gerade in einem Moratorium oder Insolvenz- bzw. Restrukturierungsverfahren befindet (CVA, administration, administrative receivership, provisional liquidation, liquidation), und innerhalb der vergangenen 12 Monate kein Moratorium oder Insolvenz- bzw. Restrukturierungsverfahren (CVA, administration) durchlaufen hat (Insolvency Act 1986, Schedule ZA1 para. 1, 2). Gesellschaften der Finanzdienstleistungsbranche, einschließlich der Kreditinstitute und Versicherungen, sind vom Anwendungsbereich des Moratoriums ausgenommen (Insolvency Act 1986, Schedule ZA1 para. 2–18).

Soweit im Hinblick auf die Schuldner-Gesellschaft ein Antrag auf gerichtliche Liquidation **28b** nicht gestellt ist, beginnt das Moratorium mit Einreichung der nötigen Unterlagen durch die Geschäftsleiter bei Gericht. Einzureichen sind (i) die Erklärung der Geschäftsleiter, dass ein Moratorium gewünscht ist; (ii) die Erklärung des vorgeschlagenen Überwachers („proposed monitor"), dass er hinreichend qualifiziert ist und mit der Einsetzung einverstanden ist; (iii) weiterhin eine Erklärung des vorgeschlagenen Überwachers, dass die Schuldner-Gesellschaft der Anwendbarkeit des Moratoriums unterfällt; (iv) die Erklärung der Geschäftsleiter, dass nach deren Ansicht die Schuldner-Gesellschaft zahlungsunfähig ist oder wahrscheinlich sein wird und (v) eine Erklärung des vorgeschlagenen Überwachers, dass das Moratorium wahrscheinlich zu einer erfolgreichen Sanierung führen wird (Insolvency Act 1986, sec. A6). Liegt ein Liquidationsantrag bereits vor (und ist weder beschieden noch zurückgenommen), so entscheidet das Gericht über die Anordnung eines Moratoriums, soweit obige Unterlagen eingereicht werden. Das Gericht ordnet ein Moratorium allerdings nur dann an, wenn es überzeugt ist, dass das Moratorium zu einem besseren Ergebnis für die Gesamtheit der Gläubiger führen wird, als das bei einer Liquidation der Fall wäre (Insolvency Act 1986, sec. A4). Für Auslandsgesellschaften kann ein Moratorium ebenfalls nur gerichtlich angeordnet werden, allerdings entfällt hier die materielle Voraussetzung eines besseren Resultats für die Gläubiger-Gesamtheit (Insolvency Act 1986, sec. A5). Zusammenfassend tritt danach ein Moratorium in Kraft und der vorgeschlagene Überwacher wird zum Überwacher, normalerweise mit Einreichung der erforderlichen Erklärungen bei Gericht; ausnahmsweise soweit im Hinblick auf die Schuldner-Gesellschaft ein Liquidationsantrag vorliegt (und weder beschieden noch zurückgenommen ist) sowie im Falle einer Auslandsgesellschaft, mit der Anordnung durch das Gericht (Insolvency Act 1986, sec. A7).

Ein Moratorium bleibt in Kraft zunächst für 20 Werktage, beginnend am Tage nach dem **28c** Inkrafttreten. Verlängerung ist möglich, auf Antrag der Geschäftsleiter ohne Zustimmung der Gläubiger für weitere 20 Werktage und (wiederholt) mit Zustimmung der Gläubiger für einen Zeitraum von bis zu einem Jahr; einer gerichtlichen Anordnung bedarf es in diesen Fällen nicht. Auf Antrag der Geschäftsleiter kann das Gericht das Moratorium verlängern und berücksichtigt hierbei die Interessen der Vor-Moratoriums-Gläubiger und die Wahrscheinlichkeit, dass die Verlängerung zu einer erfolgreichen Sanierung führen wird. Ein anhängiges CVA verlängert ein Moratorium automatisch bis zur Annahme bzw. Rücknahme des Vorschlags (Insolvency Act 1986, sec. A9–A15). Ein Moratorium kommt zu einem vorzeitigen Ende mit Wirksamwerden eines scheme of arrangements, Restrukturierungsplans oder CVA bzw. mit Eröffnung eines Administrations- oder Liquidationsverfahrens (Insolvency Act 1986, sec. A16). Die Tatsache, dass ein Moratorium in Kraft ist, sowie die Person des Überwachers sind dabei gegenüber Gläubigern, Kunden und Lieferanten hinreichend bekannt zu machen (Insolvency Act 1986, sec. A19).

Hinsichtlich der Wirkungen des Moratoriums sind zu unterscheiden: **28d**

1) **Vor-Moratoriumsverbindlichkeiten mit Zahlungsaufschub;** dies sind alle Verbindlichkeiten, die vor Inkrafttreten des Moratoriums entstanden sind, auch wenn Fälligkeit erst während des Moratoriums eintritt; jedoch mit Ausnahme der:

2) **Vor-Moratoriumsverbindlichkeiten ohne Zahlungsaufschub:** Vergütung und Kosten des Überwachers, Forderungen bezüglich Dienstleistungen, Lieferungen, Mieten und Arbeitsleistungen während des Moratoriums, Arbeitnehmerabfindungen, sowie Forderungen aus Verträgen mit Finanzdienstleistern, also sämtliche Ansprüche aus Darlehensverträgen und Schuldverschreibungen. Der Schuldner bleibt zur Zahlung dieser Verbindlichkeiten auch während des Moratoriums verpflichtet; Nicht-Zahlung ist ein Grund, das Moratorium zu beenden (IA, sec. A18). Dies gilt ebenso für:

3) **Moratoriumsverbindlichkeiten,** Verbindlichkeiten also, die während des Moratoriums zur Entstehung gelangt sind (IA, sec. A53).

Ein Moratorium blockiert zunächst die Initiierung jeglicher Insolvenzverfahren, einschließlich freiwilliger Liquidation, Liquidation durch das Gericht sowie gerichtliche und außergerichtliche **administration.** Den Geschäftsleitern, und nur diesen, steht es allerdings frei, die entsprechenden

Internationales Insolvenzrecht – England

Verfahren auch während der Dauer eines Moratoriums einzuleiten (Insolvency Act 1986, sec. A20). Ansonsten verhindert ein Moratorium die Realisierung jeglicher Sicherheiten an Vermögensgegenständen der Gesellschaft (mit Ausnahme der üblichen Finanzsicherheiten), die Inbesitznahme von unter Eigentumsvorbehalt gelieferten Gegenständen sowie die Einleitung und Fortführung von Rechtsverfahren gegen die Gesellschaft und ihr Vermögen. Dies steht freilich jeweils unter dem Vorbehalt der gerichtlichen Erlaubnis, ein entsprechendes Verfahren zu betreiben (Insolvency Act 1986, sec. A21). Im Hinblick auf Vor-Moratoriumsverbindlichkeiten mit Zahlungsaufschub kann ein Antrag auf gerichtliche Erlaubnis allerdings nicht gestellt werden.

28e Während der Dauer des Moratoriums kann die Gesellschaft Kredite (in Höhe von 500 GBP und mehr) nur aufnehmen, soweit dem Kreditgeber die Tatsache des Moratoriums angezeigt wurde (Insolvency Act 1986, sec. A25). Sicherheiten am Vermögen der Gesellschaft können nur mit Zustimmung des Überwachers bestellt werden, wobei die Zustimmung davon abhängt, dass die Gewährung der Sicherheit die Sanierung der Gesellschaft unterstützt (Insolvency Act 1986, sec. A26). Zahlungen auf Vor-Moratoriumsverbindlichkeiten (mit Zahlungsaufschub), die 5.000 GBP bzw. 1 % des Nennwertes ungesicherter Verbindlichkeiten übersteigen, können nur in Erfüllung einer gerichtlichen Anordnung bzw. mit Zustimmung des Überwachers vorgenommen werden, wobei letztere wiederum davon abhängt, dass die Zahlung die Sanierung unterstützt (Insolvency Act 1986, sec. A28). Verfügungen über das freie Vermögen der Gesellschaft, die nicht im normalen Geschäftsbetrieb erfolgen, können nur in Erfüllung einer gerichtlichen Anordnung oder mit Zustimmung des Überwachers vorgenommen werden, letzteres wiederum nur zur Unterstützung der Sanierung. Über Vermögensgegenstände, die einem dinglichen Sicherungsrecht unterliegen, kann nur mit Zustimmung des Gerichts verfügt werden, soweit die Verfügung die Sanierung der Gesellschaft fördert. Dabei ist der Veräußerungserlös vorrangig für die Ablösung der gesicherten Verbindlichkeit zu verwenden. Dies gilt sowohl für dingliche Sicherungsrechte im eigentlichen Sinne als auch für Gegenstände, die in Sicherungseigentum stehen (Insolvency Act 1986, sec. A31, A32).

28f Während des Moratoriums obliegt dem Überwacher die Aufgabe, ständig die Angelegenheiten der Gesellschaft daraufhin zu überwachen, ob eine Fortsetzung des Moratoriums tatsächlich zu einer Sanierung der Gesellschaft führen wird (Insolvency Act 1986, sec. A35). Soweit dies nicht (mehr) der Fall ist, beendet der Überwacher das Moratorium durch Anzeige an das Gericht. Eine solche Anzeige ist auch dann geboten, wenn der Überwacher der Ansicht ist, dass er aufgrund fehlender Information durch die Geschäftsleitung seine Rolle nicht effektiv wahrnehmen kann bzw. die Gesellschaft diejenigen Verbindlichkeiten, die auch während des Moratoriums zahlbar bleiben (Vor-Moratoriumsverbindlichkeiten ohne Zahlungsaufschub und Moratoriumsverbindlichkeiten) bei Fälligkeit nicht begleichen kann. Weiterhin beendet der Überwacher das Moratorium, soweit die Gesellschaft erfolgreich saniert wurde (Insolvency Act 1986, sec. A38). Idealerweise soll das Moratorium eine Restrukturierung und Sanierung der Gesellschaft ermöglichen; alternativ kann es aber auch in ein Insolvenzverfahren führen. Wird innerhalb von 12 Wochen nach dem Ende des Moratoriums ein Liquidations- bzw. administration-Verfahren eröffnet, so kommen den Moratoriumsverbindlichkeiten und vorrangigen Vor-Moratoriumsverbindlichkeiten Vorrang vor den sonstigen vorrangigen und allgemeinen Gläubigern zu (Insolvency Act 1986, sec. 174A, Schedule B1 para. 64A). Insoweit wird eine Art super priority installiert. Vorrangige Vor-Moratoriumsverbindlichkeiten sind im Wesentlichen die Vor-Moratoriumsverbindlichkeiten ohne Zahlungsaufschub mit Ausnahme derjenigen Verbindlichkeiten, die einer moratoriumsbedingten vorzeitigen Gesamtfälligstellung unterliegen.

28g Gegen die Handlungen, Unterlassungen und Entscheidungen des Überwachers während der Dauer des Moratoriums können die Gläubiger, Gesellschafter und Geschäftsleiter, aber auch sonst Betroffene gerichtlich vorgehen (Insolvency Act 1986, sec. A42). Gläubiger und Gesellschafter können zudem gegen die Handlungen der Geschäftsleiter gerichtlich vorgehen (Insolvency Act 1986, sec. A44). Beschwerdegegenstand ist dabei jeweils eine unfaire Beeinträchtigung der Interessen des Antragstellers durch den Antragsgegner. Zahlreiche Anzeige- und Mitwirkungspflichten während des Moratoriumsverfahrens sind strafbewehrt (Insolvency Act 1986, sec. A46–A48).

II. Scheme of Arrangement

29 In der Folge der Globalen Finanzkrise hat sich das auf den Companies Act 1862 zurückgehende und nunmehr im Companies Act 2006, Pt 26 geregelte scheme of arrangement als ein effektives Restrukturierungsinstrument erwiesen. Aufgrund der Präsenz im Kapitalmarkt von einer Fülle von Kredit-Anbietern mit ganz unterschiedlicher Interessenlage (traditionelle Banken, Hedge Funds, sovereign wealth funds) hatte sich die informelle außergerichtliche Restrukturierung aufgrund

der Grundsätze des London Approach überlebt. Zur Einbindung von überstimmten Gläubigern bedurfte es nunmehr eines gerichtlichen Verfahrens. Dabei sind schemes vielseitig einsetzbar, insbesondere für Übernahmen und Verschmelzungen, aber auch für Sanierungen und Restrukturierungen. Vor allem für größere Unternehmen, die oft als Folge sog. leveraged buy-outs eine relativ komplexe Kapitalstruktur aufweisen, ist das scheme of arrangement als Restrukturierungsinstrument attraktiv, und zwar sowohl für heimische Unternehmen als auch für solche, die in der EU oder in Drittstaaten angesiedelt sind. Dabei ist das scheme-Verfahren ausgesprochen flexibel. Überschuldung oder Zahlungsunfähigkeit sind keine notwendigen Voraussetzungen; die Initiative kann von den Geschäftsleitern ausgehen, die grundsätzlich im Amt bleiben; das scheme kann sich auf bestimme Gläubiger oder Gläubigerklassen beschränken; und solange das scheme insgesamt fair und angemessen ist, sind dem Regelungsgehalt inhaltlich kaum Grenzen gesetzt. Ein Moratorium ist nicht vorgesehen, kann jedoch auf Antrag der Gesellschaft gerichtlich auf der Grundlage des Zivilprozessrechts angeordnet werden (Bluecrest Mercantile BV v Vietnam Shipbuilding Industry Group and Others [2013] EWHC 1146 (Civ)). Die Anziehungskraft für restrukturierungsbedürftige ausländische Unternehmen wird dabei durch eine großzügig gehandhabte Zuständigkeit der englischen Gerichte im Hinblick auf schemes noch verstärkt.

Das Verfahren beginnt mit der Ausarbeitung eines Vergleichsvorschlags normalerweise durch 30 die Geschäftsleiter, wobei aber auch einzelne Gläubiger oder Gesellschafter die Initiative ergreifen können. Inhaltliche Vorgaben bestehen insoweit nur darin, dass die angestrebte Vereinbarung zwischen der Gesellschaft und den einbezogenen Gläubigerklassen (und/oder Gesellschafterklassen) ein Element des „Gebens und Nehmens" aufweisen muss. Gläubiger in diesem Sinne kann nur sein, wer gegen die Gesellschaft einen auf Geldzahlung gerichteten Anspruch hat; ein rein dingliches Recht begründet keine Gläubigerstellung (Re Lehman Brothers International (Europe) (in administration) [2009] EWCA Civ 1161). Der Vorschlag wird regelmäßig nur diejenigen Gläubiger bzw. Gläubigerklassen einbeziehen, die wirtschaftlich am Wert des Unternehmens teilhaben, also im Falle der Liquidation eine Dividende erhalten würden. Rechtlich relevant wird diese Frage freilich erst später im Rahmen der gerichtlichen Bestätigung des schemes. Formal ist der Vorschlagende hier frei, nur diejenigen Gläubigerklassen einzubeziehen, deren Beteiligung für notwendig bzw. zweckmäßig gehalten wird.

Im Anschluss bedarf es eines (ersten) Antrags an das Gericht mit dem Inhalt, die entsprechenden 31 Versammlungen der einbezogenen Gläubigerklassen (und Gesellschafterklassen) einzuberufen (s. 896(1) CA). Antragsberechtigt sind die Gesellschaft und jeder Gläubiger oder Gesellschafter (sowie der administrator bzw. Liquidator, wenn sich die Gesellschaft in administration oder Liquidation befindet) (s. 896(2) CA). In der sich anschließenden (ersten) Anhörung geht es, neben der Zuständigkeit des Gerichts, vornehmlich darum, ob basierend auf dem Vorschlag für das scheme eine angemessene Einteilung der Gläubiger (und Gesellschafter) nach Klassen erfolgt ist. Maßgeblich sind dabei die jeweils bestehenden Rechte der Gläubiger und der Gesellschaft und die Beeinträchtigung dieser Rechte durch das vorgeschlagene scheme; nicht geht es dagegen um etwaige abweichende wirtschaftliche oder sonstige Interessen. Diese können im Rahmen der zweiten Anhörung zur Bestätigung des scheme relevant werden. Nur diejenigen Gläubiger können dabei in einer Klasse zusammengefasst werden, deren Rechte nicht so verschieden sind, dass eine gemeinsame Interessenfindung praktisch unmöglich erscheint (Sovereign Life Assurance v Dodd [1892] 2 QB 573; Re Hawk Insurance Companz Ltd [2002] BCC 300). Wie bereits erwähnt, ist der Vorschlagende grundsätzlich frei in der Entscheidung, welche Gläubiger in das scheme einzubeziehen sind. Die Rechte der nicht-einbezogenen Gläubiger werden durch das scheme formal nicht berührt. Nicht-einbezogene Gläubiger können später im Rahmen der (zweiten) Anhörung zur Bestätigung des schemes gegen das vorgeschlagene scheme vorgehen, und zwar regelmäßig mit der Begründung, dass sie aufgrund ihrer fortbestehenden Beteiligung am Unternehmenswert in das scheme hätten einbezogen werden müssen.

Das Gericht kann dann nach seinem Ermessen die entsprechenden Gesellschafter- und Gläubi- 32 gerversammlungen einberufen. In der entsprechenden Anordnung bestimmt das Gericht den Vorsitzenden sowie Ort und Zeit der jeweiligen Versammlung. Der Einladung der einbezogenen Gläubiger (bzw. Gesellschafter) ist eine Erklärung beizufügen, die die angestrebten Zwecke des schemes erläutert, und dabei insbesondere auf etwaige Sonderinteressen der Geschäftsleiter eingeht.

Die nächste Phase des Verfahrens besteht in der Abhaltung der entsprechenden Gläubigerver- 33 sammlungen (oder Gesellschafterversammlungen) nach Klassen, die je gesondert über die Annahme des schemes abstimmen. Stimmberechtigt sind dabei nur diejenigen Gläubiger bzw. Gesellschafter, die als Ergebnis der ersten Anhörung vom Gericht hierzu geladen wurden. Zur Annahme des schemes ist dabei innerhalb jeder einzelnen Klasse eine einfache Mehrheit nach Köpfen, resultierend in einer Mehrheit von 75 % nach Wert der Forderungen der je stimmberech-

Internationales Insolvenzrecht – England

tigten und anwesenden bzw. wirksam vertretenen Gläubiger erforderlich. Innerhalb einer jeden Klasse kann daher eine Minderheit überstimmt werden. Hinsichtlich der Klassen untereinander hat jede einzelne ein Vetorecht. Ein sog. „cramdown" über ganze Klassen hinweg ist somit nicht möglich. Freilich kann wirtschaftlich ein ähnliches Ergebnis dadurch erzielt werden, dass nur vorrangige Gläubigerklassen in das scheme einbezogen und anschließend die Vermögenswerte im Rahmen einer pre-pack administration an eine neue Holding veräußert werden. Durch das scheme erhalten die vorrangigen (einbezogenen) Gläubiger als Gegenleistung für die Aufgabe ihrer bestehenden Forderungen Gesellschaftsanteile und/oder neue Forderungen in der neuen Holding; nachrangige Gläubiger verbleiben bei der bisherigen Holding, die ohne nennenswerte Vermögenswerte in die Liquidation geht. Die Freigabe von etwaigen Sicherheiten der nachrangigen Gläubiger am übertragenen Vermögen wird dabei vorab im Rahmen eines intercreditor agreement festgelegt, dass sowohl die Rangfolge der Gläubigerklassen untereinander als auch die Sicherheiten und deren Freigabe durch einen unabhängigen Dritten, den security trustee, bestimmt.

34 Soweit das scheme in den jeweiligen Gläubigerklassen die erforderliche Mehrheit findet, erfolgt ein zweiter Antrag an das Gericht, nunmehr darauf gerichtet, dass das Gericht per Anordnung das scheme bestätigt. Antragsberechtigt sind wiederum die Gesellschaft, jeder Gläubiger oder Gesellschafter (sowie der administrator bzw. Liquidator, wenn sich die Gesellschaft in administration oder Liquidation befindet). Im Rahmen der zweiten Anhörung vollzieht das Gericht eine zweistufige Prüfung. In einem ersten Schritt untersucht das Gericht, ob überhaupt seine Zuständigkeit für die Bestätigung des scheme eröffnet ist. Dabei geht es zum einen darum, ob das scheme überhaupt in den Anwendungsbereich des Pt 26 Companies Act 2006 fällt, und wenn ja, ob die gesetzlichen Vorschriften beachtet wurden. Soweit diese Fragen zu bejahen sind, ist das gerichtliche Ermessen eröffnet, und das Gericht entscheidet in einem zweiten Schritt über die Ausübung seines Ermessens im Hinblick auf die Bestätigung des schemes.

35 Grundsätzlich besteht die Zuständigkeit der englischen Gerichte zur Bestätigung eines scheme of arrangement für Gesellschaften, die nach dem Insolvency Act 1986 liquidiert werden können, sec.895(2)(b) Companies Act 2006. Gemäß sec. 117(1) Insolvency Act 1986 sind dies zunächst Gesellschaften, die nach dem Companies Act 2006 (und dessen Vorgängern) gegründet wurden; hinzu kommen sog. unregistrierte Gesellschaften, sec.220, 221 Insolvency Act 1986. Zu diesen gehören nach ausländischem Recht gegründete Gesellschaften, Re Rodenstock GmbH [2011] EWHC 1104 (Ch) [19]. Vor dem Wirksamwerden des EU-Austritts bestanden insoweit Probleme im Hinblick auf die Zuständigkeitsvorschriften der Europäischen Insolvenzverordnung und der Brüssel-I-Verordnung. Die direkte und wörtliche Anwendung der Europäischen Insolvenzverordnung schien zu bewirken, dass eine Zuständigkeit der englischen Gerichte zur insolvenzbedingten Restrukturierung EU-ausländischer Gesellschaften nur besteht, soweit die jeweilige Gesellschaft den Mittelpunkt ihrer hauptsächlichen Interessen oder zumindest eine Niederlassung im Vereinigten Königreich hat. Vor dem Hintergrund, dass es sich beim scheme of arrangement nicht um ein kollektives Insolvenzverfahren handelt und schemes dementsprechend auch nicht im Anhang A aufgelistet sind, gingen die englischen Gerichte davon aus, dass die Europäische Insolvenzverordnung insoweit keinen Einfluss auf die Zuständigkeit der englischen Gerichte hatte. Mit der Anknüpfung an den Sitz einer Gesellschaft im Hinblick auf die Liquidationszuständigkeit bzw. den Wohnsitz des Beklagten bereitete die Brüssel-I-Verordnung ähnliche Probleme, wobei hier die grundsätzliche Anwendbarkeit auf schemes of arrangement erheblichen Zweifeln unterliegt. Soweit jedoch wenigstens einer der beteiligten Gläubiger seinen Wohnsitz im Vereinigten Königreich hat bzw. die zu restrukturierenden Verträge eine Gerichtsstandsklausel zugunsten der englischen Gerichte aufweisen und die Gläubiger vor dem englischen Gericht erscheinen, ohne die Zuständigkeit zu beanstanden, ergab sich die Zuständigkeit jedenfalls aus Art. 8 bzw. 25 und 26 der Brüssel-I-Verordnung. Seit dem Wirksamwerden des EU-Austritts stellen sich diese Probleme nicht mehr.

36 Um eine ausufernde internationale Zuständigkeit zu vermeiden, ist zusätzliche Voraussetzung für die Ausübung der scheme-Zuständigkeit der englischen Gerichte, dass die Gesellschaft eine hinreichend enge Verbindung zu England hat. Dies ist jedenfalls gegeben, soweit die Gesellschaft den Mittelpunkt ihrer hauptsächlichen Interessen in England hat, aber auch soweit sie hier geschäftlich tätig ist oder im Inland belegenes Vermögen hat. Nach neuerer Rechtsprechung ausreichend ist freilich auch, dass die zu restrukturierenden Darlehensverträge und Schuldverschreibungen englischem Recht unterliegen und eine Gerichtsstandsklausel zugunsten der englischen Gerichte enthalten, Re Rodenstock GmbH [2011] EWHC 1104 (Ch) [68]. Die Anwendbarkeit englischen Rechts und die entsprechende Gerichtsstandsklausel können dabei auch erst nachträglich vereinbart werden, ggf. aufgrund einer Mehrheitsentscheidung der betroffenen Gläubiger, Re APCOA Holdings GmbH [2014] EWHC 3849 (Ch) [227]-[245].

Ist das Gericht danach zuständig, wird es überprüfen, ob das scheme den inhaltlichen und **37** verfahrensrechtlichen Anforderungen genügt, insbesondere ob der Vergleich ein „Geben und Nehmen" beinhaltet, die begleitende Erklärung angemessen war, und das scheme mit den erforderlichen Mehrheiten innerhalb aller Klassen angenommen wurde. Ist dies der Fall, ist das Ermessen des Gerichts eröffnet.

Bei der nachfolgenden Ermessensentscheidung folgt das Gericht einer vierstufigen Prüfung **38** (Re Noble Group [2018] EWHC 3092 (Ch)):
1) Erfüllt das scheme die gesetzlichen (prozeduralen) Vorgaben?;
2) Wurden die abstimmenden Klassen durch die jeweilige Mehrheit der Gläubiger angemessen repräsentiert? Daran fehlt es etwa dann, wenn die Mehrheit Sonderinteressen zum Nachteil des Gesamtinteresses der Klasse verfolgt hat.
3) Ist das scheme insgesamt fair? Es geht darum, ob das scheme von vernünftig und ehrlich handelnden Geschäftsleuten redlicherweise hätte angenommen werden können. Die Frage ist also nicht, ob das scheme vernünftig ist oder ob eine bessere Lösung möglich wäre. Es geht einzig darum, ob die Mitglieder der jeweiligen Klasse vernünftigerweise das scheme annehmen konnten.
4) Leidet das scheme an einem sonstigen Defekt? Nicht-einbezogene Gläubiger können an dieser Stelle dem scheme widersprechen, mit Aussicht auf Erfolg allerdings nur dann, wenn die widersprechende Klasse noch am Unternehmenswert beteiligt ist. Der Unternehmensbewertung kommt dabei ausschlaggebende Bedeutung zu.

Alles in allem sind die Gerichte sehr zurückhaltend. Eine Mehrheitsentscheidung von erfahrenen und wohlinformierten Gläubigern hat regelmäßig großes Gewicht und nur in wenigen besonders gelagerten Ausnahmefällen wird das Gericht von einer Bestätigung des scheme absehen.

Schließlich berücksichtigen die englischen Gerichte im Rahmen der Ermessensausübung auch, **39** ob das scheme eine vernünftige Chance auf Anerkennung und Durchsetzung in der maßgeblichen ausländischen Rechtsordnung hat. Die Europäische Insolvenzverordnung half insoweit, bereits vor dem EU-Austritt, nicht weiter. Die grundsätzliche Anwendbarkeit der Brüssel-I-Verordnung ist zweifelhaft, und bedürfte, im Falle der Bejahung, zudem einer weiten Auslegung des Art. 36 in dem Sinne, dass die richterliche Bestätigung eines schemes of arrangement eine „Entscheidung" darstellt. Dies ist einfacher unter dem deutschen Wortlaut, wohingegen der englische Text von dem weniger passenden „judgment" spricht. Soweit die Zuständigkeit der englischen Gerichte auf der Anwendbarkeit des englischen Rechts bezüglich der zugrunde liegenden Darlehensverträge beruht, ergibt sich die Anerkennung der durch das scheme bewirkten Vertragsänderung aus Art. 3, 12 Rom-I-VO. Durch den EU-Austritt ändert sich hieran nichts, da die Rom-I-VO auch im Verhältnis zu Drittstaaten gilt. Soweit die entsprechenden Darlehensverträge eine ausschließliche Gerichtsstandsklausel zugunsten der englischen Gerichte enthalten, kommt der Anerkennung auch auf Grundlage des Haager Übereinkommens über Gerichtsstandsvereinbarungen von 2005 in Betracht. Dieses gilt sowohl im Vereinigten Königreich als auch in der EU. Folgt man der Rechtsprechung der englischen Gerichte zur Anwendung der Brüssel I-VO, so dürften schemes nicht dem Ausschlusstatbestand der Insolvenz (Art. 2(2)e des Haager Übereinkommens) unterliegen, selbst wenn die scheme-Gesellschaft im Zeitpunkt der Bestätigung des schemes insolvent ist.

Mit der Bestätigung des Gerichts und Zugang einer Kopie der Entscheidung beim Registrar **40** of Companies wird das scheme wirksam und bindet fortan alle einbezogenen Gläubiger und/oder Gesellschafter sowie die Gesellschaft (und ggf. deren Insolvenzverwalter) (s. 899 CA).

III. Restrukturierungsplanverfahren

Durch den Corporate Insolvency and Governance Act 2020 wurde das neue Restrukturierungs- **40a** planverfahren als Part 26A in den **Companies Act 2006** eingefügt. Das Verfahren ermöglicht einen sog. „cramdown" über Klassen hinweg (cross-class-cramdown), und zwar sowohl für gesicherte als auch für ungesicherte Gläubigerklassen. Prozedural ist das Verfahren eng an dasjenige für schemes of arrangement angelehnt. Auf diese Weise soll sichergestellt werden, dass das etablierte Fallrecht zum scheme of arrangement analog auch im Rahmen des neuen Restrukturierungsplanverfahrens herangezogen werden kann. Es bestehen jedoch wichtige Unterschiede:
1) Die Anwendbarkeit des Restrukturierungsplanverfahrens setzt voraus, zum einen, dass sich die Gesellschaft in finanziellen Schwierigkeiten befindet, die ihre Fortführungsprognose negativ beeinträchtigen können bzw. solche finanziellen Schwierigkeiten absehbar sind (Bedingung A); zum anderen, dass es einen Sanierungs- bzw. Restrukturierungsvorschlag gibt und zwar zwischen der Gesellschaft und ihren Gläubigern oder Gesellschaftern mit dem Ziel, die finanziellen Schwierigkeiten zu mildern oder zu beseitigen (Companies Act 2006, sec. 901A).

Internationales Insolvenzrecht – England

2) Part 26A legt ausdrücklich fest, welche Gläubiger bzw. Gesellschafter am Planverfahren zu beteiligen sind, nämlich diejenigen, deren Rechte durch den Plan beeinträchtigt würden, mit Ausnahme derjenigen Klassen jedoch, deren Mitglieder kein wirtschaftliches Interesse an der Gesellschaft haben (weil der Wert des Gesellschaftsvermögens nicht ausreicht, um vorrangige Klassen zu befriedigen) (Companies Act 2006, sec. 901C).

3) Der Plan ist von einer Klasse angenommen, soweit 75 % nach Wert der abstimmenden Gläubiger für den Plan stimmen; auf eine Mehrheit nach Köpfen kommt es anders als beim scheme of arrangement nicht an.

4) Zum ersten Mal in der Geschichte des englischen Rechts erlaubt das Planverfahren dem Gericht nach seinem Ermessen, den Plan entgegen den Stimmen einer oder mehrerer Klassen von abstimmenden Gläubigern bzw. Gesellschaftern in Kraft zu setzen, vorausgesetzt, dass wenigstens eine Klasse für den Plan gestimmt hat, die ohne den Plan eine Dividende erhalten würde, und die dissentierende Klasse steht mit Plan nicht schlechter als ohne.

Zur Auslegung und Anwendung der neuen Vorschriften sind sowohl die Explanatory Notes des Gesetzgebers als auch das neue Practice Statement (Companies: Schemes of Arrangement under Part 26 and Part 26A of the Companies Act 2006) (https://www.judiciary.uk/wp-content/uploads/2020/06/Schemes-Practice-Statement-FINAL-25-6-20-1.pdf) des High Court heranzuziehen. In der kurzen Zeit seit seinem Inkrafttreten hat das Planverfahren bereits in einer Reihe von Sanierungsfällen Anwendung gefunden: Re Virgin Atlantic Airways Ltd [2020] EWHC 2191 (Ch) and [2020] EWHC 2376 (Ch); Re Pizza Express Financing 2 plc [2020] EWHC 2873 (Ch); Re DeepOcean I UK Ltd et al [2020] EWHC 3549 (Ch) and [2021] EWHC 138 (Ch); Re Gategroup Guarantee Ltd [2021] EWHC 304 (Ch) and [2021] EWHC 775 (Ch); Re Virgin Active Holding Ltd et al [2021] EWHC 814 (Ch) and [2021] EWHC 1246 (Ch).

40b Einem Planverfahren werden in der Regel umfassende Gläubigerverhandlungen vorausgehen, die dann in einen Planentwurf münden, welcher möglicherweise lediglich Teil eines ganz umfassenden Sanierungskonzepts ist (beispielsweise Re Pizza Express Financing 2 plc [2020] EWHC 2873 (Ch)). Auf Antrag der Gesellschaft, eines Gläubigers oder Gesellschafters (bzw. Liquidators oder administrators, soweit sich die Gesellschaft in einem entsprechenden Verfahren befindet), kann das Gericht nach einer ersten Anhörung eine Versammlung der relevanten Gläubiger(-Klassen) oder Gesellschafter(-Klassen) einberufen. Im Rahmen der ersten Anhörung prüft das Gericht seine Zuständigkeit, namentlich ob die Plan-Gesellschaft eine Gesellschaft im Sinne des Companies Act 2006, sec.901A ist. Die Grundsätze des scheme of arrangements gelten hier entsprechend, insbesondere die Einbeziehung von Auslandsgesellschaften. Das Gericht prüft sodann das Vorliegen der Anwendungsvoraussetzungen (Bedingung A: finanzielle Schwierigkeiten, die die Fortführung des Geschäftsbetriebs gefährden; und Bedingung B: Sanierungsvorschlag mit dem Ziel, die finanziellen Schwierigkeiten zu verhindern, zu mildern bzw. zu beenden). Beides ist vom Antragsteller darzutun, wobei nach den vorliegenden Entscheidungen keine allzu strengen Anforderungen zu stellen sind. In Re Gategroup Guarantee Ltd [2021] EWHC 304 (Ch) wurde im Rahmen der ersten Anhörung die internationale Zuständigkeit gerügt. Die relevanten Schuldverschreibungen enthielten Gerichtsstandsklauseln, die die ausschließliche Zuständigkeit der Züricher Gerichte begründeten. Aufgrund der Civil Jurisdiction and Judgment (Amendment) (EU Exit) Regulations 2019 war das Lugano-Übereinkommen (noch) anwendbar, auch wenn seit 1.1.2021 das Vereinigte Königreich nicht länger Vertragspartei ist. Soweit das Planverfahren dem Lugano-Übereinkommen unterliegt, wäre die Zuständigkeit der englischen Gerichte nicht eröffnet gewesen. Entscheidende Frage war daher, ob das Planverfahren gem. Art. 1(2)(b) LugÜ als Insolvenzverfahren von dessen Anwendungsbereich ausgenommen ist. Insoweit ergeben sich hier Parallelen zur Diskussion um die Anwendung der Brüssel I-VO auf schemes of arrangements in Abgrenzung zur EuInsVO. Englische Gerichte gingen bekanntlich davon aus, dass selbst schemes bezüglich insolventer Gesellschaften der Brüssel I-VO unterfielen. In Re Gategroup Guarantee Ltd kam das Gericht zu dem Schluss, dass das Planverfahren ein Insolvenzverfahren darstellt und damit nicht dem Lugano-Übereinkommen unterliegt. Die internationale Zuständigkeit der englischen Gerichte war damit eröffnet. Maßgeblich waren hierbei die Anwendungsbedingungen A (finanzielle Schwierigkeiten mit negativer Fortführungsprognose) und B (Sanierungsentwurf zur Beseitigung/Abmilderung der finanziellen Schwierigkeiten), zusätzlich zur kollektiven Natur des Verfahrens und dem bestimmenden Einfluss des Gerichts. Diese Ausführungen des Gerichts bleiben auch nach Wirksamwerden des EU-Austritts relevant für die Anwendbarkeit des Haager Übereinkommens über Gerichtsstandsvereinbarungen. Das Planverfahren unterfällt danach dem Ausschlusstatbestand der Insolvenz. Insoweit steht eine ausschließliche Gerichtsstandsklausel zugunsten ausländischer Gerichte der Zuständigkeit der englischen Gerichte nicht entgegen. Andererseits kommt aber auch eine internationale Anerkennung des Plans auf dieser Grundlage nicht in Betracht für den Fall, dass eine Gerichtsstandsklausel die ausschließliche Zuständigkeit der englischen Gerichte begründet. Schwerpunkt der ersten Anhörung im Planverfahren ist die Konstituierung der jeweiligen Gläubiger- und Gesellschafterklassen. Dabei ist jeder Gläubiger oder Gesellschafter, dessen Rechte durch den Sanierungsvorschlag betroffen sind, berechtigt, an der Versammlung teilzunehmen, und entsprechend im Planentwurf zu berücksichtigen. Dies gilt nicht, soweit ein legitimes wirtschaftliches Interesse der Klasse nicht besteht (Companies Act 2006, sec. 901C). Dies dürfte etwa dann der Fall sein, wenn der Wert des Gesellschaftsvermögens den Nennwert der Forderungen vorrangiger Gläubiger nicht erreicht. Ebenfalls von der Abstimmung ausgeschlossen sind die Gläubiger von Moratoriumsverbindlichkeiten und vorrangigen Vor-Moratoriumsverbindlichkeiten, soweit das Restrukturierungsplanverfahren innerhalb von 12 Wochen seit Ende eines Moratoriums beginnt (Companies Act 2006, sec. 901H). Die Rechte dieser Gläubiger können nur mit deren individueller Zustimmung durch den Plan beeinträchtigt werden. Im Hinblick auf die Einteilung der Klassen gelten grundsätzlich die überkommenen Grundsätze des scheme of arrangement (Re Virgin Atlantic Airways Ltd [2020] EWHC 2191 (Ch); Re Gategroup Guarantee Ltd [2021] EWHC 304 (Ch)). Dabei können sich jedoch durchaus unterschiedliche Schwerpunkte ergeben: im Rahmen eines schemes besteht die Versuchung, Gläubiger mit unterschiedlichen Rechtspositionen in einer Klasse zu vereinigen, sodass die Mehrheit eine dissentierende Minderheit überstimmen kann; im Rahmen des Planverfahrens besteht die Gefahr, künstliche Klassen zu schaffen, um von der cramdown-Möglichkeit Gebrauch zu machen (Re Virgin Active Holding Ltd et al [2021] EWHC 814 (Ch) para. 62). Mit der Einberufung der Versammlungen und der entsprechenden Anzeige an die Gläubiger bzw. Gesellschafter sind diese aufgrund einer entsprechenden Erklärung umfassend über die wirtschaftlichen und rechtlichen Folgen der Sanierungsplans zu informieren, insbesondere über etwaige Sonderinteressen der Geschäftsleiter (Companies Act 2006, sec. 901D). Die Angemessenheit der entsprechenden Unterlagen und Fristen ist ebenfalls im Rahmen der ersten Anhörung zu überprüfen.

Soweit danach das Gericht die entsprechenden Versammlungen einberuft, kommt es zur Abstimmung in Klassen. Zur Annahme des Sanierungsvorschlag bedarf es einer 75%-Mehrheit nach Wert in der jeweiligen Klasse, gefolgt von einer weiteren gerichtlichen Anhörung, im Rahmen derer das Gericht zunächst überprüft, ob die gesetzlichen (prozeduralen) Voraussetzungen eingehalten wurden, das Gesamtinteresse der einzelnen Klassen durch die jeweilige Mehrheit angemessen repräsentiert wurde (keine Sonderinteressen zu Nachteil des Klasseninteresses), der Plan insgesamt fair ist und vernünftiger Weise von den Gläubigern angenommen werden konnte und auch nicht an sonstigen Defekten leidet (Re Virgin Atlantic Airways Ltd [2020] EWHC 2376 (Ch) para 52. Insoweit ist zu unterscheiden:

40c

1) Soweit sämtliche Klassen den Plan mit der nötige 75 %-Mehrheit annehmen (Companies Act 2006, sec. 901F), folgt die Ermessensausübung des Gerichts den zum scheme of arrangement entwickelten Grundsätzen (Re Virgin Atlantic Airways Ltd [2020] EWHC 2376 (Ch) para 46). Der relevante Test ist also, ob ein intelligentes und ehrliches Mitglied der jeweiligen Klasse in Verfolgung seines Interesses den Plan vernünftigerweise annehmen konnte. Zu berücksichtigen ist, dass das Gericht in seinem Ermessen frei ist, den Plan also selbst dann ablehnen kann, wenn sämtliche Klassen dafür gestimmt haben. Freilich wird dies nur in ganz extremen Ausnahmefällen vorkommen, da der Mehrheitsentscheidung der Gläubiger großes Gewicht zukommt.

2) Soweit der Plan in einer oder mehreren Klassen nicht die nötige Mehrheit erreicht, besteht nunmehr als entscheidende Neuerung die Möglichkeit, den Plan entgegen dem Mehrheitswillen ganzer Klassen zu bestätigen und in Wirkung zu setzen (Companies Act 2006, sec. 901G). Dies aber nur unter den folgenden Voraussetzungen:

a) die dissentierende Klasse ist nach dem Plan nicht schlechter gestellt als sie in der nächstbesten Alternative stünden; die nächstbeste Alternative ist dabei dasjenige Szenario, das das Gericht für am wahrscheinlichsten hält, sollte der Sanierungsvorschlag nicht bestätigt werden (Bedingung A); und

b) zumindest eine Klasse von Gläubigern oder Gesellschaftern, die nach der nächstbesten Alternative eine Dividende erhalten würde oder ein effektives wirtschaftliches Interesse an der Gesellschaft hat, hat mit der nötigen 75 %-Mehrheit für den Plan gestimmt.

Insoweit unterscheiden sich die vom Gericht anzustellenden Überlegungen etwas vom Standardfall des schemes bzw. der Bestätigung durch sämtliche Klassen (Re DeepOcean I UK Ltd et al [2021] EWHC 138 (Ch) para 21, 45). Bedingung A erfordert eine dreistufige Prüfung: (i) zunächst ist das wahrscheinlichste Alternativescenario festzustellen; (ii) sodann sind die Konsequenzen nach diesem Scenario für die dissentieren Klasse zu erörtern; und (iii) schließlich sind diese mit der Behandlung der Klasse durch den Plan zu vergleichen (Re Virgin Active Holding Ltd et al [2021] EWHC 1246 (Ch) para 106). Die Feststellung der relevanten Alternative kann dabei

Internationales Insolvenzrecht – England

durchaus Schwierigkeiten bereiten, etwa im Hinblick auf die Liquidation des gesamten Unternehmens oder nur der Untergruppe, welcher die Plangesellschaft angehört (Re DeepOcean I UK Ltd et al [2021] EWHC 138 (Ch) para 31-34). Oftmals wird zwischen Liquidation und administration-Verfahren zu entscheiden sein, wobei letzteres in der Regel wahrscheinlicher sein dürfte (Re Virgin Active Holding Ltd et al [2021] EWHC 1246 (Ch) para 115-116). Im Rahmen des anzustellenden Vergleichs der Behandlung mit und ohne Plan sind zunächst die zu erwartenden finanziellen Erträge gegenüberzustellen; darüber hinaus sind jedoch auch die möglichen Zeitabläufe and Wahrscheinlichkeiten der Auszahlung in die Überlegung einzubeziehen (Re DeepOcean I UK Ltd et al [2021] EWHC 138 (Ch) para 35). Die sichere und zeitnahe Auszahlung nach dem Plan kann daher eine Klasse durchaus besserstellen, als die ungewisse höhere Auszahlung im Alternativ-Verfahren, möglicherweise zeitlich hinausgeschoben. Selbst wenn Bedingungen A und B erfüllt sind, entscheidet das Gericht nach freiem Ermessen, kann also die Plan-Bestätigung verweigern. Liegen die Voraussetzungen für einen cross-class-cramdown vor, so kann der Mehrheitsentscheidung der dissentierenden Klasse notwendigerweise nicht der gleiche Stellenwert zukommen wie sonst einer Mehrheitsentscheidung der Klasse im scheme oder sonstigen Planverfahren. Für eine Planbestätigung mögen etwa die folgenden Gesichtspunkte sprechen: eine Mehrheit der dissentierenden Klasse unterhalb der nötigen 75 %; die dissentierende Klasse wäre im Alternativszenario out-of-the-money, würde also keine Dividende erhalten und hätte daher am Planverfahren überhaupt nicht beteiligt werden müssen; geringe Beteiligung in der dissentierenden Klasse (Re DeepOcean I UK Ltd et al [2021] EWHC 138 (Ch) para 44-61). Darüber hinaus gebietet der Entzug des Vetos einer dissentierenden Klasse einen horizontalen Vergleich der Erlösverteilung nach dem Plan unter den Gläubigern; Ungleichbehandlungen bedürfen einer Rechtfertigung (Re DeepOcean I UK Ltd et al [2021] EWHC 138 (Ch) para 63). Die Entscheidung über die Verteilung des wirtschaftlichen Wertes der Plan-Gesellschaft obliegt dabei den vorrangigen (senior) Gläubigern, die nach dem relevanten Alternativszenario eine Auszahlung erhalten würden. Diese können dabei im Plan, unter Übergehung einzelner nachrangiger Klassen, auch den Gesellschaftern oder Geschäftsleitern Anteile am Wert der restrukturierten Gesellschaft zuweisen, soweit es hierfür gute wirtschaftliche Gründe gibt. Diese mögen darin bestehen, dass die Gesellschafter einer etwaigen Vermögensübertragung zustimmen müssen; die Geschäftsleiter die restrukturierte Gesellschaft weiterführen und so wichtige Beziehungen zu Kunden und Zulieferern erhalten bleiben. Oftmals dürften die Gesellschafter aber auch neue Gelder im Zuge der Restrukturierung bereitstellen. Dies ist als Rechtfertigung hinreichend (Re Virgin Active Holding Ltd et al [2021] EWHC 1246 (Ch) para 259-278). Auch im Plan-Verfahren berücksichtigt das Gericht im Rahmen seiner Ermessensentscheidung, ob der Plan hinreichend Aussicht hat, in den maßgeblichen Auslandsrechtsordnungen umgesetzt zu werden. Nach vollzogenem EU-Austritt kommt es insoweit allein auf die Anerkennung nach dem Recht des Aufnahmestaates an. Aufgrund der vorliegenden Sachverständigengutachten kam das jeweilige Gericht zu dem Schluss, dass der jeweilige Plan in der Schweiz bzw. in Luxemburg Anerkennung finden würde (Re Gategroup Guarantee Ltd [2021] EWHC 304 (Ch) and [2021] EWHC 775 (Ch) para 24-44). Im Hinblick auf die USA besteht jeweils die Möglichkeit der Anerkennung nach Chapter 15 (Re Virgin Atlantic Airways Ltd [2020] EWHC 2376 (Ch) 71-75). Als Insolvenzverfahren unterfällt ein Planverfahren nicht dem Haager Übereinkommen über Gerichtsstandsvereinbarungen von 2005 und kann nicht auf dieser Grundlage anerkannt werden.

40d Eine wichtige Neuerung enthält Companies Act 2006, sec. 901J im Hinblick auf übertragende Sanierungen. Soweit der Sanierungsplan vorsieht, dass das Unternehmen der Schuldner-Gesellschaft im Ganzen oder teilweise auf eine andere Gesellschaft zu übertragen ist, kann das Gericht die entsprechenden Anordnungen treffen, insbesondere die Übertragung von Vermögensgegenständen und Verbindlichkeiten der Schuldner-Gesellschaft auf die aufnehmende Gesellschaft; die Verteilung von Anteilen an der aufnehmenden Gesellschaft entsprechend dem Sanierungsplan; die Fortsetzung von Rechtsverfahren der Schuldner-Gesellschaft durch oder gegen die aufnehmende Gesellschaft sowie die Vollbeendigung der Schuldner-Gesellschaft ohne Liquidation. Danach übertragene Vermögensgegenstände werden ohne weiteres Eigentum der aufnehmenden Gesellschaft, und zwar belastungsfrei; übertragene Forderungen sind nunmehr nur noch von der aufnehmenden Gesellschaft geschuldet (Companies Act 2006, sec. 901J). Diese dem US-amerikanischen Recht (11 USC § 362) nachempfundene Regelung dürfte übertragende Sanierungen in Zukunft wesentlich erleichtern.

IV. Company Voluntary Arrangement (CVA)

41 Ein CVA, geregelt in den ss. 1–7B IA, ist von seiner Rechtsnatur her ein Vertrag zwischen der Schuldnergesellschaft und ihren Gläubigern, allerdings gesetzlich abgesichert, um die Bindungswirkung von Mehrheitsentscheidungen sicherzustellen. Inhaltlich verlangt s. 1(1) IA entweder einen teilweisen Schuldenerlass, wobei die Gläubiger gegen Zahlung eines bestimmten Betrages oder eine sonstige Gegenleistung auf den noch ausstehenden überschießenden Betrag verzichten (composition in satisfaction of the company's debt), oder, dahinter zurückbleibend, eine Stundung der Forderungen für einen bestimmten Zeitraum, mit oder ohne Teilzahlungen in der Zwischenzeit (scheme of arrangement). Typischerweise geht es bei einem CVA um einen Verkauf des Schuldnervermögens und die Auszahlung des Erlöses an die Gläubiger entsprechend den Bestimmungen des CVA. Alternativ kommt die Fortsetzung der Geschäftstätigkeit unter einem vertraglichen Moratorium in Betracht, wobei die Gesellschaft aus ihren Einnahmen periodische Zahlungen an den Sachwalter (supervisor) des CVA vornimmt, der diese Beträge entsprechend der Vorgaben des CVA an die Gläubiger verteilt. Für den Abschluss eines CVA ist es unerheblich, ob die Gesellschaft insolvent ist oder die Insolvenz bereits absehbar ist. Ein CVA kann völlig unabhängig von jeglichem sonstigen Insolvenzverfahren bestehen; es kann einem administration- oder Liquidationsverfahren vorangehen oder gleichzeitig mit diesen Verfahren ablaufen. Die meisten CVAs werden im Rahmen eines administration-Verfahrens abgeschlossen. Das CVA, konzipiert vornehmlich für kleinere Unternehmen, hat in jüngerer Zeit einige Bedeutsamkeit für die Restrukturierung von Einzelhandelsketten erlangt. Dabei geht es vor allem um die Ablösung von aufgelaufenen Mietschulden für die entsprechenden Geschäftsimmobilien sowie die Beendigung bzw. Abänderung unprofitabler Mietverträge. Ein scheme of arrangement ist für diese Sachlage ungeeignet: die Vermieter würden notwendigerweise eine eigene Klasse bilden, gegen deren Veto ein scheme nicht in Kraft gesetzt werden könnte. Ein CVA setzt dagegen keine Klassenbildung voraus, sodass die Vermieter mit den nötigen Mehrheiten überstimmt werden konnten. Einer weitergehenden Bedeutsamkeit des CVA steht im Wege, dass durch dieses Instrument die Rechte gesicherter Gläubiger nur mit deren Zustimmung abgeändert werden können (s. Paterson, Corporate Reorganiyation Law and Forces of Change, OUP, 2020, 234-235). Im Hinblick auf das nunmehr zur Verfügung stehende Restrukturierungsplan-Verfahren dürfte sich die Bedeutung des CVA weiter verringern.

Soweit sich die Gesellschaft nicht in einem administration- oder Liquidationsverfahren befindet, **42** kann ein CVA von der Geschäftsleitung vorgeschlagen werden (s. 1(1) IA). Innerhalb eines administration- oder Liquidationsverfahrens ist nur der administrator bzw. Liquidator vorschlagsberechtigt. Weder Gläubiger noch einzelne Gesellschafter können ein CVA initiieren.

Inhaltlich muss der Vorschlag die in rr. 2.2, 2.3 IR niedergelegten Angaben enthalten, insbeson- **43** dere zur Vermögenssituation der Gesellschaft und zur Art und Weise der Abfindung der Gläubiger. Ein Vorschlag der Geschäftsleitung ist dem potentiellen Sachwalter (nominee) anzuzeigen und ihm zu übermitteln. Zusätzlich ist ihm eine Erklärung über die Verhältnisse der Gesellschaft vorzulegen. In der Praxis war der nominee freilich bereits an der Ausarbeitung des Vorschlags beteiligt. Der nominee erstellt einen Bericht über das CVA, in dem er insbesondere darauf eingeht, ob das CVA eine vernünftige Aussicht auf Annahme durch Gesellschafterversammlung und Gläubigerentscheidung und anschließende Durchführung hat, und ob und wenn ja, für wann und wo die entsprechende Gesellschafterversammlung einberufen werden soll (s. 2(2) IA). Dieser Bericht ist binnen 28 Tagen seit der Anzeige an den nominee an das zuständige Gericht zu übermitteln. Die Frist kann durch das Gericht verlängert werden. Soweit das Gericht nichts anderes bestimmt, sind gem. s. 3 IA die Gesellschafterversammlung einzuberufen und eine Gläubigerentscheidung einzuholen. Dabei ist jeder Gläubiger zu benachrichtigen, dessen Anspruch und Anschrift dem nominee bekannt sind.

Per Gesellschafterversammlung und Gläubigerentscheidung wird über die Annahme des CVA, **44** ggf. mit Modifikationen, entschieden (s. 4(1) IA). Gemäß s. 4A IA ist ein CVA angenommen, wenn es die Zustimmung der Gesellschafterversammlung und der Gläubiger findet. Es ist ebenfalls angenommen, wenn nur die Gläubiger zustimmen. Allerdings steht das CVA hier unter dem Vorbehalt einer abweichenden gerichtlichen Entscheidung auf Antrag eines Gesellschafters nach s. 4A(4) IA.

Gemäß r. 15.28(4) IR ist grundsätzlich jeder Gläubiger stimmberechtigt, dem das Gläubigerent- **45** scheidungsverfahren angezeigt wurde. Der Organisator der Gläubigerentscheidung hat jedoch Ermessen, für die Zwecke der Stimmberechtigung Ansprüche ganz oder teilweise zuzulassen bzw. abzulehnen (r. 15.33 IR). Eine Ablehnung kommt insbesondere dann in Betracht, wenn der Anspruch als zu unsicher oder spekulativ erscheint oder auch wenn der Anspruch vollumfänglich dinglich gesichert ist. Der Anspruch eines nachrangigen Gläubigers kann zurückgewiesen werden, wenn absehbar ist, dass das Vermögen durch die Ansprüche der Insolvenzgläubiger aufgezehrt wird. Ein der Höhe nach noch unbestimmter Anspruch schließt die Stimmberechtigung nicht aus. Gegen die Entscheidung des Vorsitzenden besteht ein Rechtsmittel zum Gericht (r. 15.35

Internationales Insolvenzrecht – England

IA). Die Zurückweisung eines Anspruchs führt zum Verlust des Stimmrechts und bedeutet, dass der jeweilige Gläubiger durch das CVA nicht gebunden ist und seine Ansprüche, vorbehaltlich eines gesetzlichen Moratoriums, ungestört weiter verfolgen kann.

46   Eine zustimmende Gläubigerentscheidung erfordert gem. r. 15.34(3)(a) IR eine Mehrheit von 75 % nach Wert der abstimmenden Gläubiger. Stimmrechtsvollmacht ist möglich. Entscheidend ist der Nennwert des Anspruchs im Zeitpunkt der Entscheidung bzw. zum Zeitpunkt der Eröffnung des administration- oder Auflösungsverfahrens (r. 15.31(1)(d) IR). Soweit der Anspruch der Höhe nach noch unbestimmt ist, ist er mit £1 anzusetzen, es sei denn der Vorsitzende legt einen höheren Wert fest (r. 15.31(3) IR). Außer Ansatz bleiben gesicherte Ansprüche bis zur Höhe der Sicherheit (r. 15.31(4) and (5) IR). Selbst bei Erreichen der erforderlichen Mehrheit ist ein Beschluss unwirksam, wenn mehr als die Hälfte nach Wert der der Gesellschaft nicht nahestehenden Gläubiger dagegen gestimmt hat (r. 15.34(4) IR). Nahestehende Personen sind in s. 249 IA definiert. In der Gesellschafterversammlung kommt ein Beschluss, soweit nicht in der Satzung anderes bestimmt ist, mit mehr als der Hälfte nach Wert der anwesenden und abstimmenden Gesellschafter zustande, wobei sich der Wert nach der Anzahl der Stimmen bemisst, die dem Gesellschafter gemäß der Satzung der Gesellschaft zustehen (r. 2.36 IR). Nach s. 4(6) und (6A) IA mit r. 2.38 IR erstellen der Vorsitzende der Gesellschafterversammlung und der Organisator der Gläubigerentscheidung je einen Bericht über das Ergebnis der Abstimmungen und übermitteln diese an das Gericht, allen Personen, denen die Versammlung bzw. das Entscheidungsverfahren angezeigt wurden, sowie dem Registrar of Companies.

47   Inhaltlich erfordert ein CVA, dass die Rechte eines dinglich gesicherten Gläubigers im Hinblick auf die Sicherheit nicht beeinträchtigt werden, es sei denn der Gläubiger stimmt der Beeinträchtigung zu (s. 4(3) IA). Weiterhin darf ein CVA weder vorsehen, dass ein vorrangiger Gläubiger in anderer Weise als vorrangig vor den sonstigen Gläubigern befriedigt wird, noch dass ein vorrangiger Gläubiger eine geringere Quote als ein anderer vorrangiger Gläubiger erhält. Etwas anderes gilt nur dann, wenn der jeweilige Gläubiger dem CVA zustimmt (vgl. s. 4(4) IA).

48   Ein CVA bindet jede Person, die im Rahmen der Gläubigerentscheidung stimmberechtigt war oder im Falle einer Anzeige des Gläubigerentscheidungsverfahrens an diese Person stimmberechtigt gewesen wäre (s. 5(2) IA). Daraus ergibt sich, dass selbst im Zeitpunkt der Anzeige dem nominee unbekannte Gläubiger und solche, denen irrtümlich das Gläubigerentscheidungsverfahren nicht angezeigt wurde und die hiervon nichts wussten, durch das CVA gebunden sind. Nicht-stimmberechtigte Gläubiger sind dagegen nicht gebunden und können ihre Ansprüche, vorbehaltlich eines Moratoriums, weiter verfolgen. Dies sind insbesondere diejenigen Gläubiger, deren Ansprüche durch den Vorsitzenden für Abstimmungszwecke zurückgewiesen wurden. Nach s. 6 IA können ua stimmberechtigte Gesellschafter und Gläubiger sowie Gläubiger, die bei Anzeige stimmberechtigt gewesen wären, die gerichtliche Überprüfung des CVA erreichen. Eine Überprüfung findet jedoch nur im Hinblick darauf statt, ob das CVA den Antragsteller in unfairer Weise benachteiligt (Re A Debtor (No 101 of 1999) [2001] 1 BCLC 54; ITC v Wimbledon Football Club Ltd [2005] 1 BCLC 66) oder ein erheblicher Regelverstoß vorliegt. Ein solcher Regelverstoß kann insbesondere darin liegen, dass ein Gläubiger nicht geladen wurde und deswegen nicht abstimmen konnte, aber gleichwohl gebunden ist. Dies ist jedoch nur dann der Fall, wenn der Gläubiger aufgrund der Höhe seines Anspruchs die Entscheidung hätte beeinflussen können.

49   Soweit ein CVA nicht im Rahmen einer administration stattfindet, kommt es zu einem Moratorium nur insoweit, als ein solches durch das CVA selbst vorgesehen ist, was üblicherweise der Fall ist. Dieses Moratorium bindet dann freilich nur diejenigen Gläubiger, die durch das CVA gebunden sind. S. 1A IA iVm para. 3(2)(a) IA Sch. A1 und s. 382(3) CA sah nur für bestimmte kleine Gesellschaften (Umsatz von nicht mehr als £10,2 Mio.; Bilanzsumme von nicht mehr als £5,1 Mio.; nicht mehr als 50 Arbeitnehmer) ein gesetzliches Moratorium vor. Wegen der Möglichkeit einer out-of-court-administration und dem damit verbundenen umfassenden Moratorium hat das Moratorium nach s. 1A IA kaum praktische Bedeutung erlangt. Mit der Einführung eines umfassenden Restrukturierungsmoratoriums für Gesellschaften jeglicher Größe ist das gesetzliche Moratorium nach Schedule A1 entfallen.

50   Sobald das CVA Wirksamkeit erlangt, wird der bisherige nominee zum Sachwalter des CVA. Als solcher ist er Gerichtsbeamter und unterliegt der Kontrolle durch das Gericht. Soweit sich die Gesellschaft nicht im administration- oder Auflösungsverfahren befindet, verbleibt die Geschäftsführung grundsätzlich in den Händen der bisherigen Geschäftsleiter. Das CVA kann allerdings Beschränkungen der Befugnisse der Geschäftsleiter vorsehen. Der Sachwalter überwacht die Einhaltung der Bestimmungen des CVA durch die Gesellschaft, nimmt Zahlungen der Gesellschaft entgegen und zahlt entsprechend den Bestimmungen des CVA an die Gläubiger aus.

V. Natürliche Personen: Individual Voluntary Arrangement (IVA)

Für natürliche Personen steht das Verfahren des Individual Voluntary Arrangement (IVA) zur 51
Verfügung, dass sich in der Praxis sehr großer Beliebtheit erfreut.
Obwohl ursprünglich für Unternehmer konzipiert, findet es auch im Hinblick auf Verbraucher- 52
insolvenzen breite Anwendung.
Dabei hat sich eine ganze Industrie entwickelt, die standardmäßige IVAs als Finanzprodukte 53
anbietet (Keay/Walton, Insolvency Law Corporate and Personal, 4. Aufl. 2017, 176–177).
Um Missbräuchen entgegenzuwirken, haben die British Bankers' Association, der Insolvency 54
Service und seriöse Anbieter von IVAs gemeinsam ein Protokoll erstellt, dass unverbindliche
Grundsätze für die effiziente Bewältigung von Verbraucher-IVAs enthält (abrufbar unter https://
www.gov.uk/government/publications/individual-voluntary-arrangement-iva-protocol/iva-
protocol-2021).
Das Verfahren kommt in zwei unterschiedlichen Varianten vor: mit vorläufiger Anordnung 55
(interim order) durch das Gericht und ohne vorläufige Anordnung.
Beabsichtigt der Schuldner, seinen Gläubigern ein IVA vorzuschlagen, so kann er das Gericht 56
gem. s. 253(1) IA um eine vorläufige Anordnung ersuchen. Antragsberechtigt ist der Schuldner,
253(3) IA (soweit ein bankruptcy-Verfahren bereits eröffnet, aber Schuldenbefreiung noch nicht
eingetreten ist, auch der amtliche Verwalter und ggf. der Insolvenzverwalter). Vor dem Antrag an
das Gericht ist der Vorschlag für das IVA dem potentiellen Sachwalter (nominee) zuzuleiten, der
darüber befinden muss, ob er die Bestellung annimmt. In der Praxis wird der nominee an der
Ausarbeitung des Vorschlags regelmäßig maßgeblich beteiligt sein. Nach s. 254 IA tritt bereits mit
Antragstellung ein Moratorium in Kraft, dass allerdings nur im Hinblick auf die Durchsetzung
einer Räumung durch Vermieter automatische Wirkung zeitigt und ansonsten im Ermessen des
Gerichts steht.
Nach s. 255(2) IA kann das Gericht nach seinem Ermessen eine vorläufige Anordnung erlassen, 57
wenn es davon ausgeht, dass eine solche Anordnung die Annahme und Durchsetzung des IVA-
Vorschlags begünstigen würde. Das Gericht wird regelmäßig von einer vorläufigen Anordnung
absehen, wenn es den Vorschlag nicht für durchführbar hält und das IVA-Verfahren lediglich
als unnötige Verzögerung des bankruptcy-Verfahrens erscheint (Keay/Walton, Insolvency Law
Corporate and Personal, 4. Aufl. 2017, 180). Eine vorläufige Anordnung bleibt nach s. 255(6) IA
grundsätzlich für 14 Tage seit dem Tag, der dem Tag der Anordnung nachfolgt, in Kraft. Für
diese Zeit besteht gem. s. 252 IA ein Moratorium, dass eine Rechtsdurchsetzung der Gläubiger
verhindert. Dinglich gesicherte Gläubiger werden hiervon jedoch nicht automatisch erfasst (Keay/
Walton, Insolvency Law Corporate and Personal, 4. Aufl. 2017, 181).
Der nominee muss, bevor die vorläufige Anordnung ausläuft, dem Gericht seinen Bericht 58
vorlegen, in dem er dazu Stellung bezieht, ob das vorgeschlagene IVA eine vernünftige Aussicht
auf Annahme durch die Gläubiger und anschließende Umsetzung hat (s. 256(1) IA). Dabei kann
das Gericht die Wirkungsdauer der Anordnung verlängern und so dem nominee mehr Zeit
gewähren. Kommt das Gericht zu dem Schluss, dass eine Gläubigerentscheidung einzuholen ist,
so verlängert es ebenfalls die Wirkungsdauer der Anordnung, um die Zeit bis zur Gläubigerentscheidung zu überbrücken. Dadurch wird verhindert, dass Gläubiger in der Zwischenzeit versuchen, ihre Ansprüche durchzusetzen (Keay/Walton, Insolvency Law Corporate and Personal,
4. Aufl. 2017, 182).
Soweit eine vorläufige Anordnung nicht beantragt wird, kann der Schuldner (ggf. nach Anzeige 59
an den amtlichen Verwalter und den Insolvenzverwalter) seinen Vorschlag für ein IVA zusammen
mit einer Erklärung über seine Vermögensangelegenheiten an den nominee übermitteln (s. 256A
IA). Der nominee erstellt und übermittelt dann innerhalb von 14 Tagen seit Zugang des Vorschlags
den obigen Bericht an das Gericht.
Soweit das Gericht nichts anderes anordnet, initiiert der nominee eine Entscheidung der Gläubi- 60
ger im Hinblick auf die Annahme des IVA-Vorschlags durch ein qualifiziertes Entscheidungsverfah-
ren (s. 257(1) IA). Per Anzeige zu informieren ist jeder Gläubiger, von dessen Forderung der
nominee Kenntnis hat. Nach s. 257(1) IA entscheiden die Gläubiger über die Annahme des
Vorschlags, ggf. mit Modifikationen, die der Zustimmung des Schuldners bedürfen. Für die
Annahme des Vorschlags ist eine Mehrheit von mindestens 75 % nach Wert der abstimmenden
Gläubiger erforderlich (r. 15.34(6) IR). Über die Stimmberechtigung entscheidet der nominee als
Initiator des Entscheidungsverfahrens. Gegen eine Zurückweisung von Ansprüchen für die Zwe-
cke der Abstimmung können sowohl der Schuldner als auch jeder Gläubiger ein Rechtsmittel
einlegen. Gläubiger mit gesicherten Forderungen nehmen nur hinsichtlich des ungesicherten
Betrages an der Entscheidungsfindung teil. Trotz Erreichen der erforderlichen 75 %-Mehrheit ist

Internationales Insolvenzrecht – England

ein Vorschlag dann nicht angenommen, wenn mehr als die Hälfte nach Forderungswert derjenigen Gläubiger, bei denen es sich nicht um dem Schuldner nahestehende Personen handelt, gegen den Vorschlag gestimmt haben. Inhaltlich können durch ein IVA die Rechte dinglich gesicherter und vorrangiger Gläubiger nicht ohne deren Zustimmung beeinträchtigt werden. Nach s. 259 IA mit rr. 8.24 und 8.26 IR muss der nominee im Falle einer vorläufigen Anordnung das Gericht und ansonsten zusätzlich jeden ihm bekannten Gläubiger sowie im Falle der Annahme des IVA die zuständige Behörde (in Gestalt des Insolvency Service) über das Ergebnis des Entscheidungsverfahrens unterrichten. Mit der Annahme des IVA wird der nominee in der Regel zum Sachwalter, der die Bestimmungen des IVA umsetzt (s. 263 IA). (In einem laufenden bankruptcy-Verfahren müssen hierzu ggf. der amtliche Verwalter bzw. der Insolvenzverwalter sämtliche Vermögensgegenstände, die dem IVA unterliegen, an den Sachwalter überstellen.)

61   Nach s. 260(2) IA bindet ein angenommenes IVA jeden stimmberechtigten Gläubiger sowie jeden, der im Falle der Anzeige des Gläubigerentscheidungsverfahrens an ihn stimmberechtigt gewesen wäre. Nach s. 261 IA kann ein Schuldner im bankruptcy-Verfahren, für den Schuldbefreiung noch nicht eingetreten ist, die Annullierung der Eröffnungsentscheidung beantragen. Dies ist bedeutsam für etwaige Tätigkeitsverbote, die sich an eine bankruptcy-Entscheidung knüpfen und kann sogar die Hauptmotivation für ein IVA sein. Ein IVA kann auf Antrag des Schuldners, eines gebundenen Gläubigers, des nominee, des amtlichen Verwalters oder des Insolvenzverwalters durch das Gericht daraufhin überprüft werden, ob es einen der Beteiligten unfair benachteiligt oder ob ein erheblicher Regelverstoß vorliegt (s. 262 IA). Für den Fall, dass der Schuldner seinen Verpflichtungen unter dem IVA nicht nachkommt, können die Gläubiger oder der Sachwalter zudem einen Antrag auf Eröffnung des bankruptcy-Verfahrens stellen (ss. 264(1)(c), 276 IA).

62   Der Sachwalter wird die im IVA getroffenen Vereinbarungen umsetzen. Soweit Vermögensgegenstände des Schuldners der Verfügungsbefugnis des Sachwalters unterliegen, wird regelmäßig vereinbart, dass der Sachwalter die entsprechenden Vermögensgegenstände treuhänderisch zum Wohle der Gläubiger hält, insbesondere für den Fall, dass nachfolgend ein bankruptcy-Verfahren eröffnet wird. Das IVA ist beendet, sobald eine letzte Ausschüttung an die Gläubiger erfolgt ist. Danach, innerhalb von 28 Tagen, macht der Sachwalter eine letzte Anzeige an das Gericht (soweit eine vorläufige Anordnung ergangen ist), sowie an die zuständige Behörde, den Schuldner und jeden gebundenen Gläubiger. Mit der jeweiligen Anzeige ist ein Bericht über die tatsächlich erfolgten Ausschüttungen im Vergleich mit den im IVA vorgesehenen zu verbinden. Sobald diese Berichte gesendet wurden, ist der Sachwalter entlastet (Keay/Walton, Insolvency Law Corporate and Personal, 4. Aufl. 2017, 187 f.).

C. Insolvenzverfahren

63   Zahlreiche der zur Verfügung stehenden Verfahren laufen mit minimaler gerichtlicher Beteiligung ab. Dies sind insbesondere das company voluntary arrangement (CVA) bzw. individual voluntary arrangement (IVA) und creditors' voluntary winding up. Die Rolle der Gerichte beschränkt sich hier im Wesentlichen auf die Entgegennahme verschiedener Anzeigen durch die Verfahrensbeteiligten sowie die antragsmäßige Überprüfung und ggf. Verwerfung oder Bestätigung einzelner Verfahrenshandlungen, insbesondere des Verwalters. Für die Einleitung und Durchführung des Verfahrens bedarf es einer gerichtlichen Entscheidung grundsätzlich nicht, vielmehr sind die Parteien hierfür selbst verantwortlich.

64   Zentrale Bedeutung kommt den Gerichten dagegen zu im Verfahren des compulsory winding up (by the court), der administration aufgrund gerichtlicher Anordnung (by court order), und, für natürliche Personen, im bankruptcy-Verfahren. Diese Verfahren setzen einen Antrag an das Gericht voraus. Eine direkte Antragspflicht besteht dagegen nicht. Ist der Schuldner eine juristische Person, so kann sich indirekt eine Pflicht zur Einleitung eines Insolvenzverfahrens, nicht notwendigerweise eines gerichtlichen, aus einer möglichen Haftung der Geschäftsleiter für wrongful trading nach ss. 214, 246ZB IA ergeben.

I. Freiwillige Liquidation durch die Gläubiger (creditors' voluntary winding up)

65   Die freiwillige Liquidation einer Gesellschaft beginnt mit einem Beschluss der Gesellschafterversammlung. Enthält der Gesellschaftsvertrag eine Befristung oder eine auflösende Bedingung, so ist bei Fristablauf oder Bedingungseintritt ein Beschluss mit einfacher Mehrheit nach Anteilen der abstimmenden Gesellschafter erforderlich (s. 84(1)(a) IA, s. 282 CA). In allen sonstigen Fällen ist eine Mehrheit von 75 % nach Anteilen der abstimmenden Gesellschafter erforderlich (s. 84(1)(b) IA, s. 283 CA). Eine Abschrift des Gesellschafterbeschlusses ist innerhalb von 15 Tagen an den

Internationales Insolvenzrecht – England

Registrar of Companies zu senden (ss. 84(3) IA, 30 CA). Der Liquidationsbeschluss ist innerhalb von 14 Tagen durch Veröffentlichung in der Gazette öffentlich bekannt zu machen (s. 85 IA).

Das Verfahren wird als freiwillige Liquidation durch die Gesellschafter nur dann geführt, wenn 66 innerhalb der fünf Wochen, die dem Auflösungsbeschluss vorausgehen, eine Mehrheit der Geschäftsleiter eine gesetzliche Erklärung zur Solvenz der Gesellschaft abgibt (s. 89 IA). Die Geschäftsleiter müssen erklären, dass sie nach vollständiger Überprüfung der Angelegenheiten der Gesellschaft zu der Überzeugung gelangt sind, dass die Gesellschaft innerhalb einer festzusetzenden Zeit, die 12 Monate seit Verfahrensbeginn nicht überschreiten darf, zur vollständigen Begleichung ihrer Verbindlichkeiten in der Lage sein wird. Die Erklärung muss eine Aufstellung der Aktiva und Passiva der Gesellschaft auf den letzten praktikablen Termin vor Abgabe der Erklärung enthalten. Die Erklärung ist innerhalb von 15 Tagen seit dem Liquidationsbeschluss an den Registrar of Companies zu senden. Wird eine Erklärung abgegeben, ohne dass der Geschäftsleiter berechtigten Grund zu der Annahme hatte, dass die Gesellschaft solvent ist, so macht er sich nach s. 89(4) IA strafbar. Kommt die Gesellschaft innerhalb des angegebenen Zeitraums ihren Zahlungspflichten nicht nach, so wird das Fehlen berechtigter Gründe für die Annahme der Solvenz widerleglich vermutet (s. 89(5) IA). Verfahrensbeginn ist der Liquidationsbeschluss (s. 86 IA). Danach ist die Geschäftstätigkeit einzustellen, soweit nicht die Fortführung einer geordneten Liquidation dienlich ist (s. 87(1) IA). Anteilsübertragungen und Inhaltsänderungen der Anteile sind unwirksam, soweit nicht der Liquidator zustimmt (s. 88 IA). Der Liquidator wird durch die Gesellschafterversammlung ernannt (s. 91 IA). Mit seiner Ernennung enden die Befugnisse der Geschäftsleiter, es sei denn, der Liquidator oder die Gesellschafterversammlung stimmen der fortgesetzten Ausübung der Befugnisse durch die Geschäftsleiter zu. Hauptaufgabe des Liquidators ist die Verwertung des Gesellschaftsvermögens und die Verteilung des Erlöses an die Gläubiger bzw. eines etwaigen Überschusses an die Gesellschafter (s. 107 IA).

Kommt im Rahmen einer freiwilligen Liquidation durch die Gesellschafter der von diesen 67 eingesetzte Liquidator zu dem Schluss, dass die Gesellschaft insolvent ist, so fertigt er eine Erklärung zu den Angelegenheiten und Vermögensverhältnissen der Gesellschaft in der vorgeschriebenen Form an, welche innerhalb von sieben Tagen seit Feststellung der Insolvenz an die Gläubiger zu übersenden ist (s. 95(1A) IA). Die freiwillige Liquidation durch die Gesellschafter wird zur freiwilligen Liquidation durch die Gläubiger, sobald diese eine Person als Insolvenzverwalter nominieren (bzw. das Entscheidungsverfahren zum Abschluss kommt, ohne dass eine Nominierung erfolgt wäre) (s. 96 IA). Fasst die Gesellschaft eine freiwillige Liquidation durch die Gläubiger von Anfang an ins Auge, fertigen die Geschäftsleiter die Erklärung über die Angelegenheiten und Vermögensverhältnisse des Schuldners an und senden diese innerhalb von sieben Tagen seit der Fassung des Auflösungsbeschlusses an die Gläubiger (s. 99 IA). Sowohl die Gesellschaft selbst als auch die Gläubiger können eine Person als Insolvenzverwalter vorschlagen. Die Geschäftsleiter müssen einen entsprechenden Vorschlag der Gläubiger einholen. Soweit das Gericht nichts anderes bestimmt, hat der Vorschlag der Gläubiger Vorrang (s. 100 IA). Nach vollständiger Abwicklung bereitet der Insolvenzverwalter eine abschließende Abrechnung vor und sendet diese an die Gesellschafter und Gläubiger, und im Anschluss an den Registrar of Companies zusammen mit einer Erklärung darüber, ob Gläubiger der Entlastung des Verwalters widersprechen (s. 106 IA).

Eine Involvierung des Gerichts ist weder zur Eröffnung noch zur Durchführung des Verfahrens 68 zwingend vorgesehen. Eine gerichtliche Bestätigung des Verfahrens nach rr. 21.4, 21.5 IR ist möglich, und war vor dem Wirksamwerden des EU-Austritts vor allem im Hinblick auf die Anerkennung in anderen EU-Mitgliedstaaten (mit Ausnahme von Dänemark) nach der EuInsVO bedeutsam. Mit Wegfall der automatischen Anerkennung dürfte die gerichtliche Bestätigung in grenzüberschreitenden Fällen eher noch wichtiger werden.

II. Gerichtliche Liquidation (Compulsory Winding up by the Court)

1. Antrag, Antragsinhalt

Gemäß s. 124 (1) IA sind die folgenden Personen antragsberechtigt: 69
- die Gesellschaft selbst;
- einzelne Gesellschafter;
- die Geschäftsleiter;
- Gläubiger der Gesellschaft;
- soweit sich die Gesellschaft in einem freiwilligen Auflösungsverfahren befindet, der amtliche Verwalter (official receiver).

Internationales Insolvenzrecht – England

Bezüglich Gesellschaften, die sich im Verfahren der administration oder administrative receivership befinden, besteht ein Antragsrecht im Namen der Gesellschaft für den administrator (para. 60 IA, Sch. B1. iVm Sch. 1) bzw. Zwangsverwalter (administrative receiver, s. 42 IA iVm Sch. 1); gleiches gilt für den Sachwalter eines CVA (s. 7(4)(b) IA). Hinzu kommt ein allgemeines Antragsrecht des zuständigen Ministers nach s. 124A IA im öffentlichen Interesse. In der Praxis werden Anträge weit überwiegend durch die Gläubiger gestellt.

70   Gläubiger ist nur derjenige, dem die Gesellschaft im Zeitpunkt der Antragstellung schuldet. „Schuld" (debt) ist dabei in r. 14.1 IR weit definiert. Erfasst werden alle geldwerten Ansprüche, auch künftige und bedingte, nicht jedoch bereits verjährte oder solche, deren Höhe noch nicht feststeht (unliquidated claims). Ob der Anspruch im Wege der Abtretung erworben wurde, ist unerheblich. Die Antragstellung muss auf dem vom Insolvency Service vorgegebenen und im Internet bereitgestellten Formular erfolgen (r. 7.5 IR). Anzugeben sind Name, Registersitz, Grundkapital, Geschäftszweig sowie die Gründe für den Antrag. Die möglichen Liquidationsgründe ergeben sich dabei aus s. 122 IA. Zahlungsunfähigkeit nach s. 122(1)(f) IA ist dabei nur einer von mehreren Gründen, in der Praxis freilich der wichtigste. Die dem Antrag zugrundeliegende Verbindlichkeit ist nach Höhe, Grund und Entstehungszeitpunkt genau zu bezeichnen, ggf. unter Angabe von Datum und Rechnungsnummer bzw. Aktenzeichen im Falle eines Urteils. Der Antrag muss sodann die Behauptung enthalten, dass diese Schuld ganz oder teilweise nicht beglichen wurde und dass der Antragsteller von der Zahlungsunfähigkeit der Schuldnergesellschaft überzeugt ist. Die Wahrheit der im Antrag gemachten Angaben sind durch Versicherung an Eides statt (statement of truth) zu belegen (r. 7.6 IR).

70a   Im Hinblick auf die Corona-Krise wurde die Antragsberechtigung von Gläubigern aufgrund von Zahlungsunfähigkeit vom 27.4.2020 bis zum 30.6.2021, eingeschränkt. Zunächst ist ein Antrag gestützt auf einen während dieser Zeit zugestellten gesetzlichen Mahnbescheid generell unzulässig. Auf sonstige Vermutungstatbestände der Zahlungsunfähigkeit konnte ein Antrag nur gestützt werden, soweit der Gläubiger Grund zur Annahme hatte, dass das Coronavirus für die Zahlungsunfähigkeit der Schuldner-Gesellschaft nicht ursächlich war (Corporate Insolvency and Governance Act 2020, Schedule 10 para. 1–4).

71   Die Antragstellung erfolgt online unter Zahlung der Gerichtskosten in Höhe von £280; nach Eingang des Antrags bei Gericht und Zahlung der Gerichtskosten erfolgt eine Aufforderung an den Antragsteller, die Antragskaution in Höhe von £1600 zu hinterlegen. Sobald die Hinterlegung erfolgt ist, erhält der Antragsteller eine gerichtliche Kopie des Antrags zwecks Zustellung an die Schuldnergesellschaft. Sodann muss sich der Gläubiger um die Zustellung des Antrags an die Schuldnergesellschaft bemühen (Sch.4 para. 2 IR). Die Zustellung ist erfolgt, wenn der Antrag am Registersitz der Gesellschaft einer Person ausgehändigt wurde, die sich als Geschäftsleiter oder sonstiger Empfangsbevollmächtigter der Gesellschaft zu erkennen gegeben hat. Notfalls ist der Antrag am Registersitz so zu hinterlassen, dass er nach aller Wahrscheinlichkeit von den Verantwortlichen der Gesellschaft zur Kenntnis genommen werden wird. Unmittelbar nach Zustellung ist im Wege der Versicherung an Eides statt (statement of truth) gegenüber dem Gericht nachzuweisen, dass die Zustellung erfolgt ist (Sch.4 para. 6 IR).

72   Soweit der Antrag formal in Ordnung ist, setzt das Gericht einen Termin für die Anhörung fest. Der Anhörungstermin sowie die Tatsache der Zustellung ist sodann durch den Antragsteller in der London Gazette bekannt zu machen, und zwar nicht später als sieben Werktage nach der Zustellung und mindestens sieben Werktage vor dem Anhörungstermin (r. 7.10 IR). Durch diese Veröffentlichung wird den sonstigen Gläubigern der Gesellschaft Gelegenheit gegeben, zu dem Antrag Stellung zu nehmen. Soweit diese an der Anhörung teilnehmen wollen, müssen sie dies gegenüber dem antragstellenden Gläubiger spätestens um 16.00 Uhr am Tage vor der Anhörung anzeigen (r. 7.14 IR). Mindestens fünf Werktage vor der Anhörung muss der antragstellende Gläubiger gegenüber dem Gericht erklären, dass die relevanten Verfahrensvorschriften eingehalten wurden (certificate of compliance). Anzugeben sind der Tag der Antragstellung, der Tag der Anhörung, der Tag der Zustellung an den Schuldner sowie der Tag der Veröffentlichung. Eine Kopie der Veröffentlichung ist beizufügen (r. 7.12 IR). Trotz der Fünf-Tage-Frist werden in der Praxis Erklärungen akzeptiert, wenn sie nicht später als 16.30 Uhr am Freitag vor der Anhörung bei Gericht eingehen. Weiterhin ist eine Liste derjenigen Personen bei Gericht einzureichen, die beabsichtigen, an der Anhörung teilzunehmen. Dies muss vor Beginn der Anhörung geschehen (r. 7.15 IR).

73   Der Antrag kann nicht später als fünf Tage vor der Anhörung mit Zustimmung des Gerichts zurückgenommen werden, soweit die Veröffentlichung des Antrags noch nicht erfolgt ist, der Antragsteller keine Anzeige der anderen Gläubiger erhalten hat und der Schuldner zustimmt. Die Zustimmung des Gerichts zur Antragsrücknahme steht in seinem Ermessen und der Auflösungsan-

Internationales Insolvenzrecht – England

trag mag aufrechterhalten werden, soweit das Gericht dies für angemessen hält (r. 7.13 IR). Hierin kommt der kollektive Charakter des Verfahrens zum Ausdruck. Das Verfahren ist nicht allein in der Hand des Antragstellers und der Schuldnergesellschaft, die Interessen der übrigen Gläubiger sind ebenfalls zu berücksichtigen.

Anträge der Gesellschaft sind selten, steht hierfür doch das Verfahren der freiwilligen Liquidation 74 durch die Gesellschafter (members' voluntary winding up) zur Verfügung, das im Falle der Insolvenz automatisch zu einer freiwilligen Auflösung durch die Gläubiger (creditors' voluntary winding up) wird (s. 95, 96 IA). Allerdings setzt ein voluntary winding up einen mit ¾-Mehrheit gefassten Beschluss der Gesellschafterversammlung voraus (special resolution) (s. 84(1)(b) IA iVm s. 283 CA). Für einen Antrag iRd s. 124 IA reicht dagegen ein mit einfacher Mehrheit gefasster Beschluss (ordinary resolution, s. 282 CA) aus.

Ein Antrag der Geschäftsleiter im eigenen Namen (ein Antrag im Namen der Gesellschaft 75 bedarf eines Beschlusses der Gesellschafterversammlung) muss von allen Geschäftsleitern gemeinsam gestellt werden bzw. auf einen wirksamen Beschluss des Geschäftsleitungsorgans (board of directors) zurückzuführen sein; Re Instrumentation Electrical Services Ltd (1988) 4 BCC 301.

Anträge einzelner Gesellschafter wurden in der Vergangenheit zum einen gestellt, um von 76 einer Verteilung des Gesellschaftsvermögens zu profitieren, was freilich Solvenz der Gesellschaft voraussetzt. Zum anderen wurde der Antrag als ein Minderheitenrechtsbehelf gegenüber ausbeuterischem Verhalten der kontrollierenden Mehrheit eingesetzt; Ebrahimi v Westbourne Galleries Ltd. [1973] AC 360 (HL). Mit s. 994 CA steht allerdings ein effizienterer Rechtsbehelf zur Verfügung. Zudem ist die Antragsberechtigung nach s. 124(2) IA auf Gesellschafter beschränkt, die ihre Anteile bei Gründung gezeichnet oder wenigstens für sechs Monate innerhalb der dem Antrag vorausgehenden 18 Monate gehalten haben.

2. Zuständiges Gericht

Gemäß s. 117(1) IA ist der High Court unbeschränkt zuständig für die Liquidation jeder 77 Gesellschaft, die in England und Wales registriert ist. Außerhalb Londons agiert der High Court durch sog. District Registries in Birmingham, Bristol, Cardiff, Leeds, Liverpool, Manchester, Newcastle-upon-Tyne und Preston. Diese District Registries haben die gleichen unbeschränkten Befugnisse zur Auflösung einer Gesellschaft wie der High Court in London; dh es kommt nicht darauf an, ob die jeweilige Gesellschaft ihren Registersitz in dem jeweiligen Distrikt hat. Ein Auflösungsantrag kann vielmehr für jede Gesellschaft bei jedem der acht District Registries und beim High Court in London gestellt werden. Zwischen mehrerer Anträgen bezüglich des selben Schuldners gilt das Prioritätsprinzip.

Für Gesellschaften, deren eingezahltes Stammkapital £120.000 nicht übersteigt, besteht gem. s. 78 117(2) IA eine konkurrierende Zuständigkeit des County Courts, in dessen Distrikt die Gesellschaft ihren Registersitz hat. Registersitz ist dabei der bei der Registrierung der Gesellschaft im registration document nach s. 9(5)(a) CA anzugebende Ort. Maßgeblich für s. 117(2) IA ist derjenige Ort, der für die Gesellschaft innerhalb der sechs Monate, die dem Antrag vorausgehen, am längsten Registersitz war. Nicht alle County Courts haben Entscheidungskompetenz in Insolvenzangelegenheiten. Aus Effizienzgründen ist vielmehr bestimmten County Courts durch Sch.6 IR die Insolvenzjurisdiktion zugewiesen. Dies kann sich von Zeit zu Zeit ändern. Keine Insolvenzjurisdiktion besteht für County Courts innerhalb des London Insolvency Districts. Gesellschaften, die hier ihren Registersitz haben, sind durch den High Court aufzulösen. In der Praxis werden Antrage ohnehin regelmäßig beim High Court gestellt.

Zu berücksichtigen ist, dass ein Antrag, der beim falschen Gericht gestellt wurde, nicht 79 automatisch zur Abweisung des Antrags führt bzw. das Verfahren nicht automatisch unwirksam macht. Es steht regelmäßig im Ermessen des angerufenen Gerichts, ob es das Verfahren durchführen will, das Verfahren an das zuständige Gericht verweist, oder den Antrag abweist, wobei von letzterer Möglichkeit nur in extremen Fällen Gebrauch gemacht werden soll (s. 118 IA, r. 12.31 IR). R. 12.30 IR gibt den Gerichten umfassende Verweisungsbefugnisse auf Antrag und von Amts wegen.

Die vorstehenden Ausführungen gelten für die nationale Zuständigkeit für England und 80 Wales, innerhalb des Vereinigten Königreichs sowie für die internationale Zuständigkeit. Im Verhältnis zu EU-Mitgliedstaaten standen, bis zum Wirksamwerden des EU-Austritts, diese Grundsätze unter dem Vorbehalt der Anwendbarkeit des Art. 3 EuInsVO: Die Zuständigkeit der englischen Gerichte war ausgeschlossen, soweit der Schuldner den Mittelpunkt seiner hauptsächlichen Interessen in einem anderen EU-Mitgliedstaat hatte, vorbehaltlich einer Niederlassung in England und Wales.

Internationales Insolvenzrecht – England

3. Eröffnungsentscheidung und Rechtsmittel

81   Gemäß s. 125(1) IA kann das Gericht nach seinem Ermessen den Liquidationsantrag ablehnen, die Anhörung vertagen, eine vorläufige Anordnung treffen oder jegliche sonstige Anordnung treffen, die das Gericht für angemessen hält. Eine Einschränkung ergibt sich insoweit, als das Gericht nicht allein aus dem Grund den Antrag ablehnen soll, dass die Gesellschaft kein Vermögen hat. Das Gericht wird nur dann die Liquidation der Gesellschaft anordnen, wenn ein Liquidationsgrund iSd s. 122(1) IA vorliegt. Insolvenz gem. s. 122(1)(f), 123 IA ist dabei nur ein möglicher Auflösungsgrund, wenn auch in der Praxis der wichtigste. Für die Zeit vom 27.4.2020 bis zum 30.6.2021 konnte das Gericht die Liquidation aufgrund von Zahlungsunfähigkeit nur anordnen, soweit es davon überzeugt war, dass der Liquidationsgrund der Zahlungsfähigkeit unabhängig von etwaigen negativen finanziellen Auswirkungen aufgrund der Corona-Krise eingetreten war (Corporate Insolvency and Governance Act 2020, Schedule 10 para. 5). Hinsichtlich der ‚negativen finanziellen Auswirkungen' waren geringe Anforderungen zu stellen: der Schuldner brauchte nicht darzulegen, dass die Corona-Krise für die Insolvenz (mit-)ursächlich war; ausreichend war vielmehr etwa der Nachweis, das Finanzierungsbemühungen durch die Corona-Krise erschwert worden sind; Re A Company (Application to Restrain Advertisement of a Winding Up Petition) [2020] EWHC 3740 (Ch); PGH Investments Ltd v Ewing [2021] EWHC 533 (Ch).

82   Trotz des weiten gerichtlichen Ermessens wird das Gericht die Liquidation der Gesellschaft regelmäßig dann anordnen, wenn es von der Insolvenz der Gesellschaft überzeugt ist und der antragstellende Gläubiger nachweisen kann, dass er eine unbeglichene Forderung gegen den Schuldner hat. Im Hinblick auf die letztgenannte Voraussetzung ergeben sich jedoch wichtige Einschränkungen. Zunächst wird eine Liquidationsanordnung regelmäßig dann nicht ergehen, wenn die ausstehende Schuld den Betrag von £750 nicht erreicht. Hintergrund ist letztlich ein Missbrauchsargument: Das Liquidationsverfahren soll nicht als Vollstreckungsverfahren für Forderungen geringer Höhe missbraucht werden. Weiterhin wird das Gericht den Liquidationsantrag regelmäßig dann zurückweisen, wenn die zugrundeliegende Forderung des antragstellenden Gläubigers von der Gesellschaft bestritten wird. Das Liquidationsverfahren soll nicht dazu dienen, den Schuldner zur Zahlung von Forderungen zu bewegen, deren Bestehen oder Durchsetzbarkeit er berechtigterweise in Zweifel zieht. Erforderlich ist aber, dass die Forderung zwischen den Parteien auch tatsächlich in Streit steht. Es obliegt dem Schuldner, diejenigen sachlichen Gründe vorzutragen, die das Nichtbestehen oder die Nichtdurchsetzbarkeit der Forderung begründet erscheinen lassen. Der bloße gute Glaube daran, dass die Forderung nicht besteht, ist nicht ausreichend. Idealerweise geht es um streitige Fragen, die eine Beweisaufnahme erforderlich machen. Die in einem Urteil verbriefte Forderung des Gläubigers wird nicht allein dadurch zu einer streitigen, dass der Schuldner ein Rechtsmittel gegen das Urteil eingelegt hat.

83   Eine wichtige Rolle bei der Entscheidung des Gerichts spielt auch, ob der Antrag von der Mehrheit, nach Köpfen und Betrag, der übrigen, insbesondere ungesicherten Gläubiger mitgetragen wird, oder ob diese dem Liquidationsantrag widersprechen. Hierin kommt der kollektive Charakter des Liquidationsverfahrens zum Ausdruck. Die Interessen aller Gläubiger, nicht nur des Antragstellers, sind zu berücksichtigen. Berücksichtigen darf das Gericht schließlich auch, ob die Gesellschaft überhaupt irgendwelches Vermögen hat, wenn auch Vermögenslosigkeit allein („on the ground only...") die Verwerfung eines Liquidationsantrags nicht rechtfertigen kann.

84   Das Gericht zeigt die Auflösungsanordnung unverzüglich dem amtlichen Verwalter an (r. 7.21 IR) und übersendet zwei mit dem Siegel versehene Kopien (r. 7.22(1) IR). Der amtliche Verwalter veranlasst sodann die Zustellung einer Kopie an die Gesellschaft und einer weiteren an den Registrar of Companies. Weiterhin veranlasst der amtliche Verwalter die Bekanntmachung der Anordnung in der London Gazette sowie weiteren Zeitungen seiner Wahl (r. 7.22(2) und (3) IR).

85   Die zur Verfügung stehenden Rechtsmittel bezüglich einer Anordnung des Gerichts in Insolvenzangelegenheiten ergeben sich bezüglich Liquidation und administration aus r. 12.59 IR, bezüglich bankruptcy aus s. 375 IA. Beide Regelungen sind im Wesentlichen identisch.

86   Nach r. 12.59(1) IR, s. 375(1) IA kann jedes Gericht seine eigenen Anordnungen in Insolvenzangelegenheiten zurücknehmen oder abändern. Antragsberechtigt ist nur derjenige, der auch bezüglich der Anhörung, aufgrund derer die Anordnung ergangen ist, ein Beteiligungsrecht hatte, Re Mid-East Trading Ltd [1997] 3 ALL ER 481. Personen, die nicht Partei im Rahmen der Anhörung waren, können eine Rücknahme bzw. Abänderung der Anordnung möglicherweise nach r. 40.9 der Civil Procedure Rules (CPR) erreichen, die über r. 12.1 IR mit den entsprechen-

Internationales Insolvenzrecht – England

den Modifikationen Anwendung finden. Trotz der weiten Formulierung in r. 12.49(1) IR, s. 375(1) IA ist die Kompetenz des Gerichts beschränkt. Eine Rücknahme oder Abänderung der Anordnung soll nur dann erfolgen, wenn sich die Umstände in der Zwischenzeit verändert haben oder neues Beweismaterial ans Tageslicht getreten ist, sodass das Gericht bei Kenntnis der Sachlage die ursprüngliche Anordnung nicht oder nicht so getroffen hätte, Re A Debtor (No 32/SD/91) [1993] 2 ALL ER 991.

Gemäß r. 12.59(2) IR, s. 375(2) IA besteht gegen Entscheidungen der County Courts bzw. des ICC Richters am High Court ein erstes Rechtsmittel (first appeal) zum Einzelrichter am High Court. Gegen die Entscheidung des High Court besteht ein zweites Rechtsmittel (second appeal) zum Court of Appeal. Beide Rechtsmittel bedürfen der Zulassung, entweder durch das entscheidende Gericht oder das jeweilige Rechtsmittelgericht (r. 12.61(1) IR). **87**

Gemäß r. 12.1 IR gelten sowohl für das erste als auch das zweite Rechtsmittel die allgemeinen Vorschriften der CPR. Eine Zulassung des Rechtsmittels erfolgt nur, soweit das Rechtsmittelgericht davon ausgeht, dass das Rechtsmittel eine reelle Erfolgschance hat und ein sonstiger guter Grund vorliegt, oder, im Falle eines zweiten appeals, es um wichtige prinzipielle oder praktische Fragen geht (rr. 52.6, 52.7 CPR). Hinsichtlich der Fristen gelten r. 12.61(2) IR und r. 52.12 CPR. Danach ist die beabsichtigte Einlegung des Rechtsmittels dem Rechtsmittelgericht binnen 21 Tagen seit der Entscheidung des Untergerichts anzuzeigen. Vorbehaltlich anderweitiger Vorgaben des Rechtsmittelgerichts ist die Anzeige unverzüglich, jedenfalls aber binnen sieben Tagen seit Zugang der Anzeige bei Gericht sämtlichen Verfahrensgegnern zuzustellen. **88**

Die möglichen Gründe für die Aufhebung einer Anordnung aufgrund eines Rechtsmittel finden sich in para. 52.21(3) CPR. Danach ist dem Rechtsmittel stattzugeben, wenn entweder die Entscheidung des vorhergehenden Gerichts falsch (wrong) oder ungerecht (unjust) war. Für letzteres sind schwere verfahrensrechtliche oder sonstige Mängel der untergerichtlichen Entscheidung erforderlich. **89**

4. Verfahrensverlauf und Verfahrensbeendigung

Gemäß s. 129 IA beginnt das Liquidationsverfahren grundsätzlich mit der Stellung des Liquidationsantrags, nicht mit der Anordnung der Liquidation durch das Gericht. Ist der gerichtlichen Liquidationsanordnung ein Liquidationsbeschluss der Gesellschaft im freiwilligen Liquidationsverfahren vorausgegangen, so beginnt das Verfahren mit diesem Liquidationsbeschluss der Gesellschaft. Dies hat Bedeutung insbesondere im Zusammenhang mit der Anfechtung von Vermögensverschiebungen, die vor Beginn des Liquidationsverfahrens vorgenommen wurden. **90**

Soweit der amtliche Verwalter die Insolvenzverwaltung durchgeführt hat, wird er dem Registrar of Companies die Vollbeendigung der Gesellschaft gem. s. 205(1)(b) IA anzeigen. Ein privater Insolvenzverwalter wird, wenn er die Auflösung für beendet hält, einen Bericht über das Auflösungsverfahren anfertigen und den Gläubigern vorlegen (s. 146 IA). Der Insolvenzverwalter wird sodann dem Gericht und dem Registrar of Companies je eine Kopie des Reports übersenden, sowie eine Stellungnahme dazu, ob Gläubiger der Entlastung des Insolvenzverwalters widersprochen haben. Der Registrar muss nach Erhalt der Anzeige bzw. des Berichts die Eintragung sofort vornehmen. Gemäß s. 205(2) IA ist die Gesellschaft aufgelöst und endet das Verfahren automatisch nach Ablauf von drei Monaten beginnend vom Zeitpunkt der Eintragung der Auflösungsanzeige bzw. des Abschlussberichts im Gesellschaftsregister. **91**

S. 202 IA stellt ein Verfahren für eine frühzeitige Liquidation zur Verfügung. Der amtliche Verwalter, der als Insolvenzverwalter handelt, kann danach unter der Voraussetzung, dass das Vermögen der Gesellschaft nicht ausreicht, um die Kosten des Verfahrens zu decken, und weitere Ermittlungen in die Angelegenheiten der Gesellschaft, insbesondere im Hinblick auf ein Fehlverhalten der Gründer und Geschäftsleiter, nicht erforderlich sind, an den Registrar of Companies einen Antrag auf frühzeitige Auflösung stellen. Die Absicht, einen solchen Antrag zu stellen, muss der amtliche Verwalter mindestens 28 Tage vor der Antragstellung den Gläubigern und Gesellschaftern anzeigen. Nach Eingang des Antrags auf frühzeitige Auflösung soll der Registrar of Companies unverzüglich die Eintragung vornehmen. Gemäß s. 202(5) IA ist die Gesellschaft aufgelöst und endet das Verfahren automatisch nach Ablauf von drei Monaten beginnend vom Zeitpunkt der Eintragung. Soweit ein privater Insolvenzpraktiker eingesetzt wurde, steht das Verfahren der frühzeitigen Auflösung nicht zur Verfügung. Der private Insolvenzverwalter kann jedoch sein Amt niederlegen, womit nach s. 136(3) IA der amtliche Verwalter einrückt. Diesem steht nunmehr das Verfahren nach s. 202 IA offen. **92**

Internationales Insolvenzrecht – England

III. Administration

1. Antrag, Antragsinhalt

93 Eingeführt durch den Insolvency Act 1986 und umfassend reformiert durch den Enterprise Act 2002 steht das administration-Verfahren nunmehr in zwei unterschiedlichen Formen zur Verfügung: administration aufgrund gerichtlicher Anordnung (by court order) und außergerichtliche (out-of-court) administration. Letztere ist zumindest für nicht-grenzüberschreitende Fälle der bevorzugte Verfahrenstyp. Das administration-Verfahren wurde in Schedule B1 des Insolvency Act 1986 einer umfassenden Regelung zugeführt.

94 Antragsberechtigt zur Stellung des Antrags auf gerichtliche Anordnung sind gem. para. 12(1) IA Sch. B1 die Gesellschaft selbst, deren Geschäftsleiter, einzelne oder mehrere Gläubiger oder mehrere der genannten Personen gemeinsam. Einzelne Gesellschafter sind nicht antragsberechtigt. Für einen Antrag der Gesellschaft ist ein Gesellschafterbeschluss mit einfacher Mehrheit erforderlich. Ein Antrag der Geschäftsleiter muss lediglich von einer einfachen Mehrheit getragen werden. Ein formeller Beschluss des Geschäftsleitungsorgans (board of directors) ist daher nicht erforderlich.

95 Der Antrag muss die Schuldnergesellschaft und den Antragsteller hinreichend identifizieren, Angaben zum Gesellschaftskapital enthalten, sowie eine Erklärung, dass die Gesellschaft entweder zahlungsunfähig ist oder mit Wahrscheinlichkeit zahlungsunfähig werden wird. Ist der antragstellende Gläubiger der Inhaber eines qualifizierenden dinglichen Sicherungsrechts (holder of a qualifying floating charge, HQFC), entfällt diese Erklärung. Beizufügen ist eine schriftliche Erklärung des ins Auge gefassten Verwalters, wonach er mit der Ernennung einverstanden ist. Dem Antrag ist eine Zeugenerklärung (witness statement) beizufügen, die insbesondere detaillierte Angaben zur finanziellen Situation der Gesellschaft enthält (rr. 3.3–3.7 IR).

96 Diese Unterlagen sind mit einer ausreichenden Anzahl an Kopien beim Gericht einzureichen, welches sein Siegel anbringt und einen Anhörungstermin anberaumt (r. 3.7 IR). Sodann muss der Antragsteller die Zustellung des Antrags an eine Reihe von Personen bewirken, die ein besonderes Interesse am Verfahren haben können, wie insbesondere der Schuldner, soweit nicht selbst Antragsteller, Personen, die einen Liquidationsantrag gestellt haben, Gläubiger, die einen administrator oder administrative receiver einsetzen könnten, den administrative receiver selbst, soweit bereits eingesetzt (r. 3.8 IR), oder ein Gerichtsvollzieher, der beabsichtigt, in das Schuldnervermögen zu vollstrecken (r. 3.9 IR). Die Zustellung erfolgt durch Übergabe an den Adressaten oder auf dem Postwege (Sch.4 para. 3 IR). Der Zustellungsnachweis (Sch.4 para. 6 IR) ist spätestens am Tage vor der Anhörung bei Gericht einzureichen (r. 3.8(4) IR).

97 Ein Verfahren der out-of-court administration kann durch die Gesellschaft, deren Geschäftsleiter oder den Inhaber eines qualifizierenden dinglichen Sicherungsrechts (HQFC) eingeleitet werden (vgl. para. 22 bzw. 14 IA Sch. B1).

98 Die Einsetzung eines administrators durch die Gesellschaft erfordert einen Beschluss der Gesellschafterversammlung mit einfacher Mehrheit (ordinary resolution, s. 282 CA). Eine Einsetzung durch die Geschäftsleiter kann nur erfolgen, soweit diese mit einfacher Mehrheit handeln, ohne dass es auf einen formalen Beschluss des Geschäftsleitungsorgans (board of directors) anzukommen scheint. Ein Einsetzungsrecht besteht nicht innerhalb einer Frist von 12 Monaten beginnend mit dem Zeitpunkt, an dem eine frühere, von der Gesellschaft oder den Geschäftsleitern initiierte administration ihre Wirkung verliert (para. 23 IA Sch. B1). Die Einsetzung ist weiterhin ausgeschlossen, soweit sich die Gesellschaft in einem Liquidationsverfahren befindet (para. 8 IA Sch. B1), ein solches oder ein administration-Verfahren anhängig ist (para. 25 IA Sch. B1) oder ein administrator oder administrative receiver bereits eingesetzt sind (para. 7, 25(c) IA Sch. B1).

99 Die Absicht zur Einsetzung eines administrators seitens der Gesellschaft/Geschäftsleiter ist dem HQFC (soweit vorhanden), der seinerseits einen administrator/administrative receiver einsetzen könnte, spätestens fünf Werktage vor der geplanten Einsetzung anzuzeigen (para. 26 IA Sch. B1). Der Anzeige ist eine Kopie des Gesellschafterbeschlusses bzw. der Entscheidung der Geschäftsleiter beizufügen (r. 3.23 IR). In der Absichtsanzeige muss der Anzeigende erklären, dass die Gesellschaft zahlungsunfähig ist oder sein wird, dass sich die Gesellschaft nicht in Auflösung befindet, sowie dass der Einsetzung eines administrators keine Hinderungsgründe entgegenstehen (para. 27 IA Sch. B1). Mit Einreichung dieser Absichtsanzeige bei Gericht tritt ein vorläufiges Moratorium von 10 Werktagen in Kraft (para. 44(4) IA Sch. B1). Die Anzeigepflicht gibt dem HQFC faktisch ein Vetorecht, da die spätere Anzeige der Einsetzung an das Gericht die Erklärung enthalten muss, ob der HQFC der Einsetzung zustimmt oder sich nicht geäußert hat. Dies spricht dafür, dass im Falle einer negativen Äußerung nurmehr eine administration durch gerichtliche Anordnung in Betracht kommt.

Internationales Insolvenzrecht – England

Äußert sich der HQFC binnen fünf Werktagen nach Erhalt der Anzeige nicht, so kann der **100** Anzeigende binnen zehn Werktagen nach Einreichung der Absichtsanzeige bei Gericht die eigentliche Anzeige der Einsetzung des administrators bei Gericht einreichen. Die Einsetzung wird mit dieser Anzeige wirksam und das Verfahren ist eröffnet (para. 31 IA Sch. B1). Die Anzeige der Einsetzung muss den administrator identifizieren. Weiterhin muss der Anzeigende erklären, dass er zur Einsetzung berechtigt ist, dass er die relevanten Vorschriften eingehalten hat, dass keine Beschränkungen zur Einsetzung bestehen, und dass der HQFC ordnungsgemäß informiert wurde, der Einsetzung zustimmt oder sich nicht geäußert hat (para. 29 IA Sch. B1). Die Erklärung ist strafbewehrt. Soweit noch nicht geschehen, ist der Gesellschafterbeschluss bzw. die Entscheidung der Geschäftsleiter zur Einsetzung eines administrators ebenfalls einzureichen.

Werden mehrere administrators eingesetzt, sind deren jeweilige Verantwortlichkeiten, unter **101** welchen Umständen sie einzeln oder nur gemeinsam handeln können, genau anzugeben. In der Praxis werden häufig zwei administrators aus der gleichen Wirtschaftsprüfungskanzlei eingesetzt. Gelegentlich erfolgt die Einsetzung von administrators, die für unterschiedliche Kanzleien arbeiten. Dies mag der Fall sein, wenn die Wünsche von Einsetzendem und HQFC auseinandergehen. Der Anzeige der Einsetzung ist eine Erklärung des administrators beizufügen, in der dieser sein Einverständnis mit der Einsetzung erklärt, sich zu den Erfolgsaussichten der administration äußert und seine früheren beruflichen Verbindungen zum Schuldner offenlegt (para. 29(3) IA Sch. B1). Nach Anzeige der Einsetzung an das Gericht ist der administrator von seiner Einsetzung zu informieren.

Zur Einsetzung eines administrators berechtigt ist schließlich der Inhaber eines qualifizierenden **102** dinglichen Sicherungsrechts (HQFC), dessen Sicherheit das ganze oder nahezu das ganze Vermögen des Schuldners umfasst (para. 14 IA Sch. B1). Floating charge ist ein dingliches Sicherungsrecht, das sich auf eine revolvierende Masse von Vermögensgegenständen bezieht und nur von Kapitalgesellschaften als Sicherungsgeber bestellt werden kann. Der Sicherungsgeber kann bis zum Eintritt eines genau definierten Sicherungsfalles (cristallization) im normalen Geschäftsbetrieb frei über das Sicherungsgut verfügen, neu erworbene Sachen werden automatisch von der floating charge erfasst. Im Falle der cristallization wird die floating charge zur fixed charge und bezieht sich dann auf die zu diesem Zeitpunkt erfassten Vermögensgegenstände. Die Bestellung erfolgt durch Vertrag, der zum Ausdruck bringt, dass sich die Sicherung auf das gesamte gegenwärtige und künftige Vermögen der Gesellschaft oder einen Teil beziehen soll und der Sicherungsgeber im normalen Geschäftsbetrieb zur freien Verfügung berechtigt sein soll. Zur Wirksamkeit gegenüber Dritten und zur Rangwahrung ist die Registrierung der charge im für jede Gesellschaft beim Companies House einzurichtenden Register innerhalb von 21 Tagen ab Bestellung erforderlich (ss. 859Aff. CA).

Die Einsetzungsberechtigung besteht, wenn der Bestellungsvertrag zum Ausdruck bringt, dass **103** der Sicherungsnehmer zur Einsetzung eines administrators berechtigt sein soll (wobei mit Rücksicht auf das bis zum 15.9.2003 geltende Recht auch die Ermächtigung zur Einsetzung eines administrative receivers genügt). Weiterhin ist erforderlich, dass die floating charge entweder allein oder zusammen mit weiteren dinglichen Sicherheiten das ganze oder im Wesentlichen das ganze Vermögen des Schuldners umfasst (para. 14(2) und (3) IA Sch. B1). Ob die Sicherheit(en) des Einsetzungswilligen das ganze oder im Wesentlichen das ganze Vermögen des Schuldners umfassen, ist ein Frage des Einzelfalles. Soweit diese Voraussetzung nicht erfüllt ist, bliebt nur ein Antrag auf administration by court order. Die Einsetzungsberechtigung besteht weiterhin nur dann, wenn die nach dem Bestellungsvertrag zur Realisierung der Sicherheit erforderlichen Voraussetzungen vorliegen, insbesondere also der Schuldner seinen Verpflichtungen nicht nachkommt (para. 16 IA Sch. B1).

Die Einsetzungsberechtigung besteht nicht, soweit sich die Gesellschaft in einem freiwilligen **104** Liquidationsverfahren befindet, ein vorläufiger Insolvenzverwalter in einem Liquidationsverfahren bzw. ein administrator oder administrative receiver bereits eingesetzt wurde (para. 7, 17 IA Sch. B1). In diesen Fällen kommt wiederum nur eine Einsetzung per gerichtlicher Anordnung in Betracht.

Mit Einreichung einer Absichtsanzeige bei Gericht tritt ein fünftägiges vorläufiges Moratorium **105** in Kraft (para. 44(2)(b) IA Sch. B1). Die Absichtsanzeige ist sodann denjenigen HQFC zuzustellen, deren Sicherungsrechte demjenigen des einsetzungswilligen HQFC im Rang vorgehen. Vorrangige HQFC haben nun zwei Werktage Zeit, zu der beabsichtigten Einsetzung Stellung zu nehmen. Soweit vorrangige HQFC der Einsetzung zustimmen oder sich binnen zweier Tage nicht äußern, kann der einsetzungswillige HQFC die Anzeige der Einsetzung bei Gericht einreichen (para. 15 IA Sch. B1). Unklar ist die Rechtslage, wenn ein vorrangiger HQFC der Einsetzung widerspricht,

Internationales Insolvenzrecht – England

ohne selbst aktiv zu werden. Ratsam erscheint es, in diesem Fall entweder eine gerichtliche Anweisung nachzufragen oder eine gerichtliche Einsetzung zu beantragen.

106 Die Einsetzung wird wirksam mit der Anzeige der Einsetzung bei Gericht (para. 19 IA Sch. B1). Dem ist die Erklärung beizufügen, dass der Einsetzende Inhaber eines qualifizierenden Sicherungsrechts ist, dass die Sicherheit im Zeitpunkt der Einsetzung realisierbar war, dass die relevanten Vorschriften des IA eingehalten wurden, und dass die Einsetzung den vorrangigen HQFC angezeigt wurde (para. 18 IA Sch. B1). Eine Erklärung des administrators mit dem oben (→ Rn. 95) beschriebenen Inhalt ist beizufügen. Der Einsetzungswillige erhält zwei mit dem Siegel des Gerichts versehene Kopien der Anzeige, von denen eine unverzüglich an den administrator weiterzuleiten ist (r. 3.18 IR). Ein Verstoß hiergegen ist strafbewehrt (para. 20 IA Sch. B1).

107 Die Einsetzung ist auch außerhalb der normalen Öffnungszeiten des Gerichts möglich (r. 3.20 IR). Dazu ist die Einsetzungsanzeige entweder per Fax oder per Email an die designierte Nummer bzw. Emailadresse zu senden. Die Einsetzung wird wirksam mit Eingang des Faxes bzw. Email bei Gericht, soweit der Einsetzungswillige am nächsten Gerichtstag drei Kopien der Einsetzungsanzeige sowie den Sendebericht bzw. einen Ausdruck der Email bei Gericht einreicht.

2. Zuständiges Gericht

108 Zuständig für die gerichtliche Einsetzung eines administrators im Falle der administration by court order bzw. für den Empfang der Anzeige der Einsetzung im Falle der out-of-court administration ist der High Court. Dies folgt letztendlich aus der Practice Direction: Insolvency Proceedings, Ziff. 3.3.

3. Eröffnungsentscheidung und Rechtsmittel

109 Im Verfahren der administration by court order kann das Gericht gem. para. 11 IA Sch. B1 die administration nur dann anordnen, wenn es davon überzeugt ist, dass die Gesellschaft entweder insolvent ist oder wahrscheinlich insolvent werden wird. Der Insolvenzbegriff ist gem. para. 111(1) IA Sch. B1 der gleiche wie in s. 123 IA für das Auflösungsverfahren. Erforderlich ist, dass der Eintritt der Insolvenz in der Zukunft wahrscheinlicher ist als der Nicht-Eintritt. Weiterhin muss das Gericht überzeugt sein, dass der mit der administration verfolgte Zweck bei vernünftiger Betrachtung wahrscheinlich erreicht wird. Es muss die tatsächliche Aussicht bestehen, dass der verfolgte Zweck erreicht wird, eine 50 %-Wahrscheinlichkeit ist jedenfalls ausreichend. Wird der Antrag vom HQFC gestellt, der zur Einsetzung eines administrators nach para. 14 IA Sch. B1 berechtigt gewesen wäre, entfallen diese Voraussetzungen (vgl. s. 35(2)(a) IA Sch. B1).

110 Gemäß para. 13(1) IA Sch. B1 hat das Gericht ein weites Ermessen. Bei seiner Entscheidung wird es insbesondere die Interessen aller Gläubiger berücksichtigen. Die Anordnung einer administration ist unwahrscheinlich, soweit die Mehrheit der Gläubiger sich dagegen ausspricht und etwaige Vorschläge des administrators nicht unterstützen würde.

111 Die gerichtliche Anordnung der administration enthält Angaben zum Antragsteller, zum Schuldner, und zur Person des administrators. Zwei mit dem Siegel versehene Abschriften sind dem Antragsteller zu übersenden, der eine davon dem administrator zusendet (rr. 3.13, 3.15 IR).

112 Soweit ein Einsetzungsrecht besteht, wird im Falle der out-of-court administration die Einsetzung des administrators mit der Einreichung der Einsetzungsanzeige bei Gericht wirksam (para. 19, 31 IA Sch. B1). Ein fehlendes Einsetzungsrecht führt zur Nichtigkeit der Einsetzung, während bloße Verfahrensfehler gem. para. 104 IA Sch. B1 geheilt werden können. Zu berücksichtigen ist, dass die Insolvenz der Gesellschaft Voraussetzung für ein Einsetzungsrecht der Gesellschaft und der Geschäftsleiter ist. Dies ergibt sich aus para. 27(2)(a) IA Sch. B1, wonach sich der Einsetzungswillige bei Einreichung der Absichtsanzeige bei Gericht zur Insolvenz der Gesellschaft erklären muss. Im Falle der Einsetzung durch den HQFC besteht dieses Erfordernis nicht. Der HQFC kann also einen administrator unabhängig davon einsetzen, ob die Gesellschaft insolvent ist, soweit die Voraussetzung im Übrigen, insbesondere nach para. 16 IA Sch. B1, vorliegen.

113 Hinsichtlich etwaiger Rechtsmittel gegen gerichtliche Entscheidungen gelten die obigen Ausführungen (→ Rn. 86 – → Rn. 89) entsprechend.

4. Verfahrensverlauf und Verfahrensbeendigung

114 Das Verfahren beginnt mit der Einsetzung des administrators durch das Gericht (para. 10 IA Sch. B1) bzw. mit der Anzeige der Ernennung an das Gericht (para. 19, 31 IA Sch. B1). Die Hauptfunktion des administration-Verfahrens ist die Erhaltung des Unternehmens; soweit dies

Internationales Insolvenzrecht – England

nicht möglich oder praktikabel ist, kann der administrator das Unternehmen oder einzelne Vermögensgegenstände veräußern, um für die Gesamtheit der Gläubiger ein besseres Ergebnis als im Falle der Liquidation zu erzielen. Ist auch das nicht möglich oder praktikabel, kann die Verwertung des Schuldnervermögens im Interesse einzelner oder mehrerer gesicherter Gläubiger erfolgen (para. 3 IA Sch. B1). Der Ausgang des Verfahrens ist damit offen. In Betracht kommen die Wiederherstellung der regulären Geschäftstätigkeit der Gesellschaft, der Abschluss eines CVA, scheme of arrangements oder Restrukturierungsplans oder die Veräußerung des Unternehmen bzw. einzelner Teile oder Vermögensgegenstände. Oftmals bleibt nur die insolvenzbedingte Auflösung.

Kennzeichnendes Merkmal der administration ist ein umfassendes automatisches Moratorium, **115** das mit der Einsetzung des administrators in Kraft tritt (para. 42, 43 IA Sch. B1). Dieses Moratorium verhindert die Durchsetzung jeglicher Gläubigerrechte gegen das Schuldnervermögen, einschließlich der Rechte dinglich gesicherter Gläubiger unabhängig davon, ob es sich um ein Sicherungsrecht im eigentlichen Sinne handelt oder ob das Recht auf Eigentum beruht. Etwas anderes gilt nur dann, wenn der administrator der Rechtsdurchsetzung zustimmt oder das Gericht seine Genehmigung erteilt. Nach para. 44 IA Sch. B1. kann bereits vor Einsetzung des administrators ein vorläufiges Moratorium bestehen.

Gemäß para. 64 IA Sch. B1 bedürfen die Geschäftsleiter der Gesellschaft zur Ausübung ihrer **116** Befugnisse der Zustimmung durch den administrator, soweit diese Befugnisse in einer Weise ausgeübt werden könnten, die mit den Befugnissen des administrators kollidiert. Damit sind die Geschäftsleiter faktisch der Geschäftsführung enthoben. Es trifft sie allerdings eine umfassende Pflicht, mit dem administrator zu kooperieren (s. 235 IA). Eine Verletzung dieser Pflicht kann zu einem Tätigkeitsverbot nach ss. 6, 12C iVm Schedule 1 CDDA führen. Nach para. 64 IA Sch. B1 hat der administrator die Möglichkeit, durch Erteilung seiner Zustimmung bestimmte Aufgaben bis hin zur alltäglichen Geschäftsführung in den Händen der Geschäftsleiter zu belassen (light touch administration).

Nachdem sich der administrator anhand der Erklärung über die Angelegenheiten der Gesellschaft nach para. 47 IA Sch. B1 ein Bild von der wirtschaftlichen Lage verschafft hat, soll er **117** Vorschläge dazu erarbeiten, wie der Zweck des Verfahrens nach para. 3 IA Sch. B1 am besten zu erreichen ist (para. 49(1) IA Sch. B1). Der Inhalt eines solchen Vorschlags ist in r. 3.35 IR genau vorgeschrieben. Wichtig sind insbesondere Angaben dazu, wie sich der administrator die Zielerreichung und die Beendigung des Verfahrens vorstellt. Dabei sollte der administrator so spezifisch wie möglich sein. In der Praxis sind der Präzision freilich oftmals Grenzen gesetzt. Ganz pauschale Angaben genügen aber jedenfalls nicht. Ein Vorschlag kann auch nachträglich noch abgeändert werden (para. 54 IA Sch. B1). Gemäß para. 49(3) IA Sch. B1 kann die Erklärung des administrators insbesondere den Vorschlag für ein CVA oder scheme of arrangement enthalten. Der administrator soll seinen Vorschlag so bald wie möglich, jedoch nicht später als acht Wochen seit Verfahrensbeginn an den Registrar of Companies, jedem Gläubiger, von dem er weiß und dessen Anschrift er kennt, sowie jedem Gesellschafter, dessen Anschrift er kennt, versenden. Innerhalb von 10 Wochen seit Verfahrensbeginn muss der administrator eine Gläubigerentscheidung im Hinblick auf die Annahme seiner Vorschläge einholen (para. 51 IA Sch. B1). Beide Fristen können auf Antrag des administrators durch das Gericht sowie mit Zustimmung der Gläubiger verlängert werden (para. 49(8), 51(4), 107, 108 IA Sch. B1). Im Rahmen der Gläubigerentscheidung kann nach para. 53 IA Sch. B1 der Vorschlag des administrators entweder angenommen oder abgelehnt werden. Eine Annahme unter Modifikationen ist nur mit Zustimmung des administrators möglich. Regelmäßig wird sich der administrator bereits im Vorfeld mit den wichtigsten Gläubigern über die angestrebten Maßnahmen verständigen. Inhaltlich darf der Entwurf des administrators gem. para. 73(1) IR keine Regelungen vorsehen, wonach die Rechte eines gesicherten Gläubigers in Bezug auf die Geltendmachung der Sicherheit beeinträchtigt würden, wonach ein vorrangiger Gläubiger anders als im Range vor den Insolvenzgläubigern befriedigt würde, oder wonach ein vorrangiger Gläubiger eine geringere Quote erhalten würde als ein anderer vorrangiger Gläubiger. Etwas anderes gilt nur dann, wenn der jeweilige Gläubiger zustimmt.

Gemäß r. 15.34 IR entscheiden die Gläubiger mit der einfachen Mehrheit nach Wert der **118** Forderungen der abstimmenden Gläubiger; eine (positive) Entscheidung kommt jedoch nicht zustande, soweit mehr als die Hälfte nach Wert von der Gesellschaft nicht nahestehenden Personen gegen die Entscheidung stimmen. Ein Stimmrecht besteht nur für diejenigen Personen, die spätestens am Tag der Entscheidung den administrator über ihren Anspruch schriftlich informiert haben. Gleiches gilt für einen ausländischen Verwalter (r. 15.28). Weitere Voraussetzung ist die Zulassung des Anspruchs durch den Vorsitzenden des Entscheidungsverfahrens (r. 15.33 IR). Grundsätzlich

Internationales Insolvenzrecht – England

nicht zuzulassen sind insbesondere Ansprüche, die der Höhe nach noch unbestimmt sind, es sei denn, der Vorsitzende lässt den Anspruch mit einem geschätzten Mindestbetrag zu. Gegen die Entscheidung des Vorsitzenden kann gem. r. 15.35 IR ein Rechtsmittel eingelegt werden. Gesicherte Gläubiger sind grundsätzlich nur insoweit stimmberechtigt, als ihre Forderung über den Wert der Sicherheit hinausgeht (r. 15.31 IR). Der Wert einer Forderung bestimmt sich für Abstimmungszwecke nach ihrem Nennwert im Zeitpunkt der Verfahrenseröffnung, abzüglich aller seither erfolgten Zahlungen und aufgrund von Aufrechnung nach r. 14.24 IR vorzunehmenden Anpassungen.

119 Der administrator unterrichtet das Gericht, den Registrar of Companies sowie die Gläubiger und sonstige Personen, denen der Originalvorschlag vorlag, vom Ergebnis der Gläubigerentscheidung (para. 53(2) IA Sch. B1 mit r. 3.43 IR). Soweit der Vorschlag ggf. mit Modifikationen angenommen wird, bindet er alle Gläubiger. Eine gerichtliche Überprüfung kann iRv para. 74 IA Sch. B1 erreicht werden. Findet ein Vorschlag nicht die erforderliche Mehrheit, so steht das weitere Vorgehen im Ermessen des Gerichts (para. 55 IA Sch. B1). Oftmals wird es den administrator entlassen. Möglich ist aber auch die Erarbeitung eines neuen Vorschlages, den der administrator dann zur Abstimmung stellt.

120 Seit dem Enterprise Act 2002 existiert eine Fülle verschiedener Beendigungsgründe: Gemäß para. 76 IA Sch. B1 endet die Einsetzung des administrators, und damit das Verfahren, automatisch mit Ablauf eines Jahres seit Beginn der administration. Das Verfahren kann auf Antrag des administrators vom Gericht oder mit Zustimmung der Gläubiger verlängert werden. Ein Antrag auf Verlängerung an das Gericht muss vor Ablauf der Jahresfrist gestellt werden. Das Gericht kann das Verfahren mehrmals und ohne zeitliche Beschränkung verlängern. Eine Verlängerung mit Zustimmung der Gläubiger verlangt grundsätzlich die Zustimmung aller gesicherten Gläubiger sowie mindestens 50 % nach Wert der ungesicherten Gläubiger, die sich zur Verlängerung äußern. Eine Verlängerung durch Zustimmung ist auf sechs Monate begrenzt und ist nur einmal und nur vor Ablauf der ursprünglichen Jahresfrist möglich. Die Verlängerung ist jeweils dem Registrar of Companies anzuzeigen, die Verlängerung aufgrund Zustimmung auch dem Gericht (para. 78 IA Sch.B1).

121 Das Verfahren kann sodann durch gerichtliche Entscheidung enden (para. 79–82 IA Sch.B1). Der Zeitpunkt der Beendigung wird durch das Gericht bestimmt. Mehrere Fälle sind zu unterscheiden. Erfolgte die Einsetzung des administrators durch gerichtliche Entscheidung und hält der administrator den Zweck des Verfahrens als für ausreichend erfüllt, so soll er einen Antrag auf Verfahrensbeendigung stellen. Unabhängig von der Art der Einsetzung soll der administrator weiterhin einen Antrag auf Verfahrensbeendigung stellen, wenn er denkt, dass der Zweck des Verfahrens nicht erreicht werden kann oder das Verfahren nicht hätte eröffnet werden sollen, und wenn die Gläubiger die Stellung eines Beendigungsantrags verlangen. Ein Gläubiger kann die Verfahrensbeendigung beantragen, soweit er geltend macht, dass die Initiatoren des Verfahrens unlautere Motive verfolgen. Das administration-Verfahren endet auch dann, wenn das Gericht die Auflösung der Gesellschaft im öffentlichen Interesse anordnet (vgl. s. 124A, 124B IA bzw. s. 367 FSMA).

122 Im Falle der out-of court administration endet das Verfahren auch, wenn der administrator dem Gericht und dem Registrar of Companies anzeigt, dass der Zweck der administration erfüllt ist (para. 80 IA Sch.B1). Die Gläubiger sind hiervon zu unterrichten.

123 Para. 83 IA Sch. B1 erlaubt die nahtlose Überleitung des administration-Verfahrens in ein freiwilliges Liquidationsverfahren durch die Gläubiger (creditors' voluntary winding up). Erforderlich ist, dass nach Ansicht des administrators jeder gesicherte Gläubiger das ihm Zustehende erhalten hat oder erhalten wird, und dass damit eine Auszahlung an die ungesicherten Gläubiger möglich ist. Zeigt der administrator dies dem Registrar of Companies an, so endet die administration mit dem Tag der Eintragung der Anzeige und das freiwillige Liquidationsverfahren beginnt, so als wäre der Auflösungsbeschluss gem. s. 84 IA am Tag der Eintragung der Anzeige ergangen. Eine Abschrift der Anzeige ist bei Gericht einzureichen und jedem Gläubiger zuzusenden.

124 Para. 84 IA Sch. B1 schließlich erlaubt die Beendigung des administration-Verfahrens mit der Vollbeendigung der Gesellschaft. Soweit kein Vermögen zur Verteilung an die Gläubiger (mehr) vorhanden ist, soll der administrator dem Registrar of Companies hiervon Anzeige machen. Eine Abschrift der Anzeige ist bei Gericht einzureichen und den Gläubigern zuzusenden. Mit Eintragung der Anzeige endet das Amt des administrators. Mit Ablauf einer Frist von drei Monaten beginnend mit dem Tage der Eintragung gilt die Gesellschaft als aufgelöst.

Internationales Insolvenzrecht – England

IV. Bankruptcy

1. Antrag, Antragsinhalt

Bankruptcy ist das Insolvenzverfahren für natürliche Personen als Schuldner. Dabei ist unerheblich, ob der Schuldner Unternehmensträger ist oder Verbraucher. Seit dem 6.4.2016 ist insoweit zu unterscheiden: Soweit der Schuldner selbst einen Antrag auf Verfahrenseröffnung stellt, entscheidet hierüber nicht das Gericht, sondern in einem Verwaltungsverfahren ein hierzu berufener Schiedsrichter (adjudicator) (ss. 263H-263O IA). Diese Neuerung wurde durch den Enterprise and Regulatory Reform Act 2013 eingeführt. Antragsberechtigt zur Eröffnung des gerichtliche Verfahrens sind hingegen gem. s. 264 IA die Gläubiger je einzeln oder gemeinsam, sowie der Sachwalter eines IVA bzw. jede Person (außer dem Schuldner), die hierdurch gebunden ist. In der Praxis wird der Antrag meist durch die Gläubiger gestellt; Eigenanträge des Schuldners kommen ebenfalls häufig vor. 125

Gemäß s. 267 IA besteht die Antragsberechtigung der Gläubiger nur dann, wenn die Verbindlichkeit (oder Verbindlichkeiten) des Schuldners gegenüber dem antragstellenden Gläubiger mindestens das „bankruptcy level" erreicht. Dieses liegt derzeit bei £5000. Gläubiger, deren jeweilige Forderungen diese Schwelle nur in der Summe erreichen, können den Antrag gemeinsam stellen. Die Schuld muss weiterhin der Höhe nach feststehen und entweder fällig sein oder zu einem bestimmten zukünftigen Zeitpunkt mit Sicherheit fällig werden. Dinglich gesicherten Gläubigern steht kein Antragsrecht zu, es sei denn der Gläubiger verzichtet auf seine Sicherheit (s. 269 IA). 126

Im Unterschied zum Auflösungsantrag im Falle einer Gesellschaft ist gem. s. 267(2) IA weitere Voraussetzung der Antragsberechtigung (a creditor's petition may be presented to the court ... only), dass der Schuldner entweder unfähig ist, die Schuld des antragstellenden Gläubigers zu begleichen oder bei vernünftiger Würdigung keine Aussicht besteht, dass er zur Begleichung zukünftig in der Lage sein wird. Diese Voraussetzung kann gem. s. 268 IA nur dadurch nachgewiesen werden, dass die Vollstreckung eines Urteils oder sonstigen vollstreckbaren Titels erfolglos verlaufen ist, oder der Schuldner einer gesetzlichen Zahlungsaufforderung (statutory demand) innerhalb von drei Wochen nicht nachgekommen ist und diese auch nicht außer Kraft gesetzt hat; bzw. im Falle zukünftiger Zahlungsunfähigkeit der Schuldner den Gläubiger nicht davon überzeugen konnte, die Schuld bei Fälligkeit begleichen zu können. 127

Der Antrag muss die nötigen Daten zur Identifikation des Schuldners enthalten (r. 10.8 IR). Weiterhin muss die zugrundeliegende Schuld insbesondere nach Höhe, Entstehungsgrund, Entstehungszeitpunkt und Fälligkeit genau bezeichnet werden (r. 10.9 IR). Die im Antrag gemachten Angaben sind durch Versicherung an Eides statt (statement of truth) nachzuweisen (r. 10.10 IR). Antrag (Original und Kopien, soweit erforderlich) und Nachweis sind, zusammen mit einer Kopie der gesetzlichen Zahlungsaufforderung und dem Nachweis von deren Zustellung, bei Gericht einzureichen (rr. 10.3, 10.12 IR). Gleichzeitig sind die Gerichtskosten in Höhe von £280 zu begleichen sowie die Antragskaution in Höhe von £990 zu hinterlegen. Letzteres wird erstattet (abzüglich einer Gebühr in Höhe von £50), soweit die Verfahrenseröffnung abgelehnt wird. Mit der Antragstellung wird das anhängige Verfahren in einem Register veröffentlicht, das von Gläubigern eingesehen werden kann. 128

Nachdem der Antrag bei Gericht eingereicht wurde, ist er durch den antragstellendem Gläubiger dem Schuldner persönlich zuzustellen (r. 10.14 IR). Mit Zustimmung des Gerichts kann in besonderen Fällen die persönliche Zustellung durch eine andere Zustellungsart, notfalls Veröffentlichung in einer Zeitung, ersetzt werden. Die Zustellung ist durch Versicherung an Eides statt (statement of truth) nachzuweisen, und dieser Nachweis ist unverzüglich dem Gericht vorzulegen (Sch.4 para. 6 IR). 129

Der Termin der Anhörung soll nicht früher stattfinden als 14 Tage nach der Zustellung an den Schuldner (r. 10.21 IR). In begründeten Fällen kann die Anhörung für einen früheren Zeitpunkt angesetzt werden. Vor der Anhörung muss der antragstellende Gläubiger schließlich noch eine Liste derjenigen Gläubiger vorlegen, die an der Anhörung teilnehmen wollen und dies dem antragstellenden Gläubiger angezeigt haben (r. 10.21(3) IR). Zu beachten ist, dass, anders als im Falle der gerichtlichen Auflösung einer Gesellschaft, keine Veröffentlichung des Antrags in der London Gazette erfolgt. 130

Ein Eigenantrag des Schuldners ist elektronisch beim zuständigen Schiedsrichter (adjudicator) einzureichen. Der Antrag enthält, neben der Erklärung der Zahlungsunfähigkeit (als Voraussetzung der Antragsberechtigung (s. 263H IA) und dem Antrag auf Verfahrenseröffnung (r. 10.35 IR), Angaben zur Identität des Schuldners, dessen Wohnsitz, Aufenthaltsort bzw. Geschäftssitz und zur Art einer etwaigen Geschäftstätigkeit. Anzugeben ist ferner, ob der Schuldner in den vergangen 131

Schillig

Internationales Insolvenzrecht – England

zwei Jahren bereits insolvenzbedingte Schuldenbereinigungsverfahren durchlaufen hat (r. 10.35(g) und (h) mit Sch.7 und 8 IR). Darzustellen ist ferner die Vermögenssituation des Schuldners.

132   Nach Eingang des Antrags und Zahlung der erforderlichen Gebühr in Höhe von £680 entscheidet der Schiedsrichter (adjudicator) innerhalb von 28 Tagen über die Eröffnung des bankruptcy-Verfahrens. Entscheidungsgrundlage sind der eingereichte Antrag, die vom adjudicator vorgenommene Überprüfung der darin enthaltenen Angaben, sowie ggf. weitere Informationen, die vom adjudicator speziell angefordert wurden (r. 10.39 IR). Soweit innerhalb der Frist von 28 Tagen seit Antragstellung eine Eröffnung nicht erfolgt, gilt dies als Ablehnung.

2. Zuständiges Gericht

133   Ein Antrag der Gläubiger erfordert gem. s. 265 IA, dass der Schuldner entweder seinen Wohnsitz (domicile) in England und Wales hat, sich zum Zeitpunkt der Antragstellung körperlich in England und Wales aufgehalten hat, oder innerhalb der drei Jahre, die dem Antrag vorausgehen, einen gewöhnlichen Aufenthalt (ordinarily resident, place of residence) in England und Wales hatte, oder hier geschäftlich tätig war. Domicile meint dabei den dauerhaften Wohnsitz einer Person; wo diese, unabhängig von Nationalität und Staatsangehörigkeit, letztendlich zu Hause ist. Jede Person hat nur ein domicile, das sich allerdings im Laufe des Lebens ändern kann. Dagegen ist es möglich, gleichzeitig an mehreren Orten ordinarily resident zu sein. Auch hier kommt es aber auf eine gewisse Stabilität und Regelmäßigkeit an (Re Bird [1962] 1 WLR 686; Re Brauch (a Debtor) [1978] Ch 316). Geschäftstätigkeit (carrying on business) kann nicht nur in einer Tätigkeit als Einzelunternehmer oder als Partner in einer Personengesellschaft bestehen; unter Umständen kann auch der Gesellschafter einer Kapitalgesellschaft als geschäftstätig in diesem Sinne angesehen werden.

134   Im Falle eines Gläubigerantrags ist gem. rr. 10.11, 12.5 IR der High Court ausschließlich zuständig, soweit die dem Antrag zugrundeliegende Forderung den Betrag von £50.000 erreicht oder übersteigt und der Schuldner mit gewöhnlichem Aufenthalt in England und Wales für den größeren Teil der dem Antrag vorausgehenden sechs Monate im London Insolvency District geschäftlich tätig war bzw. hier seinen gewöhnlichen Aufenthalt hatte; für Schuldner ohne gewöhnlichen Aufenthalt in England und Wales reicht es aus, dass diese innerhalb der dem Antrag vorausgehenden Sechs-Monats-Frist ihren gewöhnlichen Aufenthalt im London Insolvency District hatten bzw. hier geschäftlich tätig waren. Soweit in diesen Fällen die zugrundeliegende Forderung den Betrag von £50.000 nicht erreicht, ist der Central London County Court zuständig. Der High Court ist weiterhin, und unabhängig vom Betrag der zugrundeliegenden Forderung, zuständig für Anträge im Hinblick auf Schuldner, die weder ihren gewöhnlichen Aufenthalt in England und Wales haben noch innerhalb der dem Antrag vorausgehenden sechs Monate in England und Wales geschäftlich tätig waren bzw. hier ihren gewöhnlichen Aufenthalt hatten. Die Zuständigkeit des High Court ist zudem dann begründet, wenn der Antrag von der Krone als Gläubiger gestellt wird und der Gläubiger in der gesetzlichen Zahlungsaufforderung darauf hingewiesen hat, dass er den Antrag beim High Court stellen wird, sowie dann, wenn Antragsgrund ein erfolgloser Vollstreckungsversuch gem. s. 268(1)(b) IA ist. Der Antrag ist auch dann vor dem High Court zu stellen, wenn der Schuldner seinen gewöhnlichen Aufenthalt nicht in England und Wales hat bzw. der Antragsteller den gewöhnlichen Aufenthalt des Schuldners oder dessen Geschäftssitz nicht ausfindig machen kann.

135   In sonstigen Fällen betreffend Schuldner mit gewöhnlichem Aufenthalt in England und Wales ist der County Court mit Insolvenzjurisdiktion (hearing centre, Sch.6 IR) zuständig, in dessen Bezirk der Schuldner für den größten Teil der dem Antrag unmittelbar vorausgehenden sechs Monate seinen gewöhnlichen Aufenthalt hatte oder geschäftlich tätig war. Für Schuldner ohne gewöhnlichen Aufenthalt in England und Wales, die jedoch innerhalb der dem Antrag vorausgehenden sechs Monate hier ihren gewöhnlichen Aufenthalt hatten bzw. geschäftlich tätig waren, kann der Antrag auch zum High Court gestellt werden.

136   Zu berücksichtigen ist, dass ein Antrag, der beim falschen Gericht gestellt wurde, nicht automatisch zur Abweisung des Antrags führt bzw. das Verfahren nicht automatisch unwirksam macht. Es steht regelmäßig im Ermessen des angerufenen Gerichts, ob es das Verfahren durchführen will, das Verfahren an das zuständige Gericht verweist, oder den Antrag abweist, wobei von letzterer Möglichkeit nur in extremen Fällen Gebrauch gemacht werden soll (s. 118 IA, r. 12.31 IR). R. 12.30 IR gibt den Gerichten umfassende Verweisungsbefugnisse auf Antrag und von Amts wegen.

137   Die vorstehenden Ausführungen gelten für die nationale Zuständigkeit für England und Wales, innerhalb des Vereinigten Königreichs sowie für die internationale Zuständigkeit. Im Verhältnis zu EU-Mitgliedstaaten standen, bis zum Wirksamwerden des EU-Austritts, sämtliche der vorste-

Internationales Insolvenzrecht – England

henden Ausführungen unter dem Vorbehalt der Anwendbarkeit des Art. 3 EuInsVO: Die Zuständigkeit der englischen Gerichte war ausgeschlossen, soweit der Schuldner den Mittelpunkt seiner hauptsächlichen Interessen in einem anderen EU-Mitgliedstaat hatte, vorbehaltlich einer Niederlassung des Schuldners in England und Wales.

Über einen Eigenantrag des Schuldners entscheidet nicht länger ein Gericht, sondern ein Schiedsrichter (adjudicator) in einem Verwaltungsverfahren. Der adjudicator ist ein Verwaltungsbeamter des Insolvency Service. Die Zuständigkeit des adjudicators ist begründet, soweit der Schuldner in England und Wales den Mittelpunkt seiner hauptsächlichen Interessen hat; oder, soweit der Mittelpunkt der hauptsächlichen Interessen des Schuldners innerhalb des territorialen Anwendungsbereichs der EuInsVO liegt, der Schuldner in England und Wales eine Niederlassung hat; oder der Schuldner seinen gewöhnlichen Aufenthalt in England und Wales hat, oder innerhalb der letzten drei Jahre vor Antragstellung seinen gewöhnlichen Aufenthalt in England und Wales hatte bzw. hier eine Geschäftstätigkeit ausgeübt hat (s. 263I IA). **138**

3. Eröffnungsentscheidung und Rechtsmittel

Im Falle eines Gläubigerantrags steht gem. ss. 264(2), 266(3) IA die Anordnung der bankruptcy im Ermessen des Gerichts. Gemäß s. 271(1) IA soll das Gericht bankruptcy nur dann anordnen, wenn es davon ausgeht, dass die dem Antrag zugrunde liegende Schuld fällig ist, nicht beglichen wurde und der Schuldner weder Sicherheit geleistet noch mit dem antragstellenden Gläubiger eine einvernehmliche Regelung erzielt hat. Soweit die Schuld erst künftig fällig wird, soll eine Anordnung der bankruptcy nur erfolgen, wenn keine vernünftige Aussicht auf Zahlungsfähigkeit im Zeitpunkt der Fälligkeit besteht. **139**

Selbst bei Vorliegen dieser Voraussetzungen steht die Verfahrenseröffnung im Ermessen des Gerichts. So mag der Antrag zurückgewiesen werden, wenn die zugrunde liegende Schuld nur wenig über £750 liegt. Nach s. 271(3) IA kann das Gericht den Antrag insbesondere dann zurückweisen, wenn das Gericht davon ausgeht, dass der Schuldner seine sämtlichen Verbindlichkeiten wird begleichen können. Gleiches gilt, wenn das Gericht davon ausgeht, dass der Schuldner dem Gläubiger für die dem Antrag zugrunde liegende Schuld Sicherheitsleistung bzw. eine einvernehmliche Einigung angeboten hat, im Falle der Annahme dieses Angebots durch den Gläubiger der Antrag zurückzuweisen gewesen wäre, und der Gläubiger das Angebot des Schuldners vernünftigerweise nicht ablehnen durfte. Insoweit kommt es auf das Verhalten eines idealisierten vernünftigen Gläubigers an, wobei alle relevanten Umstände des Einzelfalles zu berücksichtigen sind. Die Ablehnung eines Angebots ist nur dann unvernünftig, wenn kein vernünftiger Gläubiger das Angebot abgelehnt hätte, mithin die Ablehnung außerhalb des Kreises möglicher Reaktion auf das Angebot liegt, HM Customs & Excise v Dougall [2001] BPIR 269. **140**

Die bankruptcy-Anordnung ist durch das Gericht auszufertigen und soll die folgenden Angaben enthalten (r. 10.31 IR): das Datum der Antragstellung, das Datum der Anordnung, einen Hinweis an den Schuldner bezüglich seiner Verpflichtungen gegenüber dem amtlichen Verwalter, insbesondere im Hinblick auf die Aushändigung eines Inventars der Vermögensgegenstände und sonstiger Informationen. Die Anordnung kann unter dem Vorbehalt der s. 346 IA Vollstreckungsverbote aussprechen. Weiterhin soll die Anordnung Angaben zur rechtlichen Vertretung des Schuldners enthalten. Zwei Kopien der Anordnung sind an den amtlichen Verwalter zu senden, der wiederum eine an den Schuldner weitergibt. Der amtliche Verwalter veranlasst die Registrierung der Anordnung im register of writs and orders durch Anzeige an den Chief Land Registrar sowie die Veröffentlichung in der London Gazette sowie in sonstigen Zeitungen nach Wahl des amtlichen Verwalters (r. 10.32 IR). **141**

Im Falle eines Schuldnerantrags steht die Anordnung der bankruptcy nicht im Ermessen des adjudicators, vielmehr muss die bankruptcy angeordnet werden, soweit der adjudicator überzeugt ist, dass die folgenden Voraussetzungen vorliegen (s. 263K IA): der adjudicator ist zuständig (→ Rn. 138); der Schuldner ist im Zeitpunkt der Entscheidung zahlungsunfähig und ein anderweitiger (gerichtlicher) Antrag auf Eröffnung des bankruptcy-Verfahrens ist nicht anhängig und eine anderweitige (gerichtliche) Anordnung der bankruptcy im Hinblick auf dem Schuldnerantrag zugrunde liegende Forderungen ist nicht ergangen. Liegen nach Überzeugung des adjudicators diese Voraussetzungen nicht vor, ist der Schuldnerantrag abzulehnen. Die Entscheidung muss innerhalb von 28 Tagen seit Antragstellung ergehen (r. 10.40 IR). **142**

Die bankruptcy-Anordnung ist vom adjudicator auszufertigen und enthält Angaben zum Schuldner, zur Antragstellung und einen Hinweis an den Schuldner bezüglich seiner Verpflichtungen gegenüber dem Amtlichen Verwalter, insbesondere im Hinblick auf die Aushändigung eines Inventars der Vermögensgegenstände und sonstiger Informationen (r. 10.41 IR). Kopien der **143**

Internationales Insolvenzrecht – England

Anordnung sind an den amtlichen Verwalter und den Schuldner zu übermitteln. Der amtliche Verwalter veranlasst die Registrierung der Anordnung im register of writs and orders durch Anzeige an den Chief Land Registrar sowie die Veröffentlichung in der London Gazette sowie in sonstigen Zeitungen nach Wahl des amtlichen Verwalters (r. 10.45 IR).

144   Hinsichtlich etwaiger Rechtsmittel gegen richterliche Entscheidungen gelten die obigen Ausführungen (→ Rn. 86 – → Rn. 89) entsprechend. Soweit der adjudicator im Verwaltungsverfahren einen Schuldnerantrag auf Eröffnung des bankruptcy-Verfahrens ablehnt, kann der Schuldner innerhalb von 14 Tagen seit dem Zugang der ablehnenden Entscheidung eine Überprüfung durch den adjudicator aufgrund der im Entscheidungszeitpunkt zur Verfügung stehenden Informationen beantragen (s. 263N IA). Lehnt der adjudicator die Eröffnung des bankruptcy-Verfahrens abermals ab, so steht dem Schuldner hiergegen ein erstes Rechtsmittel zum zuständigen County Court Hearing Centre zu. Dieses ist innerhalb von 28 Tagen seit Zugang der ablehnenden Entscheidung einzulegen (rr. 10.44, 10.48 IR). Eine vorherige Zulassung ist nicht erforderlich. Vielmehr handelt es sich um eine erstinstanzliche gerichtliche Entscheidung, an die sich die allgemeinen Rechtsmittel anschließen, Ziff. 17.3 Practice Direction Insolvency Proceedings.

4. Verfahrensverlauf und Verfahrensbeendigung, insbesondere Restschuldbefreiung

145   Gemäß s. 278 IA beginnt das bankruptcy-Verfahren an dem Tag, an dem der Eröffnungsbeschluss ergeht. Insolvenzverwalter im bankruptcy-Verfahren (trustee in bankruptcy) ist grundsätzlich der amtliche Verwalter kraft seines Amtes (s. 291A IA). Eine Auswahl und Einsetzung kann jedoch auch durch Gläubigerentscheidung, die zuständige Behörde oder das Gericht erfolgen (ss. 296, 298 IA). Der trustee in bankruptcy ist Gerichtsbeamter. Die Aufgaben des trustee sind mit denen des Verwalters im Auflösungsverfahren weitgehend identisch. Der trustee nimmt das Schuldnervermögen in Gewahrsam, verwertet es und zahlt nach Abzug der Verfahrenskosten einen Betrag an die Gläubiger entsprechend der gesetzlichen Rangfolge aus (ss. 305, 324 IA). Das Verfahren endet für den Schuldner im Wesentlichen mit der Schuldbefreiung (discharge). Diese tritt automatisch nach einem Jahr seit Verfahrensbeginn ein (s. 279(1) IA). Eine frühzeitige Schuldbefreiung (vor Ablauf der Jahresfrist) ist seit 1.10.2013 nicht mehr möglich.

146   Von der Schuldbefreiung erfasst werden grundsätzlich alle Insolvenzschulden (bankruptcy debts) (s. 281 IA). Gemäß s. 382 IA sind dies zunächst alle Ansprüche und Forderungen gegen den Schuldner, die im Zeitpunkt des Verfahrensbeginns bestehen und durchsetzbar sind, einschließlich der bis zum Verfahrensbeginn aufgelaufenen Zinsen. Weiterhin erfasst werden Verbindlichkeiten, die erst nach Verfahrensbeginn entstehen bzw. fällig werden, soweit sie einem bereits vor Verfahrenseröffnung begründeten Rechtsverhältnis entspringen. Hierher gehören etwa zukünftige, bedingte oder der Höhe nach noch unbestimmte Ansprüche (unliquidated claims). Die Insolvenzschulden können nach eingetretener Schuldbefreiung weiterhin im Insolvenzverfahren geltend gemacht werden und sind dann nach allgemeinen Grundsätzen (→ Rn. 370 – → Rn. 374) beim Insolvenzverwalter anzumelden.

147   Die Schuldbefreiung ändert freilich nichts an der Stellung des Insolvenzverwalters (trustee in bankruptcy), der das Vermögen des Schuldners, soweit vom bankruptcy-Verfahren erfasst, in Beschlag nimmt und zum Zwecke der Verteilung unter die Gläubiger verwaltet. Das Amt des Insolvenzverwalters endet erst dann, wenn er, ggf. nach einer letzten Verteilung, seinen abschließenden Bericht den Gläubigern vorlegt und das Ergebnis dieser Kommunikation dem Gericht angezeigt hat (s. 298(8) IA). Soweit der amtliche Verwalter das Amt des Insolvenzverwalters ausübt, endet sein Amt mit Anzeige an die zuständige Behörde, dass die Verwaltung des Schuldnervermögens für die Zwecke des bankruptcy-Verfahrens abgeschlossen ist (s. 299(2) IA).

V. Vorläufiges Verfahren

148   Soweit die Verfahrenseröffnung eine gerichtliche Entscheidung voraussetzt, kann von der Antragstellung bis zur Eröffnungsentscheidung einige Zeit vergehen. Hier besteht ein Bedürfnis für vorläufige Maßnahmen, die im Wesentlichen darauf abzielen, das Vermögen des Schuldners zu erhalten. Gemäß s. 135(1) IA kann das Gericht nach Stellung eines Antrags auf gerichtliche Liquidation und vor Erlass der Liquidationsentscheidung einen vorläufigen Insolvenzverwalter (provisional liquidator) einsetzen. Im bankruptcy-Verfahren besteht für die Zeit ab Eröffnungsantrag bis zur Eröffnungsentscheidung die Möglichkeit der Einsetzung eines vorläufigen Insolvenzverwalters (interim reciever) (s. 286(1) IA). Gemäß para. 13(1)(d) IA Sch. B1 kann das Gericht im Rahmen der Anhörung über die gerichtliche Einsetzung eines administrators vorläufige Anordnungen (interim order) treffen. Aus dem Wortlaut ergibt sich, dass eine solche Anordnung nur

Internationales Insolvenzrecht – England

im Rahmen der Anhörung, nicht also schon vorher zwischen Antragstellung und Anhörung möglich ist.

1. Vorläufiger Insolvenzverwalter

Antragsberechtigt ist im Liquidationsverfahren nach r. 7.33(1) IR derjenige, der den Liquidationsantrag gestellt hat; daneben jeder Gläubiger, jeder Gesellschafter, die zuständige Behörde, sowie jeder, der einen Liquidationsantrag stellen kann. In der Praxis werden Anträge meist durch Gläubiger, aber auch die zuständige Behörde gestellt. Im bankruptcy-Verfahren sind antragsberechtigt der Schuldner und jeder Gläubiger (r. 10.49 IR). In dem Antrag sind jeweils die Gründe für die Antragstellung zu bezeichnen. 149

Weder s. 135 IA noch s. 286 IA benennt ausführlich die materiellen Voraussetzungen für die Einsetzung eines vorläufigen Insolvenzverwalters. Allgemein wird davon ausgegangen, dass es sich bei der Einsetzung eines vorläufigen Insolvenzverwalters um eine drakonische Maßnahme handelt, mit der in gravierender Weise in die Geschäftsführung des Schuldners eingegriffen wird, Re Forrester & Lamego Ltd [1997] 2 BCLC 155; Re London, Hamburg & Continental Exchange Bank, Emmerson's Case [1866] LR 2 Eq 231. Dementsprechend sind strenge Anforderungen zu stellen. Der häufigste Grund ist die Gefahr, dass das Vermögen des Schuldners in der Phase zwischen Antragstellung und Eröffnungsentscheidung beiseite geschafft wird, Re Marseilles Extension Railway and Land Co [1867] WN 68; Re Namco Ltd [2003] BPIR 1170. Weitere Gründe sind Handlungsunfähigkeit des Schuldners aufgrund Meinungsverschiedenheiten zwischen Geschäftsführung und Gesellschaftern, Re Club Mediterranean Pty Ltd (1975) 1 ACLR 360, Interessenkonflikte des Geschäftsleiters, welche diesen davon abhalten, die Geschäfte der Gesellschaft zu führen, Re a Company (No 0007070 of 1996) [1997] 2 BCLC 139, ein dringendes Bedürfnis nach einer zügigen Untersuchung der Angelegenheiten der Gesellschaft, und ganz allgemein Fehlverhalten der Geschäftsleitung. Eine besondere Eilbedürftigkeit ist stets erforderlich, Re Hammersmith Town Hall Company (1877) 6 Ch D 112. Im Grunde geht es darum darzulegen, dass einzig die Einsetzung eines vorläufigen Liquidators bzw. Verwalters geeignet ist, den status quo zu sichern, Re Dry Docks Corporation of London (1888) 39 Ch D 306. Die Einsetzung eines vorläufigen Insolvenzverwalters steht letztlich im Ermessen des Gerichts. Dabei sind die Interessen der Gläubiger gegen diejenigen der Gesellschaft und dem öffentlichen Interesse abzuwägen, Re Union Accident Insurance Co Ltd [1972] 1 All ER 1105, Re Pinstripe Farming Co Ltd [1996] 2 BCLC 295. 150

Der Inhalt der Einsetzungsanordnung steht im Ermessen des Gerichts. Nach r. 7.35 IR bzw. r. 10.51 IR sind die Aufgaben des vorläufigen Insolvenzverwalters im Hinblick auf die Geschäfte des Schuldners zu bezeichnen. Zusätzlich sollen diejenigen Vermögensgegenstände bezeichnet werden, die der vorläufige Insolvenzverwalter in Gewahrsam nehmen soll. In der Einsetzungsanordnung werden üblicherweise die Befugnisse des vorläufigen Insolvenzverwalters festgelegt. Dabei können dem vorläufigen Liquidator bzw. Verwalter sehr weite, ja sogar alle Befugnisse eines permanenten Insolvenzverwalters eingeräumt werden, Re BCCI [1992] BCC 83; Re Hawk Insurance Co Ltd. [2001] BCC 57. Nach Ermessen des Gerichts können diese Befugnisse aber auch beschränkt werden (ss. 135(5), 286(5) IA). 151

Mit der Einsetzung übernimmt der vorläufige Verwalter die Kontrolle über die Geschäfte des Schuldners. Die bisherige Geschäftsleitung wird abgelöst und der vorläufige Insolvenzverwalter nimmt das in der Einsetzungsanordnung bezeichnete Schuldnervermögen in Gewahrsam; Re Oriental Bank Corp; ex parte Guillemin (1884) 28 Ch D 634; In re Mawcon Ltd [1969] 1 WLR 78; In re Union Insurance Co Ltd [1972] 1 WLR 640; Amfrank Nominees Pty Ltd v Connell (1990) 8 ACLC 319. Gläubiger können grundsätzlich ihre Forderungen weder einklagen noch im Wege der Einzelzwangsvollstreckung verfolgen, es sei denn, das Gericht erteilt seine Zustimmung (ss. 130(2), 286(6), 285(3) IA). Die Einsetzung eines administrators ist ausgeschlossen (para. 17 IA Sch. B1). 152

In der Praxis wird regelmäßig der amtliche Verwalter als vorläufiger Liquidator bzw. Verwalter eingesetzt. Im Liquidationsverfahren ist dies jedoch nicht zwingend (s. 135(2) IA). Der vorläufige Verwalter ist Gerichtsbeamter. Die Hauptaufgabe besteht in der Erhaltung des status quo und der Sicherung des Schuldnervermögens, Re Dry Docks Corporation of London (1888) 39 Ch D 306; Pacific & General Insurance Ltd (in liq) v Home & Overseas Insurance Co Ltd [1997] BCC 400. Dies schließt nicht aus, dass der vorläufige Insolvenzverwalter im Einzelfall die Geschäfte des Schuldners zurückfährt oder bestimmte Geschäftsbereiche einstellt, um Kosten zu sparen, Re Union Accident Insurance Co Ltd [1972] 1 All ER 1105. Unter Umständen kommt sogar die Veräußerung des Schuldnervermögens in Betracht, soweit dies dem besten Interesse der Gläubiger 153 und der sonstigen Beteiligten entspricht. Hierfür braucht der vorläufige Insolvenzverwalter jedoch eine Befugnis zur Veräußerung des Schuldnervermögens. Auch dürfte es ratsam sein, das Gericht um eine entsprechende Anweisung zu ersuchen, Northbourne Developments Pty Ltd v Reiby Chambers Pty Ltd (1990) 8 ACLC 39. Der vorläufige Insolvenzverwalter ist Vertreter des Schuldners und unterliegt den gleichen treuhänderischen und Sorgfaltspflichten wie ein Insolvenzverwalter.

154   Die Vergütung des vorläufigen Insolvenzverwalters (soweit nicht der amtliche Verwalter) wird gem. r. 7.38 IR durch das Gericht festgesetzt. Dabei handelt es sich um Verfahrenskosten (rr. 7.108 IR bzw. 10.149 IR). Kommt es nicht zur Eröffnung des Verfahrens, so kann der vorläufige Insolvenzverwalter, soweit das Gericht nichts anderes bestimmt, aus dem vorläufig verwalteten Vermögen eine Summe zurückbehalten, die seine Vergütung und Kosten abdeckt (rr. 7.38, 10.53 IR).

2. Administration: vorläufige Anordnung, vorläufiges Moratorium

155   Gemäß para. 13(1)(d) IA Sch. B1 kann das Gericht im Rahmen der Anhörung über die gerichtliche Einsetzung eines administrators vorläufige Anordnungen (interim order) treffen. Aus dem Wortlaut ergibt sich, dass eine solche Anordnung nur im Rahmen der Anhörung, nicht also schon vorher zwischen Antragstellung und Anhörung möglich ist. Inhaltlich sieht para. 13(3) IA Sch. B1 vor, dass die vorläufige Anordnung die Befugnisse der Geschäftsleiter beschränkt oder dem Gericht oder einer sonstigen qualifizierten Person die Befugnis einräumt, als Insolvenzpraktiker mit Bezug auf das Gesellschaftsvermögen zu handeln. Danach kann etwa ein Insolvenzpraktiker eingesetzt werden, der das Gesellschaftsvermögen in Gewahrsam nimmt und die Angelegenheiten der Gesellschaft bis zur nächsten Anhörung verwaltet, Re a Company (No 00175 of 1987) (1987) 3 BCC 124. Zusätzlich oder alternativ können die Befugnisse der amtierenden Geschäftsleiter soweit als nötig beschränkt werden, Re Gallidoro Trawlers Ltd (1991) BCC 691. Weiterhin kann die Verwertung von Sicherheiten beschränkt werden, soweit deren wirksame Einräumung zweifelhaft ist und die Verwertung die Zielerreichung in der administration beeinträchtigen würde. Gesetzlich nicht vorgesehen ist die Einsetzung eines vorläufigen administrators.

156   Para. 44 IA Sch. B1 sieht für alle Arten des administration-Verfahrens ein vorläufiges Moratorium (interim moratorium) vor. Im Falle einer administration durch gerichtliche Anordnung tritt das vorläufige Moratorium automatisch mit der Antragstellung in Kraft und endet entweder mit der Abweisung des Antrags oder mit dem Wirksamwerden der Eröffnungsentscheidung (para. 44(1) IA Sch. B1). Im Falle der außergerichtlichen administration beginnt das vorläufige Moratorium jeweils mit der Anzeige der Absicht, einen administrator einzusetzen, an das Gericht. Es endet, sobald die Einsetzung wirksam wird oder im Falle eines HQFC binnen fünf Werktagen, im Falle der Gesellschaft/Geschäftsleiter binnen 10 Tagen, seit der Anzeige, wenn keine Einsetzung erfolgt. Im Rahmen der außergerichtlichen administration kommt dem vorläufigen Moratorium nur insoweit Bedeutung zu, als die Einsetzung eines administrators wegen Vorhandenseins vorrangiger HQFC bzw. im Falle der Einsetzung durch Gesellschaft/Geschäftsleiter dem Vorhandensein eines HQFC die Einsetzung nicht unmittelbar erfolgen kann. Inhaltlich hat das vorläufige Moratorium weitgehend die gleichen Wirkungen wie das Moratorium nach para. 42, 43 IA Sch. B1, blockiert also jegliches Vorgehen der Gläubiger gegen die Schuldnergesellschaft, einschließlich der Verwertung von Sicherheiten. Nicht ausgeschlossen sind dagegen Auflösungsanträge nach s. 124A IA (im öffentlichen Interesse) oder nach s. 367 FSMA (Antrag durch die zuständige Behörde der Finanzaufsicht); die Einsetzung eines administrators durch den HQFC nach para. 14 IA Sch. B1 sowie die Einsetzung eines Zwangsverwalters (vgl. para. 44(7) IA Sch. B1).

VI. Verfahrenskosten und Folgen bei fehlender Deckung

157   Gemäß rr. 3.50 (administration), 6.42 (creditors' voluntary winding up), 7.108 (winding up by the court) und 10.148 (bankruptcy) IR sind sämtliche Gebühren, Aufwendungen und sonstigen Kosten, die im Laufe des Insolvenzverfahrens angefallen sind, Kosten des Verfahrens. Gemäß rr. 6.42, 7.108 IR sind im Liquidationsverfahren und nach r. 10.149 IR im bankruptcy-Verfahren die Verfahrenskosten vorrangig aus der Masse zu begleichen. Für den Fall, dass die Masse nicht zur Deckung aller Verfahrenskosten ausreicht, sehen diese Regeln eine genau definierte Rangfolge vor. Zu den Verfahrenskosten zählen insbesondere auch die Gebühr und Vergütung für den amtlichen Verwalter, die Vergütung des vorläufigen Insolvenzverwalters, des Insolvenzverwalters (liquidator bzw. trustee in bankruptcy) bzw. des administrators.

Internationales Insolvenzrecht – England

1. Amtlicher Verwalter (official receiver)

Die Gebühren für die Tätigkeit des amtlichen Verwalters betragen im Auflösungsverfahren £5.000 und im bankruptcy-Verfahren £1.990 im Falle eines Schuldnerantrags und £2.775 im Falle eines Gläubigerantrags. Diese Gebühren werden gem. ss. 414, 415 IA im Verordnungswege durch den Lord Chancellor unter Zustimmung des Finanzministeriums festgesetzt (Insolvency Proceedings (Fees) Order 2016, SI 2016/692). Bei Antragstellung ist für diese Gebühren ein Vorschuss zu hinterlegen. Soweit der amtliche Verwalter die Funktion des Insolvenzverwalters im Auflösungsverfahren oder bankruptcy-Verfahren wahrnimmt und Vermögensgegenstände des Schuldners realisiert, ergibt sich eine zusätzliche Gebühr in Höhe von 15 % des Wertes der realisierten Vermögensgegenstände. 158

2. Vorläufiger Insolvenzverwalter (provisional liquidator)

Die Vergütung des vorläufigen Insolvenzverwalters (soweit nicht der amtliche Verwalter) wird gem. r. 7.38 IR durch das Gericht festgesetzt. Zu berücksichtigen sind dabei die durch den vorläufigen Verwalter aufgewendete Zeit, die Komplexität des Falles, ob den Verwalter besondere Verantwortlichkeiten treffen, wie effektiv er seinen Verpflichtungen nachkommt, sowie Wert und Natur der Vermögensgegenstände, mit denen er zu tun hat. 159

3. Insolvenzverwalter (liquidator, administrator, trustee in bankruptcy)

Die Vergütung des Insolvenzverwalters (soweit nicht der amtliche Verwalter) wird sowohl im Liquidationsverfahren (liquidator), im administration-Verfahren (administrator) als auch im bankruptcy-Verfahren (trustee in bankruptcy) grundsätzlich durch den Liquidations- bzw. Gläubigerausschuss (soweit vorhanden), ansonsten durch Gläubigerentscheidung festgesetzt (vgl. rr. 18.20, 18.21 IR). Basis soll dabei ein zu bestimmender Prozentsatz der realisierten Vermögensgegenstände des Schuldners, die im Rahmen des Verfahrens aufgewendete Zeit oder ein bestimmter Betrag sein; möglich ist auch eine Kombination dieser Berechnungsgrundlagen. Maßgeblich für die Höhe der Vergütung sind dabei die Komplexität des Falles, etwaige besondere Verantwortlichkeiten des Verwalters, die Effektivität, mit der der Verwalter seinen Pflichten nachkommt, sowie der Wert und die Art der zur Masse gehörigen Vermögensgegenstände. Soweit eine Festsetzung nach diesen Grundsätzen nicht erfolgt, hat der Insolvenzverwalter Anspruch auf eine Vergütung, die sich zusammensetzt aus der Summe des anwendbaren Prozentsatzes (20 % bis 5 % je nach Wert) für realisierte Vermögensgegenstände und des anwendbaren Prozentsatzes (10 % bis 2,5 % je nach Wert) des verteilten Vermögens (vgl. r. 18.22 IR mit Sch.7). 160

Sowohl Insolvenzverwalter als auch einzelne gesicherte und ungesicherte Gläubiger (letztere, soweit sie zusammen mindestens 10 % des Wertes der ausstehenden Forderungen erreichen) können die Herabsetzung oder Erhöhung der Vergütung durch das Gericht beantragen (vgl. rr. 18.29–18.34 IR). 161

4. Adjudicator

Im Rahmen eines Schuldnerantrags im bankruptcy-Verfahren fällt für die Ausübung der Funktionen des Schiedsrichters (adjudicators) eine Gebühr in Höhe von £130 an. 162

5. Fehlende Deckung

Vermögenslosigkeit des Schuldners ist alleine kein ausreichender Grund, den Antrag auf Eröffnung eines Liquidations- oder bankruptcy-Verfahrens abzulehnen. Nur wenn der Antragsteller nicht einmal die Gerichtsgebühren und die Verfahrenskaution (zur Deckung der Gebühren für den amtlichen Verwalter) aufbringen kann, kommt es nicht zur Verfahrenseröffnung. 163

Im Falle der Vermögenslosigkeit des Schuldners bzw. wenn absehbar ist, dass die Masse zur Deckung der Verfahrenskosten nicht ausreicht, wird kein privater Insolvenzpraktiker bereit sein, das Amt des Insolvenzverwalters zu übernehmen. In diesem Falle führt der amtliche Verwalter das Amt des Insolvenzverwalters einfach weiter, das ihm kraft seiner Stellung mit Verfahrenseröffnung automatisch zufiel (vgl. ss. 136(2), 287 IA). In Betracht kommt eine vorzeitige Auflösung der Gesellschaft nach s. 202 IA. 164

Internationales Insolvenzrecht – England

VII. Verfahrensöffentlichkeit und Akteneinsicht

1. Öffentlichkeit

165 Gemäß r. 12.2(3) IR ist die einem Antrag folgende gerichtliche Anhörung grundsätzlich öffentlich, es sei denn, es wird etwas anderes angeordnet. Grundsätzlich öffentlich ist danach die Anhörung in Bezug auf Anträge auf Liquidation einer Gesellschaft und Einsetzung eines administrators, sowie die Anhörung bezüglich eines Gläubigerantrags im bankruptcy-Verfahren. Im Falle eines Schuldnerantrags im bankruptcy-Verfahren findet keine gerichtliche Anhörung statt. Der adjudicator entscheidet vielmehr auf Basis der Aktenlage.

2. Information der Verfahrensbeteiligten

166 Gemäß s. 131 IA kann der amtliche Verwalter, nachdem das Gericht die Liquidation der Gesellschaft angeordnet hat, von deren Geschäftsführung binnen 21 Tagen eine Erklärung über die Angelegenheiten der Gesellschaft (statement of affairs) verlangen. Darin anzugeben sind alle Informationen, die der amtliche Verwalter verlangt, insbesondere das Vermögen und die Verbindlichkeiten der Gesellschaft, Name und Anschrift der Gläubiger, ob und wenn ja, wann diesen Sicherheit geleistet wurde. Nach Eingang der Erklärung beim amtlichen Verwalter übermittelt er diese an das Gericht, wo sie gem. r. 12.39 IR von Personen, die ein berechtigtes Interesse an dem Verfahren haben, eingesehen werden kann. Der amtliche Verwalter erstellt gem. r. 7.48 mindestens einmal nach Verfahrenseröffnung einen Bericht über das Liquidationsverfahren und die Vermögenssituation der Gesellschaft zur Übermittlung an die Gläubiger und Gesellschafter. Weiterhin kann das Gericht auf Antrag nach seinem Ermessen den Gläubigern und Gesellschaftern Einsicht in die Bücher und Papiere der Gesellschaft, die diese in ihrem Besitz hat, gewähren (vgl. s. 155 IA).

167 Im Verfahren der administration fordert der administrator von der Geschäftsleitung in jedem Fall eine Erklärung über die Angelegenheiten der Gesellschaft an (vgl. para. 47 IA Sch. B1). Der administrator übermittelt jeweils eine Kopie dieser Erklärung an den Registrar of Companies und an das Gericht, wo sie entsprechend r. 12.39 IR eingesehen werden kann. Die Erklärung bildet die Grundlage für den Vorschlag des administrators (administrator's proposal) zur Erreichung des mit der administration verfolgten Ziels nach para. 49 IA Sch. B1. Dieser Vorschlag, nicht die Erklärung über die Angelegenheiten selbst, ist an sämtliche Gläubiger und Gesellschafter, soweit bekannt, sowie an den Registrar of Companies zu übersenden.

168 Im Falle des bankruptcy-Verfahrens ist der Schuldnerantrag mit einer Erklärung über die Angelegenheiten des Schuldners, insbesondere seine Vermögenssituation und Angaben über die Gläubiger, zu verbinden (s. 263J IA mit Sch.7 and 8 IR). Erfolgt die Verfahrenseröffnung aufgrund Gläubigerantrags, so wird der amtliche Verwalter gem. s. 288 IA, von Ausnahmefällen abgesehen, vom Schuldner die Erstellung einer Erklärung über seine Angelegenheiten verlangen. Diese ist vom amtlichen Verwalter sodann bei Gericht einzureichen, wo sie entsprechend r. 12.39 IR eingesehen werden kann. Mindestens einmal nach Verfahrenseröffnung berichtet der amtliche Verwalter den Gläubigern, von denen er weiß oder die in der Erklärung des Schuldners benannt sind, über das bankruptcy-Verfahren und die Vermögenssituation des Schuldners (r. 10.66 IR).

3. Akteneinsicht

169 Gemäß r. 12.39 IR unterhält das Gericht für jedes Insolvenzverfahren, das bei ihm geführt wird, eine Akte mit sämtlichen Dokumenten, die sich auf das jeweilige Verfahren beziehen. Gemäß r. 12.39(3) und (4) IR haben folgende Personen ein Recht zur Einsichtnahme (einschließlich Abschrift der relevanten Dokumente): der jeweilige Insolvenzverwalter (liquidator, administrator, trustee in bankruptcy), Beamte der zuständigen Behörde, jede Person, die schriftlich von sich behauptet, ein Gläubiger zu sein, jeder Gesellschafter und Geschäftsleiter der Schuldnergesellschaft sowie der Schuldner selbst. Dieses Recht kann durch das Gericht auf Antrag des Insolvenzverwalters, des amtlichen Verwalters oder einer sonstigen Person mit berechtigtem Interesse nach Ermessen des Gerichts eingeschränkt werden (r. 12.39(9) IR). Gleichzeitig kann das Gericht nach seinem Ermessen sonstigen Personen die Einsichtnahme gestatten (r. 12.39(6) IR).

VIII. Anerkennung von ausländischen Verfahren

170 Für die Anerkennung ausländischer Verfahren und die Hilfestellung für ausländische Gerichte und Insolvenzverwalter stehen derzeit drei verschiedene Regimes zur Verfügung: (a) im Hinblick

Internationales Insolvenzrecht – England

auf alle Staaten kommt grundsätzlich eine Anerkennung nach den Grundsätzen des common law in Betracht; (b) für bestimmte, abschließend definierte Jurisdiktionen gilt die Kooperationsvorschrift der s. 426 IA; (c) wiederum grundsätzlich für alle Staaten gelten die Cross-Border Insolvency Regulations 2006, SI 2006-103 (CBIR), womit das UNCITRAL Model Law on Cross-Border Insolvency von 1997 in nationales Recht umgesetzt wurde. Bis zum Wirksamwerden des EU-Austritts galt für die Mitgliedstaaten der EU mit Ausnahme von Dänemark noch die durch den **European Union (Withdrawal) Act 2018** in nationales Recht überführte neugefasste EuInsVO. Mit Ablauf der Übergangsfrist zum 31.12.2020 wurden die entsprechenden Bestimmungen jedoch weitgehend aufgehoben (Insolvency (Amendment) (EU Exit) Regulations 2019 and 2020). Auch für Insolvenzverfahren der EU-Mitgliedstaaten verblieben nurmehr die drei vorgenannten Anerkennungsgrundlagen (a), (b) und (c).

Soweit im konkreten Fall einschlägig, können die verschiedenen Regimes grundsätzlich nebeneinander zur Anwendung kommen. Dies folgt aus Art. 7 CBIR Sch. 1, wonach eine weitergehende Kooperation nach dem sonstigen Recht des Vereinigten Königreichs durch die CBIR nicht ausgeschlossen ist. **171**

1. Anerkennung nach den Grundsätzen des common law

Geht es um ein ausländisches Insolvenzverfahren im Hinblick auf eine natürliche Person als Schuldner, so erfolgt eine Anerkennung durch englische Gerichte grundsätzlich dann, wenn der Schuldner im Staat der Verfahrenseröffnung seinen dauerhaften Wohnsitz (domicile) im Sinne des englischen Rechts hat, Re Blithman (1866) L.R. 2 Eq. 23. Umgekehrt ist dann, wenn der dauerhafte Wohnsitz des Schuldners sich nicht im Staat der Verfahrenseröffnung befindet, mit einer Anerkennung durch englische Gerichte nicht zu rechnen, Re Hayward [1897] 1 Ch 905. Hiervon gelten zwei Ausnahmen. Eine Anerkennung trotz Wohnsitz im Eröffnungsstaat scheitert aus Gründen des ordre public möglicherweise dann, wenn der Hauptteil der Verbindlichkeiten des Schuldners gegenüber dem (ausländischen) Fiskus bestehen und die Anerkennung damit der Durchsetzung ausländischer Fiskalinteressen diente, Huntington v Attrill [1893] A.C. 150 (PC); Government of India v Taylor [1955] A.C. 491 (HL). Eine Anerkennung trotz fehlenden Wohnsitzes im Eröffnungsstaat kommt in Betracht, soweit sich der Schuldner freiwillig dem ausländischen Verfahren unterworfen hat, Re Davidson's Settlement Trusts (1873) L.R. 15 Eq. 383; Re Lawson's Trust [1896] 1 Ch. 175; Houlditch v Donegall (1834) 2 Cl. & F. 470; Re Anderson [1911] 1 K.B. 896. **172**

Bei ausländischen Insolvenzverfahren über das Vermögen einer juristischen Person erfolgt eine Anerkennung grundsätzlich dann, wenn der Eröffnungsstaat auch der Gründungsstaat ist. Dies gilt selbst dann, wenn sich der Verwaltungssitz der Gesellschaft bzw. deren Tätigkeitsschwerpunkt in einem anderen Staat befindet. Unklar ist die Rechtslage, soweit der Eröffnungsstaat nicht der Gründungsstaat ist. Handelt es sich um eine englische Gesellschaft, so kommt möglicherweise eine Anerkennung, ggf. als Territorialverfahren, in Betracht, soweit die Gesellschaft den Hauptteil ihrer Geschäftstätigkeit und ihres Vermögens im Eröffnungsstaat hat. Noch unsicherer ist die Lage, wenn die Gesellschaft in einem Drittstaat gegründet wurde. Eine Anerkennung kommt wohl dann in Betracht, wenn der Gründungsstaat das Verfahren im Eröffnungsstaat anerkennen würde. Ansonsten kommt es auf den Einzelfall an, wobei stets eine ausreichende Verbindung der Gesellschaft zum Eröffnungsstaat etwa in Form des Verwaltungssitzes oder der Hauptniederlassung zur Anerkennung erforderlich ist; vgl. zum Ganzen Fletcher, Insolvency in Private International law, 2. Aufl. 2005, Rn. 3.91–3.94. **173**

2. Kooperation im Rahmen von s. 426 IA

Gemäß s. 426(1) IA ist die Entscheidung eines Gerichts des Vereinigten Königreichs in einer Insolvenzsache in jedem Teil des Vereinigten Königreichs so zu vollziehen, als wenn die Entscheidung durch ein Gericht dieses Teils des Vereinigten Königreichs ergangen wäre. Die Vorschrift statuiert damit die automatische Anerkennung in England und Wales von Verfahren, die in Schottland und Nordirland eröffnet wurden (und umgekehrt). **174**

Nach s. 426(4) IA sollen die Insolvenzgerichte des Vereinigten Königreichs den Insolvenzgerichten aus den jeweils anderen Teilen des Vereinigten Königreichs sowie den Insolvenzgerichten der „relevanten Staaten und Territorien" Hilfe leisten. Die „relevanten Staaten und Territorien" ergeben sich aus s. 426(11) IA und der auf dieser Grundlage ergangenen Rechtsverordnungen; vgl. Cooperation of Insolvency Courts (Designation of Relevant Countries and Territories) Order 1986, SI 1986/2123; 1996, SI 1996/253; und 1998, SI 1998/2766. Außer den in der Vorschrift genannten Kanalinseln und der Isle of Man geht es im Wesentlichen um Länder des Common- **175**

Internationales Insolvenzrecht – England

wealth. Zu nennen sind etwa Australien, Neuseeland, Kanada, Malaysia, Südafrika, die Bahamas und die Bermudas. Die einzigen „relevanten" Nicht-Commonwealth-Staaten sind die Irische Republik und Hong Kong.

176 Hinsichtlich der Art der Hilfeleistung, die das ersuchte Gericht gewährt, hat die Formulierung in s. 426(4) und (5) IA für viel Unsicherheit gesorgt. Dies resultiert zum einen daraus, dass nach s. 426(4) IA, das Gericht Hilfe leisten „soll", während s. 426(5) IA vom „Ermessen" des Gerichts spricht. Zum anderen ermächtigt s. 426(5) das ersuchte Gericht wahlweise zur Anwendung des Insolvenzrechts des ersuchten und des ersuchenden Gerichts, wobei andererseits „insbesondere" die Regeln des internationalen Privatrechts zu berücksichtigen sein sollen; vgl. Fletcher, Insolvency in Private International Law, 2. Aufl. 2005, Rn. 4.10–4.19. In Hughes v Hannover hat der Court of Appeal insoweit entschieden, dass das ersuchte Gericht Hilfe leisten kann: (a) in Ausübung der Zuständigkeiten und Befugnisse, die ihm nach dem Recht von England und Wales allgemein zugewiesen sind; und entweder (b) in Ausübung der Zuständigkeiten und Befugnisse, die ihm nach dem Insolvenzrecht von England und Wales iSd s. 426(10)(a) IA zugewiesen sind; oder (c) nach dem Recht des ersuchenden Gerichts, das mit dem in (b) genannten Recht korrespondiert. Das ersuchte Gericht soll Hilfe leisten, soweit dies aufgrund der ihm zur Verfügung stehenden Rechtsgrundlagen angemessen möglich ist. Es ist aber kein Automat, dass das Ersuchen in jedem Fall ausführt. Als Gericht übt es seine normale Funktion aus und wird den Antrag zurückweisen, nicht nur soweit er gegen den ordre public verstößt, sondern stets dann, wenn die Hilfeleistung im konkreten Fall nicht gerechtfertigt erscheint; Hughes v Hannover [1997] BCC 921.

3. Cross-Border Insolvency Regulations 2006

177 Reg. 2(1) der am 4.4.2006 in Kraft getretenen Cross-Border Insolvency Regulations 2006 (CBIR) sieht vor, dass das UNCITRAL Model Law on Cross-Border Insolvency in Großbritannien (England und Wales, Schottland) rechtliche Gültigkeit besitzt, und zwar in der Form, wie es in Schedule 1 zu den CBIR niedergelegt ist. Schedule 1 modifiziert dabei den Originaltext des Model Law, um den Besonderheiten des britischen Rechts Rechnung zu tragen. Die CBIR bestehen aus den eigentlichen regulations und fünf Schedules, wobei Schedule 1 den modifizierten Text des Model Law enthält, Schedules 2 und 3 regeln dezidiert das Verfahren für England und Wales bzw. für Schottland, Schedule 4 enthält Vorschriften für die Anzeige an den Registrar of Companies, und in Schedule 5 schließlich finden sich die je zu verwendenden Formulare.

178 Gemäß Art. 1 CBIR Sch. 1 findet das Model Law in den folgenden Situationen Anwendung: (a) ein ausländisches Gericht oder ein ausländischer Insolvenzverwalter ersucht ein britisches Gericht um Hilfeleistung im Hinblick auf ein ausländisches Verfahren; (b) im Hinblick auf ein britisches Verfahren wird im Ausland um Hilfeleistung nachgesucht; (c) ein ausländisches Verfahren und ein Verfahren nach britischem Recht finden gleichzeitig statt; (d) Gläubiger oder sonstige Interessenten in einem ausländischen Verfahren beantragen die Eröffnung oder Beteiligung an einem Verfahren nach britischem Recht. Art. 1(2) CBIR Sch. 1 nimmt eine Reihe von Verfahren vom Anwendungsbereich des Model Law aus. Zu nennen sind insbesondere Insolvenzverfahren, die Unternehmen der Daseinsvorsorge, Kreditinstitute und Versicherungsunternehmen zum Gegenstand haben. Gerade für diese Unternehmen bleiben die hergebrachten Kooperationsmöglichkeiten nach common law bzw. s. 426 IA weiterhin besonders interessant.

179 Art. 4(1) CBIR Sch. 1 weist die Zuständigkeit für die Anerkennung ausländischer Verfahren und die Kooperation mit ausländischen Gerichten für England und Wales dem High Court zu, wobei intern die Chancery Division zuständig ist. Für die Zuständigkeit innerhalb Großbritanniens kommt es darauf an, wo der Schuldner seinen Geschäftssitz (place of business), gewöhnlichen Aufenthalt (residence) oder Vermögen hat. Eine Zuständigkeit kann aber auch dadurch begründet werden, dass sich das ersuchte Gericht für das angemessene Forum zur Hilfeleistung im konkreten Fall hält. Bei dieser Beurteilung ist insbesondere zu berücksichtigen, an welchem Gericht in Großbritannien ein britisches Insolvenzverfahren entweder bereits anhängig ist oder zukünftig möglicherweise anhängig sein wird.

180 Um in den Genuss des Model Law zu kommen, muss das ausländische Verfahren durch die britischen Gerichte zunächst anerkannt werden. Hierzu stellt der ausländische Verwalter einen Antrag auf Anerkennung zum High Court. Soweit die formellen Voraussetzungen erfüllt sind, erkennt das Gericht das Auslandsverfahren an, soweit der Antrag von einem ausländischen Verwalter gestellt wurde und es sich tatsächlich um ein Auslandsverfahren handelt (vgl. Art. 17(1)(a) und (b) CBIR Sch. 1). Maßgeblich sind insoweit die Definitionen nach Art. 2(i) und (j) CBIR Sch. 1. Auslandsverfahren ist danach ein kollektives gerichtliches oder Verwaltungsverfahren, einschließlich eines vorläufigen Verfahrens, das in einem anderen Staat nach Insolvenzrecht stattfindet und bei

Internationales Insolvenzrecht – England

dem das Vermögen des Schuldners zum Zwecke der Sanierung oder Verteilung der gerichtlichen Kontrolle unterstellt wird. Ausländischer Verwalter ist eine Person oder Körperschaft, die in einem ausländischen Verfahren zur Sanierung oder Liquidation des Schuldnervermögens bzw. zur Vertretung des ausländischen Verfahrens autorisiert ist.

Die Anerkennung erfolgt als ausländisches Hauptverfahren, soweit das Auslandsverfahren in dem Staat stattfindet, in dem der Schuldner den Mittelpunkt seiner hauptsächlichen Interessen hat (centre of main interests) (vgl. Art. 17(2)(a), Art. 2(g) CBIR Sch. 1). Dem Wortlaut nach ist das Konzept des centre of main interests identisch mit dem nach Art. 3 Abs. 1 EuInsVO. Dementsprechend folgte die Auslegung vom COMI nach CBIR derjenigen, die die EuInsVO durch den EuGH erfährt; Re Stanford International Bank Ltd (in receivership) [2010] EWHC Civ 137. Mit Wirksamwerden des EU-Austritts scheint auf mittlere Sicht eine abweichende Rechtsentwicklung wahrscheinlich, und ist im Hinblick auf die größere Kohärenz der Insolvenzrechte innerhalb der EU verglichen mit dem weltweiten Anwendungsanspruch des Model Law vielleicht sogar geboten; Westbrook, 32 Brook Journal of International Law 1019, 2007. **181**

Die Anerkennung als ausländisches Nebenverfahren erfolgt, soweit der Schuldner im Staat des Auslandsverfahren zwar nicht sein centre of main interests hat, aber eine Niederlassung. Dies ist gem. Art. 2(e) CIBR Sch. 1 jeder Tätigkeitsort, an dem der Schuldner eine nicht nur vorübergehende wirtschaftliche Aktivität entfaltet und zwar durch menschliche Arbeitskraft und Vermögensgegenstände (assets) oder Dienste. Der Begriff „goods" im Originaltext des Model Law, ebenso in Art. 2 lit. h EuInsVO, wurde durch „assets" ersetzt, um klarzustellen, dass auch unkörperliche Gegenstände erfasst werden. **182**

Die Anerkennung setzt nicht voraus, dass auch der ersuchende Staat das Model Law ebenfalls implementiert hat. Ein Erfordernis der Gegenseitigkeit (reciprocity) besteht nicht. Die Anerkennung steht jedoch unter dem Vorbehalt eines Verstoßes gegen den ordre public (Art. 17(1), 6 CBIR Sch. 1). Ein solcher Verstoß ist nur unter strengen Voraussetzungen anzunehmen. Gleichwohl erlaubt die Vorschrift die angemessene Berücksichtigung britischer Interessen. Soweit eine Anerkennung weder als ausländisches Haupt- noch als Nebenverfahren in Betracht kommt, kann das Gericht gleichwohl entsprechend der hergebrachten Grundsätze des common law anerkennen und Hilfe leisten (Art. 7 CBIR Sch. 1). **183**

Mit der Anerkennung als ausländisches Hauptverfahren tritt automatisch ein Vollstreckungsverbot in Kraft. Gleichzeitig endet die Verfügungsbefugnis des Schuldners (vgl. Art. 20(1) CBIR Sch. 1). Der Umfang des automatischen Vollstreckungsverbots entspricht dem nach englischem Recht. Ausgenommen sind insbesondere die Verwertung von dinglichen Sicherheiten und die Aufrechnung (Art. 20(3) mit 1(4) CBIR Sch. 1). Nach Art. 20(6) CBIR Sch. 1 kann das Gericht auf Antrag oder von Amts wegen das Vollstreckungsverbot aber erweitern, einschränken oder suspendieren. Mit Anerkennung eines Auslandsverfahrens als Hauptverfahren wird ein bereits laufendes oder nachträglich eröffnetes britisches Verfahren zum Territorialverfahren und bezieht sich nurmehr auf das Schuldnervermögen, das sich in Großbritannien befindet (vgl. Art. 28 CBIR Sch. 1). Etwaige Schutzmaßnahmen sind entsprechend zu modifizieren (vgl. Art. 29 CBIR Sch. 1). **184**

Unabhängig davon, ob die Anerkennung als Haupt- oder Nebenverfahren erfolgt, kann das Gericht nach Art. 21(1) CBIR Sch. 1 auf Antrag des ausländischen Verwalters diejenigen Maßnahmen erlassen, die es zum Schutz des Schuldnervermögens und der Gläubigerinteressen für erforderlich hält. In Betracht kommen insbesondere ein Vollstreckungs- und Verfügungsverbot, wie es bei der Anerkennung als Hauptverfahren automatisch eintritt, aber auch eine Beweisaufnahme oder Zeugenvernehmung im Hinblick auf die Vermögenssituation des Schuldners oder die Überlassung des inländischen Vermögens des Schuldners an den ausländischen Verwalter zwecks Verwertung und Verteilung. **185**

Für die Zeit zwischen Antragstellung und Anerkennung kann der ausländische Verwalter vorläufige Schutzmaßnahmen gem. Art. 19 CBIR Sch. 1 beantragen. Die Anordnung, Verweigerung oder Modifikation sämtlicher Schutzmaßnahmen steht unter dem Vorbehalt, dass die Interessen der Gläubiger und ggf. des Schuldners angemessen geschützt sind (vgl. Art. 22 CBIR Sch. 1). **186**

4. EuInsVO vor und nach Brexit

Soweit der Schuldner den Mittelpunkt seiner hauptsächlichen Interessen oder zumindest eine Niederlassung iSd Art. 2 Nr. 10 EuInsVO in einem der Mitgliedstaaten der EU (mit Ausnahme von Dänemark) hatte, und in diesem Mitgliedstaat ein Insolvenzverfahren iSd Art. 2 Nr. 4 iVm Annex A EuInsVO eröffnet wurde, wurde dieses ausländische Insolvenzverfahren gem. Art. 19 Abs. 1 EuInsVO in England und Wales automatisch anerkannt. **187**

Internationales Insolvenzrecht – England

188 Seit Wirksamwerden des formalen EU-Austritts am 31.1.2020 gilt die EuInsVO für Großbritannien (und Nordirland) nicht mehr. Der European Union (Withdrawal) Act 2018 hatte freilich zunächst das unmittelbar anwendbare EU-Recht in nationales Recht überführt. Hierzu gehörte auch die EuInsVO, sodass nach obigen Grundsätzen eine automatische Anerkennung von EU-Verfahren weiterhin bis zum Ende der Übergangsfrist am 31.12.2020 gewährleistet war. Im Hinblick auf die fehlende Gegenseitigkeit im Falle eines Endes der Übergangsfrist ohne begleitendes Abkommen sahen jedoch die Insolvency (Amendment) (EU Exit) Regulations 2019, SI 2019/146 vor, dass in diesem Fall sämtliche Vorschriften der in nationales Recht überführten EuInsVO außer Kraft treten. Dies ist nunmehr eingetreten. Damit kommt für nach dem 31.12.2020 eröffnete EU-ausländischen Verfahren eine Anerkennung nurmehr nach den Grundsätzen des common law, nach CBIR oder, für Irland, nach s. 426 IA in Betracht.

IX. Anerkennung von Verfahren im Ausland

189 Bis zum Ende der Übergangsfrist am 31.12.2020 profitierten die im Anhang A der EuInsVO aufgelisteten Verfahren nach englischem Recht von der automatischen Anerkennung gem. Art. 19 EuInsVO im EU-Ausland (mit Ausnahme von Dänemark). Hierzu gehörten ua die gerichtliche Liquidation (compulsory winding up by the court) sowie das administration- und bankruptcy-Verfahren, nicht jedoch das scheme of arrangement. Sowohl administration als auch bankruptcy erfreuten sich in den letzten Jahren großer Beliebtheit bei EU-ausländischen Schuldnern. Das bankruptcy-Verfahren ist für natürliche Personen, insbesondere Einzelunternehmer, wegen der kurzen einjährigen Frist bis zur Restschuldbefreiung attraktiv. Eine administration, insbesondere in Form der schnellen pre-pack administration (→ Rn. 256), ist für Unternehmensrestrukturierungen bedeutsam, in deren Rahmen die produzierenden Tochterunternehmen einer insolventen Holding-Gesellschaft zügig und ohne Unterbrechung an eine neue Holding übertragen werden, ohne je selbst ein Insolvenzverfahren zu durchlaufen. In beiden Fällen war die Verlegung des Mittelpunkts der hauptsächlichen Interessen Voraussetzung für die EU-weite Anerkennung der jeweiligen Verfahren.

190 Die Übergangsfrist endete zum 31.12.2020, ohne dass ein neues Abkommen zwischen der EU und dem Vereinigten Königreich die gegenseitige Anerkennung von Insolvenzverfahren auf eine neue Grundlage gestellt hätte. Für nach dem 31.12.2020 eröffnete Verfahren kommt somit eine Anerkennung nurmehr auf der Grundlage des je anwendbaren internationalen Insolvenzrechts des um Anerkennung ersuchten Mitgliedsstaats in Betracht. Das UNCITRAL Model Law bietet insoweit nur eine begrenzte Hilfestellung: Es wurde, außer im Vereinigten Königreich, bisher nur in Griechenland, Polen, Rumänien und Slowenien umgesetzt. Zudem sind danach die Anerkennung und die sich daran anschließenden Rechtsfolgen nicht automatisch, sondern stehen weitgehend im Ermessen des ersuchten Gerichts. Für die übrigen Mitgliedstaaten ist grundsätzlich deren autonomes nationales Recht heranzuziehen, in Deutschland insbesondere § 343 InsO. Danach erfolgt eine Anerkennung, soweit die Gerichte des Staates der Verfahrenseröffnung nach deutschem Recht zuständig sind und die Anerkennung nicht zu einem Ergebnis führen würde, das mit wesentlichen Grundsätzen des deutschen Rechts offensichtlich unvereinbar ist. Die Abhängigkeit der Anerkennung vom nationalen Recht der Mitgliedstaaten dürfte eine erhebliche Rechtsunsicherheit zur Folge haben und der Attraktivität des englischen Insolvenz- und Restrukturierungsrechts abträglich sein.

191 Im Hinblick auf das ebenfalls populäre scheme of arrangement fand die EuInsVO bereits bisher keine Anwendung. Eine Anerkennung nach Brüssel-I-Verordnung war zweifelhaft und kommt mit Ablauf der Übergangsfrist ohnehin nicht mehr in Betracht. Dagegen gilt die Rom-I-Verordnung auch im Verhältnis zu Drittstaaten. An der Anerkennung der durch das scheme bewirkten Vertragsänderungen aufgrund der Art. 3, 12 Rom-I-VO, soweit die betroffenen Verträge englischem Recht unterliegen, ändert sich also durch den EU-Austritt nichts. Soweit die Zuständigkeit der englischen Gerichte auf einer ausschließlichen Gerichtsstandsklausel in den etwaigen Kreditverträgen beruht, kommt die Anerkennung eines schemes of arrangement auch auf Grundlage des Haager Übereinkommens über Gerichtsstandsvereinbarungen von 2005 in Betracht, das sowohl für das Vereinigte Königreich als auch die EU-Mitgliedstaaten gilt. Dagegen kann ein Planverfahren auf dieser Grundlage keine Anerkennung finden, handelt es sich doch um ein Insolvenzverfahren (Re Gategroup Guarantee Ltd [2021] EWHC 304 (Ch)), dass vom Anwendungsbereich des Haager Übereinkommens ausgenommen ist.

D. Materielles Insolvenzrecht

I. Anwendungsbereich

Die materielle Insolvenz des Schuldners ist für die Anwendung der hier vorgestellten Verfahren 192
nur teilweise von ausschlaggebender Bedeutung. So erfolgt etwa die Eröffnung eines bankruptcy-Verfahrens nur im Falle der Zahlungsunfähigkeit des Schuldners. Eine freiwillige Liquidation wird nur dann zu einer freiwilligen Liquidation durch die Gläubiger, wenn die Gesellschaft insolvent ist (vgl. ss. 90, 95 und 96 IA). Die administration setzt, soweit durch die Gesellschaft oder deren Geschäftsführer initiiert, Insolvenz oder bevorstehende Insolvenz voraus. Etwas anderes gilt aber schon bei einer administration aufgrund Antrags oder Einsetzung durch den HQFC. Hier kommt es auf die Insolvenz der Gesellschaft nicht an. Im Hinblick auf eine Liquidation durch das Gericht ist die Insolvenz nur ein Liquidationsgrund unter mehreren. Die Verfahren des CVA und des IVA setzen im Vorfeld der Insolvenz an und suchen diese gerade zu vermeiden. Der Anwendungsbereich des Insolvenzrechts ist daher nicht durch das Konzept der materiellen Insolvenz begrenzt, sondern weiter gezogen. Die Phase der finanziellen Schwierigkeiten im Vorfeld der Insolvenz wird einbezogen, ohne dass insoweit eine genaue Definition möglich wäre. Entsprechend dieses weiten sachlichen Anwendungsbereichs und der Vielzahl der Verfahrensarten sind auch die mit dem Insolvenzrecht verfolgten Ziele vielschichtig.

1. Insolvenzgründe

Bedeutung kommt der materiellen Insolvenz als Eröffnungsgrund im Verfahren der Liquidation 193
durch die Gläubiger und durch das Gericht, im Verfahren der administration, soweit nicht durch den HQFC initiiert, sowie im bankrutcy-Verfahren zu. Teilweise bestimmt sich die materielle Insolvenz für diese Verfahren nach unterschiedlichen Kriterien. Materielle Insolvenz in ihren verschiedenen Varianten spielt aber auch eine Rolle für weitere Fragen, so etwa im Rahmen der Anfechtungsvorschriften, der Haftung für wrongful trading oder den Tätigkeitsverboten für Geschäftsleiter. Hierauf ist im jeweiligen Zusammenhang genauer einzugehen.

Der Insolvency Act 1986 stellt auf das Konzept der Zahlungsunfähigkeit (inability to pay its 194
debts) ab, sowohl als möglichen Auflösungsgrund (s. 122(1)(f) IA) als auch als Voraussetzung für die Anordnung einer administration, soweit nicht vom HQFC beantragt (para. 11(a) IA Sch. B1). Zahlungsunfähigkeit ist dabei über die Verweisung des para. 111(1) IA Sch. B1 einheitlich in s. 123(1) und (2) IA definiert. Die Vorschrift unterscheidet zwei Grundtatbestände: Zahlungsunfähigkeit im engeren Sinne (cash flow insolvency; inability to pay debts as they fall due) und Überschuldung (balance sheet insolvency; shortfall of assets in relation to liabilities). Der maßgebliche Zeitpunkt für das Vorliegen dieser Voraussetzungen ist, soweit es um die Verfahrenseröffnung geht, die Anhörung zur Entscheidung über die Verfahrenseröffnung.

Eine Gesellschaft ist zahlungsunfähig im engeren Sinne, wenn sie ihre Schulden im Zeitpunkt 195
der Fälligkeit nicht bezahlen kann (s. 123(1)(e) IA). Hierfür kommt es nicht darauf an, ob die Gesellschaft überschuldet ist, also der Wert der Aktiva die Passiva übersteigt. In der Praxis schaut das Gericht einfach, wie sich die Gesellschaft tatsächlich verhält. Zahlt sie ihre fälligen Schulden nicht, ist von Zahlungsunfähigkeit auszugehen. S. 123(1) IA enthält zudem zwei spezifische Tatbestände, die den Nachweis der Zahlungsunfähigkeit weiter erleichtern. Zahlungsunfähigkeit wird widerleglich vermutet, wenn: (a) die Gesellschaft nach Zustellung einer gesetzlichen Zahlungsaufforderung des Gläubigers binnen drei Wochen eine Schuld, die £750 übersteigt, nicht bezahlt, nicht zur Zufriedenheit des Gläubigers Sicherheit leistet oder sich nicht gütlich mit dem Gläubiger einigt; oder (b) ein Vollstreckungsversuch ganz oder teilweise erfolglos verläuft.

Hinsichtlich des Grundtatbestandes der Zahlungsunfähigkeit stellt das Gericht auf eine wirt- 196
schaftliche Gesamtbetrachtung der finanziellen Situation der Gesellschaft ab. Zu berücksichtigen sind (a) sämtliche Verbindlichkeiten der Gesellschaft sowie deren Fälligkeit und Durchsetzbarkeit; (b) sämtliche Vermögensgegenstände im Hinblick auf deren Liquidität und darauf, ob eine zeitnahe Realisierung die Begleichung der Schulden im Zeitpunkt der Fälligkeit erlaubt; (c) der erwartete Netto-Zahlungseingang des Unternehmens durch Abzug der zur Generierung des erwarteten Umsatzes erforderlichen Ausgaben; (d) ob ein etwaiges Defizit durch die Aufnahme weiterer, zu einem späteren Zeitpunkt rückzahlbarer Schulden überbrückt werden könnte; vgl. Quick v Stoland Pty Ltd (1998) 29 A.C.S.R. 130 (Federal Court of Australia) im Hinblick auf die vergleichbare Vorschrift der s. 95A Australian Corporation Law. Auszuschließen ist eine bloß vorübergehende Illiquidität, die in naher Zukunft beseitigt werden kann; Sandell v Porter (1966) 115 C.L.R. 666, 670.

197 Nur Schulden (debts) sind zu berücksichtigen. Schulden in diesem Sinne sind Ansprüche, die entweder der Höhe nach feststehen bzw. deren Höhe problemlos, etwa im Wege der Berechnung, bestimmt werden kann; Stooke v Taylor (1880) 5 Q.B.D. 565, 575. Traditionell waren nur bestehende und gegenwärtig fällige Schulden zu berücksichtigen, und damit zukünftig fällige Schulden ebenso wie bedingte und befristete Schulden von der Betrachtung ausgenommen. Nach einer neueren Entscheidung sind aber jedenfalls Schulden zu berücksichtigen, die in naher Zukunft fällig werden. Ein Zeitraum von sechs Monaten kann dabei noch nahe Zukunft sein; Re Cheyne Finance plc [2008] BCC 182. Auch bei der Bestimmung des Fälligkeitszeitpunktes wird eine wirtschaftliche Betrachtungsweise zugrunde gelegt, die berücksichtigt, dass es in der Praxis häufig vorkommt, dass Schuldner verspätet zahlen und Gläubiger eine solche verspätete Zahlung durchaus akzeptieren; Iso Lilodw' Aliphumeleli Pty Ltd (in liq) v Commissioner of Taxation (2002) 42 A.C.S.R. 561. Es kommt damit darauf an, ob die Zahlung innerhalb eines Zeitraums möglich ist, der für einen vernünftigen Gläubiger noch akzeptabel wäre. Danach bleiben sogar fällige Schulden unberücksichtigt, wenn gegenwärtig kein Hinweis darauf besteht, dass der Gläubiger die Zahlung einfordern wird; Re Capital Annuities Ltd. [1979] 1 W.L.R. 170. Zahlungsunfähigkeit kann verhindert bzw. beseitigt werden, indem die Gesellschaft weitere Kredite aufnimmt. Ist jedoch bei deren Aufnahme bereits absehbar, dass die Gesellschaft zur Rückzahlung bei Fälligkeit nicht in der Lage sein wird, ändert sich am Zustand der Zahlungsunfähigkeit nichts.

198 Der Tatbestand der Überschuldung basiert regelmäßig auf dem Jahresabschluss. Eine besondere Überschuldungsbilanz ist nicht vorgesehen. Im Gegensatz zum Maßstab der Zahlungsunfähigkeit erfordert der Tatbestand der Überschuldung die Berücksichtigung aller Verbindlichkeiten (liabilities), einschließlich der bedingten und befristeten. Nach r. 14.1 IR ist Verbindlichkeit (liability) weiter zu verstehen als Schuld (debt) und umfasst auch der Höhe nach noch unbestimmte Ansprüche. Bedingte Verbindlichkeiten sind solche, die einem bereits existierenden Verhältnis entspringen und von einem ungewissen zukünftigen Ereignis abhängen. Entscheidend ist dabei die existierende wirtschaftlichen Situation, nicht ob tatsächlich bereits rechtliche Verbindungen bestehen; Stonegate Securities Ltd. v Gregory [1980] Ch. 576, 580. Eine befristete Verbindlichkeit ist eine solche, deren Zahlbarkeit und Fälligkeit mit Sicherheit in der Zukunft eintreten wird, sei es, dass der Fälligkeitstermin bereits feststeht oder unter Bezugnahme auf ein künftiges Ereignis bestimmbar ist.

199 Auf der Seite der Aktiva sind lediglich die Vermögensgegenstände zu berücksichtigen, die die Gesellschaft bereits zu eigen hat. Die Aussicht auf den Erhalt weiteren Vermögens in der Zukunft, etwa durch die Zuführung von Eigenkapital aufgrund einer Kapitalerhöhung, kann keine Berücksichtigung finden; Byblos Bank SAL v Al-Khudhairy (1986) 2 BCC 99549. Etwas anderes gilt aber dann, wenn der künftige Vermögensgegenstand mit einer künftigen Verbindlichkeit in engem Zusammenhang steht. Maßgeblich ist dann der Netto-Betrag der Verbindlichkeit, wie er sich nach Abzug des Wertes des Vermögensgegenstandes ergibt. Im Hinblick auf die Bewertung gilt das allgemeine Bilanzierungsprinzip der Bilanzwahrheit (true and fair view) (vgl. s. 393 CA). Ob der Bewertung Liquidations- oder Fortführungswerte zugrunde zu legen sind, ist eine Frage des Einzelfalles.

200 In BNY Corporate Trustee Services Limited v Eurosail [2013] UKSC 28 hatte der Supreme Court Gelegenheit, zum Konzept der Überschuldung Stellung zu nehmen. Überschuldung ist danach dann gegeben, wenn unter angemessener Berücksichtigung der vorhandenen Vermögenswerte sowie der künftigen und bedingten Verbindlichkeiten realistischerweise nicht damit gerechnet werden kann, dass der Schuldner in der Lage sein wird, diese Verbindlichkeiten zu erfüllen, selbst wenn gegenwärtig die Zahlungsfähigkeit noch besteht. Der Antragsteller muss das Gericht davon überzeugen, dass nach aller Wahrscheinlichkeit das Vermögen des Schuldners nicht ausreichend ist, um alle Verbindlichkeiten, einschließlich der künftigen und bedingten, zu begleichen. Dagegen kommt es nicht darauf an, ob der Schuldner bereits den Punkt ohne Wiederkehr erreicht hat, ab dem die Fortführung des Unternehmens unwahrscheinlich ist.

201 Nach Cheyne und Eurosail sind sowohl Zahlungsunfähigkeit als auch Überschuldung zukunftsgerichtete Tatbestände. Im Rahmen der Zahlungsunfähigkeit kommt es insoweit auf die absehbar nahe Zukunft an; Überschuldung geht darüber hinaus und reicht in die fernere Zukunft. Aus Eurosail scheint zudem zu folgen, dass es darüber hinaus einen weiteren Punkt in der fernen Zukunft gibt, ab dem selbst Überschuldung nicht länger als funktionierendes Konzept herangezogen werden kann. Die ferne Zukunft wird irgendwann so unsicher, dass eine verlässliche Vorhersage nicht mehr möglich ist.

202 Im Falle eines Gläubigerantrags im bankruptcy-Verfahren ist die gegenwärtige oder künftige Unfähigkeit des Schuldners zur Begleichung gerade derjenigen Forderungen des antragstellenden Gläubigers, die dem Eröffnungsantrag zugrunde liegen, Voraussetzung der Antragsberechtigung

Internationales Insolvenzrecht – England

(vgl. s. 267 IA). Diese Forderungen müssen zudem den Mindestbetrag von derzeit £5.000 erreichen. Für den Nachweis gilt s. 268 IA (→ Rn. 127). Voraussetzung der Eröffnung ist nach s. 271(1)(a) IA im Hinblick auf eine fällige Forderung, dass genau diese Forderung nicht beglichen wurde und der Schuldner hierfür auch weder Sicherheit geleistet noch sich mit dem Gläubiger gütlich geeinigt hat. Im Hinblick auf eine erst künftig fällig werdende Forderung ist gem. s. 271(1)(b) IA Eröffnungsvoraussetzung, dass keine vernünftige Aussicht besteht, dass der Schuldner im Fälligkeitszeitpunkt zur Zahlung in der Lage sein wird. Insoweit kommt es auf eine Abwägung aller Umstände im Einzelfall an.

Ein Schuldnerantrag führt gem. s. 263K(1)(b) IA nur dann zur Verfahrenseröffnung, wenn der **203** Schuldner am Tag der Verfahrenseröffnung zahlungsunfähig ist (unable to pay his debts). Insoweit kommt es nur auf diejenigen Verbindlichkeiten an, die im Zeitpunkt der Entscheidung über den Antrag fällig und zahlbar sind. Insbesondere wird Zahlungsunfähigkeit nicht dadurch begründet, dass der Schuldner gegenwärtig unter der Annahme der Fälligkeit erst künftig fällig werdender Schulden zu deren Begleichung nicht in der Lage wäre. Es kommt darauf an, ob die greifbare und unmittelbare Aussicht besteht, dass der Schuldner seine gegenwärtig fälligen Verbindlichkeiten begleichen kann. Ohne Belang ist, ob die vorhandenen Vermögenswerte die Verbindlichkeiten übersteigen. Es geht ausschließlich um die Liquidität des Schuldners.

2. Verfahrensziele

Entsprechend der Vielzahl der zur Verfügung stehenden Verfahren und der von historischen **204** Zufällen geprägten Entwicklung des Insolvenzrechts fehlt es weitgehend an einer einheitlichen und systematischen Zielbeschreibung sowohl im Gesetz als auch im Fallrecht. Erst in jüngerer Zeit bemüht man sich in der Literatur verstärkt, die tragenden Prinzipien des geltenden Insolvenzrechts herauszuarbeiten (vgl. Finch/Millmann, Corporate Insolvency Law, 3. Aufl. 2017, 26–50; Keay/Walton, Insolvency Law: Corporate and Personal, 4. Aufl. 2017, 21–30). Eine gute Orientierung bietet der für das moderne Insolvenzrecht so einflussreiche Cork-Report.

Danach sind das moderne Wirtschaftsleben und die Schaffung von Wohlstand auf ein funktions- **205** fähiges Finanz- und Kreditsystem angewiesen. Dieses verlangt, gleichsam als Korrelativ, nach einem Insolvenzrecht, das mit den Verlierern dieses Systems angemessen umgehen kann. Ein wichtiges Ziel des Insolvenzrechts ist, finanzielle Schwierigkeiten frühzeitig im Vorfeld der Insolvenz zu erkennen und effektiv zu bekämpfen. Dem dienen zum einen diejenigen Verfahren, die im Vorfeld der Insolvenz in institutionalisierter Weise eine außergerichtliche Schuldenbereinigung ermöglichen, wie CVA und IVA, aber auch scheme of arrangement und nunmehr das Restrukturierungsmoratorium und Restrukturierungsplanverfahren. Auch ein administration-Verfahren kann bereits im Vorfeld der Insolvenz durch den HQFC eingeleitet werden. Dies gibt wiederum den Geschäftsleitern einen Anreiz, die finanzielle Situation der Gesellschaft ständig zu überwachen und notfalls Schritte im Hinblick auf eine frühzeitige Sanierung einzuleiten.

Insbesondere im Hinblick auf natürliche Personen als Schuldner muss es darum gehen, diese **206** vor Belästigungen und unangemessenen Forderungen ihrer Gläubiger zu schützen. Dem dienen insbesondere die Vollstreckungsverbote nach ss. 130(2), 285(3) IA, para. 42-44 IA Sch. B1. sowie die Schuldbefreiung natürlicher Personen. Weiterhin sind diejenigen Rechte des Schuldners zu sichern, die er auch weiterhin legitimerweise ausüben können soll. Dies geschieht etwa durch die Herausnahme bestimmter Vermögensgegenstände des Schuldners aus der Masse, die auf den Verwalter übergeht (vgl. ss. 283(2, 283A) IA). Gleichzeitig sind aber auch die Interessen des Gläubigers zu berücksichtigen, der seinerseits in seiner Existenz durch die Insolvenz des Schuldners gefährdet sein mag. Ein solcher Interessenausgleich wird etwa in den ss. 335A – 338 IA mit Blick auf das Wohnhaus des Schuldners versucht.

Konflikte der Gläubiger untereinander sind zu vermeiden. Dem dienen, neben den bereits **207** erwähnten Vollstreckungsverboten, insbesondere Verfahrensvorschriften, die die angemessene Beteiligung möglichst aller Gläubiger sicherstellen. Zu nennen sind aber auch die Bindungswirkung von CVA/IVA, scheme of arrangement und Restrukturierungsplan gegenüber den stimmberechtigten dissentierenden Gläubigern. Schließlich gilt es, die Rechte der gesicherten Gläubiger möglichst zu wahren, wobei sowohl das scheme of arrangement als auch das Restrukturierungsplanverfahren Eingriffe in die Rechte dinglich gesicherter Gläubiger erlauben.

Die Vermögensgegenstände des Schuldners sollten mit einem Minimum an Verzögerung und **208** Kosten verwertet und der Erlös sollte unter den Gläubigern auf faire und gerechte Weise verteilt werden; ein Mehrbetrag gebührt dem Schuldner. Hierher gehört etwa das Prinzip der gleichmäßigen und anteiligen Befriedigung aller Gläubiger (pari passu) als tragendes Grundprinzip englischen Insolvenzrechts, trotz seiner zahlreichen Ausnahmen.

Internationales Insolvenzrecht – England

209   Insolvenzrecht soll sicherstellen, dass das Verwertungs- und Verteilungsverfahren auf ehrliche und kompetente Weise durchgeführt wird. Dies wird über strenge Zulassungsvoraussetzungen für private Insolvenzpraktiker erreicht. Hinzu kommt die ständige Überwachungsfunktion der amtlichen Verwalter und des Gerichts.

210   Weiterhin geht es darum, die Gründe für das wirtschaftliche Scheitern des Schuldners zu ermitteln und soweit sein Verhalten oder dasjenige seiner Geschäftsleiter zu wünschen übrig lässt und nach Sanktionen verlangt, die entsprechenden Maßnahmen zu ergreifen. Hierzu sieht das Insolvenzrecht an zahlreichen Stellen Ermittlungspflichten und -befugnisse des amtlichen Verwalters wie des privaten Insolvenzverwalters vor. Auf der Sanktionsseite stehen die privatrechtliche Haftung, etwaige Tätigkeitsverbote für Geschäftsleiter nach CDDA und das Insolvenzstrafrecht zur Verfügung.

211   Die Auswirkungen einer Insolvenz beschränken sich nicht auf die privaten Interessen des Schuldners und seiner Gläubiger. Vielmehr sind regelmäßig die Interessen weiterer gesellschaftlicher Gruppen in signifikanter Weise betroffen. Insolvenzrecht stellt sicher, dass diese Interessen im Insolvenzverfahren Gehör finden und angemessen geschützt werden. Ein wichtiger Aspekt in diesem Zusammenhang ist die vorrangige Befriedigung von Arbeitnehmeransprüchen.

212   Im Hinblick auf die Idee einer Sanierungskultur (rescue culture) werden Instrumente bereitgestellt, die es erlauben, lebensfähige Unternehmen möglichst zu erhalten. Dies spiegelt sich etwa in para. 3(1) IA Sch. B1 wider, der die Zwecke einer administration festlegt. Vorrangiger Zweck ist danach die Erhaltung des Unternehmens; nur wenn dies vernünftigerweise nicht erreichbar ist, kann der administrator zum Sekundärzweck der verbesserten Gesamtgläubigerbefriedigung bzw. zum Tertiärzweck der Befriedigung der gesicherten Gläubiger übergehen. Im neu eingeführten Restrukturierungsmoratorium und dem Restrukturierungsplanverfahren kommt der Sanierungsgedanke ebenfalls und verstärkt zum Ausdruck.

213   Insolvenzrecht muss einen rechtlichen Rahmen bereitstellen, der grundsätzlich respektiert und befolgt wird, aber andererseits flexibel genug ist, um sich den veränderlichen Bedingungen in der modernen Welt anzupassen. Insbesondere geht es darum, ein System bereitzustellen, dass praktische Lösungen für finanzielle und wirtschaftliche Probleme zeitigt, das einfach verständlich ist und effizient angewendet werden kann. Hier kommt dem Ermessen, das den Gerichten an den zentralen Stellen des Insolvenzrechts eingeräumt ist, erhebliche Bedeutung zu. Schließlich soll das englische Insolvenzrecht eine Qualität besitzen, die ihm Respekt und Anerkennung im Ausland verschafft. Auch dieses Sendungsbewusstsein im Sinne eines aktiven Regelungswettbewerbs kommt in den jüngsten Reformen zum Ausdruck.

3. Insolvenzfähigkeit

214   Insolvenz als ein bestimmter wirtschaftlich-finanzieller Zustand kann theoretisch für jeden fremdfinanzierten Rechtsträger eintreten. Die formellen Kollektivverfahren zur Bewältigung dieses Zustandes sind dagegen rechtsträgerspezifisch. Das Verfahren des IVA zu Abwendung der Insolvenz setzt ebenso wie das bankruptcy-Verfahren eine natürliche Person (individual) als Schuldner voraus (vgl. ss. 252, 263H, 264 IA). Dabei kommt es nicht darauf an, ob der Schuldner Unternehmer oder Verbraucher ist. Für Gesellschaften und andere Personenvereinigungen stehen diese Verfahren nicht zur Verfügung. Für den insolventen Nachlass einer vor Antragstellung verstorbenen Person gilt die aufgrund von s. 421 IA erlassene The Administration of Insolvent Estates of Deceased Persons Order 1986, SI 1986/1999.

215   Aus der Überschrift von Part IV des Insolvency Act 1986 zu den einzelnen Liquidationsverfahren, einschließlich der freiwilligen Auflösung durch die Gläubiger und der insolvenzbedingten gerichtlichen Liquidation, ergibt sich, dass die Vorschriften in diesem Teil nur für nach den Companies Acts registrierte Gesellschaften gelten (companies registered under the Companies Act 2006); s. 73(1) IA. Der IA enthält keine allgemeine Definition, sodass die Bedeutung letztlich den ss. 1 und 1171 des Companies Act 2006 selbst zu entnehmen ist. Gesellschaften im Sinne des Gesetzes sind danach Gesellschaften, die nach Inkrafttreten von Part 1 des Companies Act 2006 am 1.10.2009 nach dem CA gegründet und registriert worden sind, hinzu kommen Gesellschaften, die unmittelbar vorher nach dem Companies Act 1985 gegründet wurden, sowie diejenigen, die nach dem Companies Act 1985 als existierende Gesellschaften angesehen werden. Letztere sind gem. s. 735 Companies Act 1985 solche, die nach früheren Companies Acts gegründet und registriert wurden.

216   Der Companies Act 2006 unterscheidet zunächst zwischen Gesellschaften mit Haftungsbeschränkung (limited companies) und Gesellschaften ohne Haftungsbeschränkung (unlimited companies) (vgl. s. 3 CA). Beiden Formen kommt eigene Rechtspersönlichkeit zu. Bei Gesellschaften

mit Haftungsbeschränkung ist die Haftung auf den versprochenen Beitrag, soweit noch nicht geleistet, beschränkt. Gesellschaften mit Haftungsbeschränkung existieren in den Formen der Kapitalgesellschaft (company limited by shares) und der Garantiegesellschaft (company limited by guarantee). Kapitalgesellschaften werden weiter unterteilt in private Kapitalgesellschaften (private company limited by shares) und offene Kapitalgesellschaften (public company limited by shares). Nur letztere können ihre Anteile der breiten Öffentlichkeit zum Erwerb anbieten. Für all diese Gesellschaften stehen neben den Liquidationsverfahren weiterhin gem. s. 1(4)(a) IA das Verfahren des CVA sowie gem. para. 111(1A) IA Sch. B1 das administration-Verfahren zu Verfügung. Hinzu kommen scheme of arrangement und Restrukturierungsplanverfahren.

Gemäß s. 221(1) IA unterliegen nicht-registrierte Gesellschaften (unregistered companies), **217** soweit nichts anderes bestimmt ist, den Vorschriften über die Liquidation registrierter Gesellschaften. Nach s. 220(1) IA gehören zu den nicht-registrierten Gesellschaften alle Vereinigungen und Gesellschaften, die nicht nach dem CA oder Vorgängerrechtsakten in Großbritannien registriert sind. Traditionell betraf dies vor allem Gesellschaften, die zur Mitte des 19. Jahrhunderts existierten, jedoch von der Möglichkeit der Registrierung keinen Gebrauch gemacht hatten, weiterhin Korporationen, deren Existenz auf einem speziellen Parlamentsgesetz oder Verleihung durch die Krone (royal charter) beruht, aber auch sonstige Vereinigungen mit Gewinnerzielungsabsicht, für die kein spezielles Liquidationsverfahren vorgesehen ist; Re St. James Club (1852) 2 De CM&G 383; The Bristol Athenaeum (1890) LR 43 ChD; Butts Park Ventures (Coventry) Ltd. v. Bryant Homes Central Ltd. [2004] BCC 207.

In der Praxis die größte Bedeutung haben die ss. 220 – 229 IA jedoch im Hinblick auf **218** Gesellschaften, die nach dem Recht eines anderen Staates gegründet sind. In der Vergangenheit wurden ausländische Gesellschaften nach englischem Recht abgewickelt, soweit eine hinreichende Verbindung zum britischen Staatsgebiet bestand, vermittelt etwa durch einen Geschäftssitz, eine Niederlassung oder Vermögen in Großbritannien; South India Shipping Corporation Ltd. v The Export-Import Bank of Korea [1985] 1 WLR 585; Banquet des Merchandes de Moscou (Koupetchesky) v Kindersley [1951] Ch 112; Re Titan International Inc [1998] 1 BCLC 102. Für Gesellschaften, die nach dem Recht eines EU-Mitgliedstaates (mit Ausnahme von Dänemark) gegründet sind, galt dies bis zum Wirksamwerden des EU-Austritts nur unter dem Vorbehalt der Voraussetzungen des Art. 3 EuInsVO. Gegenwärtig gilt diese Beschränkung nicht mehr. Im Rahmen einer Eröffnungsentscheidung liegt es freilich nahe, dass das englische Gericht auch berücksichtigen wird, ob das Verfahren eine vernünftige Chance auf Anerkennung im Herkunftsstaat des Schuldners hat. Daran dürfte es fehlen, wenn etwa der Mittelpunkt der hauptsächlichen Interessen einer EU-ausländischen Gesellschaft nicht in England belegen ist.

S. 221(4) IA stellt für nicht-registrierte Gesellschaften lediglich das gerichtliche Liquidationsverfahren zur Verfügung. Eine Ausnahme gilt jedoch für EU-Auslandsgesellschaften. Diese können **219** im Einklang mit Art. 3 EuInsVO auch freiwillig durch die Gläubiger liquidiert werden. Für bestimmte Auslandsgesellschaften stehen auch CVA und administration zur Verfügung. Es sind dies Gesellschaften, die nach dem Recht eines Mitgliedstaates des Europäischen Wirtschaftsraumes gegründet sind (vgl. s. 1(4)(b) IA, para. 111(1A)(b) IA Sch. B1); sowie sonstige Auslandsgesellschaften, soweit sie den Mittelpunkt ihrer hauptsächlichen Interessen in einem Mitgliedstaat des Europäischen Wirtschaftsraums (mit Ausnahme von Dänemark) haben (vgl. s. 1(4)(c) IA, para. 111(1A)(c) IA Sch. B1). Für Gesellschaften, die nach dem Recht eines EU-Mitgliedstaates (mit Ausnahme von Dänemark) gegründet sind, galt dies bis zum Wirksamwerden des EU-Austritts nur unter dem Vorbehalt der Voraussetzungen des Art. 3 EuInsVO. Gegenwärtig gilt diese Beschränkung nicht mehr.

Derzeit stehen dem Rechtsverkehr in England und Wales drei Formen der Personengesellschaft **220** zur Verfügung. Die allgemeine Handelsgesellschaft (general partnership) ist im Partnership Act 1890 geregelt. Der partnership als solcher kommt danach keine eigene Rechtspersönlichkeit zu. Eigentum der partnership (partnership property) ist gemeinschaftliches Eigentum der Mitglieder. Jedes Mitglied haftet persönlich für die im Namen der partnership eingegangenen Verbindlichkeiten (s. 9 Partnership Act 1890). Die gleichen Grundsätze gelten für die limited partnership nach dem Limited Partnership Act 1907, mit der Ausnahme, dass die Haftung für nicht an der Geschäftsführung beteiligte Mitglieder auf deren Einlagebetrag beschränkt werden kann.

Die Insolvenzverfahren für partnerships und limited partnerships sind in der Insolvent Partner- **221** ship Order 1994 (IPO), SI 1994/2421 geregelt. Die spezialgesetzliche Regelung war erforderlich, da zwischen der Insolvenz der partnership und der Insolvenz einzelner oder aller Mitglieder zahlreiche Querverbindungen bestehen. Nach art. 4 IPO steht einer partnership die Möglichkeit eines voluntary arrangement offen. Diese Möglichkeit besteht unabhängig davon, ob über das Vermögen der Mitglieder ein Insolvenzverfahren eröffnet wird. In der Praxis werden die Gläubiger

Internationales Insolvenzrecht – England

der partnership jedoch häufig verlangen, dass auch deren Mitglieder jeweils voluntary arrangements durchführen. Nach art. 6 IPO besteht die Möglichkeit einer administration über das Vermögen der partnership. Zu berücksichtigen ist dabei, dass es im Hinblick auf das Vermögen einer partnership keinen HQFC geben kann, sodass diese Möglichkeit der Einsetzung eines administrators entfällt. Weiterhin ist Voraussetzung, dass die partnership insolvent ist, wobei das Vermögen der persönlich haftenden Mitglieder nicht berücksichtigt wird. Nach art. 7–10 IPO kann eine partnership nach den für nicht-registrierte Gesellschaften geltenden Vorschriften der ss. 220–229 IA liquidiert werden. Gläubiger werden häufig einen Liquidationsantrag bezüglich der partnership mit einem Antrag auf Eröffnung eines Insolvenzverfahrens über das Vermögen der Mitglieder verbinden. Art. 11 IPO räumt den Mitgliedern die Möglichkeit ein, einen gemeinschaftlichen Antrag auf Eröffnung von bankruptcy-Verfahren über ihre jeweiligen Vermögen zu stellen. Gleichzeitig kann in diesem Fall die partnership außerhalb der Vorschriften für nicht-registrierte Gesellschaften liquidiert werden. Dies hat den Vorteil, dass die Vorschriften des CDDA keine Anwendung finden.

222 Bei der Limited Liability Partnership handelt es sich um eine Mischform aus Kapitalgesellschaft und Personengesellschaft. Sie steht erst seit 2001 mit Inkrafttreten des Limited Liability Partnership Act 2000 und der Limited Liability Partnerships Regulations 2001 zur Verfügung. Der LLP als solcher kommt Rechtspersönlichkeit zu, die Haftung der Mitglieder ist auf deren übernommene Einlage beschränkt. Die Besteuerung der Mitglieder erfolgt jedoch nach den Grundsätzen der Personengesellschaft (look through approach). Reg. 5 der Limited Liability Partnerships Regulations 2001 erstreckt die Anwendung des IA auf Limited Liability Partnerships (mit den entsprechenden Modifikation). In der Insolvenz der Limited Liability Partnership stehen damit ebenfalls CVA, administration und Liquidationsverfahren zur Verfügung.

II. Verfahrensbeteiligte: Aufgaben, Rechte und Pflichten

1. Natürliche Person als Schuldner

223 Mit der Eröffnungsentscheidung im bankruptcy-Verfahren übernimmt der amtliche Verwalter die Rolle des Insolvenzverwalters (trustee in bankruptcy), vorbehaltlich der Einsetzung einer anderen Person als Insolvenzverwalter durch das Gericht (s. 291A IA). Das vom bankruptcy-Verfahren erfasste Schuldnervermögen geht automatisch und ipso iure auf den Insolvenzverwalter über, zunächst also den amtlichen Verwalter und möglicherweise später auf einen gerichtlich eingesetzten Insolvenzverwalter (s. 306 IA). Mit Eröffnung muss der Schuldner den Besitz an seinem Vermögen auf den Insolvenzverwalter übertragen sowie sämtliche Bücher, Papiere und sonstige Unterlagen abliefern (s. 312 IA). Soweit wegen der Natur des Vermögensgegenstandes dem Insolvenzverwalter der Besitz nicht eingeräumt werden kann, muss der Schuldner den Anweisungen des Insolvenzverwalters im Hinblick auf den Vermögensgegenstand, soweit diese angemessen sind, Folge leisten. Weiterhin soll der Schuldner ein Inventar seines Vermögens sowie sonstige angeforderten Informationen an den Insolvenzverwalter übergeben, und diesen auf Verlangen aufsuchen, soweit dies angemessen erscheint. Nach Einsetzung eines Insolvenzverwalters durch das Gericht bestehen entsprechende Pflichten des Schuldners gegenüber diesem Insolvenzverwalter (ss. 312, 333 IA). Weiterhin muss der Schuldner gem. s. 333(1)(c) IA alles tun, was der Insolvenzverwalter für die Zwecke des Insolvenzverfahrens von ihm verlangt, soweit dieses Verlangen angemessen ist. Gemäß s. 363(2) IA können zudem, solange das Schuldnervermögen noch der Verwaltung durch den Insolvenzverwalter unterliegt, der amtliche Verwalter und der Insolvenzverwalter jederzeit, selbst noch nach Schuldbefreiung, bei Gericht beantragen, den Schuldner anzuweisen, die nötigen Handlungen für die Zwecke des Insolvenzverfahrens vorzunehmen. So wird sichergestellt, dass der Schuldner bei der Abwicklung seines Vermögens bestmöglich behilflich ist.

224 Nach s. 290 IA kann der Schuldner (vor Schuldbefreiung) auf Antrag des amtlichen Verwalters nach Anordnung durch das Gericht jederzeit öffentlich vernommen werden. Antragsberechtigt ist ausschließlich der amtliche Verwalter. Gläubiger, die zusammen mindestens die Hälfte des Wertes der ausstehenden Forderungen repräsentieren, können jedoch den amtlichen Verwalter zur Antragstellung zwingen. Im Rahmen der öffentlichen Vernehmung wird der Schuldner unter Eid zu seinen Geschäften und Vermögensangelegenheiten befragt. Frageberechtigt sind, neben dem amtlichen Verwalter und dem Insolvenzverwalter, auch sämtliche Gläubiger. Daneben besteht die Möglichkeit einer nicht-öffentlichen Vernehmung nach s. 366 IA. Antragsberechtigt sind hier amtlicher Verwalter und Insolvenzverwalter. Neben dem Schuldner selbst können auch dessen Ehegatte oder Lebenspartner, Personen, die aus dem Schuldnervermögen stammende Gegenstande in Besitz

Internationales Insolvenzrecht – England

haben, sowie sonstige Personen, die sachdienliche Angaben zum Vermögen und den Geschäften des Schuldners machen können, vernommen werden.

2. Kapitalgesellschaft als Schuldner

Die Geschäftsleiter einer Gesellschaft trifft zunächst die Pflicht, eine Erklärung zu den Angelegenheiten der Gesellschaft in der vorgeschriebenen Form vorzulegen. Im freiwilligen Liquidationsverfahren durch die Gläubiger ist diese Erklärung an die Gläubiger nach s. 99(1)(b) IA zu senden. Im Rahmen eines gerichtlichen Liquidationsverfahrens bzw. einer administration besteht eine entsprechende Erklärungspflicht auf Verlangen des amtlichen Verwalters bzw. des administrators (vgl. s. 131 IA, para. 47 IA Sch. B1). Im Auflösungsverfahren oder in der administration kann nach s. 234(2) IA das Gericht von jedem, der Vermögensgegenstände, Bücher, Papiere oder sonstige Unterlagen der Gesellschaft in seinem Besitz hat, verlangen, diese an den Insolvenzverwalter bzw. administrator herauszugeben. Im gerichtlichen Auflösungsverfahren steht diese Befugnis dem Liquidator selbst zu (r. 7.78 IR). Nach s. 235 IA trifft gegenwärtige und frühere Geschäftsleiter und Angestellte der Gesellschaft eine allgemeine Kooperationspflicht. Diese beinhaltet insbesondere die Bereitstellung solcher Informationen bezüglich Gründung, Geschäftstätigkeit und Vermögen, die der Insolvenzverwalter oder administrator vernünftigerweise verlangt. Hinzu kommt die Pflicht, auf Verlangen vor dem Insolvenzverwalter oder administrator zu erscheinen. 225

Ein förmlicheres Verfahren, um die Verantwortlichen der Gesellschaft zur Kooperation anzuhalten, stellt s. 236 IA bereit. Danach kann das Gericht auf Antrag des Insolvenzverwalters oder administrators die Geschäftsleiter der Gesellschaft, Personen, die im Verdacht stehen, aus dem Vermögen der Gesellschaft stammende Gegenstände in ihrem Besitz zu haben, sowie sonstige Personen, die nach Ansicht des Gerichts sachdienliche Angaben zu Gründung, Geschäftstätigkeit und Vermögen der Gesellschaft machen können, zu nicht-öffentlicher Vernehmung laden. Dieses Verfahren kommt vor allem dann in Betracht, wenn eine informelle Kooperation nach s. 235 IA gescheitert ist. Gemäß s. 237 IA kann das Gericht schließlich auf Antrag des Insolvenzverwalters oder administrators die Herausgabe von Vermögensgegenständen der Gesellschaft an den Insolvenzverwalter anordnen, soweit die Vernehmung nach s. 236 IA ergeben hat, dass sich diese im Besitz einer dritten Person befinden. 226

3. Einzelne Gläubiger

Den Gläubiger kommt naturgemäß eine ganz zentrale Rolle zu. Zunächst können einzelne Gläubiger das Insolvenzverfahren überhaupt erst in Gang bringen (→ Rn. 69– → Rn. 71, → Rn. 94, → Rn. 97, → Rn. 126 f.). Sodann bestehen ausgiebige Informationsrechte bezüglich der Angelegenheiten und Vermögenssituation des Schuldners (→ Rn. 166– → Rn. 168). Weiterhin kann durch Gläubigerentscheidung die Person des Insolvenzverwalters bestimmt werden; die Gläubiger entscheiden auch darüber, ob ein scheme of arrangement, Restrukturierungsplan, CVA und IVA bzw. Vorschläge des administrators angenommen bzw. abgelehnt werden (→ Rn. 33, → Rn. 44, → Rn. 60, → Rn. 117). Schließlich nehmen die Gläubiger nach ordnungsgemäßer Anmeldung an der Verteilung der Masse teil. 227

Hinsichtlich des Stimmrechts im Rahmen der Entscheidungsfindung bezüglich CVA, IVA und administration nehmen Gläubiger, deren Forderungen durch dingliche Rechte an Vermögensgegenständen des Schuldners gesichert sind, nur insoweit teil, als der Nennwert der gesicherten Forderung den Wert des Sicherungsgutes übersteigt. Insoweit lassen sich dingliche Rechte, die auf dem Eigentum des Gläubigers beruhen und dingliche Sicherungsrechte im eigentlichen Sinne (als ius in re aliena) unterscheiden. In die erste Gruppe gehören etwa der Eigentumsvorbehalt des Verkäufers, die verschiedenen Formen der bedingten Übereignung unter Einschaltung eines Finanziers (conditional sale, hire-purchase, financial leasing) sowie Ansprüche, die auf einem Treuhandverhältnis (trust) beruhen. Sicherungsrechte im eigentlichen Sinne sind dagegen etwa fixed und floating charges, gesetzliche oder vertragliche Besitzrechte (lien) bzw. Grundschulden (mortgage) (vgl. s. 248 IA). Diese Rechte berechtigen den Sicherungsnehmer zur Inbesitznahme des bzw. zur vorrangigen Befriedigung aus dem Sicherungsgut und werden je nach Art des Insolvenzverfahrens durch die Eröffnung in unterschiedlicher Weise betroffen (→ Rn. 258– → Rn. 263). 228

Gemäß rr. 6.42, 7.108 und 10.149 IR sind die Verfahrenskosten vorrangig und in voller Höhe, also nicht anteilig, aus der Masse zu begleichen. Hierzu gehören sämtliche Kosten, die im Laufe des Verfahrens für die Sicherung und Erhaltung der Masse bzw. die Aufrechterhaltung des Geschäftsbetriebs des Schuldners angefallen sind, insbesondere auch Ansprüche der Neugläubiger und Ansprüche aus nichterfüllten Verträgen, soweit der Insolvenzverwalter Erfüllung verlangt. Für 229

Schillig

den Fall, dass die Masse nicht zur Deckung aller Verfahrenskosten ausreicht, ist eine genau definierte Rangfolge vorgesehen. Innerhalb der so definierten Gruppen gilt dann das Grundprinzip der gleichmäßigen und anteiligen Befriedigung (pari passu principle). Die Forderungen vorrangiger Gläubiger sind ebenfalls in voller Höhe vorab zu begleichen. Soweit das Schuldnervermögen eine Begleichung in voller Höhe nicht zulässt, gilt das pari passu-Prinzip (vgl. s. 175 IA). Seit dem Enterprise Act 2002 bis zur Umsetzung der Bankensanierungs- und Abwicklungsrichtlinie (BRRD) gehörten in diese Gruppe lediglich die in Schedule 6 aufgelisteten Ansprüche der Arbeitnehmer (vgl. s. 386 IA, para. 8–12 IA Sch. 6). Mit Wirkung zum 1.12.2020 hat der Finance Act 2020 den Vorrang bestimmter Steueransprüche (wieder) eingeführt. Hierzu gehören insbesondere der Quellensteuerabzug für Einkommensteuer der Arbeitnehmer (PAYE), Mehrwertsteuer (VAT), und Sozialversicherungsbeiträge der Arbeitnehmer (NIC). Nach aktueller Rechtslage ist zu unterscheiden: Vorrangige Gläubiger ersten Ranges sind die genannten Arbeitnehmeransprüche sowie die von der Einlagensicherung erfassten Ansprüche von Einlegern; vorrangige Gläubiger zweiten Ranges sind die über den Betrag der Einlagensicherung hinausgehenden Ansprüche von Einlegern (s. 386 IA mit para. 15AA–15BB IA Sch. 6), sowie nunmehr der Fiskus im Hinblick auf die genannten Steueransprüche. Soweit eine Liquidation oder administration innerhalb von 12 Wochen einem Restrukturierungsmoratorium nachfolgt, genießen die Moratoriumsverbindlichkeiten sowie vorrangige Vor-Moratoriumsverbindlichkeiten Vorrang vor allen sonstigen ungesicherten Gläubigern, einschließlich der vorrangigen Gläubiger (super priority).

230   Innerhalb der Gruppe der Insolvenzgläubiger gilt das Prinzip der gleichmäßigen und anteiligen Befriedigung. Zur Teilnahme an Abstimmungen im Rahmen der Gläubigerentscheidungsfindung sowie bei der Verteilung des Schuldnervermögens müssen die Insolvenzgläubiger ihre Forderungen ordnungsgemäß anmelden und durch den Insolvenzverwalter zugelassen worden sein.

231   Nachrangige Gläubiger sind an zahlreichen Stellen durch das Gesetz festgelegt. Zu nennen sind etwa mitgliedschaftliche Ansprüche von Gesellschaftern (s. 74(2)(f) IA); Ansprüche von Geschäftsleitern, die sich nach s. 214 IA zu verantworten haben, soweit das Gericht dies anordnet (s. 215(4) IA), sowie ein bestimmter Anteil des einer floating charge unterliegenden Schuldnervermögens, der zur Befriedigung der Insolvenzgläubiger freizugeben ist (vgl. s. 176A IA).

4. Gläubigergemeinschaft

232   In seiner ursprünglichen Form sah der Insolvency Act 1986 vor, dass alle Entscheidungen der Gläubiger im Rahmen eines Insolvenzverfahrens – von der Nominierung des Insolvenzverwalters über die Annahme eines CVA oder IVA bis zur Entlastung des Verwalters – durch die Gläubigerversammlung zu treffen waren. Das Erfordernis zur Abhaltung von Gläubigerversammlungen wurde durch den Small Business, Enterprise and Employment Act 2015 abgeschafft. Gemäß ss. 246ZE, 397ZA IA kann der Insolvenzverwalter, wann immer er eine Entscheidung der Gläubiger herbeiführen kann oder muss, eines der qualifizierten Entscheidungsverfahren heranziehen, jedoch mit Ausnahme einer Gläubigerversammlung. Eine solche kann und muss vielmehr nur dann einberufen werden, wenn eine Gläubigerminderheit von 10 % nach Wert, 10 % nach Köpfen oder eine absolute Zahl von 10 Gläubigern dies schriftlich verlangt. Zusätzlich zur Gläubigerversammlung unter körperlicher Anwesenheit der Beteiligten gehören zu den qualifizierten Entscheidungsverfahren die folgenden: Briefverkehr, elektronische Abstimmung durch ein elektronisches Abstimmungssystem, virtuelle Versammlung über das Telefon oder online, sowie jedes sonstige Entscheidungsverfahren, das die gleichberechtigte Teilnahme aller stimmberechtigten Gläubiger gewährleistet.

233   Soweit weder Insolvency Act 1986 noch Insolvency Rules 2016 etwas anderes vorschreiben, kann anstelle eines qualifizierten Entscheidungsverfahrens das sog. Widerspruchsverfahren (deemed consent procedure) herangezogen werden. Dabei zeigt der Verwalter den stimmberechtigten Gläubigern das Entscheidungsverfahren an und übermittelt die folgenden Informationen: die zur Entscheidung stehende Angelegenheit, die vom Verwalter vorgeschlagene Entscheidung, die Funktionsweise des Widerspruchsverfahrens, insbesondere die Art und Weise, wie ein Gläubiger gegen die vorgeschlagene Entscheidung Widerspruch einlegen kann. Die vorgeschlagene Entscheidung gilt als ergangen, soweit weniger als 10 % nach Wert der stimmberechtigten Gläubiger ordnungsgemäß widersprochen haben. Wird die Schwelle von 10 % dagegen erreicht, gilt die Entscheidung als von den Gläubigern abgelehnt. Die zugrundeliegende Angelegenheit kann danach nurmehr durch ein qualifiziertes Entscheidungsverfahren entschieden werden.

234   Kommt im Rahmen einer freiwilligen Liquidation durch die Gesellschafter der von diesen eingesetzte Liquidator zu dem Schluss, dass die Gesellschaft insolvent ist, so fertigt er eine Erklärung zu den Angelegenheiten und Vermögensverhältnissen der Gesellschaft in der vorgeschriebenen

Internationales Insolvenzrecht – England

Form an, welche innerhalb von sieben Tagen seit Feststellung der Insolvenz an die Gläubiger zu übersenden ist (s. 95(1A) IA). Die freiwillige Liquidation durch die Gesellschafter wird zur freiwilligen Liquidation durch die Gläubiger, sobald diese eine Person als Insolvenzverwalter nominieren (bzw. das Entscheidungsverfahren zum Abschluss kommt, ohne dass eine Nominierung erfolgt wäre) (s. 96 IA). Fasst die Gesellschaft eine freiwillige Liquidation durch die Gläubiger von Anfang an ins Auge, fertigen die Geschäftsleiter die Erklärung über die Angelegenheiten und Vermögensverhältnisse des Schuldners an und senden diese innerhalb von sieben Tagen seit der Fassung des Auflösungsbeschlusses an die Gläubiger (s. 99 IA). Sowohl die Gesellschaft selbst als auch die Gläubiger können eine Person als Insolvenzverwalter vorschlagen. Die Geschäftsleiter müssen einen entsprechenden Vorschlag der Gläubiger einholen. Soweit das Gericht nichts anderes bestimmt, hat der Vorschlag der Gläubiger Vorrang (s. 100 IA). Nach vollständiger Abwicklung bereitet der Insolvenzverwalter eine abschließende Abrechnung vor und sendet diese an die Gesellschafter und Gläubiger, und im Anschluss an den Registrar of Companies zusammen mit einer Erklärung darüber, ob Gläubiger der Entlastung des Verwalters widersprechen (s. 106 IA).

Soweit im Falle einer gerichtlichen Liquidation der amtliche Verwalter als Insolvenzverwalter **235** handelt, kann er die Gesellschafter und Gläubiger um Vorschläge ersuchen im Hinblick auf die Einsetzung einer anderen Person als Insolvenzverwalter und/oder zur Bildung eines Liquidationsausschusses. Die Vorschläge der Gläubiger haben dabei Vorrang, soweit das Gericht nichts anderes bestimmt (s. 139 IA). Der amtliche Verwalter hat 12 Wochen Zeit, darüber zu entscheiden, ob er entsprechende Vorschläge einholen will (s. 136(5) IA). Soweit nach Ansicht des Insolvenzverwalters (der nicht zugleich der amtliche Verwalter ist) die Abwicklung des Gesellschaftsvermögens abgeschlossen ist, fertigt er eine abschließende Abrechnung an und schickt diese an die Gläubiger, und im Anschluss an den Registrar of Companies zusammen mit einer Erklärung darüber, ob Gläubiger der Entlastung des Verwalters widersprechen (s. 146 IA).

Nachdem der administrator aufgrund der Erklärung über die Angelegenheiten und Vermögens- **236** verhältnisse der Gesellschaft und aus anderen Quellen die nötigen Informationen erlangt hat, muss er eine Erklärung anfertigen, in welcher er seine Vorschläge zur Erreichung der Verfahrensziele darlegt; eine Kopie der Erklärung ist an den Registrar of Companies sowie jeden Gläubiger zu senden, dessen Anschrift dem administrator bekannt ist. Dies soll geschehen, sobald vernünftigerweise praktikabel, jedenfalls aber innerhalb von acht Wochen seit Verfahrenseröffnung (para. 49 IA Sch. B1). Der administrator muss sodann eine Gläubigerentscheidung im Hinblick auf seine Vorschläge herbeiführen, und zwar innerhalb von zehn Wochen seit Verfahrenseröffnung (para. 51 IA Sch. B1). Beide Fristen können verlängert werden. Soweit die Gläubiger die Vorschläge nur mit bestimmten Modifikationen annehmen, bedürfen diese der Zustimmung des administrators. Der administrator darf von der Herbeiführung einer Gläubigerentscheidung dann absehen, wenn nach seiner Überzeugung die Gesellschaft in der Lage ist, alle Gläubiger zu befriedigen, oder eine Ausschüttung an ungesicherte Gläubiger erfolgen kann, oder sowohl die Sanierung des Unternehmens als auch ein besseres Resultat für die Gläubigergesamtheit ausgeschlossen erscheinen (para. 52 IA Sch. B1). Eine Gläubigerentscheidung muss immer dann herbeigeführt werden, wenn eine Gläubigerminderheit von mindestens 10 % nach Wert oder das Gericht dies verlangen (para. 56 IA Sch. B1).

Zur Annahme eines CVA ist eine Versammlung der Gesellschafter sowie eine Entscheidung **237** der Gläubiger erforderlich (s. 3 IA). Dabei sind alle diejenigen Gläubiger zu laden, deren Forderung und Adresse bekannt sind. Die Gesellschafterversammlung unter Vorsitz des Sachwalters und die Gläubiger im Rahmen eines qualifizierten Entscheidungsverfahrens entscheiden sodann über die Annahme des CVA (s. 4 IA). Mit dieser Annahme wird das CVA wirksam und bindet alle stimmberechtigten Gläubiger (s. 5 IA).

Mit Eröffnung eines bankruptcy-Verfahrens wird der amtliche Verwalter automatisch Insolvenz- **238** verwalter (s. 291A IA). Durch Gläubigerentscheidung kann eine andere Person als Insolvenzverwalter eingesetzt werden, soweit die Gläubigerentscheidung durch den Verwalter selbst, das Gericht oder durch Gläubiger, deren Forderungen zusammen 25 % des Wertes der Verbindlichkeiten des Schuldners ausmachen, initiiert wurde (s. 298 IA). Ansonsten ist eine Gläubigerentscheidung allgemein erforderlich für die Abberufung und Entlastung eines Insolvenzverwalters, der nicht der amtliche Verwalter ist (ss. 298, 299 IA). Nach Abwicklung des Schuldnervermögens legt der Insolvenzverwalter den Gläubigern Rechenschaft ab (s. 331 IA).

Im Hinblick auf ein IVA gelten ähnliche Grundsätze wie im Falle des CVA. Im Rahmen eines **239** Entscheidungsverfahrens stimmen die Gläubiger über die Annahme des IVA ab. Im Falle der Annahme sind alle stimmberechtigten Gläubiger gebunden (vgl. ss. 257, 258, 260 IA).

Internationales Insolvenzrecht – England

5. Gläubigerausschuss, Liquidationsausschuss

240 Sowohl im Liquidationsverfahren (ss. 101, 141 IA) als auch im Verfahren der administration (para. 57 IA Sch. B1) und im bankruptcy-Verfahren (s. 301 IA) besteht für die Gläubiger die Möglichkeit der Einsetzung eines Liquidations- bzw. Gläubigerausschusses (liquidation committee, creditors' committee). Dessen Funktion besteht im Wesentlichen in der Wahrnehmung der Interessen der Gesamtheit der Gläubiger gegenüber dem Insolvenzverwalter sowie in dessen Beratung und Überwachung. Der Liquidations- bzw. Gläubigerausschuss setzt sich jeweils zusammen aus mindestens drei und höchstens fünf Gläubigern. Es kommen nur ungesicherte Gläubiger in Betracht, die ihre Forderungen ordnungsgemäß angemeldet haben und deren Forderungen nicht zurückgewiesen wurden (vgl. rr. 17.3, 17.4). Für die Arbeitsweise des jeweiligen Ausschusses finden sich detaillierte Vorschriften in rr. 17.14–17.49 IR.

6. Insolvenzgericht

241 Zwingend ist die Einschaltung des Gerichts nur im Verfahren der insolvenzbedingten gerichtlichen Liquidation sowie im bankruptcy-Verfahren. In diesen Verfahren entscheidet das Gericht nach seinem Ermessen über die Verfahrenseröffnung. Ebenso bedürfen ein scheme of arrangement und Restrukturierungsplan der Bestätigung durch das Gericht, welches zuvor bereits über die Einberufung der jeweiligen Gläubigerversammlungen entscheidet. CVA, administration und freiwillige Liquidation (durch die Gläubiger) können ohne oder mit minimaler gerichtlicher Beteiligung auskommen. Insgesamt sind alle Parteien daran interessiert, die Gerichte so wenig wie möglich zu bemühen. Hierdurch werden Kosten gespart und es bleibt mehr für die Gläubiger übrig.

242 Gleichwohl kommt dem Insolvenzgericht in allen Verfahren eine wichtige Überwachungs- und Unterstützungsfunktion zu. So können die Gerichte jederzeit von Amts wegen oder auf Antrag den Verantwortlichen Anweisungen im Hinblick auf die Verfahrensgestaltung erteilen. Verfahrenshandlungen der Beteiligten unterliegen der Kontrolle durch das Insolvenzgericht. Streitige Fragen, die im Laufe des Verfahrens zutage treten, sind durch das Insolvenzgericht einer Klärung zuzuführen. Bemerkenswert ist dabei das dem Gericht in jeder Lage des Verfahrens eingeräumte weite Ermessen, das letztendlich seine Wurzeln in der equity hat.

7. Amtlicher Verwalter (official receiver)

243 Dem amtlichen Verwalter kommt eine wichtige Rolle im Hinblick auf zahlreiche Aspekte des Insolvenzrechts zu. Im gerichtlichen Liquidationsverfahren bzw. bankruptcy-Verfahren wird der amtliche Verwalter zunächst automatisch Insolvenzverwalter, ggf. bis zur Einsetzung eines privaten Insolvenzpraktikers durch die Gläubiger oder das Gericht (vgl. ss. 136(2), 291A IA). Wird kein privater Insolvenzverwalter eingesetzt, insbesondere in Fällen der Massearmut, bleibt der amtliche Verwalter bis zum Verfahrensende Insolvenzverwalter. Bei Einsetzung eines privaten Insolvenzverwalters kommt dem amtlichen Verwalter eine allgemeine Überwachungsfunktion zu. Eine der Hauptaufgaben ist dabei die Ermittlung der Gründe für das wirtschaftliche Scheitern des Schuldners (ss. 132, 289 IA). Hierzu kann er von den Verantwortlichen verlangen, dass diese sich zu den Angelegenheiten der Gesellschaft erklären (s. 131 IA). Ergeben die Ermittlungen, dass der Geschäftsleiter einer Gesellschaft zur Führung von deren Geschäften untauglich ist, so meldet er dies der zuständigen Behörde (s. 7A CDDA).

244 Als Gerichtsbeamter ist der amtliche Verwalter gegenüber dem Gericht, dem er zugewiesen ist, verantwortlich für die Ausführung der ihm vom Gericht erteilten Weisungen sowie seiner sonstigen gesetzlichen Pflichten und Aufgaben. Der amtliche Verwalter kann in seiner amtlichen Funktion vor den Gerichten Verfahren einleiten und kann vor dem Gericht, dem er zugewiesen ist, selbst Verfahrenshandlungen wirksam vornehmen (right of audience), bedarf hierzu also nicht des Beistands eines Rechtsanwaltes (barrister). Amtliche Verwalter unterliegen den Weisungen der zuständigen Behörde (ss. 399(6), 400(2) IA).

8. Insolvenzverwalter

245 Mit der Vielzahl der Verfahrensarten einher geht eine Vielzahl verschiedener Insolvenzverwalter, deren Verantwortlichkeiten sich je nach Verfahrensart unterscheiden. Als Insolvenzverwalter kommen aber stets nur qualifizierte Insolvenzpraktiker (qualified insolvency practitioners) in Betracht (dazu → Rn. 22).

246 Im Auflösungsverfahren erfolgt die Auswahl und Einsetzung des Insolvenzverwalters je nach Verfahrensart durch die Gesellschaft (s. 91 IA, die Gläubiger, s. 100 IA), durch das Gericht (s. 140

Internationales Insolvenzrecht – England

IA) oder auf Antrag des amtlichen Verwalters durch die zuständige Behörde (s. 137 IA). Im Falle einer gerichtlichen Liquidation wird der amtliche Verwalter zunächst kraft seines Amtes zum Liquidator (s. 136 IA). Nach Einberufung einer Gesellschafterversammlung und Einholung einer Gläubigerentscheidung können diese jedoch einen privaten Insolvenzpraktiker einsetzen (s. 139 IA). Im gerichtlichen Liquidationsverfahren ist der Liquidator Gerichtsbeamter; Re Oasis Merchandising Ltd. [1998] Ch. 170. Hauptaufgabe des Insolvenzverwalters ist es, das Vermögen des Schuldners in Verwahrung zu nehmen, zu verwerten und den Erlös entsprechend der gesetzlich vorgegebenen Rangfolge unter den Gläubigern zu verteilen (s. 143 IA). Dem Insolvenzverwalter obliegt die Ermittlung und Feststellung der Gründe für das wirtschaftliche Scheitern des Schuldners sowie die rechtliche Verfolgung derjenigen, die für dieses Scheitern die Verantwortung tragen.

Die einzelnen Befugnisse des Verwalters im Auflösungsverfahren ergeben sich je nach Verfahrensart aus ss. 165, 166, 167 IA jeweils in Verbindung mit Schedule 4. Vor dem Inkrafttreten der durch den Small Business, Enterprise and Employment Act 2015 eingefügten Änderungen konnten bestimmte Befugnisse stets nur mit Zustimmung des Gerichts oder des Liquidationsausschusses ausgeübt werden. Das Zustimmungserfordernis ist nunmehr obsolet. Der Verwalter hat damit die Befugnis zur Veräußerung von Vermögensgegenständen der Gesellschaft, deren Hingabe als Sicherheit sowie alle sonstigen Handlungen, die für die Zwecke der Auflösung erforderlich sind, insbesondere die Begleichung von Schulden, den Abschluss einer gütlichen Einigung mit den Gläubigern, die Klageerhebung im Hinblick auf Ansprüche der Gesellschaft einschließlich wrongful trading und Insolvenzanfechtung, die Vornahme von sonstigen Prozesshandlungen im Namen der Gesellschaft und die Fortführung der Geschäftstätigkeit der Gesellschaft, soweit dies für die Zwecke des Auflösungsverfahrens erforderlich ist. Anders als im bankruptcy-Verfahren wird der Verwalter nicht automatisch Eigentümer des Vermögens der Schuldnergesellschaft. Das Gericht kann ihm jedoch auf Antrag das Eigentum am gesamten Schuldnervermögen oder Teilen davon übertragen (s. 145 IA). Der Insolvenzverwalter ist Vertreter (agent) der Gesellschaft und kann diese vertraglich binden, ohne selbst gebunden bzw. persönlich haftbar zu sein; Knowles v Scott [1891] 1 Ch. 717; Stewart v Engel [2000] BCC 741.

Auch wenn der Verwalter im Auflösungsverfahren nicht Treuhänder der Gesellschaft ist, so bestehen doch der Gesellschaft sowie der Gesamtheit der Gläubiger gegenüber treuhänderische Pflichten; Pulsford v Devenish [1903] 2 Ch 625; James Smith & Sons (Norwood) Ltd v Goodman [1936] Ch 216. Insbesondere muss der Insolvenzverwalter die ihm verliehenen Befugnisse nach bestem Gewissen für diejenigen Zwecke ausüben, für die sie ihm verliehen wurden; weiterhin muss der Insolvenzverwalter jeden Interessenkonflikt vermeiden und darf nicht persönlich von seinem Amt profitieren; schließlich muss er gegenüber allen Verfahrensbeteiligten strikte Neutralität wahren; Re Lubin, Rosen & Associates Ltd. [1975] 1 WLR 122. Hinzu kommt eine allgemeine deliktische Sorgfaltspflicht bei der Ausführung seiner Aufgaben; Re Windsor Steam Coal Co. [1929] Ch. 151; Re Home and Colonial Insurance Co Ltd [1930] 1 Ch 102. Im Falle der Verletzung dieser Pflichten ist der Insolvenzverwalter gegenüber der Gesellschaft und der Gesamtheit der Gläubiger schadenersatzpflichtig. Nach s. 212 IA können diese Pflichten von einzelnen Gläubigern oder Gesellschaftern geltend gemacht werden.

Die Vergütung des Verwalters im Auflösungsverfahren (soweit nicht der amtliche Verwalter) wird grundsätzlich durch den Liquidationsausschuss, soweit vorhanden, ansonsten durch Gläubigerentscheidung festgesetzt (vgl. r. 18.20 IR). Die Vergütung ist Teil der Verfahrenskosten und als solche vorrangig aus der Masse zu begleichen. Innerhalb der Verfahrenskosten kommt der Vergütung des Insolvenzverwalters allerdings ein relativ niedriger Rang zu (vgl. r. 6.42 und 7.108 IR).

Die Auswahl und Einsetzung des administrators erfolgt je nach Art des Verfahrens durch den HQFC (para. 14(1) IA Sch. B1), die Gesellschaft bzw. deren Geschäftsleiter (para. 22 IA Sch. B1) und bei der administration aufgrund gerichtlicher Anordnung durch das Gericht (para. 13 IA Sch. B1). Der administrator ist stets Gerichtsbeamter (para. 5 IA Sch. B1). Die Aufgaben des administrators ergeben sich aus dem mit der administration verfolgten Zweck. Es gilt die Rangfolge des para. 3(1) IA Sch. B1. Danach geht es vorrangig um die Rettung des Unternehmens. Nur wenn dies vernünftigerweise nicht praktikabel ist, muss der administrator versuchen, für die Gesamtheit der Gläubiger ein gegenüber einer Liquidation besseres Ergebnis zu erzielen. Ist auch das nicht praktikabel, darf der administrator Gesellschaftsvermögen zugunsten eines oder mehrerer dinglich gesicherter Gläubiger verwerten.

Zur Erfüllung dieser Aufgaben sind dem administrator in den para. 59–66 IA Sch. B1 iVm Schedule 1 äußerst weitreichende Befugnisse eingeräumt. Nach para. 59(1) IA Sch. B1 kann der administrator alles tun, was nötig und angebracht ist, um die Geschäfte der Gesellschaft und ihr Vermögen zu verwalten. Der gute Glaube Dritter an die umfassende Verwaltungsbefugnis des administrators ist geschützt (para. 59(3) IA Sch. B1). Der administrator kann Geschäftsleiter einsetzen und abberufen (para. 61 IA Sch. B1), die Gesellschafterversammlung einberufen und eine Gläubigerentscheidung herbeiführen (para. 62 IA Sch; B1), Vermögen an gesicherte und, mit Zustimmung des Gerichts, an ungesicherte Gläubiger verteilen (para. 65 IA Sch. B1) und jederzeit das Gericht um Anweisungen ersuchen (para. 63 IA Sch. B1). Hinzu kommen die in Schedule 1 aufgelisteten Befugnisse, etwa die Inbesitznahme des Gesellschaftsvermögens, die Veräußerung von Vermögensgegenständen, die Vornahme von Prozesshandlungen oder die Fortführung der Geschäftstätigkeit der Gesellschaft.

252   Gemäß para. 67, 68 IA Sch. B1 hat der administrator die allgemeine Pflicht, das Gesellschaftsvermögen in Verwahrung zu nehmen und gemäß den durch die Gläubigerversammlung angenommenen Vorschlägen des administrators zu verwalten. Allerdings kann der administrator bereits vor der Annahme seiner Vorschläge von seinen Befugnissen Gebrauch machen, insbesondere das Unternehmen als Ganzes veräußern; Re T & D Industries plc [2000] BCC 956; Re Transbus International Ltd [2004] 2 BCLC 550; DKLL Solicitors v Revenue and Customs Commissioners [2007] BCC 908. Dies ist insbesondere dann bedeutsam, wenn Eile geboten ist und im Hinblick auf die Dringlichkeit des Verkaufs eine Gläubigerentscheidung nicht abgewartet werden kann, und bildet die rechtliche Grundlage für in der Praxis weitverbreitete pre-pack administration (→ Rn. 256). Im Übrigen bestehen allgemeine treuhänderische Pflichten und Sorgfaltspflichten gegenüber der Gesellschaft und der Gesamtheit der Gläubiger, grundsätzlich nicht gegenüber einzelnen Gläubigern; Kyrris v Oldham [2004] BCC 111. Inhaltlich sind diese Pflichten mit denen des Verwalters in der Liquidation weitgehend identisch. Einzelne Gläubiger oder Gesellschafter haben gem. para. 75 IA Sch. B1 die Möglichkeit, diese Pflichten für die Gesellschaft gegenüber dem administrator durchzusetzen. Weiterhin können Gläubiger oder Gesellschafter das Verhalten des administrators nach para. 74 IA Sch. B1 der Kontrolle durch das Gericht unterwerfen, nämlich mit der Behauptung, der administrator habe ihnen in unfairer Weise Schaden zugefügt bzw. erledige seine Pflichten nicht mit der nötigen Effizienz und Zügigkeit.

253   Nach para. 69 IA Sch. B1 ist der administrator Vertreter der Gesellschaft, wird also selbst durch im Rahmen der administration nicht abgeschlossene Verträge bzw. Verträge, deren Erfüllung er verlangt, nicht verpflichtet. Allerdings sind neu abgeschlossene Verträge bei Beendigung der administration aus dem Gesellschaftsvermögen zu befriedigen und zwar im Range vor der Vergütung und den Kosten des administrators (para. 99(4) IA Sch. B1). Die Vergütung des administrators ist gem. r. 18.18 IR durch den Gläubigerausschuss, soweit vorhanden, ansonsten durch Gläubigerentscheidung festzusetzen. Sie ist bei Verfahrensbeendigung aus dem Gesellschaftsvermögen, das der administrator in Verwahrung hatte, zu begleichen. Der Anspruch ist gegenüber den Ansprüchen von Neugläubigern und bestimmten Arbeitnehmeransprüchen nachrangig (para. 99 IA).

254   Insolvenzverwalter im bankruptcy-Verfahren (trustee in bankruptcy) ist grundsätzlich der amtliche Verwalter kraft seines Amtes (s. 291A IA). Eine Auswahl und Einsetzung kann jedoch auch durch Gläubigerentscheidung, die zuständige Behörde oder das Gericht erfolgen (ss. 296, 298 IA). Der trustee in bankruptcy ist Gerichtsbeamter. Die Aufgaben des trustee sind mit denen des Verwalters im Auflösungsverfahren weitgehend identisch. Der trustee nimmt das Schuldnervermögen in Gewahrsam, verwertet es und zahlt nach Abzug der Verfahrenskosten einen Betrag an die Gläubiger entsprechend der gesetzlichen Rangfolge aus (ss. 305, 324 IA). Mit seiner Einsetzung wird der trustee automatisch Eigentümer des Schuldnervermögens, soweit es dem Beschlag unterliegt (s. 306 IA). Die Befugnisse des trustee ergeben sich aus s. 314 IA iVm Schedule 5 und sind mit denen des Verwalters im Auflösungsverfahren weitgehend identisch. Dabei können die in Part I des Schedule 5 genannten Befugnisse nur mit Zustimmung des Gläubigerausschusses, soweit vorhanden, bzw. mit Zustimmung des Gerichts ausgeübt werden. Gemäß s. 303(1) IA unterliegen die Handlungen des trustee auf Antrag eines Gläubigers der Kontrolle durch das Gericht. Der trustee haftet zudem nach s. 304 IA für die Veruntreuung von Vermögensgegenständen und die Verletzung treuhänderischer oder sonstiger Pflichten. Dabei handelt es sich um eine eigene Anspruchsgrundlage, die ua von jedem Gläubiger und dem Schuldner selbst zugunsten des Schuldnervermögens geltend gemacht werden kann. Die Haftung für die Verletzung der allgemeinen treuhänderischen Pflichten und Sorgfaltspflichten gegenüber der Gesamtheit der Gläubiger bleibt davon unberührt (s. 304(1) IA). Die Festsetzung der Vergütung erfolgt grundsätzlich durch den Gläubigerausschuss, soweit vorhanden, ansonsten durch Gläubigerentscheidung (vgl. r. 18.21 IR). Sie ist Teil der Kosten des Verfahrens. Innerhalb der Verfahrenskosten kommt der Vergütung des trustee ein niedriger Rang zu (r. 10.149 IR).

III. Sanierungsmöglichkeiten im und durch das Insolvenzverfahren

255   Die Sanierungsmöglichkeiten im Rahmen eines Insolvenzverfahrens sind naturgemäß hauptsächlich für Unternehmensträger relevant. Für eine Gesellschaft in finanziellen Schwierigkeiten

Internationales Insolvenzrecht – England

stehen nicht weniger als fünf eigenständige Verfahren zur Verfügung, mit deren Hilfe eine Sanierung, sei es als übertragende Sanierung oder Reorganisation, erreicht werden kann: administration, Company Voluntary Arrangement (CVA) nach ss. 1–7 IA, scheme of arrangement nach ss. 895–901 Companies Act 2006, sowie aufgrund des Corporate Insolvencz and Governance Acts 2020 seit 26.6.2020 das Restrukturierungsmoratorium nach ss. A1–A55 IA und Restrukturierungsplanverfahren gemäß ss. 901A–901L Companies Act 2006. All diese Verfahren können dabei einzeln ablaufen, möglich sind aber auch vielfältige Kombinationen. Beim scheme of arrangement handelt es sich nicht um ein Insolvenzverfahren; die Einsatzmöglichkeiten sind vielfältig und die (vorinsolvenzliche) Sanierung nur ein Anwendungsbereich neben Verschmelzungen und (freundlichen) Übernahmen. Für natürliche Personen steht das Verfahren des Individual Voluntary Arrangement (IVA) zur Verfügung, das zwar ursprünglich für Einzelunternehmer konzipiert wurde, aber verstärkt im Hinblick auf die Abwendung von Verbraucherinsolvenzen eingesetzt wird. Sowohl Restrukturierungsmoratorium, scheme of arrangement, Restrukturierungsplanverfahren als auch CVA und IVA wurden im Rahmen der vorinsolvenzlichen Restrukturierung (→ Rn. 29– → Rn. 40, → Rn. 41– → Rn. 50, → Rn. 51– → Rn. 62) behandelt.

256 Große praktische Bedeutung auch als internationales Sanierungsinstrument haben in den letzten Jahren sog. pre-pack administrations erlangt. Eine pre-pack administration ist eine Vereinbarung, nach der ein Verkauf des Unternehmens oder wesentlicher Unternehmensteile bereits im Vorfeld der administration und vor Einsetzung des administrators mit einem Verkäufer verhandelt wird, und der administrator den Verkauf unmittelbar nach seiner Einsetzung durchführt (Statement of Insolvency Practice (SIP) 16, para. 1). Das Unternehmen überlebt mehr oder weniger unbeeinträchtigt; ein Großteil der ungesicherten Gläubiger bleibt zurück. Die Gerichte haben mehrfach bestätigt, dass der administrator über das Gesellschaftsvermögen auch ohne gerichtliche Ermächtigung und ohne eine zustimmende Gläubigerentscheidung verfügen kann; Re T & D Industries plc [2000] BCC 956; Re Transbus International Ltd [2004] 2 BCLC 550. Sogar eine Mehrheit der ungesicherten Gläubiger hat kein Veto-Recht im Hinblick auf die Umsetzung der Vorschläge des administrators; DKLL Solicitors v HMRC [2007] BCC 908. Die Zustimmung dinglich gesicherter Gläubiger ist hingegen erforderlich, da die Einholung der erforderlichen richterlichen Verfügungsermächtigung nach para. 71, 72 IA Sch. B1 regelmäßig zu inakzeptablen Verzögerungen führen würde. Die Praxis der pre-pack administration ist wiederholt kritisch analysiert worden (Frisby, A preliminary analysis of pre-packaged administrations, 2007; Graham, Review into Pre-Pack Administrations: Report to the Rt Hon Vince Cable MP, 2014). Problematisch erscheint insbesondere, dass das jeweilige Unternehmen regelmäßig nicht einer Mehrzahl potentieller Käufer angeboten wird, sondern oftmals nur die gegenwärtige Geschäftsleitung als Käufer in Betracht gezogen wird. Damit besteht das Risiko, dass der Kaufpreis unangemessen niedrig ist, und nur zur Befriedigung der gesicherten Gläubiger und für die Kosten und Gebühren des administrators ausreicht. Mitwirkungsrechte von ungesicherten Gläubigeren und Minderheitsgesellschaftern bestehen praktisch nicht. Die gerichtliche Kontrolle ist minimal. Zudem spielen etwaige Überlegungen zur zukünftigen Überlebensfähigkeit des Unternehmens keine Rolle. Der Graham Report aus dem Jahre 2014 hat insbesondere die Intransparenz der Praxis hervorgehoben. Obwohl eine gewisse Geheimhaltung geboten erscheint, um Arbeitnehmer, Kunden und Zulieferer nicht zu verschrecken, werden ungesicherte Gläubiger regelmäßig vor vollendete Tatsachen gestellt, ohne das Verfahren beeinflussen zu können. Die Vermarktung des Unternehmens ist oftmals unzureichend, sodass Dividenden suboptimal ausfallen. Zur Abstellung etwaiger Missstände hat der Graham Report Vorschläge unterbreitet, die mittlerweile in ein überarbeitetes SIP 16 als soft-law (comply or explain) Eingang gefunden haben. Danach ist im Falle eines geplanten Verkaufs an mit der Gesellschaft verbundene Personen die Transaktion vorab einem Expertengremium vorzulegen. Verbundene Personen als Käufer sollten zudem ein Gutachten zur Überlebensfähigkeit des Unternehmens nach Durchführung des geplanten Verkaufs einholen. Weiterhin muss die Transaktion mit den Grundsätzen guten Marketings vereinbar sein und eine Firmenbewertung durch einen unabhängigen Gutachter erfolgen. Die Regierung hat sich vorbehalten, ggf. gesetzgeberisch tätig zu werden.

257 Großer Beliebtheit in der Praxis erfreut sich (derzeit noch) die Kombination von scheme of arrangement und pre-pack administration als Kombination von Bilanzrestrukturierung und Sanierungsverkauf. Typischerweise bezieht das scheme of arrangement nur die erstrangigen gesicherten Gläubiger ein, die ihre jeweiligen Ansprüche gegen die Schuldnergesellschaft gegen Anteile an und/oder neue Ansprüche gegen eine neue Holding-Struktur eintauschen (debt-for-equity/new debt-swap). Die Gläubigergesellschaft durchläuft, sobald das scheme of arrangement wirksam geworden ist, eine pre-pack administration, durch die das Unternehmensvermögen, hauptsächlich Anteile in produzierenden Tochtergesellschaften, an die neue Holding-Struktur

Internationales Insolvenzrecht – England

übertragen werden. Die nachrangigen (ungesicherten) Gläubiger bleiben bei der Schuldnergesellschaft, die nun kein Vermögen mehr hat und liquidiert werden kann. Das Unternehmen überlebt unbeschadet mit einer wesentlich geringeren Schuldenlast. Die Kombination von pre-pack administration und scheme of arrangement ermöglicht insoweit die Umsetzung eines Sanierungskonzepts auch entgegen dem Willen ganzer nachrangiger Gläubigerklassen. Deren Einbeziehung als scheme-Gläubiger würde ihnen ein Vetorecht verleihen, da ein scheme die Annahme durch sämtliche beteiligten Klassen mit den entsprechenden Mehrheiten voraussetzt. Soweit der Wert des Gesellschaftsvermögens den Nennwert der vorrangigen Forderungen nicht übersteigt, müssen nachrangige Klassen nicht in das scheme einbezogen werden. Durch die Vermögensübertragung im Rahmen der pre-pack administration bleiben die nachrangigen Gläubiger mit einer leeren Hülse zurück. Das neu eingeführte Restrukturierungsplanverfahren ermöglicht nunmehr die Inkraftsetzung eines Plans auch über den Willen ganzer Klassen hinweg. Der Kombination von pre-pack administration und scheme of arrangement bedarf es daher an sich nicht mehr. Es bleibt abzuwarten, inwieweit die Rechtspraxis von den neuen Möglichkeiten Gebrauch macht. Die Erfahrung mit ersten Sanierungsfällen nach dem Restrukturierungsplanverfahren erscheint durchaus positiv.

IV. Bedeutung der Verfahrenseröffnung

1. Gläubigerzugriff

258 Im Falle der gerichtlichen Liquidation hat die Eröffnungsentscheidung gem. s. 130(2) IA zur Folge, dass keinerlei Klage oder Verfahren (action or proceeding) gegen die Gesellschaft oder ihr Vermögen begonnen oder fortgesetzt werden darf. Eine Ausnahme gilt nur, soweit das Gericht der Klage oder dem Verfahren zustimmt. Folge von s. 130(2) IA ist eine automatische Sperre für sämtliche, einschließlich bereits begonnener Verfahren gegen die Gesellschaft und ihr Vermögen. Dinglich gesicherte Gläubiger werden von s. 130(2) IA ebenso erfasst, werden aber regelmäßig eine gerichtliche Freistellung erreichen können, sodass anschließend Sicherheiten weiterhin geltend gemacht werden können. Die automatische Sperre setzt ein, sobald die Liquidationsanordnung ergangen ist oder ein vorläufiger Liquidator eingesetzt wurde. Nach s. 126(1) IA kann das Gericht für die Zeit zwischen Antragstellung und Eröffnungsentscheidung auf Antrag der Gesellschaft, eines Gesellschafters oder Gläubigers eine entsprechende Verfahrenssperre anordnen.

259 Ausnahmsweise kann das Gericht auf Antrag die Fortsetzung bzw. Einleitung von Verfahren gegen die Gesellschaft und ihr Vermögen zulassen. Die Entscheidung steht im Ermessen des Gerichts. Entscheidend sind die Umstände des Einzelfalles. Allgemein lässt sich vielleicht sagen, dass eine Ausnahmeentscheidung eher dann ergehen wird, wenn die Durchsetzung des Anspruchs im Klagewege gegenüber dem Auflösungsverfahren einfacher und kostengünstiger erscheint. Im Hinblick auf Ansprüche, die auf equity beruhen, wie insbesondere Erfüllungsansprüche in Natur (specific performance), scheint eine Ausnahmeentscheidung wahrscheinlicher zu sein. Dinglich gesicherte Gläubiger werden regelmäßig eine gerichtliche Freistellung erreichen, da, soweit das Sicherungsrecht reicht, der betroffene Vermögensgegenstand gar nicht zur Masse gehört. Soweit aufgrund eines Urteils in das Vermögen der Gesellschaft vollstreckt wurde, kann der vollstreckende Gläubiger hiervon grundsätzlich nur profitieren, soweit die Vollstreckung bei Beginn des Verfahrens (s. 129 IA) bereits vollzogen war (s. 183 IA). Eine Vollstreckung, die nach Beginn des Verfahrens vollzogen wird, ist unwirksam (s. 128 IA).

260 Im Verfahren der freiwilligen Auflösung steht die Anordnung einer Sperre nach s. 130(2) IA im Ermessen des Gerichts (s. 112 IA). Dabei wird das Gericht auch den Umfang der Sperre im Einzelfall festlegen.

261 Im administration-Verfahren tritt mit der Einsetzung eines administrators (para. 1(2) IA Sch. B1) ein umfassendes Moratorium in Kraft (para. 42, 43 IA Sch. B1). Bereits vorher, mit Stellung des Antrags bezüglich einer administration durch das Gericht bzw. mit Einreichung der Absichtsanzeige bei Gericht tritt ein vorläufiges Moratorium in Kraft, das im Wesentlichen den gleichen Umfang hat (para. 44 IA Sch. B1). Das Moratorium blockiert zunächst die Liquidation der Gesellschaft, sei es auf freiwilliger oder gerichtlicher Basis (para. 42(2) und (3) IA Sch. B1). Ausnahmen gelten für Liquidationsanträge im öffentlichen Interesse nach s. 124A IA, sowie für Anträge der Finanzaufsicht nach s. 367 FSMA. Para. 43(6) IA Sch. B1 bestimmt, dass keinerlei Klage oder Verfahren gegen die Gesellschaft oder deren Vermögen begonnen oder fortgesetzt werden darf. Dies beinhaltet eine umfassende Sperre für sämtliche gerichtlichen und quasi-gerichtlichen Verfahren gegen die Gesellschaft. Nach para. 43(2) IA Sch. B1 sind weiterhin sämtliche Schritte zum Zwecke der Geltendmachung einer Sicherheit an Vermögensgegenständen der

Internationales Insolvenzrecht – England

Gesellschaft verboten. Sicherheit in diesem Sinne ist weit definiert (s. 248 IA). Erfasst werden weiterhin sämtliche Schritte im Hinblick auf die Herausgabe von beweglichen Sachen im Besitz der Gesellschaft durch den Verkäufer/Vermieter/Leasinggeber eines Mietkaufs, Finanzierungsleasingvertrages, bedingten Kaufvertrages und Kaufs unter Eigentumsvorbehalt (para. 43(3) mit para. 111(1) IA Sch. B1). Auch die Rechte eines Vermieters von unbeweglichem Vermögen zur Inbesitznahme der Mietsache im Falle des Vertragsbruchs des Mieters sind nicht länger durchsetzbar (para. 43(4) IA Sch. B1).

Etwas anderes gilt jeweils nur dann, wenn entweder der administrator der Rechtsdurchsetzung 262 zustimmt oder das Gericht, ggf. unter Bedingungen und Auflagen, die Rechtsdurchsetzung erlaubt. Ein Gläubiger wird dabei regelmäßig zunächst den administrator um dessen Zustimmung zur Rechtsdurchsetzung ersuchen. Der administrator sollte bei seiner Entscheidung darauf achten, dass eine Ablehnung der Rechtsdurchsetzung gerechtfertigt ist und sollte seine Entscheidung begründen. Die Grundsätze, an denen sich das Gericht orientieren sollte, wurden in der Entscheidung Re Atlantic Computer Systems plc [1992] Ch 505 von Nicholls LJ niedergelegt. Danach soll das Gericht seine Erlaubnis zur Rechtsdurchsetzung insbesondere dann erteilen, wenn die Rechtsdurchsetzung die Zwecke des administration-Verfahrens im konkreten Fall nicht gefährdet. In den übrigen Fällen sind die Interessen des Sicherungsnehmers gegen diejenigen der übrigen Gläubiger und der Gesellschaft abzuwägen. Dabei kommt den Interessen der dinglich gesicherten Gläubiger regelmäßig großes Gewicht zu. Das administration-Verfahren sollte nicht dazu benutzt werden, um die Rechte der gesicherten Gläubiger zu vereiteln. Eine administration zum Vorteil der ungesicherten Gläubiger sollte nicht auf Kosten der gesicherten Gläubiger ausgetragen werden. Etwas anderes gilt nur dann, wenn dies ganz unvermeidbar ist und selbst dann nur unter strengen Auflagen. Hinreichender Grund für die Zulassung der Rechtsdurchsetzung ist grundsätzlich, dass der Gläubiger andernfalls nicht unerhebliche finanzielle Einbußen erleiden würde. Zu berücksichtigen sind weiterhin alle Umstände des Einzelfalles, insbesondere die finanzielle Situation der Gesellschaft, der bisherige Verlauf des Verfahrens, die möglichen Konsequenzen einer ablehnenden Entscheidung und deren Eintrittswahrscheinlichkeit. In der Praxis wird eine gerichtliche Zulassung der Rechtsdurchsetzung für Geldansprüche nur ganz ausnahmsweise in Betracht kommen; Rechtsdurchsetzung für gesicherte Gläubiger dürfte dagegen die Regel sein.

Sobald ein Schuldner- oder Gläubigerantrag auf Eröffnung eines bankruptcy-Verfahrens gestellt 263 wurde und auch noch nach Ergehen der Eröffnungsentscheidung gibt s. 285(1) IA dem zuständigen Insolvenzgericht die Befugnis, jegliches bereits anhängige Verfahren gegen die Person oder das Vermögen des Schuldners zu stoppen. Nach s. 285(2) IA kann jedes Gericht, bei dem ein Rechtsstreit gegen den Schuldner anhängig ist, diesen Rechtsstreit unter den gleichen Voraussetzungen stoppen. Die Entscheidung darüber, ob das Verfahren gestoppt oder, ggf. mit Auflagen, fortgesetzt werden soll, steht im Ermessen des jeweiligen Gerichts. Eine Fortsetzung kommt insbesondere im Hinblick auf Ansprüche in Betracht, die von einer späteren Schuldbefreiung nicht erfasst werden, das zur Verteilung zur Verfügung stehende Schuldnervermögen nicht verringern würden, oder dazu dienen, dem Kläger ein Vorgehen gegen den Versicherer des Schuldners zu ermöglichen. S. 285(3) IA sperrt automatisch mit Ergehen der Eröffnungsentscheidung die Initiierung sämtlicher Verfahren im Hinblick auf Insolvenzforderungen gegen das Vermögen oder die Person des Schuldners. Das Gericht kann nach seinem Ermessen hiervon Ausnahmen zulassen. Dinglich gesicherte Gläubiger werden von der Sperre nicht erfasst (s. 285(4)). Im Hinblick auf die Zulassung der Rechtsverfolgung wird das Gericht darauf abstellen, ob eine Rechtsverfolgung der Interessen der anderen Gläubiger und eine ordnungsgemäße Abwicklung des Schuldnervermögens gefährden würde. Ein Gläubiger kann von einer Vollstreckung in das Schuldnervermögen grundsätzlich nur dann profitieren, wenn die Vollstreckung vor Verfahrenseröffnung vollzogen ist (s. 346(1) IA).

2. Verfügungsbefugnis

Mit Eröffnung des Liquidationsverfahrens verliert die Gesellschaft nicht automatisch das Eigentum 264 an ihrem Vermögen. Im gerichtlichen Liquidationsverfahren kann freilich das Gericht auf Antrag des Liquidators diesem das Eigentum am Gesellschaftsvermögen übertragen (s. 145 IA). Mit der Einsetzung eines Liquidators endet grundsätzlich die Verfügungsbefugnis der Geschäftsleiter über das Gesellschaftsvermögen. Für das freiwillige Liquidationsverfahren ergibt sich dies aus s. 103 IA. Für das gerichtliche Liquidationsverfahren fehlt es an einer entsprechenden Vorschrift. Die Auswirkungen der Einsetzung eines Insolvenzverwalters für die Verfügungsbefugnis der Geschäftsleiter sind aber gleichwohl allgemein anerkannt, Re Oriental Inland Steam Co (1874) 9 Ch App 557 (560); Re Ebsworth & Tidy's Contract (1889) 42 Ch D 23 (43); Fowler v Broad's

Internationales Insolvenzrecht – England

Patent Night Life Co [1893] 1 Ch 724. Befugt, über das Vermögen der Gesellschaft zu verfügen, ist ab seiner Einsetzung der Insolvenzverwalter als Vertreter der Gesellschaft.

265 Im Falle der gerichtlichen Liquidation ist nach s. 127 IA jede Verfügung über Vermögensgegenstände der Gesellschaft, sowie jede Übertragung oder Inhaltsänderung von Gesellschaftsanteilen seit Beginn des Auflösungsverfahrens unwirksam, soweit das Gericht nichts anderes bestimmt. Verfahrensbeginn ist gem. s. 129 IA entweder der Zeitpunkt des Auflösungsbeschlusses oder der Stellung des Auflösungsantrages. Die Vorschrift hat einen weiten Anwendungsbereich und erfasst etwa Einzahlungen und Gutschriften auf einem von der Gesellschaft unterhaltenen Bankkonto, Re Gray's Inn Construction Co Ltd [1980] 1 ALL ER 814. Verfügungen entgegen s. 127 IA sind automatisch unwirksam und können vom Insolvenzverwalter zurückgefordert werden. Das Gericht kann jedoch nach seinem Ermessen eine solche Verfügung für wirksam erklären (validation order). Dies kommt insbesondere dann in Betracht, wenn die Verfügung im normalen Geschäftsbetrieb zum Vorteil der Gesellschaft vorgenommen wurde, wie etwa die Zahlung von Arbeitnehmeransprüchen oder von Lieferungen, die der Gesellschaft die Erfüllung vorteilhafter Verträge ermöglichen, Re Webb Electrical Ltd (1988) 4 BCC 230. Dagegen dürfte eine Wirksamkeitserklärung regelmäßig ausscheiden, wenn die Verfügung lediglich die Geschäftsleiter oder sonstige Insider begünstigt, Re Burton & Deakin Ltd [1977] 1 WLR 390. Stets kommt es auf eine Abwägung aller Umstände des Einzelfalles an, Re Steane's (Bournemouth) Ltd [1950] 1 All ER 21. S. 127 IA findet jedoch keine Anwendung für Zeiträume, für welche sich ein Restrukturierungsmoratorium in Kraft befindet.

266 Gemäß para. 64 IA Sch. B1 können die Geschäftsleiter der Gesellschaft ab der Einsetzung eines administrators ihre Befugnisse nach Companies Act 2006 oder Gesellschaftsvertrag nur noch mit der Zustimmung des administrators ausüben. Daraus und aus den umfassenden Befugnissen des administrators nach para. 59, 68 und 69 IA Sch. B1 ergibt sich, dass mit Einsetzung des administrators die Verfügungsbefugnis über das Vermögen der Gesellschaft von den Geschäftsleitern jedenfalls faktisch auf den administrator übergeht.

267 Gemäß s. 306 IA verliert der Schuldner mit Wirksamwerden der Einsetzung des Insolvenzverwalters automatisch sein Eigentum an denjenigen Vermögensgegenständen, die dem Verfahren unterliegen. Eigentümer wird, ohne dass es hierfür einer Übertragung bedürfte, der Insolvenzverwalter. Vermögensgegenstände (property) ist dabei in s. 436 IA weit definiert. Erfasst werden Geld, bewegliche und unbewegliche Sachen, sowie gegenwärtige und zukünftige, bedingte und befristete Forderungen. Der Umfang des dem Verfahren unterliegenden Schuldnervermögens ergibt sich aus s. 283 IA. Erfasst ist grundsätzlich das gesamte Vermögen des Schuldners. Ausnahmen bestehen für diejenigen Sachen, die für ein würdevolles Leben in Selbstbestimmung erforderlich sind. Nach s. 284 IA sind, im Falle der Verfahrenseröffnung, sämtliche Verfügungen des Schuldners seit Stellung des Eröffnungsantrages bis zum Eigentumserwerb durch den Insolvenzverwalter unwirksam, soweit das Gericht nichts anderes bestimmt. Inhaltlich entspricht die Vorschrift weitgehend s. 127 IA. Dies gilt insbesondere für die Ermessensausübung bei der Anordnung der Wirksamkeit durch das Gericht. Insgesamt verliert der Schuldner die Verfügungsbefugnis über sein Vermögen, soweit es dem Verfahren unterliegt, mit der Eröffnungsentscheidung rückwirkend auf den Zeitpunkt der Stellung des Eröffnungsantrags.

3. Laufende Verträge

268 Die Eröffnung eines Insolvenzverfahrens als solche hat grundsätzlich keinen Einfluss auf die Wirksamkeit und das Fortbestehen beiderseits noch nicht vollständig erfüllter Verträge. Etwas anders kann sich freilich aus der Natur des Vertrages bzw. seinen Bestimmungen ergeben. So kann vertraglich etwa eine Gesamtfälligstellung oder die Beendigung des Vertrages vorgesehen sein. Auch kann die Insolvenz einer Partei zur Frustration des Vertragszweckes unter Beendigung der vertraglichen Rechte und Pflichten für die Zukunft führen. Fehlt es hieran, so kommt es auf die allgemeinen Bestimmungen des Insolvenzrechts an.

269 Soweit der Insolvenzverwalter im Auflösungs- bzw. bankruptcy-Verfahren an der Aufrechterhaltung des Vertrages interessiert ist und die andere Partei zur Erfüllung anhalten will, muss er die vom Schuldner versprochene Gegenleistung anbieten und notfalls aus dem Schuldnervermögen die nötigen Mittel aussondern, um künftig fällig werdende Forderungen der anderen Partei erfüllen zu können. Entscheidet sich der Insolvenzverwalter für die Fortsetzung des Vertrages, so sind die damit verbundenen Forderungen Verfahrenskosten nach r. 6.42 bzw. r. 10.149 IR. Alternativ kann der Insolvenzverwalter die Erfüllung ablehnen. Soweit der Gegenpartei keine dinglichen Rechte zustehen, bleibt insoweit nur ein Schadensersatzanspruch wegen Vertragsbruchs, der im Insolvenzverfahren geltend zu machen ist. Hat dagegen die andere Vertragspartei aufgrund des Vertrages

Internationales Insolvenzrecht – England

bereits ein dingliches Recht am Vertragsgegenstand erworben, so kann diese Vertragspartei, soweit sie die ihrerseits geschuldete Leistung anbietet, den Insolvenzverwalter zur Vertragserfüllung zwingen. Typisches Beispiel ist der Käufer von unbeweglichem Vermögen, der bereits mit Abschluss des Kaufvertrages Eigentümer in equity wird.

Neben der schlichten Nichterfüllung des Vertrages durch den Insolvenzverwalter sehen die ss. **270** 178 ff. bzw. 315 ff. IA für das Liquidations- und bankruptcy-Verfahren jeweils ein formelles Verfahren für die Ablehnung von nachteiligen Verträgen und Abstoßung von sonstigen unprofitablen Eigentumsrechten vor. Bedeutung hat dies vor allem für Mietverträge über unbewegliche Sachen und sonstige Dauerschuldverhältnisse. Macht hier nämlich die andere Vertragspartei von einem Recht auf Vertragsbeendigung keinen Gebrauch und bedarf sie der Mitwirkung des Insolvenzverwalters für die fortgesetzte Erfüllung ihrer eigenen Vertragspflichten nicht, wie insbesondere wenn der Schuldner die gemietete Sache weiterhin in Besitz hat, so erhöht sich der Anspruch der Gegenpartei kontinuierlich und kann möglicherweise sogar als Teil der Verfahrenskosten anzusehen sein. Nach s. 178 bzw. 315 IA kann nun der Insolvenzverwalter nachteiliges Eigentum (onerous property) ablehnen. Nachteiliges Eigentum in diesem Sinne sind unprofitable Verträge oder sonstiges Eigentum, das unverkäuflich ist oder künftig zu Zahlungs- oder sonstigen Verpflichtungen führen kann. Ein Vertrag ist unprofitabel, wenn die mit der Erfüllung verbundenen Kosten des Schuldners größer sind als der Nutzen, den der Schuldner mit der Durchführung des Vertrages erzielen würde. Erforderlich ist, dass dem Schuldner Verpflichtungen für die Zukunft auferlegt werden. Unprofitabel sind insbesondere Forderungen, die die Liquidation einer Gesellschaft verzögern würden, ohne dass der Schuldner die damit verbundenen Kosten hereinholen könnte. Unzureichend ist dagegen, dass der Vertrag bloß finanziell nachteilig ist, oder der Schuldner ein besseres Geschäft am Markt abschließen könnte, Squires (Liquidators of SSSL Realisations (2002) Ltd) v AIG Europe (UK) Ltd [2006] BCC 233 (247 ff.) unter Hinweis auf Transmetro Corporation Ltd v Real Investments Pty Ltd (1999) 17 A.C.L.C. 1, 314 (Supreme Court of Queensland).

Die Ablehnung erfolgt durch Anzeige des Insolvenzverwalters an das Gericht. Die gerichtliche **271** Zustimmung zur Ablehnung ist nicht erforderlich. Die Entscheidung des Insolvenzverwalters kann jedoch nach ss. 168(5) bzw. 303 IA einer gerichtlichen Kontrolle unterzogen werden. Die Ablehnung ist grundsätzlich nicht fristgebunden. Die Gegenpartei kann den Insolvenzverwalter jedoch zu einer Entscheidung über die Ablehnung auffordern. Der Insolvenzverwalter verliert sein Ablehnungsrecht, wenn er innerhalb von 28 Tagen nach einer entsprechenden Anzeige von seinem Ablehnungsrecht keinen Gebrauch macht (ss. 178(5) bzw. 316 IA). Mit der Ablehnung enden alle Rechte und Pflichten des Schuldners im Zusammenhang mit dem abgelehnten Eigentumsrecht. Zu beachten ist, dass die Ablehnung bereits entstandene dingliche Rechte Dritter unberührt lässt. Hat etwa der Schuldner einen Vertrag seinerseits vollständig erfüllt, so kann die Ablehnung nicht zu einer Rückabwicklung dieses Vertrages führen. Ebenso verliert der Käufer einer unbeweglichen Sache durch die Ablehnung nicht sein einmal entstandenes Eigentum in equity. Die Ablehnung führt nur zu einer Vertragsbeendigung für die Zukunft, nicht zu einer Rückabwicklung bereits erfolgter Leistungen. Die Gegenpartei kann einen etwaigen Schaden im Insolvenzverfahren geltend machen (ss. 178(6), 315(5)). Die Berechnung des Schadens erfolgt auf der Basis einer Zurückweisung des Vertrages, die von der Gegenpartei akzeptiert wurde. Dies bedeutet, dass sich der Schadensersatzanspruch insoweit reduziert, als es die Gegenpartei unterlassen hat, ihren Schaden, etwa durch Abschluss von Deckungsgeschäften, zu minimieren. Eine weitere wichtige Folge im bankruptcy-Verfahren ist, dass der Insolvenzverwalter (trustee in bankruptcy) mit der Ablehnung des Vertrages jeglicher persönlichen Haftung aus dem Vertrag seit seiner Ernennung entgeht (s. 315(3) IA). Der Liquidator haftet dagegen ohnehin nicht persönlich.

Als Vertreter der Gesellschaft (para. 69 IA Sch. B1) kann der administrator laufende Verträge **272** im Namen der Gesellschaft fortsetzen. Dies beinhaltet etwa die fortgesetzte Ausübung des Besitzes über bewegliche und unbewegliche Sachen aufgrund eines Mietvertrages, Mietkaufs, Leasingvertrages oder bedingten Kaufvertrages. Soweit der administrator die geschuldeten Zahlungen nicht erbringt, ist die Gegenpartei durch das umfassende Moratorium gehindert, ihre Rechte geltend zu machen. Allerdings ist es im Falle der Nichtzahlung wahrscheinlich, dass das Gericht eine Rechtsdurchsetzung nach para. 43 IA Sch. B1 zulassen wird. Soweit der administrator einen Vertrag im Interesse der Gesellschaft fortsetzt, wird er den Zahlungsverpflichtungen regelmäßig nachkommen. Diese Zahlungspflichten sind als Verfahrenskosten nach r. 3.51 IR grundsätzlich vorrangig zu befriedigen.

Gemäß ss. 233, 372 IA kann der Lieferant von Gas, Elektrizität, Wasser, Telekommunikations- **273** diensten oder Diensten der Informationsverarbeitung nach Aufforderung des Insolvenzverwalters die fortgesetzte Lieferung nicht von der vorherigen Begleichung seiner bis zum Verfahrensbeginn aufgelaufenen Forderungen abhängig machen. Der Lieferant kann freilich verlangen, dass der

Internationales Insolvenzrecht – England

Insolvenzverwalter für zukünftig anfallende Forderungen Sicherheit in Form einer Bürgschaft leistet. Nach dem allgemeinen Recht der Daseinsvorsorge besteht die Lieferverpflichtung nur, solange der Kunde etwaige Forderungen bei Fälligstellung begleicht; andernfalls kann der Lieferant die Lieferung einseitig beenden. Da die fortgesetzte Bereitstellung von Leistungen der Daseinsvorsorge für die Fortsetzung der Geschäftstätigkeit, auch nur zum Zwecke der geordneten Liquidation, absolut notwendig ist, könnte der Lieferant ohne die entsprechenden Vorschriften der ss. 233, 372 IA einen ungerechtfertigten Vorteil entgegen dem Prinzip der gleichmäßigen und anteiligen Befriedigung erlangen. Dies verhindern ss. 233, 372 IA dadurch, dass der Insolvenzverwalter wie ein neuer Kunde behandelt wird, der einen gesetzlichen Anspruch auf die entsprechenden Leistungen der Daseinsvorsorge hat. Die Erweiterung auf IT-Dienstleistungen erfolgte mit Effekt zum 1.10.2015.

274   Nach dem Prinzip der Privatautonomie können die Parteien grundsätzlich vertraglich darüber bestimmen, wie die Risiken der Zahlungsunfähigkeit zu verteilen sind. Vertragliche Bestimmungen, die im Falle der Insolvenz einer der Parteien entweder die automatische Vertragsbeendigung (oder Modifikation) vorsehen oder diese in das Ermessen der anderen Partei stellen, sind daher vor allem im kaufmännischen Geschäftsverkehr häufig und grundsätzlich wirksam. Eine gesetzliche Einschränkung ergibt sich aus ss. 233A und 372A IA bezüglich „essentieller" Dienstleistungen, im Wesentlichen also Diensten der Daseinsvorsorge sowie Telekommunikation und IT. Beendigungsklauseln in die entsprechenden Verträgen können, im Falle einer administration, CVA oder IVA (nicht jedoch Liquidation), nurmehr mit Zustimmung des administrators/Sachwalters beendet werden; andernfalls nur dann, wenn das Gericht aufgrund besonderer Härte für den Lieferanten zustimmt oder seit Verfahrensbeginn aufgelaufene Forderungen für einen Zeitraum von mindestens 28 Tagen seit Fälligkeit unbeglichen bleiben. Auch hier kann der Lieferant ggf. eine Bürgschaft verlangen. Der Corporate Insolvency and Governance Act 2020 hat die Wirksamkeit von Beendigungsklauseln in sämtlichen Lieferverträgen nunmehr erheblich eingeschränkt. Nach sec. 233B IA verlieren Beendigungsklauseln in Lieferverträgen bezüglich jeglicher Güter und Dienstleistungen ihre Wirksamkeit, sobald die Schuldner-Gesellschaft in ein Restrukturierungsmoratorium, ein administration-Verfahren, eine Liquidation eintritt, bzw. ein CVA angenommen oder ein vorläufiger Liquidator eingesetzt wurde, oder im Rahmen eines Restrukturierungsplanverfahrens das Gericht die Gläubigerversammlungen einberufen hat. Eine Vertragsbeendigung ist nurmehr mit Zustimmung des Insolvenzverwalters bzw. der Gesellschaft möglich, oder soweit nach Überzeugung des Gerichts die Fortsetzung des Vertrages für den Lieferanten eine unzumutbare Härte darstellen würde. Die Vorschrift gilt nicht für kleine Lieferanten, für die mindestens zwei der folgenden Kriterien für das vergangene Wirtschaftsjahr vorliegen: (i) Umsatz von 10,2 Mio. GBP oder weniger; (ii) Bilanzsumme von 5,1 Mio. GBP oder weniger; (iii) 50 oder weniger Arbeitnehmer.

275   Der Privatautonomie sind weiterhin Grenzen gesetzt durch das Prinzip der gleichmäßigen und anteiligen Befriedigung (pari passu) und dem Prinzip der Erhaltung der Masse (anti-deprivation). Bei Ersterem geht es um die Sicherstellung der Verteilung der Masse im Einklang mit der gesetzlichen Rangordnung der Gläubiger; entsprechend ihrer jeweiligen Rechtsstellung vor Verfahrenseröffnung sollen Gläubiger mit gleichen Rechten auch in der Insolvenz gleich behandelt werden; eine Bevorzugung einzelner Gläubiger oder Gläubigerklassen soll damit ausgeschlossen werden, British Eagle International Airlines Ltd v Compagnie Air France [1975] 1 WLR 758. Das Prinzip der Erhaltung der Masse verbietet dagegen, dass dem Schuldnervermögen entweder vor oder nach Verfahrensbeginn Vermögensgegenstände zum Nachteil der Gläubigergesamtheit entzogen werden, und außerhalb des gesetzlichen Rahmens verteilt werden. Insoweit erfolgte traditionell eine Unterscheidung zwischen eingeschränkten Eigentumsrechten, die von Anfang an nur mit der Einschränkung gewährt wurden, dass im Falle der Insolvenz des Empfängers das Eigentumsrecht an den Veräußerer zurückfällt, entweder automatisch oder nach Geltendmachung; und absoluten Eigentumsrechten, die unbeschränkt gewährt wurden, aber gleichwohl dem Veräußerer das Recht einräumen, im Falle der Insolvenz des Empfängers das Eigentumsrecht am Insolvenzverfahren vorbei zurückzuholen. Nur im letzteren Fall wurde ein Verstoß gegen das Prinzip der Erhaltung der Masse angenommen; im ersteren Fall hat das Eigentumsrecht nie unbelastet zur Masse gehört. Die Unterscheidung wurde oft als künstlich und praktisch nicht handhabbar kritisiert. Der Supreme Court hatte Gelegenheit zur Stellungnahme in der Entscheidung Belmont Park Investments PTY Ltd v BNZ Corporate Trustee Services Ltd et al [2011] UKSC 38. Danach ist, in Ablehnung der traditionellen Unterscheidung, jede Transaktion im Einzelfall daraufhin zu untersuchen, ob es sich um eine nach kaufmännischen Gesichtspunkten angemessene Vereinbarung handelt, die den wirtschaftlichen Gegebenheiten im Falle der Insolvenz Rechnung trägt, oder aber um den

Versuch einer Umgehung der gesetzlichen Vorschriften, Lomas v Rixson [2012] EWCA Civ 419. Im ersten Falle wäre die Vereinbarung wirksam und insolvenzfest, nicht dagegen im zweiten Fall.

4. Aufrechnung

Das englische Recht zur Aufrechnung (set-off) ist ausgesprochen komplex und unübersichtlich. Außerhalb der Insolvenz lassen sich vier verschiedene Arten der Aufrechnung unterscheiden. Mit Ausnahme der vertraglichen Aufrechnung ist für alle Arten die Gegenseitigkeit von Forderung und Gegenforderung erforderlich sowie, dass Forderung und Gegenforderung auf einen Geldbetrag gerichtet sind oder in einen solchen Geldanspruch umgewandelt werden können. Beim independent set-off besteht zwischen Forderung und Gegenforderung keinerlei Verbindung. Beide stehen sich unabhängig voneinander gegenüber. Folge ist, dass im Prozess lediglich der Nettobetrag zugesprochen wird. Es handelt sich um eine bloß prozessuale Einrede, die materiell-rechtlich beide Forderungen unberührt lässt. Beim transaction set-off entstammen Forderung und Gegenforderung dagegen derselben Transaktion. Aufgrund dieser engen inneren Verbindung wäre es ungerecht, die eine Forderung durchzusetzen, ohne die andere in Abzug zu bringen. Transaction set-off wirkt als materielle Einwendung. Das gilt auch für das contractual set-off, bei dem die Parteien die Aufrechenbarkeit von auch nicht gleichartigen Forderungen und ohne Rücksicht auf Konnexität frei vereinbaren können. Eine Sonderform des contractual set-off ist das current account set-off, bei dem eine Bank mehrere bei ihr unterhaltene Konten des Kunden konsolidiert, sodass nur eine einzige Nettobilanz verbleibt; zum Ganzen Gullifer (ed.), Goode and Gullifer on Legal Problems of Credit and Security, 6. Aufl. 2017, Rn. 7-01 ff. 276

Die Regeln zur Aufrechnung in der Insolvenz (insolvency set-off) verdrängen sämtliche Formen der Aufrechnung außerhalb der Insolvenz, soweit diese bei Verfahrensbeginn noch nicht ausgeübt waren. Insolvenzaufrechnung wirkt materiell-rechtlich und automatisch. Die Grundsätze sind für das Auflösungsverfahren (r. 14.25 IR), das bankruptcy-Verfahren (s. 323 IA) und, soweit der administrator eine autorisierte Auszahlung an die Gläubiger vornimmt, in der administration (r. 14.24 IR) im Wesentlichen die gleichen. 277

Insolvenzaufrechnung ist nur möglich, soweit der Anspruch des Gläubigers im Insolvenzverfahren angemeldet werden kann und zuzulassen ist. Die Aufrechnung ist damit ausgeschlossen, wenn etwa der Anspruch des Gläubigers wegen Verjährung nicht durchsetzbar ist oder vom Insolvenzverwalter zurückgewiesen wurde, ohne dass der Gläubiger hiergegen ein Rechtsmittel eingelegt hätte, Pott v Clegg (1847) 16 M & W 321, Bank of Credit and Commerce International (Overseas) Ltd. (In Liquidation) v Habib Bank Ltd. [1999] 1 WLR 4. Erforderlich ist weiterhin die Gegenseitigkeit von Forderung und Gegenforderung. Dies bedeutet zunächst, dass beide Forderungen inhaltlich vergleichbar sein und im Ergebnis auf einen bestimmten Geldbetrag lauten müssen oder zumindest eine Partei den Anspruch auf einen Geldanspruch reduzieren kann. Mit einem Geldanspruch kann gegen einen dinglichen Anspruch nicht aufgerechnet werden, selbst wenn der dingliche Anspruch sich ebenfalls auf Geld bezieht, National Westminster Bank Ltd. v Halesowen Presswork & Assemblies Ltd. [1972] AC 785. Weiterhin müssen Forderung und Gegenforderung zwischen denselben Personen und aus demselben Recht heraus bestehen. So kann mit einem Anspruch gegen die Gesellschaft in Liquidation nicht gegen einen Anspruch aufgerechnet werden, den die Gesellschaft als Treuhänder für einen Dritten hält. Der Gläubiger kann weiterhin nicht gegen einen Anspruch aufrechnen, der auf sein eigenes deliktisches Verhalten zurückzuführen ist. Anderenfalls könnte er sich durch eine unerlaubte Handlung einen Vorteil gegenüber den sonstigen ungesicherten Gläubigern verschaffen. Gegenseitige Rechtsbeziehungen müssen bei Beginn des Insolvenzverfahrens bestanden haben. Nicht erforderlich ist, dass die gegenseitigen Ansprüche bereits zu diesem Zeitpunkt zahlbar und fällig waren. Ausreichend ist vielmehr, dass die gegenseitigen Rechtsbeziehungen als Grundlage für spätere gegenseitige Ansprüche gelegt waren und diese Ansprüche aus dem Zeitpunkt bestehen, zu dem der Nettobetrag zu ermitteln ist, Stein v Blake [1996] 1 AC 243. Ein im Zeitpunkt des Verfahrensbeginns noch bedingter oder befristeter Anspruch schließt die Aufrechnung also nicht aus, wenn der Anspruch später zur Entstehung gelangt, Secretary of State for Trade and Industry v Frid [2004] 2 AC 506. 278

Die Insolvenzaufrechnung ist ausgeschlossen im Hinblick auf Ansprüche, deren Rechtsgrundlage zu einer Zeit gelegt wurde, zu der dem Gläubiger die unmittelbar bevorstehende Insolvenz des Schuldners bekannt war. Entscheidend ist nicht die Entstehung oder Fälligkeit des Anspruchs, sondern des Rechtsverhältnisses, dem dieser Anspruch entspringt. War dieses bereits existent, bevor der Gläubiger von der bevorstehenden Insolvenz erfährt, so hindert die nachfolgende Entstehung des Anspruchs die Aufrechnung nicht. Die Aufrechnung mit einem Anspruch, der im 279

Internationales Insolvenzrecht – England

Wege der Abtretung zu einem Zeitpunkt erworben wurde, als der Gläubiger um das unmittelbar bevorstehende oder bereits begonnene Insolvenzverfahren wusste, ist ebenfalls ausgeschlossen.

280 Die Insolvenzaufrechnung ist zwingend und kann vertraglich nicht modifiziert werden, National Westminster Bank Ltd. v Halesowen Presswork & Assemblies Ltd. [1972] AC 785; Stein v Blake [1996] 1 AC 243 (255). Dies kann zu Problemen führen, wenn sich der Schuldner im Vorfeld der Insolvenz um eine Umschuldung bemüht. Eröffnet etwa der Schuldner bei seiner Hausbank ein zweites Konto, das im Haben geführt wird und kommt es dann doch zur Eröffnung eines Insolvenzverfahrens, so stehen die Beträge auf dem Konto dem Insolvenzverwalter nicht zur Verfügung. In der Praxis ist daher die Einschaltung einer zweiten Bank erforderlich, bei der der Schuldner bisher noch kein Konto unterhält. Insolvenzaufrechnung funktioniert automatisch, ohne dass es irgendwelcher prozeduraler Schritte seitens der Beteiligten bedürfte. Forderung und Gegenforderung werden auf einen Nettobetrag reduziert, der dann entweder vom Insolvenzverwalter eingefordert oder vom Gläubiger im Insolvenzverfahren angemeldet werden kann. Die Aufrechnung wirkt auf den Zeitpunkt des Verfahrensbeginns zurück, sobald ihre Voraussetzungen vorliegen. Dies gilt selbst dann, wenn zu diesem Zeitpunkt eine der Forderungen oder beide noch bedingt oder befristet oder der Höhe nach unbestimmt waren. Für die Bestimmung des Nettobetrags sind aber Ereignisse nach Verfahrensbeginn zu berücksichtigen, so etwa wenn die Höhe eines bisher unbestimmten Anspruchs nachträglich und möglicherweise abweichend beziffert wird. Der Nettobetrag ist dann entsprechend anzupassen. Nach Verfahrensbeginn kann der Gläubiger seinen ursprünglichen Anspruch nicht mehr an einen Dritten abtreten, nur noch der Nettobetrag kann abgetreten werden, und zwar unabhängig davon, ob dieser Nettobetrag beziffert ist oder nicht, Stein v Blake [1996] 1 AC 243.

5. Anhängige Rechtsstreite

281 Im gerichtlichen Liquidationsverfahren werden gem. s. 130(2) IA sämtliche Verfahren gegen den Schuldner mit der Eröffnungsentscheidung bzw. Einsetzung eines vorläufigen Insolvenzverwalters automatisch unterbrochen. Das Gericht kann jedoch nach seinem Ermessen die Fortsetzung des Verfahrens zulassen. Im Verfahren der freiwilligen Liquidation erfolgt eine Verfahrensunterbrechung nur auf Antrag (s. 112 IA). Soweit eine Verfahrensunterbrechung nicht erfolgt, wird das Verfahren vom Insolvenzverwalter im Namen der Gesellschaft aufgenommen (s. 165, 167 IA iVm para. 4 IA Sch. 4). Im Falle der gerichtlichen Liquidation bedarf der Insolvenzverwalter für eine Verteidigung gegen eine Klage der Zustimmung durch den Liquidationsausschuss oder das Gericht. Aktivprozesse werden durch die Verfahrenseröffnung nicht automatisch unterbrochen. Diese Prozesse werden durch den Liquidator im Namen der Gesellschaft fortgeführt.

282 In der administration werden sämtliche Passivprozesse der Gesellschaft durch das umfassende Moratorium nach para. 43 IA Sch. B1 mit der Einsetzung eines administrators automatisch unterbrochen und können nur mit dessen Zustimmung oder der Zustimmung des Gerichts fortgesetzt werden. Soweit eine Fortsetzung erfolgt, handelt der administrator als Vertreter der Gesellschaft (para. 69 IA Sch. B1 sowie para. 60 IA Sch. B1 iVm para. 5 IA Sch. 1). Aktivprozesse der Gesellschaft werden durch Einsetzung eines administrators nicht automatisch unterbrochen. Der administrator tritt jedoch an die Stelle der Geschäftsleiter und kann damit entscheiden, ob und in welcher Weise eine Fortsetzung der Aktivprozesse erfolgt.

283 Im bankruptcy-Verfahren werden laufende Passivprozesse des Schuldners nicht automatisch unterbrochen, können jedoch ab der Antragstellung durch gerichtliche Anordnung unterbrochen werden (s. 285(1) und (2) IA). Die Vorschrift gilt dabei sowohl hinsichtlich des Vermögens, das dem bankruptcy-Verfahren unterliegt, als auch für das freie Vermögen des Schuldners (s. 285(6) IA). Soweit das Verfahren nicht unterbrochen wird, kann es der Insolvenzverwalter nach s. 314(1)(a) iVm para. 2 IA Sch. 5 aufnehmen. Laufende Aktivprozesse des Schuldners werden ebenfalls nicht automatisch unterbrochen. Soweit der zugrunde liegende Anspruch nach s. 306 IA auf den Insolvenzverwalter übergeht, wird der Prozess von diesem fortgeführt (s. 314(1)(a) IA iVm para. 2 IA Sch. 5).

6. Gesellschaftsrechtliche Folgen

284 Im freiwilligen Liquidationsverfahren soll die Gesellschaft mit Beginn des Verfahrens ihre Geschäftstätigkeit einstellen (s. 87(1) IA). Eine Ausnahme gilt, soweit die Fortsetzung der Geschäftstätigkeit für die Liquidation von Vorteil ist. Aus s. 87(2) IA ergibt sich, dass der Beginn des freiwilligen Liquidationsverfahrens an der selbstständigen Rechtspersönlichkeit der Gesellschaft und deren Befugnisse bis zur Vollbeendigung nichts ändert. Für die gerichtliche Liquidation fehlt es an einer entsprechenden Bestimmung. Es ist jedoch anerkannt, dass auch die Eröffnung des

gerichtlichen Liquidationsverfahrens die Existenz und Rechtspersönlichkeit der Gesellschaft sowie ihre Handlungsbefugnisse bis zur Vollbeendigung unberührt lässt, Reigate v Union Manufacturing Co [1918] 1 KB 592 (606); Re Woking Urban District Council Act [1914] 1 Ch 300. Die Gesellschaft bleibt Eigentümerin ihres Vermögens.

Gemäß s. 188 IA muss eine Gesellschaft, die sich in einem freiwilligen oder gerichtlichen 285
Liquidationsverfahren befindet, dies auf ihren Rechnungen, Bestellungen, Webseiten und sonstigen Dokumenten deutlich machen. Dies geschieht dadurch, dass nach dem Namen der Gesellschaft in Klammern die Worte „in liquidation" eingefügt werden. Zuwiderhandlungen können mit einer Geldbuße geahndet werden. Die Geschäftsführungs- und Vertretungsbefugnis der Geschäftsleiter endet grundsätzlich mit der Einsetzung eines Liquidators sowohl im freiwilligen wie im gerichtlichen Liquidationsverfahren. Unklar ist, ob auch das Amt des Geschäftsleiters als solches automatisch beendet ist. Dies scheint im gerichtlichen Liquidationsverfahren der Fall zu sein, nicht jedoch in der freiwilligen Liquidation, Measures Brothers Ltd v Measures [1910] 2 Ch 248, Measures Brothers Ltd v Measures [1910] 2 Ch 248.

Eine Übertragung oder Änderung des Inhalts von Geschäftsanteilen nach Beginn des Auflö- 286
sungsverfahrens ist unwirksam (ss. 88, 127 IA). Etwas anderes gilt nur, soweit im gerichtlichen Liquidationsverfahren das Gericht, im freiwilligen Liquidationsverfahren der Liquidator, der Transaktion zustimmt. Hierdurch soll verhindert werden, dass sich ein Gesellschafter einer weiter bestehenden Beitragspflicht entzieht.

S. 216 IA verbietet unter bestimmten Umständen die Verwendung des Namens der liquidieren- 287
den Gesellschaft oder eines ähnlichen Namens für eine andere Gesellschaft (sog. Phoenix-company). Das Verbot gilt nur für Geschäftsleiter, einschließlich faktischer Geschäftsleiter, einer Gesellschaft, die sich in insolvenzbedingter Liquidation befindet, soweit die Beteiligung an der Geschäftsleitung innerhalb der 12 Monate, die dem Beginn des Liquidationsverfahrens vorausgehen, erfolgte. Ein verbotener Name iSd Vorschrift ist zunächst der Name, unter dem die liquidierende Gesellschaft innerhalb der 12 Monate vor Beginn des Liquidationsverfahrens bekannt war. Verboten ist weiterhin ein Name, der dem vorstehenden Namen der liquidierenden Gesellschaft so ähnlich ist, dass für den Rechtsverkehr eine Verbindung zwischen der Gesellschaft und der liquidierenden Gesellschaft naheliegt (s. 216(2)(a) und (b) IA). Entscheidend ist, ob eine solche Ähnlichkeit zwischen beiden Namen besteht, dass der Rechtsverkehr mit einiger Wahrscheinlichkeit im jeweiligen Kontext beide Gesellschaften miteinander assoziieren würde, Commissioners for HM Revenue & Customs v Sean Gerard Walsh [2005] EWHC 1304 (Ch). Es kommt darauf an, wie eine vernünftige Person in der jeweiligen Branche den Namen verstehen würde. Zu berücksichtigen sind der jeweilige Geschäftsbereich, die Art der Kunden der Gesellschaft und die Art und Weise, wie der Name verwendet wird. Ähnlich in diesem Sinne sind etwa „MPJ Construction Ltd" und „MPJ Constructors Ltd" (Archer Structures Ltd v Griffiths [2004] BCC 156) oder „Air Component Co Ltd" und „Air Equipment Co Ltd" (Ricketts v AD Valorem Factors Ltd [2004] BCC 164). S. 216(3) verbietet den erfassten Geschäftsleitern die direkte oder indirekte Beteiligung an der Geschäftsleitung, Gründung, Vertretung und ganz allgemein an der Geschäftstätigkeit einer Gesellschaft, die unter einem verbotenen Namen bekannt ist. Dabei kommt es nicht darauf an, ob diese Gesellschaft neu gegründet wurde oder zum gleichen Konzern gehört. Das Gericht kann nach seinem Ermessen die Verwendung im Einzelfall zulassen, soweit die Interessen der Gläubiger hinreichend gewahrt sind, Penrose v Official Receiver [1996] 1 WLR 482. Verboten ist nicht die Verwendung eines verbotenen Namens schlechthin, sondern nur die Verwendung unter Beteiligung der betroffenen Geschäftsleiter der auflösenden Gesellschaft. Ein Verstoß gegen s. 216(3) IA ist strafbewehrt (s. 216(4) IA). Hinzu kommt eine persönliche Haftung für die Verbindlichkeiten der Gesellschaft von Personen, die an der Geschäftsleitung der neuen Gesellschaft beteiligt sind (s. 217 IA). Haftbar sind nicht nur diejenigen, die dem Verbot nach s. 216 IA unterliegen, sondern alle an der Geschäftsleitung der neuen Gesellschaft Beteiligten, soweit sie wissentlich den Instruktionen der von s. 216 IA erfassten Personen Folge leisten.

Das administration-Verfahren ist eine vorübergehende Zwischenphase im Leben der Gesell- 288
schaft zur Entscheidung über das weitere Vorgehen. Dementsprechend lässt die Eröffnung eines administration-Verfahrens die Existenz und Rechtspersönlichkeit der Gesellschaft unberührt. Die Geschäftsführungsbefugnisse der Geschäftsleiter können ab der Einsetzung des administrators nur noch mit dessen Zustimmung ausgeübt werden (para. 64 IA Sch. B1). Weiterhin kann der administrator einzelne Geschäftsleiter abberufen und ernennen (para. 61 IA Sch. B1), sowie eine Gesellschafterversammlung einberufen (para. 62 IA Sch. B1).

Nach s. 11 CDDA ist es einer natürliche Person, über deren Vermögen ein bankruptcy- 289
Verfahren eröffnet wurde, verboten, vor Eintritt der Schuldbefreiung direkt oder indirekt als Geschäftsleiter einer Gesellschaft zu handeln sowie sich an der Gründung oder Geschäftsführung

Internationales Insolvenzrecht – England

einer Gesellschaft zu beteiligen. Das Gericht kann von diesem Verbot im Einzelfall Befreiung erteilen. Zuwiderhandlungen können mit Geldstrafe oder Freiheitsstrafe bis zu zwei Jahren bestraft werden (s. 13 CDDA). Gemäß s. 33(1) Partnership Act 1890 ist eine Personengesellschaft automatisch aufgelöst, sobald über das Vermögen eines der Mitglieder ein bankruptcy-Verfahren eröffnet wird. Der Gesellschaftsvertrag kann freilich hiervon abweichende Bestimmungen vorsehen. Dies wird in der Praxis oftmals der Fall sein.

V. Arbeits- und Sozialrecht

1. Beendigung des Arbeitsverhältnisses

290   Im Falle einer gerichtlichen Liquidation wirkt die Bekanntmachung der Eröffnungsentscheidung als Anzeige der Kündigung für sämtliche Arbeitnehmer, Re General Rolling Stock Co (1866) 1 Eq 346; Gosling v Gaskell [1897] AC 575. Ein freiwilliges Liquidationsverfahren führt dagegen nicht zu einer automatischen Kündigung, Fowler v Commercial Tomber Co Ltd [1930] 2 KB 1. Gleichwohl wird die Gesellschaft aller Wahrscheinlichkeit nach die Geschäftstätigkeit früher oder später einstellen und der Insolvenzverwalter wird die Belegschaft entlassen.

291   Administration führt nicht zu einer automatischen Beendigung der Verträge der Arbeitnehmer. Oftmals wird freilich der administrator bestimmten Arbeitnehmern kündigen, um Kosten zu senken und das Unternehmen für einen Verkauf attraktiver zu machen. Soweit der administrator den Arbeitsvertrag über 14 Tage seit Beginn der administration hinaus fortsetzt, gilt der Vertrag des Arbeitnehmers als übernommen, Powdrill v Watson [1995] 2 AC 394 (HL). Dies hat zur Folge, das die nach Übernahme entstandenen Gehaltsansprüche des Arbeitnehmers am Falle der Beendigung der administration vorrangig aus dem Vermögen der Gesellschaft, das der administrator in Gewahrsam hatte, zu befriedigen sind (para. 99(5) und (6) IA Sch. B1). Die Übernahme des Vertrages schließt eine spätere Kündigung selbstverständlich nicht aus. Ansprüche, die sich aus einer solchen Kündigung ergeben, sind keine Gehaltsansprüche und nehmen nicht am Vorrang nach para. 99(5) IA Sch. B1 teil.

292   Die Rechte des Arbeitnehmers im Falle einer Kündigung ergeben sich aus dem Employment Rights Act 1996 (ERA). Nach s. 94 iVm s. 108 ERA hat der Arbeitnehmer, der mindestens zwei Jahre ununterbrochen im Unternehmen beschäftigt war, ein Recht, nicht in unfairer Weise entlassen zu werden. Rechtsfolge einer unfairen Kündigung ist entweder die Weiterbeschäftigung zu gleichen oder anderen Bedingungen (ss. 114, 115 ERA) oder ein Entschädigungsanspruch des Arbeitnehmers nach s. 112(4) ERA. Bei der Entscheidung darüber, ob die Kündigung unfair ist, kommt es darauf an, dass der Arbeitnehmer einen die Kündigung rechtfertigenden Grund darlegt (s. 98 ERA). Der Wegfall des bisherigen Arbeitsplatzes ist dabei ein rechtfertigender Grund nach s. 98(2)(c) ERA. Hierauf wird sich der Insolvenzverwalter bzw. administrator regelmäßig berufen können.

293   Erfolgt die Kündigung, weil der bisherige Arbeitsplatz nicht länger besteht, so hat der Arbeitnehmer gem. s. 135 ERA einen Anspruch auf Zahlung des Entlassungsgeldes (redundancy payment). Die Höhe des Entlassungsgeldes ergibt sich aus s. 162 ERA und richtet sich nach der Dauer der Beschäftigung, dem Alter des Arbeitnehmers und seinem Gehalt. Soweit die gesetzlichen Kündigungsfristen nach s. 86 ERA nicht eingehalten wurden, bestehen bis zum Ablauf der Kündigungsfrist Zahlungsansprüche nach s. 87(1) ERA, die sich am regulären Gehalt des Arbeitnehmers orientieren.

2. Betriebsübergang

294   Die Umsetzung der Betriebsübergangsrichtlinie 2001/23/EG erfolgte in den Transfer of Undertakings (Protection of Employment) Regulations 2006 (TUPE) (SI 2006/246), geändert durch die Collective Redundancies and Transfer of Undertakings (Protection of Employment) (Amendment) Regulations 2014 (SI 2014/16). Als nationales Umsetzungsrecht bleiben TUPE vom Wirksamwerden des EU-Austritts unberührt (s.2 European Union (Withdrawal) Act 2018). TUPE sind anwendbar auf die Übertragung eines Betriebs oder Betriebsteils, soweit dieser unmittelbar vor der Übertragung im Vereinigten Königreich belegen war, reg. 3(1)(a) TUPE. Der Betriebs- oder Betriebsteilsübergang setzt den Übergang einer wirtschaftlichen Einheit unter Wahrung von deren Identität voraus. Wirtschaftliche Einheit ist dabei eine organisierte Gruppierung von Ressourcen zur Verfolgung einer wirtschaftlichen Aktivität unabhängig davon, ob diese Aktivität der Hauptzweck oder bloßer Nebenzweck ist, reg. 3(2) TUPE. Die Veräußerung des Unternehmens oder von Unternehmensteilen innerhalb eines Insolvenzverfahrens wird, vorbehaltlich von reg. 8 TUPE, grundsätzlich von dieser Definition erfasst.

Internationales Insolvenzrecht – England

Gemäß reg. 4 TUPE wird ein Arbeitsvertrag mit dem Veräußerer durch einen Übergang des 295
Unternehmens nicht beendet, sondern geht unverändert auf den Erwerber über. Das gleiche gilt für diejenigen Arbeitnehmer, deren Arbeitsverträge aus Gründen des Übergangs vor oder nach dem Übergang nach reg. 7(1) TUPE gekündigt wurden, reg. 4(3) TUPE. Der Erwerber tritt grundsätzlich in sämtliche Rechte und Pflichten des Veräußerers, die sich aus dem jeweiligen Arbeitsverhältnis ergeben, ein. Eine Vertragsänderung aus Gründen des Übergangs ist grundsätzlich unwirksam, reg. 4(4), es sei denn, sie erfolgt aus wirtschaftlichen, technischen oder organisatorischen Gründen, insbesondere im Hinblick auf eine Verlagerung des Produktionsstandortes, reg. 4(5–5B) TUPE. Soweit der Arbeitnehmer dem Übergang seines Arbeitsverhältnisses auf den Erwerber nicht gem. reg. 4(7) TUPE widerspricht, besteht das Arbeitsverhältnis mit dem Erwerber fort.

Gemäß reg. 7(1) TUPE ist die Kündigung eines Arbeitsvertrages durch den Arbeitgeber vor 296
oder nach einem Betriebsübergang automatisch als unfaire Kündigung iSv ss. 94 ff. ERA anzusehen, soweit die Kündigung hauptsächlich aus Gründen des Übergangs erfolgt, es sei denn, es handelt sich um wirtschaftliche, technische oder organisatorische Gründe. In Verbindung mit reg. 4 TUPE ergibt sich daraus, dass der Erwerber für etwaige Entschädigungszahlungen wegen einer unfairen Kündigung haftet. Soweit der Insolvenzverwalter die Veräußerung des Unternehmens als unwahrscheinlich ansieht und die Belegschaft entlässt, um Kosten zu sparen, liegt es nahe, einen wirtschaftlichen Grund im obigen Sinne zu bejahen. Erfolgt dagegen die Entlassung zur Verschlankung mit Blick auf einen möglichen Verkauf des Unternehmens, so erscheint die Anwendung von reg. 7(1) ERA wahrscheinlich.

Ein Hauptzweck der Neufassung von TUPE im Jahre 2006 war die Begünstigung von Erhaltung 297
und Sanierung von Unternehmen (rescue culture). In reg. 8 und 9 TUPE sind daher wichtige Regelung speziell für den Betriebsübergang im Insolvenzverfahren vorgesehen. Nach reg. 8(7) TUPE finden reg. 4 und 7 TUPE keine Anwendung, wenn sich der Veräußerer in einem bankruptcy-Verfahren oder einem vergleichbaren Verfahren befindet, das unter Aufsicht eines Insolvenzpraktikers auf die Abwicklung des Vermögens gerichtet ist. Befindet sich der Veräußerer dagegen in einem Insolvenzverfahren, dessen Zweck nicht die Abwicklung des Vermögens ist, so finden reg. 4 und 7 TUPE zwar Anwendung, die in s. 184 ERA aufgezählten Ansprüche des Arbeitnehmers sind jedoch von einem Übergang auf den Erwerber ausgeschlossen, reg. 8(4)–(6) TUPE. Reg. 9 TUPE schließlich ermöglicht eine Vertragsänderung, soweit sich der Veräußerer in einem Insolvenzverfahren befindet und die Vertragsänderung durch einen näher bezeichneten Arbeitnehmervertreter erfolgt.

Für die Auslegung von TUPE hat das damalige Department of Business, Innovation and Skills 298
im Januar 2014 unverbindliche Richtlinien herausgegeben (Department of Business, Innovation and Skills, Employment Rights on the Transfer of an Undertaking: A guide to the 2006 TUPE Regulations (as amended by the Collective Redundancies and Transfer of Undertakings (Protection of Employment) (Amendment) Regulations 2014) for employees, employers and representatives, January 2014). Danach finden TUPE unabhängig von der Verfahrensart immer dann Anwendung, wenn in einem kollektiven Insolvenzverfahren das Unternehmen als Ganzes oder in Teilen zum Zwecke der Fortführung auf einen neuen Rechtsträger übertragen wird. Die Gerichte sind hieran freilich nicht gebunden.

3. Sozialrechtliche Ansprüche

Gemäß s. 182 ERA hat ein Arbeitnehmer bestimmte Ansprüche gegen die zuständige Behörde 299
zur Zahlung aus dem National Insurance Fund, wenn der Arbeitgeber insolvent und der Arbeitsvertrag beendet ist. Insolvenz für die Zwecke der ss. 182 ff. ERA ist definiert in s. 183 ERA und erfasst die Eröffnung eines bankruptcy-Verfahrens, eines gerichtlichen oder freiwilligen Liquidationsverfahrens, einer administration oder eines CVA oder IVA.

Ein Arbeitnehmer kann insoweit gem. s. 184 ERA die folgenden Ansprüche geltend machen, 300
soweit sie zum relevanten Zeitpunkt gegen den Arbeitgeber bestanden: rückständige Gehaltsansprüche bis maximal acht Wochen, Zahlungsansprüche für die Nichteinhaltung von Kündigungsfristen, Urlaubsgeld bis zu sechs Wochen, soweit der Anspruch innerhalb von 12 Monaten vor dem relevanten Zeitpunkt entstanden ist, Basiszahlungen als Entschädigung für eine unfaire Kündigung nach s. 119 ERA. S. 186 ERA setzt eine Höchstgrenze fest. Danach dürfen bei der Berechnung von Ansprüchen derzeit max. £508 pro Woche angesetzt werden. Der relevante Zeitpunkt ist gem. s. 185 ERA grundsätzlich die Eröffnung des Insolvenzverfahrens, kann sich jedoch je nach Anspruchsart auf den Zeitpunkt der Kündigung oder der gerichtlichen Entscheidung über eine Entschädigung wegen unfairer Kündigung verschieben. Nach ss. 166, 167 ERA hat der

Internationales Insolvenzrecht – England

Arbeitnehmer im Falle der Insolvenz des Arbeitgebers weiterhin einen Anspruch auf Zahlung des Entlassungsgeldes aus dem National Insurance Fund.

301 In der Praxis füllt der Arbeitnehmer das relevante Formular aus und übergibt es dem Insolvenzverwalter zur Weiterleitung an das örtliche Redundancy Payment Office oder schickt es direkt an das Redundancy Payment Office. Die Zahlung erfolgt regelmäßig innerhalb von drei bis sechs Wochen. Soweit danach Zahlungen aus dem National Insurance Fund erfolgen, gehen sämtliche Rechte des Arbeitnehmers gegen den Arbeitgeber auf die zuständige Behörde über (ss. 167(3), 189 ERA). Soweit es sich bei den Ansprüchen des Arbeitnehmers um solche handelt, die gem. s. 386 IA mit Schedule 6 im Insolvenzverfahren vorrangig sind, rückt auch die zuständige Behörde in diese Vorrangstellung ein. Etwaige Zahlungen, die die Behörde im Rahmen des Insolvenzverfahrens erhält, sind in den National Insurance Fund einzuzahlen.

VI. Insolvenzmasse

1. Umfang des Insolvenzbeschlages

302 Nach. s. 107 IA soll in einem freiwilligen Liquidationsverfahren das „Vermögen der Gesellschaft" (the company's property) zum Zwecke der Gläubigerbefriedigung nach dem Grundsatz der gleichmäßigen und anteiligen Befriedigung (pari passu) verteilt werden. Trotz Fehlens einer entsprechenden Vorschrift gelten die gleichen Grundsätze im gerichtlichen Liquidationsverfahren. Nach para. 67 IA Sch. B1 soll der administrator all diejenigen Vermögensgegenstände in Gewahrsam nehmen, von denen er berechtigterweise glaubt, dass sie der Gesellschaft gehören (property to which he thinks the company is entitled). Ist somit Schuldner eine Gesellschaft, umfasst der Insolvenzbeschlag stets das gesamte Vermögen (property) der Gesellschaft. Die Frage, welche Vermögensgegenstände dem Schuldner zu seiner privaten Lebensführung verbleiben und damit nicht dem Insolvenzbeschlag unterliegen, stellt sich dagegen im bankruptcy-Verfahren.

303 Eine Definition des Vermögens (property) findet sich (für alle Verfahrensarten) in s. 436 IA. Zum Vermögen gehören danach Geld, bewegliche Sachen, Ansprüche, Grundstücksrechte sowie jede Art von Vermögensgegenständen, wo auch immer belegen und auch Verbindlichkeiten und jede Art von gegenwärtigen oder künftigen Rechten im Zusammenhang mit Vermögen unabhängig davon, ob bereits erworben oder aufschiebend bedingt. Da Insolvenzrecht im Grundsatz die außerhalb der Insolvenz entstandenen Rechte respektiert, kommt es entscheidend auf das allgemeine Vertrags- und Eigentumsrecht an.

304 Das englische Eigentumsrecht ist bekannt für seine Komplexität. Diese resultiert nicht zuletzt aus der Unterscheidung von law und equity und der damit verbundenen Parallelität von dinglichen Rechten at law und solchen in equity. An dieser Stelle kann nur ein kurzer Überblick gegeben und muss ansonsten auf Spezialliteratur verwiesen werden (beispielsweise Harpum/Bridge/Dixon, Megarry and Wade: The Law of Real Property, 2012, Chapters 1-3). Zu berücksichtigen ist zunächst, dass kein einheitliches Eigentumsrecht existiert. Das Sachenrecht (property law) bezieht sich (meist) nur auf unbewegliches Vermögen; das Recht der beweglichen Sachen und der Forderungsrechte ist dagegen Teil des Handelsrechts (commercial law).

305 In Bezug auf unbewegliches Vermögen gilt die sog. doctrine of estates. Ein estate in diesem Sinne ist ein Bündel von Rechten in Bezug auf ein bestimmtes Grundstück. Das umfassendste Bündel von Rechten ist der fee simple absolut in possession. Dieser estate ist das vererbliche, unbeschränkte und gegenwärtige Nutzungs- und Verwertungsrecht. Es endet erst, wenn der estate an eine Person fällt, die keinerlei Erben hat, mit deren Tod. Dies ist das funktionale Äquivalent von Grundstückseigentum im kontinental-europäischen Sinne. Aus diesem estate können nun andere, weniger umfassende estates herausgeschält werden, etwa ein leasehold, der ein umfassendes und vererbliches gegenwärtiges Nutzungs- und Verwertungsrecht auf bestimmte Zeit gewährt. Während dieser Zeit besteht der ursprüngliche estate in der Hand des Eigentümers fort, allerdings vermindert um das gegenwärtige Nutzungsrecht. Wenn der leasehold mit Zeitablauf endet, fällt dieses gegenwärtige Nutzungsrecht an den ursprünglichen Eigentümer zurück (reversion). S. 1(1) und (2) Law of Property Act 1925 (LPA) listet diejenigen estates und Rechte (interests) auf, die in Bezug auf Grundstücke at law bestehen können: fee simple absolute in possession, term of years absolute (leasehold) sowie bestimmte Grundpfandrechte. Alle anderen Grundstücksrechte können nur in equity bestehen (s. 1(3) LPA).

306 In Bezug auf bewegliche Sachen werden at law nur zwei Arten von dinglichen Rechten anerkannt: Eigentum (ownership) und Besitz (possession). Eigentum ist dabei das, was einer Person an Rechten verbleibt, nachdem spezifische Rechte an eine andere Person übertragen wurden. Besitz ist die von einem Beherrschungswillen getragene tatsächliche Kontrolle über einen Gegen-

stand. Wichtig ist hierbei die Unterscheidung von Titel (title) und Interesse (interest). Interesse beschreibt den Umfang des Rechts, wohingegen Titel dessen Durchsetzungsstärke im Verhältnis zu anderen Personen betrifft. Titel ist damit relativ. Eigentum ist insoweit das umfassende Interesse an einem Gegenstand (absolute interest). Der Titel des Eigentümers kann gleichwohl gegenüber dem Titel einer anderen Person nachrangig sein. Geriert sich etwa der Mieter einer beweglichen Sache als Eigentümer, so ist er gegenüber jedermann, mit Ausnahme des ursprünglichen Eigentümers, der Eigentümer (absolute interest). Sein Titel ist jedoch gegenüber demjenigen des ursprünglichen Eigentümers nachrangig (defeasible). Der Mieter als Mieter hat dagegen lediglich Besitz (relative interest). Solange der Mietvertrag besteht, ist sein Titel jedoch vorrangig (indefeasible), auch gegenüber dem des Eigentümers.

Abgerundet wird dieses System durch die Möglichkeit, in equity eine Vielzahl von dinglichen **307** Rechten zu kreieren. Von besonderer Bedeutung ist insoweit das Recht der Treuhand (trust), bei der sich das Eigentum at law in der Hand einer Person (trustee) befindet, die dieses Eigentumsrecht jedoch zum Vorteil und im Interesse einer anderen Person (beneficiary) ausübt. Letztere Person ist Eigentümer in equity.

Was nun das Vermögen einer Gesellschaft im und außerhalb eines Insolvenzverfahrens angeht, **308** so umfasst dieses grundsätzlich jegliches Recht, das die Gesellschaft innehat, unabhängig davon, ob es sich um ein Recht at law oder in equity handelt, ob es auf einem vorrangigen oder nachrangigen Titel beruht, oder ob es gegenwärtig, künftig oder bedingt, absolut oder relativ ist. In der Insolvenz bereiten bisweilen unübertragbare Rechte Schwierigkeiten. Unübertragbare Rechte können in vielfältigen Formen auftreten. Zu denken ist insbesondere an Forderungen, deren Abtretbarkeit vertraglich ausgeschlossen ist, staatliche Genehmigungen und Kontingentierungen, oder die Mitgliedschaft in bestimmten Vereinigungen, etwa einer Börse. Hier kommt es darauf an, ob das jeweilige Recht durch den Insolvenzverwalter selbstständig verwertbar oder so eng mit der Person des Schuldners verbunden ist, dass eine selbstständige Verwertung zugunsten der Gläubiger nicht in Betracht kommt, City of London Corp. v Brown (1990) 60 P & CR 42. Im Hinblick auf eine Abtretung entgegen einem Abtretungsverbot ist zu berücksichtigen, dass die Abtretung im Verhältnis zwischen Zedent und Zessionar wirksam ist und dazu führt, dass der Zedent etwaige Zahlungen als Treuhänder zugunsten des Zessionars in Empfang nimmt. Eine solche Forderung ist daher stets selbstständig verwertbar.

Vom Insolvenzbeschlag erfasst wird zunächst das Vermögen der Gesellschaft im Zeitpunkt der **309** Verfahrenseröffnung. Hinzu kommen Vermögensgegenstände, die die Gesellschaft nach Verfahrenseröffnung erwirbt. Hier stellt sich insbesondere die Frage, inwieweit diese nachträglich erworbenen Vermögensgegenstände von einem etwaig bestehenden Sicherungsrecht, das sich auf künftiges Vermögen erstreckt (after-aquired property clause), erfasst werden, oder zur Befriedigung der ungesicherten Gläubiger zur Verfügung stehen. Soweit die Gesellschaft vor Verfahrensbeginn die ihr aus einem Vertrag obliegenden Verpflichtungen bereits vollständig erfüllt hat, wird die nach Verfahrensbeginn erbrachte Gegenleistung von etwaigen Sicherungsrechten erfasst. Ist dagegen die geschuldete Leistung der Gesellschaft bei Verfahrensbeginn noch nicht vollständig erbracht und wählt der Insolvenzverwalter Erfüllung, so wird die nunmehr erbrachte Gegenleistung nicht von etwaigen Sicherungsrechten erfasst, sondern steht für die Gesamtheit der ungesicherten Gläubiger zur Verfügung, Re Collins [1925] Ch. 556; Wilmot v Alton [1897] 1 QB 17. Aufschiebend bedingte Rechte der Gesellschaft werden mit Bedingungseintritt von etwaigen Sicherungsrechten erfasst. Gleiches gilt für Vermögensgegenstände, die die Gesellschaft aufgrund vernichtbaren Vertrages veräußert hat. Wird der Vertrag vernichtet, so fällt der jeweilige Vermögensgegenstand an die Gesellschaft zurück und wird von etwaigen Sicherungsrechten erfasst. Hinsichtlich der Prozesse des Insolvenzverwalters ist zu unterscheiden: Soweit der Insolvenzverwalter gegen die Geschäftsleiter wegen Verletzung von treuhänderischen oder Sorgfaltspflichten vorgeht, wird eine etwaig zugesprochene Entschädigung von bestehenden Sicherungsrechten erfasst. Der Erlös aus einer erfolgreichen Insolvenzanfechtung oder einer Klage wegen fraudulent oder wrongful trading steht dagegen der Gesamtheit der ungesicherten Gläubiger zur Verfügung.

Nicht zum Vermögen der Gesellschaft gehören Vermögensgegenstände, an denen dritten Personen **310** ein Recht zusteht, das gegenüber dem der Gesellschaft vorrangig ist. Soweit die Gesellschaft als Treuhänder (trustee) unter einem trust Vermögensgegenstände zugunsten dritter Personen (beneficiaries) hält, gehören diese Vermögensgegenstände nicht zum Vermögen der Gesellschaft und stehen nicht für das Insolvenzverfahren zur Verfügung. Ebenfalls nicht zum Vermögen der Gesellschaft gehören Vermögensgegenstände, die die Gesellschaft aufgrund Mietkaufs, Finanzierungsleasingvertrages oder unter Eigentumsvorbehalt erworben hat. Das Eigentum verbleibt hier in der Person des Vermieters/Verkäufers/Leasinggebers und der Gegenstand kann herausverlangt werden, soweit die Gesellschaft ihren Ratenzahlungspflichten nicht nachkommt. Zu berücksichtigen ist, dass das englische Recht nur den einfachen Eigentumsvorbehalt und den Kontokorrentvorbehalt anerkennt. Im Übrigen wird ein verlängerter Eigentumsvorbehalt regelmäßig in eine equitable charge umqualifiziert, die dann mangels Registrierung Dritten nicht entgegengehalten werden kann.

311 Vermögensgegenstände gehören ebenfalls nicht zum Vermögen der Gesellschaft, soweit sie einem dinglichen Sicherungsrecht, insbesondere einem Grundpfandrecht oder einer fixed oder floating charge, unterliegen. Für die floating charge gelten jedoch Besonderheiten. Für floating charges, die am oder nach dem 15.9.2003 bestellt wurden, muss der Insolvenzverwalter einen bestimmten Anteil (prescribed part) des Netto-Vermögens der Gesellschaft zur Befriedigung der ungesicherten Gläubiger bereitstellen und darf diesen Anteil nur insoweit an gesicherte Gläubiger verteilen, als die ungesicherten Gläubiger vollständig befriedigt sind (s. 176A(2) IA). Netto-Vermögen (net property) ist dasjenige Vermögen, das ohne diese Vorschrift für die Befriedigung der durch floating charge gesicherten Gläubiger zur Verfügung stehen würde (s. 176A(6) IA). Da die Ansprüche vorrangiger Gläubiger auch gegenüber einer floating charge vorrangig sind, vermindert sich das Netto-Vermögen um den Betrag, um den das sonstige freie Vermögen der Gesellschaft hinter den Ansprüchen der vorrangigen Gläubiger zurückbleibt. Die Vorschrift findet keine Anwendung, soweit das Netto-Vermögen hinter dem Minimalbetrag von £10.000 zurück bleibt und der Insolvenzverwalter glaubt, dass die Kosten einer Anwendung außer Verhältnis zum Nutzen stehen würden. Soweit letzteres der Fall ist, unterbleibt eine Anwendung auch dann, wenn das Gericht dies anordnet, selbst wenn der Minimalbetrag überschritten wird. Aufgrund eines CVA oder scheme of arrangement kann die Vorschrift schließlich abbedungen werden. Der Anteil beträgt derzeit für ein Netto-Vermögen bis zu £10.000, 50 %; für ein Netto-Vermögen über £10.000, 50 % für die ersten £10.000 und 20 % für den überschießenden Betrag; jedoch nicht mehr als £ 800.000 insgesamt (Insolvency Act 1986 (Prescribed Part) Order 2003, SI 2003/2097; Insolvency Act (Prscribed Part) (Amendment) Order 2020, SI 2020-211).

312 Mit der Eröffnung des bankruptcy-Verfahrens geht das Vermögen des Schuldners (estate: hier im Sinne des Gesamtvermögens, nicht im Sinne eines einzelnen Grundstücksrechts), soweit es dem Insolvenzbeschlag unterliegt, automatisch auf den Insolvenzverwalter über (s. 306 IA). Der Umfang des übergehenden Vermögens (estate) ist in s. 283 IA definiert. Danach gehört zum übergehenden Schuldnervermögen das Vermögen (property), welches dem Schuldner im Zeitpunkt der Eröffnung des Verfahrens gehört. Insoweit gelten zunächst die gleichen Grundsätze wie für Gesellschaften. Der Insolvenzverwalter übernimmt die einzelnen Vermögensgegenstände in dem Zustand, in dem er sie vorfindet, kann also bestehende Rechte Dritter, insbesondere dingliche Sicherungsrechte, nicht ignorieren. Höchstpersönliche Rechte des Schuldners gehen nicht auf den Insolvenzverwalter über. Hierher gehören etwa Schadensersatzansprüche wegen Körperverletzung oder Verletzung der persönlichen Ehre, Ersatzansprüche wegen unfairer Kündigung oder sozialrechtliche Ansprüche; Lang v McKenna [1997] BPIR 340, Re Wilson ex parte Vine (1878) 8 Ch D 364; Wilson v United Counties Bank Ltd [1920] AC 102, Grady v Prison Service [2003] 3 ALL ER 745, Mulvey v Secretary of State for Social Security [1997] BPIR 696.

313 Ausdrücklich ausgenommen sind nach s. 283(2) IA Werkzeuge und sonstige Gegenstände, die der Schuldner zur Ausübung seines Berufs benötigt, Kleidung, Möbel und sonstige Haushaltsgegenstände, die der Schuldner und seine Familie für die häusliche Grundversorgung benötigen, Vermögensgegenstände, bezüglich derer der Schuldner Treuhänder ist sowie bestimmte Rechte im Hinblick auf sozialen Wohnraum. Im Hinblick auf Werkzeuge und Haushaltsgegenstände kann der Insolvenzverwalter nach s. 308 IA allerdings geltend machen, dass der Wert dieser Gegenstände über die Kosten eines angemessenen Ersatzes hinausgeht und durch Anzeige an den Schuldner diese Gegenstände zur Masse ziehen. Mit Zugang der Anzeige an den Schuldner erwirbt der Insolvenzverwalter automatisch und rückwirkend auf den Beginn des Verfahrens das Eigentum an den bezeichneten Gegenständen. Nach s. 309(1)(b) IA kann dieses Recht des Insolvenzverwalters nur innerhalb von 42 Tage ab Kenntnis des Insolvenzverwalters von den bezeichneten Gegenständen ausgeübt werden. Danach ist die Zustimmung durch das Gericht erforderlich.

314 S. 283 IA stellt auf das Vermögen des Schuldners zu Beginn des bankruptcy-Verfahrens ab. Nach s. 307 kann der Insolvenzverwalter jedoch auch Vermögensgegenstände zur Masse ziehen, die der Schuldner nach Eröffnung des Insolvenzverfahrens erlangt. Auch hier erwirbt der Insolvenzverwalter mit Anzeige an den Schuldner unmittelbar das Eigentum an den bezeichneten Gegenständen. Die vorgenannte Befristung gilt entsprechend (s. 309(1)(a) IA). Nach r. 10.125 IR muss der Schuldner den Insolvenzverwalter innerhalb von 21 Tagen informieren, wenn er nach Eröffnung des Verfahrens Vermögensgegenstände erlangt. S. 307 IA gilt nicht für das Einkommen aus einer beruflichen Tätigkeit. Dieses Einkommen verbleibt grundsätzlich dem Schuldner. Nach s. 310 IA besteht jedoch die Möglichkeit einer Zahlungsanordnung bezüglich des Einkommens

Internationales Insolvenzrecht – England

(income payment order) durch das Gericht auf Antrag des Insolvenzverwalters. Eine solche Anordnung ist nur möglich, solange Schuldbefreiung noch nicht eingetreten ist. Einmal ergangen, kann die Anordnung jedoch die Schuldbefreiung überdauern. Sie endet aber spätestens nach drei Jahren vom Tage der Anordnung an gerechnet. Ergeht eine solche Anordnung, so muss der Schuldner den darin bezeichneten Betrag von seinem Einkommen an den Insolvenzverwalter abführen. Der Betrag ist so festzusetzen, dass das dem Schuldner verbleibende Einkommen nicht unter dem liegt, was zu einer angemessenen Lebensführung des Schuldners und seiner Familie erforderlich ist. Einer gerichtlichen Anordnung bedarf es nicht, soweit Schuldner und Insolvenzverwalter nach s. 310A IA eine Zahlungsvereinbarung abschließen, die dann in gleicher Weise wie eine gerichtliche Zahlungsanordnung vollstreckt werden kann.

Nach s. 11 Welfare Reforms and Pensions Act 1999 sind Rentenansprüche grundsätzlich **315** von einem Übergang auf den Insolvenzverwalter ausgenommen und verbleiben dem Schuldner. Lediglich soweit „überhöhte" (excessive) Einzahlungen geleistet wurden, besteht für den Insolvenzverwalter nach ss. 342A–342C IA die Möglichkeit, aufgrund gerichtlicher Anordnung einen Teil der Gelder zurückzuholen. Soweit die Rente bereits ausgezahlt wird, kann der Insolvenzverwalter nach s. 310 IA im Wege einer Zahlungsanordnung vorgehen.

Besondere Regelungen gelten für das vom Schuldner als Wohnung genutzte Grundeigentum. **316** Nach ss. 335A–337 IA sind hier jeweils die Interessen der Gläubiger gegen die des Schuldners und seiner Familienangehörigen abzuwägen. Im Grunde kann die Veräußerung des Wohneigentums jeweils bis zu einem Jahr seit Eigentumsübergang auf den Insolvenzverwalter zurückgestellt werden. Danach überwiegen regelmäßig die Interessen der Gläubiger. Ein weiterer Aufschub der Veräußerung ist nur noch bei Vorliegen außergewöhnlicher Umstände möglich. Dies gilt für Grundeigentum, das bis zur Verfahrenseröffnung im Miteigentum von Schuldner und dessen Ehe- oder Lebenspartner stand (s. 335A IA); Grundeigentum, an dem der Ehe- oder Lebenspartner des Schuldners Wohnrechte nach dem Family Law Act 1996 erworben hat (s. 336 IA) sowie Grundeigentum vormals im Alleineigentum des Schuldners, das dieser im Zeitpunkt der Stellung des Eröffnungsantrags und der Eröffnungsentscheidung zusammen mit minderjährigen Kindern bewohnt hat (s. 337 IA). Im letzteren Falle gewährt s. 337 IA dem Schuldner ein Bleiberecht bzw. ein Recht zum Einzug in das betreffende Grundeigentum.

Außergewöhnliche Umstände, die den weiteren Aufschub einer Verwertung über Jahresfrist **317** hinaus rechtfertigen können, sind insbesondere die schwere Krankheit eines Familienangehörigen oder besondere Bedürftigkeit etwa im Hinblick auf einen behindertengerechten Ausbau des Wohnhauses, Cloughton v Charalambous [1998] BPIR 558; Harrington v Bennett [2000] BPIR 630; Martin-Sklan v White [2007] BPIR 76. Soweit eine Verwertung des Wohneigentums des Schuldners derzeit nicht möglich ist, kann der Insolvenzverwalter nach s. 313 IA eine sog. charging order beantragen. Das Grundeigentum wird dann mit einer charge belastet, die es dem Insolvenzverwalter erlaubt, das bankruptcy-Verfahren zunächst ohne das betroffene Grundeigentum abzuwickeln. Sobald dieses jedoch verwertbar wird, kann der Erlös den Gläubigern zugeführt werden. Nach s. 283A IA muss sich der Insolvenzverwalter um die Verwertung des Wohneigentums des Schuldners bemühen. Tut er dies nicht, fällt nach drei Jahren seit der Eröffnung des Verfahrens das Eigentum an den Schuldner zurück.

2. Verwertung der Insolvenzmasse

Die Verwertung des Schuldnervermögens zur Verteilung des Erlöses entsprechend der gesetzli- **318** chen Verteilungsordnung ist gem. ss. 143(1), 305(2) IA Hauptaufgabe des Insolvenzverwalters sowohl im Liquidations- als auch im bankruptcy-Verfahren. Zu diesem Zweck hat der Insolvenzverwalter nach para. 6 IA Sch. 4 bzw. para. 9 IA Sch. 5 jeweils die Befugnis, jegliche Vermögensgegenstände, die zur Masse gehören, im Wege der öffentlichen Versteigerung, durch freihändigen Verkauf oder in sonstiger Weise zu veräußern. Über die Art und Weise der Verwertung entscheidet grundsätzlich der Insolvenzverwalter nach seinem Ermessen. Er unterliegt hierbei jedoch treuhänderischen und Sorgfaltspflichten. Danach muss er sich um eine möglichst effiziente Verwertung bemühen, die den bestmöglichen Preis erzielt und das Verfahren nicht unnötig verzögert. Soweit der Insolvenzverwalter Vermögensgegenstände verwertet, an denen dingliche Sicherungsrechte bestehen, kann er vom Erlös eine angemessene Summe zur Deckung der Kosten der Verwertung einbehalten, bevor der verbleibende Erlös an den Inhaber des Sicherungsrechts bis zur Höhe der gesicherten Forderung ausgezahlt wird, Re Marine Mansions Co (1867) 4 Eq 601; Buchler v Talbot [2004] 1 BCLC 281.

Besonderheiten bestehen für den administrator. Für diesen steht die Verwertung des Schuldner- **319** vermögens nicht notwendig im Vordergrund. Entscheidend sind die Zwecke des Verfahrens gem.

para. 3 IA Sch. B1. Gleichwohl hat der administrator die umfassende Befugnis, Vermögensgegenstände der Gesellschaft im Wege der öffentlichen Versteigerung, durch freihändigen Verkauf oder in sonstiger Weise zu veräußern (para. 60 IA Sch. B1 mit para. 2 IA Sch. 1). Diese Befugnis besteht bereits ab Einsetzung des administrators. Eine Zustimmung der Gläubigerversammlung oder des Gerichts ist nicht erforderlich. Der administrator unterliegt jedoch ebenfalls treuhänderischen und Sorgfaltspflichten im Hinblick auf das verwaltete Vermögen. Gemäß para. 70(1) IA Sch. B1 kann der administrator über einen Vermögensgegenstand, der einer floating charge, unterliegt, so verfügen, als würde die floating charge an diesem Gegenstand nicht bestehen. Der Inhaber der floating charge ist dadurch geschützt, dass sich seine Sicherheit rangleich an den Surrogaten fortsetzt. Eine Ausnahme gilt jedoch nach para. 99(3) und (4) IA Sch. B1. Die dort genannten Ansprüche gehen nun im Recht des Inhabers der floating charge vor. Will der administrator über Vermögensgegenstände verfügen, die einer fixed charge unterliegen oder an denen das Eigentumsrecht eines Mietverkäufers/Leasinggebers/Eigentumsvorbehaltsverkäufers besteht, so bedarf es hierzu einer Anordnung durch das Gericht (para. 71, 72 IA Sch. B1). Auf Antrag des administrators wird eine solche Anordnung nur dann ergehen, wenn das Gericht davon ausgeht, dass die Verfügung über den Gegenstand den Zweck des Verfahrens fördert. Die Anordnung steht zudem unter der Bedingung, dass der Netto-Erlös sowie ein weiterer Betrag, der zusammen mit dem Netto-Erlös dem Marktpreis des Gegenstands entspricht, zur Befriedigung der gesicherten Forderung verwendet wird.

3. Verwertung von Sicherheiten durch Dritte

320 Im Grundsatz stehen für alle Arten der dinglichen Sicherheiten drei Verwertungsformen zur Verfügung: Inbesitznahme, Verkauf sowie Einsetzung eines Zwangsverwalters oder administrators, zum Ganzen McKendrick, Goode on Commercial Law, 5. Aufl. 2016, 707–712. Ein Recht zur Inbesitznahme des Sicherungsgutes ist in der Praxis stets als Inhalt des Sicherungsvertrages vereinbart. Für bestimmte Sicherungsrechte, etwa eine legal mortgage, besteht ein Recht zur Inbesitznahme kraft Gesetzes. Soweit die Inbesitznahme ohne Hausfriedensbruch möglich ist, kann der Sicherungsnehmer im Wege der Selbsthilfe vorgehen, anderenfalls bedarf es einer gerichtlichen Anordnung. Die Inbesitznahme ist regelmäßig Vorbedingung für den Verkauf des Sicherungsgutes. Ein Recht zum Verkauf kann wiederum im Sicherungsvertrag vorgesehen sein, was in der Praxis meist der Fall ist. Für bestimmte Rechte sind gesetzliche Veräußerungsbefugnisse vorgesehen, etwa für die Grundschuld nach s. 101(1)(i) LPA. Der Sicherungsnehmer hat im Falle des Verkaufs lediglich die Pflicht, nach Treu und Glauben zu handeln und hinreichende Vorkehrungen zu treffen, um einen angemessenen Preis zu erzielen. Darüber hinausgehende treuhänderische Pflichten bestehen nicht. Der Veräußerungserlös ist entsprechend der Rangfolge der bestehenden Sicherungsrechte zu verwenden; ein etwaig verbleibender Betrag gebührt dem Sicherungsgeber. Auch die Befugnis zur Einsetzung eines Zwangsverwalters (receiver) wird häufig ausdrücklich im Sicherungsvertrag vorgesehen sein. Nach ss. 101, 109 LPA besteht im Falle einer Grundschuld stets die Befugnis zur Einsetzung eines Zwangsverwalters. Aufgabe des Zwangsverwalters ist es, das aus dem Sicherungsgut erzielte Einkommen zur Befriedigung des gesicherten Gläubigers zu verwenden. Erstreckt sich das Sicherungsrecht auf das gesamte oder nahezu das gesamte Schuldnervermögen, kommt die Einsetzung eines administrative receivers in Betracht, der das Unternehmen fortführt und schließlich als Ganzes zum Vorteil des gesicherten Gläubigers veräußert. Seit dem Enterprise Act 2002 ist für seit dem 15.9.2003 entstandene floating charges die Einsetzung eines administrative receivers nur noch in bestimmten Bereichen möglich. Ansonsten bleibt nur die Einsetzung eines administrators.

321 Unter einem Mietkauf, Finanzierungsleasingvertrag, bedingten Kaufvertrag oder Kauf unter Eigentumsvorbehalt kann der Vermieter/Verkäufer/Leasinggeber zunächst die Herausgabe und Inbesitznahme der Kaufsache verlangen. Danach kann er über diese als Eigentümer verfügen. Vorbehaltlich einer abweichenden vertraglichen Regelung gebührt ein etwaiger Überschuss dem Eigentümer/Gläubiger.

322 Die Eröffnung eines freiwilligen Auflösungsverfahrens oder bankruptcy-Verfahrens beeinträchtigt die Verwertung von bestehenden Sicherungsrechten grundsätzlich nicht. Sicherungsnehmer können also sämtliche der vorstehend genannten Rechte auch im Insolvenzverfahren geltend machen. Insbesondere kann im freiwilligen Auflösungsverfahren der HQFC einen administrator einsetzen, der dann das Vermögen der Schuldnergesellschaft in Gewahrsam nimmt und verwaltet, während der Insolvenzverwalter an der Seitenlinie auf die Beendigung der administration warten muss, um alle dann noch vorhandenen Vermögensgegenstände zum Zwecke der Verwertung zu

Internationales Insolvenzrecht – England

übernehmen. Auf Antrag kann das Gericht freilich ein Moratorium anordnen und die Verwertung aussetzen, soweit dies nötig erscheint.

Sowohl im Verfahren der gerichtlichen Liquidation als auch im administration-Verfahren werden durch das umfassende Moratorium nach s. 130(2) bzw. para. 42, 43 IA Sch. B1 auch dinglich gesicherte Gläubiger an der Durchsetzung und Verwertung ihrer Sicherungsrechte für die Dauer des Verfahrens gehindert. Etwas anderes gilt nur, soweit der Insolvenzverwalter bzw. administrator oder das Gericht einer Verwertung zustimmt.

VII. Von Dritten gestellte Sicherheiten

Im Rahmen einer Bürgschaft (suretyship guarantee) verpflichtet sich der Bürge gegenüber dem Gläubiger, für die Schuld eines Dritten, des Hauptschuldners, einzustehen. Die Zahlungspflicht des Bürgen wird durch die Nichtleistung des Hauptschuldners trotz Fälligkeit (default) ausgelöst. Die Bürgschaft ist akzessorisch. Die Verpflichtung des Bürgen steht und fällt mit der Verpflichtung des Hauptschuldners, es sei denn, die Parteien haben Abweichendes vereinbart. Die Akzessorietät unterscheidet die Bürgschaft von der demand guarantee und dem standby letter of credit, bei denen es sich jeweils um eigenständige Verpflichtungen handelt, die unabhängig von der gesicherten Verbindlichkeit des Hauptschuldners und dessen Nichtleistung bei Vorlage bestimmter Dokumente zahlbar sind; zum Ganzen Gullifer, Goode and Gullifer on Legal Problems of Credit and Security, 6. Aufl. 2017, Chapter 8.

Gemäß s. 4 Statute of Frauds 1677 bedarf die Bürgschaft der Schriftform. Die Bürgschaft ist meist ein einseitiger Vertrag, bei dem der Bürge verspricht, einen an den Hauptschuldner auszuzahlenden Betrag im Falle der Auszahlung an den Gläubiger zurückzuzahlen. Rechtstechnisch handelt es sich um ein Angebot des Bürgen an den Gläubiger, dass dieser konkludent annimmt, sobald er mit der Auszahlung an den Hauptschuldner beginnt. Bis zu diesem Zeitpunkt kann der Bürge sein Angebot jederzeit zurücknehmen. Hat der Gläubiger aber mit der Auszahlung begonnen, so entsteht die Verpflichtung des Bürgen in voller Höhe, nicht nur in Höhe des bis dahin ausgezahlten Betrages.

Der Umfang einer Bürgschaft ist Auslegungssache. Häufig sind Klauseln, wonach der Bürge für alle gegenwärtigen und künftigen Verbindlichkeiten des Hauptschuldners gegenüber dem Gläubiger einsteht (all moneys clause). Eine Bürgschaft kann auf einen bestimmten Betrag beschränkt sein, der hinter der Hauptschuld zurückbleibt, oder die Gesamtverpflichtung des Hauptschuldners unter Festlegung einer Haftungshöchstgrenze erfassen. Die Unterscheidung ist bedeutsam für die Rechte des Bürgen auch in der Insolvenz.

Mit Begleichung der Hauptschuld in voller Höhe rückt der Bürge in die Rechtsstellung des Gläubigers ein, einschließlich etwaiger Sicherungsrechte. Der Anspruch des Gläubigers gegen den Hauptschuldner, einschließlich etwaiger Sicherungsrechte, steht nunmehr dem Bürgen zu. Dies gilt allerdings nur bei vollständiger Befriedigung des Hauptschuldners. Hat sich der Bürge für die Gesamtverpflichtung mit Haftungshöchstgrenze verbürgt, so tritt der Rechtsübergang erst dann ein, wenn die Gesamtverpflichtung getilgt ist, auch wenn die Haftungshöchstgrenze bereits erreicht ist. Lautet die Bürgschaft dagegen auf einen bestimmten Betrag, so erfolgt der Übergang der Rechte des Gläubigers auf den Schuldner mit der Begleichung dieses Betrages. Hat sich der Bürge auf ausdrückliches oder konkludentes Verlangen des Hauptschuldners hin verbürgt, so hat er gegen diesen einen Abfindungsanspruch in Höhe der geleisteten Zahlungen und zwar sobald er die jeweilige Zahlung vorgenommen hat. Im Falle mehrerer gleichstufiger Bürgen kann jeder Bürge eine anteilige Überzahlung von den Mitbürgen verlangen.

1. Insolvenz des Hauptschuldners

Solange der Gläubiger nicht in voller Höhe der Hauptschuld befriedigt wurde, muss er Zahlungen des Bürgen auf die Hauptschuld vor oder nach Verfahrenseröffnung nicht in Abzug bringen, wenn er die Hauptschuld im Insolvenzverfahren anmeldet. Umgekehrt kann der Bürge bis zur Befriedigung des Gläubigers in voller Höhe keine Forderungen für Zahlungen an den Gläubiger im Insolvenzverfahren des Hauptschuldners anmelden. Dies gilt auch dann, wenn die Bürgschaft eine Haftungshöchstgrenze vorsieht, solange nur die Gesamtverpflichtung des Hauptschuldners von der Bürgschaft erfasst ist. Lautet die Bürgschaft dagegen auf einen fixen Betrag und wird dieser durch den Bürgen beglichen, so ist der Bürge von nun an zur Anmeldung im Insolvenzverfahren des Hauptschuldners berechtigt und der Gläubiger muss diesen Betrag bei der Anmeldung der Hauptschuld in Abzug bringen.

Begleicht der Bürge die Hauptschuld in voller Höhe, so rückt er in die Rechtsstellung des Gläubigers ein. Im Rahmen des Insolvenzverfahrens an den Gläubiger erfolgte Auszahlungen stehen dem Bürgen zu. Dieser kann bestehende Sicherheiten geltend machen. Soweit der Anspruch des Gläubigers Vorrang vor den Ansprüchen der ungesicherten Gläubiger hat, kommt auch der Bürge in den Genuss des Vorrangs.

330   Die Insolvenz des Hauptschuldners berührt die Haftung des Bürgen grundsätzlich nicht. Der Gläubiger kann die Hauptschuld im Insolvenzverfahren des Hauptschuldners anmelden und gleichzeitig gegen den Bürgen vorgehen. Selbst die Schuldbefreiung des Hauptschuldners ändert an der Haftung des Bürgen nichts (s. 281(7) IA).

2. Insolvenz des Bürgen

331   Meldet der Gläubiger seinen Anspruch aus der Bürgschaft im Insolvenzverfahren des Bürgen an, so muss er diejenigen Beträge in Abzug bringen, die er vom Hauptschuldner auf die Hauptschuld vor der Anmeldung erhalten hat, nicht aber Zahlungen nach der Anmeldung. Zahlungen eines Mitbürgen auf die Hauptschuld muss der Gläubiger nicht in Abzug bringen, solange die Hauptschuld nicht vollständig beglichen ist. Der Mitbürge selbst ist von einer Anmeldung seiner Ansprüche wegen anteiliger Überzahlung ausgeschlossen, solange die Hauptschuld noch nicht vollständig beglichen ist. Hat der Mitbürge dagegen vollständig gezahlt, so tritt er an die Stelle des Gläubigers und kann in dessen Namen die Hauptschuld in voller Höhe anmelden bzw. in die Anmeldung des Gläubigers eintreten. Solange er nicht vollständig befriedigt ist, ist er nicht auf die Anmeldung des ihm anteilig zustehenden Betrages beschränkt. Sind sowohl Hauptschuldner als auch Bürge in der Insolvenz, kann der Gläubiger Hauptschuld und Bürgenschuld gleichzeitig in voller Höhe in beiden Insolvenzverfahren anmelden, solange die Hauptschuld noch nicht vollständig beglichen ist.

VIII. Haftungsansprüche

1. Gesellschaftsrechtliche Durchgriffshaftung (piercing/lifting the corporate veil)

332   Das Fundament des englischen Gesellschaftsrechts bildet die Entscheidung Salomon v. A. Salomon and Co. Ltd. [1897] A.C. 22 des House of Lords aus dem Jahre 1897. Danach kann der Gründer und Alleingesellschafter, solange er nur die formalen Anforderungen des Gesellschaftsrechts erfüllt, das Privileg der beschränkten Haftung in Anspruch nehmen. Den Grundsätzen der eigenen Rechtspersönlichkeit und beschränkten Haftung wird damit ein außerordentlich hoher Stellenwert beigemessen. Eine (echte) Durchgriffshaftung ist nahezu ausgeschlossen.

333   Eine Fülle ganz unterschiedlicher Fälle wird gemeinhin unter dem Stichwort „piercing" oder „lifting the corporate veil" diskutiert. Traditionell wurden drei Fallgruppen unterschieden: die Stellvertretung (agency) des Gesellschafters durch die Gesellschaft, die Zusammenfassung von Konzernmutter und Tochtergesellschaften als eine ökonomische Einheit (single economic unit), und die Verwendung einer Gesellschaft als bloßer Fassade zur Täuschung im Rechtsverkehr (sham or fraud). Nach Stellvertretungsprinzipien ist ein (Mehrheits-)Gesellschafter dann gegenüber den Gläubigern haftbar, wenn die Gesellschaft im Rechtsverkehr als Vertreter des Gesellschafters aufgetreten ist, Smith, Stone and Knight Ltd v Birmingham Corporation [1939] 4 All ER 116. Allerdings ist die Gesellschaft nicht automatisch Vertreter eines Allein- oder Mehrheitsgesellschafters; vielmehr muss eine Vertretungsmacht der Gesellschaft begründet sein, entweder tatsächlich oder zumindest dem Anschein nach. Nach dem single economic unit-Argument werden einzelne Konzerngesellschaften als eine wirtschaftliche Einheit zusammengefasst. Das klassische Beispiel ist DHN Food Distributors Ltd v Tower Hamlets London Borough Council [1976] 1 WLR 852. Die Muttergesellschaft führte die Geschäftstätigkeit von den Räumlichkeiten und dem Grundbesitz der 100%igen Tochtergesellschaft aus, wobei eine zweite 100%ige Tochtergesellschaft das Eigentum an den Geschäftsfahrzeugen innehatte. Nach Enteignung des Grundbesitzes der Tochter sprach das Gericht der Muttergesellschaft Entschädigung zu, obwohl diese kein Eigentum hatte; einer Entschädigung der Tochter stand entgegen, dass diese selbst keine Geschäftstätigkeit ausübte, was nach der zugrunde liegenden gesetzlichen Vorschrift allerdings Voraussetzung für einen Entschädigungsanspruch war. Nach Lord Denning waren in diesem Fall alle drei Gesellschaften als eine Einheit anzusehen, sodass Entschädigung gewährt werden konnte. In Woolfson v Strathclyde Regional Council 1978 SC 90 ist das House of Lords dem allerdings nicht gefolgt. Auch wurde in diesem Szenario nicht die Haftung für Gesellschaftsverbindlichkeiten auf den Gesellschafter erstreckt, sondern erlangte der Gesellschafter einen Vorteil. Das sham or fraud-Argument kommt traditionell dann zur Anwendung, wenn die Gesellschaft als Fassade eingesetzt wird, um bestehende Verpflichtungen des Gesellschafters zu vereiteln oder zu umgehen, etwa Übereignungsverpflich-

tungen im Hinblick auf Grundbesitz durch Einlage in eine Gesellschaft (Jones v Lipman [1962] 1 WLR 832), oder von gewerblichen Wettbewerbsbeschränkungen durch Gründung einer Gesellschaft (Guilford Motor Co Ltd v Horne [1933] Ch 935). Hier werden bestehende Verpflichtungen des Gesellschafters auf die Gesellschaft erstreckt, oftmals durch Anwendung allgemeiner Prinzipien der equity.

Bis zu den jüngsten Entscheidungen des Supreme Court erfolgte die bisher ausführlichste 334 Auseinandersetzung eines englischen Gerichts mit dem Problem der Durchgriffshaftung und der dazu bisher ergangenen Präjudizien durch den Court of Appeal in Adams v Cape Industries Plc [1990] Ch 433. Hinsichtlich des „single economic unit"-Arguments führte das Gericht aus, dass außer in Fällen, in denen sich nach dem ausdrücklichen Wortlaut eines Gesetzes oder eines Vertrages etwas anderes ergibt, ein Gericht nicht frei sei, gestützt auf Gerechtigkeitserwägungen das in Salomon v. A. Salomon & Co. Ltd. niedergelegte Prinzip eigener Rechtspersönlichkeit außer Acht zu lassen. Einer Gesellschaft stehe es frei, ihre Geschäfte in einem bestimmten Land durch eine Tochtergesellschaft und nicht selbst zu führen. Eine anerkannte Ausnahme vom Prinzip der eigenen Rechtspersönlichkeit bestehe jedoch in den Fällen, in denen besondere Umstände nahelegen, dass eine Gesellschaft als bloße Fassade verwendet wird. Aus den Präjudizien ergäben sich jedoch kaum Anhaltspunkte dafür, unter welchen Umständen vom Vorliegen einer bloßen Fassade auszugehen sei, den Motiven der Beteiligten komme aber jedenfalls maßgebliche Bedeutung zu. Die Annahme einer Fassade sei möglicherweise dann gerechtfertigt, wenn (1.) die Gesellschaft von ihren Gesellschaftern verwendet wird, um eigene rechtliche Beschränkungen der Gesellschafter zu umgehen, und (2.) wenn der Gesellschafter die Gesellschaft verwendet, um eigenen, schon bestehenden rechtlichen Verpflichtungen gegenüber Dritten zu entgehen; die gewählten Strukturen also jeweils in irgendeiner Weise rechtswidrig sind, oder darauf gerichtet, jemanden um seine bereits erworbenen Rechte zu bringen. Im Übrigen sei die Möglichkeit, mittels gesellschaftsrechtlicher Strukturen die Haftung zu minimieren, dem englischen Gesellschaftsrecht aber gerade immanent. Im Hinblick auf das agency-Argument bestätigte der Court of Appeal, dass ohne Vertretungsmacht, tatsächlich oder zumindest dem Anschein nach, eine Haftung nach Stellvertretungsgrundsätzen nicht in Betracht kommt.

Bereits Adams v. Cape hatte nach verbreiteter Ansicht zu einer erheblichen Einschränkung der 335 Möglichkeit eines „piercing of the corporate veil" geführt. Durch zwei neuere Entscheidungen hat der Supreme Court die gesellschaftsrechtliche Durchgriffshaftung weiter eingeschränkt. In VTB Capital plc v Nutritek International Corporation [2013] UKSC 5 ging es um die Erstreckung der vertraglichen Haftung einer Gesellschaft auf deren Mehrheitsgesellschafter. Lord Neuberger setzte sich umfassend mit dem Konzept der Durchgriffshaftung auseinander und kam zu dem Schluss, dass trotz der erheblichen Unsicherheiten ein Restbedürfnis für die Grundsätze des peircing the corporate veil bestehe, zumal nicht alle Präjudizien durch Stellvertretung, Gesetzesauslegung und Grundsätze der equity erklärt werden können. Allerdings ging der vorliegenden Fall (Erstreckung einer Gesellschaftsschuld auf den Gesellschafter) über den traditionellen Anwendungsbereich hinaus, sodass eine Ausdehnung einer besonderen Rechtfertigung bedürfe. Daran fehlte es jedoch: eine Gesellschaft könne nicht schlechter stehen als natürliche Personen; die Kontrolle einer natürlichen Person durch eine andere führe nicht dazu, dass letztere durch vertragliche Verpflichtungen der ersteren gebunden sei. Zudem hatten die Parteien zu keiner Zeit die Intention, dass der Mehrheitsgesellschafter durch den Vertrag gebunden sein sollte, noch gerierte sich der Gesellschafter als Vertragspartei.

Eine weitere intensive Auseinandersetzung erfolgte in Prest v Petrodel Resources Limited [2013] 336 UKSC 34. Nach Lord Sumption solle das sham or fraud-Argument durch ein Verschleierungsprinzip (concealment principle) und ein Umgehungsprinzip (evasion principle) ersetzt werden. Bei Ersterem geht es lediglich darum, die durch den Einsatz von Gesellschaften verdeckte wahre Sachlage herauszufinden, und dann auf die so ermittelte Sachlage die allgemeinen Rechtsgrundsätze anzuwenden. Um ein piercing the corporate veil im eigentlichen Sinne geht es dabei nicht. Im Rahmen des Umgehungsprinzips geht es um einen gezielten Versuch, durch den Einsatz von Gesellschaftsstrukturen den kontrollierenden Gesellschafter von seinen bestehenden rechtlichen Verpflichtungen abzuschirmen. Grundlage hierfür ist ein Missbrauch der Gesellschaft als eigener Rechtspersönlichkeit. Einschlägige Beispielsfälle dürften Sachlagen wie in Jones v Lipman und Guilford Motor Ltd v Horne sein. Alles in allem hat der Supreme Court wenig zur Klärung der Rechtslage beigetragen. Nach wie vor ist zu unterscheiden zwischen Fällen, in denen die eigene Rechtspersönlichkeit der Gesellschaft („principle of separate legal personality") aus irgendwelchen Gründen außer Acht gelassen wird, und solchen, bei denen der Gesellschafter tatsächlich für die Verbindlichkeiten der Gesellschaft haftet („principle of limited liability"). Die überwiegende Ansicht in der Literatur geht davon aus, dass die Gerichte unter keinen Umständen bereit sein

Internationales Insolvenzrecht – England

werden, Verbindlichkeiten der Gesellschaft auf den Gesellschafter zu erstrecken, es sei denn, dies ist gesetzlich angeordnet.

337 Nicht unerwähnt bleiben soll, dass in jüngerer Zeit Gerichte mehrfach darüber zu entscheiden hatten, ob eine Muttergesellschaft direkt nach den Grundsätzen der unerlaubten Handlung (negligence) haftbar sein kann, soweit Arbeitnehmer einer (ausländischen) Tochter in ihrer körperlichen Unversehrtheit verletzt wurden. In der Entscheidung Chandler v Cape [2012] EWCA Civ 525 wurde die Verletzung einer deliktischen Schutzpflicht (duty of care) der Muttergesellschaft gegenüber den Arbeitnehmern der Tochtergesellschaft erstmals bejaht. Dies aufgrund der Tatsache, dass die Geschäftstätigkeit von Mutter und Tochter im Wesentlichen identisch war; die Muttergesellschaft über besondere Erkenntnisse im Hinblick auf damit verbundene potentielle Gesundheitsgefahren verfügte; die Mutter wusste oder hätte wissen müssen, dass der Geschäftsbetrieb der Tochter nicht über die nötigen Sicherheitsvorkehrungen verfügte; und die Mutter wusste oder hätte wissen müssen, dass sich die Tochter auf das Spezialwissen der Mutter in Gesundheits- und Sicherheitsfragen verlassen hat.

2. Kapitalaufbringung und Kapitalerhaltung

338 Gemäß s. 74(2)(g) IA beschränkt sich die Haftung eines Gesellschafters gegenüber der Gesellschaft (company limited by shares) im Falle der Auflösung auf den Betrag, um den seine Einzahlung hinter dem Nennbetrag des übernommenen Anteils zurückbleibt. Ist die Einlage voll geleistet, erlischt die Haftung des Gesellschafters. Für offene Kapitalgesellschaften (public companies) sieht s. 763 CA ein Minimumkapital von £50.000 vor. Nach s. 586 CA muss auf die Anteile jeweils mindestens ¼ des Nennbetrages eingezahlt worden sein. Für private Kapitalgesellschaften (private companies) besteht kein Mindestkapitalerfordernis. Die ausgegebenen Anteile müssen aber gleichwohl auf einen bestimmten Nennbetrag lauten (s. 542 CA) und anlässlich der Registrierung ist das gezeichnete Kapital anzugeben (s. 10 CA).

339 Gemäß s. 552 CA können Anteile nicht unter par ausgegeben werden. Eng begrenzte Ausnahmen gelten für Emissionsbanken nach s. 553 CA. Die Ausgabe gegen ein Agio ist dagegen möglich (premium). Das Agio ist gem. s. 610 CA in eine besondere Rücklage einzustellen (share premium account) und steht für eine etwaige Ausschüttung grundsätzlich nicht zur Verfügung. Bareinlagen scheinen in der Praxis keine größeren Probleme zu bereiten. Nach der Definition in s. 583 CA ist Bareinlage auch der Forderungserlass gegenüber der Gesellschaft. Aus diesem Grund kommt dem Konzept der verdeckten Sacheinlage kaum Bedeutung zu. Fälle des Missbrauchs werden über die Grundsätze der Geschäftsleiterpflichten einer Lösung zugeführt. Im Hinblick auf Sacheinlagen wurde das Problem einer etwaigen Überbewertung frühzeitig erkannt. Die entsprechenden common law-Grundsätze gelten noch immer für private Kapitalgesellschaften. Solange danach die Geschäftsleiter die Bewertung einer Sacheinlage in gutem Glauben und in ehrlicher Weise vornehmen, hat diese geschäftliche Entscheidung Bestand; eine gerichtliche Einmischung in die Angelegenheiten der Gesellschaft erfolgt grundsätzlich nicht, Re Wragg Ltd [1897] 1 Ch 796. Für offene Kapitalgesellschaften gilt dagegen ein komplexes Regime mit dem Ziel einer Verhinderung der Ausgabe unter par. Diese Vorschriften finden sich in ss. 584–587 sowie 593–609 CA und setzen die Vorgaben der Richtlinie (EU) 2017/1132 (vormals Kapitalrichtlinie) in nationales Recht um. Als auf EU-Recht basierendes nationales Recht bleiben diese Vorschriften auch nach dem Wirksamwerden des EU-Austritts bislang in Kraft (s.2 European Union (Withdrawal) Act 2018). Gemäß s. 885 CA kommt die Erbringung von Arbeits- oder Dienstleistungen als Sacheinlage von vornherein nicht in Betracht. Die Erbringung einer Sacheinlage kann auch nicht für einen längeren Zeitraum als fünf Jahre seit der Ausgabe der Aktien hinausgeschoben werden (s. 587 CA). Für Sacheinlagen ist die Bewertung durch unabhängige Experten erforderlich (ss. 593 ff. CA). Bei Verstoß gegen diese Vorschriften haftet der Zeichner der Aktie, soweit er um den Verstoß wusste oder hätte wissen müssen, in Höhe des Nennbetrages der Aktie zuzüglich Agio und Zinsen (s. 593(3) CA). Ein der Gesellschaft in Form der Sacheinlage etwaig zugeflossener Vermögensvorteil ist grundsätzlich nicht in Abzug zu bringen. Der Einzelrechtsnachfolger des Zeichners haftet daneben gesamtschuldnerisch auf den gleichen Betrag, es sei denn, er war bei Erwerb der Aktie in gutem Glauben (ss. 588, 605 CA). Nach ss. 589, 606 CA kann das Gericht auf Antrag Haftungsbefreiung erteilen, wenn der Gesellschaft mit der Sacheinlage ein hinreichender Vermögensvorteil bereits zugeflossen ist.

340 Der Begriff der Ausschüttung ist in s. 829 CA weit definiert. Danach ist Ausschüttung jede Verteilung von Gesellschaftsvermögen an die Mitglieder. Nach s. 830 CA kann eine Ausschüttung nur aus dem Gewinn erfolgen, der zu diesem Zweck zur Verfügung steht. Dies ist der akkumulierte, realisierte Gewinn abzüglich akkumulierter realisierter Verluste. Für offene Kapitalgesellschaften

Internationales Insolvenzrecht – England

enthält s. 831 CA die weitere Vorgabe, dass Ausschüttungen nur insoweit vorgenommen werden dürfen, als das Nettoaktivvermögen das gezeichnete Kapital der Gesellschaft zuzüglich der Rücklagen, die für eine Ausschüttung nicht zur Verfügung stehen, übersteigt. Rücklagen, die für eine Ausschüttung nicht zur Verfügung stehen, sind insbesondere die Agio-Rücklage (share premium account) sowie eine Rücklage im Hinblick auf den Rückerwerb eigener Aktien (capital redemption reserve) (s. 831(4) CA). Eine Ausschüttung kann nur dann erfolgen, wenn die Gesellschaft eine solche Ausschüttung erklärt hat. Welchem Organ die Befugnis zur Erklärung einer Ausschüttung zusteht, regelt der Gesellschaftsvertrag (articles of association). Nach den Modellgesellschaftsverträgen für private und offenen Kapitalgesellschaften steht diese Befugnis jeweils im Grundsatz der Gesellschafterversammlung zu (vgl. art. 30 Model Articles for Private Companies; art. 70 Model Articles for Public Companies).

Die Konsequenzen einer Ausschüttung unter Verstoß gegen diese Grundsätze ergeben sich zunächst aus s. 847 CA. Soweit der Gesellschafter, der die Leistung empfangen hat, im Zeitpunkt der Ausschüttung wusste oder Grund zu der Annahme hatte, dass ein Verstoß gegen die Ausschüttungsvorschriften des CA vorlag, muss er den erhaltenen Betrag zurückzahlen bzw. im Falle einer Sachausschüttung deren Wert ersetzen. Die erforderliche Kenntnis bzw. das Kennenmüssen bezieht sich dabei lediglich auf die Sachumstände, die den Rechtsverstoß begründen; Kenntnis oder Kennenmüssen des Rechtsverstoßes selbst ist nicht erforderlich, It's Wrap (UK) Ltd (in liq) v Gula [2006] BCC 626 (CA). Nach s. 847(3) CA stehen daneben auch weiterhin die Rechtsbehelfe des common law zur Verfügung. Danach besteht zunächst ein Anspruch gegen den Empfänger der Leistung auf der Grundlage, dass eine rechtswidrige Ausschüttung von Gesellschaftsvermögen eine Handlung ultra vires ist. Kennt der Empfänger einer Leistung die Umstände, die die Verfügung zu einer Verfügung ultra vires machen, so trifft ihn die Pflicht, die ursprüngliche Vermögenssituation wiederherzustellen, Rolled Steel Products (Holdings) Ltd v British Steel Corporation [1986] Ch. 246. Das Empfangene hält er in der Zwischenzeit als Treuhänder zugunsten der Gesellschaft (constructive trust). Dabei handelt es sich (möglicherweise) um einen dinglichen Anspruch der Gesellschaft. Daneben kann ein Anspruch gegen diejenigen Geschäftsleiter bestehen, die die rechtswidrige Ausschüttung veranlasst haben, Re Exchange Banking Co, Flitcroft's case (1882) 21 Ch D 519 (CA). In Betracht kommt eine Verletzung der Pflicht nach s. 171 CA wegen zweckfremder Ausübung der eingeräumten Befugnisse, nach s. 172 CA, wenn die Ausschüttung nicht dem Interesse der Gesellschaft entspricht, oder nach s. 174 CA wegen Sorgfaltspflichtverletzung. Soweit in der Person eines Geschäftsleiters der jeweilige Tatbestand vorliegt, haftet er auf Entschädigung unabhängig davon, ob er selbst etwas erhalten hat. Der Entschädigungsanspruch ist dabei nicht auf den Differenzbetrag beschränkt, um den die tatsächliche Ausschüttung den rechtmäßig ausschüttbaren Betrag übersteigt, Bairstow v Queens Moat Houses plc [2002] BCLC 91.

In der Entscheidung Aveling Barford Ltd v Perion Ltd [1989] BCLC 626 wurde ein Grundstücksverkauf erheblich unter Wert als (verdeckte) Ausschüttung angesehen. Damit war der Empfänger als constructive trustee für den Erlös aus dem Weiterverkauf des Grundstücks gegenüber der sich mittlerweile in Liquidation befindlichen Gesellschaft haftbar. Ein wiederkehrendes Problem ist insoweit die Abgrenzung einer verdeckten Ausschüttung von einer sonstigen Transaktion, die sich nachteilig auf das Vermögen der Gesellschaft auswirkt. In Progress Property Limited v Moorgrath Group Limited [2010] UKSC 55 hat der Supreme Court insoweit einen holistischen Ansatz gewählt. Danach ist es für die Annahme einer verdeckten Ausschüttung nicht notwendigerweise ausreichend, dass eine nachträgliche Bewertung der fraglichen Transaktion ergibt, dass die Gesellschaft Vermögen unter Wert veräußert hat. Vielmehr bedarf es einer umfassenden Analyse der Motive und Intentionen der beteiligten Geschäftsleiter. Nur wenn danach die Transaktion als unangemessener Versuch zur Beiseiteschaffung von Gesellschaftsvermögen anzusehen ist, kommt eine verdeckte Ausschüttung mit den sich daran anschließenden Rechtsfolgen in Betracht.

Nach der Entscheidung in Aveling Barford Ltd v Perion Ltd war zweifelhaft, inwieweit eine Übertragung zum Buchwert zwischen Gesellschaften innerhalb eines Konzerns noch rechtmäßigerweise möglich ist. Die ss. 845, 846 haben hier Klarheit geschaffen. Soweit die übertragende Gesellschaft ausschüttungsfähige Gewinne in Höhe des Buchwertes hat und die Übertragung zum Buchwert erfolgt, hat die Ausschüttung einen Wert von 0, auch wenn der Marktwert den Buchwert übersteigt.

3. Geschäftsleiterhaftung

Nach ss. 213, 246ZA IA (fraudulent trading) kann das Gericht im laufenden Liquidations- bzw. administration-Verfahren auf Antrag des Insolvenzverwalters/administrators anordnen, dass jeder, der wissentlich an einer Fortführung der Geschäfte der Gesellschaft mit betrügerischer Absicht

Internationales Insolvenzrecht – England

zulasten der Gläubiger oder zu einem sonstigen betrügerischen Zweck beteiligt war, solche Beiträge in das Gesellschaftsvermögen leistet, wie das Gericht für angemessen hält. Ein entsprechender Straftatbestand findet sich in s. 993 CA. „Betrügerische Absicht" (intent to defraud) liegt nur vor bei tatsächlicher Unehrlichkeit bzw. einem Verhalten des Antragsgegners, das nach dem gegenwärtigen Standard der Redlichkeit im Geschäftsverkehr moralisch vorwerfbar ist, Re Patrick and Lyon Ltd. [1933] Ch. 786. Beweispflichtig ist der Insolvenzverwalter/administrator. Wegen dieser strengen Anforderungen an den Nachweis einer betrügerischen Absicht erscheint die Vorschrift aus Sicht des Insolvenzverwalters/administrators eher unattraktiv.

345 Ein Anspruch wegen wrongful trading nach ss. 214, 246ZB IA kann nur in einem Verfahren zur insolvenzbedingten Liquidation bzw. administration der Gesellschaft geltend gemacht werden. Die Auflösung/administration ist insolvenzbedingt, wenn das Verfahren zu einem Zeitpunkt beginnt, zu dem das Vermögen der Gesellschaft nicht ausreicht, um Verbindlichkeiten und die Kosten des Verfahrens zu decken (ss. 214(6), 246ZB(6) IA). Es geht um Überschuldung, nicht um Zahlungsunfähigkeit. Dem Antragsteller obliegt die Bestimmung des „relevanten Zeitpunkts" vor Beginn des Verfahrens, zu dem der jeweilige Antragsgegner wusste oder hätte wissen müssen, dass mit einer Abwendung der Insolvenz vernünftigerweise nicht mehr zu rechnen war (ss. 214(2)(b), 246ZB(2)(b) IA). Entscheidend ist insoweit das allgemeine Wissen und Können eines Geschäftsleiters nach Struktur und Geschäftstätigkeit der jeweiligen Gesellschaft (ss. 214(4)(a), 246ZB(4)(a) IA). Ein subjektives Sonderwissen oder besondere Fähigkeiten des Geschäftsleiters wirken haftungsverschärfend (ss. 214(4)(b), 246ZB(4)(b) IA). Die Gerichte wählen einen robusten Ansatz, der den Geschäftsleitern einen gewissen Beurteilungsspielraum zu optimistischer Herangehensweise zugesteht; Zweifel wirken zugunsten der Geschäftsleiter. Zuzüglich zur Zahlungsunfähigkeit wird regelmäßig ein hinreichend klares Ereignis auf der Abwärtsspirale gewählt, etwa der Rückzug eines Hauptzulieferers, der Verlust eines Hauptkunden oder wichtigen Vertrages, verheerende Bilanzen oder warnende Hinweise von Rechts- und Finanzberatern; Re Produce Marketing Consortium (No. 2) [1989] BCLC 520; Re DKG Contractors Ltd [1990] BCC 903; Re Purpoint Ltd. [1991] BCLC 491; Re Brian D Pierson (Contractors) Ltd. [1999] BCC 26; Official Receiver v. Doshi [2001] 2 BCLC 235.

346 Der Anspruchsgegner muss zum „relevanten Zeitpunkt" Geschäftsleiter (director) der Gesellschaft gewesen sein (ss. 214(2)(c), 246ZB(2)(a) IA). Erfasst werden zunächst Personen, die wirksam zum Geschäftsleiter bestellt wurden (de jure directors). Die Vorschrift gilt dabei sowohl für executive directors, denen als Vollzeit-Geschäftsleitern das Management der Gesellschaft umfassend obliegt, als auch für non-executive directors, die, regelmäßig auf Teilzeit-Basis, die Geschäftsleitung durch die executive directors überwachen, Re Sherborne Associates Ltd. [1995] BCC 40. Durch eine Amtsniederlegung kann sich der Geschäftsleiter einer Haftung aus ss. 214, 246ZB IA nicht entziehen, Re Purpoint Ltd. [1991] BCLC 491. Erfasst werden weiterhin auch sog. de facto directors, die, obwohl nicht formal zum Geschäftsführer bestellt, gleichwohl wie ein Geschäftsführer offen in den Angelegenheiten der Gesellschaft tätig werden. Im Rahmen einer Gesamtbetrachtung aller Umstände des Einzelfalles ist entscheidend, ob die jeweilige Person Teil der Führungsstruktur der Gesellschaft war, Re Kaytech International Plc. [1999] 2 BCLC 351. Schließlich gilt ss. 214, 246ZB IA auch für sog. „shadow directors", Personen also, deren Weisungen durch die Geschäftsleitung üblicherweise befolgt werden (s. 251 IA). Dabei kommt es maßgeblich darauf an, diejenigen zu identifizieren, die die tatsächliche Kontrolle über die Angelegenheiten der Gesellschaft ausüben („real influence in the corporate affairs of the company"). Weder ist erforderlich, dass die Einflussnahme in allen Bereichen der geschäftlichen Aktivität der Gesellschaft erfolgt, noch dass der Erklärende oder der Empfänger die Äußerung als Weisung im Sinne des Gesetzes verstanden haben, noch dass der Geschäftsleitung ein eigener Ermessensspielraum nicht mehr verbleibt, Secretary of State for Trade and Industry v. Deverell [2001] Ch. 340.

347 Bei Vorliegen dieser Voraussetzungen kann der Antragsgegner einer Haftung nur entgehen, indem er nachweist, dass er vom „relevanten Zeitpunkt" an alle Schritte unternommen hat, um den Verlust für die Gläubiger zu minimieren (ss. 214(3), 246ZB(3) IA). Abgesehen vom maßgeblichen Sorgfaltsmaßstab enthalten weder das Gesetz noch die entschiedenen Fälle einigermaßen zuverlässige Aussagen dazu, was der fragliche Geschäftsleiter zu seiner Entlastung darzulegen und zu beweisen hat. Im Schrifttum werden daher zahlreiche Maßnahmen zur Haftungsvermeidung empfohlen: etwa die monatliche Erstellung von Geschäftsleitungsbilanzen, die Abhaltung häufiger und regelmäßiger Geschäftsleiterversammlungen und die Hinzuziehung von unabhängigen professionellen Beratern sowie die umfassende Information von gesicherten und ungesicherten Gläubigern. Eine Haftung der Geschäftsleiter ist unwahrscheinlich, soweit die Geschäftsführung in einer Weise organisiert ist, die eine ständige umfassende Informationsgewinnung und -verarbeitung im Hinblick auf die wirtschaftliche und finanzielle Situation der Gesellschaft garantiert, und die Geschäftsleiter auf der Basis dieser Information in gutem Glauben von der fortgesetzten Lebensfähigkeit der Gesellschaft ausgingen; Re Continental Assurance Co of London Plc (No. 4), (2001) WL 720239.

Aus dem eindeutigen Wortlaut von ss. 214(1), 246ZB(1) IA ergibt sich, dass nur der Insolvenz- **348** verwalter/administrator berechtigt ist, die entsprechenden Haftungsansprüche geltend zu machen. Dahinter steht die Überlegung, einzelne Gläubiger davon abzuhalten, unangemessenen Druck auf die Gesellschaft zur Erfüllung gerade ihrer Forderungen auszuüben. Der Höhe nach steht die von den Geschäftsleitern zu leistende Beitragszahlung im Ermessen des Gerichts. In Re Produce Marketing Consortium [1989] BCLC 520 wurde ausgesprochen, dass eine Anordnung nach s. 214 IA primär dem Schadensausgleich dient und keinen Strafcharakter hat. Grundsätzlich ist daher der Betrag zu ersetzen, um den sich das Gesellschaftsvermögen dadurch verringert hat, dass die notwendigen Maßnahmen nicht rechtzeitig ergriffen wurden. Unterschiedliche Verursachungsbeiträge und Verschuldensgrade der einzelnen Geschäftsleiter können berücksichtigt werden. Im Hinblick auf die Corona-Krise war „anzunehmen" (assume), dass eine etwaige Verringerung des Gesellschaftsvermögens, die während der Zeit vom 1.3.2020 bis zum 30.9.2020 bzw. vom 26.11.2020 bis zum 30.6.2021 eintrat, dem Antragsgegner nicht zurechenbar ist (Corporate Insolvency and Governance Act 2020, sec. 12). Die Haftung für wrongful trading war damit für den genannten Zeitraum weitgehend suspendiert, wenn auch die gesetzliche Formulierung nahelegte, dass bei entsprechender Beweisführung des Antragstellers das Gericht durchaus zu dem Schluss kommen könnte, dass der Antragsgegner zur Verringerung des Gesellschaftsvermögens beigetragen hat. Eingehende Kompensationszahlungen nimmt der Insolvenzverwalter/administrator treuhänderisch zur Verteilung unter die ungesicherten Gläubiger entgegen, Re Oasis Merchandising Services Ltd. [1998] Ch. 170. Diese Zahlungen werden dabei nicht von einer etwaigen floating charge erfasst, da sie keine Vermögensgegenstände der Gesellschaft darstellen. Eine gerichtliche Anordnung, wonach Kompensationszahlungen vorrangig einer bestimmten Gruppe von Gläubigern zugutekommen sollen, ist nicht möglich, Re Purpoint Ltd. [1991] BCLC 491.

S. 212 IA, die sog. misfeasance section, erlaubt dem Gericht, anlässlich der Auflösung einer **349** Gesellschaft in einem vereinfachten Verfahren behauptetes Fehlverhalten von in die Geschäftsleitung involvierten Personen zu untersuchen und ggf. die Rückführung von oder Kompensation für der Gesellschaft entzogene Vermögensgegenstände anzuordnen. Die Vorschrift hat rein prozessualen Charakter, setzt also das Bestehen von Ansprüchen der Gesellschaft gegen die in Anspruch genommene Person voraus. Erforderlich ist, dass sich die Gesellschaft in einem Liquidationsverfahren befindet (s. 212(1) IA). Antragsgegner kann jede Person sein, die zu irgendeinem Zeitpunkt an der Gründung oder Geschäftsleitung der Gesellschaft beteiligt war. Dazu gehören die Geschäftsleiter (directors), aber auch shadow directors der Gesellschaft. Der Antragsgegner muss zu irgendeinem Zeitpunkt, nicht notwendig während der Insolvenz der Gesellschaft, seine treuhänderischen oder Schutzpflichten gegenüber der Gesellschaft verletzt haben mit der Folge, dass der Gesellschaft hierdurch ein Schaden entstanden ist.

Jeder einzelne Geschäftsleiter schuldet seiner Gesellschaft die Einhaltung bestimmter treuhände- **350** rischer und Sorgfaltspflichten. Das umfangreiche und vielschichtige Fallrecht hierzu wurde in den ss. 170–181 Companies Act 2006 einer Kodifizierung zugeführt. Nach s. 170(3) CA treten diese gesetzlichen Bestimmungen an die Stelle der hergebrachten Grundsätze des Fallrechts. Freilich sind die entschiedenen Fälle für die Auslegung des Gesetzes weiterhin bedeutsam (s. 170(4) CA). Nach s. 173(1) CA trifft jeden Geschäftsleiter die allgemeine Pflicht, sein Handeln danach auszurichten und daran messen zu lassen, was er in gutem Glauben für das im Interesse der Gesellschaft Beste hält, Re Smith & Fawcett Ltd. [1942] Ch 304; Regentcrest Plc (in liquidation) v. Cohen [2001] 2 BCLC 80. Diese allgemeine Pflicht lässt sich in mehrere und präzisere Unterpflichten unterteilen. So muss nach s. 171 CA jeder Geschäftsleiter innerhalb der ihm durch die Verfassung der jeweiligen Gesellschaft übertragenen Befugnisse handeln und darf diese Befugnisse nur zu dem Zweck ausüben, zu dem sie ihm übertragen wurden, Aveling Barford Ltd v. Perion Ltd and others [1989] BCLC 626; MacPherson and another v. European Strategic Bureau Ltd [2000] 2 BCLC 683, Hogg v Cramphorn Ltd [1967] Ch 254; Howard Smith Ltd v. Ampol Petroleum Ltd [1974] AC 821. Insbesondere darf sich der Geschäftsleiter nicht ohne vorherige Zustimmung der Gesellschaft in eine Situation begeben, in der seine Pflichten gegenüber der Gesellschaft mit seinen eigenen Interessen kollidieren würden (s. 175 CA, Aberdeen Railway Co. v. Blaikie Bros [1843-60] All ER Rep 249; Regal (Hastings) Ltd. v Gulliver [1942] 1 ALL ER 378; Cook v.Deeks [1916] 1 AC 554; Industrial Development Consultants Ltd v.Cooley [1972] 1 WLR 443). Nach s. 174 CA muss ein Geschäftsleiter seine Aufgaben unter Beachtung der angemessenen Sorgfalt, Fachkenntnisse und Gewissenhaftigkeit erledigen. Es gilt der objektive Sorgfaltsmaßstab eines vernünftigen Geschäftsmannes in der Position des fraglichen Geschäftsleiters. Etwaige besondere

Internationales Insolvenzrecht – England

Kenntnisse und Fähigkeiten wirken haftungsverschärfend. Verletzt ein Geschäftsleiter diese Pflichten, so kann ihn grundsätzlich nur die Gesellschaft selbst je nach Art der Pflichtverletzung auf Schadensersatz oder Herausgabe der vom Geschäftsleiter erzielten Vorteile in Anspruch nehmen. Dieser Herausgabeanspruch ist dinglicher Natur, da der Geschäftsleiter erzielte Vorteile als constructive trustee für die Gesellschaft hält, JJ Harrison (Properties) Ltd v.Harrison [2002] 1 BCLC 162; DEG-Deutsche Investitions- und Entwicklungsgesellschaft mbH v.Koshy [2002] 1 BCLC 478.

351   Bedeutsam im Zusammenhang der Insolvenz und Auflösung einer Gesellschaft ist etwa die Entscheidung MacPherson and another v.European Strategic Bureau Ltd [2000] 2 BCLC 683. Danach verletzen die Geschäftsleiter ihre treuhänderischen Pflichten gegenüber der Gesellschaft, wenn sie eine Vereinbarung abschließen, die den Effekt hat, dass die Vermögensgegenstände der Gesellschaft, einschließlich der zum Stichtag bestehenden Aufträge, nur für die Befriedigung bestimmter Gläubiger, insbesondere der Geschäftsleiter und Gesellschafter, unter Ausschluss aller übrigen Gläubiger verwendet werden sollen. Dies komme einer Verteilung der Vermögensgegenstände anlässlich einer Auflösung der Gesellschaft gleich und stelle einen Versuch dar, den Schutz zu umgehen, den das Gesellschaftsrecht denjenigen einzuräumen trachtet, die einem Unternehmen Kredit gewähren, das mit dem Vorteil der beschränkten Haftung agiert.

352   Da treuhänderische Pflichten der Geschäftsleiter grundsätzlich nur zur Gesellschaft, nicht auch gegenüber gegenwärtigen oder zukünftigen Gläubigern oder einzelnen Gesellschaftern bestehen, hat die Gesellschaft grundsätzlich die Möglichkeit, mit einfacher Mehrheit in der Gesellschafterversammlung etwaige Pflichtverstöße zu genehmigen, mit der Folge, dass etwaige Ansprüche der Gesellschaft gegen den jeweiligen Geschäftsleiter wegfallen, North-West Transportation Co. Ltd v.Beatty (1887) 12 App Cas 589; Burland v.Earle [1902] AC 83. Dies ändert sich jedoch, sobald sich die Gesellschaft der Insolvenz nähert. In der insolventen Gesellschaft stehen nämlich die Vermögensgegenstände der Gesellschaft wirtschaftlich nicht mehr den Gesellschaftern zu, sondern es treten, vermittelt durch das Liquidationsverfahren, die Gesellschaftsgläubiger an deren Stelle, West Marcia Safetywear Ltd (in liq) v. Dodd and another [1988] BCLC 250 (252 f.) unter Berufung auf die australische Entscheidung Kinsela v. Russel Kinsela Pty Ltd (in liq) (1986) 4 NSWLR 722. Damit haben in der insolventen Gesellschaft die Geschäftsleiter gegenüber Gesellschaft und deren Gläubigern eine Pflicht, sicherzustellen, dass die Angelegenheiten der Gesellschaft angemessen geführt werden und dass das Vermögen der Gesellschaft nicht verschwendet oder zum Nachteil der Gläubiger von den Geschäftsleitern abgeführt wird, Winkworth v. Edward Baron Development Co. Ltd. [1987] 1 WLR 1512. Dabei handelt es sich jedoch nicht um eine direkte Pflicht gegenüber den einzelnen Gläubigern, Yukong Line Ltd. of Korea v. Rendsburg Investments Corp. Of Liberia and others [1998] 2 BCLC 485. Vielmehr besteht eine Pflicht nach wie vor nur gegenüber der Gesellschaft; ab dem Zeitpunkt der (nahenden) Insolvenz sind jedoch auch die Interessen der Gläubiger zu berücksichtigen. Zu berücksichtigen sind dabei die Interessen der Gläubiger als Gruppe, dh falls eine Transaktion mit den Interessen der Gläubiger als Gruppe vereinbar ist, liegt keine Pflichtverletzung vor, selbst wenn durch die Transaktion einem einzelnen Gläubiger Nachteile entstehen sollten, Re Pantone 485 Ltd. [2002] 1 BCLC 266. Eine entsprechende Pflichtverletzung ist iRd s. 212 IA geltend zu machen. Ob den Grundsätzen von den treuhänderischen Pflichten gegenüber den Gläubigern als eigenständiger Haftungsgrundlage maßgebliche Bedeutung zukommt, ist zweifelhaft. In einer Reihe erstinstanzlicher Entscheidungen wurden Geschäftsleiter für begünstigende Zahlungen an Gläubiger in der nahenden Insolvenz auf dieser Grundlage haftbar gemacht, Re Cityspan Ltd [2008] BCC 60, Re HLC Environmental Projects Ltd [2014] BCC 337, Re Mistra Contracts Ltd (in liquidation) [2016] BCC 153, Re Cosy Seal Insulation Ltd (in liquidation) [2016] 2 BCLC 319. Ob sich diese Entscheidungskette fortsetzen und breitere Akzeptanz finden wird, bleibt abzuwarten, van Zwieten, Director Liability in Insolvency and Its Vicinity, 38 Oxford Journal of Legal Studies, 2018, 382-409. Viel spricht dafür, dass die Funktion dieser Pflicht zur Rücksichtnahme auf Gläubigerinteressen weniger als Anspruchsgrundlage wirkt, als vielmehr eine Entlassung der Geschäftsleiter aus der Haftung durch Gesellschafterbeschluss unmöglich macht bzw. die Wirksamkeit von Beschlüssen der Geschäftsleitung verhindert, wenn dabei die Interessen der Gläubiger vernachlässigt wurden, Colin Gwyer & Associates Ltd. v. London Wharf (Limehouse) Ltd. [2003] BCC 885.

353   Liegen die genannten Voraussetzungen vor, so kann der Insolvenzverwalter, aber auch jeder Gesellschafter (mit gerichtlicher Zustimmung) und jeder Gläubiger ein Verfahren nach s. 212 Insolvency Act 1986 einleiten. Das Gericht kann aber stets nur eine Anordnung zugunsten der Gesellschaft, nicht des einzelnen antragstellenden Gläubigers treffen, Oldham v. Kyrris [2004] BCC 111. Das Gericht hat ein weites Ermessen und kann auch von einer Anordnung überhaupt absehen. Regelmäßig wird das Gericht aber den Antragsgegner verpflichten, den der Gesellschaft

entstandenen Verlust auszugleichen, Bishopsgate Investment Management Ltd v. Maxwell (No 2) [1993] BCLC 814. Daraufhin erfolgte Zahlungen oder geleistete Vermögensgegenstände werden von einer etwaig bestehenden floating charge erfasst, Re Anglo-Austrian Printing and Publishing Union [1895] 2 Ch 891. Für die ungesicherten Gläubiger bleibt also nur das, was nach Befriedigung der gesicherten Gläubiger übrig ist.

IX. Anfechtung

Handelt es sich beim Schuldner um eine Gesellschaft, so finden die ss. 238–246 IA Anwendung. 354
Inhaltlich weitgehend identische Vorschriften für natürliche Personen als Schuldner stellen die ss. 339–344 IA bereit. Im Anwendungsbereich der einen Vorschriftengruppe entschiedene Fälle sind daher oft auch für die andere Vorschriftengruppe relevant. Hinzu kommen die sowohl auf Gesellschaften als auch auf natürliche Personen anwendbaren ss. 423–425 IA. Der Anwendungsbereich beider Vorschriftengruppen überschneidet sich zu einem nicht geringen Teil, es bestehen aber auch wesentliche Unterschiede. In der Praxis werden Klagen häufig alternativ auf ss. 238 f., 339 f. und s. 423 IA gestützt.

1. Allgemeine Voraussetzungen für Transaktionen unter Wert und Gläubigerbegünstigung

Die Vorschriften über die Insolvenzanfechtung setzen voraus, dass sich der Schuldner im Liqui- 355
dations- oder administration-Verfahren bzw. im bankruptcy-Verfahren befindet. Der Schuldner muss zum Zeitpunkt der Vornahme der fraglichen Transaktion insolvent gewesen oder gerade aufgrund der jeweiligen Transaktion insolvent geworden sein. Erfasst werden sowohl Zahlungsunfähigkeit als auch Überschuldung (vgl. ss. 240(2); 341(3) IA). Die Beweislast für das Vorliegen der Insolvenz im Zeitpunkt der jeweiligen Transaktion liegt grundsätzlich beim Antragsteller; im Falle einer Transaktion unter Wert zugunsten einer Person, die dem Schuldner nahesteht, wird das Vorliegen der Insolvenz zum maßgeblichen Zeitpunkt jedoch vermutet (ss. 240(2), 341(2) IA). Für die Gläubigerbegünstigung fehlt es an einer entsprechenden Vermutung.

Nach s. 249 IA besteht eine Verbindung zu einer Gesellschaft dann, wenn die fragliche Person 356
director oder shadow director der Gesellschaft oder „Angehöriger" (associate) der Gesellschaft oder eines directors oder shadow directors ist. Für den Begriff des „Angehörigen" wird weiterverwiesen auf s. 435 IA, der eine sehr weite Definition enthält, die alle auf Verwandtschaft und Schwägerschaft beruhenden Verhältnisse, im Hinblick auf Gesellschaften aber auch die Ausübung von Kontrolle, umfasst.

2. Transaktionen unter Wert

Ist der Schuldner eine Gesellschaft, so sind Transaktionen unter Wert anfechtbar, wenn sie 357
innerhalb von zwei Jahren vor Beginn der Insolvenz (onset of insolvency) vorgenommen wurden (s. 240(1)(a) IA). Der Beginn der Insolvenz ist in s. 240(3) IA je nach Verfahrensart unterschiedlich definiert. Im Falle der gerichtlichen administration kommt es grundsätzlich auf den Tag der Antragstellung an, bei der außergerichtlichen administration ist der Eingang der Absichtsanzeige bei Gericht maßgeblich. Für das Liquidationsverfahren gilt s. 129 IA. Ist der Schuldner eine natürliche Person, gilt eine Frist von fünf Jahren, die mit dem Tag des Antrags auf Eröffnung des bankruptcy-Verfahrens endet (s. 341(1)(a) IA).

Eine Transaktion unter Wert liegt immer dann vor, wenn der Schuldner für die von ihm 358
erbrachte geldwerte Leistung keine oder nur eine wesentlich geringerwertige geldwerte Gegenleistung erhält. Erforderlich ist danach ein Wertvergleich bezüglich der von der Gesellschaft erbrachten Leistung und der von ihr erzielten Gegenleistung. Ab welchem Prozentsatz der Wert der Gegenleistung „wesentlich geringer" ist als der Wert der Leistung, lässt sich im Vorhinein nur schwer einschätzen. Letztendlich geht es um eine Wertung im jeweiligen Einzelfall. Entscheidend ist aber stets eine realistische Einschätzung der tatsächlichen Gegebenheiten, Phillips v. Brewin Dolphin Bell Laurie Ltd. [2001] 1 All ER 673; National Westminster Bank plc v. Jones and others [2001] 1 BCLC 98; Agricultural Mortgage Corp. plc v. Woodward & Anor [1994] BCC 688; Re MC Bacon Ltd. [1990] BCLC 324. Die Beweislast für eine Transaktion unter Wert trägt grundsätzlich der Antragsteller. Subjektive Voraussetzungen bestehen nicht. Im Hinblick auf Gesellschaften ist die Haftung nach s. 238(5) IA ausgeschlossen, wenn der Antragsgegner beweist, dass die Transaktion subjektiv von der Gesellschaft in gutem Glauben im Rahmen ihrer Geschäftstätigkeit vorgenommen wurde und auch objektiv berechtigte Gründe für die Annahme bestanden, dass die Gesellschaft von der Transaktion profitieren werde.

Internationales Insolvenzrecht – England

3. Gläubigerbegünstigung

359 Ist der Begünstigte eine dem Schuldner nahestehende Person, gilt eine Zwei-Jahres-Frist, andernfalls beträgt die relevante Zeitspanne nur sechs Monate (vgl. ss. 240(1)(a) und (b), 341(1)(b) und (c) IA). Maßgeblich ist wiederum der Beginn der Insolvenz iSv s. 240(3) IA bzw. der Tag der Stellung des Antrags auf Eröffnung des bankruptcy-Verfahrens.

360 Der Begünstigte muss ein Gläubiger des Schuldners oder Bürge (surety or gurantor) für eine Schuld der Gesellschaft sein. Die von der Gesellschaft vorgenommene Handlung (oder Unterlassung) muss zur Folge haben, dass sich die Lage des begünstigten Gläubigers im Falle einer insolvenzbedingten Auflösung bzw. bankruptcy verglichen mit seiner hypothetischen Lage ohne die entsprechende Handlung (oder Unterlassung) verbessert. Beispiele sind etwa die (teilweise) Begleichung einer ungesicherten Verbindlichkeit; die Einräumung einer Sicherheit für eine bestehende Verbindlichkeit oder die Rückgabe gelieferter, aber unbezahlter Ware. In subjektiver Hinsicht verlangen ss. 239(5), 340(4) IA, dass die Gesellschaft mit Begünstigungsabsicht handelte und diese Begünstigungsabsicht die Entscheidung auch tatsächlich beeinflusst hat, Re MC Bacon Ltd. [1990] BCLC 324. Die Beweislast hierfür liegt beim Antragsteller und bereitet in der Praxis erhebliche Probleme. Ist die begünstigte Person eine dem Schuldner nahestehende Person, besteht eine widerlegliche Vermutung dahingehend, dass die Transaktion durch Begünstigungsabsicht beeinflusst war.

4. Rechtsfolgen

361 Antragsteller kann nur der Insolvenzverwalter sein. Einzelne Gläubiger sind nicht antragsberechtigt. Ziel der Anfechtungsvorschriften ist die Herstellung desjenigen Zustandes, der bestünde, wäre die fragliche Transaktion nicht vorgenommen worden (ss. 238(3), 239(3), 339(2), 340(2) IA). Das Gericht hat hierzu ein weites Ermessen; es kann sogar von einer Anordnung überhaupt absehen. Mögliche Anordnungen sind beispielhaft und nicht abschließend in ss. 241, 342 IA aufgezählt. In der Praxis häufig sind Anordnungen, wonach bestimmte Vermögensgegenstände in die Masse zu überführen, bestimmte Geldsummen an die Masse zu zahlen, oder gewährte Sicherheiten aufzuheben sind. Die aufgrund einer Anordnung nach s. 241 IA in das Gesellschaftsvermögen überführten Vermögensgegenstände werden nicht von einer etwaigen floating charge erfasst, sondern stehen zur Verteilung unter die ungesicherten Gläubiger zur Verfügung.

362 Aus ss. 241(2), 342(2) IA folgt, dass entsprechende Anordnungen auch gegen Dritte ergehen können, die an der fraglichen Transaktion nicht beteiligt waren, solange diese nur einen irgendwie gearteten Vorteil aus der jeweiligen Transaktion erlangt haben. Dritte allerdings, die einen entsprechenden Vorteil gutgläubig und entgeltlich von einer anderen Person als der Gesellschaft erworben haben, sind gem. ss. 241(2), 342(2) IA geschützt. Der gute Glaube bezieht sich dabei auf die Tatsache, dass eine Transaktion unter Wert bzw. eine Gläubigerbegünstigung vorlag (ss. 241(3), 342(4) IA). Für dem Schuldner oder der Gegenpartei der fraglichen Transaktion nahestehende Personen besteht eine widerlegliche Vermutung, wonach der gute Glaube fehlt (ss. 241(2A), 342(2A) IA).

5. „Betrügerische" Transaktionen zulasten der Gläubiger

363 Die Vorschriften der ss. 423 ff. IA unterschieden sich von den ss. 238 ff., 339 ff. IA zunächst dadurch, dass sie weder Insolvenz des Schuldners voraussetzen noch, dass dieser sich in einem Insolvenzverfahren befindet. Auch eine zeitliche Begrenzung, innerhalb der die fragliche Transaktion stattgefunden haben muss, ist nicht vorgesehen. Darüber hinaus ist nicht nur der Insolvenzverwalter zur Geltendmachung etwaiger Ansprüche berechtigt, sondern jedes „Opfer" einer anfechtbaren Transaktion.

364 Objektive Voraussetzung ist eine Transaktion unter Wert. Es gelten die gleichen Grundsätze wie iRd ss. 238, 339 IA. In subjektiver Hinsicht verlangt s. 423(3) IA, dass die fragliche Transaktion zu dem Zweck (purpose) getätigt wurde, Vermögensgegenstände dem Zugriffsbereich gegenwärtiger oder zukünftiger Gläubiger zu entziehen. Fraglich ist, ob der Zweck, Vermögensgegenstände dem Zugriff der Gläubiger zu entziehen, der „beherrschende Zweck" (dominant purpose) oder lediglich ein „wesentlicher Zweck" (substantial purpose) der Transaktion gewesen sein muss. Ältere Entscheidungen folgen dem ersteren Ansatz, Chohan v. Saggar [1992] BCC 306. Der letztere scheint sich in neuerer Zeit aber durchgesetzt zu haben, Commissioners of Inland Revenue v. Hashmi [2002] 2 BCLC 489. Betrügerische oder sonst unehrliche Motive werden nicht vorausgesetzt; die Vorschrift greift selbst dann ein, wenn die Transaktion im besten Interesse der Gesamtheit der Gläubiger erfolgte, Arbuthnot Leasing International Ltd. v. Havelet Leasing Ltd. (No 2) [1990]

Internationales Insolvenzrecht – England

BCC 636. Die Beweislast für den relevanten Zweck trägt der Antragsteller. In gewissem Umfang wird das Gericht dabei Rückschlüsse aus den objektiv gegebenen Umständen ziehen können. Schwierigkeiten dürfte dabei aber der Grundsatz bereiten, dass „Zweck" und „Resultat" nicht gleichgesetzt werden können, von letzterem also eigentlich nicht auf ersteren geschlossen werden darf, Royscott Spa Leasing Ltd. v. Lovett [1995] BCC 502.

Soweit über das Vermögen des Schuldners ein Insolvenzverfahren eröffnet wurde, ist neben dem Insolvenzverwalter auch jedes „Opfer" einer Transaktion antragsberechtigt (vgl. s. 424(1)(a) IA). Der Begriff des „Opfers" ist weit zu verstehen und umfasst all diejenigen, die durch die Transaktion tatsächlich oder potentiell benachteiligt sind (s. 423(5) IA), somit also auch die Gläubiger, selbst dann, wenn sie im Zeitpunkt der Transaktion noch nicht Gläubiger waren. Soweit ein Insolvenzverwalter vorhanden ist, bedarf die Antragstellung durch einen Gläubiger der Zustimmung des Gerichts. Diese wird häufig davon abhängen, ob der Insolvenzverwalter beabsichtigt, selbst nach s. 423 IA vorzugehen. Der Insolvenzverwalter ist stets der bevorzugte Antragsteller, dies folgt aus dem „kollektiven Charakter" der ss. 423 ff. IA, deren Anwendung allen Beteiligten zugutekommen soll. Verdeutlicht wird dies auch durch s. 424(2) IA, wonach jede Antragstellung, auch eine solche durch einzelne Gläubiger, als Antragstellung im Namen aller „Opfer" behandelt wird. Außerhalb eines Insolvenzverfahrens sind die Gläubiger stets und auch ohne gerichtliche Zustimmung zur Antragstellung berechtigt (s. 424(1)(c) IA). Die Anordnungen, die das Gericht bei erfolgreichem Antrag treffen kann, sind mit denjenigen nach ss. 238 ff., 339 ff. IA weitgehend identisch. Entscheidender Unterschied ist jedoch, dass gem. s. 425(1) IA Anordnungen auch direkt zugunsten des Antragstellers ergehen können. **365**

6. Unwirksamkeit von bestimmten floating charges

Gemäß s. 245 IA sind bestimmte floating charges unwirksam (invalid), wenn die Gesellschaft sich im Liquidationsverfahren oder in administration befindet (s. 245(1), 238(1) IA). Erfasst werden hiervon zunächst floating charges, die innerhalb von 12 Monaten vor Beginn der Insolvenz (onset of insolvency) und zu einer Zeit bestellt wurden, als die Gesellschaft zahlungsunfähig oder überschuldet war oder aufgrund der Bestellung der charge Zahlungsunfähigkeit oder Überschuldung eintrat (s. 245(3)(b) und (4) IA). Beginn der Insolvenz ist dabei im Falle der gerichtlichen administration der Tag der Antragstellung; bei der außergerichtlichen administration kommt es auf den Eingang der Absichtsanzeige bei Gericht an. Im Liquidationsverfahren gilt s. 129 IA. Ist der Begünstigte eine nahestehende Person, so gilt eine Zwei-Jahres-Frist bezogen auf den Beginn der Insolvenz (s. 245(3)(a) IA). Schließlich werden floating charges erfasst, die im Zeitraum von Antragstellung bzw. Eingang der Absichtsanzeige bei Gericht bis zur Einsetzung eines administrators bestellt werden (s. 245(3)(c) und (d) IA). In diesen Fällen kommt es auf die Insolvenz der Gesellschaft im Zeitpunkt der Bestellung nicht an (vgl. s. 245(4) IA). **366**

Gemäß s. 245(2) IA fällt eine floating charge bis zur Höhe einer vom Begünstigten erbrachten Gegenleistung nicht der Unwirksamkeit anheim, wenn die Gegenleistung gleichzeitig mit oder nach der Bestellung der floating charge in das Vermögen der Gesellschaft geflossen ist. Hierdurch sollen offensichtlich diejenigen Fälle erfasst werden, in denen der Gesellschaft neue Vermögenswerte zugeführt werden und sich folglich durch die Bestellung der charge die Situation der übrigen ungesicherten Gläubiger nicht verschlechtert. Als Gegenleistung kommt dabei jeder vermögenswerte Vorteil in Betracht. Er muss aber der Gesellschaft auch tatsächlich zufließen und ihr zur Verfügung stehen. Die Zahlung auf ein debitorisches Konto der Gesellschaft bei einer Bank ist daher nicht Gegenleistung in diesem Sinne, Re Orleans Motor Co Ltd [1911] 2 Ch 41; Re Fairway Magazins Ltd [1992] BCC 924. Weiterhin muss die Gegenleistung gleichzeitig mit oder nach der Bestellung der floating charge erbracht werden. Ob Gleichzeitigkeit vorliegt, ist eine Frage des Einzelfalles und kann auch dann noch gegeben sein, wenn die Gegenleistung vor Bestellung der charge geflossen ist, die Verzögerung der Bestellung jedoch angemessen erklärt werden kann, Re FA Stanton Ltd (No 2) [1929] 1 Ch 180; M Hoffman Nominees Pty Ltd v Cosmas Fish Processors (International) Pty Ltd (in liq) (in receivership) (1982) 1 ACLC 528. Folgt die Gegenleistung der Bestellung nach, so muss der Begünstigte nachweisen, dass die Bestellung tatsächlich der Grund für die (Gegen-)Leistung war. **367**

7. Wucherische Kreditgeschäfte

Soweit sich der Schuldner im Insolvenzverfahren befindet, kann das Gericht gem. ss. 244(2), 343(2) IA auf Antrag des Insolvenzverwalters eine Anordnung im Hinblick auf wucherische Kreditgeschäfte (extortionate credit transactions) zulasten des Schuldners treffen, soweit diese Geschäfte innerhalb von drei Jahren vor Beginn des Insolvenzverfahrens eingegangen wurden. Insbesondere **368** kann das Gericht nach seinem Ermessen den Kreditvertrag ganz oder teilweise aufheben, die Vertragsbedingungen abändern oder der Gegenpartei Zahlungs- oder Herausgabepflichten auferlegen (ss. 244(4), 343(4)). Nach ss. 244(3), 343(3) IA ist ein Kreditvertrag dann wucherisch, wenn er dem Schuldner unter Berücksichtigung des Risikos des Kreditgebers im Hinblick auf den gewährten Kredit maßlos überhöhte (grossly exorbitant) Zahlungspflichten auferlegt oder sonst in grober Weise gegen die hergebrachten Grundsätze der Redlichkeit im Handelsverkehr verstößt. Die praktische Bedeutung ist gering.

X. Verteilung der Insolvenzmasse

369   Sobald nach Abzug der Verfahrenskosten ausreichende Mittel zur Verfügung stehen, hat der Insolvenzverwalter gem. s. 324 IA bzw. r. 14.27 IR die Pflicht, eine Ausschüttung zu erklären und an die Gläubiger, die ihre Forderung angemeldet haben, eine entsprechende Auszahlung vorzunehmen. Dabei sind ausreichende Mittel einzubehalten, um die Deckung ggf. weiterer Verfahrenskosten und bestrittener Ansprüche sicherzustellen. Gemäß para. 65 IA Sch. B1 kann auch der administrator eine Verteilung an die Gläubiger vornehmen. Für eine Verteilung an ungesicherte, nicht-bevorzugte Gläubiger bedarf es allerdings der Zustimmung des Gerichts. In der Praxis wird eine Verteilung an ungesicherte Gläubiger in der administration nur selten in Betracht kommen. Das Verfahren ist in den rr. 14.02–14.45 IR nunmehr einheitlich geregelt.

1. Forderungsanmeldung

370   Ein Gläubiger, der an der Verteilung des Schuldnervermögens teilnehmen will, muss seinen Anspruch beim Insolvenzverwalter anmelden. Gemäß r. 14.2(1) IR sind in administration, Auflösungs- und bankruptcy-Verfahren alle Ansprüche des Gläubigers gegen den Schuldner anmeldefähig, einschließlich künftiger und befristeter Ansprüche oder der Höhe nach noch unbestimmter Schadensersatzansprüche. Lediglich bestimmte Bußgelder, bestimmte familienrechtliche Ansprüche und bestimmte strafrechtliche Einziehungsanordnungen sind nach r. 14.2(2) IR ausgenommen. Der Begriff des Anspruchs ist für die Zwecke des Auflösungs- und administration-Verfahrens in r. 14.1(2) IR und für das bankruptcy-Verfahren in s. 382 IA definiert. Erfasst werden alle Ansprüche und Forderungen gegen den Schuldner im Zeitpunkt des Verfahrensbeginns sowie Ansprüche nach Verfahrenseröffnung, die einem vor Verfahrenseröffnung begründeten Rechtsverhältnis entspringen, jeweils einschließlich der vor Verfahrenseröffnung aufgelaufenen Zinsen. Zukünftige, bedingte, der Höhe nach noch unbestimmte Ansprüche sind einbezogen. Im Hinblick auf deliktische Ansprüche müssen alle Tatbestandsvoraussetzungen mit Ausnahme des Schadens bei Verfahrenseröffnung vorliegen.

371   Um bei der Verteilung Berücksichtigung zu finden, muss ein Gläubiger seinen Anspruch schriftlich beim Insolvenzverwalter anmelden (prove for his debt) (r. 14.3 IR). Das Dokument, in dem die schriftliche Anmeldung enthalten ist, wird als proof bezeichnet. Die Anmeldung muss insbesondere Angaben zum Gläubiger, zur Höhe der Forderung im Zeitpunkt der Eröffnung des Verfahrens samt etwaigen Zinsen, zur Entstehung der Forderung und zur Art und Höhe einer etwaigen Besicherung enthalten. Auf etwaige Dokumente zum Nachweis der Forderung ist hinzuweisen. Der Insolvenzverwalter kann die Vorlage entsprechender Nachweise verlangen (r. 14.4 IR).

372   Der Insolvenzverwalter entscheidet sodann, ob und inwieweit der Anspruch für die Zwecke der Verteilung zugelassen oder zurückgewiesen wird (r. 14.7 IR). Wird der Anspruch ganz oder teilweise zurückgewiesen, so teilt der Insolvenzverwalter dem Gläubiger die Gründe schriftlich mit. Nach Zugang dieser Begründung hat der Gläubiger 21 Tage Zeit, gegen die Entscheidung des Insolvenzverwalters ein Rechtsmittel zum Gericht einzulegen (r. 14.8 IR). Das gleiche Recht steht dem Schuldner, dessen Gesellschaftern sowie jedem Gläubiger zu. Die Frist beginnt in diesem Fall mit der Kenntnis von der Entscheidung des Insolvenzverwalters. Das Gericht kann bei seiner Entscheidung Beweismaterial heranziehen, das dem Insolvenzverwalter nicht vorlag. Darüber hinaus kann der Insolvenzverwalter oder, soweit der Insolvenzverwalter eine Einmischung ablehnt, jeder Gläubiger die Löschung oder Herabsetzung eines irrtümlich zugelassenen Anspruchs durch das Gericht beantragen (r. 14.11 IR). Die Kosten, die dem Gläubiger durch die Anmeldung entstehen, trägt dieser selbst; die Kosten des Insolvenzverwalters im Zusammenhang mit der Anmeldung sind Verfahrenskosten (r. 14.5 IR).

373   Gesicherte Gläubiger können ihre Sicherheit verwerten und den Restbetrag anmelden bzw. den Wert der Sicherheit bestimmen, um den ungesicherten Betrag ihrer Forderung anzumelden (r. 14.19 IR). Daneben besteht die Möglichkeit, die Sicherheit aufzugeben und den vollen

Internationales Insolvenzrecht – England

Anspruch als ungesicherten Anspruch anzumelden. Dies kann im Hinblick auf s. 176A IA für Gläubiger attraktiv sein, deren Sicherheit einer niedrige Priorität aufweist (floating charge).

Soweit aus irgendeinem Grund der Wert eines Anspruchs nicht bezifferbar ist, nimmt der 374 Insolvenzverwalter eine Schätzung vor, die bei besserer Erkenntnis oder nach einer Änderung der Umstände entsprechend anzupassen ist (r. 14.14 IR). Bei der Bestimmung des Anspruchs ist insbesondere die automatische Insolvenzaufrechnung zu berücksichtigen (rr. 14.24, 14.25 IR, s. 323 IA). Forderungen, die im Zeitpunkt der Verteilung noch nicht fällig sind, sind bei der Auszahlung zu berücksichtigen. Der Wert dieser Forderungen ist jedoch nach der Formel der r. 14.44 IR herabzusetzen. Danach gilt als Betrag der Forderung für die Auszahlung: $X/1{,}05^{\wedge}n$, wobei X der Betrag der angemeldeten Forderung ist und n für den Zeitraum in Jahren und Monaten in dezimalisierter Form von Verfahrensbeginn bis zur Fälligkeit steht.

2. Verteilungsverfahren

Das Verfahren für die Erklärung einer Ausschüttung und Zahlung einer Dividende ist in den 375 rr. 14.26 ff. IR für Liquidation, administration und bankruptcy einheitlich und ausführlich geregelt. Der Insolvenzverwalter zeigt zunächst seine Absicht, eine Ausschüttung zu erklären, allen Gläubigern an, die bisher keine Forderungen angemeldet haben und deren Anschrift ihm bekannt ist. Dabei ist anzugeben, ob es sich um eine vorläufige (interim) oder endgültige (final) Ausschüttung handelt und bis zu welchem Termin Forderungen angemeldet werden können. Dieser Termin muss für alle Gläubiger der Gleiche sein und soll mindestens 21 Tage nach dem Tag der Anzeige liegen. Weiterhin ist anzugeben, dass der Insolvenzverwalter beabsichtigt, die Ausschüttung innerhalb von zwei Monaten seit dem letzten Tag der Anmeldung vorzunehmen (r. 14.30 IR). Handelt es sich um die erste Ausschüttung, so ist eine öffentliche Bekanntmachung erforderlich (vgl. r. 14.28 IR).

Die Zwei-Monats-Frist soll den Gläubigern Gelegenheit geben, gegen die Entscheidung des 376 Insolvenzverwalters bezüglich der Zulassung einer Forderung Rechtsmittel einzulegen. Soweit kein Rechtsmittel eingelegt wird, soll der Insolvenzverwalter die Ausschüttung erklären (r. 14.34(1) IR). Hat ein Gläubiger innerhalb der Zwei-Monats-Frist ein Rechtsmittel nach r. 14.8 IR eingelegt, so kann der Insolvenzverwalter die geplante Ausschüttung vertagen oder annullieren (r. 14.34(2) IR).

Die Erklärung der Ausschüttung ist sodann allen Gläubigern anzuzeigen, die Forderungen 377 angemeldet haben. Dabei sind insbesondere folgende Angaben zu machen: die Höhe des durch Verwertung von Schuldnervermögen erzielten Erlöses, im Laufe des Verfahrens vorgenommene Zahlungen, Rückstellungen für bestrittene Forderungen und sonstige besondere Zwecke, der Gesamtbetrag der Ausschüttung sowie die Quote und ob und wann mit weiteren Ausschüttungen zu rechnen ist (r. 14.35 IR). Ist eine Ausschüttung nicht möglich, so zeigt der Insolvenzverwalter dies ebenfalls den Gläubigern an (r. 14.37 IR).

Wird die angemeldete Forderung eines Gläubigers nach Auszahlung der Dividende durch das 378 Gericht erhöht, so lässt dies die einmal erfolgte Ausschüttung unberührt. Der Gläubiger hat jedoch einen vorrangigen Anspruch auf diejenigen Beträge in der Hand des Insolvenzverwalters, die für weitere Ausschüttungen zur Verfügung stehen. Vor einer weiteren Ausschüttung ist der übergangene Gläubiger zu befriedigen (r. 14.40 IR). Im umgekehrten Fall einer Herabsetzung der Forderung ist der überzahlte Betrag an die Masse zurückzuführen.

Hat der Insolvenzverwalter das gesamte zur Verfügung stehend Vermögen verwertet oder so 379 viel davon, wie ohne unnötige Verlängerung des Verfahrens möglich ist, so zeigt er entsprechend den vorstehenden Regelungen an, ob er eine letzte Ausschüttung vornimmt oder nicht vornimmt (rr. 14.36, 14.37 IR, s. 330 IA). In der Anzeige ist ein Termin anzugeben, bis zu dem sämtliche Ansprüche der Gläubiger festgestellt sein müssen. Nach Ablauf dieses Termins begleicht der Insolvenzverwalter die noch ausstehenden Verfahrenskosten und erklärt ggf. eine letzte Ausschüttung ohne Rücksicht auf bis dahin nicht angemeldete Forderungen.

3. Rangfolge der Befriedigung

Das Prinzip der gleichmäßigen und anteiligen Befriedigung stellt sicher, dass die Gläubiger 380 entsprechend ihrer jeweiligen vor der Insolvency bestehenden Ansprüche proportional und gleichberechtigt am Verfahren und einer etwaigen Ausschüttung teilnehmen, und dass kein Gläubiger und keine Gläubigerklasse bevorzugt behandelt wird, British Eagle International Airlines Ltd v Compagnie Air France [1975] 1 WLR 758. Das Prinzip kommt stets dann zur Anwendung, wenn eine Ausschüttung an die Insolvenzgläubiger vorzunehmen ist, sei es im Liquidations-, administration- oder bankruptcy-Verfahren (r. 14.12 IR, ss. 107, 328(3) IA). Es gilt für die anmel-

Internationales Insolvenzrecht – England

defähigen Forderungen der Insolvenzgläubiger und innerhalb der jeweiligen Klasse der bevorzugten und nachrangigen Gläubiger. Die Rangfolge der Gläubiger ist dabei wie folgt, Re Nortel GmbH [2013] UKSC 52 para. 39:

381 Die Inhaber von dinglichen Sicherungsrechten an einem konkreten Vermögensgegenstand (fixed security) unabhängig davon, ob in der Form eines eigentlichen Sicherungsrechts (mortgage, fixed charge, lien) oder basierend auf dem Eigentum (retention of title, hire-purchase, finance lease) sind aus dem Sicherungsgut vorab zu befriedigen, wobei der Vorrang auch gegenüber den Kosten des Verfahrens besteht. Soweit das Sicherungsrecht reicht, gehört das Sicherungsgut gar nicht zur Masse und unterliegt damit auch nicht einer Verteilung an die Insolvenzgläubiger. Das Gleiche gilt für Vermögensgegenstände, die der Schuldner unter einem trust als trustee zum Wohle Dritter als beneficiaries hält; in equity gehört der Vermögensgegenstand dem Dritten und nicht zur Masse. Die so gesicherten Gläubiger stehen nicht in Wettbewerb mit vorrangigen Gläubigern oder den Insolvenzgläubigern. Innerhalb der gesicherten Gläubiger, wenn etwa Sicherungsrechte an der gleichen Sache bestehen, richtet sich die Rangfolge nach allgemeinen Rechtsgrundsätzen, etwa dem Prioritätsprinzip. Die so gesicherten Gläubiger können ohne Forderungsanmeldung ihre Sicherheit verwerten, den der Wert der Sicherheit übersteigenden Betrag ihrer Forderung anmelden, oder auf die Sicherheit verzichten und den Gesamtbetrag anmelden (r. 14.19 IR).

381a Eine wichtige Neuerung ergibt sich hier aus der Einführung des Restrukturierungsmoratoriums durch den Corporate Insolvency and Goveranance Act 2020. Wird innerhalb von 12 Wochen nach dem Ende des Moratoriums ein Liquidations- bzw. administration-Verfahren eröffnet, so kommt den Moratoriumsverbindlichkeiten und vorrangigen Vor-Moratoriumsverbindlichkeiten Vorrang vor den sonstigen vorrangigen und allgemeinen Gläubigern zu, jedoch mit Ausnahme der gesetzlicher Kosten des offiziellen Verwalters im Liquidationsverfahren (Insolvency Act 1986, sec. 174A, Schedule B1 para. 64A, 65A). Insoweit ergibt sich eine Art super priority für die folgenden Verbindlichkeiten:

1) Verbindlichkeiten, die während des Moratoriums zur Entstehung gelangt sind (IA, sec.A53) – Moratoriumsverbindlichkeiten;

2) Vorrangige Vor-Moratoriumsverbindlichkeiten sind im Wesentlichen die Vor-Moratoriumsverbindlichkeiten ohne Zahlungsaufschub, zu deren Zahlung der Schuldner auch während des Moratoriums verpflichtet bleibt: Vergütung und Kosten des Überwachers, Forderungen bezüglich Dienstleistungen, Lieferungen, Mieten und Arbeitsleistungen während des Moratoriums, Arbeitnehmerabfindungen, sowie Forderungen aus Verträgen mit Finanzdienstleistern, also sämtliche Ansprüche aus Darlehensverträgen und Schuldverschreibungen. Ausgenommen sind jedoch diejenigen Verbindlichkeiten, die einer moratoriumsbedingten vorzeitigen Gesamtfälligstellung unterliegen. Praktisch bedeutet das, dass Gläubiger nach wie vor von einer vorzeitigen Gesamtfälligstellung Gebrauch machen können, die hiervon erfassten Ansprüche verlieren dann freilich den Status der Super-Priorität und nehmen als ungesicherte bzw. allenfalls als durch eine floating charge gesicherte Ansprüche an der Ausschüttung teil.

382 Gemäß ss. 115, 328(2) IA, rr. 3.51, 6.42 IR sind die Kosten des Verfahrens vorab aus der Masse zu begleichen. Gemäß r. 12.2 IR gehören zu den Verfahrenskosten sämtliche Gebühren, Kosten und sonstige Ausgaben, die im Laufe des Insolvenzverfahrens angefallen sind. Reicht die Masse nicht aus, um sämtliche Verfahrenskosten zu begleichen, so sehen rr. 3.50, 6.42 und 7.108 IR eine Rangfolge vor, nach der die verschiedenen Arten der Verfahrenskosten zu begleichen sind. Innerhalb der einzelnen Klassen gilt das pari passu-Prinzip. An erster Stelle stehen die Ausgaben des vorläufigen Verwalters bzw. des Insolvenzverwalters, die dieser zur Erhaltung und Verwertung der Masse aufgewendet hat. Dazu gehören auch Prozesskosten des Insolvenzverwalters im Hinblick auf Ansprüche für und gegen die Masse sowie für Ansprüche, die der Insolvenzverwalter zugunsten der Masse im eigenen Namen einklagt, wie etwa Ansprüche nach ss. 214, 246ZB IA. Weiterhin gehören hierher sämtliche Verbindlichkeiten, die im Hinblick auf die fortgesetzte Geschäftstätigkeit des Schuldners eingegangen wurden, wie etwa die Gehaltsansprüche der weiterbeschäftigten Arbeitnehmer, Ansprüche aus laufenden Verträgen, für die der Insolvenzverwalter Erfüllung gewählt hat, oder die Ansprüche von Neugläubigern, die dem Schuldner nach Verfahrenseröffnung Kredit gewährt haben. Weitere Klassen sind insbesondere die Gebühren und Vergütung des amtlichen Verwalters, die Vergütung des vorläufigen Verwalters, die Vergütung des Insolvenzverwalters bis zur Höhe der Vergütung des amtlichen Verwalters sowie der Differenzbetrag der Vergütung des Insolvenzverwalters. Gemäß s. 176ZA IA ist, soweit die Masse zur Deckung der Verfahrenskosten nicht ausreicht, zu deren Begleichung das einer floating charge unterliegende Vermögen des Schuldners heranzuziehen. Die Verfahrenskosten sind damit gegenüber den Rechten des Inhabers einer floating charge vorrangig. Im Hinblick auf Prozesskosten des Insolvenzverwalters ist der Vorrang der s. 176ZA(1) IA allerdings nur gegeben, soweit der Inhaber der floating charge auf

Anfrage des Insolvenzverwalters den entsprechende Prozesskosten zustimmt oder diese genehmigt. Ausführliche Verfahrensvorschriften hierzu finden sich in den rr. 6.44–6.48, 7.111–7.116 IR.

Gemäß ss. 175(1), 328(1) IA sind die Ansprüche der vorrangigen Gläubiger (preferential debts) **383** im Range vor allen übrigen Ansprüchen zu begleichen. Soweit die Masse nach Abzug der Verfahrenskosten ausreicht, sind die vorrangigen Gläubiger in voller Höhe zu befriedigen. Andernfalls gilt innerhalb der vorrangigen Gläubiger das pari passu-Prinzip. Ist Schuldner eine Gesellschaft und reicht die Masse nicht aus, um alle Ansprüche der vorrangigen Gläubiger in voller Höhe zu begleichen, so kommt diesen Ansprüchen auch Vorrang vor den Rechten des Inhabers einer floating charge zu (s. 176(2)(b) IA) und das der floating charge unterliegende Vermögen ist zur Befriedigung der vorrangigen Gläubiger heranzuziehen. Nach (vorübergehender) Abschaffung des Vorrangs bestimmter steuerrechtlicher Ansprüche (Crown preferences) durch den Enterprise Act 2002 nahmen zunächst nur mehr bestimmte Arbeitnehmeransprüche am Vorrang teil. Dies hat sich mit der Umsetzung der BRRD durch die Banks and Building Societies (Depositor Prefernce and Priorities) Order 2014 (SI 2014/3486) geändert. Danach bilden die Ansprüche von Einlegern, die der Einlagensicherung unterliegen (bis zur Höhe von £75.000), zusammen mit den vorrangingen Arbeitnehmeransprüchen die Klasse der erstrangigen vorrangigen Gläubiger (ordinary preferred creditors), die von der Klasse der zweitrangigen vorrangigen Gläubiger (secondary preferred creditors) zu unterscheiden ist. Innerhalb der Klasse der erstrangigen vorrangigen Gläubiger gilt Gleichrangigkeit; nach Begleichung der Verfahrenskosten sind diese Gläubiger in voller Höhe abzufinden; soweit das Vermögen hierzu nicht ausreicht, gilt pari passu. Soweit das Einlagensicherungssystem eine Auszahlung vorgenommen hat, rückt es in die Rechtstellung eines erstrangigen vorrangigen Gläubigers ein. Neben Beiträgen zu einer betrieblichen oder gesetzlichen Altersversorgung (para. 8 IA Sch. 6 iVm Pension Schemes Act 1993) nehmen im Wesentlichen die folgenden Arbeitnehmeransprüche am erstrangigen Vorrang teil: Ansprüche auf Zahlung des Gehalts für die Zeitspanne von vier Monaten vor dem relevanten Termin (para. 9 IA Sch. 6). Dabei ist der relevante Termin in s. 387 IA für die einzelnen Verfahrensarten je unterschiedlich definiert. Als Faustregel kommt es auf die Eröffnung des Verfahrens an. Es ist aber Vorsicht geboten und im Einzelfall eine genaue Subsumtion vorzunehmen. Der Höhe nach sind diese Ansprüche derzeit auf £800 beschränkt. Hinzu kommen entstandene Ansprüche auf Urlaubsgeld für Beschäftigungszeiten vor dem relevanten Termin für Arbeitnehmer, deren Arbeitsverhältnis vor oder nach dem relevanten Termin beendet wurde (para. 10 IA Sch. 6). Hinsichtlich der Beschäftigungszeiten vor dem relevanten Termin besteht insoweit keine zeitliche Beschränkung und keine Beschränkung der Höhe nach. Für Arbeitnehmer besteht daneben die Möglichkeit, bestimmte Ansprüche nach dem Employment Rights Act 1996 gegenüber der zuständigen Behörde geltend zu machen und entsprechende Zahlungen aus dem National Insurance Fund zu erhalten. Der große Vorteil besteht darin, dass diese Zahlungen regelmäßig viel schneller fließen als eine Auszahlung im Insolvenzverfahren. Soweit die Behörde Zahlungen an Arbeitnehmer vornimmt, rückt es in die Rechtsstellung der Arbeitnehmer gegenüber dem Schuldner ein. Soweit die Ansprüche der Arbeitnehmer vorrangig waren, kommt auch die Behörde in den Genuss der (erstrangigen) Vorrangstellung (s. 189(2)(a) ERA). Die Klasse der zweitrangigen vorrangigen Gläubiger besteht zunächst aus Einlegern, deren Einlagen den Einlagensicherungshöchstbetrag übersteigen und die natürliche Personen, kleinste, kleine oder mittlere Unternehmen sind. Seit 1.12.2020 genießen Ansprüche der Steuerbehörde auf die Mehrwertsteuer sowie bestimmte Quellensteuern (Lohnsteuerabzug, Beiträge zur Sozialversicherung) ebenfalls zweitrangigen Vorrang (Finance Act 2020, sec. 98, 99). Innerhalb der Klasse der zweitrangigen vorrangigen Gläubiger gilt Gleichrangigkeit; nach Begleichung der Verfahrenskosten und der erstrangigen vorrangigen Gläubiger sind diese Gläubiger in voller Höhe abzufinden; soweit das Vermögen hierzu nicht ausreicht, gilt pari passu.

Soweit das Vermögen der Schuldnergesellschaft, das grundsätzlich für die Befriedigung der **384** Insolvenzgläubiger zur Verfügung steht, nicht ausreicht, um die Verfahrenskosten zu decken, gehen letztere den Ansprüchen des Inhabers einer floating charge auf bestimmte Vermögensgegenstände vor (s. 176ZA IA); Prozesskosten allerdings nur soweit die Inhaber einer floating charge (und etwaige vorrangige Gläubiger) die Prozesskosten vorher abgesegnet haben (rr. 6.44, 6.45–6.48, 7.111, 7.112–7.116 IA). Weiterhin, soweit das Vermögen der Schuldnergesellschaft, das grundsätzlich für die Befriedigung der Insolvenzgläubiger zur Verfügung steht, nicht ausreichend ist, um die Ansprüche der vorrangigen Gläubiger zu befriedigen, gehen auch letztere den Ansprüchen des Inhabers einer floating charge vor (s. 175(2)(b) IA). Zudem muss nach s. 176A IA der Insolvenzverwalter für floating charges, die am oder nach dem 15.9.2003 bestellt wurden, einen bestimmten Anteil (prescribed part) des der floating charge unterliegenden Vermögens der Gesellschaft zur Befriedigung der ungesicherten Gläubiger bereitstellen und darf diesen Anteil nur insoweit an gesicherte Gläubiger verteilen, als die ungesicherten Gläubiger vollständig befriedigt sind (→ Rn. 311).

385 Es folgen die ungesicherten anmeldefähigen Ansprüche der Insolvenzgläubiger. Es gilt das pari passu-Prinzip der gleichmäßigen und anteiligen Befriedigung. In British Eagle International Airlines Ltd. v Compagnie Nationale Air France [1975] 2 All ER 390 hat das House of Lords klargestellt, dass eine vertragliche Abrede, die bestimmten ungesicherten Gläubigern erlaubt, zu deren Vorteil von einer pari passu-Verteilung abzuweichen, gegen den ordre public verstößt und unwirksam ist, unabhängig davon, ob die vertragliche Abrede gerade für den Fall der Insolvenz getroffen wurde. Dagegen ist eine vertragliche Subordinationsvereinbarung, nach der ein Gläubiger im Range hinter die Forderung eines anderen zurücktritt, wirksam. Dies deshalb, weil die Subordinationsvereinbarung die Rechtsstellung der nicht beteiligten Gläubiger unberührt lässt, Re Maxwell Communications Corp (No.2) [1994] 1 BCLC 1; Re SSSL Realisations (2002) Ltd [2005] 1 BCLC 1, Re Kaupthing Singer & Friedlander Ltd [2010] EWHC 316 (Ch.).

386 Nach ss. 189(2), 328(4) IA sind nach vollständiger Befriedigung der ungesicherten Gläubiger noch vorhandene Mittel zur Begleichung von Zinsen zu verwenden, die seit der Eröffnung des Verfahrens aufgelaufen sind. Der Zinssatz ist gesetzlich festgelegt (ss. 189(4), 328(5) IA). Innerhalb der Zinsansprüche gilt das pari passu-Prinzip. Der Rang der Forderung, auf die sich der Zinsanspruch bezieht, ist unerheblich.

387 Soweit danach noch weitere Mittel verbleiben, sind diese zur Befriedigung von nicht-anmeldefähigen Forderungen zu verwenden. Dies sind Forderungen, die nach dem maßgeblichen Zeitpunkt entstanden sind und nicht zu den Verfahrenskosten gehören. Typisches Beispiel sind etwa die Ansprüche von Opfern eines Flugzeugabsturzes nach Beginn des Insolvenzverfahrens, wobei der Absturz seine Ursache in von der Schuldnergesellschaft hergestellten fehlerhaften Turbinen hatte. Soweit das Vermögen nicht ausreicht, um alle Ansprüche dieser Kategorie zu befriedigen, gilt wiederum pari passu, nun allerdings mit einem zweiten maßgeblichen Zeitpunkt, zu dem die Ansprüche bestanden haben müssen.

388 Nach vollständiger Befriedigung der vorstehenden Klassen noch verbleibende Beträge sind auf die Ansprüche der nachrangigen Gläubiger zu verwenden. Die Nachrangigkeit kann sich dabei aus einer Subordinationsvereinbarung oder kraft Gesetzes ergeben. Innerhalb der Klasse der nachrangigen Gläubiger gilt pari passu. Nachrangige Gläubiger sind insbesondere die Gesellschafter im Hinblick auf gesellschaftsrechtliche Ansprüche (s. 74(2)(f) IA), Ansprüche von Personen, die wegen fraudulent oder wrongful trading haften (s. 215(4) IA) und im Hinblick auf welche das Gericht den Nachrang angeordnet hat; Ansprüche des Ehegatten oder Lebenspartners des Schuldners aus Kreditvertrag (s. 329 IA).

389 Danach folgen die Gesellschafter, wobei Vorzugsaktien den normalen Aktien vorgehen. Soweit im bankruptcy-Verfahren nach Befriedigung sämtlicher der vorstehenden Klassen ein Überschuss verbleibt, ist er an den Schuldner auszukehren (s. 330(5)). In diesem Fall kommt eine Annullierung der Eröffnungsentscheidung nach s. 282 IA in Betracht.

E. Insolvenzstrafrecht

390 Sowohl Insolvency Act 1986 als auch andere Gesetze sehen eine Vielzahl von Straftatbeständen und Ordnungswidrigkeiten vor, die vor und während eines laufenden Insolvenzverfahrens von den Beteiligten begangen werden können. Viele davon sind prozeduraler Natur, so etwa das Versäumnis, nach s. 85 IA einen Liquidationsbeschluss binnen 14 Tagen bekannt zu machen, oder die Nichtangabe der administration auf den Geschäftsbriefen einer Gesellschaft nach para. 45 IA Sch. B1. Die wichtigsten Straftatbestände sind im Insolvency Act 1986 kodifiziert. Als weitere Sanktionen kommen Tätigkeitsverbote für Fehlverhalten vor und während des Insolvenzverfahrens sowohl im Hinblick auf Geschäftsleiter von Gesellschaften als auch für natürliche Personen als Schuldner in Betracht.

391 Erfährt das Gericht im Laufe eines Liquidationsverfahrens von strafbarem Verhalten gegenwärtiger oder früherer Geschäftsleiter oder Gesellschafter, so weist es den Insolvenzverwalter an, die Sache an die zuständige Behörde weiterzuleiten (s. 218(1) IA). Im gerichtlichen Liquidationsverfahren hat der Insolvenzverwalter die Pflicht, den amtlichen Verwalter über ein etwaiges strafrechtlich relevantes Verhalten der Beteiligten zu informieren (s. 218(3) IA). Im freiwilligen Liquidationsverfahren muss der Insolvenzverwalter ein etwaiges strafbares Verhalten der zuständigen Behörde berichten (s. 218(4) IA). Strafverfahren im Hinblick auf Straftaten im bankruptcy-Verfahren können ebenfalls nur von der zuständigen Behörde oder mit Zustimmung des Director of Public Prosecutions initiiert werden (s. 350(5) IA).

Internationales Insolvenzrecht – England

I. Straftatbestände im Liquidationsverfahren

Die nachfolgend besprochenen Straftatbestände in Bezug auf Liquidationsverfahren haben gemeinsam, dass sie jeweils an ein betrügerisches Verhalten des Täters anknüpfen. Mit Ausnahme der Tatbestände nach ss. 209 und 211 IA besteht eine Besonderheit darin, dass eine Strafbarkeit bei Vorliegen des objektiven Tatbestandes widerleglich vermutet wird, und der Beschuldigte nachweisen muss, dass er nicht mit betrügerischer Absicht handelte. Dies ist eine Abweichung von allgemeinen strafrechtlichen Grundsätzen, wonach die Anklage in einer gegen jeden vernünftigen Zweifel erhabenen Weise (beyond reasonable doubt) nachweisen muss, dass der Straftatbestand verwirklicht wurde. Im Hinblick auf die Unschuldsvermutung und das Recht auf ein faires Verfahren nach Art. 6 EMRK ist insoweit zwischen einer bloß beweismäßigen Beweislast (evidential burden) und einer rechtlichen Beweislast (legal burden) zu unterscheiden, Attorney General's Reference (No 1 of 2004) [2004] 1 WLR 2118 (CA). Liegt dem Gericht im Falle einer bloß beweismäßigen Beweislast aus irgendwelchen Quellen Beweismaterial vor, welches ein vernünftiges Gericht oder eine vernünftige Jury dazu veranlassen könnte, die der Beweislastumkehr unterliegende Frage im Sinne des Beschuldigten zu entscheiden, so ist von nun an die Anklage nach den allgemeinen Grundsätzen beweispflichtig dafür, dass der Tatbestand tatsächlich erfüllt wurde. Im Falle einer rechtlichen Beweislastumkehr muss dagegen der Beschuldigte das Gericht vom Vorliegen bzw. Nichtvorliegen der der Beweislastumkehr unterliegenden Sachfragen überzeugen. Art. 6 EMRK schließt weder eine beweismäßige Beweislastumkehr noch eine rechtliche Beweislastumkehr per se aus. Die Beweislastumkehr muss aber objektiv gerechtfertigt, darf nicht willkürlich sein und muss sich innerhalb vernünftiger Grenzen halten. Im Rahmen der vorzunehmenden Verhältnismäßigkeitsprüfung ist insbesondere zu berücksichtigen, wie schwierig der Nachweis der jeweiligen Umstände für den Beschuldigten bzw. die Anklage wäre. Die entscheidende Frage ist, ob die Beweislastumkehr zulasten des Beschuldigten ein faires Verfahren beeinträchtigen würde, Sheldrake v Director of Public Prosecutions [2005] 1 AC 264; Attorney General's Reference (No 1 of 2004) [2004] 1 WLR 2134.

Die Höhe der jeweils vorgesehenen Freiheits- oder Geldstrafe ergibt sich aus s. 430 IA iVm Schedule 10.

1. Betrügerisches Verhalten in Erwartung eines Liquidationsverfahrens

Der Tatbestand findet Anwendung im Falle eines gerichtlichen oder freiwilligen Liquidationsverfahrens und gilt für gegenwärtige oder frühere leitende Angestellte der Gesellschaft. Nach s. 251 IA mit s. 1173 CA gehören hierzu Geschäftsleiter, Manager und Secretary der Gesellschaft. Auch shadow directors sind erfasst (s. 206(3) IA). Strafbarkeit ist gegeben, wenn der jeweilige Geschäftsleiter innerhalb von 12 Monaten vor Beginn oder während des Liquidationsverfahrens eine der folgenden Handlungen vorgenommen hat (s. 206(1)):

(a) Verbergen von Gesellschaftsvermögen im Wert von mindestens £500, oder einer Verbindlichkeit oder Forderung der Gesellschaft;
(b) betrügerisches Entfernen von Gesellschaftsvermögen im Wert von mindestens £500;
(c) Verbergen, Zerstören, Beschädigen oder Verfälschen von Büchern und Papieren, die sich auf das Vermögen oder die Angelegenheiten der Gesellschaft beziehen;
(d) Falscheinträge in Bücher und Papiere, die sich auf das Vermögen oder die Angelegenheiten der Gesellschaft beziehen;
(e) betrügerische Weggabe, Veränderung oder Auslassung in Dokumenten, die sich auf das Vermögen oder die Angelegenheiten der Gesellschaft beziehen;
(f) Verfügung im Wege der Verpfändung oder auf sonstige Weise über Gesellschaftsvermögen, das auf Kredit erworben wurde, wenn der Kredit nicht zurückgezahlt wurde, es sei denn, die Verfügung erfolgte im normalen Geschäftsverkehr.

Strafbar ist weiterhin ein Geschäftsleiter, der innerhalb von 12 Monaten vor Beginn oder während des Liquidationsverfahrens um die Begehung einer Handlung nach vorstehend (c), (d) und (e) wusste. Nach s. 206(4) ist der Geschäftsleiter nicht strafbar, wenn er nachweist, dass er im Hinblick auf vorstehend (a) oder (f) nicht mit betrügerischer Absicht handelte bzw. im Hinblick auf vorstehend (c) oder (d) nicht mit der Absicht handelte, die wirtschaftliche Situation der Gesellschaft zu verschleiern bzw. das Gesetz zu umgehen. Dabei handelt es sich um eine zulässige rechtliche Beweislastumkehr, R(Griffin) v Richmond Magistrates' Court [2008] 1 WLR 1525.

2. Betrügerische Transaktionen zulasten der Gläubiger

S. 207 IA gilt für das gerichtliche und freiwillige Liquidationsverfahren und richtet sich an Personen, die im Zeitpunkt der strafbaren Handlung leitende Angestellte (officer) der Gesellschaft waren. Shadow directors werden im Gegensatz zu s. 206 IA hier nicht erfasst. Strafbar ist, wer eine Schenkung oder Übertragung einschließlich der Hingabe einer Sicherheit aus dem Gesellschaftsvermögen getätigt oder die Gesellschaft veranlasst hat, eine solche Transaktion an den Täter vorzunehmen. Strafbar ist weiterhin, wer die Vollstreckung in das Gesellschaftsvermögen veranlasst oder geduldet hat. Die Strafbarkeit entfällt, wenn das Verhalten bei Beginn des Liquidationsverfahrens länger als fünf Jahre zurückliegt (s. 207(2)(a) IA). Strafbar ist weiterhin, wer Vermögensgegenstände der Gesellschaft innerhalb von zwei Monaten vor dem Erlass eines Zahlungsurteils gegen die Gesellschaft verborgen oder beiseite geschafft hat, soweit das Zahlungsurteil unbeglichen bleibt. Die Strafbarkeit entfällt, soweit der Beschuldigte nachweist, dass er nicht mit betrügerischer Absicht zum Nachteil der Gläubiger handelte (s. 207(2)(b) IA).

3. Fehlverhalten während des Liquidationsverfahrens

397 S. 208 IA findet Anwendung im Falle eines gerichtlichen oder freiwilligen Auflösungsverfahrens. Sie gilt für gegenwärtige oder frühere leitende Angestellte der Gesellschaft. Auch shadow directors sind erfasst (s. 208(3) IA). Strafbar ist nach s. 208(1) IA, wer als leitender Angestellter:
 (a) nicht nach bestem Wissen und Gewissen gegenüber dem Liquidator das gesamte Vermögen der Gesellschaft offenbart und angibt, wie, an wen und für welche Gegenleistung und wann über Vermögensgegenstände der Gesellschaft verfügt wurde, soweit die Verfügung nicht im normalen Geschäftsbetrieb erfolgte;
 (b) nicht alles Gesellschaftsvermögen, dass er in seiner Kontrolle hat und zu dessen Übergabe er gesetzlich verpflichtet ist, an den Liquidator übergibt;
 (c) nicht alle Bücher und Papiere der Gesellschaft, die er in seiner Kontrolle hat und zu deren Übergabe er gesetzlich verpflichtet ist, an den Liquidator übergibt;
 (d) weiß oder glaubt, dass eine Forderung fälschlicherweise angemeldet wurde und hierüber den Liquidator nicht informiert;
 (e) nach dem Beginn des Liquidationsverfahrens die Erstellung von Büchern oder Dokumenten über die Angelegenheiten der Gesellschaft oder ihr Vermögen verhindert.

398 Die Strafbarkeit entfällt, soweit der Beschuldigte im Hinblick auf vorstehend (a), (b) oder (c) nachweist, dass er nicht mit Betrugsabsicht gehandelt hat. Im Hinblick auf (e) entfällt die Strafbarkeit, wenn der Beschuldigte nachweist, dass er keine Absicht hatte, die Vermögenssituation der Gesellschaft zu verschleiern. Bei dieser Beweislastumkehr handelt es sich um eine zulässige rechtliche Beweislastumkehr, R(Griffin) v Richmond Magistrates' Court [2008] 1 WLR 1525.

399 Strafbar ist weiterhin, wer als leitender Angestellter nach Beginn des Liquidationsverfahrens über das Vermögen der Gesellschaft durch fiktive Verluste und Ausgaben Rechenschaft abzulegen versucht. Strafbarkeit wird insoweit vermutet, wenn die Rechenschaftslegung durch fiktive Verluste und Ausgaben in Verbindung mit einer Gläubigerentscheidung innerhalb von 12 Monaten vor Beginn des Auflösungsverfahrens erfolgte (s. 208(2) IA).

4. Verfälschung von Büchern der Gesellschaft

400 Wenn sich die Gesellschaft im Liquidationsverfahren befindet, macht sich ein leitender Angestellter oder Gesellschafter nach s. 209 IA strafbar, wenn er Bücher, Papiere oder Wertpapiere der Gesellschaft zerstört, beschädigt, verändert oder verfälscht. Strafbar ist weiterhin, wer falsche oder betrügerische Einträge in Register, Bücher oder sonstige Dokumente der Gesellschaft mit betrügerischer Absicht vornimmt oder hiervon weiß. Eine Beweislastumkehr zulasten des Beschuldigten findet hier nicht statt.

5. Unterlassung von Angaben

401 S. 210 IA findet Anwendung im Falle eines gerichtlichen oder freiwilligen Liquidationsverfahrens. Sie gilt für gegenwärtige oder frühere leitende Angestellte der Gesellschaft. Auch shadow directors sind erfasst (s. 210(3) IA). Strafbar ist, wer vor oder während des Liquidationsverfahrens in einer Erklärung über die Angelegenheiten der Gesellschaft erhebliche Informationen zurückhält. Erklärung über die Angelegenheiten der Gesellschaft ist dabei weit zu verstehen und nicht auf die gesetzlich vorgeschriebenen Erklärungen beschränkt. Auch mündlich abgegebene Erklärungen werden erfasst. Strafbarkeit scheidet aus, soweit der Beschuldigte nachweist, dass er nicht mit betrügerischer Absicht gehandelt hat.

Internationales Insolvenzrecht – England

6. Falschangaben gegenüber den Gläubigern

S. 211 IA findet Anwendung im Falle eines gerichtlichen oder freiwilligen Liquidationsverfahrens. Sie gilt für gegenwärtige oder frühere leitende Angestellte der Gesellschaft. Auch shadow directors sind erfasst (s. 211(2) IA). Strafbar ist, wer vor oder während eines laufenden Liquidationsverfahrens falsche Angaben macht oder sich sonst betrügerisch verhält, um die Zustimmung eines oder mehrerer Gläubiger zu einer Vereinbarung über die Angelegenheiten der Gesellschaft oder das Liquidationsverfahren zu erreichen. 402

II. Straftatbestände im bankruptcy-Verfahren

Die Straftatbestände der ss. 353–360 IA setzen eine Eröffnungsentscheidung im gerichtlichen oder Verwaltungsverfahren voraus (s. 350 IA). Eine spätere Annullierung nach s. 282 IA ist unbeachtlich; nach erfolgter Annullierung soll ein Strafverfahren jedoch nicht mehr initiiert werden (s. 350(2) IA). Die Schuldbefreiung schließt die Strafbarkeit aus. Allerdings können Straftaten, die vor Schuldbefreiung begangen wurden, nach erfolgter Schuldbefreiung noch verfolgt werden (s. 350(3) IA). Verschiedene Tatbestände enthalten eine Beweislastumkehr zulasten des Beschuldigten. In diesen Fällen muss dieser nachweisen, dass er nicht mit betrügerischer Absicht oder mit der Absicht, die Angelegenheiten der Gesellschaft zu verschleiern, gehandelt hat (s. 352 IA). Insoweit handelt es sich um eine zulässige rechtliche Beweislastumkehr. 403

Die Höhe der Freiheits- oder Geldstrafe (s. 350(6)) bestimmt sich nach s. 430 IA iVm Schedule 10. 404

1. Unterlassene Offenlegung von Vermögen und Vermögensverschiebungen

Nach s. 353 IA macht sich der Schuldner strafbar, wenn er gegenüber dem amtlichen Verwalter oder dem Insolvenzverwalter nicht nach bestem Wissen und Gewissen sein Vermögen offenlegt, soweit es in die Masse fällt. Der Schuldner ist weiterhin strafbar, wenn er es unterlässt, den amtlichen Verwalter oder den Insolvenzverwalter über Vermögensverfügungen zu informieren, aufgrund derer Vermögensgegenstände der Masse entzogen wurden. Dabei ist anzugeben, wie, wenn, an wen und zu welcher Gegenleistung die Verfügung erfolgte. Verfügungen im normalen Geschäftsbetrieb werden nicht erfasst. Es gilt die Beweislastumkehr zulasten des Beschuldigten nach s. 352 IA. 405

2. Verschleierung von Vermögen

Der Schuldner macht sich nach s. 354(1) IA strafbar, wenn er Vermögensgegenstände, die er in seinem Besitz und unter seiner Kontrolle hat, nicht an den amtlichen Verwalter oder Insolvenzverwalter abliefert, obwohl er hierzu gesetzlich verpflichtet ist. Er macht sich weiterhin strafbar, wenn er eine Verbindlichkeit oder Forderung oder sonstiges Vermögen in Höhe von mindestens £1.000, das er an den amtlichen Verwalter oder Insolvenzverwalter hätte herausgeben müssen, verschleiert. Strafbarkeit ist auch dann gegeben, wenn die Verschleierung innerhalb von 12 Monaten vor Stellung des Eröffnungsantrags erfolgte. Es gilt die Beweislastumkehr zulasten des Beschuldigten nach s. 352 IA. Der Schuldner macht sich nach s. 353(2) strafbar, wenn er nach Stellung des Eröffnungsantrages Vermögen in Höhe von mindestens £1.000, das er an den amtlichen Verwalter oder Insolvenzverwalter hätte herausgeben müssen, entfernt hat. Es gilt die Beweislastumkehr zulasten des Beschuldigten nach s. 352 IA. Strafbarkeit nach s. 354(3) IA schließlich setzt voraus, dass der Schuldner ohne vernünftigen Grund nicht in der Lage ist, über einen erheblichen Verlust von Vermögen innerhalb der 12 Monate vor Stellung des Eröffnungsantrages Rechenschaft abzulegen. Hier gilt die Beweislastumkehr der s. 352 IA nicht. 406

3. Verschleierung und Verfälschung von Büchern und sonstigen Dokumenten

Der Schuldner macht sich zunächst nach s. 355(1) IA strafbar, wenn er Bücher, Papiere und sonstige Unterlagen bezüglich seines Vermögens, die er in seinem Besitz und unter seiner Kontrolle hat, nicht an den amtlichen Verwalter oder den Insolvenzverwalter herausgibt. Es gilt die Beweislastumkehr zulasten des Beschuldigten nach s. 352 IA. Der Schuldner macht sich weiterhin strafbar, wenn er die Erstellung von Büchern, Papieren oder sonstigen Unterlagen über sein Vermögen und seine Angelegenheiten seit Stellung des Eröffnungsantrages verhindert. Strafbar ist auch, wer innerhalb von 12 Monaten vor Stellung des Eröffnungsantrags und während des Verfahrens Bücher, Papiere und sonstige Unterlagen mit Bezug zum Schuldnervermögen zerstört, beschädigt, ver- 407

Internationales Insolvenzrecht – England

fälscht oder sonst verändert (s. 355(2) und (3) IA). Es gilt jeweils die Beweislastumkehr zulasten des Beschuldigten nach s. 352 IA.

4. Falschangaben

408   Strafbar ist nach s. 356 IA, wer vor oder während des Verfahrens in einer Erklärung über seine Angelegenheiten erhebliche Informationen zurückhält. Es gilt die Beweislastumkehr zulasten des Beschuldigten nach s. 352 IA. Strafbar ist weiterhin, wer weiß oder glaubt, dass eine Forderung fälschlicherweise angemeldet wurde und hierüber den Insolvenzverwalter nicht so bald wie möglich informiert hat; wer innerhalb von 12 Monaten vor Stellung des Eröffnungsantrages im Zusammenhang mit einer Gläubigerentscheidung oder nach Stellung des Eröffnungsantrages durch fiktive Verluste und Ausgaben Rechenschaft über sein Vermögen abzulegen versucht hat. Strafbar ist schließlich, wer vor oder während eines laufenden Verfahrens falsche Angaben macht oder sich sonst betrügerisch verhält, um die Zustimmung eines oder mehrerer Gläubiger zu einer Vereinbarung über seine Angelegenheiten oder das bankruptcy-Verfahren zu erreichen. Hier gilt die Beweislastumkehr der s. 352 IA nicht.

5. Betrügerische Vermögenstransaktionen

409   Strafbar ist nach s. 357 IA, wer innerhalb von fünf Jahren vor Beginn des Verfahrens eine Schenkung oder Übertragung, einschließlich der Hingabe einer Sicherheit, aus seinem Vermögen getätigt oder eine solche Transaktion veranlasst hat. Erfasst wird auch die Veranlassung oder Duldung der Vollstreckung in das Schuldnervermögen. Strafbar ist weiterhin, wer Vermögensgegenstände innerhalb von zwei Monaten vor dem Erlass eines Zahlungsurteils verborgen oder beiseite geschafft hat, soweit das Zahlungsurteil unbeglichen bleibt. Es gilt jeweils die Beweislastumkehr zulasten des Beschuldigten nach s. 352 IA.

6. Flucht des Schuldners

410   Der Schuldner macht sich nach s. 358 IA strafbar, wenn er innerhalb von sechs Monaten vor Beginn oder während des Verfahrens mit Vermögen im Wert von mindestens £1.000 die Jurisdiktion verlässt oder zu verlassen versucht. Es gilt die Beweislastumkehr zulasten des Beschuldigten nach s. 352 IA.

7. Betrügerische Veräußerung von auf Kredit erworbenen Gegenständen

411   Der Schuldner ist strafbar gem. s. 359 IA, wenn er innerhalb von 12 Monaten vor Stellung des Eröffnungsantrages im Wege der Verpfändung oder auf sonstige Weise über Vermögensgegenstände verfügt, die er auf Kredit erworben hat und der Kredit im Zeitpunkt der Verfügung noch nicht zurückgezahlt war, es sei denn die Verfügung erfolgte im normalen Geschäftsverkehr. Es gilt die Beweislastumkehr zulasten des Beschuldigten nach s. 352 IA. Strafbar ist auch der Erwerber, soweit er wusste, dass der Gegenstand auf Kredit erworben wurde und der Schuldner den Kredit wahrscheinlich nicht zurückzahlen wird (s. 359(2) IA).

8. Kreditgeschäfte und Geschäftstätigkeit

412   Der Schuldner macht sich nach s. 360 IA strafbar, wenn er einen Kredit von mindestens £500 aufnimmt, ohne dass er den Kreditgeber auf das laufende bankruptcy-Verfahren hinweist. Strafbarkeit ist weiterhin gegeben, wenn sich der Schuldner unter einem anderen Namen als dem, mit welchem er Schuldner im laufenden bankruptcy-Verfahren ist, direkt oder indirekt an einer Geschäftstätigkeit beteiligt, ohne allen Beteiligten gegenüber den Namen, unter dem er Schuldner im laufenden bankruptcy-Verfahren ist, offenzulegen.

III. Tätigkeitsverbote nach Company Directors Disqualification Act 1986

413   Zum Schutz der Öffentlichkeit und als Ausgleich für das Privileg der beschränkten Haftung können Personen im Verfahren nach Company Directors Disqualification Act 1986 (CDDA) von der Beteiligung an der Geschäftsführung einer Gesellschaft für eine bestimmte Zeit ausgeschlossen werden. Tätigkeitsverbote nach CDDA haben de facto Strafcharakter mit generalpräventiver Zielrichtung. Gleichwohl erfolgt die Festsetzung eines Tätigkeitsverbots nicht im Straf-, sondern im Zivilverfahren, sodass grundsätzlich die Beweisanforderungen des Zivilprozesses Anwendung finden, Keay/Walton, Insolvency Law Corporate and Personal, 4. Aufl. 2017, 704.

Internationales Insolvenzrecht – England

Drei Arten von Verbotsgründen lassen sich unterscheiden: Verbotsgründe, an die ein automatisches Tätigkeitsverbot geknüpft ist, ohne dass es einer gerichtlichen Anordnung bedarf, Verbotsgründe, bei deren Vorliegen die Anordnung im Ermessen des Gerichts steht und Verbotsgründe, bei deren Vorliegen das Gericht ein Tätigkeitsverbot anordnen muss. 414

1. Automatische Tätigkeitsverbote

Nach s. 11 CDDA ist es einer Person, über deren Vermögen ein bankruptcy-Verfahren eröffnet wurde und für die Schuldbefreiung noch nicht eingetreten ist, verboten, sich direkt oder indirekt an der Gründung und Geschäftsführung einer Gesellschaft zu beteiligen, es sei denn das Gericht hat hierzu seine Erlaubnis erteilt. Das gleiche gilt nach s. 12 CDDA für eine Person im Hinblick auf eine County Court administration order, welche durch das Gericht aufgehoben wurde, da die Person ihren Zahlungsverpflichtungen nicht nachgekommen ist. 415

2. Tätigkeitsverbote im Ermessen des Gerichts

Nach s. 2 CDDA kann das Gericht nach seinem Ermessen ein Tätigkeitsverbot von bis zu 15 Jahren anordnen, wenn die betroffene Person für eine Straftat im Zusammenhang mit der Gründung, Geschäftsführung oder Liquidation einer Gesellschaft oder der Verwaltung von Gesellschaftsvermögen oder einer Tätigkeit als administrative receiver verurteilt wurde. Bei der Straftat muss es sich um eine solche handeln, die entweder zwingend oder auf Verlangen des Beschuldigten vor dem Crown Court zu verhandeln ist (indictable offence). Über das Tätigkeitsverbot entscheidet das Gericht, das die Verurteilung für die Straftat ausspricht, oder das Gericht, das im konkreten Fall für die Liquidation der Gesellschaft zuständig wäre. Das Gericht entscheidet von Amts wegen oder auf Antrag der zuständigen Behörde, des amtlichen Verwalters, des Liquidators oder eines gegenwärtigen oder früheren Gesellschafters oder Gläubigers der Gesellschaft, gegenüber welcher das vorwerfbare Verhalten erfolgte (s. 16(2) CDDA). 416

Nach s. 3 CDDA kann das Gericht ein Tätigkeitsverbot von bis zu fünf Jahren gegen eine Person anordnen, die dauerhaft ihren gesellschaftsrechtlichen Verpflichtungen zur Abgabe von Erklärungen, Bilanzen und anderen Dokumenten gegenüber dem Registrar of Companies nicht nachkommt. Eine dauerhafte Pflichtverletzung ist dabei dann nachgewiesen, wenn die fragliche Person innerhalb der letzten fünf Jahre dreimal wegen der Verletzung von Vorlage- und Anzeigepflichten verurteilt wurde oder entsprechende Anordnungen gegen die Person ergangen sind. Über das Tätigkeitsverbot entscheidet das Gericht, das im konkreten Fall für die Liquidation der Gesellschaft zuständig wäre. Antragsberechtigt sind die zuständige Behörde, der amtliche Verwalter, der Liquidator und jeder gegenwärtige oder frühere Gesellschafter oder Gläubiger der Gesellschaft, gegenüber welcher das vorwerfbare Verhalten erfolgte (s. 16(2) CDDA). 417

Nach s. 4 CDDA kann das Gericht ein Tätigkeitsverbot von bis zu 15 Jahren gegen eine Person anordnen, die sich nach s. 993 CA wegen fraudulent trading strafbar gemacht hat, ohne dass es insoweit auf eine Verurteilung ankommt. Ein Tätigkeitsverbot kann weiterhin gegen eine Person ergehen, die als leitender Angestellter, Liquidator oder Zwangsverwalter einer Gesellschaft im Hinblick auf die Gesellschaft einen Betrug begangen oder sonst ihre Pflichten gegenüber der Gesellschaft verletzt hat. Über das Tätigkeitsverbot entscheidet das Gericht, das im konkreten Fall für die Liquidation der Gesellschaft zuständig wäre. Antragsberechtigt sind die zuständige Behörde, der amtliche Verwalter, der Liquidator und jeder gegenwärtige oder frühere Gesellschafter oder Gläubiger der Gesellschaft, gegenüber welcher das vorwerfbare Verhalten erfolgte (s. 16(2) CDDA). 418

Nach s. 5 CDDA kann das Gericht ein Tätigkeitsverbot von bis zu fünf Jahren gegen eine Person anordnen, die aufgrund eines Vergehens im Zusammenhang mit gesellschaftsrechtlichen Verpflichtungen zur Abgabe von Erklärungen, Bilanzen und anderen Dokumenten gegenüber dem Registrar of Companies verurteilt wurde, wenn die fragliche Person innerhalb der letzten fünf Jahre drei Mal (einschließlich der gegenwärtigen Verurteilung) wegen der Verletzung von Vorlage- und Anzeigepflichten verurteilt wurde oder entsprechende Anordnungen gegen sie ergangen sind. Über das Tätigkeitsverbot entscheidet das Gericht (magistrates' court) im Rahmen der Verurteilung wegen des Vergehens. 419

Nach s. 8 CDDA kann der High Court auf Antrag der zuständigen Behörde ein Tätigkeitsverbot von bis zu 15 Jahren gegen eine Person anordnen, die als Geschäftsleiter oder shadow director einer Gesellschaft tätig war oder ist. Voraussetzung ist, dass nach Überzeugung des Gerichts das Verhalten in Bezug auf die Gesellschaft die fragliche Person untauglich macht für die Beteiligung an der Geschäftsführung einer Gesellschaft. Die Antragstellung erfolgt, wenn die Behörde aufgrund des ihr vorliegenden investigativen Materials zu dem Schluss kommt, dass ein Tätigkeitsverbot im öffentlichen Interesse liegt. Alternativ zur Stellung eines Antrags kann die Behörde eine Unterlas- 420 sungsverpflichtung (disqualification undertaking) der fraglichen Person annehmen, der dann die gleiche Wirkung wie einem gerichtlichen Tätigkeitsverbot zukommt.

421 Nach ss. 8ZA–8ZE CDDA kann das Gericht ein Tätigkeitsverbot von bis zu 15 Jahren gegen eine Person anordnen, die die effektive Kontrolle über eine Person ausgeübt hat (der Hauptverantwortliche), gegen die als Geschäftsleiter ein Tätigkeitsverbot wegen Untauglichkeit nach s. 6 CDDA oder s. 8 CDDA ausgesprochen wurde bzw. im Hinblick auf die die zuständige Behörde eine Unterlassungsverpflichtung angenommen hat. Effektive Kontrolle liegt dann vor, wenn das die Untauglichkeit des Hauptverantwortlichen begründende Verhalten auf Anweisung der fraglichen Person hin vorgenommen wurde, wobei allerdings die einfache berufliche Beratung nicht ausreicht. Antragsberechtigt ist die zuständige Behörde bzw. auf deren Anweisung hin der amtliche Verwalter. Eine Unterlassungsverpflichtung ist möglich.

422 Nach s. 10 CDDA kann das Gericht ein Tätigkeitsverbot von bis zu 15 Jahren gegen eine Person anordnen, wenn es diese Person nach s. 213 IA (fraudulent trading) oder s. 214 IA (wrongful trading) zur Leistung eines Beitrags in das Gesellschaftsvermögen verurteilt.

3. Zwingende Tätigkeitsverbote

423 Nach s. 9A CDDA muss der High Court zwingend ein Tätigkeitsverbot von bis zu 15 Jahren gegen eine Person aussprechen, wenn (1) diese Person Geschäftsleiter einer Gesellschaft ist, die gegen Wettbewerbsrecht verstoßen hat; und (2) das Verhalten der Person als Geschäftsleiter diese untauglich macht für die Beteiligung an der Geschäftsführung einer Gesellschaft. Antragsberechtigt sind die Competition and Markets Authority (CMA) sowie die in s. 9E(2) CDDA aufgezählten Regulierungsbehörden.

424 Der in der Praxis wichtigste Verbotsgrund ergibt sich aus s. 6 CDDA. Danach ordnet das Gericht zwingend ein Tätigkeitsverbot von mindestens zwei bis zu 15 Jahren an, wenn die folgenden Voraussetzungen vorliegen: (1) die Person war oder ist Geschäftsleiter oder shadow director einer Gesellschaft, die zu irgendeinem Zeitpunkt insolvent geworden ist und (2) das Verhalten der Person als Geschäftsleiter macht diese untauglich für die Beteiligung an der Geschäftsführung einer Gesellschaft. Insolvenz ist in diesem Zusammenhang definiert als die Eröffnung eines Liquidationsverfahrens zu einem Zeitpunkt, zu dem die Gesellschaft überschuldet war, die Eröffnung eines administration-Verfahrens oder die Einsetzung eines administrative receivers (s. 6(2) CDDA). Über die Anordnung entscheidet das Gericht, das im konkreten Fall für die Liquidation der Gesellschaft zuständig ist. Antragsberechtigt sind ausschließlich die zuständige Behörde und nach deren Anweisung der amtliche Verwalter (s. 7 CDDA). Grundsätzlich kann ein Antrag nur innerhalb von zwei Jahren seit Beginn der Insolvenz der fraglichen Gesellschaft gestellt werden. Ein späterer Antrag bedarf der Zustimmung durch das Gericht. Alternativ zu einem Antrag auf Erlass eines Tätigkeitsverbots kann die zuständige Behörde eine Unterlassungsverpflichtung (disqualification undertaking) der fraglichen Person annehmen. Eine solche Unterlassungsverpflichtung hat die gleichen Wirkungen wie ein gerichtliches Tätigkeitsverbot.

425 Die entscheidende Frage ist, unter welchen Umständen eine Person untauglich zur Geschäftsleitung einer Gesellschaft ist. S. 12C CDDA verweist insoweit auf einen Schedule, in dem nicht abschließend diejenigen Gesichtspunkte aufgelistet sind, die das Gericht bei seiner Entscheidung berücksichtigen soll, etwa Verstöße des Geschäftsleiters gegen treuhänderische und Sorgfaltspflichten, Unterschlagung von Gesellschaftsvermögen, Grad der Verantwortlichkeit für Transaktionen zum Nachteil der Gläubiger nach s. 423 IA und speziell für insolvente Gesellschaft der Grad der Verantwortlichkeit für die Insolvenz der Gesellschaft oder für anfechtbare Transaktionen. Letztlich handelt es sich bei der Feststellung der Untauglichkeit um eine Entscheidung des Einzelfalles, bei der alle relevanten Umstände zu berücksichtigen sind. Erforderlich ist regelmäßig fehlende Redlichkeit und Moral im Geschäftsverkehr, totale Inkompetenz oder grobe Fahrlässigkeit. Geschäftliche Fehlentscheidungen genügen nicht, Re Sevenoaks Stationers (Retail Ltd) [1991] Ch 164; Re Lo-Line Electric Motors Limited [1988] Ch 477; Re Landhurst Leasing Plc [1999] 1 BCLC 286.

4. Wirkungen

426 Unterliegt eine Person einem Tätigkeitsverbot, so ist es ihr gem. s. 1(1)(a) CDDA verboten, als Geschäftsleiter einer Gesellschaft oder als Zwangsverwalter tätig oder auf irgend eine andere Weise direkt oder indirekt an der Gründung oder Geschäftsführung einer Gesellschaft beteiligt zu sein. Das Tätigkeitsverbot ist umfassend und erfasst auch die indirekte Kontrolle einer Gesellschaft durch Strohmänner oder die externe Kontrolle im Wege der Beratertätigkeit. Entscheidend sind

Internationales Insolvenzrecht – England

die Umstände des Einzelfalles. Das Tätigkeitsverbot beginnt 21 Tage nach dem Tag der Anordnung (s. 1(2) IA).

Ein Verstoß gegen das Tätigkeitsverbot führt zur Strafbarkeit nach s. 13 CDDA und zur persönlichen Haftung für die Verbindlichkeiten der Gesellschaft nach s. 15 CDDA. Diese zivilrechtliche Haftung erstreckt sich auf Personen, die selbst dem Tätigkeitsverbot unterliegen, sowie diejenigen sonstigen in die Geschäftsführung involvierten Personen, die den Anweisungen von Personen, die einem Tätigkeitsverbot unterliegen, Folge leisten. Nach s. 18 CDDA sind Tätigkeitsverbote und Unterlassungsverpflichtungen in ein öffentliches Register einzutragen. 427

Nach s. 17 CDDA kann eine Person, die einem Tätigkeitsverbot unterliegt, eine gerichtliche Befreiung beantragen. Über den Antrag entscheidet das Gericht, das im konkreten Fall für die Liquidation der Gesellschaft zuständig ist. Die Erteilung der Befreiung steht im Ermessen des Gerichts, das bei seiner Entscheidung das Interesse der betroffenen Gesellschaft, einschließlich ihrer Arbeitnehmer, Gesellschafter und Gläubiger gegen das öffentliche Interesse an einem effektiven Schutz gegen Missbrauch der beschränkten Haftung abwägen wird. 428

Nach ss. 15A–15C CDDA besteht nunmehr auch die Möglichkeit für Entschädigungsanordnungen und Entschädigungsverpflichtungen. Die zuständige Behörde kann danach beantragen, und das Gericht anordnen, dass zusätzlich zur Anordnung eines Tätigkeitsverbots der betroffene Geschäftsleiter diejenigen Gläubiger entschädigen muss, die durch sein Verhalten einen Vermögensschaden erlitten haben. Alternativ kann die Behörde eine entsprechende Entschädigungsverpflichtung des betroffenen Geschäftsleiters annehmen. 429

IV. Beschränkungen für natürliche Personen

Grundsätzlich endet für den Schuldner das bankruptcy-Verfahren mit der automatischen Schuldbefreiung nach einem Jahr. Im Hinblick auf Schuldner, deren Insolvenz auf ihr eigenes vorwerfbares Verhalten zurückzuführen ist und die eine Gefahr für den Rechtsverkehr darstellen, kann nach s. 281A IA iVm Schedule 4A durch das Gericht eine Beschränkungsanordnung (bankruptcy restriction order) erlassen werden. Das Regime der Beschränkungsanordnungen (und Beschränkungsverpflichtungen) weist zahlreiche Ähnlichkeiten zum Tätigkeitsverbot nach s. 6 CDDA auf. Zweck einer Beschränkungsanordnung sind der Schutz der Öffentlichkeit sowie Spezial- und Generalprävention. 430

Eine Beschränkungsanordnung ergeht nur auf Antrag der zuständigen Behörde oder des amtlichen Verwalters nach Anweisung durch die Behörde (para. 1(2) IA Sch. 4A). Ein Antrag kann innerhalb eines Jahres seit Beginn des bankruptcy-Verfahrens gestellt werden; danach ist die Zustimmung des Gerichts erforderlich (para. 3 IA Sch. 4A). Alternativ zur Antragstellung kann die zuständige Behörde gem. para. 7 IA Sch. 4A eine Beschränkungsverpflichtung (bankruptcy restriction undertaking) des Schuldners akzeptieren. Einer solchen Beschränkungsverpflichtung kommt die gleiche Wirkung wie einer Beschränkungsanordnung zu. 431

Gemäß para. 2(1) IA Sch. 4A erlässt das Gericht eine Beschränkungsanordnung, wenn es dies im Hinblick auf das Verhalten des Schuldners für angemessen hält. Para. 2(2) IA Sch. 4A enthält eine nicht abschließende Aufzählung derjenigen Gesichtspunkte, die das Gericht bei seiner Entscheidung berücksichtigen soll, etwa fehlende Buchführung durch den Schuldner, anfechtbare Vermögensverschiebungen, Kreditaufnahme in dem Wissen, dass eine Rückzahlung nicht in Betracht kommt, Vernachlässigung der Geschäfte, betrügerisches Verhalten, fehlende Kooperation mit dem amtlichen Verwalter oder Insolvenzverwalter. Das Gericht muss dabei feststellen, ob das im Antrag behauptete Verhalten tatsächlich vorliegt und unter Berücksichtigung aller Umstände des Einzelfalles in erheblicher Weise hinter dem zurückbleibt, was im Hinblick auf Redlichkeit und Kompetenz in Geschäftsangelegenheiten erwartet werden kann. Ist dies der Fall, so muss das Gericht eine Beschränkungsanordnung erlassen, Randhawa v Official Receiver [2007] 1 WLR 1700. Die Dauer der Beschränkung beträgt mindestens zwei und höchstens 15 Jahre. Es gelten die gleichen Grundsätze wie iRv s. 6 CDDA. Nach para. 5 IA Sch. 4A ist eine vorläufige Beschränkungsanordnung möglich, soweit Beschränkungsgründe prima facie vorliegen und die vorläufige Anordnung im öffentlichen Interesse geboten ist. 432

Die Wirkungen einer Beschränkungsanordnung bzw. -verpflichtung sind vielfältig und nirgends in einer vollständigen Liste zusammengefasst. Die wichtigsten sind ein Verbot, sich an der Geschäftsführung einer Gesellschaft zu beteiligen (s. 11 CDDA), ein Verbot der Kreditaufnahme von £500 und mehr und ein Verbot der gewerblichen Betätigung unter einem anderen Namen (s. 360 IA) sowie der Verlust des passiven Wahlrechts zum Parlament und des Stimmrechts im Oberhaus (s. 426A IA). Gemäß para. 12 IA Sch. 4A erfolgt die Eintragung in ein von der Behörde geführtes öffentlich einsehbares Register. 433

Internationales Insolvenzrecht – England

F. Insolvenzsteuerrecht

434 Ein spezielles Steuerregime für insolvente Steuersubjekte gibt es nicht. Auch in der Insolvenz erfolgt die Besteuerung von Einkommen und Veräußerungsgewinnen nach den allgemeinen Grundsätzen. Die Eröffnung eines Insolvenzverfahrens und/oder die Einstellung der werbenden Tätigkeit können aber gleichwohl wichtige steuerliche Konsequenzen nach sich ziehen, zum Ganzen Rajak, Company Rescue and Liquidations, 3. Aufl. 2013, Chapter 17.

I. Steuerliche Auswirkungen von Liquidation und administration

1. Bilanzierungsperiode; Wirtschaftsjahr

435 Mit der Eröffnung eines Liquidationsverfahrens endet das Wirtschaftsjahr einer Gesellschaft und ein neues beginnt. Dieses und die folgenden Wirtschaftsjahre enden jeweils nach 12 Monaten beginnend mit dem ersten Tag des jeweiligen Wirtschaftsjahres. Mit der vollständigen Abwicklung der Gesellschaft endet das letzte Wirtschaftsjahr (vgl. s. 12 Corporation Tax Act 2009 (CTA)). Auch mit der Einstellung der werbenden Tätigkeit endet das Wirtschaftsjahr (s. 10(1)(d) CTA). Dies gilt allerdings nicht für eine Einstellung nach Eröffnung des Liquidationsverfahrens. Insoweit bleiben das Wirtschaftsjahr beginnend mit dem Tag der Verfahrenseröffnung und die sich daran anschließenden Folgejahre maßgeblich. Das Wirtschaftsjahr endet ferner am Tag, bevor eine administration beginnt, sowie mit dem Ende der administration (s. 10(1)(i) und (j) CTA). Im Übrigen bleibt es jedoch bei den Bilanzierungsperioden, die ohne administration gelten würden, sodass das mit der administration begonnene Wirtschaftsjahr am Tage vor dem Beginn eines neuen Wirtschaftsjahres endet bzw. dann, wenn die werbende Tätigkeit eingestellt wird. Dies gilt ebenfalls nur, soweit sich die Gesellschaft nicht in Liquidation befindet (s. 10(5) CTA).

2. Rangfolge von Steuerforderungen

436 Steuerforderungen, die sich auf Wirtschaftsjahre vor Beginn des Liquidationsverfahrens beziehen, sind als einfache Insolvenzforderungen anzumelden. Bis zum 15.9.2003 hatte und seit dem 1.12.2020 hat die Krone im Hinblick auf vom Arbeitgeber abzuführende Lohnsteuer (PAYE), Sozialversicherungsbeiträge (National Insurance Contribution, NIC) und Mehrwertsteuer (Value Added Tax, VAT) die Stellung als sekundärer vorrangiger Gläubiger (Crown Preference). Mit dem Enterprise Act 2002 beseitigte Vorrangstellung wurde durch den Finance Act 2020 wieder eingeführt.

437 Steuerforderungen, die sich auf Wirtschaftsjahre nach Verfahrenseröffnung beziehen, sind dagegen als Kosten des Verfahrens vorrangig zu befriedigen. Es gelten rr. 6.42, 7.108 IR. Steuerforderungen auf nach Verfahrenseröffnung erzielte Gewinne sind als notwendige Ausgaben (necessary disbursements) des Liquidators vorrangig vor dessen anteiliger Vergütung bis zur Höhe der Vergütung des amtlichen Verwalters aus der Masse zu befriedigen, Re Toshoku Finance UK plc (in liquidation) [2002] STC 368 (HL). Es folgen Steuerforderungen auf Veräußerungsgewinne und schließlich die restliche Vergütung des Liquidators. Ähnliche Grundsätze gelten im administration-Verfahren (r. 2.67 IR). Zu berücksichtigen ist, dass auch Steuerforderungen auf Gewinne, die aus den Handlungen eines Zwangsverwalters resultieren und die dieser ggf. an den Sicherungsnehmer abführt, als Verfahrenskosten durch den Liquidator vorrangig zu befriedigen sind, obwohl er selbst diese Gewinne gar nicht realisiert hat.

438 Der Optimierung des Zeitpunkts der Einstellung der Geschäftstätigkeit und/oder des Beginns der Liquidation kommt damit entscheidende Bedeutung zu. Ist beispielsweise absehbar, dass eine vollständige Befriedigung aller Gläubiger nicht in Betracht kommt, die Gesellschaft aber über Vermögensgegenstände verfügt, die bei Veräußerung zu erheblichen steuerbaren Veräußerungsgewinnen führen werden, so kann es sinnvoll sein, die Veräußerungsgewinne vor Beginn der Liquidation zu realisieren. Im Hinblick auf diese Gewinne vor Verfahrensbeginn sind Steuerforderungen einfache Insolvenzforderungen und mithin quotal zu befriedigen. Damit sinkt die effektive Steuerbelastung und es bleibt mehr für die ungesicherten Gläubiger.

3. Steuerforderungen nach Verfahrensbeginn

439 Gewinne, die die Gesellschaft im laufenden Verfahren erzielt, sind steuerbar (s. 2 iVm s. 6(2) CTA). Hierzu gehören nicht nur Gewinne, die der Liquidator erzielt, sondern auch Gewinne, die aus Handlungen eines Zwangsverwalters resultieren. Zu berücksichtigen ist, dass die Verrechnung mit Verlusten und die Geltendmachung von Werbungskosten über verschiedenen Bilanzie-

rungsperioden hinweg nur eingeschränkt möglich ist, sodass sich aus der Beendigung eines Wirtschaftsjahres durch Verfahrenseröffnung oder Einstellung der werbenden Tätigkeit nachteilige steuerliche Folgen ergeben können.

Zahlungen im Rahmen von Kreditverträgen (loan relationships) werden grundsätzlich nach **440** dem Fälligkeitsprinzip berücksichtigt (s. 307 CTA). Zinszahlungen des Schuldners im Rahmen von Kreditverträgen sind daher als Ausgaben für den Zeitraum zu berücksichtigen, in dem die Fälligkeit eingetreten ist. Auf die tatsächliche Zahlung kommt es nicht an. Eine Ausnahme gilt dann, wenn zwischen Schuldner und Gläubiger eine Verbindung iSv ss. 348, 466 CTA besteht. In diesem Fall ist die tatsächliche Zahlung maßgeblich. Zinszahlungen an den Schuldner unterliegen ebenfalls der Besteuerung im Zeitpunkt der Fälligkeit. Auf die tatsächliche Zahlung kommt es auch hier grundsätzlich nicht an. Im Hinblick auf nicht-werthaltige Forderungen (bad debt) kommt eine Steuerermäßigung in Betracht. Besonderheiten gelten, wenn zwischen Schuldner und Gläubiger eine Verbindung iSd ss. 348, 466 CTA besteht. Hier ist eine Abschreibung für nicht-werthaltige Forderungen nur vorgesehen, wenn über das Vermögen der Gegenpartei ein Insolvenzverfahren eröffnet wurde (s. 357 CTA). Verzichtet ein Gläubiger gegenüber dem Schuldner auf eine Forderung aus einem Kreditvertrag, so stellt dies in Höhe des Verzichts steuerbare Einnahmen des Schuldners dar (s. 94 CTA). Dies gilt jedoch nicht für einen Verzicht im Rahmen eines CVA oder ein scheme of arrangement nach ss. 893 ff. CA bzw. eines Restrukturierungsplanverfahrens nach ss. 901A ff. CA.

Gewinne aus der Veräußerung von Vermögensgegenständen des Anlagevermögens sind steuer- **441** bar. Der Beginn des Liquidationsverfahrens selbst ist allerdings keine Veräußerung in diesem Sinne. Dies gilt selbst dann, wenn das Gericht nach s. 145 IA das Eigentum am Gesellschaftsvermögen auf den Liquidator überträgt. Veräußerungsgewinne unterliegen als Einnahmen der Gesellschaft während der Liquidation der Körperschaftssteuer. Ein Teil der Vergütung des Liquidators kann als Teil der Werbungskosten geltend gemacht werden. Erforderlich ist allerdings, dass die Ausgaben ausschließlich für die Veräußerung des Vermögensgegenstandes angefallen sind (s. 38(1) Taxation of Chargeable Gains Act 1992 (TCGA)). Verluste aus werbender Tätigkeit aus einem Wirtschaftsjahr können nicht mit Veräußerungsgewinnen aus einem anderen Wirtschaftsjahr verrechnet werden. Etwaige Verluste aus werbender Tätigkeit, die vor Verfahrenseröffnung angefallen sind, mindern damit einen Gewinn aus der Veräußerung von Vermögensgegenständen des Anlagevermögens nach Verfahrenseröffnung nicht. Es kann daher sinnvoll sein, Veräußerungsgewinne bereits vor Verfahrenseröffnung zu realisieren.

Die Vergütung des Liquidators kann normalerweise nicht als Teil der Werbungskosten geltend **442** gemacht werden, da sie nicht ausschließlich für die Erzielung der Einnahmen aufgewendet ist (s. 54(1)(a) CTA). Eine anteilige Absetzung ist aber beispielsweise möglich in Bezug auf Mieteinnahmen oder Einnahmen aus Kapitalvermögen, wenn der Liquidator aktiv in die Verwaltung des Grundvermögens oder Investmentportfolios involviert war. Soweit der Liquidator die werbende Tätigkeit der Gesellschaft fortführt, ist seine Vergütung als Teil der Werbungskosten zumindest anteilig absetzbar.

Im Hinblick auf stille Reserven ist maßgeblich die Einstellung des Geschäftsbetriebs. Wann **443** eine solche vorliegt, ist eine Frage des Einzelfalles. Die Eröffnung des Liquidationsverfahrens als solche hat nicht automatisch die Einstellung des Geschäftsbetriebs zur Folge, da der Liquidator ggf. die werbende Tätigkeit fortsetzt. Die Veräußerung von Vermögensgegenständen im Zuge der Liquidation ist regelmäßig nicht Fortsetzung der werbenden Tätigkeit, sondern Verwertung. Dies gilt selbst für die Veräußerung von Umlaufvermögen, IR Commrs v Old Bushmills Distillery Co Ltd. (1927) 12 TC 1148 (NI). Die Erfüllung von noch offenen Verträgen kann aber eine Fortsetzung der werbenden Tätigkeit sein, Hillerns and Fowler v Murray (HMIT) (1932) 17 TC 77 (CA). Die dauerhafte Einstellung des Geschäftsbetriebs hat zur Folge, dass stille Reserven im Hinblick auf Anlagen und Maschinen für das Wirtschaftsjahr, in dem die Einstellung erfolgt, aufgelöst werden (s. 61 Capital Allowances Act 2001 (CAA)). Die fraglichen Gegenstände werden so behandelt, als wären sie am letzten Tage der Geschäftstätigkeit veräußert worden. Anzusetzen als Veräußerungserlös ist der Marktwert des jeweiligen Gegenstandes. Erfolgt zeitnah eine tatsächliche Veräußerung, so ist der Veräußerungserlös maßgeblich.

Nach allgemeinen Grundsätzen sind Einnahmen nur so lange steuerbar, als die Quelle der **444** Einnahmen noch existiert. Einnahmen aus werbender Tätigkeit, die dem Schuldner nach Einstellung der werbenden Tätigkeit zufließen, wären danach nicht steuerbar. Dieses Ergebnis wird durch ss. 188, 189 CTA verhindert, wonach Einnahmen aus werbender Tätigkeit auch nach Einstellung dieser Tätigkeit steuerbar sind, soweit eine anderweitige steuerliche Berücksichtigung noch nicht erfolgte. Werbungskosten aus werbender Tätigkeit können insoweit geltend gemacht werden, als sie bei Fortsetzung der werbenden Tätigkeit hätten geltend gemacht werden können (s. 196 CTA).

Internationales Insolvenzrecht – England

445 Ss. 402–413 Income and Corporation Taxes Act 1988 (ICTA) sehen vor, dass Gesellschaften, die dem gleichen Konzern angehören, Gewinne und Verluste untereinander verrechnen können, soweit sich die jeweiligen Wirtschaftsjahre überlappen. Voraussetzung ist, dass die Anteile der einen Gesellschaft zu mindestens 75 % von der anderen Gesellschaft gehalten werden oder dass je mindestens 75 % der Anteile zweier Gesellschaften von einer dritten Gesellschaft gehalten werden (s. 413(3)(a) ICTA). Mit Eröffnung des Liquidationsverfahrens über eine Gesellschaft verliert diese das Eigentum in equity an den Anteilen ihrer Tochtergesellschaft. Diese Anteile werden von nun an zum Vorteil der Gläubiger gehalten. Damit endet eine bestehende steuerliche Konzernstruktur für die Zwecke der Körperschaftssteuer für die folgenden Wirtschaftsjahre. Im Hinblick auf die Steuer auf Veräußerungssteuer führt die Eröffnung des Liquidationsverfahrens über eine Konzerngesellschaft nicht dazu, dass die Gesellschaft aus dem Konzern ausscheidet (s. 170(11) TCGA). Bei Veräußerungen innerhalb des Konzerns fallen keine steuerbaren Veräußerungsgewinne an (s. 171 TCGA). Erst wenn eine Gesellschaft, die innerhalb der vorhergehenden sechs Jahre Vermögensgegenstände von anderen Konzerngesellschaften erworben hat, aus dem Konzern ausscheidet, wird eine Veräußerung dieser Gegenstände fingiert und ist ein etwaiger Veräußerungsgewinn steuerbar (s. 179 TCGA). Ein Konzern in diesem Sinne ist eine Gesellschaft und ihre Tochtergesellschaften, deren Anteile sie zu mindestens 75 % hält, sowie deren 75 % Tochtergesellschaften, solange die Konzernmutter noch eine effektive Beteiligung von mindestens 51 % hat (s. 170(3) TCGA).

446 Setzt die Gesellschaft ihre werbende Tätigkeit nach Verfahrenseröffnung fort, so erfolgt die VAT-Besteuerung von Warenlieferungen nach den allgemeinen Grundsätzen. Selbst nach Einstellung der werbenden Tätigkeit kann aber noch VAT-Steuerpflicht bestehen. Dies ergibt sich aus s. 94(5) und (6) Value Added Tax Act 1994 (VATA), wonach auch Transaktionen im Zusammenhang mit der Betriebsstilllegung oder der Betriebsveräußerung erfasst werden. Die Veräußerung von Vermögensgegenständen im laufenden Verfahren ist damit grundsätzlich VAT-steuerpflichtig. Dies gilt auch für Vermögensgegenstände des Anlagevermögens; für unbewegliches Vermögen jedoch nur, wenn für VAT optiert wurde. Die Veräußerung des Unternehmens oder eines Unternehmensteils zum Zwecke der Fortführung (going concern) unterliegt dagegen nicht der VAT, sofern die folgenden Voraussetzungen vorliegen: (1) das Unternehmen muss tatsächlich ohne nennenswerte Unterbrechung fortgeführt werden, (2) die übertragenen Vermögensgegenstände müssen nach der Intention des Erwerbers für die gleiche Art von Unternehmen verwendet werden, (3) wird nur ein Teil veräußert, muss dieser eine selbstständige Wirtschaftseinheit darstellen, (4) der Erwerber muss für VAT-Zwecke registriert sein, oder aufgrund des Erwerbs registrierungspflichtig werden, (5) bezieht sich die Veräußerung auf VAT-pflichtiges Grundeigentum, muss auch der Erwerber für VAT optieren.

II. Bankruptcy

447 Mit der Eröffnung des bankruptcy-Verfahrens und der Ernennung eines trustee in bankruptcy geht das Eigentum an den zur Masse gehörigen Gegenständen auf den trustee über (s. 306 IA). In steuerlicher Hinsicht finden die allgemeinen Grundsätze zur Besteuerung im Rahmen von Treuhandverhältnissen (trusts) Anwendung. Insoweit ist der trustee in bankruptcy steuerpflichtig im Hinblick auf das Einkommen der Masse nach seiner Einsetzung, auch wenn er dieses letztlich an die Gläubiger verteilen muss. Weder persönliche Freibeträge des Schuldners noch des trustee sind berücksichtigungsfähig.

448 Im Hinblick auf die Besteuerung von Veräußerungsgewinnen werden Vermögensgegenstände der Masse im Eigentum des trustee so behandelt, als stünden sie im Eigentum des Schuldners. Veräußerungsgeschäfte zwischen Schuldner und trustee sind damit steuerlich neutral. Handlungen des trustee in Bezug auf diese Vermögensgegenstände werden wie Handlungen des Schuldners behandelt (s. 66(1) TCGA). Eine Veräußerung durch den trustee gilt als Veräußerung durch den Schuldner. Gleichwohl ist der trustee im Hinblick auf etwaige Veräußerungsgewinne steuerpflichtig.

Internationales Insolvenzrecht – Frankreich

Schrifttum: Coquelet, Entreprises en difficulté, Instruments de paiement et de crédit, 6. Aufl. 2017; Dammann/Sénéchal, Le droit de l'insolvabilité internationale, 1. Aufl. 2018; Ferid/Sonnenberger, Das französische Zivilrecht, 2. Aufl. 1986, Bd. II; Gjidara-Decaix, Surendettement des particuliers, J-Cl. Com., Fasc. 1710 bis 1712, Stand 1.3.2018; Jacquemont/Borga/Mastrullo, Droit des entreprises en difficulté, LexisNexis, 11. Aufl. 2019; Le Cannu/Robine, Droit des entreprises en difficulté, Dalloz, 8. Aufl. 2020; Le Corre, Droit et pratique des procédures collectives, 11. Aufl. 2021/2022 (abgekürzt Le Corre); Legeais, Droit des sûretés et garanties du crédit, 12. Aufl. 2017; Lienhard, Code des procédures collectives, annoté et commenté, 17. Aufl. 2019; Lienhard, Procédures collectives, 9. Aufl. 2020/2021 (abgekürzt Lienhard); Lucas, Manuel de droit de la faillite, 3. Aufl. 2021 (abgekürzt Lucas); Malaurie/Aynès, Les biens, 8. Aufl. 2019; Malaurie/Aynès, Les sûretés, la publicité foncière, 13. Aufl. 2019; Menjucq/Saintourens/Soinne, Traité des procédures collectives, LexisNexis, 3. Aufl. 2021 (abgekürzt Menjucq/Saintourens/Soinne); Paulus/Dammann, European Preventive Restructuring, 2020; Pérochon, Entreprises en difficulté, LDGJ, 10. Aufl. 2014 (abgekürzt Pérochon); Saint-Alary-Houin, Code des entreprises en difficulté, 9. Aufl. 2020; Saint-Alary-Houin, Droit des entreprises en difficulté, 12. Aufl. 2020 (abgekürzt Saint-Alary-Houin); Sonnenberger/Dammann, Französisches Handels- und Wirtschaftsrecht, 3. Aufl. 2008; Sonnenberger/Classen, Einführung in das französische Recht, 4. Aufl. 2012; Vallansan, Guide des procédures collectives, LexisNexis, 2. Aufl. 2020.

Übersicht

	Rn.
A. Geschichte und Rahmenbedingungen für Insolvenz und Restrukturierung	1
I. Gesetzliche Grundlagen	1
1. Ursprünge	1
2. Das Loi de sauvegarde v. 26.7.2005	3
3. Erste Korrekturen des Loi de sauvegarde	7
4. Die Einführung der sauvegarde financière accélérée	8
5. Die Reform v. 9.12.2010	10
6. Die Stärkung der Gläubigerstellung durch ordonnance v. 12.3.2014	11
7. Das sog. „prepack cession"-Verfahren	12
8. Die Einführung der procédure de rétablissement professionnel	13
9. Das Loi Macron v. 6.8.2015	14
10. Die COVID-19-Ausnahmegesetzgebung	14a
11. Vereinfachtes redressement judicaire-Verfahren: die sog. procédure de traitement de sortie de crise	14g
12. Umsetzung der EU-Restrukturierungsrichtlinie 2019/1023	15
13. Spezialgesetzliche Sonderregelungen	16
II. Verbraucherinsolvenzen – surendettement des particuliers	21
1. Allgemeines	21
2. Anwendungsbereich	24
3. Prüfung des Antrags und Orientierung des Verfahrens	33
4. Maßnahmen zur Behebung der Überschuldung	43
5. Das rétablissement personnel	50
III. Prävention wirtschaftlicher Schwierigkeiten – prévention-détection	56
1. Die procédure d'alerte	56
2. Das droit d'alerte des Betriebsrates (comité social et économique – CSE)	62
3. Die Vorladung durch den Präsidenten des Handels- bzw. Landgerichts	63
4. Staatliche Mediation	64
IV. Insolvenz- und präventive Vorverfahren	70
1. Übersicht über die einzelnen Verfahren	70
2. Anwendungsbereich	75

	Rn.
B. Vorinsolvenzliche präventive Restrukturierung	82
I. Allgemeines	82
II. Das mandat ad hoc	86
III. Die conciliation	96
1. Allgemeines	96
2. Anwendungsbereich	98
3. Zuständigkeit des Gerichts	99
4. Eröffnungsvoraussetzungen	100
5. Antragstellung	102
6. Rechtsfolgen der Eröffnungsentscheidung	107
7. Scheitern der Verhandlungen	115
8. Gerichtliche Bestätigung der Restrukturierungsvereinbarung	116
9. Rechtswirkungen der Restrukturierungsvereinbarung	121
10. Abänderung bzw. Aufhebung der Restrukturierungsvereinbarung	124
11. Überleitung der conciliation in die SA	126
IV. Die sauvegarde accélérée (SA)	127
1. Allgemeines	127
2. Anwendungsbereich	130
3. Anwendungsvoraussetzungen	131
4. Eröffnung des Verfahrens	136
5. Rechtswirkungen der Eröffnung des Verfahrens	137
6. Gerichtliche Bestätigung des Sanierungsplans	142
V. Prepack-cession	144
C. Materielles Insolvenzrecht	148
I. Einleitung	148
1. Verfahrensvielfalt	148
2. Rolle der am Verfahren beteiligten Parteien	153
II. Das präventive Restrukturierungsverfahren – procédure de sauvegarde – als Regelverfahren	168
1. Eröffnung des Verfahrens	168
2. Verfahrensausweitung – extension de procédure (substantive consolidation)	188
3. Die Beobachtungsphase – période d'observation	194

Internationales Insolvenzrecht – Frankreich

	Rn.		Rn.
4. Das Schicksal von laufenden Verträgen	208	V. Die Nichtigkeit von Rechtshandlungen während der période suspecte	561
5. Entlassungen während der Beobachtungsphase	233	1. Allgemeines	561
6. Der Sanierungsplan – plan de sauvegarde	234	2. Automatische Nichtigkeit – nullité de droit	567
III. Die ordentlichen Insolvenzverfahren: procédures de redressement bzw. de liquidation judiciaire	281	3. Fakultative Nichtigkeit – nullité facultative	579
1. Das redressement judiciaire – Unterschiede zum präventiven Restrukturierungsverfahren	281	VI. Die Gläubigerhaftung bei fahrlässiger Kreditgewährung	585
		1. Entstehungsgeschichte	585
2. Die Liquidation – liquidation judiciaire	318	2. Die Reform von 2005: die Haftungsbeschränkung durch Art. L. 650-1 C. com.	587
3. Die übertragende Sanierung – plan de cession	353		
IV. Stellung der Gläubiger	386	VII. Zivilrechtliche Haftung von Mitgliedern der Leitungsorgane	602
1. Kollektive Vertretung der Gläubigerinteressen	386	1. Allgemeines	602
2. Strategische Überlegungen der einzelnen Gläubiger	387	2. Der Anwendungsbereich der action en responsabilité pour insuffisance d'actif	605
3. Insolvenzrechtliche Beschränkungen	389	3. Anspruchsgrundlage	608
4. Massegläubiger	434	4. Klagebedingungen	609
5. Stellung der Gläubiger während der Ausführung des Insolvenzplanes	448	5. Verfahren	614
		6. Rechtsfolgen	616
6. Stellung dinglich gesicherter Gläubiger im Rahmen der übertragenden Sanierung	450	VIII. Die Stellung von Gesellschaftern	617
7. Stellung der Gläubiger während der liquidation judiciaire	457	IX. Persönliche Folgen der Insolvenz	620
		1. Allgemeines	620
8. Die Stellung der Arbeitnehmer	463	2. Die zivilrechtliche faillite personnelle	622
9. Aussonderungsberechtigte Gläubiger	476	3. Die interdiction de gérer	626
10. Die Stellung dinglich abgesicherter Gläubiger	496	4. Bankrottstraftaten	629
		5. Andere Straftatbestände	630

A. Geschichte und Rahmenbedingungen für Insolvenz und Restrukturierung

I. Gesetzliche Grundlagen

1. Ursprünge

1 **Ursprünglich** sahen die Art. 437 ff. des Code de commerce (Artikel ohne Gesetzesangabe beziehen sich auf den C. com.) **Vergleich** und **Konkurs** als eine auf Kaufleute beschränkte organisierte Schuldenregulierung vor, die allerdings in Elsass-Lothringen auch für Privatpersonen galt. Eine Neuregelung erfolgte durch Gesetz v. 13.7.1967 (s. ebenfalls décret v. 22.12.1967 und ord. v. 23.9.1967, dazu Sonnenberger, Französisches Handels- und Wirtschaftsrecht, 1. Aufl. 1975, Rn. 95 ff.). Angesichts der steigenden Zahl der Insolvenzen ab Mitte der Siebziger Jahre reformierten die Gesetze v. 1.3.1984 und 25.1.1985 (das sog. **Loi Badinter**) das gesamte Insolvenzrecht einschneidend, das im Rahmen der Neukodifizierung im Januar 2000 in den C. com., im Sechsten Buch, mit Art. L. 611-1 beginnend, aufgenommen wurde. Der Buchstabe L. weist auf den gesetzlichen Ursprung der Norm hin. Die Ausführungsdekrete sind mit dem Buchstaben R. gekennzeichnet und beginnen im Zweiten Teil des Sechsten Buches des C. com. mit Art. R. 600-1. Im Mittelpunkt des Interesses stand nicht mehr die Ausschaltung notleidender Unternehmen, sondern vielmehr ihre Rettung. Die Behebung wirtschaftlicher Schwierigkeiten sollte in zwei Phasen geschehen. Das Gesetz von 1984 sah für die erste Phase **präventive Maßnahmen** und den **freiwilligen außergerichtlichen Vergleich** vor. Kam es dennoch zur Eröffnung eines Insolvenzverfahrens, regelte das Gesetz von 1985 für die zweite Phase die **Sanierung** des Unternehmens im Wege der Fortsetzung oder Veräußerung bzw. seine Liquidierung. Es ging nicht mehr in erster Linie um organisierte Schuldenabwicklung, sondern das Verfahren sollte dazu dienen, das betroffene Unternehmen zu retten, seine Aktivität und Arbeitsplätze zu erhalten und seine Passiva zu bereinigen. Die Interessen der Gläubiger wurden den wirtschafts- und sozialpolitischen Zielen des Gesetzes eindeutig untergeordnet. Das Gesetz v. 10.6.1994 nahm erste Korrekturen vor, um die Rechtsstellung der Sicherungsgläubiger zu stärken, ohne jedoch das Gesamtkonzept in Frage zu stellen (zur Reform v. 1994 s. Dammann ZIP 1996, 300).

2 Die Reformen konnten die an sie gestellten **hohen Erwartungen** allerdings **nicht erfüllen**. Ca. 70 % aller Verfahren führten zu einer sofortigen Liquidation. Eine Sanierung der insolventen

Internationales Insolvenzrecht – Frankreich

Unternehmen durch Fortführung bzw. Veräußerung – das erklärte Ziel der Reform von 1985 – wurde in weniger als 10 % aller Verfahren erreicht (Bericht des rapporteur Xavier de Roux v. 24.2.2005, Doc. AN Nr. 2095, Commission des lois, sauvegarde des entreprises). Erfolgreich waren in der Praxis nur, vor allem bei größeren Unternehmen, präventive Vorverfahren, nämlich das ursprünglich auf richterlicher Rechtsschöpfung beruhende **mandat ad hoc** sowie, seit der Reform von 1994, das freiwillige Vergleichsverfahren, **règlement amiable** (vgl. Sonnenberger/Dammann, Französisches Handels- und Wirtschaftsrecht, 3. Aufl. 2008, Rn. VIII 27). Das erste mandat ad hoc wurde vom Handelsgericht in Carcassonne 1982 eröffnet. Das tribunal de commerce von Paris hat das Verfahren zur Bewältigung der Immobilienkrise in den Neunziger Jahren erfolgreich eingesetzt. Das Gesetz v. 10.6.1994 hat das mandat ad hoc in den C. com. aufgenommen (vgl. Art. L. 611-3 C. com.; Le Corre Rn. 123.111). Diese Erfahrungen sind der Hintergrund einer erneuten, durchgreifenden Reform durch das Gesetz v. 26.7.2005 (zum Gesetzentwurf s. Dammann/Undritz NZI 2005, 198).

2. Das Loi de sauvegarde v. 26.7.2005

Das **Loi de sauvegarde** v. 26.7.2005 kommt bei Insolvenzverfahren zur Anwendung, die nach dem 1.1.2006 eröffnet worden sind (vgl. Lienhard Rn. 01.15). Das neue Gesetz hat die insolvenzrechtliche Landschaft in Frankreich bis zum heutigen Tag entscheidend geprägt. Erklärtes Kernstück der Reform ist die Einführung eines formalisierten **präventiven Insolvenzverfahrens**, die **procédure de sauvegarde**, in Anlehnung an das amerikanische Chapter 11 Verfahren. Der Vergleich darf allerdings nicht täuschen. Insbesondere die Rechtsstellung der Gläubiger in beiden Verfahren ist sehr unterschiedlich. 3

Der französische Gesetzgeber hat die **procédure de sauvegarde** als das **zentrale Regelverfahren** ausgestaltet, das in Art. L. 620-1 ff. C. com. normiert ist. Es beruht, wenn auch mit wichtigen Änderungen, auf dem früheren ordentlichen Insolvenzverfahren, der procédure de redressement judiciaire, das als selbstständiges Verfahren fortbesteht. Falls nichts anderes in Art. L. 631-1 ff. C. com. vorgesehen ist, finden also die Vorschriften des präventiven Restrukturierungsverfahrens auf das **ordentliche Insolvenzverfahren** Anwendung. Auf den ersten Blick ist diese Gesetzesverweisung kurios, da in der Praxis das redressement judiciaire das weitaus bedeutendere Verfahren ist. Bei der **übertragenden Sanierung** wiederholt sich das Phänomen. Seitdem Loi Badinter erfolgte der Verkauf des Unternehmens im Rahmen des redressement judiciaire. Der Reformgesetzgeber von 2005 hat die übertragende Sanierung umgesiedelt. Die einschlägigen Vorschriften finden sich nunmehr in Kapitel der liquidation judiciaire wieder. Auch diese Platzierung ist nicht einfach nachzuvollziehen, da in der Praxis die übertragende Sanierung weiterhin im Rahmen des redressement judiciaire möglich ist und in der Regel auch dort erfolgt. Die **Überschneidung der Anwendungsbereiche** der drei verschiedenen Verfahren, sauvegarde, redressement judiciaire und liquidation judiciaire, macht das französische Insolvenzrecht leider recht unübersichtlich. 4

Trotzdem hat sich die Einführung eines präventiven Restrukturierungsverfahrens, das bereits im Vorfeld der Zahlungsunfähigkeit eröffnet werden kann, als eine richtige gesetzgeberische Maßnahme erwiesen. Der **Eurotunnel-Fall** gilt hier als erster erfolgreicher Test. Durch Urteil v. 15.1.2007 hat das Pariser Handelsgericht den Insolvenzplan gebilligt und so den Grundstein für Sanierung des Eurotunnelkonzerns gelegt (D. 2007, 313, GlobalTurnaround 3/2007, 11 mAnm Dammann/Podeur). Der Eurotunnel-Fall ist auch für die Anwendung der EuInsVO von Bedeutung (dazu Dammann/Sénéchal, Le droit de l'insolvabilité internationale, 1. Aufl. 2018, Rn. 456). 5

Die Reform von 2005 hat die Attraktivität der vertraulichen Vorverfahren deutlich erhöht. Die procédure de **conciliation,** die das règlement amiable ablöst, spielt seitdem in Verbindung mit dem mandat ad hoc eine Schlüsselrolle im Rahmen der vorinsolvenzrechtlichen Sanierung. 6

3. Erste Korrekturen des Loi de sauvegarde

Die erste Reform des Loi de sauvegarde erfolgte durch ordonnance Nr. 2008-1345 v. 18.12.2008 (s. auch das Ausführungsdekret Nr. 2009-160 v. 12.2.2009), die auf Insolvenzverfahren zur Anwendung kommt, die ab dem 15.2.2009 eröffnet worden sind (vgl. Lienhard Rn. 01.18). Der Gesetzgeber hat hier die im Eurotunnel-Urteil vom Pariser Handelsgericht vorgenommene (kontroverse) Auslegung von Art. L. 626-30 C. com. zur Zusammensetzung der Gläubigerausschüsse gesetzlich verankert (→ Rn. 154). Die Reform ist ebenfalls für die insolvenzrechtliche Behandlung der durch Gesetz v. 19.2.2007 eingeführten treuhänderischen Rechtsübertragung, fiducie (hierzu allg. Sonnenberger/Dammann, Französisches Handels- und Wirtschaftsrecht, 3. Aufl. 2008, Rn. VII 82, VII 108 ff.), bedeutsam. 7

4. Die Einführung der sauvegarde financière accélérée

8   Durch Gesetz v. 22.10.2010 wurde die **sauvegarde financière accélérée** (abgekürzt **SFA**) eingeführt (vgl. Lienhard Rn. 01.19; Dammann/Schneider D. 2011, 1429). Der Gesetzgeber hatte hier die Konsequenzen aus der Restrukturierung des in Paris und New York börsennotierten Thomson Konzerns gezogen (vgl. Dammann/Podeur D. 2010, 2005; Lienhard, Code des procédures collectives, annoté et commenté, 17. Aufl. 2019, Art. L. 628-1). Im Rahmen des Schlichtungsverfahrens konnte keine einstimmige Zustimmung aller Finanzgläubiger für den Restrukturierungsplan erzielt werden. Als insolvenzrechtliches Instrumentarium stand damals nur die allgemeine procédure de sauvegarde zur Verfügung, um über einen Restrukturierungsplan auf der Basis von Mehrheitsentscheidungen abzustimmen. Die Verfahrenseröffnung wurde vom Markt als ein positiver Lösungsweg aus der Schuldenkrise aufgenommen. Der Aktienkurs zog an und in einer Rekordzeit von zehn Wochen wurde der mit den wichtigsten Gläubigern ausgehandelte pre-packaged Sanierungsplan, der ua einen debt-to-equity-swap eines Großteils der Schulden in Höhe von 2,7 Mrd. EUR vorsah, von den Gläubigerausschüssen, der Versammlung der Innhaber der Schuldverschreibungen und der außerordentlichen Hauptversammlung der Aktionäre beschlossen und gerichtlich am 17.2.2010 bestätigt (vgl. CA Versailles v. 18.11.2010). Der Kassationshof hat die Revision zurückgewiesen (Com. 21.2.2012, Bull. civ. IV, Nr. 45, D. 2012, 606 mAnm Lienhard; Rev. sociétés 2012, 450 mAnm Grelon; JCP E 2012, 1227, Nr. 3 mAnm Pétel; Bull. Joly 2012, 426 mAnm Borga; BJE 2012, 78 mAnm Dammann/Podeur).

9   Der Gesetzgeber hat daraufhin die Lehren aus dem Thomson-Fall gezogen und ein **zweistufiges präventives Restrukturierungsverfahren** für **Finanzverbindlichkeiten** eingeführt. Zunächst wird eine procédure de conciliation durchgeführt, die darauf abzielt, die Finanzverbindlichkeiten des Unternehmens einvernehmlich zu restrukturieren, um eine Insolvenz abzuwenden. Falls der Restrukturierungsplan keine einstimmige Zustimmung findet, aber von einer qualifizierten Mehrheit der Finanzgläubiger getragen wird, kann der Schuldner in der zweiten Phase die Eröffnung einer SFA beantragen, um im „Eilverfahren" den Restrukturierungsplan von einer Zwei-Drittel-Summenmehrheit der betroffenen Finanzgläubiger zu verabschieden und danach gerichtlich bestätigen zu lassen. Bei der SFA handelt es sich also um eine abgekürzte vereinfachte procédure de sauvegarde, die als „**Rumpfverfahren**" lediglich dazu dient, Finanzgläubiger, die sich in der Minderheit befinden, in die Schranken zu weisen.

5. Die Reform v. 9.12.2010

10   Durch Gesetz v. 15.6.2010 wurde das Statut des „**entrepreneur individuel de responsabilité limitée**" („**EIRL**") geschaffen. Personen, die einer kaufmännischen oder freiberuflichen Tätigkeit nachgehen, können einen Teil ihres Vermögens ihrer beruflichen Tätigkeit widmen, ohne eine juristische Person zu gründen. Die Reform v. 9.12.2010 zieht die insolvenzrechtlichen Konsequenzen dieser Aufspaltung des Vermögens (vgl. Art. L. 680-1–680-7 C. com.; Lienhard Rn. 01.20; Marmoz D. 2010, 1570; Saintourens Rev. sociétés 2010, 351). Das Ausführungsdekret wurde am 30.6.2014 erlassen.

6. Die Stärkung der Gläubigerstellung durch ordonnance v. 12.3.2014

11   Die procédure de sauvegarde idF der Reformnovelle von 2008 bot Sicherheitsgläubigern unzureichenden Schutz. Das Coeur de Défense-Verfahren machte dies sehr deutlich. Das Pariser Handelsgericht hatte in einer Entscheidung v. 7.10.2009 (vgl. LEDEN 12/2009, 1 mAnm Lucas) den vom Schuldner vorgeschlagenen Restrukturierungsplan gebilligt, obwohl mehr als 90 % der Gläubiger gegen diesen Plan gestimmt hatten. In der Berufungsinstanz wurde dieses Urteil aufgehoben (CA Paris 25.2.2010 – D. 2010, 579 mAnm Dammann/Podeur). Der Kassationshof hat diese Entscheidung jedoch in der Revision kassiert (Com. 8.3.2011 – Nr. 10-13988, D. 2011, 743 mAnm Lienhard; D. 2011, 919 mAnm Le Corre; Rev. sociétés 2011, 404 mAnm Grelon; Option Finance v. 9.3.2011 mAnm Dammann. S. ebenfalls CA Versailles 19.1.2012 – Nr. 11/03519, BJS 4/2012, 329 mAnm Dammann/de Germay). Dieser aus deutscher Sicht unverständliche Ausgang des Verfahrens erklärte sich wie folgt: Nach der damaligen Gesetzeslage war es den Gläubigern nicht möglich, einen Alternativplan zur Abstimmung vorzulegen. Das Gericht konnte daher den vom Schuldner vorgelegten Insolvenzplan bestätigen, da dieser lediglich Stundungen der Forderungen, aber keinen Forderungserlass vorsah. Die Reform v. 12.3.2014 hat hier Abhilfe geschaffen (vgl. Lienhard Rn. 01.21; Lucas BJE 2014, 111). Sie ist am 1.7.2014 in Kraft getreten und kommt auf nicht zu diesem Zeitpunkt bereits eröffnete Verfahren zur Anwendung (vgl. Lienhard Rn. 01.22). Flankiert wird die Reform durch das Ausführungsdekret v. 30.6.2014.

7. Das sog. „prepack cession"-Verfahren

Die übertragende Sanierung kann in Frankreich seit der Reform von 2014 bereits im Rahmen eines Vorverfahrens (mandat ad hoc, conciliation) unter Einbeziehung des künftigen Verwalters ausgehandelt und im Rahmen eines ordentlichen Insolvenzverfahrens (redressement oder liquidation judiciaire) vollzogen werden. Die Lehre spricht von einem sog. **„prepack cession"**-Verfahren (vgl. Gorrias Gaz. Pal v. 8.4.2014; vgl. ferner Gentin BJE 2014, 208). 12

8. Die Einführung der procédure de rétablissement professionnel

Der Reformgesetzgeber von 2014 hat auch ein vereinfachtes Verfahren zur Schuldenbereinigung mit **Restschuldbefreiung** der bekannten Forderungen (s. Art. L. 645-11 C. com.) eingeführt, die **procédure de rétablissement professionnel**. In den Genuss dieses Verfahrens kommen gutgläubige natürliche Personen, die einer kaufmännischen oder freiberuflichen Tätigkeit nachgehen und deren sehr geringes Vermögen die Verfahrenskosten nicht abdeckt (Art. L. 645-1–645-12 C. com.). Die Reform beruht auf einem Vorschlag aus der Lehre (vgl. Lucas/Sénéchal D. 2013, 1852). Anders als in Deutschland kennt das französische Recht nämlich nicht die Ablehnung eines Eröffnungsantrags mangels Masse. Das Ziel der Reform, die Zahl der Liquidierungen deutlich herabzusetzen, wurde allerdings verfehlt. 13

9. Das Loi Macron v. 6.8.2015

Die Stellung der Gläubiger wird durch das sog. **Loi Macron** v. 6.8.2015 weiter gestärkt. Der **debt-to-equity-swap** kann nunmehr gegen den Widerstand der Aktionäre gerichtlich beschlossen werden. Diese Maßnahme ist allerdings an sehr strenge Voraussetzungen geknüpft (vgl. Dammann/Lucas BJS 2015, 521). 14

10. Die COVID-19-Ausnahmegesetzgebung

Durch Gesetz Nr. 2020-290 vom 23.3.2020 wurde die französische Regierung ermächtigt, an Gesetzes statt tretende Verordnungen, ordonnances, zu erlassen, um die Auswirkungen der COVID-19-Pandemie auch insolvenzrechtlich bewältigen zu können. Einschlägig sind sechs ordonnances Nr. 2020-304 vom 25.3.2020 und Nr. 2020-306 und 2020-341 vom 27.3.2020, Nr. 2020-560 vom 13.5.2020 und Nr. 2020-1443 vom 25.11.2020, die durch drei Rundschreiben, circulaires, des Justizministeriums vom 26. und 30.3.2020 bzw. 16.6.2020 erläutert werden (BJE Mai/Juni 2020, dossier, 55; BJE Juli/August 2020, dossier, 71; Borga/Couturier, Rev. proc. coll. Mai/Juni 2020, étude, 1). Diese Gesetzgebung kommt auch auf bereits **laufende Verfahren** zur Anwendung. Als flankierende Maßnahme hat der Finanzminister am 23.3.2020 einen Erlass, arrêté, zur Vergabe von staatlich garantierten Krediten (sog. **PGE,** prêt garantie par l'Etat) erlassen, um die Liquidität der von COVID-19 betroffenen Unternehmen zu verbessern (vgl. JO v. 24.3.2020). Diese Kredite können jedoch nicht im Rahmen eines Insolvenzverfahrens zur Verfügung gestellt werden. 14a

Wie im deutschen Recht soll durch **Aussetzung** von **Antragsfristen** die Eröffnung eines Insolvenzverfahrens vermieden werden. Die Zahlungsunfähigkeit des Schuldners „**kristallisiert**" sich rückwirkend zum Zeitpunkt des **12.3.2020,** wodurch indirekt Anfechtungen ausgeschlossen werden. Danach beginnt eine **Schutzperiode,** période juridiquement protégée, die am 23.8.2020 (einschließlich) abläuft und fallbezogen um einen, zwei oder drei Monate verlängert werden kann. Ursprünglich war das Datum der Beendigung des „Notstands der gesundheitlichen Sicherheit" (état d'urgence sanitaire), einschlägig. Die ordonnance vom 20.5.2020 hat die Berechnung der Fristen vereinfacht. 14b

Tritt die **Zahlungsunfähigkeit** des Schuldners nach dem Stichtag des 12.3.2020 ein, wird die **Antragspflicht** zur Eröffnung eines ordentlichen Insolvenzverfahrens (procédure de redressement bzw. de liquidation judiciaire) bis zum 23.8.2020 (einschließlich) ausgesetzt. War der Schuldner bereits am 12.3.2020 zahlungsunfähig, muss er innerhalb von 45 Tagen Antrag auf die Eröffnung des Verfahrens stellen. Während dieser Zeitperiode kann der Schuldner Antrag auf Eröffnung eines präventiven Restrukturierungsverfahrens, procédure de sauvegarde bzw. eines Schlichtungsverfahrens, conciliation stellen. Er kann ebenfalls die Eröffnung eines ordentlichen Insolvenzverfahrens beantragen. **Fremdanträge** auf Eröffnung einer procédure de redressement judiciaire bzw. einer liquidation judiciaire sind unzulässig. Während dieser Periode können Rechtshandlungen, zB die Vergabe von neuen Krediten und die Bestellung von Sicherheiten, grundsätzlich wegen fehlender Zahlungsunfähigkeit des Schuldners **nicht angefochten** werden. Die sog. periode sus- 14c pecte beginnt ab der gerichtlichen Feststellung der tatsächlichen Zahlungsunfähigkeit (→ Rn. 561). Die mögliche Zurückdatierung der tatsächlichen Zahlungsunfähigkeit für einen Zeitraum von maximal 18 Monaten vor Eröffnung des Verfahrens gem. Art. L. 631-8 C. com. bleibt unberührt (vgl. Teboul D. 2020, 785).

14d Art. 2 der ordonnance Nr. 2020-3306 setzt in der Neufassung der ordonnance vom 13.5.2020 grundsätzlich alle **Verfahrensfristen,** die während des Zeitraums vom 23.3.2020 bis zum 23.6.2020 abgelaufen wären, automatisch um maximal zwei Monate bis zum 23.8.2020 (einschließlich). Kürzere Fristen werden nicht um zwei Monate verlängert. Insolvenzrechtlich kommt diese Regelung zB auf die zweimonatige Frist der **Forderungsanmeldung** zur Anwendung. Die Fristverlängerung für ausländische Gläubiger um eine weitere zwei Monate kommt nicht zur Anwendung (→ Rn. 411). Das Gleiche gilt auch für die dreimonatige **Aussonderungsfrist** von Art. L. 624-9 C. com. beim Eigentumsvorbehalt, die um zwei Monate verlängert wird (→ Rn. 476; Einzelheiten bei Borga/Couturier, Rev. proc. coll. Mai/Juni 2020, étude, 1).

14e Art. 1, II der ordonnance Nr. 2020-341 idF vom 20.5.2020 sieht vor, dass die **maximale Laufzeit** aller **Schlichtungsverfahren,** conciliation, die während der Schutzperiode anhängig sind, **automatisch um weitere fünf Monate verlängert** wird. In den Genuss dieser Verfahrensverlängerung kommen folglich Verfahren, die während dieser Periode hätten beendet werden müssen bzw. eröffnet worden sind. Die Karenzfrist von Art. L. 611-6 C. com. kommt hier ausnahmsweise nicht zur Anwendung. Die ordonnance Nr. 2020-596 hat zusätzliche Schutzbestimmungen erlassen, die bis zum 31.12.2021 zur Anwendung kommen (s. Art. 124 Ges. Nr. 2020-1525 v. 7.12.2020). Für die Dauer der conciliation müssen die am Verfahren teilnehmenden Gläubiger ein **Moratorium** hinnehmen. Andernfalls kann der Schuldner bei Gericht für die Dauer der conciliation die Aussetzung von Zahlungsverbindlichkeiten, Rechtsverfolgungs- und Vollstreckungsmaßnahmen sowie von Kündigungen von Verträgen wegen Zahlungsverzug beantragen. Strafzinsen werden nicht fällig. Darüber hinaus kann das Gericht gem. Art. 1343-5 C. civ. eine zweijährige Aussetzung der Zahlung von Schulden (délai de grâce) verhängen (Art. 2, III. ord. v. 20.5.2020). Allgemein zum délai de grâce → Rn. 110. Diese Regelung begünstigt den Schuldner, der innerhalb einer zehnmonatigen Schlichtungsphase die Eröffnung eines präventiven Insolvenzverfahrens beantragen kann, um in den Genuss eines weiteren gesetzlichen Moratoriums von bis zu 18 Monaten während der Beobachtungsphase zu gelangen (zu den Voraussetzungen der Verfahrenseröffnung eines präventiven Restrukturierungsverfahrens → Rn. 168). Art. 1 und 4 der ordonnance Nr. 2020-1443 vom 25.11.2020 sehen vor, dass laufende Schlichtungsverfahren, die nach dem 23.8.2020 bzw. Verfahren, die nach Inkrafttreten der Verordnung vom 25.11.2020 eröffnet worden sind, bis zum 31.12.2021, auf Antrag des Schlichters, um bis zu **fünf Monate verlängert** werden können. Schließlich wurden die **Eingangsschwellen** der Eröffnung einer sauvegarde (financière) accélérée der Art. L. 628-1 Abs. 4 C. com. vorübergehend aufgehoben (Art. 3 ord. v. 20.5.2020). Diese Regelung ist am 22.5.2020 in Kraft getreten und gilt bis zur Verabschiedung der ord., die die EU-Restrukturierungs-RL 2019/1023 vom 20.6.2019 umsetzen wird, bzw. spätestens bis zum 17.7.2021. Zu den Schwellenwerten → Rn. 131. Die erhöhe Attraktivität der conciliation hat zu einem Ansteigen der Verfahren im Jahre 2020 um 10 % geführt.

14f Art. 1, III. der ordonnance Nr. 2020-341 und Art. 5 der ordonnance Nr. 2020-596 sehen eine Verlängerung der im Rahmen einer procédure de sauvegarde bzw. redressement judiciaire gerichtlich beschlossenen **Sanierungspläne** vor (dazu → Rn. 234). Die einzelnen **Ratenzahlungen** werden entsprechend **angepasst** (Art. 5, I. Abs. 2 ord. v. 20.5.2020. Dazu Monsèrié-Bon/Poujade, BJE Juli/August 2020, dossier, 76). Das Gericht kann ebenfalls gem. Art. 1345-5 Abs. 1–3 C. civ. délais de grâce gewähren. Es gelten folgende Regeln. Während der Schutzperiode vom 12.3.2020 bis zum 23.6.2020 werden alle Pläne automatisch um drei Monate verlängert. Bis zum 23.8.2020 kann der commissaire à l'exécution du plan beim Präsidenten des Gerichts eine Planverlängerung für die Dauer von maximal fünf Monaten beantragen. Wird der Antrag vom Staatsanwalt gestellt, ist eine Verlängerung von einem Jahr möglich. Nach Ablauf dieser Antragsfrist kann bis zum 23.2.2021 der commissaire à l'exécution du plan oder der Staatsanwalt bei Gericht den Antrag stellen, die Plandauer um ein Jahr zu verlängern (der Gerichtspräsident ist nicht zuständig. Entscheidend für die Zuständigkeit ist der Zeitpunkt der Gerichtsentscheidung, nicht das Datum der Antragstellung. Hier ist also Vorsicht geboten). Darüber hinaus kann die **Plandauer** gem. Art. 5, I. Abs. 1 der ordonnance vom 20.5.2020 um weitere zwei Jahre verlängert werden. Ein solcher Antrag muss allerdings vom commissaire à l'exécution du plan oder vom Staatsanwalt bis spätestens zum 31.12.2020 bei Gericht eingereicht werden. Somit ergibt sich eine **maximale** Verlängerung des Sanierungsplans von insgesamt **51 Monaten.** Das Gericht ist nicht an die Höchstgrenze von 10 Jahren des Art. L. 626-12 C. com. gebunden. Gemäß der circulaire vom 30.3.2020 sind diese

Ausnahmeregelungen eng auszulegen. Schließlich ist noch auf die Privilegierung von Darlehen hinzuweisen, die während der Beobachtungsphase oder im Rahmen des Fortführungsplans dem Schuldner zur Verfügung gestellt werden, sog. privilège de „post money" (Art. 5, IV. ord. v. 20.5.2020). Es handelt sich um eine vorgezogene Umsetzung der EU-Restrukturierungs-RL 2019/1023 vom 20.6.2019, die spätestens am 17.7.2021 ausläuft. Die Rangstellung ist allerdings deutlich ungünstiger als das Privileg der **conciliation**.

11. Vereinfachtes redressement judicaire-Verfahren: die sog. procédure de traitement de sortie de crise

Im Rahmen des Gesetzes vom 31.5.2021 hat der Gesetzgeber für einen **Übergangszeitraum von zwei Jahren** ein vereinfachtes redressement judicaire-Verfahren, das sog. „**procédure de traitement de sortie de crise**" eingeführt. Das Verfahren soll Kleinunternehmen helfen, die Covid-Krise zu meistern. Es handelt sich hier um das Pendant der sauvegarde accélérée für Schuldner, die zahlungsunfähig sind, und daher nicht in den Genuss dieses präventiven Restrukturierungsverfahrens kommen können. **14g**

12. Umsetzung der EU-Restrukturierungsrichtlinie 2019/1023

Im Vorfeld der Umsetzung der **EU-Restrukturierungsrichtlinie** 2019/1023 vom 20.6.2019 zur europaweiten Einführung eines präventiven Restrukturierungsverfahrens wurde in Frankreich eine erneute Novelle der Loi de sauvegarde mit der Zielrichtung einer Annäherung an das deutsche Insolvenzrecht diskutiert (dazu Paulus/Dammann ZIP 2018, 249; Dammann/Paulus D. 2018, 248; Dammann FS Wimmer, 2017, 162; zum RefE des SanInsFoG Dammann-Kioumji-Felbinger D. 2020, 1962). Das Loi PACTE vom 22.5.2019 hat die Regierung ermächtigt, die Richtlinie durch an Gesetzes statt tretende Verordnungen, ordonnances, bis spätestens zum 22.9.2021 umzusetzen. Parallel ist eine **Reform** der dinglichen Sicherungsrechte und der entsprechenden insolvenzrechtlichen Anpassungsvorschriften vorgesehen (dazu Dammann/Rotaru Rev. Jur. ScPo 2019, 21; Dammann/Allé Mél. Grimaldi, 2020, 259). Die Expertengruppe des Haut Comité Juridique de la Place financière de Paris (HCJP) hat am 25.9.2020 der Regierung Vorschläge zur Umsetzung der Richtlinie unterbreitet. Ein Referentenentwurf beider Texte wurde am 4.1.2021 veröffentlicht, der in wichtigen Punkten überarbeitet worden ist (vgl. Dammann/Malavielle D. 2021, 293). Die ordonnance zur **Umsetzung** der **Richtlinie** und die damit verbundene **Reform des Insolvenzrechts** erfolgte durch ordonnance Nr. 2021-1193 vom 15. September 2021, die am 1. Oktober 2021 in Kraft tritt und auf laufende Verfahren nicht zur Anwendung kommt (Art. 73 ord. v. 15.9.2021). Die **Reform der Sicherungsrechte** erfolgte durch ordonnance Nr. 2021-1192, die am 1. Januar 2022 in Kraft treten wird. **15**

Anders als in der Loi PACTE vorgesehen, wird die Richtlinie nicht im Rahmen einer Änderung des präventiven Restrukturierungsregelverfahrens, procédure de sauvegarde, umgesetzt werden, sondern durch eine **Novellierung** der **sauvegarde accéléré** (SA) und der sauvegarde financière accélérée (SFA) (→ Rn. 127), die zu einem neuen Verfahren **zusammengefasst** werden (so bereits Dammann/Boché-Robinet D. 2017, 1264; Dammann/Rotaru D. 2018, 2195 und der Vorschlag der Expertengruppe des HCJP, Rn. 8; allg. zum Anwendungsbereich der RL Dammann in Paulus/Dammann, European Preventive Restructuring, 2020, Art. 1 Rn. 1 ff., 22 ff.). Die Einführung von **Gläubigerklassen** im Rahmen des präventiven Restrukturierungsverfahrens lösen die Gläubigerausschüsse im Planverfahren der procédure de sauvegarde als Regelverfahren sowie des redressement judiciaire-Verfahrens durch Gläubigerklassen ab (→ Rn. 237, → Rn. 256). Die Schwellenwerte zur Einrichtung der Gläubigerklassen werden durch Dekret festgelegt. Den Vorschlägen der Expertengruppe des HCJP folgend (Rn. 10 ff.) sieht der Referentenentwurf vor, nicht wie bisher auf den Umsatz, sondern grundsätzlich auf die Höhe der **bilanziellen Verbindlichkeiten** abzustellen. Für kleinere Unternehmen werden grundsätzlich keine Gläubigerklassen gebildet. **15a**

13. Spezialgesetzliche Sonderregelungen

Neben den präventiven Vorverfahren (mandat ad hoc, conciliation), dem präventiven Restrukturierungsverfahren (sauvegarde), den ordentlichen Insolvenzverfahren (redressement und liquiation judiciaire) für Kaufleute, Handwerker, Landwirte, Freiberufler und juristische Personen des Privatrechts sowie der procédure de rétablissement professionnel für Kaufleute, Handwerker, Landwirte und Freiberufler ist auf eine Reihe von spezialgesetzlichen Sonderregelungen hinzuweisen. **16**

17 Anders als in Deutschland kommt das allgemeine Insolvenzrecht nicht bei einer **Insolvenz von Privatpersonen** zur Anwendung. Hier gibt es vielmehr ein verbraucherschutzrechtliches Verfahren (**surendettement des particuliers**), das im Folgenden ausführlich dargestellt wird (→ Rn. 21).

18 Natürliche Personen, die weder Kaufleute, Handwerker, Landwirte noch Freiberufler sind und ihren Wohnsitz in **Elsass-Lothringen** haben, können sowohl die Eröffnung eines Verfahrens nach den Titeln II–VI des Sechsten Buches des Code de commerce (insbesondere sauvegarde, redressement judiciaire, liquidation judiciaire), als auch Verbraucherinsolvenz beantragen (Art. L. 711-3 Abs. 2 C. consomm.; vgl. Froehlich Mél. Vallens, 2017, 247; Gjidara-Decaix, Surenedettement des particuliers, J-Cl. Com., Fasc. 1710 bis 1712, Stand 1.3.2018, Fasc. 1710 Rn. 16). Die Eröffnung eines Insolvenzverfahrens nach dem Code de commerce setzt allerdings voraus, dass sie gutgläubig und offensichtlich insolvent („de bonne foi et en état d'insolvabilité notoire") sind (Art. L. 670-1 C. com.). Der Begriff der „insolvabilité notoire" ist nicht deckungsgleich mit demjenigen der Zahlungsunfähigkeit, cessation des paiements (vgl. Com. 29.9.2015 – Nr. 14-18.979, D. 2015, 2007). Der Begriff der Gutgläubigkeit wird von den Gerichten recht eng ausgelegt, um einem „Insolvenztourismus" (vgl. Vallens, Rev. proc. coll. 2012, étude 21) Vorschub zu leisten. So hat zB das OLG Colmar entschieden, dass ein deutscher Verbraucher, der seinen effektiven Wohnsitz nach Frankreich verlegt hatte, um in den Genuss der Restschuldbefreiung gegenüber seinen deutschen Gläubigern zu gelangen, rechtsmissbräuchlich handelt (CA Colmar 26.6.2013 – Nr. 13/00143, Rev. proc. coll. 2013, étude 25 mAnm Dammann/Lavenant; vgl. ferner zur Problematik des rechtsmissbräuchlichen Insolvenztourismus Dammann/Sénéchal, Le droit de l'insolvabilité internationale, 1. Aufl. 2018, Rn. 472). Das in Frankreich eröffnete Verfahren umfasst nämlich das gesamte Vermögen des Schuldners, einschließlich der im Ausland gelegenen Vermögenswerte. Sowohl die Eröffnung des Verfahrens als auch die Restschuldbefreiung sind in Deutschland automatisch nach der EuInsVO anzuerkennen. Kommt es zu einer liquidation judiciaire, kann der Richter ausnahmsweise die Restschuldbefreiung davon abhängig machen, dass der Schuldner, wie bei der Verbraucherinsolvenz, einen Beitrag zur Tilgung der Schulden erbringt (vgl. Art. L. 670-4 C. com.).

19 Der französische Gesetzgeber hatte bereits durch Gesetz v. 1.3.1984 mehrere Maßnahmen zur **Frühdiagnose** von wirtschaftlichen Schwierigkeiten, insbesondere bei kleineren und mittelständischen Unternehmen getroffen, die sog. „**prévention-détection**". Zu nennen ist die im Gesellschaftsrecht angesiedelte **procédure d'alerte,** die durch den **Wirtschaftsprüfer** eingeleitet werden kann. Sie ist nicht mit dem **droit d'alerte** des **Betriebsrates** (comité social et économique – CSE) zu verwechseln. Darüber hinaus sieht Art. L. 611-2 C. com. seit der Reform von 2005 vor, dass bei wirtschaftlichen Schwierigkeiten, die die Kontinuität des Unternehmens infrage stellen können, der Präsident des Handelsgerichts den Geschäftsführer vorladen kann, damit die notwendigen Maßnahmen ins Auge gefasst werden. Schließlich spielt die öffentliche Hand im Vorfeld einer Insolvenz eine recht große Rolle. Diese verschiedenen Maßnahmen bzw. Verfahren werden nachfolgend erörtert (→ Rn. 56).

20 Insolvenzrechtliche Bedeutung hat schließlich noch Art. 1343-5 Code civil, der, in gewissen Grenzen, eine **gerichtliche Aussetzung** von Rechtsverfolgungsmaßnahmen – délai de grâce – ermöglicht. Diese Regelung spielt im Rahmen des Schlichtungsverfahrens eine wichtige Rolle, worauf in diesem Zusammenhang näher eingegangen wird (→ Rn. 96).

II. Verbraucherinsolvenzen – surendettement des particuliers

1. Allgemeines

21 Eine organisierte Schuldenregulierung von Privatschulden (**surendettement des particuliers**) wurde in Frankreich durch die sog. **Loi Neiertz** v. 31.12.1989 (dazu Hugger RIW 1990, 527 ff.) eingeführt. Verbraucherinsolvenzen werden dem Konsumentenschutz zugeordnet und ursprünglich im Dritten Buch des Code de la consommation (C. consomm.) mit Art. L. 330-1 beginnend normiert. Das Verfahren ist inzwischen mehrfach grundlegend geändert worden (vgl. Gjidara-Decaix, Surenedettement des particuliers, J-Cl. Com., Fasc. 1710 bis 1712, Stand 1.3.2018, Fasc. 1710 Rn. 7). Zu nennen ist hier zunächst das Loi Borloo v. 1.8.2003 (dazu Sonnenberger/Dammann, Französisches Handels- und Wirtschaftsrecht, 3. Aufl. 2008, Rn. VIII 6 ff.) und das Gesetz v. 1.7.2010.

22 Die ordonnance v. 14.3.2016 widmet dem traitement des situations de surendettement ein neues Siebtes Buch des Code de la consommation. Die ganze Materie wurde neu geordnet, um der Chronologie des Verfahrens Rechnung zu tragen. Im Allgemeinen Teil (titre I) wird im Ersten

Internationales Insolvenzrecht – Frankreich

Kapitel der Anwendungsbereich des Verbraucherinsolvenzrechts definiert. Das Zweite Kapital beschäftigt sich mit den Befugnissen der departementalen Überschuldungskommission (commission de surendettement des particuliers), die eine zentrale Stellung einnimmt. Das Dritte Kapitel, das nur noch aus einem Artikel besteht, beschreibt die Zuständigkeiten des Amtsgerichts (tribunal d'instance), das im Verfahren nur noch eine untergeordnete Rolle spielt. Der Zweite Teil beschreibt die erste Phase des Verfahrens: die Anrufung der Kommission und die Prüfung des Antrags. Der titre III ist den Maßnahmen zur Behebung der Überschuldung durch die Kommission gewidmet (mesures de traitement des situations de surendettement). Der Vierte Abschnitt (titre IV) beschäftigt sich mit dem rétablissement personnel, wobei der Gesetzgeber zwischen zwei Varianten unterscheidet: ohne Liquidierung des Schuldners (Kap. 1) bzw. mit liquidation judiciaire (Kap. 2). Allgemeine Bestimmungen zum rétablissement personnel enthält das Dritte Kapitel. Die übrigen Abschnitte des Siebten Buchs behandeln das Zentralregister für Zahlungszwischenfälle (Fichier national des incidents de paiement – FICP), das von der Banque de France geführt wird (titre V), zivil- und strafrechtliche Sanktionen (titre VI) sowie Spezialbestimmungen für die départements d'Outre Mer (titre VII).

Schließlich ist noch auf die letzte wichtige Reform v. 18.11.2016 hinzuweisen, die am 1.1.2018 **23** in Kraft getreten ist. Durch eine Ausweitung der Kompetenzen der Überschuldungskommission soll die Flut der gerichtlichen Verfahren eingedämmt werden. Ob dies gelingen wird, bleibt abzuwarten. Im Jahre 2018 wurden 92.000 neue Anträge bei der Kommission eingereicht, 20 % weniger als im Jahre 2014 (Les Echos v. 6.2.2019). Die Zahl der anhängigen Verfahren beträgt ca. 165.000 mit einem Kreditvolumen von ca. 6,6 Mrd. EUR.

2. Anwendungsbereich

Gutgläubige, überschuldete, natürliche Personen (a contrario sind damit juristische Personen **24** ausgeschlossen, vgl. Civ. 15.2.2000 – RTD com. 2000, 471 mAnm Paisant), die nicht dem allgemeinen Insolvenzrecht des Sechsten Buches des Code de commerce unterliegen, also Verbraucher, kommen in den Genuss der spezialgesetzlichen Schuldenregulierung (C. Consom., Art. L. 711-1 und L. 711-3). Das **handelsrechtliche** Insolvenzrecht ist folglich der **Regelfall**, die Verbraucherinsolvenz die Ausnahme (vgl. Gjidara-Decaix, Surenedettement des particuliers, J-Cl. Com., Fasc. 1710 bis 1712, Stand 1.3.2018, Fasc. 1710 Rn. 23). Nicht in den Anwendungsbereich der Verbraucherinsolvenz fallen somit **Privatschulden** von Kaufleuten, Handwerkern, Landwirten oder Freiberuflern (vgl. Civ. 22.1.2002 – Bull. civ. I, Nr. 25; D. 2002, 2443 mAnm Revel; Civ. 23.6.2016 – Nr. 15-16.637, D. 2016, 1428; BJE 2016, 402; Com. 17.6.2020 – Nr. 19-10.464, D. 2020, 1356; Rev. proc. coll. 2/2021, 24). In den Genuss des Spezialgesetzes kommt auch der private Bürge oder Mitschuldner, der solidarisch für die Verbindlichkeiten eines Einzelunternehmens oder einer Gesellschaft haftet (Art. L. 711-1 Abs. 3 C. consom.). Bei einer Vermögensaufspaltung eines entrepreneur individuel de responsabilité limitée („EIRL") unterliegt das Privatvermögen den spezialgesetzlichen Verbraucherschutznormen (Art. L. 711-7 C. consomm.; dazu Gjidara-Decaix, Surenedettement des particuliers, J-Cl. Com., Fasc. 1710 bis 1712, Stand 1.3.2018, Fasc. 1710 Rn. 21). Geschäftsführer von Gesellschaften, die keine Kaufleute sind, kommen also in den Genuss der Sondervorschriften der Verbraucherinsolvenz (also der Président Directeur Général (PDG) einer Aktiengesellschaft, der Präsident einer SAS, der Geschäftsführer einer SARL sowie ein Alleingesellschafter und Geschäftsführer einer Einmann-Gesellschaft). Das Gleiche gilt grundsätzlich auch für Freiberufler, die ihre anwaltliche bzw. ärztliche Tätigkeit im Rahmen einer Berufsgesellschaft ausüben (für Einzelheiten s. Com. 9.2.2010 – Nr. 08-17.670, 08-15.191, 08-17.144, Bull. civ. IV, Nr. 35, 36 und 38, D. 2010, 434 mAnm Lienhard; Rev. proc. coll. 2010, étude 6 mAnm Bonhomme; Com. 16.9.2014 – Nr. 13-17.147, Bull. civ. IV, Nr. 123; JCP E 2014, 1550; Dr. sociétés 2014, comm. 193 mAnm Legros).

Das **Verbraucherinsolvenzverfahren** fällt **nicht** in den Anwendungsbereich der **EuInsVO**, **25** was allgemein kritisiert wird, da die Materie im Laufe der Reformen eine immer größere insolvenzrechtliche Prägung erhalten hat (vgl. Dammann/Sénéchal, Le droit de l'insolvabilité internationale, 1. Aufl. 2018, Rn. 290, 328. S. ferner Civ. 17.3.2016 – Act. proc. coll. 2016, comm. 99 mAnm Legrand: Ausschluss der Anwendung der EuInsVO, obwohl die Mehrheit der Gläubiger in Deutschland etabliert war).

Französisches Recht kommt zur Anwendung, wenn der **Wohnsitz** des Schuldners in Frankreich **26** liegt (vgl. Gjidara-Decaix, Surenedettement des particuliers, J-Cl. Com., Fasc. 1710 bis 1712, Stand 1.3.2018, Fasc. 1710 Rn. 15). Seine Nationalität spielt keine Rolle (vgl. Civ. 23.2.1999 – Nr. 97-04.078, Bull. civ. I, Nr. 68; Gjidara-Decaix, Surenedettement des particuliers, J-Cl. Com., Fasc. 1710 bis 1712, Stand 1.3.2018, Fasc. 1710 Rn. 17). Privatschuldner, die in Frankreich wohnhaft sind und sich gegenüber ausländischen Gläubigern verschuldet haben, kommen ebenfalls in den Genuss dieser spezialgesetzlichen Regelung (vgl. Civ. 2.10.2002, Rev. crit. DIP 2003, 113).

27 Art. L. 711-2 C. consomm. sieht eine Ausnahmevorschrift zugunsten **französischer Staatsangehöriger** vor, die der verbraucherrechtlichen Schuldenregulierung unterliegen, selbst wenn sie ihren Wohnsitz im Ausland haben und sich privat gegenüber Gläubigern verschuldet haben, die in Frankreich etabliert sind. Umgekehrt kommt das Spezialgesetz nicht zur Anwendung bei **ausländischen Schuldnern**, die im Ausland residieren und sich gegenüber französischen Gläubigern verschuldet haben (vgl. Civ. 23.2.1999, Bull. civ. I, Nr. 68).

28 Die Auslegung des Begriffs der **Gutgläubigkeit** ist umstritten. Ein Teil der Lehre stellt auf das Verhalten des Verbrauchers bei der Kreditaufnahme ab. Schuldner, die bewusst über ihre Verhältnisse gelebt haben, sollten nicht in den Genuss der Schuldenregulierung kommen. Andere Autoren möchten lediglich das Verhalten des Verbrauchers während des Verfahrens heranziehen. Der Kassationshof scheint einen Mittelweg einschlagen zu wollen und räumt den Instanzgerichten einen recht großen Beurteilungsspielraum ein (vgl. Civ. 10.2.2011 – Nr. 10-11.815, Rev. proc. coll. 2011, comm. 125. Für eine Zusammenstellung der Rechtsprechung Gjidara-Decaix, Surenedettement des particuliers, J-Cl. Com., Fasc. 1710 bis 1712, Stand 1.3.2018, Fasc. 1710 Rn. 25). Gesichert ist, dass Gutgläubigkeit **vermutet** wird (vgl. Gjidara-Decaix, Surenedettement des particuliers, J-Cl. Com., Fasc. 1710 bis 1712, Stand 1.3.2018, Fasc. 1710 Rn. 31). Erstellt der Verbraucher versehentlich eine unvollständige Auflistung der Schulden, wird die Gutgläubigkeit nicht infrage gestellt (vgl. Civ. 20.10.2005, D. 2006, 870). Anders verhält es sich, wenn dies bewusst geschieht (vgl. zB Civ. 20.4.2017 – Nr. 16-14.837, Gaz. Pal. 3.10.2017, Nr. 33, S. 28; Civ. 11.5.2017 – Nr. 16-15.481, D. 2017, 1045) oder wenn der Schuldner es versäumt, während des Moratoriums seine Immobilien zu veräußern (vgl. Civ. 10.12.2020 – Nr. 19-20.454, Rev. proc. coll. 2/2021, 25).

29 Die Bedingung der Gutgläubigkeit, die von der Kommission während der ersten Phase des Verfahrens geprüft wird, unterscheidet sich von der **déchéance,** die als zivilrechtliche Sanktion konzipiert ist. Gemäß Art. L. 761-1 C. consomm. verliert der Schuldner die Schutzwirkung des Verbraucherinsolvenzverfahrens, falls er im Hinblick auf die Anwendung des Gesetzes bewusst falsche oder unvollständige Angaben gemacht oder falsche Dokumente vorgelegt, zu diesem Zweck Teile seines Vermögens verschwiegen oder dem Zugriff der Gläubiger entzogen oder dies versucht bzw. während des Verfahrens ohne Zustimmung der Gläubiger durch Aufnahme neuer Darlehen oder durch Veräußerung von Vermögensteilen seine Verschuldungslage verschlechtert hat (für eine Zusammenstellung der Rechtsprechung: Gjidara-Decaix, Surenedettement des particuliers, J-Cl. Com., Fasc. 1710 bis 1712, Stand 1.3.2018, Fasc. 1710, Rn. 27). Die décheance wird von der **Kommission** ausgesprochen. Gegen diese Entscheidung können Rechtsmittel eingelegt werden (Art. L. 712-3 C. consomm.).

30 Art. L. 711-1 Abs. 2 C. consomm. definiert die **Überschuldung** als die offensichtliche Unmöglichkeit für eine natürliche Person, ihre nicht beruflichen Schulden zu begleichen (Art. 330-1 C. consomm.: „La situation de surendettement des personnes physiques est caractérisée par l'impossibilité manifeste pour le débiteur de bonne foi de faire face à l'ensemble de ses dettes non professionnelles exigibles et à échoir"). Die Fälligkeit der Forderungen spielt keine Rolle. Der Gesetzgeber stellt klärend fest, dass die alleinige Tatsache, dass der Schuldner Eigentümer seines Hauptwohnsitzes ist, dessen Wert zum Zeitpunkt der Antragstellung die Höhe der Privatschulden ausmacht oder übersteigt, der Charakterisierung einer Überschuldungssituation nicht im Wege steht (Art. L. 711-1 Abs. 2 C. consomm.). Entscheidend ist also die **Liquiditätssituation** des Schuldners (so Civ. 19.2.2015 – Nr. 13-28.236, 14-10.268, D. 2016, 621 mAnm Aubry; dazu Gjidara-Decaix, Surenedettement des particuliers, J-Cl. Com., Fasc. 1710 bis 1712, Stand 1.3.2018, Fasc. 1710 Rn. 36). Die circulaire v. 15.12.2017 macht deutlich, dass der mögliche Verkaufserlös der Immobilie, die den Hauptwohnsitz des Schuldners darstellt, bei der Kalkulation der Überschuldung zum Zeitpunkt der Eröffnung des Verfahrens nicht berücksichtigt werden soll. Die Situation ist fallbezogen, in concreto, zu beurteilen (Gjidara-Decaix, Surenedettement des particuliers, J-Cl. Com., Fasc. 1710 bis 1712, Stand 1.3.2018, Fasc. 1710 Rn. 36). Die Beweislast liegt beim Schuldner, vgl. Gjidara-Decaix, Surenedettement des particuliers, J-Cl. Com., Fasc. 1710 bis 1712, Stand 1.3.2018, Fasc. 1710 Rn. 37).

31 Gemäß Art. L. 711-4 C. consomm. sind von der verbraucherrechtlichen Schuldenregulierung, vorbehaltlich der Zustimmung durch den Gläubiger, **unterhalts-** und **strafrechtlich** begründete **Entschädigungszahlungen** ausgeschlossen (Einzelheiten bei Gjidara-Decaix, Surenedettement des particuliers, J-Cl. Com., Fasc. 1710 bis 1712, Stand 1.3.2018, Fasc. 1712 Rn. 5 ff.). **Geldbußen** können ebenfalls auf keinen Fall gestundet oder erlassen werden. Ausgenommen sind ferner

Internationales Insolvenzrecht – Frankreich

Verpflichtungen aus pfandrechtlich abgesicherten Darlehen der Caisse de crédit municipal (Art. L. 711-5 C. consomm.; zur Klassifizierung der französischen Kreditinstitute vgl. Sonnenberger/Dammann, Französisches Handels- und Wirtschaftsrecht, 3. Aufl. 2008, Rn. VII 12).

Wie bereits erwähnt, hat der Gesetzgeber der **commission de surendettement des particu-** 32 **liers,** die in jedem Departement eingerichtet worden ist, eine **Schlüsselrolle** zugedacht (vgl. Art. L. 712-1 C. consomm.). Sie hat sieben Mitglieder, darunter einen Repräsentanten der Banque de France. Der préfet führt den Vorsitz. Sie prüft die Zulässigkeit der Anträge und schlägt vor bzw. entscheidet über die Maßnahmen zur Beseitigung der Überschuldung. So kann die Kommission ein rétablissement personnel ohne Liquidierung beschließen oder, mit Zustimmung des Schuldners, beim Amtsgericht die Eröffnung des Verfahrens eines rétablissement personnel sans liquidation judiciaire beantragen. Die Kommissionsmitglieder müssen alle kommunizierten Informationen streng vertraulich behandeln (Art. L. 712-5 C. consomm.) Die Kommission hat die umfassende Befugnis, von Behörden und Banken alle notwendigen Unterlagen einzuholen (Art. L. 712-6. C. consomm.).

3. Prüfung des Antrags und Orientierung des Verfahrens

Gemäß Art. L. 721-1 C. consomm. kann nur der Schuldner selbst **Antrag** auf Eröffnung eines 33 Verfahrens bei der örtlich zuständigen **Überschuldungskommission** stellen. Ist der Schuldner verheiratet oder lebt er mit einem Lebensgefährten in ehelicher Gemeinschaft, können jeder einzelne oder beide Eheleute bzw. Lebensgefährten die Kommission anrufen (vgl. Gjidara-Decaix, Surenedettement des particuliers, J-Cl. Com., Fasc. 1710 bis 1712, Stand 1.3.2018, Fasc. 1711 Rn. 18). Wurde der Antrag gemeinsam gestellt, bleibt das Verfahren trotz einer Scheidung anhängig (vgl. Civ. 20.10.2005 – Nr. 04-04.089, Bull. civ. I, Nr. 269, D. 2005, 2940; RTD com. 2006, 489 mAnm Paisant). Der Antragsteller muss detaillierte Angaben zu seiner Person, seiner Vermögenssituation und seinen Einkünften machen und eine Liste seiner Gläubiger vorlegen. Die Antragstellung wird im Fichier national des incidents de paiement – FICP, eingetragen, allerdings Gläubigern, Geldinstituten und Banken, die die Konten des Schuldners führen, nicht offengelegt (vgl. Gjidara-Decaix, Surenedettement des particuliers, J-Cl. Com., Fasc. 1710 bis 1712, Stand 1.3.2018, Fasc. 1711 Rn. 22).

Die Kommission verfügt über einen Zeitraum von **drei Monaten,** um über die Zulässigkeit 34 des Antrags und die Orientierung des Verfahrens zu entscheiden (vgl. Art. R. 712-15 C. consomm. Vor dem Gesetz v. 1.7.2010 betrug die Frist sechs Monate).

Die Anrufung der Kommission hat **kein Moratorium** oder die **Aussetzung von Vollstre-** 35 **ckungsmaßnahmen** zur Folge, es sei denn, die Gläubiger stimmen zu (vgl. Civ. 22.3.2001 – Nr. 99-18.721, Bull. civ. II, Nr. 60; RTD com. 2001, 782 mAnm Paisant). Gläubiger können ebenfalls neue Zwangsvollstreckungsverfahren einleiten (vgl. Civ. 5.2.2009 – Nr. 07-21.117, Bull. civ. II, Nr. 37). In dieser Phase kann allerdings auf Antrag des Schuldners das **Amtsgericht** (Tribunal d'instance) zwecks **Aussetzung von Vollstreckungsmaßnahmen** eingeschaltet werden (Art. L. 721-4 C. consomm.). Vor der Reform v. 22.12.2010 war der juge de l'exécution zuständig (vgl. Gjidara-Decaix, Surenedettement des particuliers, J-Cl. Com., Fasc. 1710 bis 1712, Stand 1.3.2018, Fasc. 1711 Rn. 41. S. ferner die Ausnahmeregelung bei Vollstreckungen in unbewegliche Sachen in Art. L. 721-7 C. consomm.).

Die positive Entscheidung der Kommission über die **Zulässigkeit** des **Antrags** wird dem 36 Schuldner, den Gläubigern und dem kontoführenden Bankinstitut offiziell zugestellt. Wird der Antrag abgewiesen, so wird nur der Schuldner unterrichtet. Innerhalb von 15 Tagen können gegen diese Entscheidung **Rechtsmittel** eingelegt werden. Zuständig ist das Amtsgericht. Gegen die Entscheidung des Amtsgerichts kann keine Berufung eingelegt werden. Unter Umständen ist eine Revision vor dem Kassationshof möglich.

Seit der Reform v. 1.7.2010 bewirkt die **Entscheidung** über die **Zulässigkeit** des Verfahrens 37 ein **automatisches Moratorium** und die Aussetzung aller Zwangsvollstreckungsverfahren, ausgenommen Unterhaltszahlungen (Art. L. 722-2 C. consomm.). So wird der Schuldner für die Dauer dieser Phase des Verfahrens bis zum Beschluss der jeweiligen Sanierungsmaßnahmen geschützt (Art. L. 722-3 C. consomm., dh bis zur Entscheidung der Kommission über neue Zahlungsziele sowie die Herabsetzung von Zinsen für die gestundeten Zahlungen nach Art. L. 733-1, L. 733-4, L. 733-7 C. consomm. bzw. den Beschluss eines retablissement personnel ohne Liquidierung oder die Gerichtsentscheidung zur Eröffnung eines retablissement personnel-Verfahrens mit anschließender liquidation judiciaire) nach Art. L. 741-1 C. consomm.). Die Höchstdauer dieses Vollstreckungsschutzes beträgt **zwei Jahre** (Art. L. 722-3 C. consomm.).

38 Um **Rechtsmissbrauch** zu unterbinden, sieht Art. L. 722-4 C. consomm. eine Ausnahmeregelung bei Vollstreckungen in unbewegliche Sachen vor. Wurde ein Zwangsverkauf einer Immobilie gerichtlich angeordnet, so kann der Versteigerungstermin nur auf Entscheidung des für die Zwangsvollstreckung zuständigen Gerichts aufgeschoben werden. Dieser Antrag der Kommission muss besonders begründet werden (pour causes graves et dûment justifiées).

39 Während der Dauer der Aussetzung von Rechtsverfolgungsmaßnahmen darf der Schuldner seine Überschuldung **nicht verschlimmern**. Er darf auf Altforderungen – dh Forderungen, die zum Zeitpunkt der Entscheidung über die Zulässigkeit des Antrags bereits bestanden haben – keine Zahlung leisten (insbesondere die Rückzahlung von Krediten iSv Art. L. 311-1 Nr. 10 und 11). Ausgenommen sind allerdings Unterhaltszahlungen. Art. L. 722-5 C. consomm. schließt ebenfalls Zahlungen an Bürgen aus, die Altforderungen beglichen haben. Der Schuldner darf über sein Vermögen nicht mehr frei verfügen. Vorbehaltlich der Genehmigung durch das Amtsgericht beschränken sich Verfügungshandlungen auf die gestion normale des Vermögens. Die Bestellung von Sicherheiten ist ebenfalls untersagt.

40 Art. L. 722-10 ff. C. consomm. normieren weitere **Schutzwirkungen** zugunsten des Schuldners. So wird die Suspendierung von Wohnhilfen (aide personnalisée au logement, allocations de logement) aufgehoben. Laufende Verträge dürfen nicht aufgrund der Eröffnung des Verfahrens gekündigt werden. Wurden Lastschriften aufgrund mangelnder Provision nicht honoriert, dürfen Kreditinstitute keine Strafgebühren erheben. Zinsen und vertragliche Pönalen fallen bis zur Entscheidung über das Sanierungskonzept nicht an (Art. L. 722-14 C. consomm.).

41 Nach der Entscheidung über die Zulässigkeit des Antrags erstellt die Kommission eine genaue **Liste der Privatschulden**. Die Kommission kann alle Gläubiger öffentlich auffordern, sich kenntlich zu machen (Art. L. 723-1 C. consomm. aE). Die Liste der Gläubiger wird dem Schuldner zur Stellungnahme vorgelegt, der Verbindlichkeiten bestreiten und die Kommission auffordern kann, bei Gericht die Verifizierung der Forderungen zu beantragen (zum Verfahren s. Gjidara-Decaix, Surenedettement des particuliers, J-Cl. Com., Fasc. 1710 bis 1712, Stand 1.3.2018, Fasc. 1711 Rn. 34 ff.).

42 Am Ende der Prüfung der Überschuldungssituation **entscheidet** die **Kommission** über die weitere **Orientierung** des Verfahrens. Verfügt der Schuldner über finanzielle Mittel oder verwertbare Aktiva, beschließt die Kommission die **notwendigen Maßnahmen** zur Behebung der Überschuldung (Art. L. 724-1 Abs. 1 C. consomm.). Ist die Vermögenslage des Schuldners **aussichtslos** (irrémédiablement compromise), kann die Kommission eine **retablissement personnel ohne Liquidierung** beschließen, wenn der Schuldner lediglich mehrere Gegenstände besitzt, die zum täglichen Leben oder zur Ausübung seiner beruflichen Tätigkeit notwendig sind, seine Aktiva wertlos sind oder wenn die Kosten ihrer Veräußerung in keinem Verhältnis zum Verkehrswert stehen (Art. L. 724-1 Abs. 2 Nr. 1 C. consomm.). Befindet sich der Schuldner nicht in einer solchen aussichtslosen Lage, kann die Kommission mit Zustimmung des Schuldners beim Amtsgericht Antrag auf Eröffnung eines **rétablissement personnel-Verfahrens mit anschließender liquidation judiciaire** stellen (Art. L. 724-1 Abs. 2 Nr. 2 C. consomm.).

4. Maßnahmen zur Behebung der Überschuldung

43 Zunächst legt die Kommission den Betrag der **Rückzahlung** der Verbindlichkeiten fest. Berücksichtigt wird hier der Anteil des Lohnes, der nicht pfändbar oder abtretbar ist, damit der Schuldner die laufenden Unterhaltskosten seiner Familie bestreiten kann (Art. L. 731-1 ff. C. consomm.).

44 Stellt die Kommission fest, dass sich der Schuldner in einer Vermögenssituation iSv Art. L. 724-1 Abs. 1 C. consomm. befindet und Eigentümer einer Immobilie ist, wird ein **Sanierungsplan** (plan conventionnel) mit den wichtigsten Gläubigern ausgehandelt. Der plan conventionnel kann ua neue Zahlungsziele, Stundungen, Teilschuldenerlasse, Herabsetzung oder Streichung von Zinsen, die Bestellung oder Substituierung von Sicherheiten oder andere Maßnahmen, die die Rückzahlung der Verbindlichkeiten fördern, vorsehen. Die **Höchstdauer** des Plans, inklusive eventueller Verlängerungen, beträgt **sieben Jahre**. Diese Dauer kann überschritten werden, um den Verkauf des Hauptwohnsitzes des Schuldners abzuwenden (Art. L. 732-3 Abs. 2 C. consomm.). Das Gesetz v. 18.1.2005 zur sozialen Kohäsion hat eine **privilegierte Befriedigung** von **Mietforderungen** gegenüber Forderungen von Kreditinstituten eingeführt (Gjidara-Decaix, Surenedettement des particuliers, J-Cl. Com., Fasc. 1710 bis 1712, Stand 1.3.2018, Fasc. 1712 Rn. 13; die Rechtsprechung legt diese Privilegierung von Mieten sehr weit aus. Sie hat zB Vorrang vor Steuerforderungen, vgl. Civ. 8.3.2007 – Nr. 06-10.836, Rev. proc. coll. 2007, 217, Nr. 9). **Bürgen** können sich nicht auf den Sanierungsplan berufen (vgl. Gjidara-Decaix, Surenedettement

Internationales Insolvenzrecht – Frankreich

des particuliers, J-Cl. Com., Fasc. 1710 bis 1712, Stand 1.3.2018, Fasc. 1712 Rn. 49 mit Hinweisen auf die stRspr).

Scheitert die **Schlichtung,** kann nunmehr die **Kommission** auf Antrag des Schuldners nach **45** Anhörung der Parteien folgende **Maßnahmen beschließen** (bis zur Reform von 2016 konnte die Kommission lediglich Vorschläge unterbreiten): Erstens die Festlegung neuer **Zahlungsziele** mit der Höchstgrenze von sieben Jahren bzw. der Hälfte der noch ausstehenden Laufzeit des Darlehens. Eine vorzeitige Kündigung des Darlehens wird nicht berücksichtigt. Zweitens in Ausnahme zu Art. 1254 C. civ., die **Verrechnung** der **Rückzahlungen** mit der Hauptschuld. Drittens die **Herabsetzung** der **Zinsen** für die gestundeten Forderungen; **Aussetzung** der **Zahlungen** (ausgenommen Unterhaltszahlungen) für eine Dauer von maximal **zwei Jahre** (Art. L. 733-1 C. consomm.). Auch professionelle Verbindlichkeiten können miteinbezogen werden (Civ. 21.12.2006 – D. 2007, 370 mAnm Rondey; Gjidara-Decaix, Surenedettement des particuliers, J-Cl. Com., Fasc. 1710 bis 1712, Stand 1.3.2018, Fasc. 1712 Rn. 12). Eine gleichzeitige Anwendung von Art. 1343-5 C. civ. (délai de grâce) ist allerdings nicht möglich (Gjidara-Decaix, Surenedettement des particuliers, J-Cl. Com., Fasc. 1710 bis 1712, Stand 1.3.2018, Fasc. 1712 Rn. 54).

Seit der Reform von 2016 kann die Kommission darüber hinaus auf Antrag des Schuldners **46** nach Anhörung aller Parteien gem. Art. L. 733-4 C. consomm. beschließen, dass im Falle der **Zwangsversteigerung** des **Hauptwohnsitzes** des Schuldners die **Rückzahlung** des ungedeckten Anteils des Immobilienkredits, der von Banken oder Finanzierungsgesellschaften eingeräumt worden ist, **reduziert** und der Restbetrag für eine Dauer von bis zu **sieben Jahren** gestundet wird. Die gleiche Regelung kann im Falle eines freihändigen Verkaufes getroffen werden, um eine Zwangsversteigerung zu vermeiden. Ein **völliger Erlass** der **Restschulden** ist möglich (Civ. 31.3.1992 – Bull. civ. I, Nr. 103), allerdings nicht bei professionellen Schulden (Gjidara-Decaix, Surenedettement des particuliers, J-Cl. Com., Fasc. 1710 bis 1712, Stand 1.3.2018, Fasc. 1712 Rn. 12; Cass. avis 8.7.2016 – Nr. 16-70.005, D. 2017, 539).

Die Kommission kann ebenfalls in Verbindung mit den in Art. L. 733-1 C. consomm. aufgeliste- **47** ten Maßnahmen einen **Teil** der **Schulden erlassen,** zB Steuerschulden, Art. L. 733-6 C. consomm. (vgl. Civ. 26.6.2014 – Rev. proc. coll. 2014, Nr. 111) bzw. Sozialversicherungsbeiträge (Civ. 21.12.2006, Bull. civ. II, Nr. 374; D. 2007, 370). Auch professionelle Schulden können erfasst werden (Gjidara-Decaix, Surenedettement des particuliers, J-Cl. Com., Fasc. 1710 bis 1712, Stand 1.3.2018, Fasc. 1712 Rn. 12; Civ. 21.12.2006 – Nr. 05-20.980, Bull. civ. II, Nr. 373). Ausgenommen sind allerdings **Rückgriffsansprüche** von **Bürgen** oder **Gesamtschuldnern** (Art. L. 733-4 Abs. 2 Nr. 2 C. consomm.). Diese Entscheidungen bedürfen einer speziellen Begründung. Berücksichtigt wird die Kenntnislage der finanziellen Situation des Schuldners, die der Gläubiger bei Abschluss der Verträge haben konnte. Die Kommission kann den Schuldner verpflichten, **Maßnahmen** zu ergreifen, um seine **Schulden schneller zu begleichen** (Art. L. 732-2 Abs. 2 und L. 733-7 C. consomm.), zB den Kauf einer Immobilie oder den Umzug in eine preisgünstigere Wohnung (Civ. 15.1.2002 – Nr. 00-04.079; Gjidara-Decaix, Surenedettement des particuliers, J-Cl. Com., Fasc. 1710 bis 1712, Stand 1.3.2018, Fasc. 1712 Rn. 16).

Gegen die von der Kommission beschlossenen Maßnahmen können **Rechtsmittel** eingelegt **48** werden. Zuständig ist das **Amtsgericht** (Art. L. 733-10 C. consomm.), das eine recht große Entscheidungsfreiheit hat und die von der Kommission beschlossenen Sanierungsmaßnahmen modifizieren kann (vgl. Gjidara-Decaix, Surenedettement des particuliers, J-Cl. Com., Fasc. 1710 bis 1712, Stand 1.3.2018, Fasc. 1712 Rn. 82). Kommt der Richter zur Auffassung, dass sich der Schuldner in einer Überschuldungssituation iSv Art. L. 724-1 Abs. 2 Nr. 1 befindet, eröffnet er ein rétablissement personnel ohne Liquidierung (Art. L. 741-7 C. consomm.).

Wenn sich im Laufe der Durchführung der Maßnahmen zur Behebung der Überschuldung **49** herausstellen sollte, dass seine **Vermögenslage aussichtslos** ist, kann der Schuldner die Kommission anrufen, um in den Genuss des **rétablissement personnel** mit oder ohne anschließende Liquidierung zu kommen (Art. L. 724-2 C. consomm.). Man spricht von einer sog. „passerelle" (vgl. Gjidara-Decaix, Surenedettement des particuliers, J-Cl. Com., Fasc. 1710 bis 1712, Stand 1.3.2018, Fasc. 1712 Rn. 91). Die Kommission beschließt daraufhin ein rétablissement personnel ohne Liquidierung bzw. stellt gerichtlich Antrag auf Eröffnung eines rétablissement personnel mit Liquidierung. Diese Entscheidung bewirkt ein Moratorium gem. Art. L. 724-4 C. consomm.

5. Das rétablissement personnel

Das gerichtliche Insolvenzverfahren wurde im Jahre 2003 reformiert und in die sog. **procédure 50 de rétablissement personnel** umgetauft. Dieses Verfahren war der faillite civile in Elsass-Lothringen nachempfunden. Schuldner, die sich in einer **völlig auswegslosen Überschuldungssituation**

Internationales Insolvenzrecht – Frankreich

befanden, sollten im Rahmen einer liquidation judiciaire in den Genuss einer **Restschuldbefreiung** gelangen (dazu Sonnenberger/Dammann, Französisches Handels- und Wirtschaftsrecht, 3. Aufl. 2008, Rn. VIII 9 f.). Durch das Gesetz v. 1.7.2010 wurde ein retablissement personnel sans liquidation judiciaire geschaffen. Die Reform v. 18.11.2016, die am 1.1.2018 in Kraft getreten ist, schließt den Reformzyklus vorerst ab. Der Gesetzgeber unterscheidet zwischen dem rétablissement personnel ohne bzw. mit anschließender Liquidierung (vgl. Gjidara-Decaix, Surenedettement des particuliers, J-Cl. Com., Fasc. 1710 bis 1712, Stand 1.3.2018, Fasc. 1712 Rn. 93).

51   a) **Das rétablissement personnel ohne Liquidierung.** Wenn sich ein **gutgläubiger Schuldner** in einer **ausweglosen Überschuldungssituation** befindet (zur Auslegung dieses Begriffs vgl. Gjidara-Decaix, Surenedettement des particuliers, J-Cl. Com., Fasc. 1710 bis 1712, Stand 1.3.2018, Fasc. 1712 Rn. 95.) und nur über das zum Leben Notwendige verfügt, beschließt die Kommission ein **rétablissement personnel sans liquidation judiciaire** (Art. L. 741-1 C. consomm.). Vor der Reform von 2016 lag die Entscheidung beim Amtsgericht. Ein Schuldner ist zB nicht gutgläubig, wenn er es ablehnt, jegliche Auskünfte zur Situation seines Lebensgefährten zu machen, oder wenn der Schuldner seinen Vermieter durch Vorlage eines gefälschten Lohnzettels getäuscht hatte (für weitere Beispiele Gjidara-Decaix, Surenedettement des particuliers, J-Cl. Com., Fasc. 1710 bis 1712, Stand 1.3.2018, Fasc. 1712 Rn. 94). Der Schuldner kommt dann sofort in den Genuss einer **Restschuldbefreiung** aller Privatschulden und seit der ordonnance vom 17.6.2020 auch aller beruflichen Verbindlichkeiten. Stichtag ist die Entscheidung der Kommission. Ausgenommen sind allerdings **Rückgriffsansprüche** von **Bürgen** oder **Gesamtschuldnern** sowie Schulden iSv Art. L. 711-4 und 711-5 C. consomm. (vgl. C. consomm. Art. 741-2).

52   Gegen die Entscheidung der Kommission kann jede Partei beim Amtsgericht **Einspruch** erheben (Art. L. 741-4 C. consomm.; zum Verfahren s. Gjidara-Decaix, Surenedettement des particuliers, J-Cl. Com., Fasc. 1710 bis 1712, Stand 1.3.2018, Fasc. 1712 Rn. 80). Die Entscheidung der Kommission wird im **BODACC veröffentlicht,** damit auch nicht informierte Gläubiger eventuell Rechtsmittel einlegen können. Kommt der Richter zur Auffassung, dass sich der Schuldner in einer Überschuldungssituation iSv Art. L. 724-1 Abs. 2 Nr. 2 befindet, eröffnet er mit Zustimmung des Schuldners ein rétablissement personnel mit anschließender Liquidierung (Art. L. 741-6 Abs. 2 C. consomm.). Liegt keine völlig ausweglose Überschuldungssituation vor, verweist der Richter den Fall an die Kommission zurück.

53   b) **Das rétablissement personnel mit anschließender Liquidierung.** Befindet sich der Schuldner zwar in einer **aussichtslosen Überschuldungsituation,** verfügt allerdings über **andere** als in Art. L. 724-1 Abs. 2 Nr. 1 aufgelistete **Aktiva,** kann die Kommission mit Zustimmung des Schuldners beim Amtsgericht Antrag auf Eröffnung eines **rétablissement personnel-Verfahrens mit anschließender liquidation judiciaire** stellen (Art. L. 742-1 C. consomm.). Verweigert der Schuldner seine Zustimmung, kann die Kommission die oben unter Punkt 4 dargestellten Maßnahmen zur Behebung der Überschuldung beschließen (Art. L. 742-1 Abs. 2 C. consomm.; vgl. Civ. 4.9.2014 – Nr. 13-21.082, → Rn. 43). Nach Anhörung des Schuldners überprüft der Richter, ob die Voraussetzungen zur Eröffnung des Verfahrens erfüllt sind. Kommt der Richter zur Überzeugung, dass der Schuldner über keine weiteren Aktiva verfügt, kann er das Verfahren ohne Liquidierung abschließen (Art. L. 742-20 C. consomm.). Befindet sich der Schuldner in keiner aussichtslosen Überschuldungssituation, verweist das Amtsgericht das Verfahren an die Kommission zurück (vgl. Civ. v. 10.11.2010 – Nr. 09-67.134; vgl. zu den einzelnen Optionen Gjidara-Decaix, Surenedettement des particuliers, J-Cl. Com., Fasc. 1710 bis 1712, Stand 1.3.2018, Fasc. 1712 Rn. 106).

54   Die **Veröffentlichung** der Verfahrenseröffnung im BODACC bewirkt eine **Aussetzung** von **Zwangsvollstreckungsverfahren** (vgl. Gjidara-Decaix, Surenedettement des particuliers, J-Cl. Com., Fasc. 1710 bis 1712, Stand 1.3.2018, Fasc. 1712 Rn. 109). Ausgenommen sind Unterhaltszahlungen (Art. L. 742-7 C. consomm.). Das Gericht kann einen Verwalter, mandataire, bestellen (vgl. Gjidara-Decaix, Surenedettement des particuliers, J-Cl. Com., Fasc. 1710 bis 1712, Stand 1.3.2018, Fasc. 1712 Rn. 112). Der Schuldner kann über seine Aktiva nur noch mit Zustimmung des mandataire bzw. des Richters verfügen. Die Gläubiger müssen ihre Forderungen fristgerecht anmelden, andernfalls erlöschen sie (Art. L. 742-10 f. C. consomm.; vgl. Gjidara-Decaix, Surenedettement des particuliers, J-Cl. Com., Fasc. 1710 bis 1712, Stand 1.3.2018, Fasc. 1712 Rn. 116). Die am Ende des Verfahrens im Urteil ausgesprochene Liquidation bewirkt die **Beschlagnahme,** dessaisissement, des gesamten Vermögens des Schuldners (vgl. Art. L. 742-15 C. consomm.).

55   Ausnahmsweise kann das Gericht die Eröffnung einer liquidation vermeiden, indem es, eventuell auf Vorschlag des mandataire, einen **Sanierungsplan** beschließt (Art. L. 742-25 C. consomm.). Es obliegt dem bestellten liquidateur, die Aktiva innerhalb einer Frist von einem Jahr zu versilbern und den Erlös an die Gläubiger, entsprechend ihres Ranges, zu verteilen (vgl. Gjidara-Decaix,

Surenedettement des particuliers, J-Cl. Com., Fasc. 1710 bis 1712, Stand 1.3.2018, Fasc. 1712 Rn. 127). Stellt der Richter fest, dass die Veräußerung der Aktiva nicht zur Deckung der Schulden ausreicht oder dass der Schuldner lediglich bewegliche Gegenstände besitzt, die zum täglichen Leben oder zur Ausübung seiner beruflichen Tätigkeit notwendig, seine Aktiva wertlos sind oder wenn die Kosten ihrer Veräußerung in keinem Verhältnis zum Verkehrswert stehen, wird das Verfahren abgeschlossen (Art. L. 742-21 C. consomm.; vgl. Gjidara-Decaix, Surenedettement des particuliers, J-Cl. Com., Fasc. 1710 bis 1712, Stand 1.3.2018, Fasc. 1712 Rn. 128). Es erfolgt eine **Restschuldbefreiung** von allen übrigen Privatschulden und beruflichen Verbindlichkeiten, die im Zeitpunkt der Verfahrenseröffnung, der liquidation judiciaire, bestehen. Schulden, die erst nach Verfahrenseröffnung entstehen, werden von der Restschuldbefreiung nicht erfasst (Civ. 6.6.2013, Bull. civ. II, Nr. 118; D. 2014, 1302). Ausgenommen sind allerdings **Rückgriffsansprüche** von **Bürgen** oder **Gesamtschuldnern** sowie Unterhalts- und strafrechtlich begründete Entschädigungszahlungen und Geldbußen.

III. Prävention wirtschaftlicher Schwierigkeiten – prévention-détection

1. Die procédure d'alerte

Art. 3 der EU-RL 2019/1023 v. 20.6.2019 fordert die Mitgliedstaaten auf, **Frühwarnsystemen** einzuführen, damit die Unternehmen eine Verschlechterung der Geschäftsentwicklung erkennen und dementsprechend dringliche Maßnahmen rechtzeitig veranlassen. Die **procédure d'alerte,** die durch Gesetz v. 1.3.1984 eingeführt und seither mehrfach reformiert wurde, scheint hier Vorbild gewesen zu sein. Der französische Gesetzgeber ging von der Annahme aus, dass der Entstehung schwerwiegender Finanzierungsprobleme eines Unternehmens eine längere Phase vorausgeht, in der mehr oder weniger deutliche Schwächesymptome sichtbar werden. Werden sie frühzeitig erkannt, können die entsprechenden Korrektivmaßnahmen getroffen werden, um die Eröffnung eines Insolvenzverfahrens abzuwenden. Beim französischen Warnverfahren spielt der **Wirtschaftsprüfer** eine Schlüsselrolle. 56

Die procédure d'alerte ist im **Gesellschaftsrecht** geregelt (dazu Le Corre Rn. 122-300 ff.; Klaiber SanB 1/2020, 29). Ursprünglich kam sie bei Aktiengesellschaften (sociétés anonymes SA) zur Anwendung (Art. L. 234-1 und R. 234-1–234-4 C. com.; abgeändert durch das loi de sauvegarde v. 26.7.2005 sowie nachfolgend mehrfach durch Gesetz v. 17.5.2011 und v. 18.11.2016). Ein vereinfachtes Warnverfahren wurde auf andere Gesellschaftstypen ausgedehnt, die einen Wirtschaftsprüfer bestellt haben. Dies betrifft in der Praxis weit verbreitete société par actions simplifié, SAS (s. Art. L. 234-2, R. 234-5–234-7 C. com.), das groupement d'intérêt économique, GIE (s. Art. L. 251-15, R. 251-15 C. com.) und juristische Personen des Privatrechts, die wirtschaftliche Tätigkeiten ausüben (s. Art. L. 612-3 C. com.). Ist die SAS wie eine SA organisiert, kommt das Verfahren der SA zur Anwendung (vgl. Le Corre Rn. 122.351). Wurde ein **Schlichtungsverfahren** oder ein präventives Restrukturierungsverfahren eröffnet, erübrigt sich das Warnverfahren (s. Art. L. 234-4 C. com.). Diese Regelung wurde nicht auf das mandat ad hoc ausgeweitet. 57

In der **SA** sind **drei Phasen** zu unterscheiden. Das Verfahren wird durch den **Wirtschaftsprüfer eingeleitet,** wenn er Fakten feststellt, die die Kontinuität des Unternehmens infrage stellen können. Ziel des Warnverfahrens ist es, Maßnahmen der Geschäftsleitung zu erwirken, um die Einleitung eines formellen Insolvenzverfahrens zu vermeiden. In der **ersten Verfahrensstufe** richtet der Wirtschaftsprüfer ein Schreiben an den Präsidenten des Verwaltungsrates bzw. des directoire. Erfolgt innerhalb von 15 Tagen eine zufriedenstellende Antwort, ist das Verfahren abgeschlossen. 58

Geschieht dies nicht, fordert der Wirtschaftsprüfer acht Tage nach Eingang der unzulänglichen Antwort bzw. nach Ablauf der fünfzehntägigen Frist die Geschäftsführung auf, eine Sitzung des **Verwaltungs-** bzw. des **Aufsichtsrats** einzuberufen, um die **notwendigen Maßnahmen** zu beschließen (Art. R. 234-2 Abs. 1 C. com.). Der Wirtschaftsprüfer wird zu dieser Sitzung geladen. Der Beschluss des Verwaltungsrats- bzw. des Aufsichtsrats wird dem Betriebsrat und dem **Präsidenten des zuständigen Handelsgerichts** übermittelt, der den Präsidenten des Verwaltungsrates bzw. des directoire zu einem Gespräch vorladen kann (Art. L. 611-2 C. com.). Seit der Reform von 2016 kann der Wirtschaftsprüfer beantragen, vom Präsidenten des Handelsgerichts angehört zu werden (Art. L. 234-1 Abs. 2 C. com. aE). 59

Gelingt es der Geschäftsleitung nicht, die wirtschaftlichen Probleme in den Griff zu bekommen, so ist innerhalb einer Frist von acht Tagen nach Aufforderung durch die Wirtschaftsprüfer eine **Gesellschafterversammlung** einzuberufen. Die Gesellschafterversammlung muss innerhalb eines 60

Internationales Insolvenzrecht – Frankreich

Monats stattfinden. Der Wirtschaftsprüfer legt der Versammlung einen **speziellen Bericht** vor, der auch dem Betriebsrat zugeleitet wird. Falls keine Abhilfe geschaffen wird, unterrichtet der Wirtschaftsprüfer erneut den Präsidenten des Handelsgerichts und kann ersuchen, erneut angehört zu werden, wodurch die Eröffnung eines präventiven Vorverfahrens bzw. eines (präventiven) Restrukturierungsverfahrens wahrscheinlich wird. Es ist zu beobachten, dass Wirtschaftsprüfer dazu neigen, im Zweifel ein Warnverfahren zu beginnen, um zu vermeiden, dass ihnen im Falle einer Insolvenz Versäumnisse angelastet werden (vgl. Le Corre Rn. 122-331; zur Haftung der Abschlussprüfer s. Art. L. 822-17 C. com. Dazu übersichtlich Sonnenberger/Dammann, Französisches Handels- und Wirtschaftsrecht, 3. Aufl. 2008, Rn. III 108 ff.; ferner Dammann FS Sonnenberger, 2004, 23 ff.).

61　In den **übrigen Gesellschaftsformen** besteht das Warnverfahren aus **zwei Phasen** (vgl. Lienhard Rn. 14.16). Wie bei der SA wird das Verfahren durch ein offizielles Schreiben der Wirtschaftsprüfer an die Geschäftsleitung eingeleitet, die innerhalb von 15 Tagen antworten muss. Das Antwortschreiben ist dem **Betriebsrat** und dem **Präsidenten des Handelsgerichts** zuzuleiten. Obwohl die Mitglieder des Betriebsrats einer Schweigepflicht unterliegen, besteht in der Praxis die Gefahr, dass das Warnverfahren publik wird. Bei größeren Fällen kündigen die Wirtschaftsprüfer daher die eventuelle Einleitung des Verfahrens in einem Schreiben an die Geschäftsleitung an. Man spricht von einer **Nullphase** des Warnverfahrens. Die zweite Phase des Verfahrens entspricht der dritten bei der SA.

2. Das droit d'alerte des Betriebsrates (comité social et économique – CSE)

62　Art. L. 2312-63 C. trav. sieht vor, dass Arbeitnehmervertreter vom Arbeitgeber Erklärungen zu wirtschaftlichen Schwierigkeiten des Unternehmens verlangen können. Falls der Arbeitgeber keine zufriedenstellende Antwort gibt oder das Vorliegen wirtschaftlicher Probleme bestätigt, kann der CSE einen Bericht erstellen, wobei in der Regel Wirtschaftsprüfer hinzugezogen werden. Die Kosten trägt der Arbeitgeber. Der Bericht wird dann dem Arbeitgeber und dem Wirtschaftsprüfer übermittelt. Die Anwendungsbereiche des **droit d'alerte** sind also nicht deckungsgleich mit dem Warnverfahren durch den Wirtschaftsprüfer. Im Rahmen eines droit d'alerte durch den Betriebsrat ist eine Information der Aktionäre nicht vorgesehen. In der Praxis führt die Ausübung des Warnrechts häufig zu einer Überprüfung der wirtschaftlichen Situation des Unternehmens durch die Wirtschaftsprüfer und ggf. zur Eröffnung eines Warnverfahrens bzw. eines präventiven Vorverfahrens. Wird das droit d'alerte des CSE im Rahmen eines sozialen Konflikts als Druckmittel benutzt, stellt sich die Frage, ob Gerichte im Eilverfahren das Verfahren unterbinden können. Die hL bejaht dies, falls Rechtsmissbrauch nachgewiesen werden kann (vgl. Le Corre Rn. 122-421; vgl. zB Soc. 12.9.2018 – Nr. 17-18.027, Act. proc. coll. 2018, 244).

3. Die Vorladung durch den Präsidenten des Handels- bzw. Landgerichts

63　Der bereits angesprochene Art. L. 611-2 C. com. sieht vor, dass bei wirtschaftlichen Schwierigkeiten, die die Kontinuität des Unternehmens infrage stellen, der **Präsident des Handelsgerichts** die Geschäftsführer **vorladen** kann, damit die notwendigen Maßnahmen ins Auge gefasst werden. Diese Vorschrift kommt bei allen Handelsgesellschaften und Kaufleuten zur Anwendung. Art. L. 611-2-1 C. com. idF der ordonnance v. 12.3.2014 hat eine entsprechende Norm für juristische Personen des Privatrechts sowie Freiberufler vorgesehen. Art. L. 611-2-2 C. com. sieht flankierend vor, dass der Wirtschaftsprüfer den Präsidenten informiert, falls die Leitungsorgane dringende Restrukturierungsmaßnahmen nicht vornehmen möchten. Zuständig ist dann der Präsident des tribunal judiciaire. Vorladung und Termin sind **streng vertraulich**. Der Richter hat die Möglichkeit, nach dem Termin bei Wirtschaftsprüfern, Arbeitnehmervertretern und Behörden Informationen zur finanziellen Situation des Unternehmens einzuholen (Art. L. 611-2 I Abs. 2 C. com.). Bis zur Reform im Jahre 2005 war der Mechanismus nicht sehr erfolgreich. Ca. 59 % der Vorladungen wurden nicht befolgt (vgl. Le Corre Rn. 122.211). Das Blatt scheint sich jedoch gewendet zu haben, seitdem der Präsident einen **procès verbal de carence** erstellt, der dem vorgeladenen, aber nicht erschienenen Geschäftsführer zugestellt wird (Art. R. 611-11 C. com.). Unmittelbare **insolvenzrechtliche Konsequenzen** hat diese Vorladung nicht. Stellt der Gerichtspräsident allerdings nach Einholung der Auskünfte fest, dass das Unternehmen zahlungsunfähig ist, wird die Akte an den Staatsanwalt weitergeleitet, der Antrag auf Eröffnung eines Insolvenzverfahrens stellen kann (vgl. Le Corre Rn. 122.211). Die Möglichkeit einer Verfahrenseröffnung von Amts wegen wurde abgeschafft.

Internationales Insolvenzrecht – Frankreich

4. Staatliche Mediation

Der deutsche Jurist ist überrascht über die Rolle, die **staatliche Behörden** im Vorfeld einer Insolvenz spielen. Dies hat historische Wurzeln. Seit Colbert sieht es der Staat als seine Aufgabe an, nicht nur die Rahmenbedingungen für die wirtschaftliche Entwicklung zu schaffen, sondern auch als Akteur in das Wirtschaftsgeschehen einzugreifen (dazu Sonnenberger/Dammann, Französisches Handels- und Wirtschaftsrecht, 3. Aufl. 2008, Rn. III 1 ff.). Die Verstaatlichungen wichtiger Industriezweige wurden zwar im Rahmen der 1986 eingeleiteten und seit 1993 forcierten Reprivatisierungen weitgehend rückgängig gemacht. Der Staat übt allerdings weiterhin als Minderheitsaktionär einen Einfluss auf die Geschäftsführung ehemaliger staatlicher Konzerne aus, der aus gesellschaftsrechtlicher Sicht nicht ohne Weiteres mit seinen Stimmrechten im Einklang steht. Darüber hinaus sind der Fiskus und die staatlichen Sozialversicherungen oft wichtige Gläubiger, an denen bei Restrukturierungen kein Weg vorbeiführt. 64

In jedem Departement ist eine spezielle Kommission eingerichtet, die **CCSF** (Commission des chefs des services financiers et des représentants des organismes de recouvrement des cotisations de sécurité sociale et d'assurance chômage), die eine Stundung von Steuerschulden und unbezahlten Sozialabgaben beschließen kann (zur Zusammensetzung Lienhard Rn. 12.12). Im Gegenzug werden in der Regel dingliche Sicherheiten bestellt. Im Rahmen der präventiven Restrukturierungsverfahren können darüber hinaus auch Teilschuldenerlasse gewährt werden (vgl. Art. L. 611-7 Abs. 3 im Rahmen einer conciliation und Art. L. 626-6 C. com. bei der procédure de sauvegarde; im Einzelnen Le Corre Rn. 142.511 ff. Vgl. ferner die Ausführungsbestimmungen der Art. D. 626-9 ff. C. com.). Im Rahmen einer conciliation bzw. sauvegarde muss ein Schuldenerlass innerhalb von zwei Monaten nach Verfahrenseröffnung beantragt werden (Art. D. 626-12 f. C. com.). 65

Bei Unternehmen mit mindestens 400 Arbeitnehmern kann das Comité départemental d'examen des problèmes de financement des entreprises (**Codefi**) eingeschaltet werden. Sie können staatliche Finanzhilfen beschließen. 66

Eine Spezialabteilung des französischen Finanzministeriums, das Comité interministériel des restructurations industrielles, abgekürzt **CIRI**, wird in der Regel bei vorinsolvenzlichen Restrukturierungen von Unternehmen mit mehr als 400 Arbeitnehmern als Moderator eingeschaltet (vgl. das Interview des Generalsekretärs in GlobalTurnaround, 12/2018, 5). In der Praxis geschieht dies im Zusammenspiel mit einem parallel eröffneten mandat ad hoc bzw. einer procédure de conciliation. Im Jahre 2017 haben 28 Unternehmen mit durchschnittlich 2.303 Beschäftigten den CIRI angerufen. 67

Anlässlich der Finanzkrise im Jahre 2008 hat der damalige Staatspräsident einen **Médiateur de crédit** ernannt. Er hatte zur Aufgabe, vor allem kleinere Unternehmen mit weniger als 10 Beschäftigten bei Finanzengpässen bei ihren Verhandlungen mit Banken zu unterstützen. Ursprünglich handelte es sich um eine vorübergehende Maßnahme, die inzwischen mehrfach verlängert worden ist und sich zu einer ständigen Einrichtung entwickelt hat (vgl. Lienhard Rn. 12.19). Im Jahre 2017 haben 2.302 Unternehmen die Mediation in Anspruch genommen. Die Erfolgsquote beträgt stolze 65 % (909 Unternehmen mit insgesamt 11.100 Beschäftigten). 68

Schließlich hat der ehemalige Wirtschaftsminister Arnaud Montebourg am 1.7.2012 für jede der damaligen 22 Regionen einen sog. **commissaire aux restructurations et prévention des difficultés des entreprises – CRP** (ehemalig commissaire au redressement productif) ernannt. Sie sollen die staatlichen Interventionen bei Unternehmen mit weniger als 400 Beschäftigten koordinieren und sind dem Präfekten unterstellt. Seit der ordonnance v. 12.3.2014 können sie den Antrag stellen, vom Handelsgericht angehört zu werden (Art. L. 662-3 Abs. 3 C. com.). 69

IV. Insolvenz- und präventive Vorverfahren

1. Übersicht über die einzelnen Verfahren

Wie bereits (→ Rn. 1) angedeutet, bietet das französische Insolvenzrecht eine ganze Reihe von verschiedenen (präventiven) Insolvenz- und Vorverfahren. Das **mandat ad hoc** und die **conciliation** zielen darauf ab, mithilfe eines vom Präsidenten des Handelsgerichts bestellten Schlichters eine freiwillige Restrukturierungsvereinbarung mit den wichtigsten Gläubigern herbeizuführen. Das mandat ad hoc und die conciliation sind streng vertraulich, wobei allerdings beim Schlichtungsverfahren die Option besteht, den Vergleich am Ende des Verfahrens durch das Gericht bestätigen zu lassen. 70

Kann im Rahmen der conciliation keine Einigkeit erzielt werden, kann der Schuldner die Eröffnung einer procédure de **sauvegarde accélérée**, SA, bzw. wenn von der Restrukturierung 71 nur Finanzgläubiger betroffen sind, einer procédure de **sauvegarde financière accélérée**, SFA, beantragen. Hier handelt es sich um eine abgekürzte, sehr vereinfachte procédure de sauvegarde.

72 Das **präventive Restrukturierungsverfahren**, die **procédure de sauvegarde**, ist eine Sonderform eines vorgezogenen redressement judiciaire mit Fortsetzung des Unternehmens, das bei drohender Insolvenz nur auf Antrag des Schuldners eröffnet werden kann. Das Verfahren beginnt mit einer Beobachtungsphase, die es dem Schuldner ermöglichen soll, mit den Gläubigerausschüssen (Gläubigerklassen ab dem 1.10.2021) einen Sanierungsplan auszuarbeiten, der dann vom Gericht bestätigt werden muss.

73 Ist der Schuldner zahlungsunfähig, kommt es zur Eröffnung eines **ordentlichen Insolvenzverfahrens – redressement judiciaire**. Am Ende der Beobachtungsphase entscheidet das Gericht entweder über die Fortführung oder Liquidation des Unternehmens. Wie bereits (→ Rn. 4) angesprochen ist die übertragende Sanierung nach der Reform von 2005 ein Unterfall der Liquidation geworden. Die Abgabe von Übernahmeangeboten kann allerdings bereits im Rahmen des redressement judiciare erfolgen. Der gerichtliche Zuschlag erfolgt dann während der Beobachtungsphase. Das Schicksal des Schuldners wird anschließend vom Gericht entschieden. In der Regel kommt es zu einer Liquidierung. In Ausnahmefällen kann der plan de cession mit einem nachfolgenden plan de continuation verknüpft werden.

74 Ist eine Sanierung völlig ausgeschlossen, eröffnet das Gericht sofort ein **Liquidationsverfahren** ohne vorhergehende Beobachtungsphase (vgl. Art. L. 640-1 C. com.). Ferner besteht die Möglichkeit, eine liquidation judiciaire simplifiée zu beschließen. Das Loi PACTE sieht vor, dass dieser Verfahrenstyp bei Kleinstverfahren zwingend wird. Kleinverfahren sollen so schneller abgeschlossen werden. Als Alternative steht seit 2014 für gutgläubige natürliche Personen, die einer kaufmännischen oder freiberuflichen Tätigkeit nachgehen und über ein sehr geringes Vermögen verfügen, ein vereinfachtes Verfahren zur Schuldenbereinigung mit Restschuldbefreiung der bekannten Forderungen (s. Art. L. 645-11 C. com.), die sog. **procédure de rétablissement professionnel**, zur Verfügung. Hier handelt es sich allerdings nicht um ein Insolvenzverfahren im eigentlichen Sinn.

2. Anwendungsbereich

75 Die einzelnen (präventiven) Restruktierungs- und Insolvenzverfahren sind anwendbar auf Personen, die eine **kaufmännische** oder **handwerkliche** Tätigkeit ausüben, auch wenn es sich um eine illegale Tätigkeit handelt (vgl. Le Corre Rn. 211.211). Bis zur Reform v. 18.12.2008 stellte Art. L. 620-2 C. com. auf die Begriffe „Kaufmann" und „Handwerker" ab (zur Definition dieser Begriffe vgl. Sonnenberger/Dammann, Französisches Handels- und Wirtschaftsrecht, 3. Aufl. 2008, Rn. II 46 ff. und 51 ff.). Ob die Neufassung zu einer Änderung des Anwendungsbereichs geführt hat, ist streitig. Die hM bejaht dies (vgl. Le Corre Rn. 211.211; aA Lienhard Rn. 52.15). Auch **Landwirte**, sofern sie ihre Tätigkeiten persönlich verrichten, kommen in den Genuss der procédure de sauvegarde. Übt ein Landwirt seine Tätigkeit als Anteilseigner einer Landwirtschaftsgesellschaft (société civile d'exploitation agricole) aus, ist er kein Subjekt eines Insolvenzverfahrens (vgl. Com. 3.10.2000 – Nr. 97-17.210). Schließlich werden auch **juristische Personen** des **Privatrechts** (wie zB eine Immobiliengesellschaft, société civile immobilière, SCI) sowie **Freiberufler**, wie zB Anwälte, Wirtschaftsprüfer oder Ärzte erfasst. Die Eintragung eines Kaufmanns bzw. eines Handwerkers ins Handels- bzw. registre des métiers ist keine Bedingung. Der sog. autoentrepreneur, der bis zur Reform v. 18.6.2014 nicht verpflichtet war, sich ins Handelsregister einzutragen, kann die Eröffnung einer procédure de sauvegarde beantragen (vgl. Com. 18.2.2016 – Nr. 14-29.223 und Nr. 15-10.876. So bereits TC Caen 12.1.2011 – D. 2011, 512 mAnm Delpech; Rev. sociétés 2011, 189 mAnm Roussel Galle).

76 Ob ein **Anteilseigner** einer société en nom collectif – **SNC**, der von Rechts wegen Kaufmann ist, eine kaufmännische Tätigkeit iSv Art. L. 620-2 C. com. ausübt und somit Subjekt eines Insolvenzverfahrens werden kann, ist streitig. Die Lehre stellt auf die tatsächliche Ausübung der wirtschaftlichen Tätigkeiten ab (vgl. Le Corre Rn. 211.211). Die Rechtsprechung arbeitet mit einer widerlegbaren Vermutung (vgl. Civ. 5.12.2013 – Bull. civ. II, Nr. 231, D. 2013, 2911 mAnm Lienhard; Rev. sociétés 2014, 199 mAnm Henry; Bull. Joly 2014, 184 mAnm Lucas; BJE 2014, 78 mAnm Sortais).

77 Das Loi de sauvegarde kommt nicht auf **Leitungsorgane** von **Handelsgesellschaften** mit beschränkter Haftung zur Anwendung. Nicht betroffen sind daher zB der Président Directeur Général (PDG) einer Aktiengesellschaft, der Präsident einer SAS, der Geschäftsführer einer SARL, selbst wenn er die Mehrheit der Anteile hält (vgl. Com. 12.11.2008 – Nr. 07-16.998, Bull. civ. IV, Nr. 191; D. 2008, 2929 mAnm Lienhard; Civ. 21.1.2010 – Nr. 08-19.984, Bull. civ. II, Nr. 20;

D. 2010, 321 mAnm Lienhard; Com. 15.11.2016 – Nr. 14-29.043, D. 2016, 2396 mAnm Lienhard). Der Alleingesellschafter einer Ein-Mann-Gesellschaft (EURL) ist nicht Subjekt eines Insolvenzverfahrens (vgl. Civ. 13.10.2016 – Nr. 15-24.301, D. 2016, 2602 mAnm Borga) und kann folglich die Eröffnung einer Verbraucherinsolvenz beantragen.

78 Die Rechtsprechung hat in drei Grundsatzentscheidungen den **Anwendungsbereich** des Loi de sauvegarde bei **Berufsgesellschaften** von Rechtsanwälten präzisiert (vgl. Com. 9.2.2010 – Nr. 08-17.670, 08-15.191, 08-17.144, Bull. civ. IV, Nr. 35, 36 und 38, D. 2010, 434 mAnm Lienhard; Rev. proc. coll. 2010, étude 6 mAnm Bonhomme). Ein Rechtsanwalt, der seine Tätigkeit einstellt, um sie im Namen einer Berufsgesellschaft (SCP, SEL) fortzuführen, kann nicht mehr Subjekt eines Insolvenzverfahrens sein. Die Situation ändert sich, wenn die Rechtsanwaltsgesellschaft ihre Tätigkeiten einstellt. Der Anwalt, der seine Tätigkeiten danach persönlich ausübt, kann bei Zahlungsunfähigkeit Subjekt eines redressement judiciaire werden, das auch die Verbindlichkeiten erfasst, die im Rahmen seiner vorherigen Tätigkeit als associé einer SCP bzw. SEL entstanden sind (vgl. Civ. 2.7.2009 – Nr. 08-17211, Bull. civ. II, Nr. 184). Diese Rechtsprechung ist auf andere Freiberufler übertragbar (vgl. bei Zahnärzten, Com. 16.9.2014 – Nr. 13-17.147, Bull. civ. IV, Nr. 123; JCP E 2014, 1550; Dr. sociétés 2014, comm. 193 mAnm Legros).

79 Gesellschaften, die von vornherein **ohne Rechtspersönlichkeit** gegründet worden sind, also die société en participation und die société créée de fait (dazu Sonnenberger/Dammann, Französisches Handels- und Wirtschaftsrecht, 3. Aufl. 2008, Rn. III 12, 47), fallen nicht in den Anwendungsbereich des Loi de sauvegarde. Hier können nur die Gesellschafter als Subjekt eines redressement bzw. einer liquidation judiciaire in Betracht kommen. Dies gilt auch für eine Gesellschaft im Gründungsstadium (vgl. Lienhard Rn. 52.46).

80 Wie oben bereits angesprochen, hat das Gesetz v. 15.6.2010 für Personen, die einer kaufmännischen oder freiberuflichen Tätigkeit nachgehen, das Statut des „entrepreneur individuel de responsabilité limitée – **EIRL**" geschaffen. Es kommt zu einer Aufspaltung des Vermögens. Der Teil des Vermögens, der der beruflichen Tätigkeit gewidmet wird, unterliegt den insolvenzrechtlichen Vorschriften und kann Gegenstand eines Insolvenzverfahrens sein (für Einzelheiten Lienhard Rn. 52.27 ff.).

81 Diese Regelungen zum Anwendungsbereich der einzelnen Insolvenzverfahren kommen auch bei **vorinsolvenzrechtlichen** präventiven Restrukturierungsverfahren, dh mandat ad hoc und procédure de conciliation, zur Anwendung. Hinzuweisen ist allerdings auf Spezialvorschriften des Schlichtungsverfahrens für Landwirte, das sog. règlement amiable agricole (dazu Le Corre Rn. 131.111 ff.).

B. Vorinsolvenzliche präventive Restrukturierung

I. Allgemeines

82 Wie bereits (→ Rn. 19) angedeutet, praktiziert das französische Recht seit 1984 recht erfolgreich **präventive** Restrukturierungsmaßnahmen und -verfahren. **Mandat ad hoc** und **conciliation** sind als vertrauliche Vorverfahren konzipiert, um eine einvernehmliche Lösung der finanziellen Probleme des Schuldners mit seinen wichtigsten Gläubigern zu finden. Die Verfahrenseröffnung hat nicht eine (automatische) Aussetzung aller Zwangsvollstreckungsmaßnahmen zur Folge. Lediglich individuelle Maßnahmen in der Form eines zivilrechtlichen **délai de grâce** können vom Schuldner bei Gericht gem. Art. 1343-5 C. civ. beantragt werden. Da nicht in Gläubigerrechte eingegriffen wird, handelt es sich, anders als beim deutschen Schutzschirmverfahren (vgl. MMS/Schmidt EuInsVO Art. 1 Rn. 19), weder beim mandat ad hoc noch bei der conciliation um ein (hybrides) Insolvenzverfahren iSd EuInsVO (vgl. Dammann/Sénéchal, Le droit de l'insolvabilité internationale, 1. Aufl. 2018, Rn. 318).

83 Zeichnet sich am Ende des Schlichtungsverfahrens ab, dass der Sanierungsplan nicht von allen beteiligten Gläubigern akzeptiert wird, kann der Schuldner Antrag stellen, eine **sauvegarde accélérée** (SA) zu eröffnen, um den Plan durch die Gläubigerausschüsse (Gläubigerklassen ab dem 1.10.2021) mehrheitlich zu verabschieden und durch das Gericht bestätigen zu lassen. Wie der Name bereits sagt, handelt es sich bei der SA um ein beschleunigtes präventives Restrukturierungsverfahren. Die Dauer des Verfahrens beträgt bei der SA maximal vier Monate. Das französische Recht hat also ein **Zwei-Stufen-Modell** entwickelt, das mit der EU-Restrukturierungsrichtlinie 2019/1023 v. 20.6.2016 kompatibel ist. (Art. 4 (5) der RL sieht die Möglichkeit vor, dass präventive Restrukturierungsmaßnahmen „aus einem oder mehreren Verfahren, Maßnahmen oder Bestimmungen" bestehen können; vgl. Dammann FS Wimmer, 2017, 162 (171); Dammann/Boché-Robinet D. 2017, 1264; vgl. zur Umsetzung des RL-Entwurfs v. 1.10.2018, Dammann D. 2018,

2195). In diesem Zusammenhang ist allerdings darauf hinzuweisen, dass das europäische Modell in Art. 6 nicht zwischen der Aussetzung von Durchsetzungsmaßnahmen gegenüber einzelnen Akkordstörern (individual stay) und allen Gläubigern (general stay) unterscheidet. Die EU-Restrukturierungsrichtlinie sieht also ein dem amerikanischen Chapter 11 nachempfundenes Einheitsverfahren vor. Die Richtlinie räumt allerdings den Mitgliedstaaten bei der Umsetzung einen recht großen Freiraum ein, sodass der in Frankreich sehr erfolgreich praktizierte präventive Restrukturierungsrahmen weitgehend beibehalten werden kann und den deutschen Gesetzgeber im Rahmen der Umsetzung der Richtlinie im StaRUG beeinflusst hat (dazu Paulus/Dammann ZIP 2018, 249; Dammann/Paulus D. 2018, 248; Dammann FS Wimmer, 2017, 162. Für eine erste Analyse des RL-Entwurfs v. 1.10.2018 Dammann Global Turnaound 10/2018; Dammann D. 2018, 2195).

84   Das **formlose** out of court restructuring ohne die Einschaltung eines gerichtlich bestellten mandataire ad hoc oder eines Schlichters wird in Frankreich nur bei Umschuldungen von Kreditverträgen praktiziert, wenn keine Gefahr einer drohenden Zahlungsunfähigkeit des Schuldners besteht.

85   Im Gegensatz zum deutschen Recht kennt das französische Recht keine **vorläufigen Sicherungsmaßnahmen** vor Eröffnung eines präventiven Restrukturierungsverfahrens bzw. ordentlichen Insolvenzverfahrens. Das hängt wahrscheinlich mit der Entwicklung der Vorverfahren zusammen. Darüber hinaus ist der Zeitraum zwischen Antragstellung und Eröffnung des Verfahrens recht kurz. Für spezielle vorläufige Sicherungsmaßnahmen besteht daher keine Notwendigkeit.

II. Das mandat ad hoc

86   Bei Unternehmen, die sich in wirtschaftlichen oder finanziellen Schwierigkeiten befinden, kann der Schuldner die **Bestellung** eines **mandataire ad hoc** gem. Art. L. 611-3 C. com. beantragen, um einen Vergleich mit den wichtigsten Gläubigern herbeizuführen und so die Eröffnung eines Insolvenzverfahrens zu vermeiden. Das mandat ad hoc wird auch zur Vorbereitung einer übertragenden Sanierung im Rahmen einer sog. prepack cession verwendet. Zuständig ist der Präsident des örtlichen Handelsgerichts, wo die Gesellschaft bzw. der Kaufmann ins Handelsregister eingetragen ist. Falls der Schuldner keine kaufmännische oder handwerkliche Tätigkeit ausübt, ist der Präsident des tribunal judiciaire zuständig (vgl. Lienhard Rn. 11.16). Bei Registerwechsel besteht eine Karenzfrist von sechs Monaten. Zu beachten sind ferner spezielle Regeln bei Konzernen. Das allgemeine IPR definiert die internationale Zuständigkeit (dazu Dammann/Sénéchal, Le droit de l'insolvabilité internationale, 1. Aufl. 2018, Rn. 1927 ff. und 2047 ff.).

87   Hat sich die wirtschaftliche und finanzielle Situation des Unternehmens bereits zu sehr verschlechtert, ist das mandat ad hoc sicherlich nicht das geeignete Verfahren. Der Gerichtspräsident kann in einem solchen Fall die **Eröffnung** des Verfahrens **ablehnen** (vgl. Lucas Rn. 47). Ob das Verfahren bei Zahlungsunfähigkeit des Schuldners eröffnet werden kann, ist streitig. Die hM ist der Auffassung, dass eine Zahlungsunfähigkeit von weniger als 45 Tagen toleriert werden kann, wenn sie innerhalb dieser Frist nach Eröffnung des Verfahrens behoben wird (vgl. Le Corre Rn. 123.111; Lucas Rn. 46; aA Lienhard Rn. 11.15). Die Praxis der Handelsgerichte ist nicht einheitlich.

88   Der **Antrag** erfolgt in Form einer sog. requête. Die **Person** des mandataire wird vom Schuldner vorgeschlagen. Lehnt der Präsident den Vorschlag ab, kann der Schuldner Rechtsmittel gegen diese Entscheidung einlegen (vgl. Pérochon Rn. 105). Der Präsident des Handelsgerichts lädt den Schuldner zu einem informativen Gespräch vor (Art. R. 611-19 Abs. 1 C. com.). Der mandataire wird durch ordonnance bestellt, die die **Dauer** des mandat und den **Aufgabenbereich** des mandataire ad hoc festlegt. Der Honorarvorschlag, der in der Praxis einen Stundensatz vorsieht und oft durch ein Erfolgshonorar ergänzt wird, muss vom Schuldner akzeptiert werden. Eine Höchstgrenze der Honorare ist zwingend vorzusehen (Art. R. 611-47 C. com.). Die Honorarvereinbarung wird vom Gericht als Anlage der ordonnance der Bestellung des mandataire beifügt. Fehlt die Angabe der Höchstgrenze, werden die Honorare vom Richter frei festgelegt (vgl. Com. 3.10.2018 – Nr. 17-14.522, BJE Jan./Febr. 2019, 11 mAnm Thullier). Übersteigen die **Honorare** den vertraglich vorgesehenen Rahmen, muss der mandataire den Präsidenten informieren. Nachdem der Präsident die Stellungnahme durch den Staatsanwalt erhalten hat, kann er mit Zustimmung des Schuldners die Erhöhung der Honorare beschließen (vgl. Lienhard Rn. 11.33).

89   Es handelt sich um ein recht flexibles Verfahren, das **streng vertraulich** ist (Art. L. 611-15 C. com.; vgl. Com. 22.9.2015 – Nr. 14-17.377, Bull. civ. IV Nr. 777; D. 2015, 1950; Rev. sociétés, 2015, 761 mAnm Roussel Galle). Ein Presseorgan, das die Verfahrenseröffnung publi-

ziert, ist schadenersatzpflichtig (vgl. Com. 15.12.2015 – Nr. 14-11.500, Bull. civ. IV, Nr. 1076, D. 2016, 5 mAnm Lienhard; Rev. sociétés, 2016, 193 mAnm Roussel Galle; Epilog: Com. 13.2.2019 – Nr. 17-18.049, D. 2019, 308; BJE Mai/Juni 2019, 12 mAnm Monsèrié-Bon; Rev. sociétés 11/2019, 691 mAnm Reille; s. ferner Com. 13.6.2019 – Nr. 18-10.688, D. 2019, 1279; dazu übersichtlich D. 2019, 1903 mAnm Lucas). Vertraulich sind nicht nur die Eröffnung des Verfahrens, sondern auch die im Verfahren erstellten Dokumente, zB eine Vendor Due Diligence (Soc. 9.10.2019 – Nr. 18-15.305, D. 2019, 1989). Der Schuldner kann auf die Vertraulichkeit verzichten (vgl. Lienhard Rn. 11.38). Diese Rechtsprechung kommt auch bei der conciliation zur Anwendung (→ Rn. 112). Die Staatsanwaltschaft wird von der Eröffnung des Verfahrens nicht in Kenntnis gesetzt. Ebenso besteht keine Verpflichtung, den Betriebsrat zu konsultieren (Art. L. 611-3 Abs. 3 C. com.). Informiert wird lediglich der Abschlussprüfer (Art. L. 611-3 Abs. 1 C. com. aE).

Der mandataire mischt sich in die **Geschäftsführung** des Schuldners nicht ein. Der Schuldner kann über seine Vermögenswerte weiterhin frei verfügen und behält so die Kontrolle über den täglichen Betrieb des Unternehmens und alle strategischen Entscheidungen. In der Praxis ist zu beobachten, dass alle wichtigen Entscheidungen, die einen Einfluss auf die ins Auge gefasste finanzielle Restrukturierung haben, dem mandataire offengelegt und mit den Gläubigern eventuell abgestimmt werden. Die Vertrauensbeziehung zwischen dem Schuldner und seinen wichtigsten Gläubigern darf nicht durch überraschende strategische Entscheidungen torpediert werden. 90

Als ersten Schritt versammelt der mandataire die wichtigsten Finanzgläubiger, um ein Moratorium bzw. **standstill** auszuhandeln. Dies bedeutet, dass sich die Gläubiger verpflichten, die Kredite nicht vorzeitig fällig zu stellen. Vertragsklauseln, die vorsehen, dass allein wegen der Eröffnung des mandat ad hoc-Verfahrens durch den Schuldner laufende Verträge gekündigt oder diese Verträge in sonstiger Weise zum Nachteil des Schuldners geändert werden dürfen, sind unwirksam (réputées non écrites) (Art. L. 611-16 C. com.; dazu Lienhard Rn. 11.39). Als nächsten Schritt werden in der Regel vom mandataire ad hoc unabhängige Sachverständige bestellt, um die Ursachen der wirtschaftlichen Schwierigkeiten zu hinterleuchten und den Business Plan des Unternehmens zu prüfen. 91

Der ausgehandelte Sanierungsplan wird nicht durch das Gericht bestätigt und bleibt somit vertraulich. Der Abschluss der Restrukturierungsvereinbarung ist völlig **freiwillig**. Die Gläubiger sind in keiner Weise gehalten, die Vorschläge des mandataire zu akzeptieren. Die Theorie eines Rechtsmissbrauchs kommt nicht zur Anwendung (vgl. Lucas Rn. 16; Com. 22.9.2015 – Nr. 14-17.377, Bull. civ. IV Nr. 777; D. 2015, 1950; Rev. sociétés 2015, 761 mAnm Roussel Galle). In der Praxis hängt der Erfolg des Verfahrens oft vom Verhandlungsgeschick des mandataire ab. Als unabhängiger Experte mit der Autorität der Bestellung durch den Präsidenten des Handelsgerichts ausgestattet, kann der mandataire dort Zugeständnisse erwirken, wo der Schuldner selbst keinen Erfolg verzeichnen könnte. Daher erklärt sich die überaus hohe Erfolgsquote. In den letzten Jahren wurden ungefähr zwei Drittel aller Verfahren mit einem Vergleich abgeschlossen. 92

Für die teilnehmenden Gläubiger gewährt dieses Verfahren allerdings in einem wichtigen Punkt **keine abschließende Rechtssicherheit.** Kommt es im Anschluss an einen Vergleich doch zur Eröffnung eines ordentlichen Insolvenzverfahrens, können die im Vorfeld oder im Rahmen des Vergleichs getätigten Rechtsgeschäfte gem. Art. L. 632-1 f. C. com. annulliert werden, falls das Insolvenzgericht zur Ansicht gelangt, dass der Schuldner trotz des Abschlusses des Vergleiches in Wirklichkeit bereits **zahlungsunfähig** war. Hier kann die Eröffnung einer conciliation Abhilfe schaffen (→ Rn. 97). 93

Bei **komplexen Restrukturierungsfällen** wird das mandat ad hoc-Verfahren in der Praxis als Vorstufe eröffnet, um den Sanierungsplan vorzubereiten, der dann im Rahmen einer conciliation oder bei der übertragenden Sanierung in der Form einer sog. prepack cession abgeschlossen wird (vgl. Lienhard Rn. 11.14). 94

Das mandat ad hoc-Verfahren kann auf Antrag des Schuldners **beendet** werden. Seit dem Dekret v. 30.6.2014 ist der mandataire ad hoc verpflichtet, unverzüglich dem Präsidenten des Gerichts alle Fakten zu unterbreiten, die eine sofortige Beendigung des Verfahrens rechtfertigen (vgl. Lienhard Rn. 11.27). Durch diese Regelung soll sichergestellt werden, dass sich das Verfahren nicht unnötig in die Länge zieht und bei Auftreten einer Zahlungsunfähigkeit die Eröffnung eines ordentlichen Insolvenzverfahrens zeitnah erfolgt. Der Antrag auf Eröffnung eines mandat ad hoc-Verfahrens exkulpiert nicht den Geschäftsführer, der die Eröffnung eines ordentlichen Insolvenzverfahrens hätte beantragen müssen (vgl. Com. 17.6.2020 – Nr. 19-10.341, Rev. proc. coll. 6/2020, 32; Rev sociétés 2020, 508; RTD com. 2021, 421). 95

Internationales Insolvenzrecht – Frankreich

III. Die conciliation

1. Allgemeines

96 Seit der Reform im Jahre 2005 nimmt das Schlichtungsverfahren in der französischen Restrukturierungslandschaft eine **Schlüsselrolle** ein. Wie das mandat ad hoc hat das Schlichtungsverfahren zum Ziel, frühzeitig eine Restrukturierungsvereinbarung mit den wichtigsten Gläubigern abzuschließen, um so die Eröffnung eines Insolvenzverfahrens zu vermeiden. Das Verfahren ist allerdings formeller ausgestaltet, zeitlich begrenzt und gewährleistet eine **größere Rechtssicherheit** für die beteiligten Parteien. In der Praxis werden heute alle größeren Restrukturierungsfälle von mittelständischen Unternehmen, vor allem im LBO-Bereich, im Rahmen einer conciliation abgewickelt bzw. vorbereitet. Im Jahre 2015 wurden in Frankreich ca. 1.000 Schichtungsverfahren eröffnet. Dies bedeutet eine Steigerung von 72 % im Vergleich zum Jahr 2011. Die Erfolgsquote der conciliation beträgt stolze 70 % (vgl. den Bericht des Haut Comité Juridique de la Place financière de Paris, Rapport du Groupe Défaillances d'Entreprises (HCJP), v. 1.7.2016, 7, abrufbar unter www.hcjp.fr).

97 Die **Attraktivität** der conciliation erklärt sich wie folgt. Das Schlichtungsverfahren wird häufig als Abschlussverfahren eines mandat ad hoc eingesetzt. Die Gläubiger legen nämlich Wert darauf, dass der Präsident des Handelsgerichts den im Rahmen des mandat ad hoc ausgehandelten Vergleich bestätigt. Es handelt sich hier um eine psychologische Maßnahme, da der Gerichtspräsident nur solche Vergleiche bestätigt, die Aussicht auf Erfolg haben. Der Vergleich kann auch vom Gericht im Rahmen einer Gerichtsentscheidung bestätigt werden. Die **homologation** schafft dann **Rechtssicherheit** für die Gläubiger. Sie müssen nicht mehr befürchten, dass die im Rahmen des Sanierungsplans beschlossenen Maßnahmen, vor allem neue Finanzierungen und Zwischenfinanzierungen, Rückzahlungen von Krediten und die Bestellung von Sicherheiten, im Anschluss an eine Eröffnung eines ordentlichen Insolvenzverfahrens angefochten werden. Dieses **safe harbour**-Prinzip liegt übrigens Art. 17 der EU-Restrukturierungs-RL 2019/1023 zu Grunde. Darüber hinaus ist das Schlichtungsverfahren eine zwingende Vorstufe, um den mit den wichtigsten Gläubigern ausgehandelten Vergleich im Rahmen einer SA bzw. SFA mehrheitlich zu beschließen und gerichtlich zu bestätigen. Schließlich ist die conciliation das ideale Verfahren, um die übertragende Sanierung im Rahmen einer prepack cession vorzubereiten.

2. Anwendungsbereich

98 Wie bereits (→ Rn. 75) angesprochen, können **Subjekt** eines Schlichtungsverfahrens Personen sein, die eine kaufmännische oder handwerkliche Tätigkeit ausüben oder juristische Personen des Privatrechts sowie Freiberufler sind. Der Teil des Vermögens der EIRL, der der beruflichen Tätigkeit gewidmet wird, kann ebenfalls Gegenstand eines Schlichtungsverfahrens sein (vgl. Le Corre Rn. 141.111). Für Landwirte gelten Spezialregeln (zum règlement amiable agricole, vgl. Le Corre Rn. 131.111 ff.).

3. Zuständigkeit des Gerichts

99 Zuständig ist der **Präsident** des örtlichen Handelsgerichts. Handelt es sich beim Schuldner um eine juristische Person des Privatrechts oder um einen Freiberufler, wird das Verfahren vom Präsidenten des örtlichen tribunal judiciaire eröffnet (Art. L. 611-5, Abs. 1 C. com.). Bei **Konzernen** gibt es die Möglichkeit, die Verfahren für alle Gesellschaften an einem tribunal de commerce spécialisé (TCS) zu bündeln (Art. L. 662-8. und R. 611-23-1 C. com. idF v. 23.12.2016; dazu näher Dammann/Pigot BJE 2016, 158; Dammann/Sénéchal, Le droit de l'insolvabilité internationale, 1. Aufl. 2018, Rn. 1927 ff.; Le Corre Rn. 141.311; aA Lucas Rn. 27, der Art. L. 662-8 eng auslegt und nicht auf die conciliation anwendet). Besteht Auslandsbezug, bestimmt sich die internationale Zuständigkeit der französischen Gerichte nach den Regeln des allgemeinen IPRs, da es sich bei der conciliation um ein präventives vorinsolvenzrechtliches Restrukturierungsverfahren handelt, das nicht in den Anwendungsbereich der EuInsVO fällt (vgl. Dammann/Sénéchal, Le droit de l'insolvabilité internationale, 1. Aufl. 2018, Rn. 318; zum französischen IPR vgl. Dammann/Sénéchal, Le droit de l'insolvabilité internationale, 1. Aufl. 2018, Rn. 2047 ff.).

4. Eröffnungsvoraussetzungen

100 Nach Art. L. 611-4 C. com. kann der Schuldner die Eröffnung eines Schlichtungsverfahrens beantragen, wenn **rechtliche, wirtschaftliche** oder **finanzielle Schwierigkeiten** bestehen oder

sich abzeichnen oder wenn der Schuldner seit höchstens 45 Tagen zahlungsunfähig ist. Dieser Tatbestand ist deutlich weiter gefasst als das deutschrechtliche Konzept der „drohenden Insolvenz". Der Schuldner kann sich also bereits sehr frühzeitig an das Gericht wenden, wodurch sich die Chancen einer erfolgreichen Sanierung deutlich erhöhen.

Die Möglichkeit, eine conciliation im Falle der **Zahlungsunfähigkeit** des Schuldners eröffnen **101** zu können, darf allerdings nicht täuschen. Das Schlichtungsverfahren ist nicht darauf zugeschnitten, ein ordentliches Insolvenzverfahren zu ersetzen. Es geht darum, eine Restrukturierungsvereinbarung mit den wichtigsten Finanzgläubigern einverständlich herbeizuführen. Es soll lediglich vermieden werden, dass eine vorübergehende Zahlungsunfähigkeit, die durch ein Moratorium recht einfach bereinigt werden kann, einer Verfahrenseröffnung im Wege steht. Zeichnet sich ab, dass der Schuldner während der Dauer des Verfahrens nicht in der Lage sein wird, Gehälter und Lieferanten zu bezahlen, ist die conciliation nicht der geeignete Lösungsweg. Ist der Kreis der Gläubiger zu groß, muss ein Antrag auf Eröffnung eines präventiven bzw. ordentlichen Insolvenzverfahrens mit automatischer Aussetzung aller Rechtsverfolgungs- und Vollstreckungsmaßnahmen ins Auge gefasst werden. Die Neufassung des Art. L. 621 Abs. 2 C. com. durch Gesetz v. 18.11.2016 bestätigt die Anwendungsbereiche von conciliation und procédure de sauvegarde. Bei wirtschaftlichen Schwierigkeiten, die der Schuldner meistern kann, ist die procédure de conciliation indiziert. Ist dies nicht der Fall, sollte der Schuldner Antrag auf Eröffnung eines präventiven Restrukturierungsverfahrens stellen, wenn er nicht zahlungsunfähig ist.

5. Antragsstellung

Antragsberechtigt ist allein der **Schuldner.** Anders als in Art. 4 (8) der EU-Restrukturie- **102** rungs-RL 2019/1023 v. 20.6.2016 hat der Gläubiger mit Zustimmung des Schuldners nach französischem Recht kein Antragsrecht. Einzelheiten des Antrags regelt L. 611-6 iVm Art. R. 611-22 ff. C. com. Der Antragsteller muss in der Form einer requête seine wirtschaftliche, finanzielle, vermögensrechtliche und soziale Situation präzise beschreiben und die entsprechenden Bilanzen und Anlagen vorlegen. Er muss Angaben zur Deckung der laufenden Verbindlichkeiten machen. Der Betriebsrat (comité social et économique – CSE) muss nicht vom Antrag auf Eröffnung des Verfahrens unterrichtet werden (Art. L. 611-6 Abs. 3 C. com. aE). Vor der Reform von 2016 war dies streitig (vgl. Le Corre Rn. 142.311).

Vertragsklauseln, die vorsehen, dass allein wegen der Eröffnung des Schlichtungsverfahrens **103** durch den Schuldner laufende Verträge gekündigt oder diese Verträge in sonstiger Weise zum Nachteil des Schuldners geändert werden dürfen, sind unwirksam (réputées non écrites), sog. **Verbot** von **Ipso-facto-Klauseln** (Art. L. 611-16 C. com. idF der ordonnance v. 12.3.2014). Die Regelung scheint die Vorlage für Art. 7(5) der EU-Restrukturierungs-RL 2019/1023 gewesen zu sein. Diese Bestimmung neutralisiert weitverbreitete Klauseln in Kreditverträgen, die es Kreditgebern ermöglichen, bei Eröffnung einer conciliation den Kredit sofort fällig zu stellen.

Der Schuldner kann die **Person** des conciliateur **vorschlagen.** In der Regel handelt es sich **104** um einen örtlich zugelassenen Insolvenzverwalter (administrateur oder mandataire judiciaire). Hat der Schuldner seinen Firmensitz außerhalb der Pariser Region, wird der örtliche conciliateur oft durch einen erfahrenen Pariser Kollegen unterstützt. In fast allen Fällen entspricht der Gerichtspräsident dem Vorschlag des Schuldners. Der Honorarvorschlag des präsumtiven conciliateur, der vom Schuldner akzeptiert worden ist, wird als Anlage der requête beigefügt. Er muss vom Präsidenten des Handelsgerichts gebilligt werden und wird zur Anlage der ordonnance der Bestellung des conciliateur (zu den Rechtsfolgen bei Fehlen der Höchstgrenze der Honorare → Rn. 88).

Der Schuldner wird vom Gerichtspräsidenten zu einem Termin vorgeladen, um den Antrag **105** zu erörtern. Der Präsident **entscheidet** über den Antrag, nachdem er die Stellungnahme der Staatsanwaltschaft zum Honorarvorschlag des conciliateur eingeholt hat (Art. R. 611-47-1 C. com.). Lehnt der Präsident die Verfahrenseröffnung ab oder wird wider Erwarten ein conciliateur bestellt, der vom Schuldner abgelehnt wird, kann letzterer gegen die Entscheidung **Rechtsmittel** einlegen (vgl. Lienhard Rn. 21.28, 21.39). Der Schuldner muss begründen, warum er dem conciliateur misstraut. Der Einspruch muss innerhalb einer Frist von 15 Tagen nach Zustellung der Entscheidung erfolgen (Art. R. 611-28 C. com.).

Soll nach Abschluss einer Schlichtung ein neues Verfahren eröffnet werden, so ist seit der **106** Reform von 2008 eine **Karenzfrist** von drei Monaten zu beachten (Art. L. 611-6 Abs. 2 C. com.). Es ist allerdings möglich, während dieser Zeitspanne ein mandat ad hoc zu eröffnen.

6. Rechtsfolgen der Eröffnungsentscheidung

107 In seiner ordonnance bestellt der Präsident den conciliateur und legt die Dauer des Verfahrens fest, die einerseits **vier Monate** nicht überschreiten darf, die aber andererseits auf Antrag des conciliateur auf **fünf Monate verlängert** werden kann (zur Ausnahmegesetzgebung der Covid-19-Krise → Rn. 14e). Wegen der Kürze der Frist wird in der Praxis bei komplexen Situationen ein mandat ad hoc-Verfahren vorgeschaltet. Das Eröffnungsurteil der conciliation wird der Staatsanwaltschaft und den Wirtschaftsprüfern zugestellt.

108 Nach Eröffnung des Verfahrens hat der Gerichtspräsident die Möglichkeit, bei Wirtschaftsprüfern, Arbeitnehmervertretern, Notaren, Kreditinstituten und Behörden **Informationen zur finanziellen Situation** des Unternehmens einzuholen. Er kann einen Experten bestellen, um ein Gutachten zur wirtschaftlichen, finanziellen und sozialen Situation des Schuldners und seiner Vermögenslage einzuholen (Art. L. 611-6 Abs. 5 C. com.).

109 Einen **Eingriff in Gläubigerrechte** durch eine generelle, gerichtlich angeordnete Aussetzung von Rechtsverfolgungs- und Vollstreckungsmaßnahmen sieht das französische Recht **nicht** vor. Dies wäre auch mit dem streng vertraulichen Charakter der conciliation nicht vereinbar. Der Reformgesetzgeber hat allerdings die Ausnahmegesetzgebung der Covid-19-Krise (→ Rn. 14e) in der Neufassung von Art. L. 611-7 Abs. 5 C. com. festgeschrieben. So kann der Schuldner bei Gericht Antrag stellen, die Zahlungsverbindlichkeiten für die Dauer des Verfahrens auszusetzen, falls der Gläubiger einer entsprechenden Aufforderung des Schlichters fristgerecht nicht nachgekommen ist. Während des laufenden Schlichtungsverfahrens ist darüber hinaus die Eröffnung eines ordentlichen Insolvenzverfahrens (redressement bzw. liquidation judiciaire) auf Antrag eines Gläubigers oder des Staatsanwalts ausgeschlossen (Art. L. 631-5 bzw. Art. L. 640-5 C. com.). Das bedeutet allerdings nicht, dass der Schuldner von seiner Verpflichtung, die Eröffnung eines Insolvenzverfahrens bei Zahlungsunfähigkeit, die **nach** der Eröffnung des Verfahrens eintritt, entbunden ist. Zeichnet sich ab, dass der Schuldner nicht in der Lage sein wird, seinen laufenden Verpflichtungen insbesondere gegenüber Arbeitnehmern und Lieferanten nachzukommen, kann der Schuldner einen Antrag stellen, das Schlichtungsverfahren in eine procédure de sauvegarde zu überführen (Art. L. 621-1 Abs. 5 C. com.).

110 Die in Art. 1343-5 C. civ. verankerte Möglichkeit des Schuldners, eine Aussetzung der Zahlung von Schulden (**délai de grâce**) für eine Höchstdauer von zwei Jahren zu beantragen, ist auf die Neutralisierung von einzelnen **Akkordstörern** zugeschnitten. Seit der Reform von 2014 kann die Dauer vom Abschluss des Restrukturierungsplans abhängig gemacht werden (Art. L. 611-7 Abs. 5 C. com.). Diese Flexibilität sieht die Neufassung von Art. L 611-7 Abs. 5 C. com. (→ Rn. 15) nicht mehr vor. Eine Herabsetzung der Zinsen ist ebenfalls möglich (Art. 1343-5 Abs. 2 C. civ.). Der gesetzliche Zinssatz kann allerdings nicht unterschritten werden. Das délai de grâce kann beantragt werden, wenn Gläubiger, die sich nicht an den Verhandlungen konstruktiv beteiligen wollen, an den Schuldner eine **Zahlungsaufforderung** richten, **Rechtsverfolgungsmaßnahmen** (mise en demeure bzw. poursuite) einleiten oder das vom Schlichter vorgeschlagene Moratorium für die Dauer des Verfahrens ablehnen (Art. L. 611-7 Abs. 5 C. com.). Die Zahlungsaufforderung oder Rechtsverfolgungsmaßnahme durch den Gläubiger muss nicht unbedingt während, sie kann auch vor Eröffnung der conciliation erfolgt sein (vgl. Lienhard Rn. 22.13). **Zuständig** ist der Richter, der das Schlichtungsverfahren eröffnet hat (Art. L. 611-7 Abs. 5 C. com.). Personen, die Gesamtschuldner des Gläubigers sind oder eine persönliche Sicherheit gegeben haben (im Wesentlichen in Form einer Bürgschaft, eines selbstständigen Garantieversprechens oder der Bestellung dinglicher Sicherheiten), können sich auf die gewährten délais de grâce berufen (Art. L. 611-10-2 Abs. 1 C. com. idF v. 12.3.2014).

111 Der **Anwendungsbereich** des **Begriffs** der **persönlichen Sicherheit** iSv Art. L. 611-10-2 Abs. 1 C. com. hat Anlass zu Diskussionen gegeben. Erfasst werden lettres d'intention, lettres de conforts, lettres de patronage (Patronatserklärungen) und der porte-fort (dazu allg. Sonnenberger/Dammann, Französisches Handels- und Wirtschaftsrecht, 3. Aufl. 2008, Rn. VII 98 ff.), nicht jedoch die Institution der Leistungsanweisung erfüllungshalber, délégation imparfaite (dazu allg. Sonnenberger/Dammann, Französisches Handels- und Wirtschaftsrecht, 3. Aufl. 2008, Rn. VII 97). Letztere hat zwar die Funktion einer persönlichen Sicherheit. Der délégué übernimmt jedoch keine zusätzlichen Verpflichtungen. Daher muss eine délégation imparfaite nicht vom Verwaltungsrat einer Aktiengesellschaft genehmigt werden (vgl. Com. 15.1.2013 – Nr. 11-28.173; D. 2014, 92 mAnm Gény; RTC com. 2013, 87 mAnm Dondero/Le Cannu; Rev. sociétés 2013, 291 mAnm Legeais).

112 Der streng **vertrauliche** Charakter des Verfahrens ist ein Schlüssel des Erfolgs der conciliation (vgl. Bourbouloux BJE 2012, 183. Die unter → Rn. 89 zitierte Rechtsprechung zum mandat ad

Internationales Insolvenzrecht – Frankreich

hoc kommt auch bei der conciliation zur Anwendung). Im Außenverhältnis führt der Schuldner seine Geschäfte in völliger Eigenverwaltung fort. Lediglich die betroffenen Gläubiger und Investoren nehmen an den Verhandlungen teil. Die Zahlungsbedingungen, die Lieferanten ihren Geschäftspartnern einräumen und die in Frankreich bei der Unternehmensfinanzierung eine sehr wichtige Rolle spielen, bleiben so erhalten. Folglich wird der goodwill des Unternehmens nicht in Mitleidenschaft gezogen. Der Schuldner kann allerdings auf die Vertraulichkeit verzichten und die Eröffnung des Schlichtungsverfahrens publik machen.

Unter dem Stichwort „**Gläubigerautonomie**" ist anzumerken, dass der Abschluss des Restrukturierungsplans vollkommen freiwillig ist. Es werden keine Gläubigergruppen gebildet, die mit qualifizierter Mehrheit abstimmen. Es besteht keine Möglichkeit, Zugeständnisse zu erzwingen. Das Gericht ist ebenfalls nicht in der Lage, Forderungsverzichte oder Zahlungsfristen festzusetzen, bzw. debt-to-equity-swaps zu beschließen. Das französische Recht gibt ferner keine Zwangsquoten vor; alles wird frei ausgehandelt. Daher ist das Schlichtungsverfahren geeignet, Umschuldungen in einem überschaubaren Kreis von Finanzgläubigern auszuhandeln. Es ist ferner möglich, neue Kapitalinvestoren einzubeziehen, die im Rahmen des Verfahrens neue Finanzmittel zur Verfügung stellen. 113

Der vom Präsidenten des Handelsgerichts bestellte conciliateur erwirkt in der Regel als erste Maßnahme, dass die an den Verhandlungen teilnehmenden Finanzgläubiger einem **Moratorium** freiwillig zustimmen, wodurch eine eventuell bestehende Zahlungsunfähigkeit „korrigiert" werden kann. Der Schuldner erarbeitet zusammen mit dem Schlichter ein Sanierungskonzept. Das Verfahren zeichnet sich durch große **Transparenz** aus. Sofern dies nicht bereits im Rahmen eines eventuell vorangegangenen mandat ad hoc geschehen ist, werden unabhängige Sachverständige vom conciliateur bestellt, um die finanzielle Situation des Schuldners bzw. des Konzerns sowie die Stichhaltigkeit des Restrukturierungs- und des Business Plans zu prüfen. Bei größeren Verfahren werden darüber hinaus Wertgutachten des Unternehmens bzw. des Konzerns erstellt. So ist gewährleistet, dass die Finanzgläubiger, die ebenfalls häufig durch Wirtschaftsprüfer und Berater unterstützt werden, ihren Gremien den Restrukturierungsplan zur Entscheidung vorlegen können. Der conciliateur erstattet dem Gerichtspräsidenten regelmäßig Bericht über die Fortschritte der Verhandlungen. So wird eine Insolvenzverschleppung vermieden. 114

7. Scheitern der Verhandlungen

Scheitert die Schlichtung, informiert der conciliateur umgehend den Gerichtspräsidenten, der seine Mission und damit die Schlichtung selbst beendet (Art. L. 611-7, Abs. 6 C. com.). Gegen diese Entscheidung können keine Rechtsmittel durch den Schuldner eingelegt werden (Art. R. 611-38 C. com.). Ist der Schuldner nicht zahlungsunfähig, kann ein präventives Restrukturierungsverfahren eröffnet werden. Bei Zahlungsunfähigkeit muss die Eröffnung eines ordentlichen Insolvenzverfahrens (redressement judiciaire bzw. liquidation judiciaire) beantragt werden. Bis zur Reform v. 12.3.2014 konnte das Gericht von Amts wegen das Verfahren eröffnen. Es hat sich in der Gerichtspraxis eingebürgert, dass der conciliateur in diesem Fall nicht als Insolvenzverwalter bestellt wird, um **Interessenskonflikten** vorzubeugen. Art. L. 621-1 C. com. sieht vor, dass der Staatsanwalt die Bestellung eines Verwalters in einer procédure de sauvegarde bzw. eines redressement-Verfahrens ablehnen kann, wenn es sich um einen ehemaligen mandataire ad hoc bzw. conciliateurs handelt. Die Karenzfrist beträgt 18 Monate. Begründete Ausnahmen sind allerdings zulässig (vgl. Com. 31.1.2012 – Nr. 10-24.019, Bull. civ. IV, Nr. 19; D. 2012, 857 mAnm Lienhard). 115

8. Gerichtliche Bestätigung der Restrukturierungsvereinbarung

Der Restrukturierungsplan wird am Ende des Verfahrens entweder auf Antrag aller Parteien (requête conjointe) dem Gerichtspräsidenten zur **einfachen Bestätigung** (**constatation**) oder auf Antrag des Schuldners dem Gericht zur **offiziellen homologation** vorgelegt. 116

Bei **einfacher Bestätigung** bleibt das Verfahren **vertraulich**. In diesem Fall ist es möglich, dass der Plan die ordentliche Schuldenabwicklung des Schuldners vorsieht (vgl. Pérochon Rn. 148; Le Corre Rn. 144.111). Die Bestätigung des Plans wird nicht veröffentlicht (Art. L. 611-8 C. com.). Der Betriebsrat (comité social et économique – CSE) muss nicht informiert werden (vgl. Le Corre Rn. 142-311). Der Schuldner muss schriftlich versichern, dass er nicht (mehr) zahlungsunfähig ist. Das Gesetz räumt dem Präsidenten **keinerlei Entscheidungsspielraum** ein. Er kann nicht die Bestätigung verweigern, wenn der Restrukturierungsplan unausgewogen ist. In der Praxis kann er lediglich in einem solchen Fall den Parteien nahelegen, den einen oder anderen Punkt der Vereinbarung nochmals zu überdenken und ggf. nachzuverhandeln (vgl. Lienhard Rn. 22.19). 117

Die Bestätigung erfolgt durch eine **ordonnance** des Präsidenten, wodurch die Vereinbarung **vollstreckbar** wird (titre exécutoire).

118 Wird eine offizielle Bestätigung – **homologation** – angestrebt, hat das Gericht gem. Art. L. 611-8 II C. com. festzustellen, dass der Schuldner **nicht** (mehr) **zahlungsunfähig** ist und dass, unter **Wahrung** der **Interessen** der **übrigen Gläubiger,** durch den ausgehandelten Restrukturierungsplan ein **dauerhaftes Fortbestehen** des **Unternehmens** gesichert ist. Diese Bedingung wird vom Gericht sehr sorgfältig geprüft. Im Rahmen einer nichtöffentlichen Sitzung (chambre de conseil) werden neben den unterzeichnenden Parteien auch die Vertreter des Betriebsrates, der Schlichter und der Staatsanwalt vom Gericht gehört. Bis zur Veröffentlichung der Bestätigung des Vergleiches durch das Gericht ist das Verfahren vertraulich. Art. L. 611-10 und R. 611-40 Abs. 2 C. com. sehen die **Veröffentlichung** der **Gerichtsentscheidung,** jedoch nicht der Restrukturierungsvereinbarung selbst vor. Der Schuldner muss allerdings den Inhalt der Vereinbarung dem Betriebsrat erläutern (Art. L. 611-8-1 C. com.). Darüber hinaus können alle Parteien, die zum Gerichtstermin, der über die homologation entscheidet, geladen worden sind, die Vereinbarung bei der Geschäftsstelle des Gerichtes einsehen (Art. R. 611-40 Abs. 1 C. com.).

119 Im Rahmen der Restrukturierungsvereinbarung war es üblich, sog. „**clauses de rendez-vous**" vorzusehen, sodass der ehemalige Schlichter als Moderator die Verhandlungen leitet, um bei etwaigen Schwierigkeiten der Exekution Abhilfe zu schaffen. Seit der Reform von 2014 kann der Schuldner sowohl im Rahmen eines accord constaté oder bei homologation den Antrag stellen, den Schlichter als sog. **mandataire à l'exécution de l'accord** gerichtlich zu bestellen (vgl. Art. L. 611-8 III C. com.).

120 Bei der **homologation** handelt es sich um eine **Gerichtsentscheidung,** gegen die **Rechtsmittel** eingelegt werden können (Art. L. 611-10 Abs. 2 C. com.). Der Staatsanwalt kann in die Berufung gehen. Dieses Rechtsmittel steht auch den Parteien der Vereinbarung zur Verfügung, allerdings nur bezüglich der Bestreitung des new-money-Privilegs (vgl. Le Corre Rn. 144.361). Die Homologation ändert nichts am **vertraglichen Charakter** der Restrukturierungsvereinbarung (vgl. Podeur D. 2017, 1430; Pérochon Rn. 215; Le Corre Rn. 144.411). In der Praxis ist es üblich, dass die homologation eine aufschiebende Bedingung der Vereinbarung ist (vgl. Podeur D. 2017, 1430). Wird die homologation abgelehnt, steht dem Schuldner die Berufung offen. Dritte können gegen die homologation einen **Drittwiderspruchsklage,** tierce opposition, einlegen (Art. L. 611-10 Abs. 2 C. com.). Die Frist beträgt 10 Tage nach Veröffentlichung des avis der Entscheidung im BODACC (Art. R. 661-2 C. com.; vgl. Lienhard Rn. 22.33; Le Corre Rn. 144.361).

9. Rechtswirkungen der Restrukturierungsvereinbarung

121 Während der **Dauer** der Restrukturierungsvereinbarung sind alle **Rechtsverfolgungs-** und **Vollstreckungsmaßnahmen** der beteiligten Gläubiger, die auf ihren umgeschuldeten Forderungen beruhen, unterbrochen bzw. untersagt (Art. L. 611-10-1 C. com.). Keine Rolle spielt, dass die Vereinbarung lediglich bestätigt oder homologiert worden ist. Der Zinseszins entfällt ebenfalls, da Art. 1343-2 C. civ. nicht zur Anwendung kommt (krit. zu dieser Ausnahmeregelung, die mit dem vertraglichen Charakter des Verfahrens nicht in Einklang steht, Lucas Rn. 41). Art. L. 611-10-2 C. com. schreibt vor, dass natürliche und juristische Personen, die Gesamtschuldner des Gläubigers sind oder eine persönliche Sicherheit gegeben haben (im Wesentlichen in Form einer Bürgschaft, eines selbstständigen Garantieversprechens oder der Bestellung dinglicher Sicherheiten; zur Bestimmung des Personenkreises → Rn. 111), in den Genuss eines accord constaté bzw. eines accord homologué kommen. Darüber hinaus sieht Art. L. 611-10-1 Abs. 2 C. com. vor, dass der Schuldner gegenüber Gläubigern, die aufgefordert worden sind, an den Verhandlungen teilzunehmen, deren Forderungen aber nicht Gegenstand des Sanierungsplans sind, **délais de grâce** beim Gerichtspräsidenten beantragen kann. In diesem Fall besteht ein Gleichbehandlungsgebot. Gläubiger, die die Restrukturierungsvereinbarung abgelehnt hatten, dürfen nicht bessergestellt werden als Gläubiger, die den Vertrag unterzeichnet hatten (so CA Versailles 12.12.2019, BJE März/April 2020, 15). Ausgenommen sind allerdings die in Art. L. 611-7 Abs. 3. C. com. genannten öffentlich-rechtlichen Gläubiger. Personen, die Gesamtschuldner des Gläubigers sind oder eine persönliche Sicherheit gestellt haben (im Wesentlichen in Form einer Bürgschaft, eines selbstständigen Garantieversprechens oder der Bestellung dinglicher Sicherheiten; zur Bestimmung des Personenkreises → Rn. 111), kommen nicht in den Genuss der Maßnahme (Le Corre Rn. 144.123). In der Neufassung von Art. L. 611-10-2 C. com. (→ Rn. 15) wird diese Beschränkung aufgehoben. Der Richter muss die Erfüllungsbedingungen der Restrukturierungsvereinbarung berücksichtigen.

Es handelt sich hier also nicht um einen Ersatz einer allgemeinen Drittwirkung des Sanierungsplans.

Die im Rahmen einer gerichtlich **homologierten** Restrukturierungsvereinbarung oder auch vorher getätigten Rechtsgeschäfte, insbesondere im Rahmen von Refinanzierungen die Bestellung von Sicherheiten, Rückzahlung von Krediten, usw können im Falle der späteren Eröffnung eines ordentlichen Insolvenzverfahrens grundsätzlich nicht angefochten werden. Eine Ausnahme besteht im Falle von fraude (Art. 17 der EU-Restrukturierungs-RL 2019/1023 v. 20.6.2019 weitet dieses safe harbour-Konzept auch auf Brückenfinanzierungen aus, selbst wenn die Restrukturierung nicht erfolgreich abgeschlossen werden konnte). Diese **safe-habour-**Bestimmung kommt bei einer Vereinbarung, die lediglich vom Präsidenten des Gerichts bestätigt worden ist, nicht zur Anwendung. Art. L. 611-8 II C. com. sieht nämlich vor, dass im Rahmen der offiziellen Homologation das Gericht rechtskräftig feststellt, dass der Schuldner nicht (mehr) zahlungsunfähig ist. Wird später ein ordentliches Insolvenzverfahren eröffnet, kann das Datum der Zahlungsunfähigkeit nicht auf einen Zeitpunkt vor Abschluss der gerichtlich bestätigten Restrukturierungsvereinbarung zurückdatiert werden. Die Entscheidung der Verfahrenseröffnung einer Schlichtung hat in diesem Punkt keine Rechtskraft (vgl. Com. 22.5.2013 – Nr. 12-18.509, Bull. civ. IV, Nr. 85, D. 2013, 1343 mAnm Lienhard). Bis zur Reform von 2005 war es möglich, den Zeitpunkt der tatsächlichen Zahlungsunfähigkeit vor Abschluss eines règlement amiable festzulegen. Damit ist jede Anfechtungsklage zum Scheitern verurteilt, da nach französischem Recht nur Rechtshandlungen des Schuldners während des Zeitraums zwischen der gerichtlich festgestellten Zahlungseinstellung und der Verfahrenseröffnung – der sog. periode suspecte – annulliert werden können (dazu → Rn. 561). **122**

Unterzeichnende Gläubiger, die im Rahmen eines accord homologué oder bereits während des Schlichtungsverfahrens dem Schuldner neue finanzielle Mittel (new money) zuführen (also nicht bei Stundungen oder Restrukturierungskrediten), um die Zukunft des Unternehmens zu sichern, erhalten ein **Befriedigungsvorrecht,** das sog. privilège de la conciliation oder privilège de new money (Art. L. 611-11 C. com.). In den Genuss dieses Vorrechts kommen Investoren, die Gesellschafterdarlehen gewähren (zust. Le Corre D. 2005, 2297; Lienhard Rn. 22.42). Ausgeschlossen sind Einlagen im Rahmen von Kapitalerhöhungen (vgl. Sonnenberger/Dammann, Französisches Handels- und Wirtschaftsrecht, 3. Aufl. 2008, Rn. VIII 32). Gleiches gilt für Lieferanten und Dienstleistungsunternehmen, die auf sofortige Barzahlung verzichten. Sie haben Vorrang vor Masseschulden, dh Forderungen, die nach dem Eröffnungsurteil eines Insolvenzverfahrens aufgrund der Fortführung des Unternehmens während der Beobachtungsphase regulär entstehen und bei Fälligkeit nicht gezahlt worden sind. Aus deutscher Sicht überraschend ist, dass diese Forderungen in einer Liquidierung auch Vorrang vor Forderungen haben, die durch eine Hypothek abgesichert worden sind. Erstrang haben allerdings weiterhin die sog. superprivilegierten Forderungen der Arbeitnehmer gefolgt vom Privileg für Rechtsverfolgungskosten (vgl. Art. L. 611-11 iVm Art. L. 622-17 II bzw. L. 641-13 II C. com.). **123**

10. Abänderung bzw. Aufhebung der Restrukturierungsvereinbarung

Hält der Schuldner die Restrukturierungsvereinbarung nicht ein, besteht zunächst die Möglichkeit einer **Nachbesserung** des Vertrages. Die Verhandlungen können durch einen mandataire à l'exécution de l'accord bzw. einen vertraglich vorgesehenen Mechanismus in der Form der Intervention des ehemaligen conciliateur als modérateur begleitet werden. Es ist ebenfalls möglich, einen Antrag auf Eröffnung eines mandat ad hoc-Verfahrens, bzw. nach Ablauf der dreimonatigen Karenzperiode einen Antrag auf Eröffnung eines erneuten Schlichtungsverfahrens zu stellen. Der Formparallelismus eines constat bzw. einer homologation ist nicht zwingend. Die Restrukturierungsvereinbarung, die vom Gericht bestätigt worden ist, verliert nicht ihren Vertragscharakter. Eine **Abänderungsvereinbarung** bedarf also zwangsläufig keiner erneuten gerichtlichen Bestätigung (vgl. Podeur D. 2017, 1430; aA Le Corre Rn. 144-411). **124**

Kommt es zu keiner Einigung über die Abänderung des Vertrags, kann jede Partei Antrag auf **gerichtliche Aufhebung** (résolution) stellen. Beim bestätigten Vergleich ist der Gerichtspräsident zuständig. Ein accord homologué wird vom Gericht aufgehoben (Art. L. 611-10-3 C. com.). Die Aufhebung ist grundsätzlich rückwirkend (vgl. Com. 21.10.2020 – Nr. 17-31.663, BJE 1/2021, 10 mAnm Fort/Fornacciari). Ausgenommen ist allerdings die Feststellung der fehlenden Zahlungsunfähigkeit (vgl. Lienhard Rn. 22.48). Die Parteien können die Rückwirkung ausschließen (so CA Rennes 25.9.2019, D. 2020, 533 mAnm Dammann/Alle). Alle Stundungen, die das Gericht in Anwendung von Art. 1343-5 C. civ. (délai de grâce) ausgesprochen hat, können ebenfalls aufgehoben werden. Im Falle der Eröffnung eines (präventiven) Insolvenzverfahrens (sauvegarde, **125** redressement bzw. liquidation judiciaire) bewirkt dies die automatische Aufhebung der Restrukturierungsvereinbarung, die keine Rückwirkung entfaltet (vgl. Lienhard Rn. 22.48; Le Corre Rn. 145.11). Art. L. 611-12 C. com. stellt fest, dass die Gläubiger ihre eventuell aufgegebenen Forderungen und Sicherheiten zurückerhalten. Die caducité der Vereinbarung erfasst weder erhaltene Rückzahlungen noch das privilège de new money des Art. L. 611-11 C. com. In einer umstrittenen Entscheidung v. 25.9.2019 (Com. Nr. 18-15.655, D. 2019, 1886 mkritAnm Dammann/Alle D. 2019, 2100; BJE 6/2019 mkritAnm Pérochon; BJE 1/2020, 12 mkritAnm Bourbouloux/Farr/Fornacciari; Rev. sociétés 12/2019, 779 mAnm Henry), hat der Kassationshof die caducité des Protokolls auf Bürgschaften ausgeweitet, die zur Absicherung der nach Zahlungsverzichten und Stundungen grundsätzlich verbleibenden Restschulden bestellt worden waren. Diese Rechtsprechung dürfte allerdings im Falle einer Neuverschuldung nicht zur Anwendung kommen. Art. L. 611-10-3 C. com. bricht mit dieser Rechtsprechung. Der **Restrukturierungsvertrag** kann die rechtlichen Wirkungen einer gerichtlichen Aufhebung (caducité bzw. résolution) bestimmen.

11. Überleitung der conciliation in die SA

126   Besteht keine Einstimmigkeit unter den Gläubigern, kann der Schuldner, wie bereits (→ Rn. 8) angesprochen, die **Umwandlung** des Schlichtungsverfahrens in eine **sauvegarde accélérée** (SA) bei Gericht beantragen. Es handelt sich hier um ein beschleunigtes präventives Restrukturierungsverfahren. Der Sanierungsplan kann dann durch die Gläubigerausschüsse (Gläubigerklassen ab dem 1.10.2021) mehrheitlich beschlossen und gerichtlich bestätigt werden.

IV. Die sauvegarde accélérée (SA)

1. Allgemeines

127   Falls **keine Einstimmigkeit** unter den Mitgliedern des Gläubigerausschusses der Kreditinstitute und der Versammlung der Inhaber von Schuldverschreibungen besteht, kann der Schuldner seit der Reform v. 22.10.2010 die **Umwandlung** des Schlichtungsverfahrens in eine sauvegarde financière accélérée (**SFA**) bei Gericht beantragen. Das Verfahren kommt bei Schlichtungsverfahren zur Anwendung, die ab dem 1.3.2011 eröffnet worden sind (vgl. Lienhard Rn. 91.12). Wie der Name bereits sagt, handelt es sich bei der SFA um ein beschleunigtes präventives Restrukturierungsverfahren. Die Lehre spricht von **semi-kollektiven, hybriden** präventiven Restrukturierungsverfahren (vgl. Dammann/Schneider D. 2011, 1429).

128   Sind von der Restrukturierung nicht nur Finanzgläubiger betroffen, sondern auch Lieferanten und Vermieter, die ihre Forderungen anmelden müssen – es handelt sich folglich um ein quasi-universelles Gesamtverfahren (vgl. Pérochon BJE 2014, 180) –, dann kann der Schuldner seit der ordonnance v. 12.3.2014, die am 1.7.2014 in Kraft getreten ist, die Eröffnung einer **sauvegarde accélérée (SA)** beantragen. Ausgenommen sind also die Arbeitnehmer (vgl. Lienhard Rn. 94.11).

128a   Kurios ist, dass der Gesetzgeber die SA, dem Art. L. 628-1–628-8 C. com. gewidmet sind, zum Regelverfahren gemacht hat, obwohl es in der Praxis weitgehend bedeutungslos blieb. Während der ersten zwei Jahre nach Inkrafttreten der Reform wurden lediglich fünf Verfahren eröffnet (vgl. Rép. min. Nr. 84233, JOAN, Q. 6.9.2016, 7996). Die **SFA** ist als **Sondertypus** der **SA** konzipiert. Die Spezialvorschriften normieren Art. L. 628-9 und L. 628-10 C. com. Sie betreffen die Begrenzung des Anwendungsbereichs des Verfahrens auf Finanzgläubiger, die Verkürzung der Dauer des Verfahrens grundsätzlich auf einen Monat und die Verkürzung der Frist des Gläubigerkomitees, innerhalb von acht Tagen über den Plan abzustimmen.

128b   In der **Praxis** ist auch die Eröffnung einer SFA recht selten geblieben. Das erste Verfahren wurde am 27.2.2013 eröffnet (Rev. proc. coll. 2013, repère 2; JCP E 2013, 1326). Auch komplexe finanzielle Restrukturierungen mit einer Vielzahl von Finanzgläubigern mit unterschiedlichen Interessen werden in der Regel im Rahmen einer conciliation homologuée abgeschlossen. Dies erklärt sich wie folgt: Je schneller und reibungsloser die Abschlussvariante funktioniert und je vorhersehbarer der Ausgang ist, desto größer ist deren Effizienz. Wenn die Akkordstörer genau wissen, dass die Umwandlung der conciliation in eine SFA für den Schuldner keine nennenswerten Kosten und Reputationsschäden verursachen wird, dann ist ihnen besser geraten, im Rahmen der conciliation einen akzeptablen Vertrag auszuhandeln. In erster Linie dient die mögliche Eröffnung einer sauvegarde (financière) accélérée als **Verhandlungsargument**, um Einstimmigkeit aller beteiligten Gläubiger im Rahmen der Schlichtung herbeizuführen. Hierin liegt ein sehr großer Vorteil des französischen **Zwei-Stufen-Modells**.

Internationales Insolvenzrecht – Frankreich

Bei der SA und der SFA handelt es sich um **Varianten** der procédure de sauvegarde. Falls nichts anderes bestimmt ist, verweist Art. L. 628-1 C. com. auf die Bestimmungen der sauvegarde. Die **SA** wie auch die **SFA** fallen daher in den Anwendungsbereich der EuInsVO (vgl. Dammann/Sénéchal, Le droit de l'insolvabilité internationale, 1. Aufl. 2018, Rn. 310). 128c

Im Rahmen der Umsetzung der EU-Restrukturierungsrichtlinie 2019/1023 werden beide Verfahren sur **sauvegarde accélérée verschmolzen** (Art. L. 628-1 ff. C. com.). An der Architektur des bisherigen Rechts ändert sich recht wenig. Art. L. 628-1 Abs. 3 C. com. sieht die Möglichkeit vor, die sauvegarde accélérée auf Finanzgläubiger zu beschränken, ohne jedoch die SFA als eigenständiges Verfahren fortbestehen zu lassen. Die internationale Anerkennung der Eröffnung einer SA im Rahmen der EuInsVO bleibt erhalten. Nachfolgend wird der Kommentierung die Neufassung der entsprechenden Artikel nach der Umsetzung der Richtlinie zugrunde gelegt. 129

2. Anwendungsbereich

Der **Anwendungsbereich** der SA ist sehr flexibel gestaltet. Das Verfahren kommt auf die von der Restrukturierungsvereinbarung unmittelbar betroffenen Parteien („parties directement affectées") zur Anwendung (Art. L. 628-1 Abs. 2 C. com. iVm Art. L. 628-6 C. com.). Hier handelt es sich um die Gläubiger, die sich an der Schlichtung beteiligt hatten. Die Auswahl der Planbetroffen hat nach sachgerechten Kriterien zu erfolgen, obwohl der Gesetzgeber dieses Prinzip anders als in § 8 StaRUG nicht ausdrücklich vorsieht (dazu Dammann/Malavielle D. 2021, 293; Paulus/Dammann Art. 1 No. 37 ff. and Art. 9 Nr. 5 ff.). Hier ist Art. L. 626-30 C. com. analog zur Einrichtung von Gläubigerklassen heranzuziehen. Somit können auch Inhaber von Anteilsrechten einbezogen werden. Beschränkt sich das Verfahren ausschließlich auf die Restrukturierung von Finanzverbindlichkeiten gem. Art. L. 628-1 Abs. 3 C. com., wird der Kreis der Planbetroffen durch ein Ausführungsdekret bestimmt. 130

3. Anwendungsvoraussetzungen

Eine SA kann nur eröffnet werden, wenn ein **Schlichtungsverfahren anhängig** ist (Art. L. 628-1 Abs. 2 C. com.). Die Eröffnung eines mandat ad hoc ist nicht ausreichend. Zu beachten ist die Höchstdauer der Schlichtung von vier bzw. fünf Monaten (zur ausserordentlichen Verlängerung der Dauer des Verfahrens durch die Covid-Gesetzgebung → Rn. 14e). **Antragsberechtigt** ist nur der **Schuldner.** Voraussetzung ist, dass die Bilanz des Schuldners durch einen Wirtschaftsprüfer testiert worden ist bzw. von einem Finanzbuchhalter erstellt worden ist (Art. L. 628-1 Abs. 4 C. com.). Das Gesetz sieht **keine Schwellenwerte** vor. Ursprünglich hatte der Gesetzgeber die SFA für mittelständische und Großunternehmen konzipiert. Der Schuldner musste mehr als 20 Arbeitnehmer beschäftigen, einen Jahresumsatz von mindestens 3 Mio. EUR (vor Steuern) erzielen oder seine Bilanzsumme musste mindestens 1,5 Mio. EUR betragen). Die Covid-Gesetzgebung hatte diese Voraussetzungen vorläufig aufgehoben (→ Rn. 14e) und nach der Umsetzung der Richtlinie steht das neue Restrukturierungsverfahren allen Schuldnern offen. Die Cour d'appel von Paris hat die SFA auch für eine Zweckgesellschaft (speccial purpose company – SPV) zugelassen, die als Verbindlichkeit lediglich eine einzige Schuldverschreibung aufwies (CA Paris 22.9.2016, LEDEN 11/2016, 1 mAnm Lucas). Diese Rechtsprechung dürfte fortbestehen. 131

Der **Eröffnungsgrund** einer SA ist grundsätzlich derjenige einer **normalen procédure de sauvegarde.** Die Erfüllung dieser Voraussetzungen wird gerichtlich überprüft (vgl. das Cobrason-Urteil Com. 12.7.2016 – Nr. 14-27.983, D. 2016, 1645; Rev. sociétés 2016, 553 mAnm Henry; JCP 2016, 1661 Rn. 1 mAnm Pétel; LEDEN 10/2016, 2 mAnm Couturier; Act. proc. coll. 2016, Nr. 206 mAnm Fin-Langer; BJE 2016, 398 mAnm Voinot). In diesem Fall war eine Schlichtung zugunsten der Mutter- und Tochtergesellschaften eröffnet worden. Der Kassationshof hat eine Drittwiderspruchsklage gegen die Eröffnung einer SFA zugunsten der Tochtergesellschaft zurückgewiesen. Gemäß Art. L. 620-1 C. com. muss der Schuldner Schwierigkeiten nachweisen, die er nicht meistern kann („justifie de difficultés, qu'il n'est pas en mesure de surmonter"). 132

Da es sich bei der procédure de sauvegarde um ein präventives Restrukturierungsverfahren handelt, konnte das Verfahren auf **Antrag** des **Schuldners** nur dann eröffnet werden, wenn keine Zahlungsunfähigkeit vorlag (so Com. 12.7.2016 – Nr. 14-27.983). In der Praxis hatte diese Regel zu Schwierigkeiten geführt, wenn der Schuldner aufgrund des Widerstands von Minderheitsgläubigern noch nicht den Abschluss eines Moratoriums hatte vereinbaren können. Hier hat der Reformgesetzgeber von 2014 Abhilfe geschaffen. Nach Art. L. 628-1 Abs. 5 C. com. ist nunmehr eine Umwandlung der conciliation in eine SA selbst dann möglich, wenn der Schuldner **zahlungsunfähig** ist. Diese Zahlungsunfähigkeit darf allerdings höchstens 45 Tage vor Eröffnung der conciliation eingetreten sein. So wird der wirtschaftlich sinnvolle Abschluss eines Sanierungsplans im 133

Internationales Insolvenzrecht – Frankreich

Rahmen der zweiten Stufe des präventiven Restrukturierungsverfahrens unterstützt. Wird hingegen im Laufe des Verfahrens deutlich, dass der Schuldner bereits vor dieser 45-Tage-Frist zahlungsunfähig gewesen ist, stellt der Staatsanwalt bei Gericht den Antrag, das Verfahren zu beenden (Art. L. 628-5 C. com.).

134 Darüber hinaus muss der Schuldner glaubhaft darlegen, dass der ausgearbeitete Restrukturierungsplan ein **dauerhaftes Fortbestehen** des **Unternehmens** gewährleistet („assurer la pérennité de l'entreprise") und die erforderliche Unterstützung der betroffenen Parteien (parties affectées) genießt, sodass er wahrscheinlich innerhalb der gesetzlich vorgesehenen Fristen beschlossen werden kann (Art. L. 628-1 Abs. 2 C. com.). Diese Formulierung ist deutlich restriktiver als der Eröffnungsgrund eines Schlichtungsverfahrens. Es muss also die Wahrscheinlichkeit bestehen, dass der Plan die Zwei-Drittel-Summenmehrheit der Insolvenzforderungen in den jeweiligen Gläubigerklassen erhalten wird. Es ist möglich, dass der Plan im Rahmen der SA abgeändert wird, bevor die Gläubiger abstimmen (vgl. Dammann/Schneider D. 2011, 1429). In der Praxis wird der im Rahmen der conciliation mehrheitlich ausgehandelte Restrukturierungsplan herangezogen, um in einen plan de saufegarde umgewandelt zu werden (vgl. das Cobrason-Urteil Com. 12.7.2016 – Nr. 14-27.983→ Rn. 132). Hinzugefügt werden wie bisher üblicherweise Klauseln, die besagen, dass sich der Schuldner verpflichtet, Antrag auf Eröffnung der sauvegarde accélérée zu stellen und die betroffenen Parteien sich verpflichten, für den Sanierungsplan zu stimmen.

135 Vor der Umsetzung der Richtlinie sah Art. R. 628-2 C. com. vor, dass der Schuldner eine Kopie der Eröffnungsentscheidung der Schlichtung und den Planentwurf vorlegen musste. Darüber hinaus musste der Schuldner nachweisen, dass er über **genügende finanzielle Mittel** verfügte, die **laufenden Verbindlichkeiten** während des dreimonatigen Verfahrens finanzieren zu können. Zu diesem Zweck mussten dem Antrag die entsprechenden Finanzplanungsdokumente beigefügt werden. Diese Regelung dürfte nach der Reform fortbestehen.

4. Eröffnung des Verfahrens

136 **Zuständig** ist das örtliche Gericht, das das Schlichtungsverfahren eröffnet hat, bzw. an das das Verfahren weiter verwiesen worden ist (prorogation de compétence) (vgl. Lienhard Rn. 93.11). Der Staatsanwalt muss bei der Verhandlung zugegen sein (Art. L. 628-2 Abs. 2 C. com.). Der conciliateur legt dem Gericht einen Bericht über den Verlauf der Schlichtung und die Perspektiven der Annahme des Restrukturierungsplans vor (Art. L. 628-2 Abs. 1 C. com.). Der **conciliateur** wird in der Regel als **administrateur** bzw. **mandataire judiciaire** bestellt (vgl. Art. L. 628-3 C. com.). Die Bildung von **Gläubigerklassen** ist zwingend (Art. L. 628-4 C. com.).

5. Rechtswirkungen der Eröffnung des Verfahrens

137 Die Eröffnung einer SA entfaltet ihre Rechtswirkungen lediglich gegenüber den in Art. L. 626-30 C. com. aufgeführten vor Planentwurf direkt betroffenen Parteien (Art. L. 628-6 C. com.). Da es sich bei der SA um eine Variante der procédure de sauvegarde handelt, bewirkt die Verfahrenseröffnung einen einschneidenden **Eingriff** in die **Rechte** der **betroffenen Gläubiger** in Form einer **Aussetzung** von **Rechtsverfolgungs-** und **Vollstreckungsmaßnahmen**. Eine Umsetzung von Art. 6 RestruktRL war somit angesichts der kurzen Verfahrensdauer der SA überflüssig. Alle betroffenen Gläubiger sind verpflichtet, ihre Forderungen anzumelden.

138 Bei der procédure de sauvegarde accélérée schließt das Gesetz wie bisher in Art. L 628-1 C. com. die Anwendung der Vorschriften zur **Aussonderung** von Waren zugunsten des Vorbehaltsverkäufers aus. Im Lichte der Auswahl der Planbetroffenen dürfte diese Regelung so zu verstehen sein, dass Vorbehaltsverkäufer vom Verfahren gar nicht berührt werden. Der Vorbehaltsverkäufer kann somit nach allgemeinem Recht die Waren herausverlangen.

139 Wie der Name vermuten lässt, handelt es sich um ein **beschleunigtes** Verfahren. Die maximale Verfahrensdauer einer sauvegarde accélérée beträgt zwei Monate, und kann auf Antrag des Schuldners bzw. des Verwalters um höchstens zwei weitere Monate verlängert werden. Der Sanierungsplan muss innerhalb dieser Frist verabschiedet werden (Art. L. 628-8 C. com.).

140 **Laufende Verträge**, sog. contrats en cours (zum Begriff → Rn. 208), werden fortgeführt. Ipso-facto-Klauseln, die im Fall der Verfahrenseröffnung die automatische Auflösung bzw. Kündigung des Vertrages vorsehen, sind unwirksam. Art. L. 628-1 Abs. 1 C. com. schließt lediglich das Prozedere zur Fortführung bzw. Kündigung der laufenden Verträge aus, die in Art. L. 622-13 III und IV vorgesehen sind. Durch diese Regeln soll der normale Betrieb des Unternehmens während des präventiven Restrukturierungsverfahrens aufrechterhalten werden. Eine spezielle vereinfachte Möglichkeit, Verträge zu kündigen, sieht die ordonnance nicht vor.

Internationales Insolvenzrecht – Frankreich

Der Gesetzgeber hat spezielle **vereinfachte** Regeln für die **Forderungsanmeldung** vorgesehen (Art. L. 628-7 C. com.). Der Schuldner erstellt eine Liste der Forderungen der betroffenen Gläubiger, die am Schlichtungsverfahren teilgenommen haben. Diese Forderungen werden gem. Art. L. 622-24 Abs. 1 C. com. angemeldet (zur Auslegung dieser Bestimmung vgl. Lienhard Rn. 94.16). Der Schuldner muss die ihm bekannten Rangklassenvereinbarungen (accord de subordination) in die Tabelle aufnehmen. Die Forderungstabelle muss vom Abschlussprüfer testiert bzw. vom Finanzbuchhalter geprüft werden und wird bei Gericht hinterlegt. Der Gläubigervertreter stellt die entsprechenden Auszüge der Tabelle den einzelnen betroffenen Gläubigern zu. Die Hinterlegung gilt als Forderungsanmeldung durch den betroffenen Gläubiger, es sei denn, die Gläubiger melden ihre Forderungen gesondert an. Art. L. 628-7 Abs. 4 C. com. sieht die Möglichkeit einer Aktualisierung der Forderungsanmeldung vor. 141

6. Gerichtliche Bestätigung des Sanierungsplans

Gemäß Art. L. 628-8 C. com. iVm Art. L. 626-31 C. com. muss das Gericht den Sanierungsplan **bestätigen.** Art. L. 628-8 Abs. 3 C. com. sieht vor, dass das Gericht keine allgemeinen Stundungen der Forderungen im Rahmen eines sog. plan imposé gem. Art. L. 626-18 Abs. 4 C. com. beschließen kann (dazu → Rn. 165, → Rn. 234). Diese Bestimmung ist unglücklich formuliert, da im Rahmen einer SA nur der Plan, der durch die betroffenen Parteien mehrheitlich verabschiedet worden ist, vom Gericht bestätigt werden kann. Die Möglichkeit, einen Plan, ohne die Zustimmung der Gläubigerklassen zu verabschieden, besteht nicht mehr. 142

In dem Eröffnungsurteil der SA dürfte wie bisher bereits das Datum des **Gerichtstermins** festgelegt, an dem über den **Planentwurf entschieden** wird (so der bisherige Art. R. 628-10 C. com.). Wird der Plan nicht fristgerecht von den Gläubigerklassen beschlossen, **schließt** das Gericht das Verfahren ab, das somit fehlgeschlagen ist (Art. L. 628-8 Abs. 2 C. com.). Eine **Überleitung** des Verfahrens in eine ordentliche procédure de sauvegarde sieht der Gesetzgeber nicht vor. 143

V. Prepack-cession

Wie das **Smallsteps**-Urteil des EuGHs v. 22.6.2017 (ECLI:EU:C:2017:489, ZIP 2017, 1289; dazu EWiR 2017, 467 mAnm Paulus; Schlussanträge v. GA Mengozzi v. 29.3.2017, ECLI:EU:C:2017:241; D. 2017, 2242 mAnm Dammann/Podeur) zeigt, wird der aus dem englischen Recht kommende „**prepackaged insolvency sale**", kurz „**prepack-cession**" genannt, seit einigen Jahren von verschiedenen Rechtsordnungen in Europa praktiziert. In Frankreich wurde von Praktikern im Rahmen der Liquidierung der Buchladenkette Chapitre ein sog. **Prépack-cession-Verfahren** entwickelt und durch die ordonnance v. 12.3.2014 gesetzlich geregelt. Das Gesetz v. 18.11.2016 hat die Transparenz des Verfahrens verbessert. 144

Art. L. 611-7 C. com. sieht vor, dass im Rahmen eines Schlichtungsverfahrens der conciliateur beauftragt werden kann, nach der **Stellungnahme der Gläubiger** eine **übertragende Sanierung vorzubereiten.** In der Praxis muss der Schuldner das Gericht und den Staatsanwalt davon überzeugen, dass ein öffentliches Insolvenzverfahren den Fortbestand des Unternehmens und die damit verbundenen Arbeitsplätze gefährdet. Das **prépack cession-Verfahren** kann auch im Rahmen eines **mandat ad hoc** durchgeführt werden. Dann entfällt die Konsultation der Gläubiger. 145

Das Gericht muss regelmäßig über alle Schritte unterrichtet werden, die der conciliateur bzw. der mandataire vornimmt, um Angebote einzuholen (Art. L. 642-2 C. com.). Die Insolvenz des **William Saurin**-Konzerns im Jahre 2017 ist hier ein sehr gutes Beispiel. Es standen mehr als 3.000 Arbeitsplätze auf dem Spiel. Im Rahmen der conciliation hatte der Schuldner eine Investmentbank mandatiert. Die einzelnen Angebote wurden den Gläubigern vorgelegt, die aufgrund der dinglichen Sicherheiten dem Verkauf zustimmen mussten. All dies geschah unter Aufsicht des gerichtlich bestellten Schlichters in Absprache mit dem **CIRI** (→ Rn. 67). Nachdem das interessanteste Angebot zur Sicherung der Arbeitsplätze und der Optimierung des Preises abgegeben worden war, wurde die Stellungnahme des **Staatsanwalts** eingeholt und das offizielle Insolvenzverfahren in der Form eines redressement judiciaire eröffnet. Der **conciliateur** wurde als **Insolvenzverwalter** bestellt, um einen reibungslosen Ablauf des Verfahrens zu gewährleisten. Der Schuldner machte publik, dass ein Angebot zur Übernahme des Unternehmens vorlag. So wurde gewährleistet, dass das Unternehmen seine Produktion ungestört fortsetzen konnte, da eine konkrete Lösung der finanziellen Schwierigkeiten in greifbarer Nähe lag. Im Rahmen des Insolvenzverfahrens konnten sich noch andere Investoren melden und **Konkurrenzangebote** abgeben. 146

147 Nach der Novelle von 2016 kann das Gericht nunmehr das **Verfahren abkürzen** und auf eine zusätzliche Ausschreibung im Rahmen des eröffneten ordentlichen Insolvenzverfahrens (in der Regel eine liquidation judiciaire) verzichten (L. 642-2 Abs. 2 C. com.). Folgende Voraussetzungen sind zu erfüllen: die Angebote müssen zufriedenstellend sein, das Bieterverfahren muss unter gerichtlicher Aufsicht effizient und transparent durchgeführt worden sein und der **Staatsanwalt** muss **Stellung** bezogen haben (vgl. Le Corre Rn. 571.415, der die Stellungnahme des Staatsanwalts als wichtigste Garantie ansieht). In der Gerichtspraxis wird von dieser Möglichkeit allerdings kein Gebrauch gemacht. Es ist üblich, dass das Gericht Investoren die Möglichkeit einräumt, das im Vorverfahren ausgewählte Angebot im Rahmen eines neuen kurzen appel d'offres überbieten zu können. Wie die Insolvenz der Reiseagentur **Fram** zeigt, führt dieser erneute Wettbewerb unter den Bietern zu einer Nachbesserung des im Vorverfahren auserwählten Angebotes. Wer den **Zuschlag** erhält, entscheidet am Ende des ordentlichen Insolvenzverfahrens das **Gericht**.

C. Materielles Insolvenzrecht

I. Einleitung

1. Verfahrensvielfalt

148 Wie bereits angedeutet, sieht das französische Insolvenzrecht seit der Reform von 2005 eine Reihe von **verschiedenen Verfahren** vor, deren Anwendungsbereiche sich zum Teil überschneiden. Für den deutschen Juristen, der mit dem Einheitsverfahren der InsO aufgewachsen ist, erscheint das Sechste Buch des Code de commerce daher auf den ersten Blick recht unübersichtlich.

149 Das zentrale **Regelverfahren** ist das im Jahre 2005 eingeführte **präventive Restrukturierungsverfahren,** procédure de sauvegarde. Ziel des Verfahrens ist die Rettung des Unternehmens. Blickt man etwas genauer hin, so geht es in erster Linie um die Restrukturierung der Verbindlichkeiten des Schuldners (debt restructuring). Für eine operative Sanierung des Unternehmens, die den Abbau von Arbeitsplätzen beinhaltet, ist dieses Verfahren, anders als sein amerikanisches Vorbild, das Chapter 11-Verfahren, weniger geeignet.

150 Die Beobachtungsphase wird dazu benutzt, den **Sanierungsplan** – plan de sauvegarde – mit den Gläubigern auszuhandeln, der am Ende des Verfahrens vom Gericht bestätigt wird. Eine **übertragende Sanierung** ist dem **ordentlichen Insolvenzverfahren** (redressement judiciaire) bzw. der Liquidation des Schuldners (liquidation judiciaire) vorbehalten. Lediglich der Verkauf von Teilbereichen des Unternehmens kann im Rahmen eines plan de sauvegarde erfolgen. Die Entlassung von Arbeitnehmern unterliegt den allgemeinen Bestimmungen des Code de travail.

151 **Scheitert** die Restrukturierung der Verbindlichkeiten des Schuldners, wird die procédure de sauvegarde in der Regel in ein ordentliches Insolvenzverfahren, redressement judiciaire, überführt. Dieses Verfahren kann auch direkt in Folge von **Zahlungsunfähigkeit** des Schuldners eröffnet werden. Wie im präventiven Sanierungsverfahren beginnt das redressement mit einer **Beobachtungsphase.** Die Zielsetzung ist jedoch unterschiedlich. Während der Beobachtungsphase können Investoren **Angebote zur Übernahme** des gesamten Unternehmens oder von Teilbereichen abgeben, denn das Unternehmen als Ganzes steht zum Verkauf (Art. L. 631-13 C. com.). Diese Phase kann parallel dazu genutzt werden, dass der Verwalter mit Unterstützung des Schuldners einen **Restrukturierungsplan** (plan de redressement) ausarbeitet. Auch Investoren können sich am Kapital beteiligen oder die Gesellschaft übernehmen und einen Restrukturierungsplan vorlegen. Am Ende der Beobachtungsphase entscheidet das Gericht. Die übertragende Sanierung kann nur angeordnet werden, wenn der Sanierungsplan es dem Schuldner eindeutig nicht ermöglicht, das Unternehmen weiterzuführen (Art. L. 631-22 C. com.). Im redressement-Verfahren, vor allem im Rahmen einer übertragenden Sanierung, erleichtern spezialgesetzliche Vorschriften die **Entlassung von Arbeitnehmern.** In der Praxis ist zu beobachten, dass es im redressement-Verfahren in den meisten Fällen zu einer übertragenden Sanierung kommt. In einem separaten Urteil entscheidet schließlich das Gericht im Anschluss an den Verkauf des Unternehmens über das Schicksal des Schuldners. In fast allen Fällen dürfte es zu einer Liquidation kommen.

151a Durch Art. 13 des Gesetzes vom 31.5.2021 wurde für einen **Zeitraum von zwei Jahren** ein vereinfachtes redressement judiciaire-Verfahren, das sog. „**procédure de traitement de sortie de crise**" eingeführt (dazu → Rn. 317a).

152 Ist ein redressement des Schuldners **manifestement unmöglich,** wird eine **liquidation judiciaire** eröffnet. Ziel dieses Verfahrens ist es, den Betrieb einzustellen, das Vermögen des Schuldners zu versilbern und den Erlös unter den Gläubigern je nach Rang zu verteilen. Dies geschieht durch

Internationales Insolvenzrecht – Frankreich

den Verkauf des gesamten Unternehmens oder einzelner Teilbereiche bzw. durch die Veräußerung der einzelnen Aktiva. Die liquidation judiciaire kann als Abschluss eines redressement judiciaire oder, gleich zu Beginn, als eigenständiges Verfahren eröffnet werden. Wie bereits erwähnt, besteht für kleine Insolvenzen ein **vereinfachtes Verfahren** (liquidation judiciaire simplifiée), das innerhalb eines Jahres abgeschlossen werden soll.

2. Rolle der am Verfahren beteiligten Parteien

Das französische Insolvenzrecht hat den Ruf, dass die **Interessen der Gläubiger** der **Rettung des Unternehmens** zugunsten der Arbeitnehmer deutlich **untergeordnet** sind. Diese Einschätzung muss im Lichte der jüngsten Reformen nuanciert werden. Im Folgenden soll auf zentrale Regelungen hingewiesen werden, um das Verständnis der französischen Insolvenzverfahren zu erleichtern. 153

a) Situation der Gläubiger. Das Prinzip der **Gläubigerautonomie** hat in Frankreich nicht den gleichen Stellenwert wie in Deutschland. Im französischen Insolvenzrecht gibt es weder eine Gläubigerversammlung noch einen Gläubigerausschuss iSd InsO. Zwar fungieren bis zu fünf gerichtlich bestellte Gläubiger (oder deren Vertreter) als **Kontrolleure,** die die Interessen der Gesamtheit der Gläubiger vertreten. In der Praxis spielen sie indes eher eine untergeordnete Rolle (übersichtlich Lienhard Rn. 33.11 ff.). 154

Die **comités des créanciers** in Verfahren, die vor dem 1.10.2021 eröffnet wurden, sind nicht mit dem Gläubigerausschuss im Planverfahren nach der InsO zu verwechseln. Sie entsprechen vielmehr den deutschen **Gläubigerklassen,** da sie mehrheitlich über den Sanierungs- bzw. Restrukturierungsplan abstimmen. Es bestehen jedoch große Unterschiede. Die **Zusammensetzung** der französischen Komitees entspricht nicht einer Klassenbildung iSd InsO. Ein cross-class cram-down war dem französischen Recht fremd. Der in den Komitees ausgehandelte Sanierungsbzw. Restrukturierungsplan betrifft nur die Mitglieder der Komitees bzw. die Inhaber von Schuldverschreibungen. Es gibt eine ganze Reihe von Gläubigern, die nicht den Komitees angehören bzw. deren Forderungen nicht durch eine Mehrheitsentscheidung restrukturiert werden können. Sie sind **hors comité.** Hier handelt es sich um Forderungen des Fiskus, der Sozial- und Rentenversicherungsträger, der Lohnausfallversicherung (AGS) bzw. von Finanzgläubigern, die durch eine fiducie dinglich abgesichert sind oder in den Genuss des Privilegs der conciliation kommen. Es besteht keine Möglichkeit, die Aktionäre im Rahmen einer procédure de sauvegarde in die Schranken zu weisen (sog. debt-to-equity-swaps). Im Rahmen der Umsetzung der EU-Restrukturierungsrichtlinie 2019/1023 zum 1.10.2021 werden die Gläubigerkomitees durch Gläubigerklassen ersetzt, wodurch es zu einer Annäherung an das deutsche Modell kommt. Den Vorschlag, die übertragende Sanierung im präventiven Sanierungsverfahren zu ermöglichen (vgl. Dammann/ Guermonprez D. 2018, 629), hat der Gesetzgeber nicht aufgegriffen. Anders als im deutschen Recht wird bei der übertragenden Sanierung der Übernahmekandidat nicht von der Gläubigerversammlung, sondern vom Gericht auserwählt. 155

Anders als im deutschen Recht müssen im Rahmen einer Liquidierung die **dinglich abgesicherten Gläubiger** die **Konkurrenz** von **privilegierten Gläubigern** fürchten. Hier ist das **Superprivileg** der **Arbeitnehmer** sowie das **Privileg** der **Schlichtung** (privilège de new money) zu nennen. Trotz der Reformanstrengungen in den letzten Jahren bleibt das französische Recht auf diesem Gebiet hinter den internationalen Standards zurück. Hier könnte allerdings die anstehende Reform der Sicherungsrechte Abhilfe schaffen. 156

Vor diesem Hintergrund wird deutlich, warum sich in Frankreich die **vorinsolvenzrechtlichen** Verfahren so großer **Beliebtheit** erfreuen. Vor allem Finanzgläubiger suchen hier ihr Heil, um einem ordentlichen Insolvenzverfahren (redressement bzw. liquidation judiciaire) zu entgehen. 157

b) Die Stellung des Verwalters. Im deutschen Recht ist der Verwalter Dreh- und Angelpunkt des Verfahrens. Die Möglichkeit der Gläubiger, auf seine Bestellung Einfluss zu nehmen, hat daher in Deutschland Anlass zu Diskussionen gegeben, die durch das ESUG gelöst wurden. Das französische Recht unterscheidet zwischen den eigentlichen **Verwaltern** (**administrateurs**) und den **Gläubigervertretern** (**mandataires judiciaires**). Anders als in Deutschland handelt es sich um eigenständige, unabhängige Berufsorganisationen. Es werden grundsätzlich ein, bei größeren Verfahren jeweils zwei administrateurs und Gläubigervertreter bestellt (vgl. Lienhard Rn. 43.24). Im Rahmen der procédure de sauvegarde nimmt der administrateur grundsätzlich lediglich Aufsichtspflichten wahr (mission de surveillance, sog. mission I) (zur Haftung des Verwalters vgl. Com. 7.10.2020 – Nr. 19-14.807, BJE 1/2021, 15 mAnm Favario). Die Leitungsorgane des Unternehmens bleiben nämlich, ähnlich wie bei der **Eigenverwaltung** nach §§ 270 ff. InsO, im Amt. Der administrateur unterstützt den Schuldner bei der Ausarbeitung des Sanierungskonzepts. 158

Internationales Insolvenzrecht – Frankreich

Der mandataire judiciaire vertritt die Interessen der Gesamtheit der Gläubiger. Seine Aufgaben beschränken sich im Wesentlichen auf die Prüfung der angemeldeten Forderungen und die Befragung der Gläubiger, die nicht Mitglieder der Gläubigerausschüsse sind.

159 Kommt es zur Eröffnung eines **redressement**-Verfahrens, wird die Kontrolle des Schuldners in der Regel verschärft. Der administrateur übt **Beistandspflichten** aus, mission d'assistance, sog. mission II. Er muss alle Zahlungen gegenzeichnen sowie die Ausarbeitung des Restrukturierungsplans bzw. den Verkauf des Unternehmens vorbereiten. Eine **Beschlagnahmung** des Vermögens des Schuldners (dessaisissement, sog. mission III) wird in der procédure de redressement nur sehr **selten** angeordnet.

160 Die Eröffnung einer **liquidation judiciaire** führt **automatisch** zur **Beschlagnahmung** des Vermögens. Im Falle der Umwandlung des Verfahrens wird in der Regel der bisherige Vertreter der Gläubiger zum liquidateur ernannt. Seine Aufgabe besteht darin, die Forderungsanmeldungen zu überprüfen, die Aktiva zu versilbern und den Erlös unter den Gläubigern, je nach Rang, zu verteilen.

161 Seit den Reformen von 2008 und 2019 kann der Schuldner dem Gericht im **präventiven Sanierungsverfahren** und im redressement-Verfahren die **Person** des **administrateur vorschlagen** (Art. L. 621-4 C. com., L. 631-9 Abs. 1 C. com.). Der administrateur arbeitet mit dem Schuldner eng zusammen. Seine Rolle besteht darin, unter Wahrung der Interessen des Unternehmens die Verhandlungen zum Abschluss einer Restrukturierungsvereinbarung zu begleiten. Der Staatsanwalt hat ebenfalls ein Vorschlagsrecht, dem das Gericht nicht entsprechen muss. Es muss dann allerdings seine Entscheidung besonders begründen. Der Staatsanwalt kann die Bestellung eines ehemaligen mandataire ad hoc bzw. conciliateur ablehnen (Art. L. 621-4 Abs. 5 C. com.).

162 Da der administrateur im redressement-Verfahren in der Regel Beistandspflichten ausübt und den Verkauf des Unternehmens im Rahmen der übertragenden Sanierung vorbereitet, sieht das Gesetz **kein Vorschlagsrecht** des Schuldners vor. Seit der Reform von 2012 muss das Gericht den **antragstellenden Gläubiger** zur Bestellung des mandataire judiciaire und den Schuldner zur Person des administrateur anhören (Art. L. 631-9 Abs. 2 C. com.). Der Schuldner hat allerdings kein Vorschlagsrecht bei der Bestellung des mandataire judiciaire.

163 c) **Zentrale Rolle des Gerichts.** Zuständig ist im Allgemeinen das **Handelsgericht**. Ist der Schuldner eine juristische Person des Privatrechts oder ein Freiberufler, so tritt das tribunal judiciaire an seine Stelle. Handelsrichter sind (ehemalige) Kaufleute bzw. leitende Angestellte, die als Laienrichter fungieren, über eine große berufliche Erfahrung verfügen, wirtschaftliche Zusammenhänge verstehen und in finanziellen Fragen oft sehr bewandert sind. Das Eröffnungsurteil benennt den **verfahrensleitenden Richter**, juge commissaire, der eine außerordentlich starke Stellung hat und nicht nur in rechtlichen, sondern auch in wirtschaftlichen Fragen häufig nach Ermessen entscheidet (vgl. Lienhard Rn. 41.19 ff.).

164 Anders als im deutschen Recht trifft in Frankreich das **Insolvenzgericht** alle wichtigen Entscheidungen. Im Rahmen der übertragenden Sanierung entscheidet das Gericht zB, wer den Zuschlag erhält. Der Preis spielt hier eine untergeordnete Rolle. Entscheidend sind die Zahl der geretteten Arbeitsplätze, die Solidität des Businessplans und die finanziellen Mittel, über die der Investor verfügt (→ Rn. 294).

165 Für den deutschen Juristen ist ebenfalls überraschend, dass das Insolvenzgericht nicht nur den **Insolvenzplan überprüft**, um sicherzustellen, dass Minderheitsgläubiger nicht übervorteilt werden. Können sich die Gläubigerausschüsse nicht auf einen Restrukturierungsplan verständigen oder sind kleinere Unternehmen betroffen, bei denen keine Gläubigerausschüsse eingerichtet werden, hat das Gericht die Möglichkeit, einen **Sanierungsplan** zu **beschließen,** der die Verbindlichkeiten aller Gläubiger, die dem vorgelegten Plan nicht zustimmen (ausgenommen Arbeitnehmer), über einen Zeitraum von bis zu 10 Jahren stundet. Man spricht von einen sog. **plan imposé.**

166 d) **Die Stellung des Staatsanwalts.** Aus deutscher Sicht ist die Rolle, die der Gesetzgeber dem Vertreter des öffentlichen Interesses („**ministère public**"), dh dem **Staatsanwalt** zugedacht hat, ebenfalls recht erstaunlich (übersichtlich Lienhard Rn. 32.11 ff.). Er kann zB einen **Antrag auf Eröffnung** eines ordentlichen Insolvenzverfahrens stellen, wird über die Eröffnung eines jeden Verfahrens unterrichtet und ist als Partei im Verfahren regelmäßig vom Gericht anzuhören. Seine Kompetenzen, die im Laufe der Reformen der letzten Jahre deutlich gestärkt wurden, beschränken sich nicht auf die Ahndung von **Straftaten** (vgl. Lienhard Rn. 32.11 ff.). Der Staatsanwalt kann zB, wie bereits erwähnt, die administrateur(s) und mandataire(s) judiciaire(s) vorschlagen (Art. L. 621-4 Abs. 5 C. com.) sowie einen Antrag stellen, den Verwalter bzw. den mandataire judiciaire zu ersetzen (Art. L. 621-7 C. com.). Der ministère public kann auch **zivilrechtliche Verfahren**

Internationales Insolvenzrecht – Frankreich

gegen die Geschäftsführung **einleiten**. Im Falle der übertragenden Sanierung spricht er am Ende der Sitzung seine **Empfehlung** aus, welcher Übernahmekandidat den Zuschlag erhalten soll. Man spricht in Frankreich daher vom „**parquet économique**" (Lienhard Rn. 32.18).

e) **Die Stellung der Arbeitnehmer.** Der Schutz der Arbeitnehmer und der **Erhalt der** 167 **Arbeitsplätze** gehören zu den wichtigsten Zielen des französischen Insolvenzrechts. Der **Repräsentant** der Arbeitnehmer ist regelmäßig während des gesamten Verfahrens vom Gericht anzuhören. Der Betriebsrat (comité social et économique – CSE) hat sogar die Möglichkeit, Rechtsmittel gegen einige Gerichtsentscheidungen einzulegen (vgl. Art. L. 661-1 C. com.).

II. Das präventive Restrukturierungsverfahren – procédure de sauvegarde – als Regelverfahren

1. Eröffnung des Verfahrens

a) **Eröffnungsgrund.** Der Schuldner (iSv Art. L. 620-2 C. com., → Rn. 75), der nicht 168 **zahlungsunfähig** ist, kann bei Gericht Antrag auf Eröffnung eines präventiven Restrukturierungsverfahrens stellen, wenn er Schwierigkeiten begegnet, die er alleine nicht überwinden kann (Art. L. 620-1 Abs. 1 C. com.).

Das Kriterium der **Überschuldung** spielt keine Rolle. Bis zur Reform von 2008 bestand die 169 zusätzliche Voraussetzung, dass diese Schwierigkeiten zu einer Zahlungsunfähigkeit führen mussten („de nature à conduire à la cessation des paiements"). Damit nimmt das französische Recht Abstand vom Konzept der drohenden Zahlungsunfähigkeit iSd § 18 Abs. 2 InsO. Diese Formulierung ist auch restriktiver als der Eröffnungsgrund eines Schlichtungsverfahrens des Art. L. 611-4 C. com. Die Auflockerung der Eröffnungsgründe hat zu einer Verdopplung der Zahl der sauvegarde-Verfahren geführt (vgl. Lienhard Rn. 51.12).

Die Beurteilung der **finanziellen Situation** des Schuldners erfolgt in concreto am Tage der 170 Eröffnung des Verfahrens durch das Insolvenzgericht (so die Photo Service- und Schlumberger SAS-Entscheidungen Com. 26.6.2007 – Bull. civ. IV, Nr. 176, 177; D. 2007, 1864 mAnm Lienhard; D. 2008, 570 mAnm Lucas; JCP E 2007, 2120 mAnm Vallansan). Eine eventuelle Unterstützung des Schuldners durch die Muttergesellschaft ist unerheblich (so die Schlumberger-Entscheidung: „la situation de la société débitrice doit être appréciée en elle-même, sans que soient prise en compte les capacités financières du groupe auquel elle appartient").

b) **Antragsteller. Antragsberechtigt** ist nur der **Schuldner** (vgl. Lienhard Rn. 53.42). Vor 171 der Antragsstellung ist der Betriebsrat zu informieren, der einen Vertreter der Arbeitnehmer für das Verfahren benennt. Wurde auf Eröffnung einer liquidation judiciaire geklagt, kann der Schuldner in der Berufungsinstanz nicht die Eröffnung einer procédure de sauvegarde beantragen (vgl. App. Paris 2.10.2007 – RTD com. 2008, 188 mAnm Vallens). Ist die Bedingung von Art. L. 620-1 Abs. 1 C. com. nicht erfüllt, kann das Gericht dem Schuldner vorschlagen, die Eröffnung einer Schlichtung zu beantragen (Art. L. 621-1 Abs. 3 C. com.).

c) **Zuständigkeit.** Zuständig ist im Allgemeinen das **Handelsgericht**. Ist der Schuldner eine 172 juristische Person bürgerlichen Rechts oder ein Freiberufler, so tritt das tribunal judiciaire an seine Stelle. Die **örtliche** Zuständigkeit regelt Art. R. 600-1 C. com. Gemäß Art. R. 662-3 C. com. ist das Insolvenzgericht für alle Annexklagen zuständig (vis attractiva concursus), zB Nichtigkeitsklagen (→ Rn. 561).

Einzelheiten des Antrags und der beizufügenden Dokumente regelt Art. R. 621-1 C. com. 173 (übersichtlich Lienhard Rn. 53.43 ff.).

d) **Ziel des Verfahrens.** Ziel des präventiven Restrukturierungsverfahrens ist die **Fortführung** 174 **des Unternehmens,** die **Bewahrung der Arbeitsplätze** und die **Begleichung der Schulden** (vgl. Art. L. 620-1 Abs. 1 S. 2). In der Praxis geht es allerdings in erster Linie um die Restrukturierung von Verbindlichkeiten. Operative Restrukturierungsmaßnahmen, wie zB der Abbau von Arbeitsplätzen, können wesentlich leichter im Rahmen eines redressement-Verfahrens durchgeführt werden.

Auch reine **Zweckgesellschaften** (sociétés ad hoc oder special purpose vehicle – sog. SPV) 175 können in den Genuss eines präventiven Restrukturierungsverfahrens kommen (so die Grundsatzentscheidung des Kassationshofs Coeur Défense v. 8.3.2011 – Nr. 10-13.988, Bull. civ. IV, Nr. 33; D. 2011, 919 mAnm Le Corre; JCP E 2011, 1215 mAnm Couret/Dondero; nach renvoi CA Versailles 19.1.2012, D. 2012, 433 mAnm Lienhard; Bull. Joly 2012, 329 mAnm Dammann/ de Germay). Hier handelte es sich um eine Luxemburgische Holding- und ihre französische Tochtergesellschaft, die Eigentümer einer Immobilie im Geschäftsviertel der La Defense im Westen von Paris waren. Beide Gesellschaften beschäftigten keine Arbeitnehmer. Darüber hinaus stellte

Internationales Insolvenzrecht – Frankreich

der Gerichtshof fest, dass sich die Schwierigkeiten des Schuldners nicht unbedingt auf seine Aktivitäten beziehen müssen. Das Gericht sah auch **keinen Rechtsmissbrauch** gegeben, obwohl die Eröffnung des Verfahrens ausschließlich darauf abzielte, die Verwertung der an den Aktien der französischen Tochtergesellschaft bestellten Pfandrechte durch die Gläubiger zu paralysieren (so das kassierte Urteil CA Paris 25.2.2010, D. 2010, 579 mAnm Dammann/Podeur).

176 e) **Eröffnungsurteil.** Eröffnet wird das sauvegarde-Verfahren durch eine Entscheidung des Insolvenzgerichts, nachdem das Gericht in einer nicht öffentlichen Sitzung den Schuldner und den Vertreter der Arbeitnehmer gehört hat (Art. L. 621-1 Abs. 1 C. com.). Das Gericht kann vor seiner Entscheidung Auskünfte zur wirtschaftlichen, finanziellen und sozialen Situation des Schuldners einholen und zu diesem Zweck einen Sachverständigen bestellen (Art. L. 621-1 Abs. 4 C. com.). Die Bestellung eines **vorläufigen Verwalters** ist dem französischen Recht **fremd**. Das Eröffnungsurteil ergeht entweder sofort oder es wird auf der nächsten Sitzung des Gerichts verkündet.

177 Das Urteil der Eröffnung des Verfahrens wird ins **Handelsregister** eingetragen. Der greffier veranlasst innerhalb von fünfzehn Tagen nach der Urteilsverkündung eine Veröffentlichung eines Auszugs (avis) im **BODACC** („Bulletin Officiel d'Annonces Civiles et Commerciales") (dazu Sonnenberger/Dammann, Französisches Handels- und Wirtschaftsrecht, 3. Aufl. 2008, Rn. II 74), die in der Praxis mehrere Wochen in Anspruch nimmt, und in einem lokalen Veröffentlichungsorgan (vgl. Art. R. 621-8 Abs. 5 ff. C. com.). Das **Datum** der Veröffentlichung des avis im BODACC ist von großer prozessualer Bedeutung. Die Zustellung des Urteils an den Schuldner erfolgt innerhalb von acht Tagen nach seiner Verkündigung.

178 Das Eröffnungsurteil ist **rechtskräftig** um null Uhr an dem Tage, an dem es ergeht (Art. R. 621-4 C. com. Vgl. Limoges 29.10.1991, Dr. sociétés 10/1991, 204 mAnm Chaput), und **vorläufig vollstreckbar** (exécutoire de plein droit à titre provisoire) und entfaltet eine erga omnes-Wirkung.

179 Gegen das Urteil über die Eröffnung einer procédure de sauvegarde können der Schuldner und der Staatsanwalt **Berufung** einlegen (Art. L. 661-1 Nr. 1 C. com.). Zu beachten ist die kurze Frist von **zehn Tagen** ab Zustellung des Urteils bzw. nach Benachrichtigung des Staatsanwalts (vgl. Lienhard Rn. 63.13).

180 Dritten steht unter Umständen die **Drittwiderspruchsklage** (tierce opposition) offen (vgl. Art. L. 661-2 C. com.). **Anteilseigner** sind allerdings keine Dritten iSd Gesetzes, da der Geschäftsführer des Schuldners sie vertritt (vgl. Com. 23.5.2006 – Nr. 04-20.149, Bull. civ. IV, Nr. 129; D. 2006, 1742, mAnm Lienhard; diese Rechtsprechung kommt nicht bei Eröffnung einer liquidation judiciaire zur Anwendung, vgl. Com. 19.12.2006 – Nr. 05-14.816, Bull. civ. IV, Nr. 254; D. 2007, 157 mAnm Lienhard). In traditioneller Rechtsprechung konnten die **Gläubiger** keine **tierce opposition**, gegen das Eröffnungsurteil einer procédure de sauvegarde einlegen, da sie durch den mandataire judiciaire vertreten wurden. Im **Eurotunnel-**Urteil hat der Kassationshof diese Rechtsprechung im Rahmen der EuInsVO aufgegeben (Com. 30.6.2009 – Nr. 08-11.902, Bull. civ. IV, Nr. 88, D. 2009, 2591; Rev. proc. coll. 2009, comm. 147 mAnm Mastrullo; BJS 5/2009, 426 mAnm d'Avout; Dammann/Sénéchal, Le droit de l'insolvabilité internationale, 1. Aufl. 2018, Rn. 409). Im Coeur Défense-Urteil v. 8.3.2011 (Nr. 10-13.988, Bull. civ. IV, Nr. 33; D. 2011, 919 mAnm Le Corre; JCP E 2011, 1215 mAnm Couret/Dondero) hat der Kassationshof entschieden, dass bei **rein innerstaatlichen Sachverhalten** Gläubiger gegen die Eröffnung eines präventiven Restrukturierungsverfahrens tierce opposition einlegen können, sofern sie ein **persönliches Interesse** („des moyens qui lui sont propre") nachweisen können. Das bedeutet allerdings nicht, dass jeder Gläubiger ein persönliches Interesse hat (vgl. Menjucq, Rev. proc. coll. 2011, Repère 4). Voraussetzung ist vielmehr, dass die Eröffnung des Verfahrens darauf abzielt, in ganz bestimmte Gläubigerrechte einzugreifen, zB dinglich abgesicherte Gläubiger, die aufgrund der Verfahrenseröffnung ihre Sicherheiten nicht mehr verwerten können.

181 f) **Der juge commissaire.** Das Eröffnungsurteil benennt den verfahrensleitenden Richter, **juge commissaire**, der über besondere Erfahrungen verfügt. Bei Großverfahren können mehrere juges commissaires benannt werden (Art. L. 621-4 Abs. 1 C. com.). Sie spielen eine sehr wichtige Rolle („rôle de pivot", s. Lienhard Rn. 41.11). Der **Aufgabenbereich** eines juge commissaire ist recht weit gefasst (Art. L. 621-9 C. com.: „Le juge-commissaire est chargé de veiller au déroulement rapide de la procédure et la protection des intérêts en présence"). Er kann **Sachverständige** (techniciens) bestellen und ihren Aufgabenbereich festlegen (Art. L. 621-9 Abs. 2 C. com.). Das Insolvenzgericht hat ebenfalls die Möglichkeit, **Gutachter** (experts) zu bestellen (vgl. Art. L. 621-9 Abs. 2 iVm Art. L. 621-4 C. com.). Für eine expertise in futurum des Art. 145 CPC des einstweiligen Rechtsschutzes besteht kein Raum (vgl. Com. 17.9.2013 – Nr. 12-17.741, Bull. civ. IV, Nr. 135, D. 2013, 2221 mAnm Lienhard; Rev. sociétés 2013, 731 mAnm Henry). Der Gesetzgeber hat dem juge commissaire eine Reihe weiterer Kompetenzen eingeräumt (für Einzel-

heiten s. Lienhard Rn. 41.25 ff.). Beispielsweise kann er die Einrichtung von Gläubigerkomitees bzw. seit dem 1.10.2021 von Gläubigerklassen genehmigen, falls die Schwellenwerte nicht erreicht werden. Er ernennt die Kontrolleure. Rechtsstreitigkeiten in Bezug auf Forderungsanmeldungen und die Aussonderung von Aktiva, zB zugunsten des Vorbehaltsverkäufers, fallen ebenfalls in sein Ressort.

g) Der Verwalter. Die Eröffnungsentscheidung benennt ebenfalls den **Verwalter** (administrateur) und den **Gläubigervertreter** (mandataire judiciaire). Wie bereits angesprochen, kann sowohl der Schuldner als auch der Staatsanwalt die Person des Verwalters vorschlagen (→ Rn. 158). 182

Bei **kleineren** Unternehmen mit höchstens 19 Arbeitnehmern, deren Umsatz weniger als 3 Mio. EUR beträgt, ist das Gericht nicht verpflichtet, einen Verwalter zu bestellen (Art. L. 621-4 Abs. 4; R. 621-11 C. com). Betroffen sind 95 % aller Verfahren (vgl. Lienhard Rn. 53.14). Hinzuweisen ist allerdings auf die Praxis des Pariser Handelsgerichts, das systemisch auch für kleine Unternehmen einen Verwalter bestellt. Einzelheiten regeln Art. L. 627-1–627-4 C. com. (dazu Lienhard Rn. 54.11 ff.). So muss beispielsweise bei der Fortführung von laufenden Verträgen und der Kündigung von Mietverträgen derjenige Schuldner, der die Rechte des Verwalters wahrnimmt, die Zustimmung des mandataire einholen (Art. L. 627-2 C. com.). Sollen Gläubigerausschüsse bzw. Gläubigerklassen gebildet werden, muss ein administrateur benannt werden (vgl. Lienhard Rn. 54.12). 183

Bei **größeren** Unternehmen mit mindestens drei Niederlassungen an anderen Gerichtsstandorten bzw. bei **Konzerninsolvenzen,** wenn eine der Gesellschaften mindestens 20 Mio. EUR Umsatz erwirtschaftet, müssen seit der Reform v. 6.8.2015 mindestens jeweils zwei Verwalter und Gläubigervertreter bestellt werden (Art. L. 621-4-1 C. com.). 184

h) Die Kontrolleure. Weitere Organe sind bis zu fünf gerichtlich bestellte **Kontrolleure.** Die Gläubiger müssen einen entsprechenden Antrag stellen, den der verfahrensleitende Richter entscheidet (Art. L. 621-10 C. com.). Dem Antrag der Lohnausfallversicherung (AGS) muss stattgegeben werden (Art. L. 621-10 Abs. 2 C. com.). Der Gesetzgeber schreibt keine allgemeine Praktik fest. Der juge commissaire achtet darauf, dass unter den Kontrolleuren Vertreter der ungesicherten und dinglich abgesicherten Gläubiger sind. Die Rechte der Kontrolleure sind beschränkt. Sie können Akteneinsicht verlangen und werden im Vorfeld aller wichtigen Gerichtsentscheidungen informiert und vom Gericht gehört (für Einzelheiten s. Lienhard Rn. 33.23). 185

i) Die Arbeitnehmervertreter. Die **Arbeitnehmer** sind durch einen Vertreter am Verfahren beteiligt, den sie selbst wählen (Art. L. 621-4 Abs. 2 C. com.; Einzelheiten bei Lienhard Rn. 35.21). 186

j) Die Gläubigerausschüsse. Seit der Loi de sauvegarde werden bei größeren Insolvenzverfahren zwei **Gläubigerausschüsse** (comité des créanciers) eingerichtet. Von ihrer Funktion her entsprechen sie den Gläubigerklassen im Planverfahren nach der InsO. Wie bereits geschildert, bestehen jedoch große Unterschiede. Eine Gläubigerversammlung und Gläubigerausschüsse deutschen Musters kennt das französische Recht nicht (dazu Dammann Mél. Witz, 2018, 221). Ab dem 1.10.2021 ersetzen die Gläubigerklassen die Gläubigerkomitees. Eine Gläubigerversammlung wurde nicht eingeführt. 187

2. Verfahrensausweitung – extension de procédure (substantive consolidation)

Der Grundsatz der **Selbstständigkeit** der einzelnen **Konzerngesellschaften** hat zur Folge, dass in Frankreich gegen den Konzern als solchen kein Insolvenzverfahren eröffnet werden kann. Wie im deutschen Recht gilt die Devise: ein Unternehmen, eine Insolvenz, ein Verfahren. Kommt es im Vorfeld einer Insolvenz zu schuldhaften Rechtshandlungen in der Form von nicht gerechtfertigten Vermögensverschiebungen oder -vermischungen innerhalb eines Konzerns oder zugunsten Dritter, wird im deutschen Recht dieses Problem durch Anfechtungs- bzw. Haftungsklagen gegen die Leitungsorgane gelöst. Zu einer **Verfahrensausweitung** gegenüber Dritten – substantive consolidation – kommt es nicht. Das französische Recht sieht dies anders und ermöglicht in engen Grenzen eine **Ausdehnung** eines Insolvenzverfahrens vor allem auf andere Gesellschaften eines Konzerns (vgl. Dammann/Podeur RLDA 5/2007, 65). In richterlicher Rechtsfortbildung hat der Kassationshof zwei Fallgruppen entwickelt: die **Vermögensvermischung** („confusion de patrimoine") und die **Fiktivität** einer juristischen Person. Diese extension de procédure kommt auch zur Anwendung, wenn bei einer EIRL der Schuldner seine privaten und beruflichen Vermögensmassen miteinander vermischt (Art. L. 621-2 Abs. 3; dazu Lienhard Rn. 64.16; Pérochon Rn. 336; Le Corre Rn. 213.211; Dammann BJE 2017, 175). Der Reformgesetzgeber von 2005 hat beide Fälle in der neuen Fassung von Art. L. 621-2 Abs. 2 C. com. aufgenommen, die eng auszulegen sind. **Antragsberechtigt** sind nicht nur der Verwalter, der Gläubigervertreter und der 188

Internationales Insolvenzrecht – Frankreich

Staatsanwalt, sondern auch, was recht unverständlich ist, seit der Reform von 2014, auch der Schuldner selbst. Wurde im Rahmen der übertragenden Sanierung der Verkauf des gesamten Unternehmens oder einzelner Teilbereiche gerichtlich beschlossen (→ Rn. 353), ist danach eine Ausdehnung des Verfahrens auf andere Personen ausgeschlossen (Com. 5.4.2016 – Nr. 14-19.869, D. 2017, 1909 mAnm Lienhard; Com. 5.12.2018 – Nr. 17-25.664, Rev. proc. coll. 2019, comm. 26; Act. proc. coll. 2/2019, comm. 16; D. 2019, 1905 mAnm Lucas; Com. 11.3.2020 – Nr. 18.22.960, D. 2020, 1458; Rev. sociétés 2020, 379).

189 Bei **Fiktivität** einer juristischen Person handelt es sich um die Gründung einer Scheingesellschaft zum Zwecke einer Haftungsbegrenzung. Die Rechtsprechung stellt zum Teil auf betrügerische Absichten ab (vgl. CA Douai 2.10.2003, D. 2003, 2571; vgl. ebenfalls Lienhard Rn. 64.15). Die Fiktivität muss zum Zeitpunkt der Gründung der Gesellschaft vorliegen. Die Rechtsprechung stellt auf einen faisceau d'indices ab (vgl. Com. 10.3.2021 – Nr. 20-15.992, BJE 3/2021, 15 mAnm Bézert; vgl. Le Corre Rn. 213.112). Ein Teil der Lehre vertritt die Meinung, dass, bei Lichte betrachtet, die Scheingesellschaft einen Unterfall der confusion de patrimoine darstelle (so Pérochon Rn. 336). Es kommen noch zwei Gesichtspunkte hinzu. In der Praxis werden, vor allem in Konzernen, sog. special purpose vehicules – SPV – mit einer begrenzten Funktion gegründet. Infolge der EuGH-Rechtsprechung zur Niederlassungsfreiheit können der Registersitz und der effektive Sitz der Zentralverwaltung auseinanderfallen. All diese Gesellschaften sind sicherlich nicht als Scheingesellschaften zu behandeln.

190 Bei der **Vermögensvermischung** werden zwei **Kriterien** herangezogen (grundlegend Tricot, Rapport de la Cour de cassation, 1997, 165): Die Vermischung von Aktiva und Passiva, die es unmöglich macht, die einzelnen Vermögensmassen zu rekonstituieren, sowie der subjektive und nur schwer zu definierende Begriff der relations financières anormales. Bei der **Vermischung von Aktiva und Passiva** handelt es sich um eine **confusion des comptes,** die voraussetzt, dass keine ordnungsmäßige Buchführung existiert (désordre comptable généralisé, vgl. Pérochon Rn. 336; Le Corre Rn. 213.231; Dammann BJE 2017, 175; zB Com. 27.9.2016 – Nr. 14-29.278, Act. proc. coll. 2016, alerte 213 mAnm Vallansan). Mit den **relations financières anormales** sind **ungerechtfertigte Finanzierungen** bzw. **Vermögensverschiebungen** gemeint.

191 Wie das **Metaleurop**-Grundsatzurteil des Kassationshofes verdeutlicht, ist der Begriff der confusion de patrimoines **eng** auszulegen (Com. 19.4.2005 – Nr. 05-10.094, Bull. civ. IV, Nr. 92; D. 2005, 1225 mAnm Lienhard; D. 2005, 2013 mAnm Lucas; Act. proc. coll. 2005, 106 mAnm Vallansan/Thiberge; JCP 2005 II 10088 mAnm Bouru/Menjucq; bestätigt durch Com. 10.1.2006 (AOM Air Liberté), Rev. sociétés 3/2006, 629 mAnm Roussel Galle). Der Umstand, dass innerhalb eines Konzerns die gleichen Personen als Leitungsorgane bestellt sind, die Geschäftsführung zentralisiert ist und gruppeninterne Finanzierungen existieren, ist nicht ausreichend, um eine confusion de patrimoines zu charakterisieren. Ob schon ein isoliertes Rechtsgeschäft ausreicht, eine rélation financière anormale zu qualifizieren, ist streitig. Dies hat der Kassationshof in einem Urt. v. 11.2.2014 (Nr. 13-12.270, BJE 2014, 147 mAnm Favario) verneint (so ebenfalls Le Corre Rn. 213.231: es muss eine „volonté systématique" vorliegen). Das Paradebeispiel einer Vermögensvermischung liegt vor, wenn eine operative Gesellschaft eine zivilrechtliche Immobilientochtergesellschaft gründet, beide Gesellschaften denselben Geschäftsführer haben und der SCI immobilière keine Mieten bezahlt werden, oder die operative Gesellschaft die Kosten für Renovierungsarbeiten übernimmt, die eigentlich vom Vermieter hätten getragen werden müssen (vgl. Dammann BJE 2017, 175 mwN; Lienhard, Code des procédures collectives, annoté et commenté, 16. Aufl. 2019, Art. L. 621-2 Rn. 16). In der jüngsten Rechtsprechung scheint der Kassationshof allerdings seine strikte Auslegung des Begriffs der confusion de patrimoines aufgelockert zu haben. In einer Entscheidung v. 16.6.2015 (Nr. 14-10.187, D. 2015, 1366 mAnm Lienhard; BJE 2015, 282 mAnm Le Mesle; Rev. sociétés 2015, 545 mAnm Roussel Galle) hat das höchste Gericht festgestellt, dass es nicht zwingend notwendig ist, dass der Gesellschaft, die die Ausweitung beantragt, ein Schaden entstanden war (vgl. ferner die Floral-Invest-Entscheidung Com. 2.11.2016 – Nr. 15-13.006, D. 2016, 2278; Rev. sociétés 2017, 49 mAnm Pisoni).

192 Die Ausweitung des Verfahrens führt zu einem **Einheitsverfahren** (unicité de la procédure) mit denselben Organen. Gegen die Entscheidung einer extension de procédure können **Rechtsmittel** eingelegt werden (Art. L. 661-1 I Nr. 3 C. com.; vgl. Lienhard Rn. 64.25).

193 In der Praxis ist zu beobachten, dass Verwalter und mandataires judiciaires vereinzelt das Instrument der confusion de patrimoine **rechtsmissbräuchlich** anwenden, anstatt Anfechtungsklagen anzustrengen oder eine Muttergesellschaft bei faktischer Geschäftsführung im Falle einer faute de gestion gem. Art. L. 651-2 C. com. zu verklagen (dazu Dammann BJE 2017, 175). Noch problematischer ist es, wenn es sich bei der verklagten Zielgesellschaft nicht um eine Konzernge-

sellschaft, sondern um einen wichtigen Geschäftspartner des Gemeinschuldners handelt (vgl. CA Aix-en-Provence 1.10.2015 – Nr. 15/07483, BJS 3/2016, 163).

3. Die Beobachtungsphase – période d'observation

Das Eröffnungsurteil eines präventiven Restrukturierungsverfahrens hat eine Beobachtungsphase zur Folge. Ziel ist die Erstellung einer **Wirtschafts-** und **Sozialbilanz** und die Ausarbeitung eines **Sanierungsplans** zur Fortsetzung des Unternehmens (Art. L. 626-2 C. com.). Es handelt sich hier um das französische Pendant für die Zeitspanne, in der in Deutschland ein vorläufiger Insolvenzverwalter bestellt wird. 194

a) Dauer der Beobachtungsphase. Die période d'observation dauert grundsätzlich bis zu **sechs Monate**. Sie kann einmal, auf Antrag des Verwalters, des Schuldners oder des Staatsanwalts, für maximal weitere sechs Monate **erneuert** werden. Auf Antrag des Staatsanwalts war in Ausnahmefällen eine weitere **Verlängerung** auf höchstens sechs Monate möglich (Art. L. 621-3 Abs. 1 C. com.). Die ordonnance von 2021 hat diese außerordentliche Verlängerung der Beobachtungsphase ab dem 1.10.2021 abgeschafft. Ein Verfahrensverstoß wird jedoch nicht geahndet (Com. 13.12.2017 – Nr. 16-50.051, Bull. civ. IV, Nr. 1522, Act proc. coll. 2018 comm. 33 mAnm Delattre; krit. Le Corre Rn. 411.212). Kommt es zu einer **Umwandlung** des Verfahrens in ein ordentliches Insolvenzverfahren, kann das Gericht die Restdauer der Beobachtungsphase abändern bzw. für eine Dauer von maximal sechs Monate verlängern. Vor dem Ablauf der Beobachtungsperiode muss das Gericht den Sanierungsplan beschließen (Art. R. 626-18). 195

b) Die Erstellung der Wirtschafts- und Sozialbilanz. Der Verwalter erstellt zusammen mit dem Schuldner, eventuell unter Hinzuziehung von Sachverständigen, eine Wirtschafts- und Sozialbilanz des Unternehmens, die insbesondere die **Gründe**, die **Natur** und den **Umfang** der **wirtschaftlichen Schwierigkeiten** analysiert (Art. L. 623-1 C. com.). Bei Unternehmen mit genehmigungspflichtigen Betriebsanlagen muss eine **Umweltanalyse** erstellt werden (Art. L. 621-3 Abs. 3 C. com.). Wurde kein Verwalter bestellt, entfällt die Erstellung der Wirtschafts- und Sozialbilanz. 196

c) Sicherungsmaßnahmen. Sofort nach Eröffnung des Verfahrens sind **Sicherungsmaßnahmen** zu treffen. Gemäß Art. L. 622-4 C. com. fordert der Verwalter den Schuldner auf, alle notwendigen Rechtshandlungen zur Wahrung der Rechte des Unternehmens gegenüber seinen Schuldnern vorzunehmen. Insbesondere sind alle **Hypotheken, Pfandrechte** und **Privilegien** zu bestellen bzw. deren Eintragungen zu erneuern. Es müssen ferner alle **erforderlichen Maßnahmen** zur **Aufrechterhaltung des Betriebs** getroffen werden. 197

d) Erstellung eines Inventars. Art. L. 622-6 C. com. sieht die Erstellung eines **Inventars** der **Vermögensgegenstände** des Schuldners vor (übersichtlich Lienhard Rn. 74.13). Die Reform vom 2008 hat das Verfahren vereinfacht. Eine Bewertung der einzelnen Gegenstände entfällt. Das Gericht sieht von der Bestellung eines courtiers bzw. Notars oder Gerichtsvollziehers ab, es sei denn, der Schuldner kommt seiner Pflicht, innerhalb von acht Tagen mit der Erstellung des Inventars zu beginnen und der ihm im Eröffnungsurteil gesetzten Frist das Inventar abzuschließen, nicht nach (Art. L. 622-6-1 Abs. 2 C. com.). Um die Geltendmachung der **Aussonderungsrechte** zu erleichtern, sind auch hinterlegte und gemietete Güter sowie solche, die Gegenstand eines Leasingvertrages, eines Eigentumsvorbehalts oder einer treuhänderischen Zession (fiducie) sind, zu erfassen. 198

Der Schuldner übergibt dem Verwalter und dem Gläubigervertreter eine **Aufstellung** der Gläubigerforderungen mit den eventuell bestellten Sicherheiten sowie der laufenden Verträge und anhängigen Rechtsstreitigkeiten (Art. L. 622-2 Abs. 2. C. com.). 199

e) Eigenverwaltung. Die Leitungsorgane des Unternehmens bleiben beim präventiven Restrukturierungsverfahren, ähnlich wie bei der Eigenverwaltung nach §§ 270 ff. InsO, im Amt (Art. L. 622-1 C. com.). Folglich wird der Schuldner nicht vom mandataire judiciaire rechtlich vertreten (vgl. Com. 22.3.2016 – Nr. 14-20.077, D. 2016, 702). Er wird lediglich von einem gerichtlich bestellten Verwalter **überwacht** (mission l de surveillance), zB um sicherzustellen, dass er seine Sozialabgaben an die Rentenversicherungen zahlt (vgl. Com. 15.11.2016 – Nr. 14-28.071, Rev. proc. coll. 2017, 21 mAnm Lebel). Der Schuldner führt die **laufenden Geschäfte** des Unternehmens fort (gestion courante) und kann über sein Vermögen grundsätzlich **frei verfügen,** es sei denn, die Rechtshandlungen fallen in den Aufgabenbereich des Verwalters (Art. L. 622-3 C. com.) bzw. bedürfen der Genehmigung durch den verfahrensleitenden Richter gem. Art. L. 622-7 C. com. So kann der Schuldner grundsätzlich **neue Verträge** abschließen, darf allerdings auf Insolvenzforderungen ohne richterliche Genehmigung **keine Zahlungen** mehr leisten. Art. 200

Internationales Insolvenzrecht – Frankreich

L. 622-7 C. com. sieht eine **Ausnahme** bei der **Aufrechnung** von konnexen Haupt- und Gegenforderungen vor (vgl. Lienhard Rn. 75.19).

201 Art. L. 622-7 II C. com. listet Rechtsgeschäfte auf, die der **Zustimmung** des **juge commissaire** bedürfen (bei besonders wichtigen Rechtsgeschäften muss der Staatsanwalt gehört werden, Art. L. 622-7 II Abs. 1; für eine Übersicht vgl. Lienhard Rn. 75.25). Zu erwähnen sind insbesondere alle **Verfügungsgeschäfte**, die **außerhalb** des **laufenden Geschäftsbetriebes** fallen, die Bestellung von **dinglichen Sicherheiten**, die Zahlung des Spediteurs, der eine action directe gem. Art. L. 132-8 C. com. geltend macht, oder der **Abschluss** von **Vergleichen**. Die Zustimmung des verfahrensleitenden Richters muss zwingend vor der Unterzeichnung des Vergleiches eingeholt werden. Eine aufschiebende Bedingung ist unwirksam (vgl. Com. 20.1.2021 – Nr. 19-20.076, BJE 3/2021, 20; Rev. sociétés 2021, 203 mAnm Henry). Die Zahlung von Insolvenzforderungen kann gerichtlich genehmigt werden, wenn es für die Fortführung der Geschäftstätigkeit erforderlich ist, **Sachen auszulösen**, an denen ein **Pfandrecht mit Zurückbehaltungsrecht** (droit de rétention) bestellt worden ist oder die **treuhänderisch sicherheitsübereignet** worden sind und sich **nicht im Besitz** des Schuldners befinden. Unter der gleichen Voraussetzung kann der juge commissaire ebenfalls die Ausübung einer **Kaufoption** am Ende eines **Leasingvertrags** gestatten. Die Veräußerung von Vermögenswerten, an denen **dingliche Sicherheiten**, zB eine Hypothek oder ein Registerpfandrecht bestellt worden sind, muss ebenfalls gerichtlich gestattet werden (vgl. Lienhard Rn. 75.29; Le Corre Rn. 481-211). Gemäß Art. L. 622-8 C. com. muss der dinglich abgesicherte Teil des Verkaufserlöses bei der Caisse des Dépôts et Consignation (CDC) hinterlegt werden. In diesem Zusammenhang ist auf Art. L. 622-7 I Abs. 2 C. com. hinzuweisen. Diese Bestimmung sieht vor, dass das Zurückbehaltungsrecht des Art. 2286 Nr. 4 C. civ. während der Beobachtungsphase neutralisiert ist. Der durch die Sicherheit abgedeckte Verkaufserlös muss gem. Art. L. 622-8 C. com. bei der CDC hinterlegt werden (vgl. Lienhard Rn. 75.22; Le Corre Rn. 482.121). Art. L. 622-8 Abs. 3 sieht vor, dass Sicherheiten ausgetauscht werden können (vgl. Lienhard Rn. 75.30).

202 Ausnahmsweise kann das Gericht beschließen, dass der Verwalter eine **Beistandsfunktion** hat, die sog. mission II d'assistance. Dies hat in der Regel zur Folge, dass alle Zahlungen vom Verwalter gegengezeichnet werden müssen (vgl. Com. 4.6.2013 – Nr. 12-17.203, Bull. civ. IV, Nr. 93, D. 2013, 1470; zu den prozessrechtlichen Folgen Com. 5.4.2016 – Nr. 14-13.247, D. 2016, 838). Das Gericht kann im Eröffnungsurteil die mission d'assistance auf bestimmte **Rechtsgeschäfte beschränken**. Der Vertragspartner ist daher gut beraten, die Veröffentlichung der Bekanntmachung im BODACC zu konsultieren. Eine **Abänderung** des Aufgabenbereichs des Verwalters kann jederzeit während der Beobachtungsphase vom Gericht auf Antrag des Verwalters, des Gläubigervertreters bzw. des Staatsanwalts beschlossen werden.

203 **f) Fortführung des Betriebs.** Während der Beobachtungsphase wird der Betrieb fortgeführt (Art. L. 622-9 C. com.). Das Gericht kann jedoch jederzeit eine **Teilschließung** des Unternehmens anordnen. **Antragsberechtigt** ist lediglich der **Schuldner** (Art. L. 622-10 C. com.).

204 Der Gesetzgeber möchte verhindern, dass sich während dieser Phase die wirtschaftliche und finanzielle Situation des Unternehmens zuungunsten der Gläubiger verschlechtert. Daher muss der Schuldner am Ende jeder vom Gericht festgelegten Periode bzw. jederzeit auf Aufforderung des verfahrensleitenden Richters oder des Staatsanwalts seine finanzielle Situation offenlegen. Besonders wichtig ist, dass er seine **laufenden Verpflichtungen** erfüllen kann (Art. R. 622-9 C. com.).

205 **g) Umwandlung des Verfahrens.** Falls der Schuldner während der Beobachtungsphase nicht in der Lage ist, seinen laufenden Verpflichtungen nachzukommen und somit die Voraussetzungen von Art. L. 631-1 C. com. erfüllt sind, muss die procédure de sauvegarde in ein **redressement-Verfahren umgewandelt** werden. Der **Antrag** wird vom Schuldner, Verwalter, Gläubigervertreter bzw. vom Staatsanwalt gestellt. Das Gericht kann auch von Amts wegen tätig werden. Der Schuldner muss vom Gericht gehört werden (Art. L. 622-10 Abs. 2 C. com.). Ist die Situation des Schuldners **aussichtslos**, findet eine **Umwandlung** in eine **liquidation judiciaire** satt.

206 Seit den Reformen von 2008 und 2014 gibt es **drei** weitere **Fallgruppen** der Umwandlung der procédure de sauvegarde in ein reguläres Insolvenzverfahren (übersichtlich Lienhard Rn. 72.16; Le Corre Rn. 223.62 f.): **Erstens**, wenn sich nach Verfahrenseröffnung herausstellt, dass der Schuldner bereits **zum Zeitpunkt der Verfahrenseröffnung zahlungsunfähig** war, bestimmt das Gericht das Datum der Zahlungsunfähigkeit und wandelt das Verfahren in ein redressement judiciaire um (Art. L. 621-12 C. com.; vgl. Lienhard Rn. 52.65). Der **Antrag** kann vom Schuldner, Verwalter, Gläubigervertreter oder vom Staatsanwalt gestellt werden. Der Schuldner wird vom Gericht angehört. Eine Umwandlung von Amts wegen wurde 2014 abgeschafft. Die Umwandlung des Verfahrens hat nicht zur Folge, dass ein neues Verfahren eröffnet wird (vgl. Le Corre

Rn. 223.651). Die vor der Eröffnung der procédure de sauvegarde unbezahlten Löhne kommen in den Genuss der Garantie der AGS (vgl. Soc. 21.1.2014 – Nr. 12-18.421, Bull. civ. V, Nr. 25; D. 2014, 270 mAnm Lienhard). **Zweitens** kann der **Schuldner**, und nur er, Antrag auf Umwandlung stellen, wenn der **Abschluss** eines **Sanierungsplans völlig unmöglich erscheint** und der Abschluss des Verfahrens mit **großer Wahrscheinlichkeit kurzfristig** zur **Zahlungsunfähigkeit** führt. Die ordonnance v. 12.3.2014 sieht einen neuen Umwandlungstatbestand vor, wenn der **Sanierungsplan** nicht von den **Gläubigerklassen** beschlossen worden ist. In diesem Fall kann der Antrag vom Verwalter, Gläubigervertreter bzw. vom Staatsanwalt gestellt werden (vgl. Art. L. 622-10 Abs. 3 C. com.).

h) Beendigung der wirtschaftlichen Schwierigkeiten. Existieren die wirtschaftlichen und 207 finanziellen Probleme, die zur Verfahrenseröffnung geführt haben, nicht mehr, kann der **Schuldner** bei Gericht den **Antrag** stellen, das Verfahren zu beenden. Die Beweislast obliegt dem Schuldner.

4. Das Schicksal von laufenden Verträgen

a) Allgemeines. Das Schicksal von laufenden Verträgen, die zum Zeitpunkt des Eröffnungsur- 208 teils noch nicht erfüllt worden sind sog. **contrats en cours,** ist von großer praktischer Bedeutung. In der Regel hängt die Sanierung des Unternehmens von ihrer Fortführung ab (vgl. Lucas Rn. 270). Auf der anderen Seite ist den Interessen der Vertragspartner und der Allgemeinheit der Gläubiger Rechnung zu tragen. Ist der Gemeinschuldner zum Zeitpunkt der Verfahrenseröffnung mit der Erfüllung seiner vertraglichen Verpflichtungen **in Verzug,** stellt sich die Frage, ob der Gläubiger daraufhin den Vertrag mit sofortiger Wirkung **kündigen** kann. Darüber hinaus kann die Eröffnung eines präventiven Restrukturierungsverfahrens zu einem **Vertrauensverlust** führen. Daher ist es verständlich, wenn Vertragspartner **aufgrund der Verfahrenseröffnung** laufende Verträge kündigen bzw. im Falle ihrer Fortführung zukünftig **Barzahlung** verlangen möchten. Schließlich stellt sich die Frage, ob der Verwalter Verträge, die für die Sanierung des Unternehmens **nicht interessant** sind, kündigen kann. Art. L. 622-13 C. com., der durch die ordonnances v. 18.12.2008 und 12.3.2014 neu geregelt worden ist, hat zum **Ziel,** diese Problemstellungen zu lösen, wobei die **Sanierung** des Unternehmens deutlich im Vordergrund steht.

Der Gesetzgeber geht von der **grundsätzlichen Fortführung** der contrats en cours aus. 209 Klauseln, die im Falle der **Eröffnung** eines präventiven Restrukturierungsverfahrens des Vertragspartners die **automatische Auflösung** bzw. **Kündigung** eines laufenden Vertrages vorsehen, sind unwirksam (→ Rn. 220). Das Gleiche gilt für Vertragsbestimmungen, die die Fortführung von Sukzessivverträgen davon abhängig machen, dass der Insolvenzverwalter auch Konkursforderungen **erfüllt** (sog. **clauses d'invisibilité**). Der Verwalter hat eine Schlüsselrolle inne und entscheidet über die Verträge, die er fortführen bzw. nicht erfüllen möchte („faire le tri") (vgl. Lucas Rn. 271).

Wurde in einem **Kleinverfahren** kein Verwalter bestellt, liegt die Entscheidung beim **Schuld-** 210 **ner,** bedarf allerdings der Zustimmung des Gläubigervertreters (vgl. Lienhard Rn. 76.27). Über Meinungsverschiedenheiten entscheidet der **juge comissaire.** Hat der mandataire nicht zugestimmt, ist die Entscheidung des Schuldners nichtig (vgl. Coquelet, Entreprises en difficulté, Instruments de paiement et de crédit, 6. Aufl. 2017, Rn. 205). Die Regelung, wonach bei Fortführung eines Vertrages der Gemeinschuldner grundsätzlich **Barzahlung** leisten muss, wurde im Rahmen der procédure de sauvegarde **abgeschafft** (vgl. Le Corre Rn. 431.211 mwN; Coquelet, Entreprises en difficulté, Instruments de paiement et de crédit, 6. Aufl. 2017, Rn. 197), aber im redressement-Verfahren beibehalten (Art. L. 631-14, → Rn. 538).

b) Anwendungsbereich. Ein Vertrag ist en cours iSv Art. L. 622-13 C. com., wenn eine den 211 Vertrag **prägende Leistungspflicht** („**prestation caractéristique**") noch nicht erfüllt worden ist (vgl. Le Corre Rn. 431.21 mwN; Lucas Rn. 272). Zum **Zeitpunkt des Eröffnungsurteils** muss der Vertrag noch bestehen. Eine **vor** Eröffnung des Verfahrens wirksam gewordene Auflösung oder Kündigung eines Vertrages wegen Nichterfüllung durch den Vertragsschuldner, zB durch automatische Auflösungsklausel (resolution de plein droit) (vgl. Saint-Alary Houin, Code des entreprises en difficulté, 7. Aufl. 2018 nach Art. L. 622-13 mAnm Rn. 2; Coquelet, Entreprises en difficulté, Instruments de paiement et de crédit, 6. Aufl. 2017, Rn. 197), kann vom Verwalter nicht infrage gestellt werden. Im Falle der Auflösung eines Kaufvertrages kann der Verkäufer daher die gelieferte Sache revindizieren, falls sie sich en nature beim Schuldner befindet.

Zu den laufenden Verträgen zählen nicht nur **Dauerschuldverhältnisse,** sondern beispiels- 212 weise auch einseitige Vorverträge, promesses de vente, wenn zum Zeitpunkt der Verfahrenseröffnung die Option noch nicht ausgeübt worden ist (vgl. Com. 16.2.1988, Bull. civ. IV Nr. 72; allg.

zu Vorverträgen Sonnenberger/Dammann, Französisches Handels- und Wirtschaftsrecht, 3. Aufl. 2008, Rn. VI 26 ff.). Die Eröffnung eines Insolvenzverfahrens führt nicht zur caducité der Kaufoption, die im Rahmen der Liquidation vom Beteiligten ausgeübt werden kann (vgl. Com. 7.3.2006 – D. 2006, 2250 mAnm Lucas/Le Corre).

213   Ist beim **Verkauf** einer **Immobilie** zum Zeitpunkt der Verfahrenseröffnung der Eigentumsübergang noch nicht erfolgt und der Kaufpreis noch nicht völlig bezahlt, handelt es sich um einen contrat en cours, da der **Eigentumsübergang** die **charakteristische Leistungspflicht** darstellt (vgl. Com. 1.2.2000 – Nr. 97-15.263, Bull. civ. IV, Nr. 23; D. 2000, 144 mAnm Lienhard; RTD com. 2000, 444 mAnm Laude). Wurde im Rahmen eines Kaufvertrages einer beweglichen Sache ein **Eigentumsvorbehalt** vereinbart, so handelt es sich nicht um einen contrat en cours, selbst wenn die gelieferte Sache bei Eröffnung des Verfahrens noch nicht bezahlt worden ist (stRspr; Com. 5.5.2004 – Bull. civ. IV, Nr. 81; D. 2004, 1525 mAnm Lienhard; D. 2004, 2144 mAnm Lucas; RTD civ. 2004.760 mAnm Crocq; Le Corre Rn. 431.281). Diese unterschiedliche Behandlung der Vorbehaltsverkäufer ist für einen Teil der Lehre dogmatisch unverständlich und erklärt sich aufgrund der spezialgesetzlichen Regelung zur Aussonderung zugunsten des Vorbehaltsverkäufers bei beweglichen Sachen in Art. L. 624-9 ff. C. com. (vgl. Lucas Rn. 272; Coquelet, Entreprises en difficulté, Instruments de paiement et de crédit, 6. Aufl. 2017, Rn. 199). Bei Lichte gesehen, ist das entscheidende Kriterium des Verkaufs unter Eigentumsvorbehalt nicht der Zeitpunkt des Eigentumsübergangs, sondern der Lieferung, da es sich nach französischem Verständnis um eine Sicherheit handelt (so Vallansan, BJE Jan./Febr. 2019, 43 unter Hinweis auf Com. 2.11.2016 – Nr. 14-29.541).

214   Art. L. 622-13 C. com. unterscheidet nicht zwischen **privat-** und **öffentlich-rechtlichen** Verträgen (vgl. Le Corre Rn. 431.241). Zuständig ist der juge commissaire, selbst wenn es sich um öffentlich-rechtliche Verträge handelt (vgl. Com. 18.6.2013 – Nr. 12-14.836, 12-19.054, Bull. civ. Nr. 102, 651, D. 2013, 1616 mAnm Lienhard). Diese Bestimmung kommt allerdings nicht zur Anwendung, wenn der Schuldner aufgrund eines einseitigen Verwaltungsakts öffentliches Eigentum vorübergehend in Anspruch nimmt (Rép. min. Nr. 13075, JO Sénat Q 7.1.2016, 57). Auch **intuitu personae** geschlossene Verträge fallen unter Art. L. 622-13 C. com. Das hat der Kassationshof in einer Grundsatzentscheidung v. 8.12.1987 entschieden (Com. 8.12.1987 – Nr. 87-11.501, Bull. civ. IV, Nr. 266, D. 1988, 52 mAnm Derrida; JCP G 1988 II 20927 mAnm Jeantin; stRspr, vgl. Le Corre Rn. 431.261).

215   Bei der **Sicherheitsübereignung** mittels **fiducie-sûreté** ist zu unterscheiden. Die **Sicherheitsübereignung** des Sicherungsgegenstandes **als solches** in das Sondervermögen (patrimoine d'affectation) des fiduciaire ist kein contrat en cours (Art. L. 622-13 VI C. com.). Der Gesetzgeber hat hier die hM festgeschrieben (vgl. Dammann/Podeur D. 2007, 1359; Grimaldi/Dammann D. 2009, 570; Le Corre Rn. 633-551). Sonst wäre die Insolvenzfestigkeit der Sicherheitsübereignung fraglich gewesen. Hat der Treuhänder (fiduciaire) dem Schuldner die sicherungsübereignete Sache zur Verfügung gestellt, zB im Rahmen eines (unentgeltlichen) Mietverhältnisses, dann ist ein solcher **contrat de mise à disposition** ein **contrat en cours** (Art. L. 622-13 VI C. com.; so bereits Dammann/Podeur D. 2007, 1359). Ob die treuhänderische Übereignung, die also nicht zur dinglichen Absicherung eines Gläubigers erfolgt, als eine sog. fiducie-gestion, als contrat en cours zu qualifizieren ist, ist offen (vgl. Liénhard Rn. 76.23). Analog zu Art. L. 622-13 VI C. com. ist anzumerken, dass die wichtigste Verpflichtung des Vertrages mit der Eigentumsübertragung in das Sondervermögen erfüllt ist (so zB bei der Leibrente, contrat de rente viagère, vgl. Com. 2.3.1999 – Nr. 96-19.743, Act. proc. coll. 1999, 91 mAnm Vallansan; Com. 27.3.2007 – Nr. 05-13.566, Rev. proc. coll. 2008, 75 mAnm Roussel Galle). Vallensan (Gjidara-Decaix, Surenedettement des particuliers, J-Cl. Com., Fasc. 1710 bis 1712, Stand 1.3.2018, Fasc. 2335 Rn. 15) stellt beim Kaufvertrag auf den Zeitpunkt des Übergangs des Eigentums ab (aA Le Corre Rn. 431.271 mit Blick auf die Rechtsprechung zum Eigentumsvorbehalt). Auf der anderen Seite kann argumentiert werden, dass der gesamte Vorgang einer fiducie-gestion mit der Eigentumsübertragung noch nicht völlig erfüllt ist, da Verbindlichkeiten zulasten des constituant entstehen.

216   Bei Kreditverträgen differenziert die Rechtsprechung ebenfalls. Der **Krediteröffnungsvertrag** (ouverture de crédit, dazu allg. Sonnenberger/Dammann, Französisches Handels- und Wirtschaftsrecht, 3. Aufl. 2008, Rn. VII 45 ff.) ist ein laufender Vertrag, der allerdings während der période d'observation gem. Art. L. 313-12 des Code monétaire et financier gekündigt werden kann (vgl. Com. 2.3.1993 – Nr. 91-10.181; Bull. civ. IV, Nr. 88). Das Gleiche gilt für den **Kontokorrent** (vgl. Com. 9.6.1992, D. 1994, 323 mAnm Vasseur; zum Kontokorrent allg. Sonnenberger/Dammann, Französisches Handels- und Wirtschaftsrecht, 3. Aufl. 2008, Rn. VII 27 ff.). Der **Kreditvertrag** ist kein contrat en cours, sofern die Bank dem Kreditnehmer die Gelder bereits vor Eröffnung des Verfahrens zur Verfügung gestellt hat (stRspr, vgl. Com. 9.2.2016 – Nr. 14-23.219, D. 2016,

423 mAnm Lienhard; BJE 2016, 175 mAnm Reille; Le Corre Rn. 431.291; Coquelet, Entreprises en difficulté, Instruments de paiement et de crédit, 6. Aufl. 2017, Rn. 200; Saint-Alary-Houin Rn. 620). Das bedeutet allerdings nicht, dass der Schuldner Vertragsklauseln, wie zB Pflichten zur Mitteilung von Informationen, während der Beobachtungsphase nicht einhalten muss (vgl. Urteil Justice Kramer, High Court London v. 3.9.2021 [2021] EWHC 2443 (Ch)).

Ein **Gesellschaftsvertrag** ist ebenfalls kein contrat en cours (vgl. Com. 10.7.2007 – Nr. 06- **217** 11.680, Bull. civ. IV, Nr. 191; D. 2007, 2107 mAnm Lienhard; Bull. Joly 2008, 46 mAnm Lucas; Rev. proc. coll. 2008,76 mAnm Roussel Galle; Pérochon Rn. 694). Lucas (Rn. 272) erklärt diese Rechtsprechung mit dem institutionellen Charakter einer Gesellschaft. Anders verhält es sich mit dem **contrat d'apport** zugunsten einer Genossenschaftsgesellschaft (société coopérative), falls die Leistung des Betrags noch nicht erbracht worden ist (Com. 19.2.2013 – Nr. 12-23.146, D. 2013, 1600; Rev. sociétés 2013, 629 mAnm Parléani; BJE 2013.138 mAnm Monsèrié-Bon; Bull. Joly 2013, 417 mAnm Dondero).

Bei **exklusiven Zulieferverträgen** hat die Rechtsprechung das Kriterium der prestation carac- **218** téristique durch dasjenige der „**obligations réciproques**" der Vertragsparteien ersetzt. Der Zulieferer einer insolventen Apotheke wollte die Lieferbedingungen ändern während der Verwalter den Standpunkt vertrat, dass es sich um einen laufenden Vertrag handele, den er fortführen wollte. Der Kassationshof entschied, dass beide Vertragsparteien zum Zeitpunkt der Verfahrenseröffnung „obligations réciproques" hatten: der Lieferant war verpflichtet Medikamente zu liefern, während die Apotheke einen monatlichen Mindestumsatz erwirtschaften musste (vgl. Com. 20.9.2017 – Nr. 14-17.225, dazu Vallansan, BJE Jan./Febr. 2019, 44).

Art. L. 622-13 VI C. com. schließt die Anwendung dieser Bestimmungen auf **Arbeitsverträge** **219** aus; sie werden **automatisch fortgesetzt**. Kündigungen unterliegen dem allgemeinen Arbeitsrecht. Art. L. 622-14 C. com. sieht spezialgesetzliche Sonderregelungen bei der Kündigung von **Geschäftsraummietverträgen** vor, sofern die Immobilie an den Gemeinschaftsschuldner vermietet ist und er dort sein Unternehmen betreibt.

c) Verbot von Ipso-facto-Klauseln. Klauseln, die im **Falle** der **Eröffnung** eines präventiven **220** Restrukturierungsverfahrens zugunsten des Vertragspartners die **automatische Auflösung** bzw. **Kündigung** eines laufenden Vertrages vorsehen, sind **unwirksam**. Wie bereits gesehen, hat die Reform v. 12.3.2014 eine vergleichbare Regelung bei Vorverfahren (mandat ad hoc, conciliation) geschaffen (Art. L. 611-16 C. com.). Art. L. 622-13 I Abs. 1 C. com. kommt auch im Rahmen des redressement judiciaire und der liquidation judiciaire zur Anwendung (Art. L. 631-14 und L. 641-10 Abs. 2 C. com.). Die Eröffnung eines **Liquidationsverfahrens** hat daher nicht die Beendigung der contrats en cours zur Folge (vgl. Com. 15.2.2005, D. 2005, 641 mAnm Lienhard; D. 2005, 2018 mAnm Lucas). Die Rechtsprechung legt diese Bestimmung weit aus. Die Kündigung von Verträgen ist auch dann unzulässig, wenn die Klausel auf **indirekte Auswirkungen** der Verfahrenseröffnung abstellt. Genannt sei in diesem Zusammenhang ein Fall, in dem eine Bank versucht hatte, die Kündigung einer Kontokorrentvereinbarung mit organisatorischen Schwierigkeiten zu begründen, die durch die Eröffnung des Insolvenzverfahrens verursacht worden sind (vgl. Com. 4.6.2013 – Nr. 12-17.203, Bull. civ. IV, Nr. 93, D. 2013, 1470). Klauseln, die vorsehen, dass im Falle einer Verfahrenseröffnung Verträge zum Nachteil des Schuldners abgeändert werden dürfen, sind ebenfalls ungültig (so die Grundsatzentscheidung Com. 14.1.2014 – Nr. 12-22.909, D. 2014, 206 mAnm Lienhard; D. 2014, 2151 mAnm Le Corre; Rév. sociétés 2014, 200 mAnm Henry: „est interdite toute clause qui modifie les conditions de poursuite d'un contrat en cours en diminuant les droits ou en aggravant les obligations du débiteur du seul fait de sa mise en redressement judiciaire"). Der Reformgesetzgeber von 2014 hat diese Formulierung bei der Redaktion von Art. L. 611-16 C. com. für die Eröffnung von Vorverfahren aufgegriffen.

Der Gläubiger muss folglich seine Verpflichtungen erfüllen, auch wenn der Schuldner seinerseits **221** den Vertrag **nicht erfüllt** hat. So kann ein Gläubiger nicht etwa Warenlieferungen während der Beobachtungsphase verweigern, weil er keine Zahlung für die vorherigen Lieferungen erhalten hat (vgl. Com. 28.6.2011 – Nr. 10-19.463, Bull. civ. IV, Nr. 110; D. 2011, 1813 mAnm Lienhard). Eventuelle Schadensersatzansprüche können vom Gläubiger als **einfache Insolvenzforderungen** angemeldet werden (Art. L. 622-13 I Abs. 2 C. com.).

d) Beendigung des Vertrages auf Initiative des Gläubigers. Der **Verwalter** hat das Recht, **222** die Fortführung des Vertrages zu verlangen oder die Erfüllung zu **verweigern**. Keine Rolle spielt, ob es sich bei der Mission des Verwalters um eine surveillance, assistance oder représentation des Schuldners handelt (vgl. Coquelet, Entreprises en difficulté, Instruments de paiement et de crédit, 6. Aufl. 2017, Rn. 204). Die Entscheidung des Verwalters ist **formlos** und kann auch **stillschweigend** erfolgen. Zahlt der Verwalter zB freiwillig weiterhin Miete, so kann daraus geschlossen werden, dass er sich entschieden hat, den Mietvertrag fortzusetzen (vgl. Coquelet, Entreprises en difficulté, Instruments de paiement et de crédit, 6. Aufl. 2017, Rn. 207). Der Verwalter ist an **keine Fristen** gebunden.

223   Da die Entscheidungsfreiheit des administrateur eine Phase der Unsicherheit über die Fortführung der contrats en cours zur Folge hat, gibt das Gesetz dem **Vertragspartner** die Möglichkeit, den **Schwebezustand zu beenden,** indem er den **administrateur** zur **Entscheidung auffordert** (vgl. Coquelet, Entreprises en difficulté, Instruments de paiement et de crédit, 6. Aufl. 2017, Rn. 208). Dem Verwalter ist eine **Frist** von **einem Monat** gewährt, die vom juge commissaire verkürzt bzw. um höchstens zwei Monate verlängert werden kann. Erbringt der Gemeinschuldner während dieser Frist die vertraglich geschuldeten Leistungen, so gilt der Vertrag deshalb noch nicht als stillschweigend verlängert (vgl. Com. 20.5.1997 – Nr. 95-13.957, D. Aff. 1997, 862 mAnm Lienhard). **Antwortet** der Verwalter **nicht** innerhalb dieser Frist, ist der **Vertrag automatisch beendet** (Art. L. 622 III Nr. 1 C. com.). Es ist nicht notwendig, den Ablauf der einmonatigen Frist abzuwarten. Der Verwalter kann bereits zu einem frühen Zeitpunkt die Fortführung des Vertrages ablehnen. Die Kündigung erfolgt dann sofort (vgl. Com. 18.3.2003 – Nr. 00-12.693, Bull. Civ. IV, Nr. 100; D. 2003, 972 mAnm Lienhard). Gemäß Art. R. 622-13 C. com. muss der **verfahrensleitende Richter** die **Kündigung bestätigen.**

224   Entscheidet sich der administrateur gegen die Fortführung, so steht dem Vertragspartner **Schadensersatz** wegen Nichterfüllung zu. Der Anspruch ist wie bei § 103 Abs. 2 InsO eine **einfache Insolvenzforderung.** Der Verwalter, der es versäumt, dafür Sorge zu tragen, dass strategisch wichtige Verträge fortgeführt werden, kann sich persönlich haftbar machen (vgl. Com. 9.6.1998, D. 1998, 329 mAnm Honorat; Lucas Rn. 275; Coquelet, Entreprises en difficulté, Instruments de paiement et de crédit, 6. Aufl. 2017, Rn. 204).

225   Bei **Mietverträgen** über **Immobilien,** die vom Schuldner gewerblich genutzt werden, sieht Art. L. 622-14 C. com. **Spezialvorschriften** zugunsten des Mieters vor. Der Vermieter kann den Verwalter erst drei Monate nach der Verfahrenseröffnung auffordern, den Mietvertrag zu kündigen. Der **Kündigungsgrund** ist Zahlungsverzug von Mieten und Nebenleistungen nach Eröffnung des Verfahrens während dieser dreimonatigen Frist.

226   Wird der administrateur vom **Gläubiger nicht aufgefordert,** über das Schicksal des contrat en cours zu befinden, ist zu differenzieren. Der Vertrag kann von beiden Parteien **stillschweigend fortgeführt** werden (vgl. Com 3.12.1996, Bull. civ. IV, Nr. 302; Com. 7.11.2006, D 2006, 2846 mAnm Lienhard; JCP E 2007, 1003, mAnm Le Corre-Broly). Wird der Verwalter vom Gläubiger **nicht in Verzug gesetzt** und **verzichtet der Verwalter** auf die **Fortführung** des Vertrages, dann gilt der Vertrag **nicht** als **automatisch beendet** (vgl. Com. 19.5.2004 – Nr. 01-13.542, Bull. civ. IV, Nr. 100, D. 2004, 1668 mAnm Lienhard; Com. 5.7.2005 – Nr. 04-13.834, Bull. civ. IV, Nr. 151; Com. 1.3.2016 – Nr. 14-19.875, D. 2016, 599 mAnm Lienhard). Dasselbe gilt, wenn der **Verwalter** sich **weigert,** seine **vertraglichen Leistungen zu erbringen.** Der Vertrag bleibt jedoch **unberührt.** Es obliegt dem Gläubiger, ggf. die Konsequenzen zu ziehen und den administrateur aufzufordern, den Vertrag zu kündigen. Der Vertragspartner hat auch die Möglichkeit, bei Gericht auf **Auflösung des Vertrages zu klagen** (vgl. Com. 1.3.2016 – Nr. 14-19.875, Bull. civ. IV, Nr. 215, D. 2016, 599 mAnm Lienhard; Rev. proc. coll. 2016 comm. 44 mAnm Roussel Galle; Rev. sociétés 2016, 397 mAnm Henry). Der juge commissaire ist allerdings in diesem Fall nicht zuständig (vgl. Lienhard Rn. 76.28). Der Verwalter kann auf Kündigung gem. Art. L. 622-13 IV C. com. klagen (dazu → Rn. 229).

227   Bei der **Geschäftsraummiete** durchbricht Art. L. 622-14 C. com. diese Rechtsprechung, sofern die Immobilie an den Gemeinschuldner vermietet ist und er dort sein Unternehmen betreibt. Der Mietvertrag gilt als gekündigt, sobald der Verwalter den Vermieter informiert, dass er den Vertrag nicht fortführen möchte. Eventuelle Schadensersatzforderungen müssen als Insolvenzforderungen angemeldet werden (Art. L. 622-14 Abs. 1 Nr. 1 C. com.).

228   Die neue Redaktion von Art. L. 622-13 I C. com. ergibt, dass der Verwalter von sich aus einen contrat en cours beenden kann, wenn er **nicht** über die **notwendigen Mittel** verfügt (vgl. Lucas Rn. 277). Er muss dies allerdings klar zum Ausdruck bringen.

229   **e) Gerichtliche Kündigung des Vertrages durch den Verwalter.** Die Reform von 2008 hat eine **gerichtliche Kündigung** eines laufenden Vertrages auf **Antrag** des **Verwalters** eingeführt. Zuständig ist der verfahrensleitende Richter. Dieses Prozedere kommt nur dann zur Anwendung, wenn der Gläubiger den Verwalter nicht in Verzug gesetzt hat, über die Fortführung des laufenden Vertrages zu entscheiden (vgl. Coquelet, Entreprises en difficulté, Instruments de paiement et de crédit, 6. Aufl. 2017, Rn. 209). Gemäß Art. L. 622-13 IV C. com. wird eine Kündigung ausgesprochen, wenn sie für die **Sanierung** des Schuldners **notwendig** ist und die Interessen des Vertragspartners nicht über Gebühr berührt werden („ne porte pas une atteinte excessive aux intérêts du cocontractant"). Dies ist zB dann der Fall, wenn der Verwalter einen Mietvertrag

Internationales Insolvenzrecht – Frankreich

beenden möchte, um die Immobilie zur Finanzierung der Beobachtungsphase zu verkaufen. Wenn der Verwalter lediglich eine bessere Gelegenheit sieht, seine Immobilien zu veräußern und deshalb auf Auflösung eines bereits abgeschlossenen Vorvertrags klagt, ist sein Antrag abzuweisen (vgl. Lienhard Rn. 76.29 unter Hinweis auf CA Paris 22.9.2011).

f) Die Fortführung des Vertrages. Entscheidet sich der Verwalter für die **Fortführung,** so nimmt der Vertrag **seinen Lauf.** Die Tatsache, dass der Schuldner seinen Verpflichtungen vor Eröffnung des Verfahrens nicht nachgekommen ist, spielt keine Rolle. Wie bereits erwähnt, sind Klauseln, die die Fortführung von Sukzessivverträgen davon abhängig machen, dass der Insolvenzverwalter auch Konkursforderungen erfüllt (sog. clauses **d'indivisibilité**), **unwirksam.** 230

Der administrateur muss im Falle der Fortführung für die **Leistung** des **Schuldners sorgen.** **Fällige** Geldzahlungen müssen grundsätzlich **bar** erfolgen. Gemäß Art. L. 622-13 II Abs. 2 C. com. muss der Verwalter zum Zeitpunkt der Fortführung auf der Grundlage der Finanzplanungsdokumentation, die ihm zur Verfügung steht, sicher sein, dass der Schuldner seine zukünftigen Verpflichtungen erfüllen wird. Andernfalls könnte er sich **persönlich haftbar** machen (vgl. Lucas Rn. 275). Die Haftung ist ausgeschlossen, wenn zum Zeitpunkt der Verfahrenseröffnung angenommen werden konnte, dass der Schuldner die notwendigen Mittel zur Fortführung des Vertrages hatte (vgl. Com. 5.4.2016 – Nr. 14-21.664; Lienhard Rn. 76.34). Sind Forderungen eines fortgeführten Dauerschuldverhältnisses noch **nicht fällig,** stellt sich die Frage, ob der Gläubiger dem Schuldner einen Kredit einräumen muss oder ob er sofortige Barzahlung verlangen kann. Nach früherem Recht konnte sich der Gläubiger auf das Prinzip von Art. L. 622-13 C. com. berufen, wonach **alle Geldzahlungen grundsätzlich bar** erfolgen mussten. Diese Regelung hat der Reformgesetzgeber von 2014 **abgeschafft.** In der Praxis ist allerdings weiterhin zu beobachten, dass bei Abschluss von neuen Verträgen Waren oder Dienstleistungen nicht selten nur gegen Vorkasse erbracht werden. 231

Der fortgeführte Vertrag ist **automatisch beendet,** wenn der Schuldner die vertraglich vorgesehenen Zahlungen nicht leistet und der Gläubiger ihm keinen Zahlungsaufschub gewährt (Art. L. 622-13 III Nr. 2 C. com.). Der verfahrensleitende Richter muss die Vertragsauflösung bestätigen und legt das Datum der Auflösung fest (vgl. Art. R. 622-13 Abs. 2 C. com.). Es handelt sich um eine **zwingende Zuständigkeit** des **juge commissaire** (vgl. Com. 18.6.2013 – Nr. 12-14.836, Bull. civ. IV, Nr. 102, D. 2013, 1616 mAnm Lienhard). In diesem Fall kann ein Antrag auf Beendigung der Beobachtungphase bei Gericht gestellt werden. Unterbleibt die Bestätigung durch den juge commissaire, ist auch eine automatische Aufhebungsklausel (clause de résiliation de plein droit) wirkungslos (vgl. Com. 20.9.2017 – Nr. 16-14.065, D. 2017, 1831; Com. 4.7.2018 – Nr. 17-15.038, D. 2018, 1437). 232

5. Entlassungen während der Beobachtungsphase

Entlassungen aus wirtschaftlichen Gründen während der Beobachtungsphase unterliegen, anders als beim redressement judiciaire, den **allgemeinen Bestimmungen** des französischen Arbeitsrechts. Der Gesetzgeber befürchtete eine rechtsmissbräuchliche Anwendung der procédure de sauvegarde, die daher wenig geeignet ist, operative Sanierungen durchzuführen. Hinzukommt, dass die Lohnausfallversicherung (AGS) lediglich ausnahmsweise die Kosten eines Sozialplans vorfinanziert. 233

6. Der Sanierungsplan – plan de sauvegarde

a) Allgemeines. Das französische Recht normiert zunächst die allgemeinen Bestimmungen zur **Ausarbeitung** und **gerichtlichen Bestätigung** eines Sanierungsplans (plan de sauvegarde, vgl. Art. L. 626-2–626-28 C. com.). Es geht in erster Linie um die Restrukturierung von Insolvenzforderungen. Das Gericht kann allerdings nur die **Verbindlichkeiten stunden, Zahlungsverzichte** bedürfen der **Zustimmung** der **Gläubiger.** Werden keine Gläubigerkomitees bzw. nach der Umsetzung der Richtlinie (→ Rn. 15) Gläubigerklassen eingerichtet, kommt es also zu keiner mehrheitlichen Abstimmung. Man spricht daher von einem sog. **plan imposé.** 234

Der Insolvenzplan enthält ferner alle **Maßnahmen,** die nach der Auffassung des Schuldners und des Verwalters für die **Bestandsfähigkeit** des Unternehmens notwendig sind. Daher muss der Planentwurf die wirtschaftliche Situation des Schuldners, einen Businessplan, die zur Verfügung stehenden Finanzmittel, Zukunftsperspektiven des Unternehmens sowie die Beschäftigungssituation und ggf. den Abbau von Arbeitsplätzen aufzeigen. Der Plan muss ebenfalls die ins Auge gefassten Veräußerungen von Teilbereichen des Unternehmens bzw. die Akquisition von neuen Geschäftszweigen analysieren (vgl. Art. L. 626-2 C. com.). Der Plan muss die Rückzahlung aller Insolvenzforderungen darstellen, auch wenn sie bestritten sind (vgl. Com. 20.3.2019 – Nr. 17- 235

27.527, Art. L. 626-10 Abs. 1 C. com.). Diese Rechtsprechung wurde allerdings durch die Covid-ordonnance vom 20.5.2020 neutralisiert. Frische Geldmittel, die zur Finanzierung der Beobachtungsphase bzw. des Sanierungsplans zur Verfügung gestellt werden, kommen in den Genuss eines Privilegs, das sog. privilège de „post new money" (Art. L. 626-10 C. com. (zur Rangfolge → Rn. 443). Die **übertragende Sanierung** ist **nicht möglich**. Das Gericht kann für die Fortführung des Unternehmens unbedingt erforderlichen Aktiva ein **Veräußerungsverbot** aussprechen (Art. L. 626-14 C. com.). **Vorkaufsrechte** vor allem zugunsten der Kommunen und anderen öffentlich-rechtlichen Körperschaften kommen nicht zur Anwendung (Art. L. 626-1 Abs. 4. C. com.; vgl. Lienhard Rn. 81.12, der diese Regelung zu Recht begrüßt). Anders verhält es sich mit **vertraglichen Vorkaufsrechten** (pacte de préférence), die beachtet werden müssen (vgl. Com. 13.2.2007 – Nr. 06-11.289, Bull. civ. IV, Nr. 34; D. 2007, 648 mAnm Lienhard).

236 Im Gegensatz zum ordentlichen Insolvenzverfahren hat der Gesetzgeber keine speziellen Bestimmungen zur **Entlassung** von **Arbeitnehmern** im Rahmen des plan de sauvegarde vorgesehen. Folglich sind die allgemeinen arbeitsrechtlichen Vorschriften anwendbar, wodurch das präventive Restrukturierungsverfahren an Attraktivität einbüßt.

237 Bei größeren Verfahren wurden vor der Umsetzung der Richtlinie zum 1.10.2021 zwei **Gläubigerkomitees** der **Finanzgläubiger** und der **wichtigsten Zulieferanten** gebildet. Sie hatten zur Aufgabe, mit dem Schuldner einen Restrukturierungsplan auszuarbeiten und mehrheitlich zu beschließen, der ggf. von der **Versammlung** der **Inhaber** von **Schuldverschreibungen**, die de facto als drittes Komitee fungierte, bestätigt werden muss. Einschlägig waren Art. L. 626-29–626-35 C. com. (aF). Das Planverfahren mit Gläubigerkomitees war folglich lex specialis. Es handelte sich hier um das Pendant zum deutschen Planverfahren. Es bestanden allerdings gravierende Unterschiede (ausf. rechtsvergleichend Dammann Mél. Witz, 2018, 221). Das französische Recht kannte nämlich **keine Gläubigerklassen** deutschen Musters. Der verabschiedete Plan war für alle Ausschussmitglieder und Inhaber von Schuldverschreibungen bindend. Es gab aber eine ganze Reihe von zum Teil wichtigen **Gläubigergruppen**, die **nicht Mitglieder** der Ausschüsse waren und sich daher an den Verhandlungen nicht beteiligten. Hierzu zählten die Arbeitnehmer, die öffentlichen Gläubiger, Kleingläubiger und Gläubiger, die durch eine Sicherheitsübereignung mittels fiducie-sûreté dinglich abgesichert waren. Diese Gläubiger unterlagen den allgemeinen Regeln des Code de commerce. Sie wurden individuell vom Gläubigervertreter konsultiert, um ihre Zustimmung einzuholen.

238 Hatten sich die Gläubigerausschüsse auf einen Sanierungsplan verständigt, wurde er vom Gericht geprüft. Der Schuldner hatte die Möglichkeit, dem Gericht einen konkurrierenden Sanierungsplan als plan imposé zur Wahl vorzulegen (vgl. Pérochon Rn. 947; Lucas Rn. 332). Von dieser Möglichkeit wurde in der Praxis allerdings kein Gebrauch gemacht.

239 Der gerichtlich gebilligte plan de sauvegarde entfaltet **Drittwirkung** zugunsten von natürlichen **Personen**, die **Gesamtschuldner** oder **Garanten** einer **persönlichen Sicherheit** (im Rahmen einer Bürgschaft oder eines selbstständigen Garantieversprechens) sind bzw. die eine dingliche Sicherheit bestellt haben, um für die Verbindlichkeiten des Schuldners zu haften. Sie kommen in den Genuss der im Plan vorgesehenen Zahlungsfristen und Schulderlässe (Art. L. 626-11 C. com., vgl. Lienhard Rn. 83.21). Wenn der Schuldner mit seinen Ratenzahlungen in Verzug gerät, kann der Gläubiger vom Garanten die Zahlung der offenen Ratenzahlungen verlangen (vgl. Com. 2.6. 2015 – Nr. 14-10.673, D. 2015, 1270 mAnm Lienhard; D. 2015, 1970 mAnm Le Corre; Rev sociétés 2015, 548 mAnm Roussel-Galle; BJE 2015, 284 mAnm Borga). Ob eine **Bürgschaft disproportional** iSv Art. L. 332-1 C. consom. ist, wird zum Zeitpunkt der Nichterfüllung der Zahlungsverpflichtungen des Gesamtschuldners beurteilt (Com. 1.3.2016 – Nr. 14-16.402; D. 2016, 598, mAnm Avena-Robardet; Rev sociétés 2016, 399 mAnm Henry; BJE 2016, 253).

240 Das **Verbot** der **individuellen Rechtsverfolgung** aufgrund von **Zahlungsansprüchen** aus **Insolvenzforderungen** besteht auch nach Verabschiedung des Sanierungsplans grundsätzlich fort (Com. 29.4.2014 – Nr. 12-24.628, D. 2014, 1094). Dies betrifft vor allem Gläubiger, die ihre Forderungen **nicht angemeldet** haben. Sie können nicht bessergestellt werden, als Gläubiger, die sich am Verfahren beteiligen (vgl. Lienhard Rn. 83.25).

241 Gegen die Entscheidung der Bestätigung eines Sanierungsplans können **Rechtsmittel** eingelegt werden. **Antragsberechtigt** ist der Schuldner, der Verwalter, der Gläubigervertreter, der Vertreter des Personals und der Staatsanwalt. **Gläubiger** können **Beschwerde** gegen die **Abstimmung** der **Gläubigerausschüsse** gem. Art. L. 626-34-1 C. com. einlegen, worauf noch näher einzugehen sein wird. Darüber hinaus können sie nur dann eine **Drittwiderspruchsklage** (tierce opposition) gegen die Entscheidung einer Planbestätigung erheben, wenn sie ein **spezielles Interesse** nachweisen („moyen propre"). Eine vorgetragene Instrumentalisierung des Verfahrens ist allein nicht ausreichend (Com. 26.1.2016 – Nr. 14-11.298, D. 2016, 309 mAnm Lienhard).

Internationales Insolvenzrecht – Frankreich

Wie bereits oben angesprochen (→ Rn. 15), bringt die Umsetzung der EU-Restrukturierungsrichtlinie 2019/1023 einschneidende Änderungen für das Planverfahren in der procédure de sauvegarde und im redressement judiciaire-Verfahren. Die Reform tritt am 1.10.2021 in Kraft und kommt nur auf Verfahren zur Anwendung, die nach diesem Stichtag eröffnet werden. Daher werden im Folgenden sowohl das bisherige Recht als auch die neuen Bestimmungen der Einrichtung von Gläubigerklassen dargestellt, die bei größeren Verfahren die Gläubigerkomitees ablösen. Die Unterschiede zwischen den Verfahren für Kleinunternehmer und der Restrukturierung der Finanzverbindlichkeiten von mittelständischen Unternehmen und Konzernen sind nach der Umsetzung der Richtlinie noch ausgeprägter geworden. 241a

Die Schwellenwerte zur Abgrenzung beider Verfahrenstypen werden durch Dekret festgelegt. Die **Einrichtung** von **Gläubigerausschüssen** war **zwingend** für Schuldner, die mehr als **150 Arbeitnehmer** beschäftigen oder einen **Jahresumsatz** von mehr als **20 Mio. EUR** erwirtschaften (Art. L. 626-29 iVm Art. R. 626-52 C. com. (aF)). Die Bilanzsumme war allerdings kein Kriterium, was dazu führte, dass hoch verschuldete Holdinggesellschaften nicht verpflichtet waren, Gläubigerkomitees einzurichten. Der Reformgesetzgeber schickt sich an, diese Lücke zu schließen. Im Gespräch ist in Anlehnung an die Kriterien von Art. D. 123-200 C. com. eine Bilanzsumme von **20 Mio. EUR**. 241b

b) Planverfahren ohne Gläubigerklassen: der plan imposé. Werden bei kleinen Unternehmen (zu den Schwellenwerten → Rn. 241b, → Rn. 256) keine Gläubigerklassen gebildet, arbeitet der **Schuldner** mithilfe des Verwalters (sofern ein administrateur gerichtlich bestellt worden ist, dazu → Rn. 183) einen Sanierungsplan aus, der gerichtlich bestätigt werden muss. Da das Gericht nicht in der Lage ist, Forderungsverzichte zu erzwingen (vgl. Com. 18.3.2014 – Nr. 12-28.986, Bull. civ. IV, Nr. 51, D. 2014, 773), sieht der Plan in der Regel vor, dass die Gläubiger die **Wahl** haben, sich mit den vorgeschlagenen Zahlungsfristen abzufinden oder aber zum Ausgleich für kürzere Fristen einen Teilverzicht zu akzeptieren (Art. L. 626-19 C. com.). Es scheint möglich zu sein, Gläubigern, die sich objektiv in einer anderen Situation befinden, **differenzierte Vorschläge** zu machen. Der Verzicht ist mit plankonformer Zahlung wirksam (vgl. Com. 22.9.2015 – Nr. 14-16.920, D. 2015, 1949). Inwieweit es möglich ist, bestimmte Gläubiger völlig auszuklammern, ist umstritten. In der Coeur Defense-Entscheidung wurde diese Möglichkeit abgelehnt (vgl. CA Versailles 28.2.2013, RG 12/02755, D. 2013, 2895 mAnm Dammann/Boché-Robinet). 242

Ein **debt-to-equity-swap** ist nur mit ausdrücklicher Zustimmung der betroffenen Gläubiger möglich (Art. L. 626-5 Abs. 3). Art. L. 626-3 C. com. normiert spezialgesetzliche Regelungen, falls der Sanierungsplan eine **Reduzierung** bzw. **Erhöhung** des **Kapitals** des **Schuldners** oder eine Änderung der Statuten vorsieht. Art. L. 626-3 C. com. sieht in diesem Zusammenhang vor, dass das Gericht das Quorum der Hauptversammlung bei einer ersten Einberufung auf die einfache Mehrheit der anwesenden Aktionäre bzw. Anteilseigner herabsetzen kann, sofern diese Inhaber von mindestens der **Hälfte** der **stimmberechtigten Aktien** bzw. **Anteile** sind. Ist das Eigenkapital dagegen aufgrund von Verlusten geringer als die Hälfte des Stammkapitals, so muss die Hauptversammlung zunächst über die **Rekonstitution** des **Eigenkapitals** in Höhe der **Hälfte** des **Stammkapitals** abstimmen. Der Verwalter kann auch eine Kapitalherabsetzung gefolgt von einer sofortigen Kapitalerhöhung (sog. **coup d'accordédon**) zur Abstimmung stellen. Die eingegangenen Verpflichtungen der Aktionäre bzw. Anteilseigner oder außenstehenden Investoren werden durch ein **Urteil** des Insolvenzgerichts, das den Sanierungsplan billigt, **aufschiebend bedingt**. Die Kapitalerhöhung erfolgt durch Aufrechnung der in die Tabelle eingetragenen Insolvenzforderungen. Die Forderungen werden nicht als Sacheinlage bewertet. Die Aufrechnung erfolgt zum Nominalwert (vgl. Art. L. 626-3 Abs. 4 C. com.). 243

Der **Gläubigervertreter konsultiert** jeden **Gläubiger individuell,** um seine Zustimmung einzuholen; einschlägig sind Art. L. 626-5 – 626-7 C. com.). Antwortet der Gläubiger nicht, so gilt sein **Schweigen als Zustimmung** zu den vorgeschlagenen Stundungen bzw. den Schulderlässen. Wird ein **debt-to-equity swap** vorgeschlagen, wird das **Schweigen** hingegen **als Ablehnung** gewertet (Art. L. 626-5 Abs. 3 C. com). Das Gericht registriert die Zustimmung („donner acte") und überprüft ggf. die Zustimmung der Hauptversammlung der Aktionäre (Lienhard Rn. 83.29). 244

Ein Kreditvertrag ist zwar kein contrat en cours. Daraus ergibt sich allerdings nicht, dass der Vertrag nach Verfahrenseröffnung ungültig wird. Die in Kreditverträgen vorgesehen **Informationsklauseln** müssen daher weiterhin vom Schuldner beachtet werden. Werden **Ratio-klausel** (zB LTV und RCI-Klauseln) vom Schuldner nicht eingehalten, so kann der Gläubiger während der Beobachtungsphase das Darlehen vorzeitig fällig stellen, um Dritt-Schuldner in Rückgriff zu nehmen (vgl. Com. 14.6.2001 – Nr. 98-11.947). 244a

Internationales Insolvenzrecht – Frankreich

245 Für die übrigen Gläubiger setzt das Gericht im Rahmen des plan imposé die **Zahlungsziele** fest. Hier sind folgende Regeln zu beachten: Berücksichtigt werden nicht nur Insolvenzforderungen, sondern auch Forderungen, die zwar **nach** dem Eröffnungsurteil entstehen, die aber **nicht** zu den **privilegierten Forderungen** iSd Art. L. 622-17 I C. com. zu zählen sind und die fristgerecht angemeldet werden müssen (Art. L. 626-10 C. com.; Lienhard Rn. 83.20). Auch die Befriedigung bestrittener Forderungen ist im Plan zu berücksichtigen (vgl. Com. 20.3.2019 – Nr. 17-27.527, D. 2019, 1913 mAnm Lucas). Diese Rechtsprechung wurde durch die Covid-ordonnance vom 20.5.2020 neutralisiert und in der Neufassung von L. 626-10 C. com. durch die ordonnance von 2021 definitiv verankert. In der Praxis ist diese Entscheidung so zu verstehen, dass der Planersteller Forderungen nicht einfach nur deshalb ausklammern kann, weil sie bestritten sind. Alle Gläubiger werden grundsätzlich **gleichbehandelt**, dh ungesicherte und dinglich abgesicherte Gläubiger müssen die gleichen Zahlungsziele hinnehmen. Art. L. 626-20 C. com. sieht allerdings vor, dass **superprivilegierte Lohnforderungen, Urlaubsgeld**, Forderungen, die durch das **new-money-Privileg** des Art. L. 611-11 C. com. bzw. das post new-money-Privileg des Art. L. 626-10 C. com. abgesichert sind, sowie **Kleinforderungen** von maximal 500 EUR (begrenzt auf einen Prozentsatz von 5 % der voraussichtlichen Gesamtverbindlichkeiten) weder gestundet noch teilweise erlassen werden können, es sei denn, der betroffene Gläubiger stimmt zu. Die AGS kommt bezüglich superprivilegierter Lohnforderungen in den Genuss dieser Schutzregel.

246 Die maximale **Laufzeit** des Restrukturierungsplans als plan imposé beträgt **zehn Jahre** (bei landwirtschaftlichen Betrieben können die Verbindlichkeiten gar fünfzehn Jahre gestundet werden, vgl. Art. L. 626-12 C. com.; Ausnahmen durch die Covid-Gesetzgebung → Rn. 14f). Bei Darlehen mit einer Laufzeit von mehr als einem Jahr können nicht nur die normalen Zinsen, sondern auch vertraglich vorgesehene Verzugszinsen berechnet werden (stRspr, Com. 2.2.1997 – Nr. 95-14.824; Com. 2.7.2013 – Nr. 12-22.284). Die erste **Teilzahlung** muss innerhalb einer Frist von einem Jahr erfolgen; ab dem dritten Jahr müssen die Raten mindestens 5 % der anerkannten Forderungen pro Jahr betragen ab dem sechsten Jahr 10 % (Art. L. 626-18 Abs. 4 C. com.). Der Coeur de Defense-Fall machte deutlich, dass diese Regelung bei Darlehen, die erst am Ende der Laufzeit zurückgezahlt werden müssen (sog. Bullet-loans), zu einer beschleunigten Tilgung führt. Daher hat der Reformgesetzgeber in Art. L. 626-18 Abs. 5 C. com. eine Ausnahmeregelung vorgesehen, um den vertraglichen Vereinbarungen Rechnung zu tragen (für Einzelheiten Dammann/Schneider D. 2011, 1439; Bourbouloux BJE 2011, 110).

247 Das Gericht kann einen plan imposé nur dann verabschieden, wenn der Sanierungsplan eine **seriöse Chance auf Erfolg** hat (Art. L. 626-1 C. com.; vgl. Com. 18.3.2014 – Nr. 13-10.859, Bull. civ. IV, Nr. 55, D. 2014, 774: „perspectives sérieuses de redressement"). Bei größeren Verfahren (Unternehmen mit mehr als 20 Arbeitnehmern, einem Umsatz von mindestens 3 Mio. EUR) muss das Gericht den Staatsanwalt anhören, bevor der Plan gebilligt werden kann. In der Praxis ist die Tendenz zu beobachten, Sanierungspläne auch dann zu bestätigen, obwohl Zweifel bestehen, ob der Schuldner seinen finanziellen Verpflichtungen auch im dritten Jahr nachkommen kann, wenn die erste Ratenzahlung in Höhe von mindestens 5 % der anerkannten Forderungen fällig wird.

247a Der plan imposé ist mit der Restrukturierungs-RL nicht vereinbar (Dammann, Rev. proc. coll. 2019, table ronde, p. 73 ff.; Bonneau, Rev. proc. coll. 2/2020, p. 28, Nr. 4). Im Rahmen der Umsetzung der Richtlinie hat der Gesetzgeber entschieden, dass bei der Restrukturierung der Verbindlichkeiten von kleinen Unternehmen, die keine Gläubigerklassen bilden, das allgemeine Recht zur Anwendung kommt und weiterhin die Möglichkeit besteht, einen gerichtlichen plan imposé zu beschließen.

248 Das Coeur Defense-Urteil v. 28.2.2013 (CA Versailles – Nr. 12/02755, D. 2013, 2895 mAnm Dammann/Boché-Robinet) hat die **Rechtsfolgen** eines **Sanierungsplans** präzisiert. Strittig war, inwieweit die ursprünglichen vertraglichen Darlehensklauseln fortbestehen oder ob es zu einer Novation kommt. Das OLG Versailles hat entschieden, dass der gerichtliche Sanierungsplan die entsprechenden, gegensätzlichen vertraglichen Klauseln **verdrängt**. So werden alle Vertragsklauseln, die es dem Gläubiger ermöglichen, das Darlehen vorzeitig fällig zu stellen (zB LTV und RCI-Klauseln), neutralisiert. Es kommt lediglich darauf an, dass der Schuldner fristgerecht die gerichtlich festgesetzten Raten bezahlt.

249 Auf Antrag des Schuldners kann das Insolvenzgericht eine einschneidende **Modifizierung** der im Plan vorgegebenen Ziele und Mittel der Sanierung entscheiden (Art. L. 626-26 C. com.) („modification substantielle dans les objectifs ou les moyens du plan", zur Auslegung dieses Begriffs Le Corre Rn. 523.111). Wenn die **Planänderung zugunsten** der **Gläubiger** erfolgt, ist seit der Reform von 2014 der **commissaire à l'exécution du plan** ebenfalls **antragsberechtigt**. Sind von der Planänderung die Rückzahlung der Passiva betroffen, müssen die Gläubiger **individuell**

befragt werden. Schweigen gilt als Zustimmung zu den vorgeschlagenen Stundungen. Werden Schulderlässen oder debt-to-equity swap vorgeschlagen, wird das Schweigen hingegen als Ablehnung gewertet (Art. L. 626-26 Abs. 2 C. com.). Werden frische Geldmittel zur Verfügung gestellt, kommen die Gläubiger in den Genuss des privilège de „post new money" des Art. L. 626-10 C. com. (Art. L. 626-26 Abs. 3 C. com.).

Haben die Gläubiger auf der Grundlage des Plans eine Rückzahlung ihrer Insolvenzforderungen **250** in Form von vom **Schuldner emittierte Schuldverschreibungen** erhalten, unterliegen diese Forderungen nicht den Planbestimmungen. Sie sind **hors plan**. Es bedarf daher keiner Gerichtsentscheidung, um diese Schuldverschreibungen ggf. abzuändern. Einschlägig sind die vertraglichen Bestimmungen des Emissionsvertrages (vgl. Podeur D. 2017, 1430).

Ist der Schuldner mit der Zahlung der im Plan vorgesehenen Raten **in Verzug**, so obliegt es **251** ausschließlich dem **commissaire à l'exécution du plan**, die Zahlungen einzutreiben. Es handelt sich um eine **Monopolstellung**. Sollte der commissaire à l'exécution du plan seine Funktionen eingestellt haben, kann das Gericht einen mandataire ad hoc mit dieser Mission betrauen (L. 626-27 Abs. 1 C. com.). Kommt der Schuldner seinen Verpflichtungen nicht nach, so kann das Insolvenzgericht nach einer Anhörung des Staatsanwalts die **Aufhebung** des Sanierungsplans beschließen (Art. L. 626-27 C. com.). Nach hM muss es sich um eine **gravierende Verletzung** der Bestimmungen des Sanierungsplans handeln (vgl. Le Corre Rn. 524.111). Nach Ansicht des Kassationshofs handelt es sich hier allerdings um keine gesetzlich vorgeschriebene Voraussetzung (vgl. Com. 30.6.2015 – Nr. 14-16.543). Das Gericht hat also einen recht großen Entscheidungsspielraum (vgl. Com. 28.2.2018 – Nr. 17-10.289). In der Regel handelt es sich um die Nichterfüllung **finanzieller** Verpflichtungen. **Antragsberechtigt** sind Gläubiger, der commissaire à l'exécution du plan und der ministère public. Die Möglichkeit des Schuldners, bei Gericht ein zivilrechtliches délai de grâce gem. Art. 1343-5 C. civ. zu beantragen, scheint hingegen ausgeschlossen zu sein (vgl. Le Corre Rn. 524.11).

Stellt das Gericht die **Zahlungsunfähigkeit** des Schuldners fest, zieht das nach der Anhörung **252** des Staatsanwalts die Aufhebung des plan de sauvegarde und die Eröffnung eines ordentlichen Insolvenzverfahrens (redressement bzw. liquidation judiciaire) nach sich. Dies geschieht auf **Antrag** eines Gläubigers, des commissaire à l'exécution du plan bzw. des ministère public. Das Gericht kann nicht ex officio tätig werden. Es handelt sich nicht um eine Umwandlung, sondern um die Eröffnung eines **neuen Verfahrens**. Art. L. 626-27 III C. com. sieht vor, dass Altgläubiger, deren Forderungen im Planverfahren anerkannt worden sind, von einer erneuten Anmeldung befreit sind. Sie werden ohne Weiteres in gleicher Höhe, allerdings abzüglich erhaltener Ratenzahlungen, anerkannt.

Mit der Verabschiedung des Sanierungsplans durch das Insolvenzgericht erhält der Schuldner **253** seine volle Handlungsfreiheit zurück und kann über seine Aktiva frei verfügen. Etwas anderes gilt nur für den Fall, dass das Gericht ein **Veräußerungsverbot** ausgesprochen hat (vgl. Com. 21.2.2006 – Nr. 04-10.187, Bull. civ. IV, Nr. 46, D. 2006, 719 mAnm Lienhard; Le Corre Rn. 515.511).

Der eigentliche **Abschluss** (clôture) des **Verfahrens** erfolgt zu einem späteren Zeitpunkt und **254** setzt voraus, dass der Verwalter und der Gläubigervertreter ihre Aufgaben beendet haben (Art. L. 626-24 C. com.). Dies betrifft insbesondere die Überprüfung der Forderungsanmeldungen. Beide Organe reichen bei Gericht einen **Abschlussbericht** ein, der vom Gericht gebilligt werden muss. Danach beendet das Gericht das Verfahren durch eine **ordonnance de clôture** (Art. R. 626-42 Abs. 2 C. com.).

Besondere Bedeutung hat schließlich die Erfüllung des Sanierungsplans durch den Schuldner, **255** die vom Insolvenzgericht auf Antrag des Schuldners, des commissaire à l'exécution du plan bzw. interessierter Dritter (zB Anteilseigner) festgestellt wird (Art. L. 626-28 C. com.; vgl. Le Corre Rn. 525.111). Danach können die Registereintragungen zum Verfahren der procédure de sauvegarde gelöscht werden (Art. R. 626-50 C. com.).

c) Planverfahren mit Gläubigerkomitees für Verfahren, die am 1.10.2021 anhängig **256** **waren. aa) Die Einrichtung von Gläubigerausschüssen.** Schuldner, deren Bilanzen von einem Abschlussprüfer testiert oder von einem Wirtschaftsprüfer geprüft wurden, und die mehr als 150 Arbeitnehmer beschäftigen oder einen Jahresumsatz von mehr als 20 Mio. EUR erwirtschafteten, mussten zwei **Gläubigerkomitees** einrichten (Art. L. 626-29 iVm Art. R. 626-52 C. com. (aF)). Diese Schwellenwerte sind deutlich höher als die ehemaligen Eröffnungsvoraussetzungen einer SA bzw. SFA (→ Rn. 131). Vor allem hatte der Gesetzgeber es versäumt, die Bilanzsumme als Kriterium zu normieren (1,5 Mio EUR bei der SA bzw. SFA). Das führte dazu, dass hoch verschuldete Holdinggesellschaften nicht verpflichtet waren, Gläubigerkomitees einzurichten. Ein **Antrag** auf Einrichtung entsprechender Gläubigerausschüsse konnten allerdings auch bei **kleine-**

ren Unternehmen beim juge commissaire gestellt werden (Art. L. 626-29 Abs. 2 C. com.; zB die ordonnance des juge commissaire v. 2.8.2006 im Eurotunnel-Fall). **Antragsberechtigt** waren der Schuldner und der Verwalter, nicht hingegen der Vertreter der Gläubiger oder einzelne Gläubiger. So sollte verhindert werden, dass ein Großgläubiger bei kleinen oder mittelständischen Unternehmen einen zu großen Einfluss geltend machen konnten (vgl. Lienhard Rn. 82.22). Gegen diese Entscheidung des juge commissaire konnten keine Rechtsmittel eingelegt werden (Art. R. 626-54 C. com.). Wurde bei Verfahrenseröffnung kein Verwalter bestellt, so wurde dies nachgeholt. Seine Rolle beschränkte sich allerdings auf die Sicherstellung der Funktionsfähigkeit der Komitees (vgl. Art. R. 626-53 C. com.).

257 Im ersten Komitee waren alle **Kreditinstitute,** im zweiten die **wichtigsten Lieferanten** und **Dienstleistungsunternehmen** des Schuldners vertreten. Da der Gesetzgeber hier im Jahre 2005 Neuland betrat, gab es eine Fülle von Fragen, die die Rechtsprechung und verschiedene Gesetzesnovellen – allerdings nur teilweise und in einigen Fällen unzureichend – geklärt haben.

258 Der **Verwalter** etablierte die Komitees. Die Frage, ob gegen die Entscheidung des Verwalters über die **Zusammensetzung** der Komitees **Rechtsmittel** eingelegt werden können, war streitig. Die hM spracht sich gegen eine solche Möglichkeit aus, um das Risiko einer Verzögerung des Verfahrens zu vermeiden (vgl. Rémery JCP 2008 I 103 Rn. 19; Dammann/Guermonprez BJE 2018, 300; aA Bremond/Scholastique JCP E 2006, 1405 Rn. 34).

259 Der **Gläubigerausschuss** der **Finanzgläubiger** erfasste alle Kreditinstitute iSv Art. L. 511-1 C. mon. fin. sowie die Finanzinstitutionen iSv Art. 518-1 C. mon. fin. (insbesondere die Post-Bank und die Caisse des dépôts et consignations, CDC). Die Höhe der Forderung spielt keine Rolle. Strittig waren im Eurotunnel-Fall die Rechtsfolgen der **Abtretung** nicht fälliger Bankforderungen vor bzw. nach Eröffnung des Verfahrens an Hedge-Fonds (dazu Sonnenberger/Dammann, Französisches Handels- und Wirtschaftsrecht, 3. Aufl. 2008, Rn. VIII 46). Der verfahrensleitende Richter hatte ausgeführt, dass die Teilnahme der Banken am Gläubigerausschuss ein **akzessorisches Recht** darstelle, das mit der Forderung übertragen werde. In Art. L. 626-30 und L. 626-30-1 C. com. (aF) durch die ordonnances v. 18.12.2008 und 23.6.2013 hatte der Gesetzgeber diese Auslegung festgeschrieben: Zessionare von Bankforderungen sowie von Forderungen von Lieferanten und Dienstleistungsunternehmen gehörten in den Ausschluss der Finanzgläubiger. Die **Zugehörigkeitskriterien** wurden deutlich **erweitert.** Art. L. 626-30 C. com. erfasst nunmehr die sociétés de financement, établissements de crédit und auch juristische Personen, die dem Schuldner Kredite zur Verfügung gestellt hatten (vgl. Art. R. 626-55 ff. C. com. (aF)), also auch Mutter- und Konzerngesellschaften, die eventuell die Mehrheit der Stimmrechte innehaben konnten (vgl. Dammann/Robinet Cah. dr. entr. Juli/August 2009, 23). Die CA Paris hat diese Auslegung im Ludendo-Urteil v. 11.5.2016 (Nr. 16/03704, BJE 2016, 241 mAnm Lucas; Lienhard Rn. 82.26) bestätigt (krit. zur Gleichbehandlung von Gesellschafterdarlehen Lucas BJE 2016, 241).

260 Durch **fiducie-sûreté** abgesicherte Insolvenzforderungen waren „hors comité" (Art. L. 626-30 Abs. 4 C. com. (aF)). Seit der Reform von 2014 sah Art. L. 626-32 Abs. 3 (aF) eine entsprechende Regelung auch für Schuldverschreibungen vor. Entscheidend ist der **Liquidationswert** des **Sicherungsgegenstandes** (so die hM, die auf das Prinzip des best interest test abstellte, vgl. Dammann/Podeur D. 2008, 928; Lienhard Rn. 82.40; Le Corre Rn. 633.591). Diese Spezialregelung war nicht auf Forderungsabtretungen mittels bordeaux Dailly übertragbar (hM, vgl. Dammann/Podeur JCP E 2009, 2095 Rn. 25; Lienhard Rn. 82.40). Der Begünstigte einer treuhänderischen Sicherungsübereignung wurde somit bessergestellt als der Leasinggeber (vgl. Le Corre Rn. 633.591).

261 Das **Komitee** der **wichtigsten Lieferanten** und **Dienstleistungsunternehmen** umfasst alle Gläubiger, deren Forderungen mindestens 3 % der Gesamtforderungen der Lieferanten und Dienstleistungsunternehmen ausmachten, inklusive Mehrwertsteuer. Im loi de sauvegarde von 2005 betrug der Schwellenwert noch 5 %. Ausgenommen waren allerdings öffentlich-rechtliche Körperschaften, die zB Vermieter sein können. Es ist möglich, dass das Komitee nur aus einem Lieferanten bestand, der sein Vetorecht gegenüber dem Plan geltend machen konnte. Stichtag war das Datum der Eröffnung des Verfahrens. Kleine Lieferanten konnten vom Verwalter eingeladen werden (R. 622-57 C. com. (aF)). Aus taktischen Gründen durften Kleingläubiger diese Einladung nur dann annehmen, wenn sie mit anderen Gläubigern eine Sperrminorität bilden konnten (vgl. Dammann RLDA 3/2006, 65). Bei **Forderungsabtretungen** sind die **Zessionare** Mitglied des **Ausschusses** der **Finanzgläubiger** (vgl. Dammann/Podeur JCP E 2009, 2095 Rn. 28; Lienhard Rn. 82.30).

262 **Stichtag** für die Festlegung der Insolvenzforderungen und der entsprechenden **Stimmrechte** war grundsätzlich das Datum des Eröffnungsurteils. Ein Mitglied eines Gläubigerkomitees konnte allerdings nach Eröffnung des Verfahrens eine **Rückzahlung** seiner Forderung erhalten haben.

Internationales Insolvenzrecht – Frankreich

Dies war zB der Fall, wenn ein Gläubiger durch bordereau Dailly abgesichert war und die abgetretene Forderung einzog bzw. wenn ein durch Eigentumsvorbehalt abgesicherter Lieferant die Ware aussonderte. Das hatte zur Folge, dass er nicht mehr Mitglied des Gläubigerausschusses war (vgl. Lienhard Rn. 82.30). Bei anteiliger Rückzahlung waren die Stimmrechte entsprechend anzupassen (Le Corre Rn. 513.421). Der Faktor trat als solvens an die Stelle des entschädigten Gläubigers (vgl. Lienhard Rn. 82.30).

bb) Die Ausarbeitung des plan de sauvegarde durch die Gläubigerkomitees. Die Ausarbeitung des Sanierungsplans oblag grundsätzlich dem **Schuldner**. Er wurde vom **Verwalter unterstützt** (Art. L. 622-2 C. com.). Dieser Planentwurf wurde den beiden Gläubigerausschüssen spätestens 14 Tage vor der Abstimmung vorgelegt (Art. L. 626-30-2 Abs. 1 iVm Art. R. 626-57-2 Abs. 2 C. com.). Seit der Reform von 2014 konnte **jedes Mitglied** eines **Gläubigerausschusses** einen **Alternativplan** vorschlagen. Anders als im Chapter 11-Verfahren hatte der Gesetzgeber dem Schuldner kein exklusives Vorschlagsrecht während einer gewissen Periode eingeräumt. Der Verwalter analysierte jeden Vorschlag und erstellte einen Bericht (Art. L. 626-30-2 Abs. 1 S. 2 C. com. (aF)). Diese Regelung stärkte die Rechte der Gläubiger. Der Gesetzgeber hatte hier die Lehren aus dem Coeur Défense-Fall gezogen, in dem ein plan imposé gegen den Willen von über 90 % der Gläubiger vom Gericht beschlossen worden war (s. Dammann/Podeur D. 2014, 752). 263

cc) Die Planmaßnahmen. Im Fokus der Betrachtung lag hier die **finanzielle Restrukturierung** von **Insolvenzforderungen**. Die Gläubigerausschüsse waren weder an die Bestimmungen des Art. L. 626-12 C. com. noch, mit Ausnahme des letzten Absatzes, an diejenigen des Art. L. 626-18 C. com. gebunden. Somit konnten Dauer und Zeitpunkt der ersten Ratenzahlungen frei festgelegt werden. Darüber hinaus konnte der Plan Schuldenerlasse vorsehen. Betroffen waren allerdings nur die Forderungen der Mitglieder der Ausschüsse. Ratenzahlungen und Schuldenerlasse von Forderungen, die durch das **Privileg des new money** des Art. L. 611-11 C. com. abgesichert wurden, bedurften der **Zustimmung** der betroffenen Gläubiger. Die Minderheitsgläubiger konnten auch durch Mehrheitsbeschluss zur Umwandlung ihrer Forderungen in Kapital des Schuldners, sog. **debt-to-equity swap**, gezwungen werden; dies galt allerdings nur dann, wenn es sich um eine **Gesellschaft** mit begrenzter Haftung handelte („société par actions dont tous les actionnaires ne supportent les pertes qu'à concurrence de leurs apports"). Ausgenommen sind wiederum die Insolvenzforderungen, die durch das Privileg der conciliation abgesichert waren (Dammann Mél. Witz, 2018, 221; Pérochon BJE 2017, 447). Eine Kapitalerhöhung bedurfte allerdings der mehrheitlichen Zustimmungen der Aktionäre. 264

Gläubiger, die sich **nicht** in der **gleichen Situation** befanden, können auf der Grundlage des Plans **unterschiedlich** behandelt werden. Auf den ersten Blick war die Regelung des Art. L. 626-30-2 Abs. 2 C. com. (aF) mit der Bildung von Untergruppen von Gläubigern mit ungleichen wirtschaftlichen Interessen iSv § 222 Abs. 2 InsO vergleichbar. Bei Lichte gesehen bestanden jedoch große Unterschiede. Im Ausschuss der Kreditinstitute wurden nämlich alle Finanzgläubiger erfasst, unabhängig davon, ob es sich um ungesicherte, dinglich abgesicherte oder nachrangige Insolvenzforderungen handelte. Das französische Recht kannte nämlich weder das **Mischgruppenverbot** noch die **absolute priority rule**. Seit dem Gesetz v. 22.10.2010 musste der Plan Rangklassenvereinbarungen (accord de subordination) berücksichtigen (Art. L. 626-30-2 Abs. 2 C. com. aE: „prend en considération"). Das gleiche Phänomen war in der Versammlung der Inhaber von Schuldverschreibungen zu beobachten. So sah der Sanierungsplan im CGG-Fall (dazu BJE 2018, 284 ff. Dir. Bourbouloux/Vallens) eine unterschiedliche Behandlung der Inhaber von Wandelschuldverschreibungen und amerikanisch-rechtlichen High Yield bonds vor, obwohl es sich bei beiden Emissionen um ungesicherte Insolvenzforderungen handelte. Beide Schuldverschreibungstypen hatten allerdings ein unterschiedliches Risikoprofil, das sich in den jeweiligen Zinsraten widerspiegelte. Die High Yield bonds waren nämlich durch Garantien der amerikanischen Tochtergesellschaften des CGG-Konzerns abgesichert. Das Pariser Oberlandesgericht hatte daher zu Recht den Sanierungsplan bestätigt (CA Paris 17.5.2018, BJE 2018, 300 mAnm Dammann/Guermonprez). Die Revision wurde vom Kassationshof zurückgewiesen (Com. 26.2.2020 – Nr. 18-19.737, D. 2020, 485; Rev. sociétés 2020, 568 mAnm Morelli). 265

Bei der **Ausgestaltung** der Restrukturierungsvereinbarung im Rahmen eines plan de sauvegarde bestanden große **Freiräume**. Moderne Sanierungspläne sahen zB vor, dass der abgeänderte Darlehensvertrag Bestandteil des plan de sauvegarde wurde (vgl. das Solocal-Urteil des TC Nanterre 9.5.2014 – Nr. 2014J00341, vgl. Podeur D. 2017, 1430). Der Solocal-plan war insofern interessant, da **Altschulden** durch die **Ausgabe** von **neuen Schuldverschreibungen** abgelöst wurden. Diese neuen Finanzinstrumente waren somit **hors plan**. Ob **Minderheitsgläubiger** gezwungen werden konnten, sie als Rückzahlung ihrer Insolvenzforderungen zu zeichnen, war 266 zweifelhaft (vgl. Podeur D. 2017, 1430). Die Vergabe **neuer Kredite** konnte nicht mehrheitlich beschlossen werden (vgl. Dammann RLDA 3/2006, 65). Es war allerdings möglich, dass der Sanierungsplan im Gegenzug neuen Kreditgebern eine **Besserbehandlung** bei der Rückzahlung der Altschulden einräumte (die Durchbrechung des Gleichheitsprinzips der Insolvenzgläubiger hielt die Cour d'appel von Paris im Ludendo-Fall für gerechtfertigt, CA Paris 11.5.2016 – Nr. 16/03704, BJE 2016, 241 mAnm Lucas). Gemäß Art. L. 626-31 C. com. (aF) musste das Gericht prüfen, ob der Plan den Interessen aller Gläubiger ausreichend Rechnung trug (dazu → Rn. 275).

267   **dd) Die Abstimmung der Gläubigerausschüsse.** Die Komitees mussten innerhalb von **6 Monaten** nach Eröffnung des Verfahrens über den Sanierungsplan **abstimmen.** Die Abstimmung über die einzelnen Planentwürfe erfolgte nach Ablauf einer Zeitspanne von zwanzig bis dreißig Tagen nach ihrer Zustellung. Der juge commissaire konnte diese Frist abändern, eine Mindestfrist von fünfzehn Tagen musste allerdings eingehalten werden (Art. L. 626-30-2 Abs. 3 C. com. (aF)). Der Betriebsrat (comité social et économique – CSE) kann ebenfalls eine Stellungnahme abgeben (Art. R. 626-59 C. com. (aF)).

268   Die **Berechnung** der **Stimmrechte** gab Anlass zur Diskussion. Art. L. 626-30-2 Abs. 4 C. com. (aF) schrieb eine **Zwei-Drittel-Summenmehrheit** der vom **Rechnungsprüfer attestierten Insolvenzforderungen** vor, die an der Abstimmung teilgenommen hatten. Die zusätzliche einfache Kopfmehrheit der Ausschlussmitglieder wurde durch die Reform von 2008 abgeschafft. Wurde eine Kreditlinie eingeräumt, die allerdings zum Zeitpunkt der Verfahrenseröffnung noch nicht vom Schuldner in Anspruch genommen worden war, so handelte es sich nicht um eine Insolvenzforderung. Das Kreditinstitut ist also nicht Mitglied des Finanzgläubigerausschusses. Im Falle eines Leasingvertrages nahm der Leasinggeber nur mit den Forderungen im Ausschuss der Finanzgläubiger teil, die zum Zeitpunkt der Verfahrenseröffnung noch nicht bezahlt worden waren, nicht jedoch mit seinen Masseverbindlichkeiten (Lienhard Rn. 82.35). **Nicht stimmberechtigt** waren Gläubiger, wenn ihre Forderungen vom Plan **nicht berührt** wurden oder falls der Plan eine **sofortige Barzahlung** vorsah (Art. L. 626-30-2 Abs. 5 C. com. (aF)).

269   Die fristgerechte **Forderungsanmeldung** war keine gesetzliche Voraussetzung zur Ausübung der Stimmrechte. Eine vom Gläubigervertreter **bestrittene** Insolvenzforderung konnte an der Abstimmung teilnehmen, es sei denn, es war offensichtlich, dass es sich nicht um eine zulässige Insolvenzforderung handelte. Dies entschied der **Verwalter**, der acht Tage vor der Abstimmung die Stimmrechte der Mitglieder der Gläubigerausschüsse festlegte. Entscheidend war der **Nominalwert** der Forderungen inkl. Steuern. Mitberechnet wurden auch Zinsen, die noch zum Zeitpunkt der Verfahrenseröffnung nicht fällig gewesen waren. Bei variablen Zinssätzen wurde auf den Zeitpunkt des Eröffnungsurteils abgestellt (Art. R. 626-58 Abs. 3 C. com. idF v. 3.3.2011). Diese Regelung durchbrach die Rechtsprechung im Thomson-Fall (vgl. Lienhard Rn. 82.35; Dammann/Schneider D. 2011, 1429).

270   Ob **Abstimmungsvereinbarungen** abgeschlossen werden konnten, war umstritten (zur vertraglichen Bindung des Stimmrechts im Gesellschaftsrecht, s. Sonnenberger/Dammann, Französisches Handels- und Wirtschaftsrecht, 3. Aufl. 2008, Rn. III 39). Der Reformgesetzgeber v. 18.12.2008 hatte diesen Punkt geklärt. Art. L. 626-30-2 Abs. 4 (aF) sah vor, dass sie dem Verwalter offenzulegen waren. Der Thomson-Fall verdeutlichte daneben eine weitere Problematik: die Behandlung von **Garantieversprechen.** War eine Insolvenzforderung durch einen sog. **credit default swap** (CDS) abgesichert, so hatte der Inhaber der abgesicherten Forderung keinerlei Interesse daran, einer Umschuldungsvereinbarung zuzustimmen. Im Gegenteil würde er durch eine Zustimmung seinen Garantieschutz verlieren, es sei denn, der Versicherungsgeber, der das Insolvenzrisiko trug, stimmte dem Sanierungsplan zu. Der Gesetzgeber hatte versucht, dieses Problem dadurch in den Griff zu bekommen, dass die Gläubiger dem **Verwalter** alle Garantieversprechen Dritter (also insbesondere Bürgschaften, selbstständige Garantien, CDS-Verträge) sowie Rangklassenvereinbarungen (accord de subordination) **offenlegen** müssen, der daraufhin die **Stimmrechte festlegte. Kriterien** zur Stimmrechtsfestsetzung sah der Gesetzgeber leider nicht vor. Kam es zwischen dem Verwalter und den betroffenen Gläubigern bis spätestens 48 Stunden vor der Abstimmung nicht zu einer Einigung, konnte der Verwalter den Präsidenten des Gerichts anrufen, dem sodann die Entscheidung im Eilverfahren oblag. Eine Berufung war möglich. Darüber hinaus konnte ein Minderheitsgläubiger, der Rechtsmittel gegen das Urteil der Planbestätigung eingelegt hatte, die durch den Verwalter im Rahmen dieses Verfahrens festgelegten Stimmrechte rügen. Die verfahrensrechtliche Regelung der Stimmrechtsfestsetzung in Art. L. 626-30-2 Abs. 4 C. com. wurde in der Lehre wegen der **mangelnden Rechtssicherheit** zum Teil scharf **kritisiert** (vgl. Dammann/Podeur D. 2014, 752; Lucas BJS 6/2014, 403; Le Corre Rn. 513.421). Teilweise wurde sogar seine Verfassungskonformität bezweifelt (vgl. Pérochon BJE 2017, 447). Im Rahmen

Internationales Insolvenzrecht – Frankreich

der Umsetzung der Restrukturierungsrichtlinie wurde diese Bestimmungen abgeschafft (→ Rn. 280i).

Der Verwalter legte auch die **Modalitäten** des **Abstimmungsverfahrens** der Gläubigerausschüsse fest; er entschied etwa darüber, ob in einer geheimen, schriftlichen oder elektronisch organisierten Wahl abgestimmt wurde. Gegen diese Entscheidungen konnten **keine Rechtsmittel** eingelegt werden (vgl. Lienhard Rn. 82.37). **271**

ee) Die Abstimmung durch die Versammlung der Inhaber von Schuldverschreibungen. Der Planentwurf musste ferner eventuellen Inhabern von Schuldverschreibungen vorgelegt werden, die in einer einzigen Versammlung abstimmten. Der Gesetzgeber räumte somit den bondholdern ein Vetorecht ein, das wirtschaftlich keinen Sinn machte. In der Praxis waren Schuldverschreibungen nämlich oft nachrangig (krit. Dammann Mél. Witz, 2018, 221). Die Einberufung der Verhandlung war in Art. R. 626-60 f. C. com. (aF) geregelt. Die Mehrheitsregelungen und die Festlegung der Stimmrechte durch den Verwalter waren die gleichen wie bei den Gläubigerausschüssen (Zwei-Drittel-Summenmehrheit der abgegebenen Stimmen der betroffenen Gläubiger). Keine Rolle spielte, ob die Schuldverschreibungen ausländischem Recht unterlagen und eine abweichende Mehrheitsregel vorsahen. Dem Art. L. 626-32 C. com. (aF) lag die Entscheidung des Eurotunnel-Falls zugrunde (vgl. Lienhard Rn. 82.44 ff.). **272**

ff) Konsultierung der Gläubiger, die nicht Mitglieder der Ausschüsse waren. Gläubiger, die nicht Mitglieder der Ausschüsse bzw. der Versammlung der Inhaber von Schuldverschreibungen waren, wurden **individuell** vom **Gläubigervertreter konsultiert**, um ihre Zustimmung einzuholen (einschlägig waren Art. L. 626-5–626-7 C. com. (aF)). Wie beim plan imposé wurden diese Gläubiger in der Praxis meist vor die Wahl gestellt, sich mit längeren Zahlungsfristen abzufinden oder aber zum Ausgleich für kürzere Fristen einen Teilverzicht bzw. eine Umwandlung ihrer Forderungen in Aktien oder andere Wertrechte zu akzeptieren (vgl. Art. L. 626-19 C. com. (aF)). **273**

gg) Die Beschwerde der Mitglieder der Ausschüsse. Minderheitsgläubiger konnten gegen die Entscheidung der Gläubigerausschüsse bzw. der Versammlung der Schuldverschreibungsinhaber, dessen Mitlieder sie waren, **Beschwerde** einlegen. Das Verfahren regelte Art. R. 626-63 (aF). Zu beachten war eine Frist von **zehn Tagen** nach der Abstimmung. Zuständig war das Insolvenzgericht. Art. L. 626-34-1 C. com. (aF) sah vor, dass über diese Beschwerde im Rahmen der **gerichtlichen Planbestätigung** entschieden wird. Die Rechtsprechung legte die Bestimmung des Art. L. 626-34-1 C. com. eng aus. Lediglich die **Verfahrensverletzungen** sollten geltend gemacht werden können (Zusammensetzung der Ausschüsse, die Festlegung und die rechtsmissbräuchliche Ausübung der Stimmrechte, „abus de majorité", vgl. CA Paris 11.5.2016 – Ludendo; BJE 2016, 241 mAnm Lucas; CA Paris 17.5.2018, CGG, BJE 2018, 300 mAnm Dammann/Guermonprez; Com. 26.2.2020 – Nr. 18-19.737, D. 2020, 485; Rev. sociétés 2020, 568 mAnm Morelli). **274**

hh) Die gerichtliche Bestätigung des Insolvenzplans. Der von beiden Gläubigerausschüssen und der Versammlung der Schuldverschreibungsinhaber verabschiedete **Sanierungsplan** musste **gerichtlich bestätigt** werden. Geprüft wurde, ob der Plan den **Interessen aller Gläubiger hinreichend Rechnung** trug (Art. L. 626-31 (aF): „il (le tribunal) s'assure que les intérêts de tous les créanciers sont suffisamment protégés"). Es ging also nicht um individuellen Minderheitenschutz. Nicht geprüft wurde, ob ein Minderheitsgläubiger durch den Plan bessergestellt wurde als im Falle einer gerichtlichen Liquidierung, obwohl in der Lehre die Anwendung des Prinzips des „best-interest-of-creditors test" befürwortet wurde (Dammann/Podeur D. 2010, 2005). Wie der bereits angesprochene CGG-Fall belegte, stellte sich häufig die Frage, ob die unterschiedliche Behandlung von Gläubigern mit ungleichen wirtschaftlichen Interessen gerechtfertigt war. Die **Klage** eines **Minderheitsgläubigers** auf Ablehnung des Sanierungsplans wegen **Verletzung dieses Fairnessprinzips** war als unzulässig abgewiesen worden (vgl. CA Paris 17.5.2018, CGG, BJE 2018, 300 mAnm Dammann/Guermonprez, bestätigt durch Com. 26.2.2020 – Nr. 18-19.737, D. 2020, 485). Die Restrukturierungsrichtlinie führt die Prinzipien des best interest of creditors' test und die absolute priority rule ins französische Recht ein (→ Rn. 280a). **275**

Wie bereits erwähnt, prüfte das Gericht die **ordnungsgemäße Zusammensetzung** der **Gläubigerausschüsse** sowie die **Festsetzung** und **Ausübung** der **Stimmrechte** bei der Abstimmung über den Sanierungsplan. Die gerichtliche Bestätigung des Plans **heilte** also eventuelle **Verfahrensmängel** (Lienhard Rn. 82.50: „purge des vices"). In diesem Zusammenhang ist auf das Thomson-Urteil hinzuweisen. Im Thomson-Fall hatte der Verwalter die Stimmrechte der Inhaber von nachrangigen Schuldverschreibungen (titres super-subordonnés – TSS) auf 6 % ihres Nominalwertes begrenzt, da die Hauptforderungen der TSS vom Plan unberührt geblieben waren. Die Cour d'appel Versailles hatte in seinem Urteil v. 18.11.2010 (D. 2010, 2767 mAnm Lienhard; Rev. sociétés 2010, 239 mAnm Grelon; BJE 2011, 14 mAnm Roussel Galle) die Ausspaltung der **276**

TSS abgelehnt. Der Plan wurde allerdings trotzdem bestätigt, da sich am Ausgang der Abstimmung nichts geändert hätte, wenn die klagenden Minderheitsgläubiger mit dem Nominalwert ihrer Schuldverschreibungen abgestimmt hätten. Der Kassationshof hatte die Revision abgewiesen (Com. 21.2.2012 – Nr. 11-11.693, Bull. civ. IV, Nr. 45; D. 2012, 606 mAnm Lienhard; Rev. sociétés 2012, 450 mAnm Grelon; JCP E 2012, 1227 Rn. 3 mAnm Pétel; Bull. Joly 2012, 426 mAnm Borga; BJE 2012, 78 mAnm Dammann/Podeur.) Diese Rechtsprechung war auf die Gläubigerausschüsse übertragbar.

277 Das Gericht konnte den Sanierungsplan lediglich **bestätigen oder ablehnen.** Eine gerichtliche **Abänderung** war ebenso wenig vorgesehen wie **Schadensersatzansprüche** zugunsten von Minderheitsgläubigern (vgl. das Thomson-Urteil CA Versailles v. 18.11.2010 → Rn. 276).

278 **ii) Ablehnung des Insolvenzplans.** Wurde der Insolvenzplan von einem der beiden Gläubigerausschüsse oder von der Versammlung der Inhaber der Schuldverschreibungen **abgelehnt** oder wurde er **nicht** vom Gericht **bestätigt,** sah Art. L. 626-35 C. com. (aF) vor, dass das Verfahren neu aufgenommen wurde, um einen Insolvenzplan nach den **allgemeinen Bestimmungen** der Art. L. 626-5–626-7 C. com. zu erstellen. Der Plan konnte dann vom Gericht gem. Art. L. 626-12 und Art. L. 626-18–626-20 C. com. bestätigt werden (dazu → Rn. 242). Auf Antrag des Verwalters war es allerdings möglich, dass das Gericht den Gläubigerausschüssen bzw. der Versammlung der Inhaber der Schuldverschreibungen eine **neue Frist** von **maximal sechs Monaten** setzte, den Plan zu beschließen.

279 **jj) Abänderung des Insolvenzplans.** Art. L. 626-31 Abs. 3 C. com. (aF) schrieb vor, dass eine durchgreifende Abänderung des Insolvenzplans (modification substantielle dans les objectifs ou les moyens du plan) das gleiche Prozedere voraussetzte wie die Abstimmung und gerichtliche Bestätigung des ursprünglichen Plans. Die Kompetenzen des Verwalters nimmt der commissaire à l'exécution du plan wahr.

280 Haben im Rahmen eines Insolvenzplans die Gläubiger als **Rückzahlung** ihrer Insolvenzforderungen **Schuldverschreibungen** erhalten, war die Anwendung von Art. L. 626-31 Abs. 3 C. com. (aF) fraglich. Bei Lichte betrachtet, waren diese Wertrechte nämlich **hors plan.** Wie der **Solocal-**Fall deutlich machte, war die Abgrenzung zwischen restrukturierten Insolvenzforderungen und neu emittierten Wertrechten und Darlehen zum Teil recht schwierig. Der ursprünglich durch Urteil des Handelsgerichts von Nanterre v. 9.5.2014 gebilligte Sanierungsplan sah eine Rückzahlung alle Verbindlichkeiten des Schuldners im Jahr 2018 vor. Da sich abzeichnete, dass der Schuldner nicht in der Lage sein würde, den Plan zu erfüllen, wurde im Jahr 2016 ein neuer Sanierungsplan mit den Gläubigern ausgehandelt. Ca. die Hälfte der Verbindlichkeiten wurden in Kapital umgewandelt. Obwohl es sich in Wirklichkeit um einen neuen Sanierungsplan handelte, wurde der Weg der Abänderung des ursprünglichen Plans eingeschlagen und von der entsprechenden qualifizierten Mehrheit der Ausschüsse gebilligt. Genau genommen hätte eigentlich ein neues präventives Restrukturierungsverfahren eröffnet werden müssen, da ein Teil der Verbindlichkeiten im **Solocal-**Fall neu emittierte Schuldverschreibungen gewesen war, die von einer Abänderung des Planes gar nicht hätten erfasst werden können. Im **Emova-**Fall hatte das Handelsgericht von Paris hingegen strenger entschieden. Durch Gerichtsentscheidung v. 3.5.2012 (TC Paris Nr. 201204772) wurde ein Sanierungsplan gebilligt. Angesichts erneuter finanzieller Schwierigkeiten wurde ein Schlichtungsverfahren eröffnet. Anschließend hat das Gericht in zwei Urteilen v. 22.11.2016 zuerst den Sanierungsplan aufgehoben und sofort danach eine SFA eröffnet. Der neue Sanierungsplan wurde mit Urteil v. 20.1.2017 gebilligt (TC Paris 20.1.2017 – Nr. 2016069162). Dieser neue Plan war sofort erfüllbar („à exécution immédiate"), um das Vertrauen der Banken und Vertragspartner sofort wiederherzustellen (dazu Podeur D. 2017, 1430).

280a **c) Planverfahren mit Gläubigerklassen für Verfahren, die nach dem 1.10.2021 eröffnet worden sind. aa) Allgemeines.** Die **flexible** Bildung von **Gläubigerklassen** von **betroffenen Parteien,** die auch **Anteilseigner** erfassen können, um den debt-to-equity-swap zu erleichtern, die Einführung des **best interest of creditors'-test-**Prinzips sowie die **absolute priority rule** beim cross-class cram-down sind die **Kernstücke** der Umsetzung der Restrukturierungsrichtlinie 2019/1023 (dazu im Vorfeld der Reform Dammann/Guermonprez D. 2018, 629; Dammann Mél. Witz, 2018, 221; Dammann/Alle D. 2019, 2047, Dammann/Malavielle D. 2021, 293). Art. 52 schließt die Anwendung der ordonnance auf Verfahren aus, die vor dem 1.10.2021 eröffnet worden sind. Das bedeutet jedoch nicht, dass das best interest of creditors'-test-Prinzip und die absolute priority rule bei der Ausarbeitung von Restrukturierungsplänen, die dem bisherigen Recht unterliegen, nicht beachtet werden müssen. Im Gegenteil, es handelt sich um Grundprinzipien, die in der Praxis bereits bei internationalen Restrukturierungsfällen in Frankreich zur Anwendung kamen. Die Problematik stellt sich bei großen Fällen, in denen die Einrichtung von Gläubigerkomitees nicht zwingend notwendig ist (→ Rn. 241b, → Rn. 256). In der Gerichtspraxis dürften diese Prinzipien bei der fairness-Beurteilung eines plan imposé mit einfließen.

bb) Die Einrichtung von Gläubigerklassen. Art. L. 626-29 C. com. sieht vor, dass Schuldner, die gewisse Schwellenwerte überschreiten, Gläubigerklassen bilden müssen. Art. L. 626-29 C. com. verweist auf das Ausführungsdekret. Es ist damit zu rechnen, dass der Gesetzgeber auf die gleichen alternativen Schwellenwerte wie für die Zuständigkeit von überregionalen Handelsrichten (tribunaux de commerce spécialisés – TCS in Art. L. 721-8 C. com.) für Konzerne zurückgreifen wird: 250 Arbeitnehmer und ein Jahresumsatz von 20 Mio. EUR oder ein Jahresumsatz von 20 Mi. EUR. Bei Konzernen werden diese Schwellenwelle konsolidiert berechnet und Gläubigerklassen sind für jede der einzelnen Konzerngesellschaften zu bilden. Der Gesetzgeber hat also die Restrukturierung von mittelständischen und Großunternehmen, sowie von hochverschuldeten Holding- und Konzerngesellschaften im Auge. Bei kleineren Unternehmen, die die Schwellenwerte nicht erfüllen, kann der Schuldner **Antrag** auf Einrichtung entsprechender Gläubigerklassen stellen, nicht hingegen der Verwalter, der Vertreter der Gläubiger oder einzelne Gläubiger (Art. L. 626-29 Abs. 2 C. com.). **280b**

cc) Die Auswahl der Planbetroffenen („parties affectées"). Art. L. 626-30 Abs. I C. com. (→ Rn. 15) übernimmt die Definition von Art. 2, § 1, 2) der Direktive. Es handelt sich um Gläubiger und Anteilseigner, deren Forderungen bzw. Beteiligungen von einem Restrukturierungsplan unmittelbar betroffen sind. Das Gesetz schließt Lohn- und Pensionsforderungen und Unterhaltsansprüche aus (Art. L. 626-30, IV C. com.) (→ Rn. 15). Die Ausfallversicherung AGS, die in Frankreich nicht nur Insolvenzgeld, sondern auch die Zahlung von Kündigungsentschädigungen vorfinanziert, spielt bei Restrukturierungen eine sehr wichtige Rolle (→ Rn. 206, → Rn. 245, → Rn. 308). Da AGS in die Lohnforderungen per **subrogation** eintritt, ist sie keine partie affectée. Art. L. 626-30 Abs. 5 C. com. sieht vor, dass durch **fiducie-sûreté** abgesicherte Insolvenzforderungen in Höhe des **Liquidationswertes** des **Sicherungsgegenstandes keine betroffenen Gläubiger** sind. Diese Regelung scheint auf dem Prinzip zu gründen, dass Gläubiger, deren Forderungen in einem ordentlichen Insolvenzverfahren voraussichtlich **vollständig erfüllt** würden, nicht vom Plan betroffen werden. Gläubiger, die **Aussonderungsrechte** geltend machen können oder dinglich abgesicherte Forderungen haben, die konkursfest sind, dürften daher ebenfalls nicht vom Plan betroffen werden. **280c**

Inhaber von **Insolvenzforderungen,** die durch das **Privileg** der **conciliation** sowie das neue **privilège de „post new money"** des Art. L. 622-17 Abs. 3 Ziff. 2 und des Art. L. 626-10 C. com. (→ Rn. 249) abgesichert sind, müssen Stundungen und Schulderlassen zustimmen. Art. L 626-30-2 Abs. 2 C. com. rechnet sie zu den Planbetroffenen. In Wirklichkeit sind diese Gläubiger **hors plan,** da sie individuell dem Restrukturierungsplan zustimmen müssen. **280d**

Die **Auswahl** der **Planbetroffen** wird vom **Planersteller,** dh dem **Schuldner** getroffen und hat nach **sachgerechten Kriterien** zu erfolgen, obwohl der Gesetzgeber dieses Prinzip – anders als in § 8 StaRUG – nicht ausdrücklich vorsieht (dazu Dammann/Malavielle D. 2021, 293; Paulus/Dammann Art. 1 Rn. 37 ff. und Art. 9 Rn. 5 ff.). Hier ist Art. L. 626-30 Abs. 3 C. com. zur Einrichtung von Gläubigerklassen analog heranzuziehen. Anders als in der sauvegarde accélérée (Art. L. 628-6 C. com.) werden die nicht vom Plan betroffenen Gläubiger vom **Insolvenzverfahren erfasst** und müssen grundsätzlich ihre Forderungen anmelden. Sie können freiwillige Beiträge zum Sanierungsplan leisten und Zugeständnisse bezüglich der Rückzahlung ihrer Insolvenzforderungen machen. **280e**

dd) Kriterien der Zusammensetzung der Gläubigerklassen. Art. L. 626-30 Abs. 3 C. com. sieht vor, dass der Verwalter die Gläubigerklassen bildet. Herangezogen werden Insolvenzforderungen, die vor Eröffnung der Verfahren entstanden sind. Die Einteilung der betroffenen Gläubiger erfolgt durch den **Verwalter** auf der Grundlage **überprüfbarer Kriterien,** damit die unterschiedlichen Klassen in **ausreichendem Maße gemeinsame Interessen bilden.** Folgende **Mindestkriterien** sind zu erfüllen. Erstens müssen Gläubiger mit **dinglich** abgesicherten Forderungen, die vom Schuldner bestellt worden sind, und die übrigen ungesicherten Gläubiger in unterschiedliche Klassen aufgeteilt werden (Art. L. 626-30, III, Ziff. 1 C. com.). Zweitens müssen bei der Bildung der Klassen **Rangklassenvereinbarungen, accords de subordination,** eingehalten werden, die vor der Verfahrenseröffnung abgeschlossen worden sind. Der Ausdruck „respecte" ist genauer als die bisherige unscharfe Vorgabe der Berücksichtigung dieser Vereinbarungen („prend en compte"), die in gewissen Grenzen Abweichungen zuließ. Die betroffenen Parteien müssen dem Verwalter deshalb eventuelle Rangklassenvereinbarungen offenlegen, sonst sind sie wirkungslos (inopposable à la procédure). Drittens bilden Anteilseigner eine oder mehrere eigene Klassen, sofern der Planvorschlag in ihre Rechte eingreift (Art. L. 626-30 Abs. 3 Ziff. 3 C. com.). Die insolvenzrechtliche Behandlung der Anteilseigner als Gläubiger letzten Ranges stellt **280f**

einen Bruch zum bisherigen Recht dar. Der Gesetzgeber hat jedoch flankierend eine Reihe von speziellen Schutzbestimmungen zugunsten der Anteileigner vorgesehen (→ Rn. 280j, → Rn. 280p).

280g Bei der Bildung der Gläubigerklassen hat der Verwalter einen recht großen **Ermessungsspielraum**. **Gleichrangige Abstimmungsklassen** können unterteilt werden, falls sich die betroffenen Parteien in einer unterschiedlichen Situation befinden, zB Zulieferanten, Gläubiger, die Beiträge zur Sanierung in der Form von neuen Darlehen leisten, Gläubiger, die durch Garantieversprechen abgesichert sind, usw. In der Praxis könnte das deutsche Modell herangezogen werden (rechtsvergleichend Dammann Mél. Witz, 2018, 221). Im französischen Recht stellt sich allerdings die Problematik der Vielfalt von privilegierten Forderungen (dazu ausführlich Dammann/Alle Mél. Grimaldi, 2020, 259). Die Expertengruppe des HCJP befürwortete eine **Bewertung** der dinglichen Sicherheiten (s. Erwägungsgrund 44 RestruktRL) und die Einführung eines **Mischverbotes** (Rn. 29 f.). Eine Unterteilung in gesicherte und ungesicherte Teile einer dinglich abgesicherten Forderung ist lediglich für die fiducie-sûreté vorgesehen, könnte allerdings verallgemeinert werden. Dieser Lösungsansatz entspricht der Systematik der grundsätzlichen Einordnung der Gläubigerklassen nach Rang der einzelnen Forderungen. Darüber hinaus muss beim best interest of creditors' test der Verwertungserlös, also die Werthaltigkeit der dinglichen Sicherheit im Rahmen der Liquidierung ermittelt werden.

280h Die Teilnahme der betroffenen Parteien an einer Gläubigerklasse stellt ein **akzessorisches Recht** dar, das mit der Forderung übertragen wird (Art. L. 626-30-1 C. com.) (→ Rn. 15). Zessionen müssen dem Verwalter angezeigt werden.

280i Die **Kriterien** der **Klassenbildung** der betroffenen Parteien und die Bestimmung der Stimmrechte werden vom **Verwalter** den betroffenen Parteien zugestellt. Der Gläubigervertreter wird ebenfalls informiert. Die **Stimmrechte** richten sich bei Forderungen nach deren **Betrag**. Die im bisherigen Recht vorgesehene Modulierung der Stimmrechte im Falle von Garantieversprechen Dritter (→ Rn. 270) wurde zu Recht aufgehoben. Bei **Wertrechten** wird auf die **gesellschaftsrechtlichen** Stimmrechte abgestellt („droits leur permettant d'exprimer un vote"). Anders § 24 StaRUG, der die Stimmrechte nach dem Anteil am gezeichneten Kapital des Schuldners berechnet und Stimmrechtsbeschränkungen und Sonder- und Mehrheitsstimmrechte außer Betracht lässt. Beschwerde gegen die Entscheidung des Verwalters kann beim **verfahrensleitenden Richter** eingelegt werden. Einzelheiten regelt das Ausführungsdekret. Die Empfehlung der Expertengruppe des HCJP (Rn. 32) hatte eine **gerichtliche Überprüfung** der Einrichtung der Gläubigerklassen im **Vorfeld** der Planbestätigung empfohlen, sodass frühzeitig abschließende Rechtssicherheit herrscht.

280j ee) **Die Ausarbeitung des plan de sauvegarde durch die Gläubigerklassen.** Die Ausarbeitung des Sanierungsplans obliegt grundsätzlich dem **Schuldner**. Er wird vom **Verwalter** unterstützt (Art. L. 626-30-2 C. com.). Bei Unternehmen, die unterhalb der Schwellenwerte für die Zuständigkeit der TCS (Tribunaux de commerce spécialisés) in Art. L. 721-8 C. com. liegen, sieht der Gesetzgeber vor, dass Anteilseigner nicht monetäre Restrukturierungsbeiträge erbringen können. Im Gegensatz zum bisherigen Recht (→ Rn. 263) sieht das Gesetz nicht hervor, dass Gläubiger Alternativpläne vorschlagen können. Aus der Systematik des Gesetzes geht hervor, dass die Klassen nur über den Plan abstimmen, den der Schuldner vorbereitet hat, eventuell unter Berücksichtigung von Abänderungsvorschlägen der Gläubiger.

280k ff) **Die Planmaßnahmen.** Wie im bisherigen Recht geht es um die **finanzielle Restrukturierung** von **Insolvenzforderungen** der **betroffenen Parteien**. Der Planentwurf muss weder die Bestimmungen des Art. L. 626-12 C. com. noch, mit Ausnahme des letzten Absatzes, diejenigen des Art. L. 626-18 C. com. beachten. Bei der **Ausgestaltung** der Restrukturierungsvereinbarung bestehen folglich große **Freiräume**. Dauer und Zeitpunkt der ersten **Ratenzahlungen** können frei festgelegt werden. Darüber hinaus kann der Plan **Schuldenerlasse** vorsehen, die Ablösung von **Altschulden** durch die **Ausgabe** von **neuen Schuldverschreibungen**, sowie die Umwandlung von Forderungen in Kapital des Schuldners, sog. **debt-to-equity swap**, sofern es sich um eine **Gesellschaft** mit begrenzter Haftung handelt („société par actions dont tous les actionnaires ne supportent les pertes qu'à concurrence de leurs apports").

280l gg) **Die Abstimmung der Gläubigerklassen.** Der Planentwurf wird den Gläubigerklassen vor der Abstimmung vorgelegt. Einzelheiten sind im Ausführungsdekret geregelt (Art. L. 626-30-2 Abs. 3 C. com.). Art. L. 626-30-2 Abs. 5 C. com. schreibt eine **Zwei-Drittel-Summenmehrheit** der vom Schuldner angegebenen und vom **Rechnungsprüfer attestierten Insolvenzforderungen** bzw. der Stimmrechte der Anteilseigner vor, die an der Abstimmung teilgenommen haben. Kapitalveränderungen bedürfen der mehrheitlichen Zustimmungen der Aktionäre, die im Rahmen einer Gläubigerklasse abstimmen (vgl. Art. L. 626-30-2 Abs. 6 C. com., der auf die

Internationales Insolvenzrecht – Frankreich

entsprechenden gesellschaftsrechtlichen Spezialregelungen verweist). **Das Abstimmungsverfahren** kann durch eine **schriftliche mehrheitliche Vereinbarung** nach Konsultation der Mitglieder ersetzt werden (Art. L. 626-30-2 Abs. 7 C. com.). **Abstimmungsvereinbarungen** dürften weiterhin zulässig sein (→ Rn. 270).

hh) Die gerichtliche Bestätigung des Insolvenzplans. Gemäß Art. L. 626-31 C. com. 280m bestätigt das Gericht den Restrukturierungsplan. Insbesondere werden Stimmrechte und die Bildung der Gläubigerklassen geprüft. Die betroffenen Parteien einer **jeden Klasse** müssen **gleichbehandelt** werden. Darüber hinaus muss der Plan allen betroffenen Parteien ordentlich zugestellt worden sein. Vor allem muss das **Kriterium** des **Gläubigerinteresses** überprüft werden. Die ablehnenden Mitglieder einer Klasse dürfen durch den Plan nicht schlechter gestellt werden, als sie ohne den Plan stünden. Das US-Recht spricht vom „best interest of creditors' test" und bringt dies auf die Formel „no creditors worse off". Der französische Gesetzgeber hat die Definition der Richtlinie in Art. L. 626-31, 4 C. com. übernommen: Das Kriterium ist erfüllt, wenn kein ablehnender Gläubiger durch einen Restrukturierungsplan schlechter gestellt würde als bei Anwendung der normalen **Rangfolge** der **Liquidationsprioritäten,** sei es im Falle der Liquidierung, unabhängig davon, ob diese stückweise oder in Form eines **Verkaufs** als **fortgeführtes Unternehmen** gem. Art. L. 642-1 C. com. erfolgt, oder im Fall des **nächstbesten Alternativszenarios,** wenn der Restrukturierungsplan nicht bestätigt würde. Ferner überprüft das Gericht, ob etwaige neue Finanzierungen zur Umsetzung des Restrukturierungsplans erforderlich sind und die Interessen der Gläubiger nicht in unangemessener Weise beeinträchtigen. Darüber hinaus kann das Gericht die Bestätigung eines Restrukturierungsplans ablehnen, wenn keine vernünftige Aussicht besteht, dass der Plan die Insolvenz des Schuldners verhindert oder die **Bestandsfähigkeit** des Unternehmens gewährleisten würde. Schließlich prüft das Gericht, wie bisher (→ Rn. 275), ob der Plan den **Interessen aller Gläubiger hinreichend Rechnung** trägt (Art. L. 626-31 (aE) C. com.: „le tribunal s'assure que les intérêts de tous les créanciers sont suffisamment protégés"). Der gerichtlich bestätigte Plan entfaltet allgemeine **Drittwirkung**.

Eine wesentliche gerichtliche **Abänderung** des Sanierungsplans ist möglich und bedarf, vorbe- 280n haltlich einer Ausnahmesituation, der Zustimmung der ursprünglichen Gläubigerklassen (Art. L. 626-31-1 Abs. 2 C. com.).

ii) **Der klassenübergreifende Cram-down.** Der französische Reformgesetzgeber hat sich 280o für die **absolute Prioritätsregel** mit der Ausübung der **Option** von Art. 11 (2) Abs. 2 der Richtlinie entschieden. Im **Einzelnen** sieht Art. L. 626-32 Abs. 1 C. com. folgende Regelung vor. Wenn der Restrukturierungsplan nicht von jeder Abstimmungsklasse gem. Art. L. 626-30-2 C. com. angenommen worden ist, kann er auf **Vorschlag** des **Schuldners** oder des **Verwalters** mit **Zustimmung** des **Schuldners** (eine Zustimmung der Anteilsinhaber ist gesetzlich nicht vorgesehen) vom Gericht bestätigt und für ablehnende Abstimmungsklassen verbindlich werden, wenn der Plan folgende Voraussetzungen erfüllt:

1°) Der Plan entspricht den Bestimmungen von Art. L. 626-31 Abs. 2–7;

2°) Der Plan ist angenommen worden von:

a) einer **Mehrheit** der **Abstimmungsklassen** der betroffenen Parteien, sofern mindestens eine dieser Klassen eine Klasse dinglich gesicherter Gläubiger ist oder gegenüber der Klasse gewöhnlicher ungesicherter Gläubiger vorrangig ist, oder anderfalls;

b) mindestens **einer** der **Abstimmungsklassen** der betroffenen Parteien, bei der es sich **weder** um eine **Klasse** von **Anteilsinhabern** noch um eine **andere Klasse** handelt, bei der **vernünftigerweise** davon ausgegangen werden könnte, dass sie die im Falle einer Bewertung des Schuldners als **fortgeführtes Unternehmen** bei Anwendung der **normalen Rangfolge** der **Liquidationsprioritäten,** ob diese stückweise oder in Form eines Verkaufs als fortgeführten Unternehmens erfolgt gem. Art. L. 642-1 C. com., **keine Zahlung erhalten hätte**.

3°) Die Forderungen betroffener Gläubiger in einer **ablehnenden Abstimmungsklasse** werden in vollem Umfang und in **gleicher** oder **gleichwertiger Weise** befriedigt, wenn eine **nachrangige Klasse** nach dem Restrukturierungsplan eine **Zahlung** erhält oder eine **Beteiligung** behält.

4°) Keine Klasse betroffener Parteien kann nach dem Restrukturierungsplan **mehr** erhalten oder behalten als den vollen Betrag ihrer Forderungen oder Beteiligungen.

5°) Falls eine oder mehrere Klassen von **Anteilsinhabern** dem Plan nicht zugestimmt haben:

a) das betroffene Unternehmen beschäftigt auf Konzernebene mindestens 150 Arbeitnehmer oder hat einen Umsatz von mindestens 20 Mo. EUR erzielt;

b) kann **vernünftigerweise** davon ausgegangen werden, dass sie die im Falle einer **Bewertung** des Schuldners als **fortgeführtes Unternehmen** bei Anwendung der **normalen Rangfolge** der **Liquidationsprioritäten,** ob diese stückweise oder in Form eines Verkaufs als fortgeführten

Internationales Insolvenzrecht – Frankreich

Unternehmens erfolgt gem. Art. L. 642-1 C. com., **keine Zahlung** erhalten bzw. **keine Beteiligung** behalten würden;
c) falls der Planentwurf eine **Kapitalerhöhung** vorsieht, die durch **Bareinlage** geleistet wird, wird den Altaktionären ein **proportionales Zeichnungsvorzugsrecht** einräumt;
d) die **Zession** von **Wertrechten** bedarf der Zustimmung der betroffenen Kassen von Anteilsinhabern, die dem Plan nicht zugestimmt haben.

280p Art. L. 626-32 Abs. 2 C. com. sieht vor, dass auf Antrag des Schuldners oder des Verwalters das Gericht eine **Ausnahme** zur **absolute priority rule** von **Ziffer 3** vorsehen kann, wenn sie **erforderlich** ist, um die **Ziele** des **Plans** zu erreichen und der Plan die Rechte oder Beteiligungen der betroffenen Parteien nicht in **unangemessener** Weise beeinträchtigt. Der französische Gesetzgeber hat Art. 11 (2) Abs. 2 der Richtlinie dahingehend ergänzt, dass in den Genuss diese Sonderregelung insbesondere **Lieferantenforderungen, Anteilsinhaber** und **deliktsrechtliche Haftungsforderungen** gegenüber dem Schuldner kommen können.

280q Wie dies in § 28 StaRUG vorgesehen ist, kann auch im französischen Recht die absolute Priorität durchbrochen werden. **Gleichrangige Abstimmungsklassen** können daher im Rahmen eines cross-class cram-downs **unterschiedlich** behandelt werden, sofern eine derartige Differenzierung **zur Bewältigung wirtschaftlicher Schwierigkeiten nach den Umständen gerechtfertigt** erscheint. Dies ist zB der Fall, wenn eine der gleichrangigen Klassen im Rahmen des Plans neue Finanzmittel zur Verfügung stellt (vgl. rechtsvergleichend Braun StaRUG/Herzig § 28 Rn. 1 ff.).

280r jj) **Die Beschwerde der Mitglieder der Abstimmungsklassen.** Eine betroffene Partei, die gegen den Plan gestimmt hat, kann bei Gericht beantragen zu **prüfen**, ob die **best interest of creditors' test** und die **absolute Prioritätsregel** durch den Restrukturierungsplan verletzt worden sind. Das Gericht ermittelt den **Wert** des **Unternehmens** des Schuldners. Für Einzelheiten verweist Art. 626-33 Abs. 1 C. com. auf das Ausführungsdekret.

280s Gegen die Entscheidung der **Planbestätigung** des Gerichts können **Rechtsmittel** eingelegt werden. Einzelheiten regelt das Ausführungsdekret (Art. 626-34 Abs. 2 C. com.). Die Reform bricht also mit der Rechsprechung, die die **Klage** eines **Minderheitsgläubigers** auf Ablehnung des Sanierungsplans wegen **Verletzung dieses Fairnessprinzips** als unzulässig abgelehnt hatte (vgl. CA Paris 17.5.2018, CGG, BJE 2018, 300 mAnm Dammann/Guermonprez, bestätigt durch Com. 26.2.2020 – Nr. 18-19.737, D. 2020, 485) (→ Rn. 275).

III. Die ordentlichen Insolvenzverfahren: procédures de redressement bzw. de liquidation judiciaire

1. Das redressement judiciaire – Unterschiede zum präventiven Restrukturierungsverfahren

281 a) **Die Zahlungsunfähigkeit (cessation des paiements) als Eröffnungsgrund.** Der Begriff der **Zahlungsunfähigkeit** (cessation des paiements) spielt im französischen Insolvenzrecht eine zentrale Rolle (vgl. Lienhard Rn. 112.17: „notion pivot"). Er macht den Anwendungsbereich der einzelnen Verfahren deutlich (summa divisio).

282 Das sauvegarde-Verfahren steht nur Gläubigern zur Verfügung, die sich zwar in wirtschaftlichen Schwierigkeiten befinden, aber nicht zahlungsunfähig sind. Tritt Zahlungsunfähigkeit auf, muss der Schuldner binnen **45 Tagen** bei Gericht **Antrag** auf **Eröffnung** eines **redressement judiciaire** stellen (Art. L. 631-4 Abs. 1 C. com.). Anders als im deutschen Recht ist der Tatbestand einer (bilanziellen) **Überschuldung** kein Eröffnungsgrund, kann allerdings zu einem späteren Zeitpunkt, zB bei der Verhängung von Sanktionen, eine Rolle spielen (vgl. Pérochon Rn. 362; Le Corre Rn. 221.145). Ist ein redressement eines zahlungsunfähigen Schuldners manifestement unmöglich, muss eine **liquidation judiciaire** eröffnet werden.

283 Die **Zahlungsunfähigkeit** als **Abgrenzungskriterium** hat allerdings mit der Entwicklung präventiver Restrukturierungsverfahren an Bedeutung und Schärfe verloren. So kann ein zahlungsunfähiger Schuldner anstatt des ordentlichen Insolvenzverfahrens die Einleitung eines Schlichtungsverfahrens beantragen. Voraussetzung ist allerdings, dass die Zahlungsunfähigkeit seit weniger als 45 Tagen vor Antrag auf Eröffnung der conciliation bestand (Art. L. 611-11 C. com., → Rn. 100). Unter dieser Voraussetzung kann der Schuldner auch die Eröffnung einer procédure de sauvegarde accélérée beantragen, obwohl die SA und die SFA vereinfachte präventive Restrukturierungsverfahren sind, die bei Zahlungsunfähigkeit eigentlich gar nicht hätten eröffnet werden können (vgl. Art. L. 628-1 Abs. 3, dazu → Rn. 133). Diese Ausnahmeregelung hat praktische Gründe. Der Gesetzgeber möchte nämlich den Abschluss eines Restrukturierungsplans im Rahmen einer Schlichtung bzw. sauvegarde (financière) accélérée ermöglichen, der eine bestehende cessation des paiements behebt und das Unternehmen dauerhaft saniert. In diesem Zusammenhang ist darauf hinzuweisen, dass die Zahlungsunfähigkeit in der Regel durch die Fälligkeit von Finanzverbindlichkeiten ausgelöst wird, die in der Praxis durch Abschuss eines vertraglichen Moratoriums nach Eröffnung der Schlichtung sehr einfach behoben werden können. Darüber hinaus muss der Schuldner in der Lage sein, im Rahmen einer Schlichtung seinen laufenden Verbindlichkeiten nachzukommen (dazu → Rn. 101). Die mögliche Rettung des Unternehmens hat in Frankreich also einen höheren Stellenwert als die Gefahr einer Insolvenzverschleppung.

Die **Zahlungsunfähigkeit** bleibt weiterhin der **zentrale Anknüpfungspunkt** für das **Anfechtungsrecht.** Im französischen Recht können nämlich nur Rechtshandlungen des Schuldners während des Zeitraums zwischen der gerichtlich festgestellten tatsächlichen Zahlungseinstellung und der Verfahrenseröffnung – die sog. periode suspecte – annulliert werden (dazu → Rn. 561). Daher erklärt sich, warum im Regelverfahren der procédure de sauvegarde Gläubiger keine Anfechtungsklagen fürchten müssen. **284**

b) Definition der Zahlungsunfähigkeit. Art. L. 631-1 Abs. 1 C. com. definiert den Begriff der **cessation des paiements** als „l'impossibilité de faire face au passif exigible avec son actif disponible". Anregungen aus der Lehre, im Anschluss an die Entscheidung der Cour de cassation v. 28.4.1998 (Nr. 95-21.969, JCP E 1998, 1926), den Ausdruck „exigible" durch das Wort „exigé" zu ersetzen, wurden vom Reformgesetzgeber nicht aufgegriffen. Somit ist es auch weiterhin nicht notwendig, dass auf Zahlung bestanden oder eine Mahnung ausgesprochen wird, um die Fälligkeit einer Forderung zu bestimmen. Die zusätzliche Voraussetzung einer „situation désespérée et sans issue" bzw. „irrémédiablement compromise" ist nicht erforderlich (Sonnenberger/Dammann, Französisches Handels- und Wirtschaftsrecht, 3. Aufl. 2008, Rn. VIII 16 Fn. 35) (zur Bestimmung des Datums der Zahlungsunfähigkeit → Rn. 563). Eine **vorübergehende** Zahlungsunfähigkeit wird vom Gericht nicht berücksichtigt (vgl. Com. 3.10.2018 – Nr. 17-14.080; Le Corre Rn. 222.131). **285**

In zwei wichtigen Urteilen v. 27.2.2007 (Nr. 05-19.585, Bull. civ. IV, Nr. 67, D. 2007, 72 mAnm Lienhard) und 18.3.2008 (Nr. 06-20.510, Bull. civ. IV, Nr. 64, D. 2008, 982 mAnm Lienhard) hat der Kassationshof entschieden, dass **Moratorien** bei der Feststellung der Zahlungsunfähigkeit zu berücksichtigen sind. Diese pragmatische Auslegung hat die ordonnance von 2008 festgeschrieben. Die Definition von Art. L. 631-1 Abs. 1 C. com. wurde dahingehend ergänzt, dass Zahlungsunfähigkeit nicht vorliegt, wenn der Schuldner über ausreichende **Kreditmittel** („réserves de crédit") verfügt oder seine Gläubiger in Stundungsvereinbarungen („moratoires") eingewilligt haben. Nach Ansicht der Lehre ist ein zivilrechtlich gewährtes **délai de grâce** einem Moratorium gleichzusetzen, obwohl es sich um die Aussetzung der Vollstreckbarkeit handelt, die auf die Fälligkeit der Forderung keinen Einfluss hat (Dammann/Schneider D. 2011, 1429; Lienhard Rn. 112.22). **Bestrittene Forderungen** werden grundsätzlich nicht berücksichtigt (vgl. Com. 16.3.2010 – Nr. 09-12.539, Bull. civ. IV Nr. 56; D. 2010, 887 mAnm Lienhard; Rev. sociétés 2010, 191 mAnm Roussel Galle). Anders verhält es sich allerdings, falls der Schuldner auf den einstweiligen Rechtsweg zur Zahlung einer bestrittenen Forderung durch das Oberlandesgericht verurteilt worden ist (vgl. Com. 16.1.2019 – Nr. 17-18.450, BJE Mai/Juni 2019, 17). **286**

Die Behandlung von Forderungen innerhalb eines **Konzerns** („créances intra-groupe") gab Anlass zu Diskussionen. In einer Entscheidung v. 16.11.2010 (Com. Nr. 09-71.278, D. 2010, 2830 mAnm Lienhard) hat der Kassationshof entschieden, dass ein Kontokorrentkredit, den eine Muttergesellschaft ihrer Tochter bereits zur Verfügung gestellt hat, dessen Rückzahlung weder aufgeschoben noch verlangt worden ist, als „actif disponible" iSv Art. L. 631-1 C. com. zu werten ist. Diese Entscheidung ist zu Recht auf Kritik gestoßen (vgl. Lucas D. 2011, 2069; Le Corre Rn. 221.162). Bei einer „**avance de trésorerie**" handelt es sich um eine **Forderung** und keine Kreditreserve. Zu entscheiden ist also lediglich die Frage, ob diese Forderung **objektiv fällig** ist (so die jetzt stRspr: Com. 24.3.2012 – Nr. 11-18.026, Bull. civ. IV Nr. 146, D. 2012, 1814 mAnm Lienhard; D. 2012, 2212, mAnm Dammann/François; Rev. sociétés 2012, 527 mAnm Henry; Com. 15.11.2017 – Nr. 16-19.690, D. 2017, 2301). Ein **Kontokorrentsaldo**, dessen Rückzahlung für eine bestimmte Dauer gestundet worden ist („avance en compte-courant bloquée"), stellt keine fällige Forderung dar (vgl. Le Corre Rn. 221.122). Eine eingeräumte **Kreditlinie** der Muttergesellschaft kann selbst dann berücksichtigt werden, wenn sie unter der aufschiebenden Bedingung der Aufhebung des Eröffnungsurteils gewährt wurde (vgl. Com. 29.11.2016 – Nr. 15-19.474, Rev. proc. coll. 2017, comm. 18 mAnm Saintourens). Nicht berücksichtigt werden allerdings Kreditlinien, wenn sie **rechtsmissbräuchlich** nur zu dem Zweck gewährt worden sind, eine **Zahlungsunfähigkeit zu verschleiern** (vgl. Com. 17.5.2011 – Nr. 10-30.425, BJE 2011, Nr. 116p, 273 mAnm Sortais; Le Corre Rn. 221.164; bei Gesellschafterdarlehen Com. 1.7.2020 – **287**

Internationales Insolvenzrecht – Frankreich

Nr. 19-12.068: financement anormal destiné à soutenir artificiellement sa trésorerie en dissimulant la persistance de son état de cessation des paiements; Le Corre Rn. 221.164 mwN).

288   **Verfügbare Aktiva** („actifs disponibles") sind liquide Geldmittel, frei verfügbare Guthaben auf Bankkonten, sowie börsennotierte Aktien und Wertpapiere, die sofort verfügbar sind, sowie die Provision eines Bankchecks (vgl. Com. 18.12.2007 – Nr. 06-16.350, Bull. civ. Nr. 267; D. 2008, 83 mAnm Lienhard; ausf. Le Corre Rn. 221.112). Noch **nicht verkaufte Aktiva** können bei der Beurteilung der finanziellen Situation des Schuldners nicht berücksichtigt werden. Beispiel ist hier der Verkauf von Immobilien, obwohl die Kommune ihr Vorkaufsrecht ausgeübt hatte, die Immobilien zum vereinbarten Kaufpreis zu erwerben (vgl. Com. 27.2.2007 – Nr. 05-19.585, Bull. civ. IV, Nr. 67 D. 2007, 72 mAnm Lienhard; JCP E 2007, 1833 mAnm Roussel Galle; Com. 17.6.2020 – Nr. 18-22.747, D. 2020, 1356; Rev. sociétés 2020, 507; BJE 10/2020, 16). Noch nicht eingezahltes Kapital stellt weder ein actif disponible noch eine Kreditreserve dar (vgl. Com. 23.4.2013 – Nr. 12-18.453, Bull. Civ. IV Nr. 69; D. 2013, 1130 mAnm Lienhard; LEDEN 6/2013, 2 mAnm Lucas; BJE 2013, 225 mAnm Borga). Der Schuldner darf sich nicht **unlauter** Geldmittel verschafft haben, zB indem er **ruinöse Darlehen** aufnimmt (vgl. Com. 13.6.1989 – Nr. 87-20.204, Bull. civ. Nr. 187; D. 1990, 69 mAnm Honorat; vgl. ferner Lienhard Rn. 112.25).

289   **c) Antrag auf Eröffnung des redressement-Verfahrens.** Art. L. 631-4 Abs. 1 C. com. sieht vor, dass der **Schuldner** innerhalb von **45 Tagen** nach Eintreten der cessation des paiements einen Antrag auf Eröffnung eines redressement judiciaire bei Gericht zu stellen hat (vor der Reform von 2005 betrug die Frist 15 Tage). Die Einzelheiten des Antrags regelt Art. R. 631-1 C. com. **Antragsverpflichtet** ist der gesetzliche bzw. faktische Vertreter (dirigeant de fait). Bei natürlichen Personen handelt der Schuldner selbst. Wie im sauvegarde-Verfahren ist vor der Antragsstellung der Betriebsrat zu informieren (→ Rn. 171). Die **Klageerhebung** durch einen Gläubiger entbindet den Schuldner nicht, innerhalb der gesetzlichen Frist die Eröffnung des Verfahrens zu beantragen (Com. 14.1.2014 – Nr. 12-29.807, Bull. civ. Nr. 8, D. 2014, 207 mAnm Lienhard). Im Falle der **Konkursverschleppung** kann das Gericht das Verbot aussprechen, ein Unternehmen zu leiten, (sog. interdiction de gérer, Art. L. 653-3 C. com.; dazu → Rn. 626). Darüber hinaus kann sich die Unternehmensleitung zivilrechtlich haftbar machen (dazu → Rn. 602).

290   Außerdem kann ein redressement judiciaire auf **Antrag** des **Gläubigers** eröffnet werden, sofern kein Schichtungsverfahren läuft (Art. L. 631-5 Abs. 2 C. com.). In der Klageschrift kann hilfsweise auf Eröffnung einer liquidation judiciaire geklagt werden (Art. R. 631-2 C. com., vgl. Lienhard Rn. 113.23). Wird die Klage abgewiesen, kann der antragstellende Gläubiger (créancier poursuivant) innerhalb einer Frist von zehn Tagen Berufung einlegen (Art. L. 661-1 Nr. 1; Art. R. 661-3 C. com.; vgl. Lienhard Rn. 63.11). Ebenfalls klageberechtigt ist der **Staatsanwalt** (ministère public) gem. Art. L. 631-5 C. com. Die Möglichkeit, ein Verfahren **von Amts wegen** zu eröffnen, hat der Verfassungsrat für nicht verfassungskonform erklärt (Cons. const. 7.12.2012, D. 2012, 2886 mAnm Lienhard; D. 2013, 338 mAnm Vallens; Rev. sociétés 2013, 177 mAnm Henry). Der Reformgesetzgeber von 2014 hat die Konsequenzen dieser Entscheidung gezogen. Erfährt der Präsident des Insolvenzgerichts, dass ein Schuldner zahlungsunfähig ist, erstattet er dem Staatsanwalt dementsprechend Bericht (Art. L. 631-3-1 C. com.). Der Staatsanwalt ist somit in der Lage, Antrag auf Eröffnung eines redressement bzw. liquidation judiciaire zu stellen. Der Gerichtspräsident, dessen Bericht dem Antrag beigefügt wird, nimmt an der Verhandlung nicht teil.

291   Gemäß Art. L. 631-3 C. com. kann es zur Verfahrenseröffnung auch **nach Aufgabe** des **Unternehmens** kommen. Art. L. 631-5 C. com. lässt die Einleitung eines Insolvenzverfahrens während einer einjährigen Übergangszeit weiter zu. Auch nach dem **Tod** des **natürlichen Schuldners** kann das Verfahren stattfinden. Die Nichtigkeit eines Gesellschaftsvertrages steht dem Verfahren ebenfalls nicht entgegen, sofern die Gesellschaft als société de fait in Erscheinung getreten ist, denn die nullité wirkt nicht zurück (vgl. Le Corre Rn. 212.111).

292   **d) Ziele des redressement-Verfahrens.** Auf den ersten Blick unterscheiden sich die Ziele des redressement judiciaire nicht von denen eines präventiven Sanierungsverfahrens (s. Art. L. 620-1, → Rn. 174). Gemäß Art. L. 631-1 Abs. 2 C. com. soll durch die **Fortführung** des Unternehmens die Wahrung der **Arbeitsplätze** und die **Begleichung** der **Schulden** erreicht werden. Zu diesem Zweck wird am Ende der Beobachtungsphase vom Gericht ein **Insolvenzplan** (plan de continuation) beschlossen. Wie bei der procédure de sauvegarde handelt es sich entweder um einen plan imposé oder einen Restrukturierungsplan, der im Rahmen der Gläubigerausschüsse gem. Art. L. 626-29 und L. 626-30 C. com. (ab dem 1.10.2021 in Gläubigerklassen) ausgearbeitet wurde. In einer Grundsatzentscheidung (Com. 4.5.2017 – Nr. 15-25.046, D. 2017, 974 mAnm Lienhard; D. 2017, Pan 1941 mAnm Lucas; Rev sociétés 2017, 385 mAnm Roussel-Galle) hat der Kassationshof entschieden, dass ein Insolvenzplan lediglich die Begleichung der Schulden verfolgen kann, ohne die Fortführung des Unternehmens ins Auge zu fassen („la cessation d'acti-

vité d'une personne physique ne fait pas obstacle à l'adoption d'un plan de redressement ayant pour seul objet l'apurement de son passif"). Die drei normierten Ziele des Insolzvenzplanes sind folglich **nicht kumulativ.**

In der Praxis wird das redressement-Verfahren vor allem für die **übertragende Sanierung** 293 benutzt, obwohl dies bei der Lektüre des Gesetzestextes nicht deutlich wird. Anders als in der procédure de sauvegarde **steht** nämlich das **Unternehmen zum Verkauf.** Daher muss zwingend ein Verwalter bestellt werden, falls der Verkauf des Unternehmens vom Gericht ins Auge gefasst wird (Art. L. 631-21-1 C. com.). Während der Beobachtungsphase können Investoren daher Angebote zur Übernahme des gesamten Unternehmens oder von Teilbereichen abgeben (Art. L. 631-13 C. com.). Der Verwalter informiert den Betriebsrat (comité social et économique – CSE) bzw. den Repräsentanten der Arbeitnehmer im Insolvenzverfahren, sodass auch die Beschäftigten die Möglichkeit haben, Angebote abzugeben (Art. L. 631-13 Abs. 2 idF v. 29.3.2014). Art. L 631-21-1 C. com. sieht vor, dass der Verwalter alle notwendigen Vorbereitungen einer übertragenden Sanierung trifft und sie ggf. durchführt.

Am **Ende** der **Beobachtungsphase** entscheidet allein das Gericht, ob das Unternehmen 294 saniert oder veräußert wird, wobei die erste Alternative eindeutig Vorrang hat. Art. L. 631-22 C. com. schreibt vor, dass das Gericht auf Antrag des Verwalters den Verkauf des gesamten Unternehmens oder von Teilbereichen nur dann beschließen kann, wenn es offensichtlich ist, dass der vorgelegte plan de redressement nicht die Sanierung des Unternehmens gewährleistet. Im Rahmen der Gerichtsverhandlung können daher die einzelnen Übernahmeangebote erst dann geprüft werden, nachdem das Gericht den plan de redressement ablehnt hat (vgl. Com. 4.11.2014 – Nr. 13-21.703, Bull. civ. IV, Nr. 162; D. 2014, 2294; Act. proc. coll. 2014, 337 mAnm Vallansan; BJE 2015, 15; Lienhard Rn. 116.26). Das Kriterium der Befriedigung der Gläubiger wird vom Gesetzgeber nicht erwähnt. Art. L. 631-22 Abs. 2 S. 2 verweist auf die entsprechenden Bestimmungen der übertragenden Sanierung im Kapitel der liquidation judiciaire.

Nachdem das Gericht den Zuschlag erteilt und somit den **plan de cession** beschlossen hat, 295 wird das redressement-Verfahren nicht sofort beendet. Der **Verwalter** bleibt **im Amt,** um alle Ausführungsverträge zum Verkauf des Unternehmens durchzuführen. Der Schuldner hat theoretisch dank des Verkaufserlöses die Möglichkeit, einen Sanierungsplan auszuarbeiten, der gerichtlich bestätigt werden muss. Diese Fallgestaltung einer Veräußerung des gesamten Unternehmens mit anschließender Sanierung des Schuldners erscheint jedoch wenig praxisrelevant. In fast allen Fällen dürfte es zu einer Liquidation kommen. Gemäß Art. L. 631-22 Abs. 3 C. com. **beendet** dann das Gericht die **Beobachtungsphase.** Der Verwalter legt sein Amt nieder. Das Verfahren wird in eine **liquidation judiciaire umgewandelt,** in der alle nicht veräußerten Aktiva versilbert werden. Die Rangfolge der privilegierten Forderungen bestimmt sich gem. Art. L. 641-13 C. com. (vgl. Lienhard Rn. 116.31).

e) Die Beobachtungsphase. aa) Allgemeines. Die Regelungen der **Beobachtungsphase** 296 eines redressement-Verfahrens entsprechen weitestgehend derjenigen der procédure de sauvegarde. Art. L. 631-14 C. com. verweist in diesem Zusammenhang auf Art. L. 622-1–622-9 und L. 622-13–622-33 C. com. Es gibt jedoch **drei Unterschiede.** Die Dauer der Beoabtungsphase, die im sauvegarde-Verfahren maximal 12 Monate beträgt (→ Rn. 195), kann im redressement-Verfahren auf Antrag des Staatsanwalts in Ausnahmefällen um höchstens weitere sechs Monate verlängert werden (Art. L. 631-7 Abs. 2 C. com.). Art. L. 631-14 Abs. 4 C. com. sieht vor, dass bei Fortführung eines laufenden Vertrages der Schuldner grundsätzlich **Barzahlung** leisten muss. Diese Regelung wurde im sauvegarde-Verfahren abgeschafft (→ Rn. 210). Im Rahmen der procédure de sauvegarde wird die **Sicherungsübereignung** (fiducie-sûreté) während der Beobachtungsphase durch die Bestimmungen der Art. L. 622-13 und L. 622-13-1 C. com. neutralisiert, sofern der Schuldner das Sicherungsobjekt nutzt. Wird ein sauvegarde-Verfahren in ein redressement-Verfahren umgewandelt, kommt diese Schutzbestimmung nicht zur Anwendung (Art. L. 631-14 Abs. 5; vgl. Lienhard Rn. 115.11).

bb) Stellung der Mitglieder der Leitungsorgane. Nach Eröffnung des redressement-Verfah- 297 rens ist die **Veräußerung** von **Anteilen, Aktien** oder **Wertrechten,** die den Zugang auf das Kapital des Schuldners eröffnen, die direkt oder indirekt de jure oder de facto Mitgliedern der Leitungsorgane gehören, **grundsätzlich nichtig,** es sei denn, sie erfolgen zu den gerichtlich festgelegten Bedingungen (Art. L. 631-10 C. com.). Diese Wertrechte werden auf ein spezielles Sperrkonto gebucht. Sobald der Insolvenzplan gerichtlich beschlossen worden ist, endet diese Beschränkung. Das Insolvenzgericht kann allerdings eine andere Regelung vorgesehen (vgl. Com. 17.11.2015 – Nr. 14-12.372, D. 2015, 2438 mAnm Lienhard). In diesem Zusammenhang sei darauf hingewiesen, dass das Insolvenzgericht unter Umständen sowohl die zeitlich begrenzte

Internationales Insolvenzrecht – Frankreich

Unverkäuflichkeit dieser Wertrechte als auch ihre zwingende **Veräußerung** verfügen kann (vgl. Lienhard Rn. 115.13).

298 **cc) Einstweilige Rechtschutzmaßnahmen – das Loi Petroplus.** Das Gericht kann ferner gem. Art. L. 631-10-1 C. com. – das sog. Loi Petroplus – **einstweilige Rechtsschutzmaßnahmen** anordnen. **Antragsberechtigt** ist der Verwalter bzw. der Vertreter der Gläubiger. Betroffen sind die Sachen von de jure bzw. de facto Leitungsorganen, gegen die der administrateur bzw. der mandataire judiciaire eine **Schadensersatzklage** wegen Fehlverhaltens, das zur Zahlungsunfähigkeit des Schuldners beigetragen hat, erhoben hat. Art. L. 621-2 Abs. 4 sieht die gleichen Maßnahmen für den Fall einer **Klage auf Ausdehnung des Verfahrens** auf Dritte im Falle einer confusion de patrimoines und für den Fall der Fiktivität einer juristischen Person vor (dazu → Rn. 188). Im Petroplus-Fall handelte es sich um den Arrest der Rohölvorräte der Muttergesellschaft des Schuldners (dazu Le Corre Rev. sociétés 2012, 412; Roussel Galle JCP E 2012, 192). Art. L. 663-1-1 C. com. gestattet es dem juge-commissaire, die Veräußerung der arretierten Sachen zu genehmigen, falls die Aufbewahrung Kosten verursacht bzw. wenn es sich um verderbliche Ware handelt. Der verfahrensleitende Richter legt den Preis und die Verkaufsbedingungen fest (hierzu ausf. Lienhard Rn. 115.18). Ursprünglich konnte der juge-commissaire darüber hinaus genehmigen, dass der Verwalter oder der Gläubigervertreter die Verkaufserlöse zur Befriedigung von Verpflichtungen aus Geschäftsführung ohne Auftrag zugunsten des Eigentümers der Sachen heranziehen, um insbesondere die sozialen und umweltrechtlichen Verpflichtungen des Eigentümers abzudecken, sollte der Schuldner nicht über die entsprechenden Mittel verfügen (vgl. Art. L. 663-1-1 C. com.). Diese Bestimmung der Loi Petroplus war zweifelsohne verfassungswidrig und wurde durch die ordonnance v. 12.3.2014 abgeschafft. Ob die übrigen Bestimmungen der Loi Petroplus einer Verfassungsklage standhalten werden, ist ebenfalls zweifelhaft. Da das Gesetz damals von allen Fraktionen im Parlament mitgetragen worden ist, kam es zu einer Überprüfung durch den Verfassungsrat (Conseil constitutionnel).

299 **dd) Die Stellung des Verwalters.** Wie bereits angesprochen, übt der Verwalter im ordentlichen Insolvenzverfahren in der Regel **Beistandspflichten** aus (**mission d'assistance**, sog. **mission II**), Art. L. 631-12 C. com. Eine **Beschlagnahmung** des Vermögens des Schuldners (**dessaisissement**, sog. mission III) kann **ausnahmsweise** vom Gericht angeordnet werden. Der Verwalter übernimmt dann anstelle des Schuldners alle Leitungspflichten (vgl. Lienhard Rn. 115.21).

300 **ee) Die grundsätzliche Aussetzung von Zinsen.** Im Rahmen einer **procédure de sauvegarde** sind die **Zinsen grundsätzlich ausgesetzt**. Art. L. 622-28 Abs. 1 C. com. sieht vor, dass natürliche Personen, die Gesamtschuldner des Gläubigers sind oder eine persönliche Sicherheit geleistet haben (im Wesentlichen in Form einer Bürgschaft, eines selbständigen Garantieversprechens oder durch die Bestellung dinglicher Sicherheiten; zur Bestimmung des Personenkreises → Rn. 111), in den Genuss dieser Regelung kommen. Im redressement-Verfahren kommt diese Schutzbestimmung zugunsten von Gesamtschuldnern und Garanten **nicht zur Anwendung**. Kommt es zu einer Umwandlung des sauvegarde-Verfahrens in ein redressement-Verfahren, so sind die jeweiligen Zeitabschnitte für die Kalkulation der Zinsen zu berücksichtigen (vgl. Lienhard Rn. 115.25).

301 **ff) Die Fortführung des Unternehmens.** Spätestens **zwei Monate nach Eröffnung** des redressement-Verfahrens vergewissert sich das Gericht, dass der Schuldner über die **notwendigen Mittel** verfügt, um die Fortführung des Unternehmens während der **Beobachtungsphase zu finanzieren.** Das Gericht entscheidet auf der Grundlage des Berichts des Verwalters (Art. L. 631-15 I C. com.).

302 Zu jedem beliebigen Zeitpunkt während der Beobachtungsphase kann das Gericht auf Antrag des Schuldners, des Verwalters, des Gläubigervertreters, eines Kontrolleurs, des Staatsanwalts oder von Amts wegen die **Veräußerung** eines **Teilbereiches** des Unternehmens beschließen. Ist eine **Sanierung manifestement unmöglich,** wird das Verfahren in eine liquidation judiciaire umgewandelt (Art. L. 631-15 II C. com.). In der Sitzung muss das Gericht alle Verfahrensbeteiligten anhören (Schuldner, Verwalter, Gläubigervertreter, Repräsentant der Arbeitnehmer, Kontrolleure, Staatsanwalt).

303 Wird während der Beobachtungsphase ersichtlich, dass der Schuldner in der Lage ist, seine **Verbindlichkeiten zu erfüllen** und die Kosten des Verfahrens sowie alle Masseverbindlichkeiten zu begleichen, **beendet** das Gericht das Verfahren (vgl. Art. L. 631-16 C. com.). Somit erübrigt es sich, einen Sanierungsplan zu erstellen, (vgl. Lienhard Rn. 115.28). Das Gericht **prüft nicht** nach, ob das **Unternehmen langfristig überlebensfähig** ist (Com. 16.12.2008 – Nr. 07-22.033, Bull. civ. IV, Nr. 212, D. 2009, 94 mAnm Lienhard). Der Schuldner kann sich nämlich dazu entscheiden, seine Aktivitäten einzustellen (Lienhard Rn. 115.29). Der Urteilsspruch, das Ver-

fahren zu beenden, bedeutet allerdings nicht, dass damit gleichzeitig rechtskräftig festgestellt worden ist, dass alle Schulden bezahlt worden sind. Ein Gläubiger kann mithin den Gegenbeweis erbringen (Com. 16.11.2010 – Nr. 09-69.495, Bull. civ. IV, Nr. 177; D. 2010, 2831 mAnm Lienhard).

gg) Entlassungen aus wirtschaftlichen Gründen. Entlassungen aus wirtschaftlichen Gründen während der **Beobachtungsphase** sind nur möglich, wenn sie **dringend erforderlich** und **unausweichlich** sind (Art. L. 631-17 C. com.; übersichtlich Le Corre Rn. 432.311). Der **Betriebsrat** (comité social et économique – CSE) muss konsultiert werden. Einschlägig ist Art. L. 1233-58 C. trav. Werden **zehn oder mehr** Arbeitnehmer entlassen, besteht die Pflicht, einen **Sozialplan** (sog. PSE) zu erstellen, der von der zuständigen Behörde, **DIRECCTE**, gebilligt werden muss. Auf Antrag des Insolvenzverwalters müssen die **Entlassungen** vom verfahrensleitenden Richter, juge commissaire, **genehmigt** werden. Im Antrag müssen die Zahl und die Kategorien der zu entlassenden Arbeitnehmer angegeben werden. Dem Antrag sind die eingeholte Stellungnahme des CSE und behördliche Entscheidung der DIRECCTE beizufügen. 304

Die zu entlassenden **Arbeitnehmer** sind keine Partei des Verfahrens vor dem juge commissaire. Sie können deshalb gegen seine Entscheidung **keine Rechtsmittel** einlegen (dagegen weder Widerspruch vor dem Insolvenzgericht noch Berufung). Hat der Richter die Entlassungen gebilligt, wird das **eigentliche Entlassungsverfahren eingeleitet.** Werden mehr als neun Arbeitnehmer innerhalb von 30 Tagen entlassen, muss der Betriebsrat (CSE) konsultiert werden (Art. L. 1233-30 C. trav.). Sind weniger als zehn Arbeitnehmer betroffen, wird das CSE konsultiert und jeder einzelne Arbeitnehmer zu einem Gespräch (entretien préalable) geladen (Art. L. 1233-38 C. trav.). Die Entlassungsschreiben müssen sich auf die ordonnance des verfahrensleitenden Richters beziehen. In der Praxis ist es ratsam, auch die Entlassungsgründe anzugeben. Hat der Verwalter eine mission II (d'assistance), muss das Schreiben vom Schuldner und vom Verwalter unterzeichnet werden. Im Falle einer mission (III) (de représenation) unterzeichnet alleine der Verwalter. 305

Das **Arbeitsgericht** ist an die **Entscheidung** des **juge commissaire gebunden.** Es kann die **Rechtmäßigkeit** des **Entlassungsgrundes** (motif réel et sérieux) **grundsätzlich nicht überprüfen** (vgl. Le Corre Rn. 432.222 mwN). In die **Zuständigkeit** des Arbeitsgerichts fallen jedoch Streitigkeiten über die Höhe der Entschädigungen, Schadensersatzansprüche wegen Nichtanbietens einer anderen Stelle (obligation de reclassement), die Missachtung einer notwendigen Erstellung eines PSE und Verfahrensverletzungen. Dies ist zB der Fall, wenn der Verwalter die Kriterien zur Rangordnung der Entlassungen nicht beachtet. Eine Entlassung ist ebenfalls ohne motif cause réelle et sérieuse, wenn im Entlassungsschreiben der Verweis auf die Genehmigung durch den juge commissaire fehlt (Ass. plén. 24.1.2003 – Bull. civ. Nr. 1; Soc. 21.5.2014 – Nr. 13-10.840, Rev. proc. coll. 2014, comm. 115 mAnm Taquet). Die Gewerkschaften und die Arbeitnehmer können daneben vor den **zuständigen Verwaltungsgerichten** (tribunal administratif) auf Nichtigkeit der Bestätigung des PSE durch die DIRECCTE klagen (vgl. Le Corre Rn. 432.222). Werden die Organe vor dem Arbeitsgericht verklagt, kann der Streit der AGS verkündet werden (vgl. Art. L. 631-18 C. com.). 306

f) Besonderheiten beim plan de redressement. aa) Drittwirkung des Plans für Garanten. Gemäß Art. L. 631-14 Abs. 7 C. com. kamen natürliche Personen, die Gesamtschuldner des Gläubigers sind oder eine persönliche Sicherheit gegeben haben (im Wesentlichen in Form einer Bürgschaft, eines selbständigen Garantieversprechens oder der Bestellung dinglicher Sicherheiten; zur Bestimmung des Personenkreises → Rn. 111), nicht in den Genuss der im plan de redressement vorgesehenen Zahlungsfristen und Schuldenerlässe. Die ordonnance von 2021 hat diese Sonderregelung abgeschafft. 307

bb) Planverfahren mit Gläubigerklassen. Im Rahmen der Umsetzung der **EU-Restrukturierungsrichtlinie 2019/1023** zum 1.10.2021 (dazu → Rn. 15) kommt es zu einer Verbesserung der Rechtsstellung der Gläubiger, falls Gläubigerklassen gebildet werden. Im sauvegarde-Verfahren kann der Restrukturierungsplan nur mit Zustimmung des Schuldners dem Gericht zur Bestätigung vorgelegt werden. Eine Möglichkeit für die Gläubiger, einen **Alternativplan** zu erstellen, mehrheitlich durch die Gläubigerklassen zu verabschieden und gerichtlich bestätigen zu lassen, ist nicht möglich. Kommt es zu keiner Einigung, dann muss das sauvegarde-Verfahren unweigerlich in ein redressement-Verfahren **umgewandelt** werden. **Antragsberechtigt** sind allerdings nicht die Gläubiger, sondern nur gem. Art. L. 622-10 C. com. der Schuldner, der Verwalter, der Gläubigervertreter und der Staatsanwalt. Somit scheidet eine **prepack-Lösung** zugunsten der Gläubiger aus, den Plan im Rahmen des redressement-judiciaire-Verfahren gegen den Widerstand des Schuldners zügig gerichtlich bestätigen zu lassen. 307a

Im redressement-judiciaire-Verfahren wendet sich nun das Blatt zugunsten der Gläubiger. Es obliegt nicht mehr dem Schuldner, sondern dem **Verwalter,** unter Mitarbeit des Schuldners, den 307b

Internationales Insolvenzrecht – Frankreich

Sanierungsplan auszuarbeiten. Werden die Schwellenwerte zur Einrichtung von Gläubigerklassen nicht erreicht, kann der Verwalter beim juge commissaire einen entsprechenden Antrag stellen (Art. L. 631-1 Ziff. 2 C. com.). Jede betroffene Partei kann gem. Art. L. 631-19 Abs. 3 C. com. einen **Alternativplan** vorbereiten, der zusammen mit dem Plan des Schuldners den Gläubigerklassen zur Abstimmung vorgelegt wird. Einzelheiten regelt das Ausführungsdekret. Der angenommene Plan wird an den Betriebsrat weitergeleitet.

307c   Erhält keiner der Pläne die erforderliche Mehrheit **aller Gläubigerklassen** gem. Art. L. 626-30-2 C. com. (→ Rn. 280o), kann das Gericht auf **Antrag** des Schuldners, des Verwalters mit Zustimmung des Schuldners **oder einer betroffenen Partei** den Restrukturierungplan, trotz der Ablehnung durch eine oder mehrere Abstimmungsklassen, bestätigen. Somit ist auch ein debt-to-equity-swap gegen den **Widerstand** der Klasse(n) der **Anteilsinhaber** möglich. Diese Regelung stellt einen deutlichen Bruch zum bisherigen Recht dar (so der Vorschlag von Dammann/Malavielle D. 2021, 293). Wird der Restrukturierungsplan vom Gericht abgelehnt, kommt es unweigerlich zu einer übertragenden Sanierung bzw. einer Liquidierung des Schuldners.

308   **cc) Entlassungen von Arbeitnehmern aus wirtschaftlichen Gründen.** Werden im Rahmen des Insolvenzplans Arbeitnehmer aus wirtschaftlichen Gründen entlassen, sind die Verfahrensregeln vereinfacht. Bei Entlassungen von mehr als 9 Arbeitnehmern muss ein Sozialplan, plan de sauvegarde de l'emploi (PSE), erstellt werden. Der Betriebsrat (comité social et économique – CSE) muss spätestens einen Tag vor dem Gerichtstermin zur Bestätigung des Sanierungsplans eine Stellungnahme abgeben (Art. L. 631-19 III Abs. 1 C. com.). Die notwendigen, im Sanierungsplan vorgesehenen Entlassungen werden dann vom Insolvenzgericht bestätigt. Das Urteil muss die genaue Zahl der zu entlassenden Arbeitnehmer und die entsprechenden Kategorien enthalten. Die Entlassungen erfolgen innerhalb eines Monats nach der Entscheidung des Gerichts durch den Verwalter, allerdings vorbehaltlich arbeitsrechtlicher und kollektivvertraglicher Kündigungsfristen (Art. L. 631-19 III Abs. 2 C. com.). Verstreicht diese Frist, entfällt die Garantie der AGS zur Zahlung der Kündigungsentschädigungen. Die gerichtliche Genehmigung der Entlassungen bleibt hingegen bestehen (Soc. 21.9.2005 – Nr. 04-40.529; Bull. civ. V, Nr. 267; JCP S 2005, 1335 mAnm Vatinet; D. 2005, 2446 mAnm Lienhard). Rechtsmittel gegen den Sanierungsplan können gem. Art. L. 661-1 C. com. durch den Betriebsrat, nicht jedoch durch die Arbeitnehmer eingelegt werden (vgl. Le Corre Rn. 432.521). Wie schon bei Entlassungen während der Beobachtungsphase hat der Kassationshof entschieden, dass ein Arbeitnehmer die Rechtmäßigkeit der wirtschaftlichen Gründe vor dem Arbeitsgericht nicht anfechten kann (stRspr, Soc. 4.7.2006, RJS 10/2006, Nr. 1050). Für alle anderen arbeitsrechtlichen Fragen bezüglich der Entlassungen sind die Arbeitsgerichte zuständig (vgl. Le Corre Rn. 432.521). Das Entlassungsschreiben muss einen Verweis auf die Genehmigung der Entlassungen durch das Gerichtsurteil, das den Sanierungsplan beschlossen hat, enthalten. Sonst sind die Entlassungen ohne motif réel et sérieux (Soc. 12.7.2010 – Nr. 08-40.740; Rev. proc. coll. 2010, comm. 191 mAnm Taquet).

309   **dd) Die Stellung der Mitglieder der Leitungsorgane.** Das Insolvenzgericht kann die Bestätigung des Sanierungsplans von der **Auswechselung** von **Mitgliedern** der **Leitungsorgane** abhängig machen, wenn dies zur Sanierung des Unternehmens erforderlich ist (Art. L. 631-19-1 Abs. 1 C. com.). Ferner kann gerichtlich angeordnet werden, dass die von de jure und de facto-Mitgliedern der Leitungsorgane gehaltenen Anteile, Aktien und Wertrechte, die den Zugang zum Kapital des Schuldners eröffnen, für eine bestimmte Frist **unveräußerlich** sind und die Stimmrechte von einem gerichtlich bestellten mandataire de justice wahrgenommen werden. Es kann schließlich auch ein **Zwangsverkauf** dieser Wertrechte angeordnet werden. Der Preis wird dann von einem Gutachter bestimmt (Art. L. 631-19-1 Abs. 2 C. com.). All diese Maßnahmen können nur auf **Antrag** des **Staatsanwalts,** also nicht auf Antrag des Verwalters oder ex officio durch das Insolvenzgericht beschlossen werden. Zu beachten sind die Verfahrensbestimmungen in Art. R. 631-34-1 C. com. (vgl. Com. 22.5.2013 – Nr. 12-15.305, Bull. civ. IV, Nr. 86, D. 2013, 1343 mAnm Lienhard; Rev sociétés 2013, 521 mAnm Roussel Galle; BJE 2013, 244 mAnm Favario).

310   Wird vom Gericht zunächst der **Zwangsverkauf** der Wertrechte angeordnet und wird in einem zweiten Gerichtstermin der Insolvenzplan verabschiedet, kann in der Zwischenzeit ein mandataire de justice bestellt werden, der bis zur Veräußerung der Wertrechte die Stimmrechte ausübt (vgl. Com. 26.1.2016 – Nr. 14-14.742; D. 2016, 309; Rev. sociétés 2016, 195 mAnm Henry).

311   Entscheidend ist, ob das Mitglied des Leitungsorgans **zum Zeitpunkt des Urteils** im Amt ist. Das Datum der Veröffentlichung des Rücktritts bzw. der Abberufung spielt keine Rolle (vgl. Com. 19.2.2008 – Nr. 06-18.446, Dr. sociétés 2008, 126 mAnm Legros; Rev. proc. coll. 2008, 117 mAnm Lebel; Com. 9.2.2010 – Nr. 09-10.800, Rev. sociétés 2010, 194 mAnm Roussel Galle). Bei de facto-Leitungsorganen handelt es sich zB um Mitglieder des Aufsichtsrates, wenn

sie außerhalb ihres Tätigkeitsbereichs tatsächlich eine „activité positive de direction dans la société" ausgeübt haben (so Com. 12.7.2005 – Nr. 03-14.045, Bull. civ. IV, Nr. 174, D. 2005, 2071 mAnm Lienhard; Rev. sociétés 2006, 162 mAnm Lucas).

g) Die Stellung der Gesellschafter im redressement-Verfahren. Die Stellung der **Aktionäre** bzw. **Anteilseigner** im redressement-Verfahren gab Anlass zu Diskussionen. Es stellt sich nämlich die Frage, unter welchen Voraussetzungen es möglich ist, einen debt-to-equity swap gegen den Willen der Gesellschafter durchzusetzen. Diese Problematik ergibt sich in der Praxis, wenn Gläubiger und Investoren den Abschluss eines Restrukturierungplans davon abhängig machen, dass zunächst das Kapital reduziert wird, um Verluste auszugleichen, gefolgt von einer sofortigen Kapitalerhöhung. Ein solcher **coup d'accordéon** ist nur mit **Zustimmung** der **Gesellschafterversammlung** möglich, da die Aktionäre und Anteilseigner im französischen Recht keine eigene Gläubigerklasse bilden, die im Rahmen eines cross-class cram-down überstimmt werden könnte. Art. L. 631-9-1 C. com. idF v. 18.11.2016 schafft hier nur bedingt Abhilfe. So kann der Verwalter bei Gericht die Bestellung eines mandataire beantragen, der zur Aufgabe hat, eine Hauptversammlung einzuberufen und anstelle der opponierenden Aktionäre bzw. Anteilseigner eine Rekonstitution (reconstitution) des Gesellschaftskapitals in der vom Verwalter vorgeschlagenen Höhe zu beschließen. Dieses Verfahren ist nur dann möglich, sofern der Planentwurf eine Kapitaländerung zugunsten einer oder mehrerer Investoren, die sich verpflichten, den Sanierungsplan durchzuführen, vorsieht. Art. L. 631-9-1 C. com. kommt jedoch nur zum Zuge, wenn das Eigenkapital des Schuldners nicht gem. Art. L. 626-3 C. com. rekonstituiert worden ist (dazu → Rn. 243; vgl. Lienhard Rn. 115.12; Dammann/Podeur D. 2014, 752). Notwendig ist also die Einberufung einer Gesellschafterversammlung, die sich gegen die vorgeschlagene Kapitalerhöhung ausgesprochen hat. Ein coup d'accordéon scheint nicht möglich zu sein, da Art. L. 631-9-1 C. com. diese Maßnahme leider nicht vorsieht (vgl. Dammann/Podeur D. 2014, 752). Unklar ist ferner der Begriff „associés ou actionnaires opposants" (vgl. Lucas BJE 2014, 111). Art. R. 631-34-5 C. com. könnte etwa dahingehend ausgelegt werden, dass ein nicht anwesender Gesellschafter kein opponierender Anteilseigner bzw. Aktionär ist (so Lienhard, Code des procédures collectives, annoté et commenté, 16. Aufl. 2019, Anm. zu Art. L. 631-9-1). Sieht der Plan Kapitaländerungen bzw. die Veräußerung von Gesellschaftsanteilen vor, sind gem. Art. L. 631-19 II C. com. clauses d'agrement ungültig („réputées non écrites").

Nach langer Diskussion über die Verfassungskonformität hat das sog. **Loi Macron** v. 6.8.2015 in Art. L. 631-19-2 C. com. **weitergehende Eingriffe** in die **Rechtsposition** von **Gesellschaftern** vorgesehen (zur Reform Dammann/Lucas BJE 2015, 521). So kann unter recht strengen Voraussetzungen die im Planentwurf vorgesehene **dilution** bzw. **cession forcée** von Wertrechten gerichtlich angeordnet werden. Es muss sich allerdings um ein Unternehmen oder die Muttergesellschaft eines Konzerns (entreprise dominante iSv Art. L. 2331-1 C. trav.) mit mehr als **150 Arbeitnehmern** handeln. Die Schließung des Unternehmens muss **schwere Auswirkungen** für die **nationale oder regionale Wirtschaft** und den **Arbeitsmarkt** haben („trouble grave à l'économie nationale ou régionale et au bassin d'emploi"). Ferner kann ein solcher Eingriff in die Rechte der Gesellschafter erst nach der Prüfung einer möglichen übertragenden Sanierung ins Auge gefasst werden („après examen des possibilités de cession total ou partielle de l'entreprise"). Diese Bedingung verwundert, da gem. Art. L. 631-22 C. com. der plan de redressement Vorrang vor der übertragenden Sanierung hat (→ Rn. 151; s. Dammann/Lucas BJS 2015, 521). Schließlich muss die **dilution** bzw. **cession forcée** von Wertrechten die einzige seriöse Lösung darstellen, um diese schwerwiegenden Auswirkungen abzuwenden und die Fortführung des Unternehmens zu gewährleisten.

Sind diese Bedingungen erfüllt, kann das Gericht auf **Antrag** des Verwalters bzw. des Staatsanwalts nach einer Frist von **drei Monaten** nach dem Eröffnungsurteil eine **dilution forcée** zugunsten von Investoren, die sich verpflichtet haben, den Sanierungsplan durchzuführen, anordnen, falls die Gesellschafterversammlung gem. Art. L. 631-19 I iVm Art. L. 626-3 C. com. die im Planentwurf vorgesehene **Kapitaländerung** abgelehnt hat. Der Ausdruck „modification du capital" ist unscharf. Gemeint sind die **Herabsetzung** des Kapitals und die **Kapitalerhöhung** (Dammann/Lucas BJS 2015, 521). Gemäß Art. L. 631-19-2 Nr. 1 wird ein mandataire de justice bestellt, um die Gesellschafterversammlung einzuberufen und anstelle der opponierenden Gesellschafter für eine **Kapitalerhöhung** zu stimmen. Somit ist eine **Herabsetzung** des Kapitals und damit die Möglichkeit, einen **coup d'accordéon** durchzuführen, nicht vorgesehen (vgl. Dammann/Lucas BJS 2015, 521). Dies wird auch in der Entscheidung des Verfassungsrats deutlich (Cons. const. 5.8.2015 – D. 2015, 1693).

Die **Kapitalerhöhung** muss innerhalb von 30 Tagen nach der Gesellschafterversammlung durchgeführt werden. Sie kann durch **Aufrechnung** mit Insolvenzforderungen erfolgen. Dies geschieht in Höhe des **Nominalwerts**, wobei eventuelle Schuldenerlasse im Rahmen des Insolvenzplans berücksichtigt werden. Die Forderung wird also nicht als Sacheinlage mit entsprechender Bewertung behandelt. Wenn die Kapitalerhöhung durch Zahlung von Bareinlagen erfolgt, haben die Altgesellschafter ein proportionales **Zeichnungsvorzugsrecht** (droit préférentiel de souscription, dazu allg. Sonnenberger/Dammann, Französisches Handels- und Wirtschaftsrecht, 3. Aufl. 2008, Rn. III 225). Somit steht es den Altgesellschafter frei, sich an der Kapitalerhöhung zu beteiligen (vgl. Dammann/Lucas BJS 2015, 521).

316 Die zweite Möglichkeit ist eine „**cession forcée**" von Gesellschaftsanteilen. Art. L. 631-19-2 Nr. 2 beschränkt diese Veräußerung allerdings auf Anteilseigner und Aktionäre, die einer im Plan vorgesehenen Änderung des Kapitals nicht zugestimmt haben und die direkt oder indirekt Kapital besitzen, das ihnen eine **Stimmmehrheit** oder eine **Sperrminderheit** in den Hauptversammlungen einräumt oder die aufgrund einer **Stimmbindungsvereinbarung** über eine Stimmmehrheit in der Gesellschaft verfügen. Eventuelle clauses d'agrément sind unwirksam. Die nicht von diesem Zwangsverkauf betroffenen Gesellschafter können den Kauf ihrer Anteile verlangen. Der Mechanismus ist als drag along-Klausel in Gesellschaftervereinbarungen bekannt. Können sich die Parteien nicht auf den Kaufpreis einigen, so wird ein Gutachter vom Gerichtspräsidenten bestellt. Leider verweist Art. L. 631-19-2 C. com. in diesem Zusammenhang nicht auf Art. 1843-4 C. civ. Bei der Bewertung stellt sich daher die Frage, welche Bewertungsgrundlage Anwendung findet, die liquidation value oder eine Bewertung nach going-concern-Prinzipien.

317 Beim **Gerichtstermin**, an dem über die dilution bzw. cession forcée entschieden wird, ist der Staatsanwalt zuzugen. Angehört werden die Altgesellschafter, die Gläubiger oder Dritte, die sich verpflichtet haben, den Sanierungsplan durchzuführen sowie die Vertreter des Betriebsrates (Comité social et économique). Handelt es sich um Publikumsgesellschaften, ist die Börsenaufsichtsbehörde (Autorité des marchés financiers – AMF) zu konsultieren. Im gleichen Urteil entscheidet das Insolvenzrecht über die Zession der Gesellschaftsanteile und den Preis. Es wird ferner ein mandataire de justice bestellt, der die Zession durchführt. Das Gericht macht die Bestätigung des Sanierungsplans davon abhängig, dass die Zessionare bzw. die Erwerber der emittierten Gesellschaftsanteile alle Barzahlungen tätigen und sich verpflichten, die so erworbenen Gesellschaftsanteile für eine gewisse **Dauer nicht zu veräußern**, die über die des Sanierungsplans nicht hinausgeht. Schließlich kann das Gericht die Bestätigung des Plans davon abhängig machen, dass die Zessionare bzw. die Erwerber der emittierten Gesellschaftsanteile eine Bankgarantie in Höhe ihrer finanziellen Verpflichtungen im Rahmen des Sanierungsplans beibringen. Die Erfüllung dieser Verpflichtungen wird vom commissaire à l'exécution du plan überwacht.

317a h) Durch Art. 13 des Gesetzes vom 31.5.2021 wurde für einen **Zeitraum von zwei Jahren** ein vereinfachtes redressement judiciaire-Verfahren, das sog. „**procédure de traitement de sortie de crise**" eingeführt. Das Gesetz ist am 2.6.2021 in Kraft getreten. Das Ausführungsdekret steht allerdings noch aus. Das Verfahren ist auf Kleinunternehmen zugeschnitten. Aus den Parlamentsdebatten geht hervor, dass es sich um Unternehmen mit weniger als 10 Arbeitnehmern und einer Bilanzsumme von höchstens 2 Mio. EUR handeln muss. Die endgültigen Schwellenwerte werden per Dekret festgelegt. Das Verfahren kann nur auf Antrag des Schuldners eröffnet werden. Voraussetzung ist, dass der **zahlungsunfähige** Schuldner in der Lage ist, seine Löhne und Gehälter zu zahlen und innerhalb von drei Monaten einen Planentwurf vorzulegen, der darauf abzielt, ein **dauerhaftes Fortbestehen** des **Unternehmens** zu gewährleisten („assurer la pérennité de l'entreprise"). Darüber hinaus muss eine ordentliche Rechnungslegung vorliegen (comptes réguliers, sincères et aptes à donner une image fidèle de la situation financière de l'entreprise).

317b Die **Verfahrensdauer** ist auf **drei Monate** begrenzt. Es wird lediglich ein mandataire judiciaire bestellt, um die Verfahrenskosten so gering wie möglich zu halten. Auf der Basis der **ordnungsgemäßen Rechnungslegung** erstellt der Schuldner eine Forderungstabelle, die beim Gericht hinterlegt wird. Eine formelle **Anmeldung** der **Insolvenzforderungen** sieht das Gesetz nicht vor. Es findet lediglich eine vereinfachte Überprüfung der Forderungen statt. Den Gläubigern wird ein Auszug der Liste zugestellt, die aktualisiert werden kann. Eventuelle Streitigkeiten werden vom verfahrensleitenden Richter entschieden.

317c Eine **übertragende Sanierung** ist ausgeschlossen. Am Ende der dreimonatigen Beobachtungsphase beschließt das Gericht den **Sanierungsplan**. Eventuelle Entlassungen müssen sofort finanziert werden. Die Insolvenzforderungen können lediglich gestundet werden, wobei das Gesetz vorsieht, dass die **jährlichen Ratenzahlungen** ab dem dritten Jahr mindestens 8 % der **Passivsumme** betragen müssen. Kann innerhalb von drei Monaten kein Sanierungsplan gerichtlich beschlossen werden, wird das Verfahren in ein redressement judiciaire bzw. liquidation judiciaire-Verfahren umgewandelt.

Internationales Insolvenzrecht – Frankreich

2. Die Liquidation – liquidation judiciaire

a) Ziele des Verfahrens. Ist ein redressement judiciaire **manifestement unmöglich**, 318
beschließt das Gericht die **liquidation** des Unternehmens (Art. L. 640-1 C. com.). Der bestellte
liquidateur hat zur Aufgabe, das Unternehmen **abzuwickeln**. Es stellt seine Aktivitäten ein,
alle Arbeitnehmer werden rasch entlassen, die Aktiva des Schuldners werden versilbert und der
Verkaufserlös unter den Gläubigern verteilt. Die bestmögliche Befriedigung der Gläubiger steht
also im Mittelpunkt des Interesses. Bei größeren Verfahren wird eine sog. cellule liquidative
gebildet, die den liquidateur bei der Versilberung der Aktiva unterstützt.

Die Reform von 2005 stellt allerdings die traditionelle Funktion der liquidation judiciaire 319
infrage. Der Gesetzgeber hat nämlich, wie bereits angesprochen, die **übertragende Sanierung**
in das Kapitel der liquidation judiciaire aufgenommen (→ Rn. 4, → Rn. 73). Voraussetzung
eines plan de cession ist die Fortführung des Unternehmens während einer Beobachtungsphase,
die in der liquidation judiciaire nur ausnahmsweise vorgesehen werden kann. Die Praxis hat
sich durch diese neue Aufgabenverteilung der einzelnen Verfahren nicht verwirren lassen. Die
übertragende Sanierung wird weiterhin in der Regel im redressement-Verfahren vorbereitet und
durchgeführt. In der liquidation judiciaire bleibt sie die Ausnahme. Dasselbe gilt folglich für die
vorläufige Fortführung des Unternehmens während der Liquidierung. Sie wird nur dann angeordnet, wenn das Gericht eine reelle Chance sieht, das Unternehmen als going concern zu veräußern.

b) Eröffnung des Verfahrens. Wie bereits erwähnt, kann die Liquidation als **Abschluss** eines 320
redressement judiciaire oder, gleich zu Beginn, als **eigenständiges Verfahren** eröffnet werden.
Um zu vermeiden, dass ein Liquidationsverfahren auf Antrag des Schuldners eröffnet wird, obwohl
seine Situation nicht aussichtslos ist, sieht Art. L. 641-1 Abs. 2 seit der Reform von 2014 vor,
dass der Schuldner während des Gerichtstermins, sofern nicht bereits geschehen, hilfsweise Antrag
auf Eröffnung eines redressement-Verfahrens stellen kann und zu der Möglichkeit, einen plan de
redressement zu präsentieren, Stellung nimmt. Das Gericht entscheidet dann im selben Urteil
über beide Anträge.

Bis zur Entscheidung des Verfassungsrates v. 7.3.2014 (Nr. 2013-372, D. 2014, 605) konnte 321
eine liquidation judiciaire auch **ex officio** durch das Insolvenzgericht eröffnet werden. In der
Gerichtspraxis war diese Verfahrensweise recht verbreitet. Der Conseil constitutionnel hat hier
einen Verstoß gegen die Verfassung gesehen. Das Gericht könne nicht gleichzeitig das Verfahren
einleiten und darüber befinden, ob eine Verfahrenseröffnung gerechtfertigt sei. Die ordonnance
v. 12.3.2014 hat die verfahrensrechtlichen Konsequenzen gezogen (vgl. Art. L. 640-3-1 C. com.).
Erhält der **Präsident** des Gerichts Hinweise, die darauf schließen lassen, dass ein Schuldner
zahlungsunfähig ist und sich in einer ausweglosen finanziellen Situation iSv Art. L. 640-1 C.
com. befindet, informiert er den **Staatsanwalt**, um ihm die Möglichkeit zu geben, einen Antrag
auf Eröffnung des Verfahrens zu stellen. Der Gerichtspräsident kann dann an der Sitzung nicht
teilnehmen.

Im **Sodimédical**-Fall stellte sich die Problematik einer möglichen rechtsmissbräuchlichen **Ins-** 322
trumentalisierung des Liquidationsverfahrens. Die französische Tochtergesellschaft eines deutschen Konzerns hatte einen Antrag auf Eröffnung einer liquidation judiciaire gestellt, nachdem
die deutsche Holding ihre finanzielle Unterstützung zugunsten ihrer Tochtergesellschaft eingestellt
hatte. Im Vorfeld der Verfahrenseröffnung hatte die Geschäftsleitung die defizitären Teilbereiche des
französischen Betriebs nach China verlagert. Sodimédical France war danach strukturell defizitär
geworden und wollte einen Großteil seiner Arbeitnehmer aus wirtschaftlichen Gründen entlassen. Die sukzessiv vorgelegten Sozialpläne wurde allerdings von der zuständigen Behörde
(DIRECCTE) abgelehnt. Der Arbeitgeber muss wirtschaftliche Schwierigkeiten nachweisen, um
die Entlassungen zu begründen. Nach damaligem Recht erfolgte die Beurteilung auf weltweiter
Konzernebene. Nun war der Konzern weltweit profitabel, lediglich seine französische Tochter
befand sich in einer ausweglosen finanziellen Situation (die arbeitsrechtliche Problematik von
Massenentlassungen durch französische Tochterunternehmen weltweit profitabler Konzerne existiert nicht mehr. Gemäß Art. 1233-3 C. trav. idF der ordonnance v. 22.9.2017 ist nunmehr nur
die finanzielle Situation der Unternehmen in Frankreich relevant). Es blieb der Geschäftsführung
daher keine andere Wahl als einen Antrag auf Eröffnung eines Liquidationsverfahrens zu stellen,
damit alle Arbeitnehmer rechtmäßig entlassen werden konnten. Im Rahmen einer liquidation
judiciaire sind Entlassungen aus wirtschaftlichen Gründen vereinfacht möglich, da der Entlassungsgrund der cause réelle et sérieuse unwiderlegbar vermutet wird (dazu → Rn. 334). Die Cour
d'appel von Reims hatte den Insolvenzantrag von Sodimédical allerdings abgelehnt. In einer
Grundsatzentscheidung v. 3.7.2012 (Com. Nr. 11-18.026, D. 2012, 2212 mAnm Lienhard; D.
2012, 2212 mAnm Dammann/François) hat der Kassationshof dieses Urteil aufgehoben und ent-

Internationales Insolvenzrecht – Frankreich

schieden, dass die **Zahlungsunfähigkeit** nicht auf Konzernebene, sondern **objektiv** für **jede einzelne Gesellschaft des Konzerns** festgestellt werden muss („l'état de cessation des paiements (...) est caractérisé objectivement, pour chaque société d'un groupe"). Die **Motivation** des Schuldners, die Eröffnung des Verfahrens zu beantragen, spiele keine Rolle: „lorsque l'état de cessation des paiements est avéré, le juge saisi d'une demande d'ouverture d'une procédure collective ne peut la rejeter en raison des mobiles du débiteur, qui est légalement tenu de déclarer cet état..."

323   Das Urteil zur Eröffnung einer liquidation judiciaire benennt den **verfahrensleitenden Richter** (juge commissaire) und den **liquidateur**. Bei größeren Verfahren können mehrere Richter bzw. liquidateurs bestellt werden. In der Regel handelt es sich beim liquidateur um einen mandataire judiciaire. Seit der Reform v. 2.6.2016 kann bei **Kleinverfahren** (vgl. Art. 812-2 III C. com.: kein Arbeitnehmer, jährlicher Umsatz unter 100.000 EUR) ein **Gerichtsvollzieher** (huissiers de justice) bzw. eine **commissaire-priseur judiciaire** als liquidateur bestellt werden. Der Staatsanwalt hat ein Vorschlagsrecht, dem das Gericht allerdings nicht unbedingt folgen muss (vgl. Art. L. 641-1 II Abs. 3 C. com.). Bei Verfahren mit zahlreichen Arbeitnehmern muss das Gericht die AGS anhören. Wurde im Vorfeld eine procédure de sauvegarde bzw. eine procédure de redressement judiciaire eröffnet, wird der bisherige Vertreter der Gläubiger (mandataire judiciaire) in der Regel zum liquidateur ernannt (Art. L. 641-1 III C. com.).

324   **c) Rechtsfolgen der Verfahrenseröffnung. aa) Die Fälligkeit der Insolvenzforderungen.** Die im Urteil ausgesprochene Liquidation bewirkt **grundsätzlich** die **Fälligkeit** aller Forderungen, es sei denn, das Gericht gestattet den **Verkauf des Unternehmens** im Rahmen der Liquidierung. Dann wird das Unternehmen ausnahmsweise **vorläufig fortgeführt**. Die Fälligkeit aller Forderungen verzögert sich bis zum **Zeitpunkt** der **gerichtlichen Veräußerung** bzw. der **Einstellung** des **Betriebs** (Art. L. 643-1 C. com.).

325   **bb) Die Beschlagnahme (dessaisissement) des Vermögens.** Mit Eröffnung einer liquidation judiciaire kommt es zu einer **Beschlagnahme (dessaisissement)** des **gesamten Vermögens** des Schuldners (Art. L. 641-9 I Abs. 1). Hierzu rechnet nicht nur das gegenwärtige Vermögen, sondern auch dasjenige, welches der Schuldner während des Liquidationsverfahrens hinzuerwirbt. Der Schuldner bleibt jedoch Eigentümer (Lienhard Rn. 122.26). Gehören zum Vermögen des Schuldners beispielsweise die Anteile einer Gesellschaft, so bleibt der Schuldner Geschäftsführer (vgl. Com. 27.11.2001 – Nr. 97-22.086, Bull. civ. IV, Nr. 189, D. 2002, 92 mAnm Lienhard), der die Interessen der Gesellschaft vertritt, die dessen Vermögen betreffen (Com. 19.6.2012 – Nr. 11-19.775, Bull. civ. IV, Nr. 128, D. 2012, 1671 mAnm Lienhard). Der Schuldner nimmt auch weiterhin an den Gesellschafterversammlungen teil (Com. 18.10.2011 – Nr. 10-19.647, Bull. civ. IV, Nr. 163, D. 2012, 593 mAnm Lienhard). Die Anteile sind dem beschlagnahmten Vermögen zu rechnen. Daher vereinnahmt der liquidateur eventuelle Rückzahlungen des Wertes der Anteile (vgl. Com. 13.12.2011 – Nr. 11-11.667, D. 2012, 148 mAnm Lienhard) sowie Rückzahlungen von Kontokorrentforderungen (vgl. Com. 23.9.2014 – Nr. 12-29.262, Bull. civ. IV, Nr. 135, D. 2014, 1937 mAnm Lienhard). Die biens communs einer Gütergemeinschaft sind Bestandteile des beschlagnahmten Vermögens (vgl. Com. 4.10.2005 – Nr. 04-12.610, Bull. civ. IV, Nr. 193, D. 2005, 2592 mAnm Lienhard). Verfügungsberechtigt ist allein der liquidateur. Das Gleiche gilt für ein gemeinsames Bankkonto (vgl. Com. 3.11.2010 – Nr. 09-15.546, Bull. civ. IV, Nr. 163; D. 2010, 2701 mAnm Lienhard).

326   Der **Schuldner** wird ab dem Zeitpunkt der Eröffnung durch die **liquidateur vertreten,** kann also nicht mehr mit Wirkung gegen die Gläubiger über das beschlagnahmte Vermögen verfügen. Nach hM können derartige **Verfügungsgeschäfte** dem Verfahren nicht entgegengehalten werden; sie sind „**inopposable**" (vgl. Com. 9.1.2001 – Nr. 96-20.161, Bull. civ. IV, Nr. 3; D. 2001, 630 mAnm Lienhard). Es gibt keine Ausnahme zugunsten gutgläubiger Dritter (vgl. Com. 16.9.2014 – Nr. 13-11.737, Bull. civ. IV, Nr. 120; D. 2014, 1870). Legt der Schuldner in einem Rechtsstreit Berufung ein, obwohl dies an sich der Liquidator hätte tun müssen, kann der Beklagte diese Irregularität monieren (so die Grundsatzentscheidung Soc. 13.11.2013 – Nr. 12-28.572, Bull. civ. IV, Nr. 165; in bisheriger Rechtsprechung hatte der Kassationshof entschieden, dass sich nur der liquidateur auf Verfahrensmängel berufen konnte).

327   **Ausgenommen** von der Beschlagnahme des Vermögens sind **zivilrechtliche Schadensersatzansprüche** im Rahmen eines **Strafverfahrens.** So kann der Schuldner als Zivilkläger in einem Strafprozess auftreten (vgl. Crim. 4.12.2012 – Nr. 12-80.559; Bull crim. Nr. 267; D. 2013, 77). Auch **rein persönliche Rechte** (sog. „droits propres, droit attachés exclusivement à la personne") werden weiterhin vom Schuldner wahrgenommen (vgl. Lienhard Rn. 122.30, zB das Recht auf Auszahlung einer Lebensversicherung, Com. 11.12.2012 – Nr. 11-27.437, Bull. civ, IV, Nr. 225; D. 2013, 8). Dasselbe gilt seit der Reform von 2014 für Erbansprüche bei Erbfällen nach der Verfahrenseröffnung gem. Art. L. 641-9 III Abs. 2 C. com.). Eine natürliche Person

kann während der liquidation judiciaire keine wirtschaftlichen oder freiberuflichen Aktivitäten ausüben. Es ist allerdings möglich, dass der Schuldner als Angestellter arbeitet (vgl. Art. L. 641-9 III C. com.; vgl. Lienhard Rn. 122.32).

cc) Die ausnahmsweise vorläufige Fortführung des Unternehmens. Die vorläufige Fortführung des Unternehmens durch den liquidateur ist nur ausnahmsweise zum Zwecke der Liquidierung zulässig, wenn eine Veräußerung des Unternehmens oder von Teilbereichen vom Gericht ins Auge gefasst wird und dies im öffentlichen Interesse oder in dem der Gläubiger liegt (vgl. Art. L. 641-10 C. com.). Die maximale Frist beträgt **drei Monate**, die auf Antrag des Staatsanwalts einmal um **weitere drei Monate verlängert** werden kann. 328

dd) Die Verwaltung und Abwicklung des Vermögens. Das Unternehmen des Schuldners wird im Prinzip vom liquidateur **verwaltet** und **abgewickelt** (vgl. Art. L. 641-10 Abs. 2). Er nimmt die Prärogativen des Verwalters bezüglich der **Fortführung der laufenden Verträge** wahr (vgl. die spezialgesetzliche Norm des Art. L. 641-11-1 C. com., die im Wesentlichen Art. L. 622-13 C. com. entspricht, dazu Lienhard Rn. 76.40). Art. L. 641-11-1 III Nr. 3 C. com. sieht insbesondere vor, dass der Liquidator bei Schulden die Entscheidung treffen kann, laufende Verträge automatisch zu beenden (vgl. Com. 17.2.2015 – Nr. 13-17.076, Bull. civ. Nr. 35, D. 2015, 565). Handelt es sich um Geldschulden, muss der Liquidator bei Gericht die Vertragsauflösung beantragen (Art. L. 641-11-1 IV C. com.). Der liquidateur entlässt die Arbeitnehmer (vgl. Art. L. 641-10 Abs. 3 C. com.), bereitet den Verkauf des Unternehmens oder von Teilbereichen vor, führt diese durch, empfängt den Verkaufserlös, der anschließend unter den Gläubigern verteilt wird (vgl. Art. L. 641-10 Abs. 4 C. com., vgl. Lienhard Rn. 122.42). 329

Beschäftigt der Schuldner zu Beginn des Verfahrens mehr als 19 Arbeitnehmer oder übersteigt der letzte Jahresumsatz 3 Mio. EUR, bestellt das Gericht – falls dies für notwendig erachtet wird – wie im redressement-Verfahren **zusätzlich** einen **administrateur**, der das Unternehmen verwaltet und die in Art. L. 641-11-1 und Art. L. 641-12 C. com. vorgesehenen Prärogativen des liquidateurs wahrnimmt. Dieser entscheidet insbesondere über die Beendigung der laufenden Verträge, bereitet die übertragende Sanierung vor und führt sie durch. Er kann auch die Entlassungen von Arbeitnehmern vornehmen. Verfügt er nicht über die notwendigen finanziellen Mittel, um das Unternehmen fortzuführen, kann er beim juge commissaire einen Antrag stellen, dass der liquidateur ihm die freien Geldmittel zur Verfügung stellt. 330

d) Entlassungen der Arbeitnehmer. Entlassungen der Arbeitnehmer müssen innerhalb einer Frist von **15 Tagen** nach der Eröffnung einer liquidation judiciaire ausgesprochen werden, es sei denn, das Unternehmen wird vorläufig fortgeführt. Letzteres gilt insbesondere dann, wenn eine übertragende Sanierung vorbereitet werden soll (→ Rn. 353). Während dieser Periode unterliegen die Entlassungen den gleichen Bedingungen wie diejenigen während der Beobachtungsphase eines redressement-Verfahrens. Art. L. 641-10 C. com. verweist auf Art. L. 631-17 C. com. Entlassungen der Arbeitnehmer müssen mithin **dringend erforderlich** und **unausweichlich** sein und vom **juge commissaire** genehmigt werden (vgl. Le Corre Rn. 432.412. Zum Verfahren → Rn. 304). 331

Die **Verfahrensvorschriften** für Entlassungen im Liquidationsverfahren sind **vereinfacht**. Einschlägig ist Art. L. 641-4 Abs. 6 C. com., der auf Art. 1233-58 und Art. 1233-60 C. trav. verweist. Eine richterliche Genehmigung durch das Insolvenzgericht ist nicht notwendig. Die **Notwendigkeit** der Entlassungen aller Arbeitnehmer aus wirtschaftlichen Gründen ergibt sich aus der Eröffnung der liquidation judiciaire und der kurz bevorstehenden Einstellung des Betriebs (vgl. Le Corre Rn. 432.411). Wurde die **übertragende Sanierung** im Rahmen des redressement-Verfahrens durchgeführt, stellt sich die Frage, **welches Organ** mit der **Entlassung** der nicht übernommenen Arbeitnehmer betraut ist. In einer pragmatischen Sichtweise hat der Kassationshof entschieden, dass diese Aufgabe dem **Verwalter** obliegt (Soc. 12.1.2016 – Nr. 14-13.414, Rev. proc. coll. 2016, comm. 69; JCP E 2016, 1198 Rn. 5 mAnm Pétel; zust. Le Corre Rn. 432.411). 332

Die **Entlassungsschreiben** müssen zwingend auf das Eröffnungsurteil der liquidation judiciaire Bezug nehmen, das die Kündigungen ohne cause réelle et sérieuse (stRspr; vgl. Soc. 2.3.2004 – Nr. 02-41.932; Le Corre Rn. 432.413). 333

Sind **mehr als neun** Arbeitnehmer betroffen, muss ein **Sozialplan** (PSE) erstellt werden. Seit der Reform von Juni 2013 muss die DIRECCTE dem PSE zustimmen. In diesem Zusammenhang überprüft die Behörde die Ausarbeitung des PSE und den Inhalt der sozialen Maßnahmen, die in einem proportionalen Verhältnis zu den Mitteln des Unternehmens stehen müssen. Bezug genommen wird nur auf die finanzielle Situation des gesamten, unter Umständen weltweit agierenden Konzerns. Zu unterscheiden ist allerdings die Betrachtung der **cause réelle est sérieuse** der Entlassungen. Herangezogen wird hier lediglich die Situation des **Schuldners**, wodurch eine Überprüfung des Entlassungsgrundes ausscheidet. 334

Internationales Insolvenzrecht – Frankreich

335 Insbesondere obliegt es dem liquidateur bzw. dem Verwalter, zu versuchen, den zu entlassenen Arbeitnehmern eine Stelle innerhalb des Konzerns anzubieten (obligation de reclassement). Andernfalls entbehrt die Kündigung der cause réelle et sérieuse (vgl. Soc. 10.5.1999, Bull. civ. V, Nr. 203). Aufgrund der 15-tägigen Frist handelt es sich freilich um eine Formalität, die allerdings strikt befolgt werden muss. In der Praxis kommt es nicht selten zu **Formfehlern,** die von den Arbeitnehmern vor dem Arbeitsgericht systematisch moniert werden. Die Zahlung der Entschädigung wegen einer Entlassung ohne cause réelle et sérieuse erfolgt nämlich durch die Ausfallversicherung, der AGS, der der Rechtsstreit systematisch verkündet wird (der Kassationshof hat es unter Hinweis auf das Gleichbehandlungsgebot aller Arbeitnehmer abgelehnt, dem Verfassungsrat eine sog. QPC vorzulegen, Soc. 6.10.2011 – Nr. 11-40.056, Bull. civ V, Nr. 229, D. 2011, 2467). In diesem Zusammenhang stellte sich in der Vergangenheit eine besondere Problematik im Falle der liquidation judiciaire einer Tochtergesellschaft eines sonst wirtschaftlich gesunden Konzerns. Die Rechtsprechung des Kassationshofes beurteilte die **Rechtmäßigkeit** des Sozialplans in Bezug auf die **obligation de reclassement** hinsichtlich des **weltweiten Konzerns.** Es gab allerdings keine Verpflichtung zulasten der Muttergesellschaft, den zu entlassenden Arbeitnehmern der insolventen Tochtergesellschaft freie Arbeitsplätze innerhalb des Konzerns anzubieten oder die Kosten des Sozialplans zu tragen (vgl. Pétel JCP E 2007, 1423). Seit der ordonnance v. **22.9.2017** muss das reclassement nur innerhalb des **Konzerns in Frankreich** durchgeführt werden (L. 1233-4 C. trav). Somit muss ein ausländischer Konzern keine extraterritorialen Interferenzen mehr fürchten.

336 e) Die Verwertung der Aktiva. aa) Allgemeines. Die **Versilberung** der Aktiva kann in der Form der noch darzustellenden Veräußerung des gesamten Unternehmens oder einzelner seiner Teilbereiche erfolgen (→ Rn. 353). Das Verfahren des Verkaufs **einzelner Vermögenswerte,** das in Art. L. 642-18–642-20-1 C. com. geregelt ist, wird vom **verfahrensleitenden Richter** bestimmt. Ziel ist es, eine zügige Liquidation zu gewährleisten. In diesem Zusammenhang ist darauf hinzuweisen, dass der Richter an ein vor der Eröffnung des Verfahrens vom Schuldner ausgesprochenes, einseitiges Kaufversprechen (promesse de vente) gebunden ist. Der Begünstigte kann also seine Kaufoption ausüben (vgl. Com. 7.3.2007 – Nr. 05-10.371, Bull. civ. Nr. 63, D. 2006, 859 mAnm Lienhard). Das Gleiche gilt auch für **rein persönliche Vorzugsrechte** (sog. pacte de préférence), die der Schuldner zugunsten eines Dritten vor Verfahrenseröffnung abgeschlossen hat. Der Liquidator hat also die Pflicht, den begünstigten Dritten zu fragen, ob er kaufen möchte, ehe er den Verkauf an jemand anderen als den Begünstigten ins Auge fasst (vgl. Com. 13.2.2007 – Nr. 06-11.289, Belle Etoile, Bull. civ. IV, Nr. 34, D. 2007, 648 mAnm Lienhard).

337 bb) Die Verwertung von Immobilien. Der **Verkauf** von **Immobilien** erfolgt grundsätzlich nach den allgemeinen **Zwangsvollstreckungsbestimmungen** der Art. L. 322-5–322-13 C. proc. civ. ex. Der verfahrensleitende Richter legt den Eingangspreis und die grundlegenden Bedingungen des Verkaufs fest (Art. L. 642-18 C. com.; für Einzelheiten s. Lienhard Rn. 125.17). Er kann auch den **freihändigen Verkauf** (gré à gré) durch den liquidateur genehmigen (Art. L. 642-18 Abs. 3 C. com.). Diese rechtskräftige Gerichtsentscheidung bewirkt mit aufschiebender Wirkung den Verkauf der Immobilie (vgl. Com. 13.3.2012 – Nr. 10-24.192, Bull. civ. IV, Nr. 52, D. 2012, 806 mAnm Lienhard). Ein durch die Eröffnung des Insolvenzverfahrens **unterbrochenes Zwangsvollstreckungsverfahren** wird wieder aufgenommen und der liquidateur tritt in die Rechte des Gläubigers. Einzelheiten regelt Art. R. 642-24 und R. 642-25 C. com.

338 Handelt es sich bei der Immobilie um den **Hauptwohnsitz** des **natürlichen Schuldners,** so kann sie seit dem Gesetz v. 4.8.2008 Gegenstand einer **Unpfändbarkeitserklärung,** einer sog. déclaration d'insaisissablité gem. Art. L. 526-1 ff. C. com., sein, die veröffentlicht werden muss. Ob der liquidateur eine solche Immobilie verwerten kann, war lange umstritten (dazu Lienhard Rn. 125.12). In einer Grundsatzentscheidung v. 13.3.2012 hat der Kassationshof diese Frage verneint (Com. Nr. 11-15.438, Bull. civ. IV, Nr. 53, D. 2012, 1460 mAnm Lienhard; D. 2012, 1573 mAnm Crocq; Rev. sociétés 2012, 394 mAnm Henry: „la déclaration d'insaisissabilité n'a d'effet qu'à l'égard des créanciers dont les droits naissent, postérieurement à sa publication, à l'occasion de l'activité professionnelle du déclarant". Es handelt sich um eine nicht unumstrittene Rechtsprechung, vgl. Com .18.6.2013 – Nr. 11-23.716, D. 1618 mAnm Lienhard; Com. 30.6.2015 – Nr. 14-14.757, D. 2015, 1486 mAnm Lienhard). Seit dem Gesetz v. 6.8.2015 erübrigt sich eine derartige déclaration d'insaisissablité für den privaten Hauptwohnsitz eines entrepreneur individuel. Per Deklaration kann der Schutzbereich auch auf Immobilien einer natürlichen Person ausgeweitet werden, obwohl sie nicht zu gewerblichen Zwecken genutzt wird.

339 cc) Die Verwertung von beweglichen Sachen. Die **Versilberung** der übrigen **beweglichen Sachen** des Schuldners, die in Art. L. 642-19 C. com. geregelt ist, erfolgt durch eine **öffentliche Versteigerung** oder einen **freihändigen Verkauf.** Hierbei handelt es sich um den fonds de commerce (eine bewegliche, unkörperliche Sache als Gesamtheit, deren Bestandteile

austauschbar sind.) Zwingender Bestandteil eines fonds de commerce ist die Kundschaft (Goodwill). Des Weiteren kommen Immaterialgüter, Betriebsgegenstände und Waren hinzu (dazu Sonnenberger/Dammann, Französisches Handels- und Wirtschaftsrecht, 3. Aufl. 2008, Rn. IV 1 ff.). Gleiches gilt für Maschinen, Warenlager, droit au bail, Markenzeichen, Patente, Lizenzen, Urheberrechte usw., soweit und solange sie nicht Bestandteil eines fonds de commerce sind, bzw. sofern der fonds de commerce aufgrund des Fehlens der Kundschaft nicht mehr existiert. Der Verkaufspreis der einzelnen Aktiva darf nicht symbolisch sein (vgl. Com. 8.7.2014 – Nr. 13-19.395, Bull. civ. IV, Nr. 115; D. 2014, 1542).

Wird ein **fonds de commerce** außerhalb der einschlägigen Bestimmungen zur übertragenden 340 Sanierung veräußert (zur Abgrenzung → Rn. 356), kommt Art. L. 1224-1 C. trav. zur Anwendung, wonach der Erwerber alle im Handelsunternehmen beschäftigten **Arbeitnehmer übernehmen muss** (Lienhard Mél. Merle, 2012, 477). Wurden zu Beginn der Liquidierung alle Arbeitnehmer entlassen und danach der fonds de commerce als solches oder seine einzelnen wichtigen Bestandteile veräußert, besteht die Gefahr, dass die entlassenen Arbeitnehmer gem. Art. L. 1224-1 C. trav. auf Wiedereinstellung gegen den Erwerber klagen. Die spezialgesetzlichen Bestimmungen zur Veräußerung des fonds de commerce kommen ebenfalls zur Anwendung. So kann beispielsweise ein Gläubiger eine öffentliche Versteigerung gem. Art. L. 141-19 C. com. einschließlich surenchère du sixième du prix verlangen (so Com. 10.1.2006 – Nr. 03-19.519, Bull. civ. IV, Nr. 4; D. 2006, 368 mAnm Lienhard, D. 2006, 2254 mAnm Lucas/Le Corre; zum Verfahren s. Sonnenberger/Dammann, Französisches Handels- und Wirtschaftsrecht, 3. Aufl. 2008, Rn. IV 46).

dd) Stellung von Familienangehörigen. Wie bei der übertragenden Sanierung kommt Art. 341 L. 642-3 C. com. zur Anwendung, die es grundsätzlich **Familienangehörigen des Schuldners** bzw. der Leitungsorgane untersagt, Aktiva zu erwerben. Der verfahrensleitende Richter kann allerdings auf Antrag des Staatsanwalts gem. Art. L. 642-20 eine **Ausnahmeregelung** genehmigen. Dies betrifft insbesondere bewegliche Sachen des täglichen Lebens, die von geringem Wert sind, sowie Aktiva eines landwirtschaftlichen Betriebs.

f) Das vereinfachte Verfahren – liquidation judiciaire simpliée. Für kleine Insolvenzen 342 sieht der Gesetzgeber ein **vereinfachtes Verfahren** (liquidation judiciaire simplifiée) vor. Das Loi PACTE v. 22.5.2019 hat die fakultative vereinfachte Liquidierung abgeschafft.

Das vereinfachte Verfahren muss nunmehr **zwingend** eröffnet werden, wenn der Schuldner 343 zum Zeitpunkt der Verfahrenseröffnung kein Immobilienvermögen besitzt, während der letzten sechs Monate vor der Eröffnung des Verfahrens nicht mehr als fünf Arbeitnehmer beschäftigte und der letzte Jahresumsatz vor Abzug der Steuern den Betrag von 750.000 EUR nicht überstieg (Art. L. 641-2 iVm Art. D. 641-10 Abs. 1 C. com. idF des Ausführungsdekrets v. 21.11.2019).

Einzelheiten des vereinfachten Verfahrens regeln Art. L. 644-1 ff. C. com. iVm Art. R. 644-1 ff. 344 C. com. Ist nichts anderes bestimmt, kommen die **allgemeinen Bestimmungen** der **liquidation judiciaire** zur Anwendung (Art. L. 644-1 C. com; vgl. Lienhard Rn. 127.12). Art. L. 644-2 C. com. sieht vor, dass der liquidateur während der ersten vier Monate nach der Eröffnung des vereinfachten Verfahrens die Aktiva freihändig veräußert (vente de gré à gré) oder sie öffentlich versteigert. Nach Ablauf dieser Frist erfolgt die Versilberung der Aktiva im Rahmen öffentlicher Versteigerungen. Die **Verifizierung** der **Forderungsanmeldungen** beschränkt sich auf solche Insolvenzforderungen, deren anteilige Rückzahlung wahrscheinlich ist (vgl. Art. L. 644-3 C. com.: „créances susceptibles de venir en rang utile").

Seit der Loi PACTE v. 22.5.2019 soll ein vereinfachtes Verfahren innerhalb von **einem Jahr** 345 abgeschlossen werden (Art. L. 644-5 C. com.). Diese Frist wird auf **sechs Monate** verkürzt, falls das Unternehmen höchstens einen Arbeitnehmer beschäftigte und der letzte Jahresumsatz vor Abzug der Steuern den Betrag von 300.000 EUR nicht überstieg (Art. D. 641-10 Abs. 2 C. com. idF des Ausführungsdekrets v. 21.11.2019). Ob die Reform zu einer schnelleren Abwicklung von Kleinverfahren führen wird, bleibt abzuwarten.

g) Beendigung des Verfahrens – clôture. Bis zur Reform im Jahre 2005 dauerte ein Liquida- 346 tionsverfahren im Durchschnitt mehr als drei Jahre (45,3 Monate im Jahr 2003, vgl. Lienhard Rn. 126.25). Das Loi de sauvegarde hatte sich zum Ziel gesetzt, diese Zeitspanne auf zwei Jahre, in Kleinverfahren auf ein Jahr zu reduzieren. Art. L. 643-9 C. com. wurde durch die ordonnance v. 12.3.2014 neu gefasst, um die **clôture** des Verfahrens zu **beschleunigen**. So kann das Verfahren nicht nur abgeschlossen werden, wenn die Passiva getilgt wurden bzw. der liquidateur über genügend Mittel verfügt, dies zu tun (in der Praxis ist dies ein cas d'école), oder wenn die Fortführung der Liquidierung wegen **unzureichender Akiva** unmöglich geworden ist, sondern auch, wenn das **Interesse** einer **Fortführung** des Verfahrens angesichts der **Schwierigkeiten der Versilberung** der verbleibenden Aktiva **nicht gerechtfertigt** erscheint. Diese Regelung ermöglicht die

Internationales Insolvenzrecht – Frankreich

Beendigung des Verfahrens, wenn zB wegen Umweltschäden die zügige Veräußerung von Immobilien nicht möglich ist. Neu ist auch die Regelung, dass ein mandataire bestellen werden kann, um die anhängigen Prozesse fortzuführen und etwaige Erlöse unter den Gläubigern aufzuteilen. Diese Gerichtsverfahren, zB Schadensersatzklagen gegen Leitungsorgane (→ Rn. 602), können sich über Jahre hinziehen. Das Gericht muss prüfen, ob die Wahrscheinlichkeit besteht, dass diese Prozesse nicht dazu führen, dass der Schuldner seine Passiva bereinigen kann (vgl. Lienhard Rn. 126.27).

347 Der **Antrag** auf **Beendigung** der liquidation judiciaire kann jederzeit vom liquidateur, dem Schuldner oder dem Staatsanwalt gestellt werden. Das Gericht kann sie auch ex officio aussprechen. Nach einer Frist von zwei Jahren nach dem Eröffnungsurteil ist jeder Gläubiger antragsberechtigt (vgl. Art. L. 643-9 Abs. 4 C. com.). Das Urteil der **clôture** des Verfahrens wird im BODACC und im Handels- bzw. Handwerksregister veröffentlicht (Art. R. 643-18 Abs. 2, der auf Art. R. 621-8 C. com. verweist).

348 Wird **nach Beendigung** festgestellt, dass noch Aktiva existieren, die nicht verwertet worden sind, oder die Wiedereröffnung des Verfahrens im Interesse der Gläubiger ist, kommt es zu einer „reprise de la procédure" (Art. L. 643-13 C. com.; dazu Le Corre Rn. 593.111).

349 **h) Die Restschuldbefreiung.** Am Ende der Liquidation kommt der Schuldner grundsätzlich in den Genuss einer **Restschuldbefreiung** (vgl. Art. L. 643-11 C. com.). Betroffen sind nicht nur die Insolvenzforderungen, die vor Verfahrenseröffnung entstanden sind, sondern auch nicht privilegierte Masseforderungen. Ausnahmen bestehen jedoch bezüglich derjenigen Aktiva, die der Schuldner nach dem Eröffnungsurteil erworben hat (Art. L. 643-11 Nr. 1 idF v. 12.3.2012). Ebenso ausgenommen werden Forderungen, die ihren Ursprung in der strafrechtlichen Verurteilung des Schuldners haben oder wenn es sich um höchstpersönliche Ansprüche des Gläubigers handelt (zB Unterhaltszahlungsansprüche, dazu Le Corre Rn. 592.631). Eine weitere Ausnahme besteht bei rechtskräftigen Verurteilungen wegen Betrugs von Sozialversicherungskassen.

350 Gesamtschuldner und Personen, die eine **persönliche Sicherheit** bestellt haben (im Wesentlichen in Form einer Bürgschaft, eines selbstständigen Garantieversprechens oder durch die Bestellung dinglicher Sicherheiten; zur Bestimmung des Personenkreises → Rn. 111), können den Schuldner in Regress nehmen, nachdem sie die Forderungen bezahlt haben.

351 **Ursprünglich** war Voraussetzung, dass die abgesicherte Forderung **angemeldet** worden war (so Com. 12.5.2009 – Nr. 08-13.430, Bull. Civ. IV, Nr. 67, D. 2009, 1572 mAnm Lienhard). Diese Rechtsprechung hat der Kassationshof angesichts der Neufassung von Art. L. 643-11 II C. com. aufgeben (vgl. Com. 28.6.2016 – Nr. 14-21.810, D. 2016, 1494; RTD com. 2016, 848 mAnm Martin-Serf; Rev. proc. coll. 2017, 4 mAnm Reille).

352 Eine weitere **Ausnahme** besteht gegenüber dem Schuldner, gegen den eine **faillite personnelle** verhängt oder der strafrechtlich als Bankrotteur abgeurteilt worden ist. Eine Restschuldbefreiung entfällt ebenfalls, wenn gegenüber dem Schuldner oder einer von ihm geleiteten Gesellschaft innerhalb der letzten fünf Jahre ein Liquidationsverfahren ohne Bereinigung aller Gesellschaftsschulden beendet worden ist.

3. Die übertragende Sanierung – plan de cession

353 **a) Allgemeines.** Wie bereits angesprochen, ist der **Verkauf** des **gesamten Unternehmens** oder einzelner **Teilbereiche** nunmehr Bestandteil der liquidation judiciaire, obwohl es weiterhin üblich ist, dass die übertragende Sanierung im redressement judiciaire durchgeführt wird. Einschlägig sind Art. L. 642-1 ff. und R. 642-1 ff. C. com. Diese neue Architektur kann verfahrensrechtliche Schwierigkeiten hervorrufen. Die **Angebote** zur Übernahme des Unternehmens können nämlich bereits im **Vorfeld** eines Insolvenzverfahrens im Rahmen des sog. prepack-cession-Verfahrens (→ Rn. 12, → Rn. 144), im Rahmen eines redressement-Verfahrens bzw. einer liquidation judiciaire abgegeben werden, während die **Ausführung** der übertragenden Sanierung sowohl im redressement-Verfahren als auch in der liquidation judiciaire erfolgen kann. Daher können sich die appels d'offre überschneiden. Weder die Zustimmung des Schuldners noch diejenige der Gläubiger ist zur Veräußerung des Unternehmens erforderlich. Den **Zuschlag** erteilt allein das **Insolvenzgericht**.

354 **Ziele** der übertragenden Sanierung sind die Fortführung der Unternehmenstätigkeit, die Erhaltung der Arbeitsplätze und die Befriedigung der Gläubiger (Art. L. 642-1 C. com.). Die **Interessen der Gläubiger** rangieren in der Aufzählung erst an dritter Stelle. Sie sind **nicht die Priorität** des Gesetzgebers und werden der Erhaltung des Unternehmens und der damit verbundenen Arbeitsplätze deutlich untergeordnet. Da der Verkaufspreis des Unternehmens häufig gering ist, gehen ungesicherte Gläubiger in der Regel leer aus. Es kann auch in die Rechtsposition **eines**

dinglich abgesicherten Gläubigers eingegriffen werden. Obwohl der französische Gesetzgeber ihre Situation in den letzten Jahren deutlich verbessert hat, bleibt die übertragende Sanierung vor allem für Hypothekengläubiger eine Achillesferse.

Werden lediglich **Teilbereiche** veräußert, muss es sich um eine oder mehrere „branches complètes et autonomes d'activités" handeln (Art. L. 642-1 Abs. 2 C. com.). Es ist möglich, mehrere kompatible Übernahmeangebote miteinander zu **kombinieren**. Auch kann ein **Fortführungsplan** mit einem **plan de cession** eines **Teilbereichs** des Unternehmens verknüpft werden (vgl. Lienhard Rn. 124.16). Die übertragende Sanierung eines gesamten **Konzerns** kann koordiniert durchgeführt werden (so die Grundsatzentscheidung Com. 19.12.2018 – Nr. 17-27.947, D. 2019, 4; Rev. sociétés 2019, 222; BJE März/April 2019, 23 mAnm Henry; D. 2019, 1912 mAnm Lucas: „rien n'interdit au tribunal, lors de l'examen de la solution proposée pour chacune d'elles, de tenir compte, par une approche globale, de la cohérence du projet au regard des solutions envisagées pour les sociétés du groupe"). 355

Die Anwendung von Art. L. 642-1 ff. C. com. setzt voraus, dass der Schuldner seinen **Betrieb** nicht bereits eingestellt bzw. vor Eröffnung des ordentlichen Insolvenzverfahrens verkauft hat. Ob eine reine Holding-Gesellschaft eine „entreprise" iSv Art. L. 642-1 C. com. ist, die Gegenstand eines plan de cession sein kann, darf bezweifelt werden. Eine bürgerlich-rechtliche Gesellschaft (SCI), die Eigentümer einer Immobilie ist, kann allerdings Gegenstand eines plan de cession sein, wenn sie das Gebäude verwaltet. Eine Übertragung des Gebäudes einer SCI ist ebenfalls denkbar, wenn gleichzeitig eine übertragende Sanierung der operativen Gesellschaft, die das Gebäude benutzt, erfolgt (vgl. Com. 14.3.2000 – Nr. 96-21.497; ausf. zu dieser Problematik Bourbouloux/Fort BJE 2016, 237; Le Corre Rn. 571.111). Die **Abgrenzung** zwischen einem **plan de cession** und der **isolierten Veräußerung** eines **fonds de commerce** ist ebenfalls recht unscharf. Die Rechtsprechung scheint auf das Kriterium der **Beschäftigung** von **Arbeitnehmern** abzustellen (vgl. Le Corre Rn. 571.112 mwN). 356

b) Die Abgabe der Angebote. Im redressement-Verfahren setzt der **Verwalter** die **Frist** für die **Abgabe** der **Übernahmeangebote** fest (Art. R. 631-39 Abs. 2 C. com.). 357

Wenn das Gericht der Auffassung ist, dass im Rahmen einer **liquidation judiciaire** eine **Veräußerung** des Betriebes im Ganzen oder in Teilen ins Auge gefasst werden kann, gestattet es die Fortführung des Unternehmens und setzt dann das Datum für die Abgabe der Übernahmeangebote fest (Art. L. 642-2, I C. com.). Wird ein Liquidationsverfahren nach Umwandlung eines redressement judiciaire eröffnet, kann das Gericht auf ein **neues Bieterverfahren** verzichten, wenn die im redressement-Verfahren abgegebenen Angebote als ausreichend angesehen werden (vgl. Le Corre Rn. 571.414). In der Praxis hängt dies davon ab, ob der Schuldner in der Lage ist, die Finanzierung einer weiteren période d'observation mit poursuite d'activité darzustellen und ob eine berechtigte Aussicht besteht, dass lukrativere Angebote gemacht werden. 358

Wurde die übertragende Sanierung im Rahmen eines **präventiven Vorverfahrens** (mandat ad hoc, conciliation) bereits vorbereitet (sog. prepack-cession-Verfahren), so kann, wie bereits dargestellt, das Gericht ebenfalls auf die Abgabe neuer Angebote in der liquidation judiciaire verzichten (L. 642-2 Abs. 2 C. com.; → Rn. 147). In der Gerichtspraxis wird von dieser Möglichkeit allerdings kein Gebrauch gemacht. 359

Der **Verwalter** hat die **Aufgabe, die übertragende Sanierung vorzubereiten,** Angebote einzuholen und dem Gericht regelmäßig Bericht zu erstatten. In der Regel wird ein appel à candidature in der Fachpresse und im Internet veröffentlicht. In Zusammenarbeit mit dem Schuldner wird ein Dataroom eingerichtet, um den Übernahmekandidaten die entsprechenden Informationen zuzuleiten. Es handelt sich allerdings nicht um ein klassisches M&A-Verfahren, das vom Verwalter durchgeführt wird, um einen möglichst hohen Verkaufspreis zu erzielen. Das primäre Ziel besteht vielmehr darin, wie bereits angesprochen, das Unternehmen und die Arbeitsplätze zu retten respektive zu sichern. Die einzelnen Angebote werden beim greffe des Handelsgerichts hinterlegt und können von Mitbewerbern eingesehen werden (vgl. Art. L. 642-2 IV C. com.; Le Corre Rn. 571.431). Diese **Publizität** ermöglicht jedoch keinen effizienten Preiswettbewerb. So ist es nicht verwunderlich, dass die Unternehmen in der Praxis sehr oft weit unter Marktwert veräußert werden. 360

Den **Inhalt** eines **Angebots** schreibt Art. L. 642-2 II C. com. vor. Zu nennen sind zunächst die zu übernehmenden Aktiva. Kundenforderungen sind grundsätzlich ausgenommen. Sie werden im Rahmen der Liquidierung eingezogen. Steuerrückstellungen (carry back) sind „incessible" (vgl. Le Corre Rn. 572.512). Besonders wichtig ist die Auflistung der zum Betrieb notwendigen Verträge, die gerichtlich übertragen werden sollen, der Kaufpreis und die Finanzierungsbedingungen. Aus steuerrechtlichen Gründen muss der Kaufpreis für die einzelnen Kategorien der Aktiva (Immobilien, fonds de commerce, Warenlager usw) aufgeschlüsselt werden. Das Angebot muss 361 daneben die Finanzierung der Übernahme sowie eventuelle Garantien offenlegen. Ferner muss das Datum der Betriebsübernahme sowie die vorgesehenen Veräußerungen von Aktiva im Laufe der nächsten zwei Jahre angegeben werden.

362   Schließlich müssen die **Perspektiven** für die **Entwicklung** des **Unternehmens,** vor allen in Bezug auf das Beschäftigungsniveau, aufgezeigt werden, wobei es sich in der Regel nicht um Garantieversprechen für Arbeitsplätze handelt. Das Angebot legt die Zahl der zu übernehmenden Arbeitnehmer verbindlich fest, wobei nach Kategorien unterschieden werden kann. Die individuelle Auswahl von Arbeitnehmern ist nicht möglich.

363   In der Praxis ist es weit verbreitet, dass das Angebot eine **clause de substitution** vorsieht, damit das Unternehmen von einer zu gründenden Tochtergesellschaft des Bieters erworben wird. Eine derartige Klausel muss vom Gericht ausdrücklich genehmigt werden (Art. L. 642-9 Abs. 3 C. com.). Der Bieter ist **solidarisch** für die Erfüllung der Planpflichten durch den Erwerber haftbar (vgl. Pérochon Rn. 1257). Dies gilt vor allem für Arbeitsplatzgarantien (vgl. Le Corre Rn. 572.623). Der Bieter garantiert jedoch nicht die Erfüllung der gerichtlich übertragenen Verträge (→ Rn. 381).

364   Ab dem Zeitpunkt der Übermittlung an das Gericht sind die Angebote bis zur **gerichtlichen Entscheidung verbindlich** (vgl. Le Corre Rn. 571.361). Sie können allerdings in der Zwischenzeit bis 48 Stunden vor dem Gerichtstermin von den Bewerbern verbessert werden (Art. R. 642-1 C. com.). Kommt es zu einer **Berufung,** ist lediglich der Erwerber, der den Zuschlag bekommen hat, verpflichtet, sein Angebot aufrecht zu erhalten (Art. L. 642-2 V C. com.).

365   Angebote, die **nach Ablauf** der gesetzten Frist abgegeben werden, sind **grundsätzlich unzulässig.** Das Gericht kann jedoch einen neuen Abgabe- und Gerichtstermin festsetzen, um Mitwettbewerbern die Gelegenheit zu geben, neue Angebote abzugeben und den Bewerbern, die bereits ein Angebot abgegeben haben, die Möglichkeit zu eröffnen, dies zu ändern respektive zu verbessern (vgl. Le Corre Rn. 571.418).

366   Der **Schuldner,** de jure bzw. de facto **Leitungsorgane,** sowie nahestehende **Familienmitglieder** und die **Kontrolleure** können direkt oder indirkt durch eine Einschaltung von Mittelspersonen keine Übernahmeangebote abgeben. Das Verbot erstreckt sich auch auf den direkten oder indirekten Erwerb der veräußerten Aktiva innerhalb eines Zeitraums von fünf Jahren (vgl. Art. L. 642-3 C. com.). Diese Bestimmungen sind eng auszulegen und kommen sowohl bei ehemaligen Leitungsorganen (vgl. Com. 23.9.2014 – Nr. 13-19.713, Bull. civ IV, Nr. 136; D. 2014, 1935 mAnm Lienhard) und bei Gesellschaftern nicht zur Anwendung (vgl. Lienhard Rn. 124.25). Das Gericht kann jedoch auf Antrag des Staatsanwalts eine besonders zu begründende Ausnahmeregelung treffen (Art. L. 642-3 Abs. 2 C. com.). Seit der Covid-19-Ausnahmegesetzgebung durch die ordonnance vom 20.5.2020 sind der Schuldner und der Verwalter ebenfalls vorübergehend antragsberechtigt (Bedingung ist die Wahrung der Arbeitsplätze). Diese Ausnahmeregelung kommt auf Verfahren zur Anwendung, die nach dem 21.5.2020 eröffnet werden sind. Sie läuft spätestens am 17.7.2021 aus (dazu Vincent, BJE Juli/August 2020, 81). Ausgenommen sind allerdings Kontrolleure.

367   **c) Die Entscheidung des Gerichts.** Im **Gerichtstermin** werden zunächst der **Verwalter** und der **liquidateur** vom Gericht gehört. Der Verwalter erläutert und vergleicht die vorliegenden Angebote und die einzelnen Bieter. Im Anschluss stellt der liquidateur die finanziellen Konsequenzen der einzelnen Angebote für die Befriedigung der Gläubiger dar (vgl. Art. L. 642-4 C. com.). Danach stellen wiederum die einzelnen **Kandidaten** ihre Angebote vor. Gehört werden ferner die **Vertragspartner,** deren Verträge gerichtlich übertragen werden sollen. Der **Arbeitnehmervertreter** gibt ebenfalls eine Stellungnahme ab. Am Ende der Verhandlung äußert sich der **Staatsanwalt** zu den einzelnen Angeboten. Schließlich entscheidet das Gericht. Wenn der plan de cession Entlassungen von Arbeitnehmern vorsieht, kann das Gericht den Sanierungsplan nur beschließen, wenn ein entsprechender PSE gem. Art. 1233-58 C. trav. ausgearbeitet worden ist. Die Stellungnahme des Betriebsrates muss dem Gericht am Vortag des Verhandlungstermins vorliegen (vgl. Art. L. 642-5 Abs. 5 C. com.).

368   Den **Zuschlag** erhält das Angebot, das am ehesten die dauerhafte Erhaltung der Arbeitsplätze, die Zahlungen an die Gläubiger sowie die wertvollsten Garantien zur Erfüllung des Sanierungsplans gewährleistet (Art. L. 642-5 C. com.). In der Praxis wird – wie bereits hinlänglich erörtert – besonderes Gewicht auf die **Sicherung** der **Arbeitsplätze** gelegt. Die Befriedigung der Gläubiger ist daher zweitrangig. Ob ein symbolischer Preis genügen kann, ist streitig. Teilweise wird er akzeptiert, wenn der Erwerber sich verpflichtet, alle Arbeitnehmer zu übernehmen. Das Gericht hat einen recht großen Entscheidungsspielraum (vgl. Le Corre Rn. 571.511 mwN auf die Rechtsprechung).

Das Urteil, das den plan de cession beschließt, entfaltet eine **erga omnes-Rechtswirkung** 369
(Art. L. 642-5 Abs. 3 C. com.; vgl. Le Corre Rn. 572.611).
Gegen die Entscheidung können **Rechtsmittel** eingelegt werden. So kann der **Schuldner** seit 370
der Reform von 2005 Berufung einlegen (Art. L. 661-6 III C. com.; zu den verfahrensrechtlichen
Voraussetzungen s. Com. 12.7.2017 – Nr. 16-12.544, Rev. sociétés 2017, 583 mAnm Henry).
Die Frist läuft ab Verkündung des Urteils (vgl. Com. 20.1.2009 – Nr. 07-21.587; vgl. Le Corre
Rn. 572.215). Der **Staatsanwalt** kann ebenfalls Berufung einlegen, etwa in dem Fall, in dem ein
besseres Angebot vom Gericht nicht berücksichtigt worden ist (vgl. Le Corre Rn. 572.212). Der
Erwerber kann nur dann in die Berufung gehen, wenn das Gericht ihm Verpflichtungen auferlegt
hat, die nicht in seinem Angebot enthalten gewesen sind (vgl. Com. 15.12.2009 – Nr. 08-21.235,
Bull. civ. IV, Nr. 169; D. 2010, 11 mAnm Lienhard). Der **Vertragspartner** eines gerichtlich
übertragenen Vertrages kann ebenfalls für den entsprechenden Teil des Urteils Berufung einlegen
(vgl. Le Corre Rn. 572.214). Weder der **Verwalter** noch der **Betriebsrat** können in die Berufung
gehen (vgl. Le Corre Rn. 572.221 ff.).
In stRspr lehnt der Kassationshof die Berufung eines **Bewerbers ab,** der nicht den Zuschlag 371
erhalten hat (vgl. Com. v. 8.11.1988 – Nr. 87-18.077; Bull. civ. IV, Nr. 295; Com. v. 11.5.1999 –
Nr. 98-11.392, RJDA 8-9/99 Nr. 976; Le Corre Rn. 572.223). Ein leer ausgegangener Bewerber
kann auch keine Nichtigkeitsklage wegen schwerwiegender Verfahrensverletzungen einlegen (sog.
„appel-nullité"), da er nicht Partei des Verfahrens ist (vgl. Com. 28.4.2009 – Nr. 07-18.715, Bull.
civ. IV, Nr. 57, D. 2009, 1276; Com. 14.12.2010 – Nr. 10-17.235, Bull. civ. IV, Nr. 202, D. 2011,
69 mAnm Lienhard; Com. 31.5.2011 – Nr. 10-17.774, Bull. civ. IV, Nr. 88; D. 2011, 1613 mAnm
Lienhard). Eine **Drittwiderspruchsklage** (tierce opposition) ist ebenfalls **unzulässig** (vgl. Le
Corre Rn. 572.241 ff.).
Ein **Gläubiger,** dessen Sicherheit im Rahmen des plan de cession hätte übertragen werden 372
müssen, ist ebenfalls keine Partei im Verfahren und kann gegen das Urteil, das den Übernahmeplan
genehmigt hat, weder **Berufung** noch **appel-nullité** einlegen (vgl. Com. 15.12.2009 – Nr. 08-
21.533, Bull. civ. IV, Nr. 167; D. 2010, 11 mAnm Lienhard; Le Corre Rn. 582.413). Die **tierce
opposition nullité** steht ihm allerdings offen (vgl. Le Corre Rn. 582.413).
d) **Stellung dinglich gesicherter Gläubiger.** Der Stellung dinglich gesicherter Gläubiger im 373
Rahmen der übertragenden Sanierung wird ein spezieller Abschnitt gewidmet (→ Rn. 533,
→ Rn. 551, → Rn. 557).
e) **Die Übernahme der Arbeitnehmer.** Die Gerichtsentscheidung, die den plan de cession 374
beschließt, bewirkt die **Übernahme** der im **Angebot aufgeführten Arbeitnehmer** und die
Genehmigung der **Entlassung aller nicht übernommenen Arbeitnehmer.** Die Entlassungen
erfolgen innerhalb eines Monats nach dem Urteil durch den Verwalter. Sie gehen zulasten der
Masse (eine Ausnahme besteht nur für solche Entlassungen, die vom Gericht überhaupt nicht im
plan de cession vorgesehen waren). Hier liegt einer der entscheidenden Vorteile der Übernahme
des Unternehmens im Rahmen des plan de cession. Denn anders als im deutschen Recht (§ 613a
BGB) können die Arbeitnehmer die nachträgliche Übernahme durch den Erwerber nicht vor
dem Arbeitsgericht einklagen. Art. L. 1224-1 C. trav., der die EU-RL 2001/23 umsetzt, kommt
nur bezüglich der Arbeitnehmer zur Anwendung, die im Rahmen des plan de cession vom
Erwerber übernommen werden. Die Arbeitnehmer, deren Entlassung durch die Gerichtsentscheidung genehmigt wird, kommen also nicht in den Genuss von Art. L. 1224-1 C. trav. Konnte das
Smallsteps-Urteil des EuGH v. 22.6.2017 (C-126/16 – Smallsteps BV, ECLI:EU:C:2017:489, ZIP
2017, 1289; dazu EWiR 2017, 467 mAnm Paulus; D. 2017, 2242 mAnm Dammann/Podeur;
Schlussanträge GA Mengozzi v. 29.3.2017, ECLI:EU:C:2017:241) noch dahingehend ausgelegt
werden, dass Art. L. 631-19 III bzw. Art. L. 642-5 C. com. der EU-RL 2001/23, nicht widersprechen, so ist dies im Anschluss an das Plessers-Urteil des EuGH v. 16.5.2019 (C-509/17,
ECLI:EU:2019:424, Schlussanträge v. GA Szpnar v. 23.1.2019, ECLI:EU:C:2019:50, D. 2020,
588 mAnm. Dammann/Alle) zweifelhaft geworden.
f) **Die Übertragung von Verträgen.** Das Gericht entscheidet, welche **Leasing-** und **Miet-** 375
verträge sowie **Verträge** über die „fourniture de biens ou services" für den Betrieb notwendig
sind, in die der Erwerber eintritt (Art. L. 642-7 C. com.; zur Auslegung dieses Begriffs s. Le
Corre Rn. 582.531 ff.). Hierzu zählen zB gewerbliche Mietraumverträge (bail commercial), Ver-
tragshändlerverträge, Lizenzverträge über Markenzeichen und Patente. Nach hM ist es ebenfalls
möglich, in engen Grenzen, **intuitu personae geschlossene** Verträge zu übertragen (vgl. Com.
17.3.1992 – Nr. 90-17.364, Bull. civ., Nr. 120; vgl. Le Corre Rn. 582.561; Pérochon Rn. 1271;
Lienhard Rn. 124.33). Ein **Kreditvertrag,** der vor Verfahrenseröffnung von einer Bank gewährt
wurde, kann zB nicht übertragen werden (vgl. Com. 9.2.2016 – Nr. 14-23.219, D. 2016, 423
mAnm Lienhard). Eine **Bürgschaft,** die Mietzahlungen absichert, wird nicht mit dem Mietvertrag

Internationales Insolvenzrecht – Frankreich

übertragen (Com. 10.7.2001 – Nr. 98-14.462, Bull. civ. IV, Nr. 135). Der Bürge haftet nur für Zahlung der Mieten, die bis zum Zeitpunkt der Zession fällig geworden sind, jedoch nicht für Mietzahlungen durch den Zessionar. Ausgeschlossen ist auch die Übertragung eines **Franchisevertrages** im Falle der Insolvenz des **franchiseur** (vgl. Le Corre Rn. 582.561). Das Gericht ist an die **Auflistung** im Angebot gebunden und kann Verträge, die nicht Gegenstand des Angebotes des Erwerbers gewesen sind, nicht übertragen (vgl. Com. 15.15.2009 – Nr. 08-21.235, Bull. civ. IV, Nr. 169, D. 2010, 11 mAnm Lienhard; vgl. Le Corre Rn. 582.572).

376   **Vertragsklauseln,** die eine Übertragung von der **Zustimmung** des **Vertragspartners abhängig machen,** sind **wirkungslos. Nicht übertragbar** sind allerdings **rein persönliche Vorzugsrechte,** pacte de préférence, die nur dem ursprünglichen Vertragspartner eingeräumt worden sind (so die Grundsatzentscheidung Com. 13.2.2007, Oxer de Deauville, D. 2007, 648 mAnm Lienhard; JCP E 2007, 1322). Sind im Übernahmeplan Aktien inbegriffen, so sind die in den Statuten des Emittenten vorgesehenen **clauses d'agréement** (dazu Sonnenberger/Dammann, Französisches Handels- und Wirtschaftsrecht, 3. Aufl. 2008, Rn. III 181) vom Insolvenzverwalter zu beachten (vgl. Com. 31.1.1995, D. 1995, 426 mAnm Parléani; Rev. sociétés 1995, 320 mAnm Le Nabasque). Dasselbe gilt für satzungsmäßige Vorkaufsrechte (vgl. Com. 23.1.1996, D. 1996, 310 mAnm Derrida; dazu Garçon JCP E 1999, 561).

377   Wird im Rahmen der **Liquidierung** ein Teil des Unternehmens verkauft, muss der liquidateur **vertraglich vereinbarte Vorzugsrechte** einbehalten (so die Grundsatzentscheidung Com. 13.2.2007, Belle Etoile, Bull. civ. IV, Nr. 120; D. 2007, 648 mAnm Lienhard; JCP E 2007, 1322; dieses Prinzip kommt, wie bereits angesprochen, auch bei der Versilberung der einzelnen Aktiva zur Anwendung).

378   Die gerichtliche Übertragung des Vertrages erfolgt durch das **Urteil** („emporte cession"). Die Verträge müssen zu den Bedingungen erfüllt werden, die zum Zeitpunkt der Verfahrenseröffnung bestanden. Seit der Reform von 2005 kann das Gericht zugunsten des Zessionars **keinen Zahlungsaufschub** mehr bestimmen. Der **Zessionar** muss eventuelle **Garantiedepots rekonstituieren** (vgl. Com. 16.9.2008, Bull. civ, IV Nr. 155, D. 2008, 2345 mAnm Lienhard; TGI Paris 20.1.2015, RG Nr. 14/15133; RTD Com. 2015, 47 mAnm Kendérian; vgl. Le Corre Rn. 582.611).

379   Hinzuweisen ist ferner auf eine Besonderheit im Falle der Übertragung von **Leasingverträgen** (vgl. ausf. Le Corre Rn. 582.811). Bei **Ausübung** der **Kaufoption** durch den Leasingnehmer werden nicht nur alle **offenen Leasingraten fällig,** sondern auch die **Altschulden.** Voraussetzung ist, dass der Leasinggeber diese Insolvenzforderungen **angemeldet** hat (vgl. Le Corre Rn. 582.821). Der Preis kann jedoch nicht den **Wert der Sache** zum Zeitpunkt der Übertragung des Leasingvertrages überschreiten (Art. L. 642-7 Abs. 5 C. com.). Können sich die Parteien nicht auf einen **Wert einigen,** bestimmt ihn das **Gericht** (vgl. Lienhard Rn. 124.39).

380   Der liquidateur bzw. der Verwalter schließt auf der Grundlage des Urteils die entsprechenden **Ausführungsverträge** ab, die dem plan de cession nicht widersprechen können (Civ. 7.12.2011 – Nr. 10-30.695, Bull. civ. III, Nr. 207; D. 2012, 88 mAnm Lienhard). Auf Antrag des Bieters kann das Gericht, auf seine Verantwortung, die sofortige Übernahme des Betriebes verfügen (Art. L. 642-8 C. com.).

381   Enthält das Angebot eine **clause de substitution,** ist der Bieter Garant der Erfüllung der Verpflichtungen des Plans durch den Erwerber. Diese Garantie bezieht sich aber **nicht** auf die **Erfüllung** der **Vertragspflichten** der **übertragenen Verträge** durch den Erwerber (Com. 12.7.2016 – Nr. 15-16.389, Bull. civ. IV, Nr. 680; D. 2016, 1559 mAnm Lienhard; Rev. sociétés 2016, 554 mAnm Henry: „l'engagement de poursuivre ces contrats résultant du plan arrêté par le tribunal ne s'étend pas à la garantie, envers les cocontractants cédés, de la bonne exécution des obligations en résultant par le cessionnaire substitué").

382   Die ordonnance von 2014 hat das Schicksal der Verträge, die nicht übernommen werden, präzisiert. Der Kassationshof hatte entschieden, dass diese Verträge **nicht** durch die Gerichtsentscheidung **gekündigt** bzw. **aufgehoben** werden; sie sind „en cours" (Com. 6.10.2009 – Nr. 07.15.325, Bull. civ. IV, Nr. 120; D. 2009, 2484 mAnm Lienhard; vgl. Le Corre Rn. 582.681). Art. L. 642-7 Abs. 7 C. com. sieht vor, dass der Vertragspartner beim **juge commissaire** einen Antrag stellen kann, die Verträge zu kündigen, deren Fortführung von liquidateur nicht verlangt wird.

383   **g) Die vorangegangene Unternehmensverpachtung.** Der Unternehmensveräußerung kann eine **Unternehmensverpachtung** (location gérence) für eine Dauer von **höchstens zwei Jahren** vorausgehen (Art. L. 642-13 ff. C. com.; allg. Sonnenberger/Dammann, Französisches Handels- und Wirtschaftsrecht, 3. Aufl. 2008, Rn. IV 34 ff.). Versäumt der locataire-gérant den fristgerechten Erwerb des Unternehmens, macht er sich schadensersatzpflichtig. Das Gericht kann

Internationales Insolvenzrecht – Frankreich

schließlich auch über die Kündigung des Pachtvertrages und die Aufhebung des Insolvenzplans verfügen (Art. L. 642-17 C. com.).

h) Die Modifizierung und die gerichtliche Aufhebung des Übernahmeplans. Eine **einschneidende Modifizierung** der im Plan vergebenen Ziele und Mittel kann allein durch das Gericht auf der Grundlage eines **Antrags des Erwerbers** genehmigt werden. Nicht verändert werden kann jedoch der Kaufpreis (Art. L. 642-6 C. com.; vgl. Le Corre Rn. 583.121). Kommt der Erwerber seinen Verpflichtungen nicht nach, macht er sich schadensersatzpflichtig. 384

Darüber hinaus kann das Insolvenzgericht den Sanierungsplan und die Ausführungsverträge **aufheben** bzw. **kündigen** (Art. L. 642-11 Abs. 2 C. com.). Der bereits vom Erwerber gezahlte Kaufpreis wird einbehalten. **Antragsberechtigt** sind der Staatsanwalt, der liquidateur, ein Gläubiger oder jeder Interessent (zB Arbeitnehmer, wenn der Erwerber seinen Verpflichtungen, Arbeitsplätze zu erhalten oder zu schaffen, nicht nachgekommen ist, vgl. Lienhard Rn. 124.45). Das Gericht kann auch von Amts wegen handeln. 385

IV. Stellung der Gläubiger

1. Kollektive Vertretung der Gläubigerinteressen

Vormals bildeten die Gläubiger aufgrund des Urteils eine **Gemeinschaft,** die im Vergleichsverfahren masse und im Konkursverfahren union hieß. Die Gemeinschaft nahm die Rechte der Gläubiger im Verfahren wahr. Ihr standen auch eigene kollektive Ansprüche gegen Dritten zu. Die Reform von 1985 hat die Gemeinschaft der Gläubiger **implizit abgeschafft**. Der Reformgesetzgeber von 2005 hat es bei dieser Rechtslage belassen und keine wesentlichen Änderungen vorgenommen. Die praktischen Auswirkungen des Fehlens einer organisierten Gläubigergemeinschaft sind eher gering einzustufen. Die Gläubiger werden in **ihrer Gesamtheit** von ihrem **Repräsentanten,** mandataire judiciaire, vertreten (Art. L. 622-20 C. com.). Dieser Repräsentant nimmt im Verfahren die Belange der Gläubiger wahr und macht alle Rechte und Ansprüche gegen Dritte geltend, die den Gläubigern in ihrer Gemeinschaft zustehen (übersichtlich Lienhard Rn. 78.11). Es handelt sich um eine **Monopolstellung** (vgl. Art. 622-20 Abs. 1 C. com.: „le mandataire judiciaire (...) a **seul qualité**"). Einzelne Gläubiger können daher grundsätzlich keine Ansprüche geltend machen, die der Allgemeinheit der Gläubiger zustehen. Versäumt es der Gläubigervertreter, tätig zu werden, kann jeder als controleur bestellte Gläubiger die Rechte der Gläubigergemeinschaft wahrnehmen (vgl. Art. R. 622-18 C. com.; Lienhard Rn. 44.23, 78.13). 386

2. Strategische Überlegungen der einzelnen Gläubiger

Im Vorfeld einer **drohenden Insolvenz** stellt sich eine Fülle von Fragen, wobei je nach Verfahrenstyp und -phase zu differenzieren ist. Zunächst muss der **Problematik** der **möglichen Nichtigkeit** von Zahlungen und Rechtshandlungen während der sog. **période suspecte** Rechnung getragen werden. Besondere Vorsicht ist bei **vorzeitiger Rückzahlung** von Schulden oder der **Bestellung von Sicherheiten** im Rahmen von Restrukturierungsvereinbarungen geboten. Dieser Problematik ist ein eigenes Kapital gewidmet (→ Rn. 561). 387

Kommt es zur **Eröffnung** eines **Insolvenzverfahrens,** stellt sich für den Gläubiger zunächst die Frage, ob und inwieweit seine Rechte **eingeschränkt** werden. Zu untersuchen ist insbesondere, ob der Gläubiger während der Beobachtungsphase im Rahmen eines präventiven Insolvenz- oder redressement-Verfahrens eine **Rückzahlung** seiner Forderung zB mittels **Aufrechnung** erhalten oder seine **Sicherheiten verwerten** kann. Am Ende der Beobachtungsphase kann es zum Abschluss eines Sanierungsplans bzw. im redressement-Verfahren zu einer übertragenden Sanierung mit anschließender Liquidierung kommen. Hier steht die **Effizienz** von **dinglichen** und **persönlichen Sicherheiten** im Mittelpunkt des Interesses. Im Folgenden werden daher je nach **Verfahrenstyp** und -phase die Rechtspositionen der Gläubiger analysiert. 388

3. Insolvenzrechtliche Beschränkungen

a) Verbot der Zahlung von Insolvenzforderungen. aa) Die Grundregel. Mit Eröffnung eines **präventiven** oder **ordentlichen Insolvenzverfahrens** werden die Rechte der Gläubiger deutlich **eingeschränkt.** Art. L. 622-7 I C. com. stellt das **Verbot** auf, auf **Insolvenzforderungen Zahlung** zu **leisten.** Das automatische Moratorium betrifft grundsätzlich alle Gläubiger. Es bestehen allerdings Ausnahmen (Zahlung durch den Drittschuldner abgetretener Forderungen → Rn. 390; Aufrechnung von konnexen Forderungen → Rn. 392; Genehmigung durch den **juge commissaire** → Rn. 396). Entscheidend ist der Zeitpunkt der Entstehung der Forderung (vgl. 389

Internationales Insolvenzrecht – Frankreich

Lienhard Rn. 75.18 unter Hinweis auf Com. 17.11.2009 – Nr. 08.19.537, Bull. civ. IV, Nr. 148; D. 2009, 2862; Com. 27.9.2017 – Nr. 16-19.394, D. 2017, 1972). Die Bestellung eines Pfandrechts (gage-espèce) ist nichtig, selbst wenn sie vom Verwalter genehmigt worden ist, um Fortführung von Lieferverträgen während der Beobachtungsphase zu sichern, da es sich bei den gesicherten Forderungen um keine Masse- sondern lediglich um Insolvenzforderungen gehandelt hat (Com. 3.4.2019 – Nr. 18-11.281, BJE Juli/August 2019, 23 mAnm Borga, JCP E 2019, 1375, Nr. 5).

390   bb) **Ausnahme bei Zahlung durch den Drittschuldner abgetretener Forderungen.** Ist bei Dauerschuldverhältnissen die créance à exécution successive bereits vor der Verfahrenseröffnung entstanden und abgetreten worden, kann der Gläubiger weiterhin Zahlungen von **Drittschuldnern** verlangen (so die Grundsatzentscheidung Cass. ch. mixte 22.11.2002 – Nr. 99-13.935, Bull. civ. Nr. 9; D. 2002, 3270 mAnm Lienhard; D. 2003, 445 mAnm Larroumet; Com. 8.7.2003 – Nr. 00-13.309, Bull. civ. IV, Nr. 132, D. 2003, 2094 mAnm Lienhard; RD banc. fin. 2003, 234 mAnm Lucas; RTD com. 2003, 148 mAnm Legeais: hier handelte es sich um ein avis de tiers détenteur der Steuerbehörde). Bei Mietverträgen werden daher auch Mietraten, die erst nach dem Eröffnungsurteil fällig werden, insolvenzfest abgetreten, wenn der bordereau Dailly vor der Eröffnung des Insolvenzverfahrens ausgefertigt worden ist (so CA Versailles 28.2.2013 – Nr. 12/06573 – **Coeur Défense,** D. 2013, D. 2013, 829 mAnm Dammann; RTD com. 2013, 571 mAnm Legeais; LEDEN 5/2013, 1 mAnm Lucas; BJE 2013, 235 mAnm Borga). Die Zahlung durch einen Scheck ist vor Eröffnung des Verfahrens erfolgt, wenn zum Zeitpunkt der Verfahrenseröffnung die Provision zur Einlösung des Schecks bestand (Com. 12.1.2010 – Nr. 08-20.241, Bull. civ. IV, Nr. 1; D. 2010, 264).

391   cc) **Privilegierte und nicht privilegierte Masseforderungen.** Privilegierte Masseschulden iSv Art. 622-17 I C. com. sind **keine Insolvenzforderungen** und müssen daher bei Fälligkeit vom Gesamtschuldner gezahlt werden. Sind die Masseschulden allerdings **nicht privilegiert** (dazu → Rn. 414, → Rn. 438), dürfen sie **nicht bezahlt** werden, da sie Insolvenzforderungen gleichgestellt sind (vgl. Lienhard Rn. 75.20). Unterhaltszahlungen (créances alimentaires) sind vom Verbot der Zahlung von Insolvenzforderungen nicht betroffen.

392   dd) **Aufrechnung von konnexen Haupt- und Gegenforderungen.** Art. 622-7 I C. com. gestattet die **Aufrechnung** von **konnexen Haupt-** und **Gegenforderungen** und das selbst dann, wenn die Forderungen bei Verfahrenseröffnung noch nicht fällig waren. Liegt Konnexität vor, ist die Aufrechnung folglich privilegiert. Art. L. 622-7 I C. com. kommt auch zur Anwendung, wenn es sich bei der Gegenforderung um eine Masseverbindlichkeit handelt (vgl. Com. 1.7.2020 – Nr. 18-25.487, D. 2020, 1458). Angesichts der Relevanz des Vorliegens der Konnexität kam es in der Vergangenheit zu einer Flut von Gerichtsentscheidungen zur Auslegung dieses Begriffs (eine Zusammenstellung findet sich bei Le Corre Rn. 632.411 ff.; Danos D. 2015, 1655). Die Rechtsprechung erkennt **Konnexität** etwa dann an, wenn beide Forderungen ihren **Ursprung im selben Vertrag** haben (connexité natuelle, zB beim Kontokorrent, vgl. Lienhard Rn. 75.19; Le Corre Rn. 632.431). In gewissen Grenzen gilt dies auch bei **Vertragsgruppen,** insbesondere in solchen Fällen, in denen ein **Rahmenvertrag** mehrere **Ausführungsverträge** vorsieht (vgl. Com. 9.5.1995 – Nr. 93-11.724; D. 1996, 322 mAnm Loiseau; JCP 1995 II 22448, rapp. Rémery; Dr. sociétés 1995, 137mAnm Chaput). Keine Rolle spielt, ob die Forderung des Schuldners erst **nach Verfahrenseröffnung** entstanden ist (vgl. Com. 21.2.2012 – Nr. 11-18.027, Bull. civ. IV, Nr. 44, D. 2012, 678 mAnm Lienhard). Notwendige Bedingung ist allerdings, dass die Insolvenzforderung **angemeldet** worden ist (vgl. Com. 3.5.2011 – Nr. 10-16.758, Bull. civ. IV, Nr. 66; D. 2011, 1215 mAnm Lienhard, D. 2011, 2076 mAnm Lucas; Com. 19.6.2012 – Nr. 10-21.641, Bull. civ. IV, Nr. 129, D. 2012, 1669 mAnm Lienhard; Rev. sociétés 2012, 534 mAnm Henry).

393   Wie weit die **Privatautonomie** reicht, ist umstritten. Die Rechtsprechung **lehnt** es **ab,** dass Parteien in **Netting-Vereinbarungen** eine **Konnexität** für solche Forderungen, die ihren Ursprung in **separat abgeschlossenen Verträgen** haben, **frei vereinbaren** können (vgl. Com. 9.12.1997 – Nr. 95-14.504, Bull. civ. IV, Nr. 324; Le Corre Rn. 632.451 mwN). Ob Konnexität bei einem **accord de compensation de comptes** anzuerkennen ist, ist ebenfalls umstritten. Der Kassationshof hat die Wirksamkeit einer Aufrechnungsvereinbarung bei der Verpfändung in der Form eines gage-espèce von mehreren Unterkonten anerkannt (Com. 6.2.2007, JCP E 2007, 1378). Abgelehnt hat die Cour de cassation allerdings eine **Aufrechnungslage** zwischen einem **Kontokorrentkonto** und einem **Depot-Konto** von Wertrechten in Anwendung einer clause d'unité de compte et de compensation (Com. 16.12.2014 – Nr. 13-17.046; Bull. civ. IV, Nr. 185; D. 2015, 68; BJE 2015, 97 mAnm Bonhomme). Das liegt in der **unterschiedlichen Natur** der **Konten** begründet (Le Corre Rn. 632.432).

394   Eine **compensation** zwischen **vertraglichen** und **deliktsrechtlichen** Forderungen ist **nicht gestattet** (stRspr; Com. 18.9.2007 – Nr. 06-16.070, Bull. civ. IV, Nr. 203; D. 2007, 2476).

Dasselbe gilt, wenn eine der Forderungen auf einem autonomen Garantieversprechen (garantie à première demande) beruht (vgl. Com. 19.12.2006 – Nr. 05-13.461; Bull. civ. IV, Nr. 249; D. 2007, 158 mAnm Lienhard).

ee) Pacte commissoire. Seit der Reform der Sicherungsrechte v. 23.3.2006 kann im Pfand- 395 vertrag ein Aneignungsbefugnis des Pfandgläubigers als Verwertungsmodalität, eine sog. pacte commissoire, vereinbart werden (dazu Sonnenberger/Dammann, Französisches Handels- und Wirtschaftsrecht, 3. Aufl. 2008, Rn. VII 113). Tatsächlich ist die Verwertung von Sicherheiten mittels **pacte commissoire** im präventivem Restrukturierungsverfahren und im redressement judiciaire jedoch **ausgeschlossen** (Art. L. 622-7 I Abs. 3 C. com.). Das gleiche Verbot gilt auch während einer **liquidation judiciaire**.

ff) Genehmigung der Zahlung von Insolvenzforderungen. Der **verfahrensleitende** 396 **Richter** kann die **Zahlung** von **Insolvenzforderungen genehmigen,** um es dem Schuldner zu ermöglichen, die Pfandsache bzw. Sachen, die mittels fiducie-sûreté sicherheitsübereignet worden sind und die sich im **Besitz** des **abgesicherten Gläubigers** befinden, **auszulösen** (Art. L. 622-7 II Abs. 2 C. com.).

gg) Verstoß gegen das Verbot der Zahlung von Insolvenzforderungen. Im Falle der 397 **Zuwiderhandlung** gegen das Verbot der Zahlung von Insolvenzforderungen kann jeder Betroffene bzw. der Staatsanwalt innerhalb von drei Jahren nach erfolgter Zahlung zugunsten der Gläubigergemeinschaft **Nichtigkeitsklage** erheben (Art. L. 622 III C. com.). Es handelt sich um eine **absolute Nichtigkeit** (vgl. Lienhard Rn. 75.28). Darüber hinaus kann sich der Schuldner **zivil-** und sogar **strafrechtlich** nach Art. L. 654-8 C. com. haftbar machen (→ Rn. 630).

b) Aussetzung von individuellen Rechtsverfolgungsmaßnahmen. aa) Die Grundregel. 398 Art. L. 622-21 C. com., der das Pendant zu Art. L. 622-7 C. com. darstellt, schließt eine **individuelle Rechtsverfolgung** aufgrund von **Zahlungsansprüchen** aus **Insolvenzforderungen** grundsätzlich bis zum Urteil der Planfeststellung bzw. der Liquidation aus. Die Frist verlängert sich im Falle einer sanierenden Übertragung im Liquidationsverfahren (vgl. Art. L. 643-2 Abs. 2 C. com.). Das Gleiche gilt für Forderungen, die zwar nach dem Eröffnungsurteil entstehen, aber **nicht** zu den **privilegierten Forderungen** iSd Art. L. 622-17 I C. com. zu rechnen sind (dazu → Rn. 434). Weder für dinglich abgesicherte Gläubiger noch für den Fiskus oder die Sozialversicherungsträger bestehen Sonderregelungen. Dieses Prinzip kommt selbst dann zur Anwendung, falls der Schuldner seinem Gläubiger unter Vorspiegelung falscher Tatsachen die Eröffnung eines redressement-Verfahrens verschwiegen hat, der daraufhin seine Forderungen nicht angemeldet und es daneben unterlassen hat, Rechtsverfolgungsmaßnahmen anzustoßen (vgl. Com. 6.6.2018 – Nr. 16-23.996, D. 2018, 1254). Art. L. 622-21 C. com. ist zum **ordre public** zu zählen und ein Verstoß muss vom Gericht **von Amts wegen** moniert werden (vgl. Com. 12.1.2010 – Nr. 08-19.645, D. 2010, 263 mAnm Lienhard). In einem nicht unumstrittenen Urteil hat der Kassationshof entschieden, dass dingliche Sicherheiten, die von Garanten zur Absicherung von Schulden des Gesamtschuldners bestellt worden sind, vollstreckt werden können (Com. 25.11.2020 – Nr. 19-11.525; zu den Auswirkungen dieser Rspr. Vallansan, Rev. proc. coll. 1/ 2021, études, 17; Dammann/Malaveille D. 2021, 532). Die Garanten kommen folglich nicht in den Genuss der Aussetzung von Rechtsverfolgungsmaßnahmen. Art. L. 622-21, II C. com. (idF der ord. von 2021) hat diese Rechtsprechung gebrochen.

bb) Klagen auf Zahlung von Insolvenzforderungen. Das Eröffnungsurteil bewirkt ferner, 399 dass alle Klagen auf Zahlung von Insolvenzforderungen oder Vertragsauflösungsklagen wegen Nichtzahlung eines Geldbetrages unterbrochen bzw. untersagt sind (vgl. Com. 15.11.2016 – Nr. 14-25.767, D. 2016, 2334; RTD com. 2017, 185 mAnm Martin-Serf). Von diesem Verbot werden vor allem Zwangsvollstreckungsmaßnahmen erfasst. Gleiches gilt für die gerichtliche Übertragung eines Pfandobjektes an Zahlungs statt gem. Art. 2347 bzw. 2365 C. civ.

Nicht in den Anwendungsbereich des Art. L. 622-21 C. com. fallen **Nichtigkeitsklagen,** die 400 **nicht** auf die **Zahlung eines Geldbetrages** abzielen (Com. 7.10.2020 – Nr. 19-14.422, Rev. sociétés 2020, 770 mAnm Henry, RTD com. 2021, 187 mAnm Martin-Serf; vgl. ferner Pérochon Rn. 630), **Klagen auf Austausch defekter Ware** (Com. 28.3.1995 – Nr. 92-18.917, Bull. civ. IV, Nr. 104), **Klagen** zur **Bestellung** eines **Gutachters,** um die Haftung des Schuldners aufzuklären (Com. 2.12.2014 – Nr. 13-24.405, D. 2014, 2519; RTD com. 2015, 151 mAnm Martin-Serf); **Klagen** zur **Herausgabe von Dokumenten** (Com. 20.3.2019 – Nr. 17-22.417, BJE 4/ 2019, 40, übersichtlich zur Rspr. Le Cannu/Robine Nr. 575). Im Lichte der Reform von Art. 1221 C. civ. durch die ordonnance vom 10.2.2016 dürften auch **Klagen** auf **Vertragserfüllung** von **obligations de faire** möglich sein (vgl. Le Corre Nr. 621.741). Ob es sich um laufende Verträge (contrats en cours) handelt, spielt keine Rolle. Wenn ein Urteil bereits **vor** Verfahrenseröffnung **rechtskräftig** war, kommt diese Bestimmung nicht zur Anwendung (vgl. Com.

Internationales Insolvenzrecht – Frankreich

18.11.2014 – Nr. 13-23.997, Bull. civ. IV, Nr. 170, D. 2014, 2405). Dasselbe gilt für die **Aussonderung** und Rückerstattung von beweglichen Sachen, die Art. L. 624-9 ff. C. com. unterliegen.

401 Art. L. 622-21 C. com. greift schließlich bei **créances à exécution successive** nicht ein, die bereits vor Verfahrenseröffnung **wirksam gepfändet** worden sind. Da nach der bereits zitierten Grundsatzentscheidung der chambre mixte v. 22.11.2002 (Nr. 99-13.935, → Rn. 390) alle Forderungen bereits beim Abschluss des Vertrages entstehen, werden von der saisie-attribution auch die bei Verfahrenseröffnung noch nicht fälligen Forderungen erfasst. Für die Anwendung von Art. L. 622-21 C. com. kommt es also darauf an, sich zum Zeitpunkt der Verfahrenseröffnung ein genaues Bild des Vermögens des Schuldners zu machen. Wurde eine **Sicherheit** bereits vor diesem Zeitpunkt **wirksam bestellt**, kann sie einem Verfahren nicht wirksam entgegengehalten werden.

401a In der Neufassung sieht Art. 622-17 Abs. 4 C. com. (→ Rn. 15) folgende Einschränkungen vor: Ab dem Zeitpunkt der Verfahrenseröffnung können die **Vermögensteile** von **dinglichen Sicherheiten** und **Zurückbehaltungsrechten** nicht erhöht oder ergänzt werden, zB durch Früchte oder zusätzliche Wertrechte und Dividenden gem. L. 211-20 C. mon. fin. Der Schuldner kann ebenfalls keine zukünftigen Sachen, Rechte und Forderungen übertragen bzw. abtreten. Diese Bestimmung betrifft die neue zivilrechtliche Abtretung von zukünftigen Forderungen. Eine Ausnahmeregelung besteht allerdings zugunsten von Forderungsabtretungen mittels bordereau Dailly gem. Art. L. 313-23 C. mon. fin., sofern diese Mantelzessionen aufgrund eines Rahmenvertrages erfolgten, der vor der Eröffnung des Sanierungsverfahrens bzw. vor Eintritt der Zahlungsunfähigkeit abgeschlossen worden ist.

402 cc) **Einzahlung von Geldbeträgen auf zweckgewidmete Sperrkonten.** Bei der **Veräußerung** eines **fonds de commerce** durch den Schuldner wird der Kaufpreis in der Regel auf einem **Sperrkonto** (compte sequestre) hinterlegt, um die bevorzugte Befriedigung der eingetragenen Sicherheitsgläubiger zu organisieren (ausf. dazu Le Corre Rn. 456.321 ff.). Nach ständiger Rechtsprechung zählen Geldbeträge dieses **zweckgewidmeten Sperrkontos** nicht zum Vermögen des Schuldners (vgl. Com. 24.4.2007 – Nr. 06-16.215, D. 2007, 1275 mAnm Lienhard). Diese Rechtsprechung wurde durch die Neufassung von Art. L. 622-21 und R. 622-19 C. com. durch die ordonnance von 2008 infrage gestellt und durch eine Grundsatzentscheidung des Kassationshofes v. 8.6.2010 revidiert (Nr. 09-68.591, Bull. civ. IV, 109; D. 2010, 1478 mAnm Lienhard; Rev. Sociétés 2010, 481 mAnm Roussel Galle; vgl. ferner Le Corre Rn. 456.322). Die Geldbeträge müssen nunmehr an den liquidateur übergeben werden, der sie bei der CDC zur Verteilung hinterlegt. Sie werden also nicht zur Finanzierung der Unternehmensfortführung herangezogen (vgl. Com. 17.11.2015 – Nr. 14-19.504, Bull. civ. IV, Nr. 158, D. 2015, 2008; vgl. hierzu übersichtlich Lienhard Rn. 78.29). Diese Situation unterscheidet sich von einer **saisi-vente,** die bereits vor **Verfahrenseröffnung** ihre **Rechtswirkungen entfaltet** hat. Die betroffene Sache ist hier nicht zum Vermögen des Gemeinschuldners zu zählen (vgl. Com. 27.3.2012 – Nr. 11-18.585, Bull. civ. IV, Nr. 69; D. 2012, 942 mAnm Lienhard).

403 dd) **Unterbrechung und Wiederaufnahme anhängiger Verfahren.** Die **Unterbrechung** und **Wiederaufnahme** anhängiger Verfahren sind in Art. L. 622-22 C. com. geregelt (vgl. Lienhard Rn. 78.22). **Instances en cours** sind **unterbrochen,** bis der Gläubiger seine **Forderung angemeldet** hat. Dies Regel gilt auch für anhängige Schiedsverfahren (CA Paris – 3.3.1998, D. 1998, IR 102; zur Anhängigkeit vgl. Civ. 30.3.2004 – Nr. 01.11.951, D. 2004, 3183 mAnm Clay). Wird die Forderungsanmeldung unterlassen, kann der Gläubiger aus dieser Situation keinen Vorteil ziehen. Er muss das Ende des Insolvenzverfahrens abwarten (vgl. Cass. avis 8.6.2009 – Nr. 09-00.002; D. 2009, 1603 mAnm Lienhard). Ob der Gläubiger danach das Verfahren wieder aufnehmen kann, ist allerdings fraglich, da seine Forderung von der Restschuldbefreiung erfasst wird bzw. verjährt sein kann. Nach der Forderungsanmeldung werden die unterbrochenen Verfahren automatisch fortgeführt; der Streit wird den Verfahrensorganen (mandataire judiciaire und eventuell der Verwalter bzw. der commissaire à l'exécution du plan) verkündet. Die Verfahren beschränken sich allerdings auf die **Feststellung** der **Forderungshöhe.**

404 ee) **Stellung von Gesamtschuldnern und Garanten.** Natürliche Personen, die **Gesamtschuldner** des Schuldners sind oder eine **persönliche Sicherheit** geleistet haben (im Wesentlichen in Form einer Bürgschaft, eines selbstständigen Garantieversprechens oder durch die Bestellung dinglicher Sicherheiten zur Bestimmung des Personenkreises, → Rn. 111), kommen ebenfalls in den **Genuss** der **Suspendierung** der **Rechtsverfolgung** während der **Beobachtungsphase** (Art. L. 622-28 Abs. 2 C. com.). Aus verfahrensrechtlicher Sicht handelt es sich um eine „fin de non-recevoir", die der Garant nicht erst im Revisionsverfahren geltend machen kann (vgl. Cass. ch. mixte 16.11.2007 – Nr. 03-14.409, D. 2007, 3009 mAnm Lienhard) und die nicht ex officio vom Gericht anzuwenden ist (Lienhard Rn. 78.40). Das Gericht kann dem Garanten anschließend einen **Zahlungsaufschub** von bis zu zwei Jahren einräumen. Die Gläubiger dieser Garanten können allerdings **Sicherungsmaßnahmen** ergreifen.

ff) Keine sofortige Fälligkeit einer Insolvenzforderung bei Verfahrenseröffnung. Die 405 Einleitung des präventiven Restrukturierungsverfahrens bzw. des redressement judiciaire zieht keine sofortige Fälligkeit der einzelnen Forderungen nach sich (Art. L. 622-29 C. com.). Im Liquidationsverfahren ist das Gegenteil der Fall. Die Vorschrift erklärt auch entsprechende vertragliche Vereinbarungen für unwirksam („réputée non écrite"). Der Kassationshof hat diese Vorschrift weit ausgelegt: „toute clause liant directement ou indirectement la déchéance du terme d'une créance à l'ouverture d'une procédure de redressement judiciaire est reputée non écrite" (vgl. Com. 21.2.2012 – Nr. 11-30.077, Bull. civ. IV, Nr. 43; D. 2012, 607 mAnm Lienhard; D. 2012, 2196 mAnm Lucas/Le Corre).

gg) Aussetzung von Zinsen. Zinsen entstehen während des Verfahrens grundsätzlich nicht 406 (Art. L. 622-28 Abs. 1 C. com.). **Ausnahmen** bestehen insoweit für Darlehensverträge und Verträge mit Stundungsklauseln, die eine **Laufzeit** von **mindestens einem Jahr** haben. Diese Regel kommt nicht nur im präventiven, sondern auch im ordentlichen Insolvenzverfahren zur Anwendung (Art. L. 631-14, L. 641-3 C. com.). Sie wird von der Rechtsprechung **eng** ausgelegt. Ein unbefristeter Überziehungskredit erfüllt diese Ausnahmevoraussetzung nicht, selbst wenn zu einem späteren Zeitpunkt ein dahingehender Abänderungsvertrag geschlossen worden ist (vgl. Com. 23.4.2013 – Nr. 12-14.283, Bull. civ. IV, Nr. 71, D. 2013, 1128). Ein Krediteröffnungsvertrag wird wie ein Darlehen behandelt (Com. 9.1.2001 – Nr. 97-13.236, Bull. civ. IV, Nr. 1; D. 2001, 923). Bei einem Darlehen mit einer Laufzeit von sechs Monaten, das dreimal um jeweils sechs weitere Monate verlängert worden ist, werden keine Zinsen fällig. Dies gilt auch zugunsten eines Bürgen, gegen den ein redressement judiciaire eröffnet worden ist; dies gilt selbst dann, wenn die Laufzeit des abgesicherten Darlehens ein Jahr übersteigt (vgl. Com. 16.11.2010 – Nr. 09-71.935, Bull. civ. IV, Nr. 175, D. 2010, 2902 mAnm Lienhard).

In den Genuss dieser Regelung kommen auch **natürliche** Personen, die **Gesamtschuldner** 407 des Schuldners sind oder eine **persönliche Sicherheit** geleistet haben (im Wesentlichen in Form einer Bürgschaft, eines selbstständigen Garantieversprechens oder der Bestellung dinglicher Sicherheiten, Art. L. 622-28 Abs. 2 C. com.; zur Bestimmung des Personenkreises → Rn. 111). Der Bürgschaftsvertrag kann keine Klausel vorsehen, die eine vorzeitige Fälligkeit der Bürgschaft bewirkt (vgl. Civ. 24.1.1995 – Nr. 92-21.436; Bull. civ. I, Nr. 51 („réputée non écrite"); Com. 30.6.1995, JCP 1995 E, I, 3851, Nr. 6 mAnm Simler/Delebecque; vgl. Legeais, Droit des sûretés et garanties du crédit, 12. Aufl. 2017, Rn. 259; Malaurie/Aynès, Les sûretés, la publicité foncière, 12. Aufl. 2018, Rn. 135).

hh) Verbot der Eintragung von Sicherungsrechten. Nach Eröffnung eines sauvegarde-, 408 redressement- oder Liquidationsverfahrens können **Hypotheken, Pfandrechte** (gages, nantissements) und **Privilegien nicht mehr eingetragen** werden (Art. L. 622-30 C. com.). Dies gilt auch für **sachenrechtliche Rechtsgeschäfte** und **Gerichtsentscheidungen,** es sei denn, es handelt sich um Rechtsgeschäfte, bei denen das Datum ihres Wirksamwerdens vor Eröffnung des Verfahrens eindeutig feststeht (date certaine) oder bei solchen Gerichtsentscheidungen, die vor dem Eröffnungsurteil bereits vollstreckbar gewesen sind (vgl. Lienhard Rn. 78.44). **Ausnahmen** bestehen daneben zugunsten des **Fiskus** und des **Verkäufers** eines **fonds de commerce,** die ihre Privilegien eintragen können. Der **Hypothekengläubiger,** dem eine provisorische Hypothek vor Eröffnung des Verfahrens bestellt wurde, kann zwei Monate nach der Fixation des Garantiebetrages eine **definitive Eintragung vornehmen** (vgl. Com. 3.5.2016 – Nr. 14-21.556, Bull. civ. IV, Nr. 69; D. 2016, 996). Darüber hinaus besteht die Möglichkeit, sich die Bestellung bzw. die Eintragung einer dinglichen Sicherheit vom **juge commissaire** genehmigen zu lassen (vgl. Le Corre Rn. 652.131).

ii) Verbot der Verwertung treuhänderischer Sicherungsübereignungen. Art. L. 622-23- 409 1 C. com. normiert eine spezialgesetzliche Regelung zum Verbot der Verwertung treuhänderischer Sicherungsübereignungen (fiducie-sûreté) während der Beobachtungsphase, sofern der Schuldner im Besitz der sicherungsübereigneten Aktiva geblieben ist (dazu ausf. → Rn. 524).

c) Forderungsanmeldung und -prüfung. aa) Fristgerechte Anmeldung. Insolvenzforde- 410 rungen müssen beim **Gläubigervertreter** (mandataire judiciaire) nach Veröffentlichung des Eröffnungsurteils im BODACC fristgerecht in einem Liquidationsverfahren beim **liquidateur judiciaire angemeldet** werden (vgl. zur Auslegung des Begriffs „naissance" Lienhard Rn. 101.17). Der administrateur ist unzuständig (vgl. Lienhard Rn. 101.26). Einschlägig sind Art. L. 622-24 ff. C. com. im sauvegarde-Verfahren, die über L. 631-14 C. com. im redressement-Verfahren und über Art. L. 641-3 C. com. im Liquidationsverfahren anwendbar sind. Für **Ausführungsbestimmungen** sind die Art. R. 622-21 ff. C. com. zu konsultieren, die wiederum über die entsprechenden

Internationales Insolvenzrecht – Frankreich

Verweisungen der redressement- und Liquidationsverfahren zur Anwendung kommen (vgl. Art. R. 631-27 bzw. Art. R. 641-25 C. com. Im Folgenden werden daher nur die Artikel im präventiven Restrukturierungsverfahren angegeben).

411 Der **Gläubigervertreter** setzt innerhalb von **15 Tagen** die bekannten, dh die sich aus den Büchern des Schuldners ergebenden Gläubiger von der Verfahrenseröffnung in Kenntnis und macht sie auf die Notwendigkeit der Forderungsanmeldung aufmerksam (Art. R. 622-21 C. com.). Die **Anmeldefrist** beträgt **zwei,** für Gläubiger mit Sitz im **Ausland vier Monate** (Art. R. 622-24 Abs. 2 C. com.) und beginnt ab der Veröffentlichung der Verfahrenseröffnung im BODACC zu laufen. Es handelt sich hier nicht um accessoire der Forderung, das bei einer Forderungsabtretung an den Zessionar übergeht. Entscheidend ist, ob der **Zessionar** seinen Sitz im Ausland hat (vgl. Com. 15.10.2013 – Nr. 12-22.008, Bull. civ. IV, Nr. 154, D. 2013, 2462). Eine Niederlassung des Gläubigers in Frankreich, bei der keine Verbindungen zu dem Schuldner bestehen, spielt keine Rolle (vgl. Com. 5.11.2013 – Nr. 12-20.234, Bull. civ. Nr. 159; D. 2013, 2639).

412 Nicht alle Forderungen sind bei Verfahrenseröffnung bekannt. Wird ein **laufender Vertrag** nicht fortgeführt und ergeben sich aus der Beendigung Schadensersatzansprüche, sind diese innerhalb **eines Monats nach** der **Beendigung** des **Vertrages** anzumelden (vgl. Art. R. 622-21 Abs. 2 C. com.). Es ist möglich, eine Forderung etwa eines Leasinggebers „à titre conservatoire" anzumelden, obwohl die einmonatige Frist noch nicht zu laufen begonnen hat (vgl. Com. 5.11.2013 – Nr. 12-20.263, Bull. civ. IV, Nr. 164, D. 2013, 2639 mAnm Lienhard).

413 **bb) Benachrichtigung von Gläubigern mit publizierten Sicherungsrechten.** Gläubiger, deren Sicherheitsrechte publiziert worden sind, müssen **speziell** benachrichtigt werden (Art. L. 622-24 Abs. 1 C. com.). Für letztere läuft die Anmeldungsfrist erst ab der Information durch den mandataire judiciaire bzw. den liquidateur (Art. L. 622-24 Abs. 1 C. com.). Wurden die Gläubiger **unzulänglich unterrichtet,** beginnt die Anmeldefrist nicht zu laufen (vgl. Com. 22.3.2017 – Nr. 15-19.317, D. 2017, 758 mAnm Lienhard). Hat der mandataire lediglich die ältere Fassung der einschlägigen Bestimmungen mitgeteilt, so ist die Mitteilung ausreichend (vgl. Com. 17.2.2015 – Nr. 13-24.403, Bull. civ. IV, Nr. 38, D. 2015, 486).

414 **cc) Privilegierte und nicht privilegierte Masseschulden.** Nicht privilegierte Forderungen, die die Bedingungen des Art. L. 622-17 I C. com. nicht erfüllen und die **nach dem Eröffnungsurteil** entstehen, unterliegen einer **speziellen Anmeldungspflicht;** diese beträgt einen Monat nach Fälligkeit der Forderung (vgl. Art. L. 622-24 Abs. 6 C. com.). Für **privilegierte Masseschulden** hat der Gesetzgeber eine **Informationspflicht** vorgesehen (Art. L. 622-17 IV C. com.). Massegläubiger büßen ihr Privileg ein, wenn der administrateur, der mandataire judiciaire bzw. der liquidateur nicht entsprechend informiert worden sind. Rechtsverfolgungsmaßnahmen sind jedoch weiterhin möglich (vgl. Com. 28.6.2016 – Nr. 14-21.668; D. 2016, 1494; Rev. sociétés 2016, 550 mAnm Henry).

415 **dd) Arbeitnehmerforderungen. Ausgenommen** von der **Anmeldepflicht** sind **Arbeitnehmer** (Art. L. 625-1 C. com.), selbst wenn sie vor der Eröffnung des Verfahrens entlassen worden sind (vgl. zum Verfahren Lienhard Rn. 77.13 ff.), sowie **Unterhaltsforderungen.**

416 **ee) Einzelheiten zur Forderungsanmeldung: Währung, Zinsen, Sicherheiten, Form.** Die **Forderungsanmeldung** muss in **EUR** erfolgen, wobei der **Wechselkurs** am Tag der Verfahrenseröffnung anzuwenden ist (Art. L. 622-25 Abs. 2 C. com.). Anzugeben sind die fälligen Forderungen und die **Zinsen** am Tag der Eröffnung des Verfahrens und eventuell später fällig werdende Beträge mit dem jeweiligen Fälligkeitsdatum (Art. L. 622-25 Abs. 1 C. com.). Diese Bestimmung kommt insbesondere bei **Dauerschuldverhältnissen** (contrat à exécution successive) zur Anwendung (vgl. Lienhard Rn. 101.20). Für noch nicht fällige Zinsen sind die **Modalitäten der Berechnung** anzugeben (Com. 17.10.2018 – Nr. 17-17.268 und 17-22.194, Rev. sociétés 2018, 748). Die Forderungsanmeldung hat weiterhin den **Grund der Forderung** zu enthalten (zB Darlehensforderung, Forderung aus Warenlieferung). Forderungen, deren Höhe noch nicht genau bestimmbar ist, müssen auf der Basis einer Schätzung angemeldet werden (Art. R. 622-23 Abs. 1 Nr. 1 C. com.). Es müssen die **Sicherheiten** angegeben werden, anderenfalls wird eine Forderung lediglich als ungesicherte Insolvenzforderung akzeptiert (Art. L. 622-25 Abs. 1 C. com.). Ein **Zurückbehaltungsrecht** (droit de rétention) ist keine Sicherheit (vgl. Lienhard Rn. 101.40 mwN), muss allerdings angemeldet werden, wenn es sich um ein accessoire einer dinglichen Sicherheit handelt (vgl. Pérochon Rn. 1543). Ein **Eigentumsvorbehalt** muss nicht angemeldet werden (vgl. Com. 11.3.1997 – Nr. 94-20.069, Bull. civ. IV, Nr. 70). Dasselbe gilt für die fiducie-sûreté, wenngleich eine Anmeldung empfehlenswert erscheint (vgl. Grimaldi/Dammann D. 2009, 670). Eine Anmeldung „provisionnelle", „pour mémoire" oder „à parfaire" ist unzulässig (vgl. Lienhard Rn. 101.36). Spezielle Regeln gelten für öffentliche Behörden. Der

Anmeldung sind die entsprechen Belege und Dokumente beizufügen (Art. R. 622-23 Abs. 2 C. com.).

Die Forderungsanmeldung bedarf keiner speziellen **Form** (die Rechtsprechung ist insofern recht liberal, vgl. Lienhard Rn. 101.34). Aus Beweisgründen empfiehlt sich natürlich ein eingeschriebener Brief mit Rückschein. Die Anmeldung per Fax ist formgültig (Com. 17.12.2003 – Nr. 01-10.692, Bull. civ. IV, Nr. 210; D. 2004, 137 mAnm Lienhard). Seit dem 1.10.2015 kann sie im Internet erfolgen (s. R. 814-58-1 ff. C. com.). Sie muss in französischer Sprache verfasst sein. Eine spätere Übersetzung ist allerdings zulässig (vgl. Art. 55 § 5 EuInsVO, dazu Dammann/Sénéchal, Le droit de l'insolvabilité internationale, 1. Aufl. 2018, Rn. 1729; so bereits CA Lyon 15.12.2001, RTD Com. 2002, 137 mAnm Vallens). **417**

ff) Vollmacht zur Forderungsanmeldung. Die Anmeldung muss von einer Person unterschrieben werden, die **bevollmächtigt** ist. Handelt es sich um den gesetzlichen Vertreter, bestehen keine Schwierigkeiten (zB der directeur général einer Aktiengesellschaft, Com. 10.2.2009 – Nr. 07-212.16, D. 2009, 627 mAnm Lienhard). Umstritten war lange, ob die Forderung durch einen **Vertreter** (préposé) angemeldet werden kann. Nach traditioneller Auffassung (bestätigt durch die Grundsatzentscheidung Cass. Ass. plén. 4.2.2011 – Nr. 09-14.619, BICC 15.3.2011, rapp. Lambremon, avis Le Mesle; D. 2011, 439 mAnm Lienhard) handelt es sich bei der Anmeldung einer Forderung um eine „**action en justice**". Daher ist die Vollmacht nur gültig, wenn der Beauftragte befähigt ist, im Namen des Gläubigers Klage zu erheben (sog. mandat ad litem). Eine Forderungsanmeldung durch einen Abteilungsdirektor, der über keine entsprechende Untervollmacht verfügte, ist deshalb unwirksam (zur Rechtsprechung übersichtlich Lienhard Rn. 101.22 f.). **418**

Dritte können durch eine **spezielle Vollmacht** beauftragt werden. Wird die Forderung von einem **Rechtsanwalt** angemeldet, so wird die **Bevollmächtigung vermutet** (die Forderungsanmeldung kann sowohl von einem Avocat collaborateur (so Com. 25.10.2011 – Nr. 10-24.658, Bull. civ. IV, Nr. 172, D. 2011, 2653 mAnm Lienhard) als auch von einem Avocat Associé unterzeichnet werden; dies gilt selbst dann, wenn eine Rechtsanwaltsgesellschaft den Mandanten (sprich den Bevollmächtigten) vertritt, sofern er in seinem eigenen Namen unterschrieben hat (vgl. Com. 31.5.2011 – Nr. 10-11.723, D. 2011, 1614 mAnm Lienhard). In der bereits zitierten Grundsatzentscheidung Cass. Ass. plén. v. 4.2.2011 hat der Kassationshof entschieden, dass ein pouvoir spécial bis zum Tag der Gerichtsverhandlung nachgereicht werden kann. **419**

gg) Verfahrensvorschriften. Der Reformgesetzgeber von **2014** hat die **Verfahrensvorschriften** der Forderungsanmeldung **reformiert.** Art. 622-24 Abs. 2 C. com. sieht vor, dass ein Gläubiger eine in seinem Namen durch einen nicht Bevollmächtigten angemeldete Forderungsanmeldung bis zur Überprüfung **durch** den verfahrensleitenden Richter **nachträglich genehmigen** kann („peut ratifier"). Dies kann auch stillschweigend geschehen (Com. 10.3.2021 – Nr. 19-22.385, BJE 3/2021, 34; Rev. sociétés 2021, 400 mAnm. Henry; RTD com 2021, 430). Wie bereits erwähnt, muss der **Schuldner** dem administrateur und dem mandataire **acht Tage** nach Eröffnung des Verfahrens eine **Auflistung** aller **Gläubiger** mit Angabe der **Forderungshöhe** und der **Sicherheiten** übergeben (Art. L. 622-6 Abs. 2, Art. R. 622-5 C. com.). Art. 622-24 Abs. 3 iVm Art. R. 622-5 Abs. 3 C. com. sehen nunmehr vor, dass diese innerhalb der Anmeldungsfrist durch den Schuldner übergebene Liste eine **Forderungsanmeldung im Namen des Gläubigers** iSv Art. 622-24 C. com. darstellt. Dies gilt indes nur, solange der Gläubiger keine eigene Anmeldung vorgenommen hat (vgl. Lienhard Rn. 101.25). Ob diese Reform dahingehend zu deuten ist, dass die Forderungsanmeldung nicht mehr als Klageschrift zu verstehen ist (so die hM; vgl. Le Corre D. 2014, 733) und welche praktischen Konsequenzen sich aus dieser Qualifikation ergeben, ist abzuwarten. Der Gläubiger sollte sich allerdings **nicht** auf seinen Schuldner **verlassen** und ihm insofern nicht die Anmeldung seiner Forderung überlassen. Der Kassationshof hat ferner entschieden, dass die übergebene Liste („créances portées à la connaissance du mandataire") die Höhe der einzelnen Forderungen aufweisen muss, sonst ist die Forderungsanmeldung unwirksam (vgl. Com. 5.9.2018 – Nr. 17-18.516, D. 2018, 1692 mAnm Lienhard; Levy/de Ravel d'Esclapon D. 2018, 2067; Rev. sociétés 2018, 747). Hat der Schuldner dem mandataire hingegen lediglich einen Teil der Insolvenzforderungen mitgeteilt, ist fraglich, ob der Gläubiger einen Antrag auf relevé de forclusion stellen kann (vgl. Le Corre Rn. 662.538 mwN). Der Gläubiger ist daher gut beraten, die „Anmeldung" der Insolvenzforderungen durch den Schuldner zu kontrollieren bzw. wie gehabt eine ordentliche Forderungsanmeldung vorzunehmen (vgl. Levy/de Ravel d'Esclapon D. 2018, 2067). **420**

Die Forderungen müssen vom Gläubiger als beständig („**sincère**") bestätigt werden, es sei denn, sie ergeben sich aus einem Titel (Art. L. 622-25 Abs. 3 C. com.). Der Insolvenzrichter kann **421** daneben verlangen, dass Forderungen vom Abschlussprüfer des Gläubigers (commissaire aux comptes) oder auch nur von seiner Buchhaltung bestätigt werden.

422 **hh) Anmeldung von nicht privilegierten Masseforderungen.** Auch Forderungen, die **nach Eröffnung** des Verfahrens entstanden sind, sind innerhalb eines Monats anzumelden. Ausgenommen von diesem Grundsatz sind indes **Masseforderungen,** die mit einem **Befriedigungsvorrecht** ausgestattet sind (Art. L. 622-17 I C. com.; dazu → Rn. 434). Die Frist dieses Vorrechts beginnt mit dem Datum der Fälligkeit der Forderung.

423 **ii) Unterbrechung der Verjährungsfristen.** Die Forderungsanmeldung hat zur Folge, dass **Verjährungsfristen** bis zum Ende des Verfahrens **gehemmt** werden (Art. L. 622-25-1 C. com.).

424 **jj) Versäumnis der Anmeldung von Forderungen.** Versäumen es Gläubiger, ihre Forderungen innerhalb der gesetzlich vorgeschriebenen Frist anzumelden, sind sie im Rahmen des Insolvenzverfahrens von Dividenden **ausgeschlossen.** Eine Ausnahme ist nur für den Fall möglich, dass sie beweisen, dass sie entweder für die Nichteinhaltung der Frist nicht verantwortlich sind („leurs défaillance n'est pas due à leur fait") oder dass sie auf einer Unterlassung des Schuldners anlässlich der Erstellung der Inventarliste iSd Art. 622-6 C. com. beruht (bis zur Reform von 2014 war noch Vorsatz des Schuldners notwendig, vgl. Lienhard Rn. 101.54 mwN).

425 **kk) Antrag auf Wiedereinsetzung: „relevé de forclusion".** Ein solcher **Antrag auf Wiedereinsetzung** in den vorherigen Stand muss grundsätzlich innerhalb von **sechs** Monaten nach der Veröffentlichung des Eröffnungsurteils bzw. der Benachrichtigung der gesicherten Gläubiger gestellt werden. Zuständig ist der juge commissaire. Es handelt sich um eine **Ausschlussfrist** (vgl. Com. 1.7.1997 – Nr. 95-13.602, Bull. IV, Nr. 210, D. 1998, Somm. 96 mAnm Honorat). In einer Grundsatzentscheidung v. 5.9.2013 (Com. Nr. 13-40.034, Bull. civ. Nr. 210; D. 2014, 244 mAnm Lienhard und Hontebeyrie) hat der Kassationshof hier die Maxime contra non valentem non currit praescriptio angewendet. In der Neufassung von Art. L. 622-26 Abs. 3 S. 3 wird deutlich, dass sich der Gesetzgeber von dieser Rechtsprechung leiten ließ, sodass er die Möglichkeit der **Unterbrechung** der sechsmonatigen Ausschlussfrist eingeführt hat. Wenn der Gläubiger nachweisen kann, dass es ihm unmöglich war, innerhalb der sechsmonatigen Frist seine Forderung zu identifizieren, beginnt die Frist erst dann zu laufen, sobald er ihre Existenz kennt oder kennen musste. Als Fallgruppen sollen hier die Entdeckung eines verborgenen Mangels (vice caché) oder die Nichtigkeit einer Rechtshandlung während der période suspecte erfasst werden (vgl. Lienhard Rn. 101.52). Gegen die Entscheidung des Richters kann **Berufung** eingelegt werden.

426 Wenn die **relevé de forclusion** erfolgreich ist, nimmt der Gläubiger in Höhe der bis zu seinem Antrag **noch nicht erfolgten Verteilung der Quote teil** (vgl. Art. L. 622-26 Abs. 1 C. com.). Der Gläubiger muss seine Forderung allerdings zuvor **anmelden.** In einer in der Lehre heftig kritisierten Entscheidung des Kassationshofs v. 9.5.2007 (Com. Nr. 06-10.185, Bull. civ. IV, Nr. 120, D. 2007, 1424 mAnm Lienhard, bestätigt durch Com. 23.4.2013 – Nr. 11-25.963, Bull. civ. IV, Nr. 73, D. 2013, 1129 mAnm Lienhard; D. 2013, 2363 mAnm Lucas/Le Corre) hat das Gericht entschieden, dass der Gläubiger diese Anmeldung innerhalb der **sechsmonatigen Ausschlussfrist** vornehmen muss; dies gelte selbst dann, wenn der Richter seine Entscheidung über die relevé de forclusion noch gar nicht getroffen hat. Der Reformgesetzgeber von 2014 hat diese Rechtsprechung nicht bestätigt. Die gesetzliche Anmeldungsfrist läuft **ab der Zustellung der Entscheidung.** Sie ist jedoch auf **die Hälfte auf drei Monate verkürzt** (Art. L. 622-24 Abs. 1 C. com.).

427 **ll) Rechtsfolgen der verspäteten Anmeldung.** Bis zur Reform von 2005 erloschen nicht fristgerecht angemeldete Forderungen. Dies führte zum Wegfall der Sicherungsrechte. Diese Sanktion wurde durch die sog. „inopposabilité" ersetzt. Der Begriff „inopposable au débiteur" ist allerdings unscharf. Gemeint ist wohl „inopposable à la procédure". Ziel der Reform war es, das französische Recht an Art. 5 EuInsVO in der Fassung v. 29.5.2000 anzupassen (vgl. Le Corre Rn. 666.661). Die Forderung wird danach im Verfahren nicht mehr berücksichtigt.

428 Wie bereits erwähnt, ist es **ausgeschlossen,** dass ein Gläubiger durch **Nichtanmeldung** seiner Forderungen die Bestimmung des Art. L. 622-28 C. com. umgeht und sich somit einen sofortigen **Rückgriff** auf Bürgen oder Garanten verschafft. Versäumt es der Gläubiger, seine Forderung anzumelden, kann er **keine Aufrechnung** geltend machen (→ Rn. 392). Ob ein Gläubiger, dessen Forderungen inopposables sind, ein **Zurückbehaltungsrecht** geltend machen kann, ist **zweifelhaft** (Lienhard Rn. 101.48; Crocq, Rev. proc. coll. 2009, dossier 10, Nr. 15). Versäumt es der Gläubiger, seine Forderung anzumelden, kann der **Bürge** keinen Rückgriff gegenüber dem Schuldner ausüben. Er ist daher von seiner **Einstandspflicht** in **Höhe** des **erlittenen Schadens befreit,** Art. 2314 C. civ. (so Com. 19.2.2013 – Nr. 11-28.423, Bull. civ. IV, Nr. 26; D. 2013, 565 mAnm Lienhard; D. 2013, 1706 mkritAnm Crocq; Civ. 3.7.2013 – Nr. 12-21.126, Bull. civ. I, Nr. 144, D. 2013, 1741).

Internationales Insolvenzrecht – Frankreich

mm) Stellung von Gesamtschuldnern und Garanten. Während der Durchführung eines 429 Sanierungsplans im sauvegarde-Verfahren können sich auf diese **inopposabilité natürliche** Personen berufen, die **Gesamtschuldner** des Schuldners sind oder eine **persönliche Sicherheit** geleistet haben (im Wesentlichen in Form einer Bürgschaft, eines selbständigen Garantieversprechens oder der Bestellung dinglicher Sicherheiten; zur Bestimmung des Personenkreises → Rn. 111). Damit ist eine **Rechtsverfolgung** der **Garanten ausgeschlossen**. Diese Regelung gilt nicht im redressement-Verfahren (Art. L. 631-14 letzter Abs. C. com.). Wird der im sauvegarde-Verfahren beschlossene Sanierungsplan erfüllt, kann die Forderung dem Schuldner auch danach nicht entgegengehalten werden (Art. L. 622-26 Abs. 2 C. com.). De facto bewirkt die Regelung eine Schuldbefreiung. Der Gläubiger kann sich jedoch an die Garanten halten, die nicht in den Genuss dieser Schutzregelung kommen.

nn) Überprüfung der Forderungsanmeldungen. In Art. L. 622-27 und L. 624-1 ff. C. 430 com. ist die **Überprüfung** der **Forderungsanmeldungen** geregelt. Flankiert werden diese Artikel durch die **Ausführungsbestimmungen** des Art. R. 624-1 f. C. com. (im redressement- und Liquidationsverfahren sind Art. L. 631-18, Art. L. 641-4, Art. R. 631-29 bzw. Art. R. 641-27 ff. C. com. einschlägig). Nach der Anmeldung der Forderungen erstellt der **Gläubigervertreter** eine **provisorische Tabelle**. Stellt er die angemeldete Forderung infrage, fordert er den Gläubiger zur **Stellungnahme** auf. Der mandataire muss seine Position begründen und die **Höhe** der **anerkannten** bzw. **abgelehnten Forderungen** angeben (Art. R. 624-1 C. com., vgl. Com. 27.6.2006 – Nr. 05-13.696; Bull. civ. IV, Nr. 150, D. 2006, 1893 mAnm Lienhard). **Beantwortet** der **Gläubiger** dieses **Schreiben** nicht innerhalb von **30 Tagen**, gilt dies grundsätzlich als **Zustimmung.** Daher ist große Vorsicht geboten. Ausgenommen ist jedoch eine Diskussion zur **Regularität** der Forderungsanmeldung (Art. 622-27 aE). Diese Ausnahme wird jedoch streng ausgelegt (vgl. Com. 28.6.2017 – Nr. 16-16.614, D. 2017, 1357 mAnm Lienhard). Wird die Forderungsanmeldung wegen **Verfahrensfehlern** abgelehnt, erlischt die Forderung und die akzessorischen Sicherheiten (so die nicht unumstrittenen Entscheidung Com. 4.5.2017 – Nr. 24-19.854, D. 2017, 1941 mAnm Le Corre/Lucas; Com. 22.1.2020 – Nr. 18-19.526, Rev. Sociétés 3/2020, 193 mAnm Reille; D. 2020, 855 mAnm Pellier; anders die Rechtsfolge der „inopposabilité" bei verspäteter Anmeldung, dazu → Rn. 427). Die Feststellung eines Verfahrensfehlers reicht allerdings nicht aus (Com. 5.5.2021 – Nr. 17.17.736, Rev. sociétés 2021, 404 mAnm Reille).

Der Gläubigervertreter **prüft** die einzelnen Forderungen, holt den **avis** des Schuldners ein und 431 übermittelt dem **juge-commissaire** dann die Liste der Forderungen mit seinem Vorschlag der Anerkennung oder Ablehnung der Entscheidung (zum Verfahren übersichtlich Lienhard Rn. 101.62 ff.). Stellt der Richter seine **Unzuständigkeit** fest oder existiert eine **contestation sérieuse** der Forderung, wird das Verfahren ausgesetzt. Der Richter verweist die betroffene Partei an das zuständige Gericht, das innerhalb eines Monats nach Zustellung der Entscheidung angerufen werden muss (vgl. Com. 11.3.2020 – Nr. 18-23.586, D. 2020, 534). Es handelt sich um eine **Ausschlussfrist** (vgl. die Grundsatzentscheidung Com. 13.5.2014 – Nr. 13-13.284, Bull. civ. IV, Nr. 86, D. 2014, 1093 mAnm Lienhard; D. 2014, 2148 mAnm Le Corre; Rev. sociétés 2014, 405 mAnm Henry; vgl. ferner Com. 4.5.2017 – Nr. 15-25.919, Rev. sociétés 2017, 384 mAnm Henry). Gegen die Entscheidung kann **Berufung** eingelegt werden. Zu beachten ist eine **zehntägige Berufungsfrist** (vgl. Com. 10.7.2012 – Nr. 11-18.867, Bull. civ. IV, Nr. 151; D. 2012, 1953). Beschwerte Dritte können eine **Drittwiderspruchsklage** (tierce opposition) erheben. Die Frist beträgt **einen Monat** und läuft **ab** der **Eintragung** der **Entscheidung** in die **Tabelle** (Art. R. 624-5 Abs. 2 C. civ.). Zu den beschwerten Dritten gehören nicht nur Bürgen, sondern auch die haftenden Anteilsinhaber einer bürgerlich-rechtlichen Gesellschaft. Ist die einmonatige-Frist verstrichen, können die interessierten Dritten die Forderungsanmeldung nicht mehr infrage stellen (Com. – 20.1.2021, Nr. 19-13.539, Rev. sociétés 2021, 201 mAnm Henry, RTD com 2021, 429).

Die Entscheidungen des juge commissaire werden in die Tabelle eingetragen, die beim greffe 432 des Gerichts hinterlegt und danach im BODACC veröffentlicht wird. Gegen die ordonnance über die Anerkennung bzw. Ablehnung der Forderungen können der Schuldner, der Gläubiger und der mandataire judiciaire **Berufung** einlegen. In diesem Zusammenhang ist anzumerken, dass die Berufung des Gläubigers, der nicht innerhalb der 30-tägigen Frist auf das Schreiben des mandataire geantwortet hat, nur dann zulässig ist, wenn der Richter der Empfehlung des mandataire nicht gefolgt ist (vgl. Com. 16.6.2015 – Nr. 14-11.190, Bull. civ. IV, Nr. 107; D. 2015, 1366). **Beschwerte Dritte** können innerhalb von **einem Monat** nach Veröffentlichung der Tabelle im BODACC **Rechtsmittel** einlegen (Art. R. 624-8 Abs. 2).

Die **Rechtskraft** einer Forderungsanerkennung bezieht sich nicht nur auf die **Höhe** der Forde- 433 rung und die **Sicherheiten,** sondern auch auf das **Datum ihrer Entstehung** (vgl. Com.

Internationales Insolvenzrecht – Frankreich

3.5.2011 – Nr. 10-18.031, Bull. civ. IV, Nr. 63; D. 2011, 1279 mAnm Lienhard). Dies hat zur Folge, dass eine **privilegierte Masseforderung** eine **Insolvenzforderung** werden kann. Die rechtskräftige Entscheidung ist vor allem für **Garanten** bindend.

4. Massegläubiger

434 **a) Allgemeines.** Der Begriff der Masseforderung ist in Art. L. 622-17 I C. com. definiert. Diese Vorschrift kommt auch im redressement-Verfahren zur Anwendung (Art. L. 631-14 C. com.). Art. L. 641-13 I C. com. ist bei der liquidation judiciaire einschlägig (vgl. Lienhard Rn. 76.57; Le Corre Rn. 453.111). Es handelt sich um Forderungen, die **nach dem Eröffnungsurteil regulär** entstanden sind. Art. L. 622-17 I C. com. sieht **zwei alternative Bedingungen** vor. Die Masseforderungen müssen entweder **zweckmäßig** für die Durchführung des Verfahrens bzw. der Beobachtungsphase oder als eine **Gegenleistung zugunsten** des **Schuldners** entstanden sein (Le Corre Rn. 453.111 spricht von „créanciers méritants"). Sind diese gesetzlichen Voraussetzungen nicht erfüllt, handelt es sich bei diesen Forderungen nicht um Masseschulden, sondern um ungesicherte Insolvenzforderungen, die angemeldet werden müssen (ausf. dazu Le Corre Rn. 454.111).

435 Masseforderungen müssen nicht angemeldet werden. Sie sind bei **Fälligkeit zu zahlen.** Der Gläubiger kann Zwangsvollstreckungsmaßnahmen einleiten (vgl. Le Corre Rn. 455.431). Nicht pfändbar sind allerdings die bei der CDC hinterlegten Summen (vgl. Lienhard Rn. 76.68; Le Corre Rn. 455.461). Bleibt die Zahlung aus, sind die Masseforderungen mit einem **Befriedigungsvorrecht** iSv Art. 2324 C. civ. ausgestattet (das sog. „privilège de la procédure"). In der Praxis spricht man weiterhin von den sog. Forderungen des „Artikel 40" (des Gesetzes von 1985, vgl. Lienhard Rn. 76.56).

436 **b) Der Zeitpunkt der Entstehung der Masseforderung.** Entscheidend ist der Zeitpunkt der Entstehung (fait générateur) der Masseforderung, nicht ihre Fälligkeit. So sind zB Sozialabgaben, die sich auf Löhne beziehen, die vor der Eröffnung des Verfahrens erbracht worden sind, aber erst nach jugement d'ouverture fällig werden, Insolvenzforderungen (vgl. Com. 8.11.1988 – Nr. 87-11.158, Bull. civ. IV, Nr. 296; bei Sozialabgaben für Rechtsanwälte vgl. Com. 3.7.2012 – Nr. 11-22.922, Bull. civ. Nr. 148; D. 2012, 2196 mAnm Lucas/Le Corre). Bei Dauerschuldverhältnissen („contrat à exécution successive") wie zB bei Leasingverträgen, kommt es auf den **Zeitpunkt der erbrachten Leistung** des Gläubigers an (vgl. Com. 12.1.2010 – Nr. 08-21.456, Bull. civ. IV, Nr. 4; D. 2010, 203 mAnm Lienhard: „la créance relative aux loyers du credit-bail dus pour la période de jouissance suivant l'ouverture du redressement judiciaire constitue une créance née régulièrement après le jugement d'ouverture"; vgl. bei Anwaltshonoraren für Leistungen, die nach der Verfahrenseröffnung erbracht worden sind, inklusive Erfolgshonorare, Com. 24.3.2015 – Nr. 14-15.139, Bull. civ. IV, Nr. 57; D. 2015, 800 mAnm Lienhard). Diese Rechtsprechung beruht auf dem „critère économico ou matérialiste" (vgl. Lienhard Rn. 76.59). Sie steht nicht im Einklang mit der Rechtsprechung zur Abtretung von zukünftigen Forderungen mittels bordereau Dailly. Dort hatte der Kassationshof den „critère volontariste" des Datums des Vertragsabschlusses angewendet (dazu → Rn. 390).

437 **c) Der reguläre Charakter der Forderung.** Die Masseforderung muss **regulär entstanden** sein. Das ist zB der Fall, wenn laufende Verträge gemäß den Vorschriften der Art. L. 622-13 C. com. fortgeführt werden (vgl. Lienhard Rn. 76.60).

438 **d) Die Bedingung der Zweckmäßigkeit.** Gemäß Art. L. 622-17 I C. com. muss eine Masseverbindlichkeit zum **Zweck** der **Durchführung** des **Verfahrens** bzw. der **Beobachtungsphase** entstanden sein. Es muss eine enge Beziehung zum Verfahren bestehen (vgl. Le Corre Rn. 453.211). Hierzu zählen zB Gerichtskosten, auch wenn sie nach Ablauf der Beobachtungsphase entstehen (vgl. Le Corre Rn. 453.212), Honorare von Verwaltern und Rechtsanwälten, selbst wenn letztere die Eigeninteressen des Schuldners vertreten (vgl. Com. 1.12.2015 – Nr. 14-20.668, Bull. civ. IV, Nr. 165, D. 2015, 2558 mAnm Lienhard), Abgaben von Sozialbeiträgen, zB die contribution sociale de solidarité (vgl. Com. 15.6.2011 – Nr. 10.18.726, Bull. civ. IV, Nr. 99; D. 2011, 1677 mAnm Lienhard). Es stellt sich die Frage, ob die Honorare der Berater der Gläubiger, die vom Schuldner getragen werden, ebenfalls als Masseforderungen zu behandeln sind. In der Lehre wird vorgeschlagen, dass der juge commissaire bzw. der liquidateur seine Zustimmung erteilen muss (vgl. Le Corre Rn. 453.221). Kündigungsentschädigungen bei Entlassungen von Arbeitnehmern innerhalb der Frist von 15 Tagen nach Eröffnung eines Liquidationsverfahrens sind ebenfalls Masseforderungen (vgl. Soc. 16.6.2010 – Nr. 08-19.351, Bull. civ. V, Nr. 140, D. 2010, 1550 mAnm Lienhard). Nicht in den Genuss des Privilegs kommen deliktsrechtlich begründete Forderungen sowie Grundsteuern (taxe foncière) (vgl. Com. 14.10.2014 – Nr. 13.24.555,

Internationales Insolvenzrecht – Frankreich

Bull. civ. IV, Nr. 148; D. 2014, 2109 mAnm Lienhard; Rev. Sociétés 2014, 755 mAnm Roussel Galle).

Forderungen, die zum **Zweck** der **Beobachtungsphase** bzw. der **provisorischen Fortführung des Betriebs** während der Liquidation entstehen, sind ebenfalls Masseforderungen (vgl. Le Corre Rn. 453.311). Die Lehre spricht von Forderungen „inhérentes à l'activité" bzw. „inhérentes à la procédure" (vgl. Lienhard Rn. 76.62; Le Corre Rn. 453.321, 453.822). Hierzu rechnen zB Sozialabgaben (Civ. 16.9.2010 – Nr. 09-16.182; D. 2011, 2080 mAnm Le Corre; Com. 15.6.2011 – Nr. 10-18.726, D. 2011, 1677 mAnm Lienhard). Mehrwertsteuerforderungen, die während der Fortführung des Betriebs anfallen, sind ebenfalls Masseschulden (vgl. Le Corre Rn. 453.323 mwN). Deliktsrechtliche Forderungen dürften hingegen – wie bereits erwähnt – keine Masseforderungen sein (vgl. Le Corre Rn. 453.326). 439

Der Begriff der „**contrepartie** d'une **prestation fournie au débiteur**" bezieht sich in erster Linie auf Forderungen in Bezug auf die Fortführung von **laufenden Verträgen** (vgl. Lienhard Rn. 76.63; Le Corre Rn. 453.421). Ursprünglich handelte es sich um wirtschaftliche Gegenleistungen zur Fortführung des Betriebs. Diese Einschränkung des Anwendungsbereichs der Masseschulden wurde durch die ordonnance v. 18.12.2008 abgeschafft. Die Forderung eines Vermieters bezüglich der **Wiederinstandsetzung des Mietobjekts** ist eine Masseverbindlichkeit, wenn die Instandsetzungsarbeiten während der Beobachtungsperiode durchgeführt werden (vgl. Com. 2.12.2014 – Nr. 13-11.059, Bull. civ. IV, Nr. 179, D. 2014, 2518). Dasselbe gilt für **Ausgleichszahlungen** für die **Benutzung von Mieträumen** (vgl. Le Corre Rn. 453.424). 440

Ausgeschlossen sind Forderungen aus **Vertragsstrafen** (vgl. Com. 18.6.2013 – Nr. 12-18.420, Bull. civ. IV, Nr. 104, D. 2013, 1617; Rev. Sociétés 2013, 524 mAnm Henry) und **Schadensersatzforderungen** wegen Kündigung von laufenden Verträgen nach der Verfahrenseröffnung (Lienhard Rn. 76.64 mwN; Le Corre Rn. 453.423 mwN); **Entschädigungen** bei **Abberufung** eines **Geschäftsführers** (vgl. Com. 12.7.2016 – Nr. 14-23.668, Bull. civ. IV, Nr. 106; D. 2016, 1644; Rev. Sociétés 2016, 549 mAnm Henry). Dasselbe gilt für **Rückerstattungsansprüche** wegen Vertragskündigung (Com. 3.12.2013 – Nr. 12-28.718; Rev. proc. coll. 2015, comm. 119) und Ansprüche auf **Rückerstattung illegaler staatlicher Subventionen** der europäischen Kommission (Com. 27.9.2017 – Nr. 16-14.929). Forderungen aus Delikthaftung sind – wie bereits erwähnt – ebenfalls keine Masseforderungen (vgl. Le Corre Rn. 453.451). 441

e) **Rang des Befriedigungsvorzugsrechts.** Im Rahmen des **sauvegarde-** bzw. **redressement-**Verfahrens steht **Art. L. 622-17 II C. com.** vor, dass das Privileg der Masseglaübiger an **vierter Stelle** rangiert. Vorrang haben das Superprivileg der Arbeitnehmer (gem. Art. L. 3253-2–3253-4 und L. 7313-8 C. trav.), Rechtsverfolgungskosten, die nach der Eröffnungsentscheidung regulär zum Zweck der Durchführung des Verfahrens entstanden sind (frais de justice nés régulièrement après le jugement d'ouverture pour les besoins du déroulement de la procédure, dh Honorare der Verwalter, der Rechtsanwälte, frais de greffe, vgl. Lienhard Rn. 76.69) sowie das Privileg des new money der conciliation (gem. Art. L. 611-11 C. com.). 442

Innere Rangfolge der privilegierten Masseglaübiger normiert Art. L. 622-17 II C. com. wie folgt (vgl. Lienhard Rn. 76.70): Priorität genießen die Lohnforderungen, die nicht durch die Lohnausfallversicherung abgedeckt sind (Ziff. 1); frische Gelder, die dem Schuldner zur Finanzierung der Beobachtungsphase bzw. des Sanierungsplans zur Verfügung gestellt worden sind (sog. privilège de „post new money" des Art. L. 626-10 C. com. (Ziff. 2); Darlehen und gestundete Forderungen aus contrats en cours iSv Art. L. 622-13 C. com (Ziff. 3); und schließlich Forderungen der übrigen Gläubiger je nach Rang (Ziff. 4). 443

Art. L. 622-17 II C. com. kommt jedoch lediglich bei **Veräußerung** von **dinglich abgesicherten Vermögenswerten** im Rahmen des Sanierungsplans gem. Art. L. 626-22 C. com. (nicht jedoch, wenn der Plan die Veräußerung nicht vorsah, vgl. Com. 21.2.2006 – Nr. 04-10.187, D. 2006, 719 mAnm Lienhard; D. 2006, 2253 mAnm Lucas; RTD com. 2006, 482 mAnm Vallens) oder wenn im Rahmen eines Sanierungs- bzw. Restrukturierungsplans ein **Teil des Unternehmens** veräußert wird, zur Anwendung (vgl. Pérochon Rn. 835). In der Praxis ist dies recht selten der Fall (vgl. Pérochon Rn. 1320). 444

Kommt es zur **Liquidation** des Schuldners, sind **Art. L. 641-13 Abs. 1 C. com.** und der neue Art. L. 643-8 C. com. (idF der ord. von 2021) einschlägig. Der Reformgesetzgeber hat hier Rechtssicherheit bei der Rangordnung der einzelnen dinglichen Sicherheitsrechte geschaffen. In der Neufassung stellt Art. L. 643-8 Abs. 1 C. com. zunächst klar, dass **Eigentum** und **alle Zurückbehaltungsrechte** (droit de rétention) absoluten Vorrang genießen („sans préjudice du droit de propriété ou de rétention opposables à la procédure collective"). Dann folgt die Rangordnung der einzelnen dinglichen Sicherheiten, wobei die komplizierte externe und interne Rangfolge ersatzlos gestrichen wurde. 445

Internationales Insolvenzrecht – Frankreich

446 In der bisherigen Fassung sah **Art. L. 643-8 C. com.** vor, dass lediglich der **Verkaufserlös abzüglich** der **Liquidierungskosten** und **Unterstützungsgelder** zugunsten des Unternehmers und seinen Familienangehörigen zu verteilen ist. Françoise Pérochon (Rn. 1321) spricht von „créances postérieures jugées ultra-prioritaires". Der Kassationshof legt diese Bestimmung sehr restriktiv aus. Es handelt sich um die direkten Kosten der Versilberung eines Vermögenswertes, nicht jedoch um die gesamten Honorare des Verwalters und Gerichtskosten des Verfahrens (vgl. Com. 11.6.2014 – Nr. 13-17.997, Bull. civ. IV, Nr. 103; D. 2014, 1270 mAnm Lienhard; BJE 2014, 303 mAnm Le Corre: „n'autorisent pas le prélèvement prioritaire de l'ensemble des frais de justice sur le prix de vente d'un immeuble hypothéqué en méconnaissance du classement des créances organisé, en cas de liquidation judiciaire, par l'article L. 641-13, II et III").

446a In der Neufassung organisiert Art. L. 643-8 Abs. 1 C. com die Verteilung des „**actif distribuable**". Somit sind die Liquidierungskosten weiterhin „créances postérieures jugées ultra-prioritaires" außerhalb der Tabelle. Die Rangordung der Verteilung der Aktiva erfolgt dann wie folgt, wobei anzumerken ist, dass spezialgesetzliche droits de préférence nicht berücksichtigt sind:

1°) **Unterstützungsgelder** zugunsten des Unternehmers und seinen Familienangehörigen, subsides, des Art. L. 631-11 C. com.

2°) Löhne und Gehälter, die in den Genuss des **Super-Privilegs** von Art. L. 3253-2, L. 3253-4 und L. 7313-8 C. trav. kommen;

3°) **Gerichtskosten**, die nach Verfahrenseröffnung bei der Durchführung des Verfahrens entstehen;

4°) privilierte Forderungen von **Landwirten**;

5°) **privilève de new money** der **conciliation** des Art. L. 611-11 C. com.;

6°) **Immobiliarsicherheiten** (vor allem **Hypothekengläubigern**); hier ist der wichtigste Unterschied zwischen der Rangordnung in Art. L. 622-17 C. com. und L. 643-8 C. com.

7°) Ansprüche der **Lohnausfallversicherung** AGS nach Art. L. 3253-6; L. 3253-8 bis L. 3253-12 C. trav. für vorfinanzierte Löhne und Gehälter;

8°) privilegierte Forderungen „**post new money**", gem. L. 622-17 Abs. 3, 2 C. com.;

9°) privilegierte Forderungen von **Verträgen** nach Verfahrenseröffnung gem L. 622-17 Abs. 3, 3 C. com.;

10°) Ansprüche der **Lohnausfallversicherung** AGS gem. Art. L. 3253-8, 5) für vorfinanzierte Löhne und Gehälter;

11°) übrige priviligierte Forderungen gem. Art. L. 622-7 C. com.

12°) **Steuerprivileg** der Art. 1920, 1924, 1926, 1929 C. gen. impôts;

13°) Sechs-Monatsmieten, die durch das **nantissement des Vermieters** von Art. 2332 C. civ. abgesichert sind;

14°) **Steuerprivileg** der Art. 1927 CGI;

15°) **Einfache** ungesicherte **Insolvenzforderungen**.

447 **Masseschulden** müssen dem **Insolvenzverwalter** (bzw. dem liquidateur oder dem commissaire à l'exécution du plan) spätestens ein Jahr nach Beendigung der Beobachtungsphase **angezeigt** werden, sonst geht das Privileg verloren (Art. L. 622-17 IV C. com.; vgl. Lienhard Rn. 76.71; Le Corre Rn. 456.161 ff.).

5. Stellung der Gläubiger während der Ausführung des Insolvenzplanes

448 Beschließt das Gericht am Ende der Beobachtungsphase einen **plan de sauvegarde** bzw. im ordentlichen Verfahren einen **Insolvenzplan** zur **Fortführung des Unternehmens,** muss sich der Gläubiger mit den im Plan vorgesehenen **Zahlungsfristen** abfinden. Für die **Verwertung** dinglicher Sicherheiten besteht in der Regel **wegen fehlender Fälligkeit** der abgesicherten Forderungen **kein Raum** (bei Veräußerung dinglich abgesicherte Vermögenswerte → Rn. 444).

449 Angesichts der im Sanierungsplan vorgesehenen Zahlungsziele und Schuldnachlässe ist die dem Gläubiger gewährte Möglichkeit, gegenüber Dritten **Rückgriff** nehmen zu können, von besonderer Bedeutung. Beim **plan de sauvegarde** kommen **natürliche** Personen, die **Gesamtschuldner** des Schuldners sind oder eine **persönliche Sicherheit** geleistet haben (im Wesentlichen in Form einer Bürgschaft, eines selbständigen Garantieversprechens oder der Bestellung dinglicher Sicherheiten; zur Bestimmung des Personenkreises → Rn. 111) in den **Genuss** der im **Sanierungsplan** vorgesehenen **Zahlungsfristen** und **Schuldnachlässe** (vgl. Art. L. 626-11 Abs. 2 C. com.). Der Kassationshof legt diese Bestimmung dahingehend aus, dass gegenüber einem Bürgen eine Vollstreckungsmaßnahme nicht möglich ist, solange der plan de sauvegarde erfüllt wird (vgl. Com. 2.6.2015 – Nr. 14-10.673, Bull. civ. IV, Nr. 97; D. 2015, 1270 mAnm Lienhard; D. 2015, 1970 mAnm Le Corre; Rev. Sociétés 2015, 548 mAnm Roussel-Galle; vgl. Legeais, Droit des sûretés et garanties du crédit, 12. Aufl. 2017, Rn. 260). Wird eine **Rate nicht fristgerecht bezahlt,** kann der Gläubiger seinen Bürgen in **Anspruch** nehmen, um die fällig gewordene Ratenzahlung zu erhalten. Der Gläubiger kann die Anwendung der Schutzbestimmung nicht dadurch umgehen, dass er seine Forderung **nicht im sauvegarde-Verfahren anmeldet.** Die Frage, ob das Vermögen des Bürgen ausreichend ist, um seinen Verpflichtungen gem. Art. L. 314-18 C. consomm. nachzukommen, ist an dem Tage zu beurteilen, an dem der Sanierungsplan gescheitert ist, da die Fälligkeit der Bürgschaft bis zu diesem Zeitpunkt aufgeschoben ist (vgl. Com. 1.3.2016 – Nr. 14-16.402, Bull. Civ. IV, Nr. 34; D. 2016, 598 mAnm Avena-Robardet; vgl. Lienhard Rn. 83.24). Juristische Personen kommen nicht in den Genuss der Bestimmungen des Insolvenzplans. Er ist bis zu seiner vollständigen Erfüllung „inopposable" (Com. 30.1.2019 – Nr. 16-18.468, D. 2019, 1435). Wird ein **reguläres Insolvenzverfahren** eröffnet, das mit der Fortführung des Unternehmens abschließt, war bis zur ordonnance von 2021 das **Gegenteil der Fall.** Weder natürliche noch juristische Personen kamen als Garanten in den **Genuss** der im **redressement-Plan** vorgesehenen **Zahlungsziele** und **Schuldnachlässe** (vgl. Art. L. 631-20 C. com.; Legeais, Droit des sûretés et garanties du crédit, 12. Aufl. 2017, Rn. 261). Der Gläubiger kann einstweilige Sicherungs- und Vollstreckungsmaßnahmen gegenüber dem Bürgen vornehmen; dies gilt auch dann, wenn die Forderung gegenüber dem Bürgen nicht fällig sein sollte (vgl. Com. 1.3.2016 – Nr. 14-20.553; Legeais, Droit des sûretés et garanties du crédit, 12. Aufl. 2017, Rn. 261). Die ordonnance von 2021 hat Art. L. 631-20 C. com. gestrichen.

6. Stellung dinglich gesicherter Gläubiger im Rahmen der übertragenden Sanierung

Art. L. 642-12 Abs. 1 C. com. sieht vor, dass der Teil des Preises der Aktiva, die Gegenstand **450** eines speziellen Privilegs, eines Pfandrechts (gage, nantissement) bzw. einer Hypothek sind, vom Gericht zur bevorzugten Befriedigung dieser dinglich abgesicherten Gläubiger verwendet wird. Die **Quote** wird vom Gericht festgelegt. Dies erfolgt auf der Grundlage der Bewertung der Aktiva im Rahmen des **Inventars** (dazu Lienhard Rn. 124.46; Le Corre D. 2014, 733).

Der Erwerber erwirbt das Unternehmen grundsätzlich **schuldenfrei. Dingliche Sicherungen** **451** gehen bei der Veräußerung des Unternehmens unter (Art. L. 642-12 Abs. 2 und 3 C. com.). Gemäß Art. L. 642-12 Abs. 4 C. com. existiert jedoch eine **wichtige Ausnahme** für Immobiliar- und Mobiliarsicherheiten, die übergehen, sofern sie im Rahmen der **Finanzierung der Akquisition** der abgesicherten Aktiva (vgl. zur Auslegung Le Corre Rn. 582.431) wirksam bestellt worden sind (vgl. Le Corre Rn. 582.421). **Refinanzierungen** kommen also nicht in den Genuss dieser Bestimmung (vgl. Com. 23.11.2004 – Nr. 02-12.982, Bull. civ. IV, Nr. 204, D. 2005, 142 mAnm Lienhard). Vom Erwerber werden nur Ratenzahlungen übernommen, die mit dem Gläubiger, der seine Forderungen fristgerecht angemeldet hat, vereinbart worden sind und die am Tage der Eigentumsübertragung noch nicht fällig sind („échéances (...) qui restent dues à compter du transfert de propriété"). Es kommt folglich auf die **Fälligkeit** der Forderungen an (vgl. Com. 29.11.2016 – Nr. 15.11.016, D. 2016, 2516 mAnm Lienhard; JCP E 2016, 1164 mAnm Pétel; Le Corre Rn. 582.441). Wurden die Forderungen **vor Eröffnung des Verfahrens** vom Gläubiger **fällig gestellt,** kommt Art. L. 642-12 Abs. 4 C. com. nicht zur Anwendung (vgl. Montpellier 12.1.1999, Banque & Droit 1999, 60 mAnm Guillot; vgl. Le Corre Rn. 582.474).

Eine **selbstschuldnerische Bürgschaft** bleibt unberührt (vgl. Com. 9.4.2016 – Nr. 14- **452** 23.219, D. 2016, 423 mAnm Lienhard). Es kommt zu keiner Novation der dinglich abgesicherten Forderung. Ein Bürge kann daher nur den Schuldner in Regress nehmen, nicht aber den Erwerber (vgl. Com. 27.2.2007 – Nr. 03-12.363, Bull. civ. IV, Nr. 64; D. 2007, 1021 mAnm Lienhard). Da der Übergang eines Registerpfandrechts am Unternehmen (nantissement du fonds de commerce) im Rahmen der übertragenden Sanierung auch ohne entsprechende Publizierung drittwirksam ist, kann sich der Bürge nicht auf Art. 2314 C. civ. berufen, um von seiner Einstandspflicht der Bürgschaft befreit zu werden (vgl. Com. 7.7.2009 – Nr. 08-17.275, Bull. civ. IV, Nr. 100, D. 2009, 1891; allg. zu Art. 2314 Sonnenberger/Dammann, Französisches Handels- und Wirtschaftsrecht, 3. Aufl. 2008, Rn. VII 90).

Die Bestimmungen von Art. L. 642-12 Abs. 1 und 4 C. com. sind **kumulativ** anzuwenden **453** (so überzeugend Le Corre Rn. 582.472; in Lehre und Rechtsprechung allerdings umstritten). Ob ein **Gläubiger** in den Genuss von Art. L. 642-12 Abs. 4 C. com. kommt, obwohl er seine Forderung nicht fristgerecht **angemeldet** hat, ist fraglich (befürwortend allerdings Le Corre Rn. 582.473).

Der Gesetzgeber von 2008 hat das Schicksal der treuhänderischen Sicherungsübereignung (fidu- **454** cie-sûreté) in Art. L. 642-7 Abs. 6 C. com. neu geregelt. Die Aktiva, die in das **Sondervermögen** transferiert worden sind, können **nicht Gegenstand** eines plan de cession werden (vgl. Dam-

Internationales Insolvenzrecht – Frankreich

mann/Podeur RLDA 5/2008, 33; CA Paris 4.11.2010, JCP 2011, 71; Rev. proc. coll. 2011, 48). Keine Rolle spielt, ob es sich um eine fiducie-sûreté avec oder sans dépossession handelt (zur Unterscheidung → Rn. 524). Dasselbe gilt auch für den schuldrechtlichen Vertrag, durch den der Treuhändler (fiduciaire) dem Schuldner die sicherungsübereignete Sache zur Verfügung gestellt hat (sog. „contrat de mise à disposition", zB im Rahmen eines (unentgeltlichen) Mietsverhältnisses).

455   Sachen, die Gegenstand eines **Zurückbehaltungsrechts** (droit de rétention) sind, können nicht ohne Zustimmung der Begünstigten Bestandteil eines plan de cession werden. Kein Unterschied macht es, ob es sich um ein „echtes" oder „fiktives" (iSv Art. 2286 Abs. 4 C. civ.) Zurückbehaltungsrecht handelt (vgl. Lienhard Rn. 124.49; Le Corre Rn. 572.516).

456   Unter einem **Eigentumsvorbehalt** gelieferte Waren können vom **Vorbehaltsverkäufer ausgesondert** werden und können daher grundsätzlich nicht Gegenstand eines plan de cession sein. Der Verwalter, der vor Ablauf der Ausschlussfrist (→ Rn. 507), über diese Ware verfügt, macht sich schadenersatzpflichtig (Com. 28.6.2017 – Nr. 15-23.229, BJE 2017, 422).

7. Stellung der Gläubiger während der liquidation judiciaire

457   Kommt es zu einer Liquidation, unter Umständen in Verbindung mit einer übertragenden Sanierung, gibt es eine Fülle ineinandergreifender insolvenz-, zivil- und handelsrechtlicher Regelungen. Im französischen Insolvenzrecht gilt weiterhin der Grundsatz der **Gleichheit** (égalité) aller Gläubiger. Er ist allerdings durch zahlreiche **Befriedigungsvorrechte** (privilèges) ausgehöhlt (allg. zu den einzelnen Vorzugsrechten Ferid/Sonnenberger, Das französische Zivilrecht, 2. Aufl. 1986, Bd. II, Rn. 3 D 201 ff.). Die **insolvenzrechtlichen** Befriedigungsvorrechte zielen darauf ab, die Finanzierung von notleidenden bzw. insolventen Unternehmen im Vorfeld der Insolvenz bzw. während der Beobachtungsphase zu erleichtern. Auf das **Privileg** der **conciliation** („privilège de new money") wurde bereits hingewiesen (→ Rn. 123). Werden die neuen Finanzmittel im Rahmen einer **SA/SFA** (dazu → Rn. 8, → Rn. 127) zur Verfügung gestellt, kommen die Geldgeber nicht in den Genuss des privilège der conciliation, obwohl der Restrukturierungsplan im Rahmen einer conciliation ausgehandelt worden ist. Anders als die InsO kennt das französische Insolvenzrecht keine nachrangigen Konkursforderungen. Nachfolgend wird die Rangordnung von allgemeinen Verkaufserlösen („fonds libres non affectés") eines verpfändeten Handelsunternehmens (fonds de commerce) und einer mit einer Hypothek belasteten Immobilie dargestellt.

458   a) **Verteilungsschlüssel von „freien Beträgen".** Wurden keine Sicherheiten an Mobilien und Immobilien bestellt, ist Rangfolge der wichtigsten einzelnen Forderungen im Rahmen einer liquidation judiciaire wie folgt:

- **Kosten** und **Honorare**, die bei der **Verwertung** von **Vermögensgegenständen** anfallen, Art. L. 643-8 Abs. 1 C. com. (dazu → Rn. 446);
- **Superprivileg** der Arbeitnehmer (Art. L. 643-8 Abs. 1 Ziff. 2 C. com., → Rn. 446a);
- **Gerichtsverfolgungskosten,** die **nach** Eröffnung des Verfahrens entstehen (Art. 643-8 Abs. 1 Ziff. 3 C. com., → Rn. 446a);
- **New money-Privileg** der conciliation (Art. 611-11 C. com.);
- **Post new money-Privileg** der sauvegarde (Art. 643-8 Abs. 1 Ziff. 8 C. com., → Rn. 446a);
- Privileg von **Masseschulden** (Art. 643-8 Abs. 1 Ziff. 9 C. com., → Rn. 446a);
- **Steuerprivileg ersten Ranges** (Art. 1920, 1926 CGI; Steuergesetzbuch, insbesondere Körperschaftsteuer, Mehrwertsteuer);
- **Steuerprivileg zweiten Ranges** (Art. 1924 CGI; lokale Steuern wie zB Wohnraumsteuer (taxe d'habitation), Gewerbesteuer) sowie Registergebühren Art. 1927 CGI (droit d'enregistrement, publicité foncière); Immobilienvermögenssteuer, Grunderwerbssteuer);
- **Indirekte Steuern** gem. Art. 1927 (insbesondere Alkoholsteuer, Vergnügungssteuer, Tabaksteuer);
- **Allgemeine Privilegien** (privilèges généraux) gem. Art. 2331 C. civ. vor allem zur Absicherung von **Sozialabgaben** (cotisation de sécurité sociale) und Lohnforderungen (privilège général des salaires);
- Privileg zur Absicherung von **Zollgebühren** (privilège des douanes);
- Ungesicherte Insolvenzforderungen, **créances chirographaires.**

459   b) **Unternehmensveräußerung, vente du fonds de commerce, der bzw. deren Bestanteile mit Pfandrechten belastet sind.** Bei der Unternehmensveräußerung (allg. Sonnenberger/Dammann, Französisches Handels- und Wirtschaftsrecht, 3. Aufl. 2008, Rn. IV 40) ist hinsichtlich der Rangordnung zwischen den Immaterialgütern (éléments incorporels), den körperlichen Gegen-

Internationales Insolvenzrecht – Frankreich

ständen (éléments corporels) und den Lagerbeständen zu unterscheiden. Wurden Registerpfandrechte bestellt, sind die Gläubiger in folgender Rangordnung zu befriedigen:
- Den absoluten ersten Rang haben **Kosten** und **Honorare**, die bei der **Verwertung** der einzelnen Bestandteile anfallen (Art. L. 643-8 Abs. 1 C. com.). Der Nettoerlös der körperlichen Gegenstände (inklusive das **Registerpfandrecht an Betriebsausrüstungs- und Investitionsgütern** des Art. L. 525-1 ff. C. com. (nantissement sur le matériel et l'outillage (dazu Sonnenberger/Dammann, Französisches Handels- und Wirtschaftsrecht, 3. Aufl. 2008, Rn. VII 119)) und Lagerbeständen, da er ein Zurückbehaltungsrecht, droit de rétention (fictif oder réel), am Erlös geltend machen kann;
- **Superprivileg** der Arbeitnehmer;
- **Gerichtsverfolgungskosten,** die **nach** Eröffnung des Verfahrens entstehen (Art. 643-8 Abs. 1 Ziff. 3 C. com., → Rn. 446a);
- New **money-Privileg** der conciliation (Art. 611-11 C. com.);
- Post new **money-Privileg** der sauvegarde (Art. 643-8 Abs. 1 Ziff. 8 C. com., → Rn. 446a);
- Privileg von **Masseschulden** (Art. 643-8 Abs. 1 Ziff. 9 C. com., → Rn. 446a);
- **Steuerprivileg ersten Ranges** (Art. 1920, 1926 CGI; Steuergesetzbuch, insbesondere Körperschaftssteuer, Mehrwertsteuer);
- **Steuerprivileg zweiten Ranges** (Art. 1924 CGI; lokale Steuern wie zB Wohnraumsteuer (taxe d'habitation), Gewerbesteuer) sowie Registergebühren Art. 1927 CGI (droit d'enregistrement, publicité foncière); Immobilienvermögenssteuer, Grunderwerbssteuer;
- bei körperlichen Gegenständen und den Lagerbeständen deckt das **Vermieterprivileg** die letzten sechs Monate der Miete ab (Art. 1927 CGI);
- **Steuerprivileg** zur Absicherung von **indirekten Steuern** gem. Art. 1927 (insbesondere Alkoholsteuer, Vergnügungssteuer, Tabaksteuer). Gleichrangig ist bei körperlichen Gegenständen und Lagerbeständen das Vermieterprivileg (privilège du bailleur) über die unbezahlte Miete als Insolvenzforderung sowie Entschädigungszahlung in Höhe von einem Jahreszins, sollte der Mietvertrag nach Verfahrenseröffnung gekündigt worden sein;
- Das **Privileg** des **Verkäufers** des Unternehmens (privilège de vendeur) und das Registerpfandrecht beim **nantissement du fonds de commerce;**
- **Allgemeine Privilegien** (privilèges généraux) gem. Art. 2331 C. civ., vor allem zur Absicherung von **Sozialabgaben** (cotisation de sécurité sociale) und Lohnforderungen (privilège général des salaires);
- Privileg zur Absicherung von **Zollgebühren** (privilège des douanes);
- Ungesicherte Insolvenzforderungen (**créances chirographaires**).

c) Beim **Verkauf** einer **dinglich abgesicherten Immobilie** ist zwischen den **allgemeinen Vorzugsrechten** (privilèges généraux) und den **speziellen Vorzugsrechten** (privilèges speciaux), insbesondere einer Hypothek zu unterscheiden. Beim Konflikt zwischen allgemeinen und besonderen Immobilienprivilegien gehen die General- den Spezialprivilegien vor, jedoch nur, soweit die Fahrnis, die ja ebenfalls Haftungsobjekt der Immobiliar-Generalprivilegien ist, zu deren Befriedigung nicht ausreicht (Ferid/Sonnenberger, Das französische Zivilrecht, 2. Aufl. 1986, Bd. II, Rn. 3 D 300). Der liquidateur erstellt einen sog. état de collocation wie folgt (vgl. Pérochon Rn. 1323): **460**
- **Kosten** und **Honorare**, die bei der **Verwertung** von **Vermögensgegenständen** anfallen (Art. L. 643-8 Abs. 1 C. com.; dazu → Rn. 446);
- **Superprivileg** der **Arbeitnehmer** (allerdings nur subsidiär nach Versilberung des beweglichen Vermögens);
- **Gerichtsverfolgungskosten,** die **nach** Eröffnung des Verfahrens entstehen (Art. 643-8 Abs. 1 Ziff. 3 C. com., → Rn. 446a); allerdings nur subsidiär nach Versilberung des beweglichen Vermögens;
- **New money-Privileg** der **conciliation,** Art. 611-11 C. com. (allerdings nur subsidiär nach Versilberung des beweglichen Vermögens);
- Bei **speziellen Vorzugsrechten:** das privilège du syndicat de copropriétaires bezüglich Forderungen von Kosten und Gebühren des laufenden und der vergangenen zwei Jahre;
- Bei **speziellen Vorzugsrechten:** das Verkäuferprivileg einer Immobilie (privilège du vendeur d'immeuble); das Vorzugsrecht desjenigen, der für den Grundstückerwerb Geld vorschießt, (privilège du prêteur de denier (dazu Ferid/Sonnenberger, Das französische Zivilrecht, 2. Aufl. 1986, Bd. II, Rn. 3 D 416)); das privilège du syndicat de copropriétaires für zusätzliche zwei Jahre; das Vorzugsrecht des Mitberechtigten nach Teilung einer Rechtsgemeinschaft (privilège du copartageant (dazu Ferid/Sonnenberger, Das französische Zivilrecht, 2. Aufl. 1986, Bd. II, Rn. 3 D 417)); das Privileg des Baudarlehensgebers (privilège de l'accédant (dazu Ferid/Sonnen-

Internationales Insolvenzrecht – Frankreich

berger, Das französische Zivilrecht, 2. Aufl. 1986, Bd. II, Rn. 3 D 425)); das Vorzugsrecht der Architekten, Bauunternehmer und Handwerker (dazu Ferid/Sonnenberger, Das französische Zivilrecht, 2. Aufl. 1986, Bd. II, Rn. 3 D 424)); das Privileg an Nachlassgrundstücken (privilège de la séparation des patrimoines (dazu Ferid/Sonnenberger, Das französische Zivilrecht, 2. Aufl. 1986, Bd. II, Rn. 3 D 426));

- **Hypothekengläubiger** (je nach Rang);
- **Post new money-Privileg** der sauvegarde (Art. 643-8 Abs. 1 Ziff. 8 C. com., → Rn. 446a);
- Privileg von **Masseschulden** (Art. 643-8 Abs. 1 Ziff. 9 C. com., → Rn. 446a); allerdings nur subsidiär nach Versilberung des beweglichen Vermögens);
- **Privileg** der **Lohn-** und **Gehaltsforderungen** (allerdings nur subsidiär nach Versilberung des beweglichen Vermögens). In einer Grundsatzentscheidung hatte der Kassationshof entschieden, dass die **AGS** per **subrogation** in den Genuss dieses Privilegs kam (→ Rn. 474);
- **Allgemeine Vorzugsrechte**, privilèges généraux gem. Art. 2331 C. civ. (allerdings nur subsidiär nach Versilberung des beweglichen Vermögens);
- **Ungesicherte Insolvenzforderungen.**

461   d) Art. L. 643-5 C. com. soll die **Neutralität** der Reihenfolge bei der Veräußerung der einzelnen Vermögensgegenstände sicherstellen. Ein durch eine Hypothek abgesicherter Gläubiger kann nämlich als ungesicherter Gläubiger in Höhe einer Forderung bei der Verteilung des Verkaufserlös von Mobilien teilnehmen. Wird danach die gesicherte Immobilie veräußert, so wird der bereits ausgekehrte Betrag berücksichtigt (vgl. Pérochon Rn. 1309). Dieses Neutralitätsprinzip kommt allerdings bei der Subsidiaritätsregel von Generalprivilegien nicht zur Anwendung. Werden zuerst mit Hypotheken belasteten Immobilien veräußert, stellt sich die Frage, ob der Verwalter mit der Verteilung des Erlöses warten soll, um sicher zu stellen, dass bevorzugte privilegierte Gläubiger durch die Versilberung des beweglichen Vermögens abgefunden worden sind (zu dieser Problematik Pérochon Rn. 1310).

462   e) Die **Versilberung** von **dinglich abgesicherten Mobilien** ist noch etwas komplexer (vgl. Pérochon Rn. 1325). Zunächst ist zu untersuchen, ob der Gläubiger in den Genuss eines Zurückbehaltungsrechts. Ist dies der Fall, ist seine Forderung hors classement. Keine Rolle spielt, ob es sich um eine droit de rétention effectif oder fictif handelt. Das Gleiche gilt für Pfandgläubiger, die eine gerichtliche Übertragung des Pfandobjekts beantragen. Für alle übrigen Gläubiger gilt folgende Rangfolge:

- **Kosten** und **Honorare**, die bei der **Verwertung** von **Vermögensgegenständen** anfallen (Art. L. 643-8 C. com.; dazu → Rn. 446);
- **Superprivileg** der **Arbeitnehmer**;
- **Gerichtsverfolgungskosten**, die nach Eröffnung des Verfahrens entstehen (Art. 643-8 Abs. 1 Ziff. 3 C. com., → Rn. 446a);
- **New money-Privileg** der **conciliation** (Art. 611-11 C. com.);
- **Post new money-Privileg** der sauvegarde (Art. 643-8 Abs. 1 Ziff. 8 C. com., → Rn. 446a);
- Privileg von **Masseschulden** (Art. 643-8 Abs. 1 Ziff. 9 C. com., → Rn. 446a);
- **Mobiliarhypotheken**;
- **Steuerprivileg**, privilèges généraux mobiliers;
- **Pfandrechte** (ohne Zurückbehaltungsrecht): nantissement du fonds de commerce, privilèges speciaux mobiliers gem. Art. 2332-3 C. civ.;
- Privilèges speciaux mobiliers gem. Art. 2331 C. civ., insbesondere das **Privileg** der **Lohn-** und **Gehaltsforderungen** und das **Privileg** der **Sozialversicherung** (Art. 2332-2 C. civ.);
- **Ungesicherte Insolvenzforderungen.**

8. Die Stellung der Arbeitnehmer

463   a) **Eine privilegierte Stellung.** Arbeitnehmer nehmen eine **bevorzugte** Stellung ein. Sie genießen die privilegierteste Absicherung aller Gläubiger. Größtenteils sind ihre Forderungen durch ein **Vorrecht**, das sog. super privilège, abgesichert. Ihre Vorzugsstellung beruht nicht nur auf der Bevorrechtigung ihrer Forderungen, sondern vor allem auf einer Lohnausfallversicherung, der Association nationale pour la gestion du régime d'assurance des salariés – abgekürzt **AGS** –, die in der Praxis eine sehr wichtige Rolle spielt.

464   Arbeitnehmer sind von der Pflicht, ihre **Forderungen** fristgerecht **anzumelden, befreit** (Art. L. 625-1 f.; Art. R. 625-2 f. C. com.; → Rn. 415; zum Verfahren s. Lienhard Rn. 77.15). Die Liste der arbeitsrechtlichen Forderungen wird beim greffe hinterlegt und kann eingesehen werden. Der liquidateur informiert die Arbeitnehmer (vgl. R. 625-3 Abs. 3 und 5 C. com.). Anhängige

Internationales Insolvenzrecht – Frankreich

arbeitsrechtliche **Prozesse** werden fortgeführt. Der Streit wird dem mandataire judiciaire und ggf. dem administrateur verkündet.

Nach Art. L. 625-7 Nr. 2 C. com. iVm Art. 2331 Nr. 4 C. civ. und 2375 Nr. 2 C. civ. **465** kommen Arbeitnehmer in den Genuss eines **Mobiliar-** und **Immobiliargeneralprivilegs**. Bei Arbeitnehmern und Auszubildenden sichert es die letzten **sechs** Monate (ein Jahr bei landwirtschaftlichen Arbeitnehmern und Hausangestellten) der Lohn- und Gehaltsforderungen inklusive **Nebenleistungen** und **Kündigungsentschädigungen**. Dieses Privileg hat **Vorrang vor Hypothekengläubigern**, falls das **bewegliche Vermögen** des Schuldners zur Befriedigung der bevorrechtigten Gläubiger nicht ausreicht (vgl. Ferid/Sonnenberger, Das französische Zivilrecht, 2. Aufl. 1986, Bd. II, Rn. 3 D 230 ff.).

Zusätzlich zu dem „gewöhnlichen" Privileg hat der Gesetzgeber ein summenmäßig begrenz- **466** tes **Superprivileg** vorgesehen (Art. L. 625-7 Nr. 1 C. com. iVm Art. L. 3253-2–4, L. 7313-8 C. trav.), das Insolvenzforderungen aus **Arbeitseinkommen** (einschließlich **Nebenforderungen Kündigungsentschädigungen**, indemnités de congés payés usw) während der letzten 60 Tage (für einige Berufsgruppen gar 90 Tage) absichert. Es hat **absoluten Vorrang**.

Art. L. 625-8 C. com. sieht daneben eine **vorrangige Befriedigung** der durch das Superprivi- **467** leg abgesicherten Forderungen vor. Nach Genehmigung durch den juge commissaire sind sie innerhalb von **zehn Tagen nach Eröffnungsurteil zu zahlen**, sofern der Schuldner über die entsprechenden Mittel verfügt. Art. L. 625-8 Abs. 2 C. com. sieht eine sofortige **Abschlagszahlung** in Höhe **eines** nicht gezahlten **Monatsgehalts** vor. Verfügt der Schuldner nicht über die entsprechenden finanziellen Mittel, müssen die **ersten Geldeingänge** zur Zahlung der Lohnforderungen verwendet werden (Art. L. 625-8 Abs. 3 C. com.).

b) Die Lohnausfallversicherung. Der Gefahr einer **Leistungsunfähigkeit** des Schuldners **468** wird durch eine **Lohnausfallversicherung** der **AGS** vorgebeugt, die allerdings nach oben begrenzt ist (übersichtlich Lienhard Rn. 77.30 ff.; ausf. Le Corre Rn. 692 ff.). Im Jahre 2018 beträgt die Höchstgrenze 79.464 EUR (zum Kalkül vgl. Le Corre Rn. 694.411).

Von der Lohnausfallversicherung erfasst sind zunächst die nicht gezahlten Verbindlichkeiten **469** gegenüber Arbeitnehmern zum Zeitpunkt der Verfahrenseröffnung eines redressement- bzw. eines Liquidationsverfahrens (die Rechtsprechung legt diesen Begriff zugunsten der Arbeitnehmer **weit** aus, vgl. Le Corre Rn. 693.131. Hierzu rechnen insbesondere **Kündigungsentschädigungen**). Diese Regel kommt bei Eröffnung einer procédure de sauvegarde nicht zur Anwendung (vgl. Art. L. 3253-8 Nr. 1 C. trav.), es sei denn, die procédure de sauvegarde wird anschließend in ein redressement judiciaire **umgewandelt** (so nach langer Diskussion Soc. 21.1.2014 – Nr. 12-18.421, D. 2014, 270 mAnm Lienhard; 2152 mAnm Lucas; vgl. Le Corre Rn. 693.111 mwN) oder wenn nach **Aufhebung** eines **plan de sauvegarde** eine **liquidation judiciaire** eröffnet wird (vgl. Soc. 22.9.2015 – Nr. 14-17.837; BJE 2016, 51).

Umfasst sind ferner **drei Kategorien** von **Löhnen**, allerdings mit einer globalen **Höchst-** **470** **grenze** von **eineinhalb Monatslöhnen** (Art. 3253-8 C. trav.):
1) **Lohnforderungen,** die während der **Beobachtungsphase** entstehen, sofern das sauvegarde- bzw. redressement-Verfahren am Ende in ein **Liquidationsverfahren umgewandelt** wird (Le Corre Rn. 693.111 mwN).
2) Abgedeckt sind des Weiteren **Lohnforderungen**, die während einer Dauer von **15 Tagen nach dem Eröffnungsurteil einer liquidation,** bzw. von **21 Tagen,** wenn ein **Sozialplan, PSE, ausgearbeitet** wird, fällig werden. Für Vertreter der Arbeitnehmer beträgt die Dauer einen Monat.
3) Abgedeckt sind schließlich **Lohnforderungen,** die während der **Fortführung des Unternehmens** im Rahmen der **liquidation judiciaire** entstehen, sowie Lohnforderungen, die während einer Dauer von **15 Tagen nach Beendigung der Fortführung des Unternehmens,** bzw. von **21 Tagen,** wenn ein **Sozialplan**, PSE, ausgearbeitet wird, entstehen.

Schließlich deckt die Ausfallversicherung der AGS die Zahlung von „**indemnité de rupture**" **471** ab, sofern es sich um Kündigungen handelt, die nach der Verfahrenseröffnung auf Veranlassung des administrateur bzw. des liquidateur vorgenommen werden. **Nicht** in den Anwendungsbereich dieser Bestimmung fallen **Vertragsauflösungen** in der Form eines „**prendre acte**" der Entlassung durch den Arbeitnehmer (vgl. Soc. 20.12.2017 – Nr. 16-19.517, LEDEN 3/2018, Nr. 111k2 mAnm Frémont). Erfasst werden Entlassungen, die während der **Beobachtungsphase** im Rahmen einer **procédure de sauvegarde** vorgenommen werden (vgl. Art. 3253-8 Nr. 2 a). Dasselbe gilt für Entlassungen, die innerhalb eines Monats nach Verabschiedung des Sanierungs- bzw. Insolvenzplans im Rahmen einer procédure de sauvegarde oder eines redressement judiciaire sowie eines plan de cession beschlossen werden (Art. 3253-8 Nr. 2 b). Die AGS übernimmt ebenfalls die Zahlung der **Kündigungsentschädigungen** bei Entlassungen von Arbeitnehmern im Rah-

Internationales Insolvenzrecht – Frankreich

men einer **liquidation judiciaire**. Voraussetzung ist, dass die Entlassungen innerhalb von **15 Tagen** nach **Verfahrenseröffnung**, innerhalb von **21 Tagen** bei Erstellung eines **Sozialplans, PSE**, erfolgen (Hinweise zur Rechtsprechung in Bezug auf die Einhaltung dieser Fristen bei Le Corre Rn. 693.541). Die AGS trägt ebenfalls die Kosten der Entlassungen während der **provisorischen Fortführung** des Unternehmens im Rahmen der **Liquidation** (Art. L. 3253-8 Nr. 2 d).

472   Die Intervention der AGS ist **subsidiär**. Wenn der Schuldner über ausreichend finanzielle Mittel verfügt, kann es die AGS ablehnen, die Lohnzahlungen bzw. die Kündigungsentschädigungen zu tragen. Diese Regelung kommt vor allem bei der procédure de sauvegarde zur Anwendung (vgl. Le Corre Rn. 694.121).

473   Das „Einspringen" der AGS gibt dem Insolvenzverwalter in der Praxis die Möglichkeit, einen **Sanierungsplan** ins Auge zu fassen. Einschlägig ist Art. L. 626-20 I Nr. 1. Die AGS akzeptiert daneben regelmäßig eine **Stundung** der Rückzahlungen der **vorfinanzierten Kündigungsentschädigungen** für eine Dauer von bis zu 24 Monaten.

474   Die AGS rückt durch **Subrogation** in die gleiche bevorzugte Rechtsstellung der Arbeitnehmer vor (vgl. Art. L. 3253-16 C. trav.). Alle Forderungen werden als Insolvenzforderungen behandelt (vgl. Lienhard Rn. 77.33 und Com. 11.6.2014 – Nr. 13.17.997 und 13-18.112, D. 2014, 1270 mAnm Lienhard; BJE 2014, 303 mAnm Le Corre; Bull. civ. IV, Nr. 103; RTD civ. 2014, 696 mAnm Crocq; Rev. sociétés 2014, 532 mAnm Roussel Galle). Somit kommt die AGS nicht nur in den Genuss des Superprivilegs, sondern auch des **zivilrechtlichen Privilegs** mit der Konsequenz einer **besseren Rangstellung** als die **Hypothekengläubiger** (vgl. Art. 2376 C. civ.; vgl. ferner Le Corre D. 2014, 378).

475   Bei **internationalen Insolvenzverfahren** sind folgende Regelungen zu beachten: Der französische Gesetzgeber hat die RL Nr. 2008/94 v. 22.10.2008 in Art. L. 3253-18-1 ff. umgesetzt. Der Versicherungsschutz der AGS kommt zur Anwendung, sofern die Arbeitnehmer durchgängig in Frankreich beschäftigt sind. In einer umstrittenen Entscheidung hat der Kassationshof eine **extraterritoriale Anwendung** der Lohnausfallsicherung der AGS zugunsten eines Arbeitnehmers einer Gesellschaft zugelassen, gegen die in Frankreich ein Insolvenzverfahren eröffnet worden ist und bei welcher der Arbeitnehmer dagegen in Deutschland durchgängig beschäftigt war, da der Versicherungsschutz der AGS vorteilhafter war (vgl. Soc. 4.12.2012 – Nr. 11-22.166, D. 2013, 691 mAnm Dammann/Thillaye). In einer Entscheidung v. 28.3.2018 (Nr. 16-19-086, BJS 2018, 354 mAnm Dammann/Guermonprez; D. 2018, 718) hat der Kassationshof diese Rechtsprechung dahingehend eingeschränkt, dass ein Arbeitnehmer eines insolventen französischen Arbeitgebers, der in Deutschland seinen Wohnsitz hatte und dort angestellt worden ist, nicht in den Genuss der Lohnausfallsicherung der AGS kommen soll, da er weder expatrié noch in position de détachement war (vgl. zur gesamten Problematik Dammann/Sénéchal, Le droit de l'insolvabilité internationale, 1. Aufl. 2018, Rn. 1972 ff.). Im allgemeinen internationalen Privatrecht kommen Arbeitnehmer eines insolventen Arbeitgebers eines Drittstaates, die in Frankreich arbeiten, in den Genuss der Lohnausfallsicherung der AGS, sofern das französische Insolvenzverfahren durch Exequatur anerkannt worden ist. Arbeitnehmer eines französischen insolventen Unternehmens, die in einen Drittstaat entsandt worden sind (expatrié bzw. détaché), werden ebenfalls durch die AGS entschädigt (vgl. Dammann/Sénéchal, Le droit de l'insolvabilité internationale, 1. Aufl. 2018, Rn. 1997 f.).

9. Aussonderungsberechtigte Gläubiger

476   **a) Allgemeines.** Das französische Recht kennt nur das **Eigentum** als Grund der **Aussonderung**, das im Rahmen der procédure de sauvegarde, der redressement judiciaire und der liquidation judiciaire geltend gemacht werden kann. Einschlägig sind die Art. L. 624-9–624-18 und R. 624-13–624-16 C. com. Der Eigentümer von beweglichen Sachen, die dem Schuldner zum vorübergehenden Gebrauch überlassen wurden bzw. bewegliche Sachen, die in ein Sondervermögen treuhänderisch übereignet worden sind, die sich aber weiterhin im **Besitz** des Schuldners befinden und nicht zu seinem Vermögen zählen, kann Aussonderung verlangen (vgl. Art. L. 624-16 Abs. 1 C. com.). In der Regel handelt es sich um körperliche Sachen. Vindikationsgegenstand können jedoch auch unkörperliche Sachen sein, wie zB die Kaufpreisforderung beim Weiterverkauf unter Eigentumsvorbehalt gelieferter Ware (→ Rn. 512, ferner allg. Cass 29.2.2000 – Nr. 97-14.575; zur Sytematik von Bar, Gemeineuropäisches Sachenrecht, Bd. 1, 2015, Rn. 148). Die sog. demande bzw. **action en revendication**, die gleichzeitig einen **Antrag auf Rückgabe** (restitution) der Sache beinhaltet (vgl. Lienhard Rn. 103.27). Die revendication muss innerhalb der kurzen **Ausschlussfrist** von **drei Monaten** ab **Veröffentlichung** des Urteils zur Einleitung des Verfahrens beantragt werden (Art. L. 624-9 C. com.). Wird die Frist versäumt, kann der Eigentümer sein Eigentumsrecht an der Sache im Verfahren nicht mehr geltend machen (inopposable).

Der Verwalter kann die Sache zugunsten der Masse verwerten (vgl. Com. 3.4.2019 – Nr. 18-11.247). Ist das Eigentum bereits anerkannt, weil Eigentümer ihr Eigentumsrecht in ein **öffentliches Register** eintragen ließen, erübrigt sich die revendication. Lediglich eine **demande en restitution** ist in solchen Fällen erforderlich, die nicht der drei-monatigen Ausschlussfrist unterliegt (vgl. Art. L. 624-10 C. com., → Rn. 489, → Rn. 494).

477 Art. R. 628-1 Abs. 1 C. com. schließt die Anwendung der Vorschriften zur Aussonderung von beweglichen Sachen bei der **sauvegarde (financière) accélérée** aus. Diese Verfahrensvorschriften sind mit der Kürze des Verfahrens nicht vereinbar. Das bedeutet aber nicht, dass Eigentümer nicht aussondern dürfen und ihre Insolvenzforderungen ggf. vom Sanierungsplan erfasst werden können (Malaurie/Aynès, Les sûretés, la publicité foncière, 12. Aufl. 2018, Rn. 802).

478 Art. L. 624-16 Abs. 2 C. com. normiert die Bedingungen der **Aussonderung** von unter **Eigentumsvorbehalt** gelieferten Waren (dazu → Rn. 506). Diese Bestimmung bezieht sich grundsätzlich auf den Kaufvertrag. Es ist aber anerkannt, dass ein Eigentumsvorbehalt auch bei anderen Vertragstypen, etwa im Rahmen eines Werkvertrages, vereinbart werden kann.

479 Bewegliche Sachen können ausgesondert werden, sofern vor Eröffnung des Verfahrens vom **Kaufvertrag wirksam Abstand** genommen wird (vgl. Art. L. 624-12 C. com.). Dies kann durch eine automatische Auflösungsklausel oder aufgrund eines Gerichtsurteils geschehen. Ursprünglich hatte die Rechtsprechung eine im Rahmen eines Kaufvertrages vereinbarte Klausel, die eine automatische Lösung vom Vertrag vorsah, sofern das Insolvenzverfahren eröffnet wird, für zulässig erachtet. Durch diese Konstruktion wurde der Käufer rückwirkend Eigentümer und konnte die Herausgabe der Sache verlangen. Auf diese Weise wurde daher die mangelnde Konkursfestigkeit des Eigentumsvorbehalts ausgeglichen. Heute wird eine entsprechende Klausel insgesamt für unwirksam und mit der Gewährung eines Herausgabeanspruchs aufgrund des Eigentumsvorbehalts für nicht zulässig bewertet.

480 Nach französischer **Systematik** ist der Eigentumsvorbehalt eine **dinglich akzessorische Sicherheit**. Der Kaufvertrag bleibt daher erhalten. Eine Auflösung des Kaufvertrags aufgrund einer **clause résolutoire** oder auf der Grundlage einer **Gerichtsentscheidung** ist jedoch **zulässig**; dies gilt allerdings nur, wenn sie **nach Eröffnung des Insolvenzverfahrens** eintritt und **nicht** auf der **Nichtzahlung** des **Kaufpreises** beruht (vgl. Lienhard Rn. 103.18).

481 Der Eigentümer von sich noch **in transitu** befindlicher **Waren** kann ebenfalls **aussondern** (Art. L. 624-13 C. com.). Voraussetzung ist, dass die Ware noch nicht an den Käufer oder den Kommissionär ausgeliefert worden ist. Die revendication ist daher ausgeschlossen, wenn der Kaufpreis bereits bezahlt oder die Ware noch drittwirksam weiterverkauft worden ist (vgl. Lienhard Rn. 103.19). Ist der Verkäufer noch im **Besitz** der Ware – wurde diese also weder an den Schuldner noch an einen für ihn handelnden Dritten geliefert –, kann der Verkäufer sie **zurückbehalten** (Art. L. 624-14 C. com.). Diese Bestimmung normiert ein **droit de rétention,** das im Insolvenzverfahren nur geltend gemacht werden kann, wenn der Gläubiger seine **Forderung anmeldet.**

482 Der Inhaber von **Wertpapieren,** die dem Schuldner zur Einziehung oder zur Begleichung bestimmter Forderungen übergeben worden sind, kann in gleicher Weise **aussondern** (Art. L. 624-15 C. com.).

483 Behält der Schuldner bei einer **treuhänderischen Übertragung** in ein Sondervermögen den **Besitz** an der beweglichen Sache („**l'usage ou la jouissance**"), kann der **fiduciaire** die Sache **herausverlangen**. Die Rückgabe erfolgt allerdings erst zum Zeitpunkt der **Beendigung der schuldrechtlichen Zurverfügungstellung** der Sache. Die Neufassung der Art. L. 624-10-1 und L. 624-16 Abs. 1 C. com. durch die ordonnance v. 18.12.2008 hat die bisweilen unsichere Rechtslage nach Einführung der fiducie durch das Gesetz v. 19.2.2007 geklärt (dazu Dammann/Podeur Mél. AEDBF, 2009, 139; Grimaldi/Dammann D. 2009, 670).

484 Im Folgenden werden zunächst die **allgemeinen Regeln** der Aussonderung dargestellt, bevor die **spezialgesetzlichen Vorschriften** zum Eigentumsvorbehalt bzw. der fiducie-sûreté behandelt werden.

485 **b) Das Vorhandensein der beweglichen Sache.** Die Ware muss zum **Zeitpunkt der Verfahrenseröffnung** beim Insolvenzschuldner **en nature** vorhanden sein (Art. L. 624-16 C. com.). Es besteht lediglich die Möglichkeit, eingebaute Sachen en nature herauszuverlangen, sofern sie **ohne** einen **Schaden getrennt** werden können. Ferner können **fungible Sachen** herausverlangt werden (diese Bestimmungen werden bei der Darstellung des Eigentumsvorbehalts behandelt, → Rn. 511).

486 **Geldbeträge** können grundsätzlich **nicht ausgesondert** werden (stRspr; Com. 4.2.2003 – Nr. 00-13.356, D. 2003, 1230 mAnm Lienhard; Com. 22.5.2013 – Nr. 11-23.961, Bull. civ. IV, Nr. 87, D. 2013, 1594 mAnm Lienhard, Danos; D. 2013, 2363 mAnm Lucas; Com. 19.5.2015 – Nr. 13-25.312, Gaz. Pal. 19-21.7.2015 mAnm Bonhomme; Com. 8.3.2017 – Nr. 15-11.168, BJE

Internationales Insolvenzrecht – Frankreich

2017, 278). Der Gläubiger muss seine **Forderung** mithin **anmelden**. Eine Ausnahme könnte allerdings bestehen, wenn der Gesamtschuldner die Geldbeträge auf einem Sperrkonto für Dritte hinterlegt hat (str.; so allerdings Com. 25.3.1997 – Nr. 94-18.337, Bull. civ. IV, Nr. 84, D. 1997, 482; JCP E 1997 II 991 mAnm Pétel: „si le caractère fongible d'un bien ne fait pas par lui-même obstacle à sa revendication, celle-ci ne peut aboutir que dans la mesure où le bien en cause n'a pas été confondu avec d'autres de la même espèce", Com. 15.2.2011 – Nr. 10-10056, Bull. civ., IV, Nr. 25; dans une lecture a contrario, Com. 8.3.2017 – Nr. 15-11.168; v. Malaurie/Aynès, Les biens, 7. Aufl. 2017, Rn. 157; Pérochon Rn. 1621).

487   c) **Beweislastvorschriften.** Die **Beweislast,** dass sich bewegliche Sachen zum Zeitpunkt der Verfahrenseröffnung **en nature** beim Schuldner befinden, obliegt dem **Aussonderungsantragsteller.** Erleichtert wird diese Beweisführung durch die Bestandsaufnahme des **Inventars,** die der Verwalter bzw. der liquidateur zu Anfang des Insolvenzverfahrens vornehmen muss. Wurde **kein** oder lediglich ein **unbrauchbares Inventar** erstellt, kommt es zu einer **Beweislastumkehr** (vgl. Com. 1.12.2009 – Nr. 08-13.187, Bull. civ. IV, Nr. 156, D. 2010, 12 mAnm Lienhard; Com. 25.10.2017 – Nr. 16-22.083, D. 2017, 2149; Rev. prov. coll. 2018, comm. 28 mAnm Aynès („inventaire incomplet, sommaire ou inexploitable"); zur Problematik der Aussonderung fungibler Sachen Dammann/Gallo JCP E 2014, 1562).

488   d) **Forderungsanmeldung.** Der aussonderungsberechtigte Gläubiger ist **Eigentümer** und muss seine **Forderung** daher **nicht anmelden** (vgl. Com. 11.3.1997 – Nr. 94-20.069, Bull. civ. IV, Nr. 70). Diese Rechtsprechung kommt auch beim Eigentumsvorbehalt und der fiducie-sûreté zur Anwendung, obwohl es sich hier um akzessorische Sicherheiten handelt. Eine **Forderungsanmeldung** ist allerdings trotzdem **ratsam** (vgl. Lienhard Rn. 103.15). Wurde eine dingliche Sicherheit zur Besicherung von Drittschulden bestellt, handelt es sich um keine schuldrechtliche Bürgschaft (so die Grundsatzentscheidung Cass. mixte, 2.12.2005, Nr. 03-18.210). Im Falle der Insolvenz des Bestellers der dinglichen Sicherheit ist daher eine Forderungsanmeldung ausgeschlossen (so Com. 17.6.2020, Nr. 19-13.153, BJE 10/2020, 24 mAnm Favre Rochex). Der Reformgesetzgeber hat diese Rechtsprechung gebrochen (Art. L. 622-25 C. com. (idF der ord. v. 2021). Der Bürgschaftsnehmer kann seine dingliche Sicherheit verwerten, obwohl gegen den Drittschuldner ein Insolvenzverfahren eröffnet worden ist (Com. 25.11.2020 – Nr. 19-11.525, BJE 1/2021, 31 mAnm Borga; Rev. proc. coll. 3/2021, 42 mAnm. Aynès; zu den Auswirkungen dieser Rspr. J. Vallansan, Rev. proc. coll. 1/2021, études, 17; Dammann/Malaveille D. 2021, 532; krit. Ansault BJE 4/2021, 53). Die Reform von Art. L. 622-21 Abs. 2 C. com. (idF der ord. v. 2021) hat diese Rechtsprechung gebrochen.

489   e) **Ein zweistufiges Verfahren. aa) Eine dreimonatige Ausschlussfrist.** Die Aussonderung muss innerhalb der kurzen Ausschlussfrist von drei Monaten ab Veröffentlichung des Urteils zur Eröffnung des Verfahrens beantragt werden (Art. L. 624-9 C. com.). Das délai de distance des Art. 643 CPC von zwei Monaten zugunsten von im Ausland ansässigen Gläubigern kommt nicht zur Anwendung (vgl. Lucas Rn. 225 unter Hinweis auf Com. 7.2.2006, Nr. 04-19.342). Es ist jedoch möglich, sich auf die Maxime contra non valentem non currit praescriptio zu berufen. Diese Ausschlussfrist kommt auch zur Anwendung, falls der Vorbehaltsverkäufer im Rahmen der Absonderung der Kaufpreisforderung den sous-acquéreur auf Zahlung verklagt (vgl. Com. 24.5.2005 – Nr. 04-13.464, Bull. civ. IV, Nr. 110, D. 2005, 1633 mAnm Lienhard). Ist der Vertrag über die streitbefangene Sache (zB ein Kaufvertrag mit einem vereinbarten Eigentumsvorbehalt) öffentlich gemacht worden, so entfällt die dreimonatige Ausschlussfrist (Art. L. 624-10 C. com.). Wie bereits erwähnt, handelt es sich hier nicht um einen Antrag auf Aussonderung, sondern auf Rückgabe (restitution → Rn. 494).

490   Wenn die Sache Gegenstand eines **laufenden Vertrags** ist – zB bei der fiducie-sûreté sans dépossession – muss der Aussonderungsantrag trotzdem innerhalb der dreimonatigen Frist gestellt werden. Lediglich die **Rückgabe** (restitution effective) ist aufschiebend bedingt und erfolgt bei **Beendigung** des **contrat en cours** (vgl. Art. L. 624-10-1 C. com.). Setzt der Gläubiger den Schuldner in Verzug, den laufenden Vertrag zu beenden, dann beinhaltet dieser Antrag keinen stillschweigenden Aussonderungsantrag (vgl. Com. 12.3.2013 – Nr. 11.24.729, Bull. civ. Nr. 39, D. 2013, 1249 mAnm Lienhard; diese Rechtsprechung wurde für den Eigentumsvorbehalt ausdrücklich bestätigt, vgl. Com. 5.11.2013 – Nr. 12.25.765, Bull. civ. IV, Nr. 162, D. 2013, 2638 mAnm Lienhard: „la reconnaissance par le liquidateur du droit de propriété ne dispense pas le propriétaire du bien détenu par le débiteur d'agir en revendication").

491   bb) **Die erste Phase: die freiwillige Aussonderung.** In der ersten Phase handelt es sich um eine **freiwillige Aussonderung** (demande d'acquiescement de rendication). Der Antrag ist beim Verwalter bzw. beim Liquidator mittels eingeschriebenen Briefes mit Rückschein zu stellen. Wurde kein Verwalter bestellt, muss das Schreiben an den Schuldner adressiert werden (Art. R. 624-13

Internationales Insolvenzrecht – Frankreich

Abs. 1 C. com.). Es ist nicht notwendig, ein Schreiben an den Schuldner zu richten, wenn ein Verwalter bestellt worden ist bzw. ein liquidateur ihn vertritt (vgl. Com. 2.11.2016 – Nr. 14-18.898, Bull. civ. IV, Nr. 138, D. 2016, 2279). Eine Kopie des Schreibens geht an den Vertreter der Gläubiger. Die demande en revendication ist **keine action en justice,** wie dies bei der Forderungsanmeldung der Fall ist (vgl. Com. 6.3.2001 – Nr. 98-15.099, Bull. civ. Nr. 50, D. 2001, 1099 mAnm Lienhard).

Der **Verwalter** kann dem **Antrag** innerhalb eines Monats mit **Zustimmung des Schuldners** 492 stattgeben. Wurde kein Verwalter bestellt, ist der Schuldner mit Einverständnis des Gläubigervertreters zur Zustimmung des Antrags befugt. Stimmt der administrateur zu, bedeutet dies allerdings nicht, dass er implizit auch der Bewertung der Waren zugestimmt hat (vgl. Com. 3.5.2016 – Nr. 14-24.586, Bull. civ. IV, Nr. 70, D. 2016, 997).

cc) Die zweite Phase: die gerichtliche requête de revendication. Wird dem Antrag nicht 493 innerhalb einer Frist von einem Monat entsprochen (der Verwalter kann frei entscheiden, vgl. Com. 5.4.2016 – Nr. 14-13.247, Bull. civ. IV, 57, D. 2016, 838; zB auch wenn der Rückgabewert bestritten ist, vgl. Com. 3.5.2016 – Nr. 14-24.586, Bull. civ. IV, 70), beginnt die zweite Phase. Der Absonderungsantragsteller, eventuell auch der Schuldner oder der mandataire judiciaire (vgl. Com. 24.1.2018 – Nr. 16-20.589, D. 2018, 166) muss innerhalb einer weiteren Frist von **einem Monat** den juge commissaire anrufen. Dies geschieht durch eine **requête de revendication.** Es handelt sich hier wiederum um eine **Ausschlussfrist** (Art. R. 624-13 C. com.). Die Versäumung dieser Frist führt folglich zum Rechtsverlust. Eine action en relevé de forclusion hat der Gesetzgeber nicht vorgesehen. Gegen die Entscheidung des Richters kann innerhalb von **10 Tagen Beschwerde** bei Gericht eingelegt werden (Art. R. 621-21 C. com.).

f) Der Antrag auf Rückgabe – restitution. Eigentümer, die ihr Eigentumsrecht vor Eröff- 494 nung des Insolvenzverfahrens in ein öffentliches Register haben eintragen lassen, haben die Möglichkeit, Antrag auf **Rückgabe (restitution)** zu stellen. Es handelt sich um eine simple faculté, die nicht fristgebunden ist (so Com. 18.9.2012 – Nr. 11-21.744, Bull. civ. IV, Nr. 162, D. 2012, 2240 mAnm Lienhard) und damit nicht der dreimonatigen Ausschlussfrist unterliegt, Art. L. 624-10 iVm Art. R. 624-14 f. C. com. Der Kassationshof hat in einem Urteil v. 15.3.2005 (00-18.550, Bull. civ. IV, Nr. 60, D. 2005, 890 mAnm Lienhard) entschieden, dass die in Art. R. 144-1 C. com. vorgeschriebene Veröffentlichung einer **Unternehmensverpachtung** (location du fonds de commerce) in einem journal d'annonce légal ausreicht, um von der dreimonatigen Ausschlussfrist befreit zu sein. Das Gleiche gilt für die Veröffentlichungen von **Lizenzverträgen** gem. Art. L. 613-9 und R. 714-4 CPI. Dem **Eigentumsvorbehaltsverkäufer** steht es frei, seinen Kaufvertrag beim örtlichen Handelsgericht zu veröffentlichen (s. Art. R. 621-8 C. com.). In der Praxis wird hiervon allerdings wenig Gebrauch gemacht. Beim **Mobiliarleasing** ist eine Veröffentlichung des Leasingvertrages beim greffe des Handelsgerichts in Art. R. 313-4 C. mon. fin. vorgesehen (zur Problematik der Sitzverlegung der Gesellschaft vgl. Com. 24.5.2018 – Nr. 16-28.083, RTD com. 2018, 778 mAnm Martin-Serf). Eine **Registrierung** der **Abtretung** eines **droit au bail** bei der Steuerbehörde ist allerdings keine Registrierung iSv Art. R. 624-15 C. com. (Com. 5.11.2013 – Nr. 12-25.765, Bull. civ. IV, Nr. 162; D. 2013, 2638 mAnm Lienhard).

Der Eigentümer richtet einen **Antrag** auf Rückgabe per Einschreiben mit Rückschein an den 495 **Verwalter** bzw. wenn kein Verwalter bestellt worden ist, an den Schuldner. Eine Kopie wird an den mandataire judiciaire geschickt. Stimmt der Verwalter diesem Antrag nicht innerhalb von einem Monat zu, kann der Antragsteller den **juge commissaire einschalten.** Der Antrag auf Rückgabe kann auch **sofort** beim verfahrensleitenden Richter gestellt werden (Art. R. 624-14 Abs. 2; vgl. Lienhard Rn. 103.38).

10. Die Stellung dinglich abgesicherter Gläubiger

a) Einführung. Das französische Recht bietet eine große Anzahl von dinglichen Sicherheiten, 496 die verstreut im Code civil, im Code de commerce und im Code monétaire et financier normiert sind. Die gesamte Materie wurde im Laufe der Jahre immer unübersichtlicher und die ordonnance v. 23.3.2006 hat leider nur partiell Klarheit geschaffen (zur Reform Dammann D. 2006, 1298). Aus insolvenzrechtlicher Sicht sind folgende Rechte zu unterscheiden: das **Eigentum** als Sicherheit, propriété-sûretés, an **Mobilien** und **Immobilien; Pfandrechte** an **Mobilien** und sonstigen **immateriellen Rechten;** Hypotheken und Pfandrechte an **Immobilien.** In jeder Gruppe gibt es Sicherheiten mit und ohne **Zurückbehaltungsrecht** (droit de rétention).

Besonders unübersichtlich ist die Situation bei den Pfandrechten. Seit der ordonnance von 497 2006 unterscheidet der Code civil zwischen verschiedenen Typen: das **Besitzpfandrecht** (gage) an Mobilien, das auch an Lagerbeständen begründet werden kann und das mit einem **Zurückbe-**

haltungsrecht, droit de rétention, ausgestattet ist, der **gage** an Mobilien als **Registerpfandrecht** ohne **Zurückbehaltungsrecht,** das Registerpfandrecht an **Kraftfahrzeugen** mit droit de rétention sowie das Pfandrecht an **Forderungen** und sonstigen **immateriellen Rechten,** das sog. **nantissement.** Das handelsrechtliche Pfandrecht an Konten für Wertrechte (nantissement de compte d'instruments financiers) ist vom Gesetzgeber als Besitzpfandrecht mit droit de rétention konzipiert worden.

498   Der handelsrechtliche Lagerpfandschein (**warrant sur marchandise**) ist ein **Besitzpfandrecht** mit **droit de retention** (Art. L. 522-24–522-37 C. com., vgl. Ferid/Sonnenberger, Das französische Zivilrecht, 2. Aufl. 1986, Bd. II, Rn. 3 D 162 ff.). Es handelt sich um ein besonderes Verfahren, bei dem Lagerscheine (récépissé) ausgestellt werden. Mit diesen Papieren, die Repräsentationsfunktion haben, sind Lagerpfandscheine verbunden, sog. warrants. Der Einlagerer kann den Pfandschein vom Lagerschein trennen und durch Aushändigung der warrants dem Pfandgläubiger den zur Pfandbegründung erforderlichen Besitz verschaffen. Diese Form der Verpfändung ist heute außer Mode gekommen. Die handelsrechtlichen **warrant hôtelier** (Art. L. 523-1–523-15 C. com.) und **warrant pétrolier** (Art. L. 524-1–524-21 C. com.) sind hingegen **keine Besitzpfandrechte.** Der Pfandgläubiger kommt also nicht in den Genuss eines droit de retention.

499   Bedeutung hat heute nur noch der handelsrechtliche **warrant agricole** (Art. L. 342-1–342 C. rur.). Der Kassationshof hat entschieden, dass der Pfandgläubiger in den Genuss eines droit de rétention kommt (Civ. 23.4.1918, DP 19919 I 3 mAnm Capitant; Com. 26.1.2010 – Nr. 08-21.340, D. 2011, 412 mAnm Crocq; BJE 2011, 32 mAnm Borga). Es handelt sich hier allerdings um ein droit de rétention fictif (vgl. Malaurie/Aynès, Les sûretés, la publicité foncière, 13. Aufl. 2019, Rn. 521; Legeais, Droit des sûretés et garanties du crédit, 12. Aufl. 2017, Rn. 504; Le Corre-Broly JCP E 2013, 1446; Le Corre Rn. 482.121; Pérochon Rn. 615). Die Verpfändung zukünftiger Ernte ist daher möglich (vgl. Civ. 12.11.2015 – Nr. 14-23.106; D. 2016, 178; RTD com. 2016, 415 mAnm Crocq; Legeais, Droit des sûretés et garanties du crédit, 12. Aufl. 2017, Rn. 505).

500   Das Reformgesetz v. 4.8.2008 hat die Registerpfandrechte flankierend mit einem „**fiktiven**" droit de rétention ausgerüstet (Art. 2286 Nr. 4 C. civ.), um ihre Insolvenzfestigkeit zu stärken. Folglich ist das handelsrechtliche Registerpfandrecht am Warenlager (**gage des stocks**), mit einem droit de rétention fictif ausgestattet. Das handelsrechtliche Registerpfandrecht an Betriebsausrüstungs- und Investitionsgütern, das weiterhin fälschlicherweise als **nantissement** bezeichnet wird, ist in Wirklichkeit ebenfalls ein gage mit einem **droit de rétention fictif.**

501   Das handelsrechtliche **Registerpfandrecht am Unternehmen** (nantissement du fonds de commerce) hat hingegen kein droit de rétention. Das Gleiche gilt für zivil- bzw. handelsrechtliche Pfandrechte an Anteilen (**nantissement de parts**), obwohl das nantissement von GmbH-Anteilen und OHG-Anteilen den allgemeinen Bestimmungen des Zivilrechts unterliegt (dies war lange Zeit umstritten, entspricht allerdings der heutigen hM im Anschluss an Com. 26.11.2013 – Nr. 12-27.390, RTD civ. 2014, 158 mAnm Crocq). Die Neufassung von Art. 2355 C. civ. durch die ordonnance v. 15.9.2021 hat diese Rechtsprechung festgeschrieben. In die gleiche Kategorie fallen das nantissement de marque und das nantissement de brevet.

502   Da das Pfandrecht an **Forderungen** seit der Grundsatzentscheidung des Kassationshofs v. 26.5.2010 mit einem **Zurückbehaltungsrecht** ausgestattet ist und der Pfandgläubiger nach der notification ein **droit exclusif** auf Zahlung der verpfändeten Forderung erwirbt (dazu → Rn. 545), ist diese dingliche Sicherheit aus insolvenzrechtlichem Blickwinkel zusammen mit den fiduziarischen Forderungsabtretungen darzustellen. Art. 2363 C. civ. idF der ordonnance v. 15.9.2021 hat diese Rechtsprechung übernommen. Dasselbe gilt für das **Pfandrecht an Gelddepots,** sog. **gage-espèce.**

503   Die traditionellen Sicherheiten an Immobilien sind die **Hypothek** und der **gage immobilier** (ehemalige antichèse). Die **Hypothek** ist **eine Registersicherheit ohne droit de rétention.** Der **gage immobilier** ist als **Besitzpfandrecht** konzipiert. Der Pfandgläubiger hat folglich ein **Zurückbehaltungsrecht** (vgl. Com. 30.1.2019 – Nr. 17-22.223, BJE Mai/Juni 2019, 44 mAnm Macorig-Venier). Die Figur der Grundschuld ist dem französischen Recht fremd. Der Gesetzgeber von 2006 hat die sog. hypothèque rechargeable eingeführt (Art. 2422 C. civ., dazu Dammann/Podeur D. 2007, 1359). Sie führte allerdings zunächst ein Stiefmutterdasein, sodass sie durch Gesetz v. 17.3.2014 abgeschafft und doch wenige Monate später wieder durch Gesetz v. 20.12.2014 zurück ins Leben gerufen wurde.

504   Anders als im deutschen Recht spielen im französischen Insolvenzrecht **Befriedigungsvorrechte (privilèges)** eine sehr wichtige Rolle. Sie bilden ein kompliziertes Gesamtgefüge, das von vornherein kein Thema des Handels- und Insolvenzrechtsrechts ist (vgl. Ferid/Sonnenberger, Das französische Zivilrecht, 2. Aufl. 1986, Bd. II, Rn. 3 D 198 ff.). Da sie aber bei der Beurteilung

des insolvenzrechtlichen Wertes einer dinglichen Sicherheit zum Teil eine große Rolle spielen und darüber hinaus insolvenzrechtlichen Ursprungs sind, werden nachfolgend die wichtigsten privilèges in gebotener Kürze angesprochen.

Vor allem das sog. **Superprivileg** zugunsten der **Arbeitnehmer** sowie die Schwächung der **505** Rechtsstellung der traditionellen akzessorischen dinglichen Sicherheiten hat zur „Wiederentdeckung" des **Eigentums als Sicherheit** geführt. Die Begünstigten können aussondern und ihre Sicherheit in der Regel trotz Eröffnung des Verfahrens verwerten. Kommt es zur Liquidierung, haben die Sicherungsinhaber ein exklusives Recht auf den Erlös des Sicherungsgutes. Hier sind der **Eigentumsvorbehalt** zu nennen sowie die **fiduziarische Forderungsabtretung** mittels **bordereau Dailly**, die **treuhänderische Sicherungsübereignung (fidicie-sûreté)** mit bzw. ohne dépossession und das **Leasing**. In diese Kategorie gehört auch das **Pfandrecht an Gelddepots (gage-espèces)**, da es sich in Wirklichkeit um eine fiduziarische Sicherheitsübereignung handelt (vgl. Com. 6.2.2007 – Nr. 05-16649, RTD civ. 2007, 373 obs. P. Crocq; RDC 2008, 425 mAnm A. Aynès). Die Reform der Sicherungsrechte v. 15.9.2021 hat diese Rechtsprechung bestätigt, Art. 2374 C. civ. Das zivilrechtliche Pfandrecht an Forderungen (**nantissement de créances**) ist ebenfalls eine konkursfeste dingliche Sicherheit, dessen Rechtswirkungen weitgehend der Forderungsabtretung gem. bordereau Dailly entsprechen.

b) Eigentumsvorbehalt. Der Eigentumsvorbehalt wird in der Regel in **Kaufverträgen** ver- **506** einbart (dies spiegelt sich in der Redaktion von Art. L. 624-16 C. com. wider). Diese Klausel kann aber auch in **anderen Vertragstypen** vorgesehen werden, zB in einem **Werkvertrag** (vgl. die allgemeine Vorschrift von Art. 2367 C. civ.; vgl. ferner Com. 2003 – Nr. 01-01.137, Bull. civ. IV, Nr. 174, D. 2003, 3049 mAnm Lienhard; D. 2004, 801 mAnm Lucas). Der Vertrag gilt als fest abgeschlossen (so Com. 17.10.2018 – Nr. 17-14.986, BJE Jan./Feb. 2019, 25; Rev. sociétés 2019, 220: „caractère ferme et définitif de vente").

Wird zugunsten des Käufers ein **präventives** oder **reguläres Insolvenzverfahren** eröffnet, **507** hat der Vorbehaltsverkäufer ein **Aussonderungsrecht** unter der Voraussetzung, dass die clause de réserve de propriété schriftlich mit dem Käufer spätestens zum Zeitpunkt der **Lieferung** der Ware vereinbart wurde (vgl. Art. L. 624-16 Abs. 2 C. com.). Dies kann auch in einem Rahmenvertrag und den AGB des Verkäufers geschehen und zukünftige Lieferungen einschließen. Nach Art. L. 624-16 C. Com. (aF) war die Klausel wirksam, selbst wenn der Käufer ihr nicht zugestimmt hatte. Diese Bestimmung wurde anlässlich der Reform der Sicherheitsrechte durch ordonnance v. 23.3.2006 abgeschafft. Im französischen Recht gilt nicht die Theorie des letzten Wortes. **Widersprechen** sich die **Klauseln**, ist eine Einigung nicht zustande gekommen; der Eigentumsvorbehalt gilt als **nicht vereinbart** (vgl. Lienhard Rn. 103.48). Widerspricht der Käufer nicht und war die Klausel eindeutig, dann gilt der Eigentumsvorbehalt als **stillschweigend vereinbart** (vgl. Com. 31.1.2012 – Nr. 10-28.407, Bull. civ. IV, Nr. 18; D. 2012, 432 mAnm Lienhard).

Art. 2367 Abs. 2 C. civ. idF der ordonnance v. 23.3.2006 liefert die Aufklärung darüber, dass **508** der Eigentumsvorbehalt eine **accessoire** einer Forderung mit ihr übertragbar ist (so bereits die stRspr; Com. 9.5.1995, RTD civ. 1996, 441 mAnm Crocq; dazu Legeais, Droit des sûretés et garanties du crédit, 12. Aufl. 2017, Rn. 746). Der begünstigte Vorbehaltsverkäufer kann zwar aussondern, aber darüber hinaus im Verfahren kein droit de préférence geltend machen (vgl. Com. 15.10.2013 – Nr. 13-10.463, Bull. civ. 153, D. 2013, 2462 mAnm Lienhard). Art. 2371 C. civ. setzt voraus, dass der Vorbehaltsverkäufer nur dann aussondern kann, wenn seine **Forderung nicht vollkommen bezahlt** worden ist. Die insolvenzrechtliche Aussonderung gem. Art. L. 624-16 C. com. als lex specialis (Malaurie/Aynès, Les sûretés, la publicité foncière, 13. Aufl. 2019, Rn. 802) setzt die **Fälligkeit** der Forderung **nicht voraus** (vgl. Com. 20.4.2017 – Nr. 15-20.619, RTD civ. 2017, 708 mAnm Crocq; JCP G 2017, 1239 mAnm Delebecque; BJE 2017, 281). Die insolvenzrechtlichen Regeln über die Herausgabe berühren den **Kaufvertrag** selbst nicht. Sein Schicksal beurteilt sich allein nach denjenigen Vorschriften, die solche Verträge betreffen, die vom Insolvenzschuldner abgeschlossen wurden. In diesem Zusammenhang ist daran zu erinnern, dass die oben dargestellten Bestimmungen über die contrats en cours nicht zur Anwendung kommen (→ Rn. 208). Eine **Aussonderung** hat **nicht** die **Aufhebung** des **Kaufvertrages** zur Folge (vgl. Com. 1.10.1985, SARL Club 110, Bull civ. IV, Nr. 222; D. 1985, 246; Com. v. 23.1.2001, Bull. civ. IV. Nr. 23; zum dogmatischen Hintergrund s. Ferid/Sonnenberger, Das französische Zivilrecht, 2. Aufl. 1986, Bd. II, Rn. 2 G 756). In der Praxis wird häufig vertraglich vereinbart, dass der Wert der ausgesonderten Sache dem Verkaufspreis entspricht, den der Vorbehaltskäufer bei Weiterverkauf erzielt hat. Diese Klausel ist nur dann zulässig, wenn der Vorbehaltskäufer die Möglichkeit hat, dem Vorbehaltsverkäufer einen potentiellen Käufer vorzuschlagen (sonst ist sie „abusive et réputée non écrite", vgl. avis Com. 28.11.2016 – Nr. 16-70009, RTD

Internationales Insolvenzrecht – Frankreich

civ. 2017, 197 mAnm. Crocq; D. 2017, 419 mAnm Corre-Broly; Malaurie/Aynès, Les sûretés, la publicité foncière, 13. Aufl. 2019, Rn. 802).

509 Die unter Eigentumsvorbehalt gelieferte Ware kann nur herausverlangt werden, wenn sie sich zum Zeitpunkt der Verfahrenseröffnung noch **in natura** (en nature) beim Insolvenzschuldner befindet. Dieser Begriff war Gegenstand zahlreicher gerichtlicher Entscheidungen. Eine dieser Entscheidungen betraf das Gewicht von Doraden: Wurden danach kleine Doraden geliefert, die wenige Gramm wogen, können solche gezüchtete Doraden herausverlangt werden, die 292 Gramm schwer sind, da der Wachstumszyklus nach 10 Monaten noch nicht abgeschlossen war (vgl. Com. 11.6.2014 – Nr. 13-14.844, JCP E 2014, 1562 mAnm Dammann/Gallo mit einer Zusammenstellung der Rechtsprechung). Wurde Weintraubenmus unter Eigentumsvorbehalt geliefert, so konnte der Vorbehaltsverkäufer den daraus erzeugten Wein herausverlangen (vgl. Com. 11.7.2006 – Nr. 05-13.103; Bull. civ. IV, Nr. 181, D. 2006, 2462 mAnm Lienhard). Wird dagegen die unter Eigentumsvorbehalt gelieferte Sache vom Käufer in eine andere **eingebaut,** so kann der Vorbehaltsverkäufer seine Ansprüche nur dann geltend machen, wenn die Sache ohne Schaden getrennt werden kann (vgl. Art. L. 624-16 Abs. 3 C. com.; Art. 2370 C. civ.). Dies ist zB beim Ausbauen von Schiffsmotoren möglich (vgl. Com. 11.3.1997 – Nr. 94-20.069, Bull. civ. IV, Nr. 70) oder aber bei der Demontage von Einrichtungen, die auf einer Betondecke befestigt waren (vgl. Com. 2.11.2016, Bull. civ. IV, Nr. 138; D. 2016, 2279). Anders verhält es sich hingegen bei der Installation sanitärer Einrichtungen (vgl. Com. 2.3.1999 – Nr. 95-18.643; Bull. civ. IV, Nr. 50; D. 2000, 69; RTD civ. 1999, 442 mAnm Crocq). Die **Beweislast** liegt beim **Aussonderungsantragsteller** (vgl. Com. 10.3.2015 – Nr. 13-23.424, Bull. civ. IV, Nr. 46; D. 2015, 677). Die Theorie der immobilisation par destination kommt nicht zur Anwendung (Com. 10.3.2015 – Nr. 13.23.424; D. 2015, 677 mAnm Lienhard; RTD civ. 2015, 443 mAnm Crocq).

510 Eine **Verarbeitungsklausel** ist nicht möglich. Eine Kombination von Eigentumsvorbehalt und treuhänderischer Sicherungsübereignung der verarbeiteten Sache iSd Gesetzes v. 19.2.2007 kann allerdings ins Auge gefasst werden. Art. L. 624-18 C. com., der durch Art. 2372 C. civ. übernommen wurde, erweitert den Anwendungsbereich der **dinglichen Surrogation** (allg. dazu Ferid/Sonnenberger, Das französische Zivilrecht, 2. Aufl. 1986, Bd. II, Rn. 1 C 324 ff.) dergestalt, dass sich der Eigentumsvorbehalt an der **Wiederverkaufsforderung** bzw. der **Versicherungsentschädigung** der verkauften Sache fortsetzt (zur Beweislast die Grundsatzentscheidung Com. 5.12.2018 – Nr. 17.15.973, BJE März/April 2019, 55). Wird die Forderung gezahlt, erlöschen allerdings die Rechte des Vorbehaltsverkäufers. Es ist daher ratsam, dass der Vorbehaltsverkäufer dem Drittschuldner sein Eigentum an der Wiederverkaufsforderung anzeigt, sofern dieser bekannt ist. Verhindert werden soll dadurch, dass dieser den Kaufpreis leistungsbefreiend an den Wiederkäufer zahlt. In gewissen Grenzen gibt es dementsprechend auch im französischen Recht einen **verlängerten Eigentumsvorbehalt,** obgleich er nicht als solcher bezeichnet wird. Im französischen Schrifttum wird die réserve de propriété prolongée verschiedentlich für unzulässig erklärt und ausdrücklich auf die Handhabung des verlängerten Eigentumsvorbehalts deutschen Rechts hingewiesen. Tatsächlich scheint dies auf einem Missverständnis zu beruhen, denn der Unterschied betrifft nur das Verbot der Verarbeitungsklausel und folglich nach deutscher Terminologie nicht die réserve de propriété prolongée, sondern die **réserve de propriété élargie** (à la chose transformée).

511 Bei **fungiblen** Sachen können vertretbare Sachen der gleichen Art und Güte herausverlangt werden, sofern sie sich noch im **Besitz des Schuldners** befinden (vgl. Art. L. 624-16 Abs. 3 C. com.; Art. 2369 C. civ.), bzw. **in natura weiterverkauft** worden sind (zu den Bedingungen → Rn. 512). Der Eigentumsvorbehalt wird zu einem **Recht am Wert** („droit sur la valeur") der **gelieferten Waren** (vgl. Malaurie/Aynès, Les sûretés, la publicité foncière, 13. Aufl. 2019, Rn. 803). Ob diese Bestimmung auch bei **Rotation** der Lagebestände zur Anwendung kommt, ist umstritten (bejahend die heute hL, vgl. Malaurie/Aynès, Les sûretés, la publicité foncière, 13. Aufl. 2019, Rn. 803 Fn. 26; Com. 5.3.2002 – Nr. 98-17.585, Bull. civ. IV, Nr. 48; D. 2002, 1139 mAnm Lienhard; verneinend allerdings Com. 15.3.2005 – Nr. 00-18.550, Bull. civ. IV, Nr. 60, D. 2005, 1083 mAnm Lienhard). Die Fungibilität ist eine Tatfrage, die der Kassationshof nicht kontrolliert (vgl. Le Corre Rn. 816.530 mwN). Ein Teil der Lehre erklärt diese Rechtsprechung mit der Figur der dinglichen Surrogation. In Wirklichkeit dürfte es sich um die Bestellung einer dinglichen Sicherheit durch den Vorbehaltskäufer handeln (so auch Malaurie/Aynès, Les sûretés, la publicité foncière, 13. Aufl. 2019, Rn. 803 Fn. 26). Sind nicht mehr ausreichend Waren gleicher Güte und Art vorhanden, um die Aussonderungsansprüche aller Vorbehaltsverkäufer zu befriedigen, hat der Kassationshof in einem Grundsatzurteil entschieden, dass die einzelnen Verkäufer **anteilig** im Verhältnis der Stückzahlen der einzelnen nicht bezahlten Lieferungen („quantité des biens revendiqués") zu befriedigen sind (vgl. Com. 29.11.2016 – Nr. 15-12.350, Bull. civ. IV,

Internationales Insolvenzrecht – Frankreich

Nr. 148; D. 2016, 2462 mAnm Lienhard; RTD civ. 2017, 200 mAnm Crocq; Rev. sociétés 2017, 180 mAnm Roussel Galle; BJE 2017, 100). Diese Rechtsprechung weicht von Art. 2369 C. civ. ab, der auf die Höhe der jeweiligen Forderungen abstellt.

Wenn die unter Eigentumsvorbehalt verkaufte Sache **weiterverkauft** wird, so tritt die aus der Veräußerung resultierende Forderung mittels **dinglicher Surrogation** an die Stelle der Sache, soweit der Kaufpreis zum Zeitpunkt des Eröffnungsurteils noch nicht bezahlt oder durch Verrechnung erloschen ist (vgl. Art. L. 624-18 C. com. und Art. 2372 C. civ.). Voraussetzung ist, dass die Sache zum Zeitpunkt des Weiterverkaufes noch en nature existiert (vgl. Pérochon Act. proc. coll. 2009, 210). Da der Eigentumsvorbehalt eine dingliche Sicherheit darstellt, sind die Ansprüche des Vorbehaltsverkäufers gegenüber dem sous-acquéreur summenmäßig begrenzt und können die abgesicherte noch offene Kaufpreisforderung nicht übersteigen (vgl. Com. 16.6.2009 – Nr. 08-10.241, Bull. civ. IV, Nr. 81; D. 2009, 1752 mAnm Lienhard; Act. proc. coll. 2009, 210 mAnm Pérochon; RTD civ. 2009, 751 mAnm Revet). Wurden Arbeiten an der weiterverkauften Sache durchgeführt, die dem sous-acquéreur getrennt in Rechnung gestellt werden, so fällt diese Forderung nicht in den Anwendungsbereich von Art. L. 622-18 C. com. (vgl. Com. 16.6.2009 – Nr. 08-15.753, Bull. civ. IV, Nr. 84; D. 2009, 1752 mAnm Lienhard; Act. proc. coll. 2009, 210 mAnm Pérochon). Der Vorbehaltsverkäufer wird also **kraft dinglicher Surrogation** Inhaber einer schuldrechtlichen Forderung. Es ist nicht notwendig, dass der Vorbehaltsverkäufer seine Forderung im Insolvenzverfahrens des Käufers anmeldet. Er kann in diesem Fall Zahlung vom sous-aquéreur verlangen (vgl. Com. 21.2.2006 – Nr. 04-19.672, Bull. civ. IV, Nr. 43, D. 2006, 718 mAnm Lienhard; D. 2006, 2255 mkritAnm Lucas; JCP E 2006, 1569 mAnm Cabrillac). Wird gegen den sous-aquéreur ein Insolvenzverfahren eröffnet, kann der Vorbehaltsverkäufer nicht die weiterverkaufte Ware aussondern, er kann lediglich seine Forderung anmelden (vgl. Com. 6.10.2009 – Nr. 08-15.048, Bull. civ. IV, Nr. 122, D. 2009, 2482 mAnm Lienhard; D. 2010, 1822 mAnm Lucas).

Nimmt der Verkäufer eines unter Eigentumsvorbehalt gelieferten und weiterverkauften Kfz einen Gebrauchtwagen des sous-acquéreur **in Zahlung,** ersetzt diese in Zahlung gegebene Sache nach der Rechtsprechung des Kassationshofs die Kaufpreisforderung kraft dinglicher Surrogation und kann folglich vom Vorbehaltsverkäufer ausgesondert werden (vgl. Com. 14.5.2008 – Nr. 06-21.532, Bull. civ. IV, Nr. 98; Gaz. Pal. 29.7.2008, 62 mAnm Pérochon; RTD civ. 2008, 520 mAnm Crocq). Die Lehre spricht von einer **subrogation de second degré** (vgl. Aubry D. 2008, 2253).

Hat der sous-acquéreur gegen seinen Verkäufer einen Anspruch auf **Preisnachlass** wegen **mangelhafter Ware** (garantie des vices cachés bzw. non-conformité, dazu Sonnenberger/Dammann, Französisches Handels- und Wirtschaftsrecht, 3. Aufl. 2008, Rn. VI, 56 f.), stellt sich die Frage, ob er dem Vorbehaltsverkäufer seinen Anspruch entgegenhalten kann. Dies hat der Kassationshof verneint (stRspr; vgl. Com. 5.6.2007 – Nr. 05-21.349, Bull. civ. IV, Nr. 152, D. 2007, 1729 mAnm Lienhard; Com. 18.1.2011 – Nr. 07-14.181, RTD Civ. 2011, 378 mAnm Crocq; RLDC 5/2011, 31 mAnm Dammann/Schneider). Die **dingliche Surrogation** bewirkt, dass der Vorbehaltsverkäufer zum **Zeitpunkt** des **Weiterverkaufes** der **Ware** unmittelbar Inhaber der daraus resultierenden Forderung gegenüber dem sous-acquéreur wird (vgl. Malaurie/Aynès, Les sûretés, la publicité foncière, 13. Aufl. 2019, Rn. 805). Daher besteht die Aufrechnungslage nicht. Der sous-acquéreur muss seine Schadensersatzforderung als einfache Insolvenzforderung im Insolvenzverfahren seines Verkäufers anmelden. Diese Rechtsprechung ist in der Lehre zum Teil auf Kritik gestoßen (vgl. RLDC 5/2011, 31 mAnm Dammann/Schneider; Le Corre Rn. 816.431). Der sous-acquéreur wird schlechter behandelt als der Drittschuldner im Rahmen einer Forderungsabtretung, der eine derartige exception inhérente à la créance dem Zessionar entgegenhalten kann. Diese Rechtsprechung steht auch nicht im Einklang mit der zweifelhaften Feststellung des Kassationshofes, wonach die dingliche Surrogation erst zum Zeitpunkt der **Verfahrenseröffnung** stattfindet (vgl. Com. 16.6.2009 – Nr. 08-10.241: spricht von einem „transport dans le patrimoine du vendeur initial" (...) „au jour de l'ouverture de la procédure collective du débiteur"). Diese Rechtsprechung beruhte auf Art. L. 624-18 C. com. und ist mit der Bestimmung des Art. 2372 C. civ. und der Figur der dinglichen Surrogation nicht zu vereinbaren (vgl. Revet RTD civ. 2009, 751). Die Reform der Sicherungsrechte durch ordonnance vom 15.9.2021 hat diese Rechtsprechung gebrochen. In der Neufassung sieht Art. 2372 C. civ. nunmehr vor, dass der sous-acquéreur dem Gläubiger alle exceptions inhérentes à la dette sowie Einwendungen aus seinem Rechtsverhältnis gegenüber dem Schuldner vor Kenntniserlangung der Subrogation entgegenhalten kann.

Abtretungen der aus dem Weiterverkauf resultierenden Forderungen mittels bordereau Dailly können dem Vorbehaltsverkäufer nicht entgegengehalten werden, sofern sie nach dem Weiterverkauf der Sache stattfinden, denn die Maxime **nemo plus juris ad alium transfere potest quam**

ipse habet kommt zur Anwendung (vgl. Com. 21.2.2006 – Nr. 04-19.672, Bull. civ. IV, Nr. 43, D. 2006, 718 mAnm Lienhard; Le Corre Rn. 816.471). Findet der Weiterverkauf erst **nach** der drittwirksamen Abtretung der zukünftigen Forderung statt, dann greift die dingliche Surrogation nicht und der Vorbehaltsverkäufer kann die Forderung nicht aussondern (vgl. Com. 14.12.2010 – Nr. 09-71.767, Bull. civ. IV, Nr. 199, D. 2011, 8 mAnm Lienhard; Gaz. Pal. 1/2.4.2011, 35 mAnm Pérochon).

516   Ein vom Käufer an einer unter Eigentumsvorbehalt gelieferten Sache bestelltes **Besitzpfandrecht** kann dem Vorbehaltsverkäufer wirksam entgegengehalten werden; dies gilt auch bei einer Verpfändung eines Warenlagers, obwohl an solchen Waren, die unter Eigentumsvorbehalt verkauft werden sollen, ein Zurückbehaltungsrecht besteht (stRspr; Com. 26.5.2010 – Nr. 09-65.812, Bull. civ. IV, Nr. 98, D. 2010, 1412 mAnm Lienhard; JCP E 2010, 1601 mAnm Legeais; vgl. Le Corre Rn. 816.412). Die Entscheidung des Gerichts ist verständlich, sofern man sich in Erinnerung ruft, dass der **Vorbehaltskäufer** grundsätzlich über die unter Eigentumsvorbehalt gelieferte Ware **frei verfügen** kann und sich sowohl der sous-acquéreur als auch der Pfandrechtsgläubiger auf Art. 2276 C. civ. berufen kann. Keine Rolle spielt dabei etwa die Frage, ob der Wiederverkauf wiederum unter Eigentumsvorbehalt erfolgte (vgl. Com. 3.11.2015 – Nr. 13-26.811; JCP G 2016, 866 mAnm Pétel). Entscheidend ist der **tatsächliche** (unmittelbare oder mittelbare) **Besitz** der Sache. Wird ein Registerpfandrecht bestellt, so kann der Vorbehaltsverkäufer dem Pfandgläubiger sein Sicherheitseigentum wirksam entgegenhalten und aussondern (vgl. Com. 5.4.1994, Bull. civ. IV, Nr. 146; Malaurie/Aynès, Les sûretés, la publicité foncière, 13. Aufl. 2019, Rn. 805; Legeais, Droit des sûretés et garanties du crédit, 12. Aufl. 2017, Rn. 751 Fn. 27). Der Pfandgläubiger ist nicht verpflichtet, sich zu erkundigen, ob die Pfandsache Gegenstand eines Eigentumsvorbehalts gewesen ist (vgl. Com. 11.9.2012 – Nr. 11-22.240, RTD civ. 2012, 755 mAnm Crocq). Der Pfandgläubiger kann auch **mittelbaren** Besitz ausüben (entiercement).

517   **c) Fiduziarische Forderungsabtretung mittels bordereau Dailly. aa) Konkursfestigkeit.** Die **Sicherungszession** mittels **bordereau Dailly** zugunsten von Kreditinstituten (allg. dazu Sonnenberger/Dammann, Französisches Handels- und Wirtschaftsrecht, 3. Aufl. 2008, Rn. VII 101 ff.) spielt wegen ihrer **Konkursfestigkeit** eine überaus wichtige Rolle. Selbst wenn sie zur Absicherung bestehender Forderungen während der période suspecte bestellt wird, bleibt die Abtretung grundsätzlich wirksam. Sie fällt nicht in den Anwendungsbereich des Art. L. 632-1 C. com., da der bordereau kein Pfandrecht begründet (so Com. 28.5.1996 – Nr. 94-10.361, → Rn. 573). Art. L. 632-1 C. com. (idF der ord. v. 2021) hat diese Rechtsprechung gebrochen. Konkursfest sind lediglich Forderungsabtretungen in Ausführung eines **Rahmenvertrages**, sofern der Rahmenvertrag vor Beginn der période suspecte abgeschlossen worden ist (so bereits Com. 20.2.1996 – Nr. 94-10.156, → Rn. 582). Da die fiduziarische Sicherungsabtretung einer Forderung keine Zahlung der abgesicherten Insolvenzforderung darstellt, folgert der Kassationshof daraus, dass die Operation nicht als Zahlung von nicht fälligen Forderungen angefochten werden kann (vgl. Com. 22.3.2017 – Nr. 15-15.361; D. 2017, 1996 mAnm Crocq; RTD civ. 2017, 455 mAnm Crocq; RTD com. 2017, 434 mAnm Martin-Serf).

518   **bb) Konkursfeste Sicherungsabtretung zukünftiger Forderungen.** Auch **zukünftige** bestimmbare Forderungen aus **contrats en cours**, die nach dem Eröffnungsurteil erst entstanden sind, können konkurswirksam abgetreten werden. Dies war in der Rechtsprechung lange umstritten (verneinend Com. 26.4.2000 – Nr. 97-10.415; Bull. civ. IV, Nr. 84; D. 2000, 717 mkritAnm Larroumet; RTD com. 2000, 994 mAnm Cabrillac). Nach der Entscheidung der chambre mixte v. 22.11.2002 (Nr. 99-13.935) in einem verwandten Rechtsgebiet (dazu → Rn. 390) und der Neufassung von Art. L. 313-27 C. mon. fin. durch Gesetz v. 1.8.2003 hat der Kassationshof seine Rechtsprechung in einer Entscheidung v. 7.12.2004 aufgegeben (Com. Nr. 02-20.732; Bull. civ. IV – Nr. 213; D. 2005, 77 mAnm Lienhard; D. 2005, 230 mAnm Larroumet; bestätigt durch Com. 22.11.2005 – Nr. 03-15.669, Bull. civ. IV – Nr. 230; D. 2006, 170 mAnm Legeais; JCP E 2006, 1569 mAnm Cabrillac; D. 2006, 2078 mAnm Crocq). Die abgetretenen Forderungen gehören nicht mehr zum Vermögen des Schuldners. Im **Coeur Défense**-Urteil der Cour d'appel Versailles v. 28.2.2013 (D. 2013, 829 mAnm Dammann/Podeur) wurde diese Auslegung bestätigt und auch auf Mietverträge erstreckt, die erst nach der Eröffnung des sauvegarde-Verfahrens abgeschlossen, deren zukünftige Mieten allerdings bereits vor der Eröffnung des Verfahrens mittels bordereau Dailly an die Banken abgetreten worden sind.

519   **cc) Die Stellung des Kreditinstituts nach Verfahrenseröffnung.** Die fiduziarische Forderungsabtretung mittels bordereau Dailly ist nicht vom **Verbot** der **Rechtsverfolgung** des Art. L. 622-21 C. com. erfasst. Voraussetzung ist, dass der bordereau ein vor dem Eröffnungsurteil liegendes Datum trägt. Der **Auftrag** zum **Einzug** der abgetretenen Forderungen durch den Zedenten kann **jederzeit widerrufen** werden, indem das Kreditinstitut dem **Drittschuldner** die **Zession**

Internationales Insolvenzrecht – Frankreich

anzeigt. Dies kann auch nach Eröffnung des Verfahrens geschehen. Im **Coeur Défense**-Urteil hat das CA Versailles v. 28.2.2013 (→ Rn. 518) festgestellt, dass es sich nicht um die Verwertung einer Sicherheit handele. Der Schuldner ist weder im Besitz noch nutzt er die abgetretenen Forderungen iSv Art. L. 622-23-1 C. com., die nicht ausgesondert werden müssen und, anders als nach der deutschen InsO, von den Banken eingezogen werden. Versäumt das Kreditinstitut dies, hat es im Falle der Insolvenz des Zedenten nach Zahlung der abgetretenen Forderung durch den Drittschuldner an den Zedenten lediglich eine einfache Insolvenzforderung. Die **revindication** von **Geldbeträgen** in der Insolvenz **lehnt** der Kassationshof **grundsätzlich ab** (→ Rn. 486). Dem Forderungseinzug der abgetretenen Forderungen steht die **fehlende Fälligkeit** des abgesicherten Kredites **nicht im Wege**. Die Forderungsabtretung mittels bordereau Dailly wird in der Praxis nämlich mit der **Verpfändung** der eingegangenen **Geldbeträge** in Form eines **gage-espèces kombiniert**.

Die fristgerechte **Anmeldung** der durch Zession mittels bordereau Dailly abgesicherten Insolvenzforderung ist **nicht notwendig**. Sie ist allerdings **empfehlenswert**, vor allem wenn die Rückzahlung des Kredites durch die Sicherungszession unzureichend gedeckt ist. Auf die Beteiligung des Kreditinstituts als Zessionar im **Gläubigerausschuss** der Finanzgläubiger wurde bereits hingewiesen (→ Rn. 259). 520

d) Treuhänderische Sicherungsübertragung, fiducie-sûreté. aa) Allgemeines. Mit 521
Gesetz v. 19.2.2007 wurde die **treuhänderische Rechtsübertragung, fiducie,** ins französische Zivilrecht eingeführt (dazu allg. Sonnenberger/Dammann, Französisches Handels- und Wirtschaftsrecht, 3. Aufl. 2008, Rn. VII 108 ff.). Nach der Definition des Art. 2011 C. civ. handelt es sich um eine zeitliche, im Interesse der Begünstigten zweckgebundene Übertragung von gegenwärtigen oder zukünftigen Sachen, Rechten oder Sicherheiten eines Bestellers (constituant) in ein **Sondervermögen** (patrimoine d'affectation) des Treuhänders (fiduciaire). Auch Immobilien, Mantelzessionen von Forderungen, Patente, Markenzeichenrechte sowie zweckorientierte Sachgesamtheiten, wie zB Lagerbestände (mit wechselndem Bestand) oder das Unternehmen (fonds de commerce), können Gegenstand einer treuhänderischen Übereignung sein. Zu unterscheiden sind zwei Grundtypen: die eigentliche Treuhand (**fiducie-gestion**) und die **Sicherheitsübereignung** des Sicherheitsgegenstandes zur Absicherung eines Kredites (**fiducie-sûreté**). Der Gesetzgeber hat in der ordonnance v. 30.1.2009 Spezialbestimmungen zur fiducie-sûreté vorgesehen (vgl. Grimaldi/Dammann D. 2009, 670). Entscheidendes **Abgrenzungskriterium** zwischen beiden Spielarten der fiducie ist die Tatsache, dass bei der fiducie-sûreté die Absicherung einer Forderung im Mittelpunkt des Interesses steht (Art. 2372-1 C. civ. bei beweglichen Sachen und Art. 2488-1 C. civ. bei Immobilien). Die Rückübertragung des Sicherheitsgutes aus dem Sondervermögen des Treuhänders zugunsten des begünstigten Gläubigers geschieht im Rahmen der Verwertung der Sicherheit und setzt voraus, dass der Schuldner (constituant) in Verzug ist („à défaut de paiement de la dette garantie") (vgl. Art. 2372-3 bzw. 2488-3 C. civ.). Der Gesetzgeber hat auch die von der Lehre vorgeschlagene Variante einer **fiducie-sûreté recharcheable** in Art. 2372-6 und 2488-5 C. civ. umgesetzt (vgl. Dammann/Podeur D. 2007, 1359). So kann das Sondervermögen mehrere **aufeinanderfolgende Kredite** mit **unterschiedlicher Rangordnung** absichern.

Das **Sondervermögen** wird bei Eröffnung eines **Insolvenzverfahrens** gegenüber dem **Treu-** 522
händer nicht berührt (Art. 2024 CC; für Einzelheiten vgl. Podeur D. 2014, 1653; Le Corre Rn. 633.512).

Wird gegenüber dem **constituant** ein **Insolvenzverfahren** eröffnet, ist die Rechtsstellung 523
eines durch fiducie-sûreté gesicherten Gläubigers mit derjenigen des Begünstigten einer Sicherheitsabtretung von Forderungen mittels bordereau Dailly vergleichbar. Die in das Sondervermögen übertragenen Vermögenswerte sind nicht mehr Bestandteil des Vermögens des Gesamtschuldners (vgl. Le Corre Rn. 633.531). Der Sicherheitsgläubiger entgeht konkurrierenden Ansprüchen anderer (privilegierter) Gläubiger. In der Lehre wird die fiducie-garantie daher als „reine des sûretés" bezeichnet (vgl. Barrière Bull. Joly 2007, § 119 Nr. 5). Da nicht nur Forderungen und Wertrechte, sondern auch Warenlager, Immobilien und das Unternehmen als Vermögensgesamtheit Gegenstand einer treuhänderischen Sicherungsübertragung sein können, bestand die Gefahr, dass der Sicherungsgläubiger gleich zu Beginn der Beobachtungsphase eines sauvegarde- bzw. redressement-Verfahrens seine Sicherheiten verwertet und es so dem Schuldner unmöglich macht, einen Sanierungsplan zu erstellen (zur dieser Problematik Lucas/Sénéchal D. 2008, 29: Fiducie vs Sauvegarde, Fiducie ou Sauvegarde, il faut choisir). Der Reformgesetzgeber hat in der ordonnance v. 18.12.2008 die Vorschläge der Lehre aufgegriffen (Dammann/Podeur Bull. Joly 2008, 88: Fiducie et sauvegarde: deux réformes complémentaires; Dammann/Podeur D. 2008, 928: Les sûretés propriétés face au plan de sauvegarde) und **insolvenzrechtliche Anpassungsbestimmungen** für die fiducie-sûreté geschaffen.

524 bb) **Die Stellung des Sicherungsgläubigers nach Verfahrenseröffnung.** Unterschieden wird zwischen der fiducie-sûreté **mit** bzw. **ohne dépossession** (vgl. Dammann/Robinet RB 1/2010, 34; Legeais, Droit des sûretés et garanties du crédit, 12. Aufl. 2017, Rn. 774; Malaurie/Aynès, Les sûretés, la publicité foncière, 13. Aufl. 2019, Rn. 790). Hat der fiduciaire dem Schuldner den Besitz und die Nutzung der als Sicherheit dienende Sache belassen, handelt es sich um eine fiducie-sûreté ohne dépossession. Eine treuhänderische Sicherungsübereignung kann nämlich zB mit einem entgeltlichen oder unentgeltlichen Mietvertrag verknüpft werden (vgl. Dammann/Podeur D. 2007, 1359). Art. L. 622-23-1 C. com. spricht allgemein von einem Vertrag kraft dessen der Schuldner (Sicherungsgeber) die **usage** oder die **jouissance** der sicherheitsübereigneten Sache behält. Bleibt der Sicherungsgeber **nicht im Besitz** der Sache, handelt es sich um eine **fiducie-sûreté avec dépossession.** Da die Sicherungsgüter vom Schuldner nicht genutzt werden, steht einer sofortigen Verwertung, wie bei der fiduziarischen Abtretung der Rechtsinhaberschaft von Forderungen mittels bordereau Dailly, nichts im Wege.

525 Der Reformgesetzgeber von 2008 hat bestätigt, dass die **Sicherheitsübereignung als solche** im Fall der Eröffnung eines Insolvenzverfahrens gegenüber dem constituant **nicht** als ein **contrat en cours** zu qualifizieren ist (Art. L. 622-13 VI C. com.; so bereits Dammann/Podeur D. 2007, 1359; Dammann/Le Beuze Cah. dr. entr. März/April 2007, 45; Barrière Bull. Joly 2007, § 119 Nr. 24; Le Corre Rn. 633.551). Hat der Sicherheitsgläubiger dem Schuldner die sicherheitsübereignete Sache zur **Nutzung** zur Verfügung gestellt, dann ist ein solcher Vertrag ein **contrat en cours** (Art. L. 622-13 VI (aE) C. com., vgl. Grimaldi/Dammann D. 2009, 670; so bereits Dammann/Podeur D. 2007, 1359). In diesem Fall untersagt Art. L. 622-23-1 C. com. (der auch im redressement-Verfahren zur Anwendung kommt, vgl. Art. L. 631-14 Abs. 1 C. com.) die Verwertung der Sicherungsübereignung. Sämtliche Übereignungen des Sicherungsgutes an den Begünstigten oder einen Dritten aufgrund der Verfahrenseröffnung, des gerichtlichen Beschlusses einer plan de cession oder der Nichtzahlung einer Insolvenzforderung sind **nichtig.** Wird der laufende Vertrag vom Verwalter gekündigt, dann wandelt sich die fiducie-sûreté sans dépossession in eine fiducie-sûreté avec dépossesion um, mit der Folge, dass der Sicherungsnehmer sofort verwerten kann (vgl. Dammann/Robinet RB 1/2010, 34; Coquelet, Entreprises en difficulté, Instruments de paiement et de crédit, 6. Aufl. 2017, Rn. 274; Le Corre Rn. 633.561).

526 Bei **körperlichen Sicherungsgütern** bereitet die Auslegung der Begriffe **usage** und **jouissance** iSd Art. L. 622-23-1 C. com. keinerlei Schwierigkeiten. Erfasst werden typischerweise das Warenlager und das Anlagevermögen, zB Maschinen und Immobilien, die vom Schuldner genutzt werden. Nicht in den Anwendungsbereich von Art. L. 622-23-1 C. com. fallen hingegen Immobilien, die an Dritte vermietet worden sind.

527 Werden **Forderungen** oder **Geldbeträge** sicherungsübereignet, ist ausgeschlossen, dass der Schuldner sich eine usage oder jouissance an diesen immateriellen Sachen vorbehalten kann. Übt der fiduciaire bei **Wertrechten** das Stimmrecht aus und erhält er die Dividenden, kann daraus geschlossen werden, dass der constituant grundsätzlich nicht die **usage** und die **jouissance** der übertragenen Wertrechte behalten hat (Dammann/Albertini, JCP G suppl. Nr. 41, 10. Oct. 2011). Ein Teil der Lehre stellt ferner darauf ab, ob der fiduciaire an den Gesellschafterversammlungen teilnimmt (vgl. Fornacciari/Bourbouloux, BJE Mai/Juni 2019, 72). In der Praxis sind Stimmrechtsbindungsklauseln verbreitet, die es dem Sicherungsgeber ermöglichen, dem fiduciaire, in gewissen Grenzen, Anweisungen zu geben. Diese Regelung hat steuerrechtliche Gründe. Bei dieser Gestaltung bleibt bei der Körperschaftssteuer im Bereich der Konzernbesteuerung die Konsolidierung erhalten. Durch Parteivereinbarung wird klargestellt, dass es sich um eine fiducie-sûreté avec dépossession handelt, da der fiduciaire direkt die Stimmrechte ausübt und lediglich beschränkt Anweisungen entgegennimmt. Kommt der Schuldner seinen vertraglichen Verpflichtungen nicht nach, zB wenn er in Verzug gerät, übt der fiduciaire die Stimmrechte entsprechend den Weisungen des begünstigten Gläubigers aus. Diese Konstruktion stellt den besitzlosen Charakter der fiducie-sûreté nicht infrage (vgl. Dammann, Rev. proc. coll. Mai 2013, Nr. 12). Werden **Patent-, Marken** oder andere **Nutzungsmonopolrechte** sicherheitsübereignet, ist zu prüfen, ob der Sicherungsgeber diese Rechte weiterhin nutzt.

528 Handelt es sich bei der treuhänderischen Sicherungsübertragung um eine **fiducie-sûreté avec dépossession,** kann der verfahrensleitende Richter die **Zahlung** der gesicherten **Insolvenzforderung genehmigen,** damit der Schuldner in den Besitz der Sache gelangt und das volle Eigentum an der übertragenen Sache zurückerhält (vgl. Art. L. 622-7 II Abs. 2 C. com.; Le Corre Rn. 633.541).

529 Wie beim Eigentumsvorbehalt und der Forderungsabtretung mittels bordereau Dailly ist es nach hM nicht zwingend notwendig, dass der gesicherte Gläubiger seine **Insolvenzforderungen** fristgerecht **anmeldet** (vgl. Dammann/Podeur D. 2007, 1359; Borga RD banc. fin. Mai/Juni

2009, 9). Für eine Anmeldungspflicht hat sich ein Teil der Lehre ausgesprochen (Pétel JCP E 2009, 1049; Pérochon, Gaz. Pal. 8-10.3.2009, 3). Le Corre (Rn. 633.513) befürwortet eine Forderungsanmeldepflicht bei einer fiducie-sûreté sans dépossession. Angesichts der geteilten Lehrmeinungen ist die Anmeldung der durch fiducie-sûreté abgesicherten Forderungen empfehlenswert, vor allem wenn die Sicherheitsübereignung eine unzureichende Gewähr dafür bietet, die Rückzahlung des Krediets zu gewährleisten (vgl. Grimaldi/Dammann D. 2009, 670 Nr. 17).

Gemäß Art. L. 624-16 C. com. muss der **fiduciaire** (bzw. der Gläubiger, wenn er durch Verwertung Eigentümer geworden oder er gesondert bevollmächtigt worden ist, vgl. Le Corre Rn. 633.520) bei einer **fiducie sans dépossession** fristgerecht – dh drei Monate nach Eröffnung des Verfahrens – einen Antrag auf **Aussonderung** der beweglichen Sicherheitsgüter stellen (vgl. Dammann Cah. dr. entr. Mai/Juni 2007, 9). Die dreimonatige Ausschlussfrist entfällt, wenn die **convention de la mise à disposition veröffentlicht** worden ist (vgl. Le Corre Rn. 633.514). Die Rückgabe (restitution) erfolgt erst nach Beendigung der convention de la mise à disposition (vgl. Art. L. 624-10-1 C. com.; Grimaldi/Dammann D. 2009, 670 – Nr. 18).

cc) Die Stellung der Sicherungsgläubiger in den Gläubigerausschüssen (bzw. Gläubigerklassen ab dem 1.10.2021). Die Stellung der Sicherungsgläubiger in den **Gläubigerausschüssen** (Gläubigerklassen) wurde bereits erörtert (→ Rn. 155, → Rn. 260, → Rn. 280a). 531

dd) Die Stellung der Sicherungsgläubiger während der Ausführung des Restrukturierungsplans. Die Verwertung einer fiducie-sûreté ist ausgeschlossen, solange der Schuldner den Sanierungsplan einhält (vgl. Dammann/Podeur D. 2008, 928; Grimaldi/Dammann D. 2009, 670 Nr. 19). Werden die im Plan vorgesehenen Raten nicht fristgerecht gezahlt, kann der begünstigte Gläubiger die Sicherungsübertragung verwerten (vgl. Le Corre Rn. 633.561). Kommt es nach Auflösung eines Sanierungsplanes im Rahmen eines sauvegarde-Verfahrens zur Eröffnung eines redressement-Verfahrens, kann der fiduciaire ebenfalls sofort die fiducie-sûreté verwerten (vgl. Art. L. 631-14 Abs. 4 C. com., der auf Art. L. 626-27 Abs. 3 C. com. verweist; Grimaldi/Dammann D. 2009, 670 Nr. 21; Le Corre Rn. 633.571; Pérochon Rn. 1125: „neutralisation de la neutralisation"). 532

ee) Die Stellung der Sicherungsgläubiger im Rahmen einer übertragenden Sanierung. Die ins Sondervermögen übertragenen **Sicherheitsgüter** gehören nicht mehr zum **Vermögen** des Schuldners und können deshalb nicht Gegenstand einer übertragenden Sanierung sein (vgl. Grimaldi/Dammann D. 2009, 670 Nr. 24; CA Paris 4.11.2010 – Nr. 2010-025412, RD banc. et fin. 2011, comm. 134 mAnm Cerles). Keine Rolle spielt, ob der constituant den Besitz der Sicherheitsgüter innehat. Der **contrat de mise à disposition** ist **nicht gerichtlich übertragbar** (vgl. L. 642-7 Abs. 6). Diese Bestimmung kommt bei der fiducie-gestion nicht zur Anwendung (vgl. Le Corre Rn. 633.581). 533

ff) Die Stellung der Sicherungsgläubiger im Rahmen einer liquidation judiciaire. Sobald eine **liquidation judiciaire** eröffnet worden ist, kann der Sicherungsnehmer sein Sicherungsgut **verwerten.** Diese Regel gilt auch bei einer fiducie-sûreté sans dépossession. Art. L. 641-11-1 VI s. 2 C. com. ermöglicht es dem fiduciaire, den Vertrag über die Bereitstellung des Sicherungsgutes sofort zu beenden und, falls noch nicht geschehen, Antrag auf Aussonderung zu stellen. 534

Die **fiducie-sûreté** sind also wesentlich **vorteilhafter** für den Gläubiger als **klassische Pfandrechte** oder eine **Hypothek,** da eine vertraglich vorgesehene Aneignungsbefugnis des Sicherungsgläubigers als Verwertungsmodalität, ein sog. **pacte commissoire,** im Liquidierungsverfahren **unwirksam** ist (vgl. Grimaldi/Dammann D. 2009, 670 Nr. 22). Darüber hinaus muss der Begünstigte einer fiducie-sûreté keine **konkurrierenden Ansprüche privilegierter Gläubiger,** insbesondere von Arbeitnehmern oder der mittels Subrogation in ihre Fußstapfen getretenen Lohnausfallversicherung AGS, befürchten. 535

Ist der **Schuldner** gleichzeitig der **constituant** und der **einzige Begünstigte** der zweckgebundenen Übertragung der Sache in das Sondervermögen, dann bewirkt die **Eröffnung** eines **Liquidationsverfahrens** die **automatische Beendigung** der treuhänderischen Übereignung (vgl. Art. L. 641-12-1 C. com.). Diese Bestimmung, die eng auszulegen ist, kommt nur bei der fiducie-gestion, nicht bei der fiducie-sûreté zur Anwendung (vgl. Le Corre Rn. 633.521). Bei einer Sicherungsübereignung ist der Gläubiger der Hauptbegünstigte. 536

gg) Anfechtung der fiducie-sûreté. Die **Nichtigkeitsklage** einer fiducie-sûreté während der période suspecte wird nachfolgend dargestellt (→ Rn. 576). 537

e) Leasinggeber. Leasinggeber haben im Insolvenzverfahren eine recht starke Stellung. Der Leasingvertrag ist ein **contrat en cours** (dazu → Rn. 212). Über die **Fortführung** während der Beobachtungsphase entscheidet folglich der **administrateur.** Art. L. 622-13 II C. com. Abs. I. dieser Vorschrift unterbindet zugleich Klauseln, die für den Fall der Eröffnung eines Insolvenzver- 538

Internationales Insolvenzrecht – Frankreich

fahrens eine automatische Vertragsauflösung vorsehen. Wählt der administrateur die Fortsetzung, so wird der Vertrag weiter durchgeführt. **Künftige Leasingraten** sind dann aus dem **Vermögen** des **Insolvenzschuldners** zu zahlen. Im Rahmen der **procédure de sauvegarde** ändert sich seit der Reform von 2014 nichts an der **Fälligkeit** der einzelnen Leasingraten. Lediglich im **redressement**-Verfahren ist **sofortige Barzahlung** vorgesehen, es sei denn, der Leasinggeber räumt dem Schuldner einen Kredit ein (vgl. Art. L. 631-14 Abs. 4 C. com.; dazu → Rn. 538). Da der Schuldner im Besitz des Leasingobjektes ist, verfügt der Leasinggeber über kein materielles Druckmittel. Werden die Leasingraten nicht gezahlt, kann der Leasinggeber durch den juge commissaire lediglich bestätigen lassen, dass der Vertrag automatisch aufgelöst wird (vgl. Art. L. 622-13 III Nr. 2, Art. R. 622-13 Abs. 2 C. com., dazu → Rn. 223). Wird dem Schuldner ein Kredit eingeräumt und wird dieser anschließend liquidiert, handelt es sich zwar um eine privilegierte Forderung iSv Art. 641-13 C. com. Allerdings genießen eine ganze Reihe von Forderungen, insbesondere die mit dem Superprivileg ausgestatteten Forderungen von Arbeitnehmern bzw. der Lohnausfallversicherung AGS, Vorrang (dazu → Rn. 206, → Rn. 245, → Rn. 463).

539 Offene Leasingraten aus der Zeit vor der Eröffnung des Verfahrens müssen als **Insolvenzforderungen angemeldet** werden und werden nur als solche befriedigt. Die Leasinggeber haben dies durch sog. **clauses d'indivisibilité** zu vermeiden gesucht, wonach im Falle der Fortsetzung des Vertrages alle Forderungen des Leasinggebers eine Einheit bilden, um so bei einer Fortführung des Vertrages auch die Zahlung der Altforderungen zu erreichen. Wie bereits dargestellt, sind diese Klauseln unwirksam (Art. L. 622-13 I C. com. → Rn. 230).

540 Seit der Reform von 2008 kann der **juge commissaire** die **Befriedigung von Insolvenzforderungen** genehmigen, wenn der Schuldner die Kaufoption ausüben möchte. Voraussetzung ist, dass die **Fortführung** des **Unternehmens** die **Ausübung** der **Kaufoption rechtfertigt** (vgl. Art. L. 622-7 II Abs. 2 C. com.). Bis zur Reform von 2014 war zudem erforderlich, dass der Kaufpreis geringer war als der Marktwert der gekauften Sache. Der verfahrensleitende Richter kann sich nicht über vertragliche Klauseln zur Ausübung der Kaufoption hinwegsetzen. Die Genehmigung kann nur erfolgen, wenn der Leasingvertrag fortgesetzt worden ist und die Ausübung der Kaufoption fristgerecht erfolgt (vgl. Lienhard Rn. 75.26). Art. L. 641-3 Abs. 2 C. com. sieht eine entsprechende Bestimmung im Rahmen der liquidation judiciaire vor. Der liquidateur kann beim juge commissaire einen Antrag stellen, Insolvenzforderungen zu begleichen, um die Kaufoption ausüben zu können. Eine vorzeitige Ausübung der Kaufoption ist nicht möglich (vgl. Com. 18.3.2014 – Nr. 12-27.297, Bull. civ. IV, Nr. 54; D. 2014, 773 mAnm Lienhard; Rev. sociétés 2014, 406 mAnm Roussel Galle; BJE 2014, 243 mAnm Le Corre-Broly).

541 Lehnt der Insolvenzverwalter die **Fortsetzung** ab, so wird der **Vertrag aufgelöst**. Der Leasinggeber kann bewegliche Sachen nach Art. L. 624-9 f. C. com. aussondern (Einzelheiten regeln Art. R. 624-13 ff. C. com.) sowie rückständige Leasingraten und Schadensersatz wegen Nichterfüllung nach Art. L. 622-13 V. C. com. als Konkursforderungen anmelden. Seit der Reform von 1994 unterliegt der crédit-bail nicht mehr der dreimonatigen Revindizierungsfrist, sofern der Leasingvertrag veröffentlicht worden ist (Art. L. 624-10 C. com., Art. R. 624-14 f. C. com. Die Publizität regeln Art. R. 313-4–313-14 C. mon. fin.; dazu Malaurie/Aynès, Les sûretés, la publicité foncière, 13. Aufl. 2019, Rn. 807).

542 Bei der **gerichtlichen Übertragung** des Leasingvertrages im Rahmen einer sanierenden Übertragung kommt der Leasinggeber bei der Ausübung der Kaufoption durch den Zessionar in den Genuss von Art. L. 642-7 Abs. 5 C. com. (dies wurde bereits dargestellt, → Rn. 379).

543 f) **Pfandrecht an Gelddepots – gage-espèces**. Die **Verpfändung** von **Gelddepots** ist in der französischen Bankpraxis recht verbreitet. Dabei darf nicht trügen, dass es sich bei diesem Institut entgegen seiner Bezeichnung in Wirklichkeit um eine **fiduziarische Übereignung** von Geldbeträgen zugunsten einer Bank handelt. Der Reformgesetzgeber von 2021 hat diese cession de somme d'argent à titre de garantie in den Code civil übernommen, Art. 2374 bis 2374-6. Die **Schriftform** ist zwingend, Art. 2374-1 C. civ. Die **Drittwirkung** der fiduziarischen Übereignung tritt mit der Übergabe des Geldbetrages ein. Der Zessionar kann über die Geldbeträge frei verfügen, es sei denn der Vertrag sieht Einschränkungen vor, Art. 2374-3 C. civ. Die Verzinsung der übertragenen Geldbeträge regelt Art. 2374-4 C. civ. Wird die abgesicherte Insolvenzforderung fällig, kommt es zur Verwertung der Sicherheitsübereignung. Der Gläubiger bleibt endgültig Eigentümer der übertragenen Geldbeträge. Seine Forderung wird mit Gegenforderungen des Schuldners auf Rückerstattung **verrechnet** (vgl. Art. 2374-5 C. civ.; so bereits Com. 6.2.2007 – Nr. 05-16649, RTD civ. 2007, 373 obs. P. Crocq; RDC 2008, 425 mAnm A. Aynès). Der Sicherungsgläubiger unterliegt folglich nicht dem Verbot der Aussetzung der Rechtsverfolgung.

544 g) **Pfandrecht an Forderungen – nantissement de créances**. Die **Verpfändung** von **Forderungen** kann spezialgesetzlich durch bordereau Dailly erfolgen. Dies ist jedoch unüblich, da die Banken eine Sicherungsabtretung bevorzugen. Die zivilrechtliche Verpfändung von Forderungen (nantissiment de créances) ist in Art. 2355 ff. C. civ. geregelt. Der **buchmäßige Saldo** eines **Bankkontos** ist eine bestimmte zukünftige Forderung des Kontoinhabers gegenüber der Bank, dessen Verpfändung in Art. 2360 C. civ. gesetzlich vorgesehen ist. Eine **umstrittene Rechtsprechung** des Kassationshofes (Com. 7.11.2018 – Nr. 16-25.860; Com. 22.1.2020 – Nr. 18-21.647, RTD civ 2020, 164 mAnm Gijsbers; BJE Juli/August 2020, 15; D. 2020, 1685 mAnm Dammann/Alle) hat die **Konkursfestigkeit** dieses Pfandrechts allerdings **in Frage gestellt**. Eine vertragliche Blockierung des Kontos zum Zeitpunkt der Verfahrenseröffnung sei unzulässig, sodass der Besteller des Pfandrechts über den Saldo während der Beobachtungsphase frei verfügen könne. Diese Problematik stellt sich bei der Verpfändung von Festkonten (comptes bloqués) nicht.

Hat der Pfandgläubiger die Bestellung des Pfandrechts dem Drittschuldner der verpfändeten Forderung **angezeigt,** sieht Art. 2363 C. civ. vor, dass der Drittschuldner schuldbefreiend nur an den Pfandgläubiger bezahlen kann. Diese **notification** kann auch nach Eröffnung des Verfahrens erfolgen. Nach hM, die sich auf die Grundsatzentscheidung Société GOBTP des Kassationshofs v. 26.5.2010 (Com. Nr. 09-13.388; Bull. civ. IV, Nr. 94; D. 2010, 2201 mAnm Borga; RTD civ. 2010, 597 mAnm Crocq; RTD com. 2010, 595 mAnm Legeais) beruft, hat der Pfandgläubiger ein **Zurückbehaltungsrecht** (droit de rétention), das ein **droit exclusif auf Zahlung** begründet (vgl. A. Aynès D. 2006, 1301; Malaurie/Aynès, Les sûretés, la publicité foncière, 13. Aufl. 2019, Rn. 536). Art. 2363 C. civ. idF der ordonnance v. 15.9.2021 (→ Rn. 15) schreibt diese Rechtsprechung fest und dürfte das Urteil des Kassationshofs vom 22.1.2020 (→ Rn. 544) in Frage stellen. Teilweise wurde dieses Pfandrecht als ein vorweggenommenes gage-espèces qualifiziert (vgl. Julienne, Le nantissement de créance, Economica 2012, Rn. 198 ff.). Die Verwertung erfolgt dann durch Aufrechnung. Eine gerichtliche Übertragung der verpfändeten Forderung gem. Art. 2365 C. civ. ist daher überflüssig. Folglich ist die Verpfändung von Forderungen eine **konkursfeste** Sicherheit, die auch zukünftige Forderungen aus laufenden Verträgen erfasst, da der Pfandgläubiger nicht dem Verbot der Aussetzung der Rechtsverfolgung unterliegt und keine Privilegien anderer bevorzugter Gläubiger fürchten muss.

h) Pfandrecht mit Zurückbehaltungsrecht – gage avec droit de rétention. Die **Pfandrechtsgläubiger** mit **droit de rétention** haben eine bevorzugte Stellung. Wie bereits erwähnt unterscheidet das französische Recht seit der Reform des Art. 2286 C. civ. durch Gesetz v. 4.8.2008, zwischen dem „echten" Zurückbehaltungsrecht (droit de rétention), das auf dem **tatsächlichen bzw. rechtlichen Besitz** der Pfandsache beruht, und dem „fiktiven" Zurückbehaltungsrecht (**droit de rétention fictif**) des Art. 2286 Nr. 4 C. civ.

aa) Das Besitzpfandrecht (gage) mit einem „echten" Zurückbehaltungsrecht. Ein Besitzpfandrecht (gage) an Mobilien, das mit einem „echten" droit de rétention ausgestaltet ist, liegt vor, wenn der Pfandgläubiger den tatsächlichen Besitz der Pfandsache inne hat (Art. 2337 Abs. 2 C. civ.). Der Besitz des Pfandobjekts (zB Lagerbestände) kann auch an einen Dritten übertragen werden (entiercement). Die wichtige Sonderform des Pfandrechts an Konten für Wertrechte (nantissement de compte d'instruments financiers; vgl. Art. L. 211-20 C. mon. fin., dazu allg. Sonnenberger/Dammann, Französisches Handels- und Wirtschaftsrecht, 3. Aufl. 2008, Rn. VII 120) ist ebenfalls mit einem „echten" droit de rétention ausgestaltet, obwohl es sich um entmaterialisierte Wertrechte handelt. Wie bereits erwähnt (→ Rn. 498), ist der handelsrechtliche Lagerpfandschein (warrant sur marchandise) der Art. L. 522-24–522-37 C. com. mit einem „echten" (rechtlichen) Zurückbehaltungsrecht versehen, da der warrant die Waren repräsentiert. Schließlich ist die faustpfandlose Sicherung an Kraftfahrzeugen mit einem „echten" Zurückbehaltungsrecht zu erwähnen, obwohl es sich um ein Registerpfandrecht handelt. Art. 2352 C. civ. sieht vor, dass der Pfandgläubiger durch die Empfangsbestätigung der Verpfändungserklärung die gleiche Stellung hat, „als wenn die Sache in seinem Besitz wäre".

Nach Eröffnung eines Insolvenzverfahrens ist eine Verwertung von Pfandrechten bis zur Liquidation des Schuldners ausgesetzt (die Frist kann sich eventuell um bis zu drei bzw. sechs Monate im Falle einer Veräußerung des Unternehmens im Rahme der Liquidierung verlängern, vgl. Art. 643-2 C. com.). Während der **Beobachtungsphase** ist daher eine **Verwertung** des **Besitzpfandrechts** ebenfalls **ausgeschlossen** (Art. L. 622-21 C. com.). Der **Verwalter** kann die Pfandsache nur dann **herausfordern,** wenn er mit Genehmigung des juge-commissaire die **abgesicherte Forderung bezahlt** (Art. L. 622-7 C. com.).

Im Rahmen der Liquidation kann der liquidateur nach Art. L. 641-3 Abs. 2 C. com. mit Zustimmung des Konkursrichters die pfandrechtlich gesicherte Forderung bezahlen, um in den Besitz des Pfandgegenstandes zu gelangen (für Einzelheiten s. Pérochon Rn. 1206). Erfolgt keine Ablösung, muss der liquidateur die **Verwertung** des Pfandgegenstands innerhalb von **sechs Monaten** betreiben (Art. L. 642-20-1 Abs. 1 C. com.). Das **Zurückbehaltungsrecht** setzt sich

Internationales Insolvenzrecht – Frankreich

dann **am Verkaufserlös** zugunsten des Pfandgläubigers fort (vgl. Art. L. 642-20-1 Abs. 3 C. com.; vgl. Pérochon Rn. 1207).

550   Ergreift hingegen der **Pfandgläubiger** die **Initiative** und **verwertet** sein **Besitzpfand,** müssen aus dem Erlös zunächst speziell bevorzugte Forderungen abgegolten werden. Es kommt die Rangordnung von Art. L. 641-13 zur Anwendung (vgl. Pérochon Rn. 1205). Es handelt sich hier vor allem um das Super-Privileg der Arbeitnehmer und um das Privileg der conciliation. Daher ist es für den Pfandgläubiger oft vorteilhafter, sich nach Eröffnung der Liquidation gem. Art. 2347 C. civ. das Pfandobjekt an **Zahlungs statt gerichtlich übertragen** zu lassen (vgl. Art. L. 642-20-1 C. com.). Die seit der Reform von 2006 mögliche **Aneignung** der Pfandsache mittels **pacte commissoire** ist während des gesamten Insolvenzverfahrens allerdings nicht möglich (vgl. Art. L. 622-7 und Art. L. 641-3 C. com.).

551   Beschließt das Gericht die **Veräußerung** des Unternehmens, kann der Pfandgläubiger mit droit de rétention eine Übertragung des Pfandgegenstandes verhindern, falls seine Insolvenzforderung nicht völlig befriedigt wird (so bereits Com. 20.5.1997 – Nr. 95-12.925, Bull. civ. IV, Nr. 151; Com. 3.5.2011 – Nr. 10-16.146, BJE 2011, 256 mAnm Nabet; vgl. Pérochon Rn. 1284; → Rn. 455).

552   **bb) Das Pfandrecht (gage) mit einem „fiktiven" Zurückbehaltungsrecht.** Wie bereits erwähnt, hat die ordonnance v. 23.3.2006 ein neues **zivilrechtliches Registerpfandrecht** und ein handelsrechtliches **Pfandrecht** am **Warenlager** (gage des stocks) eingeführt (→ Rn. 500). Beibehalten wurde das handelsrechtliche Registerpfandrecht an Betriebsausrüstungen (das weiterhin irrtümlicherweise als nantissement bezeichnet wird, obwohl es sich um die Verpfändung von körperlichen Sachen handelt). Art. 2286 Nr. 4 C. civ. hat diese Registerpfandrechte mit einem „**fiktiven**" droit de rétention ausgestattet, um ihre Insolvenzfestigkeit im Falle der übertragenden Sanierung bzw. während der Liquidierung zu gewährleisten. Der abgesicherte Pfandgläubiger hat die gleiche Rechtsstellung wie beim Faustpfandrecht mit einem echten Zurückbehaltungsrecht (vgl. Pérochon Rn. 1265, 1284).

553   Während der **Beobachtungsphase** und der Phase der **Planausführung** verhält es sich allerdings anders. Art. L. 622-7 I Abs. 2 C. com. (idF der ord. v. 18.12.2008) sieht hier eine **Neutralisierung** dieses „fiktiven" droit de rétention von Art. 2286 Nr. 4 C. civ. vor (inoppposabilité). Da der **Schuldner** weiterhin im **Besitz** der Pfandsache ist, kann er über die verpfändeten Lagerbestände verfügen. Der **Erlös** muss allerdings bei der Caisse des Dépôts hinterlegt werden, da es sich um die Veräußerung einer verpfändeten Pfandsache handelt (vgl. Lienhard, Code des procédures collectives, annoté et commenté, 17. Aufl. 2019, Art. 622-7 obs. Nr. V). Ein **Austausch** von **Sicherungsrechten** gem. Art. L. 622-8 C. com. ist möglich (Pérochon Rn. 614). Die **Rangordnung** richtet sich nach Art. L. 622-17 III C. com. im Rahmen einer procédure de sauvegarde bzw. eines redressement judiciaire.

554   Kommt es zur Eröffnung einer **liquidation judiciaire**, ist Art. L. 641-13 C. com. einschlägig. Die Inhaber eines droit de retention werden hier bevorzugt abgefunden, da der Mechanismus der **dinglichen Subrogation** des Art. L. 642-20-1 C. com. greift. Wurde die Pfandsache nun während der **Beobachtungsphase** im Rahmen einer procédure de sauvegarde bzw. eines redressement-Verfahrens veräußert, stellt sich die Frage, wie der hinterlegte Verkaufserlös zu verteilen ist, wenn es nach Scheitern des Sanierungsverfahrens zur Eröffnung einer liquidation judiciaire kommt. Pierre-Michel Le Corre (Rn. 482.121) möchte hier zutreffend das Prinzip der **dinglichen Surrogation** des Art. L. 642-20-1 C. com. zugunsten des Pfandgläubigers anwenden.

555   **i) Das Pfandrecht (nantissement) ohne Zurückbehaltungsrecht.** Die in der Praxis wichtigsten **nantissements** ohne droit de retention sind das Pfandrecht an **Gesellschaftsanteilen** (SCI, SARL, SNC), die Verpfändung von **Markenzeichen** und **Patenten** sowie des fonds de commerce (das nantissement de créances ist mit einem Zurückbehaltungsrecht ausgestattet, → Rn. 502).

556   Die **Verwertung** des nantissements kann grundsätzlich nur im Rahmen einer **liquidation judiciaire** erfolgen. Durch eine **gerichtliche Übertragung** kann der Pfandgläubiger den verschiedenen Befriedigungsvorrechten entgehen. Gläubiger, die ein **Pfandrecht am Unternehmen** haben, befinden sich hingegen in einer schwachen Stellung, da eine **gerichtliche Übertragung** des Unternehmens **ausgeschlossen** ist.

557   Kommt es zur **Veräußerung** des **Unternehmens**, geht das Pfandrecht nicht unter, vorausgesetzt, es ist beim Erwerb der übertragenen Pfandgegenstände bestellt worden. Refinanzierungen kommen folglich nicht in den Genuss von Art. L. 642-12 Abs. 4 C. com. (→ Rn. 451). Der Erwerber muss dann die **noch ausstehenden Raten** (restent dues) übernehmen. Gesicherte Kreditgeber, die in den Genuss dieser Bestimmung kommen möchten, dürfen ihre Kredite nicht vor Eröffnung des Insolvenzverfahrens fällig stellen (zur Strategie der Banken im Vorfeld eines

Insolvenzverfahrens Dammann Banque & Droit 5/2005, 16). **Konkursforderungen** werden aus dem Kaufpreis abgegolten. In der Regel ist die Quote allerdings sehr gering.

j) Die Hypothek. Während der **Beobachtungsphase** ist es Hypothekengläubigern untersagt, 558 ihre Rechte gegen den Schuldner zu verfolgen. Kommt es zur **Liquidation**, so betreibt der **liquidateur** die Verwertung der Immobilie. Der Hypothekengläubiger kann die **Zwangsversteigerung** nur dann einleiten, wenn der Verwalter innerhalb von drei Monaten nach Verfahrenseröffnung keine Schritte zur Verwertung unternommen hat. Aus dem **Verkaufserlös** einer Immobilie werden vor dem Hypothekengläubiger zunächst eine ganze Reihe von **privilegierten Gläubigern** befriedigt. Dies betrifft vor allem **Lohnforderungen**. Diese Regel führt in der Praxis dazu, dass Immobilien häufig in Gesellschaften ohne Arbeitnehmer eingebracht werden. Vorrang haben ferner Rechtsverfolgungskosten sowie das **Privileg** zugunsten von Gläubigern, die im Rahmen der **conciliation** neue Finanzierungsmittel zur Verfügung gestellt haben (Einzelheiten zur Rangfolge → Rn. 458). Im Rahmen der übertragenden Sanierung geht die Hypothek in Höhe der noch nicht fälligen Forderungen über, sofern die Voraussetzungen des Art. L. 642-12 Abs. 4 C. com. erfüllt sind (→ Rn. 451).

Seit der ordonnance v. 23.3.2006 besteht für den Gläubiger die Möglichkeit, sich die Immobilie 559 **gerichtlich übertragen** zu lassen (Art. 2458 CC). Diese vereinfachte Verwertung kommt allerdings im Rahmen der Liquidation nicht zur Anwendung, da es der Gesetzgeber versäumt hat, die entsprechenden insolvenzrechtlichen Vorschriften anzupassen (so die Grundsatzentscheidung Com. 28.6.2017 – Nr. 16-10.591, D. 2017, 1356 mAnm Lienhard; D. 2017, 1941 mAnm Le Corre).

Die Schwächung der Rechtsstellung des Hypothekengläubigers hat zu einem gewissen Aufleben 560 der **antichrèse** (vgl. Art. 2387–2392 C. civ., allg. Ferid/Sonnenberger, Das französische Zivilrecht, 2. Aufl. 1986, Bd. II, Rn. 3 D 180 ff.), die der Gesetzgeber im Jahr 2009 in ein **gage immobilier** umgetauft hat, geführt, da der Pfandgläubiger ein **Zurückbehaltungsrecht** am verpfändeten Grundstück hat. In der Praxis wird der gage immobilier mit einem Mietvertrag gekoppelt. Die Konstruktion wurde vom Gesetzgeber in Art. 2390 C. civ. bestätigt. Der Kassationshof hatte allerdings das insolvenzrechtliche Interesse dieser Konstruktion lange **in Frage gestellt.** In einem Urteil v. 23.10.2002 (Bull. civ. III Nr. 209) hatte der Kassationshof entschieden, dass das **Zurückbehaltungsrecht** bei Immobilien im Insolvenzverfahren **unwirksam** ist. Diese Rechtsprechung wurde in einem Urteil vom 30.1.2019 aufgegeben (Com. 30.1.2019 – Nr. 17-22.223: „l'exercice d'un droit de retention ne fait obstacle à la vente du bien retenu et que l'article L. 642-20-1 du Code de commerce, prévoit qu'en cas de vente, le droit de rétention est de plein droit reporté sur le prix"). Angesichts dieser Entscheidung dürfte, anders als bei der Hypothek, gem. Art. L. 642-20-1 Abs. 2 C. com. dem créancier gagiste die Möglichkeit einer gerichtlichen Übertragung einräumt werden.

V. Die Nichtigkeit von Rechtshandlungen während der période suspecte

1. Allgemeines

Die **Nichtigkeit** von **Rechtshandlungen,** die kurz vor Eröffnung eines Insolvenzverfahrens 561 während der sog. **période suspecte** vorgenommen worden sind und gegen das Gebot der Gläubigergleichbehandlung verstoßen, sind in Art. 632-1 ff. C. com. normiert. Das Kriterium der **Gläubigerbenachteiligung** spielt im französischen Recht eine **unwesentliche Rolle.**

Anders als im deutschen Recht arbeitet der französische Gesetzgeber nicht mit festen Fristen. 562 Dreh- und Angelpunkt ist der Begriff der **tatsächlichen Zahlungsunfähigkeit.** Es können nämlich nur Rechtshandlungen des Schuldners angefochten werden, die während des Zeitraums zwischen der gerichtlich festgestellten tatsächlichen Zahlungseinstellung und der Verfahrenseröffnung – sog. période suspecte – getätigt worden sind. Der **Überschuldungstatbestand** ist **unerheblich.**

Im **Eröffnungsurteil** des ordentlichen Insolvenzverfahrens stellt das Gericht die Zahlungsunfä- 563 higkeit des Schuldners formell fest und bestimmt den Zeitpunkt hierfür (die période suspecte beginnt um **null Uhr,** vgl. Com. 28.9.2004 – Nr. 03-10.332, Bull. civ. IV, Nr. 172, D. 2004, 2716). Dies geschieht auch in einem **Sekundärverfahren** gem. EuInsVO, selbst wenn das Insolvenzgericht im Hauptverfahren die Bestimmung des Zeitpunktes der Insolvenz des Schuldners offengelassen hat (so im Alkor-Fall, TC Nanterre, 30.11.2011 – Nr. 2011L02302, D. 2012, 596 mAnm Henry; D. 2012, 1228 mAnm Jault-Seseke; dazu Dammann/Sénéchal, Le droit de l'insolvabilité internationale, 1. Aufl. 2018, Rn. 757). Das Insolvenzgericht kann den Zeitpunkt der effektiven Zahlungseinstellung bis zu **18 Monate** vor Erlass des Eröffnungsurteils vorverlegen (Art. L.

631-8 Abs. 2 C. com.). Dies muss innerhalb **eines Jahres** nach dem Urteil der Verfahrenseröffnung geschehen (Art. L. 631-8 Abs. 4 C. com.). Antragsberechtigt sind der Verwalter, der Gläubigervertreter und der Staatsanwalt. Eine **Drittwiderspruchsklage,** tierce opposition, eines Gläubigers ist ebenfalls möglich (vgl. Com. 17.6.2020 – Nr. 18-25.262, D. 2020, 1357). Das Gericht ist nicht an die Anträge der Parteien gebunden und legt das Datum der Zahlungsunfähigkeit frei fest (vgl. Com. 3.4.2019 – Nr. 17-28.359, BJE Juli/Aug. 2019, 16). Ob streitige Forderungen bei der Bestimmung der Zahlungsunfähigkeit zu berücksichtigen sind, ist zum Zeitpunkt der vom Gericht ins Auge gefassten tatsächlich eingetretenen Zahlungsunfähigkeit zu beurteilen (vgl. Com. 9.12.2020 – Nr. 19-14.437, BJE 2/2021, 12).

564   Die **Höchstdauer** der **période suspecte** beträgt somit grundsätzlich **18 Monate**. Bei **unentgeltlichen Verfügungen** (nicht jedoch bei Rechtsgeschäften mit einer geringen Gegenleistung, vgl. Com. 16.12.2014 – Nr. 13-25.765, Bull. civ. IV, Nr. 189, D. 2015, 71) sowie bei **Unpfändbarkeitserklärungen von Immobilien** verlängert sich allerdings auf **24 Monate** (vgl. Art. L. 632-1 II C. com.). Bei dieser Fristverlängerung handelt es sich um eine **fakultative Nichtigkeit.**

565   Die Problematik der Nichtigkeit von bestimmten Rechtshandlungen stellt sich daher erst im Rahmen des **ordentlichen Insolvenzverfahrens,** nicht schon beim präventiven Restrukturierungsverfahren, da noch keine Zahlungsunfähigkeit des Schuldners vorliegt. Dasselbe gilt, a fortiori, bei der conciliation, obwohl es anstatt eines redressement judiciaire bei Vorliegen einer Zahlungsunfähigkeit von weniger als 45 Tagen eröffnet werden kann. Es handelt sich hier um ein vertrauliches Vorverfahren, das nicht als Insolvenzverfahren zu qualifizieren ist und nur einen Teil der Gläubiger betrifft, die sich freiwillig am Verfahren beteiligen. Zur Auslegung des **Begriffs der Zahlungsunfähigkeit** gem. Art. L. 631-1 C. com. (→ Rn. 281).

566   Das französische Recht unterscheidet zwischen Rechtshandlungen, die das Gericht annullieren muss, sog. **nullité de droit,** und solche, die annulliert werden kann, sog. **nullité facultative.** Beide Arten der Nichtigkeit müssen durch **Nichtigkeitsklage** geltend gemacht werden (Art. L. 632-4 C. com.; Lienhard Rn. 117.12). **Exklusiv zuständig** ist das **Insolvenzgericht.** Dies gilt unabhängig davon, ob der betroffene Vertrag eine Schiedsklausel beinhaltet hatte (vgl. Com. 17.11.2015 – Nr. 14-16.012, D. 2015, 2439 mAnm Lienhard). **Antragsberechtigt** sind der Verwalter, der Vertreter der Gläubiger bzw. der liquidateur, der commissaire à l'exécution du plan und der Staatsanwalt. Der **Schuldner** ist auch dann **nicht klageberechtigt,** wenn er nach der Bestätigung des Sanierungsplans durch das Gericht nicht mehr zahlungsunfähig ist (vgl. Com. 2.12.2014 – Nr. 13-24.308, Bull. civ. IV, Nr. 177, D. 2014, 2518). Das **Gericht** kann **nicht von Amts wegen** handeln. **Kontrolleure** sind klageberechtigt, wenn die Organe es **versäumen,** eine Nichtigkeitsklage anzustrengen (hM; vgl. Lienhard Rn. 117.13). Ein Gläubiger ist nicht befugt, eine Nichtigkeitsklage zu erheben. Die zivilrechtliche **action paulienne** des Art. 1341-2 C. civ. steht ihm jedoch offen (vgl. Com. 8.10.1996 – Nr. 93-14.068; Saint-Alary-Houin Rn. 1150). Wird die action paulienne vom Verwalter erhoben, so fallen die Erlöse in die Insolvenzmasse (vgl. Saint-Alary-Houin Rn. 1150; Pérochon Rn. 1470). Die fünfjährige allgemeine handelsrechtliche Verjährungsfrist kommt nicht zur Anwendung (vgl. Com. 30.3.2010 – Nr. 08-17.556, D. 2010, 1017; RTD com. 2010, 433 mAnm Vallens). Eine Nichtigkeitsklage kann erhoben werden, solange die Organe im Amt sind (vgl. Com. 21.9.2010 – Nr. 08.21.030, Bull. civ. IV, Nr. 140; D. 2010, 2221 mAnm Lienhard; Rev. sociétés 2011, 311). Es ist **nicht notwendig,** dass der **Kläger** einen **Schaden** der **Masse nachweist** (vgl. Lienhard Rn. 117.22; krit. zu dieser fehlenden Bedingung Pérochon Rn. 1468). Ist die Nichtigkeitsklage erfolgreich, wird das Rechtsgeschäft rückwirkend annulliert. Das Urteil hat eine erga omnes-Wirkung (vgl. Com. 30.6.2004 – Nr. 02-13.465, Bull. civ. IV, Nr. 137; D. 2004, 2301), woraus sich die Gefahr einer doppelten Zahlung bei der Annullation von Forderungsabtretungen ergeben kann (vgl. Com. 11.10.2011 – Nr. 10-11.938, Bull. civ. IV, Nr. 155; D. 2012, 1107). Muss der Beklagte einen erhaltenen Geldbetrag zurückerstatten, kann er seine wiedererlangte Forderung grundsätzlich als Insolvenzforderung anmelden (zur Problematik der Anmeldungsfristen → Rn. 410).

2. Automatische Nichtigkeit – nullité de droit

567   Art. L. 632-1 I C. com. normiert eine Liste von zwölf Rechtshandlungen, die in **jedem Fall nichtig** sind, sofern sie der Schuldner nach dem Zeitpunkt seiner effektiven Zahlungsunfähigkeit vornimmt: 1.) **unentgeltliche Verfügungsgeschäfte** über das Eigentum; 2.) Rechtsgeschäfte, in denen die Verpflichtungen des Schuldners diejenigen des Gläubigers **deutlich** (notablement) **übersteigen;** 3.) die **Befriedigung nicht fälliger** Forderungen; 4.) die Zahlung fälliger Forderungen durch **unübliche Zahlungsmittel,** dh andere Zahlungsmittel als Bargeld, Wertpapiere, Überweisung oder mittels „Dailly"-Diskontierung; 5.) Depots oder Hinterlegung von Geldbeträ-

gen als Sicherungsleistung gem. Art. 2350 C. civ., **ohne dass ein rechtskräftiges Urteil** vorliegt; 6.) die Bestellung von rechtsgeschäftlichen dinglichen Sicherheiten oder Zurückbehaltungsrechten **zur Absicherung bestehender Verbindlichkeiten,** es sei denn sie ersetzen eine bestehende Sicherheit, deren Natur und Sicherungsgut mindestens äquivalent sind; konkursfest sind allerdings ausnahmsweise Forderungsabtretungen mittels bordereau Dailly in Ausführung eines **Rahmenvertrages,** sofern der Rahmenvertrag vor Beginn der période suspecte abgeschlossen worden ist; 7.) ein **gesetzliche Hypothèque** (hypothèque légale) zur Absicherung von Gerichtsentscheidungen über Immobilien des Schuldners zur Absicherung bestehender Verbindlichkeiten; 8.) **einstweilige Sicherungsmaßnahmen,** es sei denn, sie beruhen auf einer Eintragung bzw. Beschlagnahmung vor Eintritt der Zahlungsunfähigkeit; 9.) die Ausübung und Genehmigung von **stock options;** 10.) die **treuhänderische Rechtsübertragung** in ein Sondervermögen, es sei denn, dies geschieht zu Sicherungszwecken; 11.) ein Abänderungsvertrag einer treuhänderischen Sicherheitsübereignung **zur Absicherung bestehender Forderungen;** 12.) die Übertragung von Vermögensgütern durch einen Einzelunternehmer, der in der Form einer **EIRL** arbeitet, wodurch das gewidmete Vermögen der EIRL geschmälert wird; sowie 13.) die **Unpfändbarkeitserklärung von Immobilien** gem. Art. L. 526-1 C. com. (dazu → Rn. 338).

Im Einzelnen sind folgende Anmerkungen zu machen: Von **unentgeltlichen Verfügungsgeschäften** sind Schenkungen jeder Art, auch wenn sie im Rahmen einer Scheidung stattfinden, erfasst (vgl. Civ. 25.1.2000 – Nr. 97-21.119, Bull. civ. I, Nr. 19; D. 2000, 104 mAnm Lienhard; D. 2000, 333 mAnm Revel). Auch Ausgleichszahlungen im Zusammenhang mit der Scheidung sind darunter zu subsumieren (vgl. Com. 7.11.2006 – Nr. 04-18.650, Bull. civ., Nr. 216; D. 2006, 2912). In den Anwendungsbereich dieser Bestimmung fallen ferner **Schuldnachlässe** (vgl. Le Corre Rn. 823.321) und eventuell auch **Bürgschaften,** es sei denn, es handelt sich um eine Bürgschaft, die wirtschaftlich begründet ist, eine sog. cautionnement interessé (Le Corre Rn. 823.361). So kann eine Bürgschaft einer Tochtergesellschaft zugunsten der Muttergesellschaft als **entgeltliches** Rechtsgeschäft qualifiziert werden, wenn der Bürge ein begründetes **Interesse** hatte, seine Muttergesellschaft bei der Entwicklung ihrer Aktivitäten zu unterstützen (vgl. Com. 19.11.2013 – Nr. 12-23-020, Bull. civ. IV, Nr. 168, D. 2103, 2766 mAnm Lienhard; Rev. sociétés 2014, 203 mAnm Henry).

Bei der Entscheidung, ob die Verpflichtungen des Schuldners diejenigen des Gläubigers **deutlich übersteigen,** steht dem Insolvenzgericht ein recht großer **Entscheidungsspielraum** zu (vgl. Lienhard Rn. 117.29; Le Corre Rn. 823.412 mwN). In der Lehre wurden **Fallgruppen** gebildet, zB unausgewogene Arbeitsverträge, Veräußerungen à vil prix und unausgewogene Vergleiche. Die Nichtigkeit ist bei aleatorischen Verträgen (contrats aléatoires) ausgeschlossen (vgl. Le Corre Rn. 823.411).

Die **Zahlung nicht fälliger Schulden,** zB durch diskontierte Forderungsabtretungen mittels **bordereau Dailly,** ist selbst dann nichtig, wenn sie in Erfüllung eines Rahmenvertrages erfolgt, der vor Beginn der periode suspecte abgeschlossen worden ist (vgl. Le Corre Rn. 823.111; Com. 19.5.2015 – Nr. 14-11.215, D. 2015, 1152; BJE 2015, 378; RTD com. 2015, 588 mAnm Martin-Serf). Die **vorzeitige Rückzahlung** eines Kredites durch ein simple jeu d'écriture ist nichtig (vgl. Montpellier v. 25.3.2014, RG Nr. 13/00423, Rev. Proc. Coll. 2015, comm. 126 mAnm Blanc). Handelt es sich um eine **Sicherungsabtretung** einer Forderung durch **bordereau Dailly,** kommt es nach einer Grundsatzscheidung des Kassationshofes zu **keiner sofortigen Zahlung;** sie ist daher nicht annullierbar (vgl. Com. 22.3.2017 – Nr. 15-15.361, Bull. civ. IV, Nr. 446; D. 2017, 2004 mAnm Crocq; BJE 2017, 201 mAnm Bonhomme).

Die Auslegung des Begriffs des **unüblichen Zahlungsmittels** gab Anlass zu einer umfangreichen Rechtsprechung (vgl. Le Corre Rn. 823.211: „particulièrement flou"). Eine **dation en paiement** ist per se ein unübliches Zahlungsmittel (vgl. Com. 13.2.2007 – Nr. 05-13.526, Bull. civ. IV, Nr. 36; D. 2007, 583 mAnm Lienhard; vgl. ferner Le Corre Rn. 823.251 mwN). Im Gegensatz dazu wird die **automatische Aufrechnung** grundsätzlich als übliches Zahlungsmittel betrachtet. Werden die Aufrechnungsbedingungen jedoch **künstlich** herbeigeführt, ist die Zahlung nichtig (vgl. Com. 17.2.1998 – Nr. 95-19.065; Com. 19.12.2000 – Nr. 98-11.093, Bull. civ. IV, Nr. 203; D. 2001, 306 mAnm Lienhard; Com. 13.2.2007 – Nr. 05-13.526, Bull. civ. IV, Nr. 36; D. 2007, 583 mAnm Lienhard; vgl. Le Corre Rn. 823.261 mwN). Eine vertraglich herbeigeführte Aufrechnung ist nichtig, es sei denn, es handelt sich um **créances connexes** (vgl. Le Corre Rn. 823.261; zur Zahlung von **konnexen Insolvenzforderungen** → Rn. 392). Ein **Restrukturierungskredit** ist grundsätzlich keine unübliche Rückzahlung eines bestehenden Kredits, sofern er fällig ist (vgl. Com. 26.9.2006 – Nr. 05-15.870, RTD com. 2007, 603 mAnm Martin-Serf; RD banc. fin. 2007 – Nr. 22 mAnm Lucas; Com. 15.12.2009 – Nr. 08-15.159, D. 2019, 146). Es ist jedoch Vorsicht geboten, da manche Oberlandesgerichte dieser Rechtsprechung nicht folgen

Internationales Insolvenzrecht – Frankreich

(vgl. Le Corre Rn. 823.111 und 823.241 mwN). Daher ist es in der Praxis üblich, dass diese Restrukturierungen im Rahmen der Vorverfahren durchgeführt werden (→ Rn. 97). Nach traditioneller Meinung war die **délégation** ein unübliches Zahlungsmittel (vgl. Com. 14.6.1994 – Nr. 92-17.285, D. 1994, somm. 221 mAnm Honorat). Der Kassationshof scheint diese Einschätzung zumindest bei Mietverträgen in bestimmten Fallgestaltungen aufgegeben zu haben (vgl. Com. 23.1.2001 – Nr. 98-10.975, Bull. civ. IV, Nr. 22; D. 2001, 701 mAnm Lienhard; Martin-Serf RTD com. 2006, 481). Bei **Sukzessivverträgen** stellt die Cour de cassation (Com. 4.10.2005 – Nr. 04-14.722, Bull. civ. IV, Nr. 198; D. 2005, 2591 mAnm Lienhard) auf den **Zeitpunkt des Vertragsabschlusses,** dh der Verpflichtung des délégué, ab (ausf. dazu Albrieux JCP E 2006, 1347. Denkt man an Com. v. 14.2.2006, JCP E 2006, 1819 mAnm Lachièze erscheint die délégation als eine relativ konkursfeste Sicherheit).

572 Die **Nichtigkeit** von **Depots** oder einer **Hinterlegung von Geldbeträgen** als **Sicherungsleistung** iSd Art. 2350 C. civ. erklärt sich auch ohne des Vorliegens eines rechtskräftigen Urteils daraus, dass es sich um die Bestellung einer dinglichen Sicherheit für bestehende Forderungen handelt (vgl. Lienhard Rn. 117.32). Ist das Gerichtsurteil bereits vor der période suspecte rechtskräftig geworden, kann die Hinterlegung von Geldbeträgen als Sicherungsleistung während der période suspecte nicht annulliert werden (vgl. Com. 11.2.2014 – Nr. 12.16.938, Bull. civ. Nr. 36; D. 2014, 478 mAnm Lienhard).

573 Der Anwendungsbereich der automatischen Nichtigkeit von **Hypotheken** oder **Pfandrechten** zur **Absicherung bestehender Verbindlichkeiten** gem. Art. L. 632 I Nr. 6 wird vom Kassationshof **eng** ausgelegt und nicht auf die Sicherheitsabtretung von Forderungen mittels **bordereau Dailly** ausgedehnt (vgl. Com. 28.5.1996 – Nr. 94-10.361, Bull. civ. IV, Nr. 151, D. 1996, 390 mAnm Piedelièvre; Com. 20.1.1998 – Nr. 95-16.718, RTD com. 1998, 396 mAnm Cabrillac; Banque & Droit 3/1998, 89 mAnm Guillot). Entscheidend ist das **Datum** der **Bestellung** der **Sicherheit,** nicht hingegen das Datum der Veröffentlichung (vgl. Com. 25.10.1994 – Nr. 91.14.539, Bull. civ. IV, Nr. 314; vgl. Le Corre Rn. 823.521). Ein **Austausch** von Sicherheiten während der période suspecte wird nicht annulliert, wenn die neue Sicherheit nicht über die ursprüngliche Absicherung hinausgeht (vgl. Com. 20.1.1998 – Nr. 95-16.402, Bull. civ. IV, Nr. 28; Com. 27.8.2016 – Nr. 15-10.421, D. 2017, 2003 mAnm Crocq; BJE 2017, 40 mAnm Favario). Die Reformen der Pfandrechte an Wertrechten und des allgemeinen zivilrechtlichen Pfandrechts hat die Situation des Pfandrechtgläubigers deutlich gestärkt. Wird ein Pfand an einer **Gesamtheit** von Sachen und Rechten bestellt oder werden zukünftige Sachen oder Rechte verpfändet, so umfasst das Pfandrecht **rückwirkend** alle Objekte, die die verpfändeten ersetzen oder ergänzen. Das Gleiche dürfte auch für die fiducie-sûreté zutreffen (vgl. Dammann/Podeur D. 2007, 1359).

574 Bei **einstweiligen Sicherungsmaßnahmen** iSv Art. L. 632-1 I NR. 7 C. com. handelt es sich um nantissements judiciaires bzw. hypothèques conservatoires. Nicht in den Anwendungsbereich dieser Bestimmung fällt die notarielle Unpfändbarkeitserklärung, die durch die Reform v. 12.3.2014 in Art. L. 632-1 I Nr. 12 C. com. normiert wurde.

575 Die Nichtigkeit der Ausübung und Genehmigung von **stock options** wurde durch Gesetz v. 26.7.2005 eingeführt und von der Lehre zum Teil scharf kritisiert (vgl. Lucas Rn. 196). Bei der Genehmigung handelt es sich um die Entscheidung der Hauptversammlung, stock options zu emittieren. Ursprünglich sah Art. L. 632-1 I Nr. 8 C. com. auch die Nichtigkeit der Veräußerung von stock options vor. Diese Bestimmung war fragwürdig, da diese Optionen doch unveräußerlich waren, sodass sie 2008 ersatzlos gestrichen wurde. Kurios ist allerdings, dass die Ausgaben von Gratisaktien nicht annulliert wird (vgl. Lienhard Rn. 117.35).

576 Eine **treuhänderische Rechtsübertragung** während der période suspecte in ein Sondervermögen, eine sog. fiducie-gestion, ist automatisch nichtig. Entscheidend ist der **Zeitpunkt** der **Eigentumsübertragung.** Zu einem späteren Zeitpunkt können Gegenstände des Sondervermögens **ausgetauscht** werden (vgl. Dammann/Podeur D. 2007, 1359; Lienhard Rn. 117.36; Le Corre Rn. 823.911). Seit der Reform von 2008 ist die fiducie-sûreté vom Anwendungsbereich des Art. L. 632-1 I Nr. 9 C. com. ausgenommen. Lediglich nach Nr. 10.) ist ein Abänderungsvertrag einer treuhänderischen Sicherheitsübereignung (sog. fiducie-sûreté rechargeable) zur **Absicherung bestehender Forderungen** während der période suspecte nichtig (ausf. dazu Dammann/Podeur RLDA 5/2008, 33; Grimaldi/Dammann D. 2009, 670 Nr. 25). Es besteht jedoch ein wichtiger Unterschied im Vergleich zur konkursrechtlichen Behandlung von Forderungsabtretungen durch **bordereau Dailly,** da eine fiducie-sûreté, die während der sog. période suspecte im Vorfeld der Eröffnung eines Insolvenzverfahrens abgeschlossen wurde, gem. Art. L. 632-1 Nr. 9 C. com. nichtig ist. Ist eine **zweckorientierte Sachgesamtheit,** etwa ein Warenlager, Gegenstand einer Sicherheitsübereignung, so können die Bestandteile variieren. Entscheidend dürfte analog zum Pfandrecht das **Datum** des **Abschlusses** des fiducie-Vertrages sein. Das Sicherheits-

recht umfasst rückwirkend alle Sachen, die die sicherheitsübereigneten Gegenstände ersetzen oder ergänzen (vgl. Dammann/Podeur D. 2007, 1359).

Art. L. 632-1 I Nr. 11 C. com. hat zum Ziel, **unlautere Vermögensverschiebungen** der 577 Sondervermögen durch Einzelunternehmer, die ihre Tätigkeiten in Form einer **EIRL** ausüben, zulasten der Gläubiger zu unterbinden (für Einzelheiten s. Le Corre Rn. 823.941).

Schließlich ist gem. Art. L. 632-1 I Nr. 12 C. com. die **Unpfändbarkeitserklärung** von 578 Immobilien gem. Art. L. 526-1 C. com. automatisch nichtig, sofern sie während der période suspecte vorgenommen wird. Die Nichtigkeit ist fakultativ, wenn die Erklärung während eines Zeitraums von **sechs Monaten vor Beginn der période suspecte** erfolgt. Entscheidend ist das Datum der **Ausfertigung**, nicht der Veröffentlichung (vgl. Le Corre D. 2014, 733; Le Corre Rn. 823.951). Schließlich kann das Gericht **unentgeltliche Verfügungsgeschäfte** über das Eigentum des Schuldners iSv Art. L. 632-1 Ziff. 1 annulieren, die in einem Zeitraum von sechs Monaten vor dem Beginn der periode suspecte vom Schuldner getätigt worden sind.

3. Fakultative Nichtigkeit – nullité faculative

Die **Befriedigung fälliger Forderungen** und **entgeltliche Rechtsgeschäfte** können annul- 579 liert werden, wenn dem **Gläubiger bekannt** war, dass der Schuldner im Übrigen seine Zahlungen bereits eingestellt hat (Art. L. 632-2 C. com.). Die Verwertung von dinglichen Sicherungsrechten wird grundsätzlich nicht erfasst. Art. L. 632-2 Abs. 2 C. com. sieht eine spezialgesetzliche Ausnahmeregelung für bestimmte **Pfändungsvollstreckungen** vor: saisi-attribution, Zahlungszustellungen durch öffentliche Behörden an Dritte, avis de tiers détenteur, sowie Einsprüche von Gläubigern, opposition. Das Gericht entscheidet **fallbezogen** und hat einen recht großen Entscheidungsspielraum (pouvoir souverain d'appréciation, vgl. Le Corre Rn. 824.141).

Der Kläger trägt die **Beweislast** (ausf. zur Rechtsprechung Le Corre Rn. 824.122). Wenn der 580 **chef de file** eines Bankenpools die Zahlungsunfähigkeit des Schuldners kennt, dann ist diese Kenntnis **allen Banken des Pools** zuzurechnen. Die Fallgestaltung kann die Beweisführung unter Umständen erleichtern. Ob bei **Leitungsorganen** einer insolventen Gesellschaft **vermutet** wird, dass sie von der Zahlungsunfähigkeit der Gesellschaft Kenntnis hatten, ist **umstritten** (so Com. 1.4.2014 – Nr. 13-14.086, Bull. civ. IV, Nr. 65, D. 2014, 869 mAnm Lienhard; abl. hingegen Com. 19.11.2013 – Nr. 12-25.925, Bull. civ. IV, Nr. 169; D. 2013, 2767 mAnm Lienhard; Rev. sociétés 2014, 203 mAnm Henry). So hat auch eine Bank Kenntnis von der Zahlungsunfähigkeit ihres Kunden, wenn ein Kontokorrentvertrag besteht, der Kunde Drittschuldner von abgetretenen Forderungen ist, sie mit ihm eine „relation d'affaire permantes et suivie" unterhält und daher seine finanzielle Situation nicht ignorieren konnte (vgl. Com. 2.12.2014 – Nr. 13-25.705, D. 2014, 2519). Die Tatsache, dass vereinbarte Ratenzahlungen nicht eingehalten wurden, ist für die Kenntnis der Zahlungsunfähigkeit des Schuldners allein nicht ausreichend (vgl. Com. 5.5.2015 – Nr. 14-13.551, Act. proc. coll 2015, 154 mAnm Vallansan).

Nach ständiger Rechtsprechung ist es nicht notwendig, dass der Kläger einen **Schaden** nach- 581 weisen muss (vgl. Com. 16.2.1993, Bull. civ. IV – Nr. 62; D. 1993, IR, 77; JCP E 1993 I 273 Nr. 9 mAnm Cabrillac et Pétel; Com. 9.1.1996 – Nr. 93-14.933, Bull. civ. IV, Nr. 10). Bei Lichte betrachtet, muss der Kläger allerdings ein **intérêt à agir** haben. Wenn die Rechtshandlung der Masse indes keinen Schaden zugefügt hat, ist nicht ersichtlich, warum sie angefochten werden kann (so die Analyse von Le Corre Rn. 824.111, die Zustimmung verdient). **Bösgläubigkeit** des **Gläubigers** ist **keine Voraussetzung** (vgl. Com. 29.5.2001, Dr. sociétés 2001, 161 mAnm Legros; RD banc. fin. 2001, 237 mAnm Lucas).

Art. L. 632-2 C. com. kommt bei fiduziarischen Forderungsabtretungen mittels **bordereau** 582 **Dailly** in Ausführung eines vor dem Zeitpunkt der Zahlungsunfähigkeit abgeschlossenen Rahmenvertrages grundsätzlich nicht zur Anwendung (stRspr; vgl. Com. 20.2.1996 – Nr. 94-10.156, Bull. civ. IV Nr. 56; RTD civ. 1996 mAnm Crocq; für eine Zusammenstellung der Entscheidungen vgl. Le Corre Rn. 824.221). Diese Rechtsprechung könnte verallgemeinert werden, sofern für die Vertragspartner keine Möglichkeit der Einflussnahme auf die Ausführungsverträge besteht.

Ob Art. L. 632-2 C. com. beim **pacte commissoire** zur Anwendung kommt, ist ungeklärt. Bei 583 Fälligkeit seiner Forderung kann sich der Gläubiger dazu entscheiden, die vertraglich vorgesehene Kaufoption auszuüben, um Eigentümer des Sicherheitsgegenstandes zu werden. Der Kaufpreis wird dann mit der fälligen Gegenforderung verrechnet. Es kommt also zur **Zahlung** einer Insolvenzforderung. Kann der Kläger beweisen, dass die Fälligstellung des Kredits unausweichlich die Zahlungsunfähigkeit auslöst, kann der Gläubiger nicht ignorieren, dass die Rückzahlung des Darlehens durch Aufrechnung während der période suspecte erfolgt (vgl. Lienhard Rn. 117.208; Maco-

Internationales Insolvenzrecht – Frankreich

rig-Venier RLDA 3/2007, 79). Auf der anderen Seite könnte argumentiert werden, dass es sich um eine Verwertung einer Sicherheit handelt, die vom Gesetzgeber vorgesehen ist.

584 Die Zahlung von **Wechseln, Orderpapieren** und **Schecks** kann nicht angefochten werden (Art. L. 632-3 C. com.). Der Verwalter oder der mandataire judiciaire kann allerdings einen Rückforderungsanspruch geltend zu machen, **action en rapport,** wenn der Gläubiger zum Zeitpunkt der erfolgten Zahlung nachweislich wusste, dass der Schuldner zahlungsunfähig gewesen ist (vgl. Art. L. 632-3 Abs. 2 C. com.). Voraussetzung ist, dass der Schuldner gezahlt hat. Daher hat der Kassationshof entschieden, dass die action en rapport nur dann möglich ist, wenn der Schuldner für die notwendige Provision Sorge getragen hat (vgl. Com. 3.7.2012, Bull. civ. IV, Nr. 145, D. 2012, 1813 mAnm Lienhard; BJE 2012, 300 mAnm Bonhomme).

VI. Die Gläubigerhaftung bei fahrlässiger Kreditgewährung

1. Entstehungsgeschichte

585 Zum Vermögen des Schuldners gehören auch **Schadensersatzforderungen** gegen Dritte, vor allem gegen Kreditgeber des Schuldners, die durch fahrlässige Kreditgewährung zur Verschuldung und Entstehung der Insolvenzlage beigetragen haben (so die Grundsatzentscheidung Com. 7.1.1976, D. 1976, 277 mAnm Derrida/Sortais). Betroffen sind in erster Linie Banken und zwar unabhängig davon, ob sie selbst Gläubiger sind. Mit der gleichen Problematik sind Muttergesellschaften konfrontiert, die durch Vergabe von Krediten die Eröffnung eines Insolvenzverfahrens gegenüber ihrer Tochter hinausgezögert haben (dazu ausf. Dammann/Podeur RLDA 5/2007, 65; zur Problematik der Durchgriffshaftung allg. Sonnenberger/Dammann, Französisches Handels- und Wirtschaftsrecht, 3. Aufl. 2008, Rn. III 134 f.). Der Ersatzanspruch richtet sich auf die partielle oder völlige Begleichung der Passiva und wird vom Gläubigervertreter eingeklagt.

586 **Vor der Reform von 2005** hatte die Rechtsprechung für die Haftung wegen soutien abusif strenge Voraussetzungen aufgestellt (ausf. Le Corre Rn. 833.111 ff.). Danach haftete der Kreditgeber in **zwei Fällen:** 1.) wenn er eine **ruinöse Kreditpolitik** des Unternehmens **unterstützt,** die notwendigerweise zu immer höheren, nicht zu deckenden Belastungen führt oder 2.), wenn der Kreditgeber ein Unternehmen **künstlich über Wasser hält,** obwohl er wusste oder hätte wissen müssen, dass die **finanzielle Situation aussichtslos** war (so Com. 22.3.2005 – Nr. 03-12.922, Bull. civ. IV, Nr. 67; D. 2005, 1020 mAnm Lienhard; Bull. Joly 2005, 1212 mAnm Lucas).

2. Die Reform von 2005: die Haftungsbeschränkung durch Art. L. 650-1 C. com.

587 a) Systematische Einordnung. Der Reformgesetzgeber von 2005 (s. Lienhard, Code des procédures collectives, annoté et commenté, 17. Aufl. 2019, Vor 650-1 mwN auf die umfangreiche Literatur) beschränkt die Haftung der Gläubiger nach Art. L. 650-1 C. com. auf **drei Fallgruppen: fraude, deutliche Einmischung** in die **Geschäftsführung** des **Kreditnehmers** und **Übersicherung** (garanties disproportionnées). Zunächst stellte sich die Frage, ob die einzelnen Fallgruppen als autonome Haftungsnormen (so implizit Cons. const. v. 22.7.2015 – Nr. 2005-522, DC, JO 27.7.2005, 12225 und ein Teil der Lehre s. Forray RTD com. 2008, 661) oder aber, ob Art. 650-1 C. com. als **Einschränkung** des **Anwendungsbereiches der bisherigen Rechtsprechung** zu verstehen sind. Die Mehrheit der Autoren (statt aller Crocq Mél. Simpler, 2006, 291) hatte sich für die zweite Auslegungsvariante entschieden, der der Kassationshof in seiner Grundsatzentscheidung v. 27.3.2012 gefolgt ist (Com. Nr. 10-20.077, Bull. civ. IV, Nr. 68, D. 2012, 870 mAnm Lienhard; D. 2012, 1455 mAnm Dammann/Rapp; D. 2012, 2034 mAnm Hoang; Rev. sociétés 2012, 398 mAnm Roussel Galle; bestätigt durch Com. 19.6.2012 – Nr. 11-18.940, Bull. civ. IV – Nr. 127; D. 2012, 1670 mAnm Lienhard). Die erste Auslegungsvariante hätte nämlich bei Übersicherung zu einer Haftungsverschärfung geführt (Robine sprach daher von einem „cadeau empoisonné", D. 2006, 69).

588 Art. L. 650-1 C. com. ist folglich **keine Haftungsnorm,** sondern normiert ein **Immunitätsprinzip.** Bei fahrlässiger Kreditgewährung haftet der Gläubiger nur, wenn eine der drei **Ausnahmefallgruppen** von Art. 650-1 C. com. vorliegt. Die Lehre spricht von „**causes de déchéance**" (Le Corre Rn. 834.121). Ist die Hürde von Art. 650-1 C. com. überwunden, ist anschließend zu prüfen, ob der zur Verfügung gestellte Kredit im Sinne der bisherigen Rechtsprechung „**fautif**" ist (ruinöser Kredit bzw. künstliches Überwasserhalten eines Schuldners, dessen finanzielle Situation aussichtslos war, s. Lienhard Rn. 141.14). Systematisch handelt es sich bei einer fahrlässigen Kreditgewährung folglich weiterhin um eine **Delikthaftung.** Art. 650-1 C. com. ist mit Art. 1240 C. civ. (ehemals 1382 C. civ.) zu **kombinieren** (so Com. 12.7.2016 – Nr. 14-29.429, D. 2016,

1646; D. 2016, 2554 mAnm Robine). Im Mittelpunkt des Interesses steht die Entschädigung von Drittgläubigern, die über die **Kreditwürdigkeit** des **Schuldners getäuscht** worden sind. Im Falle einer Übersicherung wird der Schuldner daher nicht gegen die wirtschaftliche Übermacht der Banken geschützt. Anders als im deutschen Recht hat der Schuldner bei Übersicherung keinen Anspruch auf Reduzierung der dinglichen Sicherheiten (rechtsvergleichend Dammann, Banque et banquiers responsables, vol. 5 Presses ScPo-Dalloz 2007, 73. Die Diskussion ist heute abgeschlossen, vgl. Le Corre Rn. 834.171).

Seit dem Inkrafttreten der Reform am 1.1.2006 hat der Kassationshof lediglich in einem einzigen Fall einen Gläubiger wegen fahrlässiger Kreditgewährung verurteilt: Ein **Zulieferer** hatte sich in die **Geschäftsführung** des Schuldners **eingemischt** und ihm **ruinöse Zahlungsbedingungen** eingeräumt (vgl. Com. 10.1.2018 – Nr. 16-10.824; Rev. sociétés 2018, 199 mAnm Roussel Galle; für eine Bilanz der Rechtsprechung Lassarre-Capdeville Mel. Vallens, 2017, 81). **589**

Der Schadensersatzanspruch wegen **fahrlässiger Kreditgewährung** gem. Art. L. 650-1 C. com. iVm Art. 1240 C. civ. ist nicht mit der action en responsabilité pour insuffisance d'actif des Art. L. 651-2 C. com. zu verwechseln (dazu → Rn. 603). Eine kumulative Anwendung beider Ansprüche ist ausgeschlossen. Unberührt bleibt auch die Möglichkeit des Schuldners, vertragliche Ansprüche gegen Kreditgeber geltend zu machen. Zu nennen sind hier insbesondere Informations- und Warnpflichten (obligation de mise en garde) (vgl. Com. 20.6.2018 – Nr. 16-27.693, D. 2018, 1380; allg. zu den Verhaltenspflichten gegenüber Bankkunden Sonnenberger/Dammann, Französisches Handels- und Wirtschaftsrecht, 3. Aufl. 2008, Rn. VII 71 ff.). Vor der Reform von 2005 konnte der Schuldner vertragliche Schadensersatzansprüche bei fahrlässiger Kreditgewährung geltend machen, wenn er einen persönlichen Schaden erlitten hat (zB perte d'une chance), der sich von demjenigen der Gesamtheit der Gläubiger unterscheidet (vgl. Com. 13.3.2007 – Nr. 06-13.325, Bull. civ. IV, Nr. 86, D. 2007, 1020 mAnm Lienhard). Ob diese vertraglichen Ansprüche in den Anwendungsbereich von Art. 650-1 C. com. fallen, ist offen. **590**

b) Der Anwendungsbereich von Art. L. 650-1 C. com. Die spezialgesetzliche Haftungsbeschränkung von Art. L. 650-1 C. com. kommt nur dann zur Anwendung, wenn ein **präventives** oder **ordentliches Insolvenzverfahren** (procédure de sauvegarde, redressement oder liquidation judiciaire) anhängig ist (so bereits Dammann, Banque et banquiers responsables, vol. 5 Presses ScPo-Dalloz 2007, 73. Vor der Neufassung von Art. 650-1 C. com. durch die Reform von 2008 war dies umstritten). Alle Gläubiger, mithin nicht nur Kreditinstitute, sondern auch Zulieferer und Bürgen, kommen in den Genuss der Haftungsbeschränkung (so Com. 16.10.2012 – Nr. 11-22.993, Bull. civ. IV, Nr. 186; Le Corre Rn. 834.131). Keine Rolle spielt, ob der Beklagte zum Zeitpunkt der Verfahrenseröffnung noch Gläubiger ist (vgl. Mory D. 2006, 1743). **591**

Der Begriff der **Kreditgewährung** – concours consentis – ist **weit auszulegen.** Art. 650-1 C. com. kommt daher auch bei der Finanzierung einer Unternehmensgründung oder eines Unternehmensverkaufes zur Anwendung (vgl. Com. 3.11.2015 – Nr. 14-18.433; BJE 2016, 48 mAnm Faverio; JCP E 2016, 1198 Nr. 12 mAnm Pétel). Dasselbe gilt für den Fall, dass dem Schuldner Zahlungsfristen eingeräumt werden (vgl. Lienhard Rn. 141.11). Ausgeschlossen hat der Kassationshof die Anwendung von Art. 650-1 C. com. allerdings bei Immobiliengarantien der sog. Loi Hoget v. 2.1.1970, da sie nicht einen Kredit absichern (vgl. Com. 24.5.2018 – Nr. 16-26.387, D. 2018, 1151). Art. 650-1 C. com. betrifft nicht nur Banken und Lieferanten, sondern auch öffentlich-rechtliche Gläubiger wie zB Sozialversicherungsträger oder Steuerbehörden (vgl. Com. 16.10.2012 – Nr. 11-22.993, Bull. civ. IV, Nr. 186, D. 2012, 2449 mAnm Lienhard). **592**

Art. 650-1 C. com. kommt bei Verfahren zur Anwendung, die nach dem 1.1.2006 eröffnet worden sind. Keine Rolle spielt, zu welchem Zeitpunkt die dem Gläubiger angelasteten Rechtsakte stattfanden (vgl. Com. 19.6.2012 – Nr. 11-18.940, Bull. civ. IV, Nr. 127; 2012, 1670 mAnm Lienhard; Rev. sociétés 2012, 535 mAnm Roussel Galle). **593**

c) Die drei Ausnahmefallgruppen – causes de déchéance. Ein Gläubiger ist nur wegen Kreditvergabe haftbar, wenn einer der **drei Ausnahmetatbestände** von Art. 650-1 C. com. erfüllt ist. Die ersten beiden Fallgruppen bereiten keine besonderen Auslegungsschwierigkeiten. Der Begriff der **fraude** ist **eng** auszulegen. Hierunter fallen Straftatbestände wie zB die Doppeldiskontierung von Wechseln oder Diskontierung fiktiver Forderungen (vgl. Lienhard Rn. 141.16; Le Corre Rn. 834.151). Die Gewährung von Krediten mit der Absicht, die Eröffnung eines Insolvenzverfahrens zu verzögern, um Anfechtungsklagen zu vermeiden, ist nicht ausreichend. Eine fraude liegt nur vor, wenn der Beklagte bewusst disloyale oder illegale Mittel benutzt, um die Anwendung einer zwingenden Bestimmung zu umgehen (vgl. Com. 27.3.2012 – Nr. 11-13.536, D. 2012, 1455 mAnm Dammann/Rapp). Die Tatsache, dass ein Gläubiger Wechsel diskontiert, obwohl sich der Schuldner in einer ausweglosen Situation befindet, erfüllt nicht den Tatbe- **594**

Internationales Insolvenzrecht – Frankreich

stand einer fraude (Com. 16.10.2012 – Nr. 11-22.993, Bull. civ. IV, Nr. 186; D. 2012, 2449 mAnm Lienhard).

595   Die **schwerwiegende Einmischung in die Geschäftsführung** (immixtion caractérisée dans la gestion) ist der gesellschaftsrechtlichen gestion de fait ähnlich (vgl. Lienhard Rn. 141.17; zum Begriff Sonnenberger/Dammann, Französisches Handels- und Wirtschaftsrecht, 3. Aufl. 2008, Rn. III 61). Es handelt sich hier um eine sehr starke Einflussnahme des Gläubigers auf den Schuldner, um ihn zu veranlassen, Entscheidungen zu treffen, die er normalerweise nicht getroffen hätte (vgl. Le Corre Rn. 834.161, unter Hinweis auf Com. 20.9.2017 – Nr. 16-16.918). Der Schuldner verliert die Möglichkeit, seine Geschäftspartner auszuwählen und die Kreditkosten unter Kontrolle zu behalten (vgl. Com. 10.1.2018 – Nr. 16-10.824; Rev. sociétés 2018, 199 mAnm Roussel Galle). Ein Kreditinstitut kann allerdings die Verwendung der zur Verfügung gestellten Gelder überwachen, sofern dies im Kreditvertrag vorgesehen ist (vgl. Le Corre Rn. 834.161).

596   Mit der Einführung der **Proportionalitätsregel** zur Ermittlung von **Übersicherungen** (prises de garanties disproportionnées par rapport aux concours consentis) betritt der Gesetzgeber Neuland. Zwar gibt es zivilrechtliche und verbraucherrechtliche Bestimmungen, die eine Proportionalitätsregel beinhalten. Nach Art. L. 313-10 und L. 341-4 C. consom. sind Bürgschaften wirkungslos, die zum Zeitpunkt der Zahlungsaufforderung in einem auffälligen Missverhältnis zur finanziellen Situation des Bürgen stehen. Bei Hypotheken sieht Art. 2244 C. civ. eine gerichtliche Herabsetzung des inskribierten Betrags vor, falls der Wert mehrerer belasteter Grundstücke die gesicherten Forderungen um mehr als 233 % übersteigt. Vergleicht man diese Regeln mit der Norm des Art. L. 650-1 C. com., so fällt auf, dass der Gesetzgeber es versäumte, den Begriff der Proportionalität näher zu definieren oder zu qualifizieren. Es werden keine Deckungsgrenzwerte vorgegeben. Nach der gesetzlichen Bestimmung genügt eine einfache, objektive **Disproportionalität**. In der Rechtsprechung ist bislang nicht entschieden, nach welchen Kriterien und zu welchem Zeitpunkt die dinglichen Sicherungen zu bewerten sind und welche Deckungsgrenze zulässig ist. Es liegt nahe, die Proportionalität zum Zeitpunkt der Bestellung der Sicherheiten zu bewerten und auf die Laufzeit des Kredits und den realisierbaren Wert der Sicherheit im Falle der Insolvenz des Schuldners abzustellen (so Dammann Banque et Droit 2005, 16; Dammann, Banque et banquiers responsables, vol. 5 Presses ScPo-Dalloz 2007, 73; zust. Lienhard Rn. 141.19; Le Corre Rn. 834.171).

597   Bezüglich der Deckungsgarantie wird in der Lehre die Meinung vertreten, sich rechtsvergleichend an der BGH-Rechtsprechung zu orientieren (vgl. Dammann, Banque et banquiers responsables, vol. 5 Presses ScPo-Dalloz 2007, 73, zust. Le Corre Rn. 834.171, der de lege feranda internationale Einheitsnormen befürwortet). Der Kassationshof hat entschieden, dass aufgrund des akzessorischen Charakters der Bürgschaft eine Übersicherung bei Abschluss eines Bürgschaftsvertrages ausgeschlossen ist (vgl. Com. 18.5.2017 – Nr. 15-12.338, RJDA 2017, 566; Gaz. Pal. 10.10.2017, 74 mAnm Lasserre Capdeville). Die Problematik einer Übersicherung dürfte sich in der Praxis vor allem bei **Sicherungsabtretungen von Forderungen** mittels bordereau Dailly sowie im Rahmen der durch Gesetz v. 19.2.2007 eingeführten **fiducie-sûreté** stellen (dazu Dammann/Podeur D. 2007, 1359). Die **convention de rechargement** ist geeignet, die Problematik der Disproportionalität zu entschärfen (vgl. Le Corre Rn. 834.171). Besondere Vorsicht ist auch bei **Kumulierung** von Sicherheiten geboten, sog. coup de râteau (vgl. Crocq D. 2006, 1306). Eine Kumulation von Sicherheiten ist per se allerdings nicht ausreichend, um einen Übersicherungstatbestand zu begründen (vgl. Com. 13.1.2015 – Nr. 13-25.360, RJDA 2015, 294; Com. 13.12.2017 – Nr. 16-21.498, BRDA 3/2018, 7).

598   **d) Klageberechtigung.** Klageberechtigt ist der **mandataire judidiare** bzw. der **liquidateur judiciaire**, der die Interessen der Gesamtheit der Gläubiger vertritt (vgl. Lienhard Rn. 141.20). Einschlägig ist Art. L. 622-20 C. com. Ein als **controlleur** bestellter Gläubiger kann an Stelle des untätigen Gläubigervertreters Klage erheben (vgl. zum Verfahren Art. R. 622-18). Unter Umständen kann der einzelne Gläubiger auf Ersatz seines dommage individuel klagen, denn die Verfolgung von individuellen Rechten gegenüber Dritten ist durch die Eröffnung des Insolvenzverfahrens gegen den Schuldner nicht ausgeschlossen. Voraussetzung ist allerdings, dass diese Ansprüche nicht zum intérêt collectif der Gesamtheit der Gläubiger rechnen und daher nicht vom mandataire eingeklagt werden können (so die Analyse von Le Corre Rn. 611.362 und die Grundsatzentscheidung Com. 2.6.2015 – Nr. 13.24.714, D. 2015, 1205 mAnm Lienhard; D. 2015, 1974 mAnm Le Corre; JCP E 2015, 1422 mAnm Pétel).

599   **e) Die örtliche Zuständigkeit.** In einem nicht unumstrittenen Urteil v. 12.7.2016 (Com. Nr. 14-29.429, Bull. civ. IV, Nr. 108; D. 2016, 1646, D. 2016, 2554 mAnm Robine; BJE 2016, 435 mAnm Favario; Rev. proc. coll. 2016, comm. 203 mAnm Martin-Serf; krit. Le Corre Rn. 312.421, 834.121) hat der Kassationshof entschieden, dass das **Insolvenzgericht keine**

Internationales Insolvenzrecht – Frankreich

exklusive Zuständigkeit in Anwendung der Maxime vis attractiva concursus hat. In der Praxis ändert diese Entscheidung allerdings wenig an der **territorialen Zuständigkeit des Insolvenzgerichts,** da die Gesamtheit der Gläubiger den Schaden erlitten hat (vgl. Lienhard Rn. 141.21; Com. 3.6.1997 – Nr. 95-13.981, Bull. civ. IV, Nr. 161; D. 1997, 517 mAnm Derrida).

f) **Sanktionen.** Da es sich bei **fahrlässiger Kreditgewährung** um eine **Delikthaftung** handelt, wird der Gläubiger zur Zahlung von Schadensersatz verurteilt, der wie folgt berechnet wird. Der Schaden entspricht der **Verschlechterung** der **bilanziellen Situation** des **Schuldners** – aggravation de l'insuffisance d'actif –, die durch die **Verzögerung** der **Eröffnung** des **Insolvenzverfahrens aufgrund** der **fahrlässigen Kreditgewährung** verursacht worden ist (vgl. Com. 22.3.2005 – Nr. 03-12.922, Bull. civ. IV, Nr. 67; D. 2005, 1020 mAnm Lienhard; Bull. Joly 2005, 1212 mAnm Lucas; Lienhard Rn. 141.22). Stichtage für die Vergleichsrechnung sind der Beginn der fahrlässigen Kreditgewährung und das Datum, an dem das Gericht entscheidet (vgl. Com. 22.3.2016 – Nr. 14-10.066, Bull. civ. IV, Nr. 41, D. 2016, 702). Zahlungen kommen der Finanzierung eines Sanierungsplans zugute. Im Falle der liquidation judiciaire werden sie, wie bei der action en comblement de l'insuffance de l'actif, unter den Gläubigern **anteilsmäßig** verteilt („au marc-le-franc"), ohne dass die Rangordnung der Sicherheiten eine Rolle spielt (vgl. Lienhard Rn. 141.22).

Eine besondere Problematik stellt sich in der von Art. L. 650-1 Abs. 2 C. com. vorgesehenen zusätzlichen Sanktion der **Nichtigkeit** der **Rechtsgeschäfte** dar, mit denen sich der Kreditgeber die Kredite besichern lässt. Diese Sanktion kommt nicht nur bei Übersicherung zur Anwendung (vgl. Le Corre Rn. 834.191). Betroffen sind auch solche Sicherheiten, die bisher konkursfest gewesen sind, wie zB Forderungsabtretungen mittels bordereau Dailly. Wegen der Rückwirkung der Nichtigkeit (vgl. Routier D. 2005, 1478) können sich gegenüber Banken, die nachträglich annullierte Sicherheiten bereits verwertet hatten, Rückerstattungsansprüche ergeben (vgl. Le Corre Rn. 834.191). Von der Nichtigkeitsklage werden nicht nur **dingliche,** sondern auch **schuldrechtliche Sicherheiten** erfasst. Das Datum der Bestellung der Sicherheiten spielt keine Rolle. Somit können auch Sicherheiten annulliert werden, die **vor Beginn der periode suspecte** bestellt worden sind. Die **Verjährungsfrist** beträgt seit der Reform v. 17.6.2008 **fünf** (statt vorher zehn) **Jahre** (vgl. Art. 2224 C. civ.) und beginnt mit Eintritt des Schadens. Der **Reformgesetzgeber** von 2008 hat den **zwingenden Charakter** der **Sanktion abgeschafft.** Der Richter hat Entscheidungsspielraum (vgl. Lienhard Rn. 141.23) und kann Sicherheiten **annullieren oder reduzieren** (vgl. zB Com. 10.1.2018 – Nr. 16-10.824; Rev. sociétés 2018, 199 mAnm Roussel Galle: Annullierung einer Hypothek und Aufhebung unter astreinte eines Pfandrechts mittels Pfandscheines, warrent agricole).

VII. Zivilrechtliche Haftung von Mitgliedern der Leitungsorgane

1. Allgemeines

An sich können Mitglieder von **Leitungsorganen** nicht für Verbindlichkeiten der insolventen Gesellschaft in Anspruch genommen werden. Bis zur Reform von 2005 gab es zwei Ausnahmebestimmungen: die action en comblement de passif gem. Art. L. 624-3 C. com. gegenüber de jure oder de facto Mitglieder der Leitungsorgane einer Gesellschaft bei faute de gestion und die Möglichkeit, gem. Art. L. 624-4 C. com. ein Anschlussverfahren gegen Geschäftsführer einzuleiten, die ihrer Verpflichtung zur Auffüllung der Passiva nicht nachgekommen sind.

Die **action en comblement de passif** galt als Schreckgespenst (épouvantail). Jährlich wurden ca. 450 Haftungsklagen angestrengt (vgl. Derrida D. 2001, 1377; zur Historie vgl. Lienhard Rn. 131.11). Daher ist es nicht überraschend, dass das Loi de sauvegarde v. 26.7.2005 die angeprangerte Haftungsnorm in Art. L. 651-2 C. com. in die sog. **„action en responsabilité pour insuffisance d'actif"** umgetauft und neu formuliert hat (aus Gründen der Gewohnheit wird allerdings der Ausdruck der action en comblement de passif weiterhin vielfach verwendet). Diese Neuregelung kommt auf Verfahren, die vor dem 1.1.2006 eröffnet worden sind, nicht zur Anwendung (Art. 191 Nr. 5 Gesetz v. 16.7.2005, vgl. Com. 19.12.2006, Bull. civ. IV, Nr. 258, D. 2007, 86 mAnm Lienhard). An die Stelle von Art. L. 624-4 C. com. trat die neue Haftungsregel der sog. obligation aux dettes sociales (Art. L. 652-1 C. com.). Es handelte sich um eine „verschärfte" action en responsabilité pour insuffisance d'actif, die in der Lehre kritisiert und drei Jahre später durch ordonnance v. 18.12.2008 wieder abgeschafft worden ist. Hier muss der Hinweis genügen, dass dieses Zwischenspiel der obligation aux dettes sociale eine Fülle von Rechtsstreitigkeiten zum zeitlichen und materiell-rechtlichen Anwendungsbereich hervorgerufen hat (ausf. Lienhard Rn. 133.11 ff. mwN). Die einzelnen Tatbestände (übersichtlich Sonnenberger/Dammann, Fran-

Internationales Insolvenzrecht – Frankreich

zösisches Handels- und Wirtschaftsrecht, 3. Aufl. 2008, Rn. VIII 89) wurden in die faillite personnelle des Art. 653-4 C. com. eingefügt.

604   Die ordonnance von 2008 hat auch den **Anwendungsbereich** von Art. L. 651-2 C. com. **eingeschränkt**. Die action en responsabilité pour insuffisance d'actif ist nur noch im Rahmen einer **Liquidierung** des Schuldners möglich. Schließlich hat das Gesetz v. 9.12.2016 die Haftungsvoraussetzungen gemildert: die einfache Fahrlässigkeit – simple négligence – des beklagten Geschäftsführers ist nicht ausreichend, um seine Haftung zu begründen. Diese Bestimmung findet auf laufende Verfahren Anwendung (vgl. Com. 5.9.2018 – Nr. 17-15.031, D. 2018, 1693 mAnm Lienhard; Com. 5.2.2020 – Nr. 18-15.062, 18-15.064, Nr. 18-15.070, Nr. 18-15.072, Nr. 18-15.075, D. 2020, 1005).

2. Der Anwendungsbereich der action en responsabilité pour insuffisance d'actif

605   Nach Art. L. 651-2 C. com. kann das Gericht im Rahmen einer **liquidation judiciaire de jure** oder **de facto** Mitglieder der **Leitungsorgane** einer juristischen Person, bei **faute de gestion,** verurteilen, das zur Schuldentilgung nicht ausreichende Vermögen ganz oder teilweise aufzufüllen.

606   Diese Haftungsnorm ist auf Mitglieder der Leitungsorgane von **privatrechtlichen juristischen Personen,** für die eine **liquidation judiciaire** eröffnet worden ist, anwendbar (vgl. Lienhard Rn. 131.15 f.). Es handelt sich um den Geschäftsführer einer SARL. Bei einer Aktiengesellschaft (SA) sind folgende Personen betroffen: der directeur général, der président directeur général – PDG, directeur général délégué sowie die Mitglieder des Verwaltungsrates bzw. des Direktoriums, nicht jedoch die Mitglieder des Aufsichtsrates der SA. Keine Rolle spielt, ob sie tatsächlich Leitungsfunktionen wahrnehmen (vgl. Com. 31.5.2011 – Nr. 09-13.975, Bull. civ. IV, Nr. 87, D. 2011, 1551 mAnm Lienhard; Rev. sociétés 2011, 521 mAnm Roussel Galle; Dammann/Boché-Robinet BJE 2011, 268). Bei einer vereinfachten Aktiengesellschaft (société par actions simplifiée, SAS) kommt diese Haftungsnorm für den Präsidenten und andere in der Satzung vorgesehene Leitungsorgane (directeur général, directeur général délégué) zur Anwendung. Wird eine juristische Person als Leitungsorgan bestellt, so haftet ihr **représentant permanent**. Die Verurteilung der juristischen Person ist keine Voraussetzung für die Verurteilung des ständigen Vertreters (so Com. 19.11.2013 – Nr. 12-16.099, Bull. civ. IV, Nr. 170, D. 2014, 2767). Keine Rolle spielt, dass das Leitungsorgan unentgeltlich tätig ist. Hat der dirigeant sein Amt vor der Eröffnung des Verfahrens niedergelegt, muss nachgewiesen werden, dass zum Zeitpunkt seines Ausscheidens die insuffisance d'actif bereits bestand (vgl. Com. 27.1.2015 – Nr. 13-12.430, D. 2015, 1979 mAnm Lucas; Le Corre Rn. 921.132).

607   Beim **dirigeant de fait** handelt es sich nicht um ein Organ der Gesellschaft, sondern um eine **Person,** die sich in die Geschäftsangelegenheiten der Gesellschaft **maßgeblich eingemischt** hat, sodass es angemessen erscheint, sie zur Haftung heranzuziehen. Es handelt sich folglich nicht so sehr um einen gesellschaftlichen als vielmehr einen **haftungsrechtlichen** Begriff. Eine faktische Geschäftsführung liegt nur dann vor, wenn „des actes positifs de gestion effectués en toute indépendance par une personne autre qu'un dirigeant de droit" nachgewiesen werden können (so die Definition des Präsidenten der chambre commerciale des Kassationshofes Daniel Tricot, Les Echos 3.5.2006; vgl. ferner Rives-Lange D. 1975, 41; Com. 12.7.2005 – Nr. 03-14.045, Bull. civ. Nr. 174, D. 2005, 2071 mAnm Lienhard; Rev. sociétés 2006, 162 mAnm Lucas). Es sind also drei Kriterien heranzuziehen (vgl. Lienhard Rn. 131.20 ff.). Ein dirigeant de fait muss **positive Handlungen** vornehmen (Unterlassungen sind unzureichend), **wichtige Entscheidungen** treffen und so die Politik des Unternehmens (mit-)bestimmen. Schließlich muss er **unabhängig handeln** (also kein Weisungsempfänger sein). Der Kassationshof hat entschieden, dass die **Kontrolle** einer **Tochtergesellschaft** noch **keine faktische Geschäftsführung** durch die **Muttergesellschaft** darstellt (vgl. Com. 2.11.2005, Bull. Joly 2006, § 93, 469 mAnm Lucas; vgl. ferner Poracchia, Rev. soc. 2006, 398). Desgleichen ist ein **Aufsichtsratsmitglied** nicht ohne Weiteres ein de facto dirigeant der Gesellschaft (vgl. Com. 12.7.2005 – Nr. 03-14.045, Bull. civ. IV, Nr. 174, D. 2005, 2071 mAnm Lienhard; Rev. sociétés 2006, 162 mAnm Lucas). Dirigeant de fait kann auch ein **gesellschaftsfremder Dritter** sein, zB ein **Darlehensgeber,** der sich im Darlehensvertrag Einflussmöglichkeiten vorbehalten hat und tatsächlich Entscheidungen anstelle der Organe trifft. Besondere Risiken ergeben sich, wenn **leitende Bankangestellte** Mitglieder des Verwaltungsorgans sind. In einer Grundsatzentscheidung v. 27.6.2006 (Com. Nr. 04-15.831, Bull. civ. IV, Nr. 151; D. 2006, 2534 mAnm Lienhard und Dammann/Paszkudzki; JCP E 2006, 2408 mAnm Reinhard) hat der Kassationshof den Kreis der de-facto Leitungsorgane präzisiert. Verurteilt wurde eine Bank in Höhe von 44 Mio. EUR, obwohl die zwei führenden Angestellten der Bank nicht

offiziell als Repräsentanten der Bank in den Verwaltungsrat der Gesellschaft bestellt worden waren. Die gestion de fait, so der Kassationshof, könne auch „par intermédiaire d'une personne physique qu'elle a choisi et qui a agi sous son emprise" ausgeübt werden.

3. Anspruchsgrundlage

Die action en responsabilité pour insuffisance d'actif schließt eine **zivilrechtliche Deliktsklage** 608 gem. Art. 1240 C. civ. aus (vgl. Com. 19.11.2013 – Nr. 12-16.099, Bull. civ. IV, Nr. 170, D. 2014, 2767; Lienhard Rn. 132.14). Möglich ist allerdings die Klage eines Gläubigers, sofern er einen **personellen Schaden** geltend macht, der nicht vom liquidateur eingeklagt werden kann (vgl. Lienhard Rn. 132.14 mwN).

4. Klagebedingungen

Die Klage setzt die Eröffnung einer liquidation judiciaire voraus. Der liquidateur muss eine 609 **insuffisance d'actif** nachweisen. Es ist nicht notwendig, das Ende der Verwertung der Aktiva und die Prüfung der Forderungsanmeldungen abzuwarten. Wurde das Verfahren auf andere Gesellschaften eines Konzerns ausgedehnt (→ Rn. 188), wird die Vermögenssituation aller Gesellschaften herangezogen, deren Geschäftsführer der Beklage gewesen war (vgl. Com. 15.11.2017 – Nr. 16-17.868, D. 2017, 644).

Anschließend muss nachgewiesen werden, dass der Beklage eine oder mehrere **faute de gestion** 610 begangen hat, die zur **insuffisance d'actif beigetragen** haben. Jedes Fehlverhalten, dass das Gericht der Verurteilung zugrunde legt, muss rechtlich begründet sein (**principe de proportionalité**). In einem Grundsatzurteil hat der Kassationshof entschieden, dass die **Verletzung** der **Proportionalitätsregel** zur **Aufhebung** der **Verurteilung** führt (vgl. Com. 15.12.2009 – Nr. 08-21-906, Bull. civ. Nr. 166, D. 2010, 10 mAnm Lienhard). Es besteht keine Schuldvermutung zulasten der Betroffenen. Das Gesetz vom 9.12.2016 hat einen Haftungsausschluss bei einfacher Fahrlässigkeit (simple négligence) des Geschäftsführers eingeführt. Die Reform kommt auf laufende Verfahren zur Anwendung (vgl. Com. 5.9.2018 – Nr. 17-15-031, D. 2018, 1693 mAnm Lienhard). Bei der inkriminierten faute kann es sich um **positive Handlungen** oder **Unterlassungen** handeln, zB die **Fortführung eines defizitären Unternehmens**, die Aufnahme **ruinöser Kredite, ungerechtfertigte Honorarzahlungen** (vgl. Lucas Rn. 293) oder die Ausschüttung von Dividenden im Rahmen einer LBO-Finanzierung, die wirtschaftlich nicht gerechtfertigt waren (vgl. Com. 9.9.2020 – Nr. 18-12.444, BJE 1/2021, 44 mAnm Favario). Ein Geschäftsführer begeht ebenfalls eine faute de gestion, wenn er es versäumt, sich um eine notwendige Kapitalerhöhung zu bemühen (vgl. Com. 12.7.2016 – Nr. 14-23.310, Rev. sociétés 2017, 44 mAnm Heinrich) oder ein defizitäres Unternehmen vorsätzlich fortzuführen (vgl. Com. 17.6.2020 – Nr. 19-10.341, Rev. sociétés 2020, 508; für eine Zusammenstellung der Rspr. s. Lienhard Rn. 132-51). Eine faute bestand nach herkömmlicher Rechtsprechung ferner darin, dass das Leitungsorgan es **versäumte**, innerhalb der 45-tägigen Frist nach Eintritt der Zahlungsunfähigkeit einen **Antrag auf Eröffnung** eines **ordentlichen Insolvenzverfahrens zu stellen** (vgl. Com. 5.2.2020 – Nr. 18-15.072, Rev. sociétés 2020, 431 mAnm Laroche; Rev. proc. coll. 4/2020, Nr. 113). Eine Entscheidung des Kassationshofes vom 3.2.2021 (Com. Nr. 19-20.004, BJE 3/2021, 42 mAnm Favario; D. 2021, 1069 mAnm Caramelli/Alle) scheint diese Rechtsprechung allerdings in Frage zu stellen. Selbst wenn der Geschäftsführer das Vorliegen der Zahlungsunfähigkeit hätte erkennen können, ist ein Haftungsausschluss wegen einfacher Fahrlässigkeit nicht ausgeschlossen. In diesem Zusammenhang ist darauf hinzuweisen, dass auf das Datum der Festlegung der effektiven Zahlungsunfähigkeit durch das Insolvenzgericht abgestellt wird (so Com. 4.11.2014 – Nr. 13-13.070, Bull. civ. IV, Nr. 164, D. 2014, 2238 mAnm Lienhard; Rev. sociétés 2014, 751 mAnm Henry; BJE 2015, 113; Com. 10.3.2015 – Nr. 12-16.956, Bull. civ. IV, Nr. 44; D. 2015, 678; Rev. sociétés 2015, 406 mAnm Henry; BJE 2015, 249; dazu → Rn. 281, → Rn. 285).

Klageberechtigt sind der **liquidateur** und der **Staatsanwalt** (ministère public) sowie eine 611 **Mehrheit der Kontrolleure,** falls der Gläubigervertreter es versäumt zu handeln. Art. R. 651-4 sieht vor, dass **mindestens zwei** Kontrolleure Klage erheben müssen. Wurde lediglich ein Kontrolleur bestellt, ist die Klage unzulässig. Die Kontrolleure müssen den liquidateur in Verzug setzen. Bleibt er zwei Monate lang untätig, kann Klage erhoben werden. Lehnt der liquidateur die Klage ab, ist bisher ungeklärt, ob die Kontrolleure Klage erheben können. Art. R. 651-4 spricht von einer Aufforderung, die „est restée infructueuse". Es ist möglich, dass Kontrolleure der Klage zu einem späteren Zeitpunkt, jedoch vor Ablauf der dreijährigen Verjährungsfrist beitreten (vgl. Com. 24.5.2018 – Nr. 17-10.005, D. 2018, 1150).

612 Die action en responsabilité pour insuffisance d'actif **verjährt** innerhalb von **drei Jahren** nach Eröffnung des Liquidationsverfahrens (Art. L. 651-2 Abs. 3 C. com.). Keine Rolle spielt das Datum der inkriminierten fautes de gestion (vgl. Com. 8.4.2015 – Nr. 13-28.512, Bull. civ. IV – Nr. 66, D. 2015, 862 mAnm Lienhard).

613 Ein **Vergleich** kann nur **nach Klageerhebung** und **vor einer Verurteilung** abgeschlossen werden (vgl. Com. 5.11.2003 – Nr. 00-11.876, Bull. civ. IV, Nr. 164; D. 2003, 2831; Com. 8.3.2017 – Nr. 15-16.005, D. 2017, 1952 mAnm Lucas; Com. BJE 2017, 228; vgl. Lienhard Rn. 132.27). Der Vergleich muss vom **juge commissaire genehmigt** und, wenn der Streitwert 4.000 EUR übersteigt, vom **Gericht bestätigt** werden.

5. Verfahren

614 **Zuständig** ist das Insolvenzgericht, das das Verfahren **eröffnet** hat (Art. R. 651-1 C. com.). Die Maxime „**vis attractiva concursus**" kommt auch zur Anwendung, wenn der beklagte Geschäftsführer eine ausländische Staatsangehörigkeit besitzt und im Ausland lebt (vgl. Art. 6 EuInsVO und Com. 5.5.2004, Bull civ. IV, Nr. 82, D. 2004, 1796 mAnm Vallens; BJS 2004, 1349 mAnm Monsérié-Bon; vgl. Dammann/Sénéchal, Le droit de l'insolvabilité internationale, 1. Aufl. 2018, Rn. 1311 f.).

615 Der liquidateur muss bei Gericht **Klage** erheben. Der **Staatsanwalt** wendet sich mittels einer **requête** an das Gericht (Art. R. 651-2 C. com.). Der Gerichtspräsident kann den verfahrensleitenden Richter damit beauftragen, die finanzielle Situation des Beklagten zu überprüfen und zu diesem Zweck Personen seiner Wahl zu beauftragen. Der Bericht wird beim greffe hinterlegt und den Parteien rechtzeitig zugänglich gemacht. Auf Antrag des liquidateur oder des Staatsanwalts kann der Gerichtspräsident einstweilige Sicherungsmaßnahmen bezüglich der Aktiva des Beklagten beschließen, um die Vollstreckung des Urteils zu gewährleisten (vgl. Lucas Rn. 295). Der juge commissaire muss einen Bericht erstellen, der dem Gericht und den Parteien vorgelegt werden muss (vgl. Art. R. 662-12 C. com.). In der Berufungsinstanz ist dieser Bericht nicht erforderlich (Com. 22.5.2013, D. 2013, 2555; Dr. sociétés 2013, 145; CA Versailles 15.1.2019, RG 18/02460).

6. Rechtsfolgen

616 Zahlungen fallen in das Vermögen des Schuldners und werden unter den Gläubigern **au marc le franc** verteilt, dh ohne Berücksichtigung der Rangordnung der Sicherheiten (Art. L. 651-2, Abs. 4 C. com.).

VIII. Die Stellung von Gesellschaftern

617 Insolvenzverfahren gegen **juristische** Personen finden nach den allgemeinen Vorschriften statt. Ergänzt werden sie durch die Bestimmungen über die Behandlung von Gesellschaftern. Der Grundsatz der **Selbständigkeit** der **einzelnen Konzerngesellschaften** hat zur Folge, dass gegen den französischen Konzern als solchen kein Insolvenzverfahren eröffnet werden kann (zu diesem Grundsatz im Allgemeinen das französisches Gesellschaftsrecht vgl. Sonnenberger/Dammann, Französisches Handels- und Wirtschaftsrecht, 3. Aufl. 2008, Rn. III 127 ff.).

618 Die Regel, dass gegen Gesellschafter, die unbeschränkt für Gesellschaftsschulden haften, ein **Anschlussverfahren** einzuleiten ist, wurde durch das loi de sauvegarde **abgeschafft**. Anschlussverfahren, die vor dem 1.1.2006 bereits eröffnet worden sind, bleiben von der Reform unberührt (vgl. Lienhard Rn. 131.12).

619 An sich können Gesellschafter, die nicht unmittelbar für Gesellschaftsschulden haften, für Verbindlichkeiten der Gesellschaft nicht in Anspruch genommen werden. In der Praxis stellt sich die Problematik eines möglichen **Durchgriffs** auf die **Muttergesellschaft** im Falle der Insolvenz der Tochter in folgenden Fallgruppen:
(1) Risiken birgt die bereits dargestellte **fahrlässige finanzielle Unterstützung** der Tochtergesellschaft gem. Art. 650-1 C. com (→ Rn. 595). Eine Haftung ergibt sich hier vor allem bei **Einmischung in die Geschäftsführung,** wenn darüber hinaus **ruinöse Darlehen** zur Verfügung gestellt werden oder die **Tochtergesellschaft künstlich über Wasser gehalten** wird. Analog ist ebenfalls denkbar, dass sich eine Muttergesellschaft haftbar macht, wenn sie ein notleidendes Unternehmen zu einem negativen Kaufpreis an einen Erwerber verkauft, obwohl der Verkäufer genau weiß oder hätte wissen müssen, dass der Investor nicht in der Lage ist, das Unternehmen zu restrukturieren. Ziel der Operation ist es nämlich, die Eröffnung eines unweigerlichen Insolvenzverfahrens künstlich hinauszuzögern.

(2) Eine **Ausdehnung des Insolvenzverfahrens** auf andere Gesellschaften des Konzerns kommt vor allem bei einer **Vermögensvermischung** in Betracht, dh bei atypischen finanziellen Beziehungen (→ Rn. 190).
(3) Mischt sich die Muttergesellschaft in die Geschäftsführung der Tochter dergestalt ein, dass sie zum **dirigeant de fait** avanciert, kann sie bei **faute de gestion** zum Ausgleich bis zum ursprünglichen Wert des Gesellschaftsvermögens verurteilt werden, action en responsabilité pour l'insuffisance d'actif (→ Rn. 607).
(4) Eine weitere Ausnahme ist die sog. Loi Genelle 2 v. 12.7.2010 (Art. L. 512-17 C. envir.). Eine Muttergesellschaft haftet unter Umständen für **Umweltschäden**, die eine Tochtergesellschaft verursacht hat. Voraussetzung ist, dass eine liquidation judiciaire gegenüber der Tochtergesellschaft eröffnet worden ist und die Aktiva nicht ausreichen, die Umweltschäden zu beseitigen. Hat die **Muttergesellschaft** eine **faute charactérisée** begangen, die zur insuffisance d'actif der Tochter beigetragen hat, kann der liquidateur bzw. der Staatsanwalt Klage erheben, damit die Muttergesellschaft verurteilt wird, einen Teil oder die ganzen Instandsetzungskosten zu tragen (vgl. Monteran D. 2010, 2859). Wie der Begriff der **faute charactérisée** auszulegen ist, ist indes unklar.
(5) Ferner ist auf die Problematik der Haftung aufgrund von **co-emploi** hinzuweisen. Ist die Tochtergesellschaft wirtschaftlich abhängig („état de domination économique") und **mischt sich** die Muttergesellschaft in die **Geschäftsführung** der Tochter dergestalt ein, dass sie ihr **Schicksal bestimmt** („**confusion d'intérêts, d'activité et de direction**"), avanciert die Konzernmutter zum **Mit-Arbeitgeber** (vgl. Soc. 2.7.2014 – Nr. 13-15.298 – Molex, D. 2014, 1502, 2147 mAnm Lucas; Soc. 4.2.2016 – Nr. 14-24.050 – Meggle, Soc. 12.2.2016 – Nr. 14-19.923 – Smurfit, BJE 2016, 209 mAnm Dammann/François; Soc. 16.7.2016 – Nr. 14-27.266–14–27946 – Continental, D. 2016, 1504; D. 2016, 2096 mAnm Dammann/François; vgl. die enge Auslegung in Soc. 24.5.2018 – Nr. 16-18.621 – Funkwerk). In seiner Grundsatzentscheidung David (Soc. 25.11.2020 – Nr. 18-13.769, FP-PBRI, BJE 2/2021, 57; Rev. proc. coll. 1/2021, 38) hat der Kassationshof die Bedingung des „co-emploi" dahingehend eingeschränkt, dass eine „immixtion permanente dans la gestion économique et sociale de la société employeur, conduisant à la perte totale d'autonomie d'action de cette dernière" vorliegen muss. Angesichts dieser Entscheidung dürfte eine Haftung der Muttergesellschaft wegen „co-emploi" nur in ganz wenigen Ausnahmefällen zum Zuge kommen. Die Tochtergesellschaft muss eine „Marionette" der Muttergesellschaft sein (im internationalen Insolvenzverfahren vgl. Dammann/Sénéchal, Le droit de l'insolvabilité internationale, 1. Aufl. 2018, Rn. 1960 ff.). Sind diese Bedingungen erfüllt, dann haben die Arbeitnehmer einen Anspruch auf Zahlung ihrer **arbeitsrechtlichen Forderungen** (Gehälter, Kündigungsentschädigungen, Pensionszahlungen usw) gegenüber der Muttergesellschaft.
(6) Angesichts der Kritik an der Theorie des co-emploi, hat der Kassationshof die Haftung von Muttergesellschaften gegenüber den entlassenen Arbeitnehmern der Tochtergesellschaft auf die deliktsrechtliche Generalklausel von Art. 1240 C. civ. gestützt. Nachgewiesen werden muss, dass die wirtschaftlichen Schwierigkeiten der Tochter „imputables à la fraude ou à la légèreté blâmable" der Muttergesellschaft sind. In Soc. 24.5.2018 – Nr. 17-12.560 Keyria, hatte die Muttergesellschaft sich Dividenden „dans des proportions manifestement anormales" ausschütten lassen. Im Urteil Sun Capital Partners (Soc. 24.5.2018 – Nr. 16-22.881) wurde auf „décisions préjudiciables dans son seul intérêt d'actionnaire" abgestellt. Zuständig ist das tribunal judiciaire, nicht das Arbeits- oder Insolvenzgericht, Soc. 13.6.2018 – Nr. 16-25.873, Platium Equity Advisors.

IX. Persönliche Folgen der Insolvenz

1. Allgemeines

Im **Anschluss** an das ordentliche Insolvenzverfahren (redressement bzw. liquidation judiciaire) (ausgeschlossen sind diese Sanktionen folglich bei der procédure de sauvegarde) sieht das französische Recht **zivil- und strafrechtliche Sanktionen** vor, die den Schuldner persönlich treffen. Sie können in gleicher Weise gegen de facto- oder de jure-Geschäftsführer einer juristischen Person verhängt werden (Art. L. 653-1 I Nr. 2 C. com.). **620**

Unterschieden wird zwischen der **zivilrechtlichen faillite personnelle** (Art. L. 653-1 ff. C. com.) und dem **strafrechtlichen Bankrott** (banqueroute) (Art. L. 654-1 ff. C. com.). In diesem Zusammenhang ist anzumerken, dass sich das französische Strafrecht auf dem Rückzug befindet, während die Rolle des Staatsanwalts als Verfahrensbeteiligter in den letzten Jahren erheblich an **621**

Internationales Insolvenzrecht – Frankreich

Gewicht zugenommen hat. Ein wichtiger Unterschied zum deutschen Recht sei vorangestellt: Die Verletzung der Insolvenzantragspflichten in Form einer Insolvenzverschleppung wird in Frankreich grundsätzlich nicht mehr strafrechtlich geahndet.

2. Die zivilrechtliche faillite personnelle

622 Die Voraussetzungen der **zivilrechtlichen faillite personnelle** sind in Art. 653-3 ff. C. com. normiert. Inkriminiert werden in Art. L. 653 I C. com. die **missbräuchliche Fortführung** eines **defizitären Unternehmens** mit der Folge der **Zahlungsunfähigkeit** (Nr. 1) und die **Unterschlagung von Aktiva** oder die **rechtsmissbräuchliche Erhöhung von Verbindlichkeiten** (Nr. 3). Abs. II normiert auf solche Personen zugeschnittene Tatbestände, die ihr Unternehmen in Form einer EIRL (entrepreneur individuel à responsabilité limitée) betreiben (für Einzelheiten Lienhard Rn. 134.20). Art. L. 653-4 C. com. übernimmt die vor der Reform von 2008 in Art. L. 652-2 C. com. aufgeführten Tatbestände, wie zB die Verwendung von Aktiva der Gesellschaft im Eigeninteresse, missbräuchliche Fortführung eines defizitären Unternehmens im Eigeninteresse mit der Folge der Zahlungsunfähigkeit sowie die Unterschlagung von Aktiva oder die rechtsmissbräuchliche Erhöhung von Verbindlichkeiten. Sieben weitere Tatbestände enthält Art. L. 653-5 C. com., darunter auch **Konkursverschleppung, betrügerische Handlungen** in Bezug auf das **Rechnungswesen** sowie **Obstruktionshandlungen** im Rahmen des Insolvenzverfahrens. In allen Fällen liegt es im Ermessen des Gerichts, die faillite personnelle anzuordnen. **Antragsberechtigt** sind der **Gläubigervertreter**, der **liquidateur** und der **Staatsanwalt** (ministère public) sowie eine **Mehrheit der Kontrolleure**, falls der Gläubigervertreter es versäumt, zu handeln (vgl. Art. L. 653-7, R. 653-2 C. com.: analog zur action en responsabilité pour insuffisance d'actif → Rn. 610). Die Kontrolleure müssen vor Beendigung des Verfahrens klagen (vgl. Lienhard Rn. 134.27). Der juge commissaire muss einen Bericht erstellen, der dem Gericht und den Parteien vorgelegt werden muss (vgl. Art. R. 662-12 C. com.). In der Berufungsinstanz ist dieser Bericht nicht erforderlich (vgl. Com. 22.5.2013, D. 2013, 2555; Dr. sociétés 2013, 145).

623 **Zuständig** ist das **Insolvenzgericht**, das das Verfahren **eröffnet** hat (vgl. Lienhard Rn. 134.23). Da einige der Tatbestände einer faillite personnelle gleichzeitig Straftatbestände darstellen, hatte das Strafgericht gem. **Art. L. 654-6 C. com.** die Möglichkeit, auch zivilrechtliche Sanktionen zu verhängen. Folge dieser Maßnahmen war eine Ungleichbehandlung der betroffenen Beklagten. In einer Entscheidung v. 29.9.2016 hat der Verfassungsrat daher die Konsequenzen gezogen und diesen Artikel für nicht verfassungskonform erklärt (Cons. const. Nr. 16-83.549, D. 2017, 1881 mAnm Mascala; BJS 2017, 738 mAnm Saintourens).

624 Die **Verjährungsfrist** beträgt **drei Jahre** ab **Eröffnung** des **redressement-** bzw. des **Liquidationsverfahrens** (Art. L. 653-1 II C. com.). Das Datum der Umwandlung des redressement-Verfahrens in eine liquidation judiciaire ist unerheblich (vgl. Com. 4.11.2014 – Nr. 13-24.028, Bull. civ. IV, Nr. 163, D. 2014, 2294 mAnm Lienhard; BJE 2015, 116). Es besteht eine Ausnahmeregelung, wenn die faillite personnelle gegenüber einem Geschäftsführer verhängt wird, der seine Schulden im Falle einer Verurteilung nach Art. L. 651-2 C. com. nicht beglichen hat. In diesem Fall läuft die Frist ab dem Datum des rechtskräftigen Urteils.

625 Wer sich in der **faillite personnelle** befindet, darf weder ein kaufmännisches, handwerkliches oder landwirtschaftliches **Unternehmen betreiben** noch eine **juristische Person**, die eine wirtschaftliche Aktivität ausübt, leiten, **verwalten** oder **kontrollieren**. Die Sanktion betrifft nicht nur französische Gesellschaften (Lienhard Rn. 134.17 unter Hinweis auf CA Douai 22.9.2005, D. 2005, 2677mAnm Lienhard). Der Schuldner kommt nach der Bestimmung des Art. 643-11 III C. com. **nicht** in den **Genuss der Restschuldbefreiung**. Nach Art. L. 653-10 C. com. kann das Gericht dem Schuldner für die Dauer der faillite personnelle, höchstens jedoch für fünf Jahre, sein passives Wahlrecht absprechen. Wurde gegen die von ihm geführte Gesellschaft ein ordentliches Insolvenzverfahren eingeleitet, so kann der failli sein Stimmrecht in den Gesellschafterversammlungen nicht ausüben (vgl. Art. L. 653-9 C. com.). Schließlich kann er vom Gericht zur **Veräußerung** seiner **Geschäftsanteile gezwungen** werden.

3. Die interdiction de gérer

626 Statt die faillite personnelle zu verhängen, kann das Gericht bei Vorliegen der Tatbestände von Art. L. 653-3–653-6 C. com. lediglich das Verbot aussprechen, ein kaufmännisches, handwerkliches oder landwirtschaftliches Unternehmen oder eine andere juristische Person zu leiten, zu verwalten oder zu kontrollieren, **interdiction de gérer** (Art. L. 653-8 C. com.). Diese Sanktion, die der Kassationshof als **öffentliche Schutzmaßnahme** qualifiziert („mesure d'intérêt public",

Internationales Insolvenzrecht – Frankreich

Com. 9.2.1988 – Nr. 86.15.694), hat für den Schuldner den Vorteil, dass er in den **Genuss** der **Restschuldbefreiung** kommt, sofern es sich um eine natürliche Person handelt.

Art. L. 653-8 Abs. 3 C. com. sieht auch für die **verspätete Antragstellung**, ein ordentliches   627
Insolvenzverfahren innerhalb von 45 Tagen nach Eintritt der Zahlungsunfähigkeit zu eröffnen, die Möglichkeit vor, eine interdiction de gérer zu verhängen. Der Reformgesetzgeber von 2015 hat den Anwendungsbereich dieser Sanktion auf **vorsätzliches Verhalten** beschränkt („sciemment"). Diese Bestimmung kommt auf laufende Verfahren zur Anwendung (vgl. Com. 24.5.2018 – Nr. 17-18.918, D. 2018, 1149 mAnm Lienhard).

Das Urteil, das die Sanktionen bestimmt, wird im BODACC veröffentlicht (vgl. Lienhard   628
Rn. 134.33). Die **Dauer** der **Sanktionen** wird ebenfalls vom Gericht festgelegt. Sie beträgt höchstens 15 Jahre (Art. L. 653-11 C. com.). In einer Grundsatzentscheidung v. 1.12.2009 (vgl. Com. Nr. 08-17.187, Bull. civ. IV, Nr. 155, D. 2010, 7 mAnm Lienhard; bestätigt durch Com. 17.11.2015 – Nr. 14-12.372, Bull. civ. IV, Nr. 517) wendet der Kassationshof, wie bei der action en responsabilité pour insuffisance d'actif (→ Rn. 610) die **Proportionalitätsregel** an. Ist keiner der Tatbestände gegeben, muss die Länge und der Umfang der Sanktion entsprechend angepasst werden. Sonst wird das Urteil aufgehoben. Eine **Rehabilitation** erfolgt mit der Einstellung des Gerichtsverfahrens bei Begleichung der Passiva (vgl. Art. L. 653-11 Abs. C. com.; vgl. Lienhard Rn. 134.41). Eine völlige oder teilweise Rehabilitation kann auf Antrag des Schuldners durch das Gericht erfolgen, wenn der failli einen ausreichenden Betrag zur Erfüllung der Forderungen der Gläubiger geleistet hat (Art. L. 653-11 Abs. 3 C. com.).

4. Bankrottstraftaten

Neben anderen Straftatbeständen sanktionieren Art. 654-1 f. C. com. das **Delikt** des **Bankrotts**   629
(übersichtlich Lienhard Rn. 142.11 ff.). Kaufleute, Handwerker, Landwirte, Freiberufler oder Mitglieder von Leitungsorganen einer Gesellschaft, gegen die ein Insolvenzverfahren eingeleitet worden ist, machen sich strafbar, sofern sie vorsätzlich Unterschlagungen, betrügerische Handlungen in Bezug auf das Rechnungswesen begehen, fraudulöse Erhöhungen der Passiva bewirken, auf den Verkauf von Waren unter Einstandspreis oder andere ruinöse Mittel zur Geldbeschaffung zurückgegriffen haben, um die Einleitung eines Insolvenzverfahrens hinauszuzögern (Art. L. 654-2 C. com.). In einer Grundsatzentscheidung vom 18.3.2020 (Crim. Nr. 18-86.492, D. 2020, 765; BJE Juli/August 2020, 31) hat der Kassationshof entschieden, dass auch eine außerordentlich hohe Vergütung der Geschäftsführer den Straftatbestand des Bankrotts darstellen kann. Das **Konzerninteresse** spielt – anders als bei der Veruntreuung von Gesellschaftsvermögen (abus de biens sociaux) – **keine Rolle** (vgl. Crim. 27.4.2000 – Nr. 99-85.192, Bull. crim. Nr. 169; D. 2000, 327 mAnm Lienhard). Das Strafmaß reicht bis zu einer Geldstrafe von 75.000 EUR oder bis zu fünf Jahre Freiheitsstrafe (Art. 654-3 C. com.).

5. Andere Straftatbestände

Bestimmte Handlungen des **administrateur**, des **Gläubigervertreters**, des **liquidateur** und   630
des **commissaire à l'exécution du plan**, die die Interessen der Gläubiger oder des Schuldners verletzen, stehen unter Strafe (Art. L. 654-12 C. com.; délit de malversation, vgl. Lienhard Rn. 143.16). Während der **Observationsperiode** und der Ausführung des Sanierungsplans sind vier Straftatbestände zu nennen, die mit Geldstrafe von 30.000 EUR und bis zu zwei Jahren Freiheitsstrafe geahndet werden (Art. L. 654-8 C. com.): die Zahlung von Insolvenzforderungen entgegen der Bestimmungen des Art. L. 622-7 C. com.; die Zahlung von Forderungen entgegen der Bestimmungen im Sanierungsplan sowie Verfügungsgeschäfte, die entgegen der Bestimmungen des Art. L. 626-14 C. com. getätigt wurden. Strafbewehrt sind letztlich auch Verfügungen über solche Sachen, die gem. Art. L. 642-10 C. com. unverkäuflich sind.

Internationales Insolvenzrecht – Italien

Schrifttum zur Konkursordnung AA.VV., Diritto fallimentare-Manuale breve, Giuffrè, Milano, 2008; AA.VV., Trattato di diritto fallimentare e delle altre procedure concorsuali, vol. 3: Gli effetti del fallimento, Torino, 2009; AA.VV., Trattato delle società per azioni, a cura di Colombo G.E e Portale G.B., UTET, Torino; Bonfatti S. - Panzani L., La riforma organica delle procedure concorsuali, Milano, 2008; Abete L., Le vie negoziali per la soluzione della crisi d'impresa, in Fall. 2007, pp. 617-627; Albanese L., Iniziativa per la dichiarazione di fallimento e stato di insolvenza, in Fall., 2015, 5, p. 534; Ambrosini S., La riforma della legge fallimentare, Zanichelli, Bologna, 2006; Ambrosini S., Demarchi P., Vitiello E.M., Il concordato preventivo e la trascrizione fiscale, Bologna, 2009; Ambrosini S., Appunti in tema di concordato con continuità aziendale, 2013, in Ilcaso; Ambrosini S., Gli accordi di ristrutturazione dei debiti dopo la riforma del 2012, in Il fall., 2012; Ambrosini S., Il nuovo concordato preventivo alla luce della "miniriforma" del 2015, in Il diritto fallimentare e delle società commerciali, n. 5/2015; Ambrosini S., Gli accordi di ristrutturazione dei debiti dopo la riforma del 2012, in Fall. 2012, pp. 1137-1148; Ambrosini S. – Aiello M., I piani attestati di risanamento: questioni interpretative e profili applicativi, ilCaso.it, 2014; Ambrosini S., L'esdebitazione del fallito fra problemi interpretativi e dubbi di incostituzionalità, in Fall. 2009, pp. 129-133.; Andreani G., L'infalcidiabilità del credito IVA del concordato preventivo senza transazione fiscale, in Corr.Trib. n.36/2014; Andreani G.- Tubelli A., La transazione fiscale preclude nuovi accertamenti?- Il commento, in Corr.trib. n. 7/2015; Andreani G. – Tubelli A., Iva (in)falcidiabile nel concordato preventivo senza transazione fiscale?, in Il fisco, n. 10/2016; Apice U., Trattato di diritto delle procedure concorsuali, Giappichelli, Torino, 2010; Arato M., La domanda di concordato preventivo dopo il d.lgs. 12 settembre 2007 n. 169, in Il Diritto fallimentare e delle società commerciali, 2008 fasc. 1, pt. 1, pp. 53 – 71; Arato M., Il concordato preventivo con riserva, Torino, 2013; Benedettelli M., Centro degli interessi principali del debitore e forum shopping nella disciplina comunitaria dell'insolvenza transfrontaliera, in Riv. dir. internaz. priv. e proc., 2004, p. 499 ss; Bozza G., Le condizioni soggettive ed oggettive del nuovo concordato, in Fall., 2005; Bozza G., L'accertamento del passivo nella procedura di liquidazione giudiziale, in Fall., 2016, 10, p. 1064; Bruschetta E., L'accertamento dello stato passivo fallimentare, Milano, 2008, in La legge fallimentare-Commentario teorico -pratico a cura di Ferro m.; pp. 307-398; Caiafa A., L'istruttoria prefallimentare: i provvedimenti cautelari e conservativi a tutela del patrimonio e dell'impresa, in Il Diritto fallimentare e delle società commerciali, 2008 fasc. 2, pt. 1, pp. 171 – 185; Celentano P. e Forgillo E. (a cura di), Fallimento e concordato, Utet, Torino, 2008; Di Cataldo V., Il concordato fallimentare con assunzione, Giuffrè, Milano, 1976; Demarchi P.G., Il trust postfallimentare e l'apparente chiusura del fallimento, in Giurisprudenza di merito, 3/2008, 741; Dimundo F., Ammissione al passivo: forma e contenuto della domanda, 2016, ilFallimentarista.it; Di Pace M., La disciplina del fallimento delle società alla luce del decreto legislativo correttivo n. 169/07, in Le Società: rivista di diritto e pratica commerciale, societaria e fiscale, 2008 fasc. 1, pp. 7 – 11; Fabiani M., Diritto fallimentare, un profilo organico, Bologna, 2015; Fabiani M., Contratto e processo nel concordato fallimentare, UTET, Torino, 2009; Fauceglia G., Panzani L., Fallimento e altre procedure concorsuali, Utet, Torino, 2009; Ferro, La legge fallimentare. Commentario teorico – pratico, M. Ferro (a cura di), Padova, 2014; Ferro M., Le classi dei creditori nel concordato proposto dal commissario della amministrazione straordinaria speciale, in Fall., 2006; Filippi P., Il d.lg. n. 169 del 2007 integra e corregge la disciplina del fallimento e delle procedure concorsuali. Si resta in attesa della riforma delle disposizioni penali, in Giur. merito, 12/2007, 3096; Frascaroli Santi E., L'esdebitazione del fallito: un premio per il fallito o un esigenza del mercato?, in Il Diritto fallimentare e delle società commerciali, 2008 fasc. 1, pt. 1, pp. 34 – 52; Frascaroli Santi E., Insolvenza e crisi di impresa, CEDAM, Padova, 1999; Galletti D., Le nuove esenzioni dalla revocatoria fallimentare, in Giur. Comm., 2007; Guglielmucci L., Diritto fallimentare, Torino, 2007; Iozzo F., Note in tema di trust e fallimento, in Giurisprudenza commerciale, 2008 fasc. 1, pt. 2, pp. 208 – 212; Jorio A.., I rapporti giuridici pendenti nel concordato preventivo, Padova, 1973; Lamanna G., La legge fallimentare dopo il "Decreto Sviluppo", Milano, 2012; Liaci M., Prime impressioni sulla sopravvivenza della riabilitazione civile al decreto correttivo della riforma del diritto fallimentare, in Il Diritto fallimentare e delle società commerciali, 2008 fasc. 2, pt. 1, pp. 206 – 220.; Lo Cascio G., Organi del fallimento e controllo giurisdizionale, in Il Fallimento e le altre procedure concorsuali, 2008 fasc. 4, pp. 369 – 376; Lo Cascio G., Il concordato preventivo, Giuffrè, Milano, 2008; Maffei Alberti A., Commentario breve alla legge fallimentare, Padova, 2009; Manente D., Non omologabilità degli accordi ex art. 182 bis legge fallim. e procedimento per dichiarazione di fallimento del debitore, in Il Diritto fallimentare e delle società commerciali, 2008 fasc. 3-4, pp. 297; Minutoli, sub art. 125 L. Fall., in Ferro La legge fallimentare. Commentario teorico-pratico, Padova 2007, S. 1018; Montanari M., La sopravvenienza del fallimento in corso di causa tra riforma e recenti evoluzioni giurisprudenziali, in Il Fallimento e le altre procedure concorsuali, 2008 fasc. 3, pp. 308 – 314; Niutta A., Patrimoni destinati e procedure concorsuali (a seguito della riforma che ha interessato il diritto fallimentare), in Il Diritto fallimentare e delle società commerciali, 2008 fasc. 3-4, pp. 299; Martella R., Liquidazione della quota sociale e compensazione nel fallimento, in Obbligazioni e contratti, 2007 fasc. 12, pp. 988 – 993; Pacchi S., Il concordato fallimentare (La disciplina nel nuovo diritto concorsuale: da mezzo di cessazione del fallimento a strumento d'investimento) (La riforma fallimentare, diretta da L. Panzani), Milano, 2008, 352 p.; Nardecchia G.B., Crisi di impresa, autonomia privata e controllo giurisdizionale, Ipsoa, Milano, 2007; Nigro A. – Vattermoli D., Diritto della crisi delle imprese. Le procedure concorsuali, II ed., Bologna, 2012; Pajardi P., Paluchowski A. Manuale di diritto fallimentare, Giuffrè, Milano, 2008; Panzani L., Azione revocatoria nei confronti dello straniero e giurisdizione del giudice che ha dichiarato il fallimento secondo il diritto comunitario. Note minime a seguito della decisione Bundesgerichtshof del 21 giugno 2007, in Il Fallimento e le altre procedure concorsuali, 2008 fasc. 4, pp. 394 – 399; Patti S., I rapporti giuridici pendenti nel concordato preventivo, Milano, 2014; Pellegrino P., La conversione del fallimento nella procedura di amministrazione straordinaria del «grandissimo» gruppo di imprese, in Il Diritto fallimentare e delle società commerciali, 2008 fasc. 3-4, pp. 356; Petti E. L., Nel nuovo concordato preventivo non viene meno la continuità con il fallimento (Trib. Firenze, sez. Ill, 7 novembre 2007, decr.), in Il Foro toscano – Toscana giurisprudenza, 2008 fasc. 1, pp. 53; Picardi N., La dichiarazione di fallimento, Giuffrè, Milano, 1976; Pollio M., Attività e passività dell'impresa fallita nel concordato fallimentare con assuntore, in Corriere tributario, 2008 fasc. 1, pp. 28 – 32; Presti G., Gli accordi di ristrutturazione dei debiti, Banca Borsa e titoli di credito, 2006; Presti G., Ipoteca per debiti altrui e fallimento, Giuffrè, Milano, 1992; Rolfi F., "discontinuità" tra concordato in bianco e concordato "pieno": un evidente abuso processuale, 2015, IlFallimentarista.it; Rolfi F., Il controllo del giudice in sede di omologa dell'accordo per la risoluzione della crisi da sovraindebitamento, 2015, IlFallimentarista.it; Saletti A., Espropriazioni per crediti speciali e fallimento, in Riv. dir. Proc., 2000; Sanzo S., Legittimazione ad agire nei confronti del garante in caso di dichiarazione di fallimento, 2011, IlFallimentarista.it; Sandulli M.- D'attorre G., Manuale delle procedure concorsuali, Giappichelli, Torino, 2016; Santangeli F., Le modifiche introdotte dal decreto correttivo 169/2007 al processo per la dichiarazione del fallimento e alla fase dell'accertamento del passivo, in Il Diritto fallimentare e delle società commerciali, 2008 fasc. 2, pt. 1, pp. 147 – 170; Sanzo S., Il nuovo concordato fallimentare, in Ambrosini, Le nuove procedure concorsuali. Dalla riforma "organica" al decreto "correttivo", Bologna 2008, S.. 433; Sanzo S., Fallimento di s.a.s. e responsabilità dei soci accomandatari, 2011, IlFallimentarista.it; Sanzo S., Dichiarazione di fallimento e rapporti di lavoro subordinato in corso, 2012, IlFallimentarista.it; Sanzo S.- Bianchi A., Manuale delle procedure concorsuali (Disciplina del fallimento, del concordato preventivo, della liquidazione coatta amministrativa. Aspetti fiscali e nuovi istituti per la crisi d'impresa) Milano, 2007; Sanzo S. e Burroni D., La nuova disciplina nel trattamento degli accessori dei crediti professionali, 2012, IlFallimentarista.it; Satta S. Diritto fallimentare, Padova, 1990; Scarselli G., La esdebitazione della nuova legge fallimentare, in Dir. Fall., 2007; Scopesi E., L'incidenza causale e la volontarietà dell'atto distrattivo nella insorgenza del dissesto ed i limiti di bancarotta semplice documentale: verso una restrizione della portata incriminatrice del disposto degli artt. 216 e 217 legge fallimentare,.in Il Diritto fallimentare e delle società commerciali, 2008 fasc. 2, pt. 2, pp. 205 – 214; Tedeschi G.U., Manuale del nuovo diritto fallimentare, Cedam, Padova, 2006; Terranova G., La nuova disciplina delle revocatorie fallimentari, Cedam, Padova, 2006; Tetto F., Il concetto di imprenditore "fallibile" penalmente rilevante e vicende successorie di norme extrapenali ex art. 2 c.p., in Il Fallimento e le altre procedure concorsuali, 2008 fasc. 4, Seiten 454 – 462; Trentini C., Gli accordi di ristrutturazione dei debiti, Milano, 2012; Villani, Il concordato fallimentare, in Schiano di Pepe (a cura di), Il diritto fallimentare riformato, Padova. 2007, Vitiello M., Proposta di concordato con cessione parziale dei beni del debitore con e senza continuità, 2012, IlFallimentarista.it; Vitiello M., Il concordato preventivo con classi nella prospettiva liquidatoria e nella prospettiva del risanamento, 2011, IlFallimentarista.it; Vitiello M., Controllo giurisdizionale, nomina e responsabilità del professionista nella crisi da sovraindebitamento, 2012, IlFallimentarista.it; Zanchi D., Osservazioni in ordine alla possibile applicazione di un trust agli accordi di cui all'art. 182-bis L.F., in Trusts e attività fiduciarie, 2008 fasc. 2, pp. 155 – 169; Zanichelli V., Concordati giudiziali, UTET, Torino, 2010.

Schrifttum zum Gesetzbuch der Unternehmenskrise
Ambrosini S. (a cura di), Il nuovo diritto della crisi d'impresa: l.132/15 e prossima riforma organica : disciplina, problemi, materiali, Bologna, 2016; Caiafa A., Il nuovo codice della crisi d'impresa e dell'insolvenza, Dike Giuridica Editrice, 2019; Corrado D., La disciplina del concordato di gruppo nel Codice della crisi e dell'insolvenza, in IlFallimentarista.it, 2019; Crivelli A., Fontana R., Leuzzi S., Napolitano A., Rolfi F., Il nuovo sovraindebitamento dopo il Codice della crisi di impresa e dell'insolvenza, Zani-

Internationales Insolvenzrecht – Italien

chelli, 2019; Della Rocca S., Grieco F., Il codice della crisi d'impresa. primo commento al d.lgs. n. 14/2019, CEDAM., 2019; Fabiani M., Diritto della crisi e dell'insolvenza, Zanichelli Editore, 2017; G. Fauceglia, Il nuovo diritto della crisi e dell'insolvenza (d.lgs 12 gennaio 2019, n. 14), Giappichelli, Torino, 2019; Fico D., Il concordato in continuità tra normativa vigente e Codice della crisi, in IlFallimentarista.it, 2019; Giorgietti M.C., Codice della crisi d'impresa e dell'insolvenza. Commento al decreto legislativo 12 gennaio 2019, n. 14, Pacini Giuridica, 2019; Lo Cascio G., Il Codice Della Crisi Di Impresa E Dell'insolvenza: considerazioni a prima lettura, in Fallimento, 2019 Nardecchia G.B., Il concordato nella liquidazione giudiziale, in Fallimento, 2019; Pagni I., L'accesso alle procedure di regolazione nel codice della crisi e dell'insolvenza, in Fallimento, 2019; Sanzo S. e Burroni D., Il Nuovo codice della crisi di impresa e dell'insolvenza, Zanichelli editore, 2018; Rebecca G., La revocatoria fallimentare delle rimesse bancarie nel Codice della crisi di impresa, in IlFallimentarista.it, 2019; Salvi D., I nuovi adempimenti per sindaci e revisori – indici di allerta e segnalazione della crisi, Maggioli editore, 2019; Terenghi M. Il "procedimento unitario" per l'accesso alle procedure di regolazione della crisi o dell'insolvenza, in IlFalllimentarista.it, 2019;.

Übersicht

	Rn.
A. Allgemeine Überlegungen	1
I. Die Entwicklung des Konkursrechts in Italien	1
II. Institute, die unter die aktuellen Gesetze fallen (Kurzübersicht)	4
B. Die Voraussetzungen einer Konkurserklärung	7
I. Die allgemeinen Voraussetzungen	7
II. Subjektive Anforderungen: Der Handelsunternehmer und die quantitativen Schwellenwerte	11
III. Die objektive Anforderung: Insolvenz	17
IV. Die Begriffe Krise und Überschuldung im Verhältnis zur Insolvenz	22
C. Alternative Insolvenz- oder Krisenbewältigungsinstrumente	30
I. Der Sanierungsplan mit Bescheinigung („piano attestato di risanamento")	30
1. Definition	30
2. Subjektive und objektive Voraussetzungen	38
3. Der Sanierungsplan mit Bescheinigung für Konzerne	43
4. Die Empfänger des Sanierungsplans mit Bescheinigung	47
5. Allgemeine Grundsätze für die Erstellung des Sanierungsplans	48
6. Die Form und die wesentlichen Elemente des Sanierungsplans	49
7. Bescheinigung des Sanierungsplans durch den Sachverständigen	53
8. Auswirkungen und gerichtliche Kontrolle	69
II. Restrukturierungsvereinbarung („accordo di ristrutturazione")	77
1. Definition	77
2. Verfahren und Mustervereinbarungen; die Anfangsphase	84
3. Hinterlegung und Registrierung der Restrukturierungsvereinbarung	86
4. Restrukturierungsvereinbarungen mit erweiterter Wirksamkeit	113
5. 5. Stillhaltevereinbarungen	116
III. Vergleich zur Abwendung des Konkursverfahrens („concordato preventivo")	124
1. Definition	124
2. Voraussetzungen	127
3. Verschiedene Vergleichstypen	128
4. Antrag	131

	Rn.
5. Vergleich unter Vorbehalt	141
6. Zulassung des Vergleichs	151
7. Die Auswirkungen der Antragstellung	155
8. Widerruf der Zulassung zum Vergleichsverfahren	160
9. Der Beschluss über den Vergleich	161
10. Das Urteil über die Genehmigung des Vergleichs	163
11. Die Durchführung des Vergleichs	164
12. Widerruf und Aufhebung des Vergleichs	167
D. Der Konkurs („fallimento")	168
I. Verfahren	168
1. Voraussetzungen	168
2. Antragsberechtigung	170
3. Gerichtsbarkeit und Zuständigkeit	176
4. Ausgeschiedener oder verstorbener Unternehmer	179
5. Vorkonkursverfahren	180
6. Urteil über die Feststellung des Konkurses und seine Auswirkungen	182
7. Berufung und spätere etwaige Revision	184
II. Verfahrensorgane	189
1. Allgemeines	189
2. Das Konkursgericht	190
3. Der beauftragte Richter	192
4. Der Konkursverwalter	194
5. Der Gläubigerausschuss	206
III. Auswirkungen des Konkursverfahrens auf den Konkursschuldner	211
IV. Auswirkungen des Konkurses auf die Gläubiger	214
V. Auswirkungen des Konkurses auf Handlungen zum Nachteil der Gläubiger	228
VI. Auswirkungen des Konkurses auf bestehende Rechtsverhältnisse	249
VII. Konkursverwaltung	259
VIII. Bewertung des Passivstandes und der dinglichen Rechte Dritter	268
1. Allgemeine Grundsätze	268
2. Die Vorbereitungsphase	275
3. Die Phase der Prüfung im engeren Sinne	278
4. Der Entwurf des Passivstandes	288
5. Bildung und Vollstreckbarkeit des Passivstandes	292
6. Beschwerdemöglichkeiten	295
7. Prognose der unzureichenden Befriedigung	297

Internationales Insolvenzrecht – Italien

	Rn.		Rn.
IX. Liquidation von Vermögensgegenständen	298	G. Strafrechtliche Bestimmungen	438
X. Verteilung des Vermögens und Beendigung des Konkurses	306	I. Vorbemerkungen	438
XI. Auswirkungen der Verfahrensbeendigung	315	II. Konkursstraftaten	439
		1. Der Bankrott	439
XII. Konkurs von Unternehmen	318	2. Betrügerischer Bankrott	440
E. Konkursvergleich („concordato fallimentare")	322	3. Einfacher Bankrott	448
		III. Weitere Straftaten	452
I. Begriff und Rechtsnatur	322	1. Missbräuchliche Inanspruchnahme von Krediten	452
II. Der Konkursvergleichsvorschlag	326	2. Angabe von nicht existenten Gläubigern und sonstige Verstöße	453
1. Vorlageberechtigung	326	3. Strafbarkeit Dritter ohne Mitwirkung des Schuldners	454
2. Fristen	332	4. Straftaten des Konkursverwalters	455
3. Form	335	IV. Straferhöhende Umstände	456
4. Inhalt	336	V. Straftaten im Rahmen von Vergleichsverfahren	457
5. Widerruflichkeit/Änderbarkeit des Antrags	353	VI. Gemeinschaftliche Vorschriften	458
III. Verfahren	355	H. Konkurssteuerrecht	460
1. Einleitung des Verfahrens und der Untersuchungsphase	355	I. Steuerforderungen und gesetzliche Vorrechte	461
2. Mehrere Konkursvergleichsvorschläge	370	II. Möglichkeit der Sonderbehandlung von Steuer- und Sozialversicherungsforderungen im Konkursverfahren	463
3. Übermittlung des Vorschlags an die Gläubiger	371	III. Das Verfahren	467
4. Abstimmungsvorgänge	374	IV. Die Abstimmung	468
5. Annahme des Konkursvergleichsvorschlags	381	V. Sonderbehandlung von Steuer- und Sozialversicherungsforderungen in Umschuldungsvereinbarungen	469
IV. Die Genehmigung	384		
1. Natur des Verfahrens	384		
2. Einführungsphase	385	I. Gesetzbuch der Unternehmenskrise	470
3. Widersprüche	386	I. Die Novelle von 2019	470
4. Die gerichtliche Genehmigung und ihre Wirksamkeit	388	II. Die Leitlinien der Reform	471
V. Auswirkungen des Konkursvergleichs	390	III. Die sofort anwendbaren gesellschaftsrechtlichen Normen	473
1. Für den Konkursschuldner	390	1. Pflichten betreffend die Organisationsstruktur der Unternehmens	474
2. Für die Gläubiger	392	2. Verantwortung der Geschäftsführer	478
3. Behandlung rechtshängiger Rechtsstreitigkeiten	397	3. Pflicht zur Bestellung von Kontrollorganen	480
VI. Die Durchführung des Konkursvergleichs	398	J. Gegenüberstellung des Gesetzbuches der Unternehmenskrise und der Restrukturierungsrichtlinie: Der aktuelle Stand bei Ablauf der Umsetzungsfrist	481
VII. Aufhebungstatbestände	399		
1. Kündigung	399	I. Einleitung	481
2. Aufhebung	404	II. Die Frühwarnsysteme	486
3. Wiedereröffnung des Konkurses	407	III. Die präventiven Restrukturierungsrahmen	497
4. Möglichkeit des erneuten Konkursvergleichsvorschlags	412	IV. Pflichten der Unternehmensleitung	533
F. Verfahren zur Bewältigung von Überschuldungskrisen nicht konkursfähiger Rechtssubjekte	414	V. Entschuldung	535
I. Einführung	414	VI. Maßnahmen zur Steigerung der Effizienz der Verfahren	540
II. Zulässigkeitsvoraussetzungen	416	VII. Schlussfolgerungen	541
1. Objektive Zulässigkeitsvoraussetzungen	417		
2. Subjektive Zulässigkeitsvoraussetzungen	418		
III. Krisenbewältigungsvereinbarung	420		
IV. Der Verbraucherplan	431		
V. Liquidationsverfahren	433		
VI. Die Restschuldbefreiung	436		

A. Allgemeine Überlegungen

I. Die Entwicklung des Konkursrechts in Italien

Für einen kurzen Abriss der jüngsten Geschichte des Konkursrechts in Italien (heute genauer **1** bezeichnet als „Unternehmenskrisenrecht") sind **drei Epochen** zu unterscheiden:

Internationales Insolvenzrecht – Italien

1. eine erste, welche **von 1942 bis 2004** reicht und von dem **Gesetz vom 16.3.1942 Nr. 267** (die „Konkursordnung") der faschistischen Ära dominiert wird. Die Konkursordnung blieb bis zum Jahr 2004 im Wesentlichen unverändert, mit Ausnahme der Gesetzesänderungen in der Folge von Urteilen des Verfassungsgerichtshofs (es handelte sich hierbei im Wesentlichen um Anpassungen an das neue Verfassungsrecht nach dem Zweiten Weltkrieg);
2. eine zweite, die in die Jahre **2005 bis 2019** fällt, eine Zeit großer und sehr bedeutsamer, aber auch äußerst **fragmentierter Reformen.** Es gab weit über zehn legislative Interventionen, meist in Form von Dringlichkeitserlassen, alle zu spezifischen Themen, mit Ausnahme derjenigen des **Gesetzesdekrets Nr. 5 vom 9.1.2006,** welches unmittelbare Modifikationen von Regeln und Institutionen des Gesetzes von 1942 enthält, ohne jedoch die Gesamtstruktur der Konkursordnung zu verändern;
3. eine dritte, welche mit dem **Jahr 2020** beginnt und ihre Wurzeln im jüngsten „**Gesetzbuch der Unternehmenskrise**" (genehmigt durch das **Gesetzesdekret Nr. 14 vom 12.1.2019**) hat, dessen Inkrafttreten größtenteils – mit Ausnahme der bereits ab dem 16.3.2019 geltenden Regeln – für den **14.8.2020** vorgesehen war. Aufgrund der Covid-19-Pandemie wurde das Inkrafttreten des Gesetzbuches der Unternehmenskrise auf den **1.9.2021** verschoben. Mit diesem Gesetz werden sich einige grundlegende Veränderungen vollziehen (anstelle des Konkurses wird es ein gerichtliches Liquidationsverfahren geben, ferner werden Frühwarn- und Präventionseinrichtungen vorgesehen) und vor allem das Konkursrecht von 1942 endgültig und vollständig aufgehoben.

2 Die verschiedenen unter Ziffer 2 erwähnten Reformen hatten direkte Auswirkungen auf den Text des Gesetzes Nr. 267 vom 16.3.1942. **Wenn im vorliegenden Länderbericht ohne weitere Klarstellung auf einen Gesetzesartikel verwiesen wird, handelt es sich um einen Artikel des Gesetzes Nr. 267 vom 16.3.1942 in der aktuellen Fassung.**

3 Jede der genannten Gesetzesphasen repräsentiert sozusagen ein eigenes Verständnis des Insolvenzrechts:

1. Das Gesetz von 1942 behandelt den Konkurs als **eine Art kollektives Vollstreckungsverfahren,** mit dem einzigen Zweck, das Vermögen der Gesellschaft zu liquidieren und dem Ziel, das in Konkurs gefallene Unternehmen dauerhaft vom Markt zu verdrängen;
2. die Reformen der 2000er Jahre tragen erste Anzeichen einer schrittweisen Abkehr von der Liquidationstätigkeit hin zu dem Fokus auf den Erhalt und der eventuellen **Kontinuität des Unternehmens.** Dies hat unweigerlich dazu geführt, dass andere Instrumente der Krisenbewältigung an Bedeutung gewonnen haben, vor allem der Vergleich zur Abwendung des Konkursverfahrens („concordato preventivo");
3. Die Reform, die 2021 vollständig in Kraft treten wird, enthält sogar die ausdrückliche Bestimmung, dass der Begriff „Konkurs" („fallimento") aus der Rechtssprache eliminiert werden soll. Inzwischen ist vom Recht der **Unternehmenskrise** („diritto della crisi di impresa") die Rede. Die zentrale Rolle werden Instrumente einnehmen, die das rechtzeitige Erkennen der Krise bewirken sollen (heute nicht mehr als Pathologie, sondern als physiologische Phase des Unternehmenslebens verstanden), in einem Kontext, in dem die gerichtliche Liquidation, die den Konkurs ersetzen wird, die ultima ratio zur Lösung der Krise darstellen soll.

II. Institute, die unter die aktuellen Gesetze fallen (Kurzübersicht)

4 Konkursfähigen Unternehmen (Abschnitt 2) stehen nach aktueller Rechtslage folgende Instrumente zur Verfügung:
- **Sanierungsplan mit Bescheinigung** („piano attestato di risanamento") (Art. 67 Abs. 3 lit. d: Abschnitt 3.1) (ähnlich dem aus der deutschen insolvenzrechtlichen Praxis bekannten Sanierungsplan, der auf die Wiederherstellung der Ertragskraft des Schuldnerunternehmens und auf Befriedigung der Gläubigeransprüche aus den künftigen Überschüssen des Unternehmens gerichtet ist). Der Sanierungsplan hat eine privatrechtliche Struktur in dem Sinne, dass er der Kontrolle durch das Gericht entzogen ist. Sanierungspläne sind Vereinbarungen zwischen dem krisenbetroffenen Unternehmer und seinen Gläubigern (größtenteils den Finanzgläubigern). Sie zielen darauf ab, geeignete Instrumente zur Überwindung der Krise zu finden, wobei die Durchführungsmaßnahmen ex lege von dem Risiko der Anfechtung und der Straftat des präferenziellen Bankrotts befreit sind;
- **Restrukturierungsvereinbarungen** („accordi di ristrutturazione dei debiti") (Art. 182bis: Abschnitt 3.2), sind Schuldenbereinigungspläne, die eine Zustimmung von einer solchen Zahl von Gläubigern erfordern, die insgesamt mindestens 60 % der Forderungen repräsentieren. Nach

Internationales Insolvenzrecht – Italien

Zustimmung der Gläubiger ist die Restrukturierungsvereinbarung dem Gericht zur Bestätigung vorzulegen;
- **Vergleich zur Abwendung des Konkursverfahrens** („concordato preventivo") (Art. 160 ff.: Abschnitt 3.3). Der Vergleich zur Abwendung des Konkursverfahrens ist ein Vergleich mit den Gläubigern zur Verhinderung des Konkursverfahrens, welcher der gerichtlichen Bestätigung bedarf. Seit 2012 kann dieser Vergleich auch nur „unter Vorbehalt des Vergleichsvorschlags" („concordato in bianco" oder „concordato con riserva") eingereicht bzw. angekündigt werden, dh der Unternehmer kann sich, um sich die für Konkursverfahren typischen Schutzwirkungen sofort zu sichern, auf die Einreichung eines einfachen „Vergleichsantrags" beschränken und die Einlegung des vollständigen Antrags, der dann den Vergleichsvorschlag und den Plan enthält, verschieben;
- **Konkurs** („fallimento") (Art. 1 ff.: Abschnitt 4), das kollektive Liquidationsverfahren par excellence, welches unter der direkten Kontrolle des Gerichts infolge einer vollständigen Enteignung des Unternehmers in Bezug auf das Betriebsvermögen stattfindet. Dieses hat das Ziel, den Gläubigern die größtmögliche Befriedigung ihrer Forderungen zu ermöglichen. Für die Phase der Durchführung der Liquidation der Konkursmasse muss dabei die Einheit der Unternehmensstruktur so weit wie möglich aufrechterhalten werden;
- **Konkursvergleich** oder Nachvergleich („concordato fallimentare") (Art. 124 ff.: Abschnitt 5), der eine Vereinbarung zwischen dem Konkursschuldner (oder einem Gläubiger oder einem Dritten) einerseits und den Konkursgläubigern andererseits darstellt und auf die vorzeitige Beendigung des Konkurses abzielt.

Die Konkursordnung sieht ferner die **Zwangsliquidation im Verwaltungswege** („liquidazione coatta amministrativa") für bestimmte Arten von Unternehmen (Genossenschaften, Versicherungen, Banken, Treuhandgesellschaften, Wirtschaftsprüfungsgesellschaften usw) vor, bei denen davon ausgegangen wird, dass ein besonderes öffentliches Interesse an einer geordneten Abwicklung unter der Leitung der Aufsichtsbehörde besteht.

In Spezialgesetzen sind die folgenden weiteren Instrumente vorgesehen:
- **Außerordentliche Verwaltung von Großunternehmen in der Krise** („amministrazione straordinaria delle grandi imprese in crisi"). Es handelt sich um ein gesondertes Konkursverfahren für Großunternehmen. Die außerordentliche Verwaltung trägt Merkmale, die sowohl für den Konkurs als auch für die Zwangsliquidation typisch sind, mit einer besonderen Vorphase, die im Wesentlichen darauf abzielt, den Geschäftskomplex und die Beschäftigung zu sichern;
- **Gesonderte Verfahren zur Überwindung der Überschuldungssituation** („sovraindebitamento") (Abschnitt 6) für nicht konkursfähige Rechtssubjekte. Es stehen drei Verfahrensarten zur Auswahl: (i) Krisenvergleichsvereinbarung („accordo di composizione della crisi"), (ii) Verbraucherplan („piano del consumatore"); (iii) gerichtliche Liquidation („liquidazione giudiziale").

B. Die Voraussetzungen einer Konkurserklärung

I. Die allgemeinen Voraussetzungen

Gerade in einer Zeit, in der der Konkurs vom Gesetzgeber nicht mehr als Sanktion gesehen wird, sondern – soweit möglich – ein Neustart ermöglicht werden soll, stellt sich das Problem der Beschränkung des Zugangs zu Konkursverfahren dringender. Andere Krisenbewältigungsinstrumente sollen nach der neuen Konzeption stets Vorrang haben.

Aus diesem Grund wird die Debatte in der Rechtsliteratur über die Regelung des Zugangs zu den Konkursverfahren immer intensiver geführt.

Heute lässt sich in diesem Kontext eine Tendenz konstatieren, wonach zwischen „**konkursfähigen**" und „**nicht konkursfähigen**" **Rechtssubjekten** unterschieden wird. Für nicht konkursfähige Rechtssubjekte werden verschiedene Verfahren angeboten, um die Überschuldung überwinden zu können.

Die Unterscheidung zwischen den beiden Subjektkategorien erfolgt sowohl qualitativ als auch anhand quantitativer Parameter, die technisch „**Schwellenwerte**" genannt werden und insgesamt die sog. „**subjektiven Anforderungen**" an die Konkursfähigkeit darstellen.

II. Subjektive Anforderungen: Der Handelsunternehmer und die quantitativen Schwellenwerte

Für die Zwecke, die hier interessieren, war in Italien schon seit langem, dh bereits vor den Reformen Anfang der 2000er Jahre, die formalistische Unterscheidung zwischen **Kleinunterneh-**

mern auf der einen und **mittelgroßen Unternehmen** auf der anderen Seite überwunden worden.

12   Die Reform von 2006 hat daher als Bewertungsgrundlage für das Kriterium der Konkursfähigkeit die tatsächliche Situation des Betreffenden für maßgeblich deklariert.

13   Nach diesen Regeln sind auf einer qualitativen Ebene nur noch solche **Unternehmer** konkursfähig, die ein **gewerbliches Unternehmen** tatsächlich führen. Zum Zweck der korrekten Identifizierung dieser Tätigkeit bleibt die Beschreibung in Art. 2195 des italienischen Zivilgesetzbuches ein wesentlicher Bezugspunkt auf der Regulierungsebene.

14   Folgende Unternehmen werden daher als gewerbliche Unternehmen verstanden:
- Industrieunternehmen;
- Unternehmen, die Tätigkeiten im eigentlichen wirtschaftlichen Sinne ausüben (dh als Vermittler im Warenverkehr);
- Transportunternehmen;
- Bank- oder Versicherungsunternehmen;
- alle relevanten Zulieferunternehmen zu den vorstehend genannten.

15   Tatsächlich bleiben **Handwerks- und Landwirtschaftsbetriebe außerhalb dieser Liste,** sofern sie nicht als Zulieferer eines gewerblichen Unternehmens angesehen werden können (zB im Falle der industriellen Herstellung landwirtschaftlicher Erzeugnisse).

16   Innerhalb der Kategorie der gewerblichen Unternehmen sind auf einer **quantitativen** Ebene diejenigen **ausgeschlossen** (und damit nicht konkursfähig), die nachweisen, dass sie **alle** folgenden Voraussetzungen **kumulativ** erfüllen (Art. 1 Abs. 2):
- in **jedem der drei Geschäftsjahre** vor dem Konkursantrag (oder seit Beginn der Geschäftstätigkeit, im Falle ihres Bestehens seit weniger als drei Jahren) lagen jeweils Aktiva in Höhe **von 300.000,00 EUR oder weniger** vor;
- in **jedem der drei Geschäftsjahre** vor dem Konkursantrag (oder seit Beginn der Geschäftstätigkeit, im Falle ihres Bestehens seit weniger als drei Jahren) wurden **Bruttoeinnahmen von 200.000,00 EUR oder weniger** erzielt. Es ist zu beachten, dass das Attribut „brutto" erhebliche Auslegungsprobleme hervorgerufen hat, sodass es aus dem neuen Gesetzbuch der Unternehmenskrise gestrichen wurde;
- es liegen **Verbindlichkeiten** (auch nichtfälliger Verbindlichkeiten) in Höhe von maximal **500.000,00 EUR** vor. Diese Anforderung ist nicht mit der **Mindestschwelle für den Konkurs** (gem. Art. 15 Abs. 2) zu verwechseln, unter welcher keine Konkurserklärung abgegeben werden kann. Diese liegt derzeit bei **fälligen Verbindlichkeiten in Höhe von 30.000,– EUR oder weniger.**

III. Die objektive Anforderung: Insolvenz

17   Die Einreichung eines Konkursantrags ist möglich, sofern der **Insolvenzstatus** nachgewiesen werden kann (dessen Nachweis dem Antragsteller obliegt).

18   Gemäß Art. 5 wird der Insolvenzstatus nachgewiesen durch:
- Nichterfüllung der Verbindlichkeiten oder
- sonstige objektive Tatsachen

die aufzeigen, dass der Schuldner nicht mehr in der Lage ist, seine Verbindlichkeiten regulär zu erfüllen.

19   Dieser Nachweis ist daher in den seltensten Fällen wirklich direkt zu führen, sondern fast immer durch Darlegung von Indizien. In der Regel werden die sog. „symptomatischen Tatsachen" einer Insolvenz dargelegt, wie zB allgemeine Nichterfüllung von fälligen Verbindlichkeiten, Widerruf von Bankkreditlinien, Zwangsvollstreckungen, Wechsel- oder Scheckproteste etc.

20   In diesem Zusammenhang ist zu bedenken, dass Insolvenz im technischen Sinne nach der ständigen Rechtsprechung in **rein ökonomischer Hinsicht** verstanden wird, und das Vermögensprofil des Schuldners dabei irrelevant ist.

21   Der Schuldner geht also nicht nur dann in Konkurs, wenn seine Verbindlichkeiten sein Vermögen übersteigen, sondern auch, **wenn er nicht in der Lage ist, seine fälligen Verbindlichkeiten regelmäßig zu begleichen.** Er kann also auch bei Vorliegen eines größeren Vermögens, welches seine Verbindlichkeiten übersteigt, in Konkurs gehen, wenn die mangelnde Liquidität (oder die „nicht bereitgestellte Liquidität") ihm nicht erlaubt, bereits fällige Verbindlichkeiten zu erfüllen.

Internationales Insolvenzrecht – Italien

IV. Die Begriffe Krise und Überschuldung im Verhältnis zur Insolvenz

Neben der Insolvenz haben durch die Reformen der letzten Jahre auch zwei weitere Begriffe an Bedeutung gewonnen, nämlich die „**Krise**" (crisi) und die „**Überschuldung**" (sovraindebitamento).

Die Krise des gewerblichen Unternehmers ist im Hinblick auf das immer dringender werdende Erfordernis des möglichst frühzeitigen In-Erscheinung-Tretens der Insolvenz in ihrer Bedeutung signifikant aufgewertet worden, um die erheblichen Kosten einer vollständigen Auflösung des Unternehmens und der Liquidation seines Vermögens zu vermeiden. Seit der ersten Reform von 2005 ist vorgesehen, dass der Zugang zum Rechtsinstitut des Vergleichs zur Abwendung des Konkursverfahrens (und ebenso zum Sanierungsplan mit Bescheinigung und zur Restrukturierungsvereinbarung) nicht nur wie bisher durch die Insolvenz, sondern auch nur bei Vorliegen einer Krise berechtigt ist. Die Reform sah allerdings keine Legaldefinition des Begriffs der „Krise" vor, was in der Folgezeit viele Auslegungsprobleme verursachte.

In Teilen Abhilfe schaffte eine weitere Reform von 2005, die eine Definition zwar ebenso wenig vorgibt, allerdings zumindest eine Abgrenzung des relativen Begriffs enthält: Art. 160 Abs. 3 in seiner aktuellen Fassung statuiert, dass „mit Krisenzustand auch die Insolvenz gemeint ist". Damit wird jedenfalls klargestellt, dass **die Insolvenz eine (sicherlich akute) Phase der Krise** darstellt.

Das Gesetzbuch der Unternehmenskrise sollte das definitorische Problem endgültig lösen. Die Krise ist demnach „die Wahrscheinlichkeit der Insolvenz", die mit einem „Zustand der wirtschaftlich-finanziellen Schwierigkeiten" korreliert.

Im Wesentlichen ist die Krise – die zwangsläufig durch verschiedene Elemente ökonomischer und vermögensmäßiger Natur charakterisiert wird – nichts Anderes als die „Vorkammer der Insolvenz".

Der Begriff **Überschuldung,** welcher im Wesentlichen den Krisenzustand des nicht konkursfähigen Rechtssubjekts umschreibt, ist indes komplexer.

Nach derzeitiger Gesetzeslage liegt eine ungenaue Definition vor, die vermögensrechtliche und ökonomische Elemente vermengt. Deshalb sollen nach herrschender Ansicht die im Gesetzbuch der Unternehmenskrise enthaltenen klaren Auslegungsregeln schon jetzt, dh vor Inkrafttreten des Gesetzes, zur Anwendung gelangen. Demnach ist die Überschuldung nichts anderes als **die Krise oder Insolvenz (und daher umfasst die Formel beides) des nicht konkursfähigen Rechtssubjekts.**

Dies sollte jedes verbleibende Interpretationsproblem lösen.

C. Alternative Insolvenz- oder Krisenbewältigungsinstrumente

I. Der Sanierungsplan mit Bescheinigung („piano attestato di risanamento")

1. Definition

Der Sanierungsplan mit Bescheinigung („piano attestato di risanamento") bietet Unternehmen in der Krise die Möglichkeit der strukturierten **Sanierung im Verhandlungswege.** Konkrete Rechtsvorschriften zur Regelung dieses Sanierungsplans gibt es nicht. Er wird nur in anderen konkursrechtlichen Vorschriften als existent vorausgesetzt. So wird in Art. 67 Abs. 3 lit. d klargestellt, dass Maßnahmen, die im Rahmen der Umsetzung eines Sanierungsplans vorgenommen werden, von der Konkursanfechtungsklage und vom strafrechtlichen Risiko ausgenommen sind.

Ziel des Sanierungsplans ist es, das Unternehmen wieder in die Lage zu versetzen, existenzerhaltende Gewinne zu erwirtschaften: die Mittel, um dieses Ziel zu erreichen, werden mangels spezifischer Regeln der **Verhandlungsautonomie** der Parteien überlassen.

Der Plan ist zu „**bescheinigen**", dh der im Verhandlungswege zustande gekommene Plan muss von einem **Sachverständigen** (mit spezifischen beruflichen Anforderungen; hierzu nachfolgend im Einzelnen) geprüft und bescheinigt werden. Der Sachverständige ist verpflichtet zu kontrollieren, ob die dem Plan zugrunde gelegten Tatsachen vorliegen, und der Sanierungsplan zur Bewältigung der Krisensituation geeignet ist.

Bescheinigte Sanierungspläne unterfallen naturgemäß nicht den Konkurs- oder (nach deutschem Verständnis) Insolvenzverfahren, da:
- sie kein gesetzliches Verfahren vorsehen;
- ähnlich wie im deutschen Insolvenzplanverfahren kein Insolvenzverwalter tätig ist;
- sie keine Ernennung von Verfahrensorganen (keinen beauftragten Richter, keinen Gläubigerausschuss) vorsehen;

Internationales Insolvenzrecht – Italien

- keine Regelungen im Sinne eines Konkurses getroffen werden, weil, ähnlich wie in Deutschland, nicht unbedingt alle Gläubiger des Unternehmens beteiligt werden;
- der Schuldner im Sinne der dem deutschen Insolvenzrecht bekannten Eigenverwaltung der Herr des Unternehmens bleibt, sowohl weil er es weiterhin leitet als auch weil es keine Form der Enteignung gibt: seine Handlungen unterliegen vielmehr keinen Beschränkungen oder Kontrollen.

34 Das Fehlen einer Insolvenzregelung bedeutet ferner, dass der Schuldner in keiner Weise an einen Grundsatz der Gleichbehandlung der Gläubiger gebunden ist und daher mit jedem Gläubiger eine andere Befriedigungsart frei definieren kann, ohne dass besondere Regeln eingehalten werden müssen.

35 Zusammenfassend lässt sich sagen, dass es sich bei einem Sanierungsplan um ein probates Mittel zur Vermeidung des Konkurses handelt. Zudem hat der Sanierungsplan den Vorteil, dass, wenn er bescheinigt ist, die zu seiner Umsetzung durchgeführten Maßnahmen keinem Konkursanfechtungsrisiko unterliegen.

36 Weitere **Vorteile** eines Sanierungsplans mit Bescheinigung sind:
- **Vertraulichkeit:** Sofern keine für das Unternehmen strategischen Gläubiger an der Erstellung des Plans beteiligt sind, wird es keine offizielle Benachrichtigung an die weiteren Gläubiger geben;
- Der Unternehmer bleibt im **Besitz** seines Vermögens sowie behält die Kompetenz seiner Verwaltung;
- Es ist möglich, **Finanzierungen** zur Bewältigung der Krise aufzunehmen: dabei ist allerdings zu beachten, dass im Falle eines späteren Konkurses (i) der Kreditgeber kein bevorrechtigter Gläubiger und sogar (ii) dem strafrechtlichen Risiko des Bankrotts ausgesetzt ist, allerdings (iii) **keinem Konkursanfechtungsrisiko unterliegt;**
- Die **Justiz** ist, wie erwähnt, an der Sanierungsplanerstellung nicht beteiligt; das Gericht wird nur im Falle eines eventuellen späteren Konkurses des Unternehmens tätig.

37 Zu den **Nachteilen** zählen im Wesentlichen die Folgenden:
- Es ist kein Steuer- oder Sozialversicherungsvergleich erlaubt;
- Es gibt keinen Vollstreckungsschutz, dh es besteht kein Schutz des Vermögens des Schuldners im Hinblick auf Vollstreckungs- und einstweilige Schutzmaßnahmen der Gläubiger, es sei denn, es bestehen besondere Vereinbarungen zwischen dem Unternehmen und den Gläubigern.

2. Subjektive und objektive Voraussetzungen

38 Da der Sanierungsplan mit Bescheinigung in der Konkursordnung nur erwähnt wird, wird im Hinblick auf die subjektive Komponente nach herrschender Meinung in der Lehre davon ausgegangen, dass der Plan jedenfalls von **allen konkursfähigen Unternehmen** abgeschlossen werden kann (gem. Art. 1).

39 Eine Mindermeinung befürwortet die Anwendbarkeit auch auf Unternehmen, die nicht konkursfähig sind (wie nach deutschem Insolvenzrecht der Konzern), mit dem Hauptargument, dass die Freistellung vom Risiko der Anfechtung ja nicht nur für die Konkursanfechtungsklage, sondern auch für die allgemeine (gesellschaftsrechtliche) Anfechtungsklage gelte (vgl. hierzu S. Bonfatti, Gli effetti del fallimento sugli atti pregiudizievoli ai creditori. Atti a titolo oneroso, pagamenti e garanzie in Fallimento e altre procedure concorsuali, I, 2009, p. 652; M. Ferro, Commento all'art. 67, co. 3, lett. d), in La legge fallimentare. Commentario teorico – pratico, 2014, p. 886).

40 Was die objektiven Voraussetzungen betrifft, so spricht die Norm, in welcher der Sanierungsplan mit Bescheinigung erwähnt wird, weder von der Voraussetzung einer Krise, was beispielsweise für den Vergleich zur Abwendung des Konkursverfahrens ausdrücklich vorausgesetzt wird, noch vom Erfordernis des Vorliegens einer Insolvenz.

41 Dies hat dazu geführt, dass ein Teil der Lehre den objektiven Anwendungsbereich von Sanierungsplänen in allen Fällen **finanzieller Schwierigkeiten des Unternehmens** für eröffnet sieht: eine Situation also, die nicht so sehr mit einer irreversiblen Krise, sondern eher mit einem weniger schweren Ausfall gleichgesetzt werden kann.

42 Der Plan kann daher von einem Unternehmen, das sich bereits in einer irreversiblen Insolvenz befindet, **nicht** mehr aufgestellt werden.

3. Der Sanierungsplan mit Bescheinigung für Konzerne

43 Der Sanierungsplan mit Bescheinigung kann auch von Unternehmen genutzt werden, die **Teil einer Gruppe** sind, was ein einheitliches Krisenmanagement und eine Verteilung der verfügbaren Ressourcen ermöglicht.

Es ist möglich, einen **Gesamtplan,** aber auch so **viele Teilpläne** zu erstellen, wie es Unternehmen in der Gruppe gibt. Es kann also aus Praktikabilitätsgründen, sofern sinnvoll und erforderlich, ein für die gesamte Unternehmensgruppe gültiges Dokument verhandelt werden. Für Konzerne also eine offensichtliche Vereinfachung der Prozesse. 44

Einzelne Gruppen-Unternehmen können aus dem Plan ausgeschlossen werden, wenn: 45
- sie in keiner Krisensituation sind oder keine Anzeichen für eine Krise vorweisen;
- ihr Ausschluss die Aussichten auf Kontinuität anderer Unternehmen der Gruppe nicht beeinträchtigt;
- kein Risiko für die Unternehmensfortführung besteht, falls die anderen Unternehmen der Gruppe die Krise nicht überwinden sollten.
- Weitere Merkmale des Konzern-Sanierungsplans sind:
- Erfordernis der Genehmigung durch alle beteiligten Gruppen-Unternehmen;
- Angabe gemeinsamer und individueller (auf jede einzelne Konzerngesellschaft bezogene) Ziele;
- Angabe der Durchführungsmaßnahmen in Bezug auf jedes einzelne Gruppen-Unternehmen.

In Fällen von Konzern-Sanierungsplänen wird in der Regel davon ausgegangen, dass die Ernennung eines einzigen Sachverständigen für die Bescheinigung aus nachvollziehbaren Gründen opportun ist. Der Sachverständige ist in diesen Fällen aufgefordert, die Situation jedes Konzern-Unternehmens zu beurteilen und ein Urteil über die Konzernmutter abzugeben. Denn nach allgemeiner Praxiserfahrung ist es überwiegend wahrscheinlich, dass, wenn die Konzernmutter die Krise überwindet, die nötigen Ressourcen generiert werden, um auch die Krise in den Tochtergesellschaften zu überwinden. 46

4. Die Empfänger des Sanierungsplans mit Bescheinigung

Nach herrschender Meinung sind die wichtigsten **Empfänger** des Plans die Folgenden: 47
- Gesellschafter, die nicht direkt am Management beteiligt sind, um diese über die Perspektiven des Unternehmens zu informieren;
- die Aufsichtsbehörden, denen die Gesellschaft untersteht, und die Aufsichtsorgane der Gesellschaft;
- die Mitarbeiter des Unternehmens;
- die von dem Plan betroffenen Gläubiger und Dritte;
- die Kunden, die bei der Umsetzung des Sanierungs-Prozesses häufig beteiligt sind;
- der zur Bescheinigung ernannte Sachverständige;
- die Banken und Finanzintermediäre, die an der bereits gewährten Finanzierung beteiligt oder für neue Finanzierungen vorgesehen sind, die zur Umsetzung des Plans ggf. erforderlich sein könnten.

5. Allgemeine Grundsätze für die Erstellung des Sanierungsplans

Damit der Sanierungsplan gültig und wirksam ist, muss er: 48
- unter Berücksichtigung der Schwere der Krise **rechtzeitig vorgelegt** werden. Eine rechtzeitige Vorlage ermöglicht, die Sanierungsoptionen zu erweitern und eine größere Verhandlungsmacht gegenüber den beteiligten Parteien auszuüben;
- **systematisch** sein: die Lektüre des Plans muss in die Lage versetzen, die Ausgangssituation und die am Ende des Plans zu erwartende Situation unter Bezugnahme auf das Unternehmen als Ganzes und unter Berücksichtigung seiner Haupttätigkeitsbereiche, der verfügbaren Ressourcen und der eingegangenen Verpflichtungen klar entnehmen zu können. Auch wenn das Sanierungsprojekt nur einen Teil der Unternehmensbereiche betrifft, ist es wünschenswert, dass der Plan die Auswirkungen auf das gesamte Unternehmen berücksichtigt;
- **kohärent** sein: Der Plan muss kohärent über die technisch-betrieblichen, wirtschaftlichen, finanziellen Zusammenhänge und die Kapitalvariablen berichten. Ein Sanierungsplan ist nicht kohärent in diesem Sinne, wenn er eine Wachstumsstrategie vorschlägt, ohne darzulegen, wie diese Entwicklung konkret und nachvollziehbar umgesetzt werden soll;
- **zuverlässig** sein: Der Plan muss von einem Trend ausgehen, der aufgrund der Erfahrungen der Praxis vernünftig und nachweisbar ist.

6. Die Form und die wesentlichen Elemente des Sanierungsplans

Zu seiner Wirksamkeit muss der Sanierungsplan schriftlich und mit analytischem Inhalt erstellt werden. Er ist in Bezug auf seine Form wie nachfolgend skizziert aufzustellen: 49
- ein Inhaltsverzeichnis bzw. eine Gliederung;

Internationales Insolvenzrecht – Italien

- einen beschreibenden Teil, der mit den als notwendig erachteten Grafiken und Tabellen zu versehen ist;
- fortlaufend nummerierte Seiten, die jeweils vom gesetzlichen Vertreter unterzeichnet sein müssen.

50 Es ist notwendig, dass im Sanierungsplan ein konkretes, **nachweisbares Aufstellungsdatum** („data certa") angegeben wird (das Konzept des konkreten Datums ist eine Besonderheit des italienischen Rechts. Es erfordert vereinfacht dargestellt, dass das Datum eines Dokuments nachweisbar feststehen muss. Deshalb wird im Allgemeinen empfohlen, dass Schriftstücke, die rechtliche Relevanz haben können, offiziell registriert werden, sodass das konkrete Datum rechtssicher feststeht und von niemandem bestritten werden kann): Dies ist sowohl für die Durchsetzbarkeit des Plans gegenüber einem Konkursverwalter im Falle eines späteren Konkurses des Schuldnerunternehmens als auch für die Freistellung von der Anfechtbarkeit von wesentlicher Bedeutung.

51 Um einen exakten Aufstellungstermin rechtssicher zu fixieren, kann der Sanierungsplan vor einem Notar oder privatschriftlich mit notariell beglaubigten Unterschriften erstellt werden.

52 Auch spätere Durchführungsrechtsakte müssen ein genaues Datum tragen: Nur bei Einhaltung dieser Anforderung ist es möglich, die tatsächlichen zeitlichen Folgen der Durchführungsrechtsakte in Bezug auf den Plan und seine Bescheinigung nachzuweisen.

7. Bescheinigung des Sanierungsplans durch den Sachverständigen

53 Damit der vorbereitete Plan als „Sanierungsplan mit Bescheinigung" qualifiziert werden kann, ist es notwendig, dass ein **Sachverständiger** mit den unten genannten Anforderungen das tatsächliche Vorliegen der im Plan angegebenen Unternehmensdaten überprüft hat und bescheinigt, dass es durch Umsetzung der im Plan vorgesehenen Maßnahmen möglich und geeignet erscheint, die Krisensituation zu überwinden.

54 Die Rolle des bescheinigenden Sachverständigen ist von grundlegender Bedeutung, denn, da es keine Kontrolle durch die Justiz gibt, ist er **der einzige, der Dritte schützen kann,** die nicht an der Vereinbarung teilnehmen: Dritte sind dem Risiko ausgesetzt, dem Vermögensverfall des Unternehmens zusehen zu müssen, ohne das Recht zur Einlegung einer Anfechtungsklage zu haben. Deren Schutzbedürfnis liegt damit auf der Hand.

55 Die Auswahl des Sachverständigen obliegt dem Schuldner.

56 Gemäß Art. 67 Abs. 3 lit. d muss der Sachverständige eine **zuverlässige Person** sein und es darf kein Grund vorliegen, welcher sein Tätigwerden ausschließen oder der zu einem Entzug des Titels des Wirtschaftsprüfers führen würde.

57 Genauer gesagt, kann nicht gewählt werden:
- wer für **geschäftsunfähig oder beschränkt geschäftsfähig** erklärt oder **zu einer Strafe verurteilt** wurde, die den Entzug eines öffentlichen Amtes, auch nur vorübergehend, oder die Unmöglichkeit der Ausübung von Führungspositionen zur Folge hat (Art. 2399 Abs. 1 lit. a des Zivilgesetzbuches, der sich wiederum auf Art. 2382 des Zivilgesetzbuches bezieht);
- die **Ehegatten** der Geschäftsführer der von ihnen geleiteten Unternehmen, der Unternehmen, die diese Unternehmen wiederum kontrollieren, und derjenigen, die einer gemeinsamen Kontrolle unterliegen (Art. 2399 Abs. 1 lit. b des Zivilgesetzbuches) und deren **Verwandten** bis zum vierten Grad;
- wer mit der Gesellschaft oder ihren Tochtergesellschaften oder mit den Unternehmen, die sie kontrollieren, oder mit denen, die einer gemeinsamen Kontrolle unterliegen, durch ein **Arbeitsverhältnis** oder durch eine laufende Beratung oder durch andere, auch finanzielle, Beziehungen in einer Weise verbunden ist, die seine Unabhängigkeit gefährdet (Art. 2399 Abs. 1 lit. c des Zivilgesetzbuches).

58 Gemäß Art. 67 Abs. 3 lit. d muss der Sachverständige im Register der Abschlussprüfer eingetragen sein.

59 Gemäß Art. 67 Abs. 3 lit. d, der sich auf Art. 28 Abs. 1 lit. a und b bezieht, muss der Sachverständige eine der folgenden **beruflichen Anforderungen** erfüllen:
- ein Rechtsanwalt, Wirtschaftsprüfer, Steuerberater oder Buchhalter sein;
- wenn es sich um eine Partnerschaft oder eine Gesellschaft von Mitgliedern eines Berufsstandes handelt, müssen alle Partner die für die natürliche Person festgelegten beruflichen Anforderungen erfüllen, und die für das Verfahren verantwortliche natürliche Person muss zum Zeitpunkt der Annahme der Bestellung konkret namentlich bezeichnet werden.

60 Gemäß Art. 67 Abs. 3 lit. d muss der Sachverständige **unabhängig** sein: dies ist gewährleistet, wenn er weder mit der Gesellschaft noch und mit denen, die ein Interesse an der Sanierung aufgrund von persönlichen oder beruflichen Beziehungen haben, verbunden ist.

Gemäß Art. 67 Abs. 3 lit. d darf der Sachverständige in den letzten fünf Jahren seiner Tätigkeit: 61
- weder im Rahmen eines Arbeitsvertrags noch als selbständiger Berater für den Schuldner gearbeitet haben;
- in den Verwaltungs- oder Aufsichtsorganen des Schuldners mitgewirkt haben.

Dieser Ausschluss gilt auch, sofern die oben genannten Kriterien in der Person eines Partners des 62 Sachverständigen begründet sind, mit welchem der Sachverständige in einem Zusammenschluss von Berufsträgern verbunden ist.

Für die Praxis ergibt sich daher Folgendes: 63
- Der Fünfjahreszeitraum ist ab dem Datum der Unterzeichnung des Berichtes des Sachverständigen zu berücksichtigen;
- Der gleiche Sachverständige darf nicht mehr als einen Sanierungsplan desselben Schuldners prüfen und bescheinigen;
- Die Inkompatibilität umfasst auch die sog. indirekten Beziehungen zwischen dem ernannten Sachverständigen und dem Schuldner.

Gemäß den Bestimmungen des Art. 67 Abs. 3 lit. d ist der bescheinigende Sachverständige verpflichtet, einen **Bericht** zu erstellen, aus dem hervorgeht, dass der Sanierungsplan geeignet ist, die Sanierung der Verbindlichkeiten der Gesellschaft zu ermöglichen und die Wiederherstellung existenzerhaltender Gewinne zu gewährleisten. 64

Die vom Sachverständigen auszuführenden Tätigkeiten werden im Wesentlichen mit den folgenden Schritten zusammengefasst: 65
- Überprüfung der **Richtigkeit** der von der Gesellschaft zur Verfügung gestellten Daten;
- **Diagnose** des Krisenzustands durch Angabe der verwendeten Methoden und der durchzuführenden Maßnahmen;
- Überprüfung der **Durchführbarkeit** des Plans zur Wiederherstellung des (finanziellen, wirtschaftlichen und patrimonialen) Gleichgewichts des Unternehmens;
- Erstellung des **Bescheinigungsberichts,** der unterteilt ist in: (i) Einführungsteil; (ii) Analyse des Plans; (iii) endgültiges Urteil;
- Ausführung und Kontrolle des Plans.

Die Bescheinigung darf nicht an Bedingungen geknüpft werden, welche die Bedeutung der 66 Bescheinigung als solche in Frage stellen würden. Sie kann allenfalls auf den Eintritt eines ersten Ereignisses bedingt werden, welches den Sanierungsplan insgesamt ausgewogen und angemessen macht. So wird es beispielsweise als zulässig angesehen, die Bescheinigung unter der Bedingung auszustellen, dass innerhalb einer bestimmten Anzahl von Wochen eine Vereinbarung mit der Bank getroffen wird, die Schulden in der im Sanierungsplan beschriebenen nachhaltigen Weise umzuschichten (vgl. Leitlinien für die in der Krise befindlichen Unternehmen des nationalen Rats der italienischen Steuerberater und Wirtschaftsprüfer 2015, Empfehlung Nr. 14).

Der Sachverständige **haftet** zivilrechtlich für alle Schäden, die dem Schuldner und den Gläubigern im Zusammenhang mit seiner Tätigkeit entstehen. Daraus folgt, dass folgende Personen berechtigt sind, sich auf die Haftung des Sachverständigen zu berufen: 67
- der **Unternehmer** (oder der **Verwalter eines späteren Konkurses**) sowie die **einzelnen Gläubiger,** die im Sanierungsplan vorgesehen sind, aufgrund vertraglicher Haftung;
- **Gläubiger** oder **Dritte,** die nicht unter den Plan fallen, die als Entschädigung den Betrag verlangen können, der dem Schaden entspricht, den sie persönlich erlitten haben (unter Erfüllung der Anforderungen von Art. 2043 des italienischen Zivilgesetzbuches) aufgrund außervertraglicher Haftung.

Der Sachverständige kann auch **strafrechtlich** verfolgt werden, wenn er relevante Informationen 68 nicht meldet oder wenn er in dem dem Sanierungsplan beigefügten Bericht falsche Angaben macht.

8. Auswirkungen und gerichtliche Kontrolle

Ein Sanierungsplan mit Bescheinigung hat zur Folge, dass die bei der Umsetzung des Plans 69 vorgenommenen Maßnahmen vom **Risiko einer späteren Anfechtungsklage ausgenommen** sind.

Diese Freistellung gilt nur für Maßnahmen, die im Zuge der Umsetzung des Plans durchgeführt 70 werden. Diese Umsetzungsmaßnahmen werden allerdings nur dann vom Konkursgericht analysiert, wenn die Sanierung wider Erwarten nicht gelingt, und das Unternehmen dennoch in Konkurs geraten sollte. Weitere Voraussetzung einer gerichtlichen Kontrolle ist die Einlegung einer Konkursanfechtungsklage durch den Konkursverwalter.

Internationales Insolvenzrecht – Italien

71   Nach der jüngsten höchstrichterlichen Rechtsprechung des italienischen Kassationshofes (s. Corte di Cassazione 5.7.2016 – Entscheidung Nr. 13719) „gilt die Freistellung von der Anfechtbarkeit von Maßnahmen nur, wenn das Gericht eine positive ex-ante-Bewertung der begründeten Möglichkeit der Umsetzung des Sanierungsplans, unabhängig von der Überprüfung durch den bescheinigenden Sachverständigen, wegen des tatsächlichen Vorliegens der im Sanierungsplan angegebenen Unternehmensdaten festgestellt hat".

72   Aufgrund dieser gerichtlichen Vorgaben resultiert also die Schutzwirkung des Sanierungsplans mit Bescheinigung im Falle eines späteren Konkurses aus der offensichtlichen Durchführbarkeit desselben.

73   Nach der Rechtsprechung der Instanzengerichte ist die Insolvenzanfechtungsklage dagegen nur zulässig, wenn das Gericht auf der Grundlage der dem Gläubiger vorliegenden Daten eine vollständige und offensichtliche Unzuverlässigkeit des Plans aufgrund interner Widersprüche oder fehlender Annahmen feststellt (s. ex multis, LG Verona Urt. v. 22.2.2016).

74   Einige Zweifel an der Schutzwirkung ergaben sich in Bezug auf solche Maßnahmen, die nicht in Ausführung des Sanierungsplans, sondern in Abhängigkeit von seiner Vorbereitung durchgeführt wurden.

75   Die Mehrheit der Lehre hält es für zutreffend, diese Maßnahmen in den Schutz vor Anfechtungsklagen einzubeziehen, wenn bei Bescheinigung des Plans, die zu einem späteren Zeitpunkt erfolgt, der Nachweis ihrer Nützlichkeit für die Umsetzung des Plans als solchen geführt wird.

76   Die Freistellungsfunktion des Sanierungsplans tritt ferner nur bei Vorliegen von zwei weiteren Voraussetzungen ein:
• der Plan muss ein Datum tragen, das nachweisbar vor Eröffnung des Konkursverfahrens liegt;
• wenn Sicherheiten den Gegenstand der Anfechtung bilden sind diese nur dann einer Konkursanfechtungsklage durch den Konkursverwalter entzogen, wenn diese Sicherheiten an Vermögensgegenständen des Schuldners gewährt wurden.

II. Restrukturierungsvereinbarung („accordo di ristrutturazione")

1. Definition

77   Die Restrukturierungsvereinbarung („accordo di ristrutturazione") ist Teil der Krisenbewältigungsinstrumente des Konkursrechts. Sie wird in Art. 182 geregelt. Dieser verweist auf einzelne, den Vergleich zur Abwendung des Konkursverfahrens regelnde Normen.

78   Voraussetzung für eine wirksame Restrukturierungsvereinbarung ist grundsätzlich ein Konsens zwischen dem Konkursschuldner und einer solchen Zahl von Gläubigern, welche mindestens 60 % der gesamten Forderungen repräsentieren. Ferner erforderlich ist ein Bericht eines Sachverständigen, der die Richtigkeit der Unternehmensdaten und die Durchführbarkeit der Restrukturierungsvereinbarung bescheinigt.

79   Im Hinblick auf die sachliche Einordnung der Restrukturierungsvereinbarung hat der italienische Kassationshof sämtliche Unsicherheiten früherer Rechtsprechung der Instanzengerichte ein Ende gesetzt, indem er die Restrukturierungsvereinbarung dem Konkursrecht zugeordnet hat; dies aus folgenden Gründen: die Verfahrensregeln der Restrukturierungsvereinbarung sehen Formen der Kontrolle und der Publizität der Verhandlungsführung vor, die mit den Merkmalen des Konkursverfahrens übereinstimmen (s. Kassationshof Urt. v. 25.1.2018 – Nr. 1896; Kassationshof Urt. v. 18.1.2018 – Nr. 1182).

80   Die **Vorteile für das Unternehmen** sind:
• Möglichkeit der **Fristbeantragung** für die Verhandlung einer Einigung mit den Gläubigern und zur Vorbereitung notwendiger Unterlagen (im Falle des Vorliegens einer Vorvereinbarung), wobei Vollstreckungs- oder Sicherungsmaßnahmen bereits mit Antragstellung unterbrochen werden;
• keine Enteignung des Schuldners, der das Unternehmen weiterführen kann;
• keine besonderen inhaltlichen Schranken bei der Ausgestaltung der Restrukturierungsvereinbarung;
• Finanzierung möglich;
• während des Verfahrens ist die Gesellschaft von der Anwendung der gesellschaftsrechtlichen Regeln über die Kapitalherabsetzung wegen Verlusten und über die Auflösung der Gesellschaft wegen Herabsetzung oder Verlust von Stammkapital befreit;
• Beantragung der Zahlung älterer Verbindlichkeiten wegen Lieferung von Waren oder Erbringung von Dienstleistungen möglich;
• Vergleiche mit dem Finanzamt und den Sozialversicherungsträgern möglich;

Internationales Insolvenzrecht – Italien

- im Verhältnis zum Vergleich zur Abwendung des Konkursverfahrens geringere Verfahrens- und Gerichtskosten;
- Befriedigung der beigetretenen Gläubiger, einschließlich des Finanzamts und der Sozialversicherungsträger, ohne Erfordernis der Beachtung des Gleichbehandlungsgrundsatzes möglich.

Die **Nachteile für das Unternehmen** sind: 81
- abweichende oder der Restrukturierungsvereinbarung nicht beigetretene Gläubiger müssen vollständig befriedigt werden;
- zwar genehmigt das Gericht die Restrukturierungsvereinbarung, während der Umsetzungsphase sind allerdings keine Kontrollen durch das Gericht vorgesehen;
- eine Schuldentilgung zur Fortsetzung der Gesellschaft ist nicht vorgesehen; es können jedoch spezifische Vereinbarungen mit den beigetretenen Gläubigern getroffen werden, auch wenn die bisherigen Gläubiger nach Einreichung des Antrags auf Abschluss einer Restrukturierungsvereinbarung oder einer Vorvereinbarung keine Vorrangrechte mehr erwerben dürfen.

In subjektiver Hinsicht ist jeder konkursfähige Unternehmer sowie jeder landwirtschaftliche 82 Unternehmer, außer Unternehmen der öffentlichen Hand sowie Versicherungs- oder Rückversicherungsgesellschaften berechtigt, eine Restrukturierungsvereinbarung vorzuschlagen.

Objektive Voraussetzung ist das Vorliegen einer Krise. In Analogie zum Verfahren zum 83 Abschluss des Vergleichs zur Abwendung des Konkursverfahrens wird unter dem Krisenzustand die Insolvenz des Unternehmens verstanden.

2. Verfahren und Mustervereinbarungen; die Anfangsphase

Das Verfahren kann in vier Phasen unterteilt werden: 84
- Anfangsphase;
- Hinterlegung und Registrierung der Vereinbarung;
- Genehmigungsverfahren;
- Umsetzung der Restrukturierungsvereinbarung

Die **Anfangsphase** beginnt mit dem Antrag des Schuldners an das Gericht, wobei der Schuldner 85 bei Antragstellung zwischen drei Varianten wählen kann:
- **Restrukturierungsvereinbarung:** In diesem Fall stellt der Schuldner den Antrag auf Genehmigung einer mit der Mehrheit der Gläubiger im Vorfeld getroffenen Restrukturierungsvereinbarung unter Beifügung aller gesetzlich vorgeschriebenen Unterlagen;
- sog. **Vorvertrag** bzw. **Restrukturierungsvereinbarungsangebot:** In diesem Fall beantragt der Schuldner zur Sicherung seines Vermögens eine Frist für die Verhandlung und den Abschluss einer Vereinbarung mit den Gläubigern. Er ist jedoch verpflichtet nachzuweisen, dass er mit den Gläubigern bereits Verhandlungen führt. Ferner hat er ein Gutachten zur Durchführbarkeit der Restrukturierungsvereinbarung vorzulegen;
- Antrag auf Abschluss eines **Vergleichs zur Abwendung des Konkursverfahrens unter Vorbehalt;** diese Variante ist in der Praxis weniger üblich: In diesem Fall stellt der Schuldner einen Antrag auf Abschluss eines Vergleichs zur Abwendung des Konkurses unter Vorbehalt (Art. 161 Abs. 6) und legt dann innerhalb der vom Gericht nachgelassenen Frist anstelle des Vergleichs zur Abwendung des Konkurses eine Restrukturierungsvereinbarung vor.

3. Hinterlegung und Registrierung der Restrukturierungsvereinbarung

In Bezug auf die inhaltliche Ausgestaltung gibt es keine gesetzlichen Vorgaben. Dies hat der 86 Gesetzgeber absichtlich so gestaltet, um den Inhalt der Verhandlungsautonomie der Parteien zu überlassen. Dabei gilt noch nicht einmal der Grundsatz der Gleichbehandlung der Gläubiger.

Das Genehmigungsverfahren beginnt mit der Einreichung des Antrags über die Genehmigung 87 der ebenfalls vorzulegenden Restrukturierungsvereinbarung beim Konkursgericht. Folgende Unterlagen sind dem Antrag beizufügen:
- ein aktueller Bericht über die Vermögens-, Finanz- und Ertragslage des Unternehmens;
- eine Übersicht über den Buchwert und den geschätzten tatsächlichen Wert der Vermögensgegenstände sowie eine Liste der Namen der Gläubiger mit Angabe der Höhe ihrer Forderungen und der Gründe für eventuelle Vorrechte;
- eine Liste der Inhaber von dinglichen oder persönlichen Rechten an Vermögensgegenständen des Schuldners;
- eine Übersicht zum Wert des Vermögens der persönlich haftenden Gesellschafter sowie eine Liste ihrer Gläubiger;
- ein Bericht des Sachverständigen (→ Rn. 92).

Internationales Insolvenzrecht – Italien

88 Örtlich **zuständig** ist das Gericht, in dessen Bezirk die Gesellschaft ihren Sitz hat.

89 Die Restrukturierungsvereinbarung wird im **Handelsregister,** in dem die Gesellschaft eingetragen ist, gleichzeitig oder unmittelbar vor ihrer Einreichung bei Gericht veröffentlicht (um den Gläubigern ihr eventuelles Vorrecht auf das Vermögen des Schuldners zu sichern).

90 Gesetzlich vorgeschrieben ist nur die Veröffentlichung der Restrukturierungsvereinbarung als solche. Zur Schaffung von mehr Transparenz und zur Verbesserung des Informationsstands der Gläubiger wird allerdings empfohlen, auch den Bericht des Sachverständigen über das Handelsregister öffentlich zugänglich zu machen.

91 Die Eintragung in das Handelsregister hat nicht nur den Zweck der Offenlegung, sondern auch grundlegende Auswirkungen auf das Verfahren. So beginnen am Tag der Eintragung folgende Fristen zu laufen:
  • die 60-Tage-Frist für den Schutz des Schuldnervermögens;
  • die Frist von 30 Tagen zum Vorbringen von Einwänden.

92 Hinsichtlich der Person des **Sachverständigen** und seiner Haftung wird auf die Ausführungen unter Abschnitt 3.1 verwiesen. Diese gelten auch für den im Zusammenhang mit einer Restrukturierungsvereinbarung tätigen Sachverständigen.

93 Der Sachverständigenbericht im Zusammenhang mit einer Restrukturierungsvereinbarung erfüllt im Wesentlichen zwei Funktionen:
  • **Information** der Gläubiger und Dritter;
  • **Untersuchungsfunktion** im Interesse des Gerichts, welches sich bei der Prüfung der Genehmigung im Wesentlichen auf die Argumente und Schlussfolgerungen des Sachverständigen stützen wird.

94 Der Sachverständige hat festzustellen, ob die Restrukturierungsvereinbarung auch tatsächlich durchführbar ist, weshalb diese in der Praxis immer von einem Zahlungsplan begleitet sein sollte.

95 Im Rahmen der Prüfung der Durchführbarkeit ist ebenfalls relevant, ob die Zahlung von denjenigen Gläubigern sichergestellt ist, welche die Restrukturierungsvereinbarung nicht unterschrieben haben (dh solche, die diese explizit abgelehnt haben und solche, die vom Schuldner überhaupt nicht angesprochen wurden).

96 Bei der Berechnung der notwendigen **Mehrheit (60 % der Forderungen**) sind die nachfolgenden Regeln zu beachten:
  • die Höhe der Forderungen wird aufgrund der einzureichenden Buchhaltungsunterlagen ermittelt;
  • ausschlaggebend ist die Summe der Forderungen und nicht die Anzahl der Gläubiger;
  • alle Forderungen sind relevant, einschließlich der bevorrechtigten Forderungen;
  • der entscheidende Zeitpunkt für die Bildung der Mehrheit ist die Einreichung der Restrukturierungsvereinbarung (und nicht ihrer gerichtlichen Genehmigung).

97 Das Verfahren zur Genehmigung von Restrukturierungsvereinbarungen ist ein **Kammerverfahren.**

98 Das Gericht kann das persönliche Erscheinen des Schuldners anordnen, insbesondere, wenn er dies beantragt hat. Tatsächlich ist es allerdings die Praxis vieler Gerichte, den Genehmigungsantrag direkt zu bearbeiten, insbesondere in Fällen, in denen
  • es keine Einwände gibt und
  • die Bedingungen für die Bestätigung offensichtlich erfüllt sind.

99 Die Normen zur Restrukturierungsvereinbarung sehen keine Beweiserhebungskompetenz des Gerichts vor. In entsprechender Anwendung der Regelungen über den Vergleich zur Abwendung des Konkursverfahrens soll das Gericht jedoch befugt sein, von Amts wegen weitere Auskünfte und alle für die Entscheidung notwendigen Nachweise anzufordern. So ist beispielsweise anerkannt, dass das Gericht Sachverständigenauskünfte einholen kann.

100 Innerhalb von 30 Tagen nach der Veröffentlichung im Handelsregister können die Gläubiger und alle anderen Betroffenen **Widerspruch** einlegen. Die Frist beginnt automatisch mit dem Datum der Veröffentlichung, ohne dass eine Benachrichtigung der Gläubiger vorgesehen wäre.

101 **Betroffene** sind:
  • alle Gläubiger
  • oder andere Betroffene, die ein wirtschaftliches Interesse an den Konsequenzen der Umsetzung der Restrukturierungsvereinbarung haben;
  • Bürgen, Mitverpflichtete und Regresspflichtige.

102 Passivlegitimiert für den Widerspruch ist in jedem Fall der **Schuldner.** Umstritten ist, ob die Passivlegitimation sich auch auf die beteiligten Gläubiger erstreckt. Der Widerspruch unterliegt dem **Anwaltszwang.** Widerspruch kann erhoben werden, wenn Verfahrens- oder materiellrechtliche Mängel vorgebracht werden.

Die Entscheidung über die Genehmigung der Restrukturierungsvereinbarung durch das Gericht ergeht im Beschlusswege und hat konstitutive Wirkung. 103

Die betroffenen Parteien können innerhalb von 15 Tagen nach Veröffentlichung des Beschlusses im Handelsregister beim **Berufungsgericht** („Corte di Appello") gegen den Beschluss Einspruch einlegen. 104

Das Urteil des Berufungsgerichts ist nach höchstrichterlicher Rechtsprechung wiederum durch Einlegung einer außerordentlichen Revision zum **Kassationshof** anfechtbar. 105

Nach der gerichtlichen Genehmigung muss das Unternehmen die mit den Gläubigern vereinbarten Sanierungsmaßnahmen, Zahlungen und sonstigen Maßnahmen umsetzen. 106

Auch wenn gesetzlich keine Kontrolle der Umsetzung vorgesehen ist, müssen die Umsetzungsmaßnahmen kontinuierlich monitoriert, und die pünktliche Erreichung der vereinbarten Zwischenziele durch das Unternehmen überprüft werden. 107

Kommt der Schuldner seinen Verpflichtungen gegenüber den Gläubigern, welche Vertragsparteien der Restrukturierungsvereinbarung sind, nicht nach, können diese das Gericht auffordern, die Restrukturierungsvereinbarung unter Berücksichtigung der allgemeinen vertraglichen Kündigungsregelungen aufzuheben. 108

Sofern Gläubiger, die sich nicht an der Restrukturierungsvereinbarung beteiligt haben, nicht befriedigt werden, stehen diesen die üblichen, gesetzlich vorgesehenen Rechtsbehelfe zur Geltendmachung ihrer Rechte offen. Zur Beantragung der Aufhebung der Restrukturierungsvereinbarung sind diese Gläubiger allerdings nicht berechtigt, da sie eben nicht Vertragspartei sind. 109

Für den Fall, dass das Gericht dem Antrag auf Aufhebung der Restrukturierungsvereinbarung stattgibt, findet eine Zurücksetzung in den vorigen Stand statt, dh die Forderungen leben in der vollen Höhe wieder auf, gleiches gilt für deren Fälligkeiten. Jede Kürzung, jedweder Zahlungsaufschub oder jede andere, in der Restrukturierungsvereinbarung festgelegte Methode der Befriedigung des Anspruchs verliert ihre Wirkung. 110

Es sei jedoch darauf hingewiesen, dass auch nach der Aufhebung der Restrukturierungsvereinbarung eine Anfechtung solcher Rechtsakte, Zahlungen etc, die in Umsetzung der Restrukturierungsvereinbarung vorgenommen wurden, nicht möglich ist. 111

Eine Aufhebung der Restrukturierungsvereinbarung ex lege findet indes statt, sofern das Unternehmen seine Steuern und andere Verbindlichkeiten gegenüber der öffentlichen Hand nicht innerhalb von 90 Tagen nach deren jeweiliger Fälligkeit bezahlt. 112

4. Restrukturierungsvereinbarungen mit erweiterter Wirksamkeit

Die ersten vier Absätze des Art. 182^{septies} enthalten spezielle Regelungen für Restrukturierungsvereinbarungen, welche **Finanzvermittler** betreffen. 113

Die Besonderheit besteht darin, dass der Unternehmer, dessen Verbindlichkeiten gegenüber Kreditinstituten mindestens **50 % der Gesamtverschuldung** des Unternehmens ausmachen, berechtigt ist, Kategorien von Gläubigern aus dem **Bankensektor** zu bilden, die ähnliche Rechtspositionen und eine vergleichbare Interessenlage aufweisen. Gleichzeitig hat er das Recht, die Restrukturierungsvereinbarung auch auf solche Gläubiger derselben Kategorie auszudehnen, welche sich der Restrukturierungsvereinbarung nicht anschließen. Zum Schutz dieser Gläubiger besteht ein Widerspruchsrecht, welches im Falle der Nichteinhaltung der folgenden Punkte besteht: 114

- Sämtliche Gläubiger einer Kategorie sind über die Aufnahme von Verhandlungen zu informieren und müssen in die Lage versetzt werden, sich an ihnen zu beteiligen;
- Die Forderungen jeder Kategorie sowie der teilnehmenden Finanzvermittler müssen mindestens 75 % der Forderungen dieser Kategorie darstellen;
- Die Restrukturierungsvereinbarung muss dazu führen, dass die Gläubiger, auf welche deren Rechtswirkungen erstreckt werden sollen, mindestens in der Höhe befriedigt werden wie dies nach den alternativ zur Verfügung stehenden Zahlungsvarianten der Fall wäre.

Trotz der Möglichkeit der Erstreckung der Rechtswirkungen der Restrukturierungsvereinbarung auf weitere Gläubiger, können diesen Gläubigern folgende Pflichten nicht auferlegt werden: 115
- die Gewährung von neuen Kreditlinien;
- die Aufrechterhaltung der Möglichkeit, bestehende Kreditlinien zu nutzen;
- die Auszahlung neuer Kredite.

5. 5. Stillhaltevereinbarungen

Ein Unternehmen in der Krise kann mit Banken und Finanzvermittlern **Stillhaltevereinbarungen** abschließen. 116

Internationales Insolvenzrecht – Italien

117 Die seit dem 27.6.2015 geltenden Vorschriften sind in Art. 182^{septies} Abs. 5, 6 und 7 des italienischen Zivilgesetzbuchs geregelt.

118 Gegenstand der Vereinbarung ist die vorläufige Regelung der Auswirkungen der Krise durch ein vorübergehendes Kreditmoratorium.

119 Nach Abschluss ist die Stillhaltevereinbarung (inkl. Sachverständigenbericht) denjenigen Banken und Finanzvermittlern mitzuteilen, die sich an dieser nicht beteiligt haben.

120 Die Besonderheit besteht darin, dass die Stillhaltevereinbarung auch für Banken und Vermittler gilt, die nicht Vertragspartei sind, sofern sie
- über die Aufnahme von Verhandlungen informiert wurden und daran teilnehmen konnten;
- ein vom Schuldner bestellter und im Register der Abschlussprüfer eingetragener unabhängiger Sachverständiger die Vergleichbarkeit der Rechtsstellung und der wirtschaftlichen Interessen der von dem Moratorium betroffenen Gläubiger bestätigt.

121 Banken und Finanzvermittler, die nicht Vertragspartei sind, können Widerspruch einlegen und beantragen, dass die Stillhaltevereinbarung keine Auswirkungen auf sie haben möge.

122 Der Widerspruch ist innerhalb von 30 Tagen nach Zugang der Mitteilung über den Abschluss der Stillhaltevereinbarung und Erhalt des Sachverständigenberichts.

123 Das Gericht entscheidet durch mit Begründung zu versehenden Beschluss, gegen welchem innerhalb von 15 Tagen nach seiner Zustellung Beschwerde beim Berufungsgericht eingelegt werden kann.

III. Vergleich zur Abwendung des Konkursverfahrens („concordato preventivo")

1. Definition

124 Der Vergleich zur Abwendung des Konkursverfahrens („concordato preventivo") ist ein Instrument zur Lösung der Unternehmenskrise mit dem Ziel der Unternehmensumstrukturierung und Umschuldung. Es handelt sich um eine Vereinbarung zwischen dem Schuldner(unternehmen) und den Gläubigern.

125 Die Vereinbarung ist für alle Gläubiger, auch für diejenigen, die dem Vergleich nicht zustimmen, verbindlich.

126 Aus diesem Grund unterscheidet sich der Vergleich zur Abwendung des Konkursverfahrens von anderen ausgehandelten Vereinbarungen, die grundsätzlich nur gegenüber den daran teilnehmenden Gläubigern verbindlich sind.

2. Voraussetzungen

127 Der Schuldner kann die Zulassung zum Vergleich beantragen, wenn drei Voraussetzungen kumulativ erfüllt sind:
- Ausübung einer gewerblichen Tätigkeit
- Vorliegen einer Krise oder Insolvenz
- Überschreitung nachfolgender Schwellenwerte in mindestens drei Geschäftsjahren vor dem Tag der Antragstellung:
  o Vorliegen von Aktiva von mehr als 300.000,00 EUR pro Geschäftsjahr;
  o Bruttoeinnahmen in Höhe von insgesamt mehr als 200.000,00 EUR pro Geschäftsjahr;
  o Verbindlichkeiten (fällig oder nicht) in Höhe von mehr als 500.000,00 EUR.

3. Verschiedene Vergleichstypen

128 Es wird zwischen einem Liquidationsvergleich und einem Vergleich unter gleichzeitiger Unternehmensfortführung unterschieden.

129 **a) Liquidationsvergleich.** Mit dem Vergleich wird die Liquidation angestrebt, wenn nach Ansicht der Gesellschafter auch nach Tilgung der Verbindlichkeiten an der Fortführung des Unternehmens kein Interesse mehr besteht oder weil hierfür die Rahmenbedingungen nicht mehr vorliegen. In diesem Fall kann das Unternehmen dennoch auf das Vergleichsverfahren zurückgreifen (und so den Konkurs vermeiden): allerdings besteht dann die Pflicht, die Zahlung von mindestens 20 % der ungesicherten Gläubiger sicherzustellen (Art. 160 Abs. 4). Gegenstand des Liquidationsvergleichs ist in der Regel die Zession von Vermögensgegenständen aus dem Gesellschaftsvermögen zur Befriedigung der Gläubiger. Der Vergleichsvorschlag muss daher eine analytische Beschreibung des Gesellschaftsvermögens und genaue Angaben darüber enthalten, wann und wie das Vermögen übertragen wird.

b) Vergleich unter gleichzeitiger Unternehmensfortführung.

Art. 186bis erlaubt dem Schuldner, einen Vergleichsplan vorzulegen, der die Unternehmensfortführung durch ihn selbst oder durch einen Dritten (Erwerber) vorsieht. In diesem Fall muss der Plan eine betriebswirtschaftliche Aufstellung über die Kosten und die voraussichtlichen Erträge enthalten. Sämtliche Angaben müssen durch geeignete Nachweise belegt werden.

4. Antrag

Der Vergleichsvorschlag wird gem. Art. 161 durch **Antrag** an das **Konkursgericht** des Ortes unterbreitet, an dem der Schuldner seinen Sitz hat (Sitzverlegungen innerhalb eines Jahres vor Antragstellung sind im Hinblick auf die örtliche Zuständigkeit gem. Art. 9 unbeachtlich).

Die folgenden **Dokumente** müssen dem Antrag beigefügt werden:
- ein aktualisierter Bericht über die Vermögens-, Finanz- und Ertragslage des Unternehmens;
- eine Liste der Namen der Gläubiger unter Angabe ihrer Forderungen und der Gründe, aus welchen sich eventuelle Vorrechte ergeben;
- die Liste der Inhaber von dinglichen oder persönlichen Rechten an den Vermögensgegenständen des Schuldners;
- den Wert des Vermögens sowie eine Liste der Gläubiger der unbeschränkt haftenden Gesellschafter;
- einen Plan mit einer analytischen Beschreibung der Methoden und Fristen für die Erfüllung des Vergleichs;
- einen Bericht eines vom Schuldner benannten unabhängigen Sachverständigen, der die Unternehmenszahlen sowie die Durchführbarkeit des Plans bestätigt.

Zur inhaltlichen Gestaltung bestehen keine gesetzlichen Vorgaben. Das Gesetz zeigt lediglich einige Regelungsinhalte beispielhaft auf:
- die Unternehmensfortführung durch den Schuldner;
- Umschuldung und Befriedigung der Forderungen in jeglicher Form, einschließlich der Übertragung von Vermögensgegenständen, Schuldübernahme oder anderer außerordentlicher Transaktionen;
- die Aufteilung der Gläubiger in Klassen;
- die Verwaltung des Unternehmens durch einen Übernehmer.

Die **Klassenbildung** ermöglicht es, jeweils diejenigen Gläubiger, die eine gemeinsame oder vergleichbare Rechtsposition und homogene wirtschaftliche Interessen haben, in eine Kategorie aufzunehmen. Jede Klasse wird dann unterschiedlich behandelt.

Der Antrag muss vom Beamten der Geschäftsstelle des Konkursgerichts innerhalb des auf die Einreichung folgenden Tages im **Handelsregister** veröffentlicht werden.

Das Gericht prüft ausschließlich die Einhaltung der formellen Voraussetzungen, ohne eine inhaltliche Prüfung des Vergleichsvorschlags vorzunehmen.

Ist das Gericht der Ansicht, dass die formellen Voraussetzungen nicht gegeben sind, auch nachdem es dem Schuldner eine Frist zu deren Erledigung eingeräumt hat, erklärt es den Vergleichsvorschlag für unzulässig und -auf Antrag eines Gläubigers oder der Staatsanwaltschaft- den Konkurs des Schuldners für eröffnet (Art. 162).

Anderenfalls erklärt das Gericht das Vergleichsverfahren für eröffnet (Art. 163).

a) Gegenangebote der Gläubiger. Nach Einreichung des Vergleichsvorschlags des Schuldners sind auch die **Gläubiger** berechtigt, Vergleichsvorschläge zur Abwendung des Konkurses einzureichen, die dann mit dem des Schuldners konkurrieren. Die Gläubiger haben jedoch nur dann ein Vorschlagsrecht, sofern sie mindestens 10 % der Forderungen repräsentieren (Art. 163). Vergleichsvorschläge müssen spätestens 30 Tage vor der aufgrund des vom Schuldner vorgelegten Vergleichsvorschlags anberaumten Gläubigerversammlung unter Beifügung der gesetzlich vorgeschriebenen Anlagen eingereicht werden. Diese Möglichkeit ist allerdings ausgeschlossen, sofern den den Vergleichsvorschlag des Schuldners prüfende Sachverständige bescheinigt, dass durch diesen die nicht bevorrechtigten Gläubiger in folgender Höhe befriedigt werden: (i) im Falle des Liquidationsvergleichs in Höhe von mindestens 40 % und (ii) im Falle eines Vergleichs unter gleichzeitiger Unternehmensfortführung in Höhe von mindestens 30 %. Eine Gegenüberstellung zwischen dem Vergleichsvorschlag des Schuldners und dem der Gläubiger wird im Rahmen des Berichts des Gerichtskommissars, eines der wichtigsten Organe des vorliegenden Verfahrens vorgenommen. Dieser Bericht ist bei der Geschäftsstelle zu hinterlegen und den Gläubigern mindestens zehn Tage vor der Gläubigerversammlung mitzuteilen.

b) Kauf- oder Pachtangebote Dritter. Gemäß Art. 163bis hat das Gericht die Eröffnung eines Wettbewerbsverfahrens anzuordnen, sofern ein Vergleichsvorschlag das Angebot eines konkreten

Internationales Insolvenzrecht – Italien

Dritten zum Kauf oder zur Pacht des Schuldnerunternehmens, Teilen davon oder einzelner Vermögensgegenstände des Schuldners enthält. Dieses Wettbewerbsverfahren zielt darauf ab, weitere, bessere Kauf- oder Pachtangebote Dritter auf dem Markt zu erhalten.

5. Vergleich unter Vorbehalt

141   Art. 161 Abs. 6 ermöglicht dem Schuldner, sich die vermögensschützenden Folgen des Vergleichsverfahrens (dh Schutz vor Zwangsvollstreckungsmaßnahmen) bereits im Vorfeld zu sichern. Hierfür muss er lediglich einen Antrag auf Einleitung eines Vergleichsverfahrens stellen und ankündigen, dass er den Plan und den Vergleichsvorschlag innerhalb einer vom Richter festzulegenden Frist zwischen 60 und 120 Tagen nachreichen werde. Diese Frist kann nur einmal bei Vorliegen berechtigender Gründe um weitere 60 Tage verlängert werden.

142   Der Schuldner muss dem Antrag die folgenden Dokumente beifügen:
• Jahresabschlüsse der letzten drei Geschäftsjahre;
• Liste der Namen der Gläubiger mit Angabe ihrer Forderungen.

143   Nach Überprüfung der formellen Voraussetzungen entscheidet das Gericht über die Zulässigkeit des Antrags.

144   Mit dem die Zulässigkeit feststellenden Beschluss, mit dem die Eröffnung des Vorbehaltsvergleichsverfahrens erklärt wird, muss das Gericht mindestens monatliche Berichtspflichten des Schuldners über die Finanzlage des Unternehmens und den Stand der Vorbereitung des Plans und des Vergleichsvorschlags anordnen.

145   Bei Nichteinhaltung der Berichtspflichten erklärt das Gericht die Durchführung des Vergleichsverfahrens für unzulässig und eröffnet, sofern die Voraussetzungen und der Antrag eines Gläubigers oder der Staatsanwaltschaft vorliegen, den Konkurs des Schuldners.

146   Auch bei dieser Art des Vergleichs ist das Gericht befugt, einen Gerichtskommissar einzusetzen. Diese Befugnis wird von den Gerichten in der Regel ausgeübt, es sei denn, der Schuldner weist nach, dass er am Ende der Frist einen Antrag auf Genehmigung einer Restrukturierungsvereinbarung gem. Art. 182bis anstatt eines Vergleichs auf Abwendung des Konkursverfahrens stellen werde.

147   Ab Einreichung des Antrags bis zum Erlass des Zulassungsbeschlusses ist der Schuldner nur berechtigt, Maßnahmen der gewöhnlichen Geschäftsführung autonom vorzunehmen. Dringende und außerordentliche Geschäftsführungshandlungen dürfen nur mit schriftlicher Zustimmung des Gerichts durchgeführt werden. Das Gericht nimmt hierfür eine summarische Prüfung des Sachverhalts vor und ist verpflichtet, eine Stellungnahme des Gerichtskommissars einzuholen.

148   Sollte sich während des Verfahrens herausstellen, dass die vom Schuldner eingeleiteten Maßnahmen zur Vorbereitung des Vergleichsvorschlags und des Plans offensichtlich ungeeignet sind, einen durchführungsfähigen Plan vorzulegen, verkürzt das Gericht (auch von Amts wegen, nachdem es den Schuldner und ggf. den Gerichtskommissar angehört hat) die Frist zur Einreichung des Vergleichsvorschlags und des Plans, um einen Missbrauch dieses Krisenbewältigungsinstruments zu minimieren.

149   Nach fristgerechter Einreichung prüft das Gericht den Vergleichsvorschlag und den Plan und entscheidet, ob ein Verfahren eröffnet wird oder der Vorschlag für unzulässig zu erklären ist.

150   Werden hingegen der Plan und der Vorschlag bis zum Ablauf der Frist nicht eingereicht, so erklärt das Gericht nach Anhörung des Schuldners in nichtöffentlicher Sitzung den Vorschlag im Beschlussweg für unzulässig und eröffnet, sofern ein Antrag eines Gläubigers oder der Staatsanwaltschaft vorliegt, den Konkurs.

6. Zulassung des Vergleichs

151   Das Gericht ernennt im Zulassungsbeschluss einen beauftragten Richter („giudice delegato") sowie einen Gerichtskommissar, der für die Überwachung der Aktivität des Schuldners zuständig ist und ordnet eine Gläubigerversammlung zur Abstimmung über den Vergleichsvorschlag an (Art. 163).

152   Der Gerichtskommissar überprüft die vom Antragsteller vorgelegte Liste der Gläubiger auf der Grundlage der Buchhaltungsunterlagen (Art. 171). Er übermittelt den Gläubigern eine Mitteilung über das Datum der Gläubigerversammlung, welcher er den Zulassungsbeschluss beifügt. Ferner teilt er den Gläubigern die PEC-Adresse (E-Mail-Postfach des Konkursgerichts für das zertifizierte Zustellungsverfahren), an welche alle Mitteilungen zu richten sind und fordert sie auf, die Höhe und den Rang ihrer Forderungen anzugeben.

153   Die Kontrollen der Zusammensetzung der Gläubiger zielen darauf ab, eine Liste zu erstellen, die nur und ausschließlich für die Zwecke der Abstimmung gültig ist.

Internationales Insolvenzrecht – Italien

Im Gegensatz zum Konkurs sieht das Verfahren zur Vergleichszulassung keinen besonderen Gerichtsbeschluss für die Beurteilung der Verbindlichkeiten vor, da die erste Identifizierung der Gläubiger, die damit verbundenen Forderungen und Garantien, direkt vom Schuldner, der den Vergleich vorschlägt, vorgenommen wird. Der Gerichtskommissar kann daher die vom Antragsteller erstellte Gläubigerliste ändern; die konkurrierenden Gläubiger und der Schuldner können hierzu wiederum Hinweise erteilen. Der beauftragte Richter, der auch neue Gläubiger aufnehmen kann, die zur Versammlung gekommen sind, ohne in der geänderten Liste enthalten zu sein, entschiedet, welche Forderungen und in welchem Umfang diese zum Zweck der Abstimmung zugelassen werden. 154

7. Die Auswirkungen der Antragstellung

Ab dem Zeitpunkt der Veröffentlichung des Antrags im Handelsregister (auch im Falle des Vergleichs unter Vorbehalt) genießt der Schuldner den sofortigen Schutz seines Vermögens vor Vollstreckungs- und vorläufigen Sicherungsmaßnahmen der Gläubiger iSv Art. 168. Dieser Schutz soll sicherstellen, dass sich der Schuldner der Wahrung der Unternehmensinteressen widmen kann, ohne sich um Vollstreckungsmaßnahmen gegen das Gesellschaftsvermögen zu sorgen und ohne das Risiko, dass die Rettung des Unternehmens durch Einzelvollstreckungen und damit einhergehender Befriedigung nur einzelner Gläubiger gefährdet wird. 155

Im Einzelnen sieht Art. 168 Folgendes vor: 156
- Vollstreckungs- und Sicherungsmaßnahmen dürfen weder eingeleitet noch fortgesetzt werden;
- Hemmung der Verjährung, Nichteintritt der Verwirkung;
- Erwerb von neuen Vorrechten mit Wirkung gegenüber den Altgläubigern nicht möglich;
- Unwirksamkeit im Verhältnis gegenüber den Gläubigern der in den 90 Tagen vor der Veröffentlichung des Antrags im Handelsregister eingetragenen gerichtlichen Hypotheken.

Ebenso sind nach dem neuen Art. 182^{sexies} ab dem Tag der Einreichung des Antrags die Regeln über die Herabsetzung des Stammkapitals oder über die im Zivilgesetzbuch vorgesehenen Gründe für die Auflösung der Gesellschaft wegen Herabsetzung oder Verlust des Stammkapitals in ihrer Anwendung ausgeschlossen.

a) Geschäftsführungsmaßnahmen. Während des Vergleichsverfahrens kann der Schuldner (wenn auch unter der Aufsicht des Gerichtskommissars) die Geschäftstätigkeit fortsetzen, indem er sämtliche Maßnahmen der ordentlichen Geschäftsführung autonom durchführt. Für die in Art. 167 Abs. 2 genannten Maßnahmen (zB Kreditaufnahme, gerichtliche und außergerichtliche Vergleiche, Bürgschaften, Hypothekenbestellungen) und im Allgemeinen für jede außergewöhnliche Geschäftsführungsmaßnahme ist hingegen vorher die gerichtliche Genehmigung einzuholen. Das Fehlen der Genehmigung führt zur Unwirksamkeit der betreffenden Geschäftsführungsmaßnahme. 157

b) Laufende Verträge. Art. 169bis gibt dem Schuldner die Möglichkeit, die gerichtliche Auflösung laufender Verträge (mit Ausnahme von Arbeitsverträgen, Immobilienkaufvorverträgen und Mietverträgen, bei denen der Schuldner Mieter ist) oder deren Aussetzung für einen Zeitraum von höchstens 60 Tagen zu beantragen, welcher nur einmal verlängert werden darf, wenn der Schuldner nachweisen kann, dass dies die Lösung der Unternehmenskrise erleichtert. Der Antrag des Schuldners auf gerichtliche Vertragsauflösung wird vom Gericht oder, nach dem Zulassungsbeschluss, von dem beauftragten Richter, nach Anhörung der anderen Vertragspartei und summarischer Prüfung des Sachverhalts, entschieden. Der von der Auflösungsentscheidung betroffene Vertragspartner, der an den gerichtlichen Beschluss gebunden ist, hat Anspruch auf Schadenersatz wegen Nichterfüllung. Seine Schadensersatzforderung wird als Altforderung behandelt. Eine Vorabbefriedigung findet indes für Forderungen statt, welchen Leistungen des betreffenden Gläubigers aus der Zeit nach der Veröffentlichung des Vergleichsantrags im Handelsregister zugrunde liegen. Nach herrschender Meinung ist im Zusammenhang mit einem Vergleich unter Vorbehalt die gerichtliche Vertragsauflösung unzulässig, da es in Ermangelung der Kenntnis des Inhalts des erst in Vorbereitung befindlichen Vergleichsvorschlags und Plans nicht möglich ist, eine Beurteilung der Frage vorzunehmen, ob die konkret beantragte Vertragsauflösung tatsächlich eine Erleichterung der Beseitigung der Unternehmenskrise nach sich ziehen würde. Forderungen aus Finanzierungen, die dem Unternehmen zur Durchführung des Vergleichs gewährt wurden, haben unter bestimmten Voraussetzungen das Privileg der Vorabbefriedigung. Fünf Finanzierungsarten kommen in Betracht: 158

1. Art. 182^{quater} Abs. 1: genehmigte und tatsächlich ausgezahlte Kredite in jeglicher Form, die zur Durchführung einer genehmigten Restrukturierungsvereinbarung oder eines genehmigten Vergleichs zur Abwendung des Konkurses gewährt werden;

Internationales Insolvenzrecht – Italien

2. Art. 182^{quater} Abs. 2: Finanzierungen, die vor der Veröffentlichung im Handelsregister entweder des Vergleichsantrags (allerdings nicht des Vorbehaltsvergleichs) oder der Restrukturierungsvereinbarung genehmigt und tatsächlich ausgezahlt wurden und die zur Zulassung des Vergleichsvorschlags vorgesehen sind. Der Anspruch auf Vorabbefriedigung entsteht nur, sofern das Vorabbefriedigungsrecht im gerichtlichen Zulassungsbeschluss gem. Art. 163 explizit vorgesehen ist;
3. Art. 182^{quater} Abs. 3: Gesellschafterdarlehen, allerdings nur bis zu einem Höchstbetrag von 80 %;
4. Art. 182^{quinquies} Abs. 1 und 2: Kredite, die der Schuldner abschließen möchte, wobei das Privileg der Vorabbefriedigung nur gegeben ist, wenn ein vom Schuldner benannter Sachverständiger bescheinigt, dass die Finanzierung zur besseren Befriedigung aller Gläubiger dient;
5. Art. 182^{quinques} Abs. 3: Zwischenfinanzierungen bei dringendem Finanzbedarf bei Vorbehaltsvergleichen für die Phase zwischen Antragstellung bis maximal zum Zeitpunkt der Genehmigung des Vergleichs. Solche Finanzierungen bedürfen im Gegensatz zu den unter Ziff. 4 genannten keiner gesonderten Bescheinigung durch den Sachverständigen.

159 Der Gerichtskommissar erstellt, sofern notwendig mit Unterstützung eines vom Richter ernannten Gutachters, ein Inventar des Schuldnervermögens „und einen detaillierten Bericht über die Ursachen des Ausfalles, über das Verhalten des Schuldners, über die Vergleichsvorschläge und über die den Gläubigern angebotenen Garantien und hinterlegt diesen Bericht mindestens 45 Tage vor der Gläubigerversammlung bei der Geschäftsstelle". Dieser Bericht ist den Gläubigern (Art. 172 Abs. 1) und der Staatsanwaltschaft (Art. 161) zuzustellen. Der Gerichtskommissar ist verpflichtet, sich im Rahmen dieses Berichts zu den Vorteilen eines Konkurses gegenüber den Vergleichsvorschlägen im Hinblick auf während des Konkursverfahrens durchführbaren Schadensersatz- oder Anfechtungsklagen zu äußern (Art. 172 Abs. 1). Der Bericht wird vom Kommissar in der Gläubigerversammlung unter dem Vorsitz des beauftragten Richters erläutert. Der Richter kann sich also angemessene Beurteilungselemente über das Bestehen oder Nichtbestehen der Bedingungen für die Umsetzung des Vergleichs einholen. Auch jeder zur Abstimmung zugelassene Gläubiger kann daher sein Stimmrecht vollinformiert ausüben und die Gründe, die aus seiner Sicht gegen einen Vergleichsvorschlag sprechen, erläutern. Ferner kann jeder Gläubiger die konkurrierenden Forderungen anfechten. Der Schuldner ist seinerseits berechtigt, den angemeldeten Forderungen zu widersprechen.

8. Widerruf der Zulassung zum Vergleichsverfahren

160 Gemäß Art. 173 ist der Gerichtskommissar verpflichtet, sofern er feststellt, dass der Schuldner Teile seines Vermögens verschleiert oder nichtexistierende Verbindlichkeiten angegeben oder generell andere Betrugshandlungen begangen hat, unverzüglich dem Gericht Bericht zu erstatten. Das Gericht wird nach Prüfung und Bestätigung des vorgeworfenen Sachverhalts die Zulassung zum Vergleichsverfahren widerrufen und auf Antrag eines Gläubigers oder der Staatsanwaltschaft, den Konkurs eröffnen.

9. Der Beschluss über den Vergleich

161 Vergleichsvorschläge werden auf der Gläubigerversammlung diskutiert. Änderungen sind nur bis 15 Tage vor der Gläubigerversammlung möglich. Sollte es zu Änderungen kommen, wird die Gläubigerversammlung verschoben, damit der Gerichtskommissar diese gesondert prüfen kann. Der Vergleich gilt als genehmigt, sobald mindestens so viele Gläubiger zugestimmt haben, dass damit die Mehrheit der stimmberechtigten Forderungen vertreten ist. Bei mehreren Gläubigerklassen ist erforderlich, dass in der Mehrzahl der gebildeten Klassen eine entsprechende Mehrheit zugestimmt hat. Alle nicht bevorrechtigten Gläubiger sind im Grundsatz stimmberechtigt, während für bevorrechtigte Gläubiger vorgesehen ist, dass sie, wenn der Vorschlag ihre volle Befriedigung vorsieht, vom Stimmrecht ausgeschlossen sind (Art. 177). Die bevorrechtigten Gläubiger werden zur Abstimmung dann zugelassen:
- wenn sie auf das Vorrecht (mit eingeschränkter Wirkung nur bezüglich des Vergleichs) ganz oder teilweise verzichten, bezogen auf den ihren Verzicht umfassenden Teil;
- oder wenn der Vergleichsvorschlag keine Vollbefriedigung für sie vorsieht. In diesem Fall werden sie wie die übrigen Gläubiger behandelt.

162 Zudem ist es den Gläubigern möglich, ihre Stimme im Fall ihrer Nichtanwesenheit während der Gläubigerversammlung noch während der 20 auf diese folgenden Tage schriftlich (per Telegramm, Brief, Telefax oder Email) auszuüben. Bei Vorliegen konkurrierender Vergleichsvorschläge, gilt der Vorschlag mit der höchsten Mehrheit der stimmberechtigten Forderungen als angenommen.

Im Falle von Stimmengleichheit hat der Vorschlag des Schuldners Vorrang, im Falle einer Stimmengleichheit zwischen den Angeboten der Gläubiger, der zuerst vorgelegte. Wird keiner der zur Abstimmung gestellten konkurrierenden Vergleichsvorschläge mit den oben genannten Mehrheiten angenommen, so stellt der beauftragte Richter den Vergleichsvorschlag zur Abstimmung, der die relative Mehrheit der zur Abstimmung zugelassenen Forderungen erhalten hat. Die Gläubiger werden darüber informiert, dass sie ihre Stimme innerhalb einer Frist von 20 Tagen erneut abgeben können.

10. Das Urteil über die Genehmigung des Vergleichs

Gemäß Art. 180 informiert der beauftragte Richter das Gericht über die Annahme des Vergleichsvorschlags. Das Gericht beruft daraufhin eine nichtöffentliche Sitzung ein, wobei es das persönliche Erscheinen der Parteien und des Gerichtskommissars anordnet. Der Schuldner, der Gerichtskommissar, die ggf. den Vergleich anfechtenden Gläubiger und alle interessierten Parteien müssen sich mindestens 10 Tage vor der geplanten Anhörung bestellen. In Ermangelung von Einwänden (die auf angeblichen Verfahrensmängeln beruhen können: falsche Stimmauszählung, mangelnde Auseinandersetzung mit Einwänden, Nichtdurchführbarkeit des Plans, usw) wird das Gericht, nachdem es die Ordnungsgemäßheit des Verfahrens und das Ergebnis der Abstimmung überprüft hat, den Vergleich per Beschluss genehmigen. Durch diesen Beschluss wird das Vergleichsverfahren abgeschlossen und die Durchführungsphase eröffnet, in der der Schuldner verpflichtet ist, alle im Plan genannten Zahlungen und sonstigen Maßnahmen nach den darin vorgesehenen Verfahren und Regeln zu leisten bzw. zu erfüllen. Die Hauptwirkung des Genehmigungsbeschlusses besteht darin, dass der Schuldner nicht mehr verpflichtet ist, alle Forderungen zu befriedigen, sondern nur noch diejenigen, die sich aus dem genehmigten Vergleich im Hinblick auf die Art, den Zeitpunkt und den Prozentsatz der Zahlung ergeben. Der Vergleich und der Genehmigungsbeschluss dienen zusammengenommen als Liquidationsplan für den darin bestellten Gerichtsliquidator (→ Rn. 164 f.) als Grundlage. Er überwacht die Durchführung des Vergleichs und die Befriedigung der Gläubiger.

11. Die Durchführung des Vergleichs

Im Falle eines Vergleichs zu Liquidationszwecken wird nach der Genehmigung eine Liquidationsphase unter der Aufsicht des Gerichtskommissars eröffnet. Die zentrale Figur in dieser Phase ist der Gerichtsliquidator, der von dem beauftragten Richter im Genehmigungsbeschluss ernannt wird und dessen Kompetenzen sich aus der entsprechenden Anwendungen einzelner Bestimmungen zur Verwaltungstätigkeit des Konkursverwalters ergeben.

Umstritten ist, ob die Bestellung des Gerichtsliquidators bei einem Vergleich unter gleichzeitiger Unternehmensfortführung notwendig ist oder nicht. Vorherrschend ist jedenfalls die Ansicht, wonach in diesen Fällen kein Gerichtskommissar erforderlich sei: seine Ernennung würde tatsächlich zu einer Überschneidung seiner Befugnisse mit denjenigen des Schuldners führen, der in dieser Konstellation die Geschäftsführungskompetenz behält, dies in gewisser Weise gar unter Ausweitung seiner Geschäftsführungskompetenzen, wenn auch zweckgebunden zur Befriedigung der Gläubiger und unter der Aufsicht des Gerichtskommissars.

Die Gläubiger haben Anspruch auf umfassende Informationen über den Fortschritt der Durchführungsphase: diese Aufgabe wird vom Gerichtsliquidator, falls bestellt, oder anderweitig vom Gerichtskommissar übernommen. Gemäß Art. 185 Abs. 2 ist der Schuldner verpflichtet, alle erforderlichen Maßnahmen zu ergreifen, um den von einem oder mehreren Gläubigern unterbreiteten Vergleichsvorschlag umzusetzen, sofern dieser genehmigt wurde. Sollte der Schuldner die notwendigen Schritte unterlassen, ist der Gerichtskommissar verpflichtet, dies dem Gericht unverzüglich zu melden. Das Gericht kann dem Gerichtskommissar, nach Anhörung des Schuldners, die erforderlichen Befugnisse übertragen, um an der Stelle des Schuldners die von ihm vorzunehmenden Maßnahmen umzusetzen. In diesen Fällen kann auch der Gläubiger eingreifen, der den genehmigten Vergleich vorgeschlagen hat. Auch der Gläubiger kann dem Gericht Verzögerungen oder Unterlassungen des Schuldners anzeigen.

12. Widerruf und Aufhebung des Vergleichs

Sämtliche Tatbestände betreffend die Annullierung eines genehmigten Vergleichs werden im Wesentlichen durch eine einzige Bestimmung geregelt: Art. 186. Nach Art. 186 kann der Vergleich von jedem Gläubiger durch Antrag innerhalb eines Jahres nach Ablauf der für die letzte im Vergleich vorgesehene Leistungsfrist, im Falle einer Nichterfüllung widerrufen werden. Allerdings sind hierzu weder der Gerichtskommissar noch die Staatsanwaltschaft berechtigt. Ein Widerruf kommt indes nicht in Betracht, wenn die Nichterfüllung „geringfügig" ist. Die Beurteilung der Frage der Erheblichkeit der Nichterfüllung durch den Schuldner ist nicht punktuell, sondern es hat vielmehr eine Gesamtbetrachtung zu erfolgen, die den Nachteil für die Gesamtheit der Gläubiger oder zumindest der nicht bevorrechtigten Gläubiger in die Abwägung einstellt. Der Widerruf hat keine automatische Eröffnung des Konkursverfahrens zur Folge. Der Konkurs ist vielmehr ausdrücklich zu beantragen, was auch im Zuge des Widerrufsantrags geschehen kann. Eine Aufhebung des Vergleichs kommt indes äußerst selten vor. Der Zweck der Aufhebung ist es, ein vorsätzliches Verhalten des Schuldners zu inkriminieren. Dieses kann insbesondere in einer rechtswidrigen Beeinflussung der Stimmabgabe bestehen, indem er: (a) vorsätzlich die Höhe der Verbindlichkeiten übertreibt oder (b) vorsätzlich Vermögenswerte entzieht oder verschleiert. Die entsprechenden Maßnahmen müssen innerhalb von sechs Monaten nach der Aufdeckung des Betrugs, auf jeden Fall jedoch innerhalb von zwei Jahren nach Ablauf der für die letzte im Vergleich vorgesehene Leistungsfrist beantragt werden. Auch in diesem Fall gilt, dass der Aufhebungsbeschluss nicht automatisch zur Eröffnung des Konkursverfahrens führt, sondern beantragt werden muss.

D. Der Konkurs („fallimento")

I. Verfahren

1. Voraussetzungen

168   **Vorliegen eines Konkursschuldners.** Konkursschuldner ist ein Unternehmer, welcher nach Art. 1 konkursfähig ist und sich gem. Art. 5 in Insolvenz befindet. Das Konkursverfahren eröffnet eine Form der **kollektiven Zwangsvollstreckung** in das Vermögen des Konkursschuldners, um dessen Gläubiger unter Beachtung des Grundsatzes der par conditio creditorum und unter Berücksichtigung gesetzlicher Vorrechte zu befriedigen.

169   **Insolvenz.** Nach Art. 5 ist Insolvenz gegeben, wenn **der Schuldner nicht mehr in der Lage ist, seine Verbindlichkeiten regelmäßig zu erfüllen.** Es findet eine rein wirtschaftlich-finanzielle Betrachtung statt, wobei der Vermögensstatus des Schuldners als solcher irrelevant ist (mit der Ausnahme eines in Liquidation befindlichen Unternehmens, vgl. Kassationshof 16.3.2018 – Nr. 6658).

2. Antragsberechtigung

170   Nach den mit der Reform von 2006 eingeführten Änderungen (Gesetzesdekret Nr. 5 vom 9.1.2006) kann der Konkurs nicht mehr von Amts wegen erklärt werden. Es muss **ein Antrag einer der nachfolgenden Antragsberechtigten** (Art. 6) vorliegen:
- Schuldner;
- einer oder mehrere Gläubiger;
- Staatsanwaltschaft (Art. 7).

Mit Eingang des Konkursantrags beginnt ein sog. Vorkonkursverfahren („procedimento prefallimentare"). Die Eröffnung des Konkursverfahrens erfolgt per Feststellungsurteil des Konkursgerichts („sentenza dichiarativa di fallimento"). Der Konkursantrag kann bis zu diesem Feststellungsurteil durch **Verzichtserklärung des Antragstellers** zurückgenommen werden. Bei Eingang einer Verzichtserklärung des Antragstellers muss das Gericht das Verfahren, ebenfalls im Urteilsweg, einstellen. Verzichtserklärungen nach Erlass des Feststellungsurteils sind unbeachtlich (Kassationshof 7.8.2017 – Nr. 19682).

171   **a) Konkursantrag des Schuldners.** Voraussetzungen für den Konkurs hervorgehen. Im Antrag, für dessen Einreichung **Anwaltszwang** herrscht, muss die Faxnummer oder E-Mail-Adresse angegeben werden, an welche dem Antragsteller die nach dem Konkursrecht erforderlichen Mitteilungen zugestellt werden können. Gemäß Art. 14 müssen dem Konkursantrag zudem folgende Anlagen beigefügt werden:
- die gesetzlich vorgeschriebenen Buchhaltungs- und Steuerunterlagen der vorangegangenen drei, oder bei kürzerem Bestehen des Unternehmens, der letzten Geschäftsjahre;
- eine detaillierte Darstellung der Geschäftstätigkeit;
- eine Gläubigerliste mit Angabe der Höhe ihrer Forderungen;
- Angaben zu den Bruttoeinnahmen für jedes der letzten drei Geschäftsjahre;
- eine Liste der Inhaber dinglicher oder persönlicher Rechte an Vermögensgegenständen des Unternehmens, sowie einen Hinweis auf den Titel, aus dem sich dieses Recht ergeben soll.

Internationales Insolvenzrecht – Italien

Wird die vorgenannte Dokumentation nicht eingereicht, kann der Konkursantrag nicht bearbeitet werden. Das Gericht fordert den Antragsteller in diesen Fällen zur ergänzenden Vorlage der fehlenden Unterlagen auf. Unabhängig davon ist das Gericht zur Ermittlungen von Amts wegen befugt. Bei juristischen Personen wird der Konkursantrag vom gesetzlichen Vertreter des Unternehmens unterzeichnet. Der Konkursantrag stellt keine außerordentliche Geschäftsführungsmaßnahme dar, sodass es weder einer Zustimmung des Geschäftsführungsorgans (im Unterschied zum deutschen Recht können auch in der s.r.l., der GmbH nach italienischem Recht, Geschäftsführungsorgane gebildet werden) noch einer Gesellschafterversammlung bedarf. Sobald die gesetzlichen Voraussetzungen des Konkurses vorliegen, ist der gesetzliche Vertreter zur Verhinderung einer Verschlechterung des Vermögensverfalls zur Konkursantragstellung verpflichtet. 172

b) Antrag der Gläubiger. Gläubiger müssen in ihrem Konkursantrag ihre Legitimation als solche sowie die Voraussetzungen des Konkurses nachweisen. Der **Status als Gläubiger** muss nicht im Voraus von einem Gericht festgestellt worden sein, da es ausreicht, dass der Gläubiger die Voraussetzungen des Vorliegens seiner Forderung in der Vorkonkursphase durch Vorlage geeigneter Unterlagen nachweist (zB durch Vorlage des Titels, Rechnungen, Mahnungen, Schuldanerkenntnisse, Einbringungsversuche, Wechsel, Rückzahlungspläne usw). Das Gericht muss allerdings in der Lage sein, das Bestehen eines Anspruchs summarisch überprüfen zu können. Für die Antragsberechtigung unschädlich ist indes die mangelnde Fälligkeit der Forderung oder dass sie unter einer Bedingung steht oder angefochten wurde. Der Grundsatz der **Beweislast** wird in diesem Verfahren vollumfänglich angewendet, sodass der Konkursantrag bei Nichtvorliegen von Beweisen zurückgewiesen werden muss. 173

Geeignete Beweise für das Vorliegen von Insolvenz sind beispielsweise: Hypothekeninspektionen, die das Bestehen von Belastungen bestätigen; die Bescheinigung über anhängige Vollstreckungsverfahren; Protokolle im Vollstreckungsverfahren, die das Nichtvorliegen von Vermögenswerten oder die Nichtverfügbarkeit des Schuldners bescheinigen; die Schließung der Geschäftsräume; die Einstellung der Unternehmensaktivität; Bilanzen, sofern sie das Bestehen großer Steuer- und Sozialversicherungsverbindlichkeiten ausweisen; das Vorliegen einer Warnung durch die Risikozentrale (Centrale rischi) der italienischen Staatsbank (Banca d'Italia) (bei der Risikozentrale handelt es sich um eine Datenbank, in der Informationen von allen Banken über die Ausgabe von Krediten und Garantien gespeichert werden); die Nichteinhaltung von mit dem Gläubiger vereinbarten Stundungen oder Rückzahlungsplänen; die Nichtveröffentlichung von Jahresabschlüssen im Handelsregister (registro delle imprese) (Kassationshof 15.12.2017 – Nr. 30209). Dieser Grundsatz wird teilweise durch die Möglichkeit des Gerichts aufgeweicht, bestimmte Ermittlungsmaßnahmen auch von Amts wegen zu ergreifen (zB Feststellungen im öffentlichen Register über das Bestehen von Steuer- und Sozialversicherungsverbindlichkeiten). Die Prozesskosten für die Einreichung eines Konkursantrags werden in der Konkurstabelle unter den nicht privilegierten, aber vorab zu befriedigenden Forderungen (Art. 111) festgestellt, da sie für das Konkursverfahren zweckdienlich sind und im Interesse aller Gläubiger anfallen (Kassationshof 9.9.2014 – Nr. 18922). 174

c) Der Antrag der Staatsanwaltschaft. Sofern die Voraussetzungen des Art. 7 vorliegen, kann auch die Staatsanwaltschaft Konkursantrag stellen. Es handelt sich hier im Wesentlichen um Fälle, in denen die Insolvenz im Laufe eines Strafverfahrens oder aufgrund der Flucht des Unternehmers festgestellt wurde. 175

3. Gerichtsbarkeit und Zuständigkeit

Sachlich und örtlich zuständig ist das Landgericht (tribunale) am **Hauptgeschäftssitz** des Schuldners zum Zeitpunkt der Einreichung des Konkursantrags. Hauptgeschäftssitz der Gesellschaft ist der Ort, an dem die Gesellschaft in erster Linie ihre Verwaltungs- und Managementtätigkeiten ausübt und welcher nach gefestigter Rechtsprechung **in den meisten Fällen mit dem im Handelsregister angegebenen Sitz** übereinstimmt (Kassationshof 25.6.2013 – Nr. 15872). Diese Vermutung kann überwunden werden, indem man den Nachweis führt, dass sich der **effektive Gesellschaftssitz** vom eingetragenen Gesellschaftssitz unterscheidet: In diesem Fall gilt für die Feststellung der Zuständigkeit der effektive Sitz (Kassationshof 6.2.2015 – Nr. 2243). Auf EU-Ebene wird auf das Konzept des Center of Main Interest (**COMI**) verwiesen, welcher mit dem Ort übereinstimmt, an dem der Unternehmer die Verwaltung seiner Interessen gewöhnlich und vornehmlich aufgrund objektiver, für Dritte erkennbarer Tatsachen ausübt. 176

Die italienische **Gerichtsbarkeit** besteht, wenn das Unternehmen 177
- seinen Hauptsitz in Italien hat;

- eine Zweigniederlassung in Italien unterhält (auch wenn das Unternehmen seinen Hauptsitz im Ausland hat, und dort bereits ein Konkursverfahren eingeleitet wurde) oder
- seinen effektiven Gesellschaftssitz in Italien hat.

178 Die vorgenannten Regeln gelten subsidiär zu den Vorschriften zu Haupt- und Sekundärinsolvenzverfahren aufgrund internationaler Übereinkommen, die von Italien ratifiziert wurden (vgl. Verordnung Nr. 2015/848 über die grenzüberschreitende Insolvenz). In jedem Fall bleibt die italienische Gerichtsbarkeit bestehen, wenn die Verlegung ins Ausland rein fiktiv ist oder nach Stellung des Konkursantrags erfolgt; die Vorschriften über die grenzüberschreitende Insolvenz sehen vor, dass eine Verlegung des Sitzes ins Ausland in den drei Monaten vor der Eröffnung des Konkursverfahrens irrelevant ist. Bei der örtlichen **Zuständigkeit** (Art. 9) des Sitzes des Unternehmens handelt es sich um eine ausschließliche Zuständigkeit. Die Verlegung des Sitzes, die im Jahr vor Konkursantragstellung durch den Schuldner selbst stattgefunden hat, ist für die Bestimmung der Zuständigkeit irrelevant. Damit soll ein Forum-Shopping vermieden werden. Sollte der Konkurs von mehreren Gerichten erklärt worden sein, wird das Verfahren vor dem Gericht fortgesetzt, das als erstes entschieden hat. Das konkurrierende Gericht ordnet, wenn es nicht automatisch die Regelung der Zuständigkeit beantragt, die Übermittlung der Unterlagen an das zuerst entscheidende Gericht an.

4. Ausgeschiedener oder verstorbener Unternehmer

179 Gemäß Art. 10 kann über das Vermögen von Einzelunternehmern und Personengesellschaften nur innerhalb eines Jahres nach ihrer Löschung aus dem Handelsregister das Konkursverfahren eröffnet werden. Im Falle des Einzelunternehmers oder der Löschung von Amts wegen einer Personengesellschaft hat der Gläubiger oder die Staatsanwaltschaft zumindest das Recht, den Zeitpunkt der tatsächlichen Einstellung der Tätigkeit, mit welcher die Jahresfrist beginnt, nachzuweisen, um die Durchführung des Konkursverfahrens doch noch zu ermöglichen. Ähnliches gilt für den verstorbenen Einzelunternehmer (Art. 11), über dessen Vermögen ein Jahr nach seinem Tod kein Konkursverfahren eröffnet werden kann. Der Erbe ist neben den anderen Antragsberechtigten ebenfalls zur Stellung eines Konkursantrags berechtigt. Stirbt jedoch der Unternehmer während des Verfahrens, so setzt sich der Konkurs im Verhältnis zu seinen Erben fort, selbst wenn diese das Erbe unter dem **Vorbehalt der Inventarerrichtung** angenommen haben (Art. 12).

5. Vorkonkursverfahren

180 Das Vorkonkursverfahren wird vor dem Gericht in Kammerbesetzung, in geschlossener Sitzung, unter Gewährung rechtlichen Gehörs durchgeführt. Das Gericht lädt den Schuldner und die Gläubiger, die den Konkurs beantragt haben per Beschluss. Sofern die Staatsanwaltschaft Antragsteller ist, greift sie in das Verfahren ein. Der Konkursantrag und der Ladungsbeschluss werden dem Schuldner an seine zertifizierte E-Mail-Adresse (PEC) zugestellt. Ist eine Zustellung auf diese Weise aus irgendeinem Grund nicht möglich oder nicht erfolgreich, so soll der Antragsteller eine Ersatzzustellung, allerdings nur an den Schuldner, an seinen aus dem Handelsregister resultierenden Sitz vornehmen. Aus dem Ladungsbeschluss muss hervorgehen, dass mit dem Verfahren die Voraussetzungen für die Eröffnung des Konkurses überprüft und ggf. festgestellt werden sollen. Das Gericht setzt dem Schuldner eine Frist für die Einreichung von Schriftsätzen, Unterlagen und technischen Berichten von mindestens sieben Tagen vor der mündlichen Verhandlung, damit sich der Schuldner angemessen verteidigen kann.

181 In jedem Fall ordnet das Gericht an, die Jahresabschlüsse der letzten drei Geschäftsjahre sowie eine aktualisierte Finanz-, Wirtschafts- und Vermögensübersicht vorzulegen. Das Gericht kann ferner von Amts wegen bei Behörden Informationen über eventuell bestehende Steuer- und Sozialversicherungsverbindlichkeiten einholen. Das Untersuchungsverfahren erfolgt ohne Einhaltung besonderer Formalitäten unter Wahrung des rechtlichen Gehörs: Die Verfahrensbeteiligten können gehört, von diesen angebotene Beweise zugelassen oder Beweise von Amts wegen angeordnet werden. Ferner kann das Gericht die Stellungnahme eines Sachverständigen einholen. Das Gericht kann auf Antrag zudem vorsorgliche oder sichernde Maßnahmen zum Schutz des Vermögens oder der Gesellschaft erlassen. Um Verfahren wegen nur sehr geringer Verbindlichkeiten zu vermeiden, ist die Eröffnung eines Konkursverfahrens nicht möglich, sofern der Betrag der aus dem Vorkonkursverfahren resultierenden fälligen und unbezahlten Verbindlichkeiten **30.000,- EUR** nicht übersteigt.

Internationales Insolvenzrecht – Italien

6. Urteil über die Feststellung des Konkurses und seine Auswirkungen

Der Konkurs wird durch ein **Urteil** erklärt (**Konkurserklärung**), mit dem das Gericht   **182**
- den mit dem Verfahren beauftragten Richter ernennt;
- den Konkursverwalter festlegt;
- den Konkursschuldner auffordert, die Jahresabschlüsse und die obligatorischen Buchhaltungs- und Steuerunterlagen sowie die Liste der Gläubiger, sofern nicht bereits zuvor geschehen, zu hinterlegen;
- Ort, Tag und Uhrzeit der Gläubigerversammlung bestimmt, während welcher der Passivstand geprüft wird;
- den Gläubigern und Dritten, die dingliche oder persönliche Rechte an Vermögensgegenständen des Konkursschuldners haben, eine Frist von 30 Tagen vor der Versammlung einräumt, innerhalb derer Anträge auf Feststellung ihrer Forderungen zur Konkurstabelle einzureichen sind oder Herausgabeklage zu erheben ist.

Die Konkurserklärung hat **Wirkung**   **183**
- für den Schuldner ab dem Datum ihrer Veröffentlichung in der Geschäftsstelle des Gerichts;
- für Dritte ab dem Tag der Eintragung in das Handelsregister.
- Gerade wegen der weitreichenden Auswirkungen des Urteils sieht Art. 17 ausdrücklich vor, dass das Feststellungsurteil
- dem Staatsanwalt und dem Schuldner **zugestellt**,
- dem Konkursverwalter und dem Antragsteller auszugsweise mitgeteilt und
- unverzüglich im Handelsregister, in dessen Bezirk der Unternehmer seinen Sitz hat, und, wenn dieser vom tatsächlichen Sitz abweicht, zusätzlich im Handelsregister, das dem Ort der Verfahrenseröffnung entspricht, veröffentlicht werden muss.

7. Berufung und spätere etwaige Revision

Gegen das Feststellungsurteil können der Schuldner und jeder Interessierte durch Einreichung   **184**
eines **Antrages** bei der Geschäftsstelle des Berufungsgerichts (Corte di Appello) innerhalb einer Ausschlussfrist von **30 Tagen,** die für den Schuldner ab dem Tag der Zustellung des Urteils und für alle anderen Interessierten ab dem Tag der Eintragung in das Handelsregister beginnt, **Berufung einlegen.** Die Berufung setzt die vorläufige Vollstreckbarkeit des Feststellungsurteils nicht aus; das Berufungsgericht kann jedoch auf Antrag einer der Parteien oder des Konkursverwalters die Liquidation des Aktivvermögens ganz oder teilweise aussetzen, wenn schwerwiegende Gründe hierfür vorliegen.

Auch das Berufungsverfahren findet als streitiges Verfahren zwischen den betroffenen Parteien   **185**
statt (die anderen Parteien des Konkursverfahrens sind berechtigt, innerhalb von 10 Tagen vor der mündlichen Verhandlung einen Schriftsatz einzureichen), wobei **Anwaltszwang** besteht.

In der mündlichen Verhandlung nimmt das Gericht (als Kammer) nach Anhörung der Parteien   **186**
alle für notwendig erachteten Beweismittel an, ggf. auch von Amts wegen mittels Delegierung von Aufgaben auf einzelne Kammermitglieder. Danach entscheidet das Gericht im Urteilswege, welches innerhalb von 30 Tagen nach seiner Zustellung durch Revision zum Kassationshof (Corte di Cassazione) angefochten werden kann.

Wird der Konkurs aufgehoben, so hat dies keine Auswirkungen auf die von den Verfahrensorganen zwischenzeitlich vorgenommenen Handlungen.   **187**

Gegen das (mit Gründen versehene) Urteil über die Ablehnung des Konkursantrags kann, wie   **188**
oben beschrieben, Berufung beim Berufungsgericht eingelegt werden, mit dem Unterschied, dass, wenn das Berufungsgericht der Berufung gegen die Entscheidung über die Ablehnung des Konkursantrags stattgibt, zur Eröffnung des Konkursverfahrens eine Rückverweisung an das Ursprungsgericht erfolgt.

II. Verfahrensorgane

1. Allgemeines

Mit Eröffnung des Konkursverfahrens übernehmen die Verfahrensorgane die ihnen durch das   **189**
Gesetz zugewiesenen Funktionen. Sie setzen einerseits die Bewertung des Passivstandes und andererseits die Liquidation der Aktivvermögenswerte unter Ausschluss des Schuldners in Gang. Die Eröffnung des Konkursverfahrens hat faktisch die Enteignung des Konkursschuldners sowie den Entzug der Verwaltungsbefugnis über sein Vermögen zur Folge.

2. Das Konkursgericht

190   Das Konkursgericht ist ein Kollegialorgan, das sich aus **drei Richtern** zusammensetzt und welches gem. Art. 23 mit dem gesamten Konkursverfahren betraut ist. Das Konkursgericht hat insbesondere folgende Aufgaben:
- es ernennt, widerruft oder ersetzt bei Vorliegen entsprechender Gründe, die anderen Verfahrensorgane, es sei denn die Zuständigkeit des beauftragten Richters ist im Einzelfall hierfür vorgeschrieben;
- es kann jederzeit den Konkursverwalter, den Konkursschuldner und den Gläubigerausschuss in nichtöffentlicher Sitzung anhören;
- es entscheidet über Streitigkeiten im Zusammenhang mit dem Verfahren, die nicht in die Zuständigkeit des beauftragten Richters fallen, sowie über Beschwerden gegen Maßnahmen des beauftragten Richters.

191   Das Konkursgericht ist auch für die Anhörung und Entscheidung aller aus dem Konkursverfahren resultierenden Klagen zuständig, unabhängig von ihrem Wert. So ist das Konkursgericht beispielsweise ausschließlich zuständig für die Entscheidung über: Konkursanfechtungsklagen (Art. 67) und weitere ordentliche Anfechtungsklagen (Art. 66); Anfechtungen gegen den Passivstand in Bezug auf Forderungsrechte oder Herausgabeklagen gegen den Konkursschuldner (Art. 98).

3. Der beauftragte Richter

192   Der beauftragte Richter übt gem. Art. 25 Aufsichts- und Kontrollfunktionen über das Verfahren aus, er hat insbesondere
- dem Gericht Bericht zu erstatten, sofern eine Kollegialentscheidung zu treffen sein sollte;
- die von den zuständigen Behörden bewirkten Sofortmaßnahmen zur Erhaltung des Vermögens einzuleiten;
- die anderen Organe (Konkursverwalter und Gläubigerausschuss) in den gesetzlich vorgeschriebenen Fällen und immer dann einzuberufen, wenn er es für die ordnungsgemäße und zügige Durchführung des Verfahrens für angemessen hält;
- auf Vorschlag des Konkursverwalters die Honorare zu zahlen und die mögliche Aufhebung des Auftrages anderer Hilfspersonen anzuordnen;
- sich mit Beschwerden zu befassen, die gegen den Konkursverwalter und den Gläubigerausschuss erhoben werden;
- den Konkursverwalter schriftlich, als Kläger oder Beklagten vor Gericht zu bevollmächtigen und auf Vorschlag des Konkursverwalters die Honorare der anwaltlichen Vertreter zu bezahlen sowie ggf. deren Mandatierung zurückzunehmen;
- auf Vorschlag des Konkursverwalters, nach Feststellung des Vorliegens der gesetzlichen Voraussetzungen, die Ernennung von Schiedsrichtern vorzunehmen;
- von Dritten vorgebrachte dingliche oder persönliche Rechte zu prüfen.

193   Der beauftragte Richter entscheidet in der Regel mittels eines mit einer Begründung versehenen Beschlusses, welcher der Anfechtung unterliegt.

4. Der Konkursverwalter

194   Der Konkursverwalter ist für die **operative Leitung des Verfahrens** zuständig. Jeder Konkursverwalter muss spezifische berufliche Anforderungen iSd Art. 28 erfüllen, mithin Angehöriger eines Berufstandes, dh Rechtsanwältin/Rechtsanwalt oder Steuerberaterin/Steuerberater sein.

195   Die Tätigkeiten des Konkursverwalters umfassen im Wesentlichen Folgendes:
- Erwerb, Verwaltung und Liquidation des Vermögens des Schuldners, um den Erlös unter den in der Konkurstabelle festgestellten Gläubiger zu verteilen;
- Feststellung des Passivstands sowie aller Ursachen und Umstände der Zahlungsunfähigkeit, auch zur Unterstützung strafrechtlicher Ermittlungen.

196   Der Konkursverwalter hat während der Ausübung seines Amtes die Funktion eines Amtsträgers. Gemäß Art. 31 verwaltet der Konkursverwalter das Konkursvermögen und führt alle Verfahrenstätigkeiten unter Aufsicht des beauftragten Richters und des Gläubigerausschusses im Rahmen der ihm zugewiesenen Aufgaben und mit den Befugnissen aus, die von Zeit zu Zeit von den vorgenannten Organen nach den gesetzlichen Bestimmungen ergänzt werden.

197   Der Konkursverwalter
- darf ohne die Bevollmächtigung durch den beauftragten Richter nicht vor Gericht auftreten, es sei denn, es handelt sich um Verfahren wegen verspäteter Anmeldung von Forderungen oder die Geltendmachung von Rechten Dritter an Konkursvermögensgegenständen, oder um

Internationales Insolvenzrecht – Italien

Verfahren, die die Anfechtung von Handlungen des beauftragten Richters oder Gerichts zum Gegenstand haben;
- übt seine Funktionen höchstpersönlich aus, es sei denn, er wird vom Gläubigerausschuss ermächtigt, Dritte mit der Durchführung bestimmter Tätigkeiten zu beauftragen oder Gehilfen einzuschalten (Art. 32);
- bereitet das Liquidationsprogramm vor und führt, sobald dieses vom Gläubigerausschuss genehmigt wurde, mit Zustimmung des beauftragten Richters alle hierzu erforderlichen Handlungen aus;
- erstellt im Zusammenhang mit der Forderungsprüfung den Entwurf des Passivstandes;
- verwaltet sämtliche Beziehungen, die mit dem Vermögen des Schuldners zusammenhängen.

198 Zu den wichtigsten Aufgaben des Konkursverwalters gehört der **Bericht** gem. Art. 33 (rein inhaltlich, nicht funktional vergleichbar mit dem Insolvenzgutachten nach deutschem Recht).

199 Der Konkursverwalter ist verpflichtet, dem beauftragten Richter innerhalb von 60 Tagen nach der Eröffnung des Konkursverfahrens (eine Frist, die vom Gericht normalerweise verlängert wird, um dem Konkursverwalter ausreichend Zeit zu geben, sich einen vollständigen Überblick über die Konkursmasse zu verschaffen), einen detaillierten Bericht zu übergeben, in welchem er zu den Ursachen des Konkurses, die durch den Konkursschuldner bei Leitung der Gesellschaft angewandte Sorgfalt, zu der Haftung des Konkursschuldners oder Dritter sowie zu Tatsachen, welche ggf. auch für die Zwecke der strafrechtlichen Ermittlungen relevant sind, Stellung zu beziehen hat. Insbesondere dürfen folgende Angaben nicht fehlen:
- die Handlungen des Konkursschuldners, die bereits von den Gläubigern angefochten wurden, sowie diejenigen, welche er anfechten möchte;
- alle Informationen über die Haftung von Geschäftsführern, Kontrollorganen, Gesellschaftern und ggf. von Personen außerhalb des Unternehmens.

200 Eine Kopie dieses Berichts wird der Staatsanwaltschaft übermittelt; sein Inhalt ist in der Regel den Gläubigern oder Dritten nicht zugänglich (im Gegenteil sind die Teile, die die zu ermittelnden Verantwortlichkeiten betreffen, ausdrücklich geheim).

201 Zur Unterrichtung der Gläubiger und Dritter erstellt der Konkursverwalter dagegen alle sechs Monate **einen regelmäßigen Konkursbericht gem. Art. 33 Abs. 5,** in dem die von ihm durchgeführten Tätigkeiten zusammengefasst werden und in welchem die jeweils neuen Erkenntnisse, zusammen mit einer Übersicht zum Stand Konkurskontos (vergleichbar den Insolvenzverwalteranderkonten), aufgeführt sind. Eine Kopie des Berichts ist zum Zwecke der Einholung eventueller Stellungnahmen zu übermitteln: (i) an den Gläubigerausschuss, zusammen mit den Kontoauszügen für den betreffenden Zeitraum; (ii) an das Handelsregisteramt; (iii) per Einschreiben an Gläubiger und Inhaber von Vermögensrechten.

202 Die Korrespondenz mit dem Konkursverwalter erfolgt unter Verwendung seiner durch das Verfahren bestätigten PEC-Adresse. Die PEC-Adresse wird im Handelsregister veröffentlicht und in der Regel allen Gläubigern zusammen mit der Aufforderung zur Forderungsanmeldung gem. Art. 92 mitgeteilt.

203 Handlungen des Konkursverwalters (oder seine Unterlassungen) können mittels **Beschwerde** an den beauftragten Richter gem. Art. 36 angefochten werden. Die Beschwerde ist innerhalb von acht Tagen nach Abschluss der Handlung (oder Unterlassung) einzureichen.

204 Die Handlungen des Konkursverwalters unterliegen der ständigen Kontrolle der anderen Verfahrensorgane: bei besonders schwerwiegenden Verstößen, die das Vertrauensverhältnis zwischen den Organen zum Erliegen bringen, kann das Gericht dem Konkursverwalter jederzeit auf Vorschlag des beauftragten Richters oder auf Antrag des Gläubigerausschusses oder von Amts wegen, nach Durchführung eines kontradiktorischen Verfahrens, **das Amt entziehen.** Das Gericht erlässt einen mit Gründen versehenen Beschluss, der durch Einlegung eines Rechtsbehelfs beim Berufungsgericht (Corte di Appello) angefochten werden kann.

205 Der Konkursverwalter ist verpflichtet, seine gesetzlichen sowie die ihm zugewiesenen Aufgaben mit der nach der Art der Aufgabe erforderlichen **Sorgfalt** zu erfüllen (Art. 38). Er ist zur Führung eines sog. **Konkursbuches** angehalten, welches zu Beginn von mindestens einem Mitglied des Gläubigerausschusses abzuzeichnen ist. Der Konkursverwalter hat darin die Vorgänge im Zusammenhang mit seiner Verwaltung Tag für Tag zu erfassen. Bei Verletzung dieser Sorgfaltspflichten kann er neben der Amtsenthebung auch zum Ersatz des aufgrund seiner Handlung verursachten Schadens verpflichtet werden. Während des Konkurses wird die Haftungsklage gegen den seines Amtes enthobenen Konkursverwalter vom neuen Konkursverwalter mit Zustimmung des beauftragten Richters oder des Gläubigerausschusses erhoben.

Internationales Insolvenzrecht – Italien

5. Der Gläubigerausschuss

206   Der Gläubigerausschuss ist ein Kollegialorgan, welches vom beauftragten Richter, in der Regel auf Vorschlag des Konkursverwalters, ernannt wird. Seine Aufgabe ist es, **den Konkursverwalter in den gesetzlich vorgesehenen Fällen zu bevollmächtigen** (bei Bedarf mehrheitliche Stellungnahmen abzugeben) und **sein Handeln im Allgemeinen zu überwachen**. Jedes Mitglied des Gläubigerausschusses (bestehend aus 3–5 Mitgliedern) kann seine Aufgaben an eine Person delegieren, die ihrerseits die Voraussetzungen für das Amt des Konkursverwalters erfüllt (Art. 28).

207   Bei der Einreichung seiner Forderungsanmeldung soll jeder Gläubiger angeben, ob er bereit ist, Mitglied des Gläubigerausschusses zu werden.

208   Zu den **allgemeinen Befugnissen** des Gläubigerausschusses gehören ua:
- die Arbeit des Konkursverwalters zu überwachen (auch bei Vorlage der periodischen Konkursberichte);
- das Liquidationsprogramm zu genehmigen oder Änderungen vorzuschlagen;
- das Konkursbuch abzuzeichnen;
- alle Handlungen und Dokumente des Konkurses zu kontrollieren;
- den Konkursverwalter zu ermächtigen, bestimmte Tätigkeiten auf Dritte zu übertragen oder einen Gehilfen einzuschalten;
- Forderungskürzungen, Vergleiche, Klagerücknahmen, Anerkennung von Rechten Dritter, Annullierung von Hypotheken, Rückgabe von Verpfändungen, Freigabe von Sicherheiten, Annahme von Erbschaften und Schenkungen sowie außerordentliche Verwaltungshandlungen gem. Art. 35 sowie
- die Übernahme von im Vollzug befindlicher Verträge zu genehmigen.

209   Die Mitglieder des Gläubigerausschusses beschließen **gemeinschaftlich per Mehrheitsbeschluss**. Beratungen des Gläubigerausschusses können auch auf elektronischem Weg erfolgen. Bei Vorliegen eines Interessenkonflikts, hat sich das betreffende Ausschussmitglied bei der Entscheidung zu enthalten. Gegen Entscheidungen des Gläubigerausschusses kann gem. Art. 36 innerhalb von acht Tagen Beschwerde eingelegt werden. Ist der Gläubigerausschuss nicht eingerichtet oder funktioniert er nicht ordnungsgemäß, kann der beauftragte Richter entsprechende Ersatzmaßnahmen vorsehen. Der Gläubigerausschuss ist verpflichtet, seine Aufgaben mit der nach der Art der Aufgabe gebotenen Sorgfalt zu erfüllen und trägt die Verantwortung für Pflichtverletzungen (Art. 41 Abs. 7).

210   Die Mitglieder des Gläubigerausschusses haben Anspruch auf Erstattung nachgewiesener Auslagen; die Anerkennung eines Honorars bedarf indessen eines besonderen Beschlusses, der gem. Art. 37bis Abs. 3 von den Gläubigern gefasst wird. Der Beschluss über die Gewährung eines Honorars bedarf der Zustimmung einer solchen Anzahl von Gläubigern, die die Mehrheit der festgestellten Forderungen, unabhängig von der Höhe der einzelnen Forderungen, repräsentieren.

III. Auswirkungen des Konkursverfahrens auf den Konkursschuldner

211   Das Konkursverfahren hat zusammengefasst zur Folge:
- die **Enteignung** des Schuldners. Das Schuldnervermögen wird dem Konkursverwalter vollständig zu Verwaltungszwecken und eine daran anschließende Liquidation im Interesse der Gläubiger übertragen. Gemäß Art. 42 werden auch solche Vermögenswerte, die während der Konkurszeit in den Konkurs gelangen, ausdrücklich in den Konkurs einbezogen, abzüglich der Verbindlichkeiten, die für den Kauf und die Erhaltung solcher Vermögenswerte entstehen;
- die **Klassifizierung** von Verbindlichkeiten: es findet eine Unterscheidung zwischen Konkursschulden (dh Schulden, die vor der Konkurserklärung entstanden sind und nach den Regeln des Wettbewerbs befriedigt werden sollen) und den sog. **Masseschulden**, die stattdessen nach der Konkurserklärung entstanden sind und daher vorab zu befriedigen sind.

212   Dies hat zur Folge:
- Gemäß Art. 43 hat für sämtliche Rechtsstreitigkeiten, die das Vermögen des Konkursschuldners betreffen, der Konkursverwalter die **Prozessführungsbefugnis**. Die am Tag der Konkurserklärung rechtshängigen Klagen – die durch das Konkursverfahren automatisch unterbrochen werden – müssen innerhalb einer Frist von drei Monaten ab dem Tag der Konkurserklärung wiederaufgenommen werden. Findet eine Wiederaufnahme innerhalb dieses Zeitraums nicht statt, erlöschen die Verfahren;
- Gemäß Art. 44 sind alle Handlungen des Konkursschuldners und die von ihm nach der Konkurserklärung geleisteten Zahlungen gegenüber den Gläubigern unwirksam;
- Nach Art. 45 sind alle Verfügungen über das Vermögen gegenüber den Gläubigern gleichermaßen unwirksam, wenn sie kein bestimmtes Datum vor der Konkurserklärung haben (das

bestimmte Datum eines Dokuments ist nach italienischem Recht das Datum, an dem die Unterschriften unter diesem von einem Notar beglaubigt wurden oder wenn ein Ereignis eintritt, das jedenfalls geeignet ist, das Datum vor dem Konkurs mit Sicherheit festzustellen, wie zB die Anbringung eines Poststempels auf dem Dokument oder seine vollständige Vorlage in einem Prozess vor dem Konkurs);
- Der Schriftverkehr des Konkursschuldners in den vom Konkursverfahren betroffenen Geschäftsbeziehungen ist dem Konkursverwalter zu übergeben (Art. 48);
- Im Allgemeinen sind der Konkursschuldner, sowie die Geschäftsführer oder die Liquidatoren verpflichtet, den Konkursverwalter über jeden Wechsel ihres Wohnsitzes oder Zweitwohnsitzes zu informieren, sachdienliche Informationen zur Durchführung des Verfahrens zu geben und uneingeschränkt mit dem Konkursverwalter zusammenzuarbeiten (Art. 49).

Nur die folgenden Vermögensgegenstände sind nicht in den Konkurs einbezogen: **213**
- Vermögensgegenstände und Rechte höchstpersönlicher Natur;
- Unterhaltsbeihilfen, Gehälter, Renten, Gehälter, im Rahmen dessen, was zum Unterhalt des Konkursschuldners und seiner Familie notwendig ist (die zur Verfügung stehende Beträge werden vom beauftragten Richter festgesetzt).
- die Früchte, die sich aus dem gesetzlichen Nießbrauch des Vermögens der Abkömmlinge ergeben (usufrutto legale: gesetzliches Nießbrauchrecht der Eltern am Vermögen der Abkömmlinge) und die dem sog. Familiengut unterfallenden Vermögensgegenstände (fondo patrimoniale: nach italienischem Recht können Ehegatten in einer notariellen Urkunde vereinbaren, dass genau bezeichnete Vermögensgegenstände dem Unterhalt der Familie dienen sollen) und der daraus gezogenen Früchte, vorbehaltlich der Bestimmungen des Art. 170 italienisches Zivilgesetzbuch;
- nach dem Gesetz nicht pfändbare Vermögensgegenstände.

IV. Auswirkungen des Konkurses auf die Gläubiger

Die Konkurserklärung eröffnet den sog. Gläubigerwettbewerb (Art. 52). Alle Gläubiger mit   **214**
Forderungen vor Eröffnung des Konkursverfahrens nehmen an der Verteilung der Aktivvermögenswerte teil, die durch die Liquidation der Konkursmasse, nach dem Prinzip des par conditio creditorum und unter Beachtung rechtmäßiger (Rang-)Vorrechte zu erfolgen hat.

Das **Verbot von singulären Vollstreckungs- und Sicherungsmaßnahmen** (Art. 51) ist die   **215**
erste Wettbewerbsregel. Vollstreckungsmaßnahmen, die vor dem Konkurs eingeleitet wurden, müssen vom Vollstreckungsrichter für nicht durchführbar erklärt werden.

Einzige Ausnahme von dieser Regel ist die Grundstücksvollstreckung, dh das vom Gläubiger   **216**
auf der Grundlage eines Grundstücksdarlehens eingeleitete Vollstreckungsverfahren. In diesem Fall kann die Bank die Vollstreckungsklage auch während des Konkurses, wie in Art. 41 vorgesehen, fortsetzen und **gleichzeitig** ihre gesamte Forderung zur Konkurstabelle anmelden.

Alle Forderungen gegen den Konkursschuldner müssen zwangsläufig durch das Verfahren zur   **217**
Überprüfung des Passivstandes festgestellt werden. Es gilt der Grundsatz der **Ausschließlichkeit der Konkursfeststellung.** Im Rahmen des Forderungsfeststellungsverfahrens findet eine Art Kreuzverhör zwischen allen Gläubigern statt. Die Notwendigkeit des **Kreuzverhörs** aller Gläubiger ergibt sich aus der Tatsache, dass die Konkursmasse in der Regel nicht ausreicht, um die Gläubiger vollständig zu befriedigen, sodass die Gläubiger nicht nur ein Interesse an der Anerkennung ihres eigenen Anspruchs, sondern auch daran interessiert sind, die Ansprüche anderer Gläubiger auszuschließen.

Es wurde bereits zwischen **Konkursforderungen** und **Masseforderungen** unterschieden.   **218**
Die Konkursforderungen werden wiederum aufgeteilt in   **219**
- **bevorrechtigte Forderungen,** dh Forderungen, die ein gesetzliches Vorrecht genießen. Das Vorrecht kann **allgemeiner Natur** sein. Allgemein, weil das Vorrecht bezogen auf das gesamte Schuldnervermögen ausgeübt werden kann. Am häufigsten sind die in Art. 2751bis des italienischen Zivilgesetzbuches genannten Fälle, dh allgemeine Vorrechte von Arbeitnehmern, berufsständischen Beratern, Handelsvertretern und Handwerkern. Es gibt allerdings auch **spezielle Vorrechte,** welche nur für die Erlöse aus dem Verkauf bestimmter Vermögenswerte (Pfand und Hypothek oder die in Art. 2755 f. italienisches Zivilgesetzbuch genannten speziellen Vorrechte) gelten;
- nicht bevorrechtigte Forderungen.

Bei Bestehen eines Vorrechts hat man Anspruch auf bevorzugte Befriedigung gegenüber den   **220**
anderen Gläubigern. Das Vorrecht und die Gründe seines Bestehens müssen im Voraus während des Forderungsfeststellungsverfahrens dargelegt und bewiesen werden.

221 Gemäß Art. 54 üben die durch Hypotheken, Pfändungen oder anderen Vorzugsrechten gesicherten Gläubiger ihr Vorrecht am Verkaufspreis des betreffenden Vermögensgegenstandes (unter Berücksichtigung ihrer jeweiligen Hauptforderung, aufgelaufenen Zinsen und Auslagen) aus. Sollten sie nicht vollständig befriedigt werden, konkurrieren sie im Hinblick auf den Differenzbetrag mit den nicht bevorrechtigten Gläubigern im Rahmen der Verteilung der weiteren liquidierten Konkursmasse. Das Vorrecht erstreckt sich auch auf die Zinsen (Art. 2749, 2788 und 2855 Abs. 2 und 3 italienisches Zivilgesetzbuch), da die Konkurserklärung als Pfändung behandelt wird. Im Falle von allgemein privilegierten Forderungen endet die Berechnung der Zinsen mit dem Tag der Veröffentlichung des Verteilungsplans, auf dessen Grundlage die Forderung des privilegierten Gläubigers, ggf. auch nur teilweise, erfüllt wurde.

222 Der Konkurs hat **bestimmte Auswirkungen auf Geldschulden** (Art. 55): (i) der Zinslauf von vertraglich vereinbarten oder gesetzlichen Zinsen wird für die Zwecke des Wettbewerbs der Gläubiger bis zum Abschluss des Konkurses ausgesetzt, es sei denn, die Forderungen sind, wie vorstehend erwähnt, durch Hypothek, Pfändung oder Vorzugsrechte gesichert; (ii) Geldschulden des Schuldners gelten für die Zwecke des Wettbewerbs zum Zeitpunkt der Konkurserklärung als fällig; (iii) bedingte Forderungen nehmen gem. Art. 96, 113 und 113bis des italienischen Zivilgesetzbuches am Wettbewerb teil.

223 Eine Ausnahme von der par conditio creditorum bildet das von Art. 56 anerkannte Recht, die eigenen Forderungen mit Verbindlichkeiten gegenüber dem Schuldner **aufzurechnen,** sofern beide Forderungen bereits vor der Konkurserklärung fällig waren.

224 Bei nicht fälligen Forderungen erfolgt keine Aufrechnung, sofern der Gläubiger die Forderung nach der Konkurserklärung oder im Jahr davor durch einen Rechtsakt zwischen Lebenden (dh nicht im Wege der Erbfolge) erworben hat: dies, um spekulative Aktivitäten zum Nachteil der übrigen Gläubiger zu vermeiden.

225 Auch noch nicht fällige Forderungen, die eine andere Leistung als Geld zum Gegenstand haben (sog. **Nicht-Geldforderungen,** Art. 59), nehmen mit ihrem Gegenstandswert zum Zeitpunkt der Konkurserklärung am Wettbewerb der Gläubiger teil.

226 Gemäß Art. 61 konkurriert der Gläubiger mehrerer Gesamtschuldner im Verhältnis zu dem in Konkurs befindlichen Gesamtschuldner mit seiner Gesamtforderung. Regress zwischen den Gesamtschuldnern kann erst genommen werden, wenn der Gläubiger vollständig befriedigt wurde.

227 Schließlich sieht Art. 63 vor, dass der Mitschuldner oder Bürge des Schuldners, welcher über ein Pfandrecht oder eine Hypothek zur Sicherung seiner Regressforderung verfügt, am Wettbewerb zwischen den Gläubigern mit dem Betrag teilnimmt, für den er eine Hypothek oder ein Pfandrecht hat. Der Erlös aus dem Verkauf des mit der Hypothek belasteten oder verpfändeten Vermögensgegenstandes steht dem Gläubiger unter Abzug des aufgrund des Sicherungsrechts geschuldeten Betrages zu.

V. Auswirkungen des Konkurses auf Handlungen zum Nachteil der Gläubiger

228 Die Konkursordnung achtet besonders auf die Erhaltung der Konkursmasse, da diese die Grundlage für die Befriedigung der Gläubigeransprüche bildet.

229 Neben der **ordentlichen Anfechtungsklage** gem. Art. 2901 des italienischen Zivilgesetzbuches, die nach der Konkurserklärung gem. Art. 66 vom Konkursverwalter im Interesse aller Gläubiger zu erheben ist, gibt es eine Reihe von rechtlichen Instrumenten, die darauf abzielen, die Gläubiger vor Verfügungen über Vermögensgegenstände zu schützen, die vom Schuldner in zeitlicher Nähe des Konkurses vorgenommen wurden.

230 Zu erwähnen ist zunächst Art. 64, der unentgeltliche Verfügungen betrifft: Da keine Gegenleistung in das Schuldnervermögen geflossen ist, ist jede unentgeltliche Verfügung im Verhältnis zu den Gläubigern **unwirksam,** sofern diese in den zwei Jahren vor der Konkurserklärung vorgenommen wurde (mit Ausnahme von Anstandsgeschenken und Handlungen, die in Erfüllung einer moralischen Verpflichtung oder zum Zwecke des Gemeinwohls vorgenommen wurden, vorausgesetzt, die Spende steht im Verhältnis zum Vermögen des Schuldners).

231 In verfahrensrechtlicher Hinsicht wurde mit dem durch das Gesetz Nr. 132 vom 6.8.2015 umgesetzten Gesetzesdekrets vom 27.6.2015 ein sehr vereinfachtes Verfahren zur Behandlung unentgeltlicher Verfügungen eingeführt: die der unentgeltlichen Verfügung unterliegenden Vermögensgegenstände werden durch einfache Umschreibung aufgrund des Konkurserklärungsurteils der Konkursmasse zugeteilt (also ohne Einleitung eines Klageverfahrens, wie es in der Vergangenheit erforderlich war). Der Verfügungsgegner kann gem. Art. 36 gegen die Umschreibung Beschwerde einlegen.

Internationales Insolvenzrecht – Italien

Im Verhältnis zu den übrigen Gläubigern radikal wirkungslos sind **Zahlungen von Forderun-** 232
gen, die erst am Tag der Konkurserklärung oder später fällig geworden sind (Art. 65),
sofern diese Zahlungen vom Konkursschuldner in den zwei Jahren vor der Konkurserklärung im
Wege der Vorleistung getätigt wurden: es wird gesetzlich vermutet, dass jede Leistung, die vor
ihrer Fälligkeit getätigt wurde, den Zweck verfolgt, die übrigen Gläubiger zu benachteiligen.

In beiden Fällen geht das Gesetz davon aus, dass der Zahlungsempfänger von der Zahlungs- 233
schwierigkeit des Schuldners Kenntnis hatte.

Die wichtigste aus dem Konkurs resultierende Klage ist die **Konkursanfechtungsklage,** die – 234
wie die ordentliche Anfechtungsklage – die Erklärung der Unwirksamkeit der vor dem Konkurs
getätigten Verfügungs- oder Zahlungshandlungen nach sich zieht. Sie beruht auf unterschiedlichen
rechtlichen Annahmen, die im Folgenden erläutert werden.

Die **Konkursanfechtungsklage** hat: 235
- eine **objektive Tatbestandsebene,** welche sich mit der Rechtshandlung als solcher befasst,
deren Anfechtung beantragt wird, sofern diese im sog. Verdachtszeitraum vorgenommen wurde:
Die Beweislast des Vorliegens dieser Tatbestandsvoraussetzungen obliegt dem Konkursverwalter;
- eine **subjektive Tatbestandsebene,** welche in der Kenntnis der Zahlungsunfähigkeit des
Schuldners besteht. Diese Kenntnis muss allerdings tatsächlich vorgelegen haben (Corte di Cassazione (Kassationshof) Urt. v. 20.1.2014 – Nr. 1101). Dieser Nachweis kann auch mittels Darlegung nachvollziehbarer Indizien erbracht werden (Corte di Cassazione Urt. v. 15.12.2006 –
Nr. 26935). Bei Feststellung dieser Tatfragen sind die fachliche Qualifikation des Anfechtungsgegners sowie dessen persönliche Fähigkeit, die Indikatoren der Insolvenz zu erfassen, zu berücksichtigen (Corte di Cassazione Urt. v. 2.10.2015 – Nr. 19709). Als Indizien in Frage kommen
hier beispielsweise die Einleitung von Einzelvollstreckungsmaßnahmen, Wechselproteste, die
Einstellung der Geschäftstätigkeit, die Unfähigkeit, Sanierungspläne einzuhalten, etc.

Das Gesetz sieht **zwei verschiedene Arten** von Konkursanfechtungsklagen vor: zum einen die 236
Anfechtung von außergewöhnlichen Maßnahmen (Art. 67 Abs. 1) und zum anderen die Anfechtung gewöhnlicher Maßnahmen (Art. 67).

Außergewöhnliche Maßnahmen sind durch ein besonderes Missverhältnis zwischen den 237
vom Schuldner übernommenen Verpflichtungen im Verhältnis zur Gegenleistung gekennzeichnet.

Das Gesetz definiert Regelbeispiele, welche jeweils durch das gemeinsame Merkmal der Außer- 238
gewöhnlichkeit geprägt sind:
- entgeltliche Handlungen, die im Jahr vor der Konkurserklärung vorgenommen wurden, bei
denen die vom Schuldner übernommenen Verpflichtungen um mehr als ein Viertel über dem
liegen, was ihm als Gegenleistung gewährt oder versprochen wurde: Das **erhebliche Missverhältnis** zwischen den Leistungen ist ein Hinweis auf die Übervorteilung;
- die Begleichung fälliger Geldschulden, die nicht mit Geld oder anderen üblichen Zahlungsmitteln beglichen wurden, wenn diese Zahlungen im Jahr vor der Konkurserklärung vorgenommen
wurden: **die fehlende Üblichkeit der Tilgungsmittel** ist das qualifizierende Merkmal dieses
Regelbeispiels;
- Pfändungen, Nutzungspfandrecht und freiwillige Hypotheken, die im Jahr vor der Konkurserklärung für noch nicht fällige Verbindlichkeiten begründet wurden: in diesem Fall manifestiert
sich die mangelnde Üblichkeit durch die **Bereitstellung von Garantien, die nicht zeitgleich
mit der Fälligkeit der Verbindlichkeiten entstehen;**
- Pfändungen, Nutzungspfandrechte und gerichtliche oder freiwillige Hypotheken, die innerhalb
von sechs Monaten vor der Konkurserklärung für fällige Verbindlichkeiten begründet wurden.

Die Beweislast dafür, dass die Vollendung der Tathandlung in den Verdachtszeitraum fällt, und die 239
weiteren Tatbestandsmerkmale erfüllt sind, obliegt im Rahmen der Konkursanfechtungsklage nach
Art. 67 Abs. 1 dem Konkursverwalter. Das Gesetz stellt jedoch, wie bereits dargelegt, die widerlegbare Vermutung auf, dass der Leistungsempfänger Kenntnis von der Zahlungsunfähigkeit des
Schuldners hatte.

Art. 67 Abs. 2 regelt indes die Anfechtung gewöhnlicher Maßnahmen: Die Norm spricht von 240
Begleichung fälliger und nicht mit Geld oder anderen Zahlungsmitteln beglichenen Geldschulden. In diesem Fall wird der Verdachtszeitraum auf sechs Monate verkürzt, und dem Konkursverwalter die Beweislast hinsichtlich der Kenntnis des Leistungsempfängers von der Zahlungsunfähigkeit des Schuldners übertragen.

Im Zuge der Reform von 2005 wurde eine Reihe von **Befreiungstatbeständen** aufgenom- 241
men (Art. 67 Abs. 3):
- Zahlungen für Waren und Dienstleistungen, die im Rahmen der Geschäftstätigkeit gemäß den
Allgemeinen Geschäftsbedingungen regulär geleistet wurden;

- Im Immobilien-Register bereits eingetragene sowie vorläufige Verkäufe (dh bei welchen bereits der im italienischen Rechtsverkehr übliche notarielle Vorvertrag hinsichtlich der Übertragung der Immobilie geschlossen wurde) bezüglich Immobilien zu Wohnzwecken, die den Hauptwohnsitz des Käufers oder seiner Verwandten begründen und die zum Marktpreis abgeschlossen wurden;
- Rechtsakte, Zahlungen und Garantien über das Vermögen des Schuldners, sofern sie nach einem Plan durchgeführt wurden, der geeignet erschien, die Sanierung des Unternehmens zu ermöglichen;
- Rechtsakte, Zahlungen und Garantien, die im Zuge der Durchführung des Vergleichs zur Abwendung des Konkursverfahrens und der gem. Art. 182bis genehmigten Restrukturierungsvereinbarung geleistet wurden, sowie Rechtsakte, Zahlungen und Garantien, die nach Einreichung des in Art. 161 genannten Antrags rechtmäßig geleistet wurden;
- Gehaltszahlungen von Angestellten und anderen Mitarbeitern des Konkursschuldners, auch von solchen, die nicht weisungsabhängig tätig sind;
- Zahlung fälliger Verbindlichkeiten, die am Tag ihrer Fälligkeit (also nicht davor) geleistet wurden, um die Erbringung von Dienstleistungen zu ermöglichen, die für den Zugang zum Konkursverfahren und/oder dem Vergleich zur Abwendung des Konkursverfahrens von entscheidender Bedeutung waren.

242 Die ratio dieser Ausnahmen basiert im Wesentlichen auf der Erreichung nachfolgender Ziele: (i) die Ermöglichung der Fortsetzung der Geschäftstätigkeit (Art. 67 Abs. 3 lit. a, b und f); (ii) keine Behinderung des Abschlusses von Verträgen mit Gläubigern, die die Überwindung der Krise ermöglichen können (Art. 67 Abs. 3 lit. d und g); (iii) Schutz bestimmter Personengruppen (Art. 67 Abs. 3 lit. c).

243 Abgesehen von der Ausnahmeregelung für Überweisungen auf Bankkonten, gelten alle anderen Befreiungstatbestände als **Einwendungen,** deren Vorliegen vom Beklagten im Rahmen einer Anfechtungsklage nachzuweisen ist.

244 Bei **vorgeschalteten Verfahren** (zB ein Vergleich zur Abwendung des Konkursverfahrens, welcher dann doch in einem Konkurs mündet) beginnt der Verdachtszeitraum in allen Fällen mit der Einleitung des ersten gesetzlich vorgesehenen Verfahrens im Zusammenhang mit einem Konkurs (dh im vorgenannten Beispiel ab Einleitung des Verfahrens zum Abschluss eines Vergleichs zur Abwendung des Konkursverfahrens).

245 Abweichend von den Bestimmungen des Art. 67 Abs. 2 kann die **Zahlung eines Wechsels** nicht angefochten werden, wenn der Wechselinhaber diesen annehmen musste, um den Regresswechsel nicht zu verlieren. In diesem Fall hat der letzte Regressschuldner, gegenüber welchem der Konkursverwalter nachweisen kann, dass er bei der Einziehung oder Übergabe des Wechsels die Zahlungsunfähigkeit des Schuldners kannte, den eingezogenen Betrag an den Konkursverwalter zu erstatten (Art. 68).

246 Art. 69 sieht einen Sonderfall der Konkursanfechtungsklage vor: Verfügungen und Zahlungen **zwischen Ehepartnern** während der Zeit, in der der Konkursschuldner ein Handelsunternehmen betrieb, und unentgeltliche Verfügungen, zwischen Ehepartnern, die mehr als **zwei Jahre** vor der Konkurserklärung vorgenommen wurden, unterliegen der Konkursanfechtung, es sei denn, der Ehepartner kann nachweisen, dass er keine Kenntnis von der Zahlungsunfähigkeit des Konkursschuldners hatte.

247 Sowohl die Konkurs- als auch die ordentliche Anfechtungsklage müssen durch den Konkursverwalter innerhalb von **drei Jahren** nach der Konkurserklärung und auf jeden Fall innerhalb von **fünf Jahren** nach Abschluss der Handlung erhoben werden. Die Unwirksamkeit iSd Art. 64 und 65 kann hingegen ohne zeitliche Begrenzung geltend gemacht und festgestellt werden.

248 Unterliegt der Anfechtungsgegner im Prozess, ist er verpflichtet, seine Leistung erneut zu erbringen. Er ist allerdings berechtigt, den Gegenwert für seine Leistung als vorab zu befriedigende Forderung zur Konkurstabelle anzumelden (wie gesagt vergleichbar mit der Masseforderung in Deutschland).

VI. Auswirkungen des Konkurses auf bestehende Rechtsverhältnisse

249 Es kann vorkommen (und das ist die Regel), dass zum Zeitpunkt der Konkurserklärung **Verträge** bestehen, deren Leistungen von beiden Parteien noch **nicht vollständig erfüllt sind.** Auch diese Verträge gehören zum Vermögen des Schuldners und unterliegen daher der Enteignung.

250 Nach der Reform von 2006 und mit den in den Folgejahren eingeleiteten Korrekturmaßnahmen hat der Gesetzgeber Art. 72 eingeführt. Es handelt sich um eine **allgemeine Regel,** die für alle zum Zeitpunkt der Eröffnung des Konkursverfahrens bestehenden Rechtsverhältnisse gilt.

Wenn ein Vertrag von beiden Parteien noch nicht oder nicht vollständig erfüllt ist, wird die **Durchführung des Vertrages** (vorbehaltlich der nachstehend beschriebenen Ausnahmen) ausgesetzt, bis der Konkursverwalter mit Zustimmung des Gläubigerausschusses erklärt, den Vertrag anstelle des Konkursschuldners zu übernehmen, alle diesbezüglichen Verpflichtungen zu erfüllen oder sich vom Vertrag zu lösen. Nur der Konkursverwalter ist berechtigt, diese Wahl zu treffen; der Vertragspartner hat sich dieser Wahl schlicht zu beugen.

Es gibt keine Frist, innerhalb derer der Konkursverwalter seinen Willen äußern muss. Der Vertragspartner ist allerdings berechtigt, den Konkursverwalter **in Verzug zu setzen,** indem er ihm vom beauftragten Richter eine Frist von höchstens 60 Tagen setzten lässt, nach deren Ablauf – in Ermangelung einer Willensbekundung – der Vertrag als aufgelöst gilt. 251

Im Falle der **Auflösung eines Vertrages** ist der Vertragspartner des Konkursschuldners nur berechtigt, den aus der Nichterfüllung des Vertrages resultierenden Anspruch zur Konkurstabelle anzumelden; zur Geltendmachung von Schadenersatz ist er indes nicht legitimiert. Der Anspruch wird als nicht bevorrechtigte Forderung zur Tabelle genommen. 252

Im Falle seiner **Übernahme** wird der Vertrag regelmäßig fortgesetzt, und die daraus resultierenden Verpflichtungen gelten als vorab abzugsfähige Verbindlichkeiten (ähnlich den Masseverbindlichkeiten in Deutschland). Es ist zu beachten, dass die Übernahme auf der Grundlage einer ausdrücklichen Erklärung oder aber auch nur aufgrund schlüssigen Verhaltens des Konkursverwalters erfolgen kann, wenn der Konkursverwalter Tätigkeiten ausübt, die mit der Absicht der Auflösung unvereinbar sind. 253

Gegen die Entscheidung über die Auflösung oder Übernahme des Vertrages kann nach den üblichen Regeln Beschwerde beim Konkursgericht erhoben werden (Art. 36). 254

Die vor dem Konkurs gegen die nicht erfüllende Partei erhobene Klage mit dem Ziel der Auflösung des Vertrages hat indes gegenüber dem Konkursverwalter Wirkung. Strebt die Vertragspartei die Rückerstattung eines Betrages oder eines Vermögensgegenstandes oder Schadenersatz an, so kann sie einen entsprechenden Antrag auf Zulassung zur Konkurstabelle stellen. 255

Vertragsbestimmungen, wonach der Vertrag im Falle des Eintritts eines Konkurses aufgelöst werden soll, sind unwirksam. Gleiches gilt für Vertragsklauseln, die zu ähnlichen Ergebnissen führen (zB solche, die die Vertragspartei berechtigen, im Falle des Konkurses des Vertragspartners vom Vertrag zurückzutreten). 256

Für den Fall, dass die **vorläufige Weiterführung des Unternehmens** durch den Schuldner angeordnet wurde (eine Art vorläufige Eigenverwaltung), werden die laufenden Verträge fortgesetzt, es sei denn, der Konkursverwalter beschließt deren Auflösung (Art. 104 Abs. 7). 257

Zusätzlich zu diesen allgemeinen Bestimmungen hat der Gesetzgeber für eine ganze Reihe von Einzelverträgen spezielle Regeln eingeführt: 258

- **Verträge über zu errichtende Gebäude.** Art. 72bis sieht vor, dass Verträge gem. Art. 5 des Gesetzesdekrets vom 20.6.2005 Nr. 122 (Verträge über zu errichtende Gebäude) aufgelöst werden, sofern der Käufer seine Rechte aus einer Vertragserfüllungsbürgschaft geltend macht, bevor der Konkursverwalter seine Wahl zwischen Ausführung oder Auflösung mitteilt. In jedem Fall ist eine Berufung auf dieses Sicherungsmittel nicht mehr möglich, sobald der Konkursverwalter mitgeteilt hat, dass er den Vertrag erfüllen werde.
- **Leasingverträge** (Art. 72): Fällt der Leasingnehmer in Konkurs und ist die vorläufige Eigenverwaltung des Unternehmens angeordnet, wird der Vertrag weiter ausgeführt, es sei denn, der Konkursverwalter erklärt, dass er den Vertrag auflösen möchte. Im Falle der Vertragsauflösung hat der Leasinggeber einen Anspruch auf Rückgabe des Vermögensgegenstandes und ist verpflichtet, dem Konkursverwalter die Differenz zwischen dem höheren Betrag, der durch den Verkauf oder eine andere Verwertung des Vermögensgegenstandes zum Marktwert erzielt wurde, und dem Restnennbetrag des Kredits auszuzahlen. Für die bereits eingezogenen Beträge gilt der Befreiungstatbestand der Art. 67 Abs. 3 lit. a. Der Leasinggeber ist berechtigt, die Differenz zwischen seiner Kreditforderung zum Zeitpunkt des Konkurses und dem Betrag aus der alternativen Verwertung des Vermögensgegenstandes zur Konkurstabelle anzumelden. Auch im Falle des Konkurses des Leasinggebers bleibt das Vertragsverhältnis bestehen; der Leasingnehmer erhält indes das Recht, am Ende der Laufzeit des Vertrages das Eigentum an dem Vermögengegenstand zu erwerben. Dies natürlich nur unter dem Vorbehalt der Zahlung der Mieten und des vereinbarten Kaufpreises;
- **Verkauf unter Eigentumsvorbehalt.** Im Falle des Konkurses des Käufers kann der Konkursverwalter den Vertrag mit Zustimmung des Gläubigerausschusses übernehmen. Der Verkäufer ist allerdings berechtigt, Sicherheiten zu verlangen, es sei denn, der Konkursverwalter zahlt den Kaufpreis sofort unter Abschlag der gesetzlichen Zinsen. Löst der Konkursverwalter den Vertrag auf, so hat der Verkäufer die bereits erhaltenen Kaufpreisraten zurückzuerstatten, unbeschadet

des Rechts auf eine angemessene Vergütung für die Nutzung des Gegenstandes. Der Konkurs des Verkäufers ist kein Grund für die Beendigung des Vertrages;
- **Verträge mit kontinuierlicher oder periodischer Durchführung:** Übernimmt der Konkursverwalter den Vertrag, so hat er auch den vollen Preis für bereits erbrachte Lieferungen oder Leistungen zu zahlen (Art. 74);
- **Betriebspachtvertrag:** Der Konkurs stellt keinen Grund für eine Vertragsbeendigung dar. Jede Partei des Betriebspachtvertrages kann jedoch innerhalb von 60 Tagen seit Konkurserklärung vom Vertrag zurücktreten und der anderen Partei eine angemessene Entschädigung zahlen. Die Höhe der zu leistenden Entschädigung wird im kontradiktorischen Verfahren vom beauftragten Richter, nach Anhörung der Parteien, festgelegt (Art. 79);
- **Immobilienmiete:** Der Konkurs des Vermieters löst den Mietvertrag nicht auf und der Konkursverwalter hat diesen zu übernehmen. Beträgt die Vertragsdauer mehr als vier Jahre ab Konkurserklärung, so hat der Konkursverwalter innerhalb eines Jahres ab Konkurserklärung das Recht, vom Vertrag zurückzutreten, indem er dem Mieter eine angemessene Entschädigung für den vorzeitigen Rücktritt zahlt. Der Rücktritt wird vier Jahre nach Konkurserklärung wirksam. Im Falle des Konkurses des Mieters kann der Konkursverwalter jederzeit vom Vertrag zurücktreten und dem Vermieter eine angemessene Entschädigung für den vorzeitigen Rücktritt zahlen. Der Anspruch auf Entschädigung wird im Voraus erfüllt (Art. 80);
- **Werkvertrag:** Werkverträge werden mit Konkurserklärung einer der Parteien grundsätzlich ex lege beendet, es sei denn der Konkursverwalter erklärt mit vorheriger Zustimmung des Gläubigerausschusses, dass er in das Vertragsverhältnis eintreten möchte. Hierüber hat er die andere Vertragspartei innerhalb von 60 Tagen nach Konkurserklärung in Kenntnis zu setzen und geeignete Sicherheiten anzubieten. Im Falle des Konkurses des Werkunternehmers wird das Vertragsverhältnis nur dann aufgelöst, wenn dessen persönliche Eigenschaften einen entscheidenden Grund für den Vertragsabschluss darstellten, es sei denn, der Auftraggeber lässt die Fortsetzung des Vertragsverhältnisses mit dem Konkursverwalter nicht zu. Dies gilt unbeschadet der Vorschriften für öffentliche Bauaufträge (Art. 81);
- **Schiedsvereinbarungen:** Wird ein Vertrag, der eine Schiedsklausel enthält, nach den Bestimmungen der Konkursordnung gekündigt oder nicht weitergeführt, kann auch ein bereits laufendes Schiedsverfahren nicht fortgesetzt werden (Art. 83bis). Der Kassationshof hat jedoch mit Entscheidung v. 8.11.2018 – Nr. 28533 klargestellt, dass Art. 83bis keine Anwendung finden (und das anhängige Schiedsverfahren fortgesetzt werden kann), sofern der die Schiedsklausel enthaltende Vertrag bereits ganz oder teilweise durchgeführt wurde.

VII. Konkursverwaltung

259   Die Enteignung erfolgt im Wesentlichen durch das Anbringen von Siegeln (Art. 84) durch den Konkursverwalter am Sitz der Gesellschaft bzw. des Unternehmers. In der Praxis bedeutet dies, dass der Konkursverwalter sich persönlich an den Hauptsitz der Gesellschaft oder an den Sitz von Zweigstellen oder Filialen begibt, mithin an alle Orte, an denen sich die Vermögensgegenstände des Konkursschuldners befinden.

260   Unmittelbar nach der Konkurserklärung sind dem Konkursverwalter zu übergeben:
- Bargeld;
- Wechsel und andere Wertpapiere, einschließlich fälliger Wertpapiere;
- Buchführungsunterlagen und alle anderen Unterlagen, die von ihm angefordert oder erworben wurden, sofern diese noch nicht bei der Geschäftsstelle hinterlegt sein sollten.

261   Der Konkursverwalter ist verpflichtet, das Inventar so schnell wie möglich zu errichten (Art. 87) und mit der Unterstützung des Geschäftsstellenbeamten ein Protokoll über die durchgeführten Tätigkeiten zu erstellen. Die Gläubiger sind berechtigt, einzugreifen.

262   Vor der Schließung des Inventars fordert der Konkursverwalter den Konkursschuldner auf zu erklären, ob er Kenntnis davon hat, dass weitere Vermögenswerte in das **Inventar** aufgenommen werden müssen. Der Konkursverwalter hat den Schuldner im Zusammenhang mit dieser Aufforderung auf die in Art. 220 für den Fall einer falschen oder unterlassenen Erklärung vorgesehenen Sanktionen hinzuweisen.

263   Bewegliche Sachen, an denen Dritte erkennbar dingliche oder persönliche Rechte haben, können auf Antrag des Betroffenen und mit Zustimmung des Konkursverwalters und des Gläubigerausschusses, ohne dass es eines entsprechenden formellen Antrags bedürfte, durch Beschluss des beauftragten Richters herausgegeben werden.

264   Fällt ein Grundstück oder ein anderer Vermögengegenstand, welcher der öffentlichen Registrierung unterliegt, in die Konkursmasse, stellt der Konkursverwalter den zuständigen Behörden einen

Internationales Insolvenzrecht – Italien

Auszug aus dem Konkurserklärungsurteil zu, damit der Konkurs in das betreffende öffentliche Register eingetragen wird.

Auf der Grundlage der so gewonnenen Erkenntnisse muss der Konkursverwalter anhand der Buchführungsunterlagen und der weiteren im Zuge seiner Ermittlungen erhaltenen Informationen die Liste der Gläubiger unter Angabe ihrer jeweiligen Forderungen und ggf. bestehender Vorrechte sowie eine Liste aller Personen erstellen, die dingliche und/oder persönliche Rechte an Vermögensgegenständen beanspruchen, welche sich im Besitz oder der Verfügungsgewalt des Konkursschuldners befinden (Art. 89). Diese Listen werden bei der Geschäftsstelle hinterlegt, haben jedoch keinerlei Anerkennungsfunktion hinsichtlich des tatsächlichen Bestehens der in ihnen aufgeführten Rechte. Diese Feststellung wird im Zusammenhang mit der Überprüfung des Passivstandes vorgenommen. 265

Unmittelbar nach der Veröffentlichung des Konkurserklärungsurteils stellt der Geschäftsstellenbeamte **die Akte des Verfahrens**, auch in elektronischer Form, mit einem Verzeichnis zusammen, das alle Dokumente, Beschlüsse und Anträge enthält, die in geeignete Abschnitte unterteilt sind, mit Ausnahme derjenigen, die aus Gründen der Vertraulichkeit getrennt aufbewahrt werden müssen. 266

Diese Akte ist dem **Gläubigerausschuss** zugänglich, der das Recht hat, die darin enthaltenen Dokumente einzusehen. Auch der **Konkursschuldner** ist zur Einsichtnahme berechtigt, wobei ihm der Zugang zum Bericht des Konkursverwalters und allen auf Anordnung des beauftragten Richters reservierten Dokumente verwehrt ist. Die andere **Gläubiger** und **Dritte** haben **nur nach Genehmigung durch den beauftragten Richter** ein Recht auf Einsichtnahme und Erhalt von Kopien von Unterlagen, an denen ein besonderes und aktuelles Interesse besteht (Art. 90). 267

VIII. Bewertung des Passivstandes und der dinglichen Rechte Dritter

1. Allgemeine Grundsätze

Die **Bildung des Passivstandes** ist das Verfahren, durch das die im Konkursverfahren zu befriedigenden Forderungen festgestellt werden. Es gilt der **Ausschließlichkeitsgrundsatz der Konkursfeststellung** (weiter gestärkt durch die Reform von 2006), aufgrund dessen jeder verpflichtet ist, der eine Forderung gegen den Konkursschuldner hat oder Inhaber eines dinglichen oder persönlichen Rechts an Vermögensgegenständen desselben ist, seine Forderung (bzw. sein Recht) im Konkursverfahren feststellen zu lassen. 268

Die Forderungsfeststellung stützt sich verfahrenstechnisch auf einen vom Gesetzgeber als strukturell geeignet erachteten Ritus, welcher die notwendige Beteiligung aller Gläubiger im kontradiktorischen Verfahren beinhaltet, um die Sicherstellung des **Wettbewerbs** auch in dieser Verfahrensphase zu gewährleisten. 269

Aus diesem Grund sieht die ständige Rechtsprechung vor, dass, sobald ein Konkursverfahren läuft, Anträge auf Feststellung einer Forderung in einem ordentlichen Verfahren nicht mehr statthaft sind. 270

Der Grundsatz der Ausschließlichkeit wurde durch den Gesetzgeber der Reform 2006 mit der ausdrücklichen Klarstellung weiter gestärkt, dass die Konkursfeststellung auch für die vorab zu befriedigenden Forderungen (Art. 111) sowie alle Forderungen Dritter gilt, die darauf abzielen, einen Vermögensgegenstand aus der Konkursmasse zu entfernen. 271

Die Konkursfeststellung entfaltet nach ständiger Rechtsprechung Wirkungen **nur** im Zusammenhang mit dem Konkursverfahren (Art. 96). 272

Seit der Reform von 2006 wird das Verfahren auf Feststellung des Passivstandes als **echtes streitiges Gerichtsverfahren** behandelt, in welchem der Grundsatz des rechtlichen Gehörs und der Unparteilichkeit des Richters beachtet werden müssen, was erhebliche praktische Folgen hat. 273

Das Verfahren besteht aus nachfolgenden Schritten: 274
- eine notwendige Vorbereitungsphase, die vom Konkursverwalter durchgeführt wird;
- eine Phase der Prüfung im engeren Sinne (welche gem. Art. 102 ausgelassen werden kann, sofern von unzureichender Masse auszugehen ist), welche die folgenden Schritte umfasst: (i) Eingang der Forderungsanmeldungen (Art. 93), (ii) deren Prüfung und die Bildung des Passivstandes, (iii) Abhalten einer Gläubigerversammlung, (iv) Erklärung der Vollstreckbarkeit des Passivstandes und (v) Mitteilung an die Gläubiger;
- eine etwaige Phase der Anfechtung des Passivstandes.

2. Die Vorbereitungsphase

275 Diese Phase ist geprägt von zwei Hauptpflichten des Konkursverwalters: (i) die Erstellung der Gläubigerlisten; (ii) die Mitteilung an die Gläubiger. Zur **Erstellung der Gläubigerlisten** → Rn. 214 ff. Nach der Erstellung der Listen ist allen Gläubigern und anderen interessierten Parteien unverzüglich eine **Mitteilung** mit dem folgenden Inhalt zuzustellen:
- offizielle Bekanntmachung, dass sie am **Wettbewerb** der Gläubiger teilnehmen können, indem sie einen Forderungsanmeldungsantrag einreichen;
- Bekanntgabe des **Datums,** an welchem die Prüfung des Passivstandes stattfinden wird, und des Datums, bis zu welchem Forderungsanmeldungsanträge eingereicht werden müssen; diese Mitteilung ist mit dem Hinweis darauf zu versehen, dass es sich um eine gesetzliche Ausschlussfrist handelt;
- Mitteilung **aller nützlichen Informationen,** die die Einreichung des Antrags erleichtern (Art. 92).

276 Diese Mitteilung ist an **jeden** zu richten, der eine Forderung hat, auch wenn der Konkursverwalter dies erst nach der Erstellung der in Art. 89 genannten Listen erfahren hat, sowie an **diejenigen, die berechtigt sind, Anträge auf Herausgabe von beweglichen oder unbeweglichen Sachen zu stellen.** Zu den Adressaten der Mitteilung gehören auch die Massegläubiger, da deren Forderungen ebenfalls erst nach Aufnahme in die Tabelle befriedigt werden.

277 Nach ständiger Rechtsprechung kann in der Mitteilung des Konkursverwalters kein konkludenter Verzicht auf Einwände gegen die jeweilige Forderung gesehen werden. Die Mitteilung hat keine die Verjährung gem. Art. 2944 des italienischen Zivilgesetzbuches unterbrechende Wirkung.

3. Die Phase der Prüfung im engeren Sinne

278 Die Prüfungsphase beginnt mit der Einreichung des Antrags auf Anmeldung zur Konkurstabelle und endet mit der Verhandlung zur Feststellung der Forderungen im kontradiktorischen Verfahren unter Beteiligung sämtlicher Gläubiger.

279 Von zentraler Bedeutung für die Prüfungsphase ist die Verhandlung über die Feststellung des Passivstandes, sodass
- der Forderungsanmeldungsantrag des Gläubigers spätestens **30 Tage** vor der mündlichen Verhandlung eingereicht werden muss;
- der Entwurf des Passivstandes vom Konkursverwalter spätestens **15 Tage** vor der mündlichen Verhandlung zu erstellen und bei der Geschäftsstelle zu hinterlegen ist;
- Die Gläubiger können bis zum Tag der mündlichen Verhandlung Stellungnahmen zum Entwurf des Passivstandes abgeben.
- Die **Verhandlung** zur Überprüfung der Forderungen findet vor dem beauftragten Richter statt.

280 Wie bereits erwähnt, ist der **Antrag auf Anmeldung** zur Konkurstabelle das einzige Instrument, das dem Konkursgläubiger zur Verfügung steht, um an der Verwertung der Konkursmasse sowie an der quotalen Befriedigung seiner Forderung teilnehmen zu können.

281 Traditionell wird unterschieden zwischen „**rechtzeitigen**" Anmeldungen („domande tempestive", dh Anmeldungen, die innerhalb der 30 Tage vor der mündlichen Verhandlung eingereicht wurden, und „**späten**" Anmeldungen („domande tardive"), dh Anmeldungen, die nach diesem Datum, allerdings innerhalb von 12 Monaten nach Hinterlegung des Vollstreckbarkeitsbeschlusses des Passivstandes eingereicht wurden (die in Fällen höherer Komplexität des Verfahrens auf 18 Monate erhöht werden können). Nach Ablauf dieser letzten Frist und bis zum Abschluss der Verteilung der Aktiva ist es in Ausnahmefällen, in denen der Schuldner nachweisen kann, dass die Verzögerung nicht auf ihn zurückzuführen ist, möglich, eine sog. „**super-späte Anmeldung**" („domanda super-tardiva" oder „ultra-tardiva") zu stellen.

282 Seit der Reform von 2006 unterliegen alle Anträge dem gleichen Bewertungsverfahren, welches in den Art. 95 ff. festgelegt ist.

283 Folgende Personen sind antragsberechtigt:
- **Konkursgläubiger,** dh solche, die Forderungen oder Ansprüche auf Rückerstattung oder Herausgabe von beweglichen oder unbeweglichen Sachen haben, die aus der Zeit vor Konkurserklärung resultieren. Sie sind verpflichtet, nicht nur das Bestehen ihrer Forderung nachzuweisen, sondern auch, dass diese bereits vor der Konkurserklärung bestand;
- die **Inhaber vorab zu befriedigender (oder Masse-) Forderungen,** dh von Forderungen, die während des laufenden Verfahrens durch den Konkurs veranlasst wurden (zB aufgrund von Aufträgen durch den Konkursverwalter), mit Ausnahme von solchen, die rang- und betragsmäßig nicht bestritten werden.

Die Anmeldung ist zu verbinden mit einem **Antrag** („ricorso") und zusammen mit den Belegen 284
gem. Art. 92 an das zertifizierte E-Mail-Postfach des Konkurses (PEC) zu senden. Die Antragstellung unterliegt **keinem Anwaltszwang**. Sollte der Gläubiger sich dennoch von einem Rechtsanwalt unterstützen lassen, ist eine Erstattung der Anwaltskosten gesetzlich nicht vorgesehen.

Art. 93 regelt den **Inhalt des Antrags**. Folgende Informationen sind erforderlich: 285
- Angabe des Konkursverfahrens;
- Daten des Gläubigers;
- Darlegung der Forderung oder Beschreibung des Vermögensgegenstands, bezüglich dessen die Herausgabe verlangt wird;
- kurze Beschreibung der Tatsachen und rechtlichen Elemente, die den Grund für die Anmeldung bilden;
- Bezeichnung etwaiger Vorrechte;
- Angabe des zertifizierten E-Mail-Postfachs des Gläubigers, an welches alle Mitteilungen im Zusammenhang mit dem Verfahren zu senden sind.

Das Fehlen einzelner der vorgenannten Angaben kann zur **Unzulässigkeit** des Antrags insgesamt 286
führen (Art. 93 Abs. 4 und 5). Der Antrag darf jedoch erneut eingereicht werden. Wird die Angabe über ein Vorrecht unterlassen, wird die Forderung als nicht bevorrechtig in die Tabelle aufgenommen. Vergisst der Gläubiger die Mitteilung eines zertifizierten E-Mail-Postfachs, werden die an ihn adressierten Mitteilungen bei der Geschäftsstelle hinterlegt.

In der mündlichen Verhandlung kann der Richter auf Antrag eine **Beweisaufnahme** durchführen. 287
Bevorzugte Beweismittel sind Urkunden (privatschriftliche Schreiben mit einem bestimmten Datum im rechtlichen Sinne, Registerbuch, Kontoauszug, Buchhaltungsunterlagen, endgültig in Rechtskraft erwachsene Gerichtsbeschlüsse und -urteile). Beweisdokumente sind der Forderungsanmeldung beizufügen, können jedoch bis zur mündlichen Verhandlung nachgereicht werden. Schließlich ist an dieser Stelle erneut darauf hinzuweisen, dass der Gläubiger das Recht hat, in seinen Antrag eine Erklärung über seine Bereitschaft aufzunehmen, die Funktion des Mitglieds des **Gläubigerausschusses** zu übernehmen oder eine andere Person für diese Aufgabe vorzuschlagen.

4. Der Entwurf des Passivstandes

Das Prüfungsverfahren hat sich am Inhalt der Forderungsanmeldungen zu orientieren. Es gilt 288
die **Dispositionsmaxime,** dh das Gericht muss sich in seiner Urteilsfindung innerhalb der Grenzen der Anträge halten und ist nicht berechtigt, seiner Entscheidung von sich aus nicht vorgebrachte Einreden zugrunde zu legen.

Der Konkursverwalter ist für die Prüfung der Anträge und zur Entscheidung über die Aufnahme 289
zur Konkurstabelle verantwortlich. Seine Entscheidung muss mit einer Begründung versehen sein. Zu den häufigsten Beanstandungen der Konkursverwalter gehören (i) der Mangel des Vorliegens eines bestimmten Datums im Rechtssinne, (ii) das Fehlen eines Forderungsgrundes und (iii) die sog. Anfechtungseinrede.

Der Richter ist berechtig, Einwendungen zu berücksichtigen, die von Amts wegen festgestellt 290
werden können, vorausgesetzt, dass die diesen zugrundeliegenden Tatsachen klar aus den Verfahrensakten hervorgehen. Der Richter hat ferner die Befugnis und Pflicht, den Antrag ggf. zu konkretisieren und die auf den konkreten Fall anzuwendenden Rechtsvorschriften festzulegen.

Im laufenden Verfahren können nach herrschender Meinung auch die konkurrierenden Gläubi- 291
ger Einwendungen oder Einreden geltend machen, deren Geltendmachung vom Konkursverwalter unterblieben ist. Das Fristende für deren Erhebung fällt mit dem Datum der mündlichen Verhandlung zusammen. Eine Liste sämtlicher eingereichter Forderungsanmeldungen sowie die vom Konkursverwalter bezüglich jeder einzelnen Forderung eingenommene Rechtsansicht stellen zusammengenommen den **Entwurf des Passivstandes** dar. In der mündlichen Verhandlung entscheidet der beauftrage Richter über jeden Forderungsanmeldungsantrag, allerdings innerhalb der Grenzen der vom Konkursverwalter formulierten Prüfungsergebnisse und der von den anderen Verfahrensbeteiligten vorgebrachten Einwände (Art. 95 Abs. 3).

5. Bildung und Vollstreckbarkeit des Passivstandes

Der beauftragte Richter entscheidet über Annahme, Ablehnung oder Unzulässigkeit der 292
Anmeldungen per Beschluss („decreto"), welcher einer kurzen Begründung bedarf. Der beauftragte Richter kann auch eine Aufnahme unter Vorbehalt anordnen, dies allerdings nur in den vom Gesetz vorgesehenen Fällen.

Dies ist beispielsweise möglich bei (i) bedingten Forderungen, (ii) Forderung, zu deren Nach- 293
weis kein Titel vorgelegt werden konnte und die Nichtvorlage auf Tatsachen beruht, die der

Internationales Insolvenzrecht – Italien

Gläubiger nicht zu vertreten hat, es sei denn, der Titel kann innerhalb der vom Richter festgelegten Frist nachgereicht werden oder bei (iii) Forderungen, die durch ein nicht rechtskräftig gewordenes Urteil festgestellt wurden.

294 Dies bedeutet im Ergebnis, dass zum Nachweis der Forderung grundsätzlich ein Titel erforderlich ist, es sei denn sie ergibt sich zweifelsfrei aus vorgelegten Beweisdokumenten wie einer Rechnung. Nach Abschluss der Prüfung aller Anträge bildet der beauftragte Richter den Passivstand und erklärt diesen in einem Beschluss, welcher sämtliche Anträge umfasst, für vollstreckbar. Der für vollstreckbar erklärte Passivstand wird bei der Geschäftsstelle hinterlegt. Anschließend ist der Konkursverwalter verpflichtet, alle Gläubiger über den bei der Geschäftsstelle hinterlegten Passivstand zu informieren und sie über ihre Rechtsmittel belehren.

6. Beschwerdemöglichkeiten

295 Beschwerden gegen den Passivstand sind in den Art. 98 und 99 geregelt. Es gibt drei Arten von Beschwerden:
1. **Widerspruch** („opposizione allo stato passivo") gegen den Passivstand: ein Rechtsbehelf, mit dem die Gläubiger die Ablehnung einer Forderungsanmeldung ganz oder teilweise anfechten können;
2. **Anfechtung von zur Konkurstabelle zugelassenen Forderungen** („impugnazione dei crediti ammessi"): ein Rechtsbehelf, mit dem Gläubiger, die Inhaber von Sicherheiten an Vermögensgegenständen des Konkursschuldners sind, die Zulassung einer Forderung eines anderen Gläubigers bestreiten können.
3. **Forderungszulassungsanfechtung** („„revocazione"): ein Rechtsbehelf, der, auch nach Ablauf der für die in Ziff. 1 und 2 genannten Rechtsbehelfe geltenden Fristen, eine nur unter engen Voraussetzungen mögliche Anfechtung zur Tabelle zugelassener Forderungen erlaubt. Es handelt sich hier um Fälle wie die Zulassung einer Forderung aufgrund Falschvortrags des anmeldenden Gläubigers, vorsätzliches Fehlverhalten, das Vorliegen eines wesentlichen Irrtums oder der Unkenntnis von relevanten Dokumenten, die aus nicht zu vertretenden Gründen nicht rechtzeitig vorgelegt wurden.

296 Das Verfahren ist für alle drei Arten gleich; es herrscht **Anwaltszwang**. Es wird mit einem Antrag bei der Geschäftsstelle des zuständigen Gerichts innerhalb von 30 Tagen ab (i) dem Datum der Mitteilung der Hinterlegung des vollstreckbaren Passivstandes oder (ii) im Falle der Forderungszulassungsanfechtung ab der Entdeckung der zur Anfechtung berechtigenden Tatsachen oder dem Auffinden relevanter Dokumente eingeleitet. Das Gericht entscheidet innerhalb von 60 Tagen nach der mündlichen Verhandlung oder dem Ablauf einer für die Einreichung von Schriftsätzen festgelegten Frist. Die Zustellung des Beschlusses an die Parteien erfolgt durch die Geschäftsstelle. Mit der Zustellung werden die Parteien darüber belehrt, dass sie den Beschluss innerhalb der nächsten 30 Tage durch Einlegung einer Rechtsbeschwerde beim Kassationshof („Corte di Cassazione") anfechten können.

7. Prognose der unzureichenden Befriedigung

297 Nach dem mit der Reform von 2006 eingeführten Wortlaut stellt Art. 102 eindeutig klar, dass in die Forderungsprüfung nicht eingetreten wird, sofern sich bei Eröffnung des Konkursverfahrens herausstellt, dass das in der Konkursmasse vorhandene Vermögen nicht ausreichen wird, um auch nur einen der Gläubiger zu befriedigen.

IX. Liquidation von Vermögensgegenständen

298 Eine der grundlegenden Aufgaben des Konkursverwalters ist die **Liquidation** der Vermögensgegenstände der Konkursmasse. Fällt in die Konkursmasse ein Geschäftsbetrieb, dessen Weiterführung sinnvoll erscheint, kann eine **vorläufige Betriebsfortführung** angeordnet werden (Art. 104), sofern eine Betriebsunterbrechung zu schweren Schäden führen würde. Voraussetzung ist, dass die Betriebsfortführung für die Gläubiger nicht nachteilig ist.

299 Gerade wegen der potenziell schädlichen Folgen, die eine Betriebsfortführung mit sich bringt, unterliegt sie der ständigen Überprüfung durch die Organe des Konkursverfahrens. Die Fortsetzung der Geschäftstätigkeit kann auch indirekt durch eine **Unternehmenspacht** (Art. 104bis) erfolgen. Der Konkursverwalter ist verpflichtet, innerhalb von 60 Tagen nach Erstellung des Inventars und spätestens 180 Tage nach Konkurserklärung das sog. Liquidationsprogramm (Art. 104ter) vorzubereiten. Dieses enthält eine Planung für die Verfahren und Verwertungsfristen.

Das Liquidationsprogramm soll ua bestimmen: die Angemessenheit einer vorläufigen Betriebs- 300
fortführung oder der Zulassung einer Unternehmenspacht; das Vorliegen von Vergleichsangeboten
und deren Inhalt; das Vorliegen eventueller Schadenersatzklagen, Rückforderungs- oder Konkursanfechtungsklagen und deren wahrscheinlicher Ausgang; die Möglichkeit einer Gesamtübertra-
gung des Unternehmens, einzelner Zweigniederlassungen, Vermögensgegenstände oder Rechtsverhältnisse; die Bedingungen für den Verkauf einzelner Vermögensgegenstände sowie die Frist,
innerhalb derer die Liquidation der Vermögenswerte abgeschlossen wird (welche in der Regel
zwei Jahre nicht überschreiten darf).

Das Liquidationsprogramm wird vom Gläubigerausschuss genehmigt (der Änderungen vor- 301
schlagen kann) und dem beauftragten Richter zur Prüfung vorgelegt, der wiederum die einzelnen
Verwertungsmaßnahmen genehmigt. Vorzugsweise sollte die Liquidation die Übertragung des
Unternehmens oder des Vermögens en bloc vorsehen (Art. 105).

Der Konkursverwalter hat sämtliche Liquidationsmaßnahmen gem. Art. 107 in marktüblicher 302
Form, auch unter Einbezug von Spezialisten, durchzuführen. Die zur Konkursmasse gehörenden
Vermögensgegenstände müssen in angemessener Weise angeboten werden und insbesondere unter
Beachtung der Publizitätsvorschriften des Art. 490 Abs. 1 italienische ZPO, welcher beispielsweise
die Veröffentlichung auf dem Portal des Justizministeriums („Ministero della Giustizia") – mit der
Bezeichnung Öffentliche Verkäufe – „portale delle vendite pubbliche" - vorschreibt, veröffentlicht
werden.

Verkäufe durch den Konkursverwalter erfolgen nach den allgemeinen zivilrechtlichen Regeln. 303
Bei Übertragung von Immobilien und anderen in öffentlichen Registern eingetragenen Vermögensgegenständen ordnet der beauftragte Richter nach Durchführung des Verkaufs und nach
vollständigem Kaufpreiseingang per Beschluss die Löschung von Vorrechten, Pfändungen oder
anderen Beschränkungen des Eigentums an, sog. bereinigende Wirkung des Konkursverkaufs.

Der Konkursverwalter ist im Übrigen auch nach Abschluss eines Kaufvertrags noch berechtigt, 304
den Verkauf auszusetzen, sofern ihm ein unwiderrufliches Kaufangebot zu wesentlich besseren
Konditionen zugeht. Wesentlich besser sind die Bedingungen jedoch nur, wenn das neue Angebot
um mindestens 10 % höher liegt.

Der beauftragte Richter ist ferner gem. Art. 108 (auch auf Antrag des Konkursschuldners, des 305
Gläubigerausschusses oder anderer interessierter Parteien) befugt, nach Einholung der Stellung-
nahme des Gläubigerausschusses selbst Verkaufstransaktionen durch eine mit Gründen versehene
Verfügung auszusetzen. Für eine solche Aussetzung müssen schwerwiegende Gründe vorliegen.
Ein solcher ist beispielsweise gegeben, wenn der angebotene Verkaufspreis unter Berücksichtigung
der aktuellen Marktlage deutlich unter dem Marktpreis liegt.

X. Verteilung des Vermögens und Beendigung des Konkurses

Im Rahmen der Liquidation legt der Konkursverwalter eine Aufstellung der verfügbaren Liqui- 306
dität und einen Plan für deren Verteilung vor (Art. 110) (**Verteilungsplan**). Gläubiger, gegen
deren Forderung Beschwerde nach Art. 98 eingelegt wurde, werden indes für den bestrittenen
Teil erst nach Stellung einer entsprechenden unabhängigen und unwiderruflichen Sicherheit
befriedigt. Der Verteilungsplan wird vom beauftragten Richter per Beschluss in der Geschäftsstelle
hinterlegt, und die Gläubiger hierüber informiert. Diese sind berechtigt, innerhalb einer Frist von
15 Tagen nach Zugang der Hinterlegungsbenachrichtigung gegen den Verteilungsplan Beschwerde
gem. Art. 36 einzureichen. Nach Ablauf dieser Frist erklärt der beauftragte Richter auf Antrag
des Konkursverwalters den Verteilungsplan für vollstreckbar.

Die Verteilung erfolgt unter Beachtung der par conditio creditorum in folgender Reihenfolge: 307
1. vorab zu befriedigende Forderungen;
2. **bevorrechtigte Forderungen,** mit Vorrechten an den veräußerten Vermögensgegenständen
   in der gesetzlich festgelegten Reihenfolge;
3. nicht bevorrechtigte Forderungen.

Während des Liquidationsverfahrens werden **Teilausschüttungen** vorgenommen (Art. 113). In 308
diesem Fall darf die Zuteilung 80 % der zuzuweisenden Summen nicht überschreiten, und es
müssen die vom Gesetz vorgesehenen **Rückstellungen** vorgenommen werden.

Nach Abschluss der Liquidation der Vermögensgegenstände und vor der endgültigen Verteilung 309
legt der Konkursverwalter dem beauftragten Richter eine analytische Darstellung der Buchhal-
tungsvorgänge und seiner Verwaltungstätigkeit vor (**Rechnungslegung des Konkursverwalters,**
Art. 116).

Der beauftragte Richter ordnet die Hinterlegung der Rechnungslegung bei der Geschäftsstelle 310
an und legt eine mündliche Verhandlung zu ihrer Diskussion fest. Für den Ausgang der mündlichen

Internationales Insolvenzrecht – Italien

Verhandlung bestehen zwei Alternativen: (i) wenn keine Streitigkeiten entstehen oder eine Einigung hierüber erzielt wird, genehmigt der beauftragte Richter die Rechnungslegung durch Beschluss; (ii) wenn Streitigkeiten entstehen, setzt der beauftragte Richter eine mündliche Verhandlung in Kollegialbesetzung fest.

311 Nach Genehmigung der Rechnungslegung und der Zahlung der Gebühren des Konkursverwalters ordnet der beauftragte Richter, nach Anhörung der Vorschläge des Konkursverwalters, die endgültige Verteilung an. Die Durchführung der endgültigen Verteilung ist der übliche Weg, um das Konkursverfahren zu beenden.

312 Der Konkurs gilt gem. Art. 118 ebenfalls als beendet, wenn
- innerhalb der Forderungsanmeldungsfrist keine Forderungen angemeldet wurden;
- ohne Liquidation von Vermögensgegenständen sämtliche Gläubiger befriedigt werden;
- im Laufe des Verfahrens festgestellt wird, dass seine Fortsetzung die Befriedigung der Gläubiger oder der vorab zu befriedigenden Forderungen und der Kosten des Verfahrens, nicht einmal teilweise, zulässt (sog. unzureichende Verwertung).

313 Noch rechtshängige Verfahren verhindern die Beendigung des Konkursverfahrens indes nicht. Der Konkursverwalter behält für diese gem. Art. 43 die Prozessführungsbefugnis. Die für die Kosten erforderlichen Beträge werden gem. Art. 117 Abs. 2 ebenso einbehalten wie die dem Konkursverwalter aufgrund noch nicht rechtskräftig gewordener vorläufig vollstreckbarer Urteile zufließenden Beträge. Diesbezüglich findet per gerichtlichem Beschluss gem. Art. 119 im Nachgang eine Zuteilung an die Gläubiger statt, ohne dass der Konkurs wiedereröffnet werden müsste.

314 Die **Beendigung des Konkurses** wird vom Gericht auf Antrag des Konkursverwalters oder Schuldners oder von Amts wegen durch einen mit einer Begründung versehenen Beschluss erklärt. Diese Abschlussverfügung ist innerhalb einer Frist von 30 Tagen anfechtbar.

XI. Auswirkungen der Verfahrensbeendigung

315 Mit Verfahrensbeendigung (Art. 120)
- enden die Wirkungen des Konkurses in Bezug auf das Vermögen des Konkursschuldners ebenso wie die daraus resultierende persönliche Verfügungsbeschränkung; die Organe des Konkurses verlieren ihre Zuständigkeit.
- können Maßnahmen des Konkursverwalters nicht fortgesetzt werden;
- erhalten die Gläubiger, sofern nicht gem. Art. 142 Restschuldbefreiung eintritt, das Recht zurück, Forderungseinziehungsmaßnahmen bezüglich des Teils ihrer Forderung, mit welchem sie ausgefallen sind, einzuleiten.

316 In Ausnahmefällen (Art. 118) kann das Gericht auf Antrag des Schuldners oder eines Gläubigers innerhalb von fünf Jahren nach der Abschlussverfügung anordnen, dass der bereits beendete Konkurs **wiedereröffnet** wird. Dies allerdings nur, wenn es den Anschein hat, dass im Konkurs noch Aktiva vorhanden sind, die eine solche Maßnahme sinnvoll erscheinen lassen, oder wenn der Konkursschuldner Sicherheit für die Zahlung von mindestens 10 % der alten und neuen Gläubiger anbietet.

317 Bei Vorliegen der in Art. 142 genannten Voraussetzungen erhält ein Schuldner, der eine natürliche Person ist, am Ende des Konkursverfahrens **Restschuldbefreiung:** die Restschuldbefreiung hat den Zweck, diejenigen zu belohnen, die während des Verfahrens kooperativ waren. Sie sollen die Möglichkeit erhalten, sich wieder das Wirtschaftsleben einzugliedern.

XII. Konkurs von Unternehmen

318 In der Konkursordnung von 1942 war der Konkurs im Wesentlichen eine Angelegenheit des Einzelunternehmers. Aus diesem Grund findet sich erst ganz am Ende der Konkursordnung ein Katalog von Vorschriften, die den Konkurs von Unternehmen betreffen.

319 Unter diesen ist Art. 146 von zentraler Bedeutung, der **dem Konkursverwalter die Befugnis für die Ausübung von Haftungsklagen einräumt.** Er ist befugt gegen (i) die Geschäftsführer, die Mitglieder der Kontrollorgane, Direktoren und die Liquidatoren sowie (ii) die Gesellschafter der GmbH (in den in Art. 2476 Abs. 7 des italienischen Zivilgesetzbuches vorgesehenen Fällen) Haftungsansprüche geltend zu machen.

320 Bei Gesellschaften mit **unbeschränkt haftenden Gesellschaftern** erstreckt sich die Befugnis gem. Art. 147 auch auf die unbeschränkt haftenden Gesellschafter: in diesem Fall bestellt das Gericht sowohl für den Konkurs der Gesellschaft als auch für den der unbeschränkt haftenden Gesellschafter einen gemeinsamen beauftragten Richter und einen gemeinsamen Konkursverwalter, wobei die verschiedenen Verfahren getrennt bleiben. Es können mehrere Gläubigerausschüsse eingerichtet werden. Konkursmassen werden ebenfalls getrennt gehalten.

Internationales Insolvenzrecht – Italien

Die Rechtsprechung stützt unter Anwendung dieser Regel auch alle rechtlichen Maßnahmen 321
des Konkursverwalters, die darauf abzielen, den Konkurs auf diejenigen auszudehnen, die unangemessen in die Geschäftsführung der Gesellschaft eingegriffen und den durch die Rechtspersönlichkeit der Gesellschaft garantierten Schutz missbraucht haben.

E. Konkursvergleich („concordato fallimentare")

I. Begriff und Rechtsnatur

Das italienische Konkursrecht sieht mit dem Konkursvergleich eine **Alternative zur Konkurs-** 322
verfahrensbeendigung vor, welche effektivere Regelungen als die mitunter langwierige Liquidation der Konkursmasse durch den Konkursverwalter zulässt.

Der Konkursvergleich basiert auf einem **Vorschlag mit einem Plan-Entwurf** (ähnlich dem 323
deutschen Rechtsinstitut des Insolvenzplans) und wird meist vom Konkursschuldner eingereicht. Der Plan zielt darauf ab, die Gläubiger ganz oder teilweise nach Maßgabe der verfügbaren Ressourcen zu befriedigen.

Die Regelungen des Konkursvergleichs finden sich in Titel II, Kapitel VIII, Abschnitt II der 324
Konkursordnung. Dort ist allerdings keine Definition des Konkursvergleichs enthalten. Er kann daher als **Verhandlungsphase des Konkurses** umschrieben werden, welche das Ziel der beschleunigten Beendigung des Verfahrens hat: Die Liquidation der Konkursmasse und die damit verbundene Aufteilung des Aktivvermögens werden durch eine **vergleichsweise Vereinbarung zwischen Konkursschuldner (oder einem Übernehmer) und Konkursgläubigern** ersetzt.

Es wird diskutiert, ob der Konkursvergleich Rechtswirkungen nur für die an ihm Beteiligten 325
entfaltet oder allgemeinverbindlich ist. Eine Differenzierung, die, wie im Folgenden aufgezeigt werden wird, Relevanz für seine konkrete Ausgestaltung hat: Die herrschende Meinung vertritt die erstgenannte These. Zur Begründung rekurriert sie im Wesentlichen auf das Zustandekommen des Konkursvergleichs im Verhandlungswege.

II. Der Konkursvergleichsvorschlag

1. Vorlageberechtigung

Berechtigt zur Vorlage eines Konkursvergleichsvorschlags sind: (i) der Konkursschuldner und, 326
nach der Reform von 2006, auch (ii) die Konkursgläubiger und (iii) Dritte. Die Entscheidung, Konkursgläubigern und Dritten das Recht einzuräumen, einen Konkursvergleichsvorschlag zu unterbreiten, zielt darauf ab, die Effizienz des Systems zu erhöhen und das Verfahren schneller zu gestalten.

Zur Vorlageberechtigung des Konkursschuldners: Handelt es sich bei dem Konkursschuldner 327
um eine **natürliche Person,** so ist der Antrag von dieser einzureichen und zu unterzeichnen. Ebenfalls hierzu berechtigt sind die Erben des Konkursschuldners (bei Miterben sind alle gemeinsam zur Vorlage berechtigt) sowie dessen gesetzlicher Vertreter, falls der Schuldner minderjährig oder in seiner Geschäfts- oder Handlungsfähigkeit eingeschränkt ist. Steht der Schuldner unter rechtlicher Betreuung, so ist der Betreuer nur dann zur Vorlage berechtigt, wenn ihm diese Befugnis im Rahmen seiner Ernennung zumindest stillschweigend eingeräumt wurde.

Für den Fall, dass es sich bei dem Konkursschuldner um eine **juristische Person** handelt, ist 328
der Vorschlag vom gesetzlichen Vertreter zu unterschreiben. Die Befugnis hierzu muss ihm gemäß Gesellschafterbeschluss explizit übertragen worden (Art. 152) sein.

Zusammenfassend gilt für die Einreichung eines Konkursvergleichsvorschlags und die Formulie- 329
rung seiner Bedingungen – sofern in der Satzung nichts anderes bestimmt ist – Folgendes:
- bei Personengesellschaften: Zustimmung durch die absolute Mehrheit der Gesellschafter;
- bei Aktiengesellschaften, Kommanditgesellschaften und Gesellschaften mit beschränkter Haftung sowie Genossenschaften durch: Beschluss der Geschäftsführer, welcher der notariellen Form bedarf und zur Eintragung in das Handelsregister anzumelden ist.

Ebenfalls vorlageberechtigt sind ferner die nachfolgend genannten mit dem Konkursschuldner 330
gesellschaftsrechtlich verbundenen Rechtssubjekte:
- Unternehmen, an denen der Konkursschuldner beteiligt ist.
- Unternehmen unter gemeinsamer Kontrolle.

Zu diesen beiden im Gesetz ausdrücklich genannten Kategorien kommt nach der herrschenden 331
Lehre die **Muttergesellschaft** des Konkursschuldners hinzu. Diese sei, so die Begründung dieser Ansicht, angesichts der vergleichbaren Situation offensichtlich von der ratio legis erfasst.

Internationales Insolvenzrecht – Italien

2. Fristen

332   Mit der Reform von 2006 wurden die Regeln für die Fristen zur Einreichung des Konkursvergleichsvorschlags signifikant modifiziert. Die Fristdauer variiert je **nach vorlageberechtigtem Rechtssubjekt.**
a) Vorschlag durch Gläubiger oder Dritte
Gläubiger oder Dritte können den Vorschlag **unmittelbar** nach der Konkurserklärung unterbreiten, sofern
- der Konkursschuldner über eine Buchhaltung verfügt;
- der Konkursverwalter anhand der sich aus dieser Buchhaltung ergebenden Daten und anderen verfügbaren Informationen eine vorläufige Liste der Konkursgläubiger erstellen kann, welche er dem beauftragten Richter zur Genehmigung vorzulegen hat.

Der letztmögliche Zeitpunkt für die Einreichung des Vorschlags durch Gläubiger oder Dritte ist die Veröffentlichung des Beschlusses über die Beendigung des Konkursverfahrens.
   b)Vorschlag durch den Konkursschuldner (oder mit ihm verbundene Rechtssubjekte)
Stammt der Konkursvergleichsvorschlag hingegen vom Konkursschuldner oder den mit ihm verbundenen Rechtssubjekten, kann die Vorlage des Vorschlags nur innerhalb **einen Jahres** seit der Konkurserklärung und unter der Voraussetzung erfolgen, dass nicht zwei Jahre seit dem Beschlusses über die Vollstreckbarkeit des Passivstands (vergleichbar mit dem vom Insolvenzverwalter in Deutschland aufgestellten Verteilungsverzeichnisses, dessen wesentlicher Inhalt gem. § 188 InsO öffentlich bekannt gemacht wird) vergangen sind.

333   Dass somit der Gesetzgeber eine anfängliche Aufschubfrist vorgesehen hat, muss als Anreiz für den Schuldner verstanden werden. Er soll die realistische Gelegenheit haben, die Zahlungsunfähigkeit und/oder Überschuldung vor Eintritt des Konkurses rechtzeitig aufzudecken und sodann zu Krisenbewältigungsinstrumenten übergehen können, die es ermöglichen, den Konkurs zu vermeiden. Der Schuldner, der seine Krise nicht rechtzeitig bewältigt, ist indes dem Risiko ausgesetzt, dass ihn andere (Gläubiger oder Dritte) von der Möglichkeit ausschließen, Initiativen im Konkursverfahren zu ergreifen.

334   Die Ausschlussfrist hingegen hat Verfahrensbeschleunigungsfunktion. Zum Schutz der Gläubiger soll verhindert werden, dass bei einer späten Einreichung eines Konkursvergleichsvorschlags der Abschluss eines Vergleichs zwar immer noch eine Alternative zur Liquidation der Konkursmasse darstellt, aber eben keine vergleichbar zufriedenstellende Lösung bietet wie im Falle seiner frühzeitigen Vorlage.

3. Form

335   Der Konkursvergleichsvorschlag wird dem beauftragten Richter im **Antragsweg** vorgelegt (Art. 125 in der Fassung seit der Reform von 2006). Der Antrag muss die in Art. 125 der italienischen ZPO genannten wesentlichen Elemente enthalten. Es wird **diskutiert,** ob dieser Antrag direkt von der Partei unterzeichnet werden kann (wie die herrschende Lehre behauptet, s. Minutoli, sub art. 125 L. Fall., in Ferro La legge fallimentare. Commentario teorico-pratico, 2007, p. 1018; Sanzo, Il nuovo concordato fallimentare, in Ambrosini, Le nuove procedure concorsuali. Dalla riforma "organica" al decreto "correttivo", 2008, p. 433) oder ob Anwaltszwang besteht (wie ein Teil der Rechtsprechung behauptet, LG Rom 17.3.2008, abrufbar in www.ilcaso.it).

4. Inhalt

336   In Bezug auf den Konkursvergleichsantrag kann zwischen dem **Konkursvergleichsvorschlag** und dem **Konkursvergleichsplan** unterschieden werden: Ersterer enthält die Leitlinien zur Höhe der Befriedigung der Gläubiger, wohingegen der zweite die Art und Weise festlegt, wie die Gläubiger befriedigt werden sollen. Da die Konkursordnung diese Unterscheidung nicht kennt, können beiden Dokumente **gleichzeitig** und **kumulativ** eingereicht werden.

337   Obwohl die Konkursordnung seit der Reform von 2006 keinen verbindlichen Mindestinhalt mehr vorschreibt, wird weiterhin das Erfordernis eines wesentlichen Mindestinhalts postuliert. Demnach sei es unerlässlich, dass aus dem Vorschlag deutlich hervorgehe, wie der Antragsteller die Schuldenumstrukturierung und die Befriedigung von Forderungen umzusetzen gedenkt. Es sei mithin notwendig, die Fristen und die Art und Weise der Befriedigung der Gläubiger sowie die Mittel zur Durchführung des Plans anzugeben. Natürlich muss der Konkursvergleichsvorschlag die Durchführbarkeit des Plans verdeutlichen, die – im Gegensatz zu dem Vergleich zur Abwendung des Konkursverfahrens (bei dem ein Sachverständiger die Durchführbarkeit bescheinigt) – vom Konkursverwalter überprüft wird.

Es gibt ferner einen Teil mit dispositivem Inhalt, in welchem der Antragsteller die verschiedenen **338**
seit der Reform von 2006 zur Disposition gestellten Möglichkeiten nutzen kann (vgl. Art. 124
Abs. 2) und zwar:
- er kann die Gläubiger in Klassen einteilen;
- er kann eine unterschiedliche Behandlung der Gläubiger, die verschiedenen Klassen angehören, vorsehen;
- er kann neben der Zahlung andere Formen der Befriedigung anbieten;
- er kann eine Teilzahlung an bevorrechtigten Gläubiger vorschlagen, sofern bestimmte Bedingungen erfüllt sind.

Diese Alternativen, die im Folgenden einzeln analysiert werden, haben sich auf die Grundlagen **339**
des klassischen Konkursrechts ausgewirkt. So wurde das Dogma der par conditio creditorum im traditionellen Sinne überwunden und entsprechend modifiziert, um Raum für flexiblere Lösungen zu schaffen.

a) Aufteilung der Gläubiger in Klassen. Bei der Klassenbildung stehen die Kriterien „ähnli- **340**
che Rechtsstellung" und „vergleichbare wirtschaftliche Interessen" zur Auswahl (Art. 124). Das höchste italienische Gericht der ordentlichen Gerichtsbarkeit hat ausdrücklich festgehalten, dass der Antragsteller zur Klassenbildung berechtigt ist, ihn jedoch keine Pflicht hierzu trifft (Corte di Cassazione (Kassationshof) 10.2.2011 – Nr. 3274). Sie hat den Vorteil, dass der Antragsteller seine Gläubiger nach eigenem Ermessen sinnvoll koordinieren kann (zB alle Finanzgläubiger, strategischen Lieferanten, etc). Im Zusammenhang mit der Einteilung der Gläubiger nach ihrer Rechtsstellung in homogene Klassen, sind grundsätzlich die Kategorien **"nicht bevorrechtigte"**, **„bevorrechtigte"**, **„Masse"** und **"nachrangige"** Gläubiger zu verwenden. Innerhalb jeder dieser Klassen kann es weitere Unterteilungen je nach Vorliegen von Streitigkeiten oder vollstreckbaren Titel geben.

Das Kriterium der vergleichbaren wirtschaftlichen Interessen hingegen unterliegt einem weiten **341**
Ermessensspielraum des Antragstellers. So wird zB berücksichtigt:
- die Beziehung, die die Gläubiger mit dem Konkursschuldner hatten oder in Zukunft haben sollen (daher die Unterscheidung zwischen strategischen und nicht-strategischen Lieferanten);
- die Natur der Forderung;
- das Vorliegen von Sicherheiten Dritter;
- der streitige Charakter von Forderungen;
- die eventuelle Verschlechterung der Position bevorrechtigter Gläubiger bei Ausfall der Vermögensgegenstände, an denen das Vorrecht besteht.

Dem Gericht obliegt im Rahmen seiner Überprüfung der Einhaltung der vorgenannten Kriterien **342**
seinerseits ein **Ermessensspielraum.** Der Kassationshof (Urt. v. 16.4.2018 – Nr. 9378) stellte diesbezüglich explizit fest, dass es „Aufgabe des Gerichts ist, bei Überprüfung der Vergleichbarkeit der einer Klasse zugeordneten Forderungen alle genannten Kriterien anzuwenden. Vergleichbarkeit ist dabei nicht im Sinne einer absoluten Identität der Forderungen zu verstehen. Das Vorhandensein der wichtigsten übereinstimmenden Merkmale ist vielmehr von überwiegender Bedeutung, womit die unterscheidenden Merkmale in den Hintergrund treten. Im Ergebnis soll das gemeinsame Schicksal der einer Klasse zugeordneten Forderungen vernünftig und nachvollziehbar erscheinen". Es ist möglich, Klassen mit einem **einzigen** Gläubiger zu bilden.

Es gilt die allgemeine Begrenzung des Verbots des Rechtsmissbrauchs. Bei Ausübung des ihm **343**
vom Gesetz eingeräumten Ermessensspielraums hat der Antragsteller korrekt und unter Beachtung des Grundsatzes von Treu und Glauben vorzugehen: Die Anwendung dieses Grundsatzes erlaubt es, den Antragsteller zu sanktionieren, wenn er Klassen bildet, die den oben beschriebenen Kriterien nicht oder nur formell entsprechen und in Wirklichkeit darauf abzielen, unangemessene Veränderungen bei der Verteilung der Stimmrechte herbeizuführen oder allgemein betrachtet eine ungerechtfertigte diskriminierende Ungleichbehandlung zu bewirken.

b) Unterschiedliche Behandlung der Gläubiger. Eng mit der Klassenbildungsbefugnis ver- **344**
bunden ist die Möglichkeit **ungleicher Behandlung** von Gläubigern verschiedener Klassen. Das Gesetz stellt jedoch ein **strenges Kriterium** für das Vorliegen eines Zusammenhangs zwischen Vergleichbarkeit und Ungleichbehandlung auf: Die Zuordnung zu einer Klasse muss aufgrund der Vergleichbarkeit der Forderungen vorgenommen worden sein und die unterschiedliche Behandlung aus der jeweils andersartigen Position der Gläubiger resultieren. Dem Antragsteller obliegt dabei die Pflicht, die Gründe für die Ungleichbehandlung darzulegen.

c) Freiheit bei der Auswahl der Befriedigungsmittel. Die Gläubiger können nicht nur **345**
durch Zahlung befriedigt werden, sondern – seit der Reform von 2006 – auch durch:
- Abtretung von in der Konkursmasse befindlichen beweglichen oder unbeweglichen Vermögensgegenständen. Eine solche Übertragung kann erfolgen: pro soluto (Abtretung an Erfüllungs statt), oder pro solvendo (Abtretung zahlungshalber);

- durch Schuldübernahme;
- durch andere Übertragungsakte, einschließlich der Abtretung von Aktien, von Geschäftsanteilen oder Forderungen, auch solcher, die in Aktien umgewandelt werden können, oder anderer Finanzinstrumente und Schuldtitel.

346 Ist der Antragsteller ein Gläubiger oder Dritter, können ihm eventuell anhängige Klagen auf Feststellung zur Masse übertragen werden (Art. 124 Abs. 4). Die Übertragung ist allerdings vorab vom beauftragten Richter unter Angabe ihres Klagegegenstands und der Grundlage der Forderung zu genehmigen. Mit der Genehmigung bescheinigt er, dass er die Klage nach summarischer Prüfung für begründet hält. Das Gesetz sieht jedoch nicht vor, dass Klagen auf Feststellung zur Masse auf den Konkursschuldner (oder an mit ihm verbundene Parteien) übertragen werden können (Kassationshof 10.2.2011 – Nr. 3274).

347 **d) Die Möglichkeit einer Teilzahlung an bevorrechtigte Gläubiger.** Der Antragsteller kann vorsehen, dass bevorrechtigte Gläubiger (dh solche, die mit Vorrechten, Pfandrecht oder Hypothek ausgestattet sind) nur eine **teilweise Befriedigung** ihrer Forderungen erhalten. Dies allerdings ausschließlich unter der Bedingung, dass der vorgeschlagene Betrag nicht unter dem liegt, was der Gläubiger im Falle einer Liquidation des Vermögensgegenstands, auf welchen sich sein Vorrecht bezieht, unter Berücksichtigung des Ranges seiner Forderung, erhalten würde.

348 Zur Überprüfung der vorgenannten Bedingungen, die Zulässigkeitsvoraussetzungen darstellen, wird ein Prognosewert des betreffenden Vermögensgegenstands anhand einer hypothetischen Liquidation zu realistischen Marktpreisen durchgeführt. Dieser Prognosewert ist einem sog. Bericht mit beigefügter Bescheinigung (die sog. „attestazione", Bescheinigung) eines **Sachverständigen**, welcher die Voraussetzungen des Art. 67 Abs. 3 lit. d erfüllt anzugeben. Dieser Sachverständige wird vom Konkursgericht ernannt.

349 Einige Gerichte ernennen den Sachverständigen vorzeitig, sofern ein potentieller Antragsteller dies im Zusammenhang mit seiner Prüfung der Möglichkeit eines Konkursvergleichs explizit beantragt. Der Antragsteller kann damit zunächst die Bewertung der zur Konkursmasse gehörenden Vermögensgegenstände durch den Sachverständigen abwarten, um auf dieser Grundlage prüfen zu können, ob der Vorschlag einer abschlagsmäßigen Zahlung an bevorrechtigte Gläubiger angesichts der im Raum stehenden Werte realistisch erscheint.

350 **e) Beschränkung des Vorschlags auf einen Teil der Gläubiger.** Die Konkursordnung erteilt Gläubigern und Dritten ferner die Befugnis, ihre Verpflichtungen aus dem Konkursvergleich **nur auf Gläubiger** zu beschränken, (i) deren Forderungen zur Konkurstabelle, zumindest vorläufig, festgestellt wurden und solche, (ii) die zum Zeitpunkt des Konkursvergleichsantrags einen Widerspruch gegen die Nichtzulassung zur Konkurstabelle eingelegt oder (iii) Antrag auf verspätete Zulassung zur Konkurstabelle gestellt haben. In diesem Fall haftet der Konkursschuldner gegenüber den anderen Gläubigern weiterhin unbeschränkt (Art. 124 Abs. 4).

351 Dem Konkursschuldner selbst und den mit ihm verbundenen Rechtssubjekten steht die vorgenannte Befugnis, wie bereits dargelegt wurde, jedoch nicht zu. Gleiches soll aus systematischen Gründen auch für Gläubiger oder Dritte gelten, die ihren Vorschlag vor endgültiger Feststellung der Konkurstabelle einreichen.

352 **Typische Anwendungsfälle aus der Praxis:** Zwar sind die Möglichkeiten der Vorlage von Konkursvergleichsvorschlägen, wie sich aus den vorstehenden Ausführungen ergibt, vielgestaltig. Dennoch haben sich in der Praxis die folgenden typischen Anwendungsfälle herausgebildet:
- **Konkursvergleich mit Übernehmer.** Der Übernehmer ist ein Dritter, der sich direkt gegenüber den Gläubigern verpflichtet, den Konkursvergleich zu erfüllen. Obwohl Art. 124 keinen ausdrücklichen Hinweis auf den Übernehmer enthält, wird diese Rechtsfigur nach allgemeiner Meinung in den Kontext der Konkursvergleiche einbezogen, um die ratio legis „Erweiterung der Lösungen aus der Krise" zu erfüllen. Sowohl der Konkursschuldner als auch ein Dritter (der auch ein Gläubiger sein kann) kann sich selbst oder einen Dritten als Übernehmer vorschlagen. Der Übernehmer hat sich im Konkursvergleich zu verpflichten, das Aktivvermögen zu liquidieren und die Konkursschulden sowie die Kosten des Verfahrens, soweit im Vorschlag angegeben, zu begleichen. Im Gegenzug ist er zum Einbehalt eines ggf. erzielten Überschusses berechtigt. Eine Abtretung der Klagen auf Feststellung zur Konkurstabelle an den Übernehmer ist ebenfalls möglich.
- **Konkursvergleich durch Abtretung von Vermögensgegenständen an die Gläubiger.** Den Gläubigern kann anstelle von Zahlung auch die Abtretung von Vermögensgegenständen angeboten werden. Der Vorteil liegt in einer schnellen und effizienten Verwertung außerhalb der starren Formalitäten des Konkurses und ohne die damit verbundenen Kosten.
- **Konkursvergleich unter Stellung von Sicherheiten.** Denkbar ist auch die Stellung von Sicherheiten, die für die vorgesehenen Liquidationsmaßnahmen bestimmte Liquidationsergebnisse gewährleisten.

- **Konkursvergleich mit freiwilligem Rangrücktritt.** Der Antragsteller kann ferner den freiwilligen Rangrücktritt bezüglich bestimmter Forderungen anbieten. Für die freiwillig einen Rangrücktritt ausübenden Gläubiger ist jedoch nach herrschender Meinung eine eigene Klasse zu bilden.

5. Widerruflichkeit/Änderbarkeit des Antrags

Der Widerruf des Antrags durch den Antragsteller gilt allgemein als zulässig. Bis zu welchem 353
Zeitpunkt der Widerruf möglich sein soll, hängt davon ab, welche Rechtswirkungen man dem Konkursvergleich zuschreibt:
a) geht man von einer Wirkung rein inter partes aus (herrschende Meinung in der Literatur, die im Wesentlichen auf den Verhandlungscharakter abstellt), kann der Widerruf innerhalb der Abstimmungsfristen (Art. 125) erfolgen,
b) soll der Konkursvergleich jedoch allgemeinverbindliche Wirkung haben, ist der Widerruf bis zur Bestätigung des Konkursvergleichs durch das Gericht zulässig.
Nach allgemeiner Auffassung ist darüber hinaus eine nachträgliche Änderung grundsätzlich zulässig. Es ist allerdings zu unterscheiden zwischen Änderungsanträgen in pejus und Änderungsanträgen in melius. Änderungen in pejus werden als Rücknahme des ursprünglichen Konkursvergleichsvorschlags behandelt, begleitet von einem neuen, sodass sich die dabei einzuhaltenden Fristen an den unter lit. a und b genannten Kriterien orientieren je nachdem, welche Rechtswirkungen man dem Konkursvergleich attribuiert. Änderungen in melius sind bis zu seiner Genehmigung durch das Gericht zulässig. Nur der Antragsteller ist zu Änderungsanträgen berechtigt. Im Falle eines Konkursvergleichs, der einen Übernehmer vorsieht, ist zusätzlich die Zustimmung des Übernehmers erforderlich. Dies allerdings nur, falls die geplante Änderung auch Auswirkungen auf die Übernehmerbedingungen haben sollte. 354

III. Verfahren

1. Einleitung des Verfahrens und der Untersuchungsphase

Der nach den vorstehenden Bestimmungen vorbereitete Antrag ist bei der Geschäftsstelle des 355
beauftragten Richters einzureichen. Mit Antragstellung gilt das Verfahren über die Prüfung des Konkursvergleichsvorschlags als eröffnet (hier gibt es keine vergleichbare Regelung wie in Art. 163 Abs. 1, die im Hinblick auf den Vergleich zur Abwendung des Konkurses vorsieht, dass die Eröffnung des Verfahrens durch einen besonderen Gerichtsbeschluss angeordnet wird).

Nach Einreichung des Antrags folgt, sofern der beauftragte Richter den Konkursvergleichsvorschlag prima facie für zulässig erachtet eine sog. Untersuchungsphase, die wie folgt gegliedert ist (Art. 125): 356
- Einholung einer Stellungnahme des Konkursverwalters;
- Einholung einer Stellungnahme des Gläubigerausschusses;
- Prüfung der vorschriftsgemäßen Einlegung des Vorschlages;
- (ggf.) Überprüfung der korrekten Klassenbildung.

Am Ende der Untersuchungsphase beginnt die Abstimmungsphase durch die Gläubiger.

Wird der Konkursvergleichsvorschlag dagegen für offensichtlich unzulässig gehalten, wird das 357
Verfahren ohne Einhaltung der soeben dargestellten Verfahrensschritte schlicht eingestellt. So wurde beispielsweise der Konkursvergleichsvorschlag eindeutig als unzulässig angesehen:
- wenn der Antrag des Konkursschuldners außerhalb des in Art. 124 Abs. 1 genannten Zeitfensters eingereicht wurde;
- wenn der Vorschlag kein Zahlungsangebot (im Sinne der Befriedigung der Forderungen) an konkurrierende Gläubiger enthielt;
- wenn der Antragsteller nicht zur Vorlage berechtigt ist;
- wenn die vorläufige Liste der Gläubiger nicht erstellt werden kann.

In diesen Fällen kann der beauftragte Richter den Antragsteller aus Gründen der Verfahrensökonomie auch auffordern, den Vorschlag zu ergänzen/ändern und, erst wenn die Gründe für die Unzulässigkeit bestehen bleiben, einen Unzulässigkeitsbeschluss erlassen. Der Unzulässigkeitsbeschluss kann gem. Art. 26 angefochten werden. Im Gegensatz zu der vorherigen Fassung der Konkursordnung überträgt das geltende Gesetz dem beauftragten Richter keine Kompetenz, die Liquidation von Vermögensgegenständen nach Eingang des Konkursvergleichsantrags auszusetzen. Nach aktueller Rechtsprechung soll diese Kompetenz des beauftragten Richters allerdings unabhängig vom Fehlen ihrer ausdrücklichen gesetzlichen Übertragung fortbestehen. Zur Begründung 358

Internationales Insolvenzrecht – Italien

wird auf die Bestimmungen des Art. 108 verwiesen, die in der Vorlage eines Konkursvergleichsantrags einer der „gewichtigen und rechtfertigenden Gründe" für eine Aussetzung der Liquidation sehen.

359   **a) Die Stellungnahme des Konkursverwalters.** Der beauftragte Richter fordert den Konkursverwalter zur Stellungnahme auf. Der Konkursverwalter ist verpflichtet, sich in seiner Stellungnahme insbesondere zu (i) den zu erwartenden Liquidationserlösen und (ii) den angebotenen Sicherheiten zu äußern. Er hat dabei dem Richter und den Gläubigern im Sinne einer Wahrscheinlichkeitsprognose darzustellen, wie zweckmäßig sich eine Fortsetzung des Konkursverfahrens im Gegensatz zu der Alternative des Konkursvergleichs darstellt (Zweckmäßigkeit des Konkursvergleichsvorschlags).

360   Der Konkursverwalter soll sich ferner zu der Wahrscheinlichkeit der Umsetzung des Konkursvergleichsvorschlags durch den Antragsteller äußern (Durchführbarkeit des Konkursvergleichsvorschlags). Er ist verpflichtet, auf kritische Punkte hinzuweisen, die die Zulässigkeit des Vorschlags ggf. in Frage stellen können. Die Stellungnahme des Konkursverwalters ist daher das wichtigste Informationsmittel für die Verfahrensorgane und die Gläubiger: denn im Gegensatz zum Vergleich zur Abwendung des Konkurses, ist hier der Antragsteller nicht gezwungen, eine Bescheinigung eines Sachverständigen einzureichen, mit welcher die Richtigkeit der Unternehmensdaten, die Zweckmäßigkeit und die Durchführbarkeit des Vorschlags bestätigt wird.

361   Für den Fall, dass der Vorschlag eine Teilzahlung an bevorrechtigte Gläubiger vorsieht, ist allerdings die vorherige Einholung eines Gutachtens durch einen Sachverständigen erforderlich (Art. 124 Abs. 3). Der Sachverständige hat in seinem Gutachten den im Rahmen einer Liquidation im Konkursverfahren wahrscheinlich realisierbaren Wert der Vermögensgegenstände, auf die sich das Vorrecht bezieht, anzugeben.

362   Die Stellungnahme des Konkursverwalters ist im Hinblick auf die darin enthaltenen Schlussfolgerungen nicht verbindlich (da das Genehmigungsverfahren fortgeführt werden kann, selbst wenn eine negative Stellungnahme vorliegt). Sie ist allerdings zwingend erforderlich, da sie die Grundlage für die nachfolgenden Bewertungen des Gläubigerausschusses, des beauftragten Richters und der Gläubiger im Rahmen ihrer Abstimmung bildet. Gibt es mehr als einen Vorschlag, so ist eine Stellungnahme zu allen Vorschlägen abzugeben. Im Falle der Untätigkeit des Konkursverwalters oder einer Verzögerung der Vorlage seiner Stellungnahme, kann der Antragsteller gem. Art. 36 Beschwerde zum beauftragten Richter erheben; das Gleiche gilt bei fehlerhafter Stellungnahme.

363   **b) Die Stellungnahme des Gläubigerausschusses.** Sobald die Stellungnahme des Konkursverwalters erstellt ist, wird sie dem Gläubigerausschuss zusammen mit dem Konkursvergleichsvorschlag zugestellt. In seiner Stellungnahme muss sich der Gläubigerausschuss nicht nur zum weiteren Verlauf des Verfahrens äußern, sondern auch eine endgültige Meinung zum Inhalt des Konkursvergleichsvorschlags und insbesondere zur Durchführbarkeit des Konkursvergleichs abgeben.

364   Die Stellungnahme des Gläubigerausschusses (im Gegensatz zu der des Konkursverwalters) ist verbindlich, da sie eine Voraussetzung für die Fortsetzung des Verfahrens darstellt. Diesem Verfahrensorgan wird daher im Ergebnis ein Vetorecht eingeräumt, da dessen Negativtestat die Undurchführbarkeit des Konkursvergleichs besiegelt; und zwar unabhängig von der Bewertung des Konkursverwalters oder des beauftragten Richters. Die Wahl des Gesetzgebers basiert auf der (wohl eher theoretischen als praktischen) Annahme, dass der Gläubigerausschuss stets das Interesse aller Gläubiger vertritt.

365   Der beauftragte Richter, der die Pflicht zur Überprüfung der Rechtmäßigkeit des Verfahrens während seiner gesamten Dauer hat, hat zu prüfen, ob die Stellungnahme des Gläubigerausschusses durch einen Interessenkonflikt beeinträchtigt ist, und hat erforderlichenfalls entsprechende Maßnahmen zu ergreifen. Auch die Stellungnahme des Gläubigerausschusses bedarf einer Begründung, damit der beauftragte Richter den Entscheidungsprozess überprüfen kann: nach geltender Rechtsprechung ist die Stellungnahme des Gläubigerausschusses ungültig, sofern sie keine Begründung enthält (LG („tribunale") Mailand 13.10.2008).

366   In einem kürzlich zur Thematik des Abstimmungsverfahrens im Rahmen von Konkursvergleichen ergangenen Urteil des Kassationshofes (Urt. v. 29.7.2011 – Nr. 16738) wurde jedoch festgehalten, dass die „Zustimmung der Gläubiger, die für die Beurteilung der Zweckmäßigkeit des Vorschlags verantwortlich sind, die Heilung jedweder Unregelmäßigkeit der Stellungnahme des Gläubigerausschusses, einschließlich des Fehlens einer kompakten Begründung, nach sich zieht. Das Fehlen einer Begründung führt demzufolge nicht dazu, dass die Stellungnahme zu behandeln wäre, als läge sie nicht vor, sondern nur zu ihrer relativen Ungültigkeit".

367   Im Zusammenhang mit der Formulierung seiner Stellungnahme kann der Gläubigerausschuss vom Konkursverwalter gem. Art. 41 Abs. 5 Informationen und Erläuterungen einholen. Im Falle der Untätigkeit der Mitglieder des Gläubigerausschusses ist zweifelhaft, ob Art. 41 Abs. 4, anzu-

wenden ist, welcher den Übergang der Aufgaben des Gläubigerausschusses auf den beauftragten Richter vorsieht. Rechtsprechung liegt diesbezüglich noch keine vor.

c) Prüfung des vorschriftsgemäßen Zustandekommens des Vorschlags durch den beauftragten Richter. Der beauftragte Richter hat die uneingeschränkte Kompetenz zur Prüfung der Rechtmäßigkeit des Verfahrens. 368

d) Beurteilung der Klassenbildung. Der beauftragte Richter prüft die korrekte Anwendung der in Art. 124 lit. n und b genannten Kriterien zur Klassenbildung auf Grundlage des gem. Art. 124 Abs. 3 erstellten Berichts. Der Umfang der Prüfungskompetenz des Gerichts bezüglich des Sachverständigenberichts ist umstritten. In Anbetracht der Art des Berichts und der damit verbundenen Verantwortlichkeit des Sachverständigen, ist sicherlich weder eine Inhaltskontrolle noch eine Kontrolle der Zweckmäßigkeitserwägungen des Sachverständigen möglich. Eine Rechtmäßigkeitskontrolle kann hingegen nicht ausgeschlossen werden, sofern der Bericht in rechtswidriger Weise zustande gekommen ist. 369

2. Mehrere Konkursvergleichsvorschläge

Es ist denkbar, dass bevor der beauftragte Richter die Zustellung des Konkursvergleichsvorschlags an den Gläubigerausschuss anordnet, weitere Konkursvergleichsvorschläge eingehen. In diesem Fall sieht das Gesetz (seit der Reform von 2009) vor, dass der Gläubigerausschuss denjenigen Vergleichsvorschlag auswählt, den er für passend hält. Dieser wird dann den Gläubigern vorgelegt. 370

3. Übermittlung des Vorschlags an die Gläubiger

Der beauftragte Richter ordnet per Beschluss an, (i) den Konkursvergleichsvorschlag, (ii) die Stellungnahme des Konkursverwalters sowie (iii) diejenige des Gläubigerausschusses (mit allen Anlagen) zuzustellen. In diesem Beschluss setzt der Richter den Gläubigern eine Frist von wenigstens 20 und maximal 30 Tagen, innerhalb derer eventuelle Widersprüche zu erheben sind. 371

Nach der herrschenden Lehre ist die vom Richter für die Stimmausübung festgelegte Frist bindend (eine Notfrist im Sinne des deutschen Prozessrechts) (Cfr. G. Minutoli, Sub art. 125 L. Fall., in La Legge Fallimentare. Commentario teorico-pratico (a cura di M. Ferro), 2014, p. 1023; Villani, Il concordato fallimentare, in Schiano di Pepe (a cura di), Il diritto fallimentare riformato, 2007, p. 507), dh sie wird auch nicht während der in Italien nach wie vor geltenden Gerichtsferien im Monat August ausgesetzt. 372

Im Rahmen des Verfahrens, das von der Einlegung des Konkursvergleichsvorschlags bis zur Bestätigung reicht, können nur drei Beschlüsse Gegenstand einer Beschwerde sein (sog. Inzidenzbeschwerdeverfahren im Bestätigungsverfahren). Denn nur die folgenden Beschlüsse schließen jeweils eine interne Phase des Konkursvergleichsverfahrens vollständig ab: 373

- der Beschluss, mit dem der beauftragte Richter die vorschriftsgemäße Antragstellung feststellt (Art. 125 Abs. 2);
- der Beschluss, mit dem das Gericht die korrekte Anwendung der bei der Bildung der Klassen angewandten Kriterien feststellt (Art. 125 Abs. 3);
- der Beschluss, mit dem der beauftragte Richter den Antrag genehmigt und seine Bestätigung anordnet (Art. 129 Abs. 2).

4. Abstimmungsvorgänge

Die Gläubiger sollen über den Konkursvergleichsvorschlag abstimmen. Zur Vereinfachung des Verfahrens hat sich der Gesetzgeber für die stillschweigende Annahme entschieden. Die Gläubiger sind daher aufgerufen, ihre Ablehnung, und nicht ihre Zustimmung, schriftlich, dh mittels zertifizierter Email (PEC) gegenüber der Geschäftsstelle des Gerichts, mitzuteilen. Eine Mitteilung gegenüber dem Konkursverwalter ist hingegen unwirksam, es sei denn der Konkursverwalter hinterlegt sie von selbst bei der Geschäftsstelle (s. Kassationshof 12.12.2016). Eine einmal mitgeteilte Ablehnung kann nach allgemeiner Meinung widerrufen werden, sofern der Widerruf innerhalb der vom beauftragten Richter gesetzten Frist zur Mitteilung der Ablehnung erfolgt. 374

Eine unter Vorbehalt oder Bedingung abgegebene Ablehnung ist ungültig und stellt somit verfahrenstechnisch eine Zustimmung dar. Nachfolgend wird eine Analyse der stimmberechtigten Gläubiger vorgenommen. Ausschlaggebend für die Stimmberechtigung ist jeweils der Zeitpunkt, zu dem der Konkursvergleichsvorschlag eingereicht wurde (Art. 127). Wurde der Antrag vor der endgültigen Feststellung des Passivstands (vergleichbar mit der Forderungsfeststellung gem. § 178 InsO im deutschen Insolvenzverfahren) gestellt, sind die Gläubiger stimmberechtigt, die auf der vom Konkursverwalter erstellten und vom beauftragten Richter genehmigten vorläufigen Liste 375

Internationales Insolvenzrecht – Italien

stehen. Wird der Vorschlag hingegen nach Ablauf dieser Frist eingereicht, so sind diejenigen stimmberechtigt, die im endgültigen Passivstand angegeben sind. In diesem Fall sind auch diejenigen Gläubiger stimmberechtigt, deren Forderungen nur vorläufig in die Tabelle aufgenommen wurden und unter Vorbehalt stehen.

376 Die folgenden Gläubiger sind dagegen von der Abstimmung ausgeschlossen:
- bevorrechtigte Gläubiger, sofern der Konkursvergleichsvorschlag die vollständige Befriedigung ihrer Forderungen vorsieht, es sei denn, sie verzichten, ggf. auch nur teilweise, auf das Vorrecht. Ein stillschweigender Verzicht ist allerdings unbeachtlich;
- folgende Personen sind aufgrund von Interessenkonflikts-Erwägungen nicht stimmberechtigt (Art. 127): (i) Ehepartner, Verwandte und Anverwandte bis zum vierten Grad; (ii) juristische Personen, die mit dem Schuldner dergestalt wirtschaftlich verbunden sind, dass ein Interessenkonflikt zumindest möglich erscheint, (iii) Personen, die nach der Konkurserklärung Zessionare von Forderungen der unter (i) genannten Personen geworden sind.

377 Nach der Rechtsprechung des Kassationshofes ist die vorgenannte und in Art. 127 enthaltenen Aufzählung nicht als vollständig zu betrachten (Urt. aller Senate v. 28.6.2018 – Nr. 17186). Das Gericht hält fest, dass der Stimmrechtsausschluss auf alle Personen auszudehnen ist, bei denen ein Interessenkonflikt festgestellt wird.

378 Im Hinblick auf die Zessionare von Forderungen nach Konkurserklärung hat der Kassationshof in seinem Urt. v. 23.6.2016 – Nr. 13086 hingegen Folgendes festgehalten: „Der Zessionar hat im Zusammenhang mit der Feststellung seiner Forderung zur Konkurstabelle nachzuweisen, dass die Abtretung vor dem Konkurs nur zum Zwecke einer eventuellen Aufrechnung oder zur Abstimmung in einem möglichen Konkursvergleich vereinbart wurde. Ist die Forderung dagegen noch nicht zur Konkurstabelle festgestellt, und wird ihre Feststellbarkeit in Frage gestellt, so hat er zudem den Beweis über die Existenz der Forderung und deren Bestehen vor dem Konkurs zu erbringen".

379 Nach geltendem Recht wird Forderungen, die nach dem Konkurs an Banken oder andere Finanzinstitute übertragen wurden, ein Stimmrecht zuerkannt. Auch wenn diese Vorgabe des Gesetzgebers „prima vista" zugegebenermaßen geeignet erscheinen mag, um den Markt vor notleidenden Krediten zu verschonen, sind bei näherem Hinsehen die übrigen Gläubiger tatsächlich spekulativen Aktivitäten zu ihrem Nachteil ausgesetzt. Dieser Umstand erfordert demzufolge eine besondere Aufmerksamkeit der Verfahrensorgane. Die konsequente Anwendung der bereits dargestellten Grundsätze gegen den Missbrauch von Verfahrensrechten ermöglicht dem beauftragten Richter eine ständige Überprüfung der Rechtmäßigkeit der Verfahrenshandlungen, auch in solchen Fällen.

380 In allen Fällen des Ausschlusses ist die abgegebene Stimme ungültig, und kann daher als Grundlage für spätere Widersprüche dienen, sofern sie für die Zustimmung entscheidend war.

5. Annahme des Konkursvergleichsvorschlags

381 Für die Annahme des Konkursvergleichs genügt in der Regel die Zustimmung so vieler Gläubiger, die die Mehrheit der stimmberechtigten Forderungen vertreten. Forderungen, die nicht zur Abstimmung zugelassen sind, werden bei der Berechnung der Anzahl der Stimmen nicht berücksichtigt. Sollten Gläubigerklassen gebildet worden sein, ist neben der allgemeinen Mehrheit der stimmberechtigten Forderungen eine Stimmmehrheit im Großteil der vorhandenen Klassen erforderlich (sog. Mehrheit der Klassen). Zu diesem Zweck sind nur die Klassen stimmberechtigter Gläubiger zu berücksichtigen.

382 Nach Ablauf der für die Abstimmung festgesetzten Frist legt der Konkursverwalter dem beauftragten Richter einen Bericht über das Ergebnis vor. Dieser Bericht hat insbesondere Folgendes zum Gegenstand:
- Überprüfung der Höhe der zur Abstimmung zugelassenen Forderungen unter Anwendung der oben genannten Kriterien;
- rechtliche Beurteilungen, zB in Bezug auf das Stimmrecht der nicht bevorrechtigten Gläubigerklasse;
- Überprüfung der Höhe der Forderungen, für welche ablehnende Stimmabgaben eingegangen sind. Berechnungs- oder Bewertungsfehler, die das Ergebnis der Abstimmung nicht beeinflussen, sind irrelevant.

383 Wenn der Konkursvergleichsvorschlag angenommen wurde, weist der beauftragten Richter den Konkursverwalter an, den Antragsteller unverzüglich per PEC zu benachrichtigen, damit dieser die Bestätigung des Konkursvergleichs beantragen kann (Art. 129 Abs. 2). Gläubiger, die sich gegen den Konkursvergleichsvorschlag ausgesprochen haben, sind in gleicher Form zu benachrichtigen.

IV. Die Genehmigung

1. Natur des Verfahrens

Nach der Abstimmungsphase muss der Antragsteller durch den unten beschriebenen Antrag **384** das Genehmigungsurteil beantragen. Das Genehmigungsverfahren ist wiederum in drei Phasen unterteilt:
- eine Einführungsphase,
- eine Phase zur Behandlung etwaiger Widersprüche und
- die Entscheidungsphase, die sich danach unterscheidet, ob Widersprüche erhoben wurden oder nicht.

2. Einführungsphase

Der Genehmigungsantrag muss alle wesentlichen Elemente, die in Italien für alle Prozessanträge **385** gleichermaßen gelten, enthalten. Er muss insbesondere bereits alle Beweismittel zwingend benennen sowie die Beweisdokumente vorlegen. Es besteht kein Anwaltszwang, sodass der Antrag von der Partei persönlich unterzeichnet werden kann. Der Antrag ist sowohl dem Konkursverwalter als auch abweichenden Gläubigern zuzustellen. Die Parteien des Genehmigungsverfahrens sind im Wesentlichen der Antragsteller und der Widerspruchsführer. Darüber hinaus nehmen der Konkursschuldner und der Konkursverwalter teil (Art. 131 Abs. 5). Die Beteiligung des Konkursschuldners, auch wenn er weder Antragsteller noch Widerspruchsführer ist, ist dadurch gerechtfertigt, dass das Schicksal seines Vermögens und seiner Entschuldung vom Ausgang des Verfahrens abhängt.

3. Widersprüche

Gegen den Konkursvergleichsvorschlag kann auf Antrag (ricorso) Widerspruch erhoben werden. **386** Widerspruchsberechtigt sind, (i) der Konkursschuldner, sofern er nicht Antragsteller ist, (ii) die ablehnenden Gläubiger sowie (iii) alle weiteren interessierten Personen, deren Rechtsposition durch den Konkursvergleich betroffen wird (deren Interesse muss allerdings unmittelbarer Natur sein).

Als Widerspruchsgründe zugelassen sind solche, die sich auf die Ordnungsgemäßheit des Verfahrens **387** und das Ergebnis der Abstimmung beziehen. Sie decken sich im Wesentlichen mit den Punkten, die das Gericht auch ohne Vorliegen eines Widerspruchs prüfen muss. Bei Vorliegen eines Widerspruchs wird das Verfahren zu einem streitigen. Das Gericht untersucht den Fall und hat die Kompetenz, in einem einzigen Beschluss sowohl über die Genehmigung als auch über die (etwaigen) Widersprüche zu entscheiden.

4. Die gerichtliche Genehmigung und ihre Wirksamkeit

Das Gericht nimmt grundsätzlich eine Rechtmäßigkeitsprüfung des Konkursvergleichs vor. **388** Keine Prüfungskompetenz hat es dagegen hinsichtlich des Inhalts des Konkursvergleichs, wobei folgende Ausnahme zu beachten ist: Das Gericht kann die Zweckmäßigkeit des Konkursvergleichs überprüfen, sofern bei Vorliegen von Gläubigerklassen, der Widerspruch von einem ablehnenden Gläubiger erhoben wurde, welcher wiederum zu einer Klasse von Gläubigern gehören muss, die den Konkursvergleichsvorschlag insgesamt abgelehnt hat. Dabei kann das Gericht den Konkursvergleich dennoch genehmigen, sofern die Forderung des Widerspruchsführers bei Durchführung des Konkursvergleichs nicht in geringerem Maß befriedigt wird als im Vergleich zu den tatsächlich realisierbaren Alternativen im Falle der hypothetischen Liquidation der Konkursmasse im regulären Konkursverfahren. Für die Rechtspraxis bedeutet dies im Ergebnis, dass der widerspruchsführende ablehnende Gläubiger gezwungen ist, die vom Gericht vorgenommene Beurteilung der Zweckmäßigkeit zu akzeptieren, auch wenn er anderer Ansicht ist. Dies dient dem Schutz des Verfahrens vor sog. obstruktiven Widersprüchen gegen den Konkursvergleich.

Die Genehmigung endet mit einem Genehmigungsbeschluss, der, sofern Widersprüche erhoben **389** worden sind, eine Begründung enthalten muss. Der Genehmigungsbeschluss ist entsprechend den Vorschriften zur Zustellung des Konkursurteils gem. Art. 129 iVm Art. 131 zuzustellen. Gegen den Genehmigungsbeschluss ist gem. Art. 131 Beschwerde zum Berufungsgericht (Corte di Appello) zulässig. Sie ist innerhalb von 30 Tagen nach Zustellung des Genehmigungsbeschlusses einzulegen (vgl. C. Blatti, Art. 129 L. Fall., „La legge fallimentare". Commentario teorico –

Internationales Insolvenzrecht – Italien

pratico, M. Fermo (a cura di), 2014, p. 1805). Die Entscheidung, mit der das Gericht die Genehmigung ablehnt, führt zur Wiederaufnahme des Konkursverfahrens.

V. Auswirkungen des Konkursvergleichs

1. Für den Konkursschuldner

390 Der genehmigte Konkursvergleich hat folgende Auswirkungen auf den Konkursschuldner:
- In verpflichtender Hinsicht: Der Konkursschuldner muss die ungesicherten Gläubiger in Höhe des im Genehmigungsbeschluss festgelegten Prozentsatzes und innerhalb der dort festgelegten Fristen bezahlen und die versprochenen Sicherheiten stellen.
- Vermögensrechtlich: Die persönlichen und vermögensrechtlichen Auswirkungen des Konkurses enden, und der Konkursschuldner wird von den bestehenden Verpflichtungen befreit.
- Schuldenbereinigungsfunktion (ritorno in bonis): die persönlichen und vermögensrechtlichen Folgen des Konkurses enden und der Schuldner wird von seinen vor dem Konkurs bestehenden Schulden frei.

391 Sollte im Konkursvergleich die Abtretung zu Liquidationszwecken von Vermögensgegenständen an Gläubiger vorgesehen sein, wird mit Beendigung des Konkursverfahrens die Verfügungsbefugnis über diese Vermögensgegenstände auf denjenigen übertragen, der nach der Regelung im Konkursvergleich zur Liquidation verpflichtet ist.

2. Für die Gläubiger

392 Sobald der Konkursvergleich wirksam ist, wird er für alle Gläubiger des Konkursschuldners aus der Zeit vor der Eröffnung des Konkurses verbindlich. Davon umfasst sind auch diejenigen, die keinen Antrag auf Zulassung ihrer Forderung zur Konkurstabelle gestellt haben. Deren Forderung bleibt im Übrigen vollständig außer Betracht, dh sie profitieren nicht von den im Konkursvergleich zur Verfügung gestellten Sicherheiten. Die Frage der zeitlichen Zuordnung einer Forderung ist unter Bezugnahme auf ihre Entstehung zu ermitteln, die vor der Eröffnung des Konkurses liegen muss.

393 Der Konkursvergleich hat ferner Auswirkungen auf Forderungen, die nicht gem. Art. 93 ff. geprüft wurden. Dies gilt sowohl für den Fall, dass für die gegenständliche Forderung kein Antrag auf Zulassung zur Konkurstabelle gestellt wurde, als auch, wenn der Konkursvergleich auf der Grundlage einer vorläufigen Tabelle vorgeschlagen wurde.

394 Gläubiger, deren Forderungen aus der Zeit vor dem Konkurs datieren und die erst nach der Genehmigung des Konkursvergleichs tätig werden, unterliegen daher der „falcidia concordataria", dh der sog. konkursrechtlichen Minderung ihrer Forderung. Dies selbst wenn die Forderung in ihrer Gesamtheit in einem rechtskräftigen Urteil festgestellt wurde. Der Schuldner ist im Falle von Vollstreckungsmaßnahmen eines solchen Gläubigers zum Widerspruch berechtigt. Ähnlich wie in Deutschland ist Folge eines Schuldnerwiderspruchs der Ausschluss der Zwangsvollstreckung nach Beendigung des Insolvenzverfahrens (vgl. K. Schmidt InsO/Jungmann InsO § 178 Rn. 16). Eine Feststellung von Forderungen, welche keiner Prüfung im Konkursverfahren unterzogen wurden, findet, sofern sie Gegenstand von Streitigkeiten werden, in einem kontradiktorischen Verfahren mit dem Konkursschuldner statt.

395 Die Gläubiger behalten allerdings das Recht, gegen folgende Rechtssubjekte vorzugehen:
- Bürgen des Konkursschuldners;
- Mitverpflichtete, wie zB persönlich haftende Gesellschafter, die vor Eröffnung des Konkursverfahrens aus der Gesellschaft ausgeschieden sind;
- aufgrund Regresses Verpflichtete, dh in der Regel Indossanten und andere Wechselschuldner.

396 Diese Rechtssubjekte bleiben den Gläubigern gegenüber haftbar, es sei denn, die Gläubiger haben auf deren Haftung ausdrücklich verzichtet. Über einen solchen Verzicht wird zusammen mit dem Konkursvergleichsvorschlag abgestimmt. Die hier genannten Regeln gelten allerdings nicht gegenüber Hypothekenschuldnern. Gemäß Art. 2878 Abs. 3 des italienischen Zivilgesetzbuches erlischt vielmehr die von einem Dritten zur Sicherung einer Konkursschuld bestellte Hypothek mit dem Erlöschen der Forderung durch Konkursvergleich.

3. Behandlung rechtshängiger Rechtsstreitigkeiten

397 Die Vergleichsgenehmigung führt dazu, dass der Konkursschuldner (oder in seinem Namen der Übernehmer) rechtshängige Zivilverfahren übernimmt, es sei denn, selbige wurden nach den Bestimmungen der italienischen ZPO unterbrochen. Der Konkursverwalter, der die betreffenden

Internationales Insolvenzrecht – Italien

Klagen eingeleitet oder fortgesetzt hat, verliert damit die Aktivlegitimation. Eine Unterbrechung gilt jedoch gem. Art. 124 nicht für Fälle, bei denen ein Dritter oder ein Übernehmer Antragsteller ist.

VI. Die Durchführung des Konkursvergleichs

Sofern im Konkursvergleichsvorschlag keine anderslautenden Regelungen getroffen werden, beginnt die Phase der Durchführung des Konkursvergleichs mit der Hinterlegung des Genehmigungsbeschlusses in der Geschäftsstelle. Während der Durchführungsphase bleiben der beauftragte Richter, der Konkursverwalter und der Gläubigerausschuss im Amt. Ihnen obliegt die Aufgabe, die ordnungsgemäße Durchführung des Konkursvergleichs nach den dort festgelegten Modalitäten zu überwachen.

VII. Aufhebungstatbestände

1. Kündigung

Sollte der Konkursvergleich nach seiner Genehmigung nicht rechtzeitig erfüllt werden, kann er gekündigt werden. Eine Kündigung hat kollektive Auswirkungen, da der Konkursvergleich mit Wirkung für alle Gläubiger aufgehoben wird, auch wenn die Nichterfüllung nur einen Gläubiger betrifft.

Die Voraussetzungen für eine wirksame Kündigung sind die Folgenden:
- mangelnde Zurverfügungstellung zugesagter Garantien;
- Nichterfüllung der Verpflichtungen aus dem Vergleich.

Gegenstand der Nichterfüllung kann jede der im Vergleich übernommen Verpflichtungen sein, da eine interne Klassifizierung nach Relevanz und/oder Bedeutung einzelner Verpflichtungen nicht zulässig ist: sämtliche aus dem Konkursvergleich resultierenden Pflichten sind vielmehr gleichwertig. Die Kündigung wird in Form eines Antrags („ricorso") gestellt. Alle Gläubiger, welche Forderungen zur Konkurstabelle angemeldet haben, sind kündigungsberechtigt, es sei denn die Nichtfeststellung ihrer Forderung zur Konkurstabelle ist endgültig.

Die Kündigungseinlegungsfrist hängt davon ab, ob im Konkursvergleich eine Frist für die letzte Zahlung vorgesehen ist (Art. 137). Wenn ja, beträgt die Kündigungseinlegungsfrist ein Jahr ab diesem Zeitpunkt; wenn nicht, beträgt sie ein Jahr ab dem Zeitpunkt des Abschlusses der letzten Liquidationsmaßnahme. Es spielt dabei keine Rolle, ob es sich um den Verkauf von Vermögensgegenständen oder um tatsächliche Zahlungseingänge handelt. Der Beschluss über die Zulassung oder Ablehnung der Kündigung ist zuzustellen an: (i) dem Konkursschuldner (ii) den Antragsteller (im Falle mangelnder Personenidentität), (iii) alle diejenigen, die ein Interesse daran haben könnten, dass der Konkursvergleich nicht aufgehoben werde.

Das Gericht kann den Konkursverwalter und den Gläubigerausschuss anhören. Ein Beschluss, der dem Kündigungsantrag stattgibt, entspricht im Ergebnis einer Entscheidung für die Wiedereröffnung des Konkurses (Art. 137 Abs. 4). Die dem Kündigungsantrag stattgebende Entscheidung ist vorläufig vollstreckbar.

2. Aufhebung

Die Klage auf Aufhebung des Konkursvergleichs hat Fehler im Zusammenhang mit der Willensbildung der Gläubiger zum Gegenstand. Sie setzt die Feststellung voraus, dass zum Zeitpunkt der Willensbildung der Gläubiger, alternativ:
- die Verbindlichkeiten auf betrügerische Weise übertrieben wurden;
- ein erheblicher Teil der Vermögensgegenstände gestohlen oder arglistig verschwiegen wurde.

Die vorgenannte Aufzählung der Aufhebungsgründe ist nach allgemeiner Meinung abschließend.

Zur Klageerhebung berechtigt sind der Konkursverwalter sowie alle Gläubiger. Nicht aktivlegitimiert sind:
- der Konkursschuldner;
- die Staatsanwaltschaft, deren Intervention im konkursrechtlichen Sinne nicht vorgesehen ist.

Was die Passivlegitimation betrifft, so blieb es auch nach dem Dekret 169/2007 beim alten Wortlaut des Art. 138 Abs. 1, wonach der Konkursschuldner zu verklagen ist. Die Klage kann innerhalb von sechs Monaten nach der Feststellung der zur Klageerhebung berechtigenden Umstände erhoben werden. Das Klagerecht verwirkt zwei Jahre nach Ablauf der für die letzte Leistung im Konkursvergleichsvorschlag vorgesehenen Frist. Die Entscheidung über den Aufhebungsantrag besteht aus zwei Teilen: einem Teil, der darauf abzielt, die Rechtsfolgen des Genehmigungsbe-

Internationales Insolvenzrecht – Italien

schlusses zu beseitigen, und einem Teil, der die Wiedereröffnung des Konkurses behandelt. Sie ist vorläufig vollstreckbar und unterliegt dem Rechtsbehelf der Beschwerde nach Art. 18.

3. Wiedereröffnung des Konkurses

407 Mit Auflösung des Konkursvergleichs (egal durch welchen Rechtsakt) wird das Konkursverfahren wiedereröffnet. Die Wiedereröffnung hat die nachfolgend dargestellten Wirkungen.

408 **a) Schicksal von Anfechtungsklagen.** Bereits eingeleitete oder unterbrochene Anfechtungsklagen können wiederaufgenommen werden. Sofern noch keine Verjährung eingetreten sein sollte, kann der Konkursverwalter neue Anfechtungsklagen erheben.

409 **b) Die Aufrechterhaltung von Sicherheiten.** Die im Wege des Konkursvergleichs gestellten Sicherheiten haben zugunsten der Gläubiger Bestand, deren Forderungen aus der Zeit vor der Konkurserklärung stammen. Im italienischen Konkursrecht gilt das sog. Solidaritätsprinzip, wonach die während des Konkursverfahrens erworben positiven Auswirkungen des Konkursvergleichs bestehen bleiben sollen, unabhängig vom Fortbestand des Konkursvergleichs als solchem.

410 **c) Fortbestand bereits erfolgter Rückzahlungen.** Die Gläubiger sind nicht verpflichtet, die im Rahmen der Durchführung des Konkursvergleichs eingezogenen Beträge zurückzuzahlen. Die Wiedereröffnung des Konkurses führt nicht zur Eröffnung eines neuen Verfahrens, sondern zur Weiterführung des ersten Verfahrens.

411 **d) Der Wettbewerb zwischen den Gläubigern.** Die Gläubiger werden ökonomisch in den Stand zurückversetzt, den sie laut Konkurstabelle haben, wobei bereits vereinnahmte Beträge abzuziehen sind. Es ist denkbar, dass der Konkursschuldner nach Beendigung des Konkurses aufgrund Genehmigung des Konkursvergleichs sein Unternehmen weitergeführt und im Zuge dessen neue Schulden aufgenommen hat oder neue Verbindlichkeiten eingegangen ist, die zum Zeitpunkt der Wiedereröffnung des Konkurses unbefriedigt bleiben. Um zur Konkurstabelle festgestellt zu werden, müssen diese neuen Gläubiger einen Antrag auf Feststellung ihrer Forderung zur Konkurstabelle einreichen (ihre Forderung also anmelden), wohingegen die alten Gläubiger in Bezug auf ihre jeweilige Hauptforderung an ihre bisherige Anmeldung gebunden bleiben. Es findet mithin lediglich eine Korrektur der zwischenzeitlich aufgelaufenen Verzugszinsen statt. Dadurch entsteht eine neue Konkurstabelle, an der sowohl alte als auch neue Gläubiger je nach Rang aufgeführt werden.

4. Möglichkeit des erneuten Konkursvergleichsvorschlags

412 Schließlich bleibt dem Antragsteller die Möglichkeit, einen **neuen Konkursvergleichsvorschlag** zu unterbreiten. Hierfür muss jedoch die neue Konkurstabelle bereits festgestellt worden sein. Aus Transparenzgründen ist der Antragsteller ferner verpflichtet:
- die notwendigen Summen für die Durchführung des neuen Konkursvergleichsvorschlags zu hinterlegen;
- im Falle eines Konkursvergleichsvorschlags, welcher keine Zahlungen vorsieht, Sicherheiten zu stellen, die den mit dem Konkursvergleich eingegangenen Verpflichtungen wertmäßig entsprechen müssen.

413 Die in Art. 124 vorgesehenen Fristen für die Vorlage des Konkursvergleichsantrags durch Konkursschuldner haben im Falle eines neuen Konkursvergleichsantrags keine Bedeutung.

F. Verfahren zur Bewältigung von Überschuldungskrisen nicht konkursfähiger Rechtssubjekte

I. Einführung

414 Mit Gesetz Nr. 3 vom 27.1.2012 in der jeweils gültigen Fassung (Gesetz 3/2012) hat der italienische Gesetzgeber ein System zur **Bewältigung von Überschuldungskrisen nicht konkursfähiger Rechtssubjekte** (Verbraucher und Kleinunternehmer) eingeführt. Das Gesetz Nr. 3/2012, bekannt auch als „Selbstmordverhinderungsgesetz" („legge salva suicidi"), sieht **drei** mögliche Verfahren vor:
1. **die Krisenbewältigungsvereinbarung** („accordo di composizione della crisi");
2. **der Verbraucherplan** („piano del consumatore");
3. die Liquidation von Vermögensgegenständen („liquidazione dei beni").

415 In allen drei Verfahren kommt den sog. **Vergleichsstellen** („Organismi di composizione della Crisi", abgekürzt als **OCC**) eine relevante Rolle zu (Art. 15). Bei den Vergleichsstellen handelt

es sich um öffentliche oder private Einrichtungen, die strengen Auflagen an deren Unabhängigkeit und Professionalität unterliegen und beim Justizministerium registriert sein müssen (Erlass des Justizministeriums Nr. 202 vom 24.9.2012). Konkret werden die Aufgaben der OCC von natürlichen Personen (Krisenverwalter) wahrgenommen, die diese einzeln oder gemeinsam wahrnehmen können. Die OCC unterstützen den Schuldner bei der Erstellung des Plans, aber auch die Gläubiger und den Richter. In allen drei Verfahren ist die **Unterstützung eines Anwalts** zum Schutz der Interessen des Schuldners gesetzlich **vorgeschrieben.**

II. Zulässigkeitsvoraussetzungen

Bei den für alle drei Verfahren gemeinsamen Zulässigkeitsvoraussetzungen ist zwischen **objektiven** und **subjektiven** Voraussetzungen zu unterscheiden (Art. 7).

1. Objektive Zulässigkeitsvoraussetzungen

Um von den Umschuldungsinstrumenten des Gesetzes Nr. 3/2012 Gebrauch machen zu können, muss sich der Schuldner in einem **Zustand der Überschuldung** befinden. Gemäß Art. 6 des Gesetzes 3/2012 bedeutet **Überschuldung** die Situation eines anhaltenden **Ungleichgewichts** zwischen den eingegangenen Verpflichtungen und den Vermögenswerten, die zwecks Erfüllung liquidiert werden könnten, was eine erhebliche Schwierigkeit der Erfüllung der Verpflichtungen oder die endgültige Unfähigkeit, sie regelmäßig zu erfüllen, zur Folge hat. Umstritten ist, ob der Begriff der Überschuldung stets als Synonym für **Insolvenz** zu verstehen ist oder – wie von einem Teil der Lehre behauptet – auch eine **finanzielle Krise,** die in eine Insolvenz münden kann, davon umfasst ist.

2. Subjektive Zulässigkeitsvoraussetzungen

Folgende subjektive Voraussetzungen, die allen drei Verfahren gemeinsam sind, müssen erfüllt sein:
- die **mangelnde Konkursfähigkeit** (Art. 6), dh es handelt sich im Wesentlichen um Verbraucher, Kleinunternehmer und Landwirte;
- die sog. **Zulassungswürdigkeit** (Art. 7 Abs. 2). Dies bedeutet, dass ein Schuldner von den Vorteilen des Gesetzes 3/2012 ausgeschlossen ist, wenn er beispielsweise in den vorausgegangenen fünf Jahren schon von einer Restschuldbefreiung profitiert hat.

Nur für den Zugang zum Verbraucherplan muss es sich bei dem Schuldner um einen **Verbraucher** handeln. Art. 6 Gesetz Nr. 3/2012 definiert den Verbraucher als eine „natürliche Person, die Verpflichtungen zu anderen als unternehmerischen oder beruflichen Zwecken eingegangen ist".

III. Krisenbewältigungsvereinbarung

Der Schuldner kann seinen Gläubigern mit Hilfe des OCCs eine Vereinbarung zur Restrukturierung von Schulden vorschlagen, die die Befriedigung von Forderungen auf der Grundlage eines Plans vorsieht. Hinsichtlich seines Inhalts herrscht **Dispositionsfreiheit,** da das Gesetz nur festlegt, dass durch den Plan eine Restrukturierung und Befriedigung der Verbindlichkeiten in „jeglicher Form" erfolgen können muss (Art. 8).

Der Plan wird in der Regel Bestimmungen enthalten, wonach Verbindlichkeiten nur teilweise oder in Raten zu zahlen sind. Eine Ratenzahlungsregelung ist allerdings ausgeschlossen für **unpfändbare Forderungen** (Unterhaltsforderungen, Forderungen aus Mutterschafts- oder Krankengeld usw), die vollständig und regelmäßig bezahlt werden müssen, sowie für **bestimmte Steuern** (Art. 7 Abs. 2), für die der Plan keinen Zahlungsaufschub vorsehen kann.

Soweit der Plan für **bevorrechtigte Forderungen** keine vollständige Befriedigung vorsieht, ist dies nur möglich, sofern die Zahlung in einem Umfang gewährleistet ist, der mindestens dem Betrag entspricht, der im Falle einer hypothetischen Liquidation zum Marktwert der dem Vorrecht unterliegenden Vermögensgegenstände erzielt werden könnte. Ein Umstand, der vom OCC explizit bestätigt werden muss.

Der Plan kann beispielsweise folgende Regelungen treffen: (i) **Garantien** für die Begleichung der Verbindlichkeiten; (ii) Methoden der etwaigen **Liquidation** von Vermögensgegenständen; (iii) die Übertragung des Vermögens des Schuldners auf einen **Verwalter** zum Zwecke der Liquidation, Verwahrung und Verteilung der Erlöse an die Gläubiger. Reichen das Vermögen und die Einkünfte des Schuldners nicht aus, um die Durchführbarkeit des Plans zu gewährleisten, muss der Vorschlag von einem oder mehreren **Dritten** unterzeichnet werden, die als Garantiegeber fungieren (Art. 8 Abs. 2). Dritte werden somit Teil der Krisenbewältigungsvereinbarung.

424   Die **einzige** Person, die berechtigt ist, eine Krisenbewältigungsvereinbarung vorzuschlagen, ist der **Schuldner**. Das Gesetz 3/2012 bestimmt, dass dieser mit der **zwingenden Unterstützung des OCC** vorzubereiten ist. Zu diesem Zweck muss der Schuldner einen OCC wählen oder alternativ bei dem Gericht seines Wohnsitzes oder seiner Hauptniederlassung (Art. 9) einen Antrag auf Bestellung eines **Sachverständigen** stellen, der die Aufgaben des OCC wahrnimmt. Diese Ernennung erfolgt durch einen Richter, der vom Präsidenten des Gerichts („presidente del tribunale") beauftragt wird. Die Bestellung eines OCC/Sachverständigen schließt allerdings nicht aus, dass der Schuldner auch von einem Berater seiner Wahl unterstützt wird.

425   Sobald der Plan mit Hilfe des OCC erstellt ist, muss der Schuldner einen **Antrag** mit dem **Vorschlag** und den vom Gesetz vorgeschriebenen **Unterlagen** (Art. 9 Abs. 2) beim **Gericht** seines Wohnsitzes oder seiner Hauptniederlassung einreichen. Der Vorschlag wird durch den OCC ferner dem Finanzamt vorgelegt. Mit Hinterlegung des Vergleichsvorschlags wird der **Lauf von Zinsen** ausgeschlossen, es sei denn, es handelt sich um durch Hypothek oder andere Pfandrechte gesicherte Forderungen. Das Verfahren wird einem **Einzelrichter** übertragen und ist nach den Regeln des Kammerritus gem. Art. 737 ff. der italienischen ZPO geregelt. Der Richter muss die Zulassungsvoraussetzungen, den Inhalt des Plans und der beigefügten Unterlagen im Rahmen einer summarischen Kontrolle überprüfen, die (noch) nicht in die materielle Prüfung eingeht.

426   Am Ende der Überprüfung kann das Gericht **per Beschluss** entweder den Antrag ablehnen oder den Schuldner in das Verfahren eintreten lassen. Mit dem Zulassungsbeschluss wird das Gericht ua:
- einen Termin zur **Verhandlung** der Bestätigung des Vergleichsvorschlags festsetzen;
- die **Mitteilung** des Vorschlags und des Beschlusses an alle Gläubiger anordnen (mindestens 40 Tage vor der Verhandlung);
- die geeignete Form der **Veröffentlichung** des Vorschlags und des Beschlusses beschließen sowie
- das Verbot von Einzelvollstreckungsmaßnahmen vorsehen.

427   Ab dem Tag des Beschlusses ergeben sich folgende **Wirkungen**:
- **für die Gläubiger:** (i) Gläubiger mit Forderungen vor Einreichung des Vorschlags dürfen keine Einzelvollstreckungsmaßnahmen oder Beschlagnahmungen einleiten oder Vorrechte an den Vermögensgegenständen des Schuldners erwerben (sog. automatic stay), es sei denn, es handelt sich um Inhaber von unpfändbaren Forderungen; (ii) **Verjährungen** werden **ausgesetzt; Ausschlussfristen treten nicht ein.**
- **für den Schuldner:** der Schuldner kann normale Verwaltungshandlungen **ohne** die Zustimmung des Richters durchführen; **Maßnahmen, die über die normale Verwaltung** hinausgehen und **ohne die Zustimmung des Richters** durchgeführt werden, sind gegenüber den Gläubigern **unwirksam.**

428   Die Gläubiger sind verpflichtet, spätestens **10 Tage vor dem Verhandlungstermin** eine unterzeichnete Erklärung über ihre **Zustimmung** zu dem Vorschlag beim OCC einzureichen (Art. 11). Für die Bestätigung des Vergleichsvorschlags müssen so viele Gläubiger zustimmen, dass damit **mindestens 60 % der Forderungen** vertreten sind. Die Erreichung des Quorums muss von dem OCC überprüft werden. Unter anderem sind folgende Gläubiger von der Stimmabgabe ausgeschlossen:
- **bevorrechtigte Gläubiger,** für die der Vorschlag eine vollständige Befriedigung vorsieht, es sei denn, sie verzichten ganz oder teilweise auf ihr Vorrecht;
- Ehegatten, Verwandte und Anverwandte bis zum vierten Grad.

429   Wird eine Einigung erzielt, so übermittelt der OCC allen Gläubigern einen **Bericht** über das Abstimmungsergebnis, welchem die Krisenbewältigungsvereinbarung als Anlage beigefügt ist. Innerhalb von **zehn Tagen** nach Erhalt des Berichts können die Gläubiger **Einwände** geltend machen. Nach Ablauf dieser Frist übermittelt der OCC dem Richter den Bericht zusammen mit den eingegangenen Einwänden und einer abschließenden Bestätigung über die Durchführbarkeit des Plans. Das Zustandekommen der Krisenbewältigungsvereinbarung eröffnet die gerichtliche **Bestätigungsphase („omologazione dell'accordo").** Das Gericht muss seine Entscheidung innerhalb von **sechs Monaten** nach Einreichung des Antrags treffen.

430   Nach der Bestätigung wird die Krisenbewältigungsvereinbarung für alle Gläubiger **vor** dem Zeitpunkt der Veröffentlichung des Vergleichsvorschlags und des Beschlusses gem. Art. 10 Abs. 2 lit. a **verbindlich.** Nicht berührt werden jedoch die Rechte der Gläubiger gegenüber ggf. mitverpflichteten Schuldnern, Garantiegebern und Rückgriffsschuldnern. Gläubiger mit **späterem** Titel dürfen eine Zwangsvollstreckung in die von der Vereinbarung umfassten Vermögensgegenstände weder beginnen noch fortsetzen. Diese Vermögensgegenstände stellen sozusagen eine **Art sepa-**

Internationales Insolvenzrecht – Italien

rate **Vermögensmasse** dar, die zur Befriedigung der Altgläubiger bestimmt ist. Nach der Bestätigung ist der Schuldner verpflichtet, den Plan **auszuführen**. Da der Schuldner die Verfügungsmacht über sein Vermögen behält, muss er die in der Krisenbewältigungsvereinbarung enthaltenen Verpflichtungen auch **persönlich** erfüllen. Während der Ausführungsphase (i) überwacht der OCC die Erfüllung der Vereinbarung und informiert die Gläubiger über eventuell auftretende Unregelmäßigkeiten und (ii) versucht die Schwierigkeiten, die sich bei der Ausführung des Plans ergeben, zu lösen. Forderungen, die sich aufgrund oder in Ausführung der Krisenbewältigungsvereinbarung ergeben, sind (ähnlich wie Masseforderungen) vorrangig befriedigt. Im Falle der Nichterfüllung oder sonstiger durch den Schuldner verursachter Unregelmäßigkeiten kann die Krisenbewältigungsvereinbarung auch durch das Gericht **aufgehoben** oder in **eine Liquidation umgewandelt** werden.

IV. Der Verbraucherplan

Grundsätzlich unterliegt der Verbraucherplan im Hinblick auf seine Zulässigkeit und das zu beachtende Verfahren denselben gesetzlichen Bestimmungen wie die vorgenannten Verfahrensarten. Eine Zustimmung der Gläubiger ist allerdings gerade nicht vorgesehen. Zur Wahrung der Interessen der Gläubiger verlangt Art. 9 Abs. 3 daher, dass dem Plan ein ausführlicher **Bericht** des OCC beigefügt wird, der folgenden Mindestinhalt aufweisen muss: 431

- einen Hinweis auf die **Ursachen der Verschuldung** sowie auf die **Sorgfalt** des Schuldners;
- Angaben zu den **Gründen für die Unfähigkeit** des Schuldners, seinen Verpflichtungen nachzukommen;
- eine Übersicht über die **Bonität** des Schuldners in den letzten **5 Jahren**;
- einen Hinweis darauf, ob es Verfügungen des Schuldners gab, die von Gläubigern angefochten wurden;
- eine **Stellungnahme** zur Vollständigkeit und Aussagekraft der zur Begründung des Planvorschlags vorgelegten Unterlagen und zur voraussichtlichen Angemessenheit des Plans im Hinblick auf die alternative Liquidationsmöglichkeit.

Sollte einer der Gläubiger oder eine andere interessierte Partei die Zweckmäßigkeit des Verbraucherplans bestreiten, wird das Gericht den Plan nur bestätigen, wenn es der Ansicht ist, dass dessen Forderung durch die Ausführung des Plans in einem Umfang befriedigt werden kann, der nicht geringer ist als im Falle einer Liquidation. 432

V. Liquidationsverfahren

Als Alternative zu den vorgenannten Verfahren kann der überschuldete Schuldner versuchen, seine Situation durch die **Liquidation seines Vermögens** und die Zahlung der Gläubiger zu lösen. Eine Zustimmung der Gläubiger ist hierfür nicht erforderlich. Dieses Verfahren kann **auch vom Gericht** nach Umwandlung der beiden vorgenannten Verfahrensarten angeordnet werden. In diesem Fall unterbreitet der Schuldner keinen Plan, sondern stellt **alle** seine **gegenwärtigen** und **zukünftigen** Vermögensgegenstände zur Verfügung, mit Ausnahme einiger gesetzlich vorgeschriebener Werte (zB: unpfändbare Forderungen; Forderungen mit Unterhaltscharakter oder was für den Unterhalt seiner Familie notwendig ist). 433

Die mit Hilfe des OCC erstellte Liquidationsanmeldung wird durch einen **Antrag** an das zuständige Gericht unter Beifügung (i) der Unterlagen, die auch für die vorgenannten Verfahren vorgeschrieben sind, (ii) einer Inventur aller Vermögenswerte des Schuldners und (iii) einem detaillierten Bericht des OCC gerichtet. Der Liquidationsplan wird durch den OCC dem Finanzamt vorgelegt. Auch die Einreichung des Liquidationsantrags setzt den Lauf von **Zinsen** aus, es sei denn, die Forderungen sind durch Hypothek oder andere Pfandrechte gesichert. Das **Gericht** überprüft die Zulässigkeit und erklärt das Verfahren per Beschluss für eröffnet, sofern die Durchführung des Liquidationsplans eine Sanierung des Schuldners zu ermöglichen scheint. Das Gericht ernennt ferner einen **Liquidator**, dessen persönliche Eignung der eines Konkursverwalters entsprechen muss und ordnet ua das **Einfrieren von Vollstreckungs- und Sicherungsmaßnahmen** sowie ein **Verbot des Erwerbs von Vorrechten an den zu liquidierenden Vermögenswerten** bis zum Abschluss der Liquidation an (sog. automatic stay). 434

Die **Feststellung der Verbindlichkeiten** erfolgt im Rahmen eines Sub-verfahrens nach dem Vorbild der Prüfung von Konkursforderungen. Der **Liquidator** bildet den endgültigen Passivstand des Vermögens und legt dem Richter nur eventuelle Widersprüche gegen diesen vor. Das Gesetz sieht keine Frist für die Einreichung von Forderungsanmeldungen vor. Der Liquidator **verwaltet das Liquidationsvermögen** und führt die Verkaufs- und sonstigen Liquidationshandlungen im Wege des Wettbewerbs durch. Am **Ende des Verfahrens, allerdings nicht vor dem Ablauf** 435

Internationales Insolvenzrecht – Italien

von vier Jahren nach dem Zulassungsbeschluss kann der Richter, nach Überprüfung der Übereinstimmung der Durchführungsrechtsakte mit dem Liquidationsplan, die Freigabe der Beträge genehmigen, die zur Löschung von Sicherungsrechten wie Hypotheken erforderlich sind, anordnen. Das Verfahren schließt mit einem **Beschluss**.

VI. Die Restschuldbefreiung

436   Der **Schuldner** kann nach Abschluss des Liquidationsverfahrens **Restschuldbefreiung** beantragen („esdebitazione"). Bei den anderen beiden Verfahrensarten resultiert der entlastende Effekt hingegen automatisch im Zuge der rechtmäßigen Durchführung der Krisenbewältigungsvereinbarung oder des Verbraucherplans. Um die Restschuldbefreiung zu erlangen muss der Schuldner:
- an der rechtmäßigen Durchführung des Verfahrens unter Zurverfügungstellung aller relevanten Informationen und Unterlagen **mitgewirkt** haben;
- die Durchführung des Verfahrens in keiner Weise **verzögert** haben;
- in den **acht Jahren** vor dem Antrag von keiner anderen Restschuldbefreiung profitiert haben;
- aufgrund keiner der in Art. 16 genannten Straftaten rechtskräftig verurteilt worden sein;
- in den vier Jahren nach Einreichung des Antrags auf Liquidation eine **Tätigkeit ausgeübt** haben, für die er ein bezogen auf die eigenen Kompetenzen und die Marktlage angemessenes Einkommen bezogen hat, oder auf jeden Fall eine Anstellung gesucht haben und eventuelle Arbeitsangebote nicht ohne berechtigten Grund abgelehnt haben sowie
- schließlich die Gläubiger zumindest **teilweise befriedigt** haben.

437   Der Schuldner muss seinen **Restschuldbefreiungsantrag** innerhalb **eines Jahres nach Abschluss** des Liquidationsverfahrens bei Gericht einreichen.

G. Strafrechtliche Bestimmungen

I. Vorbemerkungen

438   Die im Konkursgesetz vorgesehenen Straftaten werden unter dem Titel „**Konkursstraftaten**" geführt: damit werden Straftaten bezeichnet, die sowohl im Zusammenhang mit dem Konkurs (oder einem anderen konkursrechtlichen Verfahren) begangen werden, als auch solche Tatbestände, in denen sich dieses Verhältnis per Zufall ergibt. Das mit Legislativdekret Nr. 14 vom 12.1.2019 verkündete Gesetzbuch der Unternehmenskrise und Insolvenz (welches am 14.8.2020 in Kraft treten sollte und in diesem Abschnitt auch nur das Gesetzbuch genannt wird) enthält ebenfalls einen insolvenzstrafrechtlichen Teil. In Bezug auf das strafrechtlich relevante Verhalten hat das neue Gesetzbuch allerdings zumeist rein lexikalische Änderungen eingeführt, indem es die Verweise auf das Konkursverfahren durch die Verweise auf das neue gerichtliche Liquidationsverfahren ersetzt hat. Damit bleibt es also bei dem Ziel des Gesetzgebers, Straftatbestände zu schaffen, bei denen die Unmöglichkeit der Unternehmensfortführung direkt auf bestimmte Unregelmäßigkeiten im Management zurückzuführen und im Sinne einer Kausalität den Personen zuzurechnen ist, die bestimmte leitende Funktionen und Befugnisse innerhalb des Unternehmens ausüben.

II. Konkursstraftaten

1. Der Bankrott

439   Der bei weitem bedeutendste Fall ist der **Bankrott**, wörtlich übersetzt „Zahlungsunfähigkeit des Schuldners". Es werden Tathandlungen bestraft, die sich zwar in ihren Voraussetzungen voneinander unterscheiden, aber alle davon geprägt sind, dass durch ihre Erfüllung eine **Vielzahl von Gläubigern des Unternehmens geschadet** wird. Vor Einleitung eines Strafverfahrens über einen Bankrotttatbestand muss bereits ein Urteil über die Eröffnung des Konkursverfahrens ergangen sein (Art. 238; Art. 346 des Gesetzbuches). Der Bankrott ist eines der sog. Sonderdelikte, dh Straftaten, die nur von Personen begangen werden können, die über eine bestimmte, gesetzlich vorgeschriebene Qualifikation verfügen. Möglicher Täter eines sog. „echten Bankrotts" (Art. 216 und 217; Art. 322 und 323 des Gesetzbuches) ist der Inhaber eines Handelsunternehmens selbst (der „Schuldner", Art. 2082 des italienischen Zivilgesetzbuches), dh der Eigentümer eines Unternehmens, welcher eine gewerbliche Tätigkeit ausübt, oder die Person, die Eigentümerin des Vermögens ist, gegen welches sich die rechtswidrige Handlung richtet. Im Falle eines nicht eigenhändigen Bankrotts („bancarotta impropria") hingegen wird die Handlung von anderen Tätern als dem Unternehmer, wie Generaldirektoren, Geschäftsführern, Wirtschaftsprüfern oder Liquida-

toren, begangen (Art. 223 und 224; Art. 329 und 330 des Gesetzbuches). Außerdem wird bei der Straftat des Bankrotts in einfacher und betrügerischer Form nach der Schwere des Verhaltens des Täters unterschieden.

2. Betrügerischer Bankrott

Art. 216 (Art. 322 des Gesetzbuches) sieht verschiedene Formen des betrügerischen Bankrotts **440** („bancarotta fraudolenta") vor, die die Strafbarkeit sowohl in dem Fall vorsehen, in dem das die Insolvenz verursachende Verhalten vor der Insolvenz vollendet wird (ab dem Inkrafttreten des Gesetzbuches: vor der Eröffnung des gerichtlichen Liquidationsverfahrens), als auch in dem Fall, in dem die Eröffnung des Verfahrens zum Zeitpunkt der Tathandlung bereits stattgefunden hat. Insbesondere kann ein betrügerischer Bankrott in drei Formen auftreten: finanziell, dokumentarisch und präferenziell. Allen Formen des betrügerischen Bankrotts ist die Absicht gemeinsam, einen rechtswidrigen Gewinn für sich selbst oder andere zu erzielen oder Gläubiger zu schädigen. Ein weiteres gemeinsames Element ist das der Nebenstrafen: Art. 216 sieht vor, dass „die Verurteilung wegen eines der in diesem Artikel vorgesehenen Tatbestände die Unfähigkeit zur Führung eines Handelsunternehmens und die Unfähigkeit zur Ausübung von Führungsämtern in einem Unternehmen für bis zu zehn Jahre beinhaltet".

a) Betrügerischer Vermögensbankrott. Im Hinblick auf den betrügerische Vermögensbank- **441** rott (bancarotta fraudolenta patrimoniale) inkriminiert Art. 216 den Konkursschuldner mit einer Freiheitsstrafe von drei bis zehn Jahren, welcher „sein Vermögen ganz oder teilweise veruntreut, verheimlicht, verbirgt, vernichtet, verschwendet oder, um Gläubiger zu benachteiligen, nicht bestehende Verbindlichkeiten angibt oder anerkannt hat". Die gleiche Strafe ist vorgesehen, wenn ein solches Verhalten vom Unternehmer während des Konkursverfahrens begangen wird. Der Gesetzgeber hat eine Norm mit mehreren Tatbeständen geschaffen, die untereinander in einem Austauschverhältnis stehen, mit der Folge, dass für den Fall, dass mehr als eine der im Tatbestand enthaltenen Tathandlungen vollendet wird, es nicht zu einer mehrfachen Bestrafung kommt.

Die einzelnen Fälle lassen sich wie folgt beschreiben: **442**
- Veruntreuung ist jedes Verhalten, das darauf abzielt, den Konkursverwalter daran zu hindern, das Vermögen des Unternehmens zu beschlagnahmen;
- Verheimlichung liegt vor, wenn der Täter Vermögensgegenstände so versteckt, dass diese vom Konkursverwalter nicht übernommen werden können;
- Verbergen ist jede Vermögensübertragung an Dritte, die durch simulierte Handlungen vorgenommen wird, um den Anschein einer Übertragung des Besitzes (oder des Eigentums) an Vermögensgegenständen zu schaffen und aufrecht zu erhalten, die tatsächlich weiterhin zum Vermögen des Schuldners gehören oder diesem zugehörig angesehen werden müssen;
- Vernichtung bezieht sich auf jeden Akt tatsächlicher Zerstörung von Vermögensgegenständen, wobei es ausreicht, wenn Vermögensgegenstände ohne Gegenleistung im Wege rechtsgeschäftlicher Veräußerung aus dem Vermögen weggeben werden;
- Dissipation ist die Verschwendung von Unternehmensvermögen für Zwecke, die völlig unabhängig vom Unternehmen sind;
- Schließlich führt die Angabe oder die Anerkennung von nicht bestehenden Verbindlichkeiten zu einer fiktiven Minderung des Vermögens durch vorgegebene Umstände, die tatsächlich nicht vorlagen und somit den Gläubigern Schaden zufügen. Die Unterscheidung zwischen beiden Begehungsformen besteht in der Art der Tatbegehung, im ersten Fall durch den Schuldner, im zweiten durch den (nicht vorhandenen) Gläubiger.

b) Dokumentarischer betrügerischer Bankrott. Der Unternehmer ist verpflichtet, sämtliche **443** Geschäftsvorfälle in der Buchhaltung zu erfassen, um eine klare Rekonstruktion der wirtschaftlichen Vorgänge im Unternehmen und der Vermögensbewegungen zu ermöglichen; Handlungen, die darauf abzielen, diese Rekonstruktion zu verhindern (oder zu erschweren), werden als betrügerischer dokumentarischer Bankrott („bancarotta fraudolenta documentale") bezeichnet. Art. 216 regelt, dass für den betrügerischen dokumentarischen Bankrott die gleiche Strafe zu verhängen ist wie für Fälle des betrügerischen Vermögensbankrotts (Freiheitsstrafe von drei bis zehn Jahren), sofern der Schuldner „um für sich oder andere einen rechtswidrigen Gewinn zu erzielen oder den Gläubigern Schaden zuzufügen, die Bücher oder sonstigen Buchhaltungsunterlagen ganz oder teilweise unterschlagen, vernichtet oder gefälscht oder sie so aufbewahrt hat, dass es nicht möglich ist, das Vermögen oder die Vermögensbewegungen zu rekonstruieren".

Die relevanten Tathandlungen sind daher: **444**
- Unterschlagung: Verstecken der Buchhaltungsunterlagen, um den Zugriff durch die Verfahrensorgane zu vereiteln;

Internationales Insolvenzrecht – Italien

- Zerstörung: vollständige oder teilweise physische Beseitigung der Buchhaltungsunterlagen oder deren vollständige oder teilweise Unlesbarkeitsmachung;
- Verfälschung: Irreleitung und Verbergen von Buchhaltungsunterlagen;
- Buchführung in einer Weise, die eine Rekonstruktion der Geschäftsabläufe nicht ermöglicht, sodass eine Erfassung der Vermögensgegenstände und der Unternehmensführung nicht möglich ist.

445 **c) Präferenzieller betrügerischer Bankrott.** Der präferenzielle betrügerischer Bankrott („bancarotta fraudolenta preferenziale") gem. Art. 216 inkriminiert einen weniger schweren Fall des betrügerischen Bankrotts. Mit einer Freiheitsstrafe von einem bis fünf Jahren wird „ein Konkursschuldner bestraft, welcher vor oder während des Konkursverfahrens zum Zwecke der Begünstigung einzelner Gläubiger oder zum Nachteil der übrigen Gläubiger, einzelnen von ihnen Zahlungen leistet oder Vorrechte fingiert". Hiermit soll die par conditio creditorum geschützt werden. Folgende Tathandlungen sind relevant:
- Zahlung der Forderung, dh jede Form der Erfüllung eines Anspruchs, einschließlich der Anspruchserfüllung mittels Übertragung von Rechten wie die Abtretung von Forderungen;
- Simulation von Vorrechten, dh die Fiktion des Bestehens eines Vorrechts eines Gläubigers, welches diesen zu einer Befriedigung vorab berechtigt.

446 **d) Der nicht eigenhändige betrügerische Bankrott und die Unternehmensinsolvenz.** Wie bereits erwähnt, regelt der Tatbestand des nicht eigenhändigen betrügerischen Bankrotts („bancarotta fraudolenta impropria") strafbare Handlungen im Rahmen von Unternehmensinsolvenz. Bestraft werden Geschäftsführer, Generaldirektoren, Wirtschaftsprüfer oder Liquidatoren die den Tatbestand einer der oben dargestellten Varianten des betrügerischen Bankrotts begangen haben. Art. 223 (Art. 329 des Gesetzbuchs) sieht auch hier eine Freiheitsstrafe von drei bis zehn Jahren, wenn der Täter
- den Zusammenbruch des Unternehmens verursacht oder zumindest kausal dazu beigetragen hat, indem er bestimmte im italienischen Zivilgesetzbuch vorgesehene gesellschaftsrechtliche Straftaten begangen hat (falsche Unternehmenskommunikation, ungerechtfertigte Rückerstattung von Beiträgen, illegale Verteilung von Gewinnen und Rücklagen usw);
- den Konkurs des Unternehmens vorsätzlich oder infolge betrügerischer Handlungen verursacht hat.

447 Schließlich erklärt Art. 223 die in Art. 216 vorgesehene Nebenstrafe für anwendbar.

3. Einfacher Bankrott

448 Art. 217 (Art. 323 des Gesetzbuches) regelt den einfachen Bankrott („bancarotta semplice"). Er enthält eine Reihe von Tathandlungen, die weniger schwerwiegend erscheinen als die in Art. 216 genannten. Das hier inkriminierte Verhalten besteht vor allem in der fahrlässigen Verminderung des Schuldnervermögens (auch wenn einzelne Tathandlungen mit Vorsatz begangen werden können). Auch in diesem Fall sieht die Norm eine Bezugnahme auf die Nebenstrafe des Verbots der Führung eines Handelsunternehmens vor.

449 **a) Der einfache Vermögensbankrott.** Art. 217 bestraft den einfachen Vermögensbankrott (bancarotta semplice patrimoniale), also leichtsinnige oder verschwenderische Geschäfte des Schuldners. Mit einer Freiheitsstrafe von sechs Monaten bis zu zwei Jahren wird bestraft, wer
- angesichts seiner wirtschaftlichen Situation übermäßige persönliche oder familiäre Ausgaben tätigte;
- einen erheblichen Teil seines Vermögens beim Glücksspiel oder offensichtlich unsicheren Geschäften aufgebraucht hat;
- grob fahrlässig Maßnahmen vorgenommen hat, um die Insolvenz zu verzögern;
- den Vermögensverfall dadurch verschärft hat, dass er auf die Konkursantragsstellung verzichtet oder ein anderes schwerwiegendes Fehlverhalten begangen oder
- seine Verpflichtungen aus einem früheren Plan- oder Konkursverfahren nicht erfüllt hat.

450 **b) Einfacher dokumentarischer Bankrott.** Der einfache dokumentarische Bankrott („bancarotta semplice documentale") wird mit der gleichen Strafe bestraft wie die vermögensmäßige Tathandlung: „Ein Konkursschuldner, der in den drei Jahren vor Konkursantragstellung oder von Beginn des Bestehens des Unternehmens an, wenn dieses einen kürzeren Zeitraum zurückliegt, die gesetzlich vorgeschriebenen Handelsbücher und sonstigen Buchhaltungsunterlagen nicht oder unregelmäßig oder unvollständig geführt hat" (Art. 217 Abs. 2).

451 **c) Einfacher nicht eigenhändiger Bankrott.** Wie Art. 223 für den Fall des betrügerischen Bankrotts, sieht Art. 224 (Art. 330 des Gesetzbuches) für den einfachen nicht eigenhändigen Bankrott (bancarotta semplice impropria) die Ausdehnung der Strafe für die Tathandlungen des

Internationales Insolvenzrecht – Italien

einfachen Bankrotts auf Generaldirektoren, Geschäftsführer, Wirtschaftsprüfer und Liquidatoren insolventer Unternehmen vor, die eine der in Art. 217 genannten Tathandlungen begangen oder dazu beigetragen haben, das wirtschaftliche Scheitern des Unternehmens zu verursachen oder zumindest zu verschlimmern.

III. Weitere Straftaten

1. Missbräuchliche Inanspruchnahme von Krediten

Art. 218 (Art. 325 des Gesetzbuches) bestraft die missbräuchliche Inanspruchnahme von Krediten („ricorso abusivo al credito"): „Generaldirektoren, Geschäftsführer, Liquidatoren und Unternehmer, (...) die einen Kredit aufnehmen oder sich weiter an einem Kredit bedienen und damit den finanziellen Zusammenbruch oder die Insolvenz verschleiern, werden mit einer Freiheitsstrafe von 6 Monaten bis zu 3 Jahren bestraft." Da es sich um ein reines Verursachungsdelikt handelt, kann die Tatbegehung in jeder Leistung bestehen, die im Gegenzug für eine versprochene Gegenleistung erbracht wird, unabhängig vom konkret verwendeten Rechtsinstrument und ohne Rücksicht darauf, ob der Täter Leistungsgarantien abgegeben hat. Das subjektive Element besteht aus dem allgemeinen Vorsatz (dolus generalis), einen Kredit zur Verschleierung der wirtschaftlichen Schwierigkeiten aufzunehmen. 452

2. Angabe von nicht existenten Gläubigern und sonstige Verstöße

Art. 220 (Art. 327 des Gesetzbuches) sieht eine Reihe, sich signifikant unterscheidender Tathandlungen zum Schutz der Interessen des Verfahrens als solches vor. Insbesondere wird die Angabe von nicht existenten Gläubigern in der bei der Geschäftsstelle zu hinterlegenden Gläubigerliste und die Nichtangabe von Vermögensgegenständen im Inventar bestraft. Die Strafnorm inkriminiert überdies die Nichteinhaltung der zeitlichen Reihenfolge bei der Einreichung von Jahresabschlüssen und Buchhaltungsunterlagen sowie die Nichtbeachtung der Anforderungen an den Wohnsitz/Sitz des Schuldners und des von Seiten der Konkursorgane angeordneten persönlichen Erscheinens. 453

3. Strafbarkeit Dritter ohne Mitwirkung des Schuldners

Neben der Teilnahme an Bankrottstraftaten sind in Art. 232 (Art. 338 des Gesetzbuches) weitere Tathandlungen Dritter enthalten, die ohne Mitwirkung des Konkursschuldners begangen werden. Zu erwähnen ist insbesondere die betrügerische Anmeldung fingierter Forderungen oder das Beiseiteschaffen von zur Konkursmasse gehörenden Vermögensgegenständen. 454

4. Straftaten des Konkursverwalters

Der Konkursverwalter, welcher unter Verfolgung persönlicher, verfahrensfremder Zwecke handelt, wird mit Freiheitsstrafe von zwei bis sechs Jahren und Enthebung aus dem öffentlichen Amt bestraft (Art. 228; Art. 334 des Gesetzbuches). Der Bezug einer ihm nicht zustehenden Vergütung wird mit einer Freiheitsstrafe von drei Monaten bis zu zwei Jahren bestraft (Art. 229; Art. 335 des Gesetzbuches). Kommt der Konkursverwalter einer richterlichen Anordnung zur Hinterlegung von Geldbeträgen oder anderen zur Konkursmasse gehörenden Vermögensgegenständen, die er aufgrund seines Amtes in Gewahrsam hat, nicht nach, wird er mit einer Freiheitsstrafe von bis zu zwei Jahren bestraft (Art. 230; Art. 336 des Gesetzbuches). 455

IV. Straferhöhende Umstände

Art. 219 Abs. 1 (Art. 326 des Gesetzbuches) sieht eine Reihe straferhöhender Umstände und einen strafmildernden Umstand für die in den Art. 216, 217 und 218 genannten Fälle vor (einfacher Bankrott, betrügerischer Bankrott und Kreditmissbrauch). Straferhöhend wirkt sich aus, wenn der Täter einen erheblichen finanziellen Schaden verursacht hat. Die Vorschrift statuiert ferner, dass eine Straferhöhung vorzunehmen ist, wenn der Täter mehr als eine der oben genannten Strafhandlung begangen hat oder wenn dieser nach dem Gesetz überhaupt nicht berechtigt war, ein Handelsunternehmen zu führen. Strafmaßverringernde Folgen hat es hingegen, wenn der Täter einen besonders geringen finanziellen Schaden verursacht hat. 456

Internationales Insolvenzrecht – Italien

V. Straftaten im Rahmen von Vergleichsverfahren

457   Art. 236 (Art. 341 des Gesetzbuches) deckt mehrere verschiedene Hypothesen ab. Abs. 1 sieht zwei verschiedene Tatvarianten vor: die Angabe von falschen Tatsachen, die auf die Zulassung zum Vergleichsverfahren abzielt, sowie die Fiktion von Forderungen, die die für den Vergleich erforderlichen Mehrheiten künstlich beeinflussen sollen. Abs. 2 hingegen dehnt den Anwendungsbereich der darin genannten Konkursdelikte auf das Vergleichsverfahren aus.

VI. Gemeinschaftliche Vorschriften

458   Der neu eingeführte Art. 217bis (Art. 324 des Gesetzbuches) statuiert die Straffreiheit von Handlungen, die den Tatbestand des Bankrotts erfüllen, sofern diese in Durchführung einer der alternativen Krisenbewältigungsinstrumente (Vergleich zur Abwendung des Konkursverfahrens, Restrukturierungsvereinbarung, Sanierungsplan mit Bescheinigung) vorgenommen werden. Die ratio der Norm ist evident: derjenige, welcher die in einem der vorgenannten alternativen Krisenbewältigungsinstrumente vorgesehenen Maßnahmen umsetzt, soll keine Strafbarkeit befürchten müssen. In der Lehre wurde diskutiert, ob diese Straffreiheit immer gelten oder ob es Fälle geben soll, in denen sie sozusagen „wiederaufleben" soll.

459   Bei Beantwortung dieser Frage ist zu berücksichtigen, dass die vorgenannten Krisenbewältigungsinstrumente stets vorab vom Konkursgericht genehmigt werden und daher deren Eignung (natürlich ex ante) bereits positiv festgestellt wurde. Es erscheint daher, auch verfassungsrechtlich, schwer vorstellbar, dass das Strafgericht ex post dieses positive Urteil des zuständigen Konkursgerichts aufheben dürfen sollte. Dies gilt umso mehr, als sich das Konkursgericht nicht auf eine formelle Kontrolle beschränkt, sondern darüber hinaus stets auch eine materielle Prüfung im Hinblick auf die Durchführbarkeit und Eignung des Krisenbewältigungsinstruments vornimmt (vgl. d'Alessandro, „Il nuovo art. 217 bis l.fall." in Società, 2011, 2, p. 201).

H. Konkurssteuerrecht

460   Auch während des Konkurses unterliegt der Schuldner steuerlichen Pflichten (bei vorläufiger Unternehmensfortführung fällt auch die regionale Gewerbesteuer, „imposta regionale sulle attività produttive" – IRAP, an). Der Konkursverwalter oder – je nach Lage – der Schuldner selbst, muss alle gesetzlich vorgeschriebenen **Steuererklärungen** abgeben und festgesetzte Steuern entrichten. Ein Anspruch auf Steuernachlässe besteht nicht. Im Gegenteil, die Möglichkeit, Steuerforderungen im Konkursverfahren einer „Sonderbehandlung" zuzuführen ist vor allem verfassungsrechtlich brisant. Jedwede Sonderbehandlung von Steuerschuldnern verstößt gegen den Legalitätsgrundsatz der italienischen Verfassung (Art. 23). Die Steuerbehörden sind demzufolge ohne ausdrückliche gesetzliche Ermächtigung nicht berechtigt, einem Steuerschuldner Nachlässe zu gewähren, selbst wenn er sich in finanziellen Schwierigkeiten befindet oder bereits ein Konkursverfahren läuft.

I. Steuerforderungen und gesetzliche Vorrechte

461   Für eine Vielzahl von Steuerforderungen gelten auch während des Konkurses gesetzliche Vorrechte. Folgende Sonderregelungen zugunsten der Staatskasse sind im italienischen Zivilgesetzbuch vorgesehen: Art. 2758 Abs. 1 enthält Sonderregelungen für staatliche Forderungen aus indirekten Steuern, der Einkommensteuer von natürlichen Personen (imposta sul reddito delle persone fisiche – IRPEF), der Körperschaftssteuer (imposta sul reddito delle società – IRES) sowie gem. Art. 2759 italienisches Zivilgesetzbuch aus der regionalen Gewerbesteuer IRAP.

462   Art. 2752 Abs. 1 regelt ein generelles Vorrecht für Forderungen des Staates aus direkten Steuern, die sich aus Einkünften ergeben, welche nicht mit Immobilien in Zusammenhang stehen. Für diese Steuerart wurde das Privileg durch das Gesetzesdekret vom 6.7.2011 Nr. 98 in Art. 23 Abs. 37 auch auf die Steuersanktionen ausgedehnt. Dieselbe Norm privilegiert in Abs. 2 die Umsatzsteuerforderungen sowie die damit zusammenhängenden Sanktionen.

II. Möglichkeit der Sonderbehandlung von Steuer- und Sozialversicherungsforderungen im Konkursverfahren

463   Eine Sonderbehandlung von Steuer- und Sozialversicherungsforderungen kann gem. Art. 182ter nur im Rahmen eines Vergleichs zu Abwendung des Konkursverfahrens und bei Restrukturierungsvereinbarungen vorgenommen werden. Eine Reduktion von Steuern ist im italienischen Konkursrecht demzufolge nur im Zusammenhang mit diesen beiden vom Konkursgesetz vorgesehenen Verfahren zulässig.

Art. 182ter wurde durch Art. 146 Abs. 1 des Gesetzesdekrets Nr. 5 vom 9.1.2006 eingeführt **464** und im Laufe der Zeit durch Art. 1 Abs. 81 des Gesetzes Nr. 232 vom 11.12.2016, das seit dem 1.1.2017 in Kraft ist (das sog. Stabilitätsgesetz 2017), mehrfach geändert und in seine aktuelle Fassung gebracht.

Unmittelbar nach Einführung des Art. 182ter war umstritten, ob die Einhaltung des Verfahrens **465** für einen Steuernachlass oder -aufschub **fakultativ oder zwingend** sei. Ebenfalls war strittig, ob im Hinblick auf die Umsatzsteuer bzw. die bereits eingezogene, aber noch nicht an das Finanzamt überwiesene Vorsteuer ein Nachlass oder Aufschub überhaupt möglich ist. Insbesondere in Bezug auf die Umsatzsteuer wurde vorgebracht, dass diese auf mitgliedstaatlicher Ebene harmonisiert worden sei, und deshalb die Mitgliedsstaaten in ihrer Behandlung nicht mehr frei seien. Der Kassationshof hat jedenfalls in zwei Urteilen (4.11.2011 – Nr. 22931 und 22932) die Möglichkeit eines Steuernachlasses ausgeschlossen; zu einem ähnlichen Ergebnis kam der italienische Verfassungsgerichtshof mit Urt. v. 15.7.2014 – Nr. 225.

Der EuGH hingegen hält die italienischen Normen, die dem Schuldner die Möglichkeit einräumen, **466** den Gläubigern im Angebot zum Abschluss eines Vergleichs zur Abwendung des Konkursverfahrens eine Reduktion der Umsatzsteuerforderung vorzusehen, mit dem Unionsrecht für vereinbar. Dies jedoch nur unter der Voraussetzung, dass nach der Einschätzung des mit der Prüfung des Vergleichsvorschlags betrauten Sachverständigen im Falle eines Konkurses kein höherer Zahlungseingang zu erwarten wäre (vgl. EuGH BeckRS 2016, 80579). Wie erwartet, hat im Zuge dessen das Stabilitätsgesetz 2017 Art. 182ter radikal geändert.

III. Das Verfahren

In der jetzigen Fassung ist das in Art. 182ter geregelte Verfahren **zwingend** vorgeschrieben, **467** sofern der Vergleichsvorschlag den Nachlass oder die Stundung von Steuer- und/oder Sozialversicherungsverbindlichkeiten zum Gegenstand hat (da Art. 182ter keine explizite Regelung enthält, wird davon ausgegangen, dass eine Stundung iSd Art. 19 des Präsidialerlasses Nr. 602 von 1973 über die Erhebung von Steuerschulden maximal für sechs Jahre gewährt werden kann). Ein solcher Vergleichsvorschlag ist nur dann zulässig, wenn er eine Befriedigung dieser Verbindlichkeiten in einer Höhe vorsieht, welche nicht unter dem Wert liegen darf, den die Staatskasse unter Berücksichtigung ihrer gesetzlichen Vorrechte bei Liquidation der Vermögensgegenstände zum Marktwert hätte erzielen können. Ferner ist erforderlich, dass der Vergleichsvorschlag für die Steuer- und Sozialversicherungsforderungen eine Befriedigungsquote sowie Zahlungsfristen und eventuelle Sicherheiten vorsieht, die die Staatskasse nicht schlechter stellen als weniger privilegierte Gläubiger oder andere Behörden, die ähnliche wirtschaftliche Interessen haben. Für den Fall, dass eine Teilzahlung einer Steuer- oder Sozialversicherungsverbindlichkeit vorgeschlagen wird, muss die Restforderung in eine Sonderklasse aufgenommen werden.

IV. Die Abstimmung

Im Zuge der Gesetzesänderung erscheint das neue Verfahren nach Art. 182ter nicht mehr als **468** autonome Vereinbarung (Ausdruck der Abkehr vom „Steuervergleich"), die einer Zustimmung des Finanzamtes vor der Gläubigerversammlung bedürfte. In der Tat sieht die derzeit geltende Gesetzesfassung vor, dass die Abstimmung über den Nachlassvorschlag mit den Gläubigern direkt auf der Gläubigerversammlung und nicht vorher erfolgt. Auch das positive Votum der Staatskasse lässt indes immer die Überprüfbarkeit früherer Besteuerungsverhältnisse zu, deren festgesetzte Steuerschuld daher nicht als definitiv betrachtet werden kann.

V. Sonderbehandlung von Steuer- und Sozialversicherungsforderungen in Umschuldungsvereinbarungen

Wie bereits erwähnt, erlaubt das Konkursgesetz auch in Restrukturierungsvereinbarungen **469** eine Sonderbehandlung von Steuer- und Sozialversicherungsansprüchen. Auch hier muss die Stellungnahme des die Restrukturierungsvereinbarung prüfenden Sachverständigen auch einen ausdrücklichen Hinweis auf die Zweckmäßigkeit der vorgeschlagenen Behandlung der Steuer- und/oder Sozialversicherungsforderungen im Vergleich zu den konkret realisierbaren Alternativen enthalten.

Internationales Insolvenzrecht – Italien

I. Gesetzbuch der Unternehmenskrise

I. Die Novelle von 2019

470   In einem Länderbericht über das aktuelle italienische Insolvenzrecht kann zumindest eine kurze Einführung in das (bereits wiederholt genannte) Gesetzbuch der Unternehmenskrise und Insolvenz nicht fehlen. Ursprünglich war durch den Gesetzeserlass Nr. 14 vom 12.1.2019 geplant, das Gesetzbuch am **14.8.2020** in Kraft treten zu lassen. Aufgrund der COVID-19-Pandemie wurde das Inkrafttreten mit Gesetzesdekret Nr. 23 vom 8.4.2020, konvertiert in das Gesetz Nr. 40 vom 5.6.2020, allerdings auf den **1.9.2021** verschoben. Wie sich zum Zeitpunkt der Aktualisierung dieses Länderberichts im Monat Juli 2021 abzeichnet, wird das Gesetzbuch der Unternehmenskrise mit ziemlicher Sicherheit nicht wie geplant am 1.9.2021 in Kraft treten. Betrachtet man die Meinungslage innerhalb der Ministerialkommission, die eingerichtet wurde, um Vorschläge zur Änderung des Krisengesetzes zu formulieren, liegt dieser Schluss momentan nahe. Das Gesetzbuch der Unternehmenskrise enthält eine Reihe von Auslegungsregeln (die aufgrund von Zweifeln bei der Anwendung der geltenden Rechtsvorschriften aufgenommen wurden), die nach herrschender Meinung bereits Teil des Insolvenzsystems geworden sind und daher bereits indirekt Anwendung finden. Ferner ist der das Gesellschaftsrecht behandelnde Teil schon seit dem **16.3.2019** in Kraft.

II. Die Leitlinien der Reform

471   Wie bereits dargestellt findet mit der Reform ein endgültiger Paradigmenwechsel vom Konkursrecht zum Recht der Unternehmenskrise statt, einem Perspektivenwechsel, der in den letzten Jahrzehnten (insbesondere ab 2005 mit der ersten Reform) gereift ist. Ein Wandel, der nicht nur die **Eliminierung des Begriffs Konkurs** (ab sofort wie in Deutschland „Insolvenz" genannt) und aller damit verbundenen Begriffe aus dem System, sondern auch und vor allem die endgültige Verschiebung des Standpunkts des Gesetzgebers vollzieht. Im Mittelpunkt des neuen Gesetzes steht das Unternehmen als eine Struktur, deren Erhalt der Hauptgegenstand der ratio legis ist.

472   Die Transformation des Konkurses in eine **gerichtliche Liquidation,** die vor allem die **ganzheitliche Erhaltung des Unternehmens** zum Ziel hat; die Erhöhung der Bedeutung des Vergleichs zur Abwendung des Konkursverfahrens als Instrument zur Gewährleistung der Kontinuität der Geschäftstätigkeit; die Einführung (erstmals nach Jahrzehnten erfolgloser Debatten) eines Präventionssystems, welches das frühzeitige In-Erscheinung-Treten der Krise erleichtern und den Eintritt der Insolvenz vermeiden soll, sind alles Elemente, die dieser einheitlichen Richtung folgen.

III. Die sofort anwendbaren gesellschaftsrechtlichen Normen

473   Die am 16.3.2019 in Kraft getretenen Bestimmungen betreffen die **Organisationsstruktur des Unternehmens** (Art. 375 und 377), die **Haftung von Geschäftsführern** (Art. 378) und die **Bestellung von Kontrollorganen** (Art. 379).

1. Pflichten betreffend die Organisationsstruktur des Unternehmens

474   Art. 375 verpflichtet den Unternehmer (i) eine der Art und Größe seines Unternehmens angemessene Organisations-, Verwaltungs- und Buchhaltungsstruktur einzurichten, die zur rechtzeitigen Erkennung einer eventuellen Krise im Unternehmen und des Verlustes der Unternehmenskontinuität geeignet ist und (ii) unverzüglich Maßnahmen zu ergreifen sowie hierbei die vom Gesetz vorgesehenen Instrumente zur Überwindung der Krise und zur Wiederherstellung der Unternehmenskontinuität anzuwenden.

475   Gemäß Art. 377 treffen diese Organisationspflichten sämtliche Unternehmer, die in gesellschaftlicher oder gemeinschaftlicher Form tätig sind, mithin juristische Personen und Personengesellschaften gleichermaßen. Organisationsstruktur im vorbezeichneten Sinn bezeichnet das System von Unternehmensrichtlinien und Verfahren, die zur Gewährleistung einer effizienten Unternehmensführung einzurichten sind und die nunmehr zwingend Verantwortungszuständigkeiten der Geschäftsführer vorsehen müssen. Diese Struktur kann als für die Art und Größe des Unternehmens angemessen angesehen werden, wenn sie abstrakt geeignet ist, das korrekte Funktionieren der Unternehmensfunktionen zu gewährleisten.

476   Den Begriff der „Krise" definiert das Gesetzbuch in Art. 2 Abs. 1 lit. a als „den Zustand der wirtschaftlichen und finanziellen Schwierigkeiten, der eine Insolvenz wahrscheinlich macht (....) was sich im Unternehmen dadurch manifestiert, dass die zur regelmäßigen Erfüllung der geplanten Verbindlichkeiten erforderlichen Cashflows nicht in ausreichendem Maß zur Verfügung stehen".

Art. 13, der eine Definition der allgemeinen Indikatoren für eine Unternehmenskrise enthält, 477
überträgt dem Nationalen Rat der Wirtschaftsprüfer und Rechnungslegungsexperten („Consiglio
nazionale dei dottori commercialisti e degli esperti contabili") die Aufgabe, mindestens alle drei
Jahre unter Differenzierung zwischen den unterschiedlichen Wirtschaftssektoren spezifische Indizes zu erstellen. Das Gesetz sieht die nachfolgenden Instrumente zur Überwindung der Unternehmenskrise und zur Wiederherstellung der Unternehmenskontinuität vor:
- Krisenwarnverfahren („procedure di allerta");
- unterstützte Lösung der Unternehmenskrise („composizione assistita della crisi");
- Sanierungspläne mit Bescheinigung („piani attestati di risanamento");
- Restrukturierungsvereinbarung („accordo di ristrutturazione");
- Vereinbarung über einen Zahlungsaufschub („convenzione di moratoria");
- Vergleich zur Abwendung des Konkursverfahrens („concordato preventivo");
- gerichtliche Liquidation („liquidazione giudiziale").

2. Verantwortung der Geschäftsführer

Art. 378 regelt erstmals ausdrücklich das Recht der Gläubiger, Haftungsklagen gegen die 478
Geschäftsführer von Gesellschaften mit beschränkter Haftung („società a responsabilità limitata")
zu erheben, selbst wenn die Gesellschaft auf ihre Klagerechte verzichtet hat. In der Vergangenheit
war diese Möglichkeit höchst umstritten. Erwähnenswert ist insbesondere die mit Art. 378 eingeführte Klärung der Kriterien für die Quantifizierung des gem. Art. 2486 des italienischen Zivilgesetzbuches saldierungsfähigen Schadens. Ein Thema, über das in der Rechtsprechung seit vielen
Jahren kontrovers diskutiert wurde.

Das Gesetzbuch übernimmt hierbei die Theorie der „Differenz des Nettovermögens" (die auch in 479
der jüngsten Rechtsprechung angewandt wurde). Demgemäß berechnet sich der Schaden, vorbehaltlich eines anderen nachgewiesenen Betrages, wie folgt: es ist die Differenz zwischen Nettovermögen zum Zeitpunkt des Ausscheidens des Geschäftsführers oder der Einleitung eines Insolvenzverfahrens und dem Nettovermögen zum Zeitpunkt des Vorliegens eines Grundes für die Löschung
der Gesellschaft sowie abzüglich der Kosten bis zum Ende der Liquidation zu ermitteln. Sollte
beispielsweise in Ermangelung einer ordentlich geführten Buchhaltung eine Berechnung des Nettovermögens nicht möglich sein, wird eine Differenz zwischen den im Insolvenzverfahren festgestellten Vermögenswerten und Verbindlichkeiten gebildet.

3. Pflicht zur Bestellung von Kontrollorganen

Um das Auftreten einer Krise zu verhindern und deren Bewältigung zu erleichtern werden 480
mit Art. 379 die Art. 2477 und 2409 des italienischen Zivilgesetzbuches modifiziert und folgende
Kontrollmechanismen eingeführt:
- Ausweitung der Fälle, in denen die Bestellung eines Kontrollorgans in Gesellschaften mit
  beschränkter Haftung zwingend vorgeschrieben ist;
- Einführung einer Befugnis des Gerichts, das Kontrollorgan im Falle der Untätigkeit der Gesellschafterversammlung auf Antrag eines Dritten oder auch des Handelsregisters zu bestellen.
- Möglichkeit der Meldung schwerer Unregelmäßigkeiten an das Gericht gem. Art. 2409 des
  italienischen Zivilgesetzbuches, auch wenn die Gesellschaft mit beschränkter Haftung über kein
  Kontrollorgan verfügt.

J. Gegenüberstellung des Gesetzbuches der Unternehmenskrise und der Restrukturierungsrichtlinie: Der aktuelle Stand bei Ablauf der Umsetzungsfrist

I. Einleitung

Zum Zwecke der unionsweiten materiellen Vereinheitlichung der Verfahrensregeln zur Lösung 481
von Unternehmenskrisen wurde die Richtlinie 2019/1023 des Europäischen Parlaments und des
Rates vom 20.6.2019 über „präventive Restrukturierungsrahmen, über Entschuldung und über
Tätigkeitsverbote sowie über Maßnahmen zur Steigerung der Effizienz von Restrukturierungs-,
Insolvenz- und Entschuldungsverfahren" (nachfolgend RestruktRL) eingeführt.

Nachdem bereits zuvor der Prozess der Harmonisierung der auf grenzüberschreitende Insol- 482
venzverfahren anwendbaren Regeln angestoßen worden war, zuletzt mit der VO (EU) 848/2015,
hat der europäische Gesetzgeber nun mit der Verabschiedung der RestruktRL beabsichtigt:
- die erheblichen zwischen den Mitgliedstaaten im Bereich der Unternehmenskrisen bestehenden
  Unterschiede zu überwinden, um ua die Restrukturierung von sich in finanziellen Schwierig-

keiten befindlichen Unternehmen und deren Verbleib auf dem Markt zu erleichtern und diesen mittels Entschuldung eine zweite Chance zu verschaffen;
- möglichst weitgehend bestimmte Instrumente zur Krisenbewältigung zu vereinheitlichen (zB Frühwarnsysteme – sog. „early warning tools", die Möglichkeit der Gewährung und des Widerrufs der Aussetzung von Vollstreckungsmaßnahmen, Inhalt und Regeln des Restrukturierungsplans).

483 Dessen ungeachtet, wird mit dem durch die RestruktRL verfolgten Ziel der Harmonisierung, mit Umsetzungsfrist bis zum 17.7.2021, jedoch keine vollständige Rechtsangleichung angestrebt, da der Unionsgesetzgeber in bestimmten Bereichen den Mitgliedstaaten Autonomie eingeräumt hat. Die Mitgliedstaaten können in Ansehung der besonderen Anforderungen ihres Marktes und ihres Rechtssystems unterschiedliche Lösungen und Regeln einführen, wobei stets die grundlegenden Ziele des Gemeinschaftsrechts zu berücksichtigen sind.

484 In diesem Zusammenhang hatte der italienische Gesetzgeber bereits zu Beginn des Verfahrens zur Einführung des Gesetzbuches der Unternehmenskrise seine Absicht bekundet, sich unmittelbar an den vom europäischen Gesetzgeber zunächst mit der Empfehlung 135/2014 vom 12.3.2014 und dann mit der RestruktRL auf einschneidendere Weise formulierten Hinweisen orientieren zu wollen.

485 Dies wird auch dadurch bestätigt, dass einige der wesentlichen Inhalte der RestruktRL und insbesondere:
- die Frühwarnsysteme,
- die präventiven Restrukturierungsrahmen,
- die Entschuldungsverfahren,

bereits im Gesetzbuch der Unternehmenskrise enthalten und geregelt sind, wenngleich in von den Vorgaben der RestruktRL leicht abweichender Weise, wie nachstehend näher dargestellt wird.

II. Die Frühwarnsysteme

486 Eine der wichtigsten Neuerungen, die der europäische Gesetzgeber eingeführt hat, sind zweifellos die Frühwarnsysteme. Um die Gründe für die Warnung zu verstehen, muss man sich eines der Hauptziele der RestruktRL vor Augen führen: die präventive Restrukturierung von Unternehmen in der Krise.

487 Im Hinblick darauf hat der Gemeinschaftsgesetzgeber unter Erwägungsgrund 22 RestruktRL festgehalten, dass „je früher ein Schuldner seine finanziellen Schwierigkeiten erkennen und geeignete Maßnahmen treffen kann, desto höher die Wahrscheinlichkeit ist, dass eine wahrscheinliche Insolvenz abgewendet wird, beziehungsweise – im Falle eines Unternehmens mit dauerhaft verminderter Bestandsfähigkeit – desto geordneter und effizienter der Abwicklungsprozess sein (werde)".

488 Nach Art. 3 RestruktRL müssen Schuldner in jedem Mitgliedstaat „Zugang zu einem oder mehreren klaren und transparenten Frühwarnsystemen haben, die Umstände erkennen können, die zu einer wahrscheinlichen Insolvenz führen könnten, und die Möglichkeit haben zu signalisieren, dass unverzüglich gehandelt werden muss".

489 In diesem Zusammenhang werden in Art. 3 Abs. 2 RestruktRL einige der Frühwarnsysteme genannt, die von den Rechtssystemen der Mitgliedstaaten angenommen werden können, insbesondere:
- Mechanismen zur Benachrichtigung, für den Fall, dass der Schuldner bestimmte Arten von Zahlungen nicht geleistet hat;
- von öffentlichen oder privaten Organisationen angebotene Beratungsdienste;
- Anreize nach nationalem Recht für Dritte, die über relevante Informationen über den Schuldner verfügen, zB Wirtschaftsprüfer, Steuerbehörden oder Sozialversicherungsträger, den Schuldner schnellstmöglich auf eventuelle negative Entwicklungen aufmerksam zu machen.

Bis zu diesem Punkt scheinen die im Gesetzbuch der Unternehmenskrise enthaltenen Bestimmungen im Wesentlichen mit den Bestimmungen der RestruktRL übereinzustimmen.

490 In der Tat hat das Gesetzbuch der Unternehmenskrise in Umsetzung der oben dargelegten Grundsätze besondere Warnmechanismen in das italienische Rechtssystem eingeführt: Tatsächlich werden diese, wie sich zum Zeitpunkt der Abfassung dieses Kapitels im Monat Juli 2021 abzeichnet, mit ziemlicher Sicherheit nicht wie geplant am 1.9.2021 in Kraft treten. Betrachtet man die Meinungslage innerhalb der Ministerialkommission, die eingerichtet wurde, um Vorschläge zur Änderung des Krisengesetzes zu formulieren, liegt dieser Schluss momentan nahe.

491 Der im Gesetzbuch der Unternehmenskrise vorgesehene Rahmen für Frühwarnsysteme betrifft zwei Arten von Verpflichtungen:

- Organisationspflichten (zulasten des Unternehmers)
- Anzeigepflichten (zulasten der qualifizierten Personen)

Der Gesetzgeber des Gesetzbuches der Unternehmenskrise hat in Bezug auf die Regelung der organisatorischen Pflichten eine sehr wichtige Neuerung in das Rechtssystem eingeführt (diese trat bereits am 16.3.2019 in Kraft): Der Unternehmer, der in Form einer Gesellschaft oder jedenfalls kollektiv tätig ist, ist – gemäß dem neuen Wortlaut von Art. 2086 italienisches Zivilgesetzbuch in der durch Art. 375 Gesetzbuch der Unternehmenskrise geänderten Fassung – verpflichtet, eine Organisations-, Verwaltungs- und Buchhaltungsstruktur zu schaffen, die der Art und Größe des Unternehmens angemessen ist, auch in Funktion der rechtzeitigen Erkennung des Krisenzustands des Unternehmens und des Verlusts der Geschäftskontinuität.

Der Wille des nationalen Gesetzgebers, den Vorgaben der RestruktRL nachzukommen, ist mithin offensichtlich. Auch in Bezug auf die Anzeigepflichten kann argumentiert werden, dass das Gesetzbuch der Unternehmenskrise mit den EU-Grundsätzen in Einklang steht. Der italienische Gesetzgeber hat vorgesehen, dass die Anzeigepflichten zwei Personengruppen betreffen:
- die internen Kontrollorgane des Unternehmens (dh der Einzelprüfer oder das Wirtschaftsprüfergremium) sowie die Wirtschaftsprüfer und Wirtschaftsprüfungsgesellschaften, die dem Geschäftsführungsorgan die „begründeten Hinweise auf die Krise" auf der Grundlage spezifischer Krisenindikatoren, die in Art. 13 Gesetzbuch der Unternehmenskrise analytisch ermittelt werden, melden müssen (sog. interne Warnung);
- die qualifizierten öffentlichen Gläubiger (dh das Finanzamt, die Sozialversicherungsträger), welche die Pflicht trifft, den Schuldner über die Überschreitung der zulässigen Verschuldungsgrenzen zu informieren, und zwar gemäß den Parametern, die für jede der genannten Einrichtungen in Art. 15 Gesetzbuch der Unternehmenskrise festgelegt sind.

In diesem Zusammenhang hat das Gesetzbuch der Unternehmenskrise, wie von der EU-Gesetzgebung „angeregt", einige Anreize für eine Anzeige eingeführt (auch in Form von „Sanktionen" für die Nichtmeldung):
- für die erste Kategorie von Personen (sog. interne Warnung) ist in Art. 14 Abs. 3 Gesetzbuch der Unternehmenskrise vorgesehen, dass nur die rechtzeitige Meldung begründeter Hinweise auf eine Krise an das Geschäftsführungsorgan – und im Falle der Untätigkeit dieser Stelle die rechtzeitige Meldung an die Krisenbewältigungsstelle – die „Befreiung von der gesamtschuldnerischen Haftung für die nachteiligen Folgen von Unterlassungen oder Handlungen, die das Geschäftsführungsorgan später vornimmt und die nicht die unmittelbare Folge von vor der Meldung getroffenen Entscheidungen sind", ermöglicht;
- für das Finanzamt und die Sozialversicherungsträger hat die fehlende Anzeige gegenüber dem Schuldner die Unwirksamkeit der Vorrechte für deren Forderungen zur Folge.

Um auf die durch den Unionsgesetzgeber vorgegebenen Regeln zurückzukommen, wird hervorgehoben, dass die RestruktRL ua in Art. 3 RestruktRL vorsieht, dass die Mitgliedstaaten
- sicherstellen, dass Schuldner und Arbeitnehmervertreter Zugang zu den Informationen über die zur Verfügung stehenden Frühwarnsysteme erhalten.
- die Online-Veröffentlichung der Informationen über den Zugang zu den Frühwarnsystemen sicherstellen;
- den Arbeitnehmervertretern Unterstützung bei der Bewertung der wirtschaftlichen Situation des Schuldners gewähren.

Diese Bestimmungen, die eindeutig darauf abzielen, mehr Informationen über Frühwarnsysteme zur Verfügung zu stellen und das Beschäftigungsniveau von Unternehmen in der Krise aufrechtzuerhalten, finden sich bis heute nicht in den vom Gesetzgeber des Gesetzbuches der Unternehmenskrise erlassenen Rechtsvorschriften wieder.

Unter diesem spezifischen Gesichtspunkt ist ein (nicht einfaches) Eingreifen des nationalen Gesetzgebers zu erwarten, der die im Gesetzbuch der Unternehmenskrise enthaltenen Bestimmungen ergänzen sollte, um
- eine größere Publizität sicherzustellen, die auf eine Kenntnis seitens der sich in der Krise befindlichen Unternehmen von den Frühwarnsystemen abzielt.
- Einbeziehung der Arbeitnehmervertreter in den Kreis der Empfänger von Informationen über Frühwarnsysteme.

Auf diese Weise soll eine stärkere Einbeziehung der Arbeitnehmer und ihrer Vertreter in die Phase der präventiven Restrukturierung des Unternehmens gewährleistet werden, was eine größere Erfolgschance nach sich ziehen dürfte.

Internationales Insolvenzrecht – Italien

III. Die präventiven Restrukturierungsrahmen

497 In der RestruktRL wird dem präventiven Restrukturierungsrahmen ein wichtiger Platz eingeräumt. Man kann sogar sagen, dass sie das perfekte Gleichgewicht zwischen den eindeutig internen Warnsystemen und dem eigentlichen Abwicklungsverfahren darstellen, das weiterhin einen typischen öffentlichen Charakter behält.

498 Im Bereich dieser Rahmen hat der EU-Gesetzgeber die beiden Schlüsselkonzepte des Richtlinientextes verankert, die bereits in der RL 135/2014/EU gefordert wurden: frühzeitiges Aufdecken der Krise und eine zweite Chance für Unternehmer, die ohne eigenes Verschulden in die Krise geraten sind.

499 Es ist darauf hinzuweisen, dass die RestruktRL kein vollständiges Verfahren regelt, sondern lediglich bestimmte Besonderheiten der am stärksten von Restrukturierungen betroffenen Rechtsinstitute nationalen Rechts festlegt. Im italienischen Rechtssystem sind die präventiven Restrukturierungsrahmen hauptsächlich in den folgenden Instrumenten zu finden: (i) Verfahren zur Krisenbeilegung vor den sog. Vergleichsstellen als Teil des präventiven Frühwarnverfahrens, (ii) Sanierungsplan mit Bescheinigung, (iii) Restrukturierungsvereinbarungen und (iv) Vergleich zur Abwendung des Konkursverfahrens.

500 Ziel der europäischen Gesetzgebung ist es sicherzustellen, dass ein Schuldner, der den Anschein der Zahlungsunfähigkeit (insolvency likelyhood) erweckt, Zugang zu kostengünstigen, schnellen und wirksamen Systemen zur Umstrukturierung des Unternehmens und zur Rückkehr auf den Markt hat.

501 In diesem Sinne schlägt der EU-Gesetzgeber unter dem Gesichtspunkt der subjektiven und objektiven Voraussetzungen für den Zugang zu den präventiven Restrukturierungsrahmen vor, die Nutzung dieser Instrumente auf Unternehmen zu beschränken und damit die natürliche Person als Schuldner sowie bestimmte Unternehmen von besonderer systemischer Bedeutung (Banken, Versicherungen und andere der Aufsicht unterliegende Unternehmen) auszuschließen, für die im Gegenteil besondere Verfahren für ihre Liquidation gelten. In dieser Hinsicht steht das italienische Recht seit 1942 im Einklang mit den unionsrechtlichen Vorschriften.

502 Eine andere Frage ist die der Landwirte, die in Italien traditionell von Konkursverfahren ausgenommen sind und denen die RestruktRL stattdessen den Zugang zu den präventiven Restrukturierungsmechanismen ermöglicht. Sollte der Text also in Italien nicht bis September 2021 umgesetzt werden, könnte die unmittelbare Anwendbarkeit der RestruktRL bedeuten, dass der Landwirt Zugang zu einem Vergleich zur Abwendung des Konkursverfahrens und zu Restrukturierungsvereinbarungen hat (letztere stehen den Landwirten einigen Autoren zufolge bereits zur Verfügung).

503 Was das objektive Voraussetzung anbelangt, so überlässt die RestruktRL die Definition der „Insolvenzwahrscheinlichkeit" den einzelnen Mitgliedstaaten: Hierzu kann man davon ausgehen, dass sich diese gut mit dem durch das Gesetzbuch eingeführte Kriterium der „Krise" in Einklang bringen lässt.

504 Zu den durch die RestruktRL vermittelten in der Einführungsphase des Verfahrens zu beachtenden Grundsätzen gehören die folgenden:
- Das Eingreifen der (Justiz- oder Verwaltungs-)Behörde in einer Unternehmenskrise sollte nur in besonderen Fällen in Betracht gezogen werden, vor allem dann, wenn die Gläubiger auf ihre Rechte verzichten müssen, sowohl in wirtschaftlicher Hinsicht als auch in Bezug auf die Möglichkeit, die Vollstreckung in das Vermögen des Schuldners zu betreiben;
- Der Zugang zum Verfahren muss auf Antrag des Schuldners oder auf Antrag von Gläubigern oder Arbeitnehmervertretern erfolgen, wenn eine Vereinbarung mit dem Schuldner besteht;
- Der Unternehmer sollte während des Restrukturierungsverfahrens zumindest teilweise die Kontrolle und das Management des Unternehmens behalten und die Beauftragung eines externen Fachmanns sollte auf besondere Fälle beschränkt werden, vor allem wenn Präventivmaßnahmen beantragt werden.

505 In diesem Sinne besteht eine größere Diskrepanz zum italienischen System, das auch im Gesetzbuch der Unternehmenskrise Umstrukturierungsverfahren unter nahezu ständiger Aufsicht der Justiz und des Gerichtskommissars vorsieht. Darüber hinaus folgt die Ernennung der beauftragten „Überwachungsperson" nach dem Gesetzbuch der Unternehmenskrise fast immer dem Antrag auf einen Vergleich zur Abwendung des Konkursverfahrens, unabhängig davon, ob Schutzmaßnahmen gegen einzelne Zwangsvollstreckungsmaßnahmen beantragt werden oder nicht. Hier zeigt sich also ein erster großer Unterschied zwischen dem Gemeinschaftsrecht und dem nationalen Recht, den der italienische Gesetzgeber bei der Umsetzung der RestruktRL berücksichtigen sollte.

506 Einer der heikelsten Vergleichspunkte zwischen der RestruktRL und dem Gesetzbuch der Unternehmenskrise ist selbstredend die Regelung über Schutzmaßnahmen (Aussetzung einzelner

Vollstreckungsmaßnahmen). Im Text des Unionsrechtsaktes werden sie nicht ausdrücklich definiert, sondern als Maßnahmen bezeichnet, die „verhindern sollen, dass bestimmte Handlungen von Gläubigern den Erfolg von Initiativen zur Regelung der Krise oder der Zahlungsunfähigkeit beeinträchtigen"; im italienischen Rechtssystem wird dagegen ausdrücklich auf das Verbot von Vollstreckungs- oder Maßnahmen des einstweiligen Rechtsschutzes Bezug genommen.

Die Analyse des europäischen Gesetzgebers konzentriert sich auf drei besonders wichtige Aspekte: die Dauer der Maßnahmen, ihren Gegenstand und ihre Auswirkungen. 507

Nach Art. 6 Abs. 6 RestruktRL darf die ursprüngliche Geltungsdauer der Maßnahmen vier Monate nicht überschreiten. Dies gilt unbeschadet der Möglichkeit der Mitgliedstaaten, eine Verlängerung der Maßnahmen vorzusehen, wenn: (i) bei den Verhandlungen mit den Gläubigern wesentliche Fortschritte erzielt wurden (Art. 6 Abs. 7 lit. a RestruktRL); (ii) die Fortsetzung der Aussetzung die Interessen der betroffenen Parteien nicht beeinträchtigt (Art. 6 Abs. 7 lit. b RestruktRL); oder (iii) kein Verfahren gegen den Schuldner eingeleitet wurde, das zur Liquidation des Schuldnervermögens führen kann (Art. 6 Abs. 7 lit. c RestruktRL). 508

Die Gesamtdauer der Maßnahmen darf in keinem Fall zwölf Monate überschreiten (Arti. 6 Abs. 8 RestruktRL), unbeschadet der Möglichkeit, die Privilegierung zu widerrufen, wenn (i) sie nicht mehr der Erleichterung der Verhandlungen mit den Gläubigern dient (Art. 6 Abs. 9 lit. a RestruktRL); (ii) sie vom Schuldner oder dem Restrukturierungsbeauftragen beantragt wird (Art. 6 Abs. 9 lit. b RestruktRL); (iii) in Übereinstimmung mit den Bestimmungen der innerstaatlichen Rechts die Aussetzung einen oder mehrere Gläubiger oder eine oder mehrere Klassen von Gläubigern unangemessen benachteiligen würde (Art. 6 Abs. 9 lit. c RestruktRL); oder (iv) die Aussetzung nach innerstaatlichem Recht zur Insolvenz eines Gläubigers führen würde (Art. 6 Abs. 9 lit. d RestruktRL). 509

Obwohl das italienische Recht bereits eine Höchstdauer für Schutzmaßnahmen von einem Jahr vorsieht, scheint es schwierig anzunehmen, dass italienische Restrukturierungsverfahren nach nur zwölf Monaten abgeschlossen werden. In der Tat ist es fast sicher, dass die Jahresfrist nicht eingehalten werden kann, insbesondere wenn das Unternehmen die Verfahren vor der Vergleichsstelle in Anspruch genommen hat, bevor es einen Antrag auf einen Vergleich zur Abwendung des Konkursverfahrens oder die Genehmigung einer Restrukturierungsvereinbarung gestellt hat. Angesichts des zwingenden Charakters der europäischen Vorschrift ist es jedoch derzeit nicht denkbar, in der nationalen Gesetzgebung davon abzuweichen. Außerdem sieht das Gesetzbuch der Unternehmenskrise kein System von Fristverlängerungen vor, welches das System des Unionsrechts vollständig überlagert, was bei der Umsetzung der RestruktRL berücksichtigt werden muss. 510

In jedem Fall besteht das Hauptproblem darin, dass die weitere (fast sichere) Verschiebung des Datums des Inkrafttretens des Gesetzbuches der Unternehmenskrise, wahrscheinlich auf Mitte 2022, zu einer echten Unvereinbarkeit zwischen den Bestimmungen der RestruktRL und denen des Konkursgesetzes (das in Kraft bleiben wird) führen wird: Bekanntermaßen sieht das Konkursgesetz einen echten Automatismus der Schutzmaßnahmen allein aufgrund der Tatsache der Konkurseröffnung, und darüber hinaus ein Fortbestehen dieser Maßnahmen bis zum Abschluss des jeweiligen Verfahrens, ohne jegliche Höchstdauer, vor. 511

Was den Gegenstand der Schutzmaßnahmen betrifft, so sieht die RestruktRL – unter besonderer Berücksichtigung der Bedürfnisse der von der Krise des Unternehmens betroffenen schwachen Personen –, vor, dass die Aussetzung der Vollstreckung für alle Ansprüche mit Ausnahme der Rechte der Arbeitnehmer gilt (Art. 6 Abs. 2 und 5 RestruktRL). Arbeitsrechtliche Forderungen können weiterhin in den Anwendungsbereich der Aussetzung fallen, sofern ihre Zahlung im Rahmen eines präventiven Restrukturierungsrahmens mit einem ähnlichen Schutzniveau sichergestellt wird (Art. 6 Abs. 5 RestruktRL). 512

Generell können die Mitgliedstaaten unter genau definierten Umständen bestimmte Forderungen oder Forderungskategorien von der Aussetzung einzelner Vollstreckungsmaßnahmen ausnehmen, wenn ein solcher Ausschluss hinreichend begründet ist und wenn (i) eine Vollstreckungsmaßnahme die Restrukturierung des Unternehmens nicht gefährdet oder (ii) die Aussetzung Gläubiger mit derartigen Forderungen in unangemessener Weise benachteiligen würde. 513

Was die Auswirkungen von Schutzmaßnahmen anbelangt, so führt nach Art. 7 RestruktRL die Aussetzung einzelner Vollstreckungsmaßnahmen: (i) zur Aussetzung der Pflicht des Schuldners zur Beantragung der Eröffnung eines Insolvenzverfahrens, das mit der Liquidation seines Vermögens enden könnte; (ii) zur Aussetzung der Eröffnung eines Insolvenzverfahrens, das mit der Liquidation des Vermögens des Schuldners enden könnte, auf Antrag eines oder mehrerer Gläubiger; und (iii) zur Hinderung der Gläubiger, die Erfüllung wesentlicher noch nicht erfüllter Verträge zu verweigern (dh „nicht erfüllte Verträge, die für die Fortführung des laufenden Geschäftsbetriebs erforderlich sind, einschließlich Lieferverträgen, deren Unterbrechung den Geschäftsbetrieb des 514

Internationales Insolvenzrecht – Italien

Schuldners zum Erliegen bringen würde") oder sie zum Nachteil des Schuldners zu kündigen, deren Befristung vorzuziehen oder zu ändern, nur weil sie vom Schuldner nicht bezahlt wurden.

515   In diesem Punkt gibt es einige Unterschiede zu den italienischen Rechtsvorschriften, deren Schutzmaßnahmen zwar eine Aussetzung einzelner Vollstreckungsmaßnahmen ermöglichen, nicht aber das Recht des Gläubigers, die Eröffnung eines gerichtlichen Liquidationsverfahrens zu beantragen.

516   Außerdem unterscheiden die nationalen Vorschriften über anhängige Verträge nicht zwischen Fällen, in denen die solvente Partei Gläubigerin ist oder nicht. Auf jeden Fall verbietet Art. 7 Abs. 2 RestruktRL den Gläubigern, die Gläubiger aufgrund wesentlicher Verträge sind, die Erfüllung dieser Verträge zu verweigern oder sie zu kündigen, nur weil sie nicht bezahlt worden sind. Daraus folgt, dass ist im Gegensatz zu den italienischen Vorschriften sich aus der Aussetzung der Vollstreckung die Unzulässigkeit sowohl der Einrede der Erfüllung als auch der Kündigungsklage ergibt.

517   Die RestruktRL konzentriert sich dann auf den Restrukturierungsplan und seinen Inhalt, und dies sind die Punkte, in denen die italienische Gesetzgebung den gemeinschaftlichen Rechtsvorschriften am ähnlichsten ist. Unter diesem Gesichtspunkt hat das Gesetzbuch der Unternehmenskrise den wissenschaftlichen Erkenntnisstand, der sich während des Bestehens des Konkursgesetzes entwickelte, aufgenommen.

518   Bei der Festlegung des obligatorischen Inhalts des Restrukturierungsplans verlangt die RestruktRL (neben den offensichtlichen grundlegenden Informationen über die Identität des Schuldners und seiner Vermögens- und Finanzlage vor der Verfahrenseröffnung) eine klare Angabe der betroffenen Parteien (dh der Gläubiger, einschließlich, falls nach nationalem Recht anwendbar, der Arbeitnehmer), oder Klassen von Gläubigern und, falls nach nationalem Recht anwendbar, von Anteilseignern, deren jeweilige Forderungen oder Interessen von dem Restrukturierungsplan unmittelbar betroffen sind) sowie die Klassen, in die die Betroffenen zum Zwecke der Annahme des Restrukturierungsplans eingeteilt wurden, und der jeweilige Wert der Forderungen und die Interessen jeder Klasse.

519   Ferner ist vorgesehen, dass gesicherte und ungesicherte Gläubiger stets in getrennten Klassen behandelt werden (Art. 9 Abs. 4 RestruktRL). Die Mitgliedstaaten können vorsehen, dass die Arbeitnehmer in getrennten Klassen behandelt werden, und die KMU von der Verpflichtung zur Bildung von Klassen befreien. Darüber hinaus müssen die Mitgliedstaaten „geeignete Maßnahmen ergreifen, um sicherzustellen, dass bei der Klassenbildung insbesondere dem Schutz schutzbedürftiger Gläubiger wie kleiner Lieferanten Rechnung getragen wird", was bedeutet, dass für solche Gläubiger unterschiedliche Klassen gebildet werden müssen (Art. 9 Abs. 4 RestruktRL).

520   Die Kriterien für die Bildung von Klassen bleiben zwar weitgehend dem einzelstaatlichen Recht überlassen, müssen aber spezifische Regeln für potenzielle Gläubiger und bestrittene Forderungen enthalten. Für letztere sieht Art. 108 Gesetzbuch der Unternehmenskrise vor, dass der beauftragte Richter alle oder einen Teil der strittigen Forderungen ausschließlich zum Zwecke der Abstimmung und der Berechnung der Mehrheiten vorläufig zulassen kann, unbeschadet der endgültigen Entscheidungen über das Bestehen und die Zuordnung der Forderungen selbst. Ausgeschlossene Gläubiger können anlässlich der Genehmigung des Vergleichs Einspruch gegen den Ausschluss erheben.

521   Der letzte Punkt, der in der RestruktRL in Bezug auf präventive Restrukturierungsrahmen angesprochen wird, ist die Verabschiedung und Genehmigung des Plans. Der unionsrechtliche Gesetzestext sieht zwei alternative Lösungen für die endgültige Genehmigung des Plans vor:
- Wird der Plan von sämtlichen Gläubigerklassen mit einer Mehrheit von mehr als 51 %, aber weniger als 75 % gebilligt, ist die Einschaltung des Gerichts nicht erforderlich; der einzelne Mitgliedstaat kann jedoch auch eine Mehrheit nach Köpfen und nicht nach Forderungen verlangen;
- Alternativ dazu sieht Art. 11 RestruktRL die sog. quere Restrukturierung der Verbindlichkeiten („Cross-Class Cram-Down") vor, der, da sie nicht die Notwendigkeit der Zustimmung aller Klassen vorsieht, die Genehmigung des Plans durch das Gericht erfordert. In diesem Fall ist jedoch das Votum der Mehrheit der vom Plan betroffenen Gläubigerklassen erforderlich, sofern mindestens eine von ihnen eine Klasse von gesicherten Gläubigern ist oder einen höheren Rang als die Klasse der ungesicherten Gläubiger hat. Alternativ dazu muss der Plan „mindestens von einer der Abstimmungsklassen der betroffenen Parteien oder, wenn im nationalen Recht vorgesehen, der beeinträchtigten Parteien" gebilligt worden sein (Art. 11 Abs. 1 lit. b RestruktRL), sofern es sich dabei nicht um Klassen von Gläubigern oder Anteilseignern handelt, die bei Anwendung des normalen Vorrangs der Liquidation nach nationalem Recht auf der

Grundlage einer Bewertung der Unternehmensfortführung des Schuldners keine Zahlungen erhalten oder keine Anteile behalten würden.

In diesem Zusammenhang unterscheiden sich die europäischen Regeln erheblich von den im 522 Gesetzbuch der Unternehmenskrise vorgesehenen. In der Tat wird dies wahrscheinlich der Bereich sein, in dem die Umsetzung der RestruktRL die größten Anstrengungen erfordern wird.

Was nun die Art und Weise der Genehmigung des Vergleichs zur Abwendung des Konkursver- 523 fahrens betrifft, so sieht Art. 109 Abs. 1 Gesetzbuch der Unternehmenskrise vor: „Der Vergleich zur Abwendung des Konkursverfahrens muss von den Gläubigern genehmigt werden, die die Mehrheit der stimmberechtigten Forderungen vertreten. Hat ein einzelner Gläubiger Forderungen, die die Mehrheit der stimmberechtigten Forderungen übersteigen, so ist der Vergleich genehmigt, wenn er zusätzlich zu der im vorstehenden Satz genannten Mehrheit die Mehrheit nach Kopfzahlen der stimmberechtigten Gläubiger erhalten hat. Gibt es mehrere Klassen von Gläubigern, so ist der Vergleich zur Abwendung des Konkursverfahrens zu genehmigen, wenn auch in der Mehrzahl der Klassen die Mehrheit der stimmberechtigten Forderungen erreicht wird."

In Anbetracht der Tatsache, dass die RestruktRL die obligatorische Bildung von Klassen vorsieht 524 (zumindest im Sinne einer Unterscheidung zwischen gesicherten und ungesicherten Gläubigern), während das Gesetzbuch der Unternehmenskrise die obligatorische Bildung von Klassen nur in besonderen Fällen vorsieht, sollte Art. 85 Abs. 5 Gesetzbuch der Unternehmenskrise ab Juli 2021 als teilweise implizit aufgehoben gelten. Von da an kann ein Vergleich nur dann als genehmigt gelten, wenn zumindest in der Mehrzahl der Klassen eine Mehrheit der Ansprüche erreicht wird.

In Bezug auf die zweite Hypothese des Cross-class Cram-down, die in Art. 11 RestruktRL 525 geregelt ist, dh die Zustimmung von mindestens einer der benachteiligten Stimmrechtsklassen ohne Berücksichtigung der anderen Klassen, die nicht benachteiligt sind, weil sie ohnehin nicht befriedigt werden könnten, muss man sagen, dass dies eine Lösung ist, die der italienische Gesetzgeber nicht vorgesehen hat.

Art. 112 Gesetzbuch der Unternehmenskrise sieht den Cross-class Cram-down in der Tat nicht 526 als Methode zur Genehmigung des Plans vor, sondern den einfachen Cram-down, dh die Befugnis des Richters, den Vergleich im Falle des Widerspruchs eines Gläubigers aus einer dem Vergleich widersprechenden Klasse, der die Angemessenheit des Vorschlags bestreitet, zu genehmigen, wenn er der Auffassung ist, dass die Forderung durch den Vergleich in einem Umfang befriedigt werden kann, der nicht geringer ist als im Wege der gerichtliche Liquidation.

Es sei darauf hingewiesen, dass die vollständige Übernahme der Regeln des Cross-class Cram- 527 down für die Mitgliedstaaten verbindlich ist, wie aus dem Wortlaut von Art. 11 Abs. 1 RestruktRL hervorgeht.

Neben dem Fall der Zustimmung durch eine Mehrheit der Klassen muss daher auch der 528 Fall der Zustimmung einer einzigen beeinträchtigten Klasse vorgesehen werden. Der europäische Gesetzgeber erlaubt es den Mitgliedstaaten, die Mindestzahl der beeinträchtigten Klassen, deren Zustimmung für die Annahme des Plans erforderlich ist, zu erhöhen (Art. 11 Abs. 1 RestruktRL).

Derselbe Gesetzgeber lässt dann Abweichungen von den Vorschriften über die Art und Weise 529 der Annahme des Plans zu, aber es kann nicht behauptet werden, dass die Beibehaltung der derzeitigen italienischen Regel, wonach die Zustimmung der Mehrheit der Klassen erforderlich ist, notwendig ist, um die Ziele des Plans zu erreichen. Daher wird der italienische Gesetzgeber auch in diesem Fall die Vorschriften für die Genehmigung des Plans im Rahmen des Vergleichs zur Abwendung des Konkursverfahrens ändern müssen. Ist dies nicht der Fall, so sind die Bestimmungen von Art. 11 RestruktRL ab Juli 2021 als unmittelbar anwendbar anzusehen.

Um das Bild der Vorschriften für die Genehmigung des Plans zu vervollständigen, sollte hinzu- 530 gefügt werden, dass der Plan gem. Art. 9 RestruktRL in jedem Fall dem Erfordernis der bestmöglichen Befriedigung der Gläubiger entsprechen muss, um genehmigt zu werden. Wie in Art. 2 Nr. 6 RestruktRL klargestellt, ist sicherzustellen, dass „kein ablehnender Gläubiger durch einen Restrukturierungsplan schlechter gestellt würde als bei Anwendung der normalen Rangfolge der Liquidationsprioritäten nach nationalem Recht, sei es im Falle der Liquidation, unabhängig davon, ob diese stückweise oder in Form eines Verkaufs als fortgeführtes Unternehmen erfolgt, oder im Falle des nächstbesten Alternativszenarios, wenn der Restrukturierungsplan nicht bestätigt würde". Dieses Erfordernis spiegelt sich in Art. 112 Abs. 1 Gesetzbuch der Unternehmenskrise wider, wonach ein Gläubiger, der einer ablehnenden Klasse angehört, der Genehmigung widersprechen kann, indem er die Angemessenheit des Vorschlags bestreitet, wenn die Forderung nicht in einem Umfang befriedigt werden kann, der nicht geringer ist als die gerichtliche Liquidation. Das Gesetzbuch der Unternehmenskrise macht diese Prüfung von einem Widerspruch des beeinträchtigten Gläubigers gegen die Genehmigung abhängig. Dasselbe Prinzip kommt in Art. 10 Abs. 2 lit. c RestruktRL zum Ausdruck.

531   Art. 112 Gesetzbuch der Unternehmenskrise schreibt jedoch vor, dass widersprechende Gläubiger nicht ungünstiger behandelt werden dürfen als im Falle einer gerichtlichen Liquidation. Art. 2 Nr. 6 RestruktRL bezieht sich hingegen sowohl auf die Liquidation als auch, alternativ, auf das „bestmögliche Alternativszenario" im Falle der fehlenden Genehmigung des Plans.

532   Schließlich gibt es keine wesentlichen Unterschiede zwischen RestruktRL und dem Gesetzbuch der Unternehmenskrise in Bezug auf die Genehmigung des Restrukturierungsplans und die Anfechtung des Genehmigungsbeschlusses.

IV. Pflichten der Unternehmensleitung

533   Art. 19 RestruktRL sieht Verpflichtungen der Unternehmensleitung vor, wenn die Wahrscheinlichkeit einer Insolvenz besteht. Bei Bestehen eines Insolvenzrisikos hat die Unternehmensleitung Folgendes zu berücksichtigen:
- die Interessen der Gläubiger, Anteilsinhaber und sonstigen Interessenträger;
- die Notwendigkeit, Schritte einzuleiten, um eine Insolvenz abzuwenden;
- die Notwendigkeit, vorsätzliches oder grob fahrlässiges Verhalten zu vermeiden, welches die Bestandsfähigkeit des Unternehmens gefährdet.

534   Die Umsetzung der in der RestruktRL enthaltenen Elemente und Grundsätze wurde in den Art. 3 und 375 Gesetzbuch der Unternehmenskrise umgesetzt, da aus der Zusammenschau dieser Vorschriften eindeutig folgende Pflichten des Unternehmers hervorgehen:
- geeignete Maßnahmen zu ergreifen, um die Krise frühzeitig zu erkennen;
- unverzüglich die notwendigen Schritte zu unternehmen;
- eine der Art und Größe des Unternehmens angemessene Organisations-, Verwaltungs- und Buchhaltungsstruktur zu schaffen, auch im Hinblick auf die rechtzeitige Erkennung von Unternehmenskrisen und den Verlust der Geschäftskontinuität;
- unverzüglich Maßnahmen zu ergreifen, um eines der gesetzlich vorgesehenen Instrumente zur Überwindung der Krise und zur Wiederherstellung der Geschäftskontinuität anzuwenden und umzusetzen.

V. Entschuldung

535   Titel III RestruktRL ist der Förderung des Rechts des zahlungsunfähigen Unternehmers auf eine zweite Chance gewidmet, indem er die Mitgliedstaaten verpflichtet, Vorschriften zu erlassen, die den Zugang zum Rechtsinstitut der Entschuldung ermöglichen, Fristen für die Schuldbefreiung vorsehen und die Abschaffung der von der Zahlungsunfähigkeit abhängigen Tätigkeitsverbote vorsehen, wenn die Entschuldung erlangt wird. Knapp zusammengefasst, sieht die RestruktRL vor:
- dass die Mitgliedstaaten dem zahlungsunfähigen Unternehmer Zugang zu einem Verfahren gewähren, das zu einer vollständigen Entschuldung führt;
- dass für den Fall, dass die vollständige Entschuldung von einer teilweisen Rückzahlung der Schulden abhängig gemacht wird, die Rückzahlungsverpflichtung auf die konkreten Einkommensverhältnisse und das tatsächlich vorhandene Vermögen zugeschnitten ist;
- dass die Mitgliedstaaten Unterstützungs- und Informationsmaßnahmen anbieten, um den Weg aus der Verschuldung zu finden;
- eine Frist von höchstens drei Jahren für die Entschuldung, beginnend ab:
  (i) im Falle eines Verfahrens, das einen Tilgungsplan umfasst, dem Zeitpunkt der Entscheidung einer Justiz- oder Verwaltungsbehörde, den Plan zu genehmigen, oder dem Zeitpunkt, an dem mit der Umsetzung des Tilgungsplans begonnen wird;
  (ii) im Falle jedes anderen Verfahrens dem Zeitpunkt der Entscheidung der Justiz- oder Verwaltungsbehörde über die Eröffnung des Verfahrens oder dem Tag der Festlegung der Insolvenzmasse des Unternehmers.
- dass die Mitgliedstaaten sicherstellen, dass der Unternehmer nach Ablauf der Entschuldungsfrist kein neues Verfahren einleiten muss;
- dass Tätigkeitsverbote allein aufgrund von Zahlungsunfähigkeit automatisch aufgehoben werden, ohne dass der Unternehmer einen Antrag stellen muss.

536   Art. 23 RestruktRL sieht Ausnahmen von den vorgenannten Grundsätzen vor, um deren Tragweite auszugleichen, wenn die Staaten den Zugang zur Entschuldung verweigern oder einschränken müssen, weil der Schuldner gegenüber den Gläubigern unredlich oder bösgläubig gehandelt oder gegen die Verpflichtungen aus einem Tilgungsplan verstoßen oder missbräuchlich Befreiungsanträge gestellt hat.

Um dem zahlungsunfähigen Unternehmer die Möglichkeit zu geben, seine Schulden in einem einzigen Verfahren zu verwalten, um zusätzliche Kosten und Zeit zu vermeiden, fördert die RestruktRL die Zusammenlegung der Verfahren für persönliche und unternehmensbezogene Schulden, falls von den persönlichen Schulden befreit wird und diese nicht von den unternehmensbezogenen Schulden getrennt werden können. **537**

Das Rechtsinstitut der Entschuldung, das bereits im Konkursgesetz geregelt ist, wird auch in Kapitel X des Gesetzbuches der Unternehmenskrise aufgenommen. Dieses sieht drei verschiedene Arten der Entschuldung vor: eine allgemeiner Art (Art. 281), eine im Zusammenhang mit der kontrollierten Liquidation (Art. 282) und eine dritte im Zusammenhang mit einem insolventen Schuldner (Art. 283). **538**

Das Gesetzbuch der Unternehmenskrise steht daher im Einklang mit der RestruktRL. **539**

VI. Maßnahmen zur Steigerung der Effizienz der Verfahren

Ein weiteres Ziel der RestruktRL ist es, die Effizienz der Insolvenzverfahren in den verschiedenen Rechtsordnungen zu verbessern, wobei der Schwerpunkt auf der Reduzierung der Kosten und der Dauer liegt. Die RestruktRL verlangt, dass die durch die Einführung von Maßnahmen sichergestellt wird, dass: **540**
- die Mitglieder der Justiz- und Verwaltungsbehörden und die mit Restrukturierungs-, Insolvenz- und Entschuldungsverfahren befassten Personen eine angemessene Ausbildung erhalten und über die zur Erfüllung ihrer Aufgaben erforderlichen Fähigkeiten verfügen (Art. 25 und 26 RestruktRL);
- geeignete Mechanismen zur Überwachung und Regulierung der Arbeit der Verwalter eingerichtet werden, um die Wirksamkeit und Sachkunde der erbrachten Leistungen zu gewährleisten (Art. 27 Abs. 1 RestruktRL);
- die Ausarbeitung und Unterzeichnung von Verhaltenskodizes durch die Verwalter gefördert wird (Art. 27 Abs. 3 RestruktRL);
- für die Vergütung der Verwalter Vorschriften gelten, die mit dem Ziel eines effizienten Abschlusses der Verfahren im Einklang stehen (Art. 27 Abs. 4 RestruktRL).

VII. Schlussfolgerungen

Wie bereits erwähnt, soll die RestruktRL im Juli 2021 in nationales Recht umgesetzt werden. Die Gefahr einer verzögerten Umsetzung besteht darin, dass sich die Unternehmen direkt auf die Anwendung der Bestimmungen der RestruktRL in ihren nationalen Rechtsvorschriften berufen, was offensichtliche Risiken in Bezug auf die Einheitlichkeit der Verfahren mit sich bringt. **541**

Um diesen Nebeneffekt zu vermeiden, wurde in Italien eine Ministerialkommission eingesetzt, deren Hauptziel es ist, das Gesetzbuch der Unternehmenskrise an die EU-Anforderungen anzupassen. Man hofft, am Ende der durch die Pandemie ausgelösten Rezessionsphase mithin über einen organischen Korpus für die Regelung von Unternehmenskrisen zu verfügen, der so modern ist wie das Konkursrecht im Jahr 1942 war. **542**

# Internationales Insolvenzrecht – Österreich

Überblick

Die aktuelle Fassung der Österreichischen Insolvenzordnung (IO) kann abgerufen werden unter: https://www.ris.bka.gv.at/GeltendeFassung.wxe?Abfrage=Bundesnormen&Gesetzesnummer=10001736.

Übersicht

	Rn.
A. Geschichte und Rahmenbedingungen	1
I. Historische Entwicklung des österreichischen Insolvenzrechts	1
II. Rahmenbedingungen für Insolvenz und Restrukturierung	8
B. Vorinsolvenzliche Restrukturierung	18
I. Außergerichtlicher Ausgleich (Vergleich)	18
II. Unternehmensreorganisationsverfahren	21
III. Restrukturierungsordnung	31a
C. Insolvenzverfahrensrecht	32
I. Antrag und Antragspflichten	32
1. Schuldnerantrag (Antragspflicht)	32
2. Gläubigerantrag (Antragsrecht)	37
3. Amtswegige Insolvenzeröffnung	40
II. Zuständiges Gericht und Verfahrensgeschwindigkeit	41
III. Verfahren und Rechtsmittel	49
IV. Verfahrenskosten und Folgen bei fehlender Deckung	56
V. Verfahrensöffentlichkeit, Akteneinsicht und Verfahrensgrundsätze	62
VI. Anerkennung des Verfahrens im Ausland	64
VII. Verfahrensbeendigung (Insolvenzaufhebung)	69
VIII. Anerkennung ausländischer Verfahren	76
D. Materielles Insolvenzrecht	83
I. Anwendungsbereich	83
1. Insolvenzgründe	83
2. Verfahrenszwecke und -ziele	94
3. Insolvenzfähigkeit	99
II. Verfahrensarten	100
1. Vorbemerkung	100
2. Konkursverfahren	103
3. Sanierungsverfahren	110
4. Geringfügiger Konkurs	134
5. Schuldenregulierungsverfahren (Privatinsolvenz)	135
III. Verfahrensbeteiligte und deren Aufgaben, Rechte und Pflichten	141
1. Schuldner	141
2. Insolvenzgericht	144
3. Insolvenzverwalter	147
4. Gläubiger	175
5. Gläubigerausschuss	180
6. Gutachter	184
7. Bevorrechtete Gläubigerschutzverbände	186
8. Schuldnerberatungsstellen	190
IV. Insolvenzeröffnungsverfahren – Einstweilige Vorkehrungen	193

	Rn.
V. Sanierungsmöglichkeiten und Unternehmensfortführung im Insolvenzverfahren	196
1. Der Sanierungsplan in allen Verfahrensarten	196
2. Unternehmensfortführung in der Insolvenz	215
3. Unternehmenssanierung versus Unternehmensträgersanierung	218
4. Der Zahlungsplan im Schuldenregulierungsverfahren	222
VI. Bedeutung der Verfahrenseröffnung	228
1. Gläubigerzugriff	228
2. Verfügungsbefugnis	232
3. Laufende Verträge	237
4. Aufrechnung	250
5. Anhängige Rechtsstreitigkeiten	262
6. Gesellschaftsrechtliche Folgen	267
VII. Arbeits- und Sozialrecht	282
1. Individualarbeitsrecht	282
2. Kollektives Arbeitsrecht	300
VIII. Massebegriff und Beschlagnahme	303
1. Umfang des Insolvenzbeschlages	303
2. Aussonderung, Ersatzaussonderung und Verfolgungsrecht	307
3. Verwertung der Insolvenzmasse durch den Verwalter	314
4. Absonderung und Verwertung von Sicherheiten durch Dritte	319
IX. Von Dritten bestellte Sicherheiten (Drittsicherheiten)	324
1. Mitverpflichtete des Schuldners	324
2. Auswirkungen eines Sanierungsplans auf Mitschuldner und Bürgen	329
3. Erleichterte Inanspruchnahme von Sanierungsplansbürgen	332
X. Haftungsansprüche	333
1. Gesamthaftungsansprüche	333
2. Kapitalaufbringung und Kapitalerhaltung	339
3. Haftung von Geschäftsführern und Vorständen	350
XI. Anfechtung	355
XII. Verteilung der Insolvenzmasse	376
1. Allgemeines	376
2. Masseforderungen	377
3. Insolvenzforderungen	390
4. Nachrangige Forderungen	409
5. Ausgeschlossene Ansprüche	410
XIII. Abschöpfungsverfahren mit Tilgungsplan oder Abschöpfungsverfahren	411
E. Insolvenzstrafrecht	425
I. Bankrottstraftaten	425
II. Verletzung der Insolvenzantragspflicht	431
III. Leitende Angestellte	439

# Internationales Insolvenzrecht – Österreich

	Rn.		Rn.
IV. Anzeigepflicht des Insolvenzgerichts	440	I. Gesetzestext	461
V. Sozialversicherungsbetrug	441	II. Vorbemerkung	462
F. Insolvenzsteuerrecht	443	III. Insolvenzgründe und Antragspflicht in der COVID-19-Krise	464
I. Insolvenz- und Masseforderungen	443	IV. Insolvenzantragsfrist in der COVID-19-Krise	469
II. Einkommensteuer/Körperschaftssteuer – Sanierungsgewinne	446	V. Insolvenzverschleppungshaftung in der COVID-19-Krise	476
III. Haftung der vertretungsbefugten Gesellschaftsorgane	453	VI. Anfechtung von Überbrückungskrediten in der COVID-19-Krise	477
IV. Steuerrechtliche Stellung, Rechte und Pflichten des Verwalters	455	VII. Änderungen im Eigenkapitalersatzrecht	478
1. Körperschaftssteuer/Einkommensteuer	455	VIII. Änderungen bei Fristen im Insolvenzverfahren	479
2. Umsatzsteuer/sonstige Verbrauchssteuern	457	IX. Erleichterungen bei der Erfüllung eines Sanierungsplans	483
3. Besteuerung der Entlohnung des Insolvenzverwalters	460	X. Stundung von Zahlungsplan-Raten	485
G. Legistische Änderungen aufgrund der COVID-19-Situation	460a		

A. Geschichte und Rahmenbedingungen

I. Historische Entwicklung des österreichischen Insolvenzrechts

Am kodifikationsgeschichtlichen Anfang des österreichischen Insolvenzrechts stand die **Josephinische Konkursordnung von 1781** (Patent v. 1.5.1781, JGS Nr. 14), welche von der Gerichtswahl und sehr langen Verfahrensdauern geprägt war. Das erste moderne Regelwerk bildete die vom französischen und dem darauf basierenden deutschen Konkursrecht geprägte **Concursordnung von 1868** (25.12.1868, RGBl. 1869/1). Aufgrund des ihr immanenten Grundsatzes der Gläubigerherrschaft wies sie entschiedene Defizite im Bereich der Gläubigergleichbehandlung und der Wahrung der Gemeinschuldnerinteressen sowie hohe Verfahrenskosten auf. Die schlechte Wirtschaftslage sowie die negativen Erfahrungen mit dem vom Regime der CO 1868 begünstigten verpönten Cliquenwesen, führten zur Einführung der nahezu 100 Jahre in Geltung gestandenen **Konkursordnung 1914**, der **Ausgleichsordnung 1914** und der Anfechtungsordnung (AnfO), womit Sanierungsgedanken in das österreichische Insolvenzrecht Eingang fanden (Kaiserliche VO v. 10.12.1914, RGBl. 337 (zur Geschichte Skedl FS Wach, 1913, 225 ff.; Petschek/Reimer/Schiemer 7 ff.; Bartsch/Heil, Grundriss des Insolvenzrechts, 1983, Rn. 1 ff.; Kepplinger, Das Synallagma in der Insolvenz, 2000, 12 ff.; BPB/Buchegger KO I Einl. 1 ff.; Nunner-Krautgasser, Schuld, Vermögenshaftung und Insolvenz, 2007, 205 ff.)). Die Gläubigerherrschaft wich der Gerichtsherrschaft, wenngleich die Konkursgläubiger auf die Bestellung von Masseverwalter und Gläubigerausschuss noch maßgeblichen Einfluss hatten. Zudem erfuhr die Stellung des Masseverwalters eine Stärkung (dazu Denkschrift zur Einführung einer Konkursordnung, einer Ausgleichsordnung und einer Anfechtungsordnung, 1914, 72 ff.; Duursma-Kepplinger Haftungsordnung III 609 ff.).

Seit ihrem In-Kraft-Treten hatte die KO 1914 zahlreiche Novellierungen erfahren, wobei nur die bedeutendsten hier erwähnt seien. Hervorzuheben ist das **IRÄG 1982** (BGBl. 1982, 370), mit welchem der klassenlose Konkurs eingeführt, eine Neuabgrenzung von Konkurs- und Masseforderungen durchgeführt, im Lichte des Werterhalts die Pflicht zur Unternehmensfortführung statuiert und die Sanierung des Schuldners als Primärziel ausgewiesen sowie die Masseverwalter- bzw. Gläubigerausschussbestellung in die Zuständigkeit des Konkursgerichts gelegt wurde. Mit der **KO-Novelle 1993** (BGBl. 1993, 974) wurden Verfahrenserleichterungen für natürliche Personen vorgenommen, wobei insbesondere mit dem Privatkonkurs ein besonderes Verfahren für Nichtunternehmer geschaffen wurde. Einschneidende Änderungen brachte das **IRÄG 1997** (BGBl. 1997 I 114), mit welchem die Gläubigermehrheit abgeschafft, zur Verhinderung von Konkursabweisungen mangels Vermögens die Vorschriften über Kostendeckung und Kostenvorschuss neugefasst, die Unternehmensfortführung forciert, die drohende Zahlungsunfähigkeit als Ausgleichgrund festgeschrieben und das URG in Kraft gesetzt wurde. Das **IVEG 1999** (BGBl. 1999 I 73) nahm eine Neukodifikation des Entlohnungsrechts vor. Die im Zeichen der Bekämpfung des Insolvenzmissbrauchs stehende **InsNov 2002** (BGBl. 2002 I 75) brachte Neuerungen bei der Masseverwalterbestellung, Änderungen im masseunzulänglichen Verfahren, degradierte die kridamäßige Verwertung zur bloß subsidiären Verwertungsart und erleichterte den Zugang zum Privatkonkurs. Die 2002

1

2

in Kraft gesetzte EuInsVO und das daran orientierte **IIRG 2003** (BGBl. 2003 I 36) stellten das Internationale Konkursrecht auf ein neues Fundament. Mit dem **GIRÄG 2003** (BGBl. 2003, 92) wurde das Eigenkapitalersatzrecht im EKEG kodifiziert und trat an Stelle der Rechtsprechungsregeln. Mit der **GIN 2006** (BGBl. 2006 I 8) erfuhr insbesondere das Zwangsausgleichsrecht eine tiefgreifende Novellierung.

3   Schon zur Geltungszeit von KO und öAO standen in Gestalt des Zwangsausgleichs nach der KO bzw. des Ausgleichs nach der öAO zwei finanzwirtschaftliche Sanierungsmechanismen zur Verfügung. Durch Anbot einer zumindest 20 %-igen, respektive 40 %-igen Mindestquote sollte dem insolventen Rechtsträger die Chance auf einen wirtschaftlichen Neuanfang geboten werden. Während der Zwangsausgleich als „Erfolgsstory" bezeichnet werden kann, bildete das Ausgleichsverfahren mehr oder minder „totes Recht" (Klikovits ZIK 2004, 5; Duursma-Kepplinger Haftungsordnung I 2 f.).

4   Mit Einführung des sog. „Privatkonkurses" (BGBl. 1993, 974) wurden bereits unter Geltung der KO für natürliche Personen in Gestalt des Zahlungsplanes und der Restschuldbefreiung nach Durchführung eines Abschöpfungsverfahrens weitere Möglichkeiten einer Teilentschuldung geschaffen.

5   Angesichts des praktischen Leerlaufs der öAO bestanden legistische Bestrebungen zur **Zusammenfassung von Konkurs- und Ausgleich** in einem **einheitlichen Verfahrensgebäude** (Mohr in Bachner, GmbH-Reform, 2008, 113 ff., 117 ff.). Ergebnis derselben ist die seit 1.7.2010 in Kraft getretene **Insolvenzordnung** (IO, BGBl. 2010 I 29). Die Insolvenzordnung basiert zu wesentlichen Teilen auf dem Regelwerk der außer Kraft gesetzten KO. Es erfolgten terminologische Anpassungen. Diese bestanden zum Gutteil in der Ersetzung des Begriffs „Konkurs" durch „Insolvenz" (zB Insolvenzgläubiger statt Konkursgläubiger, Insolvenzforderungen statt Konkursforderungen etc). Im Einzelfall kommt dem Wort „Konkurs" jedoch nach wie vor eigenständige Bedeutung zu. So etwa bildet das Konkursverfahren neben dem Sanierungsverfahren mit Eigenverwaltung und dem Sanierungsverfahren ohne Eigenverwaltung eine der Verfahrensarten, die die Insolvenzordnung regelt. Neu sind auch die Begriffe des Insolvenzverwalters und des Sanierungsplans. Insolvenzverwalter ist ein Überbegriff für Masse- und Sanierungsverwalter. Im Konkursverfahren und Sanierungsverfahren agiert der Masseverwalter, während man den Insolvenzverwalter im Sanierungsverfahren mit Eigenverwaltung als Sanierungsverwalter bezeichnet. Der „Zwangsausgleich" ist dem „Sanierungsplan" gewichen, wobei die größte Neuerung in der Herabsetzung der Mehrheiten für die Annahme (mehr als die Hälfte an Kopf- und Kapitalstimmen) desselben durch die Gläubiger zu erblicken ist. Vom früheren öAO ist wenig übernommen worden. Bloß das Sanierungsverfahren mit Eigenverwaltung kann als Relikt des Ausgleichsrechts betrachtet werden. Allerdings wurde die Mindestquote von 40 % auf 30 % gesenkt und das Konsensquorum herabgesetzt. Ferner ist auch im Sanierungsverfahren mit Eigenverwaltung die Massebildung angeordnet und sind die Regelungen über die Insolvenzanfechtung auch in dieser Verfahrensart anwendbar. Nach einem knappen Jahrzehnt kann man die Reform als gelungen bezeichnen. Insbesondere das in der IO neu konzipierte Sanierungsverfahren ohne Eigenverwaltung ist positiv zu bewerten.

6   Die letzte große Novellierung erfuhren die Regelungen über die „**Privatinsolvenz**" (§§ 181 ff. IO) im Zuge des Insolvenzrechtsänderungsgesetz 2017 (BGBl. 2017 I 122). Dadurch wurde das Schuldenregulierungsverfahren schuldnerfreundlicher gestaltet. Insbesondere erfolgte eine Verkürzung des Abschöpfungsverfahrens und der Entfall der Mindestquote im Abschöpfungsverfahren. Ferner ist der Versuch eines außergerichtlichen Ausgleichs (Vergleichs; vgl. § 183 Abs. 2 IO in der Fassung vor IRÄG 2017) nicht mehr verpflichtend (§ 183 IO).

6a Zu einigen Änderungen der IO kam es durch die Umsetzung der **Richtlinie über Restrukturierung und Insolvenz** (Richtlinie (EU) 2019/1023 des Europäischen Parlaments und des Rates vom 20. Juni 2019 über präventive Restrukturierungsrahmen, über Entschuldung und über Tätigkeitsverbote sowie über Maßnahmen zur Steigerung der Effizienz von Restrukturierungs-, Insolvenz- und Entschuldungsverfahren und zur Änderung der Richtlinie (EU) 2017/1132) durch das Restrukturierungs- und Insolvenz-Richtlinie-Umsetzungsgesetz – RIRL-UG 96/ME XXVII. GP – Ministerialentwurf; 950 der Beilagen XXVII. GP – Regierungsvorlage – Erläuterungen; BGBl. I 147/2021; mit berechtigter Kritik zum Entwurf Riel, Restrukturierungs- und Insolvenz-Richtlinie-Umsetzungsgesetz, AnwBl 2021, 379 (380)). Ausweislich des Ministerialentwurfs bestehen die Ziele des RIRL-UG darin,

- Schuldnern durch europaweit harmonisierte präventive Restrukturierungsrahmen eine Restrukturierung zu ermöglichen, um so unnötige Liquidationen bestandfähiger Unternehmen zu begrenzen;
- bestandfähigen Unternehmen, die in finanzielle Schwierigkeiten geraten sind, ein gerichtliches vorinsolvenzliches Restrukturierungsverfahren zur Verfügung zu stellen sowie

- redlichen Schuldnern durch die Möglichkeit einer vollen Entschuldung nach drei Jahren eine zweite Chance zu geben.

Zur Umsetzung dieser Ziele wurde in Österreich ein Verfahren für die präventive Restrukturierung von Unternehmen, die in finanzielle Schwierigkeiten geraten sind, eingeführt (**Restrukturierungsverfahren nach der Restrukturierungsordnung ReO**; StF: BGBl. I 147/2021 (NR: GP XXVII RV 950 AB 981 S. 115. BR: AB 10705 S. 929), CELEX-Nr.: 32019L1023). Damit sollen Schuldner geeignete Maßnahmen treffen können, um eine Insolvenz abzuwenden und die Bestandfähigkeit des Unternehmens sicherzustellen. Die Schuldner sollen in die Lage versetzt werden, ihre Geschäftstätigkeit ganz oder zum Teil fortzusetzen. Auf diese Weise sollen europaweit Arbeitsplätze gesichert, notleidende Kredite abgebaut und die Wirtschaft gefördert werden. Der präventive Restrukturierungsrahmen wird durch ein gerichtliches Restrukturierungsverfahren umgesetzt, das neben juristischen Personen auch natürlichen Personen, die ein Unternehmen betreiben, offensteht. Das Herzstück des Verfahrens bildet der sog. **Restrukturierungsplan**. Dieser regelt die Restrukturierungsmaßnahmen und vor allem eine Kürzung von Forderungen der Gläubiger (96/ME XXVII. GP – Ministerialentwurf – Kurzinformation). Der Restrukturierungsrahmen ist ein Instrument, welches es dem Schuldner ermöglichen soll, eine Insolvenz abzuwenden und die Bestandfähigkeit seines Unternehmens sicherzustellen. Trotz Bestandsgefährdung muss Bestandfähigkeit gegeben sein, welche durch die Fortbestehensprognose zur ermitteln ist.

Erleichterungen sind durch das **RIRL-UG** für den Schuldner im **Privatkonkurs** vorgesehen; diese sollen sich nunmehr innerhalb von höchstens drei Jahren (bisher fünf) Jahren im vollen Umfang entschulden können. Neu vorgesehen ist ein „Tilgungsplan", der als Variante des Abschöpfungsverfahrens mit Restschuldbefreiung konzipiert ist und eine Abtretungserklärung von nur drei Jahren voraussetzt. Nach deren Ablauf wird die Restschuldbefreiung unabhängig von der erreichten Quote erteilt. Im Vergleich zum „Abschöpfungsplan", welcher der der derzeitigen Variante entspricht, werden an den Tilgungsplan erhöhte Anforderungen an die Redlichkeit des Schuldners gestellt (Riel AnwBl 2021, 379 ff.). Beim Zahlungsplan soll es nur noch auf die Einkommenslage der nächsten zwei Jahre (zuvor fünf) Jahre ankommen. Die sonstigen Änderungen der IO resultieren insbesondere aus den insolvenzrechtlich relevanten Vorgaben der Richtlinie über Restrukturierung und Insolvenz. Sie betreffen insbesondere den Schutz für Finanzierungen und Transaktionen im Zusammenhang mit einer Restrukturierung (§§ 36a, 36b IO) sowie die Schaffung von weiteren Kategorien nachrangiger Forderungen (§ 57a IO). Gemäß § 57a Abs. 3 IO sind Forderungen aufgrund von Finanzierungen, Zwischenfinanzierungen und Transaktionen nach §§ 36a und 36b IO nur dann nachrangige Forderungen, wenn die Nachrangigkeit vereinbart wurde.

6b

Insgesamt zeichnen die letzten Novellen ein klares Bild eines **sanierungsfreundlichen Insolvenzrechts**. Das gilt für die Unternehmerinsolvenz und die Insolvenz von Nicht-Unternehmern gleichermaßen. Selbst wenn in der Insolvenz eines unternehmenstragenden Schuldners ein Sanierungsplan nicht zustande kommt, forciert das österreichische Insolvenzrecht den Erhalt des Unternehmens möglichst durch Veräußerung im Ganzen. Einem allfälligen Insolvenzmissbrauch wird praktisch dadurch entgegengewirkt, dass insbesondere im Fall einer Insolvenzabweisung mangels kostendeckenden Vermögens regelmäßig eine Befassung der Strafbehörden erfolgt. Zudem prüfen die Insolvenzverwalter die Ursachen des Vermögensverfalls, berichten darüber dem Insolvenzgericht und wird bei entsprechend begründetem Betrugsverdacht bzw. Verdacht auf ein Kridadelikt Strafanzeige erstattet (vgl. § 261 IO).

7

II. Rahmenbedingungen für Insolvenz und Restrukturierung

Das österreichische Insolvenzrecht bietet **gute Rahmenbedingungen für Sanierungen**. Dies betrifft sowohl die Möglichkeiten eines Schuldenschnitts für den insolventen Rechtsträger durch Abschluss eines Sanierungsplans bzw. Zahlungsplans oder der Erteilung einer Restschuldbefreiung nach erfolgtem Abschöpfungsverfahren als auch die Sanierung des Unternehmens durch Erhalt desselben als Wirtschaftseinheit.

8

Leitbild der IO ist der unternehmenstragende Schuldner. Auf diesen ist der Großteil des Normenbestandes zugeschnitten. Nur in vergleichsweise wenigen Fällen wird zwischen **natürlichen Personen und juristischen Personen** differenziert, so etwa bei der für die Erfüllung des Sanierungsplans zur Verfügung stehenden Zeit (§ 141 Abs. 1 letzter Satz IO). Ferner enthält der Sechste Teil der IO Sonderbestimmungen für natürliche Personen. In diesem Zusammenhang wird wiederum zwischen **Unternehmern und Nichtunternehmern** unterschieden (zB § 182 IO). Hervorzuheben ist, dass natürlichen Personen durch Zahlungsplan und Restschuldbefreiung weitere

9

Internationales Insolvenzrecht – Österreich

Entschuldungsinstrumente an die Hand gegeben wurden, die juristischen Personen nicht offen stehen.

10 Durch Inkrafttreten der IO wurde ein einheitliches Insolvenzverfahren geschaffen. Dieses bietet jedoch **drei Verfahrensarten** an: das Sanierungsverfahren mit Eigenverwaltung, das Sanierungsverfahren ohne Eigenverwaltung und das Konkursverfahren (§§ 167 Abs. 1, 180 Abs. 1 IO). In jeder dieser drei Verfahrensarten ist eine Sanierung des Schuldners durch Abschluss eines Sanierungsplanes möglich. Im Unterschied zum Konkursverfahren, das auch auf Gläubigerantrag hin eröffnet werden kann, setzen die Sanierungsverfahren einen Schuldnerantrag voraus. Während die Sanierungsverfahren schon von Beginn an auf den Abschluss eines Sanierungsplans ausgerichtet sind und daher bereits bei Antragstellung ein Sanierungsplanantrag vorgelegt werden muss, kann im Konkursverfahren auch erst im Laufe des Verfahrens ein Sanierungsplanantrag gestellt werden (§ 140 Abs. 1 IO). Die Sanierungsverfahren sind auf eine kurze Verfahrensdauer ausgelegt (§ 168 IO). Zumal von Beginn an die Weichen auf Vermögenserhalt gestellt sind, bildet die Eröffnung des Sanierungsverfahrens keinen Auflösungsgrund für die Gesellschaft und das Unternehmen genießt einen erhöhten Verwertungsschutz (§ 168 Abs. 2 IO).

11 Ein **Sanierungsverfahren** kann vom Schuldner bereits bei drohender Zahlungsunfähigkeit beantragt werden. Doch ist die Antragstellung auch noch bei Zahlungsunfähigkeit und/oder Überschuldung (besonderer Insolvenzgrund für juristische Personen) zulässig. Gläubiger können kein Sanierungsverfahren beantragen. Wesentliche Voraussetzung für die Eröffnung eines Sanierungsverfahrens ist, dass der Schuldner bereits mit dem Insolvenzantrag einen Sanierungsplanvorschlag einreicht. Die Mindestquote beträgt 20 %. Sofern Eigenverwaltung angestrebt wird, muss eine Mindestquote von 30 % angeboten werden und zudem ein Finanzplan für die ersten 90 Tage nach Insolvenzeröffnung beigeschlossen werden (§ 169 Abs. 1 IO).

12 Im **Sanierungsverfahren mit Eigenverwaltung** wird der Insolvenzverwalter als Sanierungsverwalter bezeichnet. Der Schuldner ist – sofern nicht im Einzelfall vom Gericht weitere Beschränkungen vorgesehen werden (§ 172 Abs. 2 IO) – befugt, den gewöhnlichen Geschäftsbetrieb zu führen (§ 171 IO). Der Sanierungsverwalter übernimmt alle speziell insolvenzrechtlichen Agenden (§§ 172 Abs. 1, 178 IO). Ferner bedarf der Schuldner bei allen Rechtshandlungen, die über den gewöhnlichen Geschäftsbetrieb hinausgehen, der Zustimmung des Sanierungsverwalters. Der Sanierungsverwalter kann zudem gegen Rechtshandlungen des Schuldners, die den gewöhnlichen Geschäftsbetrieb betreffen, Einspruch erheben (§ 171 Abs. 1 IO). Die Eigenverwaltung ist streng geregelt und jedenfalls zu entziehen, wenn Umstände bekannt werden, die erwarten lassen, dass sie Nachteile für die Gläubiger mit sich bringt (§ 170 IO).

13 Im **Sanierungsverfahren ohne Eigenverwaltung** heißt der Insolvenzverwalter wie im Konkursverfahren Masseverwalter. Im Sanierungsverfahren ohne Eigenverwaltung ist dem Schuldner wie im Konkursverfahren die Verfügung über das zur Masse gehörige Vermögen gänzlich entzogen (vgl. § 3 Abs. 1 IO). Insofern kommen dem Masseverwalter im Sanierungsverfahren ohne Eigenverwaltung grundsätzlich die gleichen Befugnisse zu wie im Konkursverfahren. Lediglich der Verwertungsschutz für das Unternehmen ist im Sanierungsverfahren ohne Eigenverwaltung vom Beginn an ex lege erhöht und somit die Verwertungsmöglichkeiten des Masseverwalters diesbezüglich eingeschränkt.

14 Wird in einem Sanierungsverfahren (mit oder ohne Eigenverwaltung) der Sanierungsplanantrag in der (erstreckten) Sanierungsplantagsatzung nicht angenommen bzw. vom Gericht nicht bestätigt oder fallen sonst die Voraussetzungen für das Sanierungsverfahren weg, wird die Bezeichnung in **Konkursverfahren** geändert und ein Masseverwalter bestellt (vgl. § 167 Abs. 4 IO).

15 Bei Eintritt der materiellen Insolvenz (Zahlungsunfähigkeit bei jeder Art von Schuldner, Überschuldung bei juristischen Personen und verdeckten Kapitalgesellschaften) ist der Schuldner zur Insolvenzantragstellung verpflichtet und die Insolvenzgläubiger hierzu berechtigt. Auf Gläubigerantrag kann stets nur ein **Konkursverfahren** eröffnet werden. Der Schuldner hat grundsätzlich die Wahl zwischen Sanierungsverfahren und Konkursverfahren. Reicht er nicht sogleich mit Insolvenzantragstellung einen (den gesetzlichen Anforderungen entsprechenden) Sanierungsplanvorschlag ein, so wird das Insolvenzverfahren als Konkursverfahren bezeichnet. Dieses strebt grundsätzlich die Vermögensverwertung zum Zweck der bestmöglichen gemeinschaftlichen Befriedigung der Insolvenzgläubiger an. Doch ist der Schuldner jederzeit bis zur Aufhebung des Konkursverfahrens berechtigt, einen Sanierungsplanvorschlag zu erstatten. Dies gilt auch, wenn das Konkursverfahren auf Gläubigerantrag hin eröffnet wurde. Zu einer Änderung der Verfahrensbezeichnung in Sanierungsverfahren führt ein nachträglich eingereichter Sanierungsplanvorschlag nicht. Die Mindestquote beträgt 20 %.

16 Die Modalitäten und Quoren für die Abstimmung und Annahme des **Sanierungsplans** sowie die Zustimmung durch das Gericht sind in allen Verfahrensarten dieselben.

Ein dem deutschen Insolvenzrecht vergleichbares **Vorverfahren** sieht das österreichische Insolvenzrecht nicht vor. Auf vorinsolvenzrechtliche Verfahren wird unter → Rn. 18 ff. eingegangen. 17

B. Vorinsolvenzliche Restrukturierung

I. Außergerichtlicher Ausgleich (Vergleich)

In der **Unternehmerinsolvenz** besteht **keine gesetzliche Verpflichtung** zu einem außergerichtlichen Ausgleichsversuch. Unter „Ausgleich" ist in diesem Zusammenhang nichts anderes als ein zivilrechtlicher Vergleich mit sämtlichen Gläubigern zu verstehen. Auf dessen Zustandekommen, Gültigkeit und Anfechtbarkeit kommen die Vorschriften des bürgerlichen Rechts zu Anwendung. Daraus folgt, dass ein außergerichtlicher Vergleich nur bei Zustimmung sämtlicher Gläubiger zustande kommt (Einstimmigkeit). Im Hinblick auf die im Insolvenzrecht geltende par condicio creditorum sollte wegen der andernfalls eintretenden negativen Folgen bei einem Scheitern des Vergleichs allen unbesicherten Gläubigern die gleiche Quote angeboten werden. Um strafrechtliche bzw. verwaltungsstrafrechtliche Konsequenzen zu vermeiden, ist unbedingt zu beachten, dass die Dienstgeberbeiträge an die Sozialversicherungsträger entsprechend abgeführt werden (§§ 153c und 153d StGB). Bei Anbot der Quote ist ferner zu berücksichtigen, dass durch den vergleichsbedingten Forderungsverzicht ein zu versteuernder Sanierungsgewinn entsteht. Bestrebungen zum außergerichtlichen Ausgleich sollten tunlichst noch vor Eintritt der materiellen Insolvenz stattfinden. Nach Eintritt der Zahlungsunfähigkeit bzw. Überschuldung ist der Insolvenzantrag nämlich ohne schuldhaftes Zögern, spätestens aber sechzig Tage nach dem Eintritt der Zahlungsunfähigkeit zu beantragen. Schuldhaft verzögert ist der Antrag nicht, wenn die Eröffnung eines Sanierungsverfahrens mit Eigenverwaltung sorgfältig betrieben worden ist (§ 69 Abs. 2 IO). 18

Bis zum IRÄG 2017 mussten **nicht unternehmenstragende Schuldner** bei Beantragung des Schuldenregulierungsverfahrens (= Insolvenzverfahren über natürliche Personen, die kein Unternehmen betreiben) bescheinigen, dass ein außergerichtlicher Ausgleich insbesondere vor einer anerkannten Schuldnerberatungsstelle oder einem bevorrechteten Gläubigerschutzverband gescheitert ist oder gescheitert wäre (§ 183 Abs. 2 IO aF). Diese Verpflichtung wurde im Zuge der letzten Novellierung der „Privatinsolvenz" beseitigt. Insofern steht es Nichtunternehmern zwar frei, einen außergerichtlichen Vergleichsversuch zu unternehmen bzw. einen außergerichtlichen Vergleich mit allen ihren Gläubigern zu schließen. Das (voraussichtliche) Scheitern eines solchen Vergleiches ist jedoch nicht mehr Voraussetzung für die Eröffnung eines Insolvenzverfahrens aufgrund eines Schuldnerantrags. 19

In der Praxis hängt die Sinnhaftigkeit eines außergerichtlichen Vergleichsversuchs von der Zahl der Gläubiger und deren Einstellung zum Schuldner ab. Je höher die Zahl der Gläubiger, je angespannter die persönlichen/wirtschaftlichen Beziehungen zum Schuldner, desto schlechter stehen die Chancen auf einen Vergleichsabschluss, zumal dieser das Einvernehmen aller Gläubiger voraussetzt. 20

II. Unternehmensreorganisationsverfahren

Als Maßnahme der Insolvenzprophylaxe wurde das Unternehmensreorganisationsverfahren nach dem URG im **Vorfeld der materiellen Insolvenz** konzipiert (Mohr, Das Unternehmensreorganisationsgesetz, 1997). Dieses nach betriebswirtschaftlichen Grundsätzen durchgeführte nichtöffentliche Verfahren kann von jedem nicht insolventen Unternehmer, dessen Unternehmen Reorganisationsbedarf hat, bei Gericht beantragt werden. Reorganisationsbedarf ist insbesondere bei einer vorausschauend feststellbaren wesentlichen und nachhaltigen Verschlechterung der Eigenmittelquote anzunehmen. Die **Kennzahlen des Reorganisationsbedarfs** sind eine Eigenmittelquote von unter 8 % und eine fiktive Schuldentilgungsdauer von mehr als 15 Jahren (vgl. §§ 22 Abs. 1, 23, 24 URG). 21

Für das Reorganisationsverfahren ist der Gerichtshof erster Instanz zuständig, in dessen Sprengel das Unternehmen betrieben wird, für den Bereich des Landesgerichts für Zivilrechtssachen Wien das Handelsgericht Wien (§ 3 URG). 22

Im Antrag auf Einleitung des Reorganisationsverfahren hat der Unternehmer zu erklären, dass er **nicht insolvent** ist, jedoch Reorganisationsbedarf besteht (§ 4 URG). Voraussetzung der Einleitung eines Reorganisationsverfahrens ist neben Vorlage der Jahresabschlüsse der letzten drei Jahre insbesondere die Einreichung eines Reorganisationsplans durch den Unternehmer (§§ 4, 5 URG). Im **Reorganisationsplan** sind die Ursachen des Reorganisationsbedarfs sowie jene Maßnahmen, die zur Verbesserung der Vermögens-, Finanz- und Ertragslage geplant sind, und 23

Internationales Insolvenzrecht – Österreich

deren Erfolgsaussichten darzustellen. Insbesondere hat sich der Reorganisationsplan mit einem allenfalls erforderlichen Reorganisationskredit und den Auswirkungen der geplanten Maßnahmen auf die Arbeitnehmer des Unternehmens auseinanderzusetzen sowie die für die Durchführung der Reorganisation vorgesehene Frist (Reorganisationszeitraum), die tunlichst zwei Jahre nicht übersteigen soll, anzugeben (§ 6 URG). Derartige Reorganisationskredite werden im Fall einer dennoch später eintretenden Insolvenz anfechtungsrechtlich begünstigt behandelt (§§ 20 f. URG).

24   Bei Einleitung des Reorganisationsverfahrens bestellt das Gericht einen Reorganisationsprüfer und trägt dem Unternehmer den Erlag eines Kostenvorschusses zur Deckung dessen Ansprüche auf (§ 5 URG). Aufgabe des Reorganisationsprüfers ist insbesondere die Prüfung des Reorganisationsplans in Hinsicht auf die Ursachen des Eintritts des Reorganisationsbedarfs (§ 10 URG).

25   Das Gericht hat das **Reorganisationsverfahren aufzuheben,** wenn der Reorganisationsprüfer in seinem Gutachten zu dem Ergebnis gelangt, dass der Reorganisationsplan zweckmäßig ist und gute Aussichten auf dessen Verwirklichung bestehen (§ 12 URG).

26   Gemäß § 13 URG hat das Gericht das **Reorganisationsverfahren** hingegen **einzustellen,** wenn der Unternehmer insolvent ist oder der Unternehmer den Reorganisationsplan nicht rechtzeitig vorlegt oder der Unternehmer den Kostenvorschuss für die Ansprüche des Reorganisationsprüfers nicht rechtzeitig erlegt oder der Unternehmer seine Mitwirkungspflichten verletzt oder der Reorganisationsprüfer in seinem Gutachten nicht zu dem Ergebnis gelangt, dass der Reorganisationsplan zweckmäßig ist und gute Aussichten auf dessen Verwirklichung bestehen. Selbst wenn das Gericht zur Erkenntnis gelangt, dass der Unternehmer insolvent ist, erfolgt keine amtswegige Insolvenzeröffnung über dessen Vermögen.

27   Wird trotz Reorganisationsbedarf kein Reorganisationsverfahren beantragt, so besteht die einzige gesetzliche Sanktion des URG in **Haftungsfolgen** (§ 22 URG). Die schadenersatzrechtliche Haftung trifft dabei bei juristischen Personen primär die **vertretungsbefugten Gesellschaftsorgane,** bei verdeckten Kapitalgesellschaften (= Personengesellschaften, bei denen kein unbeschränkt haftender Gesellschafter eine natürliche Person ist) die unbeschränkt haftenden Gesellschafter. Mehrere Vertretungsorgane haften zur ungeteilten Hand. Es handelt um eine mit 100.000 EUR je Person betragsbeschränkte Haftung. Die Haftung besteht im Verhältnis zur insolventen Gesellschaft (§ 22 Abs. 1 URG; Innenhaftung) und setzt voraus, dass es letztlich zur Insolvenzeröffnung über das Vermögen der dem URG unterliegenden Gesellschaft gekommen ist.

28   § 25 URG regelt die **Haftung von nicht vertretungsbefugten Gesellschaftsorganen.** Hat ein Mitglied des vertretungsbefugten Organs die Einleitung des Reorganisationsverfahrens vorgeschlagen, aber nicht die dafür notwendige Zustimmung des Aufsichtsrats bzw. der Gesellschafterversammlung erhalten oder wurde ihm wirksam die Weisung erteilt, das Verfahren nicht einzuleiten, so haftet es nicht. In diesem Fall haften die Mitglieder des Organs, die gegen die Einleitung gestimmt oder die die Weisung erteilt haben, zur ungeteilten Hand nach § 22 Abs. 1 URG in dem sich aus dieser Bestimmung ergebenden Gesamtumfang, jedoch je Person nur bis zu 100 000 EUR.

29   §§ 26, 27 URG regeln den Nichteintritt bzw. den Entfall der Haftung. Dies ist insbesondere der Fall, wenn bewiesen werden kann, dass die Nichtdurchführung des Reorganisationsverfahrens nicht kausal für die Insolvenz war.

30   Die Haftung gem. §§ 22, 25 URG ist vom Insolvenzverwalter für die Masse geltend zu machen (§ 28 URG).

31   Dem Reorganisationsverfahren als Sanierungsinstrument blieb bislang der Erfolg jedoch versagt. Gründe hierfür dürften Angst vor negativer Vertrauenswerbung bei allfälligem Publikwerden des von der Intention her nichtöffentlichen Verfahrens, der häufig (zu) stark ausgeprägte unternehmerische Optimismus und Kostenfaktoren bilden (Chalupsky/Duursma-Kepplinger in Global Insolvency & Restructuring Yearbook 2006/2007, 81; Forstinger, Finanzwirtschaftliche Sanierungsmaßnahmen von der latenten beherrschbaren Krise bis hin zur Insolvenz, 1999, 29 ff.).

III. Restrukturierungsordnung

31a   In Umsetzung der **Richtlinie über Restrukturierung und Insolvenz** (Richtlinie (EU) 2019/1023 des Europäischen Parlaments und des Rates vom 20. Juni 2019 über präventive Restrukturierungsrahmen, über Entschuldung und über Tätigkeitsverbote sowie über Maßnahmen zur Steigerung der Effizienz von Restrukturierungs-, Insolvenz- und Entschuldungsverfahren und zur Änderung der Richtlinie (EU) 2017/1132) wurde im österreichischen Recht ein neues Gesetz, die sog. **„Restrukturierungsordnung (ReO)"** geschaffen. Die ReO wurde im BGBl. I 147/2021 (NR: GP XXVII RV 950 AB 981 S. 115. BR: AB 10705 S. 929., CELEX-Nr.: 32019L1023;

96/ME XXVII. GP – Ministerialentwurf; 950 der Beilagen XXVII. GP – Regierungsvorlage – Erläuterungen) verlautbart und trat am 17.07.2021 in Kraft. Sie besteht aus 45 Paragraphen.

Für das **Restrukturierungsverfahren** ist der Gerichtshof erster Instanz **zuständig,** in dessen Sprengel der Schuldner im Zeitpunkt der Antragstellung sein Unternehmen betreibt oder mangels eines solchen seinen gewöhnlichen Aufenthalt hat. Betreibt der Schuldner im Inland kein Unternehmen und hat er im Inland keinen gewöhnlichen Aufenthalt, so ist der Gerichtshof erster Instanz zuständig, in dessen Sprengel sich eine Niederlassung, mangels einer solchen Vermögen des Schuldners befindet (§ 4 ReO). Als **Schuldner** kommen Unternehmer in Betracht, unabhängig davon, ob diese natürliche oder juristische Personen sind. § 2 Abs. 1 ReO enthält eine Auflistung von Rechtsträgern, auf die die ReO nicht zur Anwendung gelangt. **Unternehmer** sind gem. § 2 Abs. 2 ReO natürliche Personen, die eine gewerbliche, geschäftliche, handwerkliche oder freiberufliche Tätigkeit ausüben. Voraussetzung für die Einleitung eines Restrukturierungsverfahrens ist die wahrscheinliche Insolvenz des Schuldners (§ 6 Abs. 1 ReO). Diese liegt vor, wenn der **Bestand** des Unternehmens des Schuldners ohne Restrukturierung **gefährdet** wäre; das ist insbesondere gegeben, wenn die Zahlungsunfähigkeit droht oder die Eigenmittelquote 8 % unterschreitet und die fiktive Schuldentilgungsdauer 15 Jahre übersteigt (§ 6 Abs. 2 ReO).

31b

Auf **Antrag eines Schuldners** ist ein Restrukturierungsverfahren einzuleiten, das dem Schuldner ermöglicht, sich zu restrukturieren, um die Insolvenz abzuwenden und die Bestandfähigkeit sicherzustellen (§ 1 Abs. 1 ReO). Unter den Begriff der Restrukturierung fallen Maßnahmen, die auf die Restrukturierung des Unternehmens des Schuldners abzielen und zu denen die Änderung der Zusammensetzung, der Bedingungen oder der Struktur der Vermögenswerte und Verbindlichkeiten oder jedes anderen Teils der Kapitalstruktur des Unternehmens des Schuldners gehört, etwa der Verkauf von Vermögenswerten oder Geschäftsbereichen und die Gesamtveräußerung des Unternehmens sowie alle erforderlichen operativen Maßnahmen oder eine Kombination dieser Elemente (§ 1 Abs. 2 ReO). Bei Eintritt einer wahrscheinlichen Insolvenz hat die Unternehmensleitung Schritte einzuleiten, um die Insolvenz abzuwenden und die Bestandfähigkeit sicherzustellen; dabei sind die Interessen der Gläubiger, der Anteilsinhaber und der sonstigen Interessenträger angemessen zu berücksichtigen (§ 1 Abs. 3 ReO).

31c

Das **Restrukturierungskonzept** hat zumindest die in Aussicht genommenen Restrukturierungsmaßnahmen und eine Auflistung der Vermögenswerte und Verbindlichkeiten des Schuldners zum Zeitpunkt des Antrags auf Einleitung des Restrukturierungsverfahrens einschließlich einer Bewertung der Vermögenswerte zu enthalten. Hat der Schuldner **nur ein Restrukturierungskonzept, aber keinen Restrukturierungplan** nach § 23 ReO vorgelegt, so hat das Gericht ihm auf dessen Antrag eine Frist von höchstens 60 Tagen zur Vorlage des Restrukturierungsplans einzuräumen. Wird ein solcher Antrag nicht zugleich mit dem Antrag auf Einleitung des Restrukturierungsverfahrens gestellt, so ist ein Restrukturierungsbeauftragter zu bestellen, der den Schuldner bei der Ausarbeitung des Restrukturierungsplans binnen der vom Gericht gesetzten Frist von höchstens 60 Tagen zu unterstützen hat (§ 8 ReO). Das Gericht hat ferner einen **Restrukturierungsbeauftragten** zur Unterstützung des Schuldners und der Gläubiger bei der Aushandlung und Ausarbeitung des Plans zu bestellen, wenn das Gericht eine Vollstreckungssperre anordnet und ein solcher Beauftragter zur Wahrung der Interessen der Parteien erforderlich ist, die Bestätigung des Restrukturierungsplans eines klassenübergreifenden Cram-down bedarf oder der Schuldner oder die Mehrheit der Gläubiger, die nach dem Betrag der Forderungen zu berechnen ist, dies beantragt. Das Gericht hat weiters einen Restrukturierungsbeauftragten zu bestellen, wenn Umstände bekannt sind, die erwarten lassen, dass die Eigenverwaltung zu Nachteilen für die Gläubiger führen wird (§ 9 ReO). Gemäß § 11 Abs. 1 ReO ist zum Restrukturierungsbeauftragten eine unbescholtene, verlässliche und geschäftskundige Person zu bestellen. Sie muss ausreichende Fachkenntnisse des Restrukturierungsrechts, des Wirtschaftsrechts oder der Betriebswirtschaft haben. § 80a IO ist anzuwenden.

31d

Das Gericht hat gem. § 18 Abs. 1 ReO auf Antrag des Schuldners zur Unterstützung der Verhandlungen über einen Restrukturierungsplan im Rahmen eines Restrukturierungsverfahrens anzuordnen, dass Anträge auf Bewilligung eines Exekutionsverfahrens auf das Vermögen des Schuldners nicht bewilligt werden dürfen und kein richterliches Pfand- oder Befriedigungsrecht erworben werden darf (**Vollstreckungssperre**). Die Vollstreckungssperre kann alle Arten von Forderungen, einschließlich besicherter Forderungen erfassen (§ 19 Abs. 1 ReO). Gemäß § 20 Abs. 1 ReO darf die Vollstreckungssperre eine Dauer von drei Monaten, jedenfalls aber inklusive Verlängerungen von sechs Monaten nicht übersteigen. Das Gericht kann die Vollstreckungssperre auf Antrag eines Gläubigers oder von Amts wegen und muss sie auf Antrag des Schuldners oder des Restrukturierungsbeauftragten aufheben (§ 20 Abs. 4 und 5 ReO).

31e

31f Die Verpflichtung des Schuldners, die **Eröffnung eines Insolvenzverfahrens** wegen **Überschuldung** zu beantragen, ruht während der Vollstreckungssperre. Während der Vollstreckungssperre ist über einen auf Überschuldung gestützten Antrag eines Gläubigers auf Eröffnung eines Insolvenzverfahrens nicht zu entscheiden. Während der Vollstreckungssperre ist ein Insolvenzverfahren wegen **Zahlungsunfähigkeit** auf Antrag eines Gläubigers dann nicht zu eröffnen, wenn die Eröffnung unter Berücksichtigung der Umstände des Falles nicht im allgemeinen Interesse der Gläubiger ist. Über das Vorliegen des allgemeinen Interesses hat das Gericht im Restrukturierungsverfahren zu entscheiden (§ 21 ReO).

31g Der Schuldner hat entweder mit dem Antrag auf Einleitung eines Restrukturierungsverfahrens oder während der ihm zur Vorlage eingeräumten Frist einen **Restrukturierungsplan** vorzulegen und dessen Abschluss zu beantragen. Dieser Antrag umfasst, sofern der Schuldner nichts anderes beantragt, den Antrag auf Bestätigung des Restrukturierungsplans nach §§ 29 und 31 ReO. § 24 ReO sieht die Möglichkeit zur Bildung von Gläubigerklassen vor, deren Forderungen gekürzt oder gestundet werden. Der Restrukturierungsplan ist gem. § 25 ReO vom Gericht zu prüfen. **Abzustimmen** ist über den Restrukturierungsplan in einer Tagsatzung, die das Gericht in der Regel auf 30 bis 60 Tage nach Vorlage anzuordnen hat (§ 26 Abs. 1 ReO). Ein Restrukturierungsplan gilt gem. § 28 ReO **von den betroffenen Gläubigern als angenommen,** wenn in jeder Klasse die Mehrheit der anwesenden betroffenen Gläubiger dem Plan zustimmt und wenn die Summe der Forderungen der zustimmenden Gläubiger in jeder Klasse zumindest 75 % der Gesamtsumme der Forderungen der anwesenden betroffenen Gläubiger in dieser Klasse beträgt. § 164 Abs. 1 IO ist anzuwenden. Der Restrukturierungsplan bedarf gem. § 29 ReO der **Bestätigung** durch das Gericht. Der vom Gericht bestätigte Restrukturierungsplan ist für alle im Restrukturierungsplan genannten betroffenen Gläubiger verbindlich. Gläubiger, die an der Annahme des Restrukturierungsplans nicht beteiligt waren, werden vom Plan nicht beeinträchtigt. Dies gilt nicht für Gläubiger, die sich trotz Übermittlung des Plans nach § 26 Abs. 1 ReO oder Ladung zur Restrukturierungsplantagsatzung am Verfahren nicht beteiligten (§ 34 ReO). Gemäß § 36 Abs. 1 ReO ist das Restrukturierungsverfahren mit Eintritt der Rechtskraft der Bestätigung aufgehoben. Das Restrukturierungsverfahren ist gem. § 36 Abs. 2 ReO insbesondere dann **einzustellen,** wenn der Schuldner innerhalb der vom Gericht festgelegten Frist keinen Restrukturierungsplan vorgelegt hat, der Schuldner den Antrag auf Annahme eines Restrukturierungsplans zurückzieht, ein Insolvenzverfahren über das Vermögen des Schuldners eröffnet wurde, offensichtlich ist, dass der Plan die Zahlungsunfähigkeit des Schuldners nicht verhindert, die Überschuldung nicht beseitigt oder die Bestandfähigkeit des Unternehmens nicht gewährleistet, die Gläubiger den Restrukturierungsplan ablehnen oder die Bestätigung des Restrukturierungsplans rechtskräftig abgelehnt wurde.

C. Insolvenzverfahrensrecht

I. Antrag und Antragspflichten

1. Schuldnerantrag (Antragspflicht)

32 Gemäß § 69 Abs. 2 IO ist die Insolvenzeröffnung ohne schuldhaftes Zögern, **spätestens aber sechzig Tage** – § 69 Abs. 2a IO verlängert diese Frist im Fall von Naturkatastrophen, Pandemien oder Epedemien auf 120 Tage – nach dem Eintritt der materiellen Insolvenz zu beantragen. Materielle Insolvenz ist bei Zahlungsunfähigkeit (§ 66 IO) sowie – bei juristischen Personen und verdeckten Kapitalgesellschaften – bei Überschuldung (§ 67 IO) gegeben. Drohende Zahlungsunfähigkeit verpflichtet hingegen den Schuldner nicht zur Insolvenzantragstellung. Eine schuldhafte Verzögerung des Antrags liegt nicht vor, wenn die Eröffnung eines Sanierungsverfahrens mit Eigenverwaltung sorgfältig betrieben wird und ex ante beurteilt, aussichtsreich, realisierbar und geeignet erscheint, den für den Schuldner in Betracht kommenden Insolvenzgrund innerhalb der Frist zu beheben (BPB/Schumacher KO II/2 § 69 Rn. 86, 94, 100 ff.; DDR/Duursma-Kepplinger Rn. 3000). Die **Verpflichtung zur Insolvenzantragstellung** trifft natürliche Personen, die unbeschränkt haftenden Gesellschafter bzw. Liquidatoren einer OG oder KG und die organschaftlichen Vertreter juristischer Personen; auch bei Gesamtvertretung ist jedes einzelne Organmitglied zur Antragstellung berechtigt und verpflichtet (BPB/Schumacher KO II/2 § 69 Rn. 14; OGH SZ 60/179; 2 Ob 574/88; WBl 1990,147; SZ 73/44; SZ 2013/3; SZ 2013/75). Ist ein zur Vertretung Berufener seinerseits eine eingetragene Personengesellschaft oder juristische Person oder setzt sich die Verbindung in dieser Art fort, so sind die **mittelbaren Vertreter** zum Antrag verpflichtet (§ 69 Abs. 3 IO). Für Kreditinstitute, Versicherungen und Pensionskassen treffen §§ 73 Abs. 1 Nr. 6, 82 Abs. 3, 83 Abs. 1 BWG, § 309 VAG und § 37 Abs. 3 PKG Sonderregelungen.

Wie bereits erwähnt, besteht bei bloß **drohender Zahlungsunfähigkeit** keine Pflicht des Schuldners ein Insolvenzverfahren zu beantragen. Allerdings hat der Schuldner das Recht, bereits bei bloß drohender Zahlungsunfähigkeit ein **Sanierungsverfahren** (mit oder ohne Eigenverwaltung) zu beantragen (Antragsrecht des Schuldners). Ein Sanierungsverfahren kann vom Schuldner jedoch auch noch beantragt werden, wenn bereits die materielle Insolvenz eingetreten ist. Mit rechtzeitiger Beantragung eines Sanierungsverfahrens kommt er ebenfalls seiner Insolvenzantragspflicht nach. 33

Zusammenfassend gilt Folgendes: Bei Zahlungsunfähigkeit bzw. Überschuldung muss der Schuldner ein Insolvenzverfahren beantragen. Er hat jedoch die Wahl zwischen Konkursverfahren und Sanierungsverfahren mit oder ohne Eigenverwaltung. Bei drohender Zahlungsunfähigkeit trifft den Schuldner keine Insolvenzantragspflicht. Er hat allerdings das Recht, ein Sanierungsverfahren mit oder ohne Eigenverwaltung zu beantragen. 34

Auf Antrag des Schuldners ist die Insolvenz „**sofort**", dh ohne förmliches Eröffnungsverfahren **zu eröffnen** (vgl. OGH SZ 59/225; SZ 71/176; 9 ObA 161/07b; SZ 2008/183; zur Prüfungspflicht des Gerichts BPB/Schumacher KO II/2 § 69 Rn. 24 ff.). Die vom Schuldner an das Gericht erstattete Anzeige von der Zahlungseinstellung gilt als Antrag. Im Beschluss auf Eröffnung des Insolvenzverfahrens ist jedenfalls das Vorliegen der Voraussetzungen für die örtliche Zuständigkeit zu begründen (§ 69 Abs. 1 IO). Geht der Antrag **nicht von allen** natürlichen Personen aus, deren Antragspflicht sich aus § 69 Abs. 3 IO ergibt, so sind die übrigen über den Antrag zu vernehmen. Ist ein Einverständnis über den Antrag nicht zu erzielen oder die rechtzeitige Vernehmung nicht möglich, so ist das Insolvenzverfahren nur dann zu eröffnen, wenn die **Zahlungsunfähigkeit glaubhaft** gemacht wird. Gleiches gilt, wenn die Eröffnung der Insolvenz über eine Verlassenschaft nicht von allen Erben beantragt wird (§ 69 Abs. 4 IO). 35

Der Insolvenzantrag – Schuldner- wie Gläubigerantrag – stellt eine **Prozesserklärung** an das Gericht dar und hat im Wesentlichen den Anforderungen eines Schriftsatzes zu entsprechen. Er kann schriftlich, mündlich zu Protokoll oder per Telefax gestellt werden, wobei im letztgenannten Fall zur Beigebung des Originals des Antrags und der eigenhändigen Unterschrift ein Verbesserungsauftrag zu erteilen ist (näheres bei BPB/Schumacher KO II/2 § 69 Rn. 6 ff., 10 ff.). 36

2. Gläubigerantrag (Antragsrecht)

Auf Antrag eines Gläubigers iSv §§ 51, 57a IO – nicht auch eines Aussonderungsberechtigten oder Absonderungsberechtigten, soweit die Deckung voraussichtlich reicht (Bartsch/Heil, Grundriss des Insolvenzrechts, 1983, Rn. 233; BPB/Schumacher KO II/2 § 70 Rn. 22; OGH RdW 1987, 193) – ist das Insolvenzverfahren, das diesfalls nur ein Konkursverfahren sein kann, **unverzüglich** zu eröffnen, wenn er **glaubhaft macht** (§ 274 öZPO), dass er eine – wenngleich nicht fällige – Insolvenzforderung hat, und dass der Schuldner zahlungsunfähig respektive in den Fällen des § 67 Abs. 1 IO überschuldet ist (dazu BPB/Schumacher KO II/2 § 70 Rn. 8 ff., 24 ff. mwN). Ein vom Gläubiger zurückgezogener Antrag auf Insolvenzeröffnung kann unter Berufung auf dieselbe Forderung nicht vor Ablauf von sechs Monaten erneuert werden (§ 70 Abs. 1 und 3 IO). 37

Der Antrag ist dem Schuldner zuzustellen. Eine Belehrung über die Eröffnung eines Sanierungsverfahrens bei rechtzeitiger Vorlage eines Sanierungsplans ist anzuschließen. Das Gericht hat den Schuldner und sonstige Auskunftspersonen (§ 254 Abs. 5 IO) zu vernehmen, wenn es rechtzeitig möglich ist; jedoch ist der Antrag ohne Anhörung sofort abzuweisen, wenn er offenbar unbegründet ist, insbesondere wenn die Glaubhaftmachung nicht erbracht ist oder wenn er offenbar **missbräuchlich** gestellt ist. Zur Vernehmung bestimmte Tagsatzungen dürfen nur von Amts wegen und nicht zum Zwecke des Abschlusses von Ratenvereinbarungen erstreckt werden (§ 70 Abs. 2 IO). 38

Bei der Entscheidung über den Antrag auf Eröffnung eines Insolvenzverfahrens ist nicht zu berücksichtigen, dass der Gläubiger den Antrag auf Eröffnung eines Insolvenzverfahrens zurückgezogen hat oder dass die Forderung des Gläubigers nach dem Antrag auf Eröffnung eines Insolvenzverfahrens befriedigt worden ist. Wenn der Schuldner eine solche Befriedigung oder das Vorliegen einer Stundungsvereinbarung mit dem Gläubiger bescheinigt, so reicht dies allein nicht aus, um das Vorliegen der Zahlungsunfähigkeit zu entkräften. Weist das Gericht den Antrag auf Eröffnung eines Insolvenzverfahrens dennoch ab, so ist der Beschluss auch den bevorrechteten Gläubigerschutzverbänden zuzustellen (§ 70 Abs. 4 IO). 39

3. Amtswegige Insolvenzeröffnung

40 Eine amtswegige Insolvenzeröffnung ist in der IO nicht explizit vorgesehen. Allenfalls könnte man die Insolvenzeröffnung nach Zurückziehung des Insolvenzantrags durch den Gläubiger (§ 70 Abs. 4 IO) als einen **Sonderfall** amtswegiger Insolvenzeröffnung bezeichnen.

II. Zuständiges Gericht und Verfahrensgeschwindigkeit

41 Gemäß § 63 IO ist für das Insolvenzverfahren der Gerichtshof erster Instanz (**Landesgericht**) als Insolvenzgericht zuständig, in dessen **Sprengel** der Schuldner sein **Unternehmen betreibt** oder mangels eines solchen seinen **gewöhnlichen Aufenthalt** hat. Betreibt der Schuldner im Inland kein Unternehmen und hat er im Inland keinen gewöhnlichen Aufenthalt, so ist der Gerichtshof erster Instanz zuständig, in dessen Sprengel sich eine Niederlassung, mangels einer solchen, Vermögen des Schuldners befindet.

42 Sind mehrere Gerichte zuständig, so entscheidet das Zuvorkommen mit der Eröffnung des Insolvenzverfahrens.

43 Im Fall **paralleler Insolvenzverfahren** über das Vermögen einer **eingetragenen Personengesellschaft** und das Privatvermögen eines unbeschränkt haftenden **Gesellschafters** ist gem. § 65 IO das Gericht zuständig, bei dem das Verfahren in der Gesellschaftsinsolvenz bereits anhängig ist oder gleichzeitig anhängig gemacht wird.

44 Für die **Privatinsolvenz** natürlicher Personen, die kein Unternehmen betreiben (vgl. § 1 Abs. 2 KSchG), ist gem. § 182 IO das **Bezirksgericht** sachlich zuständig (Schuldenregulierungsverfahren).

45 Die durchschnittliche **Verfahrensdauer** beträgt in der Privatinsolvenz vom Einlangen des Antrags bei Gericht bis zur Aufhebung des Verfahrens etwa sechs Monate, in der Unternehmerinsolvenz je nach Beendigungsart zwischen drei Monaten und zwei bis drei Jahren.

46 Die Gerichtsstände der IO sind **Zwangsgerichtsstände,** sodass Gerichtsstandsvereinbarungen im Insolvenzverfahren unwirksam sind (§ 253 Abs. 2 IO). Eine Heilung iSv § 104 Abs. 3 JN kommt nicht in Betracht. Der Grundsatz der perpetuatio fori kommt auch im Insolvenzverfahren zum Tragen (Rechberger/Thurner Rn. 33 f.). Im Insolvenzverfahren gilt ausnahmslos **Einzelgerichtsbarkeit** (§ 253 Abs. 1 IO).

47 Die Verfahrensabwicklung im Schuldenregulierungsverfahren vor dem Bezirksgericht ist Rechtspflegersache (§ 17a RPflG); in allen Insolvenzverfahren fällt die Stimmrechtsentscheidung und die Entscheidung über die Restschuldbefreiung gem. § 213 Abs. 2 IO in die Richterzuständigkeit.

48 Eine generelle vis attractiva concursus kennt die IO nicht. Allerdings fallen vom Insolvenzverwalter oder von den Insolvenzgläubigern nach § 189 IO eingeleitete Anfechtungsklagen (§ 43 Abs. 5 IO) sowie Prüfungsprozesse (§ 111 Abs. 1 IO) in die **ausschließliche Zuständigkeit** des Insolvenzgerichts. § 262 IO eröffnet einen **Wahlgerichtsstand** für Klagen über Aus- und Absonderungsansprüche, Masseforderungen, Ansprüche aus pflichtwidrigem Verhalten eines Masseverwalters, eines Mitglieds des Gläubigerausschusses eines Sachverständigen oder eines Treuhänders sowie für Klagen über Ansprüche aus Fortführungsgarantien oder -kautionen. Gemäß § 263 IO gilt in diesen Verfahren, unabhängig vom Streitwert in erster Instanz Einzelrichterzuständigkeit; es sind die Bestimmungen über das Verfahren vor den Bezirksgerichten anzuwenden (§§ 431 ff. öZPO), es sei denn, die Klage fiele auch sonst in die sachliche Zuständigkeit eines Gerichtshofs.

III. Verfahren und Rechtsmittel

49 Beschlüsse des Gerichtes, womit das **Insolvenzverfahren eröffnet** oder der Antrag auf Insolvenzeröffnung **abgewiesen** wird, können gem. § 71c IO von allen Personen, deren Rechte dadurch berührt werden, sowie von den bevorrechteten Gläubigerschutzverbänden mit **Rekurs** angefochten werden. Rechtsmittel gegen Beschlüsse, womit das Insolvenzverfahren eröffnet wird, haben **keine aufschiebende** Wirkung.

50 Die Entscheidungen im Insolvenzverfahren werden generell in Form von Beschlüssen getroffen. Das **Rechtsmittel** gegen Beschlüsse ist der **Rekurs**. Dieser ist in § 260 IO geregelt. Soweit die IO nichts anderes anordnet, ist § 521a öZPO subsidiär anwendbar. Die Rekursfrist beträgt 14 Tage. In Rekursen können neue Tatsachen, soweit sie bereits zur Zeit der Beschlussfassung in erster Instanz entstanden waren, und neue Beweismittel angeführt werden. Das Gericht kann einem Rekurs außer in den in § 522 öZPO bezeichneten Fällen selbst stattgeben, wenn die Verfügung oder Entscheidung ohne Nachteil eines Beteiligten geändert werden kann. Die Rekursentscheidung ist öffentlich bekannt zu machen, wenn die Entscheidung des Insolvenzgerichts

Internationales Insolvenzrecht – Österreich

öffentlich bekannt zu machen war und nicht zur Gänze bestätigt worden ist. Ist das Rekursverfahren mehrseitig, so ist die Rekursschrift dem Schuldner und dem Insolvenzverwalter durch das Insolvenzgericht zuzustellen. Das Einlangen des Rekurses ist in der Insolvenzdatei öffentlich bekanntzumachen. Die Rekursgegner können binnen 14 Tagen ab der Bekanntmachung beim Insolvenzgericht eine Rekursbeantwortung einbringen.

Die in der IO bestimmten **Fristen** sind **unerstreckbar** (§ 259 Abs. 1 IO). Anträge, Erklärungen und Einwendungen, zu deren Anbringung eine Tagsatzung bestimmt ist, können von den nicht erschienenen, gehörig geladenen Personen nachträglich nicht mehr vorgebracht werden. Das Gericht kann jeden Beteiligten unter Setzung einer angemessenen Frist zur Äußerung über einen Antrag auffordern und im Fall der Nichtäußerung annehmen, dass der Beteiligte diesem keine Einwendungen entgegensetzt. Die Aufforderung hat einen Hinweis auf diese Rechtsfolge zu enthalten. Eine **Wiedereinsetzung in den vorigen Stand** findet weder gegen die Versäumung einer Tagsatzung noch gegen die Versäumung einer Frist statt (§ 259 Abs. 4 IO). 51

Gemäß § 2 Abs. 1 IO treten die Rechtswirkungen der Insolvenzeröffnung mit **Beginn des Tages** ein, welcher der öffentlichen **Bekanntmachung** des Inhalts des Insolvenzedikts **folgt**. 52

Gemäß § 74 IO iVm § 255 IO ist die Insolvenzeröffnung durch Einschaltung in die **Insolvenzdatei öffentlich bekanntzumachen**. Dabei ist das Verfahren ausdrücklich entweder als Konkursverfahren oder als Sanierungsverfahren zu bezeichnen. 53

Ausfertigungen des Ediktes sind insbesondere jedem bekannten Insolvenzgläubiger, jedem im Unternehmen errichteten Organ der Belegschaft, der für den Gemeinschuldner und seine Arbeitnehmer zuständigen gesetzlichen Interessenvertretung sowie auf die nach den zur Verfügung stehenden technischen Mitteln schnellste Art der Oesterreichischen Nationalbank, wenn das Insolvenzverfahren vom Gerichtshof erster Instanz eröffnet wurde, zuzustellen (§ 75 IO). § 76 IO sieht **Anhörungs- und Äußerungsrechte** der gesetzlichen Interessenvertretungen, des Bundesamts für Soziales und Behindertenwesen sowie der Landesgeschäftsstelle des Arbeitsmarktservice vor. Das Insolvenzgericht hat gem. §§ 77, 77a IO zu veranlassen, dass die Insolvenzeröffnung im **Grundbuch** und sonstigen Registern unter Ersichtlichmachung des Tages der Insolvenzeröffnung angemerkt wird und für entsprechende Eintragungen und Löschungen im **Firmenbuch** zu sorgen. 54

Zugleich mit der Insolvenzeröffnung hat das Insolvenzgericht alle Maßnahmen zu treffen, die zur **Sicherung der Masse** und zur **Fortführung eines Unternehmens** dienlich sind (§ 78 IO), wie etwa die Verhängung einer Postsperre sowie einer Sperre von Konten, Depots, Bankguthaben und Schrankfächern, die Benachrichtigung jener Flugplätze, Bahnhöfe und Schiffsstationen, die nach Lage der Wohnung und der Betriebsstätte in Betracht kommen oder die Verständigung der vorgesetzten Dienstbehörde (Näheres bei BPB/Schumacher, KO § 78 Rn. 1 ff. mwN). 55

IV. Verfahrenskosten und Folgen bei fehlender Deckung

Vorhandensein kostendeckenden Vermögens stellt gem. § 71 IO eine **Voraussetzung** für die Insolvenzeröffnung dar. Solches liegt vor, wenn das Vermögen des Schuldners zumindest ausreicht, um die Anlaufkosten des Insolvenzverfahrens zu decken. Das Vermögen muss **weder sofort noch ohne Aufwand verwertbar** sein. Ausweislich der Materialien sind unter den **Anlaufkosten** jene Verfahrenskosten zu verstehen, die bis zur Berichtstagsatzung auflaufen (ErläutRV 734 BlgNR. 20. GP 41; ähnlich Senoner 85 ff.; restriktiver BPB/Schumacher, KO II/2 § 71 Rn. 5 ff.; Kodek, Handbuch Privatkonkurs, 2. Aufl. 2015, Rn. 65). 56

Fehlt es an einem die Kosten voraussichtlich deckenden Vermögen, so ist das Insolvenzverfahren dennoch zu eröffnen, wenn der **Antragsteller** auf beschlussmäßige Anordnung des Gerichts innerhalb einer bestimmten Frist einen von diesem zu bestimmenden Betrag vorschussweise erlegt. Einen **Kostenvorschuss** kann das Gericht auch dann fordern, wenn das Vermögen in einem Anfechtungsanspruch oder sonstigen Ansprüchen und Forderungen besteht (§ 71a Abs. 1 IS IO). 57

Fehlt es bei einer **juristischen Person** an einem kostendeckenden Vermögen (für natürliche Personen, vgl. §§ 183 ff. IO), so ist gem. § 72 IO das Insolvenzverfahren auch dann zu eröffnen, wenn die organschaftlichen Vertreter dieser juristischen Person einen Betrag zur Deckung der Kosten vorschussweise erlegen oder feststeht, dass die organschaftlichen Vertreter über Vermögen verfügen, das zur Deckung der Kosten ausreicht. Die **organschaftlichen Vertreter einer juristischen Person** sind zur Leistung eines Kostenvorschusses für die Anlaufkosten, höchstens jedoch zu 4.000 Euro, zur ungeteilten Hand verpflichtet (§ 72a Abs. 1 IO). Selbiges gilt auch für sämtliche Personen – abgesehen vom Notgeschäftsführer –, die innerhalb der letzten drei Monate vor der Einbringung des Insolvenzantrags organschaftliche Vertreter des Schuldners waren (§ 72a Abs. 2 IO). Neben den organschaftlichen Vertretern ist auch ein **Gesellschafter**, dessen Anteil an der 58

Internationales Insolvenzrecht – Österreich

Gesellschaft mehr als 50 % beträgt, zur Leistung eines Kostenvorschusses verpflichtet. Die §§ 72 bis 72c gelten für diesen Gesellschafter entsprechend (§ 72d IO).

59 Sowohl der organschaftliche Vertreter (§ 72c IO) als auch ein sonstiger einen Kostenvorschuss erlegender Antragsteller (§ 71a Abs. 3 IO) kann den rechtzeitig als Kostenvorschuss geleisteten Betrag nur als **Masseforderung** geltend machen (vgl. auch § 47 Abs. 2 Nr. 3 und Nr. 6 IO). § 71a IO regelt den **Rückgriff auf zur Insolvenzantragstellung verpflichtete Personen.** Wer einen Kostenvorschuss geleistet hat, kann diesen Betrag von jeder Person verlangen, die nach § 69 IO zur Stellung eines Insolvenzantrags verpflichtet war und dies schuldhaft unterlassen hat.

60 Wenn der **Vorschuss nicht rechtzeitig erlegt** wird, ist der Antrag mangels kostendeckenden Vermögens gem. § 71b IO abzuweisen; darauf ist der Antragsteller zugleich mit der Anordnung aufmerksam zu machen (§ 71a Abs. 2 IO). Wird die Insolvenz **mangels kostendeckenden Vermögens nicht eröffnet,** so ist dies in den Beschluss aufzunehmen. Der Beschluss ist öffentlich bekannt zu machen. In einem innerhalb von sechs Monaten danach eingebrachten Insolvenzantrag hat der Antragsteller zu bescheinigen, dass nunmehr Vermögen vorhanden ist oder sich bereit zu erklären, einen Kostenvorschuss nach § 71a IO zu erlegen. Der Schuldner hat auf Antrag eines Gläubigers ein Vermögensverzeichnis vorzulegen und vor Gericht zu unterfertigen (§§ 100, 101a, 101 IO). Kommt hierbei Vermögen zum Vorschein, so kann ungeachtet des Vorstehenden die Insolvenzeröffnung neuerlich beantragt werden.

61 Für die Insolvenz **natürlicher Personen** trifft § 183 IO folgende Regelung: Wenn es an einem zur **Deckung der Kosten des Insolvenzverfahrens** voraussichtlich **hinreichenden Vermögen fehlt,** ist der Antrag auf Eröffnung eines Insolvenzverfahrens aus diesem Grund nicht abzuweisen, wenn der Schuldner (1) ein genaues Vermögensverzeichnis vorlegt, das Vermögensverzeichnis eigenhändig unterschrieben hat und sich zugleich bereit erklärt, vor dem Insolvenzgericht zu unterfertigen, dass seine Angaben über den Aktiv- und Passivstand vollständig sind und dass er von seinem Vermögen nichts verschwiegen hat, (2) einen zulässigen Zahlungsplan vorlegt, dessen Annahme beantragt und bescheinigt, dass er den Zahlungsplan erfüllen wird, und (3) bescheinigt, dass seine Einkünfte die Kosten des Verfahrens voraussichtlich decken werden.

61a Wenn es nach öffentlicher Bekanntmachung der offenkundigen Zahlungsunfähigkeit an einem zur **Deckung der Kosten** des Schuldenregulierungsverfahrens voraussichtlich **hinreichenden Vermögen fehlt,** ist der Antrag eines Gläubigers auf Eröffnung des Verfahrens aus diesem Grund nicht abzuweisen (§ 183a IO).

61b § 71 IO ist im Schuldenregulierungsverfahren nur anzuwenden, wenn die Voraussetzungen zur Entziehung der Eigenverwaltung vorliegen (§ 183b IO).

V. Verfahrensöffentlichkeit, Akteneinsicht und Verfahrensgrundsätze

62 Das Insolvenzverfahren – inklusive Gläubigerversammlungen und Gläubigerausschusssitzungen – ist **nicht öffentlich;** dies gilt auch, wo eine mündliche Verhandlung stattfindet (§ 254 Abs. 3 IO, § 59 EO (Rechberger/Thurner Rn. 47)). Öffentliche Bekanntmachungen, zB Insolvenzeröffnungen und Insolvenzaufhebungen sowie Verständigungen erfolgen – soweit die IO nicht explizit Individualzustellung (zB §§ 70 Abs. 2, 75 IO) oder Verständigung durch Umlaufschreiben (§ 257 IO) vorsieht – durch **Einschaltung in die Insolvenzdatei** (§§ 255 f. IO). Diese ist von jedermann online unter www.edikte.justiz.gv.at gebührenfrei abrufbar (zu den Wirkungen und der Suchmaske Duursma/Duursma-Kepplinger ZInsO 2002, 913 ff.).

63 Gemäß § 252 IO sind für das Insolvenzverfahren, soweit die IO nichts anderes anordnet (vgl. insbesondere §§ 253 ff. IO), die JN, die öZPO und ihre Einführungsgesetze sinngemäß anzuwenden. Hervorzuheben ist insbes, dass die Grundsätze der Mündlichkeit und Unmittelbarkeit eingeschränkt sind (§ 254 Abs. 4 und 5 IO). Anders als im Zivilprozess gilt für die Stoffsammlung ein abgeschwächter Untersuchungsgrundsatz (§ 254 Abs. 5 IO); ansonsten kommt in weitgehendem Maße die Dispositionsmaxime zum Tragen. § 254 Abs. 2 IO der Gewährleistung der Verfahrenskonzentration (zu den Verfahrensgrundsätzen s. auch Rechberger/Thurner Rn. 41 ff.). Es gilt das Prinzip des **rechtlichen Gehörs.** Dieses erfährt zum Teil eine ausdrückliche Regelung (zB §§ 70 Abs. 2, 105, 121 Abs. 3, 122, 130 Abs. 1, 145 Abs. 2 IO). Explizite Aussagen zur **Aktensicht** enthalten insbesondere § 104 Abs. 5 IO und § 108 Abs. 2 IO, wonach die Beteiligten in die Anmeldungen und deren Beilagen Einsicht nehmen können bzw. das Anmeldungsverzeichnis als Bestandteil des bei der Prüfungstagsatzung aufzunehmenden Protokolls gilt, von welchem die Gläubiger beglaubigte Auszüge verlangen können. Gläubiger können sich im Verfahren durch die bevorrechteten Gläubigerschutzverbände (Kreditschutzverband von 1870 – KSV, Alpenländische Kreditorenverband – AKV; Österreichischer Verband Creditreform – ÖVC) vertreten lassen (§ 266

Internationales Insolvenzrecht – Österreich

IO). Schuldner können sich im Schuldenregulierungsverfahren durch eine anerkannte **Schuldenberatungsstelle vertreten** lassen (§ 267 IO).

VI. Anerkennung des Verfahrens im Ausland

Außerhalb des Anwendungsbereichs der EuInsVO gelten für grenzüberschreitende Insolvenzen die Bestimmungen des österreichischen Internationalen Insolvenzrechts (IIR). Diese sind stark an die Vorschriften der EuInsVO angelehnt. Zumal eine Anerkennung des österreichischen Verfahrens letztlich vom IIR des anderen Staates abhängt, gehen die Bestimmungen des österreichischen IIR im Einzelfall etwas weiter als die Regelungen der EuInsVO, soweit es die Eröffnung eines Verfahrens über das Vermögen eines ausländischen Rechtsträgers im Inland betrifft (zB Gerichtsstand des Vermögens). 64

Die Wirkungen eines in Österreich eröffneten Insolvenzverfahrens erstrecken sich gem. § 237 Abs. 1 IO auch **auf im Ausland gelegenes Vermögen,** es sei denn, der Mittelpunkt der hauptsächlichen Interessen des Schuldners liegt in einem anderen Staat, in diesem Staat wurde ein Insolvenzverfahren eröffnet und in dieses Insolvenzverfahren ist das Auslandsvermögen einbezogen. 65

Der Schuldner ist verpflichtet, in Abstimmung mit dem Insolvenzverwalter an der Verwertung ausländischen Vermögens, auf das sich die Wirkungen des Insolvenzverfahrens erstrecken, mitzuwirken. § 101 IO ist anzuwenden. 66

Erlangt ein Gläubiger nach Eröffnung des Insolvenzverfahrens durch Verwertung von im Ausland gelegenem Vermögen Befriedigung, so hat er vorbehaltlich der §§ 222 und 224 IO das Erlangte abzüglich seiner zur zweckentsprechenden Rechtsverfolgung notwendigen Aufwendungen an die Insolvenzmasse herauszugeben. 67

Gemäß § 238 IO kann der Insolvenzverwalter Personen bestellen, die ihn bei der Abwicklung des Insolvenzverfahrens im Ausland vertreten. 68

VII. Verfahrensbeendigung (Insolvenzaufhebung)

Die Insolvenzaufhebung erfolgt durch **Beschluss des Insolvenzgerichts** (vgl. § 59 Hs. 1 IO). Die Beendigung der Wirkungen der Insolvenzeröffnung ist gem. § 79 Abs. 2 IO den Behörden und Stellen mitzuteilen, die nach §§ 75 und 78 IO von der Insolvenzeröffnung benachrichtigt worden sind. Gleichzeitig ist zu veranlassen, dass die gem. § 77 IO vollzogenen Anmerkungen der Insolvenzeröffnung und die Eintragung in die Insolvenzdatei gelöscht und alle die freie Verfügung des Schuldners beschränkenden Maßnahmen aufgehoben werden (§ 79 Abs. 3 IO). Nach Rechtskraft des Insolvenzaufhebungsbeschlusses ist er in der **Insolvenzdatei** bekannt zu machen (Rechberger/Thurner Rn. 263). 69

Die IO kennt folgende Insolvenzaufhebungsgründe: 70
- Aufhebung gem. § 79 Abs. 1 IO wegen **Abänderung des Insolvenzeröffnungsbeschlusses** infolge rekursgerichtlicher Ablehnung des Insolvenzeröffnungsantrags (= **Abweisung des Insolvenzeröffnungsantrags**)
- Aufhebung gem. § 124a Abs. 3 iVm § 79 IO wegen **Vollzugs der Verteilung an die Massegläubiger** bei Masseunzulänglichkeit
- Aufhebung gem. § 139 iVm § 79 IO wegen **Vollzugs der Schlussverteilung**
- Aufhebung gem. § 152b iVm § 79 IO wegen **bestätigten Sanierungsplans**
- Aufhebung gem. § 123a iVm § 79 IO wegen **mangelnder Kostendeckung**
- Aufhebung gem. § 123b iVm § 79 IO wegen Einverständnis bzw. Sicherstellung oder Befriedigung der Gläubiger
- Aufhebung gem. § 196 Abs. 1 IO wegen **Bestätigung des Zahlungsplans** (nur in der „Insolvenz natürlicher Personen")
- Aufhebung gem. § 200 Abs. 4 iVm § 79 IO wegen **Einleitung des Abschöpfungsverfahrens** (nur in der „Insolvenz natürlicher Personen")

Die Insolvenzaufhebung gem. § 123b IO kann durch **Erlag eines Kostenvorschusses** (§ 71 IO) analog § 71a IO abgewendet werden. Er steht insoweit in einem Konnex zur Insolvenzabweisung mangels kostendeckenden Vermögens iSv § 71b IO. Eine Insolvenzaufhebung nach § 123a IO setzt stets einen **Antrag** des Schuldners voraus; das Einverständnis der Gläubiger allein reicht hierfür nicht aus (Konecny/Schubert/Senoner KO/IO § 167 Rn. 10). Sie ist zudem erst möglich, wenn nach Ablauf der Anmeldungsfrist alle teilnehmenden Insolvenzgläubiger sowie sämtliche Massegläubiger zugestimmt haben bzw. befriedigt oder sichergestellt worden sind. 71

Gemäß § 59 IO tritt der Gemeinschuldner durch den rechtskräftigen Beschluss des Insolvenzgerichtes – im Fall des § 79 Abs. 1 IO erfüllt diese Wirkung der rekursgerichtliche Abänderungsbeschluss (BPB/Schumacher KO § 79 Rn. 6) –, dass das Insolvenzverfahren aufgehoben wird, wieder 72

Internationales Insolvenzrecht – Österreich

in das Recht, über sein Vermögen frei zu verfügen; **Verfügungsverbot** (§ 3 IO) sowie **Prozess- und Exekutionssperre** (§§ 6 Abs. 1, 10 Abs. 1 IO) sind **aufgehoben**. Die mit der Anmeldung im Insolvenzverfahren unterbrochene Verjährung von Insolvenzforderungen beginnt gem. § 9 Abs. 1 IO neu zu laufen. Die gem. § 12 Abs. 1 IO bzw. § 12b IO erloschenen Pfändungspfandrechte sowie Sicherheiten für Forderungen aus Eigenkapital ersetzenden Leistungen leben nur im Fall einer Insolvenzaufhebung nach § 123a IO wieder auf. Erloschene Aus- und Absonderungsrechte an Einkünften aus einem Arbeitsverhältnis iSv § 12a IO leben in den Fällen der Insolvenzaufhebung nach §§ 139, 123a, 123b IO, bei Wiederaufleben der gesicherten Forderung und bei vorzeitiger Einstellung des Abschöpfungsverfahrens sowie bei nicht erteilter oder widerrufener Restschuldbefreiung wieder auf.

73 Die Insolvenzaufhebung gem. § 139 IO nach Verteilung des Vermögens kann als Regelfall eines Konkursverfahrens betrachtet werden. Eine solche Verfahrensbeendigung führt zu keinem Schuldenschnitt. Vielmehr unterliegen die im Verfahren festgestellten und vom Schuldner nicht bestrittenen Forderungen nunmehr wie Judikatschulden der dreißigjährigen Verjährungsfrist. Mit dem Auszug aus dem Anmeldeverzeichnis kann gegen den Schuldner Exekution geführt werden, sofern er wieder zu Vermögen kommt. In der Praxis spielt dies eine geringe Rolle. Natürlichen Personen kommen regelmäßig die Entschuldungsinstrumente der Privatinsolvenz (Zahlungsplan, Restschuldbefreiung nach Durchführung eines Abschöpfungsverfahrens) zu Gute. Juristische Personen werden nach einer Insolvenzaufhebung gem. § 139 IO im Regelfall wegen Vermögenslosigkeit gelöscht.

74 Die Insolvenzaufhebung gem. § 152b IO nach bestätigtem Sanierungsplan stellt den Fall einer Aufhebung nach Sanierung des Schuldners dar. Damit der endgültige Schulderlass eintritt, muss der von den Gläubigern angenommene und dem Insolvenzgericht bestätigte Sanierungsplan vom Schuldner erfüllt werden. Etwa ein Drittel aller Insolvenzverfahren werden aufgrund eines bestätigten Sanierungsplans aufgehoben. Der Sanierungsplan entfaltet dieselben Wirkungen, egal ob er in einem Sanierungsverfahren oder im Zuge eines Konkursverfahrens angenommen wurde. Er führt zur Teilenthaftung des Schuldners. Der die Sanierungsplanquote übersteigende Forderungsrest stellt eine bloße Naturalobligation dar, die zwar vom Schuldner erfüllt, von den Gläubigern jedoch nicht exekutiv durchsetzbar ist.

75 Zu beachten ist, dass Massegläubiger, die ausnahmsweise im Insolvenzverfahren nicht voll befriedigt wurden, in den Fällen der „sanierenden" bzw. „teilentschuldenden" Insolvenzaufhebungsgründe gem. § 152b IO und §§ 196 Abs. 1, 200 Abs. 4 IO ein unbeschränktes Nachforderungsrecht haben. Bei den nicht sanierenden Verfahrensaufhebungsarten gilt dies nur für jene Masseforderungen, die schon vor Insolvenzeröffnung dem Grunde nach vom Schuldner begründet wurden; ansonsten haftet dieser nur in Höhe des Wertes des bei Insolvenzaufhebung ausgefolgten Vermögens weiter.

VIII. Anerkennung ausländischer Verfahren

76 Mit dem IIRG 2003 wurde das österreichische Internationale Insolvenzrecht einer Neuregelung zugeführt; diese Bestimmungen „ergänzen" die EuInsVO und gelten im Verhältnis zu Drittstaaten (§§ 217 f., 221 ff. IO). Die **Anerkennung ausländischer Insolvenzverfahren** richtet sich außerhalb des Anwendungsbereichs der Art. 16, 17 EuInsVO nach § 240 IO.

77 Danach **werden** ausländische Insolvenzverfahren samt ihrer Wirkungen **anerkannt,** wenn der COMI (center of main interests) in diesem Staat liegt, das Insolvenzverfahren in seinen Grundzügen dem österreichischen vergleichbar ist und wenn österreichische Gläubiger wie Gläubiger des Staates der Verfahrenseröffnung behandelt werden. Die **Anerkennung unterbleibt,** wenn in Österreich ein Insolvenzverfahren eröffnet worden ist oder einstweilige Vorkehrungen angeordnet worden sind oder die Anerkennung dem nationalen ordre public offensichtlich widerspricht.

78 Die **Bewilligung der Exekution** aufgrund von Akten und Urkunden, die zur Durchführung des Insolvenzverfahrens erforderlich, im anderen Staat vollstreckbar und nach den vorstehenden Grundsätzen in Österreich anzuerkennen sind, setzt voraus, dass sie für Österreich in einem Verfahren nach §§ 409–416 EO für vollstreckbar erklärt wurden. Für andere Akte und Urkunden richtet sich die Bewilligung der Exekution nach §§ 406 ff. EO.

79 Ein ausländisches Insolvenzverfahren steht der Eröffnung und **Durchführung eines österreichischen Insolvenzverfahrens** nicht entgegen.

80 Ausländische Insolvenzverwalter und deren Vertreter dürfen im Fall der Anerkennung des ausländischen Verfahrens in Österreich alle Befugnisse ausüben, die ihnen in dem Staat, in dem das Insolvenzverfahren eröffnet wurde, zustehen (§ 241 Abs. 1 IO). Bei der Ausübung ihrer Befugnisse haben sie das österreichische Recht zu beachten, insbesondere hinsichtlich der Art und Weise der

Internationales Insolvenzrecht – Österreich

Verwertung von Vermögenswerten und der Unterrichtung der Arbeitnehmer. Die Befugnisse umfassen nicht die Anwendung von Zwangsmitteln oder das Recht, über Rechtsstreitigkeiten oder andere Auseinandersetzungen zu befinden.

§ 242 IO legt dem ausländischen Verwalter bzw. der nach dem ausländischen Insolvenzrecht 81 zuständigen Stelle die Pflicht auf, für entsprechende **Bekanntmachungen** und Registereintragungen im Inland zu sorgen.

Des weiteren enthält die IO in §§ 221 ff. IO Bestimmungen über das **anwendbare Recht** 82 (Grundnorm, Ausnahmen: dingliche Rechte, die Aufrechnung, die Anfechtung, den Eigentumsvorbehalt, Arbeitsverträge etc), die sich stark am Regelwerk der EuInsVO orientieren.

D. Materielles Insolvenzrecht

I. Anwendungsbereich

1. Insolvenzgründe

a) Allgemeines. Gemäß §§ 66, 67 IO bilden **Zahlungsunfähigkeit** und **Überschuldung** 83 **Insolvenzeröffnungsgründe.** Liegen diese vor, spricht man von materieller Insolvenz. Bei Zahlungsunfähigkeit und/oder Überschuldung trifft den Schuldner die Insolvenzantragspflicht (Konkursverfahren oder Sanierungsverfahren). Die Gläubiger haben ein Insolvenzantragsrecht (nur Konkursverfahren).

Daneben kennt die IO noch die **drohende Zahlungsunfähigkeit.** Diese löst noch keine 84 Insolvenzantragspflicht des Schuldners und auch kein Insolvenzantragsrecht der Gläubiger aus. Sie berechtigt den Schuldner jedoch, ein Sanierungsverfahren mit oder ohne Eigenverwaltung zu beantragen. Drohende Zahlungsunfähigkeit stellt somit neben Überschuldung und Zahlungsunfähigkeit einen Grund für die Beantragung eines Sanierungsverfahrens dar.

Auf eine Legaldefinition der Insolvenzeröffnungsgründe wurde bei Einführung der KO im Jahr 85 1914 sowie im Zuge der späteren Novellierungen, so auch bei Erlassung der IO bewusst verzichtet, zumal man einen Verlust an Elastizität im Bereich der Auslegung befürchtete (Denkschrift zur Einführung einer Konkursordnung, einer Ausgleichsordnung und einer Anfechtungsordnung, 1914, 64; ErläutRV 3 BlgNR. 15. GP 49).

Während Zahlungsunfähigkeit einen **allgemeinen** Insolvenzgrund bildet, stellt die Überschul- 86 dung einen **besonderen Insolvenzgrund** für juristische Personen, Verlassenschaften und verdeckte Kapitalgesellschaften dar (BPB/Schumacher KO II/2 § 67 Rn. 4 ff., 7; Konecny/Schubert/Dellinger KO/IO § 67 Rn. 5, 8 ff., 59; Konecny/Karollus, Insolvenz-Forum 2006, 53 (57 ff.); Dellinger/Dellinger/Grabuschnig, Kommentar zum Genossenschaftsgesetz mit Nebengesetzen, 2005, GenKV §§ 1 ff. passim, insbesondere § 1 Rn. 16; DDR/Duursma Rn. 1663 ff.). Unter verdeckten Kapitalgesellschaften versteht man eingetragene Personengesellschaften, bei denen keiner der unbeschränkt haftenden Gesellschafter eine natürliche Person ist (§ 67 Abs. 1 IO).

b) Zahlungsunfähigkeit. Der Schuldner ist **zahlungsunfähig** iSd § 66 IO, wenn er objektiv 87 generell mangels parater Zahlungsmittel nicht in der Lage ist, seine fälligen Schulden zu bezahlen, und sich die erforderlichen Zahlungsmittel voraussichtlich auch nicht alsbald verschaffen kann (s. Konecny/Schubert/Dellinger KO/IO § 66 Rn. 3 mwN; BPB/Schumacher KO II/2 § 66 Rn. 9; DDR/Duursma-Kepplinger Rn. 2083; Bartsch/Heil, Grundriss des Insolvenzrechts, 1983, Rn. 15; OGH EvBl 1982/164; EvBl 1983/151; ÖBA 1987, 340; SZ 60/207; SZ 63/124; SZ 64/25; 3 Ob 99/10w; 8 Ob 118/11b; 2 Ob 117/12p; 9 ObA 138/12b; 8 Ob 5/19x; 8 Ob 17/20p). Nach manchen Entscheidungen liegt Zahlungsunfähigkeit iSd § 66 IO vor, wenn der Schuldner mehr als 5 % aller fälligen Schulden nicht begleichen kann (OGH 3 Ob 99/10w; 2 Ob 117/12p). Symptome der Zahlungsunfähigkeit sind zB Nichtleistung nach Verurteilung in mehreren Verfahren, nach fruchtlosen Mahnungen, ergebnislosen Exekutionen, sowie Tilgung immer nur der dringlichsten Verbindlichkeiten. Zahlungsunfähigkeit ist auch dann anzunehmen, wenn nicht nur eine zeitlich befristete Zahlungsstockung oder die Zurückhaltung einzelner Schulden aus einem bestimmten Grund vorliegt, sondern der Schuldner in Wahrheit nicht in der Lage ist, seine Verbindlichkeiten grundsätzlich seinen Verpflichtungen entsprechend regelmäßig zu befriedigen. Von Zahlungsfähigkeit darf ein Zahlungsempfänger ausgehen, wenn der Schuldner 95 % oder mehr aller fälligen Schulden begleichen kann (OGH 3 Ob 99/10w; 2 Ob 117/12p). Fallweise oder punktuelle Befriedigung nach der Methode „Loch auf, Loch zu" können nicht die Annahme der Zahlungsunfähigkeit verhindern (OGH ÖBA 1989, 922). Bloße Zahlungsunwilligkeit begründet noch keine Zahlungsunfähigkeit, zumal zu ihrer Überwindung regelmäßig das Exekutionsverfahren hinreicht (für viele Konecny/Schubert/Dellinger KO/IO § 66 Rn. 15 mN; Forstinger,

Internationales Insolvenzrecht – Österreich

Finanzwirtschaftliche Sanierungsmaßnahmen von der latenten beherrschbaren Krise bis hin zur Insolvenz, 1999, 97). Zahlungsunfähigkeit stellt sich nach herrschender – und durch Normierung der drohenden Zahlungsunfähigkeit als bloßen Ausgleichsgrund im Zuge des IRÄG 1997 legistisch bestätigter – Ansicht **zeitpunktbezogen** dar (Konecny/Schubert/Dellinger KO/IO § 66 Rn. 19 ff.; BPB/Schumacher KO II/2 § 66 Rn. 9, 18; DDR/Duursma-Kepplinger Rn. 2083; OGH SZ 38/61; SZ 40/146; SZ 45/57; SZ 61/124; SZ 63/124; ZIK 2001, 270). Es geht in diesem Zusammenhang um das akute Unvermögen des Schuldners, alle im Moment fälligen Verbindlichkeiten zu bezahlen (vgl. nur BPB/Schumacher KO II/2 § 66 KO 9, 18; Konecny/Schubert/Dellinger KO/IO § 66 Rn. 19, 21; DDR/Duursma-Kepplinger Rn. 2083).

88   Bei der Zahlungsunfähigkeitsprüfung sind nur **Geldschulden** anzusetzen, nicht indessen Sach-, Werk- oder Dienstleistungen, Herausgabepflichten und dergleichen (HA; Petschek/Reimer/Schiemer 30; Sprung/Schumacher JBl 1978, 132; Chalupsky/Ennöckl/Holzapfel, Handbuch des österreichischen Insolvenzrechts, 1986, 12; Konecny/Schubert/Dellinger KO/IO § 66 Rn. 8; DDR/Duursma-Kepplinger Rn. 2083). Unter bereiten oder liquiden Mitteln versteht man vor allem Bargeld, Giralgeld, offene Kreditlinien sowie bestimmte Wertpapiere, zB von Dritten akzeptierte oder sonst unterfertigte Wechsel, die von den Gläubigern üblicherweise zahlungshalber entgegengenommen werden (Konecny/Schubert/Dellinger KO/IO § 66 Rn. 9; BPB/Schumacher KO II/2 § 66 Rn. 43 f.). Ferner wird auch **leicht verwertbares Vermögen,** wie etwa fällige und einbringliche Forderungen, Sparguthaben, Kapitalmarktpapiere, Edelmetalle, etc den bereiten Mitteln zugerechnet (Sprung JBl 1969, 237 (245 Fn. 67); Konecny/Schubert/Dellinger KO/IO § 66 Rn. 9; BPB/Schumacher KO II/2 § 66 Rn. 27; OGH EvBl 1976/145; ÖBA 1989, 922; 8 Ob 23/95). Vermögenswerte, die sich nicht rasch genug versilbern lassen, um die fälligen Verbindlichkeiten pünktlich oder doch zumindest innerhalb der jeweils verkehrsüblichen Zuwartefristen zu begleichen, vermögen eine Zahlungsunfähigkeit hingegen nicht auszuschließen (Konecny/Schubert/Dellinger KO/IO § 66 Rn. 10; DDR/Duursma-Kepplinger Rn. 2083; BPB/Schumacher KO II/2 § 66 Rn. 55 ff.; OGH EvBl 1976/145). Es entspricht der hM, dass prozessverfangene Verbindlichkeiten bei der Zahlungsunfähigkeitsprüfung nicht zu berücksichtigen sind (vgl. BPB/Schumacher KO II/2 § 66 Rn. 22). Dies wird damit begründet, dass diese Forderungen eben infolge deren Strittigkeit vorerst nicht zu bezahlen sind.

89   Von einer bloßen, die Insolvenzantragspflicht noch nicht auslösenden, **Zahlungsstockung** ist dann auszugehen, wenn der Schuldner mit hoher Wahrscheinlichkeit in der Lage sein wird, sich die nötigen Zahlungsmittel alsbald zu verschaffen, um erstens in angemessener Frist von längstens sechs Wochen bis drei Monaten zu einer pünktlichen Zahlungsweise zurückzukehren und zweitens sämtliche fälligen und alle während dieser Frist fällig werdenden Verbindlichkeiten wenigstens innerhalb der jeweiligen verkehrsüblichen Zuwartefristen zu zahlen (Konecny/Schubert/Dellinger KO/IO § 66 Rn. 41 ff. mwN, Rn. 62; BPB/Schumacher KO II/2 § 66 Rn. 21 ff.; DDR/Duursma-Kepplinger Rn. 2085; SZ 2011/2). Im Rahmen der Prüfung, ob sich der Schuldner die nötigen Zahlungsmittel innerhalb der jeweiligen verkehrsüblichen Zuwartefristen beschaffen kann und innerhalb einer angemessenen Frist eine Rückkehr zur pünktlichen Zahlungsweise zu erwarten steht, gilt es eine den Verhältnissen des Schuldners angepasste kurzfristige Finanzplanung (Liquiditätsplanung) zu erstellen (Konecny/Schubert/Dellinger KO/IO § 66 Rn. 10, 41 ff., insbesondere Rn. 52 f., 62; BPB/Schumacher KO II/2 § 66 Rn. 21 ff., 25; DDR/Duursma-Kepplinger Rn. 2085; Chalupsky/Ennöckl/Holzapfel, Handbuch des österreichischen Insolvenzrechts, 1986, 13 ff.). Im Rahmen derer ist die Summe der im Planungszeitraum beschaffbaren Mittel mit der Summe der im selben Zeitraum erforderlichen Auszahlungen in Relation zu setzen (Chalupsky/Ennöckl/Holzapfel, Handbuch des österreichischen Insolvenzrechts, 1986, 15; Konecny/Schubert/Dellinger KO/IO § 66 Rn. 52; Duursma-Kepplinger Haftungsordnung IV 82 f.). Insoweit tritt bei der Beurteilung der Zahlungsunfähigkeit doch ein Prognoseelement hinzu, innerhalb dessen es nur auf die akut fälligen Verbindlichkeiten ankommt.

90   c) **Drohende Zahlungsunfähigkeit.** Auch die **drohende Zahlungsunfähigkeit** umschreibt ein Liquiditätsdefizit. Sie liegt dann vor, wenn der Schuldner zwar noch in der Lage ist, die momentan fälligen Geldschulden zu begleichen, nicht aber jene erst fällig werdenden Verbindlichkeiten, für die er bei ordnungsgemäßer Wirtschaftsführung schon jetzt Vorsorge zu treffen hat (ErläutRV 734 BlgNR. 20. GP 52; BPB/Schumacher KO II/2 § 66 Rn. 79; Feldbauer-Durstmüller/Schlager/Buchegger 953, 971; Duursma-Kepplinger Haftungsordnung IV 85 ff.). Drohende Zahlungsunfähigkeit bildet einen **Prognosetatbestand,** der anhand von Finanzplänen zu beurteilen ist (BPB/Schumacher KO II/2 § 66 Rn. 79; Duursma-Kepplinger Haftungsordnung IV 87). Im Gegensatz zur Fortbestehensprognose bei der Überschuldungsprüfung sind in die drohende Zahlungsunfähigkeitsprognose bloß jene künftig fällig werdenden Verbindlichkeiten einzubeziehen, die für den Schuldner hinsichtlich ihres Fälligkeitszeitpunkts einerseits und seine demnächst

zu erwartenden Einnahmen und Geldbeschaffungsmöglichkeiten andererseits schon im Beurteilungszeitpunkt insofern von Relevanz sind, als er bei sorgfältigem Gebaren bereits zu dieser Zeit finanziell hätte vorsorgen müssen. Zukünftige Verluste, deren Höhe im Beurteilungszeitpunkt nicht absehbar ist, bleiben außer Betracht (BPB/Schumacher KO II/2 § 66 Rn. 79).

d) Überschuldung. Überschuldung bedeutet ihrem Wesen nach **Vermögensinsuffizienz.** 91
Der besondere Insolvenzgrund der Überschuldung bezweckt, dass jene Rechtsträger, welchen es verglichen mit natürlichen Personen an einer natürlichen Ertragskraft fehlt, mit der Insolvenzantragstellung nicht so lange zuzuwarten, bis das gesamte Aktivvermögen jeweils zur Befriedigung der gerade fälligen Forderungen verbraucht ist und letztlich Zahlungsunfähigkeit eintritt (näher zu den Zusammenhängen der Rechtsform und der Überschuldung als Konkurseröffnungsgrund Konecny/Karollus, Insolvenz-Forum 2006, 53 (56 ff., 60 ff.); vgl. auch Konecny/Schubert/Dellinger KO/IO § 67 Rn. 2 mN; BPB/Schumacher KO II/2 § 67 Rn. 1, 2). Bei unternehmenstragenden Schuldnern erfährt die Überschuldung jedoch aus teleologischen Aspekten heraus (Konecny/Schubert/Dellinger KO/IO § 67 Rn. 37 mwN; Dellinger, Kommentar zum Genossenschaftsgesetz samt Nebengesetzen, 2005, 34; BPB/Schumacher KO II/2 § 67 Rn. 17 ff.; Konecny/Karollus, Insolvenz-Forum, 2006 53, 60 f., 65 f.) eine gewisse Modifikation durch Einbeziehung der künftigen Ertragskraft (Für viele Konecny/Schubert/Dellinger KO/IO § 67 Rn. 1 ff.; Konecny/Karollus, Insolvenz-Forum 2006 53, 60 ff.; DDR/Duursma-Kepplinger, GesR Rn. 2088). Insofern erfolgt bei diesen keine statische, sondern eine **dynamische Überschuldungsprüfung** (Konecny/Schubert/Dellinger KO/IO § 67 Rn. 30; BPB/Schumacher, KO II/2 § 67 Rn. 17 ff., 21 ff.; Konecny/Karollus, Insolvenz-Forum 2006 53, 60 f.; DDR/Duursma-Kepplinger, GesR Rn. 2090), in welcher Berücksichtigung findet, ob der Unternehmensträger aus den Erträgen seine Zahlungspflichten voraussichtlich auch Zukunft voll erfüllen kann (Primärprognose (Konecny/Schubert/Dellinger KO/IO § 67 Rn. 90; BPB/Schumacher, KO II/2 § 67 Rn. 34 f.; Karollus/Huemer, Die Fortbestehensprognose im Rahmen der Überschuldungsprüfung, 2. Aufl. 2006, 93 ff.)) und sich zudem innerhalb eines längeren Zeitraums eine weitere positive Einwicklung im Sinne eines turn around (Sekundärprognose (Konecny/Schubert/Dellinger KO/IO § 67 Rn. 77 ff.; BPB/Schumacher, KO II/2 § 67 Rn. 40 ff.; Karollus/Huemer, Die Fortbestehensprognose im Rahmen der Überschuldungsprüfung, 2. Aufl. 2006, 81 ff., 86 ff.; Konecny/Karollus, Insolvenz-Forum 2006 53, 68 f.)) erwarten lässt (Konecny/Schubert/Dellinger KO/IO § 67 Rn. 37, 75; BPB/Schumacher, KO II/2 § 67 Rn. 21, 29 ff.; DDR/Duursma-Kepplinger, GesR Rn. 2092; Konecny/Karollus, Insolvenz-Forum 2006 53, 66).

Ein Rechtsträger ist bei kumulativem Vorliegen einer nicht positiven Fortbestehensprognose 92
und eines negativen Überschuldungsstatus insolvenzrechtlich überschuldet (Konecny/Schubert/Dellinger KO/IO § 67 Rn. 75 ff., insbesondere Rn. 77 ff., Rn. 87; BPB/Schumacher, KO II/2 § 67 Rn. 21; DDR/Duursma-Kepplinger, GesR Rn. 2089; Reich-Rohrwig, Das österreichische GmbH-Recht, 1983, Bd. I, 2. Aufl., Rn. 2/371 ff.; Konecny/Karollus, Insolvenz-Forum 2006 53, 54, 65 f.; OGH SZ 59/216; SZ 60/179; SZ 62/61; ZIK 2002/135; ZIK 2003/132; ZIK 2008/104). Gemäß der in Österreich herrschenden und durch das GIRÄG 2003 gesetzlich anerkannten (arg § 67 Abs. 3 IO) **modifizierten (neuen) zweistufigen Überschuldungsprüfung** stehen Fortbestehensprognose und Überschuldungsstatus gleichwertig nebeneinander. Die Prüfungsreihenfolge ist irrelevant (Konecny/Schubert/Dellinger KO/IO § 67 Rn. 38 mwN; Dellinger, Kommentar zum Genossenschaftsgesetz samt Nebengesetzen, 2005, 34 f.; BPB/Schumacher KO II/2 § 67 Rn. 21 ff., insbesondere 23; Konecny/Karollus, Insolvenz-Forum 2006, 53 (65); DDR/Duursma-Kepplinger Rn. 2092; OGH SZ 59/216; krit. Schummer, Das Eigenkapitalersatzrecht, 1998, 469; aA Mandl in Bertl/Mandl/Mandl/Ruppe, Insolvenz – Sanierung – Liquidation, 1998, 147, 172). Im **Überschuldungsstatus** sind stets Liquidationswerte anzusetzen, zumal dieser schließlich Auskunft geben soll, ob die Aktiven im Fall der Auflösung und Versilberung die Schulden decken (Reich-Rohrwig, Das österreichische GmbH-Recht, 1983, 659; Dellinger GesRZ 1995, 100; Konecny/Schubert/Dellinger KO/IO § 67 Rn. 36; Karollus/Huemer, Die Fortbestehensprognose im Rahmen der Überschuldungsprüfung, 2. Aufl. 2006, 66 f.; Konecny/Karollus, Insolvenz-Forum 2006, 53 (65 Fn. 65); OGH 59/216). Bei den Wertansätzen ist vom wahrscheinlichsten Verwertungsszenario auszugehen (um bei der Bewertung eine Gesamtveräußerung des Unternehmens in Ansatz bringen zu können, verlangt die hL (Chalupsky/Ennöckl/Holzapfel, Handbuch des österreichischen Insolvenzrechts, 1986, 35) eine sehr hohe Wahrscheinlichkeit; manche Autoren verlangen sogar das Vorliegen konkreten Kaufangeboten (so etwa Rabel/Mandl ecolex 1993, 28 (29)); vgl. auch BPB/Schumacher KO II/2 § 67 Rn. 75 ff.). Bei der Prüfung, ob rechnerische Überschuldung vorliegt, sind Verbindlichkeiten – auch solche aus Eigenkapital ersetzenden Leistungen – dann nicht zu berücksichtigen, wenn der Gläubiger erklärt, dass er Befriedigung erst nach Beseitigung eines negativen Eigenkapitals (§ 225 Abs. 1 UGB) oder im

Internationales Insolvenzrecht – Österreich

Fall der Liquidation nach Befriedigung aller Gläubiger begehrt und dass wegen dieser Verbindlichkeiten kein Insolvenzverfahren eröffnet zu werden braucht (§ 67 Abs. 3 IO). Nicht erforderlich ist hingegen ein genereller Verzicht auf die Insolvenzteilnahme oder der Erlass der Forderung für den Fall der Insolvenzeröffnung (Dellinger/Mohr/Mohr, Eigenkapitalersatz-Gesetz – Kurzkommentar, 2004, EKEG/KO § 67 Rn. 4, 6; Schopper/Vogt/Vogt, Praxiskommentar zum EKEG samt Nebenbestimmungen in KO und AO, 2003, KO § 67 Abs. 3 Rn. 3 ff., 6 ff.; DDR/Duursma-Kepplinger Rn. 2364 Fn. 627). Eine **Fortbestehensprognose** ist stets dann aufzustellen, wenn der Fortbestand des Unternehmens zweifelhaft erscheint und ein allenfalls bereits zuvor erstellter Überschuldungsstatus keine Schuldendeckung ausweist (BPB/Schumacher KO II/2 § 67 Rn. 26 ff.; Konecny/Schubert/Dellinger KO/IO § 67 Rn. 41; Karollus/Huemer, Die Fortbestehensprognose im Rahmen der Überschuldungsprüfung, 2. Aufl. 2006, 129 ff.; Konecny/Karollus, Insolvenz-Forum 2006, 53 (74 f.); krit. Bachner in Bachner, GmbH-Reform, 2008, 79, 83). Bei einer positiven Fortbestehensprognose braucht ein Überschuldungsstatus gar nicht mehr erstellt zu werden bzw. liegt trotz eines Überschuldung ausweisenden Status keine insolvenzrechtlich bedeutsame Überschuldung vor. Fällt die Fortbestehensprognose dagegen nicht positiv – eine nicht klar positive Prognose, gilt als negativ – aus, so kann eine Statuserstellung regelmäßig unterbleiben, weil bloß in Ausnahmefällen, etwa bei erheblichen stillen Reserven diesfalls keine rechnerische Überschuldung besteht dürfte (vgl. auch Konecny/Schubert/Dellinger KO/IO § 67 Rn. 39).

93 Im Rahmen der **Primärprognose** gilt es, anhand einer aus den operativen Ergebnissen für die Planungsperiode (Erfolgsplanung) abgeleiteten Finanz- oder Liquiditätsplanung die Wahrscheinlichkeit des Erhalts der künftigen Zahlungsunfähigkeit der Gesellschaft festzustellen (OGH SZ 59/216). Ihr Ziel besteht in der Abbildung der zu erwartenden Zahlungsströme und der Bestände an liquiden Mitteln (vgl. nur BPB/Schumacher KO II/2 § 67 Rn. 36 ff.; Konecny/Karollus, Insolvenz-Forum 2006, 53 (67, 68 f.); Konecny/Schubert/Dellinger KO/IO § 67 Rn. 100 ff.; OGH SZ 59/216). Die Primärprognose ist positiv, wenn auf Basis realistischer Einschätzung der künftigen Erträge und Aufwendungen die Zahlungsfähigkeit mit zumindest überwiegender Wahrscheinlichkeit anzunehmen ist; bloßer Optimismus vermag eine entsprechend sorgfältige Analyse nicht zu ersetzen (Konecny/Schubert/Dellinger KO/IO § 67 Rn. 86 mwN; BPB/Schumacher KO II/2 § 67 Rn. 33, 36 ff., 41 ff.; OGH 6 Ob 19/15k). Eine Vorschau wird für das laufende und das nächste Geschäftsjahr verlangt (mit Unterschieden im Detail Konecny/Schubert/Dellinger KO/IO § 67 Rn. 90; BPB/Schumacher KO II/2 § 67 Rn. 34 f.; Karollus/Huemer, Die Fortbestehensprognose im Rahmen der Überschuldungsprüfung, 2. Aufl. 2006, 93 ff.; Konecny/Karollus, Insolvenz-Forum 2006, 53 (68 f.)). Die Frage, ob die Voraussetzungen für eine positive Fortbestehensprognose erfüllt sind, kann regelmäßig nur aufgrund der besonderen Umstände des Einzelfalls beantwortet werden und stellt daher regelmäßig keine erhebliche Rechtsfrage dar (OGH 6 Ob 19/15k). An die Primärprognose ist die bloß eine sprachliche Erläuterung bildende **Sekundärprognose** anzuschließen, welche einen längeren Zeitraum umfasst und zum Ziel hat, die zu erwartende positive Unternehmensentwicklung darzustellen. Von einer solchen ist dann auszugehen, wenn mit einer Trendwende (turn around) zu rechnen ist (Konecny/Karollus, Insolvenz-Forum 2006, 53 (68 f.); abw. BPB/Schumacher KO II/2 § 67 Rn. 40 ff.). Dabei gilt es aufzuzeigen, welche Risikofaktoren bestehen und wie diesen entgegengewirkt werden soll. Nicht erforderlich ist, dass es innerhalb des Sekundärprognosezeitraums zum Ausgleich des negativen Eigenkapitals oder einer Beseitigung der rechnerischen Überschuldung kommt (Konecny/Schubert/Dellinger KO/IO § 67 Rn. 86; BPB/Schumacher KO II/2 § 67 Rn. 48 ff.; DDR/Duursma-Kepplinger Rn. 2092; Karollus/Huemer, Die Fortbestehensprognose im Rahmen der Überschuldungsprüfung, 2. Aufl. 2006, 81 ff., 86 ff.). Anzumerken gilt es, dass der Überschuldungsbegriff nach wie vor Gegenstand der Diskussion ist und etwa die Zweckmäßigkeit bzw. Erforderlichkeit der Sekundärprognose nicht allgemein anerkannt bzw. ausjudiziert ist.

2. Verfahrenszwecke und -ziele

94 Das Insolvenzverfahren stellt **kein Verfahren zur institutionalisierten Vollabwicklung des insolventen Rechtsträgers** dar. Eine Verteilung eines allfälligen Verwertungsüberschusses an die Anteilseigner ist nicht Sache der Gesellschaftsinsolvenz. Vielmehr wäre das Insolvenzverfahren nach § 123b IO aufzuheben. Die Verteilung des in der Insolvenz erzielten „Liquidationsüberschusses" an die Gesellschafter wäre einer allfällig anschließenden gesellschaftsrechtlichen Liquidation vorbehalten (ausf. Duursma-Kepplinger Haftungsordnung I 109 ff., Haftungsordnung IV 112 ff. mwN). Zwar kann man in der Art der Insolvenzaufhebung eine Determinante für die Zulässigkeit der **Fortsetzung einer Gesellschaft** erblicken (dazu DDR/Duursma-Kepplinger Rn. 3376 ff.

Internationales Insolvenzrecht – Österreich

mwN); eine explizite Regelung darüber, dass nur durch Sanierungsplan sanierte – oder allenfalls über § 123b IO aus dem Insolvenzbeschlag „entlassene" (vgl. auch § 79 Abs. 1 IO) – Gesellschaften fortgesetzt werden dürften, in den Fällen der §§ 124a Abs. 3, 139, 123a IO oder § 71b IO amtswegig bzw. auf Antrag des Verwalters eine Löschung erfolgen müsste, enthält das österreichische Recht nicht.

Das Insolvenzrecht ist in seiner ureigensten Eigenschaft ein **Haftungsrecht** (vgl. § 2 Abs. 2 und 3 IO, §§ 14ff. IO, § 51 IO, § 58 Nr. 1 IO, §§ 102ff. IO (für viele Henckel FS Merz, 1992, 197 (202); Kölner Schrift InsO/Eckardt, 2000, 743, 744; Dellinger/Oberhammer, Insolvenzrecht, 2. Aufl. 2004, Rn. 6ff.; Nunner-Krautgasser, Schuld, Vermögenshaftung und Insolvenz, 2007, 234ff., 243ff.; Duursma-Kepplinger Haftungsordnung I 7ff., 40ff.). Besehen auf die Befriedigung der Insolvenzgläubiger, mithin die insolvenzinterne Haftungsverwirklichung bleibt die Ebene der Schuld, dh das Leisten-Sollen des Gemeinschuldners außer Betracht und betrifft die Teilnahme am Insolvenzverfahren grundsätzlich nur das materielle Haftungsrecht des Insolvenzgläubigers (im Anschluss insbesondere an Spellenberg, Zum Gegenstand des Konkursfeststellungsverfahrens, 1972, 81 ff., 149 ff.; Kölner Schrift InsO/Eckardt, 2000, 743, 744 f., 763 ff., 772 f.; oder Henckel FS Michaelis, 1972, 151 (152 ff., 167 ff.), Nunner-Krautgasser, Schuld, Vermögenshaftung und Insolvenz, 2007, 243 ff., 275 ff., 324 ff., 333 ff., 356 ff., 358 ff., 362 ff. und Duursma-Kepplinger Haftungsordnung I–IV passim; abw. die hM für viele Konecny/Schubert/Konecny KO/IO § 102 Rn. 2, 3, 4, § 110 Rn. 39 ff.; BPB/Kodek KO IV § 102 Rn. 1 ff.). Das Insolvenzverfahren bildet ein institutionalisiertes Verfahren der Haftungsrealisierung für den Fall der Mittelknappheit. Es knüpft somit sein zwingendes Regime an das Stadium der materiellen Insolvenz, welche die Antragspflicht des Schuldners einerseits und das Antragsrecht der Gläubiger andererseits auslöst (für viele Konecny/Nunner-Krautgasser, Insolvenz-Forum 2006, 125 (136ff.)). Der **Primärzweck** des Insolvenzverfahrens liegt ausweislich des §§ 2 Abs. 2 Hs. 2, 180 Abs. 2 IO in der gemeinschaftlichen Haftungsrealisierung durch gleichmäßige (anteilige) Befriedigung der Insolvenzgläubiger.

Mit **Eintritt der Masseunzulänglichkeit** wird die par condicio creditorum allerdings durch den in § 124a Abs. 1 S. 2 IO normierten **sekundären Insolvenzzweck** der optimalen Restabwicklung zur bestmöglichen anteiligen – allerdings nicht gemeinschaftlichen – Befriedigung der „Altmassegläubiger" modifiziert (eing. dazu Duursma-Kepplinger Haftungsordnung I 64 f., 111, Haftungsordnung IV 356 ff.). Insofern weist das Insolvenzverfahren eine über den Primärzweck der Insolvenz hinausgehende Ordnungsfunktion auf.

Mit dem primären Insolvenzzweck sind die **Insolvenzziele,** nämlich primär **Sanierung des Schuldners** und sekundär **Sanierung des Unternehmens,** konditional verknüpft. Bezeichnend ist deren stete Forcierung im Zuge der Novellen. Dennoch sind die Insolvenzziele nicht geeignet, den Insolvenzzweck zu überlagern. Diese Sanierungsgedanken sind zum einen auf volkswirtschaftliche und auf soziale Überlegungen zurückzuführen. Zum anderen resultieren sie aus der Erkenntnis, dass die Erhaltung des Schuldners und seines Unternehmens auch über die Insolvenz hinaus geeignet sein kann, insgesamt zu einer weitergehenden Gläubigerbefriedigung zu führen, als die gänzliche Wertzerschlagung und Vernichtung der wirtschaftlichen Existenz eines unternehmenstragenden Schuldners. Die übertragende Sanierung des Unternehmens steht dabei nicht im Vordergrund, kann aber als sekundäres Insolvenzziel bezeichnet werden, zumal ihr die IO aufgrund volkswirtschaftlicher Erwägungen Präferenz vor der Schließung des Unternehmens und Veräußerung in Einzelteilen zubilligt (s. etwa Konecny/Schubert/Riel KO/IO § 114a Rn. 2 ff., 8 ff.; Duursma-Kepplinger Haftungsordnung I 65 ff., 109 ff., Haftungsordnung IV 209 ff., 212 ff.). Die dazu notwendige (zumindest zeitweilige) Unternehmensfortführung weist eine enge Verknüpfung mit dem Sanierungsplan auf und dient vorrangig zu dessen Bewerkstelligung. Mit Scheitern eines Sanierungsplans löst sie sich von diesem Ziel und erlangt den Stellenwert als insoweit eigenständiges sekundäres Insolvenzziel.

Eine klare Trennung zwischen Insolvenzzwecken und Insolvenzzielen erweist sich als erforderlich, zumal die **Insolvenzziele an den Insolvenzzwecken zu messen** sind, folglich nur unterschiedliche Wege zur Erreichung des Insolvenzzwecks darstellen. Infolge des Vorrangs des jeweiligen Insolvenzzwecks vor den Insolvenzzielen darf sohin weder die Schuldnersanierung noch die Unternehmenssanierung zu Lasten der bestmöglichen Haftungsverwirklichung iSv §§ 2 Abs. 2 Hs. 2, 180 Abs. 2 IO oder der optimalen Schuldentilgung des § 124a IO iVm § 47 Abs. 2 IO gehen. Auch ist der Insolvenzverwalter Insolvenzzweck und -zielen nicht gleichermaßen verpflichtet. Während sich seine Geschäftsführung stets an dem jeweiligen Insolvenzzweck zu orientieren hat, treffen ihn hinsichtlich des Primärziels der Schuldnersanierung bloß „mitwirkende" Aufgaben, Initiative und Erfüllung obliegen dem Schuldner. Dem Sekundärziel der übertragenden Sanierung ist der Verwalter zwar verpflichtet, hat aber stets dem Insolvenzzweck Priorität einzuräumen,

Internationales Insolvenzrecht – Österreich

mithin das Sekundärziel nur dann umzusetzen, wenn es dem Insolvenzzweck nicht zuwiderläuft (Duursma-Kepplinger Haftungsordnung I 109 ff. mwN).

3. Insolvenzfähigkeit

99 Die Insolvenzfähigkeit stellt, wie die Parteifähigkeit (§ 75 JN) einen Teilaspekt der Rechtsfähigkeit (§§ 16, 26 ABGB) dar. Insolvenzfähig sind somit – soweit das Gesetz keine Ausnahmen vorsieht – **natürliche Personen, juristische Personen** des öffentlichen und privaten Rechts sowie sonstige **parteifähige Gebilde,** mag ihre Rechtsfähigkeit auch nicht die Qualität einer juristischen Person erreichen. **Insolvenzfähig** sind insbesondere die Kapitalgesellschaften (GmbH, AG, SE), die eingetragenen Personengesellschaften (OG, KG), Genossenschaften, (Privat-)Stiftungen und Fonds, Anstalten öffentlichen Rechts, Verlassenschaften (vgl. §§ 58, 67, 69, 98, 100, 164 IO), Kreditinstitute oder Versicherungsunternehmen. In Ermangelung der Rechtsfähigkeit kommt Gesellschaften bürgerlichen Rechts, auch wenn diese als Erwerbs-Außengesellschaften auftreten, keine Partei- oder Insolvenzfähigkeit zu (zutr. die hM; s. nur Harrer, Haftungsprobleme bei der GmbH, 1990, 264; DDR/Duursma Rn. 16; OGH HS 10.334; EvBl 2006/146; aA Holzhammer, Österreichisches Insolvenzrecht, 1996, 186 und diesem folgend BPB/Buchegger KO I § 1 Rn. 8). Die **Auflösung** einer juristischen Person oder einer eingetragenen Personengesellschaft berührt ihre Insolvenzfähigkeit nicht, solange das Vermögen nicht verteilt ist (§ 68 IO).

II. Verfahrensarten

1. Vorbemerkung

100 Die IO differenziert bei den zur Verfügung stehenden Verfahrensarten bzw. Entschuldungsmechanismen zwischen natürlichen und juristischen Personen sowie Unternehmern und Nichtunternehmern.

101 Die bedeutendsten Unterschiede zwischen der Insolvenz natürlicher Personen und jener juristischer Personen oder rechtsfähiger Gesellschaften betreffen die Bestimmungen über die **Verfahrenskostendeckung,** die für natürliche Personen wesentlich erleichtert sind (vgl. §§ 183 ff. IO) sowie in der **größeren Bandbreite an „Entschuldungsmechanismen",** in Gestalt von Sanierungsplan als echte sanierende Insolvenzbeendigung, Zahlungsplan als Maßnahme der Vermögensverwertung jedoch, unter Teilentschuldung und Abschöpfungsverfahren mit Restschuldbefreiung, wohingegen juristischen Personen und rechtsfähigen Gesellschaften nur der Sanierungsplan offen steht.

102 Die IO sieht für die Insolvenz **natürlicher Personen** einige Verfahrenserleichterungen vor. Das Gros gilt für Unternehmer (Personen, die ein Unternehmen betreiben) und Nichtunternehmer gleichermaßen. Unterschiede ergeben sich hinsichtlich der **Gerichtszuständigkeit** (§§ 63 ff., 182 IO). Ferner kommt eine **Eigenverwaltung** – sieht man vom Sanierungsverfahren mit Eigenverwaltung, das jedoch an deutlich höhere Anforderungen geknüpft ist, ab – nur für Nichtunternehmer in Betracht.

2. Konkursverfahren

103 Das Regelkonkursverfahren (§ 180 IO) ist jenes, das eine Aufhebung nach § 139 IO anstrebt. Zweck ist somit die Versilberung des Vermögens zur bestmöglichen anteiligen Befriedigung der Insolvenzgläubiger. Doch verschließt selbst ein gem. § 180 IO als Konkursverfahren zu bezeichnendes Insolvenzverfahren dem Schuldner die Sanierung nicht. Bis zur Insolvenzaufhebung besteht nämlich auch im Konkursverfahren für den Schuldner noch die Möglichkeit, einen Sanierungsplanvorschlag zu erstatten. Insofern kann es auch im Konkursverfahren zu einer Teilentschuldung (Enthaftung) und zur Insolvenzaufhebung gem. § 152b IO kommen. Die anzubietende Mindestquote liegt diesfalls wie beim Sanierungsverfahren ohne Eigenverwaltung bei 20 %.

104 Eröffnungsgründe für das Konkursverfahren sind Zahlungsunfähigkeit und/oder Überschuldung. Den Schuldner trifft eine Antragspflicht (§ 69 IO). Die Gläubiger haben ein Antragsrecht.

105 Der Insolvenzverwalter wird als Masseverwalter bezeichnet. Es kommt zur **Massebildung** (§ 2 Abs. 2 IO). Der Schuldner verliert die **Verfügungsbefugnis** über das masseverfangene Vermögen (§ 3 Abs. 1 IO). Schuldner des Schuldners können nur noch **schuldbefreiend** und die Masse leisten (§ 3 Abs. 2 IO). Es besteht eine **Prozess- und Exekutionssperre** in Ansehung von Insolvenzforderungen. Über den Schuldner wird regelmäßig **eine Postsperre** verhängt.

Ein über §§ 114a ff. IO hinausgehender **Verwertungsschutz** für das schuldnerische Unternehmen besteht **nicht**. Ein weitergehender Verwertungsschutz kann nur durch Vorlage eines Sanierungsplanvorschlags erzielt werden (§ 140 Abs. 2 IO). 106

Wird im Laufe des Verfahrens kein Sanierungsplanvorschlag vom Schuldner vorgelegt oder ein solcher nicht zugelassen, nicht angenommen oder nicht bestätigt, so wird das gesamte Vermögen des Schuldners versilbert und der Verwertungserlös an die Insolvenzgläubiger verteilt. 107

Der die Insolvenzquote übersteigende Forderungsrest wird dem Schuldner nicht erlassen. Vielmehr bleibt dieser im Fall der Feststellung der Forderung in der Insolvenz und Nichtbestreitung durch den Schuldner wie eine Judikatschuld 30 Jahre lang vollstreckbar. 108

Nach Durchführung der Schlussverteilung und Genehmigung der Rechnung wird das Konkursverfahren gem. § 139 IO aufgehoben. 109

3. Sanierungsverfahren

a) Allgemeines. Das Sanierungsverfahren ist im „Dritten und Vierten Teil" der IO geregelt. Dabei gilt es zwischen dem „Sanierungsverfahren mit Eigenverwaltung" (Vierter Teil der IO, §§ 169 ff. IO) und dem „Sanierungsverfahren ohne Eigenverwaltung" zu unterscheiden. 110

Hat der Schuldner Eigenverwaltung, so wird vom „Sanierungsverwalter", im anderen Fall zur leichteren Unterscheidung der Kompetenzen des Verwalters vom „Masseverwalter" gesprochen. 111

Für beide Arten von Sanierungsverfahren gilt: Beantragt der Schuldner zugleich mit dem Insolvenzantrag oder spätestens bis zur Insolvenzeröffnung – Letzteres betrifft den Fall, dass bereits ein Gläubigerantrag vorliegt, über den das Insolvenzgericht noch nicht entschieden und die Insolvenz als Konkursverfahren noch nicht eröffnet hat – unter Anschluss eines zulässigen Sanierungsplans die Annahme eines Sanierungsplans und wird dieser Antrag vom Gericht nicht zugleich mit der Insolvenzeröffnung zurückgewiesen, so ist das Insolvenzverfahren als **Sanierungsverfahren** zu bezeichnen (§ 167 Abs. 1 IO). 112

Liegen die Voraussetzungen des § 167 Abs. 1 IO nicht vor, so heißt das Insolvenzverfahren Konkursverfahren (§ 180 IO). 113

Obgleich nicht in der IO geregelt – die entsprechenden Anpassungen erfolgten in den gesellschaftsrechtlichen Gesetzen (insbesondere UGB, öAktG, öGmbHG, öGenG) – führt die Eröffnung eines Konkursverfahrens (§ 180 IO) zur **Auflösung der Gesellschaft**. Beide Arten von Sanierungsverfahren stellen hingegen keinen Auflösungsgrund für die Gesellschaft dar. 114

Jede Art von Sanierungsverfahren kann nur vom Schuldner beantragt werden. Die Eröffnungsgründe sind **drohende Zahlungsunfähigkeit,** Zahlungsunfähigkeit und Überschuldung (§ 167 Abs. 2 IO). 115

Gemäß § 167 Abs. 3 IO ist die Bezeichnung auf Konkursverfahren abzuändern, wenn der Insolvenzverwalter angezeigt hat, dass die Insolvenzmasse nicht ausreicht, um die Masseforderungen zu erfüllen (Nr. 1), der Schuldner den Sanierungsplanantrag zurückzieht oder das Gericht den Antrag zurückweist (Nr. 2), der Sanierungsplan in der Sanierungsplantagsatzung abgelehnt und die Tagsatzung nicht erstreckt wurde (Nr. 3), dem Sanierungsplan vom Gericht die Bestätigung versagt wurde (Nr. 4). Die Änderung der Bezeichnung auf Konkursverfahren ist gem. § 167 Abs. 4 IO **öffentlich bekannt** zu machen. Gegen die Bezeichnung und deren Änderung ist kein Rekurs zulässig; die Bezeichnung kann jedoch auf Antrag oder von Amts wegen vom Gericht berichtigt werden. 116

§ 168 IO regelt die **Anberaumung der Sanierungsplantagsatzung**. Das Gericht hat zugleich mit der Eröffnung die Sanierungsplantagsatzung in der Regel auf 60–90 Tage anzuordnen. Sie kann mit der Prüfungstagsatzung verbunden werden. Das Unternehmen ist gem. § 168 Abs. 2 IO erst zu verwerten, wenn der Sanierungsplanvorschlag nicht innerhalb von 90 Tagen nach Eröffnung des Verfahrens angenommen wird. 117

b) Sanierungsverfahren ohne Eigenverwaltung. Dem Sanierungsverfahren ohne Eigenverwaltung kommt **große praktische Bedeutung** zu. Dies liegt an der niedrigeren **Mindestquote** für den **Sanierungsplan** von **20 %** und dem Umstand, dass die Eigenverwaltung wegen dem damit verbundenen Aufwand auch an sehr strenge Voraussetzungen geknüpft ist. Insofern sind die Gerichte aus Gründen des Gläubigerschutzes bei der Erteilung der Eigenverwaltung restriktiv. Die Unternehmensverwertung in der Insolvenz ist erleichtert, zumal die Übernehmerhaftungen nicht zum Tragen kommen (vgl. §§ 3, 6 AVRAG, § 1409a ABGB, § 38 UGB etc). 118

In Ansehung von Massebildung und Verfügungsbeschränkung des Schuldners bestehen keine Unterschiede zwischen Konkursverfahren und Sanierungsverfahren ohne Eigenverwaltung. Auch bezeichnet man den Insolvenzverwalter in beiden Fällen als Masseverwalter. Entsprechend dem verstärkten Sanierungsgedanken des Sanierungsverfahrens besteht jedoch in Gestalt des § 168 119

Internationales Insolvenzrecht – Österreich

Abs. 2 IO ein verstärkter Verwertungsschutz zugunsten des schuldnerischen Unternehmens. Abgesehen davon gelten hinsichtlich der Beschlagnahme, Verwaltung und Verwertung der Masse dieselben Regelungen wie im Konkursverfahren. Die Kompetenzen des Verwalters sind die gleichen.

120   Die Hauptunterschiede liegen somit darin, dass ein Sanierungsverfahren schon bei drohender Zahlungsunfähigkeit eröffnet werden kann, der Sanierungsplanvorschlag sogleich mit der Antragstellung vorzulegen ist und demnach anders als bei einem Konkursverfahren die Weichen von Beginn an auf Sanierung und Unternehmenserhalt – daher auch kein Auflösungsgrund für die Gesellschaft – gestellt sind.

121   Im Sanierungsverfahren ohne Eigenverwaltung findet nach etwa 90 Tagen nach Insolvenzeröffnung die Sanierungsplantagsatzung statt. Wird der Sanierungsplan von den Gläubigern angenommen und vom Gericht bestätigt, so wird die Insolvenz gem. § 152b IO aufgehoben. Der Verwalter wird enthoben und es beginnt die Phase der Planerfüllung. Dabei ist der Schuldner grundsätzlich eigenverantwortlich tätig. Nur wenn ausnahmsweise der Sanierungsplan an eine Überwachung durch oder eine Übergabe des Vermögens an einen Treuhänder gebunden ist, bleibt es bei einer Verfügungsbeschränkung des Schuldners im Stadium der Planerfüllung (§§ 157 ff., 157g ff. IO).

122   **c) Sanierungsverfahren mit Eigenverwaltung.** Das Sanierungsverfahren mit Eigenverwaltung unter Aufsicht eines Verwalters ist im Vierten Teil der IO geregelt. Die praktische Bedeutung dieser Verfahrensart ist – wie bereits dargestellt – deutlich geringer als die des Sanierungsverfahrens ohne Eigenverwaltung.

123   Die **Voraussetzungen** eines Sanierungsverfahrens mit Eigenverwaltung nennt § 169 Abs. 1 IO. Im Sanierungsverfahren steht dem Schuldner die **Verwaltung der Insolvenzmasse unter Aufsicht eines Sanierungsverwalters** nach den Bestimmungen des Vierten Teils zu (Eigenverwaltung), wenn er erstens (Nr. 1) einen Sanierungsplan, in dem den Insolvenzgläubigern angeboten wird, innerhalb von zwei Jahren vom Tag der Annahme des Sanierungsplans mindestens **30 %** der Forderungen zu zahlen (lit. a), ein genaues Vermögensverzeichnis (lit. b), eine aktuelle und vollständige Übersicht über den Vermögens- und Schuldenstand, in der die Bestandteile des Vermögens auszuweisen und zu bewerten und die Verbindlichkeiten mit dem Rückzahlungsbetrag anzusetzen und aufzugliedern (Status) sind (lit. c), eine Gegenüberstellung der voraussichtlichen Einnahmen und Ausgaben für die folgenden 90 Tage, aus der sich ergibt, wie die für die Fortführung des Unternehmens und die Bezahlung der Masseforderungen notwendigen Mittel aufgebracht und verwendet (Finanzplan) werden sollen (lit. d) sowie ein Verzeichnis der nach §§ 75 und 145 Abs. 2 IO zu Verständigenden vorgelegt hat (lit. e) und überdies (Nr. 2) der Antrag Angaben macht, wie die zur Erfüllung des Sanierungsplans **nötigen Mittel aufgebracht** werden sollen (lit. a) und Angaben über die Anzahl der Beschäftigten bzw. über deren im Unternehmen errichteten Organe (lit. b) sowie über die zur Erfüllung des Sanierungsplans nötigen Reorganisationsmaßnahmen, insbesondere Finanzierungsmaßnahmen (lit. c) enthält.

124   Ist der Schuldner nach Unternehmensrecht verpflichtet, Jahresabschlüsse aufzustellen, so hat er diese vorzulegen. Betreibt er sein Unternehmen länger als drei Jahre, so genügt die Vorlage für die letzten drei Jahre (§ 169 Abs. 2 IO). Der Schuldner hat das Vermögensverzeichnis gem. § 169 Abs. 3 IO eigenhändig zu unterschreiben und sich zugleich bereitzuerklären, vor dem Gericht zu unterfertigen, dass seine Angaben über den Aktiv- und Passivstand richtig und vollständig seien und dass er von seinem Vermögen nichts verschwiegen habe. Der Schuldner hat die Angaben nach Abs. 1, soweit zumutbar, zu belegen. Fehlt im Antrag das gesetzlich vorgeschriebene Vorbringen oder sind ihm nicht alle vorgeschriebenen Urkunden angeschlossen, so ist der Schriftsatz zur Verbesserung zurückzustellen. Wird der Antrag nicht fristgerecht verbessert, so ist das Sanierungsverfahren nach dem Dritten Teil oder der Konkurs zu eröffnen (§ 169 Abs. 4 und 5 IO).

125   Gemäß § 170 Abs. 1 IO hat das Gericht dem Schuldner die **Eigenverwaltung zu entziehen,** wenn Umstände bekannt sind, die erwarten lassen, dass die Eigenverwaltung zu **Nachteilen für die Gläubiger** führen wird, insbesondere wenn der Schuldner Mitwirkungs- oder Auskunftspflichten verletzt, Verfügungsbeschränkungen oder überhaupt den Interessen der Gläubiger zuwiderhandelt, die Voraussetzungen des § 169 IO nicht vorliegen, der Finanzplan nicht eingehalten werden kann, die Angaben im Status unrichtig sind oder der Schuldner die Masseforderungen nicht pünktlich erfüllt (Nr. 1), die Voraussetzungen des **§ 167 Abs. 3 IO** erfüllt sind (Nr. 2) oder der **Sanierungsplan nicht** innerhalb von **neunzig Tagen** nach Eröffnung des Verfahrens von den Gläubigern **angenommen** wurde (Nr. 3). Die Entziehung der Eigenverwaltung ist **öffentlich bekannt** zu machen; die Rechtswirkungen treten mit Beginn des Tages ein, der der öffentlichen Bekanntmachung folgt (§ 170 Abs. 2 IO).

126   § 171 IO regelt den **Umfang der Eigenverwaltung.** Der Schuldner ist bei Eigenverwaltung berechtigt, alle Rechtshandlungen, die zum gewöhnlichen Unternehmensbetrieb gehören, vorzunehmen. Der **Genehmigung des Sanierungsverwalters** bedürfen Rechtshandlungen, die **nicht**

Internationales Insolvenzrecht – Österreich

zum gewöhnlichen Unternehmensbetrieb gehören, sowie der Rücktritt, die Kündigung oder die Auflösung der Verträge nach §§ 21, 23 und 25 IO (§ 171 Abs. 1 IO). Zu beachten ist, dass der Schuldner bei Eigenverwaltung berechtigt ist, trotz Fortführung des Unternehmens Rationalisierungskündigungen vorzunehmen (§ 25 Abs. 1 lit. c IO). Dies stellt den Ausgleich dazu dar, dass bei einer Unternehmensveräußerung während des Sanierungsverfahrens mit Eigenverwaltung keine Erleichterung in Bezug auf die Übernehmerhaftung zum Tragen kommt (vgl. insbes. §§ 3, 6 AVRAG). Der Schuldner muss auch eine zum **gewöhnlichen Unternehmensbetrieb** gehörende Handlung unterlassen, wenn der Sanierungsverwalter dagegen **Einspruch** erhebt. Von der Eröffnung des Verfahrens an bedarf der Schuldner zur **Schließung oder Wiedereröffnung seines Unternehmens** der Bewilligung des Gerichts; § 115 IO ist entsprechend anzuwenden (§ 171 Abs. 2 IO). Rechtshandlungen, die der Schuldner entgegen Abs. 1 ohne Zustimmung oder gegen Einspruch des Sanierungsverwalters vorgenommen hat, sind den Gläubigern gegenüber unwirksam, wenn der Dritte wusste oder wissen musste, dass sie über den gewöhnlichen Unternehmensbetrieb hinausgehen und dass der Sanierungsverwalter seine Zustimmung nicht erteilt oder dass er Einspruch gegen die Vornahme erhoben hat (§ 171 Abs. 3 IO).

§ 172 IO regelt die **Beschränkung der Eigenverwaltung im Einzelnen.** Dem **Sanierungsverwalter** sind gem. § 172 IO die Anfechtung von Rechtshandlungen nach den §§ 27–43 IO – das durch die anfechtbare Handlung dem Vermögen des Schuldners entgangene ist an den Sanierungsverwalter zu leisten und zur Befriedigung der Gläubiger zu verwenden – (Nr. 1), die Forderungsprüfung nach §§ 102 ff. IO (Nr. 2), die Mitteilung der Geschäfte nach § 116 IO (Nr. 3), der Abschluss der Geschäfte nach § 117 IO (Nr. 4), die gerichtliche Veräußerung nach § 119 IO (Nr. 5), die Veräußerung von Sachen, an denen ein Absonderungsrecht besteht (Nr. 6) und die Aufschiebung des Exekutionsverfahrens nach § 120a IO (Nr. 7) **vorbehalten.** Gemäß § 172 Abs. 2 IO kann das **Gericht** dem Schuldner bestimmte **Rechtshandlungen** überhaupt oder doch ohne Zustimmung des Sanierungsverwalters **verbieten,** soweit dies notwendig ist, um Nachteile für die Gläubiger zu vermeiden. Die **Beschränkungen** sind, wenn sie gleichzeitig mit der Eröffnung des Sanierungsverfahrens angeordnet werden, im Edikt, sonst gesondert, **öffentlich bekanntzumachen** und in jedem Fall in den öffentlichen **Büchern und Registern anzumerken.** In dringenden Fällen kann die Anordnung der Sanierungsverwalter treffen. Soweit den Schuldner Verfügungsbeschränkungen treffen, hat der Sanierungsverwalter an seiner Stelle tätig zu werden. Zur Verwertung bedarf er der Zustimmung des Schuldners (§ 172 Abs. 3 IO).

In Angelegenheiten der Eigenverwaltung liegt die Prozessführungsbefugnis und Befugnis zur Führung sonstiger Verfahren beim Schuldner (§ 173 IO). Gemäß § 174 IO stellen – unbeschadet des § 46 IO – auch Forderungen aus Rechtshandlungen des Schuldners, zu denen er nach § 171 IO berechtigt ist, **Masseforderungen** iSv § 46 IO dar.

Bei Eigenverwaltung ist der Schuldner berechtigt, alle Sendungen nach § 78 Abs. 2 IO entgegenzunehmen (keine Postsperre). Ein Inventar ist nicht zu errichten. §§ 8 und 119 Abs. 5 IO sind in Angelegenheiten der Eigenverwaltung nicht anzuwenden. Der Sanierungsverwalter ist zur Rechnungslegung nur insoweit verpflichtet, als er Handlungen nicht nur überwacht, sondern selbst vornimmt (§ 176 IO).

§ 177 IO umschreibt die **Befugnisse,** § 178 IO die **Aufgaben** des **Sanierungsverwalters.** Im Verhältnis zu Dritten ist der Sanierungsverwalter gem. § 177 Abs. 1 IO zu allen Rechtsgeschäften und Rechtshandlungen befugt, welche die Erfüllung der mit seinen Aufgaben verbundenen Obliegenheiten mit sich bringt, soweit nicht das Insolvenzgericht im einzelnen Fall eine Beschränkung der Befugnisse verfügt und dem Dritten bekanntgegeben hat. Der Sanierungsverwalter hat nach § 177 Abs. 2 IO die durch den Gegenstand seiner Geschäftsführung gebotene Sorgfalt (§ 1299 ABGB) anzuwenden; § 81 Abs. 2 und 3 IO gilt entsprechend.

Der Sanierungsverwalter hat Anspruch auf eine Entlohnung zuzüglich Umsatzsteuer sowie auf Ersatz seiner Barauslagen. §§ 82, 82a, 82b, 82c sowie 125 und 125a IO sind anzuwenden, wobei dem Sanierungsverwalter für die Überwachung der Fortführung eine besondere Entlohnung nach § 82 Abs. 3 IO gebührt. Ist der Sanierungsverwalter nicht zur Rechnungslegung verpflichtet, so ist die Sanierungsplantagsatzung nach § 125 Abs. 1 InsO maßgebend (§ 177 Abs. 3 IO).

Der Sanierungsverwalter hat die Überprüfung der Wirtschaftslage des Schuldners sofort nach seiner Bestellung in Angriff zu nehmen und die Geschäftsführung des Schuldners sowie die Ausgaben für dessen Lebensführung zu überwachen. Der Sanierungsverwalter hat spätestens bis zur ersten Gläubigerversammlung, sofern keine gesonderte erste Gläubigerversammlung stattfindet, bis zur Berichtstagsatzung über die Wirtschaftslage des Schuldners und darüber zu berichten, ob der Finanzplan eingehalten werden kann (Nr. 1), der Sanierungsplan erfüllbar ist (Nr. 2) und Gründe zur Entziehung der Eigenverwaltung vorliegen (Nr. 3). Abschriften schriftlicher Berichte des Verwalters sind den Mitgliedern des Gläubigerausschusses und erforderlichenfalls den Gläubi-

Internationales Insolvenzrecht – Österreich

gern zu übersenden. Dritte können sich gegenüber dem Sanierungsverwalter auf eine zugunsten des Schuldners bestehende Verpflichtung zur Verschwiegenheit nicht berufen, soweit der Schuldner der Einholung von Auskünften durch den Sanierungsverwalter zugestimmt oder auf Antrag des Sanierungsverwalters das Gericht die mangelnde Zustimmung mit Beschluss ersetzt hat. Die mangelnde Zustimmung darf nur ersetzt werden, wenn der Verwalter ein rechtliches Interesse an der Auskunft glaubhaft macht. Gegen den Beschluss, mit dem die mangelnde Zustimmung ersetzt wird, ist kein Rechtsmittel zulässig.

133   Die Sanierungsplantagsatzung hat in der Regel 60–90 Tage nach Verfahrenseröffnung stattzufinden (§ 168 Abs. 1 IO). Vor Beginn der Abstimmung in der Sanierungsplantagsatzung hat der Schuldner vor dem Gericht auf Antrag des Sanierungsverwalters oder eines Gläubigers oder auf Anordnung des Gerichts zu unterfertigen, dass seine Angaben im Vermögensverzeichnis über den Aktiv- und Passivstand richtig und vollständig seien und dass er von seinem Vermögen nichts verschwiegen habe (§ 179 IO).

4. Geringfügiger Konkurs

134   Wenn das zur Konkursmasse gehörige Vermögen voraussichtlich nicht mehr als **50.000 EUR** beträgt, liegt eine **geringfügige Insolvenz** iSv § 180a IO vor, für welchen geringere Förmlichkeiten gelten. Es kann bei der allgemeinen Prüfungstagsatzung gleichzeitig über alle der Beschlussfassung der Gläubigerversammlung unterliegenden Fragen und, soweit dies zweckmäßig ist, auch über die Verteilung der Konkursmasse verhandelt werden. Die Entscheidung, ob eine Insolvenz als geringfügig anzusehen ist, trifft das Insolvenzgericht regelmäßig schon bei der Insolvenzeröffnung, kann sie aber auch noch im Laufe des ordentlichen Insolvenzverfahrens unter Abänderung des Eröffnungsbeschlusses treffen.

5. Schuldenregulierungsverfahren (Privatinsolvenz)

135   Für „**Privatinsolvenzen**" (Schuldenregulierungsverfahren), dh Insolvenzverfahren über natürliche Personen, die nicht Unternehmer sind, sind die Bezirksgerichte sachlich zuständig (§ 182 IO).

135a   Das auf **Antrag eines Gläubigers** eröffnete Schuldenregulierungsverfahren ist gem. § 184a IO im Insolvenzedikt auch als **Gesamtvollstreckung** zu bezeichnen. Die Gesamtvollstreckung ist zu beenden, sobald der Schuldner die Annahme eines Sanierungsplans oder Zahlungsplans oder die Einleitung eines Abschöpfungsverfahrens beantragt. Die Beendigung ist öffentlich bekannt zu machen; sie wird mit Ablauf des Tages der öffentlichen Bekanntmachung wirksam und ist nicht anfechtbar. Während einer Gesamtvollstreckung können Vertragspartner des Schuldners mit dem Schuldner geschlossene Verträge nach § 5 Abs. 4 IO und die zur Benutzung einer solchen Wohnung notwendigen Verträge, insbesondere zur Energieversorgung, nur aus wichtigem Grund auflösen, solange der Schuldner die während des Verfahrens anfallenden Entgelte leistet. § 25a Abs. 1 S. 2 und Abs. 2 IO ist anzuwenden. Forderungen von Gläubigern, denen vertragliche vermögensrechtliche Ansprüche an den Schuldner bei Beendigung der Gesamtvollstreckung zustehen, sind Insolvenzforderungen, wenn sie weder Masseforderungen sind noch aus Verträgen zur Deckung des dringenden Lebensbedarfs stammen, nicht jedoch die Zinsen für diese Forderungen. Diese Insolvenzgläubiger sind zur Anmeldung ihrer Forderungen aufzufordern.

135b   Im **Schuldenregulierungsverfahren** steht dem Schuldner selbst, sofern das Gericht nicht anderes bestimmt, gem. § 186 Abs. 1 IO die Verwaltung der Insolvenzmasse zu. Das Gericht hat dem Schuldner die **Eigenverwaltung** zu **entziehen** und einen Masseverwalter zu bestellen, wenn die Vermögensverhältnisse des Schuldners nicht überschaubar sind, insbesondere wegen der Zahl der Gläubiger und der Höhe der Verbindlichkeiten, Umstände bekannt sind, die erwarten lassen, dass die Eigenverwaltung zu Nachteilen für die Gläubiger führen wird oder der Schuldner nicht ein genaues Vermögensverzeichnis vorgelegt hat.

136   Die Reichweite der **Verfügungsbefugnis des Schuldners** bei Eigenverwaltung regelt § 187 IO. So trifft den Schuldner nicht die Postsperre des § 78 Abs. 2 IO. Das Wahlrecht nach §§ 21 ff. IO steht dem Schuldner zu. Verfügungen des Schuldners über Gegenstände der Insolvenzmasse sind allerdings nur wirksam, wenn das Insolvenzgericht zustimmt. Verbindlichkeiten, die der Schuldner nach Insolvenzeröffnung begründet, sind nur dann als Masseforderungen aus der Insolvenzmasse zu erfüllen, wenn das Insolvenzgericht der Begründung der Verbindlichkeit zustimmt. Dies gilt auch für die aus der Wahlrechtsausübung resultierenden Verbindlichkeiten. Der Schuldner ist nicht zur Empfangnahme des pfändbaren Teils der Einkünfte aus einem Arbeitsverhältnis oder sonstiger wiederkehrender Leistungen mit Einkommensersatzfunktion berechtigt; er darf darüber auch nicht verfügen. Dem Schuldner steht nicht das Recht zu, die kridamäßige Verwertung der

Internationales Insolvenzrecht – Österreich

Insolvenzmasse zu beantragen. Die Zustimmung nach § 187 Abs. 1 Nr. 3 und 4 IO kann allgemein für bestimmte Arten von Rechtshandlungen erteilt werden.

Das **Anfechtungsrecht** (§§ 27 ff. IO) kommt **nicht** dem Schuldner, sondern den einzelnen Insolvenzgläubigern nach Maßgabe des § 189 IO zu. **137**

Bei Eigenverwaltung hat der Schuldner gem. § 188 IO in der **Prüfungstagsatzung** bei jeder angemeldeten Forderung eine bestimmte Erklärung über ihre Richtigkeit abzugeben; Vorbehalte des Schuldners bei Abgabe dieser Erklärungen sind unzulässig. Die vom Schuldner abgegebenen Erklärungen hat das Gericht im Anmeldungsverzeichnis anzumerken. Eine Forderung gilt im Insolvenzverfahren als festgestellt, wenn sie vom Schuldner anerkannt und von keinem hierzu berechtigten Insolvenzgläubiger bestritten worden ist. Eine Forderung gilt vom Schuldner als anerkannt, wenn er diese in der Tagsatzung nicht ausdrücklich bestreitet. Nimmt er an der Tagsatzung nicht teil, so ist sie zu erstrecken. Nimmt er neuerlich nicht teil, so gilt die angemeldete Forderung als anerkannt. Auf diese Rechtsfolge ist der Schuldner in der neuerlichen Ladung hinzuweisen. **138**

Steht dem Schuldner Eigenverwaltung zu, ist ein **Masseverwalter nicht zu bestellen.** Bei Eröffnung eines Schuldenregulierungsverfahrens auf Antrag eines Gläubigers nach öffentlicher Bekanntmachung der offenkundigen Zahlungsunfähigkeit ist ein Insolvenzverwalter nur zu bestellen, wenn der Antragsteller auf Anordnung des Gerichts einen von diesem zu bestimmenden Betrag zur Deckung der Entlohnung vorschussweise erlegt. Selbst wenn die Voraussetzungen zur Entziehung der Eigenverwaltung vorliegen und kein Insolvenzverwalter bestellt wird, ist § 187 Abs. 1 Nr. 1 und 2 IO anzuwenden. Für einzelne, mit besonderen Schwierigkeiten verbundene Tätigkeiten kann das Gericht von Amts wegen oder auf Antrag eines Insolvenzgläubigers bzw. Schuldners einen Masseverwalter mit einem auf diese Tätigkeiten beschränkten Geschäftskreis bestellen. Die nach diesem Gesetz dem Insolvenzverwalter zugewiesenen Obliegenheiten sind, soweit ein Insolvenzverwalter nicht bestellt ist und auch der Schuldner hierzu nicht befugt ist, vom Gericht wahrzunehmen. Insbesondere kann das Insolvenzgericht eine unbewegliche Sache der Insolvenzmasse selbst veräußern oder das hierfür zuständige Exekutionsgericht um die gerichtliche Veräußerung ersuchen. Mit der Errichtung des Inventars kann das Gericht unabhängig von den Voraussetzungen des § 96 Abs. 1 IO Vollstreckungsorgane beauftragen. Die beweglichen Sachen sind vom Gerichtsvollzieher zu verwerten und Forderungen von ihm einzuziehen (§ 190 IO). **139**

§ 189a IO regelt die **Überprüfung der Vermögenslage** für den Fall, dass ein Insolvenzverwalter nicht bestellt ist. Das Gericht hat alle sechs Monate eine Auskunft beim Dachverband der Sozialversicherungsträger einzuholen, bei einem Hinweis auf einen möglichen Drittschuldner auch früher. Das Gericht hat jährlich zu prüfen, ob der Schuldner Vermögen erworben hat, insbesondere durch Einsicht in das Grundbuch und eine Anfrage nach § 25b Abs. 2a EO. Der Schuldner hat jährlich sein Vermögensverzeichnis zu ergänzen und zu bekräftigen; § 48 Abs. 1 und 2 EO ist anzuwenden. Das Vollstreckungsorgan hat alle zwei Jahre an geeigneten Orten, insbesondere am Wohnort des Schuldners, zu prüfen, ob der Schuldner Vermögen erworben hat. Bei Hinweisen auf erworbenes Vermögen ist ein Inventar über das neu erworbene Vermögen zu errichten. § 189b IO regelt die Ermittlung des Arbeitseinkommens des Schuldners und die Erhöhung bzw. Herabsetzung des Pfändungsfreibetrags. **139a**

Verteilungen an die Insolvenzgläubiger sind durchzuführen, sobald eine Quote von zumindest 10 % verteilt werden kann, jedenfalls aber nach drei Jahren (§ 192a IO). Gemäß § 192b IO ist das Schuldenregulierungsverfahren nach § 123a IO oder § 139 IO erst aufzuheben, wenn der Schuldner seit mehr als fünf Jahren keinen den unpfändbaren Freibetrag übersteigenden Bezug hatte und ein solcher nicht zu erwarten ist. Vor der Aufhebung sind der Schuldner und die Insolvenzgläubiger einzuvernehmen; der Schuldner ist überdies auf eine mögliche Beratung bei einer staatlich anerkannten Schuldenberatungsstelle hinzuweisen. **139b**

Im Schuldenregulierungsverfahren stehen der **Zahlungsplan** sowie das **Abschöpfungsverfahren mit Tilgungsplan oder mit Abschöpfungsplan** als Entschuldungsinstrumente zur Verfügung. **140**

Der Schuldner kann gem. § 199 IO im Lauf des Insolvenzverfahrens, spätestens mit dem Antrag auf Annahme eines Zahlungsplans, die Durchführung eines **Abschöpfungsverfahrens mit Tilgungsplan oder mit Abschöpfungsplan** beantragen. Der Schuldner hat in den Tilgungsplan die Erklärung aufzunehmen, dass er den pfändbaren Teil seiner Forderungen auf Einkünfte aus einem Arbeitsverhältnis oder auf sonstige wiederkehrende Leistungen mit Einkommensersatzfunktion für die Zeit von drei Jahren nach Eintritt der Rechtskraft des Beschlusses, mit dem das Abschöpfungsverfahren eingeleitet wird, an einen vom Gericht zu bestellenden Treuhänder abtritt. Bei einem Abschöpfungsplan hat der Schuldner die Erklärung nach dem ersten Satz mit einer **140a**

Frist von fünf Jahren aufzunehmen. Hat der Schuldner diese Forderungen bereits vorher an einen Dritten abgetreten oder verpfändet, so ist in der Erklärung darauf hinzuweisen.

140b Der **Zahlungsplan** setzt voraus, dass ihn mehr als die Hälfte der Gläubiger nach Kopf- und Kapitalstimmen annehmen (doppelte Mehrheit). Die Restschuldbefreiung wird – wenn keine Versagungsgründe vorliegen – von Gericht erteilt; einer Zustimmung der Gläubiger bedarf diese nicht. Ein **Schuldenschnitt unterbleibt,** wenn weder der Zahlungsplan angenommen noch im Rahmen des Abschöpfungsverfahrens die Restschuldbefreiung erteilt wurde. Die Folgen entsprechen dann im Wesentlichen jenen einer Insolvenzaufhebung nach § 139 IO.

III. Verfahrensbeteiligte und deren Aufgaben, Rechte und Pflichten

1. Schuldner

141 a) **Rechte.** Die IO enthält eine Reihe unterschiedlicher **Anhörungs-, Teilnahme- und Äußerungsrechte** des Schuldners – mit Einführung der IO wurde der Begriff des „Gemeinschuldners" durch den des „Schuldners" ersetzt – hinsichtlich in Aussicht genommener Verwaltungs- und Verwertungsmaßnahmen (zB §§ 89 Abs. 3, 105 Abs. 1 und 4, 114 Abs. 1 lS, 114b Abs. 2, 118, 121 Abs. 3, 122 Abs. 3 IO). Zu diesem Zweck darf der Schuldner an den Versammlungen der Insolvenzgläubiger bzw. Gläubigerversammlungen, wie etwa der Berichts- oder Rechnungslegungstagsatzung, teilnehmen. Ein Sanierungsplan setzt stets einen entsprechenden **Antrag** des Schuldners voraus (vgl. §§ 114c, 140, 164 IO). Zudem kommt dem Schuldner das allgemeine Beschwerderecht gegen die Geschäftsführung durch den Insolvenzverwalter zu (§ 84 Abs. 3 IO). Auch ist er zur Stellung eines Enthebungsantrags gegen den Insolvenzverwalter gem. § 87 IO befugt.

142 In zahlreichen bedeutenden Angelegenheiten, wie der Schließung oder Nichtwiedereröffnung des Unternehmens (§ 115 IO (so BPB/Lovrek IV KO § 115 Rn. 53; abw. Konecny/Schubert/Riel KO/IO § 115 Rn. 72)) oder der Entscheidung über eine Freigabe (§ 119 Abs. 5 IO (BPB/Kodek KO IV § 119 Rn. 215; Konecny/Schubert/Riel KO/IO § 119 Rn. 62; Nunner, Die Freigabe von Konkursvermögen, 1998, 207; OGH SZ 67/98; SZ 69/124; 8 Ob 142/10f; 8 Ob 73/11k; 8 Ob 104/11v; 8 Ob 36/15z; 8 Ob 37/15x; 8 Ob 30/18x; 8 Ob 65/19w; 8 Ob 20/20d; 8 Ob 52/20k), wird ihm ein **Rekursrecht** gegen Beschlüsse des Gerichts zugebilligt. Der Schuldner kann ferner gem. § 105 Abs. 4 IO die Richtigkeit einer angemeldeten Forderung bestreiten, doch kommt seiner Bestreitung keine rechtliche Wirkung für die Insolvenz zu (§ 109 Abs. 2 IO). Sie verhindert nur, dass der Auszug aus dem Anmeldeverzeichnis nach Insolvenzaufhebung die Wirkung eines Exekutionstitels ausweist.

143 b) **Pflichten.** Gemäß § 99 IO ist der Schuldner – in der Gesellschaftsinsolvenz jedes geschäftsführungsbefugte Organ auch noch nach Beendigung des organschaftlichen Mandats (Konecny/Schubert/Hierzenberger/Riel KO/IO § 99 Rn. 3, 4; OGH ecolex 1995, 493) – verpflichtet, dem Insolvenzverwalter alle zur Geschäftsführung notwendigen Aufklärungen zu erteilen. Die **Auskunftspflicht** des Schuldners korreliert mit der in § 81a IO geregelten Pflicht des Insolvenzverwalters zur Ermittlung der für die Durchführung des Insolvenzverfahrens notwendigen Informationen (Konecny/Schubert/Hierzenberger/Riel KO/IO § 99 Rn. 1). Sie besteht nur im Verhältnis zum Insolvenzverwalter (Petschek/Reimer/Schiemer 187, 207; Konecny/Schubert/Hierzenberger/Riel KO/IO § 99 Rn. 6). Ferner ergibt sich aus § 100 IO, dass der Schuldner vor Insolvenzeröffnung dem Insolvenzgericht ein genaues **Vermögensverzeichnis** (zu dessen Inhalt s. § 100a IO) zu überreichen hat. Dieses ist eigenhändig zu unterschreiben; gleichzeitig hat sich der Schuldner bereit zu erklären, vor dem Insolvenzgericht zu unterfertigen, dass seine Angaben über Aktiv- und Passivbestand richtig und vollständig sind und dass er von seinem Vermögen nichts verschwiegen hat. Sobald der Aktivstand durch das Inventar richtiggestellt ist, hat der Schuldner das Vermögensverzeichnis vor dem Insolvenzgericht auf Antrag des Insolvenzverwalters oder eines Insolvenzgläubigers bzw. auf Anordnung des Insolvenzgerichts zu unterfertigen. Kommt der Schuldner diesen Pflichten nicht nach, erfolgt die **zwangsweise Durchsetzung** gem. § 101 IO durch das Insolvenzgericht.

2. Insolvenzgericht

144 Das österreichische Insolvenzverfahren ist von der **Gerichtsherrschaft** geprägt. Mit der Amtsannahme steht der Insolvenzverwalter unter der Aufsicht des Insolvenzgerichts (§ 84 IO), die sich nicht nur auf die Rechtmäßigkeit, sondern auch die Zweckmäßigkeit des Verwalterhandelns erstreckt (vgl. nur Chalupsky/Ennöckl in Bertl/Mandl/Mandl, Handbuch für Wirtschaftstreuhän-

der, 1989, 490; BPB/Chalupsky/Duursma-Kepplinger KO III § 84 Rn. 5; OGH ZIK 1997, 24). Diese endet erst, wenn keine Pflichten aus der Geschäftsführung mehr bestehen. Insofern ist das Gericht auch nach Enthebung des Verwalters noch befugt, diesem die Herausgabe Unterlagen oder Massebestandteilen aufzutragen (Konecny/Schubert/Hierzenberger/Riel KO/IO § 84 Rn. 17; OGH EvBl 1997/8). Das Insolvenzgericht hat die gesamte Tätigkeit des Insolvenzverwalters zu überwachen und kann ihm zu diesem Zweck schriftlich oder mündlich **Weisungen** erteilen, Berichte und Aufklärungen anordnen, Rechnungen oder sonstige Schriftstücke einsehen und die erforderlichen Erhebungen vornehmen (eing. zu den Aufsichtsmitteln BPB/Chalupsky/Duursma-Kepplinger KO III § 84 Rn. 7 ff.; Konecny/Schubert/Hierzenberger/Riel KO/IO § 84 Rn. 7 ff.). Zumal es sich bei der Insolvenzverwaltung um eine eigenverantwortliche Tätigkeit des Verwalters handelt und eine kleinliche **Überwachung** mit einer effizienten Insolvenzabwicklung im Widerspruch stünde, haben sich die Aufsichtsmaßnahmen des Gerichts insbesondere durch Weisungserteilung auf ein Maß zu beschränken, welches nicht zu einer Lähmung wirtschaftlicher Initiativen führt (BPB/Chalupsky/Duursma-Kepplinger KO III § 84 Rn. 5; OGH SZ 69/170; AnwBl 2003, 7858; restriktive Linie bei Duursma-Kepplinger Haftungsordnung I 398 ff., Haftungsordnung III 80 ff., 553 ff.). Entscheidungen des Insolvenzgerichts stellen hoheitliche Akte dar. Sie ergehen regelmäßig in Beschlussform.

Mit § 84 Abs. 1 IO wird kein bloßes Überwachungsrecht des Insolvenzgerichts, sondern eine **145** korrespondierende Pflicht begründet, deren Verletzung **Amtshaftungsansprüche** nach dem AHG (dazu Schwimann/Mader, Praxiskommentar zum Allgemeinen Bürgerlichen Gesetzbuch samt Nebengesetzen, 3. Aufl. 2005 ff., AHG passim; Schragel, Kommentar zum Amtshaftungsgesetz, 3. Aufl. 2003, AHG passim) auslösen kann. Die bedeutendsten Amtshaftungspotenziale resultieren aus der Entscheidung über die Unternehmensfortführung (§ 115 IO) sowie den Fällen der §§ 116, 117, 119 Abs. 5 IO). Reichweite und Intensität der gerichtlichen Überwachung bestimmen sich nach Größe und Bedeutung der Insolvenz; laufende Überwachung ist nicht mit der vorbeugenden Kontrolle jeder einzelnen Verwaltungsmaßnahme gleichzusetzen. Es reichen vielmehr, sofern keine konkreten Verdachtsmomente – etwa aufgrund von substantiierten Beschwerden gem. § 84 Abs. 3 IO – bestehen, in der Regel periodische Prüfungen aus (Duursma-Kepplinger Haftungsordnung I 398 ff., Haftungsordnung III 553 ff.).

Sofern der Insolvenzverwalter seinen Pflichten nicht oder nicht rechtzeitig nachkommt, kann **146** ihn das Insolvenzgericht zur Erfüllung seiner Pflichten durch **Geldstrafen** anhalten und in dringenden Fällen auf seine Kosten und Gefahr zur Besorgung einzelner Geschäfte einen besonderen Verwalter (**Ersatzvornahme-Verwalter**) bestellen (§ 84 Abs. 2 IO). Ein ausreichend bestimmter, dem Insolvenzverwalter eine individualisierte Leistung auftragender Weisungsbeschluss des Insolvenzgerichts stellt einen Exekutionstitel dar (Chalupsky/Ennöckl/Holzapfel, Handbuch des österreichischen Insolvenzrechts, 1986, 213; Konecny/Schubert/Hierzenberger/Riel KO/IO § 84 Rn. 11). Die Durchsetzung dieser Zwangsmaßnahmen erfolgt in einem besonderen Vollstreckungsverfahren (hierzu BPB/Chalupsky/Duursma-Kepplinger KO III § 84 Rn. 35 ff.).

3. Insolvenzverwalter

a) Begriff. Insolvenzverwalter ist ein Überbegriff. Er erfasst den Masseverwalter und den **147** Sanierungsverwalter. Als **Masseverwalter** bezeichnet die IO den Insolvenzverwalter im Konkursverfahren und im Sanierungsverfahren ohne Eigenverwaltung. Dem Masseverwalter kommen aufgrund des mit diesen Verfahrensarten verbundenen Verlusts der Verfügungsbefugnis des Schuldners umfassende Kompetenzen zu. Er ist sowohl zur Vornahme von Rechtshandlungen im gewöhnlichen wie im außergewöhnlichen Geschäftsbetrieb als auch zur Wahrnehmung aller speziell insolvenzrechtlichen Agenden befugt. Seine Vertretungsbefugnis ist nur in wenigen Fällen (§ 117 IO, § 83 Abs. 1 IS IO) eingeschränkt. Als **Sanierungsverwalter** wird der Insolvenzverwalter im Sanierungsverfahren mit Eigenverwaltung bezeichnet. Infolge des Umstands, dass der Schuldner nur zur Vornahme aller Rechtshandlungen des gewöhnlichen Geschäftsbetriebs berechtigt ist, reichen seine Befugnisse weniger weit (§§ 177 f. IO).

b) Auswahl. Seit dem IRÄG 1982 obliegt die Bestellung des Insolvenzverwalters ausschließlich **148** dem **Insolvenzgericht.** Vorschlagsrechte seitens des Schuldners oder einzelner Gläubiger oder Gläubigerschutzverbände sieht das Gesetz nicht vor; vielmehr könnten derartige Vorschläge eher geeignet sein, die von § 80b IO geforderte Unabhängigkeit des Vorgeschlagenen in Zweifel zu ziehen. Bei Ablehnung der Übernahme der Tätigkeit, Enthebung oder sonstigen Wegfalls des Insolvenzverwalters ist unverzüglich ein neuer Insolvenzverwalter zu bestellen.

Zum Insolvenzverwalter ist eine **unbescholtene, verlässliche und geschäftskundige Person 149** zu bestellen, die Kenntnisse im Insolvenz- und Sanierungswesen hat (§ 80 Abs. 1 und 2 IO).

Internationales Insolvenzrecht – Österreich

In Insolvenzverfahren, die Unternehmen betreffen, muss die in Aussicht genommene Person ausreichende Fachkenntnisse des Wirtschaftsrechts oder der Betriebswirtschaft haben oder eine erfahrene Persönlichkeit des Wirtschaftslebens sein. Der Insolvenzverwalter erhält eine Bestellungsurkunde (§ 80 Abs. 1–4 IO).

150 Gemäß § 80a IO muss das Insolvenzgericht eine für den jeweiligen Einzelfall **geeignete Person** auszuwählen, die eine zügige Durchführung des Insolvenzverfahrens gewährleistet. Dabei hat das Gericht insbesondere das Vorhandensein einer hinreichenden Kanzleiorganisation, einer zeitgemäßen technischen Ausstattung und einer Deckung durch eine Haftpflichtversicherung, ferner Berufserfahrung, Ausbildung (vgl. auch § 15 IEG) und Belastung mit anhängigen Insolvenzverfahren zu berücksichtigen. Erfüllt keine der in die Insolvenzverwalterliste aufgenommenen Personen diese Anforderungen oder ist keine bereit, die Insolvenzverwaltung zu übernehmen, oder ist eine besser geeignete, zur Übernahme bereite Person nicht in die Liste eingetragen, so kann das Insolvenzgericht eine andere geeignete Person auswählen.

151 Im Zuge der InsNov 2002 wurden im Rahmen des neu eingefügten § 80b IO zur Bekämpfung des Insolvenzmissbrauchs sehr strenge **Unabhängigkeitskriterien** für den Insolvenzverwalter normiert (krit. hierzu BPB/Chalupsky/Duursma-Kepplinger KO III § 80 Rn. 53 ff.). Dieser muss vom Schuldner und von den Gläubigern unabhängig sein. Er darf kein naher Angehöriger (§ 32 IO) und kein Konkurrent des Schuldners und auch nicht in einem vorangegangenen Reorganisationsverfahren nach dem URG Reorganisationsprüfer gewesen sein. Der Insolvenzverwalter hat Umstände, die geeignet sind, seine Unabhängigkeit in Zweifel zu ziehen, unverzüglich dem Insolvenzgericht anzuzeigen.

152 Ist der **Insolvenzverwalter eine juristische Person** (§ 80 Abs. 5 IO), so hat der Insolvenzverwalter das Vorliegen von die Unabhängigkeit in Zweifel ziehender Umstände auch hinsichtlich der Gesellschafter, der zur Vertretung nach außen berufenen sowie der maßgeblich an dieser juristischen Person beteiligten Personen bekannt zu geben. Die bekannt gegebenen Umstände sind in der ersten Gläubigerversammlung zu erörtern; bei späterer Bekanntgabe in einer zu diesem Zweck einberufenen Gläubigerversammlung.

153 **c) Rechtsstellung.** Zur Erklärung der Rechtsstellung des Insolvenzverwalters und der Rechtsnatur der Masse haben sich in Lehre und Rechtsprechung unterschiedliche Theorien herausgebildet (eingehende Darstellung bei Duursma-Kepplinger Haftungsordnung I 113 ff. mwN; Riel, Die Befugnisse des Masseverwalters im Zivilverfahrensrecht, 1995, 3 ff.; Shamiyeh 9 ff.; BPB/Chalupsky/Duursma-Kepplinger KO III § 81 Rn. 1 ff.; Bachmann, Befriedigung der Masseforderungen, 1993, 5 ff.). In Schrifttum und Rechtsprechung werden insbesondere Organtheorie (Shamiyeh 23 ff., 29; BPB/Chalupsky/Duursma-Kepplinger KO III § 81 Rn. 17 ff., 28; Konecny/Schubert/Hierzenberger/Riel KO/IO § 85 Rn. 1 ff.; BPB/Chalupsky/Duursma-Kepplinger KO § 85 Rn. 1 ff.; OGH ZIK 2001/212), Gemeinschuldnervertretertheorie (Wegan, Österreichisches Insolvenzrecht, 1973, 14 f.; Skedl FS Wach, 1913, III 225, 267 ff.) und Kombinationsmodelle (Bartsch/Pollak[3], Konkurs-, Ausgleichs-, Anfechtungsordnung und deren Einführungsverordnung, Geschäftsaufsichtsgesetz, Bd. I, 1937, 399 ff.; zust. Riel, Die Befugnisse des Masseverwalters im Zivilverfahrensrecht, 1995, 19 ff.; Konecny/Schubert/Hierzenberger/Riel KO/IO § 80 Rn. 45 f.) vertreten; die in Deutschland herrschende Amtstheorie zählt in Österreich keine Anhänger. Als herrschendes Modell kann die **Organtheorie** bezeichnet werden, welche die Masse als Rechtsträger (juristische (Teil)Person) und den Insolvenzverwalter als ihr Organ – teils wird vom gesetzlichen Vertreter gesprochen – betrachtet (arg. §§ 20 Abs. 1, 27, 39 Abs. 1, 40, 46 f., 81 Abs. 2, 124a, 138 Abs. 2 IO, § 60 KO/IO in der Fassung vor InsNov 2002; §§ 63 Abs. 2, 373 Abs. 2 öZPO und § 10 Nr. 4 lit. a GGG idF BGBl. Nr. 10/1991; §§ 41 Abs. 1 Nr. 4, 44 GewO (in diesem Sinn zB Bachmann, Befriedigung der Masseforderungen, 1993, 8 ff., 140; Duursma-Kepplinger Haftungsordnung I 194 ff., insbesondere 255 ff.).

154 **d) Insolvenzverwalter-Stellvertreter, besondere Verwalter.** Aus Zweckmäßigkeitsgründen kann vom Insolvenzgericht gem. § 85 IO ein **Stellvertreter des Insolvenzverwalters** bestellt werden, der ihn im Falle der länger dauernden Verhinderung zu vertreten hat (näheres bei Konecny/Schubert/Hierzenberger/Riel KO/IO § 85 Rn. 1 ff.; BPB/Chalupsky/Duursma-Kepplinger KO § 85 Rn. 1 ff.).

155 Die IO sieht **kein kollektives Verwaltersystem** vor (näheres bei BPB/Chalupsky/Duursma-Kepplinger KO III § 86 Rn. 1 ff.; Holzapfel RdW 1992, 299 ff.; Jelinek RdW 1984, 330 ff.), doch eröffnet § 86 IO die Möglichkeit zur Bestellung eines oder mehrerer **besonderer Verwalter**. Im Rahmen der InsNov 2002 wurden die Voraussetzungen zur Einsetzung besonderer Verwalter iSv § 86 Abs. 1 Nr. 1 IO erweitert. Danach kann das Insolvenzgericht, wenn es der Umfang des Geschäfts erfordert, dem Insolvenzverwalter entweder für **bestimmte Zweige der Verwaltung**, insbesondere für die Verwaltung von unbeweglichem Vermögen oder für **einzelne Tätigkeiten**,

Internationales Insolvenzrecht – Österreich

insbesondere für solche, die besonderer Kenntnisse oder Fähigkeiten bedürfen, besondere Verwalter beigeben. Ferner sieht § 86 Abs. 1 Nr. 2 IO die Möglichkeit zur Bestellung eines besonderen Verwalters zur Überbrückung der mangelnden Unabhängigkeit iSv § 80b Abs. 2 Nr. 2 IO des Insolvenzverwalters gegenüber einem Gläubiger vor.

Die dem besonderen Verwalter zu übergebende Bestellungsurkunde hat ebenso wie die öffentliche Bekanntmachung den Geschäftsbereich, für welchen er eingesetzt ist, genau zu umschreiben (Jelinek RdW 1984, 330 (334)). Der besondere Verwalter ist im Firmenbuch einzutragen (§ 77a Abs. 1 Nr. 5 IO). Innerhalb seines Geschäftskreises ist der besondere Verwalter ebenso wie der Insolvenzverwalter organschaftlicher Vertreter der Masse und vom Insolvenzverwalter unabhängig, mithin auch nicht dessen Weisungen unterworfen (Petschek/Reimer/Schiemer 179; Konecny/Schubert/Hierzenberger/Riel KO/IO § 86 Rn. 6; BPB/Chalupsky/Duursma-Kepplinger KO III § 86 Rn. 20, 24). Entgegen der hA beschränkt die Bestellung des besonderen Verwalters nicht die Vertretungsmacht des Insolvenzverwalters, sondern nur dessen Geschäftsführungsbefugnis (eing. Duursma-Kepplinger Haftungsordnung II 197 ff.; aA Konecny/Schubert/Hierzenberger/Riel KO/IO § 83 Rn. 14, § 86 Rn. 6 f.). **156**

Die **Rechte und Pflichten** des Insolvenzverwalter-Stellvertreters (§ 85 IO) sowie des besonderen Verwalters iSv § 86 IO richten sich innerhalb ihres Geschäftskreises nach den für den Insolvenzverwalter geltenden Bestimmungen. **157**

Vom besonderen Verwalter nach § 86 IO ist der **Ersatzvornahme-Verwalter iSv § 84 Abs. 2 IO** zu unterscheiden, der bloß der Überbrückung der Säumnis des Insolvenzverwalters dient und sohin weder dessen Geschäftsführungsbefugnis noch Vertretungsmacht beschränkt; für Pflichtverletzungen des Ersatzvornahme-Verwalters haften der Insolvenzverwalter und der Ersatzvornahme-Verwalter dem Geschädigten solidarisch (BPB/Chalupsky/Duursma-Kepplinger KO III § 84 Rn. 34). **158**

e) Aufgaben des Masseverwalters und Sanierungsverwalters. Während der **Sanierungsverwalter** im Sanierungsverfahren mit Eigenverwaltung nur einen verhältnismäßig eingeschränkten Aufgaben- und Pflichtenkreis hat (§§ 177 f. IO), obliegt dem **Masseverwalter** die **wirtschaftliche Insolvenzabwicklung.** Er hat das zur Insolvenzmasse gehörige Vermögen zu verwalten und zu verwerten. Geld, das zur Berichtigung der Masseforderungen nicht benötigt wird, hat er bis zur Verteilung sicher anzulegen (§ 114 IO). Gemäß § 81a IO hat er sich unverzüglich genaue Kenntnis über die wirtschaftliche Lage, die bisherige Geschäftsführung, die Ursachen des Vermögensverfalls, das Ausmaß der Gefährdung von Arbeitsplätzen, das Vorliegen von Haftungserklärungen Dritter und alle für die Entschließung der Gläubiger wichtigen Umstände zu verschaffen. Ferner hat er unverzüglich den Stand der Masse zu ermitteln, für die Einbringung und Sicherstellung der Aktiven sowie für die Feststellung der Schulden, insbesondere durch Prüfung der angemeldeten Ansprüche, zu sorgen, Rechtsstreitigkeiten, welche die Masse ganz oder teilweise betreffen, zu führen und zu klären, ob das Unternehmen fortzuführen oder wiederzueröffnen ist. Bis spätestens zur Berichtstagsatzung ist zu untersuchen, ob eine Unternehmensfortführung möglich ist und ob ein Sanierungsplan dem gemeinsamen Interesse der Insolvenzgläubiger entspricht und ob dessen Erfüllung voraussichtlich erfüllbar sein wird (weiterführend Konecny/Schubert/Hierzenberger/Riel KO/IO §§ 81, 81a Rn. 2 ff.; BPB/Chalupsky/Duursma-Kepplinger KO III § 81 Rn. 29 ff., § 81a Rn. 3 ff.; BPB/Kodek KO § 114 Rn. 1 ff.). **159**

Die **Befugnisse** des **Sanierungsverwalters** werden in § 177 IO geregelt. Danach ist er im Verhältnis zu Dritten zu allen Rechtsgeschäften und Rechtshandlungen befugt, welche die Erfüllung der mit seinen Aufgaben verbundenen Obliegenheiten mit sich bringt, soweit nicht das Insolvenzgericht im einzelnen Fall eine Beschränkung der Befugnisse verfügt und dem Dritten bekanntgegeben hat. Der Sanierungsverwalter hat die durch den Gegenstand seiner Geschäftsführung gebotene Sorgfalt (§ 1299 ABGB) anzuwenden; § 81 Abs. 2 und 3 IO gilt entsprechend. **160**

Die **Aufgaben** des Sanierungsverwalters sind in § 178 IO niedergelegt. Der Sanierungsverwalter hat die Überprüfung der wirtschaftlichen Lage des Schuldners unverzüglich nach seiner Bestellung zu beginnen und die Geschäftsführung des Schuldners sowie die Ausgaben für dessen Lebensführung zu überwachen. Der Sanierungsverwalter hat spätestens bis zur ersten Gläubigerversammlung, sofern keine gesonderte erste Gläubigerversammlung stattfindet, bis zur Berichtstagsatzung über die wirtschaftliche Lage des Schuldners und darüber zu berichten, ob (1) der Finanzplan eingehalten werden kann, (2) der Sanierungsplan erfüllbar ist und (3) Gründe zur Entziehung der Eigenverwaltung vorliegen. Abschriften schriftlicher Berichte des Sanierungsverwalters sind den Mitgliedern des Gläubigerausschusses und erforderlichenfalls den Gläubigern zu übersenden. Dritte können sich gegenüber dem Sanierungsverwalter auf eine zugunsten des Schuldners bestehende Verpflichtung zur Verschwiegenheit nicht berufen, soweit der Schuldner der Einholung von Auskünften durch den Sanierungsverwalter zugestimmt oder auf Antrag des Sanierungsverwalters das **161**

Internationales Insolvenzrecht – Österreich

Gericht die mangelnde Zustimmung mit Beschluss ersetzt hat. Die mangelnde Zustimmung darf nur ersetzt werden, wenn der Sanierungsverwalter ein rechtliches Interesse an der Auskunft glaubhaft macht. Gegen den Beschluss, mit dem die mangelnde Zustimmung ersetzt wird, ist kein Rechtsmittel zulässig.

162 Der Masseverwalter hat gem. § 81 Abs. 1 IO die durch den Gegenstand seiner Geschäftsführung gebotene **Sorgfalt** (§ 1299 ABGB) anzuwenden (hierzu zB BPB/Chalupsky/Duursma-Kepplinger KO III § 81 Rn. 199; Konecny/Schubert/Hierzenberger/Riel KO/IO §§ 81, 81a Rn. 27; Shamiyeh 153 ff., 156 ff.; Reisch in Koller/Lovrek/Spitzer, IO, 2019, IO §§ 81, 81a Rn. 19; OGH SZ 59/35; SZ 59/196; ZIK 1997, 24). Gegenüber den Sonderinteressen einzelner Beteiligter verhält ihn § 81 Abs. 2 IO, die **gemeinsamen Interessen** zu wahren (dazu Duursma-Kepplinger Haftungsordnung III 401 ff.; mit Abweichungen Konecny/Schubert/Hierzenberger/Riel KO/IO §§ 81, 81a Rn. 9). Der Insolvenzverwalter hat die ihm zugewiesenen Tätigkeiten selbst auszuüben. Für einzelne Tätigkeiten, insbesondere die Prüfung der Bücher, die Schätzung des Anlage- und Umlaufvermögens und die vorausschauende Beurteilung der Erfolgsaussichten einer Unternehmensfortführung kann er **Dritte mit Zustimmung des Gerichtes** heranziehen. Diese darf nur erteilt werden, wenn die betreffende Tätigkeit besondere Schwierigkeiten bietet, der zu Betrauende zur Erfüllung der Aufgabe geeignet und verlässlich ist und eine wesentliche Schmälerung der Masse nicht zu gewärtigen ist (§ 81 Abs. 4 IO). Die zulässige Beiziehung solcher Gehilfen reduziert die Haftung des Insolvenzverwalters auf bloßes Auswahlverschulden (ausführlichst Duursma-Kepplinger Haftungsordnung III 823 ff., insbesondere 834 ff., 844 f.; weiters Chalupsky/Ennöckl in Bertl/Mandl/Mandl, Handbuch für Wirtschaftstreuhänder, 1989, 513 ff.; BPB/Chalupsky/Duursma-Kepplinger KO III § 81 Rn. 227 ff.).

163 Gemäß § 81 Abs. 1 iVm §§ 121 ff. IO muss der Insolvenzverwalter dem Insolvenzgericht gegenüber auf jedesmalige Anordnung und nach Abschluss seiner Tätigkeit genaue Rechnung legen. Bei dieser **insolvenzrechtlichen Rechnungslegung** handelt es sich um eine Dokumentation der Verwaltungshandlungen in Bezug auf die Masse, welche in Form einer Einnahmen-Ausgaben-Rechnung ergänzt um einen umfassenden Tätigkeitsbericht zu erfolgen hat (s. nur Konecny/Schubert/Hierzenberger/Riel KO/IO §§ 81, 81a Rn. 7; BPB/Chalupsky/Duursma-Kepplinger KO III § 81 Rn. 58; Feldbauer-Durstmüller/Schlager/Fraberger/Kristen 687, 689; OGH SZ 69/123). Über die Rechnung entscheidet das Insolvenzgericht nach Behandlung allfälliger Bemängelungen seitens des Schuldners, einzelner Insolvenzgläubiger bzw. Mitglieder des Gläubigerausschusses oder Massegläubiger mit unanfechtbarem Beschluss (näheres bei BPB/Kodek KO §§ 121, 122 Rn. 1 ff.; Konecny/Schubert/Riel KO/IO § 121 Rn. 1 ff., § 122 Rn. 1 ff.); eine gänzliche **Entlastung** von Schadenersatzansprüchen ist damit nach zutreffender Ansicht nicht verbunden (str; für partielle Entlastung Duursma-Kepplinger Haftungsordnung III 501 ff.; Konecny/Lovrek, Insolvenz-Forum 2006, 105 (111 f.); weitergehend noch BPB/Kodek KO §§ 121, 122 Rn. 48 ff.; gegen Entlastung Konecny/Schubert/Hierzenberger/Riel KO/IO §§ 81, 81a Rn. 34 f.). Strikt davon zu trennen ist die Frage, ob der Insolvenzverwalter in der Insolvenz verpflichtet ist, die **unternehmensrechtlichen Rechnungslegungs- und Offenlegungspflichten** wahrzunehmen (vgl OGH 6 Ob 25/01x; 6 Ob 154/05y). In OGH 7.11.2007 – 6 Ob 246/07f wurde dies bejaht (= GeS 2007, 191 mAnm Zehetner); so auch Fraberger ZIK 2002, 56; Bertl/Fraberger RWZ 2002, 68; Duursma-Kepplinger Haftungsordnung I 529 ff.; teilweise ablehnend noch BPB/Chalupsky/Duursma-Kepplinger KO III § 81 Rn. 61 f.; Kepplinger RdW 2000/566; Reisch in Koller/Lovrek/Spitzer, IO, 2019, IO §§ 81, 81a Rn. 42, jedenfalls bei Unternehmensfortführung; aA Konecny/Schubert/Riel KO/IO § 121 Rn. 47 ff.); zudem entspricht es der Rechtsprechung, dass der Insolvenzverwalter gem. § 24 Abs. 2 FBG mit Zwangsstrafen zur Einhaltung der Offenlegungspflichten angehalten werden kann (OGH SZ 74/58; Riel/Zehetner ZIK 2001/185; Kodek/Nowotny/Umfahrer/Kodek, Firmenbuchgesetz, 2005, FBG § 24 Rn. 32).

164 f) **Schadenersatzrechtliche Haftung des Insolvenzverwalters.** Gemäß § 81 Abs. 3 IO ist der Insolvenzverwalter „allen Beteiligten" für „Vermögensnachteile, die er ihnen durch pflichtwidrige Führung seines Amtes verursacht, verantwortlich". Obgleich § 81 Abs. 3 IO allgemein von Amtspflichten spricht, schränken hA und stRspr seine Haftung auf die Verletzung „**insolvenzspezifischer**" **Pflichten** ein (für viele Konecny/Schubert/Hierzenberger/Riel KO/IO §§ 81, 81a Rn. 14; BPB/Chalupsky/Duursma-Kepplinger KO III § 81 Rn. 99; Shamiyeh 78; Riel ecolex 1997, 484 ff.; Konecny/Lovrek, Insolvenz-Forum 2006, 105 (106 f.); Schwimann/Harrer, Praxiskommentar zum Allgemeinen Bürgerlichen Gesetzbuch samt Nebengesetzen, 3. Aufl. 2005 ff., ABGB § 1300 Rn. 100; Reisch in Koller/Lovrek/Spitzer, IO, 2019, IO §§ 81, 81a Rn. 7; OGH ZIK 1997, 24; ZIK 2007, 287; krit. Duursma-Kepplinger Haftungsordnung III 185 ff., 199 ff., 385 ff., 546 ff.; Haftungsordnung IV 52 ff., 208 ff., 332 ff., 440 ff., 484 ff., 561 ff.). Zu den „Beteiligten" zählen nach hM alle Personen, „deren Rechtsstellung einschließlich ihres wirtschaftlichen

Internationales Insolvenzrecht – Österreich

Gehalts von der Gestaltung des Insolvenzverfahrens beeinflusst wird, sofern der Insolvenzverwalter bei seinen Handlungen oder Unterlassungen zur Verhütung ihrer Schädigung verpflichtet erscheint" bzw. „alle Personen, denen gegenüber der Insolvenzverwalter insolvenzspezifische Pflichten zu erfüllen hat und die daher einen Rechtsanspruch auf ein entsprechendes pflichtgemäßes Verhalten des Insolvenzverwalters haben" (mit Unterschieden im Detail Petschek/Reimer/Schiemer 171; Welser NZ 1984, 92 (97); Konecny/Schubert/Hierzenberger/Riel KO/IO §§ 81, 81a Rn. 15; BPB/Chalupsky/Duursma-Kepplinger KO III § 81 Rn. 100; Dellinger/Oberhammer, Insolvenzrecht, 2. Aufl. 2004, Rn. 130; OGH EvBl 1975/138; RdW 1998/343; ecolex 1999, 685; AnwBl 2003, 7858 (Duursma-Kepplinger); ZIK 2007, 287; abw. Duursma-Kepplinger Haftungsordnung III 298 ff., 355 ff., 385 ff., 794 ff.). Mit Zugrundelegung dieses **materiellrechtlichen Beteiligtenbegriffs** hat dieser im Effekt seine eigenständige Bedeutung verloren und bestimmt sich die Beteiligtenstellung einer Person iSv § 81 Abs. 3 IO praktisch ausschließlich aus den ihr gegenüber bestehenden insolvenzspezifischen Pflichten. Nach hM wird zwischen Insolvenzverwalter und Beteiligten infolge dessen Betrauung mit der Insolvenzabwicklung eine Sonderbeziehung begründet (Koziol JBl 1994, 209 (218); Konecny/Schubert/Hierzenberger/Riel KO/IO §§ 81, 81a Rn. 11 f.; BPB/Chalupsky/Duursma-Kepplinger KO III § 81 Rn. 94 ff.; differenzierend Duursma-Kepplinger Haftungsordnung III 355 ff., 794 ff.). Zumal die daraus resultierenden erhöhten Einflussmöglichkeiten auf die Sphäre anderer, jenen bei rechtsgeschäftlichem Kontakt entsprächen und der Verwalter für seine Tätigkeit ein Honorar beziehe, die Übernahme der Aufgaben somit in dessen eigenem wirtschaftlichen Interesse liege, kämen die Grundsätze über die **Vertragshaftung** zur Anwendung (Koziol JBl 1994, 209 (218); Shamiyeh 48; Reisch in Koller/Lovrek/Spitzer, IO, 2019, IO §§ 81, 81a Rn. 5 f.; differenzierend Duursma-Kepplinger Haftungsordnung III 231 ff., 298 ff., 785 ff.). Den Insolvenzverwalter treffen mithin gegenüber den Beteiligten besondere Schutzpflichten, deren fahrlässige Verletzung seine Ersatzpflicht begründet (für viele Reisch in Koller/Lovrek/Spitzer, IO, 2019, IO §§ 81, 81a Rn. 7). Die Gehilfenzurechnung richtet sich nach § 1313a ABGB und gilt die Beweislastumkehr entsprechend § 1298 ABGB (Welser NZ 1984, 92 (95 f.); Koziol JBl 1994, 209 (218 f.); Riel ecolex 1997, 484; Konecny/Schubert/Hierzenberger/Riel KO/IO §§ 81, 81a Rn. 12; BPB/Chalupsky/Duursma-Kepplinger KO III § 81 Rn. 95; Reisch in Koller/Lovrek/Spitzer, IO, 2019, IO §§ 81, 81a Rn. 7; gegen eine Anwendung des § 1298 ABGB Rummel/Reischauer, Kommentar zum Allgemeinen Bürgerlichen Gesetzbuch, 2. Aufl. 1992, ABGB § 1298 Rn. 25).

165 Zu den von hL und Rechtsprechung **anerkannten „Beteiligten"** gehören der Schuldner (zB Shamiyeh 62; Konecny/Schubert/Hierzenberger/Riel KO/IO §§ 81, 81a Rn. 16; BPB/Chalupsky/Duursma-Kepplinger KO III § 81 Rn. 103 ff.; Reisch in Koller/Lovrek/Spitzer, IO, 2019, IO §§ 81, 81a Rn. 9; OGH SZ 47/84; JBl 1963, 323; AnwBl 2003, 7858 (Duursma-Kepplinger)), die Insolvenzgläubiger (Shamiyeh 62 f.; Konecny/Schubert/Hierzenberger/Riel KO/IO §§ 81, 81a Rn. 17; BPB/Chalupsky/Duursma-Kepplinger KO III § 81 Rn. 108 ff.; Dellinger/Oberhammer, Insolvenzrecht, 2. Aufl. 2004, Rn. 130; Reisch in Koller/Lovrek/Spitzer, IO, 2019, IO §§ 81, 81a Rn. 10; OGH ZIK 2006, 66), die Massegläubiger (Petschek/Reimer/Schiemer 171; Welser NZ 1984, 92 (97); Shamiyeh 63 ff.; Konecny/Schubert/Hierzenberger/Riel KO/IO §§ 81, 81a Rn. 21 f.; BPB/Chalupsky/Duursma-Kepplinger KO III § 81 Rn. 112 ff.; Reisch in Koller/Lovrek/Spitzer, IO, 2019, IO §§ 81, 81a Rn. 14 f.; OGH SZ 60/201; SZ 64/48; ZIK 1997, 24; AnwBl 2003, 7858; ZIK 2005, 252; ZIK 2007, 287) sowie die Aus- (Shamiyeh 69 ff.; Konecny/Schubert/Hierzenberger/Riel KO/IO §§ 81, 81a Rn. 18 ff.; BPB/Chalupsky/Duursma-Kepplinger KO III § 81 Rn. 123 ff.; Reisch in Koller/Lovrek/Spitzer, IO, 2019, IO §§ 81, 81a Rn. 11 ff.; OGH SZ 63/138; ZIK 1999, 205) und Absonderungsberechtigten (Shamiyeh 62 ff.; Konecny/Schubert/Hierzenberger/Riel KO/IO §§ 81, 81a Rn. 18 ff.; BPB/Chalupsky/Duursma-Kepplinger KO III § 81 Rn. 120 ff.; OGH SZ 47/84; JBl 1987, 53; RdW 1998, 343; Zak 2007, 80). Beteiligtenstellung wurde weiters dem Einzelanfechtungsgläubiger (Petschek/Reimer/Schiemer 429; BPB/Chalupsky/Duursma-Kepplinger KO III § 81 Rn. 191; OGH AnwBl 1990, 653), dem Garanten im Sanierungsplan (Petschek/Reimer/Schiemer 171; Shamiyeh 73 f.; BPB/Chalupsky/Duursma-Kepplinger KO III § 81 Rn. 191), dem Fortführungsgaranten iSv § 115 Abs. 2 IO (Shamiyeh 74) und den Genossenschaftern in der Genossenschaftsinsolvenz (s. nur Petschek/Reimer/Schiemer 171; Welser NZ 1984, 92 (97)) zugesprochen. Weitestgehend anerkannt ist die Beteiligtenstellung der sog. Neumassegläubiger bei Unternehmensfortführung (bejahend Shamiyeh 86 ff.; Lentsch ZIK 2000, 49; Konecny/Schubert/Hierzenberger/Riel KO/IO §§ 81, 81a Rn. 25; BPB/Chalupsky/Duursma-Kepplinger KO III § 81 Rn. 147 ff.; OGH ZIK 1995, 55; ZIK 1997, 24; ZIK 1999, 169; verneinend Harrer in Aicher/Funk, Der Sachverständige im Wirtschaftsleben, 1990, 177, 194 f.; Duursma-Kepplinger Haftungsordnung III 266 ff., Haftungsordnung IV 298 ff.). **Umstritten** ist die Beteiligtenstellung des Prozessgegners der unzulänglichen Masse in Ansehung seines aufschiebend bedingten Prozesskostenersatzanspruchs (abl. OGH ZIK 2007, 287 und ZIK 2007, 333, allerdings unter Überspannung des § 1295 Abs. 2 ABGB; Duursma-Kepplinger Haftungsordnung IV 473 ff., 484 ff.; Shamiyeh 99 ff.; bejahend die hM Konecny/Schubert/Hierzenberger/Riel KO/IO §§ 81, 81a Rn. 22; BPB/Chalupsky/ Duursma-Kepplinger KO III § 81 Rn. 112, 114; Riel ZIK 2007, 246; Nunner-Krautgasser Zak 2007, 373) sowie jene des Gläubigers einer ausgeschlossenen Forderung (verneinend Shamiyeh 63; Konecny/Schubert/Hierzenberger/Riel KO/IO §§ 81, 81a Rn. 24; BPB/Chalupsky/Duursma-Kepplinger KO III § 81 Rn. 197; bejahend Welser NZ 1984, 92 (97)). **Verneint** wird die Beteiligtenstellung des Erstehers einer auf Antrag des Masseverwalters kridamäßig versteigerten Liegenschaft (Konecny/Schubert/Hierzenberger/Riel KO/IO §§ 81, 81a Rn. 24; BPB/Chalupsky/Duursma-Kepplinger KO III § 81 Rn. 197; Dellinger/Oberhammer, Insolvenzrecht, 2. Aufl. 2004, Rn. 131; OGH AnwBl 1990, 653; ZIK 1998, 131), des Zedenten (Petschek/Reimer/Schiemer 171), der dem Schuldner eine Forderung abgetreten hat oder der Gesellschafter der insolventen Kapitalgesellschaft (OGH EvBl 1975, 138; Konecny/Schubert/Hierzenberger/Riel KO/IO §§ 81, 81a Rn. 24; BPB/Chalupsky/Duursma-Kepplinger KO III § 81 Rn. 197; Reisch in Koller/Lovrek/Spitzer, IO, 2019, IO §§ 81, 81a Rn. 18).

166   g) **Entlohnung.** Das mit dem IVEG 1999 eingeführte **Entlohnungsrecht** (§§ 82 ff. IO) sieht, abgesehen von der Abgeltung von Spezialkenntnissen, die eine Beiziehung sachkundiger Dritter erspart, eine Pauschalentlohnung vor (RV 1589 BlgNR. 20. GP 12). Die Insolvenzverwalterentlohnung (hierzu Konecny/Riel, Entlohnung im Insolvenzverfahren, 1999, passim und BPB/Chalupsky/Duursma-Kepplinger KO III §§ 82 ff. passim sowie BPB/Kodek KO IV §§ 125, 125a passim) wird anhand eines **Baukastensystems** ermittelt (RV 1589 BlgNR. 20. GP 10). Die **Hauptbausteine** bilden die Regelentlohnung iSv § 82 IO, die Regelentlohnung bei Annahme eines Sanierungsplans iSv § 82a IO und die besondere Entlohnung für die Fortführung des Unternehmens iSv §§ 82a Abs. 3, 125a IO. Mit der Regelentlohnung gem. § 82 IO sind grundsätzlich die in jedem Insolvenzverfahren anfallenden Tätigkeiten abgegolten; als Bemessungsgrundlage fungiert der Verwertungserlös. Mit der Regelentlohnung iSv § 82a IO gelten alle durch die Annahme eines Sanierungsplans verursachten Tätigkeiten des Verwalters als abgegolten, wobei das Sanierungsplanerfordernis die Berechnungsgrundlage bildet. Diese tritt aber nicht an die Stelle der Regelentlohnung iSv § 82 IO, sondern steht dem Verwalter im Fall der Erzielung von Verwertungserlösen die Regelentlohnung iSv § 82 IO neben der Entlohnung bei Sanierungsplan iSv § 82a IO zu (vgl. nur BPB/Chalupsky/Duursma-Kepplinger KO III § 82 Rn. 4). Eine allfällige Unternehmensfortführung wird in beiden Konstellationen durch eine zusätzliche Entlohnung abgegolten. Nur für diese hat der Insolvenzverwalter einen Kostenvoranschlag vorzulegen, in dem er die erforderlichen Tätigkeiten und die voraussichtliche Entlohnung je Monat darzulegen hat (§ 125a Abs. 1 IO).

167   Als **Zusatzbausteine** sind die Entlohnung bei Verwertung einer Sondermasse gem. § 82d IO und sowie die Abgeltung von Spezialkenntnissen, welche eine Beiziehung sachkundiger Dritter erspart, anzuführen (Konecny/Riel, Entlohnung im Insolvenzverfahren, 1999, Rn. 63). Die Ermittlung der Regelentlohnungen (3.000 EUR) erfolgt jeweils in Stufen mit degressiven Prozentsätzen, um in Einzelfällen unangemessen hohe Entlohnungen zu vermeiden. Im unteren Bereich der Entlohnung soll die Angemessenheit durch höhere Prozentsätze und die Festsetzung einer Mindestentlohnung gewährleistet werden (RV 1589 BlgNR. 20. GP 10). Bei Abweichungen vom Normalfall sehen §§ 82b, 82c IO eine **Erhöhung oder Verminderung der Regelentlohnung** iSv § 82 IO bzw. § 82a IO vor. In der **Privatinsolvenz** beträgt die Entlohnung des Insolvenzverwalters mindestens 1.000 EUR (§ 191 Abs. 1 IO).

168   Die Insolvenzverwalterentlohnung setzt sich mithin aus folgenden **kumulativ** gebührenden Bausteinen zusammen (entnommen aus BPB/Chalupsky/Duursma-Kepplinger KO III § 82 Rn. 4):
- aus der die in **jedem Insolvenzverfahren anfallenden Tätigkeiten** abgeltenden und am Verwertungserlös anknüpfenden Regelentlohnung iSv § 82 IO
- aus der bei **Annahme eines Sanierungsplans** die hierfür verursachten Tätigkeiten abgeltenden und am Sanierungsplanerfordernis anknüpfenden Regelentlohnung iSv § 82a IO
- aus der die Tätigkeiten des Insolvenzverwalters zur **Fortführung des Unternehmens** abgeltenden und sich am Umfang der erforderlichen Tätigkeiten orientierenden besonderen Entlohnung gem. § 82 Abs. 3 IO
- aus der die Tätigkeiten des Verwalters zur **Verwaltung, Verwertung und Verteilung einer Sondermasse** abgeltenden und sich am nicht in die gemeinschaftliche Insolvenzmasse fließenden Erlös und an der Verwertungsart resultierenden Regelentlohnung gem. § 82d IO

- aus der **Abgeltung von Spezialkenntnissen,** die eine Beiziehung sachkundiger Dritter erspart, wie etwa die Erbringung anwaltlicher Leistungen für die Insolvenzmasse durch einen Insolvenzverwalter, der Rechtsanwalt ist oder die Erstellung des Jahresabschlusses durch einen Insolvenzverwalter, der Steuerberater oder Wirtschaftsprüfer ist.

Der Anspruch des Insolvenzverwalters auf Entlohnung und Ersatz seiner Barauslagen ist nach hA **öffentlich-rechtlicher** Natur (Konecny/Schubert/Hierzenberger/Riel KO/IO § 82 Rn. 1; BPB/Chalupsky/Duursma-Kepplinger KO III § 82 Rn. 6; aA Konecny/Riel, Entlohnung im Insolvenzverfahren, 1999, Rn. 72; offenlassend Reisch in Koller/Lovrek/Spitzer, IO, 2019, IO § 82 Rn. 2). Er ist zwar verzichtbar (BPB/Chalupsky/Duursma-Kepplinger KO III § 82 Rn. 6), doch unterliegt er keiner Disposition durch Vereinbarung zwischen Insolvenzverwalter einerseits und Schuldner bzw. Gläubigern andererseits (§ 125 Abs. 5 IO; s. Reisch in Koller/Lovrek/Spitzer, IO, 2019, IO § 82 Rn. 3). Der Entlohnungsanspruch **entsteht** bereits mit der **Erbringung** der einzelnen Leistungen und nicht erst mit der Beendigung der Insolvenzverwaltung (Konecny/Riel, Entlohnung im Insolvenzverfahren, 1999, Rn. 74; BPB/Chalupsky/Duursma-Kepplinger KO III § 82 Rn. 10 f.). Dies folgt daraus, dass der Verwalter nicht für die Erbringung eines bestimmten Erfolges, sondern für seine Tätigkeiten entlohnt wird (BPB/Chalupsky/Duursma-Kepplinger KO III § 82 Rn. 10). Die vom Insolvenzverwalter vorschussweise bestrittenen Barauslagen sowie die Verwalterentlohnung stellen als Kosten des Insolvenzverfahrens Masseforderungen iSd § 46 Nr. 1 IO dar (RV 734 BlgNR. 20. GP 38; BPB/Chalupsky/Duursma-Kepplinger KO III § 82 Rn. 8; Konecny/Riel, Entlohnung im Insolvenzverfahren, 1999, Rn. 73, 367; aA Petschek/Reimer/Schiemer 523). Im Fall der Masseunzulänglichkeit bilden sie Masseforderungen iSv § 47 Abs. 2 Nr. 1 bzw. Nr. 2 IO (beachte OGH ZIK 2006, 123; zutreffende Kritik bei Riel ZIK 2005, 78; 2007, 246). Bis zur rechtskräftigen Aufhebung des Insolvenzverfahrens ist die **Masse alleinige Adressatin** für die Entlohnungsansprüche (BPB/Chalupsky/Duursma-Kepplinger KO III § 82 Rn. 9; differenzierend Konecny/Riel, Entlohnung im Insolvenzverfahren, 1999, Rn. 69). Außerhalb des § 60 Abs. 1 letzter Satz IO haftet der Schuldner nach Insolvenzaufhebung nicht unbeschränkt mit seinem gesamten Vermögen, zumal diese Ansprüche erst insolvenzbedingt begründete Masseforderungen darstellen, für welche es außerhalb eines bestätigten Sanierungsplans bei einer Pro-viribus-Nachhaftung bleibt (BPB/Chalupsky/Duursma-Kepplinger KO III § 82 Rn. 9; OGH SZ 9/223; SZ 10/173; ÖJZ 1987, 195; ZIK 1998, 165).

169

Der Insolvenzverwalter hat bei Beendigung seiner Tätigkeit seine Entlohnungsansprüche sowie den Anspruch auf Ersatz der Barauslagen beim Insolvenzgericht geltend zu machen (§ 125 Abs. 1 IO). Die Kosten der Verwaltung werden sohin zunächst vom Verwalter kreditiert; die Barauslagen hat der Verwalter vorzuschießen, ohne auch nur die Bezahlung von Masseforderungen im Hinblick auf seine erst später fällig werdenden Ansprüche ablehnen zu dürfen (BPB/Chalupsky/Duursma-Kepplinger KO III § 82 Rn. 12; Petschek/Reimer/Schiemer 174). Um eine gänzliche Kreditierung der Verwalterentlohnung zu vermeiden, können insbesondere im Hinblick auf eine Masseunzulänglichkeit iSv § 124a IO dem Verwalter vom Insolvenzgericht mit seinen Ansprüchen zu verrechnende **Vorschüsse** bewilligt werden. Dem gegenüber ist der Insolvenzverwalter nicht befugt, selbständig Vorschüsse aus der Masse zu entnehmen (arg. In-sich-Geschäft, BPB/Chalupsky/Duursma-Kepplinger KO III § 82 Rn. 12 ff.). Auch Ansprüche des Verwalters für den Einsatz besonderer Sachkunde – wenn sie nicht von einem Dritten wie etwa dem unterlegenen und kostenersatzpflichtigen Prozessgegner der Insolvenzmasse bezahlt werden – ausschließlich nach § 125 IO geltend zu machen (vgl. auch Duursma-Kepplinger Haftungsordnung IV 469 ff.). Soweit die Ansprüche des Verwalters gem. § 125 Abs. 2 IO festzusetzen sind, wie etwa alle Ansprüche auf Regelentlohnung iSv § 82 Abs. 1 IO, auf besondere Entlohnung für die Fortführung des Unternehmens gem. §§ 82 Abs. 3, 125a IO, auf Entlohnung bei Sanierungsplan iSv § 82a IO und auf Entlohnung bei außergerichtlicher Verwertung einer Sondermasse iSv § 82d IO, werden sie erst nach Maßgabe dieser Entscheidung des Insolvenzgerichtes fällig (BPB/Chalupsky/Duursma-Kepplinger KO III § 82 Rn. 11; EvBl 1988/20; aA Konecny/Riel, Entlohnung im Insolvenzverfahren, 1999, Rn. 74: Zeitpunkt der Beendigung der Tätigkeit). Mithin stehen diese Ansprüche erst mit Rechtskraft des Festsetzungsbeschlusses iSd § 125 Abs. 2 IO fest und sind fällig iSd § 124 Abs. 1 IO. Für die beschlussmäßige Festsetzung der Ansprüche des Verwalters ist das Insolvenzgericht, für die Festsetzung von Ansprüchen auf Entlohnung bei Verwertung einer Sondermasse im Falle der gerichtlichen Veräußerung das Exekutionsgericht zuständig (BPB/Chalupsky/Duursma-Kepplinger KO III § 82 Rn. 13). Mit **Rechtskraft des Kostenbestimmungsbeschlusses** kann der Verwalter die festgesetzten Kosten unter Abzug allfälliger von ihm bezogener Vorschüsse aus der Insolvenzmasse entnehmen.

170

Der **Sanierungsverwalter** hat Anspruch auf eine Entlohnung zuzüglich Umsatzsteuer sowie auf Ersatz seiner Barauslagen. §§ 82, 82a, 82b, 82c, 82d sowie 125 und 125a IO sind anzuwenden,

171

wobei dem Sanierungsverwalter für die Überwachung der Fortführung eine besondere Entlohnung nach § 82 Abs. 3 IO gebührt. Ist der Sanierungsverwalter nicht zur Rechnungslegung verpflichtet und findet keine Schlussrechnungstagsatzung statt, so ist die Sanierungsplantagsatzung für die Frist des § 125 Abs. 1 IO maßgebend (§ 177 Abs. 3 IO).

172 **Reichweite der Vertretungsmacht.** Nach der herrschenden Organtheorie ist der Masseverwalter weder Stellvertreter noch gesetzlicher Vertreter, sondern **Organ der Masse.** Er ist im Verhältnis zur Masse nicht Dritter; vielmehr stellt sich sein Handeln unmittelbar als jenes der Masse dar. Gibt der Masseverwalter namens der Masse eine Erklärung ab, so berechtigt und verpflichtet er diese damit unmittelbar. Die erste Voraussetzung einer wirksamen Vertretungshandlung durch den Masseverwalter ist, dass er im Namen der Masse handelt und seine Stellung als Masseverwalter offenlegt. Die zweite Voraussetzung ist, dass sich der Masseverwalter innerhalb seiner Vertretungsbefugnis hält (näheres bei Duursma-Kepplinger Haftungsordnung II 183 ff., 195 ff. mwN).

173 Die Vertretungsmacht des Masseverwalters wird durch die IO **nur in den Fällen des § 117 IO** explizit **beschränkt.** Die darin aufgelisteten Agenden lassen sich als Grundlagengeschäfte bezeichnen. Insofern erscheint es folgerichtig, dass sie nicht von der Vertretungsmacht gedeckt sind. Abgesehen davon, kann das Insolvenzgericht gem. § 83 Abs. 1 letzter Satz IO im Einzelfall eine Beschränkung der Vertretungsbefugnis des Masseverwalters verfügen. Diese Beschränkung entfaltet nur dann Außenwirksamkeit, wenn der Dritte davon in Kenntnis gesetzt wurde oder positiv Kenntnis hatte (BPB/Chalupsky/Duursma-Kepplinger KO III § 83 Rn. 46; aA Bachmann, Befriedigung der Masseforderungen, 1993, 63). Entgegen Diskussionen in der deutschen Lehre erfährt die Vertretungsmacht des Masseverwalters **keine** implizite **Beschränkung durch den Insolvenzzweck** (§§ 2 Abs. 2 Hs. 2, 180 Abs. 2 IO); die hA erwägt allerdings, Schenkungen bzw. unentgeltliche Geschäfte als vom Insolvenzzweck schon abstrakt nicht gedeckt und somit per se als unwirksam auszuweisen (Riel, Die Befugnisse des Masseverwalters im Zivilverfahrensrecht, 1995, 67 ff.; Shamiyeh 139 ff.; BPB/Chalupsky/Duursma-Kepplinger KO III § 83 Rn. 1 f.; noch restriktiver Duursma-Kepplinger Haftungsordnung II 205 ff., 211 ff.). Die Anordnung des § 124a Abs. 1 S. 2 und 3 IO stellt keine gesetzliche Festschreibung einer mittelbaren Ultra-vires-Doktrin dar (vgl. auch Mohr, Insolvenzrecht 2002 82 ff., 85; Duursma-Kepplinger Haftungsordnung II 217). Gleichfalls wird die Vertretungsmacht des Masseverwalters nicht durch seine Verfügungsbefugnis (§§ 2, 180 Abs. 2 IO, § 3 Abs. 1 IO e contrario) beschränkt (eing. Duursma-Kepplinger Haftungsordnung II 234 ff.). Die Masse ist auch bei dieser Sicht hinlänglich durch die **Grundsätze über des Missbrauch bzw. die Überschreitung der Vertretungsmacht** (instruktiv OGH SZ 58/123; SZ 60/150; SZ 69/149; SZ 74/112; SZ 74/167; SZ 2005/178; RdW 2007/307; 6 Ob 232/16k) geschützt (Riel, Die Befugnisse des Masseverwalters im Zivilverfahrensrecht, 1995, 69 ff., 72 ff.; Shamiyeh 147 ff.; Konecny/Schubert/Hierzenberger/Riel KO/IO § 83 Rn. 16 f.; BPB/Chalupsky/Duursma-Kepplinger KO § 83 Rn. 17 ff.; aA Dellinger/Oberhammer, Insolvenzrecht, 2. Aufl. 2004, Rn. 123 f.).

174 **h) Haftung der Masse für den Masseverwalter.** Für die Masse kommen die hinter § 26 ABGB stehenden Grundwertungen über die Zurechnung von Organhandlungen bzw. Organverschulden zum Tragen (hierzu Duursma-Kepplinger Haftungsordnung II 3 ff., insbesondere 155 ff.). Demgemäß werden der Masse die Handlungen des Insolvenzverwalters als ihrem integralen Bestandteil **unbedingt zugerechnet,** soweit er innerhalb seines Wirkungsbereichs agiert. Dabei deckt sich der Wirkungsbereich ist nicht mit der Reichweite der Vertretungsmacht. Entscheidend ist vielmehr, dass der Insolvenzverwalter als „im Lager der Masse stehend" zu betrachten ist. Forderungen, die der Masse entsprechend § 26 ABGB zuzurechnen sind, stellen Masseforderungen iSv § 46 Nr. 2, Nr. 4 bzw. Nr. 5 IO dar (eing. dazu nunmehr Duursma-Kepplinger Haftungsordnung II 167 ff.; anklingend bei Shamiyeh 215 ff., 218 ff., allerdings mit Beschränkung auf den rein deliktischen Bereich).

4. Gläubiger

175 **a) Gläubigerversammlung.** Im Rahmen der Gläubigerversammlung wirken die Insolvenzgläubiger am Verfahren mit. Die **Kompetenzen** der Gläubigerversammlung sind, sieht man von der Entscheidung über die Annahme des Sanierungsplans ab, denkbar gering und auf wenige gesetzlich vorgesehene, wenngleich nicht abschießend aufgezählte Agenden beschränkt. Eine Erweiterung ihres Wirkungskreises durch extensive Interpretation ist abzulehnen. Aufgrund der **zwingenden Kompetenzverteilung** zwischen den Insolvenzorganen darf das Insolvenzgericht nicht anordnen, dass der Insolvenzverwalter der Zustimmung der Gläubigerversammlung bedarf oder diese konsultieren muss (BPB/Chalupsky/Duursma-Kepplinger KO III § 90 Rn. 2, 8 ff.,

§ 91 Rn. 4). Die Gläubigerversammlung ist ein nicht ständiges, allerdings zu Beginn des Insolvenzverfahrens **obligatorisches Organ** (§§ 74 Abs. 2 Nr. 5, 91 Abs. 1 S. 2 IO) und setzt sich aus den jeweils teilnahmeberechtigten Insolvenzgläubigern zusammen (§ 93 IO). Sie wird als besondere Zivilgerichtsverhandlung qualifiziert (BPB/Chalupsky/Duursma-Kepplinger KO III § 91 Rn. 3, § 92 Rn. 20; zur Zwangsausgleichstagsatzung Konecny/Schubert/Riel KO/IO § 147 Rn. 10). Über die Gläubigerversammlung ist vom Gericht bei der Tagsatzung selbst ein Verhandlungsprotokoll aufzunehmen (§§ 211, 477 Nr. 8 öZPO). Der Ausübung des Stimmrechts kommt kein hoheitlicher Charakter zu, sondern bildet sie vielmehr eine an das Gericht gerichtete Parteiprozesshandlung (BPB/Chalupsky/Duursma-Kepplinger KO III § 92 Rn. 20; zur Zwangsausgleichstagsatzung Riel, Das Zwangsausgleichsverfahren, 2005, 244). Demzufolge steht gegen die Beschlüsse der Gläubigerversammlung kein Rekursrecht zu. Es besteht nur die Möglichkeit der **Aufhebung** wegen einer etwaigen Gesetzwidrigkeit oder Insolvenzzweckwidrigkeit (Verletzung der gemeinsamen Interessen der Insolvenzgläubiger oder Vorliegen anderer gleich wichtiger Gründe) aufgrund von § 95 Abs. 2 IO. Dies kann vom Gericht von Amts wegen oder auf Antrag des Insolvenzverwalters oder jedes Mitglieds des Gläubigerausschusses geschehen (dazu BPB/Chalupsky/Duursma-Kepplinger KO III § 95 Rn. 8 ff., 47).

Einberufung und Leitung hat das Insolvenzgericht wahrzunehmen (§ 91 Abs. 1 S. 1 IO (Petschek/Reimer/Schiemer 179, 186)). Die Einberufung hat unter Angabe des Verhandlungsgegenstands zu erfolgen und ist öffentlich bekannt zu machen. Legitimiert hierzu sind der Insolvenzverwalter, der Gläubigerausschuss sowie wenigstens zwei Insolvenzgläubiger, deren Forderungen nach Schätzung des Insolvenzgerichts den vierten Teil der Insolvenzforderungen erreichen (§ 91 Abs. 1 IO). Den Insolvenzverwalter trifft eine Teilnahmepflicht; den Insolvenzgläubigern steht die Teilnahme an bzw. Stimmführung in der Gläubigerversammlung frei (BPB/Chalupsky/Duursma-Kepplinger KO III § 92 Rn. 2, 21; zum Privatkonkurs Kodek, Handbuch Privatkonkurs, 2. Aufl. 2015, Rn. 383). Der Schuldner, dessen Vertreter und die Mitglieder des Gläubigerausschusses sind zur Teilnahme befugt (Petschek/Reimer/Schiemer 186 f.; Konecny/Schubert/Hierzenberger/Riel KO/IO § 91 Rn. 9). Zur **Beschlussfähigkeit** einer nach Abhaltung der Prüfungstagsatzung stattfindenden Gläubigerversammlung bedarf es gem. § 92 Abs. 1 IO der Anwesenheit von wenigstens zwei Insolvenzgläubigern, deren stimmberechtigte Forderungen den vierten Teil der Insolvenzforderungen erreichen. Inwieweit ein Stimmrecht für Forderungen zu gewähren ist, die noch nicht geprüft, die bestritten oder bedingt sind, entscheidet gem. § 93 Abs. 2 IO nach vorläufiger Prüfung und Einvernehmung der Parteien das Insolvenzgericht. Es besteht ein Stimmverbot in eigener Sache. Bei den Gläubigerversammlungen fällt die Entscheidung – von explizit normierten Ausnahmen abgesehen – durch (absolute) Kapitalstimmenmehrheit der erschienenen Insolvenzgläubiger (§ 92 Abs. 2 und 3 IO).

Zu den **Zuständigkeiten** der Gläubigerversammlung zählt insbesondere die Beantragung der Enthebung des Insolvenzverwalters (§ 87 Abs. 2 IO) oder eines Gläubigerausschussmitglieds (§ 88 Abs. 3 IO) sowie der Bestellung eines Gläubigerausschusses (§ 88 Abs. 1 IO), ferner die Erstattung von Vorschlägen für die Auswahl der Ausschussmitglieder (§ 88 IO). Zudem bedarf der Erwerb von Massegegenständen durch Mitglieder des Gläubigerausschusses gem. § 89 Abs. 2 S. 1 IO der Genehmigung der Gläubigerversammlung. Im Übrigen hat die Gläubigerversammlung nach § 91 Abs. 3 IO das Recht zur Beantragung der Einberufung einer neuen Gläubigerversammlung. Die wichtigste Zuständigkeit bildet die Beschlussfassung über den Sanierungsplan (§ 147 IO) und den Zahlungsplan (§ 193 Abs. 2 IO). In der Berichtstagsatzung (§ 91a IO) kommt den Insolvenzgläubigern nur ein Teilnahme-, aber kein Beschlussrecht zu.

b) Versammlungen der Insolvenzgläubiger und Individualrechte. Von der Gläubigerversammlung iSv § 91 IO gilt es, bloße **Versammlungen der Insolvenzgläubiger** zu trennen. Diese geben den einzelnen Insolvenzgläubigern Gelegenheit zur Wahrnehmung ihrer Individualrechte. Zu nennen sind insbesondere die Prüfungstagsatzung (§ 105 IO) oder die Tagsatzung zur Rechnungslegung (§ 121 Abs. 3 IO). Im Rahmen der Prüfungstagsatzung können die einzelnen Insolvenzgläubiger durch Forderungsbestreitung Einfluss auf die „Teilnahmeberechtigung" konkurrierender Forderungsprätendenten nehmen (§ 105 Abs. 5 IO). Bei der Rechnungslegungstagsatzung oder zuvor per Schriftsatz kann jeder einzelne Insolvenzgläubiger Bemängelungen gegen die Rechnung des Insolvenzverwalters vorbringen, um auf diese Weise Einfluss auf die Quote zu nehmen. Zudem können gem. § 130 Abs. 1 IO Erinnerungen gegen den Verteilungsentwurf iSv § 136 IO erhoben werden, die in der Verteilungstagsatzung zu verhandeln sind.

Einzelnen Insolvenzgläubigern kommt kein Recht zur Stellung eines Antrags auf Enthebung des Insolvenzverwalters zu. Allerdings räumt § 84 Abs. 3 IO jedem Insolvenzgläubiger gegen einzelne Maßnahmen oder das Verhalten des Insolvenzverwalters ein allgemeines Beschwerderecht ein. Ansonsten enthält die IO kaum **Individual- oder Minderheitenrechte** einzelner Insolvenz-

Internationales Insolvenzrecht – Österreich

gläubiger. Den einzelnen Insolvenzgläubigern steht vor allem kein spezielles Beschwerde- oder Rekursrecht gegen einzelne Verwertungshandlungen, die Unternehmensschließung (BPB/Lovrek KO IV § 114a Rn. 79 ff.; Konecny/Schubert/Riel KO/IO § 114a Rn. 60) oder die Freigabe (vgl. nur BPB/Kodek KO IV § 119 Rn. 215; Konecny/Schubert/Riel KO/IO § 119 Rn. 63; OGH SZ 69/124; aA Holzhammer, Österreichisches Insolvenzrecht, 1996, 24, 153) zu (vgl. OGH SZ 69/124; 8 Ob 142/10f; 8 Ob 73/11k; 8 Ob 104/11v; 8 Ob 36/15z; 8 Ob 37/15x; 8 Ob 30/18x; 8 Ob 65/19w; 8 Ob 20/20d; 8 Ob 52/20k).

5. Gläubigerausschuss

180   Die Mitwirkung der Gläubiger am Insolvenzverfahren vollzieht sich primär durch den **Gläubigerausschuss**. Dennoch ist der Gläubigerausschuss von den Gläubigern unabhängig. Auch besteht kein Weisungsrecht des Insolvenzverwalters oder der Gläubigerversammlung an den Gläubigerausschuss. Vom Fall des § 84 Abs. 1 letzter Satz IO abgesehen, welcher dem Gläubigerausschuss im Einzelfall ein vom Gericht abgeleitetes Weisungsrecht gegenüber dem Insolvenzverwalter einräumt, ist der Gläubigerausschuss aber auch seinerseits nicht legitimiert, anderen Insolvenzorganen Weisungen zu erteilen (vgl. nur BPB/Chalupsky/Duursma-Kepplinger KO III § 89 Rn. 32). Obgleich dem Insolvenzverwalter beigeordnet, ist der Gläubigerausschuss kein bloßes Hilfsorgan desselben, sondern übt seine Tätigkeit unabhängig aus (Konecny/Schubert/Hierzenberger/Riel KO/IO § 88 Rn. 3; BPB/Chalupsky/Duursma-Kepplinger KO III § 90 Rn. 1). Er ist dem allgemeinen Insolvenzinteresse – dh den gemeinsamen Interessen iSv § 81 Abs. 2 IO – verpflichtet (Duursma-Kepplinger Haftungsordnung I 309 ff., 411 ff., 467 ff.). Beim Gläubigerausschuss handelt es sich um ein Kollegialorgan; **Individualrechte** einzelner Ausschussmitglieder regeln §§ 84 Abs. 3, 87 Abs. 2, 89 Abs. 3 und 4, 121 Abs. 3 IO (näheres bei BPB/Chalupsky/Duursma-Kepplinger KO III § 89 Rn. 13 ff., 46). Die Tätigkeit im Gläubigerausschuss stellt ein Pflichtrecht der einzelnen Mitglieder dar. Insoweit gilt für sie die zivilrechtliche **Haftung** gem. § 89 Abs. 2 S. 2 IO gegenüber allen Beteiligten, die von der hM nach den zu § 81 Abs. 3 IO dargestellten Grundsätzen gehandhabt wird. Überdies können die Ausschussmitglieder vom Insolvenzgericht durch **Ordnungsstrafen** zur Erfüllung ihrer Pflichten angehalten werden (§ 89 Abs. 2 lS IO, § 88 Abs. 4 IO).

181   Die **Einsetzung** eines Gläubigerausschusses ist nur dann obligatorisch, wenn eine Veräußerung oder Verpachtung des Unternehmens oder eines Unternehmensteils bzw. des gesamten beweglichen Anlage- und Umlaufvermögens oder eines für den Betrieb notwendigen Teils davon beabsichtigt ist (§ 117 Abs. 1 Nr. 1 und Nr. 2 IO). Die Bestellung eines Gläubigerausschusses erfolgt durch Beschluss des Insolvenzgerichts; der Gläubigerausschuss besteht aus mindestens drei und höchstens sieben Mitgliedern, wovon eines die Belange der Arbeitnehmer wahrzunehmen hat (§ 88 Abs. 1 IO (ErläutRV 3 BlgNR. 15. GP 38; AB 1147 BlgNR. 15. GP 11)). Jedes Mitglied des Gläubigerausschusses hat gem. § 88 Abs. 4 IO das Recht, die Übernahme der Tätigkeit abzulehnen. Gemäß § 89 Abs. 5 IO gebührt den Mitgliedern des Gläubigerausschusses zwar **keine Entlohnung,** wohl aber der Ersatz ihrer notwendigen Auslagen (§ 126 IO). Die Tätigkeit des Gläubigerausschusses endet mit der rechtskräftigen Beendigung des Insolvenzverfahrens (§§ 79, 139, 123a, 123b, 124a Abs. 3, 152b IO) ohne seine Enthebung, ferner durch die **Enthebung** des Ausschusses als Kollektiv (BPB/Chalupsky/Duursma-Kepplinger KO III § 88 Rn. 29). Einzelne Ausschussmitglieder sind aus wichtigem Grund vom Insolvenzgericht von Amts wegen oder auf Antrag der Gläubigerversammlung zu entheben.

182   Die **Einberufung** des Gläubigerausschusses erfolgt schriftlich durch das Insolvenzgericht oder den Insolvenzverwalter (Petschek/Reimer/Schiemer 207; Holzhammer, Österreichisches Insolvenzrecht, 1996, 106; Konecny/Schubert/Hierzenberger/Riel KO/IO § 89 Rn. 14). Ferner kann die Mehrheit der Mitglieder oder auch – diesfalls jedoch unter Darlegung der Gründe – bloß ein einzelnes Ausschussmitglied die Einberufung beim Insolvenzgericht oder beim Insolvenzverwalter beantragen (§ 89 Abs. 3 IO). Verhandlung und **Beschlussfassung** erfolgen im Gläubigerausschuss im Kollegium und zwar regelmäßig in mündlicher, nicht öffentlicher Sitzung. Zur Teilnahme berechtigt und verpflichtet sind alle Mitglieder des Gläubigerausschusses sowie der Insolvenzverwalter, der stets den Vorsitz führt. Der Schuldner ist zu verständigen; die Teilnahme steht ihm frei (Petschek/Reimer/Schiemer 207; Chalupsky/Ennöckl/Holzapfel, Handbuch des österreichischen Insolvenzrechts, 1986, 227). Bei den Ausschusssitzungen handelt es sich keine besonderen Gerichtsverhandlungen, bei den gefassten Beschlüssen um keine Hoheitsakte (Konecny/Schubert/Hierzenberger/Riel KO/IO § 89 Rn. 15; BPB/Chalupsky/Duursma-Kepplinger KO III § 89 Rn. 11). Ein Beschluss kommt mit absoluter Kopfmehrheit aller, nicht bloß der anwesenden oder abstimmenden Gläubigerausschussmitglieder zustande (Holzhammer, Österreichisches Insolvenz-

recht, 1996, 106; Konecny/Schubert/Hierzenberger/Riel KO/IO § 89 Rn. 16; BPB/Chalupsky/ Duursma-Kepplinger KO III § 89 Rn. 13; OGH SZ 70/58). In eigener Sache darf niemand mitstimmen. Die Beschlüsse des Gläubigerausschusses sind dem Insolvenzgericht vom Insolvenzverwalter unverzüglich zur Kenntnis zu bringen (§ 95 Abs. 1 IO), welches diese gem. § 95 Abs. 2 IO von Amts wegen oder auf Antrag des Insolvenzverwalters bzw. eines Mitglieds des Gläubigerausschusses aufheben kann, wenn sie dem gemeinsamen Interesse der Insolvenzgläubiger widersprechen oder gleich gewichtige Gründe vorliegen.

Die **Aufgabe des Gläubigerausschusses** besteht in der Überwachung und Unterstützung des Insolvenzverwalters, insbesondere durch Kassen- und Rechnungsprüfung (§ 89 Abs. 1 IO). Über exekutive Befugnisse verfügt der Ausschuss nicht. Zum Zweck der Überwachung kann er vom Insolvenzverwalter Auskünfte und Berichte über die Geschäftsgebarung verlangen. Besondere Bedeutung kommt der Unterstützung durch den Gläubigerausschuss bei der Ermittlung und Verzeichnung der Aktiven, bei deren Verwaltung und Verwertung, Verteilung bzw. der Freigabe zu (§§ 89 Abs. 1 letzter Satz, 96 Abs. 2, 100 Abs. 5, 119 Abs. 5 IO). Gemäß § 91 Abs. 1 IO ist der Gläubigerausschuss zur Einberufung der Gläubigerversammlung legitimiert. Nach § 114 Abs. 1 IO bzw. § 116 IO hat der Insolvenzverwalter bei allen wichtigen Vorkehrungen bzw. taxativ festgelegten außerordentlichen Geschäften die Äußerung des Gläubigerausschusses einzuholen, ohne dass dies die Gültigkeit der betreffenden Maßnahmen im Außenverhältnis berühre. Außenwirksamkeit entfaltet die (fehlende) Zustimmung des Gläubigerausschusses seit der InsNov 2002 lediglich in den Fällen des § 117 IO. Bei Scheitern einer Unternehmensfortführung, hat der Gläubigerausschuss gem. § 114a Abs. 4 IO auf Vorschlag des Insolvenzverwalters und mit Genehmigung des Insolvenzgerichts die für die Beteiligten günstigste Art der Verwertung des Unternehmens oder einzelner Unternehmensbereiche mit Beschluss zu bestimmen. Er hat insbesondere darüber zu entscheiden, ob eine Einzel- oder Gesamtveräußerung des geschlossenen Unternehmens oder Unternehmensbereichs anstelle der Liquidation vorteilhafter ist (§ 114a Abs. 4 IO). 183

6. Gutachter

Gutachter spielen im Insolvenzverfahren keine überragende Rolle. Am ehesten werden sie für die Bewertung des Unternehmens bzw. des masseverfangenen Vermögens benötigt, sofern nicht Mitglieder des Gläubigerausschusses oder ein ansonsten beim Exekutionsgericht tätiges Vollstreckungsorgan einschreitet. 184

Werden Gutachter vom Insolvenzgericht bestellt, so kommen auf sie die Bestimmungen über gerichtliche Sachverständige zum Tragen. Eine Beauftragung durch den Insolvenzverwalter ohne gerichtliche Bestellung ist möglich. Diesfalls sind sie in Bezug auf Rechtsstellung, Pflichten und Entlohnung wie Privatsachverständige zu behandeln. 185

7. Bevorrechtete Gläubigerschutzverbände

Eine wesentlich größere Rolle spielen im österreichischen Insolvenzrecht die sog. bevorrechteten Gläubigerschutzverbände. Auf diese wird in zahlreichen Bestimmungen der IO Bedacht genommen (zB §§ 46 Nr. 8, 70 Abs. 4, 71a Abs. 1, 71c Abs. 1, 87a (Entlohnung), § 88 Abs. 1 IO (Bestellung zum Mitglied des Gläubigerausschusses), § 127 IO (Ansprüche), §§ 125a Abs. 1 Nr. 1, 191 IO (Entlohnung in der Privatinsolvenz), § 202 Abs. 3 IO (Bestellung zum Treuhänder), §§ 220d Abs. 5, 253 Abs. 3 und 4 IO etc). 186

Gläubiger können sich im Insolvenzverfahren, in welchem an sich relative Anwaltspflicht besteht, auch durch einen bevorrechteten Gläubigerschutzverband vertreten lassen. Die Berufung auf die erteilte Bevollmächtigung ersetzt deren urkundlichen Nachweis. Zur Stellung eines Antrags auf Eröffnung des Insolvenzverfahrens und im Verfahren erster Instanz kann sich der Gläubigerschutzverband, wenn er nicht durch ein satzungsgemäß berufenes Organ vertreten ist, nur eines seiner Bediensteten oder eines gesetzlich befugten Parteienvertreters als Bevollmächtigten bedienen. Lässt sich ein Gläubiger zur Erhebung eines Rekurses durch einen Gläubigerschutzverband vertreten, so muss das Rechtsmittel mit der Unterschrift eines Rechtsanwalts versehen sein. Satzungsgemäß berufenen Organen der bevorrechteten Gläubigerschutzverbände sowie ihren Bevollmächtigten ist auch dann, wenn die Bevollmächtigung durch einen Gläubiger nicht ausgewiesen ist, die Einsichtnahme in die Insolvenzakten zu gestatten (§ 219 Abs. 2 öZPO), ohne dass ein rechtliches Interesse glaubhaft gemacht werden muss (§ 253 Abs. 3 IO). 187

Gemäß § 266 IO hat der Bundesminister für Justiz bei Bedarf, insbesondere unter Berücksichtigung der Erfordernisse eines umfassenden, wirksamen Schutzes der Gläubigerinteressen, deren zweckmäßigen Wahrnehmung in den Verfahren nach den Insolvenzgesetzen und einer damit verbundenen Unterstützung der Gerichte, Vereinen auf deren Antrag mit Verordnung die Stellung 188

Internationales Insolvenzrecht – Österreich

eines bevorrechteten Gläubigerschutzverbandes zuzuerkennen. Ein Gläubigerschutzverband muss verlässlich, in seinem Wirken auf ganz Österreich ausgerichtet und imstande sein, die Aufgaben nach Abs. 1 zu erfüllen; er darf nicht auf Gewinn gerichtet sein. Er muss zahlreiche Mitglieder haben, oder es müssen ihm Mitglieder angehören, die, ohne selbst auf Gewinn gerichtet zu sein, die Interessen einer großen Anzahl von Gläubigern vertreten. Wird ein neuer Gläubigerschutzverband zugelassen, so ist in der Verordnung ein sechsmonatiger Zeitraum bis zum Inkrafttreten der Verordnung zu bestimmen. Das Vorrecht erlischt mit der Auflösung des Gläubigerschutzverbands. Der Bundesminister für Justiz hat das Erlöschen mit Verordnung festzustellen. Der Bundesminister für Justiz hat das Vorrecht mit Verordnung zu entziehen, wenn die Voraussetzungen wegfallen, unter denen es erteilt worden ist.

189 Derzeit sind in Österreich der Kreditschutzverband von 1870 – KSV, der Alpenländische Kreditorenverband – AKV, der Österreichischer Verband Creditreform – ÖVC und speziell für die Wahrung der Interessen der Arbeitnehmer der Verein Insolvenzschutzverband für Arbeitnehmer (ISA) zugelassen.

8. Schuldnerberatungsstellen

190 Schuldnerberatungsstellen kommen in der Insolvenz natürlicher Personen, die kein Unternehmen betreiben große Bedeutung zu. Dies gilt sowohl im Vorfeld der Insolvenz (außergerichtliche Vergleichsversuche) als auch in der Insolvenz (Schuldnervertretung). Seit dem IRÄG 2017 wird kein außergerichtlicher Ausgleichsversuch mehr verlangt, was die Bedeutung der Schuldnerberatungsstellen aus rechtlicher Sicht in dieser Phase entbehrlich macht. Dennoch ist deren praktische Bedeutung auch in diesem Stadium nicht in Abrede zu stellen. Durch Einschaltung einer Schuldnerberatungsstelle steigen die Chancen einer außergerichtlichen Lösung, erhält der Schuldner unter Umständen erst einen wirklichen Überblick über seine Schuldenlage und kann ein Insolvenzantrag sorgfältig geplant werden.

191 Da einem Schuldner eine Vertretung im Insolvenzverfahren durchaus anzuraten ist und es häufig an Mitteln für einen Rechtsanwalt mangelt, stellen die Schuldnerberatungsstellen eine ebenfalls kompetente ökonomische Alternative dar.

192 Die Anerkennung von Schuldnerberatungsstellen ist in § 267 IO geregelt.

IV. Insolvenzeröffnungsverfahren – Einstweilige Vorkehrungen

193 Das österreichische Recht versucht tunlichst die Zeit zwischen Insolvenzantragstellung und Insolvenzeröffnung kurz zu halten – schon bei einem Zeitraum von mehr als drei Monaten kann von Überlänge gesprochen werden (Bartsch/Heil, Grundriss des Insolvenzrechts, 1983, Rn. 236; BPB/Schumacher KO § 73 Rn. 8) –; ein vorläufiges Insolvenzverfahren im eigentlichen Sinn kennt die IO nicht.

194 § 73 IO ermöglicht dem Insolvenzgericht jedoch für den Fall, dass die Insolvenz nicht sofort eröffnet werden kann und der Antrag nicht offenbar unbegründet ist, zur Sicherung der Masse, insbesondere zur Unterbindung anfechtbarer Rechtshandlungen und zur Sicherung der Fortführung eines Unternehmens dienliche **einstweilige Vorkehrungen** anzuordnen (näheres bei BPB/Schumacher KO § 73 Rn. 1 ff. mwN). Dem Schuldner können insbesondere Rechtshandlungen, die nicht zum gewöhnlichen Unternehmensbetrieb gehören, das Veräußern oder Belasten von Liegenschaften, das Bestellen von Absonderungsrechten, das Eingehen von Bürgschaften und unentgeltliche Verfügungen überhaupt oder doch ohne Zustimmung des Richters bzw. eines von ihm bestellten einstweiligen Verwalters verboten werden. Einstweilige Vorkehrungen sind in den öffentlichen Büchern und Registern anzumerken. Entgegenstehende Rechtshandlungen sind den Gläubigern gegenüber unwirksam, wenn der Dritte das Verbot kannte oder kennen musste oder wenn er selbst die Insolvenzeröffnung beantragt.

195 Einstweilige Vorkehrungen sind **aufzuheben,** wenn die Insolvenz nicht eröffnet wird oder wenn sich die Verhältnisse sonst so geändert haben, dass es ihrer nicht mehr bedarf. Sie **erlöschen mit der Insolvenzeröffnung,** soweit sie das Gericht nicht als Sicherungsmaßnahmen (§ 78 IO) aufrechterhält.

V. Sanierungsmöglichkeiten und Unternehmensfortführung im Insolvenzverfahren

1. Der Sanierungsplan in allen Verfahrensarten

196 Natürlichen Personen, Unternehmern, wie nicht Nichtunternehmern, steht der **Sanierungsplan** grundsätzlich offen. Zumal ein Vermögenserhalt auch in der Insolvenz natürlicher Personen

Internationales Insolvenzrecht – Österreich

nur im Rahmen eines Sanierungsplans möglich ist, stellt dieser das primäre Insolvenzziel dar. Insbesondere für **Nichtunternehmer** erwiesen sich die Zugangsvoraussetzungen als unüberwindliche Hürde, sodass für diese Lockerungen vorgenommen wurden (vgl. zB § 141 Nr. 3 IO: entweder Mindestquote von 20 %, zahlbar innerhalb von zwei Jahren, ausnahmsweise innerhalb von fünf Jahren (Rechberger/Thurner Rn. 380 ff.; weiterführend Mohr, Privatkonkurs, 2. Aufl. 2017, 70 ff.)). Für **Einzelunternehmer** bestehen im Verfahren hingegen kaum Besonderheiten (vgl. aber § 141 Nr. 6 IO, der generell für natürliche Personen gilt).

197 Ein Sanierungsplan setzt einen diesbezüglichen **Antrag des Schuldners** (Sanierungsplanvorschlag) voraus. Dieser ist entweder bereits gemeinsam mit dem Insolvenzantrag (jedenfalls aber vor Insolvenzeröffnung bei schon vorliegendem Gläubigerantrag) zu stellen oder im Laufe des Insolvenzverfahrens einzureichen. Im ersten Fall heißt das Verfahren Sanierungsverfahren, im zweiten Fall bleibt es bei der Bezeichnung Konkursverfahren.

198 Die Anforderungen an den Sanierungsplanvorschlag sind grundsätzlich in allen Verfahrensarten dieselben. Der einzige Unterschied besteht darin, dass bei einem Sanierungsverfahren mit Eigenverwaltung eine höhere Mindestquote, nämlich zumindest 30 % anstatt mindestens 20 % anzubieten ist. Bei den Modalitäten der Zulässigkeit, Annahme, Bestätigung und Wirkungen bestehen in den einzelnen Verfahrensarten keine Divergenzen.

199 Der Sanierungsplanvorschlag hat anzugeben, in welcher Weise die Gläubiger befriedigt oder sichergestellt werden sollen. Wird ein solcher Antrag gestellt und vom Insolvenzgericht nicht als unzulässig zurückgewiesen, so kann es nach Einvernehmung von Insolvenzverwalter und Gläubigerausschuss einen **Verwertungsstopp** bis zur Sanierungsplantagsatzung anordnen (§ 140 Abs. 2 IO). Wurde der Sanierungsplanantrag schon mit dem Insolvenzantrag gestellt, folgt ein Verwertungsschutz bereits aus § 168 Abs. 2 IO.

200 Der Antrag **ist** gem. § 141 IO **unzulässig,** solange der Schuldner flüchtig ist oder wenn er nach Eintritt der Zahlungsunfähigkeit wegen betrügerischer Krida rechtskräftig verurteilt worden ist (Nr. 1), solange der Schuldner das Vermögensverzeichnis und die Bilanz trotz Auftrag nicht vorgelegt und nicht vor dem Insolvenzgericht unterfertigt hat (Nr. 2), wenn der Inhalt des Sanierungsplanvorschlags gegen §§ 149–151 IO bzw. gegen zwingende Rechtsvorschriften verstößt oder wenn den Insolvenzgläubigern nicht angeboten wird, innerhalb von zwei Jahren vom Tag der Annahme des Ausgleichsvorschlags eine mindestens 20 %-ige Quote – natürliche Personen, die kein Unternehmen betreiben, können eine Frist von über zwei Jahren, maximal jedoch von fünf Jahren in Anspruch nehmen – zu bezahlen (Nr. 3), wenn der Gemeinschuldner den Sanierungsplan missbräuchlich vorschlägt, insbesondere er offenbar Verschleppungszwecken dient (Nr. 4), oder wenn die Erfüllung des Sanierungsplans voraussichtlich nicht möglich sein wird, wobei Forderungen aus Eigenkapital ersetzenden Leistungen nicht zu berücksichtigen sind (Nr. 5).

201 Im Rahmen seiner **Vorprüfung kann** das Insolvenzgericht einen Ausgleichsantrag nach Einvernehmung des Masseverwalters und des Gläubigerausschusses gem. § 142 IO **zurückweisen,** wenn der Schuldner in den letzten fünf Jahren in Insolvenz verfallen war oder wenn das Insolvenzverfahren nur mangels eines hinreichenden Vermögens nicht eröffnet worden ist (Nr. 1), wenn es infolge der Beschaffenheit oder des Mangels geschäftlicher Aufzeichnungen des Gemeinschuldners nicht möglich ist, einen hinreichenden Überblick über dessen Vermögenslage zu gewinnen (Nr. 2) oder wenn ein Sanierungsplanantrag von den Gläubigern abgelehnt oder vom Gemeinschuldner nach der öffentlichen Bekanntmachung der Sanierungsplantagsatzung zurückgezogen oder wenn der Sanierungsplan vom Gericht nicht bestätigt worden ist (Nr. 3).

202 Die Tagsatzung zur **Verhandlung und Beschlussfassung über den Sanierungsplan** kann nicht vor Abhaltung der Prüfungstagsatzung stattfinden; mit ihr ist die Rechnungslegungstagsatzung (§ 121 Abs. 3 IO) zu verbinden; § 145a IO enthält noch weitere Besonderheiten für die Rechnungslegung. Der Schuldner hat bei der Tagsatzung **persönlich** zu erscheinen, nur ausnahmsweise ist eine Vertretung durch Bevollmächtigte möglich. Die Tagsatzung und der wesentliche Inhalt des Sanierungsplanvorschlags sind öffentlich bekannt zu machen; gesondert zu laden sind insbesondere Insolvenzgläubiger, Schuldner und seine Mitverpflichteten sowie der Insolvenzverwalter (§ 145 IO). **Ändert** der Schuldner bei der Tagsatzung den **Sanierungsplanvorschlag** oder unterbreitet er einen neuen, so hat das Gericht, wenn nicht alle stimmberechtigten Insolvenzgläubiger anwesend sind, die Abstimmung hierüber nur zuzulassen, wenn der geänderte oder der neue Sanierungsplanvorschlag für die Insolvenzgläubiger nicht ungünstiger ist. Gemäß § 146 IO hat der **Insolvenzverwalter** vor Beginn der Abstimmung über die wirtschaftliche Lage und die bisherige Geschäftsführung des Schuldners sowie über die Ursachen seines Vermögensverfalles und über die voraussichtlichen Ergebnisse einer Durchführung des Insolvenzverfahrens zu **berichten.**

203 Gläubigern, deren Rechte durch den Inhalt des Sanierungsplans keinen Abbruch erleiden, gebührt kein Stimmrecht. §§ 143 f. IO enthalten überdies noch weitere § 93 IO konkretisierende

Internationales Insolvenzrecht – Österreich

Regelungen über **Stimmführung und Stimmrecht** in der **Sanierungsplantagsatzung**. Zur Annahme des Sanierungsplanantrags ist gem. § 147 IO erforderlich, dass die Mehrheit der bei der Tagsatzung anwesenden stimmberechtigten Insolvenzgläubiger dem Antrag zustimmt und dass die Gesamtsumme der Forderungen der zustimmenden Insolvenzgläubiger mehr als die Hälfte der Gesamtsumme der Forderungen der bei der Tagsatzung anwesenden stimmberechtigten Insolvenzgläubiger beträgt (**doppelte Mehrheit**).

204   Gemäß § 148 IO sind Stimmen von Mitgliedern der familia suspecta sowie diverser Zessionare nur mitzuzählen, wenn sie gegen den Antrag stimmen. Wird nur eine der Mehrheiten erreicht, so kann der Schuldner bis zum Schluss der Tagsatzung begehren, dass bei einer neuerlichen Tagsatzung abermals abgestimmt wird, wobei die Gläubiger an ihre Erklärungen bei der ersten Tagsatzung nicht gebunden sind. Abgesehen davon kann die **Sanierungsplantagsatzung erstreckt** werden, wenn das Gericht die Abstimmung über den bei der Tagsatzung geänderten oder neuen zulässigen Sanierungsplanvorschlag nicht zugelassen hat oder wenn zu erwarten ist, dass die Erstreckung der Tagsatzung zur Annahme des Vorschlags führen wird. Die **Annahme** des Sanierungsplanantrags ist öffentlich bekannt zu machen.

205   Die Ansprüche der **Aussonderungsberechtigten** und der **Absonderungsgläubiger** werden durch den Sanierungsplan **nicht berührt**. Gläubiger, deren Forderungen durch Absonderungsrechte zum Teil gedeckt sind, nehmen mit dem Ausfall am Sanierungsplanverfahren teil; solange dieser jedoch nicht endgültig feststeht, sind sie bei der Sanierungsplanerfüllung mit dem mutmaßlichen Ausfall zu berücksichtigen (§ 149 IO). **Massegläubiger** müssen gem. § 150 Abs. 1 IO voll befriedigt werden. Gemäß § 150 Abs. 2 und 3 IO müssen **Insolvenzgläubiger,** unbeschadet der sinngemäßen Anwendung des § 56 IO, beim Sanierungsplan gleich behandelt werden. Eine **ungleiche Behandlung** ist **nur zulässig,** wenn die Mehrheit der zurückgesetzten, bei der Tagsatzung anwesenden stimmberechtigten Insolvenzgläubiger zustimmt und die Gesamtsumme der Forderungen der zustimmenden Insolvenzgläubiger wenigstens drei Viertel der Gesamtsumme der Forderungen der bei der Tagsatzung anwesenden zurückgesetzten Insolvenzgläubiger beträgt. Für bestrittene Forderungen bestehen Sicherstellungspflichten.

206   Eine Vereinbarung des Schuldners oder anderer Personen mit einem Gläubiger, wodurch diesem vor Abschluss des Sanierungsplans oder in der Zeit zwischen dem Abschluss und dem Eintritt der Rechtskraft des Bestätigungsbeschlusses besondere Vorteile eingeräumt werden, ist ungültig. Was aufgrund einer ungültigen Vereinbarung oder aufgrund eines zur Verdeckung einer solchen Vereinbarung eingegangenen Verpflichtungsverhältnisses geleistet worden ist, kann, unbeschadet weitergehender Ersatzansprüche, binnen drei Jahren zurückgefordert werden. Als ein besonderer Vorteil ist es nicht anzusehen, wenn einem Gläubiger für die Abtretung seiner Forderung ein Entgelt gewährt wird, das der wirtschaftlichen Lage des Schuldners unmittelbar vor der Eröffnung des Insolvenzverfahrens oder, wenn die Forderung früher abgetreten worden ist, dessen wirtschaftlicher Lage zur Zeit der Abtretung entsprochen hat (§ 150a IO).

207   Gemäß § 151 IO bedarf der Sanierungsplan der beschlussmäßigen **Bestätigung durch das Insolvenzgericht.** Diese ist allen Insolvenzgläubigern und den übrigen Beteiligten zuzustellen. Zudem ist die Entscheidung über die Bestätigung öffentlich bekannt zu machen. Die Bestätigung **ist erst zu erteilen,** wenn die Entlohnung des Insolvenzverwalters und die Belohnungen der Gläubigerschutzverbände vom Gericht bestimmt sowie gezahlt oder beim Insolvenzverwalter sichergestellt sind und alle fälligen und feststehenden sonstigen Masseforderungen gezahlt sind sowie die bei Gericht oder einer Verwaltungsbehörde geltend gemachten Masseforderungen, von deren Geltendmachung der Insolvenzverwalter in Kenntnis gesetzt wurde, sichergestellt sind und im Sanierungsplan vorgesehene Bedingungen für die Bestätigung erfüllt sind. Wird der **Sanierungsplan bestätigt,** so ist zugleich auch über die vom Insolvenzverwalter gelegte Rechnung abzusprechen und das Insolvenzverfahren gem. § 152b IO aufzuheben. Mit Eintritt der Rechtskraft der Bestätigung ist das Insolvenzverfahren **aufgehoben.** Soweit der Sanierungsplan nichts anderes bestimmt (vgl. insbesondere Überwachung durch Treuhänder oder Vermögensübertragung an Treuhänder der Gläubiger), tritt der Schuldner wieder in das Recht ein, über sein Vermögen **frei zu verfügen.**

208   Dem Sanierungsplan ist gem. § 153 IO die **Bestätigung ist** zu **versagen,** wenn ein Grund vorliegt, aus dem der Antrag auf Abschließung eines Sanierungsplans unzulässig ist (§ 141 IO), die für das Verfahren und den Abschluss des Sanierungsplans geltenden Vorschriften nicht eingehalten wurden und diese Mängel nicht unerheblich oder sanierbar sind oder der Sanierungsplan durch eine gegen die Vorschrift des § 150a IO, verstoßende Begünstigung eines Gläubigers zustande kam.

209   Gemäß § 154 IO **kann** die **Bestätigung versagt** werden, wenn die dem Schuldner im Sanierungsplan gewährten Begünstigungen im Widerspruch mit dessen Verhältnissen stehen bzw. wenn

er dem gemeinsamen Interesse der Insolvenzgläubiger widerspricht, wobei Forderungen aus Eigenkapital ersetzenden Leistungen nicht zu berücksichtigen sind oder wenn die Insolvenzgläubiger in zwei Jahren eine geringere als 30 %-ige Quote erhalten und dieses Ergebnis darauf zurückzuführen ist, dass der Schuldner seinen Vermögensverfall durch Unredlichkeit, Leichtsinn oder übermäßigen Aufwand für seine Lebenshaltung verursacht bzw. beschleunigt, oder dass er die Anmeldung des Insolvenzverfahrens verzögert hat.

Gegen die Bestätigung des Sanierungsplans kann gem. § 155 Abs. 1 IO jeder Beteiligte, der dem Sanierungsplan nicht ausdrücklich zugestimmt hat, jeder Mitschuldner und Bürge des Schuldners und jeder Massegläubiger bei nicht erfolgter Sicherstellung oder Befriedigung iSv § 152a IO **Rekurs** erheben. **Gegen die Versagung der Bestätigung** des Sanierungsplans kommt nach § 155 Abs. 2 IO dem Schuldner und jedem Insolvenzgläubiger, der dem Ausgleich nicht widersprochen hat, ein Rekursrecht zu. 210

Durch den rechtskräftig bestätigten Sanierungsplan wird der Schuldner gem. § 156 Abs. 1 IO **von der Verbindlichkeit befreit,** seinen Gläubigern – Gleiches gilt im Verhältnis zu Mitverpflichteten –, den Ausfall, den sie erleiden, nachträglich zu ersetzen oder für die sonst gewährte Begünstigung nachträglich aufzukommen, gleichviel ob sie am Insolvenzverfahren oder an der Abstimmung über den Sanierungsplan teilgenommen oder gegen den Sanierungsplan gestimmt haben oder ob ihnen ein Stimmrecht überhaupt nicht gewährt worden ist. Jedoch können Gläubiger, deren Forderungen nur aus **Verschulden** des Schuldners im Sanierungsplan unberücksichtigt geblieben sind, gem. § 156 Abs. 4 IO nach Aufhebung des Insolvenzverfahrens die Bezahlung ihrer Forderungen in voller Höhe vom Gemeinschuldner verlangen. 211

§ 156a IO regelt den Verzug mit der Erfüllung des Sanierungsplans. Der Nachlass und die sonstigen Begünstigungen, die der Sanierungsplan gewährt, werden für diejenigen Gläubiger hinfällig, gegenüber welchen der Schuldner mit der Erfüllung des Sanierungsplans in Verzug gerät. Ein solcher Verzug ist erst anzunehmen, wenn der Schuldner eine fällige Verbindlichkeit trotz einer vom Gläubiger unter Einräumung einer mindestens vierzehntägigen **Nachfrist** an ihn gerichteten schriftlichen **Mahnung** nicht gezahlt hat. Ist der Schuldner eine natürliche Person, die kein Unternehmen betreibt, und ist die Sanierungsplanquote in Raten zu zahlen, deren Laufzeit ein Jahr übersteigt, so ist ein Verzug erst dann anzunehmen, wenn er eine seit mindestens sechs Wochen fällige Verbindlichkeit trotz einer vom Gläubiger unter Einräumung einer mindestens vierzehntägigen Nachfrist an ihn gerichteten schriftlichen Mahnung nicht gezahlt hat. Die **Wirkung des Wiederauflebens** erstreckt sich nicht auf Forderungen, die zur Zeit der eingetretenen Säumnis mit dem im Sanierungsplan festgesetzten Betrag voll befriedigt waren; andere Forderungen sind mit dem Bruchteile als getilgt anzusehen, der dem Verhältnis des bezahlten Betrags zu dem nach dem Sanierungsplan zu zahlenden Betrag entspricht (**teilweises Wiederaufleben**). Die Rechte, die der Sanierungsplan den Gläubigern gegenüber dem Schuldner oder dritten Personen einräumt, bleiben unberührt. Im Sanierungsplan kann von Abs. 1 bis 3 nicht zum Nachteil des Schuldners abgewichen werden, von Abs. 3 Satz 1 kann jedoch abgewichen werden, wenn in den letzten fünf Jahren vor Eröffnung des Insolvenzverfahrens ein Sanierungsplan abgeschlossen worden ist. 212

Gemäß § 158 IO hebt die Verurteilung des Schuldners wegen betrügerischer Krida, wenn sie innerhalb zweier Jahre nach der Bestätigung des Sanierungsplans rechtskräftig wird, für alle Gläubiger den im Sanierungsplan gewährten Nachlass sowie die sonstigen Begünstigungen auf, ohne den Verlust der Rechte nach sich zu ziehen, die ihnen der Sanierungsplan gegenüber dem Schuldner oder dritten Personen einräumt. Ist hinreichendes Vermögen vorhanden oder wird ein angemessener Kostenvorschuss geleistet, so ist das Insolvenzverfahren auf Antrag eines Insolvenzgläubigers wieder aufzunehmen. 213

Im Sanierungsplanvorschlag kann sich der Schuldner bis zur Sanierungsplanerfüllung oder bis zum Eintritt einer im Sanierungsplanvorschlag festgesetzten Bedingung der **Überwachung durch einen Treuhänder** der Gläubiger unterwerfen oder vereinbaren, dass das Vermögen während der Planerfüllung an einen Treuhänder übertragen wird. Wenn sich der Schuldner im Sanierungsplan bis zu dessen Erfüllung oder bis zum Eintritt einer im Sanierungsplan festgesetzten Bedingung der Überwachung durch eine im Sanierungsplan bezeichnete Person als Treuhänder der Gläubiger unterworfen hat, gelten die §§ 157a–157f IO, im Fall der Übergabe von Vermögen an einen Treuhänder auch die §§ 157g–157m IO (§ 157 Abs. 1 IO). Die Treuhänder unterliegen der Aufsicht des Insolvenzgerichts; für sie kommen im Wesentlichen die Bestimmungen über den Insolvenzverwalter zur Anwendung (§ 157b IO (näher hierzu Feldbauer-Durstmüller/Schlager/Holzapfel 513 ff.; Konecny/Schubert/Riel KO/IO § 145 Rn. 29 ff.)). 214

2. Unternehmensfortführung in der Insolvenz

215 Um eine Sanierung des Unternehmensträgers durch Sanierungsplan bzw. eine Sanierung des Unternehmens durch Erhalt beim sanierten Schuldner oder durch Veräußerung im Gesamten bzw. in Teilen nicht zu gefährden, sieht die IO eine **Pflicht** zur Unternehmensfortführung vor. Mit der in § 115 Abs. 4 IO normierten, um maximal zwei Jahre verlängerbaren **Höchstfrist** von einem Jahr hat der Gesetzgeber gleichsam klargestellt, dass eine Unternehmensfortführung **nicht Selbstzweck** ist und auch nicht als reines Instrument der Quotenverbesserung – durch Fortführung über Jahre hinweg, ohne jede Sanierungschance – installiert wurde (ErläutRV 734 BlgNR. 21. GP 48; Konecny/Schubert/Riel KO/IO § 114a Rn. 6).

216 Gemäß § 114a Abs. 1 S. 1 IO hat der Insolvenzverwalter **innerhalb der Prüfphase** das zur Zeit der Insolvenzeröffnung noch geöffnete Unternehmen – § 115 Abs. 3 IO ermöglicht, wenngleich unter strengeren Voraussetzungen auch die **Wiedereröffnung** eines bereits geschlossenen Unternehmens – fortzuführen, es sei denn, es ist offenkundig, dass eine Fortführung des Unternehmens zu einer Erhöhung des Ausfalls führen wird, den die Insolvenzgläubiger erleiden. Auch **nach der Berichtstagsatzung** trifft den Verwalter eine Fortführungspflicht, solange nicht feststeht, dass anders als durch Schließung eine Erhöhung des Ausfalls der Insolvenzgläubiger nicht vermeidbar ist. Das Abstellen auf die Offenkundigkeit eines Ausfalls in der Anfangsphase der Insolvenz, dient dazu, bestehende Informationsdefizite des Insolvenzverwalters auszugleichen und ihn in weitergehendem Maß als nach Abhaltung der Berichtstagsatzung von Haftungen freizustellen (BPB/Lovrek KO IV § 114a Rn. 53 ff.; Duursma-Kepplinger Haftungsordnung IV 240 ff., 298 ff.). Damit ist lediglich eine Handlungsanweisung an den Insolvenzverwalter verbunden. Die Kriterien, an welchen das Insolvenzgericht seine Entscheidung über Fortführung oder Schließung zu messen hat, sind in jeder Phase der Insolvenz dieselben (Oberhammer FS Oberhammer, 1999, 119 (123); BPB/Lovrek KO IV § 114a Rn. 42 ff.). Es hat gem. § 115 Abs. 1 IO von Amts wegen oder auf Antrag des Insolvenzverwalters die Schließung des Unternehmens anzuordnen oder zu bewilligen, wenn aufgrund der Erhebungen feststeht, dass anders eine **Erhöhung des Ausfalls, den die Insolvenzgläubiger erleiden,** nicht vermeidbar ist. Obgleich nicht explizit geregelt, können auch **faktische oder rechtliche** Gründe, wie Liquiditätsmängel oder Fehlen einer Gewerbeberechtigung die Schließung bedingen, sofern sich diese nicht ohne Gefährdung der Interessen der Gläubiger beseitigen lassen.

217 Sieht man von dem verglichen mit dem Konkursverfahren erhöhten Verwertungsschutz des Unternehmens bei Eröffnung eines Sanierungsverfahrens ab (§ 168 Abs. 2 IO), ist erfolgt erste maßgebliche **Weichenstellung über die Sanierung des Schuldners und Fortführung des Unternehmens** in der Berichtstagsatzung. Diese ist innerhalb der ersten 90 Tage nach Insolvenzeröffnung abzuhalten (§ 91a IO). Darin hat der Insolvenzverwalter zu berichten, ob die Voraussetzungen für eine Schließung des gesamten Unternehmens oder einzelner Unternehmensbereiche oder eine Fortführung gegeben sind sowie ob ein Sanierungsplan dem gemeinsamen Interesse der Insolvenzgläubiger entspricht und ob dessen Erfüllung voraussichtlich möglich sein wird (§ 114b Abs. 1 IO). Hierzu hat der Insolvenzverwalter ausgehend von der Insolvenzbilanz zu Liquidationswerten, eine Fortführungserfolgsrechnung bestehend aus Plan-Gewinn- und Verlustrechnung, Finanzplan inklusive erläuterndem Bericht sowie Planbilanz zu erstellen (Chalupsky/Ennöckl/Holzapfel, Handbuch des österreichischen Insolvenzrechts, 1986, 51 ff.; Konecny/Schubert/Riel KO/IO § 115 Rn. 10 ff.; BPB/Lovrek KO § 114b Rn. 12, 13 ff.; Petsch/Reckenzaun/Bertl/Isola, Praxishandbuch der Konkursabwicklung, 2. Aufl. 2003, 171 ff.; Duursma-Kepplinger Haftungsordnung IV 220 ff.). Die **Entscheidung** über Fortführung oder Schließung liegt beim **Insolvenzgericht.** An die Fortführungspflicht bzw. die Entscheidung über die Fortführung knüpfen §§ 11 Abs. 2, 21 Abs. 2 S. 2, 25, 25a, 26a IO bedeutende Rechtsfolgen insbesondere in Ansehung von Aus- und Absonderungsrechten und Arbeitsverträgen sowie des Verwertungsschutzes (vgl. §§ 114a Abs. 2, 114c Abs. 2 IO, vgl. auch § 140 Abs. 2 IO bzw. § 114a Abs. 1 letzter Satz IO).

3. Unternehmenssanierung versus Unternehmensträgersanierung

218 Wie einleitend erwähnt, stellt das österreichische Recht mit dem **URG** ein Verfahren zur Reorganisation bereit, zudem kann im Rahmen des **Sanierungsverfahrens mit Eigenverwaltung** eine Sanierung des Schuldners unter teilweisem Schulderlass und geringeren Auswirkungen auf die Verfügungsbefugnis bzw. die Gesellschaftssphäre erreicht werden. Stets, auch noch im **Insolvenzeröffnungsverfahren** (Antragsverfahren), besteht die Möglichkeit eines **stillen Ausgleichs,** der nichts anderes als ein **außergerichtlicher Vergleich** mit den Gläubigern ist, der sich nach Zivilrecht beurteilt (hierzu Feldbauer-Durstmüller/Schlager/Kurz 1231 ff.; Feldbauer-Durstmüller/Schlager/Holzapfel 513 ff.). **Außerhalb eines Sanierungsplans** hält die IO – sieht man von den Sonderbestimmungen über die Insolvenz (nicht unternehmenstragender) natürlicher Personen ab – keine institutionalisierte Möglichkeit zur Sanierung des Gemeinschuldners bereit. Denkbar ist allerdings auch noch in der Insolvenz eine Einigung mit den (angemeldeten) Gläubigern und eine Insolvenzaufhebung unter den Voraussetzungen des § 123b IO.

Es ist zwischen **Sanierung des Schuldners** (Unternehmensträgers) und **Sanierung des** 219 **Unternehmens** zu trennen. Beide Ziele weisen Berührungspunkte auf, laufen aber nicht zwingend parallel (ausf. hierzu Duursma-Kepplinger Haftungsordnung IV 209 ff. mwN). Eine wesentliche Funktion bei der Verwirklichung dieser Zielsetzungen nimmt die höchst praxisrelevante **Unternehmensfortführung** in der Insolvenz ein. Schon vor der Forcierung der Unternehmensfortführung durch das IRÄG 1997 kam es in etwa 20 % der eröffneten Insolvenzverfahren zu einer zumindest zeitweiligen Unternehmensfortführung. Für die Zeit nach dem IRÄG 1997 erfolgte in Oberösterreich in 35 % aller eröffneten Insolvenzverfahren und in 55 % jener Fälle, in denen zur Zeit der Insolvenzeröffnung noch ein lebendes Unternehmen vorhanden war, eine Fortführung (Feldbauer-Durstmüller/Kartali/Reischl, VWT 2000 H 2/3, 22 f.; Feldbauer-Durstmüller FS Koren, 1979, 262 ff.). Dabei strebt die Unternehmensfortführung primär die Unternehmensträgersanierung durch einen Sanierungsplan an (Konecny/Schubert/Riel KO/IO § 114a Rn. 6, 76; Duursma-Kepplinger Haftungsordnung IV 212 ff.). Diese Zielsetzung verfestigt sich ab dem Berichtstagsatzung (§ 91a IO), zumal die Zulässigkeit der weiteren Fortführung des Unternehmens mit dem Sanierungsplan verknüpft wird (Konecny/Schubert/Riel KO/IO § 114a Rn. 6, 76 f., § 114b Rn. 4). Sofern ein **Sanierungsplan** im Interesse der Insolvenzgläubiger und voraussichtlich erfüllbar ist, trifft das Gesetz eine entsprechende Weichenstellung in diese Richtung, wobei insbesondere das absolute Verwertungsverbot des § 114b Abs. 2 S. 4 IO gewährleisten soll, dass bei einem Sanierungsplan das Unternehmen möglichst beim sanierten Gemeinschuldner verbleibt (Oberhammer FS Oberhammer, 1999, 119 (127); Konecny/Schubert/Riel KO/IO § 114a Rn. 76, § 114b Rn. 19 ff., 34). Insoweit bildet zwar ein Sanierungsplan die zwingende Voraussetzung für eine auf Dauer ausgelegte Unternehmensfortführung in der Insolvenz und – sieht man von § 123b IO ab – für den Erhalt des Unternehmens beim ursprünglichen Unternehmensträger. Doch gilt dieser Zusammenhang nicht umgekehrt. Eine übertragende Sanierung und eine damit notwendig verbundene Schließung steht einem Sanierungsplan nicht entgegen (Konecny/Schubert/Riel KO/IO § 114b Rn. 21; Riel AnwBl 1997, 891 (896 Fn. 51)). Möglich wäre auch die Liquidation des Unternehmens durch „Zerschlagungsverwertung" begleitet von einer „Entschuldung" des bisherigen Unternehmensträgers durch einen Sanierungsplan (Konecny/Schubert/Riel KO/IO § 114a Rn. 25 mwN; BPB/Lovrek KO IV § 114a Rn. 16). In der Praxis sind diese Fälle freilich zweitrangig, wird ein Sanierungsplan doch zumeist aus den Erträgen der Unternehmensfortführung mitfinanziert. Gerade ein Sanierungsverfahren mit Eigenverwaltung wird der Schuldner nur anstreben, wenn er beabsichtigt, das Unternehmen über die Insolvenz hinaus weiterhin zu betreiben. Zu diesem Zweck gestattet § 25 Abs. 1c IO im Sanierungsverfahren mit Eigenverwaltung Rationalisierungskündigungen in einzuschränkenden Bereichen. Demgegenüber bleibt es bei den Übernehmerhaftungen gem. §§ 3, 6 AVRAG.

Das **Ziel der Unternehmenssanierung** nimmt insoweit untergeordnete Bedeutung ein, als 220 die Sanierung des Unternehmensträgers dieser vorgeht (vgl. nur die Verwertungsverbote des §§ 114b Abs. 2, 114c Abs. 2, 140 Abs. 2, 168 Abs. 2 IO sowie in Grenzen des § 114a Abs. 1 lS IO (Oberhammer FS Oberhammer, 1999, 119 (127); Konecny/Schubert/Riel KO/IO § 114a Rn. 8, 9, 76, § 114b Rn. 34, 51)) und auch der Insolvenzzweck (§ 2 Abs. 2 Hs. 2, 180 Abs. 2 IO; § 124a Abs. 1 IO) durch eine Gesamtveräußerung nicht beeinträchtigt werden darf. Obgleich der Gesamtveräußerung eines nicht fortführbaren Unternehmens klare Präferenz vor einer Zerschlagungsverwertung zukommt (Konecny/Schubert/Riel KO/IO § 114a Rn. 8, 77, 81), hat diese Variante nur dann Vorrang, wenn dadurch keine Quotenverschlechterung für die Insolvenzgläubiger zu befürchten ist (§ 114a Abs. 1 letzter Satz und Abs. 4 IO).

Kommt ein Sanierungsplan nicht zustande, ist eine **übertragende Sanierung** anzustreben 221 (Konecny/Schubert/Riel KO/IO § 114a Rn. 77; BPB/Lovrek KO IV § 114a Rn. 12; Petsch/Reckenzaun/Bertl/Isola, Praxishandbuch der Konkursabwicklung, 2. Aufl. 2003, 710). Auch einem Kauf durch eine von Mitgliedern der familia suspecta (§ 32 IO) gegründeten **Auffanggesellschaft** (Feldbauer-Durstmüller/Schlager/Chalupsky/Duursma-Kepplinger 373 ff. mwN) verstellt sich die IO nicht, zumal ein solches Herauslösen des Unternehmens aus der Masse oftmals die einzige Möglichkeit einer Unternehmenssanierung bildet; die Bekanntmachungs- und Genehmigungspflichten der §§ 117 Abs. 1, 89 Abs. 3 IO sollen Missbräuche verhindern. Um die übertragende Sanierung in der Insolvenz als Möglichkeit zur Erhaltung volkswirtschaftlich bedeutsamer Wirtschaftseinheiten zu forcieren, normieren insbesondere § 38 Abs. 5 UGB, § 1409a ABGB, § 14 Abs. 2 BAO, § 25a Abs. 2 BVAG, § 67 Abs. 5 ASVG **Erleichterungen der Übernehmerhaf-**

tung. Zudem schließt § 3 AVRAG den zwingenden Übergang der Arbeitsverhältnisse und eine Haftung für offene Ansprüche aus dem Arbeitsverhältnis gem. § 6 AVRAG bei einer Veräußerung im Zuge eines Konkursverfahrens oder Sanierungsverfahrens ohne Eigenverwaltung aus. Auch eine solche Veräußerung stellt eine Schließungshandlung iSv § 115 Abs. 1 IO dar (Konecny/ Schubert/Riel KO/IO § 114a Rn. 79; BPB/Lovrek KO IV § 115 Rn. 18 ff.; aA Nadler, Unternehmensverkauf durch den Masseverwalter, 2001, 67, 96 f.); §§ 114a Abs. 4, 117 IO gelangen zur Anwendung. Diese Sicht resultiert daraus, dass unter der Unternehmensfortführung in der Insolvenz der Erhalt der betrieblichen Leistungsbereitschaft beim ursprünglichen Unternehmensträger, mithin dem Schuldner, respektive der Masse zu verstehen ist. Insofern ist die Genehmigung des Unternehmensverkaufs gem. § 117 IO möglichst mit der Beendigung der Arbeitsverhältnisse nach § 25 IO zu koordinieren (näheres bei Rebhahn JBl 1999, 626 Fn. 28; Konecny/Schubert/ Riel KO/IO § 114a Rn. 79; Liebeg, Insolvenz-Entgeltsicherungsgesetz, 2. Aufl. 1998, IESG § 1 Rn. 29).

4. Der Zahlungsplan im Schuldenregulierungsverfahren

222 Wie schon erwähnt, steht ein Zahlungsplan nur **natürlichen Personen** offen.

223 Ist ein Sanierungsplan gescheitert oder wurde ein solcher gar nicht angestrebt, ist das Vermögen des Schuldners zu verwerten. Der Schuldner – Unternehmer wie Verbraucher – kann jedoch im Lauf des Insolvenzverfahrens gem. § 193 IO den **Antrag** auf Annahme eines **Zahlungsplans** stellen. Soweit nichts anderes angeordnet ist, gelten hierfür die Bestimmungen über den Sanierungsplan. Die Tagsatzung zur Verhandlung und Beschlussfassung über den Zahlungsplan darf **nicht vor Verwertung des Vermögens** des Schuldners stattfinden. Die Tagsatzung kann mit der Verteilungstagsatzung verbunden werden.

224 Gemäß § 194 IO muss der Schuldner den Insolvenzgläubigern mindestens eine **Quote** anbieten, die seiner **Einkommenslage** in den folgenden **drei Jahren** entspricht; eine Mindestquote ist nicht vorgesehen. Die **Zahlungsfrist** darf **sieben Jahre** nicht überschreiten. Bezieht der Schuldner in diesem Zeitraum voraussichtlich kein pfändbares Einkommen oder übersteigt dieses das Existenzminimum nur geringfügig, so braucht er keine Zahlungen anzubieten. Der Antrag auf Annahme eines **Zahlungsplans** ist **unzulässig,** wenn der Schuldner flüchtig ist, kein Vermögensverzeichnis legt, der sein Inhalt gegen zwingendes Recht (insbesondere §§ 149–151 IO) verstieße oder vor weniger als zehn Jahren ein Abschöpfungsverfahren eingeleitet wurde.

225 Der Zahlungsplan bedarf der Zustimmung der Insolvenzgläubiger; für die Annahme in der **Zahlungsplantagsatzung** (Gläubigersammlung) bedarf es einer **Kopfstimmenmehrheit** in Kumulation mit einer **Kapitalmehrheit** von mehr als 50 % (§§ 147 f. IO). Wird der Zahlungsplan von den Gläubigern abgelehnt, kann bis spätestens in der Zahlungsplantagsatzung vom Schuldner nach Maßgabe von § 151a IO ein Antrag auf Fortsetzung des Insolvenzverfahrens gestellt werden; das Gericht hat eine Frist zur Vorlage eines **geänderten oder neuen Zahlungsplans** zu bestimmen. Im neuerlichen Zahlungsplan werden gem. § 198 Abs. 1 Nr. 1 IO bereits unternommene Anstrengungen des Schuldners zur Befriedigung seiner Gläubiger berücksichtigt (vgl. auch Rechberger/Thurner Rn. 388).

226 Das Insolvenzverfahren ist mit Eintritt der **Rechtskraft der Bestätigung des Zahlungsplans** gem. § 196 Abs. 1 IO aufgehoben. Dies ist gemeinsam mit dem Eintritt der Rechtskraft der Bestätigung in der Insolvenzdatei anzumerken. Zahlt der Schuldner die Masseforderungen nicht binnen einer vom Gericht angemessen festzusetzenden Frist, die drei Jahre nicht übersteigen darf, so ist der Zahlungsplan nichtig. Die **Nichtigkeit des Zahlungsplans** tritt erst dann ein, wenn der Schuldner die Masseforderungen trotz Aufforderung unter Einräumung einer mindestens vierwöchigen Nachfrist nicht gezahlt hat. Die Aufforderung hat einen Hinweis auf diese Rechtsfolge zu enthalten.

227 Insolvenzgläubiger, die ihre **Forderungen bei Abstimmung über den Zahlungsplan nicht angemeldet** haben, haben nur unter der Voraussetzung, dass sie nicht von der Eröffnung des Insolvenzverfahrens verständigt wurden, Anspruch auf die nach dem Zahlungsplan zu zahlende Quote, jedoch nur für die Restlaufzeit des Zahlungsplans, mindestens aber bis zum Ablauf von **drei** Jahren ab der Annahme des Zahlungsplans, selbst wenn die Laufzeit früher endet, und nur insoweit, als diese Quote der Einkommens- und Vermögenslage des Schuldners entspricht. § 156 Abs. 4 IO bleibt unberührt (§ 197 Abs. 1 IO). Ob die zu zahlende Quote der nachträglich hervorgekommenen Forderung der Einkommens- und Vermögenslage des Schuldners entspricht, hat das Insolvenzgericht auf Antrag vorläufig zu entscheiden (§ 156b IO). Zugunsten eines Insolvenzgläubigers, der seine Forderung nicht angemeldet hat, kann die Exekution nur so weit stattfinden, als ein Beschluss nach § 197 Abs. 2 IO ergangen ist. Der Gläubiger hat dem Exekutionsantrag

Internationales Insolvenzrecht – Österreich

auch eine Ausfertigung des Beschlusses nach § 197 Abs. 2 IO samt Bestätigung der Vollstreckbarkeit anzuschließen oder darzulegen, dass er die Forderung angemeldet hat. Eine entgegen dem ersten Satz bewilligte Exekution ist von Amts wegen oder auf Antrag ohne Vernehmung der Parteien einzustellen. **Ändert sich die Einkommens- und Vermögenslage des Schuldners** ohne dessen Verschulden, sodass er fällige Verbindlichkeiten des Zahlungsplans nicht erfüllen kann und ist im Zahlungsplan nicht darauf Bedacht genommen worden, so kann der Schuldner gem. § 198 IO binnen 14 Tagen nach Mahnung durch den Gläubiger neuerlich die Abstimmung über einen Zahlungsplan und die Einleitung eines Abschöpfungsverfahrens beantragen. Die in § 194 Abs. 1 IO vorgesehene Frist zur Beurteilung der Angemessenheit der Quote des Zahlungsplans verkürzt sich um die Hälfte der Frist des Zahlungsplans, während derer Zahlungen geleistet wurden; auf die Dauer der Abtretungserklärung kann der Schuldner die Frist des Zahlungsplans, während derer Zahlungen geleistet wurden, zur Hälfte anrechnen. Die Forderungen leben erst bei Versagung der Bestätigung des Zahlungsplans und Abweisung des Antrags auf Einleitung des Abschöpfungsverfahrens auf.

VI. Bedeutung der Verfahrenseröffnung

1. Gläubigerzugriff

Gemäß § 10 Abs. 1 IO kann nach Insolvenzeröffnung wegen **Insolvenzforderung** – Gleiches gilt für ausgeschlossene Ansprüche und Gemeinschuldnerforderungen (so sollen fortan Forderungen bezeichnet werden, die während der Insolvenz von Dritten gegenüber der insolvenzfreien Sphäre des Schuldners begründet wurden oder in diesem Bereich Resultat gesetzlicher Schuldverhältnisse sind) – an den zur Insolvenzmasse gehörigen Sachen kein **richterliches Pfand- oder Befriedigungsrecht** erworben werden (**Exekutionssperre** (BPB/Apathy KO I § 10 Rn. 2 ff., 9; Konecny/Schubert-Hübner KO/IO § 10 Rn. 1 f.)). Folglich dürfen auch bereits vor Insolvenzeröffnung bewilligte Exekutionen nicht mehr in Ansehung von Massebestandteilen vollzogen werden (Rechberger/Thurner Rn. 85). 228

§ 12 IO geht aber noch weiter, indem er eine **Rückschlagsperre** für solche Pfändungspfandrechte anordnet (BPB/Apathy KO I § 12 Rn. 1 ff.; Konecny/Schubert/Deixler-Hübner KO/IO § 12 Rn. 1 ff.). **Pfändungspfandrechte,** die in den letzten **60 Tagen vor der Insolvenzeröffnung** durch Exekution zur Befriedigung oder Sicherstellung neu erworben worden sind, mit Ausnahme der für öffentliche Abgaben erworbenen Absonderungsrechte, **erlöschen** durch die Insolvenzeröffnung; sie **leben** jedoch **wieder auf,** wenn die Insolvenz gem. § 123a IO aufgehoben wird. Bei der zwangsweisen Pfandrechtsbegründung nach § 152 EO entscheidet der Tag der Einleitung des Versteigerungsverfahrens. Ist lediglich aufgrund eines solchen Pfändungspfandrechts die Verwertung beantragt worden, so ist auf Ersuchen des Insolvenzgerichts oder auf Antrag des Insolvenzverwalters das Verwertungsverfahren einzustellen. Die in § 256 Abs. 2 EO für das Erlöschen des Pfandrechtes festgesetzte Frist ist zugunsten dieses Pfändungspfandrechts im Falle seines Wiederauflebens bis zum Ablauf des Tages gehemmt, an dem der Beschluss über die Aufhebung der Insolvenz rechtskräftig geworden ist. Ist bei einer vor oder nach der Insolvenzeröffnung durchgeführten Verwertung ein Erlös erzielt worden, so ist der auf ein solches Absonderungsrecht entfallende Teil in die Insolvenzmasse einzubeziehen. 229

Im Insolvenzverfahren herrscht – wie bereits erwähnt – **Dispositionsmaxime,** sodass es dem Insolvenzgläubiger unbenommen bleibt, auf eine Insolvenzteilnahme zu verzichten (Denkschrift zur Einführung einer Konkursordnung, einer Ausgleichsordnung und einer Anfechtungsordnung, 1914, 94; Konecny/Schubert/Konecny KO/IO § 102 Rn. 1; Rechberger/Thurner Rn. 217). Ein gegenüber Insolvenzgericht und Insolvenzverwalter erklärter **Insolvenzverzicht** verschließt in weiterer Folge zwar die Haftungsrealisierung in der Insolvenz, erlaubt aber Leistungsklagen gegen den Schuldner und ermöglicht den Zugriff auf dessen insolvenzfreies Vermögen schon während des anhängigen Insolvenzverfahrens (hM; Petschek/Reimer/Schiemer 111, 473; Konecny/Schubert/Schubert KO/IO § 6 Rn. 44; BPB/Buchegger KO I § 6 Rn. 37; BPB/Kodek KO IV § 109 Rn. 23, § 119 Rn. 184; Jelinek FS Kralik, 1986, 229 (236 ff.); ausf. Duursma-Kepplinger Haftungsordnung I 76 ff.; OGH RdW 1988, 388; aA in zu weitgehender Übertragung deutscher Wertungen Nunner-Krautgasser, Schuld, Vermögenshaftung und Insolvenz, 2007, 329 ff.). Zumal die Masse die Insolvenzforderungen nicht schuldet, scheiden ihr gegenüber Leistungsklage und Individualexekution aus (arg. §§ 6 ff., 10 Abs. 1, 12 Abs. 1, 58 Nr. 1, 102 ff. IO). Will der Gläubiger hinsichtlich seiner Insolvenzforderung Befriedigung aus der Masse erfahren, hat er den Weg über §§ 102 ff. IO zu gehen (vgl. auch Kölner Schrift InsO/Eckardt, 2000, 743, 748 f.). Beschreitet er diesen, ist ihm ein gleichzeitiges klageweises Vorgehen gegen den Schuldner und eine Exekuti- 230 onsführung in das insolvenzfreie Vermögen des Schuldners verwehrt, zumal sich mit Insolvenzteilnahme die insolvenzbedingte Aufspaltung von Schuld und Haftung endgültig verfestigt hat (Duursma-Kepplinger Haftungsordnung I 34 ff., 40 ff., 76 ff.; zuvor bereits Nunner-Krautgasser, Schuld, Vermögenshaftung und Insolvenz, 2007, 318 ff., die im Anschluss an deutsche Lehren (insbesondere Spellenberg, Zum Gegenstand des Konkursfeststellungsverfahrens, 1972, 47 ff., 55 ff., 81 ff.; Henckel FS Michaelis, 1972, 151 (165 f.); Kölner Schrift InsO/Eckardt, 2000, 743 (744)) jedoch schon an den Zeitpunkt der Konkurseröffnung anknüpft). Die Schuldebene, das Leistungsrecht gegen den Schuldner ist für die Dauer des Insolvenzverfahrens nicht durchsetzbar, mithin „eingefroren" (Spellenberg, Zum Gegenstand des Konkursfeststellungsverfahrens, 1972, 47 ff., 55 ff., 81 ff.; Henckel FS Michaelis, 1972, 151 (165 f.); Nunner-Krautgasser, Schuld, Vermögenshaftung und Insolvenz, 2007, 318 ff.). Das festgestellte materielle Haftungsrecht gewährt einen Anspruch auf Zuweisung der Quote (s. Kölner Schrift InsO/Eckardt, 2000, 743, 744; Konecny/Nunner-Krautgasser, Insolvenz-Forum 2006, 125 (140, 142); Duursma-Kepplinger Haftungsordnung I 46 ff.). Eine **Simultanhaftung** zwischen Masse und insolvenzfreier Vermögenssphäre des Schuldners scheidet infolge der insolvenzteilnahmebedingten Fixierung der Haftung auf das insolvenzverfangene Vermögen aus; dem steht die Wertung des § 61 IO nicht entgegen, zumal auf Grundlage des Auszugs aus dem Anmeldungsverzeichnis nicht schon während des anhängigen Insolvenzverfahrens Exekution geführt werden kann, sondern erst nach Insolvenzaufhebung (in diesem Sinn bereits Jelinek FS Kralik, 1986, 229 ff., insbesondere 238; Konecny/Schubert/Schubert KO/IO § 6 Rn. 53; Konecny/Schubert/Konecny KO/IO § 105 Rn. 18; Konecny/Schubert/Jelinek/Nunner-Krautgasser KO/IO §§ 60, 61 Rn. 60; Angst/Jakusch, Kommentar zur Exekutionsordnung, 14. Aufl. 2006, EO § 3 Rn. 52; BPB/Kodek KO § 119 Rn. 184; Konecny/Nunner-Krautgasser, Insolvenz-Forum 2006, 125 (138); OGH SZ 41/53; EvBl 1998/15; aA Holzhammer, Österreichisches Insolvenzrecht, 1996, 145; Sprung/Fink FS Fasching, 1988, 491 (504 f.); BPB/Buchegger KO I § 6 Rn. 37).

231 **Aus- und Absonderungsrechte** – für Sicherungseigentum und Zurückbehaltungsrechte kommen in der Insolvenz im Wesentlichen die Vorschriften über Absonderungsrechte zum Tragen (§ 10 Abs. 2 und 3 IO (vgl. BPB/Apathy KO § 10 Rn. 16 ff., 21 ff.; Duursma-Kepplinger ZIK 2003, 56)) – werden dagegen durch die Insolvenz grundsätzlich **nicht berührt** (§ 11 Abs. 1 IO); jedoch bestimmt § 11 Abs. 2 IO, dass die Erfüllung eines Aus- oder Absonderungsrechts, welche die Fortführung des Unternehmens gefährden könnte, nicht vor Ablauf von **sechs Monaten** ab der Insolvenzeröffnung gefordert werden kann, sofern die Erfüllung nicht zur Abwendung schwerer persönlicher oder wirtschaftlicher Nachteile des Berechtigten unerlässlich ist und eine Zwangsvollstreckung in anderes Vermögen des Schuldners zu keiner vollständigen desselben geführt hat oder voraussichtlich nicht führen wird. Auch diese Vorschrift lässt den Inhalt des Aussonderungsrechts unberührt und erlaubt nur eine Weiterbenützung der Sache unter Schonung der Substanz, deckt aber keine Verarbeitung oder Umgestaltung derselben (Duursma-Kepplinger Haftungsordnung III 686 mwN). Bei § 11 Abs. 2 IO handelt es sich lediglich um einen verfahrensrechtlichen Tatbestand der Insolvenzeröffnung, mit dem zur **Absicherung der Unternehmensfortführung** die Folge einer (reinen) **Zwangsstundung** verknüpft ist; aus diesem Grund führt diese Vorschrift auch zu keiner Prozesssperre zulasten der Ab- oder Aussonderungsberechtigten (ErläutRV 3 BlgNR. 15. GP 33 f.; Duursma-Kepplinger Eigentumsvorbehalt 50; aA Buchegger, Die Ausgleichserfüllung, 1988, 88 f.). Das Exekutionsgericht hat auf Antrag des Insolvenzverwalters oder auf Ersuchen des Insolvenzgerichts ein Exekutionsverfahren wegen eines Aussonderungs- oder eines Absonderungsanspruchs, ausgenommen die Begründung eines richterlichen Pfand- oder Befriedigungsrechts, so weit und so lange aufzuschieben, als der Berechtigte Erfüllung nicht verlangen kann. Die Frist des § 256 Abs. 2 EO verlängert sich um die Zeit der Aufschiebung. Das aufgeschobene Exekutionsverfahren ist nach Ablauf der Aufschiebungsfrist nur auf Antrag des Berechtigten wieder aufzunehmen (§ 11 Abs. 3 IO (Chalupsky/Ennöckl/Holzapfel, Handbuch des österreichischen Insolvenzrechts, 1986, 139 f., 141; Duursma-Kepplinger Eigentumsvorbehalt 50)).

2. Verfügungsbefugnis

232 **a) Unwirksamkeit von Rechtshandlungen.** Rechtshandlungen des Schuldners **nach der Insolvenzeröffnung,** welche die Insolvenzmasse betreffen, sind gem. § 3 Abs. 1 IO den Insolvenzgläubigern gegenüber unwirksam, ohne dass es einer Anfechtung bedürfte (Petschek/Reimer/Schiemer 307; Konecny/Schubert/Schubert KO/IO § 3 Rn. 31; OGH EvBl 1985, 91; RZ 1993, 5). Der Begriff der Rechtshandlung ist weit, im Sinne jeder Handlung, die rechtliche Wirkungen hervorbringt, zu verstehen und umfasst auch bloß **mittelbar massebezogene Handlungen** des Schuldners (Konecny/Schubert/Schubert KO/IO § 3 Rn. 3 ff., 10). Das insolvenzfreie oder frei

Internationales Insolvenzrecht – Österreich

gewordene (§ 119 Abs. 5 IO, § 8 Abs. 1 IO) Vermögen betreffende Rechtshandlungen sind wirksam (s. nur BPB/Buchegger KO I § 3 Rn. 9).

Von der Zielsetzung her wirkt diese Regelung als Fortsetzung des Anfechtungsrechts, indem es zur Sicherung der Vermögenshaftung dem Schuldner das Verfügungsrecht über die Masse entzieht (**haftungsrechtliche Unwirksamkeit** (Lehmann, Kommentar zur österreichischen Konkurs-, Ausgleichs- und Anfechtungsordnung, Bd. I, 1916, 46; Petschek/Reimer/Schiemer 307; Konecny/Schubert/Schubert KO/IO § 3 Rn. 3; OGH RZ 1993, 5)). Dennoch verliert der Schuldner damit nicht die Geschäfts- oder gar die Handlungsfähigkeit in Ansehung des insolvenzverfangenen Vermögens (so aber OGH EvBl 1967, 116; wbl 1999, 340; SZ 41/71; JBl 1994, 53; Rummel/Aicher, Kommentar zum Allgemeinen Bürgerlichen Gesetzbuch, Bd. I, 3. Aufl. 2000, ABGB § 18 Rn. 6); der Entzug der materiellen Eigentümerbefugnisse („Quasi-Enteignung" (Herz ÖJZ 1962, 121 (123); Bachmann, Befriedigung der Masseforderungen, 1993, 8 ff.; Shamiyeh 24 f.)) und mithin der Rechtszuständigkeit nähert sich in seinen Wirkungen zwar an, ist aber nicht identisch (näheres bei Duursma-Kepplinger Haftungsordnung I 244 ff.); vgl. auch Konecny/Schubert/Schubert KO/IO § 3 Rn. 1, 18). Zum Schutz des Insolvenzzwecks reicht es aus, für die Dauer des Insolvenzverfahrens massebezogene Rechtshandlungen den „Insolvenzgläubigern" – respektive der Masse als Rechtsperson (s. auch Petschek/Reimer/Schiemer 458; Bartsch/Heil, Grundriss des Insolvenzrechts, 1983, Rn. 56, 125; Lehmann, Kommentar zur österreichischen Konkurs-, Ausgleichs- und Anfechtungsordnung, Bd. I, 1916, 47 ff., wo eine Geltendmachung der Unwirksamkeit auch durch die Massegläubiger bejaht wird) – gegenüber für unwirksam zu erklären (vgl. auch Konecny/Schubert/Schubert KO/IO § 3 Rn. 1, 12 ff., 17 ff.; BPB/Buchegger KO I § 3 Rn. 16 ff., Rn. 22 mwN; Buchegger/Duursma-Kepplinger FS Ishikawa, 2001, 47 (67 ff. mwN)). Im Einzelnen ist der Inhalt besagter „relativer Unwirksamkeit" umstritten (zum Meinungsstand Konecny/Schubert/Schubert KO/IO § 3 Rn. 17; BPB/Buchegger KO § 3 Rn. 16 ff., 22; eine Tendenz zur Annahme der absoluten Unwirksamkeit von Verfügungen ist bei Schneider ZIK 2003, 106; Konecny JBl 2004, 354 f.; Konecny JBl 1986, 353 (363) zu erkennen). Im Verhältnis zum Kontrahenten ist die Rechtswirksamkeit solcher Handlungen so zu beurteilen, als wäre die Insolvenz nicht anhängig (Konecny/Schubert/Schubert KO/IO § 3 Rn. 1; OGH SZ 66/52). Forderungen des Kontrahenten stellen somit bloße Gemeinschuldnerforderungen dar und können nur gegen das insolvenzfreie Vermögen geltend gemacht werden (Konecny/Schubert/Schubert KO/IO § 3 Rn. 1; OGH SZ 41/71; SZ 66/52).

Mit Insolvenzaufhebung werden solche Rechtshandlungen voll wirksam, ohne dass es einer **Genehmigung** seitens des Schuldners bedürfte (Konecny/Schubert/Schubert KO/IO § 3 Rn. 1, 14 f.; BPB/Buchegger KO I § 3 Rn. 33; OGH SZ 66/52). Während des anhängigen Insolvenzverfahrens können derartige Rechtshandlungen – sofern dem nicht Wertungen des allgemeinen Privat- oder Prozessrechts entgegenstehen – vom Insolvenzverwalter genehmigt und rückwirkend im Verhältnis zur Masse für wirksam erklärt werden (näheres bei Konecny/Schubert/Schubert KO/IO § 3 Rn. 12 ff.; BPB/Buchegger KO I § 3 Rn. 31 f.). Kommt es zu keiner Genehmigung und leistet der Kontrahent im Hinblick auf die Rechtshandlung des Schuldners – insoweit rechtsgrundlos – an die Masse, so ist dem anderen Teil die **Gegenleistung zurückzustellen,** soweit sich die Masse durch sie bereichern würde (§ 46 Nr. 6 IO). Inhalt und Umfang des Bereicherungsanspruchs bestimmen sich nach bürgerlichem Recht (Konecny/Schubert/Schubert KO/IO § 3 Rn. 32 ff.; OGH RdW 1984, 276).

b) Mangelnde Zuständigkeit zur Empfangnahme von Leistungen. Durch **Zahlung einer Schuld** an den Schuldner oder dessen Vertreter bzw. Machthaber (Konecny/Schubert/Schubert KO/IO § 3 Rn. 39; BPB/Buchegger KO I § 3 Rn. 45; OGH JBl 1984, 85 mAnm Koziol) nach der Insolvenzeröffnung wird der Verpflichtete – mithin der Schuldner des Schuldners oder derjenige der im Namen desselben die Leistung erbringt (OGH SZ 56/170; SZ 69/62) – gem. § 3 Abs. 2 Hs. 1 IO **nicht befreit** (Übersicht bei Konecny/Schubert/Schubert KO/IO § 3 Rn. 41 ff.; BPB/Buchegger KO I § 3 Rn. 48 ff.), zumal es dem Schuldner an der Empfangszuständigkeit von insolvenzverfangenen Vermögenswerten fehlt (Konecny/Schubert/Schubert KO/IO § 3 Rn. 37). Zahlung ist im weiten Sinn des § 1412 ABGB zu verstehen und umfasst somit neben **Geldzahlungen,** auch **Sach- und Dienstleistungen** (Konecny/Schubert/Schubert KO/IO § 3 Rn. 38; BPB/Buchegger KO I § 3 Rn. 44; aA noch Lehmann, Kommentar zur österreichischen Konkurs-, Ausgleichs- und Anfechtungsordnung, Bd. I, 1916, 54). Dabei muss nicht der Insolvenzverwalter beweisen, dass dem Verpflichteten zur Zeit der Zahlung die Insolvenzeröffnung bekannt war oder bekannt sein musste, sondern der Verpflichtete, dass ihm dies weder bekannt war, noch bei Anwendung der gehörigen Sorgfalt bekannt sein musste. Gelingt ihm dieser Beweis nicht, muss er an die Masse neuerlich leisten (RS0063862; RS0063845). Muss der Verpflichtete infolge der Anordnung des § 3 Abs. 2 IO nochmals an die Masse zahlen, steht ihm gegen den Schuldner

Internationales Insolvenzrecht – Österreich

ein Bereicherungsanspruch zu (Gemeinschuldnerförderung (Konecny/Schubert/Schubert KO/ IO § 3 Rn. 38; BPB/Buchegger KO I § 3 Rn. 47)).

236 Zwei **Ausnahmen** vom vorstehenden Grundsatz der Unwirksamkeit von Leistungen an den Schuldner macht § 3 Abs. 2 Hs. 2 IO. Ist das Geleistete **der Insolvenzmasse zugewendet** worden, so tritt insoweit eine Schuldbefreiung ein. Die Befriedigung eines Insolvenzgläubigers bildet allerdings nur in Höhe der Insolvenzquote eine Zuwendung an die Masse (Petschek/Reimer/Schiemer 460; Konecny/Schubert/Schubert KO/IO § 3 Rn. 65). Weiters braucht der Verpflichtete – also der Schuldner des Schuldners oder derjenige der im Namen desselben die Leistung erbringt (OGH SZ 56/170; SZ 69/62) – nicht nochmals zu leisten, wenn ihm im zur Zeit der Leistung (Konecny/Schubert/Schubert KO/IO § 3 Rn. 68, wonach der Zeitpunkt der Befreiung der Schuld maßgeblich sei) die **Insolvenzeröffnung nicht bekannt** war oder bekannt sein musste. Infolge der Online-Bekanntmachung des Insolvenzverfahrens sowie die Eintragungen bzw. Anmerkungen in den öffentlichen Büchern geht die Rechtsprechung grundsätzlich von einer Evidenz der Insolvenzeröffnung aus (streng schon vor Einführung der Insolvenzdatei OGH EvBl 1965/191; SZ 56/170; ZIK 1996, 169; weniger streng für Nichtunternehmer OGH ZIK 1998, 62; zurückhaltend auch noch OGH SZ 55/3; zum Ganzen Konecny/Schubert/Schubert KO/IO § 3 Rn. 69 f.) und legt für den Geschäftsverkehr – abgestuft nach Branche und Größe des Unternehmens – einen relativ strengen Maßstab an die **Obliegenheit zur Einsichtnahme in die Insolvenzdatei** an (hierzu Duursma/Duursma-Kepplinger in Plöckinger/Duursma/Mayrhofer, Internet-Recht, 2004, 217 ff., 221 ff. mwN; Duursma/Duursma-Kepplinger ZInsO 2002, 913 ff.; Mohr ZIK 2000, 7; BPB/Buchegger KO I § 3 Rn. 72; Engelhart ZIK 2011, 127; OGH – 9 Ob 2009/96y; – 2 Ob 4/11v). Bei Unternehmern richtet sich die Beurteilung, ob die Unkenntnis vorwerfbar ist, nach dem objektiven Sorgfaltsmaßstab eines ordentlichen Unternehmers. Dieser ist nach der Rechtsprechung grundsätzlich zur Einholung von Informationen über ein allfälliges Insolvenzverfahren verpflichtet (vgl. RS0063845 (T5, T6)). Dabei kam es aufgrund des technischen Fortschritts und der damit verbundenen Erleichterung der Kenntnisnahme von allfälligen Insolvenzen auch zu einem geänderten Verständnis des Inhalts dieser Sorgfaltsverpflichtung. Selbst Kleinstunternehmer trifft eine entsprechende Obliegenheit zur Informationseinholung, wenn auch in einem weniger strikten Maß (vgl. hierzu Duursma/Duursma-Kepplinger in Plöckinger/Duursma/Mayrhofer, Internet-Recht, 2004, 217, 227; Mohr ZIK 2000/7, 4; vgl. auch OGH SZ 70/224). In Bezug auf Nichtunternehmer vertrat das Höchstgericht in OGH – 4 Ob 276/97k noch eine deutlich großzügigere Sichtweise. Erst jüngst hat der OGH in seiner Entscheidung 9 Ob 33/20y jedoch anklingen lassen, dass Nichtunternehmer zwar nicht generell vor jeder Zahlung oder jedem Geschäft Einsicht in die Insolvenzdatei zu nehmen brauchten, bei Vorliegen von entsprechenden Verdachtsmomenten, die auf eine Insolvenz des Vertragspartners schließen ließen, was eine Einzelfallbeurteilung voraussetzte, die Nichteinsichtnahme jedoch auch für einen Nichtunternehmer eine Obliegenheitsverletzung (insbesondere im Hinblick auf § 3 Abs. 2 IO) darstellen könne.

3. Laufende Verträge

237 §§ 21–25 IO regeln die Auswirkungen des Insolvenzverfahrens auf massebezogene **laufende Verträge**. § 21 IO kommt für alle vollkommen zweiseitigen Geschäfte zur Anwendung, die nicht unter die leges speciales der §§ 22, 23, 24, 25 IO fallen (Petschek/Reimer/Schiemer 278; Kepplinger, Das Synallagma in der Insolvenz, 2000, 16 ff.; BPB/Gamerith KO I § 21 Rn. 3; Konecny/Schubert/Widhalm-Budak KO/IO § 21 Rn. 1 ff., 28; OGH ZIK 1997, 60). § 21 IO erfasst somit synallagmatische Zielschuldverhältnisse, Sukzessivlieferungsverträge, noch nicht angetretene (s. § 25 KO; str. für §§ 23, 24 KO, Übergabe der Bestandsache verlangend Rathauscher, Bestandrechte und Konkurs, 1999, 16 ff., 22 f.; Duursma-Kepplinger Eigentumsvorbehalt 223 ff.; Konecny/Schubert/Widhalm-Budak KO/IO § 21 Rn. 48; Konecny/Schubert/Oberhammer KO/IO § 23 Rn. 24 ff.; OGH ZIK 1998, 165; aA BPB/Gamerith KO I § 23 Rn. 3, § 24 Rn. 2; OGH ZIK 1995, 184) Dauerschuldverhältnisse (Bestandverträge, Arbeitsverträge), nicht aber Darlehensverträge, Optionen, Gesellschaftsverträge, unentgeltliche bzw. entgeltsfremde Geschäfte (Kepplinger, Das Synallagma in der Insolvenz, 2000, 16 ff.; BPB/Gamerith KO I § 21 Rn. 3 ff., 36 ff.; Konecny/Schubert/Widhalm-Budak KO/IO § 21 Rn. 27 ff., 30 ff., 47 ff.). Bei Leasingverträgen hängt es von der konkreten Ausgestaltung ab, ob diese unter § 21 IO oder §§ 23, 24 IO fallen (mit Unterschieden im Detail Duursma-Kepplinger Eigentumsvorbehalt 231 ff., 240 ff.; Rathauscher, Bestandrechte und Konkurs, 1999, 39 ff., 44 ff.; Schanda ZIK 1996, 13 f.; Iro RdW 1993, 177 f.; OGH ZIK 1995, 185).

Der mit Inkrafttreten der IO neu eingeführte § 25a IO regelt die **Auflösung von Verträgen** 238
durch Vertragspartner des Schuldners. Wenn die Vertragsauflösung die Fortführung des
Unternehmens gefährden könnte, können Vertragspartner des Schuldners mit dem Schuldner
geschlossene Verträge bis zum Ablauf von sechs Monaten nach Eröffnung des Insolvenzverfahrens
nur aus wichtigem Grund auflösen. Nicht als wichtiger Grund gilt (Nr. 1) eine Verschlechterung
der wirtschaftlichen Situation des Schuldners und (Nr. 2) Verzug des Schuldners mit der Erfüllung
von vor Eröffnung des Insolvenzverfahrens fällig gewordenen Forderungen. Diese Beschränkungen
gelten nicht, wenn die Auflösung des Vertrags zur Abwendung schwerer persönlicher oder wirtschaftlicher Nachteile des Vertragspartners unerlässlich ist, bei Ansprüchen auf Auszahlung von
Krediten und bei Arbeitsverträgen.

Nach § 25b Abs. 1 IO können sich die Vertragsteile auf Vereinbarungen, wodurch die Anwen- 239
dung der §§ 21–25a IO im Verhältnis zwischen Gläubiger und Schuldner im Voraus ausgeschlossen
oder beschränkt wird, nicht berufen. Die Vereinbarung eines Rücktrittsrechts oder der Vertragsauflösung für den Fall der Eröffnung eines Insolvenzverfahrens ist gem. § 25b Abs. 2 IO unzulässig,
außer bei Verträgen nach § 20 Abs. 4 IO. Die Rechtsprechung erachtete allerdings in der Vergangenheit – zu großzügig – in Vereinbarungen, die dem anderen Teil für den Insolvenzfall ein
Rücktrittsrecht zubilligen (**Lösungsklauseln für den Insolvenzfall**) für wirksam (OGH ecolex
1992, 846; MietSlg 34.891; strenger Kepplinger, Das Synallagma in der Insolvenz, 2000, 189 ff.;
BPB/Gamerith KO I § 21 Rn. 7; Duursma-Kepplinger Eigentumsvorbehalt 65 f., 109, 236, 277,
283 ff., 312).

Ist ein zweiseitiger Vertrag von dem Schuldner und dem anderen Teil zur Zeit der Insolvenzer- 240
öffnung noch **nicht oder nicht vollständig erfüllt** worden, so eröffnet § 21 IO dem Insolvenzverwalter das Wahlrecht, entweder an Stelle des Schuldners den Vertrag zu erfüllen und vom
anderen Teil Erfüllung zu verlangen oder vom Vertrag zurückzutreten. Die Regelung des § 21
IO versteht sich vor dem Hintergrund der **Insolvenzfestigkeit der Zug-um-Zug-Einrede** des
§ 1052 ABGB (str.; wie hier Kepplinger, Das Synallagma in der Insolvenz, 2000, 115 ff., 137 f.;
präzisierend Duursma-Kepplinger Haftungsordnung III 626 ff.; Konecny/Schubert/Widhalm-
Budak KO/IO § 21 Rn. 5 ff., 8 f., vgl. aber Rn. 9, 10; abw. Welser/Graff GesRZ 1984, 121
(124); aA BPB/Gamerith KO I § 21 Rn. 2); das Wahlrecht als originäres Mittel der künstlichen
Massebildung dient ausschließlich der **Förderung des Insolvenzzwecks** (Frotz, Aktuelle Probleme des Kreditsicherungsrechts, Gutachten, Bd. I, 3. Teil, 1970, 170; Kepplinger, Das Synallagma
in der Insolvenz, 2000, 115 ff., 137 f.; Kepplinger ZIK 2000, 135; Konecny/Schubert/Widhalm-
Budak KO/IO § 21 Rn. 9; aA die hM, auch Schutz des anderen Teils, BPB/Gamerith KO I § 21
Rn. 2; Bartsch/Heil, Grundriss des Insolvenzrechts, 1983, Rn. 116). Ein Vertrag gilt iSv § 21 IO
auch dann noch nicht voll erfüllt, wenn zwar bereits alle Handlungen zur Erfüllung gesetzt
wurden, der Leistungserfolg aber aufgrund einer Bedingung noch nicht eingetreten ist. Insofern
fällt auch der Vorbehaltskauf in den Anwendungsbereich des § 21 IO. Während Rechtsprechung
und (noch) hA in der **Vorbehaltsverkäuferinsolvenz** dem Verwalter das Wahlrecht uneingeschränkt zubilligen, scheitert nach zutreffender Ansicht ein Rücktritt an der Insolvenzfestigkeit
des Anwartschaftsrechts bzw. an der mangelnden Dispositionsbefugnis des Verwalters (hL, BPB/
Gamerith KO I § 21 Rn. 11; OGH wbl 1989, 194; Klang/Bydlinski, Kommentar zum Allgemeinen bürgerlichen Gesetzbuch, Bd. IV/2, 2. Aufl. 1950 AT, 513 f.; aA Kepplinger, Das Synallagma
in der Insolvenz, 2000, 321 ff.; Kepplinger ZIK 2000, 135; Duursma-Kepplinger Eigentumsvorbehalt
29 ff., 37 ff.; Konecny/Schubert/Widhalm-Budak KO/IO § 21 Rn. 132 ff.). Die Argumentation
der mangelnden Dispositionsbefugnis bei vorinsolvenzlicher Setzung aller Erfüllungshandlungen,
jedoch noch ausstehendem Leistungserfolg, welche zum Ausschluss des § 21 IO infolge des insolvenzfesten Anwartschaftsrechts des Käufers (§ 13 IO, § 56 Abs. 3 GBG) führt, erzielt auch in
der **Insolvenz des Liegenschaftsverkäufers** angemessene Ergebnisse (Bollenberger ÖBA 1994,
825 ff.; Kepplinger, Das Synallagma in der Insolvenz, 2000, 319 ff., 322, 328 ff., Konecny/Schu-
bert/Widhalm-Budak KO/IO § 21 Rn. 128 f.; vgl. auch OGH wbl 1988, 31; SZ 69/117). Offene
Gewährleistungsansprüche erlauben die Anwendung des § 21 IO jedenfalls bei nicht rügeloser
Abnahme sowie in jenen Fällen, in den sie ihrer Natur nach Nichterfüllungsansprüche darstellen
(str.; Konecny/Schubert/Widhalm-Budak KO/IO § 21 Rn. 114 ff., unter Hinweis auf OLG Wien
25.3.1999 – 15 R 38/99i; Rabl ecolex 2001, 518 ff.; abw. noch Kepplinger/Duursma ecolex
2001, 269).

Die Insolvenzeröffnung führt zu keinem Erlöschen der wechselseitigen Erfüllungsansprüche, 241
sondern bloß zu einem verzugsausschließenden und hemmenden Schwebezustand (weiterführend
Duursma-Kepplinger Eigentumsvorbehalt 51 ff., 61 ff.; bekräftigend Duursma-Kepplinger Haftungsordnung III 628 ff.; abw. Konecny/Schubert/Widhalm-Budak KO/IO § 21 Rn. 183;
Konecny FS Krejci, 2001, 1809 ff., 1818 ff.). Insofern erlöschen weder akzessorische Sicherungen,

Internationales Insolvenzrecht – Österreich

noch eine allenfalls vorinsolvenzlich gültig erfolgte Abtretung des Anspruchs auf die Gegenleistung (näheres bei Kepplinger, Das Synallagma in der Insolvenz, 2000, 267 ff., 286 ff.; Koziol ÖBA 1998, 745 (749 ff.)). Vielmehr bewirkt erst ein **Rücktritt** des Verwalters die **Umgestaltung des Rechtsverhältnisses** und ein Erlöschen der Erfüllungsansprüche. Diese forderungsumgestaltende Wirkung ist absolut – sie trifft nicht bloß das materielle Haftungsrecht des anderen Teils – und überdauert die Insolvenzaufhebung (hM; zB BPB/Gamerith KO I § 22 Rn. 10; Duursma-Kepplinger Haftungsordnung III 647 ff.). Die stRspr und wohl auch noch hA räumt dem „Rücktritt" iSv § 21 IO keine schuldrechtliche Ex-tunc-Wirkung vergleichbar einem Rücktritt nach §§ 918 ff. ABGB ein (Lehmann, Kommentar zur österreichischen Konkurs-, Ausgleichs- und Anfechtungsordnung, Bd. I, 1916, 149; Frotz, Aktuelle Probleme des Kreditsicherungsrechts, Gutachten, Bd. I, 3. Teil, 1970, 170; Welser/Graff GesRZ 1984, 121 f.; Kepplinger, Das Synallagma in der Insolvenz, 2000, 160 ff., 262 f.; Konecny/Schubert/Widhalm-Budak KO/IO § 21 Rn. 193; OGH wbl 1991, 403; SZ 61/170; SZ 61/31; SZ 54/168 = EvBl 1982/52; SZ 39/147; aA Klang/Bydlinski, Kommentar zum Allgemeinen bürgerlichen Gesetzbuch, Bd. IV, 2. Aufl. 1950 ff., 541 f., Fn. 516; Iro RdW 1985, 105 ff.; Böhm wobl 1999, 109 (110 f.); Duursma-Kepplinger Eigentumsvorbehalt 16 ff.; Riss ÖBA 2008, 18 (19 f., 23 ff.)). Er führt nach der herrschenden Ex-nunc-Theorie zu keiner bereicherungsrechtlichen **Rückabwicklung** der bereits erbrachten Leistungen. Sofern der andere Teil trotz des Rücktritts einen Vorteil erlangt hätte, wird jedoch der Masse ein Anspruch auf Abschöpfung des Bereicherten zugebilligt (Lehmann, Kommentar zur österreichischen Konkurs-, Ausgleichs- und Anfechtungsordnung, Bd. I, 1916, 151; Welser/Graff GesRZ 1984, 121 (126, 128 ff.); Kepplinger, Das Synallagma in der Insolvenz, 2000, 262 f.; OGH SZ 39/147; SZ 54/168; RZ 1988, 277). Im Falle des Rücktrittes nach § 21 IO steht dem anderen Teil ein **verschuldensunabhängiger Schadenersatzanspruch** im Rang einer Insolvenzforderung zu (Eingriffshaftung (Differenzanspruch Kepplinger, Das Synallagma in der Insolvenz, 2000, 143 ff., 216 ff., 224 ff., 259 f.; BPB/Gamerith KO I § 21 Rn. 25; Konecny/Schubert/Widhalm-Budak KO/IO § 21 Rn. 220 ff.)).

242 Bei **Erfüllungswahl** treffen die Masse alle Pflichten aus dem Vertrag, insbesondere stellt die Gegenleistung eine Masseforderung dar (Kepplinger, Das Synallagma in der Insolvenz, 2000, 194 ff.; Konecny/Schubert/Widhalm-Budak KO/IO § 21 Rn. 241 ff. mwN). Die Masse kann nach allgemeinen Grundsätzen in Verzug geraten oder die Unmöglichkeit der Leistung zu vertreten haben. Dem Vertragspartner stehen die vertraglichen und gesetzlichen Rücktrittsrechte zu, soweit nicht § 25a IO anderes bestimmt. Bei einem nach Erfüllungswahl aufgrund einer Leistungsstörung seitens der Masse erfolgenden Rücktritts des Vertragspartners gem. §§ 918 ff. ABGB sind die daraus resultierenden die Ansprüche Masseforderungen (Konecny/Schubert/Widhalm-Budak KO/IO § 21 Rn. 244; vgl. auch Kepplinger/Duursma wobl 2001, 33 ff.; BPB/Gamerith KO I § 21 Rn. 28; OGH RdW 2003, 11). § 21 Abs. 3 IO gewährt den anderen Teil eine spezielle Unsicherheitseinrede. Sind die geschuldeten **Leistungen teilbar** und hat der Gläubiger die ihm obliegende Leistung zur Zeit der Insolvenzeröffnung bereits teilweise erbracht, so ist er gem. § 21 Abs. 4 IO mit dem der Teilleistung entsprechenden Betrag seiner Forderung auf die Gegenleistung Insolvenzgläubiger. Diese Regelung führt insbesondere bei Erfüllungswahl zu einer **Aufspaltung des Vertrags** (Kepplinger, Das Synallagma in der Insolvenz, 2000, 200 ff.; Duursma-Kepplinger Eigentumsvorbehalt 231 ff.; Kepplinger/Duursma wobl 2001, 33 (38 f.); Konecny/Schubert/Widhalm-Budak KO/IO § 21 Rn. 255 ff.; BPB/Gamerith KO I § 21 Rn. 33 ff.; zu steuerrechtlichen Fragen bei halbfertigen Bauten Konecny/Schubert/Engelhart KO/IO § 46 Rn. 151 ff.; OGH ÖBA 1995, 307).

243 Der Verwalter ist hinsichtlich des Zeitpunkts der **Wahlrechtsausübung** grundsätzlich frei. Allerdings kann ihm das Insolvenzgericht auf Antrag des anderen Teils eine (verfahrensrechtliche) **Frist** zur Erklärung setzen. Erklärt er sich innerhalb derselben nicht, gilt dies als Rücktritt vom Geschäft. Die Frist darf frühestens drei Tage nach der Berichtstagsatzung enden. Ist der Schuldner zu einer nicht in Geld bestehenden Leistung verpflichtet, mit deren Erfüllung er in Verzug ist, so muss sich der Insolvenzverwalter unverzüglich nach Einlangen des Ersuchens des Vertragspartners, längstens aber innerhalb von fünf Arbeitstagen erklären. Erklärt er sich nicht binnen dieser Frist, so wird angenommen, dass er vom Geschäft zurücktritt.

244 Solange noch keine Erklärung iSv § 21 IO abgegeben oder eine gesetzte Frist nicht ungenutzt verstrichen ist, sind die Erfüllungsansprüche in Schwebe. Eine Geltendmachung in der Insolvenz scheidet aus. Nach Insolvenzaufhebung können diesfalls die Erfüllungsansprüche in ihrer ursprünglichen Gestalt von beiden Teilen wieder geltend gemacht werden (Kepplinger, Das Synallagma in der Insolvenz, 2000, 172 ff.; Duursma-Kepplinger Haftungsordnung III 648 ff.); auch ein bestätigter **Sanierungsplan** bewirkt infolge des aufrechten Synallagmas keine Forderungskürzung iSv

Internationales Insolvenzrecht – Österreich

§ 156 IO (BPB/Gamerith KO I § 21 Rn. 31; Duursma-Kepplinger AnwBl 2003, 7873 (zust. Glosse zu OGH 19.9.2002 – 8 Ob 71/02b); Duursma-Kepplinger Haftungsordnung III 648 ff.).

§ 22 IO trifft eine von § 21 IO abweichende Regelung für **Fixgeschäfte** betreffend die 245 Ablieferung von Waren, die einen Markt- oder Börsenpreis haben. Geleitet von der zutreffenden Prämisse, dass der Insolvenzverwalter regelmäßig erst nach der Einarbeitungsphase, über die hinreichenden Informationen verfügt, die ihm eine gezielte Wahlrechtsausübung gestatten, normiert § 22 IO ein **automatisches Dahinfallen des Vertrags**, wenn die festbestimmte Frist (Termin) erst nach Insolvenzeröffnung endet. Diesfalls kann keine Erfüllung verlangt, sondern ein Schadenersatz wegen Nichterfüllung gefordert werden. Der Betrag des – ohne Rücksicht auf Verschulden als Insolvenzforderung zustehenden – Schadenersatzes bestimmt sich nach dem Unterschied zwischen dem Kaufpreis und dem Markt- oder Börsenpreis, der an dem Erfüllungsort oder an dem für diesen maßgebenden Handelsplatz für die am zweiten Werktag nach der Insolvenzeröffnung mit der bedungenen Erfüllungszeit geschlossenen Geschäfte besteht.

Anders als soeben dargelegt, stellt sich die Rechtslage im Rahmen von Bestandverträgen über 246 bewegliche wie unbewegliche Sachen (§§ 23 f. IO) und Arbeitsverträgen (§ 25 IO) dar. Hier kommt es schon insolvenzbedingt zu einem **Ex-lege-Vertragsübergang** auf die Masse. Vorinsolvenzlicher Verzug berechtigt zur Kündigung nach allgemeinen Regeln (auf die abw. Rechtsprechung zu § 26 AngG wird iRv § 25 IO eingegangen), soweit dem nicht § 25a IO entgegen steht. Mangels Schwebephase können die Masse sofort Verzugsfolgen treffen (Duursma-Kepplinger Eigentumsvorbehalt 62 ff.; Konecny wobl 2001, 241 ff.; OGH wobl 2001, 167).

§ 23 IO gewährt in der **Bestandnehmerinsolvenz** dem Masseverwalter ein vorzeitiges Kündi- 247 gungsrecht. Hat der Schuldner eine Sache in Bestand genommen, so kann der Insolvenzverwalter, unbeschadet des Anspruches auf Ersatz des verursachten Schadens, den Vertrag unter Einhaltung der gesetzlichen oder der vereinbarten kürzeren Kündigungsfrist kündigen. Die auf die Zeit vor Insolvenzeröffnung entfallenden Bestandzinse stellen Insolvenzforderungen, die auf die Zeit der Gebrauchsüberlassung – nicht Fälligkeit – danach entfallenden Masseforderungen dar (Konecny/Schubert/Oberhammer KO/IO § 23 Rn. 62; OGH SZ 7/198; SZ 49/36; SZ 49/36; MietSlg 35.909/20). § 12c IO enthält eine Sondervorschrift im Fall einer anhängigen **Räumungsexekution**. Auf Antrag des Insolvenzverwalters ist eine Exekution zur Räumung eines Bestandobjekts, in dem das Unternehmen betrieben wird, wegen Nichtzahlung des Bestandzinses in der Zeit vor Eröffnung des Insolvenzverfahrens aufzuschieben bis (Nr. 1) das Unternehmen geschlossen wird, (Nr. 2) der Schuldner den Sanierungsplan zurückzieht oder das Gericht den Antrag zurückweist, (Nr. 3) der Sanierungsplan in der Sanierungsplantagsatzung abgelehnt und die Tagsatzung nicht erstreckt wurde, (Nr. 4) dem Sanierungsplan die Bestätigung versagt wurde oder (Nr. 5) die Forderung des Bestandgebers nach § 156a IO wieder auflebt. Wird die Forderung mit dem im Sanierungsplan festgesetzten Betrag rechtzeitig voll befriedigt, so ist die Räumungsexekution auf Antrag einzustellen. Das Bestandverhältnis gilt als fortgesetzt.

Hat der Schuldner eine Sache in Bestand gegeben, so tritt der Insolvenzverwalter in den Vertrag 248 ein. In der **Bestandgeberinsolvenz** kann gem. § 24 Abs. 1 IO eine aus dem öffentlichen Buche nicht ersichtliche Vorauszahlung des Bestandzinses dem Insolvenzverwalter, unbeschadet des Anspruchs auf Ersatz des verursachten Schadens, nur für die Zeit eingewendet werden, bis zu der das Bestandverhältnis im Falle unverzüglicher Kündigung unter Einhaltung der vereinbarten oder, in Ermangelung einer solchen, der gesetzlichen Kündigungsfrist dauern würde. Jede Veräußerung der Bestandsache im Insolvenzverfahren hat auf das Bestandverhältnis die Wirkung einer notwendigen Veräußerung (§ 24 Abs. 2 IO (hierzu BPB/Gamerith KO I § 24 Rn. 14; Duursma-Kepplinger Eigentumsvorbehalt 303 ff.)). Der Anordnung des § 24 Abs. 2 IO kommt bei Mietverträgen über unbewegliche Sachen in der Praxis nur geringe Bedeutung zu, zumal die zwingenden Bestimmungen des MRG als leges speciales vorgehen (dazu Kepplinger/Duursma ImmZ 2000, 17 ff.; ähnlich Konecny/Schubert/Oberhammer KO/IO § 23 Rn. 51; MietSlg 5482; MietSlg 37.852; die Konkurseröffnung stellt nicht unbedingt einen wichtigen Kündigungsgrund iSv § 30 Abs. 2 Nr. 7 MRG dar, doch kann sie als wichtiger Grund iSv § 30 Abs. 2 Nr. 13 MRG vereinbart werden, vgl. wobl 1995/44; Kepplinger ImmZ 2000, 121 (141, 143 f.); aA BPB/Gamerith KO I § 23 Rn. 13).

Gemäß § 26 Abs. 1 IO **erlischt** ein vom Gemeinschuldner erteilter **Auftrag** mit der Insolvenz- 249 eröffnung (dazu BPB/Gamerith KO I § 26 Rn. 5 ff. und Konecny/Schubert/Weber-Wilfert/Widhalm-Budak KO/IO § 26 Rn. 1 ff. mwN). Relevant ist diese Bestimmung zB für Geschäftsbesorgungsverträge, Kontoführungsaufträge und dergleichen. **Anträge**, die vor der Insolvenzeröffnung vom Gemeinschuldner noch nicht angenommen worden sind, bleiben aufrecht, sofern nicht ein anderer Wille des Antragstellers aus den Umständen hervorgeht. An Anträge des Gemeinschuldners, die vor der Insolvenzeröffnung noch nicht angenommen worden sind, ist der Massever-

Internationales Insolvenzrecht – Österreich

walter nicht gebunden (s. BPB/Gamerith KO I § 26 Rn. 19 ff. und Konecny/Schubert/Weber-Wilfert/Widhalm-Budak KO/IO § 26 Rn. 72 ff. mwN). Ob § 26 Abs. 2 und 3 IO nur für Angebote oder auch andere Gestaltungsrechte wie Optionen, Aufgriffs- oder Andienungsrechte gelten, ist umstritten und richtiger Weise im konkreten Einzelfall zu beurteilen. Auch diese Normen sind **zwingend**.

4. Aufrechnung

250   Während in der Insolvenz für die Aufrechnung von Masseforderungen (= Verbindlichkeiten der Masse) gegen Forderungen der Masse außerhalb der Masseunzulänglichkeit – für monetäre Altmasseforderungen iSv § 124a IO wird eine entsprechende Anwendung der §§ 19, 20 IO erwogen (BPB/Kodek KO IV § 124a Rn. 21; Konecny/Konecny Insolvenz-Forum 2002, 61 (79)) – keine Besonderheiten gelten (vgl. auch Petschek/Reimer/Schiemer 477; Konecny/Schubert/Schubert KO/IO §§ 19, 20 Rn. 17; BPB/Gamerith KO I § 19 Rn. 9; Dullinger, Handbuch der Aufrechnung, 1995, 310; OGH SZ 54/153; ZIK 1996, 97), sieht § 19 IO für die Aufrechnung von **Insolvenzforderungen** (Aktivforderungen) mit bereits zur Zeit der Insolvenzeröffnung entstandenen Forderungen des Schuldners, die zur Masse gehören (Passivforderungen) einerseits **Aufrechnungserleichterungen**, § 20 Abs. 1 IO andererseits –erschwerungen vor (Petschek/Reimer/Schiemer 477; BPB/Gamerith KO I § 19 Rn. 9; OGH ecolex 1996, 98).

251   §§ 19, 20 IO finden ferner keine Anwendung auf ausgeschlossene Ansprüche oder Gemeinschuldnerforderungen (für viele BPB/Gamerith KO I § 19 Rn. 9). Obgleich die ab Insolvenzeröffnung auf Insolvenzforderungen entfallenden Zinsen als ausgeschlossene Ansprüche iSv § 58 Nr. 1 IO grundsätzlich einer Aufrechnung nicht zugänglich wären, dürfen solche Zinsen im Rahmen der Deckung durch ein bestehendes Absonderungsrecht aufgerechnet werden (Konecny/Schubert/Schubert KO/IO §§ 19, 20 Rn. 19; BPB/Gamerith KO I § 19 Rn. 9).

252   Die **Aufrechnungsverbote** dienen der Sicherstellung der par condicio creditorum (BPB/Gamerith KO I § 20 Rn. 1; OGH SZ 49/137; SZ 55/3); die **Aufrechnungserleichterungen** folgen der Erwägung, dass die (anfechtungsfeste) Aufrechnungslage wirtschaftlich eine ähnliche Position verleiht wie ein Absonderungsrecht und sohin auch in der Insolvenz Berücksichtigung erfahren soll (ähnlich Denkschrift zur Einführung einer Konkursordnung, einer Ausgleichsordnung und einer Anfechtungsordnung, 1914, 25; Petschek/Reimer/Schiemer 475; Roth in Buchegger/Holzhammer, BeitrZPR II, 1986, 166 (167); BPB/Gamerith KO I § 19 Rn. 1, 8; OGH SZ 58/169). Im Gegensatz zu den allgemeinen bürgerlich-rechtlichen Aufrechnungsbestimmungen (§§ 1438 ff. ABGB) stellen die insolvenzrechtlichen Aufrechnungsregeln **zwingendes Recht** dar (BPB/Gamerith KO I § 19 Rn. 1; Dullinger, Handbuch der Aufrechnung, 1995, 311; OGH SZ 56/128). Von besonderer Bedeutung ist dies für vertragliche Aufrechnungsregelungen, die für den Insolvenzfall eine erweiterte Aufrechnung zulassen, insbesondere sog. Konzernverrechnungsklauseln. Diese widerstreiten dem Grundsatz der Gläubigergleichbehandlung und binden die Masse nicht; einer Anfechtung einer solchen unwirksamen Vereinbarung bedarf es nicht (Petschek/Reimer/Schiemer 479; Konecny/Schubert/Schubert KO/IO §§ 19, 20 Rn. 20; BPB/Gamerith KO I § 19 Rn. 3, 16).

253   Eine bereits **vor Insolvenzeröffnung** nach §§ 1438 ff. ABGB oder kraft Vereinbarung zulässigerweise erfolgte Aufrechnung kann unbeschadet ihrer (nachinsolvenzlichen) Zulässigkeit nach §§ 19, 20 IO anfechtbar sein (Petschek/Reimer/Schiemer 479; BPB/Gamerith KO I § 19 Rn. 17, insbesondere Rn. 21). Zu beachten ist, dass gegen einen **Anfechtungsanspruch** eine Aufrechnung unzulässig ist (vgl. § 42 IO (BPB/Gamerith KO I § 20 Rn. 38; BPB/Koziol/Bollenberger KO I § 42 Rn. 1 ff.)). Eine **in der Insolvenz** erklärte Aufrechnung auch nach der Insolvenz; die in der Insolvenz rechtmäßig in Anspruch genommenen Aufrechnungsbegünstigungen für bedingte, betagte und ungleichartige Forderungen bleiben nach hA aufrecht (Konecny/Schubert/Schubert KO/IO §§ 19, 20 Rn. 13; BPB/Gamerith KO I § 19 Rn. 19).

254   Gemäß § 19 Abs. 1 IO brauchen Forderungen, die **zur Zeit der Insolvenzeröffnung** bereits **aufrechenbar** waren, in der Insolvenz nicht geltend gemacht zu werden. Die Aufrechnungserklärung ist gegenüber dem Insolvenzverwalter abzugeben (BPB/Gamerith KO I § 19 Rn. 20). Die Forderungen müssen sich mithin zum Zeitpunkt der Insolvenzeröffnung bereits aufrechenbar gegenüberstehen; dass eine Forderung erst mit Insolvenzeröffnung (dem Grunde nach) entstanden ist, reicht folglich nicht hin (vgl. auch Konecny/Schubert/Schubert KO/IO §§ 19, 20 Rn. 3; BPB/Gamerith KO I § 19 Rn. 7, 9, § 20 Rn. 12).

255   Eine **Anmeldung** zum Verfahren gem. §§ 102 ff. IO **ist nicht erforderlich,** soweit die Deckung reicht; der ungedeckte Rest bedarf der Anmeldung, soll eine insolvenzmäßige Befriedigung erfolgen. In einer dennoch vorgenommenen Anmeldung der gesamten aufrechenbaren For-

Internationales Insolvenzrecht – Österreich

derung liegt kein schlüssiger Verzicht auf die Aufrechnung (Petschek/Reimer/Schiemer 487; Konecny/Schubert/Schubert KO/IO §§ 19, 20 Rn. 11; Dullinger, Handbuch der Aufrechnung, 1995, 311); selbst der Empfang einer Quote hindert nicht die Aufrechnung mit dem unberichtigt gebliebenen durch die Aufrechnungslage gedeckten Rest (BPB/Gamerith KO I § 19 Rn. 17). Eine Zahlung im Irrtum über die bestehende Aufrechnungslage tilgt die Schuld und hindert eine Kondiktion wegen Irrtums als Masseforderung iSv § 46 Nr. 6 IO (Konecny/Schubert/Schubert KO/IO §§ 19, 20 Rn. 15; BPB/Gamerith KO I § 19 Rn. 17).

Umstritten sind die Wirkungen eines bestätigten Sanierungsplans auf die Aufrechnungsmöglichkeit; trotz der erwähnten absonderungsrechtsähnlichen Lage des Kompensationsberechtigten ist mit der insbesondere neueren Rechtsprechung festzuhalten, dass nach Bestätigung des **Sanierungsplans** keine eine unbeschränkte Aufrechnungsmöglichkeit mehr vorliegt, vielmehr eine Aufrechnung nur in Höhe der **Sanierungsplanquote** in Betracht kommt (arg e contrario zu § 149 Abs. 1 IO, Unwirksamkeit der Aufrechnung mit einer Naturalobligation, Geltung des § 19 Abs. 1 IO nur während des eröffneten Insolvenzverfahrens (so die überwiegende Rechtsprechung ZIK 2003/282; ecolex 2008/399; Schwimann/Heidinger, Praxiskommentar zum Allgemeinen Bürgerlichen Gesetzbuch samt Nebengesetzen, 3. Aufl. 2005 ff., ABGB VI § 1439 Rn. 16; Konecny/Schubert/Lovrek KO/IO § 156 Rn. 56 f., insbesondere 58 ff.; aA zB Petschek/Reimer/Schiemer 478; Dullinger, Handbuch der Aufrechnung, 1995, 312; BPB/Gamerith KO I § 19 Rn. 18)). Eine **vor Bestätigung** des Sanierungsplans gegenüber dem Verwalter erklärte Aufrechnung führt hingegen sehr wohl zur **Tilgung in voller Höhe**, sodass es keiner Anmeldung der Forderung in der Insolvenz bedarf (arg. Wirkung der in § 19 Abs. 1 IO normierten absonderungsrechtsähnlichen Position nur für die Dauer des Insolvenzverfahrens (in diesem Sinn wohl auch Konecny/Schubert/Lovrek KO/IO § 156 Rn. 58 ff.)). 256

§ 19 Abs. 2 IO **erleichtert** die Aufrechnung verglichen mit den allgemeinen Bestimmungen der §§ 1438 ff. ABGB (Gegenseitigkeit, Richtigkeit, Gleichartigkeit, Fälligkeit), indem er sie für nicht dadurch ausgeschlossen erklärt, dass die Forderung des Gläubigers oder des Schuldners zur Zeit der Insolvenzeröffnung noch bedingt oder betagt, oder dass die Forderung des Gläubigers nicht auf eine Geldleistung gerichtet war. Die Forderung des Gläubigers ist zum Zwecke der Aufrechnung nach den Kapitalisierungsregeln der §§ 14, 15 IO zu berechnen. Ist die Forderung des Gläubigers bedingt, so kann das Gericht die Zulässigkeit der Aufrechnung von einer **Sicherheitsleistung** (Petschek/Reimer/Schiemer 486; Roth in Buchegger/Holzhammer, BeitrZPR II, 1986, 166 (168); BPB/Gamerith KO I § 19 Rn. 27) abhängig machen. Diese Norm ist nicht auf alle Dauerschuldverhältnisse anzuwenden, zumal §§ 23 f., 25 IO den Schluss zulassen, dass wiederkehrende Ansprüche aus solchen Schuldverhältnissen nicht als betagt iSv § 19 Abs. 2 IO zu werten sind (dazu BPB/Gamerith KO I § 19 Rn. 22; Konecny/Schubert/Schubert KO §§ 19, 20 Rn. 34). 257

Gemäß § 20 Abs. 1 IO ist die Aufrechnung **unzulässig,** wenn ein Insolvenzgläubiger erst **nach** der Insolvenzeröffnung **Schuldner** der Insolvenzmasse geworden oder wenn die Forderung gegen den Schuldner erst **nach** Insolvenzeröffnung **erworben** worden ist. Diese Aufrechnungserschwerungen sollen Besserstellungen verhindern, die dadurch eintreten könnten, dass ein Insolvenzgläubiger nach Insolvenzeröffnung durch ein mit der Masse geschlossenes Rechtsgeschäft Schuldner der Insolvenzmasse wird und sich somit in eine Aufrechnungslage in Ansehung der Insolvenzforderung versetzt oder erst durch Kauf unter dem Nominale von Insolvenzforderungen „billig" zu einer Aufrechnungsmöglichkeit gelangt (dazu auch Petschek/Reimer/Schiemer 480 f.; BPB/Gamerith KO I § 20 Rn. 1; OGH SZ 49/137). Das Gleiche gilt, wenn der Schuldner die Gegenforderung zwar vor der Insolvenzeröffnung erworben hat, jedoch zur Zeit des Erwerbs **von der Zahlungsunfähigkeit** des Gemeinschuldners **Kenntnis** hatte oder Kenntnis haben musste. Auch hier gebietet der Grundsatz der par condicio creditorum die Unwirksamkeit der Aufrechnung. Die Behauptungs- und Beweislast für Kenntnis oder Kennenmüssen trifft den Insolvenzverwalter (Petschek/Reimer/Schiemer 482; BPB/Gamerith KO I § 20 Rn. 24; Dullinger, Handbuch der Aufrechnung, 1995, 334; OGH SZ 56/128). 258

§ 20 Abs. 2 IO erklärt die Aufrechnung jedoch für **zulässig,** wenn der Schuldner (gemeint ist hier der Schuldner des (Insolvenz-)Schuldners) die Gegenforderungen früher als **sechs Monate** vor der Insolvenzeröffnung erworben hat (Var. 1) oder wenn er zur Forderungsübernahme **verpflichtet** war (Var. 2) und bei Eingehung dieser Verpflichtung von der Zahlungsunfähigkeit oder Überschuldung des Schuldners weder Kenntnis hatte noch Kenntnis haben musste. Die Ausnahme des Var. 1 leg cit bezieht sich nur auf § 20 Abs. 1 S. 2 IO, zumal bloß diese Konstellation den Eintritt der Gegenseitigkeit vor Insolvenzeröffnung voraussetzt (BPB/Gamerith KO I § 20 Rn. 28). Die in Var. 2 leg cit genannte Pflicht zur Forderungsübernahme betrifft nur jene Fälle, in welchen die Forderungsübernahme nicht freiwillig erfolgt ist, zumal nur so eine gezielte Herbeiführung einer 259

Aufrechnungslage unterbunden werden kann (näheres bei Roth in Buchegger/Holzhammer, BeitrZPR II, 1986, 166 (186); BPB/Gamerith KO I § 20 Rn. 30). Hauptanwendungsfälle sind der Forderungserwerb des Bürgen in unverdächtiger Zeit und Zahlungen durch ein Kreditinstitut aufgrund eines Girovertrags (Konecny/Schubert/Schubert KO/IO §§ 19, 20 Rn. 62; BPB/Gamerith KO I § 20 Rn. 32; OGH SZ 49/137).

260 Ferner können gem. § 20 Abs. 3 IO auch die Ansprüche aufgerechnet werden, die nach der Insolvenzeröffnung aufgrund der **§§ 21–25 IO** entstehen oder nach § 41 Abs. 2 IO wieder aufleben. Mit dieser Regelung ist insbesondere die Aufrechnung von Schadenersatzforderungen infolge Rücktritts, Kündigung oder automatischen Dahinfallens von Verträgen gem. §§ 21–25 IO gesichert (dazu BPB/Gamerith KO I § 20 Rn. 34 f.).

261 Zudem erklärt § 20 Abs. 4 IO Forderungen aus Verträgen, die aufgrund der Eröffnung der Insolvenz aufgelöst worden sind, wie außerbilanzmäßige **Finanzierungsgeschäfte** iSd Anlage 2 zu § 22 BWG, verkaufte Zinssatz-, Währungs-, Edelmetall-, Rohstoff-, Aktien- und sonstige Wertpapieroptionen sowie Optionen auf Indices, weiters Pensionsgeschäfte iSv § 50 Abs. 1 BWG und umgekehrte Pensionsgeschäfte des Wertpapier-Handelsbuches iSv § 2 Nr. 46 BWG und Wertpapierverleih- und Wertpapierleihgeschäfte des Wertpapier-Handelsbuches iSv § 2 Nr. 45 und 47 BWG, für aufrechenbar, sofern vereinbart wurde, dass diese Verträge bei Eröffnung des Insolvenzverfahrens über das Vermögen eines Vertragspartners aufgelöst werden oder vom anderen Teil aufgelöst werden können und dass alle wechselseitigen Forderungen daraus aufzurechnen sind (s. hierzu BPB/Gamerith KO I § 20 Rn. 37).

5. Anhängige Rechtsstreitigkeiten

262 **a) Massebezogene Rechtsstreitigkeiten.** Rechtsstreitigkeiten, welche die Geltendmachung oder Sicherstellung von Ansprüchen auf das zur Insolvenzmasse gehörige Vermögen bezwecken, können nach der Insolvenzeröffnung gegen den Schuldner **weder anhängig** gemacht **noch fortgesetzt** werden (**Prozesssperre**). Mit Insolvenzeröffnung verliert der Schuldner in Ansehung der Masse die Prozessführungsbefugnis (arg. fehlende Prozesslegitimation (Duursma-Kepplinger Haftungsordnung I 244 ff.; die hM spricht indessen von Prozessunfähigkeit: BPB/Buchegger KO I § 6 Rn. 8; vgl. auch Konecny/Schubert/Schubert KO/IO § 6 Rn. 18, 21)). Eine entgegen § 6 Abs. 1 IO nach Insolvenzeröffnung gegen den Gemeinschuldner anhängig gemachte Klage wird nach hM zurückgewiesen, eine „Richtigstellung der Parteibezeichnung" gem. § 235 öZPO nicht zugelassen (OGH SZ 34/124; JBl 1973, 93; SZ 68/210, Richtigstellung der Parteibezeichnung nur bei Aufnahme eines unterbrochenen Rechtsstreits gem. § 7 KO; Holzhammer, Österreichisches Insolvenzrecht, 1996, 23; teilweise krit. Konecny/Schubert/Schubert KO/IO § 6 Rn. 19 f., 21). In Ansehung von nur im Wege von §§ 102 ff. IO geltend zu machenden Insolvenzforderungen wird dies mit der Unzulässigkeit des Rechtswegs begründet (dazu Konecny/Schubert/Schubert KO/IO § 6 Rn. 19 f.).

263 Gemäß § 7 Abs. 1 IO werden alle anhängigen massebezogenen Rechtsstreitigkeiten, in denen der Schuldner Kläger oder Beklagter ist, durch die Insolvenzeröffnung **unterbrochen** (vgl. § 163 öZPO). Auf Streitgenossen des Schuldners wirkt die Unterbrechung nur dann, wenn sie mit dem Schuldner eine einheitliche Streitpartei bilden (§ 14 öZPO). Während der Unterbrechungen dürfen keine Gerichtshandlungen gesetzt werden (Konecny/Schubert/Schubert KO/IO § 7 Rn. 31; OGH EvBl 1979/115; ÖBA 1993, 297; ZIK 1995, 53). Gerichtliche Verfügungen, die erst nach der Ex-lege-Unterbrechung erfolgen, sind fehlerhaft; eine allenfalls ergangene Entscheidung ist **nichtig** (hM; dazu Konecny/Schubert/Schubert KO/IO § 7 Rn. 32 ff.; Rechberger FS Kralik, 1986, 273 (275); OGH ZIK 1998, 96; 1998, 197; aA „Wirkungslosigkeit" Holzhammer, Österreichisches Insolvenzrecht, 1996, 23; BPB/Buchegger KO I § 6 Rn. 8 ff., 28, § 7 Rn. 35). Das Verfahren kann vom Insolvenzverwalter für die Masse, welche Partei des Verfahrens ist (§ 373 Abs. 2 öZPO), von den Streitgenossen des Gemeinschuldners und vom Gegner **aufgenommen** werden. Bei Rechtsstreitigkeiten über Ansprüche, die der **Anmeldung im Insolvenzverfahren** unterliegen, kann das Verfahren vor Abschluss der **Prüfungstagsatzung nicht** aufgenommen werden. An Stelle des Insolvenzverwalters können auch Insolvenzgläubiger, die die Forderung bei der Prüfungstagsatzung bestritten haben, das Verfahren aufnehmen. Rechtsstreitigkeiten über **Ab- und Aussonderungsansprüche** können auch nach der Insolvenzeröffnung, jedoch **nur gegen die Masse** organschaftlich vertreten durch den Insolvenzverwalter anhängig gemacht und fortgesetzt werden. Die nach der Insolvenzeröffnung begründeten Kostenersatzansprüche aus Prozessen, in die der Insolvenzverwalter eingetreten ist, bilden Masseforderungen (OGH SZ 61/31; ZIK 1995, 63; 1997, 57; 2001, 216; M. Bydlinski, Der Kostenersatz im Zivilprozess, Grundfragen des

Internationales Insolvenzrecht – Österreich

Kostenrechts und praktische Anwendung, 1992, 84; Jelinek/Nunner ZIK 1997, 115 (118 Fn. 37); Konecny/Schubert/Engelhart KO/IO § 46 Rn. 51).

Lehnt der Insolvenzverwalter den **Eintritt** in einen Rechtsstreit **ab**, in dem der Schuldner 264 Kläger ist (Aktivprozess) – die Ablehnung eines Passivprozesses scheidet indessen aus – oder in dem gegen den Schuldner der Anspruch auf Aussonderung – in Passivprozesse über Absonderungsansprüche muss der Verwalter eintreten (Holzhammer, Österreichisches Insolvenzrecht, 1996, 21; Rechberger/Thurner Rn. 80) – nicht zur Insolvenzmasse gehöriger Sachen geltend gemacht wird (Passivprozess), so **scheiden** gem. § 8 IO der Anspruch oder die vom Aussonderungskläger beanspruchten Sachen **aus der Insolvenzmasse aus**. Es gilt als **Ablehnung** des Insolvenzverwalters, wenn er nicht binnen einer vom Prozessgericht bestimmten Frist erklärt, in den Rechtsstreit einzutreten. Das Verfahren kann in diesem Falle vom Schuldner, von dessen Streitgenossen und vom Gegner aufgenommen werden. Die Wirkung dieser Ausscheidung ist endgültig. Obsiegt der Schuldner in einem solchen Prozess, so verbleibt das Erstrittene insolvenzfrei (Konecny/Schubert/Schubert KO/IO § 8 Rn. 29 f., wonach die zuvor aufgelaufenen Kosten des Masseverwalters nicht Prozesskosten, sondern Massekosten darstellten).

§§ 6–8 IO betreffen **Zivilprozesse**. § 8a IO enthält eine entsprechende Regelung für **Außer-** 265 **streitverfahren** (OGH SZ 63/56; JBl 1994, 764; Konecny/Schubert/Schubert KO/IO § 6 Rn. 37, 39; B. Schneider ZIK 2006, 41). Verwaltungsverfahren werden nicht unterbrochen (Konecny/Schubert/Schubert KO/IO § 6 Rn. 45, Rn. 46 ff.; BPB/Buchegger KO I § 7 Rn. 13; OGH JBl 1959, 416).

b) Rechtsstreitigkeiten über persönliche Leistungen des Gemeinschuldners. Rechts- 266 streitigkeiten über Ansprüche, die das zur **Insolvenzmasse** gehörige Vermögen überhaupt **nicht betreffen**, insbesondere über Ansprüche auf persönliche Leistungen des Schuldners, können gem. § 6 Abs. 3 IO auch während des Insolvenzverfahrens gegen den Schuldner oder von ihm **anhängig gemacht und fortgesetzt** werden (weiterführend dazu Konecny/Schubert/Schubert KO/IO § 6 Rn. 50 ff., § 7 Rn. 24 ff.; OGH ZIK 1999, 94). Zu einer Unterbrechung iSv § 7 Abs. 1 IO führt die Insolvenzeröffnung nicht.

6. Gesellschaftsrechtliche Folgen

a) Auflösung der Gesellschaft. Während die Eröffnung eines Sanierungsverfahrens über 267 das Gesellschaftsvermögen vergleichsweise geringe Auswirkungen auf die Gesellschaft bzw. den Gesellschaftszweck zeitigt (vgl. DDR/Duursma-Kepplinger Rn. 192, Rn. 3292 Fn. 2714; Koppensteiner/Rüffler öGmbHG § 84 Rn. 24 mwN; DDR/Duursma/Roth Rn. 4143), bildet die Eröffnung eines Konkursverfahrens sowohl für Kapitalgesellschaften und Genossenschaften als auch für die eingetragenen Personengesellschaften einen zwingenden **Auflösungsgrund** (§ 84 Abs. 1 Nr. 4 öGmbHG, § 203 Abs. 1 Nr. 3 öAktG, § 131 Nr. 3 Var. 1 UGB). Ein weiterer Auflösungsgrund (§§ 39 Abs. 1, 131 Nr. 3 Var. 2 UGB, § 203 Abs. 1 Nr. 4 öAktG) für die vorgenannten Gesellschaftsformen stellt die **Insolvenzabweisung mangels Vermögens** (§ 71b IO) dar.

b) Allgemeine Auswirkungen auf die Gesellschaftsorganisation. Hinsichtlich der Wir- 268 kungen der Insolvenzeröffnung auf das Vermögen und die Organisation der insolventen Gesellschaft (§§ 2 Abs. 2, 3 Abs. 1, § 81a Abs. 2, IO analog iVm §§ 81 Abs. 1, 114, 180 IO) ist auch im österreichischen Recht in Konkursverfahren sowie im Sanierungsverfahren ohne Eigenverwaltung (die Eröffnung eines Sanierungsverfahrens führt zwar nicht zur Auflösung der Gesellschaft, jedoch zum Verlust der Verfügungsbefugnis des Schuldners über das zur Insolvenzmasse gehörige Vermögen) in Anlehnung an Webers (KTS 1970, 73 ff.) Theorie der Funktionsteilung zwischen Masseverwalter und Gesellschaftsorganen zwischen „Verdrängungsbereich", „Schuldnerbereich" und „insolvenzfreiem Bereich" zu unterscheiden (eing. hierzu Duursma-Kepplinger Haftungsordnung I 185 ff., 197 ff. mwN; kurz auch schon DDR/Duursma-Kepplinger Rn. 3390 ff.).

Der **Verdrängungsbereich** erfasst das gesamte, auch nur teilweise (arg. § 81a Abs. 2 IO analog) 269 massebezogene Gesellschaftsvermögen. In Rahmen des Verdrängungsbereichs weichen die Kompetenzen der Gesellschaftsorgane der Zuständigkeit des Masseverwalters.

Die Wahrnehmung der **Schuldnerrechte und -pflichten** im Verhältnis zu Masseverwalter, 270 Insolvenzgericht und Gläubigern obliegt hingegen den vertretungsbefugten Gesellschaftsorganen. Die interne Kompetenz etwa zur Entscheidung, ob ein Sanierungsplan angestrebt werden soll oder nicht, richtet sich hingegen nach der gesellschaftsinternen Kompetenzverteilung. Als Grundlagenentscheidung liegt sie regelmäßig bei den Anteilseignern (näheres bei Duursma-Kepplinger Haftungsordnung I 237 ff.). Für die diesbezügliche Befassung der Gesellschafter mit der Thematik sind die vertretungsbefugten Gesellschaftsorgane zuständig. Dies gilt wegen deren Außenvertretungskompetenz auch für die Einbringung eines Sanierungsplanantrags bei Gericht.

Internationales Insolvenzrecht – Österreich

271 Da das Insolvenzverfahren nach der IO kein Verfahren zur institutionalisierten Vollabwicklung des insolventen Rechtsträgers darstellt (Konecny/Schubert/Riel KO/IO § 119 Rn. 38; DDR/Duursma-Kepplinger Rn. 3378), insbesondere eine Freigabe iSv § 119 Abs. 5 IO oder § 8 IO insolvenzfreies Gesellschaftsvermögen schaffen kann (für die hM BPB/Kodek KO IV § 119 Rn. 139 mwN), ist als dritter Bereich der **insolvenzfreie Bereich** anzuerkennen. Dieser erfasst allerdings nur einen verhältnismäßig engen Kreis von Agenden, zumal §§ 2 Abs. 2, 3 Abs. 1, 6 ff., 81a Abs. 2 IO analog iVm § 2 Abs. 2, insbesondere §§ 80, 81 Abs. 1, 83, 114, 180 IO zu entnehmen ist, dass auch bloß teilweise die Vermögenssphäre berührende und somit massebezogene Rechte sowie Pflichten dem Verdrängungsbereich zuzuordnen sind (eing. Duursma-Kepplinger Haftungsordnung I 241 ff.). Nur soweit sich eine Angelegenheit nicht als zumindest teilweise massebezogen darstellt, fällt sie in die insolvenzfreie Sphäre und somit in die Kompetenz der insolventen Gesellschaft, die trotz Insolvenzeröffnung als Rechtsträger fortbesteht.

272 Umstritten ist, ob auch die insolvenzbedingte Auflösung zur Überlagerung des Zwecks der werbenden Gesellschaft durch den Liquidationszweck und zu einer Ablösung von Vorstand bzw. Geschäftsführer durch Abwickler bzw. Liquidatoren führt. Nach einer Mindermeinung scheiden mit Insolvenzeröffnung die bisherigen Gesellschaftsorgane aus ihrem Amt und treten an ihre Stelle die Liquidatoren/Abwickler, welche schon während der aufrechten Insolvenz parallel zur insolvenzrechtlichen Verwertung für eine Abwicklung des insolvenzfreien Gesellschaftsbereichs zuständig sind (Schiemer FS Stadler, 1981, 245 ff.; zust. Jabornegg/Strasser/Geist, Kommentar zum Aktiengesetz, 4. Aufl. 2006, AktG § 203 Rn. 22, § 205 Rn. 5). Demgegenüber geht die hM zu Recht von einem Verbleib der ursprünglichen (vertretungsbefugten) Gesellschaftsorgane in ihrer Mandatsstellung aus (Harrer-Hörzinger, wbl 1990, 229 ff.; ausf. Duursma-Kepplinger Haftungsordnung I 191 ff., 235 ff.). Die Insolvenzeröffnung beendet weder das **organschaftliche Mandat** der vertretungsbefugten Gesellschaftsorgane, noch erlöschen allenfalls daneben bestehende Anstellungs- oder Auftragsverhältnisse. Auch fehlt dem Masseverwalter die Kompetenz zur Beendigung des organschaftlichen Mandats, zumal es sich hierbei um Gesellschaftsinterna und insoweit eine Agenda der insolvenzfreien Sphäre handelt. Dagegen unterliegt das **schuldrechtliche Anstellungs- oder Auftragsverhältnis** als massebezogenes Rechtsverhältnis sehr wohl der Disposition des Masseverwalters, der dieses gem. § 21 IO lösen oder nach § 26 Abs. 1 IO vorgehen kann (so BPB/Gamerith KO I § 21 Rn. 3, 49; Konecny/Schubert/Widhalm-Budak KO/IO § 21 Rn. 75; aA: § 25 KO Harrer-Hörzinger wbl 1990, 229 (232); Weber, Arbeitsverhältnisse in Insolvenzverfahren, 1998, 51).

273 Zu einer parallelen Abwicklung während des aufrechten Insolvenzverfahrens nach Maßgabe der gesellschaftsrechtlichen Vorschriften über die Liquidation/Abwicklung (§§ 89 ff. öGmbHG iVm §§ 149, 150 Abs. 1, 153 UGB; §§ 205 ff. öAktG) unter Beachtung des Liquidationszwecks kommt es nicht (s. nur Harrer-Hörzinger wbl 1990, 229 ff.; DDR/Duursma-Kepplinger Rn. 3390 ff.; Duursma-Kepplinger Haftungsordnung I 235 ff.). Eine diesbezügliche Indizfunktion weist § 205 Abs. 1 Hs. 2 öAktG auf, zumal nicht anzunehmen ist, dass diese Norm bloß den Verdrängungsbereich einer speziellen Regelung zuführen sollte. Zudem spricht die Inkongruenz von Insolvenz- und Liquidationszweck gegen eine **parallele Abwicklung**, könnten schließlich Liquidationshandlungen auch im insolvenzfreien Bereich einer Sanierung der Gesellschaft durch Sanierungsplan zuwiderlaufen. In der insolvenzfreien Gesellschaftssphäre bleibt es vielmehr bei der Zuständigkeit der ursprünglichen Organe der werbenden Gesellschaft. Ihre Handlungen haben sich aber dennoch am Insolvenzzweck (§ 2 Abs. 2 Hs. 2, § 124a Abs. 2 und 3, 180 IO) zu orientieren, soweit sie geeignet sind, die Insolvenzziele (insbesondere Sanierung des Schuldners durch Sanierungsplan) in irgendeiner Weise zu beeinflussen. Insoweit fehlt es der Gesellschaft in diesem schmalen Bereich auch nicht an der über die Organe vermittelten Handlungs- oder Verpflichtungsfähigkeit (detaillierte Darstellung bei Duursma-Kepplinger Haftungsordnung I 236 ff.). Gläubiger von Gemeinschuldnerforderungen, das sind Ansprüche aus von den Gesellschaftsorganen im Rahmen des insolvenzfreien Bereichs eingegangenen Verpflichtungen, sind durch eine entsprechende Heranziehung der Handelndenhaftung (§ 2 Abs. 1 S. 2 öGmbHG; § 34 Abs. 1 S. 2 öAktG) geschützt (mit näherer Begründung DDR/Duursma-Kepplinger Rn. 3400).

274 **c) Sonderregelungen für einzelne Gesellschaftsformen.** Das Trennungsprinzip wirkt auch in der **Insolvenz der Kapitalgesellschaft.** Die Anteile der Gesellschafter fallen nicht in die Insolvenzmasse (für viele DDR/Duursma-Kepplinger Rn. 2076 ff. mwN). Auch trifft die Kapitalgesellschafter in der Gesellschaftsinsolvenz kein Verfügungsverbot darüber (DDR/Duursma-Kepplinger Rn. 2080). Ihnen bleibt folglich die Möglichkeit, Sanierungsmaßnahmen in die Wege zu leiten, insbesondere eine Kapitalerhöhung zu beschließen (Schiemer FS Stadler, 1981, 249; DDR/Duursma-Kepplinger Rn. 2484 Fn. 880, 3391). Zu beachten gilt es in diesem Zusammenhang, dass aufgrund der Einbeziehung von Neuerwerb in die Masse (§ 2 Abs. 2 Hs. 2 IO), auch eine

Internationales Insolvenzrecht – Österreich

Kapitalerhöhung zu Gunsten der Masse wirkte (DDR/Duursma-Kepplinger Rn. 2484 Fn. 880, 3391, mwN zum deutschen Schrifttum; aA, allerdings ohne Begründung, Konecny/Schubert/Schubert KO/IO § 8 Rn. 27), insoweit eine solche Maßnahme regelmäßig nur durch entsprechende Gestaltung im Rahmen eines Sanierungsplan(vorschlags) zum angestrebten Ergebnis führt. Zumal die Einlagen der Kapitalgesellschafter Risikokapital bilden, scheidet deren Geltendmachung in der Insolvenz aus. Zur Geltendmachung von Innenhaftungsansprüchen gegen Gesellschaftsorgane ist im Insolvenzverfahren der Insolvenzverwalter legitimiert (vgl. § 69 Abs. 5 IO, § 84 Abs. 4 letzter Satz öAktG), ohne dabei an die sonstigen Förmlichkeiten gebunden zu sein; das Gleiche gilt für Rückzahlungsansprüche wegen unzulässiger Einlagenrückgewähr oder gem. §§ 14, 15 EKEG. Die **Insolvenzeröffnung über das Vermögen eines Kapitalgesellschafters** bedingt nach der gesetzlichen Ausgangslage keine Auflösung der Gesellschaft; um sonstige Rückwirkung auf die Gesellschaft auszuschließen, empfiehlt sich die gesellschaftsvertragliche Vereinbarung entsprechender Aufgriffsrechte. Darin enthaltene Abfindungsklauseln werden von der Rechtsprechung jedoch unter dem Gesichtspunkt der Sittenwidrigkeit streng geprüft (s. zB OGH RWZ 2007/40, 135 mAnm Wenger; OGH 6 Ob 64/20k).

Durch die rechtskräftige Eröffnung des Konkursverfahrens über das Vermögen der Gesellschaft, durch die Abänderung der Bezeichnung Sanierungsverfahren in Konkursverfahren oder durch die rechtskräftige Nichteröffnung oder Aufhebung des Insolvenzverfahrens mangels kostendeckenden Vermögens einer **eingetragenen Personengesellschaft** ist die Gesellschaft aufgelöst (§ 131 Nr. 3 UGB). Gleiches gilt wenn über das Vermögen eines Gesellschafters (unbeschränkt haftender Gesellschafter einer OG, Komplementär oder Kommanditist einer KG) das Konkursverfahrens rechtskräftig eröffnet wurde oder wenn ein Sanierungsverfahren in Konkursverfahren umbenannt wird oder wenn ein Insolvenzverfahren mangels kostendeckenden Vermögens nicht eröffnet oder aufgehoben wird (§ 131 Nr. 5 UGB). Um im letzten Fall die Auflösung zu verhindern, kann entsprechend Vorsorge im Gesellschaftsvertrag getroffen werden; zu beachten gilt es allerdings, dass diesbezügliche Abfindungsklauseln von der Rechtsprechung an § 879 ABGB gemessen werden (zum GmbH-Recht ergangen, OGH RWZ 2007/40, 135 mAnm Wenger; OGH 6 Ob 64/20k). 275

§§ 57, 65, 165 Abs. 2 IO enthalten Regelungen für **parallele Insolvenzverfahren** über das Vermögen der OG/KG und (einzelner/aller) unbeschränkt haftender Gesellschafter. So sind gem. § 57 IO Gläubiger einer OG/KG in der Insolvenz gegen einen unbeschränkt haftenden Gesellschafter, wenn auch über das Vermögen der Gesellschaft das Insolvenzverfahren eröffnet ist, nur mit dem Betrag zu berücksichtigen, der durch die anderweitige Geltendmachung nicht befriedigt wird. Begünstigungen, die dem Gesellschafter aufgrund eines Sanierungsplans der Gesellschaft zukommen, sind zu berücksichtigen. Korrespondierend dazu bestimmt § 165 Abs. 2 IO, dass im Fall paralleler Insolvenzverfahren durch den Sanierungsplan eines unbeschränkt haftenden Gesellschafters die Forderungen der Gesellschaftsgläubiger soweit getroffen sind, als sie in dieser Insolvenz gem. § 57 IO überhaupt zu berücksichtigen sind. 276

Ist hingegen bloß ein Insolvenzverfahren über das **Vermögen der Gesellschaft** anhängig, so gelten für die Gesellschafterhaftung die allgemeinen Grundsätze (vgl. nur Reimer ÖBA 1974, 38 (44); Straube/Ratka/Rauter/Koppensteiner/Auer, Wiener Kommentar zum UGB, 4. Aufl. 2018, UGB Anh. § 128 Rn. 7; OGH SZ 11/212); allerdings kommen die Wirkungen eines Sanierungsplans auch dem unbeschränkt haftenden Gesellschafter zugute. Ist über das **Vermögen eines Gesellschafters** ein Insolvenzverfahren anhängig, so hindert dies nicht die Geltendmachung der Forderung im vollen Umfang gegen die (aufgelöste Gesellschaft (Straube/Ratka/Rauter/Koppensteiner/Auer, Wiener Kommentar zum UGB, 4. Aufl. 2018, UGB Anh. § 128 Rn. 8)). 277

In der Insolvenz über das Vermögen der **KG** wird gem. § 171 Abs. 2 UGB während der Dauer des Verfahrens das den Gesellschaftsgläubigern nach § 171 Abs. 1 UGB zustehende Recht durch den Masse- oder Sanierungsverwalter ausgeübt (vgl. OGH GesRZ 2002, 83). Auf Art und Umfang der **Kommanditistenhaftung** bleibt die Insolvenzeröffnung über die KG allerdings ohne Einfluss (Straube/Ratka/Rauter/Koppensteiner/Auer, Wiener Kommentar zum UGB, 4. Aufl. 2018, UGB § 171 Rn. 10; OGH SZ 60/150). § 171 Abs. 2 UGB verhindert in der Insolvenz der KG eine Befreiung des Kommanditisten von der Einlagenschuld durch Erfüllung einer Gesellschaftsschuld unmittelbar gegenüber dem Gläubiger (Straube/Ratka/Rauter/Koppensteiner/Auer, Wiener Kommentar zum UGB, 4. Aufl. 2018, öHGB § 171 Rn. 10). 278

Die Insolvenzeröffnung über das Vermögen der **Genossenschaft** zieht nicht notwendig die Insolvenzeröffnung über das Vermögen der Genossenschafter nach sich und umgekehrt. Im Gegensatz zur unbeschränkten, persönlichen Gesellschafterhaftung bei den eingetragenen Personengesellschaften können die Gläubiger einer Genossenschaft mit unbeschränkter Haftung zur Hereinbringung ihrer Forderung, respektive ihres Ausfalls in der Insolvenz nicht unmittelbar auf das Vermögen der Genossenschafter greifen. Vielmehr ist die Haftung der Genossenschafter bei jeder Haftungsva- 279

Internationales Insolvenzrecht – Österreich

riante der Genossenschaft als Deckungspflicht im Innenverhältnis ausgestaltet (§ 1 Abs. 1 letzter Satz GenIG (Genossenschaftsinsolvenzgesetz)). Die damit verbundenen Sonderregeln für die Genossenschaftsinsolvenz regelt das GenIG. Damit steht das in § 16 GenIG normierte Recht des Masseverwalters zur Einberufung der Generalversammlung im Zusammenhang.

280   Sonderregelungen bestehen ferner für **Versicherungsunternehmen** (insbesondere §§ 307 ff. VAG) sowie **Kreditinstitute** (§§ 81–91 BWG). Hervorzuheben ist dabei, dass über Kreditinstitute ein Sanierungsverfahren nicht eröffnet werden kann, vielmehr an dessen Stelle das sog. Geschäftsaufsichtsverfahren tritt, welches eine hundertprozentige Schuldentilgung anstrebt (weiterführend Engelhart, Die Geschäftsaufsicht über Kreditinstitute, 2004). Besonderheiten ergeben sich insbesondere für grenzüberschreitend tätige Kreditinstitute und Versicherungsunternehmen, zumal diese von der Europäischen Insolvenzverordnung ausgenommen sind und §§ 243 ff. IO in Ansehung von in einem Vertragsstaat des EWR zugelassenen Kreditinstituten oder Versicherungsunternehmen innerhalb der Gemeinschaft dem Grundsatz der Universalität folgen (vgl. §§ 244 Abs. 1, 250 IO).

281   **d) Nachgeschaltete gesellschaftsrechtliche Liquidation und Fortsetzung.** Sofern nach Konkursaufhebung (§§ 124a Abs. 3, 139, 152b (im Konkursverfahren), 123a, 123b IO) oder Insolvenzabweisung mangels kostendeckenden Vermögens (§ 71b IO) noch bilanzierungsfähiges Vermögen vorliegt, gilt es die Löschungsreife im Rahmen einer **nachgeschalteten gesellschaftsrechtlichen Liquidation** herzustellen. Dies gilt wie gesagt nur, wenn das Verfahren ein Konkursverfahren und kein Sanierungsverfahren war, zumal Sanierungsverfahren nicht zur Auflösung der Gesellschaft führen. Nach zutreffender Ansicht sind diesfalls die Liquidatoren nicht an den Grundsatz der par condicio creditorum gebunden (str.; wie hier Duursma-Kepplinger Haftungsordnung I 231 f., Haftungsordnung IV 526 ff.; DDR/Duursma-Kepplinger Rn. 3341 f.; aA Koppensteiner/Rüffler öGmbHG § 91 Rn. 12). Eine Löschung kann durch einen Gesellschafterbeschluss auf Fortsetzung der Gesellschaft abgewendet werden (näheres zu den Modalitäten DDR/Duursma-Kepplinger Rn. 3376; Koppensteiner/Rüffler öGmbHG § 84 Rn. 32). Unstrittig ist, dass ein **Fortsetzungsbeschluss** in den Fällen der Insolvenzaufhebung gem. § 152b IO und § 123b IO zulässig und im Fall des § 139 IO nicht möglich ist. Umstritten, nach der hier vertretenen Ansicht aber zu verneinen ist, ob in den Fällen der §§ 124a Abs. 3, 123a IO und bei einer Insolvenzabweisung gem. § 71b IO eine Fortsetzung der Gesellschaft beschlossen werden kann (eing. unter Darstellung des Meinungsstands Duursma-Kepplinger Haftungsordnung I 95 ff.; DDR/Duursma-Kepplinger Rn. 3376 ff.; abw. Koppensteiner/Rüffler öGmbHG § 84 Rn. 30).

VII. Arbeits- und Sozialrecht

1. Individualarbeitsrecht

282   **a) Verständigung von der Insolvenzeröffnung.** Gemäß § 78a IO hat der Insolvenzverwalter die Arbeitnehmer unverzüglich von der Insolvenzeröffnung zu **verständigen,** wenn sie nicht bereits vom Insolvenzgericht verständigt worden sind oder die Insolvenzeröffnung nicht allgemein bekannt ist.

283   **b) Kündigungsschutz und begünstigte Lösungsrechte.** § 25 IO koppelt in der **Arbeitgeberinsolvenz** – für die Arbeitnehmerinsolvenz enthält die IO keine Regelung (Weiterführend BPB/Gamerith KO I § 25 Rn. 9) – die insolvenzbedingten erleichterten Lösungsrechte von Arbeitsverhältnissen an die Entscheidung über das Schicksal des schuldnerischen Unternehmens. Diese Vorschrift lässt gem. § 25 Abs. 4 IO Bestimmungen besonderer Gesetze über den Einfluss der Insolvenzeröffnung auf das Arbeitsverhältnis unberührt. Im Rahmen des § 25 IO ist grundsätzlich vom **Arbeitnehmerbegriff des Arbeitsrechts** auszugehen, doch gilt er für freie Dienstverträge analog (Weber, Arbeitsverhältnisse in Insolvenzverfahren, 1998, 43 f.; BPB/Gamerith KO I § 25 Rn. 10; OGH EvBl 1991/194). Der **Betriebsrat** ist in die Entscheidung über die Schließung des Unternehmens gem. § 115 IO nur insoweit eingebunden, wenn das Insolvenzgericht Organe der Belegschaft gem. § 254 Abs. 5 IO als Auskunftspersonen vernimmt (Konecny/Schubert/Riel KO/IO § 114a Rn. 55).

284   Ist der Schuldner Arbeitgeber und ist das Arbeitsverhältnis **bereits angetreten** worden – ansonsten gilt § 21 IO –, so kann es im Schuldenregulierungsverfahren innerhalb eines Monats nach Insolvenzeröffnung (§ 25 Abs. 1 Nr. 1 IO), sonst innerhalb eines Monats nach öffentlicher Bekanntmachung des Beschlusses, mit dem die **Schließung des Unternehmens** oder eines Unternehmensbereichs angeordnet, bewilligt oder festgestellt wird (§ 25 Abs. 1 Nr. 2a IO) oder der Berichtstagsatzung, es sei denn, das Gericht hat dort die Fortführung des Unternehmens beschlossen (§ 25 Abs. 1 Nr. 2b IO) oder im vierten Monat nach Eröffnung des Insolvenzverfahrens, wenn bis dahin keine Berichtstagsatzung stattgefunden hat und die Fortführung des Unter-

Internationales Insolvenzrecht – Österreich

nehmens nicht in der Insolvenzdatei bekannt gemacht wurde (§ 25 Abs. 1 Nr. 3 IO), vom **Arbeitnehmer durch vorzeitigen Austritt,** wobei die Insolvenzeröffnung als wichtiger Grund gilt, und vom **Insolvenzverwalter** unter Einhaltung der gesetzlichen, kollektivvertraglichen oder der zulässigerweise vereinbarten kürzeren Kündigungsfrist unter Bedachtnahme auf die gesetzlichen Kündigungsbeschränkungen gelöst werden. Bei Arbeitnehmern mit **besonderem** gesetzlichem **Kündigungsschutz** (zB § 121 Nr. 1 ArbVG, §§ 10, 15 MutterschutzG, § 8 Abs. 2 und 3 BEinstG, §§ 14, 15 BAG (näheres bei BPB/Gamerith KO I § 25 Rn. 24 ff. mwN)) ist die Frist des § 25 Abs. 1 IO gewahrt, wenn die Klage bzw. der Antrag auf Zustimmung zur Kündigung durch den Insolvenzverwalter fristgerecht eingebracht worden ist (§ 25 Abs. 1a IO). Gleiches gilt auch für die Anzeigeverpflichtung nach § 45a AMFG (Kündigungsfrühwarnsystem).

Wurde nicht die **Schließung** des gesamten Unternehmens, sondern nur eines **Unternehmensbereichs** angeordnet, bewilligt oder festgestellt, so stehen das Austrittsrecht und das Kündigungsrecht nach Abs. 1 nur den Arbeitnehmern bzw. nur in Bezug auf die Arbeitnehmer zu, die in dem betroffenen Unternehmensbereich beschäftigt sind. § 25 Abs. 1b S. 2 IO eröffnet dem Masseverwalter die Möglichkeit von **Rationalisierungskündigungen.** Hat das Gericht in der Berichtstagsatzung die Fortführung des Unternehmens beschlossen, so kann der Masseverwalter nur Arbeitnehmer, die in einzuschränkenden Bereichen beschäftigt sind, innerhalb eines Monats nach der Berichtstagsatzung nach Abs. 1 kündigen.

Im Sanierungsverfahren mit Eigenverwaltung kann der Schuldner Arbeitnehmer, die in einzuschränkenden Bereichen beschäftigt sind, überdies innerhalb eines Monats nach der öffentlichen Bekanntmachung des Eröffnungsbeschlusses mit Zustimmung des Sanierungsverwalters nach Abs. 1 kündigen, wenn die Aufrechterhaltung des Arbeitsverhältnisses das Zustandekommen oder die Erfüllbarkeit des Sanierungsplans oder die Fortführung des Unternehmens gefährden könnte. Dem gekündigten Arbeitnehmer steht ein Austrittsrecht nach Abs. 1 zu. Abs. 1a S. 2 ist nicht anzuwenden (§ 25 Abs. 1c IO).

Wird das Arbeitsverhältnis nach Abs. 1 gelöst, so steht dem Arbeitnehmer gem. § 25 Abs. 2 IO der **Ersatz des verursachten Schadens** als **Insolvenzforderung** zu (Eingriffshaftung (BPB/Gamerith KO I § 25 Rn. 13, 32, 36 ff.; Holzer DRdA 1998, 325 (327); OGH SZ 67/85; 69/196)). Sowohl der Austritt des Arbeitnehmers als auch die außerordentliche Kündigung durch den Insolvenzverwalter lösen alle mit dieser Auflösungsform verbundenen Rechtsfolgen aus, insbesondere Anspruch auf Urlaubsentschädigung/-abfindung, aliquote Remuneration, Abfertigung (BPB/Gamerith KO I § 25 Rn. 35; OGH ZIK 1997, 182; RdW 1995, 317; SZ 59/97; ZIK 1998, 133). Ansonstes gilt das oben zu § 21 IO Gesagte sinngemäß.

Schon vor Einführung des § 25 Abs. 3 IO berechtigte nach der Rechtsprechung ein **vor** der Insolvenzeröffnung **nicht** (voll) **bezahlter Entgeltsanspruch** eines Arbeitnehmers diesen nach Verfahrenseröffnung nicht zum **vorzeitigen Austritt** gem. § 26 Nr. 2 AngG (stRspr, OGH SZ 69/106; ZIK 1997, 62; ZAS 1999, 139 mkritAnm R. Weber); EvBl 1999/213; ZIK 2002/146; EvBl 2002/63; Fruhstorfer ZIK 2003, 105; krit. die überwiegende Lehre Feldbauer-Durstmüller/Schlager/Jabornegg 1071, 1096, 1105 f.; Weber, Arbeitsverhältnisse in Insolvenzverfahren, 1998, 53 ff.; Konecny/Schubert/Konecny KO/IO § 102 Rn. 3; BPB/Lovrek KO IV § 114a Rn. 32). Gleiches sollte nach der Rechtsprechung auch dann gelten, wenn das Entgelt rechtzeitig in Form von Insolvenz-Ausfallgeld gezahlt wurde (OGH ZIK 1998, 126). Diese Grundsätze haben nunmehr in § 25 Abs. 3 IO ihren Niederschlag gefunden. Danach ist nach Eröffnung des Insolvenzverfahrens ein Austritt unwirksam, wenn er nur darauf gestützt wird, dass dem Arbeitnehmer das vor Eröffnung des Insolvenzverfahrens zustehende Entgelt ungebührlich geschmälert oder vorenthalten wurde.

Gemäß § 25 Abs. 4 IO bleiben Bestimmungen besonderer Gesetze über den Einfluss der Eröffnung des Insolvenzverfahrens auf das Arbeitsverhältnis unberührt.

c) **Betriebsänderung (§§ 3, 6 AVRAG).** Gemäß § 3 Abs. 1 AVRAG tritt im Fall eines **Betriebs(teil)übergangs** der neue Inhaber als Arbeitgeber mit allen Rechten und Pflichten in die im Zeitpunkt des Übergangs bestehenden Arbeitsverhältnisse ein. § 6 Abs. 1 und 2 AVRAG legt – sofern nicht andere Gläubigerbestimmungen eine günstigere Bestimmung enthalten – im Fall eines Betriebs(teil)übergangs eine **Solidarhaftung von Veräußerer und der Erwerber** für Verpflichtungen aus einem Arbeitsverhältnis, die vor dem Zeitpunkt des Übergangs begründet wurden bzw. in Grenzen auch für Abfertigungsansprüche, die nach dem Betriebsübergang entstehen fest, wobei hinsichtlich der Haftung des Erwerbers im ersten Fall § 1409 ABGB anzuwenden ist. Dies gilt insbesondere für Leistungen aus betrieblichen Pensionszusagen des Veräußerers, die im Zeitpunkt des Betriebsübergangs bereits erbracht werden.

Gemäß § 3 Abs. 2 AVRAG kommt § 3 Abs. 1 AVRAG und sohin auch § 6 AVRAG im Fall der Eröffnung eines **Konkursverfahrens oder Sanierungsverfahrens ohne Eigenverwaltung**

Internationales Insolvenzrecht – Österreich

des Veräußerers **nicht zur Anwendung,** zumal auf diese Weise die Unternehmensveräußerung in der Insolvenz erleichtert und somit zumindest die grundsätzliche Chance auf den Erhalt einiger, wenngleich nicht zwingend aller Arbeitsverhältnisse erhöht werden sollte. Die Ausnahme nach § 3 Abs. 2 AVRAG greift somit auch dann ein, wenn das Unternehmen als „lebendiges" im Zuge eines angestrebten Sanierungsplans übertragen wird, sofern die nur in einem Konkursverfahren oder Sanierungsverfahren ohne Eigenverwaltung erfolgt (OGH EvBl 2008, 101; EvBl 2008, 84 mzustAnm Reis). Für Betriebsübergänge im **Sanierungsverfahren mit Eigenverwaltung** bleibt es hingegen bei den Regelungen, die auch außerhalb der Insolvenz gelten. Zumal in diesen Fällen ohnehin eher das Bestreben bestehen dürfte, das Unternehmen seiner ursprünglichen Form beim Schuldner zu erhalten, dürfte dies in der Praxis zu keinen wesentlichen Nachteilen bei der Unternehmenssanierung führen. Im Hinblick auf die europarechtlichen Vorgaben erscheint es – auch wenn die gesetzliche Regelung des § 3 Abs. 2 AVRAG aus Sanierungsüberlegungen heraus durchaus positiv zu bewerten ist – nicht ganz unproblematisch auch Betriebsübergänge in einem Sanierungsverfahren ohne Eigenverwaltung von der Grundnorm des § 3 Abs. 1 AVRAG auszunehmen.

292 **d) Zahlungsansprüche der Arbeitnehmer und Insolvenz-Ausfallgeld.** Mit dem IESG soll das insolvenzbedingte Risiko der Arbeitnehmer in Ansehung ihrer Entgeltsansprüche abgefedert werden. Abgewickelt wird die **Insolvenz-Entgeltsicherung** durch den IAG-Fonds und die IAF-Service GmbH (dazu Rechberger/Thurner Rn. 535). § 11 Abs. 1 IESG ordnet eine **Legalzession** der IESG-gesicherten Ansprüche der Arbeitnehmer gegen den Arbeitgeber auf den IAG-Fonds vor, welcher im Rahmen der Sanierungsplantagsatzung auch anstelle der Arbeitnehmer das Stimmrecht wahrnimmt (näheres bei BPB/Chalupsky/Duursma-Kepplinger KO III § 94 Rn. 7, 10; Liebeg ÖJZ 1990, 683).

293 Als **Ausfallgeld auslösende Fälle** nennt § 1 Abs. 1 Nr. 1–6 IESG
• die Eröffnung eines Insolvenzverfahrens, eines Geschäftsaufsichtsverfahrens über das Vermögen eines Kreditinstituts
• die Insolvenzabweisung mangels Vermögens
• die Insolvenzablehnung wegen Vermögenslosigkeit gem. § 68 IO
• die Zurückweisung des Insolvenzantrags wegen Unzuständigkeit gem. § 63 IO
• die Löschung gem. § 40, § 42 FBG (Firmenbuchgesetz) wegen Vermögenslosigkeit und
• bei Verlassenschaften die Abtuung armutshalber gem. § 153 Abs. 1 AußStrG bzw. die Iurecrediti-Einantwortung gem. § 154 Abs. 1 AußStrG.

294 Hat ein **ausländisches Gericht** eine Entscheidung getroffen, die nach der EuInsVO oder gem. § 240 IO oder nach den §§ 243–251 IO (betreffend Kreditinstitute und Versicherungsunternehmen) im Inland anerkannt wird, besteht nach Maßgabe des IESG gleichfalls Anspruch auf Insolvenz-Entgelt, wenn die Voraussetzungen des § 1 Abs. 1 S. 1 IESG mit Ausnahme der Eröffnung des Insolvenzverfahrens im Inland und des Art. 2 Abs. 1 RL 2008/94/EG v. 22.10.2008 über den Schutz der Arbeitnehmer bei Zahlungsunfähigkeit des Arbeitgebers, ABl. Nr. L 283, 36 v. 28.10.2008, erfüllt sind.

295 **Anspruchsberechtigt** sind gem. § 1 Abs. 1 IESG Arbeitnehmer, freie Dienstnehmer iSd § 4 Abs. 4 ASVG, ehemalige Arbeitnehmer und deren Hinterbliebene, Heimarbeiter sowie Personen, auf die der gesicherte Anspruch im Wege der Verpfändung bzw. Pfändung oder Abtretung übergegangen ist. **Keine Anspruchsberechtigung** haben Beamte, Mitglieder des Vertretungsorgans juristischer Personen, leitende Angestellte mit maßgeblichem Einfluss auf die Geschäftsführung und Gesellschafter, denen ein beherrschender Einfluss auf die Gesellschaft zukommt (Rechberger/Thurner Rn. 538).

296 Durch das IESG **gesichert** sind gem. § 1 Abs. 2 IESG in dem von § 3 IESG bestimmten Ausmaß aufrechte, nicht verjährte und nicht ausgeschlossene iSv § 1 Abs. 3 IESG Arbeitnehmerforderungen aus dem Arbeitsverhältnis, insbesondere Entgeltsansprüche, Schadenersatzansprüche, Kosten zweckentsprechender Rechtsverfolgung und sonstige Ansprüche gegen den Arbeitgeber. **Ausgeschlossen** von der Sicherung sind nach § 3 Abs. 3 IESG insbesondere anfechtbare Ansprüche oder nach Insolvenzeröffnung bzw. in den letzten sechs Monaten davor durch Einzelvereinbarung begründete Ansprüche, soweit sei das auf gesetzlicher/kollektivvertraglicher Grundlage beruhende Entgelt oder die betriebsübliche Entlohnung sachlich ungerechtfertigt überschreiten.

297 Nach § 3a Abs. 1 IESG gebührt Insolvenz-Ausfallgeld grundsätzlich für das dem Arbeitnehmer zustehende Entgelt inkl. Sonderzahlungen, welches in den **letzten sechs Monaten vor Eröffnung des Insolvenzverfahrens** (Insolvenz- oder Geschäftsaufsichtsverfahrens) oder wenn das Arbeitsverhältnis vor diesem Stichtag geendet hat, in den letzten sechs Monaten vor dessen arbeitsrechtlichen Ende **fällig geworden** ist. Gemäß § 3a Abs. 2 IESG gebührt Insolvenz-Ausfallgeld im **Fall der Eröffnung der Insolvenz** für Ansprüche auf laufendes Entgelt einschließlich der gebührenden Sonderzahlungen (1) bis zur Berichtstagsatzung (§ 91a IO), (2) bis zum Ende des

Internationales Insolvenzrecht – Österreich

Arbeitsverhältnisses, wenn dieses vor der Berichtstagsatzung gelöst wird, (3) bis zum rechtlichen Ende des Arbeitsverhältnisses als **Ausfallshaftung** – diese setzt gem. § 3a Abs. 4 IESG voraus, dass der Insolvenzverwalter schriftlich erklärt, dass die Masse zur Zahlung nicht oder nicht vollständig in der Lage ist – falls keine Berichtstagsatzung stattfindet, (4) bis zum rechtlichen Ende des Arbeitsverhältnisses, wenn es innerhalb eines Monats nach der Berichtstagsatzung, in welcher kein Beschluss über die Unternehmensfortführung gefasst wurde, nach § 25 IO gelöst wird und (5) bis zum rechtlichen Ende des Arbeitsverhältnisses als **Ausfallshaftung** – sofern der Insolvenzverwalter gem. § 3a Abs. 4 IESG schriftlich erklärt, dass die Masse zur Zahlung nicht oder nicht vollständig in der Lage ist –, wenn nach der Berichtstagsatzung oder nach Ablauf des dritten Monats vom Zeitpunkt der Insolvenzeröffnung gerechnet an (§ 3a Abs. 4 IESG iVm § 3 Abs. 1 IESG) oder innerhalb des Erfüllungszeitraums eines von den Gläubigern angenommenen Sanierungsplans der Arbeitnehmer infolge der ersten nicht vollständigen Zahlung des ihm zukommenden Entgelts wegen der ungebührlichen Schmälerung oder Vorenthaltung des gebührenden Entgelts seinen berechtigten vorzeitigen Austritt erklärt oder das Arbeitsverhältnis aus anderen Gründen gelöst wird. § 3a Abs. 4 IESG findet jedoch keine Anwendung für jenes laufende Entgelt, wegen dessen ungebührlicher Schmälerung oder Vorenthaltung der Austritt erklärt wurde. Die Insolvenz-Ausfallgeld-Gewährung bei Insolvenzeröffnungen im Ausland regelt § 3a Abs. 5 und 6 IESG. Weitere Fälle der Gewährung von Insolvenz-Ausfallgeld sind in §§ 3b–3d, 4 IESG normiert.

Der schriftliche **Antrag** auf Insolvenz-Ausfallgeld muss gem. § 6 Abs. 1 IESG bei sonstigem Ausschluss binnen **sechs Monaten ab Insolvenzeröffnung** oder nach Eintritt eines gleichgestellten Tatbestands bei der zuständigen Geschäftsstelle der IAF-Service GmbH eingebracht werden. In der Insolvenz setzt die Zuerkennung von Insolvenz-Ausfallgeld gem. § 1 Abs. 5 IESG zudem die **Anmeldung** der Forderung gem. §§ 102 ff. IO voraus (vgl. § 104 Abs. 1 IO). Die Zuerkennung erfolgt durch **Bescheid** der IAF-Service GmbH (§ 7 Abs. 2 IESG).

e) Sozialversicherung. In der Insolvenz nimmt der Insolvenzverwalter die **Arbeitgeberfunktion** wahr, ist aber nicht selbst Arbeitgeber (R. Weber ZIK 1997, 40; Holzer DRdA 1998, 325 f.; BPB/Gamerith KO § 25 Rn. 8). Die zur Vertretung juristischer Personen oder Personengesellschaften befugten Organe und in der Insolvenz der Masseverwalter haften gem. § 67 Abs. 10 ASVG neben dem durch sie vertretenen Beitragsschuldner für die von diesem zu entrichtenden **Sozialversicherungsbeiträge** insoweit, als die Beiträge infolge schuldhafter Verletzung der den Vertretern auferlegten Pflicht nicht eingebracht werden können (dazu Feldbauer-Durstmüller/Schlager/Resch 1263, insbesondere 1273 ff.; B. Schneider ZIK 2006, 186). Während die ständige Rechtsprechung bis zu einer Entscheidung des verstärkten Senats (VwGH ZIK 2001, 57; Feldbauer-Durstmüller/Schlager/Resch 1263, 1276 f.; Wukoschitz RdW 2001, 460; s. zudem Konecny/Schubert/Dellinger KO/IO § 69 Rn. 30; VwGH RdW 2004/642; RdW 2004/644)) § 67 Abs. 10 ASVG entsprechend den zu den abgabenrechtlichen Vorschriften (§§ 9, 80 BAO) herausgebildeten Grundsätzen ausgelegt hatte, sprach der Gerichtshof nunmehr aus, dass im ASVG eine § 80 Abs. 1 BAO gleichzuhaltende Vorschrift fehlte, weshalb die organschaftlichen Vertreter anders als im Abgabenrecht nicht generell (persönlich gegenüber der Behörde) verpflichtet wären, für die Erfüllung der die Vertretenen treffenden sozialversicherungsrechtlichen Pflichten – insbesondere die Einhaltung der Gleichbehandlungspflicht – zu sorgen. Der Geschäftsführer/Insolvenzverwalter haftete nur für die Verletzung der ihm explizit im ASVG zugewiesenen Pflichten, somit für **nicht abgeführte, aber einbehaltene Dienstnehmeranteile** gem. § 114 Abs. 2 ASVG bzw. für Beitragsausfälle, die auf schuldhafte **Meldepflichtverletzungen** zurückzuführen wären (§ 111 ASVG).

2. Kollektives Arbeitsrecht

Die IO enthält **keine Regelungen** über das Verhältnis von Insolvenzrecht und kollektivem Arbeitsrecht.

Auf die Belange der Arbeitnehmer als Gesamtheit nicht die IO hingegen in einigen Bestimmungen Bedacht. So ordnet § 75 Abs. 1 Nr. 2 und Abs. 2 IO an, dass Ausfertigungen des Ediktes jedem im Unternehmen errichteten Organ der Belegschaft und der für seine Arbeitnehmer zuständigen gesetzlichen Interessenvertretung zuzustellen sind. Hat der Schuldner das Vermögensverzeichnis und die Bilanz (§ 100 IO) bereits vorgelegt, so sind sie anzuschließen. Gemäß § 88 IO ist bei der Besetzung des Gläubigerausschusses ein Mitglied zu bestellen, das die Belange der Arbeitnehmer wahrnimmt. Hierbei ist, wenn tunlich, auf Vorschläge der Gläubiger, der im Unternehmen errichteten Organe der Belegschaft sowie der gesetzlichen und der freiwilligen Interessenvertretungen der Gläubiger (einschließlich der bevorrechteten Gläubigerschutzverbände) Bedacht zu nehmen. Organe der Belegschaft und gesetzliche Interessenvertretungen sind, wenn es rechtzeitig möglich

Internationales Insolvenzrecht – Österreich

ist, jedenfalls zu vernehmen; erforderliche Anfragen des Gerichtes sind von den gesetzlichen Interessenvertretungen umgehend zu beantworten.

302 Die Insolvenzeröffnung lässt die im Unternehmen eingerichteten Organe der Belegschaft unberührt. Betriebsvereinbarungen und Kollektivverträge gelten in der Insolvenz fort. Allerdings können Betriebsvereinbarungen, Hauptanwendungsfall wäre ein zu Lasten des Insolvenzentgeltsicherungs-Fonds vor Insolvenzeröffnung geschlossener Sozialplan anfechtbar.

VIII. Massebegriff und Beschlagnahme

1. Umfang des Insolvenzbeschlages

303 Durch Eröffnung des Insolvenzverfahrens – Konkurs- wie jede Art von Sanierungsverfahren – wird das gesamte, der **Exekution unterworfene Vermögen,** das dem Schuldner zu dieser Zeit gehört oder das er während des Insolvenzverfahrens erlangt (**Neuerwerb**), dessen freier Verfügung entzogen und der Konkursmasse zugewiesen (§ 2 Abs. 2 IO (zu Einzelfragen der Massezugehörigkeit Petschek/Reimer/Schiemer 221 ff.; BPB/Buchegger KO I § 1 Rn. 48 ff. mwN)). Gemäß § 237 IO beansprucht das österreichische Insolvenzverfahren grundsätzlich **extraterritoriale Sollgeltung,** indem es Auslandvermögen als in die österreichische Insolvenz einbezogen erachtet. Liegt der Interessenmittelpunkt des Schuldners (COMI (dazu Duursma-Kepplinger in Duursma-Kepplinger/Duursma/Chalupsky, Europäische Insolvenzverordnung, 2002, EuInsVO Art. 3 Rn. 12 ff.; Duursma-Kepplinger ZIK 2003, 257)) jedoch im Ausland und beansprucht ein im **COMI-Staat eröffnetes Insolvenzverfahren** seinerseits extraterritoriale Sollgeltung, räumt die IO diesem den **Vorrang** ein (s. Konecny/Schubert/Oberhammer KO/IO § 237 Rn. 11; Rechberger/Thurner Rn. 614). Den Schuldner trifft eine Pflicht zur Mitwirkung an der Verwertung von Auslandvermögen, die über § 101 IO durchsetzbar ist.

304 § 2 Abs. 2 IO umschreibt die **Soll-Masse,** mithin jene Vermögenswerte, die rechtlich von der Insolvenzverstrickung erfasst sind. Unter **Ist-Masse** versteht man hingegen all jene Vermögenswerte die sich in der vom Masseverwalter in Verwaltung genommenen Masse befinden. Dieser verwandt ist die **Kann-Masse,** die all jene Gegenstände und Rechte bezeichnet, die, obgleich noch nicht in der Ist-Masse befindlich, vom Masseverwalter für die Masse beansprucht werden (Dazu Petschek/Reimer/Schiemer 219 ff., 442; s. auch BPB/Buchegger KO I § 1 Rn. 42).

305 **Nicht in die Masse fällt** ferner das exekutionsfreie Vermögen (§§ 251, 290 ff. EO), was regelmäßig nur in der Insolvenz natürlicher Personen von Relevanz ist, zumal sich bei juristischen Personen und eingetragenen Personengesellschaften selbst die höchstpersönliche Gesellschaftssphäre regelmäßig als vermögensbezogen und somit insolvenzverfangen darstellt (Duursma-Kepplinger Haftungsordnung I 15 f.; Rechberger/Thurner Rn. 76; OGH JBl 1994, 420); insbesondere fällt auch die Firma einer juristischen Person in die Masse (vgl. auch Reich-Rohrwig, Das österreichische GmbH-Recht, 1983, 663; Duursma-Kepplinger Haftungsordnung I 16). § 2 Abs. 2 IO ist teleologisch zu reduzieren und die Pfändungsverbote des § 250 EO unberücksichtigt zu lassen, zumal diese gerade den Fortbetrieb des Unternehmens sichern sollen, was in der Insolvenz infolge der Insolvenzverfangenheit des Unternehmens irrelevant ist (vgl. OGH EvBl 1968, 364; JBl 1980, 159; Heller/Berger/Stix, Kommentar zur Exekutionsordnung, Bd. II, 4. Aufl. 1971, 1639 ff.; Rechberger/Thurner Rn. 71). Ebenso zum insolvenzfreien Vermögen zählen Erbschaften, Vermächtnisse und Schenkungen, die der Masseverwalter nicht annimmt sowie gem. §§ 8 Abs. 3, 119 Abs. 5, 138 Abs. 3 IO frei gewordenes Vermögen.

306 Der Schuldner hat **keinen Anspruch auf Unterhalt** aus der Masse. Was der Schuldner durch eigene Tätigkeit erwirbt oder was ihm während der Insolvenz unentgeltlich zugewendet wird, ist ihm zu überlassen, soweit es zu einer bescheidenen Lebensführung für ihn und für diejenigen, die gegen ihn einen gesetzlichen Anspruch auf Unterhalt haben, unerlässlich ist (§ 5 Abs. 1 IO; **überlassener Neuerwerb**). Soweit dem Schuldner nichts zu überlassen ist, hat der Masseverwalter mit Zustimmung des Gläubigerausschusses ihm und seiner Familie das zu gewähren, was zu einer bescheidenen Lebensführung unerlässlich ist; jedoch ist der Schuldner aus der Masse nicht zu unterstützen, soweit er nach seinen Kräften – es gilt der **Anspannungsgrundsatz** – zu einem Erwerb durch eigene Tätigkeit imstande ist.

2. Aussonderung, Ersatzaussonderung und Verfolgungsrecht

307 Befinden sich in der Insolvenzmasse körperliche bzw. unkörperliche (§ 292 ABGB), bewegliche bzw. unbewegliche (§ 293 ABGB) Sachen, die dem Schuldner ganz oder zum Teile nicht gehören, so ist das dingliche oder persönliche Recht auf **Aussonderung** gem. § 44 Abs. 1 IO nach den

allgemeinen Rechtsgrundsätzen zu beurteilen. Die Sache muss Gegenstand eines „dinglichen" oder „persönlichen" Rechts sein, welches mit der gänzlichen oder teilweisen Zugehörigkeit der Sache zum Vermögen des Schuldners (der Rechtszuständigkeit der Masse) unvereinbar ist, somit auf „Herausgabe" – allenfalls „Rechtsgestaltung" oder „Feststellung" –, nicht bloß auf „Leistung", „Eigentums-Verschaffung" oder „Überlassung" aus dem genannten Vermögen gerichtet ist (Petschek/Reimer/Schiemer 448; Konecny/Schubert/Schulyok KO/IO § 44 Rn. 9; Holzhammer, Österreichisches Insolvenzrecht, 1996, 59; Duursma-Kepplinger Haftungsordnung III 673 ff., 690 f.).

Zur Aussonderung berechtigen insbesondere das **Eigentumsrecht** in allen Spielarten (Eigentum, inkl. Bestandteilen, Früchten und Zubehör, Vorbehaltseigentum, Miteigentum, Gesamthandeigentum, publizianisches Eigentum, Quantitätseigentum, derartige Anteilsrechte; str. Eigentums-Anwartschaftsrecht (dafür Apathy in Koziol/Bydlinski/Bollenberger, Kurzkommentar zum ABGB, 2. Aufl. 2007, ABGB § 1063 Rn. 15; ähnlich Duursma-Kepplinger Eigentumsvorbehalt 29 ff.; Konecny/Schubert/Schulyok KO/IO § 44 Rn. 7 ff., 19 ff.; BPB/Apathy KO I § 11 Rn. 5; Petschek/Reimer/Schiemer 448; Duursma-Kepplinger Eigentumsvorbehalt 43 ff., 66 ff., 159 ff., 207 f., 209 ff.; Frotz, Aktuelle Probleme des Kreditsicherungsrechts, Gutachten, Bd. I, 3. Teil, 1970, 185 ff.; OGH SZ 18/144; EvBl 1958, 159)), sofern nicht eine wirtschaftliche Betrachtungsweise die Behandlung als Absonderungsrecht gebietet, wie dies in diversen Konstellationen beim Sicherungseigentum (Treuhandeigentum) der Fall ist (Konecny/Schubert/Schulyok KO/IO § 44 Rn. 8; BPB/Apathy KO I § 10 Rn. 25, § 11 Rn. 6; Konecny/Schubert/Deixler-Hübner KO/IO § 10 Rn. 38 f., § 11 Rn. 11; Petschek/Reimer/Schiemer 448 ff.; Duursma-Kepplinger ZIK 2003, 56). Aussonderungsrechte gewähren zudem **gewerbliche Schutzrechte**, wie Marken-, Urheber- und Patentrechte, Gebrauchsmusterrechte, aber auch Internet-Domains und **beschränkt dingliche Rechte** (Duursma-Kepplinger Haftungsordnung III 675 ff., insbesondere 679 f. mwN; Petschek/Reimer/Schiemer 447, 448 ff.;), sofern es sich nicht um Absonderungsrechte handelt oder sie gem. § 10 Abs. 3 IO den für Absonderungsrechte geltenden Regeln unterworfen werden, deren Ausübung durch die im Insolvenzverfahren erfolgende Vermögensverwertung gefährdet ist (zB Fruchtgenussrecht, andere Dienstbarkeiten, Erbbaurechte) sowie mit Einschränkungen der Besitz (Petschek/Reimer/Schiemer 448 f.; Wegan, Österreichisches Insolvenzrecht, 1973, 39; Chalupsky/Ennöckl/Holzapfel, Handbuch des österreichischen Insolvenzrechts, 1986, 94; BPB/Apathy KO I § 11 Rn. 5; Kepplinger NZ 2001, 185 ff.; Duursma-Kepplinger Haftungsordnung III 679 f.). Die Aussonderung bildet einen Vorgang im Zuge der **Bereinigung der Ist-Masse zur Soll-Masse** und liegt in der Zuständigkeit des Masseverwalters (Petschek/Reimer/Schiemer 442; Konecny/Schubert/Schulyok KO/IO § 44 Rn. 1 ff.). Die Verfahrenseröffnung selbst begründet keine Pflicht zur Herausgabe des Aussonderungsguts, soweit eine solche nicht nach allgemeinen Regeln besteht, was insbesondere für den Vorbehaltskauf oder Leasing- bzw. Mietverträgen von Bedeutung ist (Duursma-Kepplinger Haftungsordnung III 674; Duursma-Kepplinger Eigentumsvorbehalt 43 ff., 281 ff.; OGH EvBl 1964, 35).

Der Aussonderung gleichzuhalten ist die **Ersatzaussonderung** (§ 44 Abs. 2 IO). Ist eine zur Aussonderung iSv § 44 Abs. 1 IO berechtigende Sache **nach Insolvenzeröffnung** gegen Entgelt veräußert worden (Duursma-Kepplinger Eigentumsvorbehalt 78; Duursma-Kepplinger Haftungsordnung III 691 ff.), so kann der Berechtigte, unbeschadet weitergehender Ersatzansprüche (vgl. dazu Konecny/Schubert/Schulyok KO/IO § 44 Rn. 75 ff.), die Aussonderung des bereits geleisteten Entgelts aus der Masse, wenn aber das Entgelt noch nicht geleistet worden ist, die Abtretung des Rechtes (Petschek/Reimer/Schiemer 451; Duursma-Kepplinger Haftungsordnung III 692) auf das ausstehende Entgelt verlangen (näheres bei Konecny/Schubert/Schulyok KO/IO § 44 Rn. 78 ff.; Duursma-Kepplinger Haftungsordnung III 692 f.; Petschek/Reimer/Schiemer 451 f.). Dass nur eine Veräußerung durch den Insolvenzverwalter zur Ersatzaussonderung berechtigte, ergibt sich aus § 44 Abs. 1 IO nicht explizit; eine Ersatzaussonderung ist auch bei einer nachinsolvenzlichen Veräußerung durch den Schuldner bzw. andere Personen jedenfalls dann zuzulassen, wenn das Entgelt in die Masse gelangt ist (mit Unterschieden im Detail Petschek/Reimer/Schiemer 452; Duursma-Kepplinger Haftungsordnung III und II 234 ff.; Rabl ÖBA 2006, 577 ff.). Das Recht zur Ersatzaussonderung stellt **keine Masseforderung** dar (Denkschrift zur Einführung einer Konkursordnung, einer Ausgleichsordnung und einer Anfechtungsordnung, 1914, 46; Petschek/Reimer/Schiemer 450, 451; Duursma-Kepplinger Eigentumsvorbehalt 78), sodass §§ 47, 124 f. IO und die Exekutionssperre bei Anzeige der Masseunzulänglichkeit (§ 124a Abs. 2 IO) für den Ersatzaussonderungsberechtigten nicht gelten (Duursma-Kepplinger Eigentumsvorbehalt 78 f.; Konecny/Schubert/Schulyok KO/IO § 44 Rn. 81; OGH SZ 32/161). Vielmehr handelt es sich um einen der wenigen gesetzlich geregelten Fälle der Surrogation (Wertverfolgung (Gerhardt KTS 1990, 1 ff.; Duursma-Kepplinger Eigentumsvorbehalt 78 ff.; Duursma-Kepplinger Haftungsordnung III 692 f.; BPB/Buchegger KO I § 6 Rn. 13; Petschek/Reimer/Schiemer 450, 451 f.; Rabl ÖBA 2006, 575 (576 ff.))). Auch das Recht auf Ersatzaussonderung bildet keinen neuen insolvenzrechtlichen Anspruch, doch geht § 44 Abs. 2 IO insofern über § 44 Abs. 1 IO hinaus, als er den bestehenden Aussonderungsanspruch verstärkt, indem er die Wirkung des dinglichen oder persönlichen Rechts auf das Surrogat erstreckt (vgl. Duursma-Kepplinger Haftungsordnung III 692 ff.; teilweise abw. Rabl ÖBA 2006, 575 (576 f.)).

310   Keinen Fall der Ersatzaussonderung begründet eine vor- oder nachinsolvenzlich vorgenommene **Vermischung, Vermengung oder Verarbeitung** (§§ 371, 414 ff. ABGB) durch Insolvenzverwalter, Schuldner oder Mitarbeiter des schuldnerischen Unternehmens. Bei einer vorinsolvenzlich erfolgten Vermischung, Vermengung oder Verarbeitung bestimmen sich die Folgen primär nach der ihr zugrunde liegenden Vereinbarung, sekundär nach §§ 371, 414 ff. ABGB; sofern es nach diesen Normen zu keinem gänzlichen Eigentumsverlust kommt (instruktiv zu den zivilrechtlichen Folgen Holzner JBl 1988, 564 ff., 632 ff.; Bydlinski JBl 1974, 32 ff.), berechtigt das entstandene Miteigentum zur Aussonderung (eing. Duursma-Kepplinger Eigentumsvorbehalt 66 ff. mwN; Konecny/Schubert/Schulyok KO/IO § 44 Rn. 58 ff.). Nach Insolvenzeröffnung bleibt diesfalls das Aussonderungsrecht unberührt, setzt sich aber am Miteigentumsanteil fort; zudem kann ein solcher Vorgang zu Bereicherungs- und Schadenersatzansprüchen im Rang von Masseforderungen (§ 46 Abs. 1 Nr. 5, 6 IO) führen. **Lieferanten- oder Sicherheiten-Poolverträge** stoßen aufgrund des im österreichischen Sachenrecht geltenden Spezialitäts- und Faustpfandprinzips in der Insolvenz sehr rasch an ihre Grenzen (dazu Konecny/Schubert/Schulyok KO/IO § 44 Rn. 19 ff., § 48 Rn. 208 ff., insbesondere Rn. 213 ff.; C. Schneider ZIK 1998, 53 ff.; Duursma-Kepplinger Eigentumsvorbehalt 93 ff.).

311   Die **Geltendmachung von Aussonderung und Ersatzaussonderung** vollzieht sich außerhalb der Insolvenz (ausf. Duursma-Kepplinger Haftungsordnung III 693; vgl. auch Konecny/Schubert/Schulyok KO/IO § 44 Rn. 80 ff.; Petschek/Reimer/Schiemer 447, 457 f.; BPB/Apathy KO I § 11 Rn. 8; OGH SZ 21/101; SZ 36/70; SZ 64/185; OGH ZIK 1996, 97). Aussonderungsansprüche sind nicht nach §§ 102 ff. IO anzumelden. Sie können entweder außergerichtlich gegenüber dem Insolvenzverwalter durch ein entsprechendes Begehren auf Aussonderung (dh insbesondere Herausgabe, Grundbuchsberichtigung, Feststellung (Konecny/Schubert/Deixler-Hübner KO/IO § 11 Rn. 12; OGH SZ 21/101; EvBl 1964, 35; OLG Wien ZIK 1997, 142)) oder gerichtlich durch Klage oder Einrede geltend gemacht werden (Petschek/Reimer/Schiemer 457 f.; Duursma-Kepplinger Haftungsordnung III 664 ff., 693). Die Klage kann je nach Fallgestaltung Leistungsklage (insbesondere Herausgabe des betreffenden Gegenstands oder Abtretung der fraglichen Forderung), Feststellungsklage oder auch Rechtsgestaltungsklage sein (zB Teilungsklage oder Löschungsklage nach §§ 63 ff. GBG).

312   § 44 Abs. 3 IO legt ein gesetzliches **Zurückbehaltungsrecht** zu Gunsten der Masse fest, ohne dabei einen eigenen von allgemeinen Grundlagen unabhängigen Anspruch zu normieren (Petschek/Reimer/Schiemer 444; Konecny/Schubert/Schulyok KO/IO § 44 Rn. 83). Sind dem Schuldner oder dem Insolvenzverwalter, besser gesagt der Masse – die Auslagen des Insolvenzverwalters, die er, soweit sie nicht durch die Pauschalentlohnung gedeckt sind, als Barauslagen geltend machen kann, sind damit nicht gemeint – Auslagen zu vergüten, die für die zurückzustellende Sache oder zur Erzielung des Entgelts aufgewendet worden sind, so sind sie vom (Ersatz-)Aussonderungsberechtigten Zug um Zug zu ersetzen (näheres bei Duursma-Kepplinger Haftungsordnung III 693 f.; Konecny/Schubert/Schulyok KO/IO § 44 Rn. 83 ff.).

313   Dem Recht auf Aussonderung verwandt ist das in § 45 IO normierte, dem Rechtsgedanken des right of stoppage in transitu entsprechende **Verfolgungsrecht** (dazu Konecny/Schubert/Schulyok KO/IO § 45 Rn. 1 ff., 4 ff.; Duursma-Kepplinger Haftungsordnung III 696 f.). Der Verkäufer oder Einkaufskommissionär kann Waren, die von einem anderen Ort an den Schuldner abgesendet und von diesem noch nicht vollständig bezahlt worden sind, zurückfordern, es sei denn, dass sie schon vor der Eröffnung des Insolvenzverfahrens am Ablieferungsorte angekommen und in die Gewahrsame des Schuldners oder einer anderen Person für ihn gelangt sind.

3. Verwertung der Insolvenzmasse durch den Verwalter

314   § 119 Abs. 1 IO erklärt die **kridamäßige Veräußerung** zur **subsidiären** Verwertungsart; die zur Insolvenzmasse gehörenden Sachen sind nur dann gerichtlich zu veräußern, wenn dies auf Antrag des Insolvenzverwalters vom Insolvenzgericht beschlossen wird (ausf. hierzu BPB/Kodek KO IV § 119 Rn. 1 ff.; vgl. auch Konecny/Schubert/Riel KO/IO § 119 Rn. 1 ff.); den Regelfall bildet sohin der Freihandverkauf durch den Insolvenzverwalter. Für **gerichtliche Veräußerungen** gelten die Vorschriften der EO sinngemäß; allerdings kommt dem Insolvenzverwalter die Stellung

eines betreibenden Gläubigers zu; sein Anspruch auf Kostenersatz richtet sich nach § 82d IO. Ferner gelangen § 148 Nr. 3 EO, wonach vor Ablauf eines halben Jahres seit dem Antrag auf Einstellung eine neue Versteigerung nicht beantragt werden kann, sowie die Frist zum Antrag auf Änderung der gesetzlichen Versteigerungsbedingungen nach § 146 Abs. 2 EO nicht zur Anwendung. Ferner ist die Einhaltung der in §§ 140 Abs. 1, 167 Abs. 2 EO bestimmten Zwischenfristen für die Vornahme der Schätzung und der Versteigerung nicht erforderlich (§ 119 Abs. 2 IO). Vor freiwilliger Veräußerung einer beweglichen Sache außerhalb des gewöhnlichen Geschäftsbetriebs hat der Verwalter die nicht bindende Äußerung des Gläubigerausschusses einzuholen. Die in § 117 IO genannten Verwertungshandlungen, insbesondere Verkauf des Unternehmens oder von Unternehmensteilen, Veräußerung des gesamten beweglichen Anlage- oder Umlaufvermögens oder eines wesentlichen Teils davon bedürfen zu ihrer Wirksamkeit der **Genehmigung** des Gläubigerausschusses und des Gerichts. § 114a Abs. 1 S. 2 IO, § 114b Abs. 2 S. 4 IO, §§ 114c Abs. 1 und 2, 140 Abs. 2 IO (vgl. auch § 168 Abs. 2 IO) sehen diverse **Verwertungsverbote** zur Gewährleistung des Sanierungsplans bzw. des Erhalts des Unternehmens als Ganzes vor.

Der Gläubigerausschuss – bei Fehlen eines solchen, der Insolvenzverwalter – kann mit Genehmigung des Insolvenzgerichts (unwiderruflich) beschließen, dass von der Veräußerung von Forderungen, deren Eintreibung keinen ausreichenden Erfolg verspricht, und von der Veräußerung von Sachen unbedeutenden Wertes – also nur von zur Haftungsverwirklichung ungeeigneten **Aktivbestandteilen** – abzusehen sei und dass diese Forderungen und Sachen dem Schuldner zur freien Verfügung überlassen werden (**Freigabe** = Ausscheidung (Konecny/Schubert/Riel KO/IO § 119 Rn. 35 ff.; BPB/Kodek KO IV § 119 Rn. 139 ff.; Nunner, Die Freigabe von Konkursvermögen, 1998, 1997)). Die Möglichkeit zur Freigabe besteht auch in der Insolvenz **juristischer Personen** (ErläutRV 1589 BlgNR. 20. GP 17; das IVEG 1999 revidiert das mit dem IRÄG 1997 eingeführte Verbot). 315

Die Wirkung der Freigabe entspricht einer **Teilaufhebung** der Insolvenz (Nunner, Die Freigabe von Konkursvermögen, 1998, 112 f.; Konecny/Schubert/Riel KO/IO § 119 Rn. 47; OGH SZ 61/172; SZ 69/255; ZIK 1999, 396). Mit der Ausscheidung wird die fragliche Sache insolvenzfrei und fällt ex nunc in die unbeschränkte Verfügungsmacht des Schuldners zurück, ohne dass es seiner Zustimmung bedürfte (Petschek/Reimer/Schiemer 438; Nunner, Die Freigabe von Konkursvermögen, 1998, 129 ff.; Konecny/Schubert/Riel KO/IO § 119 Rn. 47 f.; OGH SZ 61/172). Eine **modifizierte Freigabe**, mithin eine „Freigabe" bloß zum Inkasso mit der Folge des Rückflusses des Erfolgs an die Masse, ist abzulehnen (Konecny/Schubert/Riel KO/IO § 119 Rn. 57 f.; BPB/Kodek KO IV § 119 Rn. 193 ff.; Nunner, Die Freigabe von Konkursvermögen, 1998, 102 ff.; OGH SZ 61/172). Auch eine **erkaufte Freigabe** oder ein Vertrag zwischen Masse(Verwalter) und Schuldner (BPB/Kodek KO IV § 119 Rn. 191 f., 194, Rn. 195; Konecny/Schubert/Riel KO/IO § 119 Rn. 58 (erkaufte Freigabe); aA Holzhammer, Österreichisches Insolvenzrecht, 1996, 24; Nunner, Die Freigabe von Konkursvermögen, 1998, 98 ff., 110 f.; Konecny/Schubert/Riel KO/IO § 119 Rn. 57 (zu Verträgen)), wonach der Gemeinschuldner den Anspruch auf eigene (Kosten)Gefahr für die Masse geltend macht, scheidet aus, zumal eine insolvenzmäßige Verwertung nur nach den Regeln der IO erfolgen darf. Derartige Vereinbarungen wären sittenwidrig, wenn sie bloß der Überwälzung des Kostengefahr von der Masse auf den Schuldner dienten (BPB/Kodek KO IV § 119 Rn. 191 ff.; Konecny/Schubert/Riel KO/IO § 119 Rn. 57 f.; abw. Nunner, Die Freigabe von Konkursvermögen, 1998, 98 ff.). 316

Im Rahmen des § 119 Abs. 5 IO gilt der weite Sachbegriff des § 285 ABGB. Allerdings dürfen durch Freigabe von **Bestandrechten** die Kündigungsfristen und Termine des § 23 IO nicht umgangen werden (Nunner, Die Freigabe von Konkursvermögen, 1998, 43 ff., 48; Konecny/Schubert/Riel KO/IO § 119 Rn. 42; BPB/Kodek KO IV § 119 Rn. 159 ff.; Duursma-Kepplinger Eigentumsvorbehalt 294 f.; krit. Mohr, KO[9] § 119 E 51; vgl. aber Mohr, KO[10] Manz'sche Große Gesetzesausgabe, 2009, § 119 E 125). Obgleich § 119 Abs. 5 IO nur die Freigabe von Sachen geringen Werts regelt, rechtfertigt seine Ratio auch die Freigabe von Gegenständen hohen Werts, die jedoch aufgrund der **Überbelastung mit Sicherungsrechten** (insbesondere Hypotheken, Pfandrechten) im Fall der Verwertung keinen (wesentlichen) Erlös für die Masse erwarten lassen, somit zur Verwirklichung des Insolvenzzwecks der §§ 2 Abs. 2 Hs. 2 IO, § 180 Abs. 2 IO nicht taugen (hA; Holzhammer, Österreichisches Insolvenzrecht, 1996, 12, 153; Nunner, Die Freigabe von Konkursvermögen, 1998, 26 ff.; Konecny/Schubert/Riel KO/IO § 119 Rn. 45, bei „Offenkundigkeit" der Überlastung; BPB/Kodek KO § 119 Rn. 140, 148 f., insbesondere Rn. 150 ff.; OGH SZ 61/172). 317

Umstritten ist, ob sich die Masse ex nunc durch **Freigabe** von **öffentlich-rechtlichen Ordnungspflichten** befreien kann. Der OGH hat dies bisher nicht generaliter entschieden, aber in seiner „Streuminen"-E (SZ 69/98) die Freigabe von gefährlichen Abfällen iSd AWG mit der 318

Internationales Insolvenzrecht – Österreich

Begründung verneint, dass der Masseverwalter durch die Überlassung einzelner Teile der Masse an den Schuldner nicht gegen gesetzliche Vorschriften verstoßen dürfe und in seiner E ZIK 2005/260 die Freigabe von Affen aus der Masse im Insolvenzverfahren über das Vermögen eines Safariparks wegen Fehlens einer entsprechenden Bewilligung nach dem TierschutzG abgelehnt (zust. Kerschner in Kerschner, Haftung bei Deponien, 1996, 61; krit. bzw. abl. Berger/Riel RdW 1995, 90 f.; Nunner, Die Freigabe von Konkursvermögen, 1998, 70 ff., insbesondere 91 ff.; Konecny/Schubert/Riel KO/IO § 119 Rn. 41; Konecny/Schubert/Engelhart KO/IO § 46 Rn. 78). Eine Freigabe kommt im Sinne der Rechtsprechung dann nicht in Betracht, wenn diese im Ergebnis dazu führte, dass zwingendes öffentlich-rechtliches Ordnungsrecht leer liefe, weil der Schuldner in der insolvenzfreien Sphäre nicht die Möglichkeiten zur Erfüllung derselben hätte, dies in der Insolvenz aber gewährleistet wäre (Duursma-Kepplinger Haftungsordnung I 214 ff., 218; im Einzelnen ähnlich Konecny/Schubert/Kodek KO/IO IV § 119 Rn. 162 ff.). Für die Qualifikation der „Kosten" öffentlich-rechtlicher Ordnungspflichten gelten keine Besonderheiten; insofern stellen, zB vor Insolvenzeröffnung aufgelaufenen Beseitigungskosten bloße Insolvenzforderungen dar (so Konecny/Schubert/Engelhart KO/IO § 46 Rn. 78 ff.; Konecny/Schubert/Kodek KO/IO IV § 119 Rn. 164; OGH ZIK 2004, 124; aA Feldbauer-Durstmüller/Schlager/Kerschner/Wagner 1175, 1215 ff.).

4. Absonderung und Verwertung von Sicherheiten durch Dritte

319   Absonderungsberechtigte haben Anspruch auf **abgesonderte Befriedigung** aus **bestimmten Sachen** des Schuldners (§ 48 Abs. 1 IO). Absonderungsrechte werden von der Insolvenzeröffnung **nicht berührt** (§ 11 Abs. 1 IO), sofern sie vor Insolvenzeröffnung wirksam begründet wurden, mithin der **publizitätswahrende Modus** bereits **vor Insolvenzeröffnung** wirksam gesetzt wurde (BPB/Apathy KO I § 10 Rn. 21, 22; Konecny/Schubert/Deixler-Hübner KO/IO § 10 Rn. 39, 42 ff.; Harrer, Sicherungsrechte, 2002, 89 f., 92; Duursma-Kepplinger ZIK 2003, 56; OGH SZ 62/32; SZ 70/228; SZ 71/154; SZ 2004/31; Zak 2007, 80). Absonderungsrechte unterliegen daher nicht der Anmeldung im Insolvenzverfahren. Ist der Absonderungsberechtigte zugleich persönlicher Gläubiger, so kann er freilich die besicherte Forderung im Insolvenzverfahren anmelden. In der Forderungsanmeldung sind das Absonderungsrecht und der Absonderungsgegenstand genau darzulegen; ferner ist der Betrag anzugeben, bis zu dem die Insolvenzforderung voraussichtlich gedeckt ist (vgl. § 103 Abs. 2 IO). Diese Angaben haben allerdings keine Auswirkungen auf das Absonderungsrecht. Sie betreffen nur die im Insolvenzverfahren angemeldete besicherte Forderung. In diesem Licht ist auch die Vorschrift des § 132 IO zu sehen. Diese trägt bei manchen Absonderungsrechten auf, den voraussichtlichen Ausfall zu bescheinigen, andernfalls die angemeldete Insolvenzforderung bei den Verteilungen nicht berücksichtigt wird. Absonderungsberechtigte können nach Eröffnung des Insolvenzverfahrens Klage und Exekution in das Absonderungsrecht führen. Ausnahmen vom Grundsatz der Unberührtheit von Absonderungsrechten normieren § 11 Abs. 2 IO (Zwangsstundung), § 12a IO (Erlöschen von Absonderungsrechte an Einkünften aus einem Arbeitsverhältnis) und § 113a IO in Bezug auf Absonderungsrechte an Einkünften aus einem Arbeitsverhältnis des Schuldners, wobei letztere nur in der Insolvenz natürlicher Personen von Relevanz sind. Diese sind vom Absonderungsberechtigten beim Insolvenzgericht geltend zu machen und erlöschen, wenn sie nicht bis zur Abstimmung über einen Zahlungsplan/Sanierungsplan geltend gemacht worden sind (Konecny/Schubert/Konecny KO/IO § 113a Rn. 3 ff., Rn. 4, 7, 21; Kodek, Handbuch Privatkonkurs, 2. Aufl. 2015, Rn. 185; Fink ÖJZ 2003, 217 (218)). Die wichtigsten Absonderungsrechte stellen Pfandrechte dar; Sicherungseigentum und Sicherungszession sowie Zurückbehaltungsrechte erfahren in der Insolvenz eine vergleichbare Behandlung (§ 10 Abs. 2 und 3 IO). Soweit die besicherte Forderung des Absonderungsberechtigten reicht, schließt dieser in Bezug auf die Sondermasse die Insolvenzgläubiger von der Zahlung aus (§ 48 Abs. 1 IO). Verbleibt nach Verwertung des Absonderungsguts ein Überschuss, so fließt dieser in die allgemeine Masse (§ 48 Abs. 2 IO).

320   Obgleich nicht explizit geregelt, wird eine an § 44 Abs. 2 IO orientierte **Ersatzabsonderung** anerkannt (Konecny/Schubert/Schulyok KO/IO § 48 Rn. 226 ff.; Duursma-Kepplinger Haftungsordnung III 702).

321   – Gemäß § 120 Abs. 1 IO kann die Insolvenzmasse jederzeit den haftenden beweglichen Gegenstand durch Bezahlung der – gänzlichen, nicht bloß der abgezinsten – gesicherten **Forderung einlösen** und bei Hypotheken durch Bezahlung der Pfandschuld in das Pfandrecht eintreten. Solange die Forderung des Absonderungsberechtigten noch nicht fällig ist, kann gegen seinen Willen bei **Fahrnispfändern,** die sich in seiner Gewahrsame (oder der eines Dritten) befinden (dies ist zur Wahrung des Faustpfandprinzips (§ 448 ABGB) erforderlich!), weder eine gerichtliche

Veräußerung noch eine freiwillige Veräußerung mit Übergabe der Sache stattfinden (§ 262 EO (Petschek/Reimer/Schiemer 553)). Bei Fälligkeit kann das Insolvenzgericht gem. § 120 Abs. 3 IO auf Antrag des Insolvenzverwalters nach Einvernehmung des Absonderungsgläubigers eine angemessene Frist bestimmen, innerhalb deren er die Sache verwerten muss (so Petschek/Reimer/Schiemer 553). Wird die Sache innerhalb dieser Frist nicht verwertet, so kann das Insolvenzgericht deren Herausgabe zur Verwertung – unanfechtbar – anordnen.

322 Zur Exekutionsführung benötigt der Absonderungsberechtigte einen Exekutionstitel (zutreffende hM Schwimann/Kodek/Hinteregger ABGB[4] II § 461 Rn. 1; KSL/Widhalm-Budak IO § 48 Rn. 38; aA Spitzer Pfandverwertung 69 ff.). Grundsätzlich bedarf es zur Pfandverwertung somit eines Exekutionstitels, aufgrund dessen dann die gerichtliche Pfändung im Rahmen des Exekutionsverfahrens erfolgt. Anderes gilt nur dann, wenn vertraglich zwischen Pfandgläubiger und Pfandschuldner rechtswirksam eine außergerichtliche Pfandverwertung vereinbart wurde oder etwa gem. §§ 461a ff. ABGB bei beweglichen körperlichen Sachen, Inhaber- und Orderpapieren. Festzuhalten ist somit, dass der Absonderungsberechtigte zur Verwertung des Absonderungsrechts während des Insolvenzverfahrens – von den erwähnten Ausnahmen abgesehen – einen Exekutionstitel nach den Vorschriften der Exekutionsordnung erwirken muss. Nur wenn die Verwertung durch den Insolvenzverwalter erfolgt, benötigt der Absonderungsberechtigte keinen Exekutionstitel. Diesfalls kann der Absonderungsberechtigte sein Recht durch Forderungsanmeldung im Meistbotsverteilungsverfahren durchsetzen. Die Prozesssperre hindert die gerichtliche Geltendmachung eines Absonderungsrechts durch den Absonderungsberechtigten nicht. Allerding kann der Absonderungsberechtigte nur die Sachhaftung geltend machen (Pfandklage) (Fasching/Konecny/Nunner-Krautgasser[3] II/1 ZPO Vor § 1 Rn. 139). Passiv legitimiert für die Pfandrechts- oder Hypothekarklage ist die Insolvenzmasse vertreten durch den Insolvenzverwalter. Der Absonderungsberechtigte hat ein substantiiertes Vorbringen zur Pfandhaftung, zum Pfandgegenstand sowie zur Höhe und der Fälligkeit der besicherten Forderung zu erstatten (Fenyves/Kerschner/Vonkilch/Fidler Klang[3] ABGB §§ 465, 466 Rn. 44 ff.). Mit dem erwirkten Exekutionstitel kann der Absonderungsberechtigte in das Absonderungsgut Zwangsvollstreckung führen. Streitigkeiten über den Bestand von Absonderungsrechten sind nicht im Insolvenzverfahren, sondern außerhalb desselben im streitigen Verfahren gegen die Masse vertreten, durch den Masseverwalter auszutragen. Dem Insolvenzgericht kommt diesbezüglich keine Entscheidungsbefugnis zu (OGH – 8 Ob 107/06b; – 8 Ob 104/15z; Konecny ZIK 2004/94, 74; Bartsch/Pollak/Buchegger/Kodek IV KO § 113a Rn. 48 ff.; überholt OGH – 8 Ob 4/04b). Vielmehr ist hierüber ein ordentlicher Zivilprozess zu führen. Wie zu den Aussonderungsrechten bereits ausgeführt, kann dem Absonderungsberechtigten, dessen Recht vom Verwalter bestritten wurde, keine Frist zur Klage gesetzt werden. Unterlässt es der Absonderungsberechtigte, sein bestrittenes Absonderungsrecht im streitigen Verfahren geltend zu machen, so braucht auf dieses Recht im Insolvenzverfahren nicht Bedacht genommen zu werden, solange es nicht rechtskräftig festgestellt wurde (Bartsch/Pollak/Buchegger/Apathy I KO § 11 Rn. 8). Ist zur Zeit der Insolvenzeröffnung bereits ein Prozess des Absonderungsberechtigten anhängig, so wird dieser unterbrochen. Eine Fortsetzung des Prozesses kommt nur in Bezug auf die Sachhaftung in Betracht. Das bedeutet: Hatte der Absonderungsberechtigte die Pfandrechts- bzw. Hypothekarklage mit der Schuldklage kombiniert („Mischklage"), so kann nur die Pfandrechtsklage fortgesetzt werden (Fasching/Konecny/Fink[3] II/3 ZPO § 159 Rn. 113: Teileinschränkung). Für die Schuldklage gelten §§ 103 ff. IO. War eine reine Schuldklage anhängig, so kommt eine Fortsetzung derselben nicht in Betracht und muss der Absonderungsberechtige die Pfandrechtsklage gegen die Insolvenzmasse neu einbringen (dies ist im Einzelnen umstritten; rundsätzlich keine Streitanhängig als Prozesshindernis: RIS-Justiz RS0011444; OGH – 1 Ob 64/04z; – 9 Ob 92/09h; Fasching/Konecny/Geroldinger[3] III/1 Vor § 226 Rn. 45 ff.; differenzierend Fenyves/Kerschner/Vonkilch/Fidler Klang[3] ABGB §§ 465, 466 Rn. 66; Nunner-Krautgasser ÖJZ 2007/61, 722; aA Kletecka/Schauer/Oberhammer/Domej ABGB-ON[1.03] § 461 Rn. 4). Hat der Absonderungsberechtigte vor Insolvenzeröffnung bereits einen rechtskräftigen Exekutionstitel erwirkt, so steht dessen Vollstreckung die Exekutionssperre in Bezug auf das Absonderungsrecht grundsätzlich nicht entgegen. Im Lichte der schon im Zusammenhang mit dem Verhältnis von Schuld- und Pfandrechtsklage erörterten Problematik gilt es auch im Zuge der Zwangsvollstreckung wie folgt zu differenzieren: Ein Exekutionstitel aufgrund einer Pfandrechts- bzw. Hypothekarklage berechtigt den Absonderungsberechtigen jedenfalls zu Zwangsvollstreckung in das Absonderungsgut. Gleichfalls wird die Zwangsvollstreckung aufgrund eines im Zuge einer Mischklage erwirkten Exekutionstitels mit der Exekutionssperre für vereinbar betrachtet, sofern ausreichendes Vorbringen zur Sachhaftung erstattet wurde (OGH RIS-Justiz RS0011456; OGH – 6 Ob 721/84; – 1 Ob 397/97g; – 9 Ob 317/98h; – 8 Ob 80/08k). Demgegenüber erachtet die herrschende Lehre einen aufgrund einer reinen Schuldklage ergangenen Exekutionstitel für nicht ausreichend, um in das Absonderungsgut Exekution zu führen (KSL/Widhalm-Budak IO § 48 Rn. 46; differenzierend RIS-Justiz RS0000387; OGH – 3 Ob 38/04s).

323 Nach § 120 Abs. 2 IO können Gegenstände, an denen ein Absonderungsrecht besteht, nur dann **außergerichtlich verwertet** werden, wenn der Insolvenzverwalter den Absonderungsberechtigten von der beabsichtigten Veräußerung verständigt und der Berechtigte nicht innerhalb einer Frist von vierzehn Tagen wirksam Widerspruch erhoben hat. Es ist Sache des widersprechenden Absonderungsberechtigten zu behaupten und zu beweisen, dass die gerichtliche Veräußerung vorteilhafter ist, weil auf diese Weise ein höherer Erlös erzielt werden kann. Der Insolvenzverwalter kann in jedes gegen den Schuldner im Zuge befindliche Zwangsvollstreckungsverfahren als betreibender Gläubiger eintreten (§ 119 Abs. 4 IO). Bei einer **gerichtlichen Veräußerung** hat das Exekutionsgericht die Veräußerung und die Verteilung des Erlöses unter die Absonderungsgläubiger vorzunehmen (§ 119 Abs. 3 IO). Wird eine Sache deren Erlös eine Sondermasse bildet, freihändig verkauft, so erfolgt die Verteilung durch das Insolvenzgericht (OGH SZ 40/152; EvBl 1990, 163; OLG Innsbruck ÖBA 1992, 287 mAnm Konecny). § 120a Abs. 1 IO ermöglicht eine einmalige **Aufschiebung des vom Absonderungsberechtigten eingeleiteten Exekutionsverfahrens** – nicht auch einer ihm aufgetragenen eigenhändigen Verwertung (Konecny/Schubert/Riel KO/IO § 120a Rn. 6) – auf Ersuchen des Insolvenzverwalters oder des Insolvenzgerichts. Danach hat das Exekutionsgericht auf Antrag des Insolvenzverwalters oder des Insolvenzgerichts ein Exekutionsverfahren aufzuschieben, wenn eine andere Verwertung (durch den Insolvenzverwalter) in Aussicht genommen ist, es sei denn, die Verfahrensfortsetzung ist für den Absonderungsgläubiger zur Abwendung schwerer wirtschaftlicher Nachteile unerlässlich (dazu Widhalm-Budak ZIK 2003, 3; BPB/Kodek KO IV § 120a Rn. 4a f., 15; Konecny/Schubert/Riel KO/IO § 120a Rn. 9, 14 ff.).

IX. Von Dritten bestellte Sicherheiten (Drittsicherheiten)

1. Mitverpflichtete des Schuldners

324 § 17 IO regelt die **(Regress-)Rechte der Mitverpflichteten** gegen die Insolvenzmasse und § 18 IO die **Rechte der Gläubiger gegen Mitverpflichtete**. Die Insolvenz eines Mitverpflichteten zeitigt keine Rückwirkung auf die Haftung der übrigen (§ 151 IO) und berührt, von § 1356 ABGB abgesehen, die Voraussetzungen deren Inanspruchnahme nicht. Vor allem ändert die Insolvenz eines Mitverpflichteten nichts an der Fälligkeit oder dem Schuldinhalt (§ 14 Abs. 2 IO) im Verhältnis zu den übrigen (für viele BPB/Gamerith KO I § 17 Rn. 1 mwN).

325 Gemäß § 17 IO können Mitverpflichtete des Schuldners (insbesondere Mitschuldner zur ungeteilten Hand, Bürgen, Garanten, Drittpfandbesteller, Dritte, die aus einem Blankowechsel verpflichtet sind (Petschek/Reimer/Schiemer 120; BPB/Gamerith KO I § 17 Rn. 2)) in der Insolvenz das Begehren auf Ersatz der **vor oder nach** der Insolvenzeröffnung von ihnen auf die Forderung geleisteten Zahlungen stellen, soweit ihnen ein Rückgriff gegen den Schuldner zusteht. In Ansehung der Zahlungen, die sie infolge ihrer Haftung etwa künftig treffen könnten (bedingte Regressansprüche), bleibt es ihnen vorbehalten, ihre Ansprüche in der Insolvenz für den Fall anzumelden, dass die Forderung von dem Gläubiger in der Insolvenz nicht geltend gemacht wird. Nach der Insolvenzeröffnung können Mitverpflichtete des Schuldners die Forderung vom Gläubiger oder von einem Nachmann, der gegen sie Rückgriff nehmen kann, einlösen.

326 Haften dem Gläubiger mehrere Personen für **dieselbe Forderung** zur ungeteilten Hand – Gleiches gilt für Bürgen aller Art, zumal in der Insolvenz trotz der Akzessorietät, eine etwaige Subsidiarität nicht gilt (BPB/Gamerith KO I § 18 Rn. 1; OGH SZ 12/215) –, so kann der Gläubiger gem. § 18 Abs. 1 IO bis zu seiner vollen Befriedigung gegen jeden Schuldner, der sich in der Insolvenz befindet, den ganzen Betrag der zur Zeit der Insolvenzeröffnung noch ausständigen Forderung geltend machen. In der Insolvenz gilt abweichend vom allgemeinen bürgerlichen Recht der **Grundsatz Doppelberücksichtigung**, zumal der Gläubiger sonst kaum mit der vollständigen Berücksichtigung seiner Forderung rechnen könnte (BPB/Gamerith KO I § 18 Rn. 2 ff.; Petschek/Reimer/Schiemer 122 f.; OGH SZ 12/215; wbl 1989, 347). Teilzahlungen bleiben mithin solange unberücksichtigt als es noch nicht zur vollständigen Tilgung der Schuld gekommen ist (BPB/Gamerith KO I § 18 Rn. 2). Wenn sich nach der vollen Befriedigung des Gläubigers ein Überschuss ergibt, so findet bis zur Höhe dieses Überschusses das Rückgriffsrecht nach den allgemeinen gesetzlichen Bestimmungen statt (§ 18 Abs. 2 IO).

327 Die Grundsätze des § 18 IO kommen dort nicht zum Tragen, wo das Gesetz den Gläubiger auf die Geltendmachung des bloßen Ausfalls beschränkt; dies betrifft insbesondere eine Doppelstellung einnehmende **Absonderungsgläubiger,** die zwar vorerst die volle Quote auf die von ihnen

angemeldete Insolvenzforderungen erhalten – ihr Stimmrecht in der Gläubigerversammlung bemisst sich nach dem mutmaßlichen Ausfall (§ 93 Abs. 3 IO) – (§§ 48 Abs. 3, 103 Abs. 3 IO), sich aber (bei der Schlussverteilung) anrechnen lassen muss, was er durch die vorausgehende Verteilung der Sondermasse bereits erlangt hat; diese Beschränkung bezieht sich allerdings jeweils nur auf dieselbe Insolvenzmasse und ist für die Geltendmachung eines von einem anderen Schuldner bestellten Pfandrechts in der Insolvenz über dessen Vermögen ohne Relevanz (dazu BPB/Gamerith KO I § 18 Rn. 6).

Für das **Stimmrecht in der Gläubigerversammlung** gelten für Mitverpflichtete hinsichtlich 328 ihres (bedingten) Rückgriffsanspruchs und den Gläubiger der mehrfach besicherten Forderung §§ 93 Abs. 2, 94 IO (dazu BPB/Gamerith KO I § 17 Rn. 8, 9, § 18 Rn. 2; BPB/Chalupsky/Duursma-Kepplinger KO § 93 Rn. 5).

2. Auswirkungen eines Sanierungsplans auf Mitschuldner und Bürgen

Während der Schuldner im Fall eines rechtskräftig bestätigten **Sanierungsplans** von der Ver- 329 bindlichkeit befreit wird, seinen Gläubigern den Ausfall, den sie erleiden, nachträglich zu ersetzen und gem. § 156 Abs. 2 IO in gleicher Weise gegen Bürgen und andere Rückgriffsberechtigte befreit wird, können nach § 151 IO die Rechte der Insolvenzgläubiger gegen Bürgen und Mitschuldner des Schuldners sowie gegen Rückforderungsverpflichtete ohne explizite Zustimmung der Berechtigten durch den Sanierungsplan nicht beschränkt werden.

Erklären lässt sich diese partielle Durchbrechung des zivilrechtlich normierten Akzessorietätsge- 330 dankens der Bürgschaft (§ 1351 ABGB) damit, dass die Wirkungen eines Sanierungsplans nur individuell dem Schuldner zuteil werden sollen und besagte Sicherheiten gerade im bedeutendsten Sicherungsfall, der Insolvenz des Hauptschuldners zum Tragen kommen sollen (für viele Konecny/Schubert/Lovrek KO/IO IV § 156 Rn. 62 f.). Der Hauptschuldner muss somit im Rahmen des Sanierungsplans die Quote an den Hauptgläubiger zahlen, und wird gem. § 156 Abs. 2 IO auch gegenüber Bürgen und anderen Rückgriffsberechtigten befreit; Grundsatz der einmaligen Zahlungspflicht (Konecny/Schubert/Lovrek KO/IO IV § 156 Rn. 63; OGH SZ 2004/158 = ecolex 2005/45 mAnm Rabl). Die teilweise „schuldbefreiende" Wirkung (arg. Naturalobligation als der Haftung entkleidete Schuld) kommt dem Schuldner somit auch gegenüber Mitschuldnern und Bürgen zu, befreit umgekehrt selbige nicht anteilig von der Haftung und wird diesen gem. § 151 IO iVm § 156 Abs. 2 IO das Insolvenzrisiko endgültig zugewiesen (vgl. nur Konecny/Schubert/Lovrek KO/IO IV § 156 Rn. 63).

Aufgrund dieser Rückwirkungen auf die Haftung von Mitschuldnern und Bürgen des Schuld- 331 ners räumt § 155 Abs. 1 Nr. 2 IO diesen ein Rekursrecht gegen die Bestätigung des Sanierungsplans ein. Durch den Sanierungsplan tritt eine Entlastung des Mitverpflichteten nur insoweit ein, als eine bereits gezahlte Quote anzurechnen ist; in diesem Maße verringert sich die Schuld des Mitverpflichteten (OGH ecolex 1998, 469; RdW 2005, 620). Zu beachten gilt noch, dass eine bereits vor Bestätigung des Sanierungsplans erfolgte teilweise Befriedigung des Gläubigers durch Zahlung eines Mitverpflichteten, den Schuldner im Sanierungsplan nicht entlastet; die Quote bemisst sich nach der gesamten Forderung, nicht bloß nach dem noch unberichtigten Forderungsrest (Konecny/Schubert/Lovrek KO/IO IV § 156 Rn. 64; OGH ZIK 2000, 224; RdW 2007, 755).

3. Erleichterte Inanspruchnahme von Sanierungsplansbürgen

Gelegentlich wird ein Sanierungsplan nur dann angenommen, wenn sich Dritte als Bürgen 332 oder Mitschuldner (**Sanierungsplanbürgen, Sanierungsplangaranten** etc) zur Sicherung der Sanierungsplanquote bereit erklären. Soweit eine Forderung in der Insolvenz festgestellt und vom Schuldner nicht ausdrücklich bestritten worden ist, kann nach rechtskräftiger Bestätigung des Sanierungsplans auch aufgrund der **Eintragung in das Anmeldungsverzeichnis** zur Hereinbringung der nach Maßgabe des Ausgleichs geschuldeten Beträge gegen die Personen, die sich als Mitschuldner oder als Bürgen und Zahler zur Erfüllung des Ausgleichs verpflichtet haben, **Exekution** geführt werden, wenn sich diese Personen in einer gegenüber dem Insolvenzgericht abgegebenen schriftlichen Erklärung ausdrücklich verpflichtet haben, die von ihnen übernommenen Verbindlichkeiten bei Vermeidung unmittelbarer Zwangsvollstreckung zu erfüllen. § 61 letzter Satz IO ist anzuwenden.

Internationales Insolvenzrecht – Österreich

X. Haftungsansprüche

1. Gesamthaftungsansprüche

333 **a) § 69 Abs. 5 IO.** Mit Einführung von § 69 Abs. 5 IO im Zuge des GIRÄG 2003 wurde die Frage, der insbesondere im Schrifttum problematisierten parallelen Schadensgeltendmachung in **Fällen der Insolvenzverschleppung** jedenfalls in einem Teilbereich einer Lösung zugeführt. Danach können Insolvenzgläubiger Schadenersatzansprüche wegen einer Verschlechterung der Insolvenzquote infolge der Verletzung der Insolvenzantragspflicht (§ 69 Abs. 2 IO) erst nach Rechtskraft der Aufhebung des Insolvenzverfahrens geltend machen. Insoweit ist entschieden, dass Individualklagen einzelner Insolvenzgläubiger auf ihren Teil des Quotenschadens während der Insolvenz nicht mit einer Liquidation des Gesellschaftsschadens (insbesondere § 25 Abs. 2 und 3 öGmbHG, § 84 Abs. 2 und 3 öAktG) durch den Insolvenzverwalter konkurrieren, vielmehr die **Schadensliquidation durch den Insolvenzverwalter** vorgeht. § 69 Abs. 5 IO normiert keine Einziehungs- und Prozessführungsermächtigung des Insolvenzverwalters in Ansehung der Quotenschäden der Insolvenzgläubiger, sondern soll vielmehr bloß die ungestörte Geltendmachung des Gesellschaftsschadens gewährleisten (so Truckenthanner ZIK 2007, 198; Konecny/Schubert/Dellinger KO/IO § 69 Rn. 76 ff., insbesondere 77; DDR/Duursma-Kepplinger Rn. 2258 ff., 3007 f., insbesondere Fn. 2078, Rn. 3010; undeutlich Koppensteiner/Rüffler öGmbHG § 25 Rn. 35, 38 ff.; aA Seicht GesRZ 2005, 23 (24); Richter ZIK 2007, 65; BPB/Schumacher KO II/2 § 69 Rn. 146 ff., 149). Eine echte „Gesamtschadensliquidation" erfolgt somit über § 69 Abs. 5 IO nicht. Die Geltendmachung der Vertrauensschäden von Neugläubigern schließt § 69 Abs. 5 IO nicht explizit aus.

334 Zumal § 69 Abs. 5 IO allgemein auf die Verletzung der Insolvenzantragspflicht abstellt, kommt sie auch in Ansehung von Gesellschaftern zum Tragen, welche die Insolvenzantragspflicht verletzen (Weisung, faktische Einflussnahme, Absehen von einer Weisung bei „gefahrenbegründendem" Vorverhalten). Gleiches gilt für die eher seltenen Fälle (vgl. DDR/Duursma-Kepplinger Rn. 3121; offener BPB/Schumacher KO II/2 § 69 Rn. 186 ff.), in welchen Mitgliedern des Aufsichtsrats eine Mitwirkung an der Verletzung der Insolvenzantragspflicht vorzuwerfen ist.

335 **b) Nach Insolvenzeröffnung eingetretene Gesamtschäden.** Eine § 91 InsO entsprechende Vorschrift über die Geltendmachung von **nach Insolvenzeröffnung erfolgten Gesamtschäden** (Gemeinschaftsschäden) enthält die IO nicht. Dennoch entspricht es der hM, dass sog. Gesamtschäden, mithin Schäden, die sich in einer Verkürzung der Insolvenzmasse auswirken und folglich die Gesamtheit der Insolvenzgläubiger gleichmäßig treffen (Shamiyeh 54, 67 f.; 231 ff. mwN; Konecny/Schubert/Hierzenberger/Riel KO/IO §§ 81, 81a Rn. 31; Lentsch ZIK 2000/49; BPB/Chalupsky/Duursma-Kepplinger KO III § 81 Rn. 209 ff.; unter Einbeziehung auch der Altmassegläubiger bei Masseunzulänglichkeit Duursma-Kepplinger Haftungsordnung III 434 ff., 482 ff., 855 ff.), vom Insolvenzverwalter für die Masse zu liquidieren sind. Diese Massekürzung kann sich in einer Verringerung der Aktiven oder Erhöhung der Passiven widerspiegeln (BPB/Chalupsky/Duursma-Kepplinger KO III § 81 Rn. 210).

336 Den wohl meistdiskutierten Anwendungsfall stellen Gesamtschäden infolge **pflichtwidriger Handlungen des Insolvenzverwalters** iSv § 81 Abs. 3 IO dar. Diese können auch als bloße Haftungsschäden infolge der Zurechnung eines schadensstiftenden Verhaltens des Insolvenzverwalters zur Masse gem. § 26 ABGB iVm § 46 Nr. 5 IO in Erscheinung treten (ausführliche Darstellung bei Duursma-Kepplinger Haftungsordnung III 482 ff., 860, 861 ff.; vgl. OGH SZ 47/84; JBl 1987, 53; SZ 63/138; RdW 1998, 6).

337 **Einzelschäden** führen im Gegensatz zu den sog. Gesamtschäden (Masseschaden) nicht zu einer unmittelbaren Verringerung der Masse, sondern wirken sich unmittelbar nachteilig im – vom Befriedigungsrecht/Haftungsrecht unterschiedlichen – Vermögen eines (externen) Beteiligten iSv § 81 Abs. 3 IO aus. Solche Einzelschäden sind sowohl während der aufrechten Insolvenz als auch nach Insolvenzaufhebung stets vom individuell Geschädigten gegen den Insolvenzverwalter klageweise durchzusetzen (Shamiyeh 231; Konecny/Schubert/Hierzenberger/Riel KO/IO §§ 81, 81a Rn. 30, 32; Lentsch ZIK 2000, 49; BPB/Chalupsky/Duursma-Kepplinger KO III § 81 Rn. 216; OGH SZ 17/144; EvBl 1992, 87; ZIK 1995, 55; ecolex 1999, 269 mAnm G. Wilhelm; ZIK 2004, 161).

338 Demgegenüber entspricht es der hM, dass **Gesamtschäden** während aufrechter Insolvenz nur im Rechnungslegungsverfahren (§§ 121 f. IO (Konecny/Schubert/Riel KO/IO § 122 Rn. 15 ff.; BPB/Kodek KO IV §§ 121, 122 Rn. 14 f., 39; krit. Konecny/Lovrek Insolvenz-Forum 2006, 105 (109); Duursma-Kepplinger Haftungsordnung III 485 ff., 508 ff., 867 ff.)) bzw. klageweise von einem neuen Insolvenzverwalter oder besonderen Verwalter iSv § 86 IO verfolgt werden können

Internationales Insolvenzrecht – Österreich

(Konecny/Schubert/Hierzenberger/Riel KO/IO §§ 81, 81a Rn. 31; BPB/Chalupsky/Duursma-Kepplinger KO III § 81 Rn. 211; Dellinger/Oberhammer, Insolvenzrecht, 2. Aufl. 2004, Rn. 132, 520; Lentsch ZIK 2000, 49; OGH EvBl 1966, 99; EvBl 1965, 31; EvBl 1966, 99; ecolex 1990, 21; ecolex 1992, 256; ZIK 2003, 83; ZIK 2004, 161; ZIK 2005, 259). Nach (noch) hA sind Gesamtschäden nach Insolvenzaufhebung stets im Klageweg geltend zu machen, wobei sich die Meinungen teilen, ob hierzu der Gemeinschuldner oder jeder einzelne Insolvenzgläubiger in Anbetracht seines Anteils am Gesamtschaden legitimiert ist (Shamiyeh 233 f., 240; Harrer in Aicher/Funk, Der Sachverständige im Wirtschaftsleben, 1990, 177, 194; OGH EvBl 1965, 31; EvBl 1966, 99; ecolex 1990, 21; AnwBl 2003, 7858 mkritAnm Duursma-Kepplinger). Ein nicht unbeträchtlicher Teil des Schrifttums tritt demgegenüber, je nach Art der Insolvenzaufhebung für eine unmittelbare oder entsprechende Anwendung des § 138 Abs. 2 IO ein (Lehmann, Kommentar zur österreichischen Konkurs-, Ausgleichs- und Anfechtungsordnung, Bd. I, 1916, 537; Konecny/Schubert/Hierzenberger/Riel KO/IO §§ 81, 81a Rn. 32; BPB/Chalupsky/Duursma-Kepplinger KO III § 81 Rn. 214; Duursma-Kepplinger AnwBl 2003, 7858 mAnm Glosse; Duursma-Kepplinger Haftungsordnung III 508 ff., 869 ff.; sympathisierend Konecny/Lovrek, Insolvenz-Forum 2006, 105 (109 Fn. 15)). Eine höchstgerichtliche Entscheidung hat diese Ansicht jüngst (bedauerlicherweise) abgelehnt und die Klagslegitimation der einzelnen Gläubiger bejaht (OGH ecolex 2017, 316).

2. Kapitalaufbringung und Kapitalerhaltung

a) Innenhaftungen auf gesellschaftsrechtlicher Grundlage. Die Geschäftsführer/Vorstandsmitglieder haften der Gesellschaft gegenüber (**Innenhaftung**) für den Schaden, der aus Zahlungen an die Anteilseigner resultiert, welche den Grundsätzen der Kapitalerhaltung zuwiderlaufen. Insbesondere haften sie für **unzulässige Einlagenrückgewähr** (§§ 82, 83 öGmbHG iVm § 25 Abs. 3 öGmbHG; vgl. auch §§ 52 ff. öAktG iVm § 84 Abs. 3 öAktG), die unzulässige **Rückzahlung von Nachschüssen** (§ 74 iVm § 83 öGmbHG) und für die **Rückzahlung von Gesellschafterdarlehen** im Stadium der Krise (§ 14 EKEG). Gleichwohl diese Rückzahlungssperren mittelbar gläubigerschützenden Charakter aufweisen, ist im öGmbHG in sämtlichen Fällen „bloß" eine Innenhaftung vorgesehen; ein unmittelbarer Schadenersatzanspruch der (einzelnen) Gläubiger oder der übrigen Gesellschafter besteht nicht (hM; vgl. nur Koppensteiner/Rüffler, Kommentar zum GmbH-Gesetz, 3. Aufl. 2007, öGmbHG § 83 Rn. 4; Gellis/Feil, Kommentar zum GmbHG, 6. Aufl. 2006, öGmbHG § 83 Rn. 4; DDR/Duursma-Kepplinger Rn. 2334, 2424, 2426; OGH SZ 8/91). Die in § 56 Abs. 1 öAktG vorgesehene Außenhaftung der Aktionäre ist systemwidrig; in der Insolvenz der AG wird sie durch Abs. 2 leg cit verdrängt, wonach dieses Recht der Gesellschaftsgläubiger durch den Masseverwalter ausgeübt wird („Haftungskonzentration" auf die Masse). 339

b) Haftung nach EKEG („Kapitalerhaltung"). Das EKEG (Eigenkapitalersatz-Gesetz, BGBl. 2003 I 92) regelt die Voraussetzungen einer „Umqualifizierung" von in Form von Fremdkapital einer „Gesellschaft" iSv § 4 EKEG von ihren Gesellschaftern oder diesen gleichgestellten Personen (§ 5 EKEG) gewährten Leistungen (§§ 3, 15 EKEG) „materiell in Eigenkapital" (§§ 14, 15 EKEG, § 57a IO). 340

Gemäß dem Grundtatbestand des § 1 EKEG ist ein Kredit, den ein Gesellschafter der Gesellschaft in der Krise gewährt, Eigenkapital ersetzend. Eine **Krise** iSd § 2 EKEG setzt Zahlungsunfähigkeit (§ 66 IO), insolvenzrechtlich bedeutsame Überschuldung (§ 67 IO) oder das Vorliegen der Kennzahlen des Reorganisationsbedarfs unter Misslingen des Gegenbeweises (§§ 1, 23 f. URG) voraus. Bei der **kreditnehmenden Gesellschaft** muss es sich um eine (verdeckte) Kapitalgesellschaft oder eine Genossenschaft mbH handeln. § 5 EKEG erfasst nur **Gesellschafter** mit kontrollierender oder zumindest 25 %iger Beteiligung; gleichgestellt sind Personen, die obgleich nicht Gesellschafter zu sein, einen beherrschenden Einfluss auf die Gesellschaft ausüben. §§ 6–12 EKEG treffen Sonderregelungen für abgestimmtes Verhalten, Treuhandschaften, verbundene Unternehmen, Konzernkonstellationen, Stille Gesellschaft und Kommanditgesellschaft sowie besondere Beteiligungsarten. 341

Primär erfasst werden **Darlehen,** wobei ein weites Begriffsverständnis anzulegen ist (Dellinger/Mohr/Dellinger, Eigenkapitalersatz-Gesetz – Kurzkommentar, 2004, EKEG § 3 Rn. 1 ff.; Schopper/Vogt/Vogt, Praxiskommentar zum EKEG samt Nebenbestimmungen in KO und AO, 2003, EKEG § 3 Rn. 1 ff.; DDR/Duursma-Kepplinger Rn. 2373 ff.). Dies folgt aus der Negativdefiniton des § 3 Abs. 1 Nr. 1 und 2 EKEG, wonach ein Kredit iSv § 1 EKEG nicht vorliegt, wenn ein Geldkredit für nicht mehr als 60 Tage oder ein Waren- oder sonstiger Kredit für nicht mehr als sechs Monate zur Verfügung gestellt wird; zudem nimmt § 13 EKEG „Sanierungskredite" unter 342

Internationales Insolvenzrecht – Österreich

bestimmten Voraussetzungen aus. § 15 EKEG enthält eine an den Grundtatbestand angelehnte Regelung für **Gesellschaftersicherheiten**. Bürgt ein Gesellschafter in der Krise für die Rückzahlung des Kredits eines Dritten, bestellt er ein Pfand oder eine vergleichbare Sicherheit, so kann sich der Dritte bis zur (nachhaltigen) Sanierung der Gesellschaft unbeschadet abweichender Vereinbarung wegen der Rückzahlung des Kredits aus der Sicherheit befriedigen, ohne zuerst gegen die Gesellschaft vorgehen zu müssen. Bezahlt der Gesellschafter die fremde Schuld, so kann er sich bei der Gesellschaft nicht regressieren, solange diese nicht (nachhaltig) saniert ist. Erfolgt die Insolvenzaufhebung nach einem bestätigten Sanierungsplan, so scheidet ein Regressanspruch aus, soweit er die Quote übersteigt. §§ 3 Abs. 1 Nr. 3, 15 Abs. 1 EKEG erklären das **Stehenlassen** eines vor der Krise gewährten Kredits oder einer ebensolchen Sicherheit – entgegen der früheren Rechtsprechungsregeln (vgl. nur OGH ecolex 2006/438 = AnwBl 2008, 247) – für nicht tatbestandsmäßig (Dellinger/Mohr/Dellinger, Eigenkapitalersatz-Gesetz – Kurzkommentar, 2004, EKEG § 3 Rn. 15; Dellinger/Mohr/Mohr, Eigenkapitalersatz-Gesetz – Kurzkommentar, 2004, EKEG § 15 Rn. 4; Schopper/Vogt/Vogt, Praxiskommentar zum EKEG samt Nebenbestimmungen in KO und AO, 2003, EKEG § 3 Rn. 19 f., 21; DDR/Duursma-Kepplinger Rn. 2351, 2374, 2377, 2435).

343   Abweichend geregelt, ist die außerhalb des EKEG in § 26a IO berücksichtigte **Gebrauchsüberlassung** durch Gesellschafter (Dellinger/Mohr/Mohr, Eigenkapitalersatz-Gesetz – Kurzkommentar, 2004, EKEG/KO § 26a Rn. 1 ff.; Schopper/Vogt/Vogt, Praxiskommentar zum EKEG samt Nebenbestimmungen in KO und AO, 2003, EKEG/KO § 26a Rn. 1 ff.; Niederberger ecolex 2002, 326 (328 f.)). Nicht entscheidend ist in diesem Zusammenhang, ob die Gebrauchsüberlassung innerhalb der Krise erfolgte; die Sache kann vom erfassten Gesellschafter allerdings nicht vor Ablauf eines Jahres ab Insolvenzeröffnung zurückgefordert werden, wenn dadurch die Fortführung des Unternehmens gefährdet wäre.

344   Nicht mehr tatbestandsmäßig iSd § 1 EKEG sind **Dienstleistungen** (überholt OGH SZ 73/38 und wobl 2003, 186).

345   Der Gesellschafter bzw. der zur Rückforderung Berechtigte (vgl. dazu auch Dellinger/Mohr/Mohr, Eigenkapitalersatz-Gesetz – Kurzkommentar, 2004, EKEG § 14 Rn. 2; Schopper/Vogt/Vogt, Praxiskommentar zum EKEG samt Nebenbestimmungen in KO und AO, 2003, EKEG § 14 Rn. 20) kann gem. § 14 Abs. 1 EKEG einen Eigenkapital ersetzenden Kredit samt den darauf entfallenden Zinsen nicht zurückfordern, solange die Gesellschaft nicht nachhaltig saniert ist (**Rückzahlungssperre** (Dellinger/Mohr/Mohr, Eigenkapitalersatz-Gesetz – Kurzkommentar, 2004, EKEG § 14 Rn. 8; Schopper/Vogt/Vogt, Praxiskommentar zum EKEG samt Nebenbestimmungen in KO und AO, 2003, EKEG § 14 Rn. 8 f., 10; DDR/Duursma-Kepplinger Rn. 2424 ff.)). Sofern die Insolvenz nach einem bestätigten Sanierungsplan aufgehoben wird, besteht der Rückzahlungsanspruch nur in Höhe der Quote (vgl. Schopper/Vogt/Vogt, Praxiskommentar zum EKEG samt Nebenbestimmungen in KO und AO, 2003, EKEG § 14 Rn. 15 ff.). Für die Dauer der Krise tritt eine Hemmung der Verjährung des Rückzahlungsanspruchs (Kredit inklusive Zinsen) ein (Dellinger/Mohr/Mohr, Eigenkapitalersatz-Gesetz – Kurzkommentar, 2004, EKEG § 14 Rn. 3; Harrer wbl 2004, 201 (211)). Dennoch geleistete Zahlungen hat der Gesellschafter der Gesellschaft rückzuerstatten. Der **Rückerstattungsanspruch** steht – was insbesondere in Konzernsachverhalten von Relevanz ist – jener Gesellschaft zu, deren Vermögen infolge der Rückzahlung verringert wurde. Dasselbe gilt, wenn sich der Gesellschafter durch Aufrechnung, Pfandverwertung oder in anderer Weise Befriedigung verschafft (Harrer wbl 2004, 201 (211); Dellinger/Mohr/Mohr, Eigenkapitalersatz-Gesetz – Kurzkommentar, 2004, EKEG § 14 Rn. 4). Die Aktivlegitimation für den Rückerstattungsanspruch liegt in der Insolvenz beim Masseverwalter in seiner Funktion als Organ der Masse (Schopper/Vogt/Vogt, Praxiskommentar zum EKEG samt Nebenbestimmungen in KO und AO, 2003, EKEG § 14 Rn. 19; DDR/Duursma-Kepplinger Rn. 2426). **Ab- und Aussonderungsrechte,** die aus dem Vermögen des Schuldners für eine diesem gewährte Eigenkapital ersetzende Leistung erworben wurden, sowie Aus- und Absonderungsrechte, die aus dem Vermögen des Schuldners für eine diesem früher erbrachte Leistung in einem Zeitpunkt erworben wurden, in dem diese Eigenkapital ersetzend gewesen wäre, erlöschen mit Insolvenzeröffnung (§ 12b IO (Dellinger/Mohr/Mohr, Eigenkapitalersatz-Gesetz – Kurzkommentar, 2004, EKEG/KO § 12b Rn. 1 ff.; DDR/Duursma-Kepplinger Rn. 2427; zum bloß bedingten Erlöschen Mohr GeS 2003, 428 (429)).

346   Hinsichtlich allfälliger Rückgriffsrechte legt § 18a IO fest, dass sofern die Voraussetzungen des § 16 EKEG vorliegen, Insolvenzgläubiger nur den Ausfall oder, solange dieser nicht endgültig feststeht, den mutmaßlichen Ausfall geltend machen können.

347   **c) Haftungsdurchgriff.** Eine persönliche Haftung der GmbH-Gesellschafter oder Aktionäre für Gesellschaftsschulden scheidet grundsätzlich wegen des im Kapitalgesellschaftsrecht festgelegten

Internationales Insolvenzrecht – Österreich

Trennungsprinzips (vgl. nur § 61 Abs. 2 öGmbHG, § 48 öAktG) aus. Anderes gilt freilich dann, wenn sich ein Gesellschafter gegenüber einem Gesellschaftsgläubiger durch Rechtsgeschäft (etwa Bürgschaft, Schuldbeitritt, Patronatserklärung) verpflichtet hat, für die Schulden der Kapitalgesellschaft aufzukommen (näheres bei Koppensteiner/Rüffler öGmbHG § 61 Rn. 31 mwN; OGH RdW 2007, 39). Zudem kommt nach ganz hL eine persönliche Inanspruchnahme von Kapitalgesellschaftern wegen der Verletzung deliktischer Pflichten (zB §§ 1301 letzter Halbsatz, 1311 ABGB iVm § 69 IO, § 1295 Abs. 1 und 2 ABGB) oder insbesondere beim Gesellschafter-Geschäftsführer aus Verschulden bei Vertragsabschluss (c.i.c.) in Betracht. Die Möglichkeit zur persönlichen Inanspruchnahme der Gesellschafter beruht in diesen Fällen jedoch auf keinem „Haftungsdurchgriff" im technischen Sinn (für viele DDR/Duursma-Kepplinger Rn. 2206).

Von einem solchen spricht man vielmehr nur dann, wenn die Gesellschafter ausnahmsweise in **348** **Durchbrechung des kapitalgesellschaftsrechtlichen Trennungsprinzips** mit ihrem Privatvermögen für Gesellschaftsverbindlichkeiten haften, ohne dass ein Tatbestand des Deliktsrechts erfüllt wäre oder eine schuldrechtliche Verpflichtung bestünde. Erzielt wird diese **Durchgriffshaftung** infolge einer teleologischen Reduktion jener Normen, welche die Gesellschafterhaftung ansonsten ausschließen (somit insbesondere § 48 öAktG, § 61 Abs. 2 öGmbHG) oder begrenzen (zB § 171 UGB (zur Bedeutung dessen bei der GmbH & Co KG im engeren Sinn U. Torggler JBl 2006, 85 (86); OGH DRdA 2002, 401; krit. Koppensteiner/Rüffler öGmbHG § 61 Rn. 38)) und einer nachgeschalteten Analogie zu §§ 128, 161 UGB (so etwa Jabornegg wbl 1989, 1 ff. (43 ff.); Reich-Rohrwig, Das österreichische GmbH-Recht, 1983, 552 ff.; Torggler JBl 2006, 85 (86 mwN); Koppensteiner/Rüffler öGmbHG § 61 Rn. 38; Krejci, GesR I, 2005, 35 ff.; referierend, dieses Institut selbst abl. DDR/Duursma-Kepplinger Rn. 2209, 2211, 2213 und Duursma-Kepplinger Haftungsordnung IV 128 ff.). Der Effekt des Haftungsdurchgriffs besteht nach hM mithin in einer gesamtschuldnerischen, unbeschränkten, unmittelbaren – wenngleich subsidiären –, persönlichen Haftung der Gesellschafter gegenüber den Gesellschaftsgläubigern für Gesellschaftsschulden (alle referierend, wenngleich krit. zur derart erzielten Außenhaftung Harrer, Haftungsprobleme bei der GmbH, 1990,133 f.; Reich-Rohrwig, Das österreichische GmbH-Recht, 1983, 563; DDR/Duursma-Kepplinger Rn. 2234 ff., insbesondere 2237 ff.; Torggler JBl 2006, 85 (88, 94); unkrit. Koppensteiner FS Honsell, 2002, 607 ff.; Reich-Rohrwig, Grundsatzfragen der Kapitalerhaltung bei der AG, GmbH und GmbH & Co KG, 2004, 17). Manche Autoren sprechen sich hingegen für eine Differenzhaftung aus (so etwa Reich-Rohrwig, Das österreichische GmbH-Recht, 1983, 563). Ob die **Geltendmachung** dieses Anspruchs in der Insolvenz zumindest analog § 69 Abs. 5 IO durch den Insolvenzverwalter erfolgen könnte, ist noch nicht hinreichend geklärt, wäre aber nur insoweit gedeckt, als man eine kongruente Innenhaftung gegenüber der Gesellschaft bejaht, zumal diese Norm keine gesetzliche Prozessstandschaft normiert.

Die Lehre diskutiert einen **Haftungsdurchgriff** vor allem in Fällen qualifizierter Unterkapitali- **349** sierung, Vermögens- und Sphärenvermischung, Missbrauch der Organisationsfreiheit (künstliche Aufspaltung), Rechtsformmissbrauch (Umgehung) aber auch bei faktischer Geschäftsführung (Missbrauch der Leitungsmacht) und existenzvernichtenden Eingriffen, wobei die Ansichten über Zulässigkeit, Voraussetzungen sowie Rechtsfolgen stark divergieren (vgl. nur Harrer, Haftungsprobleme bei der GmbH, 1990, 125 ff.; Koppensteiner/Rüffler öGmbHG § 61 Rn. 35 ff.; Krejci, GesR I, 2005, 37 ff.; Jabornegg/Strasser/Jabornegg, Kommentar zum Aktiengesetz, 4. Aufl. 2006, öAktG § 1 Rn. 71 ff.; Reich-Rohrwig, Das österreichische GmbH-Recht, 1983, 558 ff., 566 f.; Reich-Rohrwig, GmbH-Recht[2] I, 1997, Rn. 2/483; DDR/Duursma-Kepplinger Rn. 2207, 2208 ff.; Gellis/Feil, Kommentar zum GmbHG, 6. Aufl. 2006, öGmbHG § 61 Rn. 8; Reich-Rohrwig, Grundsatzfragen der Kapitalerhaltung bei der AG, GmbH und GmbH & Co KG, 2004, 14 ff. mwN; Torggler JBl 2006, 85 ff.; Koppensteiner JBl 2006, 681 ff.; OGH GesRZ 2004, 379 mAnm Harrer). Wie bereits an anderer Stelle betont (DDR/Duursma-Kepplinger Rn. 2216, 2234 ff.; Duursma-Kepplinger Haftungsordnung IV 129 f.) ist das Institut des Haftungsdurchgriffs als verfehlte Rechtsfortbildung abzulehnen (abl. schon Wilhelm, Rechtsform und Haftung bei der juristischen Person, 1981, 354 ff.; Torggler JBl 2006, 85 ff. und JBl 2006, 809 ff.; teilweise krit. Jabornegg/Strasser/Jabornegg, Kommentar zum Aktiengesetz, 4. Aufl. 2006, öAktG § 1 Rn. 71 ff.; Krejci in Bachner, GmbH-Reform, 2008, 148). Die höchstgerichtliche Rechtsprechung gelangt zur Haftung der Gesellschafter gewöhnlich im Wege der Deliktshaftung (insbesondere §§ 1301 Hs. 2, 1311 ABGB iVm § 69 Abs. 5 IO). Allerdings wurde in einzelnen Entscheidungen ein Haftungsdurchgriff unter dem Aspekt der Gesetzesumgehung bzw. des Rechtsmissbrauchs für nicht ausgeschlossen erklärt (OGH ecolex 1992, 707; EvBl 1995, 144; ecolex 2003, 142; ecolex 2005, 131), respektive im Fall qualifizierter Unterkapitalisierung zumindest erwogen (OGH RdW 1985, 275; wbl 1990, 348; RdW 2001, 505). Erst in jüngerer Zeit ließ der OGH explizit seine Bereitschaft zur Rechtsfortbildung in diesem Bereich erkennen, indem er einen „Haftungsdurchgriff" erstmals ausdrücklich bejahte. Dabei hat der OGH jedoch verabsäumt, eine klare Abgrenzung besagter Durchgriffshaftung von der bereits in früheren Erkenntnissen bejahten Haftung wegen Schutzgesetzverletzung vorzunehmen (OGH SZ 2004, 63 = GesRZ 2004, 379 (mit vergleichbarer Kritik von Harrer) = GeS 2005, 19 mkritAnm Fantur = ÖZW 2005, 21 (ähnlich krit. auch Artmann)).

3. Haftung von Geschäftsführern und Vorständen

350   **a) Innenhaftung bei Insolvenzverschleppung und -verursachung.** Eine Haftung der geschäftsführungs- und vertretungsbefugten Gesellschaftsorgane wegen fahrlässiger oder vorsätzlicher **Insolvenzverschleppung** bzw. **Insolvenzverursachung** kommt insbesondere aufgrund von § 25 Abs. 2 und 3 öGmbHG, § 84 öAktG iVm § 70 Abs. 1 öAktG, § 23 öGenG in Betracht (eing. Harrer, Haftungsprobleme bei der GmbH, 1990, 14 ff., 58 ff.; Duursma-Kepplinger Haftungsordnung IV 150 ff.). Dabei handelt es sich um **Innenhaftungen** ex mandato gegenüber GmbH, AG bzw. Genossenschaft, die in der Insolvenz vom Insolvenzverwalter für die Masse geltend zu machen sind.

351   **b) Außenhaftung wegen Insolvenzverschleppung.** Nach hL und stRspr stellt § 69 IO ein Schutzgesetz iSv § 1311 ABGB dar, auf dessen Basis eine **Außenhaftung** der antragsverpflichteten Gesellschaftsorgane (insbesondere GmbH-Geschäftsführer, Vorstandsmitglieder einer AG oder Genossenschaft) gegenüber den Gesellschaftsgläubigern wegen Insolvenzverschleppung in Betracht kommt (Doralt GesRZ 1982, 88 (92); Karollus ÖBA 1995, 7 ff.; BPB/Schumacher KO II/2 § 69 Rn. 112 ff.; Seicht GesRZ 2005, 23 ff.; krit. Schummer, Das Eigenkapitalersatzrecht, 1998, 470 ff.; Schummer FS Koppensteiner, 2001, 211 (228 f.); Harrer, Haftungsprobleme bei der GmbH, 1990, 56 f., 63 f.; Dellinger, Kommentar zum Genossenschaftsgesetz samt Nebengesetzen, 2005, 64 ff.; DDR/Duursma-Kepplinger Rn. 3005 und ausführlicher Duursma-Kepplinger Haftungsordnung IV 139 ff.). Nach herrschender, wenngleich nicht unbestrittener Ansicht erfasst der Schutzzweck des § 69 Abs. 2 IO nicht bloß den Quotenschaden der einzelnen **Alt- und Neugläubiger,** sondern auch den Vertrauensschaden der einzelnen Neugläubiger (so Doralt GesRZ 1982, 88 (92); Karollus RdW 1994, 100; Karollus ÖBA 1995, 7 ff.; Reich-Rohrwig, Das österreichische GmbH-Recht, Bd. I, 2. Aufl. 1997, Rn. 2/454; BPB/Schumacher KO II/2 § 69 Rn. 112 ff.; Seicht GesRZ 2005, 23 ff.; OGH SZ 51/88; SZ 53/53; RdW 1984, 42; RdW 1998, 191; EvBl 1999/149; aA zu Recht Honsell GesRZ 1984, 210 ff.; Dellinger, Kommentar zum Genossenschaftsgesetz samt Nebengesetzen, 2005, 64 ff.; Konecny/Schubert/Dellinger KO/IO § 69 Rn. 87 ff.; Koppensteiner/Rüffler öGmbHG § 25 Rn. 38; Koziol ÖBA 1992, 673 (680 ff.)). Begründet wird dies mit einem auf Ingerenzerwägungen beruhenden Ansatz, wonach die Insolvenzantragspflicht nicht bloß anstrebe, einen weiteren Vermögensverfall zulasten der Quote der Altgläubiger hintanzuhalten, sondern auch den Zweck verfolgte, insolvente Rechtsträger aus dem Rechtsverkehr zu ziehen. Obgleich diese Sichtweise in der Insolvenzantragspflicht keine institutionalisierte Aufklärungspflicht erblickt, werden überwiegend bloß Vertragsgläubiger in den Schutzbereich des § 69 Abs. 2 IO einbezogen (dazu Konecny/Schubert/Dellinger KO/IO § 69 Rn. 83 ff., 87 ff. und Duursma-Kepplinger Haftungsordnung IV 156 ff., 165 ff., 181 ff.). Vor diesem Hintergrund erweist sich die Ausdehnung der **Schutzgesetzlösung** auch auf „Vertrauensschäden" der Sozialversicherungsträger für nicht abgeführte Beiträge als inkonsequent (dafür aber BPB/Schumacher KO II/2 § 69 Rn. 112; krit. Dellinger, Kommentar zum Genossenschaftsgesetz samt Nebengesetzen, 2005, 63). Überdies sollen nach hM vom Schutzzweck des § 69 IO auch jene Gläubiger umfasst sein, die durch die verspätete Insolvenzantragstellung der Insolvenzanfechtung ausgesetzt sind oder deren Aus- und Absonderungsrechte verloren gehen (so OGH wbl 1990, 345 mkritAnm Dellinger; ecolex 1995, 118; BPB/Schumacher KO II/2 § 69 Rn. 125 mwN; zu Recht abl. Dellinger, Kommentar zum Genossenschaftsgesetz samt Nebengesetzen, 2005, 57 f., 111 ff.; DDR/Duursma-Kepplinger Rn. 3002, insbesondere Fn. 2051). Die Rechtsprechung zieht zur Bemessung des Schadens grundsätzlich den Verkehrswert der Ware heran (OGH ÖBA 1990, 942 mzustAnm Karollus = wbl 1990, 345 mkritAnm Dellinger; BPB/Schumacher KO II/2 § 69 Rn. 142; vgl. auch OGH ZIK 1995, 118). Die Unterscheidung in Alt- und Neugläubiger ist aufgrund der Schadenshöhe und -durchsetzung bedeutsam.

352   Sowohl Alt- als auch Neugläubigern gebührt nach hA und stRspr der Ersatz des **Quotenschadens** (Dellinger 53 ff.; BPB/Schumacher, KO II/2 § 69 Rn. 111 ff., 143; OGH SZ 53/53; OGH SZ 60/179; OGH wbl 1989, 155; SZ 62/160; OGH wbl 1997, 210). Die Berechnung des Quotenschadens erfolgt dabei nicht für jeden Gläubiger individuell bezogen auf den Zeitpunkt der Forderungsbegründung; vielmehr wird generell auf den Zeitpunkt der gebotenen Antragstellung abgestellt (s. nur Dellinger, Kommentar zum Genossenschaftsgesetz samt Nebengesetzen, 2005,

75 ff., 211 ff., 215 ff.; K. Schmidt JBl 2000, 484 ff.; BPB/Schumacher KO II/2 § 69 Rn. 143; beachte auch Schummer FS Koppensteiner, 2001, 211 (215 ff.)). Kausalitätsprobleme werden unter dem Hinweis verneint, die Insolvenzverschleppung stelle ein Dauerdelikt dar (eing. hierzu Dellinger, Kommentar zum Genossenschaftsgesetz samt Nebengesetzen, 2005, 212). Im Übrigen ergibt sich diese Wertung schon aus dem insoweit zwingenden Prinzip der par condicio creditorum (diese stellt kein bloßes Verlegenheitsprinzip dar; zutr. schon Häsemeyer KTS 1982, 507 (509 ff.); Kölner Schrift InsO/Eckardt, 2000, 743, 744 f.; Konecny/Nunner-Krautgasser, Insolvenz-Forum 2006, 125 (133, 135 f.)). Zudem weist diese Sicht praktische Vorteile auf, erspart sie doch mangels unterschiedlicher Quotenhöhen die Bildung von „Sondermassen" („Teilmassen") für einzelne Insolvenzgläubigergruppen (Dellinger, Kommentar zum Genossenschaftsgesetz samt Nebengesetzen, 2005, 211 ff.; Schummer FS Koppensteiner, 2001, 211 (220 ff.); BPB/Schumacher KO II/2 § 69 Rn. 143). Insoweit ist zur Ermittlung des Quotenschadens das Vermögen der Gesellschaft zu demjenigen Zeitpunkt, zu dem bei rechtzeitiger Antragstellung die Insolvenz eröffnet worden wäre, den damals vorhandenen Schulden gegenüber zu stellen. Unter Berücksichtigung der hypothetischen Kosten dieses Insolvenzverfahrens ist die zu diesem Zeitpunkt erzielbare Insolvenzquote zu berechnen. Von diesem Prozentsatz ist dann die bereits feststehende tatsächlich erzielte Quote abzuziehen. Die Differenz ergibt denjenigen Prozentsatz, mit dem jeder Gläubiger seine Insolvenzforderung multiplizieren könne, um die Höhe seiner Befriedigungsschmälerung zu ermitteln (BPB/Schumacher KO II/2 § 69 Rn. 129, 143; Dellinger, Kommentar zum Genossenschaftsgesetz samt Nebengesetzen, 2005, 211 ff., insbesondere 217 f. mwN).

Neugläubigern haften die antragslegitimierten Gesellschaftsorgane nach nunmehriger Rechtsprechung im Fall der Insolvenzverschleppung auf den **Vertrauensschaden** (negatives Interesse), nicht hingegen auf das Erfüllungsinteresse (referierend Dellinger, Kommentar zum Genossenschaftsgesetz samt Nebengesetzen, 2005, 59 ff., 64 ff., (99 ff.); Konecny/Schubert/Dellinger KO/IO § 69 Rn. 104 f.; BPB/Schumacher KO II/2 § 69 Rn. 138 f.; OGH wbl 1989, 117 mAnm Karollus; ZIK 1998, 36). Der Geschädigte sei so zu stellen, wie er ohne das Vertrauen, dh den Irrtum über die Insolvenzreife der Gesellschaft stünde. Der Neugläubiger müsste somit so gestellt werden, als hätte er nicht mit der insolventen Gesellschaft kontrahiert (BPB/Schumacher KO II/2 § 69 Rn. 138; Reich-Rohrwig, Das österreichische GmbH-Recht, Bd. I, 2. Aufl. 1997, Rn. 2/454; OGH SZ 70/215; EvBl 1999, 179). Der Vertrauensschaden deckt sich in der Regel nicht mit der vertraglich bedungenen Gegenleistung (Dellinger, Kommentar zum Genossenschaftsgesetz samt Nebengesetzen, 2005, 87 ff.). Von dieser sei die darin enthaltene Gewinnspanne in Abzug zu bringen. Überdies müsse sich der Neugläubiger auf seinen Vertrauensschaden die in der Insolvenz des Schuldners tatsächlich erhaltene Quote anrechnen lassen (BPB/Schumacher KO II/2 § 69 Rn. 140; OGH EvBl 1999/179; Konecny/Schubert/Dellinger KO/IO § 69 Rn. 108), wie auch jene Leistungen, die er in der Insolvenz der Gesellschaft bei Schluss der mündlichen Verhandlung erster Instanz bereits erlangt habe (str.; dafür BPB/Schumacher KO II/2 § 69 Rn. 140; OGH SZ 53/53; aA Dellinger wbl 1993, 213).

c) **Außenhaftung wegen Herbeiführung der Zahlungsunfähigkeit.** § 159 öStGB idF BGBl. 2000 I 58 erfasst nur mehr ganz bestimmte taxativ aufgezählte vermögensverschleudernde Maßnahmen in statu cridae (s. dazu Triffterer/Rainer, Salzburger Kommentar zum Strafgesetzbuch, Bd. II, öStGB II § 159 Rn. 4 ff.; Breiter AnwBl 2000, 658 (662)), wobei eine Tatbegehungsform die Herbeiführung der Zahlungsunfähigkeit ist. Nach nahezu einhelliger Lehre stellt § 159 öStGB ein Schutzgesetz iSv § 1311 ABGB dar (vgl. BPB/Schumacher KO II/2 § 69 Rn. 121 f.; Feldbauer-Durstmüller/Schlager/Karollus 1145, 1172; Torggler JBl 2006, 85 ff.; Koppensteiner JBl 2006, 681 ff.; krit. DDR/Duursma-Kepplinger Rn. 2997). In diesem Sinn wird eine Haftung gegenüber den Altgläubigern – Neugläubiger wären nicht geschützt, zumal diesen gegenüber in der Herbeiführung der Zahlungsunfähigkeit keine schadensstiftende Handlung zu erblicken ist (Koppensteiner/Rüffler öGmbHG § 25 Rn. 44; DDR/Duursma-Kepplinger Rn. 2251, 2997, 3003 ff.; ZIK 2006, 287; RdW 2007, 308; aA OGH wbl 1989, 117; Reich-Rohrwig, Das österreichische GmbH-Recht, Bd. I, 2. Aufl. 1997, Rn. 2/477; Koppensteiner JBl 2006, 681 (685)) – bei **grob fahrlässiger Beeinträchtigung von Gläubigerinteressen,** wie etwa bei übermäßigen Aufwendungen, die mit dem Vermögensstand evident unvereinbar sind, bejaht (Feldbauer-Durstmüller/Schlager/Karollus 1145, 1172; Breiter AnwBl 2000, 658 ff.). Die Problematik der parallelen Rechtsverfolgung wäre in diesem Bereich nur über eine Analogie zu § 69 Abs. 5 IO erreichbar (DDR/Duursma-Kepplinger Rn. 2241, 2258 ff., 3007 ff.; Koppensteiner/Rüffler öGmbHG § 25 Rn. 44).

Internationales Insolvenzrecht – Österreich

XI. Anfechtung

355 Die **systematische Einordnung** des Anfechtungsrechts ist umstritten. In Österreich ist die **schuldrechtliche Theorie** mit guten Gründen vorherrschend (König, Die Anfechtung nach der Insolvenzordnung, 5. Aufl. 2014, Rn. 2/8). Breite Anhängerschaft zählt allerdings auch die Theorie der haftungsrechtlichen Unwirksamkeit, deren Rechtsgedanken sicherlich dem Insolvenzrecht entspricht (Paulus AcP 155 (1955), 294 ff.; BPB/Koziol/Bollenberger KO I § 27 Rn. 18 ff.; Konecny/Schubert/Rebernig KO/IO § 27 Rn. 13 f.), wie König aber zu Recht aufzeigt, durchaus im österreichischen Recht mehr Erklärungslücken offen lässt als im deutschen (König, Die Anfechtung nach der Insolvenzordnung, 5. Aufl. 2014, Rn. 2/4 ff.; aA Konecny/Schubert/Rebernig KO/IO § 27 Rn. 14). Insbesondere die spezifisch insolvenzrechtlichen Anfechtungstatbestände korrespondieren mit dem Insolvenzzweck durch „Vorverlagerung" der par condicio creditorum ins Stadium der materiellen Insolvenz (König, Die Anfechtung nach der Insolvenzordnung, 5. Aufl. 2014, Rn. 1/2); BPB/Koziol/Bollenberger KO I § 27 Rn. 8 f.; Konecny/Schubert/Rebernig KO/IO § 27 Rn. 7 ff.). Das **Anfechtungsmonopol** kommt im Insolvenzverfahren dem Insolvenzverwalter zu (§ 37 IO), der auch die Wahl hat, in zur Zeit der Insolvenzeröffnung anhängige Anfechtungsprozesse nach der AnfO einzutreten; dies gilt auch für die Privatinsolvenz, sofern in selbigem keine Eigenverwaltung angeordnet ist. Bei Eigenverwaltung, welche nur im Schuldenregulierungsverfahren über das Vermögen von Nichtunternehmern zulässig ist, kann jeder einzelne Insolvenzgläubiger selbst das Anfechtungsrecht wahrnehmen, hat aber abzüglich der Prozesskosten das Erlangte an die Masse abzuführen (§ 189 IO (näheres bei Konecny/Schubert/Mohr KO/IO § 189 Rn. 3 ff.; BPB/Koziol/Bollenberger KO I § 37 Rn. 8 ff.)). Eine Übertragung des Anfechtungsrechts an Dritte zur Ausübung bzw. eine Abtretung, Verpfändung oder Freigabe iSv § 119 Abs. 5 IO des Anfechtungsrechts kommt nicht in Betracht (König, Die Anfechtung nach der Insolvenzordnung, 5. Aufl. 2014, Rn. 15/27; BPB/Koziol/Bollenberger KO I § 27 Rn. 56; Konecny/Schubert/Riel KO/IO § 119 Rn. 46).

356 Die Anfechtung kann primär durch **Klage oder Einrede** geltend gemacht werden (zu anderen Möglichkeiten, wie Widerspruch bei der Meistbotverteilung, Anmeldung im Konkurs des Anfechtungsgegners, Petschek/Reimer/Schiemer 418 ff.; König, Die Anfechtung nach der Insolvenzordnung, 5. Aufl. 2014, Rn. 3/11 ff.; BPB/Koziol/Bollenberger KO I § 43 Rn. 8 f., 14 f.; Konecny/Schubert/Rebernig KO/IO § 43 Rn. 1, 2 ff.). Die klageweise Geltendmachung muss bei sonstigem Erlöschen des Anspruchs binnen Jahresfrist nach der Insolvenzeröffnung geltend gemacht werden (§ 43 Abs. 2 S. 1 IO). Die Frist ist ab Annahme eines Sanierungsplanvorschlags bis zum Eintritt der Rechtskraft des Beschlusses, mit dem die Bestätigung versagt wird, gehemmt. Die Jahresfrist verlängert sich, wenn Insolvenzverwalter und Anfechtungsgegner dies vereinbaren. Die Verlängerung darf nur einmal vereinbart werden und darf drei Monate nicht übersteigen (§ 43 Abs. 2 IO).

357 Nach hM treten die Wirkungen der anfechtbaren Handlungen nicht eo ipso ein, sondern setzen einen rechtsgestaltenden Akt voraus (Petschek/Reimer/Schiemer 380 ff.; BPB/Koziol/Bollenberger KO I § 27 Rn. 1 f., § 43 Rn. 2). Die überwiegende Ansicht behält die Unwirksamerklärung der gerichtlichen Entscheidung vor (Petschek/Reimer/Schiemer 375 f., 380 ff.; König FS Fasching, 1988, 291; König, Die Anfechtung nach der Insolvenzordnung, 5. Aufl. 2014, Rn. 2/1, 2/2 ff., 17/28 ff.; OGH SZ 70/191); nach der zustimmenswerten Gegenmeinung reicht eine Leistungsklage in Verbindung mit einer außergerichtlichen oder in der Klageerhebung zum Ausdruck kommenden Gestaltungserklärung des Verwalters aus (Wegan, Österreichisches Insolvenzrecht, 1973, 60 ff.; Heil, Insolvenzrecht, 1989, Rn. 264; BPB/Koziol/Bollenberger KO I § 43 Rn. 2; näheres bei Konecny/Schubert/Rebernig KO/IO § 43 Rn. 2 ff., 10 ff.). Die Rechtsprechung ist uneinheitlich und lässt vereinzelt schon allein eine Leistungsklage ausreichen (OGH SZ 59/216; SZ 68/114; ZIK 1997, 101), häufiger wird jedoch zusätzlich ein **Rechtsgestaltungsbegehren** verlangt (OGH SZ 60/21; SZ 61/47; RZ 1993/5; vgl. auch OGH ZIK 1998, 97; zum Ganzen König, Die Anfechtung nach der Insolvenzordnung, 5. Aufl. 2014, Rn. 2/13 f.).

358 § 27 IO normiert explizit eine bloß **relative Wirkung der Anfechtung** (arg. „den Insolvenzgläubigern gegenüber als unwirksam erklärt werden"). Insofern ist die angefochtene Rechtshandlung nicht generell (absolut), sondern nur relativ im Verhältnis zu den Insolvenzgläubigern – vorzugswürdig erscheint es in diesem Zusammenhang von der Masse zu sprechen – unwirksam (vgl. BPB/Koziol/Bollenberger KO I § 27 Rn. 52 ff.; König, Die Anfechtung nach der Insolvenzordnung, 5. Aufl. 2014, Rn. 2/11 f.). Infolgedessen bleibt die Wirksamkeit des angefochtenen Geschäfts im Verhältnis zwischen den Handelnden unberührt und kann ein zur Zeit der **Insolvenzaufhebung anhängiger Anfechtungsprozess** auch nicht vom Gemeinschuldner an Stelle des Insolvenzverwalters in Ansehung der Hauptsache – eine Einschränkung auf Kosten ist indessen

Internationales Insolvenzrecht – Österreich

möglich – fortgesetzt werden (König, Die Anfechtung nach der Insolvenzordnung, 5. Aufl. 2014, Rn. 2/7 ff.; BPB/Koziol/Bollenberger KO I § 27 Rn. 53, § 37 Rn. 32 f.).

§ 27 IO regelt die **allgemeinen Grundvoraussetzungen** der Anfechtung, die zu jedem einzelnen Anfechtungstatbestand (§§ 28 ff. IO) hinzutreten müssen. Das Anfechtungsrecht betrifft nur **vor Insolvenzeröffnung** erfolgte Rechtshandlungen, die das Vermögen des Gemeinschuldners betreffen. Der Begriff der **Rechtshandlung** ist dabei weit zu verstehen und erfasst jede Handlung, die rechtliche Wirkungen hervorbringt (König, Die Anfechtung nach der Insolvenzordnung, 5. Aufl. 2014, Rn. 3/11 ff.; BPB/Koziol/Bollenberger KO I § 27 Rn. 25; Konecny/Schubert/Rebernig KO/IO § 27 Rn. 48). Erfasst werden Verfügungs- und Verpflichtungsgeschäfte, Übernahme von Bürgschaften, Schuldübernahmen, Pfandbestellung, Kündigungsverzicht aber auch die Begründung einer gesicherten Position durch Schaffung einer Aufrechnungslage, Anerkenntnisse, rein tatsächliche Handlungen wie die Erbringung eines Werks, Unterlassungen (§ 36 IO), sowie Prozesshandlungen und hoheitliche Akte wie etwa Zwangsvollstreckung (vgl. auch § 35 IO (König, Die Anfechtung nach der Insolvenzordnung, 5. Aufl. 2014, Rn. 3/2; BPB/Koziol/Bollenberger KO I § 27 Rn. 25 ff.; Konecny/Schubert/Rebernig KO/IO § 27 Rn. 48 ff.)). Anfechtungsrechtlich relevant sind nur solche Rechtshandlungen, die **vermögensrechtliche Auswirkungen auf die Masse** zeitigen (BPB/Koziol/Bollenberger KO I § 27 Rn. 34; Konecny/Schubert/Rebernig KO/IO § 27 Rn. 90 ff.).

Das **Subjekt der Rechtshandlung** divergiert in den einzelnen Anfechtungstatbeständen. 360 §§ 28, 29 Nr. 1 und 3, 31 Abs. 1 Nr. 1 und 2 Var. 2, Nr. 3 IO setzen Rechtshandlungen des Schuldners voraus, in den Fällen der §§ 29 Nr. 2, 30, 31 Abs. 1 Nr. 1 und 2 Var. 1 IO kann die Rechtshandlung von wem immer vorgenommen sein (König, Die Anfechtung nach der Insolvenzordnung, 5. Aufl. 2014, Rn. 3/8; Rechberger/Thurner Rn. 133; BPB/Koziol/Bollenberger KO I § 27 Rn. 39). Rechtshandlungen des gesetzlichen Vertreters, des Bevollmächtigten oder anderer mit Genehmigung des Schuldners handelnder Personen stehen Rechtshandlungen des Schuldners gleich (OGH JBl 1988, 389; JBl 1998, 595).

Voraussetzung einer jeden anfechtbaren Handlung ist eine dadurch bewirkte **Gläubigerbenachteiligung,** mithin eine Beeinträchtigung des Befriedigungsrechtes der Gläubiger (BPB/Koziol/Bollenberger KO I § 27 Rn. 43; OGH SZ 59/114; SZ 62/97; 69/260; ZIK 1999, 23).

Ferner muss die Anfechtung befriedigungstauglich sein, dh ihr Ziel muss in der Verbesserung der Befriedigungsmöglichkeit der Gläubiger liegen. **Befriedigungstauglichkeit** ist nicht bloß dann gegeben, wenn die Beseitigung des Erfolgs der Rechtshandlung im Wege der Anfechtung zu einer höheren Quote der Insolvenzgläubiger führt, vielmehr reicht es auch aus, die Befriedigungsaussichten der Massegläubiger voraussichtlich zu fördern (König, Die Anfechtung nach der Insolvenzordnung, 5. Aufl. 2014, Rn. 5/1 ff., insbesondere 5/3; BPB/Koziol/Bollenberger KO I § 27 Rn. 50; Konecny/Schubert/Rebernig KO/IO § 27 Rn. 106 ff.; Rechberger/Thurner Rn. 139; OGH SZ 45/57; SZ 53/25; SZ 59/114: ÖBA 1998, 798 mAnm Bollenberger; SZ 66/149; SZ 69/260). Nicht befriedigungstauglich wäre zB die Anfechtung der Veräußerung einer mit Sicherungsrechten überbelasteten Sache (BPB/Koziol/Bollenberger KO I § 27 Rn. 51; König, Die Anfechtung nach der Insolvenzordnung, 5. Aufl. 2014, Rn. 5/6 ff.; OGH SZ 59/114; SZ 61/224; ÖBA 1998, 796).

Die Anfechtung ist auch noch im Zeitpunkt der Masseunzulänglichkeit möglich, mögen hierdurch auch bloß Massegläubiger profitieren. Zumal weder § 27 IO nach Gläubigern, deren Befriedigungsrecht (materielles Haftungsrecht) bereits vor der anfechtbaren Handlung am haftenden Schuldnervermögen begründet wurde und solchen, die erst danach Gläubigerstellung erlangt haben differenziert, noch § 39 Abs. 1 IO Hinweise auf eine Teilmassebildung für einzelne Gläubigergruppen gibt, vielmehr ganz allgemein eine Leistung dessen, was durch die anfechtbare Handlung „dem Vermögen des Schuldners entgangen oder daraus veräußert oder aufgegeben worden ist" zur Insolvenzmasse verlangt, geht die überwiegende Meinung davon aus, dass der Anfechtungserlös auch jenen Gläubigern – im Weg der Haftungskonzentration auf die Masse – zufließt, die erst nach der anfechtbaren Handlung Gläubiger wurden (Schummer FS Koppensteiner, 2001, 211 (220 ff.); König, Die Anfechtung nach der Insolvenzordnung, 5. Aufl. 2014, Rn. 2/5 ff., 5/18 ff.; OGH ÖBA 1999, 315; ZIK 2001, 226; ÖBA 2002, 1016; abw. BPB/Koziol/Bollenberger KO I § 27 Rn. 11 ff., 52 ff.; Duursma-Kepplinger Haftungsordnung I 517 ff.). Eine eigene „Masseunzulänglichkeitsanfechtung" analog §§ 27 ff. IO wird in der Lehre durchgehend in Abrede gestellt (BPB/Kodek KO IV § 124a Rn. 3; Duursma-Kepplinger Haftungsordnung IV 384, 425). Allerdings steht Massegläubigern gegen gläubigerschädigende Handlungen des Masseverwalters die Anfechtung nach der AnfO offen (Konecny/Schubert/Rebernig KO/IO § 37 Rn. 23).

Der **Anfechtungsanspruch richtet sich** gem. § 39 IO primär auf das, was durch die anfechtbare Handlung dem Vermögen des Schuldners entgangen oder daraus veräußert oder aufgegeben

Internationales Insolvenzrecht – Österreich

worden ist. Sofern dies nicht tunlich ist (vgl. § 1323 ABGB), ist Ersatz zu leisten. Nach hA stellt der Sekundäranspruch keinen Bereicherungsanspruch dar; andere erblicken darin einen Verwendungsanspruch (Eingriffskondiktion (kein Bereicherungsanspruch hL; zB König, Die Anfechtung nach der Insolvenzordnung, 5. Aufl. 2014, Rn. 2/2 ff., 2/17, 15/12 ff.; Eingriffskondiktion zB BPB/Koziol/Bollenberger KO I § 27 Rn. 21 ff., §§ 39, 40 Rn. 7)). Die praktische Bedeutung dieser Divergenz hält sich in Grenzen, zumal § 39 IO festlegt, dass der zur Leistung Verpflichtete grundsätzlich – für den Erben und den gutgläubigen Empfänger einer unentgeltlichen Leistung trifft diese Norm leicht abweichende Anordnungen – als unredlicher Besitzer anzusehen ist, dessen Erbe jedoch nur dann, wenn ihm die Umstände, die das Anfechtungsrecht gegen den Erblasser begründen, bekannt waren.

365 **Primärer Anfechtungsgegner** ist bei der Anfechtung des Grundverhältnisses zumeist der Vertragspartner des Schuldners, bei einem Verfügungsgeschäft derjenige, welcher etwas daraus erlangt hat (Lehmann, Kommentar zur österreichischen Konkurs-, Ausgleichs- und Anfechtungsordnung, Bd. I, 1916, 323; BPB/Koziol/Bollenberger KO I § 38 Rn. 1 mwN). Ferner kommt als Anfechtungsgegner jeder in Betracht, zu dessen Gunsten die angefochtene Handlung vorgenommen wurde oder der aus ihr unmittelbar oder mittelbar einen Vermögensvorteil erlangt hat (vgl. König, Die Anfechtung nach der Insolvenzordnung, 5. Aufl. 2014, Rn. 4/1 ff.; BPB/Koziol/Bollenberger KO I § 38 Rn. 1 ff.; OGH SZ 61/47; ÖBA 1998, 841). § 38 IO erklärt eine gegen den Erblasser begründete Anfechtung auch gegenüber den Erben für zulässig. Andere Rechtsnachfolger oder Rechtsnehmer kommen selbst bei einer gegen den Rechtsvorgänger begründeten Anfechtung als **sekundäre Anfechtungsgegner** nur in Betracht, wenn ihnen zur Zeit ihres Erwerbes Umstände bekannt waren oder bekannt sein mussten, die das Anfechtungsrecht gegen seinen Vorgänger begründen oder wenn ihr Erwerb auf einer unentgeltlichen Verfügung ihres Vorgängers beruht; Mitglieder der familia suspecta (§ 32 IO) trifft eine Beweislastumkehr. Gemäß § 41 IO kann der **Anfechtungsgegner** die Zurückstellung seiner Gegenleistung aus der Insolvenzmasse verlangen (**Erstattung in Natura**), soweit sie in dieser noch unterscheidbar vorhanden ist oder soweit die Masse um ihren Wert bereichert ist (§ 1435 ABGB; **Masseforderung** iSv § 46 Nr. 6 IO). Eine weitergehende Forderung auf Erstattung der Gegenleistung sowie die infolge Erstattung einer anfechtbaren Leistung an die Masse wieder auflebende Forderung können nur als **Insolvenzforderungen** geltend gemacht werden.

366 Fünf besondere Anfechtungstatbestände sind zu unterscheiden:
• Anfechtung wegen **Benachteiligungsabsicht** (§ 28 Nr. 1–3 IO)
• Anfechtung wegen **Vermögensverschleuderung** (§ 28 Nr. 4 IO)
• Anfechtung wegen unentgeltlicher oder gleichgestellter Verfügungen (§ 29 IO)
• Anfechtung wegen Begünstigung eines Gläubigers (§ 30 IO)
• Anfechtung wegen Kenntnis oder fahrlässiger Unkenntnis der Zahlungsunfähigkeit (§ 31 IO)

367 Gemäß § 28 Nr. 1 IO können mit Ausnahme von Einzelkäufen beweglicher Sachen im Rahmen des Gewerbebetriebs (§ 34 IO) alle **vom Gemeinschuldner** in den letzten **zehn Jahren** vor der Insolvenzeröffnung in der dem anderen Teile **bekannten Absicht** (dolus eventualis, directus, principalis oder specialis (OGH SZ 59/79; SZ 59/143; SZ 64/37; ZIK 1998, 128; ÖBA 2000, 925; ZIK 2001, 269; 2005, 112; König, Die Anfechtung nach der Insolvenzordnung, 5. Aufl. 2014, Rn. 7/17; Rechberger/Thurner Rn. 144; Konecny/Schubert/Rebernig KO/IO § 28 Rn. 11; differenzierend BPB/Koziol/Bollenberger KO I § 28 Rn. 2)), seine Gläubiger zu benachteiligen, vorgenommenen Rechtshandlungen angefochten werden. § 28 IO ist **teleologisch zu reduzieren,** zumal Kenntnis (für Nr. 2 und 3: Kennenmüssen (Konecny/Schubert/Rebernig KO/IO § 28 Rn. 18 f.; OGH ZIK 2002, 287)) allein noch keine Schutzunwürdigkeit begründet; vielmehr ist zu verlangen, dass der Schuldner im Einverständnis mit dem Anfechtungsgegner gehandelt hat oder der Letzte die ihm mögliche und zumutbare Abwehr des Vorhabens des Schuldners unterließ (BPB/Koziol/Bollenberger KO I § 28 Rn. 3, arg. ratio rechtswidrige Beeinträchtigung fremder Befriedigungsrechte). Bei Vorliegen zusätzlicher spezifischer Indizien, wie Umtrieben oder Ränken kann auch bei kongruenter Deckung angefochten werden (BPB/Koziol/Bollenberger KO I § 28 Rn. 5; König, Die Anfechtung nach der Insolvenzordnung, 5. Aufl. 2014, Rn. 7/9 ff.; Konecny/Schubert/Rebernig KO/IO § 28 Rn. 14; strenger OGH SZ 64/37; SZ 67/20; SZ 67/232; ZIK 2000, 162, Entbehrlichkeit von Ränken; ZIK 2005, 199). Beim Erwerb einer Sache muss die Kenntnis zur Zeit der Vornahme der Rechtshandlung vorliegen (BPB/Koziol/Bollenberger KO I § 28 Rn. 13; König, Die Anfechtung nach der Insolvenzordnung, 5. Aufl. 2014, Rn. 7/27 ff.; Konecny/Schubert/Rebernig KO/IO § 28 Rn. 20; OGH SZ 68/29; JBl 1998, 595; EvBl 2006/96).

368 § 28 Nr. 2 IO ermöglicht die Anfechtung aller Rechtshandlungen (es gilt die Ausnahme des § 34 IO), durch welche die Gläubiger des Schuldners – zumindest mittelbar (OGH SZ 59/

Internationales Insolvenzrecht – Österreich

114) – benachteiligt werden und die er in den letzten **zwei Jahren** vor der Insolvenzeröffnung vorgenommen hat, wenn dem anderen Teile die Benachteiligungsabsicht **bekannt sein musste** (leichte Fahrlässigkeit genügt (vgl. Konecny/Schubert/Rebernig KO/IO § 28 Rn. 18; OGH ÖBA 1989, 741; ZIK 2002, 287)).

Nach § 28 Nr. 3 IO sind alle Rechtshandlungen (§ 34 IO), durch welche die Gläubiger des **369** Schuldners – zumindest mittelbar – benachteiligt werden und die er in den **letzten zwei Jahren** vor der Insolvenzeröffnung gegenüber seinem Ehegatten – vor oder während der Ehe – oder gegenüber anderen nahen Angehörigen iSv § 32 IO oder zugunsten der genannten Personen vorgenommen hat anfechtbar, es sei denn, dass dem anderen Teile zur Zeit der Vornahme der Rechtshandlung eine Benachteiligungsabsicht (dolus eventualis, principalis oder specialis) des Schuldners weder bekannt war noch bekannt sein musste (**Beweislastumkehr** für Mitglieder der familia suspecta).

Wegen **Vermögensverschleuderung** können gem. § 28 Nr. 4 IO die im **letzten Jahr** vor **370** der Insolvenzeröffnung vom Schuldner eingegangenen – objektiv gefährlichen – Kauf-, Tausch- und Lieferungsverträge angefochten werden, sofern der andere Teil in dem Geschäfte eine die Gläubiger benachteiligende Vermögensverschleuderung **erkannte oder erkennen musste.** Zur Vermeidung von Wertungswidersprüchen ist diese Norm extensiv zu interpretieren (BPB/Koziol/Bollenberger KO I § 28 Rn. 25).

Gemäß § 29 IO sind folgende, in den letzten **zwei Jahren** vor der Insolvenzeröffnung vorge- **371** nommene Rechtshandlungen anfechtbar, ohne dass es auf Kenntnis oder Kennenmüssen des anderen Teils ankäme (Rechberger/Thurner Rn. 150; BPB/Koziol/Bollenberger KO I § 29 Rn. 5 verlangen „Erkennbarkeit"):

- **unentgeltliche Verfügungen** (Rechtshandlungen (so zB König, Die Anfechtung nach der Insolvenzordnung, 5. Aufl. 2014, Rn. 3/2; abw. BPB/Koziol/Bollenberger KO I § 29 Rn. 7 ff., nicht auch Verpflichtungen)) **des Schuldners** (s. die Beispiele bei BPB/Koziol/Bollenberger KO I § 29 Rn. 11 ff.), soweit es sich nicht um die Erfüllung einer gesetzlichen Verpflichtung, um **gebräuchliche Gelegenheitsgeschenke** oder um Verfügungen in angemessener Höhe handelt, die zu gemeinnützigen Zwecken gemacht wurden oder durch die einer **sittlichen Pflicht** oder Rücksichten des Anstandes entsprochen worden ist (Nr. 1);
- der **Erwerb** von Sachen des Schuldners zufolge **obrigkeitlicher Verfügung,** wenn das Entgelt aus den Mitteln des Schuldners geleistet worden ist; für Mitglieder der familia suspecta iSv § 32 IO gilt die Vermutung, dass das Entgelt aus den Mitteln des Schuldners geleistet worden ist (Nr. 2).

Anfechtbar ist gem. § 30 IO eine nach Eintritt (es kommt nur auf den objektiven Eintritt, nicht **372** der (fahrlässigen Un)Kenntnis des anderen Teils an; OGH EvBl 1969, 329) der **Zahlungsunfähigkeit** bzw. **Überschuldung** bei Rechtsträgern iSv § 67 Abs. 1 IO (hA; König, Die Anfechtung nach der Insolvenzordnung, 5. Aufl. 2014, Rn. 10/10 ff., insbesondere Rn. 10/24 f.; Gamerith RdW 1985, 364; Konecny/Schubert/Rebernig KO/IO § 30 Rn. 7; OGH SZ 59/216; SZ 61/122; SZ 65/143; ÖBA 1999, 312; RdW 2003, 208; ZIK 2006, 161; aA BPB/Koziol/Bollenberger KO I § 30 Rn. 5; Koziol RdW 1984, 364 ff.), nach dem **Antrag auf Insolvenzeröffnung** oder in den **letzten sechzig Tagen** vorher vorgenommene – auch bloß mittelbare (Konecny/Schubert/Rebernig KO/IO § 30 Rn. 23 mit Beispielen; OGH ZIK 1999, 97) – **Sicherstellung** (zB Einräumung eines Pfandrechts, Erlangung eines Zurückbehaltungsrechts, Schaffung einer Aufrechnungslage (BPB/Koziol/Bollenberger KO I § 30 Rn. 12; OGH SZ 56/168; SZ 61/150; ZIK 1998, 198; ZIK 2000, 73)) oder **Befriedigung** eines – nicht aus- oder absonderungsberechtigten aus der Sondermasse (BPB/Koziol/Bollenberger KO I § 30 Rn. 13; OGH wbl 1988, 404; vgl. auch OGH ÖBA 1997, 489) – („eigenen") Gläubigers,

- wenn der Gläubiger eine Sicherstellung oder Befriedigung erlangt hat, die er nicht, nicht in der Art oder nicht in der Zeit zu beanspruchen hatte (objektive Begünstigung bei **inkongruenter Deckung** (zum Begriff Konecny/Schubert/Rebernig KO/IO § 30 Rn. 107 ff.; OGH ZIK 2001, 165; ZIK 2002, 130; SZ 2002, 56; RdW 2002, 491; RdW 2002, 354; ZIK 2005, 150; bloße Sicherstellung statt Befriedigung bei Fälligkeit begründet als Minus keine Inkongruenz; BPB/Koziol/Bollenberger KO I § 30 Rn. 34 mN; aA OGH ÖBA 1993, 659)), es sei denn, dass er durch diese Rechtshandlung vor den anderen Gläubigern nicht begünstigt worden ist (Nr. 1);
- wenn die Sicherstellung oder Befriedigung zugunsten **naher Angehöriger** (§ 32 IO) vorgenommen worden ist (auch **kongruente Deckung**), es sei denn (**Beweislastumkehr**), dass diesen die Absicht des Schuldners, sie vor den anderen Gläubigern zu begünstigen, weder **bekannt** war noch **bekannt sein** musste (Nr. 2);

Internationales Insolvenzrecht – Österreich

- wenn sie zugunsten anderer als der unter Nr. 2 genannten Personen vorgenommen worden ist (auch **kongruente Deckung**) und diesen die Absicht des Schuldners, sie vor den anderen Gläubigern zu begünstigen, **bekannt** war oder **bekannt sein** musste (Nr. 3).

373 Die Anfechtung ist **ausgeschlossen,** wenn die Begünstigung **früher als ein Jahr vor der Insolvenzeröffnung** stattgefunden hat. § 30 IO setzt eine bereits bestehende Gläubigerstellung und eine Tilgung der Forderung durch Erfüllung oder Erfüllungssurrogate voraus. **Zug-um-Zug-Geschäfte,** mithin Deckungen, die zugleich mit der Begründung der Schuld gewährt wurden, sind von diesem Tatbestand grundsätzlich nicht erfasst (OGH SZ 50/57; SZ 57/87; SZ 61/101; SZ 62/15; abw. BPB/Koziol/Bollenberger KO I § 30 Rn. 14). Für die Fristen ist der Erwerbszeitpunkt maßgeblich; bei Grundstücken ist dies der Zeitpunkt der Überreichung des Grundbuchsgesuchs, bei Sicherungszessionen der Zeitpunkt des Publizitätsakts (BPB/Koziol/Bollenberger KO I § 30 Rn. 15; OGH SZ 65/59; SZ 65/143; ZIK 1995, 26). Dieser Tatbestand dient der Wahrung der par condicio creditorum.

374 Nach § 31 Abs. 1 IO sind folgende, nach Eintritt der **Zahlungsunfähigkeit** bzw. **Überschuldung** (zu § 30 IO → Rn. 372) oder nach dem **Antrag auf Insolvenzeröffnung** vorgenommene Rechtshandlungen anfechtbar:
- Rechtshandlungen, durch die ein **naher Angehöriger** des Schuldners iSv § 32 IO für seine Insolvenzforderung **Sicherstellung oder Befriedigung** (§ 30 IO, → Rn. 372 – mithin Unanfechtbarkeit von Zug-um-Zug-Geschäften (zum Begriff BPB/Koziol/Bollenberger KO I § 31 Rn. 12 ff. mwN) bei entsprechend engem zeitlichen Zusammenhang (OGH SZ 50/57; SZ 57/87; SZ 61/101; SZ 65/59; Fink ÖBA 1992, 809 ff.; abw. Rebernig, Konkursanfechtung des Kontokorrentkredits, 1998, Rn. 104) – erlangt (kongruente wie inkongruente Deckung (BPB/Koziol/Bollenberger KO I § 31 Rn. 5; OGH SZ 65/59; ZIK 1997, 183)), und alle vom Schuldner mit diesen Personen eingegangenen (Verpflichtungsgeschäfte (OGH ÖBA 1989, 1008; Karollus ÖBA 1989, 44 – Maßgeblichkeit des Zeitpunkts des Anspruchserwerbs)), für die Gläubiger **nachteiligen Rechtsgeschäfte** (Petschek/Reimer/Schiemer 303 f., 314 f.; König, Die Anfechtung nach der Insolvenzordnung, 5. Aufl. 2014, Rn. 11/44 ff.; BPB/Koziol/Bollenberger KO I § 31 Rn. 19 ff.; zB OGH SZ 62/207; RdW 1989, 303; JBl 1990, 666; JBl 1990, 255; ZIK 1995, 26) (auch Zug-um-Zug-Geschäfte (BPB/Koziol/Bollenberger KO I § 31 Rn. 26; König, Die Anfechtung nach der Insolvenzordnung, 5. Aufl. 2014, Rn. 11/46 ff.; OGH SZ 57/87; SZ 59/216)), es sei denn (Beweislastumkehr), dass dem nahen Angehörigen die Zahlungsunfähigkeit/Überschuldung oder der Eröffnungsantrag weder **bekannt war** noch **bekannt sein** musste (leichte Fahrlässigkeit genügt (zu Sorgfaltsmaßstab und Nachforschungspflichten OGH SZ 55/65; ÖBA 1997, 489; ÖBA 1990, 387)) (Nr. 1);
- Rechtshandlungen, durch die eine anderer Insolvenzgläubiger **Sicherstellung oder Befriedigung** erlangt (Var. 1), und alle vom Schuldner mit anderen Personen eingegangenen, für die Gläubiger **nachteiligen Rechtsgeschäfte** (Var. 2 (zum Begriff Konecny/Schubert/Rebernig KO/IO § 31 Rn. 20 ff.; OGH ZIK 2001, 37; ZIK 2001, 269; ZIK 2005, 150)), wenn dem anderen Teil die Zahlungsunfähigkeit/Überschuldung oder der Eröffnungsantrag **bekannt war** oder **bekannt sein** musste (Nr. 2). Eine solche objektive Vorhersehbarkeit liegt insbesondere dann vor, wenn ein Sanierungskonzept offensichtlich untauglich war.

375 Die **Anfechtung ist ausgeschlossen,** wenn die anfechtbaren Rechtshandlungen **früher als sechs Monate** vor der Insolvenzeröffnung vorgenommen worden sind (§ 31 Abs. 2 IO).

XII. Verteilung der Insolvenzmasse

1. Allgemeines

376 Soweit das Insolvenzvermögen nicht zur Befriedigung der Masseforderungen und der Ansprüche der Absonderungsberechtigten verwendet wird, bildet es die **gemeinschaftliche Insolvenzmasse,** aus der die Insolvenzforderungen, unbeschadet der Bestimmungen über Gläubiger unternehmensbezogener Forderungen (§ 56 IO) und über Forderungen gegen einen unbeschränkt haftenden Gesellschafter (§ 57 IO), nach dem Verhältnis ihrer Beträge zu befriedigen sind. Der IO selbst sind innerhalb der Insolvenzgläubiger keine besonderen **Insolvenzvorrechte,** insbesondere keine **Rangordnung** für Insolvenzforderungen zu entnehmen; Ausnahmen finden sich Spezialgesetzen, zB § 314 Abs. 1 VAG, § 39 Abs. 3 PKG.

2. Masseforderungen

377 **a) Allgemeines.** Die Befriedigung der Masseforderungen (= Verbindlichkeiten der Masse) fällt grundsätzlich in die Zuständigkeit des Masseverwalters. Das konstitutive (privatrechtliche)

Internationales Insolvenzrecht – Österreich

Anerkenntnis von strittigen Masseforderungen hat der Masseverwalter gem. § 116 Abs. 1 Nr. 2 IO dem Insolvenzgericht mindestens acht Tage im Vorhinein zusammen mit der Äußerung des Gläubigerausschusses mitzuteilen, sofern der Wert 100.000 EUR übersteigt; Außenwirksamkeit kommt dieser Einschränkung nicht zu. **Schuldnerin der Masseforderungen** ist grundsätzlich die Masse; der Schuldner ist nur Mitschuldner jener Masseforderungen, die bereits aus der Zeit vor Insolvenzeröffnung herrühren, womit vor allem Forderungen aus gegenseitigen Verträgen, in welche die Masse gem. §§ 21 ff. IO „eingetreten" ist angesprochen sind (Petschek/Reimer/Schiemer 519; Bachmann, Befriedigung der Masseforderungen, 1993, 5; Konecny/Schubert/Engelhart KO/IO § 46 Rn. 18).

§ 46 IO enthält eine **taxative Auflistung** jener Forderungen, die als Masseforderungen zu 378 befriedigen sind (Konecny/Schubert/Engelhart KO/IO § 46 Rn. 15; Petschek/Reimer/Schiemer 519; Kepplinger, Das Synallagma in der Insolvenz, 2000, 359): Dazu gehören etwa die Kosten des Verfahrens (Nr. 1), alle mit der Erhaltung, Verwaltung und Bewirtschaftung der Masse verbundenen Auslagen, die die Masse treffenden Steuern, Gebühren, Zölle, Beiträge zur Sozialversicherung und anderen öffentlichen Abgaben, wenn und soweit der die Abgabenpflicht auslösende Sachverhalt während des Insolvenzverfahrens verwirklicht wird (Nr. 2), Forderungen der Arbeitnehmer auf laufendes Entgelt für die Zeit nach Insolvenzeröffnung (Nr. 3), diverse Beendigungsansprüche aus vor Insolvenzeröffnung eingegangenen Beschäftigungsverhältnissen unter der Voraussetzung, dass die Beendigung nicht gem. § 25 IO erfolgt (Nr. 3a), bestimmten Ansprüche auf Erfüllung zweiseitiger Verträge, in die der Masseverwalter eingetreten ist (Nr. 4), unbeschadet der Nr. 3 alle Ansprüche aus Rechtshandlungen des Insolvenzverwalters (Nr. 5) oder die Ansprüche aus einer grundlosen Bereicherung der Masse (Nr. 6), die Kosten einer einfachen Bestattung des Schuldners (Nr. 7) oder die Belohnung der bevorrechteten Gläubigerschutzverbände (Nr. 8) (ausf. zu den einzelnen Masseforderungen Konecny/Schubert/Engelhart KO/IO § 46 Rn. 19 ff.)).

b) Befriedigung der Masseforderungen im massezulänglichen Insolvenzverfahren. 379
Massegläubiger sind keine bloß bevorrechteten Insolvenzgläubiger, sondern **Gläubiger eigener Art**. Die Vorschriften über Insolvenzforderungen kommen für sie nicht zur Anwendung. Dies gilt selbst für den Fall der Masseunzulänglichkeit (Fischerlehner/Hackl ZIK 2003/5; BPB/Kodek KO IV § 124a Rn. 21). Vielmehr ergibt sich aus §§ 47 Abs. 1, 124 IO, dass feststehende und fällige Masseforderungen unabhängig von der Lage bzw. dem Stand des Insolvenzverfahrens zu berichtigen sind. Masseforderungen unterliegen nicht der Anmeldung im Insolvenzverfahren (Petschek/Reimer/Schiemer 530; BPB/Kodek KO IV § 124 Rn. 16; Bachmann, Befriedigung der Masseforderungen, 1993, 54 f., 78 ff.; Konecny/Schubert/Konecny KO/IO § 102 Rn. 5). Auch ein förmliches Anerkennungs- oder Feststellungsverfahren gibt es für Masseforderungen nicht (näher dazu Duursma-Kepplinger Haftungsordnung IV 356 ff., insbesondere 359 f.). Masseforderungen sind grundsätzlich vor Insolvenzaufhebung zu befriedigen. Dies gilt jedenfalls sofern sie bereits fällig und festgestellt sind. Eine Sicherstellung noch nicht fälliger oder „strittiger" Masseforderungen ist nicht generell vorgesehen. Eine ausdrückliche Anordnung darüber trifft § 152a IO für den Sanierungsplan.

Gerät die Masse infolge der Leistungsverweigerung oder schlichten Untätigkeit des Masseverwalters in Verzug, so stehen dem Gläubiger sämtliche gesetzlichen oder vertraglichen Rechte 380 zu, die er auch außerhalb eines Insolvenzverfahrens hätte (zB Verzugszinsen, Rücktrittsrechte, Schadenersatz, Klage auf Erfüllung etc). Für Masseforderungen bestehen im massezulänglichen Verfahren **keine Besonderheiten in der Rechtsdurchsetzung.** Sie sind im ordentlichen Rechtsweg geltend zu machen und können gegen die Masse zwangsweise hereingebracht werden (vgl. § 124 Abs. 3 Var. 2 IO (weiterführend BPB/Kodek KO IV § 124 Rn. 35 ff.; Bachmann, Befriedigung der Masseforderungen, 1993, 139 ff.)). Außerhalb der Masseunzulänglichkeit bestehen keinerlei Einschränkungen in Bezug auf die Exekutionsführung zur Hereinbringung von Masseforderungen. Auch können zu Gunsten von Masseforderungen vertragliche, gesetzliche und richterliche Pfand- und sonstige Sicherungsrechte während des Insolvenzverfahrens gültig erworben werden (§ 10 IO gilt nicht für Masseforderungen), für welche die Regelungen der §§ 120 f. IO nicht zur Anwendung gelangen (Bartsch/Pollak[3], Konkurs-, Ausgleichs-, Anfechtungsordnung und deren Einführungsverordnung, Geschäftsaufsichtsgesetz, 3. Aufl. 1937, Bd. I, KO §§ 46, 47 Anm. 58; Duursma-Kepplinger Haftungsordnung III 657; aA Bachmann, Befriedigung der Masseforderungen, 1993, 41).

Darüber hinaus offeriert § 124 Abs. 3 Var. 1 IO in Gestalt des **Abhilfeantrags** eine weniger 381 formelle Möglichkeit, eine allfällige „Zahlungsunwilligkeit" des Masseverwalters zu überbrücken. Verweigert oder verzögert der Masseverwalter die Befriedigung der Masseforderung, so kann sich der Massegläubiger an das Insolvenzgericht um Abhilfe wenden. Die Rechtsnatur des Abhilfeantrags sowie seine Voraussetzungen und Wirkungen sind höchst umstritten (zum Meinungsstand

Internationales Insolvenzrecht – Österreich

Duursma-Kepplinger Haftungsordnung I 504 ff.). Nach zutreffender Ansicht handelt es sich dabei um eine bloße **Entscheidung im Rahmen der Gerichtsaufsicht,** die materieller Rechtskraft nicht fähig ist. Insofern steht eine abschlägige Entscheidung einer späteren Geltendmachung der Masseforderung im ordentlichen Rechtsweg nicht entgegen. Auch ist es nicht Sache des Insolvenzgerichts, über materiellrechtlich strittige Masseforderungen im Aufsichtsweg zu entscheiden (str.; ähnlich wie hier Riel, Die Befugnisse des Masseverwalters im Zivilverfahrensrecht, 1995, 133 ff.; Konecny ZIK 2004/94; teilweise abw. Kodek in Bartsch/Pollak/Buchegger, Österreichisches Insolvenzrecht – Kommentar, Bd. IV, 4. Aufl. 2006, KO § 124 Rn. 26 ff., 31 ff.; Bachmann, Befriedigung der Masseforderungen, 1993, 60, 73; anders Bartsch/Pollak[3], Konkurs-, Ausgleichs-, Anfechtungsordnung und deren Einführungsverordnung, Geschäftsaufsichtsgesetz, 3. Aufl. 1937, I 570).

382 c) **Begriff und Wirkungen der Masseunzulänglichkeit.** Im Zuge der InsNov 2002 wurde die **Masseunzulänglichkeit** in § 124a IO einer näheren Ausgestaltung zugeführt. Sie umschreibt primär eine **Vermögensinsuffizienz,** zumal sie gemäß der Legaldefinition des § 124a Abs. 1 IO dann vorliegt, wenn die Insolvenzmasse nicht ausreicht, um die Masseforderungen zu erfüllen. Ermittelt wird sie durch eine Gegenüberstellung der Masseforderungen (Massepassiven) einerseits und den Insolvenzaktiven andererseits (vgl. auch Duursma-Kepplinger Haftungsordnung IV 391 ff.). Maßgeblich sind **passivseitig** nur Masseforderungen monetärer Art, zumal eine §§ 14 ff. IO entsprechende Kapitalisierung für das masseunzulängliche Verfahren nicht vorgesehen ist (BPB/Kodek KO IV § 124a Rn. 7; Duursma-Kepplinger Haftungsordnung IV 394 f.). Es sind nicht nur die aktuell fälligen, bereits dem Grunde nach entstandenen Masseforderungen zu berücksichtigen, sondern alle auf Geldleistung gerichteten Masseforderungen, die im Zuge des weiteren Insolvenzverfahrens voraussichtlich noch entstehen (und fällig) werden (Konecny/Konecny, Insolvenz-Forum 2002, 61 (70); BPB/Kodek KO IV § 124a Rn. 7). **Aktivseitig** ist das gesamte vorhandene liquidierbare Massevermögen maßgeblich. Dass die betreffenden Masseaktiven noch nicht verwertet, dh zu Geld gemacht wurden, ist grundsätzlich genauso irrelevant, wie die Frage, ob sie rasch oder ohne Aufwand verwertbar sind (ErläutRV 988 BlgNR. 21. GP 36; Konecny ZIK 2003/4; BPB/Kodek KO IV § 124a Rn. 6). Diese Aspekte fließen in die Masseunzulänglichkeitsrechnung insoweit ein, als sie von Einfluss auf den anzusetzenden Wert des jeweiligen Aktivum sind. Gemäß der Prämisse der **Gesamtverfahrensbetrachtung** ist der Wert der Insolvenzmasse mit sämtlichen im Verfahrensablauf erzielbaren Beträgen gleichzusetzen (Konecny/Konecny, Insolvenz-Forum 2002, 61 (68); BPB/Kodek KO IV § 124a Rn. 6). Ergibt dieser Vergleich, dass die Masseaktiven wertmäßig die Masseforderungen (Passiven) nicht decken, besteht Masseunzulänglichkeit. Bei Unternehmensfortführung erfolgt die Masseunzulänglichkeitsbeurteilung in Anlehnung an die (dynamische) Überschuldungsprüfung (Duursma-Kepplinger Haftungsordnung IV mwN 417 ff.). Masseunzulänglichkeit bedeutet mithin das Vorliegen einer **negativen Insolvenzabwicklungsprognose** (Konecny/Konecny, Insolvenz-Forum 2002, 61 (67); BPB/Kodek KO IV § 124a Rn. 5; Duursma-Kepplinger Haftungsordnung IV 417). Dem **Liquiditätsaspekt** wird mittelbar durch eine Änderung der Bewertungsprämissen Rechnung getragen; dies kann unter Umständen dann erforderlich werden, wenn durch forsch andrängende Massegläubiger die Liquidität der Insolvenzmasse so nachhaltig beeinträchtigt wird, dass ohne ein Vorgehen nach § 124a IO eine Restliquidation an den hierfür erforderlichen Barmitteln scheiterte (Konecny ZIK 2003, 4; näheres bei Duursma-Kepplinger Haftungsordnung IV 417 ff.).

383 Zumal die Befriedigung der Masseforderungen in die Kompetenz des Masseverwalters fällt – nur im Sanierungsverfahren mit Eigenverwaltung hat sich der Schuldner um jene Masseforderungen zu kümmern, die er im Rahmen des gewöhnlichen Geschäftsbetriebs zulässiger Weise begründet –, obliegt auch diesem die Beurteilung der Masseunzulänglichkeit und trifft ihn ggf. die Pflicht zur **Anzeige der Masseunzulänglichkeit** an das Insolvenzgericht. Massegläubiger können nur im Rahmen des Abhilfeantrags iSv § 124 Abs. 3 Var. 1 IO die Masseunzulänglichkeit monieren; das Insolvenzgericht darf nicht amtswegig bekannt machen, kann aber im Zuge des allgemeines Aufsichtsrechts (§ 84 IO) bzw. im Rahmen der Beurteilung eines Abhilfeantrags auf den Verwalter Einfluss nehmen (vgl. dazu BPB/Kodek KO IV § 124a Rn. 15 f., 17 ff.).

384 An den **Eintritt der Masseunzulänglichkeit,** nicht erst an deren Anzeige, respektive Bekanntmachung knüpfen sich als **materielle Rechtsfolgen** ein Zahlungsstopp – reine Stundung – in Ansehung von sog. Altmasseforderungen und eine Beschränkung des Befriedigungsrechts der Altmassegläubiger iSv § 47 Abs. 2 IO (BPB/Kodek KO IV § 124a Rn. 20; Duursma-Kepplinger Haftungsordnung IV 424 f.). Trotz Eintritts der Masseunzulänglichkeit darf der Masseverwalter jedoch solche Rechtshandlungen vornehmen, die zur Restabwicklung geboten sind; daraus resultierende Masseforderungen („Neumasseforderungen" = „Geschäftsführungsforderungen") sind unverzüglich voll zu befriedigen. Damit ist keine mittelbare Ultra-vires-Lehre festge-

schrieben, vielmehr stellt § 124a Abs. 1 S. 2 IO bloß eine Handlungsanweisung an den Verwalter dar, deren Verletzung zu Schadenersatzansprüchen nach § 81 Abs. 3 IO führen kann (Mohr, Insolvenzrecht, 2002, 82 ff., 85; Duursma-Kepplinger Haftungsordnung IV 436). Zudem ergibt sich daraus, dass zwischen „Alt-„ und „Neumasseforderungen" keine rein zeitliche, sondern eine sachliche Zäsur liegt; sofern zur Restabwicklung nötig, kann auch eine vor Eintritt der Masseunzulänglichkeit bereits dem Grunde nach entstandene Masseforderung eine unverzüglich voll zu zahlende „Neumasseforderung" („Geschäftsführungsforderung") darstellen (für viele BPB/Kodek KO § 124a Rn. 31 ff.). An die an die **öffentliche Bekanntmachung** der Masseunzulänglichkeit knüpft eine **Exekutionssperre** für Altmasseforderungen an (§ 124a Abs. 2 IO (näheres bei BPB/Kodek KO § 124a Rn. 27 ff.; Duursma-Kepplinger Haftungsordnung IV 429 f.)).

385 Der Eintritt der Masseunzulänglichkeit bewirkt in Ansehung der Altmasseforderungen **kein „echtes" Einfrieren der Schuldebene;** es fehlt für Altmasseforderungen an einem §§ 102 ff., 110 Abs. 1 IO entsprechenden Verfahren (Konecny/Konecny, Insolvenz-Forum 2002 61, 65 f., 82; Konecny/Nunner-Krautgasser, Insolvenz-Forum 2006, 125 (136 f.)). Zudem treffen die Masse trotz des in § 124a Abs. 1 S. 1 IO angeordneten Zahlungsstopps die vollen Verzugsfolgen; eine § 58 Nr. 1 IO entsprechende Regelung besteht für Zinsen auf Altmasseforderungen nicht. Obgleich die Zugriffsrechte der Altmassegläubiger aufgrund von §§ 47 Abs. 2, 124a Abs. 1 S. 1 IO eine Beschränkung erfahren, schlägt diese Einschränkung nicht gleichsam als „beschränkte" Haftung der Masse auf den Leistungsanspruch durch (Nunner-Krautgasser Zak 2006, 558; Bachmann, Befriedigung der Masseforderungen, 1993, 144 ff.; Duursma-Kepplinger Haftungsordnung IV 356 ff., 425 ff.), sodass **Leistungsklagen** aufgrund von Altmasseforderungen weiterhin begründet sind (Konecny/Konecny, Insolvenz-Forum 2002 61, 65 f., 82; Nunner-Krautgasser Zak 2006/558; Duursma-Kepplinger Haftungsordnung IV 425 ff.; aA Mohr, Insolvenzrecht, 2002, 86; BPB/Kodek KO IV § 124a Rn. 26). Die Durchsetzung eines Leistungsurteils wird jedoch durch die Exekutionssperre für die Dauer der Restverwertung gehindert (§ 124a Abs. 2 IO).

386 Eine vor Eintritt der Masseunzulänglichkeit (§ 124a IO) voll bezahlte Masseforderung kann auch bei nachträglicher Unzulänglichkeit nicht anteilig zurückgefordert werden (vgl. § 47 Abs. 2 letzter Satz IO). Dem gegenüber gebietet der Telos des in § 124a Abs. 1 IO normierten Zahlungsstopps sowie die Ratio der §§ 1431, 1432, 1434 ABGB eine **Kondiktion** der Insolvenzmasse von § 47 Abs. 2 IO iVm § 124a Abs. 1 S. 1 IO widerstreitenden Zahlungen an Altmassegläubiger nach Eintritt der Masseunzulänglichkeit (mit eingehender Begründung Duursma-Kepplinger Haftungsordnung IV 521 ff., 539 ff. mwN).

387 Nach Abschluss der Restverwertung hat der Masseverwalter dem Insolvenzgericht gem. § 124a Abs. 3 S. 1 IO einen **Verteilungsentwurf iSv § 47 Abs. 2 IO** vorzulegen, wobei die Masseforderungen der höheren Gruppe immer erst dann zum Zug kommen, wenn jene der niedrigeren Gruppe zur Gänze gezahlt sind; innerhalb derselben Gruppe sind die Masseforderungen verhältnismäßig zu befriedigen. In die erste Gruppe fallen die Kosten des Insolvenzverfahrens – zu beachten gilt, dass die Gerichtspauschalgebühr nur anfällt, wenn es im Zuge des Insolvenzverfahrens zu einer (Abschlags-)Verteilung an die Insolvenzgläubiger gekommen ist, nicht aber im Fall einer Insolvenzaufhebung nach § 123a IO oder § 124a Abs. 3 IO (arg. § 2 Nr. 1 lit. f GGG, § 14a Abs. 1 GEG; vgl. nur BPB/Kodek KO IV § 124a Rn. 44) – und die vom Masseverwalter bestrittenen Barauslagen, in die zweite Gruppe die übrigen Kosten des Verfahrens nach § 46 Nr. 1 IO, in die dritte Gruppe von Dritten erlegten Kostenvorschüsse, in die vierte Gruppe die Forderungen von Arbeitnehmern aus laufenden Verträgen, soweit sie nicht nach dem IESG gesichert sind, in die fünfte Gruppe die Beendigungsansprüche der Arbeitnehmer, soweit sie keine Sicherung nach dem IESG erhalten und in die sechste Gruppe alle übrigen Masseforderungen. Im Rahmen der Tagsatzung über die Schlussrechnung können Massegläubiger allfällige Bemängelungen geltend machen. Erinnerungen analog § 130 IO schließt die hM zu Recht aus (Mohr, Insolvenzrecht, 2002, 86; BPB/Kodek KO IV § 124a Rn. 41). Nach Durchführung der Verteilung ist das **Insolvenzverfahren gem. § 124a Abs. 3 IO aufzuheben;** eine Aufhebung nach § 124a Abs. 3 iVm § 123a IO hat nur dann zu erfolgen, wenn erneut Masseunzulänglichkeit eingetreten ist (dazu BPB/Kodek KO § 124a Rn. 34, 35 ff., 43 f.).

388 Obgleich § 124a IO an sich ein finales Szenario umschreibt (vgl. Konecny ZIK 2003, 4), sieht § 124a Abs. 4 IO einen **Rückkehr zum ordentlichen Verfahren** vor, sofern nachträglich aufgrund geänderter Umstände die Masseforderungen doch voll erfüllt werden können. Die Wirkungen der Masseunzulänglichkeit enden erst mit öffentlicher Bekanntmachung der Massezulänglichkeit (BPB/Kodek KO § 124a Rn. 19).

389 **d) Nachhaftung des Schuldners für Masseforderungen.** Aus dem Umstand, dass der Schuldner nicht schlichtweg auch Schuldner der Masseforderungen ist, resultieren des Weiteren deutliche Unterschiede im Vergleich zur Nachhaftung für Insolvenzforderungen. Während abgese-

Internationales Insolvenzrecht – Österreich

hen vom Fall des Sanierungsplans oder Zahlungsplans bzw. einer Restschuldbefreiung, ein unbeschränktes Nachforderungsrecht der Insolvenzgläubiger besteht (§§ 60 f. IO), ist dies für unberichtigt gebliebene Masseforderungen nicht der Fall. Außerhalb eines Sanierungsplans trifft den vormaligen Schuldner nach hA für erst im Zuge des Insolvenzverfahrens begründete Masseforderungen nur eine **Pro-viribus-Haftung;** er haftet mithin nur in Höhe des Werts des in die Verfügung des Schuldners „zurückfallenden" Vermögens (vgl. §§ 59, 79 IO (Petschek/Reimer/Schiemer 704; Duursma-Kepplinger Haftungsordnung I 447 ff.; zum Meinungsstand Konecny/Schubert/Nunner-Krautgasser/Jelinek KO/IO §§ 60, 61 Rn. 10 ff.; vgl. auch OGH JBl 1998, 320; ZIK 2001, 325; offen lassen OGH ZIK 2008, 106)). Der im Zuge der GIN 2006 neu eingefügte § 60 Abs. 1 letzter Satz IO sieht nunmehr, allerdings lediglich für den Fall eines bestätigten **Sanierungsplans** (§ 152b IO), eine **unbeschränkte Nachhaftung** des Gemeinschuldners für Masseforderungen vor.

3. Insolvenzforderungen

390   **a) Definition.** Nur **vermögensrechtliche persönliche Ansprüche** gegen den Schuldner, die aus der Zeit **vor Insolvenzeröffnung** herrühren, stellen Insolvenzforderungen iSv § 51 IO dar und berechtigen zur Teilnahme iSv §§ 102 ff. IO. Infolge der Eigenschaft des Insolvenzrechts als Instrument der institutionalisierten **Realisierung der Vermögenshaftung** besteht eine Konkurrenz nur zwischen jenen Gläubigern, deren „Ansprüche" außerhalb der Insolvenz einer unmittelbaren (direkten) Exekution zugänglich wären (für viele Konecny/Nunner-Krautgasser, Insolvenz-Forum 2006, 125 (132 ff. mwN)). Dies trifft etwa auf Unterlassungsansprüche oder unvertretbare Handlungen iSv §§ 354, 355 EO nicht zu, mögen diese auch einer Bewertung in Geld zugänglich sein, zumal bei ihnen die Kapitalisierung (§§ 14 ff. IO) und Bezahlung in Geld (§§ 128, 129, 130 ff. IO) einer Befriedigung des Gläubigers nicht gleichkäme (vgl. nur Konecny/Nunner-Krautgasser, Insolvenz-Forum, 2006 125, 137 f.; für Qualifikation als Masseforderungen Konecny/Schubert/Konecny KO/IO § 102 Rn. 19; Konecny/Schubert/Engelhart KO/IO § 46 Rn. 70 ff.; Duursma-Kepplinger Haftungsordnung I 56 ff.; aA der Anmeldung unzugängliche Konkursforderung OGH ecolex 1990, 765; ZIK 1997, 59; Duursma-Kepplinger in Gumpoldsberger/Baumann, Kommentar zum UWG, 2006, UWG § 14 Rn. 507 ff., 516 ff.).

391   **b) Anmeldung.** Will ein Insolvenzgläubiger am Insolvenzverfahren teilnehmen, muss er seine Insolvenzforderung, auch wenn über selbige ein Rechtsstreit anhängig ist, gemäß den Förmlichkeiten der §§ 102 ff. IO geltend machen. Die Anmeldung stellt eine **klageähnliche Verfahrenshandlung** dar und hat auch inhaltlich die Erfordernisse einer solchen zu erfüllen (Petschek/Reimer/Schiemer 558; Konecny/Schubert/Konecny KO/IO § 102 Rn. 4; Rechberger/Thurner Rn. 221); insbesondere sind der Betrag der Forderung, die Tatsachen, auf die sie sich gründet, die in Anspruch genommene Rangordnung (zB § 314 Abs. 1 VAG, § 39 Abs. 3 PKG) anzugeben und die erforderlichen Beweismittel bezeichnen. Absonderungsberechtigte, die ihre Forderungen auch als Insolvenzgläubiger geltend machen, haben entsprechende Angaben über das Absonderungsrecht zu machen und die voraussichtliche Deckung anzugeben (§ 103 Abs. 1 und 3 IO).

392   Die **Anmeldung** hat **beim Insolvenzgericht** schriftlich oder mündlich durch Erklärung zu Protokoll zu erfolgen, wobei der schriftlichen Anmeldung der Antrag auf Insolvenz-Ausfallgeld angeschlossen werden kann. Diesen hat das Gericht ohne weitere Prüfung an die zuständige Geschäftsstelle der Insolvenz-Ausfallgeld-Fonds-Service GmbH zu übersenden (§ 104 Abs. 1 IO). Schriftliche, nicht elektronisch eingebrachte Anmeldungen sind in doppelter Ausfertigung zu überreichen. Insolvenzgläubiger, die im Ausland ihren Wohnsitz haben, müssen einen im Inland wohnenden Zustellungsbevollmächtigten namhaft machen, widrigens ihnen ein solcher auf ihre Gefahr und Kosten vom Insolvenzgericht bestellt wird. Der **Insolvenzverwalter** hat die Forderungen nach der beanspruchten Rangordnung in ein **Verzeichnis** einzutragen, das dem Insolvenzgericht vorzulegen ist (§ 104 Abs. 6 IO).

393   Die Anmeldung der Insolvenzforderung begründet keinen eigenständigen, neben die angemeldete Forderung tretenden materiellrechtlichen „**Insolvenzteilnahmeanspruch**", vielmehr macht der Gläubiger nur von seinem formellen Justizgewährungsanspruch Gebrauch (Roth in Buchegger/Holzhammer, BeitrZPR II, 1986, 166; Konecny/Schubert/Konecny KO/IO § 102 Rn. 3; BPB/Kodek KO IV § 102 Rn. 6 ff.; aA BPB/Buchegger KO I § 1 Rn. 160, § 6 Rn. 37 Fn. 63; SZ 59/208; SZ 68/187; ZIK 1996, 211; ZIK 2002, 146). Nach zutreffender, wenngleich nicht hA, bildet den Gegenstand des Forderungsprüfungsverfahrens und den Streitgegenstand des allfälligen Feststellungsprozesses nicht die Insolvenzforderung in ihrer Gesamtheit, sondern bloß das **materielle Haftungsrecht,** welches im Insolvenzverfahren in eigenständiger Gestalt erscheint (so bereits für Deutschland zB Spellenberg, Der Gegenstand des Konkursfeststellungsverfahrens, 1972, 81 ff.,

149 ff.; Carl, Teilnahmerechte im Konkurs, 1998, 63 f., 77 ff.; Kölner Schrift InsO/Eckardt, 2000, 743, 744 f., 763 ff., 772 f.; Jaeger/Henckel/Henckel InsO § 38 Rn. 4; für Österreich Nunner-Krautgasser, Schuld, Vermögenshaftung und Insolvenz, 2007, 243 ff., 275 ff., 324 ff., 333 ff., 356 ff., 358 ff., 362 ff.; zust. Duursma-Kepplinger Haftungsordnung I 46 f.; aA die hM, zB Konecny/Schubert/Konecny KO/IO § 102 Rn. 2, 3, 4, § 110 Rn. 39 ff.; BPB/Kodek KO IV § 102 Rn. 1 ff.). Es besteht als quasi-verdinglichtes Wertrecht gegenüber der Masse, welcher das gesamte insolvenzverfangene Vermögen haftungsrechtlich in Verbindung mit dem zur selbsttätigen Haftungsrealisierung erforderlichen Verfügungsrecht zugewiesen ist (mit im Detail abweichenden Formulierungen Konecny/Nunner-Krautgasser, Insolvenz-Forum 2006, 125 (139 f.) und Duursma-Kepplinger Haftungsordnung I 43 ff.; für Deutschland zB Kölner Schrift InsO/Eckardt, 2000, 743, 744). Das materielle Haftungsrecht richtet sich im Insolvenzverfahren nicht mehr auf vollständige Befriedigung aus dem haftenden Vermögen, sondern nur noch auf die gleichmäßige Befriedigung im Verhältnis – „par condicio" – zu den anderen Gläubigern (so zB Kölner Schrift InsO/Eckardt, 2000, 743, 744; Konecny/Nunner-Krautgasser, Insolvenz-Forum 2006, 125 (139 f.)). Insofern kommt dem Bestand der persönlichen Forderung in ihrer Gesamtheit bloß Vorfragencharakter zu; insbesondere ist die Feststellung im Insolvenzverfahren mithin – entgegen der hA – nicht präjudiziell für den Bestand eines „Insolvenzvorrechts", wie zB eines Absonderungsrechts (Konecny/Nunner-Krautgasser, Insolvenz-Forum 2006, 125 (144 f.); aA Petschek/Reimer/Schiemer 558 ff., insbesondere 572 ff., 603 f.).

Mit der Anmeldung ist der Gläubiger Forderungsprätendent und hat – sofern nicht vom Gericht zum Stimmrecht zugelassen (§ 105 Abs. 5 Var. 2 IO iVm § 93 Abs. 2 IO) – noch nicht sämtliche Rechte eines „festgestellten" Insolvenzgläubigers (§ 109 Abs. 1 IO). Das Recht zur Bestreitung der Forderungen der konkurrierenden Gläubiger (§ 105 Abs. 5 Var. 1 IO), das Stimmrecht in der Gläubigerversammlung (§ 93 Abs. 1 IO) sowie das Recht zur Teilnahme an Abschlagsverteilungen und der Schlussverteilung – einem nicht festgestellten, aber in dem Feststellungsprozess „gezwungenen" (§ 131 Abs. 3 bzw. Abs. 4 iVm § 110 Abs. 4 IO) Forderungsprätendenten steht Sicherstellung zu (§ 131 Abs. 1 und 2 IO) – erfordern grundsätzlich die Feststellung des materiellen Haftungsrechts iSv § 109 Abs. 1 IO. **394**

Eine **verspätete Forderungsanmeldung** schließt den Insolvenzgläubiger nicht vom weiteren Verfahren aus, zumal die Anmeldungsfrist keine Ausschlussfrist ist (Konecny/Schubert/Konecny KO/IO § 102 Rn. 26; Rechberger/Thurner Rn. 216). Vielmehr sind auch verspätete Forderungsanmeldungen zur Prüfung zuzulassen; mit dem IRÄG wurde allerdings insoweit eine **zeitliche Grenze** eingeführt, als gem. § 107 Abs. 1 lS IO Forderungen, die später als vierzehn Tage vor der Schlussrechnungslegungstagsatzung (§ 122 IO) angemeldet werden, nicht zu beachten sind. Die verspätet anmeldenden Insolvenzgläubiger haben, sofern iSv § 106 IO eine Einbeziehung ihrer Forderungen in die allgemeine Prüfungstagsatzung nicht mehr in Betracht kommt, grundsätzlich die **Kosten** einer gem. § 107 Abs. 1 IO angeordneten besonderen Prüfungstagsatzung zu tragen, es sei denn, eine frühere Anmeldung war ihnen nicht möglich (§ 107 Abs. 2 IO). Ferner können sie ihre Teilnahmerechte (insbesondere § 134 IO) erst verspätet ausüben und dürfen bereits geprüfte Forderungen nicht mehr bestreiten (§ 107 Abs. 3 IO (Konecny/Schubert/Konecny KO/IO § 107 Rn. 11; Rechberger/Thurner Rn. 216)). **395**

c) **Prüfung und Feststellung.** Zur **Prüfungstagsatzung** haben der Insolvenzverwalter und der Schuldner zu erscheinen. Die angemeldeten Forderungen sind nach ihrer Rangordnung, bei gleicher Rangordnung – seit dem IRÄG 1982 sind unmittelbar in der IO keine Rangvorrechte mehr normiert, sieht man von § 57a IO ab –, nach der Reihenfolge der Anmeldung zu prüfen. Dabei hat der **Insolvenzverwalter** bei jeder angemeldeten Forderung eine bestimmte **Erklärung über Richtigkeit und Rangordnung** abzugeben, wobei er keine Vorbehalte machen darf (§ 105 Abs. 1 und 2 IO). Die Prüfungserklärung des Massverwalters ist eine an das Gericht gerichtete Prozesserklärung, also eine Willenserklärung, die wie ein rechtskräftiges Urteil über den Bestand und die Höhe der angemeldeten Forderung wirkt. Darüber hinaus kann das Anerkenntnis des Massverwalters eben wegen seiner urteilsgleichen Wirkungen nach § 35 EO durch Einwendungen gegen den Anspruch oder nach §§ 529 ff. öZPO angefochten werden (OGH 5 Ob 58/73; 4 Ob 128/18d). Bereits innerhalb des Konkursverfahrens kommt der Forderungsfeststellung ab Unwiderruflichkeit des Anerkenntnisses des Massverwalters die Funktion eines Entscheidungssurrogats zu, von der bindende Wirkung ausgeht (OGH SZ 74/104; 4Ob128/18d). Insoweit kommt daher eine neuerliche Überprüfung bei Einlösung der Forderung nicht in Betracht (OGH 8 Ob 153/03p). **396**

Nach § 105 Abs. 4 IO kann auch der **Schuldner** die **Richtigkeit,** nicht indes den Rang einer angemeldeten Forderung bestreiten. Eine solche Bestreitung ist zwar im Anmeldungsverzeichnis anzumerken, doch kommt ihr gem. § 109 Abs. 2 IO – mit der „unechten" Ausnahme des § 150 **397**

Abs. 4 IO für den Sanierungsplan – für die Haftungsrealisierung in der Insolvenz **keine** rechtliche **Wirkung** zu (Konecny/Schubert/Konecny KO/IO § 105 Rn. 26 ff., § 109 Rn. 19).

398 **Insolvenzgläubiger,** deren Forderungen festgestellt oder deren Stimmrecht anerkannt wird, können die **Richtigkeit und Rangordnung** angemeldeter Forderungen bestreiten.

399 Die Bestreitung einer bereits titulierten Forderung ist nach zutreffender neuerer Ansicht seitens des Insolvenzverwalters und der Gläubiger grundsätzlich uneingeschränkt möglich, kann darauf doch nicht schon im Titelverfahren eingegangen werden; über die Bestreitungsgründe der Insolvenzgläubiger hinaus, kann der Insolvenzverwalter auch noch die Anfechtbarkeit geltend machen (Konecny/Schubert/Konecny KO/IO § 105 Rn. 22 ff.; Rechberger/Thurner Rn. 15, Rn. 231 f.; restriktiver Riel, Die Befugnisse des Masseverwalters im Zivilverfahrensrecht, 1995, 124 ff.). Gemäß § 108 IO ist das Ergebnis der Prüfungsverhandlung in das Anmeldungsverzeichnis einzutragen. Eine **sofortige Feststellung** setzt mithin die Anerkennung des Insolvenzgläubigerrechts durch den Insolvenzverwalter, ferner die Nichtbestreitung durch einen anderen bereits festgestellten oder zum Stimmrecht zugelassenen Insolvenzgläubiger sowie die Eintragung des Prüfungsergebnisses in das Anmeldungsverzeichnis voraus (so Konecny/Schubert/Konecny KO/IO § 109 Rn. 2; Duursma-Kepplinger Haftungsordnung I 35 ff.; abw. Bartsch/Heil, Grundriss des Insolvenzrechts, 1983, Rn. 297; OGH SZ 59/196; SZ 64/55).

400 Gläubiger, deren Forderungen in Ansehung der Richtigkeit oder Rangordnung streitig geblieben sind, können – unanhängig, ob über diese bei Insolvenzeröffnung bereits ein Rechtsstreit anhängig war oder nicht – gem. §§ 110, 113 IO deren Feststellung, sofern der Rechtsweg zulässig ist, mittels Klage – sonst bei der jeweils zuständigen Behörde, wobei über den Rang stets das Insolvenzgericht abspricht – geltend machen. Diese ist gegen alle Bestreitenden zu richten, welche insoweit eine einheitliche Streitpartei iSv § 14 ZPO bilden.

401 Das Klagebegehren kann nur auf den Grund gestützt werden, der in der Anmeldung und in der Prüfungstagsatzung angegeben worden ist; als **Streitwert** ist das Nominale der gesamten Forderung, nicht bloß – wie aus meiner Sicht zu bevorzugen wäre – die voraussichtliche Insolvenzquote anzusetzen (BPB/Kodek KO IV § 110 Rn. 64; OGH ZIK 2001, 112; ZIK 2004, 221; aA Petschek/Reimer/Schiemer 584; Konecny/Schubert/Konecny KO/IO § 110 Rn. 36). Wird eine vollstreckbare Forderung bestritten, so hat der Bestreitende seinen Widerspruch mittels Klage geltend zu machen; umgekehrt trifft Gläubiger nicht titulierter Forderungen die „Klagelast". Das Insolvenzgericht hat die Fristen zu bestimmen, innerhalb derer die Klagen anzubringen sind und auf die Folgen der Versäumung hinzuweisen. Die **Frist** muss wenigstens einen Monat betragen. Die Versäumung der Klagefrist schließt den Gläubiger der bestrittenen Forderung nicht endgültig von der Insolvenzteilnahme aus (**kein Präklusionscharakter**); vielmehr stehen ihm bloß bestimmte Handlungsbefugnisse vorerst nicht zu (Konecny/Schubert/Konecny KO/IO § 110 Rn. 32; aA Buchegger, DIKE International 1995/2, 181, 196). Insolvenzgläubiger, deren Forderungen in ihrer Abwesenheit bestritten wurden, sind vom Insolvenzgericht darüber in Kenntnis zu setzen. Von ASGG-Sachen (vgl. § 50 ASGG) und Sachen die nicht vor ein Prozessgericht gehören abgesehen, ist das **Insolvenzgericht** für Feststellungsklagen wegen bestrittener Insolvenzforderungen **ausschließlich zuständig** (§ 111 IO).

402 Einer **urteilsmäßigen Feststellung** des materiellen Haftungsrechts in einem Prüfungsprozess kommt bei mangelnder Bestreitung durch den Schuldner mit der Anmerkung durch das Insolvenzgericht im Anmeldungsverzeichnis die gleiche Wirkung wie einer sofortigen Forderungsfeststellung zu (Konecny/Schubert/Konecny KO/IO § 110 Rn. 50). Gegenüber den Insolvenzgläubigern ordnet § 112 Abs. 1 IO eine **allseitige Bindungswirkung** an. Eine **negative Feststellung** bedeutet den endgültigen **Verlust der Teilnahmerechte** des betreffenden Gläubigers, hindert hingegen eine Leistungsklage des betreffenden Gläubigers gegen den Schuldner (nach Insolvenzaufhebung) nicht, bewirkt doch die Rechtskraftwirkung des abweisenden Feststellungsurteils gerade nur, dass die Rechtskraftwirkung einer Feststellung nicht eintritt (Konecny/Schubert/Konecny KO/IO § 110 Rn. 50).

403 **d) Verteilung.** Die Befriedigung der Insolvenzforderungen erfolgt durch **Ausschüttung der Insolvenzquote** (näheres bei BPB/Kodek KO IV §§ 128–139 passim; vgl. auch Rechberger/Thurner Rn. 254 ff.), wobei die erste Verteilung nicht vor Abschluss der allgemeinen Prüfungstagsatzung stattfinden darf (§ 128 Abs. 1 IO). Immer dann, wenn hinreichendes Massevermögen – die Aufrechterhaltung der Liquidität der Masse zur zeitgerechten Erfüllung der Masseforderungen hat Priorität – vorhanden ist, haben Zwischenverteilungen an die Insolvenzgläubiger zu erfolgen (§ 128 Abs. 2 IO). Die IO kennt **Abschlagsverteilungen** (§§ 129–135 IO), die **Schlussverteilung** (§§ 136 f. IO) und **Nachtragsverteilungen** (§ 138 IO), wobei Letztere nach Vollzug der Schlussverteilung entweder vor (Abs. 1) oder nach (Abs. 2) Insolvenzaufhebung vorgenommen werden, sofern sie nicht wegen Geringfügigkeit (Abs. 3) unterbleiben können. Während

Internationales Insolvenzrecht – Österreich

Abschlagsverteilungen in einfachen Fällen auch **formlos** durchgeführt werden können (§ 129 Abs. 1 IO), geht der Schlussverteilung stets in ein **formelles Verfahren** voran. Verteilungen darf der Insolvenzverwalter immer nur nach Einvernehmung des Gläubigerausschusses und Zustimmung des Insolvenzgerichts vornehmen (§ 128 Abs. 3 IO). Den **Vollzug** der Verteilung hat der Insolvenzverwalter in jedem Fall dem Insolvenzgericht **nachzuweisen** (§ 135 IO (vgl. auch Rechberger/Thurner Rn. 254)).

In **einfachen Fällen** kann das Insolvenzgericht die vom Insolvenzverwalter mit Zustimmung **404** des Gläubigerausschusses vorgeschlagene Verteilung ohne vorhergehende Verständigung der Gläubiger genehmigen (**formlose Verteilung**). Bei Bedenken des Gerichts oder bei schwierigeren Verteilungen, zB wegen Teilnahme von Gläubigern, die zugleich zur Absonderung berechtigt sind, hat der Insolvenzverwalter einen vom Gläubigerausschuss genehmigten **Verteilungsentwurf** vorzulegen. In diesem sind sämtliche Forderungen in ihrer Rangordnung, ferner das zur Verteilung verfügbare Vermögen und die Beträge anzuführen, die auf jede einzelne Forderung entfallen (**förmliche Verteilung**). Der Verteilungsentwurf ist vom Gericht zu prüfen und ggf. zu berichtigen. Anschließend hat es ihn **öffentlich bekannt zu machen** und den Schuldner sowie die Insolvenz- und Massegläubiger (BPB/Kodek KO IV §§ 121, 122 Rn. 28, § 130 Rn. 49; OGH ZIK 2005, 251) davon mit dem Beifügen zu verständigen, dass es ihnen freisteht, Einsicht zu nehmen und binnen 14 Tagen **Erinnerungen** anzubringen. Zugleich ist ihnen und dem Insolvenzverwalter sowie den Mitgliedern des Gläubigerausschusses die **Verteilungstagsatzung** bekanntzugeben; bei dieser wird über allfällige Erinnerungen verhandelt. Bestehen keine Bedenken gegen den Verteilungsentwurf und wurden keine Erinnerungen vorgebracht bzw. erhobene wieder zurückgezogen, ist er vom Insolvenzgericht zu genehmigen. Andernfalls entscheidet das Insolvenzgericht nach Vornahme der erforderlichen Erhebungen unter Ausschluss des Rechtswegs. Die Entscheidung ist öffentlich bekanntzumachen und dem Insolvenzverwalter sowie dem Schuldner zuzustellen; Gläubiger sind nur zu verständigen, wenn Erinnerungen Folge gegeben wurde; ansonsten sind nur die Gläubiger zu verständigen, deren Erinnerungen verworfen worden sind. Beträge, deren Auszahlung von der Entscheidung über die Erinnerungen abhängig ist, sind bis zur Rechtskraft der Entscheidung bei Gericht zu erlegen (§ 130 IO).

Sind Forderungen iSv § 105 Abs. 3 und 5 IO **bestritten,** so können Verteilungen auf die im **405** Range gleichstehenden Forderungen stattfinden, wenn der auf die bestrittene Forderung entfallende Betrag bei Gericht erlegt wird. Eine Sicherstellung stellt eine noch offene oder eingehaltene Klagefrist iSv § 110 Abs. 4 IO voraus (§ 131 IO). Insolvenzgläubiger, die **zugleich Absonderungsgläubiger** sind und noch keine Befriedigung aus der Sondermasse erhalten haben (§ 48 IO), werden mit dem vollen Betrag berücksichtigt. Stellt sich bei der nachfolgenden Verteilung des Erlöses aus der Sondermasse heraus, dass der Gläubiger bei der Verteilung mehr erhalten hat, als der nach der Höhe des tatsächlichen Ausfalles zu bemessende Anteil beträgt, so ist der Mehrbetrag unmittelbar aus der Sondermasse an die allgemeine Masse zurückzustellen (§ 132 Abs. 1 und 2 IO). Beträge, die auf **bestrittene Forderungen** sowie auf Forderungen von **Ausfallgläubigern** iSv § 132 Abs. 4 IO entfallen, sind bei Gericht zu erlegen; das Gleiche gilt von Beträgen, die auf **bedingte Forderungen** entfallen, sofern es sich nicht um auflösend bedingte Forderungen, für welche der Gläubiger Sicherheit leistet, handelt (§ 133 IO). Gläubiger, deren Forderungen wegen **verspäteter Anmeldung** bei einer Verteilung nicht berücksichtigt werden konnten, können verlangen, dass bei der folgenden Verteilung einen Betrag voraus erhalten, der ihrer Gleichstellung mit den übrigen Gläubigern entspricht (§ 134 IO).

Nach vollständiger Verwertung der Masse und endgültiger Entscheidung über sämtliche bestrit- **406** tenen Forderungen, ist nach Feststellung der Ansprüche des Insolvenzverwalters und Genehmigung der Schlussrechnung (§§ 121 ff. IO) nach Durchführung eines formellen Verfahrens die **Schlussverteilung** vorzunehmen (§ 136 IO). Die Schlussverteilung darf nicht deshalb aufgeschoben werden, weil noch nicht feststeht, ob und inwieweit Sicherstellungsbeträge zur Deckung von Forderungen an die Masse zurückfallen werden. Vielmehr sind solche, nach dem Vollzuge der Schlussverteilung frei werdende oder sonst an die Masse zurückfließende Beträge aufgrund des Schlussverteilungsentwurfs vom Insolvenzverwalter mit Genehmigung des Insolvenzgerichts zu verteilen und ist der Nachweis über die **Nachtragsverteilung** dem Insolvenzgericht vorzulegen (§ 138 Abs. 1 IO). Das Gleiche gilt, wenn nach der Schlussverteilung oder nach der Aufhebung des Insolvenzverfahrens Vermögensstücke ermittelt werden, die zur Insolvenzmasse gehören (dazu BPB/Kodek KO IV § 138 Rn. 1 ff.; Duursma-Kepplinger Haftungsordnung III 509 ff., 512 ff.).

e) **Rechte nach Insolvenzaufhebung.** Insolvenzgläubigern steht – außer bei einem bestätig- **407** ten Sanierungsplan §§ 152b, 156 Abs. 1 IO –, auch wenn sie ihre Forderungen im Insolvenzverfahren angemeldet haben, **nach Insolvenzaufhebung** ein **unbeschränktes Nachforderungsrecht** gegen das gesamte verbleibende und insolvenzfreie Vermögen des Schuldners in Ansehung des

Internationales Insolvenzrecht – Österreich

unberichtigten Forderungsteils zu (zur streitigen Frage der nachhaltigen Forderungsumgestaltung Konecny/Schubert/Jelinek/Nunner-Krautgasser KO/IO §§ 60, 61 Rn. 1 ff.).

408 Wurde eine Insolvenzforderung im Insolvenzverfahren festgestellt und nicht vom Schuldner explizit bestritten, so kann **nach Insolvenzaufhebung** aufgrund der **Eintragung in das Anmeldungsverzeichnis** in das gesamte verbleibende und insolvenzfreie Vermögen des Schuldners **Exekution** geführt werden. Der damit normierten Rechtskrafterstreckung bedurfte es schon deshalb, weil es außerhalb eines Feststellungsprozesses an einem Urteil im formellen Sinn fehlte (Konecny/Schubert/Konecny KO/IO § 110 Rn. 48, § 112 Rn. 1 ff., 4 f., 6 ff.), der Bindungswirkung wiederum, weil der Schuldner – außer bei Eigenverwaltung im Schuldenregulierungsverfahren – schließlich nicht Beteiligter am Feststellungsprozess ist (Konecny/Schubert/Konecny KO/IO § 112 Rn. 6).

4. Nachrangige Forderungen

409 Forderungen aus **Eigenkapital ersetzenden Leistungen** können als solche im Insolvenzverfahren geltend gemacht werden; auch ein Rangrücktritt steht dem nicht entgegen. Im Insolvenzverfahren stellen sie jedoch bloß nachrangige Forderungen dar, die erst nach den Insolvenzforderungen Berücksichtigung finden. Ihre Durchsetzung folgt grundsätzlich nach den Regel für Insolvenzforderungen (§ 57a IO (hierzu näher Dellinger/Mohr/Mohr, Eigenkapitalersatz-Gesetz – Kurzkommentar, 2004, EKEG/KO § 57a Rn. 1 ff., 7, 24; Schopper/Vogt/Vogt, Praxiskommentar zum EKEG samt Nebenbestimmungen in KO und AO, 2003, EKEG/KO § 57a Rn. 9 ff.; DDR/Duursma-Kepplinger Rn. 2452 f.)). Allerdings sind sie nur anzumelden, wenn das Insolvenzgericht besonders **zur Anmeldung** dieser Forderungen **auffordert** (Mohr GeS 2003, 428 (429); Schopper/Vogt/Vogt, Praxiskommentar zum EKEG samt Nebenbestimmungen in KO und AO, 2003, EKEG/KO § 57a Rn. 6 ff.). Bei der Anmeldung solcher Forderungen ist auf den Nachrang hinzuweisen. Die Rechte der Insolvenzgläubiger werden durch die Befugnisse der Gläubiger mit nachrangigen Forderungen nicht berührt, was sich etwa daran zeigt, dass nachrangige Gläubiger nicht befugt sind, Insolvenzforderungen zu bestreiten (näher Dellinger/Mohr/Mohr, Eigenkapitalersatz-Gesetz – Kurzkommentar, 2004, EKEG/KO § 57a Rn. 24; Harrer wbl 2004, 201 (212)). Auch ein Stimmrecht in der Gläubigerversammlung kommt ihnen nicht zu. Gleichwohl sind nachrangige Forderungen von den Sanierungsplanwirkungen des § 156 Abs. 1 IO betroffen (so Dellinger/Mohr/Mohr, Eigenkapitalersatz-Gesetz – Kurzkommentar, 2004, EKEG/KO § 141 Rn. 2; Mohr GeS 2003, 428 (429); Karollus/Isola/Huemer WP-JB 2003, 305 (330); Jabornegg/Strasser/Artmann, Kommentar zum Aktiengesetz, 4. Aufl. 2006, öAktG § 52 Rn. 71; DDR/Duursma-Kepplinger Rn. 2453).

409a Forderungen aufgrund von Finanzierungen, Zwischenfinanzierungen und Transaktionen nach §§ 36a und 36b IO sind nur dann nachrangige Forderungen, wenn die Nachrangigkeit vereinbart wurde (§ 57a Abs. 3 IO). Diese Vorschrift wurde im Hinblick auf die ReO eingeführt.

5. Ausgeschlossene Ansprüche

410 § 58 IO regelt die von einer insolvenzmäßigen Geltendmachung **ausgeschlossenen Ansprüche** (seit Insolvenzeröffnung laufenden Zinsen auf Insolvenzforderungen, Geldstrafen gegen den Gemeinschuldner, Ansprüche aus Schenkungen und in der Verlassenschaftsinsolvenz auch aus Vermächtnissen). Diese ausgeschlossenen Forderungen können in der Insolvenz nicht geltend gemacht werden. Sie sind allerdings – soweit nicht ausdrücklich im Einzelfall etwas anderes gesetzlich geregelt ist (§ 156 Abs. 5 IO) – auch nicht von den Wirkungen eines Sanierungsplans betroffen.

XIII. Abschöpfungsverfahren mit Tilgungsplan oder Abschöpfungsverfahren

411 Kann eine „Teilentschuldung" weder durch Abschluss eines Sanierungsplans, noch eines Zahlungsplans erreicht werden, bietet in der Insolvenz natürlicher Personen – Unternehmer, wie Nichtunternehmer (zB den unbeschränkt haftenden Gesellschaftern einer OG/KG, dem mithaftenden Ehegatten des Schuldners) – das **Abschöpfungsverfahren mit Restschuldbefreiung** (Tilgungsplan bzw. Abschöpfungsplan) eine weitere Chance (ErläutRV 1218 BlgNR. XVII. GP 26 f.; Rechberger/Thurner Rn. 390). Im Gegensatz zu den erstgenannten Varianten bedarf die Restschuldbefreiung **nicht der Zustimmung der Gläubiger**.

412 Der Schuldner kann gem. § 199 Abs. 1 IO im Lauf des Insolvenzverfahrens, spätestens mit dem Antrag auf Annahme eines **Zahlungsplans**, die **Durchführung eines Abschöpfungsverfahrens mit Tilgungsplan oder mit Abschöpfungsplan** beantragen. Der Schuldner hat in den Tilgungsplan die Erklärung aufzunehmen, dass er den pfändbaren Teil seiner Forderungen auf

Einkünfte aus einem Arbeitsverhältnis oder auf sonstige wiederkehrende Leistungen mit Einkommensersatzfunktion für die Zeit von **drei Jahren** nach Eintritt der Rechtskraft des Beschlusses, mit dem das Abschöpfungsverfahren eingeleitet wird, an einen vom Gericht zu bestellenden Treuhänder abtritt. Bei einem Abschöpfungsplan hat der Schuldner die Erklärung nach dem ersten Satz mit einer Frist von fünf Jahren aufzunehmen. Hat der Schuldner diese Forderungen bereits vorher an einen Dritten abgetreten oder verpfändet, so ist in der Erklärung darauf hinzuweisen (§ 199 Abs. 2 IO).

Über den Antrag auf Durchführung des Abschöpfungsverfahrens ist erst zu entscheiden, wenn 413 einem zulässigen Zahlungsplan die Bestätigung versagt wurde (§ 200 IO). Anträge auf Durchführung des Abschöpfungsverfahrens, über die die Entscheidung nach S. 1 ausgesetzt war, gelten mit dem Eintritt der Rechtskraft der Entscheidung über die Bestätigung des Zahlungsplans als nicht gestellt. Vor Beschlussfassung ist eine öffentlich bekannt zu machende – möglichst mit der Zahlungsplantagsatzung zu verbindende – Tagsatzung abzuhalten, zu welcher der Masseverwalter, die Mitglieder des Gläubigerausschusses, die Insolvenzgläubiger und der Schuldner zu laden sind. In der Tagsatzung hat das Gericht zu berichten, ob Einleitungshindernisse nach § 201 Abs. 1 Nr. 1, 5 und 6 IO vorliegen.

Gemäß § 201 Abs. 1 IO ist der Antrag auf Durchführung des Abschöpfungsverfahrens ist nur 414 abzuweisen, wenn eines oder mehrere nachfolgender **Einleitungshindernisse** vorliegen:
- der Schuldner wegen einer Straftat nach den §§ 156, 158, 162 oder 292a StGB rechtskräftig verurteilt wurde und diese Verurteilung weder getilgt ist noch der beschränkten Auskunft aus dem Strafregister unterliegt (Nr. 1) oder
- der Schuldner während des Insolvenzverfahrens Auskunfts- oder Mitwirkungspflichten nach diesem Gesetz vorsätzlich oder grob fahrlässig verletzt hat (Nr. 2) oder
- der Schuldner während des Insolvenzverfahrens nicht eine angemessene Erwerbstätigkeit ausgeübt oder, wenn er ohne Beschäftigung war, sich nicht um eine solche bemüht oder eine zumutbare Tätigkeit abgelehnt hat (Nr. 2a) oder
- der Schuldner dem Vertretungsorgan einer juristischen Person oder Personengesellschaft angehört oder in den letzten fünf Jahren vor Eröffnung des Insolvenzverfahrens angehört hat und im Insolvenzverfahren der juristischen Person oder Personengesellschaft die Auskunfts- oder Mitwirkungspflicht nach diesem Gesetz vorsätzlich oder grob fahrlässig verletzt hat (Nr. 2b) oder
- der Schuldner innerhalb von drei Jahren vor dem Antrag auf Einleitung des Abschöpfungsverfahrens vorsätzlich oder grob fahrlässig die Befriedigung der Insolvenzgläubiger dadurch vereitelt oder geschmälert hat, dass er unverhältnismäßig Verbindlichkeiten begründet oder Vermögen verschleudert hat (Nr. 3), oder
- der Schuldner vorsätzlich oder grob fahrlässig schriftlich unrichtige oder unvollständige Angaben über seine wirtschaftlichen Verhältnisse oder die wirtschaftlichen Verhältnisse der von ihm als Organ vertretenen juristischen Person gemacht hat, um die einer Insolvenzforderung zugrundeliegende Leistung zu erhalten, und der Gläubiger daran nicht vorsätzlich mitgewirkt hat (Nr. 4) oder
- dem Zahlungsplan nach § 195 Nr. 3 IO die Bestätigung versagt wurde (Nr. 5) oder
- vor weniger als 20 Jahren vor dem Antrag auf Durchführung eines Abschöpfungsverfahrens bereits ein Abschöpfungsverfahren eingeleitet wurde (Nr. 6).

Liegt dem Abschöpfungsverfahren ein Tilgungsplan zugrunde, so ist der Antrag auf Durchführung 415 des Abschöpfungsverfahrens auch dann abzuweisen, wenn der Schuldner nicht längstens binnen 30 Tagen nach öffentlicher Bekanntmachung des Beschlusses über die Feststellung der offenkundigen Zahlungsunfähigkeit im Exekutionsverfahren die Eröffnung eines Insolvenzverfahrens beantragt oder der Tatbestand des § 201 Abs. 1 Nr. 3 innerhalb von fünf Jahren erfüllt wurde (§ 201 Abs. 2 IO). Hat der Schuldner bei dem der öffentlichen Bekanntmachung des Beschlusses über die Feststellung der offenkundigen Zahlungsunfähigkeit vorangegangenen Vollzug kein Unternehmen betrieben, so ist § 201 Abs. 2 Nr. 1 IO nicht erfüllt, wenn der Schuldner binnen 30 Tagen nach öffentlicher Bekanntmachung Maßnahmen zur Beseitigung der Zahlungsunfähigkeit oder zur Vorbereitung des Insolvenzverfahrens ergreift und ab der öffentlichen Bekanntmachung bis zur Eröffnung des Insolvenzverfahrens keine neuen Schulden eingeht, die er bei Fälligkeit nicht bezahlen kann (§ 201 Abs. 3 IO). Das Gericht hat die Einleitung des Abschöpfungsverfahrens nur auf Antrag eines Insolvenzgläubigers abzuweisen. Der Insolvenzgläubiger hat den Abweisungsgrund glaubhaft zu machen (§ 201 Abs. 4 IO).

Die Insolvenz ist mit Eintritt der Rechtskraft des Beschlusses, mit dem das Abschöpfungsverfah- 416 ren eingeleitet wird, aufgehoben.

Internationales Insolvenzrecht – Österreich

417 Liegen keine Einleitungshindernisse vor und sind die Kosten des Abschöpfungsverfahrens durch die dem Treuhänder zukommenden Beträge voraussichtlich gedeckt, so leitet das Gericht das Abschöpfungsverfahren ein und bestellt einen Treuhänder (§ 202 Abs. 1 IO). Dessen Vergütung richtet sich nach § 204 IO. Auf den Treuhänder geht der pfändbare Teil der Forderungen des Schuldners auf Einkünfte aus einem Arbeitsverhältnis oder auf sonstige wiederkehrende Leistungen mit Einkommensersatzfunktion nach Maßgabe der Abtretungserklärung (§ 199 Abs. 2 IO) über. Wenn der Schuldner keinen, einen unpfändbaren oder keinen den unpfändbaren Freibetrag übersteigenden Bezug hat und dies eine Verletzung der Obliegenheit nach § 210 Abs. 1 Nr. 1 IO sein kann, hat das Gericht bei Einleitung des Abschöpfungsverfahrens und anlässlich der Rechnungslegung des Treuhänders jeweils für das nächste Rechnungslegungsjahr dem Schuldner aufzutragen, zu festgelegten Zeitpunkten dem Gericht und dem Treuhänder Auskunft über seine Bemühungen um eine Erwerbstätigkeit zu erteilen. Zum Treuhänder kann auch ein bevorrechteter Gläubigerschutzverband bestellt werden (§ 202 Abs. 3 IO). Die Vergütung des Treuhänders ist in § 204 IO geregelt.

418 Der **Treuhänder** hat dem Drittschuldner die Abtretung mitzuteilen. Er hat die Beträge, die er durch die Abtretung erlangt, und sonstige Leistungen des Schuldners oder Dritter von seinem Vermögen getrennt zu halten, fruchtbringend anzulegen und am Ende des Kalenderjahres binnen acht Wochen an die Gläubiger nach Maßgabe von § 203 IO zu verteilen. Hierbei sind die Masseforderungen, die Kosten des Abschöpfungsverfahrens und hierauf die Forderungen der Insolvenzgläubiger nach den für das Insolvenzverfahren geltenden Bestimmungen zu befriedigen. Verteilungen haben bereits vorher stattzufinden, wenn hinreichendes zu verteilendes Vermögen vorhanden ist, jedenfalls wenn eine Quote von zumindest 10 % verteilt werden kann.

419 Der Treuhänder untersteht der Aufsicht des Insolvenzgerichts (§ 203 Abs. 4 iVm §§ 84, 87 IO). Der Treuhänder hat das ihm vom Schuldner herausgegebene Vermögen zu verwerten; er kann stattdessen dem Schuldner die Verwertung auftragen; diese ist nur wirksam, wenn der Treuhänder zustimmt. Das Gericht kann auf Antrag der Gläubigerversammlung dem Treuhänder zusätzlich die Aufgabe übertragen, durch angemessene Erhebungen zu prüfen, ob der Schuldner seine Obliegenheiten erfüllt. Die dadurch entstehenden Kosten müssen voraussichtlich gedeckt sein oder bevorschusst werden. Der Treuhänder hat die Insolvenzgläubiger unverzüglich zu benachrichtigen, wenn er einen Verstoß gegen diese Obliegenheiten feststellt. Auf Antrag des Treuhänders, eines Insolvenzgläubigers oder des Schuldners hat das Insolvenzgericht die Forderungen des Schuldners auf Einkünfte aus einem Arbeitsverhältnis oder auf sonstige wiederkehrende Leistungen mit Einkommensersatzfunktion nach § 292 EO zusammenzurechnen, den unpfändbaren Freibetrag nach § 292a EO zu erhöhen oder nach § 292b EO herabzusetzen. Die im Insolvenzverfahren oder vom Exekutionsgericht getroffenen Entscheidungen nach §§ 292, 292a, 292b und 292g EO bleiben wirksam. Dieser Beschluss ist öffentlich bekanntzumachen und dem Treuhänder, dem Drittschuldner, dem Schuldner und dem Antragsteller zuzustellen (§ 205 IO). Zur Sicherstellung der Gläubigergleichbehandlung sind Exekutionen einzelner Insolvenzgläubiger in das Vermögen des Schuldners während des Abschöpfungsverfahrens nicht zulässig. Eine Vereinbarung des Schuldners oder anderer Personen mit einem Insolvenzgläubiger, wodurch diesem besondere Vorteile eingeräumt werden, ist ungültig (§ 206 Abs. 1 IO). Eine Vereinbarung des Schuldners oder anderer Personen mit einem Insolvenzgläubiger, wodurch diesem besondere Vorteile eingeräumt werden, ist ungültig. Was aufgrund einer ungültigen Vereinbarung oder aufgrund eines zur Verdeckung einer solchen Vereinbarung eingegangenen Verpflichtungsverhältnisses geleistet worden ist, kann, unbeschadet weitergehender Ersatzansprüche, binnen drei Jahren nach Beendigung oder Einstellung des Abschöpfungsverfahrens zurückgefordert werden (§ 206 Abs. 2 IO). Gegen eine Forderung des Schuldners, insbesondere auf die Bezüge, die von der Abtretungserklärung erfasst werden, kann der Drittschuldner eine Forderung gegen den Schuldner nur aufrechnen, soweit er bei einer Fortdauer des Insolvenzverfahrens nach §§ 19 und 20 IO zur Aufrechnung berechtigt wäre (§ 206 Abs. 3 IO).

419a Insolvenzgläubiger, die ihre **Forderungen nicht angemeldet** haben, sind gem. § 207 IO bei den Verteilungen nur dann zu berücksichtigen, wenn sie von der Eröffnung des Insolvenzverfahrens nicht verständigt wurden, ihre Forderungen feststehen und die Insolvenzgläubiger dies dem Treuhänder angezeigt haben.

420 § 210 IO regelt die **Obliegenheiten des Schuldners.** Diesen treffen diverse Auskunfts- und Meldepflichten. Ferner hat er eine angemessene Erwerbstätigkeit auszuüben bzw. sich um eine solche zu bemühen (Anspannungsgrundsatz), Vermögen, welches er aufgrund letztwilliger Verfügungen oder unentgeltlicher Zuwendungen erlangt, an den Treuhänder herauszugeben und alles zu unterlassen, was der Gläubigergleichbehandlung entgegensteht. Obliegenheitsverletzungen des Schuldners werden nicht von Amts wegen, sondern nur auf Gläubigerantrag hin sanktioniert

(Rechberger/Thurner Rn. 401). Diesfalls wird das **Abschöpfungsverfahren vorzeitig eingestellt** (§ 211 IO), zumal es nur redlichen Schuldnern offen steht. Bei Vorhandensein hinreichenden Vermögens oder Leistung eines angemessenen Kostenvorschusses, ist das **Insolvenzverfahren auf Antrag eines Insolvenzgläubigers wieder aufzunehmen** (§ 212 IO). § 210a IO regelt die Auskunftserteilung über die Erfüllung der Obliegenheiten.

Die Beendigung des Abschöpfungsverfahrens führt **nicht automatisch** zu einer **Befreiung der Verbindlichkeiten;** eine solche setzt die Erteilung einer Restschuldbefreiung voraus (s. auch Rechberger/Thurner Rn. 404). Nach Ende der Laufzeit der Abtretungserklärung oder wenn die Insolvenzforderungen aller Gläubiger, die ihre Forderungen angemeldet haben, befriedigt wurden, hat das Gericht gem. § 213 IO das Abschöpfungsverfahren, das nicht eingestellt wurde, für beendet zu erklären und gleichzeitig auszusprechen, dass der Schuldner von den im Verfahren nicht erfüllten Verbindlichkeiten gegenüber den Insolvenzgläubigern befreit ist (**Restschuldbefreiung**). Wenn ein Antrag eines Insolvenzgläubigers auf vorzeitige Einstellung vorliegt, hat das Gericht die Entscheidung bis zum Eintritt der Rechtskraft dieses Beschlusses auszusetzen und erst dann zu treffen, wenn der Antrag eines Insolvenzgläubigers auf vorzeitige Einstellung rechtskräftig abgewiesen wurde. Der Beschluss über die Beendigung des Abschöpfungsverfahrens und über die Restschuldbefreiung ist öffentlich bekannt zu machen. 421

§ 214 IO regelt die **Wirkungen der Restschuldbefreiung.** Wird die Restschuldbefreiung erteilt, so wirkt sie gegen alle Insolvenzgläubiger. Dies gilt auch für Gläubiger, die ihre Forderungen nicht angemeldet haben, und für Forderungen nach § 58 Nr. 1 IO. Die Rechte der Insolvenzgläubiger gegen Bürgen oder Mitschuldner des Schuldners sowie gegen Rückgriffsverpflichtete werden durch die Restschuldbefreiung nicht berührt. Der Schuldner wird jedoch gegenüber den Bürgen und anderen Rückgriffsberechtigten in gleicher Weise befreit wie gegenüber den Insolvenzgläubigern. Wird ein Insolvenzgläubiger befriedigt, obwohl er aufgrund der Restschuldbefreiung keine Befriedigung zu beanspruchen hat, so begründet dies keine Pflicht zur Rückgabe des Erlangten. 422

Gemäß § 215 IO werden Verbindlichkeiten des Schuldners aus einer vorsätzlich begangenen unerlaubten Handlung oder einer vorsätzlichen strafgesetzwidrigen Unterlassung und Verbindlichkeiten, die nur aus Verschulden des Schuldners unberücksichtigt geblieben sind, von der Erteilung der Restschuldbefreiung nicht berührt. 423

Der **Widerruf der Restschuldbefreiung** ist in § 216 IO geregelt. Auf Antrag eines Insolvenzgläubigers hat das Gericht die Erteilung der Restschuldbefreiung zu widerrufen, wenn sich nachträglich herausstellt, dass der Schuldner eine seiner Obliegenheiten vorsätzlich verletzt und dadurch die Befriedigung der Insolvenzgläubiger erheblich beeinträchtigt hat (§ 216 Abs. 1 IO). Der Antrag kann nur innerhalb von zwei Jahren nach Eintritt der Rechtskraft der Entscheidung über die Restschuldbefreiung gestellt werden. Er ist abzuweisen, wenn nicht glaubhaft gemacht wird, dass die Voraussetzungen des Abs. 1 vorliegen und dass der Insolvenzgläubiger bis zum Ende der Laufzeit der Abtretungserklärung keine Kenntnis von ihnen hatte. Vor der Entscheidung über den Antrag sind der Treuhänder und der Schuldner zu vernehmen. Die Entscheidung, mit der die Restschuldbefreiung widerrufen wird, ist öffentlich bekanntzumachen. 424

Die Bestimmungen über den Tilgungsplan (§ 216 Abs. 1 IO) treten, soweit davon Verbraucher erfasst sind, mit Ablauf des 16.7.2026 außer Kraft; diese Bestimmungen bleiben anwendbar, wenn der Antrag auf Durchführung des Abschöpfungsverfahrens mit Restschuldbefreiung mit Tilgungsplan vor dem 17.7.2026 bei Gericht eingelangt ist (vgl. § 283 Abs. 9 IO). 424a

E. Insolvenzstrafrecht

I. Bankrottstraftaten

§§ 157, 158, 160, 162 öStGB enthalten eine Reihe von Straftatbeständen, die mit der Insolvenz im Zusammenhang stehen (weiterführend hierzu Feldbauer-Durstmüller/Schlager/Inselsbacher 1041 ff.). Unter Strafe stehen insbesondere **Schädigung fremder Gläubiger** (§ 157 öStGB), **Begünstigung eines Gläubigers** (§ 158 öStGB), **Umtriebe während einer Geschäftsaufsicht und im Insolvenzverfahren** (§ 160 öStGB), **Vollstreckungsvereitelung** (§ 162 öStGB). 425

Gemäß § 157 öStGB (**Schädigung fremder Gläubiger**) ist zu bestrafen, wer ohne Einverständnis mit dem Schuldner einen Bestandteil des Vermögens des Schuldners verheimlicht, beiseite schafft, veräußert oder beschädigt oder ein nicht bestehendes Recht gegen das Vermögen des Schuldners geltend macht und dadurch die Befriedigung der Gläubiger oder wenigstens eines von ihnen vereitelt oder schmälert. 426

Gemäß § 158 öStGB (**Begünstigung eines Gläubigers**) ist, wer nach Eintritt seiner Zahlungsunfähigkeit einen Gläubiger begünstigt und dadurch die anderen Gläubiger oder wenigstens einen 427 von ihnen benachteiligt, mit Freiheitsstrafe bis zu zwei Jahren zu bestrafen. Der Gläubiger, der den Schuldner zur Sicherstellung oder Zahlung einer ihm zustehenden Forderung verleitet oder die Sicherstellung oder Zahlung annimmt, ist nach Abs. 1 nicht zu bestrafen.

428 § 160 öStGB sanktioniert **Umtriebe während einer Geschäftsaufsicht oder im Insolvenzverfahren.** Mit Freiheitsstrafe bis zu einem Jahr oder mit Geldstrafe bis zu 720 Tagessätzen ist zu bestrafen (Abs. 1): (Nr. 1) wer eine nicht zu Recht bestehende Forderung oder eine Forderung in einem nicht zu Recht bestehenden Umfang oder Rang geltend macht, um dadurch einen ihm nicht zustehenden Einfluss im Insolvenzverfahren zu erlangen; (Nr. 2) für das Unterlassen der Ausübung seines Stimmrechts für sich oder einen Dritten einen Vermögensvorteil annimmt oder sich versprechen lässt, und auch wer einem Gläubiger zu diesem Zweck einen Vermögensvorteil gewährt oder verspricht; (Nr. 3) ein Gläubiger, der für die Zustimmung zum Abschluss eines Sanierungsplans ohne Zustimmung der übrigen Gläubiger für sich oder einen Dritten einen Sondervorteil annimmt oder sich versprechen lässt, und auch wer einem Gläubiger zu diesem Zweck einen Sondervorteil gewährt oder verspricht. Ebenso sind eine zur Geschäftsaufsicht bestellte Person, der Insolvenzverwalter und ein Mitglied des Gläubigerausschusses im Insolvenzverfahren zu bestrafen, die für sich oder einen Dritten zum Nachteil der Gläubiger einen ihnen nicht gebührenden Vermögensvorteil annehmen oder sich versprechen lassen (§ 160 Abs. 2 öStGB).

429 § 162 öStGB regelt die **Vollstreckungsvereitelung.** Ein Schuldner, der einen Bestandteil seines Vermögens verheimlicht, beiseite schafft, veräußert oder beschädigt, eine nicht bestehende Verbindlichkeit vorschützt oder anerkennt oder sonst sein Vermögen wirklich oder zum Schein verringert und dadurch die Befriedigung eines Gläubigers durch Zwangsvollstreckung oder in einem anhängigen Zwangsvollstreckungsverfahren vereitelt oder schmälert, ist mit Freiheitsstrafe bis zu sechs Monaten oder mit Geldstrafe bis zu 360 Tagessätzen zu bestrafen. Wer durch die Tat einen 5.000 EUR übersteigenden Schaden herbeiführt, ist mit Freiheitsstrafe bis zu drei Jahren zu bestrafen.

430 § 163 öStGB stellt die **Vollstreckungsvereitelung zugunsten eines anderen** unter Strafe. Ebenso ist zu bestrafen, wer ohne Einverständnis mit dem Schuldner einen Bestandteil des Vermögens des Schuldners verheimlicht, beiseite schafft, veräußert oder beschädigt oder ein nicht bestehendes Recht gegen das Vermögen des Schuldners geltend macht und dadurch die Befriedigung eines Gläubigers durch Zwangsvollstreckung oder in einem anhängigen Zwangsvollstreckungsverfahren vereitelt oder schmälert.

II. Verletzung der Insolvenzantragspflicht

431 Unter Strafe stehen die **Betrügerische Krida** (§ 156 öStGB) und die **Grob fahrlässige Beeinträchtigung von Gläubigerinteressen** (§ 159 öStGB). Nicht mehr unter Strafe steht die verspätete Insolvenzantragstellung (Fahrlässige Krida; § 159 öStGB aF).

432 § 156 öStGB regelt die **Betrügerische Krida.** Wer einen Bestandteil seines Vermögens verheimlicht, beiseite schafft, veräußert oder beschädigt, eine nicht bestehende Verbindlichkeit vorschützt oder anerkennt oder sonst sein Vermögen wirklich oder zum Schein verringert und dadurch die Befriedigung seiner Gläubiger oder wenigstens eines von ihnen vereitelt oder schmälert, ist mit Freiheitsstrafe von sechs Monaten bis zu fünf Jahren zu bestrafen. Wer durch die Tat einen 300.000 EUR übersteigenden Schaden herbeiführt, ist mit Freiheitsstrafe von einem bis zu zehn Jahren zu bestrafen.

433 § 159 öStGB stellt die Grob fahrlässige Beeinträchtigung von Gläubigerinteressen unter Strafe:
434 Wer grob fahrlässig (§ 6 Abs. 3 öStGB) seine Zahlungsunfähigkeit dadurch herbeiführt, dass er kridaträchtig handelt (Abs. 5), ist mit Freiheitsstrafe bis zu einem Jahr oder mit Geldstrafe bis zu 720 Tagessätzen zu bestrafen (Abs. 1).

435 Ebenso ist zu bestrafen, wer in Kenntnis oder fahrlässiger Unkenntnis seiner Zahlungsunfähigkeit grob fahrlässig (§ 6 Abs. 3 öStGB) die Befriedigung wenigstens eines seiner Gläubiger dadurch vereitelt oder schmälert, dass er nach Abs. 5 kridaträchtig handelt (Abs. 2).

436 Ebenso ist zu bestrafen, wer grob fahrlässig (§ 6 Abs. 3 öStGB) seine wirtschaftliche Lage durch kridaträchtiges Handeln (Abs. 5) derart beeinträchtigt, dass Zahlungsunfähigkeit eingetreten wäre, wenn nicht von einer oder mehreren Gebietskörperschaften ohne Verpflichtung hierzu unmittelbar oder mittelbar Zuwendungen erbracht, vergleichbare Maßnahmen getroffen oder Zuwendungen oder vergleichbare Maßnahmen anderer veranlasst worden wären (Abs. 3).

437 Gemäß Abs. 4 ist mit Freiheitsstrafe bis zu zwei Jahren zu bestrafen, wer (Nr. 1) im Fall des Abs. 1 einen 1.000.000 EUR übersteigenden Befriedigungsausfall seiner Gläubiger oder wenigstens eines von ihnen bewirkt, (Nr. 2) im Fall des Abs. 2 einen 1.000.000 EUR übersteigenden

Internationales Insolvenzrecht – Österreich

zusätzlichen Befriedigungsausfall seiner Gläubiger oder wenigstens eines von ihnen bewirkt oder (Nr. 3) durch eine der in den Abs. 1 oder 2 mit Strafe bedrohten Handlungen die wirtschaftliche Existenz vieler Menschen schädigt oder im Fall des Abs. 3 geschädigt hätte.

Kridaträchtig handelt gem. Abs. 5, wer entgegen Grundsätzen ordentlichen Wirtschaftens (Nr. 1) einen bedeutenden Bestandteil seines Vermögens zerstört, beschädigt, unbrauchbar macht, verschleudert oder verschenkt, (Nr. 2) durch ein außergewöhnlich gewagtes Geschäft, das nicht zu seinem gewöhnlichen Wirtschaftsbetrieb gehört, durch Spiel oder Wette übermäßig hohe Beträge ausgibt, (Nr. 3) übermäßigen, mit seinen Vermögensverhältnissen oder seiner wirtschaftlichen Leistungsfähigkeit in auffallendem Widerspruch stehenden Aufwand treibt, (Nr. 4) Geschäftsbücher oder geschäftliche Aufzeichnungen zu führen unterlässt oder so führt, dass ein zeitnaher Überblick über seine wahre Vermögens-, Finanz- und Ertragslage erheblich erschwert wird, oder sonstige geeignete und erforderliche Kontrollmaßnahmen, die ihm einen solchen Überblick verschaffen, unterlässt oder (Nr. 5) Jahresabschlüsse, zu deren Erstellung er verpflichtet ist, zu erstellen unterlässt oder auf eine solche Weise oder so spät erstellt, dass ein zeitnaher Überblick über seine wahre Vermögens-, Finanz- und Ertragslage erheblich erschwert wird. **438**

III. Leitende Angestellte

§ 161 öStGB trifft eine Anordnung über die „**Gemeinsame Bestimmungen über die Verantwortlichkeit leitender Angestellter**": Nach den §§ 156, 158, 159 und 162 öStGB ist gleich einem Schuldner, nach § 160 öStGB gleich einem Gläubiger zu bestrafen, wer eine der dort genannten Handlungen als leitender Angestellter (§ 306a öStGB) einer juristischen Person oder einer Personengemeinschaft ohne Rechtspersönlichkeit begeht. Ebenso ist nach den genannten Bestimmungen zu bestrafen, wer zwar mit Einverständnis mit dem Schuldner oder Gläubiger, aber als dessen leitender Angestellter handelt. Nach § 160 Abs. 2 öStGB ist auch zu bestrafen, wer eine der dort genannten Handlungen als leitender Angestellter einer juristischen Person oder einer Personengemeinschaft ohne Rechtspersönlichkeit begeht, der eine der dort bezeichneten Aufgaben übertragen worden ist. **439**

IV. Anzeigepflicht des Insolvenzgerichts

Nach § 261 IO hat das **Insolvenzgericht** dem Staatsanwalt **Anzeige zu erstatten,** wenn der Schuldner, die organschaftlichen Vertreter einer juristischen Person oder die Gesellschafter nach § 72d IO die Vorlage des Vermögensverzeichnisses (§§ 71, 71b, 72b, 72d und 100 IO) oder dessen Unterfertigung vor dem Insolvenzgericht verweigern oder oder der Gemeinschuldner flüchtig wird oder sonst der Verdacht einer vom Gemeinschuldner begangenen strafbaren Handlung vorliegt. **440**

V. Sozialversicherungsbetrug

§ 153c öStGB stellt das **Vorenthalten von Dienstnehmerbeiträgen zur Sozialversicherung** unter Strafe. Wer als Dienstgeber Beiträge eines Dienstnehmers zur Sozialversicherung dem berechtigten Versicherungsträger vorenthält, ist mit Freiheitsstrafe bis zu einem Jahr oder mit Geldstrafe bis zu 720 Tagessätzen zu bestrafen (Abs. 1). Trifft die Pflicht zur Einzahlung der Beiträge eines Dienstnehmers zur Sozialversicherung eine juristische Person oder eine Personengemeinschaft ohne Rechtspersönlichkeit, so ist Abs. 1 auf alle natürlichen Personen anzuwenden, die dem zur Vertretung befugten Organ angehören. Dieses Organ ist berechtigt, die Verantwortung für die Einzahlung dieser Beiträge einzelnen oder mehreren Organmitgliedern aufzuerlegen; ist dies der Fall, findet Abs. 1 nur auf sie Anwendung (Abs. 2). Der Täter ist gem. Abs. 3 nicht zu bestrafen, wenn er bis zum Schluss der Verhandlung (Nr. 1) die ausstehenden Beiträge zur Gänze einzahlt oder (Nr. 2) sich dem berechtigten Sozialversicherungsträger gegenüber vertraglich zur Nachentrichtung der ausstehenden Beiträge binnen einer bestimmten Zeit verpflichtet. Die Strafbarkeit lebt wieder auf, wenn der Täter seine nach Abs. 3 Nr. 2 eingegangene Verpflichtung nicht einhält (Abs. 4). **441**

§ 153d öStGB regelt das **Betrügerisches Anmelden zur Sozialversicherung** oder Bauarbeiter-Urlaubs- und Abfertigungskasse. Wer die Anmeldung einer Person zur Sozialversicherung in dem Wissen, dass die in Folge der Anmeldung auflaufenden Sozialversicherungsbeiträge nicht vollständig geleistet werden sollen, vornimmt, vermittelt oder in Auftrag gibt, ist mit Freiheitsstrafe bis zu drei Jahren zu bestrafen, wenn die in Folge der Anmeldung auflaufenden Sozialversicherungsbeiträge nicht vollständig geleistet werden (Abs. 1). Ebenso ist zu bestrafen, wer die Meldung einer Person zur Bauarbeiter-Urlaubs- und Abfertigungskasse in dem Wissen, dass die in Folge **442**

Internationales Insolvenzrecht – Österreich

der Meldung auflaufenden Zuschläge nach dem Bauarbeiter-Urlaubs- und Abfertigungsgesetz nicht vollständig geleistet werden sollen, vornimmt, vermittelt oder in Auftrag gibt, wenn die in Folge der Meldung auflaufenden Zuschläge nicht vollständig geleistet werden (Abs. 2). Wer die Tat nach Abs. 1 oder Abs. 2 gewerbsmäßig oder in Bezug auf eine größere Zahl von Personen begeht, ist mit Freiheitsstrafe von sechs Monaten bis zu fünf Jahren zu bestrafen (Abs. 3).

F. Insolvenzsteuerrecht

I. Insolvenz- und Masseforderungen

443 Gemäß § 46 Nr. 2 IO sind alle Auslagen, die mit der Erhaltung, Verwaltung und Bewirtschaftung der Masse verbunden sind, sowie die die Masse treffenden Steuern, Gebühren, Zölle, Beiträge zur Sozialversicherung und anderen öffentlichen Abgaben Masseforderungen, wenn und soweit der die Abgabepflicht auslösende Sachverhalt **während des Insolvenzverfahrens** verwirklicht wird. Hierzu gehören auch die nach persönlichen Verhältnissen des Schuldners bemessenen öffentlichen Abgaben; soweit jedoch diese Abgaben nach den verwaltungsbehördlichen Feststellungen auf ein anderes als das für die Insolvenzmasse nach der Insolvenzeröffnung erzielte Einkommen entfallen, ist dieser Teil auszuscheiden. Inwieweit im Insolvenzverfahren eines Unternehmers die im ersten Satz bezeichneten Forderungen von Fonds und von anderen gemeinsamen Einrichtungen sowie die auf Forderungen der Arbeitnehmer (arbeitnehmerähnlichen Personen) entfallenden öffentlichen Abgaben Masseforderungen sind, richtet sich nach der Einordnung der Arbeitnehmerforderung.

444 Die Insolvenzeröffnung lässt den Schuldner als Steuersubjekt und mithin auch seine **Steuernummer** unberührt (Kofler/Kristen, Insolvenz und Steuern, 2. Aufl. 2000, 1; Konecny/Schubert/Engelhart KO/IO § 46 Rn. 86). Insolvenzrechtlich gilt es unterschiedliche Konstellationen für die Einstufung von Abgabenforderungen zu unterscheiden: Das Steuersubjekt Schuldner mit vor oder nach Insolvenzeröffnung verwirklichten Sachverhalten, Abgaben, die insolvenzfreies Vermögen betreffen, Abgaben deren Sachverhalte sich auf das Insolvenzverfahren zurückführen lassen, aber erst nach Verfahrensaufhebung endgültig verwirklicht werden, wie Sanierungsgewinne (Konecny/Schubert/Engelhart KO/IO § 46 Rn. 87).

445 Bis zum IRÄG 1982 war das Kriterium der Fälligkeit der Abgabenforderung (nach abgabenrechtlichen Bestimmungen, nicht nach § 14 IO) für ihre Qualifikation als Insolvenz- oder Masseforderung maßgeblich. Nach der lex lata gilt es in einem ersten Schritt zu beurteilen, ob die **konkrete Abgabe überhaupt die Insolvenzmasse trifft;** dies ist bei Abgabenforderungen, die sich gegen das insolvenzfreie Vermögen richten oder die gem. § 58 IO vom Insolvenzverfahren ausgeschlossen sind, nicht der Fall. Bejahendenfalls, ist in einem zweiten Schritt zu prüfen, ob und ggf. in welchem Umfang der die **Abgabenpflicht auslösende Sachverhalt** während des Insolvenzverfahrens oder bereits zuvor gesetzt worden ist. Entscheidend ist nicht wie in § 4 Abs. 1 BAO die Tatbestandsverwirklichung, sondern die **Verwirklichung des Sachverhalts,** mithin der Rechtsgrund für die Entstehung der Abgabenforderung, wobei es gleichgültig ist, wann der Abgabenanspruch tatsächlich entsteht oder fällig wird (Konecny/Schubert/Engelhart KO/IO § 46 Rn. 87; Kristen/Richter ZIK 1999, 1; zu den Abgrenzungen bei einzelnen Steuern Konecny/Schubert/Engelhart KO/IO § 46 Rn. 97 ff.; Kofler/Kristen, Insolvenz und Steuern, 2. Aufl. 2000, passim).

II. Einkommensteuer/Körperschaftssteuer – Sanierungsgewinne

446 Unter Sanierungsgewinnen sind jene Gewinne zu verstehen, die durch Vermehrungen des Betriebsvermögens infolge eines **gänzlichen oder teilweisen Erlasses von Schulden** zum Zwecke der Sanierung entstanden sind.

447 Für die Besteuerung des Sanierungsgewinns gelten nunmehr je nachdem, ob es sich um eine natürliche Person oder Körperschaft (insbesondere GmbH, AG) handelt, die Vorschriften von § 36 öEStG (natürliche Personen) bzw. § 23a öKStG (Körperschaften). Ist der Gesellschafter der Personengesellschaft eine juristische Person, so gilt für Sanierungsgewinne § 23a öKStG, handelt es sich bei dem Gesellschafter der eingetragenen Personengesellschaft um eine natürliche Person, so gilt § 36 öEStG. Sowohl § 36 öEStG als auch § 23a öKStG bewirkt vom wirtschaftlichen Effekt her, dass der Sanierungsgewinn im Ergebnis nur in Höhe der Sanierungsplanquote besteuert wird. Eine **Unternehmensfortführung** ist in beiden Fällen **nicht** mehr **erforderlich.**

448 § 36 öEStG erfasst neben dem Sanierungsplan auch die Privatinsolvenz. Die Voraussetzungen des § 23a öKStG sind jedoch **strenger** als jene des § 36 öEStG. Ersterer gilt nämlich nicht jede

Internationales Insolvenzrecht – Österreich

Art des Schuldnachlasses, sondern nur für „echte Sanierungsgewinne". Das sind Gewinne, die durch Vermehrung des Betriebsvermögens infolge eines gänzlichen oder teilweisen Erlasses von Schulden **zum Zwecke der Sanierung** entstanden sind. Erfasste Verfahren sind Insolvenzverfahren die nach Bestätigung des Sanierungsplans aufgehoben werden. Voraussetzung ist, dass der Schulderlass bei Sanierungsbedürftigkeit zum Zwecke der Sanierung dh mit Sanierungsabsicht und Sanierungseignung erfolgt ist.

Der **Gewinn entsteht** sowohl im Anwendungsbereich des § 36 öEStG als auch des § 23a **449** öKStG **nach Maßgabe der Quotenerfüllung,** mit Erfüllung des Sanierungsplans bzw. des Zahlungsplans bzw. Erteilung der Restschuldbefreiung. Es kommt somit auf den Zeitpunkt an, in dem die **Quote gezahlt** wurde und **nicht** schon auf die **Bestätigung des Sanierungsplans bzw. Zahlungsplans.** Die Verlustvortrags- und Verlustverrechnungsgrenze von 75 % des § 2 Abs. 2b öEStG ist auf Gewinne aus einem Schulderlass gem. § 36 Abs. 2 öEStG nicht anwendbar (§ 2 Abs. 2b Nr. 3 Hs. 1 öEStG). Gleiches gilt im Anwendungsbereich des § 23a öKStG, sodass auch bei der Körperschaft **voll verrechnet** werden kann. Beim Einzelunternehmer, wie bei der Körperschaft ist die Steuer auf den Sanierungsgewinn (bzw. Schuldnachlass) weder eine Insolvenz- noch Masseforderung, sondern eine **Neuforderung,** zumal sie regelmäßig – die Zahlung der (Sanierunsgsplan-)Quote erfolgt zumeist erst nach Insolvenzaufhebung im Rahmen der Sanierungsplanerfüllung (arg. aufschiebende, nicht auflösende Bedingung für das Entstehen der Steuerschuld) – erst **nach Insolvenzaufhebung** entsteht. Eine Berücksichtigung im Insolvenzverfahren käme nur dann ausnahmsweise in Betracht, wenn die Sanierungsplanquote sofort, dh vor Insolvenzaufhebung zu zahlen wäre. An der Höhe der Forderung änderte dies jedoch nichts.

Gemäß § 23a Abs. 1 öKStG gehören Sanierungsgewinne zu den Einkünften. Sind im Einkommen **450** Sanierungsgewinne enthalten, die durch Erfüllung der Sanierungsplanquote nach Abschluss eines Sanierungsplans gem. §§ 140 ff. IO entstanden sind, gilt gem. § 23a Abs. 2 öKStG für die **Berechnung der Steuer** Folgendes: Es ist die rechnerische Steuer sowohl einschließlich als auch ausschließlich der Sanierungsgewinne zu ermitteln (Nr. 1). Der Unterschiedsbetrag ist mit jenem Prozentsatz zu vervielfachen, der dem Forderungsnachlass (100 % abzüglich Sanierungsplanquote) entspricht (Nr. 2). Das Ergebnis ist von der nach Nr. 1 ermittelten Steuer einschließlich der Sanierungsgewinne abzuziehen (Nr. 3).

Sind im Einkommen eines Steuerpflichtigen aus einem **Schulderlass resultierende Gewinne** **451** enthalten, hat gem. § 36 Abs. 1 öEStG die Steuerfestsetzung in den Fällen des Abs. 2 nach Maßgabe des Abs. 3 zu erfolgen. Als aus dem Schulderlass resultierende Gewinne definiert § 36 Abs. 2 öEStG solche, die durch Erfüllung der Ausgleichsquote nach Abschluss eines gerichtlichen Ausgleichs iSd öAO (Nr. 1) oder durch Erfüllung eines Sanierungsplans iSv §§ 140 ff. IO (Nr. 2), durch Erfüllung eines Zahlungsplans iSv §§ 193 ff. IO (Nr. 3) oder durch Erteilung einer Restschuldbefreiung nach Durchführung eines Abschöpfungsverfahrens iSv §§ 199 ff. IO (Nr. 4) entstanden sind. Für die Steuerfestsetzung gilt gem. § 36 Abs. 3 öEStG Folgendes: Es ist die Steuer vom Einkommen sowohl einschließlich als auch ausschließlich der aus dem Schulderlass resultierenden Gewinne zu berechnen und daraus der Unterschiedsbetrag zu ermitteln (Nr. 1). Auf den nach Nr. 1 ermittelten Unterschiedsbetrag ist der dem Schulderlass entsprechende Prozentsatz (100 % abzüglich der Quote) anzuwenden (Nr. 2). Der nach Nr. 2 ermittelte Betrag ist von der Steuer abzuziehen, die sich aus dem Einkommen einschließlich der aus dem Schulderlass resultierenden Gewinne ergibt.

In der Insolvenz über das Vermögen einer rechtsfähigen **eingetragenen Personengesellschaft** **452** (KG, OG) ergibt sich das Problem, dass das Insolvenzsubjekt und das Ertragssteuersubjekt auseinanderfallen. OG und KG sind als rechtsfähige Gesellschaften insolvenzfähig. Steuerrechtlich werden sie jedoch nicht als eigene Ertragssteuersubjekte behandelt. Vielmehr stellen Mitunternehmerschaften, wie die OG oder KG bloß Ertragsteuerermittlungssubjekte dar. Die Gewinn- bzw. Verlustermittlung erfolgt zwar auf Ebene der Mitunternehmerschaft; die derart ermittelten Gewinne bzw. Verluste werden jedoch den Gesellschaftern (Mitunternehmer im steuerrechtlichen Sinn) zugerechnet und bei diesen besteuert, da die **Einkommenssteuer der Personengesellschafter** als Personensteuer keine die eingetragene Personengesellschaft treffende Abgabe ist. Sie kann somit in der Insolvenz über das Vermögen der Gesellschaft weder eine Insolvenz- noch eine Masseforderung darstellen. Steuerliche **Gewinne** (= liquiditätsunwirksame reine Buchgewinne), die während der Insolvenz über die OG/KG erzielt werden, sind den Gesellschaftern als Steuersubjekte zuzurechnen und von ihnen zu versteuern, auch wenn ihnen über die Gewinnanteile insolvenzbedingt keine Verfügungsbefugnis zukommt. Insofern sind Einkommensteuerzahlungen aus dem Gesellschaftsvermögen nach Insolvenzeröffnung über das Vermögen der OG/KG nicht mehr möglich. Allfällige **Verluste aus der Zeit des Insolvenzfortbetriebs** sind bei den Gesellschaftern mit anderen Einkünften nach den allgemeinen Bestimmungen des öEStG **ausgleichsfähig** bzw.

Internationales Insolvenzrecht – Österreich

gehen in den **Verlustvortrag** ein. Gleiches gilt für Gewinne, die aus dem Wegfall von Schulden resultieren (zB Sanierungsgewinn). Die **Sanierungsbedürftigkeit** ist für **jeden Gesellschafter gesondert** zu prüfen, sodass die Anforderungen an die Voraussetzungen der steuerlichen Begünstigung des Sanierungsgewinns, je nach Gesellschafter unterschiedlich ausfallen können (vgl. auch Buchegger/Achatz/Kofler, Österreichisches Insolvenzrecht, Kommentar, 2009, Erster Zusatzband 664). Dabei gilt es zu beachten, dass die Steuererleichterungen der § 23a öKStG, § 36 öEStG sowohl Komplementären (unbeschränkt haftenden Gesellschaftern) als auch Kommanditisten zu Gute kommen können. Erzielt ein Kommanditist einen Sanierungsgewinn und hat er ein negatives Kapitalkonto, so füllt der ihm zuzurechnende Sanierungsgewinn das Kapitalkonto (teilweise) wieder auf (Buchegger/Achatz/Kofler, Österreichisches Insolvenzrecht, Kommentar, 2009, Erster Zusatzband 664). Für die **Verlustverrechnung** gilt auch hier § 2 öEStG. Die 75 %-Grenze greift somit bei Sanierungsgewinnen (arg nicht liquiditätswirksame reine Buchgewinne) von Personengesellschaftern nicht ein und ermöglicht somit eine volle Verrechnung. Ist ein **Gesellschafter selbst insolvent,** so stellt sich im Insolvenzverfahren über sein Vermögen die Frage der **insolvenzrechtlichen Einordnung** der, aus den Gesellschaftsgewinnen resultierenden **Einkommensteuer.** Nach der **Judikatur des OGH** ist die Einkommensteuer nach Maßgabe des zugrundeliegenden **Sachverhalts als Insolvenz- oder Masseforderung** einzustufen. Kanduth-Kristen tritt hingegen – mit guten Gründen – für die Einstufung als insolvenzfreie Forderung (Gemeinschuldnerforderung) ein, zumal sich das **Massevermögen** „des Gesellschafters" (Aktivmasse) durch die bei der Gesellschaft anfallenden Gewinne **nicht vermehrt** (arg nicht liquiditätswirksamer reiner Buchgewinn (Kanduth-Kristen taxlex 2005, 113 ff.)).

III. Haftung der vertretungsbefugten Gesellschaftsorgane

453 Die vertretungsbefugten Organe juristischer Personen trifft gem. § 9 iVm § 80 BAO eine **subsidiäre Ausfallshaftung** (Ritz, Bundesabgabenordnung, Kommentar, 6. Aufl. 2017, BAO § 9 Rn. 2; VwGH 16.12.1991, 90/15/ 0114; ecolex 2006/130) für die bei der Gesellschaft uneinbringlichen Abgaben, soweit die Uneinbringlichkeit der Abgaben die Folge ihrer zumindest leicht schuldhaften Pflichtverletzung darstellt (Ritz, Bundesabgabenordnung, Kommentar, 6. Aufl. 2017, BAO § 9 Rn. 1 ff.; Reich-Rohrwig, Das österreichische GmbH-Recht, Bd. I, 2. Aufl. 1997, Rn. 2/517 ff.; Truckenthanner ÖJZ 2006, 340 ff.; DDR/Duursma-Kepplinger Rn. 3030; VwGH GesRZ 2005, 52). Ein Verschulden ist nicht gegeben, wenn die Mittel zur Abgabenentrichtung fehlen und alle Gläubiger anteilsmäßig befriedigt werden (**Gleichbehandlungsgrundsatz** (Ritz, Bundesabgabenordnung, Kommentar, 6. Aufl. 2017, BAO § 9 Rn. 27 mwN; Burgstaller SWK 2005, 816 ff.; Konecny/Schubert/Dellinger KO/IO § 69 Rn. 28 f., 30)). Der Gleichbehandlungsgrundsatz gilt etwa für die USt (VwGH 18.10.1995 – 91/13/0037, 91/13/0038), nicht jedoch für die Lohnsteuer, die Kapitalertragsteuer, die Abzugssteuern bei beschränkt Steuerpflichtigen und bei Dienstverträgen bzw. dienstnehmerähnlichen, die somit ungekürzt abzuführen sind (Konecny/Schubert/Dellinger KO/IO § 69 Rn. 28 f.; Koppensteiner/Rüffler öGmbHG § 25 Rn. 49). Zumal BAO und LAO ein **Gleichbehandlungsgebot** vorsehen, haben die organschaftlichen Vertreter darauf zu achten, Abgabenverbindlichkeiten – Gleiches gilt für Sozialversicherungsbeiträge – nicht schlechter zu behandeln als andere Verbindlichkeiten (Koppensteiner/Rüffler öGmbHG § 25 Rn. 49; VwGH GesRZ 2005, 150; 2005, 94). Nach stRspr des VwGH muss die Abgabenbehörde nicht nachweisen, ob die Pflichtverletzung durch den Vertreter schuldhaft erfolgt ist (für viele DDR/Duursma-Kepplinger Rn. 3031). Vielmehr ist es Sache des Vertreters, die Umstände vorzubringen, die ihn an der Erfüllung seiner gesetzlich auferlegten Pflichten gehindert haben (VwGH 26.6.2000 – 95/17/0613 zu § 1298 ABGB; VwGH GesRZ 2004, 141; ÖStZB 2004/441; 2004/436; krit. Ritz, Bundesabgabenordnung, Kommentar, 6. Aufl. 2017, BAO § 9 Rn. 21). Die Betrauung eines Steuerberaters mit der Wahrnehmung abgabenrechtlicher Pflichten entbindet den Vertreter nicht von der Überwachung (Ritz, Bundesabgabenordnung, Kommentar, 6. Aufl. 2017, BAO § 9 Rn. 1, 3; VwGH ARD 4690/31/95; ÖStZB 1998, 365; 16.9.2003 – 2000/14/0106). Bei Ressortverteilung bestehen ebenfalls Überwachungspflichten (vgl. VwGH ecolex 2003, 275; GesRZ 2006, 219 sowie VwGH ecolex 2003, 275; 2007, 262). Weitere Voraussetzung ist die Kausalität zwischen Pflichtverletzung und Uneinbringlichkeit (Ritz, Bundesabgabenordnung, Kommentar, 6. Aufl. 2017, BAO § 9 Rn. 24, 27; Koppensteiner/Rüffler öGmbHG § 25 Rn. 49).

454 Die Haftung greift nur bei **objektiver Uneinbringlichkeit** (Ritz, Bundesabgabenordnung, Kommentar, 6. Aufl. 2017, BAO § 9 Rn. 2 ff., 24; Koppensteiner/Rüffler öGmbHG § 25 Rn. 49a) der betreffenden Abgaben im Zeitpunkt der Inanspruchnahme des Haftenden ein (Ritz, Bundesabgabenordnung, Kommentar, 6. Aufl. 2017, BAO § 9 Rn. 3; DDR/Duursma-Kepplinger

Rn. 3030; VwGH 18.1.1991 – 90/15/0123). Infolge der strikten Regelungen über den Kostenvorschuss (der organschaftlichen Vertreter) kann bei Insolvenzabweisung mangels kostendeckenden Vermögens (§ 71b IO) sofort nach § 9 BAO vorgegangen werden (Koppensteiner/Rüffler öGmbHG § 25 Rn. 49a; Maderbacher ZIK 2006/4; VwGH GesRZ 2004, 221). Das Ergebnis eines eröffneten Insolvenzverfahrens ist hingegen grundsätzlich abzuwarten, zumal vor dessen Abschluss die Höhe des Ausfalls in der Regel nicht feststeht (DDR/Duursma-Kepplinger Rn. 3030 Fn. 2151; VwGH ÖStZB 1999, 752; GesRZ 2001, 102; aA Iro ÖStZ 2002, 511; VwGH ÖJZ 1981, 416; ÖStZB 2004/650; GesRZ 2004, 221). Ein (bestätigter) **Sanierungsplan** über das Vermögen der Gesellschaft als primärer Abgabenschuldnerin kommt dem nach §§ 9, 80 BAO haftenden Gesellschaftsorgan **nicht** zugute (VwGH 29.9.1999 – 96/15/0049 (verst Senat), VwSlgF 7440 = ZIK 2000, 42; 2001/15/0138; 2002/16/0127; GesRZ 2005, 204; Iro ÖStZ 2002, 511 ff.; Riel, Das Zwangsausgleichsverfahren, 2005, 136 f.; Konecny/Schubert/Riel KO/IO § 151 Rn. 10; aA Maderbacher ZIK 2006, 4). Insofern wird dessen Ausfallshaftung nicht auf die Sanierungsplanquote beschränkt (VwGH VwSlgF 7440; 2001/15/0138; 2002/16/0127; GesRZ 2005, 204; aA Maderbacher ZIK 2006, 4).

IV. Steuerrechtliche Stellung, Rechte und Pflichten des Verwalters

1. Körperschaftssteuer/Einkommensteuer

Die Insolvenzeröffnung ändert nichts an der Stellung des Schuldners als Steuerschuldner (Steuersubjekt). Obgleich die Masse nach der in Österreich herrschenden Organtheorie als (teil)rechtsfähig anerkannt wird (eing. hierzu Duursma-Kepplinger Haftungsordnung I mwN 154 ff., 255 ff. mwN), behandelt sie die BAO nicht als eigenständiges Sondervermögen iSd § 1 Abs. 2 Nr. 3 KStG (Fraberger in Bertl/Mandl/Mandl/Ruppe, Insolvenz – Sanierung – Liquidation, 1998, 185, 204; Kepplinger AnwBl 2000, 602; BPB/Chalupsky/Duursma-Kepplinger KO III § 81 Rn. 175; VwGH ÖStZB 1977, 64; GlUNF 5983). 455

Die hA und Rechtsprechung zählt den Insolvenzverwalter den **gesetzlichen Vertretern** iSd § 80 Abs. 1 BAO zu (Ritz, Bundesabgabenordnung, Kommentar, 6. Aufl. 2017, BAO § 80 Rn. 3; Schilling/Keppert GesRZ 1985, 182 (186); Kepplinger AnwBl 2000, 601 (602); BPB/Chalupsky/Duursma-Kepplinger KO III § 81 Rn. 173 ff. mwN; VwGH ÖStZB 1990, 462; ÖStZB 1996, 195; 1998, 365; 1998, 606; 30.10.2001 – 95/14/0099; 30.7.2002 – 96/14/0105; 31.3.2003 – 97/14/0128; aA Stoll, Bundesabgabenordnung, 5. Aufl. 1994, 793, Vertreter iSd § 80 Abs. 2 BAO). Ihn treffen somit grundsätzlich all jene abgabenrechtlichen Pflichten, die ein organschaftlicher Vertreter außerhalb der Insolvenz wahrzunehmen hat (Duursma-Kepplinger Eigentumsvorbehalt 135). Der Insolvenzverwalter hat für die Einhaltung der Auskunftserteilung und Erklärungslegung, der Anzeige-, Offenlegungs- und Berichtigungspflichten sowie der Verpflichtung, zur Erfüllung der Zahlungspflichten aus den Mitteln der Insolvenzmasse zu sorgen (Stoll, Bundesabgabenordnung, 5. Aufl. 1994, 181; VwGH 27.4.1967 – 1714/66). Er ist an die abgabenrechtlichen Bestimmungen gebunden und muss deshalb die sich aus dem Betrieb ergebenden abgabenrechtlichen Pflichten entweder selbst wahrnehmen oder die Erfüllung dieser Pflichten überwachen (VwGH ecolex 1990, 639; AnwBl 1991, 3637; ÖStZB 1996, 195). Fehlen ihm die hierfür erforderlichen Spezialkenntnisse, so hat er einen Steuerberater damit zu beauftragen. Zumal § 80 BAO als lex specialis zu § 81 IO angesehen wird, soll der Umstand, dass die wirtschaftliche Lage der Masse eine Gehilfenbeziehung iSv § 81 Abs. 4 S. 2 und 3 IO nicht zulässt, nichts an der Pflicht des Insolvenzverwalters ändern, eine **Steuererklärung** abzugeben (referierend Fraberger in Bertl/Mandl/Mandl/Ruppe, Insolvenz – Sanierung – Liquidation, 1998, 185, 206; VwGH ARD 3876/6/87; aus dogmatischen Gründen abl. Duursma-Kepplinger Haftungsordnung IV 611 f.). Der VwGH begründet diese Haltung damit, dass es dem zum Insolvenzverwalter Bestellten unbenommen sei, die Übernahme dieses Amts abzulehnen (§ 80 Abs. 1 IO (VwGH ARD 3876/6/87; s. auch Fraberger taxlex 2006, 427 (429 ff.))). Lediglich in den Fällen, in denen dem Insolvenzverwalter aufgrund der Mangelhaftigkeit der Bücher des Schuldners keine hinreichenden Informationen zur Erstellung eines Rechenwerks zur Verfügung standen (Unmöglichkeit), nicht jedoch wenn der Insolvenzverwalter trotz ausreichender Unterlagen wegen bloßer Unwirtschaftlichkeit keine Bilanz erstellt hat, begnügen sich die Abgabenbehörden regelmäßig mit einer bloßen Schätzung (BPB/Chalupsky/Duursma-Kepplinger KO III § 81 Rn. 184; zur Trennung von Unmöglichkeit und Unwirtschaftlichkeit der Rechnungslegung Fraberger taxlex 2006, 427 (429 ff., 432 f.); Riel/Fraberger ZIK 2008/70). Der Insolvenzverwalter haftet unter denselben Voraussetzungen wie ein organschaftlicher Vertreter für einen allfälligen Ausfall des Fiskus gem. 456

Internationales Insolvenzrecht – Österreich

§ 9 iVm § 80 BAO persönlich mit seinem Vermögen für die Verletzung abgabenrechtlicher Pflichten (hierzu Kepplinger AnwBl 2000, 601 ff. mwN).

2. Umsatzsteuer/sonstige Verbrauchssteuern

457 Weiters hat der Insolvenzverwalter für die **Abführung der Umsatzsteuer** zu sorgen. Bei der Verwertung des Massevermögens führt der Insolvenzverwalter steuerbare und bei Vorliegen der sonstigen Voraussetzungen steuerpflichtige Leistungen aus. Da die Leistungsausführung nach Insolvenzeröffnung erfolgt, bildet die anfallende Umsatzsteuer regelmäßig eine Masseforderung (vgl. auch Kristen ZIK 2000, 188).

458 In diesem Zusammenhang sei insbesondere auf die Judikaturwende des VwGH hinsichtlich der **Veräußerung von Vorbehaltsgut** – Gleiches hat wohl auch bei Sicherungseigentum zu gelten (Urtz AnwBl 2000, 629 (Glosse); Berger/Bürgler/Kanduth-Kristen/Wakounig/Bürgler, Online Kommentar zum Umsatzsteuergesetz, UStG 1.03 § 3 Rn. 45 ff.) – hingewiesen (BPB/Chalupsky/ Duursma-Kepplinger KO III § 81 Rn. 186). In seinem Erkenntnis vom 27.6.2000 – 97/14/0147 (AnwBl 2000, 629) hat der VwGH ausdrücklich ausgesprochen, von seiner bisherigen Entscheidungspraxis (s. nur VwGH RdW 1987, 280) abzugehen, um nunmehr bei der Verwertung von Vorbehaltsgegenständen durch den Finanzierer eine umsatzsteuerpflichtige Lieferung (§ 3 Abs. 1 UStG) vom Vorbehaltskäufer an den Vorbehaltsverkäufer (Bank) jedenfalls dann anzunehmen, wenn der Bank in einer entsprechenden Vereinbarung die Verfügungsbefugnis über das Vorbehalts- bzw. Sicherungsgut übertragen und die Bank berechtigt wurde, den Veräußerungserlös mit dem Vorbehaltskäufer im Wege einer Gutschrift abzurechnen (vgl. auch VwGH ÖStZ 2001/205).

459 Demgegenüber stellt die **Freigabe** eines Massebestandteils gem. § 119 Abs. 5 IO steuerrechtlich keine Lieferung oder Leistung der Masse an den Schuldner und keinen Eigenverbrauch dar (Kristen ZIK 2000/188; Konecny/Schubert/Riel KO/IO § 119 Rn. 65; BPB/Kodek KO IV § 119 Rn. 196). Sofern allerdings der Schuldner im insolvenzfreien Bereich kein Unternehmen betreibt, erfüllt die Freigabe den Tatbestand des Eigenverbrauchs, wobei die Umsatzsteuerpflicht des Schuldners jedoch eine bloße Gemeinschuldnerforderung bildet (Konecny/Schubert/Riel KO/IO § 119 Rn. 65; BPB/Kodek KO IV § 119 Rn. 196). Sofern eine Option zur Steuerpflicht unterbleibt, bildet der Vorsteuerberichtigungsanspruch eine Insolvenzforderung (BPB/Kodek KO IV § 119 Rn. 197). Mit der Freigabe einer Forderung geht der Masse ein Recht verloren, sodass eine Berichtigung gem. § 16 Abs. 3 Nr. 1 UStG wegen Uneinbringlichkeit vorzunehmen ist (Konecny/ Schubert/Riel KO/IO § 119 Rn. 65; BPB/Kodek KO IV § 119 Rn. 198).

3. Besteuerung der Entlohnung des Insolvenzverwalters

460 Die vom Insolvenzverwalter im Inland (§ 1 Abs. 2 UStG) erbrachten und mit der Entlohnung abgegoltenen Leistungen unterliegen als sonstige Leistungen iSd § 3a Abs. 1 und Abs. 10 UStG gem. § 1 Abs. 1 Nr. 1 UStG der Umsatzsteuer (dazu und zu grenzüberschreitenden Sachverhalten BPB/Chalupsky/Duursma-Kepplinger KO III § 82 Rn. 29 ff.). Dem Insolvenzverwalter steht die **Entlohnung zuzüglich USt** zu. Insofern hat der Verwalter auch die USt geltend zu machen, die vom Insolvenzgericht festzusetzen und im Kostenbestimmungsbeschluss ziffernmäßig auszuweisen ist. Obgleich §§ 82 Abs. 3, 82a, 82d IO im Gegensatz zu § 82 Abs. 1 IO den Ersatz der USt nicht ausdrücklich anordnen, sind dennoch auch diese Entlohnungsansprüche zuzüglich der gesetzlichen USt zu bestimmen, weil § 82 Abs. 1 IO diesbezüglich eine **allgemeine Regel** aufstellt, die für alle an diese Bestimmung anschließenden spezielleren Normen über die Höhe der einzelnen Entlohnungselemente gilt (Konecny/Riel, Entlohnung im Insolvenzverfahren, 1999, Rn. 156). Ist der Insolvenzverwalter als Rechtsanwalt für die Insolvenzmasse eingeschritten, so ist seine diesbezügliche Entlohnung für den Einsatz besonderer Sachkunde jedenfalls nach § 16 RATG bzw. §§ 6, 17 AHK zuzüglich USt zu bestimmen (BPB/Chalupsky/Duursma-Kepplinger KO III § 82 Rn. 30).

G. Legistische Änderungen aufgrund der COVID-19-Situation

460a Die wichtigsten Änderungen erfolgten durch das 2. COVID-19 Gesetz (BGBl. I 2020/16), das 4. COVID-19-Gesetz (BGBl. I 2020/24) bzw. das 2. COVID-19-Justiz-Begleitgesetz (BGBl. I 2020/24), geändert mittlerweile durch das BGBl. I 2020/58, BGBl. I 2020/113 und das BGBl. I 2020/157. **Diese Änderungen sind mittlerweile zum Großteil wieder außer Kraft,** sollen aber dennoch kurz aufgezeigt werden, da nicht auszuschließen ist, dass sie bei einer geänderten COVID-Lage wieder in gleicher oder ähnlicher Art in Kraft gesetzt werden.

Internationales Insolvenzrecht – Österreich

I. Gesetzestext

Die maßgeblichen Gesetzesbestimmungen über die Änderung der Insolvenzordnung (IO) aufgrund der COVID-19-Situation finden sich im 4. COVID-19-Gesetz, BGBl. I Nr. 24/2020 (NR: GP XXVII IA 403/A AB 116, 22. BR: AB 10292, 905):

„Artikel 37

2. Bundesgesetz betreffend Begleitmaßnahmen zu COVID-19 in der Justiz (2. COVID-19-Justiz-Begleitgesetz – 2. COVID-19-JuBG)

III. Hauptstück
Insolvenzverfahren

Fristen im Insolvenzverfahren
§ 7. (1) In Insolvenzverfahren ist § 1 1. COVID-19-JuBG, BGBl. I Nr. 16/2020 nicht anzuwenden. Durch diese Bestimmung bereits unterbrochene Fristen beginnen neu zu laufen; bei Berechnung einer Frist nach § 125 Abs. 1 ZPO wird der Tag nicht mitgerechnet, an dem das Bundesgesetzblatt, das die Verlautbarung dieses Bundesgesetzes enthält, herausgegeben und versendet wird.

(2) Das Gericht kann verfahrensrechtliche Fristen in Insolvenzverfahren, deren fristauslösendes Ereignis in die Zeit nach Inkrafttreten dieses Bundesgesetzes fällt, von Amts wegen oder auf Antrag eines Beteiligten oder des Insolvenzverwalters mit Beschluss angemessen, höchstens um 90 Tage, verlängern.

(3) Die Fristen des § 11 Abs. 2 und der §§ 25a und 26a IO können nach Abs. 2 nur dann verlängert werden, wenn die Verlängerung geeignet ist, aufgrund einer in Aussicht stehenden Verbesserung der wirtschaftlichen Situation den Abschluss eines Sanierungsplans zu erreichen, dessen Erfüllung voraussichtlich möglich ist und der dem gemeinsamen Interesse der Insolvenzgläubiger entspricht. Die Verlängerung der Frist des § 11 Abs. 2 IO setzt überdies voraus, dass die Voraussetzungen des § 11 Abs. 2 IO erfüllt sind.

(4) Die Frist des § 170 Abs. 1 Nr. 3 IO beträgt 120 Tage.

(5) Vor der Entscheidung nach Abs. 3 ist der Absonderungsgläubiger, Aussonderungsberechtigte oder Vertragspartner einzuvernehmen.

(6) Ein Beschluss über die Verlängerung einer Frist ist in der Insolvenzdatei bekanntzumachen; er kann nicht angefochten werden.

Zustellungen in Insolvenzverfahren
§ 8. Solange die Fristen gemäß § 1 Abs. 1 1. COVID-19-JuBG, BGBl. I Nr. 16/2020, unterbrochen sind, kann eine besondere Zustellung an Gläubiger unterbleiben; der wesentliche Inhalt des zuzustellenden Schriftstücks ist in der Insolvenzdatei bekanntzumachen; doch ist auch in diesem Fall, wenn es sich um Entscheidungen handelt, den Gläubigern, die es verlangen, eine Ausfertigung zuzustellen. § 75 Abs. 1 Nr. 1 IO ist nicht anzuwenden.

Aussetzung der Insolvenzantragspflicht bei Überschuldung
§ 9. (1) Eine Verpflichtung des Schuldners, bei Überschuldung einen Antrag auf Eröffnung des Insolvenzverfahrens zu stellen, besteht nicht bei einer im Zeitraum von 1. März 2020 bis 30. Juni 2020 eingetretenen Überschuldung.

(2) Während des in Abs. 1 genannten Zeitraums ist ein Insolvenzverfahren auf Antrag eines Gläubigers nicht zu eröffnen, wenn der Schuldner überschuldet, aber nicht zahlungsunfähig ist.

(3) Ist der Schuldner bei Ablauf des 30. Juni 2020 überschuldet, so hat er die Eröffnung des Insolvenzverfahrens ohne schuldhaftes Zögern, spätestens aber innerhalb von 60 Tagen nach Ablauf des 30. Juni 2020 oder 120 Tage nach Eintritt der Überschuldung, je nachdem welcher Zeitraum später endet, zu beantragen. Unberührt bleibt die Verpflichtung des Schuldners, bei Eintritt der Zahlungsunfähigkeit die Eröffnung des Insolvenzverfahrens zu beantragen.

(4) Während des in Abs. 1 genannten Zeitraums entfällt die an die Überschuldung anknüpfende Haftung gemäß § 84 Abs. 3 Nr. 6 AktG.

Überbrückungskredite
§ 10. Die Gewährung eines Überbrückungskredits in der Höhe einer vom Kreditnehmer beantragten COVID-19-Kurzarbeitsbeihilfe gemäß § 37b AMSG während des Zeitraums, in dem die Verpflichtung des Schuldners, bei Überschuldung einen Antrag auf Eröffnung des Insolvenzverfahrens zu stellen, nach § 9 dieses Bundesgesetzes ausgesetzt ist, und dessen sofort nach Erhalt der Kurzarbeitsbeihilfe erfolgte Rückzahlung an den Kreditgeber unterliegen nicht der Anfechtung nach § 31 IO, wenn für den Kredit weder ein Pfand noch eine vergleichbare Sicherheit aus dem Vermögen des Kreditnehmers bestellt wurde und dem Kreditgeber bei Kreditgewährung die Zahlungsunfähigkeit des Kreditnehmers nicht bekannt war.

Beachte für folgende Bestimmung
zum Bezugszeitraum vgl. § 17 Abs. 3

Internationales Insolvenzrecht – Österreich

Stundung der Zahlungsplanraten

§ 11. (1) Ändert sich die Einkommens- und Vermögenslage des Schuldners aufgrund von Maßnahmen, die zur Verhinderung der Verbreitung von COVID-19 getroffen werden, sodass er fällige Verbindlichkeiten des Zahlungsplans nicht erfüllen kann, so kann er vor Erhalt einer Mahnung oder binnen 14 Tagen nach Mahnung die Stundung der Verbindlichkeiten um eine Frist, die neun Monate nicht übersteigen darf, begehren.

(2) Das Gericht hat den wesentlichen Inhalt des Antrags in der Insolvenzdatei zu veröffentlichen und die Gläubiger zur Äußerung binnen 14 Tagen aufzufordern. Im Fall der Nichtäußerung ist Zustimmung anzunehmen. Die Aufforderung hat einen Hinweis auf diese Rechtsfolge zu enthalten.

(3) Die Stundung ist zu bewilligen, wenn die Mehrheit der stimmberechtigten Insolvenzgläubiger nach § 147 IO dem Antrag zustimmt oder wenn die Stundung nicht mit schweren persönlichen oder wirtschaftlichen Nachteilen eines der Stundung widersprechenden Gläubigers verbunden ist.

(4) Wenn der Antrag spätestens binnen 14 Tagen nach Mahnung durch den Gläubiger gestellt wird, lebt die Forderung erst mit Eintritt der Rechtskraft des die Stundung abweisenden Beschlusses wieder auf.

(5) Die Entscheidung über den Antrag ist in der Insolvenzdatei bekanntzumachen.

V. Hauptstück
Eigenkapitalersatzrecht

§ 13. Ein Kredit im Sinne des § 1 EKEG liegt nicht vor, wenn ein Geldkredit nach Inkrafttreten dieses Bundesgesetzes bis zum Ablauf des 30. Juni 2020 für nicht mehr als 120 Tage gewährt und zugezählt wird und für den die Gesellschaft weder ein Pfand noch eine vergleichbare Sicherheit aus ihrem Vermögen bestellt hat.

...

VII. Hauptstück
Inkrafttreten und Außerkrafttreten

§ 17. (1) Dieses Bundesgesetz tritt, sofern in den folgenden Absätzen nicht anderes angeordnet ist, mit Ablauf des Tages der Kundmachung in Kraft und mit Ablauf des 31. Dezember 2020 außer Kraft.

(2) Die §§ 1 bis 5 treten mit 1. April 2020 in Kraft. Die §§ 1, 3 und 4 treten mit Ablauf des 30. Juni 2022 außer Kraft. § 5 tritt mit Ablauf des 31. Dezember 2020 außer Kraft. Für § 2 gilt die Regelung des Abs. 1 über das Außerkrafttreten.

(3) Ungeachtet des Abs. 1 über das Außerkrafttreten ist § 11 anzuwenden, wenn der Antrag auf Stundung vor dem Außerkrafttreten bei Gericht eingelangt ist."

Eine weitere relevante Änderung findet sich im 2. COVID-19-Gesetz, BGBl. I Nr. 16/2020 (NR: GP XXVII IA 397/A AB 112 S.19. BR: AB 10288 S.904):

„...
Artikel 22
Änderung der Insolvenzordnung

Die Insolvenzordnung, RGBl. Nr.337/1914, zuletzt geändert durch das Zivilrechts- und Zivilverfahrensrechts-Änderungsgesetz 2019, BGBl.I Nr. 38/2019, wird wie folgt geändert:
In § 69 Abs. 2a wird nach dem Wort ‚Erdbeben' die Wendung ‚Epidemie, Pandemie' eingefügt."

II. Vorbemerkung

462   Aus Anlass der COVID-19-Situation wurden in Österreich mehrere Gesetzespakete erlassen. Vorübergehende Änderungen der Insolvenzordnung (IO) ergeben sich dabei aufgrund des 4. COVID-19-Gesetzes (BGBl. I Nr. 24/2020). Der Übersicht halber sollen in diesem Sonderkapitel alle Änderungen zusammengefasst dargestellt werden.

463   Das 4. COVID-19-Gesetz tritt, sofern für bestimmte Bestimmungen nicht anderes angeordnet ist, mit Ablauf des Tages der Kundmachung (4.4.2020) in Kraft und mit Ablauf des 31.12.2020 außer Kraft.

III. Insolvenzgründe und Antragspflicht in der COVID-19-Krise

464   Die Insolvenzgründe selbst, Zahlungsunfähigkeit iSd § 66 IO und Überschuldung iSd § 67 IO haben durch die COVID-Gesetze keine inhaltliche Änderung erfahren. Ein diesbezüglicher legistischer Anpassungsbedarf bestand schon deshalb nicht, weil diese im österreichischen Insolvenzrecht nicht legal definiert werden.

Internationales Insolvenzrecht – Österreich

Allerdings setzt § 9 des 4. COVID-19-Gesetzes bei einer COVID-19 bedingten **Überschuldung die Insolvenzantragspflicht** aus diesem Insolvenzgrund **zeitweilig aus**. 465

Eine Verpflichtung des Schuldners, bei Überschuldung einen Antrag auf Eröffnung des Insolvenzverfahrens zu stellen, besteht nämlich **nicht bei einer im Zeitraum von 1.3.2020 bis 30.6.2020 eingetretenen Überschuldung**. Auf eine Kausalität der COVID-19-Krise für die Überschuldung stellt das Gesetz hier nicht ab. Wegen der anhaltenden Pandemie wurde der Zeitraum bis 31.3.2021 ausgedehnt. 466

Während des Zeitraums **von 1.3.2020 bis 30.6.2020** ist ein Insolvenzverfahren auf Antrag eines Gläubigers nicht zu eröffnen, wenn der Schuldner zwar überschuldet, aber nicht zahlungsunfähig ist. Wegen der anhaltenden Pandemie wurde der Zeitraum bis 31.3.2021 ausgedehnt. Die Zahlungsunfähigkeit hindert das Recht bzw. die Pflicht zur Insolvenzantragstellung auch während der COVID-19-Krise nicht. Es gilt aber zu berücksichtigen, dass aufgrund der zahlreichen anlassbedingten gesetzgeberischen Begleitmaßnahmen der österreischen Bundesregierung, die teils reine Zwangsstundungen, teils aber auch echte Stundungen sowie krisenbedingte Ausgleichszahlungen vorsehen, der Eintritt der Zahlungsunfähigkeit im Vergleich zur „Normalsituation" zeitlich in die Zukunft verschoben wird. 467

Ist der Schuldner bei Ablauf des 30.6.2020 (nunmehr ausgedehnt auf 31.3.2021) überschuldet, so hat er die Eröffnung des Insolvenzverfahrens ohne schuldhaftes Zögern, spätestens aber innerhalb von 60 Tagen nach Ablauf des 30.6.2020 (nunmehr bis 31.3.2021 ausgedehnt) oder 120 Tage nach Eintritt der Überschuldung, je nachdem welcher Zeitraum später endet, zu beantragen. Unberührt bleibt die Verpflichtung des Schuldners, bei Eintritt der Zahlungsunfähigkeit die Eröffnung des Insolvenzverfahrens zu beantragen. 468

IV. Insolvenzantragsfrist in der COVID-19-Krise

Gemäß § 69 Abs. 2a IO wird im Falle von Naturkatastrophen und damit vergleichbaren Situationen der dem Schuldner für die Antragstellung längstens zur Verfügung stehenden Zeitraum von 60 Tagen auf 120 Tage verlängert. Durch das 2. COVID-19-Gesetz wurde § 69 Abs. 2a IO dahingehend ergänzt, dass die **Verlängerung der Frist auf 120 Tage** nunmehr auch für den Fall einer **Pandemie oder Epidemie** gilt. 469

Hintergrund der Verlängerung der Antragsfrist ist, dass viele Unternehmer zwar unmittelbar durch die COVID-19-Krise in massive Liquiditätsschwierigkeiten geraten werden, aber aufgrund von ebenfalls COVID-19 bedingten Entschädigungszahlungen derzeit damit rechnen können, ihren Zahlungspflichten in Kürze wieder nachkommen zu können. 470

Die österreichische Bundesregierung hat Maßnahmen zur Liquiditätsbeschaffung bzw. Sicherung der Zahlungsfähigkeit von Unternehmen getroffen. So wurde ein **Härtefallfonds** eingerichtet, aus dem rasch und unbürokratisch Zahlungen an die Antragsteller erfolgen sollen. Ferner wurden Erleichterungen für Kurzarbeit normiert, Zahlungserleichterungen bzw. Stundungen von Einkommensteuer und Sozialversicherungsbeiträgen eingeräumt sowie Haftungen für Überbrückungskredite ermöglicht. 471

Diese Fristverlängerung können nur jene **Schuldner** in Anspruch nehmen, für deren Insolvenzreife die **COVID-19-Krise** bzw. die **damit verbundenen gesetzlichen und behördlichen Maßnahmen** kausal sind. 472

Schuldnern, die zum Zeitpunkt der COVID-19 schon materiell insolvent waren, steht die verlängerte Frist nicht zur Verfügung. 473

Auch in der COVID-19-Krise darf die Fristverlängerung lediglich für ernstliche, aussichtsreiche Sanierungsversuche genutzt werden. Besteht ex ante gesehen keine realistische Chance, den eingetretenen Insolvenzeröffnungsgrund innerhalb der (verlängerten) Frist zu beseitigen, so ist der Insolvenzantrag unverzüglich zu stellen. 474

Zur Beschränkung der Insolvenzantragspflicht bei bloßer Überschuldung → Rn. 469. 475

V. Insolvenzverschleppungshaftung in der COVID-19-Krise

Während des Zeitraums von 1.3.2020 bis 30.6.2020 entfällt gem. § 9 Abs. 4 des 4. COVID-19-Gesetzes die an die Überschuldung anknüpfende Haftung gem. § 84 Abs. 3 Nr. 6 AktG. Wegen der anhaltenden Pandemie wurde der Zeitraum bis 31.3.2021 ausgedehnt. Obgleich gesetzlich nicht explizit geregelt, sollte diese Begünstigung sauch für die Haftung gem. § 25 Abs. 3 Nr. 2 GmbHG sinngemäß gelten. 476

Internationales Insolvenzrecht – Österreich

VI. Anfechtung von Überbrückungskrediten in der COVID-19-Krise

477 Nach dem 4. COVID-19-Gesetz ist die Gewährung eines **Überbrückungskredits** in der Höhe einer vom Kreditnehmer beantragten COVID-19 Kurzarbeitshilfe im Zeitraum von 1.3.2020 bis 30.6.2020 (nunmehr ausgedehnt auf 31.1.2021) und dessen sofortige Rückzahlung nach Erhalt der Kurzarbeitshilfe an den Kreditgeber in einer späteren Insolvenz des Unternehmens **von einer Anfechtung gem. § 31 IO ausgeschlossen,** sofern für den entsprechenden Kredit
- weder ein Pfand noch eine vergleichbare Sicherheit aus dem Vermögen des Kreditnehmers bestellt wurde und
- (dem Kreditgeber bei Kreditgewährung die Zahlungsunfähigkeit des Kreditnehmers nicht bekannt war.

Diese Vorschrift beruht auf der Erwägung, dass Arbeitgeber, die in ihren Unternehmen zur Vermeidung von Arbeitslosigkeit Kurzarbeit für Arbeitnehmer einführen, im Regelfall zur Aufrechterhaltung der Liquidität bis zur Auszahlung der nach § 37b AMSG zu gewährenden Kurzarbeitsbeihilfe entsprechende Überbrückungskredite benötigen. Unter den vorstehend genannten Voraussetzungen ist sowohl die Kreditgewährung selbst als auch die sofortige Rückzahlung nach erfolgter Auszahlung der Kurzarbeitsbeihilfe im Fall einer späteren Insolvenzeröffnung über das Vermögen des Kreditnehmers nicht gem. § 31 IO anfechtbar.

VII. Änderungen im Eigenkapitalersatzrecht

478 Das 4. COVID-19-Gesetz hat **für kurzfristige Gesellschafterkredite** eine **Ausnahme** von den Rechtsfolgen des **Eigenkapitalersatzrechtes** geschaffen. Ein Kredit iSd § 1 EKEG liegt demnach **nicht** vor, sofern er im Zeitraum von 5.4.2020 bis 30.6.2020 (nunmehr ausgedehnt auf 31.1.2021) der Gesellschaft seitens eines Gesellschafters für nicht länger als 120 Tage gewährt und zugezählt wird und die Gesellschaft **weder ein Pfand noch eine vergleichbare Sicherheit** aus ihrem Vermögen dafür bestellt hat.

478a Vom EKEG erfasste Gesellschafter können daher auch bei Vorliegen einer Krise bis zum Ablauf des 31.1.2021 ihrer Gesellschaft Geldkredite für bis zu 120 Tage gewähren, die nicht der Rückzahlungssperre unterliegen.

VIII. Änderungen bei Fristen im Insolvenzverfahren

479 Im 2. COVID-19-Gesetz wurde festgelegt, dass in gerichtlichen Verfahren, daher auch in Insolvenzverfahren, sämtliche **verfahrensrechtlichen Fristen** (sowohl gesetzliche als auch richterliche Fristen), die am 22.3.2020 noch nicht abgelaufen waren oder deren Fristenlauf zwischen 22.3.2020 und 30.4.2020 begonnen hat, **bis zum Ablauf des 30.4.2020 unterbrochen** werden und mit 1.5.2020 neu zu laufen beginnen.

480 Durch das 4. COVID-19-Gesetz wurde jedoch diese Regelung wieder zurückgenommen, um insbesondere Sanierungsverfahren rasch abwickeln zu können. Danach sind nunmehr **Insolvenzverfahren von der Fristenunterbrechung ausgenommen.** Bereits unterbrochene Fristen beginnen sofort nach Inkrafttreten des 2. COVID-19-Justiz-Begleitgesetzes (22.3.2020) wieder neu zu laufen; der Tag der Kundmachung (4.4.2020) wird bei der Fristenberechnung nicht mitgezählt.

481 Fristen im Insolvenzverfahren können jedoch auf Antrag oder von Amts wegen durch das Insolvenzgericht um **bis zu 90 Tage verlängert** werden. Bei einigen Fristen ist eine solche Verlängerung jedoch an bestimmte weitere Voraussetzungen gebunden.

482 Weiters wurde normiert, dass dem Schuldner die Eigenverwaltung erst dann zu entziehen ist, wenn der Sanierungsplan nicht innerhalb von 120 Tagen (statt 90 Tagen) nach Verfahrenseröffnung von den Gläubigern angenommen wurde.

IX. Erleichterungen bei der Erfüllung eines Sanierungsplans

483 Gerät ein Schuldner mit der Erfüllung der Sanierungsplanquote in Verzug, so kann es grundsätzlich zu einem quotenmäßigen Wiederaufleben der Forderungen kommen (§ 156a IO).

484 Ein derartiges Wiederaufleben soll jedoch verhindert werden, wenn die Zahlungsschwierigkeiten des Schuldners durch COVID-19-Krise bedingt sind. Von dieser Erleichterung profitieren jedoch nur Schuldner von Verbindlichkeiten, die **nach dem Inkrafttreten des 2. COVID-19-Gesetzes fällig** geworden sind. Solche Verbindlichkeiten betreffende schriftliche Mahnungen, die im Zeitraum von 22.3.2020 bis 30.4.2020 abgesendet werden, führen nicht zum Verzug gem. § 156a Abs. 1 IO und damit nicht zum quotenmäßigen Wiederaufleben der betreffenden

Forderungen. Die Mahnung ist somit unwirksam. Der Gläubiger muss nach dem 30.4.2020 neuerlich mahnen.

X. Stundung von Zahlungsplan-Raten

Ändert sich die Einkommens- und Vermögenslage des Schuldners **aufgrund von Maßnahmen, die zur Verhinderung der Verbreitung von COVID-19** getroffen werden, sodass er fällige Verbindlichkeiten des Zahlungsplans nicht erfüllen kann, so kann er **vor Erhalt einer Mahnung oder binnen 14 Tagen nach Mahnung** die Stundung der Verbindlichkeiten um eine Frist, die **neun Monate nicht übersteigen** darf, begehren. 485

Das Insolvenzgericht hat den wesentlichen Inhalt des Antrags in der Insolvenzdatei zu veröffentlichen und die Gläubiger zur Äußerung binnen 14 Tagen aufzufordern. Im Fall der Nichtäußerung ist Zustimmung anzunehmen. Die Aufforderung hat einen Hinweis auf diese Rechtsfolge zu enthalten. 486

Die Stundung ist zu bewilligen, wenn die **Mehrheit der stimmberechtigten Insolvenzgläubiger** nach § 147 IO dem Antrag zustimmt oder wenn die Stundung **nicht mit schweren persönlichen oder wirtschaftlichen Nachteilen** eines der Stundung widersprechenden Gläubigers verbunden ist. 487

Wenn der Antrag spätestens binnen 14 Tagen nach Mahnung durch den Gläubiger gestellt wird, lebt die Forderung erst mit Eintritt der Rechtskraft des die Stundung abweisenden Beschlusses wieder auf. 488

Die Entscheidung über den Antrag ist in der Insolvenzdatei bekanntzumachen. Nunmehr wurden folgende ergänzende Änderungen beschlossen: 489

Stundung der Zahlungsplanraten
- Ändert sich die Einkommens- und Vermögenslage des Schuldners aufgrund von Maßnahmen, die zur Verhinderung der Verbreitung von COVID-19 getroffen werden, sodass er fällige Verbindlichkeiten des Zahlungsplans nicht erfüllen kann, so kann er vor Erhalt einer Mahnung oder binnen 14 Tagen nach Mahnung die Stundung der Verbindlichkeiten um eine Frist, die neun Monate nicht übersteigen darf, begehren.
- Das Gericht hat den wesentlichen Inhalt des Antrags in der Insolvenzdatei zu veröffentlichen und die Gläubiger zur Äußerung binnen 14 Tagen aufzufordern. Im Fall der Nichtäußerung ist Zustimmung anzunehmen. Die Aufforderung hat einen Hinweis auf diese Rechtsfolge zu enthalten.
- Die Stundung ist zu bewilligen, wenn die Mehrheit der stimmberechtigten Insolvenzgläubiger nach § 147 IO dem Antrag zustimmt oder wenn die Stundung nicht mit schweren persönlichen oder wirtschaftlichen Nachteilen eines der Stundung widersprechenden Gläubigers verbunden ist.
- Wenn der Antrag spätestens binnen 14 Tagen nach Mahnung durch den Gläubiger gestellt wird, lebt die Forderung erst mit Eintritt der Rechtskraft des die Stundung abweisenden Beschlusses wieder auf.
- Die Entscheidung über den Antrag ist in der Insolvenzdatei bekanntzumachen.

Erleichterter Sanierungsplan
- Die Zahlungsfristen nach § 141 Abs. 1 S. 1 und nach § 169 Abs. 1 Nr. 1 lit. a IO betragen jeweils drei Jahre. Dies gilt für Anträge auf Abschluss eines Sanierungsplans, die bis 31.12.2021 eingebracht werden.

Internationales Insolvenzrecht – Polen

Allgemeines Schrifttum Adamus, Prawo restrukturyzacyjne, 1 Aufl. 2015; Adamus, Prawo restrukturyzacyjne, 2 Aufl. 2019; Adamus, Prawo upadłościowe, 2. Aufl. 2018 r., Adamus, Przedsiębiorstwo upadłego w upadłości likwidacyjnej, LEX 2011; Adamus/Geronim/Groele, Upadłość konsumencka, 2. Aufl. 2017; Bardach/Leśnodorski/Pietrzak, Historia ustroju i prawa polskiego, 1994 ; Geromin, Upadłość konsumencka w świetle zmian wprowadzonych ustawą – Prawo restrukturyzacyjne, Monitor Prawniczy 2016 Nr. 4; Gisman/Krawczyk, Dwie niezapłacone faktury już nie zmuszą prezesa do zgłoszenia upadłości, Dziennik Gazeta Prawna – dodatek Firma i Prawo, 8.12.2015; Gniewek/Machnikowski, Kodeks cywilny, 8. Aufl. 2018; Gurgul, Prawo upadłościowe Prawo restrukturyzacyjne, 10. Aufl. 2016; Gurgul, Prawo upadłościowe Prawo restrukturyzacyjne, 11. Aufl. 2017; Gurgul, Układ w postępowaniu upadłościowym, Monitor Prawniczy 2007 Nr. 2; Hess, Sanierungshandbuch, 6. Aufl. 2013; Hrycaj/Filipiak, Prawo restrukturyzacyjne, 1. Aufl. 2017; Hrycaj/Jakubecki/Witosz, Prawo restrukturyzacyjne i upadłościowe, System Prawa Handlowego, 6. Aufl. 2016; Hrycaj/Groele/Hrycaj/Filipiak, Prawo restrukturyzacyjne, 1. Aufl. 2017; Hrycaj, Oddłużenie upadłego konsumenta a brak zgłoszeń wierzytelności w postępowaniu upadłościowym, Monitor Prawniczy 2016 Nr. 2; Hrycaj/Filipiak/Geromin/Groele, Restrukturyzacja i upadłość przedsiębiorstw, 6. Aufl. 2016; Jakowlew, Prawo restrukturyzacyjne, 2016; Janda, Prawo upadłościowe, 2. Aufl. 2018; Kardas/Łabuda/Razowski, Kodeks karny skarbowy, 3. Aufl. 2017; Klupsch/Schulz, Der Vorschlag der EU-Kommission für eine Richtlinie zu präventiven Restrukturierungsrahmen, EuZW 2017; Kotowski/Kurzępa, Komentarz do niektórych przepisów ustawy o systemie ubezpieczeń społecznych, Wykroczenia pozakodeksowe, 2. Aufl. 2014; Kozerska/Maciejewski/Stec, Zarys ogólny historii prawa upadłościowego w Polsce, Historia testis temporum, lux veritatis, vita memoriae, nuntia vetustatis, Księga jubileuszowa dedykowana profesorowi Włodzimierzowi Kaczorowskiemu, Wydawnictwo Uniwersytetu Opolskiego 2015; Krawczyk, Czy samozatrudniony może ogłosić upadłość konsumencką?, Dziennik Gazeta Prawna – dodatek Firma i Prawo, 12.4.2016; Krawczyk, Polen: Neue Tendenzen im Bereich der Insolvenzverschleppungshaftung/Existenz, Magazin/September 2018; Krawczyk, Prawo do nieobciążania się a postępowania restrukturyzacyjne, Prokuratura i Prawo, Februar 2017; Krawczyk, Restrukturyzacja – jak wybrać rodzaj procedury, Rzeczpospolita, 27.1.2017; Krawczyk, Sąd Najwyższy stygmatyzuje członków zarządu spółek z o.o., Gazeta Finansowa, 6.11.2015; Krawczyk, Spółka akcyjna już nie tak bezpieczna, Puls Biznesu, 5.4.2016; Krawczyk, Większa odpowiedzialność za zobowiązania spółki, Rzeczpospolita, 9.10.2015; Krawczyk-Giehsmann, Działalność na próbę pułapką dla osób w tarapatach finansowych. Nie zawsze upadną jak konsumenci, Dziennik Gazeta Prawna – dodatek Firma i Prawo, 16.10.2018; Krawczyk-Giehsmann, Rola nadzorcy w postępowaniu restrukturyzacyjnym z układem częściowym, Doradca restrukturyzacyjny 2018 Nr. 2; Krawczyk-Giehsmann, Dopuszczalność prowadzenia postępowania o podział majątku wspólnego w razie ogłoszenia upadłości rozwiedzionych małżonków – glosa – II Cz 247/17 i II Cz 612/1/Monitor Prawniczy, Mai 2018; Krawczyk-Giehsmann, Jak ocenić, czy dłużnik stał się niewypłacalny, Dziennik Gazeta Prawna – dodatek Firma i Prawo, 13.2.2018; Krawczyk-Giehsmann, Präventive Restrukturierungsrahmen im polnischen Restrukturierungsrecht, Zeitschrift für Internationales Wirtschaftsrecht, April 2018; Kubiczek/Sokół, Metodyka badania płynnościowej przesłanki niewypłacalności w świetle jej prawnej definicji, Doradca Restrukturyzacyjny, März 2016; Kuglarz/Reisch, Verbraucherinsolvenz in Polen, Zeitschrift für Insolvenzrecht und Kreditschutz 2009, Nr. 5; Pietrzykowski, Kodeks cywilny, Komentarz do art. 1–449(10), 9. Aufl. 2018; Porzycki, Prawo restrukturyzacyjne a zakres zastosowania unijnego prawa upadłościowego, Monitor Prawniczy 2015 Nr. 20; Machowska, Prawo restrukturyzacyjne i upadłościowe, Zagadnienia praktyczne, 1. Aufl. 2016; Miczek, Dostęp do akt postępowań upadłościowych i restrukturyzacyjnych, Doradca restrukturyzacyjny 2016 Nr. 3; Olejniczak, Prawo zobowiązań – część ogólna, System Prawa Prywatnego, 6. Aufl. 2009; Osajda, Uwagi o pojęciu niewypłacalności w świetle nowelizacji prawa upadłościowego, Przegląd Prawa Handlowego 2016 Nr. 1; Rodzynkiewicz, Kodeks spółek handlowych, 7. Aufl. 2018; Sobczyk, Kodeks pracy, 4. Aufl. 2018; Szpunar, Odpowiedzialność właściciela nieruchomości nie będącego dłużnikiem hipotecznym, Rejent 1999; Torbus/Witosz/Witosz, Prawo restrukturyzacyjne, 1. Aufl. 2016; Torbus, Glosa do tezy wyroku Sądu Apelacyjnego w Katowicach z dnia 16.12.2009, V ACa 543/09, LEX Nr. 694262; Trocki/Skura, Jednakowe traktowanie wierzycieli w układzie – art. 162 prawa restrukturyzacyjnego, Monitor Prawa Bankowego 2017 Nr. 9; Witosz/Adamus/Witosz, Upadłość konsumencka, 4. Aufl. 2009; Witosz, Prawo Upadłościowe, 1. Aufl. 2017; Witosz, Spółka w upadłości układowej, Monitor Prawniczy 2007 Nr. 2; Witosz, Subsydiarna odpowiedzialność wspólników spółek handlowych zasady naczelne, 1. Aufl. 2014; Witosz/Witosz, Prawo upadłościowe i naprawcze, 4. Aufl. 2015; Zalewski, Układ częściowy, Doradca Restrukturyzacyjny 2017 Nr. 4; Zalewski, Zmiany w postępowaniu o ogłoszenie upadłości obowiązu-

Internationales Insolvenzrecht – Polen

jące od 1.1.2016, Monitor Prawa Handlowego, 2015 Nr. 4; Zedler, Ogólna ocena nowego prawa restrukturyzacyjnego/Monitor Prawa Bankowego 2015 Nr. 12; Zimmerman/Filipiak/Sierakowski/Michalska, Prawo restrukturyzacyjne Komentarz do ustawy, 1. Aufl. 2017; Zimmerman, Prawo upadłościowe, Prawo restrukturyzacyjne, 5. Aufl. 2020; Zimmerman, Prawo upadłościowe, Prawo restrukturyzacyjne, 5. Aufl. 2018; Zimmerman, Prawo upadłościowe, Prawo restrukturyzacyjne, 3. Aufl. 2014; P. Filipiak, Dyrektywa dotycząca upadłości przedsiębiorstw, https://www.filipiakbabicz.com/restrukturyzacja/2018/10/17/dyrektywa-dotyczaca-upadlosci-przedsiebiorstw/; B. Sierakowski, Wpływ unijnej dyrektywy drugiej szansy na polskie prawo restrukturyzacyjne, https://ipuir.lazarski.pl/pl/aktualnosci/wplyw-unijnej-dyrektywy-drugiej-szansy-na-polskie-prawo-restrukturyzacyjne/.

Übersicht

	Rn.
A. Rahmenbedingungen und Geschichte des polnischen Insolvenzrechts	1
I. Rechtsakte	1
II. Begriffserklärung	3
III. Entstehungsgeschichte des polnischen Insolvenzrechts	6
1. Geburtsstunde des polnischen Staates und Rechts	6
2. Insolvenzrecht während der Teilung Polens	9
3. Insolvenzrecht in der Zweiten Republik Polen	10
4. Insolvenzrecht 1945–1989	15
5. Insolvenzrecht in der Dritten Republik Polen	16
6. Gesetz v. 15.6.2007 o licencji syndyka (Gesetz über die Insolvenzverwalterlizenz)	21
7. Gesetzesänderung v. 5.12.2008 und der Verbraucherkonkurs	23
8. Gesetzesänderung v. 15.5.2015	27
9. Gesetzesänderung v. 30.8.2019	39a
IV. Sonderregelungen in Verbindung mit der COVID-19-Epidemie	39b
1. Einführung	39b
2. Konkursverfahren	39c
3. Restrukturierungsverfahren	39d
4. Staatliche Hilfe	39i
B. Vorinsolvenzliche Restrukturierung	40
I. Präventiver Restrukturierungsrahmen (EU) und dessen Umsetzung	40
1. Einleitung	40
2. Der präventive Restrukturierungsrahmen	42
3. Sonstige Regelungen der Richtlinie	46
II. Sonstige Restrukturierungsmöglichkeiten	48
1. Bilaterale und multilaterale Vereinbarungen	49
2. Unternehmensübertragung	50
3. Umwandlungsmaßnahmen	51
C. Insolvenzverfahrensrecht – Konkursrecht	52
I. Antrag, Antragspflichten und Antragsinhalt	52
1. Konkursverfahren als ein Antragsverfahren	52
2. Antragsrecht	53
3. Antragspflicht	62
II. Das zuständige Gericht	82
1. Sachliche und örtliche Zuständigkeit	82

	Rn.
2. Internationale Zuständigkeit	89
III. Verfahren und Rechtsmittel	95
1. Verfahrensabschnitte	95
2. Verfahren zur Konkurserklärung	96
3. Entscheidungen des Konkursgerichts	102
4. Rechtsmittel	127
5. Beschwerdeverfahren	131
6. Sicherungsverfahren	135
7. Eigentliches Konkursverfahren	139
IV. Verfahrenskosten und Folgen bei fehlender Deckung	146
1. Kosten im Verfahren zur Konkurserklärung	146
2. Kosten im eigentlichen Konkursverfahren	156
V. Verfahrensöffentlichkeit und Akteneinsicht	171
1. Verfahrensöffentlichkeit und Akteneinsicht	171
2. Zentrales Konkurs- und Restrukturierungsregister. Nationales Schuldnerregister (poln. Krajowy Rejestr Zadłużonych)	175
VI. Anerkennung des Verfahrens im Ausland	177
VII. Verfahrensbeendigung	183
1. Aufhebung des Verfahrens	183
2. Verfahrenseinstellung	190
VIII. Die Anerkennung von ausländischen Verfahren	195
1. Nach EuInsVO 2015	195
2. Nach KonkR	198
D. Insolvenzverfahrensrecht – Restrukturierungsrecht	221
I. Antrag, Antragspflicht und Antragsinhalt	221
1. Restrukturierungsverfahren als ein Antragverfahren	221
2. Antragsrecht	222
3. Antragspflicht	223
4. Antragsinhalt	224
5. Prozessuale und materielle Voraussetzungen des Restrukturierungsantrages	234
6. Konkurrenz zwischen einem Konkurs- und Restrukturierungsantrag	235
II. Zuständiges Gericht	236
1. Sachliche und örtliche Zuständigkeit	236
2. Internationale Zuständigkeit	240
III. Verfahren und Rechtsmittel	245
1. Verfahrensabschnitte	245
2. Verfahren zur Restrukturierungsverfahrenseröffnung	246

Internationales Insolvenzrecht – Polen

	Rn.		Rn.
3. Entscheidungen des Restrukturierungsgerichts	250	3. Auswirkungen der Konkurserklärung auf das geerbte Vermögen	599
4. Rechtsmittel	258	4. Auswirkungen der Konkurserklärung auf die ehelichen Vermögensbeziehungen des Schuldners	603
5. Verfahren vor dem Gericht der zweiten Instanz	262		
6. Sicherungsverfahren	264	5. Auswirkung der Konkurserklärung auf Gerichtsverfahren und andere Verfahren	609
7. Eigentliches Restrukturierungsverfahren	268		
IV. Verfahrenskosten und Folgen bei fehlender Deckung	275	6. Gesellschaftsrechtliche Folgen	620
		VI. Arbeits- und Sozialrecht	634
1. Kosten im Verfahren zur Restrukturierungsverfahrenseröffnung	275	1. Konkurserklärung des Arbeitnehmers	634
		2. Konkurserklärung des Arbeitgebers	635
2. Kosten des eigentlichen Restrukturierungsverfahrens	281	VII. Konkursmasse	663
		1. Umfang des Konkursbeschlages	663
V. Verfahrensöffentlichkeit, Akteneinsicht und Zentrales Konkurs- und Restrukturierungsregister/Nationales Schuldnerregister (poln. Krajowy Rejestr Zadłużonych)	288	2. Feststellung der Zusammensetzung der Konkursmasse	667
		3. Verwertung der Konkursmasse	676
		VIII. Von Dritten gestellte Sicherheiten	694
		IX. Haftungsansprüche	699
1. Verfahrensöffentlichkeit und Akteneinsicht	288	1. Gesamthaftungsansprüche	699
		2. Kapitalaufbringung und Kapitalerhaltung	702
2. Zentrales Konkurs- und Restrukturierungsregister. Nationales Schuldnerregister (poln. Krajowy Rejestr Zadłużonych)	292	3. Haftung von Geschäftsführern und Vorständen	712
		X. Anfechtung wegen Gläubigerbenachteiligung	727
VI. Anerkennung des Verfahrens im Ausland	293	1. Vorbemerkungen	727
VII. Verfahrensbeendigung	295	2. Inkongruente Deckung	731
1. Aufhebung des Verfahrens; Erfüllung des Vergleiches	295	3. Sicherung und Befriedigung einer nicht fälligen Schuld	736
2. Einstellung des Verfahrens	317	4. Abtretung einer künftigen Forderung	739
3. Vereinfachter Antrag auf Sanierungsverfahrenseröffnung bzw. Konkurserklärung	335	5. Kongruente Deckung	741
		6. Unwirksamkeit der konkreten vertraglichen Vergütungsvereinbarungen	747
VIII. Anerkennung von ausländischen Verfahren	341	7. Dingliche Sicherheiten	753
1. Nach EuInsVO 2015	341	8. Vertragsstrafen	756
2. Nach RestR	342	9. Paulinische Anfechtungsklage	759
		10. Rechtsfolgen	767
E. Materielles Insolvenzrecht – Konkursrecht	343	11. Verfahrensfragen	771
I. Anwendungsbereich	343	12. Ausschluss der Anwendung der Anfechtungsvorschriften	775
1. Antragsgründe und andere materielle Verfahrensvoraussetzungen	343	XI. Verteilung der Konkursmasse	776
		1. Forderungsanmeldung und -feststellung	776
2. Verfahrensziele	375	2. Verteilung der Konkursmasse	802
3. Konkursfähigkeit	378	3. Befriedigung der Gläubiger	813
II. Verfahrensarten	381	XII. Bedeutung der Verfahrensbeendigung	821
1. Vormerkungen	381	XIII. Restschuldbefreiung	826
2. Konkursverfahren besonderer Art	385	1. Normenzweck	826
III. Verfahrensbeteiligte	429	2. Entschuldung natürlicher Personen, die keine Geschäftstätigkeit ausüben	829
1. Schuldner	429		
2. Gläubiger	440	3. Entschuldung anderer natürlichen Personen	865
3. Konkursgericht	441		
4. Konkursrichter	442	F. Materielles Insolvenzrecht – Restrukturierungsrecht	879
5. Konkursverwalter	443	I. Anwendungsbereich	879
6. Die Gläubigerversammlung	462	1. Antragsgründe und andere materielle Verfahrensvoraussetzungen	879
7. Der Gläubigerausschuss	471		
IV. Sanierungsmöglichkeiten im Konkursverfahren	488	2. Verfahrensziele	907
1. Vorbemerkungen	488	3. Restrukturierungsfähigkeit	910
2. Übertragende Sanierung	489	II. Verfahrensarten	914
3. Vergleich im Konkursverfahren	542	1. Vorbemerkungen	914
V. Bedeutung der Konkurserklärung	555	2. Restrukturierungsverfahren besonderer Art	921
1. Folgen der Konkurserklärung in Bezug auf die Verbindlichkeiten des Schuldners	555		
		III. Verfahrensbeteiligte	937
2. Auswirkungen der Konkurserklärung in Bezug auf die vom Schuldner abgeschlossenen Verträge	560	1. Der Schuldner	937

Internationales Insolvenzrecht – Polen

	Rn.
2. Der Gläubiger	942
3. Das Restrukturierungsgericht	942a
4. Der Restrukturierungsrichter	942b
5. Der (vorläufige) Sachwalter und Verwalter	943
6. Die Gläubigerversammlung	976
7. Gläubigerausschuss	989
IV. Bedeutung der Verfahrenseröffnung	1001
1. Auswirkungen der Verfahrenseröffnung auf die Verbindlichkeiten des Schuldners	1001
2. Auswirkungen der Verfahrenseröffnung auf die vom Schuldner abgeschlossenen Verträge	1005
3. Auswirkungen der Verfahrenseröffnung auf das geerbte Vermögen	1015
4. Auswirkungen der Verfahrenseröffnung auf die ehelichen Vermögensbeziehungen des Schuldners	1017
5. Auswirkung der Verfahrenseröffnung auf Gerichtsverfahren und andere Verfahren	1019
6. Gesellschaftsrechtliche Folgen	1035
V. Arbeits- und Sozialrecht	1037
1. Eröffnung von Restrukturierungsverfahren über das Vermögen des Arbeitnehmers	1037
2. Einfluss der Eröffnung von Restrukturierungsverfahren auf Arbeitsverhältnisse	1038
3. Auswirkungen der Eröffnung des Restrukturierungsverfahrens auf die Zulässigkeit von Massenentlassungen	1041
4. Leistungen im Falle der Zahlungsunfähigkeit des Arbeitgebers	1042
5. Unternehmensverkauf in Restrukturierungsverfahren und Betriebsübergang	1045
VI. Vergleichs- und Sanierungsmasse	1047
1. Vergleichsmasse	1047
2. Sanierungsmasse	1055
VII. Von Dritten gestellte Sicherheiten	1057
VIII. Haftungsansprüche	1060
IX. Anfechtung wegen Gläubigerbenachteiligung	1062
1. Vorbemerkungen	1062
2. Sondervorschriften zum Sanierungsverfahren	1064
3. Paulianische Anfechtungsklage	1081
X. Vergleich	1083
1. Forderungsliste	1083
2. Vergleichsvorschläge	1108
3. Vergleich	1129
4. Restrukturierungsplan	1144
XI. Bedeutung der Verfahrensbeendigung	1153
G. Insolvenzstrafrecht	1155
I. Strafrechtliche Haftung	1155
1. Straftaten, die nicht unmittelbar mit dem Verlauf eines Konkurs- oder Restrukturierungsverfahrens zusammenhängen	1155
2. Straftaten, die im unmittelbaren Zusammenhang mit dem Konkurs- oder Restrukturierungsverfahren stehen	1194

	Rn.
3. Verletzung der Konkursantragspflichten	1200
II. Steuerstrafrechtliche Haftung	1204
1. Nichtzahlung der erhobenen Steuer (Art. 77 PSStG)	1204
2. Fortwährende nicht rechtzeitige Steuerzahlung (Art. 57 PSStG)	1210
III. Sozialversicherungsbetrug	1213
IV. Gewerbeuntersagung	1214
1. Strafbares Verhalten	1214
2. Umfang der Gewerbeuntersagung	1215
3. Verfahrensrechtliche Fragen	1216
4. Sonstige Grundlagen der Gewerbeuntersagung	1218
H. Steuerforderungen	1221
I. Steuerforderungen im Konkursverfahren	1221
II. Steuerforderungen im Restrukturierungsverfahren	1227
I. Verkehrssteuer bei Masseverwertung	1234
I. Umsatzsteuer (poln. Podatek od towarów i usług, eng. value-added tax, VAT)	1234
1. Vermögensverkauf im Konkursverfahren	1237
2. Konkurserklärung und die Verpflichtung zur Korrektur der aufgrund unbezahlter Rechnungen abgezogenen Steuern sowie die steuerlichen Vergünstigungen	1239
II. Körperschaftssteuer (poln. Podatek od dochodów spółek, eng. Corporate Income Tax)	1243
J. Verkehrssteuer bei Unternehmensfortführung	1246
I. Umsatzsteuer (poln. Podatek od towarów i usług, eng. value-added tax, VAT)	1246
II. Körperschaftssteuer (poln. Podatek od dochodów spółek, eng. Corporate Income Tax)	1249
K. Die steuerliche Rechtsstellung des Konkursverwalters	1254
I. Steuerpflichten	1254
II. Rechnungslegungspflichten	1259
III. Besteuerung der Vergütung des Konkursverwalters, Verwalters und Gerichtssachwalters	1263
1. Einkommenssteuer	1263
2. Umsatzsteuer (VAT)	1267
L. Steuerhaftung Dritter	1269
I. Steuerhaftung der Geschäftsführer und anderer Dritter	1269
1. Steuerhaftung der Geschäftsführer	1269
2. Steuerhaftung der Gesellschafter und Bevollmächtigten	1279
II. Steuerhaftung der ehemaligen Geschäftsführer, Gesellschafter und Bevollmächtigten	1281
III. Verfahren zur Entscheidung über die Haftung von Dritten	1283
IV. Steuerhaftung des Konkursverwalters	1285
V. Haftung des Verwalters und Sachwalters im Restrukturierungsverfahren	1286

Internationales Insolvenzrecht – Polen

A. Rahmenbedingungen und Geschichte des polnischen Insolvenzrechts

I. Rechtsakte

1   In der polnischen Rechtsordnung regeln zwei Hauptgesetze die rechtlichen Auswirkungen der Zahlungsunfähigkeit oder drohenden Zahlungsunfähigkeit von wirtschaftlichen Subjekten: das Gesetz v. 28.2.2003 Prawo upadłościowe (bis zum 31.12.2015 Prawo upadłościowe i naprawcze) und das Gesetz v. 15.5.2015 Prawo restrukturyzacyjne.

2   Das Gesetz Prawo upadłościowe regelt die Grundsätze der gemeinschaftlichen Befriedigung der Gläubiger eines zahlungsunfähigen Schuldners, Rechtsfolgen der Konkurserklärung und die Regeln der Entschuldung von natürlichen Personen. Das Gesetz Prawo restrukturyzacyjne regelt wiederum den Abschluss eines Vergleiches zwischen einem zahlungsunfähigen oder drohend zahlungsunfähigen Schuldner und seinen Gläubigern und die Rechtsfolgen eines solchen Vergleiches sowie die Durchführung von Sanierungsmaßnahmen. Neben diesen Hauptgesetzen gelten auch weitere Gesetze, die die besonderen Fragen der wirtschaftlichen Krise eines Unternehmens oder Zahlungsunfähigkeit eines Unternehmers bzw. Verbrauchers regeln, wie etwa den Schutz von Arbeitnehmerforderungen (Gesetz v. 13.7.2006/Dz.U. 2006 Nr. 158 Pos. 1121) (→ Rn. 646 ff.), die sog. Massenentlastungen (Gesetz v. 13.3.2003/Dz.U. 2003 Nr. 90 Pos. 844) (→ Rn. 640 ff.) oder die Lizenz des Restrukturierungsberaters (Gesetz v. 15.6.2007/Dz.U. 2007 Nr. 123 Pos. 850).

II. Begriffserklärung

3   Das polnische Adjektiv „upadłościowe" kann man von dem Verb „upadać" ableiten, welches sich ins Deutsche mit dem Wort „fallen/stürzen" übersetzen lässt. Das Adjektiv „restrukturyzacyjne" hängt tendenziell hingegen eher mit der „Restrukturierung" oder „Sanierung" zusammen. Die Begriffe, die für die Bezeichnung beider Gesetze genutzt werden, spiegeln die Inhalte der Gesetze wider. Das Gesetz Prawo upadłościowe regelt grundsätzlich die Verfahrensart, die auf die endgültige Abwicklung des Vermögens des Schuldners und, im Falle von anderen als natürlichen Personen, auf die Beendigung der Rechtspersönlichkeit des Schuldners gerichtet ist. Das Gesetz regelt somit die existenzvernichtenden Krisenfälle. Nach Hess ist unter dem Krisenstadium der Grad der Bedrohung der für die Existenz des Unternehmens wichtigsten Ziele zu verstehen. Der Autor nennt zwei Krisenstadien, nämlich die existenzbedrohende Krise und die existenzvernichtende Krise (Hess, Sanierungshandbuch, 6. Aufl. 2013, 14, 57). Das Gesetz Prawo restrukturyzacyjne richtet sich dagegen an solche Fälle, in denen die Existenz des Schuldners zwar bedroht ist, jedoch Aussichten auf die Wiederherstellung der Zahlungsfähigkeit sowie Wettbewerbsfähigkeit bzw. Erfolgspotenziale dieses Unternehmens bestehen. Dies wird insbesondere dadurch erzielt, dass dem Schuldner der Abschluss eines Vergleiches mit seinen Gläubigern ermöglicht wird, welcher auf einem Restrukturierungsplan basiert. Im Vergleich zur Gesetzeslage in Deutschland kann man daher vereinfacht sagen, dass die beiden polnischen Gesetze das regeln, was durch die Insolvenzordnung vom Jahre 1994 geregelt wird: das Gesetz Prawo upadłościowe knüpft an die deutsche Regelinsolvenz an, wobei das Gesetz Prawo restrukturyzacyjne sich mit dem Äquivalent eines Insolvenzplanverfahrens befasst. Die Unterschiede in beiden Fällen sind jedoch groß und die genannten Verfahren können nicht einfach miteinander gleichgesetzt werden.

4   Es mag schwierig sein, die Bezeichnungen der besprochenen Gesetze ins Deutsche zu übersetzen. Oft wird das Gesetz Prawo upadłościowe mit dem Wort „Insolvenzrecht" übersetzt. Diese Übersetzung ist jedoch fehlerhaft. Das Wort „Insolvenz" ist ein Synonym des Wortes „Zahlungsunfähigkeit". Die Zahlungsunfähigkeit stellt wiederum nicht nur den Grund für die Einleitung eines Verfahrens nach dem Gesetz Prawo upadłościowe, sondern auch nach dem Gesetz Prawo restrukturyzacyjne dar. Daher kann man zwar in Bezug auf das polnische Recht die Bezeichnung „Insolvenzrecht" (poln. prawo insolwencyjne, prawo związane z niewypłacalnością) verwenden, jedoch einzig dann, wenn man von beide Gesetzen spricht.

5   Um diesen sprachlichen Problemen zu entgehen, ist es hilfreich das deutsche Wort „Konkurs" zu verwenden. Der Begriff wird aus dem lateinischen **concurus creditorum** abgeleitet, was so viel bedeutet wie die Konkurrenz von Gläubiger. Bis zum 31.12.1998 galt in Deutschland die Konkursordnung v. 10.2.1877. Sie regelte keine Restrukturierungsmaßnahmen, sondern nur die Abwicklung des schuldnerischen Vermögens zwecks der gemeinsamen Befriedigung der Gläubiger (§ 1 Konkursordnung). Daher scheint es geeignet, das Gesetz Prawo upadłościowe genau unter der Verwendung des Wortes „Konkurs" ins „Konkursrecht" zu übersetzen. Das Gesetz Prawo restrukturyzacyjne kann dagegen eher als „Restrukturierungsrecht" bezeichnet werden. Diese

Internationales Insolvenzrecht – Polen

Bezeichnungen werden in dem vorliegenden Kommentar konsequent verwendet, wenn von den einzelnen Gesetzen die Rede ist.

III. Entstehungsgeschichte des polnischen Insolvenzrechts

1. Geburtsstunde des polnischen Staates und Rechts

Die Entwicklung des Rechtssystems in Polen ist eng mit seiner systempolitischen Geschichte 6 verbunden. Aufgrund der Tatsache, dass der römische Limes nicht die polnischen Gebiete umfasste, hatte das Römische Recht im Prinzip keinen so grundlegenden Einfluss auf die Entwicklung der polnischen Rechtsinstitutionen wie in einigen anderen Rechtssystemen (Adamus/Kozerska/Maciejewski/Stec, Zarys ogólny historii prawa upadłościowego w Polsce, 2015, 612). Das älteste polnische Recht war hauptsächlich Gewohnheitsrecht. Da es an Sammlungen dieses Rechts mangelt, ist das Wissen über seinen Inhalt tatsächlich sehr gering (Bardach/Leśnodorski/Pietrzak, Historia ustroju i prawa polskiego, 1994, 27). Es wird jedoch davon ausgegangen, dass das mittelalterliche polnische Gewohnheitsrecht keine Vollstreckungsrechtsinstitutionen entwickelt hat, die dem aus italienischen oder deutschen Städten bekannten Konkursverfahren ähneln (SPH/Geromin/Hrycaj/Miczek 16).

Mit der Entwicklung der polnischen Staatlichkeit, circa vom 9. bis 10. Jahrhundert, entwickelte 7 sich das Statutenrecht in Form von Einzel- und Landprivilegien, die vom Monarchen gewährt wurden, und von allgemein gültigen Statuten in der Monarchie (Bardach/Leśnodorski/Pietrzak, Historia ustroju i prawa polskiego, 1994, 29). Eines der Rechtsgebiete, deren Entwicklung sich um die Wende des frühen und hohen Mittelalters herum abzeichnet, war das Vollstreckungsrecht. Im Vergleich zum Konkursrecht im modernen Sinne kann das Vollstreckungsrecht als singuläre Vollstreckung definiert werden, dh sie wird von jedem der Gläubiger des Schuldners einzeln und nicht gemeinsam durchgeführt (Adamus/Kozerska/Maciejewski/Stec, Zarys ogólny historii prawa upadłościowego w Polsce, 2015, 612).

Die Entwicklung des Vollstreckungsrechts war gekennzeichnet durch einen langsamen Über- 8 gang von der persönlichen Haftung des Schuldners, vor allem in Form der strafrechtlichen Haftung, zur Haftung mit seinem Vermögen (SPH/Geronim/Hrycaj/Miczek 617). Die Ursprünge des erlassenen Rechts sind auch der Beginn von Verfahrensregeln allgemeiner Anwendung und nicht nur fallbezogen (Adamus/Kozerska/Maciejewski/Stec, Zarys ogólny historii prawa upadłościowego w Polsce, 2015, 612–611). In der Anfangszeit war das Vollstreckungsrecht jedoch noch in Form der Ständeordnungen geregelt. Deswegen waren die Regeln der Geltendmachung von Zahlungsansprüchen gegenüber einem zahlungsunfähigen Schuldner je nachdem, ob es sich um Gutsbesitzer, Bürger, Handelsleute usw. handelte, unterschiedlich (Adamus/Kozerska/Maciejewski/Stec, Zarys ogólny historii prawa upadłościowego w Polsce, 2015, 612–613). Interessanterweise galt jedoch in kaufmännischen Angelegenheiten zwischen Kaufleuten lange Zeit das deutsche Gewohnheitsrecht (Buber, Polskie prawo upadłościowe, 1. Aufl. 1936).

2. Insolvenzrecht während der Teilung Polens

Die Entwicklung der ursprünglich polnischen Rechtsinstitutionen, auch im Bereich der weit 9 verstandenen Vollstreckung, wurde durch die Ende des 18. Jahrhunderts von Preußen, Österreich und Russland vorgenommenen Teilungen des polnischen Staates unterbrochen. Der polnische Staat erlosch, und auf seinem Gebiet begannen die Nachbarmächte ihre eigenen Rechtssysteme einzuführen. Daher galten während der Teilung auf den polnischen Gebieten mehrere Rechtsordnungen der Teilungsmächte. Dazu gehörten das preußische, österreichische und russische Recht. Nach der Gründung des Herzogtums Warschau galt auf diesem Gebiet das französische Recht, das nach seiner Auflösung durch die Russen nicht völlig abgeschafft wurde. Auf einem kleinen Gebiet von Zips und Arwa galt ferner das ungarische Recht. Es waren die Teilungsstaaten, die das erste institutionalisierte Insolvenzrecht in den besetzten Gebieten einführten, einschließlich der Regeln zur Insolvenzvermeidung (Adamus/Kozerska/Maciejewski/Stec, Zarys ogólny historii prawa upadłościowego w Polsce, 2015, 614). Auf den polnischen Gebieten galt insbesondere die deutsche Konkursordnung aus dem Jahre 1877. Später wurden die Gesetze der Teilungsmächte Vorbild für das polnische Konkursrecht, das nach der Wiedererlangung der Unabhängigkeit von Grund auf neu geschrieben wurde.

Internationales Insolvenzrecht – Polen

3. Insolvenzrecht in der Zweiten Republik Polen

10   Nach der Wiedererlangung der Unabhängigkeit im Jahre 1918 galt auf dem Gebiet Polens keine einheitliche Rechtsordnung. Die Vertreter der Wissenschaft und Rechtspraxis, die ihre Zugehörigkeit zum polnischen Staat zum Ausdruck brachten, unternahmen große Anstrengungen zur Schaffung eines modernen Rechtssystems, welches in allen Gebieten, die Teile der Zweiten Republik Polen wurden, in Kraft treten sollte. Zu den Rechtsgebieten, die bereits zu Beginn des neuen polnischen Staates kodifiziert worden waren, gehörte das Insolvenzrecht, welches damals nicht nur in Polen, sondern auch in ganz Europa immer mehr an Bedeutung gewann.

11   Ein Meilenstein in der Entwicklung des polnischen Insolvenzrechts war die Vorbereitung und anschließende Verabschiedung von drei wesentlichen Rechtsakten in Form von Verordnungen des Präsidenten der Republik Polen: Prawo upadłościowe – das Konkursrecht (Rozporządzenie Prezydenta Rzeczypospolitej v. 24.10.1934 Prawo upadłościowe/Dz.U. Nr. 93, Pos. 834), Prawo o postępowaniu układowem – Recht der Vergleichsverfahren (Rozporządzenie Prezydenta Rzeczypospolitej v. 24.10.1934 Prawo o postępowaniu układowem/Dz.U. Nr. 93, Pos. 836) und die Vorschriften zur Einführung des Konkursrechts (Rozporządzenie Prezydenta Rzeczypospolitej v. 24.10.1934 Przepisy wprowadzające prawo upadłościowe/Dz.U. Nr. 93, Pos. 835). Die Verordnungen über das Konkurs- und Vergleichsrecht traten am 1.1.1935 in Kraft. Zum gleichen Zeitpunkt sind die bestehenden Bestimmungen zum geltenden Insolvenzrecht ausgelaufen (Adamus/Kozerska/Maciejewski/Stec, Zarys ogólny historii prawa upadłościowego w Polsce, 2015, 621). Die wesentliche Bedeutung der Einführung der genannten Rechtsakte lag darin, dass sie nicht nur ein neues System des Insolvenzrechts einführten, sondern dieses auch für das gesamte Gebiet der Zweiten Republik vereinheitlicht wurde (Adamus/Kozerska/Maciejewski/Stec, Zarys ogólny historii prawa upadłościowego w Polsce, 2015, 621).

12   Die polnische Gesetzgebung im Zeitraum der Zweiten Republik Polen basierte auf zwei separaten Insolvenzverfahren. Die erste, die durch die Verordnung über das Konkursrecht geregelt wurde, bezog sich auf die kollektive Vollstreckung gegen einen zahlungsunfähigen Schuldner mit einer Möglichkeit, unter strengen Voraussetzungen, einen Vergleich mit den Gläubigern abzuschließen. Die zweite, die durch die Verordnung über das Vergleichsverfahren erfasst wurde, sollte die Notwendigkeit der Konkurserklärung im Wege der Restrukturierung der Verschuldung verhindern und war Ausdruck der „Anti-Vollstreckungspolitik" (SPH/Hrycaj/Witosz 617).

13   Die Bestimmungen der Verordnung über das Konkursrecht regelten umfassend die Grundsätze der Befriedigung der Gläubiger aus den Mitteln der Liquidation des gesamten Vermögens des Schuldners, erlaubten es jedoch dem Schuldner, einen Vergleich mit nicht privilegierten Gläubigern zu treffen (SPH/Geromin/Hrycaj/Miczek 17). Das neue polnische Konkursrecht sah lediglich den Konkurs von Kaufleuten vor (Adamus/Kozerska/Maciejewski/Stec, Zarys ogólny historii prawa upadłościowego w Polsce, 2015, 622). Internationale Fragen wurden von der Verordnung nicht geregelt (SPH/Geromin/Hrycaj/Miczek 17).

14   Das Recht über das Vergleichsverfahren sah hingegen die Möglichkeit vor, dem Schuldner einen gerichtlichen Schutz zu gewähren, um seine Zahlungsunfähigkeit zu verhindern. Ziel dieser Regelung war es, die Liquidation von Unternehmen zu verhindern, welche sich in vorübergehenden finanziellen Schwierigkeiten befanden und deren Liquidation im Rahmen des Konkursverfahrens sinnlos gewesen wäre. Im Rahmen des Vergleichsverfahrens bestand die Möglichkeit eines Vergleichsabschlusses, der nach der Annahme durch die Gläubiger und der Zustimmung des Gerichts zur Restrukturierung der Verbindlichkeiten des Schuldners führte (SPH/Geromin/Hrycaj/Miczek 17). Auch diese Verfahrensart war nur den Kaufleuten vorbehalten.

4. Insolvenzrecht 1945–1989

15   Das Recht über das Vergleichsverfahren und das Konkursrecht galten bis zum Jahre 2003, obwohl angemerkt werden muss, dass in der Zeit der sozialistischen Planwirtschaft und staatlichen Unternehmen bis 1989 diese grundsätzlich nicht angewendet wurden. In der Praxis ist das Insolvenzrecht für viele Jahre „tot" gewesen (Adamus/Kozerska/Maciejewski/Stec, Zarys ogólny historii prawa upadłościowego w Polsce, 2015, 623). Viele Rechtsinstitutionen des Konkurs- und Vergleichsrechts von 1934 haben jedoch die Herausforderungen der Zeit grundsätzlich gemeistert und stellen nach der notwendigen Modernisierung die Grundlage der derzeit geltenden Rechtsakte im Bereich des polnischen Insolvenzrechts dar (Adamus/Kozerska/Maciejewski/Stec, Zarys ogólny historii prawa upadłościowego w Polsce, 2015, 622).

5. Insolvenzrecht in der Dritten Republik Polen

a) Die Wende im Jahre 1989. Der Übergang von einer zentralen Planwirtschaft zur Marktwirtschaft erforderte funktionierende Konkurs- und Vergleichsverfahren. Die Wende im Jahr 1989 führte somit zu einer Renaissance des Insolvenzrechts. Schon im Jahre 1990 wurden die immer noch gültigen Verordnungen über das Konkurs- und Vergleichsrecht von 1934 an die neue wirtschaftliche Wirklichkeit angepasst. Die damals eingeführten Änderungen waren jedoch von geringem Ausmaß und änderten die Grundstruktur des Konkurs- und Vergleichsverfahrens kaum (Adamus/Kozerska/Maciejewski/Stec, Zarys ogólny historii prawa upadłościowego w Polsce, 2015, 623).

b) Gesetz v. 28.2.2003 – Prawo upadłościowe i naprawcze. In den Folgejahren wurde das polnische Insolvenzrecht schrittweise an die sich rasant ändernde wirtschaftliche Situation Polens angepasst und für den geplanten Beitritt in die Europäische Union vorbereitet. Zum damaligen Zeitpunkt wurden wichtige Rechtsinstitute wie der Bankgarantiefonds oder der Garantiefonds für Leistungen an Arbeitnehmer unter den Gesichtspunkten der Zahlungsunfähigkeit sowie spezielle, von Konkurs- und Vergleichsverfahren unabhängige, Restrukturierungsverfahren wie das Bankenvergleichsverfahren eingeführt (Adamus/Kozerska/Maciejewski/Stec, Zarys ogólny historii prawa upadłościowego w Polsce, 2015, 624). Gleichzeitig hat sich aufgrund von Konkursen bekannter Wirtschaftsunternehmen eine negative Einstellung gegenüber Insolvenzverfahren, insbesondere Vergleichsverfahren, in der Bevölkerung breit gemacht. Es wurde darauf hingewiesen, dass die bestehenden Vorschriften von unfairen Schuldnern zum Nachteil der Gläubiger missbraucht wurden. Diese Annahme bestätigte auch die geringere Anzahl von abgeschlossenen Vergleichen (SPH/Geromin/Hrycaj/Miczek 17).

Die fehlende Anpassung der Vorschriften von 1934 an die veränderte wirtschaftliche Realität im Zusammenhang mit dem bevorstehenden Beitritt Polens zur Europäischen Union führte dazu, dass man anfing an einem völlig neuen Insolvenzrecht zu arbeiten. Zunächst wurde die Auffassung vertreten, dass in der damaligen sozialen und wirtschaftlichen Realität eine Aufrechterhaltung eines separaten Vergleichsrechts keine rationale Begründung finde. Es wurde beschlossen, einen einzigen Rechtsakt zu schaffen, welcher alle im Zusammenhang mit der Zahlungsunfähigkeit stehenden Fragen umfassend regeln sollte (Sejm /Nr. 809 v. 29.8.2002).

Am 1.10.2003 trat das Gesetz v. 28.2.2003 – Prawo upadłościowe i naprawcze (das Konkurs- und Sanierungsrecht) (Gesetz v. 28.2.2003/Dz.U. 2003 Nr. 60 Pos. 535) in Kraft. Der Gesetzgeber verzichtete auf die Aufteilung zwischen Konkurs- und Vergleichsverfahren in zwei unabhängige Gesetze. Das neue Gesetz regelte zwei Konkursverfahrensarten: das sog. Liquidationskonkursverfahren (poln. upadłość likwidacyjna) und das Konkursverfahren mit Vergleichsabschlussmöglichkeit (poln. upadłość z możliwością zawarcia układu). Ferner wurde auch nach angelsächsischem Vorbild ein Sanierungsverfahren (poln. postępowanie naprawcze) eingeführt, welches sich an erst drohend zahlungsunfähige Unternehmen richtete, mit dem Ziel den Konkurs abzuwenden (SPH/Geromin/Hrycaj/Miczek 17). Für bestimmte Rechtsträger, wie etwa Banken und Versicherungsanstalten, wurden gesonderte Verfahren eingeführt. Auch das internationale Konkursrecht wurde individuell bedacht (Adamus/Kozerska/Maciejewski/Stec, Zarys ogólny historii prawa upadłościowego w Polsce, 2015, 624). Das neue Gesetz sah jedoch keine Bestimmungen vor, die die Durchführung eines Konkursverfahrens über das Vermögen von natürlichen Personen, die keine Geschäftstätigkeit ausüben, ermöglichten.

c) EU-Beitritt Polens. Dem Beitritt zur Europäischen Union ging die Anpassung der damals geltenden Bestimmungen an die Anforderungen des EU-Rechts voraus. Auch im Bereich des Insolvenzrechts war eine Harmonisierung erforderlich, zB im Bereich der Gewährleistung des Schutzes von Arbeitnehmeransprüchen im Falle der Zahlungsunfähigkeit eines Arbeitgebers (Adamus/Kozerska/Maciejewski/Stec, Zarys ogólny historii prawa upadłościowego w Polsce, 2015, 624). Am 1.5.2004 ist Polen der Europäischen Union beigetreten und das gemeinschaftliche Recht ist ein Teil der polnischen Rechtsordnung geworden. Auch im Bereich des Insolvenzrechts wurde das polnische Rechtssystem durch unmittelbar geltende EU-Rechtsakte, insbesondere der VO (EG) Nr. 1346/2000 des Rates vom 29.5.2000 über Insolvenzverfahren, bereichert.

6. Gesetz v. 15.6.2007 o licencji syndyka (Gesetz über die Insolvenzverwalterlizenz)

Am 10.10.2007 trat das Gesetz v. 15.6.2007 o licencji syndyka (Gesetz v. 15.7.2007/Dz. U. v. 2007, Nr. 123, Pos. 850) in Kraft. Das Gesetz regelte die Grundsätze zur Erlangung der Lizenz des Konkursverwalters und des Verfahrens zur Lizenzerteilung, der Verweigerung der Lizenzerteilung, der Rücknahme und Aussetzung der infolge der Lizenzerteilung eingeräumten Rechte. Die Lizenz des Konkursverwalters ermächtigte zur Ausübung der Tätigkeiten eines Konkursverwalters,

Internationales Insolvenzrecht – Polen

Gerichtssachwalters und Verwalters, die auf Grundlage des Gesetzes über das Konkurs- und Sanierungsrecht bestellt wurden. Dieses Gesetz war der erste Rechtsakt, welcher das Berufsrecht der Konkursverwalter regelte.

22 Das Gesetz wurde mit Inkrafttreten des Gesetzes v. 15.5.2015 – Prawo restrukturyzacyjne (RestR) geändert. Anstelle der Lizenz des Konkursverwalters wurde eine Lizenz eingeführt, welche zur Ausübung des neu geschaffenen Berufs eines Restrukturierungsberaters berechtigt. Eine als Restrukturierungsberater zugelassene Person ist nicht nur berechtigt, die Funktionen des Konkursverwalters, die im Konkursverfahren und in den Restrukturierungsverfahren bestellten Sachwalters und Verwalters auszuüben, sondern auch die Funktionen des bei der Zwangsvollstreckung durch die Zwangsverwaltung bestellten Pflichtverwalters. Eine als Restrukturierungsberater zugelassene Person kann auch Restrukturierungsberatungen ausüben, welche die Beratung, Erteilung von Stellungnahmen und Erklärungen sowie andere Restrukturierungs- und Konkursdienstleistungen umfassen. Die beschriebenen Änderungen verdeutlichen den Wunsch des Gesetzgebers, die Professionalität des Berufes des Restrukturierungsberaters zu erhöhen (Sejm/Nr. 2824 v. 9.10.2014, 376). Eine weitere wichtige Änderung des Gesetzes erfolgte durch das Gesetz vom 4.4.2019 zur Änderung des Gesetzes über die Lizenz von Restrukturierungsberatern und anderer Gesetze. Die Änderung führt eine neue Institution des sog. qualifizierten Restrukturierungsberaters ein. Die Lizenz soll Personen erteilt werden, die über umfangreiche Erfahrung als Insolvenzverwalter, Sachwalter oder Verwalter verfügen und einen guten beruflichen Ruf haben, insbesondere gegen welche keine Disziplinarstrafe verhängt wurde. Lediglich Personen, die die Lizenz als qualifizierter Restrukturierungsberater haben, sind berechtigt, als Insolvenzverwalter, Sachwalter oder Verwalter im Konkurs- und Restrukturierungsverfahren großer Unternehmen, die von großer Bedeutung für die Staatswirtschaft und von besonderer wirtschaftlicher und verteidigungspolitischer Bedeutung sind, aufzutreten. Es wurde gesetzlich vorgesehen, dass eine Aufsicht über die Tätigkeit von Personen, die die Lizenz des Restrukturierungsberaters haben, durch den Justizminister ausgeübt wird. Zu den Aufsichtsbefugnissen gehören insbesondere die Aussetzung der Rechte aus der Lizenz des Restrukturierungsberaters, der Entzug der Lizenz und die Verpflichtung des Lizenzinhabers zur Vorlage von Unterlagen oder zur Einsicht in die Akten abgeschlossener oder anhängiger Restrukturierungs- oder Konkursverfahren.

7. Gesetzesänderung v. 5.12.2008 und der Verbraucherkonkurs

23 Nach sechs Jahren hitziger Diskussionen in diesem Bereich (SPH/Geromin/Hrycaj/Miczek 18), wurde das Gesetz v. 5.12.2008 verabschiedet, welches am 31.3.2009 in Kraft getreten ist. Dieses führte in die polnische Rechtsordnung das Konkursverfahren für Verbraucher ein. Die Übernahme des Verbraucherkonkurses in das polnische Wirtschaftsrecht war die Folge des Anstiegs im ersten Jahrzehnt dieses Jahrhunderts der Schulden natürlicher Personen, welche keine Geschäftstätigkeit ausübten (Sejm/Nr. 2668 v. 22.12.2003, 1–3). Die negativen sozialen Auswirkungen einer Situation, in der einem Schuldner keine rechtliche Möglichkeit eingeräumt wird, sich von seinen nicht rückzahlbaren finanziellen Verpflichtungen zu befreien, wurden wahrgenommen, insbesondere in Form der methodischen wirtschaftlichen und sozialen Ausgrenzung eines zahlungsunfähigen Verbrauchers, der gezwungen ist, oft unterhalb der Armutsgrenze zu leben (Adamus/Geronim/Groele, Upadłość konsumencka, 2. Aufl. 2017, Einf. I Rn. 3).

24 Der Konkurs von Personen, die keine Geschäftstätigkeit ausüben, wurde als separates Verfahren von einem nach allgemeinen Grundsätzen geführten Konkursverfahren gebildet. Dies wurde durch die unterschiedlichen Ziele beider Rechtsinstitutionen begründet. Im Falle eines Konkurses von Unternehmer konzentriert man sich auf die Gläubigerbefriedigung durch die Liquidation des Unternehmens und die Verwertung der Vermögensmasse. Die Idee, die hinter dem Verbraucherkonkursverfahren steht, besteht in erster Linie darin, die Schulden desjenigen Teils der Bevölkerung zu tilgen, dessen Verpflichtungen sich als nicht rückzahlbar erwiesen haben (Kuglarz/Reisch ZIK 2009, Nr. 5). Zunächst war der Verbraucherkonkurs jedoch nur für eine kleine Personengruppe gedacht. Er war nur den Schuldnern vorbehalten, die aufgrund außergewöhnlicher, unabhängiger, zufälliger Umstände in Schwierigkeiten geraten worden sind. Es gab Befürchtungen des Missbrauchs des Verbraucherkonkursverfahrens durch unberechtigte und unfaire Bereicherung und deren missbräuchliche Ausnutzung (Adamus/Geronim/Groele, Upadłość konsumencka, 2. Aufl. 2017, Einf. III C Rn. 9). Darüber hinaus waren die neuen Vorschriften kompliziert, was dazu führte, dass ein hoher Prozentsatz der Konkursanträge zurückgewiesen wurde (Adamus/Geronim/Groele, Upadłość konsumencka, 2. Aufl. 2017, Einf. III F Rn. 2). Dies führte dazu, dass Verbraucherkonkursverfahren in der Praxis sehr selten durchgeführt wurden.

Durch das Gesetz v. 29.8.2014 (Gesetz v. 29.8.2014/Dz.U. v. 2014, Pos. 1306) wurde der 25
Verbraucherkonkurs erheblich geändert. Das Gesetz ging von der Liberalisierung der Bedingungen
und dem Verzicht in einem gewissen Grad von Rigorismus und Formalismus während des Verfahrens und damit der Erleichterung und Verbreitung des Gebrauchs dieser Rechtsinstitution aus
(Adamus/Geronim/Groele, Upadłość konsumencka, 2. Aufl. 2017, Einf. III F Rn. 12). Vor allem
wich die neue Regelung von der Anforderung ab, dass die Zahlungsunfähigkeit eines Schuldners
auf außergewöhnliche und vom Schuldner unabhängige Umstände zurückzuführen ist. Es wurde
eingeführt, dass ein Konkursantrag nur dann abzuweisen ist, wenn der Schuldner eigenverschuldet
zu seiner Zahlungsunfähigkeit geführt hatte oder ihren Grad vorsätzlich oder grob fahrlässig erheblich erhöht hat. Die Voraussetzung für die Abweisung eines Konkursantrages hing nunmehr von
den Handlungen des Schuldners ab und nicht vom Vorliegen objektiver und höchst unwahrscheinlicher Umstände (Adamus/Geronim/Groele, Upadłość konsumencka, 2. Aufl. 2017, Einf. III F
Rn. 14). Es wurde auch eine Möglichkeit geschaffen, die Verfahrenskosten durch die Staatskasse
vorübergehend zu decken, um den Zugang zum Konkurs auch für diejenigen Schuldner zu öffnen,
die überhaupt kein Vermögen mehr haben. Darüber hinaus wurde eine zeitliche Einschränkung
des Rückzahlungsplans der Gläubiger eingeführt, was den Anforderungen der europäischen Institutionen entsprach (Adamus/Geronim/Groele, Upadłość konsumencka, 2. Aufl. 2017, Rn. 16).
Diese Änderungen hatten eine enorme Zunahme der Verbraucherkonkurse in Polen zur Folge.

Mit dem Inkrafttreten des Gesetzes v. 15.5.2016 zum Restrukturierungsrecht hat sich auch das 26
Verbraucherkonkursrecht weiter verändert. Insbesondere wurde dem Gläubiger die Berechtigung
eingeräumt, selbst den Konkursantrag des Verbraucherschuldners zu stellen. Auch die Vorschriften
über die Einstellung des Verbraucherkonkursverfahrens und die Aufstellung und Erfüllung eines
Rückzahlungsplans sowie die Möglichkeit für den Gläubiger, einen Vergleichsvorschlag im Verbraucherverfahren zu unterbreiten, haben sich geändert (Geromin Monitor Prawniczy 4/2016).

Am 30.8.2019 wurde das Gesetz zur Änderung des Konkursgesetzes und anderer Gesetze 26a
verabschiedet. Das Gesetz trat am 24.3.2020 in Kraft und führte weitere wesentliche Änderungen
in Bezug auf Insolvenzen natürlicher Personen, die keine Geschäftstätigkeit ausüben, ein. Die
wichtigste Änderung besteht in der Einführung von drei verschiedenen Verfahrensarten, die auf
die Schuldenbefreiung einer solchen Person abzielen, dh neben einem getrennten Konkursverfahren, auch die Möglichkeit, allgemeine Bestimmungen für den Konkurs von Unternehmern anzuwenden (mit der Möglichkeit, auch das Verfahren der vorbereiteten Liquidation) sowie des
Abschlusses eines Vergleichs in der Gläubigerversammlung. Darüber hinaus wurden durch das
Gesetz die Vorschriften aufgehoben, nach welchen die Konkurserklärung einer natürlichen Person,
die keine Geschäftstätigkeit ausübt, unzulässig war, falls sie zu ihrer Zahlungsunfähigkeit geführt
oder den Grad ihrer Zahlungsunfähigkeit vorsätzlich oder grob fahrlässig erheblich erhöht hat
(→ Rn. 113).

8. Gesetzesänderung v. 15.5.2015

a) Grundidee der Gesetzesänderung. Das Gesetz über das Konkurs- und Sanierungsrecht 27
wurde mehrfach geändert. Die wichtigsten Änderungen im Bereich des polnischen Insolvenzrechts
wurden jedoch durch das Gesetz v. 15.5.2015 zum Restrukturierungsrecht eingeführt, welches
gleichzeitig ein Gesetz zur Änderung des Konkurs- und Sanierungsrechts war. Das Gesetz trat am
1.1.2016 in Kraft. Am selben Tag wurde das Adjektiv „Sanierung" aus dem Namen Konkurs-
und Sanierungsrecht entfernt. Derzeit wird das Gesetz ausschließlich als Prawo upadłościowe
(Konkursrecht) bezeichnet.

Der Gesetzgeber trennte erneut den Konkurs und die Restrukturierungmaßnahmen in zwei 28
Rechtsakten. Diese Zersplitterung der Vorschriften hat der Gesetzgeber ausdrücklich damit
begründet, dass die Gläubiger des Schuldners seine Restrukturierung nicht mit dem Konkursverfahren assoziieren sollen. Dies führt erfahrungsgemäß dazu, dass jegliche Sanierungsmaßnahmen
schwer durchsetzbar sind (Sejm/Nr. 2824 v. 9.10.2014, 278). Das neue Gesetz sieht hingegen
explizit vor, dass das Ziel jedes Restrukturierungsverfahrens die Vermeidung des Konkurses ist.
Dies soll durch die Restrukturierung des Schuldners im Wege des Abschlusses eines Vergleiches mit
den Gläubigern bei gleichzeitiger Gewährleistung eines hohen Schutzniveaus der Gläubigerrechte
erfolgen. Somit dient das neue Gesetz der Umsetzung der „Politik der zweiten Chance" und
schafft den Unternehmen, die aufgrund der nachteiligen Veränderungen der Marktverhältnisse in
Not geraten sind, günstige Bedingungen für einen Neuanfang (Sejm/Nr. 2824 v. 9.10.2014, 282).

b) Neue Restrukturierungsverfahren. Mit dem Inkrafttreten des neuen Restrukturierungs- 29
recht wurden die Vorschriften über das Konkursverfahren mit Vergleichsabschlussmöglichkeit
(poln. postępowanie upadłościowe z możliwością zawarcia układu) und das (alte) Sanierungsverfah-

ren (poln. postępowanie naprawcze) abgeschafft. Anstelle von diesen führte das Restrukturierungsrecht vier neue Restrukturierungsverfahren ein. Die Wahl des Verfahrens hängt insbesondere von den Verhältnissen zwischen dem Schuldner und den Gläubigern sowie der ökonomischen Lage des schuldnerischen Unternehmens ab (Krawczyk Rzeczpospolita v. 27.1.2017). Die Verfahren sind wie folgt ausgestaltet:

30   **aa) Das Verfahren zur Feststellung eines Vergleichs – postępowanie o zatwierdzenie układu.** Das Verfahren zur Feststellung eines Vergleiches ermöglicht den Abschluss eines Vergleichs als Ergebnis der unabhängigen Einsammlung der Gläubigerstimmen durch den Schuldner ohne Mitwirkung des Gerichts, jedoch unter Mitwirkung eines lizenzierten Restrukturierungsberaters. Zu den Aufgaben des Vergleichssachwalters gehört es, den Gläubigern Informationen über die Bonität des Schuldners und die Erfolgsaussichten eines Vergleichsabschlusses und seiner Durchführung zu geben. Die Rolle des Gerichts in dieser Art von Verfahren besteht grundsätzlich nur darin, den von den Gläubigern abgeschlossenen Vergleich festzustellen. Das Verfahren kann nur dann durchgeführt werden, wenn die Summe der strittigen Forderungen, die zur Stimmabgabe über den Vergleich berechtigen, 15 % der Summe der Forderungen, die zur Stimmabgabe über den Vergleich berechtigen, nicht übersteigt (Krawczyk-Giehsmann IWRZ April 2018) (→ Rn. 903 ff.).

31   **bb) Das beschleunigte Vergleichsverfahren – przyspieszone postępowanie układowe.** Das beschleunigte Vergleichsverfahren ermöglicht dem Schuldner, einen Vergleich nach der Erstellung und Genehmigung der Forderungsaufstellung durch den Restrukturierungsrichter in einem vereinfachten Verfahren abzuschließen. Im Gegensatz zum Verfahren zur Feststellung eines Vergleiches wird das beschleunigte Vergleichsverfahren unter Beteiligung des Restrukturierungsgerichts durchgeführt. Der Name des Verfahrens impliziert, dass es sich durch seine Schnelligkeit auszeichnen soll. Das Verfahren ist weniger kompliziert, sodass bspw. die Erstellung und Feststellung der Gläubigerliste in vereinfachter Weise durchgeführt wird (Zimmerman PrUpPrRest Art. 3 Rn. 3). Die Verwaltungs- und Verfügungsmacht bleibt grundsätzlich beim Schuldner, wobei er von einem Gerichtssachwalter überwacht wird. Das beschleunigte Vergleichsverfahren kann nur dann durchgeführt werden, wenn die Summe der strittigen Forderungen, die zur Stimmabgabe über den Vergleich berechtigen, 15 % der Summe der Forderungen, die zur Stimmabgabe über den Vergleich berechtigen, nicht übersteigt (→ Rn. 903 ff.).

32   **cc) Das Vergleichsverfahren – postępowanie układowe.** Ist die Summe der strittigen Gläubigerforderungen höher als 15 % der Gesamthöhe der Forderungen, die zur Abstimmung über den Vergleich berechtigen, so steht dem Schuldner das Vergleichsverfahren zur Verfügung. Der Verlauf des Verfahrens ähnelt dem des beschleunigten Vergleichsverfahrens. Das Gesetz sieht hierfür jedoch längere Fristen vor und erlegt dem Schuldner und dem Gerichtssachwalter weitergehende Pflichten auf. Auch hier bleibt die Verwaltungs- und Verfügungsmacht grundsätzlich beim Schuldner, wobei er von einem Gerichtssachwalter überwacht wird. Eine Besonderheit des Vergleichsverfahrens im Vergleich zu den bereits kommentierten Verfahren stellt die Möglichkeit der Sicherung des Vermögens des Schuldners schon im Eröffnungsverfahren dar, insbesondere durch die Aussetzung von Zwangsvollstreckungsmaßnahmen und die Bestellung eines vorläufigen Gerichtssachwalters.

33   **dd) Das Sanierungsverfahren – postępowanie sanacyjne.** Die Eingangsvoraussetzungen des Sanierungsverfahrens richten sich im Gegensatz zu den anderen Restrukturierungsverfahren nicht nach der Strittigkeit der Forderungen, sondern nach der wirtschaftlichen Lage des schuldnerischen Unternehmens (Zimmerman PrUpPrRest Art. 3 Rn. 5). In diesem Verfahren können weitgehende Sanierungsmaßnahmen vorgenommen werden, welche das Gesetz als rechtliche und faktische Handlungen definiert, die auf die Verbesserung der wirtschaftlichen Lage des Schuldners und Wiederherstellung seiner Zahlungsfähigkeit abzielen sowie ihn unter Schutz vor Zwangsvollstreckungsmaßnahmen stellen. Als solche gelten insbesondere arbeitsrechtliche Vorschriften, die zu einem bestimmten Grad den Kündigungsschutz aufheben (→ Rn. 1041 ff.), sowie die Anfechtungsregeln im Falle von Gläubigerbenachteiligung (→ Rn. 1062 ff.).

34   Durch die Eröffnung des Verfahrens geht das Recht des Schuldners, das zur Sanierungsmasse gehörende Vermögen zu verwalten, auf den Verwalter über. Es besteht jedoch die Möglichkeit der Anordnung der Eigenverwaltung, die sich auf die Führung des gewöhnlichen Geschäftsbetriebes unter der Aufsicht des Verwalters beschränkt. Die Vorschriften über das Sanierungsverfahren ähneln denen des Vergleichsverfahrens, insbesondere hinsichtlich der Pflichten des Verwalters und des Schuldners sowie den Fristensetzungen. Die größte Besonderheit stellt dagegen die Umkehrung der Reihenfolge der Durchführung des Restrukturierungsplanes und der Gläubigerabstimmung dar: die Gläubigerversammlung zur Abstimmung über den Vergleich mit dem Schuldner findet grundsätzlich erst nach der Umsetzung des Restrukturierungsplanes statt. Bei den anderen

Verfahren ist es die Gläubigerversammlung, die über die künftige Umsetzung des Planes entscheidet.

c) Vorbereitete Liquidation. Im geänderten Konkursrecht wurde ein neuer Mechanismus der vorbereiteten Liquidation eingeführt, der den aus der angelsächsischen Restrukturierungspraxis bekannten sog. pre-pack, pre-packaged plan als Vorbild hat. Ratio legis dieser Institution ist, negative Auswirkungen des möglichen langandauernden Konkursverfahrens zu verhindern. Im Rahmen der vorbereiteten Liquidation kann das schuldnerische Unternehmen insgesamt, ein Teilbetrieb oder eine Gruppe von Vermögensgegenständen, die einen bedeutenden Teil dieses Unternehmens darstellen, verkauft werden. Der Verkauf wird in zwei Phasen abgewickelt. Zunächst ist der Konkursantrag beim Konkursgericht zu stellen. Diesem ist ein Antrag auf Genehmigung der Verkaufsbedingungen beizulegen. Es müssen wenigstens Angaben zum Preis und zum Erwerber gemacht werden. Die Entscheidung über den Antrag auf Genehmigung der Verkaufsbedingungen wird durch das Gericht im Beschluss über die Konkurserklärung getroffen. Schon an diesem Tag kann das Eigentum am schuldnerischen Unternehmen oder den Teilen auf den Käufer übergehen, was eine attraktive Möglichkeit für dieses Unternehmens darstellt, auf dem Markt zu bleiben und den Verlust von Kunden, Lieferanten und Schlüsselmitarbeitern zu verhindern (zu den Besonderheiten → Rn. 490). 35

d) Zentrales Konkurs- und Restrukturierungsregister. Nationales Schuldnerregister (poln. Krajowy Rejestr Zadłużonych). Um eine bessere Informationslage den betroffenen Gläubigern und anderen Verfahrensbeteiligten zu gewährleisten, sah das Restrukturierungsrecht vor, dass ab dem 1.2.2018 das Zentrale Konkurs- und Restrukturierungsregister zu führen sei. Das Register sollte u.a. als eine Plattform zur Bekanntgabe der Beschlüsse des Konkurs- und Restrukturierungsgerichts sowie anderer wichtigen Unterlagen im Verfahren dienen. Es sollte auch den Parteien ermöglichen, Anträge und sonstige Schriftsätze elektronisch bei Gericht einzureichen. Sieht das Konkurs- bzw. Restrukturierungsrecht vor, dass eine Frist zur Anfechtung einer Beschwerde erst ab dem Tage der Bekanntgabe des Beschlusses zu laufen beginnt, so sollte als die Bekanntgabe das Datum des Hochladens des Beschlusses in das Register gelten. 36

Die Einführung eines solchen Registers wurde insbesondere in der InsVO 2015 ausdrücklich gefordert, jedoch beschränkt auf grenzüberschreitende Insolvenzfälle. Der polnische Gesetzgeber hat entschieden, Informationen über alle, somit auch rein nationale, Konkurs- und Restrukturierungsfälle in das Register einzubeziehen. 37

Das Register wurde nie aktiviert. Inzwischen wurden die Vorschriften über das Register derart geändert, dass es – als das Nationale Schuldnerregister – auch dazu dienen soll, Informationen zu überschuldeten Schuldnern sowie Schuldnern bei denen sich Vollstreckungsverfahren als erfolglos erwiesen haben, bekanntzumachen. Das Nationale Schuldnerregister wurde durch das Gesetz vom 6.12.2018 eingeführt. Das Datum des Inkrafttretens dieses Gesetzes wurde mehrmals verschoben. Derzeit (Stand: Juli 2021) ist das Inkrafttreten des Registers für den 1.12.2021 geplant (zu den Besonderheiten der Bekanntgabe im Register → Rn. 175 ff.). 38

e) Sonstige neue Vorschriften. Neben der Einführung des neuen Restrukturierungsverfahrens wurden durch die erwähnte Reform weitere Änderungen des bestehenden Systems des Insolvenzrechts in Polen vorgenommen. Vor allem wurden die Definitionen der Zahlungsunfähigkeit, welche Grundlage für den Konkurs und die Eröffnung jedes Restrukturierungsverfahrens bilden, geändert (→ Rn. 346 ff.). Auch wurde die Konkursantragsfrist von 14 auf 30 Tage verlängert (→ Rn. 62 ff.). Darüber hinaus wurden neue Regeln für die Haftung bei nicht rechtzeitiger Antragstellung entwickelt, die eine Reihe von Verfahrenserleichterungen für Gläubiger von zahlungsunfähigen Schuldnern vorsehen (→ Rn. 712 ff.). 39

9. Gesetzesänderung v. 30.8.2019

Mit Gesetz vom 30.8.2019 wurden weitere bedeutsame Änderungen des polnischen Konkursrechts vorgenommen. Teile der Änderungen betrafen das Konkursverfahren gegen natürliche Personen, die keine Geschäftstätigkeit ausüben (→ Rn. 26a). Erhebliche Verbesserungen gab es auch beim Verfahren der vorbereiteten Liquidation, sog. Pre-Pack (→ Rn. 490 ff.). Darüber hinaus wurden weitere Änderungen zur Verbesserung des Konkursverfahrens eingeführt, insbesondere im Hinblick auf die Verpflichtungen des Konkursverwalters. Für die Konkursverfahren, in denen einen Konkursantrag vor dem Inkrafttreten der Gesetzesänderung gestellt wurde, finden die im Gesetz bisher geltenden Vorschriften Anwendung. Die Gesetzesänderung führte auch kleine Änderungen des Restrukturierungsverfahrens ein, insbesondere eine neue Verpflichtung für Gerichtsachwalter und Verwalter die Gläubigerversammlung über die Einberufung zu benachrichtigen, was zuvor dem Restrukturierungsrichter oblag. Für die Restrukturierungsverfahren, in denen ein 39a

Internationales Insolvenzrecht – Polen

Antrag auf Eröffnung eines Restrukturierungsverfahren vor Inkrafttreten der Gesetzesänderung oder ein Antrag auf Feststellung eines Vergleichs im Verfahren zur Feststellung eines Vergleichs gestellt wurde, gelten die Bestimmungen des bereits geänderten Gesetzes, somit anders als im Falle des Konkursverfahrens. Die Gesetzesänderung trat am 24.3.2020 in Kraft.

IV. Sonderregelungen in Verbindung mit der COVID-19-Epidemie

1. Einführung

39b   Am 2.3.2020 wurde das Gesetz über Sonderlösungen bezüglich Vorbeugung, Gegenmaßnahmen und Bekämpfung von COVID-19, anderen ansteckenden Krankheiten und zur Bewältigung der von ihnen verursachten Krisensituationen gefasst. Das Gesetz wurde bereits mehrmals geändert. Im Rahmen der zweiten Gesetzesnovellierung vom 17.4.2020 wurden einige spezielle Vorschriften im Bereich des Konkurs- und Restrukturierungsrechts eingeführt. Weitere Sonderregelungen für die Zeit der Epidemie wurden durch das Gesetz vom 19.6.2020 über Zinszuschüsse für Bankkredite an Unternehmer, die von COVID-19 betroffen sind, und das vereinfachte Verfahren für die Feststellung des Vergleichs im Zusammenhang mit COVID-19 eingeführt. Mit dem Gesetz wurde eine neue Unterart des Restrukturierungsverfahrens eingeführt – das vereinfachte Verfahren für die Feststellung des Vergleichs, ein auf andere Art vereinfachtes Restrukturierungsverfahren.

2. Konkursverfahren

39c   Die wichtigste Spezialvorschrift betrifft das Konkursverfahren, in dem die Konkursantragspflicht vorläufig ausgesetzt wurde. Die Aussetzung der Konkursantragspflicht wurde auf unbegrenzte Zeit festgelegt, sodass nicht bekannt ist, wann dieser Pflicht wiederauflebt (Stand 10.7.2021). Wenn die Zahlungsunfähigkeit eines Schuldners während des Zeitraums der epidemischen Gefahrenlage oder des Epidemie-Zustands, die aufgrund von COVID-19 hervorgerufen wurden, entstanden ist und diese aufgrund von COVID-19 eingetreten ist, beginnt die Frist für die Einreichung des Konkursantrags nicht. Vielmehr wird die in Gang gesetzte Frist unterbrochen. Nach diesem Zeitraum läuft die Frist erneut an. Es wird vermutet, dass wenn die Zahlungsunfähigkeit während der aufgrund von COVID-19 erklärten epidemischen Gefahrenlage oder des Epidemie-Zustands entstanden ist, sie auch aufgrund von COVID-19 eingetreten ist. Das Recht sowohl des Schuldners als auch der Gläubiger, den Konkursantrag zu stellen, wurde nicht ausgesetzt. Da die Gerichte, darunter Konkursgerichte, nicht stillgelegt wurden, können sie über die Konkursanträge entscheiden. Somit ist nach wie vor die Konkurserklärung während des Zeitraums der epidemischen Gefahrenlage oder des Epidemie-Zustands möglich. In den bereits anhängigen Konkursverfahren wurde nur bis zum 23.5.2020 der Lauf jeglicher Prozess- und Gerichtsfristen ausgesetzt. Es wurden damals auch keine öffentlichen Gerichtssitzungen und Verhandlungen durchgeführt. Außerdem wurden keine wesentlichen Änderungen betreffend die anhängigen Verfahren eingeführt.

3. Restrukturierungsverfahren

39d   Die Entscheidung über einen Restrukturierungsantrag fällt in die Kategorie der dringenden Fälle, die vorrangig zu behandeln sind. In solchen Fällen können auch während der aufgrund von COVID-19 erklärten epidemischen Gefahrenlage oder des Epidemie-Zustands öffentliche Gerichtssitzungen und Verhandlungen stattfinden. In den bereits anhängigen Restrukturierungsverfahren wurde der Lauf jeglicher Prozess- und Gerichtsfristen nur bis zum 23.5.2020 ausgesetzt. Außerdem wurden keine wesentlichen Änderungen betreffend die anhängigen Verfahren eingeführt.

39e   Seit dem 24.6.2020 können Unternehmer, die von der Zahlungsunfähigkeit bedroht sind oder tatsächlich zahlungsunfähig sind, von einer neuen Unterart des Restrukturierungsverfahrens profitieren – dem vereinfachten Verfahren für die Feststellung des Vergleichs, eine andere Art des vereinfachten Restrukturierungsverfahren. Im Zuge des vereinfachten Verfahrens, genießt der Schuldner im Gegensatz zum normalen Verfahren zur Feststellung des Vergleichs (→ Rn. 30) bereits vor dem Datum der Feststellung des Vergleichs durch das Restrukturierungsgericht Vollstreckungsschutz und die Gewährung eines Zahlungsaufschubes bestehender Forderungen gegen ihn. Diese Wirkung tritt bereits ab dem Datum der Bekanntmachung der Eröffnung des Verfahrens zur Feststellung des Vergleichs im polnischen Bundesanzeiger (poln. Monitor Sądowy i Gospodarczy) auf. Die Bekanntmachung erfolgt durch einen Sachwalter – ein Restrukturierungsberater, mit dem der Schuldner einen Vertrag über die Aufsicht der Einhaltung des Vergleichs abschließt.

Ab dem Zeitpunkt der Bekanntmachung hat der Schuldner vier Monate Zeit, um mit den Gläubigern außergerichtlich, dh in der Regel durch Verhandlungen, einen Vergleich abzuschließen, indem er den Gläubigern Stimmkarten aushändigt, und dem Restrukturierungsgericht einen Antrag auf Feststellung des Vergleichs vorlegt. Während dieser Zeit ist es nicht nur unzulässig, Vollstreckungs- und Sicherungsverfahren gegen den Schuldner durchzuführen, sondern auch neue solcher Art Verfahren einzuleiten. Es ist auch dem Vermieter oder Verpächter nicht erlaubt, einen Mietvertrag bzw. Pachtvertrag über Räumlichkeiten oder Immobilien, in denen der Schuldner seine Geschäftstätigkeit ausübt, zu kündigen oder Kreditverträge über dem Schuldner zur Verfügung gestellten Finanzmittel, Leasing, Vermögensversicherung, Bankkontoverträge, Bürgschaftsverträge, Verträge über dem Schuldner erteilten Lizenzen und Garantien oder Schuldversprechen zu kündigen. Wichtig ist, dass im Gegensatz zu den allgemeinen Regeln die Zustimmung des Gläubigers nicht erforderlich ist, die Forderungen in dem Vergleich mitzuberücksichtigen, welche mit dinglichen Rechten, insbesondere durch eine Hypothek, ein Pfandrecht oder ein Registerpfandrecht, abgesichert sind, wenn die Vergleichsvorschläge die vollständige Befriedigung der Gläubiger innerhalb der in dem Vergleich festgelegten Frist zusammen mit allen Nebenforderungen vorsehen, die in dem Vertrag, welcher Grundlage für die Bestellung der Sicherheit bildet, vorgesehen waren, auch wenn der Vertrag wirksam aufgelöst oder abgelaufen ist, oder ihre Befriedigung in einem Umfang, der nicht geringer ist als der, der im Falle der Vollstreckung der Forderungen zusammen mit Nebenforderungen aus dem Sicherungsgegenstand erwartet werden kann. Werden die Forderungen in einem Vergleich umgefasst, bedeutet dies insbesondere, dass auch ein so gesicherter Gläubiger während des Verfahrens keine Vollstreckung in den Gegenstand der Sicherheit betreiben kann. Im Laufe des Verfahrens ist der Schuldner berechtigt, die laufenden Geschäfte des Unternehmens zu führen. Für Entscheidungen, die über den Umfang des gewöhnlichen Geschäfts hinausgehen, ist jedoch die Zustimmung des Sachwalters notwendig. Das Restrukturierungsgericht kann über die Bekanntmachung außer Kraft setzen, wenn diese zu einer Benachteiligung der Gläubiger führen würden.

Wichtig ist, dass ein Schuldner, welcher nachweist, dass innerhalb der für die Erfüllung der Pflicht zur Konkursanmeldung vorgeschriebenen Frist eine Bekanntmachung erfolgt ist, gefolgt von der rechtskräftigen Feststellung des Vergleichs im Verfahren, oder dass infolgedessen und im Zusammenhang mit dem vereinfachten Verfahren andere Sanierungs- oder Konkursverfahren endgültig durchgeführt worden sind, nicht für die Unterlassung der Beantragung des Konkurses haftbar gemacht werden kann (→ Rn. 699 ff.).

Es besteht kein Zweifel daran, dass das neue Verfahren die Anforderungen der Restrukturierungsrichtlinie in hohem Maße erfüllt (→ Rn. 40 ff.). Die Eröffnung des Verfahrens soll nach Verlängerung der ursprünglichen Geltungsdauer des Gesetzes zum 30.11.2021 möglich sein. Zum 1.12.2021 ist geplant, dass eine Änderung des Restrukturierungsgesetzes in Kraft tritt, durch die die Bestimmungen über das Verfahren zur Genehmigung eines Vergleichs insoweit geändert werden, dass ein wesentlicher Teil der Bestimmungen über das bisher ausschließlich vereinfachte Verfahren zur Genehmigung eines Vergleichs übernommen werden. Geplant wird insbesondere, die Möglichkeit der Veröffentlichung der Verfahrenseröffnung mit den oben beschriebenen Wirkungen in das RestG zu übertragen (→ Rn. 39e). Zu den geplanten Änderungen gehört auch die weitere Anpassung an die Anforderungen der Restrukturierungsrichtlinie. Es wird vorliegend darauf hingewiesen, dass Polen die Möglichkeit in Anspruch nimmt, die Umsetzung der Richtlinie um ein Jahr zu verlängern, mithin bis zum 17.7.2022.

Zu betonen ist, dass die neuen Vorschriften zwar im Zusammenhang mit der COVID-19-Epidemie eingeführt wurden, aber von dem Verfahren genauso Unternehmen profitieren können, deren finanzielle Schwierigkeiten nicht mit den negativen Folgen der COVID-19-Epidemie in Zusammenhang stehen.

4. Staatliche Hilfe

Zur Abmilderung der Folgen der COVID-19-Epidemie wurden durch die polnische Regierung verschiedene Maßnahmen im Bereich der staatlichen Hilfe eingeführt. Diese umfassen insbesondere Finanzhilfe im Fall des Arbeitsausfalls (vergleichbar mit dem Kurzarbeitergeld in Deutschland), verschiedene Zuschüsse und andere Finanzierungsmöglichkeiten, darunter Darlehen. Diese Maßnahmen stehen grundsätzlich nur den Unternehmern zur Verfügung, gegen die der Konkurs erklärt oder ein Restrukturierungsverfahren eröffnet wurde. Auch das Vorliegen der Zahlungsunfähigkeit stellt grundsätzlich ein Hindernis dafür dar, staatliche Hilfen zu erhalten.

Internationales Insolvenzrecht – Polen

B. Vorinsolvenzliche Restrukturierung

I. Präventiver Restrukturierungsrahmen (EU) und dessen Umsetzung

1. Einleitung

40 Am 20.6.2019 erhielt die Richtlinie neben dem offiziellen Titel „Richtlinie (EU) 2019/1023 des Europäischen Parlaments und des Rates über präventive Restrukturierungsrahmen, über Entschuldung und über Tätigkeitsverbote sowie über Maßnahmen zur Steigerung der Effizienz von Restrukturierungs-, Insolvenz- und Entschuldungsverfahren und zur Änderung der Richtlinie (EU) 2017/1132" auch eine Kurzbezeichnung: „Richtlinie über Restrukturierung und Insolvenz". Die Mitgliedstaaten sind verpflichtet, die zur Einhaltung der Richtlinie erforderlichen gesetzlichen und verwaltungsrechtlichen Vorschriften sowie Ausführungsbestimmungen grundsätzlich bis zum 17.7.2021 zu erlassen und zu veröffentlichen (Art. 34 Abs. 1 Richtlinie über Restrukturierung und Insolvenz), mit Ausnahmen der Sicherstellung, dass in Verfahren, die sich auf die Restrukturierung, die Zahlungsunfähigkeit und den Schuldenerlass beziehen, die Verfahrensparteien, der Sachwalter und die Justiz- oder Verwaltungsbehörde die Möglichkeit haben, bestimmte Handlungen, wie zB die Anmeldung von Forderungen, mithilfe elektronischer Kommunikationsmittel durchzuführen (Art. 34 Abs. 2 Richtlinie über Restrukturierung und Insolvenz). Die Richtlinie stellt einen Teil des umfangreichen Projekts der Harmonisierung der nationalen Insolvenzordnungen dar, die im Green Paper „Building a Capital Markets Union" aus dem Jahr 2015 ausdrücklich gefordert wurde. Die Kommission weist darauf hin, dass der fehlende oder unzureichende Rechtsrahmen einer frühzeitigen Restrukturierung sowie die lange Dauer und hohen Kosten der Insolvenzverfahren eine niedrige Gläubigerbefriedigungsquote zur Folge haben und die Investitionsbereitschaft der Unternehmer negativ beeinflussen. Die Unternehmer sind dem sozialen Stigma sowie dauerhafter Unfähigkeit der Schuldenbefriedigung ausgesetzt, obwohl die Praxis zeigt, dass sie eben bei der zweiten Chance höhere Erfolgschancen haben. Daher sieht die Kommission die Einführung von harmonisierten Regeln über die Vorfeldrestrukturierung sowie die Förderung der Idee, dass ein redlicher Schuldner eine zweite Chance erhalten soll, als Hauptziele der Unionspolitik im Bereich der Unternehmensinsolvenzen. Die Richtlinie fügt sich in das langjährige Streben der Europäischen Kommission zur Förderung dieses neuen Ansatzes im Umgang mit unternehmerischem Scheitern und Unternehmensinsolvenzen ein.

41 Im Gegensatz zur InsVO 2015 (EuInsVO 2015) gelten die Vorschriften der Richtlinie in den Mitgliedstaaten nicht direkt. Die Harmonisierung der zentralen Aspekte der jeweiligen nationalen Insolvenzordnungen, wie etwa der Verfahrensarten oder Eröffnungsgründe, wurde nicht eingeführt. Den jeweiligen Gesetzgebern wurde nur eine Pflicht zur Umsetzung der Richtlinie in das nationale Recht auferlegt, wobei sie bei der Umsetzung doch einen gewissen Spielraum haben sollen. In Deutschland löste schon der Richtlinienvorschlag intensive Diskussionen aus. In Polen dagegen wurden der Entwurf sowie die Richtlinie selbst nur sehr eingeschränkt kommentiert. Es wird allgemein vertreten, dass das polnische Konkurs- und Restrukturierungsrecht nach der Reform aus dem Jahre 2015 keiner erheblichen Anpassungen mehr an die Richtlinie bedarf (P. Filipiak, Dyrektywa dotycząca upadłości przedsiębiorstw, https://www.filipiakbabicz.com/restrukturyzacja/2018/10/17/dyrektywa-dotyczaca-upadlosci-przedsiebiorstw/, dostęp 28.12.2019 r.; B. Sierakowski, Wpływ unijnej dyrektywy drugiej szansy na polskie prawo restrukturyzacyjne, https://ipuir.lazarski.pl/pl/aktualnosci/wplyw-unijnej-dyrektywy-drugiej-szansy-na-polskie-prawo-restrukturyzacyjne/, dostęp 28.12.2019 r.).Zurzeit laufen Gesetzgebungsarbeiten zur Einführung einiger Änderungen der bestehenden Vorschriften, welche jedoch eher von unwesentlicher und nicht grundlegender Natur sein sollten (→ Rn. 39g).

2. Der präventive Restrukturierungsrahmen

42 Nach der grundlegenden Reform des polnischen Restrukturierungsrechts vom Jahre 2015 (→ Rn. 27 ff.) sind manche der Lösungen der Richtlinie schon im polnischen Recht verankert. Wie bereits hervorgehoben, dient das neue Gesetz, wie die Richtlinie selbst, der Umsetzung der „Politik der zweiten Chance" und soll den Unternehmen, die aufgrund der nachteiligen Veränderungen der Marktverhältnisse in Not geraten sind, Bedingungen für einen Neuanfang schaffen. Tatsächlich wurden mit dem neuen Restrukturierungsgesetz präventive Restrukturierungsrahmen in die polnische Rechtsordnung ansatzweise eingeführt. Darunter sind die verschiedenen Restrukturierungsverfahren, insbesondere das Verfahren zur Feststellung eines Vergleichs (poln. postępowanie o zatwierdzenie układu), zu verstehen (näher hierzu Krawczyk-Giehsmann IWRZ April

2018). Diese, wie von der europäischen Richtlinie gefordert, sollen dem notleidenden Unternehmen ermöglichen, die Schulden bzw. das ganze Unternehmen zu sanieren, die Rentabilität wiederherzustellen und eine Insolvenz abzuwenden (Art. 4 Abs. 1 der Richtlinie). Das Restrukturierungsrecht sieht explizit vor, dass das Ziel jedes Restrukturierungsverfahrens die Vermeidung des Konkurses durch die Restrukturierung des Schuldners im Wege des Abschlusses eines Vergleiches mit den Gläubigern bei gleichzeitiger Gewährleistung eines hohen Schutzniveaus der Gläubigerrechte ist. Im Sanierungsverfahren erfolgt die Vermeidung des Konkurses auch durch die Durchführung von diversen Sanierungsmaßnahmen (Art. 3 Abs. 1 RestR). Daher gilt das Restrukturierungsverfahren als eine Alternative des Konkursverfahrens, mit dem Ziel der Abwendung einer Insolvenz des Schuldners.

Das Verfahren zur Feststellung eines Vergleichs (poln. postępowanie o zatwierdzenie układu) ermöglicht es dem Schuldner, einen Vergleich mit den Gläubigern außergerichtlich abzustimmen, abzuschließen und danach durch das Gericht nur feststellen zu lassen. Insbesondere diese Verfahrensart kann vor dem Hintergrund der Richtlinie grundsätzlich schon als ein präventives Restrukturierungsverfahren angesehen werden. In dieser Verfahrensart wird die Mitwirkung des Gerichts an der Restrukturierung des Schuldners erheblich begrenzt (Art. 4 Abs. 5 der Richtlinie). Das Verfahren wird in Eigenverwaltung durchgeführt. Die Bestellung eines Restrukturierungsberaters ist zwar erforderlich, jedoch wird die Geschäftsführungs- und Vertretungsbefugnis des Schuldners nicht eingeschränkt (Art. 5 der Richtlinie). Wie von der Richtlinie in Art. 8 gefordert, stellt das zentrale Instrument des Verfahrens der Restrukturierungsplan dar, in dem nicht nur die Vermögens-, Finanz- und Ertragslage sowie die Makroumwelt des schuldnerischen Unternehmens, sondern auch die bereits eingeführten und geplanten Sanierungsmaßnahmen zu beschreiben sind (Art. 8 Abs. 1 der Richtlinie). Die Abstimmung über die Annahme des Restrukturierungsplans kann in Interessenklassen erfolgen, richtet sich nach dem Mehrheitsprinzip und es ist die Möglichkeit eines klassenübergreifenden Cram-downs vorgesehen (Art. 9–11 der Richtlinie). Eine innovative Lösung stellt dabei die Möglichkeit des Einbezugs nur bestimmter Gläubiger in die Abstimmung dar (sog. Teilvergleich – poln. układ częściowy). Gläubiger, die an dem Teilvergleich nicht beteiligt waren, sind von dem Verfahren nicht betroffen (Art. 15 der Richtlinie) (→ Rn. 1113 ff.). Hervorzuheben ist, dass derzeit noch die von der Richtlinie geforderte Möglichkeit der Aussetzung von Vollstreckungsmaßnahmen von einzelnen Gläubigern für die Zeit der Vorbereitung des Restrukturierungsplanes und Absprache mit den Gläubigern (explizit im Art. 6 der Richtlinie) im polnischen Verfahren zur Feststellung eines Vergleichs fehlt. **43**

Eine offene Frage blieb hingegen, ob der polnische Gesetzgeber sich entscheiden wird, eine weitere Restrukturierungsverfahrensart einzuführen, die es erlaubt wird, den Vergleich zwischen dem Schuldner und den Gläubigern ganz ohne Mitwirkung des Gerichts abzuschließen. Eine solche Möglichkeit sieht die Richtlinie vor, da sie nur bestimmte Arten von Vergleichen bzw. Restrukturierungsplänen gerichtlich feststellen lässt (Art. 10 Abs. 1 der Richtlinie). Der polnische Gesetzgeber hat, um negative Auswirkungen der COVID-19 Pandemie zu begrenzen, eine neue Art eines Restrukturierungsverfahrens eingeführt. Die Bestimmungen zum neuen Restrukturierungsverfahren (→ Rn. 39e ff.) gelten, nach Verlängerung der ursprünglichen Frist, bis zum 30.11.2021. Inzwischen hat sich das Verfahren in der Praxis bewährt. Daher soll es, in modifizierter Form, Grundlage für die Umsetzung der polnischen Restrukturierungsrichtlinie werden (→ Rn. 39g). **44**

Wie bereits angemerkt, schreibt die Richtlinie keine Eingangsvoraussetzungen für präventive Restrukturierungsrahmen (Eröffnungsgründe) vor und überlässt die Bestimmung solcher Voraussetzungen den Mitgliedstaaten. Für die Zwecke der Richtlinie sind die Begriffe der Zahlungsunfähigkeit und der drohenden Zahlungsunfähigkeit so zu verstehen, wie sie im nationalen Recht definiert sind (Art. 2 Abs. 2 der Richtlinie). **45**

Nach polnischem Recht ist der Schuldner drohend zahlungsunfähig, wenn seine wirtschaftliche Lage zeigt, dass er in kurzer Zeit zahlungsunfähig werden kann (Art. 6 Abs. 3 RestR). Dabei bedient sich der polnische Gesetzgeber einer breiten (im Vergleich zum deutschen Recht) Definition der Zahlungsunfähigkeit, wonach als zahlungsunfähig gilt, wer zum einen nicht mehr fähig ist, seine fälligen Zahlungspflichten zu erfüllen (Art. 11 Abs. 1 KonkR) als auch wer eine bestimmte Vermögensunterdeckung aufzeigt (Art. 11 Abs. 2 KonkR) (→ Rn. 346 ff.). **45a**

3. Sonstige Regelungen der Richtlinie

Wegen der Umsetzung der Richtlinie stehen dennoch tiefgreifende Änderungen der polnischen Konkursordnung als auch Restrukturierungsordnung in anderen Bereichen bevor. Obwohl im Restrukturierungsrecht manche Instrumente zum Schutz für neue Finanzierungen und Zwischen- **46** finanzierungen vorgesehen wurden, gelten diese stets als unzureichend. Auch sonstige Transaktionen im Zusammenhang mit der Restrukturierung sind nicht genügend geschützt. Die Richtlinie fordert aber explizit, dass solche Transaktionen, es sei denn, sie wurden in betrügerischer Absicht oder bösgläubig vorgenommen, effizienten Schutz genießen sollen (Art. 17, 18 der Richtlinie). Auch im Bereich der Pflichten der Unternehmensleitung bei einer drohenden Insolvenz ist noch eine Vielzahl von Maßnahmen zu ergreifen, um die schon bestehenden Vorschriften effizienter zu gestalten und das Risiko des sog. Moral Hazard zu minimieren. Bisher fokussiert sich das polnische Recht auf die schon eingetretenen Insolvenzverschleppungsfällen und sieht vor allem Sanktionsmaßnahmen vor. Die Richtlinie fordert dagegen, bestimmte vorbeugende Maßnahmen in die nationalen Rechtsordnungen einzuführen, um die drohende Insolvenz abzuwenden und um etwaige Verluste für Gläubiger, Arbeitnehmer, Anteilseigner und sonstige Interessenträger zu minimieren (Art. 19 der Richtlinie). Eine große Herausforderung für den polnischen Gesetzgeber wäre auch die Einführung der durch die Richtlinie auferlegten Pflicht zur Einrichtung und Zurverfügungstellung von Frühwarnsystemen für Schuldner und Unternehmer. Entsprechende Systeme signalisieren eine Verschlechterung der Geschäftsentwicklung und erlauben, dringend erforderliche Handlungen zur Insolvenzabwendung vorzunehmen (Art. 3 der Richtlinie). Bisher sind solche Systeme in Polen kaum verfügbar.

47 Neben der Restrukturierung fordert die Richtlinie auch, dass die Mitgliedstaaten dem überschuldeten Unternehmer Zugang zur Entschuldung in vollem Umfang gewährleisten (Art. 20–24 der Richtlinie). Die Entschuldungsfrist soll grundsätzlich höchstens drei Jahre betragen (Art. 21 Abs. 1 der Richtlinie). Das polnische Recht erfüllt schon beide genannten Voraussetzungen. Sowohl natürliche Personen, die kein Gewerbe führen, als auch Unternehmer, die natürliche Personen sind, haben Zugang zur Entschuldung im Rahmen eines Konkursverfahrens. Bis 23.4.2020 betrug die Entschuldungsfrist höchstens drei Jahre ab dem Tage des Beginns der Umsetzung eines Tilgungsplanes. Mit der Gesetzesänderung vom 30.8.2019 wurde die Möglichkeit der Verlängerung der maximalen Rückzahlungsfrist bis zu 84 Monate (sieben Jahre) eingeführt, wenn der Schuldner seine Zahlungsunfähigkeit herbeigeführt hat oder den Grad seiner Zahlungsunfähigkeit vorsätzlich oder infolge grober Fahrlässigkeit erheblich erhöht hat. Gleichzeitig wurden aber die Vorschriften aufgehoben, nach welchen die vorsätzliche und grob fahrlässige Zahlungsunfähigkeit des Verbrauchers ein negatives Tatbestandsmerkmal für die Konkurserklärung darstellte. Wird kein Tilgungsplan abgefasst, so tritt die Entschuldung automatisch mit der Beendigung des Konkursverfahrens ein (→ Rn. 826 ff.).

II. Sonstige Restrukturierungsmöglichkeiten

48 Die Restrukturierung kann nicht nur auf dem gerichtlichen, wie etwa im Rahmen eines Restrukturierungsverfahrens nach dem Restrukturierungsrecht, sondern auch auf dem außergerichtlichen Wege erfolgen. Unter dem Begriff der außergerichtlichen Restrukturierung sind hier jegliche zivilrechtliche Lösungen zu verstehen, die mit dem Ziel der Beseitigung der Unternehmenskrise vorgenommen werden. Außer Acht bleiben in diesem Kapitel betriebswirtschaftliche Restrukturierungsmaßnahmen, wie etwa der Verkauf von nicht betriebsnotwendigen Vermögensteilen, Working-Capital-Management, Sale- And Lease-Back, usw. Die außergerichtliche Restrukturierung ist in den Grenzen der Privatautonomie möglich, insbesondere richtet sie sich nach dem Prinzip der Vertragsfreiheit. Sind an bestimmten Maßnahmen mehrere Teilnehmer beteiligt, so gilt auch das Einstimmigkeitsprinzip, wonach keine Lösungen gegen den Willen des betroffenen Einzelnen durchsetzbar sind. Aus Sicht der Betriebswirtschaftslehre ist die außergerichtliche Restrukturierung vor allem für diejenigen Schuldner geeignet, die zwar in eine Krise geraten sind, die aber noch gute Erfolgsaussichten für eine nachhaltige Verbesserung ihrer Finanz-, Ertrags- und Liquiditätslage haben. Aus rechtlicher Sicht sind hingegen die formlosen Restrukturierungswege für die Schuldner bestimmt, die noch nicht zahlungsunfähig und somit nicht insolvenzreif sind. Dies ist dadurch bedingt, dass das Konkursrecht eine allgemeine Konkursantragspflicht vorsieht, die sich auf alle Unternehmer, ungeachtet der Rechtsform, erstreckt. Die Nichterfüllung der Pflicht wird insbesondere mit zivil- und strafrechtlicher Haftung sanktioniert und kann eine Gewerbeuntersagung mit sich ziehen. Eine Befreiungsvoraussetzung von der Konkursantragspflicht stellt die Einleitung eines gerichtlichen Restrukturierungsverfahrens dar, die Vornahme von sonstigen Sanierungsmaßnahmen führt dagegen grundsätzlich nicht zum Haftungsausschluss (→ Rn. 712). Gerichtliche Konkurs- und Restrukturierungsmaßnahmen sind in der polnischen Wirtschaftspraxis immer noch von geringer Bedeutung. Viel öfter unternehmen Schuldner verschiedene außergerichtliche Sanierungsstrategien. Somit riskieren sie die oben

genannte Haftung, schützen sich aber vor dem Konkursstigma, möglichem Reputationsverlust usw.

1. Bilaterale und multilaterale Vereinbarungen

Unter den sonstigen Restrukturierungswegen sind insbesondere bilaterale und multilaterale **49** Vereinbarungen zur Stundung oder zum (Teil-)Erlass bzw. Ratenzahlung von Forderungen von Bedeutung. Gegenstand solcher Vereinbarungen kann auch ein Debt-Equity-Swap sein, was jedoch in der polnischen Wirtschaftspraxis unüblich ist. Die Vereinbarungen werden sowohl mit den Warenkreditgebern als auch Banken und sonstigen Finanzinstituten abgeschlossen. Bei den letztgenannten Institutionen gelten üblicherweise interne Restrukturierungsrahmen. Weitere Restrukturierungsmaßnahmen, wie etwa Sanierungs- oder Überbrückungskredite, gehen oft mit Vereinbarungen mit den Kreditinstituten einher.

2. Unternehmensübertragung

Eine außergerichtliche Restrukturierung kann auch im Wege einer Übertragung des notleiden- **50** den Unternehmens erfolgen. Diese kann sowohl in Form eines Asset-Deals als auch eines Share-Deals ausgestaltet werden. Der größte Vorteil eines Asset-Deals stellt die Möglichkeit eines lastenfreien Neuanfangs dar – nur betriebsnotwendige Vermögensgegenstände sind Gegenstand des Kaufvertrages und es erfolgt grundsätzlich keine Übernahme von Verbindlichkeiten und Haftungsrisiken. Gleichzeitig gehen aber auf den Käufer die bestehenden Vertragsbeziehungen, Genehmigungen, Lizenzen usw. nicht über (sog. Singularsukzession). Aus der arbeitsrechtlichen Perspektive besteht auch das Risiko eines Betriebsüberganges und seinen Folgen. Es ist ferner mit einem umfangreichen und zeitaufwendigen Closing zu rechnen, was in einer Krisensituation einen erheblichen Nachteil dieser Restrukturierungsstrategie darstellen kann. Dagegen lässt sich ein Share-Deal viel schneller durchführen, da der Kaufgegenstand viel leichter erfassbar ist. Einen weiteren Vorteil des Share-Deals stellt die Tatsache dar, dass die abgeschlossenen Verträge, wie etwa Lizenzverträge, Mietverträge oder auch Lieferantenverträge unberührt bleiben. Gleichzeitig jedoch bleiben die Verpflichtungen des gegenständlichen Unternehmens bestehen. Diese Restrukturierungsstrategie kann daher vor allem der Zufuhr von Liquidität (engl. fresh money) für das notleidende Unternehmen durch den neuen Investor dienen. Anzumerken ist, dass ein Asset-Deal auch im Rahmen eines sog. prepackaged Plans erfolgen kann. Diese Lösung, die es, vereinfacht dargestellt, ermöglicht, das gesamte Unternehmen oder einen Teilbetrieb im Zuge des Konkursverfahrens zu veräußern, wobei der Erwerber gleichzeitig von der Haftung für Schulden des insolventen Unternehmers freigestellt wird, sieht das Konkursrecht vor. Ihr Ziel ist es, den Geschäftsbetrieb des zahlungsunfähigen Unternehmers aufrechtzuerhalten und fortzuführen. Dem Abschluss des Kaufvertrages kann ein Pachtvertrag vorangehen (zu den Besonderheiten → Rn. 490).

3. Umwandlungsmaßnahmen

Als außergerichtliche Restrukturierungsstrategien gelten auch Umwandlungsmaßnahmen, wie **51** etwa Verschmelzungen, Spaltungen und Formwechsel. Die diesbezüglichen Vorschriften sieht das polnische Handelsgesellschaftengesetzbuch (PPHGGB) vor. Die Umwandlungsmaßnahmen sind im vollen Umfang Kapitalgesellschaften und teilweise auch Personengesellschaften und natürlichen Personen zugänglich.

C. Insolvenzverfahrensrecht – Konkursrecht

I. Antrag, Antragspflichten und Antragsinhalt

1. Konkursverfahren als ein Antragsverfahren

Das Konkursverfahren wird nur auf Antrag eingeleitet. Das Gericht ist nicht berechtigt das **52** Verfahren von Amts wegen einzuleiten, auch wenn ihm Gründe für eine Konkurserklärung bekannt sind.

2. Antragsrecht

Antragsberechtigt sind grundsätzlich der Schuldner und alle seine persönlichen Gläubiger. Ein **53** dinglicher Gläubiger, der zB aus Hypothek oder Pfand berechtigt ist, ohne gleichzeitig persönlicher

Internationales Insolvenzrecht – Polen

Gläubiger des Schuldners zu sein, ist zur Antragstellung nicht berechtigt. Dies wurde erst ab der Reform des Konkursrechts aus dem Jahre 2016 gesetzlich geregelt. Vor der Reform war dies in der Rechtsprechung hoch umstritten (Sejm/Nr. 2824 v. 9.10.2014). Die dem Antrag zugrundeliegenden Gläubigerforderungen können sowohl zivilrechtlichen als auch öffentlich-rechtlichen Charakter haben (Ociessa in Witosz/Witosz, Prawo upadłościowe i naprawcze, 4. Aufl. 2015, 129) und dem polnischen oder einem ausländischen Recht unterliegen. Gläubiger, denen nur künftige Forderungen zustehen, sind nicht berechtigt, einen Antrag zu stellen (Ociessa in Witosz/Witosz, Prawo upadłościowe i naprawcze, 4. Aufl. 2015, 130). Ob die Forderung des Gläubigers fällig ist, ist dagegen ohne Belang.

54 Im Verbraucherkonkurs wurde eine Sonderregelung eingeführt, wonach grundsätzlich nur der Schuldner einen Konkursantrag stellen kann. Hierzu sind jedoch die Bestimmungen der Art. 8, 9 KonkR zu erwähnen. Ein Gläubiger darf einen Konkursantrag betreffend eine natürliche Person, die Unternehmer gewesen ist, innerhalb eines Jahres nach Löschung aus dem CEIDG stellen, auch nach Beendigung ihrer Geschäftstätigkeit. Dies gilt entsprechend für Personen, die nicht mehr Gesellschafter von Personengesellschaften sind, und aus dem KRS gelöscht wurden. Ferner kann der Konkurs einer natürlichen Person vom Gläubiger auch dann beantragt werden, wenn diese tatsächlich eine gewerbliche Tätigkeit ausgeübt hat, aber der Verpflichtung zur Eintragung in das CEIDG nicht nachgekommen ist, vorausgesetzt, dass seit der Einstellung dieser Tätigkeit weniger als ein Jahr vergangen ist. Beide Verfahren werden nach den Bestimmungen der Vorschriften zum Verbraucherkonkurs geführt.

55 Das Recht, den Konkursantrag zu stellen, kann auch nach dem Tod des Schuldners ausgeübt werden. In einem solchen Fall ist jeder Gläubiger sowie die Erben, der Ehegatte, jedes Kind und jeder Elternteil des verstorbenen Schuldners, auch wenn sie nicht erbberechtigt sind, antragsberechtigt. Der Antrag kann binnen eines Jahres nach dem Tod des Schuldners gestellt werden. Mit Wirkung ab 25.11.2018 darf ferner der Konkursantrag im Falle der Bestellung eines Nachfolgeverwalters (poln. zarządca sukcesyjny) (Gesetz v. 5.7.2018/Dz.U. 2018 Pos. 1629) gestellt werden. In einem solchen Fall darf der Antrag auch nach Ablauf eines Jahres nach dem Tod des Schuldners gestellt werden, und zwar bis zur Beendigung der Dauer der Nachfolgeverwaltung. Antragsberechtigt ist auch der Nachfolgeverwalter.

56 Neben dem Schuldner und den Gläubigern können weitere Personen antragsberechtigt sein. In Bezug auf eine polnische Offene Handelsgesellschaft (poln. spółka jawna), Partnerschaft (poln. spółka partnerska), Kommanditgesellschaft (poln. spółka komandytowa) und Kommanditgesellschaft auf Aktien (poln. spółka komandytowo-akcyjna) sind zur Antragstellung außer die zur Vertretung des Schuldners berechtigten Personen, auch jeder unbeschränkt für die Verpflichtungen der Gesellschaft haftende Gesellschafter befugt. Im Falle der polnischen Offenen Handelsgesellschaft ist dies somit jeder Gesellschafter, unabhängig davon, ob sein Recht auf Vertretung oder Leitung der Gesellschaft in einem Gesellschaftsvertrag oder durch eine Gerichtsentscheidung eingeschränkt oder ausgeschlossen wurde. Ferner sind die Komplementäre in der Kommanditgesellschaft und Kommanditgesellschaft auf Aktien und Partner der Partnerschaft antragsberechtigt. Diese Berechtigung steht den Partnern in einer Partnerschaft auch dann zu, wenn in der Partnergesellschaft eine Geschäftsführung bestellt worden ist.

57 Im Falle der juristischen Personen und Organisationseinheiten ohne Rechtspersönlichkeit, denen durch ein gesondertes Gesetz die Rechtsfähigkeit verliehen wird, steht das Recht zur Antragstellung jedem zu, der aufgrund des Gesetzes, Gesellschaftsvertrages oder der Satzung das Recht hat, die Angelegenheiten des Schuldners zu leiten und ihn einzeln oder gemeinsam mit anderen Personen zu vertreten. In der Literatur ist es umstritten, ob aufgrund dieser Regelung (Art. 20 Abs. 2 Pkt. 2 S. 2 KonkR) auch ein Prokurist berechtigt ist, einen Konkursantrag zu stellen. Die Prokura ist eine von einem Unternehmer erteilte Vollmacht, die der Verpflichtung zur Eintragung in einem Register unterliegt, und das Recht zur Vertretung des Unternehmers nach außen in allen gerichtlichen und außergerichtlichen Angelegenheiten im Zusammenhang mit der Führung des Unternehmens umfasst. Die Prokura umfasst dagegen nicht das Recht, die Angelegenheiten des Unternehmens nach innen zu führen. Bei dem Prokuristen handelt es sich also nicht um das Recht, die Angelegenheiten des Schuldners zu führen und ihn zu vertreten. Ferner ergibt sich das Recht des Prokuristen, das Unternehmen nach außen hin zu vertreten, nicht aus „dem Gesetz, Gesellschaftsvertrag oder der Satzung", sondern beruht auf einem Mandat (SN 15.3.2013 – V CSK 177/12). Da die beschriebene Regelung erst im Jahre 2016 in das Gesetz eingeführt wurde, ist jedoch erst abzuwarten, in welche Richtung die Rechtsprechung gehen wird.

58 Bei einer juristischen Person, Offenen Handelsgesellschaft (poln. spółka jawna), Partnerschaftsgesellschaft (poln. spółka partnerska), Kommanditgesellschaft (poln. spółka komandytowa), sowie

Internationales Insolvenzrecht – Polen

Kommanditgesellschaft auf Aktien (poln. spółka komandytowo-akcyjna) in Liquidation ist zur Antragsstellung jeder Liquidator berechtigt. Darüber hinaus ist gegenüber einer im KRS eingetragenen juristischen Person zur Antragstellung der gem. Art. 42 § 1 PZGB bestellte Pfleger berechtigt.

Gegenüber einem Schuldner, der der Zwangsvollstreckung durch Zwangsverwaltung oder durch den Verkauf eines Unternehmens gemäß der PZPO unterliegt, kann der Antrag auf Konkurserklärung auch von dem im Zwangsvollstreckungsverfahren bestellten Pflichtverwalter gestellt werden. **59**

Der Antrag auf Konkurs eines Staatsunternehmens kann von dessen Gründungsorgan, dh dem Woiwoden (der Woiwode ist der Repräsentant der Woiwodschaft, dem obersten Verwaltungsbezirk Polens) oder einem zuständigen Minister, gestellt werden. Ein Antrag kann in Bezug auf eine Gesellschaft, die sich zu 100 % im Besitz des Staates befindet, auch von einem Regierungsvertreter, einer staatlichen juristischen Person, einem Organ oder einer anderen berechtigten Einheit gestellt werden, die zur Ausübung von Rechten aus Aktien oder Anteile berechtigt ist (Zimmerman PrUpPrRest Art. 20 Rn. 6). **60**

Gegenüber einem Schuldner, dem eine öffentliche Beihilfe in Höhe von mehr als 100.000 EUR gewährt wurde, kann der Antrag auf Konkurserklärung von der die Beihilfe gewährenden Stelle gestellt werden. **61**

3. Antragspflicht

Der Schuldner ist nicht nur berechtigt, sondern auch verpflichtet, einen Konkursantrag zu stellen. Zur Antragstellung sind alle Schuldner verpflichtet, ungeachtet der Rechtsform, darunter natürliche Personen, die ein Gewerbe führen, nicht dagegen Verbraucher. Der Antrag ist innerhalb von dreißig Tagen ab dem Zeitpunkt, in dem die Konkursgründe auftraten, beim Konkursgericht zu stellen (→ Rn. 346). Die Konkursantragspflicht beginnt mit dem Zeitpunkt, in dem die Voraussetzungen für die Erklärung des Konkurses erfüllt sind, und endet nicht, solange diese erfüllt sind und der Schuldner zahlungsunfähig ist. Wenn eine bestimmte Person mit der Wahrnehmung der Funktion eines Geschäftsführers eines schon insolventen Unternehmens beauftragt wurde, muss sie innerhalb von 30 Tagen nach Übernahme dieser Funktion Konkursantrag stellen (NSA 22.3.2013 – I FSK 862/12). **62**

Bei einer natürlichen Person, die unternehmerisch tätig ist, obliegt die Verpflichtung zur Stellung eines Antrages auf Konkurserklärung der natürlichen Person selbst. Ist der Schuldner eine juristische Person oder eine andere Organisationseinheit ohne Rechtspersönlichkeit, der ein eigenes Gesetz die Rechtsfähigkeit verleiht, so obliegt die in Art. 21 Abs. 1 KonkR genannte Verpflichtung jedem, der aufgrund des Gesetzes, des Gesellschaftsvertrages oder der Satzung das Recht hat, den Schuldner allein oder gemeinsam mit anderen Personen zu vertreten und die Geschäfte zu führen. Die Verpflichtung nach Art. 21 Abs. 1 KonkR besteht unabhängig von der internen Kompetenzverteilung und deren Verteilung auf verschiedene Organe innerhalb der internen Struktur des Unternehmers (Zimmerman PrUpPrRest Art. 21 Rn. 10). Das Problem, ob ein Prokurist berechtigt ist, einen Konkursantrag zu stellen, erstreckt sich somit auch auf die Antragspflicht (→ Rn. 57) (zu den Sanktionen im Falle der Nichtstellung des Konkursantrages → Rn. 712 ff.). **63**

a) Inhalt eines Konkursantrages. aa) Allgemeine Regeln. Das Konkursverfahren wird auf schriftlichen Antrag hin eröffnet. In dem Konkursantrag ist anzugeben: **64**
1. Vor- und Nachname des Schuldners oder sein Firmenname;
2. PESEL-Nummer, KRS-Nummer oder in Ermangelung dieser, andere Daten, die die Identifikation des Schuldners ermöglichen;
3. Wohnsitz oder Sitz, sowie die Anschrift;
4. Wenn der Schuldner eine Personengesellschaft, eine juristische Person oder eine andere Organisationseinheit ohne Rechtspersönlichkeit ist, der durch ein eigenes Gesetz die Rechtsfähigkeit verliehen wird, die Vor- und Nachnamen der Vertreter, einschließlich etwaiger Liquidatoren, und darüber hinaus bei einer Personengesellschaft die Vor- und Nachnamen sowie der Wohnsitz der für die Verbindlichkeiten der Gesellschaft persönlich haftenden Gesellschafter;
5. Angabe des Mittelpunkts der hauptsächlichen Interessen des Schuldners;
6. Angabe der Umstände, welche die Antragstellung begründen, sowie ihre Glaubhaftmachung;
7. Hinweis, ob der Schuldner Teilnehmer entweder an dem polnischen oder einem anderen Mitgliedstaat unterliegenden Zahlungs- oder Wertpapierabwicklungssystem ist oder, ohne Teilnehmer eines Systems zu sein, ein Interbankensystem betreibt;
8. Hinweis, ob der Schuldner eine börsennotierte Gesellschaft ist;

Internationales Insolvenzrecht – Polen

9. Information, ob in einem der letzten beiden Geschäftsjahre:
   a) durchschnittlich 250 Mitarbeiter pro Jahr oder mehr beschäftigt waren, oder
   b) ein jährlicher Nettoumsatz aus dem Verkauf von Waren, Produkten und Dienstleistungen sowie aus Finanztransaktionen erzielt wurde, der den Wert von 50 Mio. EUR in PLN übersteigt, oder
   c) die Summe der Aktiva seiner Bilanz am Ende eines dieser Jahre den Wert von 43 Mio. EUR in PLN überstiegen hat.

65 Jeder Konkursantrag ist ein Schriftsatz und muss daher auch die allgemeinen formalen Voraussetzungen eines Schriftsatzes erfüllen (Art. 126, 187 PZPO). Er soll daher beinhalten:
1. Bestimmung des zuständigen Gerichts;
2. Vor- und Nachname der Parteien (des Antragstellers und ggf. Schuldners) sowie ihrer gesetzlichen Vertreter und Bevollmächtigten; Angabe des Wohnortes oder Sitzes und Anschriften der Parteien sowie ihrer gesetzlichen Vertreter und Bevollmächtigten; wenn eine Partei in das CEIDG eingetragen ist, so ist die im Register hinterlegte Zustellungsadresse anzugeben; falls vorhanden, Angabe der PESEL-Nummer oder der NIP-Nummer des Antragstellers, wenn er eine natürliche Person ist; Angabe der KRS-Nummer des Antragstellers oder einer anderen Registernummer bzw. der NIP-Nummer;
3. Bestimmung der Art des Schriftsatzes ("Konkursantrag");
4. Anträge und Angabe der Beweise;
5. Unterschrift des Antragstellers oder seiner gesetzlichen Vertreter und Bevollmächtigten; Beifügung der Anlagen.

66 **bb) Eigenantrag.** Wird der Konkursantrag vom Schuldner gestellt, sollten diesem nachstehende Unterlagen hinzugefügt werden:
1. Aktuelle Liste der Vermögenswerte mit einer Einschätzung ihrer Vermögenswerte;
2. Eine vom Schuldner für die Zwecke des Verfahrens erstellte Bilanz zu einem Stichtag, welcher nicht länger als 30 Tage vor dem Tag der Antragstellung liegt;
3. Liste der Gläubiger mit ihren Anschriften und der Höhe ihrer Forderungen und den Zahlungsfristen sowie Liste der von den Gläubigern an seinem Vermögen gestellten Sicherheiten mit den Zeitangaben, in denen diese Sicherheiten bestellt wurden;
4. Nachweis über die Rückzahlungen von Forderungen oder sonstigen Schulden, die innerhalb von sechs Monaten vor dem Tag der Antragstellung erfolgten;
5. Liste der gegenüber dem Schuldner offenen Forderungen, zusammen mit der Anschrift des Schuldners, Angabe der Forderungen, ihres Entstehungsdatums und den Zahlungsfristen;
6. Liste der Vollstreckungstitel und Vollstreckungsbefehl gegen den Schuldner;
7. Informationen über Verfahren zur Begründung von Hypotheken, Verpfändungen, Registerpfandrechten, Steuerpfände und Seehypotheken und anderen im Grundbuch oder in Registern eingetragenen Belastungen sowie über andere Gerichts-, Verwaltungsverfahren oder Verfahren vor den Verwaltungsgerichten sowie vor Schiedsgerichten über das Vermögen des Schuldners;
8. Information über den Wohnsitz der zur Vertretung der Gesellschaft oder juristischen Person berechtigten natürlichen Personen und ggf. der Liquidatoren;
9. Information, ob in einem der letzten beiden Geschäftsjahre:
   a) durchschnittlich 250 Mitarbeiter pro Jahr oder mehr beschäftigt waren, oder
   b) ein jährlicher Nettoumsatz aus dem Verkauf von Waren, Produkten und Dienstleistungen sowie aus Finanztransaktionen erzielt wurde, der den Wert von 50 Mio. EUR in PLN übersteigt, oder
   c) die Summe der Aktiva seiner Bilanz am Ende eines dieser Jahre den Wert von 43 Mio. EUR in PLN überstiegen hat.

67 Kann der Schuldner die erforderlichen Unterlagen dem Antrag nicht beifügen, so hat er die Gründe für ihre Nichtvorlage anzugeben und glaubhaft zu machen. Mit dem Konkursantrag ist der Schuldner verpflichtet, eine schriftliche Erklärung über die Richtigkeit der in dem Antrag enthaltenen Daten abzugeben. Ist eine Angabe nicht wahr, haftet der Schuldner für Schäden, die infolge der falschen Angaben verursacht wurden. Dem Antrag sind die Abschrift des Antrags samt Abschriften aller Anlagen beizufügen.

68 **cc) Fremdantrag.** Wird der Konkursantrag von einem Gläubiger gestellt, so ist im Antrag kein Hinweis erforderlich, ob der Schuldner Teilnehmer an einem Zahlungs- oder Wertpapierabwicklungssystem bzw. ohne Teilnehmer eines Systems zu sein, ein Interbankensystem betreibt. Sämtliche anderen Voraussetzungen des Antragsinhalts sind auch für den Gläubiger Pflichtangaben. Ferner soll der Gläubiger im Antrag seine Forderung glaubhaft machen. Der Gläubiger sollte die Rechtsgrundlage der Forderung, ihren Betrag, Zahlungsfrist, sowie alle Beweise beifügen, auf die er seine Ausführungen stützt.

Internationales Insolvenzrecht – Polen

dd) Verbraucherkonkurs. Der Konkursantrag ist im Falle einer natürlichen Person, die keine   69
Geschäftstätigkeit ausübt, mit einem Musterformular zu stellen. Er soll beinhalten:
1. Vor- und Nachname des Schuldners, seinen Wohnsitz sowie seine PESEL-Nummer, oder, falls nicht vorhanden, andere Daten, die eine eindeutige Identifizierung des Schuldners ermöglichen;
2. Die Steueridentifikationsnummer des Schuldners, wenn der Schuldner in den letzten zehn Jahren vor dem Datum der Antragstellung eine solche Nummer hatte;
3. Angabe der Orte, an den sich das Vermögen des Schuldners befindet;
4. Angabe von Umständen, die den Konkursantrag begründen und ihre Glaubhaftmachung;
5. aktuelle und vollständige Aufstellung und Einschätzung der Vermögenswerte des Schuldners;
6. Liste der Gläubiger mit Angabe ihrer jeweiligen Anschrift und der Höhe ihrer Forderungen sowie der Zahlungsfristen;
7. Liste der bestrittenen Forderungen samt Gründen, weshalb die Forderung bestritten wird;
8. Liste der Sicherheiten, die bestellt worden sind samt Zeitpunkt ihrer Bestellung, insbesondere Hypotheken, Pfandrechte und Registerpfandrechte;
9. Informationen über das erzielte Einkommen und die für den Unterhalt und die Unterhaltsberechtigten des Unterhaltspflichtigen des Schuldners in den letzten sechs Monaten vor Antragstellung entstandenen Kosten;
10. Informationen über Rechtshandlungen, die der Schuldner in den letzten zwölf Monaten vor Antragstellung vorgenommen hat und deren Gegenstand Immobilien, Aktien oder Geschäftsanteile an Gesellschaften waren;
11. Informationen über Rechtshandlungen des Schuldners in den letzten zwölf Monaten vor Antragsstellung, die Mobilien/bewegliche Güter, Forderungen oder andere Rechte betreffend, deren Wert 10.000 PLN übersteigt;
12. Erklärung über die Richtigkeit der im Antrag enthaltenen Daten.

Wird der Konkursantrag von einem Gläubiger gestellt, finden die Vorgaben der obigen Pkt. 2,   70
4–11 keine Anwendung. Im Falle des Fremdantrags kann der Schuldner eine Zweiwochenfrist vom Gericht erhalten, um Angabe der Informationen gemäß Pkt. 4 zu erteilen.

b) Prozessuale und materielle Voraussetzungen des Konkursantrages. Das Fehlen der   71
positiven prozessualen Tatbestandsmerkmale oder das Vorhandensein negativer prozessualer Tatbestandsmerkmale führt zur Abweisung des Konkursantrages als unzulässig. Zu den positiven prozessualen Tatbestandsmerkmalen gehören zunächst die Partei-, Prozess- und Konkursfähigkeit des Schuldners. Die Parteifähigkeit, dh die Fähigkeit, als eine Verfahrenspartei aufzutreten, steht jeder natürlichen und juristischen Person und jeder anderen Organisationseinheit zu, welche keine juristische Person ist und der die Rechtsfähigkeit aufgrund Gesetzesregelung verliehen wird, insbesondere den Personenhandelsgesellschaften. Die Prozessfähigkeit, dh die Fähigkeit zur Vornahme von Prozesshandlungen, steht natürlichen Personen mit voller Rechtsfähigkeit und in jedem Fall juristischen Personen und Organisationseinheiten, die keine juristische Personen sind und denen die Rechtsfähigkeit aufgrund Gesetzesregelung verliehen wird, zu. Eine in ihrer Rechtsfähigkeit beschränkte natürliche Person ist nur in den Angelegenheiten prozessbefugt, die sich aus Rechtsgeschäften ergeben, die sie selbstständig vornehmen kann.

Die Parteifähigkeit spiegelt im Bereich des Konkursrechts die Konkursfähigkeit wider. Ein   72
Rechtsträger ist konkursfähig, wenn über sein Vermögen Konkurs erklärt und das Konkursverfahren geführt werden kann. Die Vorschriften des Konkursrechts finden grundsätzlich auf Unternehmer iSd PZGB Anwendung, sowie auf polnische Gesellschaften mit beschränkter Haftung (poln. spółka z ograniczoną odpowiedzialnością), Aktiengesellschaften (poln. spółka akcyjna) und einfache Aktiengesellschaft (poln. prosta spółka akcyjna), die keine unternehmerische Tätigkeiten ausüben, Gesellschafter von Personenhandelsgesellschaften, welche für die Verbindlichkeiten der Gesellschaft persönlich mit ihrem Privatvermögen haften, sowie Partner einer polnischen Partnerschaftsgesellschaft (poln. spółka partnerska).

Der Begriff des Unternehmers ist in Art. 43^1 PZGB definiert, nach dem ein Unternehmer   73
eine natürliche Person, eine juristische Person und eine Organisationseinheit ohne Rechtspersönlichkeit, welcher Rechtsfähigkeit aufgrund einer Gesetzesregelung verliehen wird, die im eigenen Namen unternehmerisch oder freiberuflich tätig ist. Das Konkursverfahren kann in einem Verfahren besonderer Art auch über das Vermögen von Personen geführt werden, die nicht unternehmerisch oder freiberuflich tätig sind (sog. Verbraucherkonkurs). Ein Konkurs kann nicht gegenüber der Staatskasse, einer Einheit der territorialen Selbstverwaltung, einer unabhängigen öffentlichen Gesundheitseinrichtung, gesetzlich geschaffenen Institutionen und juristischen Personen, sofern nichts anderes gesetzlich geregelt ist, sowie Institutionen und juristischen Personen, die zur Erfüllung von durch ein Gesetz auferlegten Verpflichtung geschaffen wurden, sowie natürlichen Perso-

nen, die einen landwirtschaftlichen Betrieb führen, welche keine andere wirtschaftliche oder freiberufliche Tätigkeit ausüben, Hochschulen und Investmentfonds, erklärt werden.

74   Eine weitere prozessuale Voraussetzung ist die fehlende Rechtshängigkeit der Angelegenheit, dh das Fehlen eines anhängigen Verfahrens. Rechtshängigkeit tritt ein, wenn das Konkursgericht die erste vorbereitende Maßnahme zur Entscheidung der Angelegenheit trifft. Zu diesem Zeitpunkt ist die Einreichung eines weiteren Konkursantrags unzulässig, sofern der Antrag sachlich und persönlich mit dem zuvor eingereichten Antrag identisch ist.

75   Die mit der zuvor benannten eng verbundenen Voraussetzung ist die mangelnde res iudicata (entschiedene Sache). Die Bewertung dieser Voraussetzung erfolgt auch unter Berücksichtigung der sachlichen und persönlichen Grenzen des Rechtsstreits. Ein gegen denselben Schuldner gerichteter Antrag, der den gleichen Rechtschutzantrag enthält und auf dem gleichen Sachverhalt wie der vorherige Antrag beruht, wird zurückgewiesen.

75a   Weitere prozessuale Voraussetzungen für die Erklärung des Konkurses sind auch die fehlende gerichtliche oder vollstreckungsrechtliche Immunität des Schuldners, die Zulässigkeit des Gerichtsweges und die internationale Zuständigkeit der polnischen Gerichte (→ Rn. 89 ff.) (zu den materiellen Voraussetzungen des Konkursantrages → Rn. 343 ff.).

76   **c) Konkurrenz zwischen einem Konkurs- und Restrukturierungsantrag.** Das Konkursrecht und das Restrukturierungsrecht sehen beide Regeln der Konkurrenz von Konkurs- und Restrukturierungsanträgen vor. Im Falle der Einreichung sowohl eines Restrukturierungs- als auch eines Konkursantrags wird zunächst der Restrukturierungsantrag geprüft. Die Priorität des Restrukturierungsverfahrens gilt als der Weg zur Verwirklichung der Politik der zweiten Chance und hat ua zur Folge, dass eine Prüfung des Restrukturierungsantrags vor dem Konkursantrag erfolgen soll (TWW/Witosz PrRest Art. 11 Rn. 2).

77   Das Restrukturierungsgericht, das den Restrukturierungsantrag prüft, ist verpflichtet, unverzüglich nach der Kenntnisnahme, dass auch ein Konkursantrag gestellt wurde, das Konkursgericht darüber in Kenntnis zu setzen. Das Konkursgericht hat dann die Entscheidung über den Konkursantrag bis zur rechtskräftigen Entscheidung über den Restrukturierungsantrag auszusetzen. Die Aussetzung der Prüfung des Konkursantrages stellt kein Hindernis dar, das Vermögen des Schuldners zu sichern (→ Rn. 135 ff.).

78   Wenn jedoch die Aussetzung der Prüfung des Konkursantrages für die Gläubiger des Schuldners nachteilig wäre, so verbindet das Konkursgericht die beiden Anträge zum Zwecke der gleichzeitigen Prüfung und Entscheidung. Die Anträge werden von drei Richtern entschieden. Würde jedoch die Verbindung der Anträge zur nachhaltigen Verspätung der Prüfung des Konkursantrages zum Nachteil der Gläubiger führen und ist der Inhalt des Restrukturierungsantrages dem Konkursgericht bekannt, so verbindet das Konkursgericht die Anträge nicht und entscheidet nur über den Konkursantrag. Das Restrukturierungsgericht wird hierüber informiert.

79   Wurde vor der Prüfung des Restrukturierungsantrages gegenüber dem Schuldner ein Konkursantrag stattgegeben, so schieben die Vorschriften des Restrukturierungsrechts die Prüfung des Restrukturierungsantrages bis zur Rechtskraft des Beschlusses über die Konkurserklärung auf. Wird der Beschluss rechtskräftig, so lehnt das Restrukturierungsgericht die Feststellung des Vergleiches im Verfahren zur Feststellung eines Vergleiches oder die Eröffnung eines beschleunigten Vergleichsverfahrens, eines Vergleichsverfahrens sowie Sanierungsverfahrens ab. Soll der Beschluss über die Konkurserklärung aufgehoben werden, so sind der Konkursantrag und der Restrukturierungsantrag grundsätzlich zum Zwecke der gleichzeitigen Verhandlung und Entscheidung zu verbinden (TWW/Torbus/Malmuk-Cieplak PrRest Art. 12 Rn. 4).

80   Derzeit gibt es kein allgemeines gerichtliches Online-Portal, um die Informationen im Falle widersprüchlicher Anträge bei verschiedenen Gerichten zu erhalten, die aus offensichtlichen Gründen zu unterschiedlichen Entscheidungen führen können. Da der Gesetzgeber für diese Mitteilung kein bestimmtes Formular zur Verfügung gestellt hat, scheint es ausreichend, diese Mitteilung als gerichtliche Verfügung des Restrukturierungsgerichts an das Konkursgericht, bei dem die Beantragung der Konkurserklärung erfolgte, zu erlassen (TWW/Witosz PrRest Art. 12 Rn. 1). Anzumerken ist jedoch, dass grundsätzlich das Konkurs- und Restrukturierungsgericht dieselbe Abteilung des Amtsgerichts darstellen und für beide Anträge grundsätzlich dasselbe Gericht zuständig ist (→ Rn. 82 ff.). Daher müsste die Information über die Stellung der Anträge und dessen Inhalt problemlos zwischen den zuständigen Richtern weitergeleitet werden.

81   In dem Zeitraum zwischen der Eröffnung des Restrukturierungsverfahrens und dessen Beendigung oder rechtskräftigen Einstellung kann gegenüber einem Schuldner kein Konkurs erklärt werden.

Internationales Insolvenzrecht – Polen

II. Das zuständige Gericht

1. Sachliche und örtliche Zuständigkeit

a) Verfahren zur Konkurserklärung. Für die Durchführung des Konkursverfahrens ist das 82 Konkursgericht (poln. sąd upadłościowy) zuständig. Das Konkursgericht ist das Amtsgericht (poln. sąd rejonowy) – dort die Handelskammer (poln. sąd gospodarczy). Das Amtsgericht stellt die unterste Instanz der Gerichtsbarkeit in Polen dar. Die Konkurssachen werden nur durch ausgewählte Amtsgerichte entschieden, grundsätzlich von Amtsgerichten, in deren Bezirk ein Landgericht seinen Sitz hat. Das Konkursgericht stellt grundsätzlich eine Abteilung des Amtsgerichts dar, in kleineren Gerichten kann es aber auch nur Teil der Handelskammer sein. Derzeit sind an allen Gerichten die Konkurs- und Restrukturierungssachen zusammengeführt. Somit ist jeweils das Konkurs- dem Restrukturierungsgericht gleich.

Örtlich zuständig für die Erklärung des Konkurses ist das Gericht des Mittelpunktes der haupt- 83 sächlichen Interessen des Schuldners. Der Begriff des Mittelpunkts der hauptsächlichen Interessen deckt sich in der polnischen Rechtsordnung mit der Definition aus der VO (EU) 2015/848 des Europäischen Parlaments und des Rates v. 20.5.2015 über Insolvenzverfahren, in der der Grundsatz über die Zuständigkeit der nationalen Gerichte auf der Grundlage des COMI (Centre of Main Interest) statuiert wird. Im Gegensatz zur VO (EU) 2015/848 sind jedoch im polnischen Recht keine Vorschriften vorgesehen, die die Änderung des COMIs des Schuldners direkt von der Konkursantragstellung ausschließen würden (s. Art. 3 Abs. 1 EuInsVO 2015).

Der Mittelpunkt der hauptsächlichen Interessen des Schuldners stellt einen Ort dar, an dem 84 der Schuldner seine wirtschaftliche Tätigkeit regelmäßig ausübt und welcher als solcher für Dritte erkennbar ist. Bei einer juristischen Person und einer Organisationseinheit ohne Rechtspersönlichkeit, welcher aufgrund gesonderten Gesetzesregelung die Rechtsfähigkeit verliehen wird, wird der Ort ihres Sitzes als Mittelpunkt ihrer hauptsächlichen Interessen vermutet. Bei einer natürlichen Person, die eine wirtschaftliche oder freiberufliche Tätigkeit ausübt, wird davon ausgegangen, dass sie ihren Mittelpunkt der hauptsächlichen Interessen an dem Hauptort ihrer wirtschaftlichen oder freiberuflichen Tätigkeit hat. Bei jeder anderen natürlichen Person wird vermutet, dass der Mittelpunkt der hauptsächlichen Interessen ihr gewöhnlicher Aufenthaltsort ist.

In der Definition lassen sich zwei Grundelemente unterscheiden: das objektive Element, 85 nämlich der Ort der effektiven Verwaltung des Unternehmens des Schuldners, und das subjektive Element, dh der Ort der von Dritten erkennbaren Verwaltung. Besteht ein Unterschied zwischen beiden, und ist der Ort der effektiven Verwaltung verstreut, so ist die Wahrnehmung dieses Ortes durch Dritte entscheidend. Wenn bspw. jeder der drei Geschäftsführer an einem anderen Ort in Polen tätig ist und Entscheidungen per Telefonkonferenz getroffen werden, ist der Sitz der Geschäftsführung entscheidend, dh der Ort, an dem sich Dritte mit der Geschäftsführung treffen, der Ort der Zustelladresse der Geschäftsführung oder der Ort, an dem die Entscheidungen der Geschäftsführung getroffen werden (Zimmerman PrUpPrRest Art. 19 Rn. 2).

Hat der Schuldner keinen Mittelpunkt der hauptsächlichen Interessen auf dem Gebiet der 86 Republik Polen, ist für das Verfahren zur Konkurserklärung das Gericht des gewöhnlichen Aufenthalts oder Sitzes des Schuldners zuständig. Hat der Schuldner keinen gewöhnlichen Aufenthaltsort oder Sitz auf dem Gebiet der Republik Polen, so ist das Gericht zuständig, in dessen Gebiet sich das Vermögen des Schuldners befindet.

Wird im Verfahren zur Konkurserklärung festgestellt, dass ein anderes Gericht für die Entschei- 87 dung über den Konkursantrag zuständig ist, so wird der Konkursantrag an dieses Gericht durch Beschluss verwiesen. Der Beschluss ist unanfechtbar. Das Gericht, an welches die Rechtssache verwiesen wird, ist an diesen Beschluss gebunden. Die vor dem unzuständigen Gericht vorgenommenen Tätigkeiten bleiben in Kraft. Der weiteren Verweisung der Rechtssache durch das angerufene Gericht an ein anderes Gericht infolge weiterer Änderungen des Sachverhalts steht nichts entgegen (Zimmerman PrUpPrRest Art. 19 Rn. 8).

b) Das eigentliche Konkursverfahren. Das eigentliche Konkursverfahren wird an dem 88 Gericht geführt, an dem der Beschluss über die Konkurserklärung ergangen ist. Sind mehrere Beschlüsse ergangen, so ist das Verfahren durch das Gericht zu führen, das den ersten Beschluss gefasst hat. Ergibt sich im Laufe des Verfahrens, dass ein anderes Gericht zuständig ist, so ist das Verfahren an dieses zu verweisen. Die bisherigen Handlungen bleiben in Kraft. Die Entscheidung über die Verweisung des Verfahrens kann nicht angefochten werden.

2. Internationale Zuständigkeit

89   **a) Gemäß EuInsVO 2015.** Polen ist seit dem 1.5.2004 Mitglied der Europäischen Union und seitdem auch an die EU-Gesetzgebung gebunden. Seit dem 1.5.2004 galt für die in Polen laufenden Konkursverfahren die VO (EG) Nr. 1346/2000 des Rates v. 29.5.2000 über Insolvenzverfahren. Diese Verordnung wurde mit der VO (EU) 2015/848 des Europäischen Parlaments und des Rates v. 20.5.2015 über Insolvenzverfahren aufgehoben. Letztere ist auf die im Anhang A dieser Verordnung ausdrücklich aufgeführten Verfahren, die seit dem 26.6.2017 eröffnet wurden, anwendbar, dh im Falle Polens die Konkursverfahren.

90   Gemäß der EuInsVO 2015 ist Polen für die Eröffnung eines Konkursverfahrens dann zuständig, wenn der Schuldner im Hoheitsgebiet Polens den Mittelpunkt seiner hauptsächlichen Interessen hat. Das Verfahren wird als ein „Hauptinsolvenzverfahren" iSd EuInsVO geführt. Nach der EuInsVO 2015 ist der Mittelpunkt der hauptsächlichen Interessen der Ort, an dem der Schuldner gewöhnlich der Verwaltung seiner Interessen nachgeht und der für Dritte als solcher erkennbar ist. Hat der Schuldner den Mittelpunkt seiner hauptsächlichen Interessen im Hoheitsgebiet eines anderen Mitgliedstaats, so sind die polnischen Gerichte nur dann zur Eröffnung eines Konkursverfahrens befugt, wenn der Schuldner eine Niederlassung im Hoheitsgebiet Polen hat, beschränkt auf das Vermögen des Schuldners, das sich in Polen befindet. „Niederlassung" iSd EuInsVO ist jeder Tätigkeitsort, an dem der Schuldner einer wirtschaftlichen Aktivität von nicht vorübergehender Art nachgeht oder in den drei Monaten vor Antragsstellung auf Eröffnung des Hauptinsolvenzverfahrens nachgegangen ist und den Einsatz von Personal und Vermögenswerten voraussetzt.

91   In dem Beschluss über die Konkurserklärung ist die Grundlage der internationalen Zuständigkeit des polnischen Gerichts anzugeben und, wenn die EuInsVO 2015 zur Anwendung kommt, auch ob es sich um ein Haupt- oder Nebenverfahren handelt. Ein Gläubiger des Schuldners kann den in diesem Beschluss festgestellten internationalen Gerichtsstand anfechten (→ Rn. 128).

92   **b) Nach dem KonkR.** In dem nicht durch die EuInsVO 2015 geregelten Bereich wird die internationale Zuständigkeit des polnischen Gerichts durch die Vorschriften des KonkR bestimmt. Zum ausschließlichen Gerichtssand der polnischen Gerichte gehören die Verfahren, bei denen sich der Mittelpunkt der hauptsächlichen Interessen eines Schuldners auf dem Gebiet der Republik Polen befindet (zur Begriffsaufklärung → Rn. 84). Der polnische Gerichtsstand ist auch dann gegeben, wenn ein Schuldner seine Geschäftstätigkeiten auf dem Gebiet der Republik Polen ausübt oder seinen Wohnsitz, Sitz oder sein Vermögen auf diesem Gebiet hat. In Konkurssachen kommen die Vorschriften zur Gerichtsstandvereinbarungen der Parteien nicht zur Anwendung. Die internationale Zuständigkeit polnischer Gerichte wird nicht dadurch ausgeschlossen, dass ein ausländisches Gericht einen ausländischen Verwalter für die Aufnahme der Tätigkeiten auf dem Gebiet der Republik Polen bestellt hat.

93   Ist der polnische Gerichtsstand ausschließlich, so ist das Konkursverfahren ein Hauptkonkursverfahren. In den übrigen Fällen ist dieses Konkursverfahren ein Nebenkonkursverfahren.

94   Im Beschluss zur Konkurserklärung ist die Grundlage der internationalen Zuständigkeit des polnischen Gerichts anzugeben. Ein Gläubiger des Schuldners kann den in diesem Beschluss festgestellten Gerichtsstand anfechten (→ Rn. 128).

III. Verfahren und Rechtsmittel

1. Verfahrensabschnitte

95   Das Konkursverfahren besteht im Wesentlichen aus zwei Verfahrensabschnitten: dem Verfahren zur Konkurserklärung (poln. postępowanie o ogłoszenie upadłości) und dem eigentlichen Konkursverfahren (poln. postępowanie upadłościowe). Mit dem Verfahren zur Konkurserklärung kann auch ein Sicherungsverfahren (poln. postępowanie zabezpieczające) einhergehen.

2. Verfahren zur Konkurserklärung

96   Das Verfahren zur Konkurserklärung dient der Prüfung durch das Gericht der formellen und materiellen Zulässigkeit des Konkursantrages. Diese Phase des Konkursverfahrens ähnelt dem Eröffnungsverfahren nach der deutschen InsO. Im Gegensatz zum deutschen Insolvenzgericht, „eröffnet" jedoch das polnische Konkursgericht das Konkursverfahren nicht, sondern „erklärt" den Konkurs über den Schuldner (poln. ogłasza upadłość dłużnika). Der diesbezügliche Beschluss des Konkursgerichtes entfaltet grundsätzlich dieselben Rechtsfolgen, wie der Insolvenzeröffnungsbeschluss nach der deutschen InsO. Das Konkursrecht bedient sich jedoch nicht des Begriffs der „Eröffnung" eines Konkursverfahrens (poln. otwarcie postępowania upadłościowego). Anders das

Internationales Insolvenzrecht – Polen

Restrukturierungsrecht, in welchem der positive Beschluss des Restrukturierungsgerichts über den Restrukturierungsantrag die Eröffnung des Restrukturierungsverfahrens (poln. otwarcie postępowania restrukturyzacyjnego) zur Folge hat. Im vorliegenden Kommentar benutzen wir ausschließlich den Begriff der „Konkurserklärung" und nicht der „Konkursverfahrenseröffnung". Eine andere Begriffswahl könnte den deutschen Leser des Kommentars beim Studium der polnischen Gesetzestexte verwirren, da diese eben keine Vorschriften über eine „Konkurseröffnung" kennen.

Das Konkursgericht entscheidet über den Konkursantrag in der Besetzung von drei Richtern. **97** Im Rahmen des Verbraucherkonkurses ist das Gericht nur durch einen Richter besetzt. Das Konkursgericht entscheidet grundsätzlich in einer nichtöffentlichen Sitzung, kann aber auch einen mündlichen Termin festsetzen. In der nichtöffentlichen Sitzung kann das gesamte Beweisverfahren durchgeführt werden, auch wenn ein mündlicher Termin festgesetzt wurde.

Dem Gericht stehen jegliche Beweismittel, außer dem Sachverständigenbeweis, zur Verfügung. **98** Einzige Ausnahme gilt im Rahmen des Verfahrens der vorbereiteten Liquidation (zu den Besonderheiten → Rn. 490). Eine Anhörung des Schuldners oder des antragstellenden Gläubigers ist nicht erforderlich (SN 3.3.2004 – I PK 278/03). Wenn die Anhörung des Schuldners unmöglich oder unzumutbar ist, darf das Gericht den Schuldner zur Vorlage einer schriftlichen Aussage mit einer notariell beglaubigten Unterschrift auffordern. Die Aussage wird unter der Androhung strafrechtlicher Haftung wegen Falschaussage geleistet.

Verfahrensbeteiligte am Verfahren zur Konkurserklärung sind der Schuldner und der Antragsteller, es sei denn, dass der Konkursantrag nur vom Schuldner gestellt wurde. Gläubiger des Schuldners, die keinen Konkursantrag gestellt haben, können am Verfahren nicht teilnehmen, insbesondere den etwaigen Beschluss über die Konkurserklärung nicht anfechten (→ Rn. 128). **99**

Ist der Schuldner prozessunfähig und fehlt ihm ein gesetzlicher Vertreter oder fehlen die Personen, die zur Vertretung des Schuldners berechtigt sind, so bestellt das Gericht einen Pfleger und **100** entscheidet über seine Vergütung. Das Gleiche gilt, wenn der Schuldner, der eine natürliche Person ist, nach Stellung des Konkursantrages verstirbt. Trotz der Bestellung des Pflegers kann die fehlende Prozessfähigkeit beseitigt werden, insbesondere durch Bestellung eines Vertreters des Schuldners aufgrund allgemeiner Regeln, wie etwa durch die Bestellung eines Geschäftsführers durch die Gesellschafter einer Handelsgesellschaft. Ein Antrag auf Bestellung des Pflegers kann mit dem Konkursantrag des Gläubigers einhergehen. Stellt das Gericht fest, dass der Schuldner prozessunfähig ist und ein gesetzlicher Vertreter fehlt oder die Personen, die zur Vertretung des Schuldners berechtigt sind, fehlen, so fordert es den Antragsteller zur Zahlung eines Vorschusses auf die Vergütung des Pflegers auf und macht davon die Verfahrenseinleitung abhängig.

Ergänzend zum Konkursrecht finden die Vorschriften des ersten Buches des ersten Teiles der **101** polnischen Zivilprozessordnung (Art. 15–505^{39} PZPO) entsprechend Anwendung, mit der Ausnahme der Vorschriften über die Aussetzung und die Wiederaufnahme des Verfahrens (Art. 173–183 PZPO).

3. Entscheidungen des Konkursgerichts

Das Konkursgericht entscheidet über den Konkursantrag binnen zwei Monaten ab dessen **102** Stellung. Die Frist hat lediglich Ordnungscharakter hat. Der Beschluss des Konkursgerichts wird im Gerichts- und Wirtschaftsanzeiger (poln. Monitor Sądowy i Gospodarczy) und den lokalen Tageszeitungen bekanntgemacht (→ Rn. 175).

a) Einleitung des eigentlichen Konkursverfahrens. Das Gericht gibt dem Konkursantrag **103** statt, wenn die formelle und materielle Zulässigkeit des Konkursantrages gegeben ist. Der Beschluss des Gerichts enthält:

1. Vor- und Nachname oder Firma des Schuldners, Wohnungsort oder Sitz und Adresse des Schuldners, seine PESEL-Nummer oder KRS-Nummer ggf. sonstige Angaben, die den Schuldner identifizieren lassen;
2. die Aufforderung an die Gläubiger des Schuldners, innerhalb 30 Tagen ab Beschlussbekanntmachung ihre Forderungen anzumelden;
3. die Aufforderung an Personen, denen Rechte sowie persönliche Rechte und Forderungen an den Immobilien des Schuldners zustehen, wenn diese nicht im Grundbuch eingetragen wurden, innerhalb 30 Tagen ab der Beschlussbekanntmachung die ihnen zustehenden Rechte anzumelden, unter Androhung des Verlustes des Rechts, sich auf diese Rechte und Forderungen in dem Konkursverfahren zu berufen;
4. die Uhrzeit der Einleitung des eigentlichen Konkursverfahrens, soweit der Schuldner sich an einem polnischen oder eines anderen Mitgliedstaates unterliegenden Zahlungsverkehrs- oder

Internationales Insolvenzrecht – Polen

Wertpapierabrechnungssystems beteiligt oder, ohne Teilnehmer eines Systems zu sein, ein Interbankensystem führt;
5. Begründung der internationalen Zuständigkeit des polnischen Gerichts und die Information, ob es sich um ein Haupt- oder Nebenkonkursverfahren handelt.

104 Der Beschluss ist mit dem Tage dessen Erlassens sofort wirksam und vollstreckbar, es sei denn, dass eine spezielle Vorschrift etwas anderes bestimmt. Dieser Tag gilt als der Tag der Konkurserklärung, auch wenn der Beschluss durch das Gericht der zweiten Instanz aufgehoben wurde und das Gericht der ersten Instanz erneut den Konkurs erklärt. Aufgrund des Beschlusses übernimmt der Konkursverwalter die Verwaltung über das Vermögen des Schuldners. Aufgrund des Beschlusses kann die Abwicklung des schuldnerischen Vermögens beginnen, auch wenn dieser noch nicht rechtskräftig ist. Das Konkursgericht kann die Abwicklung einstweilig einstellen, insbesondere wenn ihm bekannt ist, dass der Beschluss angefochten wurde.

105 Der Beschluss ist sofort öffentlich bekanntzugeben. Dem Schuldner, dem Konkursverwalter und dem antragstellenden Gläubiger ist der Beschluss zuzustellen. Der Konkursverwalter wird über seine Bestellung auch sofort durch die Geschäftsstelle des Konkursgerichts direkt, insbesondere telefonisch oder per E-Mail, benachrichtigt. Die Einleitung des Konkursverfahrens wird auch der zuständigen Finanzkammer (poln. izba administracji skarbowej) und der zuständigen Niederlassung der Sozialversicherungsanstalt (poln. Zakład Ubezpieczeń Społecznych) sowie den dem Konkursverwalter bekannten Gerichtsvollziehern, die gegen den Schuldner vollstrecken, und auch dem Ehegatten des Schuldners, mitgeteilt. Die Gerichtsvollzieher werden noch am Tage des Beschlusserlassens sofort durch die Geschäftsstelle des Konkursgerichts direkt, insbesondere telefonisch oder per E-Mail, benachrichtigt. Der Mitteilung an die Gläubiger und den Ehegatten des Schuldners müssen entsprechende Hinweise auf ihre Rechte beigefügt werden.

106 **b) Abweisung des Konkursantrages aus materiellen Gründen.** Das Gericht weist den Konkursantrag ab, wenn der Konkursantrag materiell unzulässig ist. Der Abweisungsbeschluss ist sofort öffentlich bekanntzugeben. Dem Schuldner und dem antragstellenden Gläubiger ist der Beschluss zuzustellen.

107 **aa) Abweisung mangels Masse.** Das Gericht weist den Konkursantrag ab, wenn das Vermögen des Schuldners voraussichtlich weder ausreichen wird, um die Kosten des Verfahrens zu decken noch allein zur Deckung der Verfahrenskosten ausreicht. Die Abweisung unterbleibt, wenn glaubhaft gemacht wird, dass die Belastung des Schuldnervermögens oder sonstige Handlungen des Schuldners unwirksam oder anfechtbar sind und nach den Umständen zu erwarten ist, dass für die Konkursmasse Vermögen generiert werden kann, dessen Wert die Höhe der Verfahrenskosten überschreiten wird. Diese Regelung findet vor allem bei Fremdanträgen Anwendung, wenn im Vorfeld der Zahlungsunfähigkeit der Schuldner bestimmte Handlungen vorgenommen hat, um sein Vermögen zu Lasten von Gläubigern zu entziehen.

108 Das Gericht kann den Konkursantrag auch dann abweisen, wenn das Vermögen des Schuldners in solchem Umfang dinglich belastet wurde, dass der verbliebene Teil des Vermögens nicht ausreichen würde, die Kosten des Verfahrens zu decken. Da im Verfahren zur Konkurserklärung kein Sachverständigenbeweis geführt werden kann (→ Rn. 98), kommt diese Regelung kaum zur Anwendung, da das Gericht grundsätzlich nicht imstande ist, selbstständig den Wert des Vermögens und der Belastungen zu schätzen.

109 Ist der Schuldner ins KRS eingetragen, so prüft das Gericht in beiden genannten Fällen, ob der Schuldner ohne die Durchführung des Liquidationsverfahrens im Register gelöscht werden soll. Das KRSG besagt, dass jedes in das Register eingetragene Subjekt, das kein Vermögen besitzt und nicht mehr wirtschaftlich tätig ist, aus dem Register zu löschen ist (Gesetz v. 20.8.1997/ Dz.U. 1997 Nr. 121 Pos. 769). Die Entscheidung diesbezüglich trifft das Registergericht (Art. 25 ff. KRSG).

110 **bb) Abweisung wegen streitigen Forderungen.** Ferner weist das Gericht den Konkursantrag des Gläubigers ab, wenn der Schuldner beweist, dass die Forderung des Gläubigers umstritten ist und der Streit zwischen den Parteien schon vor der Konkursantragstellung entstanden ist. Hintergrund ist, dass es nicht die Aufgabe des Konkursgerichts ist, Rechtsstreite zwischen den Parteien zu entscheiden. In einem solchen Fall soll der Gläubiger erst vor dem Zivilgericht einen Titel erlangen und ggf. danach einen erneuten Konkursantrag stellen. Zur Sicherung des Vermögens, kann der Gläubiger beim Zivilgericht einen Arrestantrag stellen (Art. 730 ff. PZPO).

111 Das Konkursrecht sieht keine Legaldefinition der sog. umstrittenen Forderung vor. Grundsätzlich reicht es aus, wenn der Schuldner vor der Konkursantragstellung ausdrücklich seinen Widerspruch gegen die Forderung bekannt gemacht hat, wie etwa eine Zahlungsaufforderung abgelehnt hat. Das Konkursgericht prüft, ob der Widerspruch nicht nur zum Schein abgegeben wurde, was insbesondere dann in Frage kommt, wenn der Schuldner die Leistung des Gläubigers entgegenge-

Internationales Insolvenzrecht – Polen

nommen und erst danach die Zahlung verweigert hat (Zimmerman PrUpPrRest Art. 12a Rn. 2). Verfügt jedoch der Gläubiger über einen Titel gegen den Schuldner, so reicht ein Widerspruch des Schuldners nicht aus. Der Schuldner ist dann angehalten, im Wege eines Zivilverfahrens gegen den Titel vorzugehen.

cc) Abweisung im Verbraucherkonkurs. Bis zum 23.3.2020 sah das KonkR besondere **112** materielle Voraussetzungen der Konkurserklärung und somit besondere Gründe für die Abweisung eines Konkursantrages einer natürlichen Person, die keine Geschäftstätigkeit ausübt, vor.

Das Gericht war insbesondere verpflichtet, den Konkursantrag abzuweisen, wenn der Schuldner **113** zu seiner Zahlungsunfähigkeit selbst geführt hat oder ihren Grad vorsätzlich oder grob fahrlässig erheblich erhöht hat. Die Abweisung des Konkursantrages war in diesem Fall zwingend und sowohl auf den Antrag des Schuldners als auch auf den Antrag des Gläubigers bezogen. Mit Inkrafttreten der letzten Gesetzesänderung zum 24.3.2020 wurden die benannten Bestimmungen in Bezug auf alle ab diesem Tage gestellten Konkursanträge aufgehoben.

[Derzeit nicht belegt.] **114**
[Derzeit nicht belegt.] **115**
[Derzeit nicht belegt.] **116**
[Derzeit nicht belegt.] **117**

dd) Sonstige Gründe. Das Gericht weist den Konkursantrag auch dann ab, wenn es feststellt, **118** dass der Schuldner nicht zahlungsunfähig ist, der antragstellende Gläubiger keine fällige Forderung gegen den Schuldner hat oder er nur einen Gläubiger hat (→ Rn. 373 ff.). Nur im Verbraucherkonkurs stellt die Tatsache, dass der Schuldner nur einen Gläubiger hat, keinen Grund dar, den Konkursantrag abzuweisen. Der Konkursantrag wird nicht allein dadurch unzulässig, dass die Forderung des antragstellenden Gläubigers nach der Antragstellung erfüllt wurde.

c) Abweisung des Konkursantrages als unzulässig. Das Konkursgericht weist den Konkursantrag als unzulässig ab, wenn die prozessualen Voraussetzungen der Konkurserklärung nicht **119** erfüllt sind (→ Rn. 71 ff.).

d) Zurückweisung des Konkursantrags wegen formellen Gründen. Das Gericht weist **120** den Konkursantrag zurück, wenn die formelle Zulässigkeit des Konkursantrages nicht gegeben ist. Das Gericht hat grundsätzlich zuerst den Antragsteller zur Beseitigung der formellen Mängel aufzufordern. Erst wenn die Frist zur Mängelbeseitigung erfolglos ausgelaufen ist, ist der Antrag zurückzuweisen.

Wurde im Konkursantrag die Adresse des Schuldners nicht oder falsch angegeben oder wurden **121** andere Anordnungen des Konkursgerichts nicht erfüllt und deswegen kann das Verfahren nicht fortgesetzt werden, so wird das Gericht den Konkursantrag zurückweisen. Das Verfahren zur Konkurserklärung kann dann nicht vorläufig eingestellt werden.

Weist ein von einem Rechtsanwalt oder Rechtsberater (poln. adwokat oder radca prawny) **122** gestellter Konkursantrag formelle Mängel auf, so wird der Antrag ohne Aufforderung zur Mängelbeseitigung zurückgewiesen. Binnen einer Woche ab der Zustellung der gegenständlichen Anordnung des Gerichts kann der Konkursantrag erneut gestellt werden. Weist der erneute Konkursantrag keine formellen Mängel mehr auf, so treten seine Rechtsfolgen ab dem Zeitpunkt der ersten Antragstellung ein. Eine weitere Beseitigung desselben Mangels ist ausgeschlossen.

Der Konkursantrag kann zurückgenommen werden, bis das eigentliche Konkursverfahren ein- **123** geleitet oder der Konkursantrag rechtskräftig abgewiesen wurde. Das Gericht stellt dann das Verfahren ein. Das Gericht kann jedoch auch die Rücknahme des Antrages für unzulässig erklären, wenn die Rücknahme zur Benachteiligung von Gläubigern führen würde.

e) Aufhebung des Verfahrens. Wird der Konkursantrag im Falle von formellen Mängeln **124** rechtskräftig zurückgewiesen, oder in den sonstigen Fällen abgewiesen, oder wird das Verfahren zur Konkurserklärung rechtskräftig eingestellt, so wird das Konkursverfahren aufgehoben. Dies ist die Folge dessen, dass der Beschluss über die Konkurserklärung sofort wirksam und vollstreckbar ist und das Verwaltungs- und Verfügungsrecht des Schuldners ihm umgehend nach der Konkurserklärung entzogen wird. Aufgrund des Beschlusses kann auch mit der Verwertung des Vermögens des Schuldners begonnen werden, auch wenn dieser noch nicht rechtskräftig ist.

Der Beschluss des Gerichts über die Aufhebung des Verfahrens kann mit einer Beschwerde **125** angefochten werden. Beschwerdeberechtigt sind der Schuldner und alle Gläubiger (Janda PrUp Art. 371 Rn. 3).

Die Änderungen der Rechtsverhältnisse, die aufgrund des KonkR durchgeführt wurden, sind **126** für den Schuldner auch nach der Aufhebung des Konkursverfahrens verbindlich, es sei denn, dass die Vorschriften eines besonderen Gesetzes etwas anderes vorsehen. Der Schuldner darf jedoch die Kündigung eines Vertrages, die durch den Konkursverwalter erklärt wurde, zurückziehen,

Internationales Insolvenzrecht – Polen

wenn die Kündigungsfrist noch nicht abgelaufen ist. Ferner darf der Schuldner binnen 30 Tagen ab dem Tage der Veröffentlichung oder Zustellung des Beschlusses über die Aufhebung des Verfahrens von den Verträgen zurücktreten, die durch den Konkursverwalter abgeschlossen und noch nicht vollkommen ausgeführt wurden (zu den weiteren Rechtsfolgen → Rn. 185).

4. Rechtsmittel

127 Der Beschluss des Konkursgerichts, der das Verfahren zur Konkurserklärung beendet (Beschluss über die Konkurserklärung, Abweisung oder Zurückweisung des Konkursantrages) kann mit einer Beschwerde angefochten werden.

128 Beschwerdeberechtigt sind der Schuldner und jeder Antragsteller, darunter der antragstellende Gläubiger, nicht dagegen andere Gläubiger, die an dem Verfahren zur Konkurserklärung nicht teilgenommen haben. Eine Ausnahme stellt das Recht eines jeden Gläubigers dar, den Beschluss über die Konkurserklärung wegen fehlender internationaler Zuständigkeit der polnischen Gerichte anzufechten. Die Beschwerde ist binnen einer Woche ab Veröffentlichung des Beschlusses einzureichen, es sei denn, dass der Gläubiger seinen Sitz bzw. gewöhnlichen Aufenthalt im Ausland hat – dann beträgt die Frist 30 Tage. Für die Gläubiger, die an dem Verfahren zur Konkurserklärung nicht teilnehmen, läuft die Frist ab dem Tage der Bekanntmachung des Beschlusses (→ Rn. 175). Der Beschwerdeberechtigte muss vortragen, dass der Beschluss für ihn nachteilig ist, dh dass er ein rechtliches Interesse an einer Anfechtung hat.

129 Ist der Beschluss in einer nichtöffentlichen Sitzung ergangen, so beginnt die Wochenfrist zur Beschwerdeeinreichung ab dem Tage der Zustellung des Beschlusses an den Beschwerdeberechtigten an zu laufen. In nichtöffentlicher Sitzung erlassene Beschlüsse, gegen welche eine Beschwerde zulässig ist, sind innerhalb einer Woche nach dem Datum des Erlasses schriftlich zu begründen. Diese Entscheidungen werden zusammen mit der Begründung zugestellt. Der Beschluss ist samt den Gründen zuzustellen. Ist dagegen der Beschluss in einer öffentlichen Sitzung ergangen, so darf jeder Beschwerdeberechtigte, einen Antrag auf Zustellung des Beschlusses samt Gründen stellen. Ab Zustellung läuft dann die Wochenfrist zur Beschwerdeeinreichung. War ein Beschwerdeberechtigter zur Sitzung des Gerichts nicht geladen oder erfolgte an ihn keine Zustellung des Beschlusses, so ist er berechtigt, binnen einer Woche ab dessen Bekanntmachung einen Antrag auf Zustellung des Beschlusses samt Gründen zu stellen. Ab Zustellung des Beschlusses läuft die Wochenfrist zur Beschwerdeeinreichung. Der letztgenannte Fall kann insbesondere dann stattfinden, wenn die Beschwerde durch einen nichtantragstellenden Gläubiger eingereicht und auf die fehlende Zuständigkeit des polnischen Gerichts gestützt wird.

130 Die Beschwerde ist beim Konkursgericht einzureichen. Das Konkursgericht prüft, ob die Beschwerde formell zulässig ist und die entsprechende Gerichtsgebühr eingezahlt wurde. Die Beschwerde hat Angaben zu den Verfahrensparteien und dem Verfahren zu enthalten. Es sind die Gründe für die Anfechtung der Beschwerde darzulegen und der Antrag auf Konkurserklärung bzw. Abweisung oder Zurückweisung des Konkursantrages zu stellen. Die Beschwerdegebühr beträgt 200 PLN. Das Gericht fordert den Antragsteller zur Beseitigung etwaiger formeller Mängel auf. Wenn die Frist zur Mängelbeseitigung erfolglos abgelaufen ist, ist die Beschwerde zurückzuweisen. Weist die Beschwerde keine formellen Mängel auf oder wurden diese beseitigt, so verweist das Konkursgericht die Beschwerde samt Verfahrensakten an das Gericht zweiter Instanz.

5. Beschwerdeverfahren

131 Die Beschwerde wird durch das Gericht der zweiten Instanz entschieden. Das Gericht entscheidet in der Besetzung von drei Richtern in einer nichtöffentlichen Sitzung (SN 5.11.2004 – III CK 27/04) innerhalb eines Monats ab der Zusendung der Beschwerde und der Verfahrensakten an das Gericht der zweiten Instanz. Die Frist hat lediglich Ordnungscharakter.

132 Das Gericht der zweiten Instanz weist die Beschwerde entweder ab oder gibt ihr statt. Im letzteren Fall trifft das Gericht die Entscheidung selbst oder verweist das Verfahren an das Konkursgericht zurück. Das Gericht der zweiten Instanz darf jedoch nicht den Konkurs erklären. In einem solchen Fall ist das Verfahren zwingend an das Konkursgericht zurückzuverweisen.

133 Wird der Beschluss über die Konkurserklärung aufgehoben und das Verfahren an das Konkursgericht zurückverwiesen, so bleiben sowohl der Konkursverwalter als auch der Konkursrichter im Amt. Ihre bisherigen Handlungen bleiben in Kraft.

134 Der Beschluss des Gerichts der zweiten Instanz kann weder mit einer Kassationsklage (poln. skarga kasacyjna) noch mit einer Klage auf Feststellung der Rechtswidrigkeit einer rechtskräftigen Entscheidung (poln. skarga o stwierdzenie niezgodności z prawem prawomocnego orzeczenia) angefochten werden.

6. Sicherungsverfahren

Das Konkursgericht hat alle Maßnahmen zu treffen, die erforderlich erscheinen, um bis zur Entscheidung über den Konkursantrag das Vermögen des Schuldners zu sichern.

Das Konkursgericht kann insbesondere einen vorläufigen Gerichtssachwalter (poln. tymczasowy nadzorca sądowy) bestellen, für den grundsätzlich die Vorschriften über den Konkursverwalter, darunter die ihm zustehende Vergütung, entsprechend gelten. Wird ein vorläufiger Gerichtssachwalter bestellt, so bedürfen die Handlungen des Schuldners, die über den gewöhnlichen Geschäftsbetrieb hinausgehen, der vorherigen Zustimmung des Gerichtssachwalters. Der vorläufige Gerichtssachwalter kann auch eine Handlung binnen 30 Tagen genehmigen, solange sind die Geschäfte schwebend unwirksam. Dem vorläufigen Gerichtssachwalter kann die Pflicht auferlegt werden, dem Konkursgericht einen Bericht über die Finanzlage, das Vermögen und voraussichtlichen Kosten des Konkursverfahrens vorzulegen. Gegen den Beschluss des Gerichts erster Instanz über die Sicherung des Vermögens des Schuldners, somit auch gegen die Bestellung eines vorläufigen Gerichtssachwalters, kann binnen sieben Tagen Beschwerde eingelegt werden (SN 11.4.2019 – III CZP 108/18) (zur Fristberechnung → Rn. 260).

Dem Schuldner kann auch ein allgemeines Verfügungsverbot auferlegt werden. In einem solchen Fall geht die Verwaltungs- und Verfügungsbefugnis über das Vermögen des Schuldners auf einen Pflichtverwalter (poln. zarządca przymusowy) über. Das Gericht kann diese Sicherungsmaßnahme anordnen, wenn befürchtet wird, dass der Schuldner sein Vermögen verheimlicht oder anderweitig zum Nachteil der Gläubiger handelt, oder wenn der Schuldner den Anweisungen des vorläufigen Gerichtssachwalters nicht nachkommt. Die Anordnung der Sicherungsmaßnahme durch eine Pflichtverwaltung bedarf der Bestellung eines Pflichtverwalters sowie Festlegung des Umfangs und Art und Weise der Verwaltung. Für den Pflichtverwalter gelten die Bestimmungen über den Konkursverwalter sinngemäß (→ Rn. 443 ff.).

Das Konkursgericht kann ferner die Maßnahmen der Zwangsvollstreckung gegen den Schuldner einstweilen einstellen sowie den Arrestbefehl der Bankkonten aufheben. Im Falle der Arrestaufhebung ist die Bestellung eines vorläufigen Gerichtssachwalters erforderlich. Die Anordnung des Gerichts können der Schuldner und der vollstreckende Gläubiger mit einer Beschwerde binnen sieben Tagen ab der Zustellung der Anordnung anfechten.

7. Eigentliches Konkursverfahren

Die Handlungen im eigentlichen Konkursverfahren nimmt grundsätzlich der Konkursrichter vor. Er leitet das Verfahren, führt die Aufsicht über die Handlungen des Konkursverwalters, bestimmt die Handlungen, die der Konkursverwalter ohne seine Zustimmung oder Zustimmung des Gläubigerausschusses nicht vornehmen darf sowie belehrt, wenn erforderlich, den Konkursverwalter (zur Zuständigkeit des Gerichts nach der Konkurserklärung → Rn. 88).

Das Konkursgericht entscheidet nur in gesetzlich bestimmten Angelegenheiten. Es entscheidet in der Besetzung eines Richters, es sei denn, dass es sich um die Vergütung des Konkursverwalters oder Beschwerden gegen Beschlüsse des Konkursrichters handelt. In den letztgenannten Fällen entscheiden drei Richter. Weder der Konkursrichter noch sein Stellvertreter dürfen im eigentlichen Konkursverfahren als Richter des Konkursgerichts tätig sein.

Der Konkursrichter und das Konkursgericht entscheiden entweder in einer nichtöffentlichen oder öffentlichen Sitzung. Zu den Sitzungen können die Verfahrensbeteiligten oder andere Personen geladen werden. Es können jegliche Beweismittel durchgeführt werden, darunter auch der Sachverständigenbeweis. Erweist es sich als erforderlich den Schuldner, Konkursverwalter, die Gläubiger oder andere Personen zu vernehmen, können diese entweder zur Sitzung des Konkursrichters bzw. Konkursgerichts geladen oder zur Abgabe schriftlicher Aussagen aufgefordert werden. Die schriftlichen Aussagen stellen einen Beweis im Verfahren dar. Der Konkursrichter oder das Konkursgericht können auch verlangen, dass die Unterschrift unter den Aussagen notariell beglaubigt wird. Die gleichen Regeln gelten im Falle des Sachverständigenbeweises. Die Versagung der Aussagen, ungeachtet der Gründe hierzu, stellt kein Hindernis im Verfahren dar, dh es kann weiter durchgeführt werden.

Wird das Konkursverfahren über das Vermögen von Gesellschaftern einer Gesellschaft bürgerlichen Rechts (poln. spółka cywilna), von Personenhandelsgesellschaften und ihren Gesellschaftern oder von Eheleuten eröffnet, so kann das Konkursgericht die Konkursverfahren verbinden und zusammenführen. Es wird dann nur ein Konkursrichter bestellt. Das Konkursgericht kann auch einen gemeinsamen Konkursverwalter und Gläubigerausschuss bestellen sowie eine gemeinsame Gläubigerversammlung einberufen. Für jeden Schuldner wird jedoch eine gesonderte Forderungsliste erstellt und die Gläubiger werden grundsätzlich in jedem Verfahren gesondert befriedigt. Das

Internationales Insolvenzrecht – Polen

Honorar des Konkursverwalters und die Kosten der Konkursmasseabwicklung deckt jeder Schuldner einzeln, wobei das Verhältnis zur Deckung der Kosten das Konkursgericht bestimmt. Das Gericht kann auch andere miteinander verbundene Konkursverfahren verbinden, insbesondere in Falle von verbundenen Unternehmen oder Personen. Dies ersetzt zum Teil das Fehlen eines Gruppenkonkurses iSd § 3a InsO im polnischen Recht. Die Verbindung der Verfahren ist jedoch nur dann möglich, wenn alle am gleichen Konkursgericht geführt werden.

143 Die Entscheidungen im Konkursverfahren ergehen in Form von Beschlüssen. Bezieht sich ein Beschluss nur auf einen Konkursmassevermögensteil, so ist im Beschluss die Nummer des Konkursmassevermögensteiles zu nennen. Beschlüsse, die in einer nichtöffentlichen Sitzung ergehen, sind grundsätzlich dem Schuldner und Konkursverwalter sowie allen Personen, welche der Beschluss betrifft, zuzustellen. Die Beschlüsse, die alle Gläubiger betreffen, werden den einzelnen Gläubigern nicht zugestellt, sondern in der Geschäftsstelle ausgelegt.

144 Die Beschlüsse des Konkursgerichts und Konkursrichters können mit einer Beschwerde nur angefochten werden, wenn dies im Gesetz zugelassen ist (Art. 222 KonkR). Über die Beschwerden gegen die Beschlüsse des Konkursrichters entscheidet das Konkursgericht als das Gericht zweiter Instanz. Die Beschwerde ist binnen einer Woche einzureichen (zur Fristberechnung → Rn. 260).

145 Die Beschlüsse des Gerichts der zweiten Instanz können grundsätzlich nicht mit einer Kassationsklage (poln. skarga kasacyjna) angefochten werden. Ausnahmen gelten nur im Falle der Restschuldbefreiung (→ Rn. 826). Eine Klage auf Feststellung der Rechtswidrigkeit einer rechtskräftigen Entscheidung (poln. skarga o stwierdzenie niezgodności z prawem prawomocnego orzeczenia) ist ebenfalls nicht möglich.

IV. Verfahrenskosten und Folgen bei fehlender Deckung

1. Kosten im Verfahren zur Konkurserklärung

146 Die Stellung eines Konkursantrages ist kostenpflichtig. Die Gerichtsgebühr beträgt 1.000 PLN. Im Verbraucherkonkurs beläuft sich die Gebühr auf 30 PLN.

147 Dem Antrag ist der Einzahlungsbeleg des Vorschusses auf die Auslagen des Verfahrens zur Konkurserklärung beizulegen. Die Höhe des Vorschusses ist dem Betrag des durchschnittlichen Monatsgehalts im Unternehmenssektor ohne Gewinnauszahlungen im dritten Quartal des vorangegangenen Jahres gleich. Die Höhe dieses Betrages wird durch den Präsidenten des Statistischen Hauptamtes (poln. Główny Urząd Statystyczny) veröffentlicht. Der etwaige nicht verwendete Teil des Auslagenvorschusses wird dem Antragsteller zurückerstattet.

148 Weder die Höhe der Gerichtsgebühr noch des Auslagenvorschusses hängt davon ab, ob der Antrag durch den Schuldner oder einen anderen Antragsberechtigten gestellt wird. Wird die Gerichtsgebühr oder der Auslagenvorschuss nicht eingezahlt, so fordert das Konkursgericht den Antragsteller zur Einzahlung binnen einer Woche ab der Zustellung der Aufforderung unter der Androhung der Konkursantragszurückweisung auf.

149 Die Verfahrensausgaben werden in erster Linie durch den vom Antragsteller geleisteten Auslagenvorschuss gedeckt. Falls sich diese Mittel als unzureichend erweisen, können diese vorübergehend aus staatlichen Mitteln finanziert werden. Der Antragsteller kann auch dazu aufgefordert werden, einen erneuten, höheren Auslagenvorschuss unter Androhung der Zurückweisung des Konkursantrages zu zahlen. Die Höhe des Vorschusses bestimmt das Konkursgericht. Der diesbezügliche Beschluss des Konkursgerichts ist unanfechtbar. Das Unterlassen der Vorschusszahlung stellt kein Hindernis in der weiteren Durchführung des Verfahrens dar, daher liegt die angedrohte Zurückweisung des Konkursantrages im Ermessen des Konkursgerichts (Zimmerman PrUpPrRest Art. 32 Rn. 9).

150 Wird der Konkursantrag durch einen Bevollmächtigten gestellt, so ist zusätzlich eine Stempelgebühr (poln. opłata skarbowa) in Höhe von 17 PLN zu entrichten.

151 Zu den Kosten des Verfahrens zur Konkurserklärung zählen neben der Gerichtsgebühr auch etwaige Kosten für Zeugenvernehmungen sowie das Honorar eines vorläufigen Gerichtssachwalters bzw. Verwalters (→ Rn. 456). Diese Kosten sind entweder dem Schuldner bzw. dem sonstigen Antragsteller aufzuerlegen, abhängig vom Ergebnis des Verfahrens, dh ob und warum dem Antrag stattgegeben wurde oder er abgewiesen bzw. zurückgewiesen und wer der Antragsteller war. Beispielsweise sind die Kosten, darunter die Anwaltskosten des Schuldners, dem Gläubiger aufzuerlegen, wenn der Konkursantrag des Gläubigers wegen streitiger Forderungen (→ Rn. 110 ff.) abgewiesen wurde.

152 Grundsätzlich werden die Kosten, die ein Gläubiger im Verfahren zur Konkurserklärung trägt, nicht aus der Konkursmasse erstattet. Ein antragstellender Gläubiger darf jedoch die Rückerstattung

Internationales Insolvenzrecht – Polen

der Gerichtsgebühr, der Stempelgebühr sowie der Anwaltskosten und etwaiger weiterer Kosten vom Schuldner beantragen, wenn er seinen Konkursantrag deswegen zurückgenommen hat, weil seine Forderung durch den Schuldner nach der Antragstellung beglichen wurde (→ Rn. 118). In einem solchen Fall hat der Schuldner die ganzen Verfahrenskosten, darunter auch die Anwaltskosten des Gläubigers, zu tragen. Das gleiche gilt im Falle der Abweisung des Konkursantrages mangels Masse (→ Rn. 107 ff.). Die Höhe der Anwaltskosten richtet sich nach den Vorschriften der Verordnung v. 22.10.2015 über die Rechtsanwaltskosten (poln. Rozporządzenie w sprawie opłat za czynności adwokackie) (VO v. 22.10.2015/Dz.U. v. 2015 Pos. 1800) bzw. der Verordnung v. 22.10.2015 über die Rechtsberaterkosten (Rozpoządzenie w sprawie opłat za czynności radców prawnych) (VO v. 3.3.2018/Dz.U. v. 2018, Pos.265). Die Mindestgebühr beträgt 3.600 PLN und kann das Sechsfache erreichen.

Wird ein Konkursantrag des Gläubigers abgewiesen, so trägt der Gläubiger neben den eigenen 153 Kosten auch die Kosten des Schuldners, darunter die Anwaltskosten in der in → Rn. 153 genannten Höhe.

Die Beteiligten des Verfahrens zur Konkurserklärung können einen Antrag auf Prozesskosten- 154 hilfe stellen. Die Befreiung von Gerichtskosten einer natürlichen Person setzt voraus, dass eine Erklärung abgegeben wird, dass diese Person die anfallenden Gerichtskosten unbeschadet des für sie und ihre Familie erforderlichen Lebensunterhalts nicht tragen kann. Hierfür ist ein amtliches Formular zu verwenden. Das Konkursgericht kann auch einer juristischen Person oder einer anderen Organisationseinheit als einer juristischen Person, welcher aufgrund Gesetzesregelung die Rechtsfähigkeit verliehen wird, die Befreiung von Gerichtskosten gewähren, wenn nachgewiesen wird, dass ihnen nicht genügend Mittel zur Verfügung stehen, um diese zu bezahlen.

Die Befreiung des Schuldners von Prozesskosten kommt hauptsächlich im Falle des Verbrau- 155 cherkonkurses in Frage, denn in jedem anderen Verfahren ist der Konkursantrag mangels Masse grundsätzlich abzulehnen. Dies ist insbesondere dann der Fall, wenn der Schuldner sogar nicht imstande ist, die Gerichtsgebühr und den Auslagenvorschuss einzuzahlen. Dies trifft aber dann nicht zu, wenn der Schuldner in gläubigerbenachteiligender Weise Vermögen absichtlich beiseitegeschafft hat und Aussichten bestehen, dass das Vermögen zur Konkursmasse zurückgewonnen werden kann (näher → Rn. 1062 ff.).

2. Kosten im eigentlichen Konkursverfahren

a) Begriff der Verfahrenskosten und sonstigen Verbindlichkeiten der Konkursmasse. 156 Die Verbindlichkeiten des Schuldners, die nach der Konkurserklärung entstehen, lassen sich in Verfahrenskosten und andere Verbindlichkeiten der Konkursmasse unterteilen (SPH/Hrycaj KonkR Art. 230 Rn. 1).

aa) Verfahrenskosten. Die Kosten des Konkursverfahrens umfassen die Ausgaben, die in 157 unmittelbarem Zusammenhang mit der Feststellung, Sicherung, Verwaltung und Verwertung der Konkursmasse und Feststellung der Forderungen stehen. Das Gesetz enthält einen offenen Katalog solcher Ausgaben (SPH/Hrycaj KonkR Art. 230 Rn. 7). Das KonkR listet folgende Ausgaben auf:
- die Vergütung des Konkursverwalters, seines Stellvertreters, sowie die Vergütung samt Sozialversicherungsbeiträgen der vom Konkursverwalter angestellten Personen,
- die Vergütung und die Ausgaben der Mitglieder des Gläubigerausschusses, Ausgaben, die mit der Gläubigerversammlung verbunden sind, Verwahrungskosten von Dokumenten des Schuldners, Betriebskosten der notwendigen Räumlichkeiten, Korrespondenz, Bekanntmachungen, Steuern und sonstige öffentliche Abgaben in Zusammenhang mit der Verwertung der Konkursmasse.

Zu den Kosten des Konkursverfahrens gehören nicht die Kosten der Haftpflichtversicherung des 158 Konkursverwalters. Auch die Kosten der Sozialversicherung für denjenigen, der die Funktion des Konkursverwalters wahrnimmt, stellen keine Kosten des Konkursverfahrens dar. Eine natürliche Person, die eine Lizenz als Restrukturierungsberater hat und eine nichtlandwirtschaftliche Geschäftstätigkeit ausübt, die mit der Wahrnehmung von Funktionen in Restrukturierungs-, Konkurs- oder Vollstreckungsverfahren beauftragt ist, übt ihre Tätigkeiten im Rahmen ihrer Geschäftstätigkeit aus. Ihre Sozialversicherungskosten sind somit Kosten der Tätigkeit dieser Person, nicht aber Kosten des Konkursverfahrens, für das die Person bestellt wurde (SPH/Hrycaj KonkR Art. 230 Rn. 9).

bb) Sonstige Verbindlichkeiten der Konkursmasse. Zu den sonstigen Verbindlichkeiten 159 der Konkursmasse gehören alle sonstigen nach der Konkurserklärung entstandenen Verbindlichkeiten der Konkursmasse, insbesondere: Forderungen aus Arbeitsverhältnissen, die in dem Zeitraum nach der Konkurserklärung anfallen; Verbindlichkeiten wegen ungerechtfertigter

Internationales Insolvenzrecht – Polen

Bereicherung der Konkursmasse; Verbindlichkeiten aus Verträgen, die der Konkursverwalter vor der Konkurserklärung geschlossen hat und deren Erfüllung von dem Konkursverwalter aufgefordert wurde; sonstige Verbindlichkeiten, welche infolge der Tätigkeiten des Konkursverwalters entstanden sind sowie Renten als Entschädigung wegen Krankheit, Arbeitsunfähigkeit, Behinderung oder Tod und der Anspruch aus der Umwandlung des lebenslangen Wohnrechts in eine Leibrente.

160 Streitig ist, ob die Grundsteuer oder die Verkehrsmittelsteuer für den Zeitraum nach der Konkurserklärung Ausgaben des Konkursverfahrens darstellen. Da es sich hierbei nicht um Steuern im Zusammenhang mit der Verwertung der Konkursmasse handelt, werden sie grundsätzlich als sonstige Verbindlichkeiten der Konkursmasse qualifiziert (SPH/Hrycaj KonkR Art. 230 Rn. 8).

161 **b) Kostentragung.** Die laufenden Kosten des Konkursverfahrens sind vorrangig aus der Konkursmasse zu begleichen. Grundsätzlich ist es unzulässig, ein Konkursverfahren durchzuführen, ohne, dass die laufenden Kosten des Konkursverfahrens gedeckt sind und zu erwarten ist, dass diese Kosten in der Zukunft durch die Verwertung der Konkursmasse und den Erlösen gedeckt werden. Die sonstigen Verbindlichkeiten der Konkursmasse werden aus der Konkursmasse nach Erfüllung der Verfahrenskosten nur dann gedeckt, wenn die Mittel in der Konkursmasse dies zulassen. Anderenfalls werden sie durch die Verwertung der Konkursmasse getragen (näher zu den Verteilungsregeln → Rn. 802 ff.).

162 In Ermangelung liquider Mittel beruft der Konkursrichter eine Gläubigerversammlung ein, damit sie einen Beschluss fasst, dass die Gläubiger einen Auslagenvorschuss zu leisten haben, bzw. verpflichtet die Gläubiger mit den größten Forderungen, deren Gesamtbetrag mindestens 30 % der Summe der Forderungen beträgt, die den zur Teilnahme an der Versammlung berechtigten Gläubigern zustehen, einen Auslagenvorschuss für die Verfahrenskosten zu leisten. Ist die Forderungsliste nicht erstellt worden, so bestimmt sich die Höhe der Forderungen der Gläubiger nach der im Verfahren zur Konkurserklärung hinterlegten Liste der Gläubiger oder nach der im Restrukturierungsverfahren erstellten Forderungsliste oder nach der auf Antrag des Konkursrichters vom Konkursverwalter aufgestellten Liste der unbestrittenen Forderungen, die auf Grundlage der Bücher des Schuldners erstellt wird.

163 Der Gläubiger hat grundsätzlich keinen Anspruch auf Rückerstattung der im Konkursverfahren von ihm getragenen Kosten. Dem Gläubiger sind jedoch die durch das Verfahren infolge eines Widerspruchs gegen die Anerkennung der Forderung eines anderen Gläubigers ausgelösten Kosten zurückzuerstatten, die er in dem Verfahren getragen hat, wenn infolge dieses Widerspruchs die Anerkennung der streitigen Forderung verweigert wird. Zurückzuerstatten ist auch der Auslagenvorschuss, welchen der Gläubiger auf Aufforderung des Konkursrichters oder gem. Beschluss der Gläubigerversammlung eingezahlt hat, soweit die Mittel der Konkursmasse ausreichen, um diese zu decken.

164 Ein Gläubiger, der nach Ablauf der Frist für die Forderungsanmeldung eine Forderung angemeldet hat, hat die sich aus dieser Anmeldung ergebenden Pauschalkosten des Konkursverfahrens selbst zu tragen, auch wenn er die Verzögerung nicht zu vertreten hat. Die Pauschale entspricht 15 % der durchschnittlichen monatlichen Vergütung im Unternehmenssektor ohne die Auszahlung gewinnabhängiger Prämien im dritten Quartal des Vorjahres gemäß der Veröffentlichung des Präsidenten des polnischen Statistischen Zentralamtes (poln. Prezes Głównego Urzędu Statystycznego). Der Konkursverwalter verpflichtet den Gläubiger, die Pauschalkosten innerhalb der vorgeschriebenen Frist auf das vom Konkursverwalter angegebene Bankkonto zu entrichten. Die Verpflichtung zur Kostentragung entsteht nicht, wenn die Forderungsanmeldung nach Ablauf der Frist infolge einer Korrektur der Erklärung des Konkursverwalters oder eines anderen Dokuments dieser Art, welches eine Abrechnung umfasst, erfolgt.

165 **c) Konkursverfahrenskosten nach Beendigung des Konkursverfahrens.** Kosten des Konkursverfahrens und sonstige Verbindlichkeiten der Konkursmasse, die aus der Masse nicht befriedigt worden sind, gehen nach der Annullierung des Konkursverfahrens zu Lasten des Schuldners. Bei einer Annullierung des Konkursverfahrens kann der Konkursrichter den Schuldner von diesen Kosten durch einen Beschluss befreien.

166 Der Beschluss des Konkursrichters über die Konkursverfahrenskosten ist anfechtbar (Art. 222 Abs. 1 iVm Art. 231 Abs. 3 KonkR). Das Recht, gegen den Beschluss Beschwerde einzulegen, steht den Verfahrensbeteiligten, dh sowohl dem Schuldner wie auch bspw. den Gläubigern zu.

167 Nach Beendigung des Konkursverfahrens steht dem Schuldner kein Recht zu, vom Gläubiger die Rückerstattung der Verfahrenskosten zu verlangen, es sei denn, dass Konkursverfahren wurde aufgehoben und der Gläubiger hat den Konkursantrag bösgläubig gestellt (Art. 234 Abs. 2 KonkR).

168 **d) Besondere Regeln im Verbraucherkonkurs.** Auch der völlige Vermögensverlust eines Schuldners, der keine Geschäftstätigkeit ausübt, behindert in der gegenwärtigen Rechtslage nicht

Internationales Insolvenzrecht – Polen

die Möglichkeit der Verfahrensführung und stellt keine Grundlage für eine Abweisung mangels Masse des Konkursantrages oder die Verfahrensbeendigung durch Einstellung des Konkursverfahrens dar. Damit wird der Zugang zu den Tilgungsmechanismen für natürliche Personen verbessert und die Erreichung des Zieles der Restschuldbefreiung im Rahmen des Verbraucherkonkursverfahrens vereinfacht (Witosz PrUpad Art. 491^7 Rn. 1).

Reicht das Vermögen des Schuldners nicht aus, um die Verfahrenskosten zu decken, oder gibt es **169** keine liquiden Mittel in der Konkursmasse, um diese zu decken, werden die Kosten des Verfahrens vorübergehend von der Staatskasse übernommen. Das Konkursgericht gewährt dem Konkursverwalter gleichzeitig mit der Erklärung des Konkurses einen Vorschuss zur Deckung der Verfahrenskosten und ordnet seine sofortige Auszahlung, vorübergehend aus den Mitteln der Staatskasse, an, es sei denn, dass das Vermögen des Schuldners eine laufende Deckung der Verfahrenskosten zulässt. Im weiteren Verlauf des Konkursverfahrens gewährt das Konkursgericht, falls es sich als notwendig erweist, dem Konkursverwalter einen Vorschuss zur Deckung der Verfahrenskosten und ordnet deren sofortige Auszahlung, vorübergehend aus Mitteln der Staatskasse, an. Bei einem Konkursverfahren, welches lediglich auf Antrag des Gläubigers eingeleitet wurde, finden die vorstehenden Regeln keine Anwendung, wenn der Schuldner der Einstellung des Konkursverfahrens nicht widerspricht.

Der Konkursverwalter erstattet der Staatskasse die verauslagten Beträge unverzüglich nach **170** Zufluss von Mitteln in die Konkursmasse, die zur Deckung der Verfahrenskosten ausreichen, zurück.

V. Verfahrensöffentlichkeit und Akteneinsicht

1. Verfahrensöffentlichkeit und Akteneinsicht

Sowohl im Verfahren zur Konkurserklärung als auch im eigentlichen Konkursverfahren ent- **171** scheidet grundsätzlich das Konkursgericht in einer nichtöffentlichen Sitzung. An einer solchen Sitzung können nur die durch das Gericht geladenen Personen teilnehmen. An einer öffentlichen Sitzung können alle Personen teilnehmen, die zur Sitzung erscheinen.

Das Konkursgericht kann von Amts wegen die Abhaltung der gesamten Sitzung oder eines **172** Teils hinter verschlossenen Türen anordnen, wenn eine öffentliche Verhandlung der Sache die öffentliche Ordnung oder Moral gefährdet oder wenn Tatsachen offenbart werden könnten, die von einem Staats- oder Dienstgeheimnis umfasst sind, oder wenn Unternehmensgeheimnisse offenbart werden könnten. Das Gericht kann die Abhaltung einer Sitzung hinter verschlossenen Türen auch auf Antrag einer Partei hin anordnen, wenn es dies aufgrund der durch die Partei angegebenen Gründe für begründet hält oder wenn Einzelheiten des Familienlebens erörtert werden müssten. Im Verfahren zur Konkurserklärung können grundsätzlich nur die Verfahrensbeteiligten, dh der Schuldner und der Antragsteller in die Verfahrensakte Einsicht nehmen. Außerdem steht dieses Recht insbesondere einem etwaigen Pfleger des Schuldners, dem vorläufigen Gerichtssachwalter oder Pflichtverwalter, einem potenziellen Käufer des schuldnerischen Unternehmens im Rahmen eines Pre-Pack-Prozesses wie auch den Erben des Schuldners sowie einem Gläubiger zu, die Einzelvollstreckungsmaßnahmen gegen den Schuldner durchführen (Miczek Doradca restrukturyzacyjny 2016 Nr. 3, 37–40).

Ab dem Tage der Konkurserklärung erstreckt sich das Recht, in die Verfahrensakte Einsicht **173** zu nehmen, auf weitere Personen, insbesondere auf alle Gläubiger des Schuldners. Auch weitere Personen können in die Verfahrensakte Einsicht nehmen, wenn sie ein rechtliches Interesse darlegen können, zB der Ehegatte des Schuldners, Aussonderungsberechtigte, Vertragsparteien eines anfechtbaren Vertrages, Gerichtsvollzieher sowie mögliche Käufer des schuldnerischen Vermögens (Miczek Doradca restrukturyzacyjny 2016 Nr. 3, 41).

Das Recht, in die Verfahrensakte Einsicht zu nehmen, umfasst den Zugang zu allen Verfahrens- **174** unterlagen sowie das Recht, die Unterlagen zu kopieren oder zu fotografieren. Die Anordnung der Abhaltung der gesamten Sitzung oder ihres Teils hinter verschlossenen Türen beeinflusst nicht das Recht, in die Verfahrensakte Einsicht zu nehmen. Die Akten des Eröffnungsverfahrens und die Akten des Konkursverfahrens (separate Aktenbände mit unterschiedlichen Aktenzeichen) werden vom Konkursgericht aufbewahrt und zur Verfügung gestellt. Die Akten für die Forderungsanmeldungen werden hingegen vom Konkursverwalter in seinen Räumlichkeiten seiner Kanzlei aufbewahrt und zur Verfügung gestellt (→ Rn. 779a).

Internationales Insolvenzrecht – Polen

2. Zentrales Konkurs- und Restrukturierungsregister. Nationales Schuldnerregister (poln. Krajowy Rejestr Zadłużonych)

175 Bis zur Einführung des entsprechenden Registers (zur Einführung und Änderung der Form des Registers → Rn. 36 ff.) sind die Beschlüsse des Konkursgerichts sowie Informationen über andere relevante Unterlagen (wie etwa die Forderungsliste), die im Register bekanntzugeben gewesen wären, im Gerichts- und Wirtschaftsanzeiger (poln. Monitor Sądowy i Gospodarczy) bekanntzugeben.

176 Die Ausdrucke, welche heruntergeladen werden können, der Beschlüsse, Anordnungen und sonstigen Unterlagen aus dem Register werden die Rechtskraft einer amtlich beglaubigten Ausfertigung haben. Ab dem Tage der Bekanntmachung im Register wird sich niemand auf die Unkenntnis des Inhaltes der Bekanntmachung berufen können, es sei denn, dass er trotz der erforderlichen Sorgfalt über die Bekanntmachung keine Kenntnis erlangen konnte.

VI. Anerkennung des Verfahrens im Ausland

177 Die Konkurserklärung durch ein polnisches Gericht wird in allen übrigen Mitgliedstaaten der EU anerkannt, sobald der Beschluss wirksam ist, dh mit dem Tage seines Erlasses und nicht erst seiner Rechtskraft. Die Anerkennung eines in Polen eröffneten Verfahrens als ein Hauptkonkursverfahren steht der Eröffnung eines Nebenkonkursverfahrens durch ein Gericht eines anderen Mitgliedstaats nicht entgegen.

178 Die Eröffnung eines Hauptkonkursverfahrens in Polen entfaltet in jedem anderen Mitgliedstaat, ohne dass es hierfür irgendwelcher Förmlichkeiten bedürfte, die Wirkungen, die das polnische Recht der Verfahrenseröffnung dem Verfahren beilegt, sofern die EuInsVO 2015 nichts anderes bestimmt und solange in dem anderen Mitgliedstaat kein Nebenkonkursverfahren eröffnet worden ist.

179 Der durch das polnische Gericht bestellte Konkursverwalter darf im Gebiet eines anderen Mitgliedstaats alle Befugnisse ausüben, die ihm nach dem polnischen Recht zustehen, solange in dem anderen Staat nicht ein weiteres Insolvenzverfahren eröffnet oder eine gegenteilige Sicherungsmaßnahme auf einen Antrag auf Eröffnung eines Insolvenzverfahrens hin ergriffen worden ist. Er darf insbesondere vorbehaltlich der Art. 8 und 10 EuInsVO 2015 die zur Masse gehörenden Gegenstände aus dem Hoheitsgebiet des Mitgliedstaats entfernen, in dem diese sich befinden.

180 Wird durch das polnische Gericht ein Konkursverfahren als ein Nebenkonkursverfahren eröffnet, so darf der durch dieses Gericht bestellte Konkursverwalter in jedem anderen Mitgliedstaat gerichtlich und außergerichtlich geltend machen, dass ein beweglicher Gegenstand nach der Erklärung des Konkurses aus dem Hoheitsgebiet Polens in das Hoheitsgebiet eines anderen Mitgliedstaats verbracht worden ist. Des Weiteren kann der Konkursverwalter eine den Interessen der Gläubiger dienende Anfechtungsklage erheben.

181 Die Bestellung zum Konkursverwalter wird durch eine beglaubigte Abschrift des Beschlusses über die Konkurserklärung nachgewiesen. Wird der Konkursverwalter erst im Laufe des Konkursverwahrens bestellt, so weist er seine Bestellung durch den gegenständlichen Beschluss des Konkursgerichts nach. Es kann eine Übersetzung in die Amtssprache oder eine der Amtssprachen des Mitgliedstaats, in dessen Hoheitsgebiet er handeln will, verlangt werden. Eine Legalisation oder eine entsprechende andere Förmlichkeit wird nicht verlangt.

182 Polen wurde durch die EuInsVO 2015 zur Errichtung und Unterhaltung eines oder mehrerer Register verpflichtet, um Informationen über die polnischen Konkursverfahren bekanntzugeben. Diesem Zwecke soll das Zentrale Konkurs- und Restrukturierungsregister dienen (→ Rn. 36 ff.).

VII. Verfahrensbeendigung

1. Aufhebung des Verfahrens

183 **a) Gründe für die Verfahrensaufhebung.** Sobald das Verfahrensziel des Konkursverfahrens erreicht wurde, wird es aufgehoben. Das Konkursverfahren wird aufgehoben, wenn die Schlussverteilung durchgeführt worden ist oder wenn im Laufe des Verfahrens alle Gläubiger befriedigt wurden (Art. 368 Abs. 1 und 2 KonkR). Im ersten Fall ist der Grad der Gläubigerbefriedigung ohne Belang. Das Verfahren wird auch dann aufgehoben, wenn der Vergleich im Konkursverfahren rechtskräftig festgestellt wird (zum Vergleich im Konkursverfahren → Rn. 542 ff.).

184 Das Gericht stellt die Aufhebung fest, indem ein Beschluss ergeht. Dem Beschluss wird konstitutive Wirkung eingeräumt (Gurgul PrUpPrRest, 11. Aufl. 2017, KonkR Art. 368 Rn. 1). Der

Internationales Insolvenzrecht – Polen

Beschluss wird bekanntgegeben und an den Schuldner, Konkursverwalter und die Mitglieder des Gläubigerausschusses zugestellt. Diese Personen sind zur Beschwerdeeinreichung gegen den Beschluss berechtigt (Witosz PrUpad/Torbus KonkR Art. 368 Rn. 4). Die Beschwerdefrist beträgt eine Woche (zur Berechnung der Frist → Rn. 260).

b) Rechtsfolgen der Verfahrensaufhebung. Der rechtskräftige Beschluss über die Aufhebung des Verfahrens stellt die Grundlage für die Löschung der Eintragungen über den Konkurs in den Grundbüchern und Registern dar. Mit dem Tag der Rechtskraft des Aufhebungsbeschlusses gewinnt der Schuldner das Recht zurück, sein Vermögen selbst zu verwalten und über die Bestandteile dieses Vermögens zu verfügen, es sei denn, dass die Rechtspersönlichkeit des Schuldners mit der Aufhebung des Verfahrens endet. Der Konkursverwalter hat an den Schuldner sein Vermögen, seine Bücher, Korrespondenz und Dokumente unverzüglich zu übergeben. Ein rechtskräftiger Beschluss über die Verfahrensaufhebung hat die Wirkung eines vollstreckbaren Titels. Nimmt der Schuldner sein Vermögen nicht entgegen, so ordnet das Gericht die Verwertung dieses Vermögens auf Kosten des Schuldners an. Den Beschluss des Gerichts über die Verwertung des Vermögens kann der Schuldner mit einer Beschwerde anfechten. Die Beschwerdefrist beträgt eine Woche (zur Berechnung der Frist → Rn. 260). **185**

Falls der Schuldner die Bücher, den Schriftverkehr oder die Unterlagen innerhalb der vom Konkursverwalter gesetzten Frist nicht entgegennimmt, so werden sie auf Kosten des Konkursverwalter auf Kosten des Schuldners in Verwahrung gegeben. Der Konkursverwalter deckt die Kosten der Verwahrung aus der Konkursmasse, wenn liquide Mittel vorhanden sind. Sonst verwertet er mit der Zustimmung des Gerichts die Vermögensteile des Schuldners, um die Verwahrungskosten zu decken. Ist kein Vermögen vorhanden, so fordert das Gericht den Schuldner zur Zahlung der Kosten der Verwahrung auf. Ist der Schuldner keine natürliche Person, so können die Personen, die zur Vertretung des Schuldners berechtigt sind, zur Kostenzahlung aufgefordert werden. Der diesbezügliche Beschluss des Gerichts kann durch den Schuldner, die Personen, welche zur Kostenzahlung aufgefordert wurden, sowie den Verwahrer mit einer Beschwerde angefochten werden. Ist die Übergabe zur Verwahrung unmöglich, so sind die Bücher, der Schriftverkehr oder die Unterlagen an ein staatliches Archiv auf Kosten des Schuldners zu übergeben. Die Kosten sind vom Schuldner im Wege der Zwangsvollstreckung einzuziehen. **186**

Endet die Rechtspersönlichkeit des Schuldners mit der Aufhebung des Verfahrens, so hat der Konkursverwalter einen Antrag auf Löschung des Schuldners aus dem zuständigen Register, wie etwa dem KRS, zu stellen. **187**

Mit der Aufhebung des Konkursverfahrens werden die vom Konkursverwalter eingeleiteten Verfahren wegen Anfechtung von gläubigerbenachteiligenden Handlungen eingestellt. Ein Beschluss, mit der das Konkursverfahren für abgeschlossen erklärt wird, führt dazu, dass der Konkursverwalter als Partei nicht mehr existiert und er seine verfahrensrechtliche Aktivlegitimation verliert (SN 11.3.2009 – I CSK 201/08). Die Gläubiger können in das Verfahren nicht eintreten. Gegenseitige Ansprüche auf Erstattung von Rechtskosten erlöschen, dh jede Partei trägt ihre eigenen Kosten. **188**

In die anderen Zivilverfahren sowie sonstigen gerichtlichen und verwaltungsrechtlichen Verfahren tritt der Schuldner anstelle des Konkursverwalters ein. Wenn die Rechtspersönlichkeit des Schuldners mit der Aufhebung des Verfahrens erlischt, so werden jegliche Verfahren eingestellt (zur Restschuldbefreiung nach der Verfahrensaufhebung → Rn. 865 ff.). **189**

2. Verfahrenseinstellung

a) Gründe für die Verfahrenseinstellung. Das Gericht stellt das Konkursverfahren ein, wenn die Verfahrensziele nicht erreicht werden können. So kann die Einstellung, im Gegensatz zur Aufhebung, als eine formelle und nicht materielle Beendigung des Verfahrens angesehen werden. Das KonkR sieht ausdrücklich drei Gründe für die Verfahrenseinstellung vor. Liegt zumindest eines der genannten Gründe vor, so ist das Konkursgericht verpflichtet, das Konkursverfahren einzustellen. Folglich ist das Verfahren einzustellen, wenn: **190**
1. das, nach Ausschluss des mit einer Hypothek, einem Pfand, Registerpfand, Steuerpfand oder einer Seehypothek belasteten Vermögensgegenstände, verbleibende Vermögen des Schuldners nicht ausreicht, um die Kosten des Verfahrens zu decken (zu den Verfahrenskosten → Rn. 156 ff.), oder
2. die durch einen Beschluss der Gläubigerversammlung oder durch einen Beschluss des Konkursrichters verpflichteten Gläubiger keine Vorauszahlung für die Verfahrenskosten innerhalb der vorgeschriebenen Frist geleistet haben und es keine liquiden Mittel für diese Kosten gibt, oder

3. alle Gläubiger, die ihre Forderungen angemeldet haben, verlangen, dass das Verfahren eingestellt wird und der Schuldner seine Zustimmung erteilt hat.

191 Das Konkursverfahren kann auch aus anderen als den oben genannten Fällen eingestellt werden und zwar wenn sich das Verfahren als gegenstandlos oder zwecklos erweist, wie etwa wenn keine Forderungen von Gläubigern angemeldet wurden und keine Forderungen bestehen, die von Amts wegen in die Forderungsliste aufgenommen werden müssten, oder auch wenn auf der Forderungsliste aus anderen Gründen (zB aufgrund eines erfolgreichen Widerspruchs) keine Gläubiger vermerkt sind (Adamus PrUp, 1. Aufl. 2016, KonkR Art. 361 Rn. 2). Im Konkursverfahren über das Vermögen einer natürlichen Person führen die genannten Gründe dann nicht zur Einstellung, wenn für den Schuldner die Geltendmachung einer Restschuldbefreiung in Frage kommt (zur Restschuldbefreiung → Rn. 826 ff.).

192 Wird das Konkursverfahren mangels Masse des Schuldners eingestellt, so entscheidet das Gericht, ob das im Verfahren gesammelte Beweismaterial eine Grundlage für die Löschung eines im KRS eingetragenen Rechtsträgers ohne die Durchführung eines Liquidationsverfahrens darstellt.

192a **b) Rechtsfolgen.** Zu den Rechtsfolgen → Rn. 185 ff.

193 **c) Besondere Regeln im Verbraucherkonkursverfahren.** Im sog. Verbraucherkonkurs stellt das Gericht das Verfahren auf Antrag des Schuldners ein. Die Zustimmung der Gläubiger ist nicht erforderlich. Das Gericht stellt das Verfahren auch dann ein, wenn der Schuldner sein Vermögen oder die erforderlichen Unterlagen dem Konkursverwalter nicht übergibt bzw. vorlegt sowie wenn er seinen Pflichten nicht nachkommt. Das Gericht weist das Verfahren auch dann ab, wenn sich herausstellt, dass die vom Schuldner im Konkursantrag gemachten Angaben ungenau oder unvollständig sind, es sei denn, die Ungenauigkeit oder Unvollständigkeit ist unerheblich oder die Durchführung des Verfahrens ist aus Billigkeits- oder anderen Gründen gerechtfertigt.

194 Die Einstellung kann von Amts wegen oder auf Antrag des Konkursverwalters oder jedes Gläubigers erfolgen. Der Schuldner, der Konkursverwalter und ggf. die Gläubiger sind anzuhören. Das Verfahren wird nicht eingestellt, wenn das Vergehen des Schuldners von geringer Bedeutung ist oder die Durchführung des Verfahrens aus Billigkeitsgründen oder humanitären Gründen gerechtfertigt wäre. Die Einstellung kann auch dann nicht erfolgen, wenn das Verfahren auf Antrag des Gläubigers eingeleitet wurde. Darüber hinaus ist das Gericht in allen oben beschriebenen Fällen verpflichtet, auf die Einstellung des Verfahrens zu verzichten, wenn die Einstellung zu einem Schaden für die Gläubiger führen könnte. Der Beschluss über die Verfahrenseinstellung kann durch den Schuldner mit einer Beschwerde angefochten werden. Die Beschwerde ist binnen einer Woche einzureichen (zur Fristberechnung → Rn. 260).

VIII. Die Anerkennung von ausländischen Verfahren

1. Nach EuInsVO 2015

195 Die Eröffnung eines Insolvenzverfahrens durch ein Gericht eines anderen Mitgliedstaates der EU wird in Polen anerkannt, sobald diese Entscheidung wirksam ist, und entfaltet in Polen, ohne dass es hierfür irgendwelcher Förmlichkeiten bedürfe, die Wirkungen, die das Recht des Eröffnungsmitgliedstaates dem Verfahren beilegt, sofern die EuInsVO 2015 nichts anderes bestimmt und solange in Polen kein Nebenkonkursverfahren eröffnet ist.

196 Der Verwalter oder der Schuldner in Eigenverwaltung hat zu beantragen, dass eine Bekanntmachung der Entscheidung zur Eröffnung des Insolvenzverfahrens und ggf. der Entscheidung zur Bestellung des Verwalters in Polen veröffentlicht wird, wenn sich in Polen eine Niederlassung des Schuldners befindet. Die Bekanntmachung ist im Gerichts- und Wirtschaftsanzeiger (poln. „Monitor Sądowy i Gospodarczy") zu veröffentlichen (künftig im Zentralen Konkurs- und Restrukturierungsregister → Rn. 36 ff., → Rn. 175 ff.).

197 Das polnische Recht sieht vor, dass die Informationen über die Eröffnung eines Insolvenzverfahrens und Bestellung eines Verwalters im Grundbuch, KRS und sonstigen öffentlichen Registern, wie etwa im Pfandregister, einzutragen sind. So hat der ausländische Verwalter oder der Schuldner in Eigenverwaltung die Eintragung im Register sicherzustellen.

2. Nach KonkR

198 **a) Einleitung des Verfahrens zur Anerkennung eines ausländischen Verfahrens.** Findet die EuInsVO 2015 keine Anwendung und gelten keine bilateralen Verträge, so richtet sich die Anerkennung eines ausländischen Konkursverfahrens nach den Vorschriften des KonkR. Nach

Internationales Insolvenzrecht – Polen

dem KonkR ist unter dem Begriff eines „ausländischen Konkursverfahren" jedes Gerichts- oder Verwaltungsverfahren oder jedes andere Verfahren unter der Aufsicht eines ausländischen Gerichts, dessen Gegenstand die gemeinsame Forderungsgeltendmachung gegen den zahlungsunfähigen oder drohend zahlungsunfähigen Schuldner ist, das im Ausland geführt wird und in dem das Vermögen und die Angelegenheiten des Schuldners der Kontrolle oder der Verwaltung einem ausländischen Gericht bzw. Verwalter zwecks Restrukturierung oder Liquidation unterstellt werden (Art. 379 Nr. 1 KonkR).

198a Es ist zu betonen, dass die in Polen geltenden Regelungen das Ergebnis der Umsetzung des UNICTRAL Model Law on Cross-Boarder Insolvency (Model Law) darstellen. Dies spielt insbesondere im Hinblick auf den Austritt des Vereinigten Königreichs aus der Europäischen Union eine Rolle. Da das Vereinigte Königreich auch dieses umgesetzt hat, werden ab dem 1.1.2021 die gegenseitigen Beziehungen in Bezug auf Insolvenzen hierdurch geregelt. Neben Polen gelten diese Regelungen in der Europäischen Union auch in Griechenland, Slowenien und Rumänien (Stand 10.1.2021). Das Vorstehende gilt nicht für Hauptverfahren, die vor dem Datum des Austritts des Vereinigten Königreichs aus der Europäischen Union eingeleitet wurden und in der sog. Übergangszeit, dh bis einschließlich 31.12.2020, eingeleitet wurden, sowie für sekundäre Nebenverfahren zu diesen Hauptverfahren.

199 Das Verfahren zur Anerkennung eines ausländischen Konkursverfahrens wird auf Antrag des ausländischen Konkursverwalters oder eines Schuldners in Eigenverwaltung eingeleitet. Der Antrag ist beim zuständigen polnischen Konkursgericht zu stellen (zur Zuständigkeit → Rn. 82 ff.).

200 Im Antrag ist das Begehren der Anerkennung des ausländischen Verfahrens vorzutragen und zu begründen. Hat der Antragsteller keinen Bevollmächtigten bzw. keine Zustellungsadresse in Polen, so ist ein Zustellungsbevollmächtigter dem Gericht anzuzeigen, denn es werden keine Zustellungen ins Ausland getätigt. Es erfolgt dann eine Zustellungsfiktion (Zimmerman PrUpPrRest KonkR Art. 393 Rn. 4).

201 Dem Antrag sind beizufügen:
1. Ausfertigung der Entscheidung oder der Entscheidungen zur Eröffnung eines ausländischen Konkursverfahrens und die Bestellung eines Konkursverwalters;
2. Bescheinigung eines ausländischen Gerichts über die Durchführung des Verfahrens und die Bestellung eines ausländischen Konkursverwalters;
3. Liste der Gläubiger, deren Wohnsitz, Sitz oder Mittelpunkt ihres hauptsächlichen Interesses sich auf dem Gebiet der Republik Polen befindet, der Gläubiger, deren Forderungen aus der wirtschaftlichen Tätigkeit des Schuldners auf dem Gebiet der Republik Polen hervorgehen, sowie der Gläubiger, deren gegen den Schuldner durch eine Hypothek, ein Pfandrecht, ein Steuerpfandrecht, ein Registerpfandrecht, eine Seehypothek oder eine Übertragung zur Sicherung des Eigentums, der Forderungen oder anderer Eigentumsrechte des Schuldners gesicherten Forderungen an dem Vermögen des Schuldners zustehen und das Vermögen sich auf dem Gebiet der Republik Polen befindet (Gläubigerliste);
4. Erklärung des Antragstellers über andere ausländische Konkursverfahren gegen den Schuldner, welche ihm bekannt sind und Erklärung mit den Angaben der Frist für die Forderungsanmeldung, der Anschrift, unter der die Forderung anzumelden ist, sowie formelle Anforderungen der Forderungsanmeldung sowie ihrer Sprache.

202 Liegen die in den Punkten 1 und 2 genannten Ausfertigung bzw. Bescheinigung nicht vor, so kann ein anderer glaubhafte schriftliche Nachweis über die Eröffnung eines ausländischen Verfahrens und die Bestellung eines ausländischen Konkursverwalters vorgelegt werden.

203 Die aufgelisteten Anlagen zum Antrag auf Anerkennung einer Entscheidung zur Eröffnung eines ausländischen Konkursverfahrens sind mit ihrer beglaubigten Übersetzung in die polnische Sprache vorzulegen.

204 Der Antragsteller hat einen Auslagenvorschuss in Höhe des durchschnittlichen Monatsgehalts im Unternehmenssektor ohne Gewinnauszahlungen im dritten Quartal des vorangegangenen Jahres zu zahlen, welches von dem Präsidenten des Statistischen Zentralamtes (poln. Prezes Głównego Urzędu Statystycznego) veröffentlicht wird. Dem Antrag ist ein Zahlungsnachweis beizufügen. Wird der Auslagenvorschuss nicht eingezahlt, wird der Antragsteller zur Einzahlung des Auslagenvorschusses mit einer einwöchigen Zahlungsfrist aufgefordert. Nach dem erfolglosen Ablauf dieser Zahlungsfrist wird der Antrag zurückgewiesen.

205 Die Verfahrensbeteiligten im Verfahren zur Anerkennung eines ausländischen Konkursverfahrens sind der ausländische Konkursverwalter bzw. der Schuldner in Eigenverwaltung. Nach der Antragsstellung ist der Antragsteller verpflichtet, das polnische Konkursgericht unverzüglich zu informieren:

Internationales Insolvenzrecht – Polen

1. über die Änderung des ausländischen Konkursverfahrens, das anerkannt werden soll, sowie über die Bestellung oder Änderung eines Konkursverwalters;
2. über andere ausländische Konkursverfahren, welche den Schuldner betreffen, sowie andere Gerichts-, Verwaltungs- und Schiedsverfahren, sowie Verwaltungsgerichtsverfahren über das Vermögen des Schuldners zu berichten, die dem Antragsteller bekannt sind.

206 **b) Sicherung des schuldnerischen Vermögens bzw. Beweissicherung.** Mit dem Zeitpunkt der Antragstellung auf Anerkennung eines ausländischen Konkursverfahrens ist das polnische Konkursgericht berechtigt, auf Antrag des Antragstellers einen Beschluss über die Sicherung des schuldnerischen Vermögens zu erlassen oder die Beweise abzusichern, welche für die Geltendmachung von Ansprüchen gegen den Schuldner erforderlich sein werden. Das Gericht kann den Erlass des Beschlusses ablehnen, wenn die Sicherung die Verwaltung des Vermögens des Schuldners im ausländischen Hauptkonkursverfahren erschweren würde.

207 **c) Beschluss über die Anerkennung des ausländischen Verfahrens.** Die Anerkennung eines ausländischen Konkursverfahrens ist zulässig, wenn die Angelegenheit nicht unter die ausschließliche polnische Gerichtsbarkeit fällt und die Anerkennung nicht im Widerspruch zu den Grundprinzipien der polnischen Rechtsordnung steht. Im Beschluss über die Anerkennung eines ausländischen Konkursverfahrens sind anzugeben:
1. Vor- und Nachname bzw. Firmenname des Schuldners sowie seinen Wohnsitz bzw. Sitz;
2. das ausländische Gericht, welches das Verfahren eröffnet hat;
3. der ausländische Konkursverwalter unter Angabe seines Vor- und Nachnamens bzw. Firmennamens sowie seines Wohnsitzes bzw. Sitzes;
4. Angabe, ob es sich bei dem anerkannten Verfahren um ein Haupt- oder Nebeninsolvenzverfahren handelt;
5. Aufforderung der Gläubiger des Schuldners, ihre Forderungen anzumelden samt der Frist für die Forderungsanmeldung, Anschrift, unter der die Forderungen anzumelden sind, sowie formelle Anforderungen der Forderungsanmeldung und die Sprache der Anmeldung.

208 Der Beschluss wird bekannt gemacht. Der Beschluss ist dem Antragsteller sowie den Gläubigern, die von dem Antragsteller in der Gläubigerliste genannt werden oder ohne genannt zu werden dem Gericht bekannt sind, zuzustellen. Sie sind über die Rechtsfolgen der Anerkennung sowie über das Recht, einen Antrag auf Eröffnung eines Nebenverfahrens in Polen zu stellen, zu informieren.

209 Der Beschluss über die Anerkennung des Verfahrens ist anfechtbar. Beschwerdeberechtigt sind der Antragsteller und die Gläubiger, die in der Gläubigerliste genannten wurden oder denen der Beschluss zugestellt wurde. Der Antragsteller ist auch berechtigt den Beschluss über die Abweisung seines Antrages anzufechten. Die Beschwerde ist binnen einer Woche beim Konkursgericht einzureichen (zur Fristberechnung → Rn. 260). Sie wird durch das Gericht der zweiten Instanz entschieden, an das die Akte verwiesen wird. Das Gericht der zweiten Instanz ist nicht berechtigt, das ausländische Konkursverfahren anzuerkennen, wenn der Antrag darauf durch das Konkursgericht abgewiesen wurde. In einem solchen Fall ist die Angelegenheit an das Konkursgericht zur erneuten Prüfung und Entscheidung zurück zu verweisen (Zimmerman PrUpPrRest Art. 393 Rn. 5).

210 Der Beschluss über die Anerkennung des ausländischen Konkursverfahrens kann jederzeit geändert oder aufgehoben werden, wenn später festgestellt wird, dass es keine Gründe für ihre Anerkennung gab oder dass diese Gründe nicht mehr bestehen, insbesondere wenn in einem ausländischen Verfahren ein Vergleich angenommen wurde, dessen Inhalt der polnischen Rechtsordnung grob widersprechen würde. Das Verfahren zur Aufhebung oder Änderung des Beschlusses zur Anerkennung eines ausländischen Konkursverfahrens kann auf Antrag einer jeden Person, die von dieser Anerkennung betroffen wäre, oder von Amts wegen eingeleitet werden.

211 **d) Rechtsfolgen der Anerkennung.** Soweit im KonkR nichts anderes vorgesehen, hat die Anerkennung eines ausländischen Konkursverfahrens von Rechts wegen, die Anerkennung von Entscheidungen, die im Laufe eines solchen Verfahrens über die Bestellung, Entlassung und den Wechsel des ausländischen Konkursverwalters ergangen sind, sowie von Entscheidungen über den Verlauf eines ausländischen Konkursverfahrens, dessen Aussetzung und Beendigung, zur Folge. Die Vollstreckung gegen den Schuldner auf dem Gebiet der Republik Polen, aufgrund von Titeln, die im Staat der Eröffnung des anerkannten Verfahrens erlassen wurden, wie etwa aufgrund der Forderungsliste oder dem konkursrechtlichen Vergleich, bedarf der Feststellung der Vollstreckbarkeit dieser Titel durch das polnische Konkursgericht. Die Feststellung erfolgt durch das Versehen eines Titels mit einer Vollstreckungsklausel (Art. 394 Abs. 3 KonkR).

212 Die Auswirkungen der Eröffnung eines ausländischen Konkursverfahrens für die auf dem Gebiet der Republik Polen anhängigen Gerichts-, Vollstreckungs-, Verwaltungsgerichtsverfahren oder Verfahren vor Schiedsgerichten bestimmen sich nach dem polnischen Recht. Dabei ist der Liquida-

tions- oder Restrukturierungscharakter des ausländischen Verfahrens, inwieweit dem Schuldner das Recht auf Verwaltung des Vermögens entzogen worden ist und inwieweit die Forderungen in den etwaigen Vergleich einbezogen werden, zu berücksichtigen. Dies schließt jedoch das Recht zur Einreichung von Klagen gegen den Schuldner nicht aus, wenn sie für den Schutz von Rechten Dritter erforderlich ist. Auch das Recht der Gläubiger, einen Konkursantrag in Polen zu stellen und im Verfahren Forderungen anzumelden, wird nicht beeinträchtigt.

Die Rechtsfolgen der Verfahrenseröffnung in Bezug auf das Vermögen des Schuldners, das sich auf dem Gebiet der Republik Polen befindet, sowie auf die Verbindlichkeiten, die auf dem Gebiet der Republik Polen entstanden sind oder zu erfüllen sind, bestimmen sich nach dem polnischen Recht. Das polnische Recht ist auch für die Anfechtung der Handlungen des Schuldners, die sich auf das sich in Polen befindliche Vermögen beziehen, anwendbar. 213

Die Befriedigung der Forderungen, die mit beschränkten dinglichen Rechten an Sachen, die sich in Polen befinden oder in Grundbüchern bzw. sonstigen Registern in Polen eingetragen sind, besichert sind, erfolgt grundsätzlich nach polnischem Recht. Die Hypothek erlischt mit dem Tage des Abschlusses eines Kaufvertrages, unter der Bedingung, dass der Kaufpreis auf ein Depositenkonto des polnischen Finanzministeriums eingezahlt wurde. Die Löschung der Hypothek im Grundbuch erfolgt auf der Grundlage einer Bescheinigung des anerkennenden Gerichts (Art. 404 Abs. 2 KonkR). Die Verteilung des Verwertungserlöses erfolgt aufgrund eines durch den ausländischen Konkursverwalter erstellten Verteilungsplans. Der Verteilungsplan wird durch das anerkennende Konkursgericht festgestellt. Danach werden die Summen an die Gläubiger ausgezahlt. Wird kein Verzeichnis erstellt, so bestimmt das Konkursgericht in einem Beschluss, wie die Auszahlung zu erfolgen hat (Janda PrUp Art. 404 Rn. 3). 214

e) Verlauf des Verfahrens nach dem Erlass des Anerkennungsbeschlusses. Unverzüglich nach der Anerkennung des ausländischen Konkursverfahrens sichert das Konkursgericht das Vermögen des Schuldners auf dem Gebiet der Republik Polen durch die Bestellung eines vorläufigen Gerichtssachwalters. Jegliche Handlungen des ausländischen Konkursverwalters oder des Schuldners in Eigenverwaltung, die das Vermögen des Schuldners auf dem Gebiet der Republik Polen zum Gegenstand haben und über den Umfang des gewöhnlichen Geschäftsbetriebes hinausgehen, benötigen für ihre Wirksamkeit die Zustimmung des vorläufigen Gerichtssachwalters, es sei denn, sie bedürfen der Zustimmung des Konkursgerichts. Die Zustimmung des vorläufigen Gerichtssachwalters ist auch für die Ausführung des Vermögens des Schuldners außerhalb des Gebiets der Republik Polen erforderlich. Auf Antrag des ausländischen Konkursverwalters darf das Konkursgericht auch Beweise sichern. 215

Nach der Anerkennung des ausländischen Hauptkonkursverfahrens erstellt der ausländische Konkursverwalter oder der Schuldner in Eigenverwaltung eine Übersicht und Einschätzung des Vermögens des Schuldners, welches sich auf dem Gebiet der Republik Polen befindet, und legt sie dem Gericht innerhalb von vier Monate nach dem rechtskräftigen Anerkennungsbeschluss vor. Die Vorlage der Vermögensübersicht und -einschätzung wird bekanntgegeben. Binnen 30 Tage ab der Bekanntmachung können beim Konkursgericht Aussonderungsanträge gestellt werden. 216

Nach der Erstellung der Vermögensübersicht und -einschätzung unterbreitet der ausländische Konkursverwalter oder der Schuldner in Eigenverwaltung dem Konkursgericht einen Plan der Verwertung des schuldnerischen Vermögens auf dem Gebiet der Republik Polen sowie teilt im Allgemeinen mit, wie die Gläubiger befriedigt werden. Das Gericht lässt die Verwertung des Vermögens zu (Art. 401 Abs. 2 KonkR). Der diesbezügliche Beschluss des Gerichts kann nicht früher als nach dem Ablauf der Frist zur Aussonderungsbeantragung ergehen. Ist ein Verfahren auf Aussonderung eines Vermögensteils anhängig, so kann dieser Teil nicht verwertet werden. 217

Für die Bestimmung der Zusammensetzung der Konkursmasse, der Vermögensübersicht und -einschätzung, die Aussonderung aus der Konkursmasse, die Verwaltung der auf dem Gebiet Polens befindlichen Konkursmasse und die Verwertung der Konkursmasse kommt das polnische Recht zur Anwendung. Das Gericht kann aber dann zustimmen, dass das schuldnerische Vermögen auf eine andere Weise verwertet wird, wenn dies nicht gegen die Grundprinzipien der polnischen Rechtsordnung verstößt. 218

Nach Anerkennung des ausländischen Konkursverfahrens ist der ausländische Konkursverwalter berechtigt, einen Konkursantrag nach dem KonkR zu stellen und an einem von einem polnischen Gericht geführten Konkursverfahren wie ein Gläubiger teilzunehmen. 219

f) Aufhebung des Verfahrens. Nach Abschluss der Verwertung von Vermögenswerten auf dem Gebiet der Republik Polen hebt das Konkursgericht das Verfahren auf. Das Verfahren wird auch dann aufgehoben, wenn ein Nebenkonkursverfahren eröffnet wird oder der Beschluss über die Anerkennung des ausländischen Verfahrens rechtskräftig aufgehoben wird. 220

Internationales Insolvenzrecht – Polen

D. Insolvenzverfahrensrecht – Restrukturierungsrecht

I. Antrag, Antragspflicht und Antragsinhalt

1. Restrukturierungsverfahren als ein Antragverfahren

221　Das Restrukturierungsverfahren wird nur auf Antrag eröffnet. Das Gericht ist nicht berechtigt, dass Verfahren von Amts wegen zu eröffnen.

2. Antragsrecht

222　Das Restrukturierungsverfahren wird aufgrund eines Restrukturierungsantrags des Schuldners eingeleitet, soweit das Gesetz nichts anderes bestimmt. Der Schuldner ist immer – nach den allgemeinen Vertretungsregeln – berechtigt, den Restrukturierungsantrag zu stellen. Lediglich ein Sanierungsverfahren kann auf Antrag einer anderen Person als dem Schuldner eingeleitet werden, und zwar auf Antrag des Pflegers, bestellt gem. Art. 42 § 1 PZGB, über das Vermögen einer juristischen Person welche im KRS eingetragen ist, oder gem. Art. 283 Abs. 2 RestR durch einen persönlichen Gläubiger gegenüber einer zahlungsunfähigen, juristischen Person. Im Gegensatz zum Konkursrecht sind Erben eines verstorbenen Schuldners nicht zur Antragstellung berechtigt.

3. Antragspflicht

223　Im Gegensatz zum Konkursantrag hat der Restrukturierungsantrag keinen zwingenden Charakter, und dies trotz der möglichen Identität der sachlichen Gründe der Zahlungsunfähigkeit (TWW/Witosz PrRest Art. 32 Rn. 2). Es besteht keine Antragspflicht. Die rechtzeitige Eröffnung des Verfahrens kann aber von einer etwaigen Konkursverschleppungshaftung befreien (→ Rn. 712 ff.).

4. Antragsinhalt

224　Ein Restrukturierungsantrag ist gem. Art. 7 Abs. 2 RestR ein Antrag auf Eröffnung eines Restrukturierungsverfahrens (beschleunigtes Vergleichsverfahren, Vergleichsverfahren oder Sanierungsverfahren) und ein Antrag auf Feststellung eines Vergleiches (im Verfahren zur Feststellung eines Vergleiches). Der Restrukturierungsantrag kann daher doppelter Natur sein.

Der Inhalt des Restrukturierungsantrags wird durch die Art des Restrukturierungsverfahrens bestimmt, welches der Antrag einleiten soll. Unabhängig von der Art des Verfahrens stellt jeder Restrukturierungsantrag einen Schriftsatz dar, sodass sein Inhalt die in der Regelung der Art. 126, 187 PZPO aufgelisteten Angaben enthalten muss (Gurgul PrUpPrRest, 11. Aufl. 2017, RestR Art. 219 Rn. 18) (→ Rn. 64 ff.).

225　**a) Inhalt des Antrages auf Feststellung eines Vergleiches.** Im Antrag auf Feststellung eines Vergleiches sind anzugeben:
1. Vor- und Nachname des Schuldners oder seines Firmennamens;
2. PESEL-Nummer oder KRS-Nummer oder mangels dieser Daten – andere Daten, die die Identifikation des Schuldners ermöglichen;
3. Wohnsitz oder Sitz sowie die Anschrift des Schuldners;
4. wenn der Schuldner eine Personenhandelsgesellschaft, eine juristische Person oder eine andere Organisationseinheit ohne Rechtspersönlichkeit ist, der durch ein eigenes Gesetz die Rechtsfähigkeit verliehen wird, die Vor- und Nachnamen der Vertreter, einschließlich etwaiger Liquidatoren, und im Falle einer Personenhandelsgesellschaft auch die Vor- und Nachnamen sowie den Wohnsitz der für die Verbindlichkeiten der Gesellschaft persönlich haftenden Gesellschafter;
5. Vergleichsvorschläge;
6. Ergebnis der Abstimmung mit Angabe der Anzahl der Gläubiger und der Summe der Forderungen, die ein Stimmrecht verleihen, und der Anzahl der Gläubiger und der Summe der Forderungen, welche den Gläubigern zustehen, die für den Vergleich stimmen, und wenn die Vergleichsvorschläge die Aufteilung der Gläubiger in Gruppen vorsehen – die Anzahl der Gläubiger und die Summe der Forderungen jeder Gruppe, sowie die Anzahl der Gläubiger und die Summe der Forderungen, die den Gläubigern zustehen, welche für den Vergleich in jeder Gruppe abstimmen.

226　Dem Antrag auf Feststellung eines Vergleichs ist darüber hinaus beizufügen:
1. vom Schuldner eingesammelte Stimmkarten sowie Kopien oder Ausdrucke aus dem Register und Vollmachten, die zum Nachweis der Berechtigung zur Stimmabgabe erforderlich sind,

Internationales Insolvenzrecht – Polen

und Informationen darüber, ob die in Art. 116 RestR genannten Umstände – bezüglich des fehlenden Stimmrechts der Gläubiger bei Abstimmung über den Vergleich (→ Rn. 985) – bei dem Gläubiger nicht vorhanden sind, geordnet nach der Reihenfolge, die in der von dem Vergleichssachwalter erstellten Liste der Forderungen festgelegt sind;
2. Nachweis, dass die Gläubiger, die ihre Stimme nicht abgegeben haben, mindestens drei Wochen vor dem Tag der Einreichung des Antrags auf Feststellung des Vergleichs die Stimmkarten mit den Vergleichsvorschlägen an die in dem Register, in dem der Gläubiger eingetragen ist, angegebene Adresse übersendet wurden, sofern der Gläubiger in das Register eingetragen ist, andernfalls an die dem Schuldner bekannte Wohnadresse des Gläubigers;
3. Bericht des Vergleichsverwalters. (→ Rn. 952 ff.)

b) Inhalt des Antrages auf Eröffnung des beschleunigten Vergleichsverfahrens. In dem Antrag auf Eröffnung des beschleunigten Vergleichsverfahrens sind anzugeben: 227
1. Identifikationsdaten des Schuldners (→ Rn. 225);
2. Vergleichsvorschläge mit einem einleitenden Restrukturierungsplan samt für die Zustellung an allen Gläubigern ausreichende Anzahl von Kopien der Vergleichsvorschläge;
3. Hinweis darauf, wo sich das Unternehmen oder andere Vermögenswerte des Schuldners befinden;
4. aktuelle Liste der Vermögenswerte mit einer geschätzten Bewertung ihrer Bestandteile;
5. Bilanz, die der Schuldner für die Zwecke des Verfahrens erstellt hat und nicht älter als 30 Tage ist;
6. Liste der Gläubiger unter Angabe des Vor- und Nachnamens oder der Firma und ihres Wohnsitzes oder Sitzes, Höhe der Forderungen jedes einzelnen Gläubigers, der Zahlungsfristen, Angabe, ob die Forderung von Gesetzes wegen unter den Vergleich fällt, ob sie nach Zustimmung des Gläubigers durch den Vergleich umgefasst werden kann und ob der Gläubiger das Recht hat, über den Vergleich abzustimmen, und wenn nicht, aus welchem Grund;
7. Summe der Forderungen unter Angabe der Summe der durch den Vergleich von Gesetzes wegen umfassten Forderungen und der Summe der Forderungen, die durch den Vergleich umfasst werden können, nachdem der Gläubiger seine Zustimmung erteilt hat;
8. Aufstellung der strittigen Forderungen unter Angabe des Namens oder der Firma der Gläubiger, ihres Wohnsitzes oder Sitzes, ihrer Anschrift und des von jedem von ihnen geforderten Betrags, der Zahlungsfristen und einer kurzen Darstellung des Streitgegenstandes;
9. Summe der strittigen Forderungen;
10. Mitteilung, ob der Schuldner Teilnehmer an einem Zahlungs- oder Wertpapierabwicklungssystem ist oder ohne Teilnehmer eines Systems zu sein, ein Interbankensystem betreibt;
11. Information, ob in einem der letzten beiden Geschäftsjahre:
    a) durchschnittlich 250 Mitarbeiter pro Jahr oder mehr beschäftigt waren, oder
    b) ein jährlicher Nettoumsatz aus dem Verkauf von Waren, Produkten und Dienstleistungen sowie aus Finanztransaktionen erzielt wurde, der den Wert von 50 Mi. EUR in PLN überstiegt, oder
    c) die Summe der Aktiva seiner Bilanz am Ende eines dieser Jahre den Wert von 43 Mio. EUR in PLN überstiegen hat.

Im Falle einer besicherten Forderung legt man die Forderungssumme, die vom Vergleich nach 228 der Zustimmung des Gläubigers umfasst werden kann, in der Höhe fest, in welcher die Forderung wahrscheinlich aus dem Gegenstand der Sicherheit befriedigt werden könnte. Eine Abschrift des Antrags auf Eröffnung des beschleunigten Vergleichsverfahrens und dessen Anlagen sind dem Originalantrag beizufügen.

Der Schuldner hat samt Antrag auf Eröffnung des beschleunigten Vergleichsverfahrens eine 229 schriftliche Erklärung abzugeben, dass die im Antrag und in den Anlagen enthaltenen Angaben wahr und vollständig sind. Ist die Erklärung nicht wahr, so haftet der Schuldner für Schäden, die durch falsche Angaben verursacht werden. Die Erklärung soll die folgende Klausel enthalten: „Ich bin mir der strafrechtlichen Haftung für eine falsche Aussage bewusst."

c) Inhalt des Antrages auf Eröffnung des Vergleichsverfahrens. Ein Antrag auf Eröffnung 230 eines Vergleichsverfahrens muss die Voraussetzungen des Antrages auf Eröffnung eines beschleunigten Verfahrens erfüllen, die oben in den Punkten 1–3 und Punkten 6–11 genannt wurden (→ Rn. 227). Im Antrag ist die Fähigkeit des Schuldners glaubhaft zu machen, die Kosten des Vergleichsverfahrens und Verpflichtungen, die nach dem Zeitpunkt seiner Eröffnung entstehen, decken zu können (→ Rn. 901 ff.). Eine Abschrift des Antrags auf Eröffnung des Vergleichsverfahrens und dessen Anlagen sind dem Originalantrag beizufügen. Dem Antrag ist auch die Erklärung über die Wahrheit und Vollständigkeit der Angaben beizufügen (→ Rn. 229).

Internationales Insolvenzrecht – Polen

231 **d) Inhalt des Antrages auf Eröffnung des Sanierungsverfahrens.** Der Antrag auf Eröffnung des Sanierungsverfahrens hat folgende Informationen zu enthalten:
1. Identifikationsdaten des Schuldners (→ Rn. 227);
2. Angabe der Orte, an denen sich das Unternehmen oder andere Vermögenswerte des Schuldners befinden;
3. einleitender Restrukturierungsplan mit der Begründung, dass seine Durchführung die Fähigkeit des Schuldners zur Erfüllung seiner Verpflichtungen wiederherstellen wird;
4. Glaubhaftmachung der Fähigkeit des Schuldners, die Kosten des Sanierungsverfahrens und sämtlicher Verpflichtungen, die nach Verfahrenseröffnung entstehen, zu decken;
5. Liste der Gläubiger unter Angabe der Vor- und Nachnamens oder der Firma und ihres Wohnsitzes oder Sitzes, Höhe der Forderungen jedes einzelnen Gläubigers, der Zahlungsfristen, Angabe, ob die Forderung von Gesetzes wegen unter den Vergleich fällt, ob sie nach Zustimmung des Gläubigers durch den Vergleich umgefasst werden kann und ob der Gläubiger das Recht hat, über den Vergleich abzustimmen, und wenn nicht, aus welchem Grund;
6. Summe der Forderungen unter Angabe der Summe der durch den Vergleich gedeckten Forderungen nach dem Gesetz und der Summe der Forderungen, die durch den Vergleich gedeckt werden können, nachdem der Gläubiger seine Zustimmung erteilt hat;
7. Liste der strittigen Forderungen unter Angabe des Namens oder der Firma der Gläubiger, ihres Wohnsitzes oder Sitzes, ihrer Anschrift und des von jedem von ihnen geforderten Betrags, der Zahlungsfristen und einer kurzen Darstellung des Streitgegenstandes;
8. Angabe, ob der Schuldner Teilnehmer an einem Zahlungs- oder Wertpapierabwicklungssystem ist, oder, ohne Teilnehmer eines Systems zu sein, ein Interbankensystem betreibt;
9. Information, ob in einem der letzten beiden Geschäftsjahre:
    a) durchschnittlich 250 Mitarbeiter pro Jahr oder mehr beschäftigt waren, oder
    b) ein jährlicher Nettoumsatz aus dem Verkauf von Waren, Produkten und Dienstleistungen sowie aus Finanztransaktionen erzielt wurde, der den Wert von 50 Mio. EUR in PLN überstiegt, oder
    c) die Summe der Aktiva seiner Bilanz am Ende eines dieser Jahre den Wert von 43 Mio. EUR in PLN überstiegen hat

232 Im Falle einer besicherten Forderung legt man die Forderungssumme, die vom Vergleich nach der Zustimmung des Gläubigers umfasst werden kann, in der Höhe fest, in welcher die Forderung wahrscheinlich aus dem Gegenstand der Sicherheit befriedigt werden könnte. Eine Abschrift des Antrags auf Eröffnung des Sanierungsverfahrens und dessen Anlagen sind dem Originalantrag beizufügen. Dem Antrag ist auch die Erklärung über die Wahrheit und Vollständigkeit der Angaben beizufügen (→ Rn. 229).

233 Wird der Antrag auf Eröffnung eines Sanierungsverfahrens vom Gläubiger gestellt, so sind nur die Identifikationsdaten des Schuldners anzugeben und die Orte, an denen sich das Unternehmen oder andere Vermögenswerte des Schuldners befinden, bestimmt werden. Der Antrag des Gläubigers hat die Umstände anzugeben, die den Antrag begründen, und darüber hinaus die Glaubhaftmachung seiner Forderung enthalten. Vor einer Entscheidung über die Eröffnung eines Sanierungsverfahrens kann das Gericht der fehlenden Informationen vom Schuldner verlangen. Der Schuldner ist verpflichtet, diese innerhalb einer Frist von zwei Wochen zu erteilen.

5. Prozessuale und materielle Voraussetzungen des Restrukturierungsantrages

234 Hinsichtlich der anhängigen Rechtsstreitigkeiten ist nur ergänzend darauf hinzuweisen, dass mehrere Restrukturierungsverfahren (→ Rn. 71 ff.) gleichzeitig oder nacheinander nur im Falle von Teilvergleichen durchgeführt werden können, und dann auch nur sofern keine materielle Identität zwischen den einzelnen Verfahren besteht (zum Teilvergleich → Rn. 1113) (zu den materiellen Voraussetzungen des Restrukturierungsantrages → Rn. 874 ff.).

6. Konkurrenz zwischen einem Konkurs- und Restrukturierungsantrag

235 Zur Konkurrenz zwischen einem Konkurs- und Restrukturierungsantrag → Rn. 76 ff.

II. Zuständiges Gericht

1. Sachliche und örtliche Zuständigkeit

236 **a) Verfahren zur Eröffnung des Restrukturierungsverfahrens.** Der Restrukturierungsantrag wird von einem Restrukturierungsgericht (poln. sąd restrukturyzacyjny) erörtert. Das

Internationales Insolvenzrecht – Polen

Restrukturierungsgericht ist ein Amtsgericht (poln. sąd rejonowy). Das Amtsgericht stellt die niedrigste Instanz der Gerichtsbarkeit in Polen dar. Die Restrukturierungssachen werden nur durch ausgewählte Amtsgerichte entschieden, grundsätzlich von Amtsgerichten, in deren Bezirk ein Landgericht seinen Sitz hat. Das Restrukturierungsgericht stellt grundsätzlich eine Kammer des Amtsgerichts dar, in kleineren Gerichten kann es auch nur einen Teil der Handelskammer darstellen. Derzeit sind an allen Gerichten die Konkurs- und Restrukturierungssachen zusammengeführt. Somit ist jeweils das Konkurs- dem Restrukturierungsgericht gleich (zur örtlichen Zuständigkeit des Konkursgerichts → Rn. 82 ff.).

Stellt sich im Laufe des Verfahrens zur Eröffnung des Restrukturierungsverfahrens oder des **237** Verfahrens zur Feststellung eines Vergleichs heraus, dass ein anderes Gericht zuständig ist, so wird das Verfahren an dieses Gericht durch Beschluss verwiesen. Dieser Beschluss ist unanfechtbar. Das Gericht, an welches die Rechtssache verwiesen wird, ist an den Beschluss gebunden. Die vor dem unzuständigen Gericht vorgenommenen Tätigkeiten bleiben in Kraft.

b) Eigentliches Restrukturierungsverfahren. Nach Verfahrenseröffnung wird das Restruk- **238** turierungsverfahren an dem Gericht geführt, das den Beschluss darüber erlassen hat. Die zum Zeitpunkt der Eröffnung des Restrukturierungsverfahrens bestimmte Zuständigkeit des Restrukturierungsgerichts bleibt bis zum Ende des Verfahrens unverändert. Im Gegensatz zum Konkursverfahren ist der Gerichtswechsel nach Eröffnung des Restrukturierungsverfahrens ausgeschlossen (Zimmerman PrUpPrRest Art. 16 Rn. 5).

Wurde das Restrukturierungsverfahren vor mehreren Gerichten eröffnet, wird das weitere **239** Verfahren von dem Restrukturierungsgericht durchgeführt, welches zunächst den Beschluss über die Eröffnung des Restrukturierungsverfahrens erlassen hat.

2. Internationale Zuständigkeit

a) Nach EuInsVO 2015. Polen ist seit dem 1.5.2004 Mitglied der Europäischen Union und **240** seitdem auch an die EU-Gesetzgebung gebunden. Seit dem 1.5.2004 galt für die in Polen laufenden Vergleichsverfahren, später Restrukturierungsverfahren, die VO (EG) Nr. 1346/2000 des Rates v. 29.5.2000 über Insolvenzverfahren. Diese Verordnung wurde mit der VO (EU) 2015/848 des Europäischen Parlaments und des Rates v. 20.5.2015 über Insolvenzverfahren aufgehoben. Letztere ist auf die in dem Anhang A dieser Verordnung ausdrücklich aufgeführten Verfahren, welche seit dem 26.6.2017 eröffnet wurden, anwendbar, dh im Falle Polens auf alle Restrukturierungsverfahren, also auch das Verfahren zur Feststellung des Vergleichs, obwohl dieses Verfahren größtenteils als außergerichtliches Streitbeilegungsverfahren durchgeführt wird.

Die EuInsVO 2015 gilt auch für Restrukturierungsverfahren mit einem Teilvergleich, da diese **241** Verfahren die Voraussetzungen für die Anerkennung als Gesamtverfahren erfüllen, weil sie Gläubiger umfassen, bei denen die Restrukturierung ihrer Forderungen wesentliche Auswirkungen auf die Fortführung der Geschäftstätigkeit des Schuldners hat, dh Gläubiger, die für den Schuldner wesentlich sind (Porzycki/Monitor Prawniczy 2015 Nr. 20, 1075) (zum Teilvergleich → Rn. 1113 ff.).

Im Beschluss zur Feststellung des Vergleichs im Verfahren zur Feststellung eines Vergleichs sowie **242** im Beschluss zur Eröffnung des Restrukturierungsverfahrens ist die Grundlage des polnischen Gerichtsstands anzugeben, und bei Anwendung der EuInsVO 2015, auch ob dieses Verfahren ein Haupt- oder Nebenverfahren ist. Ein Gläubiger des Schuldners kann den in diesem Beschluss festgestellten internationalen Gerichtsstand anfechten (→ Rn. 258 ff.).

b) Nach RestR. Bei Nichtanwendung der EuInsVO 2015 wird der polnische Gerichtssand **243** durch die Vorschriften des RestR bestimmt. Zum ausschließlichen Gerichtssand der polnischen Gerichte gehören die Sachverhalte, bei denen sich der Mittelpunkt der hauptsächlichen Interessen eines Schuldners auf dem Gebiet der Republik Polen befindet (zur Begriffsaufklärung → Rn. 84 ff.). Ist der polnische Gerichtsstand ausschließlich, ist das polnische Restrukturierungsverfahren ein Hauptrestrukturierungsverfahren (Art. 342 Abs. 1 RestR). Der polnische Gerichtsstand liegt auch dann vor, wenn ein Schuldner seine Geschäftstätigkeiten auf dem Gebiet der Republik Polen ausübt oder seinen Wohnsitz, Sitz oder sein Vermögen auf diesem Gebiet hat. In solchen Fällen ist das Restrukturierungsverfahren ein Nebenrestrukturierungsverfahren (Art. 342 Abs. 3 RestR). In Restrukturierungssachen kommen die Vorschriften zur Gerichtsstandsvereinbarungen der Parteien nicht zur Anwendung. Die Zuständigkeit polnischer Gerichte wird dadurch nicht ausgeschlossen, dass ein ausländisches Gericht einen ausländischen Verwalter für die Aufnahme der Tätigkeiten auf dem Gebiet der Republik Polen bestellt hat.

Im Beschluss zur Feststellung des Vergleichs im Verfahren zur Feststellung eines Vergleichs **244** sowie in dem Beschluss zur Eröffnung des Restrukturierungsverfahrens ist die Grundlage der

Internationales Insolvenzrecht – Polen

Zuständigkeit des polnischen Gerichts anzugeben. Ein Gläubiger des Schuldners kann den in diesem Beschluss festgestellten internationalen Gerichtsstand anfechten (→ Rn. 258 ff.).

III. Verfahren und Rechtsmittel

1. Verfahrensabschnitte

245   Das Restrukturierungsverfahren besteht im Wesentlichen aus zwei Verfahrensabschnitten: dem Verfahren zur Restrukturierungsverfahrenseröffnung (poln. postępowanie o otwarcie postępowania restrukturyzacyjnego) und dem eigentlichen Restrukturierungsverfahren (poln. postępowanie restrukturyzacyjne). Die Ausnahme stellt das Verfahren zur Feststellung eines Vergleiches dar. In dieser Verfahrensart ist zwischen dem außergerichtlichen und dem gerichtlichen Verfahrensabschnitt zu unterscheiden. Mit dem Verfahren zur Restrukturierungsverfahrenseröffnung im Falle des Vergleichs- und Sanierungsverfahrens kann auch ein Sicherungsverfahren (poln. postępowanie zabezpieczające) einhergehen.

2. Verfahren zur Restrukturierungsverfahrenseröffnung

246   Das Verfahren zur Restrukturierungsverfahrenseröffnung dient der Prüfung durch das Gericht der formellen, prozessualen und materiellen Zulässigkeit des Restrukturierungsantrags. Das Gericht entscheidet grundsätzlich in einer nichtöffentlichen Sitzung, im Vergleichs- und Sanierungsverfahren kann jedoch auch ein mündlicher Termin festgesetzt werden. In der nichtöffentlichen Sitzung kann das ganze Beweisverfahren durchgeführt werden, auch wenn ein mündlicher Termin festgesetzt wurde.

247   Dem Gericht stehen grundsätzlich jegliche Beweismittel zur Verfügung, es kann insbesondere die Parteien und Zeugen vernehmen (HGHF PrRest/Filipiak RestR Art. 223 Rn. 2). Umstritten ist aber, ob auch der Sachverständigenbeweis durchgeführt werden kann. Im eigentlichen Restrukturierungsverfahren ist dieser Beweis ausdrücklich ausgeschlossen (Art. 196 RestR; eine Ausnahme gilt nur im Falle der Anfechtung der Forderungsliste: → Rn. 1095 ff.). Betreffend des Eröffnungsverfahrens sieht das Gesetz keine entsprechende Vorschrift vor. Im beschleunigten Vergleichsverfahren ist die Beweisdurchführung eingeschränkt. Das Gericht entscheidet über den Eröffnungsantrag nur aufgrund der Unterlagen, die dem Antrag beigelegt wurden.

248   Verfahrensbeteiligter am Verfahren zur Restrukturierungsverfahrenseröffnung ist grundsätzlich nur der Schuldner. Ein Gläubiger kann nur an dem Verfahren zur Sanierungsverfahrenseröffnung teilnehmen, wenn er selbst den Restrukturierungsantrag gestellt hat (→ Rn. 222).

249   In allen durch das Restrukturierungsrecht nicht geregelten Angelegenheiten finden zum Verfahren zur Restrukturierungsverfahrenseröffnung die Vorschriften des ersten Buches des ersten Teiles der Zivilprozessordnung entsprechende Anwendung (Art. 15–505[39] PZPO), mit Ausnahme der Vorschriften über die Aussetzung und die Wiederaufnahme des Verfahrens (Art. 173–183 PZPO).

3. Entscheidungen des Restrukturierungsgerichts

250   Das Restrukturierungsgericht hat sehr kurze Fristen zur Entscheidung über den Restrukturierungsantrag. Im Verfahren zur Feststellung eines Vergleiches beträgt die Frist für das Restrukturierungsgericht zur Entscheidung über den Restrukturierungsantrag zwei Wochen und im beschleunigten Vergleichsverfahren nur eine Woche ab der Antragstellung. Im Vergleichs- und Sanierungsverfahren beträgt die Frist grundsätzlich zwei Wochen, es sei denn, dass eine mündliche Verhandlung erforderlich ist. Dann beträgt die Frist sechs Wochen. Die genannten Fristen haben jedoch lediglich Ordnungscharakter und werden in der Praxis kaum eingehalten.

251   **a) Positive Entscheidung über den Restrukturierungsantrag.** Das Gericht gibt dem Restrukturierungsantrag statt, wenn seine formelle und materielle Zulässigkeit gegeben ist. Der Inhalt des Beschlusses über die Verfahrenseröffnung ist von der Verfahrensart abhängig, enthält aber grundsätzlich zumindest:
1. Vor- und Nachnamen oder Firma des Schuldners, Wohnsitz oder Sitz und Adresse des Schuldners, seine PESEL-Nummer oder KRS-Nummer ggf. sonstige Angaben, die den Schuldner identifizieren lassen;
2. die Ernennung des Sachwalters oder Verwalters;
3. die Uhrzeit der Einleitung des Verfahrens, soweit der Schuldner Teilnehmer eines polnischen oder eines anderen Mitgliedstaates Zahlungsverkehrs- oder Wertpapierabrechnungssystems ist, oder, ohne Teilnehmer eines Systems zu sein, ein Interbankensystem betreibt;

Internationales Insolvenzrecht – Polen

4. die Gründe für die Annahme der internationalen Zuständigkeit des polnischen Gerichts und die Information, ob es sich um ein Haupt- oder Nebenverfahren handelt.
Im Verfahren zur Feststellung eines Vergleiches erlässt das Gericht keinen Beschluss über die 252 Verfahrenseröffnung, sondern stellt den außergerichtlich erzielten Vergleich fest. Dabei prüft es nicht nur die formellen und materiellen Voraussetzungen des Antrages, sondern auch den Vergleich selbst, dh ob der Vergleich rechtskonform und ausführbar ist. Die Prüfung erfolgt aufgrund derselben Regeln, wie bei der Prüfung und Feststellung des Vergleiches in den sonstigen Restrukturierungsverfahrensarten (→ Rn. 1136 ff.). Der Beschluss ist mit dem Tage dessen Erlasses wirksam und vollstreckbar. Dieser Tag gilt als der Tag der Verfahrenseröffnung, auch wenn der Beschluss durch das Gericht der zweiten Instanz aufgehoben wurde und das Gericht der ersten Instanz erneut das Verfahren eröffnet.

Der Beschluss ist sofort bekanntzugeben. Dem Schuldner, dem Gerichtssachwalter bzw. Verwal- 253 ter und dem etwaigen antragstellenden Gläubiger ist der Beschluss zuzustellen. Der Gerichtssachwalter bzw. Verwalter wird über seine Bestellung sofort durch die Geschäftsstelle des Restrukturierungsgerichts direkt, insbesondere telefonisch oder per E-Mail, benachrichtigt. Die Einleitung des Verfahrens wird auch der zuständigen Finanzkammer (poln. izba administracji skarbowej) und der zuständigen Niederlassung der Sozialversicherungsanstalt (poln. Zakład Ubezpieczeń Społecznych) sowie den dem Gericht bekannten Gerichtsvollziehern, die gegen den Schuldner vollstrecken, mitgeteilt. Die Gerichtsvollzieher werden noch am Tage des Beschlusserlassens sofort durch die Geschäftsstelle des Restrukturierungsgerichts direkt, insbesondere telefonisch oder per E-Mail, benachrichtigt.

b) Abweisung des Restrukturierungsantrages. Das Gericht weist den Restrukturierungs- 254 antrag ab, wenn er materiell unzulässig ist (→ Rn. 874 ff.) oder wenn die prozessualen Voraussetzungen nicht gegeben sind (→ Rn. 234). Der Beschluss ist sofort öffentlich bekanntzugeben. Dem Schuldner und dem etwaigen antragstellenden Gläubiger ist der Beschluss zuzustellen.

c) Sonstige Entscheidungen des Restrukturierungsgerichts. Das Gericht weist den 255 Restrukturierungsantrag zurück, wenn die formelle Zulässigkeit des Antrages nicht gegeben ist (→ Rn. 224 ff.) sowie wenn die Gebühr nicht eingezahlt wurde. Das Gericht hat zuerst den Antragsteller zur Beseitigung der formellen Mängel bzw. zur Gebührenentrichtung aufzufordern. Erst wenn die Frist zur Mängelbeseitigung erfolglos abgelaufen ist, ist der Antrag zurückzuweisen.

Wurde im Restrukturierungsantrag die Adresse des Schuldners nicht oder falsch genannt oder 256 wurden andere Anordnungen des Gerichts nicht erfüllt, sodass das Verfahren nicht fortgesetzt werden kann, so weist das Gericht den Antrag zurück. Das Verfahren zur Restrukturierungsverfahrenseröffnung kann nicht vorläufig eingestellt werden.

Der Restrukturierungsantrag kann zurückgenommen werden, bis das eigentliche Restrukturie- 257 rungsverfahren eröffnet oder der Antrag rechtskräftig abgewiesen ist. Das Gericht stellt das Verfahren dann ein. Nach der Eröffnung des Verfahrens bedarf die Einstellung des Verfahrens der Zustimmung des Gläubigerausschusses (→ Rn. 317 ff.).

4. Rechtsmittel

Der Beschluss des Restrukturierungsgerichts über die Restrukturierungsverfahrenseröffnung ist 258 grundsätzlich nicht anfechtbar. Der Antragsteller und der einzige Teilnehmer am Verfahren zur Verfahrenseröffnung ist dann der Schuldner. Wenn seinem Antrag stattgegeben wird, so hat er kein rechtliches Interesse, den Beschluss anzufechten. Es gelten zwei Ausnahmen. In Bezug auf jede Verfahrensart stellt die Ausnahme das Recht jedes Gläubigers dar, den Beschluss über die Verfahrenseröffnung wegen fehlender internationaler Zuständigkeit des polnischen Gerichts anzufechten. Die Beschwerde ist binnen einer Notfrist von einer Woche ab der Bekanntmachung des Beschlusses einzureichen, es sei denn, der Gläubiger seinen Sitz bzw. gewöhnlichen Aufenthalt im Ausland hat – dann beträgt die Frist 30 Tage. Beschwerdeberechtigt sind der Schuldner und im Falle des Sanierungsverfahrens auch der antragstellende Gläubiger oder Pfleger des Schuldners (TWW/Malmuk-Cieplak PrRest Art. 290 Rn. 2). Im Sanierungsverfahren kann der Beschluss auch durch den Schuldner angefochten werden, wenn nicht er den Restrukturierungsantrag gestellt hat.

Auch der Beschluss über die Abweisung oder Zurückweisung des Restrukturierungsantrages 259 kann mit einer Beschwerde angefochten werden. Beschwerdeberechtigt ist der Antragsteller, also grundsätzlich der Schuldner und im Sanierungsverfahren auch etwaige antragstellende Gläubiger oder Pfleger des Schuldners. Der Beschwerdeberechtigte muss vortragen, dass der Beschluss für ihn nachteilig ist.

Internationales Insolvenzrecht – Polen

260 Die Beschwerde ist binnen einer Notfrist von einer Woche einzureichen. Ist der Beschluss in einer nichtöffentlichen Sitzung erlassen worden, so beginnt die Frist ab dem Tage der Zustellung des Beschlusses an den Beschwerdeberechtigten an zu laufen. Der Beschluss ist mit den Beschlussgründen zuzustellen. Ist dagegen der Beschluss in einer öffentlichen Sitzung erlassen worden, so darf jeder Beschwerdeberechtigte einen Antrag auf Zustellung des Beschlusses samt Beschlussgründen stellen. Erst ab der Zustellung läuft dann die Wochenfrist zur Beschwerdeeinreichung. War der Beschwerdeberechtigte zur Sitzung des Gerichts nicht geladen oder erfolgte an ihn keine Zustellung des Beschlusses, so darf er binnen einer Woche ab dessen Bekanntmachung einen Antrag auf Zustellung des Beschlusses samt Beschlussgründen stellen. Erst ab der Zustellung läuft dann die Wochenfrist zur Beschwerdeeinreichung. Der letztgenannte Fall kann insbesondere dann stattfinden, wenn die Beschwerde durch einen nichtantragstellenden Gläubiger eingereicht und auf die fehlende internationale Zuständigkeit des polnischen Gerichts gestützt wird.

261 Die Beschwerde ist direkt beim Restrukturierungsgericht einzureichen. Das Gericht prüft, ob die Beschwerde formell zulässig ist und die entsprechende Gebühr eingezahlt wurde. Die Beschwerde hat Angaben zu den Verfahrensparteien und dem Verfahren zu enthalten. Es sind die Beschwerdegründe darzulegen und Antrag auf Eröffnung des Verfahrens bzw. Abweisung oder Zurückweisung des Eröffnungsantrages zu stellen. Die Beschwerdegebühr beträgt 200 PLN. Das Gericht fordert den Antragsteller zur Beseitigung etwaiger formeller Mängel bzw. Gebührenentrichtung auf. Wenn die Frist zur Mängelbeseitigung erfolglos abgelaufen ist, ist die Beschwerde zurückzuweisen. Weist die Beschwerde keine Mängel auf oder wurden diese beseitigt, so verweist das Restrukturierungsgericht die Beschwerde samt Verfahrensakten an das Gericht der zweiten Instanz.

5. Verfahren vor dem Gericht der zweiten Instanz

262 Die Beschwerde wird durch das Gericht der zweiten Instanz entschieden. Die Entscheidung soll binnen 30 Tagen ab der Zusendung der Beschwerde und der Verfahrensakten an das Gericht der zweiten Instanz getroffen werden. Die Frist hat lediglich Ordnungscharakter. Das Gericht der zweiten Instanz entscheidet in einer nichtöffentlichen Sitzung mit einer Besetzung von drei Richtern.

263 Das Gericht der zweiten Instanz weist die Beschwerde entweder ab oder gibt ihr statt. Im letzten Fall wird die sachliche Entscheidung entweder durch das Gericht der zweiten Instanz getroffen oder das Verfahren wird an das Restrukturierungsgericht zur weiteren Verhandlung verwiesen. Der Beschluss des Gerichts der zweiten Instanz darf weder mit einer Kassationsklage (poln. skarga kasacyjna) noch mit einer Klage auf Feststellung der Rechtswidrigkeit einer rechtskräftigen Entscheidung (poln. skarga o stwierdzenie niezgodności z prawem prawomocnego orzeczenia) angefochten werden.

6. Sicherungsverfahren

264 Nur im Falle des Vergleichs- und Sanierungsverfahrens kann das Restrukturierungsgericht die Maßnahmen treffen, die erforderlich erscheinen, um das Vermögen des Schuldners zu sichern.

265 **a) Vergleichsverfahren.** Im Vergleichsverfahren kann ein vorläufiger Gerichtssachwalter (poln. tymczasowy nadzorca sądowy) bestellt werden, für den grundsätzlich die Vorschriften über den Gerichtssachwalter, darunter die ihm zustehende Vergütung, entsprechend gelten. Wird ein vorläufiger Gerichtssachwalter bestellt, so bedürfen die Handlungen des Schuldners, die über den gewöhnlichen Geschäftsbetrieb hinausgehen, der vorherigen Zustimmung dieses vorläufigen Gerichtssachwalters. Der vorläufige Gerichtssachwalter kann auch eine Handlung binnen 30 Tagen genehmigen, solange ist sie schwebend unwirksam.

266 Das Gericht kann auch auf Antrag des Schuldners oder des vorläufigen Gerichtssachwalters die Maßnahmen der Zwangsvollstreckung gegen den Schuldner einstweilen einstellen sowie, wenn dies zu Zwecke des Verfahrens erforderlich scheint, den Arrestbefehl der Bankkonten aufheben. Im Falle der Arrestaufhebung ist die Bestellung eines vorläufigen Gerichtssachwalters erforderlich. Diese Maßnahmen können sich jedoch nur gegen die Forderungen der Gläubiger richten, die gesetzesgemäß vom Vergleich umfasst werden können. Die Anordnung des Gerichts können der Schuldner und der vollstreckende Gläubiger mit einer Beschwerde binnen sieben Tagen ab der Zustellung der Anordnung anfechten.

267 **b) Sanierungsverfahren.** Neben den Sicherungsmaßnahmen, die im Vergleichsverfahren zugänglich sind (→ Rn. 265 ff.), kann im Sanierungsverfahren auch ein vorläufiger Verwalter bestellt werden, für den grundsätzlich die Vorschriften über den Verwalter, darunter die ihm zustehende Vergütung, entsprechend gelten. Wird ein vorläufiger Verwalter bestellt, so geht das

Recht des Schuldners, das ihm gehörende Vermögen zu verwalten und darüber zu verfügen, auf den vorläufigen Verwalter über. Etwaige Handlungen des Schuldners sind nichtig.

7. Eigentliches Restrukturierungsverfahren

Die Handlungen im eigentlichen Restrukturierungsverfahren nimmt grundsätzlich der 268 Restrukturierungsrichter vor. Er leitet das Verfahren, führt die Aufsicht über die Handlungen des Gerichtssachwalters oder Verwalters, bestimmt die Handlungen, die der Gerichtssachwalter oder Verwalter ohne seine Zustimmung oder Zustimmung des Gläubigerausschusses nicht vornehmen darf sowie belehrt, wenn erforderlich, den Gerichtssachwalter oder Verwalter (zur Zuständigkeit des Gerichts nach der Eröffnung des Restrukturierungsverfahren → Rn. 238 ff.).

Das Restrukturierungsgericht entscheidet nur in gesetzlich bestimmten Angelegenheiten. Es 269 entscheidet in der Besetzung von einem Richter, es sei denn, dass es sich um die Vergütung des Gerichtssachwalters oder Verwalters oder Beschwerden gegen Beschlüsse des Restrukturierungsrichters handelt. In den letztgenannten Fällen entscheiden drei Richter.

Der Restrukturierungsrichter und das Restrukturierungsgericht entscheiden entweder in einer 270 nichtöffentlichen oder öffentlichen Sitzung. Zu den Sitzungen können die Verfahrensbeteiligten oder andere Personen geladen werden. Es können jegliche Beweismittel durchgeführt werden, außer den Sachverständigenbeweis (zur Ausnahme im Falle der Anfechtung der Forderungsliste → Rn. 1095 ff.). Erweist es sich als erforderlich, den Schuldner, Konkursverwalter, die Gläubiger oder andere Personen zu vernehmen, können diese entweder zur Sitzung des Restrukturierungsrichters bzw. Restrukturierungsgerichts geladen oder zur Abgabe schriftlicher Aussagen aufgefordert werden. Die schriftlichen Aussagen stellen einen Beweis im Verfahren dar. Der Restrukturierungsrichter oder das Restrukturierungsgericht können auch verlangen, dass die Unterschrift unter den Aussagen notariell beglaubigt wird. Die Absage der Aussagen, ungeachtet der Gründe hierzu, stellt kein Hindernis im Verfahren dar, dh es kann weiter durchgeführt werden. Sowohl der Restrukturierungsrichter als auch das Restrukturierungsgericht können jegliche Beweismittel erheben, grundsätzlich außer den Sachverständigenbeweis. Ein Sachverständiger kann nur im Falle der Anfechtung der Forderungsliste im Vergleichs- und Sanierungsverfahren bestellt werden.

Wird das Restrukturierungsverfahren wegen allen Gesellschaftern einer Gesellschaft bürgerli- 271 chen Rechts (poln. spółka cywilna), wegen einer Personenhandelsgesellschaft und ihren Gesellschaftern oder wegen Eheleuten eröffnet, so kann das Restrukturierungsgericht die Restrukturierungsverfahren verbinden und zusammenführen. Es wird nur ein Restrukturierungsrichter bestellt. Das Gericht kann auch einen gemeinsamen Gerichtssachwalter bzw. Verwalter und Gläubigerausschuss bestellen sowie eine gemeinsame Gläubigerversammlung einberufen. Für jeden Schuldner wird jedoch eine gesonderte Forderungsliste erstellt und die Gläubiger entscheiden gesondert über einzelne Vergleiche für jeden Schuldner. Das Honorar des Gerichtssachwalters bzw. Verwalters und die Kosten der Verfahren deckt jeder Schuldner, wobei das Verhältnis, zu dem diese zu decken sind, das Restrukturierungsgericht bestimmt. Das Gericht kann auch andere miteinander verbundene Restrukturierungsverfahren verbinden, insbesondere in Falle von verbundenen Unternehmen oder Personen. Dies ersetzt zum Teil das Fehlen der Möglichkeit einer Gruppenrestrukturierung im polnischen Recht. Die Verbindung der Verfahren, anders als im Konkursrecht, ist auch dann möglich, wenn die Verfahren an verschiedenen Restrukturierungsgerichten eröffnet worden sind. Zuständig für die verbundenen Verfahren ist das Gericht, das als erstes den Beschluss über die Restrukturierungsverfahrenseröffnung erlassen hat.

Die Entscheidungen im Restrukturierungsverfahren ergehen in Form von Beschlüssen. 272 Beschlüsse, die in einer nichtöffentlichen Sitzung gefällt werden, sind grundsätzlich dem Schuldner und Sachwalter bzw. Verwalter sowie allen Personen, die der Beschluss betrifft, zuzustellen. Die Beschlüsse, die alle Gläubiger betreffen, werden den einzelnen Gläubigern nicht zugestellt, sondern liegen vielmehr in der Geschäftsstelle aus.

Die Beschlüsse des Restrukturierungsgerichts und Restrukturierungsrichters können mit einer 273 Beschwerde angefochten werden, wenn dies im Gesetz zugelassen ist. Über die Beschwerden gegen die Beschlüsse des Restrukturierungsrichters entscheidet das Restrukturierungsgericht als das Gericht der zweiten Instanz. Die Beschwerde ist grundsätzlich binnen einer Woche einzureichen, es sei denn, dies wird ausdrücklich anders geregelt (zur Fristberechnung → Rn. 260).

Die Beschlüsse des Gerichts der zweiten Instanz können weder mit einer Kassationsklage (poln. 274 skarga kasacyjna) noch einer Klage auf Feststellung der Rechtswidrigkeit einer rechtskräftigen Entscheidung (poln. skarga o stwierdzenie niezgodności z prawem prawomocnego orzeczenia) noch eine Klage auf Wiederaufnahme des Verfahrens (poln. skarga o wznowienie postępowania) angefochten werden.

IV. Verfahrenskosten und Folgen bei fehlender Deckung

1. Kosten im Verfahren zur Restrukturierungsverfahrenseröffnung

275 Die Stellung eines Restrukturierungsantrages ist kostenpflichtig. Die Gerichtsgebühr beträgt 1.000 PLN. Die Gerichtsgebühr bei einem vereinfachten Antrag auf Eröffnung des Sanierungsverfahrens beträgt 200 PLN. Die Höhe der Gerichtsgebühr hängt nicht davon ab, welche Verfahrensart zu eröffnen ist und ob der Antrag durch den Schuldner oder einen anderen Antragsberechtigten gestellt wird.

276 Nur im beschleunigten Vergleichsverfahren ist ein zwingender Auslagenvorschuss zu zahlen. Dem Antrag auf Verfahrenseröffnung ist ein Beleg der Einzahlung eines Vorschusses für die Auslagen des Verfahrens beizulegen. Die Höhe des Vorschusses ist dem Betrag des durchschnittlichen Monatsgehalts im Unternehmenssektor ohne Gewinnauszahlungen im dritten Quartal des vorangegangenen Jahres gleich. Die Höhe dieses Betrages wird durch den Präsidenten des Statistischen Hauptamtes (poln. Główny Urząd Statystyczny) veröffentlicht. Wird der Auslagenvorschuss nicht eingezahlt, so wird der Schuldner aufgefordert, innerhalb einer einwöchigen Frist, diesen einzuzahlen. Kommt der Schuldner der gerichtlichen Aufforderung nicht nach, wird der Antrag zurückgewiesen. Die Auslagen im Vergleichsverfahren sind in erster Reihe von dem Auslagenvorschuss zu decken. Der etwaige nicht verwendete Teil des Auslagenvorschusses wird dem Schuldner zurückerstattet. Reicht der Auslagenvorschuss nicht aus, so ist das Restrukturierungsgericht berechtigt, einen weiteren Auslagenvorschuss zu verlangen, unter Androhung der Einstellung des Verfahrens. Die Aufforderung zur Einzahlung des zusätzlichen Auslagenvorschusses unterbricht den Verfahrensablauf jedoch nicht. Der Beschluss, der die Aufforderung zur Einzahlung des Auslagenvorschusses zum Gegenstand hat, ist unanfechtbar.

277 Im Falle des Vergleichs- und Sanierungsverfahrens ist das Restrukturierungsgericht berechtigt, den Schuldner zur Einzahlung eines Auslagenvorschusses aufzufordern, unter Androhung des Unterlassens der Tätigkeiten, die mit Kosten verbunden sind. Das Restrukturierungsgericht kann vom Schuldner auch einen Vorschuss auf die Vergütung des vorläufigen Gerichtsverwalters bzw. des vorläufigen Verwalters verlangen. Entrichtet der Schuldner der Vorschuss nicht, so stellt das Gericht das Verfahren ein.

278 Wird der Restrukturierungsantrag durch einen Bevollmächtigten des Antragstellers gestellt, so ist auch zusätzlich eine Stempelgebühr (poln. opłata skarbowa) in Höhe von 17 PLN zu entrichten.

279 Zu den Kosten des Verfahrens zur Verfahrenseröffnung zählen neben den Gerichtsgebühren etwaige Kosten von Zeugenvernehmungen sowie das Honorar eines etwaigen vorläufigen Gerichtssachwalters bzw. Verwalters (→ Rn. 958 ff.; → Rn. 969 ff.).

280 Da grundsätzlich am Verfahren zur Verfahrenseröffnung nur der Schuldner beteiligt ist, ist die Frage der Kostenrückerstattung irrelevant. Im Sanierungsverfahren gilt dagegen, wenn der Antragsteller nicht der Schuldner ist, dass die Kosten des Verfahrens entweder dem Schuldner oder sonstigen Antragsteller aufzuerlegen sind, abhängig vom Ergebnis des Verfahrens, dh ob und warum dem Antrag stattgegeben, er abgelehnt bzw. zurückgewiesen wurde und wer der Antragsteller war. Wird bspw. der Gläubigerantrag auf Eröffnung des Sanierungsverfahrens wegen Unbegründetheit abgelehnt, so sind die Kosten, darunter die Anwaltskosten des Schuldners dem antragstellenden Gläubiger aufzuerlegen (zur Prozesskostenhilfe → Rn. 154 ff.).

2. Kosten des eigentlichen Restrukturierungsverfahrens

281 Zu den Kosten des eigentlichen Restrukturierungsverfahrens gehören Gebühren und Auslagen. Sie stellen einen offenen Katalog dar.

282 **a) Begriff der Kosten. aa) Gebühren.** Als Gebühren des eigentlichen Restrukturierungsverfahrens gelten alle Kosten, die durch das Ziel des betreffenden Restrukturierungsverfahrens gerechtfertigt sind. Im Rahmen des Restrukturierungsverfahrens kann eine Gebühr anfallen für:
1. den Antrag auf Feststellung des Vergleichs nach eigenständiger Stimmensammlung;
2. den Restrukturierungsantrag (auf Eröffnung des beschleunigten Vergleichsverfahrens, Vergleichsverfahrens, Sanierungsverfahrens);
3. den Vereinfachten Antrag auf Eröffnung des Sanierungsverfahrens;
4. die Beschwerde gegen den in dem Restrukturierungsverfahren erlassenen Beschluss;
5. den Widerspruch gegen die Forderungsliste;
6. die Beschwerde gegen den Beschluss des Restrukturierungsrichters, welcher infolge der Prüfung eines Widerspruchs erlassen wurde (Witosz PrUpad/Torbus RestR Art. 207 Rn. 2).

283 **bb) Auslagen.** Zu den Auslagen gehören ua Kosten:
1. der gesetzlich vorgeschriebenen Bekanntmachungen,

Internationales Insolvenzrecht – Polen

2. der Tätigkeiten des Gläubigerausschusses,
3. der Einberufung einer Gläubigerversammlung außerhalb des Gerichts,
4. der Vergütung und Auslagen von Organen des Restrukturierungsverfahrens,
5. der Vergütung der vom Verwalter eingestellten Personen (aufgrund Arbeitsvertrages, Dienstleistungsvertrages, Werkvertrages usw),
6. des Verzeichnisses und der Bewertung der Vergleichs- bzw. Sanierungsmasse,
7. ggf. eines Immobiliensachverständigen,
8. die mit der Verwertung von Vergleichs- bzw. Sanierungsmassebestandteile zusammenhängen,
9. der Vergütung und Auslagen des in dem Restrukturierungsverfahren bestellten Pflegers (Zimmerman PrUpPrRest Art. 207 Rn. 5).

Zu den Auslagen gehört auch die Vergütung des Gerichtssachwalters bzw. des Verwalters. Hingegen ist die Vergütung des Vergleichssachwalters in dem Verfahren zur Feststellung des Vergleichs in einem Vertrag zwischen dem Schuldner und dem Vergleichssachwalter zu bestimmen (Art. 35 Abs. 2 RestR). Diese unterliegt weder der Festlegung noch der Kontrolle des Restrukturierungsgerichts. Somit stellt die Vergütung im Verfahren zur Feststellung eines Vergleichs keine Auslagen dar (näher zur Vergütung → Rn. 950). 284

b) Kostentragung. Die Kosten des Restrukturierungsverfahrens gehen grundsätzlich zu Lasten des Schuldners. Im gestellten Antrag auf Eröffnung des Vergleichs- bzw. Sanierungsverfahren ist der Schuldner verpflichtet, seine Fähigkeit zur Deckung der laufenden Verfahrenskosten und nach der Verfahrenseröffnung entstehenden Verbindlichkeiten glaubhaft zu machen (→ Rn. 901 ff.). Auch im beschleunigten Vergleichsverfahren hat der Schuldner imstande zu sein, die laufenden Kosten des Verfahrens und neue Verbindlichkeiten zu tragen, sonst sind Erfolgsaussichten des Restrukturierungsverfahrens eher fraglich. Im beschleunigten Vergleichsverfahren kann das Gericht den Schuldner zur Zahlung eines Vorschusses auf Kosten des Verfahrens unter Androhung der Verfahrenseinstellung auffordern. 285

Grundsätzlich entrichtet der Schuldner die laufenden Kosten selbst. Wurde dem Schuldner die Verwaltungsbefugnis entzogen, so entrichtet der Verwalter die dem Schuldner belastenden Kosten auf Aufforderung des Restrukturierungsgerichts bzw. -richters. 286

Jeder Verfahrensbeteiligte trägt die Kosten seiner Teilnahme am Verfahren selbst. Die Kosten der Gläubiger sind grundsätzlich nicht dem Schuldner aufzuerlegen bzw. aus der Vergleichs- bzw. Sanierungsmasse zurückzuerstatten. Die Verfahrenskosten, die infolge der Einreichung eines Widerspruchs gegen die Berücksichtigung einer Forderung eines anderen Gläubigers auf der Forderungsliste entstanden sind, werden dem Gläubiger, der den Widerspruch eingelegt hat, auferlegt, sofern infolge des Widerspruchs die bestrittene Forderungsanmeldung abgelehnt wurde, es sei denn, der Schuldner hat die Forderungsanmeldung bestritten oder Widerspruch eingelegt. 287

V. Verfahrensöffentlichkeit, Akteneinsicht und Zentrales Konkurs- und Restrukturierungsregister/Nationales Schuldnerregister
(poln. Krajowy Rejestr Zadłużonych)

1. Verfahrensöffentlichkeit und Akteneinsicht

Sowohl im Verfahren zur Restrukturierungsverfahrenseröffnung als auch im eigentlichen Restrukturierungsverfahren entscheidet grundsätzlich das Restrukturierungsgericht in einer nichtöffentlichen Sitzung. An einer solchen Sitzung können nur die durch das Gericht geladenen Personen teilnehmen. An einer öffentlichen Sitzung können alle Personen teilnehmen, die zur Sitzung erscheinen (zur Abhaltung der Sitzung hinter verschlossenen Türen → Rn. 172). 288

Im Verfahren zur Restrukturierungsverfahrenseröffnung können grundsätzlich nur die Verfahrensbeteiligten, dh der Schuldner und der etwaige Antragsteller im Sanierungsverfahren, in die Verfahrensakte Einsicht nehmen. Außerdem steht dieses Recht insbesondere dem etwaigen Pfleger des Schuldners, dem vorläufigen Gerichtssachwalter oder Verwalter sowie den Gläubigern des Schuldners zu, die Einzelvollstreckungsmaßnahmen gegen den Schuldner durchführen. 289

Ab dem Tage der Verfahrenseröffnung erstreckt sich das Recht, in die Verfahrensakte Einsicht zu nehmen, auf weitere Personen, insbesondere auf sämtliche Gläubiger des Schuldners. Auch weitere Personen können in die Verfahrensakte Einsicht nehmen, wenn sie ihr rechtliches Interesse darlegen, zB Ehegatte und Erben des Schuldners, Vertragsparteien eines Vertrages, der anfechtbar ist, sowie die Gerichtsvollzieher (Miczek/Doradca restrukturyzacyjny 2016 Nr. 3). 290

Das Recht, in die Verfahrensakte Einsicht zu nehmen, umfasst den Zugang zu allen Verfahrensunterlagen sowie das Recht, die Unterlagen vor Ort zu kopieren oder zu fotografieren. Die Anord- 291 nung der Abhaltung der gesamten Sitzung oder ihres Teils hinter verschlossenen Türen beeinflusst nicht das Recht, in die Verfahrensakte Einsicht zu nehmen.

2. Zentrales Konkurs- und Restrukturierungsregister. Nationales Schuldnerregister (poln. Krajowy Rejestr Zadłużonych)

292 Zum Konkurs- und Restrukturierungsregister/Nationalen Schuldnerregister (poln. Krajowy Rejestr Zadłużonych) → Rn. 36 ff.; → Rn. 175 ff.

VI. Anerkennung des Verfahrens im Ausland

293 Die Eröffnung eines Restrukturierungsverfahrens durch ein polnisches Gericht wird in allen übrigen Mitgliedstaaten der EU auf Grundlage der EuInsVO 2015 anerkannt. Im Anhang A zur Verordnung sind alle Restrukturierungsverfahren aufgeführt, und zwar:
1. Verfahren zur Feststellung eines Vergleichs;
2. Beschleunigtes Vergleichsverfahren;
3. Vergleichsverfahren;
4. Sanierungsverfahren.

294 Auch das Verfahren zur Feststellung eines Vergleichs bzw. das beschleunigte Vergleichsverfahren, in dem ein Teilvergleich abzuschließen ist, wird in den Geltungsbereich der EuInsVO einbezogen (Porzycki/Monitor Prawniczy 2015 Nr. 20, 1073–1076) (im Übrigen → Rn. 177 ff.).

VII. Verfahrensbeendigung

1. Aufhebung des Verfahrens; Erfüllung des Vergleiches

295 **a) Aufhebung des Verfahrens. aa) Gründe für die Verfahrensaufhebung.** Das Restrukturierungsverfahren wird aufgehoben, wenn der Beschluss des Restrukturierungsgerichts über die Feststellung des Vergleiches oder Absage der Feststellung des Vergleiches rechtskräftig wird. Das Gericht erlässt keinen gesonderten Beschluss darüber, dass das Restrukturierungsverfahren aufgehoben wurde. Daher, obwohl die Information darüber bekanntgegeben wird, kann die Aufhebung des Verfahrens nicht angefochten werden (zur Anfechtung des Beschlusses des Restrukturierungsgericht über die Feststellung des Vergleiches oder Absage der Feststellung des Vergleiches → Rn. 1140).

296 **bb) Rechtsfolgen der Verfahrensaufhebung.** Nach der Aufhebung des Verfahrens gewinnt der Schuldner die Verwaltungs- und Verfügungsbefugnis zurück, wenn diese ihm entzogen wurde oder beschränkt war, es sei denn, etwas anderes wurde im Vergleich bestimmt. Dem Schuldner sind auch ggf. die Unternehmensbücher und andere Unterlagen zurückzugeben. Nimmt er diese nicht entgegen, so können diese auf seine Kosten liquidiert werden.

297 Ab dem Tage der Rechtskraft des Beschlusses über die Feststellung des Vergleiches stellt der Auszug aus der festgestellten Forderungsliste samt der Ausfertigung des Beschlusses über die Vergleichsfeststellung einen Vollstreckungstitel gegen den Schuldner dar. Der Beschluss stellt auch die Grundlage dafür dar, in den Grundbüchern und anderen Registern die Information über die Feststellung des Vergleiches aufzuführen.

298 Sieht der Vergleich einen Debt-Equity-Swap vor, so ersetzt der rechtskräftige Beschluss über die Vergleichsfeststellung die im PPHGGB genannten, mit der Kapitalerhöhung, Einlagenleistung und Anteile- bzw. Aktienübernahme verbundenen Anforderungen. Die Ausfertigung des rechtskräftigen Beschlusses über die Vergleichsfeststellung stellt die Grundlage für die Eintragung der Kapitalerhöhung in das KRS dar.

299 Mit dem Tage der Rechtskraft des Beschlusses über die Feststellung des Vergleiches werden die Sicherungs- und Vollstreckungsverfahren gegen den Schuldner dem Gesetz nach ausgesetzt, wenn diese sich auf die in dem Vergleich einbezogenen Forderungen erstrecken. Diesbezügliche Vollstreckungstitel treten außer Kraft.

300 **b) Erfüllung des Vergleiches.** Wird der Beschluss des Restrukturierungsgerichts über die Feststellung des Vergleiches rechtskräftig, so beginnt gleichzeitig auch die Zeit der Erfüllung des Vergleichs. Die Vorschriften des RestR bestimmen diese Etappe der Unternehmensrestrukturierung nur ansatzweise.

301 Ab dem Tage der Rechtskraft des Beschlusses über die Feststellung des Vergleiches gewinnt der Schuldner die Verwaltungs- und Verfügungsbefugnis zurück, wenn diese ihm entzogen wurde oder beschränkt war. Der Vergleichssachwalter, Gerichtssachwalter bzw. Verwalter übernimmt den Posten des Vergleichserfüllungssachwalters, es sei denn, dass im Vergleich etwas anderes bestimmt

ist. Dies beschränkt den Schuldner nicht in der Verwaltung seines Vermögens. Die Rolle des Vergleichserfüllungssachwalters beschränkt sich auf die Aufsicht über die Handlungen des Schuldners. Er kann vom Schuldner Informationen, Erklärungen und Unterlagen verlangen und ist verpflichtet, dem Restrukturierungsgericht Berichte vorzulegen. Im Vergleich kann bestimmt werden, dass die Aufsicht über die Vergleichserfüllung einer anderen Person übertragen wird. Die Aufsicht muss nicht angeordnet werden. Dem Schuldner kann die Verwaltungs- bzw. Verfügungsbefugnis für den Zeitraum der Vergleichserfüllung jedoch auch völlig entzogen werden.

Der Vergleichserfüllungssachwalter legt dem Gericht einmal im Quartal einen Bericht über die Erfüllung des Restrukturierungsplanes und des Vergleiches vor. Der Bericht ist öffentlich bekanntzugeben, so können Gläubiger Kenntnis über die ökonomische Lage des Schuldners und darüber, ob er den Vergleich erfüllt, erlangen. Somit sollte jeder Gläubiger imstande sein, eine etwaige Entscheidung über die Stellung eines Antrages auf Vergleichsänderung bzw. -annullierung oder sogar eines Konkursantrages zu treffen. Der Bericht bedarf keiner Feststellung des Restrukturierungsgerichts (Zimmerman PrUpPrRest Art. 171 Rn. 10; Gurgul PrUpPrRest, 11. Aufl. 2017, RestR Art. 171 Rn. 2). **302**

Nach Erfüllung des Vergleiches oder Vollstreckung der durch den Vergleich umfassten Forderungen erlässt das Restrukturierungsgericht auf Antrag des Schuldners, des Vergleichserfüllungssachwalters oder einer anderen Person, die aufgrund des Vergleichs berechtigt ist, den Vergleich zu erfüllen oder zu überwachen, einen Beschluss über die Erfüllung des Vergleiches. Die Gläubiger des Schuldners sind hingegen nicht berechtigt, einen solchen Antrag zu stellen, die Feststellung der Vergleichserfüllung kann auch nicht von Amts wegen erfolgen (SPH/Witosz 494). Der Beschluss über die Vergleichserfüllung ist in einer nicht öffentlichen Sitzung zu erlassen und wird bekanntgegeben. Er kann mit einer Beschwerde angefochten werden, die binnen zwei Wochen ab der Bekanntgabe beim Restrukturierungsgericht einzureichen ist (Art. 14 Abs. 2 RestR). Beschwerdeberechtigt sind neben den Personen, die den Erlass des Beschlusses beantragen können, auch die Gläubiger des Schuldners (Witosz PrUpad Art. 172 Rn. 6). **303**

Ein rechtskräftiger Beschluss über die Erfüllung des Vergleiches stellt die Grundlage für die Löschung der den Vergleich betreffenden Eintragungen in den Grundbuchregistern und sonstigen Registern dar. Die Löschung erfolgt von Amts wegen. Der Schuldner gewinnt die Verwaltungs- und Verfügungsbefugnis zurück, wenn ihm laut des Vergleiches diese entzogen worden war. **304**

c) Änderung des Vergleiches. Im Laufe der Vergleichserfüllung kann sich die wirtschaftliche Lage des Schuldners mehrfach ändern. Auch sein Verhalten und die Wahrnehmung dieses Verhaltens durch die Gläubiger kann verschiedenen Änderungen unterliegen. In Bezug auf solche Situationen sieht das RestR die Möglichkeit einer Vergleichsänderung vor. **305**

Der Vergleich kann dann geändert werden, wenn sich nach der Feststellung des Vergleiches das Einkommen des Schuldners dauerhaft geändert hat. Der Antrag auf Vergleichsänderung kann durch den Schuldner, Vergleichserfüllungssachwalter oder durch eine andere Person, die laut dem Vergleich zur Erfüllung oder Überwachung des Vergleiches berechtigt ist, sowie durch jeden Gläubiger gestellt werden. Der Antrag soll geänderte Vergleichsvorschläge beinhalten, die bspw. ganz neue Formen der Gläubigerbefriedigung einführen oder die bisherigen modifizieren oder teilweise streichen (TWW/Witosz PrRest Art. 173 Rn. 5). **306**

Der Vergleich kann dann auch geändert werden, wenn für den Zeitraum der Vergleichserfüllung dem Schuldner die Verwaltungsbefugnis nicht entzogen worden war und: **307**
1. der Schuldner, wenn auch nicht vorsätzlich, gegen rechtliche Vorschriften in Bezug auf die Unternehmensverwaltung verstoßen hat und dies eine Gläubigerbenachteiligung zur Folge hatte oder haben konnte, oder
2. es offensichtlich ist, dass die Art und Weise der Verwaltung die Erfüllung des Restrukturierungsplans und Vergleichs gefährdet, oder auch
3. der Schuldner den Vergleichserfüllungssachwalter bei der Ausübung seiner Aufgaben behindert.

In solchen Fällen können der Vergleichserfüllungssachwalter und jeder Gläubiger die Änderung des Vergleiches derart beantragen, dass mit der Verwaltungsbefugnis und Erfüllung des Vergleiches eine andere Person beauftragt wird. **308**

Die Änderung des Vergleiches wegen anderen Umständen ist ausgeschlossen (Gurgul PrUpPrRest, 11. Aufl. 2017, RestR Art. 175 Rn. 3). Das Restrukturierungsgericht prüft bei der Antragserörterung ausschließlich, ob die Gründe für eine Vergleichsänderung vorliegen. Die Änderung des Vergleiches erfolgt erst in Folge der Gläubigerabstimmung über die geänderten Vergleichsvorschläge und Feststellung des geänderten Vergleiches durch das Gericht. Das Gericht erlässt einen Beschluss über die Eröffnung des Verfahrens zur Vergleichsänderung. Der Beschluss wird bekanntgegeben und kann durch den Schuldner sowie Gläubiger, die in der Gläubigerversammlung über den Vergleich abstimmen konnten, binnen einer Woche mit einer Beschwerde **309**

Internationales Insolvenzrecht – Polen

angefochten werden (zur Fristberechnung → Rn. 260). Der Beschluss über die Ablehnung des Antrages auf Vergleichsänderung kann nur durch den Antragsteller selbst angefochten werden.

310 Zum Verfahren über die Änderung des Vergleiches finden die Vorschriften über die Annahme und Feststellung des Vergleiches sowie den Gerichtssachwalter Anwendung (→ Rn. 1134 ff.).

311 **d) Annullierung und Auslaufen des Vergleiches. aa) Annullierung des Vergleiches.** Erfüllt der Schuldner die Bestimmungen des Vergleiches nicht oder ist es offensichtlich, dass der Vergleich nicht erfüllt wird, so wird der Vergleich annulliert. Die Annullierung des Vergleiches wegen anderen Gründen ist ausgeschlossen. Liegen die genannten Gründe vor, so ist die Annullierung zwingend. Dabei wird vermutet, dass es offensichtlich ist, dass der Vergleich nicht erfüllt wird, wenn der Schuldner den Verbindlichkeiten, die nach der Feststellung des Vertrages entstanden worden sind, nicht nachkommt. Die Vermutung ist widerlegbar.

312 Die Annullierung des Vergleiches kann nur auf Antrag erfolgen, jedoch nicht von Amts wegen, auch wenn das Gericht von den die Annullierung begründenden Umständen Kenntnis erlangt. Antragsberechtigt sind der Schuldner, Vergleichserfüllungssachwalter oder eine andere Person, die laut dem Vergleich zur Erfüllung oder Überwachung des Vergleiches berechtigt ist, sowie jeder Gläubiger des Schuldners.

313 Über den Antrag auf Vergleichsannullierung entscheidet das Gericht in einer nichtöffentlichen Sitzung. Sein Beschluss wird bekanntgegeben und kann durch den Schuldner sowie Gläubiger, die in der Gläubigerversammlung über den Vergleich abstimmen konnten, binnen einer Woche mit einer Beschwerde angefochten werden (zur Fristberechnung → Rn. 260). Der Beschluss über die Ablehnung des Antrages auf Vergleichsannullierung kann dagegen nur durch den Antragsteller selbst angefochten werden.

314 **bb) Auslaufen des Vergleiches.** Neben der Annullierung des Vergleiches sieht das RestR das Auslaufen des Vergleiches vor. Der ausschließliche Grund für das Auslaufen des Vergleiches sind die Konkurserklärung in der Zeit der Vergleichserfüllung oder die Abweisung des Konkursantrages mangels Masse. In solchen Fällen ist die Einleitung des Verfahrens über die Vergleichsannullierung entbehrlich (Zimmerman PrUpPrRest Art. 178 Rn. 1). Das Auslaufen des Vergleiches erfolgt mit dem Tage der Rechtskraft des Beschlusses des Konkursgerichts über die Konkurserklärung bzw. Abweisung des Konkursantrages und bedarf keines weiteren Beschlusses des Restrukturierungsgerichts. Somit ist es auch nicht anfechtbar.

315 **cc) Rechtsfolgen der Annullierung und des Auslaufens des Vergleiches.** Die Rechtsfolgen der Annullierung und des Auslaufens des Vergleiches sind gleich. Die bisherigen Gläubiger sind berechtigt, die ihnen zustehenden Forderungen in der ursprünglichen Höhe gegen den Schuldner zu vollstrecken. Die in der Erfüllung des Vergleiches getätigten Leistungen, darunter ausgezahlte Beträge, sind den Forderungen anzurechnen. Hypothek, Pfand, Registerpfand, Steuerpfand oder Seehypothek sichern die Forderungen zu der Höhe, die in der Erfüllung des Vergleiches nicht erfüllt wurde.

316 Im Falle der Konkurserklärung nimmt der Konkursverwalter von Amts wegen in die Forderungsliste die Forderungen auf, die in die Forderungsliste im Restrukturierungsverfahren aufgenommen worden waren, wobei er die in der Erfüllung des Vergleiches getätigten Leistungen, darunter ausgezahlte Beträge, berücksichtigt. Nur die Gläubiger, die in den Vergleich nicht miteingezogen waren, darunter neue Gläubiger des Schuldners, müssen ihre Forderungen im Konkursverfahren anmelden.

2. Einstellung des Verfahrens

317 **a) Normenzweck.** Die Einstellung eines Restrukturierungsverfahrens kann als Beendigung des Verfahrens ohne eine sachliche Entscheidung beschrieben werden. Das Restrukturierungsgericht erlässt den Beschluss über die Verfahrenseinstellung in all den Fällen, in denen die weitere Durchführung des Verfahrens entbehrlich ist und zur Erfüllung des Verfahrenszweckes gem. Art. 3 Abs. 1 RestR nicht führen kann.

318 Der Verfahrenseinstellungsbeschluss wird in einer nichtöffentlichen Sitzung erlassen. Der Verfahrenseinstellungsbeschluss kann gemäß den allgemeinen Regeln angefochten werden, hingegen kann den Beschluss über die Ablehnung des Antrages auf Verfahrenseinstellung nur der Antragsteller anfechten. Die Beschwerde ist binnen zwei Wochen beim Restrukturierungsgericht einzureichen (zur Fristberechnung → Rn. 260).

319 Das Restrukturierungsrecht sieht mehrere Einstellungsgründe vor. Manche davon haben zwingenden und manche nur fakultativen Charakter, ferner finden einige in allen Verfahrensarten und andere nur in bestimmten Verfahrensarten Anwendung. Die Einstellung erfolgt grundsätzlich von Amts wegen. Die einzige Ausnahme stellt das Recht des Schuldners dar, einen Antrag auf

Internationales Insolvenzrecht – Polen

Verfahrenseinstellung zu stellen, wenn dies durch den Gläubigerausschuss bewilligt wurde. Ansonsten sind keine weiteren Verfahrensbeteiligten berechtigt, die Einstellung des Restrukturierungsverfahrens zu beantragen (TWW/Chrapoński PrRest Art. 325 Rn. 1).

Die Einstellung des Verfahrens zur Feststellung eines Vergleiches ist ausgeschlossen, da das Gericht keinen Beschluss über die Verfahrenseröffnung erlässt und sich seine Mitwirkung nur auf die Feststellung des schon erzielten und abgestimmten Vergleiches beschränkt (TWW/Chrapoński PrRest Art. 325 Rn. 2). Daher beziehen sich die Ausführungen dieses Kapitels nur auf die sonstigen Verfahrensarten, dh das beschleunigte Vergleichsverfahren, Vergleichsverfahren und Sanierungsverfahren. Anzumerken ist jedoch, dass das Verfahren zur Feststellung eines Vergleiches auch ohne eine sachliche Entscheidung des Gerichts enden kann. Stellt der Vergleichssachwalter im Laufe der Stimmensammlung fest, dass die Summe der strittigen Forderungen höher als 15 % der Summe der Forderungen, die zur Abstimmung über den Vergleich berechtigen, ist (→ Rn. 903 ff.), so teilt er dem Schuldner schriftlich mit, dass der Vergleich im Verfahren zur Feststellung eines Vergleiches nicht angenommen und festgestellt werden kann. Der Schuldner kann dann die Entscheidung treffen, ob er die Eröffnung eines Vergleichs- oder Sanierungsverfahrens beantragen will. 320

b) Gründe für die Verfahrenseinstellung. aa) Gläubigerbenachteiligung. Das Restrukturierungsverfahren wird eingestellt, wenn seine weitere Durchführung zu einer Gläubigerbenachteiligung führen würde (zum Inhalt dieser Voraussetzung → Rn. 896 ff.). Die Einstellung ist zwingend und betrifft jede Verfahrensart. 321

(1) Antrag des Schuldners. Die Einstellung des Verfahrens kann auf Antrag des Schuldners erfolgen, wenn dies durch den Gläubigerausschuss bewilligt wurde. Die Gründe für die Antragstellung sind für die Wirksamkeit des Antrages ohne Belang und werden durch das Restrukturierungsgericht nicht geprüft (TWW/Chrapoński PrRest Art. 325 Rn. 9). Die Einstellung ist zwingend, dh dass das Gericht an den Antrag, wenn diesem die Zustimmung des Gläubigerausschusses beigelegt ist, gebunden ist. Der Antrag kann in jeder Verfahrensart gestellt werden. 322

(2) Nicht-Annahme des Vergleiches. Nehmen die Gläubiger den Vergleich nicht an, so ist das Gericht verpflichtet, das Restrukturierungsverfahren einzustellen. Die Nicht-Annahme des Vergleiches kann dadurch bedingt sein, dass in der Gläubigerversammlung, in der über den Vergleich abgestimmt wurde, kein Quorum erzielt wurde oder die erforderliche Kopfmehrheit bzw. Summenmehrheit zur Annahme des Vergleiches nicht erzielt wurde oder die erforderliche Kopfmehrheit bzw. Summenmehrheit zur Annahme des Vergleiches in einigen Abstimmungsgruppen nicht erzielt wurde und die Voraussetzungen einer Zustimmungsersetzung (cram-down) nicht vorliegen (Zimmerman PrUpPrRest Art. 325 Rn. 8). Dieser Einstellungsgrund ist zwingend und findet ihre Anwendung ungeachtet der Verfahrensart. 323

(3) Konkurserklärung. Das Restrukturierungsverfahren wird eingestellt, wenn der Beschluss des Konkursgerichts über die Erklärung des Konkurses des Schuldners rechtskräftig wird. Dieser Einstellungsgrund ist zwingend und findet ihre Anwendung ungeachtet der Verfahrensart. 324

(4) Fehlende Aussichten auf die Erfüllung des Vergleiches. Ergibt sich aus den Umständen, insbesondere dem Verhalten des Schuldners, dass der Vergleich nicht erfüllt wird, so kann das Restrukturierungsverfahren eingestellt werden. Der beschriebene Einstellungsgrund ist fakultativ, findet jedoch auf jede Verfahrensart Anwendung. Die Umstände, die hier relevant werden können von subjektivem oder objektivem Charakter sein, sie können also sich sowohl auf den Schuldner als auch externe Faktoren, die vom Schuldner unabhängig sind, beziehen (TWW/Chrapoński PrRest Art. 325 Rn. 14). 325

(5) Ungehorsam des Schuldners. Das Restrukturierungsverfahren ist auch dann einzustellen, wenn der Schuldner seinen Pflichten nicht nachkommt oder die Anweisungen des Restrukturierungsrichters nicht erfüllt. Sehen die Vergleichsvorschläge im beschleunigten Vergleichsverfahren vor, dass dem Schuldner öffentliche Hilfe erteilt werden soll, so teilt dies das Organ, das die Hilfe zu erteilen hat, dem Restrukturierungsrichter mit und legt seine Stellungnahme hierzu vor. Ergibt sich aus dieser Stellungnahme, dass die öffentliche Hilfe erst nach der Erzielung einer Zustimmung des Organes möglich ist (was grundsätzlich einer zeitaufwendigen Prozedur bedarf, die mit dem Zweck des beschleunigten Vergleichsverfahrens nicht konform ist), so darf der Schuldner binnen einer Woche nach der Zustellung der Stellungnahme neue Vergleichsvorschläge vorlegen. Legt der Schuldner keine neuen Vergleichsvorschläge vor, so stellt das Gericht zwingend das Restrukturierungsverfahren ein. 326

Das beschleunigte Vergleichsverfahren wird auch dann zwingend eingestellt, wenn der Schuldner trotz der Aufforderung eines zusätzlichen Vorschusses auf die Verfahrenskosten nicht eingezahlt hat. Das beschleunigte Vergleichsverfahren ist auch dann zwingend einzustellen, wenn im Verfahren ein Teilvergleich abzuschließen ist und das Gericht rechtskräftig feststellt, dass die Kriterien, 327 die der Schuldner für Auswahl der im Teilvergleich einbezogenen Gläubiger bestimmt hat, rechtswidrig sind (→ Rn. 1113 ff.).

328 Jedes Restrukturierungsverfahren kann ferner dann eingestellt werden, wenn der Schuldner die Anweisungen des Restrukturierungsrichters nicht erfüllt. In diesem Falle bedarf die Einstellung der Zustimmung des Gläubigerausschusses. Die Einstellung ist nicht zwingend, sondern hängt vom Ermessen des Restrukturierungsgerichts ab.

329 **(6) Übersteigung der Schwelle der strittigen Forderungen.** Das Restrukturierungsgericht stellt das beschleunigte Vergleichsverfahren ein, wenn es feststellt, dass die Summe der strittigen Forderungen die Schwelle von 15% der Summe aller Forderungen, die zur Abstimmung über den Vergleich berechtigen, übersteigt (→ Rn. 903 ff.). Die Einstellung ist zwingend.

330 **(7) Fehlende Fähigkeit des Schuldners, laufende Verbindlichkeiten und Verfahrenskosten zu decken.** Das Restrukturierungsgericht stellt das Vergleich- und Sanierungsverfahren ein, wenn der Schuldner nicht mehr fähig ist, die Kosten des Verfahrens sowie die Verbindlichkeiten, die nach der Verfahrenseröffnung entstanden sind oder im Vergleich nicht einbezogen werden, zu decken (→ Rn. 901 ff.). Es wird vermutet, dass der Schuldner diese Fähigkeit verloren hat, wenn er seine Verbindlichkeiten, die nach der Eröffnung des Verfahrens entstanden sind, nicht nachkommen kann und der Zahlungsverzug mehr als 30 Tage andauert.

331 **(8) Fehlende Aussichten auf die Wiederherstellung der Zahlungsfähigkeit des Schuldners.** Im Sanierungsverfahren stellt ferner der Grund für die Verfahrenseinstellung die Situation dar, in der keine Aussichten vorliegen, dass die Fähigkeit des Schuldners, Verbindlichkeiten nachzukommen, wiederhergestellt werden kann. Dieser Grund ist mit dem Sinn und Zweck des Sanierungsverfahrens verbunden, und zwar, dass zuerst die Lage des Unternehmens saniert werden soll und erst danach die Gläubiger über den Vergleich abstimmen sollen (→ Rn. 907 ff.). Wenn vor der Abstimmung schon abzusehen ist, dass keine positiven Aussichten bestehen, muss das Verfahren eingestellt werden. Die Einstellung ist zwingend.

332 **c) Rechtsfolgen der Verfahrenseinstellung.** Nach der Einstellung des Verfahrens gewinnt der Schuldner seine Verwaltungs- und Verfügungsbefugnis zurück. Dem Schuldner sind auch ggf. die Unternehmensbücher und andere Unterlagen zurückzugeben. Nimmt er diese nicht entgegen, so können diese auf seine Kosten liquidiert werden.

333 Der rechtskräftige Beschluss über die Verfahrenseinstellung stellt die Grundlage dafür dar, in den Grundbüchern und anderen Registern die Information über die Einstellung des Verfahrens aufzuführen. Mit dem Tage der Rechtskraft des Beschlusses über die Einstellung des Verfahrens können die Sicherungs- und Vollstreckungsverfahren gegen den Schuldner wiederaufgenommen werden.

334 Der Schuldner tritt in alle Gerichts-, Verwaltungs- und sonstigen Verfahren ein, wenn er in diesen bisweilen durch den Verwalter vertreten wurde. Eine Ausnahme gilt nur im Falle des Sanierungsverfahrens, wenn in seinem Rahmen etwaige Handlungen des Schuldners wegen Gläubigerbenachteiligung angefochten wurden. Binnen 30 Tagen ab dem Erlass des Beschlusses über die Verfahrenseinstellung darf der Gläubiger in das gerichtliche Verfahren eintreten. Der Eintritt in das Verfahren ist unter der Bedingung wirksam, dass der Beschluss über die Verfahrenseinstellung rechtskräftig wird.

3. Vereinfachter Antrag auf Sanierungsverfahrenseröffnung bzw. Konkurserklärung

335 **a) Vereinfachter Antrag auf Sanierungsverfahrenseröffnung.** Die Restrukturierung eines Unternehmens, insbesondere wenn sie im Rahmen des vereinfachten und beschleunigten Verfahrens geführt wird, erlaubt nicht immer die Erreichung des Zieles des Schuldners. Der Gesetzgeber ist sich des Risikos des Scheiterns des Verfahrens bewusst, daher sieht das RestR zwei Möglichkeiten der Änderung der Verfahrensart in vereinfachter Weise vor.

336 Im beschleunigten Vergleichsverfahren und Vergleichsverfahren ist der Schuldner berechtigt, einen vereinfachten Antrag auf Eröffnung des Sanierungsverfahrens zu stellen. Der Antrag kann darauf gestützt werden, dass das beschleunigte Vergleichsverfahren und Vergleichsverfahren eingestellt wurde, und zwar:
1. auf Antrag des Schuldners – der vereinfachte Antrag auf Sanierungsverfahrenseröffnung wird samt dem Antrag auf Verfahrenseinstellung gestellt, oder
2. wegen der Nichtannahme des Vergleiches – der Antrag wird binnen einer Woche ab der Abhaltung der Gläubigerversammlung, in der der Vergleich nicht angenommen wurde, gestellt, oder
3. wegen der Erforderlichkeit, zur Erfüllung des Restrukturierungsplans, öffentliche Hilfe einzuholen – der Antrag wird innerhalb der Frist zur Beschwerde gegen den Beschluss über die Verfahrenseinstellung gestellt.

Internationales Insolvenzrecht – Polen

Antragsberechtigt ist nur der Schuldner. Der Antrag bedarf keiner Zustimmung des Gläubigerausschusses, Gerichtssachwalters oder des Restrukturierungsrichters. Der Antrag hat nur die Anforderungen eines Schriftsatzes zu erfüllen (→ Rn. 65) und das Begehren der Eröffnung des Sanierungsverfahrens enthalten. Sonstige Anforderungen des Antrages auf Eröffnung des Sanierungsverfahrens (→ Rn. 231) müssen nicht erfüllt werden. 337

b) Vereinfachter Antrag auf Konkurserklärung. Ungeachtet der Verfahrensart kann im Falle des Restrukturierungsscheiterns ein vereinfachter Antrag auf Konkurserklärung gestellt werden. Der Antrag ist in der Frist zur Einreichung einer Beschwerde gegen den Beschluss des Restrukturierungsgerichts über die Einstellung des Restrukturierungsverfahrens oder Absage der Feststellung des Vergleiches zu stellen (→ Rn. 1140). Wird sowohl eine Beschwerde als auch der Konkursantrag gestellt, so entscheidet das Gericht zuerst über die eingereichte Beschwerde. Hier ist die Priorität der Restrukturierung vor dem Konkurs erkennbar. 338

Antragsberechtigt ist jede Person, die zur Konkursantragstellung über das Vermögen des Schuldners berechtigt ist (→ Rn. 53 ff.). Der Kreis der Antragsberechtigten ist also breiter als im Falle des vereinfachten Antrages auf Sanierungseröffnung (Gurgul PrUpPrRest, 11. Aufl. 2017, Art. 334 Rn. 1). 339

Der Antrag hat nur die Anforderungen eines Schriftsatzes zu erfüllen (→ Rn. 65) und das Begehren der Eröffnung des Konkurses enthalten. Sonstige Anforderungen des Konkursantrages (→ Rn. 66 ff.) müssen nicht erfüllt werden. 340

VIII. Anerkennung von ausländischen Verfahren

1. Nach EuInsVO 2015

Die Eröffnung eines Restrukturierungsverfahrens durch ein Gericht eines anderen Mitgliedstaats der EU wird in Polen anerkannt, sofern dieses Verfahren in den Anwendungsbereich der EuInsVO 2015 fällt. Somit können die in anderen Mitgliedstaaten der EU eröffneten Restrukturierungsverfahren gemäß den Vorgaben der EuInsVO 2015 anerkannt werden, welche in dem Anhang A zu dieser Verordnung aufgeführt sind (im Übrigen s. Anerkennung ausländischer Konkursverfahren in Polen nach EuInsVO 2015 → Rn. 195 ff.). 341

2. Nach RestR

Im RestR fehlt es an einer gesonderten Regelung der Anerkennung ausländischer Restrukturierungsverfahren in Polen. Ausländische Restrukturierungsverfahren fallen unter die Definition des „ausländischen Konkursverfahrens" iSd KonkR (→ Rn. 198). Findet die EuInsVO 2015 keine Anwendung und gelten keine bilateralen Verträge, so richtet sich die Anerkennung eines ausländischen Restrukturierungsverfahrens nach den Vorschriften des KonkR (TWW/Klyta PrRest Art. 338 Rn. 1) (zur Anerkennung eines ausländischen Konkursverfahrens → Rn. 198 ff.). 342

E. Materielles Insolvenzrecht – Konkursrecht

I. Anwendungsbereich

1. Antragsgründe und andere materielle Verfahrensvoraussetzungen

a) Vorbemerkungen. Die Voraussetzungen für die Konkurserklärung sind Umstände, die vom Gericht im Rahmen der Prüfung des Konkursantrags überprüft werden müssen (SPH/Filipiak 64). Es wird zwischen materiellen, anderes sachlichen, und prozessualen Voraussetzungen der Konkurserklärung unterschieden (SPH/Filipiak 64). Die Aufteilung der Voraussetzungen in – zum einen – materielle und – zum anderen – prozessuale, hat die Verweigerung der Gewährung des Rechtsschutzes einem Schuldner (Abweisung des Antrags) oder die Verweigerung der inhaltlichen Prüfung seines Antrags im Allgemeinen (Abweisung als unzulässig oder Zurückweisung des Antrags) zur Folge. Prozessrechtliche Voraussetzungen, deren Fehlen die Abweisung als unzulässig oder Zurückweisung des Konkursantrages zur Folge haben, wurden schon besprochen (→ Rn. 70 ff.). 343

Zu den materiellen Voraussetzungen eines Konkursantrags gehören die Zahlungsunfähigkeit, das Vorhandensein von Vermögenswerten zur Deckung der Verfahrenskosten, das Vorhandensein von mindestens zwei Gläubigern und die Antragsberechtigung einen Konkursantrag zu stellen (SPH/Filipiak 660). 344

Internationales Insolvenzrecht – Polen

345 Die materiellen Voraussetzungen der Konkurserklärung wurden im Hinblick auf den Antrag einer natürlichen Person, die keine Geschäftstätigkeit ausübt, teilweise anders geregelt. Es wurde auf die Voraussetzung des Vorliegens von Vermögenswerten zur Deckung der Verfahrenskosten und das Vorhandensein von mindestens zwei Gläubigern verzichtet und durch spezifische Kriterien für die Beurteilung der Schuldnerzahlungsmoral ersetzt. Diese Problematik wurde im Abschnitt der Verfahrensentscheidungen des Konkursgerichts zur Konkurserklärung dargelegt (→ Rn. 112 ff.).

346 **b) Zahlungsunfähigkeit.** Ein Konkursverfahren darf nur gegenüber einem zahlungsunfähigen Schuldner eingeleitet werden. Gleichzeitig geht der polnische Gesetzgeber davon aus, dass der Konkurs nur erklärt werden kann, wenn die im Gesetz beschriebenen besonderen Voraussetzungen für die Finanz- und Vermögenslage des Schuldners, dh die gesetzlich qualifizierte Zahlungsunfähigkeit, erfüllt sind. Keine anderen Umstände, wie bspw. mangelnde wirtschaftliche Tragfähigkeit eines Unternehmens, soziale Erwägungen, Interesse des Staates oder die Arbeitsmarktpolitik können eine Grundlage für die Konkurserklärung darstellen.

347 Der Begriff der Zahlungsunfähigkeit iSd KonkR ist nicht einheitlich. Das Gesetz sieht zwei Formen der Zahlungsunfähigkeit vor, von denen die erste – sog. Liquiditätsverlust – allgemeiner Natur ist und für alle Schuldner gilt, unabhängig von ihrer Rechtsform, während die zweite – sog. Überschuldung – eine Sonderform ist, die nur für Schuldner gilt, die juristische Personen oder Organisationseinheiten ohne Rechtspersönlichkeit sind, denen ein eigenes Gesetz die Rechtsfähigkeit verleiht. Vergleicht man die Bestimmungen des KonkR mit den Bestimmungen der deutschen InsO, ist festzustellen, dass der Begriff der Zahlungsunfähigkeit iSd KonkR sowohl den Zustand der Zahlungsunfähigkeit iSd § 17 InsO als auch den der Überschuldung iSd § 19 InsO umfasst. Dies stellt jedoch selbstverständlich eine Vereinfachung dar, denn der Inhalt der zugrunde liegenden Voraussetzungen ist unterschiedlich.

348 Im Gegensatz zum deutschen Recht kann der Konkurs nicht erklärt werden, wenn der Schuldner von der Zahlungsunfähigkeit bedroht ist. Vielmehr kann die drohende Zahlungsunfähigkeit Grundlage für die Eröffnung eines Restrukturierungsverfahrens sein (→ Rn. 882 ff.).

349 Der aktuelle Wortlaut der Voraussetzungen wurde mit dem Gesetz v. 15.5.2015 zum Restrukturierungsrecht festgelegt und ist zum 1.1.2016 in Kraft getreten. Ziel der Initiatoren des Gesetzesentwurfs war es, in diesem Bereich die Definition der Zahlungsunfähigkeit an die Geschäftsverkehrsbedingungen anzupassen. In der Begründung des Gesetzesentwurfes wurde direkt darauf hingedeutet, dass die neue Art der Zahlungsunfähigkeitsdefinition die wirtschaftlichen Voraussetzungen für die Bestimmung der Finanzlage des Unternehmers sowie berechtigte Forderungen der Rechtslehre und der Rechtsprechung berücksichtigt. Die Änderungen betreffen sowohl den Liquiditätsverlust des Schuldners (Art. 11 Abs. 1 des Gesetzes zum Konkurs- und Sanierungsrecht) als auch die Überschuldung (Art. 11 Abs. 2 des Gesetzes zum Konkurs- und Sanierungsrecht) (Sejm/Nr. 2824 v. 9.10.2014, 65).

350 Die Zahlungsunfähigkeitsformen sind gleichwertig und unabhängig voneinander. Für die Erklärung des Konkurses eines Schuldners genügt es, wenn einer von diesen erfüllt ist (SN 24.9.1999 – III CKN 276/98; SN 19.12.2002 – V CKN 342/01; SN 12.5.2011 – IIUK 308/10). Die Voraussetzungen können jedoch auch kumulativ auftreten.

351 Der Konkursantrag sollte einen Hinweis auf die Umstände enthalten, welche die Annahme der Zahlungsunfähigkeit des Schuldners begründen und glaubhaft machen (Art. 22 Abs. 1 Nr. 3 KonkR). Die Erfüllung der Voraussetzungen der Konkurserklärung richtet sich jedoch nach dem Sachstand zum Zeitpunkt der Entscheidung des Konkursgerichts über den Konkursantrag (SN 18.12.1996 – I CKN 23/96).

352 Die Annahme der Erfüllung der Voraussetzungen der Zahlungsunfähigkeit hängt nicht von der Beurteilung der Schuldnerzahlungsmoral und den Gründen ab, aus denen der Schuldner in den Zahlungsunfähigkeitszustand geraten ist (Adamus PrUp, 1. Aufl. 2016, Art. 11 Rn. 6). Eine Ausnahme hierzu bildet das Konkursverfahren gegenüber natürlichen Personen, die keine Geschäftstätigkeit ausüben, bei denen die Tatsache, dass der Schuldner seine Zahlungsunfähigkeit herbeigeführt oder seinen Zahlungsunfähigkeitsgrad vorsätzlich oder grob fahrlässig erheblich erhöht hat, einen zwingenden Abweisungsgrund des Konkursantrags darstellt (→ Rn. 112 ff.).

353 **aa) Liquiditätsverlust. (1) Inhalt der Voraussetzung.** Unabhängig von der Rechtsform eines Schuldners bildet der Liquiditätsverlust die Voraussetzung der Zahlungsunfähigkeit. Der Schuldner ist zahlungsunfähig, wenn er seine Fähigkeit zur Erfüllung seiner fälligen Zahlungsverpflichtungen verloren hat (Art. 11 Abs. 1 KonkR).

354 Dieser Verlust muss durch die schlechte Finanzlage des Schuldners verursacht worden sein und nicht durch andere sachliche Gründe, wie zB plötzlicher Verlust des Erinnerungsvermögens und das Unvermögen sein Bankkonto zu verwenden oder einfach einen bösen Willen des Schuldners

(Sejm/Nr. 2824 v. 9.10.2014, 335). Der Verlust der Fähigkeit zur Erfüllung der fälligen Zahlungsverpflichtungen kann einen sofortigen Charakter haben, bspw. durch den Verlust eines wesentlichen Kunden des Schuldners, sowie durch eine langfristige negative Veränderung der Finanzlage des Schuldners verursacht worden sein (Adamus PrUp, 1. Aufl. 2016, KonkR Art. 11 Rn. 8). Der Verlust der Fähigkeit zur Erfüllung der fälligen Zahlungsverpflichtungen ist aufgrund seiner Natur ein nicht vorübergehender, sondern andauernder Zustand (Zalewski Monitor Prawa Handlowego 2015 Nr. 4). Dementsprechend ist, wie im deutschen Recht, davon auszugehen, dass eine kurzfristige Einstellung von Zahlungen nicht als Zahlungsunfähigkeit zu qualifizieren ist.

(2) **Gegenstand der Prüfung.** Wie im Falle des deutschen § 17 InsO bezieht sich diese Voraussetzung ausschließlich auf die Erfüllung der fälligen Zahlungsverpflichtungen des Schuldners. Eine Forderung wird fällig, wenn der Gläubiger vom Schuldner die Erfüllung seines Anspruches bzw. seiner Forderung verlangen kann (SN 12.2.1991 – III CRN 500/90). Eine Leistung, für die eine Frist angegeben ist oder sich auf die Art der Verpflichtung stützt, wird mit Ablauf dieser Frist fällig. Ist die Frist für die Erfüllung weder festgelegt noch geht sie aus der Art der Verpflichtung hervor, so ist die Leistung zu erfüllen, sobald der Schuldner zur Erfüllung der Verpflichtung aufgefordert wird (Brzozowski in Pietrzykowski, Kodeks cywilny, 9. Aufl. 2018, PZGB Art. 120 Rn. 2). Die Nichterfüllung noch nicht fälliger Verpflichtungen durch einen Schuldner wird bei der Beurteilung der Zahlungsunfähigkeit nicht berücksichtigt. Verpflichtungen, für die dem Schuldner ein Aufschub der Zahlungsfrist gewährt wurde, werden als nicht fällig angesehen (Adamus PrUp, 1. Aufl. 2016, PrUp Art. 11 Rn. 15). 355

Bei der Prüfung, ob diese Voraussetzung erfüllt ist, werden fällige Sachleistungen, bspw. Verpflichtung des Schuldners zur Erbringung einer Werkleistung, solange diese nicht in eine Geldleistung umgewandelt wird, wie etwa die Rückerstattung der Vergütung oder Zahlung einer Vertragsstrafe, nicht berücksichtigt (SPH/Zimmerman KonkR Art. 11 Rn. 7; Witosz PrUpad KonkR Art. 11 Rn. 2; Adamus PrUp, 2. Aufl. 2018, PrUp Art. 11 Rn. 18). 356

Ausgangspunkt für die Beurteilung des Verlustes der Fähigkeit des Schuldners, seinen fälligen Zahlungsverpflichtungen nachzukommen, sollte ein Vergleich des Standes der fälligen Zahlungsverpflichtungen des Schuldners mit seinen verfügbaren Zahlungsmitteln sein (SPH/Filipiak 681, 685). Diese Beurteilung verlangt einen Verweis auf die gesamte wirtschaftliche Lage des Schuldners, einschließlich seiner Fähigkeit, Finanzierungen aus internen (zB durch den Verkauf unnötiger Vermögenswerte) oder externen (zB durch Kreditaufnahme) Quellen zu erhalten (Adamus PrUp, 2. Aufl. 2018, PrUp Art. 11 Rn. 7; Krawczyk-Giehsmann Dziennik Gazeta Prawna – dodatek Firma i Prawo v. 13.2.2018). 357

Die polnische Rechtslehre und Rechtsprechung hat noch keine festen Regeln zur Bestimmung des Eintritts einer Zahlungsunfähigkeit entwickelt, wie sie die deutsche InsO kennt (vgl. zB BGH NZI 2007, 36 Rn. 35; BGHZ 163, 134 Rn. 30). Die Beurteilung des Vorliegens dieser Voraussetzung ist daher immer auf die Prüfung der spezifischen Umstände des Einzelfalles beschränkt. 358

(3) **Vermutung.** Es wird vermutet, dass ein Schuldner die Fähigkeit zur Erfüllung seiner fälligen Zahlungsverpflichtungen verloren hat, wenn die Verzögerung bei der Erfüllung der Zahlungsverpflichtungen mehr als drei Monate beträgt (Art. 11 Abs. 1a KonkR). 359

Mit der vorliegenden Vermutung soll es dem Gläubiger in erster Linie erleichtert werden, die Gründe für die Konkurserklärung in Form der Zahlungsunfähigkeit des Schuldners nachzuweisen. Nach Ablauf von drei Monaten nach dem Fälligkeitsdatum der Forderung wird der den Konkursantrag stellende Gläubiger von der Darlegung der Nachweispflicht befreit, dass der Schuldner nicht mehr in der Lage ist, seine fälligen Verpflichtungen zu erfüllen und somit zahlungsunfähig ist (Zimmerman PrUpPrRest Art. 11 Rn. 3). Die Vermutung ist widerlegbar und kann mit allen in dem Verfahren zur Konkurserklärung zulässigen Beweisen nachgewiesen werden. Die Widerlegung der Vermutung besteht darin, die Tatsache nachzuweisen, dass der Schuldner trotz Nichtzahlung für einen Zeitraum von mehr als drei Monaten seine Fähigkeit zur Erfüllung der fälligen Zahlungsverpflichtungen nicht verloren hat. Das Bestreiten der Nichtzahlung länger als drei Monate durch den Schuldner, kehrt die Beweislast wieder um, sodass der Gläubiger die Zahlungsunfähigkeit des Schuldners nachweisen muss. 360

Die Vermutung erleichtert die Bestimmung des Zeitpunkts, in dem die Zahlungsunfähigkeit eingetreten ist, hindert jedoch nicht, davon auszugehen, dass die Zahlungsunfähigkeit sowohl vor als auch nach Ablauf der in der Vermutung dargelegten Frist eingetreten ist (SPH/Filipiak 685–690). Dies ist nicht nur im Hinblick auf die Zulässigkeit der Erklärung des Konkurses des Schuldners von Bedeutung, sondern auch für den Zeitpunkt wesentlich, ab welchem ggf. von einer Konkursverschleppungshaftung ausgegangen werden muss (→ Rn. 712 ff.). 361

Internationales Insolvenzrecht – Polen

362 **bb) Überschuldung. (1) Inhalt der Voraussetzung.** Ein Schuldner, der eine juristische Person oder eine Organisationseinheit ohne Rechtspersönlichkeit ist, der durch ein gesondertes Gesetz Rechtsfähigkeit verliehen wird, ist zahlungsunfähig auch dann, wenn seine finanziellen Verpflichtungen den Wert seines Vermögens übersteigen und dieser Zustand für einen Zeitraum von mehr als 24 Monaten besteht (Art. 11 Abs. 2 KonkR). Diese Voraussetzung ist subsidiär zu der Voraussetzung der Zahlungsunfähigkeit in Form des Liquiditätsverlusts, da sich grundsätzlich die Überschuldung erst dann negativ auswirkt, wenn sie zu einer Zahlungseinstellung führt (Sejm/ Nr. 2824 v. 9.10.2014, 336).

363 Diese Voraussetzung bezieht sich ausschließlich auf juristische Personen und Organisationseinheiten ohne Rechtspersönlichkeit, denen durch ein gesondertes Gesetz Rechtsfähigkeit verliehen wird, insbesondere auf Personenhandelsgesellschaften. Die Vorschriften über die genannte Voraussetzung gelten jedoch nicht für solche Personenhandelsgesellschaften, bei denen mindestens ein Gesellschafter, der für die Verbindlichkeiten der Gesellschaft uneingeschränkt mit seinem eigenen Privatvermögen haftet, eine natürliche Person ist (Art. 11 Abs. 7 KonkR). Diese Ausnahme ist dem § 19 Abs. 3 S. 1 InsO ähnlich.

364 Die faktische Überschuldung muss mehr als 24 Monate andauern, um sich als ein rechtlich relevanter Konkursgrund zu qualifizieren. Die dahinterstehende Idee, einen solchen Zeitraum anzunehmen, besteht darin, dass der Schuldner innerhalb eines Zeitraums von 24 Monaten mindestens zweimal einen Jahresabschluss erstellt und dem Registergericht vorlegt, und auf dessen Grundlage zumindest anfänglich festzustellen sein sollte, ob der Schuldner zahlungsunfähig geworden ist. Jede sogar vorübergehende und kurzfristige Unterbrechung der faktischen Überschuldung führt dazu, dass die Frist erneut anläuft.

365 **(2) Gegenstand der Prüfung.** Die Bestimmung der Überschuldung erfordert die Erstellung einer Aufstellung über das Vermögen des Schuldners. Diese Aufstellung muss nicht notwendigerweise den Anforderungen einer Bilanz im Sinne des Gesetzes über die Buchführung (poln. Ustawa o rachunkowości) entsprechen (Kubiczek Doradca Restrukturyzacyjny März 2016, 92 (93)) und umfasst insbesondere auch vollständig abgeschriebene Vermögenswerte und Werte wie den Firmennamen, falls diese einen marktfähigen Wert haben (Zimmerman PrUpPrRest Art. 11 Rn. 15; Kubiczek Doradca Restrukturyzacyjny März 2016, 92 (93)).

366 In der Aufstellung sind die Aktiva und Passiva des Schuldners anzugeben. Auf der Aktivseite werden die Vermögenswerte nicht berücksichtigt, welche nicht zur Konkursmasse gehören (Art. 11 Abs. 3 KonkR), dh nicht gepfändet werden können (Witosz PrUpad Art. 11 Rn. 11) oder Sondervermögen darstellen (Machowska, Prawo restrukturyzacyjne i upadłościowe. Zagadnienia praktyczne, 1. Aufl. 2016, 161), sowie Vermögenswerte, an denen der Schuldner keine Eigentumsrechte hat, zB gepachtet oder gemietet sind (Zimmerman PrUpPrRest Art. 11 Rn. 11). Die Passivseite des Vermögens des Schuldners umfasst nur finanzielle Verbindlichkeiten, sowohl fällige als auch nicht fällige (SPH/Filipiak/Hrycaj KonkR Art. 6 Rn. 62). Die Aufstellung umfasst keine Sachleistungen, zukünftige Verpflichtungen, einschließlich Verpflichtungen mit aufschiebender Bedingung sowie Verpflichtungen gegenüber einem Gesellschafter oder Aktionär aus einem Darlehen oder einem anderen Rechtsgeschäft mit ähnlichen Auswirkungen auf die in Art. 342 Abs. 1 Nr. 1 KonkR Bezug genommen wird (→ Rn. 819). Es ist anzunehmen, dass strittige, insbesondere vor Gericht anhängige Forderungen, auch in die Aufstellung der Passiva aufgenommen werden müssen.

367 Die Bewertung des Vermögens und der Verbindlichkeiten des Schuldners erfolgt auf Grundlage von Marktwerten und nicht von Buchwerten (Osajda, Przegląd Prawa Handlowego, 2016, Nr. 1, 16; Zimmerman PrUpPrRest Art. 11 Rn. 7; SPH/Filipiak/Hrycaj KonkR Art. 6 Rn. 60). Es ist anzunehmen, dass der Schuldner das Unternehmen nicht mehr fortführt (keine Fortführung der Unternehmenstätigkeit) (SPH/Filipiak/Hrycaj KonkR Art. 6 Rn. 60).

368 Anders als im deutschen Recht, beinhaltet die Beurteilung der Voraussetzung der Überschuldung keine Überprüfung von eventuellen Prognosen bezüglich der Möglichkeit der Fortführung der Geschäftstätigkeiten des Schuldners (keine sog. Fortführungsprognose gem. § 19 InsO).

369 **(3) Vermutung.** Es ist davon auszugehen, dass die Verbindlichkeiten eines Schuldners den Wert seines Vermögens übersteigen, wenn gemäß seiner Bilanz, erstellt in Rahmen des Jahresabschlusses, seine Verpflichtungen, ohne Rückstellungen für Verpflichtungen und Verpflichtungen gegenüber verbundenen Unternehmen, den Wert seines Vermögens übersteigen, und dieser Zustand für einen Zeitraum von mehr als 24 Monaten besteht (Art. 11 Abs. 5 KonkR). Die Bewertung des Vermögenswertes des Schuldners für die Zwecke dieser Vermutung erfolgt auf der Grundlage der Buchwerte der Aktiva und Passiva des Schuldners.

370 Mit der Vermutung soll die Feststellung des Zeitpunkts, zu dem der Zahlungsunfähigkeitszustand eingetreten ist, sowohl für die Gläubiger als auch für die zur Stellung eines Konkursantrags verpflichteten Personen erleichtert werden. Erwähnenswert ist, dass die besprochene Form der Zahlungsunfähigkeit eine wichtige Rolle insbesondere im Schadensersatzverfahren auf Grundlage von Art. 299 PPHGGB spielt (Kubiczek/Sokół Doradca Restrukturyzacyjny März 2016). Damit wird ihre Bedeutung näher an die Vorgaben des § 19 InsO in der deutschen Rechtsprechung herangeführt (K. Schmidt InsO § 19 Rn. 1–2). Die Vermutung schließt die Annahme nicht aus, dass der rechtlich relevante Überschuldungszustand sowohl vor als auch nach dem Ablauf des vermuteten Zeitpunkts entstanden sein kann.

Die Vermutung ist widerlegbar und kann mit allen in dem Verfahren zur Konkurserklärung 371 zulässigen Beweise erschüttert werden. Die Widerlegung kann sowohl darauf abzielen, das Fehlen von Vermögenswerten im Allgemeinen zu bestreiten, da der Marktwert von den Buchwerten abweicht, als auch darauf, dass das Defizit seit mehr als 24 Monaten besteht.

c) **Vorliegen von Vermögen zur Deckung der Verfahrenskosten.** Das Vorliegen von 372 Vermögen zur Deckung der Verfahrenskosten als materielle Voraussetzung, deren Fehlen zur Abweisung des Konkursantrags führt, wurde im Abschnitt der Verfahrensentscheidungen des Konkursgerichts über den Konkursantrag behandelt (→ Rn. 107 ff.).

d) **Mehrere Gläubiger.** Das Konkursverfahren ist ein Gesamtverfahren. Der Konkurs kann 373 nur dann erklärt werden, wenn der Schuldner mindestens zwei Gläubiger hat, was mit dem erklärten Ziel des Konkursinstituts, nämlich der gleichmäßigen Befriedigung aller Gläubiger des Schuldners, einhergeht (SN 31.1.2002 – IV CKN 659/00). Im Gegensatz zum deutschen Recht ist der Konkursantrag abzuweisen, wenn der Schuldner nur einen Gläubiger hat, auch wenn der Schuldner nicht in der Lage ist, die Forderungen dieses Gläubigers zu befriedigen. Ausnahme ist das Verfahren gegenüber natürlichen Personen, die keine Geschäftstätigkeit ausüben, welches auch dann durchgeführt werden kann, wenn der Schuldner nur einen Gläubiger hat. Dies wird mit dem Hauptziel des Verbraucherkonkurses begründet, welcher dem Schuldner eine Restschuldbefreiung ermöglichen soll (sog. Entschuldung).

e) **Antragsberechtigung zur Stellung des Konkursantrags.** Eine weitere materielle Voraus- 374 setzung, deren Fehlen zur Abweisung des Konkursantrags führt, ist die Berechtigung, einen Konkursantrag (sog. Konkursfähigkeit) zu stellen. Diese Voraussetzung wurde schon erläutert (→ Rn. 72 ff.).

2. Verfahrensziele

Das Konkursverfahren sollte so durchgeführt werden, dass die Forderungen der Gläubiger so 375 weit wie möglich befriedigt werden können, und, wenn es vernünftige Gründe zulassen, dass das Unternehmen des Schuldners erhalten bleibt (Art. 2 Abs. 1 KonkR). Der kollektive Charakter des Konkursverfahrens erfordert die Annahme des Grundsatzes der Vorrangstellung des kollektiven Interesses der Gläubiger, das sog. allgemeine Interesse der Gläubiger, ohne die besonderen Interessen der einzelnen Gläubiger zu berücksichtigen (Witosz PrUpad Art. 11 Rn. 2). Die Fortführung des Unternehmens des Schuldners ist lediglich ein subsidiäres Ziel, welches nur insoweit umzusetzen ist, als es begründete Umstände zulassen, und nicht im Widerspruch zum primären Ziel steht. Somit wird diese, vereinfacht gesagt, nicht zum Nachteil der Gläubiger erfolgen. Die Zuweisung der Vollstreckungsfunktion als der Hauptfunktion des Verfahrens ergibt sich aus der Trennung der Restrukturierungsverfahren in ein separates Gesetz. Das RestR verfolgt in dieser Hinsicht ein völlig anderes Konzept (→ Rn. 907 ff.).

Bei Konkursverfahren gegen natürliche Personen, ungeachtet dessen, ob sie im Sinne des 376 Gesetzes als Unternehmer anerkannt werden, weist das KonkR als weiteres Ziel des Konkursverfahrens auf die Möglichkeit der Restschuldbefreiung hin (Art. 2 Abs. 1 KonkR).

Dieses Ziel hat keinen Vorrang vor dem Ziel, die Gläubiger so weit wie möglich zu befriedigen. 377 Anders sieht es bei natürlichen Personen aus, die keine Geschäftstätigkeit ausüben.

3. Konkursfähigkeit

a) **Konkursfähigkeit.** Im polnischen Recht wird die Konkursfähigkeit als prozessuale und 378 nicht als materielle Voraussetzung qualifiziert. Diese Voraussetzung wurde bereits bei den verfahrensrechtlichen Voraussetzungen des Konkursantrags besprochen (→ Rn. 72 ff.).

b) **Besondere Schuldnerkategorien.** Im Falle des Auftretens von Besonderheitsmerkmalen 379 eines Schuldners kann das Konkursverfahren in einem Verfahren besonderer Art durchgeführt werden. Das KonkR sieht die folgenden Konkursverfahren besonderer Art vor:
1. Konkursverfahren, das nach dem Tod des zahlungsunfähigen Schuldners eröffnet wird;
2. Konkursverfahren gegenüber Bauträgern;
3. Konkursverfahren gegenüber Banken und genossenschaftlichen Kredit- und Sparkassen;

Internationales Insolvenzrecht – Polen

4. Konkursverfahren gegenüber Versicherungs- und Rückversicherungsunternehmen;
5. Konkursverfahren gegenüber Anleiheemittenten;
6. Konkursverfahren gegenüber natürlichen Personen, die keine Geschäftstätigkeit ausüben, sog. Verbraucherkonkurs.

380 Außer des nach dem Tod eines zahlungsunfähigen Schuldners eingeleiteten Konkursverfahrens, welches grundsätzlich geschlossene Vermögensmassen in Form der Erbmasse betrifft, sieht das KonkR keine Möglichkeit vor, ein Konkursverfahren über Vermögensmassen, wie zB dem gemeinsamen Vermögen von Eheleuten, Gesellschaftern einer Gesellschaft bürgerlichen Rechts etc durchzuführen.

II. Verfahrensarten

1. Vormerkungen

381 Es ist zwischen einem Konkursverfahren im allgemeinen Verfahren und Verfahren besonderer Art zu unterscheiden. Die Vorschriften über das allgemeine Verfahren gelten für Unternehmer iSd PZGB und Gesellschaften mit beschränkter Haftung (poln. spółka z ograniczoną odpowiedzialnością), Aktiengesellschaften (poln. spółka akcyjna) sowie einfache Aktiengesellschaft (poln. prosta spółka akcyjna), welche keine Geschäftstätigkeit ausüben, Gesellschafter von Personenhandelsgesellschaften, die für die Verpflichtungen der Gesellschaft ohne Einschränkung mit ihrem gesamten Privatvermögen haften, und Partner einer Partnerschaft (poln. spółka partnerska), mit Ausnahme von Personen, die keine Konkursfähigkeit haben (→ Rn. 72 ff.). Die Vorschriften über Verfahren besonderer Art gelten hingegen für Personen, die grundsätzlich den Vorschriften über das allgemeine Verfahren unterliegen, aber eine bestimmte Art von Geschäftstätigkeit ausüben. Zusätzlich ist ein Verfahren besonderer Art für natürliche Personen vorgesehen, die keine Geschäftstätigkeit ausüben, sog. Verbraucherkonkurs.

382 Im polnischen Konkursrecht gibt es keine besonderen Verfahrensvorschriften für Schuldner, die eine Geschäftstätigkeit in geringem Umfang ausüben. Jeder Schuldner, der als Unternehmer zu qualifizieren ist, unterliegt den Regeln des allgemeinen Verfahrens, auch wenn seine geschäftliche oder berufliche Tätigkeit geringfügig ist und nicht seine Haupteinkommensquelle darstellt. Es gibt also kein Äquivalent zum deutschen Kleinverfahren. Daher gelten die Vorschriften über das allgemeine Verfahren insbesondere für die sog. nicht angemeldete Geschäftstätigkeit, dh die Geschäftstätigkeit einer natürlichen Person, die auf der Grundlage der Vorschriften des Gesetzes v. 6.3.2018 – Das Recht der Unternehmer (Gesetz v. 6.3.2018/ Dz.U. 2018 Pos. 646) ausgeübt wird, deren Einkommen 50 % der Mindestentlohnung gemäß des Gesetzes v. 10.10.2002 über die Mindestvergütung für Arbeit (VO v. 7.4.2017/ Dz.U. 2017 Pos. 847; Gesetz v. 6.3.2018/ Dz.U.2018, Pos. 650) nicht übersteigt und die in den letzten 60 Monaten keine Geschäftstätigkeit ausgeübt hat (poln. sog. działalność nierejestrowana) (Krawczyk-Giehsmann Dziennik Gazeta Prawna – dodatek Firma i Prawo v. 16.10.2018).

383 Allerdings können Zweifel an der Zulässigkeit der Anwendung der Vorschriften des allgemeinen Verfahrens auf die sog. Scheinselbständigen entstehen, dh Personen, die offenbar eine geschäftliche Tätigkeit ausüben, bei denen aber die Beschäftigung als Arbeitnehmer tatsächlich verschleiert wird (Krawczyk Dziennik Gazeta Prawna – dodatek Firma i Prawo v. 12.4.2016).

383a Umgekehrt kann das Gericht ab dem 24.3.2020 bei der Entscheidung über die Erklärung des Konkurses einer natürlichen Person, die zum Zeitpunkt der Erklärung des Konkurses keine Geschäftstätigkeit ausübt, entscheiden, dass das Konkursverfahren nach den allgemeinen Grundsätzen und nicht in der für Verbraucher vorgesehenen Weise durchgeführt wird, wenn dies durch den bedeutenden Umfang des Schuldnervermögens, eine bedeutende Anzahl von Gläubigern oder andere vernünftige Voraussagen über die erhöhte Komplexität des Verfahrens gerechtfertigt ist.

384 Nach der Abgrenzung der Restrukturierungsverfahren in einem gesonderten Rechtsakt wurde dem Schuldner die Möglichkeit der Gewährung der Eigenverwaltung im Rahmen eines Konkursverfahrens ausgeschlossen. Mit dem Zeitpunkt der Konkurserklärung verliert der Konkursschuldner das Recht, das zur Konkursmasse gehörende Vermögen zu verwalten und darüber zu verfügen. Die Verwaltung des in der Konkursmasse enthaltenen Vermögens wird vom Konkursverwalter vollständig übernommen. Gemäß Konkursrechts gibt es kein Äquivalent der deutschen Eigenverwaltung, auch nicht in der Vorverfahrensphase der Konkurserklärung, entsprechend §§ 270a, b InsO. Im Restrukturierungsverfahren bleibt dagegen das Recht, das Vermögen im Rahmen des gewöhnlichen Geschäftsbetriebs zu verwalten, grundsätzlich in den Händen des Schuldners.

Internationales Insolvenzrecht – Polen

2. Konkursverfahren besonderer Art

a) Vorbemerkungen. Die Vorschriften über Konkursverfahren besonderer Art sind gemischter 385
Natur und umfassen sowohl prozessuale als auch materielle Rechtsnormen. Für Konkursverfahren
besonderer Art gelten, soweit nichts anderes geregelt, die Vorschriften über das Konkursverfahren
im Allgemeinen Verfahren. Das Konkursverfahren der natürlichen Personen, die keine Geschäftstätigkeiten ausüben, wird in den einzelnen Kapiteln des Kommentars umfassend dargestellt, da es
weit verbreitet ist und die Zahl der Schuldner, die von den Vorteilen dieses Verfahrens Gebrauch
machen, ständig steigt (abrufbar unter https://www.coig.com.pl/2017-upadlosc-konsumencka-
lista_osob.php). Nachstehend werden hingegen grundlegende Informationen zu anderen Verfahren
besonderer Art dargestellt. In der weiteren Kommentierung werden die Verfahren nicht konkreter
besprochen.

b) Konkursverfahren, das nach dem Tod eines zahlungsunfähigen Schuldners eingelei- 386
tet wird. Wurde der Konkursantrag über das Vermögen eines Schuldners nach dessen Tod gestellt,
so ist das Konkursverfahren in einem Verfahren besonderer Art durchzuführen. Das Verfahren wird
unter Beteiligung der Erben durchgeführt, deren Rechte durch einen rechtskräftigen Beschluss
in einem Erbschein bestätigt wurden, oder ggf. von dem für sie bestellten Gerichtspfleger, Nach-
lasspfleger oder Erwerber der Erbschaft und – seit dem 25.11.2018 – einem Nachlassverwalter. In
die Konkursmasse gehen die Aktiva der Erbschaft des verstorbenen Schuldners und im Falle der
Bestellung eines Nachlassverwalters auch die im Rahmen seiner Ausübung erworbenen Aktiva
ein.

Tätigkeiten des Konkursschuldners, die sechs Monate vor seinem Tod durchgeführt wurden, 387
können nach den allgemeinen Regeln als unwirksam anerkannt werden (→ Rn. 1062). Die
Bestellung des Testamentsvollstreckers sowie Vermächtnisse und Auflagen sind gegenüber der
Konkursmasse unwirksam. Die mit der Annahme der Erbschaft verbundenen Rechtswirkungen
entstehen erst nach Beendigung des Konkursverfahrens.

Der Auszug aus der genehmigten Forderungsliste, die die Bezeichnung der Forderung sowie 388
der vom Gläubiger geleisteten Vorschüsse enthält, stellt nach Aufhebung oder Einstellung des
Konkursverfahrens einen Vollstreckungstitel gegenüber den Erben des verstorbenen Schuldners
dar.

c) Konkursverfahren gegenüber Bauträgern. aa) Anwendungsbereich. Im Falle des Kon- 389
kurses eines Bauträgers im Sinne des Gesetzes v. 16.9.2011 zum Schutz von Rechten der Erwerber
von Wohnräumen und Einfamilienhäusern (VO v. 7.7.2017/ Dz.U. 2017 Pos. 1468), im Folgenden
„Erwerberschutzgesetz" genannt, gelten die Vorschriften über das Konkursverfahrens besonderer
Art. Das Verfahren wird nicht nur zu den in Art. 2 KonkR genannten Zwecken durchgeführt,
sondern auch, um die Erwerber durch Übertragung des Eigentums an den Immobilien auf sie zu
befriedigen, wenn es die begründeten Umstände erlauben.

bb) Fortführung des Bauprojektes. Im Konkursverfahren gegenüber einem Bauträger kann 390
der Konkursverwalter das Bauprojekt des zahlungsunfähigen Schuldners mit Zustimmung des
Konkursrichters fortsetzen. Der Konkursrichter erteilt die Zustimmung, wenn rationale Gründe
darauf hindeuten, dass die weitere Durchführung des Bauprojektes wirtschaftlich gerechtfertigt ist
und Chancen für deren Abschluss bestehen. Besteht im Laufe des Konkursverfahrens ein Grund
zur Annahme, dass die weitere Durchführung des Bauprojektes nicht aus rationalen Gründen
gerechtfertigt ist, erteilt der Konkursrichter auf Antrag des Konkursverwalters die Zustimmung
zur Einstellung der weiteren Durchführung des Bauprojektes. Der Beschluss des Konkursrichters
ist sowohl vom Schuldner als auch jedem der Gläubiger anfechtbar. Der Konkursverwalter ist
nicht berechtigt, eine Beschwerde einzulegen, da er kein Verfahrensbeteiligter ist (Witosz PrUpad
Art. 425h Rn. 2).

cc) Verkauf von Grundbesitz. Auf Antrag des Konkursverwalters kann der Konkursrichter 391
dem Unternehmer, der sich verpflichtet, das Bauprojekt fortzusetzen, die Zustimmung zum Verkauf des Grundbesitzes, auf dem das Bauprojekt durchgeführt wird, erteilen. Bei der Entscheidung
über den Verkauf des Grundbesitzes berücksichtigt der Konkursrichter die Interessen der Erwerber
und die Wahrscheinlichkeit, dass der Unternehmer, der den Grundbesitz erwirbt, das Bauprojekt
abschließt.

Ein Unternehmer, der ein Grundstück erwirbt, haftet gesamtschuldnerisch mit dem Schuldner 392
für seine Verpflichtungen aus den, im Rahmen eines auf dem Grundstück durchgeführten Bauprojekts, geschlossenen Projektentwicklungsverträgen sowie für Verpflichtungen gegenüber Erwer-
bern, die sich aus der Wandlung der Ansprüche aus solchen Verträgen im Rahmen eines Restruk-
turierungs- oder Konkursverfahrens oder aus einem Rücktritt von solchen Verträgen ergeben.
Die hierin genannten Verpflichtungen unterliegen nicht der Befriedigung im Konkursverfahren,

welches gegen den Schuldner durchgeführt wird. Mit dem Erwerb des Grundbesitzes erwirbt der Unternehmer, der die Immobilie erwirbt, die Rechte des Schuldners aus den Entwicklungsverträgen, die im Zusammenhang mit einem auf dem Grundstück durchgeführten Bauprojekt abgeschlossen wurden. Der Verkauf von Immobilien im beschriebenen Verfahren hat nicht die Rechtsfolgen einer Zwangsversteigerung (→ Rn. 537, → Rn. 73 ff.).

393 Wird für ein Bauprojekt ein Treuhandkonto des Schuldners geführt, ist der Unternehmer, der die Immobilie erwirbt, verpflichtet, innerhalb von 30 Tagen ab dem Datum der Zustimmung des Konkursrichters zum Verkauf der Immobilie einen Vertrag über die Führung eines Treuhandkontos abzuschließen. Der Unternehmer informiert den Konkursverwalter unverzüglich über die Eröffnung des Treuhandkontos. Unverzüglich nach Abschluss eines Vertrages über die Führung eines Treuhandkontos informiert der Konkursverwalter die Bank, die das Treuhandkonto führt, über die Übertragung der Rechte aus den Projektentwicklungsverträgen und erteilt den Auftrag, die auf dem Treuhandkonto des Schuldners angesammelten Mittel auf das Treuhandkonto des Unternehmers zu überweisen. Nach Übertragung der Mittel auf das Treuhandkonto des die Immobilie kaufenden Unternehmers erlischt der Vertrag über die Führung des Treuhandkontos des Schuldners.

394 **dd) Fortsetzung des Bauprojektes im Falle eines Vergleichs.** Erwerber, die mindestens 20 % der Anzahl der Erwerber im Rahmen eines vom Schuldner durchgeführten Bauprojektes darstellen, können innerhalb von 30 Tagen nach der Konkurserklärung Vergleichsvorschläge einreichen, um einen Vergleich im Konkursverfahren abzuschließen. Die Vergleichsvorschläge können außer der üblichen Formen der Restrukturierung (→ Rn. 1109) insbesondere folgende Punkte umfassen:
1. Zahlung von Nachschüssen durch alle oder einige Käufer und deren Befriedigung durch Übertragung des Eigentums an dem Wohnraum; jedoch können Vergleichsvorschläge eine spätere Rückerstattung von Nachschüssen aus den Einnahmen der Realisierung eines Bauprojektes vorsehen;
2. Verkauf des Grundstücks, auf dem ein Bauprojekt durchgeführt wird, unter Beibehaltung der belastenden beschränkt dinglichen Rechte, zugunsten eines Unternehmers, welcher die Verpflichtungen gegenüber den Käufern übernehmen und sich verpflichten würde, das Bauprojekt fortzusetzen, mit der Maßgabe, dass die Vergleichsvereinbarungen eine Änderung des Inhalts von Projektentwicklungsverträgen vorsehen können;
3. Festlegung anderer Bedingungen für die Fortsetzung des Bauprojekts und der Finanzierungsmöglichkeiten;
4. Austausch von Wohnungen zwischen den Gläubigern oder Austausch mit solchen Wohnräumen, die nicht Gegenstand des Projektentwicklungsvertrages sind.

395 Die Abstimmung über den Vergleich erfolgt in Gläubigergruppen. Die Erwerber bilden eine gesonderte Gruppe von Gläubigern, für die eine gesonderte Liste als stimmberechtigte Gläubiger erstellt wird. Es ist zulässig, die Erwerber in eine größere Anzahl von Gruppen einzuteilen, welche verschiedene Kategorien von Interessen umfassen, insbesondere in Bezug auf den Erfüllungsgrad des Projektentwicklungsvertrages mit dem Bauträger.

396 **ee) Verteilung der bei der Verwertung erhaltenen Erträge.** Die aus der Verwertung des Grundstücks, auf dem ein Bauprojekt durchgeführt wird, erzielten Erträge unterliegen der Verteilung nach den allgemeinen Regeln, es sei denn, der Gläubiger erteilt seine Einwilligung zur unbelasteten Abtrennung eines Wohnraums gem. Art. 22 Abs. 1 Nr. 17 des Erwerberschutzgesetzes iVm Art. 76 Abs. 4 S. 2 des Gesetzes v. 6.7.1982 über Grundbücher und Hypotheken (Gesetz v. 6.7.1982/Dz.U. 2017 Pos. 1007). Im letztgenannten Fall wird anerkannt, dass der Anspruch des Erwerbers des Wohnraums, für den diese Einwilligung gilt, Vorrang vor der Hypothek hat, in der Höhe, in der vertraglich vereinbarte Einzahlungen getätigt wurden.

397 Die Ansprüche des Erwerbers aus dem Rücktritt vom Projektentwicklungsvertrag werden aus den Erträgen befriedigt, die bei der Verwertung des Grundstücks, auf dem das Bauprojekt durchgeführt wird, zu den gleichen Bedingungen wie der Anspruch aus dem Projektentwicklungsvertrag selbst. Der Erwerber hat Vorrang aufgrund der Veröffentlichung seiner Forderung aus einem Projektentwicklungsvertrag im Grundbuch, auch wenn die Eintragung über die Veröffentlichung dieser Forderung gelöscht wurde. Ebenso ist der Zahlungsanspruch des Erwerbers, der sich aus der Umwandlung des Anspruchs auf Übertragung des Wohneigentums aus dem Projektentwicklungsvertrag im Rahmen eines Restrukturierungs- oder Konkursverfahrens ergibt, zu befriedigen.

398 **d) Konkursverfahren gegen Banken und genossenschaftlichen Spar- und Kreditkassen. aa) Verfahren zur Konkurserklärung.** Auch bei Banken und genossenschaftlichen Spar- und Kreditkassen (nachstehend SKOK) werden Verfahren besonderer Art durchgeführt (Art. 426–470 KonkR). Nur die polnische Finanzaufsichtsbehörde (poln. Komisja Nadzoru Finansowego) oder

der Bankensicherungsfonds (poln. Bankowy Fundusz Gwarancyjny) ist zur Stellung des Antrages auf Konkurs einer Bank oder einer SKOK berechtigt. Eine Bank oder SKOK ist neben den allgemeinen Konkursvoraussetzungen auch dann zahlungsunfähig, wenn nach ihrer Bilanz zum Ende des Berichtszeitraums ihre Aktiva zur Erfüllung ihrer Verbindlichkeiten nicht ausreichend sind.

Vor der Konkurserklärung hört das Gericht bezüglich der Begründung des Konkursantrages und der Person des Konkursverwalters einen Vertreter der polnischen Finanzaufsichtsbehörde, einen Vertreter des Bankengarantiefonds sowie einen Geschäftsführer und andere Mitglieder der Geschäftsführung oder Zwangsverwaltung, oder einen Liquidator der Bank oder der SKOK, auf die sich der Antrag bezieht, an. Im Falle des Konkursverfahrens einer Bank, welche sich in Staatsbesitz befindet, wird das Gericht auch einen Vertreter des Organs oder eine Person, welche zur Ausübung der Rechte aus Aktien oder Anteilen berechtigt ist, anhören. Das Konkursgericht kann von der Anhörung des Geschäftsführers und der anderen Mitglieder der Geschäftsführung absehen, wenn ihre Anhörung zu einer Verzögerung des Verfahrens führen würde. 399

In dem Beschluss zur Konkurserklärung bestellt das Gericht auch einen Pfleger zur Vertretung der Bank oder SKOK im Konkursverfahren. Der Bankengarantiefonds wird auf eigenen Antrag als Pfleger bestellt. Das Gericht bestellt auch einen Konkursverwalter. Konkursverwalter kann auch eine andere Bank für eine Bank oder eine andere SKOK für eine SKOK sein. 400

bb) Auswirkungen der Konkurserklärung. Die Konkurserklärung hat folgende Auswirkungen: 401
1. Verträge über Bankkonten erlöschen; die Verzinsung der Bankkonten wird bis zum Zeitpunkt der Konkurserklärung berechnet;
2. Kredit- und Darlehensverträge erlöschen, wenn zum Zeitpunkt der Konkurserklärung die Geldmittel dem Kreditnehmer bzw. Darlehensnehmer nicht zur Verfügung gestellt wurden;
3. Bürgschaftsverträge, Verträge über Banksicherheiten und über Akkreditive erlöschen, wenn zum Zeitpunkt der Konkurserklärung der Schuldner keine Provisionsauszahlungen aus diesen Tätigkeiten bekommen hat;
4. Verträge über die Zurverfügungstellung von Bankschließfächern und Verwahrungsverträge erlöschen, wobei die Herausgabe von Gegenständen und Wertpapieren zu einem mit dem Hinterleger zu vereinbarendem Zeitpunkt erfolgen sollte;
5. Verwaltungs- und Aufsichtsorgane der Bank oder SKOK werden aufgelöst;
6. die Zwangsverwaltung, die Bestellung eines Liquidators und die Befugnisse eines auf Grundlage von Art. 144 Abs. 1 des Gesetzes v. 29.8.1997 zum Bankrecht (Gesetz v. 19.8.1997/Dz.U.2017 Pos.1876) bestellten Pflegers erlöschen;
7. sämtliche Abfindungszahlungen sowie Vergütungsansprüche für die Zeit nach der Konkurserklärung von Personen, die Mitglieder der Organe der Bank oder SKOK sind, erlöschen.

cc) Verkauf der Bank oder SKOK als Ganzes. Der Käufer einer Bank oder SKOK übernimmt die Verbindlichkeiten aus den Bankkonten. Wenn die Schätzung darauf hindeutet, dass der Kaufpreis einer Bank oder SKOK die in Art. 39 Abs. 1 des Gesetzes v. 10.6.2016 über den Bankengarantiefonds, Einlagensicherungssystem und Zwangsumstrukturierung (Gesetz v. 10.6.2016/Dz.U. 2017 Pos. 1937) genannten Verbindlichkeiten nicht vollständig decken würde, findet der Verkauf statt: 402
1. mit der Übernahme der Verpflichtungen durch den Käufer des Schuldners aufgrund der in Art. 39 Abs. 1 des Gesetzes v. 10.6.2016 über den Bankengarantiefonds, Einlagensicherungssystem und Zwangsumstrukturierung genannten Forderungen oder
2. ohne Übernahme durch den Käufer der Verpflichtungen aus den Bankkonten.
Der Konkursrichter entscheidet über das Verkaufsmodell und bestimmt die Kaufbedingungen. Der Beschluss des Konkursrichters ist von den Verfahrensbeteiligten anfechtbar.

dd) Gläubigerbefriedigung. Die aus der Konkursmasse der Bank oder SKOK zu befriedigenden Forderungen werden in folgende Kategorien unterteilt: 403
1. erste Kategorie – Forderungen gem. Art. 39 Abs. 1 des Gesetzes v. 10.6.2016 über Bankengarantiefonds, Einlagensicherungssystem und Zwangsumstrukturierung, samt Zinsen und Vollstreckungskosten, die in den Zeitraum vor der Konkurserklärung fallen, Forderungen aus Arbeitsverhältnissen, mit Ausnahme von Vergütungsansprüchen eines Vertreters des Schuldners oder einer Person, die Tätigkeiten im Zusammenhang mit der Verwaltung oder Aufsicht über das Unternehmen des Schuldners ausübt, Forderungen der Landwirte aus Verträgen über die Lieferung von Produkten aus ihrem eigenen landwirtschaftlichen Betrieb, Unterhaltszahlungen und Renten als Entschädigung für verursachte Krankheit, Arbeitsunfähigkeit, Invalidität oder Tod sowie Renten für die Umwandlung eines lebenslangen Nutzungsrechts in eine Leibrente und die Sozialversicherungsbeiträge im Sinne des Gesetzes v. 13.10.1998 zum System der

Internationales Insolvenzrecht – Polen

Sozialversicherungen (Gesetz v. 13.10.1998/Dz.U. 1998 Nr. 137, Pos.887 mit Änd.), die in den letzten drei Jahren vor dem Tag der Konkurserklärung fallen;
2. zweite Kategorie – Forderungen natürlicher Personen, Mikrounternehmer, kleiner und mittlerer Unternehmen aus Mitteln, die durch einen anderen Sicherungsschutz als gesicherte Mittel iSv Art. 2 Pkt. 65 des Gesetzes v. 10.6.2016 über den Bankgarantiefonds, Einlagensicherungssystem und Zwangsumstrukturierung abgedeckt sind;
3. dritte Kategorie – sonstige Forderungen, insbesondere Steuern und andere öffentliche Abgaben sowie andere Sozialversicherungsbeiträge;
4. vierte Kategorie – Zinsen auf Forderungen, die in die höheren Kategorien fallen, in der Reihenfolge, in der das Kapital befriedigt werden soll, sowie Gerichts- und Verwaltungsstrafen und Forderungen aus Schenkungen und Vermächtnissen;
5. fünfte Kategorie – Forderungen der Gesellschafter oder Aktionäre aufgrund eines Darlehens oder eines anderen Rechtsgeschäfts mit ähnlichen Wirkungen, insbesondere Lieferungen von Waren mit gestundeter Zahlungsfrist, die an den Schuldner innerhalb von fünf Jahren vor dem Tag der Konkurserklärung samt Zinsen, getätigt wurde, falls sie nicht in den unteren Kategorien befriedigt werden;
6. sechste Kategorie – Forderungen aus untergeordneten Verbindlichkeiten, die nicht in den Eigenkapitalfonds der Bank gehören, samt Zinsen und Vollstreckungskosten;
7. siebte Kategorie – Forderungen aus Verpflichtungen, die gem. Art. 62 VO (EU) Nr. 575/2013 des Europäischen Parlaments und des Rates v. 26.6.2013 über Aufsichtsanforderungen an ein Kreditinstitut und Wertpapierfirmen und zur Änderung der VO (EU) Nr. 646/2012 Text von Bedeutung für den EWR, im Folgenden „Verordnung Nr. 575/2013", als Eigenkapital der Bank zählen samt Zinsen und Vollstreckungskosten;
8. achte Kategorie – Forderungen aus Verpflichtungen, die gem. Art. 51 VO (EU) Nr. 575/2013 als Eigenkapital der Bank zählen samt Zinsen und Vollstreckungskosten;
9. neunte Kategorie – Forderungen aus Verpflichtungen, die gem. Art. 26 VO (EU) Nr. 575/2013 als Eigenkapital der Bank zählen samt Zinsen und Vollstreckungskosten.

404 Kosten des Konkursverfahrens und Kosten der Zwangsrestrukturierung, die nicht durch Einnahmen aus der Zwangsrestrukturierung gedeckt sind, werden zunächst aus den Geldmitteln der Konkursmasse gedeckt. Wenn die Geldmittel der Konkursmasse es zulassen, werden aus diesen auch andere Verbindlichkeiten der Konkursmasse befriedigt, sooft hinreichende Mittel in der Konkursmasse vorhanden sind. Die Gläubigerforderungen werden im Verhältnis zu ihrer Höhe befriedigt. Die Vorschriften über die Befriedigung von Forderungen aus einem Arbeitsverhältnis finden entsprechende Anwendung auf Ansprüche des Sicherungsfonds der Sozialleistungen (poln. Fundusz Gwarantowanych Świadczeń Pracowniczych) auf Rückerstattung der den Mitarbeitern des Schuldners aus dem Fonds ausbezahlten Leistungen aus der Konkursmasse.

405 **ee) Konkursverfahren über das Vermögen von Hypothekenbanken.** Im Falle der Konkurserklärung einer Hypothekenbank sind weitere Sonderregelungen (Art. 442–450a KonkR) anwendbar. Eine separate Konkursmasse, die der Befriedigung von Gläubigeransprüchen aus Pfandbriefen dient, umfasst:
1. Forderungen der Hypothekenbank sowie Rechte und Mittel gem. Art. 18 Abs. 3, 3a und 4 des Gesetzes v. 29.8.1997 über Pfandbriefe und Hypothekenbanken (Gesetz v. 12.10.2016/Dz.U.2016, Pos. 1771), nachstehend „Pfandbriefgesetz" genannt, eingetragen im Register zur Sicherung von Pfandbriefen;
2. Mittel, die durch die Rückzahlung von Forderungen, die in das Register zur Sicherung von Pfandbriefen eingetragen sind, erzielt wurden;
3. Vermögenswerte, die im Gegenzug für die im Register zur Sicherung von Pfandbriefen eingetragenen Aktiva erworben wurden.

406 Nach der Befriedigung der Gläubigerforderungen aus Pfandbriefen wird der Überschuss der Finanzmittel aus einer separaten Konkursmasse in die Konkursmasse einbezogen. Die Aufrechnung der Forderungen eines Gläubigers der zahlungsunfähigen Hypothekenbank mit Forderungen dieser Hypothekenbank, die zu einer separaten Konkursmasse gehören, ist grundsätzlich unzulässig.

407 Im Beschluss über die Konkurserklärung bestellt das Gericht einen Pfleger, der die Rechte der Inhaber von Pfandbriefen im Verfahren vertreten wird. Vor der Bestellung eines Pflegers holt das Gericht die Meinung der Finanzaufsichtsbehörde (poln. Komisja Nadzoru Finansowego) in Bezug auf die Person des Pflegers ein. Inhaber von Pfandbriefen können im Verfahren auch persönlich oder durch einen Bevollmächtigten handeln, sofern sie vom Konkursrichter zum Verfahren zugelassen wurden. Der Konkursrichter lässt den Inhabern von Pfandbriefen die Teilnahme an dem Verfahren zu, falls nachgewiesen wurde, dass ihnen die Rechte aus den Pfandbriefen zustehen.

Internationales Insolvenzrecht – Polen

Die Liquidation einer separaten Konkursmasse wird vom Konkursverwalter unter Beteiligung **408**
eines Pflegers durchgeführt. Sofern nicht anders vorgeschrieben, werden die im Register zur
Sicherung von Pfandbriefen eingetragenen Vermögensbestandteile an eine andere Hypothekenbank verkauft. Der Verkauf dieser Gegenstände führt dazu, dass die Verpflichtungen der Bank
gegenüber den Gläubigern aus den Pfandbriefen auf den Käufer übertragen werden. Für die
Übertragung von Verpflichtungen ist die Zustimmung der aus den Pfandbriefen berechtigten
Gläubiger nicht erforderlich. Der Verkauf wird bekanntgegeben. Der Kaufvertrag über die durch
eine Hypothek gesicherte Forderung stellt die Grundlage für die Eintragung in das Grundbuch
dar.

Mit dem Zeitpunkt der Konkurserklärung der Hypothekenbank verlängern sich die Fälligkeiten **409**
der Verpflichtungen der Bank gegenüber den Gläubigern aus den Pfandbriefen um 12 Monate.
Die Verpflichtungen gegenüber Gläubigern aus Pfandbriefen, die vor dem Zeitpunkt der Konkurserklärung der Hypothekenbank fällig waren aber nicht beglichen wurden, werden in der Regel
innerhalb von 12 Monaten nach dem Zeitpunkt der Konkurserklärung, frühestens jedoch nach
der ersten Bekanntgabe der Ergebnisse der vom Konkursverwalter unverzüglich durchgeführten
Prüfung der Liquiditäts- und Deckungsbilanz, spätestens jedoch innerhalb von drei Monaten nach
dem Zeitpunkt der Konkurserklärung der Hypothekenbank befriedigt. Zinsen auf Forderungen
aus den Pfandbriefen, die von dem Schuldner zu begleichen sind, sind in der Weise und innerhalb
der Fristen auszubezahlen, die in den Emissionsbedingungen festgelegt wurden.

Aus der separaten Konkursmasse werden in der Reihenfolge befriedigt: **410**
1. Kosten der Liquidation der separaten Konkursmasse, die auch die Vergütung des Pflegers
   umfassen, sowie Zinsen und sonstige Nebenforderungen aus den Pfandbriefen;
2. Pfandbriefe zu ihrem Nominalwert.

Reicht eine separate Konkursmasse nicht aus, um die Inhaber von Pfandbriefen vollständig zu **411**
befriedigen, ist der verbleibende Betrag bei der Verteilung der Geldmittel der Konkursmasse zu
befriedigen. Die von einem Schuldner ausgegebenen Pfandbriefe, die in seinem Eigentum sind,
dürfen nicht in Umlauf gebracht werden. Diese Pfandbriefe sind einzuziehen. Im Verfahren gegen
Hypothekenbanken ist es nicht zulässig, die Vorschriften über die vorbereitete Liquidation (Pre-Pack) anzuwenden (→ Rn. 490, → Rn. 73 ff.).

ff) Konkursverfahren über das Vermögen von im Ausland tätigen Kreditinstitutionen **412**
und Auslandsbanken. Für den Fall des Konkurses von Kreditinstituten, Auslandsbanken sowie
im Ausland tätigen inländischen Banken gelten weitere besondere Vorschriften (Art. 451–470
KonkR). Angesichts des begrenzten Umfangs dieser Kommentierung wird auf die Darstellung
verzichtet.

e) Konkursverfahren über das Vermögen von Versicherungs- und Rückversicherungs- **413**
unternehmen. aa) Verfahren zur Konkurserklärung. Ein weiteres Verfahren besonderer Art
ist für Versicherungs- und Rückversicherungsunternehmen vorgesehen (Art. 471–482 KonkR).
Ein Konkursantrag eines Versicherungs- oder Rückversicherungsunternehmens kann nur vom
Schuldner oder von der Finanzaufsichtsbehörde (poln. Komisja Nadzoru Finansowego) gestellt
werden. Die Finanzaufsichtsbehörde ist an dem Verfahren beteiligt. Vor der Konkurserklärung
eines Versicherungs- oder Rückversicherungsunternehmens holt das Gericht die Meinung der
Finanzaufsichtsbehörde hinsichtlich der Person des Konkursverwalters ein. Der Konkursverwalter
sollte über Kenntnisse der Struktur und Funktionsweise von Versicherungs- und Rückversicherungsunternehmen verfügen. Als Konkursverwalter kann eine Person bestellt werden, die eine
Lizenz als Restrukturierungsberater hat, sowie ein anderes Versicherungs- oder Rückversicherungsunternehmen. Der Konkursverwalter benachrichtigt die ihm bekannten Gläubiger, die einen
Kredit an das Versicherungs- oder Rückversicherungsunternehmen vergeben haben.

In dem Beschluss über die Konkurserklärung des Versicherungsunternehmens bestellt das **414**
Gericht nach Einholung der Meinung der Finanzaufsichtsbehörde einen Pfleger, der die Interessen
der Versicherungsnehmer, Versicherten, Begünstigten oder Berechtigten aus Versicherungsverträgen im Konkursverfahren vertritt. Der Pfleger kann insbesondere eine natürliche Person sein, die
über eine Lizenz als Restrukturierungsberaters verfügt.

bb) Verlauf des Konkursverfahrens. Im Laufe des Verfahrens legt der Pfleger der Finanzauf- **415**
sichtsbehörde mindestens einmal jährlich einen Bericht über seine Tätigkeiten und einen Jahresabschluss vor, nachdem diese vom Konkursrichter genehmigt wurden.

Der bestellte Pfleger hat das Recht, die Bücher und Dokumente des Schuldners einzusehen. **416**
In der Gläubigerversammlung hat der Pfleger das Stimmrecht lediglich in Angelegenheiten, welche
die Rechte der Versicherungsnehmer, Versicherten, Begünstigten oder Berechtigten berühren
können. Dem Pfleger steht das Recht zu, im eigenen Namen zugunsten der aus den Versicherungsverträgen begünstigten und berechtigten Personen Rechtsbehelfe einzulegen, und ist berechtigt,

Internationales Insolvenzrecht – Polen

einen Vertrag über die Übertragung des Versicherungsbestands auf ein anderes Versicherungsunternehmen mit der Möglichkeit der Kürzung der Versicherungssummen oder der Höhe der ausgezahlten Entschädigungen oder Leistungen abzuschließen. Bei Abschluss eines Vergleichs stimmt der Pfleger mit der Höhe der Forderungen ab, auf die die Versicherungsnehmer, Versicherten, Begünstigten oder Berechtigten Anspruch haben und die nicht aus einer separaten Konkursmasse befriedigt wurden. Genehmigt die Finanzaufsichtsbehörde den Vertrag über die Übertragung des Versicherungsbestands, hat der Pfleger seinen Inhalt unverzüglich dreimal in einer landesweiten Tageszeitung bekanntzugeben.

417 Hat der Pfleger keinen Vertrag über die Übertragung des Versicherungsbestands abgeschlossen, erlöschen die von dem Versicherungsunternehmen abgeschlossenen Versicherungsverträge:
1. im Falle von Pflichtversicherungsverträgen und Lebensversicherungsverträgen – innerhalb von drei Monaten nach der Konkurserklärung;
2. im Falle anderer Versicherungsverträgen – innerhalb eines Monats nach der Konkurserklärung.

418 Ab dem Zeitpunkt der Konkurserklärung stellen die Aktiva zur Deckung der versicherungstechnischen Rückstellungen zum Zwecke der Zahlungsfähigkeitssicherung des Versicherungsunternehmens eine separate Konkursmasse dar, welche zur Befriedigung von Ansprüchen aus Versicherungsverträgen, Rückversicherungsverträgen und Liquidationskosten dieser Masse bestimmt ist. Die Liquidation einer separaten Konkursmasse wird von dem Konkursverwalter unter Beteiligung des Pflegers durchgeführt. Ebenso stellen die Aktiva, welche die versicherungstechnischen Rückstellungen zum Zwecke der Zahlungsfähigkeitssicherung des Rückversicherungsunternehmens darstellen, zum Zeitpunkt der Konkurserklärung eine separate Konkursmasse dar, die dazu bestimmt ist, Ansprüche aus Rückversicherungsverträgen und die Liquidationskosten dieser Masse zu begleichen. Die Liquidation der separaten Konkursmasse wird von einem Konkursverwalter durchgeführt.

419 **cc) Befriedigung der Gläubiger.** Aus der separaten Konkursmasse des Versicherungsunternehmens werden in folgender Reihenfolge befriedigt:
1. Liquidationskosten der separaten Konkursmasse;
2. Forderungen aus Versicherungsverträgen;
3. Forderungen aus Rückversicherungsverträgen.

420 Forderungen aus Versicherungsverträgen, die aus einer separaten Konkursmasse nicht befriedigt wurden, werden in den Plan zur Verteilung der Geldmittel der Konkursmasse der ersten Kategorie aufgenommen (→ Rn. 816). Ansprüche von Geschädigten und Pflichtversicherungsberechtigten sowie Ansprüche von Versicherten, Berechtigten und Begünstigten aus Lebensversicherungsverträgen werden vom Versicherungsgarantiefonds (poln. Ubezpieczeniowy Fundusz Gwarancyjny) und dem Polnischen Kraftfahrzeugversicherungsbüro (poln. Polskie Biuro Ubezpieczycieli Komunikacyjnych) nach besonderen Vorschriften und innerhalb der in diesen Vorschriften festgelegten Grenzen befriedigt. Im Falle der Abweisung des Konkursantrages eines Versicherungsunternehmens mangels Masse sowie im Falle der Einstellung des Konkursverfahrens, befriedigt der Versicherungsgarantiefonds die Ansprüche der Geschädigten und Berechtigten gem. den in den gesonderten Vorschriften festgelegten Grundsätzen.

421 Aus der gesonderten Konkursmasse des Rückversicherungsunternehmens werden in folgender Reihenfolge befriedigt:
1. Liquidationskosten der separaten Konkursmasse;
2. Forderungen aus Rückversicherungsverträgen.

422 **dd) Konkursverfahren über das Vermögen von ausländischen Versicherungs- und Rückversicherungsunternehmen.** Für den Fall des Konkurses von Versicherungsunternehmen mit Sitz in einem Mitgliedstaat der Europäischen Union oder der Europäischen Freihandelszone (EFTA) – Vertragsparteien des Abkommens über den Europäischen Wirtschaftsraum von Versicherungsunternehmen und ihren Zweigniederlassungen und Rückversicherungsgesellschaften und ihren Zweigniederlassungen gelten ebenfalls weitere besondere Vorschriften (Art. 471–482 KonkR). Angesichts des begrenzten Umfangs dieser Kommentierung wird auf die Darstellung dieser Regelungen verzichtet.

423 **f) Konkurs von Anleiheemittenten.** Auch im Falle der Konkurserklärung des Anleiheemittenten sind Bestimmungen über Verfahren besonderer Art vorgesehen, sofern für die Options- und Anleiherechte eine entsprechende Sicherheit bestellt wurde (Art. 483–491 KonkR). Diese Bestimmungen finden im Falle der Konkurserklärung eines Ertragsanleiheemittenten (Revenue Bonds – Ertragsanleihen sind eine Art von Anleihen, die durch Art. 24 des Anleihegesetzes v. 15.1.2015 geregelt sind). Der Emittent kann Anleihen herausgeben, die den Anleihegläubiger berechtigen, Ansprüche vorrangig gegenüber anderen Gläubigern des Emittenten aus den gesamten oder einem Teil der Einnahmen oder aus dem gesamten oder einem Teil der Vermögenswerte

Internationales Insolvenzrecht – Polen

von Projekten zu befriedigen, die ganz oder teilweise aus den durch die Ausgabe von Anleihen erhaltenen Mitteln oder aus den gesamten oder einem Teil der Einnahmen aus anderen vom Emittenten genannten Projekten finanziert wurden, keine Anwendung, wenn der Emittent seine Haftung nach dem Inhalt der Schuldverschreibungen auf die Höhe der Erträge oder den Wert des Vermögens des Vorhabens beschränkt hat. In diesem Fall gelangen die Mittel, die zur Befriedigung der Rechte der Anleihegläubiger aus den Anleihen bestimmt sind, nicht in die Konkursmasse, und die Ansprüche der Anleihegläubiger werden im Konkursverfahren nicht befriedigt.

Das Gericht bestellt einen Pfleger, der die Rechte der Anleihegläubiger im Konkursverfahren **424** vertritt. Der Pfleger kann eine natürliche Person sein, insbesondere eine die über eine Lizenz als Restrukturierungsberater verfügt, sowie die Bank, mit der der Schuldner einen Vertrag über die Vertretung der Anleihegläubiger gegenüber dem Emittenten abgeschlossen hat. Die Anleihegläubiger können im Verfahren auch persönlich oder durch einen Bevollmächtigten handeln, sofern sie von dem Konkursrichter zum Verfahren zugelassen wurden. Der Konkursrichter lässt den Anleihegläubigern die Teilnahme an dem Verfahren zu, wenn nachgewiesen wird, dass sie Anleihegläubiger sind. Der Pfleger wird nicht bestellt, wenn zur Sicherung der mit den Anleihen verbundenen Rechte das Vermögen des Emittenten mit einer Hypothek belastet wurde. In einer solchen Situation werden die Rechte und Pflichten der Anleihegläubiger im Konkursverfahren von dem in Art. 31 Abs. 4 des Gesetzes v. 15.1.2015 über Anleihen (Gesetz v. 15.1.2015/Dz.U. 2015 Pos. 238; Gesetz v. 8.6.2017/Dz.U. 2017 Pos. 1199; Gesetz v. 11.5.2017/Dz.U. 2017 Pos. 1089) genannten Hypothekverwalter wahrgenommen. Der Konkursverwalter stellt dem Pfleger die notwendigen Informationen zur Verfügung. Der Pfleger ist berechtigt, die Bücher und Dokumente des Schuldners einzusehen. In der Gläubigerversammlung hat der Pfleger das Stimmrecht ausschließlich in den Angelegenheiten, die die Rechte der Anleihegläubiger beeinträchtigen können.

Der Pfleger hat zur Konkursmasse den Gesamtnennbetrag der bis zum Zeitpunkt der Konkurs- **425** erklärung nicht getilgten Anleihen, deren Zahlungstermin vor diesem Zeitpunkt liegt, sowie den Gesamtbetrag der nichtbezahlten Zinsen auf Anleihen und den Gesamtbetrag der Anleihen und der nach dem Zeitpunkt der Konkurserklärung zu zahlenden Zinsen anzumelden. In der Anmeldung sind die Vermögensbestandteile des Emittenten anzugeben, an denen die Rechte der Anleihegläubiger gesichert sind. Einzelne Anleihegläubiger sind nicht verpflichtet, ihre Forderungen aus den Anleihen anzumelden.

Der Gegenstand der Sicherung der Rechte aus den Anleihen bildet eine separate Konkursmasse, **426** welche zur Befriedigung der Rechte der Anleihegläubiger dient. Die Liquidation einer separaten Konkursmasse wird von dem Konkursverwalter unter Beteiligung des Pflegers durchgeführt.

Aus der separaten Konkursmasse werden in folgender Reihenfolge befriedigt: **427**
1. Liquidationskosten dieser Masse, welche auch die Vergütung des Pflegers umfassen;
2. Forderungen der Anleihegläubiger zu ihrem Nominalpreis;
3. Zinsen (Zinsscheine).

Genügt die separate Konkursmasse für die vollständige Befriedigung der Forderungen der Anleihe- **428** gläubiger nicht, unterliegen die nichtbefriedigten Forderungen der Befriedigung aus den Geldmitteln der Konkursmasse. Anleihen, die von einem Schuldner ausgegeben wurden, welche in seinem Eigentum sind, dürfen nicht in Umlauf gebracht werden. Diese Anleihen sind einzuziehen.

g) Verfahren zum Abschluss des Vergleichs auf der Gläubigerversammlung (sog. Ver- 428a gleichsverfahren) durch eine natürliche Person, die keine Geschäftstätigkeit ausübt.

aa) Zulässigkeit. Ein Schuldner, bei dem es sich um eine natürliche Person handelt, die keine Geschäftstätigkeit ausübt und die zahlungsunfähig geworden ist, kann beim Konkursgericht die Eröffnung des Vergleichsverfahrens beantragen. Dieses Verfahren, welches ab dem 24.3.2020 zur Verfügung steht, stellt eine Alternative zum Verbraucherinsolvenzverfahren dar. Auch das Konkursgericht kann einen Schuldner auf das Vergleichsverfahren verweisen, wenn der Schuldner einen Konkursantrag gestellt hat und in diesem Antrag keine Erklärung abgegeben hat, dass er mit der Teilnahme am Vergleichsverfahren nicht einverstanden ist. Die Verweisung des Schuldners auf das fragliche Verfahren ist zulässig, wenn Erwerbsfähigkeit und die berufliche Situation des Schuldners darauf hindeuten, dass er in der Lage ist, die Kosten des Vergleichsverfahrens zu decken, und die Möglichkeit besteht, den Vergleich mit den Gläubigern abzuschließen und durchzuführen. In seinem Antrag unterbreitet der Schuldner den Gläubigern erste Vergleichsvorschläge.

bb) Verlauf des Verfahrens. Mit Berücksichtigung des Antrags auf Eröffnung des Vergleichs- **428b** verfahrens oder mit Verweisung eines Schuldners auf ein solches Verfahren erlässt das Konkursgericht einen Beschluss, in dem insbesondere ein Gerichtssachwalter bestellt wird. Der Beschluss zur Eröffnung des Vergleichsverfahrens wird bekannt gegeben. Innerhalb von 30 Tagen ab Zustellung des Beschlusses erstellt der Gerichtssachwalter in Absprache mit dem Schuldner Vergleichsvorschläge, die Forderungsliste und Liste der strittigen Forderungen und beruft die Gläubigerver-

Internationales Insolvenzrecht – Polen

sammlung zur Abstimmung über den Vergleich ein. Samt der Mitteilung über das Datum der Gläubigerversammlung stellt der Sachwalter die Vergleichsvorschläge an die Gläubiger zu. Der Gerichtssachwalter ist auch der Vorsitzende der Gläubigerversammlung, in der die Gläubiger über die Vergleichsvorschläge abstimmen. Innerhalb von 21 Tagen ab der Gläubigerversammlung legt der Gerichtssachwalter dem Gericht einen Antrag auf Feststellung des Vergleichs oder auf Einstellung des Verfahrens vor.

428c **cc) Vergleich.** Der Vergleich wird für einen Zeitraum von höchstens fünf Jahren abgeschlossen. Für den Teil, der sich auf durch dingliche Rechte, insbesondere durch eine Hypothek, gesicherte Forderungen des Gemeinschuldners bezieht, kann ein Vergleich abgeschlossen werden, der den Zeitraum von fünf Jahren übersteigt. Das Inkrafttreten des Vergleichs erfordert sowohl die Zustimmung der Gläubiger als auch die Feststellung durch das Gericht. Der Schuldner setzt den Vergleich mit dem Sachwalter um.

428d **dd) Einstellung des Verfahrens.** Das Gericht stellt das Vergleichsverfahren ein, wenn der Schuldner seinen Verpflichtungen nicht nachkommt oder wenn die gegenwärtigen Erwerbsmöglichkeiten des Schuldners und seine berufliche Situation es unwahrscheinlich machen, dass er im Stande sein wird, die Verfahrenskosten zu decken und den Abschlusses und der Durchführung des Vergleichs mit den Gläubigern gefährdet ist, sowie wenn der Gerichtssachwalter keinen Antrag auf Feststellung des Vergleichs innerhalb von sechs Monaten ab dem Erlassen des Beschlusses zur Eröffnung des Verfahrens stellt. Hat das Gericht den Schuldner auf das Vergleichsverfahren verwiesen, so prüft es im Falle der Einstellung des Vergleichsverfahrens den Konkursantrag des Schuldners.

428e **ee) Ergänzende Anwendung der Vorschriften des Restrukturierungsrechts.** Obwohl das Vergleichsverfahren durch das KonkR geregelt wurde, gelten die Bestimmungen des Gesetzes vom 15.5.2015 (RestR), die das beschleunigte Vergleichsverfahren betreffen, entsprechend für dieses Verfahren, einschließlich des Abschlusses eines Vergleichs, seiner Wirkungen, Änderungen und Aufhebung.

III. Verfahrensbeteiligte

1. Schuldner

429 Beteiligter an dem eigentlichen Konkursverfahren ist vor allem der Schuldner, über dessen Vermögen der Konkurs erklärt wird (→ Rn. 72 ff.). Der Schuldner ist auch Verfahrensbeteiligter im Verfahren zur Konkurserklärung – der einzige Verfahrensbeteiligte, wenn der Konkursantrag vom Schuldner selbst stammt. Stammt der Konkursantrag jedoch von einer dritten Person, so sind Verfahrensbeteiligte der Schuldner und der Antragsteller. Im eigentlichen Konkursverfahren hat der Schuldner eine Vielzahl von Verpflichtungen, deren Nichterfüllung unter anderem mit einer Gewerbeuntersagung (→ Rn. 1214 ff.) oder einer strafrechtlichen Haftung (→ Rn. 1194 ff.) und im Verbraucherkonkursverfahren auch mit der Einstellung des Verfahrens sanktioniert werden kann.

430 Die Hauptpflicht des Schuldners, welche schon zum Zeitpunkt der Konkurserklärung entsteht, unabhängig davon, ob die diesbezügliche Beschluss rechtskräftig ist, besteht darin, dem Konkursverwalter das ganze Vermögen anzugeben und auszuhändigen. Der Schuldner ist auch verpflichtet, Unterlagen über seine Tätigkeit, sein Vermögen und seine Geschäftsbücher auszuhändigen, insbesondere Buchhaltungsbücher, andere steuerliche Unterlagen und Korrespondenz. Der Schuldner bestätigt die Erfüllung dieser Pflicht durch Abgabe einer schriftlichen Erklärung gegenüber dem Konkursrichter. Während des gesamten Verfahrens ist der Schuldner verpflichtet, dem Konkursrichter und dem Konkursverwalter alle notwendigen Erklärungen über sein Vermögen abzugeben.

431 Versteckt sich der Schuldner oder versteckt der Schuldner sein Vermögen, kann der Konkursrichter dem Schuldner gegenüber die in der PZPO vorgesehenen Zwangsmaßnahmen für Vollstreckung von Sachleistungen anwenden. Der Konkursrichter kann auch Zwangsmaßnahmen gegen den Schuldner ergreifen, der seinen Pflichten nicht nachkommt, oder nach der Konkurserklärung Schritte unternimmt, die darauf abzielen, das Vermögen zu verstecken, dieses zum Schein mit Verbindlichkeiten zu belasten oder die Feststellung der Zusammensetzung der Konkursmasse in irgendeiner Weise zu verhindern. Zu den Zwangsmaßnahmen gehören nacheinander festgesetzte Geldstrafen mit der Wandlungsmöglichkeit auf eine Haftstrafe. In einem Beschluss kann die Geldstrafe von bis zu 10.000 PLN festgesetzt werden, es sei denn, dass zwei vorherige Verhängungen der Geldstrafe erfolglos geblieben sind. Ab der dritten Verhängung einer Geldstrafe ist der Betrag nicht mehr auf maximal 10.000 PLN beschränkt. Die Gesamtsumme der Geldstrafen darf jedoch in demselben Verfahren 1 Mio. PLN nicht überschreiten. Bei der Verhängung einer Geldstrafe beschließt der Konkursrichter auch – für den Fall der Nichtzahlung – die Geldstrafe in eine

Internationales Insolvenzrecht – Polen

Haftstrafe zu wandeln, wobei ein Hafttag 50–1.500 PLN der Geldstrafe entsprechen kann. Die Gesamtdauer der Haftstrafe darf in demselben Verfahren sechs Monate nicht überschreiten. Der Konkursrichter hebt die Zwangsmaßnahmen auf, wenn die Notwendigkeit ihrer Anwendung entfällt. Ist der Schuldner eine juristische Person oder eine andere Organisation, so ist der für die Nichteinhaltung der gerichtlichen Aufforderung verantwortliche Mitarbeiter des Schuldners Adressat der Zwangsmaßnahmen. Wenn es sich als schwierig erweist, diesen Mitarbeiter zu bestimmen, ist Adressat der Zwangsmaßnahmen der gesetzliche Vertreter des Schuldners.

Im Falle des sog. Verbraucherkonkursverfahrens, stellt das Gericht von Amts wegen oder auf Antrag des Konkursverwalters oder Gläubigers das Verfahren ein, wenn der Schuldner das komplette Vermögen oder die erforderlichen Unterlagen dem Konkursverwalter nicht angibt oder nicht aushändigt oder anderweitig seinen Verpflichtungen nicht nachkommt, es sei denn, dass das Unterlassen nicht wesentlich ist oder die Durchführung des Verfahrens aus Billigkeitsgründen oder aus humanitären Gründen gerechtfertigt ist. Die Einstellung erfolgt nach Anhörung des Schuldners, des Konkursverwalters und ggf. auch der Gläubiger. Diese Bestimmung findet keine Anwendung auf ein Konkursverfahren, welches auf Antrag des Gläubigers eingeleitet wurde. **432**

Nach der Konkurserklärung ist der Unternehmer verpflichtet, im Geschäftsverkehr mit der Zusatzbezeichnung „w upadłości" (dt. „in Konkurs") zu handeln. Natürliche Personen, welche keine Geschäftstätigkeit ausüben, sind zur Verwendung dieser Bezeichnung nicht verpflichtet. **433**

Die Konkurserklärung hat keinen Einfluss auf die Rechts- und Geschäftsfähigkeit des Schuldners. Zum Zeitpunkt der Konkurserklärung verliert der Schuldner jedoch sein Verwaltungsrecht bezüglich des zur Konkursmasse gehörenden Vermögens und die Möglichkeit, dieses zu nutzen und darüber zu verfügen. Mit dem Wegfall des Verwaltungsrechts des Schuldners erlöschen auch die Rechte aller von ihm bevollmächtigten Personen, sodass auch sie keine Handlungen mit Auswirkung auf die Bestandteile der Konkursmasse vornehmen können (Zimmerman PrUpPrRest Art. 75 Rn. 4). **434**

Sämtliche Rechtshandlungen des Schuldners betreffend die Konkursmasse sind nichtig. Die Leistungserfüllung nach Bekanntgabe der Konkurserklärung zu Händen des Schuldners befreit nicht von der fortdauernden Verpflichtung der Leistungserfüllung zugunsten der Konkursmasse, es sei denn, dass der Schuldner den Gegenwert der Leistung der Konkursmasse zugeführt hat. Der Schuldner ist hingegen berechtigt, das Vermögen, welches nicht zur Konkursmasse gehört, frei zu verwalten, darüber zu verfügen und zu nutzen (zur Zusammensetzung der Konkursmasse → Rn. 663 ff.). Hat der Schuldner oder haben seine Familienangehörigen zum Zeitpunkt der Konkurserklärung in einer Wohnung oder in einem zur Konkursmasse gehörenden Gebäude gewohnt, so bestimmt der Konkursrichter den Umfang und die Möglichkeit der weiteren Nutzungsdauer dieser Wohnung. **435**

Nach der Konkurserklärung werden alle Rechte des Schuldners im Zusammenhang mit seiner Beteiligung an Gesellschaften oder Genossenschaften durch den Konkursverwalter ausgeübt. Die mit den Organtätigkeiten des Schuldners und der Ausübung seiner Kontroll- und Verwaltungsrechte zusammenhängenden Kosten werden jedes Mal vom Konkursrichter durch einen Kostenfestsetzungsbeschluss festgesetzt. Diese Kosten gehören zu den Kosten des Konkursverfahrens (zu den Kosten des Konkursverfahrens → Rn. 156 ff.). Gegen den Kostenfestsetzungsbeschluss des Konkursrichters kann Beschwerde eingelegt werden. **436**

Nach der Konkurserklärung verliert der Schuldner grundsätzlich das Recht, Erklärungen zur Annahme oder Ausschlagung einer Erbschaft abzugeben. Die Erklärung des Schuldners ist unwirksam, wenn sie nach der Konkurserklärung abgegeben wurde. Der Konkursverwalter gibt keine Erklärung zur Erbschaftsannahme ab. Die Erbschaft wird mit der sog. Rechtswohltat der Inventarerrichtung (die sog. Erbschaftsannahme mit dem Rechtswohltat der Inventarerrichtung gem. Art. 1016 PZGB ist sinngemäß mit der Erbschaftsannahme mit der beschränkten Haftung für Nachlassverbindlichkeiten vergleichbar, vgl. § 1975 BGB) angenommen. Ist die Erbschaft jedoch von der Konkursmasse ausgeschlossen, ist die Erklärung über die Erbschaftsannahme oder Erbschaftsausschlagung vom Schuldner abzugeben. Die Frist für die Abgabe der Erklärung beginnt mit der Rechtskraft des Beschlusses über den Ausschluss der Erbschaft aus der Konkursmasse. **437**

Während des Konkursverfahrens können Gerichts-, Verwaltungs- oder Verwaltungsgerichtsverfahren über die Konkursmasse grundsätzlich ausschließlich vom Konkursverwalter eingeleitet und durchgeführt werden. Der Konkursverwalter tritt in ein bereits anhängiges Verfahren anstelle des Schuldners ein. Der Schuldner ist jedoch weiterhin Verfahrenspartei in Verfahren über Unterhalts- und Rentenansprüche wegen Körperverletzung oder Gesundheitsstörung oder Verlust des Alleinverdieners sowie für die Umwandlung des lebenslangen Wohnrechts in eine Leibrente. **438**

Der Konkursrichter kann beschließen, dass der Schuldner, der eine natürliche Person ist, sowie Mitglieder der Geschäftsführung des Schuldners, welcher keine natürliche Person ist, das Gebiet **439**

Internationales Insolvenzrecht – Polen

der Republik Polen nicht ohne vorherige Erlaubnis des Konkursrichters verlassen können. Gegen den diesbezüglichen Beschluss des Konkursrichters kann Beschwerde eingelegt werden.

2. Gläubiger

440 Gläubiger im Sinne des KonkR ist jede Person, die zur Befriedigung aus der Konkursmasse berechtigt ist, auch wenn ihre Forderung keiner Anmeldung (zur Forderungsanmeldung → Rn. 776 ff.) bedarf. Die Forderung kann sowohl privaten als auch öffentlich-rechtlichen Charakter haben. Ob der Gläubiger ein polnischer Staatsbürger oder ein anderer Rechtsträger, der polnischem Recht unterliegt, sowie das für seine Forderung anwendbare Recht haben keinen Einfluss auf die Gläubigerstellung im Konkursverfahren. Im Konkursverfahren kann der Gläubiger persönlich oder durch einen Bevollmächtigten handeln. Gläubiger im Konkursverfahren üben ihre Berechtigungen auch in den Gläubigerorganen aus: dem Gläubigerausschuss (→ Rn. 471, → Rn. 73 ff.). und der Gläubigerversammlung (→ Rn. 462, → Rn. 73 ff.).

3. Konkursgericht

441 Zum Konkursgericht → Rn. 139 ff.

4. Konkursrichter

442 Zum Konkursrichter → Rn. 139 ff.

5. Konkursverwalter

443 **a) Bestellung des Konkursverwalters.** Im Falle der Konkurserklärung wird ein Konkursverwalter bestellt. Das Konkursgericht ernennt einen Konkursverwalter, wobei die Anzahl der Fälle, in denen eine als Restrukturierungsberater zugelassene Person als Sachwalter oder Verwalter in einem Restrukturierungsverfahren oder als Konkursverwalter in einem anderen Konkursverfahren tätig ist, sowie ihre Erfahrung und ihre zusätzlichen Qualifikationen berücksichtigt werden. Im Fällen in denen 1) ein Unternehmer, der in mindestens einem der beiden letzten Geschäftsjahre durchschnittlich 250 oder mehr Mitarbeiter pro Jahr beschäftigt oder einen jährlichen Nettoumsatz aus dem Verkauf von Waren, Produkten und Dienstleistungen sowie aus Finanztransaktionen erzielt hat, der den Wert von 50 Mio. EUR in PLN übersteigt, oder dessen Bilanzsumme am Ende eines dieser Jahre den Wert von 43 Mio. EUR in PLN übersteigt, 2) ein Unternehmen von erheblicher Bedeutung für die Staatswirtschaft ist und 3) ein Unternehmer von besonderer wirtschaftlicher und verteidigungstechnischer Bedeutung, ernennt das Konkursgericht als Konkursverwalter eine Person, die eine Lizenz als Restrukturierungsberaters besitzt und als qualifizierter Restrukturierungsberater fungiert. Die Funktion des Konkursverwalters kann von einer unbeschränkt geschäftsfähigen natürlichen Person, welche über eine Lizenz als Restrukturierungsberater verfügt, ausgeübt werden. Die Tätigkeiten eines Konkursverwalters können auch von einer Handelsgesellschaft wahrgenommen werden, deren Gesellschafter, die für die Verbindlichkeiten der Gesellschaft uneingeschränkt mit ihrem gesamten Vermögen haften oder Mitglieder der Geschäftsführung, die eine Gesellschaft vertreten, eine Lizenz als Restrukturierungsberater haben. Im Beschluss, in dem der Konkursverwalter bestellt wird, ist entweder die Lizenznummer des Restrukturierungsberaters oder die KRS-Nummer der Gesellschaft, die als Konkursverwalter bestellt wurde, anzugeben. Ein Konkursverwalter kann keine natürliche Person oder eine Handelsgesellschaft sein, welche:
1. Gläubiger oder Schuldner des Schuldners, Ehegatte, Verwandter in aufsteigender Linie, Abkömmling, Geschwister, Verschwägerter des Schuldners oder seines Gläubigers in gleicher Linie oder demselben Grad ist, mit ihm in einem Adoptionsverhältnis stehende Person oder Ehegatte dieser Person ist oder eine Person ist, die in einer nichtehelichen Lebensgemeinschaft in einem gemeinsamen Haushalt mit ihm lebt; das Hindernis besteht trotz Beendigung der Ehe oder des Adoptionsverhältnisses fort;
2. aufgrund eines Arbeitsverhältnisses für den Schuldner tätig ist oder war oder Leistungen für den Schuldner ausgeführt hat oder Dienstleistungen für den Schuldner auf Grundlage eines anderen Rechtsverhältnisses erbracht hat;
3. Mitglied eines Organs, Prokurist oder Bevollmächtigter des Schuldners ist oder war oder innerhalb von zwei Jahren vor Stellung des Konkursantrages Gesellschafter oder Aktionär war, welcher Anteile oder Aktien im Wert von mehr als 5% des Stammkapitals des Schuldners oder Gläubigers hielt;

Internationales Insolvenzrecht – Polen

4. eine mit dem Schuldner verbundene Gesellschaft ist oder war oder Mitglied des Organs, Prokurist oder Bevollmächtigter einer solchen Gesellschaft ist oder war oder in den letzten zwei Jahren vor Stellung des Konkursantrages Gesellschafter oder Aktionär war, welcher Anteile oder Aktien im Wert von mehr als 5% des Stammkapitals der mit dem Schuldner verbundenen Gesellschaft hielt;
5. als Sachwalter oder Verwalter in einem zuvor gegen den Schuldner durchgeführten Restrukturierungsverfahren tätig war.

Der Konkursverwalter hat unverzüglich, spätestens jedoch zum Zeitpunkt seiner ersten Handlung vor dem Konkursgericht oder Konkursrichter, eine Erklärung in den Verfahrensakten abzugeben, wonach keine der in → Rn. 443 genannten Hindernisse vorliegen. Die ursprüngliche Auswahl der als Konkursverwalter bestellenden Person erfolgt durch das Konkursgericht in dem Beschluss über die Konkurserklärung. Im Laufe des Verfahrens kann die Person des Konkursverwalters ausgetauscht werden. Wird ein Antrag vom Gläubigerausschuss nach den gesetzlichen Vorgaben gestellt, ist das Gericht an den Antrag gebunden, auch in Bezug auf die Person des neuen Konkursverwalters, es sei denn, dass die Bestellung dieser Person rechtswidrig wäre, die Interessen der Gläubiger grob verletzen würde oder eine berechtigte Vermutung besteht, dass die vorgeschlagene Person ihre Aufgaben nicht ordnungsgemäß erfüllen wird. Der Beschluss zur Bestellung des Konkursverwalters wird bekannt gegeben. Dieser Beschluss ist nicht anfechtbar. Das Konkursgericht tauscht den Konkursverwalter auch auf seinen Selbstantrag sowie im Falle des Entzugs oder der Aussetzung seiner Rechte aus der Lizenz als Restrukturierungsberater und wenn der Konkursverwalter eine Gesellschaft ist – im Falle des Entzugs oder der Aussetzung der Rechten aus der Lizenz als Restrukturierungsberater der Gesellschafter, die für die Verbindlichkeiten der Gesellschaft uneingeschränkt mit ihrem ganzen Vermögen haften, oder der Mitglieder der Geschäftsführung, die eine solche Gesellschaft vertreten, aus. **444**

Wenn dies erforderlich ist, kann der Konkursrichter auf Antrag des Konkursverwalters oder von Amts wegen einen stellvertretenden Konkursverwalter bestellen, insbesondere zwecks Ausübung von Konkursverwaltungstätigkeiten in einem anderen Gerichtsbezirk. Der Konkursrichter legt den Tätigkeitsbereich des stellvertretenden Konkursverwalters fest. Die Bestimmungen über den Konkursverwalter finden entsprechende Anwendung auf den stellvertretenden Konkursverwalter. **445**

b) Rechte und Pflichten des Konkursverwalters. Die Funktion des Konkursverwalters im Konkursverfahren besteht darin, das Vermögen des Schuldners zu verwerten und eine möglichst hohe Befriedigung der Gläubiger zu gewährleisten. Aufgrund der Abtrennung des Restrukturierungsverfahrens in das RestR ist der Konkursverwalter in geringem Maße verpflichtet, Sanierungsmaßnahmen zu ergreifen, es sei denn, dass er die Fortführung des Unternehmens des Schuldners unter den gegebenen tatsächlichen Umständen für gerechtfertigt hält (zu den Restrukturierungsmaßnahmen im Konkursverfahren (→ Rn. 488, → Rn. 73 ff.). Der Konkursverwalter kann das Unternehmen des Schuldners fortführen, insbesondere wenn es Chancen gibt, dieses als Ganzes zu verkaufen oder einen Vergleich mit den Gläubigern abzuschließen. Der das Unternehmen des Schuldners verwaltende Konkursverwalter kann Geschäftstätigkeiten ausüben, die eine Genehmigung, Lizenz oder Erlaubnis erfordern, sofern in gesonderten Gesetzen nichts anderes bestimmt ist. **446**

Unverzüglich nach der Konkurserklärung übernimmt der Konkursverwalter das Vermögen des Schuldners, verwaltet es, schützt es vor Zerstörung, Beschädigung oder Wegnahme durch unberechtigte Dritte und beginnt mit seiner Verwertung. Trifft der Konkursverwalter bei der Übernahme des Vermögens des Schuldners auf Hindernisse seitens des Schuldners, so nimmt die Einführung des Konkursverwalters in das Vermögen des Schuldners der Gerichtsvollzieher vor. Die Kosten für die Einführung werden vorübergehend von der Staatskasse gedeckt. Diese Kosten sind Kosten des Konkursverfahrens (zu den Kosten des Konkursverfahrens → Rn. 156 ff.). Wenn der Schuldner keine natürliche Person ist, gehen diese Kosten zu Lasten der Vertretung des Schuldners berechtigten Personen, welche bei der Übernahme des Vermögens gestört haben. Können die Kosten nicht von den zur Rückerstattung verpflichteten Personen eingezogen werden, so sind sie aus der Konkursmasse zu befriedigen. Haben bei der Übernahme des Vermögens des Schuldners durch den Konkursverwalter mehrere Personen gestört, so werden sie mit den Kosten gesamtschuldnerisch belastet. **447**

Der Konkursverwalter trifft die erforderlichen Maßnahmen, um den Beschluss über die Konkurserklärung im Grundbuch und in anderen Büchern und Registern, in denen das Vermögen des Schuldners eingetragen ist, bekannt zu geben. Der Konkursverwalter informiert über die Konkurserklärung die Gläubiger, deren Anschriften aufgrund der Unterlagen des Schuldners bekannt sind, sowie den Gerichtsvollzieher, welcher örtlich für den Sitz des Schuldners zuständig **448** ist. Er informiert auch Postämter, Banken und Einrichtungen, mit denen der Schuldner einen Vertrag über ein Bankschließfach abgeschlossen hat oder bei denen er Geld oder andere Gegenstände hinterlegt hat. Der Konkursverwalter fordert Beförderungsunternehmen, Speditionsunternehmen und Lagerhäuser, in denen sich die dem Schuldner gehörende Ware oder die an ihn adressierte Sendungen befinden oder befinden können, auf, dem Konkursverwalter die Sendungen oder Ware auszuhändigen und die ihnen von dem Schuldner erteilten Weisungen nicht auszuführen.

449   In allen Angelegenheiten betreffend die Konkursmasse, handelt der Konkursverwalter im eigenen Namen auf Rechnung des Schuldners. Insbesondere tritt der Konkursverwalter an Stelle des Schuldners in Gerichts-, Verwaltungs- und Verwaltungsgerichtsverfahren ein. Der Konkursverwalter kann von den Verwaltungsorganen und Organen der kommunalen Selbstverwaltung die erforderlichen Informationen über das Vermögen des Schuldners verlangen. Der Konkursverwalter kann auch eine Ermittlung des Schuldnervermögens durch den Gerichtsvollzieher beantragen, welche sich auf die Suche in Datenbanken beschränkt, zu denen der Gerichtsvollzieher Zugang hat. Nach der Bekanntmachung des Beschlusses über die Konkurserklärung sind die Banken, bei denen der Schuldner Bankkonten oder Schließfächer hat, verpflichtet, den Konkursverwalter über diese Tatsache zu informieren. Der Konkursverwalter erfüllt die den Schuldner belastenden handels- und steuerrechtlichen Berichtspflichten. Der Konkursverwalter haftet nicht für Verzögerungen bei der Erfüllung dieser Pflichten, die dadurch entstehen, dass ihm keine oder unzuverlässige oder unvollständige Unterlagen zur Verfügung gestellt wurden. Der Konkursverwalter hat auch unverzüglich die Pflichten zu erfüllen, die in den Vorschriften über den Schutz der Arbeitnehmeransprüche bei Zahlungsunfähigkeit des Arbeitgebers vorgesehen sind.

450   Der Konkursverwalter übermittelt dem Konkursrichter mindestens alle drei Monate einen Bericht über seine Tätigkeiten und einen Sachstandsbericht samt Begründung. Nach der Verteilung der Geldmittel der Konkursmasse gem. dem endgültigen Verteilungsplan legt der Konkursverwalter einen Abschlussbericht vor, welcher den Bericht über seine Tätigkeiten und den Sachstandsbericht beinhaltet. Der Konkursrichter genehmigt den Sachstandsbericht, lehnt die Feststellung einer bestimmten Ausgabe ab oder nimmt eine entsprechende Berichtigung vor und entscheidet über die Rückführung des nicht genehmigten Betrages in die Konkursmasse. Der Konkursrichter lehnt die Genehmigung des Abschlussberichts ganz oder teilweise ab, wenn der Konkursverwalter rechtswidrige oder für die Gläubiger oder den Schuldner benachteiligende Handlungen vorgenommen hat, oder trotz einer Aufforderung nicht alle Aufgaben innerhalb der angesetzten Frist erfüllt hat. Der Beschluss des Konkursrichters ist von den Verfahrensbeteiligten und dem Konkursverwalter innerhalb von sieben Tagen anfechtbar (zur Berechnung der Frist → Rn. 260).

451   c) Zivilrechtliche Haftung des Konkursverwalters. Der Konkursverwalter ist verpflichtet, mit gebotener Sorgfalt zu handeln, um eine optimale Ausnutzung des Vermögens des Schuldners zwecks Befriedigung der Gläubiger in einem höchstmöglichen Grad zu ermöglichen, insbesondere durch Reduzierung der Verfahrenskosten. Der Konkursverwalter haftet nicht für die in den die Konkursmasse betreffenden Angelegenheiten aufgenommenen Verbindlichkeiten, sondern für Schäden, die infolge der Außerachtlassung der erforderlichen Sorgfalt bei der Erfüllung seiner Pflichten entstehen. Die Haftung erstreckt sich auch auf die Handlungen von vom Konkursverwalter ernannten Bevollmächtigten und Erfüllungsgehilfen. Die Schadensersatzhaftung richtet sich nach den aus Art. 415 PZGB ergebenden Grundsätzen, dh sie ist eine Haftung auf Grundlage des Verschuldensprinzips, es ist somit ein kausaler Zusammenhang zwischen dem Schaden und dem schuldhaften Verhalten der zur Haftung gezogenen Person erforderlich (HGHF PrRest 507). Der Schaden umfasst sowohl den Verlust als auch den entgangenen Gewinn. Die Geltendmachung der Schadenersatzansprüche erfolgt nach den allgemeinen Grundsätzen vor einem Zivilgericht.

452   Der Konkursverwalter hat unverzüglich, spätestens zum Zeitpunkt seiner ersten Handlung vor dem Konkursgericht oder dem Konkursrichter, in den Verfahrensakten ein Dokument zu hinterlegen, welches den Abschluss eines Haftpflichtversicherungsvertrags für Schäden, die im Zusammenhang mit der Ausübung der Funktion des Konkursverwalters verursacht werden, bestätigt. Die Kosten der Haftpflichtversicherung stellen keine Kosten des Konkursverfahrens dar und unterliegen nicht der Erstattung aus der Konkursmasse.

453   d) Disziplinarische Haftung des Konkursverwalters; Abberufung des Konkursverwalters. Der Konkursrichter mahnt den Konkursverwalter, der seine Aufgaben nicht oder nicht ordnungsgemäß erfüllt, ab. Im Falle eines wesentlichen Fehlverhaltens oder einer trotz Abmahnung nicht erfolgten Verbesserung der Aufgabenerfüllung verhängt der Konkursrichter gegen den Konkursverwalter eine Geldstrafe in Höhe von 1.000 PLN bis 30.000 PLN unter Berücksichtigung des Schweregrads und der Bedeutung des Fehlverhaltens.

Internationales Insolvenzrecht – Polen

Im Falle einer groben Fahrlässigkeit oder mangelnder Verbesserung der Erfüllung seiner Pflich- **454** ten trotz der verhängten Geldstrafe hat das Konkursgericht den Konkursverwalter abzuberufen. Vor der Abberufung des Konkursverwalters ist das Konkursgericht verpflichtet, ihn anzuhören. Wurden die Abberufungsgründe glaubhaft gemacht, kann das Gericht den Konkursverwalter bis zum Erlass des Abberufungsbeschlusses einstweilen vom Amt entheben und einen vorläufigen Konkursverwalter bestellen, auf den die Bestimmungen über den Konkursverwalter entsprechend anwendbar sind.

Gegen den Abberufungsbeschluss und den Beschluss des Konkursrichters über die Abmahnung **455** des Konkursverwalters oder Verhängung einer Geldstrafe können sowohl die Verfahrensbeteiligten als auch der Konkursverwalter innerhalb von sieben Tagen Beschwerde einlegen (zur Berechnung der Frist → Rn. 260).

e) Vergütung des Konkursverwalters. Die Vergütung des Konkursverwalters bestimmt sich **456** aus der Gesamtbetrachtung von fünf Vergütungsbestandteilen, die sich zwischen dem zweifachen bis 26-fachen der Grundvergütung befindet. Die Grundvergütung ist als die durchschnittliche monatliche Vergütung im Sektor der Unternehmen ohne Gewinnauszahlung im dritten Quartal des Vorjahres zu verstehen, welche vom Präsidenten des Statistischen Zentralamtes (poln. Prezes Głównego Urzędu Statystycznego) veröffentlicht wird. Die Vergütung ist abhängig von:
1. dem Betrag, welcher an die Gläubiger im Rahmen der Durchführung der Verteilungspläne ausgezahlt wird, erhöht um die Kosten für die Auflösung von Arbeitsverhältnissen mit Arbeitnehmern, die am Tag der Konkurserklärung in einem Arbeitsverhältnis zum Schuldner standen;
2. der Anzahl der am Tag der Konkurserklärung beschäftigten Arbeitnehmer;
3. der Anzahl der am Verfahren beteiligten Gläubiger;
4. der Dauer des Konkursverfahrens ab dem Tag der Konkurserklärung bis zum Tag der Erfüllung des endgültigen Verteilungsplans;
5. sonstigen Umständen, vor allem dem Umfang und dem Schwierigkeitsgrad der Tätigkeit und Reduzierungsgrad der Verfahrenskosten.

Auf Antrag des Konkursverwalters, der nach Vorlage des Liquidationsplans eingereicht wird, **457** bestimmt das Konkursgericht innerhalb von 30 Tagen nach Antragstellung die vorläufige Vergütung des Konkursverwalters. Lediglich der Konkursverwalter und der Schuldner sind berechtigt, innerhalb von sieben Tagen eine Beschwerde gegen den Beschluss über die vorläufige Vergütung des Konkursverwalters einzulegen (zur Berechnung der Frist → Rn. 260). Nach Festlegung der vorläufigen Vergütung erhält der Konkursverwalter eine Vorschussleistung aus der Konkursmasse von bis zu 75 % der vorläufigen Vergütung.

Auf Antrag des Konkursverwalters, der innerhalb einer Woche nach Vorlage des endgültigen **458** Verteilungsplans oder Zustellung des Beschlusses über die Abberufung oder Änderung des Konkursverwalters oder Einstellung des Verfahrens gestellt wird, erlässt das Konkursgericht einen Beschluss über die endgültige Vergütung des Konkursverwalters. Gegen den gerichtlichen Beschluss über die Festsetzung der endgültigen Vergütung und eine etwaige Rückzahlung von Vorschüssen können sowohl die Verfahrensbeteiligten als auch der Konkursverwalter innerhalb von sieben Tagen Beschwerde einlegen (zur Berechnung der Frist → Rn. 260).

Vergütungen und Vorschüsse auf die Vergütung eines zur Zahlung der Umsatzsteuer verpflichte- **459** ten Konkursverwalters werden um den Betrag der Umsatzsteuer erhöht.

Im Konkursverfahren, welches über das Vermögen einer natürlichen Person geführt wird, die **460** keine Geschäftstätigkeit ausübt, setzt das Konkursgericht die Vergütung des Konkursverwalters unter Berücksichtigung der Geldmittel der Konkursmasse, des Befriedigungsgrades der Gläubiger, der Arbeitsbelastung des Konkursverwalters und des Umfangs seiner im Verfahren ausgeübten Pflichten, des Schwierigkeitsgrades des Konkursverfahrens und der Verfahrensdauer fest. Die Vergütung des Konkursverwalters wird auf einen Betrag in Höhe von einem Viertel bis auf das Doppelte der Grundvergütung festgesetzt. Die Grundvergütung ist als die durchschnittliche monatliche Vergütung im Sektor der Unternehmen ohne Gewinnauszahlung im dritten Quartal des Vorjahres zu verstehen, welche vom Präsidenten des Statistischen Zentralamtes (poln. Prezes Głównego Urzędu Statystycznego) veröffentlicht wird. In besonders begründeten Fällen kann das Gericht die Vergütung des Konkursverwalters bis auf das Vierfache der Grundvergütung festsetzen, wenn sie durch eine erhöhte Arbeitsbelastung des Konkursverwalters gerechtfertigt ist, die sich insbesondere aus dem Schwierigkeitsgrad des Verfahrens und der Anzahl der Gläubiger ergibt.

f) Der vorläufige Konkursverwalter. Das KonkR sieht kein Rechtsinstitut des vorläufigen **461** Konkursverwalters vor. Im Laufe des Verfahrens zur Konkurserklärung ist es jedoch möglich, einen vorläufigen Gerichtssachwalter oder einen Zwangsverwalter zu bestellen (→ Rn. 135 ff.).

Internationales Insolvenzrecht – Polen

6. Die Gläubigerversammlung

462 **a) Einberufung einer Gläubigerversammlung.** Alle Gläubiger im Konkursverfahren bilden gemeinsam eine Gläubigerversammlung. Der Konkursrichter beruft zwingend eine Gläubigerversammlung ein, wenn nach den Bestimmungen des KonkR eine Beschlussfassung der Versammlung erforderlich ist sowie auf Antrag von mindestens zwei Gläubigern, die gemeinsam mindestens ein Drittel des Gesamtbetrags der anerkannten Forderungen halten. Er kann die Versammlung auch dann einberufen, wenn er dies für erforderlich hält, zB um eine Stellungnahme der Gläubiger über die Tätigkeiten des Konkursverwalters einzuholen. Ein allein handelnder Gläubiger, auch wenn ihm Forderungen zustehen, die den Schwellenwert von einem Drittel des Gesamtbetrags der anerkannten Forderungen überschreiten, ist nicht berechtigt, einen den Konkursrichter bindenden Antrag auf Einberufung einer Gläubigerversammlung zu stellen. Genauso wenig ist auch der Konkursverwalter dazu nicht berechtigt.

463 Der Konkursrichter beruft eine Gläubigerversammlung durch Bekanntgabe ein, in der er Datum, Ort und Gegenstand der Versammlung sowie die Art der Abstimmung angibt. Die Bekanntgabe hat mindestens zwei Wochen vor dem Tag der Gläubigerversammlung zu erfolgen. Im Falle einer Verschiebung der Gläubigerversammlung informiert der Konkursrichter die Anwesenden über den neuen Termin und Ort der Versammlung. In diesem Fall erfolgt keine neue Bekanntgabe. Eine zuvor abgegebene Stimme eines Gläubigers, welcher nicht an einer aufgeschobenen Gläubigerversammlung teilgenommen hat, bleibt gültig und wird bei der Berechnung der Abstimmungsergebnisse berücksichtigt, wenn in dieser Versammlung über dieselben oder für die Gläubiger günstigeren Beschlüsse abgestimmt wird.

464 **b) Ablauf der Gläubigerversammlung; Stimmrecht.** Der Vorsitzende der Versammlung ist der Konkursrichter. Der Konkursverwalter, die Mitglieder des Gläubigerausschusses und der Schuldner, die zwecks Befragung geladen wurden, sind zur Teilnahme an der Versammlung verpflichtet. Ihr Nichterscheinen, auch wenn es gerechtfertigt ist, stellt jedoch kein Hindernis für die Abhaltung der Gläubigerversammlung dar. Die Gläubiger hingegen haben das Recht, an der Gläubigerversammlung teilzunehmen, sind dazu aber nicht verpflichtet.

465 Das Stimmrecht in der Gläubigerversammlung steht den Gläubigern zu, deren Forderungen festgestellt wurden. Der Konkursrichter kann auf Antrag des Gläubigers und nach Anhörung des Schuldners den Gläubiger zur Teilnahme an der Versammlung zulassen, dessen Forderung unter aufschiebender Bedingung steht oder glaubhaft gemacht wurde. Die Gläubiger stimmen mit dem Betrag der Forderungen ab, der in der Forderungsliste festgestellt wurde. Wird ein Gläubiger zur Teilnahme an der Gläubigerversammlung zugelassen, so wird der für die Stimmrechtsberechnung dieses Gläubigers festgelegte Betrag ggf. nach den Umständen des Einzelfalls vom Konkursrichter festgelegt.

466 Gläubiger, die über eine gesamtschuldnerische oder unteilbare Forderung verfügen, stimmen durch einen gemeinsamen Bevollmächtigten ab, dem eine schriftliche, mit einer notariell beglaubigten Unterschrift versehene, Vollmacht erteilt werden muss. Die einem Rechtsanwalt (poln. adwokat) oder Rechtsberater (poln. radca prawny) erteilte Vollmacht bedarf keiner notariellen Beglaubigung. Der Bevollmächtigte kann auch einer der Gläubiger sein. Wenn die Gläubiger keinen Bevollmächtigten wählen, stimmt in ihrem Namen ein nach den Bestimmungen des PZGB über die Verwaltung über das Miteigentum bestimmter Verwalter ab. Der Festsetzung eines Termins der Gläubigerversammlung steht nicht entgegen, wenn kein Bevollmächtigter oder Verwalter durch solche Gläubiger gewählt wurde.

467 Einem Gläubiger steht kein Stimmrecht aufgrund der Forderung zu, welche er aufgrund einer Abtretung oder eines Indossaments nach der Konkurserklärung erworben hat. Dies gilt nicht, soweit die Forderung auf den Gläubiger deswegen übergegangen ist, weil er eine Schuld befriedigt hat, für die er persönlich oder sachlich haftete und diese Haftung aus einem Rechtsverhältnis hervorgeht, das vor der Konkurserklärung entstanden ist.

468 Die Abstimmung in der Gläubigerversammlung erfolgt mündlich oder schriftlich, und die Beschreibung des Ablaufes und das Abstimmungsergebnis werden im Protokoll der Versammlung aufgenommen. Ein Gläubiger, der sich seiner Stimme enthält, gilt als hätte er an der Abstimmung nicht teilgenommen. Ein Verfahrensbeteiligter kann in der Gläubigerversammlung auch durch einen Bevollmächtigten abstimmen. Der Bevollmächtigte kann auch ein anderer Gläubiger sein.

469 **c) Beschlüsse der Gläubigerversammlung.** Die Beschlüsse der Gläubigerversammlung werden grundsätzlich unabhängig von der Anzahl der anwesenden Gläubiger mit der Mehrheit der Gläubiger gefasst, die über mindestens ein Fünftel des Gesamtbetrags der Forderungen verfügen, die den zur Teilnahme an der Versammlung berechtigten Gläubigern zustehen. In Fällen der Aussonderung des Vermögens aus der Konkursmasse werden jedoch die Beschlüsse mit einer

Mehrheit der Stimmen der Gläubiger gefasst, denen mindestens zwei Drittel des anerkannten Gesamtbetrags der Forderungen zusteht.

Ein Konkursrichter kann einen Beschluss der Gläubigerversammlung aufheben, wenn dieser 470 rechts- oder sittenwidrig ist oder die Interessen des Gläubigers, der gegen den Beschluss gestimmt hat, grob verletzt. Die Beschwerde gegen den Beschluss des Konkursrichters können alle Verfahrensbeteiligten einlegen. Die Beschwerde ist innerhalb von sieben Tagen einzulegen (zur Berechnung der Frist → Rn. 260). Der Konkursrichter handelt von Amts wegen. Die Verfahrensbeteiligten sind nicht berechtigt, einen Antrag auf Aufhebung eines Beschlusses der Gläubigerversammlung zu stellen, sie können den Konkursrichter lediglich auf die ersichtlichen Unregelmäßigkeiten hinweisen.

7. Der Gläubigerausschuss

a) Bestellung des Gläubigerausschusses. Ein weiteres Gläubigerorgan neben der Gläubiger- 471 versammlung ist der Gläubigerausschuss. Es ist zu beachten, dass der Gläubigerausschuss erst im eigentlichen Konkursverfahren, dh nach der Konkurserklärung, bestellt wird. Das polnische Recht kennt im Gegensatz zum deutschen Recht kein Rechtsinstitut des vorläufigen Gläubigerausschusses.

Die Bestellung des Gläubigerausschusses kann fakultativ oder obligatorisch sein. Der Konkurs- 472 richter kann einen Gläubigerausschuss entweder von Amts wegen, wenn er dies für erforderlich hält, oder auf Antrag bestellen. Der Konkursrichter ist verpflichtet, einen Gläubigerausschuss unverzüglich, spätestens innerhalb einer Woche zu bestellen, auf Antrag:
1. des Schuldners;
2. mindestens dreier Gläubiger;
3. eines oder mehrerer Gläubiger, die insgesamt über mindestens ein Fünftel des Gesamtbetrages der Forderungen verfügen, mit Ausnahme der in Art. 116 RestR (→ Rn. 985) genannten Gläubiger sowie der Gläubiger, die ihre Forderung aufgrund einer Abtretung oder eines Indossaments nach der Konkurserklärung erworben haben, es sei denn, dass der Übergang der Forderung infolge der Rückzahlung von dem Gläubiger seiner Schuld aus einem Rechtsverhältnis, welches vor der Konkurserklärung entstanden ist, erfolgte, für welche er persönlich oder mit bestimmten Vermögensgegenständen gehaftet hat, oder der Erwerb der Forderung nach der Bekanntgabe der Informationen über den Verkauf der Forderungen gegenüber dem Schuldner an den Erwerber, welcher den höchsten Preis angeboten hat, erfolgte.

b) Zusammensetzung des Gläubigerausschusses. Der Gläubigerausschuss setzt sich aus fünf 473 Mitgliedern und zwei Stellvertretern zusammen, die aus dem Kreis der Gläubiger des Schuldners, die an dem Verfahren beteiligt sind, bestellt werden. Die Bestimmungen über ein Mitglied des Gläubigerausschusses gelten entsprechend auch für die stellvertretenden Mitglieder des Gläubigerausschusses. Ein stellvertretendes Mitglied des Gläubigerausschusses kann an den Sitzungen des Gläubigerausschusses teilnehmen. Er stimmt über die Beschlüsse in Abwesenheit eines Mitglieds des Gläubigerausschusses ab. Der Gläubigerausschuss kann sich auch aus nur drei Mitgliedern zusammensetzen, wenn die Anzahl der Gläubiger des Schuldners, die an dem Verfahren beteiligt sind, weniger als sieben beträgt. Der Gläubiger kann im Gläubigerausschuss persönlich oder durch einen Bevollmächtigten handeln.

Die Mitglieder des Gläubigerausschusses werden von einem Konkursrichter bestellt und abberu- 474 fen. Der Gläubiger kann die Annahme der Aufgaben als Mitglied oder als stellvertretendes Mitglied des Gläubigerausschusses verweigern. Auf Antrag eines oder mehrerer Gläubiger, die über mindestens ein Fünftel des Gesamtbetrages der Forderungen der am Verfahren beteiligten Gläubiger verfügen, bestellt der Konkursrichter ein vom Antragsteller vorgeschlagenes Gläubigerausschussmitglied. Dieses Recht steht den Gläubiger nicht zu, die im Art. 116 RestR genannt werden (→ Rn. 985), sowie die ihre Forderung aufgrund einer Abtretung oder eines Indossaments nach der Konkurserklärung erworben haben, es sei denn, dass der Übergang der Forderung infolge der Rückzahlung von dem Gläubiger seiner Schuld aus einem Rechtsverhältnis, welches vor der Konkurserklärung entstanden ist, erfolgte, für welchen er persönlich oder mit bestimmten Vermögensgegenstände gehaftet hat, oder der Erwerb der Forderung nach der Bekanntgabe der Informationen über den Verkauf der Forderungen gegenüber dem Schuldner an den Erwerber, welcher den höchsten Preis angeboten hat, erfolgte. Die Bestellung des vorgeschlagenen Gläubigers als Gläubigerausschussmitglied ist zwingend, es sei denn, es besteht eine begründete Besorgnis, dass der vorgeschlagene Gläubiger die Aufgaben des Gläubigerausschussmitglieds nicht ordnungsgemäß erfüllen wird. Gegen den Beschluss zur Abweisung des Antrags kann nur der Antragsteller eine Beschwerde einlegen. Verfügen der oder die oben genannten Gläubiger, die die Bestellung eines

Internationales Insolvenzrecht – Polen

Gläubigerausschussmitglieds beantragen, über mindestens zwei Fünftel des Gesamtbetrages der Forderungen der an dem Verfahren beteiligten Gläubiger, so können sie für jedes Fünftel der gehaltenen Forderungen jeweils einen Kandidaten für die Mitgliedschaft im Gläubigerausschuss angeben.

475 Der Konkursrichter kann Mitglieder des Gläubigerausschusses, die ihre Aufgaben nicht ordnungsgemäß erfüllen, abberufen und andere bestellen. Gegen den Beschluss kann Beschwerde von allen Verfahrensbeteiligten innerhalb von sieben Tagen eingelegt werden (zur Berechnung der Frist → Rn. 260). Ein rechtskräftig abberufenes Mitglied des Gläubigerausschusses kann nicht wiederbestellt werden. Der Konkursrichter beruft auch ein Gläubigerausschussmitglied auf seinen eigenen Antrag hin ab.

476 Auf Antrag eines oder mehrerer Gläubiger, die über mindestens ein Fünftel des Gesamtbetrages der Forderungen der an dem Verfahren beteiligten Gläubiger verfügen, mit Ausnahme der in → Rn. 474 genannten Gläubiger, ändert der Konkursrichter die Zusammensetzung des Gläubigerausschusses. Der Konkursrichter beruft den vorgeschlagenen Gläubiger ab und bestellt zum Mitglied des Gläubigerausschusses den vom Antragsteller vorgeschlagenen Gläubiger, es sei denn, es besteht begründete Besorgnis, dass der vorgeschlagene Gläubiger die Aufgaben als Mitglied des Gläubigerausschusses nicht ordnungsgemäß erfüllen wird. Gegen den Abweisungsbeschluss kann lediglich der Antragsteller Beschwerde einlegen.

477 **c) Befugnisse des Gläubigerausschusses.** Der Gläubigerausschuss hat Kontrollbefugnisse und -pflichten und trifft wichtige Entscheidungen über den Verlauf des Konkursverfahrens. Der Gläubigerausschuss unterstützt den Konkursverwalter, kontrolliert seine Tätigkeiten, prüft den Zustand der Geldmittel der Konkursmasse und gibt seine Stellungnahme zu anderen Angelegenheiten ab, wenn der Konkursrichter oder Konkursverwalter dies verlangt. Der Gläubigerausschuss oder seine Mitglieder können dem Konkursrichter ihre Bemerkungen zur Tätigkeit des Konkursverwalters vortragen. Der Gläubigerausschuss kann die Tätigkeiten des Konkursverwalters kontrollieren und den Zustand der Geldmittel der Konkursmasse durch ein oder mehrere in dem Beschluss genannten Mitglieder überprüfen.

478 Der Gläubigerausschuss erteilt auch die Zustimmung für Tätigkeiten, die nur mit der Zustimmung des Gläubigerausschusses durchgeführt werden dürfen. Unter Androhung der Nichtigkeit, bedürfen die folgenden Handlungen der Zustimmung des Gläubigerausschusses:
1. die Fortführung des Unternehmens durch den Konkursverwalter, wenn diese länger als drei Monate ab dem Zeitpunkt der Konkurserklärung dauern soll;
2. Rücktritt vom Verkauf des Unternehmens als Ganzes;
3. freihändiger Verkauf der zur Konkursmasse gehörenden Vermögen;
4. Aufnahme von Darlehen oder Krediten und Belastung des Vermögens des Schuldners mit beschränkten dinglichen Rechten;
5. Anerkennung einer strittigen Forderung, Verzicht auf eine solche Forderung und Vergleichsabschluss über eine strittige Forderung sowie Einreichung der Streitigkeit vor ein Schiedsgericht.

479 Wenn eine der zustimmungspflichtigen Handlungen (→ Rn. 478) unverzüglich durchgeführt werden muss und einen Wert von 10.000 PLN nicht übersteigt, kann der Konkursverwalter sie ohne Zustimmung des Gläubigerausschusses durchführen. Darüber hinaus ist keine Zustimmung des Gläubigerausschusses zum Verkauf von beweglichen Sachen erforderlich, wenn der in der Inventarliste angegebene Schätzwert aller beweglichen Sachen, die zur Konkursmasse gehören, den Wert von 50.000 PLN nicht übersteigt. Im Falle des Verkaufs von Forderungen und anderen Rechten des Schuldners ist ebenfalls keine Zustimmung erforderlich, wenn die Nennwerte aller solcher Forderungen des Schuldners sowie seiner sonstigen Rechte, den Gegenwert von 50.000 PLN nicht übersteigen.

480 Der Gläubigerausschuss kann vom Schuldner und vom Konkursverwalter Erklärungen verlangen und die Bücher sowie den Konkurs betreffenden Unterlagen prüfen, soweit dies die Betriebsgeheimnisse des Unternehmens nicht verletzt. Ein Beschluss des Gläubigerausschusses über die Prüfung der Bücher und Unterlagen des Unternehmens des Schuldners wird von den Mitgliedern des Gläubigerausschusses oder, wenn besondere Kenntnisse erforderlich sind, von anderen in dem Beschluss genannten Personen durchgeführt. Die Kosten der Prüfung gehören nicht zu den Verfahrenskosten und belasten daher nicht die Konkursmasse. Der Gläubigerausschuss legt dem Konkursrichter einen Kontrollbericht über die Prüfung der Tätigkeiten des Konkursverwalters oder des Schuldners sowie über die Überprüfung der Bücher und Unterlagen vor.

481 Aufgrund eines in der vollständigen Zusammensetzung des Gläubigerausschusses gefassten Beschlusses, für den mindestens vier Mitglieder gestimmt haben, oder infolge eines Beschlusses des Gläubigerausschusses, welcher vom Schuldner beantragt wurde, tauscht das Konkursgericht den Konkursverwalter aus und bestellt zur Ausübung seiner Funktion eine vom Gläubigerausschuss

Internationales Insolvenzrecht – Polen

vorgeschlagene Person. Besteht der Gläubigerausschuss aus drei Mitgliedern, so wird der Beschluss einstimmig gefasst. Der Konkursrichter kann die Bestellung einer bestimmten Person nur dann verweigern, wenn dies rechtswidrig wäre, die Interessen der Gläubiger grob verletzen würde oder eine begründete Besorgnis besteht, dass die vorgeschlagene Person ihre Aufgaben nicht ordnungsgemäß erfüllen wird. Nur Mitglieder des Gläubigerausschusses und der Schuldner sind berechtigt, eine Beschwerde gegen den Beschluss des Konkursgerichts einzulegen, mit dem die Bestellung einer vom Gläubigerausschuss vorgeschlagenen Person verweigert wird.

Ein Mitglied des Gläubigerausschusses hat Anspruch auf Ersatz der mit seiner Teilnahme an einer Sitzung des Gläubigerausschusses verbundenen notwendigen Kosten. Der Konkursrichter kann einem Mitglied des Gläubigerausschusses eine angemessene Vergütung für die Teilnahme an der Sitzung gewähren, wenn dies durch die Art und den Schwierigkeitsgrad der Angelegenheit und den Umfang der Arbeitsbelastung gerechtfertigt ist. Die Vergütung und der Rückerstattung der Auslagen gehören zu den Verfahrenskosten (zu den Kosten des Konkursverfahrens → Rn. 156 ff.). **482**

Wurde der Gläubigerausschuss nicht bestellt, so werden die dem Gläubigerausschuss vorbehaltenen Tätigkeiten vom Konkursrichter ausgeübt. Der Konkursrichter führt auch Tätigkeiten aus, die dem Gläubigerausschuss vorbehalten sind, wenn der Gläubigerausschuss diese nicht rechtzeitig ausgeführt hat. **483**

d) Sitzungen und Beschlüsse des Gläubigerausschusses. Der Gläubigerausschuss übt seine Tätigkeiten grundsätzlich durch Beschlussfassung in den Sitzungen aus. Die Sitzungen des Gläubigerausschusses können auch fernmündlich durchgeführt werden. Die erste Sitzung des Gläubigerausschusses wird vom Konkursverwalter unverzüglich nach der Bestellung des Gläubigerausschusses einberufen. In der ersten Sitzung erlässt der Gläubigerausschuss eine Geschäftsordnung, welche insbesondere den Ablauf der Sitzungen, die Art der Stimmabgabe und die Regeln der Zusammenarbeit zwischen dem Gläubigerausschuss und dem Konkursverwalter, einschließlich der Art und Weise der Antragsstellung, festlegt. Es wird ein Protokoll der Sitzung des Gläubigerausschusses erstellt. Abschriften der in der Sitzung gefassten Beschlüsse sind dem Protokoll beizufügen. **484**

Die Geschäftsordnung des Gläubigerausschusses kann vorsehen, dass Beschlüsse außerhalb der Sitzung, insbesondere im Umlaufverfahren, gefasst werden können. Wird ein Beschluss des Gläubigerausschusses nicht in der Sitzung gefasst, müssen alle Mitglieder des Gläubigerausschusses über den Beschluss abstimmen. In diesem Fall darf die Stimme nicht von einem stellvertretenden Mitglied des Gläubigerausschusses abgegeben werden. **485**

Die Beschlüsse des Gläubigerausschusses werden mit Stimmmehrheit gefasst. Sie werden bekanntgegeben. Innerhalb einer Woche nach Bekanntgabe können die Verfahrensbeteiligten, dh insbesondere der Schuldner und jeder der Gläubiger, sowie der Konkursverwalter Einwendungen gegen den Beschluss erheben. Der Konkursrichter prüft die Einwendungen innerhalb einer Woche ab dem Zeitpunkt, an dem ihm die Einwendungen vorgelegt wurden. Der Konkursrichter kann infolge der Prüfung der Einwendungen oder von Amts wegen den Beschluss des Gläubigerausschusses innerhalb von zwei Wochen nach seiner Bekanntgabe aufheben, wenn er rechtswidrig ist oder die Interessen der Gläubiger verletzt. Gegen den Beschluss des Konkursrichters kann nur der Beschwerdeführer, der Schuldner und die Mitglieder des Gläubigerausschusses Beschwerde einlegen. Die Umsetzung des Beschlussinhalts darf nicht früher als nach Ablauf dieser zwei Wochen erfolgen. Der Konkursrichter kann die Umsetzung des Beschlusses für einen weiteren Zeitraum aussetzen, bis der Beschluss über die Prüfung der Einwendungen oder der Beschluss über die Aufhebung des Beschlusses des Gläubigerausschusses rechtskräftig wird. **486**

e) Zivilrechtliche Haftung der Mitglieder des Gläubigerausschusses. Bei der Ausübung seiner Aufgaben richten sich der Gläubigerausschuss und jeder seiner Mitglieder nach den allgemeinen Interessen der Gläubiger und nicht nach den jeweiligen individuellen Interessen. Jedes Mitglied des Gläubigerausschusses haftet für Schäden, die sich aus der fehlerhaften Erfüllung seiner Pflichten ergeben, sowie für Schäden, die durch die fehlerhafte Erfüllung von Pflichten durch einen in seinem Namen handelnden Bevollmächtigten verursacht worden sind. Die Schadensersatzhaftung richtet sich nach den aus Art. 415 PZGB hervorgehenden Grundsätzen, dh es handelt sich um eine Haftung nach dem Verschuldensprinzip, mithin muss ein kausaler Zusammenhang zwischen dem Schaden und dem schuldhaften Verhalten der zur Haftung herangezogenen Person bestehen (HGHF PrRest 507). Der Schaden umfasst sowohl den Verlustschaden als auch den entgangenen Gewinn. Kann die Haftung auf mehr als ein Mitglied des Gläubigerausschusses zurückgeführt werden, so ist sie gesamtschuldnerisch, aber jedes Mitglied des Gläubigerausschusses haftet in den Grenzen seines Verschuldensgrades (HGHF PrRest 507; TWW/Witosz PrRest 351). Die Geltendmachung des Schadensersatzes erfolgt nach den allgemeinen Grundsätzen vor einem Zivilgericht. **487**

IV. Sanierungsmöglichkeiten im Konkursverfahren

1. Vorbemerkungen

488 Das Konkursverfahren erfüllt vor allem eine Vollstreckungsfunktion. Sein vorrangiges Ziel ist es, die weitest mögliche Befriedigung der Gläubiger des Schuldners zu ermöglichen. Es ist das Restrukturierungsverfahren, in dem in erster Linie das Sanierungsziel zu verwirklichen ist. Dies bedeutet jedoch nicht, dass das KonkR keine Regelungen enthält, die die Sanierung des Unternehmens des Schuldners ermöglichen, einschließlich der Aufrechterhaltung der Rechtspersönlichkeit des Schuldners nach der Beendigung des Konkursverfahrens und der Aufrechterhaltung der bestehenden Eigentumsverhältnisse. Der Zweck der Fortführung und Sanierung des Unternehmens des Schuldners kann jedoch lediglich dann im Konkursverfahren verfolgt werden, wenn dies vernünftige Gründe erlauben (→ Rn. 375).

2. Übertragende Sanierung

489 **a) Vorbemerkungen.** Im Konkursverfahren gilt der Grundsatz, dass der Schuldner nach der Verfahrensbeendigung seine Rechtspersönlichkeit verliert (→ Rn. 821). Aus offensichtlichen Gründen betrifft dieser Grundsatz nur natürliche Personen. Der Verlust der Rechtspersönlichkeit durch den Schuldner muss jedoch nicht mit der Liquidation seines Unternehmens einhergehen. Im Rahmen des Konkursverfahrens kann das gesamte Unternehmen oder ein organisierter Unternehmensteil verkauft werden. Der Verkauf des gesamten Unternehmens des Schuldners hat ausdrücklich Vorrang im Rahmen der Verwertung des Vermögens des Schuldners.

490 **b) Vorbereitete Liquidation (sog. pre-pack). aa) Normzweck.** Das Verfahren zum Verkauf des Unternehmens des Schuldners kann bereits in einem Stadium vor Beantragung der Konkurserklärung und Erlass des Beschlusses zur Konkurserklärung des Schuldners eingeleitet werden. Mit Wirkung vom 1.1.2016 wurde ein neues Rechtsinstitut namens vorbereiteter Liquidation in das KonkR eingeführt. Bekannt vor allem aus der angelsächsischen Rechtsordnung, sog. pre-packs, anders prepackaged plans, besteht das Rechtsinstitut darin, dass schon dem Konkursantrag des Schuldners ein Plan der Verwertung seines Vermögens beigelegt wird (bzw. der Plan im Laufe des Verfahrens zur Konkurserklärung gestellt wird). Auf diese Weise ermöglicht man einen vereinfachten und beschleunigten Verlauf der Verwertung von Vermögen im Rahmen des Verfahrens zur Konkurserklärung zugunsten der Gläubiger sowie die Fortführung des Unternehmens des Schuldners, wenn auch durch Dritte (Witosz PrUpad/Buk PrUpad Art. 56a Rn. 1).

491 **bb) Antrag auf Genehmigung der Verkaufsbedingungen.** Das Verfahren zur vorbereiteten Liquidation wird auf Antrag auf Genehmigung der Verkaufsbedingungen eingeleitet. Der Antrag kann samt dem Konkursantrag oder im Laufe des Verfahrens zur Konkurserklärung, bis zum Erlass des Beschlusses zur Konkurserklärung, gestellt werden.

492 Dem Antrag auf Genehmigung der Verkaufsbedingungen sind eine Beschreibung und eine Wertermittlung der Vermögensteile beizufügen, auf die sich der Antrag bezieht, erstellt von einer Person, die in die Liste der Gerichtssachverständigen eingetragen ist. Solche Listen werden von den Bezirksgerichten (poln. sąd okręgowy) geführt. Wenn erforderlich, kann die Beschreibung und Wertermittlung durch mehrere Sachverständige mit verschiedenen fachlichen Kompetenzen erstellt werden (zum Umfang der Beschreibung und der Wertermittlung → Rn. 525 ff.). Ab dem 24.3.2020 hat der Antragsteller dem Antrag auf Genehmigung der Verkaufsbedingungen auch einen Zahlungsnachweis beizufügen, aus dem hervorgeht, dass der Käufer auf das Depotkonto des für die Prüfung des Antrags zuständigen Gerichts eine Sicherheitsleistung in Höhe eines Zehntels des angebotenen Preises geleistet hat. Wird dem Antrag auf Genehmigung der Verkaufsbedingungen kein Nachweis über die Einzahlung der Sicherheitsleistung beigefügt, wird der Antrag nicht geprüft. Dem Antrag ist auch ein Verzeichnis der dem Antragsteller bekannten Sicherheiten der Gläubiger auf dem Vermögen, auf welches sich der Antrag bezieht, samt Anschriften dieser Gläubiger sowie Abschriften des Antrags samt Anlagen für die Gläubiger, die die Sicherheiten auf dem Vermögen haben, auf welches sich der Antrag bezieht, beizufügen.

493 Der Antrag auf Genehmigung der Verkaufsbedingungen enthält mindestens einen Hinweis auf den Preis und den Käufer. Die Verkaufsbedingungen können auch in einem samt Antrag vorgelegten Entwurf des geplanten Kaufvertrags festgelegt werden. Der Antrag auf Genehmigung der Verkaufsbedingungen, welcher formelle Mängel aufweist, ist vom Gericht, nach vorheriger Aufforderung des Antragstellers zur Mängelbeseitigung, zurückzuweisen. Die formellen Mängel dieses Antrags führen jedoch nicht zur Zurückweisung eines ordnungsgemäß gestellten Konkursantrags, dem der Antrag auf Genehmigung der Verkaufsbedingungen beigefügt wurde (Adamus PrUp, 1. Aufl. 2016, PrUp Art. 56a Rn. 6).

Internationales Insolvenzrecht – Polen

cc) Berechtigung zur Antragstellung. Zur Antragstellung ist nicht nur der Schuldner 494
berechtigt, sondern auch alle Rechtssubjekte, die berechtigt sind, den Antrag auf Konkurserklärung
zu stellen (→ Rn. 53 ff.). Der im Antrag angegebene Käufer kann entweder ein Gläubiger oder
ein Dritter sein. Der Antrag kann auch mehr als einen Käufer betreffen.

dd) Verkaufsgegenstand. Im Rahmen der vorbereiteten Liquidation ist es möglich, das Unter- 495
nehmen des Schuldners, einen organisierten Unternehmsteil oder Vermögensbestandteile, die
einen wesentlichen Teil des Unternehmens darstellen, zu verkaufen. Der Gesetzgeber gestattet,
auch nur die Teile des Vermögens des Unternehmens zu veräußern, die nicht unbedingt organisatorisch, finanziell und funktional verbunden sind. Voraussetzung ist jedoch, dass dieses Vermögen
einen wesentlichen Teil des Unternehmens darstellt (Janda PrUp Art. 56a Rn. 3). Hier kann es
sich sowohl um einzelne Vermögensbestandteile als auch die Gruppen der Vermögensbestandteile,
die noch kein Unternehmen oder Unternehmensteil darstellen, handeln.

Nach polnischem Recht umfasst ein Rechtsgeschäft, welches ein Unternehmen zum Gegen- 496
stand hat, alles, was zum Unternehmen gehört, sofern sich nichts anderes aus dem Inhalt des
Rechtsgeschäfts oder besonderer Vorschriften ergibt. Es ist dennoch empfehlenswert, dass im
Antrag auf Genehmigung der Verkaufsbedingungen betreffend den Erwerb des Unternehmens
oder eines organisierten Unternehmensteils die konkret zu erwerbenden Vermögensbestandteile
anzugeben sind, die Teil des Unternehmens oder seines organisierten Unternehmensteils sind.
Andernfalls kann sich die Prüfung des Antrags durch das Konkursgericht als unmöglich erweisen.

Ein vertragliches Verbot der Forderungsveräußerung zwischen dem Schuldner und wiederum 497
seinem Schuldner schließt weder die Verwertung der Konkursmasse aus noch schränkt sie diese
ein (SN 19.1.2011 – V CSK 204/10). Es ist daher anzunehmen, dass ein pactum de non cedendo
im Falle einer vorbereiteten Liquidation keine Auswirkungen hat und dass auch die Forderungen
des Schuldners Gegenstand sein können.

Es ist unzulässig, einen Antrag auf Genehmigung der Verkaufsbedingungen betreffend Vermö- 498
gensbestandteilen, die Gegenstand eines Registerpfands sind, zu stellen, wenn der Registerpfandvertrag die Übernahme dieser Vermögensbestandteilen durch den Pfandnehmer oder ihren Verkauf
gem. Art. 24 des Gesetzes v. 6.12.1996 über das Registerpfand und das Pfandregister (Gesetz v.
6.12.1996/Dz.U. 2017, Pos. 1278) vorsieht, es sei denn, dem Antrag liegt eine schriftliche Zustimmung des Pfandnehmers bei. Eine Ausnahme wird angenommen, wenn der Pfandgegenstand ein
Teil des Unternehmens des Schuldners ist und sein Verkauf samt Unternehmen günstiger wäre
als ein separater Verkauf des Pfandgegenstandes. In diesem Fall wird der Pfandgegenstand samt
Unternehmen verkauft und der Wert des Pfandgegenstandes wird vom Verkaufspreis zwecks
Befriedigung des Pfandnehmers ausgegliedert (→ Rn. 683 ff.).

ee) Preis des Verkaufsgegenstandes. Der Preis des Verkaufsgegenstandes wird in der Regel 499
durch die Vertragsparteien, dh dem Schuldner und dem potenziellen Käufer, bestimmt. Ist der
Käufer jedoch ein mit dem Schuldner verbundenes Rechtssubjekt, muss vom Konkursgericht ein
Sachverständiger bestellt werden, der den Preis amtlich festlegt. Dies ist der einzige Fall im Verfahren zur Konkurserklärung, in dem das Gericht zwangsweise einen Sachverständigenbeweis durchführt. Aufgabe des Sachverständigen ist es, den Wert des Kaufgegenstandes zu ermitteln und auf
dieser Grundlage dem Gericht zu ermöglichen, den Preis zu bestimmen. Im vorliegenden Fall ist
der Verkauf nur zu einem Verkaufspreis zulässig, welcher den ermittelten Preis nicht unterschreitet.
Der Antragsteller und der potenzielle Käufer geben eine Erklärung darüber ab, ob zwischen ihnen
und dem Schuldner eine der oben erwähnten Geschäftsbeziehungen bestehen. Das Konkursgericht
kann den Antragsteller auffordern, einen Vorschuss auf die Gebühren des Sachverständigen zu
zahlen.

Besteht keine besondere Beziehung zum Schuldner, so wird der Sachverständige nicht bestellt 500
und der Richtwert des Gerichts für die Entscheidung über den Antrag auf Genehmigung der
Verkaufsbedingungen ist nicht der ermittelte Preis. Dieser liegt dann vielmehr zwischen dem
vorgeschlagenen Preis und dem Verwertungswert des Kaufgegenstandes.

Der Preis kann entweder vor der Entscheidung des Gerichts bezahlt und bei Gericht hinterlegt 501
werden oder erst nach dem rechtskräftigen Beschluss über die Genehmigung der Verkaufsbedingungen, zu den mit dem Konkursverwalter vertraglich vereinbarten Bedingung bezahlt werden
(→ Rn. 511 ff.). Die Zahlung des Preises bei der Hinterlegungsstelle bei Gericht ermöglicht es
dem Käufer, schneller in Besitz des Kaufgegenstandes zu gelangen.

ff) Bestellung eines vorläufigen Gerichtssachwalters oder Verwalters. Ab dem 501a
24.3.2020, wenn ein Antrag auf Genehmigung der Verkaufsbedingungen gestellt wird, bestellt das
Gericht einen vorläufigen Gerichtssachwalter oder einen Verwalter. Der vorläufige Gerichtssachwalter oder der Verwalter legt innerhalb der vorgeschriebenen Frist einen Bericht vor, welcher
insbesondere Angaben zur finanziellen Lage des Schuldners, die Art und den Wert seines Vermö-

gens und die voraussichtlichen Kosten des Konkursverfahrens und anderer Verbindlichkeiten der Konkursmasse, die während der Liquidation in aller Regel anfallen würden, sowie andere Informationen enthält, die für die Prüfung des Antrags auf Genehmigung der Verkaufsbedingungen von Bedeutung sind. Der Bericht kann insbesondere dann von erheblicher Bedeutung sein, wenn das Gericht die Höhe des im Antrag angegebenen Preises bewertet.

501b **gg) Frist für die Prüfung des Antrags.** Ab dem 24.3.2020 wird der Antrag auf Genehmigung der Verkaufsbedingungen bekannt gegeben. Darüber hinaus stellt das Gericht allen Gläubigern, die durch die Sicherheiten auf dem Vermögen, auf den sich der Antrag bezieht, gesichert sind, Abschriften des Antrags zu und verpflichtet sie, innerhalb der vorgeschriebenen Frist Stellung zu nehmen. Das Gericht prüft den Antrag frühestens 30 Tage ab dem Zeitpunkt der Bekanntmachung des Antrags und frühestens 14 Tage nach dem Zeitpunkt der Zustellung der Abschriften des Antrags an die gesicherten Gläubiger.

502 **hh) Genehmigung der Verkaufsbedingungen.** Der Antrag auf Genehmigung der Verkaufsbedingungen ist gemeinsam mit dem Konkursantrag zu prüfen. Das Konkursgericht kann dem Antrag nicht stattgeben, wenn es den Konkursantrag, dem der Antrag auf Genehmigung der Verkaufsbedingungen beigefügt wurde, abweist oder als unzulässig abweist oder zurückweist. Das Gericht kann zwecks Ergänzung der tatsächlichen Grundlagen des Antrags den Schuldner sowie den Käufer, Gläubiger oder Sachverständigen anhören (Witosz PrUpad/Buk PrUpad Art. 56c Rn. 4).

503 Das Konkursgericht gibt dem Antrag auf Genehmigung der Verkaufsbedingungen statt, wenn der im Antrag vorgeschlagene Preis höher ist, als der im Konkursverfahren infolge der Verwertung nach den allgemeinen Regeln erzielbare Betrag, abzüglich der Verfahrenskosten und Verbindlichkeiten der Konkursmasse, welche im Zusammenhang mit der Verwertung auf diese Weise hätte getragen werden müssen.

504 Das Gericht kann dem Antrag auch dann stattgeben, wenn der Preis dem Betrag ähnelt, der im Konkursverfahren infolge der Verwertung nach allgemeinen Regeln erzielbar wäre, abzüglich der Verfahrenskosten und Verbindlichkeiten der Konkursmasse, welche im Zusammenhang mit einer solchen Verwertung zu tragen wären. Dies ist jedoch nur dann gestattet, wenn dafür ein überwiegendes öffentliches Interesse oder die Möglichkeit der Fortführung des Unternehmens des Schuldners spricht. Ein Beispiel für ein wichtiges öffentliches Interesse könnte die Notwendigkeit sein, die ungestörte Fortführung bestimmter Dienstleistungen für die gesamte lokale Bevölkerung zu gewährleisten, was durch einen schnellen Eigentümerwechsel eines funktionierenden Unternehmens ermöglicht werden soll (Witosz PrUpad/Buk PrUpad Art. 56c Rn. 2).

505 Das Konkursgericht beurteilt nicht die Angemessenheit der Wahl des Verkaufsgegenstandes und der Person des vorgeschlagenen Käufers (Witosz PrUpad/Buk PrUpad Art. 56a Rn. 5). Dem Konkursgericht steht auch keine Möglichkeit zu, die Verkaufsbedingungen selbst zu bestimmen, insbesondere in Bezug auf den Preis oder den Käufer. Das Gericht kann dem Antrag entweder in seiner Gesamtheit stattgeben oder abweisen. Der Antragsteller ist berechtigt, den eingereichten Antrag bis zum Zeitpunkt seiner Prüfung zu ändern, und die Änderung kann natürlich durch die negative Haltung des Konkursgerichts zum vorgelegten Inhalt des Antrags herrühren. Werden mehrere Anträge auf Genehmigung der Verkaufsbedingungen für denselben Gegenstand gestellt, ist eine Versteigerung unter den Käufern durchzuführen, um die günstigsten Verkaufsbedingungen auszuwählen. Wenn sich die Anträge dagegen auf verschiedene Verkaufsgegenstände beziehen, sich aber teilweise überschneiden (zB Käufer A will ein Unternehmen kaufen und Käufer B will einen Teil des Unternehmens kaufen), so ist grundsätzlich der Verkauf des Unternehmens als Ganzes vorrangig, Art. 2 Abs. 1 KonkR (Adamus PrUp, 1. Aufl. 2016, PrUp Art. 56a Rn. 3).

506 Das Gesetz verlangt nicht die Zustimmung des Schuldners zur vorbereiteten Liquidation. Allerdings kann die Zustimmung der Kartellbehörde erforderlich sein (Adamus PrUp, 1. Aufl. 2016, PrUp Art. 56a Rn. 4).

507 In dem Beschluss, in welchem das Konkursgericht der Konkurserklärung stattgibt, genehmigt es auch die Verkaufsbedingungen, und gibt zumindest den Preis und den Käufer des verkauften Vermögensgegenstandes an. In dem Beschluss kann das Konkursgericht auch auf die Verkaufsbedingungen verweisen, die in dem vom Antragsteller vorgelegten Vertragsentwurf festgelegt sind.

508 Nach dem rechtskräftigen Beschluss über die Genehmigung der Verkaufsbedingungen beschließt das Konkursgericht von Amts wegen oder auf Antrag des Konkursverwalters, den bei Gericht hinterlegten Kaufpreis dem Konkursverwalter auszugeben. Erst nach der Rechtskraft des Beschlusses ist es möglich, einen Kaufvertrag abzuschließen.

509 **ii) Abschluss des Kaufvertrages.** Der Konkursverwalter schließt innerhalb von dreißig Tagen ab dem Zeitpunkt, an dem der Beschluss rechtskräftig wird, den Kaufvertrag unter den in dem gerichtlichen Beschluss festgelegten Bedingungen ab, es sei denn, dass die vom Konkursgericht

Internationales Insolvenzrecht – Polen

genehmigten Vertragsbedingungen eine andere Frist vorsehen. Der Kaufvertrag kann erst nach der Zahlung des gesamten Kaufpreises in die Konkursmasse oder nach Herausgabe an den Konkursverwalter des zuvor beim Gericht hinterlegten Kaufpreises abgeschlossen werden. Der Kaufvertrag muss mit einer beglaubigten Unterschrift versehen und schriftlich abgeschlossen werden. Umfasst der Kaufgegenstand jedoch auch Grundstücke, so ist die notarielle Beurkundung des Kaufvertrages erforderlich.

Die vom Käufer geleistete Sicherheit, die im berücksichtigten Antrag auf Genehmigung der Verkaufsbedingungen angegeben ist, wird auf den Preis angerechnet und sofort vom Depotkonto des Gerichts in die Konkursmasse überwiesen. Die vom Käufer geleistete Sicherheit, die im nicht berücksichtigten Antrag auf Genehmigung der Verkaufsbedingungen angegeben ist, wird innerhalb von zwei Wochen ab dem Zeitpunkt, in dem der Beschluss über die Konkurserklärung und Genehmigung der Verkaufsbedingungen rechtskräftig wird, auf das vom Käufer angegebene Bankkonto zurückgezahlt. Die vom Käufer geleistete Sicherheit wird ebenfalls zu dem Zeitpunkt zurückerstattet, in dem der Beschluss über die Konkurserklärung und die Abweisung des Antrags auf Genehmigung der Verkaufsbedingungen rechtskräftig wird, die Verfügung über die Zurückweisung dieses Antrags oder der Beschluss über seine Abweisung oder die Einstellung des Verfahrens zur Prüfung des Antrags auf Genehmigung der Verkaufsbedingungen rechtskräftig wird. Verlangt der Käufer die Rückzahlung der Sicherheit vor dem Datum der Prüfung des Antrags auf Genehmigung der Verkaufsbedingungen an diesen Käufer, wird der Antrag nicht geprüft. **509a**

Kommt es zu keiner Einigung zwischen den Parteien über den Inhalt des Vertrages, schließt der Konkursverwalter den Vertrag nicht ab. In einem solchen Fall sollte der Konkursverwalter die Aufhebung des Beschlusses über die Genehmigung der Verkaufsbedingungen beantragen (Witosz PrUpad/Buk PrUpad Art. 56d Rn. 4). Kommt der Kaufvertrag aufgrund des Verschuldens des Käufers nicht zustande, behält der Konkursverwalter die von ihm geleistete Sicherheit. **510**

jj) Herausgabe des Kaufgegenstandes. Der Antrag auf Genehmigung der Verkaufsbedingungen kann die Herausgabe des Kaufgegenstandes an den Käufer zum Zeitpunkt der Konkurserklärung des Schuldners vorsehen. In diesem Fall ist dem Antrag ein Nachweis über die Zahlung des vollen Kaufpreises auf das Konto der Hinterlegungsstelle bei Gericht beizufügen. Die Herausgabe erfolgt unverzüglich nach Bekanntgabe des Beschlusses über die Konkurserklärung. Es ist nicht notwendig, die Rechtskraft des Beschlusses abzuwarten. Im Falle der Nichtzahlung des Kaufpreises auf das Konto der Hinterlegungsstelle bei Gericht, erfolgt die Herausgabe zu den im Kaufvertrag festgelegten Bedingungen, dh zumindest nach der Rechtskraft des Beschlusses über die Genehmigung der Verkaufsbedingungen. **511**

Der Kaufgegenstand wird unter Beteiligung des Konkursverwalters direkt an den Käufer ausgegeben. Trifft der Konkursverwalter bei der Übernahme des Kaufgegenstandes auf Hindernisse seitens des Schuldners, wird die Übernahme des Vermögensgegenstandes durch den Gerichtsvollzieher vollzogen. **512**

Erfolgt die Herausgabe des Kaufgegenstandes vor Abschluss des Kaufvertrages, verwaltet der Käufer bis zum Zeitpunkt der Rechtskraft des Beschlusses über die Genehmigung der Verkaufsbedingungen und des Kaufvertragsabschluss den erworbenen Vermögensgegenstand im Rahmen des gewöhnlichen Geschäftsbetriebs auf eigene Gefahr und Risiko. Aus Sicherheitsgründen erscheint es gerechtfertigt, einen Pachtvertrag zwischen dem Käufer und dem Konkursverwalter für diesen Zeitraum abzuschließen und die gegenseitigen Rechte und Pflichten der Parteien in einem solchen Vertrag festzulegen. **513**

kk) Auswirkungen des Verkaufs. Der Verkauf im Wege der vorbereiteten Liquidation hat die rechtlichen Folgen eines Verkaufs im Rahmen des Zwangsvollstreckungsverfahrens, analog zum Verkauf des Unternehmens im Zuge der Verwertung des Vermögens des Schuldners im eigentlichen Konkursverfahren, nach den allgemeinen Regeln (→ Rn. 537 ff.). **514**

ll) Rechtsmittel. Gegen den Beschluss über die Abweisung des Antrags auf Genehmigung der Verkaufsbedingungen kann der Schuldner und Antragsteller Beschwerde einlegen. Gegen den Beschluss über die Stattgabe dieses Antrags können dagegen der Schuldner und jeder Gläubiger Beschwerde einlegen. Eine Beschwerde kann innerhalb zwei Wochen eingelegt werden (zur Berechnung der Fristen → Rn. 260). **515**

Bei Aufhebung des Beschlusses über die Genehmigung der Verkaufsbedingungen verpflichtet das Konkursgericht den Käufer, das Unternehmen an den Konkursverwalter oder Schuldner zurückzugeben. Der Beschluss ist ein Vollstreckungstitel gegen den Käufer, dh er kann im Rahmen eines Vollstreckungsverfahrens von einem Gerichtsvollzieher vollzogen werden. **516**

Wenn der potenzielle Käufer den Preis bei Gericht hinterlegt hat, entscheidet das Konkursgericht auf Antrag des Käufers über die Rückzahlung des Kaufpreises aus der Hinterlegungsstelle bei Gericht an den Käufer innerhalb von dreißig Tagen ab dem Zeitpunkt der Rückgabe des **517**

Internationales Insolvenzrecht – Polen

Unternehmens an den Konkursverwalter oder Schuldner. Der Konkursverwalter oder der Schuldner kann beantragen, dass der Preis für die nächsten zwei Wochen beim Gericht hinterlegt wird, um den Antrag auf einstweiligen Rechtsschutz wegen eines Schadensersatzanspruches nach dem allgemeinen Recht einzulegen. Nach Ablauf dieser Frist beschließt das Konkursgericht unverzüglich, den Kaufpreis aus der Hinterlegungsstelle bei Gericht freizugeben, es sei denn, es wurde ein Antrag auf einstweiligen Rechtsschutz gestellt. Der Käufer haftet für den Wertverlust des zurückgegebenen Vermögens, mit Ausnahme seines normalen Gebrauchs. Der Käufer selbst kann die Rückerstattung der Aufwendungen zur Verbesserung der Vermögensgegenstände verlangen. Die Erstellung des Übergabe- und Rückgabeprotokolls des Vermögens kann die Beurteilung möglicher Veränderungen in der Zusammensetzung und im Wert der Vermögensbestandteile erleichtern. Der Konkursverwalter und der Käufer können auch eine Vergleichsvereinbarung abschließen, die die Abrechnungsregeln festlegt (Witosz PrUpad/Buk PrUpad Art. 56f Rn. 4).

518 **kk) Änderung des Beschlusses über die Genehmigung der Verkaufsbedingungen.** Innerhalb der für den Abschluss des Kaufvertrags vorgesehenen Frist kann der Konkursverwalter und der Käufer bei dem Konkursgericht einen Antrag auf Aufhebung oder Änderung des Beschlusses über die Genehmigung der Verkaufsbedingungen stellen, wenn nach dem Erlass dieses Beschlusses Umstände, die den Wert des verkauften Vermögensbestandteils wesentlich beeinflussen, aufgekommen sind oder sich verändert haben. In einem solchen Fall prüft das Konkursgericht, ob die vom Antragsteller angegebenen Umstände tatsächlich vorliegen und ob sie sich auf den Wert des Kaufgegenstandes in angegebener Weise auswirken. Bei Stattgabe des Antrags kann das Konkursgericht entweder die Verkaufsbedingungen ändern, insbesondere den Preis erhöhen, oder den Beschluss über die Genehmigung der Verkaufsbedingungen ganz aufheben (Zimmerman PrUpPrRest Art. 56h Rn. 1).

519 Gegen den Beschluss kann der Schuldner, der Käufer, der Konkursverwalter und jeder einzelne Gläubiger Beschwerde einlegen. Die Beschwerde kann innerhalb einer Woche eingelegt werden (zur Berechnung der Fristen → Rn. 260).

520 Nach Abschluss des Kaufvertrages ist die Aufhebung des Beschlusses über die Genehmigung der Verkaufsbedingungen nicht zulässig. Die Geltendmachung von Schadenersatzansprüchen durch den Konkursverwalter bleibt jedoch unberührt, sofern die Konkursmasse durch das schuldhafte Handeln des Käufers oder anderer Personen, zB eines Sachverständigens, Schaden erlitten hat (Adamus PrUp, 1. Aufl. 2016, PrUp Art. 56h Rn. 2).

521 **c) Unternehmensveräußerung im eigentlichen Konkursverfahren. aa) Verkauf des Unternehmens als Ganzes.** Der Verkauf des gesamten Unternehmens des Schuldners oder eines organisierten Unternehmensteils ist auch im Laufe des eigentlichen Konkursverfahrens im Rahmen der Verwertung des Vermögens des Schuldners möglich. Das Unternehmen des Schuldners sollte als Ganzes verkauft werden, und die Durchführung einer solchen Transaktion hat für den Konkursverwalter höchste Priorität. Der Verzicht auf den Verkauf des Unternehmens als Ganzes bedarf der Zustimmung des Gläubigerausschusses oder, wenn kein Gläubigerausschuss bestellt wurde oder keine diesbezügliche Entscheidung trifft, der Zustimmung des Konkursrichters. Erst wenn der Verkauf des Unternehmens des Schuldners als Ganzes aus wirtschaftlichen oder anderen Gründen nicht möglich ist, kann ein organisierter Unternehmensteil des Unternehmens verkauft werden, und im weiteren Verlauf einzelne Vermögensbestandteile oder Vermögensgruppen.

522 **bb) Fortführung des Unternehmens.** Wenn es möglich ist, das Unternehmen des Schuldners als Ganzes oder eines organisierten Unternehmensteils zu verkaufen, oder einen Vergleich mit den Gläubigern abzuschließen, kann das Unternehmen des Schuldners nach der Konkurserklärung fortgeführt werden. In einem solchen Fall führt das Unternehmen des Schuldners grundsätzlich der Konkursverwalter fort. Der Konkursverwalter hat alle Maßnahmen zu ergreifen, um das Unternehmen zumindest in einem unverschlechterten Zustand aufrechtzuerhalten. Wenn die Fortführung des Unternehmens durch den Konkursverwalter länger als drei Monate ab dem Zeitpunkt der Konkurserklärung andauern soll, bedarf dies jedoch der Zustimmung des Gläubigerausschusses oder, wenn der Gläubigerausschuss nicht bestellt wurde oder keine diesbezügliche Entscheidung trifft, der Zustimmung des Konkursrichters.

523 Die Fortführung des Unternehmens des Schuldners durch den Konkursverwalter ist unzulässig, wenn der Schuldner zur Rückerstattung öffentlicher Beihilfe verpflichtet ist. Der Gläubigerausschuss kann jedoch die Rückzahlung rechtswidrig gewährter öffentlicher Beihilfen und der Fortführung des Unternehmens des Schuldners zustimmen, wenn nachgewiesen wird, dass die verbleibenden Gläubiger trotz der Rückzahlung rechtswidrig gewährter öffentlicher Beihilfe durch den Verkauf des fortgeführten Unternehmens zu einem höheren Kaufpreis oder Abschluss und Erfüllung eines Vergleichs in höherem Maße befriedigt werden.

Der Verkauf des Unternehmens des Schuldners kann nach Zustimmung des Konkursrichters 524 durch einen zuvor abgeschlossenen befristeten Pachtvertrag mit Vorkaufsrecht eingeleitet werden. Der Konkursrichters stimmt dem Vertragsabschluss zu, wenn dafür wirtschaftliche Gründe sprechen. In einem solchen Fall wird das Unternehmen des Schuldners von einem Pächter geführt. Der Pachtvertrag sollte entgeltlich sein. Die Pacht fällt in die Konkursmasse (Zimmerman PrUpPrRest Art. 316 Rn. 8).

cc) Beschreibung und Wertermittlung bzw. Unternehmensbewertung. Wenn der Ver- 525 kauf des Unternehmens des Schuldners als Ganzes geplant ist, erstellt ein vom Konkursverwalter ausgewählter Sachverständiger eine Beschreibung und Wertermittlung des Unternehmens. Dies erfolgt grundsätzlich gemeinsam mit der Erstellung des Konkursmasseverzeichnisses und der Wertermittlung ihrer Teilgegenstände. Wenn sich jedoch die Möglichkeit des Verkaufs des Unternehmens als Ganzes erst zum späteren Zeitpunkt ergibt, so ist seine Beschreibung und Wertermittlung getrennt durchzuführen. In der Unternehmensbeschreibung werden insbesondere der Gegenstand des Unternehmens, die zu dem Unternehmen gehörenden Grundstücke (mit ihren Flächen und Grundbuchnummern), anderes Anlagevermögen, Rechte sowie Lasten des Unternehmens aufgeführt. Bei der Wertermittlung ist der Wert des Unternehmens separat als Ganzes und seiner organisierten Unternehmensteilen anzugeben, wenn solche Teile für den Verkauf ausgegliedert werden können. Wenn die Vermögensbestandteile des Unternehmens mit Hypotheken, Pfänden, Registerpfänden, Steuerpfänden, Seehypotheken oder anderen Rechten sowie Rechtsfolgen der Eintragung dieser Rechte oder persönlichen Ansprüchen belastet sind, so sind in der Wertermittlung solche Rechte gesondert zu nennen, die nach dem Verkauf bestehen bleiben. Des Weiteren ist der Wert dieser Rechte und der belasteten Vermögensbestandteile als auch das Verhältnis des Wertes der einzelnen belasteten Vermögensbestandteile zum Wert des Unternehmens zu bestimmen.

Die Beschreibung und Wertermittlung können von den Verfahrensbeteiligten angefochten wer- 526 den. Die Einwendungen gegen die Beschreibung und Wertermittlung sind innerhalb einer Woche nach dem Tag der Bekanntgabe über die Einreichung der Beschreibung und Wertermittlung beim Konkursrichter einzulegen. Die Einwendungen werden vom Konkursrichter geprüft. Bestehen Zweifel an der Zuverlässigkeit oder Richtigkeit der Beschreibung und Wertermittlung, so benennt der Konkursrichter einen neuen Sachverständigen, welcher eine neue Beschreibung und Wertermittlung erstellt. Der Beschluss des Konkursrichters, welcher infolge der Prüfung der Einwendungen erlassen wird, ist nicht anfechtbar (Adamus PrUp, 1. Aufl. 2016, PrUp Art. 319 Rn. 12).

dd) Ausschreibung oder Versteigerung. Der Verkauf des Unternehmens oder organisierten 527 Unternehmensteils kann im Wege einer Ausschreibung oder Versteigerung erfolgen. In der Bekanntgabe über die Versteigerung oder Ausschreibung sind Termin, Ort Gegenstand und Bedingungen der Versteigerung oder der Ausschreibung anzugeben. Alternativ zu der vollständigen Auflistung der Bedingungen der Versteigerung oder Ausschreibung kann in der Bekanntgabe darauf hingewiesen werden, wo die Bedingungen zu finden sind, wie etwa auf der Internetseite des Konkursverwalters. Die Bedingungen für die Versteigerung oder Ausschreibung werden vom Konkursverwalter aufgestellt und vom Konkursrichter genehmigt. Die Versteigerung oder die Ausschreibung wird durch eine Bekanntgabe mindestens zwei Wochen und, wenn die Versteigerung oder die Ausschreibung eine börsennotierte Gesellschaft betrifft, mindestens sechs Wochen vor dem Zeitpunkt der Versteigerung oder der Ausschreibung bekannt gegeben. Die Bekanntgabe sowie die Bedingungen der Versteigerung oder der Ausschreibung können nur dann geändert oder aufgehoben werden, wenn dies in der Bekanntgabe vorbehalten ist. In den Ausschreibungs- oder Versteigerungsbedingungen kann festgelegt werden, dass die Teilnehmer dem Veranstalter einen bestimmten Betrag zahlen oder eine entsprechende Sicherheit ihrer Einzahlung (Sicherheitsleistung) bestellen müssen, ansonsten kann dies zur Nichtzulassung zur Ausschreibung oder Versteigerung führen. Wurde das Unternehmen des Schuldners im Laufe des Konkursverfahrens verpachtet, sollten die Ausschreibungs- oder Versteigerungsbedingungen die Informationen über ein dem Pächter zustehendes Vorkaufsrecht beinhalten (Zimmerman PrUpPrRest Art. 316 Rn. 9).

Der Konkursverwalter, ab dem Zeitpunkt, ab dem die Bedingungen zur Verfügung gestellt 528 werden, und der Bieter ab dem Zeitpunkt, ab dem er sein Angebot gemäß den Bestimmungen der Bekanntgabe über die Ausschreibung oder Versteigerung vorlegt, sind verpflichtet, im Einklang mit den Bestimmungen der Bekanntgabe sowie mit den Bedingungen der Versteigerung oder der Ausschreibung zu handeln.

Die Ausschreibung oder Versteigerung findet in einer öffentlichen Sitzung statt. Sie werden 529 von einem Konkursverwalter unter der Aufsicht eines Konkursrichters durchgeführt. Ein in einer Versteigerung unterbreitetes Angebot ist nicht mehr bindend, wenn ein anderer Bieter ein höheres Angebot unterbreitet, es sei denn, dass in den Versteigerungsbedingungen etwas anderes bestimmt ist. Ein im Rahmen einer Ausschreibung unterbreitetes Angebot ist nicht mehr bindend, wenn ein anderes Angebot ausgewählt wurde oder wenn die Ausschreibung ohne Wahl eines der Angebote abgeschlossen wurde, es sei denn, dass in den Ausschreibungsbedingungen etwas anderes bestimmt ist.

530 Der Bieter wird vom Konkursverwalter ausgewählt und die Wahl bedarf der Zustimmung des Konkursrichters. Der Beschluss über die Feststellung der Wahl des Bieters kann vom Konkursrichter in einer nichtöffentlichen Sitzung erlassen werden. Der Konkursrichter kann die Feststellung der Wahl des Bieters um eine Woche verschieben. Der Pächter kann sein Vorkaufsrecht ausüben, wenn er an der Versteigerung oder der Ausschreibung nicht teilgenommen oder sie nicht gewonnen hat.

531 Gegen den Beschluss des Konkursrichters über die Feststellung der Wahl des Bieters können die Verfahrensbeteiligten und die Beteiligten der Versteigerung oder der Ausschreibung Beschwerde einlegen. Es wird angenommen, dass der Konkursverwalter als Veranstalter der Versteigerung oder der Ausschreibung und jeder, der zur Teilnahme an der Versteigerung oder der Ausschreibung nicht zugelassen wurde, auch berechtigt ist, Beschwerde einzulegen (Adamus PrUp, 1. Aufl. 2016, PrUp Art. 320 Rn. 23).

532 Wenn eine Ausschreibung oder Versteigerung nicht zustande gekommen ist oder wenn der Konkursrichter der Wahl des Bieters nicht zugestimmt hat, muss der Konkursrichter einen Beschluss erlassen, der eine neue Ausschreibung oder Versteigerung anordnet. Die Vorschriften begrenzen weder die Anzahl der Ausschreibungen oder Versteigerungen noch geben sie eine minimale oder maximale Zeitspanne zwischen den einzelnen Terminen an (Adamus PrUp, 1. Aufl. 2016, PrUp Art. 321 Rn.4).

533 **ee) Der freihändige Verkauf.** Das Unternehmen des Schuldners kann auch direkt, ohne Versteigerung oder Ausschreibung, verkauft werden. Der freihändige Verkauf ist eine vereinfachte, aber gleichzeitig wenig transparente Möglichkeit, die Bestandteile der Konkursmasse zu verwerten. Der Verkauf nach diesem Verfahren bedarf der Zustimmung des Gläubigerausschusses, ansonsten ist er nichtig. Wurde ein Gläubigerausschuss nicht bestellt oder trifft er hierzu keine Entscheidung, so ist die Zustimmung durch den Konkursrichter zu erteilen.

534 Ist der Schuldner eine Handelsgesellschaft im Staatsbesitz und hat der Gläubigerausschuss die Zustimmung zum freihändigen Verkauf der zu der Konkursmasse gehörenden Vermögensbestandteile erteilt, so hat eine Gesellschaft mit einer Beteiligung von mehr als der Hälfte der Arbeitnehmer des Schuldners, Vorrang beim Erwerb des schuldnerischen Unternehmens oder seines organisierten Teils. Der Konkursverwalter gibt zuerst dieser Gesellschaft ein Verkaufsangebot ab.

535 **ff) Kaufvertragsabschluss.** Der Konkursverwalter schließt den Kaufvertrag innerhalb der vom Konkursrichter festgelegten Frist ab, jedoch nicht später als vier Monate nach dem Zeitpunkt der Feststellung der Wahl des Bieters durch den Konkursrichter. Der Kaufvertrag muss mit einer beglaubigten Unterschrift versehen und schriftlich abgeschlossen werden. Umfasst das Unternehmen auch Grundstücke, so ist die notarielle Beurkundung des Kaufvertrages erforderlich. Der Verkauf des insolventen Unternehmens wird öffentlich bekanntgemacht.

536 Falls es aufgrund der vom Bieter zu vertretenden Umständen zu keinem Vertragsabschluss kommt, erlässt der Konkursrichter einen Beschluss über die Bekanntgabe einer neuen Versteigerung oder Ausschreibung, an denen der Bieter, der den Kaufvertrag nicht abgeschlossen hat, nicht teilnehmen darf. Wenn der Konkursverwalter den Vertragsabschluss verhindert, kann der Bieter die Rückzahlung der Sicherheitsleistung, sofern diese eingezogen wurde, in doppelter Höhe zurückverlangen. Wenn hingegen der Bieter den Vertragsabschluss verhindert, fällt die Sicherheitsleistung in die Konkursmasse. Es ist nicht zulässig, den Vertragsabschluss gem. den Regeln des Art. 64 PZGB und des Art. 1047 Abs. 1 PZPO zu erzwingen, dh im Wege einer gerichtlichen Verpflichtung zur Abgabe der Ersatzwillenserklärung.

537 **gg) Auswirkungen des Verkaufs.** Der Käufer des Unternehmens des Schuldners erwirbt dieses in einem unbelasteten Zustand und haftet nicht für die Verbindlichkeiten des Schuldners. Der Käufer haftet insbesondere nicht für Steuerverbindlichkeiten des Schuldners, auch diese nicht, die nach der Konkurserklärung entstanden sind. Die Belastungen der Vermögensbestandteile des Unternehmens laufen grundsätzlich aus. Der Käufer übernimmt nur die Aktiva des Unternehmens und nicht seine Verbindlichkeiten. Dementsprechend ist Art. 55^4 PZGB ausgeschlossen, gemäß welchem der Käufer des Unternehmens oder Landwirtschaftsbetriebs mit dem Verkäufer gesamtschuldnerisch für die mit der Führung des Unternehmens oder des Betriebs verbundenen Verbindlichkeiten haftet, es sei denn, er war zum Zeitpunkt des Kaufs trotz der Wahrung der Sorgfaltspflicht hinsichtlich dieser Verbindlichkeiten in Unkenntnis. Aus Sicht des Käufers kann dieser Haftungsausschluss von wesentlicher Bedeutung sein, da er die Risiken reduziert, die mit dem Kauf eines Unternehmens oder organisierten Unternehmensteils eines zahlungsunfähigen Schuldners verbun-

Internationales Insolvenzrecht – Polen

den sind. Solche Risiken hängen sowohl mit der Möglichkeit der sehr ungünstigen finanziellen Situation des Schuldners als auch mit der oft unmöglichen Ermittlung dieser Situation durch den etwaigen Käufer zusammen. Der im Konkursverfahren abgeschlossene Unternehmenskaufvertrag ist Grundlage für die Löschung von Hypotheken an Grundstücken des Unternehmens, sowie anderer Eintragungen über die Belastungen der Vermögensbestandteile des Unternehmens (SN 7.5.2008 – II CSK 663/07).

Im Konkursverfahren gilt auch der Grundsatz, dass ein Rechtsgeschäft, welches ein Unternehmen (die betriebsnotwendigen Vermögenswerte) zum Gegenstand hat, alles umfasst, was zum Unternehmen gehört, es sei denn, dass aus dem Inhalt des Rechtsgeschäfts oder besonderen Vorschriften sich etwas anderes ergibt. Der Käufer übernimmt somit grundsätzlich alle Aktiva, die in dem Unternehmen des Schuldners enthalten sind. Es ist zu beachten, dass der im Konkursverfahren durchgeführte Unternehmenskauf, ähnlich wie ein Unternehmenskauf nach den allgemeinen Regeln, nicht die allgemeine Rechtsnachfolge des Käufers mit sich zieht (SN 24.3.2010 – V CSK 338/09). **538**

Ein vertraglicher Vorbehalt, der den Verkauf von Forderungen zwischen dem Schuldner und wiederrum seinem Schuldner verbietet, schließt es weder die Verwertung der Konkursmasse gem. den Regelungen des KonkR noch schränkt diese nicht aus, sodass auch die Forderungen, die unter einem solchen Vorbehalt entstanden sind, verkauft werden können (SN 19.1.2011 – V CSK 204/10). **539**

Ausnahmsweise erwirbt der Käufer des Unternehmens im Konkursverfahren kein Eigentum an den Kassenbeständen und Bankkonten des Unternehmens, da diese ein von der Konkursmasse in gewisser Weise getrennter Bestandteil des Unternehmens sind (sog. Geldmittel der Konkursmasse) (Zimmerman PrUpPrRest Art. 316 Rn. 4). In dem Kaufvertrag kann man auch andere Vermögensbestandteile des Unternehmens des Schuldners vom Verkauf ausschließen. **540**

Alle Konzessionen, Genehmigungen, Lizenzen und Vergünstigungen, die dem Schuldner gewährt wurden, gehen auf den Käufer über, sofern besondere Gesetze nichts anderes vorsehen. Der Käufer tritt von Rechts wegen an die Stelle des Schuldners oder Konkursverwalters in sämtliche Zivil- und Verwaltungsverfahren, die das Unternehmen oder seine Bestandteile betreffen. Der Käufer darf jedoch nicht den Firmennamen des Unternehmens des Schuldners verwenden, wenn der Name des Schuldners, der eine natürliche Person ist, Bestandteil des Firmennamens ist, es sei denn, der Schuldner stimmt diesem ausdrücklich zu (zu den Auswirkungen des Verkaufs für die Arbeitnehmer → Rn. 653 ff.). **541**

3. Vergleich im Konkursverfahren

a) Normzweck. Mit Inkrafttreten des RestR am 1.1.2016 wurde ein Konkursverfahren gesonderter Art mit der Möglichkeit des Abschlusses eines Vergleichs aufgehoben. Der Gesetzgeber hat jedoch die Notwendigkeit erkannt, dem Schuldner einen Vergleichsabschluss mit den Gläubigern zu ermöglichen, wenn ein solcher Bedarf erst nach der Konkurserklärung entsteht. Die Begründung für den Entwurf des RestR enthält folgende Erklärung hierzu: Die Grundannahme war, dass wenn in bestimmten Fällen die Möglichkeit eines Vergleichsabschlusses erscheint, dies unabhängig vom Verfahrensstadium zugelassen werden soll, da dieser für die Gläubiger vorteilhaft sein kann (Sejm/Nr. 2824 v. 9.10.2014). Die Einführung der Vorschriften über den Vergleichsabschluss sind daher als weiteres Element der vom Gesetzgeber geförderten sog. „Politik der zweiten Chance" zu sehen (zum gesonderten Verfahren zum Abschluss des Vergleichs in der Gläubigerversammlung durch eine natürliche Person, die keine Geschäftstätigkeit ausübt, → Rn. 428a ff.). **542**

Ein Vergleich im Konkursverfahren kann nicht nur der Restrukturierung des Unternehmens des Schuldners dienen, sondern auch der Verwertung des Schuldnervermögens oder Übernahme dieses Vermögens durch Dritte (Adamus PrUp, 2. Aufl. 2018, PrUp Art. 266a 1123). Ein Vergleichsabschluss im Konkursverfahren kann auch ein weiterer Schritt zur Sanierung des Unternehmens sein, welche nach der Einstellung des Restrukturierungsverfahrens oder nach dem Scheitern des vorbereiteten Liquidationsverfahrens erfolgt. **543**

Die Möglichkeit, dem Schuldner sowie Konkursverwalter und den Gläubigern das Recht einzuräumen, einen Vergleichsabschluss zu verlangen, erforderte die Schaffung eines entsprechenden normativen Rahmens. Der Gesetzgeber hat entschieden, im KonkR keine Bestimmungen zu belassen, die das bisherige Konkursverfahren mit der Möglichkeit des Vergleichsabschlusses geregelt haben. Diese Bestimmungen wurden vollständig aufgehoben. Stattdessen wurden rudimentäre Regelungen zum Vergleich im Konkurs eingeführt. In dem nicht geregelten Umfang kommen auf den Vergleich und seine Auswirkungen die Vorschriften des RestR zur entsprechenden Anwendung, wobei die dem Gerichtssachwalter oder dem Verwalter vorbehaltenen Tätigkeiten **544** durch den Konkursverwalter ausgeübt werden. Nach dem direkten Wortlaut des Art. 266f KonkR sind die Bestimmungen des RestR „für den Vergleich und seine Auswirkungen" anwendbar. Diese Vorschrift ist jedoch insoweit zu verstehen, als dass sie sich nicht nur auf die Bestimmungen des Titels I Abschnitt VI RestR bezieht, also den Bestimmungen zum „Vergleich", sondern auch auf alle anderen Bestimmungen dieses Gesetzes, welche das Rechtsinstitut des Vergleichs und seine Auswirkungen regeln (SPH/Witosz 1127–1128; Witosz PrUpad Art. 266 f. Rn. 1). Der Verweis sollte so weit wie möglich ausgelegt werden, damit der Vergleich ein möglichst einheitliches Rechtsinstitut darstellt. Unterschiede zwischen dem Vergleich im Konkursverfahren und im Restrukturierungsverfahren sollten nur dann vorliegen, wenn das KonkR bestimmte Sachverhalte gesondert regelt oder wenn aufgrund des vom Zweck des Restrukturierungsverfahrens abweichenden Zwecks des Konkursverfahrens die Anwendung bestimmter Regelungen nicht oder nur mit Änderungen möglich ist.

545 Die Annahme des Vergleichs im Konkursverfahren führt nicht zu einer Änderung des Verfahrens (SPH/Witosz 1122), insbesondere wird das Konkursverfahren nicht in eine besondere Restrukturierungsverfahrensart umgewandelt (Zimmerman PrUpPrRest 615).

546 **b) Initiative für den Vergleichsabschluss.** Der Antrag auf Vergleichsabschluss im Konkursverfahren wurde nicht in einen gesonderten normativen Rahmen aufgenommen. Der Schuldner, der auf den Vergleichsabschluss abzielt, unterbreitet lediglich Vergleichsvorschläge und leitet damit eine neue Etappe des Verfahrens ein (Witosz PrUpad Art. 266a Rn. 1; SPH/Witosz 1122). Auch jeder Gläubiger und der Konkursverwalter können ihre Vergleichsvorschläge unterbreiten. Dem Gläubigerausschuss als Kollegialorgan steht dagegen keine eigene Berechtigung zu, Vergleichsvorschläge zu unterbreiten.

547 Die Berechtigung zur Unterbreitung von Vergleichsvorschlägen ist nicht fristgebunden (Witosz PrUpad Art. 266a Rn. 5). Praktisch endet der Vergleichsabschlusszeitraum jedoch mit der Verwertung der Konkursmasse. (Zimmerman PrUpPrRest 61; Gurgul PrUpPrRest, 10. Aufl. 2016, 623–624; SPH/Witosz 1122; Machowska, Prawo restrukturyzacyjne i upadłościowe. Zagadnienia praktyczne, 1. Aufl. 2016, 56). Im Konkursverfahren können sämtliche Vergleichsvorschläge unterbreitet werden, die im Restrukturierungsverfahren zugelassen sind (→ Rn. 1109) sofern sie den Anforderungen des Konkursverfahrens entsprechen (SPH/Witosz 1123).

548 **c) Aussetzung der Verwertung des Vermögens des Schuldners.** Mit den Vergleichsvorschlägen können die zu ihrer Unterbreitung berechtigten Personen eine vollständige oder teilweise Aussetzung der Verwertung der Konkursmasse bis zur Feststellung des Vergleichs beantragen. Es ist nicht erlaubt, die Verwertung durch den Konkursrichter von Amts wegen auszusetzen (Gurgul PrUpPrRest, 10. Aufl. 2016, 623–624). Sowohl die Antragstellung selbst als auch die Aussetzung der Verwertung der Konkursmasse sind freiwillig, mit einer Ausnahme: der Konkursrichter setzt die Verwertung der Konkursmasse lediglich dann zwingend aus, wenn es der zwingenden Einberufung der Gläubigerversammlung durch den Konkursrichter zur Abstimmung über den Vergleich bedarf, dh wenn der Antrag auf Vergleichsabschluss von dem oder den Gläubigern befürwortet wird, die gemeinsam mindestens 50 % des Gesamtbetrages der Forderungen halten, die den zur Stimmabgabe berechtigten Gläubigern zustehen. Die Aussetzung der Verwertung ist zulässig, aber nicht zwingend, wenn die Voraussetzungen für eine freiwillige Einberufung der Gläubigerversammlung erfüllt sind, dh wenn glaubhaft gemacht wurde, dass der Vergleich von den Gläubigern angenommen und erfüllt wird.

549 Die Aussetzung der Verwertung der Konkursmasse ist nicht zulässig, wenn laut den Vergleichsvorschlägen die volle Befriedigung der vom Vergleich nicht umfassten Forderungen unverzüglich nach Feststellung des Vergleichs und Beendigung des Konkursverfahren nicht vorgesehen ist. Die vom Vergleich nicht umgefassten Forderungen sind Forderungen gem. Art. 151 RestR (→ Rn. 1132 ff.).

550 Die Verwertung eines mit einer Hypothek, einem Pfand, Registerpfand, Steuerpfand oder einer Seehypothek belasteten Gegenstands kann auch dann nicht ausgesetzt werden, wenn durch den Gläubiger, dessen Forderung auf diese Weise gesichert ist, Widerspruch eingelegt wird. Ist der Widerspruch des Gläubigers beim Konkursrichter nach Erlass des Beschlusses über die Aussetzung der Verwertung eingegangen, so hebt der Konkursrichter seinen diesbezüglichen Beschluss auf. Das Gesetz sieht keine entsprechende Berechtigung für Gläubiger mit treuhänderisch gesicherten Ansprüchen vor. Dies wird als planwidrige Rechtslücke anerkannt, und führt zu einer Gesetzesanalogie (Gurgul PrUpPrRest, 10. Aufl. 2016, 625; Adamus PrUp, 2. Aufl. 2018, PrUp Art. 266b Rn. 2; SPH/Witosz 1125).

551 Die Aussetzung der Verwertung erfolgt jedes Mal ausschließlich in dem für die Erfüllung des Vergleichs erforderlichen Umfangs. Somit bedarf die Entscheidung des Konkursrichters der Beurteilung der Vergleichsvorschläge, insbesondere ob die Nichtaussetzung der Verwertung eines

Internationales Insolvenzrecht – Polen

bestimmten Vermögengegenstandes des Schuldners auf die Möglichkeit der Erfüllung der Vergleichsvorschläge Einfluss hätte (Janda PrUp 684). Der Beschluss des Konkursrichters über die Aussetzung der Verwertung ist unanfechtbar (Janda PrUp 683). Dementsprechend bedarf dieser Beschluss auch keiner Begründung (Zimmerman PrUpPrRest 617–618).

d) Gläubigerversammlung. Die Gläubiger stimmen in der Gläubigerversammlung über die 552 Vergleichsvorschläge ab. Der Konkursrichter kann die Gläubigerversammlung einberufen, um über den Vergleich abzustimmen, wenn glaubhaft gemacht wurde, dass der Vergleich von den Gläubigern angenommen und erfüllt wird. Werden die Vergleichsvorschläge von einem oder mehreren Gläubigern befürwortet, die zusammen mindestens 50 % des Gesamtbetrags der Forderungen, der zur Stimmabgabe über den Vergleich berechtigten Gläubiger halten, ist die Einberufung der Gläubigerversammlung durch den Konkursrichter zwingend. Die Gläubigerversammlung wird grundsätzlich nach Genehmigung der Forderungsliste einberufen. Hat der Konkursrichter jedoch die Forderungsliste teilweise, in dem durch die Widersprüche nicht erfassten Umfang, genehmigt, so ist die Gläubigerversammlung bereits dann einzuberufen, wenn der Gesamtbetrag der von den Widersprüchen erfassten Forderungen 15 % des Gesamtbetrages der Forderungen, welche von dem Vergleich umgefasst sind, nicht übersteigt.

Hinsichtlich der Regelung der Abstimmung in der Gläubigerversammlung kommen die Regelungen zur Gläubigerversammlung im Restrukturierungsverfahren (→ Rn. 976 ff.) und nicht im Konkursverfahren (→ Rn. 462 ff.) zur Anwendung (Witosz PrUpad Art. 266c Rn. 5; SPH/Witosz 1127; Zimmerman PrUpPrRest 619–620). 553

e) Feststellung des Vergleichs durch das Gericht. Der von den Gläubigern abgeschlossene 554 Vergleich muss vom Konkursgericht festgestellt werden. Nach der rechtskräftigen Feststellung des Vergleichs beschließt das Konkursgericht die Beendigung des Konkursverfahrens (zu den Auswirkungen der Feststellung des Vergleichs → Rn. 1141 ff.). Im Falle der Beendigung des Verfahrens nach der rechtskräftigen Feststellung des Vergleichs kann die endgültige Vergütung des Konkursverwalters nicht nur auf der Grundlage der Bestimmungen des KonkR, sondern auch auf der Grundlage der Bestimmungen des RestR festgelegt werden, wenn dies für den Konkursverwalter vorteilhafter und durch seinen Einsatz am wirksamen Abschluss des Vergleichs gerechtfertigt ist.

V. Bedeutung der Konkurserklärung

1. Folgen der Konkurserklärung in Bezug auf die Verbindlichkeiten des Schuldners

a) Sofortige Fälligkeit der Forderungen. Alle Verbindlichkeiten des Schuldners, die vor der 555 Konkurserklärung entstanden sind, sind von dem Konkursverfahren umgefasst, unabhängig von der Anspruchsgrundlage, Art der Verbindlichkeit und ihrer Fälligkeit (Witosz PrUpad/Chrapoński PrUpad Art. 91 Rn. 1). Ist zum Zeitpunkt der Konkurserklärung die Geldforderung noch nicht fällig, wird sie spätestens mit dem Zeitpunkt der Konkurserklärung fällig. Forderungen, die nicht auf Geld gerichtet sind, werden zum Zeitpunkt der Konkurserklärung in Geldforderungen umgewandelt und ebenfalls zum Zeitpunkt der Konkurserklärung fällig, auch wenn der Zeitpunkt ihrer Erfüllung nach dem Zeitpunkt der Konkurserklärung liegt. Eine Forderung des Gläubigers, die nicht auf Geld gerichtet ist, ist insbesondere die Verpflichtung des Schuldners zur Eigentumsübertragung an einem Grundstück, die er vor dem Tag der Konkurserklärung eingegangen ist, zB aufgrund des Abschlusses eines Verpflichtungsvertrags in notarieller Form, eines notariellen Vorvertrages oder eines Dienstvertrages über den treuhänderischen Erwerb eines Grundstücks sowie der Anordnung eines testamentarischen Vermächtnisses (SN 9.11.2011 – II CSK 112/11). Ansprüche dinglicher Art, zB Eigentumsherausgabeansprüche, sind nicht vom Konkursverfahren umgefasst und werden somit nicht in Geld umgewandelt. Tatsächlich umfasst das Konkursverfahren ausschließlich Forderungen, dh schuldrechtliche Verbindlichkeiten des Schuldners gegenüber dem Gläubiger (Witosz PrUpad/Buk/Chrapoński PrUpad Art. 91 Rn. 4).

Zinsen unterfallen ebenfalls der Konkurserklärung, jedoch nicht in voller Höhe. Aus der Konkursmasse können die vom Schuldner für den Zeitraum bis zum Tag der Konkurserklärung anfallenden Zinsen befriedigt werden. Die nach diesem Tag anfallenden Zinsen können weiterhin berechnet werden, ihre Geltendmachung gegenüber dem Schuldner ist jedoch im Laufe des Konkursverfahrens ausgeschlossen. Zinsen auf Forderungen, die durch eine Hypothek, Eintragung in einem Register, Pfand, Registerpfand, Steuerpfand oder Seehypothek gesichert sind, können wiederum vollständig, aber nur aus dem Gegenstand der Sicherheit, befriedigt werden. 556

b) Verbot der Forderungsbefriedigung. Weder der Schuldner noch der Konkursverwalter 557 sind berechtigt, nach der Konkurserklärung Forderungen zu befriedigen, welche vor der Konkurserklärung entstanden sind und der Anmeldung zur Forderungsliste unterliegen. Rechtsgeschäfte des Schuldners über das in der Konkursmasse enthaltene Vermögen sind nichtig.

558   **c) Zulässigkeit der Forderungsaufrechnung.** Die Konkurserklärung schließt die Möglichkeit der Aufrechnung gegenseitiger Forderungen des Schuldners und seiner Gläubiger nicht aus, schränkt diese jedoch erheblich ein. Eine Aufrechnung der Forderungen ist lediglich dann zulässig, wenn beide Forderungen vor dem Zeitpunkt der Konkurserklärung entstanden sind, auch wenn eine der Forderungen noch nicht fällig ist. Daher ist es insbesondere unzulässig, die Forderungen des Gläubigers aus der Zeit vor dem Tag der Konkurserklärung mit Forderungen der Konkursmasse aufzurechnen. Die Aufrechnung ist auch dann unzulässig, wenn ein Schuldner des Konkursschuldners eine Forderung ihm gegenüber durch Abtretung oder Indossament nach der Konkurserklärung erworben hat oder sie innerhalb des letzten Jahres vor dem Tag der Konkurserklärung erworben hat, wobei er von den Gründen für eine Konkurserklärung wusste. Eine Ausnahme ist, wenn der Forderungserwerber durch die Begleichung einer Verbindlichkeit des Schuldners, für die der Gläubigere persönlich oder mit bestimmten Vermögensbestandteilen haftete, Gläubiger des Schuldners geworden ist, sofern der Erwerber zum Zeitpunkt der Haftungsübernahme bezüglich des Vorliegens von Konkurserklärungsgründen in Unkenntnis war, oder wenn die Haftungsübernahme ein Jahr vor dem Zeitpunkt der Konkurserklärung erfolgte.

559   Ein Gläubiger, der von seinem Aufrechnungsrecht Gebrauch machen will, muss spätestens bei der Forderungsanmeldung eine diesbezügliche Erklärung abgeben. Der Aufrechnung unterliegen der Gesamtbetrag der Forderungen des Schuldners, mit welchen aufgerechnet werden soll und die Forderung des Gläubigers bis zur Höhe seiner Hauptforderung, zuzüglich der bis zur Konkurserklärung angefallenen Zinsen. Ist die Fälligkeit einer unverzinslichen Verbindlichkeit des Schuldners zum Zeitpunkt der Konkurserklärung noch nicht eingetreten, ist der zur Aufrechnung heranzuziehende Betrag dieser Verbindlichkeit um die gesetzlichen Zinsen, jedoch nicht höher als 6 %, zu mindern, berechnet für den Zeitraum von dem Tag der Konkurserklärung bis zum Zeitpunkt der Zahlung und nicht länger als für einen Zeitraum von zwei Jahren.

2. Auswirkungen der Konkurserklärung in Bezug auf die vom Schuldner abgeschlossenen Verträge

560   **a) Nichtigkeit und Unwirksamkeit der Vertragsbestimmungen.** Die härteste Sanktion des KonkR ist die Folge der Nichtigkeit von Vertragsbestimmungen, welche für den Fall der Konkursantragstellung oder Konkurserklärung die Änderung oder Auflösung eines Rechtsverhältnisses, dessen Partei der Schuldner ist, vorsehen (Art. 83 KonkR). Die Nichtigkeit wirkt erga omnes. Eventuelle Änderung oder Kündigung eines Vertrages aufgrund solcher Bestimmungen sind daher unwirksam. Die Rechtsprechung des Obersten Gerichtshofs (poln. Sąd Najwyższy) zieht eine Analogie zum Anwendungsbereich dieser Gesetzesregelung auf Vertragsbestimmungen, welche zum Vertragsrücktritt und zur Auferlegung einer Vertragsstrafe im Falle der Konkursantragstellung oder Konkurserklärung berechtigen (SN 9.12.2014 – III CSK 15/14). Zu betonen ist, dass dies ausschließlich Fälle betrifft, in denen das Rechtsverhältnis unmittelbar im Zusammenhang mit der Stellung des Konkursantrages oder dessen Stattgabe durch das Konkursgericht geändert oder aufgelöst wird. Kündigt beispielsweise der Gläubiger den Vertrag wegen Zahlungsverzugs der Miete und stellt der Schuldner gleichzeitig einen Konkursantrag, ist die Vertragskündigung dennoch wirksam.

561   Andere Vertragsbestimmungen können sich lediglich in Bezug auf die Konkursmasse als unwirksam erweisen und somit keine Rechtsfolgen auf die Konkursmasse haben. Dies betrifft Vertragsbestimmungen, die die Verwirklichung des Ziels des Konkursverfahrens, dh die optimale Verwertung des Vermögens des Schuldners zugunsten der Gläubiger, verhindern oder erschweren. So kann beispielsweise ein vertragliches Forderungsverkaufsverbot zwischen dem Schuldner und seinem Gläubiger gegenüber der Konkursmasse unwirksam sein (pactum de non cedendo) (SN 19.1.2011 – V CSK 204/10). Die Unwirksamkeit und Nichtigkeit der Vertragsbestimmungen erfolgt kraft Gesetzes. Das KonkR führt hier kein besonderes Verfahren ein. Es ist anzunehmen, dass die Beweislast für die Nichtigkeit oder Unwirksamkeit der Vertragsbestimmungen beim Konkursverwalter liegt. Der Konkursverwalter kann entweder die Einwendung direkt in einem Verfahren gegen die Vertragspartei, mit der der Schuldner ein bestimmtes Rechtsgeschäft abgeschlossen hat, erheben oder eine Feststellungsklage einreichen, mit dem Antrag auf Feststellung der Nichtigkeit oder Unwirksamkeit des Rechtsgeschäfts.

562   **b) Rücktritt von gegenseitigen Verträgen durch den Konkursverwalter.** Das KonkR räumt dem Konkursverwalter das Recht ein, von gegenseitigen Verträgen des Schuldners zurückzutreten. Ein gegenseitiger Vertrag ist ein Vertrag, bei dem Leistung und Gegenleistung in einem

Internationales Insolvenzrecht – Polen

Gegenseitigkeitsverhältnis stehen. Typische gegenseitige Verträge sind Kauf-, Werk-, Bau-, Miet- und Pachtverträge. In Bezug auf einige dieser Verträge sieht das KonkR besondere Folgen der Konkurserklärung vor (→ Rn. 568 ff.).

Das Rücktrittsrecht steht ausschließlich dem Konkursverwalter zu. Die andere Vertragspartei 563 kann dieses Recht nicht ausüben. Der Konkursverwalter ist jedoch verpflichtet, innerhalb von drei Monaten schriftlich zu erklären, ob er vom Vertrag zurücktritt oder dessen Erfüllung verlangt, wenn die Vertragspartei ihn hierzu schriftlich mit einem sicheren Datum, mithin durch amtliche Beglaubigung des Datums, auffordert. Gibt der Konkursverwalter in dieser Frist keine Erklärung ab, wird dies als Rücktritt vom Vertrag gewertet. Die zur Leistungserbringung verpflichtete Vertragspartei hat ein Zurückbehaltungsrecht, bis die Gegenleistung seitens des Schuldners erbracht oder gesichert ist. Das Zurückbehaltungsrecht steht jedoch der Vertragspartei nicht zu, wenn sie zum Zeitpunkt des Vertragsabschlusses von dem Vorliegen der Konkursgründe wusste oder hätte wissen müssen.

Voraussetzung für den Vertragsrücktritt durch den Konkursverwalter ist, dass die Verpflichtun- 564 gen aus dem gegenseitigen Vertrag zum Zeitpunkt der Konkurserklärung ganz oder teilweise nicht erfüllt wurden. Dies liegt in drei Fällen vor: wenn keine der Vertragsparteien ihren Verpflichtungen nachgekommen ist, beide Vertragsparteien ihre Verpflichtungen lediglich teilweise erfüllt haben oder die Vertragspartei die Verpflichtung überhaupt nicht erfüllt hat und die andere Vertragspartei sie nur teilweise erfüllt hat. Hat mindestens eine der Vertragsparteien ihre Verpflichtung vollständig erfüllt, ist der Konkursverwalter nicht berechtigt, vom Vertrag zurückzutreten (Witosz PrUpad/Buk/Chrapoński PrUpad Art. 98 Rn. 5).

Der Rücktritt vom Vertrag bedarf der Zustimmung des Konkursrichters. Auch der Entschei- 565 dung des Konkursverwalters vom Vertrag nicht zurückzutreten, die Verpflichtung des Schuldners zu erfüllen und von der anderen Vertragspartei die Erfüllung der Gegenleistung zu verlangen, muss der Konkursrichter zustimmen. Bei der Erteilung der Zustimmung richtet sich der Konkursrichter nach dem Zweck des Konkursverfahrens, berücksichtigt aber auch das Interesse der Vertragspartei. Der Schuldner und die andere Vertragspartei sind berechtigt, Beschwerde gegen den Beschluss des Konkursrichters einzulegen.

Der Rücktritt wirkt ex tunc, sodass der Vertrag als von Anfang an als nichtig anzusehen ist. 566 Die Wirkung tritt zum Zeitpunkt der Konkurserklärung ein. Tritt der Konkursverwalter vom Vertrag zurück, hat die andere Vertragspartei kein Recht auf Rückerstattung der erbrachten Leistung, auch wenn sich die Leistung in der Konkursmasse befindet. Die Vertragspartei kann in dem Konkursverfahren lediglich die Forderungen aus der Erfüllung ihrer Verpflichtung gegenüber dem Schuldner sowie Schadensersatz wegen der daraus resultierten Verluste geltend machen. Die Forderungen sind dem Konkursrichter nach den allgemeinen Regeln anzumelden.

War der Schuldner zum Zeitpunkt der Konkurserklärung Vertragspartei eines nicht gegenseiti- 567 gen Vertrags, kann der Konkursverwalter auch von einem solchen Vertrag zurücktreten, es sei denn, dass für den Fall der Konkurserklärung andere rechtliche Auswirkung vorgeschrieben sind, insbesondere das Erlöschen eines solchen Vertrages (→ Rn. 568 ff.).

c) **Kaufvertrag.** Das KonkR sieht eine besondere Wirkung der Konkurserklärung bei Kaufver- 568 trägen und Kommissionsverträgen vor, bei denen der Schuldner als Käufer auftritt. Der Verkäufer kann die Rückgabe der beweglichen Sachen sowie von Wertpapieren, die an den Schuldner ohne Kaufpreiszahlung versendet wurden, verlangen, solange sie vor der Konkurserklärung durch den Schuldner oder eine vom Schuldner bevollmächtigten Person nicht entgegengenommen wurden. Ein solcher Fall liegt vor, wenn die Gegenstände bereits an den Schuldner verschickt wurden, den Schuldner jedoch entweder vor der Konkurserklärung nicht erreicht haben (sie befanden sich noch in der Beförderung), oder, obwohl die Beförderung beendet wurde, der Schuldner es nicht geschafft hat, die Gegenstände abzuholen (zB lagern die Gegenstände noch in der Post). Auch der Kommissionär kann die Rückgabe, der von ihm versendeten Gegenstände verlangen. Wird der Gegenstand zurückgegeben, so erstattet der Verkäufer oder Kommissionär die entstandenen oder noch anfallenden Kosten und die erhaltenen Vorauszahlungen.

Der Konkursverwalter hat jedoch das Wahlrecht, die Gegenstände nicht zurückzugeben und 569 sie zu behalten, wenn er den geschuldeten Kaufpreis und die entstandenen Kosten entrichtet oder besichert. Dieses Recht steht dem Konkursverwalter innerhalb eines Monats ab dem Zeitpunkt der Geltendmachung des Rückgaberechts durch den Verkäufer oder Kommissionär zu.

d) **Eigentumsvorbehalt.** Das im Kaufvertrag vereinbarte Eigentumsvorbehaltsrecht des Ver- 570 käufers erlischt nicht durch die Konkurserklärung des Käufers, wenn das Eigentumsvorbehaltsrecht gem. den Bestimmungen des PZGB gegenüber seinen Gläubigern wirksam vereinbart wurde. Der Eigentumsvorbehalt muss schriftlich mit einem sicheren Datum, mithin durch amtliche Beglaubigung des Datums, vereinbart worden sein.

571 **e) Dienstvertrag, Kommissions- oder Wertpapierverwaltungsvertrag.** Dienstverträge oder Kommissionsverträge, in denen der Schuldner der Auftraggeber oder der Kommittent ist, sowie Verträge über die Wertpapierverwaltung des Schuldners erlöschen kraft Gesetzes zum Zeitpunkt der Konkurserklärung. Schäden, die aufgrund des Erlöschens der Verträge entstanden sind, können vom Gläubiger im Konkursverfahren geltend gemacht werden und sind zur Forderungsliste anzumelden.

572 Von den Dienstverträgen oder Kommissionsverträgen, in denen der Schuldner Auftragnehmer oder Kommissionär war, kann zum Zeitpunkt der Konkurserklärung zurückgetreten werden. Der Rücktritt löst keine Schadensersatzansprüche aus. Das Rücktrittsrecht steht jeder der Vertragsparteien zu, dh dem Konkursverwalter und dem Auftraggeber oder dem Kommittenten.

573 **f) Handelsvertretervertrag.** Der Handelsvertretervertrag erlischt zum Zeitpunkt der Konkurserklärung über das Vermögen einer der Vertragsparteien. Das Erlöschen des Vertrages erfolgt daher sowohl im Falle der Konkurserklärung des Handelsvertreters als auch des Auftraggebers. Das Erlöschen des Vertrages erfolgt kraft Gesetzes und ist somit nicht abdingbar. Das Erlöschen des Vertrages führt zur kompletten Rückabwicklung des Vertrages.

574 Im Falle der Konkurserklärung über das Vermögen des Auftraggebers hat der Handelsvertreter das Recht, im Konkursverfahren den durch das Erlöschen des Vertrages entstandenen Schaden geltend zu machen. Die Forderung ist zur Forderungsliste anzumelden.

575 **g) Leihvertrag.** Im Falle der Konkurserklärung über das Vermögen einer der Vertragsparteien eines Leihvertrages, dh des Verleihers oder Entleihers, wird der Leihvertrag auf Antrag einer der Vertragsparteien aufgelöst, sofern der Vertragsgegenstand bereits ausgegeben wurde.

576 Wurde der Gegenstand noch nicht ausgegeben, so erlischt der Vertrag. Das Erlöschen des Vertrages erfolgt kraft Gesetzes und ist somit nicht abdingbar. Das Erlöschen des Vertrages führt zur kompletten Rückabwicklung des Vertrages.

577 **h) Darlehensvertrag.** Im Falle der Konkurserklärung über das Vermögen einer der Vertragsparteien eines Darlehensvertrags erlischt der Darlehensvertrag, wenn der Gegenstand des Darlehens noch nicht ausgegeben wurde. Das Erlöschen des Vertrages erfolgt kraft Gesetzes und ist somit nicht abdingbar. Das Erlöschen des Vertrages führt zur kompletten Rückabwicklung des Vertrages. Erlitt die andere Vertragspartei durch das Erlöschen des Vertrages einen Schaden, kann sie diesen zur Forderungsliste anmelden.

578 Wenn der Darlehensgegenstand bereits ausgegeben wurde, bindet der Vertrag die Vertragsparteien nach den allgemeinen Grundsätzen. Der Konkursverwalter kann nach den durch das KonkR für die gegenseitigen Verträge vorgeschriebenen Bestimmungen vom Vertrag zurücktreten (→ Rn. 562 ff.).

579 **i) Kreditvertrag.** Hat der Kreditgeber dem Schuldner vor dem Zeitpunkt der Konkurserklärung keine Mittel zur Verfügung gestellt, erlischt zum Zeitpunkt der Konkurserklärung der vom Schuldner abgeschlossene Kreditvertrag. Erlitt der Kreditgeber durch das Erlöschen des Vertrages einen Schaden, kann er diesen zur Forderungsliste anmelden. Das Erlöschen des Vertrages erfolgt kraft Gesetzes und ist somit nicht abdingbar. Das Erlöschen des Vertrages führt zur kompletten Rückabwicklung des Vertrages. Hat der Schuldner daher im Zusammenhang mit dem Abschluss des Kreditvertrages bereits Leistungen in Form von Provisionen oder Gebühren gezahlt, so ist die Bank im Zusammenhang mit dem Erlöschen des Vertrages verpflichtet, diese Leistungen an die Konkursmasse zurück zu gewähren.

580 Wurde dem Schuldner vor dem Zeitpunkt der Konkurserklärung ein Teil der Geldmittel zur Verfügung gestellt, verliert der Schuldner das Recht, die Auszahlung des noch ausstehenden Teils zu verlangen. Im Übrigen sind der Schuldner und der Kreditgeber an den abgeschlossenen Vertrag gebunden. Der Konkursverwalter kann nach den durch das KonkR für die gegenseitigen Verträge vorgeschriebenen Bestimmungen vom Vertrag zurücktreten (→ Rn. 562 ff.).

581 **j) Sonstige mit einer Bank abgeschlossenen Verträge.** Mit der Konkurserklärung erlöschen die vom Schuldner mit einer Bank abgeschlossenen Schließfachverträge und Aufbewahrungsverträge. Die Ausgabe von Gegenständen oder Wertpapieren, die in den Schließfächern verwahrt wurden, erfolgt innerhalb der mit dem Konkursverwalter vereinbarten Frist, spätestens jedoch innerhalb von drei Monaten ab dem Zeitpunkt der Konkurserklärung. Für die Dauer der Nutzung von Schließfächern und anderer Aufbewahrungsformen nach der Konkurserklärung, berechnet die Bank Gebühren nach dem Gebührensatz, der für die Vertragsparteien im letzten Monat vor der Konkurserklärung galten. Diese Gebühren können durch die Bank im Konkursverfahren nach den Regeln für die Geltendmachung der Rückerstattung von Verfahrenskosten geltend gemacht werden.

582 Eine Konkurserklärung hat keinen Einfluss auf Kontoführungsverträge, Verträge über Wertpapierdepot, Verträge über Derivatekonten oder Verträge über Verrechnungskontoführung sowie Verträge über die Führung eines Gemeinschaftskontos des Schuldners.

k) Miet- oder Pachtvertrag über bewegliche Sachen. Der Miet- oder Pachtvertrag über 583
bewegliche Sachen des Schuldners ist für die Vertragsparteien trotz der Konkurserklärung bindend.
Die Vorauszahlung der Miete an den Schuldner für den Zeitraum von mehr als sechs Monaten,
gerechnet ab dem Tag der Konkurserklärung, befreit den Mieter nicht von der Verpflichtung, die
nach dem Ablauf dieser sechs Monate anfallenden Miete in die Konkursmasse zu zahlen.

l) Miet- oder Pachtvertrag über unbewegliche Sachen oder Unternehmen. aa) Der 584
Schuldner als Vermieter oder Verpächter. Ein Miet- oder Pachtvertrag über das dem Schuldner gehörende Grundstück ist für die Vertragsparteien bindend, wenn der Vertragsgegenstand an
den Mieter oder Pächter vor der Konkurserklärung ausgegeben wurde. Die Vorauszahlung der
Miete durch den Mieter für einen Zeitraum von mehr als drei Monaten und der Pacht für einen
Zeitraum von mehr als sechs Monaten, gerechnet jeweils ab dem Tag der Konkurserklärung, sowie
die Verfügung über diese Miete oder Pacht befreit den Mieter bzw. Pächter jedoch nicht von der
Verpflichtung der laufenden Mietzahlung in die Konkursmasse.

Der Verkauf des Grundstücks des Schuldners durch den Konkursverwalter im Laufe des Kon- 585
kursverfahrens hat auf den Miet- oder Pachtvertrag die gleichen Auswirkungen wie der Verkauf
im Rahmen einer Zwangsvollstreckung. Der Käufer tritt in die Rechte und Pflichten des Schuldners aus dem Mietverhältnis oder Pachtverhältnis ein. Wurde der Miet- oder Pachtvertrag für
einen bestimmten Zeitraum von mehr als zwei Jahren abgeschlossen, kann der Käufer den Vertrag
innerhalb eines Monats mit einer Kündigungsfrist von einem Jahr kündigen, sofern der Vertrag
keine kürzere Frist vorsieht, auch wenn der Vertrag schriftlich mit einem sicheren Datum, mithin
durch amtliche Beglaubigung des Datums, abgeschlossen wurde und der Gegenstand an den Mieter
oder Pächter ausgegeben wurde.

Der Konkursverwalter kündigt den Miet- oder Pachtvertrag über das Grundstück des Schuld- 586
ners aufgrund des Beschlusses des Konkursrichters mit einer Kündigungsfrist von drei Monaten,
auch wenn die Kündigung des Vertrages durch den Schuldner nicht zulässig wäre. Der Konkursrichter kann einen solchen Beschluss erlassen, wenn der weitere Vertragslauf die Verwertung der
Konkursmasse erschwert oder wenn die Miete oder Pacht von der durchschnittlichen Miete oder
Pacht für gleichwertige Gegenstände abweicht. Gegen den Beschluss des Konkursrichters können
die Verfahrensbeteiligten und die andere Vertragspartei Beschwerde einlegen. Die Beschwerde ist
innerhalb von sieben Tagen einzulegen (zur Berechnung der Fristen → Rn. 260). Den aus der
vorzeitigen Beendigung des Miet- oder Pachtvertrages hervorgehenden Schaden kann die andere
Vertragspartei zur Forderungsliste anmelden.

Die vorstehend beschriebenen Grundsätze finden entsprechende Anwendung auf die Verpach- 587
tung eines Unternehmens oder organisierten Unternehmensteils.

bb) Der Schuldner als Mieter oder Pächter. Wurde zum Zeitpunkt der Konkurserklärung 588
der Miet- oder Pachtgegenstand dem Schuldner noch nicht ausgegeben, kann jede der Vertragsparteien vom Vertrag zurücktreten. Die Rücktrittserklärung ist innerhalb von zwei Monaten ab dem
Tag der Konkurserklärung abzugeben. Der Rücktritt vom Vertrag zieht keine Schadensersatzhaftung nach sich.

Wurde der Miet- oder Pachtgegenstand zum Zeitpunkt der Konkurserklärung dem Schuldner 589
bereits ausgegeben, kann der Konkursverwalter den Miet- oder Pachtvertrag kündigen, auch dann,
wenn die Kündigung des Vertrages durch den Schuldner nicht zulässig gewesen wäre. Betrifft der
Vertrag eine Immobilie, in der das Unternehmen des Schuldners geführt wird, so ist die Kündigung
mit einer Kündigungsfrist von drei Monaten, in anderen Fällen mit der gesetzlichen Kündigungsfrist, zu erklären, es sei denn, die vertraglichen Kündigungsfristen sind kürzer.

Die Kündigung des Vertrages darf grundsätzlich nicht vor Ablauf der Frist erfolgen, für die die 590
Miete bzw. Pacht im Voraus bezahlt wurde. Auf der Grundlage eines Beschlusses des Konkursrichters kündigt der Konkursverwalter den Mietvertrag oder Pachtvertrag vorzeitig, wenn die weitere
Vertragsdauer das Konkursverfahren erschweren würde, insbesondere wenn dies zu einer Erhöhung
der Verfahrenskosten führt. Gegen den Beschluss des Konkursrichters können die Verfahrensbeteiligten und die andere Vertragspartei Beschwerde einlegen. Die Beschwerde ist innerhalb von sieben
Tagen einzulegen (zur Berechnung der Fristen → Rn. 260).

Der Vermieter oder Verpächter kann im Konkursverfahren einen Schadensersatz wegen der 591
vorzeitigen Kündigung des Miet- oder des Pachtvertrages geltend machen, begrenzt auf maximal
einen Zeitraum von zwei Jahren, abzüglich der von dem Schuldner getätigten Aufwendungen,
die den Wert des Miet- oder Pachtgegenstandes erhöht haben.

Die vorstehend beschriebenen Grundsätze finden entsprechende Anwendung auf die Verpach- 592
tung eines Unternehmens oder organisierten Unternehmensteils.

m) Leasingvertrag. Der Konkursverwalter kann im Falle der Konkurserklärung über das 593
Vermögen des Leasingnehmers mit der Zustimmung des Konkursrichters vom Leasingvertrag nach

den allgemeinen Regeln, welche das KonkR für gegenseitige Verträge vorsieht, zurücktreten (→ Rn. 562 ff.).

594 Im Falle der Konkurserklärung über das Vermögen des Leasinggebers sind dagegen diese Bestimmungen nicht anwendbar. Dies ist ein Sonderfall, in welchem die Konkurserklärung nicht nur keine unmittelbaren Auswirkungen auf den Vertrag entfaltet, sondern auch das konkursrechtliche Rücktrittsrecht des Konkursverwalters ausgeschlossen ist.

595 **n) Vereinbarung über ein Wettbewerbsverbot.** Der Konkursverwalter kann von einer arbeitsrechtlichen Vereinbarung über ein Wettbewerbsverbot ohne Anspruch auf Entschädigung zum Tag der Konkurserklärung zurücktreten. Im Falle des Verkaufs des Unternehmens des Schuldners als Ganzes geht die Haftung des Schuldners für die Verpflichtungen aus dem vertraglich vereinbarten Wettbewerbsverbot auf den Käufer des Unternehmens über, es sei denn, der Konkursverwalter ist zuvor von der Vereinbarung zurückgetreten (→ Rn. 562 ff.).

596 **o) Vermögensversicherungsvertrag.** Die Konkurserklärung der Versicherten hat keine Auswirkungen auf die Vermögenspflichtversicherungen. Von freiwilligen Vermögensversicherungen, die der Schuldner vor dem Tag der Konkurserklärung abgeschlossen hat, kann der Konkursverwalter nach den allgemeinen Bestimmungen, welche das KonkR für gegenseitige Verträge vorsieht, zurücktreten (→ Rn. 562 ff.).

597 **p) Sicherungsübereignung.** Der Vertrag über die Sicherungsübereignung von Eigentum an einer Sache, einer Forderung oder einem anderen Recht, ist nur dann gegenüber der Konkursmasse wirksam, wenn dieser schriftlich mit einem sicheren Datum, mithin durch amtliche Beglaubigung des Datums, abgeschlossen wurde. Entspricht der Vertrag nicht den Formanforderungen, und wurde er insbesondere in einfacher Schriftform abgeschlossen, hat der Vertrag ab dem Tag der Konkurserklärung keinerlei Auswirkungen auf die Konkursmasse. Als eine Ausnahme gilt der Vertrag über die Bestellung einer Sicherheit auf Grundlage des Gesetzes v. 2.4.2004 über bestimmte finanzielle Sicherheiten (Gesetz v. 2.4.2004/Dz.U. 2004 Nr. 91, Pos. 871).

598 **q) Vollmachten und Prokura.** Mit dem Tag der Konkurserklärung erlöschen alle vom Schuldner erteilten Vollmachten. Auch die Prokura erlischt mit der Konkurserklärung. Im Laufe des Konkursverfahrens können Vollmachten ausschließlich vom Konkursverwalter erteilt werden. Die Bestellung eines Prokuristen ist unzulässig.

3. Auswirkungen der Konkurserklärung auf das geerbte Vermögen

599 Fällt die Erbschaft des Schuldners nach dem Tag der Konkurserklärung an, geht die Erbschaft in vollem Umfang in die Konkursmasse. Der Konkursverwalter gibt keine Erklärung über die Erbschaftsannahme ab, vielmehr wird die Erbschaft unter dem Vorbehalt der sog. Rechtswohltat der Inventarerrichtung angenommen. Die sog. Erbschaftsannahme mit der Rechtswohltat der Inventarerrichtung gem. Art. 1016 PZGB ist sinngemäß mit der Erbschaftsannahme mit beschränkter Haftung für Nachlassverbindlichkeiten vergleichbar – vgl. § 1975 BGB). Dieser Grundsatz ist auch dann anwendbar, wenn ein Erbfall zwar vor dem Tag der Konkurserklärung eingetreten ist, aber bis zum Zeitpunkt der Konkurserklärung die Frist für die Abgabe der Erklärung der Erbschaftsannahme oder Erbschaftsausschlagung noch nicht abgelaufen ist und der Erbe keine Erklärung diesbezüglich abgegeben hat. Die Frist für die Abgabe der Erklärung beträgt sechs Monate. Die Frist beginnt mit dem Zeitpunkt, in welchem der Erbe von dem Anfall und dem Grunde Kenntnis erlangt. Im Falle der Anordnung eines Vermächtnisses zugunsten des Schuldners, kommen die vorstehend beschriebenen Grundsätze zur entsprechenden Anwendung.

600 Die Erklärung des Schuldners über die Erbschaftsausschlagung ist gegenüber der Konkursmasse unwirksam, wenn sie nach der Konkurserklärung abgegeben wurde. Unwirksam ist auch die Ausschlagungserklärung des Vermächtnis- oder Vindikationsvermächtnis.

601 Der vom Schuldner nach der Konkurserklärung abgeschlossene Vertrag über die Veräußerung der gesamten Erbschaft oder seiner Teile oder des gesamten oder eines Teils des Erbschaftsanteil ist nichtig. Verfügungsgeschäfte des Schuldners über seine Anteile an der zur Erbschaft gehörenden Gegenstand und seine Zustimmung zur Verfügung über seine Anteile an dem zur Erbschaft gehörenden Gegenstand durch einen anderen Erben, sind auch nichtig.

602 Falls strittige Forderungen und Rechte der Erbschaft angehören, kann die Erbschaft aus der Konkursmasse ausgeschlossen werden. Sind die in der Erbschaft enthaltenen Vermögensbestandteile schwer veräußerbar oder wäre sie als Teil der Konkursmasse aus anderen Gründen für das Konkursverfahren nachteilig, wird die Erbschaft zwingend aus der Konkursmasse ausgeschlossen. Der Beschluss über den Ausschluss der Erbschaft aus der Konkursmasse wird von Amts wegen vom Konkursrichter erlassen. Gegen den Beschluss können der Schuldner und die Gläubiger Beschwerde einlegen. Die Beschwerde ist innerhalb von sieben Tagen einzulegen (zur Berechnung

der Fristen → Rn. 260). Ist die Erbschaft aus der Konkursmasse ausgeschlossen, so hat der Erbe die Annahme- oder Ausschlagungserklärung der Erbschaft abzugeben. Die sechsmonatige Frist für die Abgabe der Erklärung beginnt mit dem Zeitpunkt, zu dem der Beschluss über den Ausschluss der Erbschaft aus der Konkursmasse rechtskräftig wird.

4. Auswirkungen der Konkurserklärung auf die ehelichen Vermögensbeziehungen des Schuldners

603 Wenn der Schuldner zum Zeitpunkt der Konkurserklärung im gesetzlichen Güterstand der Gütergemeinschaft lebt, führt die Konkurserklärung ex lege zur zwingenden Gütertrennung zwischen den Ehegatten. Das eheliche Gesamtgut fällt in die Konkursmasse und seine Teilung ist unzulässig. Zum ehelichen Gesamtgut gehören insbesondere der Arbeitslohn und das Einkommen aus sonstigen Erwerbstätigkeiten der Eheleute, Einnahmen aus dem ehelichen Gesamtgut sowie aus dem Eigenvermögen der Eheleute, und Vermögensgegenstände, welche das eheliche Gesamtgut erworben hat. Der Ehegatte des Schuldners kann im Konkursverfahren lediglich seinen Anteil am ehelichen Gesamtgut geltend machen und zur Forderungsliste anmelden. Er ist wie jeder andere Gläubiger zu behandeln. Seine Forderung hat insbesondere keinen Vorrang vor anderen Forderungen. Am 16.12.2019 hat der Oberste Gerichtshof die bisher umstrittene Frage geklärt, ob die oben beschriebenen Auswirkungen auch in den sog. Verbraucherkonkursverfahren auftreten. Das Oberste Gericht hat ausdrücklich darauf hingewiesen, dass ab dem Zeitpunkt der Konkurserklärung eines Ehegatten, der keine Geschäftstätigkeit ausübt und sich in einer Gütergemeinschaft befindet, eine Gütertrennung zwischen den Ehegatten entsteht und das gemeinsame Vermögen, dessen Teilung nicht zulässig ist, in die Konkursmasse fällt (Beschl. SN v. 16.12.2019 – III CZP 7/19).

604 Zur Konkursmasse gehören keine Gegenstände, die ausschließlich dem Ehegatten des Schuldners zur Ausübung seiner gewerblichen oder beruflichen Tätigkeit dienen, auch wenn sie zum ehelichen Gesamtgut gehören, mit Ausnahme von Vermögensgegenständen, welche innerhalb von zwei Jahren vor dem Tag der Stellung des Konkursantrages erworben wurden. Die Beweislast hierfür trägt der Ehegatte des Schuldners, der einen Antrag auf Aussonderung bestimmter Gegenstände aus der Konkursmasse stellen kann.

605 Es ist zu betonen, dass das eheliche Gesamtgut nicht in die Konkursmasse fällt, wenn der Schuldner aufgrund Scheidung nicht im Güterstand der Gütergemeinschaft lebt, und bis zum Zeitpunkt der Konkurserklärung das eheliche Gesamtgut noch nicht aufgeteilt wurde. In diesem Fall fällt lediglich der Anteil des Schuldners in die Konkursmasse. In der Regel somit 50 % des Vermögens. Der Konkursverwalter ist verpflichtet, ein Verfahren einzuleiten, um das eheliche Gesamtgut nach den allgemeinen Grundsätzen aufzuteilen (Krawczyk-Gieshmann Monitor Prawniczy Mai 2018; SN 9.11.2018 – V CSK 615/17).

606 Im Falle der Einstellung, Beendigung oder Aufhebung des Konkursverfahrens tritt der gesetzliche Güterstand der Gütergemeinschaft wieder ein. Eine zwingende Gütertrennung tritt auch dann ein, wenn die Ehegatten in einem anderen Güterstand leben, zB im Güterstand der Zugewinngemeinschaft.

607 Die Feststellung der Gütertrennung auf der Grundlage einer Gerichtsentscheidung innerhalb eines Jahres vor Stellung des Konkursantrages ist in Bezug auf die Konkursmasse unwirksam, es sei denn, dass die Klage auf Feststellung der Gütertrennung mindestens zwei Jahre vor Stellung des Konkursantrages erhoben wurde. Dieser Grundsatz findet entsprechende Anwendung, wenn die Gütertrennung innerhalb eines Jahres vor dem Tag der Stellung des Konkursantrages von Amts wegen, infolge einer Scheidung, Trennung oder Entmündigung eines der Ehegatten eingetreten ist, es sei denn, dass die Klage oder der Antrag in dieser Angelegenheit mindestens zwei Jahre vor dem Tag der Stellung des Konkursantrages erhoben bzw. gestellt wurde. Die Klageerhebung oder Antragstellung von mehr als zwei Jahren vor dem Tag der Stellung des Konkursantrages schließt die Unwirksamkeit aus, unabhängig davon, wann über die Gütertrennung, Scheidung, Trennung oder Entmündigung entschieden wurde. Der geschiedene Ehegatte des Schuldners oder der Ehegatte des Schuldners kann durch eine Klage oder Einrede verlangen, dass die Gütertrennung in Bezug auf die Konkursmasse festgestellt wird, wenn er zu dem Zeitpunkt, zu dem die Gütertrennung erfolgte, nicht wusste, dass eine Grundlage für die Konkurserklärung vorhanden war, und der Eintritt der Gütertrennung nicht zu einer Gläubigerbenachteiligung führt. Die Klage ist vor dem Konkursgericht zu erheben. Das Gericht kann den Anspruch im Verfügungsverfahren sichern, indem es ein Verfügungs- oder Belastungsverbot für die Güter, die im gemeinsamen Eigentum der Ehegatten standen, festlegt. Nach der Konkurserklärung ist es jedoch nicht möglich, die Gütertrennung mit einem früheren Zeitpunkt als dem Tag der Konkurserklärung festzustellen.

608 Die Feststellung der Gütertrennung oder Einschränkung der Gütergemeinschaft durch einen Ehevertrag ist in Bezug auf die Konkursmasse nur dann wirksam, wenn der Ehevertrag mindestens zwei Jahre vor Stellung des Konkursantrages abgeschlossen wurde. Jegliche Forderungen des Ehegatten des Schuldners aus einem Ehevertrag können ausschließlich dann berücksichtigt werden, wenn dieser mindestens zwei Jahre vor dem Tag der Stellung des Konkursantrages abgeschlossen wurde.

608a Der polnische Oberste Gerichtshof (poln. Sąd Najwyższy) bestätigt, dass die oben beschriebenen Regeln anwendbar sind bezüglich der Tatsache, dass am Tag der Konkurserklärung eines Ehegatten, der in einer Gütergemeinschaft verbleibt, eine Gütertrennung zwischen den Ehegatten entsteht und das gemeinsame Vermögen, dessen Teilung unzulässig ist, in die Konkursmasse fällt, auch in getrennten Konkursverfahren gegen Personen, die keine Geschäftstätigkeit ausüben (SN Beschl. v. 16.12.2019 r. – III CZP 7/19).

5. Auswirkung der Konkurserklärung auf Gerichtsverfahren und andere Verfahren

609 **a) Gerichts-, Verwaltungs- und Verwaltungsgerichtsverfahren.** Nach Feststellung der Konkurserklärung können Gerichts-, Verwaltungs- oder Verwaltungsgerichtsverfahren über die Konkursmasse grundsätzlich nur durch oder gegen den Konkursverwalter eingeleitet und durchgeführt werden. Der Konkursverwalter führt das Verfahren auf Rechnung des Schuldners, aber in seinem eigenen Namen. Dies gilt nicht für Verfahren, welche wegen Unterhaltszahlungen und Rente aufgrund Haftung wegen Körperverletzung oder Gesundheitsstörung oder Verlust eines Alleinverdieners sowie für die Umwandlung der Berechtigungen aus dem lebenslangen Wohnrecht in eine Leibrente, eingeleitet wurden. In einem solchen Verfahren tritt grundsätzlich der Schuldner auf, wobei der Konkursverwalter die Änderung einer Entscheidung oder einer Vereinbarung über die Unterhaltspflicht verlangen kann. In diesem Fall führt der Konkursverwalter das Verfahren. Die nicht die Konkursmasse betreffenden Verfahren sind zB Scheidungssachen, Trennungssachen oder Verfahren wegen der Verletzung von Persönlichkeitsrechten des Schuldners (Adamus PrUp, 2. Aufl. 2018, PrUp Art. 144 Rn. 11).

610 In gerichtlichen Zivilverfahren und Verwaltungsgerichtsverfahren setzt das Gericht das Verfahren von Amts wegen aus, wenn das Verfahren die Konkursmasse betrifft. Die Aussetzung entfaltet ihre Rechtsfolgen ab dem Zeitpunkt des Ereignisses, durch welches es verursacht wurde. Bei der Aussetzung des Verfahrens hebt das Gericht von Amts wegen die nach den Ereignissen ergangenen Entscheidungen auf, es sei denn, dass sie nach Abschluss der mündlichen Verhandlung erfolgten. Das Konkursgericht nimmt das Verfahren wieder auf, sobald die Person des Konkursverwalters ermittelt worden ist und fordert den Konkursverwalter zum Verfahrensbeitritt auf. Der Konkursverwalter ist nicht berechtigt, den Beitritt zum Verfahren zu verweigern.

611 Die Vorschriften über die Verwaltungsverfahren ordnen hingegen im Falle der Konkurserklärung keine obligatorische Aussetzung des Verfahrens an. Im Verwaltungsverfahren ist der Schuldner weiterhin die Verfahrenspartei, er wird jedoch durch den Konkursverwalter vertreten. Sämtliche gerichtliche Korrespondenz, wie etwa Verwaltungsentscheidungen, ist dem Konkursverwalter zuzustellen, da er für den Schuldner und auf seine Rechnung handelt. Die Beendigung des Verfahrens nach der Konkurserklärung ohne Berücksichtigung des Konkursverwalters hätte somit die Nichtigkeit des Verwaltungsverfahrens zur Folge (WSA 6.6.2013 – I SA/Kr 1878/11).

612 Mit der Konkurserklärung des Vollmachtgebers erlöschen die von ihm erteilten Vollmachten. Der Konkursverwalter kann im Rahmen seiner eigenen Befugnisse Vollmachten erteilen (SN 7.11.2003 – I CZ 127/03).

613 Ein Gerichts-, Verwaltungs- oder Verwaltungsgerichtsverfahren in einer Rechtssache, die vor dem Tag der Konkurserklärung gegen den Schuldner eingeleitet wurde und eine Forderung zum Streitgegenstand hat, die der Konkursmasse anzumelden ist, kann ausschließlich dann gegen den Konkursverwalter wiederaufgenommen werden, wenn die Forderung im Konkursverfahren nach Erschöpfung des im Gesetz vorgesehenen Verfahrens nicht in die Forderungsliste aufgenommen wird. Mit dem Beschluss v. 18. 1.2019 (III CZP 55/18) hat der Oberste Gerichtshof (poln. Sąd Najwyższy) endgültig entschieden, dass die Erlangung eines Vollstreckungstitels durch einen Kläger in Form eines Auszugs aus der vom Konkursrichter genehmigten Forderungsliste nach Einleitung eines Zivilverfahrens zur Einstellung des Zivilverfahrens führt, da durch den Verlust des rechtlichen Interesses des Klägers die Erteilung eines Urteils entbehrlich wird. Diese Entscheidung beseitigt erhebliche Zweifel daran, ob in einem solchen Fall ein Verfahren eingestellt werden sollte, oder die Klage abgewiesen oder als unzulässig abgewiesen werden sollte. Die Frage kann von wesentlicher Bedeutung aus der Sicht der Bestimmungen über die Prozesskostenerstattung und ein eventuelles Recht des Klägers auf erneute Klageerhebung gegen den Beklagten sein.

b) Verfahren vor den Schiedsgerichten. Die Konkurserklärung hat auf ein vor dem Tag 614
der Konkurserklärung eingeleitetes Schiedsverfahren die gleichen Auswirkungen wie auf ein
gerichtliches Zivilverfahren (→ Rn. 609 ff.). Zu betonen ist, dass dies nur die Konkursverfahren
betrifft, die ab dem 1.1.2016 beantragt wurden. In Verfahren, die vor diesem Zeitpunkt beantragt
wurden, treten sämtliche Schiedsvereinbarungen mit der Konkurserklärung automatisch außer
Kraft. Sämtliche darauf beruhenden Verfahren werden eingestellt.

Wurde zum Zeitpunkt der Konkurserklärung das Verfahren vor dem Schiedsgericht noch nicht 615
eingeleitet, kann der Konkursverwalter von der Schiedsvereinbarung zurücktreten. Der Rücktritt
bedarf der Zustimmung des Konkursrichters. Der Konkursrichter stimmt zu, wenn die Geltendmachung
der Forderung vor dem Schiedsgericht die Verwertung der Konkursmasse erschwert, insbesondere
wenn die Kosten der Einleitung und Durchführung des Schiedsverfahrens aus der Konkursmasse
nicht gedeckt werden.

Die andere Vertragspartei der Schiedsvereinbarung kann den Konkursverwalter schriftlich auf- 616
fordern, zu erklären, ob er von der Schiedsvereinbarung zurücktritt. Der Konkursverwalter hat
die Aufforderung innerhalb von 30 Tagen zu beantworten. Gibt der Konkursverwalter innerhalb
dieser Frist keine Erklärung ab, wird dies als Rücktritt von der Schiedsvereinbarung gewertet.
Die andere Vertragspartei kann selbst von der Schiedsvereinbarung lediglich dann zurücktreten,
wenn der Konkursverwalter, obwohl er nicht von der Schiedsvereinbarung zurückgetreten ist,
sich weigert, sich an den Kosten des Schiedsverfahrens zu beteiligen. Infolge des Rücktritts tritt
die Schiedsvereinbarung außer Kraft.

c) Zwangsvollstreckungsverfahren. Das Zwangsvollstreckungsverfahren über das zur Kon- 617
kursmasse gehörende Vermögen, welches vor dem Tag der Konkurserklärung eingeleitet wurde,
wird kraft Gesetzes mit dem Tag der Konkurserklärung ausgesetzt. Die Aussetzung des Zwangsvollstreckungsverfahrens
steht einer Eigentumsübertragung an einem Grundstück nicht entgegen,
wenn der Zuschlag rechtskräftig vor der Konkurserklärung erteilt wurde und der Käufer den
Kaufpreis rechtzeitig bezahlt hat.

Ein ausgesetztes Verfahren wird kraft Gesetzes eingestellt, nachdem der Beschluss über die 618
Konkurserklärung rechtskräftig geworden ist. Die im Rahmen des Zwangsvollstreckungsverfahrens
erzielten und noch nicht an die Gläubiger abgelieferten Beträge fallen in die Konkursmasse,
nachdem der Beschluss über die Konkurserklärung rechtskräftig geworden ist. Beträge, die im
Rahmen der Zwangsvollstreckung aus den mit dinglichen Sicherheiten belastenden Vermögensgegenständen,
erzielt wurden, werden im Konkursverfahren wie die Beträge behandelt, die im
Rahmen der Verwertung des mit dinglichen Rechten belastenden Vermögensgegenstandes erzielt
worden wären (→ Rn. 804 ff.).

Nach dem Tag der Konkurserklärung ist jede Einzelvollstreckung in das in der Konkursmasse 619
liegende Vermögen unzulässig. Auch der Arrest und die einstweilige Verfügung werden hierunter
erfasst, mit Ausnahme der Sicherung von Unterhaltsansprüchen und Ansprüchen auf Rente als
Entschädigung wegen verursachter Krankheit, Arbeitsunfähigkeit, Behinderung oder Tod sowie
aus der Umwandlung des lebenslangen Wohnrechts in eine Leibrente.

6. Gesellschaftsrechtliche Folgen

a) Vormerkungen. aa) Konkurserklärung über das Vermögen der Gesellschaft. Die 620
Konkurserklärung über das Vermögen einer Handelsgesellschaft führt grundsätzlich zu ihrer Auflösung.
Die Auflösung der Gesellschaft ist nicht mit der endgültigen Vollbeendigung ihrer rechtlichen
Existenz zu verwechseln. Diese endet erst mit dem Zeitpunkt der Löschung der Gesellschaft aus
dem Unternehmerregister (KRS). Die Konkurserklärung entzieht den Mitgliedern der Geschäftsführung
und des Aufsichtsrats der Gesellschaft sowie den Gesellschaftern keine Befugnisse. Ihre
Befugnisse sind jedoch durch die Bestellung des Konkursverwalters und der Übertragung des
Verfügungs- und Verwaltungsrechts des Schuldners auf diesen, erheblich eingeschränkt (→
Rn. 443 ff.).

Die Konkurserklärung hindert die Durchführung von Verschmelzungen, Spaltungen und 621
Umwandlungen von Handelsgesellschaften.

bb) Die Konkurserklärung über das Vermögen eines Gesellschafters. Nach der Konkurs- 622
erklärung über das Vermögen eines Gesellschafters werden alle Vermögens-, Kontroll- und Verwaltungsrechte
des Schuldners als Gesellschafter durch den Konkursverwalter ausgeübt. Neben den
Vermögensrechten, die mit der Konkursmasse im engeren Sinn verbunden sind, übt der Konkursverwalter
alle Kontroll- und Verwaltungsrechte aus, zu denen das Teilnahmerecht an den Gesellschafterversammlungen,
das Stimmrecht, Informationsrecht, Kontrollrecht sowie das Recht auf
Anfechtung von Beschlüssen der Gesellschaftsorgane gehören. Der Schuldner darf keine Rechte

Internationales Insolvenzrecht – Polen

im Zusammenhang mit seiner Beteiligung an Handelsgesellschaften ausüben, auch wenn es sich ausschließlich um persönliche Rechte handelte, welche die Konkursmasse kaum beeinflussen (Witosz PrUpad/Malmuk-Cieplak PrUpad Art. 186 Rn. 2). Dem Konkursverwalter wurden in dieser Hinsicht die gleichen Rechte und Pflichten wie dem Schuldner selbst eingeräumt. So ist beispielsweise nach einer der jüngsten Entscheidungen des Obersten Gerichtshofs (poln. Sąd Najwyższy) ein Konkursverwalter, der eine Klage auf Aufhebung eines Beschlusses der Gesellschafterversammlung einer Gesellschaft mit beschränkter Haftung (poln. Spółka z ograniczoną odpowiedzialnością) einreicht, an die in Art. 251 PPHGGB festgelegten Fristen gebunden, die auch für den Schuldner als Gesellschafter bindend wären (SN 20.2.2019 – III CZP 93/18).

623 **b) Offene Handelsgesellschaft (poln. spółka jawna).** Die Konkurserklärung über das Vermögen der Offenen Handelsgesellschaft führt zu ihrer Auflösung. Die Gesellschaft wird nach der Beendigung des Konkursverfahrens aus dem Unternehmerregister (KRS) gelöscht. Der Löschungsantrag wird vom Konkursverwalter gestellt. Die Gesellschaft wird nur dann nicht gelöscht, wenn das Konkursverfahren aufgrund der vollständigen Befriedigung aller Gläubiger oder der Feststellung des Vergleichs beendet wurde, oder wenn das Konkursverfahren aufgehoben oder eingestellt wurde.

624 Auch die Konkurserklärung über das Vermögen des Gesellschafters einer polnischen Offenen Handelsgesellschaft hat ihre Auflösung zur Folge. Trotz der Konkurserklärung über das Vermögen des Gesellschafters bleibt die Gesellschaft jedoch unter den anderen Gesellschaftern bestehen, wenn der Gesellschaftsvertrag dies vorsieht oder die übrigen Gesellschafter dies beschließen. Eine solche Vereinbarung sollte unverzüglich getroffen werden. Ist dies nicht der Fall, kann der Konkursverwalter die Durchführung des Liquidationsverfahrens der Gesellschaft verlangen. Nach der Konkurserklärung des Gesellschafters bedarf die Vereinbarung über die Beendigung der Tätigkeit der Gesellschaft der Zustimmung des Konkursverwalters. Im Falle der Durchführung des Liquidationsverfahrens der Gesellschaft tritt an die Stelle des Gesellschafters der Konkursverwalter.

625 **c) Partnergesellschaft (poln. spółka partnerska).** Die Vorschriften über die polnischen Offenen Handelsgesellschaften werden entsprechend auf die Folgen der Konkurserklärung über das Vermögen einer polnischen Partnergesellschaft (poln. spółka partnerska) oder ihrer Gesellschafter herangezogen (→ Rn. 623 ff.).

626 **d) Kommanditgesellschaft (poln. spółka komandytowa).** Die Vorschriften über die poln. Offenen Handelsgesellschaften werden entsprechend auf die Folgen der Konkurserklärung über das Vermögen einer polnischen Kommanditgesellschaft (poln. spółka komandytowa) oder ihrer Gesellschafter herangezogen (→ Rn. 623 ff.).

627 **e) Kommanditgesellschaft auf Aktien (poln. spółka komandytowo-akcyjna).** Die Konkurserklärung über das Vermögen einer polnischen Kommanditgesellschaft auf Aktien (poln. spółka komandytowo-akcyjna) hat die Auflösung der Gesellschaft zur Folge. Die Vorschriften über die poln. Aktiengesellschaft (poln. spółka akcyjna) werden entsprechend auf die Folgen der Konkurserklärung über das Vermögen einer polnischen Kommanditgesellschaft auf Aktien herangezogen (→ Rn. 632 ff.).

628 Die Konkurserklärung über das Vermögen des einzigen Komplementärs hat auch die Auflösung der Kommanditgesellschaft auf Aktien zur Folge, sofern in der Satzung nichts anderes vorgeschrieben ist. Hat die Gesellschaft mehrere Komplementäre, führt die Konkurserklärung über das Vermögen eines Komplementärs, nicht zur Auflösung der Kommanditgesellschaft auf Aktien.

629 **f) Gesellschaft mit beschränkter Haftung (poln. spółka z ograniczoną odpowiedzialnością).** Die Konkurserklärung über das Vermögen einer polnischen Gesellschaft mit beschränkter Haftung (poln. spółka z ograniczoną odpowiedzialnością) führt zu ihrer Auflösung. Nach der Beendigung des Konkursverfahrens wird die Gesellschaft aus dem Unternehmerregister (KRS) gelöscht. Der Löschungsantrag wird vom Konkursverwalter gestellt. Die Gesellschaft wird nur dann aus dem Register nicht gelöscht, wenn das Konkursverfahren durch die vollständige Befriedigung aller Gläubiger oder der Feststellung des Vergleichs beendet wurde, oder wenn das Konkursverfahren aufgehoben oder eingestellt wurde. Der Konkursverwalter teilt dem zuständigen Finanzamt die Auflösung der Gesellschaft unter Beifügung der Abschrift des Liquidationsberichts mit.

630 Im Falle der Konkurserklärung über das Vermögen einer polnischen Gesellschaft mit beschränkter Haftung kann sich eine Person, welche sich gegenüber der Gesellschaft schadensersatzpflichtig gemacht hat, weder auf einen Entlastungsbeschluss der Gesellschafter noch auf einen Verzicht der Gesellschaft auf Schadensersatzansprüche berufen.

631 Die Konkurserklärung über das Vermögen eines Gesellschafters einer polnischen Gesellschaft mit beschränkter Haftung stellt keinen Auflösungsgrund der Gesellschaft dar.

632 **g) Aktiengesellschaft (poln. spółka akcyjna).** Die Konkurserklärung über das Vermögen einer polnischen Aktiengesellschaft (poln. spółka akcyjna) hat ihre Auflösung zur Folge. Die Gesell-

schaft wird nach der Beendigung des Konkursverfahrens aus dem Unternehmerregister (KRS) gelöscht. Der Löschungsantrag wird vom Konkursverwalter gestellt. Die Gesellschaft wird nur dann nicht gelöscht, wenn das Konkursverfahren infolge der vollständigen Befriedigung aller Gläubiger oder der Feststellung des Vergleichs beendet wurde, oder wenn das Konkursverfahren aufgehoben oder eingestellt wurde. Der Konkursverwalter informiert das zuständige Finanzamt über die Auflösung der Gesellschaft unter Beifügung der Abschrift des Liquidationsberichts. Er informiert auch die anderen, in den besonderen Vorschriften bestimmten Behörden und Institutionen über die Auflösung der Gesellschaft unter Beifügung der Abschrift des Liquidationsberichts, falls dies verlangt wird.

Im Falle der Konkurserklärung über das Vermögen einer Gesellschaft kann sich eine Person, 633 welche sich gegenüber der Gesellschaft schadensersatzpflichtig gemacht hat, weder auf einen Entlastungsbeschluss der Hauptversammlung noch auf einen Verzicht der Gesellschaft auf Schadensersatzansprüche berufen.

Die Konkurserklärung über das Vermögen eines Aktionärs einer polnischen Aktiengesellschaft 633a stellt keinen Auflösungsgrund der Gesellschaft dar.

h) Einfache Aktiengesellschaft (poln. prosta spółka akcyjna). Die Konkurserklärung über 633b das Vermögen einer polnischen Einfachen Aktiengesellschaft (poln. prosta spółka akcyjna), die mit der Wirkung zum 1.7.2021 in das polnische Rechtssystem eingeführt wurde, hat ihre Auflösung zur Folge. Die Gesellschaft wird nach der Beendigung des Konkursverfahrens aus dem Unternehmerregister (KRS) gelöscht. Der Löschungsantrag wird vom Konkursverwalter gestellt. Die Gesellschaft wird nur dann nicht gelöscht, wenn das Konkursverfahren infolge der vollständigen Befriedigung aller Gläubiger oder der Feststellung des Vergleichs beendet wurde, oder wenn das Konkursverfahren aufgehoben oder eingestellt wurde. Der Konkursverwalter informiert das zuständige Finanzamt über die Auflösung der Gesellschaft unter Beifügung der Abschrift des Liquidationsberichts. Er informiert auch die anderen, in den besonderen Vorschriften bestimmten Behörden und Institutionen über die Auflösung der Gesellschaft unter Beifügung der Abschrift des Liquidationsberichts, falls dies verlangt wird.

Im Falle der Konkurserklärung über das Vermögen einer Gesellschaft kann sich eine Person, 663c welche sich gegenüber der Gesellschaft schadensersatzpflichtig gemacht hat, weder auf einen Entlastungsbeschluss der Hauptversammlung noch auf einen Verzicht der Gesellschaft auf Schadensersatzansprüche berufen.

Die Konkurserklärung über das Vermögen eines Aktionärs einer polnischen Einfachen Aktien- 663d gesellschaft stellt keinen Auflösungsgrund der Gesellschaft dar.

VI. Arbeits- und Sozialrecht

1. Konkurserklärung des Arbeitnehmers

Die Konkurserklärung eines Arbeitnehmers hat keine Auswirkungen auf sein Arbeitsverhältnis. 634 Klauseln eines Arbeitsvertrages, welche eine Kündigung oder Änderung des Arbeitsvertrages im Falle der Beantragung der Konkurserklärung oder einer Konkurserklärung zulassen, sind nichtig (→ Rn. 560 ff.). Der Arbeitslohn des Schuldners fällt unter Beachtung der Pfändungsfreigrenze in die Konkursmasse.

2. Konkurserklärung des Arbeitgebers

a) Die Auswirkungen der Konkurserklärung auf Arbeitsverhältnisse. aa) Kündigung 635 **des Arbeitsvertrages.** Die Konkurserklärung des Arbeitgebers führt nicht zur Beendigung des Arbeitsverhältnisses. Die Konkurserklärung des Arbeitgebers kann jedoch Grundlage der Kündigung des Arbeitsvertrags sein. Der Arbeitgeber kann im Falle der arbeitgeberseitigen Kündigung nach der Konkurserklärung die dreimonatige Kündigungsfrist maximal auf einen Monat verkürzen, um das Arbeitsverhältnis frühzeitig aufzulösen. Kürzere Kündigungsfristen als die dreimonatige Kündigungsfrist dürfen nicht verkürzt werden. Die Entscheidung über die Notwendigkeit und Länge einer Verkürzung der Kündigungsfrist trifft der Arbeitgeber eigenmächtig. Bei einer Verkürzung der Kündigungsfrist hat der Arbeitnehmer Anspruch auf einen Schadenersatz in Höhe seiner Vergütung für den restlichen Zeitraum seiner ordentlichen Kündigungsfrist. Der Schadenersatz wird aus der Konkursmasse ausbezahlt, stellt aber keine Verfahrenskosten, sondern vielmehr eine andere Verbindlichkeit der Konkursmasse dar (→ Rn. 159 ff.).

Die Verkürzung der Kündigungsfrist hat zur Folge, dass der Arbeitsvertrag mit dem Ablauf 636 dieser verkürzten Frist aufgelöst wird (SN (7) 9.7.1992 – I PZP 20/92). Der Zeitraum, für den dem Arbeitnehmer ein Schadensersatzanspruch zusteht, wird jedoch als Beschäftigungszeitraum des Arbeitnehmers berücksichtigt, sofern der Arbeitnehmer für diesen Zeitraum keine andere Anstellung findet, was sich unter anderem auf die Rentenansprüche des Arbeitnehmers auswirkt (Mitrus in Sobczyk, Kodeks pracy, 4. Aufl. 2018, PAG Art. 36¹ Rn. 11).

637 Im Zusammenhang mit der Kündigung des Arbeitsvertrags kann der Arbeitgeber den Arbeitnehmer bis zum Ablauf der Kündigungsfrist von der Erbringung seiner Arbeitsleistung freistellen. In dem Zeitraum der Freistellung behält sich der Arbeitnehmer den Anspruch auf Arbeitslohnfortzahlung vor. Der Arbeitslohn wird aus der Konkursmasse ausgezahlt, stellt aber keine Verfahrenskosten, sondern vielmehr eine andere Verbindlichkeit der Konkursmasse dar (→ Rn. 159 ff.).

638 Im Falle der Konkurserklärung des Arbeitgebers finden die Bestimmungen über den Kündigungsschutz oder die Auflösung des Arbeitsvertrags, insbesondere Vorschriften zum Vorruhestand, bezüglich Vertretern von Gewerkschaftsorganisationen, abwesenden Arbeitnehmern infolge Urlaub oder anderen gerechtfertigten Gründen, sowie Schwangeren und Arbeitnehmern, die im Zusammenhang mit der Kinderbetreuung verschiedene Formen der Beurlaubung in Anspruch nehmen (zB Mutterschaftsurlaub, Vaterschaftsurlaub), keine Anwendung. Keine Anwendung finden auch die Vorschriften über die Verpflichtung des Arbeitgebers, sich mit den Gewerkschaftsorganisationen über die geplante Auflösung eines Arbeitsverhältnisses zu beraten (Mitrus in Sobczyk, Kodeks pracy, 4. Aufl. 2018, PAG Art. 41¹ Rn. 13). Die Bestimmungen über den Schutz der Arbeitnehmer finden auch auf eine Kündigungsänderung keine Anwendung, das bedeutet, dass im Falle der Konkurserklärung des Arbeitgebers auch die einseitige Änderung der Arbeitsbedingungen des Arbeitnehmers vereinfacht wird (SN 15.3.2001 – I PKN 447/00).

639 **bb) Arbeitnehmeransprüche.** Je nachdem ob die Arbeitnehmeransprüche vor oder nach der Konkurserklärung entstanden sind, unterliegt die Befriedigung unterschiedlichen Rangfolgen der Befriedigung. Ansprüche des Arbeitnehmers aus dem Arbeitsverhältnis, die für den Zeitraum nach der Konkurserklärung anfallen, sind als andere Verbindlichkeiten der Konkursmasse zu befriedigen (→ Rn. 159 ff.). Arbeitslohnansprüche des Arbeitnehmers aus dem Arbeitsverhältnis, die für den Zeitraum vor der Konkurserklärung anfallen, ausgenommen von Ansprüchen des Vertreters des Schuldners oder einer Person, die mit der Verwaltung oder Aufsicht des Unternehmens des Schuldners beauftragt war, fallen in die erste Rangfolge der Befriedigung (zur Unwirksamkeit der Bestimmungen des Arbeitsvertrages betreffend die Vergütung des Vertreters des Schuldners → Rn. 747 ff.).

640 **b) Auswirkungen der Konkurserklärung des Arbeitgebers auf die Zulässigkeit der Massenentlassung. aa) Begriff der Massenentlassung.** Eine Massenentlassung liegt vor, wenn ein Arbeitgeber Arbeitsverhältnisse betriebsbedingt kündigt oder auch aufgrund gegenseitigen Einvernehmens zwischen den Vertragsparteien auflöst, wobei die Entlassung innerhalb eines Zeitraums von maximal 30 Tagen mindestens:
- 10 Arbeitnehmer betrifft, wenn der Arbeitgeber mindestens 20, aber weniger als 100 Arbeitnehmer beschäftigt;
- 10 % der Arbeitnehmer betrifft, wenn der Arbeitgeber mindestens 100, aber weniger als 300 Arbeitnehmer beschäftigt;
- 30 Arbeitnehmer betrifft, wenn der Arbeitgeber 300 oder mehr Arbeitnehmer beschäftigt.

641 Die Konkurserklärung des Arbeitgebers schließt die Anwendung der Bestimmungen des Gesetzes v. 13.3.2003 über Sonderregelungen für die Auflösung von Arbeitsverhältnissen mit Arbeitnehmern wegen betriebsbedingten Gründen nicht aus (Gesetz v. 13.3.2003/Dz. U 2018, Pos. 1969).

642 **bb) Verfahrensverlauf.** Auch im Konkursverfahren ist der Arbeitgeber, mithin der Konkursverwalter, nach den allgemeinen Regeln verpflichtet, sich mit den bei ihm tätigen betrieblichen Gewerkschaftsorganisationen zur geplanten Massenentlassung zu beraten. Spätestens 20 Tage nach der Mitteilung schließen der Arbeitgeber und die Gewerkschaftsorganisationen eine Vereinbarung zur Festlegung der Vorgehensweisen in Bezug auf die Arbeitnehmer, die von der Massenentlassung betroffen sind. Die Vereinbarung legt die Pflichten des Arbeitgebers fest, welche für die Regelung der weiteren Arbeitnehmerangelegenheiten, die mit der geplanten Massenentlassung verbunden sind, erforderlich sind. Ist der Abschluss einer Vereinbarung nicht möglich, so werden die Vorgehensweisen in den mit der Massenentlassung verbundenen Angelegenheiten vom Arbeitgeber in einer Betriebsordnung festgelegt. Die im Rahmen der Beratung mit den Gewerkschaftsorganisationen unterbreiteten Vorschläge sind in der Betriebsordnung so weit wie möglich zu berücksichtigen. Der Arbeitgeber teilt dem zuständigen Bezirksarbeitsamt (poln. Powiatowy Urząd Pracy) nach Abschluss der Vereinbarung oder im Falle, dass er die Vereinbarung nicht abgeschlossen hat, nach Erstellung der Betriebsordnung, die festgelegte Vorgehensweisen zur Massenentlassung schriftlich mit, einschließlich der Anzahl der Beschäftigten und entlassenen Arbeitnehmer, der Gründe für ihre Entlassung, den Zeitraum, in dem die Entlassung erfolgen soll, sowie informiert ihn über die

Beratung der geplanten Massenentlassung mit den Gewerkschaftsorganisationen. Die Kündigung des Arbeitsverhältnisses im Rahmen der Massenentlassung kann frühestens nach Mitteilung des Bezirksarbeitsamtes durch den Arbeitgeber erfolgen. Das Arbeitsverhältnis endet jedoch frühestens 30 Tage nach dem Zeitpunkt der Mitteilung.

Anders als bei den außerhalb des Konkursverfahrens durchgeführten Massenentlassungen, ist bei der durch die Konkurserklärung begründeten Kündigung der besondere Schutz der Arbeitnehmer ausgeschlossen. 643

cc) Abfindung. Ein Arbeitnehmer hat im Zusammenhang mit der Auflösung seines Arbeitsverhältnisses im Rahmen der Massenentlassung Anspruch auf eine Abfindung in Höhe von: 644
- einem Monatslohn, wenn das Beschäftigungsverhältnis nicht länger als zwei Jahre bestanden hat,
- zwei Monatslöhnen, wenn das Beschäftigungsverhältnis zwei bis acht Jahre bestanden hat, oder
- drei Monatslöhnen, wenn das Beschäftigungsverhältnis länger als acht Jahre bestanden hat.

Die Abfindungshöhe wird nach den für die Berechnung der Urlaubsabgeltung geltenden Bestimmungen festgelegt. Die Abfindungshöhe darf das Fünfzehnfache des Mindestlohns, welcher auf Grundlage besonderer Regelungen ermittelt wird, der am Tag der Auflösung des Arbeitsverhältnisses gilt, nicht übersteigen. Die Abfindung wird aus der Konkursmasse als andere Verbindlichkeit der Konkursmasse ausbezahlt (→ Rn. 159 ff.). 645

c) Leistungen im Falle der Zahlungsunfähigkeit des Arbeitgebers. aa) Der Begriff der Zahlungsunfähigkeit. Die Arbeitnehmeransprüche werden für den Fall ihrer Nichtbefriedigung infolge der Zahlungsunfähigkeit des Arbeitgebers gemäß den Bestimmungen des Gesetzes v. 13.7.2006 über den Schutz der Ansprüche der Arbeitnehmer im Falle der Zahlungsunfähigkeit des Arbeitgebers geschützt (Gesetz v. 13.7.2006 Nr. 58 Pos.11/Dz.U. 2018, Pos. 1433). Die Zahlungsunfähigkeit des Arbeitgebers tritt unter anderem in den Fällen ein, wenn das Konkursgericht einen Beschluss zur Konkurserklärung des Arbeitgebers oder zur Eröffnung eines sekundären Insolvenzverfahrens über das Vermögen des Arbeitgebers, über die Abweisung des Antrags auf Konkurserklärung mangels Masse, oder über die Abweisung des Antrags wegen zu hoher Belastung des Vermögens des Vermögens des Schuldners mit dinglichen Rechten erlässt (→ Rn. 106 ff.). Die Zahlungsunfähigkeit des Arbeitgebers tritt ferner dann ein, wenn ein gerichtliches Organ oder jedes andere zuständige Organ der Europäischen Union, ausgenommen von Dänemark, ein Insolvenzverfahren über das Vermögen eines Unternehmers oder ausländischen Unternehmers eröffnet und einen Verwalter bestellt, oder eine Entscheidung erlässt, nach der die Insolvenzeröffnung wegen der endgültigen Unternehmensaufgabe oder mangels Aktiva zur Deckung der Verfahrenskosten nicht erfolgt. Der Zeitpunkt der Zahlungsunfähigkeit ist der Zeitpunkt des Erlassens des Beschlusses durch das Gericht oder eines anderen Organs. 646

bb) Berechtigte Personen. Im Falle der Zahlungsunfähigkeit sind die Ansprüche der Arbeitnehmer, sowie ehemaliger Arbeitnehmer und zur Hinterbliebenenrente berechtigte Familienangehörige der verstorbenen Arbeitnehmer sowie verstorbene ehemalige Arbeitnehmer zu befriedigen. Der Begriff eines Arbeitnehmers im Sinne des Gesetzes ist weit gefasst und beschränkt sich nicht nur auf Personen, die aufgrund eines Arbeitsvertrages angestellt sind. Als ein Arbeitnehmer gilt jede natürliche Person, die nach polnischem Recht in einem Arbeitsverhältnis steht oder auf der Grundlage eines Telearbeitsvertrages angestellt ist oder ihre Arbeit auf Grundlage eines Handelsvertretervertrages oder Dienstvertrages oder eines anderen Dienstleistungsvertrages ausführt oder eine andere Erwerbstätigkeit auf einer anderen Grundlage als dem Arbeitsverhältnis für einen Arbeitgeber ausübt, welcher eine landwirtschaftliche Produktionsgenossenschaft, Genossenschaft der landwirtschaftlichen Gemeinschaften oder eine andere in der landwirtschaftlichen Produktion tätigen Genossenschaft ist, wenn sie auf dieser Grundlage der Renten- und Pensionsversicherungspflicht unterliegt. Als Ausnahme gelten Haushaltshilfen, die von einer natürlichen Person beschäftigt werden. 647

cc) Umfang der zu befriedigenden Ansprüche. Ansprüche der Berechtigten werden aus den Mitteln des Sicherungsfonds der Arbeitnehmerleistungen (poln. Fundusz Gwarantowanych Świadczeń Pracowniczych) befriedigt (sog. Konkursgeld). Folgende Ansprüche werden aus diesen Mitteln befriedigt: 648
- Arbeitslohn;
- Vergütung für Ausfallzeiten, die nicht dem Arbeitnehmer zuzurechnen sind, für den Zeitraum der Freistellungen und für sonstige gerechtfertigte Arbeitsplatzabwesenheit;
- Vergütung für die Dauer der krankheitsbedingten Arbeitsunfähigkeit des Arbeitnehmers;
- Urlaubsabgeltung;
- Ausgleichszuschlag;
- Arbeitgeberanteil der Sozialversicherungsbeiträge, die durch Arbeitgeber nach den Bestimmungen des Sozialversicherungssystems zu zahlen sind, welche dem Arbeitnehmer auf der von dem Fonds ausgezahlten Leistungen zustehen.

Internationales Insolvenzrecht – Polen

Diese Ansprüche werden entweder für einen Zeitraum von höchstens drei Monaten befriedigt, welcher unmittelbar dem Tag der Zahlungsunfähigkeit des Arbeitgebers vorangeht, oder für einen Zeitraum von höchstens drei Monaten, welcher unmittelbar dem Tag der Beendigung des Arbeitsverhältnisses vorangeht, wenn die Beendigung des Arbeitsverhältnisses innerhalb eines Zeitraums von höchstens 12 Monaten vor dem Tag der Zahlungsunfähigkeit des Arbeitgebers erfolgte und im Falle der Abweisung des Konkursantrags durch das Konkursgericht auch für einen Zeitraum von höchstens vier Monaten nach dem Zeitpunkt der Zahlungsunfähigkeit.

649 Folgende Ansprüche werden auch befriedigt:
- Entgeltliche Abfindung nach den Bestimmungen über Sonderregelungen für die Auflösung von Arbeitsverhältnissen mit Arbeitnehmern aus betriebsbedingten Gründen (→ Rn. 644);
- Urlaubsabgeltung für das Kalenderjahr, in dem das Arbeitsverhältnis beendet wurde und für das Jahr, das ihm unmittelbar vorausging;
- Schadensersatzansprüche im Falle der Verkürzung der Kündigungsfrist.

Im Falle von diesen Forderungen ist der Arbeitnehmer zur Befriedigung dann berechtigt, wenn die Beendigung des Arbeitsverhältnisses innerhalb eines Zeitraums von höchstens 12 Monaten vor dem Tage der Zahlungsunfähigkeit des Arbeitgebers oder innerhalb eines Zeitraums von höchstens vier Monaten nach diesem Zeitpunkt erfolgte.

650 Innerhalb eines Monats nach der Zahlungsunfähigkeit des Arbeitgebers erstellt der Konkursverwalter eine zusammenfassende Aufstellung der offenen Forderungen unter Angabe der Berechtigten sowie der Rechtsgrundlagen und der Höhe der zur Befriedigung angemeldeten Forderungen und legt diese dem Marschall der Woiwodschaft (poln. Marszałek Województwa) vor. Falls Forderungen nach dem Tage der Zahlungsunfähigkeit des Arbeitgebers zu befriedigen sind, erstellt und legt der Konkursverwalter unverzüglich nach der Beendigung des Arbeitsverhältnisses der berechtigten Personen eine ergänzte Aufstellung dem Marschall der Woiwodschaft vor.

651 **dd) Vorschuss auf offene Forderungen.** Der Arbeitgeber kann zwischen dem Tag der Beantragung der Konkurserklärung des Arbeitgebers und dem Tag des Erlassens des Beschlusses des Konkursgerichts über die Konkurserklärung einen Antrag auf Vorschuss auf das Konkursgeld beim Marschall der Woiwodschaft stellen. Der Vorschuss entspricht der Höhe der berechtigten Arbeitnehmeransprüche, beträgt jedoch maximal den Mindestlohn, der auf der Grundlage besonderer Bestimmungen festgelegt wird, der am Tag der Beantragung der Vorschüsse gilt. Die Vorschüsse sind direkt an den Arbeitnehmer auszubezahlen.

652 **ee) Forderungsübergang.** Die Zurverfügungstellung von Finanzmitteln zur Auszahlung von Leistungen sowie die Auszahlung von Leistungen aus dem Sicherungsfonds der Arbeitnehmerleistungen führt kraft Gesetzes dazu, dass die Rückerstattungsansprüche gegen die Konkursmasse auf die ausgezahlten Leistungen auf den Marschall der Woiwodschaft, welcher im Namen des Verwalters des Fonds handelt, übergehen. Bei der Rückerstattung der ausgezahlten Leistungen unterliegen diese Ansprüche dem gleichen Rechtsschutz, welcher die besonderen Regelungen, einschließlich der Bestimmungen des KonkR, für Forderungen aus einem Arbeitsverhältnis vorsehen.

653 **d) Unternehmensverkauf im Konkursverfahren und Betriebsübergang. aa) Anwendungsbereich der Bestimmungen über den Betriebsübergang.** Im Falle des Übergangs eines Betriebes oder seines Teils auf einen anderen Arbeitgeber, insbesondere in Folge eines Kaufvertragsabschlusses, tritt grundsätzlich der neue Arbeitgeber, wie explizit in Art. 23^1 § 1 PAG geregelt (Gesetz v. 13.3.2018/Dz.U. 2018 Pos. 917), kraft Gesetzes in das bestehende Arbeitsverhältnis als Vertragspartei ein. Der Abschluss eines neuen Arbeitsvertrages ist nicht erforderlich und der Inhalt des bestehenden Arbeitsverhältnisses bleibt unverändert. Der bisherige und der neue Arbeitgeber haften für alle Verbindlichkeiten aus dem Arbeitsverhältnis, die vor dem Betriebsübergang entstanden sind, gesamtschuldnerisch.

654 Im Konkursverfahren hat der Verkauf eines Betriebes oder organisierten Betriebsteils wiederum grundsätzlich zur Folge, dass der Käufer nicht für die Verbindlichkeiten des Schuldners haftet, welche mit der Fortführung des Betriebes oder des organisierten Betriebsteils zusammenhängen. Gleichzeitig führt die Konkurserklärung aber nicht zum Auslaufen der Arbeitsverträge, die vom Schuldner als Arbeitgeber abgeschlossen wurden.

655 Die Vorschriften des KonkR oder des PAG regeln die arbeitsrechtlichen Folgen des Kaufs eines Betriebes oder seines organisierten Teils im Laufe des Konkursverfahrens nicht explizit. Unter Berücksichtigung der in → Rn. 653 und → Rn. 654 genannten Bestimmungen und der Ziele des Konkursverfahrens ist anzunehmen, dass der Käufer des Betriebes im Konkursverfahren kraft Gesetzes Vertragspartei der bestehenden Arbeitsverhältnisse wird, dh mit dem Verkauf des Betriebes erfolgt der Übergang der Arbeitnehmerverhältnisse auf den neuen Arbeitgeber. Würde man eine andere Auffassung vertreten, so wäre die Vertragspartei der mit dem Schuldner abgeschlossenen Arbeitsverträge weiterhin der Schuldner, obwohl es auf seiner Seite kein Substrat in Form eines

Internationales Insolvenzrecht – Polen

Betriebes mehr gäbe. Der Käufer wiederum würde den Betrieb ohne Arbeitnehmer erwerben. Dies widerspräche dem Gebot des Verkaufs des schuldnerischen Unternehmens als eines fortgeführten Unternehmens (going-concern), welches sich insbesondere darin widerspiegelt, dass der Konkursverwalter grundsätzlich verpflichtet ist, das Unternehmen des Schuldners fortzuführen, wenn der Verkauf dieses Unternehmens als Ganzes möglich ist. Gleichzeitig ist jedoch anzunehmen, dass der Käufer nicht für die Verpflichtungen gegenüber Arbeitnehmern haften soll, die vor dem Zeitpunkt des Betriebsübergangs entstanden sind, da die Arbeitnehmer durch den neuen (zahlungsfähigen) Schuldner nicht gegenüber anderen Gläubigern des Schuldners im Konkursverfahren privilegiert werden sollen. Dies würde dem Grundsatz der Gleichberechtigung der Gläubiger widersprechen. Am Rande sei betont, dass die Belastung des Käufers mit den Verbindlichkeiten des Schuldners dazu führen würde, dass in der Praxis ein wesentlich geringeres Interesse am Erwerb von Betrieben im Konkurs bestehen würde.

Dieser Auslegung steht insbesondere der Art. 5 Abs. 1 RL 2001/23/EG des Rates v. 12.3.2001 **656** zu der Angleichung der Rechtsvorschriften der Mitgliedstaaten über die Wahrung von Ansprüchen der Arbeitnehmer beim Übergang von Unternehmen, Betrieben oder Unternehmens- oder Betriebsteilen, nicht entgegen. Danach ist der Übergang der Rechte und Pflichten des Veräußerers aus einem zum Zeitpunkt des Betriebsübergangs bestehenden Arbeitsvertrags oder Arbeitsverhältnisses auf den Erwerber ausgeschlossen, wenn der Betriebsübergang im Laufe eines Konkursverfahrens erfolgt, es sei denn, ein Mitgliedstaat hätte etwas anderes beschlossen. Es ist anzunehmen, dass im polnischen Recht der allgemeine Grundsatz des Betriebsübergangs auf einen Käufer gilt, einschließlich des Übergangs der Arbeitsverhältnisse ohne Unterscheidung, ob es sich um Betriebsübergang außerhalb des Konkursverfahrens oder im Rahmen eines Konkursverfahrens handelt. Dieser Grundsatz ist nach den Bestimmungen des KonkR als lex specialis lediglich in Bezug auf die Haftung des Käufers für Verpflichtungen aufgrund der vor dem Zeitpunkt der Übergang entstandene Arbeitsverhältnisse zu beschränken.

Es wird darauf hingewiesen, dass die dargestellte Ansicht eine der zwei am meisten in der **657** polnischen Lehre vertretenen Meinungen ist (Adamus, Przedsiębiorstwo upadłego w upadłości likwidacyjnej, LEX 2011), die aber auch durch die Rechtsprechung bestätigt wird (SN 22.4.2015 – II PK 168/14). Nach der gegenteiligen Meinung käme im Falle des Erwerbs eines Betriebes oder organisierten Betriebsteils im Konkursverfahren der Art 23¹ PAG im Ganzen nicht zur Anwendung (SPH/Zimmerman 1069–1070).

Der Übergang eines Betriebes oder organisierten Betriebsteils auf den neuen Arbeitgeber stellt **658** keinen Kündigungsgrund für den neuen Arbeitgeber dar.

bb) Der Verlauf des Betriebsübergangs. Die in diesem Kommentar vertretene Ansicht teilt **659** die verbreitete Meinung, dass es im Falle des Erwerbs des Betriebes oder organisierten Betriebsteils im Konkursverfahren insbesondere die Bestimmungen des Art. 23¹ § 1 PAG und 3 i ff. PAG zur Anwendung kommen. Sind keine Gewerkschaftsorganisationen bei dem Schuldner und dem Käufer des Betriebes tätig, so informieren entweder der Schuldner oder der Käufer die Arbeitnehmer schriftlich über den voraussichtlichen Zeitpunkt des Betriebsübergangs, seine Ursachen, seine rechtlichen, wirtschaftlichen und sozialen Folgen für die Arbeitnehmer sowie über die geplanten Maßnahmen betreffend der Beschäftigungsbedingungen der Arbeitnehmer, insbesondere Arbeits-, Entlohnungs- und Umschulungsbedingungen. Die Informationen sollten mindestens 30 Tage vor dem geplanten Termin des Betriebsübergangs übermittelt werden.

Innerhalb von zwei Monaten nach dem Betriebsübergang kann der Arbeitnehmer das Arbeits- **660** verhältnis ohne Kündigung mit einer Ankündigungsfrist von sieben Tagen auflösen.

Zum Zeitpunkt des Betriebsübergangs ist der neue Arbeitgeber verpflichtet, den Arbeitnehmern, die zuvor ihre Arbeitsleistung auf einer anderen Grundlage als einem Arbeitsvertrag erbracht haben, neue Arbeits- und Entgeltbedingungen vorzuschlagen. In seinem Vorschlag gibt er eine Frist von mindestens sieben Tagen an, innerhalb derer die Arbeitnehmer ihre Annahme- oder Verweigerungserklärung betreffend die vorgeschlagenen Bedingungen abgeben können. Vereinbaren die Parteien keine neuen Arbeits- und Entgeltbedingungen, so wird das bestehende Arbeitsverhältnis mit Ablauf einer Frist aufgelöst, die der Kündigungsfrist entspricht, welche ab dem Tag berechnet wird, an dem der Arbeitnehmer seine Verweigerungserklärung zur Annahme der vorgeschlagenen Bedingungen abgegeben hat oder hätte abgeben können.

cc) Tarifverträge. Während des ersten Jahres ab dem Zeitpunkt des Betriebsübergangs sind **661** grundsätzlich auf das Arbeitsverhältnis mit den Arbeitnehmern die Bestimmungen des Tarifvertrags anwendbar, dem sie vor dem Betriebsübergang unterlagen. Die Bestimmungen dieses Tarifvertrags kommen in der zum Zeitpunkt des Betriebsübergangs geltender Fassung zur Anwendung. Der neue Arbeitgeber kann aber für diese Arbeitnehmer günstigere Bedingungen anwenden als die, die sich aus dem bisherigen Tarifvertrag ergeben. Nach Ablauf dieser Zeit gelten die sich aus dem

Internationales Insolvenzrecht – Polen

Tarifvertrag ergebenden Bedingungen der Arbeitsverträge nur bis zum Ablauf ihrer Kündigungsfrist.

662 **dd) Verpachtung des Unternehmens des Schuldners.** Im Falle der Verpachtung des Unternehmens oder seines Teils im Laufe des Konkursverfahrens tritt der Betriebsübergang iSv Art. 26^1 PAG mit all seinen Folgen ein (SN 28.6.2013 – I PK 34/13). Der Pächter als neuer Arbeitgeber wird kraft Gesetzes Vertragspartei der bestehenden Arbeitsverhältnisse. Er haftet für die Verpflichtungen aus dem Arbeitsverhältnis, die vor dem Betriebsübergang des Betriebsteils entstanden sind, gesamtschuldnerisch mit dem Schuldner.

VII. Konkursmasse

1. Umfang des Konkursbeschlages

663 Mit dem Tag der Konkurserklärung wird das Vermögen des Schuldners zur Konkursmasse, die zur Befriedigung der Gläubiger des Schuldners dient. Handelt es sich um eine Konkurserklärung über das Vermögen eines Unternehmers, fällt das Unternehmen des Schuldners als Ganzes in die Konkursmasse (SN 14.10.2016 – I CSK 714/15). In die Konkursmasse fällt grundsätzlich, außer bei gesetzlichen Ausnahmen, das gesamte Vermögen des Schuldners, das dieser zur Zeit der Konkurserklärung besaß und das während des laufenden Konkursverfahrens hinzukommt, ua Erbschaften, Schenkungen oder die Vergütung aus einer Erwerbstätigkeit. Zweifel darüber, welche der dem Schuldner gehörenden Gegenstände in die Konkursmasse fallen, sind auf Antrag des Konkursverwalters, des Schuldners oder des Gläubigers vom Konkursrichter zu entscheiden. Die Beschwerde gegen den Beschluss des Konkursrichters kann ein Antragssteller, der Schuldner oder der Gläubiger einlegen.

664 Aus der Konkursmasse sind insbesondere die folgenden Vermögensbestandteile ausgeschlossen:
1. Vermögen, das nach den Bestimmungen der PZPO von der Vollstreckung ausgeschlossen ist;
1. Arbeitslohn des Schuldners unter der pfändungsfreien Grenze;
2. der sich aus der Vollstreckung eines Registerpfandes oder einer Hypothek ergebende Betrag, wenn der Schuldner die Funktion des Verwalters des Registerpfandes oder der Hypothek ausgeübt hat, in dem Teil, welcher gemäß Vertrag zur Bestellung des Verwalters an die anderen Gläubiger fällt;
3. Vermögen, das zur Unterstützung der Arbeitnehmer des Schuldners und seiner Familienangehörigen bestimmt ist und welches auf einem separaten Bankkonto angelegte Mittel des Betriebskontos für Sozialleistungen (poln. zakładowy fundusz świadczeń socjalnych) bildet.

665 Die Vermögensbestandteile des Schuldners können auch durch einen Beschluss der Gläubigerversammlung aus der Konkursmasse ausgeschlossen werden.

665a Im Falle der Konkurserklärung einer natürlichen Person, von der andere Personen nicht unterhalten werden, umfasst die Konkursmasse auch nicht den Teil der Einkünfte des Schuldners, welcher samt den gem. Abs. 1 aus der Masse ausgeschlossenen Einkünften dem Betrag entspricht, der 150 % des für Leistungen auf der Sozialhilfe für Alleinlebende berechtigten Betrages jeweils in Art. 8 Abs. 1 Nr. 1 des polnischen Gesetzes über Sozialhilfe (poln. ustawa o pomocy społecznej) vom 12.3.2004 bestimmt, darstellt. Hat der Schuldner unterhaltsberechtigte Personen, so fällt auch der Teil der Einkünfte des Schuldners nicht in die Konkursmasse, welcher samt den von der Zwangsvollstreckung ausgeschlossenen Einkünften das Produkt der Summe der Unterhaltsberechtigten des Schuldners und dem Schuldner und den 150 % des oben genannten Betrages entspricht. Der Konkursrichter kann auf Antrag des Schuldners oder des Konkursverwalters den Teil des Einkommens des Schuldners, der nicht in die Konkursmasse fällt, anderweitig bestimmen, wobei er die besonderen Bedürfnisse des Schuldners und seiner Unterhaltsberechtigten, einschließlich ihres Gesundheitszustands, ihrer Wohnbedürfnisse und ihrer Fähigkeit, diese zu befriedigen, berücksichtigt. Der Schuldner und die Gläubiger sind berechtigt, gegen den Beschluss des Konkursrichters Beschwerde einzulegen. Der Teil der Einkünfte des Schuldners, welcher nicht in die Konkursmasse fällt, unterliegt ebenfalls nicht der Zwangsvollstreckung.

666 Nach der Konkurserklärung dürfen die Massegegenstände nicht mit einer Hypothek, einem Pfand, Registerpfand, Steuerpfand oder einer Seehypothek belastet werden, um die vor der Konkurserklärung entstandenen Forderungen zu sichern. Eine Ausnahme stellt die Situation dar, wenn der Antrag auf Eintragung einer Hypothek mindestens sechs Monate vor dem Tag der Stellung des Konkursantrages gestellt wurde. Die Massegegenstände dürfen auch mit keiner Zwangshypothek oder Steuerpfand belastet werden, auch nicht zur Sicherung einer nach der Konkurserklärung entstehenden Forderung. Eine etwaige Eintragung im Grundbuch oder in einem anderen Register ist von Amts wegen zu löschen.

2. Feststellung der Zusammensetzung der Konkursmasse

a) Verzeichnis der Massegegenstände und Forderungsliste. Die Zusammensetzung der 667
Konkursmasse wird durch die Aufstellung eines Verzeichnisses der Massegegenstände und einer
Forderungsliste festgestellt. Es wird vermutet, dass Gegenstände, die sich am Tag der Konkurserklärung im Besitz des Schuldners befinden, zum Vermögen des Schuldners gehören. Diese Vermutung
kann im Verfahren zur Aussonderung der Massegegenstände aus der Konkursmasse widerlegt
werden (→ Rn. 671 ff.).

Das Verzeichnis der Massegegenstände ist eine Bestandsaufnahme. In dem Verzeichnis nimmt 668
der Konkursverwalter die Rechte, beweglichen Sachen und Grundstücke, den Kassenbestand und
das Bankkontoguthaben auf. Stellt der Konkursverwalter aufgrund der Geschäftsbücher und der
Unterlagen des Schuldners fest, dass zur Konkursmasse bewegliche Sachen, Grundstücke und
Geldmittel gehören, die er nicht aufgenommen hat, stellt er ein Verzeichnis solcher Gegenstände
auf. Der Konkursverwalter ergänzt laufend das Verzeichnis der Massegegenstände, wenn er weitere
Vermögensgegenstände des Schuldners oder ihren Gegenwert übernimmt. Mit der Aufstellung
des Verzeichnisses der Massegegenstände wird auch der Wert des zur Konkursmasse gehörenden
Vermögens ermittelt. Die Bewertung des Vermögens kann ein Sachverständigengutachten erfordern, zB bei Spezialmaschinen oder Grundstücken. Das Masseverzeichnis ist vom Konkursverwalter samt Liquidationsplan innerhalb von dreißig Tagen ab dem Zeitpunkt der Konkurserklärung
dem Konkursrichter vorzulegen.

Die Forderungsliste ist auf Grundlage der Geschäftsbücher und Unterlagen des Schuldners zu 669
erstellen. Auch die Forderungsliste kann im Laufe des Konkursverfahrens um weitere Forderungen
ergänzt werden, die zum späteren Zeitpunkt bekannt werden, insbesondere wenn der Schuldner
seine Geschäftsbücher fahrlässig und unvollständig geführt hat.

Auf Grundlage des Masseverzeichnisses und anderer Geschäftspapiere des Schuldners sowie der 670
Wertermittlungen erstellt der Konkursverwalter den Jahresabschluss für den Tag vor dem Tag der
Konkurserklärung und legt diesen dem Konkursrichter unverzüglich vor. Kann der Konkursverwalter aus irgendeinem Grund das Masseverzeichnis, die Wertermittlung, den Konkursplan oder
den Jahresabschluss nicht rechtzeitig erstellen, legt der Konkursverwalter dem Konkursrichter
innerhalb eines Monats nach der Konkurserklärung einen schriftlichen allgemeinen Bericht über
den Zustand der Konkursmasse und der Möglichkeit der Befriedigung der Gläubiger vor. Die
Vorlage des Berichts befreit den Konkursverwalter nicht von seiner Pflicht, die oben genannten
Unterlagen möglichst zeitnah zu erstellen und dem Konkursrichter vorzulegen.

b) Aussonderung. Das polnische Recht unterscheidet, ähnlich wie das deutsche Recht, zwi- 671
schen Vermögen, welches nicht dem Schuldner gehört, und dem Vermögen, welches vom Schuldner zur Sicherung seiner Forderungen auf einen Gläubiger übertragen wurde. Die Vorschriften
des KonkR über die Aussonderung sind nicht auf Vermögensgegenstände, Forderungen und
andere Vermögensrechte anwendbar, die vom Schuldner zur Sicherung seiner Forderungen auf
einen Gläubiger übertragen wurden. In diesem Fall sind vielmehr die Vorschriften über die Befriedigung der durch ein Pfand gesicherten Forderungen anwendbar. Die Vermögensbestandteile, die
nicht Eigentum des Schuldners sind, sind aus der Konkursmasse auszusondern.

Eine aussonderungsberechtigte Person kann die Herausgabe des der Aussonderung unterliegen- 672
den Vermögensgegenstands oder eine Gegenleistung verlangen. Die Kosten der Aufrechterhaltung
dieses Vermögens oder des Erhaltens der Gegenleistung, die von dem Schuldner oder von der
Konkursmasse getragen wurden, sind zurückzuerstatten. Die Aussonderung von Vermögensgegenständen erfolgt auf Antrag des Aussonderungsberechtigten. Der Konkursrichter prüft den Antrag
innerhalb eines Monats nach Anhörung des Konkursverwalters, des Gerichtssachwalters oder des
Verwalters. Der Aussonderungsbeschluss ist zu begründen. Gegen den Aussonderungsbeschluss
können der Schuldner und die Gläubiger innerhalb von sieben Tagen Beschwerde einlegen (zur
Berechnung der Frist → Rn. 260).

Im Falle der Abweisung des Aussonderungsantrags kann der Antragsteller im Wege einer Klage 673
die Aussonderung des Vermögensgegenstandes aus der Konkursmasse geltend machen. Die Klage
ist innerhalb eines Monats nach Zustellung des Abweisungsbeschlusses beim Konkursgericht einzulegen. In der Klage kann sich der Kläger nur auf die im Antragsverfahren vorgebrachten Angriffs-
und Verteidigungsmittel berufen. Neue Angriffs- und Verteidigungsmittel sind nur dann zulässig,
wenn der Kläger nachweist, dass es nicht möglich war, diese früher vorzubringen. Unabhängig
vom Ergebnis des Rechtsstreits sind dem Kläger die Verfahrenskosten aufzuerlegen, falls er neue,
für die Entscheidung in dem Verfahren relevante Beweise anbietet, welche er in dem Antrag auf
Aussonderung nicht angeboten hat. Der geltend gemachte Anspruch auf Aussonderung kann auch

Internationales Insolvenzrecht – Polen

im Wege einer einstweiligen Verfügung, zB durch ein Veräußerungs- oder Belastungsverbot vom Konkursgericht gesichert werden.

674 Bei einer Veräußerung des der Aussonderung unterliegenden Vermögensgegenstandes durch den Schuldner wird die Gegenleistung der Person, welcher dieser Vermögensgegenstand gehört hat, nur dann übergeben, soweit sie in der Masse unterscheidbar vorhanden ist. Im Falle der Veräußerung des der Aussonderung unterliegenden Vermögensgegenstandes durch den Konkursverwalter, kann die Person, welcher dieser Vermögensgegenstand gehört hat, immer die Gegenleistung aus der Konkursmasse verlangen. Wurden die Gegenleistungen vor dem Herausgabeverlangen nicht erbracht, geht das Recht auf Leistungserfüllung auf den Aussonderungsberechtigten über. Dieser kann die Leistungserfüllung direkt von der Person verlangen, welcher der Konkursverwalter oder Schuldner den Vermögensgegenstand verkauft hat.

675 **c) Feststellung der Konkursmasse im Verbraucherkonkursverfahren.** Im Verbraucherkonkurs entscheidet auf Antrag des Konkursverwalters oder Schuldners der Konkursrichter, welche der schuldnerischen Vermögensgegenstände ggf. in die Konkursmasse nicht fallen. Der entsprechende Beschluss des Konkursrichters sowie sein Beschluss über die Aussonderung von Gegenständen aus der Konkursmasse, welcher auf Antrag eines Aussonderungsberechtigten erlassen wird, ist den Gläubigern zuzustellen. Gegen die Beschlüsse können die Verfahrensbeteiligten und die Aussonderungsberechtigten innerhalb von sieben Tagen Beschwerde einlegen (zur Berechnung der Fristen → Rn. 260).

3. Verwertung der Konkursmasse

676 **a) Beginn der Verwertung.** Der Konkursverwalter hat unverzüglich nach der Konkurserklärung einen Liquidationsplan bezüglich der Verwertung des Vermögens des Schuldners aufzustellen. Der Konkursverwalter legt den Liquidationsplan samt Masseverzeichnis dem Konkursrichter innerhalb von dreißig Tagen ab dem Datum der Konkurserklärung vor. Der Liquidationsplan legt die vorgeschlagenen Methoden der Verwertung des Vermögens des Schuldners, insbesondere seines Unternehmens, geplante Verkaufsdaten, eine Aufstellung der Ausgaben und die Angabe der betriebswirtschaftlichen Begründung der Fortführung der Geschäftstätigkeit des Schuldners, wenn der Konkursverwalter die Fortführung beabsichtigt, fest.

677 Die Verwertung der Konkursmasse beginnt nach der Aufstellung und Vorlage an den Konkursrichter des Masseverzeichnisses, Jahresabschlusses und Liquidationsplans oder des schriftlichen allgemeinen Berichts des Konkursverwalters. Der Verwertungsbeginn ist nicht von der Rechtskraft des Beschlusses über die Konkurserklärung abhängig. Der Konkursrichter kann jedoch die Verwertung der Konkursmasse aussetzen, bis der Beschluss über die Konkurserklärung rechtskräftig geworden ist. Der Konkursrichter ist berechtigt bzw. verpflichtet, die Verwertung auch dann auszusetzen, wenn einen Antrag auf Vergleichsabschluss gestellt worden ist.

678 Vor Beginn der Verwertung der Konkursmasse kann der Konkursverwalter bewegliche Sachen in Rahmen eines freihändigen Verkaufs ohne Zustimmung des Gläubigerausschusses veräußern, wenn dies zur Deckung der Verfahrenskosten erforderlich ist. Darüber hinaus kann der Konkursverwalter bewegliche Sachen verkaufen, die verderblich sind oder die aufgrund eines verspäteten Verkaufs eine erhebliche Wertminderung erleiden oder dessen Verwahrung unverhältnismäßig hohe Kosten in Verhältnis zu ihrem Wert verursachen würden. Setzt der Konkursrichter die Verwertung der Konkursmasse aus, so hat er gleichzeitig festzulegen, ob und inwieweit es zulässig ist, bewegliche Sachen im Rahmen eines freihändigen Verkaufs zu veräußern.

679 **b) Ablauf der Verwertung.** Der Konkursverwalter ist verpflichtet, Handlungen vorzunehmen, die den Abschluss der Verwertung innerhalb von sechs Monaten ab dem Tag der Konkurserklärung ermöglichen. Diese Frist ist für den Konkursverwalter jedoch unverbindlich und wird in der Praxis der Konkursverfahren kaum eingehalten. Auch der Grundsatz der Verfahrensbeschleunigung kann nicht als absolutes Gebot behandelt werden und muss in besonderen Fällen hinter einer vollständigen Befriedigung der Gläubiger zurücktreten, zB wenn in die Konkursmasse Gegenstände in nicht geklärter Rechtslage fallen oder wenn Zweifel am Gläubigerkreis bestehen. In solchen Fällen sollte der Konkursverwalter anstreben, das Verfahren so schnell wie möglich abzuschließen, wobei die höchstmögliche Befriedigung der Gläubiger zu berücksichtigen ist (Witosz PrUpad/Mozdżeń PrUpad Art. 308 Rn. 3). Zwecks Optimierung des Verfahrens sollten der Konkursrichter und der Gläubigerausschuss die Anträge des Konkursverwalters auf Zustimmung zu einer bestimmten Art der Verwertung spätestens innerhalb von zwei Wochen nach ihrer Beantragung prüfen. Aber auch diese Frist ist unverbindlich und zieht keine Sanktionen nach sich.

680 **c) Verwertung eines Unternehmens**
Zur Verwertung eines Unternehmens → Rn. 516 ff.

d) Verwertung von Grundstücken. Der Konkursrichter kann dem Konkursverwalter gestatten, einen Vertrag über die Übertragung eines Grundstücks auf die Gemeinde oder den Staat abzuschließen, wenn in die Konkursmasse ein Grundstück oder sein Bruchteil fällt, welches man unter Beachtung der gesetzlichen Bestimmungen nicht verkaufen kann, und dessen Verbleib in der Konkursmasse sich für die Gläubiger aufgrund der damit verbundenen Kosten als nachteilig herausstellt (im Übrigen → Rn. 521 ff.). 681

e) Verwertung von beweglichen Sachen. Der Konkursrichter kann beschließen, bewegliche Sachen, die unter Beachtung der gesetzlichen Bestimmungen nicht verkauft werden können, aus der Konkursmasse auszuschließen oder ihre Zerstörung zuzulassen. Jeder Gläubiger kann auch die zum Verkauf angebotenen beweglichen Sachen erwerben, mindestens zu dem hälftigen ermittelten Wert. Den Vorrang hat der Gläubiger, dessen Forderungen mit einem Pfand, Registerpfand oder Steuerpfand an dieser beweglichen Sache besichert sind, ansonsten der Gläubiger, der den höchsten Preis anbietet. Eine Übernahmeerklärung wird nur dann berücksichtigt, wenn der Gläubiger gleichzeitig samt Antrag den gesamten Preis hinterlegt. Der Eigentumsübergang findet zu dem Zeitpunkt statt, in dem der Gläubiger hierüber vom Konkursverwalter informiert wird. Reichen die Geldmittel der Konkursmasse aus, um alle Gläubiger in der gegenüber dem Käufergruppe höheren und gleichen Gläubigergruppe zu befriedigen, kann der Käufer seine Forderung mit dem Kaufpreis aufrechnen (im Übrigen → Rn. 521 ff.). 682

f) Verwertung von mit einem Registerpfand belasteten beweglichen Sachen. Die Verwertung einer mit einem Registerpfand belasteten beweglichen Sache und von Forderungen und Rechten, die mit einem Registerpfand oder einem Finanzpfand belastet sind, kann auch außerhalb des allgemeinen Verwertungsverfahren erfolgen. Vielmehr ist auch eine Übernahme durch den Gläubiger-Pfandnehmer möglich, wenn der Registerpfandvertrag oder Finanzpfandvertrag die Befriedigung des Pfandnehmers durch Übernahme des Pfandgegenstandes vorsieht. 683

Ist die mit dem Registerpfand belastete Sache im Besitz des Pfandnehmers oder Dritten, so informiert der Pfandnehmer den Konkursverwalter über seine Befriedigung. Der Gläubiger ist verpflichtet mit dem Konkursverwalter abzurechnen, falls der Wert des Pfandgegenstandes höher sein sollte als der Wert seiner Forderung. Der Konkursrichter kann dem Pfandnehmer eine angemessene Frist für die Befriedigung aus dem Pfandgegenstand setzen. Hat der Pfandnehmer dieses Recht nicht fristgerecht ausgeübt, ist die Person, bei der sich der Pfandgegenstand befindet, verpflichtet, den Pfandgegenstand an den Konkursverwalter herauszugeben. Nach der Übergabe wird der Pfandgegenstand vom Konkursverwalter verkauft. 684

Ist der Pfandgegenstand, aus dem sich der Gläubiger befriedigen kann, im Besitz des Konkursverwalters, und dem Gläubiger steht das Recht zur Eigentumsübertragung zu, gibt der Konkursrichter dem Gläubiger mindestens eine einmonatige Frist zur Ausübung dieses Rechts. Nach Ablauf dieser Frist wird der Pfandgegenstand gemäß gesetzlichen Bestimmungen verkauft. Befindet sich der mit dem Registerpfand belastete Gegenstand im Besitz des Konkursverwalters und sieht der Pfandvertrag die Befriedigung des Pfandnehmers durch Verkauf des Pfandgegenstandes im Rahmen einer öffentlichen Versteigerung vor, die von einem Notar oder Gerichtsvollzieher durchgeführt wird, verkauft der Konkursverwalter den Gegenstand nach den Vorschriften des KonkR. 685

Ist der Pfandgegenstand ein Bestandteil des Unternehmens des Schuldners und sein Verkauf gemeinsam mit dem Unternehmen wäre vorteilhafter als ein separater Verkauf des Pfandgegenstandes, ist der Pfandgegenstand samt Unternehmen zu verkaufen. Aus dem Verkaufspreis wird der Wert des Pfandgegenstandes ausgegliedert und zur Befriedigung des Pfandnehmers verwendet. 686

Die vorstehend beschriebenen Grundsätze kommen zur entsprechenden Anwendung für die Verwertung von mit Registerpfand belasteten Forderungen und Vermögensrechten des Schuldners (im Übrigen → Rn. 521 ff.). 687

g) Verwertung von Forderungen und anderen Vermögensrechten. Die Verwertung von Forderungen und anderen Vermögensrechten des Schuldners erfolgt durch ihren Verkauf oder ihre Vollstreckung. Die Art der Verwertung wird vom Konkursverwalter festgelegt. Der Konkursverwalter richtet sich bei der Wahl der Befriedigungsart nach dem höchstmöglichen Grad der Befriedigung der Gläubiger. Bei der Beurteilung sind die Kosten der Forderungseinziehung und das Zahlungsausfallrisiko sowie die Höhe der mit der Verlängerung des Konkursverfahrens möglichen verbundenen Kosten und Verbindlichkeiten zu berücksichtigen (zur Verwertung von Forderungen und Vermögensrechten des Schuldners, die mit einem Registerpfand belastet sind, → Rn. 498 ff.; im Übrigen → Rn. 521 ff.). 688

h) Besondere Regeln für die Verwertung im Verbraucherkonkursverfahren. Im Verbraucherkonkursverfahren kann der Konkursverwalter den Schuldner schriftlich ermächtigen, die zur Konkursmasse gehörenden beweglichen Sachen zu verkaufen. Die Vorschriften über die Vollmachtserteilung gelten entsprechend. 689

Internationales Insolvenzrecht – Polen

690 Wurde der Konkursantrag vom Schuldner gestellt und fällt in die Konkursmasse ein Wohnraum oder Einfamilienhaus, in dem der Schuldner und seine Unterhaltsberechtigten wohnen, wird aus dem Verkauf dieses Wohnraums oder Einfamilienhauses erzielten Verkaufspreises ein Betrag dem Schuldner zuerkannt, welcher dem durchschnittlichen Mietpreis eines Wohnraums in demselben oder einem benachbarten Wohnort für einen Zeitraum von zwölf bis vierundzwanzig Monaten entspricht. Der Betrag wird vom Konkursrichter unter Berücksichtigung des Wohnungsbedarfs des Schuldners, einschließlich der Anzahl der gegenüber dem Schuldner unterhaltsberechtigten Personen, der Erwerbsfähigkeit des Schuldners, des aus dem Verkauf erzielten Betrags und der Aussage des Schuldners, festgelegt. Gegen den Beschluss des Konkursrichters können die Verfahrensbeteiligten innerhalb von sieben Tagen Beschwerde einlegen (zur Berechnung der Fristen → Rn. 260).

691 **i) Auswirkungen eines Verkaufs im Konkursverfahren.** Ein Verkauf im Konkursverfahren hat dieselben Auswirkungen wie ein sog. Vollstreckungsverkauf, dh ein Verkauf in Rahmen eines Zwangsvollstreckungsverfahrens. Solche Auswirkungen entfaltet jeder Verkauf im Konkursverfahren, unabhängig von der Veräußerungsart. Es ist daher irrelevant, ob es sich um eine Versteigerung, Ausschreibung oder einen freihändigen Verkauf handelt. Der Kauf entspricht einem originären Eigentumserwerb, unabhängig vom Willen des bisherigen Eigentümers (Janda PrUp Art. 313 Rn. 2). Grundsätzlich haftet der Käufer für keine Verbindlichkeiten des Verkäufers in Bezug auf den Kaufgegenstand. Das KonkR konkretisiert dieses Rechtsinstitut auf diese Weise, dass es bestimmt, dass der Käufer der Massegegenstände für keine Steuerverbindlichkeiten des Schuldners haftet, auch nicht für solche, die nach der Konkurserklärung entstanden sind (zu den arbeitsrechtlichen Verbindlichkeiten → Rn. 653 ff.)

692 Infolge des Verkaufs eines Grundstücks, ewigen Nießbrauchs oder genossenschaftlichen Wohnungseigentumsrechts an einer Wohnung erlöschen die Rechte sowie die im Grundbuch eingetragenen oder nichteingetragenen, aber dem Konkursrichter innerhalb von dreißig Tagen nach Bekanntgabe des Beschlusses über die Konkurserklärung angemeldeten, persönlichen Rechte und Ansprüche. Der Berechtigte erwirbt anstelle des erloschenen Rechts, das Recht sich in Höhe des Werts seines erloschenen Rechts aus dem Kaufpreis des Grundstücks zu befriedigen. Diese Wirkung tritt zum Zeitpunkt des Abschlusses des Kaufvertrages ein. Grundlage für die Löschung der durch den Verkauf erloschenen Rechte ist ein rechtskräftiger Verteilungsplan des Betrags, der aus dem Verkauf des belasteten Grundstücks erzielt wurde. Grundlage für die Löschung einer Hypothek ist ein Kaufvertrag über das Grundstück. Das Notwegerecht, Leitungsdienstbarkeiten und die bei Grenzübertritt beim Bau eines Bauwerks oder einer anderen Einrichtung entstandenen Dienstbarkeiten bleiben in Kraft, ohne dass ihr Wert auf den erzielten Kaufpreis angerechnet wird.

693 Der Nießbrauch und die Rechte der Leibrentenberechtigten bleiben in Kraft, wenn sie Vorrang vor allen Hypotheken haben oder wenn das Grundstück nicht mit Hypotheken belastet ist oder wenn der Wert des Nießbrauchs und der Rechte der Leibrentenberechtigten vollständig durch den Kaufpreis gedeckt ist. Im letzteren Fall wird jedoch der Wert dieser Rechte dem Kaufpreis angerechnet. Auf Antrag des Eigentümers des herrschenden Grundstücks, der spätestens mit den Einwendungen gegen den Verteilungsplan, der aus dem Verkauf des dienenden Grundstücks erzielten Betrags gestellt wird, kann der Konkursrichter beschließen, dass eine Grunddienstbarkeit, die nicht vollständig durch den Kaufpreis gedeckt ist, in Kraft bleibt, wenn sie für das herrschende Grundstück notwendig ist und den Wert des dienenden Grundstücks nicht wesentlich verringert.

VIII. Von Dritten gestellte Sicherheiten

694 In der Praxis kommt es nicht selten vor, dass die Sicherung von Forderungen verschiedener Rechtssubjekte, insbesondere der Banken und sonstigen Kreditinstitute, nicht nur an Vermögensbestandteilen des Schuldners, sondern ebenfalls an Vermögensbestandteilen Dritter zB der mit dem Schuldner verbundenen Gesellschaften, begründet werden. Außer den dinglichen Sicherheiten vereinbart man häufig persönliche Sicherheiten, insbesondere Bürgschaften, zB der Geschäftsführer oder Gesellschafter, für Verbindlichkeiten der Gesellschaft.

695 Dem Gläubiger steht das Wahlrecht zu, ob er die Befriedigung vom Schuldner oder dem Rechtssubjekt, welches mit dem Schuldner gemeinsam haftet, verlangt. Die Konkurserklärung des Schuldners hat keinen Einfluss auf die Verbindlichkeiten seines Mitschuldners oder Bürgen, es sei denn, dass sich aus dem Inhalt des Rechtsverhältnisses zwischen dem Gläubiger und den Schuldnern etwas anderes ergibt. Unter dem Begriff des Mitschuldners des Schuldners ist dabei sowohl ein Rechtssubjekt zu verstehen, welches mit dem Schuldner gesamtschuldnerisch haftet, als auch eins, welches mit dem Schuldner aufgrund des Prinzips der unechten Gesamthaftung (in solidum) haftet, insbesondere solches, das gegenüber dem Gläubiger bei persönlicher Haftung des

Schuldners mit bestimmten Vermögensbestandteilen dinglich haftet (Szpunar Rejent 1999 Nr. 11, 22).

Der Bürge bzw. der Mitschuldner des Schuldners erwirbt die Forderung gegenüber dem Schuld- **696** ner auf Rückzahlung seiner Schuld (Regressforderung) mit dem Zeitpunkt der Rückzahlung und maximal bis zu der geleisteten Höhe, soweit dies mit dem Inhalt des Rechtsverhältnisses zwischen dem Bürgen bzw. dem Mitschuldner und dem Schuldner begründet ist. Wird der Gläubiger durch den Mitschuldner oder den Bürgen des Schuldners befriedigt, ist die Regressforderung in die Forderungsliste einzutragen. Ein Mitschuldner, Bürge, Garant oder eine Bank, welche Akkreditive eröffnet, kann die Forderung auch vor der Befriedigung des Gläubigers zur Forderungsliste anmelden. In die Forderungsliste ist dann die Forderung des Mitschuldners, Bürgen, Garanten oder einer Bank, die Akkreditive eröffnet, welche den Gläubiger noch nicht befriedigt haben, als bedingte Forderung einzutragen.

Bei der Verteilung der Geldmittel der Konkursmasse wird der für die Befriedigung der Forde- **697** rung ausgegliederte Betrag, für den ein Dritter als Bürge, Garant oder Mitschuldner haftet, dem Gläubiger im Verhältnis zu dem ihm am Tag der Erstellung des Verteilungsplans zustehende Betrag herausgegeben. Dem Bürgen, Garanten oder Mitschuldner wird dieser Betrag im Verhältnis zu der Höhe der geleisteten Zahlung herausgegeben. Hat der Bürge, Garant oder Mitschuldner den Gläubiger vollständig befriedigt, ist der Gläubiger an der Verteilung der Geldmittel der Konkursmasse nicht beteiligt.

Im Falle von natürlichen Personen, sowohl Unternehmern als auch die Personen, die keine **698** Geschäftstätigkeit ausüben, verletzt die Festlegung eines Rückzahlungsplans der Gläubiger die Rechte des Gläubigers gegenüber dem Bürgen bzw. dem Mitschuldner des Schuldners nicht. Ebenfalls werden dadurch die Rechte des Gläubigers nicht verletzt, welche sich aus Hypotheken, Pfänden, Registerpfändern, Steuerpfändern oder Seehypotheken ergeben, soweit diese auf dem Vermögen eines Dritten begründet wurden. Diese Personen werden von der Schuld nicht befreit, obwohl gegenüber dem Schuldner ein Rückzahlungsplan festgelegt wird, und anschließend grundsätzlich der Erlass von im Konkursverfahren nicht befriedigten Verbindlichkeiten erfolgt. Die Festlegung des Rückzahlungsplans und der Erlass der Verbindlichkeiten des Schuldners sind jedoch in dem Verhältnis zwischen dem Schuldner und dessen Bürgen, Garanten oder Mitschuldner wirksam. Dies bedeutet, dass davon ebenfalls eventuelle Regressansprüche, welche sich aus der Befriedigung der Gläubiger des Schuldners durch einen Bürgen, Garanten oder Mitschuldner ergeben, umfasst sind.

IX. Haftungsansprüche

1. Gesamthaftungsansprüche

Die Hauptaufgabe des Konkursverwalters im Konkursverfahren ist die möglichst effektive Ver- **699** wertung der Insolvenzmasse zwecks der möglichst hohen Befriedigung der Gläubigeransprüche. Im Rahmen der Erfüllung dieser Aufgabe kann sich die Vornahme von Handlungen des Konkursverwalters als begründet erweisen, welche die Gewinnung von Vermögensbestandteilen in die Geldmittel der Konkursmasse bezwecken, die in das Vermögen nicht geflossen sind oder aus dem Vermögen des Schuldners auf rechtswidrige Art und Weise abgeflossen sind. Es handelt sich hier vor allem um Fälle im Zusammenhang mit dem Institut der Unwirksamkeit von gewissen Rechtshandlungen oder rechtlichen Ereignissen gegenüber der Konkursmasse (→ Rn. 1062 ff.).

Der Konkursverwalter ist jedoch auch berechtigt, Schadenersatzansprüche gegen Rechtssub- **700** jekte geltend zu machen, durch die der Schuldner Schaden erlitten hat. Das polnische Handelsgesellschaftsgesetzbuch sieht keine Entsprechung des § 64 GmbHG bzw. § 92 Abs. 2 AktG vor, welche die Aufforderung der Geschäftsführer zur Rückerstattung der Zahlungen ermöglicht hätte, die nach Eintritt der Zahlungsunfähigkeit der Gesellschaft geleistet wurden. Der Konkursverwalter kann jedoch insbesondere Schadenersatz gegen Rechtssubjekte geltend machen, die zur Stellung des Konkursantrages verpflichtet waren, und diesen nicht oder erst nach Fristablauf gestellt haben. In einem solchen Fall hat der Konkursverwalter den Schaden des Schuldners nachzuweisen, sowohl dem Grunde als auch der Höhe nach. Im Falle der Geltendmachung des Schadenersatzes durch den Konkursverwalter gilt nicht die Vermutung der Schadenshöhe, welche für die Fälle der Geltendmachung des Schadenersatzes durch die Gläubiger vorgesehen ist. Die Befugnis zur Geltendmachung des Schadenersatzes durch den Konkursverwalter ist von der Berechtigung einzelner Gläubiger unabhängig, welche ebenfalls Schadenersatz gegen Rechtssubjekte, die zur Stellung des Konkursantrages verpflichtet waren, einschließlich gegenüber den Geschäftsführern der schuldnerischen Gesellschaft mit beschränkter Haftung, während des Konkursverfahrens geltend machen können. Der Konkursverwalter kann den Schadenersatz für den dem Schuldner zugefügten Schaden auch gem. den allgemeinen Vorschriften zur Deliktshaftung geltend machen.

701 Es ist jedoch zu betonen, dass in der Praxis des polnischen Konkursverfahrens die Konkursverwalter selten Handlungen zur Vermehrung der Konkursmasse im Wege von Zivilprozessen gegen Gesellschafter, Anteilseigner oder Geschäftsführer des schuldnerischen Unternehmens vornehmen. Wesentlich häufiger erstatten die Konkursverwalter Strafanzeigen, bei denen die Gewinnung von Mitteln für die Konkursmasse einen indirekten Zweck verfolgt (→ Rn. 1155 ff.).

2. Kapitalaufbringung und Kapitalerhaltung

702 **a) Vorbemerkungen.** Die Frage der Kapitalaufbringung und Kapitalerhaltung betrifft nur Kapitalgesellschaften. Im polnischen Rechtssystem sind es somit die polnische Gesellschaft mit beschränkter Haftung (poln. spółka z ograniczoną odpowiedzialnością) und die polnische Aktiengesellschaft (poln. spółka akcyjna). Die Vorschriften über Aktiengesellschaften in Bezug auf das Grundkapital, der Einlagen der Aktionäre und der Aktien werden ebenfalls auf die polnische Kommanditgesellschaft auf Aktien (poln. spółka komandytowo – akcyjna) angewendet, welche lt. PPHGGB als Personenhandelsgesellschaft zu qualifizieren ist.

703 **b) Einzahlungen auf Geschäftsanteile und Aktien.** Gesellschafter und Aktionäre sind verpflichtet, die vollständige Einlage auf Geschäftsanteile und Aktien zu leisten. Im Falle, dass keine Einlage erbracht wurde, ist der Konkursverwalter berechtigt, den Gesellschafter bzw. Aktionär aufzufordern, diese zu leisten. Er kann ebenfalls Schadenersatz wegen dem von der Gesellschaft erlittenen Schaden geltend machen.

704 **c) Sacheinlagen.** Im Falle, dass ein Gesellschafter oder Aktionär eine mangelhafte Sacheinlage geleistet hat, ist dieser verpflichtet, die Differenz zwischen dem im Gesellschaftsvertrag oder in der Satzung der Gesellschaft angenommenen Wert und dem Verkaufswert auszugleichen. Der Gesellschaftsvertrag oder die Satzung kann dabei vorsehen, dass die Gesellschaft in einem solchen Fall auch weitere Ansprüche hat. Der Konkursverwalter ist berechtigt, die Differenz zwischen dem im Gesellschaftsvertrag oder in der Satzung der Gesellschaft angenommenen Wert und dem Verkaufswert gegen den Gesellschafter oder Aktionär geltend zu machen. Er kann ebenfalls eventuelle andere diesbezügliche Ansprüche gem. dem Gesellschaftsvertrag oder der Satzung geltend machen.

705 **d) Aufrechnungsverbot.** Die Gesellschafter und Aktionäre können ihre Forderungen gegenüber der Kapitalgesellschaft mit den Forderungen der Gesellschaft gegenüber dem Gesellschafter wegen fälliger Einlage auf Anteile oder Aktien nicht einseitig aufrechnen. Die vorgenommene Aufrechnung ist nichtig, und die Gesellschaft kann die Einzahlung auf Anteile oder Aktien geltend machen. Derartige Ansprüche kann der Konkursverwalter im Laufe des Konkursverfahrens gegen die Gesellschaft geltend machen.

706 **e) Verbot der Einlagenrückzahlung und Auszahlungsverbot. aa) Polnische Gesellschaft mit beschränkter Haftung (poln. spółka z ograniczoną odpowiedzialnością).** Während dem Bestand der polnischen Gesellschaft mit beschränkter Haftung besteht das Verbot der vollständigen bzw. teilweisen Einlagenrückgewähr an die Gesellschafter. Verboten ist also sowohl die Rückerstattung des Gegenstandes der Sacheinlage als auch die Auszahlung des durch die Veräußerung des Gegenstandes der Sacheinlage erzielten Betrages. Verboten ist ebenfalls eine Gewährung der kostenfreien Nutzung des Sacheinlagengegenstandes oder die Auszahlung der erbrachten Geldeinlage in Form eines unentgeltlichen oder symbolisch verzinsten Darlehens (Rodzynkiewicz, Kodeks spółek handlowych, 7. Aufl. 2018, PPHGGB Art. 189 Rn. 1). Die Einlagenrückzahlung ist dagegen im Falle der entgeltlichen Anteilseinziehung, Erwerb des Anteils durch die Gesellschaft zwecks Einziehung, sowie im Falle der Kapitalherabsetzung zulässig.

707 Gesellschafter können auch keine Auszahlungen aus dem Vermögen der Gesellschaft erhalten, welches für die vollständige Deckung des Stammkapitals erforderlich ist. Das Verbot der Auszahlungen aus dem Vermögen der Gesellschaft gilt dann, wenn sich die Auszahlung auf die Verminderung des Netto-Wertes des Vermögens der Gesellschaft auswirkt, denn der Wert ist für die Entscheidung maßgeblich, ob das Stammkapital vollständig gedeckt ist. Der Netto-Wert des Vermögens ist durch den Abzug von dem Brutto-Wert des Vermögens, dh von sämtlichen Aktiva, der Summe der tatsächlichen Schulden zu ermitteln. Das Stammkapital ist nur dann vollständig gedeckt, wenn der Netto-Wert des Vermögens der satzungsmäßigen Höhe des Stammkapitals gleich ist. Ist der Betrag der freien Aktiva geringer als der Betrag des Stammkapitals, befindet sich die Gesellschaft in der sog. Unterbilanz, dh die Gesellschaft weist einen ihr Eigenkapital mindernden Bilanzverlust aus, was bedeutet, dass Auszahlungen an die Gesellschafter aus jeglichen Gründen ausgeschlossen sind (SN 22.4.2015 – III CSK 284/14).

Internationales Insolvenzrecht – Polen

Der Konkursverwalter ist berechtigt, Ansprüche aus verbotenen Einlagenrückzahlungen oder Auszahlungen geltend zu machen, als auch die Forderung der schuldnerischen Gesellschaft gegen einen Gesellschafter oder Geschäftsführer zu veräußern. Der Erwerber kann die Befriedigung der Schuld wirksam geltend machen. 708

bb) Polnische Aktiengesellschaft (poln. spółka akcyjna). Während dem Bestand der polnischen Aktiengesellschaft dürfen dem Aktionär die auf Aktien geleisteten Einlagen weder vollständig noch teilweise rückgewährt werden (zum Umfang des Verbots → Rn. 706). Aktionäre, die rechtswidrig oder satzungswidrig Leistungen von der Gesellschaft erhalten haben, sind zu ihrer Rückgewähr verpflichtet. 709

Im Falle der Aktiengesellschaft enthält das PPHGGB keine Vorschriften über das Verbot der Auszahlungen aus dem Vermögen der Gesellschaft, das zur vollständigen Deckung des Grundkapitals erforderlich ist, anders als dies bei Gesellschaften mit beschränkter Haftung der Fall ist. 710

f) Nachschüsse. Der Gesellschaftsvertrag der polnischen Gesellschaft mit beschränkter Haftung kann die Gesellschafter verpflichten, Nachschüsse in Grenzen der zahlenmäßig bestimmten Höhe im Verhältnis zum Anteil zu leisten. Die Höhe und die Termine der Nachschüsse werden nach Bedarf durch einen Gesellschafterbeschluss festgelegt. Hat ein Gesellschafter seine Nachschüsse nicht fristgerecht geleistet, ist er verpflichtet, gesetzliche Verzugszinsen zu entrichten; die Gesellschaft ist dabei berechtigt, einen Schadensersatz für den sich aus dem Verzug ergebenden Schaden geltend zu machen. Im Laufe des Konkursverfahrens kann der Konkursverwalter die Ansprüche auf Nachschüsse samt Nebenforderungen geltend machen. 711

3. Haftung von Geschäftsführern und Vorständen

a) Konkursverschleppungshaftung. Die Personen, die zur Stellung eines Konkursantrages verpflichtet sind, haften für Schäden, die dadurch entstanden sind, dass sie innerhalb der 30-Tage-Frist keinen Antrag gestellt haben, es sei denn, dass sie dies nicht zu verschulden haben (zur Antragspflicht → Rn. 62 ff.). 712

Die Beweislast für den Nachweis, dass die zur Antragstellung verpflichtete Person, die fehlende oder nicht fristgemäße Antragsstellung zu verschulden hat, liegt bei dieser Person. Dies stellt eine wichtige Erleichterung für Gläubiger dar, die ihre Schadenersatzansprüche geltend machen. Ein Beklagter kann sich von der Haftung befreien, insbesondere wenn er nachweist, dass innerhalb der für die Stellung des Konkursantrages gesetzten Frist ein Restrukturierungsverfahren eröffnet wurde oder ein Vergleich im Verfahren zur Feststellung des Vergleiches festgestellt wurde. Der Wortlaut des Gesetzes erlaubt es dagegen nicht, eine Person von der Haftung zu befreien, die keinen Konkursantrag gestellt und innerhalb der gesetzten Frist die Eröffnung des Restrukturierungsverfahrens nur beantragt hat. Die Anknüpfung der Haftungsbefreiung an die Eröffnung des Restrukturierungsverfahrens bedeutet, dass der Schuldner in diesem Fall verpflichtet ist, den Antrag so frühzeitig zu stellen, dass das Gericht innerhalb von dreißig Tagen nach Eintritt der Zahlungsunfähigkeit zugunsten des Schuldners entscheiden kann, auch wenn diese Entscheidung nicht rechtskräftig ist. Stellt ein Schuldner somit im Falle der Zahlungsunfähigkeit einen Restrukturierungsantrag, sollte er immer in Betracht ziehen, gleichzeitig einen Konkursantrag zu stellen. In einem solchen Fall wird zunächst der Restrukturierungsantrag geprüft. Die Prüfung des Konkursantrages kann dann bis zur etwaigen Beendigung des Restrukturierungsverfahrens ausgesetzt werden. 713

Eine weitere Erleichterung für die Gläubiger ist die Vermutung, dass wenn ein Gläubiger des Schuldners einen Schadensersatz geltend macht, davon ausgegangen wird, dass der Schaden, zu dessen Beseitigung der Beklagte verpflichtet ist, die Höhe der offenen Forderung dieses Gläubigers gegen den Schuldner gleich ist. Der Schadensersatzanspruch steht allen Gläubigern eines Schuldners zu. Zwischen Neu- und Altgläubigern ist nicht zu unterscheiden. Sogar die Gläubiger, die ihre Forderungen gegen die schuldnerische Gesellschaft nach Eintritt der Konkursantragspflicht erworben haben, sind zur vollen Befriedigung berechtigt. 714

Die beschriebenen Erleichterungen gelten erst ab dem 1.1.2016. Zuvor waren die fraglichen Bestimmungen aufgrund der restriktiven Beweislast „totes" Recht gewesen, da der Kläger insbesondere den tatsächlich erlittenen Schaden nachweisen musste. Derzeit nimmt die Anzahl der praktischen Anwendungen dieser Vorschrift zu (Krawczyk Puls Biznesu v. 5.4.2016). 715

Zum Haftungsausschluss führt die Antragsstellung durch jede Person. Dies bedeutet, dass der Schuldner sich auf den Haftungsausschluss auch im Fall der rechtzeitigen Antragstellung durch einen Gläubiger berufen kann. Der Antrag muss wirksam gestellt worden seien. Ein rechtskräftig zurückgewiesener Antrag entfaltet keine haftungsbefreienden Rechtsfolgen (Zimmerman PrUpPrRest Art. 21 Rn. 14). 716

Internationales Insolvenzrecht – Polen

717   Die zur Stellung des Konkursantrags verpflichteten Personen haften nicht für ihre unterlassene Stellung des Konkursantrages, wenn die Vollstreckung durch eine Zwangsverwaltung oder durch den Verkauf des Unternehmens des Schuldners nach den Bestimmungen der PZPO erfolgt, sofern die Verpflichtung zur Antragstellung während der Zeit der Vollstreckung entstanden ist.

718   Gläubiger können ihre Ansprüche gegen die Personen, die zur Antragstellung verpflichtet sind, ebenfalls während des Konkursverfahrens geltend machen. Sie sind dabei nicht eingeschränkt, insbesondere geht die Berechtigung zur Geltendmachung von Schadenersatzansprüchen nicht auf den Konkursverwalter über.

719   **b) Haftung der Geschäftsführer einer polnischen Gesellschaft mit beschränkter Haftung (poln. spółka z ograniczoną odpowiedzialnością).** Das polnische PPHGGB sieht eine besondere Form der Haftung der Geschäftsführer einer polnischen Gesellschaft mit beschränkter Haftung (poln. spółka z ograniczoną odpowiedzialnością) vor. Gemäß Art. 299 § 1 PPHGGB haften die Geschäftsführer gesamtschuldnerisch für die Verpflichtungen der Gesellschaft, wenn sich die Vollstreckung gegen die Gesellschaft als erfolglos erweist. Das Unterlassen der Konkursantragsstellung stellt hier zwar kein Tatbestandsmerkmal dar und die Haftung knüpft nur an die Erfolglosigkeit der Zwangsvollstreckung. Ein Geschäftsführer kann sich jedoch von der Haftung insbesondere dann befreien, wenn er nachweist, dass der Antrag rechtzeitig gestellt wurde. Daher kann die Haftung als eine besondere Form der Konkursverschleppungshaftung betrachtet werden.

720   Die Heranziehung zur persönlichen Haftung der Geschäftsführer der Gesellschaft mit beschränkter Haftung wird in Polen sehr oft geltend gemacht. Ein befriedigungsberechtigter Gläubiger muss vor Gericht lediglich nachweisen, dass die Zwangsvollstreckung erfolglos gewesen ist und seine Forderung nicht beglichen wurde.

721   Ein Geschäftsführer kann von der Haftung lediglich dann befreit werden, wenn er nachweisen kann, dass ein Konkursantrag fristgerecht gestellt wurde oder gleichzeitig eine Entscheidung über die Eröffnung eines Restrukturierungsverfahrens oder die Feststellung eines Vergleichs im Verfahren zur Feststellung eines Vergleichs erfolgte, oder dass die unterlassene Stellung des Konkursantrages von ihm nicht zu vertreten ist, oder dass der Gläubiger trotz unterlassener Stellung des Konkursantrages oder Nichteröffnung eines Restrukturierungsverfahrens oder fehlender Feststellung des Vergleichs im Verfahren zur Feststellung eines Vergleichs keinen Schaden erlitten hat.

722   Das polnische Oberste Gericht (poln. Sąd Najwyższy) hat die strengen gesetzlichen Grundsätze der Haftung noch weiter verschärft (Krawczyk Existenz Magazin September 2018; Krawczyk Rzeczpospolita v. 9.10.2015; Krawczyk Gazeta Finansowa v. 6.11.2015). Es hat ua beschlossen, dass ein anhängiges Konkursverfahren über das Vermögen der Gesellschaft der gerichtlichen Geltendmachung des Anspruchs gegenüber ihrem Geschäftsführer nicht entgegensteht und dass die Haftung sich auch auf die Vergütung eines vorläufigen Konkursverwalters erstreckt, wenn das Konkursverfahren mangels Masse nicht eröffnet wurde. Darüber hinaus wurde entschieden, dass er ebenfalls für die im Verfahren gegen den Konkursverwalter festgesetzten Gerichtskosten haftet, wenn sie im Zusammenhang mit einem zum Zeitpunkt der Beantragung des Konkurses bestehenden Rechtsverhältnis stehen. Ferner hat es aus der deliktischen Natur der Haftung abgeleitet, dass die Gläubigeransprüche erst nach 20 Jahren verjähren.

723   Art. 299^1 PPHGGB besagt, dass für die Liquidatoren einer polnischen Gesellschaft mit beschränkter Haftung, mit Ausnahme der von einem Gericht bestellten Liquidatoren (Art. 299 PPHGGB) entsprechend gilt.

724   Die zur Stellung des Konkursantrags verpflichteten Personen haften nicht für die unterlassene Stellung des Konkursantrages, wenn die Vollstreckung durch eine Zwangsverwaltung oder durch den Verkauf des Unternehmens des Schuldners nach den Bestimmungen der PZPO erfolgt, sofern die Verpflichtung zur Antragstellung während der Zeit der Vollstreckung entstanden ist.

725   Gläubiger können ihre Ansprüche gegen Personen, die zur Antragstellung verpflichtet sind, ebenfalls während des Konkursverfahrens geltend machen. Sie sind dabei nicht eingeschränkt, insbesondere geht die Berechtigung zur Geltendmachung von Schadenersatzansprüchen nicht auf den Konkursverwalter über.

725a   **c) Haftung der Geschäftsführer einer polnischen Einfachen Aktiengesellschaft.** Das Spiegelbild des Art. 299 HGGB im Falle einer Einfachen Aktiengesellschaft, welche mit Wirkung zum 1.7.2021 in das polnische Rechtssystem eingeführt wurde, ist Art. 300^{132} HGGB. Die Vorschrift sieht für Vorstandsmitglieder einer Einfachen Aktiengesellschaft die gleichen Haftungsregeln vor wie für eine polnische Gesellschaft mit beschränkter Haftung. Im Falle einer „gewöhnlichen" Aktiengesellschaft gilt diese analoge Regelung nicht.

726   **d) Haftung für Steuerverbindlichkeiten.** Sondervorschriften regeln die Haftung im Falle der unterlassenen Stellung des Konkursantrages bzw. verspäteten Antragstellung im Falle von Steuerverbindlichkeiten und anderen öffentlich-rechtlichen Schulden, für die die Abgabenordnung

Internationales Insolvenzrecht – Polen

(Gesetz v. 29.8.1997 mit Änd/Dz.U.2018, Pos. 800) v. 29.8.1997 entsprechende Anwendung findet (→ Rn. 1269).

X. Anfechtung wegen Gläubigerbenachteiligung

1. Vorbemerkungen

Im Zeitraum vor der Konkurserklärung nehmen die Schuldner oftmals Rechtshandlungen vor, **727** um eine Gläubigerbefriedigung zu behindern und vorzubeugen, dass ihre Vermögensbestandteile in die Konkursmasse fallen. Derartige fraudulöse Handlungen sind nicht nur strafrechtlich (→ Rn. 1155 ff.), sondern auch konkurs- und, hilfsweise, zivilrechtlich relevant. Die diesbezüglichen Vorschriften des KonkR bezwecken den Schutz der Konkursmasse und der Gläubigerinteressen vor den Folgen der Rechtsgeschäfte des Schuldners in Bezug auf das Vermögen, welches kürzlich in die Konkursmasse gefallen ist. Sie verhindern auch, dass bestimmten Gläubigern oder Dritten besondere Vorteile auf Kosten der Gesamtheit der Gläubiger gewährt werden (SA Białystok 17.6.2015 – I ACa 167/15).

Das Konkursrecht sieht verschiedene Rechtsinstrumente vor, die die Unwirksamkeit der vom **728** Schuldner vorgenommenen Rechtshandlungen oder anderen rechtserheblichen Ereignissen gegenüber der Konkursmasse zur Folge haben. Die nachfolgend kommentierten Rechtsinstrumente, deren Rechtsfolgen gleich sind, unterscheiden sich erheblich hinsichtlich des Rechtswegs, der zu diesen Folgen führt, dh hinsichtlich des Verfahrensverlaufs. Die Vorschriften des KonkR unterscheiden zum einen zwischen der Unwirksamkeit von Rechts wegen, welche ohne Prozesshandlungen des interessierten Rechtssubjekts eintritt, zum anderen der Erklärung der Unwirksamkeit der Rechtshandlung durch den Konkursrichter von Amts wegen oder auf Antrag des Konkursverwalters sowie letztendlich der Erklärung der Rechtshandlung als unwirksam aufgrund eines Gerichtsurteils infolge einer Klageerhebung durch einen Berechtigten.

Die im KonkR vorgesehenen Rechtsinstrumente lassen es nicht zu, dass das Rechtsgeschäft **729** des Schuldners für nichtig erklärt wird. Nichtsdestotrotz kann jeder, der daran Interesse hat, die Feststellung beantragen, dass das Rechtsgeschäft nichtig ist, wenn das Rechtsgeschäft rechtswidrig ist, eine Rechtsumgehung bezweckt oder die Grundsätze des sozialen Zusammenlebens verletzt. Die Entscheidung wirkt dann erga omnes. Das Verfahren hierzu wird nach den allgemeinen Grundsätzen vor einem Zivilgericht, unabhängig von dem Konkursverfahren, geführt.

Anders als in der deutschen insolvenzrechtlichen Praxis werden die vorgestellten Verfahren **730** durch die Konkursverwalter nicht oft angewandt und lösen eher selten Bedenken hinsichtlich deren moralischen Begründung aus.

2. Inkongruente Deckung

Von Rechts wegen sind Rechtshandlungen gegenüber der Konkursmasse unwirksam, auf deren **731** Grundlage eine Vermögensverschiebung durch den Schuldner stattgefunden hat, wenn diese unentgeltlich oder entgeltlich vorgenommen wurden, aber der Wert der Leistung des Schuldners den Wert der Gegenleistung erheblich übersteigt. Solche Rechtsgeschäfte, die innerhalb eines Jahres vor der Stellung des Konkursantrags oder nach der Stellung des Konkursantrags bis zur Konkurserklärung vorgenommen wurden, sind gegenüber der Konkursmasse unwirksam. Werden mehrere Konkursanträge von separaten, zur Beantragung der Konkurserklärung berechtigten Rechtssubjekte gestellt, läuft die Frist ab Stellung des ersten Konkursantrags, unabhängig davon, ob die Konkursanträge später wegen einer gemeinsamen Prüfung verbunden werden und aufgrund welchen Antrags der Konkurs letztendlich erklärt wurde (Torbus Glosa V ACa 543/09 LEX Nr. 694262).

Nicht jedes Missverhältnis zwischen der Leistung und Gegenleistung hat die Unwirksamkeit **732** dieses Rechtsgeschäfts gegenüber der Konkursmasse zur Folge. Lediglich der Fall eines groben Missverhältnisses löst die Unwirksamkeit aus. Bezugspunkt für die Beurteilung können die marktüblichen durchschnittlichen Preise, Sätze, Provisionen usw. bei gleichen oder ähnlichen Rechtsgeschäften darstellen (SA Białystok 20.11.2014 – I Aca 507/14). Bei der Bewertung wird die Äquivalenz der gegenseitigen Verpflichtungen der Parteien am Tag des Vertragsschlusses und nicht der Umfang, in dem der andere Teil seinen Verpflichtungen nachgekommen ist, geprüft (Zimmerman PrUpPrRest Art. 127 Rn. 1).

Die genannten Regeln finden entsprechende Anwendung, wenn unter den in → Rn. 731 und **733** → Rn. 732 beschriebenen Umständen der Schuldner einen gerichtlichen Vergleich abgeschlossen, einen klägerischen Anspruch anerkannt oder wenn auf einen Anspruch verzichtet hat. Die

Internationales Insolvenzrecht – Polen

Unwirksamkeit gegenüber der Konkursmasse kann somit auch die vom Schuldner vorgenommenen Prozesshandlungen von Rechts wegen betreffen. Insbesondere steht dem ein rechtskräftiges Urteil nicht entgegen. Sonst könnten die Gläubiger im Wege von fiktiven Prozessen vom Schuldner benachteiligt werden (Pyziak-Szafnicka in Olejniczak, Prawo zobowiązań – część ogólna. System Prawa Prywatnego, 6. Aufl. 2009, 1245).

734 Eine Ausnahme von der Regelung bilden Sicherheiten, die vor dem Tag der Konkurserklärung bestellt wurden im Zusammenhang mit Termingeschäften, Darlehen oder dem Verkauf von Finanzierungsinstrumente mit der Verpflichtung zu deren Rückkauf aufgrund von Rahmenverträgen.

735 Die Unwirksamkeit gegenüber der Konkursmasse tritt von Rechts wegen mit dem Tag der Konkurserklärung ein. Es bedarf keiner Bestätigung im Wege eines Beschlusses des Konkursrichters bzw. keiner Gerichtsentscheidung (Zimmerman PrUpPrRest Art. 127 Rn. 1).

3. Sicherung und Befriedigung einer nicht fälligen Schuld

736 Von Rechts wegen sind auch Bestellungen von Sicherheiten auf dem Vermögen des Schuldners oder Befriedigung einer nicht fälligen Schuld gegenüber der Konkursmasse unwirksam, falls sie innerhalb von sechs Monaten vor der Stellung des Konkursantrags oder nach der Stellung des Konkursantrags bis zur Konkurserklärung vorgenommen wurden. Die Sicherung einer nicht fälligen Schuld kommt in Frage, wenn die Zahlungsfrist noch nicht eingetreten ist und am Vermögen des Schuldners eine Sicherheit hinsichtlich der Befriedigung dieser Schuld bestellt wird. Dabei ist der Zeitpunkt der Abgabe der Willenserklärung über die Bestellung der Sicherheit durch den Schuldner maßgeblich, nicht der Zeitpunkt deren Entstehung, dh Eintragung ins Register bzw. Eintragung der Hypothek ins Grundbuch (Zimmerman PrUpPrRest Art. 127 Rn. 8). Eine Befriedigung einer nicht fälligen Schuld liegt immer dann vor, wenn die Schuld vor der aus dem Gesetz oder dem Vertrag resultierenden Zahlungsfrist beglichen worden ist. Dabei ist es irrelevant, ob die Zahlungsfrist vor oder nach der Konkurserklärung eintreten würde – für die Unwirksamkeit ist der Zeitpunkt der Befriedigung entscheidend (Zimmerman PrUpPrRest Art. 127 Rn. 7). Es ist zu betonen, dass die Unwirksamkeit nicht eintritt, wenn die Verbindlichkeit entstanden ist und vertraglich befriedigt oder abgesichert wird und beide Rechtsgeschäfte vor der Konkurserklärung stattfinden (SN 20.3.2002 – V CKN 888/00).

737 Die Unwirksamkeit tritt bei Sicherheiten, die vor dem Tag der Konkurserklärung bestellt wurden im Zusammenhang mit Termingeschäften, Darlehen oder dem Verkauf von Finanzierungsinstrumente mit der Verpflichtung zu deren Rückkauf, aufgrund von Rahmenverträgen, nicht ein.

738 Das Rechtssubjekt, dem die Zahlung oder die Sicherheit gewährt wurde, kann im Wege einer Klage oder Einwendung die Anerkennung der Wirksamkeit gegenüber der Konkursmasse der Rechtsgeschäfte des Schuldners verlangen, falls er zum Zeitpunkt deren Vornahme vom Vorliegen der Konkursgründe keine Kenntnis hatte. Da in den angeführten Fällen die Unwirksamkeit von Rechts wegen eintritt, ist von dem Betroffenen grundsätzlich eine Feststellungsklage über die Wirksamkeit der Sicherheit bzw. eine Leistungsklage gegen den Konkursverwalter zu erheben. Ferner kann es in einer etwaigen Beschwerde gegen den Beschluss des Konkursrichters über die Festlegung der zur Rückerstattung der Vermögensbestandteile zur Konkursmasse verpflichteten Person die Einrede der Unkenntnis der Gläubigerbenachteiligung geltend machen.

4. Abtretung einer künftigen Forderung

739 Die Abtretung einer künftigen Forderung ist gegenüber der Konkursmasse von Rechts wegen unwirksam, wenn die Forderung nach der Konkurserklärung entstanden ist. Infolgedessen nimmt nicht der Zessionar, sondern der Konkursverwalter die Rechte aus der Forderung, welche Gegenstand des Abtretungsvertrages darstellt, wahr (Gurgul PrUpPrRest, 11. Aufl. 2016, KonkR Art. 128a Rn. 1). Entsprechend wird die gegenständliche Regelung auf sämtliche Formen der Abtretung angewandt, darunter Inkassoabtretung (Abtretung zwecks Beitreibung von Forderungen), Factoring und Sicherheitsabtretung (Witosz PrUpad/Chrapoński PrUpad Art. 128a Rn. 3).

740 Die gegenständliche Regelung sieht eine Ausnahme vor, wenn der Forderungsabtretungsvertrag nicht später als sechs Monate vor der Stellung des Konkursantrags, schriftlich mit einem sicheren Datum abgeschlossen wurde (zum sicheren Datum → Rn. 597). Der Vertrag über die Abtretung einer künftigen Forderung sollte Angaben enthalten, die zum Zeitpunkt des Eintritts der Forderung feststellen lassen, dass gerade diese Forderung Gegenstand des zuvor abgeschlossenen Vertrages war. Diese Angaben sind: die Grundlage der Forderung und die Personen des Schuldners und des Gläubigers. Die Abtretung bedingter und befristeter sowie künftiger Forderungen aus bereits abgeschlossenen Verträgen ist zulässig. Die Zulässigkeit der Abtretung von Forderungen aus

Rechtsverhältnissen, die noch nicht entstanden sind, wird im Allgemeinen in Frage gestellt (SN 19.9.1997 – III CZP 45/97) (zu den Verteidigungsmöglichkeiten → Rn. 738).

5. Kongruente Deckung

Das KonkR lässt auch zu, solche Rechtsgeschäfte und Prozesshandlungen des Schuldners anzufechten, die entgeltlich und nicht von Rechts wegen unwirksam sind. 741

Zum einen ist ein Rechtsgeschäft, welches der Schuldner innerhalb von sechs Monaten vor der Stellung des Konkursantrags oder nach der Stellung des Konkursantrags bis zum Zeitpunkt der Konkurserklärung vorgenommen hat, gegenüber der Konkursmasse unwirksam. In der Rechtsprechung wurde noch nicht entschieden, ob das eigentliche Rechtsgeschäft und die Befriedigung in Ausführung des Rechtsgeschäfts in diesem Zeitraum erfolgen muss (SN 22.6.2006 – V CSK 76/06) oder ob die Befriedigung allein ausreicht und das Rechtsgeschäft, das die Grundlage hierfür darstellt, auch vor dieser Frist vorgenommen werden kann (SN 14.11.2013 – IV CSK 157/13). 742

Zum anderen ist ein Rechtsgeschäft dann gegenüber der Konkursmasse unwirksam, wenn die andere Vertragspartei eines mit dem Schuldner abgeschlossenen Rechtsgeschäfts eine ihm nahestehende Person ist. Die in diesem Fall relevanten Verbindungen liegen vor, wenn der Schuldner das Rechtsgeschäft mit seinem Ehegatten, Verwandten oder Verschwägerten in gerader Linie, Verwandten oder Verschwägerten in der Seitenlinie bis zum zweiten Grad, einer Person, die in häuslicher Gemeinschaft mit dem Schuldner lebt, oder mit einer ihm in Adoptionsverhältnis stehenden Person, vornimmt. Darüber hinaus handelt es sich um Rechtsgeschäfte des Schuldners mit einer Gesellschaft, dessen Geschäftsführer, Alleingesellschafter oder Alleinaktionär der Schuldner ist, oder mit Gesellschaften, in denen die aufgezählten Personen Geschäftsführer, Alleingesellschafter oder Alleinaktionäre sind. Des Weiteren sind Rechtsgeschäfte für unwirksam zu erklären, wenn der Schuldner, der eine Gesellschaft oder eine juristische Person ist, mit den Gesellschaftern, deren Vertretern oder Ehegatten sowie mit verbundenen Gesellschaften, deren Gesellschaftern, Vertretern oder Ehegatten dieser Personen vorgenommen hat. Letztendlich kann ein Rechtsgeschäft des Schuldners, der eine Gesellschaft ist, mit der anderen Gesellschaft, wenn eine der Gesellschaft herrschende Gesellschaft war sowie wenn dieselbe Gesellschaft eine herrschende Gesellschaft gegenüber dem Schuldner oder anderen Partei des Rechtsgeschäfts ist, für unwirksam erklärt werden. 743

In den obigen Fällen tritt die Unwirksamkeit gegenüber der Konkursmasse nicht von Rechts wegen ein. Es ist vielmehr ein Beschluss des Konkursrichters erforderlich. Der Konkursrichter handelt von Amts wegen oder auf Antrag des Konkursverwalters. Anträge anderer Rechtssubjekte können das Gericht dazu anregen, zu prüfen, ob eventuell ein Tätigwerden von Amts wegen notwendig ist. 744

Die andere Partei des Rechtsgeschäfts kann sich gegen die Feststellung des Rechtsgeschäfts als unwirksam auf diese Weise verteidigen, dass sie nachweist, dass es zu keiner Gläubigerbenachteiligung gekommen ist. Es wird angenommen, dass ein Rechtsgeschäft, das die Minderung des Vermögens des Schuldners zur Folge hat, keine Gläubigerbenachteiligung darstellt, wenn der Schuldner für seine Leistung den Gegenwert erhalten hat, dieser in sein Vermögen geflossen ist und zur Befriedigung des Gläubigers verwendet wurde (SA Katowice 13.2.2014 – I ACa 1078/13). Ein anderer Fall, in dem die Gesamtheit der Gläubiger nicht benachteiligt wird, ist der Verkauf eines bis zu seinem vollen Wert dinglich besicherten Gegenstands an das Rechtssubjekt, dem die Sicherheit zusteht. 745

Gegen den Beschluss des Konkursrichters ist eine Beschwerde zulässig. Die Beschwerde können die Verfahrensbeteiligten und der andere Teil des für unwirksam erklärten Rechtsgeschäfts einlegen. Im Wege der Beschwerde kann insbesondere der Einwand der fehlenden Gläubigerbenachteiligung infolge der Vornahme des Rechtsgeschäfts vorgebracht werden (Witosz PrUpad/Buk/Chrapoński PrUpad Art. 128 Rn. 2). Die Beschwerde ist innerhalb von sieben Tagen einzulegen (zur Berechnung der Fristen → Rn. 260). 746

6. Unwirksamkeit der konkreten vertraglichen Vergütungsvereinbarungen

Der Konkursrichter kann die Vergütungsvereinbarung in einem Arbeitsvertrag, Dienstleistungsvertrag oder Beschluss eines der Organe des Schuldners bezüglich des Vertreters oder Arbeitnehmers bzw. Dienstauftragnehmers des Schuldners, der sein Geschäftsbetrieb verwaltet oder beaufsichtigt, welcher in einem der vor der Konkurserklärung abgeschlossen bzw. gefasst wurde, gegenüber der Konkursmasse für unwirksam erklären. 747

Die Unwirksamkeit kann zum einen die bereits fällige oder sogar ausbezahlte Vergütung betreffen, falls diese über die marktüblichen Vergütungen hinaus geht und mit dem Arbeitsaufwand 748

Internationales Insolvenzrecht – Polen

nicht begründet ist. Der Gegenstand des Beschlusses des Konkursrichters kann die Vergütung für einen Zeitraum, der vor der Konkurserklärung liegt, nicht aber länger als sechs Monate vor der Stellung des Konkursantrags, betreffen. In dem Fall legt der Konkursrichter die aus der Konkursmasse zu befriedigende Vergütung in der Höhe fest, die der geleisteten Arbeit des Vertreters oder Arbeitnehmers bzw. Dienstauftragnehmers des Schuldners entspricht und fordert ihn zur Rückzahlung des übrigen Teils auf. Die Rückerstattung kann sich nur auf einen Teil der Vergütung beziehen. Es ist unzulässig, die gesamte Vergütung zurückzufordern.

749 Des Weiteren kann die Vergütung für den Zeitraum nach der Konkurserklärung gegenüber der Konkursmasse für unwirksam erklärt werden, wenn diese wegen der Übernahme der Verwaltung des schuldnerischen Geschäftsbetriebes durch den Konkursverwalter mit ihrem Arbeitsaufwand nicht begründet ist. In dem Fall ist es sogar zulässig, die Vergütung in voller Höhe für unwirksam zu erklären.

750 Der Konkursrichter handelt von Amts wegen oder auf Antrag des Konkursverwalters. Anträge sonstiger Rechtssubjekte können das Gericht dazu anregen, zu prüfen, ob sein Tätigwerden von Amts wegen notwendig ist. Der Konkursrichter erlässt den Beschluss nach Anhörung des Konkursverwalters und des Vertreters oder Arbeitnehmers bzw. Dienstauftragnehmers des Schuldners.

751 Gegen den Beschluss des Konkursrichters ist eine Beschwerde zulässig. Die Beschwerde können die Verfahrensbeteiligten und die Person, auf die sich der Beschluss bezieht, einlegen. Die Beschwerde ist innerhalb von sieben Tagen einzulegen (zur Berechnung der Fristen → Rn. 260).

752 Die gegenständlichen Regelungen finden entsprechende Anwendung auf Ansprüche, die aufgrund der Auflösung eines Arbeitsverhältnisses oder eines Dienstleistungsvertrages entstanden sind, wobei die Herabsetzung der Abfindung nur bis zu der nach den allgemein geltenden Regelungen festgelegten Höhe erfolgen kann.

7. Dingliche Sicherheiten

753 Unwirksam gegenüber der Konkursmasse ist die Belastung des Vermögens des Schuldners mit einer Hypothek, einem Pfand, Registerpfand oder einer Seehypothek, falls der Schuldner kein persönlicher Schuldner des gesicherten Gläubigers war, die Sicherheiten innerhalb von einem Jahr vor der Stellung des Konkursantrags bestellt wurden und der Schuldner im Zusammenhang mit der Bestellung keine Gegenleistung erhalten hat. Die Belastung des Vermögens, für die der Schuldner eine Gegenleistung erhalten hat, ist auch dann unwirksam, wenn der Wert der Gegenleistung gegenüber dem Wert der gewährten Sicherheit unverhältnismäßig niedrig ist. Die Beurteilung hinsichtlich der Verhältnismäßigkeit liegt bei dem Konkursrichter.

754 Restriktivere Regelungen gelten für Fälle, in denen die bestimmten dinglichen Rechte (→ Rn. 753) für die dem Schuldner nahestehende Personen bestellt wurden. In diesen Fällen kann die Bestellung unabhängig von der Werthaltigkeit der Gegenleistung gegenüber der Konkursmasse für unwirksam erklärt werden. Der andere Teil des Rechtsgeschäfts kann jedoch nachweisen, dass infolge der Bestellung der Sicherheit keine Gläubigerbenachteiligung eingetreten ist.

755 Die Unwirksamkeit gegenüber der Konkursmasse tritt nicht von Rechts wegen ein. Es ist vielmehr ein Beschluss des Konkursrichters erforderlich. Der Konkursrichter handelt nicht von Amts wegen, sondern ausschließlich auf Antrag des Konkursverwalters. Gegen den Beschluss des Konkursrichters ist eine Beschwerde zulässig. Die Beschwerde können die Verfahrensbeteiligten und der andere Teil des Rechtsgeschäfts einlegen. Im Wege der Beschwerde kann insbesondere nachgewiesen werden, dass infolge der Bestellung der Sicherheit keine Gläubigerbenachteiligung stattfand. Die Beschwerde ist innerhalb von sieben Tagen einzulegen (zur Berechnung der Fristen → Rn. 260).

8. Vertragsstrafen

756 Auf Antrag des Konkursverwalters erklärt der Konkursrichter Vertragsstrafen aus einem durch den Schuldner abgeschlossenen Vertrag für ganz oder teilweise unwirksam, die für den Fall der Schlecht- oder Nichterfüllung durch den Schuldner einer Verpflichtung vorbehalten wurden. Diese Möglichkeit tritt dann ein, wenn der Schuldner seine Verpflichtung zum erheblichen Teil erfüllt hat oder die Vertragsstrafe unverhältnismäßig überhöht ist. Die Voraussetzungen, die Vertragsstrafe für unwirksam zu erklären, entsprechen den Voraussetzungen der Minderung der Vertragsstrafen nach dem PZGB. Gemäß diesen Vorschriften wird angenommen, dass die Zulässigkeit der Minderung der Vertragsstrafe vom Eintritt einer der zwei Umständen abhängt: Ausführung der Verpflichtung zum erheblichen Teil und unverhältnismäßig überhöhte Vertragsstrafe. Die Minderung der Vertragsstrafe aus anderen Gründen, insbesondere, wenn der Gläubiger keinen Schaden erlitten hat, ist unzulässig (SA Warszawa 11.7.2014 – VI ACa 1698/13; SN 21.9.2007 – V CSK

139/07; SA Wrocław 1.10.2012 – I ACa 602/12). Eine analoge Auslegung ist in Bezug auf das besprochene Institut des Konkursrechts anzunehmen.

Die Anwendung der besprochenen Regelung ist nicht befristet, sodass sämtliche vorbehaltenen Vertragsstrafen angefochten werden können, unabhängig vom genauen Zeitpunkt ihres Vorbehalts. Eine konkrete Frist gilt nur für die Zulässigkeit des Antrags, den Vorbehalt der Vertragsstrafe für unwirksam zu erklären (→ Rn. 772). **757**

Der Konkursrichter ist nicht berechtigt, von Amts wegen zu handeln. Es ist ein Antrag des Konkursverwalters erforderlich. Gegen den Beschluss des Konkursrichters ist eine Beschwerde zulässig. Die Beschwerde können die Verfahrensbeteiligten und die Person, zu deren Gunsten die Vertragsstrafen vorbehalten wurden, einlegen. Die Beschwerde ist innerhalb von sieben Tagen einzulegen (zur Berechnung der Fristen → Rn. 260). **758**

9. Paulianische Anfechtungsklage

In dem durch die Vorschriften des KonkR nicht geregelten Umfang finden auf die Anfechtung der Rechtshandlungen des Schuldners, die zur Gläubigerbenachteiligung vorgenommen worden sind, die Vorschriften des PZGB über den Schutz des Gläubigers im Falle der Zahlungsunfähigkeit des Schuldners, dh die Vorschriften über die Paulianische Anfechtungsklage, entsprechende Anwendung. Gemäß diesen Vorschriften kann ein Rechtsgeschäft des Schuldners, welches zur Gläubigerbenachteiligung abgeschlossen wurde, wobei ein Dritter einen Vermögensvorteil erlangt hat, für unwirksam erklärt werden, wenn dem Schuldner die Gläubigerbenachteiligung bewusst war und der Dritte davon Kenntnis hatte oder bei Wahrung der erforderlichen Sorgfalt hätte haben müssen. Ein Rechtsgeschäft des Schuldners gilt als zur Gläubigerbenachteiligung vorgenommen, wenn der Schuldner infolge dieses Rechtsgeschäfts zahlungsunfähig geworden ist oder seine Zahlungsunfähigkeit vertieft hat. Die Zahlungsunfähigkeit im Sinne der Vorschriften über die Paulianische Anfechtungsklage ist eine solche Vermögenslage des Schuldners, in der die Vollstreckung gem. den Vorschriften des PZPO die Befriedigung der Gläubiger nicht gewährleisten kann (Machnikowski in Gniewek/Machnikowski, Kodeks cywilny, 8. Aufl. 2018, PZGB Art. 527 Rn. 27). Die Gläubigerbenachteiligung kann nicht mit dem Schaden im zivilrechtlichen Sinne gleichgesetzt werden. Sie bedeutet nur den möglichen Schadenseintritt, der in einer schlechten Prognose hinsichtlich der möglichen Leistungserbringung durch den Schuldner zum Ausdruck kommt, dh darin, dass die Befriedigung des Gläubigers unmöglich gemacht, erschwert oder verzögert wird (SN 29.6.2004 – II CK 367/03; SN 14.2.2008 – II CSK 503/07). Die Absicht des Schuldners, den Gläubiger zu benachteiligen, und die Bösgläubigkeit des Schuldners sind nicht erforderlich, damit dem Gläubiger Schutz gewährt werden kann. Es reicht aus, dass der Schuldner eine solche Benachteiligung in Betracht gezogen hat (SA Poznań 19.9.2006 – I ACa 1021/05; SA Poznań 12.5.2005 – I ACa 1764/04). **759**

Hat der Schuldner ein Rechtsgeschäft bewusst in der Absicht der Benachteiligung künftiger Gläubiger abgeschlossen, so kann beantragt werden, dass auch dieses Rechtsgeschäft für unwirksam erklärt wird. Hat jedoch ein Dritter den Vermögensvorteil entgeltlich erlangt, so kann nur dann beantragt werden, dass dieses Rechtsgeschäft für unwirksam erklärt wird, wenn der Dritte Kenntnis von der Absicht des Schuldners, Gläubiger zu benachteiligen, gehabt hat. **760**

Es ist auf folgendes hinzuweisen: erlangt im Zuge eines gläubigerbenachteiligenden Rechtsgeschäfts eine nahestehende Person oder ein Unternehmer, der mit dem Schuldner in ständigen wirtschaftlichen Beziehungen steht, einen Vermögensvorteil, so wird vermutet, dass diese Person Kenntnis von der Gläubigerbenachteiligung hatte. Die Vermutung ist widerlegbar und kann mit allen verfügbaren Mitteln widerlegt werden. Der Begriff der „nahestehenden Person" wird hier weit verstanden. Hierbei ist auf die Beurteilung der in Wirklichkeit bestehenden Tatsachen Bezug zu nehmen: auf die Gefühlsbindung, Freundschaft, Vermögens- oder Geschäftsbeziehungen. Es handelt sich generell um jede Beziehung zwischen zwei Personen, bei welcher vermutet werden kann, dass eine der Personen über Informationen zur Vermögenslage der anderen Person verfügt (SN 24.4.1996 – I CRN 61/96). **761**

Hat ein Dritter aufgrund eines mit dem Schuldner abgeschlossenen gläubigerbenachteiligenden Rechtsgeschäfts einen Vermögensvorteil unentgeltlich erlangt, so kann dieses Rechtsgeschäft auch dann für unwirksam erklärt werden, wenn der Dritte keine Kenntnis von der Absicht des Schuldners, Gläubiger zu benachteiligen, hatte und bei Wahrung der erforderlichen Sorgfalt solche Kenntnis nicht hätte haben können. **762**

War der Schuldner zum Zeitpunkt einer Schenkung oder Vornahme eines anderen unentgeltlichen Rechtsgeschäfts zahlungsunfähig, wird vermutet, dass ihm die Gläubigerbenachteiligung **763** bewusst war. Dies gilt auch für den Fall, wenn der Schuldner erst infolge eines solchen Rechtsgeschäfts zahlungsunfähig geworden ist. Auch diese Vermutung ist widerlegbar.

764 Im Laufe des Konkursverfahrens kann ausschließlich der Konkursverwalter die Paulianische Anfechtungsklage erheben. Die Gläubiger des Schuldners sind hierzu nicht berechtigt. Die Gläubiger können den Konkursverwalter und den Konkursrichter von den Umständen in Kenntnis setzen, die für eine solche Klage relevant sein könnten. Handelt der Konkursverwalter nicht ausreichend, können Disziplinarmaßnahmen zur Anwendung kommen (→ Rn. 453 ff.).

765 In einem schon durch den Gläubiger eingeleiteten Gerichtsverfahren, in welchem die Rechtsgeschäfte des Schuldners angefochten wurden, kann der Konkursverwalter anstelle des Klägers eintreten. Ein solches Verfahren, in welchem der Schuldner auch die Beklagtenpartei ist, wird das Verfahren gegen ihn eingestellt, nachdem der Beschluss über die Konkurserklärung rechtskräftig geworden ist. Aus dem im Gerichtsverfahren wiedererlangten Teil des Vermögens erstattet der Konkursverwalter dem Gläubiger die von ihm getragenen Verfahrenskosten. Wird das Konkursverfahren vor Abschluss des Gerichtsverfahrens, dem der Konkursverwalter beigetreten ist, eingestellt oder aufgehoben, benachrichtigt das Zivilgericht den Gläubiger von dem anhängigen Verfahren. Der Gläubiger kann dann dem Verfahren als Kläger innerhalb von zwei Wochen beitreten. Der Gläubiger, dem Verfahren beigetreten ist, kann nicht verlangen, dass das bisherige Verfahren wiederholt wird. Tritt der Gläubiger dem Verfahren nicht bei, wird es eingestellt.

766 Der Gläubiger, über dessen Klage bezüglich der Unwirksamkeit des Rechtsgeschäfts des Schuldners positiv entschieden wurde, ist nicht verpflichtet, die auf Grundlage des Urteils erlangten Vermögensvorteile an die Konkursmasse zurückzugewähren.

10. Rechtsfolgen

767 Ist das Rechtsgeschäft des Schuldners von Rechts wegen unwirksam oder wurde es in einem Verfahren für unwirksam erklärt, sind die aufgrund dieses Rechtsgeschäfts gewährten Vermögensvorteile an die Konkursmasse zurückzugewähren. Ist die Rückerstattung einer Sachleistung nicht möglich, so ist in die Konkursmasse der Gegenwert in Geld einzuzahlen. Es ist nicht möglich, eine Sachleistung zurückzuerstatten, wenn der Gegenstand sich nicht mehr im Vermögen des Dritten befindet, da dieser verbraucht, vernichtet, veräußert, verbaut bzw. mit einem anderen Gegenstand verbunden wurde (Zimmerman PrUpPrRest Art. 134 Rn. 2).

768 Mit Zustimmung des Konkursrichters kann der andere Teil des Rechtsgeschäfts von der Rückerstattung dessen, was infolge des Rechtsgeschäfts aus dem Vermögen des Schuldners geflossen ist, befreit werden. Hierfür hat der andere Teil die Differenz zwischen dem Marktwert der Leistung des Schuldners vom Tag des Vertragsschlusses und dem Wert der Gegenleistung zu zahlen. Gegen den diesbezüglichen Beschluss des Konkursrichters ist eine Beschwerde zulässig. Die Beschwerde können die Verfahrensbeteiligten und der andere Teil des Rechtsgeschäfts binnen sieben Tagen einlegen (zur Fristberechnung → Rn. 260).

769 Sollte die Person, die zur Rückerstattung der Vermögensbestandteile zur Konkursmasse verpflichtet war, unabhängig von der Verfahrensart, in der die Pflicht festgelegt wurde, dieser Pflicht trotz Aufforderung des Konkursverwalters nicht nachkommen, verpflichtet der Konkursrichter eine solche Person oder solche Personen im Beschlusswege und legt jeweils den Umfang der Pflicht fest. Der Konkursverwalter muss somit keine separate Herausgabeklage bezüglich der Vermögensbestandteile erheben. Gegen den Beschluss des Konkursrichters ist die Beschwerde zulässig. Die Beschwerde können die Verfahrensbeteiligten und die vom Konkursrichter verpflichtete Person binnen sieben Tagen einlegen (zur Fristberechnung → Rn. 260). Der rechtskräftige Beschluss stellt einen Vollstreckungstitel dar, dh dass der Konkursrichter aus dem Beschluss selbst berechtigt ist, diesen Beschluss vollstrecken zu lassen (Witosz PrUpad/Chrapoński PrUpad Art. 134 Rn. 4).

770 Hat eine der Parteien einer von Rechts wegen unwirksamen oder für unwirksam erklärten Rechtsgeschäfts die Gegenleistung an den Schuldner erbracht, ist die Leistung dieser Person zurückzugewähren, wenn sich die Leistung in der Konkursmasse getrennt von dem anderen Vermögen befindet oder sofern die Konkursmasse um diese Leistung bereichert ist. Unterliegt die Leistung nicht der Rückerstattung, kann der Dritte seine Forderung im Konkursverfahren geltend machen. Die Forderung wird in der zweiten Rangordnung befriedigt (→ Rn. 817).

11. Verfahrensfragen

771 Der Konkursverwalter trägt keine Gerichtsgebühren in Verfahren, die zum Gegenstand haben, das Rechtsgeschäft für unwirksam zu erklären. Unterliegt er aber im Prozess, so kann er zur Rückerstattung der Verfahrenskosten der anderen Verfahrenspartei verpflichtet werden.

Internationales Insolvenzrecht – Polen

Das Begehren, das Rechtsgeschäft für unwirksam zu erklären, kann maximal zwei Jahre nach 772
der Konkurserklärung erhoben werden, es sei denn, dass diese Berechtigung aufgrund der Vorschriften des PZGB früher erloschen ist. Aufgrund der Vorschriften des PZBG kann die Berechtigung bis zum Ablauf von fünf Jahren ab dem angefochtenen Rechtsgeschäft ausgeübt werden. Die Frist gilt sowohl für die Geltendmachung im Wege eines Beschlusses des Konkursrichters als auch der Klage des Konkursverwalters (Janda PrUp Art. 132 Rn. 5). Die Unwirksamkeit von Rechts wegen tritt mit der Konkurserklärung ein, daher findet die Frist konsequenterweise hierauf keine Anwendung. Die Frist von zwei Jahren findet keine Anwendung, wenn im Rahmen einer Einwendung das Begehren, das Rechtsgeschäft als unwirksam zu erklären, erhoben wird.

Laufende Klageverfahren des Konkursverwalters mit dem Antrag, ein Rechtsgeschäft wegen 773
Gläubigerbenachteiligung für unwirksam zu erklären, werden nach Einstellung des Konkursverfahrens auch eingestellt. Die jeweiligen Verfahrenskostenerstattungsansprüche erlöschen.

In dem durch die Vorschriften des KonkR nicht geregelten Umfang finden auf die Anfechtung 774
der Rechtsgeschäfte des Schuldners, die zur Gläubigerbenachteiligung vorgenommen wurden, die Vorschriften des PZGB über die Paulianische Anfechtungsklage entsprechend Anwendung (→ Rn. 759 ff.).

12. Ausschluss der Anwendung der Anfechtungsvorschriften

Die Vorschriften, welche die Anfechtung von Rechtsgeschäften ermöglichen oder die Unwirk- 775
samkeit von Rechtsgeschäften des Schuldners gegenüber der Konkursmasse vorsehen, finden auf den Ausgleich gem. Art. 136 bzw. 137 KonkR und dessen Rechtsfolgen sowie auf den Vertrag zur Bestellung einer Finanzsicherheit iSd Gesetzes v. 2.4.2004 über bestimmte finanzielle Sicherheiten (Gesetz v. 2.4.2004/Dz.U. 2004 Nr. 91 Pos. 871) und auf die Erfüllung von Verpflichtungen aus einem solchen Vertrag keine Anwendung.

XI. Verteilung der Konkursmasse

1. Forderungsanmeldung und -feststellung

a) Forderungsanmeldung. Ein persönlicher Gläubiger eines Schuldners, der am Konkursver- 776
fahren teilnehmen möchte, hat seine Forderung beim Konkursverwalter anzumelden. Die Berechtigung zur Forderungsanmeldung steht auch einem Gläubiger zu, dessen Forderung durch eine Hypothek, Pfand, Registerpfand, Steuerpfand, Seehypothek oder einen Eintrag im Grundbuch anderer Art oder im Schiffsregister gesichert ist. Meldet der Gläubiger diese Forderungen nicht an, werden sie jedoch von Amts wegen in die Forderungsliste eingetragen. Ansprüche aus Arbeitsverhältnissen erfordern keine Forderungsanmeldung. Diese sind von Amts wegen in die Forderungsliste einzutragen. Die Bestimmungen über Arbeitnehmeransprüche gelten entsprechend für Ansprüche des Sicherungsfonds der Arbeitnehmerleistungen (poln. Fundusz Gwarantowanych Świadczeń Pracowniczych) auf Rückerstattung der Leistungen, die der Fonds an die Arbeitnehmer des Schuldners aus der Konkursmasse ausgezahlt hat.

Die Forderungen sind innerhalb von dreißig Tagen nach Bekanntgabe des Beschlusses über 777
die Konkurserklärung beim Konkursverwalter anzumelden. Die Forderungsanmeldung erfolgt schriftlich in zweifacher Ausfertigung. In der Forderungsanmeldung hat der Gläubiger die Forderung und die Beweise für die Begründung der Forderung anzugeben, er muss jedoch dem Antrag keine solche Beweise, wie etwa Verträge oder Rechnungen, beifügen. Der Gläubiger soll auch angeben, ob die Forderung gesichert ist und ob Gerichts-, Verwaltungs-, Verwaltungsgerichtsverfahren oder Schiedsverfahren laufen, und wie die derzeitige Verfahrenslage ist. Die Bankkontonummer, falls vorhanden, sollte ebenfalls angegeben werden.

Eine verspätete Forderungsanmeldung ist nicht unzulässig. Ein Gläubiger, der nach Fristablauf 778
für die Forderungsanmeldung eine Forderung angemeldet hat, hat die sich aus dieser Anmeldung ergebenden Pauschalkosten des Konkursverfahrens zu tragen, auch wenn die Verzögerung ohne sein Verschulden eingetreten ist. Die Pauschale entspricht 15 % der durchschnittlichen monatlichen Bezüge im Unternehmenssektor ohne die Auszahlung gewinnabhängiger Prämien im dritten Quartal des Vorjahres gem. der Bekanntmachung des polnischen Präsidenten des Statistischen Zentralamtes (poln. Prezes Głównego Urzędu Statystycznego). Der Konkursverwalter verpflichtet den Gläubiger, die Pauschalkosten innerhalb der vorgeschriebenen Frist auf das von ihm angegebenes Bankkonto zu überweisen. Es besteht keine Verpflichtung zur Kostendeckung, wenn die Erklärung des Anspruchs nach Fristablauf infolge einer Korrektur der Erklärung oder eines anderen derartigen Dokuments erfolgt, welches die Abrechnung umfasst. Wurde dagegen ein Beschluss

Internationales Insolvenzrecht – Polen

über die Forderung, welche nach Fristablauf zur Forderungsliste angemeldet wurde, nicht erlassen oder ist dieser bis zum Zeitpunkt der Aufhebung oder Einstellung des Konkursverfahrens nicht rechtskräftig geworden, wird das diesbezügliche Verfahren eingestellt. Wurde die Forderung nach Feststellung des endgültigen Verteilungsplans der Geldmittel der Konkursmasse angemeldet, wird über sie nicht entschieden. Unabhängig vom Grund der Verzögerung sind bereits im Konkursverfahren vorgenommene Handlungen gegenüber einem Gläubiger wirksam, der nach Fristablauf seine Forderung angemeldet hat. Seine Forderungsanmeldung hat keinen Einfluss auf die bereits vorgelegten Verteilungspläne. Seine anerkannte Forderung ist nur in den Verteilungsplänen der Geldmittel der Konkursmasse zu berücksichtigen, welche nach ihrer Anerkennung erstellt werden.

779   Eine mangelhafte Forderungsanmeldung ist nach erfolglosem Fristablauf zur Mangelbeseitigung zurückzuweisen. Ist die Forderungsanmeldung von einem poln. Rechtsanwalt (poln. adwokat) oder poln. Rechtsberater (poln. radca prawny) eingereicht worden, so ist die Anmeldung ohne Aufforderung zur Mangelbeseitigung zurückzuweisen. Eine Verfügung des Konkursverwalters über die Zurückweisung der Forderungsanmeldung muss begründet werden, und der Gläubiger ist berechtigt, gegen eine solche Verfügung beim Konkursrichter Beschwerde einzulegen. Die Beschwerde sollte den Anforderungen eines Schriftsatzes genügen und die zurückgewiesene Forderungsanmeldung begründen. Die Beschwerde ist beim Konkursverwalter innerhalb einer Woche ab Zustellung der Verfügung des Konkursverwalters über die Zurückweisung der Forderungsanmeldung mit einer Begründung einzureichen. Für die Beschwerde wird eine Gebühr von 30 PLN erhoben.

779a   **b) Die Akten für die Forderungsanmeldungen.** Der Konkursverwalter erstellt und führt Akten für die Forderungsanmeldungen. Die Akten können in elektronischer Form aufbewahrt und geführt werden. Der Konkursverwalter gewährt den Verfahrensbeteiligten bis zum rechtskräftigen Abschluss des Konkursverfahrens Zugang zu den Akten in seinen Kanzleiräumlichkeiten und, wenn die Akten in elektronischer Form geführt werden, auch unter Verwendung elektronischer Kommunikationsmittel. Danach sind die Akten dem Konkursgericht zu übergeben.

779b   **c) Hemmung der Verjährungsfrist.** Die Forderungsanmeldung hemmt die Verjährungsfrist. Nach der Hemmung der Verjährungsfrist beginnt sie von dem Tag an neu zu laufen, der auf den Tag folgt, an dem der Beschluss über die Beendigung oder Einstellung des Konkursverfahrens rechtskräftig geworden ist.

780   **d) Die Prüfung der Forderungsanmeldungen.** Der Konkursverwalter prüft, ob die Forderungsanmeldung den gesetzlichen Anforderungen entspricht und sich die angemeldete Forderung in den Geschäftsbüchern oder anderen Unterlagen des Schuldners oder in Eintragungen im Grundbuch oder in den Registern wiederfindet, und fordert den Schuldner auf, innerhalb der gesetzten Frist eine Erklärung abzugeben, ob er die Forderung anerkennt. Zeigt sich die angemeldete Forderung nicht in den Geschäftsbüchern oder anderen Unterlagen des Schuldners oder in Eintragungen im Grundbuch oder in den Registern, fordert der Konkursverwalter den Gläubiger auf, innerhalb einer Woche die in der Forderungsanmeldung angegebenen Dokumente vorzulegen, ansonsten wird die Forderungsanerkennung verweigert. Diese Frist darf nicht verlängert oder wiedereingesetzt werden. Der Konkursverwalter kann jedoch Dokumente berücksichtigen, die nach dem Fristablauf nachgereicht wurden, wenn dies nicht zu einer Verzögerung der Übermittlung der Forderungsliste an den Konkursrichter führt.

781   **e) Forderungsliste. aa) Aufstellung der Forderungsliste.** Nach dem Fristablauf für die Forderungsanmeldung und Prüfung der angemeldeten Forderungen stellt der Konkursverwalter unverzüglich, spätestens jedoch zwei Monate nach dem Fristablauf für die Forderungsanmeldung, eine Forderungsliste auf. Nach Ablauf der Anmeldefrist vervollständigt der Konkursverwalter die Forderungsliste, sobald neue Forderungsanmeldungen eingehen. Wurden die Forderungen nach der Übermittlung der Forderungsliste an den Konkursrichter angemeldet, stellt der Konkursverwalter eine ergänzte Forderungsliste auf, die die nachgemeldeten Forderungen umfasst, samt der Angabe, wie sie befriedigt werden. Nach der Forderungsanmeldung wird ein Gläubigerwechsel nur dann in der Forderungsliste berücksichtigt, wenn dieser durch ein amtliches Dokument oder ein privatschriftliches unbedenkliches Dokument mit amtlich beglaubigter Unterschrift festgestellt wurde und wenn der Gläubigerwechsel dem Konkursverwalter vor der Übermittlung der Forderungsliste an den Konkursrichter mitgeteilt wurde. Der Konkursrichter kann den Gläubigerwechsel, welcher ihm nach der Übermittlung der Forderungsliste mitgeteilt wurde, aber vor ihrer endgültigen Feststellung berücksichtigen, wenn dies keine Verzögerung des Verfahrens zur Folge hat. Wird der Gläubigerwechsel nicht berücksichtigt, kann der Forderungsinhaber seine Rechte jedoch gemäß den Vorschriften des KonkR im Laufe des weiteren Verfahrens geltend machen.

782   Der Konkursrichter kann die Forderungsliste von Amts wegen ändern, wenn er feststellt, dass in der Forderungsliste Forderungen eingetragen wurden, die ganz oder teilweise nicht bestehen.

Darüber hinaus kann die Forderungsliste vom Konkursrichter auch dann geändert werden, wenn in der Forderungsliste Forderungen nicht eingetragen wurden, welche in die Forderungsliste von Amts wegen einzutragen sind. Die Forderungsliste wird auch aufgrund von rechtskräftigen Entscheidungen, wie etwa Urteilen oder Verwaltungsbeschlüssen, berichtigt. Eine Änderung der Forderungshöhe, die nach der Aufstellung der Forderungsliste erfolgt, wird bei der Erstellung des Verteilungsplans oder bei der Abstimmung in der Gläubigerversammlung berücksichtigt.

Wird eine Forderung nach dem Ablauf der Anmeldefrist angemeldet oder wurde nach dieser Frist eine Forderung festgestellt, die keiner Anmeldung bedarf, so ist die Forderung in die ergänzte Forderungsliste einzutragen. **783**

bb) Inhalt der Forderungsliste. Die Forderungsliste umfasst insbesondere Angaben zum Gesamtbetrag der Forderung, Rangfolge, in der die Forderung befriedigt werden soll, das Bestehen und ggf. die Art der Sicherung, eventuelle Aufrechnungsrechte des Gläubigers, ob die Forderung bedingt ist und dem Sachstand der laufenden Gerichts-, Verwaltungs-, Verwaltungsgerichtsverfahren oder Schiedsverfahren, welche zum Gegenstand die angemeldete Forderung haben. Der Konkursverwalter hat auch in die Forderungsliste die Begründung der Anerkennung der Forderung oder der teilweisen oder vollständigen Verweigerung der Anerkennung der Forderung darzulegen. **784**

Eine Forderung für einen Abrechnungszeitraum, in dem die Konkurserklärung erfolgte, insbesondere Steuern oder Sozialversicherungsbeiträge sowie Forderungen aufgrund eines Miet-, Pachtoder Leasingverhältnisses, wenn es sich bei dem Leasinggegenstand nicht um ein Anlagevermögen des Schuldners-Leasingnehmers handelt, wird kraft Gesetzes im Verhältnis aufgeteilt: ein Teil der Forderung wird wie Forderungen, die vor dem Zeitpunkt der Konkurserklärung entstanden sind, behandelt, und der andere Teil wird wie eine Forderung behandelt, die nach dem Zeitpunkt der Konkurserklärung entsteht. **785**

Eine Sachforderung wird in die Forderungsliste als Geldbetrag nach ihrem Wert zum Zeitpunkt der Konkurserklärung eingetragen. Sachforderungen wandeln sich zum Zeitpunkt der Konkurserklärung in Geldforderungen und werden an diesem Tag fällig, auch wenn ihre Erfüllungsfrist noch nicht eingetreten ist. **786**

Ist am Tag der Konkurserklärung eine unverzinsliche Forderung noch nicht fällig, ist in die Forderungsliste der Geldbetrag der Forderung abzüglich der gesetzlichen Zinsen, jedoch nicht höher als 6 %, für den Zeitraum vom Tag der Konkurserklärung bis zum Fälligkeitstag, höchstens jedoch für zwei Jahre, einzutragen. **787**

Forderungen aus wiederkehrenden Leistungen, deren Dauer bestimmt ist, sind als Gesamtbetrag der Leistungen für ihre gesamte Dauer, abzüglich der gesetzlichen Zinsen, jedoch nicht höher als 6 %, für den Zeitraum vom Tag der Konkurserklärung bis zum Fälligkeitstag der einzelnen künftigen Leistung, in die Forderungsliste einzutragen. Forderungen aus wiederkehrenden Leistungen, die auf Dauer bis zum Tod des Berechtigten oder einer anderen Person bestimmt wurden oder deren Dauer unbestimmt ist, werden in die Forderungsliste als Gesamtbetrag eingetragen, welche den Wert des Rechts widerspiegelt. Ist in einem Vertrag über wiederkehrende Leistungen ein Einlösungsbetrag festgelegt, wird dieser Betrag in die Forderungsliste als Wert des Rechts eingetragen. Diese Bestimmungen gelten nicht für Unterhaltsforderungen. **788**

Zinsen auf eine Geldforderung sind bis zum Tag vor der Konkurserklärung in die Forderungsliste einzutragen. Zinsen für den Zeitraum nach dem Tag der Konkurserklärung werden nicht in die Forderungsliste eingetragen und unterliegen nicht der Befriedigung aus der Konkursmasse. Der Gläubiger kann solche Zinsen gegenüber dem Schuldner erst nach der rechtskräftigen Aufhebung oder Einstellung des Verfahrens geltend machen. **789**

Bei Forderungen, bei denen der Schuldner Mitschuldner ist, und Forderungen des Bürgen des Schuldners sind in Bezug auf ihren Rückzahlungsanspruch in der Forderungsliste in der Höhe einzutragen, in der der Mitschuldner oder Bürge den jeweiligen Gläubiger befriedigt hat. Ein Mitschuldner, Bürge, Garant, oder eine Bank, die Akkreditive eröffnet, kann eine Forderung vor der Befriedigung des Gläubigers anmelden. Die Forderung wird dann als bedingte Forderung eingetragen, die nicht zur Abstimmung in der Gläubigerversammlung berechtigt. **790**

Eine mit einer Hypothek oder einer Eintragung in ein Register auf dem Vermögen des Schuldners gesicherte Forderung, welches sich im Ausland befindet, wird in die Forderungsliste eingetragen, wenn der Nachweis über die Löschung der Eintragung der Sicherheit vorgelegt wird. Der Nachweis über die Löschung der Eintragung ist nicht erforderlich, wenn das Konkursverfahren in dem Staat anerkannt wurde, in dem sich der Gegenstand der Sicherheit befindet. **791**

Forderungen in Fremdwährung werden in den zum Zeitpunkt der Konkurserklärung gem. dem von der Polnischen Nationalbank (poln. Narodowy Bank Polski) veröffentlichten geltenden PLN-Kurswert umgerechnet. Wenn kein solcher Wechselkurs veröffentlicht wird, erfolgt die Eintragung gemäß dem durchschnittlichen Marktpreis der Währung zu diesem Zeitpunkt. Die Eintra- **792**

Internationales Insolvenzrecht – Polen

gung in die Forderungsliste der in die polnische Währung umgerechneten Forderung führt nicht zur Umwandlung einer in Fremdwährung ausgewiesenen Verbindlichkeit in eine Verbindlichkeit in polnischer Währung. Die Befriedigung der Forderungen bei der Durchführung des Verteilungsplans erfolgt jedoch in polnischer Währung.

793 **cc) Zulässigkeit der Anfechtung der Forderungsliste.** Innerhalb von zwei Wochen nach der Bekanntgabe über die Übergabe der Forderungsliste an den Konkursrichter kann der Gläubiger beim Konkursrichter einen Widerspruch gegen die Anerkennung der Forderung – im Falle eines in die Forderungsliste eingetragenen Gläubigers – und gegen die Verweigerung der Anerkennung der Forderung – bei einem Gläubiger, dem die Anerkennung der angemeldeten Forderung verweigert wurde – einlegen. Innerhalb der gleichen Frist kann der Widerspruch auch durch den Schuldner eingelegt werden, wenn die Forderungsliste seinen Anträgen oder Ausführungen nicht entspricht. Hat der Schuldner keine Erklärungen abgegeben, ob er eine Forderung anerkennt, obwohl er dazu aufgefordert wurde, kann er nur dann den Widerspruch einlegen, wenn er nachweisen kann, dass er seine Erklärung aus Gründen, die er nicht zu vertreten hat, nicht abgegeben hat.

794 Der Widerspruch hat die Formerfordernisse eines Schriftsatzes (→ Rn. 65) zu erfüllen und muss die angefochtene Forderung angeben und einen Antrag auf Anerkennung oder Verweigerung der Anerkennung der Forderung samt einer Begründung und Angabe der Beweise beinhalten. Ein Widerspruch kann nur auf die in der Forderungsanmeldung angegebenen Angriffs- und Verteidigungsmittel gestützt werden. Andere Angriffs- und Verteidigungsmittel können nur dann erhoben werden, wenn der Gläubiger nachweist, dass ihre frühere Angabe unmöglich war oder dass sich die Notwendigkeit ihrer Angabe erst später ergab. Ist die Forderung durch eine rechtskräftige Entscheidung des Gerichts festgestellt, so kann der Widerspruch nur auf Ereignisse gestützt werden, die nach Abschluss der mündlichen Verhandlung in dem Rechtsstreit, in dem die Entscheidung erlassen wurde, eingetreten sind. Diese Ereignisse sind mit schriftlichen Nachweisen zu beweisen.

795 Der Widerspruch unterliegt einer Gebühr von 5 % des Streitwertes. Der Konkursrichter weist einen nach Fristablauf eingelegten oder aus anderen Gründen mangelhaften Widerspruch als unzulässig ab. Der Widerspruch, dessen Mangel nicht behoben wird oder für den die Gebühr innerhalb der gesetzten Frist nicht entrichtet wurde, ist ebenfalls abzuweisen.

796 Ein ordnungsgemäß eingelegter Widerspruch wird vom Konkursrichter in einer geschlossenen Sitzung innerhalb von zwei Monaten nach seiner Einlegung geprüft. Gegen den Beschluss über den Widerspruch kann der Schuldner, der Konkursverwalter und jeder der Gläubiger Beschwerde einlegen. Die Beschwerde ist innerhalb von sieben Tagen einzulegen (zur Fristberechnung → Rn. 260).

797 **dd) Feststellung der Forderungsliste.** Nach dem rechtskräftigen Beschluss des Konkursrichters über den Widerspruch oder – im Falle seiner Anfechtung – nach dem rechtskräftigen Beschluss des Konkursgerichts, nimmt der Konkursrichter auf der Grundlage dieser Bestimmungen Änderungen in der Forderungsliste vor und stellt die Forderungsliste fest. Ist kein Widerspruch eingelegt worden, stellt der Konkursrichter die Forderungsliste nach Ablauf der Widerspruchsfrist fest. Nach Ablauf der Widerspruchsfrist kann der Konkursrichter die Forderungsliste auch teilweise in dem Umfang feststellen, der nicht durch Widersprüche betroffen ist. Somit kann eine teilweise Verteilung der Geldmittel der Konkursmasse ermöglicht werden.

798 Die Verweigerung der Anerkennung der Forderung steht ihrer Geltendmachung in einem entsprechenden Verfahren, wie etwa vor einem Zivilgericht, nicht entgegen. Die Geltendmachung einer Forderung, deren Anerkennung verweigert wurde, ist jedoch erst nach der Einstellung oder Aufhebung des Konkursverfahrens möglich, es sei denn, dass bereits ein zuvor eingeleitetes Verfahren mit eben dem Gegenstand als Streitgegenstand bis zur Feststellung der Forderungsliste ausgesetzt wurde.

799 **ee) Bedeutung der Forderungsliste.** Im Laufe eines Konkursverfahrens stehen die Rechte eines Verfahrensbeteiligten den Gläubigern zu, die in der Forderungsliste eingetragen sind. Diese Gläubiger sind ebenfalls an der Verteilung der Geldmittel der Konkursmasse beteiligt.

800 Der Auszug aus der vom Konkursrichter festgestellten Forderungsliste, unter Angabe der Forderung und der Höhe der schon an den Gläubiger vorausgezahlten Beträge, stellt nach der Aufhebung oder Einstellung des Konkursverfahrens einen Vollstreckungstitel gegen den Schuldner dar. Dieser Grundsatz gilt nicht, wenn der Schuldner dem Gläubiger gegenüber nur dinglich haftete. Der Schuldner kann vor dem Zivilgericht die Feststellung verlangen, dass eine in der Forderungsliste eingetragene Forderung nicht oder in geringerem Umfang besteht, wenn er die im Konkursverfahren angemeldete Forderung nicht anerkannt hat und diesbezüglich noch keine rechtskräftige Entscheidung erlassen wurde. Nach der Ausstellung der vollstreckbaren Ausfertigung des Auszuges aus der Forderungsliste kann der Schuldner einen Widerspruch, dass eine in der Forderungsliste

Internationales Insolvenzrecht – Polen

eingetragene Forderung nicht oder in geringerem Umfang besteht, nur noch im Wege einer Vollstreckungsabwehrklage erheben.

Hat das Konkursgericht einen Teil der Verbindlichkeiten des Schuldners erlassen, die im Konkursverfahren nicht befriedigt worden sind, ist in dem Auszug der Forderungsliste ein Vermerk einzutragen, welcher den Haftungsumfang des Schuldners festlegt. Sind die Verbindlichkeiten des Schuldners vollständig erlassen worden, entfaltet die vollstreckbare Ausfertigung der Forderungsliste in diesem Umfang dem Schuldner gegenüber keine Rechtskraft (zur Restschuldbefreiung → Rn. 826). 801

2. Verteilung der Konkursmasse

a) Verteilung der Geldmittel der Konkursmasse. aa) Verteilungsplan. Nach der vollständigen oder teilweisen Feststellung der Forderungsliste durch den Konkursrichter ist die Verteilung der Geldmittel der Konkursmasse durchzuführen. Die Geldmittel der Konkursmasse umfassen die aus der Verwertung der Konkursmasse erzielten Beträge und Einnahmen aus der Fortführung oder der Verpachtung des Unternehmens des Schuldners sowie Zinsen auf die auf der Bank hinterlegten Beträge, vorbehaltlich der Vermögensbestandteile, die der Verwertung ausschließlich zugunsten von Sonderberechtigten unterliegen. 802

Der Verteilungsplan der Geldmittel der Konkursmasse wird vom Konkursverwalter erstellt und dem Konkursrichter vorgelegt. Der Konkursrichter kann den Plan berichtigen oder den Konkursverwalter auffordern, die angezeigten Änderungen an dem Plan vorzunehmen. Die Verteilung erfolgt ein- oder mehrmalig im Laufe der Verwertung der Konkursmasse. Im Falle einer Mehrfachverteilung von Geldmitteln der Konkursmasse erfolgt die endgültige Verteilung nach der vollständigen Verwertung der Konkursmasse. Im Falle einer teilweisen Feststellung der Forderungsliste sind in dem Verteilungsplan die Beträge, die durch die nicht geprüften Widersprüche umgefasst sind, zu berücksichtigen. In der Konkursmasse sind die Mittel für ihre eventuelle Auszahlung nach der rechtskräftigen Prüfung der Widersprüche abzusichern. 803

bb) Separater Verteilungsplan. In den Fällen, in denen Gläubiger Rechte an den veräußerten Gegenständen oder Rechten haben, erstellt der Konkursverwalter einen separaten Verteilungsplan mit den aus den veräußerten Gegenständen oder Rechten erzielten Beträgen. Die Beträge, welche aus der Verwertung von Gegenständen, Forderungen und Rechten, die mit einer Hypothek, einem Pfand, Registerpfand, Steuerpfand oder einer Seehypothek belastet sind, sowie mit im Grundbuch eingetragenen Rechten, Persönlichkeitsrechten und Forderungen oder nicht auf diese Weise eingetragenen Rechten, aber dem Konkursrichter angemeldeten, erzielt worden sind, sind zur Befriedigung der Gläubiger zu verwenden, deren Forderungen durch diese Gegenstände oder Rechte gesichert waren. Die Bestimmungen über die Befriedigung einer mit einem Pfand gesicherten Forderung finden entsprechende Anwendung auf die Befriedigung der Forderungen, die durch die Eigentumsübereignung an einem Gegenstand, einer Forderung und anderem Recht auf den Gläubiger gesichert sind. 804

Wesentlich ist, dass Beträge, die durch die Fruchtziehung aus einem mit einer Hypothek, einem Pfand, Registerpfand, Steuerpfand oder einer Seehypothek, sowie Rechten, Persönlichkeitsrechten oder Ansprüchen belasteten Gegenstand oder Recht erzielt werden, nicht gesondert verteilt werden. Kraft Gesetzes fallen sie in die Konkursmasse und werden nach den allgemeinen Regeln verteilt. 805

Die nach der Befriedigung dieser Forderungen verbleibenden Beträge fallen in die Konkursmasse. Hat der Gewinn aus der Verwertung des Sicherungsgegenstandes nicht ausgereicht, um die aufgrund der Sicherung berechtigte Personen zu befriedigen, werden persönliche Forderungen gegenüber dem Schuldner, die mit einer Hypothek, einem Pfand, Registerpfand, Steuerpfand oder einer Seehypothek gesichert sind, in den Verteilungsplan der Geldmittel der Konkursmasse in der Höhe eingetragen, in der sie nicht durch den Sicherungsgegenstand befriedigt worden sind. 806

cc) Befriedigung der Wohnbedürfnisse des Schuldners. Handelt es sich bei dem Schuldner um eine natürliche Person und gehört zur Konkursmasse eine Wohnung oder ein Einfamilienhaus, in dem der Schuldner wohnt, und ist es erforderlich, den Wohnbedarf des Schuldners und seiner Unterhaltsberechtigten zu befriedigen, so wird dem Schuldner der aus dem durch den Verkauf erzielten Summe ein Betrag zugewiesen, welcher den der durchschnittlichen Miete einer Wohnung in derselben oder einer benachbarten Stadt für den Zeitraum von 12 bis 24 Monaten entspricht. Dabei spielt es keine Rolle, ob es sich bei dem Schuldner um einen Verbraucher oder ein Unternehmen handelt. Der Betrag wird vom Konkursrichter auf Antrag des Schuldners festgelegt. Der Konkursrichter berücksichtigt dabei die Wohnbedürfnisse des Schuldners, einschließlich der Zahl seiner Unterhaltsberechtigten, die Erwerbsfähigkeiten des Schuldners, die aus 806a dem Verkauf der Wohnung oder des Einfamilienhauses erzielte Summe und dem Gutachten des Konkursverwalters. Die Verfahrensbeteiligten sind berechtigt, gegen den Beschluss des Konkursrichters Beschwerde einzulegen. Erlauben es die Mittel der Konkursmasse und wurde die vom Schuldner verlassene Wohnung oder das Einfamilienhaus noch nicht verkauft, kann dem Schuldner durch den Konkursrichter eine Vorauszahlung auf den oben genannten Betrag gewährt werden.

807   **dd) Feststellung des Verteilungsplans.** Der Konkursrichter informiert den Schuldner und die Mitglieder des Gläubigerausschusses über die Erstellung des Verteilungsplans und gibt bekannt, dass der Verteilungsplan in der Geschäftsstelle des Konkursgerichts zur Einsicht hinterlegt wurde und innerhalb von zwei Wochen nach Bekanntgabe Widersprüche gegen den Verteilungsplan eingelegt werden können. Die Widersprüche gegen den Verteilungsplan kann der Schuldner oder der zur Befriedigung aus dem durch die Verwertung erzielten Betrag Berechtigte einlegen. Die gegen den Verteilungsplan eingelegten Widersprüche werden vom Konkursrichter geprüft. Gegen den Beschluss des Konkursrichters kann innerhalb von sieben Tagen Beschwerde eingelegt werden (zur Fristberechnung → Rn. 260).

808   Wurden keine Widersprüche eingelegt, ist der Verteilungsplan vom Konkursrichter festzustellen. Wurden Widersprüche eingelegt, erfolgt die Berichtigung und Feststellung des Verteilungsplans nach der Rechtskraft des Beschlusses des Konkursrichters über die Widersprüche und – im Falle seiner Anfechtung – nach dem Erlass des Beschlusses des Konkursgerichts.

809   **ee) Durchführung des Verteilungsplans.** Der Verteilungsplan ist unverzüglich nach seiner Feststellung durchzuführen. Die Durchführung des Verteilungsplans darf jedoch erst dann erfolgen, wenn der Beschluss über die Konkurserklärung rechtskräftig geworden ist. Wurde ein Widerspruch gegen den Verteilungsplan oder eine Beschwerde gegen den Beschluss über einen solchen Widerspruch eingelegt, wird der Plan in dem Umfang durchgeführt, welcher nicht von den Anträgen der Widersprüche oder Beschwerden betroffen ist. In diesem Fall wird der Umfang der Durchführung der Verteilung vom Konkursrichter festgelegt.

810   Bei der Durchführung des Verteilungsplans zahlt der Konkursverwalter entweder den dem Gläubiger zustehenden Betrag in bar aus oder überweist diesen auf das Bankkonto des Gläubigers. Nimmt der Gläubiger seine Forderung innerhalb eines Monats nicht an oder kann der ihm zustehende Betrag nicht ausbezahlt werden, weil bspw. eine falsche Anschrift oder keine Kontodaten angegeben wurden, wird der diesem Gläubiger zustehende Betrag in der Hinterlegungsstelle bei Gericht hinterlegt. Die Frist für die Abnahme von der Hinterlegungsstelle bei Gericht beträgt drei Jahre ab dem Tag, an dem der Beschluss über die Aufhebung oder Einstellung des Konkursverfahrens rechtskräftig geworden ist. Nach der Durchführung des Verteilungsplans legt der Konkursverwalter einen Bericht über die Durchführung des Verteilungsplans vor.

811   Der für die Befriedigung einer Forderung, für die ein Dritter als Bürge, Garant oder Mitschuldner haftet, ausgegliederte Betrag wird zwischen dem Gläubiger und dem Bürgen, Garanten oder Mitschuldner aufgeteilt. Dem Gläubiger ist die Summe auszuzahlen, die der Höhe seiner Forderung zum Zeitpunkt der Erstellung des Verteilungsplans entspricht. Dem Bürgen, Garanten oder Mitschuldner ist wiederum die Summe auszuzahlen, die der von ihm geleisteten Zahlung entspricht.

812   Der zur Befriedigung einer Forderung, dessen Höhe unter auflösender Bedingung steht, ausgegliederte Betrag wird dem Gläubiger ohne Sicherheiten ausbezahlt, es sei denn, der Gläubiger ist aufgrund des bestehenden Rechtsverhältnisses zwischen ihm und dem Schuldner zur Sicherung verpflichtet. Der für die Befriedigung einer Forderung, dessen Zahlung unter aufschiebender Bedingung steht, ausgegliederte Betrag wird dem Gläubiger ausbezahlt, wenn er nachweisen kann, dass die Bedingung eingetreten ist; andernfalls wird der Betrag in der Hinterlegungsstelle bei Gericht hinterlegt. Der für die Befriedigung einer nicht fälligen Forderung ausgegliederte Betrag wird in der Hinterlegungsstelle bei Gericht hinterlegt.

3. Befriedigung der Gläubiger

813   **a) Rangfolgen der Konkursforderungen.** Das KonkR in der am 1.1.2016 in Kraft getretenen Fassung sieht vier Rangordnungen der Konkursforderungen vor. Kosten des Konkursverfahrens und Verbindlichkeiten der Konkursmasse sind im Verhältnis zu den Rangordnungen vorrangig zu befriedigen, dh gehen den Rangordnungen vor. Die Befriedigung der Forderungen der ersten Rangordnung ist erst dann möglich, wenn in voller Höhe die Kosten des Konkursverfahrens und die Verbindlichkeiten der Konkursmasse, sowie die Unterhaltsverpflichtungen des Schuldners für den Zeitraum nach der Konkurserklärung, jeweils für jeden Berechtigten in der Höhe, welche den Mindestlohn nicht übersteigt, befriedigt werden. Der übrige Teil der Unterhaltsforderungen wird nicht aus der Konkursmasse befriedigt. Reicht der zur Verteilung bestimmte Betrag nicht

Internationales Insolvenzrecht – Polen

aus, um alle Forderungen vollständig zu befriedigen, werden die Forderungen einer weiteren Rangordnung erst dann befriedigt, wenn alle Forderungen der vorherigen Rangordnung vollständig befriedigt worden sind. Reicht der zur Verteilung bestimmte Betrag nicht aus, um alle Forderungen der gleichen Rangordnung vollständig zu befriedigen, werden diese Forderungen quotal befriedigt.

Für die Befriedigung der Gläubiger aus den Vermögensbestandteilen, die der Verwertung 814 nach besonderen Regeln unterliegen, gelten besondere Grundsätze. Forderungen, die mit einer Hypothek, einem Pfandrecht, Registerpfand, Steuerpfand oder einer Seehypothek gesichert sind, kraft Gesetzes erloschene Rechte, sowie Persönlichkeitsrechte und Forderungen, die ein Grundstück, ewiges Nießbrauch, genossenschaftliches Wohnungseigentumsrecht oder Seeschiff, welches in das Schiffsregister eingetragen ist, belasten, werden mit dem aus der Verwertung des belasteten Vermögensgegenstandes erzielten Betrag befriedigt. Dieser Betrag wird um die vollen Verwertungskosten dieses Gegenstands sowie andere Kosten des Konkursverfahrens gemindert und zwar in Höhe von höchstens einem Zehntel des bei der Verwertung erzielten Betrags, nicht jedoch mehr als um den Teil der Kosten des Konkursverfahrens, der sich aus dem Verhältnis des Wertes des belasteten Gegenstands zum Wert der gesamten Konkursmasse ergibt. Vor der Befriedigung der Persönlichkeitsrechte und Ansprüche, die den Kaufgegenstand belastet haben und die infolge des Verkaufs erloschen sind, sind Unterhaltsforderungen zu befriedigen sowie für den Zeitraum nach der Konkurserklärung anfallende Renten aus der Entschädigung wegen verursachter Krankheit, Arbeitsunfähigkeit, Behinderung oder Tod sowie aus der Umwandlung des lebenslangen Wohnrechts in eine Leibrente, als auch der Arbeitslohn, welcher dem Arbeitnehmer für seine Arbeitsleistung auf dem Grundstück, Schiff oder in der Räumlichkeit für den Zeitraum von drei Monaten vor dem Verkauf zusteht, aber lediglich bis zur Höhe des dreifachen Mindestlohns.

Forderungen und Rechte werden nach ihrer Rangordnung befriedigt. In der gleichen Rangord- 815 nung wie die Hauptforderung sind Ansprüche auf Nebenleistungen zu befriedigen, die von Sicherungen gemäß besonderen Bestimmungen umfasst sind. Der dem Gläubiger zustehende Betrag wird zunächst auf seine Hauptforderung, dann die Zinsen und sonstige Ansprüche auf Nebenleistungen angerechnet. Bei den Nebenansprüchen sind jedoch etwaige Verfahrenskosten, wie etwa aus einem Zivilverfahren gegen den Schuldner, in der letzten Rangordnung zu berücksichtigen.

b) Rangfolge der Befriedigung. Forderungen des ersten Rangs sind: 816
- Forderungen aus dem Arbeitsverhältnis, die dem Arbeitnehmer für den Zeitraum vor der Konkurserklärung des Schuldners zustehen, ausgenommen von Forderungen im Zusammenhang mit der Vergütung eines Vertreters des Schuldners oder der Vergütung einer Person, die Tätigkeiten im Zusammenhang mit der Verwaltung oder Aufsicht des Unternehmens des Schuldners ausgeübt hat; Ansprüche des Sicherungsfonds der Arbeitnehmerleistungen (poln. Fundusz Gwarantowanych Świadczeń Pracowniczych) auf Rückerstattung aus der Konkursmasse der Leistungen, die der Fonds an die Arbeitnehmer des Schuldners ausbezahlt hat;
- Forderungen der Landwirte aufgrund von Lieferverträgen von Produkten aus ihrem eigenen landwirtschaftlichen Betrieb;
- Unterhaltszahlungen;
- Renten als Entschädigung wegen verursachter Krankheit, Arbeitsunfähigkeit, Behinderung oder Tod;
- Renten aufgrund der Umwandlung des lebenslangen Wohnrechts in eine Leibrente;
- Arbeitgeberanteil der Sozialversicherungsbeiträge, die für die letzten drei Jahre vor der Konkurserklärung angefallen sind;
- die in dem Restrukturierungsverfahren aus den Handlungen des Verwalters entstandenen Forderungen oder Forderungen aus den Handlungen des Schuldners nach der Eröffnung des Restrukturierungsverfahrens, die nicht der Zustimmung des Gläubigerausschusses oder der Zustimmung des Gerichtssachwalters bedurften oder mit Zustimmung des Gläubigerausschusses oder der Zustimmung des Gerichtssachwalters vorgenommen wurden, wenn die Konkurserklärung infolge der Prüfung des vereinfachten Antrags auf Konkurserklärung erfolgte (→ Rn. 338 ff.);
- Forderungen aus Krediten, Darlehen, Anleihen, Garantien oder Akkreditiven oder anderen Finanzierungen, die in dem im Restrukturierungsverfahren angenommenen Vergleich vorgesehen sind, und die im Zusammenhang mit der Vergleichserfüllung gewährt wurden, wenn die Konkurserklärung infolge der Prüfung eines Konkursantrages erfolgte, welcher spätestens drei Monate nach der rechtskräftigen Aufhebung des Vergleichs gestellten worden ist.

Die Forderungen des zweiten Rangs sind andere Forderungen, die nicht der Befriedigung in 817 den anderen Rängen unterliegen, insbesondere Steuern und andere öffentliche Abgaben und Sozialversicherungsabgaben. Dieser Rang umfasst sowohl Steuerverbindlichkeiten des Schuldners als auch privatrechtliche Verbindlichkeiten, insbesondere gegenüber Geschäftspartnern des Schuldners. Das polnische Konkursrecht sieht derzeit kein Vorrang der Steuerforderungen vor.

818 Zu den Forderungen des dritten Rangs gehören die Zinsen auf Forderungen, die in die höheren Ränge fallen, in der Reihenfolge, in der die Forderungen zu befriedigen sind, sowie Gerichts- und Verwaltungsgeldstrafen, sowie Ansprüche aus Schenkungen und Vermächtnissen.

819 Die Forderungen des vierten Rangs sind Forderungen gegenüber Gesellschaftern oder Aktionären des Schuldners aus einem Darlehen oder einem anderen Rechtsgeschäft mit ähnlichen Wirkungen, insbesondere aus Lieferung von Waren mit gestundeter Zahlungsfrist, die an einen Schuldner erfolgte, der eine Kapitalgesellschaft ist, in dem Zeitraum von fünf Jahren vor der Konkurserklärung, samt Zinsen. Forderungen fallen nicht in diesen Rang und unterliegen der Befriedigung des zweiten Rangs, wenn es sich um Forderungen aus Darlehen und anderen ähnlichen Rechtsgeschäften handelt:
- die im Restrukturierungsverfahren sowie im Rahmen der Vergleichserfüllung vorgenommen wurden, oder
- die den Gesellschaftern oder Aktionären zustehen, die weniger als 10% Stimmen in der Gesellschafterversammlung oder in der Hauptversammlung der Gesellschaft halten, es sei denn, diese sind Mitglieder der Gesellschaftsorgane oder leiten tatsächlich ihre Angelegenheiten,
- die den Gesellschaftern oder Aktionären zustehen, die erst aufgrund eines im Rahmen des abgeschlossenen Restrukturierungsvergleichs vorgenommenen Debt-Equity-Swaps Anteile bzw. Aktien an dem Schuldner erworben haben, wenn das Darlehen oder das ähnliche Rechtsgeschäft vor diesem Erwerb vorgenommen wurden.

820 Die vorgenannten Bestimmungen gelten entsprechend für Darlehen oder andere Rechtsgeschäfte mit ähnlicher Wirkung, die dem Schuldner von einem Rechtssubjekt gewährt wurden, das unmittelbar die Stimmenmehrheit in der Gesellschafterversammlung oder in der Hauptversammlung einer Kapitalgesellschaft bzw. in einer Personenhandelsgesellschaft hält, wenn diese Gesellschaft eine Gesellschafterin oder Aktionärin des Schuldners ist.

XII. Bedeutung der Verfahrensbeendigung

821 Das Konkursgericht hebt das Konkursverfahren nach Durchführung des Schlussverteilungsplans als auch dann, wenn im Laufe des Verfahrens sämtliche Gläubiger befriedigt wurden, auf.

822 Bei Konkursverfahren über das Vermögen natürlicher Personen führt die Aufhebung des Verfahrens unabhängig von dem Aufhebungsgrund des Konkursverfahrens nicht zur Beendigung der Rechtspersönlichkeit des Schuldners. Nach der Aufhebung des Konkursverfahrens erlangt die natürliche Person das Recht, ihr Vermögen zu verwalten und über es zu verfügen, wieder. Eine natürliche Person, die Gewerbetätigkeiten ausübt, kann ferner die Einleitung des Verfahrens zur vollständigen oder teilweisen Restschuldbefreiung beantragen. Bei den Verbrauchern erfolgt die Restschuldbefreiung schon in Rahmen des Konkursverfahrens (→ Rn. 826 ff.).

823 Gegenüber juristischen Personen und sonstigen Organisationseinheiten führt die Aufhebung des Konkursverfahrens infolge der Durchführung des Schlussverteilungsplans dem Grundsatz nach zur Beendigung ihrer Rechtspersönlichkeit. Dies regeln besondere Vorschriften. Beispielsweise im Falle von Handelsgesellschaften beantragt der Konkursverwalter gemäß den Vorschriften des PPHGGB nach der Aufhebung des Konkursverfahrens die Löschung der Gesellschaft aus dem Unternehmerregister (KRS).

824 Bleibt nach der Aufhebung des Konkursverfahrens Vermögen des Schuldners, welcher eine Organisationseinheit ist, übrig, muss die rechtliche Existenz dieser Einheit nicht aufhören, insbesondere muss eine Handelsgesellschaft in einem solchen Fall nicht aus dem Unternehmerregister (KRS) gelöscht werden. Führte das Konkursverfahren, welches die Vermögensverwertung des Schuldners umfasste, zur Befriedigung sämtlicher Gläubiger und bleibt danach noch Vermögen der Gesellschaft übrig, so nimmt die Gesellschaft nach Aufhebung des Konkursverfahrens das verbliebene Vermögen an sich und trifft somit die Entscheidung über ihr Schicksal. In einer solchen Situation bestehen keine Hindernisse darin, dass sie Widerspruch gegen ihre Löschung aus dem Unternehmensregister (KRS) einlegt und ihre Tätigkeit wieder aufnimmt (SN 22.1.2010 – V CSK 208/09).

825 Die Aufrechterhaltung der rechtlichen Existenz des Schuldners kann auch im in dem Konkursverfahren abgeschlossenen Vergleich vorgesehen werden (→ Rn. 542 ff.).

XIII. Restschuldbefreiung

1. Normenzweck

Das Rechtsinstitut der Entschuldung ist charakteristisch für das Konkursverfahren gegenüber natürlichen Personen. Nur diese Personen behalten nach Abschluss des Konkursverfahrens ihre Rechtspersönlichkeit und sind weiterhin Rechtssubjekt der im Laufe des Verfahrens nicht befriedigten Verbindlichkeiten. Bei anderen Organisationseinheiten führt die Beendigung des Konkursverfahrens grundsätzlich zur Beendigung ihrer rechtlichen Existenz. Eine Ausnahme tritt nur dann ein, wenn während des Konkursverfahrens ein Vergleich mit den Gläubigern abgeschlossen wird. Ein Vergleich kann nämlich das Fortbestehen der Rechtspersönlichkeit des Schuldners vorsehen. 826

Der Vergleich kann auch den Erlass eines Teils der Verbindlichkeiten des Schuldners, darunter einer natürlichen Person, vorsehen. Ein solcher Schuldenerlass erfolgt jedoch auf der Grundlage der Bestimmungen des Vergleichs und nicht der gesetzlichen Bestimmungen über die Entschuldung. Aus dem Vorstehenden ergibt sich eindeutig, dass die Entschuldung ausschließlich ein Rechtsinstitut des Konkursverfahrens ist und im Restrukturierungsverfahren keine Anwendung findet. 827

Das polnische Konkursrecht erlaubt die Entschuldung sowohl von natürlichen Personen, die keine Geschäftstätigkeit ausüben, als auch von Unternehmern und anderen natürlichen Personen, in Bezug auf die kein Verfahren besonderer Art, das den sog. Verbrauchern vorbehalten ist, geführt wird (zur Konkursfähigkeit → Rn. 72 ff.). Die Voraussetzungen der Entschuldung und das diesbezügliche Verfahren sind zum Teil abweichend geregelt, weshalb sie nachstehend teilweise separat erläutert werden. 828

2. Entschuldung natürlicher Personen, die keine Geschäftstätigkeit ausüben

a) Einleitende Bemerkungen. Natürliche Personen, die keine Geschäftstätigkeit ausüben, können den Erlass von Schulden, die im Zuge des Konkursverfahrens nicht befriedigt worden sind, verlangen. Der Schuldenerlass ist in der Regel das Ergebnis der Durchführung des Plans der Rückzahlung der Gläubigerforderungen. Der Rückzahlungsplan legt den Rahmen der Probezeit fest, die der Entschuldung der natürlichen Person vorausgeht und diese bedingt. Die Verbindlichkeiten des Schuldners können jedoch auch ohne Rückzahlungsplan erlassen werden, sofern die im KonkR festgelegten restriktiven Voraussetzungen erfüllt sind. Es besteht auch die Möglichkeit des bedingten Erlasses der Verbindlichkeiten des Schuldners ohne die Aufstellung eines Gläubigerrückzahlungsplans. 829

b) Ablehnung der Aufstellung eines Rückzahlungsplans. Ab dem 24.3.2020 ist es zulässig, dass das Konkursgericht in Fällen, die vor diesem Datum zur Abweisung des Konkursantrags des Schuldners geführt haben, einen Beschluss erlässt, mit dem es die Aufstellung eines Gläubigerrückzahlungsplans ablehnt oder die Verbindlichkeiten des Schuldners ohne Aufstellung eines Gläubigerrückzahlungsplans erlässt oder bedingt erlässt. Der entsprechende Beschluss wird erlassen oder bedingt erlassen, wenn 1) der Schuldner zu seiner Zahlungsunfähigkeit geführt oder den Grad seiner Zahlungsunfähigkeit vorsätzlich erheblich erhöht hat, insbesondere durch Verschwendung von Vermögen und vorsätzliche Nichterfüllung seiner fälligen Verbindlichkeiten, oder 2) innerhalb von zehn Jahren vor dem Zeitpunkt der Einreichung des Konkursantrages gegen den Schuldner ein Konkursverfahren geführt wurde, in dem alle oder ein Teil seiner Verbindlichkeiten erlassen wurden. Das Konkursgericht ist jedoch nicht gezwungen, diese Bestimmungen anzuwenden. Das Konkursgericht kann beschließen, einen Gläubigerzahlungsplan aufzustellen oder ohne Erstellung des Gläubigerzahlungsplans die Verbindlichkeiten des Schuldners zu erlassen oder bedingt erlassen, wenn dies aus Billigkeits- oder anderen Gründen gerechtfertigt ist. In einem solchen Fall kann eine längere Rückzahlungsfrist festgelegt werden (→ Rn. 835 ff.). 829a

c) Rückzahlungsplan. aa) Erstellung des Rückzahlungsplans. Der Rückzahlungsplan wird grundsätzlich nach der Durchführung des endgültigen Verteilungsplans, der aus der Verwertung der Masse erzielten Geldmittel erstellt. Falls jedoch mangels Schuldnervermögen kein Verteilungsplan erstellt wurde, wird der Rückzahlungsplan unmittelbar nach der Feststellung der Forderungsliste erstellt. Zu diesem Zeitpunkt kann nämlich festgestellt werden, welcher Teil der Verbindlichkeiten des Schuldners im Konkursverfahren befriedigt wurde und welcher nicht (Witosz PrUpad/Buk/Chrapoński PrUpad Art. 491[14] Rn. 2). 830

Der Entwurf des Rückzahlungsplans samt seiner Begründung wird vom Konkursverwalter erstellt und dem Konkursgericht vorgelegt. Der Konkursverwalter fügt dem Entwurf des Rückzahlungsplans einen Nachweis über die Übermittlung des Entwurfs an den Schuldner und die Gläubiger sowie ggf. deren Stellungnahmen zu den vom Konkursverwalter ausgearbeiteten Rückzah- 831

Internationales Insolvenzrecht – Polen

lungsvorschlägen bei. Der Erstellung des Rückzahlungsplans geht eine Anhörung des Schuldners, des Konkursverwalters und der Gläubiger in einem Gerichtstermin voraus, es sei denn, dass keiner der Beteiligten die Durchführung des Gerichtstermins beantragt hat. Das Konkursgericht ist weder an den Entwurf des Konkursverwalters noch an die Stellungnahmen des Schuldners und der Gläubiger zum Rückzahlungsplan gebunden. Bei der Aufstellung des Rückzahlungsplans berücksichtigt das Konkursgericht die Erwerbsfähigkeit des Schuldners, den Unterhaltsbedarf des Schuldners und der Personen, gegenüber denen er unterhaltspflichtig ist, einschließlich ihres Wohnbedarfs, sowie die Höhe der noch nicht befriedigten Forderungen der Gläubiger des Schuldners.

832 Der Beschluss über die Aufstellung des Rückzahlungsplans wird nicht von Amts wegen zugestellt. Gegen den Beschluss können der Schuldner und die Gläubiger, sowie auch der Konkursverwalter, jedoch ausschließlich in dem Umfang, in welchem über die ihm zustehende Vergütung entschieden wurde, eine Beschwerde einlegen. Die Beschwerde ist innerhalb von sieben Tagen einzulegen (zur Fristberechnung → Rn. 260).

833 Gegen den Beschluss des Konkursgerichts zweiter Instanz betreffend der die Aufstellung des Rückzahlungsplans kann eine Kassationsklage (poln. skarga kasacyjna) beim Obersten Gerichtshof (poln. Sąd Najwyższy) eingelegt werden. Die Kassationsklage ist grundsätzlich innerhalb von zwei Monaten ab dem Tag der Zustellung der Entscheidung samt ihrer Begründung der klagenden Person, beim Konkursgericht, das die Entscheidung erlassen hat, einzulegen. Dies ist ein Ausnahmefall in den Bestimmungen des KonkR, welches grundsätzlich keine Kassationsklage zulässt. Begründet wird dies mit der erheblichen Bedeutung der Entschuldung für natürliche Personen, aber auch bspw. für Kreditinstitute, bei denen der Erlass der Verbindlichkeiten der Schuldner eine Anpassung der Höhe ihrer Rückstellungen erfordert (Witosz PrUpad/Buk/Chrapoński PrUpad Art. 491[17] Rn. 1). Im Falle der Einlegung einer Kassationsklage, falls vorher der Schuldner den angefochtenen Rückzahlungsplan tatsächlich ganz durchgeführt hat, kann das Konkursgericht auf Antrag des Kassationsklägers den Erlass des Beschlusses über die Durchführung des Plans aussetzen. Wird der Beschluss über die Aufstellung des Rückzahlungsplans infolge der Kassationsklage aufgehoben, so ist der etwaige Beschluss über die Durchführung des Rückzahlungsplans aufzuheben.

834 Es ist zu betonen, dass es für den Übergang des Schuldners in die Entschuldungsphase unerheblich ist, ob die Gläubiger ihre Forderungen angemeldet haben und ob in der Forderungsliste überhaupt irgendwelche Forderungen eingetragen wurden, sei es solche, die eine Forderungsanmeldung erfordern, oder solche, die von Amts wegen in die Forderungsliste einzutragen sind (Hrycaj Monitor Prawniczy 2016 Nr. 2, 77–78). Im Falle des Fehlens von Forderungen stellt das Konkursgericht einfach einen Null-Rückzahlungsplan für die Forderungen auf. Sind die Verfahrenskosten zu decken, wird die Durchführung des Rückzahlungsplans nach deren Befriedigung festgestellt. Dies hat den Erlass der Verbindlichkeiten des Schuldners gem. den einschlägigen allgemeinen Grundsätzen zur Folge.

835 **bb) Inhalt des Rückzahlungsplans.** In dem Beschluss, einen Rückzahlungsplan für die Gläubiger aufzustellen, führt das Gericht die an dem Rückzahlungsplan beteiligten Gläubiger auf und verteilt vorhandene Geldmittel der Konkursmasse im Verfahren, welche aufgebracht worden sind, unter den am Rückzahlungsplan beteiligten Gläubigern. Darüber hinaus stellt es fest, ob der Schuldner zu seiner Zahlungsunfähigkeit geführt hat oder diese vorsätzlich oder grob fahrlässig erheblich erhöht hat, und bestimmt, in welchem Umfang und Zeitraum der Schuldner verpflichtet ist, seine Verbindlichkeiten zu zahlen, und welcher Teil der vor dem Zeitpunkt der Konkurserklärung entstandenen Verbindlichkeiten des Schuldners nach Ausführung des Gläubigerrückzahlungsplans erlassen wird. Grundsätzlich sollte die Rückzahlungsperiode drei Jahre nicht überschreiten. Wird festgestellt, dass der Schuldner zu seiner Zahlungsunfähigkeit geführt hat oder diese vorsätzlich oder grob fahrlässig erheblich erhöht hat, darf der Rückzahlungsplan der Gläubiger nicht für weniger als drei Jahre oder mehr als sieben Jahre festgelegt werden. Die Rückzahlungsfrist kann auch gekürzt werden. Zahlt ein Schuldner durch die Umsetzung des Gläubigerrückzahlungsplans mindestens 70 % der durch den Gläubigerrückzahlungsplan umgefassten Verbindlichkeiten zurück, darf der Gläubigerrückzahlungsplan nicht für mehr als einem Jahr festgelegt werden. Zahlt der Schuldner andererseits im Rahmen der Umsetzung eines Rückzahlungsplans mindestens 50 % der Verbindlichkeiten zurück, kann der Rückzahlungsplan für die Gläubiger nicht für einen Zeitraum von mehr als zwei Jahren festgelegt werden. Es handelt sich hier ausschließlich um Verbindlichkeiten, die in der Forderungsliste eingetragen worden sind. Gläubiger, die ihre Forderungen nicht angemeldet haben, sind im Rückzahlungsplan nicht einbezogen. Sie sind jedoch grundsätzlich nach der Durchführung des Rückzahlungsplans von dem Erlass der Verbindlichkeiten des Schuldners betroffen. Zu den oben genannten Rückzahlungsfristen zählt der Zeitraum vom Ablauf von sechs Monaten ab dem Datum der Konkurserklärung bis zum Datum der Festlegung des Rückzahlungsplans für die Gläubiger, es sei denn, der Schuldner könnte die Verfahrenskosten, die durch die Staatskasse vorübergehend getragen worden sind, nicht vollständig decken. Zu den Rückzahlungsfristen zählt nicht der Zeitraum des bedingten Erlasses der Verbindlichkeiten des Schuldners, ohne Festlegung des Rückzahlungsplans der Gläubiger. Das KonkR sieht nicht vor, dass der Schuldner seine Verbindlichkeiten in einer anderen Form als in Geld befriedigen kann (Witosz PrUpad/Buk/Chrapoński PrUpad Art. 491^{15} Rn. 7). Die Befriedigung der Gläubiger sollte verhältnismäßig zur Höhe der ihnen zustehenden, bisher nicht befriedigten Forderungen, erfolgen, ohne einen der Gläubiger zu bevorzugen (Adamus PrUp, 2. Aufl. 2018, PrUp 491^{15} Rn. 3).

Verbindlichkeiten, die nach der Konkurserklärung entstanden und im Laufe des Verfahrens nicht befriedigt worden sind, werden im Rückzahlungsplan in voller Höhe berücksichtigt, wobei ihre Rückzahlung in Raten erfolgen kann. Die Ratenzahlung darf nicht über einen Zeitraum hinausgehen, der für die Durchführung des Rückzahlungsplans vorgesehen wurde. 836

Die Verfahrenskosten, die vorübergehend von der Staatskasse gedeckt werden, und andere Verbindlichkeiten der Konkursmasse, die im Laufe des Verfahrens nicht befriedigt werden, sind in vollem Umfang in den Rückzahlungsplan der Gläubiger zu berücksichtigen, es sei denn, dass die Erwerbsfähigkeit des Schuldners, die Notwendigkeit, den Schuldner und seine Unterhaltsberechtigten zu unterhalten, und deren Wohnbedürfnisse es nicht erlauben, die Verfahrenskosten, die vorübergehend von der Staatskasse getragen worden sind, und andere Verbindlichkeiten der Konkursmasse, die im Laufe des Verfahrens nicht befriedigt werden, in vollem Umfang zu befriedigen. Liegen keine Forderungsanmeldungen vor und sind keine Forderungen vorhanden, die in dem Konkursverfahren von Amts wegen in die Forderungsliste aufgenommen worden wären, so werden nur die im vorstehenden Satz genannten Verbindlichkeiten in dem Gläubigerrückzahlungsplan berücksichtigt. Sind solche Verbindlichkeiten nicht vorhanden, so werden die Verbindlichkeiten des Schuldners ohne Ausstellung des Gläubigerrückzahlungsplans erlassen. Die Verfahrenskosten, die vorübergehend von der Staatskasse gedeckt worden sind und die nicht im Rückzahlungsplan für die Gläubiger enthalten sind oder bei der Umsetzung des Rückzahlungsplans für die Gläubiger nicht befriedigt werden, werden von der Staatskasse getragen. 837

cc) **Rechtsfolgen und Durchführung des Rückzahlungsplans.** Mit Rechtskraft des Beschlusses über die Aufstellung des Rückzahlungsplans wird das Konkursverfahren beendet. Der Konkursverwalter legt seine Funktion nieder. Der Schuldner erlangt das Recht, sein Vermögen zu verwalten und über es zu verfügen, wieder. Dieses ist jedoch wegen dem Rückzahlungsplan teilweise eingeschränkt (Witosz PrUpad/Buk/Chrapoński PrUpad Art. 491^{14} Rn. 6 sowie Art. 491^{18} Rn. 1). Nachdem der Beschluss über die Aufstellung des Rückzahlungsplans rechtskräftig geworden ist, beginnt die Durchführungsphase des Rückzahlungsplans und erst nach Ablauf dieser Phase werden die Verbindlichkeiten des Schuldners erlassen. 838

Die Aufstellung des Rückzahlungsplans berührt nicht die Rechte des Gläubigers gegenüber dem Bürgen des Schuldners und gegenüber dessen Mitschuldner, sowie Rechte aus der Hypothek, dem Pfand, Registerpfand, Steuerpfand oder einer Seehypothek, falls sie am Vermögen eines Dritten begründet wurden. Die Aufstellung des Rückzahlungsplans und der Erlass der Verbindlichkeiten des Schuldners sind auch im Verhältnis zwischen dem Schuldner und dem Bürgen, Garanten und Mitschuldner des Schuldners wirksam. 839

Während der Durchführung des Rückzahlungsplans ist es grundsätzlich nicht zulässig, ein Zwangsvollstreckungsverfahren in Bezug auf Forderungen, die vor der Aufstellung des Rückzahlungsplans entstanden sind, einzuleiten. Ausnahmen stellen Unterhaltsforderungen, Verbindlichkeiten aus Renten aus der Entschädigung wegen verursachter Krankheit, Arbeitsunfähigkeit, Behinderung oder Tod sowie Verpflichtungen zur Zahlung der vom Strafgericht verhängten Bußgelder sowie verschiedene Schadensersatzansprüche oder Schmerzensgelder. Das Vollstreckungsverbot erstreckt sich auch nicht auf solche Verbindlichkeiten, unabhängig von ihrer Art, die der Schuldner vorsätzlich verheimlicht hat, falls der Gläubiger am Konkursverfahren nicht beteiligt war. 840

Der Gläubiger ist zur Durchführung der Zwangsvollstreckung auch dann nicht berechtigt, wenn der Schuldner den Rückzahlungsplan nicht durchführt. In diesem Fall steht es dem Gläubiger nur zu, die Annullierung des Rückzahlungsplans zu verlangen (Witosz PrUpad/Buk/Chrapoński PrUpad Art. 491^{15} Rn. 14) (→ Rn. 848 ff.). 841

Während der Durchführung des Rückzahlungsplans kann der Schuldner keine Rechtsgeschäfte in Bezug auf sein Vermögen vornehmen, die seine Fähigkeit zur Durchführung des Rückzahlungsplans beeinträchtigen könnten. Es ist anzunehmen, dass es sich nur um Rechtsgeschäfte unter Lebenden handelt und dass die Testierfreiheit des Schuldners nicht eingeschränkt ist (Adamus PrUp, 2. Aufl. 2018, PrUp 491^{18} Rn. 7). In besonders begründeten Fällen kann das Konkursgericht auf Antrag des Schuldners der Vornahme eines solchen Rechtsgeschäfts zustimmen oder die 842

Vornahme eines Rechtsgeschäfts dieser Art nachträglich genehmigen. Diese besonders begründeten Fälle sind insbesondere eine Krankheit oder ein Unfall des Schuldners oder seines Angehörigen, welche die Beschaffung von Mitteln zur Deckung der Behandlungs- oder Rehabilitationskosten erforderlich machen (Witosz PrUpad/Buk/Chrapoński PrUpad Art. 491^{14} Rn. 6 sowie Art. 491^{18} Rn. 3), sowie die Notwendigkeit des Einkaufs von Gegenständen durch den Schuldner, die für dessen Berufstätigkeit sowie eventuelle Geschäftstätigkeit, die er während der Durchführung des Rückzahlungsplans begonnen hat, erforderlich sind (Adamus PrUp, 2. Aufl. 2018, PrUp 491^{18} Rn. 4). Die Vornahme eines Rechtsgeschäfts durch den Schuldner unter den beschriebenen Umständen ohne Zustimmung bzw. Genehmigung des Konkursgerichts ist mit der Sanktion der Nichtigkeit behaftet. Darüber hinaus stellt dies eine Voraussetzung für die Annullierung des Rückzahlungsplans dar.

843   Der Schuldner ist verpflichtet, dem Konkursgericht jährlich bis Ende April einen Bericht über die Durchführung des Rückzahlungsplans für das vorangegangene Kalenderjahr vorzulegen, in dem er die erzielten Einnahmen, die zurückgezahlten Beträge und die erworbenen Vermögensbestandteile, deren Wert über die vom Präsidenten des Statistischen Zentralamtes (poln. Prezes Głównego Urzędu Statystycznego) veröffentlichte durchschnittliche monatliche Vergütung im Sektor der Unternehmen ohne Gewinnauszahlung für das letzte Quartal des Berichtszeitraums hinausgeht, anzugeben hat. Der Schuldner fügt dem Bericht eine Kopie der abgegebenen jährlichen Steuererklärung bei.

844   **dd) Änderung des Rückzahlungsplans.** Die Rückzahlung der Gläubiger kann maximal für 36 Monate eingeplant werden. Während dieser Zeit kann sich die finanzielle Situation des Schuldners ändern. Kann der Schuldner im Laufe der Durchführung des Rückzahlungsplans die in diesem festgelegten Pflichten nicht erfüllen, so kann das Konkursgericht den Rückzahlungsplan ändern. Insbesondere kann das Konkursgericht die Rückzahlungsfristen der Forderungen um einen weiteren Zeitraum, jedoch nicht mehr als um 18 Monate, verlängern sowie den Wert der einzelnen Raten herabsetzen oder eine Karenzfrist einräumen. Ein Antrag auf Änderung des Rückzahlungsplans aufgrund der oben genannten Voraussetzung kann nur vom Schuldner gestellt werden. Das Konkursgericht entscheidet über die Änderung des Rückzahlungsplans nach Anhörung des Schuldners und der Gläubiger, die vom Rückzahlungsplan betroffen sind. Das Konkursgericht ist weder an den Antrag und die Stellungnahme des Schuldners noch die Stellungnahme der anderen Verfahrensbeteiligten gebunden. Sowohl über die Änderung des Rückzahlungsplans als auch über den Umfang der Änderungen entscheidet das Konkursgericht nach eigenem Ermessen (Witosz PrUpad/Buk/Chrapoński PrUpad Art. 491^{14} Rn. 6 sowie Art. 491^{19} Rn. 2). Der Schuldner und die Gläubiger sind berechtigt, gegen den Beschluss des Konkursgerichts eine Beschwerde, und gegen den Beschluss des Konkursgerichts zweiter Instanz eine Kassationsklage innerhalb von zwei Monaten einzulegen. Die Beschwerde ist innerhalb von sieben Tagen einzulegen (zur Fristberechnung → Rn. 260).

845   Im Falle einer erheblichen Verbesserung der Vermögenslage des Schuldners während der Durchführung des Rückzahlungsplans, die sich aus anderen Gründen als einer Erhöhung des Arbeitslohnes oder des durch den Schuldner persönlich ausgeübten Erwerbstätigkeit erzielten Einkommens ergibt, kann die Änderung des Rückzahlungsplans vom Schuldner und von jedem Gläubiger beantragt werden. Die Verbesserung muss erheblich sein, dh sie muss sich auf die Fähigkeit des Schuldners zur Befriedigung der Gläubiger tatsächlich auswirken. Sie muss auch erst in der Durchführungsphase des Rückzahlungsplans erfolgen, also nachdem der Beschluss über die Aufstellung des Rückzahlungsplans rechtskräftig geworden ist. Eine Einkommensänderung, die im Hinblick auf die Möglichkeit einer Änderung des Rückzahlungsplans relevant ist, besteht bspw. darin, dass der Schuldner eine Erbschaft von erheblichem Wert, eine Schenkung oder einen Preis in einem Gewinnspiel erhält, und nicht in einer Erhöhung seines Arbeitslohnes oder seiner Einnahmen aus seiner Erwerbstätigkeit. Wesentlich ist, dass das hier genannte Recht auf Beantragung einer Änderung des Rückzahlungsplans auch jedem Gläubiger zusteht, dessen Forderung, die vor der Aufstellung des Rückzahlungsplans entstanden sind, nicht in die Forderungsliste eingetragen wurde und erst später durch eine rechtskräftige Entscheidung, einen gerichtlichen Vergleich oder einen endgültigen Verwaltungsentscheidung festgestellt worden sind.

846   Das Konkursgericht entscheidet über die Änderung des Rückzahlungsplans nach Anhörung des Schuldners und der im Rückzahlungsplan erfassten Gläubiger. Gegen den Beschluss können der Schuldner und die Gläubiger eine Beschwerde einlegen; gegen den Beschluss des Konkursgerichts zweiter Instanz steht jedoch keine Kassationsklage zu. Die Beschwerde ist innerhalb von sieben Tagen einzulegen (zur Fristberechnung → Rn. 260).

847   Die Änderung des Rückzahlungsplans gegenüber einem Schuldner kann sogar mehrmals erfolgen, auch in umgekehrter Richtung (Adamus PrUp, 2. Aufl. 2018, PrUp 491^{19} Rn. 8, 21).

ee) Annullierung des Rückzahlungsplans. Neben der Möglichkeit, den Rückzahlungsplan 848
zu ändern, sieht das KonkR auch die Möglichkeit der Annullierung des Rückzahlungsplans als
Ganzes vor. Das Konkursgericht annulliert den Rückzahlungsplan, wenn der Schuldner:
- die im Rückzahlungsplan festgelegten Verpflichtungen nicht erfüllt, insbesondere die dort bestimmten Zahlungen nicht leistet;
- den Bericht über die Durchführung des Rückzahlungsplans nicht fristgerecht vorgelegt hat;
- im Bericht über die Durchführung des Rückzahlungsplans das erzielte Einkommen oder die erworbenen Vermögensbestandteile verheimlicht hat;
- ohne Zustimmung des Konkursgerichts ein Rechtsgeschäft über sein Vermögen vorgenommen hat, das seine Fähigkeit zur Durchführung des Rückzahlungsplans beeinträchtigen könnte, bzw. dieses Rechtsgeschäft vom Konkursgericht nachträglich nicht genehmigt wurde;
- sein Vermögen verheimlicht bzw. ein Rechtsgeschäft des Schuldners als zur Gläubigerbenachteiligung vorgenommenes Rechtsgeschäft rechtskräftig festgestellt wurde.

Das Konkursgericht handelt hier von Amts wegen oder auf Antrag des Gläubigers. Der Schuldner 849
ist nicht berechtigt, den Antrag zu stellen. Das Konkursgericht kann den Antrag auf Annullierung
des Rückzahlungsplans abweisen, wenn die Pflichtverletzung durch den Schuldner geringfügig ist
oder die weitere Durchführung des Rückzahlungsplans aus Billigkeitsgründen oder aus humanitären Gründen gerechtfertigt ist.

Das Konkursgericht erlässt einen Beschluss über die Annulliert des Rückzahlungsplans nach 850
Anhörung des Schuldners und der Gläubiger, die vom Rückzahlungsplan betroffen sind. Gegen
den Beschluss können der Schuldner und die Gläubiger eine Beschwerde einlegen. Die
Beschwerde ist innerhalb von sieben Tagen einzulegen (zur Fristberechnung → Rn. 260). Eine
Kassationsklage ist nicht zulässig.

Wird der Rückzahlungsplan rechtskräftig annulliert, kommt es nicht zum Erlass der Verbindlich- 851
keiten des Schuldners. Die Gläubiger können gegen den Schuldner ein Zwangsvollstreckungsverfahren einleiten. Beträge, die die Gläubiger im Rahmen der Durchführung der Verteilungs- und
Rückzahlungsplans bereits erhalten haben, werden auf die bestehenden Forderungen angerechnet
(Adamus PrUp, 2. Aufl. 2018, PrUp 491[20] Rn. 15).

ff) Annullierung des Rückzahlungsplans und Erlass der Verbindlichkeiten. Von dem 852
oben beschriebenen Institut der Annullierung des Rückzahlungsplans (→ Rn. 848) ist das Verfahren zur Annullierung des Rückzahlungsplans und des Erlasses der Verbindlichkeiten zu unterscheiden. Dieses Verfahren ist derzeit nur im Verfahren gegenüber natürlichen Personen, die keine
Geschäftstätigkeit ausüben, möglich.

Das Konkursgericht kann auf Antrag des Schuldners und nach Anhörung der Gläubiger den 853
Rückzahlungsplan annullieren und gleichzeitig alle nicht erfüllten Verbindlichkeiten des Schuldners, die im Rückzahlungsplan erfasst worden sind, also auch solche, die nach dem Tag der
Konkurserklärung entstanden sind, sowie die Verfahrenskosten, erlassen, wenn die Unmöglichkeit,
die im Rückzahlungsplan festgelegten Verpflichtungen zu erfüllen, einen dauerhaften Charakter
hat und sich vom Schuldner unabhängigen Umständen ergibt. Der Zeitraum der andauernden
Unmöglichkeit, die im Rückzahlungsplan festgelegten Verpflichtungen zu erfüllen, sollte in einem
Zeithorizont betrachtet werden, der bis zur geplanten Beendigung der Durchführung des Rückzahlungsplans bestehen bleibt. Die vom Schuldner unabhängigen Umstände sind vor allem Krankheit, eine plötzliche Veränderung der Familiensituation, ein durch den Schuldner unverschuldeter
Verlust der Berechtigungen, die zu Berufsausübung erforderlich sind, usw (Adamus PrUp, 2. Aufl.
2018, PrUp 491[19] Rn. 15).

Gegen den Beschluss des Konkursgerichts über die Annullierung des Rückzahlungsplans und 854
den Erlass der Verbindlichkeiten des Schuldners können der Schuldner und die Gläubiger eine
Beschwerde einlegen. Die Beschwerde ist innerhalb von sieben Tagen einzulegen. Der Beschluss
des Konkursgerichts zweiter Instanz ist mit einer Kassationsklage innerhalb von zwei Monaten
anzufechten (zur Fristberechnung → Rn. 260).

Die Rechtsfolgen der Rechtskraft des Beschlusses über die Annullierung des Rückzahlungsplans 855
und den Erlass der Verbindlichkeiten des Schuldners entsprechen den Folgen der Rechtskraft eines
Beschlusses über die Feststellung der Durchführung des Rückzahlungsplans und den Erlass der
Verbindlichkeiten des Schuldners, die vor dem Tag der Konkurserklärung entstanden und im Zuge
der Durchführung des Rückzahlungsplans nicht erfüllt worden sind (→ Rn. 899 ff.).

gg) Feststellung der Durchführung des Rückzahlungsplans. Nachdem der Schuldner die 856
im Rückzahlungsplan festgelegten Verpflichtungen erfüllt hat, erlässt das Konkursgericht einen
Beschluss über die Feststellung der Durchführung des Rückzahlungsplans und den Erlass der
Verbindlichkeiten des Schuldners, die vor dem Tag der Konkurserklärung entstanden und im Zuge
der Durchführung des Rückzahlungsplans nicht erfüllt worden sind. Das Konkursgericht handelt

Internationales Insolvenzrecht – Polen

hier in der Regel aufgrund einer Initiative des Schuldners, welcher beim Konkursgericht ein Schreiben einreicht, in dem er Behauptungen und Beweise betreffend die Durchführung des aufgestellten Rückzahlungsplans vorbringt (Zimmerman PrUpPrRest 491[21] Rn. 1). Der Beschluss des Konkursgerichts kann in einer geschlossenen Sitzung erlassen werden, und bei Bedarf hört das Konkursgericht den Schuldner oder die Gläubiger an und kann von ihnen auch schriftliche Erklärungen entgegennehmen. Gegen den Beschluss können der Schuldner und die Gläubiger eine Beschwerde einlegen. Die Beschwerde ist innerhalb von sieben Tagen einzulegen (zur Fristberechnung → Rn. 260).

857 Unterhaltsforderungen, Verbindlichkeiten aus Renten aus der Entschädigung wegen verursachter Krankheit, Arbeitsunfähigkeit, Behinderung oder Tod, Verpflichtungen zur Zahlung der vom Strafgericht verhängten Bußgelder sowie Schadensersatze oder Schmerzensgelder werden nicht erlassen. Darüber hinaus erstreckt sich die Entschuldung nicht auf Verbindlichkeiten, die der Schuldner bewusst verheimlicht hat, falls der Gläubiger am Verfahren nicht beteiligt war.

858 Dem Erlass unterliegen auch nicht die strittigen Forderungen, deren Eintragung in die Forderungsliste verweigert wurde. Der Gläubiger kann deren Feststellung und Befriedigung vom Schuldner nach Beendigung des Konkursverfahrens nach den allgemeinen Regeln verlangen (SN 27.3.2013 – I CSK 399/12).

859 Die Rechtskraft des Beschlusses über die Feststellung der Durchführung des Rückzahlungsplans und den Erlass der Verbindlichkeiten des Schuldners, die vor dem Tag der Konkurserklärung entstanden und im Zuge der Durchführung des Rückzahlungsplans nicht erfüllt worden sind, führt zum Erlöschen der nicht beglichenen Forderungen. Etwaige Rückzahlungen nach dem Tag der Durchführung des Rückzahlungsplans sind als zu Unrecht erbrachte Leistungen zu betrachten. Die Einleitung eines Zwangsvollstreckungsverfahrens in Bezug auf eine Forderung, die vor dem Tag der Aufstellung des Rückzahlungsplans entstanden ist, ist unzulässig, mit Ausnahme der Forderungen, die keinem Erlass unterliegen. Der Schuldner kann im Wege der Vollstreckungsabwehrklage verlangen, dass etwaige Vollstreckungstitel in Bezug auf die vom Erlass umfassten Forderungen für nicht vollstreckbar erklärt werden. Es ist auch nicht zulässig, gegen den Schuldner ein gerichtliches Verfahren zur Feststellung der erlassenen Forderungen zu führen.

860 **d) Erlass der Verbindlichkeiten ohne Aufstellung des Rückzahlungsplans.** Der Erlass der Verbindlichkeiten ist auch ohne Aufstellung und Durchführung des Rückzahlungsplans möglich. Das Konkursgericht erlässt die Verbindlichkeiten des Schuldners, ohne einen Rückzahlungsplan aufzustellen, wenn die persönlichen Verhältnisse des Schuldners eindeutig zeigen, dass er dauerhaft nicht in der Lage wäre, irgendwelche Zahlungen im Rahmen des Rückzahlungsplans zu leisten bzw. solche Zahlungen nur geringfügig sein könnten (Adamus PrUp, 2. Aufl. 2018, PrUp 491[16] Rn. 2). Es handelt sich hier um extreme Fälle, in denen der Schuldner im Grunde genommen überhaupt nicht fähig ist, die Gläubiger zu befriedigen, bspw. im Falle einer schweren Krankheit oder eines fortgeschrittenen Alters des Schuldners, bei einem sehr niedrigen Einkommen ohne Aussichten auf eine Einkommenserhöhung. Falls die Verbindlichkeiten des Schuldners ohne Aufstellung des Rückzahlungsplans erlassen werden, beschließt das Konkursgericht, dass die vorläufig durch die Staatskasse gedeckten Verfahrenskosten endgültig der Staatskasse aufzuerlegen sind.

861 Das Verfahren, das dem Beschluss des Konkursgerichts über den Erlass der Verbindlichkeiten des Schuldners ohne Aufstellung des Rückzahlungsplans vorangeht, sowie die Zulässigkeit der Beschwerde gegen einen solchen Beschluss sind gleich wie im Falle der Aufstellung des Rückzahlungsplans gestaltet (→ Rn. 832 ff.). Die Rechtsfolgen der Rechtskraft des Beschlusses entsprechen auch den Rechtsfolgen des Beschlusses über die Feststellung der Durchführung des Rückzahlungsplans und den Erlass der Verbindlichkeiten des Schuldners, die vor dem Tag der Konkurserklärung entstanden und im Zuge der Durchführung des Rückzahlungsplans nicht erfüllt worden sind (→ Rn. 899 ff.).

862 **e) Bedingter Erlass der Verbindlichkeiten des Schuldners.** Ist die Unfähigkeit, Zahlungen im Rahmen des Gläubigerrückzahlungsplans aufgrund der persönlichen Situation des Schuldners zu leisten, nicht dauerhafter, erlässt das Konkursgericht die Verbindlichkeiten des Schuldners, ohne einen Gläubigerrückzahlungsplan aufzustellen, vorausgesetzt, dass innerhalb von fünf Jahren nach Rechtskraft des Beschlusses des weder der Schuldner noch ein Gläubiger einen Gläubigerrückzahlungsplan beantragt.

863 Ein solcher Antrag kann gestellt werden, wenn innerhalb dieser fünf Jahre die Zahlungsunfähigkeit des Schuldners im Rahmen des Rückzahlungsplans für die Gläubiger endet. In einem solchen Fall ist das Gericht verpflichtet, den Beschluss zum bedingten Erlass der Verbindlichkeiten des Schuldners ohne Aufstellung des Gläubigerrückzahlungsplans aufzuheben, und einen Gläubigerrückzahlungsplan zu den allgemeinen Bedingungen festzulegen (→ Rn. 835). Der Antrag kann

auch nach Ablauf der fünf-jährigen Frist gestellt werden, aber dann liegt es im Ermessen des Gerichts, zu entscheiden, ob der Beschluss zum bedingten Erlass der Verbindlichkeiten aufgehoben werden soll. Innerhalb von fünf Jahren ab dem Zeitpunkt, in dem der Beschluss zum bedingten Erlass der Verbindlichkeiten des Schuldners ohne Aufstellung des Gläubigerrückzahlungsplans rechtskräftig geworden ist, darf der Schuldner keine Rechtshandlungen hinsichtlich seines Vermögens vornehmen, die seine finanzielle Lage verschlechtern könnten. In besonders gerechtfertigten Fällen kann das Konkursgericht auf Antrag des Schuldners einer solchen Rechtshandlung zustimmen oder deren Vornahme genehmigen. Der Schuldner ist auch verpflichtet, dem Gericht jährlich bis Ende April einen Bericht über seine Vermögens- und berufliche Lage für das vorangegangene Kalenderjahr vorzulegen. Dem Konkursgericht ist eine Kopie der eingereichten Steuererklärung beizufügen.

Das Gericht hebt den Beschluss zum bedingten Erlass der Verbindlichkeiten des Schuldners ohne Aufstellung des Gläubigerrückzahlungsplans auf, wenn der Schuldner während des genannten fünf-jährigen Zeitraums nicht rechtzeitig Berichte vorlegt, falsche Angaben macht, eine Handlung zur Gläubigerbenachteiligung vornimmt, Vermögen verbirgt oder wenn eine Rechtshandlung des Schuldners als gläubigerbenachteiligend rechtskräftig anerkannt wird. Der Beschluss wird nicht aufgehoben, wenn die Pflichtverletzung unerheblich ist oder das Absehen eines solchen Beschlusses zum bedingten Erlass der Verbindlichkeiten des Schuldners ohne Aufstellung des Gläubigerrückzahlungsplans aus Billigkeitsgründen oder anderen Gründen gerechtfertigt ist. Wird der Beschluss zum bedingten Erlass der Verbindlichkeiten des Schuldners ohne Aufstellung des Gläubigerrückzahlungsplanes aufgehoben, werden die Verbindlichkeiten des Schuldners nicht erlassen. Stellt weder der Schuldner noch ein Gläubiger den Antrag, werden die Verbindlichkeiten des Schuldners nach Ablauf von fünf Jahren nach dem Zeitpunkt erlassen, in dem der Beschluss zum bedingten Erlass der Verbindlichkeiten des Schuldners ohne Aufstellung des Rückzahlungsplans für die Gläubiger rechtskräftig wird. Auf Antrag des Schuldners oder eines Gläubigers erlässt das Gericht einen Beschluss, in dem der Erlass der Verbindlichkeiten des Schuldners ohne Aufstellung des Rückzahlungsplans für die Gläubiger festgestellt wird. In dem Beschluss wird durch das Konkursgericht das Datum des Erlasses der Verbindlichkeiten des Schuldners festgelegt. 864

3. Entschuldung anderer natürlichen Personen

a) Vorbemerkungen. Eine Entschuldung können auch Unternehmer, die natürliche Personen sind, Gesellschafter von Personenhandelsgesellschaften, welche für die Verbindlichkeiten der Gesellschaft uneingeschränkt mit ihrem gesamten Privatvermögen haften, sowie Partner von polnischen Partnergesellschaften (poln. spółka partnerska) verlangen (zur Konkursfähigkeit → Rn. 72 ff.). Anders als im Falle des Konkursverfahrens gegenüber Personen, die keine Geschäftstätigkeit ausüben, ist die Beantragung der Aufstellung eines Rückzahlungsplans im vorliegenden Fall kein Bestandteil des Konkursverfahrens selbst, sondern ist erst nach seiner Aufhebung möglich. Erst ab dem 24.3.2020 ist es hier auch zulässig, die Verbindlichkeiten des Schuldners zu erlassen, ohne dass ein Rückzahlungsplan aufgestellt wird. Früher war die Erstellung des Planes erforderlich. Die Vorschriften zu diesem Verfahren entsprechen größtenteils den Bestimmungen über die Restschuldbefreiung im sog. Verbraucherkonkursverfahren. Auf die Kommentierungen bezüglich dieser ist daher zu verweisen. 865

b) Der Antrag auf Aufstellung eines Rückzahlungsplans. Der Schuldner kann innerhalb von 30 Tagen nach der Bekanntgabe des Beschlusses über die Aufhebung des Konkursverfahrens einen Antrag auf Aufstellung des Rückzahlungsplans und den Erlass des verbleibenden Teils der im Konkursverfahren nicht befriedigten Verbindlichkeiten stellen. Innerhalb der gleichen Frist kann der Schuldner auch den Erlass seiner Verbindlichkeiten beantragen, ohne dass ein Gläubigerrückzahlungsplan aufgestellt wird, wenn aus der persönlichen Situation des Schuldners eindeutig hervorgeht, dass er dauerhaft nicht in der Lage ist, Zahlungen im Rahmen des Gläubigerrückzahlungsplans zu leisten. Die Einleitung eines solchen Verfahrens kann nicht von Amts wegen erfolgen, und der Schuldner ist die einzige Person, die zur Antragstellung berechtigt ist. Der Antrag ist ein Prozessschriftsatz und muss alle Bedingungen eines solchen Schriftsatzes erfüllen (→ Rn. 65). Im Antrag hat der Schuldner den ggf. vorgeschlagenen Rückzahlungsplan sowie Begründung und Beweise für seine Stellungnahme vortragen. Der Schuldner sollte sich zum einen zu seinen Verdienstmöglichkeiten, seinen Existenzbedürfnissen und den Existenzbedürfnissen der Personen, zu deren Unterhalt er verpflichtet ist, einschließlich der Wohnbedürfnisse, und zum anderen zu der Höhe der Verbindlichkeiten, die in der Liquidationsphase des Konkursverfahrens nicht befriedigt worden sind, äußern (Witosz PrU- 866

Internationales Insolvenzrecht – Polen

pad/Buk/Chrapoński PrUpad Art. 370a Rn. 9). Der Schuldner sollte auch das Fehlen von negativen Tatbestandsmerkmalen nachweisen, die die Abweisung des Antrags auf Aufstellung eines Rückzahlungsplans zur Folge haben würden. Auf Antrag des Schuldners kann das Konkursgericht auch entscheiden, die Verbindlichkeiten des Schuldners bedingt ohne Aufstellung des Gläubigerrückzahlungsplans zu erlassen, wenn die sich aus der persönlichen Lage des Schuldners ergebende Unfähigkeit, Zahlungen nach dem Gläubigerrückzahlungsplan zu leisten, nicht dauerhaft ist (→ Rn. 862). Die Anträge sind in einem Gerichtstermin zu prüfen.

867 **c) Abweisung des Antrags auf Aufstellung des Rückzahlungsplans.** Ab dem 24.3.2020 sieht das KonkR nur fakultative Gründe für die Abweisung des Antrags auf Aufstellung eines Rückzahlungsplans vor.

868 Das Konkursgericht weist den Antrag ab, wenn der Schuldner seine Zahlungsunfähigkeit vorsätzlich oder grob fahrlässig herbeigeführt oder ihren Grad erheblich erhöht hat, insbesondere durch die Verschwendung von Vermögen und die vorsätzliche Nichterfüllung fälliger Verbindlichkeiten. Das Gericht kann jedoch davon absehen, den Konkursantrag abzuweisen, wenn dies aus Gründen der Billigkeit oder aus anderen Gründen gerechtfertigt ist.

869 Das Konkursgericht weist den Antrag auch dann ab, wenn im Zeitraum von zehn Jahren vor der Stellung des Konkursantrags ein Konkursverfahren in Bezug auf den Schuldner geführt wurde, in dem alle oder einige seiner Verbindlichkeiten erlassen wurden.

870 Auch in diesem Fall kann das Konkursgericht davon absehen, den Konkursantrag abzuweisen, wenn dies aus Billigkeits- oder anderen Gründen gerechtfertigt ist.

871 **d) Erstellung und Inhalt des Rückzahlungsplans.** Liegen in einem Fall keine Voraussetzungen der Abweisung des Antrags auf Aufstellung des Rückzahlungsplans vor bzw. wurde die Abweisung des Antrags aus Billigkeitsgründen oder aus humanitären Gründen verweigert, erstellt das Konkursgericht den Rückzahlungsplan der Gläubigerforderungen. Eine Person, die als Konkursverwalter in einem Konkursverfahren tätig war, hat auf Verlangen des Konkursgerichts innerhalb von 14 Tagen eine Beschreibung der Gründe für die Zahlungsunfähigkeit des Schuldners vorzulegen. Der Erstellung des Rückzahlungsplans geht auch die Anhörung des Schuldners, des Konkursverwalters und der Gläubiger voraus. Die Anhörung findet in einer Gerichtssitzung statt. Durch die Abwesenheit der Personen, die über die Gerichtssitzung informiert wurden, wird das Verfahren nicht gehemmt. Das Konkursgericht ist weder an den Antrag oder die Stellungnahme des Schuldners noch die Stellungnahme der anderen Verfahrensbeteiligten betreffend den Inhalt des Rückzahlungsplans gebunden. Bei der Aufstellung des Rückzahlungsplans berücksichtigt das Konkursgericht die Verdienstmöglichkeiten des Schuldners, seine Existenzbedürfnisse und die Existenzbedürfnisse der Personen, zu deren Unterhalt er verpflichtet ist, einschließlich der Wohnbedürfnisse sowie die Höhe der noch nicht befriedigten Forderungen.

872 Der Beschluss des Konkursgerichts über die Aufstellung des Rückzahlungsplans wird bekannt gegeben. Auch der Beschluss zum Erlassen oder bedingten Erlass der Verbindlichkeiten des Schuldners, ohne Rückzahlungsplan für die Gläubiger aufzustellen, sind bekannt zu geben. Gegen den Beschluss können der Schuldner und die Gläubiger eine Beschwerde einlegen. Die Beschwerde ist innerhalb von sieben Tagen einzulegen (zur Fristberechnung → Rn. 260).

873 Gegen den Beschluss des Konkursgerichts zweiter Instanz kann eine Kassationsklage innerhalb von zwei Monaten eingelegt werden. Im Falle der Einlegung einer Kassationsklage, falls vorher der Schuldner den angefochtenen Rückzahlungsplan tatsächlich ganz durchgeführt hat, kann das Konkursgericht auf Antrag des Kassationsklägers den Erlass des Beschlusses über die Durchführung des Plans und Erlass der Verbindlichkeiten aussetzen. Wird der Beschluss über die Aufstellung des Rückzahlungsplans infolge der Kassationsklage aufgehoben, so ist der etwaige Beschluss aufzuheben.

874 **e) Inhalt des Rückzahlungsplans.** Zum Inhalt des Rückzahlungsplans → Rn. 835 ff.

875 **f) Rechtsfolgen und Durchführung des Rückzahlungsplans.** Zu Rechtsfolgen und Durchführung des Rückzahlungsplans → Rn. 838 ff.

876 **g) Änderung des Rückzahlungsplans.** Zur Änderung des Rückzahlungsplans → Rn. 844 ff.

877 **h) Annullierung des Rückzahlungsplans.** Zur Annullierung des Rückzahlungsplans → Rn. 848 ff.

878 **i) Feststellung der Durchführung des Rückzahlungsplans.** Zur Feststellung der Durchführung des Rückzahlungsplans → Rn. 856 ff.

Internationales Insolvenzrecht – Polen

F. Materielles Insolvenzrecht – Restrukturierungsrecht

I. Anwendungsbereich

1. Antragsgründe und andere materielle Verfahrensvoraussetzungen

a) Vorbemerkungen. Die Voraussetzungen für die Eröffnung eines Restrukturierungsverfahrens sind Umstände, die vom Gericht im Rahmen der Prüfung des Restrukturierungsantrags überprüft werden müssen (SPH/Filipiak 64). Zu unterscheiden sind materielle, anders sachliche, sowie prozessuale Voraussetzungen der Eröffnung des Verfahrens (SPH/Filipiak 64). Die Unterscheidung der Voraussetzungen – zum einen – in materielle und – zum anderen – prozessuale führt zur Verweigerung der Erteilung des Rechtsschutzes dem Schuldner (Abweisung des Antrags) oder der Verweigerung der materiellen Prüfung des Antrags des Schuldners im Allgemeinen (Abweisung als unzulässig oder Zurückweisung des Antrags). Bei der Kommentierung des Restrukturierungsantrags wurden die prozessualen Voraussetzungen besprochen, welche zur Abweisung als unzulässig oder Zurückweisung des Restrukturierungsantrags führen (→ Rn. 234). 879

Bei den materiellen Voraussetzungen, welche zu einer positiven Entscheidung über den Restrukturierungsantrag führen, seien zu nennen: Zahlungsunfähigkeit oder drohende Zahlungsunfähigkeit, eine Anzahl von mindestens zwei Gläubigern, Antragsberechtigung zur Einreichung eines Restrukturierungsantrags, keine Benachteiligung von Gläubigern infolge der Eröffnung eines Verfahrens und je nach Art des Verfahrens auch die Glaubhaftmachung der Fähigkeit zur Kostentragung und Befriedigung von Verbindlichkeiten, sowie der Wert der Summe der strittigen Forderungen (SPH/Filipiak 64). 880

Im Falle eines Antrags auf Feststellung eines Vergleiches im Verfahren zur Feststellung eines Vergleiches, dh im Verfahren, in dem es keine Verfahrenseröffnungsphase gibt und sich die einzige Gerichtsentscheidung auf die Feststellung eines bereits angenommenen Vergleichs beschränkt, werden die materiellen (ähnlich die prozessualen) Voraussetzungen in der Feststellungsphase des Vergleiches geprüft. Diese Voraussetzungen müssen wie bei jedem anderen Restrukturierungsantrag erfüllt sein, wobei deren Mangel nicht die Abweisung, sondern vielmehr die Verweigerung der Feststellung eines Vergleiches als Konsequenz hat. 881

b) Zahlungsunfähigkeit oder drohende Zahlungsunfähigkeit. aa) Vorbemerkungen. Ein Restrukturierungsverfahren kann gegenüber einem zahlungsunfähigen Schuldner oder einem Schuldner, welchem eine Zahlungsunfähigkeit droht (Art. 6 Abs. 1 RestR), eröffnet werden. Als zahlungsunfähigen Schuldner versteht man einen zahlungsunfähigen Schuldner iSd KonkR (Art. 6 Abs. 2 RestR iVm Art. 11 Abs. 1, 2 KonkR). Als ein drohend zahlungsunfähiger Schuldner ist ein Schuldner zu verstehen, dessen wirtschaftliche Situation darauf hindeutet, dass er bald zahlungsunfähig werden könnte (Art. 6 Abs. 3 RestR). Der polnische Gesetzgeber geht davon aus, dass ein Restrukturierungsverfahren nur dann eröffnet werden kann, wenn die im Gesetz beschriebenen besonderen Voraussetzungen der Finanz- und Vermögenslage des Schuldners erfüllt sind, die nach dem Gesetz als Zahlungsunfähigkeit oder drohende Zahlungsunfähigkeit zu qualifizieren sind. Keine anderen Umstände, wie soziale Erwägungen, staatliches Interesse oder Arbeitsmarktpolitik dürfen Gründe für die Eröffnung eines Restrukturierungsverfahrens darstellen. Gleichzeitig kann kein Verfahren gegen einen Schuldner eröffnet werden, dessen finanzielle Situation nicht einmal als drohende Zahlungsunfähigkeit zu qualifizieren ist, also einen zahlungsfähigen Schuldner, der mit der Zahlungsunfähigkeit zumindest in näherer Zukunft nicht bedroht ist. Dies ist dadurch zu erklären, dass das Restrukturierungsverfahren in jedem Fall zur Einschränkung oder kompletten Aufhebung der Gläubigerrechte führt. Der Eingriff in ihre Rechte ist ausschließlich mit den genannten Gründen zu rechtfertigen. Die Restrukturierung eines Schuldners, dessen positive wirtschaftliche Situation nicht gefährdet ist, auf Kosten der Gläubiger, ist nicht akzeptabel (Adamus PrRest, 2. Aufl. 2018, PrRest Art. 8 Rn. 2; Witosz PrUpad 34–35). 882

Der aktuelle Wortlaut der Voraussetzungen wurde durch das Restrukturierungsrecht v. 15.5.2015 bestimmt und gilt seit dem 1.1.2016. Die Voraussetzung der drohenden Zahlungsunfähigkeit kann sich sowohl auf die Zahlungsunfähigkeit in Bezug auf die Geldmittel (Gefahr des Liquiditätsverlusts) als auch auf das Vermögen (Gefahr der Überschuldung) beziehen. Die Voraussetzungen der Zahlungsunfähigkeit und der drohenden Zahlungsunfähigkeit schließen sich insofern gegenseitig aus, als der Schuldner nicht zugleich zahlungsunfähig und von der Zahlungsunfähigkeit bedroht sein kann. Die beiden Formen der Zahlungsunfähigkeit können hingegen gleichzeitig vorliegen. Dies bedeutet, dass dem Schuldner beispielsweise Liquiditätsverlust droht und er gleichzeitig überschuldet sein kann. Für die Eröffnung des Restrukturierungsverfahrens genügt eine dieser Voraussetzungen. 883

Internationales Insolvenzrecht – Polen

884 Der Restrukturierungsantrag muss im Gegensatz zum Konkursantrag nicht die Umstände angeben, die die Annahme rechtfertigen, dass der Schuldner zahlungsunfähig oder von der Zahlungsunfähigkeit bedroht ist. Es sollte jedoch darauf hingewiesen werden, dass das Vorhandensein eines der erörterten Gründe die Eröffnung eines Restrukturierungsverfahrens von Amts wegen geprüft wird, und wenn festgestellt wird, dass der Schuldner nicht zahlungsunfähig ist und auch nicht von einer Zahlungsunfähigkeit bedroht ist, wird das Gericht die Eröffnung eines Verfahrens mit der Begründung ablehnen, dass die Eröffnung des Verfahrens die Benachteiligung der Gläubiger zur Folge hätte (LG Toruń 8.12.2016 – VI Gz 216/16). Unter diesem Gesichtspunkt wäre es ratsam, dem Schuldner zu empfehlen im Restrukturierungsantrag klar darzulegen, warum er als zahlungsunfähig oder drohend zahlungsunfähig eingestuft werden sollte.

885 Die Erfüllung der Voraussetzungen für die Verfahrenseröffnung wird durch den Sachverhalt zum Zeitpunkt der Entscheidung des Restrukturierungsgerichts über den Restrukturierungsantrag bestimmt (SN 18.12.1996 – I CKN 23/96). Ähnlich wie im KonkR sind für die Beurteilung des Bestehens der Voraussetzungen der Zahlungsunfähigkeit sowie der Voraussetzungen der drohenden Zahlungsunfähigkeit die Umstände, die dazu geführt haben, irrelevant, insbesondere ein etwaiges Verschulden auf Seiten des Schuldners, seine grobe Fahrlässigkeit usw. (Sejm/Nr. 2824 v. 9.10.2014, 19).

886 **bb) Liquiditätsverlust.**
887 **(1) Inhalt der Voraussetzung.** Zum Inhalt der Voraussetzung → Rn. 353 ff.)
888 **(2) Gegenstand der Prüfung.** Zum Gegenstand der Prüfung → Rn. 355 ff.
889 **(3) Vermutung.** Es ist davon auszugehen, dass auch im RestR die Vermutung anwendbar ist, dass der Schuldner seine Fähigkeit zur Erfüllung seiner fälligen Zahlungsverpflichtungen verloren hat, wenn die Verzögerung bei der Erfüllung der Zahlungsverpflichtungen drei Monate übersteigt, entsprechend Art. 11 Abs. 1a KonkR. Der Anwendungsbereich ist jedoch begrenzt. Nur im Sanierungsverfahren kann ein Gläubiger die Eröffnung des Verfahrens beantragen, sodass nur in diesem Verfahren der Gläubiger von der Beweislastumkehr Gebrauch machen kann. Es ist auch denkbar, dass sich der Schuldner auf Vermutungen berufen könnte, um das Beweismaterial zu begrenzen, welches dem Restrukturierungsgericht zusammen mit dem Restrukturierungsantrag vorzulegen ist. Da es jedoch im Interesse des Schuldners sein sollte, die Eröffnung des Verfahrens zu erzielen, liegt es in der Regel in seinem Interesse, dem Gericht ein möglichst umfangreiches Beweismaterial vorzulegen, um den Antrag auf Eröffnung des Verfahrens zu begründen.

890 **cc) Überschuldung.**
891 **(1) Inhalt der Voraussetzung.** Zum Inhalt der Voraussetzung → Rn. 362 ff.)
892 **(2) Gegenstand der Prüfung.** Zum Gegenstand der Prüfung → Rn. 365 ff.)
893 **(3) Vermutung.** Es ist davon auszugehen, dass auch im RestR die Vermutung aus dem Art. 11 Abs. 5 KonkR anwendbar ist, dass die Verbindlichkeiten des Schuldners den Wert seines Vermögens übersteigen, wenn laut Bilanz seine Verbindlichkeiten, ohne Rückstellungen für Verbindlichkeiten und Verbindlichkeiten gegenüber verbundenen Unternehmen, den Wert seines Vermögens übersteigen, und dieser Zustand für einen Zeitraum von mehr als 24 Monaten aufrechterhalten wird. (zum Inhalt der Vermutung → Rn. 369).

894 **c) Mehrere Gläubiger.** Das Restrukturierungsverfahren ist ein Gesamtverfahren. Das Verfahren soll dem Schuldner ermöglichen, einen Vergleich mit allen Gläubigern und nicht lediglich mit einem Gläubiger abzuschließen. Es ist daher nicht nur inakzeptabel, ein Restrukturierungsverfahren durchzuführen, in dem der Schuldner nur einen Gläubiger hat, sondern auch, in dem, obwohl es mehrere Gläubiger gibt, lediglich ein Gläubiger im Vergleich miteinbezogen werden soll. Die Feststellung, dass der Schuldner ausschließlich einen Gläubiger hat, führt zur Abweisung des Restrukturierungsantrags.

895 **d) Antragsberechtigung zur Stellung eines Restrukturierungsantrags.** Eine weitere materielle Voraussetzung, deren Fehlen die Abweisung des Restrukturierungsantrags nach sich zieht, ist die Legitimation zur Antragsstellung. Diese Voraussetzung wurde bei der Darstellung des Restrukturierungsantrags besprochen (Antragsrecht → Rn. 222 ff.).

896 **e) Keine Benachteiligung von Gläubigern durch die Eröffnung eines Restrukturierungsverfahrens.** Das Restrukturierungsgericht lehnt die Eröffnung eines Restrukturierungsverfahrens ab, wenn dieses Verfahren zur Benachteiligung der Gläubiger führen würde (Art. 8 Abs. 1 RestR). Die Voraussetzung hat zwingenden Charakter, dh wenn das Restrukturierungsgericht bei der Prüfung des Restrukturierungsantrags feststellt, dass die Wirkung des vom Antragsteller beantragten Restrukturierungsverfahrens die Benachteiligung der Gläubiger nach sich ziehen würde, so ist es verpflichtet, die Eröffnung abzulehnen und den Antrag abzuweisen.

897 Es besteht kein Zweifel daran, dass jedes Restrukturierungsverfahren seiner Natur nach zu einer gewissen, zumindest vorübergehenden Verschlechterung der Situation der Gläubiger führt. Die

besprochene Voraussetzung bezieht sich jedoch nicht auf eine „natürliche" Benachteiligung der Gläubiger infolge der Eröffnung des Restrukturierungsverfahrens. Die gegenständliche Benachteiligung der Gläubiger ist qualifizierter Natur, dh damit die Gründe für die Verweigerung der Verfahrenseröffnung erfüllt werden können, muss der Grad der Benachteiligung höher sein als normalerweise im Restrukturierungsverfahren.

Die Gläubiger sind grundsätzlich immer dann benachteiligt, wenn die Eröffnung des Restrukturierungsverfahrens für die Gläubiger ungünstiger ist als das Fehlen eines solchen Verfahrens (Adamus PrRest, 2. Aufl. 2018, PrRest Art. 8 Rn. 2). Von der Gläubigerbenachteiligung kann sowohl dann gesprochen werden, wenn der Schuldner voll zahlungsfähig ist und nicht mal von der Zahlungsunfähigkeit bedroht ist, als auch, wenn eindeutig keine Aussichten auf Abschluss des Vergleichs bestehen (Adamus PrRest, 2. Aufl. 2018, PrRest Art. 8 Rn. 2; Witosz PrUpad 34–35). Insbesondere kann sich die Benachteiligung in einer Verringerung der möglichen Befriedigung der Gläubigerforderungen durch die Eröffnung und Durchführung eines Restrukturierungsverfahrens für einen bestimmten Zeitraum, welcher auch bestimmte Kosten verursacht, zeigen. Die Benachteiligung kann auch in einer Verschlechterung der Rechtslage der Vertragspartner des Schuldners auf andere Weise bestehen, je nach Einzelfall (AG Olsztyn 19.9.2017 V GRu 1/17). Die Ablehnung der Eröffnung eines Verfahrens, die vom Schutz der Gläubigerrechte bestimmt ist, sollte auch das Ergebnis der Feststellung durch das Restrukturierungsgericht sein, dass die Handlungen des Schuldners, die Art und Weise, wie er sein Unternehmen verwaltet und mit den Gläubigern verhandelt, darauf hindeuten, dass sein einziges Ziel darin besteht, seine Gläubiger daran zu hindern, eine wirksame Vollstreckung durchzuführen (durch den Verkauf seines Vermögens oder durch eine scheinbar misslungene Führung des Unternehmens) oder eine Abstimmung über einen Vergleich mit Gläubigen, gegenüber welchen eine fiktive Verpflichtung eingegangen wurde, herbeizuführen (zugunsten von tatsächlich, aber nicht formell verbundenen Parteien) (Sejm/Nr. 2824 v. 9.10.2014, 9).

Die Möglichkeit, dass die Gläubiger in einem Konkursverfahren eine höhere Befriedigung ihrer Forderungen erreichen könnten als im Rahmen eines Vergleichs, zeugt an sich nicht von ihrer Benachteiligung. Dass das Restrukturierungsverfahren zu einer Gläubigerbenachteiligung führen wird, beweist auch nicht die Tatsache, dass die Vermögenslage des Schuldners eine 100 %-ige Befriedigung der Gläubiger garantieren würde (LG Toruń 8.12.2016 – VI Gz 216/16).

Die Beurteilung des Zustands der Gläubigerbenachteiligung soll sich nicht auf die mögliche Benachteiligung eines bestimmten Gläubigers des Schuldners beziehen, sondern auf die Gläubiger des Schuldners als Gesamtheit (Adamus PrRest, 2. Aufl. 2018, PrRest Art. 8 Rn. 2; Hrycaj in Hrycaj/Filipiak/Geromin/Groele, Restrukturyzacja i upadłość przedsiębiorstw, 6. Aufl. 2016, 87). Dies bedeutet jedoch nicht, dass sich die Benachteiligung potenziell auf alle Gläubiger beziehen sollte. Auch das Risiko, eine wesentliche Gruppe der Gläubiger zu benachteiligen, auch wenn sie keine Mehrheit bildet, sollte zur Ablehnung der Eröffnung eines Restrukturierungsverfahrens führen (Witosz PrUpad 35).

f) Glaubhaftmachung der Fähigkeit zur Deckung der Kosten und Verbindlichkeiten. Eine weitere Voraussetzung für die Eröffnung eines Restrukturierungsverfahrens ist die Fähigkeit des Schuldners zur Deckung der Verfahrenskosten und Verpflichtungen, die nach der Eröffnung des Verfahrens entstehen, glaubhaft zu machen (Art. 8 Abs. 2 RestR). Diese Voraussetzung kommt lediglich im Vergleichs- und Sanierungsverfahren zur Anwendung.

Bei den hier genannten Verpflichtungen handelt es sich im Wesentlichen um Ausgaben für den laufenden Geschäftsbetrieb des Schuldners, zB Mitarbeitervergütung, Kauf von Roh-, Hilfs- und Betriebsstoffen, Steuern, Mieten, Fremdleistungen usw (zu den Verfahrenskosten → Rn. 275 ff.).

Der Schuldner trägt die Beweislast für die Glaubhaftmachung, die Verfahrenskosten und Verpflichtungen, die nach der Eröffnung des Verfahrens entstehen, decken zu können. Der Schuldner kann seine Deckungsfähigkeit entweder durch den vorübergehenden Restrukturierungsplan oder durch ein anderes Dokument glaubhaft machen (Adamus PrRest, 1. Aufl. 2015, PrRest Art. 8 Rn. 8). Die fehlende Glaubhaftmachung, dass die laufenden Verfahrenskosten und die nach der Eröffnung des Verfahrens entstehenden Verpflichtungen gedeckt werden können, führt zwingend zur Verweigerung der Eröffnung eines Restrukturierungsverfahrens.

g) Höhe der Summe der strittigen Forderungen. Grundlage für die Eröffnung und Durchführung von drei der vier Restrukturierungsverfahren ist die angemessene Anzahl von strittigen Forderungen gegenüber dem Schuldner im Verhältnis zur Gesamtsumme unbestrittener Forderungen, die zur Abstimmung über den Vergleich berechtigen (zu strittigen Forderungen → Rn. 942). Ein Verfahren zur Feststellung des Vergleichs und ein beschleunigtes Vergleichsverfahren können durchgeführt werden, wenn die Summe der strittigen Forderungen 15 % der Summe der zur Abstimmung über den Vergleich berechtigten Forderungen nicht übersteigt. Das Vergleichsverfah-

Internationales Insolvenzrecht – Polen

ren kann dagegen lediglich dann durchgeführt werden, wenn die Summe der strittigen Forderungen 15 % der Summe der zur Abstimmung über den Vergleich berechtigten Forderungen übersteigt. Ist die Schwelle der strittigen Forderungen zu hoch oder zu niedrig, weist das Restrukturierungsgericht den Restrukturierungsantrag zwingend ab. In der Phase nach Eingang des Antrags ist die Änderung der Verfahrensart nicht zulässig.

904 Bei den strittigen Forderungen handelt es sich um solche Forderungen, die, wenn sie nicht strittig gewesen wären, dem Gläubiger, dem sie zustehen, das Stimmrecht über den Vergleich verliehen hätten. Es handelt sich also nicht um alle strittigen Forderungen, sondern ausschließlich um solche, die unter den Vergleich gefallen wären, wenn sie nicht strittig gewesen wären. So fallen beispielsweise Unterhaltsansprüche, die vom Vergleich ausgeschlossen sind, auch wenn sie unbestritten wären, nicht unter den vorgenannten Begriff. Die Summe dieser Forderungen ist Forderungen mit Stimmrecht über den Vergleich gegenüberzustellen (zu den stimmberechtigten Gläubigern → Rn. 984 ff.) Unbestrittene und strittige Forderungen werden nicht zusammengerechnet. Die Berechnung der Summe der strittigen Forderungen kann durch das folgende Beispiel dargestellt werden:

905 Wir gehen davon aus, dass der Wert der unbestrittenen und stimmberechtigten Forderungen 100.000 PLN beträgt, 15 % sind 15.000 PLN. Wenn also die Summe der strittigen Forderungen unter 15.000 PLN liegt, wird der Schwellenwert nicht überschritten und der Vergleich kann im Verfahren zur Feststellung des Vergleichs und im beschleunigten Vergleichsverfahren geschlossen werden. Übersteigt die Summe der strittigen Forderungen den Betrag von 15.000 PLN, so wird die Schwelle überschritten und der Vergleich kann nur im Vergleichsverfahren geschlossen werden.

906 Das Sanierungsverfahren kann ohne Rücksicht auf das Verhältnis der strittigen Forderungen zu den unbestrittenen Forderungen eröffnet werden.

2. Verfahrensziele

907 Ziel des Restrukturierungsverfahrens ist es, den Konkurs über das Vermögen des Schuldners zu vermeiden, indem ihm die Restrukturierung durch einen Vergleich mit den Gläubigern und im Falle eines Sanierungsverfahrens auch durch die Durchführung von Sanierungsmaßnahmen unter Absicherung der berechtigten Rechte der Gläubiger ermöglicht wird (Art. 3 Abs. 1 RestR). Ein Restrukturierungsverfahren verfolgt in erster Linie ein Sanierungsziel, im Gegensatz zum Konkursverfahren, welches in erster Linie eine Vollstreckungsfunktion hat. Dies hängt mit der Trennung der Restrukturierungsverfahren in einem separaten, vom KonkR unabhängigen Gesetz zusammen. In der vorgenannten Feststellung spiegelt sich der Grundsatz des Vorrangs der Restrukturierung vor dem Konkurs in seinem normativen Charakter wider, dass das Restrukturierungsverfahren verhindern soll, dass über das Vermögen des Schuldners der Konkurs erklärt wird (TWW/Witosz PrRest Art. 3 Rn. 1).

908 In jeder Restrukturierungsverfahrensart wird das Ziel der Vermeidung der Konkurserklärung dadurch erreicht, dass der Schuldner in die Lage versetzt wird, den Vergleich mit den Gläubigern abzuschließen. Im Falle eines Sanierungsverfahrens ist es auch möglich, Sanierungsmaßnahmen durchzuführen, also rechtliche und tatsächliche Maßnahmen, die die Verbesserung der wirtschaftlichen Situation des Schuldners anstreben und darauf abzielen, die Fähigkeit des Schuldners zur Erfüllung seiner Verbindlichkeiten wiederherzustellen und gleichzeitig vor einer Vollstreckung zu schützen (Art. 3 Abs. 6 RestR). Zu diesen Maßnahmen gehört insbesondere die Möglichkeit für den Verwalter, von den für den Schuldner bindenden Verträgen zurückzutreten (→ Rn. 1011 ff.) und Verträge mit Arbeitnehmern in vereinfachter Weise zu kündigen (→ Rn. 1039).

909 Das Ziel des Restrukturierungsverfahrens wird durch die Absicherung der legitimen Rechte der Gläubiger umgesetzt, was in erster Linie dadurch erreicht wird, dass die Bedingungen für eine größtmögliche Befriedigung der Gläubiger geschaffen werden, insbesondere günstiger als im Falle der Konkurserklärung, welche die Liquidation des Vermögens des Schuldners zur Folge hätte. Das Restrukturierungsverfahren dient nicht nur der Erhaltung des Unternehmens des Schuldners, sondern auch der Befriedigung der Gläubiger durch die Umsetzung des angenommenen und vor dem Gericht festgestellten Vergleichs. Das Restrukturierungsrecht stellt die Bedingungen sicher, sofern dies möglich ist, dass die jeweiligen Inhalte des Vergleichs ausgehandelt werden, welche die maximale Befriedigung der Gläubiger gewährleisten und gleichzeitig den wirtschaftlichen Wert des Unternehmens so weit wie möglich schützen. Letztendlich darf die Vermeidung des Konkurses nicht auf Kosten der legitimen Rechte der Gläubiger im Allgemeinen erfolgen (Adamus PrRest, 1. Aufl. 2015, PrRest Art. 3 Rn. 11–12).

3. Restrukturierungsfähigkeit

a) Restrukturierungsfähigkeit. Im polnischen Recht wird die Restrukturierungsfähigkeit 910
als prozessuale und nicht als materielle Voraussetzung qualifiziert (→ Rn. 72).

b) Besondere Schuldnerkategorien. Im Falle des Auftretens von Besonderheiten eines 911
Schuldners kann ein Restrukturierungsverfahren in einem Verfahren besonderer Art durchgeführt
werden. Die Vorschriften über Restrukturierungsverfahren besonderer Art sind gemischter Natur
und umfassen sowohl verfahrensrechtliche als auch materielle Rechtsnormen. Im nicht geregelten
Bereich sind auf die Restrukturierungsverfahren besonderer Art die Vorschriften über die allgemeinen Restrukturierungsverfahren anwendbar.

Das RestR sieht die nachstehenden Restrukturierungsverfahren besonderer Art vor: 912
1. Restrukturierungsverfahren gegenüber Bauträgern;
2. Restrukturierungsverfahren gegenüber Anleiheemittenten.

Das RestR sieht keine Möglichkeit vor, Restrukturierungsverfahren in Bezug auf eine Vermögensmasse durchzuführen, zB Erbmasse, Gemeinschaftsvermögen von Eheleuten, Gesellschaftern einer Gesellschaft des bürgerlichen Rechts usw.

Restrukturierungsverfahren dürfen grundsätzlich ausschließlich gegenüber Unternehmern 913
durchgeführt werden. Aus diesem Grund sieht das RestR auch keine Möglichkeit vor, die
Restrukturierung natürlicher Personen durchzuführen, die keine Geschäftätigkeit ausüben.

II. Verfahrensarten

1. Vorbemerkungen

Es wird zwischen allgemeinen Restrukturierungsverfahren und Restrukturierungsverfahren 914
besonderer Art unterschieden. Die Vorschriften über das allgemeine Restrukturierungsverfahren
gelten für Unternehmer iSd PZGB und Gesellschaften mit beschränkter Haftung (poln. spółka
z ograniczoną odpowiedzialnością) und Aktiengesellschaften (poln. spółka akcyjna), die keine
Geschäftstätigkeit ausüben, Gesellschafter von Personenhandelsgesellschaften, die für die Verpflichtungen der Gesellschaft ohne Einschränkung mit ihrem gesamten Vermögen haften, und Partnern
einer Partnerschaft (poln. spółka partnerska), mit Ausnahme von Personen, die nicht restrukturierungsfähig sind (→ Rn. 72). Die Bestimmungen über die Verfahren besonderer Art gelten hingegen für Personen, die in der Regel den Bestimmungen über das allgemeine Verfahren unterliegen,
aber eine bestimmte Art der Geschäftstätigkeit ausüben.

Das Restrukturierungsgesetz sieht vier grundlegende Restrukturierungsverfahren vor. Die Ver- 915
fahren sind sowohl im Allgemeinen als auch im Verfahren besonderer Art verfügbar. Zur allgemeinen Beschreibung der Restrukturierungsverfahren → Rn. 29 ff.

Das Restrukturierungsrecht sieht die Möglichkeit vor, den sog. Teilvergleich im Rahmen des 916
Verfahrens zur Feststellung eines Vergleiches und des beschleunigten Vergleichsverfahrens abzuschließen. In diesem Bereich sieht das Gesetz sowohl materielle als auch formelle Vorschriften
vor, wobei der Teilvergleich nicht als ein separates Restrukturierungsverfahren ausgestaltet ist. Der
Teilvergleich kann sowohl im Allgemeinen als auch in den Verfahren besonderer Art abgeschlossen
werden (→ Rn. 1113 ff.).

Im polnischen Restrukturierungsrecht gibt es keine besonderen Bestimmungen für Schuldner, 917
die eine Geschäftstätigkeit in geringem Umfang ausüben. Jeder Schuldner, der als Unternehmer
zu qualifizieren ist, unterliegt den Regeln des allgemeinen Verfahrens, auch wenn seine geschäftliche oder berufliche Tätigkeit geringfügig ist und nicht seine Hauptunterhaltsquelle darstellt. Es
gibt also kein Äquivalent zum deutschen Kleinverfahren. Daher gelten die Vorschriften über das
allgemeine Verfahren insbesondere für die sogenannte nicht angemeldete Geschäftstätigkeit, dh
die Geschäftstätigkeit einer natürlichen Person, die auf der Grundlage der Vorschriften des Gesetzes
v. 6.3.2018 – Das Recht der Unternehmer (Gesetz v. 6.3.2018/Dz.U. 2018 Pos. 650) ausgeübt
wird, deren Einkommen 50 % der Mindestentlohnung gem. Gesetz v. 10.10.2002 über die Mindestvergütung für Arbeit (Gesetz v. 10.10.2002/Dz. U. 2017 Pos. 847; Gesetz v. 6.3.2018/Dz.U.
2018 Pos. 650) nicht übersteigt und die in den letzten 60 Monaten keine Geschäftstätigkeit
ausgeübt hat (poln. sog. działalność nierejestrowana) (Krawczyk-Giehsmann Dziennik Gazeta
Prawna – dodatek Firma i Prawo v. 16.10.2018).

Allerdings können Zweifel an der Zulässigkeit der Anwendung der Bestimmungen des allgemei- 918
nen Verfahrens auf die sog. Scheinselbständigen entstehen, dh Personen, die scheinbar eine wirtschaftliche Tätigkeit ausüben, bei der die Beschäftigung als Arbeitnehmer tatsächlich verschleiert
wird (Krawczyk Dziennik Gazeta Prawna – dodatek Firma i Prawo v. 12.4.2016).

919 Eines der wichtigsten Elemente der Restrukturierungsverfahren ist die Möglichkeit, dem Schuldner im Rahmen des Verfahrens seine Verwaltungs- und Verfügungsbefugnis zu belassen. Im Verfahren zur Feststellung eines Vergleichs führt die Bestellung eines Vergleichsschwalters nicht dazu, dass die Verwaltungs- und Verfügungsbefugnis dem Schuldner entzogen oder eingeschränkt wird. Im beschleunigten Vergleichsverfahren und Vergleichsverfahren ist mit der Bestellung eines Gerichtssachwalters der Schuldner berechtigt, alle Tätigkeiten vorzunehmen, die nicht über den gewöhnlichen Geschäftsbetrieb hinausgehen, während andere Geschäftstätigkeiten die Zustimmung des Gerichtssachwalters benötigen, es sei denn, für die Vornahme der Tätigkeit ist die Zustimmung des Gerichts oder des Gläubigerausschusses erforderlich. Eine Entziehung der Verwaltungs- und Verfügungsrechte vom Schuldner ist nur in gesetzlich geregelten Fällen zulässig (→ Rn. 964 ff.). Im Vergleichsverfahren ist es ferner in der Phase vor Eröffnung des Verfahrens möglich, einen vorläufigen Gerichtssachwalter zu berufen. Auch in diesem Fall beschränkt sich das Verwaltungs- und Verfügungsrecht des Schuldners auf die Tätigkeiten des gewöhnlichen Geschäftsbetriebs.

920 Im Sanierungsverfahren verliert der Schuldner im Zeitpunkt der Verfahrenseröffnung grundsätzlich sein Verwaltungs- und Verfügungsrecht. Der Verwalter übernimmt dann die Verwaltung über das in der Sanierungsmasse enthaltene Vermögen. Erfordert die erfolgreiche Durchführung des Sanierungsverfahrens jedoch die persönliche Beteiligung des Schuldners oder seiner Vertreter und gewährleisten diese gleichzeitig die ordnungsgemäße Verwaltung, so kann das Gericht dem Schuldner gestatten, das Unternehmen ganz oder teilweise zu verwalten, und zwar in einem Umfang, welcher den gewöhnlichen Geschäftsbetrieb nicht überschreitet. Vor dem Zeitpunkt der Prüfung des Antrags auf Eröffnung des Sanierungsverfahrens ist es zulässig, einen vorläufigen Gerichtssachwalter oder Verwalter zu bestellen, was die Einschränkung oder den Ausschluss des Verwaltungs- und Verfügungsrechts des Schuldners zur Folge hat. Diese Regelungen sind mit der im deutschen Recht bekannten Eigenverwaltung im Eröffnungsverfahren vergleichbar, insbesondere wenn eine Unternehmenssanierung durch Insolvenz in Eigenverwaltung durchgeführt wird (§§ 270a, 270b InsO).

2. Restrukturierungsverfahren besonderer Art

921 **a) Vorbemerkungen.** Die Vorschriften über Restrukturierungsverfahren besonderer Art haben einen gemischten Charakter und umfassen sowohl verfahrensrechtliche als auch materielle Rechtsnormen. Nachfolgend werden grundlegende Informationen zu den einzelnen Verfahren besonderer Art dargestellt. Diese Verfahren werden in den folgenden Abschnitten des Kommentars nicht im Detail erläutert. Es ist zu beachten, dass die Anzahl der Restrukturierungsverfahren besonderer Art geringer ist als die Anzahl der Konkursverfahren besonderer Art. Dies ist zum einen darauf zurückzuführen, dass das Restrukturierungsverfahren von natürlichen Personen, die keine Geschäftstätigkeit ausüben sowie auf Anträge, welche nach dem Tod des Schuldners gestellt werden, nicht durchgeführt werden können, und zum anderen, weil Vergleichsverfahren von Banken und anderen Finanzinstituten (Gesetz v. 10.6.2016/Dz.U. 2016 Pos. 996) sowie Versicherungs- und Rückversicherungsunternehmen anderen besonderen Regelungen unterliegen.

922 **b) Restrukturierungsverfahren gegenüber Bauträgern. aa) Zulässigkeit der Verfahrenseröffnung.** Das RestR ordnet an, die Bestimmungen über Verfahren besonderer Art anzuwenden, falls die Restrukturierung eines Bauträgers iSd Gesetzes v. 16.9.2011 zum Schutz von Rechten der Erwerber von Wohnräumen und Einfamilienhäusern, im Folgenden „Erwerberschutzgesetz" genannt (Gesetz v. 16.9.2011/Dz.U.2016 Pos. 555, 996) durchgeführt werden soll (Art. 349–361 RestR). Das Verfahren gegenüber einem Bauträger ist so zu führen, dass die Gläubiger durch die Übertragung des Eigentums an den Wohnräumen auf sie befriedigt werden. Gegenüber einem Bauträger ist kein Verfahren zur Feststellung des Vergleichs durchzuführen, mit Ausnahme eines Teilvergleichs, sofern dieser keine Ansprüche der Erwerber sowie Ansprüche, die mit dem Grundbesitz, auf dem das Bauprojekt durchgeführt wird, besichert sind, umfasst.

923 **bb) Vergleichsvorschläge.** Die unterbreiteten Vergleichsvorschläge können neben den üblichen Formen der Restrukturierung (→ Rn. 1109) auch nachstehende Restrukturierungsformen umfassen:
1. Einzahlung von Nachschüssen durch alle oder einige Erwerber und deren Befriedigung durch Übertragung des Eigentums an den Wohnräumen auf sie; Vergleichsvorschläge können auch eine spätere Rückerstattung von Nachschüssen aus den Einnahmen aus der Durchführung des Bauprojektes vorsehen;
2. Verkauf des Grundbesitzes, auf dem ein Bauprojekt durchgeführt wird unter Beibehaltung der belastenden Eigentumsrechte, zugunsten eines Unternehmers, der die Verpflichtungen

Internationales Insolvenzrecht – Polen

gegenüber dem Erwerber übernimmt und sich verpflichten würde, das Bauprojekt fortzusetzen, wobei die Vergleichsvorschläge auch inhaltliche Änderung der Projektentwicklungsverträge vorsehen können;
3. Festlegung anderer Bedingungen für die Fortsetzung des Bauprojekts samt Finanzierungmöglichkeiten;
4. Tausch von Wohnräumen unter den Gläubigern oder Austausch von Wohnraum gegen einen anderen Wohnraum, welcher nicht Gegenstand des Projektentwicklungsvertrages ist.

Neben den allgemein zur Einreichung von Vergleichsvorschlägen berechtigten Personen (→ Rn. 1128) können auch die Erwerber, welche mindestens 20 % der Anzahl der Erwerber des vom Schuldner durchgeführten Bauprojektes darstellen, Vergleichsvorschläge einreichen. Vorschläge können innerhalb von 30 Tagen nach Eröffnung des Restrukturierungsverfahrens eingereicht werden. Die Vergleichsvorschläge können Erwerber unterschiedlich behandeln, je nachdem, ob sie für den Abschluss des Bauprojekts die Nachschüsse einzahlen oder nicht. 924

cc) Einzahlung von Nachschüssen. Die Abstimmung über das Verfahren erfolgt in Gläubigergruppen. Die Erwerber bilden eine gesonderte Gruppe von Gläubigern, für die eine gesonderte Liste als stimmberechtigte Gläubiger erstellt wird. Es ist zulässig, die Erwerber in eine größere Anzahl von Gruppen einzuteilen, die verschiedene Interessengruppen abdecken, insbesondere in Bezug auf den Erfüllungsgrad des Vertrages mit dem Bauträger. Der Stimmzettel der Erwerber in einem beschleunigten Vergleichsverfahren, Vergleichsverfahren oder Sanierungsverfahren, in welchem dem Schuldner die Eigenverwaltung gewährt wurde, einschließlich der Erklärung über die Verpflichtung zur Einzahlung eines Nachschusses gemäß den Vergleichsvorschlägen, und der Abschrift des rechtskräftigen Beschlusses des Gerichts über die Feststellung des Vergleichs, stellen zusammen einen vollstreckbaren Titel gegen den Erwerber dar, der für den Vergleich gestimmt hat. 925

Werden Vergleichsvorschläge zur Einzahlung von Nachschüssen durch alle oder einen Teil der Erwerber und deren Befriedigung durch die Übertragung des Eigentums der Wohnräume in dem Sanierungsverfahren unterbreitet, in welchem dem Schuldner keine Eigenverwaltung gewährt wurde, und wird die Verwaltung der Sanierungsmasse durch einen Verwalter ausgeübt, so führt der Restrukturierungsrichter unverzüglich eine Vorabstimmung der Erwerber über die sie betreffenden Vergleichsvorschläge durch. Ein Widerspruch gegen die Forderungsliste steht einer Vorabstimmung der Erwerber nicht entgegen. Der Restrukturierungsrichter erstellt auf Grundlage der vom Verwalter vorgelegten Liste eine Liste der stimmberechtigten Erwerber. Der Beschluss der Erwerber wird gefasst, wenn die Erwerber, welche die Einzahlungen der Nachschüsse in ihrer Gesamthöhe erklären, die nach dem Inhalt der Vergleichsvorschläge zur Finanzierung des Abschlusses des Bauprojektes ausreichend ist, dafür stimmen. 926

Im Falle einer Beschlussfassung sind die Erwerber verpflichtet, innerhalb von zwei Monaten nach der Beschlussfassung die Nachschüsse in die Sanierungsmasse zu leisten oder ihre Einzahlung im Rahmen des durch den Beschluss vorgesehenen Umfangs sicherzustellen. In besonders begründeten Fällen kann die Frist auf Anordnung des Restrukturierungsgerichts verlängert werden. Werden alle Nachschüsse nicht innerhalb dieser Frist in durch den Beschluss bestimmten vollen Höhe einbezahlt oder abgesichert, können die Erwerber die fehlenden Nachschüsse nachschießen, indem sie diese in die Sanierungsmasse einzahlen oder ihre Einzahlung innerhalb von dreißig Tagen nach dem ergebnislosen Ablauf der vorstehenden Frist absichern. Innerhalb desselben Zeitraums kann der Schuldner oder Verwalter nachweisen, dass für das Bauprojekt andere Finanzierungsmöglichkeiten bestehen. 927

Die Einzahlung oder Sicherstellung von Nachschüssen oder anderer Mittel in Höhe des Betrags, welcher zur Finanzierung des Bauprojektes ausreicht, wird im Beschluss des Restrukturierungsrichters festgestellt, wobei gleichzeitig der Termin der Gläubigerversammlung festgelegt wird, um über den Vergleich abzustimmen. Der Inhalt des Beschlusses der Erwerber ist in dem Vergleich aufzunehmen, und die Gläubigerversammlung kann einen Vergleich mit einem Inhalt, von dem der Erwerber in dem durch den Beschluss geregelten Umfang abweicht, nicht annehmen. Der Restrukturierungsrichter weist die an der Gläubigerversammlung teilnehmenden Gläubiger auf die Abweichungen zwischen den Vergleichsvorschlägen einerseits und dem Beschluss der Erwerber anderseits hin. Das Gericht verweigert die Feststellung des Vergleichs mit einem Inhalt, welcher von dem Beschlussinhalt der Erwerber abweicht. 928

Bei erfolglosem Ablauf der beiden oben genannten Fristen können die Berechtigten innerhalb von dreißig Tagen neue Vergleichsvorschläge einreichen. Neue Vorschläge, die die Einzahlungen von Nachschüssen durch die Erwerber vorsehen, sind unzulässig. 929

Im Falle einer rechtskräftigen Einstellung des Sanierungsverfahrens oder einer rechtskräftigen Ablehnung der Feststellung des Vergleichs hat der Verwalter die Nachschüsse an die Erwerber zurückzuzahlen, samt den fälligen Zinsen gemäß des Bankkontovertrages. Die bestellten Sicherheiten für die Einzahlung der Nachschüsse erlöschen kraft Gesetzes. Wird innerhalb der gesetzlichen Frist ein vereinfachter Konkursantrag (→ Rn. 338 ff.) gestellt, werden die Nachschüsse bis zum Zeitpunkt der Antragsprüfung nicht zurückerstattet. Im Falle der Konkurserklärung überweist der Verwalter die Nachschüsse an den Konkursverwalter. Geldmittel, die aus den Nachschüssen erzielt wurden, welche der Verwalter nach Einstellung des Sanierungsverfahrens erhalten hat, sind in der gerichtlichen und verwaltungsrechtlichen Zwangsvollstreckung gegen den Schuldner nicht miteinzubeziehen.

930 c) **Restrukturierungsverfahren von Anleiheemittenten. aa) Zulässigkeit der Verfahrenseröffnung.** Das Restrukturierungsverfahren gegenüber Anleiheemittenten wird ebenfalls als Restrukturierungsverfahren besonderer Art durchgeführt (Art. 362–367 RestR). Die Bestimmungen über Restrukturierungsverfahren besonderer Art gelten jedoch nicht für die Eröffnung eines Restrukturierungsverfahrens eines Ertragsanleiheemittenten. Ertragsanleihen sind eine Art von Anleihen, die durch Art. 24 des Anleihegesetzes v. 15.1.2015 geregelt sind. Der Emittent kann Anleihen herausgeben, die den Anleihegläubiger berechtigen, Ansprüche vorrangig gegenüber anderen Gläubigern des Emittenten aus dem gesamten oder einem Teil der Einnahmen oder aus dem gesamten oder einem Teil der Vermögenswerte von Projekten zu befriedigen, die ganz oder teilweise aus den durch die Ausgabe von Anleihen erhaltenen Mitteln oder aus den gesamten oder einem Teil der Einnahmen aus anderen vom Emittenten genannten Projekten finanziert wurden (Revenue Bonds), wenn der Emittent seine Haftung nach dem Inhalt der Schuldverschreibungen auf die Höhe der Erträge oder den Wert des Vermögens des Vorhabens beschränkt hat. Die Mittel, die dazu bestimmt sind, die Rechte der Anleihegläubiger aus solchen Anleihen zu befriedigen, sind nicht Teil der Vergleichs- oder Sanierungsmasse, und die Ansprüche der Anleihegläubiger sind nicht vom Vergleich umfasst.

931 Gegen den Emittenten wird kein Verfahren zur Feststellung des Vergleichs durchgeführt, mit Ausnahme eines Teilvergleichs, wenn der Teilvergleich keine Ansprüche aus der Ausgabe von Anleihen umfasst.

932 **bb) Pfleger zur Vertretung der Rechte der Anleihegläubiger.** Die Bestellung eines Pflegers zur Vertretung der Rechte der Anleihegläubiger ist ein wichtiges Element bei der Gestaltung des betreffenden Verfahrens. Der Pfleger wird vom Gericht bestellt. Der Pfleger kann nicht nur eine natürliche Person, insbesondere eine Person mit einer Lizenz als Restrukturierungsberaters, sein, sondern auch eine Bank, mit der der Schuldner einen Vertrag zur Vertretung der Anleihegläubiger gegenüber dem Emittenten abgeschlossen hat. Wurde zur Sicherung der mit den Anleihen verbundenen Rechte eine Hypothek auf dem Vermögen des Emittenten begründet, so werden die Rechte und Pflichten der durch die Hypothek im Rahmen eines Restrukturierungsverfahrens gesicherten Anleihegläubiger von dem in Art. 31 Abs. 4 des Gesetzes v. 15.1.2015 über Anleihen (Gesetz v. 15.1.2015/Dz.U. 2015 Pos. 238; Gesetz v. 8.6.2017/Dz.U. 2017 Pos. 1199; Gesetz v. 11.5.2017/Dz.U. 2017 Pos. 1089) genannten Hypothekenverwalter ausgeübt.

933 Der Schuldner, der Gerichtssachwalter oder der Verwalter stellen dem Pfleger alle erforderlichen Informationen zur Verfügung. Der Pfleger kann die Bücher und Dokumente des Schuldners einsehen. In der Gläubigerversammlung hat der Pfleger das Stimmrecht lediglich in Bezug auf die Angelegenheiten, die die Rechte der Anleihegläubiger beeinflussen können.

934 Die Anleihegläubiger können im Restrukturierungsverfahren auch persönlich oder durch einen Bevollmächtigten handeln, wenn sie von einem Restrukturierungsrichter zum Verfahren zugelassen wurden. Der Restrukturierungsrichter lässt einen Anleihegläubiger zur Teilnahme an dem Verfahren auf der Grundlage eines von ihm eingereichten Antrags zu, in dem nachgewiesen werden muss, dass er aufgrund der Anleihe berechtigt ist.

935 **cc) Forderungsliste und Abstimmung über den Vergleich.** Der Gerichtssachwalter oder der Verwalter nimmt den Nennbetrag der bis zum Tag der Eröffnung des Restrukturierungsverfahrens nicht eingezogenen Anleihen, deren Fälligkeitsdatum vor diesem Tag liegt, sowie den Betrag der offenen Zinsen auf diese Anleihen und den Nennbetrag der Anleihen und der nach dem Tag der Eröffnung des Restrukturierungsverfahrens zu zahlenden Zinsen gemeinsam in die Forderungsliste der Anleihegläubiger auf. In der Forderungsliste sind die Vermögensbestandteile des Emittenten aufzulisten, an denen dingliche Sicherheiten der Anleihegläubiger bestellt sind, und in welcher Höhe die Anleihegläubiger aus dem Sicherungsgegenstand wahrscheinlich nicht befriedigt werden.

936 Beim Abschluss eines Vergleiches stimmt der Pfleger mit der Summe aller Forderungen der unter den Vergleich fallenden Anleihegläubiger ab. Sind die Anleihegläubiger zur Teilnahme an dem Verfahren zugelassen und stimmen in der Gläubigerversammlung persönlich oder durch einen

Bevollmächtigten ab, so reduziert sich die Stärke der Stimme des Pflegers um den Wert der Forderungen der stimmberechtigten Anleihegläubiger.

III. Verfahrensbeteiligte

1. Der Schuldner

An dem eigentlichen Restrukturierungsverfahren ist insbesondere der Schuldner beteiligt, gegenüber dem ein Restrukturierungsverfahren eröffnet wird. Der Schuldner ist auch Verfahrensbeteiligter an dem Verfahren zur Eröffnung des Restrukturierungsverfahrens – der Einzige, wenn der Antrag vom Schuldner stammt, sonst (was nur im Sanierungsverfahren möglich ist) gemeinsam mit dem Antragsteller. 937

Der Umfang der Rechte und Pflichten des Schuldners hängt in hohem Maße von der Art des gewählten Restrukturierungsverfahrens ab. Zu den wichtigsten Rechten des Schuldners, unabhängig von der Art des Restrukturierungsverfahrens, gehören die Berechtigung zur Stellung des Restrukturierungsantrags, zur Beantragung der Einstellung des Restrukturierungsverfahrens, zur Unterbreitung der Vergleichsvorschläge und zur Beantragung der Bestellung einer bestimmten Person zum Sachwalter oder Verwalter. Der Schuldner hat auch Pflichten, vor allem eine allgemeine Mitwirkungspflicht zwecks der Durchführung des Restrukturierungsverfahrens. Die nicht ordnungsgemäße Pflichterfüllung kann mit der Einstellung des Verfahrens oder sogar der strafrechtlichen Haftung sanktioniert werden. 938

Die Eröffnung des Restrukturierungsverfahrens hat keinen Einfluss auf die Rechts- und Geschäftsfähigkeit des Schuldners. Nach dem Beschluss des Gerichts zur Eröffnung des Restrukturierungsverfahrens tritt der Unternehmer im Wirtschaftsverkehr mit der Zusatzbezeichnung „w restrukturyzacji" (dt. „in Restrukturierung") auf. 939

Im Restrukturierungsverfahren verwaltet der Schuldner sein eigenes Vermögen selbst, es sei denn, dass ein Verwalter bestellt wurde. Der Schuldner wird dabei durch einen Gerichtssachwalters beaufsichtigt. 940

Rechtsgeschäfte des Schuldners betreffend sein Vermögen, über welches der Schuldner sein Verwaltungs- und Verfügungsrecht verloren hat, sind nichtig. Die Leistungserbringung zu Händen des Schuldners nach der Bekanntgabe der Eröffnung des Restrukturierungsverfahrens, in welchem ihm sein Verwaltungs- und Verfügungsrecht entzogen wurde, wirkt gegenüber dem Verwalter nicht schuldbefreiend, es sei denn, dass der Gegenwert der erbrachten Leistung in die Vergleichs- oder Sanierungsmasse geflossen ist. 941

2. Der Gläubiger

Verfahrensbeteiligte am Restrukturierungsverfahren sind neben dem Schuldner auch jeder persönliche Gläubiger des Schuldners, dem eine unbestrittene Forderung oder eine strittige Forderung zusteht, wenn er diese strittige Forderung glaubhaft gemacht hat sowie vom Restrukturierungsrichter zur Beteiligung an dem Verfahren zugelassen wurde. Als Gläubiger, dem einen Anspruch auf die unbestrittene Forderung zusteht, ist ein persönlicher Gläubiger zu verstehen, welcher vom Schuldner in der dem Restrukturierungsantrag beigefügten Gläubigerliste angegeben wurde oder dessen Forderung mit einem Vollstreckungstitel festgestellt oder in der Forderungsliste eingetragen wurde. Der Gläubiger, dem eine strittige Forderung zusteht, ist derjenige, dessen Forderung in Bezug auf den Leistungsumfang des Schuldners und die sachliche Grundlage konkretisiert wurde, insbesondere betreffend welcher der Schuldner zur Leistungserbringung oder zu einer gütlichen Einigung aufgefordert wurde, gegen den Schuldner eine Klage oder eine Aufrechnungseinrede in einem vom Schuldner eingeleiteten Verfahren erhoben wurde oder welche in einem Verfahren vor einem Schiedsgericht anhängig ist. Die Zulassung eines Gläubigers mit einer strittigen Forderung zur Beteiligung an dem Verfahren kann auf Antrag des Gläubigers oder von Amts wegen erfolgen. 942

3. Das Restrukturierungsgericht

Zum Restrukturierungsgericht → Rn. 268 ff. 942a

4. Der Restrukturierungsrichter

Zum Restrukturierungsrichter → Rn. 268 ff. 942b

Internationales Insolvenzrecht – Polen

5. Der (vorläufige) Sachwalter und Verwalter

943 **a) Im Allgemeinen. aa) Sachwalter oder Verwalter.** Das Restrukturierungsverfahren wird unter Beteiligung des Sachwalters, welcher ein Vergleichssachwalter oder Gerichtssachwalter sein kann, oder unter Beteiligung des Verwalters durchgeführt. Der Vergleichssachwalter wird im Verfahren zur Feststellung eines Vergleichs bestellt. Der Gerichtssachwalter wird für das Vergleichsverfahren und beschleunigte Vergleichsverfahren eingesetzt. Der Verwalter wird lediglich im Sanierungsverfahren bestellt, es sei denn, dass einem Schuldner in einem anderen Restrukturierungsverfahren sein Verwaltungs- und Verfügungsrecht entzogen wurde (→ Rn. 964 ff.). Die ursprüngliche Bestellung des Sachwalters und des Verwalters, mit Ausnahme des Vergleichssachwalters, erfolgt im Beschluss über die Eröffnung des Restrukturierungsverfahrens. Grundlage für die Ausübung der Funktion des Vergleichssachwalters ist wiederum ein zivilrechtlicher Vertrag zwischen ihm und dem Schuldner. Die Bestimmungen über den Sachwalter und Verwalter sind teilweise ähnlich. Allerdings gibt es auch relevante Unterschiede in Bezug auf den Umfang seiner Rechte und Pflichten.

944 Ein Sachwalter oder Verwalter kann eine natürliche Person sein, die unbeschränkt geschäftsfähig ist und über eine Lizenz als Restrukturierungsberater verfügt, oder eine Handelsgesellschaft, deren Gesellschafter, die für die Verpflichtungen der Gesellschaft uneingeschränkt mit ihrem gesamten Vermögen haften, oder die Geschäftsführungsmitglieder, die die Gesellschaft vertreten, eine solche Lizenz haben. Der Sachwalter oder der Verwalter darf keine natürliche Person oder eine Handelsgesellschaft sein, welche:
1. Gläubiger oder Schuldner des Schuldners ist;
2. Ehegatte, Verwandter in aufsteigender Linie, Abkömmling, Geschwister, Verschwägerter des Schuldners oder seines Gläubigers in gleicher Linie oder demselben Grad ist; das Hindernis besteht trotz der Beendigung der Ehe fort;
3. eine Person ist, welche mit dem Schuldner in einem Adoptionsverhältnis steht oder Ehegatte dieser Person ist oder eine Person ist, die eine nichteheliche Lebensgemeinschaft im gemeinsamen Haushalt mit dem Schuldner führt; das Hindernis besteht trotz Beendigung des Adoptionsverhältnisses fort;
4. aufgrund eines Arbeitsverhältnisses für den Schuldner tätig ist oder war oder Arbeitsleistungen für den Schuldner oder Dienstleistungen für den Schuldner auf Grundlage eines anderen Rechtsverhältnisses erbracht hat, mit Ausnahme der Rechtsberatung als Restrukturierungsberater;
5. Mitglied eines Organs, Prokurist oder Bevollmächtigter des Schuldners ist oder war oder in den letzten zwei Jahren vor Stellung des Restrukturierungsantrags Gesellschafter oder Aktionär des Schuldners war, welcher Anteile oder Aktien in Höhe von mehr als 5 % des Stammkapitals des Schuldners oder seines Gläubigers hielt;
6. eine mit dem Schuldner verbundene Gesellschaft ist oder war oder ein Mitglied des Organs, Prokurist oder Bevollmächtigter einer solchen Gesellschaft ist oder in den letzten zwei Jahren vor Stellung des Restrukturierungsantrages Gesellschafter oder Aktionär war, welcher Anteile oder Aktien in einer Höhe von mehr als 5 % des Stammkapitals der mit dem Schuldner verbundenen Gesellschaft hielt.

945 Es ist auch unzulässig, eine Person als Verwalter in demselben Verfahren zu bestellen, in dem sie schon als Sachwalter tätig war. Der Sachwalter und der Verwalter legen unverzüglich, spätestens jedoch zum Zeitpunkt der ersten Handlung vor einem Restrukturierungsgericht oder einem Restrukturierungsrichter, eine Erklärung den Verfahrensakten bei, wonach keine Hindernisse für die Ausübung ihrer Tätigkeit vorliegen.

946 **bb) Austausch des Sachwalters und des Verwalters.** Das Restrukturierungsgericht tauscht den Gerichtssachwalter oder Verwalter aus:
1. auf seinen Antrag hin;
2. im Falle des Entzugs oder der Aussetzung der sich aus der Lizenz als Restrukturierungsberater ergebenden Rechte der natürlichen Person oder der Gesellschafter, die für die Verpflichtungen der Gesellschaft, welche Sachwalter oder Verwalter ist, uneingeschränkt mit ihrem gesamten Vermögen haften, oder Mitglieder der Geschäftsführung, die die Gesellschaft vertreten;
3. durch Beschluss des Gläubigerausschusses;
4. auf Antrag des Schuldners, mit schriftlicher Zustimmung des Gläubigers oder der Gläubiger, der oder die mit insgesamt mehr als 30 % des Gesamtbetrags der Forderungen ausgestattet ist oder sind, mit Ausnahme der Gläubiger, die in der Gläubigerversammlung nicht stimmberechtigt sind (→ Rn. 985); das Restrukturierungsgericht kann die Bestellung einer vorgeschlagenen Person verweigern, wenn berechtigte Gründe vorliegen, insbesondere wenn es offensichtlich

ist, dass die vorgeschlagene Person keine Gewähr für die ordnungsmäßige Ausübung ihrer Pflichten bietet.

cc) Disziplinarmaßnahmen gegen den Sachwalter oder Verwalter. Der Restrukturierungsrichter mahnt einen Gerichtssachwalter oder Verwalter, der seine Pflichten nicht oder nicht ordnungsgemäß erfüllt, ab. Im Falle eines wesentlichen Fehlverhaltens oder mangelnder Verbesserung bei der Aufgabenerfüllung trotz Abmahnung verhängt der Restrukturierungsrichter gegen den Gerichtssachwalter oder Verwalter unter Berücksichtigung des Grades und der Schwere des Fehlverhaltens eine Geldstrafe in Höhe von 1.000–30.000 PLN. Im Falle eines groben Verstoßes oder mangelnder Verbesserung bei der Aufgabenerfüllung trotz der verhängten Geldstrafe beruft das Gericht den Gerichtssachwalter oder den Verwalter ab. Sind die Abberufungsgründe des Gerichtssachwalters oder des Verwalters glaubhaft gemacht, so kann das Restrukturierungsgericht den Gerichtssachwalters oder den Verwalter bis zum Zeitpunkt des Erlasses des Beschlusses über die Abberufung vom Amt entheben, indem es einen vorläufigen Gerichtssachwalter oder einen vorläufigen Verwalter bestellt, für den die Vorschriften über den Gerichtssachwalter oder den Verwalter entsprechende Anwendung finden. 947

Gegen den Beschluss des Restrukturierungsgerichts über die Abberufung des Gerichtssachwalters oder des Verwalters, und den Beschluss des Restrukturierungsrichters, einen Gerichtssachwalter oder Verwalter abzumahnen oder eine Geldstrafe zu verhängen, kann Beschwerde eingelegt werden. Die Beschwerde kann von allen Verfahrensbeteiligten sowie von dem Gerichtssachwalter oder von dem Verwalter innerhalb von sieben Tagen eingelegt werden (zur Berechnung der Frist → Rn. 260). 948

dd) Zivilrechtliche Haftung des Sachwalters oder Verwalters. Zu den Grundsätzen der Haftung → Rn. 446 ff. 949

b) Der (vorläufige) Sachwalter. aa) Vergleichssachwalter. Im Verfahren zur Feststellung eines Vergleichs wird der Vergleichssachwalter vom Schuldner gewählt. Er erfüllt seine Funktion auf Grundlage eines mit dem Schuldner abgeschlossenen Vertrags. In dem Vertrag ist insbesondere die Vergütung des Vergleichssachwalters festzulegen. 950

Der Vertragsabschluss mit einem Vergleichssachwalter schränkt den Schuldner bei den Handlungen mit seinem Vermögen nicht ein, dh der Schuldner ist weiterhin berechtigt, über das Vermögen frei zu verwalten und zu verfügen und dieses zu nutzen. Der Schuldner ist jedoch verpflichtet, dem Vergleichssachwalter vollständige und wahrheitsgemäße Informationen zwecks Verwendung dieser im Restrukturierungsverfahren sowie Unterlagen zu seinem Vermögen und den Verbindlichkeiten zur Verfügung zu stellen.

Der Vergleichssachwalter kann im Rahmen seiner Aufsicht die Tätigkeiten des Schuldners betreffend sein Vermögen sowie das Unternehmen des Schuldners kontrollieren, und dabei insbesondere prüfen, ob das Vermögen des Schuldners, welches nicht Teil seines Unternehmens ist, ausreichend vor Zerstörung oder Verlust geschützt ist. Zu den Aufgaben des Vergleichssachwalters gehören insbesondere die Erstellung eines Restrukturierungsplans und die Vorbereitung von Vergleichsvorschlägen gemeinsam mit dem Schuldner sowie die Erstellung einer Forderungsliste und einer Liste der strittigen Forderungen. Der Vergleichssachwalter ist auch verpflichtet, mit dem Schuldner zum Zwecke der effektiven und rechtmäßigen Stimmensammlung zusammenzuarbeiten, insbesondere Auskünfte über die finanzielle Lage des Schuldners und die Chancen für die Vergleichserfüllung an die Gläubiger in dem Maße zu erteilen, die für eine wirtschaftlich vernünftige Entscheidung über die Abstimmung für oder gegen den Vergleich erforderlich sind. Darüber hinaus ist der Vergleichssachwalter verpflichtet, den Schuldner unverzüglich nach der Feststellung, dass die Summe der strittigen Forderungen 15 % des Gesamtbetrages der stimmberechtigenden Forderungen überschreitet, schriftlich über die Unmöglichkeit des Vergleichsabschlusses im Verfahren zur Feststellung eines Vergleichs zu informieren. 951

Der Vergleichssachwalter legt einen Bericht vor, der als Anhang dem Antrag auf Feststellung des Vergleichs beizufügen ist. Der Bericht enthält insbesondere die Feststellung der Annahme des Vergleichs, die Beurteilung der Gesetzeskonformität der unabhängigen Stimmensammlung samt Angaben zu anderen Umständen, die die Annahme des Vergleichs beeinflussen können, Beurteilung der Möglichkeit der Vergleichserfüllung und Informationen über die mögliche Inanspruchnahme öffentlicher Beihilfen im Rahmen des Verfahrens. Dem Bericht sind insbesondere folgende Unterlagen beizufügen: 952
1. Einwendungen der Gläubiger gegen die Durchführung der Abstimmung,
2. das aktuelle Vermögensverzeichnis des Schuldners samt Wertschätzung seiner Bestandteile,
3. einer vom Schuldner zum Zwecke des Verfahrens zur Feststellung eines Vergleichs erstellten Bilanz zum Zeitpunkt, der innerhalb von 30 Tagen vor dem Tag der Antragstellung liegt,
4. Forderungsliste samt Angaben, ob der Gläubiger für oder gegen den Vergleich gestimmt hat,

Internationales Insolvenzrecht – Polen

5. Liste der strittigen Forderungen,
6. Auflistung der von den Gläubigern auf das Vermögen des Schuldners bestellten Sicherheiten samt Zeitangabe ihrer Bestellung,
7. Auflistung der Schuldner des Schuldners,
8. Auflistung der Vollstreckungstitel und vollstreckbaren Ausfertigungen gegen den Schuldner,
9. Angaben zu den Verfahren zur Begründung von Hypotheken, Pfänden, Registerpfänden, Steuerpfänden und Seehypotheken und sonstigen Belastungen, die in das Grundbuch oder in Register eingetragen werden müssen,
10. Angaben über andere anhängige Gerichts-, Verwaltungs- und Verwaltungsgerichtsverfahren sowie Verfahren vor Schiedsgerichten, die das Vermögen des Schuldners betreffen,
11. Restrukturierungsplan (→ Rn. 1144 ff.).

953 Entspricht der Bericht des Vergleichssachwalters nicht den gesetzlichen Anforderungen, so fordert das Restrukturierungsgericht den Vergleichssachwalter auf, die formellen Mängel des Berichts zu beseitigen und den Bericht innerhalb einer Woche zu berichten oder zu ergänzen. Nach erfolglosem Fristablauf teilt das Restrukturierungsgericht dem Schuldner mit, dass der Vergleichssachwalter die formellen Mängel des Berichts nicht ergänzt hat, oder den Bericht nicht berichtigt oder ergänzt hat. Der Schuldner kann mit einem anderen Vergleichssachwalter einen neuen Vertrag abschließen, welcher innerhalb von zwei Wochen nach der Schuldnerbenachrichtigung unter Androhung der Zurückweisung des Antrags auf Feststellung des Vergleichs, einen berichtigten oder ergänzten Bericht vorzulegen hat.

Ab dem Tag der Bekanntgabe des Beschlusses über die Feststellung des Vergleichs bis zu seiner Rechtskraft, übt der Vergleichssachwalter die Rechte eines Gerichtssachwalters aus.

954 **bb) Der Gerichtssachwalter. (1) Bestellung des Gerichtssachwalters.** Der Gerichtssachwalter wird vom Restrukturierungsgericht in dem Beschluss über die Eröffnung des beschleunigten Vergleichsverfahrens oder des Vergleichsverfahrens bestellt. Das Restrukturierungsgericht ernennt einen Gerichtssachwalter, wobei die Anzahl der Fälle, in denen eine als Restrukturierungsberater zugelassene Person als Sachwalter oder Verwalter in einem Restrukturierungsverfahren oder als Konkursverwalter in einem anderen Konkursverfahren tätig ist, sowie ihre Erfahrung und ihre zusätzlichen Qualifikationen berücksichtigt werden. Im Fällen in denen 1) ein Unternehmer, der in mindestens einem der beiden letzten Geschäftsjahre durchschnittlich 250 oder mehr Mitarbeiter pro Jahr beschäftigt oder einen jährlichen Nettoumsatz aus dem Verkauf von Waren, Produkten und Dienstleistungen sowie aus Finanztransaktionen erzielt hat, der den Wert von 50 Mio. EUR in PLN übersteigt, oder dessen Bilanzsumme am Ende eines dieser Jahre den Wert von 43 Mio. EUR in PLN übersteigt, 2) ein Unternehmen mit erheblicher Bedeutung für die Staatswirtschaft ist und 3) ein Unternehmer von besonderer wirtschaftlicher und verteidigungstechnischer Bedeutung, ernennt das Konkursgericht als Konkursverwalter eine Person, die eine Lizenz als Restrukturierungsberaters besitzt und als qualifizierter Restrukturierungsberater fungiert. Auf Antrag des Schuldners, dem die schriftliche Zustimmung des Gläubigers oder der Gläubiger mit mehr als 30 % des Gesamtbetrags der Forderungen beigefügt ist, mit Ausnahme der Gläubiger, die in der Gläubigerversammlung nicht stimmberechtigt sind (→ Rn. 985), bestellt das Restrukturierungsgericht in dem Beschluss über die Eröffnung des beschleunigten Vergleichsverfahrens oder des Vergleichsverfahrens zur Ausübung der Funktion des Gerichtssachwalters eine vom Schuldner vorgeschlagene Person. Das Restrukturierungsgericht kann die Bestellung der vorgeschlagenen Person verweigern, wenn berechtigte Gründe vorliegen, insbesondere wenn offensichtlich ist, dass die vorgeschlagene Person keine Gewähr für die ordnungsmäßige Ausübung der Pflichten des Gerichtssachwalters bietet.

955 **(2) Rechte und Pflichten des Gerichtssachwalters.** Nach der Bestellung des Gerichtssachwalters kann der Schuldner im Rahmen des gewöhnlichen Geschäftsbetriebs sein Verwaltungsrecht ausüben. Die Ausübung von Tätigkeiten, die über den gewöhnlichen Geschäftsbetrieb hinausgehen, bedarf der Zustimmung des Gerichtssachwalters, es sei denn, dass das Gesetz die Zustimmung des Gläubigerausschusses vorsieht. Die Zustimmung kann auch nachträglich, innerhalb von dreißig Tagen nach dem Tag, an dem die Tätigkeit vorgenommen wurde, erteilt werden. Eine Tätigkeit, die über den gewöhnlichen Geschäftsbetrieb hinausgeht und ohne die erforderliche Zustimmung vorgenommen wurde, ist nichtig.

956 Zu den Tätigkeiten des Gerichtssachwalters gehört insbesondere die Benachrichtigung der Gläubiger über die Eröffnung eines Restrukturierungsverfahrens. Der Gerichtssachwalter erstellt auch den Restrukturierungsplan und die Forderungsliste und im beschleunigten Vergleichsverfahren auch die Auflistung der strittigen Forderungen. Außerdem beurteilt der Gerichtssachwalter die Vergleichsvorschläge und berät den Schuldner ggf. hinsichtlich etwaiger Änderungen, um ihre Rechtmäßigkeit und die Möglichkeit ihrer Erfüllung zu gewährleisten, und ergreift erforderliche

Maßnahmen, um sicherzustellen, dass die Gläubiger möglichst viele gültige Stimmen abgeben. Der Gerichtssachwalter nimmt auch an der Gläubigerversammlung teil und gibt in der Versammlung eine Stellungnahme zur Möglichkeit der Vergleichserfüllung ab. Der Gerichtssachwalter informiert den Schuldner auch über die dem Schuldner zur Verfügung stehenden Finanzierungsmöglichkeiten, einschließlich öffentlicher Beihilfen, und arbeitet mit dem Schuldner zusammen, um eine solche Finanzierung zu erhalten.

Der Gerichtssachwalter legt dem Restrukturierungsrichter einen Bericht über seine Tätigkeit 957
für jeden Kalendermonat, in dem er seine Funktion ausübt, vor. Der Bericht über die Tätigkeit des Gerichtssachwalters enthält mindestens einen Hinweis darauf, ob der Schuldner Verbindlichkeiten begleicht, die nach der Eröffnung des beschleunigten Vergleichsverfahrens oder Vergleichsverfahrens entstanden sind, eine Aufstellung der Einnahmen und Ausgaben sowie den Kassenbestand und Geldbestand auf den Bankkonten zu Beginn und am Ende des Berichtzeitraums und eine Liste der Tätigkeiten, die über den gewöhnlichen Geschäftsbetrieb hinausgingen, denen der Gerichtssachwalter zugestimmt hat.

(3) Vergütung des Gerichtssachwalters. Die Vergütung des Gerichtssachwalters berücksich- 958
tigt vier Vergütungskomponenten, und wird innerhalb der Grenzen des Zwei- bis Vierundvierzigfachen der Vergütungsgrundlage festgelegt. Die Grundvergütung wird als die durchschnittliche monatliche Vergütung im Sektor der Unternehmen ohne Gewinnauszahlung im dritten Quartal des Vorjahres verstanden, die vom Präsidenten des Statistischen Zentralamtes (poln. Prezes Głównego Urzędu Statystycznego) veröffentlicht wird. Die Vergütung ist abhängig von:
1. der Anzahl der an dem Verfahren beteiligten Gläubiger;
2. dem Gesamtbetrag der den beteiligten Gläubigern zustehenden Forderungen;
3. der Art des Restrukturierungsverfahrens, des Umfangs der Tätigkeiten, die der Gerichtssachwalter im Laufe des Verfahrens vorgenommen hat, und die Maßnahmen, die zur Erreichung des Verfahrenszieles ergriffen wurden;
4. der Verfahrensdauer, wenn das Vergleichsverfahren aus Gründen, die unabhängig vom Gerichtssachwalter sind, länger als zwölf Monate dauert.

Der Gerichtssachwalter hat im Vergleichsverfahren Anspruch auf vierteljährliche Vorschüsse in 959
Höhe von 10 % der Vergütung, die unter Berücksichtigung der in den Nummern 1 und 2 genannten Umstände nach Ablauf des gesamten Quartals der Funktionsausübung, frühestens nach der Genehmigung der Forderungsliste, vorläufig berechnet wird.

Das Restrukturierungsgericht erlässt einen Beschluss über die endgültige Vergütung auf Antrag 960
des Gerichtssachwalters, der innerhalb einer Woche nach Abgabe eines Gutachtens über die Möglichkeit der Vergleichserfüllung oder der Zustellung des Beschlusses über die Abberufung oder Änderung des Gerichtssachwalters oder die Einstellung des Verfahrens, gestellt wird. Das Restrukturierungsgericht erlässt einen Beschluss über die Vergütung unverzüglich nach Beendigung des Restrukturierungsverfahrens oder nach rechtskräftiger Einstellung des Restrukturierungsverfahrens. Gegen den Beschluss können die Verfahrensbeteiligten sowie der Gerichtssachwalter innerhalb von sieben Tagen Beschwerde einlegen (zur Berechnung der Frist → Rn. 260). Ist die Vergütung niedriger als die Summe der erhaltenen Vorschüsse, so erstattet der Gerichtssachwalter den Überschuss der erhaltenen Vorschüsse zurück.

Im Falle einer rechtskräftigen Verweigerung der Feststellung des Vergleichs oder einer rechts- 961
kräftigen Einstellung des Restrukturierungsverfahrens wird die Vergütung des Gerichtssachwalters auf 40% der ihm zustehenden Vergütung festgesetzt. Die Vergütung und Vorschüsse eines zur Zahlung der Umsatzsteuer verpflichteten Gerichtssachwalters werden um den Betrag der Umsatzsteuer erhöht.

cc) Der vorläufige Gerichtssachwalter. Ein vorläufiger Gerichtssachwalter kann im Ver- 962
gleichs- oder Sanierungsverfahren im Rahmen der Sicherung des Vermögens des Schuldners bestellt werden. Die Vorschriften über den Gerichtssachwalter finden entsprechende Anwendung auf den vorläufigen Gerichtssachwalter.

c) Der (vorläufige) Verwalter. aa) Verwalter. (1) Bestellung. Der Verwalter wird vom 963
Restrukturierungsgericht in dem Beschluss über die Eröffnung des Sanierungsverfahrens bestellt. Das Restrukturierungsgericht ernennt einen Verwalter, wobei die Anzahl der Fälle, in denen eine als Restrukturierungsberater zugelassene Person als Sachwalter oder Verwalter in anderen Restrukturierungsverfahren oder als Konkursverwalter in einem Konkursverfahren tätig ist, sowie ihre Erfahrung und ihre zusätzlichen Qualifikationen berücksichtigt werden. Im Falle 1) eines Unternehmers, der in mindestens einem der beiden letzten Geschäftsjahre durchschnittlich 250 oder mehr Mitarbeiter pro Jahr beschäftigt oder einen jährlichen Nettoumsatz aus dem Verkauf von Waren, Produkten und Dienstleistungen sowie aus Finanztransaktionen erzielt hat, der den Wert von 50 Mio. EUR in PLN übersteigt, oder die Summe der Aktiva der zum Ende eines

dieser Jahre erstellten Bilanz erreicht hat, die den Wert von 43 Mio. EUR in PLN übersteigt, 2) von Unternehmen von erheblicher Bedeutung für die Staatswirtschaft und 3) von Unternehmern von besonderer wirtschaftlicher und verteidigungstechnischer Bedeutung, ernennt das Gericht als Verwalter eine Person, die eine Lizenz eines Restrukturierungsberaters besitzt und als qualifizierter Restrukturierungsberater fungiert. Auf Antrag des Schuldners, dem die schriftliche Zustimmung des Gläubigers oder der Gläubiger, welche mehr als 30 % des Gesamtbetrages der Forderungen haben, mit Ausnahme der Gläubiger, die nicht stimmberechtigt sind (→ Rn. 985) beigefügt ist, wird in dem Beschluss zur Eröffnung des Sanierungsverfahrens eine vom Schuldner vorgeschlagene Person zur Ausübung der Funktion des Verwalters bestellt. Das Restrukturierungsgericht kann die Bestellung der vorgeschlagenen Person verweigern, wenn berechtigte Gründe vorliegen, insbesondere wenn offensichtlich ist, dass die vorgeschlagene Person keine Gewähr für die ordnungsmäßige Ausübung der Pflichten bietet.

964   **(2) Aufhebung der Eigenverwaltung des Schuldners.** Ein Verwalter kann auch im beschleunigten Vergleichsverfahren oder Vergleichsverfahren bestellt werden, wenn dem Schuldner das Eigenverwaltungsrecht entzogen wurde. Das Restrukturierungsgericht kann von Amts wegen die Eigenverwaltung des Schuldners aufheben und einen Verwalter bestellen, wenn:
1. der Schuldner bei der Eigenverwaltung, auch wenn fahrlässig, gegen das Gesetz verstoßen hat, was eine Gläubigerbenachteiligung zur Folge hatte oder die Möglichkeit einer solchen Benachteiligung in der Zukunft zur Folge gehabt hätte;
2. es offensichtlich ist, dass die Art und Weise der Eigenverwaltungsausübung keine Garantie für die Vergleichserfüllung gibt oder für den Schuldner ein Pfleger bestellt wurde;
3. der Schuldner den Anweisungen des Restrukturierungsrichters oder des Gerichtssachwalters nicht nachkommt, insbesondere innerhalb der vom Restrukturierungsrichter festgesetzten Frist keine rechtskonformen Vergleichsvorschläge unterbreitet hat.

965   Ein Beschluss über die Aufhebung der Eigenverwaltung des Schuldners und die Bestellung des Verwalters ist ab dem Tag seiner Bekanntgabe wirksam und vollstreckbar. Nur der Schuldner ist berechtigt, gegen den Beschluss eine Beschwerde einzulegen. Der im Verfahren bestellte Verwalter nimmt auch die im Gesetz genannten Tätigkeiten eines Gerichtssachwalters wahr.

966   **(3) Aufgaben des Verwalters.** Der Verwalter übernimmt unverzüglich die Verwaltung über die Sanierungsmasse, erstellt ein Verzeichnis der Massegegenstände mit einer Werteinschätzung, erstellt einen Restrukturierungsplan und führt diesen durch. In Angelegenheiten betreffend der Sanierungsmasse handelt der Verwalter in eigenem Namen auf Rechnung des Schuldners. Der Verwalter haftet nicht für Verbindlichkeiten, die im Zusammenhang mit der Sanierungsmasse aufgenommen wurden. Wenn ein solcher Bedarf und die Möglichkeit besteht, unternimmt der Verwalter Maßnahmen, um eine zusätzliche Finanzierung für den Schuldner zu gewinnen, einschließlich der Gewährung öffentlicher Beihilfen. Der Verwalter erfüllt die den Schuldner belastenden handels- und steuerrechtlichen Berichtspflichten.

967   Der Verwalter legt dem Restrukturierungsrichter einen Bericht über seine Tätigkeiten, für jeden Kalendermonat, in dem er seine Funktion ausübt, vor. Der Tätigkeitsbericht des Verwalters muss mindestens eine Beschreibung der aktuellen Etappe der Vorbereitung oder Durchführung des Restrukturierungsplans sowie einen Hinweis darauf enthalten, ob der Verwalter den Verpflichtungen nach der Eröffnung des Sanierungsverfahrens nachkommt. Der Verwalter legt dem Restrukturierungsrichter auch monatlich einen Sachstandsbericht vor. Der Sachstandsbericht muss mindestens einen Hinweis auf die Quelle und den Betrag jeglicher Einnahmen und Ausgaben sowie den Kassenbestand und der Geldbeträge auf den Bankkonten des Schuldners zum Beginn und am Ende des Berichtszeitraums enthalten. Der Restrukturierungsrichter genehmigt den Sachstandsbericht, verweigert die Anerkennung konkreter Ausgaben oder nimmt eine entsprechende Berichtigung vor und entscheidet über die Rückerstattung der nicht genehmigten Beträge in die Sanierungsmasse. Gegen den Beschluss des Restrukturierungsrichters können die Verfahrensbeteiligten sowie der Verwalter innerhalb von sieben Tagen Beschwerde einlegen (zur Berechnung der Frist → Rn. 260).

968   Nach Erfüllung aller Pflichten legt der Verwalter einen Abschlussbericht vor. Das Gericht verweigert die Genehmigung des Abschlussberichts ganz oder teilweise, wenn der Verwalter rechtswidrige Handlungen vorgenommen hat oder die Handlungen eine Gläubigerbenachteiligung zur Folge hatten, oder wenn er, trotz Aufforderungen, nicht alle seine Pflichten innerhalb der angesetzten Frist erfüllt hat. Gegen den Beschluss können die Verfahrensbeteiligten sowie der Verwalter innerhalb von sieben Tagen Beschwerde einlegen (zur Berechnung der Frist → Rn. 260).

969   **(4) Vergütung.** Die Vergütung eines Verwalters berücksichtigt fünf Vergütungskomponenten, und reicht von dem drei- bis zweihundertachtfachen der Vergütungsgrundlage. Die Grundvergütung ist als die durchschnittliche monatliche Vergütung im Sektor der Unternehmen ohne

Internationales Insolvenzrecht – Polen

Gewinnauszahlung im dritten Quartal des Vorjahres zu verstehen, die vom Präsidenten des Statistischen Zentralamtes (poln. Prezes Głównego Urzędu Statystycznego) veröffentlicht wird.

Die Vergütung ist abhängig von 970
1. der Anzahl der Gläubiger, die an dem Verfahren beteiligt sind;
2. dem Gesamtbetrag der Forderungen, die den an dem Verfahren beteiligten Gläubiger zustehen;
3. dem durchschnittlichen monatlichen Umsatz, welcher im Laufe des Sanierungsverfahrens erzielt wurde;
4. dem Verbesserungsgrad der wirtschaftlichen Lage des Unternehmens des Schuldners, welcher während des Sanierungsverfahrens stattgefunden hat, unter anderem durch Erhöhung der Einnahmen und Reduzierung der Kosten, andere Maßnahmen des Verwalters, insbesondere dem Abschluss von Verträgen, die in der Zukunft positive wirtschaftliche Auswirkungen für den Schuldner haben werden, sowie dem Schwierigkeitsgrad der Vermögens- und Rechtslage der Sanierungsmasse sowie Art und Umfang der vom Schuldner ausgeübten Geschäftstätigkeit, einschließlich der Arbeitnehmeranzahl des Schuldners;
5. der Verfahrensdauer, wenn diese, aus von dem Verwalter unabhängigen Gründen, mehr als zwölf Monate andauert.

Das Restrukturierungsgericht setzt die vorläufige Vergütung des Verwalters auf Antrag des Verwalters, der nach der Einreichung des Restrukturierungsplans vorgelegt wird, innerhalb von dreißig Tagen ab dem Zeitpunkt der Antragstellung, fest. Der Verwalter kann dem Antrag eine schriftliche Erklärung des Schuldners, der Gläubiger und des Gläubigerausschusses zur Vergütungshöhe beifügen. Lediglich der Schuldner und der Verwalter sind berechtigt, eine Beschwerde gegen den Beschluss über die Festlegung der vorläufigen Vergütung einzulegen. Nach der Festlegung der vorläufigen Vergütung hat der Verwalter Anspruch auf einen vierteljährlichen Vorschuss in Höhe von 7 % der vorläufigen Vergütung, nach Ablauf eines vollen Quartals seiner Ausübung der Funktion. Der erste Vorschuss kann frühestens mit Rechtskraft des Beschlusses über die Festlegung der vorläufigen Vergütung ausbezahlt werden. 971

Das Restrukturierungsgericht erlässt einen Beschluss über die endgültige Vergütung auf Antrag des Verwalters, der innerhalb einer Woche nach Vorlage eines Gutachtens über die Möglichkeit der Vergleichserfüllung oder der Zustellung des Beschlusses über die Abberufung oder den Austausch des Verwalters oder Einstellung des Verfahrens, zu stellen ist. Das Restrukturierungsgericht erlässt einen Beschluss über die endgültige Vergütung unverzüglich nach der Beendigung oder nach rechtskräftiger Einstellung des Restrukturierungsverfahrens. Gegen den Beschluss kann Beschwerde eingelegt werden. Die Beschwerde kann von den Verfahrensbeteiligten sowie dem Verwalter innerhalb von sieben Tagen eingelegt werden (zur Berechnung der Frist → Rn. 260). 972

Die Vergütung des Verwalters kann auch durch einen gesonderten Beschluss des Gläubigerausschusses festgelegt werden, welcher samt Beschluss über die Annahme des Vergleichs unter Anwendung der gleichen Beschlussfähigkeits- und Mehrheitsanforderungen gefasst wird. Der Beschluss über die Festsetzung der Vergütung des Verwalters kann erst dann zur Abstimmung gestellt werden, wenn der Schuldner seine Unterstützungserklärung abgegeben hat. Im beschriebenen Falle erlässt das Restrukturierungsgericht bei der Feststellung des Vergleichs auch einen Beschluss über die Bestätigung des Beschlusses über die Vergütung des Verwalters. Gegen den Beschluss ist in der Form und innerhalb der Fristen, die für die Beschwerde gegen den Beschluss über die Feststellung des Vergleichs (→ Rn. 1038) vorgesehen sind, anfechtbar. Auch der Verwalter ist berechtigt, Beschwerde einzulegen. 973

Bei der rechtskräftigen Verweigerung der Feststellung des Vergleichs oder Einstellung des Restrukturierungsverfahrens wird die Vergütung des Verwalters auf 30% der ihm zustehenden Vergütung festgesetzt. Die Vergütung und Vorschüsse eines zur Zahlung der Umsatzsteuer verpflichteten Verwalters werden um den Betrag der Umsatzsteuer erhöht. 974

bb) Der vorläufige Verwalter. In Verfahren zur Eröffnung des Sanierungsverfahrens kann das Restrukturierungsgericht das Vermögen des Schuldners durch die Bestellung eines vorläufigen Verwalters sichern, auf den die Bestimmungen über den Verwalter entsprechend zur Anwendung kommen. Die Bestellung des vorläufigen Verwalters in anderen Verfahren ist unzulässig. 975

6. Die Gläubigerversammlung

a) Einberufung der Gläubigerversammlung. Eine der im Restrukturierungsverfahren beteiligten Gläubigerorgane ist die Gläubigerversammlung. Die Gläubigerversammlung ist vom Restrukturierungsrichter, wenn er ihre Einberufung für erforderlich hält, wenn der Gläubigerausschuss einen Beschluss zur Einberufung der Gläubigerversammlung fasst sowie zwecks der Abstimmung über den Vergleich einzuberufen. Im beschleunigten Vergleichsverfahren und Vergleichsver- 976 fahren setzt der Restrukturierungsrichter den Termin der Gläubigerversammlung zur Abstimmung über den Vergleich unverzüglich nach Vorlage des Restrukturierungsplans und der Genehmigung der Forderungsliste fest. Im Sanierungsverfahren hingegen beruft der Restrukturierungsrichter die Gläubigerversammlung zur Abstimmung über den Vergleich, unverzüglich nach der ganzen oder teilweisen Durchführung des im Rahmen des Sanierungsverfahrens vorgesehenen Restrukturierungsplans ein, spätestens jedoch zwölf Monate nach Eröffnung des Sanierungsverfahrens. Wurde die Forderungsliste innerhalb dieser Frist nicht festgestellt oder ist das Verfahren zur Erlangung der Zustimmung zur Gewährung öffentlicher Beihilfen bis zu diesem Zeitpunkt nicht abgeschlossen, beruft der Restrukturierungsrichter die Gläubigerversammlung unverzüglich nach der Feststellung der Forderungsliste oder nach Abschluss des Verfahrens zur Erlangung der Zustimmung zur Gewährung öffentlicher Beihilfen ein.

977 Die Gläubigerversammlung wird durch Bekanntgabe einberufen, in der der Termin, Ort und Gegenstand der Versammlung sowie die Art der Abstimmung anzugeben sind. Die Benachrichtigung der Gläubiger über das Datum der Gläubigerversammlung erfolgt durch den Gerichtssachwalter oder den Verwalter. Die Bekanntgabe hat mindestens zwei Wochen vor dem Tag der Gläubigerversammlung zu erfolgen. Der Schuldner, der Gerichtssachwalter oder der Verwalter ist zur Gläubigerversammlung zu laden. Ihr Nichterscheinen stellt kein Hindernis dar, eine Versammlung abzuhalten. Im Falle der Verschiebung der Gläubigerversammlung informiert der Restrukturierungsrichter die Anwesenden über den neuen Termin und Ort der Versammlung. In diesem Fall ergeht keine neue Bekanntgabe. Eine zuvor abgegebene Stimme eines Gläubigers, der nicht an einer aufgeschobenen Gläubigerversammlung teilgenommen hat, bleibt gültig und wird bei der Berechnung der Abstimmungsergebnisse berücksichtigt, wenn in dieser Versammlung über dieselben oder für die Gläubiger günstigeren Beschlussinhalte abgestimmt wird.

978 **b) Ablauf der Gläubigerversammlung; Stimmrecht.** Die Gläubigerversammlung wird von einem Restrukturierungsrichter geleitet. Die Anwesenheit der Gläubiger wird von einem Gerichtssachwalter oder Verwalter unter der Aufsicht des Restrukturierungsrichters überprüft. Es wird ein Protokoll der Gläubigerversammlung erstellt.

979 Grundsätzlich sind zur Abstimmung in der Gläubigerversammlung die Gläubiger berechtigt, deren Forderungen in der festgestellten Forderungsliste eingetragen sind, und Gläubiger, die in der Gläubigerversammlung erschienen und dem Restrukturierungsrichter einen Vollstreckungstitel über ihre Forderung vorlegen. Die Gläubiger können persönlich oder durch einen Bevollmächtigten handeln. Die Gläubiger stimmen mit der Summe ihrer Forderungen ab, die in der genehmigten Forderungsliste oder in dem Vollstreckungstitel festgestellt wurden. Der Restrukturierungsrichter kann auf Antrag des Gläubigers, dessen Forderung unter aufschiebender Bedingung steht oder bestritten ist und glaubhaft gemacht wurde, nach Anhörung des Schuldners zu der Gläubigerversammlung zulassen. Die Summe, nach der die Stimme dieses Gläubigers berechnet wird, ermittelt der Restrukturierungsrichter, je nach Einzelfall, entsprechend den Umständen.

980 Ein Gläubiger hat kein Stimmrecht aufgrund einer Forderung, die er aufgrund einer Abtretung oder eines Indossaments nach der Konkurserklärung erworben haben, es sei denn, dass der Übergang der Forderung infolge der Rückzahlung seiner Schuld aus einem Rechtsverhältnis, welches vor der Konkurserklärung entstanden ist, erfolgte, für welche er persönlich oder mit bestimmten Vermögensgegenstände gehaftet hat. Eine weitere Ausnahme stellt der Fall dar, wenn der Erwerb der Forderung nach der Bekanntgabe der Informationen über den Verkauf der Forderungen gegenüber dem Schuldner an den Erwerber, welcher den höchsten Preis angeboten hat, erfolgte. Die Abstimmung in der Gläubigerversammlung erfolgt schriftlich und der Ablauf und das Abstimmungsergebnis werden in das Protokoll aufgenommen. Ein Gläubiger, der persönlich in einer Gläubigerversammlung erschienen ist, kann zum Protokoll mündlich abstimmen. Die Abstimmung führt der Gerichtssachwalter oder Verwalter unter der Aufsicht des Restrukturierungsrichters durch. Wenn der Restrukturierungsrichter dies beschließt und dies die technischen Möglichkeiten erlauben, kann die Abstimmung in der Gläubigerversammlung auf elektronischem Wege erfolgen.

981 Ein Gläubiger, der sich der Stimme enthält, gilt als hätte er nicht an der Abstimmung teilgenommen.

982 **c) Beschlüsse der Gläubigerversammlung.** Sofern das RestR nichts anderes vorsieht, wird ein Beschluss der Gläubigerversammlung mit der Mehrheit der stimmberechtigten Gläubiger gefasst, die zusammen mindestens die Hälfte des Gesamtbetrags der Forderungen der stimmberechtigten Gläubiger halten. Die wichtigste Ausnahme ist die Beschlussfassung über den Vergleichsabschluss (→ Rn. 984 ff.).

983 In der Gläubigerversammlung erlässt der Restrukturierungsrichter den Beschluss über die Annahme des Beschlusses der Gläubigerversammlung. Im Tenor eines solchen Beschlusses ist der

Inhalt des Beschlusses der Gläubigerversammlung wiederzugeben. Der Restrukturierungsrichter kann den Beschluss aufheben, wenn er rechts- oder sittenwidrig ist oder die Interessen des Gläubigers, welcher gegen den Beschluss gestimmt hat, grob verletzt. Gegen den Beschluss können die Verfahrensbeteiligten innerhalb von sieben Tagen Beschwerde einlegen (zur Berechnung der Frist → Rn. 260).

d) Die Gläubigerversammlung zur Abstimmung über den Vergleich. Der Vergleich 984 kann in einer Gläubigerversammlung abgeschlossen werden, wenn mindestens ein Fünftel der stimmberechtigten Gläubiger an der Versammlung teilnimmt.

In den Vergleich betreffenden Angelegenheiten, ist ein Gläubiger nicht stimmberechtigt, der 985 Ehegatte des Schuldners, sein Familienangehöriger oder sein Verwandter oder Verschwägerter in gerader Linie, Verwandter oder Verschwägerter in seitlicher Linie bis einschließlich des zweiten Grades ist, oder der in einem Adoptionsverhältnis zu ihm steht. Wenn der Schuldner eine Handelsgesellschaft ist, so gilt der Ausschluss des Stimmrechts für jegliche zur Vertretung des Schuldners berechtigten Personen, und wenn der Schuldner eine Personenhandelsgesellschaft ist, auch für jeden Gesellschafter, der für die Verpflichtungen der schuldnerischen Gesellschaft mit seinem gesamten Privatvermögen uneingeschränkt haftet. Ferner, wenn der Schuldner eine Handelsgesellschaft ist, so hat der Gläubiger, der eine verbundene Gesellschaft des Schuldners ist und die zu seiner Vertretung berechtigten Personen, sowie der Gläubiger, der eine herrschende oder beherrschte Gesellschaft des Schuldners ist, und die zu seiner Vertretung berechtigten Personen, kein Stimmrecht. Ist der Schuldner eine Kapitalgesellschaft, so hat auch der Gläubiger kein Stimmrecht, der eine natürliche Person ist und mehr als 25% des Stammkapitals der schuldnerischen Gesellschaft vertritt.

Werden mehrere Vergleichsvorschläge unterbreitet, bestimmt der Restrukturierungsrichter die 986 Reihenfolge der Abstimmung über die Vergleichsvorschläge. Alle Vergleichsvorschläge werden zur Abstimmung gestellt. Die Vergleichsvorschläge, die die größte Zustimmung der Gläubiger erhalten haben, gelten als angenommen. In der Gläubigerversammlung können der Schuldner, Verwalter oder der Gerichtssachwalter Änderungen der Vergleichsvorschläge unterbreiten.

Ein Beschluss der Gläubigerversammlung über die Annahme des Vergleichs wird gefasst, wenn 987 die Mehrheit der stimmberechtigten Gläubiger, die eine gültige Stimme abgegeben haben und zusammen mindestens zwei Drittel des Gesamtbetrags der Forderungen der stimmberechtigten Gläubiger halten, dafür stimmen. Erfolgt die Abstimmung über einen Vergleich in Gläubigergruppen, so wird der Vergleich angenommen, wenn in jeder Gruppe eine Mehrheit der stimmberechtigten Gläubiger dieser Gruppe, die zusammen mindestens zwei Drittel des Gesamtbetrages der Forderungen der stimmberechtigten Gläubiger dieser Gruppe haben, für den Vergleich stimmt. Der Vergleich wird auch dann angenommen, wenn er in einigen Gläubigergruppen nicht die erforderliche Mehrheit erlangt hat, aber die Gläubiger, die zusammen zwei Drittel der Forderungen der stimmberechtigten Gläubiger halten, für den Vergleich gestimmt haben, und die Gläubiger der Gruppe oder der Gruppen, die gegen den Vergleich gestimmt haben, aufgrund des Vergleichs in einem Umfang befriedigt werden, welcher nicht ungünstiger ist als im Falle der Durchführung eines Konkursverfahrens (zu den erforderlichen Mehrheiten für die Annahme des Vergleichs im Verfahren zur Feststellung des Vergleichs → Rn. 1134; zum Teilvergleich → Rn. 1118 ff.).

Der Restrukturierungsrichter erlässt den Beschluss über die Feststellung der Annahme des 988 Vergleichs. Dieser Beschluss ist nicht mit dem Beschluss über die Feststellung des Vergleichs zu verwechseln. (→ Rn. 1136 ff.).

7. Gläubigerausschuss

a) Bestellung des Gläubigerausschusses. Ein weiteres Gläubigerorgan neben der Gläubiger- 989 versammlung ist der Gläubigerausschuss. Es ist zu beachten, dass der Gläubigerausschuss erst im Rahmen des eigentlichen Restrukturierungsverfahrens, dh nach dessen Eröffnung, bestellt wird. Das polnische Recht kennt im Gegensatz zum deutschen Recht keinen vorläufigen Gläubigerausschuss. Die Bestellung des Gläubigerausschusses kann fakultativ oder obligatorisch sein. Der Restrukturierungsrichter kann einen Gläubigerausschuss entweder von Amts wegen, wenn er dies für erforderlich hält, oder auf Antrag bestellen. Der Restrukturierungsrichter ist verpflichtet, unverzüglich, spätestens innerhalb einer Woche, einen Gläubigerausschuss zu bestellen, auf Antrag:
1. des Schuldners;
2. mindestens dreier Gläubiger;
3. eines oder mehrerer Gläubiger, die mindestens ein Fünftel des Gesamtbetrages der Forderungen halten, mit Ausnahme der Gläubiger, die zur Abstimmung über den Vergleich nicht stimmberechtigt sind (→ Rn. 985).

990 **b) Zusammensetzung des Gläubigerausschusses.** Der Gläubigerausschuss setzt sich aus fünf Mitgliedern und zwei Stellvertretern zusammen, die aus dem Kreis der Gläubiger des Schuldners, die an dem Verfahren beteiligt sind, bestellt werden. Der Gläubigerausschuss kann sich aus drei Mitgliedern zusammensetzen, wenn die Anzahl der Gläubiger, die an dem Verfahren beteiligt sind, weniger als sieben beträgt. Ein stellvertretendes Mitglied des Gläubigerausschusses kann an den Sitzungen des Gläubigerausschusses teilnehmen. Er stimmt über den Beschluss in Abwesenheit eines Mitglieds des Gläubigerausschusses ab.

991 Auf Antrag eines oder mehrerer Gläubiger, die mindestens ein Fünftel des Gesamtbetrags der Forderungen der beteiligten Gläubiger halten, mit Ausnahme der Gläubiger ohne Stimmrecht betreffend den Vergleich, bestellt der Restrukturierungsrichter ein vom Antragsteller vorgeschlagenes Mitglied des Gläubigerausschusses, es sei denn, es besteht eine begründete Besorgnis, dass der vorgeschlagene Gläubiger die Pflichten als Mitglied des Gläubigerausschusses nicht ordnungsgemäß erfüllen wird. Gegen den Beschluss zur Abweisung des Antrags kann nur der Antragsteller Beschwerde einlegen. Ein Mitglied des Gläubigerausschusses kann auf die gleiche Weise ausgetauscht werden.

992 Der Restrukturierungsrichter kann Mitglieder des Gläubigerausschusses, die ihre Aufgaben nicht ordnungsgemäß erfüllen, abberufen und andere bestellen. Der Restrukturierungsrichter beruft ein Mitglied des Gläubigerausschusses auch aufgrund seines Selbstantrags ab. Die Mitglieder des Gläubigerausschusses üben ihre Pflichten entweder persönlich oder durch einen Bevollmächtigten aus.

993 **c) Befugnisse des Gläubigerausschusses.** Der Gläubigerausschuss unterstützt den Gerichtssachwalter oder Verwalter, kontrolliert seine Tätigkeiten, prüft den Zustand der Geldmittel der Vergleichs- oder Sanierungsmasse und gibt Stellungnahmen zu anderen Angelegenheiten ab, wenn der Restrukturierungsrichter, der Gerichtssachwalter oder Verwalter oder Schuldner dies verlangt.

994 Der Gläubigerausschuss kann vom Schuldner, Gerichtssachwalter oder Verwalter Erklärungen verlangen und die Bücher und Unterlagen des Unternehmens des Schuldners prüfen, soweit dies nicht gegen Betriebsgeheimnisse verstößt. Im Zweifelsfall bestimmt der Restrukturierungsrichter den Aufgabenbereich der Mitglieder des Gläubigerausschusses zur Prüfung der Bücher und der Unterlagen des Unternehmens des Schuldners. Der Gläubigerausschuss kann die Tätigkeiten des Gerichtssachwalters oder Verwalters durch ein oder mehrere in dem Beschluss genannten Mitglieder kontrollieren. Der Beschluss des Gläubigerausschusses über die Prüfung der Bücher und Unterlagen des Unternehmens des Schuldners wird von den Mitgliedern des Gläubigerausschusses oder, wenn besondere Kenntnisse erforderlich sind, von anderen durch den Beschluss bestimmten Personen durchgeführt. Die Kosten der Prüfung stellen keine Verfahrenskosten dar und gehen nicht zu Lasten des Schuldners. Der Gläubigerausschuss erstellt und überlässt dem Restrukturierungsrichter einen Kontrollbericht über Tätigkeiten des Schuldners, des Gerichtssachwalters oder des Verwalters sowie die Prüfung der Bücher und Unterlagen. Der Gläubigerausschuss oder seine Mitglieder können dem Restrukturierungsrichter Bemerkungen zu den Tätigkeiten des Schuldners, Gerichtssachwalters oder Verwalters vorlegen.

995 Der Gläubigerausschuss erteilt die Zustimmung für Tätigkeiten, die nur mit der Zustimmung des Gläubigerausschusses durchgeführt werden dürfen. Die folgenden Tätigkeiten des Schuldners oder des Verwalters bedürfen unter Androhung der Nichtigkeit der Zustimmung des Gläubigerausschusses:
1. Belastung der Vermögensbestandteile der Vergleichs- oder Sanierungsmasse mit einer Hypothek, einem Pfand, Registerpfand oder einer Seehypothek zwecks Sicherung von Forderung, die nicht vom Vergleich umfasst ist;
2. Übertragung der Eigentumsrechte oder sonstigen Rechte des Schuldners zwecks Sicherung einer Forderung, die nicht vom Vergleich umfasst ist;
3. Belastung der Vermögensbestandteile der Vergleichs- oder Sanierungsmasse mit anderen Rechten;
4. Aufnahme von Krediten oder Darlehen;
5. Abschluss eines Pachtvertrages über das Unternehmen des Schuldners oder eines Teils davon oder eines anderen ähnlichen Vertrages;
6. Verkauf von Grundstücken oder anderen Vermögensbestandteilen mit einem Wert von mehr als 500.000 PLN durch den Schuldner.

996 Rechtsgeschäfte, die mit Zustimmung des Gläubigerausschusses vorgenommen werden, dürfen nicht als unwirksam gegenüber der Konkursmasse betrachtet werden (→ Rn. 1064 ff.).
Infolge des in voller Zusammensetzung gefassten Beschlusses des Gläubigerausschusses, dem mindestens vier Mitglieder zugestimmt haben, kann das Restrukturierungsgericht dem Schuldner in einem Sanierungsverfahren gestatten, sein Unternehmen im Rahmen des gewöhnlichen

Geschäftsbetriebs zu verwalten. In diesem Fall übt der Verwalter seine Funktion weiterhin aus. Durch einen in voller Zusammensetzung gefassten Beschluss des Gläubigerausschusses, dem mindestens vier Mitglieder zugestimmt haben, oder durch einen Beschluss des Gläubigerausschusses, welcher auf Antrag des Schuldners gefasst wurde, tauscht das Restrukturierungsgericht den Gerichtsverwalter oder den Verwalter aus und bestellt eine vom Gläubigerausschuss vorgeschlagene Person zur Ausübung dieser Funktion, es sei denn, dies wäre rechtswidrig, würde die Interessen der Gläubiger grob benachteiligen oder es bestünde eine begründete Besorgnis, dass die vorgeschlagene Person ihre Pflichten nicht ordnungsgemäß erfüllen wird. Lediglich die Mitglieder des Gläubigerausschusses und der Schuldner sind berechtigt, innerhalb von sieben Tagen Beschwerde gegen den Beschluss des Restrukturierungsgerichts über die Verweigerung der Einberufung der von dem Gläubigerausschuss vorgeschlagenen Person einzulegen (zur Berechnung der Frist → Rn. 260). Setzt sich der Gläubigerausschuss aus drei Mitgliedern zusammen, so werden die vorgenannten Beschlüsse einstimmig gefasst.

Ein Mitglied des Gläubigerausschusses hat Anspruch auf Rückerstattung der mit seiner Teilnahme an einer Sitzung des Gläubigerausschusses verbundenen notwendigen Aufwendungen. Der Restrukturierungsrichter kann einem Mitglied eine angemessene Vergütung für die Teilnahme an den Sitzungen des Gläubigerausschusses gewähren, wenn dies durch den Schwierigkeitsgrad des Verfahrens und den Umfang der geleisteten Arbeit gerechtfertigt ist. 997

Wurde der Gläubigerausschuss nicht bestellt, so werden die dem Gläubigerausschuss vorbehaltenen Tätigkeiten von einem Restrukturierungsrichter ausgeübt. Der Restrukturierungsrichter führt auch Tätigkeiten aus, die dem Gläubigerausschuss vorbehalten sind, wenn der Gläubigerausschuss sie nicht innerhalb der vom Restrukturierungsrichter festgelegten Frist ausführt. 998

d) Sitzungen und Beschlüsse des Gläubigerausschusses. Zu Sitzungen und Beschlüsse des Gläubigerausschusses → Rn. 484 ff. 999

e) Zivilrechtliche Haftung der Mitglieder des Gläubigerausschusses. Zur zivilrechtlichen Haftung der Mitglieder des Gläubigerausschusses → Rn. 487 ff. 1000

IV. Bedeutung der Verfahrenseröffnung

1. Auswirkungen der Verfahrenseröffnung auf die Verbindlichkeiten des Schuldners

a) Fehlende sofortige Fälligkeit. Die Eröffnung eines Restrukturierungsverfahrens führt im Gegensatz zur Konkurserklärung nicht zu einer sofortigen Fälligkeit der Forderungen gegenüber dem Schuldner. Ist die Fälligkeit einer unverzinslichen Verbindlichkeit des Schuldners zum Zeitpunkt der Eröffnung des Restrukturierungsverfahrens noch nicht eingetreten, ist in die Forderungsliste die Forderung aufzunehmen, welche um die gesetzlichen Zinsen, jedoch nicht höher als 6 % p.a., zu mindern ist. Die Zinsen sind für den Zeitraum von dem Tag der Konkurserklärung bis zum Zeitpunkt der Zahlung und nicht länger als für den Zeitraum von zwei Jahren zu berechnen. Zinsen auf Geldforderung werden zur Forderungsliste in der Höhe eingetragen, welche bis zum Tag vor der Eröffnung des Restrukturierungsverfahrens berechnet wird. Dies bedeutet jedoch nicht, dass weitere Zinsen von dem Vergleich nicht umfasst werden. Vom Vergleich sind alle Zinsen, einschließlich der Zinsen, die nach Eröffnung des Restrukturierungsverfahrens berechnet wurden, umfasst. In der Forderungsliste werden noch nicht fällige Forderungen aus laufenden Rechtsverhältnissen sowie Forderungen aus Krediten und Darlehen eingetragen, grundsätzlich abzüglich der gesetzlichen Zinsen, jedoch nicht höher als 6 % p.a., für den Zeitraum von dem Tag der Verfahrenseröffnung bis zum Tag der Fälligkeit jeder zukünftigen Leistung, längstens jedoch für zwei Jahre. 1001

b) Verbot der Forderungsbefriedigung. Weder der Schuldner noch der Sachwalter oder der Verwalter sind berechtigt, die von dem Vergleich umfassten Forderungen nach der Eröffnung des Restrukturierungsverfahrens zu befriedigen. Rechtsgeschäfte des Schuldners in Bezug auf das zur Vergleichs- oder Sanierungsmasse gehörende Vermögen außerhalb seiner Befugnisse sind nichtig. 1002

Das Befriedigungsverbot der Forderungen, die vom Vergleich umfasst sind, gilt nicht im Verfahren zur Feststellung des Vergleiches. Der Schuldner ist in seinen Befugnissen der Rückzahlung an einzelne Gläubiger nach dem Festlegen des Vergleichstages nicht eingeschränkt, setzt sich jedoch ggf. einer strafrechtlichen Haftung aus (→ Rn. 1053). 1003

c) Zulässigkeit der Forderungsaufrechnung. Die Eröffnung eines Restrukturierungsverfahrens schließt grundsätzlich die Möglichkeit der Aufrechnung gegenseitiger Forderungen des Gläubigers und des Schuldners nicht aus. Die Aufrechnung gegenseitiger Forderungen ist jedoch ab dem Tag der Verfahrenseröffnung bis zum Zeitpunkt der Beendigung des Verfahrens oder Rechts- 1004

Internationales Insolvenzrecht – Polen

kraft des Beschlusses über dessen Einstellung unzulässig, wenn der Gläubiger nach dem Tag der Verfahrenseröffnung Schuldner des Restrukturierungschuldners geworden ist oder wenn der Gläubiger, welcher der Schuldner des Restrukturierungschuldners ist, aufgrund Abtretung oder Indossament, nach dem Tag der Verfahrenseröffnung, einer vor dem Tag der Verfahrenseröffnung entstandenen Forderung, Gläubiger geworden ist. Unter diesen Umständen ist die Aufrechnung der gegenseitigen Forderungen ausnahmsweise zulässig, wenn der Forderungserwerb durch die Begleichung einer Schuld erfolgte, für die der Käufer persönlich oder mit bestimmten Vermögensbestandteilen haftete, und wenn die Haftung des Käufers für die Verbindlichkeit vor dem Tag entstanden ist, an dem der Antrag auf Verfahrenseröffnung gestellt wurde. Der Gläubiger, der aufrechnen möchte, hat dem Schuldner und, wenn dem Schuldner das Verwaltungs- und Verfügungsrecht entzogen wurde, dem Verwalter, spätestens dreißig Tage ab dem Tag der Verfahrenseröffnung oder, wenn die Grundlage für die Aufrechnung später entstanden sind, innerhalb von dreißig Tagen nach dem Tag, an dem die Grundlage für die Aufrechnung entstanden ist, eine Erklärung diesbezüglich abzugeben. Die Erklärung ist auch dann wirksam, wenn sie gegenüber einem Gerichtssachwalter abgegeben wird.

2. Auswirkungen der Verfahrenseröffnung auf die vom Schuldner abgeschlossenen Verträge

1005　a) **Nichtigkeit und Unwirksamkeit der Vertragsbestimmungen.** Vertragsbestimmungen, dessen Vertragspartei der Schuldner ist, sind nichtig, wenn sie den Vorbehalt der Änderung oder Auflösung des Rechtsverhältnisses für folgende Fälle regeln:
- Stellung des Antrags auf Feststellung des Vergleiches oder Feststellung des Vergleiches im Rahmen des Verfahrens zur Feststellung eines Vergleiches,
- Stellung des Antrages auf Eröffnung eines anderen Restrukturierungsverfahrens oder Eröffnung eines anderen Restrukturierungsverfahrens (mehr zu den Auswirkungen der Unwirksamkeit → Rn. 560).

Vertragsbestimmungen, deren Vertragspartei der Schuldner ist, welche die Erreichung des Ziels des Restrukturierungsverfahrens erschweren, sind gegenüber der Konkursmasse unwirksam (mehr zur Unwirksamkeit → Rn. 561).

1006　b) **Vom Schuldner abgeschlossene Verträge im Rahmen des beschleunigten Vergleichsverfahrens.** Ab dem Tag der Eröffnung des beschleunigten Vergleichsverfahrens bis zu seiner Beendigung bzw. Rechtskraft des Beschlusses über seine Einstellung, ist die Kündigung durch den Vermieter oder Verpächter des Miet- oder Pachtvertrages über Räumlichkeiten oder Immobilien, in denen der Geschäftsbetrieb des Schuldners geführt wird, ohne Zustimmung des Gläubigerausschusses unzulässig.

1007　Eine Kündigung eines vor der Eröffnung des beschleunigten Vergleichsverfahrens abgeschlossenen Kreditvertrags durch die andere Vertragspartei aufgrund dessen dem Schuldner, vor dem Tag der Verfahrenseröffnung Mittel zur Verfügung gestellt wurden, sowie Leasing-, Vermögensversicherungs-, Bankkonto-, Bürgschafts-, Lizenz-, Garantieverträge und Akkreditive ist ebenfalls unzulässig. Die Unzulässigkeit der Kündigung von Verträgen bezieht sich dabei ausschließlich auf die Fälle, in denen der Kündigungsgrund vor dem Tag der Verfahrenseröffnung entstanden ist oder wenn die Kündigung wegen der Nichterfüllung durch den Schuldner der Forderungen, die in den Vergleich einbezogen sind, erfolgen soll. Eine Kündigung ist wiederum zulässig, wenn der Schuldner den in dem Vergleich nicht miteinbezogenen Zahlungsverpflichtungen nach der Verfahrenseröffnung nicht nachkommt, sowie wenn sich die Kündigung auf andere im Vertrag vereinbarte Umstände stützt, die nach dem Tag der Verfahrenseröffnung aufgetreten sind.

1008　c) **Vom Schuldner abgeschlossene Verträge im Rahmen des Vergleichsverfahrens.** Zu den vom Schuldner abgeschlossenen Verträge im Rahmen des Vergleichsverfahrens → Rn. 701 ff.

1009　d) **Vom Schuldner abgeschlossene Verträge im Rahmen des Sanierungsverfahrens**

1010　aa) **Mietverträge, Pachtverträge und andere Verträge.** Zu Miet-, Pacht- und anderen Verträgen → Rn. 701 ff.

1011　bb) **Rücktritt von gegenseitigen Verträgen.** Ein in einem Sanierungsverfahren bestellter Verwalter kann von einem gegenseitigen Vertrag zurücktreten, der vor dem Tag der Eröffnung des Sanierungsverfahrens ganz oder teilweise nicht erfüllt wurde, wenn der Vertrag eine unteilbare Leistung betrifft. Ist die Leistung der anderen Vertragspartei hingegen eine teilbare Leistung, bezieht sich das Rücktrittsrecht ausschließlich auf den Teil der Leistung, welcher nach dem Tag der Eröffnung des Sanierungsverfahrens zu erbringen wäre. Der Rücktritt vom Vertrag bedarf der Zustimmung des Restrukturierungsrichters. Bei der Erteilung der Zustimmung richtet sich der Restrukturierungsrichter nach dem Zweck des Sanierungsverfahrens, berücksichtigt aber auch das

Interesse der anderen Vertragspartei. Der Schuldner und seine Vertragspartei sind berechtigt, gegen den Beschluss des Restrukturierungsrichters Beschwerde einzulegen. Die Beschwerde ist innerhalb von sieben Tagen einzulegen (zur Berechnung der Fristen → Rn. 260).

Der Verwalter stellt innerhalb von zwei Wochen nach Zugang des Begehrens der anderen Vertragspartei einen Antrag auf Zustimmung des Restrukturierungsrichters zum Rücktritt vom Vertrag. Das Begehren ist schriftlich samt sicherem Datum, mithin durch amtliche Beglaubigung des Datums, anzufertigen. Der Verwalter informiert die Vertragspartei über die Antragstellung oder das Unterbleiben einer Antragstellung. Unterlässt es der Verwalter die Vertragspartei zu informieren oder informiert er sie darüber, dass er eine Beantragung unterlässt, geht das Recht auf Zustimmung des Restrukturierungsrichters zum Rücktritt unter. Sodann ist der Verwalter zur Vertragserfüllung verpflichtet. Hat der Verwalter die andere Vertragspartei darüber informiert, dass der Antrag bei einem Restrukturierungsrichter gestellt wurde, kann er die Leistungserbringung bis zum Zeitpunkt der rechtskräftigen Entscheidung des Restrukturierungsrichters über die Abweisung seines Antrags bzw. Rücktritterklärung, aussetzen. 1012

Ist der Verwalter vom Vertrag zurückgetreten, kann die andere Vertragspartei die Rückerstattung der zwischen der Eröffnung des Sanierungsverfahrens und dem Zugang der Rücktrittserklärung erbrachten Leistung zurückverlangen, wenn sich ihre Leistung im Vermögen des Schuldners befindet. Ist dies nicht mehr möglich, kann die Vertragspartei nur Ansprüche auf Vertragserfüllung und Schadensersatz geltend machen. Diese Ansprüche sind nicht vom Vergleich umfasst. Der Verwalter ist nicht berechtigt, von nicht gegenseitigen Verträgen zurückzutreten. 1013

cc) Vollmachten und Prokura. Die Eröffnung eines Sanierungsverfahrens hat das Erlöschen der vom Schuldner erteilten Prokura und anderer Vollmachten zur Folge. Der Verwalter ist berechtigt, im Laufe des Sanierungsverfahrens Vollmachten, einschließlich der Prokura, zu erteilen. 1014

3. Auswirkungen der Verfahrenseröffnung auf das geerbte Vermögen

Das RestR regelt die Auswirkungen der Verfahrenseröffnung auf die Rechte des Schuldners bezüglich des geerbten Vermögens lediglich für den Fall der Eröffnung des Sanierungsverfahrens. Erbt der Schuldner nach dem Tag der Eröffnung des Sanierungsverfahrens, fällt die Erbschaft in die Sanierungsmasse. Der Verwalter gibt keine Erklärung über die Erbschaftsannahme ab und die Erbschaft wird unter dem Vorbehalt der sog. Rechtswohltat der Inventarerrichtung angenommen (zur Annahme unter dem Vorbehalt der sog. Rechtswohltat der Inventarerrichtung → Rn. 599). Dieser Grundsatz findet entsprechende Anwendung, wenn ein Erbfall vor dem Tag der Eröffnung des Sanierungsverfahrens eingetreten ist, und bis zum Tag der Verfahrenseröffnung die Frist für die Annahmeerklärung oder Ausschlagungserklärung noch nicht abgelaufen ist und der Erbe bis zur Verfahrenseröffnung keine Erklärung abgegeben hat. Diese Regeln gelten entsprechend auch im Falle der Anordnung eines Vermächtnisses und Vindikationsvermächtnisses zugunsten des an dem Sanierungsverfahren beteiligten Schuldners. Die Erklärung des Schuldners über die Ausschlagung der Erbschaft oder des Vindikationsvermächtnisses ist gegenüber der Sanierungsmasse unwirksam, wenn sie nach dem Tag der Eröffnung des Sanierungsverfahrens abgegeben wird. 1015

Ein vom Schuldner nach dem Tag der Eröffnung des Sanierungsverfahrens abgeschlossener Vertrag über die Veräußerung der gesamten oder anteiligen Erbschaft oder des gesamten oder anteiligen Erbanteils, ist nichtig. Ein nach dem Tag der Eröffnung des Sanierungsverfahrens durch den Schuldner vorgenommenes Rechtsgeschäft, mit welchem der Schuldner über einen Erbanteil verfügt, sowie seine Zustimmung zur Verfügung über den Erbanteil durch einen anderen Erben, sind ebenso nichtig. 1016

4. Auswirkungen der Verfahrenseröffnung auf die ehelichen Vermögensbeziehungen des Schuldners

Mit dem Tag der Restrukturierungsverfahrenseröffnung fällt das eheliche Gesamtgut des im Güterstand der Gütergemeinschaft lebenden Schuldners in die Vergleichs- oder Sanierungsmasse und unterliegt der Aufsicht des Gerichtssachwalters oder der Verwaltung des Verwalters. Der andere Ehegatte ist zum Mitbesitz an den zum ehelichen Gesamtgut gehörenden Gegenständen und der Nutzung insoweit berechtigt, als dies der Mitbesitz und die Nutzung durch den Ehegatten, über dessen Vermögen das Restrukturierungsverfahren eröffnet wurde, vereinbar ist. Die Ehegatten sind zur Mitwirkung an der Verwaltung des ehelichen Gesamtgutes verpflichtet, insbesondere sich gegenseitig über das eheliche Gesamtgut, seine Verwaltung und dieses belastende Verpflichtungen zu informieren. Der Ehegatte kann gegen die von dem anderen Ehegatten beabsichtigte Vermögensverfügung, welches unter Aufsicht des Sachwalters erfolgt, oder die von dem Verwalter beabsichtigten Verwaltungstätigkeit, die das eheliche Gesamtgut zum Gegenstand haben, Widerspruch 1017 erheben. Die laufenden Tätigkeiten des alltäglichen Lebens oder Tätigkeiten zur Befriedigung der normalen Bedürfnisse der Familie oder Erwerbstätigkeiten sind davon ausgenommen. Die Zustimmung des anderen Ehegatten ist zur Vornahme der folgenden Rechtsgeschäfte erforderlich: Veräußerung, Belastung, entgeltlicher Erwerb von Grundstücken oder von unbefristetem Nießbrauch, Übertragung von Grundstücken, Gebrauch oder Fruchtziehung daraus, Veräußerung, Belastung, entgeltlichem Erwerb eines dinglichen Rechts, dessen Gegenstand ein Gebäude oder eine Räumlichkeit ist, Veräußerung, Belastung, entgeltlicher Erwerb und Verpachtung eines landwirtschaftlichen Betriebs oder Unternehmens, sowie Schenkungen aus dem ehelichen Gesamtgut, mit Ausnahme kleiner, gewohnheitsmäßiger Schenkungen.

1018   Die Eröffnung des Restrukturierungsverfahrens hat keinen Einfluss auf die vermögensrechtlichen Beziehungen der Ehegatten, die im Güterstand der Gütertrennung leben. Die rückwirkende Feststellung der Gütertrennung ist nach dem Tag der Eröffnung des Restrukturierungsverfahrens jedoch unzulässig, unabhängig davon, wann ein diesbezüglicher Antrag bei Gericht gestellt wurde.

5. Auswirkung der Verfahrenseröffnung auf Gerichtsverfahren und andere Verfahren

1019   **a) Gerichts-, Verwaltungs- und Verwaltungsgerichtsverfahren. aa) Das beschleunigte Vergleichsverfahren.** Die Eröffnung des beschleunigten Vergleichsverfahrens schließt die Möglichkeit nicht aus, dass der Gläubiger ein Gerichts-, Verwaltungs- und Verwaltungsgerichtsverfahren einleitet, auch zum Zwecke der Geltendmachung der Forderungen, die zur Forderungsliste anzumelden gewesen wären. Der Schuldner informiert den Gerichtssachwalter unverzüglich über die Gerichts-, Verwaltungs- und Gerichtsverwaltungsverfahren, welche die Vergleichsmasse zum Streitgegenstand haben und für oder gegen den Schuldner geführt werden. In diesen Fällen entfalten die Anerkennung des Anspruchs, der Verzicht auf den Anspruch, ein Vergleichsabschluss oder die Anerkennung der für die Rechtssache relevanten Umstände durch den Schuldner ohne Zustimmung des Gerichtssachwalters keine Rechtswirkungen.

1020   **bb) Das Vergleichsverfahren.** Die Eröffnung des Vergleichsverfahrens schließt die Möglichkeit nicht aus, dass der Gläubiger ein Gerichts-, Verwaltungs- und Verwaltungsgerichtsverfahren einleitet, auch zum Zwecke der Geltendmachung der Forderungen, die zur Forderungsliste anzumelden gewesen wären. Die Verfahrenskosten trägt jedoch die verfahrenseinleitende Partei, wenn diese nicht daran gehindert war, die Forderung zur Forderungsliste anzumelden.

1021   Der Gerichtssachwalter tritt kraft Gesetzes in die Gerichts-, Verwaltungs- und Verwaltungsgerichtsverfahren ein, einschließlich in die die Vergleichsmasse betreffenden Verfahren. In Zivilsachen stehen dem Gerichtssachwalter die Befugnisse des Streithelfers oder des Verfahrensbeteiligten zu, für den die Vorschriften über die notwendige Streitgenossenschaft entsprechend gelten. In Verwaltungs- und Verwaltungsgerichtsverfahren stehen dem Gerichtssachwalter die Rechte als Verfahrenspartei zu. In diesen Fällen entfalten die Anerkennung des Anspruchs, der Verzicht auf den Anspruch, ein Vergleichsabschluss oder die Anerkennung der für die Rechtssache relevanten Umstände durch den Schuldner ohne Zustimmung des Gerichtssachwalters keine Rechtswirkungen.

1022   **cc) Sanierungsverfahren.** Die Eröffnung des Sanierungsverfahrens schließt die Möglichkeit nicht aus, dass der Gläubiger ein Gerichts-, Verwaltungs- und Verwaltungsgerichtsverfahren einleitet, auch zum Zwecke der Geltendmachung der Forderungen, die zur Forderungsliste anzumelden gewesen wären. Die Verfahrenskosten trägt jedoch die verfahrenseinleitende Partei, wenn diese nicht daran gehindert war, die Forderung zur Forderungsliste anzumelden. Die Gerichts-, Verwaltungs- und Verwaltungsgerichtsverfahren, die sich auf die Sanierungsmasse beziehen, können ausschließlich von oder gegen den Verwalter eingeleitet und durchgeführt werden. Diese Verfahren werden vom Verwalter im eigenen Namen für den Schuldner durchgeführt. Diese Regeln gelten nicht für Verfahren gegen den Schuldner, deren Streitgegenstand Unterhaltszahlungen, sowie Schadensersatzansprüche und Renten als Entschädigung wegen verursachter Krankheit, Arbeitsunfähigkeit, Behinderung oder Tod sowie aus der Umwandlung des lebenslangen Wohnrechts in eine Leibrente sind. In diesen Verfahren tritt weiterhin der Schuldner auf.

1023   **b) Schiedsverfahren. aa) Das beschleunigte Vergleichsverfahren.** Die Eröffnung des Sanierungsverfahrens schließt dem Gläubiger die Möglichkeit nicht aus, Verfahren vor Schiedsgerichten einzuleiten, auch wenn die Forderung zur Forderungsliste anzumelden gewesen wäre. Der Schuldner informiert den Gerichtssachwalter unverzüglich über Schiedsverfahren, die sich auf die Vergleichsmasse beziehen, und für oder gegen den Schuldner durchgeführt werden. In diesen Fällen entfalten die Anerkennung des Anspruchs, der Verzicht auf den Anspruch, ein Vergleichsabschluss oder die Anerkennung der für die Rechtssache relevanten Umstände durch den Schuldner ohne Zustimmung des Gerichtssachwalters keine Rechtswirkungen.

Internationales Insolvenzrecht – Polen

bb) Vergleichsverfahren. Die Eröffnung des Vergleichsverfahrens schließt dem Gläubiger die 1024 Möglichkeit nicht aus, Verfahren vor Schiedsgerichten einzuleiten, auch wenn die Forderung zur Forderungsliste anzumelden gewesen wäre. Die Verfahrenskosten trägt jedoch die verfahrenseinleitende Partei, wenn diese nicht daran gehindert war, die Forderung zur Forderungsliste anzumelden. Der Gerichtssachwalter tritt kraft Gesetzes in die Schiedsverfahren ein, die sich auf die Vergleichsmasse beziehen. Ihm stehen in diesen Verfahren die Rechte als Verfahrenspartei zu. Die Anerkennung des Anspruchs, der Verzicht auf den Anspruch, ein Vergleichsabschluss oder die Anerkennung der für die Rechtssache relevanten Umstände durch den Schuldner ohne Zustimmung des Gerichtssachwalters entfalten keine Rechtswirkungen.

cc) Sanierungsverfahren. Die Eröffnung des Sanierungsverfahrens schließt dem Gläubiger 1025 die Möglichkeit nicht aus, Verfahren vor Schiedsgerichten einzuleiten, auch wenn die Forderung zur Forderungsliste anzumelden gewesen wäre. Die Verfahrenskosten trägt jedoch die verfahrenseinleitende Partei, wenn diese nicht daran gehindert war, die Forderung zur Forderungsliste anzumelden. Verfahren, die sich auf die Sanierungsmasse beziehen, dürfen nur von oder gegen den Verwalter eingeleitet und durchgeführt werden. Diese Verfahren werden vom Verwalter im eigenen Namen für den Schuldner durchgeführt. Diese Regeln gelten nicht für Verfahren, deren Streitgegenstand Unterhaltszahlungen, sowie Schadensersatzansprüche und Renten als Entschädigung wegen verursachter Krankheit, Arbeitsunfähigkeit, Behinderung oder Tod sowie aus der Umwandlung des lebenslangen Wohnrechts in eine Leibrente gegen den Schuldner sind. In diesen Verfahren tritt weiterhin der Schuldner auf.

c) Vollstreckungsverfahren. aa) Das beschleunigte Vergleichsverfahren. Das Vollstre- 1026 ckungsverfahren über eine kraft Gesetzes mit dem Vergleich umgefassten Forderung, welches vor dem Tag der Eröffnung des beschleunigten Verfahrens eingeleitet wurde, wird kraft Gesetzes mit dem Tag der Eröffnung des Vergleichsverfahrens ausgesetzt. Auf Antrag des Schuldners oder des Gerichtssachwalters stellt der Restrukturierungsrichter mit Beschluss die Aussetzung des Vollstreckungsverfahrens fest. Auf Antrag des Schuldners oder des Gerichtssachwalters kann der Restrukturierungsrichter eine Pfändung aufheben, die vor dem Tag der Eröffnung des beschleunigten Vergleichsverfahrens in einem Vollstreckungs- oder Vermögenssicherungsverfahren betreffend einer kraft Gesetzes mit dem Vergleich umgefassten Forderung erfolgte, wenn dies für die Fortführung des Unternehmens erforderlich ist. In beiden Fällen ist der Beschluss auch der Vollstreckungsbehörde zuzustellen. Nach dem Tag der Eröffnung des beschleunigten Vergleichsverfahrens ist die Einleitung des Vollstreckungsverfahrens und des Arrests und der einstweiligen Verfügung des kraft Gesetzes mit dem Vergleich umgefassten Anspruchs, unzulässig.

Das Gesetz sieht diesbezüglich zwei Ausnahmen vor. Die erste Ausnahme gilt für Forderungen, 1027 die mit dinglichen Rechten abgesichert sind. Ein Gläubiger, dem eine Forderung zusteht, welche mit einer Hypothek, einem Pfand, Registerpfand, Steuerpfandrecht oder einer Seehypothek auf dem Vermögen des Schuldners gesichert ist, kann im Laufe des beschleunigten Vergleichsverfahrens die Vollstreckung ausschließlich aus Sicherungsgegenstand durchführen. Der Restrukturierungsrichter kann auf Antrag des Schuldners oder des Gerichtssachwalters jedoch das Vollstreckungsverfahren über Forderungen, die von dem Vergleich kraft Gesetzes nicht umgefasst sind, aussetzen, wenn die Vollstreckung in den Gegenstand erfolgen soll, welcher für die Fortführung des Unternehmens erforderlich ist. Die Gesamtdauer der Aussetzung des Vollstreckungsverfahrens darf drei Monate nicht überschreiten. Der Beschluss über die Aussetzung des Vollstreckungsverfahrens wird auch der Vollstreckungsbehörde zugestellt. Gegen den Beschluss kann ausschließlich der Gläubiger, der die Vollstreckung durchführt, Beschwerde einlegen. Gegen den Beschluss über die Abweisung des Antrags auf Aussetzung des Vollstreckungsverfahrens kann ausschließlich der Schuldner Beschwerde einlegen.

Die zweite Ausnahme betrifft die Vollstreckung von Unterhaltsansprüchen und Renten als 1028 Entschädigung wegen verursachter Krankheit, Arbeitsunfähigkeit, Behinderung oder Tod sowie aus der Umwandlung des lebenslangen Wohnrechts in eine Leibrente. In diesen Fällen kann die Vollstreckung uneingeschränkt durchgeführt werden.

Bei Forderungen, bei denen die Einleitung eines Vollstreckungsverfahrens und die Vollstreckung 1028a des Beschlusses zur Sicherung der Forderung oder des Beschlusses zur Sicherung der Forderung unzulässig ist, beginnt die Verjährungsfrist für die Forderung nicht und wird für die Dauer des beschleunigten Vergleichsverfahrens ausgesetzt.

bb) Vergleichsverfahren. Das Vollstreckungsverfahren über eine kraft Gesetzes von dem Ver- 1029 gleich umfasste Forderung, welches vor dem Tag der Eröffnung des Vergleichsverfahrens eingeleitet wurde, wird mit dem Tag der Eröffnung des Vergleichsverfahrens kraft Gesetzes ausgesetzt. Auf Antrag des Schuldners oder des Gerichtssachwalters stellt der Restrukturierungsrichter mit dem Beschluss die Aussetzung des Vollstreckungsverfahrens fest. Der Beschluss wird auch der Vollstre-

Internationales Insolvenzrecht – Polen

ckungsbehörde zugestellt. Die im Rahmen des ausgesetzten Vollstreckungsverfahrens erzielten und noch nicht abgelieferten Gelder fallen unverzüglich nach Erlass des Beschlusses über die Eröffnung des Vergleichsverfahrens in die Vergleichsmasse.

1030　Im Übrigen hat die Eröffnung eines Vergleichsverfahrens die gleichen Auswirkungen in Bezug auf Vollstreckungsverfahren wie die Eröffnung eines beschleunigten Vergleichsverfahrens (→ Rn. 1026 ff.).

1030a　Bei Forderungen, bei denen die Einleitung eines Zwangsvollstreckungsverfahrens und die Ausführung des Beschlusses zur Sicherung der Forderung oder der Verfügung zur Sicherung der Forderung unzulässig ist, beginnt die Verjährungsfrist für die Forderung am Tag der Eröffnung des Vergleichsverfahrens nicht und wird für die Dauer des Vergleichsverfahrens ausgesetzt.

1031　**cc) Sanierungsverfahren.** Das Vollstreckungsverfahren, welches sich gegen das zur Sanierungsmasse gehörende Vermögen des Schuldners richtet und vor dem Tag der Eröffnung des Sanierungsverfahrens eingeleitet wurde, wird zum Tag der Eröffnung des Verfahrens kraft Gesetzes ausgesetzt. Im Gegensatz zu anderen Restrukturierungsverfahren gilt die Rechtsfolge der Aussetzung der Vollstreckungsverfahren für alle Forderungen, welche Gegenstand der Vollstreckung sind, nicht nur für die, die von dem Vergleich umfasst sind. Die Vollstreckungsverfahren zwecks Befriedigung der mit dinglichen Rechten gesicherten Forderungen, auch wenn die Vollstreckung Sicherungsgegenstände betreffen, werden ebenfalls ausgesetzt.

1032　Auf Antrag des Schuldners oder des Verwalters stellt der Restrukturierungsrichter fest, dass das Vollstreckungsverfahren ausgesetzt wird. Auf Antrag des Schuldners oder des Verwalters kann der Restrukturierungsrichter eine Pfändung aufheben, die vor dem Tag der Eröffnung des Sanierungsverfahrens in einem gegen das zur Sanierungsmasse gehörende Vermögen gerichteten Vollstreckungs- oder Vermögenssicherungsverfahren erfolgte, wenn dies für die Fortführung des Unternehmens erforderlich ist. Die Beschlüsse über die Aufhebung sind in beiden Fällen auch der Vollstreckungsbehörde zuzustellen. Die Vollstreckungsbehörde überweist die im Rahmen des ausgesetzten Vollstreckungsverfahrens erzielten und noch nicht abgelieferten Gelder unverzüglich nach Erlass des Beschlusses über die Eröffnung des Sanierungsverfahrens an die Sanierungsmasse, unabhängig davon, ob der Beschluss rechtskräftig ist.

1033　Unzulässig sind Zwangsvollstreckung gegen das zu der Sanierungsmasse gehörende Vermögen des Schuldners und der Arrest und die einstweilige Verfügung dieses Vermögens nach dem Tag der Eröffnung des Sanierungsverfahrens.

1034　Die vorstehend beschriebenen Grundsätze gelten nicht für die Vollstreckung von Unterhaltszahlungen und Renten für die Entschädigung wegen verursachter Krankheit, Arbeitsunfähigkeit, Behinderung oder Tod sowie aus der Umwandlung des lebenslangen Wohnrechts in eine Leibrente.

1034a　Bei Forderungen, bei denen die Einleitung eines Zwangsvollstreckungsverfahrens und die Ausführung des Beschlusses zur Sicherung der Forderung oder der Verfügung zur Sicherung der Forderung unzulässig ist, beginnt die Verjährungsfrist für die Forderung am Tag der Eröffnung des Sanierungsverfahrens nicht und wird für die Dauer des Sanierungsverfahrens ausgesetzt.

6. Gesellschaftsrechtliche Folgen

1035　Die Eröffnung des Restrukturierungsverfahrens ist im Gegensatz zur Konkurserklärung des Schuldners kein Auflösungsgrund einer Handelsgesellschaft. Ebenso stellt die Eröffnung eines Restrukturierungsverfahrens gegen den Gesellschafter der Gesellschaft keinen solchen Grund dar, es sei denn, die Gesellschafter haben dies in dem Gesellschaftsvertrag vereinbart.

1036　Die Eröffnung des Restrukturierungsverfahrens entzieht weder Befugnisse der Mitglieder der Geschäftsführung oder des Aufsichtsrats der Gesellschaft, noch werden Gesellschafterrechte entzogen. Diese Rechte können jedoch infolge der Bestellung des Sachwalters oder Verwalters erheblich eingeschränkt werden. Die Eröffnung eines Restrukturierungsverfahrens steht der Durchführung von Verschmelzungen, Spaltungen und Umwandlungen von Handelsgesellschaften nicht entgegen.

V. Arbeits- und Sozialrecht

1. Eröffnung von Restrukturierungsverfahren über das Vermögen des Arbeitnehmers

1037　Ein Restrukturierungsverfahren darf lediglich über das Vermögen eines Unternehmers eröffnet und durchgeführt werden. Die Fälle, in denen ein Unternehmer gleichzeitig in einem Arbeitsverhältnis steht, sind selten. Die Eröffnung eines Restrukturierungsverfahrens gegenüber einem Arbeitnehmer hätte jedoch keinen Einfluss auf sein Arbeitsverhältnis. Die Bestimmungen des Arbeitsvertrages, die eine Kündigung oder Änderung des Arbeitsvertrages im Falle der Beantragung der Feststellung des Vergleichs oder der Eröffnung des Restrukturierungsverfahrens und ferner Feststellung des Vergleichs oder der Verfahrenseröffnung (→ Rn. 560) zulassen, sind nichtig. Der Arbeitslohn des Schuldners fällt unter Beachtung der Pfändungsfreigrenze in die Vergleichsmasse oder Sanierungsmasse und kann zur Befriedigung der Gläubiger bei der Erfüllung des Vergleichs sowie zur Deckung der Kosten und laufenden Ausgaben im Laufe des Restrukturierungsverfahrens verwendet werden.

2. Einfluss der Eröffnung von Restrukturierungsverfahren auf Arbeitsverhältnisse

a) Eröffnung des Restrukturierungsverfahrens über das Vermögen des Arbeitgebers. 1038
aa) Kündigung des Arbeitsvertrages. Die Eröffnung eines beschleunigten Vergleichsverfahrens und Vergleichsverfahrens über das Vermögen des Arbeitgebers sowie die Feststellung des Vergleichs haben keinen Einfluss auf die Arbeitsverhältnisse.

Die Eröffnung eines Sanierungsverfahrens wirkt sich hingegen auf die Arbeitsverhältnisse aus 1039 und hat die gleichen Auswirkungen auf die Rechte und Pflichten des Arbeitnehmers und des Arbeitgebers wie die Konkurserklärung (→ Rn. 635 ff.). Die Befugnisse des Konkursverwalters werden vom Verwalter ausgeübt. Ist aufgrund der Befugnisse des Verwalters in dem Sanierungsverfahren die Reduzierung der Beschäftigtenanzahl vorgesehen, so sind im Restrukturierungsplan zusätzlich die Entlassungsbedingungen anzugeben, insbesondere die Anzahl der zu entlassenden Arbeitnehmer, der Zeitraum, in dem solche Entlassungen erfolgen sollen, sowie die vorgeschlagenen Entlassungskriterien.

bb) Forderungen der Arbeitnehmer. Der Vergleich im Restrukturierungsverfahren umfasst 1040 keine Forderungen aus den Arbeitsverhältnissen, es sei denn, der Arbeitnehmer oder andere aus dem Arbeitsverhältnis berechtigte Person (wie etwa ein Familienmitglied eines verstorbenen Arbeitnehmers) stimmt der Einbeziehung dieser Forderungen in den Vergleich zu. Die Bedingungen der Restrukturierung der Forderungen aus Arbeitsverhältnissen dürfen nicht dazu führen, dass der Arbeitnehmer weniger als den Mindestlohn erhält (zur Unwirksamkeit der Bestimmungen des Arbeitsvertrags betreffend die Vergütung des Vertreters des Schuldners → Rn. 1065).

3. Auswirkungen der Eröffnung des Restrukturierungsverfahrens auf die Zulässigkeit von Massenentlassungen

Die Eröffnung eines Restrukturierungsverfahrens berührt nicht die Zulässigkeit von Massenent- 1041 lassungen. Massenentlassungen können aufgrund der allgemeinen Regeln erfolgen (→ Rn. 640). Im Gegensatz zur Konkurserklärung des Arbeitgebers bleibt im Falle der Restrukturierungsverfahrenseröffnung der Kündigungsschutz der Arbeitnehmer grundsätzlich bestehen. Eine Ausnahme bildet hier das Sanierungsverfahren. Die Eröffnung des Sanierungsverfahrens gegenüber einem Arbeitgeber hat auf die Arbeitsverhältnisse die gleichen Auswirkungen wie die Konkurserklärung des Arbeitgebers (→ Rn. 635).

4. Leistungen im Falle der Zahlungsunfähigkeit des Arbeitgebers

Die Ansprüche der Arbeitnehmer werden für den Fall ihrer Nichtbefriedigung infolge der 1042 Zahlungsunfähigkeit des Arbeitgebers gemäß den Bestimmungen des Gesetzes v. 13.7.2006 über den Schutz der Ansprüche der Arbeitnehmer im Falle der Zahlungsunfähigkeit des Arbeitgebers geschützt (Gesetz v. 13.7.2006 Nr. 58 Pos.112/Dz.U. 2018, Pos. 1433). Die Zahlungsunfähigkeit des Arbeitgebers tritt ua in den Fällen ein, wenn das Restrukturierungsgericht einen Beschluss über die Eröffnung des beschleunigten Vergleichsverfahrens, Vergleichsverfahrens oder Sanierungsverfahrens erlässt. Der Zeitpunkt der Zahlungsunfähigkeit ist der Zeitpunkt des Erlasses des Beschlusses durch das Restrukturierungsgericht. Dabei ist wesentlich, dass die Annahme der Zahlungsunfähigkeit des Arbeitgebers im Sinne des oben genannten Gesetzes nicht voraussetzt, dass er auch zahlungsunfähig iSv Art. 6 Abs. 2 RestR iVm Art. 11 KonkR (→ Rn. 346 ff.) ist. Es wird an der Stelle daran erinnert, dass ein Restrukturierungsverfahren auch gegenüber Schuldnern eröffnet werden kann, die erst drohend zahlungsunfähig sind.

Die Ansprüche der berechtigten Personen sind durch den Sicherungsfonds der Arbeitnehmerleis- 1043 tungen (poln. Fundusz Gwarantowanych Świadczeń Pracowniczych) zu befriedigen (zu den Anspruchsberechtigten, dem Umfang und der Art der Befriedigung der Ansprüche → Rn. 646).

Der Schuldner kann beim Verwalter des Sicherungsfonds der Arbeitnehmerleistungen einen 1044 Antrag auf Zustimmung zur Einbeziehung der Rückforderungen des Sicherungsfonds aus der Begleichung der Arbeitnehmerforderungen in den Vergleich stellen. Der Verwalter des Fonds kann der Einbeziehung der Forderungen in den Vergleich zustimmen, wenn dies zur vollständigen

Internationales Insolvenzrecht – Polen

Rückerstattung der Forderungen des Fonds führt. Dies bedeutet, dass der Vergleich keinen Erlass der Forderungen des Fonds, auch nicht teilweise, vorsehen kann.

5. Unternehmensverkauf im Restrukturierungsverfahren und Betriebsübergang

1045 Das RestR enthält keine Bestimmungen, die die Anwendung des Art. 26¹ PAG ausschließen würden. Der Verkauf des Vermögens des Schuldners im Rahmen der anderen Restrukturierungsverfahren als dem Sanierungsverfahren sowie der Verkauf infolge des Abschlusses eines Liquidationsvergleichs haben nicht die gleichen Folgen wie ein Verkauf durch einen Konkursverwalter im Konkursverfahren. Daher ist anzunehmen, dass beim Verkauf des Unternehmens des Schuldners oder eines organisierten Unternehmensteils im Laufe des Restrukturierungsverfahrens, ausgenommen im Laufe eines Sanierungsverfahrens, der Art. 26¹ PAG im vollen Umfang zur Anwendung kommt (→ Rn. 653).

1046 Im Sanierungsverfahren hat ein mit Zustimmung des Restrukturierungsrichters getätigter Verkauf des Unternehmens oder eines Unternehmensteils die Folgen eines Verkaufs durch den Konkursverwalter im Konkursverfahren. Es ist anzunehmen, dass dieser Grundsatz auch für die Bestimmungen über den Betriebsübergang anwendbar ist (→ Rn. 653).

VI. Vergleichs – und Sanierungsmasse

1. Vergleichsmasse

1047 **a) Zusammensetzung der Vergleichsmasse.** Mit dem Tag der Eröffnung des beschleunigten Vergleichsverfahrens und Vergleichsverfahrens wird das zur Unternehmensführung dienende Vermögen und das Vermögen, das Eigentum des Schuldners ist, zur Vergleichsmasse. Im Gegensatz zum KonkR umfasst also die Vergleichsmasse auch Gegenstände, die nicht im Eigentum des Schuldners stehen, aber von ihm zur Unternehmensführung verwendet werden, zB Miet- oder Leasinggegenstände. Dies ist darauf zurückzuführen, dass die Vergleichsmasse nicht Gegenstand der Verwertung ist, weshalb keine Gefahr des Verlustes der Eigentumsrechte an ihren Gegenständen durch die bisherigen Eigentümer besteht. Die Vergleichsmasse bildet die Grundlage des Restrukturierungsplans und soll die Erfüllung des Vergleichs durch den Schuldner gewährleisten. Die Vergleichsmasse wird um die Vermögensgegenstände vergrößert, die nach dem Tag der Verfahrenseröffnung in diese fallen (TWW/Chraponski PrRest Art. 240 Rn. 2).

1048 **b) Feststellung der Zusammensetzung der Vergleichsmasse. aa) Das beschleunigte Vergleichsverfahren.** Im beschleunigten Vergleichsverfahren wird kein Verzeichnis der Massegegenstände aufgestellt. Es wird auch keine Wertermittlung der in der Vergleichsmasse enthaltenen Vermögensgegenstände vorgenommen. Dies hängt mit dem vereinfachten und beschleunigten Charakter des Verfahrens zusammen, bei dem keine Notwendigkeit der Sicherung des Vermögens des Schuldners angenommen wird. Der Restrukturierungsrichter und Gerichtssachwalter kennen die Zusammensetzung des Schuldnervermögens auf der Grundlage eines Vermögensverzeichnisses samt Wertermittlung ihrer Bestandteile, welches der Schuldner dem Antrag auf Eröffnung des beschleunigten Vergleichsverfahrens beizufügen hat.

1049 Die Belastung der Vermögensgegenstände des Schuldners mit einer Hypothek, einem Pfand, Registerpfand, Steuerpfand oder einer Seehypothek zwecks Sicherung einer Forderung, die vor der Eröffnung des beschleunigten Vergleichsverfahrens entstanden ist, ist nach der Eröffnung des beschleunigten Vergleichsverfahrens unzulässig. Die Eintragung der Belastung ist jedoch zulässig, wenn der Antrag auf Eintragung zum Grundbuch, Pfandregister, Steuerpfandregister oder Register der Seehypotheken mindestens sechs Monate vor dem Tag der Stellung des Antrags auf Verfahrenseröffnung gestellt wurde. Unzulässige Eintragung im Grundbuch oder Register sind von Amts wegen zu löschen.

1050 Das beschleunigte Vergleichsverfahren kennt im Gegensatz zum KonkR kein Rechtsinstitut der Aussonderung aus der Vergleichsmasse der Gegenstände, die nicht Eigentum des Schuldners sind. Behauptet ein Dritter, dass in die Vergleichsmasse ein Gegenstand aufgenommen wurde, an welchem der Schuldner weder Eigentums- noch Besitzrechte hat, kann er die Rückgabe dieses Gegenstandes vom Schuldner, Gerichtssachwalter oder Verwalter auf informellem Wege verlangen. Wird die Herausgabe verweigert, steht ihm die Herausgabeklage nach allgemeinen Regeln zur Verfügung.

1051 Auf Vertragsgegenstände, mithin Gegenstände, Forderungen oder sonstige Rechte, die zur Sicherung übertragen wurden, unter Eigentumsvorbehalte übertragen wurden oder in sonstiger Weise zur Sicherung einer Forderung übertragen wurden, sind die Vorschriften des RestR zum

Pfand und mit dem Pfand gesicherten Forderungen entsprechend anwendbar. Eine Sicherungsübereignung führt somit nicht zur Aussonderung der damit umgefassten Gegenstände aus der Vergleichsmasse.

bb) Vergleichsverfahren. Im Vergleichsverfahren wird die Zusammensetzung der Vergleichsmasse durch den Gerichtssachwalter festgestellt. Der Restrukturierungsrichter kann beschließen, dass der Schuldner unter der Aufsicht eines Gerichtssachwalters die Zusammensetzung der Vergleichsmasse feststellt. Die Zusammensetzung der Vergleichsmasse erfolgt durch Aufstellung eines Masseverzeichnisses. Das Masseverzeichnis ist innerhalb von dreißig Tagen ab dem Tag der Eröffnung des Vergleichsverfahrens aufzustellen. Samt Masseverzeichnis wird auch die Wertermittlung der zur Vergleichsmasse gehörenden Vermögensbestandteile vorgenommen. 1052

Die Zusammensetzung der Vergleichsmasse wird auf der Grundlage von Eintragungen in den Geschäftsbüchern des Schuldners und Unterlagen festgestellt. Mit Unterlagen werden amtliche Dokumente, sowie private Unterlagen, welche vom Schuldner unbestritten sind, verstanden. Dabei wird vermutet, dass Gegenstände, die sich am Tag der Eröffnung des Vergleichsverfahrens im Besitz des Schuldners befinden, zur Vergleichsmasse gehören. Die Vermutung ist widerlegbar und kann durch jegliche Beweise widerlegt werden. 1053

Das Vergleichsverfahren kennt im Gegensatz zum KonkR kein Rechtsinstitut der Aussonderung der Gegenstände aus der Vergleichsmasse, die nicht im Eigentum des Schuldners stehen. Behauptet ein Dritter, dass in der Vergleichsmasse ein Gegenstand aufgenommen wurde, an welchem der Schuldner weder Eigentums- noch Besitzrechte hat, kann er die Rückgabe dieses Gegenstandes vom Schuldner, Gerichtssachwalter oder Verwalter auf informellem Wege verlangen. Wird die Herausgabe verweigert, steht ihm die Herausgabeklage nach allgemeinen Regeln zur Verfügung. 1054

2. Sanierungsmasse

a) Zusammensetzung der Sanierungsmasse. Mit dem Tag der Eröffnung des Sanierungsverfahrens werden das zur Unternehmensführung dienende Vermögen und das dem Schuldner gehörende Vermögen zur Sanierungsmasse (→ Rn. 1047). 1055

b) Feststellung der Zusammensetzung der Sanierungsmasse. Die Zusammensetzung der Sanierungsmasse wird vom Verwalter festgestellt. Es ist nicht zulässig, diese Aufgabe dem Schuldner zu übertragen (im Übrigen → Rn. 1052 ff.). 1056

VII. Von Dritten gestellte Sicherheiten

In der Praxis kommt es nicht selten vor, dass die Sicherung von Forderungen verschiedener Rechtssubjekte, insbesondere der Banken und sonstigen Kreditinstitute, nicht nur an Vermögensbestandteilen des Schuldners, sondern ebenfalls an Vermögensbestandteilen Dritter zB der mit dem Schuldner verbundenen Gesellschaften, begründet werden. Außer den dinglichen Sicherheiten vereinbart man häufig persönliche Sicherheiten, insbesondere Bürgschaften, zB der Geschäftsführer oder Gesellschafter, für Verbindlichkeiten der Gesellschaft. 1057

Ein Vergleich im Restrukturierungsverfahren verletzt die Rechte des Gläubigers gegenüber dem Bürgen oder Mitschuldner des Schuldners nicht. Ebenfalls werden dadurch die Rechte des Gläubigers nicht verletzt, welche sich aus Hypotheken, Pfänden, Registerpfänden, Steuerpfänden oder Seehypotheken ergeben, soweit diese auf dem Vermögen eines Dritten begründet wurden. Ein Vergleich verletzt ebenfalls keine Rechte, die sich aus der Übertragung von Eigentum, Forderungen oder sonstigen Rechten zur Forderungssicherung ergeben. Bürge und Mitschuldner des Schuldners sowie sonstige verpflichtete Rechtssubjekte haften gegenüber dem Gläubiger unabhängig von den Bestimmungen des Vergleichs, insbesondere kommt hier also weder ein eventueller automatischer Teilerlass noch der vollständige Erlass der Verbindlichkeiten des Schuldners im Vergleich noch eine Änderung der Zahlungstermine zur Anwendung. Ein Vergleich kann hierzu jedoch anderes bestimmen. 1058

Regressansprüche des Mitschuldners bzw. Bürgen des Schuldners werden in die Forderungsliste bis zu der Höhe eingetragen, in welcher der Mitschuldner oder Bürge den Gläubiger befriedigt hat, es sei denn, dass aus dem Inhalt des Rechtsverhältnisses zwischen dem Schuldner und dem Mitschuldner bzw. Bürgen etwas anderes hervorgeht. In die Forderungsliste wird ebenfalls die Forderung des Garanten oder der Bank, die Akkreditiven eröffnet, in der Höhe eingetragen, in der sie den Gläubiger befriedigt haben, es sei denn, aus dem Inhalt des Rechtsverhältnisses zwischen dem Schuldner und dem Garanten bzw. Bürgen geht etwas anderes hervor. Die Forderung eines Mitschuldners, Bürgen, Garanten oder einer Bank, die Akkreditive eröffnet hat, die den Gläubiger nicht befriedigt haben, wird in die Forderungsliste als bedingte Forderung eingetragen, welche zur Abstimmung in der Gläubigerversammlung nicht berechtigt. 1059

VIII. Haftungsansprüche

1060 Die Aufgaben des Verwalters und Sachwalters im Restrukturierungsverfahren unterscheiden sich von den Aufgaben des Konkursverwalters. Der Sachwalter, der in anderen Verfahren als dem Sanierungsverfahren tätig wird, ist nicht berechtigt, im Namen des Schuldners etwaige Ansprüche gegen Dritte geltend zu machen. Solch eine Berechtigung steht dem Verwalter ausschließlich im Sanierungsverfahren zu. Hinsichtlich des Umfangs dieser Berechtigung darf auf Erörterungen zu den Möglichkeiten der Vornahme durch den Konkursverwalter von Handlungen im Hinblick auf die Vermehrung der Geldmittel der Konkursmasse hingewiesen werden (→ Rn. 699 ff.).

1061 Da die Beantragung der Eröffnung eines Restrukturierungsverfahrens keinen obligatorischen Charakter hat, kennt das RestR keine Sanktionen wegen der Nichtstellung eines Restrukturierungsantrages, darunter Schadenersatzhaftung des Schuldners und dessen Vertreter. Die Feststellung des Vergleichs im Verfahren zur Feststellung eines Vergleichs und die Eröffnung eines anderen Restrukturierungsverfahrens innerhalb von 30 Tagen ab Eintritt der Zahlungsunfähigkeit ist Voraussetzung für die Befreiung der verpflichteten Personen von der Haftung für die unterlassene Stellung des Konkursantrages innerhalb dieser Frist (→ Rn. 713).

IX. Anfechtung wegen Gläubigerbenachteiligung

1. Vorbemerkungen

1062 Ausschließlich für das Sanierungsverfahren sehen die besonderen Vorschriften die Unwirksamkeit von Rechtsgeschäften des Schuldners und anderen rechtserheblichen Ereignissen vor. Dies hängt mit dem Charakter des Sanierungsverfahrens zusammen, welches ein gemischtes Verfahren mit Elementen des Restrukturierungsverfahrens, das vorwiegend auf die finanzielle Restrukturierung gestützt ist, und denen des Konkursverfahrens, in dem weitgehende Eingriffe und Maßnahmen in Bezug auf das Vermögen des Schuldners zulässig sind, ist. Im RestR wurden sie als Sanierungsmaßnahmen bezeichnet (Art. 3 Abs. 6 RestR). Eine der Sanierungsmaßnamen ist die Unwirksamkeit der Rechtsgeschäfte des Schuldners bzw. anderer Rechtshandlungen gegenüber der Sanierungsmasse. Es ist zu betonen, dass die Anfechtungsvorschriften des RestR denen im KonkR ähneln. Sie sind aber nicht identisch und deren Anwendungsmöglichkeiten sind geringer. Aus dem Grunde ist eine separate Beschreibung erforderlich.

1063 In allen Restrukturierungsverfahren, nicht nur im Sanierungsverfahren, finden dagegen die allgemeinen Vorschriften des PZGB über die Paulianische Anfechtungsklage Anwendung (→ Rn. 759 ff.).

2. Sondervorschriften zum Sanierungsverfahren

1064 **a) Inkongruente Deckung.** Von Rechts wegen unwirksam gegenüber der Sanierungsmasse sind Vermögensverfügungen des Schuldners, unabhängig davon, ob diese unentgeltlich oder entgeltlich vorgenommen wurden, wenn der Wert der Leistung des Schuldners den Wert der Gegenleistung erheblich übersteigt. Unwirksam ist auch der gerichtliche Vergleich, die Anerkennung des klägerischen Anspruchs und der Verzicht auf den Anspruch, die unter denselben Umständen vorgenommen wurden. Anders als im KonkR sagt das Gesetz nicht von einem „groben Missverhältnis", sondern von einem „wesentlichen" Missverhältnis zwischen der Leistung und Gegenleistung. Es ist somit anzunehmen, dass der Anwendungsbereich der besprochenen Regelung weiter geht als im Falle des Konkursverfahrens. Dies weist darauf hin, dass das Kriterium des Schutzes der Interessen der Sanierungsmasse erhöht wurde (TWW/Chraponski PrRest Art. 304 Rn. 12). Ansonsten ist auf die Ausführungen zu den Vorschriften des KonkR zu verweisen (→ Rn. 731 ff.).

1065 **b) Sicherheiten und ähnliche Geschäfte.** Die Bestellung einer Sicherheit innerhalb eines Jahres vor Antragstellung auf Eröffnung des Sanierungsverfahrens ist dann gegenüber der Sanierungsmasse unwirksam, wenn der Schuldner hierfür nicht unmittelbar eine entsprechende Gegenleistung erhalten hat. Eine Sicherung, die am Tag der Bestellung in einer Höhe bestellt wird, die die dem Schuldner gewährte Gegenleistung um mehr als die Hälfte übersteigt (sog. Übersicherung), ist in dem übersicherten Umfang unwirksam. Auch in dem Fall handelt es sich um Sicherheiten, die innerhalb eines Jahres vor Antragstellung auf Eröffnung des Sanierungsverfahrens bestellt wurden.

1066 Das KonkR spricht in diesem Bezug nur von der Unwirksamkeit von Sicherheiten für eine nicht fällige Schuld, die der Schuldner innerhalb von sechs Monaten vor der Stellung des Konkursantrags bestellt hat. Zusätzlich wurde die Unwirksamkeit der Befriedigung einer nicht fälligen

Internationales Insolvenzrecht – Polen

Schuld eingeführt (→ Rn. 736 ff.). Somit unterscheiden sich die diesbezüglichen Vorschriften des KonkR und RestR wesentlich. Eine besondere Sanktion im RestR schließt die Wirksamkeit der Sicherheit gegenüber der Sanierungsmasse aus, der von Rechts wegen einer Sonderstellung des Gläubigers unverzüglich nach Entstehung des Rechtsverhältnisses, dessen Inhalt die Leistungspflicht des Schuldners ist, eingeräumt wird (TWW/Chraponski PrRest Art. 304 Rn. 18). Anders als das KonkR weist das RestR darauf hin, dass die Unwirksamkeit auch Bürgschaften, Garantien und ähnliche Rechtsgeschäfte, die zwecks Sicherung einer Leistung vorgenommen werden, betrifft.

Die Sanktion der Unwirksamkeit gegenüber der Sanierungsmasse findet auf Sicherheiten, die vor Eröffnung des Sanierungsverfahrens im Zusammenhang mit Termingeschäften, Darlehen oder dem Verkauf von Finanzierungsinstrumenten mit der Verpflichtung zu deren Widerkauf, die aufgrund von Rahmenverträgen bestellt wurden, keine Anwendung. 1067

c) **Unverhältnismäßig überhöhte Vergütung des Vertreters des Schuldners.** Der Restrukturierungsrichter kann die Vergütungsvereinbarungen in einem Arbeitsvertrag, Dienstleistungsvertrag oder Beschluss eines der Organe des Schuldners bezüglich des Vertreters oder Arbeitnehmers bzw. Dienstauftragnehmers des Schuldners, der sein Geschäftsbetrieb verwaltet oder beaufsichtigt, gegenüber der Sanierungsmasse für unwirksam erklären, falls die Vergütung über die marktüblichen Vergütungen hinausgehen und mit dem Arbeitsaufwand nicht begründet ist. 1068

Die Entscheidung betrifft Vergütungen für einen Zeitraum vor der Eröffnung des Sanierungsverfahrens, jedoch nicht früher als drei Monate vor Antragstellung auf Eröffnung des Sanierungsverfahrens. Im Vergleich zu den Vorschriften des KonkR (→ Rn. 747 ff.) ist der entsprechende Zeitraum hier verkürzt. Die Entscheidung kann keine vollständige Entziehung der Vergütung zur Folge haben. 1069

Des Weiteren kann die Vergütung für den Zeitraum nach der Eröffnung des Sanierungsverfahrens gegenüber der Sanierungsmasse für unwirksam erklärt werden, wenn diese wegen der Übernahme der Verwaltung durch den Verwalter mit ihrem Arbeitsaufwand nicht begründet ist. In dem Fall ist es sogar zulässig, die Vergütung in voller Höhe für unwirksam zu erklären. In den beiden Fällen sind die Voraussetzungen für eine solche Entscheidung durch den Restrukturierungsrichter denen im KonkR gleich (→ Rn. 747 ff.). Der Restrukturierungsrichter handelt in beiden Fällen von Amts wegen oder auf Antrag des Verwalters. Vor Erlass des Beschlusses wird der Verwalter und die betroffene Person angehört. Der Restrukturierungsrichter legt die aus der Sanierungsmasse zu befriedigende Vergütung in einer Höhe fest, die der geleisteten Arbeit des Vertreters oder Arbeitnehmers bzw. Dienstauftragnehmers entspricht und fordert ihn ggf. zur Rückzahlung des übrigen Teils auf. 1070

Gegen den Beschluss steht den Verfahrensbeteiligten und der betroffenen Person die Beschwerde zu. Die Beschwerde ist binnen einer Woche einzulegen (zur Fristberechnung → Rn. 260). Die gegenständlichen Regelungen finden entsprechende Anwendung auf Ansprüche, die aufgrund der Auflösung eines Arbeitsverhältnisses oder eines Dienstleistungsvertrages entstanden sind, wobei die Herabsetzung der Abfindung nur bis zu der nach den allgemein geltenden Regelungen festgelegten Höhe erfolgen kann. Ansonsten ist auf die Ausführungen zu den Vorschriften des KonkR zu verweisen (→ Rn. 747 ff.). 1071

d) **Rückerstattung von Vermögen oder Gegenwert des Vermögens in die Sanierungsmasse.** Ist das Rechtsgeschäft des Schuldners von Rechts wegen unwirksam oder wurde es in einem Verfahren für unwirksam erklärt, sind die aufgrund dieses Rechtsgeschäfts gewährten Vermögensvorteile an die Sanierungsmasse zurückzugewähren. Falls die Rückerstallung in Form der Sachleistung nicht möglich ist, wird in die Sanierungsmasse der Gegenwert in Geld einbezahlt. 1072

Mit Zustimmung des Restrukturierungsrichters kann der andere Teil des Rechtsgeschäfts von der Rückerstattung dessen, was infolge des Rechtsgeschäfts aus dem Vermögen des Schuldners geflossen ist, befreit werden. Hierfür hat der andere Teil die Differenz zwischen dem Marktwert der Leistung des Schuldners vom Tag des Rechtsgeschäftsabschlusses und dem Wert der Gegenleistung zu zahlen. 1073

Sollte die Person, die zur Rückerstattung der Vermögensbestandteile zur Sanierungsmasse verpflichtet war, dieser Pflicht trotz Aufforderung des Konkursverwalters nicht nachkommen, verpflichtet der Restrukturierungsrichter eine solche Person oder solche Personen im Beschlusswege und legt jeweils den Umfang ihrer Pflicht fest. Der rechtskräftige Beschluss stellt einen Vollstreckungstitel dar, dh dass der Restrukturierungsrichter ist aus dem Beschluss selbst berechtigt, diesen Beschluss vollstrecken zu lassen. Gegen den Beschluss über die Verpflichtung der Person zur Rückerstattung von Vermögensvorteilen oder dessen Gegenwert in die Sanierungsmasse sowie gegen den Beschluss über die Zahlung der Differenz zwischen dem Wert der Leistungen und 1074

Internationales Insolvenzrecht – Polen

Gegenleistung steht den Verfahrensbeteiligten und der zur Rückerstattung verpflichteten Person die Beschwerde zu.

1075 Bei Rückerstattung von Vermögen oder dessen Gegenwert in die Sanierungsmasse wird die Gegenleistung der zur Rückerstattung verpflichteten Person zurückgegeben, wenn sich die Leistung in der Sanierungsmasse getrennt vom anderen Vermögen befindet oder wenn die Sanierungsmasse durch sie bereichert ist. Unterliegt die Leistung nicht der Rückerstattung, kann der Dritte seine Forderung vom Schuldner geltend machen. Die Forderung wird vom Vergleich von Rechts wegen umfasst.

1076 **e) Verfahrensfragen.** Sämtliche Klagen auf Erklärung der Unwirksamkeit und andere Klagen, deren Anspruchsgegenstand die Unwirksamkeit eines Rechtsgeschäfts ist, kann der Verwalter erheben. In diesen Sachen trägt er keine Gerichtsgebühren, aber beim Unterliegen kann ihm die Pflicht zur Rückerstattung der Verfahrenskosten zugunsten der obsiegenden Partei auferlegt werden.

1077 Die Erklärung der Unwirksamkeit ist nach Ablauf eines Jahres nach Eröffnung des Sanierungsverfahrens unzulässig, es sei denn, diese Berechtigung ist aufgrund des PZGB früher erloschen ist. Aufgrund der Vorschriften des PZGB erlischt die Berechtigung zur Beantragung der Erklärung der Unwirksamkeit eines Rechtsgeschäfts nach fünf Jahren ab Vornahme des angefochtenen Rechtsgeschäfts. Die Frist von einem Jahr findet keine Anwendung, wenn die Erklärung der Unwirksamkeit im Wege der Einwendung erhoben wurde. Die im RestR vorgesehene Frist ist kürzer als die im KonkR festgelegte Frist (→ Rn. 772).

1078 Anders als im KonkR kann jeder der Gläubiger nach Einstellung des Sanierungsverfahrens innerhalb von 30 Tagen ab Erlass des Beschlusses über die Einstellung des Verfahrens anstelle des Verwalters allen vom ihm eingeleiteten Verfahren betreffend die Erklärung der Unwirksamkeit eines Rechtsgeschäfts des Schuldners zur Gläubigerbenachteiligung beitreten. Der Beitritt ist wirksam, sofern der Beschluss über die Einstellung des Sanierungsverfahrens rechtskräftig geworden ist. Tritt keiner der Gläubiger fristgemäß dem Verfahren bei oder tritt ein Gläubiger erst nach Fristablauf von dreißig Tagen bei, wird das Verfahren durch Beschluss eingestellt (TWW/Chrapoński PrRest Art. 333 Rn. 3).

1079 In dem durch die Vorschriften des RestR nicht geregelten Umfang finden auf die Anfechtung der Rechtsgeschäfte des Schuldners, die zur Gläubigerbenachteiligung vorgenommen wurden, die Vorschriften des PZGB über die Paulianische Anfechtungsklage entsprechende Anwendung (→ Rn. 759 ff.).

1080 **f) Ausschluss der Anwendung der Anfechtungsvorschriften.** Die Vorschriften, welche die Anfechtung von Rechtsgeschäften ermöglichen oder die Unwirksamkeit von Rechtsgeschäften des Schuldners gegenüber der Sanierungsmasse vorsehen, finden auf den Ausgleich gem. Art. 254 RestR und dessen Ergebnisse sowie auf den Vertrag zur Bestellung einer Finanzsicherheit iSd Gesetzes v. 2.4.2004 über bestimmte finanzielle Sicherheiten (Gesetz v. 2.4.2004/Dz.U. 2004 Nr. 91 Pos. 871) und auf die Ausführung von Verpflichtungen aus einem solchen Vertrag keine Anwendung.

3. Paulianische Anfechtungsklage

1081 Die Eröffnung des Restrukturierungsverfahrens schließt die Möglichkeit der Erhebung einer Paulianischen Anfechtungsklage aufgrund des PZGB nicht aus. Im Sanierungsverfahren kann die Klage lediglich vom Verwalter erhoben werden, wobei er keine Gerichtsgebühren tragen muss.

1082 Bei anderen Restrukturierungsverfahren schließt ihre Eröffnung nicht die Möglichkeit aus, dass der Gläubiger Gerichts-, Verwaltungs-, Verwaltungsgerichtsverfahren oder Schiedsverfahren einleiten kann, um die in die Forderungsliste einzutragenden Forderungen geltend zu machen. Diese Verfahren werden grundsätzlich gegen den Schuldner geführt und stellen eine gewisse Alternative für die Erlangung eines Vollstreckungstitels gegen den Schuldner im Vergleich zur Forderungsliste dar. Die Paulianische Anfechtungsklage wird allerdings nicht gegen den Schuldner, sondern gegen den anderen Teil des Rechtsgeschäfts mit dem Schuldner erhoben. Da keine der Vorschriften des RestR derartige Verfahren regelt, ist anzunehmen, dass ein Verfahren zwischen dem Gläubiger und einem Dritten, in dem das Rechtsgeschäft für unwirksam erklärt werden soll, zulässig ist. Obsiegt der Gläubiger, hat dies zur Folge, dass das Rechtsgeschäft nur ihm gegenüber, und nicht der Vergleichsmasse gegenüber unwirksam wird. Nach den allgemeinen Grundsätzen könnte der Gläubiger ein Vollstreckungsverfahren gegen den Dritten zwecks Vollstreckung der ihm gegenüber dem Schuldner zustehenden Forderung, einleiten. Nach Eröffnung des Restrukturierungsverfahrens ist die Einleitung eines Vollstreckungsverfahrens und der Vollzug des Beschlusses über den Arrest bzw. die einstweilige Verfügung wegen Forderungen, die von Rechts wegen vom Vergleich umfasst sind, unzulässig. Betroffen ist jedoch nur die Vollstreckung in das Vermögen des

Internationales Insolvenzrecht – Polen

Schuldners, nicht in das Vermögen anderer Rechtssubjekte, auch wenn der Zweck der Vollstreckung die Befriedigung der vom Vergleich umfassten Forderung ist. Das infolge der Paulianischen Anfechtungsklage erlassene Urteil hat nicht zur Folge, dass dem Schuldner ein Vermögensbestandteil zurückzuerstatten ist, da es nicht erga omnes wirkt. Somit ist anzunehmen, dass ein Gläubiger im Laufe des Restrukturierungsverfahrens, außer dem Sanierungsverfahren, die Paulianischen Anfechtungsklage erheben und führen kann, auch wenn er die Befriedigung der vom Vergleich umfassten Forderung bezweckt. Er kann dann aufgrund des Urteils die Vollstreckung gegen den Dritten einleiten. Die vollständige Befriedigung schließt den Gläubiger von den Folgen des Vergleichs aus, da seine Forderung wegen der Befriedigung erlischt. Die teilweise Befriedigung hat zur Folge, dass nur der befriedigte Teil der ursprünglichen Forderung des Gläubigers erlischt und vom Vergleich ausgeschlossen wird. Der übrige Teil ist vom Vergleich umgefasst.

X. Vergleich

1. Forderungsliste

a) Aufstellung der Forderungsliste. Im Restrukturierungsverfahren werden im Gegensatz zum Konkursverfahren keine Forderungen zur Forderungsliste durch die Gläubiger angemeldet. Die Forderungsliste wird vom Sachwalter oder Verwalter auf Grundlage der Geschäftsbücher, anderen Dokumenten des Schuldners, Eintragungen in Grundbuch und Registern aufgestellt. 1083

Die Forderungsliste wird dem Restrukturierungsrichter vorgelegt. Wird nach der Übergabe der Forderungsliste an den Restrukturierungsrichter eine Forderung festgestellt, welche nicht in die Forderungsliste eingetragen wurde, stellt der Sachwalter oder Verwalter eine ergänzende Forderungsliste auf. Wird vom Restrukturierungsrichter festgestellt, dass eine Forderung ganz oder teilweise nicht besteht oder einer anderen als in der Forderungsliste als Gläubiger eingetragenen Person zusteht, kann er diese Forderung von Amts wegen aus der Forderungsliste löschen. Der Beschluss über die Löschung einer Forderung aus der Forderungsliste wird dem betroffenen Gläubiger, dem Schuldner und dem Sachwalter oder Verwalter zugestellt. Diese Personen sind berechtigt, innerhalb von sieben Tagen eine Beschwerde gegen den Beschluss einzulegen (zur Fristberechnung → Rn. 260). Der Restrukturierungsrichter ändert die Forderungsliste auch entsprechend den ihm vorgelegten rechtskräftigen Entscheidungen, wie etwa einem Urteil im Zivilverfahren oder Verwaltungsbeschluss. 1084

b) Inhalt der Forderungsliste. Die Forderungsliste umfasst persönliche Forderungen gegenüber dem Schuldner, die vor dem Tag der Eröffnung des Restrukturierungsverfahrens entstanden sind. Die Forderungsliste enthält sowohl die kraft Gesetzes vom Vergleich umgefassten Forderungen als auch solche, die mit Zustimmung des Gläubigers vom Vergleich umgefasst werden können. Sehen die Vergleichsvorschläge die Aufteilung der Gläubiger in Gruppen vor, so ist die Forderungsliste unter Berücksichtigung der vorgeschlagenen Aufteilung aufzustellen (zur Verteilung in Gläubigergruppen → Rn. 1110 ff.). 1085

Ist am Tag der Eröffnung des Restrukturierungsverfahrens eine unverzinsliche Forderung noch nicht fällig, ist der Geldbetrag der Forderung abzüglich der gesetzlichen Zinsen, jedoch nicht höher als 6 % p.a., für den Zeitraum vom Tag der Verfahrenseröffnung bis zum Fälligkeitstag, höchstens jedoch für zwei Jahre, in die Forderungsliste einzutragen. 1086

Die noch nicht fälligen Forderungen aus laufenden Rechtsverhältnissen sowie Forderungen aus Kredit-, Darlehens- sowie Leasingverträgen, wenn der Leasinggegenstand beim Leasingnehmer zum Anlagevermögen gehört, sind abzüglich der gesetzlichen Zinsen, jedoch höchstens 6% p.a. für den Zeitraum vom Tag der Verfahrenseröffnung bis zum Fälligkeitsdatum jeder zukünftigen Leistung, in die Forderungsliste einzutragen. Forderungen aus wiederkehrenden Leistungen, deren Dauer bis zum Tod des Berechtigten oder einer anderen Person festgelegt wurde oder die auf unbestimmte Dauer festgelegt worden sind, sind in die Forderungsliste als Gesamtbetrag, welcher den Wert dieses Rechts widerspiegelt, einzutragen. Wurde im Vertrag über wiederkehrende Leistungen ein Einlösungsbetrag festgelegt, wird dieser Betrag in die Forderungsliste als Wert des Rechts eingetragen. 1087

Sieht der Kreditvertrag die Zugriffsmöglichkeit auf einen Betrag bis zu einer gewissen Höhe vor, ist in die Forderungsliste nur der vom Schuldner bis zum Tag der Restrukturierungsverfahrenseröffnung verbrauchte Betrag einzutragen. 1088

Eine Forderung für einen Abrechnungszeitraum, in dem das Restrukturierungsverfahren eröffnet wurde, insbesondere Steuern oder Sozialversicherungsbeiträge sowie Forderungen aufgrund eines Miet-, Pacht- oder Leasingverhältnisses, wenn es sich bei dem Leasinggegenstand nicht um das Anlagevermögen des Schuldners-Leasingnehmers handelt, wird kraft Gesetzes im folgenden 1089

Internationales Insolvenzrecht – Polen

Verhältnis aufgeteilt: ein Teil der Forderung wird wie Forderungen, die vor der Verfahrenseröffnung entstanden sind, behandelt und der andere Teil wird wie wie eine Forderung behandelt, die nach dem Tag der Verfahrenseröffnung entsteht.

1090   Eine Sachforderung wird in die Forderungsliste als Geldbetrag nach ihrem Wert am Tag vor der Eröffnung des Restrukturierungsverfahrens eingetragen. Es findet jedoch keine Umwandlung der Sach- in eine Geldforderung statt.

1091   Zinsen auf eine Geldforderung sind bis zum Tag vor dem Tag der Restrukturierungsverfahrenseröffnung in die Forderungsliste einzutragen. Dies bedeutet jedoch nicht, dass vom Vergleich lediglich die bis zu diesem Zeitpunkt angefallenen Zinsen umgefasst werden, da der Vergleich auch Zinsen für den Zeitraum ab der Verfahrenseröffnung berücksichtigt. Diese sind jedoch nicht in die Forderungsliste eingetragen und beeinflussen somit die Stellung des Gläubigers im Verfahren, wie etwa die Stimmkraft, nicht.

1092   Die Forderung des Mitschuldners oder Bürgen des Schuldners aus einem Regressanspruch ist in der Höhe in die Forderungsliste einzutragen, in der der Mitschuldner oder Bürge den Gläubiger befriedigt hat. In die Forderungsliste ist auch die Forderung des Garanten oder der Bank, welche Akkreditive eröffnet hat, in der Höhe einzutragen, in der sie den Gläubiger befriedigt haben. Dies kann vertraglich abweichend geregelt werden. Die Forderung des Mitschuldners, Bürgen, Garanten oder der Bank, die die Akkreditive eröffnet hat, die den Gläubiger nicht befriedigt haben, ist als bedingte Forderung in die Forderungsliste einzutragen. Sie berechtigt nicht zur Abstimmung in der Gläubigerversammlung.

1093   Eine mit einer Hypothek oder einer Eintragung in ein Register auf dem Vermögen des Schuldners gesicherte Forderung, wenn sich dieses Vermögen im Ausland befindet, wird in die Forderungsliste eingetragen, wenn der Nachweis über die Löschung der Eintragung der Sicherheit vorgelegt wird. Der Nachweis über die Löschung der Eintragung ist nicht erforderlich, wenn das Restrukturierungsverfahren in dem Staat anerkannt wurde, in dem sich der Gegenstand der Sicherheit befindet.

1094   Forderungen in Fremdwährung werden in den zum Zeitpunkt der Konkurserklärung gem. dem von der Polnischen Nationalbank (poln. Narodowy Bank Polski) veröffentlichten geltenden PLN-Kurswert umgerechnet. Wenn kein solcher Wechselkurs veröffentlicht wird, erfolgt die Eintragung gemäß dem durchschnittlichen Marktpreis der Währung zu diesem Zeitpunkt. Die Eintragung in die Forderungsliste der in die polnische Währung umgerechneten Forderung führt nicht zu ihrer Umwandlung in eine Forderung in polnischer Währung. Insbesondere erfolgt die Befriedigung der Forderung im Rahmen der Vergleicherfüllung in der Fremdwährung, sofern nichts anderes im Vergleich vorgesehen wurde.

1095   **c) Zulässigkeit der Anfechtung der Forderungsliste. aa) Verfahren zur Feststellung eines Vergleichs.** Im Verfahren zur Feststellung eines Vergleichs sind die Verfahrensbeteiligten weder berechtigt, die Forderungsliste anzufechten, noch gegen diese Einwendungen vorzubringen. Auch der Schuldner ist nicht berechtigt, Einwendungen gegen die vom Vergleichssachwalter aufgestellte Forderungsliste vorzubringen. Da die Forderungsliste jedoch vor dem Zeitpunkt der Beantragung der Feststellung des Vergleichs aufgestellt wird, kann der Schuldner schlicht sein Restrukturierungsvorhaben aufgeben oder den Sachwalter wechseln und dieses erneut versuchen.

1096   Der Gläubiger kann dagegen dem Vergleichssachwalter lediglich schriftliche Einwendungen bezüglich der Rechtmäßigkeit des Verlaufs der Stimmensammlung oder anderer Umstände, die die Feststellung des Vergleichs beeinflussen können, vorbringen. Der Vergleichssachwalter legt die Einwendungen der Gläubiger dem, dem Gericht vorgelegten, Bericht und Antrag auf Feststellung des Vergleichs bei. Der Gläubiger kann die Unrichtigkeiten der aufgestellten Forderungsliste auch in einer Beschwerde gegen den Beschluss des Restrukturierungsgerichts zur Feststellung des Vergleichs vorbringen (→ Rn. 1140).

1097   **bb) Das beschleunigte Vergleichsverfahren.** In einem beschleunigten Vergleichsverfahren kann der Schuldner Einwendungen gegen die Eintragung einer Forderung in die Forderungsliste vorbringen. Die Forderung, gegen die der Schuldner Einwendungen vorgebracht hat, wird als eine strittige Forderung betrachtet. In einem solchen Fall ändert der Restrukturierungsrichter die Forderungsliste und führt die Forderung in die Liste der strittigen Forderungen entsprechend ein. Der Schuldner ist nicht berechtigt, Einwendungen bezüglich der Nichteintragung einer Forderung in die Forderungsliste vorzubringen.

1098   Die Forderungsliste im beschleunigten Vergleichsverfahren ist von den Gläubigern nicht anfechtbar. Dies hängt mit dem vereinfachten und beschleunigten Charakter des Verfahrens zusammen. Die Verweigerung der Eintragung einer Forderung hat keine Auswirkung auf die Tatsache, ob eine Forderung besteht oder nicht besteht. Ein Gläubiger, dessen Forderung in die Forderungsliste nicht eingetragen wird, ist zur Klageerhebung gegen den Schuldner berechtigt. Erlangt er

Internationales Insolvenzrecht – Polen

einen Vollstreckungstitel gegen den Schuldner, ist er als Gläubiger mit einer unbestrittenen Forderung zur Verfahrensbeteiligung zuzulassen. Bei der Annahme des Vergleichs kann ein solcher Gläubiger auch verlangen, dass das Restrukturierungsgericht die Feststellung des Vergleichs wegen Rechtswidrigkeit verweigert (→ Rn. 1140).

cc) Vergleichs- und Sanierungsverfahren. Die Forderungsliste ist im Vergleichs- und Sanierungsverfahren anfechtbar. Innerhalb von zwei Wochen nach der Bekanntgabe der Aufstellung der Forderungsliste können die Verfahrensbeteiligten gegen die Eintragung einer Forderung in die Forderungsliste Widerspruch beim Restrukturierungsrichter erheben. Der Schuldner oder ein Gläubiger, dessen Forderung in die Forderungsliste nicht eingetragen wurde, können auch Widerspruch gegen die Nichteintragung der Forderung in die Forderungsliste erheben. **1099**

Der Widerspruch muss den formalen Anforderungen eines Schriftsatzes entsprechen (→ Rn. 65). Darüber hinaus ist die nichteingetragene bzw. angefochtene Forderung anzugeben und ein Antrag auf Eintragung bzw. Streichung der Forderung in die Forderungsliste samt Begründung und Beweisen zu stellen. Die Umstände zur Widerspruchsbegründung sind ausschließlich mithilfe von Dokumenten oder einem Sachverständigengutachten nachzuweisen. Wurde die Forderung in einer rechtskräftigen gerichtlichen Entscheidung festgestellt, so kann der Widerspruch gegen die Eintragung der Forderung in die Forderungsliste lediglich auf die Tatsachen gestützt werden, die nach dem Schluss der mündlichen Verhandlung in dem Rechtsstreit eingetreten sind, in dem die Entscheidung erlassen worden ist. Diese Tatsachen sind mit einem schriftlichen Beweis nachzuweisen. Der Widerspruch unterliegt einer Gebühr von 5% des Streitwertes. Der Restrukturierungsrichter weist einen nach Fristablauf oder aus anderen unzulässigen Gründen eingelegten Widerspruch als unzulässig ab. Der Widerspruch, dessen Mangel nicht behoben wird oder für den die Gebühr innerhalb der gesetzten Frist nicht entrichtet wurde, ist ebenfalls abzuweisen. **1100**

Der Verfahrensbeteiligte kann innerhalb einer vom Restrukturierungsrichter gesetzten Frist, welche mindestens eine Woche ab Zustellung der Abschrift des Widerspruchs beträgt, auf den Widerspruch erwidern. Der Gerichtssachwalter oder der Verwalter ist verpflichtet, auf den Widerspruch innerhalb derselben Frist zu erwidern. Der Restrukturierungsrichter, der stellvertretende Restrukturierungsrichter oder der benannte Richter prüft den Widerspruch in einer nichtöffentlichen Sitzung innerhalb von zwei Monaten ab dem Tag seiner Erhebung. Gegen den Widerspruchsbeschluss können der Schuldner, der Gerichtssachwalter oder Verwalter und die Gläubiger Beschwerde einlegen. Die Beschwerde ist innerhalb von sieben Tagen einzulegen (zur Fristberechnung → Rn. 260). Nach der Rechtskraft des Beschlusses über die Berücksichtigung des Widerspruchs ist die Forderungsliste in dem in diesem Beschluss festgestellten Umfang zu ändern. **1101**

d) Feststellung der Forderungsliste. aa) Das Verfahren zur Feststellung des Vergleichs. Im Verfahren zur Feststellung des Vergleichs unterliegt die Forderungsliste keiner Feststellung durch den Restrukturierungsrichter. **1102**

bb) Das beschleunigte Vergleichsverfahren. Im beschleunigten Vergleichsverfahren stellt der Restrukturierungsrichter die Forderungsliste in der Gläubigerversammlung fest. Der Beschluss des Restrukturierungsrichters über die Feststellung der Forderungsliste wird bekannt gegeben. Er ist nicht anfechtbar. **1103**

cc) Vergleichs- und Sanierungsverfahren. Im Vergleichs- und Sanierungsverfahren stellt der Restrukturierungsrichter nach Ablauf der Widerspruchsfrist und im Falle einer Widerspruchserhebung, nachdem der Beschluss über den Widerspruch rechtskräftig geworden ist, die Forderungsliste fest. Wurden nicht alle Widersprüche rechtskräftig entschieden, so stellt der Restrukturierungsrichter die Forderungsliste in dem Umfang fest, den die Widersprüche nicht betreffen, wenn der Gesamtbetrag der Forderungen, auf die sich solche Widersprüche beziehen, 15% des Gesamtbetrags der zur Abstimmung über den Vergleich stimmberechtigten Forderungen nicht überschreitet. Verfahren, die diese Widersprüche zum Gegenstand haben, werden vom Restrukturierungsgericht oder Restrukturierungsrichter eingestellt, wenn sie bis zum Zeitpunkt der Abstimmung über den Vergleich nicht rechtskräftig entschieden werden. **1104**

e) Bedeutung der Forderungsliste. Die Eintragung der Forderung in die Forderungsliste bestimmt den Betrag, mit dem der Gläubiger am Restrukturierungsverfahren beteiligt ist. Neben der Forderungsliste ist eine Liste der strittigen Forderungen aufzustellen (zu den strittigen Forderungen → Rn. 942). Die Eintragung in die Liste der strittigen Forderungen berechtigt den Gläubiger nicht zur Verfahrensbeteiligung, insbesondere nicht zur Abstimmung über den Vergleich. **1105**

Nach der rechtskräftigen Verweigerung der Feststellung des Vergleichs oder rechtskräftigen Einstellung des Restrukturierungsverfahrens sowie im Falle der Annullierung des Vergleichs stellt der Auszug aus der festgestellten Forderungsliste mit der Bezeichnung des Gläubigers und der ihm zustehenden Forderung einen Vollstreckungstitel gegen den Schuldner dar. Nach der rechtskräfti- **1106** gen Feststellung des Vergleichs stellt der Auszug aus der festgestellten Forderungsliste samt Ausfertigung des rechtskräftigen Beschlusses über die Feststellung des Vergleichs, einen Vollstreckungstitel gegen den Schuldner und die Person, welche die Sicherheit für die Vergleichserfüllung geleistet hat, dar. Voraussetzung dafür ist, dass beim Restrukturierungsgericht ein die Sicherungsleistung nachweisendes Dokument hinterlegt worden ist. Der Auszug aus der festgestellten Forderungsliste samt Ausfertigung des rechtskräftigen Beschlusses über die Feststellung des Vergleichs stellt auch einen Vollstreckungstitel gegen die nachschussverpflichtete Person dar, wenn im Vergleich Nachschüsse zwischen den Gläubigern vorgesehen wurden.

1107 Ist über eine Forderung außerhalb des Restrukturierungsverfahren keine rechtskräftige Entscheidung ergangen und hat der Schuldner im Restrukturierungsverfahren einen Widerspruch erhoben, so kann er die Feststellung verlangen, dass die durch die festgestellte Forderungsliste umgefasste Forderung nicht oder in geringerem Umfang besteht. Sobald dem Auszug aus der festgestellten Forderungsliste die Vollstreckungsklausel erteilt wird, ist die Einrede, dass die in der Forderungsliste eingetragene Forderung nicht oder in geringerem Umfang besteht, vom Schuldner im Wege der Vollstreckungsabwehrklage zu erheben.

2. Vergleichsvorschläge

1108 **a) Inhalt der Vergleichsvorschläge.** In den Vergleichsvorschlägen wird festgelegt, wie die Verbindlichkeiten des Schuldners restrukturiert werden sollten. Die Vergleichsvorschläge können eine oder mehrere Vorgehensweisen zur Restrukturierung der Verbindlichkeiten des Schuldners aufzeigen. Das Gesetz sieht grundsätzlich einen offenen Katalog der Vergleichsvorschläge vor (Sejm/Nr. 2824 v. 9.10.2014, 307). Vergleichsvorschläge können sich daher, wenn etwas anderes in den Vorschriften nicht ausdrücklich bestimmt ist, auf jeder rechtlichen Maßnahme beruhen, sofern dies den Gläubigern die Befriedigung ihrer Forderungen ermöglicht (Jakowlew, Prawo restrukturyzacyjne, Difin 2016, 219). Die Vergleichsvorschläge dürfen sich dagegen nicht auf die Beurteilung der Sachverhalte beziehen, zB der Vorschlagsgegenstand darf nicht die Befreiung des Schuldners von der Mängelhaftung der verkauften Sache sein (Adamus PrRest, 1. Aufl. 2015, PrRest Art. 156 Rn. 11). Der Inhalt der Vergleichsvorschläge wird auch durch ihre Rechtmäßigkeit (Witosz Monitor Prawniczy 2007 Nr. 2, Rn. 3.1; Gurgul Monitor Prawniczy 2007 Nr. 2, 76) und die Grundsätze des sozialen Zusammenlebens, sowie ferner die Zweckmäßigkeit der vorgeschlagenen Restrukturierungsvorgehensweise begrenzt. Dies bedeutet, dass die Vergleichsvorschläge, welche bspw. auf eine Verschlimmerung der Zahlungsunfähigkeit des Schuldners abzielen oder bei denen die Chancen auf Annahme durch die Gläubiger gering sind, als unzulässig angesehen werden sollten (Groele in Hrycaj/Filipiak PrRest Art. 156 Rn. 1).

1109 Das RestR listet die folgenden Vergleichsvorschläge auf:
- Stundung;
- Ratenzahlung;
- Teilerlass einer Forderung;
- Debt-Equity-Swap;
- Änderung, Umwandlung oder Verzicht auf die Sicherung einer bestimmten Forderung; Befriedigung von Forderungen aus den Gewinnen des Unternehmens des Schuldners als Ganzes;
- Abschluss eines Liquidationsvergleichs vorgesehen; wesentlich dabei ist, dass die zur Vergleichserfüllung getätigte Vermögensverwertung keine Auswirkungen, wie ein Vermögensverkauf im Konkursverfahren hat (→ Rn. 537 ff.).

1110 Der Inhalt eines zulässigen Vergleichsvorschlags kann aus Gründen, die sich auf die Person des Gläubigers oder die Art der dem Gläubiger zustehenden Forderung beziehen, eingeschränkt werden. Die Restrukturierung von Verbindlichkeiten des Schuldners, die eine staatliche Beihilfe darstellen, kann lediglich in Form einer Ratenzahlung oder Stundung durchgeführt werden. Die Restrukturierung der Verbindlichkeiten wegen des Arbeitgeberanteils der Sozialversicherungsbeiträge des Schuldners, Beiträge zur Arbeitslosenversicherung (poln. Fundusz pracy), Sicherungsfonds der Arbeitnehmerleistungen (poln. Fundusz Gwarantowanych Świadczeń Pracowniczych), Fonds der Übergangsrente (poln. Fundusz Emerytur Pomostowych), Beiträge zur eigenen Sozial- und Krankenversicherung des Schuldners und andere Verbindlichkeiten des Schuldners gegenüber der Sozialversicherungsanstalt (poln. Zakład Ubezpieczeń Społecznych), insbesondere Verzugszinsen auf die oben genannten Beiträge, Vollstreckungskosten, Mahnkosten und zusätzliche Gebühren, dürfen lediglich in Form einer Ratenzahlung oder Stundung durchgeführt werden. Die Restrukturierung der Verbindlichkeiten gegenüber dem Sicherungsfonds der Arbeitnehmerleistungen kann lediglich im Rahmen einer Ratenzahlung oder eine Stundung durchgeführt werden, es sei denn, der Verfügungsberechtigte des Fonds stimmt einer anderen Restrukturierungsvorge-

Internationales Insolvenzrecht – Polen

hensweise zu. Die Restrukturierung der Verbindlichkeiten des Schuldners ist dann unzulässig, wenn diese Forderungen staatliche Beihilfen sind, über deren Rückzahlung die Europäische Kommission entschieden hat. Die Restrukturierungsbedingungen der Forderungen aus Arbeitsverhältnissen müssen den Arbeitnehmern zumindest den Mindestlohn gewähren.

b) Gläubigergruppen. In den Vergleichsvorschlägen kann vorgesehen werden, dass die Gläubiger in verschiedene Interessengruppen aufgeteilt werden. Darunter fallen insbesondere: 1111
- Gläubiger, denen Forderungen aus Arbeitsverhältnissen zustehen und die zugestimmt haben, vom Vergleich umgefasst zu werden;
- Landwirte, denen Forderungen aus Verträgen über die Lieferung aus ihren eigenen landwirtschaftlichen Betrieben zustehen:
- Gläubiger, deren Forderungen mit einer Hypothek, einem Pfand, Registerpfand oder einer Seehypothek auf dem Vermögen des Schuldners, sowie mit einer Eigentumsübertragung an einem Gegenstand, einer Forderung oder einem anderen Recht auf den Gläubiger gesichert sind und die zugestimmt haben, vom Vergleich umgefasst zu werden; sowie
- Gläubiger, die Gesellschafter oder Aktionäre des Schuldners, der eine Kapitalgesellschaft ist, sind, welche mindestens 5 % Stimmen in der Gesellschafterversammlung oder Hauptversammlung der Gesellschaft halten.

Die Gruppenzuordnung der einzelnen Gläubiger wird von dem Gerichtssachwalter oder Verwalter 1112 nach Feststellung der Forderungsliste aufgestellt, wenn sie nicht bereits in der Forderungsliste in Gruppen aufgeteilt wurden oder wenn die vorgenommene Aufteilung den aktuellen Vergleichsvorschlägen widerspricht. Werden Gläubigergruppen gebildet, stimmen die Gläubiger über den Vergleich getrennt innerhalb jeder Gruppe ab.

c) Teilvergleich. aa) Vorbemerkungen. Von der Abstimmung in Gläubigergruppen ist der 1113 sog. Teilvergleich zu unterscheiden. Der Teilvergleich ist ein Rechtsinstitut, welches erst ab dem 1.1.2016 in das polnische Rechtssystem eingeführt wurde. Der Sinn besteht darin, dass der Schuldner Vergleichsvorschläge unterbreiten kann, die nur bestimmte Verbindlichkeiten betreffen, deren Restrukturierung grundlegende Auswirkungen auf die Fortführung des Unternehmens des Schuldners hat. In der Praxis kommt es häufig vor, dass der Schuldner zum Zeitpunkt der Restrukturierungsentscheidung lediglich zum Teil ungünstige Forderungsstrukturen hat, dh er ist bspw. nicht in der Lage, bestimmte Verbindlichkeiten aus alten Krediten zu begleichen, aber die Begleichung von täglichen, laufenden Verbindlichkeiten stellt für ihn kein Problem dar (SPH/Filipiak 642). Zwar kann ein solcher Schuldner ein wirtschaftlich effizientes Unternehmen führen, aber seine Unfähigkeit, alte und oft hohe Verbindlichkeiten rechtzeitig zu erfüllen, kann im schlimmsten Fall sogar zur Notwendigkeit der Konkurserklärung führen (Krawczyk-Giehsmann Doradca restrukturyzacyjny 2018 Nr. 2).

Das Rechtsinstitut des Teilvergleichs ist einzigartig in der EU. Die Einräumung der Möglichkeit, 1114 ausschließlich mit einem Teil der Gläubiger einen Vergleich abzuschließen, wird von den Europäischen Institutionen befürwortet. In Art. 14 Abs. 2 des Entwurfes der Restrukturierungsrichtlinie hat der EU-Gesetzgeber ausdrücklich Vergleichsvereinbarungen lediglich mit bestimmten Gläubigern des Schuldners zugelassen. In den Mitgliedstaaten, in denen solche Rechtsinstitute nicht existieren, wurde die von der Europäischen Kommission vorgeschlagene Lösung positiv aufgenommen. In Deutschland bspw. wurde die Einführung eines solchen Rechtsinstituts als eine der wichtigsten Möglichkeiten zur Behebung der Mängel der bestehenden Rechtsvorschriften zur Sanierung von Unternehmen in der Krise angesehen (Klupsch/Schulz EuZW 2017, 85).

bb) Ausgliederung von Gläubigern. Die Ausgliederung der Gläubiger, um diese vom Teil- 1115 vergleich zu umfassen, basiert auf objektiven, eindeutigen und wirtschaftlich begründeten Kriterien in Bezug auf den Rechtsverhältnissen zwischen den Gläubigern und dem Schuldner, welche die Grundlage für die von den Vergleichsvorschlägen erfassten Verbindlichkeiten darstellen. Von dem Teilvergleich können insbesondere folgende Forderungen umgefasst werden:
- aus gewährten Krediten, Darlehen und anderen ähnlichen Finanzierungsinstrumenten zur Finanzierung der Geschäftstätigkeit des Schuldners;
- aufgrund von Verträgen, die für die Geschäftstätigkeit des Schuldners von wesentlicher Bedeutung sind, insbesondere zur Lieferung der für die Geschäftstätigkeit wichtigsten Materialien oder Leasingverträge, die für die Geschäftstätigkeit erforderlichen Gerätschaften zum Gegenstand haben;
- mit einer Hypothek, einem Pfand, Registerpfand, Steuerpfand oder einer Seehypothek auf Gegenständen und Rechten gesicherte Forderungen, die zur Führung der Geschäftstätigkeit des Schuldners erforderlich sind; und
- die ihrer Höhe nach höchsten Forderungen.

Internationales Insolvenzrecht – Polen

- Die Bestimmung der Kriterien für die Ausgliederung der Gläubiger zwecks Nichtberücksichtigung von Gläubigern, die gegen einen Abschluss des Vergleiches wären, ist unzulässig.

1116 Ein wesentlicher Vorteil des Teilvergleichs ist die Möglichkeit, mit der Wirkungen des Vergleichs einen dinglichen Gläubiger trotz seiner fehlenden Zustimmung umzufassen. Dies ist bei einem Vergleich mit allen Gläubigern unzulässig. Die Zustimmung eines Gläubigers, dessen Forderung mit einer Hypothek, einem Pfand, Registerpfand, Steuerpfand oder einer Seehypothek gesichert ist, ist für Abdeckung seiner Forderung durch den Teilvergleich nicht erforderlich, wenn der Schuldner dem Gläubiger in den Vergleichsvorschlägen die volle Befriedigung seiner Forderungen samt Nebenforderungen innerhalb einer im Vergleich festgelegten Frist, welche im Sicherungsvertrag vorgesehen wurden, vorgeschlagen hat, auch wenn dieser Vertrag wirksam aufgelöst wurde oder abgelaufen ist. Die Zustimmung des Gläubigers wird auch dann nicht benötigt, wenn der Schuldner dem Gläubiger die Befriedigung zu dem Grad vorgeschlagen hat, welcher nicht geringer ist, als der Befriedigungsgrad, der bei der Geltendmachung der Forderungen samt Nebenforderungen aus dem Sicherungsgegenstand zu erwarten wäre. Die gleichen Grundsätze kommen zur Anwendung auf Forderungen, die durch Eigentumsübereignung an einem Gegenstand, einer Forderung und anderem Recht auf den Gläubiger gesichert sind.

1117 **cc) Vergleichsvorschläge.** Der Teilvergleich kann alle auf Grundlage des RestR zulässigen Vergleichsvorschläge beinhalten (→ Rn. 1109). Die Vergleichsvorschläge dürfen jedoch keine solchen Vorteile für die Gläubiger, die vom Teilvergleich umgefasst werden, vorsehen, die gleichzeitig die Möglichkeit der Befriedigung der vom Vergleich nicht umgefassten Forderungen verringern würden.

1118 **dd) Annahme und Feststellung des Teilvergleichs.** Der Teilvergleich darf lediglich im Verfahren zur Feststellung eines Vergleichs oder im beschleunigten Vergleichsverfahren angenommen und festgestellt werden. Grundsätzlich zeichnen sich diese Verfahren durch ihre Schnelligkeit sowie Vereinfachung und Einschränkung der formalen Anforderungen aus. Die Beschleunigung und Erleichterung der Verhandlung und des Abschlusses des Vergleichs zwischen dem Schuldner und den Gläubigern ist ebenfalls eines der Hauptziele des Teilvergleichs (Zalewski Doradca Restrukturyzacyjny 2017 Nr. 4, 46). Für den Teilvergleich gelten die Bestimmungen über den Vergleich mit allen Gläubigern, mit einigen, im RestR ausdrücklich vorgesehenen, Ausnahmen.

1119 Der Teilvergleich wird angenommen, wenn die Mehrheit der Gläubiger, die eine gültige Stimme abgegeben haben und gemeinsam zwei Drittel des den vom Teilvergleich umgefassten und stimmberechtigten Gläubigern zustehenden Betrags halten, für den Teilvergleich gestimmt haben.

1120 Im Verfahren zur Feststellung eines Vergleichs verweigert das Restrukturierungsgericht die Feststellung des Teilvergleichs auch im Falle der Feststellung der Rechtswidrigkeit der im Antrag auf Feststellung des Vergleichs festgelegten Kriterien für die Ausgliederung der von dem Teilvergleich betroffenen Gläubiger.

1121 Im beschleunigten Vergleichsverfahren entscheidet das Restrukturierungsgericht unverzüglich nach Beantragung der Verfahrenseröffnung über die Rechtmäßigkeit der Kriterien für die Ausgliederung der von dem Teilvergleich betroffenen Gläubiger. Die Beschwerde gegen den Beschluss über die Rechtswidrigkeit der Kriterien für die Ausgliederung der Gläubiger steht dem Schuldner innerhalb von sieben Tagen zu (zur Fristberechnung → Rn. 260). Innerhalb der für die Einlegung der Beschwerde vorgesehen Frist kann der Schuldner andere Kriterien für die Ausgliederung der Gläubiger vorschlagen. Eine weitere Änderung der Kriterien ist unzulässig. Nachdem der Beschluss über die Feststellung der Rechtswidrigkeit der Kriterien für die Ausgliederung der Gläubiger rechtskräftig geworden ist, stellt das Restrukturierungsgericht das Verfahren ein, wenn der Schuldner keine anderen rechtmäßigen Kriterien vorgeschlagen hat.

1122 Gegen den Beschluss zur Feststellung des Teilvertrags kann auch ein Gläubiger Beschwerde einlegen, welcher vom Teilvergleich nicht berücksichtigt wurde. Dieser kann lediglich Einwendungen aufgrund der Verletzung der Grundsätze der Ausgliederung der Gläubiger und der privilegierten Behandlung von Gläubigern, welche von dem Vergleich umfasst wurden, erheben.

1123 **ee) Auswirkungen des Teilvergleichs.** Der Teilvergleich umfasst Gläubiger, die die Kriterien für die Ausgliederung der Gläubiger erfüllen und in die Forderungsliste eingetragen wurden oder auf der Gläubigerversammlung anwesend waren und dem Restrukturierungsrichter einen Vollstreckungstitel vorgelegt haben oder zur Teilnahme an der Versammlung zugelassen wurden. In dem Beschluss über die Feststellung des Vergleichs bestimmt das Restrukturierungsgericht die Gläubiger, die in dem Teilvergleich berücksichtigt werden.

1124 **d) Gebot der Gleichbehandlung der Gläubiger.** Die Restrukturierungsbedingungen der Verbindlichkeiten des Schuldners sind für alle Gläubiger gleich. Wird über den Vergleich in Gläubigergruppen abgestimmt, sind die Restrukturierungsbedingungen für Gläubiger in derselben

Internationales Insolvenzrecht – Polen

Gruppe gleich. Die Beurteilung, ob die den Gläubigern vorgelegten Bedingungen genauso vorteilhaft sind, erfordert die Anwendung objektiver und lediglich auf die Vermögensvorteile bezogenen Kriterien, welche nicht auf persönliche Eigenschaften der Gläubiger gestützt werden dürfen. Diese Beurteilung muss auf den Umständen des Einzelfalls beruhen (Adamus PrRest, 1. Aufl. 2015, PrRest Art. 162 Rn. 1). Die Beurteilung der Vorteile eines konkreten Vergleichsvorschlags muss auf einer objektiven wirtschaftlichen Analyse der Auswirkungen der Annahme des Vergleichs eines bestimmten Inhalts beruhen (Trocki/Skura Monitor Prawa Bankowego 2017 Nr. 9, 103).

Der Gläubiger hat die Möglichkeit, weniger vorteilhaften Vergleichsbedingungen zuzustimmen. 1125
In der Praxis kann eine solche Zustimmung vor allem von mit dem Schuldner verbundenen Gläubigern, insbesondere durch eine wirtschaftliche Beteiligung, sowie von Gläubigern, für die der Schuldner ein wichtiger Wirtschaftspartner ist, zB ein bedeutsamer Empfänger von Waren oder Dienstleistungen des Gläubigers, erteilt werden (Adamus PrRest, 1. Aufl. 2015, PrRest Art. 162 Rn. 7).

Die Gewährung vorteilhafterer Bedingungen für die Restrukturierung der Verbindlichkeiten 1126
des Schuldners ist wiederum im Falle eines Gläubigers zulässig, der nach Eröffnung des Restrukturierungsverfahrens eine Finanzierung in Form von Darlehen, Anleihen, Bankgarantien, Akkreditiven oder auf Grundlage eines anderen für die Durchführung des Vergleichs erforderlichen Finanzinstruments gewährt hat oder gewähren soll.

Die Restrukturierung gilt gleichermaßen für Sachforderungen und Geldforderungen. Wider- 1127
spricht der Gläubiger innerhalb einer Woche nach Erhalt der Mitteilung über den Tag der Gläubigerversammlung samt Abschrift der Vergleichsvorschläge der Restrukturierung seiner Sachforderung durch Abgabe einer Erklärung gegenüber dem Sachwalter oder den Verwalter oder ist aufgrund der Art der Sachforderung die Restrukturierung nicht möglich, wird diese Forderung in eine Geldforderung umgewandelt. Diese Wirkung tritt mit dem Tag der Restrukturierungsverfahrenseröffnung ein. Die Bedingungen für die Restrukturierung von dinglich gesicherten Forderungen können je nach Rangfolge unterschiedlich sein.

e) Berechtigung zur Unterbreitung der Vergleichsvorschläge. Vergleichsvorschläge wer- 1128
den grundsätzlich vom Schuldner unterbreitet. Die Vergleichsvorschläge können auch vom Gläubigerausschuss, Gerichtssachwalter oder Verwalter oder einem oder mehreren Gläubigern, die gemeinsam mehr als 30 % des Gesamtbetrages der Forderungen halten, unterbreitet werden, ausgenommen von Gläubigern, die zur Abstimmung über den Vergleich nicht berechtigt sind (→ Rn. 985). Die genannten Personen sind auch berechtigt, die zuvor unterbreiteten Vergleichsvorschläge zu ändern. Änderungen der Vergleichsvorschläge sind Modifikationen bereits unterbreiteter Vorschläge sowie die Rücknahme eines Teils des Vorschlags und die Ergänzung der Gesamtheit der Vergleichsvorschläge mit Vorschlägen mit geändertem Inhalt (TWW/Witosz PrRest 309).

3. Vergleich

a) Umfang des Vergleichs. Der Vergleich im Restrukturierungsverfahren umfasst zunächst 1129
persönliche Forderungen gegen den Schuldner, die vor der Eröffnung des Restrukturierungsverfahrens entstanden sind, sofern gesetzlich nichts anderes vorgesehen ist. Das RestR geht davon aus, dass alle persönlichen Forderungen gegen den Schuldner vom Vergleich umfasst werden, es sei denn, eine bestimmte Kategorie von Forderungen ist gesetzlich ausdrücklich aus dem Vergleich ausgeschlossen. In diesem Zusammenhang ist bspw. darauf hinzuweisen, dass persönliche Forderungen gegen den Schuldner aus einem gegenseitigen Vertrag, welcher vor der Eröffnung des Restrukturierungsverfahrens ganz oder teilweise nicht erfüllt worden ist, lediglich dann vom Vergleich umfasst werden, wenn die Leistung der anderen Partei eine teilbare Leistung ist, und nur in dem Umfang, in dem die andere Partei die Leistung vor der Eröffnung des Restrukturierungsverfahrens erbracht und die Gegenleistung nicht erhalten hat.

Zum anderen umfasst der Vergleich Zinsen sowohl für den Zeitraum, welcher der Verfahrenser- 1130
öffnung vorangeht, als auch für den Zeitraum ab dem Zeitpunkt der Eröffnung des Restrukturierungsverfahrens.

Darüber hinaus sind vom Vergleich auch aufschiebend bedingte Forderungen umfasst, wenn 1131
die Bedingung im Laufe des Restrukturierungsverfahrens oder der Erfüllung des Vergleichs eintritt.

Unterhaltsansprüche und Ansprüche auf Renten als Entschädigung wegen verursachter Krank- 1132
heit, Arbeitsunfähigkeit, Behinderung oder Tod sowie aus der Umwandlung des lebenslangen Wohnrechts in eine Leibrente, Ansprüche auf Herausgabe von Vermögen und Unterlassung von Rechtsverstößen, Forderungen, für die der Schuldner im Zusammenhang mit dem Anfall einer Erbschaft nach dem Zeitpunkt der Eröffnung des Restrukturierungsverfahrens, nachdem die Erbschaft Teil der Vergleichsmasse oder Sanierungsmasse geworden ist, sowie Forderungen aus Sozial-

versicherungsbeiträge, in dem Teil, welcher vom Versicherten zu tragen ist und der Schuldner der Beitragszahler ist, sind vom Vergleich nicht umgefasst.

1133 Der Vergleich umfasst auch grundsätzlich keine Forderungen aus Arbeitsverhältnissen. Vom Vergleich umgefasst sind auch die mit einer Hypothek, einem Pfand, Registerpfand, Steuerpfand oder einer Seehypothek auf dem Vermögen des Schuldners gesicherte Forderungen sowie Forderungen, die durch treuhänderische Sicherheiten gesichert sind, bis zur Höhe des durch den Wert der Sicherheiten abgedeckten Teils. Der andere Teil dieser Forderungen stellt die Vergleichsforderung dar. Stimmt der Gläubiger zu, können diese Forderungen jedoch vom Vergleich in voller Höhe umgefasst werden. Die Zustimmung des Gläubigers muss bedingungslos, unwiderruflich und spätestens vor der Abstimmung über den Vergleich erteilt werden. Die Zustimmung kann auch zu Protokoll der Gläubigerversammlung mündlich erteilt werden. Für Ansprüche des Sicherungsfonds der Arbeitnehmerleistungen auf Rückzahlung von an Arbeitnehmer des Schuldners ausgezahlten Leistungen sind die Bestimmungen über Ansprüche aus dem Arbeitsverhältnis entsprechend anwendbar.

1134 **b) Annahme des Vergleichs. aa) Verfahren zur Feststellung eines Vergleichs.** Im Verfahren zur Feststellung eines Vergleichs wird keine Gläubigerversammlung durchgeführt. Nach Festlegung des Vergleichstages sammelt der Schuldner die Stimmen der Gläubiger ein, indem er ihnen die Stimmkarten zur Verfügung stellt. Die Stimmberechtigung der Gläubiger und die Auswirkungen der Vergleichsannahme sind zum Zeitpunkt des Vergleichstages festgelegt. Die Stimmkarte enthält insbesondere Angaben über den Vergleichstag, den Forderungsbetrag des stimmberechtigten Gläubigers und den Volltext der Vergleichsvorschläge mit der konkreten Angabe, welche der Vorschläge auf den Stimmberechtigten bezogen sind. Die Stimme des Gläubigers bleibt gültig, sofern der Antrag des Schuldners auf Feststellung des Vergleichs innerhalb von drei Monaten nach der Stimmabgabe eingegangen ist. Im Gegensatz zu anderen Arten des Restrukturierungsverfahrens wird im Falle der Abstimmung über den Vergleich im Verfahren zur Feststellung eines Vergleichs in der Gläubigerversammlung der Vergleich angenommen, wenn für seine Annahme eine Mehrheit der stimmberechtigten Gläubiger, die gemeinsam mindestens zwei Drittel des Gesamtbetrags der stimmberechtigenden Forderungen halten, gestimmt haben. Die Untätigkeit der Gläubiger ist hier somit für den Schuldner nachteilig. Wird die Abstimmung über den Vergleich in Gläubigergruppen mit unterschiedlichen Interessengruppen durchgeführt, gilt der Vergleich als angenommen, wenn sich in jeder Gruppe eine Mehrheit der stimmberechtigten Gläubiger in dieser Gruppe, die gemeinsam mindestens zwei Drittel des Gesamtbetrags der stimmberechtigenden Forderungen in dieser Gruppe vertreten, für ihn gestimmt hat. Der Vergleich wird trotz fehlender Mehrheit in einigen Gläubigergruppen angenommen, wenn Gläubiger, die insgesamt zwei Drittel des Gesamtbetrages der stimmberechtigenden Forderungen haben, für die Annahme des Vergleichs gestimmt haben, und Gläubiger aus der Gruppe oder Gruppen, die gegen den Vergleich gestimmt haben, aufgrund der Durchführung des Vergleichs nicht weniger vorteilhafter befriedigt werden, als bei etwaiger Durchführung eines Konkursverfahrens. Die Annahme des Vergleichs wird vom Vergleichssachwalter festgestellt.

1135 **bb) Sonstige Restrukturierungsverfahren.** Im beschleunigten Vergleichsverfahren, Vergleichsverfahren und Sanierungsverfahren findet die Abstimmung über den Vergleich in der Gläubigerversammlung statt (→ Rn. 984). Gläubiger können ihre Stimmen auch schriftlich abgeben. Diese werden berücksichtig solange sie vor dem Tag der Abstimmung beim Restrukturierungsgericht eingehen. Der Restrukturierungsrichter erlässt in der Gläubigerversammlung den Beschluss über die Feststellung der Annahme des Vergleichs.

1136 **c) Feststellung des Vergleichs.** Der von den Gläubigern angenommene Vergleich wird vom Restrukturierungsgericht festgestellt. In dem Beschlusstenor ist der Inhalt des Vergleichs anzugeben. Im Verfahren zur Feststellung des Vergleichs prüft das Restrukturierungsgericht ausschließlich den Antrag auf Feststellung des Vergleichs. Dabei werden jedoch die Voraussetzungen geprüft, die in anderen Restrukturierungsverfahren in der Verfahrenseröffnungsphase zu prüfen sind. Die Prüfung erfolgt in einer nicht öffentlichen Sitzung. Das Restrukturierungsgericht entscheidet auch über die dem Vergleichssachwalter vorgebrachten Einwendungen der Gläubiger. Dieser ist angehalten, die Einwendungen dem Restrukturierungsgericht weiterzuleiten. In diesem Verfahren entscheidet das Restrukturierungsgericht über die Feststellung des Vergleiches innerhalb von zwei Wochen ab der Antragstellung.

1137 In den anderen Restrukturierungsverfahren ist für die Prüfung des Vergleichs eine mündliche Verhandlung durchzuführen. Die Verhandlung findet frühestens eine Woche nach Beendigung der Gläubigerversammlung statt, in der der Vergleich angenommen wurde. Die Verfahrensbeteiligten können gegen den Vergleich schriftliche Einwendungen vorbringen. Die innerhalb einer Woche nach Annahme des Vergleichs vorgebrachten Einwendungen oder Einwendungen, welche die

Internationales Insolvenzrecht – Polen

formalen Anforderungen eines Schriftsatzes nicht erfüllen (→ Rn. 65), werden vom Restrukturierungsgericht nicht berücksichtigt.

Das Restrukturierungsgericht verweigert die Feststellung des Vergleichs, wenn dieser gegen das Gesetz verstößt, insbesondere wenn er rechtswidrige Gewährung öffentlicher Beihilfen vorsieht oder wenn offensichtlich ist, dass der Vergleich nicht erfüllt wird. Bedient der Schuldner seine nach der Eröffnung des Restrukturierungsverfahrens entstandenen Verbindlichkeiten nicht, so wird vermutet, dass die Nichterfüllung des Vergleichs offensichtlich ist. Das Restrukturierungsgericht kann die Feststellung des Vergleichs auch dann verweigern, wenn die Vergleichsbedingungen für die Gläubiger, die gegen den Vergleich gestimmt und Einwendungen vorgebracht haben, grob nachteilig sind. **1138**

Im Verfahren zur Feststellung eines Vergleichs und im beschleunigten Vergleichsverfahren verweigert das Restrukturierungsgericht die Feststellung des Vergleichs auch dann, wenn der Gesamtbetrag der strittigen Forderungen 15 % des Gesamtbetrages der stimmberechtigenden Forderungen überschreitet (→ Rn. 903). Zeigt sich dieser Umstand im beschleunigten Vergleichsverfahren nach der Annahme des Vergleichs, kann das Restrukturierungsgericht den Vergleich feststellen, sofern nachgewiesen wird, dass dem Schuldner das Bestehen der weiteren strittigen Forderungen nicht bekannt war und ihre Befriedigung durch die Erfüllung des Vergleichs nicht geringer ausfällt, als bei einer Konkurserklärung des Schuldners. **1139**

Legt das Restrukturierungsgericht während der Prüfung des Vergleiches fest, dass der Vergleich mangels erforderlicher Mehrheit der Gläubigerstimmen nicht angenommen wurde, so stellt er das Restrukturierungsverfahren ein. Der Beschluss über die Feststellung des Vergleichs, die Verweigerung der Feststellung des Vergleichs und die Einstellung des Restrukturierungsverfahrens wird bekannt gegeben. Gegen den Beschluss kann jeder Verfahrensbeteiligte Beschwerde eingelegt werden. Die Beschwerde ist innerhalb von zwei Wochen einzulegen (zur Fristberechnung → Rn. 260). **1140**

d) Auswirkungen des Vergleichs. Der Vergleich bindet Gläubiger, deren Forderungen kraft Gesetzes vom Vergleich umgefasst sind, auch wenn sie nicht in die Forderungsliste eingetragen wurden. Dementsprechend ist es unwesentlich, ob die Forderungen in die Forderungsliste eingetragen wurden und ob die Gläubiger an dem Verfahren teilgenommen haben. Die Tatsache der Abstimmung für oder gegen den Vergleich oder die fehlende Möglichkeit der Abstimmung bleibt ebenfalls ohne Bedeutung (TWW/Witosz PrRest Art. 166 Rn. 1). Der Vergleich ist jedoch für die Gläubiger nicht bindend, die vom Schuldner nicht angegeben wurden und die nicht an dem Verfahren beteiligt waren. **1141**

Der Vergleich entfaltet seine Rechtwirkungen mit Rechtskraft des Beschlusses über seine Feststellung, es sei denn, der Vergleich legt einen anderen Zeitpunkt fest. Ab diesem Zeitpunkt kann der vom Vergleich betroffene Gläubiger vom Schuldner nur noch das verlangen, was ihm durch den Vergleich und zu den darin festgelegten Bedingungen eingeräumt wurde (SN 16.10.2019 r. – II CSK 419/18). Die Bestimmungen über die Annullierung oder Änderung des Vergleichs bleiben hiervon unberührt. **1142**

Der Vergleich berührt nicht die Rechte des Gläubigers gegenüber dem Bürgen und Mitschuldner des Schuldners oder die Rechte aus einer Hypothek, einem Pfand, Registerpfand, Steuerpfand, oder einer Seehypothek, wenn diese auf dem Vermögen eines Dritten begründet wurden. Der Vergleich berührt auch nicht die Rechte aus der Übertragung des Eigentums auf den Gläubiger an einem Gegenstand, einer Forderung oder einem anderen Recht zur Sicherung einer Forderung gegenüber dem Schuldner. Ebenfalls bleiben die Rechte aus einer Hypothek, einem Pfand, Registerpfand, Steuerpfand, oder einer Seehypothek, wenn diese auf dem Vermögen des Schuldners begründet wurden, vom Vergleich unberührt, es sei denn, der Berechtigte hat zugestimmt, dass die gesicherte Forderung vom Vergleich umgefasst wird. Wird diese Zustimmung erteilt, bleiben diese Rechte grundsätzlich in dem Umfang bestehen, welcher im Vergleich festgelegt worden ist. **1143**

4. Restrukturierungsplan

a) Funktion und Inhalt des Restrukturierungsplans. Der Restrukturierungsplan hat eine wesentliche Bedeutung für die Beurteilung der wirtschaftlichen Begründung der Vergleichsvorschläge und den tatsächlichen Chancen für die Erfüllung des Vergleichs, sowohl durch die Gläubiger als auch den Restrukturierungsrichter und das Restrukturierungsgericht. Der Restrukturierungsplan muss mindestens eine Beschreibung des Betriebes des Schuldners enthalten, einschließlich der Informationen über das aktuelle und künftige Angebot und die Nachfrage in der Branche, in der das Unternehmen tätig ist, Informationen über die Produktionskapazitäten **1144**

des Betriebes des Schuldners, sowie eine Analyse der Ursachen der schwierigen wirtschaftlichen Lage des Schuldners. In dem Restrukturierungsplan ist die vorgeschlagene künftige Strategie der Führung des Betriebes des Schuldners samt vollständiger Beschreibung und Übersicht der geplanten Restrukturierungsmaßnahmen und der damit verbundenen Kosten sowie einem Zeitplan ihrer Durchführung darzustellen. Der Restrukturierungsplan sollte auch die Finanzierungsmöglichkeiten und Finanzierungsquellen beschreiben, insbesondere ob das für die Finanzierung der Restrukturierung erforderliche Kapital vorhanden ist oder gesammelt werden kann, durch bspw. Verkauf von Aktiva oder Kreditaufnahme. In dem Restrukturierungsplan sind darüber hinaus die prognostizierten Gewinne und Verluste für die nächsten fünf Jahre anzugeben, welche auf Grundlage von mindestens zwei Prognosen gestützt sind.

1145 Der Restrukturierungsplan kann je nach Größe und Art des Betriebs vom Umfang variieren. Die Verkürzung des Restrukturierungsplans ist zu begründen. In besonders begründeten Fällen kann der Gerichtssachwalter oder Verwalter nach der Zustimmung des Restrukturierungsrichters die Erstellung eines Restrukturierungsplans Dritten in Auftrag geben, insbesondere wenn dies durch die besondere Art des Betriebes des Schuldners oder seiner Größe gerechtfertigt ist.

1146 **aa) Sanierungsmaßnahmen.** Der Restrukturierungsplan im Sanierungsverfahren sollte auch eine Beschreibung der geplanten Sanierungsmaßnahmen enthalten. Sanierungsmaßnahmen sind rechtliche und tatsächliche Maßnahmen, die darauf abzielen, die wirtschaftliche Situation des Schuldners zu verbessern und die Fähigkeit des Schuldners zur Erfüllung seiner Verpflichtungen wiederherzustellen, bei gleichzeitigem Vollstreckungsschutz. Zu den grundlegenden Sanierungsmaßnahmen gehören der Verkauf des Schuldnervermögens (→ Rn. 1046), die Kündigung und Auflösung von bestehenden Arbeitsverträgen (→ Rn. 1039) sowie Rücktritt durch den Verwalter von gegenseitigen Verträgen (→ Rn. 1011). Dem Sanierungscharakter werden auch die Bestimmungen über die Unwirksamkeit von Rechtsgeschäften des Schuldners (→ Rn. 1064) sowie über den Vollstreckungsschutz (→ Rn. 1031) zugerechnet.

1147 **bb) Vermögensverkauf im Rahmen des Sanierungsverfahrens.** Die Vermögensbestandteile des Schuldners, die zur Sanierungsmasse gehören, können vom Verwalter nur mit Zustimmung des Restrukturierungsrichters, der die Verkaufsbedingungen festlegt, verkauft werden, es sei denn, der Verkauf des Vermögens erfolgt im Rahmen der ausgeübten Geschäftstätigkeit und geht über den Umfang des gewöhnlichen Geschäftsbetriebs nicht hinaus. Der Verkauf vom Verwalter mit Zustimmung des Restrukturierungsrichters hat die gleichen Auswirkungen wie der Verkauf durch den Konkursverwalter im Rahmen eines Konkursverfahrens (→ Rn. 1046). Für die Verteilung des Erlöses aus dem Verkauf der Gegenstände, Forderungen und Rechten, die mit einer Hypothek, einem Pfand, Registerpfand, Steuerpfand oder einer Seehypothek belastet sind, erstellt der Verwalter einen gesonderten Plan gemäß den Bestimmungen des KonkR.

1148 Der Verkauf des Vermögens des Schuldners im Rahmen eines anderen Restrukturierungsverfahrens als dem Sanierungsverfahren sowie der Verkauf infolge des Abschlusses eines Liquidationsvergleichs hat nicht die gleiche Wirkung wie ein Verkauf durch den Konkursverwalter im Rahmen eines Konkursverfahrens.

1149 **b) Erstellung und Durchführung des Restrukturierungsplans.** Der Restrukturierungsplan wird vom Sachwalter oder Verwalter erstellt. Im Verfahren zur Feststellung eines Vergleichs legt der Vergleichssachwalter den Restrukturierungsplan dem Restrukturierungsgericht samt dem Bericht über die im Rahmen des Verfahrens vorgenommenen Handlungen vor.

1150 Im beschleunigten Vergleichsverfahren und im Vergleichsverfahren erstellt der Gerichtssachwalter den Restrukturierungsplan. Dieser ist dem Restrukturierungsrichter innerhalb von zwei Wochen ab dem Tag der Eröffnung des beschleunigten Vergleichsverfahrens bzw. 30 Tagen ab dem Tag der Eröffnung des Vergleichsverfahrens vorzulegen. In dem Restrukturierungsplan sind die Vergleichsvorschläge des Schuldners zu berücksichtigen. In der Gläubigerversammlung stellt der Gerichtssachwalter den Gläubigern die wesentlichen Inhalte des Restrukturierungsplans vor. Der Restrukturierungsplan wird grundsätzlich erst in der Phase der Vergleichserfüllung durchgeführt, dh nachdem er von den Gläubigern angenommen und vom Restrukturierungsgericht festgestellt wird.

1151 Im Sanierungsverfahren wird der Restrukturierungsplan durch den Verwalter in Absprache mit dem Schuldner erstellt. Der Verwalter legt den Plan dem Restrukturierungsrichter innerhalb von dreißig Tagen ab dem Tag der Eröffnung des Sanierungsverfahrens vor. Erzielt der Verwalter mit dem Schuldner keine Einigung über den Inhalt des Restrukturierungsplans, legt der Verwalter den Plan unter Beifügung der Einwendungen des Schuldners und einer Begründung vor, warum er diese Einwendungen nicht berücksichtigt hat. In begründeten Fällen kann der Restrukturierungsrichter die Vorlagefrist des Restrukturierungsplans um bis zu drei Monaten verlängern. Der Plan ist vom Restrukturierungsrichter festzustellen. Er entscheidet darüber nach der Einholung einer Stellungnahme des Gläubigerausschusses. Der Restrukturierungsrichter kann die Durchführung einiger im Restrukturierungsplan vorgesehenen Maßnahmen untersagen und die Durchführung anderer Maßnahmen anordnen. Er richtet sich dabei nach dem Ziel des Sanierungsverfahrens und berücksichtigt die Vorgaben des Schutzes der berechtigten Rechte der Gläubiger und Dritter, die nicht an dem Verfahren beteiligt sind. Der Verwalter setzt den Restrukturierungsplan bereits nach Feststellung des Vergleichs durch den Restrukturierungsrichter um, dh schon im Laufe des eigentlichen Sanierungsverfahrens. Vor der Feststellung des Restrukturierungsplans kann der Verwalter Maßnahmen ergreifen, um die Fähigkeit des Schuldners zur Erfüllung seiner Verbindlichkeiten wiederherzustellen, wenn das Fehlen solcher Maßnahmen die Erreichung des Ziels des Sanierungsverfahrens erheblich beeinträchtigen würde. Der Verwalter unterrichtet den Restrukturierungsrichter über seine Absicht, solche Maßnahmen zu ergreifen. Der Restrukturierungsrichter kann diese innerhalb von drei Tagen untersagen. Der Restrukturierungsplan kann im Laufe seiner Durchführung entsprechend den veränderten Umständen des Einzelfalles geändert werden. In der Gläubigerversammlung legt der Verwalter den Bericht über die Durchführung des Restrukturierungsplans und die Ergebnisse der getroffenen Maßnahmen sowie über die wichtigsten Maßnahmen, die nach der Feststellung des Vergleichs gemäß dem Restrukturierungsplan zu ergreifen sind, vor.

c) Einleitender Restrukturierungsplan. Dem Antrag auf Eröffnung des beschleunigten Vergleichsverfahrens, des Vergleichsverfahrens und des Sanierungsverfahrens ist ein einleitender Restrukturierungsplan beizufügen. Der einleitende Restrukturierungsplan wird vom Schuldner erstellt. Der einleitende Restrukturierungsplan sollte zumindest eine Analyse der Ursachen für die schwierige wirtschaftliche Lage des Schuldners, eine einleitende Beschreibung und Übersicht der geplanten Restrukturierungsmaßnahmen und der damit verbundenen Kosten sowie einen einleitenden Zeitplan für die Durchführung der Restrukturierungsmaßnahmen enthalten. Die im Plan erteilten Angaben sind für den weiteren Verfahrenslauf nicht bindend und können nach den Umständen bei der Erstellung des eigentlichen Restrukturierungsplanes geändert werden. 1152

XI. Bedeutung der Verfahrensbeendigung

Das Restrukturierungsverfahren ist mit dem Zeitpunkt der Rechtskraft des Beschlusses über die Feststellung des Vergleichs bzw. über die Verweigerung der Feststellung des Vergleichs beendet. Die Beendigung des Restrukturierungsverfahrens wirkt sich auf die Beendigung der rechtlichen Existenz des Schuldners, unabhängig von dessen Rechtsform, nicht aus. Insbesondere im Falle von Handelsgesellschaften stellt die Beendigung des Restrukturierungsverfahrens keine Grundlage für ihre Löschung aus dem Unternehmerregister (KRS) dar. Dies stünde nämlich im Widerspruch zu der Grundintention der Restrukturierung, also der Sanierung und Aufrechterhaltung des schuldnerischen Unternehmens. 1153

Im Laufe des Restrukturierungsverfahrens kann ein sog. Liquidationsvergleich geschlossen werden, dh die Vergleichsvorschläge können die Befriedigung der Gläubiger durch Verwertung des Vermögens des Schuldners, unter anderem auch die Übernahme des Vermögens des Schuldners durch ein anderes Rechtssubjekt, vorsehen. Infolge der Erfüllung eines solchen Vergleichs bleibt der Schuldner grundsätzlich vermögenslos. Im Falle eines Schuldners, der eine juristische Person bzw. eine Organisationseinheit ist, wirkt sich jedoch allein der Abschluss eines sog. Liquidationsvergleichs nicht auf die Beendigung der rechtlichen Existenz des Schuldners aus, insbesondere ersetzt solch ein Vergleich nicht die Maßnahmen im Zusammenhang mit der Löschung der Handelsgesellschaft aus dem Unternehmerregister (KRS). Diese Maßnahmen kann ausschließlich der Schuldner selbst treffen, falls der Vergleich vorsieht, dass nach seiner Erfüllung der Schuldner seine rechtliche Existenz beenden wird oder falls der Schuldner kein Interesse mehr an der Fortsetzung seiner Geschäftstätigkeiten hat. Es lässt sich nämlich eine solche Situation nicht ausschließen, dass der Schuldner nach dem Abschluss und der Erfüllung des sog. Liquidationsvergleichs die Geschäftstätigkeiten, mithilfe eines anderen Vermögens, insbesondere in einer anderen Branche, fortsetzen wird (TWW/Witosz PrRest Art. 159 Rn. 7). Aus offensichtlichen Gründen wirken sich der Abschluss und die Erfüllung des Liquidationsvergleichs auf die Beendigung der Rechtspersönlichkeit des Schuldners, der eine natürliche Person ist, nicht aus. 1154

G. Insolvenzstrafrecht

I. Strafrechtliche Haftung

1. Straftaten, die nicht unmittelbar mit dem Verlauf eines Konkurs- oder Restrukturierungsverfahrens zusammenhängen

1155 **a) Handlungen zum Schaden wirtschaftlicher Organisationseinheit (Art. 296 PStG, Art. 303 PStG). aa) Schadenszufügung.** Das wichtigste strafrechtliche Instrument zum Schutz der Teilnehmer am Wirtschaftsverkehr ist in der polnischen Rechtsordnung der Straftatbestand der Untreue. Bestraft wird, wer aufgrund einer Rechtsvorschrift, der Entscheidung eines zuständigen Organs oder eines Vertrages dazu verpflichtet ist, sich mit Vermögensangelegenheiten oder der wirtschaftlichen Tätigkeit einer natürlichen oder juristischen Person oder einer Organisationseinheit ohne Rechtspersönlichkeit zu befassen und dabei die ihm eingeräumten Befugnisse missbraucht oder eine auf ihm lastende Verpflichtung nicht erfüllt und dabei einen erheblichen Vermögensschaden verursacht. Ein Vermögensschaden gilt dann als erheblich, wenn sein Wert zum Zeitpunkt der Tatbegehung 200.000 PLN überschreitet.

1156 Unter Begriff „sich mit Vermögensangelegenheiten oder der wirtschaftlichen Tätigkeit zu befassen" ist jedes Verhalten zu verstehen, das darin besteht, Entscheidungen zu treffen, gemeinsam daran zu arbeiten, zu beeinflussen, Verfügungsgeschäfte vorzunehmen, Rechtsgeschäfte in Bezug auf Eigentum oder Eigentumsangelegenheiten vorzunehmen und schließlich Ratschläge zu erteilen, soweit man hierzu verpflichtet ist (SA Wrocław 12.9.2018 – II AKa 179/18). Der Tatbestand betrifft einen streng definierten Personenkreis und ist somit ein Sonderdelikt. Die Person muss verpflichtet sein, sich mit Vermögensangelegenheiten oder Geschäftsaktivitäten eines anderen Unternehmens auf Grundlage einer Rechtsvorschrift, einer Entscheidung eines zuständigen Organs oder eines Vertrages zu befassen (SA Wrocław 14.6.2017 – II AKa 107/17). Täter kann insbesondere ein Geschäftsführer, Gesellschafter, der zur Vertretung der Gesellschaft berechtigt ist, ein Prokurist oder Bevollmächtigter sein, nicht aber ein sog. Schattendirektor (engl. shadow director).

1157 Grundsätzlich unterliegt der Täter einer Freiheitsstrafe von drei Monaten bis zu fünf Jahren. Handelt der Täter mit dem Ziel, einen Vermögensvorteil zu erzielen, wird er mit Freiheitsstrafe von sechs Monaten bis acht Jahren bestraft. Verursacht der Täter einen Vermögensschaden in großen Ausmaßen, dh wenn der Wert zum Zeitpunkt der Tatbegehung 1.000.000 PLN übersteigt, wird er mit einer Freiheitsstrafe von einem Jahr bis zu 10 Jahren bestraft. Handelt der Täter fahrlässig, also ohne Vorsatz und Absicht einer Straftatbegehung, jedoch leichtfertig und unter Außerachtlassung der im Verkehr notwendigen Sorgfalt, so wird er mit einer Freiheitsstrafe bis zu drei Jahren bestraft.

1158 Nicht bestraft wird, wer vor Einleitung des Strafverfahrens freiwillig den verursachten Schaden vollständig behoben hat. Das Strafgericht kann gegenüber einem Täter, der den Schaden nach Einleitung des Strafverfahrens freiwillig vollständig behoben hat, außerordentliche Strafmilderung gewähren oder sogar von einer Strafverhängung absehen. Das Gericht kann gegenüber einem Täter, der einen wesentlichen Teil des Schadens freiwillig behoben hat, eine außerordentliche Strafmilderung gewähren. Die Strafverfolgung erfolgt von Amts wegen.

1159 **bb) Die unmittelbare Gefahr des Eintritts eines erheblichen Vermögensschadens.** Verursacht der Täter durch den Missbrauch der ihm eingeräumten Befugnisse oder durch die Nichterfüllung der auf ihm lastenden Verpflichtung die unmittelbare Gefahr des Eintritts eines erheblichen Vermögensschadens, wird er mit einer Freiheitsstrafe bis zu drei Jahren bestraft. Als erheblicher Vermögensschaden ist ein Schaden zu qualifizieren, dessen Wert zum Zeitpunkt der Tatbegehung 200.000 PLN überschreitet.

1160 Handelt der Täter dabei mit dem Ziel, einen Vermögensvorteil zu erzielen, wird er mit einer Freiheitsstrafe von sechs Monaten bis acht Jahren bestraft.

1161 Handelt es sich bei der Geschädigten nicht um die Staatskasse, erfolgt die Strafverfolgung des Täters lediglich auf Antrag des Geschädigten, dh einer natürlichen oder juristischen Person oder einer Organisationseinheit ohne Rechtspersönlichkeit, die von dem Täter verwaltet wird, welche unmittelbar mit der Gefahr des Eintritts eines erheblichen Vermögensschadens bedroht war.

1162 **cc) Unredliche Dokumentation.** Wer einer natürlichen oder juristischen Person oder einer Organisationseinheit ohne Rechtspersönlichkeit einen Vermögensschaden zufügt, indem er die wirtschaftliche Tätigkeit dieser Person oder Einheit nicht dokumentiert oder die Dokumentation unredlich oder wahrheitswidrig führt, insbesondere indem er Urkunden zerstört, entfernt, versteckt, überarbeitet oder fälscht, wird mit einer Freiheitsstrafe bis zu drei Jahren bestraft. Zur

Haftung kann jede Person herangezogen werden, die verpflichtet ist, die wirtschaftliche Tätigkeit der natürlichen oder juristischen Person oder einer Organisationseinheit zu dokumentieren.

Verursacht der Täter einen erheblichen Vermögensschaden, wird er mit einer Freiheitsstrafe von drei Monaten bis zu fünf Jahren bestraft. Ein erheblicher Vermögensschaden liegt dann vor, wenn der Wert zum Zeitpunkt der Tatbegehung 200.000 PLN überschreitet. In minder schweren Fällen wird der Täter mit einer Geldstrafe, Freiheitsbeschränkungsstrafe oder Freiheitsstrafe bis zu einem Jahr bestraft. Während der Vollstreckung der Freiheitsbeschränkungsstrafe darf der Verurteilte ohne Erlaubnis des Gerichts seinen ständigen Aufenthaltsort nicht wechseln und er ist insbesondere verpflichtet, eine unentgeltliche, beaufsichtigte Arbeit für gemeinnützige Zwecke zu verrichten und Erklärungen über den Verlauf der Strafvollstreckung abzugeben. 1163

Behebt der Täter vor Einleitung des Strafverfahrens freiwillig den verursachten Schaden vollständig, kann das Strafgericht eine außerordentliche Strafmilderung gewähren oder sogar von der Strafverhängung absehen. Das Strafgericht kann gegenüber einem Täter, der einen wesentlichen Teil des Schadens freiwillig behoben hat, eine außerordentliche Strafmilderung gewähren. 1164

Die Strafverfolgung erfolgt von Amts wegen. Ist der Geschädigte nicht die Staatskasse, erfolgt die Strafverfolgung auf Antrag des Geschädigten, dh einer natürlichen oder juristischen Person oder einer Organisationseinheit ohne Rechtspersönlichkeit, die dadurch einen Schaden erlitten hat, dass die betreffenden Geschäftsunterlagen oder die Geschäftsunterlagen nicht ordnungsgemäß geführt wurden. 1165

b) Betrug (Art. 286 PStG). Der Betrug ist eine Straftat, deren Tatbestandsmerkmale insbesondere im sog. Vorfeld der Zahlungsunfähigkeit oder des Konkurses erfüllt werden können. Diese Straftat begeht, wer eine andere Person dazu veranlasst, unvorteilhaft über das eigene oder fremde Vermögen zu verfügen, indem er bei ihr einen Irrtum erregt oder unterhält oder ihre Unfähigkeit, angemessen zu handeln, ausnutzt. Tatbestandsmerkmal des Betruges ist insbesondere, dass der Täter mit dem Ziel, einen Vermögensvorteil zu erzielen, handelt. Bestraft wird ausschließlich ein Täter, der mit Absicht oder direktem Vorsatz handelt. Kann der Vorsatz, eine nachteilige Verfügung über das Vermögen durch den Geschädigten nicht nachgewiesen werden, ist der Betrugstatbestand nicht erfüllt (SA Lublin 8.5.2018 – II AKa 94/18). 1166

In der Konkurspraxis liegt der Betrug insbesondere dann vor, wenn ein Teilnehmer am Wirtschaftsverkehr Rechtsgeschäfte vornimmt, bspw. einen Kaufvertrag abschließt und eine Verpflichtung, bspw. zur Kaufpreiszahlung für die gelieferte Ware, eingeht und nicht beabsichtigt, dieser Verpflichtung nachzukommen, insbesondere bei einer ihm tatsächlich drohenden oder bereits vorhandenen Zahlungsunfähigkeit. Der Betrugstatbestand ist dagegen dann nicht erfüllt, wenn der Teilnehmer zum Zeitpunkt der Verpflichtungsentstehung nicht beabsichtigt hat, der Verpflichtung nicht nachzukommen, und es erst später dazu gekommen ist, dass er ihr nicht nachkommen konnte oder sogar wollte. 1167

Der Täter wird mit einer Freiheitsstrafe von sechs Monaten bis acht Jahren bestraft. Im minder schweren Fall wird der Täter mit Geldstrafe, Freiheitsbeschränkungsstrafe oder Freiheitsstrafe von bis zu zwei Jahren bestraft. Verursacht der Täter einen Vermögensschaden in großen Ausmaßen, dh wenn der Wert zum Zeitpunkt der Tatbegehung 1.000.000 PLN übersteigt, wird er mit einer Freiheitsstrafe von einem Jahr bis zu 10 Jahren bestraft. 1168

Die Strafverfolgung erfolgt von Amts wegen. Wurde die Straftat zum Nachteil einer nahestehenden Person begangen, erfolgt die Strafverfolgung auf Antrag der Geschädigten. 1169

c) Erschwerung der Forderungsdurchsetzung durch den Gläubiger (Art. 300 § 1 PStG). Im sog. Vorfeld der Zahlungsunfähigkeit oder des Konkurses unternehmen Schuldner häufig Handlungen, um bestimmte Vermögensbestandteile aus ihrem Vermögen zu entfernen und somit diese in gewisser Weise vor einer möglichen Zwangsvollstreckung durch die Gläubiger zu schützen. Derartige Handlungen zur Gläubigerbenachteiligung können nicht nur auf Grundlage zivilrechtlicher Vorschriften, unter anderem den besonderen Vorschriften des KonkR, angefochten werden, sondern sind auch nach dem PStG strafbar. 1170

Wer im Falle ihm drohender Zahlungsunfähigkeit oder drohenden Konkurses, die Befriedigung seines Gläubigers dadurch verhindert oder mindert, dass er seine Vermögensbestandteile entfernt, versteckt, veräußert, verschenkt, zerstört, tatsächlich oder scheinbar belastet oder beschädigt, wird mit einer Freiheitsstrafe von bis zu drei Jahren bestraft. 1171

Die betreffende Straftat ist ein Erfolgsdelikt. Tatsächlich ist jede Form der Flucht des Schuldners mit seinem Vermögen strafbar, sofern sie die Vereitelung oder Verminderung der Befriedigung des Gläubigers zur Folge hat. Für das Vorliegen dieser Straftat genügt es, dass der Täter bei der Strafbegehung in dem Zeitraum der drohenden Zahlungsunfähigkeit einen seiner Vermögensbestandteile veräußert oder darüber anderweitig verfügt hat. Die Feststellung, dass der Täter zum Zeitpunkt der Verfügung über das Vermögen zahlungsunfähig ist oder ein Konkursverfahren über 1172 sein Vermögen durchgeführt wird, wird nicht verlangt (SA Warszawa 20.12.2017 – II AKa 213/17). Die Begriffe (drohende) Zahlungsunfähigkeit und Konkurs sind im PStG nicht definiert. Sie sind im weiten Sinne zu verstehen, wobei hilfsweise auf die Art. 11 KonkR (→ Rn. 346) und Art. 6 RestR (→ Rn. 882) zu verweisen ist. Die Straftat kann nur vorsätzlich begangen werden.

1173 Der Täter kann nur der Schuldner sein, dh ein Rechtssubjekt, das zur Erbringung einer Geldleistung gegenüber Gläubigern verpflichtet ist. Wie der Schuldner haftet auch die Person, die aufgrund einer Rechtsvorschrift, der Entscheidung eines zuständigen Organs oder eines Vertrages dazu verpflichtet ist, sich mit Vermögensangelegenheiten oder der wirtschaftlichen Tätigkeit einer natürlichen oder juristischen Person oder einer Organisationseinheit ohne Rechtspersönlichkeit zu befassen (mehr zu „sich mit Vermögensangelegenheiten oder der wirtschaftlichen Tätigkeit befassen" → Rn. 1156)

1174 Die Strafverfolgung erfolgt von Amts wegen. Ist der Geschädigte nicht die Staatskasse, erfolgt seine Strafverfolgung auf Antrag des Geschädigten. Wenn der Täter mehreren Gläubigern Schaden zugefügt hat, wird er mit einer Freiheitsstrafe von sechs Monaten bis acht Jahren bestraft. Diese besondere Straftat wird von Amts wegen verfolgt. Gegenüber einem Täter, der den gesamten Schaden freiwillig wiedergutmacht, kann das Strafgericht eine außerordentliche Strafmilderung gewähren oder sogar von der Strafverhängung absehen. Gegenüber einem Täter, der einen wesentlichen Teil des Schadens freiwillig wiedergutmacht, kann das Strafgericht eine außerordentliche Strafmilderung gewähren.

1175 **d) Erschwerung der Forderungsdurchsetzung einer Gerichtsentscheidung oder der Entscheidung einer anderen staatlichen Behörde (Art. 300 § 2 PStG).** Wer, mit dem Ziel, die Vollstreckung einer Anordnung des Gerichts oder eines anderen staatlichen Organs zu verhindern, die Befriedigung seines Gläubigers dadurch verhindert oder mindert, dass er gepfändete oder von Pfändung bedrohte Bestandteile seines Vermögens entfernt, versteckt, veräußert, verschenkt, zerstört, tatsächlich oder scheinbar belastet oder beschädigt oder Pfändungszeichen entfernt, wird mit einer Freiheitsstrafe von drei Monaten bis zu fünf Jahren bestraft. Es handelt sich um eine Qualifikation des Grundtatbestandes der Erschwerung der Forderungsdurchsetzung durch den Gläubiger, bei der der Vorsatz des Täters nicht nur das Handeln zur Gläubigerbenachteiligung, sondern auch den Zweck umfassen muss, sich der Vollstreckung bspw. eines Beschlusses oder Mahnbescheides zu entziehen. Die Straftat kann nur vorsätzlich begangen werden. Voraussetzung ist eine Handlung mit der Absicht und direktem Vorsatz, die Vollstreckung eines Rechtsaktes zu vereiteln, welcher Grundlage für die Pfändung ist oder sein wird.

1176 Der objektive Tatbestand der Art. 300 § 2 PStG wird anders definiert als im Falle der Erschwerung der Forderungsdurchsetzung durch einen Gläubiger gem. Art. 300 § 1 PStG. Bestraft wird jeder, der die gepfändeten oder von Pfändung bedrohten Bestandteile seines Vermögens entfernt, versteckt, veräußert, verschenkt, zerstört, tatsächlich oder scheinbar belastet oder beschädigt oder Pfändungszeichen entfernt. Somit wird eine Handlung, die auf bestimmte Vermögensbestandteile des Schuldners abzielt, bestraft. Von einer Pfändung des bedrohten Vermögens ist jedoch nicht nur das Vermögen gemeint, welches aufgrund eines bereits erlassenen Vollstreckungstitels gepfändet werden kann, sondern auch das Vermögen, dessen zukünftige Pfändung tatsächlich stattfinden kann und mit welcher realistisch zu rechnen ist (SA Warszawa 31.1.2018 – II AKa 286/17).

1177 Der Täter kann nur der Schuldner sein, dh ein Rechtssubjekt, das zur Erbringung einer Geldleistung gegenüber Gläubigern verpflichtet ist. Wie der Schuldner haftet auch die Person, die aufgrund einer Rechtsvorschrift, der Entscheidung eines zuständigen Organs oder eines Vertrages dazu verpflichtet ist, sich mit Vermögensangelegenheiten oder der wirtschaftlichen Tätigkeit einer natürlichen oder juristischen Person oder einer Organisationseinheit ohne Rechtspersönlichkeit zu befassen (mehr zu „sich mit Vermögensangelegenheiten oder der wirtschaftlichen Tätigkeit befassen" → Rn. 1156).

1178 Gegenüber einem Täter, der den gesamten Schaden freiwillig wiedergutmacht, kann das Strafgericht eine außerordentliche Strafmilderung gewähren oder sogar von der Strafverhängung absehen. Gegenüber einem Täter, der einen wesentlichen Teil des Schadens freiwillig wiedergutmacht, kann das Strafgericht eine außerordentliche Strafmilderung gewähren. Die Strafverfolgung erfolgt von Amts wegen.

1179 **e) Scheinbare Zahlungsunfähigkeit aufgrund der Schaffung einer neuen Wirtschaftseinheit (Art. 301 § 1 PStG).** Wer als Schuldner mehrerer Gläubiger die Befriedung ihrer Forderungen dadurch verhindert oder beschränkt, dass er in Anlehnung an Rechtsvorschriften eine neue Wirtschaftseinheit schafft und Bestandteile seines Vermögens auf diese überträgt, wird mit einer Freiheitsstrafe von drei Monaten bis zu fünf Jahren bestraft. Die Forderungen gegenüber dem Schuldner werden in einem solchen Fall in der bisherigen Wirtschaftseinheit „zurückgelassen", die als vermögenslose Einheit oft einen Konkursantrag stellt. Es ist nicht erforderlich, dass der

Internationales Insolvenzrecht – Polen

Schuldner von der Zahlungsunfähigkeit oder dem Konkurs bedroht war. Die Straftat ist ein Erfolgsdelikt, dh zur Erfüllung seiner Tatbestandmerkmale muss der Erfolg in Form der Vereitelung oder Minderung der Befriedigung der Gläubiger des Schuldners eintreten. Die Straftat kann nur vorsätzlich begangen werden.

Es sei darauf hingewiesen, dass diese Vorschrift nur einen sehr engen Anwendungsbereich hat. **1180** Die Übertragung von Vermögensbestandteilen auf eine vor der Übertragung bestehende und somit nicht neu geschaffene Wirtschaftseinheit, auch wenn sie keine wirtschaftliche Tätigkeit ausgeübt hat, erfüllt nicht die Tatbestandmerkmale des Art. 301 § 1 PStG. Die Tatbestandsmerkmale sind auch bei der Durchführung jeglicher Formen der Umwandlung, Verschmelzung oder Spaltung der etwaigen schuldnerischen Gesellschaft nicht erfüllt (SA Łódź 15.12.2011 – II AKa 133/11, KZS 2012/9, Pos. 61). In solchen Fällen können nur andere Vorschriften zum Schutz der Vereitelung und Einschränkung der Befriedigung der Gläubiger zur Anwendung kommen.

Der Täter der betreffenden Straftat kann nur der Schuldner sein, dh ein Rechtssubjekt, das zur **1181** Erbringung einer Geldleistung gegenüber Gläubigern verpflichtet ist. Wie der Schuldner haftet auch die Person, die aufgrund einer Rechtsvorschrift, der Entscheidung eines zuständigen Organs oder eines Vertrages dazu verpflichtet ist, sich mit Vermögensangelegenheiten oder der wirtschaftlichen Tätigkeit einer natürlichen oder juristischen Person oder einer Organisationseinheit ohne Rechtspersönlichkeit zu befassen (mehr zu „sich mit Vermögensangelegenheiten oder der wirtschaftlichen Tätigkeit befassen" → Rn. 1156).

Gegenüber einem Täter, der den gesamten Schaden freiwillig wiedergutmacht, kann das Straf- **1182** gericht eine außerordentliche Strafmilderung gewähren oder sogar von der Strafverhängung absehen. Gegenüber einem Täter, der einen wesentlichen Teil des Schadens freiwillig wiedergutmacht, kann das Strafgericht eine außerordentliche Strafmilderung gewähren. Die Strafverfolgung erfolgt von Amts wegen.

f) Die Herbeiführung des Konkurses oder der Zahlungsunfähigkeit (Art. 301 §§ 2, 3 1183 PStG). Es wird bestraft, wer als Schuldner mehrerer Gläubiger seinen eigenen Konkurs oder seine eigene Zahlungsunfähigkeit herbeiführt. Bestraft wird sowohl die vorsätzliche als auch fahrlässige Herbeiführung der Zahlungsunfähigkeit oder des Konkurses. Der Täter handelt fahrlässig, wenn er ohne Absicht der Tatbegehung diese Tat trotzdem begeht, weil er die erforderliche Sorgfalt, zu der er nach den Umständen verpflichtet gewesen war, außer Acht lässt, obwohl er die Möglichkeit der Tatbegehung vorausgesehen hat oder hätte voraussehen können.

Eine fahrlässige Herbeiführung der Zahlungsunfähigkeit oder des Konkurses kann insbesondere **1184** in der Verschwendung von Vermögensbestandteilen, durch Verschuldung oder dem Abschluss von Geschäften bestehen, die offensichtlich den Grundsätzen der ordentlichen Wirtschaftsführung widersprechen. Die Straftat ist ein Erfolgsdelikt, mithin muss der Erfolg in Form der Zahlungsunfähigkeit oder des Konkurses eintreten. Die Begriffe der Zahlungsunfähigkeit und des Konkurses sind im PStG nicht definiert. Sie sind im weiten Sinne zu verstehen, wobei hilfsweise auf Art. 11 KonkR (→ Rn. 346) zu verweisen ist. Hervorzuheben ist, dass wegen Art. 301 §§ 2, 3 PStG nur der Schuldner bestraft wird, der am Zeitpunkt seiner Handlung mehrere Gläubiger hat.

Der Täter kann nur der Schuldner sein, dh ein Rechtssubjekt, das zur Erbringung einer Geld- **1185** leistung gegenüber Gläubigern verpflichtet ist. Wie der Schuldner haftet auch die Person, die aufgrund einer Rechtsvorschrift, der Entscheidung eines zuständigen Organs oder eines Vertrages dazu verpflichtet ist, sich mit Vermögensangelegenheiten oder der wirtschaftlichen Tätigkeit einer natürlichen oder juristischen Person oder einer Organisationseinheit ohne Rechtspersönlichkeit zu befassen (mehr zu „sich mit Vermögensangelegenheiten oder der wirtschaftlichen Tätigkeit befassen" → Rn. 1156).

Die Straftatbegehung, die darin besteht, dass ein Schuldner vorsätzlich die eigene Zahlungsunfä- **1186** higkeit oder den eigenen Konkurs herbeiführt (Art. 301 § 2 PStG), wird mit einer Freiheitsstrafe von drei Monaten bis fünf Jahren bestraft. Die Straftatbegehung, die darin besteht, dass ein Schuldner fahrlässig die eigene Zahlungsunfähigkeit oder den eigenen Konkurs herbeiführt (Art. 301 § 3 PStG), wird mit einer Geldstrafe, einer Freiheitsbeschränkung oder einer Freiheitsstrafe von bis zu zwei Jahren bestraft.

Gegenüber einem Täter, der den gesamten Schaden freiwillig wiedergutmacht, kann das Straf- **1187** gericht eine außerordentliche Strafmilderung gewähren oder sogar von der Strafverhängung absehen. Gegenüber einem Täter, der einen wesentlichen Teil des Schadens freiwillig wiedergutmacht, kann das Strafgericht eine außerordentliche Strafmilderung gewähren. Die Strafverfolgung erfolgt von Amts wegen.

g) Freiwillige Gläubigerbegünstigung (Art. 302 § 1 PStG). Wer, im Falle ihm drohender **1188** Zahlungsunfähigkeit oder ihm drohenden Konkurses nicht alle Gläubiger befriedigen kann und nur einige abzahlt oder absichert und dabei zum Schaden der übrigen handelt, wir mit einer

Internationales Insolvenzrecht – Polen

Geldstrafe, Freiheitsbeschränkungsstrafe oder Freiheitsstrafe bis zu zwei Jahren bestraft. Im gewöhnlichen Zustand der Geschäftstätigkeit kann der Schuldner frei wählen, welche Gläubiger von ihm zuerst befriedigt werden. Wenn der Schuldner jedoch nicht mehr in der Lage ist, alle seine Verpflichtungen zu erfüllen, sollte er einen Konkursantrag stellen, denn in solchem Falle ist es nur im Konkursverfahren möglich, Gläubiger im gleichen Rang auch gleich zu befriedigen. Die Straftat ist ein Erfolgsdelikt, sie muss daher zum Schaden der anderen Gläubiger führen.

1189   Der Täter kann nur der Schuldner sein, dh ein Rechtssubjekt, das zur Erbringung einer Geldleistung verpflichtet ist. Wie der Schuldner haftet auch die Person, die aufgrund einer Rechtsvorschrift, der Entscheidung eines zuständigen Organs oder eines Vertrages dazu verpflichtet ist, sich mit Vermögensangelegenheiten oder der wirtschaftlichen Tätigkeit einer natürlichen oder juristischen Person oder einer Organisationseinheit ohne Rechtspersönlichkeit zu befassen (mehr zu „sich mit Vermögensangelegenheiten oder der wirtschaftlichen Tätigkeit befassen" → Rn. 1156).

1190   Gegenüber einem Täter, der den gesamten Schaden freiwillig wiedergutmacht, kann das Strafgericht eine außerordentliche Strafmilderung gewähren oder sogar von der Strafverhängung absehen. Gegenüber einem Täter, der einen wesentlichen Teil des Schadens freiwillig wiedergutmacht, kann das Strafgericht eine außerordentliche Strafmilderung gewähren. Die Strafverfolgung erfolgt von Amts wegen.

1191   **h) Straftaten im Zusammenhang mit der Buchführungspflichten.** Das Gesetz über die Rechnungslegung v. 29.9.1994 (Gesetz v. 29.9.1994 mit Änd./Dz.U. 2018 Pos. 395 mit Änd.) bestraft eine Reihe von Verhaltensweisen von Wirtschaftssubjekten, die gegen gesetzliche Pflichten verstoßen und in dem sog. Vorfeld der Zahlungsunfähigkeit von Bedeutung sein können. Die gesetzliche Haftung wird als strafrechtliche Haftung qualifiziert.

1192   Das Gesetz bestraft insbesondere die Nichtführung von Buchhaltungsbüchern, deren Führung gegen gesetzliche Bestimmungen oder die Angabe unzuverlässiger Daten in diesen Büchern sowie die Nichterstellung von Jahresabschlüssen, Konzernabschlüssen und Tätigkeitsberichten oder deren Erstellung im Widerspruch zu den gesetzlichen Bestimmungen oder die Aufnahme unzuverlässiger Daten in diesen Berichten. Der Täter wird mit einer Geldstrafe oder Freiheitsstrafe bis zu zwei Jahre oder gleichzeitig mit beiden Strafen als Gesamtstrafe bedroht. Die genannten Straftaten können mit der Straftat gem. Art. 303 PStG in Tateinheit stehen (→ Rn. 1162 ff.).

1193   Das Gesetz bestraft unter anderem auch die Unterlassung der Prüfung des Jahresabschlusses durch den Wirtschaftsprüfer und die Unterlassung seiner Veröffentlichung und Vorlage beim Registergericht. Der Täter wird mit einer Geldstrafe oder der Freiheitsbeschränkungsstrafe bestraft. Die Strafverfolgung erfolgt von Amts wegen.

2. Straftaten, die im unmittelbaren Zusammenhang mit dem Konkurs- oder Restrukturierungsverfahren stehen

1194   **a) Bestechung im Konkurs- und Restrukturierungsverfahren (Art. 302 §§ 2, 3 PStG).** Wer einem Gläubiger, für ein Handeln zum Schaden der anderen Gläubiger in Verbindung mit einem Konkurs- oder Restrukturierungsverfahren, einen Vermögensvorteil gewährt oder zu gewähren verspricht, wird mit einer Freiheitsstrafe bis zu drei Jahren bestraft. Die Straftat kann von jeder Person, nicht nur dem Schuldner, begangen werden. Diese kann insbesondere darin bestehen, dem Gläubiger einen materiellen Vorteil als Gegenleistung für die Abstimmung über den Vergleich im Restrukturierungs- oder Konkursverfahren oder für die Abstimmung über einen anderen Beschluss zugunsten des Schuldners oder eines Dritten in der Gläubigerversammlung oder im Gläubigerausschuss zu gewähren. Die Straftat kann nur absichtlich oder mit direktem Vorsatz begangen werden. Die Straftat ist kein Erfolgsdelikt.

1195   Der Täter ist mit einer Freiheitsstrafe von bis zu drei Jahren bestraft. Gegenüber einem Täter, der den gesamten Schaden freiwillig wiedergutmacht, kann das Strafgericht eine außerordentliche Strafmilderung gewähren oder sogar von der Strafverhängung absehen. Gegenüber einem Täter, der einen wesentlichen Teil des Schadens freiwillig wiedergutmacht, kann das Strafgericht eine außerordentliche Strafmilderung gewähren. Die Strafverfolgung erfolgt von Amts wegen.

1196   **b) Falschaussagen im Konkursverfahren (Art. 522 KonkR).** Das KonkR sieht eine strafrechtliche Haftung derjenigen Person vor, die als Schuldner oder eine zur Vertretung des Schuldners berechtigte Person, der eine juristische Person oder eine Handelsgesellschaft ohne Rechtspersönlichkeit ist, in einem Konkursantrag falsche Angaben macht oder im Verfahren zur Konkurserklärung dem Konkursgericht falsche Angaben über den Zustand des Vermögens des

Internationales Insolvenzrecht – Polen

Schuldners abgibt. Der Täter wird mit einer Freiheitsstrafe von drei Monaten bis fünf Jahren bestraft. Die Strafverfolgung erfolgt von Amts wegen.

c) Falschaussagen im Restrukturierungsverfahren (Art. 399 RestR). Das RestR sieht eine strafrechtliche Haftung derjenigen Person vor, die als Schuldner oder eine zur Vertretung des Schuldners berechtigte Person dem Sachwalter, dem Verwalter oder dem Restrukturierungsrichter falsche Angaben im Restrukturierungsverfahren macht oder Angaben von wesentlichen Bedeutung für die Durchführung eines Restrukturierungsverfahrens verheimlicht, oder eigene Daten oder Dokumente nicht zur Verfügung stellt, die die Erfüllung der in Art. 56 Abs. 1, 5 und 7 sowie in Art. 70 des Gesetzes v. 29.7.2005 über das öffentliche Angebot und die Bedingungen für die Einführung von Finanzinstrumenten in einem organisierten Handelssystem und in börsennotierten Gesellschaften (Gesetz v. 29.7.2005/Dz.U. 2005 Nr. 184 Pos. 1539) genannten Pflicht ermöglichen. Die Strafe gilt für alle Restrukturierungsverfahren in jeder Verfahrensphase. Das Gesetz sieht keine Möglichkeit für den Schuldner oder eine andere Person vor, sich der Erteilung von Auskünften zu entziehen, wenn sie dadurch der strafrechtlichen Haftung ausgesetzt werden könnten (Krawczyk Prokuratura i Prawo Februar 2017). Der Täter wird mit einer Freiheitsstrafe von bis zu drei Jahren bestraft. Die Strafverfolgung erfolgt von Amts wegen. **1197**

d) Nichtherausgabe von Vermögenswerten und Nichterteilung von Auskünften an den Konkursverwalter (Art. 523 KonkR). Das KonkR sieht eine strafrechtliche Haftung derjenigen Person vor, die als Schuldner oder eine zur Vertretung eines Schuldners berechtigte Person, der eine juristische Person oder eine Handelsgesellschaft ohne Rechtspersönlichkeit ist, dem Konkursverwalter nicht das gesamte in die Konkursmasse fallende Vermögen, Geschäftsbücher oder sonstige Dokumente betreffend ihres Vermögens aushändigt bzw. herausgibt und dem Konkursverwalter oder dem Konkursrichter keine Auskünfte über das schuldnerische Vermögen erteilt oder, im Falle von börsennotierten Gesellschaften, dem Konkursverwalter die Daten oder Dokumente, die die Erfüllung der in Art. 56 Abs. 1 und 7 und Art. 70 des Gesetzes v. 29.7.2005 über das öffentliche Angebot, die Bedingungen für die Einführung von Finanzinstrumenten in einem organisierten Handelssystem und in börsennotierten Gesellschaften, genannten Pflicht ermöglichen, nicht zur Verfügung stellt. Der Täter wird mit einer Freiheitsstrafe von drei Monaten bis fünf Jahren bestraft. Die Strafverfolgung erfolgt von Amts wegen. **1198**

e) Nichtherausgabe von Dokumenten an den Verwalter (Art. 400 RestR). Das RestR sieht eine strafrechtliche Haftung derjenigen Person vor, die als Schuldner oder eine zur Vertretung eines Schuldners berechtigte Person, dem Verwalter seine Geschäftsbücher oder andere Dokumente betreffend ihres Vermögens nicht herausgibt. Die Strafe kann sowohl im Sanierungsverfahren als auch im beschleunigten Vergleichs- und Vergleichsverfahren begangen werden, wenn dem Schuldner das Recht, sein Vermögen zu verwalten und über es zu verfügen, entzogen und ein Verwalter bestellt wurde (→ Rn. 964). Der Täter wird mit einer Freiheitsstrafe von drei Monaten bis fünf Jahren bestraft. Die Strafverfolgung erfolgt von Amts wegen. **1199**

3. Verletzung der Konkursantragspflichten

Die nicht rechtzeitige Stellung des Konkursantrags ist nach polnischem Recht in sehr beschränktem Umfang strafbar. Die Strafe bezieht sich nur auf den Fall, wenn die Verpflichtung zur Antragstellung in Bezug auf eine Handelsgesellschaft entsteht. Dementsprechend können nur Geschäftsführer und Liquidatoren bestraft werden (Art. 586 PPHGGB). Demnach sind alle Handelsgesellschaften, in denen keine Geschäftsführung bestellt ist, dh alle Personenhandelsgesellschaften mit der Ausnahme von der Partnergesellschaft (poln. spółka partnerska), sofern in dieser eine Geschäftsführung bestellt wurde, von der strafrechtlichen Verfolgung ausgenommen, es sei denn, sie befinden sich in Liquidation. Die zur Stellung des Konkursantrags bei diesen Gesellschaften verpflichteten Personen können jedoch zur zivilrechtlichen Haftung herangezogen werden (→ Rn. 712 ff.). Gegenüber diesen kann auch eine Gewerbeuntersagung (→ Rn. 1214 ff.) verhängt werden. **1200**

Die Konkursverschleppung ist ein Dauerdelikt. Ab dem Zeitpunkt des Vorliegens der Voraussetzungen, die den Konkurs der Gesellschaft nach den gesetzlichen Bestimmungen begründen, hat der Geschäftsführer bzw. Liquidator 30 Tage Zeit, den Konkursantrag zu stellen. Der Zeitpunkt der Begehung des Straftatbestands der Konkursverschleppung beginnt am ersten Tag nach dem dreißigtägigen Zeitraum ab dem Zeitpunkt des Vorliegens der Voraussetzungen, die den Konkurs der Gesellschaft begründen, und endet mit dem Zeitpunkt, in dem der Schuldner den Konkursantrag stellt, dem Wegfall der Konkursgründe oder der Verpflichtete seine Befugnisse zur Antragstellung verliert (SA Wrocław 16.6.2016 – II AKa 141/16). Die Verpflichtung des Schuldners zur Stellung des Konkursantrags wird nur dann erfüllt, wenn der Konkursantrag rechtzeitig und ord- **1201**

Internationales Insolvenzrecht – Polen

nungsgemäß beim Konkursgericht gestellt wird. Wird der Antrag zurückgewiesen, ist anzunehmen, dass der Schuldner seiner Verpflichtung zur Stellung des Konkursantrags nicht nachgekommen ist. Dies ermöglicht es, ihn zur strafrechtlichen Haftung heranzuziehen (Rodzynkiewicz, Kodeks spółek handlowych, 7. Aufl. 2018, Art. 586 Rn. 3).

1202 Die Straftat ist ein Tätigkeitsdelikt. Tatbestandsmerkmale der Straftat sind weder der Vermögensschaden als Folge des Verhaltens des Täters noch die tatsächliche und konkrete Gefahr eines solchen Schadens als Folge des Verhaltens des Täters (SA Szczecin 7.11.2016 – II AKa 94/16).

1203 Der Tatbestand berücksichtigt nicht, wer die Handelsgesellschaft in den Zustand gebracht hat oder darauf abgezielt hat, dass die Stellung eines Konkursantrags verpflichtend ist. Haftet für die Konkurserklärung der Gesellschaft eine zur Stellung des Konkursantrags verpflichtete Person, kann die Konkursverschleppung mit der Straftat gem. Art. 301 § 2 oder § 3 PStG in Tatmehrheit stehen (→ Rn. 1081 ff.). Die Straftat kann nur mit Vorsatz oder bedingtem Vorsatz begangen werden (SA Wrocław 9.12.2014 – II AKa 353/14). Der Täter wird mit einer Geldstrafe, Freiheitseinschränkungsstrafe oder Freiheitsstrafe von bis zu einem Jahr bestraft. Die Strafverfolgung erfolgt von Amts wegen.

II. Steuerstrafrechtliche Haftung

1. Nichtzahlung der erhobenen Steuer (Art. 77 PSStG)

1204 Im Falle einer drohenden Zahlungsunfähigkeit stellen Wirtschaftssubjekte oft die Zahlung von Steuern und anderen öffentlich-rechtlichen Beiträgen ein. In der Praxis kommt es besonders häufig vor, dass Arbeitgeber der Lohnsteuer der Löhne und Gehälter ihrer Arbeitnehmer ausweisen (sog. Arbeitnehmerteil der Steuer), aber diese nicht an das Finanzamt abführen. Auch trifft man häufig an, dass den Arbeitnehmern dennoch weiter die Gehälter ausgezahlt werden, da die Zahlung an diese für die Fortführung des Unternehmens des Arbeitgebers entscheidend ist und die Steuer zu einem späteren Zeitpunkt gezahlt werden können. Die unterlassene Steuerabführung durch den Steuerzahler oder Einzugsbevollmächtigten wird durch die Bestimmungen des Gesetzes v. 10.9.1999 des polnischen Finanzstrafgesetzbuchs (Gesetz v. 10.9.1999 mit Änd./Dz.U.2018.1958) bestraft, welche Ordnungswidrigkeiten und Straftaten zum Nachteil des weit verstandenen Interesses des Staates regelt.

1205 Diese Straftat kann von einer Person, die nicht der Steuerzahler oder Einzugsbevollmächtigte ist, nur dann begangen werden, wenn diese Person im Namen des Steuerzahlers bzw. Einzugsbevollmächtigten handelt. Es handelt sich also um eine Person, die sich mit den wirtschaftlichen Angelegenheiten, einschließlich den finanziellen Angelegenheiten, des Steuerzahlers oder Einzugsbevollmächtigten auf Grundlage einer gesetzlichen Vorschrift, eines Beschlusses einer Behörde, eines Vertrages oder einer faktischen Ausführung befasst (Kardas/Łabuda/Razowski, Kodeks karny skarbowy, 3. Aufl. 2017, Art. 77 Rn. 7). Die Straftat kann mit direktem oder bedingtem Vorsatz begangen werden.

1206 Ein Steuerzahler oder Einzugsbevollmächtigter, der die erhobene Steuer nicht rechtzeitig an die zuständige Behörde abführt, wird mit einer Geldstrafe oder einer Freiheitsstrafe von bis zu drei Jahren oder mit beiden Strafen als Gesamtstrafe bestraft.

1207 Ist der Betrag der nicht abgeführten Steuer von geringem Wert, ist der Täter ausschließlich mit einer Geldstrafe zu bestrafen. Ein geringer Wert ist ein Wert, der zum Zeitpunkt der Tatbegehung das Zweihundertfache des Mindestlohnes, dh der auf Grundlage des Gesetzes über das Mindestlohn v. 10.10.2002 (Gesetz v. 10.20.2002/Dz. U. 2017 Pos. 847; Gesetz v. 6.3.2018/ Dz.U. 2018 Pos. 650) ermittelten Mindestlohnes, nicht übersteitet.

1208 Überschreitet jedoch der Betrag der nicht abgeführten Steuer nicht den gesetzlichen Schwellenwert, so ist der Täter nur wegen einer Steuerordnungswidrigkeit mit einer Geldstrafe zu bestrafen. Die gesetzliche Schwelle ist das Fünffache des Mindestlohns.

1209 Wird vor Einleitung des Steuerstrafverfahrens die erhobene Steuer an die zuständige Behörde vollständig abgeführt, kann das Strafgericht eine außerordentliche Strafmilderung gewähren oder sogar von der Strafverhängung absehen. Wird vor Einleitung des Steuerordnungswidrigkeitsverfahrens die erhobene Steuer an die zuständige Behörde vollständig abgeführt, kann das Strafgericht von der Strafverhängung absehen.

Die Strafverfolgung erfolgt von Amts wegen.

2. Fortwährende nicht rechtzeitige Steuerzahlung (Art. 57 PSStG)

1210 Ein Steuerzahler, der fortwährend nicht rechtzeitig seine Steuern zahlt, trägt die steuerstrafrechtliche Haftung. Auf dieser Grundlage ist es insbesondere strafbar, wenn die Mehrwertsteuer, Kör-

Internationales Insolvenzrecht – Polen

perschaftsteuer und Lohnsteuer in Höhe des Arbeitgeberteils nicht rechtzeitig gezahlt wird. Das Tatbestandsmerkmal der „Fortwährung" bedeutet, dass der Steuerschuldner grundsätzlich die Steuer wiederholt nicht zahlt und betrifft grundsätzlich nicht nur eine einmalige Nichtzahlung (Kardas/Łabuda/Razowski, Kodeks karny skarbowy, 3. Aufl. 2017, Art. 57 Rn. 6). Eine einmalige, aber langfristige Nichtzahlung einer Steuer, die nach dem Fälligkeitsdatum, dh während des Steuerrückstands, erfolgt, kann jedoch auch strafbar sein, wenn das Verhalten des Steuerzahlers darauf hinweist, dass die fortwährende Nichtzahlung der Steuer, dh die Verschiebung der Steuerzahlung um einen längeren Zeitabschnitt, vom Steuerzahler zum Zeitpunkt des Ablaufs der Steuerzahlungsfrist beabsichtigt war (SN 28.11.2013 – I KZP 11/13).

Bei der Steuerordnungswidrigkeit handelt sich um ein Sonderdelikt. Die Tatbegehung kann durch eine Person, die kein Steuerzahler ist, nur dann begangen werden, wenn diese im Namen des Steuerzahlers handelt. Es handelt sich also um eine Person, die sich mit den wirtschaftlichen Angelegenheiten, einschließlich den finanziellen Angelegenheiten, des Steuerzahlers oder Einzugsbevollmächtigten auf Grundlage einer gesetzlichen Vorschrift, eines Beschlusses einer Behörde, eines Vertrages oder einer faktischen Ausführung befasst (Kardas/Łabuda/Razowski, Kodeks karny skarbowy, 3. Aufl. 2017, KKS Art. 57 Rn. 7). Die Straftat kann mit direktem oder bedingtem Vorsatz begangen werden. 1211

Der Täter begeht eine Steuerordnungswidrigkeit und wird mit einer Geldstrafe bestraft. Wird eine abzuführende Steuer an die zuständige Behörde vor der Einleitung des Verfahrens vollständig gezahlt, kann das Strafgericht von der Strafverhängung absehen. 1212
Die Strafverfolgung erfolgt von Amts wegen.

III. Sozialversicherungsbetrug

Die Nichteinhaltung der Verpflichtung zur Zahlung von Sozialversicherungsbeiträgen innerhalb der in den entsprechenden Vorschriften vorgesehenen Frist ist eine Ordnungswidrigkeit, die nach Art. 98 des Gesetzes v. 13.10.1998 über das Sozialversicherungssystem bestraft wird (Gesetz v. 13.10.1998/Dz.U.2017 Pos.1778 mit Änd.). Der Schutzgegenstand dieser Vorschrift ist die korrekte und rechtzeitige Zahlung der Sozialversicherungsbeiträge, die ordnungsgemäße Erfüllung der Sozialleistungen und die Ordnung in den versicherungsbezogenen Unterlagen zu gewährleisten (Kotowski/Kurzępa, Komentarz do niektórych przepisów ustawy o systemie ubezpieczeń społecznych in Wykroczenia pozakodeksowe, 2. Aufl. 2014, Art. 98 Rn. 1). Die Ordnungswidrigkeit besteht auch darin, dass die erforderlichen Daten nicht gemeldet oder falsche Daten im Zusammenhang mit den betreffenden Sachverhalten gemeldet werden, sodass die Durchführung von Kontrollen durch die poln. Sozialversicherungsanstalt (poln. Zakład Ubezpieczeń Społecznych) verhindert oder erschwert wird, die Verpflichtung zur Auszahlung von Sozialversicherungsleistungen und aus der Staatskasse finanzierten Sozialleistungen oder deren übermäßiger Auszahlung nicht nachgekommen wird oder Unterlagen über die Berechnung der Beiträge und die Auszahlung von Sozialleistungen nicht ordnungsgemäß geführt werden. Die Strafen werden gegenüber dem Beitragszahlungsverpflichteten oder gegen die Person verhängt, die verpflichtet ist, im Namen des Beitragszahlungsverpflichteten zu handeln. Der Täter wird mit einer Geldstrafe von bis zu 5.000 PLN bestraft. Die Strafverfolgung erfolgt von Amts wegen. 1213

IV. Gewerbeuntersagung

1. Strafbares Verhalten

Ein gegen die Vorschriften des KonkR und anderer damit zusammenhängender Rechtsnormen verstoßendes Verhalten kann zu einer besonderen Sanktion in Form des Verbotes der Ausübung der Gewerbetätigkeit und bestimmter Funktionen im Wirtschaftsverkehr führen, welches allgemein als Gewerbeuntersagung bezeichnet wird. Diese darf nur gegenüber natürlichen Personen verhängt werden. Die Gewerbeuntersagung kann in den nachstehenden Fällen angeordnet werden: 1214
- Gegen eine Person, die kraft Gesetzes zwar dazu verpflichtet ist, jedoch den Konkursantrag eigenverschuldet nicht gestellt hat. In diesem Fall kann das Gericht den Antrag auf eine Gewerbeuntersagung abweisen, wenn ein Antrag auf ein beschleunigtes Vergleichsverfahren, Vergleichs- oder Sanierungsverfahren gestellt wurde und das Ausmaß der Gläubigerbenachteiligung unerheblich ist.
- Gegen eine Person, die faktisch das Unternehmen des Schuldners verwaltet hat (eng. shadow director) und eigenverschuldet erheblich dazu beigetragen hat, dass der Konkursantrag nicht gestellt wurde.

Internationales Insolvenzrecht – Polen

- Gegen eine Person, die kraft Gesetzes zwar verpflichtet war, das Vermögen, die Geschäftsbücher, die Korrespondenz oder andere Dokumente des Schuldners, einschließlich der Daten in elektronischer Form, herauszugeben oder anzugeben, jedoch dieser Pflicht eigenverschuldet nicht nachgekommen ist.
- Gegen den Schuldner, oder eine zu seiner Vertretung verpflichtete Person, die das Verstecken, Vernichten oder Belasten von Vermögensbestandteilen der Konkursmasse nach der Konkurserklärung zu verschulden hat.
- Gegen den Schuldner, oder eine zu seiner Vertretung verpflichtete Person, die die Nichterfüllung im Laufe des Konkursverfahrens sonstiger Verpflichtungen, die ihm aufgrund einer Rechtsvorschrift oder eines Beschlusses des Konkursgerichts oder des Konkursrichters obliegen, oder eine anderweitige Verhinderung des Verfahrens zu verschulden hat.
- Gegen eine natürliche Person, über deren Vermögen bereits der Konkurs erklärt wurde und ihre Schulden erlassen wurden.
- Gegen eine natürliche Person, über deren Vermögen der Konkurs innerhalb der vorangegangenen fünf Jahren bereits erklärt wurde.
- Gegen eine natürliche Person, die durch ihre vorsätzliche oder grob fahrlässige Handlung zahlungsunfähig geworden ist.
- Gegen eine zur Vertretung eines Unternehmers, der eine juristische Person oder eine Handelsgesellschaft ohne Rechtspersönlichkeit ist, oder zur faktischen Verwaltung seines Unternehmens berechtigten Person, wenn durch ihre vorsätzlichen oder grob fahrlässigen Handlungen der Unternehmer zahlungsunfähig geworden ist oder seine finanzielle Lage sich verschlechtert hat.

2. Umfang der Gewerbeuntersagung

1215   Die sog. Gewerbeuntersagung gilt für die Ausführung der Gewerbetätigkeiten auf eigene Rechnung oder im Rahmen einer polnischen Gesellschaft bürgerlichen Rechts (poln. Spółka cywilna) sowie die Ausführung der Tätigkeiten als Nachlassverwalter, Aufsichtsratsmitglied, Mitglied des Prüfungsausschusses, Vertreter oder Bevollmächtigter einer natürlichen Person, die die Gewerbetätigkeit ausführt, einer Handelsgesellschaft, eines staatlichen Unternehmens, einer Genossenschaft, einer Stiftung oder eines Vereins. Es ist zu beachten, dass ein Verstoß gegen die ausgesprochene Gewerbeuntersagung eine Straftat ist und die Ausführung der Gewerbetätigkeiten ohne Eintragung im Register (CEIDG, KRS) eine Ordnungswidrigkeit darstellt (Witosz PrUpad Art. 376 Rn. 10). Das Konkursgericht kann die Gewerbeuntersagung für einen Zeitraum von einem Jahr bis zu zehn Jahren verhängen. Bei der Entscheidung über die Gewerbeuntersagung werden der Grad des Verschuldens und die Auswirkungen der vorgenommenen oder unterlassenen Handlungen berücksichtigt, insbesondere die Reduzierung des Unternehmenswerts des Schuldners und der Umfang der Gläubigerbenachteiligung.

3. Verfahrensrechtliche Fragen

1216   Die Gewerbeuntersagung wird vom Konkursgericht verhängt. Das Verfahren wird ausschließlich auf Antrag eines Gläubigers, vorläufigen Gerichtssachwalters, Zwangsverwalters, Konkursverwalters, Staatsanwaltes, des polnischen Präsidenten des Amtes für Wettbewerbs- und Verbraucherschutz (poln. Prezes Urzędu Ochrony Konkurencji i Konsumentów) sowie der polnischen Finanzaufsichtsbehörde (poln. Komisja Nadzoru Finansowego) eingeleitet. Das Erlöschen der Funktion des vorläufigen Gerichtssachwalters, Zwangsverwalters oder Konkursverwalters im Laufe des Verfahrens und die Befriedigung der Forderung des antragstellenden Gläubigers berühren nicht den weiteren Verlauf des Verfahrens. Die Einleitung des Verfahrens durch das Konkursgericht von Amts wegen ist unzulässig.

1217   Das Gericht erlässt nach der mündlichen Verhandlung einen Beschluss unter Anwendung der Vorschriften über ein nichtstreitiges Verfahren. Verfahrensbeteiligte sind der Antragsteller und die Person, gegenüber welcher die Gewerbeuntersagung verhängt werden soll. Die mündliche Verhandlung ist vom Gericht obligatorisch durchzuführen (Witosz PrUpad Art. 376 Rn. 4). Gegen den Beschluss zur Gewerbeuntersagung können die Verfahrensbeteiligten Berufung einlegen, gegen den Beschluss des Gerichts zweiter Instanz kann die Kassationsklage eingelegt werden. Der Beschluss über die Gewerbeuntersagung wird bekannt gegeben und die Abschrift des rechtskräftigen Beschlusses wird vom Gericht an das KRS übersendet. Es wird keine Gewerbeuntersagung verhängt, wenn das Verfahren nicht innerhalb eines Jahres ab dem Tag der Einstellung oder Aufhebung des Konkursverfahrens oder Abweisung des Konkursantrags mangels Masse zur Deckung der Verfahrenskosten eingeleitet wurde. Ist der Konkursantrag nicht gestellt worden, so wird keine Gewerbeuntersagung verhängt, wenn das diesbezügliche Verfahren nicht innerhalb von drei Jahren ab dem Tag, an dem die zu bestrafte Person nicht mehr zahlungsunfähig war oder die Verpflichtung zur Stellung des Konkursantrags durch diese Person erloschen ist, eingeleitet wurde.

4. Sonstige Grundlagen der Gewerbeuntersagung

Das Verbot der Ausführung der Gewerbetätigkeit und der Ausübung bestimmter Funktionen im Wirtschaftsverkehr ist nicht mit dem im PStG vorgesehenen Strafmaßnahmen zu verwechseln. Hat der Täter seine Stellung oder den ausgeübten Beruf bei der Begehung einer Straftat missbraucht oder damit bewiesen, dass die Fortsetzung der Ausübung seiner Stellung oder des Berufes eine Gefahr für wesentliche, gesetzlich geschützte Interessen darstellt, kann ein Strafgericht ein Verbot der Ausübung einer bestimmten Stellung oder eines bestimmten Berufs verhängen. Zum anderen kann das Strafgericht im Falle einer Verurteilung wegen einer im Zusammenhang mit der Ausübung einer solchen Tätigkeit begangenen Straftat ein Verbot der Ausübung bestimmter Wirtschaftstätigkeiten verhängen, wenn ihre weitere Ausübung wesentliche gesetzlich geschützte Interessen gefährdet. 1218

Zu berücksichtigen sind auch die Vorschriften des Art. 18 §§ 2–4 PHGGB, wonach eine Person, die wegen der in dieser Vorschrift genannten Straftaten, insbesondere der Straftaten gem. Art. 286 PStG (Betrug, → Rn. 1064 ff.), Art. 296 PStG (Handlung zum Nachteil der Gesellschaft, → Rn. 1053 ff.), Art. 300–303 PStG (Straftaten zum Nachteil der Gläubiger, → Rn. 1170 ff.), rechtskräftig verurteilt wurde, weder Geschäftsführer bzw. Mitglied des Vorstands, Mitglied des Aufsichtsrats oder der Revisionskommiss noch Liquidator oder Prokurist einer Kapitalgesellschaft sein kann. Wesentlich ist, dass diese Sanktion nicht die Verurteilung wegen der Konkursverschleppung gem. Art. 586 PHGGB betrifft (→ Rn. 1175). 1219

Die Sanktion gilt auch für Mitglieder des Vorstands einer polnischen Partnergesellschaft (poln. spółka partnerska) und des Aufsichtsrates einer polnischen Kommanditgesellschaft auf Aktien (poln. spółka komandytowo-akcyjna). Mit dem Tag der Rechtskraft des Urteils des Strafgerichts verliert der Täter sein Mandat und kann zu keiner der vorgenannten Funktionen bestellt werden. Das Verbot verliert grundsätzlich mit Ablauf von fünf Jahren seit dem Tag der rechtskräftigen Verurteilung seine Wirkung, es sei denn, die Strafe wird früher verbüßt. Binnen drei Monaten seit dem Tag der rechtskräftigen Verurteilung wegen der in Art. 18 § 2 genannten Fälle kann der Verurteilte einen Antrag auf Befreiung vom Verbot der Ausübung einer Funktion in einer Handelsgesellschaft oder auf Verkürzung der Geltungszeit des Verbots bei dem Gericht stellen, welches das Urteil verkündet hat. Das gilt nicht für vorsätzlich begangenen Straftaten. Das Strafgericht entscheidet über den Antrag durch Beschluss. 1220

H. Steuerforderungen

I. Steuerforderungen im Konkursverfahren

Die Steuerbehörden sind nach dem polnischen KonkR (Gesetz v. 28.2.2003 mit Änd./Dz.U.2017.0.2344) keine privilegierten Gläubiger und werden somit nicht bevorzugt vor den anderen Gläubigern des Schuldners befriedigt. Steuer- und Zollforderungen werden wie Forderungen aus Lieferungen und Leistungen der Gläubiger des Schuldners in der zweiten Rangordnung befriedigt (Art. 342 KonkR). 1221

Die Reihenfolge, in der die Steueransprüche erfüllt werden, richtet sich nach dem Prinzip der proportionalen Zuordnung der Steueransprüche. Die Konkurserklärung findet in der Regel während des Abrechnungszeitraums für bestimmte Steuern statt. Daher wird eine Forderung für den Abrechnungszeitraum, in welchem der Konkurs erklärt wurde, insbesondere in Bezug auf Steuern oder Sozialversicherungsbeiträge, von Gesetzes wegen unterteilt, zum einen in den Teil der Forderung, welche vor dem Tag der Konkurserklärung und dem Teil der Forderung, welche nach dem Tag der Konkurserklärung entstanden ist (Art. 245a KonkR). 1222

Die proportionale Zuordnung gilt nicht für die Körperschaftssteuer (poln. Podatek dochodowy od osób prawnych, eng. CIT – Corporate Income Tax), da der Tag der Konkurserklärung der erste Tag des neuen Steuerjahres für den Schuldner ist. Prinzipiell dauert ein Geschäftsjahr 12 Monate, aber in bestimmten Fällen kann es länger oder kürzer dauern. Dies gilt für die Fälle, in denen gesonderte Vorschriften verlangen, dass die Geschäftsbücher (Erstellung eines Jahresabschlusses) vor dem Ende des vom Steuerzahler beschlossenen Geschäftsjahres abgeschlossen werden müssen. Als Geschäftsjahr ist dann der Zeitraum vom ersten Tag des Monats nach dem Ende des vorangegangenen Geschäftsjahres bis zum Datum der Abschlussbuchung anzusehen. In diesem Fall zählt der Zeitraum vom Datum der Eröffnungsbuchung bis zum Ende des vom Steuerzahler 1223 beschlossenen Geschäftsjahres als das nächste Geschäftsjahr (Art. 8 Abs. 6 PKStG). In Übereinstimmung mit den Bestimmungen des polnischen Buchführungsgesetzes (poln. Ustawa o rachunkowości) werden die Bücher am Tag vor dem Tag geschlossen, an dem die Liquidation beschlossen oder der Konkurs erklärt wurde (Art. 12 Abs. 2 Pkt. 6 polnisches Rechnungslegungsgesetz). Die Eröffnungsbuchung findet jedoch an dem Tag statt, an dem eine Liquidation oder ein Konkurs beginnt (Art. 12 Abs. 1 Pkt. 5 polnisches Rechnungslegungsgesetz). Die Frage der Zuordnung der öffentlich-rechtlichen Verbindlichkeiten ist aus Sicht der Rangfolge der Forderungen von Bedeutung, da Steuerforderungen aus einer Geschäftstätigkeit im Konkursverfahren nach der Konkurserklärung zu den Kosten des Konkursverfahrens gehören, welche vorrangig befriedigt werden. Zu den Verfahrenskosten gehören Ausgaben, die in direktem Zusammenhang mit der Sicherung, Verwaltung und Verwertung der Konkursmasse stehen, insbesondere die Vergütung des Konkursverwalters und seines Stellvertreters, die Vergütung der vom Konkursverwalter beschäftigten Personen und Forderungen aus Sozialversicherungsbeiträgen zur Vergütung dieser Personen, die Vergütung und Auslagen der Mitglieder des Gläubigerausschusses, Ausgaben im Zusammenhang mit der Gläubigerversammlung, Kosten für die Archivierung von Dokumenten des Schuldners, Korrespondenzen, Bekanntmachungen, Steuern und andere öffentliche Abgaben im Zusammenhang mit der Verwertung der Konkursmasse (Art. 230 Abs. 1 KonkR).

1224 Beide Forderungen sind in getrennten Erklärungen oder anderen solchen Dokumenten anzugeben, wenn die Abrechnung öffentlich-rechtlicher Forderungen die Erstellung einer Erklärung oder eines anderen solchen Dokuments erfordert. Gleichzeitig sollten die Werte dieser geteilten Steuerforderungen durch Berechnung der Steueransprüche für den gesamten Abrechnungszeitraum ermittelt und dann im Verhältnis der Anzahl der Tage in dem Zeitraum vor der Konkurserklärung zur Anzahl der Tage ab dem Tag der Konkurserklärung bis zum Ende des Abrechnungszeitraums unterteilt werden. Beide Erklärungen sollten innerhalb der Frist für die Einreichung der Erklärung für den ursprünglichen Abrechnungszeitraum, welcher durch die Konkurserklärung aufgeteilt wurde, eingereicht werden, dh es findet hier keine Änderung statt.

1225 Es kommt vor, dass die Steuerbehörden nach der Konkurserklärung über die Anrechnung der Überzahlung auf Steuerrückstände entscheiden, die vor der Konkurserklärung entstanden sind. Ein solches Verfahren der Steuerbehörden, dh die Anrechnung zu viel gezahlter Steuern auf Steuerrückstände im Falle von Wirtschaftssubjekten, gegenüber welchen der Konkurs erklärt wurde, kann jedoch gegen die gesetzlichen Bestimmungen der Rangordnung verstoßen, in der die Gläubiger des Schuldners zu befriedigen sind. Leider haben Verwaltungsgerichte die Stellungnahme der Steuerbehörden bestätigt, bspw. das polnische Verwaltungsgericht (Wojewódzki Sąd Administracyjny – WSA) in Wrocław mit Urt. v. 24.8.2016 (I SA/Wr 534/16) oder der polnische Oberste Verwaltungsgerichtshof (Naczelny Sąd Administracyjny – NSA) mit Urt. v. 10.5.2016 (II FSK 1034/14). In letzterem Urteil hat das NSA darauf hingewiesen, dass „(...) auf der Grundlage von Art. 76 PAO (Gesetz v. 29.8.1997 mit Änd./Dz.U. 1997 Nr. 137 Pos. 926) eine Überzahlung kraft Gesetzes auf Steuerrückstände angerechnet wird und am Tag der Abgabe einer Erklärung über die betreffende Überzahlung stattfindet. Ein behördlicher Beschluss, welcher lediglich besagt, dass die Überzahlung ex lege auf Steuerrückstände angerechnet wurde, legitimiert damit die Rechte und Verbindlichkeiten des Steuerpflichtigen. Der Beschluss legt fest und bestätigt in Form eines Verwaltungsaktes im Einzelfall, dass zum gesetzlich vorgeschriebenen und in diesem Beschluss angegebenen Zeitpunkt ein bestimmter Betrag der Überzahlung den Steuerrückständen (Verbindlichkeiten) angerechnet wurde" (NSA 10.5.2016 – II FSK 1034/14).

1226 Das Gericht kann auch am Ende des Verfahrens über den Erlass der Steuerrückstände, die im Konkursverfahren nicht befriedigt wurden, vollständig oder teilweise entscheiden. Der Erlass der Steuerrückstände durch das Gericht im Konkursverfahren ist jedoch nicht mit dem Erlass eines Steuerrückstands selbst gleichzusetzen. Gleichzeitig ist die Steuerbehörde nicht verpflichtet, den Steuerrückstand zu erlassen, wenn im Rahmen des eingestellten Konkursverfahrens nicht befriedigt wurde. Der Erlass der Forderungen der Steuerbehörden durch das Gericht im Konkursverfahren bedeutet lediglich, dass die Steuerbehörde die Rückzahlung der erlassenen Forderung nicht wirksam geltend machen kann.

II. Steuerforderungen im Restrukturierungsverfahren

1227 Der Vergleich im Restrukturierungsverfahren umfasst alle persönlichen Ansprüche, die bis zum Ende des Tages vor dem Tag der Eröffnung des Restrukturierungsverfahrens entstanden sind (Art. 150 RestR; Gesetz v. 15.5.2015/ Dz.U. 2015 poz. 978). Daher werden die Ansprüche, die zum Zeitpunkt der Eröffnung des Restrukturierungsverfahrens und zum späteren Zeitpunkt entstanden sind, nicht vom Vergleich umfasst und sollten während und nach dem Verfahren

Internationales Insolvenzrecht – Polen

fortlaufend erfüllt werden. Maßgeblich für die Aufnahme in den Vergleich ist der Zeitpunkt der Entstehung der Forderung und nicht das jeweilige Fälligkeitsdatum der Forderung. Diese Regelungen gelten entsprechend auch für Steuerforderungen.

Im Restrukturierungsverfahren wie auch im Konkursverfahren gilt der Grundsatz der anteiligen Zuordnung von Steuerforderungen, die sich aus dem Abrechnungszeitraum ergeben, in dem das Restrukturierungsverfahren eröffnet wurde (Art. 77 RestR). Dementsprechend werden diese Forderungen von Gesetzes wegen in Forderungen, die vor dem Tag der Verfahrenseröffnung und Ansprüche, der nach dem Tag der Verfahrenseröffnung entstanden sind, unterteilt. Für die Unterteilung des Abrechnungszeitraums sind beide Steuerforderungen in getrennten Erklärungen oder anderen solchen Dokumenten aufzunehmen. 1228

Die Restrukturierung von Steuerforderungen wirft die Frage bezüglich staatlicher Beihilfen auf. Der polnische Gesetzgeber hat darauf hingewiesen, dass im Falle der Restrukturierung von Steuerverbindlichkeiten diese nur in Form einer Stundung oder Ratenzahlung stattfinden kann (Art. 156 Abs. 3 RestR). Daher besteht keine Möglichkeit einer Restrukturierung als staatliche Beihilfe in Form einer Reduzierung der Steuerforderungen. Infolgedessen handelt es sich um eine abschließende Liste von Restrukturierungsmöglichkeiten für Steuerforderungen. 1229

Jedoch gilt nicht jede Unterstützung einer öffentlichen Einrichtung, mithin einer Steuerbehörde, im Rahmen eines Restrukturierungsverfahrens als staatliche Beihilfe. Ob es sich bei einer Unterstützung um eine staatliche Beihilfe handelt, wird durch einen „Privaten Gläubigertest" oder „Privaten Investorentest" bestimmt, der im Restrukturierungsverfahren durch einen Gerichtsachwalter oder Verwalter durchgeführt wird. 1230

Der „Private Gläubigertest" soll feststellen, ob die für eine öffentliche Einrichtung unterbreiteten Vergleichsvorschläge von privaten Gläubigern akzeptiert werden würden. Wäre eine öffentliche Einrichtung aufgrund des Vergleichsabschlusses in der Lage gewesen, ihre Forderungen höher zu befriedigen, als wenn der Schuldner für zahlungsunfähig erklärt worden wäre, so gilt der „Private Gläubigertest" als bestanden. Eine solche Unterstützung sollte nicht als öffentliche Beihilfe behandelt werden, da sich rational handelnde private Wirtschaftssubjekte genauso verhalten würden. 1231

Der „Private Investorentest" beruht darauf, ob die Unterstützung durch den öffentlichen Kapitalgeber zu den vom öffentlichen Kapitalgeber festgelegten Bedingungen auch von rational handelnden privaten Wirtschaftssubjekten vorgenommen werden würden. In diesem Fall stellt die Unterstützung keine staatliche Beihilfe dar. 1232

Gleichzeitig ist die Restrukturierung von Forderungen in Höhe der Beihilfebeträge verboten, für die die Europäische Kommission eine Entscheidung über die Rückzahlung erlassen hat. 1233

I. Verkehrssteuer bei Masseverwertung

I. Umsatzsteuer (poln. Podatek od towarów i usług, eng. value-added tax, VAT)

Die Konkurserklärung ändert nichts am Status des Umsatzsteuerpflichtigen, insbesondere führt sie nicht dazu, dass der Schuldner kein Umsatzsteuerzahler mehr ist. Insbesondere entzieht die Tatsache, dass der Schuldner durch einen Konkursverwalter ersetzt wird, dem Schuldner nicht den Status eines Umsatzsteuerpflichtigen. 1234

In der Praxis besteht jedoch die Gefahr, dass die Unternehmen aus dem Umsatzsteuerregister gelöscht werden, gegenüber welcher das Konkursgericht einen Beschluss über die Konkurserklärung erlassen hat. Die Bestimmungen des Polnischen Umsatzsteuergesetzes (PUStG – Gesetz v. 11.3.2004 mit Änd./Dz.U. 2004 Nr. 54 Pos. 535) erlauben es den Steuerbehörden, ua Unternehmen, die eine eingeschränkte Geschäftstätigkeit ausüben, aus dem Umsatzsteuerregister zu löschen. Im Falle einer Löschung aus dem Umsatzsteuerregister kann der Konkursverwalter einen Antrag auf Wiedereintragung eines bestimmten Unternehmens in das Umsatzsteuerregister stellen. Im Rahmen des Konkursverfahrens übt der Konkursverwalter im Namen des Schuldners umsatzsteuerpflichtige Tätigkeiten aus, dh er verkauft das Vermögen des Schuldners zwecks Befriedigung der Gläubiger. Die Löschung des Schuldners aus dem Umsatzsteuerregister würde es dem Konkursverwalter wesentlich erschweren, das Vermögen des Schuldners zu verkaufen, und dem Schuldner bspw. das Recht auf eine Umsatzsteuerrückerstattung entziehen. 1235

Zu betonen ist, dass die Konkurserklärung selbst keine Rechtsfolgen nach den Bestimmungen des PUStG auslöst. 1236

1. Vermögensverkauf im Konkursverfahren

Das polnische Umsatzsteuergesetz sieht keine besonderen Lösungen im Bereich der Umsatzbesteuerung vor, die sich aus der Tatsache ergeben würden, dass Tätigkeiten im Rahmen der Verwer- 1237 tung der Konkursmasse ausgeübt werden. Es besteht kein Zweifel, dass im Zusammenhang mit der Verwertung der Konkursmasse der Verkauf der Vermögensbestandteile des Schuldners (Anlagevermögen, Ausstattung, Handelsgüter) durch den Konkursverwalter der Umsatzbesteuerung unterliegt. Dieser Verkauf wird so besteuert, als ob er direkt vom Schuldner getätigt worden wäre. Dies gilt insbesondere für den in solchen Fällen anwendbaren Umsatzsteuersatz, da die Vorschriften eben keine Befreiung von der Umsatzsteuer für Lieferungen von Gegenständen sowie der Dokumentationspflicht von Lieferungen und deren Abrechnung und Erklärungen des Schuldners im Rahmen eines Konkursverfahrens vorsehen.

1238 Der Verkauf von Unternehmen oder des organisierten Unternehmensteils unterliegt nicht der Umsatzbesteuerung, auch nicht im Rahmen des Konkursverfahrens. Auch der Verkauf eigener Forderungen des Schuldners ist nicht umsatzsteuerpflichtig.

2. Konkurserklärung und die Verpflichtung zur Korrektur der aufgrund unbezahlter Rechnungen abgezogenen Steuern sowie die steuerlichen Vergünstigungen

1239 Gemäß dem polnischen Umsatzsteuergesetz ist der Schuldner im Falle der Nichtbegleichung der Rechnung für eine Lieferung von Gegenständen oder Dienstleistungen auf dem Gebiet der Republik Polen innerhalb von 90 Tagen nach Ablauf der im Vertrag oder in der Rechnung angegebenen Zahlungsfrist verpflichtet, den aus der Rechnung resultierenden Vorsteuerabzug bei der Anmeldung für den Zeitraum zu korrigieren, in welchem der 90. Tag seit dem Tag des Ablaufs der im Vertrag oder in der Rechnung angegebenen Zahlungsfrist verstrichen ist.

1240 Diese Verpflichtung gilt jedoch nicht für Steuerpflichtige im Konkursverfahren. Das polnische Umsatzsteuergesetz regelt unmittelbar, dass keine Verpflichtung zur Korrektur des Vorsteuerabzugs besteht, wenn sich der Schuldner im Rahmen eines Restrukturierungsverfahrens, eines Konkursverfahrens oder einer Liquidation (gem. Art. 89 Abs. 1b PUStG) am letzten Tag des Monats befindet, in dem der 90. Tag nach Ablauf der Zahlungsfrist abläuft. Bereits vor der Einführung dieser Regelung in das polnische Umsatzsteuergesetz haben die Verwaltungsgerichte bestätigt, dass ein Schuldner im Konkursverfahren nicht zur Korrektur des Vorsteuerabzugs verpflichtet werden kann (bspw. NSA 1.7.2014 – I FSK 609/14; NSA 29.4.2016 – I FSK 448/15; NSA 13.7.2016 – I FSK 2039/16). Der polnische Oberste Verwaltungsgerichtshof hat in seinem Urt. v. 21.12.2016 (I FSK 646/15) darauf hingewiesen, dass „im Laufe des Konkursverfahrens die Durchführung der in Art. 89b des polnischen Umsatzsteuergesetzes genannten Korrektur einen erheblichen Eingriff in den Verlauf dieses Verfahrens darstellen würde, indem es die Rangordnung, in der die Gläubiger gem. Art. 342 KonkR befriedigt werden, ändern würde. (...) Der Konkursverwalter ist nicht berechtigt, die Korrektur gem. Art. 89b Abs. 1 des polnischen Umsatzsteuergesetzes vorzunehmen, unabhängig davon, ob die Uneinbringlichkeit einer bestimmten Forderung vor oder nach der Konkurserklärung des Schuldners glaubhaft gemacht wurde".

1241 Andererseits ist es aus Sicht des Vertragspartners, der Waren oder Dienstleistungen an einen Unternehmer geliefert hat, welcher den eigenen Verbindlichkeiten nicht nachkommt, wichtig, ob er eine steuerliche Vergünstigung in Anspruch nehmen kann. Die steuerliche Vergünstigung ermöglicht es dem Steuerpflichtigen, den Steuerbetrag und die auf die Lieferung von Waren oder Dienstleistungen auf dem Gebiet der Republik Polen geschuldete Steuer bei Forderungen, deren Uneinbringlichkeit glaubhaft gemacht wurde, zu korrigieren. Die Korrektur bezieht sich auch auf die Besteuerungsgrundlage und den Steuerbetrag, der auf den Teil des Forderungsbetrags entfällt, für welchen die Uneinbringlichkeit glaubhaft gemacht wurde. Die Uneinbringlichkeit der Forderung gilt jedoch als glaubhaft gemacht, wenn die Forderung nicht innerhalb von 90 Tagen nach Ablauf der in dem Vertrag oder der Rechnung genannten Frist beglichen oder in sonstiger Art und Wiese veräußert wurde.

1242 Eine der Voraussetzungen für die Anwendung der steuerlichen Vergünstigung ist jedoch, dass sich der Schuldner nicht im Rahmen eines Restrukturierungs-, Konkurs- oder Liquidationsverfahrens befindet. Aus den polnischen Rechtsvorschriften ergibt sich, dass der Schuldner sich nicht im Rahmen eines Konkursverfahrens befinden darf, wenn der steuerpflichtige Gläubiger von den steuerlichen Vergünstigungen im Vorfeld der Abgabe der Steuererklärung profitieren will. Diese Vorschriften lassen jedoch Zweifel an der Einhaltung der EU-Vorschriften aufkommen. In diesem Zusammenhang ist auf das EuGH-Urteil v. 15.5.2014 in der Rs. C-337/13 hinzuweisen, in dem der EuGH ua Folgendes besagt: „(...) demzufolge müssen sich die Formalitäten, die von den Steuerpflichtigen zu erfüllen sind, damit sie gegenüber den Steuerbehörden das Recht auf Minderung der Bemessungsgrundlage für die Umsatzsteuer ausüben können, auf diejenigen beschränken, die den Nachweis ermöglichen, dass nach Bewirkung des Umsatzes die Gegenleistung zum Teil oder in vollem Umfang endgültig nicht erlangt wurde. Insoweit haben die nationalen Gerichte zu prüfen, ob dies bei den vom betreffenden Mitgliedstaat verlangten Formalitäten der Fall ist" (EuGH BeckRS 2014, 80960). In seinem Urt. v. 23.11.2017 in der Rs. C-246/16 betonte der EuGH: „Diese Bestimmung ist Ausdruck eines tragenden Grundsatzes der Sechsten Richtlinie, nach dem die Besteuerungsgrundlage die tatsächlich erhaltene Gegenleistung ist und aus dem folgt, dass die Steuerverwaltung als Umsatzsteuer keinen Betrag erheben darf, der den übersteigt, der dem Steuerpflichtigen selbst an Umsatzsteuer gezahlt wurde. Gemäß diesem Grundsatz verpflichtet Art. 11 Teil C Abs. 1 Unterabs. 1 der Sechsten Richtlinie, der die Fälle der Annullierung, der Rückgängigmachung, der Auflösung, der vollständigen oder teilweisen Nichtbezahlung und des Preisnachlasses nach der Bewirkung des Umsatzes betrifft, die Mitgliedstaaten, die Besteuerungsgrundlage und damit den vom Steuerpflichtigen geschuldeten Umsatzsteuerbetrag zu vermindern, wenn der Steuerpflichtige nach Bewirkung des Umsatzes die gesamte Gegenleistung oder einen Teil davon nicht erhält. Nach Art. 11 Teil C Abs. 1 Unterabs. 2 der Sechsten Richtlinie können die Mitgliedstaaten im Fall der vollständigen oder teilweisen Nichtzahlung von der in der vorstehenden Randnummer genannten Regel abweichen. Im Fall der vollständigen oder teilweisen Nichtbezahlung des Kaufpreises, wenn es nicht zu einer Auflösung oder Annullierung des Vertrags kommt, schuldet der Käufer nämlich weiter den vereinbarten Preis und dem Verkäufer steht, auch wenn er nicht mehr Eigentümer des Gegenstands ist, grundsätzlich immer noch seine Forderung zu, die er vor Gericht geltend machen kann. Da jedoch nicht ausgeschlossen werden kann, dass eine solche Forderung tatsächlich endgültig uneinbringlich wird, wollte der Unionsgesetzgeber jedem Mitgliedstaat die Entscheidung überlassen, zu bestimmen, ob der Fall der Nichtbezahlung des Kaufpreises, die als solche im Gegensatz zur Auflösung oder Annullierung des Vertrags die Parteien nicht in ihre Ausgangslage zurückversetzt, ein Recht auf entsprechende Verminderung der Besteuerungsgrundlage unter den von ihm festgelegten Bedingungen eröffnet oder ob eine solche Verminderung in diesem Fall nicht zulässig ist. Diese strikt auf den Fall der vollständigen oder teilweisen Nichtbezahlung beschränkte Abweichungsbefugnis beruht jedoch, wie der Gerichtshof bereits entschieden hat, auf der Erwägung, dass es unter bestimmten Umständen und aufgrund der Rechtslage in dem betreffenden Mitgliedstaat schwierig sein kann, nachzuprüfen, ob die Gegenleistung endgültig oder nur vorläufig nicht erbracht worden ist." (EuGH BeckRS 2017, 132136).

Am 15.10.2020 erließ der EuGH ein Urteil in dem Rechtsstreit betreffend eines Vorabentscheidungsersuchens nach Art. 267 AEUV, eingereicht vom polnischen Obersten Verwaltungsgerichts (poln. Naczelny Sąd Administracyjny) in dem Verfahren E. sp. z o.o. sp. k. gegen das polnische Finanzministerium (poln. Minister Finansów) (EuGH Urt. v. 15.10.2020 – C-335/19). Das Vorabentscheidungsersuchen betrifft die Auslegung des Art. 90 RL 2006/112/EG des Rates vom 28.11.2006 über das gemeinsame Mehrwertsteuersystem (ABl. 2006 L 347, 1). Der EuGH hat für Recht erkannt, dass: „Art. 90 der Richtlinie 2006/112/EG des Rates vom 28. November 2006 über das gemeinsame Mehrwertsteuersystem ist dahin auszulegen, dass er einer nationalen Regelung entgegensteht, nach der die Verminderung der Mehrwertsteuerbemessungsgrundlage davon abhängig macht, dass der Schuldner am Tag der Lieferung des Gegenstands oder der Erbringung der Dienstleistung sowie am Tag vor der Abgabe der Berichtigung der Steuererklärung zur Geltendmachung dieser Verminderung als mehrwertsteuerpflichtig registriert ist, er sich weder in einem Konkursverfahren noch in der Liquidation befindet und der Gläubiger am Tag vor der Abgabe der Berichtigung der Steuererklärung selbst weiterhin als mehrwertsteuerpflichtig registriert ist."

1242a

Somit stellt dieses Urteil des EuGHs die Grundlage für die Rückforderung der Umsatzsteuer als Ausgleich für uneinbringliche Forderungen von Steuerzahlern, deren Vertragspartner sich in Konkurs oder Liquidation befinden, dar. Derzeit berät sich das Parlament zur Änderung des Gesetzes, welches darauf abzielt, die Regeln für die Anwendung des Schuldenerlasses an die Feststellung des Urteils des EuGH (BeckRS 2020, 26592) anzupassen. Die Änderung des Gesetzes soll voraussichtlich zum 1.10.2021 in Kraft treten. Gleichzeitig ist davon auszugehen, dass der polnische Gesetzgeber kurzfristig die Regeln für die Anwendung des Schuldenerlasses ändern wird und die Steuerzahler den Anspruch haben werden, die Umsatzsteuer im Falle der Nichtzahlung von Waren oder Dienstleistungen durch ihren Vertragspartner, welcher sich im Konkursverfahren befindet, zu berichtigen.

1242b

II. Körperschaftssteuer (poln. Podatek od dochodów spółek, eng. Corporate Income Tax)

Trotz der Konkurserklärung bleibt der Schuldner Einkommensteuerzahler gemäß den Bestimmungen des polnischen Körperschaftsteuergesetzes (Gesetz v. 15.2.1992/ Dz.U. 1992 Nr. 21 Pos.

1243

Internationales Insolvenzrecht – Polen

86). Das Konkursrecht schließt die Anwendung von Gesetzen zur Einführung der Steuerpflicht bei der Körperschaftsteuer und anderen öffentlich-rechtlichen Beiträgen nicht aus, sondern sieht nur die Einschränkung der Handlungsfreiheit des Schuldners vor, seine Vermögensbestandteile zu verwalten oder hierüber zu verfügen.

1244 Der Leiter der Auskunftstelle der Finanzverwaltung hat in einer verbindlichen Auskunft v. 9.5.2018 auf Folgendes hingewiesen: „gem. Art. 336 Abs. 1 KonkR (in der zum 31. Dezember 2015 geltenden Fassung) werden die aus der Verwertung von Gegenständen, Forderungen und Rechten, die mit einer Hypothek, einem Pfand, Registerpfand, einem Steuerpfand oder einer Seehypothek belastet sind, stammenden Beträge zur Befriedigung von Gläubigern verwendet, deren Forderungen für diese Gegenstände oder Rechte gem. den Bestimmungen des Gesetzes gesichert wurden. Die nach der Befriedigung dieser Forderungen verbleibenden Beträge fallen in die Geldmittel der Konkursmasse. Hervorzuheben ist, dass das KonkR keinen Besteuerungscharakter hat; die Steuerpflichten werden ausschließlich aufgrund der Steuergesetze besteuert. Die Konkurserklärung befreit den Schuldner nicht von seinen Steuerpflichten." (Verbindliche Auskunft v. 9.5.2018 – Nr. 0111-KDIB1-2.4010.131.2018.2.ANK; WSA 16.4.2009 – I SA/Gl 1171/08). Daher ist die Auffassung des NSA aus seinem Urt. v. 17.3.1999, dass „das Konkursrecht keine Steuerbefreiungen vorsieht" (NSA 17.3.1999 – SA/Sz 565/98) als begründet anzusehen. Zusammenfassend ist festzuhalten, dass die vom Konkursverwalter bei der Verwertung der Konkursmasse aus dem Verkauf von belastetem Vermögen (mit beweglichen und unbeweglichen Sachen) erzielten Beträge vor den Kosten des Konkursverfahrens iSv Art. 230 KonkR der Besteuerung iSd polnischen Körperschaftssteuergesetzes unterliegen.

1245 Die erlassenen Verbindlichkeiten und Darlehen (Kredite) stellen jedoch keine Steuereinnahmen dar, wenn die erlassenen Verbindlichkeiten im Zusammenhang mit einem Konkursverfahren stehen (Art. 12 Abs. 4 Pkt. 8 lit. b PKStG).

J. Verkehrssteuer bei Unternehmensfortführung

I. Umsatzsteuer (poln. Podatek od towarów i usług, eng. value-added tax, VAT)

1246 Die Eröffnung des Restrukturierungsverfahrens gegenüber einem Unternehmer hat keinen Einfluss auf seinen Status als Umsatzsteuerpflichtiger. Das Restrukturierungsverfahren ändert nichts an den Bestimmungen für die Abwicklung von Transaktionen in Bezug auf die Umsatzsteuer durch einen von der Restrukturierung betroffenen Unternehmer.

1247 Nur wenn sich der Schuldner am letzten Tag des Monats, in dem der 90. Tag nach Ablauf der im Vertrag oder in der Rechnung festgelegten Zahlungsfrist im Laufe eines Restrukturierungsverfahrens befindet, ist der Vorsteuerabzug von der unbezahlten Rechnung nicht zu korrigieren, genauso wie im Falle eines Konkursverfahrens.

1248 Auch der Vertragspartner des sich im Restrukturierungsverfahren befindlichen Schuldners ist nicht berechtigt, den Vorsteuerabzug und die auf die Lieferung von Gegenständen oder Dienstleistungen geschuldete Umsatzsteuer aus den ausstehenden Verbindlichkeiten des Schuldners zu korrigieren. Der EuGH vertrat in dem Urteil vom 15.10.2020 (BeckRS 2020, 26592) in der Rechtssache der polnischen Gesellschaft E. sp. z o.o. Sp.k. die Auffassung, dass es unzulässig ist, das Recht auf Korrektur im Rahmen des Schuldenerlasses wegen der Uneinbringlichkeit der Forderung vom Status des Schuldners abhängig zu machen. Aufgrund dieses Urteils des EuGHs arbeitet der polnische Gesetzgeber derzeit an Änderungen des inländischen Rechts, welche darauf abzielen, das Recht auf Korrektur im Rahmen des Schuldnererlasses unabhängig vom Status des Schuldners zu gewähren.

II. Körperschaftssteuer (poln. Podatek od dochodów spółek, eng. Corporate Income Tax)

1249 Die Durchführung eines Restrukturierungsverfahrens hat grundsätzlich keinen Einfluss auf die Regeln der Einkommensteuerberechnung.

1250 Eine Abweichung stellt jedoch die steuerliche Behandlung eines Schuldenerlasses dar. Ein solches Ereignis führt in der Regel zu Steuereinnahmen seitens des Unternehmens, dessen Verbindlichkeiten erlassen wurden. Gemäß dem polnischen Körperschaftssteuergesetz zählen jedoch die Beträge, die den erlassenen Verbindlichkeiten entsprechen, einschließlich Darlehen (Kredite), nicht als Einnahmen, solange die erlassenen Verbindlichkeiten mit dem Restrukturierungsverfahren zusammenhängen (Art. 12 Abs. 4 Pkt. 8 lit. b PKStG).

1251 Der Leiter der Auskunftstelle der Finanzverwaltung hat in einer verbindlichen Auskunft vom 28.6.2017 auf die Frage der steuerlichen Behandlung vom Schuldenabbau wie folgt Stellung genommen: Der Antragsteller war aufgrund ihm gewährter Darlehen Schuldner zweier Unternehmen. Der Antragsteller verfügte jedoch nicht über ausreichend Mittel, um die Darlehen vollständig zurückzuzahlen. Die Ansprüche aus den Darlehen waren nicht verjährt. Angesichts dieser Situation beabsichtigte der Antragsteller, ein Restrukturierungsverfahren durchzuführen und im Rahmen des Restrukturierungsverfahrens ein Verfahren zur Feststellung des Vergleichs durchzuführen, bei dem ein Vergleich in Form einer Reduzierung der Darlehensverbindlichkeiten geschlossen werden sollte. Die Höhe des Erlasses wurde als Prozentsatz angegeben. Ein Teil der Hauptforderung und alle bis zum Vergleichstag iSv Art. 211 RestR angefallenen Zinsen sowie alle ab dem Vergleichstag iSv Art. 150 Abs. 1 Pkt. 2 RestR angefallenen Zinsen sollten gemindert werden. Vor dem Hintergrund dieses Sachverhalts stellte der Antragsteller die Frage, ob der Betrag der geminderten Darlehensverbindlichkeiten sowohl in Bezug auf die Hauptforderung des Darlehens als auch in Bezug auf die bis zum Zeitpunkt und nach dem Zeitpunkt des Vergleichstages im Zusammenhang mit dem Restrukturierungsverfahren gemäß dem RestR für den Antragsteller steuerpflichtige Einnahmen darstellen würde. Der Leiter der Auskunftsstelle der Finanzverwaltung bestätigte ausdrücklich, dass in einem solchen Fall der Betrag der geminderten Forderungen im Zusammenhang mit dem Restrukturierungsverfahren gemäß dem RestR für den Antragsteller keine steuerpflichtigen Einnahmen darstellt (Verbindliche Auskunft v. 28.6.2017 – Nr. 0114-KDIP2-3.4010.84.2017.2.DP).

In einer anderen verbindlichen Auskunft v. 1.2.2018 verwies der Leiter der Auskunftsstelle der Finanzverwaltung auf die Situation der Reduzierung der Verbindlichkeiten aufgrund von Darlehen, die dem Antragsteller (der Gesellschaft) von seinem einzigen Gesellschafter gewährt wurden. In diesem Sachverhalt sollte im Rahmen des Restrukturierungsverfahrens ein Verfahren zur Feststellung des Vergleichs durchgeführt werden, in dem es zum Abschluss des Vergleichs in Form einer Reduzierung der Darlehensverbindlichkeiten gekommen ist; ein Teil der Hauptforderung und alle bis zum Vergleichstag angefallenen Zinsen sowie alle ab dem Vergleichstag angefallenen Zinsen sollten reduziert werden. Auch in diesem Sachverhalt stellte der Leiter der Auskunftsstelle der Finanzverwaltung fest, dass der Betrag der reduzierten Forderungen im Zusammenhang mit Restrukturierungsverfahren gemäß dem RestR für den Antragsteller keine steuerpflichtigen Einnahmen darstellt (Verbindliche Auskunft v. 1.2.2018 – Nr. 0114-KDIP2-3.4010.337.2017.1.PS).

Allerdings stellen die Beträge der erlassenen Forderungen für einen Unternehmer – Vertragspartner eines Unternehmens, welches sich im Restrukturierungsverfahren befindet – grundsätzlich keine steuerlich abzugsfähigen Kosten dar. Steuerlich abzugsfähige Kosten sind Beträge von erlassenen Bankkrediten (Darlehen), einschließlich der erworbenen Forderungen der Hypothekenbank, wenn deren Erlass im Zusammenhang mit einem Restrukturierungsverfahren steht. Für andere Vertragspartner, außer Banken, des einem Restrukturierungsverfahren unterliegenden Wirtschaftssubjekts können steuerlich absetzbare Kosten die gesamten oder teilweisen erlassenen Forderungen darstellen, die zuvor als fällige Forderungen (zB Einnahmen aus dem Verkauf von Waren oder Dienstleistungen) verbucht wurden – bis zur Höhe der verbuchten fälligen Forderung.

K. Die steuerliche Rechtsstellung des Konkursverwalters

I. Steuerpflichten

Aus steuerrechtlicher Sicht sollte ein Konkursverwalter wie eine Person behandelt werden, die eine juristische Person oder eine Organisationseinheit ohne Rechtspersönlichkeit verwaltet. Das bedeutet, dass der Konkursverwalter weder Steuerpflichtiger noch Steuerzahler ist, sondern eine Person, die für die Erfüllung der Steuerpflichten des Schuldners während des Konkursverfahrens verantwortlich ist. Mit anderen Worten hat die Konkurserklärung einen Wechsel der Person zur Folge, welche befugt ist, Entscheidungen im Namen des Steuerpflichtigen zu treffen.

Durch die Konkurserklärung verliert der Schuldner die Möglichkeit, sein eigenes Vermögen zu verwalten. Gleichzeitig können Gerichts- und Verwaltungsverfahren über die Konkursmasse nur von oder gegen den Konkursverwalter eingeleitet und fortgesetzt werden. Der Verlust des schuldnerischen Rechts, sein Vermögen zu verwalten, führt dazu, dass im Steuerverfahren die Ausübung der Rechte und Pflichten als Steuerpflichtiger von einem Konkursverwalter übernommen werden, sofern die Vorschriften über bestimmte Steuern nichts anderes vorsehen. Aus diesem Grund wird angenommen, dass ein Konkursverwalter zur rechtzeitigen Abgabe von Steuererklärungen gemäß des polnischen Körperschaftssteuergesetzes sowie zur Zahlung von nach der Konkurserklärung entstandenen Steuerforderungen verpflichtet ist. Dies gilt auch für Steuererklärungen für Zeiträume vor dem Tag der Konkurserklärung, die bis zu diesem Zeitpunkt noch nicht eingereicht wurden. Der Konkursverwalter hat auch das Recht, die von ihm eingereichten Steuererklärungen sowie die von dem Schuldner vor dem Tag der Konkurserklärung eingereichten Steuererklärung zu korrigieren.

1256　Der Konkursverwalter kann die dem Schuldner als Steuerpflichtigen zustehenden Rechte ausüben; insbesondere ist er berechtigt, die Vorsteuer für den Steuerpflichtigen abzuziehen, einschließlich die Rückerstattung der erstattungsfähigen Umsatzsteuer auf das Bankkonto des Steuerpflichtigen zu beantragen. Der Konkursverwalter kann die Vorsteuerabzüge auch für den Abrechnungszeitraum korrigieren, in dem der Steuerpflichtige vor der Konkurserklärung trotz des ihm diesbezüglich zustehenden Rechts keine solchen Abzüge vorgenommen hat. Die Möglichkeit des Vorsteuerabzugs durch den Konkursverwalter gilt auch für die Vorsteuer auf Rechnungen, die der Konkursverwalter dem Schuldner ausgestellt hat.

1257　Der Konkursverwalter ist verpflichtet, die Einstellung der umsatzsteuerpflichtigen Tätigkeiten zu melden, welche Grundlage für die Löschung des Steuerpflichtigen aus dem Register als Umsatzsteuerpflichtiger ist. Die bloße Konkurserklärung ist jedoch nicht gleichbedeutend mit der Einstellung der Gewerbetätigkeit. Erst die tatsächliche Einstellung der Tätigkeit führt zum Verlust der steuerlichen Rechtsstellung als Steuerpflichtigen.

1258　Obiges gilt für die steuerliche Rechtsstellung des Verwalters in Restrukturierungsverfahren, insbesondere im Sanierungsverfahren. Mit dem Zeitpunkt der Eröffnung des Sanierungsverfahrens verliert der Schuldner das Recht, das eigene Vermögen zu verwalten. Diese Verwaltung übernimmt der Verwalter. Der Verwalter übernimmt die Handlungen in eigenem Namen und auf Rechnung des Schuldners. Der Schuldner verliert auch konsequenterweise die Berechtigung zum Eintritt in laufende Verfahren als Verfahrenspartei (Verfahrensbeteiligte). Diese Berechtigung übernimmt der Verwalter. Die Tatsache, dass er die Verwaltung der Sanierungsmasse übernimmt, führt auch dazu, dass der Verwalter grundsätzlich alle Rechte und Pflichten aus dem materiellen Steuerrecht ausübt.

II. Rechnungslegungspflichten

1259　Der Konkursverwalter bzw. Verwalter erfüllt in einem Restrukturierungsverfahren die Berichtspflichten des Schuldners.

1260　Darüber hinaus erstellt der Konkursverwalter auf Grundlage des Verzeichnisses der Massegegenstände, sonstiger Unterlagen des Schuldners sowie der Wertermittlung den Jahresabschluss für den Tag vor der Konkurserklärung und legt ihn unverzüglich dem Konkursrichter vor. Kann der Konkursverwalter aus irgendeinem Grund innerhalb von 30 Tagen nach der Konkurserklärung kein Verzeichnis der Massegegenstände, keine Wertermittlung, keinen Liquidationsplan oder keinen Jahresabschluss erstellen, so hat er dem Konkursrichter innerhalb eines Monats nach der Konkurserklärung einen schriftlichen allgemeinen Bericht über den Zustand der Konkursmasse und die Möglichkeit der Befriedigung der Gläubiger vorzulegen.

1261　Im Restrukturierungsverfahren legt der Verwalter dem Restrukturierungsrichter einen monatlichen Sachstandsbericht vor. Der Sachstandsbericht muss mindestens Angaben zur Quelle und zum Betrag der einzelnen Einnahmen und Ausgaben sowie zum Betrag der Kassenbestände und Bankkonten zu Beginn und am Ende des Berichtszeitraums enthalten. Nach Erfüllung aller Verpflichtungen legt der Konkursverwalter einen Abschlussbericht vor, der zumindest einen Hinweis darauf enthält, inwieweit der Restrukturierungsplan durchgeführt wurde und ob der Verwalter dem Schuldner sein Vermögen und seine Unterlagen herausgegeben hat. Diese Sachstandsberichte sind keine Berichte iSd polnischen Rechnungslegungsgesetz (poln. ustawa o rachunkowości – Gesetz v. 29.9.1994/Dz. U. 1994 Nr. 121 Pos. 591). Der Sachstandsbericht ist eine Aufstellung der getätigten Ausgaben. Die Aufstellung unterliegt dem Zu- und Abflussprinzip, dh Ausgaben werden für den Zeitraum angegeben, in dem sie getätigt wurden und nicht in dem Zeitraum, in dem die Verpflichtung dazu entstanden ist (sog. Prinzip der Periodenabgrenzung).

1262　Es ist anzumerken, dass der Verwalter, obwohl er die dem Schuldner obliegenden Berichtspflichten erfüllt, nicht für Verzögerungen bei der Erfüllung dieser Verpflichtungen haftet, die dadurch entstehen, dass der Schuldner ihm keine Unterlagen zur Verfügung stellt oder ihm unzuverlässige oder unvollständige Unterlagen zur Verfügung stellt.

III. Besteuerung der Vergütung des Konkursverwalters, Verwalters und Gerichtssachwalters

1. Einkommensteuer

1263　Die Vergütung für die Ausübung der Aufgaben eines Gerichtssachwalters, Verwalters oder Konkursverwalters kann als Einnahmequelle für die persönlich ausgeübte Tätigkeit qualifiziert werden. Dann unterliegt das Einkommen aus dieser Tätigkeit der Einkommensteuer von natürlichen Personen (eng. Personal Income Tax, PIT) nach dem Steuersatz von 17–32 %. Die Vergütung auszahlenden Behörden erheben sodann eine Vorauszahlung auf die Einkommensteuer.

Der Leiter der Auskunftstelle der Finanzverwaltung hielt in einer verbindlichen Auskunft v. **1264** 8.11.2018 (Verbindliche Auskunft v. 8.11.2018 – Nr.0115-KDIT2-2.4011.363.2018.1.HD) nachstehende Stellungnahmen des Antragstellers für richtig:

"(....) im Falle des Konkursverwalters, der keine Geschäftätigkeit ausübt, handelt der Antragsteller der die vom Gericht festgesetzte Vergütung und die Kostenerstattung auszahlt, als Steuerzahler, der eine Vorauszahlung auf die Einkommensteuer erheben sollte, nachdem er 20% der steuerlich abzugsfähigen Kosten vom Gesamtbetrag, dh der Vergütung und dem Betrag, der als Erstattung der durch den Konkursverwalter getragenen Kosten ausgezahlt wurde, abgezogen hat.

(.....) Der Antragsteller sollte vom Konkursverwalter keine Vorauszahlung auf die Einkommensteuer auf den Vorschuss erheben, welcher ihm zur Deckung der Verfahrenskosten ausgezahlt wurde.

(....) Bei der Auszahlung der Vergütung und des Aufwendungsersatzes an einen vorläufigen Gerichtssachwalter, der keine Geschäftätigkeit ausübt, sollte der Antragsteller eine Vorauszahlung auf die Einkommensteuer von natürlichen Personen (PIT) auf der Grundlage von Artikel 22a KonkR erheben. Andererseits sollte der Antragsteller keine Vorauszahlungen auf die Einkommensteuer auf den Vorschuss, welcher dem vorläufigen Gerichtssachwalter zur Deckung der Verfahrenskosten ausgezahlt wurde, erheben."

Handelt es sich hingegen bei der beruflichen Tätigkeit als Verwalter, Gerichtssachwalter **1265** oder Konkursverwalter um eine Geschäftätigkeit iSv Art. 5a Abs. 6 des polnischen Einkommensteuergesetzes, dh einer nichtlandwirtschaftlichen Geschäftätigkeit, so sollte die Vergütung hierfür dieser Einkommensquelle zugeordnet werden. Eine wirtschaftliche Tätigkeit iSv Art. 5a Abs. 6 des polnischen Einkommensteuergesetzes ist ua eine organisierte und kontinuierliche Dienstleistung, welche im eigenen Namen ausgeübt wird, unabhängig von ihrem Ergebnis, und keiner anderen Einnahmegruppe unterfällt. Der Leiter der Auskunftsstelle der Finanzverwaltung bestätigte in einer verbindlichen Auskunft v. 20.6.2018, dass die Vergütungen eines Gerichtssachwalters, Verwalters und Konkursverwalters als Einnahmen aus nichtlandwirtschaftlicher Geschäftätigkeit qualifiziert werden können (Verbindliche Auskunft v. 20.6.2018 – Nr.0112-KDIL3-3.4011.197.2018.1.KP).

Die im Rahmen der Geschäftätigkeit erzielten Einnahmen eines Gerichtssachwalters, Verwal- **1266** ters, Konkursverwalters werden nach den allgemeinen Grundsätzen besteuert, dh die erzielten Einnahmen werden nach dem Steuersatz von 17–32 % besteuert. Werden jedoch Einnahmen aus der Ausübung einer Funktion im Rahmen eines Restrukturierungs- oder Konkursverfahrens als Einnahmen aus nichtlandwirtschaftlicher Wirtschaftätigkeit eingestuft, kann der pauschale Steuersatz der Einkommensteuer iHv 19 % gewählt werden.

2. Umsatzsteuer (VAT)

Seit einiger Zeit ist es umstritten, ob die Konkursverwalter eine eigene Geschäftätigkeit iSd **1267** polnischen Umsatzsteuergesetzes ausüben, dh ob sie umsatzsteuerpflichtig sind. Der polnische Finanzminister (poln. Minister Finansów) ist der Meinung, dass die vom Konkursverwalter ausgeübte Tätigkeit eine wirtschaftliche Tätigkeit iSd polnischen Umsatzsteuergesetzes darstellen kann. Derzeit ist es unstreitig, dass die vom Konkursverwalter ausgeführten Tätigkeiten der Umsatzsteuer iHv 23 % unterliegen. Art. 167a KonkR sieht vor, dass die Vergütung und die Vorauszahlungen auf die Vergütung des umsatzsteuerpflichtigen Konkursverwalters um den Betrag der Umsatzsteuer (VAT) erhöht werden. In der Regel unterliegen auch die Tätigkeiten von Verwaltern und Gerichtssachwaltern der Umsatzsteuer (VAT) iHv 23 %. Gemäß Art. 49 und Art. 63 RestR werden die Vergütungen und Vorauszahlungen auf die Vergütung eines umsatzsteuerpflichtigen Gerichtssachwalters und Verwalters um den Betrag der Umsatzsteuer (VAT) erhöht.

Allerdings können der Konkursverwalter, der Verwalter und der Gerichtssachwalter von der **1268** Umsatzsteuer (VAT) befreit werden, wenn ihr Einkommen im Steuerjahr 200.000 PLN nicht übersteigt.

L. Steuerhaftung Dritter

I. Steuerhaftung der Geschäftsführer und anderer Dritter

1. Steuerhaftung der Geschäftsführer

1269   Gemäß Art. 116 der polnischen Abgabenordnung haften die Geschäftsführer für Steuerrückstände einer polnischen Gesellschaft mit beschränkter Haftung (poln. Spółka z ograniczoną odpowiedzialnością), Gesellschaft mit beschränkter Haftung in Gründung (poln. Spółka z ograniczoną odpowiedzialnością w organizacji), polnischen Aktiengesellschaft (poln. Spółka akcyjna) oder polnischen Aktiengesellschaft in Gründung (poln. Spółka akcyjna w organizacji) gesamtschuldnerisch mit ihrem gesamten Privatvermögen, wenn die Vollstreckung in das Gesellschaftsvermögen ganz oder teilweise erfolglos war und der Geschäftsführer
  • nicht nachgewiesen hat, dass
    o der Konkursantrag rechtzeitig gestellt wurde oder innerhalb dieser Frist das Restrukturierungsverfahren iSd RestR eröffnet wurde oder der Vergleich im Rahmen des Verfahrens zur Feststellung des Vergleichs iSd RestR festgestellt wurde, oder
    o der Konkursantrag ohne sein Verschulden nicht gestellt wurde;
  • ein Gesellschaftsvermögen nicht nachweist, welches aufgrund der Vollstreckung, die Befriedigung der Steuerrückstände der Gesellschaft in wesentlichem Teil ermöglicht.

1270   Es ist anzumerken, dass ein Geschäftsführer die Nichtstellung des Konkursantrages nicht zu vertreten hat, wenn die Pflicht zur Stellung des Konkursantrages lediglich in dem Zeitraum entstanden ist bzw. fortbestanden hat, in dem die Vollstreckung durch die Zwangsverwaltung oder durch den Verkauf des Unternehmens gemäß den Bestimmungen der PZPO durchgeführt wurde.

1271   Um einen Geschäftsführer zur steuerrechtlichen Haftung für die Gesellschaft heranziehen zu können, muss eine Reihe von Voraussetzungen erfüllt sein: zunächst muss ein Steuerrückstand vorhanden sein. Es ist zu betonen, dass ein Geschäftsführer nicht für die Verbindlichkeiten der Gesellschaft, sondern für ihre Rückstände haftet, es sei denn, der Rückstand ist bereits verjährt.

1272   Die Voraussetzung der Haftung des Geschäftsführers ist darüber hinaus die Erfolglosigkeit der Vollstreckung in das Gesellschaftsvermögen. Die Steuerbehörde muss somit zuerst ein Zwangsvollstreckungsverfahren gegen die Gesellschaft durchgeführt haben, dh die Vollstreckung eingeleitet haben, infolge welcher keine Befriedigung der Forderungen erlangt wurde.

1273   Die Haftung des Geschäftsführers kann jedoch ausgeschlossen werden, wenn er:
  1. nachweist, dass der Konkursantrag rechtzeitig gestellt oder ein Verfahren zur Vorbeugung der Konkurserklärung eingeleitet wurde oder eine unterlassene Konkursantragsstellung ohne sein Verschulden erfolgte, oder
  2. ein Vermögen offenlegt, welches zuvor der Steuerbehörde nicht bekannt war (bspw. verstecke Anlagevermögen), aus welchem die Vollstreckung tatsächlich möglich ist.

1274   Es ist zu beachten, dass ein Geschäftsführer sich nicht allein von der Haftung befreien kann, weil es nach der internen Aufgabenverteilung nicht zu seinen Pflichten gehörte, einen Konkursantrag zu stellen oder ein Restrukturierungsverfahren zu eröffnen. Jeder Geschäftsführer ist zur Führung der Gesellschaft verpflichtet und berechtigt, sodass die interne Aufgabenverteilung der Geschäftsführung in diesem Fall irrelevant ist. Der polnische Oberste Verwaltungsgerichtshof hat darauf hingewiesen, dass „bei der Angabe von Voraussetzungen für die Haftung oder das Fehlen des Verschuldens sich ein Geschäftsführer der Gesellschaft nicht auf seine Unkenntnis der Finanzlage der von ihm geleiteten Gesellschaft als Ursache für die Nichtstellung des Konkursantrages oder Nichtstellung des Antrags auf Eröffnung des Verfahrens zur Vermeidung der Konkurserklärung berufen darf. Dem Geschäftsführer sollte die aktuelle Finanzlage der Gesellschaft und damit die Möglichkeit der Befriedigung ihrer Verbindlichkeiten bekannt sein. Bei der Wahrnehmung dieser Funktion ist der Geschäftsführer verpflichtet, über die Kenntnisse und Fähigkeiten zu verfügen, die es ihm ermöglichen, nicht nur im Interesse der Gesellschaft, ihrer Gesellschafter oder angestellten Mitarbeiter zu verwalten, sondern auch die Interessen der Gläubiger zu wahren" (NSA 2.10.2018 – I FSK 2116/16).

1275   Das polnische Verwaltungsgericht in Gorzow Wielkopolski hat hingegen betont, dass „der Gesetzgeber beabsichtigt hat, einen Geschäftsführer von der Haftung für Steuerrückstände der Gesellschaft aufgrund seiner objektiven und unverschuldeten Unfähigkeit zu befreien, (...), und gerade nicht aufgrund seines bewussten Unterlassens, auch wenn nach Ansicht des betreffenden Geschäftsführers die Gründe für eine solche Entscheidung angemessen waren" (WSA 6.12.2018 – I SA/Go 362/18).

Internationales Insolvenzrecht – Polen

Daher ist es in der Praxis schwierig, das fehlende Verschulden nachzuweisen, es sei denn, **1276** es liegen besondere Umstände vor, zB schwere Krankheit und Krankenhausaufenthalt, die die Möglichkeit der Teilnahme an der Geschäftsführung tatsächlich verhindert haben.

Eine weitere Voraussetzung, den Geschäftsführer zur steuerrechtlichen Haftung heranzuziehen, **1277** ist der Zeitpunkt des Eintritts des Steuerrückstands. Die Haftung des Geschäftsführers umfasst gem. Art. 116 § 2 der polnischen Abgabenordnung Steuerrückstände aufgrund von Verbindlichkeiten, deren Zahlungsfrist während der Ausübung seiner Tätigkeiten als Geschäftsführer abgelaufen ist, sowie die in Art. 52 und Art. 52a der polnischen Abgabenordnung aufgeführten Rückstände, die während der Ausübung seiner Tätigkeiten als Geschäftsführer entstanden sind. Für die Steuerverbindlichkeiten, die gem. besonderer Vorschriften nach der Liquidation der Gesellschaft entstanden sind, für Steuerrückstände aufgrund von Verbindlichkeiten, deren Zahlungsfrist nach der Liquidation der Gesellschaft abgelaufen ist, sowie für Steuerrückstände gem. Art. 52 und Art. 52a der polnischen Abgabenordnung, welche nach der Liquidation der Gesellschaft entstanden sind, haften die Personen, die zum Zeitpunkt der Liquidation der Gesellschaft die Funktion eines Geschäftsführers ausübten. Maßgeblich ist dabei die Zahlungsfrist und nicht der Zeitraum, auf den sich die Verpflichtung bezieht.

Der polnische Oberste Verwaltungsgerichtshof hat in seinem Urteil angemerkt: „ist ein Steuer- **1278** rückstand der Gesellschaft infolge der Handlungen des Konkursverwalters entstanden und war diese Handlung unberechtigt, ist anzunehmen, dass es zur Entstehung des Rückstands (im Sinne von Art. 116 § 1 der polnischen Abgabenordnung) überhaupt nicht gekommen sei" (NSA 11.5.2017 – I FSK 1937/15).

2. Steuerhaftung der Gesellschafter und Bevollmächtigten

Gesellschafter der Kapitalgesellschaften haften grundsätzlich nicht für die Verpflichtungen der **1279** Gesellschaft. Eine Ausnahme von dieser Regel ist in Art. 116 § 3 der polnischen Abgabenordnung vorgesehen. Danach haften für Steuerrückstände einer polnischen Gesellschaft mit beschränkter Haftung in Gründung oder einer polnischen Aktiengesellschaft in Gründung, für die noch keine Geschäftsführung bestellt wurde, die Bevollmächtigten. Falls keine Bevollmächtigten bestellt wurden, haften die Gesellschafter. Hierbei werden die Bestimmungen zur Haftung der Geschäftsführer herangezogen. Daher ist bei der Gründung von Kapitalgesellschaften bereits in ihrer Gründungsphase sicherzustellen, dass die Geschäftsführung bestellt wird.

Im Falle der Kapitalgesellschaften in Gründung trägt die Haftung: **1280**
- die Geschäftsführung, wenn eine solche bestellt wurde;
- die Bevollmächtigten (Prokurist), wenn keine Geschäftsführung vorhanden ist, aber diese bestellt wurde;
- Gesellschafter, wenn weder Geschäftsführung noch Bevollmächtigte (Prokurist) bestellt wurden.

II. Steuerhaftung der ehemaligen Geschäftsführer, Gesellschafter und Bevollmächtigten

Die Haftung nach den vorstehenden Regeln kann auch nach dem Ausscheiden aus der Gesell- **1281** schaft in Betracht kommen. Gemäß Art. 116 § 4 der polnischen Abgabenordnung gelten die oben dargelegten Haftungsregeln auch für einen ehemaligen Geschäftsführer und Bevollmächtigten oder Gesellschafter der Gesellschaft in Gründung. Nach dem Ausscheiden aus der Gesellschaft kann sich die Haftung ausschließlich auf Rückstände aufgrund von Verbindlichkeiten erstrecken, die während der Ausübung der Funktion als Geschäftsführer, Bevollmächtigter oder Gesellschafter entstanden sind. In der Praxis bedeutet dies, dass trotz des Ausscheidens aus der Gesellschaft oder ihrer Geschäftsführung eine Haftung bis zum Zeitpunkt der Verjährung von Ansprüchen getragen werden kann.

Der polnische Oberste Verwaltungsgerichtshof hat in seinem Urt. v. 2.10.2018 auf Folgendes **1282** hingewiesen: „bei der Beurteilung des Zeitpunkts der rechtzeitigen Stellung des Konkursantrags gem. Art. 116 § 1 Ziff. b der polnischen Abgabenordnung sind kraft Gesetzes entstandene Steuerverbindlichkeiten, die nicht oder in falscher Höhe innerhalb der gesetzlichen Fristen erklärt wurden, zu berücksichtigen, auch wenn die Steuerbescheide, welcher die Steuer festgesetzt oder in einem höheren als den erklärten Betrag festgesetzt haben, zu einem Zeitpunkt erlassen wurden, in dem der Geschäftsführer seine Tätigkeiten nicht mehr ausgeübt hat." (NSA 2.10.2018 – I FSK 2116/16).

III. Verfahren zur Entscheidung über die Haftung von Dritten

1283 Die Haftung Dritter (Vorstandsmitglied, Bevollmächtigter, Gesellschafter) für die Verbindlichkeiten der Gesellschaft ist akzessorischer Natur. Daher geht dem Verfahren über die Haftung Dritter für Steuerrückstände des Steuerpflichtigen eine Entscheidung über die Steuerpflicht des Steuerpflichtigen (Gesellschaft) voraus. Somit kann das Verfahren über die Steuerhaftung eines Dritten erst ab dem Zeitpunkt der Bekanntgabe der Entscheidung über die Höhe der Steuerpflicht eingeleitet werden. Die Entscheidung über die Haftung eines Dritten selbst erfolgt erst, nachdem die Entscheidung über den ursprünglichen Schuldner rechtskräftig geworden ist (NSA 18.10.2007 – I FSK 1317/06).

1284 Das Verwaltungsgericht in Gorzów Wielkopolski hat in seinem Urt. v. 6.12.2018 klargestellt, dass „eine Entscheidung über die gesamtschuldnerische Haftung nur dann getroffen werden kann, wenn die Steuerbehörde hinreichende Gründe zu der Annahme hat, dass der ursprüngliche Schuldner (Steuerpflichtige, Steuerzahler, Einzugsbevollmächtigter) seiner Verpflichtung nicht nachgekommen ist und die Höhe dieser Verpflichtung sich aus einer Entscheidung der zuständigen Behörde ergibt" (WSA 6.12.2018 – I SA/Go 362/18).

IV. Steuerhaftung des Konkursverwalters

1285 Der Konkursverwalter handelt in Angelegenheiten betreffend die Konkursmasse auf Rechnung des Schuldners. Dies bedeutet, dass alle Handlungen, die er vornimmt, sich direkt auf das Vermögen des Schuldners auswirken. Darüber hinaus ist darauf hinzuweisen, dass die mit der Verwertung der Konkursmasse verbundenen Steuern Kosten des Konkursverfahrens iSd Art. 230 Abs. 1 KonkR sind. Diese Kosten sind je nach Eingang der jeweiligen Beträge zur Konkursmasse zu befriedigen. Wird kein angemessener Zufluss in der Konkursmasse verzeichnet, hat der Konkursverwalter keine Möglichkeit, die Steuerverbindlichkeiten zu befriedigen. Die Steuerverbindlichkeiten, die aus der Konkursmasse nicht befriedigt werden, sind vom Schuldner nach Aufhebung des Konkursverfahrens zu befriedigen (Art. 231 Abs. 2 S. 1 KonkR). Der Konkursverwalter haftet nicht mit seinem eigenen Vermögen für die Steuerverbindlichkeiten der Gesellschaft. Der Konkursverwalter kann jedoch zur Schadensersatzhaftung für die im Konkursverfahren aufgenommenen Verbindlichkeiten betreffend die Konkursmasse und für die verursachten Schäden im Zusammenhang mit der Ausübung seines Amtes gegenüber den Beteiligten im Konkursverfahren herangezogen werden.

V. Haftung des Verwalters und Sachwalters im Restrukturierungsverfahren

1286 Die Verwalter und Sachwalter im Restrukturierungsverfahren haften nicht für Steuerrückstände eines Schuldners. Ihre Haftung ist eine öffentlich-rechtliche Haftung gegenüber dem Restrukturierungsgericht und eine privatrechtliche Haftung gegenüber den Geschädigten, denen sie mit ihrem Verhalten Schaden zugefügt haben.

Internationales Insolvenzrecht – Schweiz

Allgemeines Schrifttum Amonn/Walther, Grundriss des Schuldbetreibungs- und Konkursrechts, 9. Aufl. 2013 (zit. Amonn/Walther); Brunner/Reutter/Schönmann/Talbot, Kollokations- und Widerspruchsklagen nach schweizSchKG, 3. Aufl. 2019; Bühler, Organisationsmängel: Typische Anwendungsfälle von Art. 731b OR und gesondert geregelte Konstellationen, SJZ 2018, 441 ff.; Dallèves/Foëx/Jeandin, Commentaire romand, Poursuite et faillite, 2005 (zit. CR LP-Bearbeiter); Frey in Zweifel/Beusch, Kommentar zum Schweizerischen Steuerrecht, Bundesgesetz über die direkte Bundessteuer (DBG), 3. Aufl. 2017; Gilliéron, A propos de l'egalité de traitement sans discrimination entre créanciers de droit public et créanciers de droit privé dans l'exécution forcée ayant pour objet une somme d'argent ou des sûretés à fournir – Réflexions à partir des dispositions proposées dans les deux projets de révision totale de la loi sur la TVA, BISchK 2009, 41 ff.; Gilliéron, Commentaire de la loi fédérale sur la poursuite pour dettes et la faillite, Art. 1–88, 1999; Art. 159–270, 2001; Art. 271–352, 2003; Giroud, Die Konkurseröffnung und ihr Aufschub bei der Aktiengesellschaft, 2. Aufl. 1986; Girsberger/Heini/Keller/Kren Kostkiewicz/Siehr/Vischer/Volken, Zürcher Kommentar zum IPRG, 2. Aufl. 2004 (zit. ZK IPRG-Bearbeiter); Honsell/Berti/Schnyder/Vogt, Basler Kommentar zum Internationalen Privatrecht, 2. Aufl. 2007 (zit. IPRG-Bearbeiter); Geiser/Wolf, Basler Kommentar, Zivilgesetzbuch II, Art. 457–977 ZGB, Art. 1–61 SchlT ZGB, 6. Aufl. 2019 (zit. ZGB-Bearbeiter); Jaeger/Walder/Kull, Bundesgesetz über Schuldbetreibung und Konkurs, Art. 89–158, 5. Aufl. 2006; Jaeger/Walder/Kull/Kottmann, Bundesgesetz über Schuldbetreibung und Konkurs, 4. Aufl. 1997–2001 (3 Bände); Jeandin, Les effets de la faillite sur le contrat de durée, in Bellanger/Chaix/Chappuis/Héritier Lachat, Le contrat dans tous ses états, 2004, 71 ff.; Hunkeler, Kurzkommentar Schuldbetreibungs- und Konkursgesetz, 2. Aufl. 2014 (zit. KUKO schweizSchKG/Bearbeiter); Honsell/Vogt/Wiegand, Basler Kommentar, Obligationenrecht I, Art. 1–529 OR, 6. Aufl. 2015 (zit. OR/Bearbeiter); Honsell/Vogt/Watter, Basler Kommentar, Obligationenrecht II, Art. 530–1186 OR, 5. Aufl. 2016 (zit. OR(Bearbeiter); Kren, Konkurseröffnung und schuldrechtliche Verträge, 1989; Kren Kostkiewicz/Vock, Kommentar zum Bundesgesetz über Schuldbetreibung und Konkurs schweizSchKG, 4. Aufl. 2017 (basierend auf der 1911 erschienenen 3. Aufl. von Jaeger) (zit. SK schweizSchKG/Bearbeiter); Niggli/Wiprächtiger, Basler Kommentar, Strafrecht II, Art. 111–392 StGB, 2. Aufl. 2007 (zit. StGB-Bearbeiter); Staehelin/Bauer/Staehelin, Kommentar zum Bundesgesetz über Schuldbetreibung und Konkurs, 2. Aufl. 2010 (2 Bände), Ergänzungsband zur 2. Aufl. 2017 („Basler Kommentar") (zit. schweizSchKG/Bearbeiter bzw. schweizSchKG EB/Bearbeiter); Sprecher, Der Gläubigerausschuss im schweizerischen Konkursverfahren und im Nachlassverfahren mit Vermögensabtretung, 2003; Spühler, Wiedereröffnung des Konkurses und Nachkonkurs, insbesondere bei Aktiengesellschaften, FS Druey, 2002, 165 ff.; Staehelin, Vertragsklauseln für den Insolvenzfall, AJP 2004, 363 ff.; Staehelin, Die Anerkennung ausländischer Konkurse und Nachlassverträge in der Schweiz, 1989; Trechsel/Pieth, Schweizerisches Strafgesetzbuch, Praxiskommentar, 3. Aufl., 2018 (Art. 163–171bis, 323–332 StGB bearbeitet durch Trechsel/Ogg) (zit. StGB-PK); Vischer, Unternehmenserwerb aus dem Konkurs, SZW [Schweizerische Zeitschrift für Wirtschaftsrecht] 2002, 151 ff.; Wiprächtiger, Das neue Vermögensstrafrecht und die Änderungen im Bereich der Konkurs- und Betreibungsdelikte, BlSchK 1998, 1 ff.; Ziltener/Späth, Die Anerkennung ausländischer Konkurse in der Praxis des Bezirksgerichts Zürich, ZZZ 2005, 37.

Übersicht

	Rn.
A. Einleitung	1
I. Gesetzliche Grundlagen des Schweizer Insolvenzrechts	1
II. Spezial- und Generalexekution	5
1. Übersicht	5
2. Einleitungsverfahren	9
3. Spezialexekution: Betreibung auf Pfändung oder Pfandverwertung	11
4. Konkursbetreibung als Generalexekution	14
B. Verfahrensöffentlichkeit und Akteneinsicht	16
C. Einleitungsverfahren	27
I. Einleitung der Betreibung	27
1. Betreibungsort	27
2. Betreibungsbegehren	29
3. Zahlungsbefehl	31
4. Rechtsvorschlag	33
5. Beseitigung des Rechtsvorschlags	35
II. Fortsetzung der Betreibung	41
D. Betreibung auf Pfändung	43
I. Pfändung	43
1. Durchführung der Pfändung	43
2. Pfändungsanschluss (Anschlusspfändung)	58
3. Widerspruchsverfahren	64
II. Verwertung	67
1. Im Allgemeinen; Fristen	67
2. Verwertung von beweglichen Sachen und Forderungen	69
3. Verwertung von Grundstücken	72

Internationales Insolvenzrecht – Schweiz

	Rn.
III. Verteilung	74
1. Im Allgemeinen	74
2. Bei ungenügendem Reinerlös	76
3. Pfändungsverlustschein	78
E. Betreibung auf Pfandverwertung	**80**
I. Einführung	80
II. Vorrang der Pfandverwertung (beneficium excussionis realis)	82
III. Verfahren	84
F. Konkursrecht im Allgemeinen; Eröffnung des Konkurses	**88**
I. Allgemeines zum Konkurs	88
II. Betreibung auf Konkurs	93
1. Voraussetzungen	93
2. Ordentliche Konkursbetreibung	96
3. Wechselbetreibung	103
III. Konkurseröffnung ohne vorgängige Betreibung	104
1. Auf Antrag eines Gläubigers	106
2. Auf Antrag des Schuldners (Art. 191 schweizSchKG)	111
3. Von Amtes wegen (Art. 192 schweizSchKG)	116
4. Auf behördliche Anordnung hin bei ausgeschlagener oder überschuldeter Erbschaft	123
5. Spezialfall: Liquidation nach den Vorschriften über den Konkurs infolge Mängel in der Organisation einer Kapitalgesellschaft oder Genossenschaft (Art. 731b OR)	126
G. Konkursverfahren (formelles Konkursrecht)	**129**
I. Übersicht	129
II. Konkursorgane	131
1. Konkursamt	131
2. Außeramtliche Konkursverwaltung	132
3. Gläubigerversammlungen	136
4. Gläubigerausschuss	137
5. Aufsichts- und Gerichtsbehörden	139
III. Feststellung der Konkursmasse	140
IV. Bestimmung des Verfahrens	143
1. Allgemeines	143
2. Einstellung des Konkurses mangels Aktiven	144
3. Summarisches Verfahren	148
V. Schuldenruf	153
VI. Erste Gläubigerversammlung	155
VII. Drittansprüche: Aussonderung und Admassierung	161
VIII. Prüfung der angemeldeten Forderungen; Kollokationsplan	165
IX. Anfechtung des Kollokationsplans (Kollokationsklage)	172
X. Wirkung und Tragweite des Kollokationsplans	176
XI. Verwertung der Aktivmasse; zweite Gläubigerversammlung	177
1. Zweite Gläubigerversammlung	178
2. Verwertung	182
3. Abtretung von Rechtsansprüchen an die Gläubiger	185
XII. Verteilung des Liquidationserlöses; Schluss des Konkursverfahrens	190
XIII. Konkursverlustschein; „neues Vermögen"	193

	Rn.
1. Verlustschein	193
2. Rechtsvorschlag wegen fehlenden neuen Vermögens	197
XIV. Nachträglich entdeckte Vermögenswerte: Nachkonkurs oder Wiedereröffnung eines mangels Aktiven eingestellten Konkurses	203
XV. Verfahrenskosten, Folgen bei fehlender Deckung	206
H. Materielles Konkursrecht	**214**
I. Konkursmasse	214
1. Örtlicher Umfang	214
2. Zeitlicher Umfang	218
3. Sachlicher Umfang	221
4. Verpfändete Vermögenswerte	223
II. Aussonderungsrechte von Dritten	227
III. Verrechnung	231
1. Voraussetzungen und Ausschluss der Verrechnung	231
2. Anfechtbarkeit einer Verrechnung	235
IV. Rechtsstellung des Schuldners	237
1. Im Allgemeinen	237
2. Im Verhältnis zur Konkursmasse	239
3. Im Verhältnis zu den Gläubigern	242
V. Rechtsstellung der Gläubiger	243
1. Verträge im Konkurs	244
2. Konkursforderungen	263
3. Masseverbindlichkeiten	279
I. Widerruf des Konkurses	**282**
J. Anerkennung von ausländischen Insolvenzverfahren	**284**
I. Revision vereinfacht die Anerkennung ausländischer Konkurs- und Insolvenzverfahren in der Schweiz	284
1. Vereinfachte Anerkennung ausländischer Konkursdekrete	285
2. Keine automatische Eröffnung des Hilfskonkursverfahrens in der Schweiz	286
3. Weitere Änderungen	288
II. Situation vor und nach Anerkennung und Eröffnung des Anschlusskonkurses in der Schweiz	289
III. Anerkennung eines ausländischen Konkurses, Nachlassvertrags oder ähnlichen Verfahrens in der Schweiz (Art. 166–175 IPRG)	293
1. Voraussetzungen im Allgemeinen	293
2. Zu einzelnen Voraussetzungen im Besonderen	295
IV. Verfahren auf Anerkennung und Durchführung des Anschlusskonkurses	301
1. Verfahren auf Anerkennung	301
2. Bestand der Anschlusskonkursmasse; Durchführung und Ergebnis des Anschlusskonkurses	305
V. Staatsverträge mit der Krone Württemberg (1825/26), dem Königreich Bayern (1834) und dem Königreich Sachsen (1837)	311
1. Übereinkunft zwischen der Schweizerischen Eidgenossenschaft und der Krone Württemberg von 1825/1826	312
2. Übereinkunft verschiedener Schweizer Kantone mit dem Königreich Bayern von 1834	313
3. Übereinkommen verschiedener Schweizer Kantone mit dem früheren Königreich Sachsen von 1837	315

Internationales Insolvenzrecht – Schweiz

	Rn.		Rn.
K. Paulianische Anfechtung	316	3. Gläubigerschädigung durch Vermögensminderung (Art. 164 StGB)	384
I. Im Allgemeinen	316	4. Gläubigerbevorzugung (Art. 167 StGB)	386
II. Gläubigerschädigung	319	5. Unterlassung der Buchführung (Art. 166 StGB)	389
III. Schenkungsanfechtung	321		
IV. Überschuldungsanfechtung	324	III. Strafbestimmungen, die keine Konkurseröffnung oder Ausstellung eines Verlustscheins voraussetzen	391
V. Absichtsanfechtung	328		
1. Benachteiligungs- oder Begünstigungsabsicht des Schuldners	329	1. Verfügung über mit Beschlag belegte Vermögenswerte (Art. 169 StGB)	391
2. Erkennbarkeit der Schädigungsabsicht des Schuldners durch den Begünstigten	331	2. Ungehorsam im Betreibungs-, Konkurs- und Nachlassverfahren (Art. 323–324 StGB); ordnungswidrige Führung der Geschäftsbücher (Art. 325 StGB)	393
VI. Privilegierung von Sanierungsbemühungen und Sanierungsdarlehen?	334		
VII. Gerichtsstand	335	**N. Insolvenzsteuerrecht**	395
VIII. Passivlegitimation und Wirkung	337	I. Einführung	395
L. Nachlassverfahren und andere Sanierungsmöglichkeiten	340	1. Rechtsgrundlagen des schweizerischen Steuerrechts	395
I. Konkursaufschub	343	2. Fehlen eines eigentlichen „Konkurssteuerrechts" in der Schweiz	399
II. Nachlassstundung	346	II. Steuerforderungen vor Konkurseröffnung oder Pfändung	401
1. Allgemeines zum Nachlassverfahren	346	1. Einführung	401
2. Bewilligung der Nachlassstundung; Grundzüge des Ablaufs	348	2. Zahlungserleichterungen	404
3. Wirkungen der Nachlassstundung	352	3. Sicherungsmaßnahmen für Steuerforderungen	405
4. Ausarbeitung und Genehmigung des Nachlassvertrages; Gläubigerversammlung	354	4. Steuererlass	407
III. Der Nachlassvertrag: Gemeinsame Bestimmungen	355	5. Zwangsvollstreckung durch das Gemeinwesen	409
1. Allgemeine Bestimmungen	355	III. Steuerforderungen im Konkurs des Steuerschuldners oder in der Pfändung	415
2. Die Auswirkungen des Nachlassvertrages	358	1. Einführung	415
IV. Nachlassvertrag mit Vermögensabtretung	359	2. Pfändung	416
1. Allgemeines zum Nachlassvertrag mit Vermögensabtretung	359	3. Konkurs	418
2. Vertragsabschluss und richterliche Bestätigung	360	4. Verwertung und Verteilung	420
3. Das Liquidationsverfahren unter dem Nachlassvertrag	363	IV. Steuerliche Aspekte der Betriebsfortführung	422
V. Ordentlicher Nachlassvertrag	369	1. Einführung	422
VI. Einvernehmliche private Schuldenbereinigung	370	2. Mehrwertsteuer	423
		3. Gewinnsteuer	424
M. Insolvenzstrafrecht	373	4. Verrechnungssteuer	425
I. Einführung	373	5. Stempelabgaben	426
II. Strafbestimmungen im Falle des Konkurses oder der Ausstellung eines Verlustscheins	376	V. Vermögensrechtliche und steuerliche Stellung des Konkursverwalters	428
1. Misswirtschaft (Art. 165 StGB)	376	1. Getrennte Vermögensmassen	428
2. Betrügerischer Konkurs und Pfändungsbetrug (Art. 163 StGB)	380	2. Besoldung und Einkommensbesteuerung des Konkursverwalters	430
		VI. Fazit	431

A. Einleitung

I. Gesetzliche Grundlagen des Schweizer Insolvenzrechts

Ein einheitliches Insolvenzrecht in der Schweiz besteht seit dem Inkrafttreten des **Bundesgesetzes über Schuldbetreibung und Konkurs** v. 11.4.1889 (**schweizSchKG**) am 1.1.1892. Mit der Vereinheitlichung wurden 25 sich zum Teil stark unterscheidende Gesetzgebungen der Kantone abgelöst. Das schweizSchKG wurde über die Jahre mehrmals teilrevidiert und ergänzt; die letzte, umfassende Teilrevision datiert v. 16.12.1994 und trat am 1.1.1997 in Kraft. Seither wurde das schweizSchKG ua im Zusammenhang mit dem Erlass der einheitlichen **Schweizer Zivilprozessordnung** im Jahr 2008 und dem **revidierten Lugano-Übereinkommen** über die gerichtliche Zuständigkeit und die Anerkennung und Vollstreckung gerichtlicher Entscheidungen in Zivil- und Handelssachen v. 30.10.2007, welche beide am 1.1.2011 in Kraft traten, revidiert. 2013 wurden im Rahmen der sog. Revision des **Sanierungsrechts** diverse Anpassungen insbesondere im Bereich des Nachlassverfahrens vorgenommen, welche am 1.1.2014 in Kraft traten. In seinen

1

Internationales Insolvenzrecht – Schweiz

Grundzügen ist das schweizSchKG aber über die letzten 120 Jahre weitgehend unverändert geblieben. Außerdem wurden 2018 Änderungen im internationalen Insolvenzrecht, welches in Art. 166 ff. IPRG kodifiziert ist, vorgenommen, welche am 1.1.2019 in Kraft traten.

2   Zum schweizSchKG wurde eine Vielzahl von Vollziehungsverordnungen und Kreisschreiben erlassen. Die Kompetenz dazu lag seit 1895 mit Ausnahme der Gebühren beim höchsten Schweizer Gericht, dem Bundesgericht, seit 2007 wieder vollumfänglich bei der Exekutive, dem Bundesrat. Die wichtigsten **Verordnungen** sind die Folgenden:
- Verordnung des Bundesgerichts v. 13.7.1911 über die Geschäftsführung der Konkursämter (KOV);
- Verordnung des Bundesgerichts v. 23.4.1920 über die Zwangsverwertung von Grundstücken (VZG);
- Verordnung des Bundesgerichts v. 17.1.1923 über die Pfändung und Verwertung von Anteilen an Gemeinschaftsvermögen (VVAG);
- Gebührenverordnung v. 23.9.1996 zum Bundesgesetz über Schuldbetreibung und Konkurs (GebV schweizSchKG).

3   Daneben enthalten zahlreiche weitere Bundesgesetze insolvenzrechtliche oder für das Insolvenzrecht bedeutsame Vorschriften, so das ZGB, OR und IPRG oder das Bankengesetz. Das Bankengesetz (Bundesgesetz v. 8.11.1934 über die Banken und Sparkassen) und die zugehörige Bankensolvenzverordnung (Verordnung der Eidgenössischen Finanzmarktaufsicht über die Insolvenz von Banken und Effektenhändlern v. 30.8.2012) regeln für die seinem Geltungsbereich unterstehenden Institute (Banken, Sparkassen, Privatbankiers, Zweigniederlassungen ausländischer Banken in der Schweiz, Effektenhändler, usw) das Insolvenzverfahren grundsätzlich ausschließlich; das schweizSchKG ist nur anwendbar, soweit darauf verwiesen wird. Die Eidgenössische Finanzmarktaufsicht (FINMA) hat bei Insolvenzgefahr einer Bank umfassende Kompetenzen; sie kann Schutzmaßnahmen, ein Sanierungsverfahren oder die Liquidation der Bank **(Bankenkonkurs)** anordnen (Art. 25 des Bankengesetzes). Für die Wirkungen und die Durchführung des Bankenkonkurses verweist Art. 34 des Bankengesetzes zwar umfassend auf Art. 197–270 schweizSchKG, aber nur soweit das Bankengesetz und die Bankeninsolvenzverordnung nicht abweichende Regelungen enthalten oder die FINMA abweichende Verfügungen und Anordnungen trifft. Auf die bankenrechtliche Spezialregelung wird nachstehend nicht näher eingegangen (als Literatur zum Bankeninsolvenzverfahren vgl. insbesondere EBK-Bulletin 48/2006 (Sondernummer: Bankenkonkurs und Einlagensicherung, abrufbar unter http://www.finma.ch/archiv/ebk/f/publik/bulletin/pdf/bull48.pdf), 125 ff.: Bericht der Eidg. Bankenkommission (EBK) zu ihrer Bankenkonkursverordnung […], und die Kommentierungen der entsprechenden Bestimmungen des Bankengesetzes in Watter/Vogt/Bauer/Winzeler, Basler Kommentar – Bankengesetz, 2005; und in Zobl ua, Kommentar zum Bundesgesetz über die Banken und Sparkassen, 2006/09).

4   Soweit nicht im schweizSchKG bestimmt, sind die **Kantone** für die Ausgestaltung der Betreibungs-, Konkurs- und Gerichtsbehörden zuständig. Demgegenüber sind mit dem Inkrafttreten anfangs 2011 der einheitlichen schweizerischen Zivilprozessordnung (Schweizerische ZPO v. 19.12.2008: da innerhalb der Frist bis zum 16.4.2009 kein Referendum gegen die Gesetzesvorlage ergriffen wurde, steht dem geplanten Inkraftsetzungstermin rechtlich nichts mehr im Wege) die früheren 26 kantonalen Prozessgesetze durch ein einheitliches, in der ganzen Schweiz geltende Zivilprozessrecht ersetzt worden.

II. Spezial- und Generalexekution

1. Übersicht

5   Die Betreibung stellt ein **Zwangsvollstreckungsverfahren** (im weiteren Sinn) gegen den säumigen Schuldner dar. Je nach Person des Schuldners wird die Befriedigung des Gläubigers über eine Pfändung und anschließende Verwertung einzelner Vermögenswerte oder über eine Konkurseröffnung angestrebt. Das Betreibungsverfahren gliedert sich in zwei Hauptabschnitte: das Einleitungsverfahren (die Schuldbetreibung im engeren Sinn) und das eigentliche Vollstreckungsverfahren (die Zwangsvollstreckung im engeren Sinn) (vgl. Amonn/Walther § 15 N 1 ff.).

6   Das schweizerische Schuldbetreibungsrecht kennt zwei verschiedene Vollstreckungsverfahren, die **Spezial-** und die **Generalexekution** (Einzel- bzw. Kollektivzwangsvollstreckung). Während bei der Spezialexekution nur ein einzelner Gläubiger soweit als nötig auf das pfändbare Vermögen des Schuldners zugreifen kann, greifen bei der Generalexekution alle bekannten Gläubiger gleichzeitig auf das gesamte, unbeschränkt pfändbare Vermögen des Schuldners zu; alle Schuldverhältnisse

Internationales Insolvenzrecht – Schweiz

des Schuldners und sein unbeschränkt pfändbares Vermögen werden liquidiert und die Gläubiger nach einer bestimmten Prioritätenordnung entsprechend ihrem Forderungsgrund befriedigt.

Voraussetzung der Durchführung einer Spezial- oder Generalexekution ist im Allgemeinen die Durchlaufung des **Einleitungsverfahrens**. Ohne vorgängiges Einleitungsverfahren kann es, abgesehen von einigen Sonderfällen (vgl. Amonn/Walther § 17 N 5), nicht zu einer Pfändung oder Pfandverwertung kommen. Dagegen ist eine Konkurseröffnung auch ohne vorgängiges Einleitungsverfahren möglich. Auch die Nachlassstundung, welche ebenfalls in eine Generalexekution münden kann, setzt kein Einleitungsverfahren voraus. 7

Der Schwerpunkt der vorliegenden Abhandlung liegt in der Generalexekution, dh dem **Konkursverfahren**. Das Einleitungsverfahren und die Spezialexekution sowie weitere Insolvenzverfahren, insbesondere das Nachlassverfahren, werden nur beschränkt behandelt. 8

2. Einleitungsverfahren

Die Einleitung einer Betreibung bewirkt in einem ersten Schritt die **Ausstellung eines Zahlungsbefehls** gegen den Schuldner. Sie ist jederzeit und voraussetzungslos möglich. Weder wird dazu vorausgesetzt, dass bereits ein Vollstreckungstitel in Form eines Entscheids des zuständigen Hauptsachegerichts vorliegt, noch ist Bedingung, dass das Hauptsacheverfahren bereits anhängig gemacht wurde. Umgekehrt steht ein rechtshängiges Hauptsacheverfahren der Einleitung eines parallelen Betreibungsverfahrens in der Schweiz nicht entgegen. 9

Erhebt der Schuldner keine Einsprache **(Rechtsvorschlag)** gegen den Zahlungsbefehl, nimmt die Betreibung ihren Lauf, ohne dass eine gerichtliche Überprüfung des in Betreibung gesetzten Anspruchs des Gläubigers je nötig würde. Wird hingegen Rechtsvorschlag erhoben, muss der Gläubiger ein gerichtliches Verfahren auf Beseitigung des Rechtsvorschlags (Rechtsöffnung) einleiten, um die Betreibung fortsetzen zu können. In diesem Fall kommt es zwangsläufig zu einer gewissen Koordination von Hauptsache- und Betreibungsverfahren. Je nachdem, über welchen Vollstreckungstitel er verfügt, kann der Gläubiger die Beseitigung eines Rechtsvorschlags auf unterschiedliche Arten erwirken (→ Rn. 35 ff.). 10

3. Spezialexekution: Betreibung auf Pfändung oder Pfandverwertung

Wurde kein Rechtsvorschlag erhoben oder wurde dieser beseitigt, ist das Einleitungsverfahren abgeschlossen. Der Gläubiger kann dann das **Fortsetzungsbegehren** stellen, worauf das Betreibungsamt festzustellen hat, ob die Betreibung auf Pfändung oder auf Konkurs fortzusetzen ist. 11

Wird die Betreibung auf **Pfändung** fortgesetzt, muss die Pfändung „unverzüglich" nach Eingang des Fortsetzungsbegehrens beim Betreibungsamt vollzogen werden. Sie endet grundsätzlich mit der Verwertung einzelner Vermögenswerte zugunsten des Gläubigers bis zur Höhe seiner in Betreibung gesetzten Forderungen. 12

Bei pfandgesicherten Forderungen muss mittels Betreibung auf **Pfandverwertung** zuerst das entsprechende Pfand verwertet werden, bevor auf das übrige Vermögen gegriffen werden kann. Der Pfandgegenstand muss bereits im Betreibungsbegehren bezeichnet werden (Art. 151 schweizSchKG), sodass von Anfang an klar ist, dass der Gläubiger eine Betreibung auf Pfandverwertung eingeleitet hat. 13

4. Konkursbetreibung als Generalexekution

Die Generalexekution wird unterteilt in die Wechsel- und in die hier vor allem interessierende Konkursbetreibung. Der Konkursbetreibung unterliegt grundsätzlich, wer im Handelsregister eingetragen ist. Es handelt sich dabei um Kaufleute, Handelsgesellschaften und juristische Personen jeder Art. Die **Wechselbetreibung** (Art. 177–189 schweizSchKG) ist bei konkursfähigen Personen für die auf einem Wechsel oder Scheck beruhenden Forderungen möglich. Angesichts ihrer heutzutage nur noch geringen Bedeutung wird darauf nicht näher eingegangen. 14

Zu beachten ist, dass auch konkursfähige Schuldner einer Spezialexekution unterliegen können. Pfandgesicherte Forderungen sind nämlich grundsätzlich auch gegen konkursfähige Schuldner durch Betreibung auf Pfandverwertung zu vollstrecken (Art. 41 Abs. 1 schweizSchKG). Die Konkursbetreibung ist auch für **im öffentlichen Recht und im Familienrecht begründete Forderungen** sowie für Ansprüche auf Sicherheitsleistung ausgeschlossen (Art. 43 schweizSchKG) (betr. Steuern → Rn. 410). 15

Internationales Insolvenzrecht – Schweiz

B. Verfahrensöffentlichkeit und Akteneinsicht

16   Gemäß Art. 8a schweizSchKG kann jede Person, die ein **schutzwürdiges Interesse** glaubhaft macht, die Protokolle und Register der Betreibungs- und Konkursämter einsehen und sich Auszüge daraus geben lassen. Die Informationen, die sich dem Betreibungsregister entnehmen lassen, dienen ua dazu, die Kreditwürdigkeit einer Person abzuschätzen. Schutzwürdig ist nur ein rechtserhebliches Interesse, dh „ein besonderes und gegenwärtiges Interesse" (BGE 105 III 38, E. 1 S. 39; schweizSchKG/Peter schweizSchKG Art. 8a N 6); in diesem Sinne wird ein solches Interesse immer bejaht bei Personen, die glaubhaft machen können, dass sie gegenüber der von der Auskunft betroffenen Person eine Forderung haben (BGE 115 III 81, E. 2 S. 83 f.). Zur Einsicht berechtigt sind deshalb vor allem die Betreibungsparteien, aber auch ausgewiesene und sogar potentielle Gläubiger; entsprechend sieht Art. 8a Abs. 2 schweizSchKG das Einsichtsinteresse insbesondere dann gegeben, wenn das „Auskunftsgesuch in unmittelbarem Zusammenhang mit dem Abschluss oder der Abwicklung eines Vertrages erfolgt". Das Einsichtsrecht über seine eigenen Daten ist unbeschränkt und an keine Voraussetzungen gebunden (SK schweizSchKG/Weingart schweizSchKG Art. 8a N 8 mwN).

17   Das Akteneinsichtsrecht umfasst nicht nur die in Art. 8a Abs. 1 schweizSchKG ausdrücklich genannten „Protokolle und Register", die bei einem Betreibungs- oder Konkursamt oder einem atypischen Organ (außeramtliche Konkursverwaltung, Sachwalter, Liquidator) liegen, sondern auch die dazugehörigen Aktenstücke, dh grundsätzlich **sämtliche Geschäftsakten** wie zB die Buchhaltung des Gemeinschuldners samt Belegen oder die Protokolle von dessen Organen (BGE 110 III 49, E. 4; BGE 93 III 4, E. 1; BGE 91 III 94, E. 1; schweizSchKG/Peter schweizSchKG Art. 8a N 16; KUKO schweizSchKG/Möckli schweizSchKG Art. 8a N 5).

18   Nach Leistung eines genügenden Interessennachweises besteht Anspruch auf eine **Betreibungsauskunft.** Die Frage, ob das einmal glaubhaft gemachte Auskunftsinteresse zur uneingeschränkten Einsicht in alle Betreibungsakten berechtigt oder ob die jeweils zu erteilende Information im direkten Verhältnis zum Auskunftsinteresse stehen muss, war lange umstritten und wurde von Behörden und Gerichten unterschiedlich entschieden (schweizSchKG/Peter schweizSchKG Art. 8a N 17). Das Bundesgericht vertritt nun die Ansicht, die Tiefe des Einsichtsrechts sei dem konkreten Auskunftsinteresse anzupassen, das vom Gesetz gewährte Einsichtsrecht müsse in einem hinreichenden öffentlichen Interesse stehen und der Eingriff in die Privatsphäre des Schuldners müsse verhältnismäßig sein (BGE 135 III 503 mwN). Keine Einsicht ist einem Nichtgläubiger zu gewähren, gegen den die Konkursmasse einen Zivilprozess führt (BGE 141 III 281). Das Recht auf Erstellung eines Auszuges geht in der Regel ebenso weit wie das Einsichtsrecht. Bei der Einsichtnahme kann der Interessent alle im Protokoll enthaltenen Angaben, auch die Namen der Gläubiger, die einzelnen Forderungssummen und den Stand der Verfahren, zur Kenntnis nehmen (BGE 102 III 61). Damit der Auszug nicht nur die Gesamtsumme aller in Betreibung gesetzten Forderungen enthält, ist ausdrücklich eine „detaillierte" Betreibungsauskunft zu verlangen.

19   Gemäß Bundesgericht liegt die von Art. 8a Abs. 2 schweizSchKG gegebene Möglichkeit im öffentlichen Interesse und hat **Vorrang vor dem Persönlichkeitsschutz.** Es beanstandete deshalb nicht, dass einem Begehren des Schuldners selbst, es sei ein Auszug aus dem Betreibungsregister zu erstellen, worin nur noch offene Betreibungen aufgeführt würden und solche, die noch in der Rechtsöffnungsfrist liegen, während alle anderen nicht mehr erwähnt würden, keine Folge geleistet wurde (BGE 115 III 81, E. 3b S. 88; in BGE 135 III 503, E. 3.4 S. 506 f. (→ Rn. 18) weist das Bundesgericht jetzt aber darauf hin, dass Art. 36 Abs. 3 der Bundesverfassung verlange, dass die mit der Einsicht verbundene Einschränkung des Schutzes der Privatsphäre das Verhältnismäßigkeitsprinzip respektieren müsse). Bei der Revision des schweizSchKG 1994 ist der Vorschlag, die Betreibungen für Forderungen, welche der Schuldner während des Einleitungsverfahrens bezahlt, nicht dem Einsichtsrecht zu unterwerfen, ausdrücklich abgelehnt worden. Solange der Gläubiger die Betreibung nicht zurückgezogen hat, ist diese, unabhängig von ihrer Begründung, Dritten zugänglich (Gilliéron, Commentaire de la loi fédérale sur la poursuite pour dettes et la faillite, 1999, Art. 8a N 50; → Rn. 21). Seit 1.1.2019 kann dies vom Schuldner nun aber mit einem durch den Gläubiger unwidersprochen gebliebenen Gesuch um Nichtbekanntgabe einer Betreibung verhindert werden (→ Rn. 22).

20   Gemäß Art. 8a Abs. 4 schweizSchKG erlischt das Einsichtsrecht Dritter hinsichtlich Betreibungen, die mehr als **fünf Jahre** zurückliegen. Von diesem Einsichtsrechtsverbot sind die ehemaligen Parteien ausgenommen. Weiter bleibt es Gerichts- und Verwaltungsbehörden nach Ablauf der fünfjährigen Frist möglich, daraus Auszüge zu verlangen, denn der Betreibungseintrag bleibt über die fünf Jahre hinaus bestehen (die Akten erledigter Betreibungen dürfen zehn Jahre nach der Erledigung vernichtet werden (Art. 2 Abs. 1 der Verordnung des Bundesgerichtes v. 5.6.1996

über die Aufbewahrung der Betreibungs- und Konkursakten, VABK). Die „Betreibungsbücher nebst den zugehörigen Personenregistern" sind allerdings während 30 Jahren seit deren Abschluss aufzubewahren (Art. 2 Abs. 2 VABK)). Da das Betreibungsregister gem. Art. 8 Abs. 2 schweizSchKG bzw. Art. 9 ZGB beweist, dass die darin protokollierten Vorgänge stattgefunden haben, dürfen die Eintragungen grundsätzlich nicht entfernt werden. Das Erlöschen der Betreibung durch Zahlung wird durch die Angabe „Z", das Erlöschen aus anderen Gründen durch die Angabe „E" festgehalten (BGE 119 II 97, E. 3 S. 99 f.). Davon ausgenommen sind Verlustscheine, die eingetragen bleiben, bis die darin verurkundete Forderung verjährt ist (allg. zum Verlustschein und zu dessen Verjährung → Rn. 78, → Rn. 193 ff.) oder die Schuld getilgt wird.

Art. 8a Abs. 3 schweizSchKG sieht bestimmte Gründe vor, bei deren Vorliegen einem Dritten **keine Kenntnis** von einer Betreibung zu geben ist. Dies ist der Fall, wenn: 21
- die Betreibung nichtig ist oder aufgrund einer Beschwerde oder eines Urteils aufgehoben worden ist;
- der Schuldner mit einer Rückforderungsklage obsiegt hat;
- der Gläubiger die Betreibung zurückgezogen hat;
- der Schuldner ein vom Gläubiger unwidersprochen gebliebenes Gesuch um Nichtbekanntgabe der Betreibung gestellt hat.

Letztere Möglichkeit wurde nach langen Diskussionen durch eine am 1.1.2019 in Kraft getretenen 22 Revision des schweizSchKG (Einführung der neuen lit. d in Art. 8a Abs. 3 schweizSchKG) eingeführt. Der betriebene Schuldner, der nach Zustellung des Zahlungsbefehls Rechtsvorschlag erhoben hat, kann nun ein Gesuch um Nichtbekanntgabe der Betreibung stellen, worauf das Betreibungsamt den Gläubiger auffordert, innert 20 Tagen nachzuweisen, dass ein Verfahren zur Beseitigung des Rechtsvorschlags mittels Rechtsöffnungsbegehren oder gewöhnlicher gerichtlicher Klage („Anerkennungsklage") (→ Rn. 35 ff.) eingeleitet wurde oder der Schuldner die Forderung trotz erhobenem Rechtsvorschlag vollständig bezahlt hat. Wenn der Gläubiger diesen Nachweis nicht leistet, wird die entsprechende Betreibung im Auszug aus dem Betreibungsregister nicht mehr aufgeführt. Auf die Betreibung selbst hat dies keinen Einfluss, dh insbesondere bleibt eine mit der Betreibung beabsichtigte Wirkung der Unterbrechung der Verjährung vollumfänglich erhalten. Auch könnte weiterhin ein Verfahren zur Beseitigung des Rechtsvorschlags mittels eines Rechtsöffnungsverfahrens oder mittels Anerkennungsklage eingeleitet werden, solange der betreffende Zahlungsbefehl noch gültig ist (→ Rn. 41).

Gemäß dem Wortlaut von Art. 8a Abs. 3 lit. d schweizSchKG ist ein solches Gesuch nicht 23 mehr möglich, wenn der Gläubiger bereits einmal die Beseitigung des Rechtsvorschlags beantragt hat, auch wenn er damit nicht erfolgreich war, dh die betreffende Betreibung erscheint weiterhin im Betreibungsregisterauszug und der Betriebene kann sich nicht auf Art. 8a Abs. 3 lit. d schweizSchKG berufen (Rodriguez/Gubler ZBJV 155/2019, 12 ff. (24)).

Bis zur Einführung von Art. 8a Abs. 3 lit. d schweizSchKG versuchten Schuldner sich auf die 24 Rechtsmissbräuchlichkeit von Betreibungen zu berufen, um deren Nichtigkeit feststellen zu lassen und damit deren Bekanntgabe zu verhindern. Das Bundesgericht anerkannte, dass die rechtsmissbräuchliche Erhebung einer Betreibung unter Umständen zur Nichtigkeit der Betreibung iSv Art. 8a Abs. 3 lit. a schweizSchKG führen kann, allerdings nur in Ausnahmefällen (BGE 115 III 18). **Rechtsmissbräuchliches Verhalten** (Art. 2 Abs. 2 ZGB) liegt dann vor, wenn der Gläubiger mit der Betreibung offensichtlich Ziele verfolgt, die nicht das Geringste mit der Zwangsvollstreckung zu tun haben, zB um den Betriebenen zu bedrängen (BGE 115 III 18, E. 3b S. 21; BGer v. 1.12.2005 – 7B.182/2005 und 7B.183/2005, publiziert in Pra 95 (2006), Nr. 58). So gelten beispielsweise wiederholte Betreibungen ausschließlich und nachweisbar zum Zwecke der Kreditschädigung als nichtig (Iqbal, schweizSchKG und Verfassung – untersteht auch die Zwangsvollstreckung dem Grundrechtsschutz?, 2005, 210 mwN).

In diesem Zusammenhang ist zu berücksichtigen, dass es nach schweizSchKG möglich ist, eine 25 Betreibung einzuleiten, ohne dass der Betreibende den Bestand der Forderung nachweisen muss. Der Zahlungsbefehl als Grundlage des Vollstreckungsverfahrens kann grundsätzlich gegenüber jedermann erwirkt werden, unabhängig davon, ob tatsächlich eine Schuld besteht oder nicht. Dem Betreibungsamt bzw. der Aufsichtsbehörde steht es nicht zu, über die Begründetheit der in Betreibung gesetzten Forderung zu entscheiden. Allein die Behauptung, der Forderung fehle jede Grundlage, lässt die Betreibung damit noch nicht als rechtsmissbräuchlich erscheinen. Insbesondere kann nicht von einem rechtsmissbräuchlichen Vorgehen gesprochen werden, wenn zwischen den Parteien tatsächlich rechtliche Beziehungen bestanden, darüber eine Auseinandersetzung stattfindet und die Betreibung in erster Linie eine **Verjährungsunterbrechung** bezweckt (BGer 1.12.2005 – 7B.182/2005 und 7B.183/2005, publiziert in Pra 95 (2006) Nr. 58. Die verjährungs-

Internationales Insolvenzrecht – Schweiz

unterbrechende Wirkung der Betreibung oder der Forderungsanmeldung im Konkurs folgt aus Art. 135 Ziff. 2 OR).

26   Hat der Gläubiger die Betreibung zurückgezogen (Art. 8a Abs. 3 lit. c schweizSchKG), darf das Betreibungsamt Dritten ebenfalls keine Kenntnis von der Betreibung geben. Dabei spielt es keine Rolle, wann der **Rückzug der Betreibung** erfolgte, insbesondere ob er vor oder nach der Zahlung stattgefunden hat (BGE 126 III 476). Da der Gläubiger auch nach Zahlung durch den Schuldner nicht dazu gezwungen ist, die Betreibung zurückzuziehen, wird diese so lange erscheinen, bis Gläubiger und Schuldner sich einigen. Diese Möglichkeit zur Verhandlung mit dem Gläubiger sollte den Schuldner dazu bringen, seine Schuld zu bezahlen im Austausch gegen das (zivilrechtlich gültige und durchsetzbare) Versprechen des Gläubigers, im Anschluss daran die Betreibung zurückzuziehen (vgl. schweizSchKG/Peter schweizSchKG Art. 8a N 27 f.).

C. Einleitungsverfahren

I. Einleitung der Betreibung

1. Betreibungsort

27   Beim Einleitungsverfahren bestimmt der Betreibungsort das für die Einleitung des Betreibungsbegehrens, die Zustellung des Zahlungsbefehls sowie die Erhebung des Rechtsvorschlages **zuständige Betreibungsamt** (Art. 67, 151 Abs. 1, 177 schweizSchKG). Der Betreibungsort ist aber auch für die weiteren Etappen des Vollstreckungsverfahrens von Bedeutung: Nach der Stellung des Fortsetzungsbegehrens beim zuständigen Betreibungsamt entscheidet dieses, ob die Betreibung auf dem Weg der Pfändung oder des Konkurses fortgesetzt wird (Art. 89 schweizSchKG; Art. 149 Abs. 3 iVm Art. 158 Abs. 2 schweizSchKG). Schließlich werden im Pfändungs- und Pfandverwertungsverfahren die Vermögenswerte des Schuldners vom zuständigen Betreibungsamt verwertet (Art. 116, 155 schweizSchKG) (KUKO schweizSchKG/Jeanneret/Strub schweizSchKG Vor Art. 46–55 N 3). Entsprechende Bedeutung hat der Konkursort in der Konkursbetreibung (→ Rn. 89).

28   Der Schuldner ist grundsätzlich an seinem **Wohnsitz oder Sitz** zu betreiben (ordentlicher Betreibungsort, Art. 46 schweizSchKG). Daneben sieht das schweizSchKG eine Vielzahl von besonderen Betreibungsorten vor (Art. 48–52 schweizSchKG) (→ Rn. 89; neben den dort genannten Orten ist insbesondere der Betreibungsort der gelegenen Sache (Art. 51 schweizSchKG) für eine Betreibung auf Pfandverwertung (→ Rn. 80 ff.) zu erwähnen).

2. Betreibungsbegehren

29   Das Betreibungsverfahren wird mit einem Betreibungsbegehren eingeleitet. Es stehen **Standardformulare** im Internet (zB auf dem offiziellen Portal des Bundesamtes für Justiz http://www.betreibungsschalter.ch. Dieses Portal ist Teil des Projekts eschweizSchKG, womit die Information und Übermittlung im Schuldbetreibungs- und Konkurswesen seit 2008 an die aktuellen technischen Möglichkeiten angepasst wurde und wird) zur Verfügung, aus denen die gem. Art. 67 schweizSchKG notwendigen Angaben (i) Name und Wohnort des Gläubigers und seines allfälligen Bevollmächtigten sowie, wenn der Gläubiger im Ausland wohnt, das von demselben in der Schweiz gewählte Domizil. Im Falle mangelnder Bezeichnung wird angenommen, dieses Domizil befinde sich im Lokal des Betreibungsamtes; (ii) Name und Wohnort des Schuldners und ggf. seines gesetzlichen Vertreters; (iii) Forderungssumme oder die Summe, für welche Sicherheit verlangt wird, in Schweizer Franken; bei verzinslichen Forderungen der Zinsfuss und der Tag, seit welchem der Zins gefordert wird; (iv) Forderungsurkunde und deren Datum; in Ermangelung einer solchen der Grund der Forderung. Letzterer muss genügend umschrieben werden; als Grund zB bloß „Schadenersatz" anzuführen genügt nur, wenn dem Betriebenen aus dem Gesamtzusammenhang klar wird, wofür er belangt wird (BGE 121 III 18); (v) Ist die Forderung pfandgesichert, muss auch der Pfandgegenstand und ein allfälliger Dritteigentümer des Pfandes genannt werden (Art. 151 schweizSchKG)) hervorgehen. Das Betreibungsbegehren ist schriftlich oder mündlich an das örtlich zuständige Betreibungsamt (→ Rn. 27 f.) zu richten.

30   Die Zwangsvollstreckung und Betreibung muss in der Schweiz stets in **Schweizer Franken** erfolgen (Art. 67 Abs. 1 Ziff. 3 schweizSchKG). Es kann also nicht in Euros oder Dollars vollstreckt werden. Die Umrechnung erfolgt zum Kurs im Zeitpunkt der Stellung des Betreibungsbegehrens. Zum Zeitpunkt der Stellung des Fortsetzungsbegehrens (→ Rn. 41) kann der Gläubiger die Forderung in fremder Währung erneut in Schweizer Franken umrechnen (Art. 88 Abs. 4

schweizSchKG), was sich bei einem in der Zwischenzeit gefallenen Kurs des Schweizer Frankens anbietet. Der Schuldner hat jedoch weiterhin das Recht, sich durch Zahlung in der fremden Schuldwährung zu befreien, da die betreibungsrechtliche Umrechnung keine Novation darstellt (OR/Leu OR Art. 84 N 11 mwN; BGE 135 III 88. In diesem Entscheid hielt das Bundesgericht auch fest, dass der Umrechnungskurs eine notorische, da zB im Internet leicht überprüfbare Tatsache ist, die deshalb weder behauptet noch bewiesen werden muss).

3. Zahlungsbefehl

Nach Empfang des Betreibungsbegehrens erlässt das Betreibungsamt den Zahlungsbefehl. Der 31
Zahlungsbefehl enthält neben den Angaben des Betreibungsbegehrens (Art. 69 schweizSchKG):
- die Aufforderung an die betriebene Person, die betriebene Forderung innert 20 Tagen zu bezahlen;
- die Mitteilung an die betriebene Person, dass sie sich innert 10 Tagen nach Zustellung des Zahlungsbefehls durch Rechtsvorschlag der Betreibung widersetzen kann, wenn sie die Forderung oder das Recht, sie auf dem Betreibungsweg geltend zu machen, bestreiten will;
- den Hinweis auf die Rechtsfolge bei Untätigkeit der betriebenen Person, dh der Möglichkeit für den Gläubiger, die Betreibung fortzusetzen.

Der Zahlungsbefehl wird **doppelt ausgefertigt,** wovon ein Exemplar sofort durch das Betrei- 32
bungsamt selbst oder durch die Post dem Schuldner zugestellt wird (Art. 70–72 schweizSchKG). Nach der Erhebung des Rechtsvorschlags oder dem unbenutzten Ablauf der Bestreitungsfrist wird dem Gläubiger sein Exemplar zugestellt (Art. 76 schweizSchKG).

4. Rechtsvorschlag

Der Rechtsvorschlag bewirkt die **Einstellung der Betreibung.** Der Gläubiger muss für die 33
Fortsetzung der Betreibung Rechtsöffnung erwirken.

Mit dem Rechtsvorschlag bestreitet der Schuldner den Bestand oder die betreibungsrechtliche 34
Durchsetzbarkeit der Forderung. Er muss grundsätzlich **nicht begründet** werden (Art. 75 Abs. 1 schweizSchKG) (vgl. aber die Ausnahmen im Falle des Rechtsvorschlags wegen fehlenden neuen Vermögens (→ Rn. 197 ff.) und im Falle eines nachträglichen Gläubigerwechsels (Art. 77 schweizSchKG). Eine Pflicht zur Begründung des Rechtsvorschlags besteht in der Wechselbetreibung (Art. 179 schweizSchKG), auf welche nicht näher eingegangen wird).

5. Beseitigung des Rechtsvorschlags

a) Funktion, Begriff, Arten. Der Rechtsvorschlag der betriebenen Person bewirkt die Einstel- 35
lung der Betreibung (Art. 78 Abs. 1 schweizSchKG). Zu deren Fortsetzung ist die Beseitigung des Rechtsvorschlages erforderlich. Die Rechtsöffnung ist der erste Verfahrensschritt, in welchem im Betreibungsverfahren überhaupt **Beweise** vorgelegt werden müssen. Der Gläubiger kann nämlich grundlos die Betreibung einleiten (auch wenn es gar keine Schuld gibt) und der Schuldner kann auch gegen eine an sich rechtmäßige Forderung den Rechtsvorschlag erheben.

Die Rechtsöffnung ist möglich auf dem Wege: 36
- des ordentlichen Prozesses (Anerkennungsklage) (→ Rn. 37);
- der provisorischen Rechtsöffnung (→ Rn. 38);
- der definitiven Rechtsöffnung (→ Rn. 40).

b) Anerkennungsklage. Liegt weder ein provisorischer noch ein definitiver Rechtsöffnungstitel vor, 37
kann der Betreibende die Betreibung nach dem Rechtsvorschlag nur mittels Anerkennungsklage fortsetzen. Bei der Anerkennungsklage handelt es sich um einen **gewöhnlichen Forderungsprozess,** in welchem der betreibende Gläubiger Bestand, Höhe und Fälligkeit der in Betreibung gesetzten Forderung geltend macht und zusätzlich die Beseitigung des Rechtsvorschlags verlangt (Art. 79 schweizSchKG). Entsprechend gelten auch die allgemeinen Gerichtsstandsbestimmungen und allfällige Gerichtsstandsvereinbarungen (KUKO schweizSchKG/Vock schweizSchKG Art. 79 N 4).

c) Provisorische Rechtsöffnung. Steht dem Betreibenden eine „durch öffentliche Urkunde 38
festgestellte" oder **„durch Unterschrift bekräftigte Schuldanerkennung"** als Rechtstitel zur Verfügung, kann er vor Gericht in einem schnellen („summarischen") Verfahren direkt um Aufhebung des Rechtsvorschlags und damit um Erteilung der provisorischen Rechtsöffnung ersuchen (Art. 82 Abs. 1 schweizSchKG). Um diese zu vereiteln, genügt es dem Betriebenen allerdings, „Einwendungen, welche die Schuldanerkennung entkräften, sofort glaubhaft" zu machen (Art. 82 Abs. 2 schweizSchKG). Als provisorische Rechtsöffnungstitel gelten neben eigentlichen Schuldan-

erkennungen auch zweiseitige Verträge unter bestimmten Voraussetzungen, wobei die Zahlungsverpflichtung sich nicht unbedingt aus einer einzigen Urkunde (Kauf-, Miet-, Darlehensvertrag usw) ergeben, sondern auch aus einer Gesamtheit von Urkunden hervorgehen kann (Amonn/ Walther § 19 N 75 ff.; KUKO schweizSchKG/Vock schweizSchKG Art. 82 N 18 ff. mwN).

39 Wird die provisorische Rechtsöffnung erteilt, kann nach Eintritt der Rechtskraft sofort die **provisorische Pfändung** verlangt oder, falls der Schuldner der Betreibung auf Konkurs unterliegt (→ Rn. 93), die Aufnahme eines Güterverzeichnisses gem. Art. 162 schweizSchKG beantragt werden. Die provisorische Pfändung wird definitiv, wenn der Schuldner nicht innert 20 Tagen eine Aberkennungsklage, dh einen ordentlichen Prozess um Feststellung einer Nichtschuld (Art. 83 Abs. 2 schweizSchKG), einleitet oder wenn diese rechtskräftig abgewiesen wird (Art. 83 Abs. 3 schweizSchKG). Wird die provisorische Rechtsöffnung nicht erteilt, kann der Gläubiger eine Anerkennungsklage oder eine neue Betreibung einleiten, denn der im summarischen Verfahren ergangene Rechtsöffnungsentscheid hat im nachfolgenden Forderungsprozess oder in einer neuen Betreibung keine materielle Rechtskraft (KUKO schweizSchKG/Vock schweizSchKG Art. 84 N 27. Nicht möglich ist hingegen, in der gleichen Betreibung ein zweites Mal ein Rechtsöffnungsbegehren zu stellen, sollte das erste erfolglos geblieben sein).

40 d) Definitive Rechtsöffnung. Die definitive Rechtsöffnung setzt ein **vollstreckbares gerichtliches Urteil** oder einen diesem gleichgestellten Entscheid voraus (Art. 80 schweizSchKG). Darunter fallen neben gerichtlichen Vergleichen und Verfügungen schweizerischer Verwaltungsbehörden auch vollstreckbare öffentliche Urkunden nach den Art. 347–352 ZPO, ausländische Urteile und, soweit staatsvertraglich vorgesehen, ausländische vollstreckbare öffentliche Urkunden (s. Art. 57 LugÜ) sowie nationale und internationale Schiedsentscheide. Die Prüfung der Vollstreckbarkeitsvoraussetzungen gem. anwendbarem Staatsvertrag, insbesondere dem Lugano-Übereinkommen, oder gem. Art. 25 ff. IPRG kann dabei vorfrageweise im Rechtsöffnungsverfahren erfolgen (KUKO schweizSchKG/Vock schweizSchKG Art. 80 N 6 ff. Vgl. Sogo ZZZ 2008/2009, 29 ff.). Liegt ein solcher definitiver Rechtsöffnungstitel vor, kann der Schuldner dagegen grundsätzlich nur die Einreden der Tilgung, Stundung oder Verjährung vorbringen, wobei er diese mittels Urkunden beweisen muss (Art. 81 schweizSchKG) (vgl. KUKO schweizSchKG/Vock schweizSchKG Art. 81 N 1 ff. mwN. Ebenfalls eingewendet werden können fehlende Prozessvoraussetzungen im Rechtsöffnungsverfahren, materiellrechtliche Einwendungen gegen die Leistungspflicht aus einer vollstreckbaren öffentlichen Urkunde (Art. 81 Abs. 2 schweizSchKG) sowie fehlende Anerkennungsvoraussetzungen bei ausländischen Urteilen und internationalen Schiedsentscheiden (Art. 81 Abs. 3 schweizSchKG)). Ausländische öffentlich-rechtliche Forderungen werden nach einem bisher weltweit akzeptierten Verständnis auch in der Schweiz nicht vollstreckt (mit Ausnahme vereinzelter staatsvertraglicher Vereinbarungen, welche die Vollstreckung ausländischer öffentlich-rechtlicher Forderungen in der Schweiz zulassen; s. Strub, Ausländische öffentlich-rechtliche Forderungen in Schweizer Insolvenzverfahren in Jusletter, 29.5.2017).

II. Fortsetzung der Betreibung

41 Ist gegen den Zahlungsbefehl kein Rechtsvorschlag erhoben oder ist dem Gläubiger durch das Gericht die Rechtsöffnung erteilt worden, kann der Gläubiger das **Fortsetzungsbegehren** stellen, welches das Betreibungsverfahren wieder in Gang bringt (Art. 88 schweizSchKG). Wurde kein Rechtsvorschlag erhoben, muss der Ablauf einer Frist von 20 Tagen ab Zustellung des Zahlungsbefehles, dh der Zahlungsfrist gem. Art. 69 Abs. 2 Ziff. 2 schweizSchKG abgewartet werden. Das Recht zur Stellung des Fortsetzungsbefehls erlischt ein Jahr nach der Zustellung des Zahlungsbefehls. Die Erhebung des Rechtsvorschlags unterbricht den Lauf dieser Frist bis zur Rechtskraft des Rechtsöffnungsentscheids (der Fristenstillstand bezieht sich nur auf die Maximalfrist von einem Jahr (Art. 88 Abs. 2 schweizSchKG), nicht auf die Minimalfrist von 20 Tagen (Art. 88 Abs. 1 schweizSchKG), BGE 124 III 79, 81 f. Anderer Ansicht BGE 126 III 204, E. 4a S. 208, wonach die Zahlungsfrist gem. Art. 69 Abs. 2 Ziff. 2 schweizSchKG durch den Rechtsvorschlag – allerdings in diesem Fall wegen mangelnden neuen Vermögens (Art. 265a schweizSchKG; → Rn. 197 ff.) – unterbrochen wird). Grundsätzlich können nur Gläubiger mit abgeschlossenem Einleitungsverfahren das Fortsetzungsbegehren stellen. Art. 83 Abs. 1 schweizSchKG statuiert jedoch eine Ausnahme: Gläubiger, die eine provisorische Rechtsöffnung erwirkt haben, sind berechtigt, gegen der Betreibung auf Pfändung unterliegende Schuldner die provisorische Pfändung zu verlangen. Der provisorische Rechtsöffnungsentscheid muss allerdings formelle Rechtskraft erlangt haben und die Zahlungsfrist muss abgelaufen sein.

42 Im Fortsetzungsbegehren kann eine Schuld in fremder Währung nochmals neu in Schweizer Franken umgerechnet werden (→ Rn. 30). Nach Empfang des Fortsetzungsbegehrens entscheidet

das Betreibungsamt, ob die Betreibung **mittels Spezial- oder Generalexekution weiterzuführen** ist, und hat entsprechend unverzüglich die Pfändung zu vollziehen (Art. 89 schweizSchKG) oder dem Schuldner den Konkurs anzudrohen (Art. 159 schweizSchKG). In der Betreibung auf Pfandverwertung kann anstelle eines Fortsetzungsbegehrens direkt das Verwertungsbegehren gestellt werden (→ Rn. 80 ff.).

D. Betreibung auf Pfändung

I. Pfändung

1. Durchführung der Pfändung

a) Vollzug der Pfändung. Nach **Erhalt des Fortsetzungsbegehrens** hat das Betreibungsamt 43 dieses zu prüfen, insbesondere um festzustellen, auf welche Art die Betreibung fortgesetzt werden muss. Bestehen keine Hinweise darauf, dass die Betreibung auf Konkurs fortzusetzen ist (→ Rn. 93), ist die Betreibung auf Pfändung fortzusetzen.

Wird die Betreibung auf Pfändung fortgesetzt, muss die Pfändung „unverzüglich" nach Eingang 44 des Fortsetzungsbegehrens beim Betreibungsamt vollzogen werden (Art. 89 schweizSchKG). Das Betreibungsamt muss unter Beachtung der gesetzlichen Vorschriften (die Pfändung muss dem Schuldner grundsätzlich im Voraus angekündigt werden (→ Rn. 45). Sie darf nicht während den geschlossenen Zeiten (Art. 56 schweizSchKG: nachts und an Sonn- und Feiertagen, während den Betreibungsferien und während Rechtsstillstandes insbesondere wegen Militärdienstleistung des Schuldners oder eines Todesfalles in dessen Familie) erfolgen) **sofort zur Pfändung schreiten.**

Dass Betreibungsamt muss dem Schuldner die Pfändung spätestens am vorhergehenden Tage 45 **ankündigen** (Art. 90 schweizSchKG), dies unter Hinweis auf Art. 91 schweizSchKG. Gemäß dieser Bestimmung ist der Schuldner bei Straffolge (→ Rn. 393 f.) verpflichtet, der Pfändung beizuwohnen oder sich dabei vertreten zu lassen und seine Vermögensgegenstände, einschließlich derjenigen, welche sich nicht in seinem Gewahrsam befinden, sowie seine Forderungen und Rechte gegenüber Dritten anzugeben, soweit dies zu einer genügenden Pfändung nötig ist.

Der Schuldner kann sich bei der Pfändung vertreten lassen (Art. 91 Abs. 1 Ziff. 1 46 schweizSchKG). Zur **Vertretung** berechtigt sind ohne weiteres die Hausgenossen des Schuldners iSv Art. 64 Abs. 1 schweizSchKG (eine „zu seiner Haushaltung gehörende erwachsene Person" oder ein „Angestellter"), die Vertreter von öffentlichen Körperschaften, juristischen Personen, unverteilten Erbschaften, Kommandit- und Kollektivgesellschaften (Art. 65 Abs. 1 schweizSchKG) und deren Beamte und Angestellte (Art. 65 Abs. 2 schweizSchKG) (schweizSchKG/Lebrecht schweizSchKG Art. 91 N 7).

Der Schuldner hat dem Betreibungsbeamten anlässlich der Pfändung bezüglich Vermögenswer- 47 ten und Einkommen **Auskunft** zu erteilen. Dritte, die Vermögensgegenstände des Schuldners verwahren oder bei denen dieser Guthaben hat, sind gleichermassen auskunftspflichtig (Art. 91 Abs. 4 schweizSchKG). Die entsprechenden Pflichten – und Strafdrohungen – treffen auch Hausgenossen (KUKO schweizSchKG/Winkler schweizSchKG Art. 91 N 16) des Schuldners und bei juristischen Personen neben deren Organen auch die „anderen Angestellten" iSv Art. 65 Abs. 2 schweizSchKG. Auch Berufsgeheimnisträger wie Anwälte und Banken müssen Auskunft geben (Amonn/Walther § 22 N 35. Unzulässig ist es allerdings, zB wahllos alle Banken anzufragen, ob sie Vermögenswerte des Schuldners halten). Behörden, insbesondere auch Steuerbehörden, sind im gleichen Maße auskunftspflichtig wie der Schuldner (Art. 91 Abs. 5 schweizSchKG).

Die Pflicht zur Angabe der Vermögensgegenstände ist umfassend, dh sie betrifft auch diejenigen 48 Einkünfte und Vermögensgegenstände, die an anderen Orten, auch in anderen Kantonen und im Ausland, erzielt werden bzw. gelegen sind. Anzugeben – und pfändbar – sind insbesondere auch alle Forderungen, selbst wenn sie noch nicht verfallen oder bedingt sind, und alle Rechte, mit Ausnahme von bloßen Anwartschaftsrechten. Der Betreibungsbeamte lässt sich alle Vermögenswerte des Schuldners zeigen und legt fest, welche davon gepfändet werden. Er schätzt deren voraussichtlichen Erlös, um entscheiden zu können, wieviel er pfänden muss, damit die betreibenden Gläubiger befriedigt werden können.

Der Gläubiger ist an der Pfändung nicht beteiligt. Er kann dem Betreibungsbeamten aber 49 Hinweise auf Vermögenswerte (zB auf ihm bekannte Bankverbindungen des Schuldners) mitteilen. Das Betreibungsamt kann die betroffenen Dritten (zB Banken) direkt anschreiben und Auskunft verlangen.

Das Betreibungsamt darf nur über diejenigen Einkünfte des Schuldners verfügen, die der 50 Schuldner nicht zwingend zum Leben braucht (**Notbedarf**, Art. 93 Abs. 1 schweizSchKG).

Internationales Insolvenzrecht – Schweiz

Die Festlegung der Höhe dieses sog. **betreibungsrechtlichen Existenzminimums** obliegt dem Betreibungsamt und wird für jeden Schuldner individuell festgelegt. Als Basis für die Berechnung dienen Richtlinien der kantonalen Aufsichtsbehörden (diese stützen sich auf Richtlinien für die Berechnung des betreibungsrechtlichen Existenzminimums der Konferenz der Betreibungs- und Konkursbeamten der Schweiz, vgl. KUKO schweizSchKG/Kren Kostkiewicz schweizSchKG Art. 93 N 25 ff. Die Richtlinien wurden letztmals per 1.7.2009 überarbeitet (publ. in BISchK 2009, 193 ff., abrufbar unter https://www.bj.admin.ch/content/dam/data/bj/wirtschaft/schkg/gl/03-gl-ks-d.pdf)).

51 Weiter sieht das Gesetz unpfändbare Vermögenswerte vor, die aus wirtschaftlichen oder moralischen Gründen lebensnotwendig sind (**Kompetenzstücke**, Art. 92 Abs. 1 Ziff. 1–5 schweizSchKG) oder zum Schutz von öffentlichen Interessen unpfändbar sind (Art. 92 Abs. 1 Ziff. 6–11 schweizSchKG) (vgl. KUKO schweizSchKG/Kren Kostkiewicz schweizSchKG Art. 92 N 19 ff. Zu letzteren gehören ua Rentenleistungen von schweizerischen Sozialversicherungen (Ziff. 9a) und „Vermögenswerte eines ausländischen Staates oder einer ausländischen Zentralbank, die hoheitlichen Zwecken dienen" (Ziff. 11)). Dem Schuldner sollen die notwendigsten Gegenstände und mit dem Notbedarf ein minimales Einkommen belassen werden, selbst wenn dadurch zB der Notbedarf des betreibenden Unterhaltsgläubigers selbst ungedeckt bleibt. Im Übrigen sind nur **pfändbar:**
 • Vermögenswerte (Sachen, Forderungen, Immaterialgüter und andere Rechte), die einen **realisierbaren Vermögenswert** aufweisen;
 • gegenwärtige Vermögenswerte des Schuldners;
 • Sachen, die zum **Eigentum des Schuldners** gehören.

52 Weiter ist die gesetzliche Reihenfolge der Pfändung zu beachten (Art. 95 schweizSchKG):
 1) Bewegliches Vermögen (Bewegliche Sachen, Forderungen, Zugehör usw).
 2) Unbewegliches Vermögen (insbesondere Grundstücke) nur, wenn das bewegliche Vermögen nicht ausreicht.
 3) In letzter Linie werden Vermögenswerte gepfändet, auf welche ein Arrest gelegt ist, oder welche vom Schuldner als dritten Personen zugehörig bezeichnet oder von dritten Personen beansprucht werden.

53 Zum letzten Punkt ist anzumerken, dass grundsätzlich nur Gegenstände gepfändet werden dürfen, welche dem Schuldner rechtlich gehören. Die Pfändung von Gegenständen, die offensichtlich einem Dritten gehören, wäre nichtig (BGE 105 III 107, E. 3 S. 112–114). Ist die rechtliche Zugehörigkeit einer Sache unklar oder umstritten, kann ein **Drittanspruch** beim betreffenden Betreibungsamt angemeldet werden (Art. 106 Abs. 1 schweizSchKG). Der Entscheid über die Rechtslage kann nicht durch das Betreibungsamt erfolgen, sondern dafür steht das Widerspruchsverfahren (→ Rn. 64 ff.) zur Verfügung.

54 Die Pfändung ist mit der **Pfändungserklärung** gegenüber dem Schuldner oder seinem Vertreter vollzogen. Damit erklärt der Betreibungsbeamte dem Schuldner, welche Gegenstände gepfändet sind, und weist ihn darauf hin, dass er unter Strafandrohung nicht mehr darüber verfügen darf (Art. 96 Abs. 1 schweizSchKG). Diese Erklärung ist unabdingbare Voraussetzung für die Pfändung und deren Wirkungen. Nimmt der Schuldner an der Pfändung nicht teil (die Pfändung kann auch in Abwesenheit des Schuldners erfolgen, sofern dieser gehörig benachrichtigt wurde (BGE 112 III 14, E. 5 a S. 16)), entfaltet die Pfändung erst dann Wirkungen, wenn der Vollzug dem Schuldner mitgeteilt wurde, spätestens durch Zustellung der Pfändungsurkunde (BGE 130 III 661, E. 1.2 S. 663 f. mwN. Zur Pfändungsurkunde → Rn. 57).

55 b) Sicherungsmaßnahmen. Mit der Beschlagnahmeerklärung durch den Betreibungsbeamten ist die Pfändung zwar rechtswirksam vollzogen und der Schuldner darf bei Straffolge ohne Bewilligung des Betreibungsbeamten nicht mehr über die gepfändeten Vermögensstücke verfügen, doch genügt dies allein nicht unbedingt, um die effektive Vollstreckung zu gewährleisten. Verfügungen des Schuldners sind zwar ungültig, soweit dadurch die aus der Pfändung den Gläubigern erwachsenen Rechte verletzt werden, jedoch unter **Vorbehalt** der Wirkungen **des Besitzerwerbes durch gutgläubige Dritte** (Art. 96 Abs. 2 schweizSchKG).

56 Es sind deshalb Sicherungsmaßnahmen je nach Art des gepfändeten Gutes zu treffen. Bestimmte Arten von Gegenständen, zB Bargeld und Wertpapiere, sind durch den Betreibungsbeamten in Verwahrung zu nehmen. Bei gepfändeten Forderungen, insbesondere auch Lohnguthaben, zeigt dieser dem Schuldner des Betriebenen an, dass er rechtsgültig nur noch an das Betreibungsamt leisten kann. Fällige Forderungen werden eingetrieben, gepfändete Grundstücke mit einer **Grundbuchsperre** belegt. Sobald bei Grundstücken die Pfändung im Grundbuch vorgemerkt wurde, ist kein gutgläubiger Erwerb mehr möglich. Das Betreibungsamt muss die Pfändung dem Grundbuchamt deshalb „unverzüglich" mitteilen. Das Betreibungsamt hat den Grundpfandgläubigern

Internationales Insolvenzrecht – Schweiz

sowie ggf. den Mietern von der erfolgten Pfändung Kenntnis zu geben. Es sorgt für die Verwaltung und Bewirtschaftung des Grundstücks und heimst die anfallenden Früchte und Erträgnisse inklusive Miet- und Pachtzinsen ein. Wird ein Anteil an einem Gemeinschaftsvermögen wie zB einer unverteilten Erbschaft oder Personengesellschaft gepfändet, wird dies den beteiligten Dritten angezeigt. Der Gläubiger hat für die Kosten der Sicherungsmaßnahmen allenfalls einen Vorschuss zu leisten (Art. 99–105 schweizSchKG) (s. Amonn/Walther § 22 N 56 ff. Solche Sicherungsmaßnahmen – zB die Sperrung von Bankkonten – sind auch bereits zur Vorbereitung der Pfändung oder auch nur zwecks Feststellung des Vorhandenseins von Pfändungsgut zulässig).

c) Pfändungsurkunde. Das Ergebnis der Pfändung wird in der Pfändungsurkunde festgehalten, 57 in welcher alle gepfändeten Gegenstände und deren Schätzungswert aufgeführt werden (Art. 112 schweizSchKG). Die Pfändungsurkunde wird dem Gläubiger und dem Schuldner zugestellt (Art. 114 schweizSchKG). Sie hat für den Gläubiger folgende Bedeutung:
- Wurde überhaupt kein pfändbares Vermögen vorgefunden, dient diese sog. leere Pfändungsurkunde als definitiver (Pfändungs-)Verlustschein (Art. 112 Abs. 3, 115 Abs. 1, 149 schweizSchKG) (→ Rn. 78).
- Konnte nicht genügend Vermögen gepfändet werden, dient sie als provisorischer (Pfändungs-)Verlustschein (Art. 112 Abs. 3, 115 Abs. 2 schweizSchKG) (der provisorische Verlustschein (ungenügende Pfändung) begründet einen Arrestgrund und legitimiert zur paulianischen Anfechtung wie der definitive Verlustschein (→ Rn. 78), doch gilt er nicht als Schuldanerkennung iSv Art. 82 schweizSchKG, da die Höhe des Verlustes nicht definitiv feststeht (KUKO schweizSchKG/Wernli schweizSchKG Art. 115 N 8). Er ist nur in der laufenden Betreibung gültig und wird mit deren Abschluss durch den definitiven Verlustschein ersetzt).

2. Pfändungsanschluss (Anschlusspfändung)

a) Im Allgemeinen. Sämtliche Gläubiger, die innerhalb von 30 Tagen nach dem Vollzug der 58 Pfändung das Fortsetzungsbegehren stellen, bilden eine einzige Pfändungsgruppe (Art. 110 schweizSchKG). Das System der Gruppenbildung (Pfändungsanschluss, auch Anschlusspfändung genannt) beruht auf der Idee, dass die Pfändungsgläubiger in einem gewissen Maß gleich zu behandeln sind. Das Spezialexekutions-Prinzip wird insoweit durchbrochen. Es soll nicht ausschließlich der findigere und raschere Gläubiger profitieren, für den zuerst eine Pfändung vollzogen wird (schweizSchKG/Jent-Sörensen schweizSchKG Art. 110 N 1). Die Gläubiger werden über die Pfändung allerdings nicht informiert; die 30-tägige Anschlussfrist läuft in jedem Fall ab dem tatsächlichen Vollzug der Hauptpfändung (KUKO schweizSchKG/Wernli schweizSchKG Art. 110 N 7. Der Zeitpunkt, an dem die Pfändung hätte vollzogen werden sollen (dh „unverzüglich" gem. Art. 89 schweizSchKG), ist nicht maßgeblich; ein verzögerter Vollzug – und damit die Teilnahme weiterer Gläubiger – kann höchstens zu Schadenersatzansprüchen führen, BGE 106 III 111, E. 2 S. 113).

Läuft im Zeitpunkt des Pfändungsvollzugs nicht bereits die Teilnahmefrist zum Anschluss an 59 eine sich schon bildende Pfändungsgruppe, ausgelöst durch frühere Pfändungen, so ist das Datum des betreffenden Pfändungsvollzuges der Ausgangspunkt für die Gruppenbildung (sog. Hauptpfändung) (schweizSchKG/Jent-Sörensen schweizSchKG Art. 110 N 3). Der provisorischen Pfändung kommt dabei die Wirkung einer Hauptpfändung zu, dh auch eine provisorische Pfändung löst die Frist für den Pfändungsanschluss aus (BGE 104 III 52, E. 2 S. 53 f., BGE 38 I 241, S. 242 ff.).

b) Privilegierter Pfändungsanschluss. Das Betreibungsamt hat den Ehegatten des Schuldners, 60 seine Kinder sowie bestimmte weitere Personen, die eine **besonders nahe und persönliche Beziehung zum Schuldner** haben, über die Pfändung zu informieren, soweit ihm solche Personen bekannt sind. Diese Personen haben dann 40 Tage Zeit, um sich der Pfändung anzuschließen, ohne dass sie in dieser Zeit ein Fortsetzungsbegehren stellen müssten (Art. 111 schweizSchKG). Unabhängig vom Rechtsgrund sind sämtliche Forderungen des Ehegatten privilegiert, dh auch solche, die nicht aus dem ehelichen Verhältnis herrühren (KUKO schweizSchKG/Wernli schweizSchKG Art. 111 N 8; schweizSchKG/Jent-Sörensen schweizSchKG Art. 111 N 17). Seit dem Inkrafttreten des Bundesgesetzes v. 18.6.2004 über die eingetragene Partnerschaft gleichgeschlechtlicher Paare (Partnerschaftsgesetz) am 1.1.2007 sind in Art. 111 und anderen Bestimmungen des schweizSchKG die eingetragene Partnerin oder der eingetragene Partner dem Ehegatten gleichgesetzt. Der privilegierte Pfändungsanschluss für die übrigen Personen ist in Art. 111 schweizSchKG eng beschränkt. Die Forderungen aller anschlussberechtigten Personen müssen in jedem Fall fällig sein (BGE 127 III 46, E. 3a/bb S. 49 f.). Zur privilegierten Teilnahme muss die betreffende Person anstelle eines Fortsetzungsbegehrens ein **Anschlussbegehren** stellen, welches dieselben Angaben wie ein Betreibungsbegehren enthalten muss.

Internationales Insolvenzrecht – Schweiz

61   c) **Folgen des Pfändungsanschlusses.** Die Gläubiger, die eine Gruppe bilden, haben untereinander den Erlös der für sie gepfändeten Gegenstände zu teilen. Für die **Verteilung** ist Art. 146 schweizSchKG maßgebend (Jaeger/Walder/Kull Art. 110 N 24. Zur Verteilung → Rn. 74 ff.). Deckt der Erlös der Pfändung die Gläubigerforderungen nicht, ist, soweit überhaupt noch möglich, eine Nachpfändung (Art. 145 schweizSchKG) (→ Rn. 76) vorzunehmen. Eine Nachpfändung löst wiederum die Teilnahmefristen für den Pfändungsanschluss gem. Art. 110–111 schweizSchKG aus (Art. 145 Abs. 3 schweizSchKG).

62   d) **Vorgehen gegen den Pfändungsanschluss.** Gegen ordentliche Anschlusspfändungen muss betreibungsrechtliche Beschwerde erhoben werden, wenn der Anschluss per se, dh das Fehlen von dessen formellen Voraussetzungen bestritten wird. Bestand, Höhe und Rang der Forderung werden dagegen mit Kollokationsklage bekämpft (Art. 148 schweizSchKG) (schweizSchKG/Schöniger schweizSchKG Art. 148 N 12, 19). Bestreitet ein Gläubiger den Bestand von angeblichen Forderungen anderer Gläubiger, müssen Letztere, obschon beklagte Parteien, den Bestand ihrer Forderungen beweisen (schweizSchKG/Schöniger schweizSchKG Art. 148 N 43).

63   Anders läuft das Verfahren beim privilegierten Anschluss ab: Das Betreibungsamt gibt dem Schuldner und den Gläubigern von einem solchen Anspruch Kenntnis und setzt ihnen eine Frist von zehn Tagen zur **Bestreitung**. Wird der Anspruch bestritten, so findet die Teilnahme nur mit dem Recht einer provisorischen Pfändung statt, und der Ansprecher muss innert zwanzig Tagen klagen (Art. 111 Abs. 4 und 5 schweizSchKG („Anschlussklage")). Tut er dies nicht, fällt seine Teilnahme dahin. Auch hier müsste der Drittgläubiger, dh zB der Ehegatte, seinen Anspruch beweisen.

3. Widerspruchsverfahren

64   Das Betreibungsverfahren richtet sich immer gegen einen bestimmten Schuldner. Das schweizSchKG sieht deshalb in Art. 106–109 ein Verfahren vor, das im Ergebnis sicherstellen soll, dass Vermögenswerte, die gar nicht dem Schuldner gehören, in einer Betreibung gegen diesen nicht gepfändet und verwertet werden. Wird geltend gemacht, einem Dritten stehe an einem durch das Betreibungsamt gepfändeten Gegenstand das Eigentum, ein Pfandrecht oder ein anderes, **besseres Recht** zu, das der Pfändung entgegensteht, so merkt das Betreibungsamt diesen Anspruch in der Pfändungsurkunde besonders an (Art. 106 Abs. 1 schweizSchKG). Sowohl der Schuldner wie auch der Dritte selbst können geltend machen, ein Vermögenswert stehe nicht dem Schuldner, sondern dem Dritten zu.

65   Die **Parteirollenverteilung** im Widerspruchsverfahren hängt vom Inhaber des Gewahrsams über den Vermögenswert ab:
- Ist der **Schuldner Inhaber des Gewahrsams** über eine bewegliche Sache, erscheint seine Berechtigung an einer Forderung oder einem anderen Recht als wahrscheinlicher als die des Dritten, oder bezieht sich der aus dem Grundbuch nicht ersichtliche Anspruch auf ein Grundstück, können Schuldner und Gläubiger den Anspruch des Dritten beim Betreibungsamt bestreiten, ansonsten er in der betreffenden Betreibung als anerkannt gilt. Wird der Anspruch bestritten, muss der Dritte gegen den bestreitenden Schuldner oder Gläubiger oder gegen beide (mit getrennten Klagen (KUKO schweizSchKG/Rohner schweizSchKG Art. 107/108 N 18)) innert der vom Betreibungsamt anzusetzenden Frist von 20 Tagen auf Feststellung seines Anspruchs klagen (Art. 107 schweizSchKG).
- Umgekehrt müssen bei **Gewahrsam oder Mitgewahrsam des Dritten** entweder Schuldner oder Gläubiger oder beide gegen den Dritten auf Aberkennung dessen Anspruchs klagen (Art. 108 schweizSchKG). Das Bestreitungsverfahren vor dem Betreibungsamt entfällt in diesem Fall.

66   Maßgebend für die Frage nach dem besseren Rechtsschein und damit der Klagerollenverteilung für das Widerspruchsverfahren ist der Zeitpunkt der Pfändung (schweizSchKG/A. Staehelin schweizSchKG Art. 107 N 7; BGE 80 III 114; BGer v. 13.2.2014 – 5A_35/2014, E. 3.3). Die Bestreitung der Parteirollenverteilung hat mit betreibungsrechtlicher **Beschwerde** (Art. 17 schweizSchKG) gegen die Ansetzung der Klagefrist durch das Betreibungsamt zu erfolgen (KUKO schweizSchKG/Rohner schweizSchKG Art. 107/108 N 23 f. mwN). Die Klage ist beim Gericht des Betreibungsortes einzureichen, falls der Drittansprecher klagt oder gegen ihn geklagt wird und er Wohnsitz im Ausland hat. Hat der Drittansprecher Wohnsitz in der Schweiz, muss dort gegen ihn geklagt werden. Bei Grundstücken ist in jedem Fall beim Gericht am Lageort zu klagen (Art. 109 schweizSchKG).

II. Verwertung

1. Im Allgemeinen; Fristen

Die Pfändung führt zur Erfassung und Sicherstellung des Vollstreckungssubstrats. Dieses wird jedoch **nur auf ausdrückliches Begehren** der Gläubiger verwertet (Art. 116 schweizSchKG), mit Ausnahme eines Notverkaufs (Art. 124 Abs. 2 schweizSchKG) oder im Anschluss an eine Nachpfändung von Amtes wegen (Art. 145 schweizSchKG) (→ Rn. 76). Für die mutmasslichen Kosten der Verwertung kann das Betreibungsamt einen Vorschuss verlangen (Art. 68 schweizSchKG, Art. 29–33 GebV schweizSchKG). 67

Das Verwertungsbegehren kann nur innerhalb bestimmter **Minimal- und Maximalfristen** gestellt werden: Gemäß Art. 116 schweizSchKG kann der Gläubiger die Verwertung der gepfändeten beweglichen Vermögensstücke sowie der Forderungen und der andern Rechte frühestens einen Monat und spätestens ein Jahr, diejenige der gepfändeten Grundstücke frühestens sechs Monate und spätestens zwei Jahre nach der definitiven (gem. Art. 118 schweizSchKG kann ein Gläubiger aufgrund einer provisorischen Pfändung die Verwertung noch nicht verlangen. Entsprechend laufen für ihn die Maximalfristen von Art. 116 schweizSchKG nicht, die Minimalfristen beginnen jedoch bereits mit dem Vollzug der Pfändung (KUKO schweizSchKG/Rüetschi schweizSchKG Art. 118 N 4)) Pfändung verlangen. Damit ist der Zeitpunkt des Vollzugs der Pfändung gemeint und nicht erst derjenige der Mitteilung der Pfändungsurkunde an den Gläubiger (BGE 115 III 109). Nicht maßgeblich ist danach auch die Zustellung der Pfändungsurkunde an den Schuldner, obwohl vor diesem Zeitpunkt keine weiteren Betreibungshandlungen vorgenommen werden dürfen, insbesondere einem Verwertungsbegehren nicht stattgegeben werden darf, wenn sich der Schuldner demselben widersetzt. Der Vollzug erfolgt für körperliche Sachen wie für Forderungen gegenüber dem Schuldner konstitutiv durch die ausdrückliche Bezeichnung der einzelnen Objekte (Jaeger/Walder/Kull Art. 89 N 9. Zum Vollzug → Rn. 43 ff.). Eine Ausnahme ist jedoch für den Fall zu machen, in dem weder der Schuldner noch ein Vertreter desselben dem Pfändungsakt beigewohnt hat; ohne, dass er davon Kenntnis hat, kann die Pfändung ihm gegenüber ihre Wirkungen nicht ausüben. Demnach erfolgt der Vollzug in diesem Fall erst mit der Zustellung der Pfändungsurkunde an den Schuldner (BGer v. 8.5.2006 – 7B.47/2006, E. 2.4.; BGE 112 II 14, E. 5a S. 16). Die auf die Verwertung anwendbaren Regeln finden sich für die „beweglichen Sachen und Forderungen" in Art. 122–132a schweizSchKG (→ Rn. 69 ff.) und für die „Grundstücke" in Art. 133–143b schweizSchKG und der VZG (→ Rn. 72 ff.). 68

2. Verwertung von beweglichen Sachen und Forderungen

Bewegliche Sachen und Forderungen werden vom Betreibungsamt frühestens zehn Tage und spätestens zwei Monate nach Eingang des Verwertungsbegehrens **öffentlich versteigert** (Art. 122, 125 ff. schweizSchKG). Auf Begehren des Schuldners kann die Verwertung stattfinden, auch wenn noch kein Gläubiger berechtigt ist, sie zu verlangen (Art. 124 Abs. 1 schweizSchKG). Der Betreibungsbeamte kann jederzeit Gegenstände und auch Forderungen, andere Rechte und Vermögensbestandteile anderer Art (KUKO schweizSchKG/Rüetschi schweizSchKG Art. 124 N 3 mwN; aA CR LP/Bettschart Art. 124 N 2, wonach für die Verwertung von „Vermögensbestandteilen anderer Art" vermutungsweise ausschließlich Art. 132 schweizSchKG (→ Rn. 70) anwendbar ist) verwerten, die schneller Wertverminderung ausgesetzt sind, deren Unterhalt kostspielig ist oder die unverhältnismäßig hohe Aufbewahrungskosten verursachen (Art. 124 Abs. 2 schweizSchKG). Die vorzeitige Verwertung gem. Art. 124 schweizSchKG erfolgt grundsätzlich wie die ordentliche nach den Regeln von Art. 125 ff. schweizSchKG, dh durch öffentliche Versteigerung. 69

Der **freihändige Verkauf** ist immer möglich im Einverständnis aller Beteiligten sowie ua bei der Verwertung von Wertpapieren oder anderen Gegenständen mit einem Markt- oder Börsenpreis und im Falle von Art. 124 Abs. 2 schweizSchKG (Art. 130 schweizSchKG). Geldforderungen des Schuldners können im Einverständnis aller pfändenden Gläubiger diesen oder einem von ihnen für gemeinschaftliche Rechnung an Zahlungs Statt oder zur Eintreibung angewiesen werden (Art. 131 schweizSchKG). Die Art der Verwertung von „Vermögensbestandteilen anderer Art" wie einer Nutznießung oder eines Anteils an einem Gemeinschaftsvermögen (Erbschaft, Personengesellschaft) oder von Immaterialgüterrechten wird durch die Aufsichtsbehörde bestimmt. Sie kann nach Anhörung der Beteiligten die Versteigerung anordnen, die Verwertung einem Verwalter übertragen oder eine andere Art der Verwertung, insbesondere den Freihandverkauf, bestimmen (Art. 132 schweizSchKG). Die Verwertung von Anteilen an Gemeinschaftsvermögen ist in der VVAG geregelt. 70

Internationales Insolvenzrecht – Schweiz

71   Die Verwertung kann gem. Art. 123 schweizSchKG aufgeschoben werden, wenn der Schuldner glaubhaft macht, dass er die Schuld ratenweise tilgen kann, und sich zu regelmäßigen und angemessenen Abschlagszahlungen verpflichtet. Das Betreibungsamt kann nach Erhalt der ersten Rate die Verwertung maximal um zwölf bzw. sechs Monate im Falle von Forderungen der 1. Klasse gem. Art. 219 Abs. 4 schweizSchKG (→ Rn. 277) hinausschieben; es setzt die Höhe und die Verfalltermine der Abschlagszahlungen fest und hat dabei die Verhältnisse des Schuldners und des Gläubigers zu berücksichtigen. Der Zahlungsplan kann, wenn es die Umstände gebieten, auf Gesuch oder von Amtes wegen angepasst werden. Der Aufschub fällt ohne weiteres dahin, wenn auch nur eine Rate nicht fristgerecht geleistet wird. Die Verfügungen des Betreibungsamtes betreffend Genehmigung des **Verwertungsaufschubs** und des Zahlungsplans sowie dessen Anpassung können durch Beschwerde (Art. 17 schweizSchKG) angefochten werden.

3. Verwertung von Grundstücken

72   Grundstücke werden vom Betreibungsamt frühestens einen Monat und spätestens drei Monate nach Eingang des Verwertungsbegehrens **öffentlich versteigert.** Auf Begehren des Schuldners und mit ausdrücklicher Zustimmung sämtlicher Pfandungs- und Grundpfandgläubiger kann die Verwertung stattfinden, auch wenn noch kein Gläubiger berechtigt ist, sie zu verlangen (Art. 133 schweizSchKG). Die weiteren Details des Verwertungsverfahrens mittels Zwangsversteigerung sind in Art. 134–143a schweizSchKG und in der VZG geregelt.

73   An die Stelle der Versteigerung kann der **freihändige Verkauf** treten, wenn alle Beteiligten damit einverstanden sind und mindestens der Schätzungspreis angeboten wird. Auch in diesem Fall muss vorgängig ein Lastenbereinigungsverfahren (Art. 138 Abs. 2 Ziff. 3 und Abs. 3, Art. 140 schweizSchKG), mittels welchem Ansprüche anderer Beteiligter am Grundstück ermittelt werden, durchgeführt werden (Art. 143b schweizSchKG). Das Gesetz legt keine bestimmte Form für die Zustimmung zum Freihandverkauf vor. Eine konkludente Zustimmung aller Beteiligten genügt, doch ist in der Praxis einer schriftlichen Zustimmung aller Beteiligten der Vorzug zu geben.

III. Verteilung

1. Im Allgemeinen

74   Die Verteilung findet statt, sobald alle in einer Pfändung enthaltenen Vermögensstücke verwertet sind (Art. 144 Abs. 1 schweizSchKG). Aus dem Erlös werden **vorweg die Kosten** für die Verwaltung, die Verwertung und die Verteilung bezahlt. Der Reinerlös wird den beteiligten Gläubigern bis zur Höhe ihrer Forderungen, einschließlich des Zinses bis zum Zeitpunkt der letzten Verwertung und der vom Gläubiger vorgeschossenen Betreibungskosten (Art. 68 schweizSchKG), ausgerichtet (Art. 144 Abs. 3–4 schweizSchKG).

75   Art. 144 Abs. 2 schweizSchKG sieht die Möglichkeit von **Abschlagszahlungen** vor, auch wenn noch nicht alle Vermögenswerte verwertet sind. Dies liegt im Interesse der Gläubiger, die möglichst schnell zu ihrem Geld kommen wollen, und in demjenigen des Schuldners, da der Zinsenlauf auf den durch die Abschlagszahlungen beglichenen Forderungsbeträgen gestoppt wird. Vorausgesetzt ist zum einen, dass die Anzahl der Gläubiger und ihrer Forderungen definitiv feststeht, dh es dürfen keine Anschlusspfändungen, Widerspruchsverfahren, Kollokationsklagen (→ Rn. 77) usw mehr hängig sein. Zum anderen muss ein provisorischer Verteilungsplan erstellt werden (KUKO schweizSchKG/Stöckli/Possa schweizSchKG Art. 144 N 7 f.).

2. Bei ungenügendem Reinerlös

76   Das Betreibungsamt hat unverzüglich von Amtes wegen weitere Vermögenswerte des Schuldners zu pfänden **(Nachpfändung)** und diese möglichst rasch zu verwerten, wenn der Erlös aus der Verwertung ungenügend ist, um alle Gläubigerforderungen zu befriedigen (Art. 145 schweizSchKG). Nicht zu verwechseln ist die Nachpfändung mit der Pfändung neu entdeckter Vermögenswerte auf Verlangen des Gläubigers (Art. 115 Abs. 3 schweizSchKG). Diese ist möglich innert Jahresfrist seit Zustellung der Pfändungsurkunde.

77   Wenn der Erlös aus den vorangegangenen Pfändungs- und Verwertungsverfahren die Forderungen der Gläubiger derselben Gruppe nicht vollständig deckt, muss ein **Kollokationsplan**, aufgrund dessen sich die Rangfolge der Befriedigung der Gläubiger bestimmt, und eine Verteilungsliste erstellt werden (Art. 146 schweizSchKG). Die Gläubiger erhalten dabei den Rang, den sie im Konkurs des Schuldners einnehmen würden (Art. 219 schweizSchKG) (→ Rn. 277), wobei für die zeitlich beschränkten privilegierten Forderungen der Zeitpunkt des Fortsetzungsbegehrens

maßgeblich ist. Die Forderungen, die im gleichen Rang (**pari passu**) stehen, werden proportional befriedigt. Mittels Kollokationsklage kann ein Gläubiger die Forderung oder den Rang eines anderen Gläubigers bestreiten (Art. 148 schweizSchKG).

3. Pfändungsverlustschein

Kann die Forderung des Gläubigers mangels verwertbaren Vermögens des Schuldners **nicht** **78** **vollständig gedeckt** werden, erhält er einen definitiven Pfändungsverlustschein (149 Abs. 1 und 1bis schweizSchKG). Der Gläubiger erhält mit dem definitiven Pfändungsverlustschein insbesondere die folgenden betreibungsrechtlichen Ansprüche:
- Arrestlegung auf neu auftauchendes Vermögen des Schuldners (Art. 149 Abs. 2 iVm Art. 271 Abs. 1 Ziff. 5 schweizSchKG);
- Anfechtung von Rechtshandlungen des Schuldners, mit denen dieser Vermögenswerte der Zwangsvollstreckung entziehen wollte (Art. 149 Abs. 2 iVm Art. 285 ff. schweizSchKG) (→ Rn. 316 ff.);
- Anhebung eines Vollstreckungsverfahrens ohne Einleitungsverfahren innert sechs Monaten seit Zustellung des Verlustscheins an den Schuldner (Art. 149 Abs. 3 schweizSchKG).

Materiellrechtlich hat der definitive Pfändungsverlustschein folgende Wirkungen: **79**
- Der Schuldner hat für die verurkundete Forderung keine Zinsen zu leisten (Art. 149 Abs. 4 schweizSchKG);
- Für die verurkundete Forderung beginnt eine neue Verjährungsfrist von 20 Jahren zu laufen (Art. 149a Abs. 1 schweizSchKG);
- Weitere zivilrechtliche Wirkungen sind zB im Erbrecht (vgl. Art. 524 Abs. 1 ZGB (Recht der Verlustscheinsgläubiger auf Einleitung einer erbrechtlichen Herabsetzungsklage) und Art. 609 Abs. 1 ZGB (Mitwirkung der Behörde an der Erbteilung auf Verlangen der Verlustscheinsgläubiger)) oder in Art. 250 Abs. 2 OR (Aufhebung eines Schenkungsversprechens) vorgesehen.

E. Betreibung auf Pfandverwertung

I. Einführung

Die Betreibung auf Pfandverwertung ist in Art. 151 ff. schweizSchKG geregelt. Das Vollstre- **80** ckungssubstrat besteht hier einzig aus dem Pfandgegenstand, deshalb ist eine Nachpfändung bei ungenügender Pfanddeckung nicht möglich. Der Gläubiger erhält in diesem Fall einen Pfandausfallschein. Weiter handelt es sich um eine **reine Spezialexekution,** die keine Konzession an das Prinzip möglichst gleicher Behandlung der Gläubiger macht. Im Konkurs werden die pfandgesicherten Forderungen aus dem Ergebnis der Pfandverwertung vorweg bezahlt. Pfandgesicherte Forderungen sind grundsätzlich durch Betreibung auf Pfandverwertung geltend zu machen; erst danach kann allenfalls auf das übrige Schuldnervermögen zugegriffen werden. Dies gilt ohne Rücksicht darauf, ob der Schuldner konkursfähig ist oder der Pfändungsbetreibung unterliegt.

Voraussetzung für die Einleitung eines Pfandverwertungsverfahrens ist, dass der Pfandschuldner **81** **nicht oder nicht mehr,** dh dass das Konkursverfahren eingestellt wurde, **in Konkurs** ist. Gegen einen Schuldner in Konkurs kann generell keine Betreibung für eine vor der Konkurseröffnung entstandene Forderung eingeleitet werden (Art. 206 Abs. 1 S. 1 schweizSchKG). Dies gilt allerdings nicht für eine Betreibung auf Verwertung eines Pfandes, das von einem Dritten, der selbst nicht in Konkurs ist, bestellt wurde (Art. 206 Abs. 1 S. 2 schweizSchKG).

II. Vorrang der Pfandverwertung (beneficium excussionis realis)

Gemäß Art. 41 Abs. 1 schweizSchKG erfolgt die Betreibung pfandgesicherter Forderungen **82** grundsätzlich durch **Vorausverwertung des Pfandes.** Dem Schuldner steht das sog. beneficium excussionis realis zu; er kann sich gegen eine Betreibung auf Pfändung oder Konkurs mit einer Beschwerde zur Wehr setzen (Art. 41 Abs. 1bis schweizSchKG). Dies hat jedoch rechtzeitig, dh innerhalb von 10 Tagen seit Zustellung des Zahlungsbefehls, zu geschehen, ansonsten er sein beneficium verliert (BGE 101 III 18, E. 2a S. 21 f.).

In bestimmten Fällen darf aber der Gläubiger zwischen der Betreibung auf Pfandverwertung **83** und den anderen Betreibungsarten frei wählen, ohne dass sich der Schuldner überhaupt auf das beneficium berufen könnte. So steht es dem Pfandgläubiger frei, den allgemeinen Weg der ordentlichen Betreibung zu beschreiten, sofern er in gesetzlicher Form **auf sein Pfandrecht verzichtet** und dies dem Schuldner spätestens im Zahlungsbefehl mitgeteilt wird (BGE 104 III 8, E. 2 S. 9; BGE 93 III 11, E. 1 S. 15; Amonn/Walther § 32 N 15). Das beneficium ist von Gesetzes wegen in bestimmten Fällen ausgeschlossen, so bei Einräumung des Rechtes auf Privatverwertung oder Verzicht auf die Einrede im Pfandvertrag (für weitere Fälle s. Art. 41 Abs. 2 schweizSchKG; KUKO schweizSchKG/Jent-Sörensen schweizSchKG Art. 41 N 14, 18). Letzteres ist vor allem für den Drittpfandbesteller von Bedeutung, der sich auf diese Weise das beneficium excussionis personalis sichert, das ebenfalls mit Beschwerde geltend zu machen ist (Amonn/Walther § 32 N 10). Besteht keine solche Abrede, besteht für den Drittpfandgläubiger die Gefahr, dass der Schuldner auch in diesem Fall das beneficium excussionis realis geltend macht und damit die Vorausverwertung des Drittpfandes erzwingt. In der Lehre ist allerdings umstritten, ob hier das beneficium dem Schuldner überhaupt zusteht (zum Meinungsstand s. ZGB/Bauer/Bauer Art. 891 N 9. Gemäß Bauer/Bauer sei dies jedenfalls im Sinne einer Vermutung, deren Widerlegung dem Gläubiger obliegt, der Fall).

III. Verfahren

84 Grundsätzlich gelten die allgemeinen Bestimmungen (Art. 67 ff. schweizSchKG). Das Betreibungsbegehren muss jedoch den Pfandgegenstand und den Namen eines möglichen Dritten, der das Pfand bestellt oder zu Eigentum erworben hat, bezeichnen; ein allfälliger nachgehender Pfandgläubiger muss benachrichtigt werden (Art. 151 schweizSchKG). Für den Zahlungsbefehl gilt eine Zahlungsfrist von einem Monat, wenn ein Faustpfand zu verwerten ist, und von sechs Monaten bei einem Grundpfand; der Befehl muss auch Dritteigentümern zugestellt werden. Die Androhung lautet darauf, dass das Pfand verwertet werde, wenn nicht bezahlt oder Rechtsvorschlag erhoben wird (Art. 152 f. schweizSchKG). Mit dem Rechtsvorschlag kann auch **Umfang und Bestand des Pfandrechtes,** nicht nur der Forderung, bestritten werden. Den Rechtsvorschlag, ebenso wie die Aberkennungsklage nach provisorischer Rechtsöffnung, können auch allfällige mitbetriebene Dritte erheben. Rechtsöffnung wird erteilt, wenn der Gläubiger einen Rechtsöffnungstitel vorweist, der die bestrittene Forderung oder das bestrittene Pfand belegt.

85 Nach Ablauf der Zahlungsfrist von einem bzw. sechs Monaten kann das **Verwertungsbegehren** gestellt werden; die Maximalfrist beträgt ein Jahr beim Faustpfand und zwei Jahre beim Grundpfand (Art. 154 schweizSchKG). Sobald das Begehren vorliegt, schätzt das Betreibungsamt den Wert des Pfandes, nimmt es in Verwahrung bzw. stellt das Grundstück unter Zwangsverwaltung und leitet ein Widerspruchsverfahren ein, wenn ein Dritter Eigentum oder ein vorgehendes Pfandrecht geltend macht. Grundsätzlich wird das Pfand wie ein gepfändeter Vermögensgegenstand verwertet (Art. 156 Abs. 1 iVm Art. 122–143b schweizSchKG) (→ Rn. 67 ff.). Insbesondere bei Wertpapieren ist gem. Art. 130 schweizSchKG neben der Versteigerung auch ein Freihandverkauf möglich.

86 Das Verteilungsverfahren ist in Art. 157 schweizSchKG geregelt. Aus dem Pfanderlös sind vorab die Kosten, wozu auch die kantonalen Grundstückgewinnsteuern gehören (BGE 122 III 246; BGer v. 28.2.2003 – 7B.265/2002, E. 3), zu decken (Art. 157 Abs. 1 schweizSchKG). Aus dem erzielten Erlös werden die Grundpfandgläubiger in der Reihenfolge ihres Ranges befriedigt (Art. 817 Abs. 1 ZGB; vgl. auch Art. 219 Abs. 3 schweizSchKG). Ein Überschuss kommt dem Pfandeigentümer bzw. der Konkursmasse zugute. Bei ungenügendem Erlös muss ein Kollokationsplan erstellt werden (Art. 157 Abs. 3 schweizSchKG).

87 Konnte das Pfand wegen ungenügender Angebote nicht verwertet werden oder deckt der Erlös die pfandgesicherten Forderungen nicht, erhält der betreibende Pfandgläubiger einen Pfandausfallschein. Daraufhin kann der Gläubiger die Betreibung für die Ausfallforderung, je nach Person des Schuldners, auf Pfändung oder Konkurs einleiten (Art. 158 schweizSchKG). Die Pfandsicherung durch das Grundpfand erfasst nicht nur den Kapitalbetrag der Forderung, sondern auch die Betreibungskosten und Verzugszinsen sowie von den noch ausstehenden Vertragszinsen den laufenden Zins und drei verfallene Jahreszinsen (Art. 818 ZGB). Das Faustpfand bietet dem Gläubiger Sicherheit für die Forderung, alle verfallenen Zinsen, die Betreibungskosten und die Verzugszinsen (Art. 891 Abs. 2 ZGB).

F. Konkursrecht im Allgemeinen; Eröffnung des Konkurses

I. Allgemeines zum Konkurs

88 Die Eröffnung bzw. Durchführung des Konkursverfahrens führt zur **Generalexekution,** dh zur Vollstreckung aller Gläubigerforderungen in das gesamte Schuldnervermögen, und bei einer im Handelsregister eingetragenen Rechtseinheit (Einzelunternehmen, Personengesellschaften, juristische Personen, usw; Art. 2 HRegV) schließlich zu deren Löschung im Handelsregister (Art. 159 HRegV).

Internationales Insolvenzrecht – Schweiz

Im Grundsatz erfordert auch die Konkurseröffnung die Durchführung eines **Einleitungsver-** 89
fahrens mittels Betreibung durch einen Gläubiger. Das Gesetz sieht aber Ausnahmen dazu vor (Art. 190 ff. schweizSchKG, Art. 731b OR). Zuständig für die Konkurseröffnung ist der Konkursrichter am Konkursort, der sich entweder am ordentlichen Betreibungsort gem. Art. 46 schweizSchKG oder an einzelnen der besonderen Betreibungsorte befinden kann, nämlich am (KUKO schweizSchKG/Jeanneret/Strub schweizSchKG Vor Art. 46–55 N 4. Zum Betreibungsort → Rn. 27 f.):
- Aufenthaltsort (Art. 48 iVm Art. 190 schweizSchKG);
- letzten Wohnsitz des flüchtigen Schuldners (Art. 54 schweizSchKG);
- Ort der Geschäftsniederlassung eines Schuldners mit (Wohn-)Sitz im Ausland, beschränkt auf deren Schulden (Art. 50 Abs. 1 schweizSchKG);
- letzten Wohnsitz des konkursfähigen Erblassers bei einer (Fortsetzung der) Betreibung gegen die Erbschaft (Art. 49, 59 Abs. 2 schweizSchKG);
- Ort des Vermögens im Falle des Anschlusskonkurses gem. Art. 166 ff. IPRG (Art. 167 Abs. 1 IPRG) (→ Rn. 289 ff.).

Ausgeschlossen ist eine Konkurseröffnung am vom ausländischen Schuldner zur Erfüllung einer 90
Verbindlichkeit in der Schweiz gewählten Spezialdomizil gem. Art. 50 Abs. 2 schweizSchKG, am Ort der gelegenen Pfandsache gem. Art. 51 schweizSchKG sowie am Arrestort gem. Art. 52 schweizSchKG.

Mit der Eröffnung des Konkurses wird der Schuldnerin die Verfügungsmacht über ihr Vermögen 91
entzogen und der Konkursverwaltung zur Liquidation anvertraut. Die konkursite Schuldnerin, welche auch als „Konkursitin" oder „Gemeinschuldnerin" bezeichnet wird, hat auf den Gang der Liquidation keinen Einfluss. Maßgeblichen Einfluss nehmen können dagegen die Gläubiger, welche ihre Beschlüsse in speziellen Gläubigerversammlungen oder auf dem Zirkularweg treffen.

Die Konkursverwaltung wird ordentlicherweise durch das lokale Konkursamt wahrgenommen. 92
Die Gläubiger können das Konkursamt jedoch zumindest im ordentlichen Verfahren durch einen außeramtlichen Konkursverwalter ihrer Wahl, zB einen Rechtsanwalt oder eine Treuhand- und Revisionsgesellschaft, ersetzen.

II. Betreibung auf Konkurs

1. Voraussetzungen

Gemäß Art. 39 Abs. 1 schweizSchKG wird die Zwangsvollstreckung auf dem Wege des Konkur- 93
ses durchgeführt, sofern der Schuldner in einer der folgenden Eigenschaften **im Handelsregister eingetragen** ist:
- Inhaber einer Einzelfirma (Art. 934 und 935 OR);
- Mitglied einer Kollektivgesellschaft (Art. 554 OR);
- unbeschränkt haftendes Mitglied einer Kommanditgesellschaft (Art. 596 OR);
- Mitglied der Verwaltung einer Kommanditaktiengesellschaft (Art. 765 OR);
- Kollektivgesellschaft (Art. 552 OR);
- Kommanditgesellschaft (Art. 594 OR);
- Aktien- oder Kommanditaktiengesellschaft (Art. 620 und 764 OR);
- Gesellschaft mit beschränkter Haftung (Art. 772 OR);
- Genossenschaft (Art. 828 OR);
- Verein (Art. 60 ZGB);
- Stiftung (Art. 80 ZGB);
- Investmentgesellschaft mit variablem Kapital (Art. 36 KAG);
- Kommanditgesellschaft für kollektive Kapitalanlagen (Art. 98 KAG).

Die Eintragung im Handelsregister äußert ihre Wirkung ab dem der Publikation im SHAB folgen- 94
den Tag (Art. 39 Abs. 3 schweizSchKG) bis sechs Monate nach der Publikation der Streichung (Art. 40 schweizSchKG), wobei der Zeitpunkt der Stellung des Fortsetzungsbegehrens entscheidend ist, ob die Betreibung auf Konkurs fortgesetzt wird.

Für **pfandgesicherte Forderungen** wird die Betreibung grundsätzlich auch gegen konkursfä- 95
hige Schuldner durch Betreibung auf Pfandverwertung fortgesetzt (Art. 41 Abs. 1 schweizSchKG) (zur entsprechenden Einredemöglichkeit des Schuldners (beneficium excussionis realis) → Rn. 82). Die Konkursbetreibung ist in Bezug auf alle Schuldner auch für Steuern (→ Rn. 410), Abgaben, Gebühren, Bussen und andere im öffentlichen Recht begründete Forderungen, für Prämien der obligatorischen Unfallversicherung, für periodische familienrechtliche Unterhalts-

2. Ordentliche Konkursbetreibung

96   Im Normalfall hebt ein Gläubiger mit einem Betreibungsbegehren das Betreibungsverfahren an, worauf dem Schuldner ein **Zahlungsbefehl** zugestellt wird. Der Schuldner kann nun Rechtsvorschlag erheben, was den Gläubiger bei Fehlen einer Schuldanerkennung dazu zwingt, durch richterliche Überprüfung Bestand, Höhe, Fälligkeit und Vollstreckbarkeit der Forderung feststellen und den Rechtsvorschlag beseitigen zu lassen.

97   Wurde kein Rechtsvorschlag erhoben oder wurde dieser beseitigt, kann der Gläubiger beim Betreibungsamt frühestens 20 Tage nach der Zustellung des Zahlungsbefehls das **Fortsetzungsbegehren** stellen (→ Rn. 41 f.). Das Betreibungsamt hat dann festzustellen, ob die Betreibung auf dem Weg der Pfändung oder des Konkurses fortzusetzen ist.

98   Unterliegt der Schuldner der Konkursbetreibung (→ Rn. 93), droht ihm das Betreibungsamt nach Empfang des Fortsetzungsbegehrens unverzüglich den Konkurs an (Art. 159 schweizSchKG). Die **Konkursandrohung** enthält insbesondere die Anzeige, dass der Gläubiger, der das Fortsetzungsbegehren stellte, nach Ablauf von 20 Tagen das Konkursbegehren stellen kann, sofern der Schuldner bis dahin die Forderung zuzüglich Zinsen und Kosten nicht vollumfänglich bezahlt hat. Der Schuldner kann innert zehn Tagen nach Zustellung der Konkursandrohung mittels Beschwerde bei der Aufsichtsbehörde die Zulässigkeit der Konkursbetreibung gegen ihn bestreiten (Art. 160 schweizSchKG).

99   Der Gläubiger kann zur vorzeitigen Sicherung des Konkurssubstrats, sofern dies „geboten erscheint", beim Konkursrichter die Anordnung der Aufnahme eines Verzeichnisses aller Vermögensbestandteile des Schuldners beantragen (**Güterverzeichnis**, Art. 162–165 schweizSchKG). Die Tatsachen, aus welchen sich das Sicherungsbedürfnis ergibt, sind vom Gläubiger glaubhaft zu machen. Dabei sollten die Anforderungen an die Glaubhaftmachung nicht überspannt werden (schweizSchKG/Ottomann/Markus schweizSchKG Art. 162 N 13). Das Güterverzeichnis hat nur geringe praktische Bedeutung, vermutlich aufgrund des schlechten Verhältnisses von Nutzen und Kosten (KUKO schweizSchKG/Diggelmann schweizSchKG Art. 162 N 1; schweizSchKG/Ottomann/Markus schweizSchKG Art. 162 N 19).

100   Nach Ablauf von 20 Tagen seit der Zustellung der Konkursandrohung und spätestens 15 Monate nach Ausstellung des Zahlungsbefehls (zuzüglich der Dauer allfälliger, durch den Rechtsvorschlag ausgelöster Gerichtsverfahren) kann der Gläubiger beim Konkursgericht das **Konkursbegehren** stellen (Art. 166 schweizSchKG).

101   Liegt kein Aussetzungsgrund vor, entscheidet das Konkursgericht „ohne Aufschub", auch in Abwesenheit der Parteien, über das Konkursbegehren (Art. 171 schweizSchKG). Heißt es dieses gut, eröffnet es den Konkurs über den Schuldner. Ist der Entscheid (sog. Konkurserkenntnis oder **Konkursdekret**) rechtskräftig, beginnt das Konkursamt von Amtes wegen mit der Durchführung des Konkursverfahrens (→ Rn. 129 ff.). Das Gericht weist das Konkursbegehren ua ab, wenn der Schuldner durch Urkunden beweist, dass er die Schuld inklusive Zinsen und Kosten getilgt oder dass der Gläubiger ihm Stundung gewährt hat (Art. 172 Ziff. 3 schweizSchKG). Es kann den Entscheid aussetzen, wenn ihm ein Gesuch für die Gewährung einer Nachlassstundung vorliegt oder wenn auch ohne bereits anhängiges Gesuch Anhaltspunkte für das Zustandekommen eines Nachlassvertrages bestehen (Art. 173a schweizSchKG).

102   Der Gläubiger kann sein Konkursbegehren bis zum Konkurserkenntnis jederzeit zurückziehen; er kann es erst, aber immerhin (dh das Konkursbegehren kann in der laufenden Betreibung mehrmals gestellt werden, da der Rückzug des Konkursbegehrens keine materielle Rechtskraft schafft (KUKO schweizSchKG/Diggelmann schweizSchKG Art. 167 N 1)). nach Ablauf eines Monats wieder erneuern (Art. 167 schweizSchKG). Der Schuldner kann das Konkurserkenntnis an das obere kantonale Gericht (Art. 174 schweizSchKG) und anschließend an das Bundesgericht mittels **Beschwerde** in Zivilsachen (Art. 72 Abs. 2 lit. a BGG) ungeachtet des Streitwerts (Art. 74 Abs. 2 lit. d BGG) weiterziehen.

3. Wechselbetreibung

103   Für Forderungen, die auf einem Wechsel oder Check beruhen, ist bei den der Konkursbetreibung unterliegenden Schuldnern (Art. 39 Abs. 1 schweizSchKG) die Wechselbetreibung möglich (Art. 177 ff. schweizSchKG). Der Wechselgläubiger hat die Wahl zwischen der Wechselbetreibung und der ordentlichen Konkursbetreibung und ggf. der Betreibung auf Pfandverwertung. Entspre-

chend dem Wesen des Wechsels bzw. des Checks ist die Wechselbetreibung durch **Raschheit des Verfahrens,** insbesondere durch kürzere Fristen, geprägt.

III. Konkurseröffnung ohne vorgängige Betreibung

In Art. 190–193 schweizSchKG sind die Tatbestände geregelt, in denen ohne vorgängige Betreibung und **ohne Konkursandrohung** der Konkurs über den Schuldner direkt eröffnet werden kann. Dies kann sowohl auf Antrag des Gläubigers als auch auf Antrag des Schuldners selbst oder aufgrund der Intervention Dritter bzw. von Amtes wegen erfolgen. Ein Spezialfall ist die Anordnung der Liquidation einer Kapitalgesellschaft oder Genossenschaft durch den Richter nach den „Vorschriften über den Konkurs" wegen Mängel in deren Organisation gem. Art. 731b OR. 104

Auf die Verfahren der Konkurseröffnung ohne vorgängige Betreibung sind gem. Art. 194 schweizSchKG folgende Verfahrensbestimmungen der ordentlichen Konkursbetreibung anwendbar: 105
- Art. 169 schweizSchKG: Wer das Konkursbegehren stellt, haftet für die Kosten, die bis und mit der Einstellung des Konkurses mangels Aktiven oder bis zum Schuldenruf entstehen (der Gläubiger, der das Konkursbegehren gestellt hat, haftet nicht nur bis zur Verfügung der Einstellung, sondern bis zum Schluss des Konkursverfahrens mittels (nochmaliger) Verfügung des Konkursgerichts (Art. 268 Abs. 2 schweizSchKG), BGE 134 III 136, E. 2.2 S. 140). Diese Bestimmung ist nicht anwendbar im Falle von Art. 192 schweizSchKG.
- Art. 170 schweizSchKG: Das Konkursgericht kann sofort nach Eingang des Begehrens vorsorgliche Anordnungen, die zur Wahrung der Gläubigerrechte notwendig sind, treffen.
- Art. 173a–176 schweizSchKG betreffend Aussetzung, Weiterzug und Mitteilung des Entscheids des Konkursgerichts.

1. Auf Antrag eines Gläubigers

a) Übersicht. Ein Gläubiger kann ohne vorgängige Betreibung beim zuständigen Gericht die **sofortige Konkurseröffnung** über einen Schuldner, der nicht in jedem Fall der Betreibung auf Konkurs unterliegen muss, in folgenden Situationen beantragen: 106
- Art. 190 Abs. 1 Ziff. 1 schweizSchKG
  o dessen Aufenthaltsort unbekannt ist;
  o der die Flucht ergriffen hat, um sich seinen Verbindlichkeiten zu entziehen;
  o der betrügerische Handlungen zum Nachteil der Gläubiger begangen hat oder zu begehen versucht;
  o der bei einer Betreibung auf Pfändung Bestandteile seines Vermögens verheimlicht hat.
- Art. 190 Abs. 1 Ziff. 2 schweizSchKG
  o der seine Zahlungen eingestellt hat und der Konkursbetreibung unterliegt.

Legitimiert zur Stellung des Konkursbegehrens gem. Art. 190 Abs. 1 schweizSchKG ist jeder Gläubiger, der seine Gläubigereigenschaft glaubhaft macht, wobei seine Forderung noch nicht fällig zu sein braucht (BGer v. 12.7.2012 – 5A 117/2012; BGer v. 3. 12. 2008 – 5A 720/2008, E. 3.2 mwN („gewisse Wahrscheinlichkeit"); BGE 120 III 87; BGE 85 III 146, E. 3 S. 151 f.; KUKO schweizSchKG/Huber schweizSchKG Art. 190 N 15). 107

Weitere Möglichkeiten für den Gläubiger, die Konkurseröffnung über den Schuldner ohne Durchlaufen des Betreibungsverfahrens zu erwirken, gibt es nicht. Insbesondere sind die Gläubiger nicht berechtigt, die Überschuldungsanzeige für eine Kapitalgesellschaft anstelle deren Organe (Verwaltungsrat, Revisionsstelle) abzugeben (Krampf/Schuler AJP 2002, 1060 (1064 mwN). Zur Überschuldungsanzeige → Rn. 116 ff.). 108

b) Zahlungseinstellung des Schuldners. Gemäß Art. 190 Abs. 1 Ziff. 2 schweizSchKG kann ein Gläubiger beim Gericht die Konkurseröffnung ohne vorgängige Betreibung verlangen gegen einen dem Konkurs unterliegenden Schuldner, der seine Zahlungen eingestellt hat. 109

Eine Zahlungseinstellung liegt vor, wenn der Schuldner **dauernd Liquiditätsprobleme** hat, die eine einfache, vorübergehende Zahlungsunfähigkeit überschreiten, zB dadurch, dass er unbestrittene und fällige Schulden nicht bezahlt, oder gegen sich Konkursandrohungen anhäufen lässt, systematisch Rechtsvorschlag erhebt und selbst kleine Beträge nicht bezahlt. Eine Zahlungseinstellung zeigt sich oft auch indirekt durch ein Schreiben an alle Gläubiger mit dem Ersuchen um Geduld, eine außergerichtliche Stundung usw (KUKO schweizSchKG/Huber schweizSchKG Art. 190 N 8; schweizSchKG/Brunner/Boller schweizSchKG Art. 190 N 11). Eine vollständige Einstellung aller Zahlungen wird nicht verlangt, sondern es genügt, dass die Zahlungseinstellung wesentliche Teile der Geschäftstätigkeit betrifft oder dass ein einzelner Hauptgläubiger dauerhaft 110

Internationales Insolvenzrecht – Schweiz

nicht befriedigt werden kann (vgl. BGE 137 III 460, 468 E. 3.4.1; BGer v. 5.1.2016 – 5A_707/2015, E. 5.1; BGer v. 11.11.2010 – 5A_439/2010 mwN).

2. Auf Antrag des Schuldners (Art. 191 schweizSchKG)

111   Der Schuldner, der grundsätzlich der Betreibung auf Pfändung unterliegt, kann mittels einer Insolvenzerklärung gem. Art. 191 schweizSchKG dennoch die Durchführung eines Konkursverfahrens über ihn beantragen. Dies gibt ihm die Möglichkeit, einer Häufung von Pfändungsverfahren zu entkommen und wieder mehr finanziellen Spielraum zu haben. Die durch die Konkurseröffnung bewirkten erheblichen Erleichterungen für den Schuldner kommen einer Sanierung nahe (Amonn/Walther § 38 N 23. Die Erleichterungen wirken sich bereits mit der Konkurseröffnung aus, setzen allerdings die effektive Durchführung des Konkursverfahrens (keine Einstellung mangels Aktiven) voraus). Die Insolvenzerklärung steht auch der Konkursbetreibung unterliegenden Schuldnern offen. Aktiengesellschaften, GmbHs usw. wählen allerdings in der Praxis meistens den Weg der Überschuldungsanzeige, welche zu einer Eröffnung des Konkurses von Amtes wegen gem. Art. 192 schweizSchKG führt.

112   a) Insolvenzerklärung einer natürlichen Person. Eine natürliche Person unterliegt im Regelfall der Betreibung auf Pfändung. Indes kann jede natürliche Person einen Antrag auf Eröffnung des Konkurses zufolge **Zahlungsunfähigkeit** stellen. Liegt weder Rechtsmissbrauch noch Aussicht auf Sanierung (einvernehmliche private Schuldenbereinigung, Art. 333 ff. schweizSchKG) (diese steht nur Schuldnern zur Verfügung, die nicht der Konkursbetreibung unterliegen, dh nicht natürlichen Personen, die als Einzelfirmen im Handelsregister eingetragen sind; → Rn. 370) vor, so eröffnet das Gericht über den Schuldner den Konkurs (Art. 191 schweizSchKG).

113   Ein Konkurs ist vorteilhaft für den Schuldner, der nicht über genügend Vermögen verfügt, um sämtliche Gläubiger zu befriedigen. Die Vorteile äußern sich nicht in der gegenwärtigen Zwangsvollstreckung, sondern in der Zukunft: Bleiben bei der Verteilung des Konkurserlöses Forderungen ungedeckt, erhalten die Gläubiger einen Verlustschein (Art. 265 Abs. 1 schweizSchKG). Gestützt auf den Verlustschein kann der Schuldner nur dann erfolgreich betrieben werden, wenn er zu neuem Vermögen gekommen ist. Dem Schuldner soll damit ermöglicht werden, ein standesgemäßes, seinen persönlichen und beruflichen Verhältnissen entsprechendes Leben zu führen. Er soll sich finanziell erholen können. Ihm steht darum mehr zu als das betreibungsrechtliche Existenzminimum; er kann gestützt auf einen Konkursverlustschein nur erfolgreich betrieben werden, wenn er **neues Vermögen** gebildet hat (schweizSchKG/Huber schweizSchKG Art. 265 N 13 ff.; → Rn. 197 ff.).

114   b) Insolvenzerklärung einer juristischen Person. Die Möglichkeit, gem. Art. 191 schweizSchKG durch eine Insolvenzerklärung die Konkurseröffnung zu bewirken, steht nach unbestrittener Ansicht auch juristischen Personen offen. Einzige materielle Voraussetzung der Insolvenzerklärung ist die **schuldnerische Erklärung der Zahlungsunfähigkeit beim Gericht** (Giroud, Die Konkurseröffnung und ihr Aufschub bei der Aktiengesellschaft, 2. Aufl. 1986, 45). Im Falle einer Aktiengesellschaft ist hierzu ein öffentlich beurkundeter Beschluss der Generalversammlung erforderlich (Art. 736 Ziff. 2 OR), welcher vom Verwaltungsrat zu vollziehen ist (Art. 716a Abs. 1 Ziff. 6 OR) Jaeger/Walder/Kull/Kottmann Art. 191 N 4). Bei der GmbH muss die Auflösung durch die Gesellschafterversammlung (Art. 804 Abs. 2 Ziff. 16 OR) beschlossen und von der Geschäftsführung (Art. 810 Abs. 2 Ziff. 6 OR) vollzogen werden.

115   Rechtsfolge der Insolvenzerklärung stellt in der Regel die Konkurseröffnung und damit die Auflösung der Gesellschaft dar, es sei denn, es bestehe Aussicht auf Sanierung (schweizSchKG/Brunner/Boller schweizSchKG Art. 191 N 12, 19, 25). Entsprechend handelt es sich bei der Insolvenzerklärung trotz ihrer konkursrechtlichen Herkunft um eine der frei wählbaren Möglichkeiten, eine **juristische Person aufzulösen,** eine Option zu der sich eine Gesellschaft nach eigenem Gutdünken und aus eigenem Antrieb entschließen kann (Giroud, Die Konkurseröffnung und ihr Aufschub bei der Aktiengesellschaft, 2. Aufl. 1986, 49 f.). Dies erklärt, weshalb der Entscheid, die Insolvenz zu erklären, als Auflösungsbeschluss zu qualifizieren ist und zB bei einer Aktiengesellschaft zu den unübertragbaren Rechten der Generalversammlung gehört. Im Gegensatz zur Überschuldungsanzeige gem. Art. 192 schweizSchKG (→ Rn. 116) können weder der Verwaltungsrat noch die Revisionsstelle ohne Beschluss der Generalversammlung die Insolvenz erklären, denn nur mit der öffentlichen Beurkundung des Auflösungsbeschlusses der Generalversammlung werden die gesetzlichen Mitwirkungsrechte der Aktionäre, die ihre Beteiligungsrechte verlieren, gewährleistet (schweizSchKG/Brunner/Boller schweizSchKG Art. 191 N 13). Entsprechendes gilt für die anderen juristischen Personen, dh im Sinne eines contrarius actus zum Grün-

dungsbeschluss muss die Insolvenzerklärung bei der GmbH durch die Gesellschafterversammlung, beim Verein durch die Vereinsversammlung usw beschlossen werden.

3. Von Amtes wegen (Art. 192 schweizSchKG)

Bis zur Revision des Sanierungsrechts bezog sich diese Bestimmung nur auf die Überschuldungsanzeige. Da seither neue Tatbestände der Konkurseröffnung von Amtes wegen dazukamen, wurde der Wortlaut verallgemeinert. 116

a) Überschuldungsanzeige einer Kapitalgesellschaft oder Genossenschaft. Bei Überschuldung einer Kapitalgesellschaft (Aktiengesellschaft, Kommanditaktiengesellschaft, GmbH, Investmentgesellschaft mit variablem Kapital) oder einer Genossenschaft trifft die entsprechenden Organe im Gesellschaftsrecht vorgesehene **Pflicht zur Anzeige an den Richter**. Grundlegend ist die Regelung im Aktienrecht (Art. 725 f. OR), auf die sowohl bei der Kommanditaktiengesellschaft (Art. 764 Abs. 2 OR), der GmbH (Art. 820 OR) als auch der Investmentgesellschaft mit variablem Kapital (SICAV) (Art. 51 Abs. 6 KAG, Art. 64 Abs. 1 lit. a KVV iVm Art. 716a Abs. 1 Ziff. 7 OR) verwiesen wird. Die Regelung für die Genossenschaft (Art. 903 OR) entspricht derjenigen im Aktienrecht mit einigen Abweichungen (eine Angleichung an Art. 725 f. OR ist vorgesehen; OR/Wüstiner Art. 903 N 1 f.). 117

Überschuldet ist die Gesellschaft dann, wenn eine aktuelle Zwischenbilanz ergibt, dass die Forderungen der Gesellschaftsgläubiger weder zu Fortführungs- noch zu Veräußerungswerten gedeckt sind, dh dass das Fremdkapital (als Summe aller Schulden, Rückstellungen und passiven Rechnungsabgrenzungsposten) die Aktiven der Gesellschaft übersteigt. Ist dies der Fall, so ist der Verwaltungsrat nicht nur berechtigt, sondern verpflichtet (unter Haftungsfolge im Unterlassungsfall), aufgrund eines formellen Beschlusses (Art. 716a Abs. 1 Ziff. 7 OR) die **Bilanz beim Richter zu deponieren** (Art. 725 Abs. 2 OR). Eine Zwischenbilanz zu Fortführungs- und Veräußerungswerten ist dann zu erstellen, wenn der Verwaltungsrat der Gesellschaft bei pflichtgemäßer Sorgfalt und ordnungsgemäßer Geschäftsführung begründete Besorgnis einer buchmäßigen Überschuldung hat oder berechtigterweise haben muss. Die Zwischenbilanz muss durch die Revisionsstelle oder den zugelassenen Revisor (Art. 727 ff. OR) geprüft werden. Von einer Benachrichtigung des Richters darf nur abgesehen werden, wenn konkrete Aussichten auf eine Sanierung bestehen. Die Anforderungen an diese konkreten Aussichten sind hoch anzusetzen: Die Sanierungsmaßnahmen müssen sofort getroffen werden und ernsthafte Erfolgsaussichten haben (BGE 132 III 564, E. 5.1 S. 572 f.; BGE 116 II 533, E. 5a S. 540 f.; OR/Wüstiner Art. 725 N 40a mwN). Auch bei konkreten Sanierungsaussichten darf von einer Benachrichtigung des Richters nur abgesehen werden, wenn die Gläubigerforderungen nicht durch eine erneute Verschlechterung der finanziellen Lage gefährdet werden, dh die Voraussetzungen für einen Konkursaufschub gem. Art. 725a OR müssen gegeben sein (BGer v. 19.6.2001 – 4C.366/2000, E. 4b. Zum Konkursaufschub gem. Art. 725a OR → Rn. 343). Sodann kann ein rechtsgültiger Rangrücktritt durch Gläubiger im Ausmaß der Unterdeckung den Verwaltungsrat von der Anzeigepflicht zumindest vorübergehend entbinden (eine wörtliche Auslegung des Gesetzestextes von Art. 725 Abs. 2 OR könnte glauben lassen, ein Rangrücktritt würde per se den Verwaltungsrat von der Benachrichtigung des Richters entbinden, was aber stark zu relativieren ist, vgl. OR/Wüstiner Art. 725 N 45 ff.). Von einer Benachrichtigung kann ebenfalls abgesehen werden, wenn ein Gesuch um Gewährung der Nachlassstundung eingereicht wird, doch müssen auch hier die Voraussetzungen für die Gewährung eines Konkursaufschubes vorliegen (OR/Wüstiner Art. 725 N 40b. Zur Nachlassstundung → Rn. 346 ff.). 118

Handelt der Verwaltungsrat nicht und ist die Gesellschaft „offensichtlich überschuldet", muss die Revisionsstelle oder der zugelassene Revisor den Richter benachrichtigen (Art. 728c Abs. 3, 729c, 725 Abs. 3 OR). Die Revisionsstelle ist auch schon vor einer offensichtlichen Überschuldung zu einer Anzeige berechtigt; handeln muss sie, um sich von ihrer Verantwortlichkeit zu entlasten, aber spätestens dann, wobei es sich um ein qualitatives, nicht quantitatives Kriterium handelt (OR/Wüstiner Art. 725 N 42 mwN). Offensichtlich ist eine **Überschuldung** nach der Rechtsprechung dann, wenn jeder verständige Mensch ohne weitere Abklärungen sofort sieht, dass die Aktiven die Schulden und notwendigen Rückstellungen nicht zu decken vermögen und keine oder keine genügenden Rangrücktritte erfolgt sind (BGer v. 16.11.1999 – 4C.117/1999, zitiert nach OR/Watter/Maizar Art. 728c N 34. Vgl. OR/Watter/Maizar Art. 728c N 33 ff. und 729c N 10 ff. mwN). 119

Im Anschluss an die Benachrichtigung durch den Verwaltungsrat oder die Revisionsstelle eröffnet der Richter den Konkurs nach einer summarischen Prüfung der Situation aufgrund der Zwischenbilanz zu Fortführungs- und Veräußerungswerten und des Prüfungsberichts der Revisi- 120 onsstelle. Eine Parteiverhandlung oder Benachrichtigung der Gläubiger ist nicht nötig (OR/ Wüstiner OR Art. 725a N 1a). Der Richter kann jedoch der Gesellschaft auf begründetes Gesuch des Verwaltungsrates oder eines Gläubigers hin einen Konkursaufschub gewähren, „falls **Aussicht auf Sanierung** besteht" (Art. 725a OR). Der Richter eröffnet den Konkurs, wenn weder die Gesellschaft selber noch einer ihrer Gläubiger einen aussichtsreichen Sanierungsplan vorlegen kann und auch keine Anhaltspunkte für ein mögliches Zustandekommen eines Nachlassvertrages zwischen Gesellschaft und Gläubigern bestehen. In letzterem Fall kann das Gericht den Konkursentscheid von Amtes wegen zugunsten des Nachlassverfahrens aussetzen (Art. 173a Abs. 2 schweizSchKG).

121 Während Gesellschaftsgläubiger die Kosten des Konkursverfahrens (teilweise) vorschießen müssen, ist die überschuldete Gesellschaft, welche ihre Bilanz deponiert, von dieser Pflicht befreit (Art. 194 Abs. 1 schweizSchKG).

122 **b) Konkurseröffnung durch das Nachlassgericht.** Das Nachlassgericht eröffnet den Konkurs, wenn die notwendigen Quoren für die Zustimmung zum Nachlassvertrag durch die Gläubiger nicht erreicht wurden (Art. 305 schweizSchKG) oder wenn die übrigen Voraussetzungen für die Besttätigung des Nachlassvertrags durch das Nachlassgericht (Ar. 306 schweizSchKG) nicht erfüllt sind (Art. 309 schweizSchKG). Der Konkurs wird ebenfalls von Amtes wegen eröffnet, wenn da Nachlassgericht bei der Beurteilung eines Gesuchs um Gewährung oder Verlängerung einer provisorischen oder definitiven Nachlassstundung keine Aussicht auf Sanierung oder Bestätigung eines Nachlassvertrages sieht (Art. 293a Abs. 3, 294 Abs. 3 schweizSchKG). Der Konkurs kann aus diesem und weiteren Gründen auch während laufender Stundung eröffnet werden (Art. 296b schweizSchKG).

4. Auf behördliche Anordnung hin bei ausgeschlagener oder überschuldeter Erbschaft

123 Das Schweizer Erbrecht sieht drei Konstellationen vor, die zu einem sog. Erbschaftskonkurs führen:
- Die Erbschaft erweist sich im Rahmen einer amtlichen Liquidation erwiesenermaßen oder vermutungsweise als überschuldet (Art. 597 ZGB).
- Die gesetzlichen und eingesetzten Erben haben die Erbschaft ausgeschlagen oder die Ausschlagung ist infolge offenkundiger oder amtlich festgestellter Zahlungsunfähigkeit des Erblassers zum Zeitpunkt seines Todes zu vermuten (Art. 566 ZGB).
- Die Erbschaft wird von allen nächsten gesetzlichen Erben ausgeschlagen (Art. 573 Abs. 1 ZGB).

124 Entsprechend sieht Art. 193 Abs. 1 schweizSchKG vor, dass die zuständige Behörde in Erbschaftssachen das zuständige (→ Rn. 89) Konkursgericht benachrichtigt, wenn entweder alle Erben die Erbschaft ausgeschlagen haben oder die Ausschlagung zu vermuten ist oder wenn eine Erbschaft, für welche die amtliche Liquidation verlangt oder angeordnet worden ist, sich als überschuldet erweist. In beiden Fällen ordnet das Gericht die **konkursamtliche Liquidation** an (Art. 193 Abs. 2 schweizSchKG).

125 Der Erbschaftskonkurs kann auch durchgeführt werden, wenn ein Erblasser nicht der Konkursbetreibung unterlag (Amonn/Walther § 38 N 38). Die Eröffnung des Erbschaftskonkurses bewirkt auch eine Verlängerung des – jetzt konkursrechtlichen – **„Rechtsstillstandes"**, den das Gesetz der Erbschaft für die zwei Wochen vom Todestag an sowie während der für Antritt oder Ausschlagung der Erbschaft eingeräumten Überlegungsfristen (Art. 59 Abs. 1 schweizSchKG), dh während der Ausschlagungsfrist (Art. 566 ff. ZGB) und der Dauer eines öffentlichen Inventars (Art. 586 ZGB), einräumt. Art. 206 schweizSchKG (Ausnahmen vom Betreibungsverbot) ist allerdings sinngemäß anzuwenden (Amonn/Walther § 11 N 52 f. Zu Art. 206 schweizSchKG → Rn. 81, → Rn. 220, → Rn. 242).

5. Spezialfall: Liquidation nach den Vorschriften über den Konkurs infolge Mängel in der Organisation einer Kapitalgesellschaft oder Genossenschaft (Art. 731b OR)

126 Fehlt einer Aktiengesellschaft, einer GmbH (Art. 819 OR) oder einer Genossenschaft (Art. 908 OR) (sinkt bei einer Genossenschaft außerdem die Zahl der Genossenschafter unter sieben, ist Art. 731b OR analog anwendbar (Art. 831 Abs. 2 OR)) eines der vorgeschriebenen Organe (zB die Revisionsstelle) oder ist dieses nicht vorschriftsgemäß zusammengesetzt oder nicht mehr handlungsfähig (OR-Watter/Wieser Art. 731b N 6 mwN. Ausführlich zu den verschiedenen Anwendungsfällen s. Bühler SJZ 2018, 441 (442 ff.)), so kann gem. Art. 731b Abs. 1 OR (vgl. dazu Botschaft zur Revision des Obligationenrechts v. 19.12.2001 (BBl. 2002, 3148 ff. (insbesondere 3231 ff.)). Die Bestimmung wurde im Rahmen der Reform des GmbH-Rechts durch das

Bundesgesetz v. 16.12.2005 (GmbH-Recht sowie Anpassungen im Aktien-, Genossenschafts-, Handelsregister- und Firmenrecht) eingeführt und steht in Kraft seit 1.1.2008) ein Aktionär, ein Gläubiger oder der Handelsregisterführer dem Richter den Erlass der erforderlichen Maßnahmen beantragen, insbesondere folgende:
- Fristansetzung an die Gesellschaft unter Androhung ihrer Auflösung zur Wiederherstellung des rechtmäßigen Zustands (Ziff. 1);
- Ernennung des fehlenden Organs oder eines Sachwalters (Ziff. 2);
- Auflösung der Gesellschaft und Anordnung der Liquidation nach den „Vorschriften über den Konkurs" (Ziff. 3).

Seit der Einführung dieser Bestimmung per 1.1.2008 werden Mängel in der gesetzlich vorgeschriebenen Organisation einer Gesellschaft neu einheitlich geregelt. Die früheren Vorschriften waren verstreut und sahen unterschiedliche Zuständigkeiten (Richter, Handelsregisterbehörde, Vormundschaftsbehörde) vor. Der Fall des fehlenden Rechtsdomizils der Gesellschaft wurde allerdings nicht erfasst; dafür war weiterhin das Handelsregisteramt zuständig, das diesfalls die Auflösung der Gesellschaft anordnete (Art. 153b Abs. 1 HRegV). Mit der am 17.3.2017 verabschiedeten Revision von Art. 731b Abs. 1 OR, welche vermutlich nicht vor dem 1.1.2020 in Kraft treten wird, wird auch das fehlende Rechtsdomizil ausdrücklich als Organisationsmangel im Sinne dieser Bestimmung qualifiziert. Gleichzeitig wird das Handelsregisteramt zukünftig keine Parteistellung im Verfahren mehr haben, sondern die Angelegenheit – sofern der Organisationsmangel innerhalb der angesetzten Frist nicht behoben wurde – bloß noch an das Gericht überweisen (Bühler SJZ 2018, 441 (448 f. mwN)).

Die Anordnung der Liquidation einer Kapitalgesellschaft oder Genossenschaft durch den Richter nach den „Vorschriften über den Konkurs" wegen Mängel in deren Organisation gem. Art. 731b Abs. 1 Ziff. 3 OR ist ein Spezialfall, findet doch keine eigentliche Konkurseröffnung statt. Ebensowenig ist für dieses **„Konkursverfahren ohne Konkurseröffnung"** die Überschuldung oder Insolvenz der betreffenden Gesellschaft vorausgesetzt. Der Verweis auf die „Vorschriften über den Konkurs" ist im Gesetz nicht näher bestimmt. In erster Linie kommen die Bestimmungen zum formellen und materiellen Konkursrecht (Art. 197–270 schweizSchKG) zur Anwendung. Die gesetzliche Verweisung ist aber im weiten Sinne zu verstehen, sodass auch die allgemeinen Bestimmungen des schweizSchKG und die Verordnungen (KOV, VZG, usw) zur Anwendung kommen, soweit diese das Konkursverfahren betreffen (Lorandi AJP 2008, 1378 ff. (1391)).

G. Konkursverfahren (formelles Konkursrecht)

I. Übersicht

Die Durchführung des Konkurses beginnt mit der Konkurseröffnung und endet mit der Schlussverfügung des Konkursrichters. Das Verfahren nach der Eröffnung des Konkursverfahrens durch das Konkursgericht (→ Rn. 101) gliedert sich in folgende **Abschnitte:**
- Feststellung der Konkursmasse;
- Aufstellung des Kollokationsplans;
- Verwertung der Konkursmasse;
- Verteilung des Erlöses unter die Gläubiger;
- Schlusserkenntnis durch den Konkursrichter.

Das Konkursverfahren soll von der Eröffnung bis zum Schlusserkenntnis nicht mehr als **ein Jahr** dauern (Art. 270 Abs. 1 schweizSchKG). Größere und komplizierte Konkursverfahren, aber auch „einfache" Konkursverfahren wegen der Überlastung der Konkursämter dauern nicht selten erheblich länger. Generell können schwierige Verwertungen, zB von Grundstücken, Gesellschaftsanteilen oder im Ausland gelegene Aktiven, oder Prozessverfahren, die einen Einfluss auf das Konkursverfahren haben, dieses erheblich verzögern. Eine Verfahrensdauer von mehreren Jahren ist dann durchaus normal.

II. Konkursorgane

1. Konkursamt

In der Schweiz wird die Verwaltung des Konkurses (das Konkursamt handelt bis zur ersten Gläubigerversammlung nicht als (amtliche) Konkursverwaltung; ihr obliegt in dieser Stellung bloß die Verwaltung der Konkursmasse (Art. 221 iVm 240 schweizSchKG, schweizSchKG/Russenberger schweizSchKG Art. 238 N 4)) ab Beginn des Verfahrens zumindest bis zur ersten Gläubigerver-

Internationales Insolvenzrecht – Schweiz

sammlung immer von einer **staatlichen Behörde** ausgeübt, dem Konkursamt. Das Gericht, das den Konkurs eröffnet, betraut dieses mit dem Vollzug seiner Entscheidung. Der Zuständigkeitsbereich eines Konkursamtes kann einen ganzen Kanton oder nur einen Teil davon (Konkurskreis) umfassen. Der Vorsteher des Konkursamtes, sein Stellvertreter und die weiteren Beamten und Angestellten unterstehen der Aufsicht und Disziplinargewalt der kantonale Aufsichtsbehörde und der Kanton ist für ihre Handlungen verantwortlich. Das Konkursamt kann auch mit dem Betreibungsamt zusammengelegt sein. Für die Betreibungsämter gelten im Übrigen die gleichen Regeln (Art. 1 ff. schweizSchKG).

2. Außeramtliche Konkursverwaltung

132 Im ordentlichen Konkursverfahren entscheiden die Gläubiger, ob sie das Konkursamt als Konkursverwaltung beibehalten oder eine sog. **außeramtliche (private) Konkursverwaltung** einsetzen wollen. Im letzteren Fall wird diese sogleich gewählt, wobei gem. Art. 237 Abs. 2 schweizSchKG „eine oder mehrere Personen", und zwar natürliche oder juristische (BGE 101 III 43), als solche gewählt werden können. Auch die außeramtliche Konkursverwaltung übt ein öffentliches Amt aus; sie untersteht den gleichen Vorschriften wie das Konkursamt als amtliche Konkursverwaltung (Art. 241 schweizSchKG mit Aufzählung der entsprechend anwendbaren Bestimmungen).

133 Wird der Konkurs im **summarischen Verfahren** durchgeführt, ist die Einsetzung einer außeramtlichen Konkursverwaltung nicht möglich und von vornherein nichtig (BGE 121 III 142; gem. Amonn/Walther § 49 N 8 soll dies aufgrund eines einhelligen Gläubigerbeschlusses trotzdem in Frage kommen. Zum summarischen Konkurverfahren → Rn. 148 ff.

134 Das Gesetz verlangt keine bestimmten Qualifikationen zur Ausübung des Amtes als außeramtliche Konkursverwaltung, dh die Gläubiger sind frei in ihrer Wahl, zB von Anwälten, Notaren oder Treuhändern. Entsprechend gibt es in der Schweiz grundsätzlich **keine regulierte Berufsgruppe** von Konkurs- oder Insolvenzverwaltern (eine Ausnahme bildet der Kanton Luzern, der für die Übernahme von Sachwaltermandaten gem. schweizSchKG sowie im Falle eines Konkursaufschubs gem. Art. 725a OR das luzernische Sachwalterpatent oder ein gleichwertiges Fähigkeitszeugnis eines andern Kantons voraussetzt; vgl. Hunkeler, Das Nachlassverfahren nach revidiertem schweizSchKG, 1996, N 687 f.).

135 Art. 240 schweizSchKG legt die grundsätzliche Aufgabe der – amtlichen oder außeramtlichen – Konkursverwaltung fest: Erledigung aller zur Erhaltung und Verwertung der Masse gehörenden Geschäfte und die Vertretung der Masse vor Gericht. Die Konkursverwaltung handelt dabei als **gesetzliche Vertreterin des Schuldners,** dh sie übt die ihr gesetzlich eingeräumte Verfügungsmacht als Vertreterin des Schuldners aus (schweizSchKG/Russenberger schweizSchKG Art. 240 N 4 mwN). Unter die Umschreibung ihres allgemeinen Auftrags lassen sich sämtliche Aufgaben der Konkursverwaltung subsumieren. Oberste Richtlinie bleibt stets, den Gläubigern ein möglichst gutes Verwertungsergebnis zu verschaffen (schweizSchKG/Russenberger schweizSchKG Art. 240 N 7 mwN).

3. Gläubigerversammlungen

136 Gläubigerversammlungen sind nur im ordentlichen Konkursverfahren vorgesehen; im summarischen Konkursverfahren finden solche in der Regel nicht statt. Auf ihre Funktionen und Aufgaben wird im Rahmen der weiteren Verfahrensbeschreibung näher eingegangen (→ Rn. 155 ff. (erste Gläubigerversammlung) und → Rn. 178 ff. (zweite Gläubigerversammlung)).

4. Gläubigerausschuss

137 Die Gläubiger können im ordentlichen Konkursverfahren anlässlich der ersten Gläubigerversammlung oder auch erst später aus ihrer Mitte einen Gläubigerausschuss wählen; dieser ist **Hilfs- und Kontrollorgan der Konkursverwaltung.** Sofern die Gläubigerversammlung nichts anderes beschließt, hat der Gläubigerausschuss folgende Aufgaben (Art. 237 Abs. 3 schweizSchKG):
- Kontrolle der Geschäftsführung der Konkursverwaltung, Begutachtung der von dieser vorgelegten Fragen und allenfalls Einspruch gegen den Interessen der Gläubiger zuwiderlaufende Maßnahmen und Entscheide der Konkursverwaltung;
- Ermächtigung zur Weiterführung des Geschäftsbetriebes des Konkursiten;
- Genehmigung von Rechnungen, Ermächtigung zur Führung von Prozessen und zum Abschluss von Vergleichen und Schiedsverträgen;
- Genehmigung des Kollokationsplans (Art. 247 Abs. 3 schweizSchKG);

- Anordnung von Abschlagszahlungen auf die Dividende der Gläubiger;
- Einberufung weiterer Gläubigerversammlungen als der zwei gesetzlich vorgesehenen (Art. 255 schweizSchKG).

Bei der Wahl des Gläubigerausschusses empfiehlt es sich, auf die Sachkompetenz der Mitglieder zu achten. Es sollten einerseits mit Vorteil die verschiedenen Interessengruppen (Arbeitnehmer, Bankgläubiger, usw je nach Konstellation) vertreten sein; andererseits sollten die Kandidaten keine Interessenkonflikte haben, welche die Arbeit behindern würden. Die **Mitgliederzahl** ist nicht vorgeschrieben; in der Praxis sind es meistens drei oder fünf Mitglieder.

5. Aufsichts- und Gerichtsbehörden

Gegen jede Verfügung eines Konkursamtes oder einer außeramtlichen Konkursverwaltung kann grundsätzlich **Beschwerde an die Aufsichtsbehörde** geführt werden, sofern das schweizSchKG nicht den Weg der gerichtlichen Klage, sei es vor dem Konkursgericht oder den ordentlichen Zivilgerichten, vorschreibt (Art. 17 schweizSchKG).

III. Feststellung der Konkursmasse

Nach der Eröffnung des Konkurses durch den Konkursrichter folgen als erstes **Sicherungsmaßnahmen**. Warenlager und dergleichen müssen bis zur ersten Gläubigerversammlung unter genügender Aufsicht verwaltet werden, ansonsten werden sie geschlossen und versiegelt. Das Konkursamt nimmt ferner Geschäftsbücher, Wertpapiere, Bargeld und ähnliches in Verwahrung. Anschließend hat das Konkursamt eine **Inventarisierung** des Aktivvermögens vorzunehmen, um rasch einen Gesamtüberblick über das Vermögen des Schuldners zu gewinnen (Art. 221, 223 schweizSchKG). Eine zentrale Sicherungsmaßnahme ist die öffentliche Bekanntmachung der Konkurseröffnung mittels einer „vorläufigen Konkursanzeige", insbesondere um den guten Glauben Dritter zerstören zu können (KUKO schweizSchKG/Schober schweizSchKG Art. 221 N 4, 23).

Den Schuldner trifft dabei bei Straffolge (Art. 163 Ziff. 1, Art. 323 Ziff. 4 StGB; → Rn. 380 ff. und → Rn. 393 ff.) eine **Auskunfts- und Herausgabepflicht** (Art. 222 schweizSchKG). Diese betrifft auch:

- Personen, die mit dem Schuldner in gemeinsamem Haushalt gelebt haben, falls dieser gestorben oder flüchtig ist;
- Dritte, die Vermögensgegenstände des Schuldners verwahren oder bei denen dieser Guthaben hat;
- Behörden.

Der Schuldner hat bei seiner Einvernahme über alle seine Vermögenswerte und über alle weiteren Lebenssachverhalte, woraus unter Umständen Schlüsse auf eine mögliche Verheimlichung von Vermögenswerten gezogen werden könnten, Auskunft zu geben. Die Auskunftspflicht von Dritten über ihre Rechtsverhältnisse mit dem Schuldner geht gleich weit wie diejenige des Schuldners selbst, ebenso diejenige der Behörden. Die Auskunftspflicht geht dem Berufs- oder Geschäftsgeheimnis, dem Bank- und dem Amtsgeheimnis vor (KUKO schweizSchKG/Schober schweizSchKG Art. 222 N 1 ff. mwN).

IV. Bestimmung des Verfahrens

1. Allgemeines

Die Art des Verfahrens wird vom Konkursgericht auf Antrag des Konkursamtes bestimmt, nachdem dieses, insbesondere aufgrund des Konkursinventars und der Befragung des Schuldners (→ Rn. 140 ff.), einen ersten Überblick über die Lage gewonnen hat, was mehrere Wochen dauern kann. Fehlt es an den nötigen Aktiven, wird die Konkurseinstellung publiziert (Art. 230 schweizSchKG). Ansonsten wird der Konkurs öffentlich publiziert, sobald feststeht, ob das Verfahren im ordentlichen oder summarischen Verfahren durchgeführt wird, und die Gläubiger werden grundsätzlich mit der gleichen Publikation aufgefordert, ihre Forderungen innerhalb von 30 Tagen bei der Konkursverwaltung anzumelden (Schuldenruf, Art. 232 schweizSchKG). Ist absehbar, dass es länger dauert bis zum Entscheid über die Verfahrensart, erfolgt regelmäßig die Publikation des Konkurses mit dem Hinweis darauf, dass die Verfahrensart erst später bestimmt werde (sog. **vorläufige Konkursanzeige**).

2. Einstellung des Konkurses mangels Aktiven

144   Stellt das Konkursamt aufgrund des Inventars und der erhaltenen Auskünfte (Art. 221–222 schweizSchKG) fest, dass die Konkursmasse voraussichtlich nicht ausreicht, um die Kosten eines summarischen Konkursverfahrens zu decken, stellt es Antrag an das Konkursgericht, die **Einstellung des Konkursverfahrens mangels Aktiven** zu verfügen (Art. 230 Abs. 1 schweizSchKG). Das Konkursamt publiziert die Einstellung mit der Ankündigung der Schließung des Konkursverfahrens, wenn nicht ein Gläubiger innert 10 Tagen die Durchführung des Konkursverfahrens verlangt und die festgelegte Sicherheit leistet (Art. 230 Abs. 2 schweizSchKG). Der Konkurs, ob im summarischen oder ordentlichen Verfahren durchgeführt, kann auch später noch jederzeit mangels Aktiven eingestellt werden, zB nach Erstellung des Kollokationsplans und erfolgreicher Aussonderung von Aktiven (schweizSchKG/Lustenberger schweizSchKG Art. 230 N 6). Wird der verlangte Vorschuss nicht geleistet, erklärt das Konkursgericht das Verfahren für geschlossen (Art. 268 Abs. 2 schweizSchKG); diese Schlussverfügung braucht bei einer Einstellung des Konkursverfahrens mangels Aktiven nicht publiziert zu werden (Art. 93 S. 2 KOV).

145   Nach einer Einstellung des Konkursverfahrens kann der Schuldner während zwei Jahren auch auf Pfändung betrieben werden (Art. 230 Abs. 3 schweizSchKG), unabhängig davon, ob er konkursfähig ist oder nicht. Wichtig ist diese Möglichkeit vor allem beim Inhaber eines nach der Einstellung des Konkurses weitergeführten **Einzelunternehmens**, das im Handelsregister nicht gelöscht wird und deshalb ohne Aussicht auf Erfolg weiterhin nur auf Konkurs betrieben werden könnte (schweizSchKG/Lustenberger schweizSchKG Art. 230 N 22; Amonn/Walther § 44 N 27. Vgl. Art. 159 Abs. 5 lit. a HRegV e contrario). Juristische Personen und Einzelunternehmen, deren Geschäftsbetrieb aufgehört hat, werden drei Monate nach der Einstellung des Konkursverfahrens aus dem Handelsregister gelöscht (Art. 159 Abs. 5 lit. a HRegV). Will ein Gläubiger eine solche Person auf Pfändung betreiben, muss er dies ausdrücklich verlangen und Einspruch gegen die Löschung erheben.

146   Die vor der Konkurseröffnung eingeleiteten **Betreibungen**, welche mit der Konkurseröffnung aufgehoben wurden (Art. 206 Abs. 1 schweizSchKG) (→ Rn. 242), leben nach der Einstellung des Konkurses wieder auf. Die Zeit zwischen der Eröffnung und der Einstellung des Konkurses wird dabei für den Fristenlauf, zB die einjährige Gültigkeit des Zahlungsbefehls (Art. 88 Abs. 2 schweizSchKG) oder die Verdachtsfristen in der paulianischen Anfechtung, nicht mitberechnet (Art. 230 Abs. 4 schweizSchKG) (maßgebend für den Fristenlauf bzw. dessen Suspendierung ist die Veröffentlichung des Eintrages der Einstellung und des Schlusses des Konkursverfahrens mangels Aktiven im Schweizerischen Handelsamtsblatt durch das Eidgenössische Handelsregisteramt, BGE 130 III 481, 485 E. 2.1).

147   Nicht auf das Wiederaufleben der Betreibungen oder die Möglichkeit der Einleitung einer Betreibung auf Pfändung angewiesen sind die Pfandgläubiger einer juristischen Person. Diese können beim Konkursamt trotz Einstellung des Konkursverfahrens die **Verwertung ihrer Pfänder** verlangen (Art. 230a Abs. 2 schweizSchKG). Ebenso sieht das Gesetz eine spezielle Regelung für die Liquidierung einer Erbschaft nach eingestelltem Erbschaftskonkurs vor (Art. 230a Abs. 1 und 3 schweizSchKG) (Amonn/Walther § 44 N 24 f. mwN).

3. Summarisches Verfahren

148   Stellt das Konkursamt fest, dass die Kosten eines ordentlichen Konkursverfahrens voraussichtlich nicht gedeckt werden können, dann beantragt es beim Konkursgericht die Durchführung eines summarischen Verfahrens. Das Gleiche gilt, wenn die **Verhältnisse einfach** sind (Art. 231 schweizSchKG). Das Verfahren liegt somit grundsätzlich allein in den Händen des Konkursamtes, welches das Verfahren weitgehend frei und somit möglichst rationell gestalten kann. Ein Großteil der Konkursverfahren wird im summarischen Verfahren abgewickelt (Amonn/Walther § 49 N 1).

149   Jeder Gläubiger kann bis zur Verteilung die Durchführung eines ordentlichen Verfahrens verlangen, wenn er die mutmasslich ungedeckten Kosten dafür vorschießt oder sicherstellt (Art. 231 Abs. 2 schweizSchKG).

150   Das summarische Verfahren wird nach den Vorschriften des ordentlichen Verfahrens abgewickelt mit den folgenden **Ausnahmen** (Art. 231 Abs. 3 schweizSchKG):
- Es werden keine Spezialanzeigen an die bekannten Gläubiger (Art. 233 schweizSchKG) versandt (Art. 42 Abs. 2 KOV), dh alle Gläubiger erfahren vom Schuldenruf und den weiteren Bekanntmachungen allein durch die öffentliche Publikation gem. Art. 232 schweizSchKG.
- Das Inventar wird erst zusammen mit dem Kollokationsplan aufgelegt.
- In der Regel werden keine Gläubigerversammlungen durchgeführt, womit es auch keinen Gläubigerausschuss gibt. Stattdessen werden Gläubigerbeschlüsse auf dem Zirkularweg gefasst.

- Die Einsetzung einer außeramtlichen Konkursverwaltung ist ausgeschlossen (→ Rn. 133).
- Die Verwertung wird sofort nach Ablauf der Eingabefrist durchgeführt. Das Konkursamt entscheidet selbst über die Verwertungsart (Versteigerung/Freihandverkauf) (nur Art. 256 Abs. 3–4 schweizSchKG, nicht aber Abs. 1 (→ Rn. 183), sind im summarischen Verfahren anwendbar).
- Die Verteilungsliste muss nicht aufgelegt werden. Abschlagszahlungen sind ausgeschlossen (Art. 96 KOV).

Das Gesetz sieht vor, dass das Konkursamt die Gläubiger zu einer Versammlung einladen oder einen Gläubigerbeschluss auf dem Zirkularweg herbeiführen kann, wenn „aufgrund besonderer Umstände eine Anhörung der Gläubiger als wünschenswert" erscheint (Art. 231 Abs. 3 Ziff. 1 schweizSchKG). „Wünschenswert" ist die **Anhörung der Gläubiger,** wobei diese in der Praxis in der allermeisten Fällen auf dem Zirkularweg erfolgt, zB bei Geschäften von großer Tragweite (schweizSchKG/Lustenberger schweizSchKG Art. 231 N 31) oder bei besonderen Verwertungsproblemen bei einem einzelnen Aktivum (Jaeger/Walder/Kull/Kottmann Art. 231 N 4). Obschon aus dem Gesetzestext nicht ausdrücklich ersichtlich, gibt es aber auch Geschäfte, für welche die Anhörung der Gläubiger nicht nur wünschenswert, sondern zwingend erforderlich ist. Dies ist zB der Fall für den Entscheid über den Verzicht auf eigene Geltendmachung von Ansprüchen durch die Konkursmasse. Die Sanktion dafür ist nicht bloß Anfechtbarkeit, sondern Nichtigkeit. Der Verzicht auf die Geltendmachung zweifelhafter Rechtsansprüche der Konkursmasse muss auch im summarischen Konkursverfahren von der Gesamtheit der Gläubiger beschlossen werden, damit das Verfahren nach Art. 260 schweizSchKG durchgeführt werden kann, dh die Konkursverwaltung muss, bevor sie die Abtretung von Ansprüchen, die sie nicht selbst geltend machen will, den Gläubigern offeriert, einen Beschluss der Gläubiger erwirken, mit welchem auf die Geltendmachung durch die Konkursmasse verzichtet wird (BGE 134 III 75, E. 2.3 S. 78 f.; BGE 118 III 57 E. 3 S. 59 mwN; BGer v. 9.8.2002 – 7B.93/2002). **151**

Das summarische Verfahren muss wie jedes Konkursverfahren durch einen Entscheid des Konkursgerichtes formell als geschlossen erklärt werden (Amonn/Walther § 50 N 1). **152**

V. Schuldenruf

Steht fest, dass ein Konkurs durchgeführt wird und in welcher Verfahrensart (ordentliches oder summarisches Verfahren), macht das Konkursamt die Eröffnung des Konkurses öffentlich bekannt (Art. 232 Abs. 1 schweizSchKG). Die Publikation erfolgt im **Schweizerischen Handelsamtsblatt** und im jeweiligen kantonalen Amtsblatt, nach Bedarf auch in Zeitungen; für die Berechnung der Fristen und die Feststellung der mit der Publikation verbundenen Rechtsfolgen ist das Schweizerische Handelsamtsblatt maßgeblich (Art. 35 schweizSchKG). Die Bekanntmachung enthält folgende Punkte (Art. 232 Abs. 2 schweizSchKG): **153**
- Bezeichnung des Schuldners und seines Wohnortes bzw. Sitzes und Zeitpunkt der Konkurseröffnung.
- Aufforderung an die Gläubiger des Schuldners, ihre Forderungen oder Ansprüche auf im Besitz des Schuldners befindliche Vermögensstücke samt Beweismittel innert einem Monat seit der Bekanntmachung dem Konkursamt einzugeben. Spätere Konkurseingaben können jedoch bis zum Schluss des Konkursverfahrens unter Haftung für die dadurch verursachten Kosten (insbesondere für die Neuauflage und Publikation des Nachtrags zum Kollokationsplan und für die Abänderung eines bereits erstellten Verteilungsplans. Der Gläubiger kann zu einem Vorschuss angehalten werden, KUKO schweizSchKG/Sprecher schweizSchKG Art. 251 N 16 f. mwN) angebracht werden (Art. 251 schweizSchKG). Wird eine Forderung überhaupt nicht angemeldet, nimmt sie also nicht am Konkurs teil, so unterliegt sie trotzdem denselben Beschränkungen, denen auch kollozierte Forderungen, für welche ein Verlustschein ausgestellt worden ist, unterliegen (Art. 267 schweizSchKG) (→ Rn. 196).
- Aufforderung an die Schuldner des Konkursiten, sich innert der gleichen Frist beim Konkursamt zu melden, unter Hinweis auf die Straffolge bei Unterlassung (Art. 324 Ziff. 2 StGB; → Rn. 393 f.).
- Aufforderung an Personen, die Sachen des Schuldners als Pfandgläubiger oder aus anderen Gründen besitzen, diese Sachen innert der gleichen Frist dem Konkursamt zur Verfügung zu stellen, unter Hinweis auf die Straffolge bei Unterlassung (Art. 324 Ziff. 3 StGB; → Rn. 393 f.) sowie darauf, dass das Vorzugsrecht erlischt, wenn die Meldung ungerechtfertigt unterbleibt. „Zur Verfügung stellen" ist nicht gleichbedeutend mit der unbedingten Verpflichtung zur Einsendung der Gegenstände an das Konkursamt; es genügt, wenn sie zur Verfügung des Konkursamtes gehalten werden; letzteres hat sie abholen zu lassen (Jaeger/Walder/Kull/Kottmann Art. 232 N 15). Auf im Ausland gelegenen Pfandgegenstände findet Art. 232 Abs. 2 Ziff. 4

schweizSchKG keine Anwendung, dh eine Unterlassung der Auskunfts- und Herausgabepflicht hat in diesem Fall keinen Rechtsverlust (und keine Bestrafung) zur Folge, da diese Gegenstände ohnehin nicht zur Konkursmasse gezogen bzw. Sachen, die im Ausland liegen, nur einverlangt werden können, wenn die zuständige ausländische Instanz sich dem nicht widersetzt (schweizSchKG/Lustenberger schweizSchKG Art. 232 N 26; Jaeger/Walder/Kull/Kottmann Art. 232 N 13). Für den Verlust des Pfandrechts wird zumindest Fahrlässigkeit, wenn nicht sogar ein erhebliches Verschulden vorausgesetzt (BGE 71 III 80, E. 2 S. 87 f.).
- Einladung zur ersten Gläubigerversammlung.
- Aufforderung an alle Beteiligten, die im Ausland wohnen, einen Zustellungsort in der Schweiz zu bezeichnen, ansonsten das Konkursamt als Zustellungsort gilt.

154 Jedem Gläubiger, dessen Namen und Wohnort bekannt sind, stellt das Konkursamt ein Exemplar der Bekanntmachung mit uneingeschriebenem Brief zu (sog. **Spezialanzeige,** Art. 233 schweizSchKG).

VI. Erste Gläubigerversammlung

155 Innert zwanzig Tagen nach der definitiven Konkurspublikation, mit welcher dazu eingeladen wird, hat die erste Gläubigerversammlung stattzufinden (Art. 232 Abs. 2 Ziff. 5 schweizSchKG). Der Konkursverwalter leitet die Verhandlungen und bildet mit zwei von ihm bezeichneten Gläubigern das Büro, welches über die Zulassung nicht eingeladener Personen und bei Beanstandung über die Berechnung der Stimmen entscheidet. Die Versammlung ist beschlussfähig, wenn mindestens ein Viertel der bekannten Gläubiger anwesend oder vertreten ist. Bei vier oder weniger anwesenden oder vertretenen Gläubigern müssen diese mindestens die Hälfte der bekannten Gläubiger ausmachen. Die Versammlung beschließt mit der absoluten Mehrheit der stimmenden Gläubiger, dh Zahl und Höhe der Forderungen eines Gläubigers spielen keine Rolle **(Kopfstimmprinzip).** Bei Stimmengleichheit hat der Vorsitzende den Stichentscheid (Art. 235 schweizSchKG).

156 Ist die Gläubigerversammlung nicht beschlussfähig, kann der Konkursverwalter bloß über den Bestand der Masse orientieren und diese bis zur zweiten Gläubigerversammlung verwalten (Art. 236 schweizSchKG). Für die Beschlussfassung steht dann der Zirkularweg, der ansonsten nur in dringenden Fällen erlaubt ist, generell offen. Ein Antrag der Konkursverwaltung gilt dabei als angenommen, wenn ihm die Mehrheit der Gläubiger innert der angesetzten Frist ausdrücklich oder stillschweigend zustimmt (Art. 255a schweizSchKG). Durch Zirkular können auch eine außerordentliche Konkursverwaltung oder ein Gläubigerausschuss bestimmt werden (Amonn/Walther § 45 N 5).

157 Die erste Gläubigerversammlung hat folgende **Aufgaben** (Art. 237–238 schweizSchKG):
- Kenntnisnahme des Berichts des Konkursamtes über die Aufnahme des Inventars und den Bestand der Masse. Ausnahmsweise wird das Inventar, wie im summarischen Verfahren, erst später mit dem Kollokationsplan aufgelegt (Art. 32 KOV).
- Entscheid über die Einsetzung und allenfalls Wahl einer außeramtlichen Konkursverwaltung.
- Entscheid über die Einsetzung und allenfalls Wahl eines Gläubigerausschusses. Die Versammlung entscheidet über die Anzahl der Mitglieder und den Aufgabenbereich (→ Rn. 137 f.).
- Beschlussfassung über dringliche Verwaltungsmaßnahmen, insbesondere betreffend die Weiterführung des Betriebs, die Fortsetzung von schwebenden Prozessen (zur Sistierung von Prozessen bei Konkurseröffnung (Art. 207 schweizSchKG) → Rn. 168) und die Vornahme von Freihandverkäufen.

158 Entscheide über die Fortsetzung von Prozessen und die Vornahme von Freihandverkäufen obliegen grundsätzlich der zweiten Gläubigerversammlung (Art. 207, Art. 256 schweizSchKG). Sie dürfen nur im Falle von **Dringlichkeit** bei Prozessen bzw. von besonderer Dringlichkeit im Falle von Notverkäufen (Art. 243 Abs. 2 schweizSchKG) von der ersten Gläubigerversammlung und nur bei nochmals erhöhter Dringlichkeit sogar bereits vorher vom Konkursamt gefasst werden (schweizSchKG/Russenberger Art. 238 N 9 ff., 13 f.). Die neuere Lehre legt den Begriff des „Notverkaufs" extensiv im Sinne von für die Masse günstigen Angeboten aus (sog. wirtschaftlich begründeter Notverkauf; KUKO schweizSchKG/Bürgi Art. 243 N 6 mwN). Die Praxis scheint dem zu folgen. Im Ergebnis werden damit die Kompetenzen der zweiten Gläubigerversammlung, die Verwertungsmodalitäten zu bestimmen (→ Rn. 177 ff.), ausgehöhlt.

159 Die Frage nach der **Fortführung des Geschäftsbetriebs** stellt sich regelmäßig bereits vor Abhaltung der ersten Gläubigerversammlung. Eine Fortführung des Betriebs setzt voraus, dass Aussicht besteht, den Zweck des Liquidationsverfahrens dennoch innerhalb angemessener Frist zu erreichen, und kein unverhältnismäßiger Schaden droht, ferner dass ausreichend freie Aktiven

Internationales Insolvenzrecht – Schweiz

vorhanden sind und die Belegschaft mitarbeitet. Eine Fortführung des Betriebes ist nur in Ausnahmefällen angezeigt und durchführbar. Die mannigfaltigen Verhältnisse erlauben allerdings kaum die Aufstellung genereller Kriterien pro und contra Betriebsfortführung (schweizSchKG/Russenberger schweizSchKG Art. 238 N 5 f. mit einer Aufzählung von Kriterien).

Gegen Entscheide der Gläubigerversammlung kann innert fünf Tagen bei der Aufsichtsbehörde 160
Beschwerde geführt werden (Art. 239 Abs. 1 schweizSchKG).

VII. Drittansprüche: Aussonderung und Admassierung

Wie in der Betreibung auf Pfändung mittels des Widerspruchsverfahrens (→ Rn. 64 ff.) muss 161
auch im Konkursverfahren über Drittansprüche entschieden werden. Der maßgebliche Zeitpunkt betreffend des Gewahrsams über die Sache ist die Konkurseröffnung (BGE 110 III 87, E. 2 S. 90). Im Gegensatz zum Widerspruchsverfahren betreffen das Aussonderungs- und Admassierungsverfahren nur **körperliche Sachen und Grundstücke,** keine Forderungen (BGE 128 III 388; BGE 105 III 11, E. 2 S. 13 f.). Ein Prätendentenstreit ist im ordentlichen Zivilverfahren auszutragen.

Liegt eine Ansprache eines Dritten auf **Aussonderung** einer Sache im Gewahrsam der Kon- 162
kursmasse vor, trifft die Konkursverwaltung eine Verfügung über die Herausgabe der Sache (Art. 242 Abs. 1 schweizSchKG). Das Aussonderungsverfahren ist in Art. 47–54 KOV detailliert geregelt. Will die Konkursverwaltung einen Anspruch auf Aussonderung anerkennen, muss sie grundsätzlich die Entscheidung der zweiten Gläubigerversammlung oder eine allfällige Abtretung des Anspruchs der Masse auf den Gegenstand an die Gläubiger gem. Art. 260 schweizSchKG abwarten (Art. 47 Abs. 1 KOV). Erscheint eine Erledigung der Eigentumsansprache vor der zweiten Gläubigerversammlung allerdings als wünschenswert, kann den Gläubigern auch mittels Zirkular Frist gesetzt werden, die Abtretung des Bestreitungsanspruchs zu verlangen (Art. 48 Abs. 2 KOV). Die Vorschriften finden überdies überhaupt keine Anwendung, wenn das Eigentum des Drittsprechers „von vornherein als bewiesen" erscheint, die sofortige Herausgabe im offensichtlichen Interesse der Masse liegt oder der Drittsprecher eine angemessene Kaution leistet (Art. 51 KOV).

Will die Konkursverwaltung einen Anspruch auf Aussonderung nicht anerkennen, setzt sie dem 163
Drittsprecher eine Frist von 20 Tagen zur Geltendmachung seines Anspruchs beim Gericht am Konkursort (Art. 242 Abs. 2 schweizSchKG). Die **Fristansetzung** muss die genaue Bezeichnung des Gegenstands und die Androhung, dass der Anspruch bei Nichteinhaltung der Frist als verwirkt gelte, enthalten (Art. 46 KOV).

Beansprucht umgekehrt die Konkursmasse bewegliche Sachen im Gewahrsam eines Dritten 164
oder Grundstücke, die auf einen Dritten im Grundbuch eingetragen sind, als Eigentum des Schuldners, muss sie gegen den Dritten klagen (**Admassierung,** Art. 242 Abs. 3 schweizSchKG). Die Admassierungsklage muss mangels Bestimmung im schweizSchKG gem. Art. 46 ZPO an den dort vorgesehenen Gerichtsständen (Art. 29–30 ZPO) erhoben werden (KUKO schweizSchKG/Bürgi schweizSchKG Art. 242 N 16 mwN).

VIII. Prüfung der angemeldeten Forderungen; Kollokationsplan

Nach Schuldenruf und Ablauf der Eingabefrist (Art. 232 Abs. 2 Ziff. 2 schweizSchKG) werden 165
die von den Gläubigern angemeldeten Forderungen von der Konkursverwaltung – und ggf. vom Gläubigerausschuss (obwohl nicht ausdrücklich erwähnt, sind dessen Mitwirkungsrechte auch schon in der Prüfungsphase zu wahren, KUKO schweizSchKG/Sprecher schweizSchKG Art. 245 N 1, 4) – geprüft. Die Konkursverwaltung holt über jede Konkurseingabe die **Erklärung des Gemeinschuldners** ein (Art. 244 schweizSchKG). Nur wenn dieser die Forderung ausdrücklich anerkannt hat, gilt der für den ungedeckt gebliebenen Teil der Forderung ausgestellte Verlustschein als Schuldanerkennung iSv Art. 82 schweizSchKG (→ Rn. 38; zum Verlustschein → Rn. 193 ff.) (Art. 265 Abs. 1 schweizSchKG). Ohne an die Erklärung des Gemeinschuldners gebunden zu sein, entscheidet die Konkursverwaltung sodann über die Anerkennung der Forderungen (Art. 245 schweizSchKG). Von Amtes wegen, dh auch ohne Eingabe, werden nur die aus dem Grundbuch ersichtlichen Forderungen samt dem laufenden Zins berücksichtigt (Art. 246 schweizSchKG).

Die Konkursverwaltung erstellt innert 60 Tagen nach Ablauf der Eingabefrist den **Kollokati-** 166
onsplan, in welchem über Zulassung und Reihenfolge der Befriedigung der Gläubigerforderungen in Anwendung des materiellen Rechts und von Art. 219–220 schweizSchKG (→ Rn. 273 ff.) entschieden wird. Für Grundstücke ist zudem ein Verzeichnis der auf ihnen liegenden Lasten (Pfandrechte, Dienstbarkeiten, usw) zu erstellen. Besteht ein Gläubigerausschuss, werden diesem Kollokationsplan und Lastenverzeichnis zur Genehmigung unterbreitet, wofür dieser zehn Tage

Internationales Insolvenzrecht – Schweiz

Zeit hat (Art. 247 schweizSchKG). Die Aufsichtsbehörde kann die Fristen verlängern, worauf die Konkursverwaltung nicht nur in größeren Verfahren regelmäßig angewiesen ist.

167 Im Kollokationsplan werden die erwahrten und die abgewiesenen Forderungen nach pfandgesicherten und ungesicherten Forderungen und Rangklassen geordnet aufgelistet. Aufgeführt werden der Name des Gläubigers, eine kurze Beschreibung des Forderungsgrunds, der angemeldete und der zugelassene Forderungsbetrag, der Verweis auf die entsprechende **Kollokationsverfügung**, das Lastenverzeichnis, die Bedingtheit der Forderung oder eine Vormerkung pro memoria und allenfalls weitere Bemerkungen (Art. 56 ff. KOV). Die unveränderte Gutheißung einer Forderung im Umfang und Rang ihrer Anmeldung bedarf keiner Begründung. Jede teilweise oder gänzliche Abweisung einer Forderung ist im Kollokationsplan nicht nur aufzuführen (Art. 248 schweizSchKG), sondern zumindest in dem Umfang summarisch zu begründen, dass der abgewiesene Gläubiger wissen kann, warum die Kollokation seiner Forderung teilweise oder ganz abgewiesen wurde (BGer v. 17.3.2011 – 5A.734/2010, E. 4.1.1; Amonn/Walther § 46 N 15 ff.; KUKO schweizSchKG/Sprecher schweizSchKG Art. 248 N 4). Generell muss es die Konkursverwaltung mit der Erwahrung streng halten: Die Anerkennung einer Forderung setzt voraus, dass diese hinreichend belegt ist. Die Konkursverwaltung kann dem Ansprecher Frist zur Einreichung weiterer Beweismittel ansetzen (Art. 59 Abs. 1 KOV). Die Abweisung einer Forderung setzt eine gründliche Prüfung voraus. Gegen oberflächliche Entscheide und andere Verfahrensfehler können die Beteiligten, auch der Gemeinschuldner, aufsichtsrechtliche Beschwerde erheben (Amonn/Walther § 46 N 12, 41 ff.).

168 Nicht zu entscheiden und daher nur pro memoria vorzumerken im Kollokationsplan sind Forderungen, die Gegenstand von bei Konkurseröffnung bereits **in der Schweiz anhängigen Prozessen oder Verwaltungsverfahren** sind, die mit der Konkurseröffnung sistiert wurden (Art. 207 schweizSchKG; Art. 63 KOV). Die Gegenstand des Prozesses bildende Forderung gegen den Gemeinschuldner gilt als anerkannt, wenn der Prozess nicht durch die Masse oder Abtretungsgläubiger (Art. 260 schweizSchKG) fortgeführt wird. Wird der Prozess fortgeführt, wird er zum Kollokationsprozess (→ Rn. 172 ff.), in dem nicht nur über die materiellrechtlichen Fragen, sondern auch über die betreibungsrechtlichen Fragen, insbesondere den Rang der Forderung, bindend entschieden wird. Im Ausland anhängige Prozesse, die unter Umständen auch nicht sistiert wurden, sind dagegen unbeachtlich, weshalb die Kollokation nicht bloß pro memoria erfolgen darf und der allfällige Kollokationsprozess unabhängig vom ausländischen Prozess am Konkursort zu führen ist (BGE 130 III 769; BGE 133 III 386; BGE 135 III 127).

169 Der Kollokationsplan wird beim Konkursamt (Art. 98 Abs. 1 KOV) und ggf. zusätzlich in den Büros der außeramtlichen Konkursverwaltung **aufgelegt**, damit ihn jeder Beteiligte (auch der Schuldner) einsehen und allenfalls eine Kollokationsklage vorbereiten kann. Die Auflegung des Kollokationsplans wird öffentlich bekanntgemacht, dh im Schweizerischen Handelsamtsblatt und dem jeweiligen kantonalen Amtsblatt publiziert. Jedem Gläubiger, dessen Forderung nicht im vollen Umfang kolloziert wurde, wird eine Spezialanzeige über die Auflegung des Kollokationsplans und die ihn betreffende Kollokationsverfügung zugestellt (Art. 249 schweizSchKG).

170 Kann sich die Konkursverwaltung über die Zulassung oder Abweisung einer Ansprache noch nicht aussprechen, soll sie mit der Aufstellung des Kollokationsplans zuwarten oder aber den Kollokationsplan nachträglich ergänzen und unter öffentlicher Bekanntmachung wieder auflegen (Art. 59 Abs. 3 KOV). Ebenso ziehen verspätete Konkurseingaben bei deren ganzen oder teilweisen Gutheißung eine **Abänderung des Kollokationsplans** und dessen erneute Publikation nach sich (Art. 251 Abs. 4 schweizSchKG). Bei einer Abweisung genügt eine persönliche Anzeige an den Gläubiger (Art. 69 KOV). Im Übrigen erwächst der Kollokationsplan mit unbenutztem Ablauf der Frist von Art. 250 Abs. 1 schweizSchKG in (materielle) Rechtskraft. Unter Vorbehalt der Berücksichtigung verspäteter Konkurseingaben, kann der rechtskräftige Kollokationsplan nicht einseitig abgeändert werden. Auch ein später entdeckter Irrtum kann in der Regel nicht zur nachträglichen Berichtigung des Kollokationsplans führen, wenn die Anfechtungsfrist abgelaufen ist. Wurde eine Forderung aber offensichtlich zu Unrecht (nicht) kolloziert, so kann auf einen rechtskräftigen Kollokationsplan zurückgekommen werden, wenn sich die Rechtsverhältnisse geändert haben oder wenn neue Tatsachen eine Revision rechtfertigen (schweizSchKG/Hierholzer schweizSchKG Art. 247 N 120 f. mwN). Die Rechtsprechung verlangt, dass es sich bei der verspäteten Eingabe um eine erstmals geltend gemachte Forderung handelt, dh sie muss auf anderen tatsächlichen oder rechtlichen Vorgängen beruhen als eine frühere Eingabe desselben Gläubigers (BGE 115 III 71 E. 1; schweizSchKG/Hierholzer schweizSchKG Art. 251 N 3). Verspätete Konkurseingaben sind sogar noch nach erfolgter Verteilung bis zum Schluss des Konkursverfahrens zulässig; sie verschaffen dem jeweiligen Gläubiger Ansprüche im Rahmen allfälliger weiterer Verteilungen, jedoch nur noch im gleichen Ausmaß wie die bereits teilweise ausbezahlten Gläubiger

Internationales Insolvenzrecht – Schweiz

(Art. 251 Abs. 3 schweizSchKG), und die Möglichkeit, die Rechte nach Art. 265 schweizSchKG (Verlustschein) sowie Art. 269 schweizSchKG (nachträglich entdeckte Vermögenswerte) zu wahren (schweizSchKG/Hierholzer schweizSchKG Art. 251 N 15 ff.; KUKO schweizSchKG/Sprecher schweizSchKG Art. 251 N 19 f.; BGE 138 III 437, E. 4.2 S. 439 ff.).

Zu beachten ist, dass Konkursforderungen, die dem Kollokationsverfahren unterliegen, nur **171** Forderungen sind, die bereits zum Zeitpunkt der Konkurseröffnung bestanden. Für Forderungen, die im Laufe des Konkursverfahrens entstehen, haftet die Masse. **Masseforderungen** müssen auf dem ordentlichen Prozessweg geltend gemacht werden (Betreibung der Masse nur auf Pfändung) und sind nicht Gegenstand des Kollokationsverfahrens. Fragen nach der Unterscheidung zwischen Konkurs- und Masseforderungen stellen sich insbesondere bei Fortführung des Betriebs der Konkursitin durch die Konkursverwaltung (zu den Masseverbindlichkeiten → Rn. 279 ff. Die Terminologie ist uneinheitlich: Als Masseforderungen werden sowohl Masseverbindlichkeiten aus Sicht der Gläubiger der Masse als auch Forderungen der Masse gegen Dritte bezeichnet).

IX. Anfechtung des Kollokationsplans (Kollokationsklage)

Ein Gläubiger, dessen Forderung nicht im vollen beantragten Umfang oder Rang zugelassen **172** („kolloziert") wurde, hat die Möglichkeit, innert 20 Tagen seit der öffentlichen Bekanntmachung der Auflage des Kollokationsplans beim zuständigen Gericht gegen die Konkursmasse, vertreten durch die Konkursverwaltung (Art. 240 schweizSchKG), zu klagen (**positive Kollokationsklage,** Art. 250 Abs. 1 schweizSchKG). Um erfolgreich geltend zu machen, dass seine Forderung zu Unrecht abgewiesen worden ist, muss der Gläubiger die anspruchsbegründenden Tatsachen beweisen. Das Gericht entscheidet, ob die angefochtene Kollokationsverfügung bestätigt oder ob sie abgeändert wird. Dabei wird vorgängig das strittige Rechtsverhältnis materiellrechtlich überprüft. Der Gläubiger kann im Kollokationsprozess neue Tatsachen und Beweismittel vorbringen (Brunner/Reutter/Schönmann/Talbot, Kollokations- und Widerspruchsklagen nach schweizSchKG, 3. Aufl. 2019, 41. Unter Umständen kann von der ordentlichen Kostentragung abgewichen werden, wenn der im Kollokationsprozess obsiegende Gläubiger seine Forderungsanmeldung nicht hinreichend belegte, obwohl ihm dies möglich und zumutbar war, BGE 68 III 136, E. 2 S. 138 f.).

Ein Gläubiger kann auch eine sog. **negative Kollokationsklage** gegen die Zulassung eines **173** anderen Gläubigers oder dessen Rang erheben. Diesfalls richtet sich die Klage allein gegen den betreffenden Gläubiger und zielt auf die Abweisung von dessen Forderung oder deren Kollozierung in einem tieferen Rang. Das Interesse des Klägers besteht in der bevorzugten Befriedigung bis zu dessen vollen Deckung, einschließlich der Prozesskosten, aus dem Betrag, um den der Anteil des Beklagten an der Konkursmasse herabgesetzt wird (Art. 250 Abs. 2 schweizSchKG). Ist der Kläger vollumfänglich befriedigt, fällt der Überschuss in die Konkursmasse und wird an die restlichen Gläubiger verteilt. Letzteres ist nur ausnahmsweise der Fall, wird doch ein Kläger typischerweise – nicht zuletzt wegen des mit dem Prozessieren verbundenen Kostenrisikos – nur soviel einklagen, dass seine eigene Forderung zuzüglich Kosten im Erfolgsfall gedeckt ist.

Wurde die gleiche Forderung im Konkurs von verschiedenen Gläubigern eingegeben, ist die **174** Konkursverwaltung verpflichtet, diesen **Prätendentenstreit** insofern zu entscheiden, als dass sie die Forderung nur zu Gunsten eines Gläubigers zuzulassen und die andere Eingabe abzuweisen hat (BGE 37 I 130, E. 2 S. 133; BlSchK 2013, 140 f. (BGer v. 5.9.2011 – 5A.185/2011, E. 1.3.2)). Ob sich der Streit zwischen den beiden Ansprechern darüber, welchem von beiden die Forderung zusteht, dann in Form eines Kollokationsprozesses oder eines ordentlichen Verfahrens außerhalb des Konkursverfahrens abspielt, ist umstritten (für die erste Lösung BGE 37 I 130, E. 2 S. 133; für die zweite Lösung Obergericht Zürich Beschl. v. 4.2.2011, zit. in BGer v. 5.9.2011 – 5A.185/2011, C.c; vgl. CR LP/Jaques Art. 245 schweizSchKG N 2 mwN).

Der Gerichtsstand für die positive wie für die negative Kollokationsklage ist **am Konkursort.** **175** Gerichtsstands- und Schiedsvereinbarungen sind unzulässig (KUKO schweizSchKG/Sprecher schweizSchKG Art. 250 N 26 mwN). Der Streitwert, der für die Zulassung von Rechtsmitteln, die Festlegung von Gerichtskosten und Prozessentschädigungen usw. maßgeblich ist, entspricht bei der Kollokationsklage dem mit der Klage höchstens erzielbaren Prozessgewinn, also dem Betrag der mutmasslichen Konkursdividende auf dem streitigen Forderungsbetrag (BGE 81 III 73, E. 2 S. 76 f.; schweizSchKG/Hierholzer schweizSchKG Art. 250 N 49).

X. Wirkung und Tragweite des Kollokationsplans

Der rechtskräftige Kollokationsplan hat **keine über den Konkurs hinausgehenden Rechts-** **176** **wirkungen,** denn es geht im Kollokationsverfahren nicht um die Frage nach Bestand oder Nichtbestand einer Forderung, sondern bloß darum, inwieweit angemeldete Gläubigeransprüche bei

Internationales Insolvenzrecht – Schweiz

der Verteilung der Aktivmasse zu berücksichtigen sind. So hält das Bundesgericht im Zusammenhang mit Verantwortlichkeitsklagen regelmäßig fest, dass die Kollokation der klägerischen Forderung nicht dazu dienlich ist, den Gesellschaftsschaden zu substantiieren, denn der Kollokationsplan gibt nur Auskunft darüber, wie die von den Gläubigern geltend gemachten Forderungen bestandes-, betrags- und rangmäßig im Konkurs zu behandeln sind (BGE 122 III 195, 202 E. 9b; BGer v. 24.4.2001 – 4C.275/2000, E. 3a; schweizSchKG/Hierholzer schweizSchKG Art. 247 N 115 mwN). Dieselben Grundsätze gelten auch für den Fall nachträglicher Änderungen des Kollokationsplans (BGE 111 II 81, 84. Eine Abänderung eines rechtskräftigen Kollokationsplans ist möglich, wenn sich herausstellt, dass eine Forderung offensichtlich zu Unrecht kolloziert oder nicht kolloziert worden ist, wie Rechtsverhältnis sich seit der Kollokation geändert hat oder neue Tatsachen eine Revision rechtfertigen, → Rn. 170). Lässt sich ein rechtskräftig kollozierter Gläubiger gem. Art. 260 schweizSchKG Rechtsansprüche abtreten, so muss er sich von den von ihm daraufhin beklagten Dritten nur solche Einreden entgegenhalten lassen, die diesen auch gegen die Konkursmasse zustehen (BGE 111 II 81, 83; zur Abtretung gem. Art. 260 schweizSchKG → Rn. 185 ff.).

XI. Verwertung der Aktivmasse; zweite Gläubigerversammlung

177 Die **Verwertung aller Aktiven** hat mit Ausnahme des in Art. 243 Abs. 2 schweizSchKG vorgesehenen „Notverkaufs" von Gegenständen, „die schneller Wertverminderung ausgesetzt sind, einen kostspieligen Unterhalt erfordern oder unverhältnismäßig hohe Aufbewahrungskosten verursachen", sowie des Verkaufs von Wertpapieren und anderen Gegenständen, „die einen Börsen- oder einen Marktpreis haben", und der gestützt auf Art. 238 Abs. 1 schweizSchKG von der ersten Gläubigerversammlung beschlossenen dringlichen Verkäufe (Art. 243 Abs. 2 und Art. 238 Abs. 1 schweizSchKG (→ Rn. 157 f.) betreffen gem. Vischer SZW 2002, 151 (156) unterschiedliche Fallkonstellationen. In BGE 105 III 72, E. 3b S. 76 ließ das Bundesgericht die Frage allerdings offen, ob bei Verwertungen gestützt auf Art. 243 Abs. 2 schweizSchKG die Konkursverwaltung die Gläubiger konsultieren muss, was einen Beschluss der ersten Gläubigerversammlung gem. Art. 238 Abs. 1 schweizSchKG oder zumindest einen Zirkularbeschluss (Art. 255a schweizSchKG) erfordern würde) erst nach Abhaltung der zweiten Gläubigerversammlung zu erfolgen (Art. 243 Abs. 3 schweizSchKG). In der heutigen Praxis wird oftmals ein Großteil der Aktiven gestützt auf Art. 243 schweizSchKG sehr schnell und jedenfalls vor der zweiten Gläubigerversammlung und teilweise sogar vor der ersten Gläubigerversammlung verwertet. Dies liegt nicht nur an den häufig schneller Wertverminderung ausgesetzten Aktiven in der heutigen schnelllebigen Wirtschaft, sondern auch daran, dass die gesetzlich vorgesehen Fristen, innerhalb derer die Abhaltung der Versammlungen stattfinden sollte, häufig nicht eingehalten werden (können).

1. Zweite Gläubigerversammlung

178 Nach der Auflage des Kollokationsplanes lädt die Konkursverwaltung die Gläubiger, deren Forderungen nicht bereits rechtskräftig abgewiesen wurden, zur zweiten Gläubigerversammlung ein. Die Einladung muss mindestens 20 Tage vor der Versammlung verschickt werden (Art. 252 schweizSchKG). Die zweite Gläubigerversammlung sollte entgegen der weitverbreiteten Praxis umgehend nach Eintritt der Rechtskraft des Kollokationsplans einberufen werden, damit die Versammlung zu einem Zeitpunkt stattfinden kann, wo die Gläubiger noch konkret auf den weiteren Verfahrensgang Einfluss nehmen können (KUKO schweizSchKG/Amacker/Küng schweizSchKG Art. 252 N 2). Es liegt im Ermessen der Konkursverwaltung, die Versammlung durch **Zirkularbeschlussfassung** zu ersetzen (BGE 103 III 79, E. 2 S. 82; BGE 101 III 76, E. 2 S. 77 mwN auf die ständige Praxis des Bundesgerichts).

179 Ist die Versammlung beschlussfähig (Art. 252 Abs. 3 schweizSchKG verweist diesbezüglich auf die für die erste Gläubigerversammlung geltende Regelung (Art. 235 Abs. 3–4 schweizSchKG), → Rn. 155), erstattet die Konkursverwaltung einen umfassenden Bericht über den Gang der Verwaltung und über den Stand der Aktiven und Passiven (Art. 253 Abs. 1 schweizSchKG). Die Versammlung bestätigt die Konkursverwaltung und ggf. den Gläubigerausschuss oder wählt diese neu und sie kann „unbeschränkt alles Weitere für die Durchführung des Konkurses" anordnen (Art. 253 Abs. 2 schweizSchKG), wie zB einen Freihandverkauf anstelle einer öffentlichen Versteigerung beschließen (Art. 256 Abs. 1 schweizSchKG), auf die Geltendmachung von Rechtsansprüchen durch die Masse verzichten (Art. 260 schweizSchKG) und über die Weiterführung von sistierten Prozessen entscheiden (Art. 207 schweizSchKG) (Amonn/Walther § 47 N 12; → Rn. 182 ff. (Art. 256 schweizSchKG), → Rn. 185 ff. (Art. 260 schweizSchKG) und → Rn. 168 (Art. 207 schweizSchKG)). Die Kompetenzen der zweiten Gläubigerversammlung gehen somit wesentlich weiter als diejenigen der ersten, was sich damit erklärt, dass an der zweiten nur noch

Internationales Insolvenzrecht – Schweiz

Gläubiger teilnehmen, die voraussichtlich auch an der Verteilung des Verwertungserlöses teilhaben werden, mit Ausnahme der (teilnahmeberechtigten) Gläubiger, deren Kollokationsprozesse noch hängig sind.

Ist die Versammlung **nicht beschlussfähig**, beschränkt sie sich auf eine (im Vergleich zur beschlussfähigen Versammlung limitierte) Information über den Stand des Verfahrens durch die Konkursverwaltung; diese und der Gläubigerausschuss bleiben bis zum Schluss des Verfahrens im Amt (Art. 254 schweizSchKG). Es können auch weitere Gläubigerversammlungen stattfinden, sei es auf Antrag eines Viertels der Gläubiger, sei es auf Verlangen des Gläubigerausschusses oder wenn es die Konkursverwaltung für notwendig hält (Art. 255 schweizSchKG). Alle weiteren Versammlungen sind nach den Regeln der zweiten Gläubigerversammlung abzuhalten und sie haben die gleichen Kompetenzen; allerdings können Konkursverwaltung und Gläubigerausschuss nur wegen Pflichtverletzungen abgesetzt werden (KUKO schweizSchKG/Amacker/Küng schweizSchKG Art. 255 N 4 mwN). 180

Gegen Entscheide der zweiten und jeder weiteren Gläubigerversammlung kann bei der Aufsichtsbehörde Beschwerde geführt werden, im Gegensatz zu Beschwerden gegen die erste Gläubigerversammlung allerdings innert der normalen Beschwerdefrist von zehn Tagen (Art. 17 Abs. 2 schweizSchKG). 181

2. Verwertung

Wie in der Pfändung steht auch im Konkurs die **Versilberung der Konkursaktiven**, sofern es sich nicht bereits um Bargeld handelt, im Vordergrund. Die Verwertung im Konkurs ist in der Regel Einzelverwertung. Ein Gesamtverkauf von Betriebseinheiten oder sogar des ganzen Unternehmens ist im Rahmen des formstrengen, starren und fristgebundenen Konkursverfahrens nur selten möglich. Der Betrieb wird deshalb regelmäßig vollständig zerschlagen. 182

Als ordentliche Verwertungsart sieht das Gesetz die **öffentliche Versteigerung** vor (Art. 256 Abs. 1 schweizSchKG). Dem Meistbietenden wird der entsprechende Vermögenswert nach dreimaligem Aufruf zugeschlagen, wobei grundsätzlich kein Mindestgebot gilt. Für Grundstücke können die Gläubiger die Festsetzung eines solchen für die erste Versteigerung beschließen (Art. 258 schweizSchKG). 183

Die Gläubiger können jedoch mit Mehrheitsbeschluss der Konkursverwaltung bewilligen, **Freihandverkäufe** vorzunehmen, dh ohne öffentliches Angebot an einen beliebigen Dritten zu veräußern (Art. 256 Abs. 2 schweizSchKG). Für Waren mit Markt- oder Börsenpreis ist dies auch ohne Zustimmung der Gläubiger möglich (Art. 243 Abs. 2 schweizSchKG). Im Falle des Freihandverkaufs von Vermögensgegenständen von bedeutendem Wert (soweit ersichtlich hat sich das Bundesgericht bis anhin nicht über eine betragsmäßige Limite ausgesprochen. Sinnvoll wäre dies vermutlich sowieso kaum, sondern die Limite ist unter Berücksichtigung der konkreten Umstände im Einzelfall festzulegen. In diesem Sinne KUKO schweizSchKG/Amacker/Küng schweizSchKG Art. 256 N 17; BGer v. 27.11.2015 – 5A.759/2015, E. 2.1) und von Grundstücken muss den Gläubigern Gelegenheit gegeben werden, höhere Angebote einzureichen (Art. 256 Abs. 3 schweizSchKG). Damit in nützlicher Frist feststeht, ob der von der Konkursverwaltung beantragte Freihandverkauf abgeschlossen werden kann, hat sie den Gläubigern und unter Umständen auch Nicht-Gläubigern (umstritten, vgl. KUKO schweizSchKG/Amacker/Küng schweizSchKG Art. 256 N 18. Eine Höhergebotsmöglichkeit für Dritte ist aber keinesfalls zwingend einzuräumen, BGE 131 III 280, E. 3 S. 286 ff.) eine abschließende Frist anzusetzen (schweizSchKG/Bürgi schweizSchKG Art. 256 N 23). Die angemessene Länge der von der Konkursverwaltung in pflichtgemäßer Ausübung ihres Ermessens anzusetzenden Frist dürfte in der Regel zwischen 10 (vgl. BGer v. 20.11.2001 – 7B.220/2001, E. 2–3) und 30 Tagen liegen (KUKO schweizSchKG/Amacker/Küng schweizSchKG Art. 256 N 19). Verpfändete Vermögensstücke dürfen unabhängig von ihrem Wert nur mit Zustimmung der Pfandgläubiger freihändig verwertet werden (Art. 256 Abs. 3 schweizSchKG). Paulianische Anfechtungsansprüche (Art. 286–288 schweizSchKG) (→ Rn. 316 ff.) dürfen überhaupt nicht veräußert werden, weder durch Versteigerung noch freihändig, können dafür an die Gläubiger abgetreten werden (Art. 260 schweizSchKG) (→ Rn. 185 ff., → Rn. 187). 184

3. Abtretung von Rechtsansprüchen an die Gläubiger

Bestrittene („illiquide") Rechtsansprüche der Konkursmasse können zur Eintreibung und Vorabbefriedigung aus dem Erlös an einen oder mehrere Gläubiger abgetreten werden. Es kann sich sowohl um Aktiv- als auch um Passivansprüche der Masse handeln. Unbestrittene Ansprüche hat demgegenüber die Konkursverwaltung einzuziehen (Art. 243 Abs. 1 schweizSchKG). Die illiqui- 185

Internationales Insolvenzrecht – Schweiz

den Rechtsansprüche werden nicht im eigentlichen Sinne mittels einer Zession mit materiellrechtlicher Wirkung abgetreten, sondern es wird die Kompetenz, diese Rechtsansprüche geltend zu machen, dh das **Prozessführungsrecht,** auf einen Konkursgläubiger übertragen (BGE 113 III 135, E. 3a S. 137 mwN; Amonn/Walther § 47 N 32).

186   Gemäß Art. 260 Abs. 1 schweizSchKG hat jeder Gläubiger das Recht, die Abtretung derjenigen Rechtsansprüche zu verlangen, auf deren **Geltendmachung die Gesamtheit der Gläubiger verzichtet.** Den Gläubigern muss hierzu durch Mitteilung (Zirkular) oder durch Publikation Gelegenheit zur Anhörung gegeben werden. Im ordentlichen Verfahren muss ein Mehrheitsbeschluss der Gläubiger anlässlich der zweiten Gläubigerversammlung oder durch Zirkular ergehen. Im summarischen Verfahren muss der Beschluss auf dem Zirkularweg oder anlässlich einer speziell einberufenen Gläubigerversammlung gefasst werden (→ Rn. 150 f.). Der Antrag auf Abtretung muss an der Versammlung selbst oder innert der gesetzten Frist gestellt werden. Verlangen mehrere Gläubiger die Abtretung desselben Anspruchs, wird ihnen dieser gemeinsam abgetreten. Im Falle eines gerichtlichen Vorgehens bilden die Abtretungsgläubiger eine notwendige Streitgenossenschaft, da nur ein einziges Urteil über den Anspruch ergehen kann; sie können sich aber unabhängig voneinander anwaltlich vertreten lassen und ihre Rechtsstandpunkte geltend machen, Tatsachenbehauptungen aufstellen, und auf eine Weiterführung des Prozesses ohne Rechtsverlust für die übrigen Gläubiger verzichten. Können sich die Abtretungsgläubiger auf ein prozessual abgestimmtes Vorgehen nicht einigen, kann die Konkursverwaltung auf Antrag eines Gläubigers Weisungen erteilen (BGE 121 III 488, E. 2d S. 494).

187   Zu den **abtretbaren Ansprüchen** zählen sowohl zweifelhafte Aktiven wie auch Bestreitungsrechte, insbesondere folgende (vgl. Amonn/Walther § 47 N 37 ff.):
- Forderungen und andere zivilrechtliche Ansprüche sowie im öffentlichen Recht begründete Ansprüche der Konkursmasse, insbesondere auch Verantwortlichkeitsansprüche gegen Gesellschaftsorgane (Art. 757 OR).
- Forderungen des Konkursiten oder Konkursforderungen gegen den Konkursiten, die Gegenstand eines zur Zeit der Konkurseröffnung bereits pendenten und dann sistierten Verfahrens (Art. 207 schweizSchKG) (→ Rn. 241) sind, wenn die Gläubigergesamtheit auf Weiterführung des Verfahrens verzichtet hat
- Aussonderungs- und Admassierungsansprüche (→ Rn. 161 ff.)
- Paulianische Anfechtungsansprüche (→ Rn. 316 ff.)
- Masseverbindlichkeiten.

188   **Legitimiert,** die Abtretung zu verlangen, ist jeder Gläubiger, dessen Forderung mindestens teilweise oder pro memoria kolloziert wurde. Ein abgewiesener Gläubiger kann ebenfalls die – bedingte – Abtretung verlangen; wird sein Anspruch schlussendlich nicht kolloziert, fällt die Abtretung dahin (BGE 128 III 291). Nicht legitimiert ist ein Gäubiger, die Abtretung von Forderungen der Konkursmasse gegen sich selbst zu beantragen; es ist auch nicht möglich, die Forderung zunächst einem andern Gläubiger abtreten zu lassen und von diesem Gläubiger später die Forderung zu erwerben (BGer v. 24.4.2006 – 7B.18/2006, E. 3; BGE 113 III 135, E. 3b S. 137 f.; BGE 107 III 91, E. 2 S. 93. Vgl. Schlaepfer, Abtretung streitiger Rechtsansprüche im Konkurs, 1990, 90; Amonn/Walther § 47 N 50).

189   Der Prozessgewinn (oder das Ergebnis aufgrund eines gerichtlichen oder außergerichtlichen Vergleichs) dient nach Abzug der Kosten zur Deckung der Konkursforderungen der Abtretungsgläubiger entsprechend ihrem Rangverhältnis untereinander (Art. 219 schweizSchKG) (→ Rn. 277). Ein Überschuss ist an die Konkursmasse abzuliefern und kommt allen Gläubigern zugute (Art. 260 Abs. 2 schweizSchKG). Handeln die Abtretungsgläubiger nicht innert der ihnen von der Konkursverwaltung angesetzten Frist zur Klageanhebung, kann die Konkursverwaltung die Abtretung widerrufen. In diesem Fall oder wenn überhaupt keine Abtretung verlangt wurde, kann die Konkursverwaltung noch versuchen, den Anspruch (mit Ausnahme der paulianischen Anfechtungsansprüche, Art. 256 Abs. 4 schweizSchKG) freihändig oder durch Versteigerung zu verwerten (Art. 260 Abs. 3 schweizSchKG).

XII. Verteilung des Liquidationserlöses; Schluss des Konkursverfahrens

190   Aus dem Liquidationserlös werden zuerst die Verfahrenskosten gedeckt. Nicht an diesen allgemeinen Konkursverwaltungskosten beteiligen müssen sich die Pfandgläubiger: Vom Erlös des jeweiligen Pfandgegenstandes dürfen nur die Kosten seiner Inventur, Verwaltung und Verwertung gedeckt werden (Art. 262 Abs. 2 schweizSchKG). Danach wird der Erlös auf die einzelnen Gläubigerklassen aufgeteilt. Gläubiger einer nachfolgenden Klasse haben erst dann Anspruch auf den Erlös, wenn die Gläubiger der vorhergehenden Klasse befriedigt sind (→ Rn. 273). Die

Internationales Insolvenzrecht – Schweiz

Konkursverwaltung stellt die **Verteilungsliste** und die Schlussrechnung auf; diese werden während zehn Tagen zur Einsicht beim Konkursamt aufgelegt, was jedem Gläubiger unter Beifügung eines seinen Anteil (Konkursdividende) betreffenden Auszugs angezeigt wird. Nach Ablauf der Auflagefrist nimmt die Konkursverwaltung die Verteilung vor (Art. 261–264 schweizSchKG). Bei der Erstellung der Verteilungsliste muss sich die Konkursverwaltung an den rechtskräftigen Kollokationsplan halten; Abweichungen davon sind nur ausnahmsweise, zB wenn eine Forderung offensichtlich zu Unrecht oder nicht kolloziert wurde, erlaubt (KUKO schweizSchKG/Stöckli/ Possa schweizSchKG Art. 261 N 4 mit weiteren Beispielen).

Sobald infolge von Verwertungshandlungen (oder von Anfang an) genügend liquide Mittel in 191 der Konkursmasse vorhanden sind und die Frist zur Anfechtung des Kollokationsplans abgelaufen ist, können **Abschlagsverteilungen** vorgenommen werden (Art. 266 schweizSchKG). Solche Abschlagszahlungen dürfen nur auf rechtskräftig kollozierten Forderungen vorgenommen werden; die auf bestrittene und aufschiebend bedingte Forderungen oder auf verspätete Konkurseingaben, die noch nicht kolloziert (aber noch vor der Abschlagsverteilung eingereicht) (verspätete Konkurseingaben, die nach einer Abschlagsverteilung eingereicht wurden, geben keinen Anspruch auf eine entsprechende Teildividende (Art. 251 Abs. 3 schweizSchKG), dh diese wird nicht nachgezahlt, Amonn/Walther § 48 N 19; → Rn. 170) wurden, anfallenden Teildividenden sind zu hinterlegen (Art. 9 schweizSchKG; Art. 82 Abs. 2 KOV). Zuvor hat die Konkursverwaltung eine provisorische Verteilungsliste während zehn Tagen beim Konkursamt aufzulegen (Art. 82 Abs. 2 KOV).

Nach Abschluss der Verteilung legt die Konkursverwaltung dem Konkursgericht einen **Schluss-** 192 **bericht** vor. Geht das Gericht mit der Konkursverwaltung überein, dass das Konkursverfahren vollständig durchgeführt ist, stellt der Richter den Schluss des Verfahrens fest und das Konkursamt publiziert diesen (Art. 268 schweizSchKG). Das Konkursverfahren kann auch bereits geschlossen werden, wenn die Verfolgung von gem. Art. 260 schweizSchKG abgetretenen Rechtsansprüchen noch im Gange ist, wenn dabei mit einem Überschuss für die Konkursmasse nicht zu rechnen ist (Art. 95 KOV). Das Konkursgericht macht Mitteilung über den Schlusses des Konkurses an dieselben Behörden wie bei dessen Eröffnung (Art. 176 Abs. 1 schweizSchKG), ua an das Handelsregisteramt, welches die betreffende Rechtseinheit von Amtes wegen aus dem Handelsregister löscht (Art. 159 Abs. 5 lit. b HRegV).

XIII. Konkursverlustschein; „neues Vermögen"

1. Verlustschein

Jeder Gläubiger erhält im Konkurs bei der Verteilung für den ungedeckten Betrag seiner Forde- 193 rung einen Verlustschein. Wo nichts anderes vorgesehen ist, entsprechen die **Wirkungen** des Konkursverlustscheins denjenigen des Pfändungsverlustscheins (Art. 265 Abs. 2 schweizSchKG mit Verweis auf Art. 149 Abs. 4 und 149a schweizSchKG), dh:
- die im Verlustschein verurkundete Forderung ist unverzinslich;
- die im Verlustschein verurkundete Forderung verjährt 20 Jahre nach Ausstellung des Verlustscheins bzw. gegenüber den Erben des Schuldners ein Jahr nach Eröffnung des Erbgangs;
- der Verlustschein bildet einen Arrestgrund (Art. 271 Abs. 1 Ziff. 5 schweizSchKG).

Die Wirkungen des Konkursverlustscheins sind aber schwächer als diejenigen des Pfändungsver- 194 lustscheins, da der Konkursverlustschein nur dann:
- als Schuldanerkennung iSv Art. 82 schweizSchKG gilt, wenn der Konkursit die betreffende Forderung (unterschriftlich) anerkannt hat (Art. 244 schweizSchKG), was im Verlustschein vermerkt werden muss;
- zu einer neuen Betreibung gegen den Konkursiten ermächtigt, wenn dieser seit seinem Konkurs zu „neuem Vermögen" gekommen ist (Art. 265 Abs. 2 schweizSchKG).

Die Geltung als **Schuldanerkennung** wirkt sich nur auf den gegen die Forderung selbst gerichte- 195 ten und nicht auf den „wegen fehlenden neuen Vermögens" erhobenen Rechtsvorschlag des Schuldners aus (schweizSchKG/Huber schweizSchKG Art. 265 N 12. Zur Einrede des fehlenden neuen Vermögens → Rn. 197 ff.).

Nicht profitieren von den mit dem Konkursverlustschein verbundenen Vorteilen (Verjährungs- 196 frist von 20 Jahren; Berechtigung zur Arrestlegung) können Forderungen, die vor oder mit der Konkurseröffnung entstanden sind, aber im Konkursverfahren **nicht angemeldet** wurden und für die entsprechend kein Konkursverlustschein ausgestellt wurde. Sie unterliegen aber trotzdem den mit dem Konkursverlustschein verbundenen Beschränkungen (Unverzinslichkeit; Einredemöglichkeit des fehlenden neuen Vermögens) (Art. 267 schweizSchKG).

Internationales Insolvenzrecht – Schweiz

2. Rechtsvorschlag wegen fehlenden neuen Vermögens

197 Wird der Schuldner für eine Forderung, für die ein Konkursverlustschein ausgestellt wurde (Art. 265 Abs. 2 schweizSchKG), oder für eine Forderung eines Gläubigers, der am Konkursverfahren nicht teilnahm (Art. 267 schweizSchKG), betrieben, kann dieser die Einrede des **mangelnden neuen Vermögens** erheben. In einem besonderen gerichtlichen Verfahren wird geprüft, ob tatsächlich kein neues, verwertbares Vermögens vorhanden ist, und allenfalls dessen Umfang festgestellt (Art. 265a schweizSchKG). Während eines solchen Betreibungsverfahrens kann der Schuldner nicht erneut eine Insolvenzerklärung abgeben (Art. 265b schweizSchKG).

198 Der Begriff des **„neuen Vermögens"** entspricht nicht demjenigen des „Notbedarfs" oder des „betreibungsrechtlichen Existenzminimums" (→ Rn. 50). Maßgeblich ist das Nettovermögen des Schuldners, dh der Überschuss der nach Abschluss des Konkurses erworbenen neuen Aktiven über die neuen Passiven, allerdings nicht nur dasjenige, welches der Schuldner tatsächlich gespart hat, sondern auch dasjenige, welches er mit seinem Einkommen (und allenfalls demjenigen des Ehegatten (das Einkommen des Ehegatten und unter Umständen auch des Konkubinatspartners und sogar sonstiger Drittpersonen wird prozentual mit demjenigen des Schuldners verglichen und übernimmt den entsprechenden Anteil am erweiterten Notbedarf. Vgl. Gut/Rajower/Sonnenmoser AJP 1998, 529 ff. mit Berechnungsbeispiel, 545 f.)) hätte bilden können. Zur Berechnung wird auf das Einkommen und die Ausgaben, welche einer standesgemäßen Lebensführung des Schuldners entsprechen, während des der Betreibung vorangehenden Jahres abgestellt. Zusammengefasst liegt neues Vermögen in dem Umfang vor, in dem das Einkommen des Schuldners und allenfalls des Ehegatten das zur Führung eines standesgemäßen Lebens Notwendige übersteigt und somit ein Vermögen zu kapitalisieren erlaubt würde. Vermögenswerte Dritter, über die der Schuldner wirtschaftlich verfügt, können rechnerisch einbezogen werden (Art. 265 Abs. 2 schweizSchKG) (BGE 129 III 685, E. 5.1 S. 387 ff.; BGer v. 22.1.2008 – 5A.452/2007, E. 3.1 mwN).

199 Wird dem Schuldner nach Ausstellung des Konkursverlustscheins ein neuer Zahlungsbefehl zugestellt, kann dieser dagegen mit der Erklärung **„kein neues Vermögen"** (oä) Rechtsvorschlag erheben. Damit wird nicht die Forderung an sich, sondern nur deren gegenwärtige Eintreibbarkeit auf dem Betreibungswege bestritten. Erklärt der Schuldner hingegen einfach „Rechtsvorschlag", wird angenommen, er bestreite nur die Schuld und verzichte auf die Einrede (Art. 75 Abs. 2 schweizSchKG), womit es zu einem gewöhnlichen Rechtsöffnungsverfahren kommt. Umgekehrt lässt die Rechtsprechung einen nur die Einrede enthaltenden Rechtsvorschlag auch als gegen die Forderung gerichtet gelten (BGE 108 III 6 E. 1; Amonn/Walther § 48 N 36 ff.).

200 Das Betreibungsamt hat den **Rechtsvorschlag wegen fehlenden neuen Vermögens** dem Richter am Betreibungsort vorzulegen, und zwar im Prinzip von Amtes wegen (Art. 265a Abs. 1 schweizSchKG). In einigen Kantonen erhält der Gläubiger aber zusammen mit dem Rechtsvorschlag eine Mitteilung vom Betreibungsamt, dass er 10 Tage Zeit habe, die Betreibung zurückzuziehen, ansonsten der Rechtsvorschlag dem Gericht überwiesen werde (Kreisschreiben des Obergerichts des Kantons Zürich v. 11.12.1996, abrufbar unter http://www.gerichte-zh.ch/kreisschreiben/; schweizSchKG/Huber schweizSchKG Art. 265a N 20; KUKO schweizSchKG/Näf schweizSchKG Art. 265a N 6 mit Verweis auf ein Kreisschreiben des Obergerichts des Kantons Aargau).

201 Das **Gericht** prüft den Rechtsvorschlag summarisch:
- Kann der Schuldner durch Darlegung seiner Einkommens- und Vermögensverhältnisse glaubhaft machen, dass er nicht zu neuem Vermögen gekommen ist, bewilligt der Richter den Rechtsvorschlag. Diesfalls kann der Gläubiger innert 20 Tagen ordentliche Klage auf Feststellung des neuen Vermögens einreichen (Art. 265a Abs. 4 schweizSchKG).
- Bewilligt der Richter den Rechtsvorschlag nicht, so hat er den Umfang des neuen Vermögens festzustellen (Art. 265a Abs. 3 schweizSchKG). Diesfalls kann der Schuldner innert 20 Tagen ordentliche Klage auf Bestreitung des neuen Vermögens einreichen (Art. 265a Abs. 4 schweizSchKG).

202 Das Gericht entscheidet im summarischen Verfahren endgültig (Art. 265a Abs. 1 aE schweizSchKG), dh es steht grundsätzlich weder ein ordentliches noch ein außerordentliches kantonales oder eidgenössisches Rechtsmittel offen. Anstelle eines Rechtsmittels steht die **ordentliche Klage** im beschleunigten Verfahren gem. Art. 256 Abs. 2 schweizSchKG zur Verfügung (kann ein allfälliger Mangel des summarischen Entscheids durch den Entscheid im ordentlichen Verfahren nach Art. 265a Abs. 4 schweizSchKG nicht behoben werden, wie im Falle von Verletzungen des rechtlichen Gehörs, ist ein Entscheid nach Art. 265a Abs. 1 schweizSchKG vor dem Bundesgericht anfechtbar, BGE 134 III 524, E. 1.3 S. 528).

XIV. Nachträglich entdeckte Vermögenswerte: Nachkonkurs oder Wiedereröffnung eines mangels Aktiven eingestellten Konkurses

Werden nach Schluss des Konkursverfahrens Vermögenswerte entdeckt, die zur Masse hätten 203 gezogen werden sollen, es aber nicht wurden, nimmt das Konkursamt diese in Besitz und besorgt deren **Verwertung „ohne weitere Förmlichkeit"** (Art. 269 schweizSchKG). Der Verwertungserlös wird an die zu Verlust gekommenen Gläubiger nach deren Rangordnung aufgrund des rechtskräftigen Kollokationsplans und nach den gleichen Regeln wie im vorausgegangenen Konkursverfahren, dh unter prioritärer Deckung der Kosten des Nachkonkurses, verteilt.

Die Durchführung eines Nachkonkurses **nach erfolgter Einstellung eines Konkurses man-** 204 **gels Aktiven** ist nicht zulässig. Es ist diesfalls immer zunächst ein Konkurs (wieder) zu eröffnen (Gilliéron, Commentaire de la loi fédérale sur la poursuite pour dettes et la faillite, 2001, Art. 269 N 12; schweizSchKG/M. Staehelin schweizSchKG Art. 269 N 2). Das Institut der Wiedereröffnung eines mangels Aktiven eingestellten Konkurses ist im schweizSchKG nicht geregelt. Es sind daher die Regeln über die anderen Formen der Konkurseröffnung (Art. 166 ff. und 190 ff. schweizSchKG) sowie die Regeln über die Durchführung eines Nachkonkurses nach Art. 269 schweizSchKG analog anzuwenden (Spühler FS Druey, 2002, 165 (271)).

Ein Nachkonkurs oder die Wiedereröffnung eines mangels Aktiven eingestellten Konkurses 205 darf nur dann durchgeführt werden, wenn es sich bei den nachträglich zu liquidierenden Aktiven um **„neu entdeckte"** Vermögenswerte handelt (Gilléron Art. 269 N 14; schweizSchKG/M. Staehelin schweizSchKG Art. 269 N 4 ff.; Spühler FS Druey, 2002, 165 (271)). Wusste eine Mehrheit der zur Teilnahme an der zweiten Gläubigerversammlung berechtigten Gläubiger vor Abschluss des Konkursverfahrens von der Existenz und Massezugehörigkeit der nachträglich ausfindig gemachten Vermögenswerte, ist der Nachkonkurs ausgeschlossen. Das Wissen eines einzelnen Gläubigers genügt nicht (BGE 116 III 96, E. 3–6 S. 100 ff.). Die Eröffnung eines Nachkonkurses liegt dabei nicht völlig im Ermessen des Konkursamts; dieses darf sich nur bei eindeutiger Sach- und Rechtslage weigern, für behauptete Rechtsansprüche einen Nachkonkurs zu eröffnen. Es kann dann, wie in Art. 269 Abs. 3 schweizSchKG vorgesehen, vorgehen und den Fall den Konkursgläubigern durch Publikation oder briefliche Mitteilung zur Kenntnis bringen, worauf diese die Abtretung der Rechtsansprüche gem. Art. 260 schweizSchKG verlangen können (BGE 117 III 70, E. 2b S. 73; zu Art. 260 schweizSchKG → Rn. 185 ff.).

XV. Verfahrenskosten, Folgen bei fehlender Deckung

Die Betreibungskosten, welche die Gebühren und Auslagen der beteiligten Behörden und 206 die Gerichtskosten der rein betreibungsrechtlichen Verfahren, nicht aber die eigenen Kosten des Gläubigers (Parteikosten) und die Gerichtskosten eines ordentlichen Zivilverfahrens umfassen sind in der **Gebührenverordnung** (GebV schweizSchKG) abschließend geregelt. Die Gebührenverordnung gilt für alle Vollstreckungsorgane, sowohl für die staatlichen Ämter und Behörden als auch für die von den Gläubigern bestimmten Organe (außeramtliche Konkursverwaltung, Gläubigerausschuss, Sachwalter und Liquidatoren). Es sind deshalb weder kantonale Anwaltstarife oder Honorarempfehlungen von Anwaltsverbänden oder der Treuhand-Kammer direkt anwendbar (KUKO schweizSchKG/Walther schweizSchKG Art. 16 N 1; Amonn/Walther § 13 N 5 mwN).

Das Einleitungsverfahren (Betreibung bis zur Konkursandrohung) ist für den Gläubiger grund- 207 sätzlich kostenlos, da der Schuldner die Betreibungskosten trägt. Allerdings muss der Gläubiger die **Kosten für jeden Verfahrensschritt vorschießen** (Art. 68 Abs. 1 schweizSchKG), sodass er von Anfang an das Risiko trägt, dass die Betreibungskosten an ihm hängen bleiben. Der Gläubiger ist berechtigt, von den Zahlungen des Schuldners die Betreibungskosten jeweils vorab zu erheben (Art. 68 Abs. 2 schweizSchKG), dh eine Zahlung des Schuldners wird erst dann auf seine Schuld angerechnet, wenn die Kosten gedeckt sind. Die Kosten des Gläubigers für seine (zB anwaltliche) Vertretung im Verfahren, die nicht zwingend ist, dürfen nicht auf den Schuldner überwälzt werden (Art. 27 Abs. 3 schweizSchKG). Ausgenommen davon sind die in Prozessverfahren dem Gläubiger zugesprochenen Umtriebs- oder Prozessentschädigungen.

Die Kosten im Einleitungsverfahren (Zahlungsbefehl und Pfändung bzw. Konkursandrohung) 208 bemessen sich aufgrund der **Forderungshöhe**. So kosten sowohl der Zahlungsbefehl als auch die (einmalige) Pfändung bzw. Konkursandrohung maximal je SFr. 410,– (bei einer Forderung von über SFr. 1 Mio.; Art. 16, Art. 20, Art. 39 GebV schweizSchKG), wobei jede weitere Verrichtung des Betreibungsamtes, zB wenn die Zustellung des Zahlungsbefehls oder der Konkursandrohung an den Schuldner nicht auf Anhieb klappt, zusätzlich gem. Tarifbestimmungen verrechnet wird.

Wer das Konkursbegehren stellt, haftet für die Kosten, die bis und mit der Einstellung des 209 Konkurses mangels Aktiven (Art. 230 schweizSchKG) (der Gläubiger haftet bis zum Schluss des

Internationales Insolvenzrecht – Schweiz

betreffenden Konkursverfahrens (mittels Schlussverfügung des Konkursgerichts, Art. 268 Abs. 2 schweizSchKG) und nicht nur bis zur Einstellungsverfügung des Konkursgerichts, BGE 134 III 136, E. 2.2 S. 140) oder bis zum Schuldenruf (im Normalfall zusammen mit der Publikation des Konkurses, Art. 232 schweizSchKG) entstehen (Art. 169 schweizSchKG). Das Gericht verlangt daher in der Regel einen **Kostenvorschuss vom Gläubiger.** Die Praxis ist dabei unterschiedlich: Zum Teil verlangen die Konkursgerichte nur einen Kostenvorschuss für ihre eigenen Kosten, welche als Pauschalgebühr festgesetzt sind und für die Konkurseröffnung zwischen SFr. 40,– und 500,– liegen (Art. 52 GebV schweizSchKG). Zum Teil sollte der von den Konkursgerichten verlangte Vorschuss auch bereits zumindest einen Teil der Kosten gem. Art. 169 schweizSchKG decken. Die Höhe dieses von den Gerichten (oder, falls dieses keinen Kostenvorschuss bestimmt oder dieser nicht genügend hoch ist, vom Konkursamt, Art. 35 KOV) festzulegenden Vorschusses beträgt zB im Kanton Zürich zurzeit in der Regel SFr. 1.800,–, andernorts bis zu SFr. 5.000,–. Bei absehbarer komplizierter Inventaraufnahme wird auch mal ein Betrag von SFr. 30.000,– verlangt. Falls der Kostenvorschuss bereits vom Gericht gefordert wurde, hat dieses den Überschuss an das Konkursamt zu überweisen.

210 Nicht auszuschließen ist, dass die Kosten bis zur Einstellung den Betrag des Kostenvorschusses übersteigen. Daher muss der Gläubiger damit rechnen, dass das Konkursamt nach der definitiven Einstellung mangels Aktiven die **Differenz zwischen Kosten und Kostenvorschuss in Rechnung stellt.** Die Kosten bis zur Einstellung des Konkurses fallen vor allem für die Feststellung der Konkursmasse (Sicherungsmaßnahmen, Einvernahme des Konkursiten, usw) an und belaufen sich auf SFr. 50,– je halbe Stunde (Art. 44 KOV). Sind in der Konkursmasse genügend (liquide) Aktiven vorhanden, um die Verfahrenskosten zu decken, ist der Kostenvorschuss dem Gläubiger grundsätzlich zurückzuerstatten. Ebenso ist ein nicht verwendeter Teil des Kostenvorschusses zurückzuerstatten.

211 Art. 169 schweizSchKG ist auch auf die ohne vorgängige Betreibung erfolgten Konkurseröffnungen (Art. 190–191, 193 schweizSchKG) anwendbar, was somit auch bedeutet, dass der antragstellende Gläubiger oder Schuldner (Insolvenzerklärung) entsprechend vorschusspflichtig ist. Die Rechtsprechung ist nicht einheitlich betreffend Kostentragung bei Ausschlagung einer Erbschaft. Gemäß BGE 124 III 286 können die Kosten jedenfalls nicht dem ausschlagenden Erben auferlegt werden (vgl. schweizSchKG/Brunner/Boller schweizSchKG Art. 193 N 15 ff.; schweizSchKG/Nordmann schweizSchKG Art. 169 N 14). Nicht anwendbar ist die Bestimmung aber auf die Überschuldungsanzeige (Bilanzdeponierung) durch die Gesellschaft selbst gem. Art. 192 schweizSchKG (Art. 194 Abs. 1 schweizSchKG).

212 Die **Gebühren im Konkursverfahren** sind in Art. 43 ff. GebV schweizSchKG geregelt. Dabei sehen die Art. 44–46 GebV schweizSchKG feste Ansätze für die einzelnen Verrichtungen vor. Diese Ansätze gelten sowohl für die amtliche wie auch für die außeramtliche Konkursverwaltung (Art. 43 GebV schweizSchKG). Bei anspruchsvollen Verfahren, die besondere Abklärungen des Sachverhaltes oder von Rechtsfragen erfordern, setzt die Aufsichtsbehörde die Entschädigung für die Konkursverwaltung fest unter Berücksichtigung namentlich der Schwierigkeit und Bedeutung der Sache, des Umfangs der Bemühungen und des Zeitaufwands. Die Entschädigungen für die Mitglieder des Gläubigerausschusses, die ansonsten SFr. 50,– bzw. 60,– (Präsident und Protokollführer) je halbe Sitzungsstunde betragen, können ebenfalls erhöht werden (Art. 47 GebV schweizSchKG). Die Honorare des Sachwalters und der Liquidatoren im Nachlassverfahren werden vom Nachlassgericht pauschal festgesetzt. Dabei sind namentlich die Schwierigkeit und die Bedeutung der Sache, der Umfang der Bemühungen, der Zeitaufwand sowie die Auslagen zu berücksichtigen (Art. 55 GebV schweizSchKG). Erhebt die Konkursverwaltung Anspruch auf eine Spezialvergütung nach Art. 47 GebV schweizSchKG, muss sie eine detaillierte Zusammenstellung des Aufwands einreichen (Art. 84, 97 KOV). Den Behörden und Gerichten kommt dabei ein großes Ermessen zu (BGE 120 III 97, E. 2 S. 99 f. mwN; BGE 130 III 611, E. 1.2 S. 615; BGE 130 III 176). In einem bedeutenden Konkursverfahren entschieden die Aufsichtsbehörden (Bezirksgericht Zürich und Obergericht des Kantons Zürich) im Jahre 2005 auf Ersuchen des außeramtlichen Konkursverwalters vorab, dass dieser für sich, seine Mitarbeiter und die Mitglieder des Gläubigerausschusses folgende Stundenansätze in Rechnung stellen dürfe:

- Außeramtlicher Konkursverwalter SFr. 280,–;
- Rechtsanwalt (Partner) SFr. 280,–;
- Rechtsanwalt (Mitarbeiter) SFr. 220,–;
- Sekretariatsarbeiten SFr. 90,–;
- Mitglieder Gläubigerausschuss SFr. 220,–;
- Sekretariatsarbeiten SFr. 90,–;

Das Bundesgericht bestätigte den Entscheid und verweigerte die beantragten höheren Stundensätze 213
(BGer v. 18.7.2005 – 7B.86/2005). Aufgrund des den Kantonen gewährten Ermessens ist die
Bandbreite der Stundenansätze sehr groß: 1998 lagen diese offenbar gem. einer auf eine gesamt-
schweizerische Vereinheitlichung zielenden parlamentarischen Interpellation in den Kantonen
Bern und Basel-Landschaft bei SFr. 350/400,–, im Kanton Zürich bei SFR. 250/270,– und im
Kanton Tessin bei Fr. 135/160,– (Interpellation 98.3425 betr. GebV schweizSchKG – Unter-
schiedlicher Vollzug in verschiedenen Kantonen).

H. Materielles Konkursrecht

I. Konkursmasse

1. Örtlicher Umfang

Art. 197 Abs. 1 schweizSchKG enthält für in der Schweiz eröffnete Konkursverfahren einen 214
universalistischen Ansatz, wonach das gesamte Vermögen des Schuldners **unabhängig von seinem Belegenheitsort** vom Konkurs erfasst wird und zu einer einheitlichen Konkursmasse gehört.

Dieser **einseitige universalistische Ansatz** des schweizerischen Rechts bedeutet allerdings 215
nicht, dass andere Staaten, in denen Teile der Konkursmasse belegen sind, den schweizerischen
Konkurs sowie dessen Rechtsfolgen anerkennen und den schweizerischen Behörden Rechtshilfe
zukommen lassen (schweizSchKG/Handschin/Hunkeler schweizSchKG Art. 197 N 98). Eine
solche Pflicht kann sich aus einem Staatsvertrag oder anderen übergeordneten Rechtsnormen
ergeben. Wenn zwischen der Schweiz und dem betreffenden Staat kein Staatsvertrag in diesem
Bereich besteht, bedeutet dies, dass sich die Frage, ob dieser Staat das schweizerische Konkursverfahren sowie dessen Rechtsfolgen anerkennt und den schweizerischen Behörden Rechtshilfe
zukommen lässt, nach dem Recht dieses Staates beurteilt. Das Schweizer Konkursrecht bzw. der
zuständige Konkursverwalter ist somit auf die Kooperation des ausländischen Staates angewiesen,
wovon nicht ohne weiteres ausgegangen werden kann. Im Allgemeinen ist dafür, wie es die
Schweiz in Bezug auf einen ausländischen Konkurs verlangt, eine ausdrückliche Anerkennung des
ausländischen Konkurserkenntnisses im betreffenden Land aufgrund von dessen internen Rechtsnormen erforderlich, entsprechend Art. 166 ff. IPRG in der Schweiz (→ Rn. 293 ff.).

Diese „aktive Universalität" des Schweizer Konkursrechts stösst somit regelmäßig auf die **„pas-** 216
sive Territorialität", welche die meisten anderen Staaten (wie auch die Schweiz) gegenüber
ausländischen Konkursverfahren anwenden. Praktisch gesehen bedeutet dies, dass der im nationalen
Recht festgelegte „Anspruch" auf universale Geltung eines Konkursverfahrens international nicht
beachtet wird und von den nationalen Behörden allein nicht durchgesetzt werden kann.

Gemäß dem Grundsatz der **Einheit des Konkurses** kann über ein bestimmtes Rechtssubjekt 217
in der Schweiz nur ein einziges Konkursverfahren an einem einzigen Ort eröffnet sein, nämlich
dort, wo zuerst ein Konkursverfahren eröffnet wurde (Art. 55 schweizSchKG). Entsprechend steht
der Betreibungsort der Niederlassung (Art. 50 schweizSchKG) und damit der Niederlassungskon-
kurs nur gegenüber Schuldnern mit (Wohn-)Sitz im Ausland zur Verfügung. Bis 2018 konnte
damit das Prinzip der Einheit des Konkurses durchbrochen werden, indem ein Niederlassungskon-
kursverfahren und ein Anschlusskonkursverfahren infolge Anerkennung eines ausländischen Konkursdekrets gleichzeitig stattfinden konnten. Der revidierte, seit 1.1.2019 in Kraft stehende Art. 166
Abs. 2–3 IPRG schließt dies weitgehend aus bzw. koordiniert die beiden Verfahren (zur Anerkennung von ausländischen Insolvenzverfahren und deren Folgen → Rn. 293 ff.).

2. Zeitlicher Umfang

Alles Vermögen, das dem Schuldner „zur Zeit der Konkurseröffnung" gehört sowie diesem 218
„vor Schluss des Konkursverfahrens anfällt", fällt in die Konkursmasse (Art. 197 schweizSchKG).
Letzteres ist von Bedeutung bei einer natürlichen Person als Schuldnerin; bei einer juristischen
Person, die sowieso durch das Konkursverfahren liquidiert wird, läuft es auf das gleiche hinaus,
ob ein Vermögenswert sofort in die Konkursmasse fällt oder erst nach deren Liquidation
(schweizSchKG/Handschin/Hunkeler schweizSchKG Art. 197 N 80).

Der maßgebende Zeitpunkt für den Konkursbeschlag ist die **Eröffnung des Konkurses durch** 219
das Konkursgericht, welcher im Urteil exakt (mit genauer Uhrzeit) festzuhalten ist (Art. 175
schweizSchKG). Entsprechend sieht Art. 204 Abs. 1 schweizSchKG vor, dass Rechtshandlungen,
welche der Schuldner nach der Konkurseröffnung in Bezug auf das der Konkursmasse angehörende
Vermögen vornimmt, gegenüber den Konkursgläubigern ungültig sind. Unerheblich ist dabei

Internationales Insolvenzrecht – Schweiz

grundsätzlich, ob die Konkurseröffnung bereits veröffentlicht worden ist oder nicht. Mit der Konkurseröffnung verliert der Schuldner – die natürliche Person oder die konkursite Gesellschaft und deren Organe – das Verfügungsrecht über sein Vermögen; dieses geht auf die Konkursverwaltung bzw. die Gläubigergesamtheit über.

220 Zu dem während des Konkursverfahrens anfallenden Vermögen gehören Werte, die dem Schuldner während des Konkursverfahrens zufallen, zB aus Erbschaft, Schenkung, Spiel und Wette (unter Abzug allfälliger Aufwendungen), nicht aber sein Erwerbseinkommen. Darin liegt einer der Hauptvorteile für einen Schuldner, eine Insolvenzerklärung abzugeben und damit selbst die Konkurseröffnung über sich zu bewirken. Von der Konkurseröffnung an kann der Schuldner über seinen Arbeitserwerb zudem auch frei verfügen, wenn dieser zuvor gepfändet worden war und die Lohnpfändung, die auf ein Jahr befristet ist (Art. 93 Abs. 2 schweizSchKG), noch andauern würde, denn mit der Konkurseröffnung fallen alle hängigen Betreibungen gegen den Schuldner dahin (Art. 206 Abs. 1 schweizSchKG) (Amonn/Walther § 40 N 12 ff.).

3. Sachlicher Umfang

221 Gemäß Art. 197 Abs. 1 schweizSchKG ist **sämtliches Vermögen,** das dem Schuldner zur Zeit der Konkurseröffnung gehört, Gegenstand des Konkursbeschlags. In zivilrechtlicher Hinsicht wäre dies die Gesamtheit der einer Person zustehenden geldwerten Güter, dh insbesondere dingliche und obligatorische Rechte sowie Immaterialgüterrechte, aber auch Gestaltungsrechte und Anwartschaftsrechte. Der schuldbetreibungsrechtliche Vermögensbegriff unterscheidet sich davon insofern, als das dem Schuldner zustehende Vermögen nur insofern den Gläubigern nützlich ist, als es von der Person des Schuldners losgelöst den Gläubigern zur Befriedigung dienen kann. Vermögen iSv Art. 197 schweizSchKG ist demnach die Gesamtheit der dem Gemeinschuldner zustehenden geldwerten Güter, die sich von der Person des Gemeinschuldners trennen und während des Konkursverfahrens liquidieren lassen (vgl. zum Ganzen und insbesondere zur exemplarischen Umschreibung des Konkursstatus, schweizSchKG/Handschin/Hunkeler schweizSchKG Art. 197 N 7 ff. Wo betreffend Verwertbarkeit zum Teil Zweifel bestehen könnten, ist sie teilweise gesetzlich ausdrücklich vorgesehen. Beispielhaft sei auf Art. 19 Abs. 1 des schweizerischen Markenschutzgesetzes v. 28.8.1992 verwiesen, welcher die Verwertbarkeit der entsprechenden Rechte ausdrücklich erwähnt). Unpfändbares Vermögen, insbesondere Kompetenzstücke (Art. 92 schweizSchKG), fallen auch nicht in die Konkursmasse.

222 Betreibungsrechtliche **Anfechtungsansprüche** gem. Art. 214 und Art. 285 ff. schweizSchKG gehören ebenfalls zur Konkursmasse und sind ins Inventar aufzunehmen (Art. 27 Abs. 2 KOV).

4. Verpfändete Vermögenswerte

223 Gemäß Art. 198 schweizSchKG werden Vermögensstücke, an denen Pfandrechte haften, zur Konkursmasse gezogen und zur Befriedigung der Gläubiger verwertet.

224 Die Pfandgläubiger sind verpflichtet, die Pfandsachen der Konkursverwaltung zur **Verfügung zu stellen** (Art. 232 Abs. 2 Ziff. 4 schweizSchKG), werden aber aus dem Erlös vorweg befriedigt (Art. 219 Abs. 1 schweizSchKG). Ein vertraglich vereinbartes Selbstverkaufsrecht (welches unter Umständen auch das Recht zum Selbsteintritt umfasse) wird mit der Konkurseröffnung unwirksam (BGE 116 III 23, E. 2 S. 26; BGE 81 III 57, 58. Zum Privileg der Pfandgläubiger → Rn. 274 ff.).

225 Lässt hingegen ein Dritter an einer in seinem Eigentum stehenden Sache ein Pfandrecht für eine Forderung gegenüber dem Gemeinschuldner begründen **(Drittpfand),** kann diese Sache nicht zur Konkursmasse gezogen werden (schweizSchKG/Handschin/Hunkeler schweizSchKG Art. 198 N 10). Die pfandgesicherte Forderung selbst ist gem. Art. 61 Abs. 1 KOV ohne Rücksicht auf das Pfand, aber unter Erwähnung desselben in ihrem vollen (anerkannten) Betrag unter die ungesicherten Forderungen aufzunehmen. Da das Pfandrecht im Konkurs des Gemeinschuldners nicht verwertet werden kann, steht es dem berechtigten Gläubiger offen, das Pfandrecht außerhalb des Konkurses gegenüber dem Dritten durch Betreibung auf Pfandverwertung geltend zu machen (betreffend Grundstücke s. Art. 89 Abs. 1 VZG. Zur Betreibung auf Pfandverwertung → Rn. 80 ff.).

226 Vor der Konkurseröffnung gepfändete und verarrestierte Vermögensstücke, deren Verwertung bis zu diesem Zeitpunkt noch nicht stattgefunden hat, fallen in die Konkursmasse. Ausgenommen davon sind **gepfändete Vermögensstücke,** wo sich eine eigentliche Verwertung erübrigt, insbesondere Bargeld, und der Erlös bereits verwerteter Vermögensstücke. Diese werden nach den Regeln von Art. 144–150 schweizSchKG verteilt, sofern die Fristen für den Pfändungsanschluss

(Art. 110–111 schweizSchKG) bereits abgelaufen sind; ein Überschuss fällt in die Konkursmasse (Art. 199 schweizSchKG).

II. Aussonderungsrechte von Dritten

Das Verfahren der Aussonderung (und der Admassierung, dh der Hinzuziehung einer Sache zur Masse) wurde bereits beschrieben (→ Rn. 161 ff.). Nachstehend geht es um die **materiellen Aussonderungsgründe,** die für eine Aussonderung erforderlich sind. 227

Der klassische zivilrechtliche Aussonderungsgrund ist der Anspruch des Eigentümers auf **Herausgabe seines Eigentums,** der auch im Konkursfall Bestand hat (Art. 641 Abs. 2 ZGB). Relevant ist die sachenrechtliche Aussonderung von Eigentum insbesondere dann, wenn der Schuldner fremde Sachen aufgrund von Gebrauchsüberlassungsverträgen (Miete, Pacht, Gebrauchsleihe), als Käufer unter Eigentumsvorbehalt oder auch als Dieb besitzt. 228

Weiter gewährt das Auftragsrecht dem Auftraggeber einen Aussonderungsanspruch auf Herausgabe des beweglichen Vermögens, das der Beauftragte für dessen Rechnung in eigenem Namen erworben hat (Art. 401 OR). Im Bankenkonkurs sieht Art. 37d des Bankengesetzes die **Absonderung der Depotwerte** zugunsten des Deponenten vor (ab dem 1.1.2010 verweist diese Bestimmung für die Modalitäten der Absonderung auf Art. 17–19 des Bucheffektengesetzes v. 3.10.2008. Als Depotwerte gelten auch „bewegliche Sachen, Effekten und Forderungen, welche die Bank für Rechnung der Depotkunden fiduziarisch innehat" (Art. 16 Ziff. 2 des Bankengesetzes). Ob das Aussonderungsrecht auch für einer Nicht-Bank anvertrautes Treugut gilt, ist umstritten (vgl. Amonn/Walther § 40 N 29 mit Hinweis auf den diesbezüglich „problematischen" BGE 117 II 429, wo das Bundesgericht dem Treugeber an den Vermögenswerten, die er dem Treuhänder fiduziarisch übertragen hat, kein Aussonderungsrecht in dessen Konkurs zugestand. Die Aussonderung befürwortend Wiegand, Eigentumsvorbehalt, Sicherungsübereignung und Fahrnispfand, in Wiegand, Mobiliarsicherheiten, Berner Bankrechtstag, Bd. 5, 1998, 72 ff., 103 f. mwN). Demgegenüber wird im Konkurs eines Trustees das Trustvermögen von Amtes wegen ausgeschieden (Art. 284b schweizSchKG). 229

Daneben sieht das schweizSchKG konkursrechtliche Aussonderungsgründe (Art. 201–203 schweizSchKG) vor, ua beim **Distanzkauf,** wenn beim Konkurs des Schuldners die von diesem gekaufte Ware bereits an ihn abgesandt, aber noch nicht bei ihm eingetroffen ist. Dann kann der Verkäufer die Rückgabe der Ware fordern, außer die Konkursverwaltung würde es vorziehen, den Kaufpreis zu bezahlen (Art. 203 Abs. 1 schweizSchKG). 230

III. Verrechnung

1. Voraussetzungen und Ausschluss der Verrechnung

Die Verrechnung zwischen Forderungen und Verpflichtungen (Schulden) ist in einem Konkurs nach Schweizer Recht **grundsätzlich erlaubt:** Gemäß Art. 213 Abs. 1 schweizSchKG kann ein Gläubiger seine Forderung mit einer Forderung, welche dem Schuldner ihm gegenüber zusteht, verrechnen. Die Verrechnung ist jedoch ausgeschlossen, wenn ein Schuldner des Konkursiten erst nach der Konkurseröffnung dessen Gläubiger wird (mit der Ausnahme der Erfüllung einer vorbestehenden Verpflichtung) bzw. wenn ein Gläubiger des Schuldners erst nach der Konkurseröffnung Schuldner desselben oder der Konkursmasse wird (Art. 213 Abs. 2 schweizSchKG). 231

Dies bedeutet, dass ein Gläubiger nur Forderungen verrechnen kann, die ihm bereits vor der allfälligen Konkurseröffnung über seinen Schuldner zustanden, und nur mit Schulden gegenüber diesem Schuldner verrechnen kann, die ebenfalls vor der Konkurseröffnung über diesen bereits bestanden. 232

Die Regelung im schweizSchKG ist in Art. 123 OR übernommen bzw. vorbehalten. Gegenüber der Verrechnung außerhalb eines Konkurses (Art. 120 OR) ist diejenige im Konkurs aufgrund von dessen materiellrechtlichen Wirkungen sogar **begünstigt:** zum einen ist Gleichartigkeit stets gegeben, wenn der Konkursit vom Gläubiger Geld zu fordern hat, da Realforderungen des Gläubigers gegenüber dem Konkursiten gem. Art. 211 Abs. 1 schweizSchKG in Geld umgewandelt werden; zum anderen entfällt das Erfordernis der Fälligkeit (Art. 123 Abs. 1 OR). Da die Konkurseröffnung auf die Fälligkeit der grundpfandgesicherten Forderungen keinen Einfluss hat (Art. 208 Abs. 1 schweizSchKG), erlaubt dies auch bei diesen, falls sie noch nicht fällig sind, die Verrechnung (vgl. OR/Peter OR Art. 123 N 6. Zur Bewirkung der Fälligkeit der übrigen Forderungen durch die Konkurseröffnung → Rn. 263). Das Bundesgericht lässt des Weiteren die Verrechnung auch zu, wenn die Gegenforderung des Konkursiten zwar nicht fällig, jedoch erfüllbar ist (BGE 39 II 233

391, E. 2 S. 393 f.; BGE 42 III 270, E. 5 S. 276 f.). Der verrechnende Konkursgläubiger wird damit konkret besser gestellt im Vergleich zu den anderen Gläubigern, da er unter Umständen vollständige Befriedigung erlangt und sich nicht bloß mit einer Konkursdividende begnügen muss (Amonn/Walther § 40 N 40).

234 Die Verrechnung ist ausgeschlossen, wenn die Forderung auf einem Inhaberpapier beruht, der Gläubiger aber nicht nachweisen kann, dass er das Wertpapier in gutem Glauben vor der Konkurseröffnung erworben hat (Art. 213 Abs. 3 schweizSchKG). Auch können zum Schutz des Gesellschaftskapitals im Interesse der übrigen Gläubiger nicht vollständig einbezahlte Beträge der Kommanditsumme oder des Gesellschaftskapitals bei AG, GmbH oder Kommanditaktiengesellschaft oder rückständige statutarische Beiträge an Genossenschaften nicht mit Konkursforderungen verrechnet werden (Art. 213 Abs. 4 schweizSchKG).

2. Anfechtbarkeit einer Verrechnung

235 Falls ein Schuldner des Konkursiten vor der Konkurseröffnung, aber in Kenntnis der Zahlungsunfähigkeit des Konkursiten, eine Forderung an denselben erworben hat, um sich oder anderen durch die Verrechnung unter Beeinträchtigung des Konkursmasse einen Vorteil zuzuwenden, kann die Verrechnung angefochten werden (Art. 214 schweizSchKG). Anfechtbar sind somit grundsätzlich gem. Art. 213 Abs. 1 schweizSchKG zulässige Verrechnungen, mit denen sich der Verrechnende auf Kosten der Mitgläubiger einen in der gegebenen Situation nicht mehr gerechtfertigten Vorteil verschaffen will („fraudulöse Absicht"); eine Täuschungsabsicht des Verrechnenden ist nicht erforderlich. Die Verrechnung ist auch anfechtbar, wenn der Verrechnende zuerst Gläubiger und dann erst Schuldner des Konkursiten geworden ist (BGE 122 III 133, E. 4b S. 136).

236 Der wesentliche Unterschied der Verrechnungsanfechtung zur paulianischen Anfechtung (Art. 285 ff. schweizSchKG) besteht darin, dass bei Letzterer nur Handlungen des Konkursiten selbst angefochten werden können, wohingegen die Verrechnungsanfechtung eine **Handlung des Schuldners des Konkursiten** voraussetzt. Wird die Verrechnungslage durch ein Rechtsgeschäft zwischen dem Konkursiten und dessen Schuldner geschaffen, ist nicht die Verrechnung anfechtbar, sondern der Abschluss des Rechtsgeschäfts durch den Konkursiten gem. Art. 285 ff. schweizSchKG (BGE 103 III 46, E. 2a S. 51 f.; vgl. KUKO schweizSchKG/Wüthrich schweizSchKG Art. 214 N 4. Zur paulianischen Anfechtung gem. Art. 285 ff. schweizSchKG → Rn. 316 ff.).

IV. Rechtsstellung des Schuldners

1. Im Allgemeinen

237 Mit der Konkurseröffnung ändert sich primär die Rechtsstellung des Schuldners, der jetzt mit allen seinen Gläubigern konfrontiert ist, die alle auf Befriedigung ihrer Forderungen aus dem gemeinsamen Vermögen des Schuldners (Konkursit oder „Gemeinschuldner") trachten (Amonn/Walther § 35 N 1). Die Rechtsstellung des Konkursiten ändert sich mit der Konkurseröffnung in Bezug auf sein Vermögen, welches jetzt die Konkursmasse bildet, und im Verhältnis zu seinen Gläubigern.

238 Die Rechts- und Handlungsfähigkeit einer konkursiten natürlichen Person bleibt unberührt. Bei einer juristischen Person und einer betreibungsfähigen Personengesellschaft führt die Konkurseröffnung allerdings zwangsläufig zu deren **Auflösung**. Mit der Konkurseröffnung tritt die Gesellschaft in Liquidation, was im Handelsregister mit dem Zusatz „in Liquidation" vermerkt wird (Art. 159 Abs. 1 lit. c HRegV). Mit der nach Abschluss des Konkursverfahrens zu erfolgenden Löschung im Handelsregister (Art. 159 Abs. 5 HRegV; → Rn. 88) fällt ihre rechtliche Existenz dahin.

2. Im Verhältnis zur Konkursmasse

239 Der Konkursit bleibt Rechtsträger seines Vermögens, dh insbesondere zivilrechtlicher Eigentümer und Gläubiger, doch verliert er die Verfügungsbefugnis über die entsprechenden Sachen und Forderungen. Der **Konkursbeschlag** über das Vermögen des Schuldners bewirkt, dass diesbezügliche Rechtshandlungen des Schuldners den Konkursgläubigern gegenüber unbeachtlich sind (Art. 204 Abs. 1 schweizSchKG). Dem Konkursbeschlag kommt unmittelbare gesetzliche Publizität zu mit Wirkung gegenüber dem – auch gutgläubigen – Dritten (erga omnes); der Gutglaubensschutz ist ausgeschlossen, mit zwei Ausnahmen:

Internationales Insolvenzrecht – Schweiz

- Zahlung eines Wechsels durch den Schuldner an einen gutgläubigen Wechselinhaber vor der Konkurspublikation unter bestimmten Umständen (Art. 204 Abs. 2 schweizSchKG);
- Zahlung eines Drittschuldners an den Schuldner vor der Konkurspublikation (Art. 205 Abs. 2 schweizSchKG).

Um Letzteres zu verhindern, ist es wichtig, dass das Konkursamt die ihm bekannten Drittschuldner **240** sofort informiert, insbesondere Mieter und Pächter von Grundstücken des Konkursiten mittels schriftlicher Anzeige (Art. 124 VZG). Leistet der Drittschuldner eine Zahlung an den Konkursiten statt an die Konkursverwaltung nach erfolgter Konkurspublikation oder obwohl er von der Konkurseröffnung unabhängig davon Kenntnis hatte, ist er nicht befreit.

Die Beschränkung der Verfügungsmacht des Schuldners wirkt sich auch auf **Zivil- und Verwal-** **241** **tungsverfahren** aus. Mit Ausnahme dringlicher Fälle sowie familienrechtlicher Prozesse und von Entschädigungsklagen wegen Ehr- und Körperverletzungen werden Zivilprozesse und Verwaltungsverfahren, in denen der Schuldner Partei ist und die den Bestand der Konkursmasse berühren, mit der Konkurseröffnung deshalb eingestellt (die Gerichte und Verwaltungsbehörden sind gehalten, die Verfahren von Amtes wegen zu sistieren, sobald sie Kenntnis von der Konkurseröffnung haben, BGE 133 III 377 E. 5.1 S. 380. Sie erfahren allerdings höchstens zufällig über die Konkurseröffnung, wenn sie nicht von einer Partei darüber informiert werden. Vgl. die Beispiele in BGE 133 III 257, S. 259 f.; BGE 132 III 89 E. 2 S. 95. Die zwingende Sistierung betrifft nur inländische Verfahren, → Rn. 168). Sie können im ordentlichen Konkursverfahren frühestens 10 Tage nach der zweiten Gläubigerversammlung, im summarischen Konkursverfahren frühestens 20 Tage nach der Auflegung des Kollokationsplans wieder aufgenommen werden (akzeptieren die Konkursverwaltung und die übrigen Gläubiger die Forderung, wie sie vom Kläger angemeldet wurde, dann wird der (Passiv-)Prozess unnötig (→ Rn. 168). Führt die Konkursmasse einen Aktivprozess des Schuldners weiter, tritt sie in dessen Stellung als Kläger ein und macht die Rechte im eigenen Namen geltend, vgl. KUKO schweizSchKG/Stöckli/Possa schweizSchKG Art. 207 N 19 f.). Über die Fortführung entscheidet im ordentlichen Verfahren grundsätzlich die zweite Gläubigerversammlung; im summarischen Verfahren wird der Beschluss auf dem Zirkularweg oder aufgrund öffentlicher Bekanntmachung gefällt (erst wenn die Gesamtheit der Gläubiger auf die Fortführung verzichtet hat, darf der Anspruch den Gläubigern zur Abtretung gem. Art. 260 schweizSchKG (→ Rn. 292 ff.) angeboten werden, BGE 134 III 75; KUKO schweizSchKG/Stöckli/Possa schweizSchKG Art. 207 N. 16 f.). Während der Einstellung stehen die Verjährungs- und die Verwirkungsfristen still (Art. 207 schweizSchKG).

3. Im Verhältnis zu den Gläubigern

Nach Eröffnung des Konkurses können keine neuen **Betreibungen gegen den Schuldner** **242** eingeleitet werden für Forderungen, die vor der Konkurseröffnung entstanden sind. Hängige Betreibungen fallen dahin. Davon ausgenommen sind Betreibungen auf Pfandverwertung gegen Drittpfandbesteller, die selbst nicht in Konkurs sind (Art. 206 Abs. 1 schweizSchKG). Für Verbindlichkeiten des Schuldners, die nach Konkurseröffnung entstanden sind, kann je nachdem entweder der Schuldner selbst oder die Konkursmasse (für Forderungen, die sich gegen sie richten (sog. Masseverbindlichkeiten, → Rn. 279 ff.)) auf Pfändung oder Pfandverwertung (Art. 206 Abs. 2 schweizSchKG) betrieben werden.

V. Rechtsstellung der Gläubiger

Die Konkurseröffnung kann sich auf die mit dem Schuldner abgeschlossenen **Verträge** als **243** Ganzes auswirken, beschlägt aber in jedem Fall die einzelnen Forderungen gegenüber dem Schuldner. Für die Verträge im Konkurs (→ Rn. 244 ff.) gibt es keine einheitliche Regelung, sondern nur einzelne Gesetzesbestimmungen. Ausführlich befasst sich das schweizSchKG dagegen mit den einzelnen, aus den vertraglichen Beziehungen fließenden Forderungen. Dabei sind die Konkursforderungen, dh die Forderungen für Ansprüche der Gläubiger gegenüber dem Konkursiten, die bereits vor der Konkurseröffnung bestanden (→ Rn. 263 ff.), von den Masseverbindlichkeiten (Masseschulden) (→ Rn. 279 ff.) zu unterscheiden. Letztere sind Forderungen, die im Laufe des Konkursverfahrens entstehen und für welche die Konkursmasse gegenüber ihren Gläubigern, den Massegläubigern, haftet.

1. Verträge im Konkurs

Die Konkurseröffnung hat **keine einheitlichen Auswirkungen** auf die vom Gemeinschuldner **244** abgeschlossenen Verträge. Grundsätzlich werden Verträge wegen des Konkurses des Vertragspart-

Internationales Insolvenzrecht – Schweiz

ners nicht einfach aufgehoben. Inwiefern Verträge im Falle des Konkurses einer Partei aufgelöst werden, richtet sich nach dem materiellen Recht. Ohne entsprechende Bestimmung wird ein Vertrag durch den Konkurs somit nicht aufgehoben. Ebensowenig bildet der Konkurs als solcher einen „wichtigen Grund", welcher bei Dauerschuldverhältnissen grundsätzlich (die Kündigungmöglichkeit aus wichtigem Grund bei Dauerverträgen ist entweder direkt im Gesetz vorgesehen oder ist Ausdruck eines allgemeinen Prinzips, das grundsätzlich für alle Dauerverträge gilt, BGE 128 III 428, E. 3 S. 429 f.; BGE 122 III 262, E. 2a/aa S. 265 f.) zu einer Kündigung berechtigen würde.

245   a) Verträge, welche von Gesetzes wegen durch Eröffnung des Konkurses enden.
- Schenkungsversprechen bei Konkurs des Schenkers (Art. 250 Abs. 2 OR);
- Pachtvertrag bei Konkurs des Pächters, sofern nicht für den laufenden Pachtzins und das Inventar Sicherheit geleistet wird (Art. 297a OR);
- Auftrag mit dem Konkurs des Auftraggebers oder des Beauftragten, sofern nichts Gegenteiliges vereinbart ist oder sich aus der Natur des Geschäftes ergibt (Art. 405 Abs. 2 OR);
- Ebenso die besonderen Auftragsarten (Mäklervertrag, Kommission, Frachtvertrag);
- Agenturvertrag mit dem Konkurs des Auftraggebers (Art. 418s OR);
- Einfache Gesellschaft bei Konkurs eines Gesellschafters (Art. 545 Abs. 1 Ziff. 3 OR);
- Weitere (vgl. den generellen Vorbehalt in Art. 211 Abs. 3 schweizSchKG) (s. die Übersichten bei Kren, Konkurseröffnung und schuldrechtliche Verträge, 1989, 10 ff. und KUKO schweizSchKG/Pirkl schweizSchKG Art. 211 N. 13 ff. mwN)

246   b) Verträge, bei welchen das Gesetz der solventen Partei ein Kündigungsrecht einräumt (sofern ihr nicht Sicherheit geleistet wird).
- Konkurs des Mieters nach Übernahme der Sache (Art. 266h OR);
- Konkurs des Verlegers (Art. 392 Abs. 3 OR);
- Zahlungsunfähigkeit des Arbeitgebers (Art. 337a OR);
- Zahlungsunfähigkeit des Darlehensnehmers nach Abschluss des Vertrages, aber vor Übergabe der Darlehenssumme (Art. 316 OR);
- Weitere (bei den Innominatverträgen muss gem. den allgemeinen Regeln der Vertragsergänzung festgestellt werden, ob sie bei Konkurs einer Partei aufgelöst werden oder von der Gegenseite gekündigt werden können).

247   Das Kaufrecht räumt dem Verkäufer, der die Ware erst nach Bezahlung des Kaufpreises oder Zug um Zug zu übergeben hat, ein **Rücktrittsrecht** vom Vertrag ein, wenn der Käufer mit der Zahlung des Kaufpreises im Verzug ist (Art. 214 Abs. 1 OR). Diese Bestimmung ist auch im Konkursfall anwendbar, nicht aber Art. 214 Abs. 3 OR, wonach sich der Verkäufer im Falle der Vorauslieferung des Kaufgegenstands auf das Rücktrittsrecht im Falle des Verzugs des Käufers berufen und die übergebene Sache zurückfordern kann, falls er sich dieses Recht ausdrücklich vorbehalten hat (Art. 212 schweizSchKG).

248   c) Zweiseitige Verträge im Allgemeinen. Die solvente Vertragspartei, die noch nicht vollständig erfüllt hat, kann bei vollkommen zweiseitigen Verträgen ihre Leistung solange zurück halten, bis ihr von der Konkursverwaltung die Gegenleistung sichergestellt wird (Art. 83 Abs. 1 OR). Wird ihrem Begehren um **Sicherstellung** innert angemessener Frist nicht Folge geleistet, so kann sie gem. Art. 83 Abs. 2 OR vom Vertrag zurücktreten, jedoch ohne damit einen Schadenersatzanspruch zu erlangen, da die zahlungsunfähige Partei in der Regel keine Pflichten verletzt hat (BGE 64 III 264, 268 f.). Art. 83 OR findet auch bei Dauerschuldverhältnissen mit Austauschcharakter Anwendung. Somit hat die solvente Partei, die noch nicht vollständig erfüllt hat, bei zweiseitigen Verträgen üblicherweise auch ohne entsprechende Parteivereinbarung im Konkurs ihrer Gegenpartei ein Rücktrittsrecht, falls ihr die Gegenleistung nicht sichergestellt wird.

249   Nicht anwendbar ist Art. 83 OR, wenn die solvente Partei vollständig erfüllt hat, wenn die Zahlungsunfähigkeit bereits bei Vertragsschluss bestanden hat oder wenn durch die Zahlungsunfähigkeit der Anspruch des Vertragspartners nicht gefährdet wird.

250   d) Eintrittsrecht der Konkursverwaltung gem. Art. 211 Abs. 2 schweizSchKG. Bei Verträgen, die nicht von Gesetzes wegen durch die Konkurseröffnung beendet werden, ist zu unterscheiden zwischen folgenden Konstellationen:
- Der Gemeinschuldner hat bereits erfüllt, nicht aber sein Vertragspartner.
- In diesem Falle bleibt der Vertrag bestehen und der solvente Vertragspartner muss an die Masse leisten (die Konkursmasse muss ihre Forderng auf dem ordentlichen Prozess- und Betreibungsweg geltend machen. Sie wird dabei von der Konkursverwaltung vertreten (Art. 240 schweizSchKG), wobei deren rechtliche Stellung, ohne dass von praktischer Bedeutung wäre, in der Lehre umstritten ist, s. KUKO schweizSchKG/Bürgi schweizSchKG Art. 240 N 2, 7 f.).
- Der Vertragspartner hat erfüllt, der Gemeinschuldner noch nicht.

- Der Vertragspartner kann lediglich eine **Konkursforderung** eingeben, wobei Realforderungen von Gesetzes wegen in Geldforderungen von entsprechendem Wert umgewandelt werden (Art. 211 Abs. 1 OR). Art. 83 OR ist nicht anwendbar. Der Gläubiger rechnet seine Realforderung selbst um und macht sein Erfüllungsinteresse (positives Vertragsinteresse) geltend.
- Beide Parteien haben einen zweiseitigen Vertrag nicht oder nur teilweise erfüllt.
- Nur in diesem Falle kann die Konkursverwaltung ihr Recht ausüben, in den Vertrag einzutreten und den **Vertrag anstelle des Schuldners realiter zu erfüllen** (Art. 211 Abs. 2 OR). Das Eintrittsrecht besteht auch bei einer Verpflichtung auf Geldleistung gegenüber dem Vertragspartner, zB Miet- oder Lohnzahlungen (BGE 104 III 84, E. 3a S. 88 ff. und BGer v. 6.2.2006 – 4C.252/2005, E. 5.2 (Mietverträge); BGer v. 5.10.2006 – 4C.239/2006, E. 2.2 (Arbeitsvertrag)). Damit wird die Forderung des Konkursgläubigers zu einer Masseverbindlichkeit, dh sie ist vor allen Konkursforderungen zu erfüllen. Zum Ausgleich der Wahlmöglichkeit der Konkursverwaltung kann der Gläubiger die Sicherstellung der Erfüllung verlangen. Bis zur Sicherstellung kann er die Leistung zurückbehalten (Art. 83 Abs. 1 OR).

Umstritten ist das Verhältnis zwischen dem Eintrittsrecht der Konkursverwaltung nach Art. 211 Abs. 2 schweizSchKG und dem Rücktrittsrecht nach Art. 83 Abs. 2 OR. Es ist davon auszugehen, dass nach einem Rücktritt gem. Art. 83 Abs. 2 OR ein Eintritt gem. Art. 211 Abs. 2 schweizSchKG nicht mehr möglich ist (Staehelin AJP 2004, 363 (365); aA Amonn/Walther § 43 N 35, zumindest wenn der Rücktritt gem. Art. 83 Abs. 2 OR nach der Konkurseröffnung erfolgte). Während der vom Vertragspartner angesetzten Frist zur Sicherstellung gem. Art. 83 Abs. 2 OR hat sich die Konkursverwaltung zu entscheiden. **251**

Für bestimmte Transaktionen ist das Wahlrecht der Konkursverwaltung ausgeschlossen, so für **Fixgeschäfte** (Art. 108 Ziff. 3 OR) sowie **Finanztermin-, Swap- und Optionsgeschäfte** mit einem Markt- oder Börsenpreis (Art. 211 Abs. 2bis schweizSchKG). **252**

Tritt die Konkursverwaltung nicht in den Vertrag ein, wandelt sich der Erfüllungsanspruch des Gläubigers entsprechend Art. 211 Abs. 1 schweizSchKG in eine **Forderung auf Ersatz seines positiven Vertragsinteresses** um (die rechtliche Begründung war zumindest früher umstritten, ohne im Ergebnis etwas zu ändern: Von einem Teil der Lehre und v. Bundesgericht wurde in älteren Entscheiden das Entstehen eines eigentlichen Schadensersatzanspruches durch die aus dem Nichteintritt der Konkursmasse sich ergebende Vertragsverletzung begründet (vgl. BGE 21, 1133, E. 6 S. 1148 ff.; BGE 25 II 438, E. 5 S. 446; BGE 32 II 528, E. 7 S. 537 f.), während die heutige Lehre den Nichteintritt der Konkursverwaltung als ein der Konkursverwaltung aus dem Konkursrecht heraus zustehendes Recht sieht, wodurch der Vertrag nicht verletzt wird und weder dessen Auflösung, noch Kündigung oder Rücktritt bewirkt (schweizSchKG/Schwob schweizSchKG Art. 211 N 12; Jaeger/Walder/Kull/Kottmann Art. 211 N 14). Vgl. zum Ganzen Gilliéron, Commentaire de la loi fédérale sur la poursuite pour dettes et la faillite, 2001, Art. 211 N 15; Kren, Konkurseröffnung und schuldrechtliche Verträge, 1989, 97 ff.). Ein darüber hinausgehender Schadenersatzanspruch kann nicht geltend gemacht werden. **253**

e) Dauerschuldverhältnisse im Konkurs. Im Rahmen der Revision des Sanierungsrechts (→ Rn. 340) wurde zwar kein generelles Auflösungsrecht von Dauerschuldverhältnissen im Konkursfall einer Partei eingeführt. Mit dem neuen Art. 211a schweizSchKG wurde aber die materiell und vollstreckungsrechtliche Behandlung der Dauerschuldverhältnisse im Konkurs neu ausdrücklich geregelt. Bleibt der Konkursverwalter untätig (was in der Praxis die Regel sein dürfte), bestehen Dauerschuldverhältnisse zivilrechtlich fort, doch kann der Vertragspartner seine Forderungen nur noch bis zum nächsten Kündigungstermin oder bis zum Ablauf der festen Vertragsdauer als Konkursforderung anmelden. Tritt der Konkursverwalter demgegenüber in ein bestehendes Dauerschuldverhältnis ein, gelten die ab dem Zeitpunkt der Konkurseröffnung entstehenden Forderungen als Masseverbindlichkeiten und sind als solche vollständig und vorab zu befriedigen (selbst vor den privilegierten Gläubigern). Die vor der Konkurseröffnung entstandenen Forderungen hingegen sind als normale (in der Regel Drittklass-)Forderungen anzumelden. Es versteht sich von selbst, dass der Konkursverwalter regelmäßig nur in für die Konkursmasse günstige Verträge eintreten und damit Masseverbindlichkeiten begründen wird. **254**

f) Zulässigkeit vertraglicher Auflösungsklauseln für den Konkursfall? Ob die Parteien bei Fehlen einer gesetzlichen Bestimmung, wonach der Vertrag durch den Konkurs aufgelöst wird, frei sind zu vereinbaren, dass der Vertrag mit der Konkurseröffnung ohne Weiteres aufgelöst wird, hängt zuerst vom materiellen Recht ab und muss für jeden Vertragstyp gesondert geprüft werden. Die **Vertragsfreiheit** erlaubt grundsätzlich zu vereinbaren, dass ein Vertrag mit der Konkurseröffnung automatisch aufgelöst wird (Vereinbarung einer Resolutivbedingung), oder dass die Konkurseröffnung einer Partei ein Kündigungs- oder Rücktrittsrecht geben soll, soweit nicht zwingende Bestimmungen, zB im Arbeits- oder Mietrecht, dem entgegenstehen. So ist eine Vereinbarung, **255** wonach der Arbeitsvertrag mit Konkurseröffnung über den Arbeitnehmer eo ipso beendet wird, als unzulässig anzusehen, während eine automatische Beendigung für den Konkurs des Arbeitgebers als zulässig angesehen wird (Jeandin, Les effets de la faillite sur le contrat de durée, in Bellanger/Chaix/Chappuis/Héritier Lachat, Le contrat dans tous ses états, 2004, 71, 93 mwN; vgl. Staehelin AJP 2004, 363 (366)).

256 Was materiellrechtlich zulässig ist, ist aber nicht automatisch auch aus Sicht des Konkursrechts, welches öffentliches Recht und als solches zwingend ist, gültig. Die Frage stellt sich, ob mit einer Vereinbarung, dass der Vertrag mit der Konkurseröffnung als aufgelöst gilt, das **Eintrittsrecht der Konkursverwaltung umgangen** werden könnte. Das Bundesgericht entschied 1978 (BGE 104 III 84, E. 3b S. 90 f.), Art. 211 Abs. 2 schweizSchKG enthalte keine materiellrechtliche Regelung; welches die Auswirkungen des Konkurses auf die Verträge des Gemeinschuldners sind, sei aber in erster Linie eine Frage des materiellen Rechts. Neuere Lehrmeinungen sprechen sich dafür aus, dass vertragliche Auflösungsklauseln, welche das Eintrittsrecht der Konkursverwaltung ausschließen, zulässig sind (schweizSchKG/Schwob schweizSchKG Art. 211 N 13, 27 f. (betreffend Art. 211 Abs. 2bis schweizSchKG) mwN; Staehelin AJP 2004, 363 (367 f.); Jeandin, Les effets de la faillite sur le contrat de durée, in Bellanger/Chaix/Chappuis/Héritier Lachat, Le contrat dans tous ses états, 2004, 71, 92 ff.; aA KUKO schweizSchKG/Bürgi schweizSchKG Art. 211 N 8 (Zulässigkeit einer vertraglich vereinbarten Auflösung nur, wenn diese in einer „logischen Sekunde" vor Konkurseröffnung stattfindet)).

257 g) Vertragliche Regelung der Entschädigungsfolgen für den Konkursfall? Fraglich ist, inwiefern die Parteien zum vornherein vereinbaren können, welche Ansprüche die solvente Vertragspartei und die Konkursverwaltung gegenseitig geltend machen können, insbesondere, ob gültig vereinbart werden kann, dass die solvente Partei im Konkurs ihres Vertragspartners **mehr fordern kann als außerhalb des Konkurses,** oder dass im Falle der Vertragsauflösung durch Konkurs der Gegenpartei eine Anzahlung verfällt (vgl. Staehelin AJP 2004, 363 (368 ff.)).

258 Gemäß Bundesgericht ist die Konkursmasse nur zur Deckung solcher Forderungen bestimmt, die auch ohne den Konkurs bestehen würden. Andernfalls würde ein vom Gesetz nicht gewolltes Konkursprivileg geschaffen. Ein derartiger Versuch der Umgehung zwingender Gesetzesvorschriften ist unzulässig (BGE 41 III 136 (ein für den Konkursfall vereinbarter Zuschlag auf die Forderung von 5 % ist nicht zu kollozieren)). Diese Rechtsprechung, obwohl schon 1915 begründet, wird auch in der heutigen Lehre weitgehend unterstützt (Staehelin AJP 2004, 363 (369 f.) mwN).

259 Grundsätzlich bestimmt das materielle Recht, welche Forderungen im Zeitpunkt der Konkurseröffnung bestehen und somit als Konkursforderungen eingegeben werden können. **Vereinbarungen über die Folgen einer Vertragsauflösung** sind daher, sofern sie materiellrechtlich gültig sind, grundsätzlich auch im Falle der Vertragsauflösung durch Konkurs zu beachten. Materiellrechtlich ungültig sind Vertragsklauseln, die als Schenkungsversprechen der konkursiten Partei zu qualifizieren sind, denn durch Konkurseröffnung wird jedes Schenkungsversprechen von Gesetzes wegen aufgehoben (Art. 250 Abs. 2 OR).

260 Neben den materiellrechtlichen bestehen auch **konkursrechtliche Schranken.** Im Konkurs werden alle Gläubiger nach einer gesetzlich definierten Privilegienordnung befriedigt (Art. 219 schweizSchKG). Es gilt der Grundsatz der Gleichbehandlung aller Gläubiger unter Vorbehalt der gesetzlichen Privilegien (→ Rn. 273 ff.). Eine vertragliche Vereinbarung, wonach eine Forderung nur im Konkursfall entstehen soll, und welche damit bezweckt, einem bestimmten Gläubiger eine höhere Dividende zu verschaffen, stellt eine Gesetzesumgehung dar und ist als solche nichtig. Konkursrechtliche Vorrechte können nicht durch bloße Parteivereinbarung begründet werden. Zudem ist der Grundsatz der Gläubigergleichbehandlung eine öffentlichrechtliche Vorschrift, deren Missachtung gem. Art. 19 OR zivilrechtliche Ungültigkeit zur Folge hat. Eine Gesetzesumgehung liegt immer dann vor, wenn die Konkursmasse aufgrund der vertraglichen Klausel, die im Konkursfall Anwendung findet, mehr zahlen müsste oder weniger fordern könnte, als wenn die Parteien keine solche Vereinbarung getroffen hätten. Unerheblich ist, ob die entsprechende Vertragsklausel auch bei anderen Leistungsstörungen gelten soll (der Zuschlag in BGE 41 III 136 (→ Rn. 258) wurde für ungültig erachtet, obwohl er generell „als Entschädigung für Mühewalt" geschuldet war, wenn die Forderung „rechtlich geltend zu machen" war. Vgl. Staehelin AJP 2004, 363 (370)).

261 Vertrags- und Vertragsbeendigungklauseln für den Konkursfall können auch den Tatbestand der **paulianischen Anfechtung** (Art. 285 ff. schweizSchKG) (→ Rn. 316 ff.) erfüllen. Anfechtbare Handlung ist das Entstehen der Forderung des Vertragspartners im Konkursfall bzw. das Erlöschen des Anspruchs des Gemeinschuldners durch die Konkurseröffnung. Im Vordergrund steht die Schenkungsanfechtung nach Art. 286 schweizSchKG, weshalb zu prüfen ist, ob Leistung und Gegenleistung aufgrund der Vertragsklausel für den Konkursfall in einem „richtigen" Verhältnis

zueinander stehen. In Frage käme allenfalls auch die Absichtsanfechtung. Unter den vielen, in der Praxis vorkommenden Klauseln sei nur auf zwei hingewiesen:
- Konventionalstrafen für den Konkursfall, soweit diese geschuldet sind, obwohl kein Schaden entstanden ist (Art. 161 Abs. 1 OR), sind unzulässig. Sie können im Konkursfall als Forderungen, welche nur zu Lasten der Masse begründet wurden, nicht geltend gemacht werden.
- Der Rückfall eines Rechts aufgrund einer resolutiv bedingten Verfügung, bei welcher die Konkurseröffnung die Resolutivbedingung ist, ist als vertragliche Bestimmung für den Konkursfall ungültig. Durch Vereinbarung einer Resolutivbedingung kann nicht ein vertraglicher Aussonderungstatbestand geschaffen werden (vgl. Staehelin AJP 2004, 363 (378 f.))

262 Grundsätzlich ist zu beachten, dass der Konkurs bzw. keine Vertragsverletzung darstellt, die zu Schadenersatzansprüchen führt. Der Rücktritt vom Vertrag gem. Art. 83 Abs. 2 OR infolge Zahlungsunfähigkeit gewährt ebenfalls keinen Schadenersatzanspruch, da diese keine Pflichtverletzung darstellt, denn niemand muss nach Gesetz oder Vertrag zahlungsfähig bleiben (vgl. Staehelin AJP 2004, 363 (374). Demgegenüber kann ein rechtzeitig vor Konkurseröffnung erfolgter Rücktritt vom Vertrag infolge Verzugs (Art. 107 Abs. 2 OR) zu Schadenersatzansprüchen führen).

2. Konkursforderungen

263 a) Umfang der Konkursforderungen. Konkursforderungen können nur Forderungen sein, die zur Zeit der Konkurseröffnung bereits bestehen bzw. schon vorher entstanden sind, dh der **Entstehungsgrund der Forderung** (causa) muss **vor der Konkurseröffnung** eingetreten sein. Spätere Fälligkeiten oder aufschiebende Bedingungen dürfen die Durchführung der Generalexekution allerdings nicht behindern (Amonn/Walther § 42 N 12 f.). Nicht zuletzt deshalb werden gem. Art. 208 Abs. 1 schweizSchKG im Zeitpunkt der Konkurseröffnung alle in diesem Zeitpunkt bestehenden Schuldverpflichtungen fällig, mit Ausnahme der grundpfandgesicherten Forderungen. Für diese besteht dazu kein praktischer Grund, da sie in der Verwertung dem Erwerber als persönliche Schuldpflicht überbunden werden (Art. 259 iVm Art. 135 Abs. 1 schweizSchKG).

264 Ebenso Voraussetzung für die Durchführung der Generalexekution ist, dass die **Realforderungen in Geldforderungen im entsprechendem Wert umgewandelt** werden, was Art. 211 Abs. 1 schweizSchKG vorsieht. Dabei rechnet der Gläubiger seine Realforderung selbst um und gibt den Betrag als Konkursforderung ein. Maßgebend ist sein positives Vertragsinteresse (Erfüllungsinteresse) (Amonn/Walther § 42 N 33. Zur Situation bei zweiseitigen Verträgen → Rn. 253).

265 **Aufschiebend bedingte Forderungen** werden im Konkurs zwar zum vollen Betrag zugelassen. Eine allfällige Konkursdividende kann der Gläubiger jedoch erst beziehen, wenn die Bedingung erfüllt ist (Art. 210 schweizSchKG). Forderungen unter auflösender Bedingung sind wie gewöhnliche Forderungen zu behandeln. Die auf sie entfallende Dividende ist, unter Vorbehalt einer allfälligen Bereicherungsklage, auszuzahlen (Amonn/Walther § 42 N 20).

266 Gemäß Art. 209 schweizSchKG hört mit der Konkurseröffnung der **Zinsenlauf** für alle Forderungen gegenüber dem Gemeinschuldner grundsätzlich auf. Für pfandgesicherte Forderungen hingegen läuft der Zins bis zur Verwertung weiter, soweit der Pfanderlös größer ist als der Forderungsbetrag und die bis zur Konkurseröffnung aufgelaufenen Zinsen. Mitverpflichtete und Bürgen des Konkursiten, soweit sie nicht selbst in Konkurs sind, haben jedoch weiter Zinsen zu zahlen, ohne dass sie dafür ein Rückgriffsrecht gegen den Gemeinschuldner hätten.

267 **Forderungen in ausländischer Währung** sind zum Tage der Konkurseröffnung in Schweizer Franken umzurechnen (in analoger Anwendung von Art. 211 Abs. 1 schweizSchKG, BGE 110 III 105, E. 3 S. 106). Der betreibende Konkursgläubiger kann, falls es für ihn günstiger ist, den Kurs am Tag der Stellung des Betreibungsbegehrens beibehalten (Art. 88 Abs. 4 schweizSchKG per analogiam).

268 b) Konkursforderungen gegenüber Solidarschuldnern. Haften für eine Konkursforderung mehrere Gläubiger solidarisch, sieht das schweizSchKG spezielle Regelungen vor für den Fall von **gleichzeitig hängigen Konkursverfahren über mehrere Mitverpflichtete** (Art. 216–217 schweizSchKG) oder über Kollektiv- und Kommanditgesellschaften und ihren (unbeschränkt haftenden) Teilhabern (Art. 218 schweizSchKG). „Gleichzeitig hängig" erfordert keine simultane Eröffnung der Verfahren (schweizSchKG/Stäubli schweizSchKG Art. 216 N 10 ff.). Diese Bestimmungen müssen auch gelten, wenn eine der betroffenen Personen oder Gesellschaften im Ausland in Konkurs gefallen ist (BGE 102 III 155, E. 4 S. 160 (ohne nähere Begründung). Jaeger/Walder/Kull/Kottmann Art. 216 N 10 begründen dies mit einer analogen Anwendung von Art. 172 Abs. 3 IPRG, wonach ein Gläubiger sich eine Dividende in einem zusammenhängenden ausländischen

Internationales Insolvenzrecht – Schweiz

Konkursverfahren auf seine Konkursdividende im schweizerischen Anschlusskonkursverfahren (→ Rn. 289 ff.) anrechnen lassen muss).

269   Art. 216 schweizSchKG sieht vor, dass der Gläubiger, wenn über mehrere Mitverpflichtete gleichzeitig der Konkurs eröffnet ist, **in jedem Konkurs seine Forderung im vollen Betrag** geltend machen kann. Ergeben die Zuteilungen aus den verschiedenen Konkursmassen mehr als den Betrag der ganzen Forderung, so fällt der Überschuss nach Massgabe der unter den Mitverpflichteten bestehenden Rückgriffsrechte an die Masse zurück. Art. 217 schweizSchKG regelt die Situation, wenn von einem Mitverpflichteten bereits eine Teilzahlung eingegangen ist. In Übereinstimmung mit Art. 216 schweizSchKG darf der Gläubiger auch dann noch seine Forderung in ihrem vollen ursprünglichen Umfang eingeben. Der Gläubiger hat ein Anrecht auf die darauf entfallende Dividende, bis er – zusammen mit der bereits erfolgten Teilzahlung – vollständig befriedigt ist. Ein Überschuss kommt entweder einem rückgriffsberechtigten Mitverpflichteten zugute oder verbleibt der Masse.

270   Der Begriff des „Mitverpflichteten" in Art. 216–217 schweizSchKG umfasst grundsätzlich alle Fälle, wo zwei Schuldner für dieselbe Schuld haften, was materiellrechtlich zu bestimmen ist. Darunter fallen gewöhnliche Solidarschuldner, aber auch Bürgen. Gemäß Rechtsprechung des Bundesgerichts betrifft dies auch den Drittpfandbesteller, der eine Teilzahlung geleistet hat (BGE 110 III 112; vgl. schweizSchKG/Stäubli schweizSchKG Art. 217 N 5 iVm Art. 216 N 4 ff. Zur Situation, wenn nur der Bürge in Konkurs ist, s. Art. 215 schweizSchKG). Hat nun ein Mitverpflichteter eine Teilzahlung an den Gläubiger geleistet und wird dieser aus der Konkursmasse vollständig befriedigt, erhält der Mitverpflichtete, falls er (aufgrund des anwendbaren materiellen Rechts) rückgriffsberechtigt ist, aus einem allfälligen Überschuss „den Betrag, den er bei selbstständiger Geltendmachung des Rückgriffsrechtes erhalten würde", während der Rest der Konkursmasse verbleibt (Art. 217 Abs. 3 schweizSchKG). Der Mitverpflichtete erhält aber immer nur die **Konkursdividende vom Betrag seines materiellrechtlichen Regressanspruches** gegenüber dem Gemeinschuldner. War die Forderung des Gläubigers hingegen pfandgesichert, so hat der Mitverpflichtete zunächst Anspruch auf den Überschuss des Pfandergebnisses und, falls er damit nicht gedeckt ist, auf die Konkursdividende (schweizSchKG/Stäubli schweizSchKG Art. 217 N 10 f.). Ist die Forderung des Gläubigers nach Konkurseröffnung vollständig getilgt worden und hat dieser noch keine Forderungsanmeldung gemacht, hat der Mitverpflichtete selbst das Recht zur Eingabe der Forderung im Konkurs (Art. 217 Abs. 2 schweizSchKG).

271   In einem Konkurs einer Kollektiv- und Kommanditgesellschaft und ihren (unbeschränkt haftenden) Teilhabern sind folgende Situationen zu unterscheiden:
- Sind die Gesellschaft und ein Gesellschafter gleichzeitig in Konkurs, muss zuerst der Gesellschaftskonkurs abgewickelt werden, da die Haftung der Gesellschafter subsidiär ist. Im darauf folgenden Gesellschafterkonkurs dürfen die Gesellschaftsgläubiger nur den im Gesellschaftskonkurs erlittenen Verlust geltend machen. Die Gesellschafter haften dafür untereinander gem. den Bestimmungen von Art. 216–217 schweizSchKG solidarisch (Art. 218 Abs. 1 schweizSchKG).
- Fällt nur ein Gesellschafter in Konkurs, können die Gesellschaftsgläubiger – in Durchbrechung der subsidiären Haftung der Gesellschafter – trotzdem ihre Forderungen gegen die Gesellschaft geltend machen. Der Konkursmasse des Gesellschafters stehen die Rückgriffsrechte gem. Art. 215 Abs. 2 schweizSchKG zu (Art. 218 Abs. 2 schweizSchKG). Bei gleichzeitigem Konkurs mehrerer Gesellschafter gelten die Regeln von Art. 216–217 schweizSchKG.
- Der ausschließliche Konkurs der Gesellschaft (Art. 570 OR) lässt die Gesellschafter (vorerst) unberührt.

272   Die Regelung allfälliger Regressansprüche ist, insbesondere durch das Ineinandergreifen von schweizSchKG/Bestimmungen und materiellrechtlichen Rückgriffsregelungen, sehr kompliziert.

273   c) Reihenfolge der Gläubigerbefriedigung (Konkursklassen). Die Konkursgläubiger sollen für ihre Forderungen aus dem Erlös der Konkursmasse gleichzeitig und gleichmäßig befriedigt werden (pars conditio creditorum). Im Verlustfall bedeutet Gleichbehandlung, dass jeder Gläubiger verhältnismäßig seinen Anteil tragen muss. Dennoch hat der Gesetzgeber nicht die volle Gleichberechtigung aller Gläubiger vorgesehen, da dies nicht immer gerecht wäre: Einerseits begründet bereits das Zivilrecht ein Privileg in Form des Anspruchs der Pfandgläubiger auf Vorabbefriedigung aus den Pfändern. Andererseits stellt das Konkursrecht in Fällen, wo der Gläubiger, vornehmlich aus sozialen und volkswirtschaftlichen Erwägungen, auf volle Befriedigung angewiesen ist, eine bestimmte Rangordnung auf, indem es die Gläubiger bestimmter Forderungen in **unterschiedliche Rangklassen** einteilt (Art. 219 schweizSchKG). Innerhalb einer Rangklasse haben alle Gläubiger denselben Anspruch auf Befriedigung; erst wenn die Gläubiger einer vorhergehenden Rangklasse vollständig befriedigt sind, haben diejenigen einer tieferen Rangklasse Anspruch auf den (noch verbleibenden) Erlös (Art. 220 schweizSchKG).

d) **Privileg der Pfandgläubiger.** Gemäß Art. 198 schweizSchKG werden Vermögensstücke, an denen Pfandrechte haften, unter Vorbehalt des den Pfandgläubigern gesicherten **Vorzugsrechtes** zur Konkursmasse gezogen (schweizSchKG/Handschin/Hunkeler schweizSchKG Art. 198 N 1. Zur Auskunfts- und Herausgabepflicht des Pfandgläubigers und Sanktionen für den Fall, dass dieser der Herausgabepflicht nicht nachkommt → Rn. 153). Auch wenn die Vermögensstücke zur Konkursmasse gezogen werden, bleiben die Rechte der Pfandgläubiger uneingeschränkt bestehen. Das Vorrecht der Pfandgläubiger erstreckt sich in erster Linie auf Pfandgegenstände im Eigentum des Gemeinschuldners, die für seine oder die Schulden eines Dritten verpfändet sind (schweizSchKG/Handschin/Hunkeler schweizSchKG Art. 198 N 3; schweizSchKG/Lorandi schweizSchKG Art. 219 N 25). Pfandgegenstände im Eigentum Dritter, die für die Schulden des Gemeinschuldners verpfändet sind, werden nicht zur Konkursmasse gezogen. Vielmehr ist in diesen Fällen das Pfandrecht außerhalb des Konkurses durch Betreibung auf Pfandverwertung zu liquidieren (→ Rn. 80 ff.). Wenn Pfandobjekte zwar dem Gemeinschuldner gehören, aber im Ausland liegen und nach dem maßgebenden Recht nicht zur inländischen Konkursmasse gezogen werden können, so wird die auf die Forderung entfallende Dividende so lange zurückbehalten, als das Pfand nicht im Ausland liquidiert worden ist, und nur soweit ausgerichtet, als der Pfandausfall reicht (Art. 62 KOV). Dies bedeutet, dass die betreffenden Pfandgläubiger im inländischen Konkursverfahren nur für den aus einer vorangegangenen Liquidation dieser Pfänder sich ergebenden Ausfall zur Konkursmasse zugelassen werden (Jaeger/Walder/Kull/Kottmann Art. 198 N 7).

Vorausgesetzt, dass eine Pfandsache zur Konkursmasse gezogen werden kann, wird sie durch die Konkursverwaltung verwertet. Die Zuweisung der Verwertungserlöse an die berechtigten Pfandgläubiger richtet sich nach Art. 219 Abs. 1 schweizSchKG, wonach „die pfandgesicherten Forderungen aus dem Ergebnisse der Verwertung der Pfänder vorweg bezahlt" werden.

Jedes Pfand haftet zuallererst dem Pfandgläubiger für dessen Forderung, wobei jedem Pfandgläubiger nur sein eigenes Pfand haftet. Ein Pfandgläubiger hat keinen privilegierten Anspruch auf den Erlös von Pfändern, die anderen Gläubigern zustehen. Jeder Pfandgläubiger kann für seine Forderung den entsprechenden Betrag aus der Pfandverwertung beanspruchen. Allerdings darf die Konkursverwaltung aus dem Erlös der Verwertung von Pfandgegenständen vorab „die Kosten ihrer Inventur, Verwaltung und Verwertung" decken (Art. 262 Abs. 2 schweizSchKG). Genügt der Verwertungserlös, um die Forderung, die durch ein Pfand gesichert ist, zu decken, so erlischt diese samt dem Pfandrecht (vgl. Art. 114 OR). Übersteigt der Verwertungserlös den aufgrund des Pfandvertrags pfandrechtlich gedeckten Forderungsbetrag, so werden zunächst allfällige nachgehende Pfandrechte gem. ihrem Rang gedeckt. Gibt es keine nachgehenden Rechte oder verbleibt auch nach deren Deckung ein Überschuss, so kommt dieser den Gläubigern nach der Rangordnung von Art. 219 Art. 4 schweizSchKG zu (→ Rn. 277).

e) **Rangordnung der ungesicherten Gläubiger.** Gemäß Art. 219 Abs. 4 schweizSchKG werden die nicht pfandgesicherten Forderungen sowie der ungedeckte Betrag der pfandgesicherten Forderungen in folgender Rangordnung aus dem Erlös der ganzen übrigen Konkursmasse gedeckt:
- Erste Klasse:
  - Forderungen von Arbeitnehmern aus dem Arbeitsverhältnis, die nicht früher als sechs Monate vor der Konkurseröffnung entstanden oder fällig geworden sind, höchstens jedoch bis zum Betrag des gemäß obligatorischer Unfallversicherung maximal versicherten Jahresverdienstes (von zur Zeit SFr. 148.200,-);
  - Rückforderungen von Arbeitnehmern betreffend Kautionen;
  - Forderungen von Arbeitnehmern aus Sozialplänen, die nicht früher als sechs Monate vor der Konkurseröffnung entstanden oder fällig geworden sind;
  - Ansprüche der Versicherten nach dem Bundesgesetz v. 20.3.1981 über die Unfallversicherung sowie aus der nicht obligatorischen beruflichen Vorsorge (die Forderungen der Versicherten aus der obligatorischen beruflichen Vorsorge sind durch einen Sicherheitsfonds abgedeckt) und die Forderungen von Personalvorsorgeeinrichtungen gegenüber den angeschlossenen Arbeitgebern;
  - Familienrechtliche Unterhalts- und Unterstützungsansprüche sowie die Unterhaltsbeiträge nach dem Partnerschaftsgesetz v. 18.6.2004, die in den letzten sechs Monaten vor der Konkurseröffnung entstanden und durch Geldzahlungen zu erfüllen sind.
- Zweite Klasse:
  - Forderungen von Personen, deren Vermögen kraft elterlicher Gewalt dem Schuldner anvertraut war, für alles, was derselbe ihnen in dieser Eigenschaft schuldig geworden ist, vorausgesetzt, der Konkurs wurde während der elterlichen Verwaltung oder innert einem Jahr nach ihrem Ende veröffentlicht;

Internationales Insolvenzrecht – Schweiz

- o Beitragsforderungen nach dem Bundesgesetz v. 20.12.1946 über die Alters- und Hinterlassenenversicherung, dem Bundesgesetz v. 19.6.1959 über die Invalidenversicherung, dem Bundesgesetz v. 20.3.1981 über die Unfallversicherung, dem Erwerbsersatzgesetz v. 25.9.1952 und dem Arbeitslosenversicherungsgesetz v. 25.6.1982;
- o Prämien- und Kostenbeteiligungsforderungen der sozialen Krankenversicherung;
- o Beiträge an die Familienausgleichskasse;
- o Einlagen nach Art. 37a des Bankengesetzes v. 8.11.1934.
- **Dritte Klasse:** Alle übrigen Forderungen.

278 Art. 219 Abs. 5 schweizSchKG verlängert die in der Ersten und zweiten Klasse gesetzten Fristen, indem die Dauer eines dem Konkurs vorausgegangenen Nachlassverfahrens oder Konkursaufschubs, eines Prozesses über die Forderung und, bei der konkursamtlichen Liquidation einer Erbschaft, die Zeit zwischen dem Todestag und der Anordnung der konkursamtlichen Liquidation nicht mitberechnet werden.

3. Masseverbindlichkeiten

279 Konkursforderungen, die dem Kollokationsverfahren unterliegen, sind nur Forderungen, die bereits zum Zeitpunkt der Konkurseröffnung bestanden. Für **Forderungen, die im Laufe des Konkursverfahrens entstehen**, haftet die Masse; aus ihrer Sicht handelt es sich um Masseverbindlichkeiten (Massekosten und Masseschulden), aus Sicht der Gläubiger um Masseforderungen (gleichbedeutend wie Masse- ist auch von Massa-(-verbindlichkeiten, -schulden, -kosten bzw. -forderungen) die Rede. Neben den Forderungen gegen die Masse werden auch die Forderungen der Konkursmasse gegen Dritte regelmäßig als Masseforderungen bezeichnet) Masseforderungen müssen auf dem ordentlichen Prozessweg geltend gemacht werden (Betreibung nur auf Pfändung) und sind nicht Gegenstand des Kollokationsverfahrens. Fragen nach der Unterscheidung zwischen Konkurs- und Masseforderungen stellen sich insbesondere bei Fortführung des Betriebs der Konkursitin durch die Konkursverwaltung oder im Rahmen der Nachlassstundung bei anschließender Liquidation aufgrund eines Nachlassvertrages mit Vermögensabtretung (→ Rn. 346 ff.).

280 Unter den Masseverbindlichkeiten werden die **Massekosten** und die Masseschulden unterschieden. Unter Massekosten werden die aus der Eröffnung und Durchführung des Konkursverfahrens entstandenen Auslagen, Kosten und Entschädigungen des Konkursamtes und der außeramtlichen Konkursverwaltung usw. verstanden. Zu den **Masseschulden** werden die durch die Konkursverwaltung zu Lasten der Masse eingegangenen Verbindlichkeiten gezählt (KUKO schweizSchKG/Stöckli/Possa schweizSchKG Art. 262 N 3 ff. mwN). Die Masseverbindlichkeiten sind vorab zu begleichen, bevor Konkursdividenden ausgerichtet werden dürfen (Art. 262 Abs. 1 schweizSchKG).

281 Stimmt der Konkursver- oder Sachwalter dem **Eintritt der Konkurs- oder Nachlassmasse in einen bestehenden Vertrag** zu, werden die Forderungen aus diesem Vertrag zu Masseforderungen (Jaeger/Walder/Kull/Kottmann Art. 310 N 32, 34, Art. 211 N 17; schweizSchKG/Schwob schweizSchKG Art. 211 N 11). Ob in diesem Fall alle Zahlungsverbindlichkeiten unter solch einem Vertrag als Masseverbindlichkeiten zu qualifizieren sind, dh nicht nur Zahlungsverbindlichkeiten, die nach der Konkurseröffnung oder Nachlassstundung entstanden sind, sondern auch die ausstehenden Zahlungsverbindlichkeiten, die davor entstanden sind, ist umstritten. Das Bundesgericht hat sich betreffend Forderungen aus einem Mietverhältnis dagegen ausgesprochen, dass auch die vor der Konkurseröffnung entstandenen Forderungen Masseschulden bilden (BGer v. 6.2.2006 – 4C.252/2005). In der Lehre wird dies zur Wahrung des Grundsatzes der Gleichbehandlung der Gläubiger für alle Dauerschuldverhältnisse befürwortet, dh dass auch bei einem Vertragseintritt der Konkursverwaltung gem. Art. 211 Abs. 2 schweizSchKG die vor der Konkurseröffnung entstandenen Forderungen Konkursforderungen darstellen und nicht zu Masseschulden werden (KUKO schweizSchKG/Stöckli/Possa schweizSchKG Art. 262 N 13 mwN. Anderer Ansicht Lorandi SJZ 96 (2000), 150 ff. (153)).

I. Widerruf des Konkurses

282 Der Widerruf des Konkurses ist in allen Arten der Konkurseröffnung bzw. Konkursverfahren möglich. Der Widerruf kann **durch das Konkursgericht** vom Ablauf der Eingabefrist bis zum Schluss des konkursamtlichen Verfahrens verfügt werden (Art. 195 Abs. 2 schweizSchKG). Ein Widerruf erfolgt (Art. 195 Abs. 1 schweizSchKG), wenn entweder:
- der Schuldner nachweist, dass sämtliche Forderungen getilgt sind (Ziff. 1);
- jeder Gläubiger schriftlich seine Konkurseingabe zurückzieht (Ziff. 2); oder
- ein Nachlassvertrag zustande gekommen ist (Ziff. 3).

Ein sog. **Nachlassvertrag im Konkurs** (Ziff. 3) wird auf Vorschlag des Schuldners nach Begutachtung durch die Konkursverwaltung von der zweiten Gläubigerversammlung beschlossen (nach einhelliger Lehre kann der Vorschlag eines Nachlassvertrags auch von einem Gläubiger kommen. Ist die zweite Gläubigerversammlung schon vorbei bzw. findet, wie im summarischen Verfahren, keine solche statt, ist eine spezielle Gläubigerversammlung einzuberufen. Vgl. KUKO schweizSchKG/Wüthrich/Rothenbühler schweizSchKG Art. 332 N 8 ff.). Der Entscheid wird der Konkursverwaltung mitgeteilt, die wiederum Antrag auf Widerruf des Konkurses beim Konkursrichter stellt. Anstelle eines Sachwalters amtiert die Konkursverwaltung bis zum Entscheid über die Bestätigung des Nachlassvertrags (Art. 332 Abs. 2 schweizSchKG). 283

J. Anerkennung von ausländischen Insolvenzverfahren

I. Revision vereinfacht die Anerkennung ausländischer Konkurs- und Insolvenzverfahren in der Schweiz

Am 16.3.2018 beschloss das Schweizer Parlament eine Revision der Bestimmungen zum internationalen Konkursrecht im Bundesgesetz über das Internationale Privatrecht. Diese galten bei ihrer Einführung im Jahr 1989 als adäquates und sogar modernes Instrument, um die Anerkennung von ausländischen Konkurs- und Insolvenzdekreten, Nachlassverträgen usw und deren Rechtsfolgen in der Schweiz zu regeln. Im Laufe der Jahre haben sich die Bestimmungen jedoch, auch vor dem Hintergrund internationaler Entwicklungen, in mancher Hinsicht als schwerfällig erwiesen. Die aktuelle Revision, welche seit dem 1.1.2019 in Kraft steht, erleichtert die Anerkennung und vereinfacht das Verfahren in der Schweiz. 284

1. Vereinfachte Anerkennung ausländischer Konkursdekrete

Mit der Revision werden zwei bisherige Voraussetzungen für die Anerkennung ausländischer Konkursdekrete in der Schweiz aufgehoben: 1) Es ist nicht mehr notwendig, dass der betreffende ausländische Staat mit Bezug auf schweizerische Konkursdekrete Gegenrecht gewährt. 2) Das ausländische Konkursdekret muss auch nicht mehr zwingend am Wohnsitz oder Sitz des Schuldners, sondern es kann alternativ am Mittelpunkt der hauptsächlichen Interessen ergangen sein, sofern sich der Wohnsitz oder Sitz des Schuldners im Zeitpunkt der Eröffnung des ausländischen Verfahrens nicht in der Schweiz befand. 285

2. Keine automatische Eröffnung des Hilfskonkursverfahrens in der Schweiz

Unter dem bis am 31.12.2018 geltendem Recht löst die Anerkennung eines ausländischen Konkursdekrets immer die Eröffnung eines Hilfs- (oder „Mini"-)Konkursverfahrens in der Schweiz über das lokale Vermögen des Schuldners aus. Das Hilfskonkursverfahren soll die bevorzugte Befriedigung von pfandgesicherten und privilegierten Forderungen von Schweizer Gläubigern aus sich in der Schweiz befindlichen Vermögenswerten sicherstellen. In den meisten ausländischen Konkursverfahren gibt es jedoch keine solchen Gläubiger. Vielmehr besteht das Vermögen in der Schweiz hauptsächlich aus Schweizer Bankkonten oder anderen Forderungen gegenüber Schweizer Drittschuldnern. 286

Nach der Revision ist die Eröffnung eines Hilfskonkursverfahrens in der Schweiz nicht mehr immer notwendig. Auf Antrag des ausländischen Konkursverwalters wird kein solches mehr eröffnet, wenn keine pfandgesicherten oder privilegierten Forderungen von Schweizer Gläubigern angemeldet wurden und die Forderungen der gewöhnlichen Schweizer Gläubiger im ausländischen Verfahren angemessen berücksichtigt worden sind. Wird kein „Mini-Konkursverfahren" eröffnet, ist der ausländische Konkursverwalter befugt, Vermögenswerte aus der Schweiz zu transferieren und Prozesse in der Schweiz zu führen; er bleibt jedoch von der Vornahme hoheitlicher Handlungen oder der Entscheidung von Streitigkeiten ausgeschlossen. 287

3. Weitere Änderungen

Das revidierte Gesetz soll zudem eine bessere Koordination zwischen dem über eine schweizerische Zweigniederlassung eröffneten Konkursverfahren und dem nach der Anerkennung des ausländischen Konkursdekrets über den Schuldner eröffneten Hilfskonkursverfahren ermöglichen. Weiter sollen paulianische Anfechtungsklagen durch den ausländischen Konkursverwalter in der Schweiz und die Anerkennung entsprechender ausländischer Entscheide erleichtert werden. 288

Internationales Insolvenzrecht – Schweiz

II. Situation vor und nach Anerkennung und Eröffnung des Anschlusskonkurses in der Schweiz

289 Für ein ausländisches Verfahren beruht das schweizerische internationale Konkursrecht auf dem **Grundsatz der Territorialität** des Konkurses. Ein im Ausland ausgesprochenes Konkurserkenntnis kann in der Schweiz grundsätzlich keine Rechtswirkungen entfalten, ausgenommen bei anderslautender Regelung in bilateralen Staatsverträgen (da die Schweiz nicht Mitglied der EU ist, findet die Europäische Insolvenzordnung (EuInsO) keine Anwendung in der Schweiz, → Rn. 215). Mit wenigen Ausnahmen – und diese sind erst noch eher außergewöhnlicher Art (→ Rn. 311 ff.) – bestehen keine Staatsverträge in diesem Bereich.

290 Die ausländische Konkursverwaltung darf in der Schweiz grundsätzlich lediglich einen **Antrag auf Anerkennung des ausländischen Konkursdekrets in der Schweiz** sowie auf Anordnung sichernder Maßnahmen stellen. Andere Rechtshandlungen wie zB die Eintreibung von Forderungen auf dem Betreibungs- oder Klageweg darf sie nicht vornehmen (BGE 135 III 40, E. 2.4–2.5 S. 43 ff.; BGE 134 III 366 E. 9.2 S. 375 ff. (vgl. dazu Strub, Swiss Federal Supreme Court denies foreign bankruptcy trustee's right to sue before Swiss courts, IBA Newsletter „International Litigation News", September 2008, 49 ff.; BGE 129 III 683, E. 5.3 S. 688)). Diese Handlungen, mit Ausnahme der paulianischen Anfechtungsklage (Art. 171 IPRG) (nach erfolgter Anerkennung des ausländischen Konkursdekrets darf der ausländische Konkursverwalter oder ein nach dem Recht des Konkurseröffnungsstaats dazu berechtigter Konkursgläubiger die Anfechtungsklage in der Schweiz gem. Art. 285–292 schweizSchKG erheben, allerdings nur und erst, wenn die Konkursverwaltung und die privilegierten Gläubiger in der ausländischen Anschlusskonkursmasse auf die Geltendmachung verzichtet haben, BGE 135 III 666, E. 3.2.1 S. 667 f.; BGE 135 III 40, E. 2.5.1 S. 44; IPRG/Berti IPRG Art. 171 N 10), darf sie auch nach der erfolgten Anerkennung nicht selbst vornehmen; vielmehr ist die Konkursverwaltung der schweizerischen Anschlusskonkursmasse, nachdem das ausländische Konkursdekret nach Art. 166 ff. IPRG anerkannt wurde, dafür zuständig.

291 Mit der Revision v. 16.3.2018 kann nun auf Antrag der ausländischen Konkursverwaltung unter bestimmten Voraussetzungen auf die Durchführung eines Hilfskonkursverfahrens verzichtet werden. Die ausländische Konkursverwaltung kann dann in der Schweiz selbst Prozesse in Bezug auf Vermögenswerte und Forderungen in der Schweiz führen. Diesbezüglich dürfen verjährungsunterbrechende Handlungen (zB Betreibungen) vorgenommen werden (Botschaft zur Revision des 11. Kapitels des IPRG v. 24.5.2017 („Botschaft"), BBl. 2017, 4125 (4142)); nur die Vornahme hoheitlicher Handlungen und die Anwendung von Zwangsmitteln ist ausgeschlossen (Art. 174a IPRG).

292 Die Anerkennung des ausländischen Konkursdekrets nach den Art. 166 ff. IPRG zieht, soweit diese Bestimmungen nichts anderes vorsehen, für das in der Schweiz gelegene Vermögen des Schuldners die konkursrechtlichen Folgen des schweizerischen Rechts (Art. 197 ff. schweizSchKG) nach sich (Art. 170 Abs. 1 IPRG), dh es wird in der Schweiz ein sog. Hilfskonkurs (auch Anschluss-, Mini-, oder IPRG-Konkurs genannt, da eine offizielle Bezeichnung bisher fehlte. In veschiedenen Bestimmungen des revidierten IPRG wird das Verfahren gem. Art. 170 ff. IPRG nun offiziell „Hilfskonkursverfahren" genannt) über das dort gelegene Vermögen des Schuldners eröffnet. Der Hilfskonkurs wird im summarischen Verfahren durchgeführt, sofern nicht die ausländische Konkursverwaltung oder ein zugelassener Gläubiger beim Konkursamt das ordentliche Verfahren verlangt und für die voraussichtlich ungedeckten Kosten hinreichende Sicherheit leistet (Art. 170 Abs. 3 IPRG).

III. Anerkennung eines ausländischen Konkurses, Nachlassvertrags oder ähnlichen Verfahrens in der Schweiz (Art. 166–175 IPRG)

1. Voraussetzungen im Allgemeinen

293 Art. 166 Abs. 1 IPRG lässt die Anerkennung ausländischer Konkursdekrete von der Erfüllung folgender Voraussetzungen abhängen:
- Der Antrag auf Anerkennung wird von der ausländischen Konkursverwaltung, vom Gemeinschuldner oder von einem nach dem Recht des Konkurseröffnungsstaates dazu berechtigten Konkursgläubiger gestellt.
- Das Dekret muss am (Wohn-)Sitz des Schuldners oder im Staat des Mittelpunktes der hauptsächlichen Interessen des Schuldners, vorausgesetzt dieser hatte im Zeitpunkt der Eröffnung des ausländischen Verfahrens seinen Wohnsitz nicht in der Schweiz, ergangen sein (lit. c).
- Das Dekret muss im Ursprungsstaat vollstreckbar sein (lit. a).

Internationales Insolvenzrecht – Schweiz

- Es liegt kein Verweigerungsgrund nach Art. 27 IPRG („ordre public") vor (lit. b).
Eine weitere Voraussetzung, nämlich dass der Gemeinschuldner Vermögen in der Schweiz hat, 294
ergibt sich implizit aus Art. 167 IPRG, wonach der Antrag auf Anerkennung an das zuständige
Gericht am Ort des Vermögens in der Schweiz zu richten ist.

2. Zu einzelnen Voraussetzungen im Besonderen

Damit das ausländische Konkursdekret in der Schweiz anerkannt werden kann, muss zum 295
Zeitpunkt von dessen Erlass der Schuldner seinen **Wohnsitz** im Staat (das Konkursdekret muss
nicht am Wohnort des Schuldners ergangen sein, IPRG/Berti IPRG Art. 166 N 14 mwN), in
welchem das Konkursdekret erlassen wurde, gehabt haben. Eine Person hat „ihren Wohnsitz in
dem Staat, in dem sie sich mit der Absicht dauernden Verbleibens aufhält" (Art. 20 Abs. 1 IPRG).
Für Gesellschaften und andere organisierte Personenzusammenschlüsse oder Vermögenseinheiten
iSv Art. 150 Abs. 1 IPRG ist auf den Sitz abzustellen. Gemäß Art. 21 IPRG hat eine Gesellschaft
ihr Sitz an dem in den Statuten oder im Gesellschaftsvertrag bezeichneten Ort. Das Gesetz lässt
die Frage unbeantwortet, zu welchem Zeitpunkt der Wohnsitz im Staat des Konkursdekrets bestanden
haben muss. Im Sinne einer Abstellung auf die lex fori recognitionis kann auf den Zeitpunkt
der Konkursandrohung abgestellt werden (Staehelin, Die Anerkennung ausländischer Konkurse
und Nachlassverträge in der Schweiz, 1989, 47; IPRG/Berti IPRG Art. 166 N 18).

Seit 1.1.2019 kann auch ein im Staat, in dem der Gemeinschuldner den **Mittelpunkt seiner** 296
hauptsächlichen Interessen („Centre of Main Interest" bzw. „COMI") hat, erlassenes Konkursdekret in der Schweiz anerkannt werden. Neu orientiert sich das schweizerische Recht damit am
europäischen Recht und dem Begriff des COMI. Die Anerkennung wird weiterhin verweigert,
wenn der Schuldner zum Zeitpunkt der ausländischen Verfahrenseröffnung seinen Sitz oder Wohnsitz in der Schweiz hatte, selbst wenn der Interessenmittelpunkt im Ausland liegt.

Das ausländische Konkursdekret kann nicht anerkannt werden, wenn die Anerkennung mit 297
dem schweizerischen **Ordre public** offensichtlich unvereinbar wäre (sog. „materieller" Ordre
public; Art. 27 Abs. 1 IPRG). Dies wäre jedoch nur der Fall, wenn die Anerkennung des ausländischen Entscheides zu einem Ergebnis führen würde, das den Grundsätzen der schweizerischen
Rechtsordnung diametral entgegensteht.

Der **materielle** schweizerische Ordre public in Konkurssachen verbietet ua unsachliche Diskri- 298
minierungen der Gläubiger im ausländischen Konkursverfahren (zB wegen Staatsangehörigkeit),
Scheinkonkurse oder konfiskatorische Maßnahmen (IPRG/Berti IPRG Art. 166 N 29). Grundsätzlich ist eine Anerkennung nicht schon deshalb Ordre public-widrig, wenn das ausländische
Konkursverfahren unmittelbare Folge der Durchsetzung einer Forderung war, die in der Schweiz
nicht hätte vollstreckt werden können, wie zB Forderungen ausländischer Steuerbehörden (vorbehältlich anderslautender Staatsverträge). Es wäre dies erst der Fall bei Vorliegen eines besonders
intensiven Zusammenhangs zwischen den Forderungen, deren Vollstreckung in der Schweiz am
Ordre public scheitern würde, und der Konkurseröffnung im Ausland, wie zB im Falle eines
Konkursverfahrens, in welchem öffentlich-rechtliche Forderungen den überaus grössten Teil der
kollozierten Forderungen ausmachen und der Fiskus das Insolvenzverfahren eingeleitet hat (IPRG/
Berti IPRG Art. 166 N 30 mit Verweis auf Breitenstein, Internationales Insolvenzrecht der Schweiz
und der Vereinigten Staaten, 1990, S. 154 N 257 und S. 156 N 259).

Unter dem **verfahrensrechtlichen** (formellen) Ordre public (Art. 27 Abs. 2 IPRG) würde 299
eine Anerkennung verweigert, wenn eine Partei weder nach dem Recht des Konkursstaates noch
nach den Anforderungen des schweizerischen Ordre public gehörig geladen wurde, es sei denn,
sie habe sich vorbehaltlos auf das Verfahren eingelassen (lit. a) oder wenn die Entscheidung unter
Verletzung wesentlicher Grundsätze des schweizerischen Verfahrensrechts zustande gekommen ist,
insbesondere einer Partei das rechtliche Gehör verweigert worden ist (lit. b).

Die Voraussetzung des Vorliegens von **Vermögen in der Schweiz** kann neben Mobilien und 300
Immobilien in Form von Forderungen gegenüber einem Schuldner mit Sitz oder Wohnsitz in
der Schweiz gegeben sein. Forderungen des Gemeinschuldners gelten als am Sitz oder Wohnsitz
des Schuldners des Gemeinschuldners gelegen (Art. 167 Abs. 3 IPRG).

IV. Verfahren auf Anerkennung und Durchführung des Anschlusskonkurses

1. Verfahren auf Anerkennung

Der Antrag auf Anerkennung des ausländischen Konkursdekrets ist an das zuständige Gericht 301
am Ort des Vermögens zu richten. Hat der Schuldner in der Schweiz eine im Handelsregister

Internationales Insolvenzrecht – Schweiz

eingetragene Zweigniederlassung, so ist der Antrag an das zuständige Gericht an ihrem Sitz zu richten (Art. 167 Abs. 1 IPRG). Befinden sich mehrere eingetragene Zweigniederlassungen in der Schweiz oder befindet sich Vermögen an mehreren Orten in der Schweiz, so ist das zuerst angerufene Gericht zuständig (Art. 167 Abs. 2 IPRG) (solange dessen Zuständigkeit nicht feststeht, darf das als zweites angerufene Gericht auch über einen Antrag entscheiden, ohne das Verfahren aussetzen zu müssen (BGE 135 III 566, E. 4.4 S. 572 f.). Das Vorhandensein von Vermögen in der Schweiz muss nicht bewiesen werden, sondern es genügt bloße Glaubhaftmachung, BGer v. 4.1.2008 – 5A.539/2007, E. 3.2 mwN).

302 Das IPRG lässt offen, ob das **Verfahren** als nichtstreitiges Einparteienverfahren oder als streitiges Zweiparteienverfahren durchgeführt werden muss. Auch das Bundesgericht zwingt die Kantone nicht zur einen oder anderen Variante. Es genügt, dass dem Erfordernis von Art. 29 Abs. 2 IPRG, wonach die Partei, die sich dem Begehren widersetzt, anzuhören ist, in einem nächsten Verfahrensschritt genüge getan wird. Entsprechend kann der Kanton ein Rechtsmittel gegen den erstinstanzlichen Entscheid vorsehen, in dem die „Partei, die sich dem Begehren widersetzt", anzuhören ist und ihr Gelegenheit gegeben werden muss, Beweismittel einzureichen. Gegen den Entscheid der oberen kantonalen Instanz kann Beschwerde in Zivilsachen an das Bundesgericht erhoben werden (Art. 72 Abs. 2 lit. a und lit. b Ziff. 1 BGG) (BGer v. 4.1.2008 – 5A.539/2007, E. 1).

303 Die interessierte Partei erhält Kenntnis von der Stellung eines Antrags auf Anerkennung (bei einem Zweiparteienverfahren bereits in erster Instanz) oder von der Aussprechung der Anerkennung und der Eröffnung des Anschlusskonkurses (bei einem Einparteienverfahren vor erster Instanz) aufgrund der gesetzlich vorgeschriebenen **Veröffentlichung der Anerkennung** (Art. 169 Abs. 1 IPRG). Die interessierte Partei, zB eine Arrestgläubigerin, die ihre Vorzugsstellung mit der Eröffnung des Anschlusskonkurses in der Schweiz verlieren würde (Art. 199 Abs. 1 schweizSchKG, → Rn. 226; IPRG/Berti IPRG Art. 167 N 21), kann daraufhin ihren Gehörsanspruch geltend machen.

304 Zusammen mit dem Gesuch um Anerkennung kann der Antragsteller beim Gericht die Anordnung von **sichernden Maßnahmen** gem. Art. 162–165 und 170 schweizSchKG beantragen (Art. 168 IPRG).

2. Bestand der Anschlusskonkursmasse; Durchführung und Ergebnis des Anschlusskonkurses

305 Die Anschlusskonkursmasse umfasst grundsätzlich die gleichen Vermögenswerte wie im Falle eines gewöhnlichen Konkurses gem. schweizSchKG. Für die Wirkungen in der Schweiz ist dabei allein auf die Eröffnung des Anschlusskonkurses in der Schweiz und nicht auf den Zeitpunkt der Konkurseröffnung im Ausland abzustellen. Die Anerkennung des ausländischen Konkurses erfolgt mit Wirkung **ex nunc,** nicht ex tunc (IPRG/Berti IPRG Art. 170 N 15).

306 Ziel für den ausländischen Konkursverwalter, der um Anerkennung „seines" Konkurses in der Schweiz ersucht, ist normalerweise die **Überführung möglichst aller im Rahmen des Anschlusskonkurses erfassten Vermögenswerte in den ausländischen Hauptkonkurs.** Mit der Anerkennung des ausländischen Konkursdekrets ist noch nicht entschieden, ob es in der Folge zu einer Rechtshilfehandlung an den ausländischen Konkursverwalter kommt. Dies hängt im Falle der Eröffnung eines **Hilfskonkurses** von zwei Bedingungen ab:
- Nach der Befriedigung der privilegierten Gläubiger gem. Art. 172 Abs. 1 IPRG muss ein Überschuss verbleiben.
- Dies setzt voraus, dass die pfandversicherten Forderungen nach Art. 219 schweizSchKG sowie die privilegierten Forderungen iSv Art. 219 Abs. 4 schweizSchKG (1.–2. Klasse) von Gläubigern mit Wohnsitz in der Schweiz vollständig befriedigt wurden.
- Der Kollokationsplan des ausländischen Haupt-Konkurses muss der Prüfung durch das schweizerische Anerkennungsgericht gem. Art. 173 Abs. 3 IPRG standhalten.

307 Nur wenn diese beiden Bedingungen erfüllt sind, kann der Überschuss der ausländischen Konkursmasse zur Verfügung gestellt werden (Art. 173 Abs. 1 IPRG).

308 Die Aushändigung eines Überschusses aus dem Anschlusskonkursverfahren setzt weiter voraus, dass der **ausländische Kollokationsplan vom zuständigen Schweizer Gericht anerkannt** wird (Art. 173 Abs. 2 IPRG). Hierzu überprüft das Gericht den ausländischen Kollokationsplan auf angemessene Berücksichtigung der Forderungen von Gläubigern mit Wohnsitz in der Schweiz. Diese Gläubiger sind hierzu vom Gericht anzuhören (Art. 173 Abs. 3 IPRG).

309 Wird der ausländische Kollokationsplan nicht anerkannt oder wird dieser nicht innert nützlicher Frist zur Anerkennung vorgelegt, ist der Überschuss aus dem schweizerischen Anschlusskonkurs-

verfahren an die Gläubiger der dritten Klasse gem. Art. 219 Abs. 4 schweizSchKG mit Wohnsitz in der Schweiz zu verteilen (Art. 174 IPRG). Das Gesetz äußert sich nicht zur Situation, wo keine Drittklassgläubiger mit Schweizer Wohnsitz vorhanden sind (vgl. dazu CR LP/Kaufmann-Kohler/Rigozzi LDIP Art. 174 N 7 ff.; Ziltener/Späth ZZZ 2005, 37 (87)).

Neu kann auf die Eröffnung eines Hilfskonkurses unter bestimmten Voraussetzungen verzichtet 310 werden, sodass die vorgenannten Bedingungen für die Aushändigung des Überschusses nicht zur Anwendung kommen. Gemäß Art. 174a IPRG kann die Übertragung von in der Schweiz gelegenen Vermögenswerten unter den folgenden Bedingungen auch ohne Eröffnung eines Hilfskonkursverfahrens erfolgen:
- Im Anerkennungsantrag der ausländischen Konkursverwaltung muss ausdrücklich beantragt werden, dass auf die Durchführung eines Hilfskonkurses verzichtet werde.
- In der Schweiz muss dennoch ein Schuldenruf gemacht werden, um sicherzustellen, dass kein Gläubiger mit Sitz oder Wohnsitz in der Schweiz geschützt werden muss. Es dürfen keine privilegierten Gläubiger gem. Art. 172 Abs. 1 IPRG vorhanden sein und das Schweizer Gericht muss überzeugt sein, das die Forderungen der gewöhnlichen Gläubiger mit (Wohn-)Sitz in der Schweiz im ausländischen Verfahren angemessen berücksichtigt werden. Diese Gläubiger werden angehört.
- Meldet sich kein zu schützender Gläubiger, kann das schweizerische Gericht sodann die Übergabe der in der Schweiz liegenden Vermögenswerte allenfalls zusammen mit Auflagen oder Bedingungen an die ausländische Konkursverwaltung genehmigen.

V. Staatsverträge mit der Krone Württemberg (1825/26), dem Königreich Bayern (1834) und dem Königreich Sachsen (1837)

Mit großer Wahrscheinlichkeit („unstreitig", ZK IPRG/Volken IPRG Vor Art. 166–175 N 311 71; „möglicherweise" (aber sich vermutlich nur auf Übereinkommen mit Sachsen beziehend, → Rn. 315) IPRG/Berti IPRG Art. 166 N 4; BGer v. 7.7.2009 – 5A.134/2009, E. 3.1.2 (betr. Vertrag mit Württemberg)) noch in Kraft sind nach wie vor zwei mittlerweile sehr alte Staatsverträge mit den ehemaligen deutschen Teilstaaten Württemberg und Bayern über die gleichberechtigte Behandlung der beiderseitigen Staatsangehörigen in Konkursfällen. Diese Staatsverträge folgen dem Grundsatz der Universalität, sodass zumindest vor dem Inkrafttreten von Art. 166 ff. IPRG keine Anerkennung des ausländischen Konkursdekrets notwendig war und der ausländische Konkursverwalter direkt Auskunft über oder sogar die Herausgabe von schweizerischem (bzw. deutschem) Vermögen verlangen konnte (der Vertrag mit der Krone Württemberg (→ Rn. 312) stellt kantonales Recht dar, welches nach Inkrafttreten der bundesrechtlichen Bestimmungen von Art. 166 ff. IPRG nicht mehr magebend ist, weshalb seither auch die Anerkennung eines württembergischen Konkursdekretes notwendig ist, BGer v. 7.7.2009 – 5A.134/2009, E. 3.1.3 mwN (nicht publizierte Erwägung in dem ansonsten als BGE 135 III 666 publizierten Urteil). Demgegenüber schützte das Bundesgericht im Urt. v. 11.2.2013 – 5A.665/2012 den Entscheid des Kantonsgerichts St. Gallen, welche den Staatsvertrag mit Bayern (→ Rn. 313) grundsätzlich für anwendbar hielt, äußerte sich aber nicht weiter zur Geltung dieser „alten Konkursverträge" im Allgemeinen). Vermutlich nicht mehr in Kraft ist der Staatsvertrag mit Sachsen.

1. Übereinkunft zwischen der Schweizerischen Eidgenossenschaft und der Krone Württemberg von 1825/1826

Dieses Übereinkommen (Übereinkunft zwischen der Schweizerischen Eidgenossenschaft und 312 der Krone Württemberg betreffend die Konkursverhältnisse und gleiche Behandlung der beiderseitigen Staatsangehörigen in Konkursfällen v. 12.12.1825/13.5.1826, abrufbar unter http:// www.zhlex.zh.ch/Erlass.html? Open&Ordnr=283.1) ist aus schweizerischer Sicht offenbar noch in Kraft (BGE 131 III 448, E. 2.2.2 S. 449 f.; BGE 109 III 83, E. 2 S. 85 und BGE 104 III 68, E. 3 S. 69 f. (Frage des kantonalen Rechts). Vgl. aber BGer v. 7.7.2009 – 5A.134/2009, E. 3.1.2 mwN, der die Frage offenlässt, ob der Vertrag „noch gültig" ist). Gemäß einer Stellungnahme des Ministeriums für Justiz, Bundes- und Europaangelegenheiten von Baden-Württemberg v. 16.2.1988 (auszugsweise wiedergegeben bei Bürgi FS 100 Jahre schweizSchKG, 1989, 175 ff. (179) bzw. BlSchK 1989, 81 ff. (86 f.). Vgl. die Hinweise auf deutsche Literatur zu den Verträgen mit Württemberg und Bayern in § 1 Rn. 13) wird auch aus deutscher Sicht davon ausgegangen, dass die Übereinkunft nach wie vor in Kraft steht, allerdings nur im Gebiet des früheren Königreichs Württemberg (dh im heutigen Bezirk des OLG Stuttgart), mit Einschluss der ehemaligen Hohenzollerschen Lande (was etwa dem Bezirk des LG Hechingen entspricht). Das Übereinkommen verankert zwar grundsätzlich die Universalität des Konkurses im Gebiet der Vertragsparteien, doch

Internationales Insolvenzrecht – Schweiz

hat das Bundesgericht vor kurzem entschieden, dass trotzdem um Anerkennung eines württembergischen Konkursdekrets in der Schweiz ersucht werden muss (→ Rn. 311).

2. Übereinkunft verschiedener Schweizer Kantone mit dem Königreich Bayern von 1834

313   Auch dieses Übereinkommen (Übereinkunft zwischen den schweizerischen Kantonen Zürich, Bern, Luzern, Unterwalden (ob und nid dem Wald), Freiburg, Solothurn, Basel (Stadt- und Landteil), Schaffhausen, St. Gallen, Graubünden, Aargau, Thurgau, Tessin, Waadt, Wallis, Neuenburg, Genf sowie Appenzell AR und dem Königreich Bayern über gleichmäßige Behandlung der gegenseitigen Staatsangehörigen in Konkursfällen v. 11.5./27.6.1834, abrufbar unter http://www.zhlex.zh.ch/Erlass.html?Open&Ordnr=283.2) steht nach allgemeiner Auffassung noch in Kraft (Obergericht des Kantons Zürich Urt. v. 22.11.2011 – LN100041, abrufbar unter http://www.gerichte-zh.ch/fileadmin/user_upload/entscheide/oeffentlich/LN100041-O5.pdf, auszugsweise veröffentlicht in BlSchK 2014, 69; Verfügung des Konkursrichteramtes am Bezirksgericht Zürich v. 4.3.1997, publiziert in ZR 1997 Nr. 104, 219 (220) mwN bzw. BlSchK 1999, 25).

314   Aufgrund dieses Abkommens bedarf es nach Ansicht des Konkursrichteramtes am Bezirksgericht Zürich für die Ausdehnung des Inlandkonkurses auf das im Hoheitsgebiet eines der Übereinkunft beigetretenen Kantons gelegene bewegliche Vermögen des Gemeinschuldners keiner Vollstreckbarerklärung durch ein Gericht. Für die Vornahme von Zwangsmaßnahmen hat der deutsche Konkursverwalter am Ort der gelegenen Vermögenswerte allerdings um Rechtshilfe zu ersuchen (ZR 1997 Nr. 104, S. 220 f. E. 2–3).

3. Übereinkommen verschiedener Schweizer Kantone mit dem früheren Königreich Sachsen von 1837

315   Das Übereinkommen (Übereinkunft zwischen den schweizerischen Kantonen Zürich, Bern, Luzern, Uri, Schwyz, Zug, Freiburg, Solothurn, Basel (beide Landesteile), Schaffhausen, Graubünden, Aargau, Thurgau, Tessin, Waadt, Wallis, Neuenburg und Genf sowie Appenzell AR der äussern Rhoden einerseits und dem Königreich Sachsen anderseits über die gleichmäßige Behandlung der gegenseitigen Staatsangehörigen in Konkursfällen v. 4./18.2.1837; abrufbar unter http://www.so.ch/appl/bgs/daten/233/23.pdf) wurde von der DDR nicht übernommen; entsprechend ist für die schweizerische Lehre unklar, ob das Übereinkommen noch bzw. seit 1990 wieder gilt (ZK IPRG/Volken IPRG Art. 166 N 13; IPRG/Berti IPRG Art. 166 N 4). In der Praxis hat das Obergericht des Kantons Schaffhausen in einem Entscheid v. 31.12.2001 die Frage der Anwendbarkeit offen gelassen, da die Frage der gegenseitigen Anerkennung der Konkurserkenntnisse der Vertragsstaaten vom Übereinkommen gar nicht geregelt werde. Da diese Übereinkunft nur das heute allgemein und als selbstverständlich geltende Prinzip der Gleichbehandlung der Gläubiger unbesehen ihrer Staatsangehörigkeit stipuliert, ist sie allerdings – ungeachtet der Frage ihrer heutigen Gültigkeit – letztlich gegenstandslos (Amtsbericht des Obergerichts des Kantons Schaffhausen 2001, 78 (abrufbar unter http://www.obergerichtsentscheide.sh.ch/oge/band/fnr.%2040-2001-9.htm), zusammengefasst bei ZK IPRG/Volken IPRG Vor Art. 166–175 N 74–76).

K. Paulianische Anfechtung

I. Im Allgemeinen

316   Mittels der **paulianischen Anfechtung** gem. Art. 285 ff. schweizSchKG kann versucht werden, Vermögenssubstrat, das durch bestimmte Rechtshandlungen des Schuldners vor der Pfändung oder der Konkurseröffnung einem Dritten übertragen wurde, als Vollstreckungssubstrat in ein konkretes Schuldbetreibungsverfahren zu ziehen (Art. 285 Abs. 1 schweizSchKG). Die angefochtenen Rechtsgeschäfte werden dadurch zivilrechtlich nicht für ungültig erklärt, sondern nur im betreffenden Schuldbetreibungsverfahren (schweizSchKG/A. Staehelin schweizSchKG Art. 285 N 8; BGer v. 16.5.2013 – 5A_835/2012, E. 2.1). Berechtigt zur Anfechtung ist denn auch nur der Gläubiger, der in einer Pfändung zu Verlust kam, oder die Konkursverwaltung bzw. die Abtretungsgläubiger gem. Art. 260 schweizSchKG (Art. 285 Abs. 2 schweizSchKG). Die Bestimmungen finden auch Anwendung auf den Nachlassvertrag mit Vermögensabtretung (Art. 331 Abs. 1 schweizSchKG). Die Anfechtung geschieht entweder auf dem Wege einer Klage (Anfechtungsklage, actio pauliana) gegen den unrechtmäßig Begünstigten, oder auch einredeweise, zB im Kollokationsverfahren. Klagegrund können folgende Fallkonstellationen bilden:

Internationales Insolvenzrecht – Schweiz

- **Schenkungsanfechtung** (Art. 286 schweizSchKG): Unentgeltliche Übertragung von Vermögenswerten im Jahr vor der Konkurseröffnung;
- **Überschuldungsanfechtung** (Art. 287 schweizSchKG): Bezahlung nicht fälliger Schulden oder Bestellung von Sicherheiten ohne vertragliche Verpflichtung im Jahr vor der Konkurseröffnung bei gleichzeitiger Überschuldung;
- **Absichtsanfechtung** (Art. 288a schweizSchKG): Rechtshandlungen, welche in den letzten fünf Jahren vor Konkurseröffnung in der Absicht erfolgten, die Gläubiger zu schädigen, sofern dies für den begünstigten Dritten erkennbar war.

Bei der nötigen Fristberechnung in Bezug auf die genannten **Verdachtsfristen** zählt die Dauer des vorangegangenen Betreibungsverfahrens, Konkursaufschubs oder Nachlassverfahrens nicht mit (Art. 288a schweizSchKG). Die Klagen müssen innerhalb von drei Jahren seit Zustellung des Pfändungsverlustscheins, der Konkurseröffnung oder der Bestätigung des Nachlassvertrages mit Vermögensabtretung geltend gemacht werden (Art. 292 schweizSchKG). Da es sich seit 1.1.2014 um eine Verjährungsfrist handelt, kann diese u.a. mittels Betreibung unterbrochen werden. 317

Per 1.1.2014 wurde bei der Schenkungs- und Absichtsanfechtung außerdem die Beweislast bei Entäußerungen des Schuldners an „nahestehende Personen" umgekehrt, sodass diese leichter angefochten und zurückgefordert werden können. 318

II. Gläubigerschädigung

Objektive Voraussetzung jeder Anfechtungsklage ist gem. Bundesgericht, dass die angefochtene Handlung die Gläubiger oder einzelne von ihnen **tatsächlich schädigt**, indem sie das Vollstreckungsergebnis oder ihren Anteil (Dividende) daran vermindert oder ihre Stellung im Vollstreckungsverfahren sonst wie verschlechtert (BGE 135 III 265, E. 2. S. 266 ff.; BGE 101 III 92, E. 4a S. 94; BGE 99 III 27, E. 3 S. 32 f.). Die Gläubigerschädigung hat der Anfechtungskläger grundsätzlich wie die übrigen Voraussetzungen zu beweisen (Art. 8 ZGB). Die tatsächliche Schädigung wird zugunsten der Konkursmasse vermutet, doch steht dem Anfechtungsbeklagten der Gegenbeweis offen, dass die anderen Gläubiger auch ohne anfechtbare Handlung zu Verlust gekommen wären (BGE 135 III 276, E. 6.1.1 S. 279 f.; BGE 135 III 265, E. 2 S. 266 f.; BGE 134 III 615, E. 4.1 S. 617 f.). Die Tilgung einer fälligen Schuld, insbesondere auch die Rückzahlung eines Darlehens, durch den der Konkursbetreibung unterliegenden Schuldner, durch die keine Vermögenswerte erworben werden, die zugunsten der Gläubiger verwertet werden könnten, führt im Allgemeinen ohne weiteres zu einer Schädigung der anderen Gläubiger, wenn der Schuldner aufgrund seiner angespannten finanziellen Lage außerstande ist, auch seine anderen Verpflichtungen im Zeitpunkt des Eintritts ihrer Fälligkeit zu tilgen (vgl. BGE 134 III 452, E. 3.1 S. 455; BGE 99 III 27, E. 4–5 S. 34 ff.). Zur Vermeidung der Anfechtung ist der Schuldner gehalten, seine Gläubiger gleichmäßig zu befriedigen, sofern ihnen nicht ein Konkursprivileg oder ein dingliches Vorrecht zusteht (schweizSchKG/A. Staehelin schweizSchKG Art. 288 N 9). 319

Eine Schädigung tritt in der Regel nicht ein, wenn die angefochtene Rechtshandlung im **Austausch gleichwertiger Leistungen** besteht, dh wenn der Schuldner für seine Leistung eine gleichwertige Gegenleistung erhält, es sei denn, der Schuldner habe mit dem Geschäft den Zweck verfolgt, über seine letzten Aktiven zum Schaden der Gläubiger verfügen zu können (BGE 135 III 276, E. 6.1.2. S. 280 f.; BGE 134 III 452, E. 3.1 S. 455; BGE 130 III 235, E. 2.1.2 S. 238). Ein Austausch gleichwertiger Leistungen ist namentlich in der Gewährung von Krediten gegen Bestellung einer Sicherheit zu sehen (BGE 53 III 78, 79; schweizSchKG/A. Staehelin schweizSchKG Art. 288 N 11. Wie bereits erwähnt (→ Rn. 319), ist die Rückzahlung des Darlehens nicht eine (gleichwertige) Gegenleistung für die Hingabe des Darlehensbetrages, sondern die Erfüllung der bei der Darlehensaufnahme eingegangenen Pflicht zu späterer Rückzahlung, welche deshalb regelmäßig eine Schädigung der anderen Gläubiger bewirkt, BGer v. 28.5.2009 – 5A_420/2008, E. 2 mwN). Die Frage der Anfechtbarkeit stellt sich aber nicht nur, wenn ursprünglich ohne Sicherheit gewährte Darlehen nachträglich durch Pfandbestellung oder anderweitige Garantien gesichert werden. Auch nachträgliche Pfandbestellungen sind grundsätzlich anfechtbar, wenn der Schuldner sich dazu bereits bei der Kreditaufnahme verpflichtet hatte. Das Bundesgericht geht in seiner Rechtsprechung davon aus, dass sich die Anfechtung gem. Art. 288 schweizSchKG „ganz allgemein auch gegen Rechtshandlungen richten kann, die sich als Erfüllung obligatorischer Verpflichtungen des Schuldners erweisen", und dass dies „richtigerweise auch für Pfandbestellungen" gilt (BGE 99 III 89, E. 4 S. 91). 320

III. Schenkungsanfechtung

321 Mit der Schenkungsanfechtung gem. Art. 286 schweizSchKG sind alle Schenkungen und unentgeltlichen Verfügungen, die der Schuldner **innerhalb des letzten Jahres vor der Konkurseröffnung** vorgenommen hat, anfechtbar, mit Ausnahme der üblichen Gelegenheitsgeschenke (Geburtstag, Trauung, kirchliche Feste ua). Den Schenkungen sind sämtliche Rechtsgeschäfte gleichgestellt, bei denen der Schuldner eine Gegenleistung angenommen hat, die zu seiner eigenen Leistung in einem Missverhältnis steht (gemischte Schenkungen). Ebenfalls anfechtbar sind die Rechtsgeschäfte, durch welche der Schuldner sich oder Dritten Leibrenten, Nutznießungen und Wohnrechte, einräumt. Diesen Rechten gemeinsam ist, dass sie alle nur beschränkt pfändbar oder admassierbar sind (KUKO schweizSchKG/Umbach-Spahn schweizSchKG Art. 286 N 6 mwN). Wird das Recht für einen Dritten erworben, handelt es sich um eine bereits nach dem Grundtatbestand anfechtbare unentgeltliche Verfügung und der Spezialtatbestand ist überflüssig (schweizSchKG/A. Staehelin schweizSchKG Art. 286 N 20).

322 Subjektive Voraussetzungen wie etwa die Erkennbarkeit des Missverhältnisses sind nicht vorausgesetzt.

323 Hat der Schuldner einer nahestehenden Person, wozu explizit „Gesellschaften eines Konzerns" zählen, ein Jahr vor Konkurseröffnung eine Leistung ausgerichtet, so trägt neu seit dem 1.1.2014 diese Person die Beweislast dafür, dass kein Missverhältnis zwischen der ausgerichteten Leistung und ihrer Gegenleistung besteht und somit die Voraussetzungen für eine Schenkungsanfechtung nicht gegeben sind (Art. 286 Abs. 3 schweizSchKG). Gemäß Botschaft zur Revision des Sanierungsrechts (BBl. 2010 6455 (6478)) können als nahestehende Personen sowohl natürliche als auch juristische Personen in Betracht kommen, so etwa Freunde und Verwandte, aber auch Großaktionäre.

IV. Überschuldungsanfechtung

324 Mit der Überschuldungsanfechtung nach Art. 287 schweizSchKG können drei Kategorien von Handlungen des Schuldners angefochten werden:
- Bestellung von Sicherheiten für bereits bestehende Verbindlichkeiten, zu deren Sicherstellung der Schuldner nicht schon früher verpflichtet war;
- Tilgung einer Geldschuld auf andere Weise als durch Barschaft oder durch anderweitige übliche Zahlungsmittel;
- Bezahlung einer nicht verfallenen Schuld.

325 Neben der Gläubigerschädigung (→ Rn. 319 f.) tritt als weiteres objektives Tatbestandsmerkmal die Überschuldung im Zeitpunkt der Vornahme der Handlung hinzu. Illiquidität reicht nicht.

326 Mit dem Bundesgesetz über Bucheffekten (**Bucheffektengesetz**) v. 3.10.2008, das am 1.1.2010 in Kraft getreten ist, wurde ein neuer Abs. 3 zu Art. 287 schweizSchKG eingeführt, womit ausgeschlossen wird, dass die zum Voraus vereinbarte Aufstockung einer Sicherheit bei Änderungen im Wert der Sicherheit oder im Betrag der gesicherten Verbindlichkeit oder der Ersatz einer Sicherheit durch eine andere Sicherheit mit gleichem Wert einen Anfechtungstatbestand iSv Art. 287 schweizSchKG darstellt.

327 In subjektiver Hinsicht ist erforderlich, dass die **Überschuldung dem Begünstigten bekannt oder zumindest für ihn erkennbar ist.** Es besteht eine widerlegbare Vermutung für die Bösgläubigkeit des Begünstigten. Der Begünstigte muss nachweisen, dass er bei Anwendung der gebotenen Sorgfalt die Überschuldung nicht erkennen konnte. Mithin trifft ihn eine Erkundigungspflicht, deren Umfang sich nach den konkreten Möglichkeiten richtet. Anfragen beim Schuldner dürften im Allgemeinen nicht genügen, sondern der Begünstigte ist gehalten, Auskünfte beim Betreibungsamt über die gegen den Schuldner laufenden Betreibungen oder Erkundigungen bei Geschäftspartnern des Schuldners usw einzuholen. Indizien für die Kenntnis der Überschuldung und damit gegen den guten Glauben des Begünstigten bilden die faktische Ausübung einer geschäftlichen Kontrolle des Begünstigten über den Schuldner (BGE 33 II 360, E. 4 S. 368) oder auch die enge Beziehung der Parteien der angefochtenen Rechtshandlung, welche eine Vertrautheit mit dem geschäftlichen Gebaren des Schuldners vermitteln könnte (BGE 37 II 506, E. 4 S. 513 f.; BGE 33 II 181, 188 f.).

V. Absichtsanfechtung

328 Zur Begründung der Absichtspauliana gem. Art. 288 schweizSchKG müssen neben der objektiven Voraussetzung der Gläubigerschädigung (→ Rn. 319 f.) auch in subjektiver Hinsicht die Absicht des Schuldners, seine Gläubiger zu benachteiligen oder einzelne Gläubiger zum Nachteil

anderer zu begünstigen (**Schädigungsabsicht**), und die Erkennbarkeit dieser Absicht für den Begünstigten gegeben sein.

1. Benachteiligungs- oder Begünstigungsabsicht des Schuldners

Subjektiv ist erforderlich, dass der Schuldner die Absicht hat, seine Gläubiger durch die anfechtbare Rechtshandlung zu benachteiligen. Unter Absicht ist vorsätzliches Handeln oder Unterlassen zu verstehen, wobei Eventualvorsatz genügt, währenddem bloße Fahrlässigkeit des Schuldners nicht ausreicht. Demnach braucht die Schädigung der Gläubiger nicht der eigentliche Zweck der Rechtshandlung zu sein, sondern es genügt, wenn der Schuldner die Schädigung in Kauf nimmt, dh wenn er sie als natürliche Folge seiner Handlung in seinen Willensentscheid einbezieht (BGE 134 III 452, E. 4.1 S. 456; BGE 83 III 82, E. 3a S. 85; ZR 83 (1984) Nr. 126; schweizSchKG/ A. Staehelin schweizSchKG Art. 288 N 16). 329

Der erforderliche **Eventualvorsatz** des Schuldners ist eine innere Tatsache. Soweit keine Äußerungen des Schuldners selbst vorhanden sind, muss aus dem äußeren Verhalten der betreffenden Person und äußeren Sachumständen, die auf sie eingewirkt haben, über die Frage des Eventualvorsatzes entschieden werden. Drängt sich bei objektiver Beurteilung für den Schuldner der Gedanke an eine Benachteiligung der Gläubiger als mögliche Folge des Handelns auf, so ist dies ein gewichtiges Indiz für seinen Eventualvorsatz (BGE 135 III 276, E. 7.1 S. 284 f.; BGE 134 III 452, E. 4.1, S. 456; BGer v. 19.5.2004 – 4C.262/2002, E. 5.1; BGE 89 III 47, E. 2 S. 49; schweizSchKG/ Bauer, Ergänzungsband, schweizSchKG Art. 288 ad N 16; Gilliéron, Commentaire de la loi fédérale sur la poursuite pour dettes et la faillite, 2003, Art. 288 N 33). 330

2. Erkennbarkeit der Schädigungsabsicht des Schuldners durch den Begünstigten

Schließlich ist für die Anfechtbarkeit erforderlich, dass die Schädigungsabsicht des Schuldners für den begünstigten Dritten erkennbar war. Erkennbarkeit ist nach der Rechtsprechung dann anzunehmen, wenn der Begünstigte bei Anwendung der ihm nach den Umständen zumutbaren Aufmerksamkeit die Gläubigerschädigung als natürliche Folge der betreffenden Rechtshandlung hätte vorhersehen können und müssen. Es genügt somit bloße **Fahrlässigkeit des begünstigten Gläubigers** (vgl. BGE 135 III 276, E. 8.1 S. 286; BGE 99 III 89, E. 4b S. 91 f.; schweizSchKG/ A. Staehelin schweizSchKG Art. 288 N 18; schweizSchKG/Bauer, Ergänzungsband, schweizSchKG Art. 288 ad N 19). Daraus erwächst keine unbeschränkte Erkundigungspflicht, sondern nur insofern, als dazu Anlass besteht. „Im Allgemeinen braucht sich niemand darum zu kümmern, ob durch ein Rechtsgeschäft die Gläubiger seines Kontrahenten geschädigt werden oder nicht. Nur wenn deutliche Anzeichen dafür sprechen, dass eine Schädigung beabsichtigt ist, darf vom Begünstigten eine sorgfältige Prüfung verlangt werden, ob jene Absicht wirklich bestehe oder nicht" (BGE 134 III 452, E. 4.2, S. 456 f. mwN; schweizSchKG/A. Staehelin schweizSchKG Art. 288 N 19. Anders noch BGE 99 III 89, E. 4b S. 91 f., wonach (bloße) „Anzeichen" für eine Benachteiligung genügen, damit der Begünstigte den Schuldner befragen muss). 331

Erkennbarkeit ist vor allem dann zu bejahen, wenn Anzeichen für eine schlechte Vermögenslage des Schuldners vorliegen, wenn der Gläubiger offensichtlich über die ungünstigen Vermögensverhältnisse des Schuldners informiert ist, wenn in der bisherigen Geschäftsbeziehung zwischen Gläubiger und Schuldner wiederholt Zahlungsrückstände oder Stundungsgesuche vorgelegen haben, wenn der Schuldner seine Zahlungen eingestellt hat oder der schlechte Geschäftsgang des Schuldners allgemein bekannt ist (schweizSchKG/A. Staehelin schweizSchKG Art. 288 N 20 mwN; s. auch Zivilgericht Basel-Stadt Urt. v. 16.6.1983 (BJM 1983, 245)). 332

Wie bei der Schenkungsanfechtung (→ Rn. 321) wurde auch bei der Absichtsanfechtung bei der Revision des Sanierungsrechts eine Beweislastumkehr eingeführt (Art. 288 Abs. 2 schweizSchKG): Es obliegt nunmehr der vom Schuldner begünstigten nahestehenden Person nachzuweisen, dass sie die Begünstigungsabsicht des Schuldners nicht kannte und diese Absicht auch nicht erkennbar war. 333

VI. Privilegierung von Sanierungsbemühungen und Sanierungsdarlehen?

Die vorstehend aufgezeigten Regeln, insbesondere der Absichtsanfechtung, machen klar, dass zwischen den Anfechtungsregeln und Sanierungsbemühungen, insbesondere im Falle der Gewährung eines „Sanierungsdarlehens", ein **gewisses Spannungsverhältnis** herrscht. Das Bundesgericht betonte zwar seit jeher, dass die Anfechtungsklage nicht dazu führen dürfe, dass Maßnahmen zur Unterstützung des Schuldners verunmöglicht würden (BGE 134 III 452, E. 5.2 S. 458 f.; BGE 78 III 83, E. 2 S. 86 ff.). Später schränkte das Bundesgericht seine diesbezügliche Rechtspre- 334 chung wieder ein, während sich die Lehre uneinheitlich äußerte (Weber, Paulianische Anfechtung von (Sanierungs-)Darlehensrückzahlungen (Bemerkungen zu BGE 134 III 452), in Jusletter 20.10.2008, Rn. 18 mwN). In seinem Leitentscheid v. 29.5.2008 in Sachen SAirGroup in Nachlassliquidation gegen Zürcher Kantonalbank, dem zahlreiche weitere Entscheide zu Anfechtungsklagen in den Swissair-Liquidationsverfahren folgten (BGE 134 III 452. Umfassend zur neueren Bundesgerichtspraxis zur Absichtsanfechtung infolge dieses und anderer 2008 gefällter Entscheide Vogt GesKR 2009, 163 ff.), befand das Bundesgericht, dass „ein besonderer Behandlung würdiges Sanierungsdarlehen" nur dann angenommen werden kann, wenn „berechtigte, die Wahrscheinlichkeit einer günstigen Prognose hinsichtlich der Vermögensentwicklung des Schuldners eindeutig rechtfertigende Hoffnungen gegeben" sind. Nur dann liegt die ganze Abwicklung des Geschäfts – Gewährung und Rückzahlung des Darlehens – nicht nur im Interesse des Darlehensgebers, sondern auch aller anderen Gläubiger und darf deshalb als Einheit gewürdigt werden, was eine isolierte Betrachtung der Schädigungsabsicht und Erkennbarkeit bloß in Bezug auf die Rückzahlung ausschließen würde (BGE 134 III 452, E. 5.3 S. 459. In casu wurde die Qualifikation als Sanierungsdarlehen verneint (E. 6 S. 460 ff.). Vgl. dazu Weber, Paulianische Anfechtung von (Sanierungs-)Darlehensrückzahlungen, in Jusletter 20.10.2008, Rn. 18; Hari, Absichtspauliana und Sanierungsdarlehen – Die Rückzahlung eines Sanierungsdarlehens als Sonderfall von Artikel 288 schweizSchKG im Lichte von BGE 134 III 452, abrufbar unter http://www.geskr.ch/Files/Online-Artikel/Hari_deutsche%20Fassung.pdf (deutsche Fassung des französischen Originalbeitrags in GesKR 2008, 372 ff.)).

VII. Gerichtsstand

335 Gemäß Art. 289 schweizSchKG ist die Anfechtungsklage beim Richter am Wohnsitz des Beklagten einzureichen. Hat der Beklagte keinen Wohnsitz in der Schweiz, so kann die Klage beim Richter am Ort der Pfändung oder des Konkurs- oder Nachlassverfahrens (Art. 331 Abs. 1 schweizSchKG) eingereicht werden.

336 Im Falle eines Anfechtungsbeklagten mit (Wohn-)Sitz im Ausland bleiben völkerrechtliche Verträge und die Bestimmungen des IPRG zwar grundsätzlich vorbehalten (Art. 30a schweizSchKG). Das Bundesgericht hat aber in Bezug auf das Lugano-Übereinkommen entschieden, dass dieses auf paulianische Anfechtungsklagen keine Anwendung findet, da diese ihre Grundlage im Schuldbetreibungs- und Konkursrecht haben und deshalb unter den Vorbehalt von Art. 1 Abs. 2 Ziff. 2 LugÜ, wonach das Übereinkommen auf „Konkurse, Vergleiche und ähnliche Verfahren" nicht anzuwenden ist, fallen (BGE 131 III 227, E. 3.2–4 S. 232 ff.; BGE 129 III 683, E. 3 S. 685). Weitere Staatsverträge oder das IPRG, welches keine Zuständigkeitsvorschriften für den Fall des Hauptkonkurses (oder der Nachlassliquidation) in der Schweiz kennt, kommen ebenfalls nicht zur Anwendung (vgl. Gilliéron, Commentaire de la loi fédérale sur la poursuite pour dettes et la faillite, 2003, Art. 289 N 14; Chenaux SJZ 1996, 232 (233 ff.), wonach der Vorbehalt von Art. 30a schweizSchKG in Zusammenhang mit dem IPRG gegenstandslos ist, da dieses keine Gerichtsstandsbestimmungen betreffend die Anfechtung enthält). Damit bleibt es auch im internationalen Verhältnis beim gesetzlichen Gerichtsstand am Ort des Konkurs- oder Nachlassverfahrens. Ob ein solcher Entscheid dann im (Wohn-)Sitzstaat des Anfechtungsbeklagten vollstreckt werden kann, ist allerdings eine andere – und soweit ersichtlich noch weitgehend unerprobte – Frage.

VIII. Passivlegitimation und Wirkung

337 Gemäß Art. 290 schweizSchKG sind in der Anfechtungsklage „die Personen, die mit dem Schuldner die anfechtbaren Rechtsgeschäfte abgeschlossen haben oder von ihm in anfechtbarer Weise begünstigt worden sind, sowie ... bösgläubige Dritte" passivlegitimiert.

338 Primärer Anfechtungsbeklagter wird der **begünstigte Vertragspartner des Schuldners** sein (schweizSchKG/D. Staehelin schweizSchKG Art. 290 N 3). Daneben kann sich die Anfechtungsklage gegen alle Personen richten, die durch die anfechtbare Handlung direkt oder indirekt begünstigt wurden, dh indem sie durch eine anfechtbare Handlung des Schuldners aus dessen Vermögen etwas erhalten haben (schweizSchKG/D. Staehelin schweizSchKG Art. 290 N 5 mwN; Gilliéron, Commentaire de la loi fédérale sur la poursuite pour dettes et la faillite, 2003, Art. 290 N 11). Weiter kann auch eine Drittperson passivlegitimiert sein, zB eine Singularsukzessorin des Begünstigten (Amonn/Walther § 52 N 33). Dass zB bei einer Abtretung von Forderungen noch eine weitere Drittperson dazwischen geschaltet wurde, ändert daran nichts (schweizSchKG/D. Staehelin schweizSchKG Art. 290 N 7). Voraussetzung für die Passivlegitimation einer Drittperson (wie der Singularsukzessorin) ist aber deren Bösgläubigkeit. Als bösgläubiger Dritter gilt, wer

die Umstände, die die Anfechtbarkeit des Erwerbs durch seinen Rechtsvorgänger begründeten, kannte oder bei pflichtgemäßer Aufmerksamkeit hätte kennen müssen, wobei der Zeitpunkt der Rechtsnachfolge und nicht der Zeitpunkt der anfechtbaren Rechtshandlung maßgebend ist (BGE 135 III 513, E. 7.1 S. 524 f. mwN). Eine allfällige Passivlegitimation einer Drittperson hebt diejenige der ursprünglichen Vertragspartnerin bzw. Begünstigten nicht auf. Beide würden in diesem Fall solidarisch für den gesamten Betrag haften (schweizSchKG/D. Staehelin schweizSchKG Art. 290 N 10; Gilliéron, Commentaire de la loi fédérale sur la poursuite pour dettes et la faillite, 2003, Art. 290 N 12). Der Anfechtungskläger hat aber auch in diesem Fall die Wahl, nur eine der beiden Parteien oder beide zusammen einzuklagen.

Sind die Voraussetzungen einer Anfechtung gem. Art. 286–288 schweizSchKG erfüllt, muss der Beklagte die durch die angefochtene Rechtshandlung erhaltenen Vermögenswerte dem Gemeinschuldner (oder dem Abtretungsgläubiger) zurückgeben (Art. 291 schweizSchKG). Der gutgläubige Empfänger einer Schenkung ist allerdings nur zur Rückgabe der im Zeitpunkt der Anfechtungsklage noch vorhandenen Bereicherung verpflichtet (Art. 291 Abs. 3 schweizSchKG). Die **Rückleistung** hat grundsätzlich in Natura zu erfolgen. Falls dies nicht mehr möglich ist, besteht die subsidiäre Pflicht zur Erstattung ihres Wertes. Bei einer Liegenschaft findet keine Rückübertragung und bei einer abgetretenen Forderung keine Retrozession statt, sondern in beiden Fällen findet die Verwertung statt. Im Falle einer mit Geld getilgten Forderung, ist die erhaltene Geldzahlung zurückzuerstatten (KUKO schweizSchKG/Umbach-Spahn schweizSchKG Art. 291 N 2 ff. Vgl. BGE 135 III 513, E. 9 S. 530 ff., BGE 132 III 489, E. 3.3 S. 494 f.). Hat der Beklagte für die angefochtene Rechtshandlung eine Gegenleistung erbracht, hat er einen Anspruch auf Rückerstattung; im Falle eines Konkurses oder eines Nachlassvertrags mit Vermögensabtretung handelt es sich dabei je nachdem, ob die Gegenleistung in der Masse noch faktisch oder zumindest wertmäßig vorhanden ist oder gar nichts mehr davon übrig ist, um eine Masseverbindlichkeit oder eine Konkursforderung (KUKO schweizSchKG/Umbach-Spahn schweizSchKG Art. 291 N 11 f. mwN). Bestand die anfechtbare Rechtshandlung in der Tilgung einer Forderung, so lebt diese wieder auf (Art. 291 Abs. 2 schweizSchKG) und nimmt im Konkurs oder im Nachlassliquidationsverfahren als Konkursforderung teil.

L. Nachlassverfahren und andere Sanierungsmöglichkeiten

Das wichtigste und am meisten verbreitete Sanierungsverfahren in der Schweiz ist wohl immer noch die außergerichtliche Sanierung, mit der wir uns hier nicht weiter befassen. Im Rahmen des Insolvenzrechtes ist das Nachlassverfahren, das mit einem Gesuch um Nachlassstundung eingeleitet wird, und entweder in einer Sanierung während der Nachlassstundung und einer Rückkehr des Schuldners „in bonis" oder mit dem Abschluss und der Durchführung eines ordentlichen oder außerordentlichen Nachlassvertrags – oder mit der Eröffnung des Konkurses im Falle des Scheiterns der Sanierung bzw. der Nichtbestätigung des Nachlassvertrags – endet, das eigentliche Sanierungsverfahren (→ Rn. 346 ff.).

Im Rahmen der sog. Revision des Sanierungsrechts wurde das Nachlassverfahren des schweizSchKG (und weitere Bestimmungen) punktuell angepasst. Damit sollte die Sanierung von Unternehmen erleichtert werden. Der Anstoß zu dieser Revision kam vom Swissair-Zusammenbruch („Grounding") im Herbst 2001, worauf von einer vom Bundesrat eingesetzten Expertengruppe ein Bericht und ein Vorentwurf erarbeitet wurde. Die Botschaft an das Parlament erfolgte 2010 und die Gesetzesrevision wurde am 21.6.2013 vom Parlament beschlossen und trat am 1.1.2014 in Kraft.

Weitere gesetzliche Instrumente, die Sanierungsmöglichkeiten bieten sollen, sind der nicht im Insolvenzrecht, sondern im Aktienrecht vorgesehene Konkursaufschub und die einvernehmliche private Schuldenbereinigung (→ Rn. 370 ff.). Der Entwurf der Revision des Sanierungsrechts sah die Aufhebung des Konkursaufschubs vor, da man davon ausging, dass dessen Vorteile jetzt in die Nachlassstundung eingebaut seien, doch lehnte das Parlament dies ab. Im Rahmen der laufenden Revision des Aktienrechts ist wiederum dessen Abschaffung vorgesehen.

I. Konkursaufschub

Auf Antrag des Verwaltungsrates oder auch eines Gläubigers kann der Richter einen Konkursaufschub verfügen, nachdem die Bilanzdeponierung (Überschuldungsanzeige) betreffend eine Aktiengesellschaft, GmbH usw beim Richter erfolgte (Art. 725a OR) (→ Rn. 116 ff.). Die Aktionäre sind zur Stellung des Antrags nicht legitimiert. Der Antragsteller muss die gesetzlichen Voraussetzungen für den Aufschub darlegen, nämlich die **Aussicht auf dauerhafte Sanierung** und auf Fortführung des Unternehmens dank Maßnahmen auf der organisatorischen und finanziellen Ebene sowie – beinahe ausnahmslos – Zugeständnissen der Gläubiger. Die Gläubiger dürfen durch den Konkursaufschub nicht schlechter gestellt werden als bei sofortiger Konkurseröffnung bzw. ein Teil der Gläubiger darf gegenüber andern Gläubigern nicht benachteiligt werden (vgl. OR/Wüstiner OR Art. 725a N 6 f. mwN. Ausführlich zum Konkursaufschub Giroud, Die Konkurseröffnung und ihr Aufschub bei der Aktiengesellschaft, 2. Aufl. 1986, 105 ff.). Der Konkursaufschub ist ein bloß aktienrechtliches Moratorium ohne Berücksichtigung im schweizSchKG.

344 Der Konkursaufschub bewirkt einen Rechtsstillstand, dh es unterbleibt die sofortige Konkurseröffnung und Konkurs- und Verwertungsbegehren darf nicht mehr stattgegeben werden. Allerdings können Betreibungen trotzdem eingeleitet werden; auch Verjährungsfristen werden nicht gehemmt. Auch der Zinsenlauf und die Fälligkeit von Forderungen (auch von Sozialversicherungsbeiträgen) werden nicht gehemmt (OR-Wüstiner OR Art. 725a N 9). Die Verfügung betreffend Konkursaufschub beinhaltet Maßnahmen zur Erhaltung des Vermögens und in der Praxis regelmäßig die Einsetzung eines Sachwalters, von dessen Zustimmung die Beschlüsse des Verwaltungsrats inskünftig abhängig sind. Typischerweise ist der Sachwalter beauftragt, die Gleichbehandlung der Gläubiger sicherzustellen.

345 Die Veröffentlichung des Konkursaufschubs ist fakultativ, da sie die Sanierungsbemühungen gefährden könnte, außer der Schutz Dritter gebiete sie (Art. 725a Abs. 3 OR). Das Moratorium endet im Positiven mit der Aufhebung zufolge der gelungenen Sanierung oder im Negativen mit dem Verstreichen der – möglicherweise verlängerten – richterlichen Frist, oder, falls sich die Sanierungsaussichten endgültig zerschlagen haben, durch einen Widerruf. Falls weder eine Sanierung zustande gekommen ist noch eine Nachlassstundung gewährt wird, hat der Konkursrichter nach Fristablauf den Konkurs zu eröffnen (Giroud, Die Konkurseröffnung und ihr Aufschub bei der Aktiengesellschaft, 2. Aufl. 1986, 148).

II. Nachlassstundung

1. Allgemeines zum Nachlassverfahren

346 Der Nachlassvertrag ist eine Art Zwangsvollstreckungsersatz. Dieser soll dann zur Anwendung kommen, wenn für die Gläubiger dessen Zustandekommen wirtschaftlich interessanter ist als der Konkurs des Schuldners. Das Verfahren gliedert sich in drei Stadien:
• Die Bewilligung der Nachlassstundung (Bewilligungsverfahren).
• Die Zustimmung der Gläubiger zum Vergleichsangebot des Schuldners (Zustimmungsverfahren).
• Die gerichtliche Bestätigung des Nachlassvertrages (Bestätigungsverfahren).

347 Danach kommt es zum Vollzug bzw. zur Durchführung des Nachlassvertrages. Im Verfahren sind als Organe das Nachlassgericht, der Sachwalter, die Gläubigerversammlung oder der Gläubigerausschuss, sowie die Liquidatoren tätig.

2. Bewilligung der Nachlassstundung; Grundzüge des Ablaufs

348 Gemäß Art. 293 schweizSchKG hat der Schuldner, der einen Nachlassvertrag erlangen will, dem Nachlassrichter ein **begründetes Gesuch** mit bestimmten Beilagen (Bilanz, Erfolgsrechnung, Liquiditätsplanung oder entsprechende Unterlagen) einzureichen. Das Nachlassgesuch kann auch von einem Gläubiger gestellt werden, sofern dieser gegen den betreffenden Schuldner ein Konkursbegehren stellen kann (Art. 293 lit. b schweizSchKG), oder das Konkursgericht kann die Akten dem Nachlassgericht überweisen, „wenn Anhaltspunkte für das Zustandekommen des nachlassvertrages bestehen" (Art. 173a Abs. 2 schweizSchKG).

349 Das Gericht bewilligt entweder eine **provisorische Nachlassstundung** für höchstens vier Monate oder es eröffnet den Konkurs, wenn offensichtlich keine Aussicht auf Sanierung oder Bestätigung eines Nachlassvertrages besteht (Art. 293a schweizSchKG). Dabei ernennt es einen provisorischen Sachwalter zur Prüfung der Aussicht auf Sanierung oder Bestätigung eines Nachlassvertrags, wobei in begründeten Fällen davon abgesehen werden kann (Art. 293b schweizSchKG).

350 Ergibt sich während der provisorischen Nachlassstundung, dass Aussicht auf Sanierung oder Bestätigung eines Nachlassvertrags besteht, bewilligt das Gericht die **definitive Nachlassstundung** für weitere vier bis sechs Monate. Andernfalls muss es wiederum direkt den Konkurs eröffnen (Art. 294 schweizSchKG). Das Gericht ernennt wiederum einen (oder mehrere) Sachwalter und kann einen Gläubigerausschuss ernennen. Der Sachwalter kann beim Nachlassrichter beantragen, die Stundung auf zwölf oder in komplexen Fällen **auf höchstens 24 Monate zu**

verlängern. Bei einer Verlängerung über zwölf Monate hinaus muss eine Gläubigerversammlung einberufen werden.

Der Sachwalter muss ein **Inventar** über das Vermögen des Schuldners aufnehmen. Die Vermö- 351
gensgegenstände hat er gem. Art. 299 Abs. 1 schweizSchKG zu schätzen. Der Sachwalter hat analog zum Konkursverfahren einen **Schuldenruf** vorzunehmen. Er fordert durch öffentliche Bekanntmachung die Gläubiger auf, ihre Forderungen binnen 20 Tagen einzugeben, mit der Androhung, dass sie im Unterlassungsfall bei den Verhandlungen über den Nachlassvertrag nicht stimmberechtigt sind (Art. 300 Abs. 1 schweizSchKG).

3. Wirkungen der Nachlassstundung

Die Wirkungen der Nachlassstundung (Art. 297–298 schweizSchKG) beginnen nicht erst mit 352
der Publikation, sondern bereits mit dem Bewilligungsentscheid (BGE 110 III 99, E. 3 S. 102):
- Während der Stundung kann gegen den Schuldner eine Betreibung weder eingeleitet noch fortgesetzt werden (ausgenommen sind grundpfandgesicherte Forderungen).
- Alle Verjährungs- und Verwirkungsfristen stehen still.
- Der Zinsenlauf hört gegenüber dem Schuldner für alle nicht pfandgesicherten Forderungen mit Bewilligung der Stundung auf. Der Nachlassvertrag kann später etwas anderes bestimmen.
- Der Schuldner kann seine Geschäftstätigkeit unter Aufsicht des Sachwalters fortsetzen. Der Nachlassrichter kann jedoch anordnen, dass gewisse Handlungen rechtsgültig nur unter Mitwirkung des Sachwalters vorgenommen werden können oder den Sachwalter ermächtigen, die Geschäftsführung anstelle des Schuldners zu übernehmen. Bestimmte Geschäfte bedürfen überdies der Ermächtigung des Nachlassrichters (Verkauf von Teilen des Anlagevermögens, Bestellung von Pfändern, Eingehung von Bürgschaften, usw).
- Für die Verrechnung und deren Anfechtung gelten die konkursrechtlichen Regelungen von Art. 213–214 schweizSchKG (→ Rn. 231 ff.), dh grundsätzlich können nur vor der Bewilligung der Nachlassstundung bestehende Forderungen gegenüber dem Schuldner verrechnet werden.

Mit diesen Maßnahmen soll dem Schuldner eine **Schonfrist** gewährt werden, damit der Nachlass- 353
vertrag vorbereitet und abgeschlossen werden kann, ohne dass die Gläubiger den Schuldner belangen können.

4. Ausarbeitung und Genehmigung des Nachlassvertrages; Gläubigerversammlung

Sofern unter Berücksichtigung der konkreten Umstände Aussicht auf Erfolg besteht, hat der 354
Sachwalter den Entwurf des Nachlassvertrages zu erstellen. Danach ist gem. Art. 301 Abs. 1 schweizSchKG die Gläubigerversammlung einzuberufen. Anlässlich der Gläubigerversammlung erstattet der Sachwalter den Gläubigern Bericht über die Vermögens-, Ertrags- oder Einkommenslage des Schuldners. Der Nachlassvertrag wird den versammelten Gläubigern zur unterschriftlichen Genehmigung vorgelegt und muss anschließend vom Nachlassgericht bestätigt werden (Art. 302, 304 schweizSchKG). Die Gläubigerversammlung wählt für den Fall eines Nachlassvertrages mit Vermögensabtretung auch den oder die Liquidatoren und den Gläubigerausschuss (Art. 318 Abs. 1 Ziff. 2 schweizSchKG; KUKO schweizSchKG/Wüthrich/Rothenbühler schweizSchKG Art. 318 N 9 ff.).

III. Der Nachlassvertrag: Gemeinsame Bestimmungen

1. Allgemeine Bestimmungen

Die in den Art. 305–313 schweizSchKG enthaltenen „Allgemeinen Bestimmungen" gelten für 355
alle Arten von gerichtlichen Nachlassverträgen. Gemäß Art. 305 Abs. 1 schweizSchKG gilt der Nachlassvertrag bei der Erfüllung eines der beiden folgenden **Stimmenquoren** als angenommen:
- Die Mehrheit der Gläubiger, die mindestens zwei Drittel des Gesamtbetrages der Forderungen vertreten, stimmt dem Vertrag zu; oder
- ein Viertel der Gläubiger, die mindestens drei Viertel des Gesamtbetrages der Forderungen vertreten, stimmt dem Vertrag zu.

Was die **Wirkungen des Nachlassvertrages** anbelangt, muss zwischen der Ablehnung des Nach- 356
lassvertrages und der Bestätigung des Nachlassvertrages durch den Nachlassrichter unterschieden werden: Bei Ablehnung des Nachlassvertrags, dh nicht erfolgter Bestätigung des von den Gläubigern angenommenen Nachlassvertrags durch das Nachlassgericht wird der Konkurs direkt vom Nachlassgericht eröffnet (Art. 309 schweizSchKG). Der zuvor von den Gläubigern angenommene Nachlassvertrag wird bedeutungslos. Demgegenüber wird mit der Bestätigung durch das Nachlass-

Internationales Insolvenzrecht – Schweiz

gericht der von den Gläubigern angenommene Nachlassvertrag für alle Gläubiger verbindlich (ausgenommen sind gem. Art. 310 Abs. 1 schweizSchKG die Pfandgläubiger für den gedeckten Forderungsbetrag). Wird der Nachlassvertrag gem. Art. 311 schweizSchKG richterlich bestätigt, fallen alle vor der Stundung gegen den Schuldner eingeleiteten Betreibungen mit Ausnahme der Betreibungen auf Pfandverwertung dahin.

357 Die während der Stundung mit Zustimmung des Sachwalters eingegangenen Verbindlichkeiten verpflichten in einem Nachlassvertrag mit Vermögensabtretung oder in einem nachfolgenden Konkurs die Masse (Art. 310 Abs. 2 schweizSchKG). Als Folge davon werden sie im Rahmen der Verteilung vorab und vollumfänglich beglichen (zu den Masseverbindlichkeiten → Rn. 279 ff. Die Frage, wann die „Zustimmung des Sachwalters" vorliegt, kann heikel sein, vgl. KUKO schweizSchKG/Hunkeler schweizSchKG Art. 298 N 9; KUKO schweizSchKG/Rothenbühler/ Wüthrich schweizSchKG Art. 312 N 12 lit. b; für ein Beispiel → Rn. 420).

2. Die Auswirkungen des Nachlassvertrages

358 Den materiellen Inhalt des Nachlasses bestimmt der Vertrag. Er gibt Auskunft darüber, ob dem Nachlassschuldner Stundung oder Erlass gewährt wird. Die Auswirkungen werden hingegen vom Gesetz umschrieben. So braucht der Schuldner die Nachlassgläubiger nur noch in dem Ausmaß (Dividende), zu der Zeit (Stundung) und auf die Art (Zahlung oder Vermögensabtretung) zu befriedigen, wie es der Nachlassvertrag festlegt. Hält er sich daran, sind seine Schulden entsprechend den Vertragsbedingungen getilgt (Amonn/Walther § 55 N 3).

IV. Nachlassvertrag mit Vermögensabtretung

1. Allgemeines zum Nachlassvertrag mit Vermögensabtretung

359 An die Stelle eines Konkursverfahrens kann eine Liquidation durch die Gemeinschaft der Gläubiger treten. Zugang zu diesem weitaus flexibleren Verfahren (das Nachlassverfahren wird oft als „gemässigtes Konkursverfahren" charakterisiert), welches entsprechend bessere Resultate zu liefern verspricht, bietet ein zwischen dem Schuldner und seinen Gläubigern abgeschlossener Vertrag, welcher gerichtlicher Genehmigung unterliegt (sog. **Nachlassvertrag mit Vermögensabtretung** oder **Liquidationsvergleich,** Art. 317 ff. schweizSchKG). Die überschuldete Gesellschaft bietet ihren Gläubigern an, ihr Vermögen (oder Teile davon) zur Verfügung zu stellen, damit sie sich selber aus dessen Erlös befriedigen können.

2. Vertragsabschluss und richterliche Bestätigung

360 Der Nachlassvertrag legt insbesondere die Art und Weise der Verwertung fest und enthält eine Schätzung über den zu erwartenden Liquidationserlös. Er bedarf der Zustimmung einer Gläubigermehrheit, welche zugleich zwei Drittel des gesamten Forderungsbetrages vertreten. Die Zustimmung eines Viertels der Gläubiger ist ausreichend, wenn diese zusammen drei Viertel des Gesamtbetrages vertreten (→ Rn. 355). Mit der Zustimmung zum Nachlassvertrag verzichten die Gläubiger gleichzeitig auch auf den nicht gedeckten Forderungsbetrag.

361 Nicht mitstimmen können die konkursrechtlich privilegierten Gläubiger (zB Arbeitnehmer) (Art. 305 Abs. 2 schweizSchKG). Privilegiert sind die Gläubiger mit Forderungen der ersten und zweiten Klasse gem. Art. 219 Abs. 4 schweizSchKG (→ Rn. 277) sowie mit pfandgesicherten Forderungen im Umfang ihres nach Schätzung des Sachwalters ungedeckten Betrags. Ihre vollständige Deckung ist gesetzliches Gültigkeitserfordernis für den Abschluss eines Nachlassvertrages. Das Gericht darf dem Vertrag zudem nur zustimmen, wenn das voraussichtliche Verwertungsergebnis höher erscheint als der voraussichtliche Erlös eines Konkursverfahrens.

362 Mit der richterlichen Bestätigung wird der Vertrag **für alle Gläubiger verbindlich.** Das erfasste Vermögen wird an die Gläubigergemeinschaft zur Liquidation nach den Bestimmungen des Nachlassvertrages abgetreten. Die Gläubiger verzichten auf ein Nachforderungsrecht für den Betrag, welcher durch den Liquidationserlös nicht gedeckt wird.

3. Das Liquidationsverfahren unter dem Nachlassvertrag

363 a) Entscheid über die Zulassung der angemeldeten Forderungen. Für den Entscheid über die Zulassung der angemeldeten Forderungen wird ein Kollokationsverfahren durchgeführt. Die entsprechenden Bestimmungen des Konkursverfahrens sind anwendbar (Art. 321 schweizSchKG) (→ Rn. 165 ff.).

b) **Verwertung.** Unter Aufsicht des Gläubigerausschusses erfolgt die Verwertung durch Liquidatoren. Die Art und den Zeitpunkt der Verwertung können die Liquidatoren im Einverständnis mit dem Gläubigerausschuss weitgehend frei bestimmen (Art. 322 schweizSchKG). 364

In der Anpassungsfähigkeit des Verwertungsverfahrens an gegebene Verhältnisse liegt der entscheidende Vorteil dieser Liquidationsart gegenüber dem Konkurs. Der Nachlassvertrag kann beispielsweise vorsehen, dass eine Auffanggesellschaft gegründet und das Unternehmen (oder Teile davon) weitergeführt wird (Sanierung statt Liquidation). Auch ist es einfacher, den Betrieb als Ganzes (oder einzelne seiner Betriebsteile) als integrale Einheit an Dritte zu veräußern. 365

Verzichten der Liquidator und der Gläubigerausschuss auf die Geltendmachung eines Anspruchs, muss den Gläubigern dessen Abtretung zur eigenen Geltendmachung gem. Art. 260 schweizSchKG angeboten werden (Art. 325 schweizSchKG). 366

c) **Verteilung.** Die Verteilung des Erlöses folgt konkursrechtlichen Grundsätzen (→ Rn. 190 ff.). Nach Abschluss der Liquidation wird die Gesellschaft im Handelsregister ebenfalls gelöscht (Art. 161 Abs. 4–5 HRegV). 367

d) **Dauer des Nachlassverfahrens.** Die Situation ist vergleichbar mit derjenigen im Konkursverfahren, dh die Dauer variiert sehr stark je nach Schuldner und Verfahren von mehreren Monaten bis zu mehreren Jahren. 368

V. Ordentlicher Nachlassvertrag

Das schweizSchKG sieht keine definierten „Typen" von „ordentlichen Nachlassverträgen" vor. Die Praxis kennt zwei Arten von ordentlichen Nachlassverträgen (Art. 314 ff. schweizSchKG), die in der Praxis auch kombiniert werden: Beim **Dividendenvergleich** (auch Prozentvergleich genannt) verpflichtet sich der Nachlassschuldner, den nicht privilegierten Gläubigern einen bestimmten Prozentsatz ihrer ursprünglichen Forderungen zu begleichen. Die anerkannten Forderungen der privilegierten Gläubiger müssen dabei vollumfänglich befriedigt werden, damit der Nachlassvertrag bestätigt werden kann. Der **Stundungsvergleich** erlaubt dem vorübergehend zahlungsunfähigen Schuldner, die Befriedigung der Gläubigerforderungen aufzuschieben oder diese mittels Raten- oder Teilzahlungen zu begleichen. Mit der Revision des Sanierungsrechts wurde auch die Möglichkeit eingeführt, die **Nachlassdividende ganz oder teilweise aus Anteils- oder Mitgliedschaftsrechten** des Nachlassschuldners zu leisten (Art. 314 Abs. 1bis schweizSchKG). Der ordentliche Nachlassvertrag stellt eine rechtliche Sanierungsmaßnahme dar und erlaubt dem Schuldner, welcher sich vorübergehend in finanzieller Schieflage befindet, sein Unternehmen auf sanierter Grundlage weiterzuführen. 369

VI. Einvernehmliche private Schuldenbereinigung

Die einvernehmliche private Schuldenbereinigung (Art. 333–336 schweizSchKG) steht nur einem nicht der Konkursbetreibung unterliegenden Schuldner, dh im Allgemeinen nur dem **privaten Schuldner,** zur Verfügung. Der Schuldner muss sich selbst mit einem Gesuch an den Nachlassrichter wenden und die Durchführung beantragen. Im Gesuch muss er seine Schulden sowie seine Einkommens- und Vermögensverhältnisse darlegen. 370

Erscheint die beantragte Schuldenbereinigung nicht von vornherein als aussichtslos und sind die Gerichts- und Sachwalterkosten sichergestellt, gewährt der Nachlassrichter einstweilen eine **Stundung** von höchstens drei Monaten und ernennt einen Sachwalter. Die Stundung kann auf Antrag des Sachwalters auf höchstens sechs Monate verlängert oder widerrufen werden (Art. 334 schweizSchKG). Der Sachwalter unterstützt den Schuldner in der Ausarbeitung eines **Bereinigungsvorschlags,** mit welchem er seinen Gläubigern eine Dividende anbieten oder sie um Stundung der Forderungen oder andere Zahlungs- und Zinserleichterungen ersuchen kann, und führt die Verhandlungen mit den Gläubigern und überwacht auf Anordnung des Richters den Schuldner bei der Erfüllung (Art. 335 schweizSchKG). 371

Entsprechend der gesetzlich vorgesehenen **„Einvernehmlichkeit"** bindet die Schuldenbereinigungsvereinbarung ablehnende Gläubiger nicht. 372

M. Insolvenzstrafrecht

I. Einführung

Das materielle Schweizer Strafrecht, welches im Schweizerischen Strafgesetzbuch („StGB") kodifiziert ist, stellt diverse Handlungen und Unterlassungen im Zusammenhang mit Pfändungs-, Konkurs- und Nachlassverfahren gem. schweizSchKG unter Strafe (vgl. Art. 163–171bis, 323– 373

Internationales Insolvenzrecht – Schweiz

325 StGB). Einem Schuldner, dem Vermögensverfall droht, obliegt nach allgemeiner Auffassung die Pflicht, das noch vorhandene Vermögen seinen Gläubigern zu erhalten. Das Strafrecht bezweckt damit, diesen **Anspruch der Gläubiger auf Befriedigung aus dem (Rest-)Vermögen des Schuldners zu schützen;** zudem sollen die **Interessen der Zwangsvollstreckung als Teil der Rechtspflege** im weitesten Sinne gewahrt werden (BGE 106 IV 31, E. 4a S. 34; Wiprächtiger BlSchK 1998, 1 (6); Trechsel/Ogg, StGB PK, Art. 163 N 1). Das Strafgesetz droht für vorsätzliche Verletzungen dieser Pflicht Freiheitsstrafe bis zu fünf Jahren oder Geldstrafe (Art. 163–171bis StGB) bzw. Busse (Art. 323–325 StGB) an.

374   Von Bedeutung ist, dass die Anwendbarkeit der Art. 163–167 StGB die **Eröffnung eines Konkurses oder die Ausstellung eines Verlustscheins als objektive Strafbarkeitsvoraussetzung** voraussetzt. Zur Zeit der Vornahme der strafbaren Handlung muss der Konkurs noch nicht eröffnet bzw. der Verlustschein noch nicht ausgestellt sein, sondern dies kann auch erst später erfolgen (Wiprächtiger BlSchK 1998, 1 (6)). Der gerichtliche Nachlassvertrag, worunter alle Arten von Nachlassverträgen zu verstehen sind (StGB PK/Trechsel/Ogg StGB Art. 171 N 2; aA Wiprächtiger BlSchK 1998, 1 (7) (wonach nur der Liquidationsvergleich (→ Rn. 359 ff.), der wie der Konkurs eine Gesamtliquidation vorsieht, darunter fällt; diesbezüglich unklar StGB/Brunner StGB Art. 171 N 1)), wird dem Konkurs gleichgestellt (Art. 171 Abs. 1 StGB). Betrifft die objektive Strafbarkeitsvoraussetzung eine juristische Person, eine Gesellschaft oder ein Einzelunternehmen, sind deren Organe, Gesellschafter oder Mitarbeiter mit selbstständigen Entscheidungsbefugnissen strafbar (Art. 29 StGB).

375   Nachfolgend werden die Strafbestimmungen kurz erläutert. Auf Art. 168 StGB (Bestechung bei Zwangsvollstreckung), Art. 170 StGB (Erschleichung eines gerichtlichen Nachlassvertrages) und Art. 171bis StGB (Möglichkeit der Strafbarkeitsaufhebung im Falle des Widerrufs des Konkurses gem. Art. 195 schweizSchKG) wird nicht näher eingegangen.

II. Strafbestimmungen im Falle des Konkurses oder der Ausstellung eines Verlustscheins

1. Misswirtschaft (Art. 165 StGB)

376   Der in Art. 165 StGB normierte Tatbestand der Misswirtschaft ist als **Grundtatbestand** ein Auffangtatbestand zu Art. 163–164 StGB, durch welchen Verhaltensweisen des Schuldners unter Strafe gestellt werden, die nach kaufmännischen Grundsätzen prinzipiell erlaubt sind, wodurch er aber seine Überschuldung herbeigeführt oder verschlimmert, seine Zahlungsunfähigkeit herbeigeführt oder im Bewusstsein seiner Zahlungsunfähigkeit seine Vermögenslage verschlimmert hat. Beispielhaft werden genannt: ungenügende Kapitalausstattung, unverhältnismäßiger Aufwand, gewagte Spekulationen, leichtsinniges Gewähren oder Benützen von Kredit, Verschleudern von Vermögenswerten oder arge Nachlässigkeit in der Berufsausübung oder Vermögensverwaltung.

377   Wesentlich ist, dass es sich um eine als „Misswirtschaft" zu qualifizierende Verhaltensweise handelt, dh nicht jede Handlung, die eine Überschuldung herbeiführt oder verschlimmert, ist strafbar. Für Unternehmen misst sich die Misswirtschaft an deren Gegenteil, der **Sorgfaltspflicht**. Für den Verwaltungsrat der Aktiengesellschaft ist die Sorgfaltspflicht in Art. 717 OR umschrieben. Es handelt sich bei diesem Straftatbestand um nichts anderes als die **strafrechtliche Seite der zivilrechtliche Sorgfaltspflichtverletzung durch die Organe**, die zur Verminderung des Unternehmensvermögens zum Schaden der Gläubiger führt (StGB/Brunner StGB Art. 165 N 3 ff. mwN).

378   Die in Art. 165 StGB umschriebene Bankrotthandlung muss zwar (eventual-)vorsätzlich erfolgen, für die Vermögenseinbusse genügt aber grobe Fahrlässigkeit (BGer v. 9.5.2008 – 6B.66/2008, E. 7.3; BGer v. 9.5.2008 – 6B.54/2008, E. 7.3.3). Grobe Fahrlässigkeit muss genügen, damit Art. 165 StGB bei der Gläubigerschädigung iSv Art. 164 StGB als Auffangtatbestand dienen kann, wenn dem Täter der Vorsatz nicht nachgewiesen werden kann (Wiprächtiger BlSchK 1998, 1 (13 f.); StGB PK/Trechsel/Ogg StGB Art. 165 N 11 mwN. Zu Art. 164 StGB → Rn. 384 f.).

379   In der Betreibung auf Pfändung wird der Schuldner nur verfolgt, wenn der Gläubiger, der einen Verlustschein erlangt hat, innert drei Monaten seit dessen Zustellung einen Strafantrag stellt (Art. 165 Ziff. 2 StGB).

2. Betrügerischer Konkurs und Pfändungsbetrug (Art. 163 StGB)

380   Im Unterschied zu Art. 165 StGB setzt der betrügerische Konkurs bzw. der Pfändungsbetrug voraus, dass das Vermögen des Schuldners nur „zum Scheine" vermindert wurde. Das Gesetz zählt wiederum typische Verhaltensweisen der **Scheinverminderung** beispielhaft auf, nämlich wenn

Internationales Insolvenzrecht – Schweiz

der Schuldner Vermögenswerte beiseite schafft oder verheimlicht, Schulden vortäuscht, vorgetäuschte Forderungen anerkennt oder deren Geltendmachung veranlasst. Insbesondere falsche oder irreführende Angaben über den Vermögensstand können den Tatbestand erfüllen, zB die Bezeichnung eines tatsächlich dem Schuldner gehörenden Vermögensstückes als Dritteigentum oder wenn der Schuldner durch falsche Buchführung und Bilanzierung den wahren Vermögensstand vertuscht. Eine tatsächliche Verminderung des Vermögens wird demgegenüber nach Art. 164 StGB geahndet.

Bloßes Schweigen kann Verheimlichen iSv Art. 163 StGB bedeuten, wenn es betrügerischen **381** Charakter hat, also dazu dient, einen geringeren als den wirklichen Vermögensbestand vorzutäuschen. So macht sich der Schuldner strafbar, wenn er nur einen Teil seines Vermögens angibt, im Übrigen sich aber ausschweigt, um so den falschen Anschein zu erwecken, über seine gesamten Vermögensverhältnisse Auskunft zu erteilen, während er in Wirklichkeit einen Teil verschleiert (BGE 102 IV 172, E. 2a S. 173 f.; BGer v. 22.1.2001 – 6S.327/2000, E. 6).

Unter den Tatbestand von Art. 163 StGB fallen eine konkursreife Gesellschaft, die ihr Vermögen **382** an eine Auffanggesellschaft verschiebt, ohne eine entsprechende Gegenleistung zu erhalten (BGE 93 IV 16), die unzutreffende Bezeichnung von Vermögenswerten als Dritteigentum (die Bestreitungsmöglichkeit dieses Drittanspruchs im Widerspruchs- bzw. Aussonderungs- oder Admassierungsverfahren ändert an der Strafbarkeit nichts, BGE 85 IV 217, E. 1b S. 219 ff.), die Abholung von Wertschriften aus dem Bankdepot, um sie zu Hause zu verstecken (BGE 102 IV 172, E. 2c S. 174 f.), und andere Handlungen, die ein Täuschungselement („Betrug") aufweisen (StGB PK/Trechsel/Ogg StGB Art. 163 N 5).

Der Täter muss vorsätzlich zum Schaden der Gläubiger handeln. Der Schaden muss zwar nicht **383** effektiv eintreten, sondern kann auch in einer Erschwerung oder Verzögerung der Zwangsvollstreckung, dh in einem bloß vorübergehenden Verheimlichen von Vermögenswerten, bestehen. Gemäß Art. 163 Ziff. 2 StGB macht sich auch jeder Dritte, der zum Schaden der Gläubiger eine entsprechende Handlung vornimmt, strafbar. Aufgrund der geringeren Strafdrohung von drei statt fünf Jahren Freiheitsstrafe handelt es sich bei der Tat des Dritten nur um ein Vergehen, was dadurch gerechtfertigt wird, dass der Dritte im Gegensatz zum Schuldner keine unmittelbaren Pflichten gegenüber den Gläubigern hat (StGB PK/Trechsel/Ogg StGB Art. 163 N 12).

3. Gläubigerschädigung durch Vermögensminderung (Art. 164 StGB)

Art. 164 StGB bezweckt, wie auch Art. 167 StGB, die strafrechtliche Ahndung der paulianischen **384** Anfechtungstatbestände von Art. 285 ff. schweizSchKG (StGB PK/Trechsel/Ogg StGB Art. 164 N 1. Zur paulianischen Anfechtung → Rn. 316 ff.). Im Gegensatz zu Art. 163 StGB muss der Schuldner durch die Tathandlung sein Vermögen tatsächlich vermindert haben. Gemäß Art. 164 Ziff. 1 StGB macht sich der Schuldner strafbar, der zum Schaden der Gläubiger sein Vermögen vermindert, indem er Vermögenswerte beschädigt, zerstört, entwertet oder unbrauchbar macht (Abs. 2), diese unentgeltlich oder gegen eine Leistung mit offensichtlich geringerem Wert veräußert (Abs. 3) oder ohne sachlichen Grund anfallende Rechte ausschlägt oder auf Rechte unentgeltlich verzichtet (Abs. 4). Diese Aufzählung ist abschließend (BGE 126 IV 5, E. 2d S. 9). Auch der Dritte, der zum Schaden der Gläubiger eine solche Handlung vornimmt, ist strafbar (Art. 164 Ziff. 2 StGB. Der Dritte unterliegt wie im Falle von Art. 163 Ziff. 2 StGB (→ Rn. 383) der geringeren Strafdrohung von drei statt fünf Jahren. Nicht strafbar ist der Dritte, der lediglich notwendiger Teilnehmer an der Straftat ist, dh die Leistung des Schuldners entgegengenommen hat, aber keine darüber hinaus gehenden Handlungen vorgenommen hat, die als Anstiftung, Gehilfenschaft oder allenfalls Mittäterschaft zu qualifizieren wären, BGE 126 IV 5, E. 2d S. 10 f.).

Vorausgesetzt ist immer, dass die Handlung den wirtschaftlichen Wert eines zur Befriedigung **385** der Gläubiger dienenden Vermögensgegenstands herabsetzt. Dies ist zB nicht der Fall, wenn der Schuldner ein fälliges und einklagbares Darlehen zurückzahlt, da dieser Leistung die frühere Leistung des Darlehens an den Schuldner gegenübersteht und damit auch eine entsprechende Reduktion der Passiven verbunden ist. Andere Fälle von Vermögensverminderung oder -entziehung sind deshalb allenfalls als Misswirtschaft (Art. 165 StGB) oder als Gläubigerbevorzugung (Art. 167 StGB) strafbar (s. BGE 131 IV 49, E. 1.4 S. 55).

4. Gläubigerbevorzugung (Art. 167 StGB)

Der Tatbestand der Bevorzugung eines Gläubigers gem. Art. 167 StGB ist ein privilegierter **386** **Spezialfall von Art. 163 f. StGB;** die Strafdrohung beträgt Freiheitsstrafe bis zu drei Jahren (oder Geldstrafe). Strafbar ist der Schuldner, der im Bewusstsein seiner Zahlungsunfähigkeit oder Überschuldung (BGE 104 IV 77, E. 3d S. 82 f. („Zahlungsunfähigkeit" iSv Art. 167 StGB ist auch bei Überschuldung gegeben); StGB/Brunner StGB Art. 167 N 12 (für eine sinngemäße Auslegung des Gesetzes in diesem Sinne, aber unter Beibehaltung der Differenzierung unter diesen beiden vollstreckungsrechtlichen Begriffen)) und in der Absicht, einzelne seiner Gläubiger zum Nachteil anderer zu bevorzugen, darauf abzielende Handlungen vornimmt, insbesondere nicht verfallene Schulden bezahlt, eine verfallene Schuld anders als durch übliche Zahlungsmittel tilgt, oder eine Schuld aus eigenen Mitteln sicherstellt, ohne dass er dazu verpflichtet war. Der Dritte kann nicht Täter, aber Gehilfe oder Anstifter sein.

387   Das tatbestandsmäßige Verhalten besteht in Handlungen des Schuldners, die darauf abzielen, einzelne seiner Gläubiger zum Nachteil anderer zu bevorzugen. Maßgebend ist stets, ob dem Gläubiger eine **„inkongruente"** Deckung, dh eine solche Deckung gewährt worden ist, wie er sie nach der materiellen Rechtslage in dieser Art bzw. in diesem Zeitpunkt nicht beanspruchen konnte. Das ist in den beiden in Art. 167 StGB genannten Regelbeispielen der Bezahlung einer nicht verfallenen Schuld und der Tilgung einer verfallenen Schuld anders als durch übliche Zahlungsmittel der Fall. In Anwendung von Art. 288 schweizSchKG können allerdings auch Fälle kongruenter Deckung, dh der Tilgung verfallener Schulden mit üblichen Zahlungsmitteln, unter gewissen Voraussetzungen anfechtbar sein. Für die – ausnahmsweise – Strafbarkeit gem. Art. 167 StGB ist vorausgesetzt, dass die inkriminierte Handlung nach ihrem Unrechtsgehalt den Regelbeispielen gleichwertig ist, sie gerade auf die Bevorzugung einzelner Gläubiger zum Nachteil der andern zielt und sich in ihr die eindeutige Bevorzugungsabsicht des Täters objektiv deutlich manifestiert. Daran sind strenge Anforderungen zu stellen, sodass es sich im Allgemeinen um eigentliche Umgehungstatbestände handeln muss, denn „nicht alles, was paulianisch anfechtbar ist, braucht strafbar zu sein" (BGE 117 IV 23, 25 ff. m. zahlr. Nachw., bestätigt in BGE 131 IV 49, E. 1.4 S. 55. Vgl. StGB PK/Trechsel/Ogg StGB Art. 167 N 4 mwN; StGB/Brunner StGB Art. 167 N 19, 24).

388   Der Täter muss mit Vorsatz oder mit Eventualvorsatz gehandelt haben. Betreffend Zahlungsunfähigkeit ist sichere Kenntnis erforderlich (BGE 74 IV 40, E. 2 S. 44 ff.; StGB PK/Trechsel/Ogg StGB Art. 167 N 8).

5. Unterlassung der Buchführung (Art. 166 StGB)

389   Der Schuldner, der seiner gesetzlichen Pflicht zur ordnungsgemäßen Buchführung und Aufbewahrung von Geschäftsbüchern oder zur Aufstellung der Bilanz überhaupt nicht oder nur in ungenügender Weise nachkommt, sodass sein Vermögensstand nicht oder nicht vollständig ersichtlich ist, macht sich strafbar. Die Buchführungspflicht ergibt sich aus dem Zivilrecht, insbesondere Art. 957 ff. OR, und deckt sich weitgehend mit der Konkursfähigkeit (StGB PK/Trechsel/Ogg StGB Art. 166 N 2 f. mwN. Zur Konkursfähigkeit → Rn. 93). Die Verletzung der Pflicht zur Aufbewahrung der Geschäftsbücher nach dem Abschluss des Konkursverfahrens bzw. nach der Einstellung des Konkursverfahrens mangels Aktiven wird von Art. 166 StGB nicht erfasst (BGE 131 IV 56, E. 1.3 S. 61 f. Anwendbar ist hingegen Art. 325 StGB (→ Rn. 393 f.), BGE 131 IV 56, E. 1.4 S. 62 f.).

390   Der Täter muss (eventual-)vorsätzlich handeln, dh sich seiner Buchführungspflicht bewusst sein und die möglichen Konsequenzen der Verletzung dieser Pflicht, nämlich die Verschleierung der finanziellen Situation, erkennen (BGE 117 IV 163, E. 2b S. 164 f.). Fehlt der Vorsatz, kommt nur die Bestrafung nach Art. 325 StGB in Frage (→ Rn. 393 f.).

III. Strafbestimmungen, die keine Konkurseröffnung oder Ausstellung eines Verlustscheins voraussetzen

1. Verfügung über mit Beschlag belegte Vermögenswerte (Art. 169 StGB)

391   Diese Bestimmung stellt den sog. **„Verstrickungsbruch"** durch den Schuldner selbst oder einen Dritten unter Strafe: „Wer eigenmächtig zum Schaden der Gläubiger über einen Vermögenswert verfügt, der amtlich gepfändet oder mit Arrest belegt ist, in einem Betreibungs-, Konkurs- oder Retentionsverfahren amtlich aufgezeichnet ist oder zu einem durch Liquidationsvergleich abgetretenen Vermögen gehört oder einen solchen Vermögenswert beschädigt, zerstört, entwertet oder unbrauchbar macht, wird mit Freiheitsstrafe bis zu drei Jahren oder Geldstrafe bestraft." Ab welchem Zeitpunkt die „Verstrickung" (amtliche Pfändung, usw) vorliegt, wird ausschließlich durch das schweizSchKG bestimmt: die Pfändung (Art. 112 schweizSchKG) oder der Arrest (Art. 275 f. schweizSchKG) muss vollzogen, das Güterverzeichnis (Art. 162 ff. schweizSchKG), das Konkursinventar (Art. 221 ff. schweizSchKG) oder das Inventar in der Nachlassstundung (Art. 299 schweizSchKG) muss aufgenommen worden sein.

Internationales Insolvenzrecht – Schweiz

„**Eigenmächtig**" bedeutet, dass die Verfügung unrechtmäßig erfolgen muss. Dies ist zB nicht der Fall, wenn eine Honorarforderung mit dem Vorschuss verrechnet wird, dessen Rückerstattungsforderung gepfändet ist (BGE 100 IV 227). Die Verfügung kann mittels Rechtsgeschäft oder nur tatsächlich erfolgen; das bloße Untätigbleiben, zB das Nichtverhindern des Abtransports von gepfändeten Gegenständen durch einen Käufer, ist nicht strafbar. Die Verfügung muss zudem zum Schaden der Gläubiger erfolgen, wofür irgendein Nachteil gehört, auch wenn er nur vorübergehender Natur ist und somit kein konkreter Vermögensschaden eingetreten ist (dies entspricht dem Wortlaut der Bestimmung bis zum 31.12.1994 und wurde vom Bundesgericht auch nach dem Ersatz des Begriffes „Nachteil" durch „Schaden" beibehalten, BGer v. 2.4.2004 – 6S.103/2003, E. 8.1. Vgl. StGB PK/Trechsel/Ogg StGB Art. 169 N 7 mwN).

392

2. Ungehorsam im Betreibungs-, Konkurs- und Nachlassverfahren (Art. 323–324 StGB); ordnungswidrige Führung der Geschäftsbücher (Art. 325 StGB)

Art. 324–326 StGB sanktionieren Verletzungen von Gesetzesbestimmungen des schweizSchKG und, in Bezug auf die Buchführung, des OR und anderer Erlasse, mit Busse. Der objektive Straftatbestand von Art. 325 StGB entspricht Art. 166 StGB, doch erlaubt er die Bestrafung unabhängig von der Eröffnung eines Konkurses oder der Ausstellung eines Pfändungsverlustscheins und auch ohne Verschleierungsabsicht des Täters sowie auch nach Abschluss und Einstellung des Konkursverfahrens (→ Rn. 389). Der Ungehorsam des Schuldners (Art. 323 StGB) und Dritter (Art. 324 StGB) im Betreibungs-, Konkurs- und Nachlassverfahren ist insbesondere in folgenden Fällen strafbar:

393

- Der Schuldner verletzt seine Anwesenheits- und Informationspflichten in der Pfändung (Art. 91 Abs. 1 schweizSchKG), bei der Aufnahme des Güterverzeichnisses (Art. 163 Abs. 2 schweizSchKG) oder im Konkursverfahren (Art. 222 Abs. 1 und Art. 229 Abs. 1 schweizSchKG).
- Der Dritte verletzt seine Informationspflichten, indem er sich binnen der Eingabefrist nicht als Schuldner des Konkursiten meldet (Art. 232 Abs. 2 Ziff. 3 schweizSchKG), oder er liefert Sachen des Schuldners, die er als Pfandgläubiger oder aus andern Gründen besitzt, nicht ab oder verweigert die Auskunft (Art. 91 Abs. 4, Art. 222 Abs. 4, Art. 232 Abs. 2 Ziff. 4 und Art. 324 Abs. 2 schweizSchKG).

In all diesen Fällen ist für die Strafbarkeit vorausgesetzt, dass die betreffenden Personen über ihre Pflichten und die Straffolgen informiert wurden (Art. 91 Abs. 6, Art. 222 Abs. 6, Art. 232 Abs. 2 Ziff. 3–4 schweizSchKG). Der Höchstbetrag der Busse beträgt SFr. 10.000 (Art. 106 Abs. 1 StGB).

394

N. Insolvenzsteuerrecht

I. Einführung

1. Rechtsgrundlagen des schweizerischen Steuerrechts

Aufgrund der föderalen Struktur der Schweiz (s. Art. 3 und 127 ff. und insbesondere § 129 Abs. 1 der Bundesverfassung der Schweizerischen Eidgenossenschaft v. 18.4.1999) basiert das schweizerische Steuerrecht auf diversen Rechtsgrundlagen und es werden in der Schweiz nebeneinander sowohl auf Bundesebene, auf der Ebene der Kantone sowie der Ebene der Gemeinden Steuern erhoben (auf der Ebene des Bundesstaates werden aufgrund des Bundesgesetzes über die direkte Bundessteuer (DBG) v. 14.12.1990 Einkommenssteuern von natürlichen Personen und Gewinn- und Kapitalsteuern von juristischen Personen erhoben. Auf Bundesebene werden zudem aufgrund des Bundesgesetzes über die Mehrwertsteuer (MWSTG) v. 12.6.2009 (dieses trat am 1.1.2010 in Kraft und ersetzte das Bundesgesetz über die Mehrwertsteuer v. 2.9.1999) die Mehrwertsteuer, aufgrund des Bundesgesetzes über die Verrechnungssteuer (VStG) v. 13.10.1965 die Verrechnungssteuer sowie aufgrund des Bundesgesetzes über die Stempelabgaben (StG) v. 27.6.1973 die Emissions- und Umsatzabgaben erhoben.

395

Auf der Ebene der Kantone und Gemeinden werden im Rahmen des Bundesgesetzes über die Harmonisierung der direkten Steuern der Kantone und Gemeinden (StHG) v. 14.12.1990 von natürlichen Personen Einkommens- und Vermögenssteuern und von juristischen Personen Gewinn- und Kapitalsteuern erhoben. Zudem werden auf kantonaler und kommunaler Ebene teilweise noch Erbschafts- und Schenkungssteuern, Grundstückgewinn- und Handänderungssteuern sowie weitere Abgaben erhoben.

396

Zu allen Gesetzen bestehen zudem konkretisierende Verordnungen sowie Praxisfestlegungen der Eidgenössischen Steuerverwaltung bzw. der Kantonalen Steuerämter und der Gemeindesteuerämter, welche im praktischen Alltag jedes Steuerberaters und -planers von großer Bedeutung sind.

397

Internationales Insolvenzrecht – Schweiz

398 Die nachfolgenden Erläuterungen beschränken sich auf die Sicherungs- und Zwangsvollstreckungsmittel, welche in **eidgenössischen (bundesstaatlichen) Steuergesetzen** vorgesehen sind. Die kantonalen Institute gleichen den eidgenössischen aber in ihren wesentlichen Zügen. In der Folge wird hauptsächlich auf die Bestimmungen im DGB verwiesen, sofern die Bestimmungen in den anderen Steuergesetzen nicht wesentlich davon abweichen oder spezielle Bestimmungen enthalten.

2. Fehlen eines eigentlichen „Konkurssteuerrechts" in der Schweiz

399 Weder das schweizerische Schuldbetreibungs- und Konkursrecht noch das schweizerische Steuerrecht kennen eine spezifische Ordnung für Steueraspekte im Konkurs einer Gesellschaft. Insofern hat die Schweiz **kein Insolvenz- oder „Konkurssteuerrecht"**.

400 Die nachfolgenden Erläuterungen zeigen jedoch auf, dass es ua aufgrund von Steuerforderungen für eine Gesellschaft zum Konkurs kommen kann und das schweizerische Steuerrecht zur Verhinderung eines solchen Konkurses sowie aber auch zur Sicherstellung der Bezahlung der Steuerforderung bei ungewisser Zahlungsfähigkeit des Schuldners gewisse Vorkehren beinhaltet (→ Rn. 401 ff.), und dass sich außerdem bei einer Pfändung oder im Konkursfall eines Schuldners gewisse Fragen in Bezug auf die Behandlung der bestehenden Steuerforderungen und allenfalls neu anfallender Steuern stellen, welche jedoch nach allgemeinen Grundsätzen zu beurteilen sind (→ Rn. 415 ff.). Schließlich werden die Situation bei Weiterführung eines Betriebs und die vermögens- und steuerrechtliche Stellung des Konkursverwalters noch kurz skizziert (→ Rn. 422 ff. und → Rn. 428 ff.).

II. Steuerforderungen vor Konkurseröffnung oder Pfändung

1. Einführung

401 Im Alltag einer aktiv geschäftstätigen Gesellschaft, welche in der Schweiz aufgrund ihres Sitzes oder einer Betriebsstätte steuerpflichtig ist, stellen die ordentlichen Gewinn- und Kapitalsteuern, deren Höhe je nach Kanton, in welchem die Gesellschaft steuerpflichtig ist, unterschiedlich ist, trotz grundsätzlicher Abzugsfähigkeit der Steuern vom steuerbaren Gewinn einen wichtigen Aufwandposten dar.

402 Zwar werden die Steuern für eine bestimmte Steuerperiode bereits am Anfang der Steuerperiode basierend auf den Vorjahreszahlen geschätzt und provisorisch in Rechnung gestellt, sodass die Steuern zeitgleich mit der Realisierung der ihnen zugrunde liegenden Gewinne im Sinne des Prinzips der Gegenwartsbesteuerung von der Gesellschaft entrichtet werden können. Werden jedoch in einer Steuerperiode unerwartete Gewinne effektiv oder steuerlich realisiert, kommt es trotz der laufenden Steuerentrichtung nach Ablauf der Steuerperiode unter Umständen zu einer höher liegenden definitiven Veranlagung und somit einer **Nachsteuerrechnung,** welche eine Gesellschaft in Liquiditätsengpässe oder sogar in den Konkurs treiben kann.

403 Das DBG sieht vor, dass einem Steuerpflichtigen bei Liquiditätsengpässen durch Zahlungserleichterungen (→ Rn. 404) oder einen Erlass der Steuer in Notlagen (→ Rn. 407 f.) entgegengekommen werden kann. Daneben bestehen im DBG sowie im VStG, dem StG und dem MWSTG Vorkehren zur **Sicherung des Bezugs von Steuerforderungen,** wenn die Zahlungsfähigkeit des Steuerschuldners nicht gewährleistet ist. Grundsätzlich sind Steuerforderungen schließlich auf dem gewöhnlichen Weg der Zwangsvollstreckung gem. schweizSchKG (→ Rn. 409 ff.) einzuziehen.

2. Zahlungserleichterungen

404 Gemäß Art. 166 DBG (ein vergleichbares Institut ist in Art. 12 StG im Zusammenhang mit der Emissionsabgabe bei Sanierungsdarlehen von verbundenen Gesellschaften vorgesehen) kann die Steuerbezugsbehörde die Zahlungsfrist zur Bezahlung der Steuer, Zinsen und Kosten oder einer Busse wegen Übertretung erstrecken oder Ratenzahlungen bewilligen, wenn die Zahlung der Steuer, Zinsen und Kosten oder Übertretungsbusse innert der vorgeschriebenen Frist von in der Regel 30 Tagen seit Fälligkeit gem. Art. 163 DBG „für den Zahlungspflichtigen mit einer erheblichen Härte verbunden" ist. Die Bezugsbehörde „kann darauf verzichten, wegen eines solchen Zahlungsaufschubes Zinsen zu berechnen". Die Gewährung solcher Zahlungserleichterungen kann auch von einer angemessenen Sicherheitsleistung gem. Art. 169 DBG (→ Rn. 405) abhängig gemacht werden, und die Zahlungserleichterungen „werden widerrufen, wenn ihre

Internationales Insolvenzrecht – Schweiz

Voraussetzungen wegfallen oder wenn die Bedingungen, an die sie geknüpft sind, nicht erfüllt werden".

3. Sicherungsmaßnahmen für Steuerforderungen

Das DBG, das VStG, das StG und das MWSTG sehen verschiedene Möglichkeiten zur Sicherung bestehender und sich abzeichnender künftiger Steuerforderungen gegenüber Schuldnern vor, bei welchen die Zahlung der Steuerforderung aus gewissen objektiven Gründen nicht als gesichert erscheint. Darunter fallen die Sicherstellung von Steuerforderungen, die Belegung von Vermögenswerten des Steuerschuldners mit Arrest sowie Registersperren in Fällen, bei denen der Steuerschuldner seine Steuerpflicht durch Löschung aus dem jeweiligen Register zu beenden beabsichtigt: 405

- **Sicherstellung gem. Art. 169 DBG:** Sofern der Steuerpflichtige keinen Wohnsitz bzw. Sitz in der Schweiz hat oder die Bezahlung der von ihm geschuldeten direkten Bundessteuer als gefährdet erscheint, kann die jeweils aufgrund des Wohnsitzes bzw. Sitzes des Steuerschuldners zuständige kantonale Verwaltung für die direkte Bundessteuer gem. Art. 169 DBG auch vor der rechtskräftigen Feststellung des Steuerbetrages jederzeit Sicherstellung verlangen. Die Sicherstellungsverfügung ist sofort vollstreckbar und hat im Betreibungsverfahren die gleichen Wirkungen wie ein vollstreckbares Gerichtsurteil. Gegen die Sicherstellungsverfügung kann vom Steuerpflichtigen Beschwerde geführt werden. Die Sicherstellung erfolgt in der Form einer Geldzahlung, der Hinterlegung sicherer, marktgängiger Wertschriften oder durch Bankbürgschaft.
- **Sicherstellung gem. Art. 47 VStG, Art. 43 StG und Art. 93 MWSTG:** Gemäß Art. 47 VStG, Art. 43 StG und Art. 93 MWSTG kann die Eidgenössische Steuerverwaltung (ESTV) Verrechnungs- und Mehrwertsteuern sowie Stempelabgaben, Zinsen und Kosten, bereits bevor sie rechtskräftig festgesetzt oder fällig sind, sicherstellen lassen, sofern der Bezug dieser Steuern oder Kosten als gefährdet erscheint, der Zahlungspflichtige keinen (Wohn-)Sitz in der Schweiz hat oder Anstalten trifft, diesen aufzugeben oder sich im Handelsregister löschen zu lassen, oder wenn der Zahlungspflichtige mit der Zahlung der Steuer in Verzug ist oder wiederholt in Verzug war.

Die ESTV erlässt bezüglich der geforderten Sicherheitsleistung eine Sicherstellungsverfügung, welche als Arrestbefehl iSv Art. 274 schweizSchKG gilt und welche mit Beschwerde beim Bundesverwaltungsgericht angefochten werden kann. 406

- **Arrest gem. Art. 170 DBG und Art. 271 ff. schweizSchKG:** Für Steuerforderungen kann gem. Art. 170 DBG entsprechend der Regelung von Art. 271 ff. schweizSchKG ein gewöhnlicher zivilrechtlicher Arrest auf Vermögenswerte des Steuerschuldners gelegt werden. Die Sicherstellungsverfügung gem. Art. 169 DBG gilt dabei als Arrestbefehl gem. Art. 274 schweizSchKG. Die Arresteinsprache beim Zivilrichter gem. Art. 278 schweizSchKG ist nicht möglich, da die Sicherstellungsverfügung beim Bundesverwaltungsgericht angefochten werden kann.
- **Löschungssperre gem. Art. 171 DBG:** Gemäß Art. 171 DBG darf eine juristische Person im Handelsregister erst dann gelöscht werden, wenn die kantonale Verwaltung auch bezüglich der direkten Bundessteuer dem Handelsregisteramt angezeigt hat, dass die geschuldete Steuer bezahlt oder sichergestellt ist. Wird dem Handelsregisteramt eine Löschung angemeldet, so macht dieses den Steuerbehörden entsprechend Mitteilung (Art. 65 Abs. 2 HRegV). Dies betrifft nur die obligationenrechtliche, „freiwillige" Liquidation, nicht aber die Löschung nach durchgeführtem Konkursverfahren oder Einstellung des Konkurses mangels Aktiven (→ Rn. 145, → Rn. 192).
- **Grundbuchsperre gem. Art. 172 DBG:** Sofern eine natürliche oder juristische Person in der Schweiz lediglich aufgrund eines in der Schweiz gelegenen Grundstücks beschränkt steuerpflichtig ist, darf bei Verkauf des betreffenden Grundstücks der Erwerber gem. Art. 172 DBG im Grundbuch nur mit schriftlicher Zustimmung der kantonalen Verwaltung auch bezüglich der direkten Bundessteuer als Eigentümer eingetragen werden.
- Die zur Eintragung des Erwerbers erforderliche Bestätigung wird dem Veräußerer gem. Art. 172 Abs. 2 DBG nur erteilt, „wenn die mit dem Besitz und der Veräußerung des Grundstückes in Zusammenhang stehende Steuer bezahlt oder sichergestellt ist oder wenn feststeht, dass keine Steuer geschuldet ist oder der Veräußerer hinreichend Gewähr für die Erfüllung der Steuerpflicht bietet".

4. Steuererlass

407 Gemäß Art. 167 DBG (im Rahmen eines gerichtlichen Nachlassverfahrens (→ Rn. 340) kann die ESTV außerdem gem. Art. 92 Abs. 2 MWSTG einem Erlass der Steuer zustimmen) können einem Steuerpflichtigen, „für den infolge einer Notlage die Bezahlung der Steuer, eines Zinses oder einer Busse wegen Übertretung eine große Härte bedeuten würde", die geschuldeten Beträge ganz oder teilweise erlassen werden (ein vergleichbares Institut ist in Art. 12 StG im Zusammenhang mit der Emissionsabgabe bei offenen oder stillen Sanierungen bei verbundenen Gesellschaften vorgesehen).

408 In formeller Hinsicht sieht Art. 167 Abs. 2 DBG vor, dass Erlassgesuche schriftlich und begründet und unter Beilage der erforderlichen Beweismittel an die kantonalen Steuerverwaltungen auch betreffend der direkten Bundessteuer einzureichen sind. Das Verfahren um Erlass der Steuer ist, unter Vorbehalt der Einreichung offensichtlich unbegründeter Gesuche, für den Gesuchsteller kostenlos.

5. Zwangsvollstreckung durch das Gemeinwesen

409 Wird der geschuldete Steuerbetrag von einem in der Schweiz ansässigen Steuerpflichtigen auch nach Zustellung einer Mahnung nicht innert der gesetzten Frist bezahlt, wird gegen den betroffenen Steuerpflichtigen gem. Art. 165 Abs. 1 DBG die Betreibung eingeleitet (s. auch Art. 45 VStG). Andere, nicht in der Schweiz ansässige Steuerpflichtige sowie Steuerpflichtige, deren in der Schweiz gelegene Vermögenswerte mit Arrest belegt sind, werden auch ohne Mahnung für nicht bezahlte Steuerforderungen betrieben.

410 Eine Betreibung für Steuerforderungen richtet sich gem. Art. 43 Abs. 1 Ziff. 1 schweizSchKG auch bei Schuldnern, die der Konkursbetreibung unterliegen (→ Rn. 93), grundsätzlich auf **Pfändung** (→ Rn. 43 ff.) oder Pfandverwertung (→ Rn. 80 ff.). Diese abweichende Behandlung des Gemeinwesens gegenüber anderen Gläubigern wurde dadurch gerechtfertigt, dass über einen Schuldner nicht lediglich wegen hängiger Steuerschulden der Konkurs eröffnet werden soll (KUKO schweizSchKG/Jent-Sörensen Art. 43 N 1; Frey in Zweifel/Beusch, Kommentar zum Schweizerischen Steuerrecht, Bundesgesetz über die direkte Bundessteuer (DBG), 3. Aufl. 2017, DBG Art. 165 N 2). Es handelt sich um eine Privilegierung der öffentlich-rechtlichen Gläubiger mit entsprechenden öffentlich-rechtlichen Forderungen.

411 Liegt gegenüber dem Konkursschuldner jedoch ein materieller Konkursgrund iSv Art. 190 schweizSchKG (→ Rn. 106) vor, kann das Gemeinwesen ausnahmsweise gleich wie jeder private Gläubiger für Steuerforderungen direkt beim Gericht die Konkurseröffnung ohne vorgängige Betreibung beantragen (Frey in Zweifel/Beusch, Kommentar zum Schweizerischen Steuerrecht, Bundesgesetz über die direkte Bundessteuer (DBG), 3. Aufl. 2017, DBG Art. 165 N 3).

412 Bei Steuerforderungen gilt es im Rahmen des Betreibungsverfahrens als weitere Spezialität die **teilweise Urteilswirkung der Verfügungen der Steuerbehörden** zu beachten: Den von den Steuerbehörden erlassenen rechtskräftigen Veranlagungsverfügungen und Veranlagungsentscheiden kommt gem. Art. 165 Abs. 3 DBG die gleiche Wirkung wie Gerichtsentscheiden zu. Die Verfügungen der Steuerbehörden sowie der Beschwerdeinstanzen gelten somit im Rechtsöffnungsverfahren als definitive Rechtsöffnungstitel iSv Art. 80 schweizSchKG (KUKO schweizSchKG/Vock schweizSchKG Art. 80 N 25; zum Rechtsöffnungsverfahren → Rn. 35 ff.). Die Steuerbehörden und Beschwerdeinstanzen können aber auch, sofern sie nicht bereits eine materielle Verfügung erlassen haben, aufgrund von Art. 79 schweizSchKG selbst den Rechtsvorschlag beseitigen und anschließend direkt das Fortsetzungsbegehren stellen (Amonn/Walther § 19 N 15 f.; KUKO schweizSchKG/Vock schweizSchKG Art. 79 N 5 mwN. Diese Kompetenz steht grundsätzlich allen Verwaltungsbehörden zu, deren Verfügungen im Rechtsöffnungsverfahren zur definitiven Rechtsöffnung berechtigen würden (Art. 80 Abs. 2 Ziff. 2 schweizSchKG), zB den Krankenkassen (BGE 128 III 246), der Inkassostelle für Radio- und Fernsehempfangsgebühren (BGE 128 III 39) oder der Auffangeinrichtung in der beruflichen Vorsorge (BGE 134 III 115)).

413 Diese verstärkte Durchschlagskraft von Verfügungen der Steuerbehörden stellt eine wesentliche Privilegierung des Gemeinwesens als Gläubiger dar, da andere (private) Gläubiger einen vollstreckbaren Titel im Verlauf des Betreibungsverfahrens erst vor Gericht erstreiten müssen, was mit den entsprechenden Risiken sowie Kosten- und Zeitfolgen behaftet ist.

414 Außerdem sind bestimmte Steuerforderungen, für welche eine steuerliche Beschlagnahme angeordnet werden kann, gem. Art. 44 schweizSchKG bei der Verwertung gegenüber gewöhnlichen zivil- oder öffentlich-rechtlichen Forderungen privilegiert, da sie außerhalb des Systems des schweizSchKG vollstreckt werden können. Eine solche Beschlagnahme geht der Pfändung oder dem Konkursbeschlag vor (Frey in Zweifel/Beusch, Kommentar zum Schweizerischen Steuer-

recht, Bundesgesetz über die direkte Bundessteuer (DBG), 3. Aufl. 2017, DBG Art. 165 N 2). Der Anwendungsbereich von Art. 44 schweizSchKG ist weiter als sein Wortlaut, denn dieses echte Privileg besteht nicht nur bei der Verwertung, sondern auch bei der vorgängigen Beschlagnahme, welche selbst dann noch möglich ist, wenn die betreffenden Vermögenswerte bereits vom Pfändungs- oder Konkursbeschlag erfasst worden sind. Die Vermögenswerte müssen allerdings in einem hinreichend engen Zusammenhang zu einem Steuerverfahren stehen (KUKO schweizSchKG/ Rohner schweizSchKG Art. 44 N 2 mwN). Art. 44 schweizSchKG erfasst aber nicht generell die Durchsetzung von Steuerforderungen und stellt die grundsätzliche Gleichstellung von öffentlich-rechtlichen und privatrechtlichen Forderungen in der Schweiz nicht in Frage; die Bestimmung bezieht sich nur auf die Verwertung von ganz bestimmten Gegenständen, die unmittelbar im Zusammenhang mit einem Steuerverfahren nach den betreffenden Bundesgesetzen (zB Zollgesetz) oder kantonalen Gesetzen beschlagnahmt wurden (BGE 108 III 105, E. 2 S. 106 f.; BGE 107 III 113, E. 1–2 S. 115 ff.).

III. Steuerforderungen im Konkurs des Steuerschuldners oder in der Pfändung

1. Einführung

Wurde über einen Steuerschuldner aufgrund der Intervention eines anderen Gläubigers bzw. aufgrund einer anderen als der offenen Steuerforderung der Konkurs eröffnet (→ Rn. 88 ff.) oder wurden Vermögenswerte gepfändet (→ Rn. 43 ff.), stellt sich die Frage, wie das Gemeinwesen seine Forderung gegenüber dem Schuldner vollstrecken kann und ob ihm dabei gewisse Privilegien zukommen. 415

2. Pfändung

Die Verwertung von Gegenständen, welche aufgrund fiskalischer Gesetze mit Beschlag belegt sind, geschieht gem. Art. 44 schweizSchKG nach den entsprechenden eidgenössischen oder kantonalen Gesetzesbestimmungen. Diese gehen dem schweizSchKG dementsprechend vor, dh es besteht ein **Vorrang der fiskalischen Pfändung,** deren Zulässigkeit allerdings stark beschränkt ist (→ Rn. 414). 416

Im Übrigen wird das Gemeinwesen in Bezug auf die Möglichkeit zur Geltendmachung einer **Anschlusspfändung** und zur Teilnahme am Verwertungsergebnis gleich wie andere Gläubiger behandelt (→ Rn. 58 ff.). 417

3. Konkurs

Will das Gemeinwesen Steuerforderungen in einem bereits eröffneten **Konkurs** eines Steuerschuldners gem. Art. 232 ff. schweizSchKG anmelden, ist dazu innert der vom Konkursverwalter festgesetzten Eingabefrist eine entsprechende Eingabe erforderlich. Es besteht grundsätzlich keine verfahrensmäßige Privilegierung des Gemeinwesens. In Art. 89 Abs. 5 des neuen MWSTG wird jetzt allerdings vorgesehen, dass die Steuerforderung unabhängig davon besteht, ob sie in öffentliche Inventare oder auf Rechnungsrufe eingegeben wird (Gilliéron BISchK 2009, 41 (49) kritisiert diese Privilegierung der auf dem MWSTG basierenden Forderungen gegenüber den anderen öffentlichrechtlichen bzw. gegenüber allen übrigen Forderungen generell. Allerdings hat die Bestimmung keine wirkliche praktische Bedeutung, da nicht angemeldete Forderungen nicht an der Verteilung teilnehmen (Art. 267 schweizSchKG, → Rn. 196), mit Ausnahme von Art. 246 schweizSchKG (→ Rn. 165)). Weiter wurde per 1.1.2010 eingeführt, dass auf dem MWSTG basierende Forderungen gem. Art. 219 Abs. 4 Zweite Klasse lit. e schweizSchKG in die zweite Konkursklasse fallen, was eine erhebliche Privilegierung dieser Forderungen gegenüber denjenigen der restlichen Drittklassgläubiger und somit auch gegenüber den übrigen Einheiten des Gemeinwesens (Kantone, Gemeinden) bedeutete. Aufgrund der verbreiteten Kritik an dieser Privilegierung in der Lehre zum schweizSchKG (vgl. uvam Gilliéron BISchK 2009, 41 (51 f.). Zu Art. 219 schweizSchKG → Rn. 277) wurde diese Regelung mit der Revision des Sanierungsrechts per 1.1.2014 wieder abgeschafft. 418

Insoweit die eingegebenen Steuerforderungen auf rechtskräftigen Verfügungen der Steuerbehörden basieren, können diese im Rahmen der Prüfung der eingegebenen Forderungen durch den Konkursverwalter gem. Art. 244 schweizSchKG nicht mehr in Frage gestellt werden. Der Steuerschuldner kann in seiner Stellungnahme nur noch echte Noven wie zB die seitherige Tilgung der Steuerforderung geltend machen (Amonn/Walther § 46 N 8). 419

4. Verwertung und Verteilung

420 a) Direkte Steuern. Außer im Fall, dass eine Steuerforderung ausnahmsweise durch ein Pfand sichergestellt wurde, welches zu einer Vorabbefriedigung aus der Konkursmasse gem. Art. 219 Abs. 1 schweizSchKG herangezogen würde, rangieren Steuerforderungen für Gewinn- und Kapitalsteuern im Konkurs als „übrige Forderungen" gem. Art. 219 Abs. 4 schweizSchKG in der dritten Konkursklasse. Steuerforderungen erfahren bei der Verteilung des Verwertungserlöses gegenüber anderen Forderungen grundsätzlich keinerlei Privilegierung, sodass das Gemeinwesen genauso wie andere nicht privilegierte, private oder öffentlich-rechtliche Gläubiger, dem Risiko ausgesetzt ist, dass aus der Verwertungsmasse nur ein Verlustschein resultiert. Auch die in der Zeit der Nachlassstundung anfallenden Kapitalsteuern sind nur in der dritten Klasse zu kollozierende Nachlassforderungen und keine Masseschulden (BGer v. 19.2.2009 – 2C.792/2008, E. 3.3).

421 b) Mehrwertsteuern. Die Verwertung von Vermögenswerten aus dem Geschäftsvermögen des mehrwertsteuerpflichtigen Schuldners im Konkurs oder Nachlassverfahren stellt in aller Regel ein entgeltliches Veräußerungsgeschäft dar, welches somit bei Vorliegen der übrigen Voraussetzungen unter Umständen der Mehrwertsteuer (vgl. dazu insbesondere Merkblatt Nr. 02, 610.545.02, „Betreibungs- und Konkursämter" der Eidg. Steuerverwaltung v. 1.1.2008) unterliegt (das Verfahren gestaltet sich unterschiedlich, je nachdem ob einzelne Vermögensgegenstände oder ein Gesamt- oder Teilvermögen veräußert werden. Allfällige mehrwertsteuerpflichtige Erlöse sind mit einem speziellen amtlichen Formular „Meldung über Erlöse aus dem Zwangsvollstreckungsverfahren" zu deklarieren und abzurechnen). Dabei stellt die Mehrwertsteuer eine Masseschuld (BGE 129 III 200; BGE 137 II 136; BGer v. 24.8.2012 – 2C.798/2011; Amonn/Walther § 48 N 5. Ob auch die bei der Verwertung in der Pfändung bzw. Pfandverwertung entstehenden Mehrwertsteuerforderungen Verwertungskosten iSv Art. 144 Abs. 3 bzw. 157 Abs. 1 schweizSchKG sind, die wie die Grundstücksgewinnsteuern aus dem Erlös vorab zu begleichen sind, wurde vom Bundesgericht nicht mehr ausdrücklich entschieden (vgl. BGE 134 III 37). Im neuen MWSTG, das per 1.1.2010 in Kraft tritt, findet sich nun in Art. 88 Abs. 6 die ausdrückliche Regelung, dass die „im Rahmen von Zwangsvollstreckungsverfahren anfallenden Steuern", dh sowohl in der Pfändung wie im Konkurs, Verwertungskosten darstellen. Damit werde dem Fiskus wiederum ein ungerechtfertigtes „Superprivileg" eingeräumt, Gilliéron BISchK 2009, 41 (47 ff.)) dar, welche als Masseverbindlichkeit aus dem eingegangenen Gesamterlös aus der Verwertung, dh dem Bruttoergebnis, vorweg und voll zu bezahlen ist. Da diese Steuerforderung nach der Konkurseröffnung entstanden ist, verpflichtet sie nicht mehr den Schuldner (zu den Masseverbindlichkeiten → Rn. 279 ff.).

IV. Steuerliche Aspekte der Betriebsfortführung

1. Einführung

422 Die von einem Konkursverwalter, Sachwalter oder Liquidator vor der Verwertung eines Betriebs weitergeführte Betriebstätigkeit eines Unternehmens und die Abstoßung gewisser Vermögenswerte der Unternehmung können im Rahmen einer Sanierung oder der Vorbereitung eines Nachlassvertrags trotz Konkurs des Unternehmens gewinnbringend sein. Die daraus resultierenden Steuerschulden sind Masseschulden.

2. Mehrwertsteuer

423 Von der Konkursmasse getätigte Verkäufe unterliegen den allgemeinen Vorschriften zur Mehrwertsteuer, sodass Importe und Inlandlieferungen sowie Dienstleistungen im Inland und der Bezug von Dienstleistungen von Unternehmen mit Sitz im Ausland vorbehältlich der allgemein anwendbaren Steuerbefreiungen der Mehrwertsteuer unterliegen (vgl. auch → Rn. 421, Merkblatt Nr. 02, 610.545.02, „Betreibungs- und Konkursämter" der Eidg. Steuerverwaltung v. 1.1.2008, 12 ff.).

3. Gewinnsteuer

424 Aus der Fortführung des Betriebes durch den Konkursverwalter allfällig resultierende Gewinne werden als gewöhnliche Gewinne der Konkursmasse (und keinesfalls des Konkursverwalters) zum ordentlichen Satz besteuert.

Internationales Insolvenzrecht – Schweiz

4. Verrechnungssteuer

Sofern von der unter der Verwaltung des Konkursverwalters stehenden Unternehmung innerhalb der bestehenden Möglichkeiten noch Dividenden an die Aktionäre ausgeschüttet oder Zinsen auf gewissen Obligationen ausbezahlt werden, ist der ESTV gegenüber grundsätzlich die Verrechnungssteuer von 35 % geschuldet. Für die konkursite Unternehmung selbst kann diese Möglichkeit ausgeschlossen werden, doch empfiehlt sich für Konkursverwalter, Sachwalter und Liquidatoren, entsprechende Pflichten von nicht konkursiten Tochtergesellschaften im Auge zu behalten. 425

5. Stempelabgaben

Werden einer Unternehmung zur Betriebsfortführung beispielsweise im Hinblick auf einen Nachlassvertrag von nahestehenden Personen Sanierungsdarlehen gewährt, welche von außen stehenden Dritten insbesondere aufgrund der Zahlungsunfähigkeit der Unternehmung nicht erhältlich gewesen wären, muss geprüft werden, ob ein emissionsabgabepflichtiger Zuschuss vorliegt. 426

Wenn bei einer offenen oder stillen Sanierung einer Aktiengesellschaft, Kommanditaktiengesellschaft, GmbH oder Genossenschaft die Erhebung der Emissionsabgabe eine offenbare Härte bedeuten würde, kann die Emissionsabgabe gem. Art. 12 StG von der ESTV gestundet oder erlassen werden. 427

V. Vermögensrechtliche und steuerliche Stellung des Konkursverwalters

1. Getrennte Vermögensmassen

Die Vermögensmassen des Konkursverwalters und der Konkursmasse bzw. des Liquidators und der Nachlassmasse sind, obschon der Konkursverwalter bzw. der Liquidator über letztere rechtlich verfügen (aber nur als gesetzlicher Vertreter des Schuldners und unter Vorbehalt der übrigen Konkursorgane, → Rn. 131 ff.) kann, rechtlich und wirtschaftlich voneinander getrennt. Der Konkursverwalter ist betreffend die Konkursmasse zu sorgfältiger Buchführung verpflichtet und hat diesbezüglich bei Weiterführung der Betriebstätigkeit die allgemeinen Vorschriften der kaufmännischen Buchführung gem. Art. 957 ff. OR bzw. bei Einstellung der Betriebstätigkeit die spezifischen Buchführungsvorschriften gem. Art. 16 ff. KOV zu befolgen. 428

Eventuelle Gewinne, welche von der Vermögensmasse generiert werden oder allfällige Mehrwertsteuern, welche sich aus dem Verkauf von Vermögenswerten aus der Konkursmasse ergeben könnten, sind von der Konkursmasse zu entrichten und belasten den Konkursverwalter grundsätzlich persönlich nicht. 429

2. Besoldung und Einkommensbesteuerung des Konkursverwalters

Grundsätzlich ist die Regelung der Besoldung der Konkursbeamten (und der Betreibungsbeamten) den Kantonen überlassen (Art. 3 schweizSchKG), weshalb keine allgemein gültigen Aussagen möglich sind. Ungeachtet der möglichen Besoldungsmodelle (Fixbesoldung; Sportelsystem, bei dem die einzelnen Verrichtungen durch die Gebühren gem. GebV schweizSchKG entschädigt werden; Mischformen) (vgl. KUKO schweizSchKG/Möckli schweizSchKG Art. 3 N 1 ff.) stellt diese Entlöhnung ordentliches Erwerbseinkommen aus unselbstständiger oder selbstständiger Tätigkeit dar, welches gem. DBG und denjenigen Steuergesetzen, welche im Wohnsitzkanton des Konkursverwalters zur Anwendung kommen, zusammen mit den übrigen Einkünften zum gewöhnlichen Steuersatz für alleinstehende oder verheiratete Personen zu versteuern und auch mit den entsprechenden Sozialabgaben belastet ist. Dies gilt natürlich genauso für außeramtliche Konkursverwalter, Sachwalter und Liquidatoren, für welche die erzielten Honorare (→ Rn. 212) gewöhnliches Erwerbseinkommen bzw. Unternehmenseinkünfte bilden. 430

VI. Fazit

Das schweizerische Steuerrecht kennt gegenüber Schuldnern, bei welchen sich die Zahlungsunfähigkeit und allenfalls eine Betreibung oder ein Konkurs abzeichnet, einerseits Maßnahmen wie zB die Anpassung von Zahlungsfristen oder den Erlass der Steuer zur Milderung der Situation und andererseits auch Maßnahmen wie die Sicherstellung der Steuer oder die Eintragungs- und Löschungssperren im Grundbuch bzw. Handelsregister zur Sicherung des Steuerbezugs. 431

Steuerforderungen des Schweizer Fiskus werden im Konkurs eines Steuerschuldners grundsätzlich gleich behandelt wie Forderungen der übrigen Gläubiger mit Ausnahme von Mehrwertsteuerforderungen und von gewissen Steuern, die bei Verwertungshandlungen anfallen. 432

Internationales Insolvenzrecht – Spanien

Schrifttum: Álvarez Martínez, La responsabilidad tributaria de los administradores concursales, 2016, Editorial Aranzandi S.A.; Aznar Giner, La acción rescisoria concursal, 2012, Tirant lo Blanch; Cervera Martínez, Los acuerdos de refinanciación en el Texto Refundido de la Ley Concursal, 2020, Aferré Editores; Conde Fuentes, Los sujetos del proceso concursal, 2014, Editorial Aranzandi, S.A.; Diaz Martínez, El incidente concursal, 2012, Tirant lo Blanch; Díaz Moreno/Léon Sanz/Pacheco Cañete/ Rodríguez Sanchez, Acuerdos de Refinanciación, Convenio y Reestructuración, 2016, Editorial Aranzadi, S.A.; Campuzano Laguillo, Legislación Concursal 27ª Edición, 2020, Tirant lo Blanch; García Nuñez, Efectos del proceso concursal en los tributos, 2021, Editorial Aranzandi, S.A.; Gonzales Ortega, El Concurso Laboral, 2012, La Ley; Lloret Villota, La venta de la unidad productiva en sede concursal, 2015, Editorial Bosch, S.A.; Memento Concursal, 2021, Francis Lefebvre (Hrsg.), Löber/Lozano/Steinmetz, Handbuch des internationalen Gmbh-Rechts – Länderteil Spanien, 3. Auflage, 2015, Zerb Verlag; Meyer/Fries/Reichold/Schlaich/von Wolffersdorff, Ley Concursal – Das spanische Insolvenzgesetz, 2008, Verlag edition für internationale Wirtschaft; Monzon Carceller, Sociedad en concurso: efectos de la apertura de la liquidación, 2018, Editorial Aranzadi, S.A.; Orellana Cano, La problemática laboral en el concurso de acreedores, 2017, Tirant lo Blanch; Ruiz de Lara, Concurso de la persona natural, El "Análisis del concurso consecutivo conforme al Texto Refundido de la Ley Concursal", 2021; Aferre Editor, S.L., Talens Visconti, Aspectos laborales del nuevo texto refundido de la ley concursal, 2020, Tirant lo Blanch; Tomás Tomás, La administración concursal, 2014, Editorial Civitas; Shaw Morcillo, Calificación concursal, 2014.

Übersicht

	Rn.
A. Geschichte und Rahmenbedingungen für Insolvenz und Restrukturierung	1
I. Konzeptioneller Rahmen für Insolvenzverfahren in Spanien	1
II. Historische Entwicklung	3
III. Das Ley Concursal von 2003 und sein überarbeiteter Text von 2020	4
B. Vorinsolvenzliche Restrukturierung	7
I. Präventiver Restrukturierungsrahmen (EU) und dessen Umsetzung	7
II. Sonstige Restrukturierungswege	9
1. Einführung und Entwicklung	9
2. Mitteilung über die Verhandlung mit den Gläubigern oder „Vorinsolvenzverfahren"	13
3. Kollektive und individuelle Refinanzierungsvereinbarungen	29
4. Zugelassene Refinanzierungsvereinbarungen	58
5. Nichterfüllung der Refinanzierungsvereinbarung	101
6. Außergerichtliche Zahlungsvereinbarung (insolvenzrechtliche Mediation)	103
7. Das nachfolgende Insolvenzverfahren	164
C. Materielles Insolvenzrecht und Insolvenzverfahrensrecht	187
I. Eröffnung des Insolvenzverfahrens	187
1. Subjektive Voraussetzungen (Insolvenzfähigkeit)	188
2. Objektive Voraussetzungen (Insolvenzgründe)	192
3. Antragsbefugnis	206
4. Insolvenzantragspflicht	213
5. Freiwilliges und unfreiwilliges Insolvenzverfahren	217
6. Ablauf des freiwilligen Insolvenzverfahrens	228
7. Ablauf des unfreiwilligen Insolvenzverfahrens	245

	Rn.
8. Beschluss über die Eröffnung des Insolvenzverfahrens	269
9. Bekanntmachung der Eröffnung des Insolvenzverfahrens	272
10. Nachlassinsolvenzverfahren	279
II. Zuständigkeit und Verfahren	293
1. Zuständigkeit des Insolvenzgerichts	293
2. Allgemeine Verfahrensregeln	313
3. Ordentliches und verkürztes Insolvenzverfahren	319
4. Häufung von Insolvenzverfahren	328
5. Insolvenzrechtliches Nebenverfahren	335
6. Verfahren der richterlichen Ermächtigung	352
7. Rechtsmittel	353
8. Bekanntmachung des Insolvenzverfahrens	361
III. Insolvenzverwaltung	364
1. Voraussetzungen und Bestellung	364
2. Unvereinbarkeit und Verbote; Ablehnung	380
3. Bevollmächtigte Hilfskräfte	393
4. Ausübung des Amtes	397
5. Aufgaben	399
6. Vergütung	407
7. Haftung und Versicherung	429
8. Entlassung und Rücktritt	442
IV. Bedeutung der Eröffnung des Insolvenzverfahrens	453
1. Auswirkungen auf den Schuldner	453
2. Auskunfts- und Mitwirkungspflicht des Schuldners	462
3. Auswirkungen auf die Verfügungsbefugnis des Schuldners	466
4. Auswirkungen auf den Insolvenzschuldner als natürliche Person	477
5. Auswirkungen auf den Insolvenzschuldner als juristische Person	487
6. Auswirkungen auf die buchhalterischen Pflichten des Schuldners	492
7. Auswirkungen auf die Prozessfähigkeit des Insolvenzschuldners	497

Internationales Insolvenzrecht – Spanien

	Rn.
8. Auswirkungen auf Feststellungsverfahren	506
9. Auswirkungen auf Vollstreckungsverfahren	516
10. Auswirkungen auf die Vollstreckung in dingliche Sicherheiten	521
11. Auswirkungen auf Forderungen	529
12. Auswirkungen auf zivil- und handelsrechtliche Verträge	544
13. Auswirkungen auf Arbeitsverträge	558
14. Auswirkungen auf Verträge mit der öffentlichen Verwaltung	580
V. Aktivmasse	583
1. Zusammensetzung der Aktivmasse	584
2. Aussonderungsrecht (Minderung der Aktivmasse)	592
3. Inventar der Aktivmasse	594
4. Fortführung der unternehmerischen oder beruflichen Tätigkeit des Schuldners	595
5. Erhalt der Aktivmasse	601
6. Übertragung von Vermögenswerten und Rechten, die besonderer Vorrangigkeit unterliegen	612
7. Veräußerung von Unternehmenseinheiten	622
8. Maßnahmen zur Ergänzung der Aktivmasse (Anfechtung wegen Gläubigerbenachteiligung)	633
VI. Passivmasse	654
1. Mitteilung der Eröffnung des Insolvenzverfahrens an die Gläubiger	657
2. Forderungsanmeldung durch den Gläubiger	663
3. Anerkennung der Insolvenzforderung	673
4. Einordnung der Insolvenzforderungen	695
5. Forderungen gegen die Masse	736
VII. Abschlussbericht des Insolvenzverwalters	758
1. Inhalt	758
2. Das Inventar der Aktivmasse	761
3. Gläubigerliste	766
4. Vorläufiger Bericht	772
5. Anfechtung des vorläufigen Inventars und der vorläufigen Gläubigerliste	777
6. Endgültige Fassung	785
7. Änderungen der endgültigen Fassung	792
VIII. Insolvenzvergleich	798
1. Konzept	798
2. Allgemeine Regelungen für Vergleichsvorschläge	802
3. Annahme des Vergleichsvorschlags	824
4. Vorgezogener Vergleichsvorschlag	841
5. Vorgezogener Vergleichsvorschlag und Insolvenzantrag (pre-pack)	854
6. Ordentlicher Vergleichsvorschlag	855
7. Wirkungen des Vergleichs	899
8. Erfüllung und Nichterfüllung des Vergleichs	905
IX. Verwertung	912
1. Konzept	912

	Rn.
2. Eröffnung der Verwertungsphase	914
3. Verfahrenshandlungen der Verwertung: der Verwertungsplan	924
4. Pre-pack	941
5. Zahlung an die Gläubiger	944
6. Auskunft über die Verwertung	960
7. Abschluss der Verwertung	963
X. Einstufung der Insolvenz	964
1. Zweck der Einstufung der Insolvenz	964
2. Gründe für die Einstufung der Insolvenz als schuldhaft	966
3. Personen, die von der Einstufung der Insolvenz als schuldhaft betroffen sind, und Gehilfen	989
4. Eröffnung des Verfahrens zur Einstufung	994
5. Durchführung des Verfahrens zur Einstufung	998
6. Auswirkungen einer Einstufung der Insolvenz als schuldhaft	1006
XI. Beendigung und Wiedereröffnung des Insolvenzverfahrens	1024
1. Beendigungsgründe	1025
2. Verfahren zur Beendigung des Insolvenzverfahrens	1036
3. Beendigung des Insolvenzverfahrens wegen Unzulänglichkeit der Masse	1043
4. Auswirkungen der Beendigung des Insolvenzverfahrens	1060
5. Wiedereröffnung und Wiederaufnahme des Insolvenzverfahrens	1062
6. Restschuldbefreiung („zweite Chance")	1069
XII. Insolvenzstrafrecht	1088
1. Einführung	1088
2. Vollstreckungsvereitelung	1092
3. Insolvenzdelikte	1107
4. Allgemeine Regelungen für die Vollstreckungsvereitelung und Insolvenzdelikte	1133
XIII. Insolvenzsteuerrecht	1137
1. Steuerforderungen in der Insolvenz	1138
2. Umsatzsteuer	1159
3. Körperschaftsteuer	1172
4. Steuerliche Stellung des Insolvenzverwalters	1175
5. Haftung für Steuerforderungen	1179
XIV. Internationales Privatrecht	1193
1. Anwendbare Norm	1193
2. Internationale Zuständigkeit	1197
3. Anwendbares Recht	1199
4. Prozessrechtliche Besonderheiten bei Insolvenzverfahren mit Auslandsbezug	1205
5. Anerkennung ausländischer Beschlüsse	1212
6. Koordinierung zwischen nationalen und ausländischen Insolvenzverfahren über das Vermögen desselben Schuldners	1218

D. Glossar

Internationales Insolvenzrecht – Spanien

A. Geschichte und Rahmenbedingungen für Insolvenz und Restrukturierung

I. Konzeptioneller Rahmen für Insolvenzverfahren in Spanien

1   Gemäß Art. 1911 CC haftet der Schuldner für die Erfüllung seiner Verpflichtungen mit seinem gesamten gegenwärtigen und zukünftigen Vermögen. Diese **allgemeine vermögensrechtliche Garantie** reicht aus, sofern das Vermögen des Schuldners ausreichend ist, um alle seine Verpflichtungen bei Fälligkeit regelmäßig zu erfüllen. Wenn der Schuldner seinen Verpflichtungen nicht freiwillig nachkommt, kann der Gläubiger mit einem vollstreckbaren Titel die **Einzelzwangsvollstreckung** einleiten, bei der ein Teil des Vermögens des Schuldners verwertet wird, um mit dem erlangten Geld den Gläubiger zu bezahlen (Zwangsvollstreckung).

2   Andererseits könnte die Häufung von Einzelvollstreckungen in das Vermögen eines Schuldners, der nicht in der Lage ist, seine Verpflichtungen bei Fälligkeit zu erfüllen, dazu führen, dass nur sorgfältige Gläubiger, oder solche, die dem Schuldner am nächsten stehen, ihre Forderungen eintreiben können. Übersteigen die Verbindlichkeiten das Vermögen des Schuldners (**unzureichende Vermögenswerte**), wird jenes Vermögen erschöpft sein, sodass die Gläubiger ihre Forderungen nicht eintreiben können. Selbst wenn das Vermögen ausreicht, um alle Schulden zu decken (**Illiquidität**), könnte die Pfändung von Vermögenswerten, die für die produktive Tätigkeit des Schuldners wesentlich sind, zu seiner Lähmung führen und damit zur Unmöglichkeit, neue Ressourcen zu generieren, was auch dazu führen könnte, dass die Gläubiger nicht befriedigt werden. In solchen Fällen werden die allgemeinen Vorschriften zum Schutz von Forderungen durch die Insolvenzvorschriften ersetzt, in denen der Grundsatz des zeitlichen Vorrangs (prior tempore potior iure) durch den Grundsatz der Gleichbehandlung der Gläubiger oder der Verlustgemeinschaft (**par conditio creditorum**) ersetzt wird.

II. Historische Entwicklung

3   Im 19. und 20. Jahrhundert enthielt das spanische Insolvenzrecht nicht nur eine, sondern bis zu fünf verschiedene Insolvenzordnungen:
- Die „**quiebra**" (Bankrott) war ein universelles Vollstreckungsverfahren, das nur für Unternehmer (natürliche oder juristische Personen) galt, die zahlungsunfähig waren. Ihr Zweck war die Verwertung des Vermögens des Schuldners, obwohl es dem Schuldner möglich war, mit seinen Gläubigern eine Einigung zu erzielen, die sogar in der Übertragung des Unternehmens bestehen konnte. Seine materiellen Aspekte wurden durch den Código de Comercio von 1885 und die prozessualen Aspekte durch das Ley de Enjuiciamento Civil von 1881 geregelt, das wiederum auf Bestimmungen des Código de Comercio von 1829 verwies, die weiterhin in Kraft blieben.
- Die „**suspensión de pagos**" (Zahlungseinstellung) erschien im Código de Comercio von 1829 als eine Art Konkurs, bestehend aus einem Moratorium, das von dem zahlungsunfähigen Geschäftsmann beantragt werden konnte, der genügend Vermögen zur Deckung aller seiner Schulden vorweisen konnte. Der Código de Comercio von 1885 regelte es als alternatives Verfahren zur quiebra, anwendbar auf Händler in einer Situation der bloßen Illiquidität. Mit der Ley de Suspensión de Pagos von 1922 wurde eine neuartige Regelung eingeführt, die es Unternehmen in einer Situation unzureichenden Vermögens erlaubte, für zahlungsunfähig erklärt zu werden. Diese Verwirrung wurde in der Praxis noch verstärkt, da suspensión de pagos gegenüber der quiebra Vorteile hatte (insbesondere das Fehlen eines Einstufungsverfahrens, → Rn. 964).
- Die bisherigen Verfahren waren den Unternehmern vorbehalten. Für zivile Schuldner galten andere: die „**cesión de bienes**" (Abtretung von Vermögenswerten an die Gläubiger) (Art. 1175 CC), der „**beneficio de quita y espera**" (Schuldenerlass und Stundung), der es dem Schuldner ermöglichte, mit einer Gruppe von Gläubigern eine Vereinbarung zu treffen, die Stundungen und/oder Schuldenerlässe der Forderungen beinhaltete, und der „**concurso de acreedores**" (Insolvenzverfahren), der ein Verwertungsverfahren war. Seine materiellen Aspekte wurden durch den Código Civil und die prozessualen Aspekte durch das Ley de Enjuiciamento Civil von 1881 geregelt.

III. Das Ley Concursal von 2003 und sein überarbeiteter Text von 2020

4   Das **Ley Concursal von 2003** (LC, Gesetz 22/2003 v. 97.2003, → Rn. 4.1), welches am 1.9.2004 in Kraft trat, brachte eine tiefgreifende Änderung gegenüber der bisherigen Situation, indem es alle bisherigen Konzepte durch ein einziges Konzept, das Insolvenzverfahren, auf der

Internationales Insolvenzrecht – Spanien

Grundlage der Prinzipien der Rechtseinheit, der Einheitlichkeit der Disziplin und der Einheitlichkeit des Verfahrens ersetzt hat:
- Rechtseinheit bedeutet, dass das Ley Concursal sowohl die materiellen als auch die verfahrensrechtlichen Aspekte des Insolvenzverfahrens regelt.
- Einheitlichkeit der Disziplin bedeutet, dass das Insolvenzverfahren auf alle Arten von Schuldnern anwendbar ist, unabhängig davon, ob sie Unternehmer sind oder nicht (→ Rn. 188).
- Einheitlichkeit des Verfahrens bedeutet, dass das Verfahren unabhängig von der im Insolvenzverfahren gewählten Lösung (Vergleich oder Verwertung) gleich ist und dass die objektive Prämisse die gleiche ist: die Insolvenz (→ Rn. 192).

Das LC von 2003 hat im Laufe seines Bestehens zahlreiche **Reformen** erfahren, viele davon dringende Reformen als Reaktion auf die damalige wirtschaftliche Situation und die Überlastung der Handelsgerichte, die für die Abwicklung von Insolvenzverfahren zuständig waren. Die wichtigsten Reformen waren dabei: **4.1**
- Königliches Gesetzesdekret 3/2009 v. 27.3.2009: Diese Reform war durch die Wirtschaftskrise motiviert und zielte darauf ab, das Insolvenzverfahren agiler und effizienter zu gestalten und die außergerichtliche Refinanzierung zu fördern.
- Gesetz 38/2011 v. 10.10.2011: Es handelt sich um eine Totalreform des LC, die insbesondere Refinanzierungsvereinbarungen und die Veröffentlichung des Insolvenzverfahrens betrifft.
- Gesetz 14/2013 v. 27.9.2013 (Unternehmergesetz). Hierdurch wurde die Figur der außergerichtlichen Zahlungsvereinbarung (→ Rn. 103) geschaffen und erstmalig die Restschuldbefreiung (→ Rn. 1069) geregelt.
- Gesetz 17/2014 v. 30.9.2014: Hierdurch wurde die Insolvenzverwaltung reformiert. Einige Änderungen sind jedoch nicht in Kraft, da ihre regulatorische Entwicklung noch nicht genehmigt wurde (→ Rn. 366).
- Gesetz 25/2015 v. 28.7.2015: Regelt die Restschuldbefreiung im Detail.

Das königliche gesetzgebende Gesetzesdekret 1/2020 v. 5.5.2020 (in Kraft seit dem 1.9.2020) hat den **konsolidierten Text der Ley Concursal** genehmigt und den Wortlaut an vielen Stellen durch wichtige Aspekte der Rechtsprechung ergänzt. Es ist in drei Bücher unterteilt: das erste Buch über das Insolvenzverfahren, das zweite Buch über das Vorinsolvenzrecht (→ Rn. 9) und das dritte Buch über die Regeln des internationalen Privatrechts (→ Rn. 1193). **5**

Das spanische Insolvenzverfahren, wie es im LC 2003 konzipiert und derzeit im TRLC geregelt ist, erfüllt drei **Funktionen:** **6**
- **Hauptfunktion der Zahlung:** Der Hauptzweck des Insolvenzverfahrens besteht darin, die Befriedigung der Gläubiger auf möglichst effiziente Weise sicherzustellen, entweder durch einen Vergleich (→ Rn. 798) (durch den sich der Schuldner und die Mehrheit seiner Gläubiger auf Schuldenerlass, Stundungen und/oder andere Maßnahmen zur Überwindung der wirtschaftlichen Krise des Schuldners einigen können) oder durch die Verwertung (→ Rn. 912) (dh die Veräußerung der Vermögenswerte des Schuldners, um mit dem erhaltenen Geld die Gläubiger zu bezahlen).
- **Unternehmenserhaltungsfunktion:** Das Insolvenzrecht sieht Instrumente vor, die es dem Schuldner und seinen Gläubigern ermöglichen, Maßnahmen zu ergreifen, die die Fortführung des Unternehmens (entweder durch den Schuldner selbst (Vergleich, → Rn. 798) oder durch einen Dritten nach dessen Übertragung als Ganzes (Übertragung von Unternehmenseinheiten, → Rn. 622) ermöglichen, um die Vernichtung von Arbeitsplätzen zu verhindern.
- **Eine Repressivfunktion:** In der Regel muss in allen Insolvenzverfahren der sog. Einstufungsverfahren (→ Rn. 964) bearbeitet werden, in dem festgestellt wird, ob die Insolvenz durch Betrug oder grobe Fahrlässigkeit des Schuldners oder seiner Vertreter verursacht wurde. Diese Funktion kann zur Hauptfunktion beitragen, da eine Qualifizierung des Insolvenzverfahrens als schuldhaft zu einer Verurteilung der Vertreter des Schuldners zur Deckung des Defizits (→ Rn. 1017) führen kann und damit die Verluste der Gläubiger reduziert.

B. Vorinsolvenzliche Restrukturierung

I. Präventiver Restrukturierungsrahmen (EU) und dessen Umsetzung

Die RL (EU) 2019/1023 des Europäischen Parlaments und des Rates v. 20.6.2019 zielt darauf ab, Warnmechanismen für das Insolvenzrisiko zu etablieren, präventive Sanierungsverfahren umfassender und einheitlicher zu regeln, das Insolvenzrecht zu vereinfachen, die Effizienz zu steigern, die Kosten zu mindern und die Möglichkeiten der Inanspruchnahme von Entschuldungsmaßnahmen zu erweitern. **7**

Internationales Insolvenzrecht – Spanien

8   Trotz der Tatsache, dass die Umsetzungsfrist am 17.7.2021 endet, hat diese Umsetzung in Spanien bis zum Redaktionsschluss dieser Ausgabe noch nicht stattgefunden. Ein entsprechender Gesetzesentwurf liegt bislang nicht vor. Die Umsetzung erfordert eine tiefgreifende Reform insbesondere der derzeitigen Regelungen der Restschuldbefreiung (→ Rn. 1069).

II. Sonstige Restrukturierungswege

1. Einführung und Entwicklung

9   Auf Grundlage der Vertragsfreiheit (Art. 1255 CC) kann der Insolvenzschuldner mit seinen Gläubigern Refinanzierungs- oder Restrukturierungsvereinbarungen treffen, mit dem Inhalt, den sie für angemessen halten. Allerdings unterliegen diese Vereinbarungen zwei Einschränkungen: sie wirken nur gegenüber den Gläubigern, die diese Vereinbarung auch unterzeichnet haben, nicht aber gegenüber solchen, die ihr Einverständnis verweigert haben. Dies ist auf den Grundsatz der „Relativität von Schuldverhältnissen" (Art. 1257 CC) zurückzuführen. Zudem können die Vereinbarungen angefochten werden, sofern nachträglich das Insolvenzverfahren eröffnet wird und die Vereinbarungen einen Nachteil für die Aktivmasse gebracht haben (→ Rn. 633) (wenn zB eine dingliche Sicherheit für eine bereits zuvor bestehende Verbindlichkeit gewährt wurde).

10   Bis zum Jahr 2009 sah das spanische Insolvenzrecht keine Regelungen über die Restrukturierung von Schulden außerhalb von Insolvenzverfahren vor, mit Ausnahme der des vorgezogenen Vergleichsvorschlags (→ Rn. 841), der häufig vor der Eröffnung des Insolvenzverfahrens mit den Gläubigern verhandelt, aber erst innerhalb des Insolvenzverfahrens abgewickelt wird. Infolge der Wirtschaftskrise von 2008 und der Insolvenz einiger großer spanischer Unternehmen wurde die insolvenzrechtliche Gesetzgebung reformiert und um drei Arten der Restrukturierungsvereinbarung erweitert, die unter gewissen Voraussetzungen auch auf solche Gläubiger ausgeweitet werden können, die eine solche Vereinbarung ablehnen und auch nicht durch Klagen auf Rückgängigmachung von Verfügungen im Rahmen eines Insolvenzverfahrens berührt werden. Dies sind im Einzelnen:
- Kollektive oder individuelle Refinanzierungsvereinbarungen (→ Rn. 29), eingeführt im Jahr 2009;
- Gerichtlich zugelassene Refinanzierungsvereinbarungen (→ Rn. 58), eingeführt im Jahr 2011;
- Außergerichtliche Zahlungsvereinbarungen (→ Rn. 103), eingeführt im Jahr 2013, die zu einer Restschuldbefreiung (→ Rn. 1069) führen können, sofern der Schuldner eine natürliche Person ist.

11   Um dem Schuldner die Möglichkeit zu geben, derartige Refinanzierungsvereinbarungen verhandeln zu können, gewährt das Gesetz dem Schuldner eine Fristverlängerung von bis zu vier Monaten (drei Monate, sofern der Schuldner eine natürliche Person und kein Unternehmer ist) für die Einreichung des Insolvenzantrags. Während dieser Frist werden bestimmte Vollstreckungsmaßnahmen ausgesetzt und unfreiwillige Insolvenzanträge nicht zugelassen. Dies setzt voraus, dass der Schuldner das zuständige Gericht darüber informiert, dass er Verhandlungen mit den Gläubigern aufgenommen hat (→ Rn. 13).

12   Unter bestimmten Umständen können auch Geldeinlagen (fresh money) geleistet werden, welche im Rahmen einer Refinanzierungsvereinbarung unter gewissen Voraussetzungen als vorrangige Forderungen und/oder Forderungen gegen die Masse behandelt werden (→ Rn. 57).

2. Mitteilung über die Verhandlung mit den Gläubigern oder „Vorinsolvenzverfahren"

13   Art. 583 TRLC ermöglicht es dem Schuldner, der zahlungsunfähig ist oder dessen Zahlungsunfähigkeit droht (→ Rn. 193), gleich ob natürliche oder juristische Person, das für sein Insolvenzverfahren zuständige Gericht darüber zu informieren, dass er Verhandlungen mit seinen Gläubigern eingeleitet hat, um eine kollektive Refinanzierungsvereinbarung (→ Rn. 32), eine gerichtlich zugelassene Refinanzierungsvereinbarung (→ Rn. 58) oder Beitritte zu einem vorgezogenen Vergleichsvorschlag (→ Rn. 841) zu erreichen. Diese Mitteilung ist allgemein als „Vorinsolvenzverfahren" bekannt (→ Rn. 13.1).

13.1   Leitet der Schuldner ein Verfahren zur Erreichung einer außergerichtlichen Zahlungsvereinbarung ein, hat die zuständige Stelle (Notar, Handelsregister oder Handelskammer) Mitteilung an das zuständige Gericht zu machen, sobald der Mediator sein Amt angenommen hat.

14   **Befugt** ist ausschließlich der Schuldner, soweit das Insolvenzverfahren noch nicht eröffnet wurde. Handelt es sich dagegen um ein Verfahren zur Erreichung einer außergerichtlichen Zah-

lungsvereinbarung, ist diese Mitteilung vom Notar, dem Handelsregister oder der Handelskammer vorzunehmen. Eine Mitteilungshäufung ist unter gleichen Voraussetzungen möglich wie eine Anhäufung von Insolvenzverfahren (→ Rn. 328).

Zuständig ist das Gericht, welches für ein zukünftiges Insolvenzverfahren zuständig wäre ("hypothetisches Insolvenzgericht", → Rn. 293). 15

Die **Frist** zur Mitteilung entspricht der Frist zur Stellung des Insolvenzantrags, dh zwei Monate ab dem Zeitpunkt, ab dem der Schuldner seine gegenwärtige Zahlungsunfähigkeit kannte oder hätte kennen müssen (→ Rn. 213) (Art. 584 TRLC). Im Falle einer drohenden Zahlungsunfähigkeit kann die Mitteilung auch ohne Frist getätigt werden. Auch eine Mitteilung nach Ablauf dieser Zweimonatsfrist entfaltet noch volle Wirkung. Allerdings kann dies dazu führen, dass die Insolvenz im folgenden Insolvenzverfahren als schuldhaft eingestuft wird, da der Insolvenzantrag nicht fristgerecht gestellt wurde (→ Rn. 986). Eine erneute Mitteilung kann erst nach Ablauf eines Jahres nach der ersten Mitteilung gemacht werden (Art. 583.4 TRLC). 16

Welche **materiellen Voraussetzungen** erfüllt sein müssen, richtet sich danach, welche Art von Refinanzierungsvereinbarung verhandelt wird: 17
- Liegt ein vorgezogener Vergleichsvorschlag vor, so gelten die Voraussetzungen des Art. 335 TRLC (→ Rn. 845).
- Für außergerichtliche Zahlungsvereinbarungen finden die Voraussetzungen der Art. 631–634 (→ Rn. 107) Anwendung.

Die Mitteilung ist **schriftlich** zu machen und von einem Rechtsanwalt sowie einem Prozessvertreter zu unterzeichnen (welche über eine entsprechende Prozessvollmacht verfügen müssen) (→ Rn. 230). 18

Reicht ein Notar, das Handelsregister oder die Handelskammer die Mitteilung ein, bedarf es weder Rechtsanwalt noch Prozessvertreter. 18.1

Im Schriftsatz ist anzugeben, welche Vollstreckungen in das Schuldnervermögen eingeleitet wurden und welche davon Vermögensgegenstände oder Rechte betreffen, die als für die Fortführung der unternehmerischen oder beruflichen Tätigkeit des Schuldners notwendig erachtet werden (Art. 583 TRLC). 18.2

Die Mitteilung über die Aufnahme von Verhandlungen führt nicht zur Eröffnung irgendeines **Verfahrens**. Vielmehr muss der Rechtspfleger einen Beschluss über die Einreichung der Mitteilung erlassen (Art. 585 TRLC), ohne dass dieser an die Gläubiger zuzustellen ist (die hiergegen keine Schriftsätze einreichen können). 19

In dem Beschluss ist die Information über die laufenden **Vollstreckungen** in Vermögensgegenstände oder Rechte, die der Schuldner als notwendig für die Fortführung seiner beruflichen und gewerblichen Tätigkeit ansieht, einzufügen. 19.1

Ein Auszug dieses Beschlusses ist im **Öffentlichen Insolvenzregister** zu veröffentlichen, es sei denn, der Schuldner lehnt dies ab (ohne die Notwendigkeit der Angabe irgendeines Grundes). Diese Ablehnung kann zu jedem Zeitpunkt rückgängig gemacht werden. 19.2

Die Tatsache, dass das Gericht nicht interveniert, führt nicht dazu, dass keine **rechtliche Prüfung der Mitteilung** stattfindet. Diese Prüfung wird allerdings erst im Rahmen eines folgenden Insolvenzverfahrens vorgenommen. Im Verfahren zur Einstufung der Insolvenz wird geprüft, ob die Mitteilung fristgerecht eingereicht wurde und ob der Schuldner tatsächlich Verhandlungen mit seinen Gläubigern aufgenommen hat. Andernfalls kann die Insolvenz als schuldhaft eingestuft werden, wegen verspäteter Stellung des Insolvenzantrags (→ Rn. 986). 19.3

Da bezüglich der Mitteilung kein eigenes Verfahren existiert, ist auch eine Rücknahme der eingereichten Mitteilung nicht möglich, da deren Rechtsfolgen bereits mit Einreichung eingetreten sind. In der Praxis wird eine Rücknahme allerdings in der Regel zugelassen. 19.4

Personen, die ein berechtigtes Interesse haben (normalerweise der Vollstreckungsgläubiger), dass darüber befunden wird, ob der Vermögensgegenstand, der Gegenstand einer Zwangsvollstreckung ist, notwendig ist, können den **recurso de revisión** gegen den Beschluss einreichen, über den vom hypothetischen Insolvenzgericht entschieden wird (Art. 585.2 TRLC). 20

Die Mitteilung (nicht der Beschluss des Rechtspflegers) hat folgende **Rechtsfolgen**: 21

Der Schuldner wird für eine Frist von drei Monaten ab der Mitteilung von der Pflicht befreit, einen Insolvenzantrag zu stellen (zwei Monate im Falle natürlicher Personen, die nicht als Unternehmer gelten). Nach Ablauf dieser Frist, ohne dass eine Refinanzierungsvereinbarung oder eine außergerichtliche Zahlungsvereinbarung getroffen wurde oder wenn nicht genug Gläubiger für einen vorgezogenen Vergleichsvorschlag beigetreten sind, muss der Schuldner innerhalb eines Monats einen Insolvenzantrag stellen, sofern er zahlungsunfähig ist (durch die Mitteilung verlängert 22 sich also die Antragsfrist auf 3+1 Monate, oder 2+1 Monate, sofern der Schuldner eine natürliche Person ist, die nicht als Unternehmer gilt) (Art. 595 TRLC).

22.1 Wird die Frist eingehalten, so kann der Insolvenzantrag nicht als verspätet und die Insolvenz aus diesem Grund nicht als schuldhaft (→ Rn. 986) eingestuft werden.

23 Die von Gläubigern eingereichten Insolvenzanträge werden während einer Frist von drei Monaten ab der Mitteilung (zwei Monaten im Falle natürlicher Personen, die nicht als Unternehmer gelten) nicht zugelassen. Wird ein unfreiwilliger Insolvenzantrag während des vierten Monats (oder des dritten Monats, sofern der Schuldner eine natürliche Person ist, die nicht als Unternehmer gilt) gestellt, wird dieser nur dann zugelassen, wenn der Schuldner nicht selbst einen Insolvenzantrag stellt (Art. 594 TRLC).

23.1 Der Antrag des Schuldners im vierten Monat (oder im dritten, sofern er eine natürliche Person ist, die nicht als Unternehmer gilt) hat daher Vorrang vor den Anträgen der Gläubiger, sodass das folgende Insolvenzverfahren als freiwillig (→ Rn. 217) gilt. Dagegen werden vor der Mitteilung eingereichte unfreiwillige Insolvenzanträge unverzüglich zugelassen, sodass das Insolvenzverfahren in diesem Fall als unfreiwillig gilt, ohne dass die nachträgliche Mitteilung über die Aufnahme von Verhandlungen mit den Gläubigern Auswirkungen hat.

24 Die Mitteilung allein führt nicht zu einer vorzeitigen Fälligkeit der gestundeten Forderungen (Art. 586 TRLC) und verhindert nicht, dass sich der Gläubiger einer persönlichen Sicherheit bei Fälligkeit der gesicherten Forderung gegen den Sicherheitengeber wenden kann, der seinerseits nicht auf die Mitteilung verweisen kann, selbst wenn der Gläubiger an den Verhandlungen mit dem Schuldner teilnimmt (Art. 587 TRLC).

25 Während einer Frist von drei Monaten ab der Mitteilung (zwei bei natürlichen Personen, die nicht als Unternehmer gelten) sind gerichtliche oder außergerichtliche Vollstreckungen der Gläubiger ausgeschlossen in (a) Vermögensgenstände oder Rechte des Schuldners, sofern dieser ein Verfahren zur Erreichung einer außergerichtlichen Zahlungsvereinbarung eingeleitet hat oder (b) in Vermögensgegenstände oder Rechte des Schuldners, die zur Fortführung der gewerblichen oder beruflichen Tätigkeit des Schuldners notwendig sind, sofern dieser kein Verfahren zur Erreichung einer außergerichtlichen Zahlungsvereinbarung eingeleitet hat (Art. 588 TRLC). Die bereits laufenden Vollstreckungen in die genannten Gegenstände oder Rechte sind mit dem Erlass des Beschlusses des Rechtspflegers über die Mitteilung von dem Organ auszusetzen, das die Vollstreckung angeordnet hat (Gericht oder Notar) (Art. 589 TRLC und 568 LEC).

26 Die Mitteilung verhindert nicht, dass die Gläubiger dinglich gesicherter Forderungen Vollstreckungen in Bezug auf die gesicherten Güter oder Rechte einleiten können. Allerdings wird das Vollstreckungsverfahren ausgesetzt, sofern das Gut oder Recht für die Fortführung der beruflichen oder gewerblichen Tätigkeit des Schuldners notwendig ist (oder es sich um den Wohnsitz des Schuldners handelt und das Verfahren zur Erreichung einer außergerichtlichen Zahlungsvereinbarung eingeleitet hat) (Art. 591 TRLC). Vorteil der Einleitung von Vollstreckungen vor der Insolvenzeröffnung ist, dass der Gläubiger eine getrennte Vollstreckung (→ Rn. 521) durchführen kann.

26.1 Im Unterschied zur Eröffnung des Insolvenzverfahrens führt die Mitteilung nur zur Aussetzung von Vollstreckungen in **Vermögenswerte,** die für die Ausübung der Tätigkeit des Schuldners **notwendig** sind (außer im Falle einer außergerichtlichen Zahlungsvereinbarung, die zur Aussetzung sämtlicher Vollstreckungen führt, mit Ausnahme dinglich gesicherter Forderungen auf notwendigen Vermögensgegenständen). Der Schuldner muss im Rahmen der Mitteilung und unter eigener Verantwortung anzeigen, welche Vollstreckungsverfahren in sein Vermögen derzeit anhängig sind und welche davon derartige Vermögenswerte betreffen (wobei nicht der Vermögenswert zu benennen ist, sondern die Verfahren). Diese Liste ist im Beschluss des Rechtspflegers über die Mitteilung wiederzugeben. Eine Prüfung von Amts wegen findet nicht statt.

26.2 Die Entscheidung darüber, ob ein Vermögenswert tatsächlich notwendig ist, obliegt dem Gericht, das für das Insolvenzverfahren zuständig wäre (→ Rn. 299). Das Gericht oder der Notar, der die Vollstreckung ausführt, muss die Aussetzung anordnen, ohne Anspruch auf Nachweis über die Notwendigkeit. Sofern Gläubiger der Auffassung sind, dass der Vermögenswert nicht für die Ausübung der Tätigkeit unerlässlich ist, können sie im Falle laufender Vollstreckungen (innerhalb einer Frist von fünf Tagen ab Einreichung des Beschlusses über die Mitteilung im Vollstreckungsverfahren durch den Schuldner) vor dem Gericht, welches für das Insolvenzverfahren zuständig wäre, Widerspruch einlegen oder vor eben diesem Gericht die Erklärung über die Unerlässlichkeit des Vermögenswertes beantragen, um später die Vollstreckung einzuleiten.

Die Aussetzung der Vollstreckungen betrifft sämtliche notwendige Vermögenswerte und nicht nur   26.3
solche, in die Gläubiger vollstrecken, die mit dem Schuldner in Verhandlungen stehen.

Unter bestimmten Voraussetzungen sind auch Vollstreckungen auszusetzen in solche Vermögenswerte,   26.4
die **nicht** als **notwendig** erscheinen. Dies setzt voraus, dass der Schuldner nachweist, dass mindestens 51
% seiner Gläubiger von Finanzverbindlichkeiten dem Beginn der Verhandlungen über eine Refinanzierungsvereinbarung zugestimmt und sich damit einverstanden erklärt haben, Vollstreckungshandlungen während der Verhandlung auszusetzen oder gar nicht erst einzuleiten. In diesem Fall führt die Mitteilung zur Aussetzung der Vollstreckungen der Gläubiger von Finanzverbindlichkeiten in sämtliche Arten der Vermögensgegenstände (Art. 590 TRLC).

In der Praxis führt die Aussetzung der Vollstreckungen nicht zur Aufhebung von bereits vorgenommenen **Pfändungen,** wie beispielsweise Pfändungen von Bankguthaben, Forderungen gegen Dritte oder   26.5
Steuerrückerstattungen. Vorläufige Pfändungen, wie sie üblicherweise als einstweilige Maßnahmen im Wechselprozess angeordnet werden, werden auf keinen Fall aufgehoben.

Die Mitteilung über die Einleitung eines Verfahrens zur Erreichung einer außergerichtlichen Zahlungsvereinbarung ist in den entsprechenden öffentlichen Registern zu vermerken, um Vollstreckungshandlungen nach der Ernennung des Mediators zu verhindern (Art. 591.3 TRLC).   26.6

Das Vollstreckungsverbot und die Aussetzung bereits laufender Vollstreckungen **enden,** wenn   27
(a) das hypothetisch zuständige Insolvenzgericht erklärt hat, dass die Vermögensgegenstände oder
Rechte für die Tätigkeit des Schuldners nicht notwendig sind, außer im Falle einer außergerichtlichen Zahlungsvereinbarung, oder (b) nach Ablauf von drei Monaten (zwei, wenn der Schuldner
eine natürliche Person ist, die nicht als Unternehmer gilt) ab Mitteilung (Art. 593 TRLC).

Die Vollstreckung **öffentlich-rechtlicher Forderungen** wird in keinem Fall ausgesetzt   28
(Art. 592 TRLC).

3. Kollektive und individuelle Refinanzierungsvereinbarungen

Um die wirtschaftliche Kontinuität und Durchführbarkeit für den Schuldner zu ermöglichen,   29
sieht das TRLC vier Arten von Refinanzierungsvereinbarungen vor: Kollektive und individuelle Refinanzierungsvereinbarungen, die im Folgenden betrachtet werden, gerichtlich zugelassene Refinanzierungsvereinbarungen (→ Rn. 58) und außergerichtliche Zahlungsvereinbarungen (→ Rn. 103). Die drei erstgenannten stehen nur Unternehmern oder Berufsträgern zur Verfügung, während außergerichtliche Zahlungsvereinbarungen auch von natürlichen Personen, die nicht Unternehmer sind, in Anspruch genommen werden können.

Daneben erlaubt das Prinzip der Vertragsfreiheit dem Schuldner mit seinen Gläubigern auch   30
andere Vereinbarungen zu treffen, außerhalb des genannten Katalogs und ohne dass die hierfür geltenden Voraussetzungen erfüllt sein müssten. Allerdings gewähren nur die genannten Vereinbarungen Schutz gegen Klagen auf Rückgängigmachung von Verfügungen und, in bestimmten Fällen, die Wirkung für nicht zustimmende Gläubiger.

Refinanzierungsvereinbarungen können mit einem einzelnen Schuldner oder mehreren   31
geschlossen werden, wenn diese zur selben Unternehmensgruppe gehören (Art. 603 und 608 TRLC).

a) Kollektive Refinanzierungsvereinbarungen. Es handelt sich dabei um solche Vereinbarungen, die der Schuldner mit der Mehrheit seiner Gläubiger abschließt (Art. 596.1 TRLC).   32
Diese können gerichtlich genehmigt werden, sofern die hierfür geltenden Voraussetzungen erfüllt sind (→ Rn. 58), obgleich die hier beschriebenen Rechtsfolgen nicht von der gerichtlichen Zulassung abhängen. Um als kollektive Refinanzierungsvereinbarung zu gelten, müssen die folgenden Voraussetzungen erfüllt sein:

Der Schuldner, natürliche oder juristische Person, muss sich in einer Situation der gegenwärti-   33
gen oder drohenden **Zahlungsunfähigkeit** befinden, wobei das Insolvenzverfahren nicht eröffnet worden sein darf. Sind diese Voraussetzungen erfüllt, kann die Vereinbarung **jederzeit** abgeschlossen werden. Wurde die Aufnahme von Verhandlungen angekündigt (→ Rn. 13), muss sie innerhalb von drei Monaten nach der Ankündigung abgeschlossen werden (Art. 597 TRLC).

Der Schuldner muss eine **unternehmerische oder berufliche Tätigkeit** ausüben   34
(Art. 598.1.1 TRLC).

Die Vereinbarung muss zumindest auf eine **wesentliche Erhöhung der Finanzierungsmittel**   35
des Schuldners oder auf die **Änderung oder das Erlöschen der Verpflichtungen** des Schuldners (durch Verlängerung der Laufzeit oder durch die Vereinbarung neuer Verpflichtungen, die an die Stelle der bisherigen treten) abzielen (Art. 598.1.2 TRLC).

Internationales Insolvenzrecht – Spanien

35.1 Die Erhöhung der Mittel ist dann erheblich, wenn sie ausreicht, um den Durchführbarkeitsplan mittel- und langfristig erfüllen zu können. Grundsätzlich ist dies bei einer Erhöhung von mindestens 10–30 % zu bejahen.

35.2 Ferner muss sich die Erhöhung auf den bestehenden Kredit beziehen, sodass dem Schuldner Geldmittel zufließen müssen, gleich ob vor, während oder nach Inkrafttreten der Vereinbarung.

35.3 Die Änderung der Verpflichtungen muss nicht erheblich sein, aber sie muss notwendig erscheinen, um das Unternehmen kurz- und langfristig weiterführen zu können. Die Situation des Schuldners darf nach der Vereinbarung nicht schwerwiegender sein als davor. Das Erlöschen von Verbindlichkeiten ist auf jede Art und Weise möglich.

36 Es muss ein **Sanierungsplan** eingereicht werden, aus dem sich die Fortführung der beruflichen oder gewerblichen Tätigkeit des Schuldners auf kurzfristige und langfristige Sicht ergeben muss (Art. 598.1 TRLC).

36.1 Aus dieser Voraussetzung lässt sich ableiten, dass kollektive Refinanzierungsvereinbarungen nur durch solche Schuldner abgeschlossen werden können, die einer beruflichen oder gewerblichen Tätigkeit nachgehen.

36.2 Der Sanierungsplan muss nicht zwingend von einem Experten erstellt werden, obgleich dies empfehlenswert ist. Er kann auch vom Schuldner selbst und/oder von einem der Gläubiger erstellt werden. Das Gesetz gibt hinsichtlich des Inhalts keine Vorgaben. Er muss aber die wirtschaftliche und finanzielle Lage des Schuldners widerspiegeln, die Umstände, welche die Fortführung des Unternehmens erschweren darstellen sowie die geplanten Maßnahmen. Der Sanierungsplan kann insbesondere als Maßnahmen die Restrukturierung der Belegschaft, die Aufgabe einer Betriebsstätte oder bestimmter Geschäftszweige wie auch die Liquidierung bestimmter Aktiva enthalten.

36.3 Der Sanierungsplan muss kurzfristige und mittelfristige Aussichten treffen. Grundsätzlich muss dieser Aussagen über die nächsten drei Jahre treffen. Dies hängt aber vom Einzelfall ab.

37 Die Vereinbarung muss vom Schuldner und den Gläubigern unterzeichnet werden, deren Forderungen mindestens **60 % der Verbindlichkeiten** des Schuldners ausmachen (Art. 598.1.3 TRLC). Hierbei werden sämtliche Gläubiger berücksichtigt, unabhängig von der Art und dem Rang ihrer Forderung, aber es werden die Verbindlichkeiten von Personen abgezogen, die mit dem Schuldner in einem besonderen Verhältnis stehen (→ Rn. 733) (Art. 599.1 TRLC). Die Passiva werden entsprechend der Insolvenzregelungen (→ Rn. 683) berechnet.

37.1 Handelt es sich um eine mit einer **Unternehmensgruppe oder Untergruppe** abgeschlossene Refinanzierungsvereinbarung, ist die Voraussetzung der Mindestverbindlichkeiten von jeder einzelnen Gesellschaft zu erfüllen, die die Vereinbarung unterzeichnet sowie auf Gruppenebene, also bezüglich der Verbindlichkeiten der gesamten Gruppe unter Ausschluss der Forderungen, deren Inhaber einzelne Gruppenunternehmen sind (Art. 599.3 TRLC).

37.2 Bei einer Syndizierung (**Konsortialkrediten**) gilt die Vereinbarung von allen Gläubigern als angenommen, wenn die unterzeichneten Gläubiger mindestens 75 % der Syndizierungsgläubiger ausmachen, es sei denn, die Syndizierungsvereinbarung sieht eine geringere Mehrheit vor (Art. 599.2 TRLC).

37.3 **Beispiel:** Ein Schuldner hat Verbindlichkeiten von 2.000.000 EUR, von denen 1.300.000 EUR einem Konsortialkredit entsprechen. Die Refinanzierungsvereinbarung wird von Syndizierungsgläubigern unterzeichnet, deren Forderungen insgesamt 1.000.000 EUR ausmachen. Da die Vereinbarung mithin von mehr als 75 % der Syndizierungsgläubiger unterzeichnet wurde, wird angenommen, dass die Vereinbarung von Gläubigern mit Verbindlichkeiten von 1.300.000 EUR unterzeichnet wurden (65 % der Gesamtverbindlichkeiten).

38 Die vorhergenannte Mindestzahl der Passiva muss von einem **Wirtschaftsprüfer** bestätigt werden (Art. 598.1.3 TRLC).

38.1 Die Bestätigung ist vom Wirtschaftsprüfer des Schuldners auszustellen. Hat die Gesellschaft keinen Prüfer, ernennt das für die Schuldnerin zuständige Handelsregister einen Prüfer. Handelt es sich um eine Unternehmensgruppe, wird der Wirtschaftsprüfer von dem für die herrschende Gesellschaft zuständigen Handelsregister ernannt.

39 Die Vereinbarung muss in einer **öffentlichen Urkunde** (notarielle Urkunde oder Police) festgehalten werden, die von allen, die sie unterschrieben haben, ausgestellt wird (Art. 598.1.4 TRLC), zu der der Durchführbarkeitsplan, die Bescheinigung des Wirtschaftsprüfers, der Bericht des unabhängigen Sachverständigen (→ Rn. 40) (falls vorhanden) und alle Unterlagen, die die Einhaltung der oben genannten Anforderungen zum Zeitpunkt der Vereinbarung rechtfertigen, hinzugefügt werden müssen (Art. 598.2 TRLC).

Der Schuldner oder die Gläubiger können freiwillig einen **Sachverständigenbericht** über 40
den Sanierungsplan anfordern (Art. 600 und 601 TRLC).

Der Sachverständige wird vom Handelsregister am Sitz der Schuldnerin ernannt. Wirkt die Refinanzie- 40.1
rungsvereinbarung gegenüber mehreren Unternehmen derselben Gruppe, kann ein einziger Sachverständiger ernannt werden, der einen einheitlichen Bericht erstellt. In diesem Fall wird der Sachverständige von dem Handelsregister am Sitz des beherrschenden Unternehmens bestellt bzw. am Sitz eines anderen Unternehmens der Gruppe, sofern das beherrschende Unternehmen nicht von der Vereinbarung betroffen ist.

Die Auswahl obliegt dabei dem Ermessen des Handelsregisters. Hinsichtlich der Regelungen über 40.2
Unvereinbarkeit oder Verbote gelten die für die Insolvenzverwalter anwendbaren Bestimmungen (→ Rn. 380), ferner die Unvereinbarkeitsbestimmungen für Wirtschaftsprüfer analog. Insbesondere kann der Sachverständige im späteren Insolvenzverfahren des Schuldners nicht zum Insolvenzverwalter ernannt werden (Art. 703 TRLC).

In seinem Bericht muss der Sachverständige eine Stellungnahme zur Angemessenheit und Durchführ- 40.3
barkeit des Sanierungsplans, zur Verhältnismäßigkeit der zugunsten der Gläubiger zu normalen Marktbedingungen zum Zeitpunkt der Vereinbarung geleisteten oder zu leistenden Sicherheiten und zu den übrigen Punkten des Sanierungsplans abgeben. Wenn der Bericht Vorbehalte oder Einschränkungen enthält, müssen die Parteien der Refinanzierungsvereinbarung in der öffentlichen Urkunde, in der sie abgeschlossen wird, die Auswirkungen dieser Vorbehalte oder Einschränkungen auf den Rentabilitätsplan bewerten.

Wenn die vorgeschlagene Refinanzierungsvereinbarung eine Kapitalisierung von Forderungen oder 40.4
eine Ausgabe von Wertpapieren oder wandelbaren Instrumenten beinhaltet und durch die Weigerung der Gesellschafter, für die Vereinbarung zu stimmen, oder durch die Weigerung der Geschäftsführer, der Gesellschafterversammlung diese Vereinbarung vorzuschlagen, vereitelt wird, gilt dann die Vermutung, dass es einen triftigen Grund für die Kapitalisierung (und keinen triftigen Grund für die Ablehnung) gibt, wenn sich dies aus dem vor der Ablehnung erstellten Bericht des unabhängigen Sachverständigen ergibt. Mangels Gegenbeweises wird dann vermutet, dass das nachfolgende Insolvenzverfahren für schuldhaft erklärt wird (Art. 700.2 TRLC).

Im Falle einer Refinanzierungsvereinbarung für eine **Gruppe oder Untergruppe** gelten die 41
Angaben zum Schuldner in den obigen Anforderungen für alle Unternehmen der Gruppe oder Untergruppe, die Partei der Vereinbarung sind (Art. 603 TRLC).

Kollektive Refinanzierungsvereinbarungen sind ab dem Zeitpunkt, ab dem sie in öffentlicher 42
Urkunde festgehalten wurden (es sei denn, in der Vereinbarung wird ein anderes Datum festgelegt), für folgende Personen **verbindlich** (Art. 602 TRLC):
- Den Schuldner,
- Die Gläubiger, die die Vereinbarung unterzeichnet haben,
- Die Syndizierungsgläubiger, die die Vereinbarung nicht unterzeichnet haben, sofern die notwendige Mehrheit erreicht wird (→ Rn. 37.2).

Auf abweichende Gläubiger finden die Wirkungen der kollektiven Zahlungsvereinbarung keine 43
Anwendung (mit Ausnahme der Syndizierungsgläubiger). Dies setzt die gerichtliche Genehmigung der Vereinbarung voraus sowie das Erreichen der notwendigen Mehrheiten (→ Rn. 58).

b) Individuelle Refinanzierungsvereinbarungen. Es handelt sich um Refinanzierungsver- 44
einbarungen, die der Schuldner mit einem oder mehreren Gläubigern (oder solchen Personen, die erst infolge der Vereinbarung zu Gläubigern werden) schließt, ohne dass die für die kollektiven Refinanzierungsvereinbarungen geltenden Voraussetzungen (insbesondere in Bezug auf die Mindestanzahl) Anwendung finden. Sie sind einer gerichtlichen Genehmigung nicht zugänglich (Art. 596.2 TRLC).

Um als individuelle Refinanzierungsvereinbarung zu gelten, müssen die folgenden **Vorausset-** 45
zungen erfüllt sein, wobei auch andere Vereinbarungen zu berücksichtigen sind, in Ausführung einer individuellen Refinanzierungsvereinbarung (Art. 604 TRLC):

Es bedarf einer gegenwärtigen oder drohenden **Zahlungsunfähigkeit** des Schuldners. Das 46
Insolvenzverfahren darf nicht eröffnet worden sein. Liegen diese Voraussetzungen vor, kann die Vereinbarung zu jedem **Zeitpunkt** geschlossen werden, auch wenn das Gesetz dies nicht ausdrücklich normiert.

Der Schuldner muss eine unternehmerische oder berufliche Tätigkeit ausüben. 47

Die Vereinbarung muss einen **Durchführbarkeitsplan** enthalten, der die mittel- und langfris- 48
tige Fortführung der unternehmerischen oder beruflichen Tätigkeit des Schuldners zulässt (→ Rn. 36).

Als Folge der Vereinbarung **übersteigen die Aktiva die Passiva** zum Zeitpunkt des Abschlus- 49
ses der Vereinbarung.

Internationales Insolvenzrecht – Spanien

50 Das **Umlaufvermögen** ist gleich oder größer als die laufenden Verbindlichkeiten.

50.1 Zur Prüfung dieser beiden Voraussetzungen sind sämtliche wirtschaftlichen, vermögensrechtlichen und finanziellen Folgen der Vereinbarung zu berücksichtigen, einschließlich solche steuerlicher Art, sowie die Klauseln über eine vorgezogene Fälligkeit (solche, die vorher bestanden haben oder erst vereinbart wurden) und ähnliche, selbst wenn sich diese in Bezug auf die Gläubiger ergeben, die nicht Partei der Vereinbarung sind.

51 Als Folge der Vereinbarung darf der Anteil der Forderungen, die dinglich oder persönlich **gesichert** sind, zugunsten der unterzeichnenden Gläubiger nicht höher sein als der Anteil vor Abschluss der Vereinbarung und nicht 90 % der durch die Vereinbarung betroffenen Forderungen. Der Wert der dinglichen Sicherheit wird nach den insolvenzrechtlichen Regelungen (→ Rn. 699) bestimmt.

52 Der auf die Forderungen, welche sich aus der Vereinbarung zugunsten der unterzeichnenden Gläubiger ergeben, anwendbare **Zinssatz** darf nicht den Zinssatz vor Unterzeichnung der Vereinbarung um mehr als ein Drittel übersteigen.

53 Die Vereinbarung setzt die notarielle Form voraus und ist von allen Beteiligten zu unterzeichnen. In der Vereinbarung sind Rechtfertigungsgründe aus wirtschaftlicher Sicht darzulegen sowie die Verfügungen zwischen dem Schuldner und den unterzeichnenden Gläubigern. Der Urkunde sind sämtliche Unterlagen, die auf das Vorliegen der Voraussetzungen im Zeitpunkt der Beurkundung schließen lassen, beizufügen.

54 Der Schuldner und die Gläubiger, die eine individuelle Refinanzierungsvereinbarung unterzeichnet haben, können einen **Sachverständigenbericht** anfordern, unter den gleichen Voraussetzungen wie im Falle einer kollektiven Refinanzierungsvereinbarung (→ Rn. 40).

55 **c) Wirkungen der kollektiven und individuellen Refinanzierungsvereinbarungen.** Die kollektiven und individuellen Refinanzierungsvereinbarungen haben ohne die Notwendigkeit einer gerichtlichen Zulassung die folgenden Wirkungen, sofern die Voraussetzungen erfüllt sind und das Insolvenzverfahren nachträglich (nachfolgendes Insolvenzverfahren) eröffnet wird:

56 **Klagen auf Rückgängigmachung der Verfügungen** (→ Rn. 633) und die **übrigen Anfechtungsklagen** (→ Rn. 653) sind nur gegen individuelle oder kollektive Refinanzierungsvereinbarungen zulässig (oder gegen Verfügungen, Rechtsgeschäfte oder Zahlungen in Ausführung der Vereinbarung oder in Bezug auf Sicherheiten, die aufgrund der Vereinbarung gewährt wurden), auf Antrag des Insolvenzverwalters (nicht befugt sind die Gläubiger) und sofern durch die Vereinbarung die gesetzlichen Voraussetzungen nicht erfüllt sind. Den Insolvenzverwalter trifft als Kläger die Beweislast (Art. 699 TRLC).

56.1 Daher kann die Refinanzierungsvereinbarung nicht zulasten der übrigen Gläubiger angefochten werden, sofern die Vereinbarung die gesetzlichen Voraussetzungen erfüllt.

57 50 % der Forderungen, die als Geldeinlagen (fresh money) im Rahmen einer Refinanzierungsvereinbarung durch die Gläubiger oder Dritte eingezahlt werden, gelten als **Forderungen gegen die Masse** (→ Rn. 755); die übrigen 50 % als **allgemein vorrangige Forderungen** (→ Rn. 724). Ist der Forderungsinhaber dagegen eine Person, die zum Schuldner in einem besonderen Verhältnis steht (→ Rn. 733) und entstammt diese Forderung einem Darlehen, einem Finanzierungsvertrag oder dem Beschluss einer Kapitalerhöhung gegen Bareinzahlung, tritt diese Wirkung nicht ein (Art. 704 TRLC).

4. Zugelassene Refinanzierungsvereinbarungen

58 Das TRLC sieht eine Reihe von Refinanzierungsvereinbarungen vor, die nach ihrer gerichtlichen Zulassung nicht nur zu den gleichen Bedingungen wie kollektive und individuelle Refinanzierungsvereinbarungen vor Anfechtungsklagen geschützt sind (da ihre Anfechtung nicht ihnen, sondern einem besonderen Verfahren unterliegt, → Rn. 93), sondern durch die Einhaltung bestimmter Mindestverbindlichkeiten ihre Wirkung auch auf nicht zustimmende Gläubige, einschließlich der Gläubiger dinglich gesicherter Forderungen, ausdehnen. Im Gegensatz zu kollektiven oder individuellen Refinanzierungsvereinbarungen, die allen Gläubigern offenstehen, können zugelassene Refinanzierungsvereinbarungen nur mit Gläubigern abgeschlossen werden, die finanzielle Verbindlichkeiten halten, und ihre Wirkungen können nur auf diese Gläubiger ausgedehnt werden.

59 **a) Voraussetzungen.** Um zugelassen zu werden, dh gerichtlich genehmigt zu werden, muss die Refinanzierungsvereinbarung die folgenden **Voraussetzungen** erfüllen:

Internationales Insolvenzrecht – Spanien

Der Schuldner, unabhängig davon, ob es sich um eine natürliche oder juristische Person handelt, muss sich in einer Situation der gegenwärtigen oder drohenden **Zahlungsunfähigkeit** befinden. Das Insolvenzverfahren darf nicht eröffnet worden sein. Liegen diese Voraussetzungen vor, kann **jederzeit** die Genehmigung der Vereinbarung beantragt werden; wenn eine Mitteilung über die Aufnahme von Verhandlungen (→ Rn. 13) erfolgt ist, muss der Antrag auf Genehmigung innerhalb von drei Monaten nach der Mitteilung eingereicht werden (Art. 605.1 TRLC). **60**

Der Schuldner muss eine **unternehmerische oder berufliche Tätigkeit** ausüben (Art. 606.1 TRLC). **61**

Die Vereinbarung muss zumindest auf eine **wesentliche Erhöhung der Finanzierungsmittel** des Schuldners oder auf die **Änderung oder das Erlöschen der Verpflichtungen des Schuldners** (durch Verlängerung ihrer Laufzeit oder durch die Festlegung neuer Verpflichtungen, die an die Stelle der bisherigen treten) abzielen (Art. 606.1.2 TRLC). **62**

Diese Anforderung ist identisch mit der für kollektive Refinanzierungsvereinbarungen (→ Rn. 35). **62.1**

Die Vereinbarung muss einem **Durchführbarkeitsplan** entsprechen, der die Fortsetzung der unternehmerischen oder beruflichen Tätigkeit des Schuldners auf kurze und mittlere Sicht ermöglicht (Art. 606.1.1 TRLC). **63**

Diese Anforderung ist identisch mit der für kollektive Refinanzierungsvereinbarungen (→ Rn. 36). **63.1**

Die Vereinbarung muss vom Schuldner und den Gläubigern unterzeichnet werden, deren Forderungen mindestens **51 % der Finanzverbindlichkeiten** ausmachen zum Zeitpunkt der Unterzeichnung (Art. 606.1.3 TRLC). Sämtliche Gläubiger von Finanzverbindlichkeiten sind bei der Berechnung zu beachten. Keine Beachtung finden dagegen solche, die mit dem Schuldner in einer besonderen Beziehung stehen (→ Rn. 733) (Art. 599.1 TRLC). Die Berechnung erfolgt nach den allgemeinen insolvenzrechtlichen Regelungen unter Beachtung der folgenden Sonderregelungen: **64**

Das Erfordernis der Mehrheit der Gesamtverbindlichkeiten impliziert, dass individuelle Refinanzierungsvereinbarungen nicht der gerichtlichen Genehmigung zugänglich sind (Art. 605.2 TRLC). **64.1**

Als **Gläubiger von Finanzverbindlichkeiten** gelten sämtliche Inhaber von Finanzverbindlichkeiten unabhängig davon, ob sie einer Finanzaufsicht unterliegen oder nicht, unter Ausschluss der arbeitsrechtlichen und öffentlich-rechtlichen Gläubiger (Art. 606.2 TRLC). Die übrigen Gläubiger, die nicht als Gläubiger von Finanzverbindlichkeiten gelten (außer öffentlich-rechtliche Gläubiger), können der Vereinbarung beitreten. Diese Beitritte werden aber bei der Berechnung der Mehrheit zur Genehmigung der Vereinbarung außer Acht gelassen (Art. 616 TRLC). **65**

Nach herrschender Ansicht ist bei der Bestimmung der **Finanzverbindlichkeiten** auf die Definition der Richtlinie für Registrierung und Bewertung 9 des Allgemeinen spanischen Kontenplans abzustellen unter Ausschluss der durch den Geschäftsbetrieb entstandenen Verbindlichkeiten. Nach einer verbindlichen Auskunft des ICAC, veröffentlicht im Rundschreiben Nr. 102 von Juni 2015, sind Gläubiger von Finanzverbindlichkeiten alle Gläubiger, die dem Schuldner Mittel zur Verfügung gestellt haben. **65.1**

Zur **Berechnung** der Mehrheit finden keine Beachtung: **65.2**
- Forderungen, die nicht als Finanzverbindlichkeiten gelten (Art. 607.1 TRLC),
- Finanzverbindlichkeiten, deren Inhaber Personen sind, die mit dem Schuldner in einem besonderen Verhältnis stehen (→ Rn. 733) (Art. 607.3 TRLC). Die Bewertung dieser Voraussetzung ist vom Wirtschaftsprüfer vorzunehmen, unbeschadet der Tatsache, dass auch das Gericht im Rahmen der gerichtlichen Genehmigung der Vereinbarung diesen Umstand prüfen kann.

Handelt es sich um eine mit einer **Unternehmensgruppe** abgeschlossenen Refinanzierungsvereinbarung, ist die Voraussetzung der Mindestverbindlichkeiten von jeder einzelnen Gesellschaft zu erfüllen, die die Vereinbarung unterzeichnet, sowie auf Gruppenebene, also bezüglich der Verbindlichkeiten der gesamten Gruppe unter Ausschluss der Forderungen, deren Inhaber einzelne Gruppenunternehmen sind (Art. 608 TRLC). **65.3**

Bei einer Syndizierung (**Konsortialkrediten**) gilt die Vereinbarung von allen Gläubigern als angenommen, wenn die unterzeichneten Gläubiger mindestens 75 % der Syndizierungsgläubiger ausmachen, es sei denn, die Syndizierungsvereinbarung sieht eine geringere Mehrheit vor (Art. 607.4 TRLC). **65.4**

Finanzverbindlichkeiten in anderen **Währungen** als Euro sind in Euro zu berechnen entsprechend dem zum Zeitpunkt der notariellen Beurkundung der Vereinbarung geltenden Wechselkurses (Art. 607.2 TRLC). **65.5**

Ein **Wirtschaftsprüfer** muss bestätigen, dass die vorhergenannte Voraussetzung erfüllt ist (Art. 606.1.3 TRLC). **66**

Internationales Insolvenzrecht – Spanien

66.1 Die Bescheinigung ist vom Wirtschaftsprüfer des Schuldners zu erteilen. Wurde kein Wirtschaftsprüfer bestellt, benennt das am Sitz des Schuldners zuständige Handelsregister einen Wirtschaftsprüfer. Handelt es sich um eine Unternehmensgruppe, ist das Handelsregister am Sitz des vorherrschenden Unternehmens zuständig.

67 Die Vereinbarung setzt die **notarielle Form** voraus (notarielle Urkunde oder Police) und ist von allen Beteiligten zu unterzeichnen (Art. 606.1.4 TRLC). Der Vereinbarung ist ein Durchführbarkeitsplan beizufügen, eine Bescheinigung des Wirtschaftsprüfers und das Gutachten eines unabhängigen Sachverständigen sowie sämtliche Unterlagen, die einen Nachweis über die Erfüllung der genannten Voraussetzungen liefern (Art. 606.3 TRLC).

68 Auf freiwilliger Basis können der Schuldner oder die Gläubiger ein **Gutachten eines unabhängigen Sachverständigen** beantragen über den Durchführbarkeitsplan entsprechend der Regelungen, die für die kollektiven Refinanzierungsvereinbarungen gelten (→ Rn. 40).

69 **b) Gerichtliche Zulassung.** Die **Zulassung** ist die Genehmigung der Vereinbarung durch das Gericht in einem vereinfachten und dringenden Verfahren. Ohne die Zulassung kann die Vereinbarung die Voraussetzungen und die Wirkungen einer kollektiven Vereinbarung (→ Rn. 55) enthalten und entfalten, die Wirkungen aber nicht übertragen werden. Dies setzt die gerichtliche Zulassung voraus, sofern zusätzlich bestimmte qualifizierte Mehrheiten (→ Rn. 83) gegeben sind.

70 **Zuständig** für die Zulassung ist das Gericht, welches für ein gedachtes Insolvenzverfahren zuständig wäre (→ Rn. 293). Handelt es sich um eine Vereinbarung mit einer Unternehmensgruppe, ist das hypothetische Insolvenzgericht für die Genehmigung zuständig, das für das Insolvenzverfahren der Muttergesellschaft zuständig wäre oder, sofern diese die Vereinbarung nicht unterzeichnet hat, die unterzeichnende Gesellschaft mit den höchsten Verbindlichkeiten (Art. 609 TRLC).

71 **Aktivlegitimiert** sind der Schuldner und jeder Gläubiger, der die Vereinbarung unterzeichnet hat (Art. 610.1 TRLC). Der Antragsteller muss sich von einem Rechtsanwalt und einem Prozessvertreter vertreten lassen.

72 Der **Antrag** ist schriftlich zu stellen und zusammen mit einer beglaubigten Abschrift der Beurkundung der Refinanzierungsvereinbarung einzureichen (Art. 610.2 TRLC).

72.1 Sobald der Antrag gestellt wurde (gleich ob durch den Schuldner oder einen Gläubiger), kann innerhalb eines Jahres ab Einreichung des ersten Antrags kein weiterer Antrag in Bezug auf denselben Schuldner gestellt werden (Art. 617 TRLC).

73 Das Insolvenzgericht lässt, sofern die Vereinbarung die Voraussetzungen erfüllt (→ Rn. 59), den Antrag formell mittels **Verfügung** zu und ordnet die Aussetzung der Vollstreckungsmaßnahmen an bis zur Zulassung oder Ablehnung (Art. 611 TRLC).

73.1 Diese Aussetzung betrifft sämtliche Vollstreckungen, gleich ob gerichtlich oder außergerichtlich, einschließlich öffentlich-rechtlicher Forderungen und dinglich gesicherter Forderungen, nicht aber Finanzsicherheiten, die im Königlichen Gesetzesdekret 5/2005 v. 11.3.2005 bezeichnet sind. Vollstreckungen auf Grundlage von Forderungen, die nicht öffentlich-rechtlicher Natur sind, in Gegenstände, die zur Fortführung der unternehmerischen oder beruflichen Tätigkeit des Schuldners notwendig sind, können als Folge der Mitteilung über die Aufnahme von Verhandlungen mit den Gläubigern (→ Rn. 13) ausgesetzt werden.

74 Der Rechtspfleger ordnet die **Bekanntmachung** der Verfügung im Öffentlichen Insolvenzregister an (Art. 612 TRLC). Hierbei handelt es sich um die einzige Veröffentlichung im Rahmen des Verfahrens, da der Zulassungsantrag nicht einzeln an sämtliche Gläubiger zugestellt wird, die von der Zulassung betroffen sein könnten.

74.1 Die Veröffentlichung im Öffentlichen Insolvenzregister muss die Identifikationsdaten des Schuldners, das zuständige Gericht, das Aktenzeichen, das Datum der Refinanzierungsvereinbarung und die Wirkungen der darin vorgesehenen Maßnahmen enthalten (insbesondere die Übertragbarkeit der Wirkungen, → Rn. 83). Ferner ist darüber zu informieren, dass die Vereinbarung den Gläubigern zur Kenntnisnahme zur Verfügung steht, die von der Vereinbarung betroffen sind.

75 Gläubiger können (vertreten durch Rechtsanwalt und Prozessvertreter) im Verfahren zugelassen werden und **Schriftsätze** einreichen, sofern sie der Ansicht sind, dass die Voraussetzungen für eine Zulassung der Vereinbarung nicht vorliegen. Allerdings ist dies nicht zwingend notwendig, da der Widerspruch erst nach der Zulassung der Vereinbarung mittels eines speziellen Verfahrens (→ Rn. 93) gestellt wird.

Internationales Insolvenzrecht – Spanien

Das Gericht gewährt die **Zulassung** durch Beschluss, sofern die vorgenannten Voraussetzungen vorliegen (→ Rn. 59) (Art. 613.1 TRLC), ohne dabei auf die Durchführbarkeit der Vereinbarung einzugehen oder zu prüfen, ob Gläubiger unverhältnismäßig benachteiligt werden. 76

Das Gesetz gibt eine Frist von 15 Tagen für den Erlass des Zulassungsbeschlusses vor ab Bekanntmachung der Zulässigkeit des Antrags im Öffentlichen Insolvenzregister. 76.1

Der Beschluss über die Genehmigung entfaltet unmittelbar **Wirkungen** und ist vollstreckbar, auch wenn es noch nicht rechtskräftig ist (Art. 614 TRLC). 77

Die Rechtsprechung ist geteilt in der Frage, ob gegen diese Entscheidung der recurso de reposición eingelegt werden kann oder nicht. Der Verweis in Art. 614 TRLC auf den nicht rechtskräftigen Beschluss würde die Bejahung der Zulässigkeit eines Rechtsmittels ermöglichen. Das vom Gesetz vorgesehene Mittel der Anfechtung ist jedoch nicht der recurso de reposición, sondern die Anfechtung der Genehmigung durch ein bestimmtes Verfahren (→ Rn. 93). 77.1

Nach der Rechtsprechung sind die Wirkungen des Beschlusses gegenüber den Gläubigern, die die Vereinbarung unterzeichnet haben, deklaratorisch und konstitutiv gegenüber denjenigen, auf die sich seine Wirkungen ausdehnen, ohne ihn unterzeichnet zu haben. 77.2

Im Falle einer gerichtlichen Zulassung erklärt das Gericht, dass die Vereinbarung den Schuldner **bindet** sowie die Gläubiger, die die Vereinbarung unterzeichnet haben oder dieser beigetreten sind (selbst wenn es sich nicht um Gläubiger von Finanzverbindlichkeiten handelt), die Gläubiger von Konsortialkrediten, die nicht unterzeichnet haben, sofern die Mindestanzahl erreicht wurde (→ Rn. 37.2), und die sonstigen Gläubiger, sofern die geltende qualifizierte Mehrheit erreicht wurde (→ Rn. 83) (Art. 613.2 und 616.2 TRLC). 78

Im Zulassungsbeschluss, selbst wenn dieser noch nicht rechtskräftig ist, wird das Gericht die **Beendigung der Einzelvollstreckungen** anordnen, die ausgesetzt waren (nur bezüglich der Gläubiger, die von der Vereinbarung betroffen sind). Nach Eintritt der Rechtskraft kann das Gericht die **Löschung von Pfändungen** anordnen, die in Vollstreckungsverfahren in Bezug auf solche Forderungen angeordnet wurden, die von der Refinanzierungsvereinbarung umfasst sind (Art. 613.3 TRLC). 79

Der Beschluss über die gerichtliche Zulassung ist im BOE sowie dem Öffentlichen Insolvenzregister zu **veröffentlichen** (Art. 615 TRLC). Die Veröffentlichung enthält dieselben Daten wie die formelle Zulassung sowie das Datum des Zulassungsbeschlusses und die Daten der Gläubiger, gegen die die Refinanzierungsvereinbarung wirkt (Art. 615 TRLC). 80

c) Inhalt und Wirkung. Das Gesetz legt einen **typischen Inhalt** der genehmigten Refinanzierungsvereinbarung fest, indem es angibt, welche Wirkungen auf abweichende Gläubiger ausdehnbar sind. Die Vereinbarung kann jedoch andere Vereinbarungen enthalten, die auf dem Grundsatz der Parteiautonomie beruhen, auch wenn sich diese Vereinbarungen nicht auf abweichende Gläubiger erstrecken dürfen und nur die unterzeichneten Gläubiger binden. 81

Es ist umstritten, ob die übrigen Wirkungen der Genehmigung nur in Bezug auf den typischen Inhalt oder in Bezug auf alle in der Refinanzierungsvereinbarung enthaltenen Vereinbarungen eintreten. Letzteres erscheint vorzugswürdig, da der typische Inhalt nur im Hinblick auf das Ausmaß der Auswirkungen festgelegt wird, während das Gesetz allen genehmigten Refinanzierungsvereinbarungen Immunität gewährt. In jedem Fall gilt, wenn die Voraussetzungen der individuellen oder kollektiven Refinanzierungsvereinbarung erfüllt sind, auch der Abschluss der Anfechtungsklage (→ Rn. 56). 81.1

Die gerichtliche Zulassung der Vereinbarung hat, für sich allein genommen, zunächst keine **Rechtsfolgen,** die sich von denen der kollektiven oder individuellen Refinanzierungsvereinbarung (→ Rn. 55) unterscheiden würden (Immunität in Bezug auf insolvenzrechtliche Anfechtungsklagen wegen eines Schadens zulasten der Gläubiger und der Vorrangigkeit der Gläubiger, die Geldeinlagen leisten). Werden zusätzlich bestimmte qualifizierte Mehrheiten in Bezug auf die Gläubiger von Finanzverbindlichkeiten erreicht, kann es auch zu einer Bindung derer kommen, die nicht für die Vereinbarung gestimmt haben. Dies betrifft aber nur die Gläubiger von Finanzverbindlichkeiten, nicht die übrigen Gläubiger. 82

Die nicht zustimmenden Gläubiger von Finanzverbindlichkeiten, **die nicht dinglich gesichert** sind oder zu dem Teil der Forderung, die den Wert der dinglichen Sicherheit übersteigt, bleiben an die im Folgenden genannten Rechtsfolgen der gerichtlich zugelassenen Refinanzierungsvereinbarung gebunden, sofern die Vereinbarung von so vielen Gläubigern mit Finanzverbindlichkeiten unterzeichnet wurden, die zusammen **60 %** aller Finanzverbindlichkeiten ausmachen (Art. 623.1 TRLC): 83

Internationales Insolvenzrecht – Spanien

- Stundungen (der Hauptschuld, der Zinsen oder anderer geschuldeter Beträge) bis zu fünf Jahren,
- Umwandlung der Schuld in Beteiligungsdarlehen bis zu fünf Jahren.

84 Diese Rechtsfolgen gelten auch für die Gläubiger von dinglich gesicherten Finanzverbindlichkeiten, sofern die Rechtsfolgen von so vielen Gläubigern von Finanzverbindlichkeiten angenommen wurden, die mindestens **65 %** der gesamten dinglichen Sicherheiten ausmachen (Art. 626.1.1 TRLC).

85 Wurde die Vereinbarung von so vielen Gläubigern von Finanzverbindlichkeiten unterzeichnet, die insgesamt mindestens **75 %** der gesamten Finanzverbindlichkeiten ausmachen, kommt es zu einer Ausweitung der folgenden Rechtsfolgen (Art. 623.2 TRLC):

86 • Stundungen (der Hauptschuld, Zinsen oder anderer geschuldeter Beträge) bis zu zehn Jahren.
87 • Zahlungserlass, ohne Beschränkung.
88 • Umwandlung der Schuld in Aktien oder Anteile an der Schuldnergesellschaft oder einer anderen Gesellschaft.

88.1 Sieht die Refinanzierungsvereinbarung diese Maßnahme vor, können die Gläubiger, die sie ablehnen, zwischen der Umwandlung oder einem Schuldenerlass zum Nominalwert wählen. Üben sie ihr Wahlrecht nicht innerhalb eines Monats nach Inkrafttreten der gerichtlichen Genehmigung aus, wird angenommen, dass sie die erste Variante wählen (Art. 625 TRLC).

88.2 Die Kapitalisierung von Forderungen hängt von der Beschlussfassung der Gesellschafterversammlung der Schuldnergesellschaft ab, wobei die im Gesetz oder der Satzung für Kapitalerhöhungen vorgesehene qualifizierte Stimmmehrheit keine Anwendung findet. Es ist nicht notwendig, dass die Finanzverbindlichkeiten fällig und zahlbar sind (Art. 624 TRLC).

89 • Die Umwandlung von Forderungen in Beteiligungsdarlehen mit einer Laufzeit von bis zu zehn Jahren, in wandelbare Verbindlichkeiten, in nachrangige Forderungen oder in Darlehen mit kapitalisierbaren Zinsen oder in irgendein anderes Finanzinstrument, dessen Rang, Fälligkeit oder Merkmale sich von denen der ursprünglichen Forderung unterscheiden.

90 • Die Überlassung von Gegenständen oder Rechten an die Gläubiger zur Zahlung an Zahlung statt.

91 Diese Wirkungen gelten auch für die Gläubiger von Finanzverbindlichkeiten mit dinglichen Sicherheiten, sofern diese Wirkungen von den Gläubigern besonders vorrangiger Finanzverbindlichkeiten angenommen wurden, die **80 %** des Wertes aller dinglicher Sicherheiten vertreten (Art. 626.2 TRLC).

91.1 Der **Wert der dinglichen Sicherheit** berechnet sich nach den allgemeinen insolvenzrechtlichen Regelungen (→ Rn. 699).

92 Ähnlich wie im Falle eines Insolvenzvergleichs können die Gläubiger, die gegen die Vereinbarung gestimmt haben, aber von der Zulassung betroffen sind, weiterhin Ansprüche gegen die neben dem Schuldner haftenden **Bürgen oder Garanten** geltend machen, die sich weder auf die Genehmigung der Refinanzierungsvereinbarung noch auf die Zulassung berufen können. Diese Wirkung gilt nur für solche Gläubiger, die die Vereinbarung unterzeichnet haben und von der Zulassung betroffen sind und dies vertraglich vorgesehen ist (Art. 627 TRLC).

92.1 Wurde hierzu nichts vereinbart, erlischt die Bürgschaft im Falle einer Stundung, sofern der Bürge zustimmt (Art. 1826 CC). Bei diesem Erlass kann die Verpflichtung des Bürgen nicht höher sein als die aus diesem Erlass entstehende Schuld (Art. 1826 CC).

92.2 Die Gläubiger von Konsortialkrediten, die dagegen gestimmt haben, dass das Konsortium die Vereinbarung unterzeichnet, sofern die Mehrheit dafür gestimmt hat, gelten als unterzeichnete Gläubiger, weshalb ihre Ansprüche gegen die Mitschuldner, Bürgen oder Garanten von dem in der spezifischen vertraglichen Beziehung Vereinbarten abhängen.

93 **d) Anfechtung der Zulassung.** Die gerichtliche Genehmigung der Vereinbarung kann durch ein besonderes Verfahren angefochten werden.

93.1 Gegenstand der Anfechtung ist die Zulassung, nicht aber die Vereinbarung selbst. Ist die Anfechtung erfolgreich, führt dies nicht zur Aufhebung der Vereinbarung. Diese bleibt für die Parteien weiterhin bindend. Lediglich die Rechtsfolgen der Zulassung (→ Rn. 83) werden aufgehoben (insbesondere die Wirkung gegenüber Gläubigern, die die Vereinbarung nicht unterzeichnet haben). Diese Vereinbarung ist dann als kollektive (→ Rn. 32) oder individuelle (→ Rn. 44) Vereinbarung anzusehen, sofern sie die Voraussetzungen erfüllt. Andernfalls handelt es sich um eine einfache Vereinbarung zwischen dem Schuldner und seinen Gläubigern, die einer insolvenzrechtlichen Anfechtungsklage (→ Rn. 633) oder den übrigen Anfechtungsklagen (→ Rn. 653) unterliegen kann.

Anfechtungsbefugt sind die Gläubiger von Finanzverbindlichkeiten, die von der gerichtlichen Zulassung betroffen sind (sofern die Rechtsfolgen gegen sie wirken, → Rn. 83), sofern sie die Refinanzierungsvereinbarung nicht unterzeichnet haben oder sich nachweislich gegen sie ausgesprochen haben (Art. 618.1 TRLC). **94**

Die Gläubiger eines Konsortialkredits, die gegen eine Unterzeichnung der Vereinbarung durch das Konsortium gestimmt haben, sofern die Mehrheit dafür gestimmt hat, gelten als unterzeichnete Gläubiger, sodass diese nicht antragsbefugt sind. **94.1**

Zuständig ist das Gericht, welches die Zulassung ausgesprochen hat (Art. 618.1 TRLC). **95**

Die **Anfechtungsfrist** beträgt 15 Tage nach der Veröffentlichung der gerichtlichen Genehmigung im BOE (Art. 618.1 TRLC). Es handelt sich um eine Ausschlussfrist, die nicht gehemmt werden kann. **96**

Die Anfechtung führt nicht zu einer **Aussetzung** der Vereinbarung und der Wirkungen der gerichtlichen Zulassung (Art. 618.2 TRLC). **97**

Es sind dabei zwei **Anfechtungsgründe** zulässig (Art. 619 TRLC): **98**
- Dass die Vereinbarung nicht von der erforderlichen Mehrheit unterzeichnet wurde (entweder die allgemeine Mehrheit von 51 % der Finanzverbindlichkeiten oder die qualifizierte Mehrheit bezüglich der Ausweitung der Wirkungen),
- Dass das von den anfechtenden Gläubigern zu erbringende Opfer unverhältnismäßig ist.

Zur Bestimmung der Unverhältnismäßigkeit überprüft das Gericht sämtliche Umstände. Von einer Unverhältnismäßigkeit ist auszugehen, wenn (a) vergleichbare Gläubiger ein geringeres Opfer bringen oder (b) ein Gläubiger einer dinglich gesicherten Forderung durch die Verwertung (sofern das Insolvenzverfahren eröffnet worden wäre) eine höhere Befriedigungsquote hätte als die durch die Refinanzierungsvereinbarung vorgesehene. Auch sind andere Umstände in die Bewertung einzubeziehen, wie beispielsweise die Auswirkungen auf das Vermögen des Gläubigers und seine möglicherweise eintretende Zahlungsunfähigkeit. **98.1**

Sämtliche Anfechtungsklagen werden gemeinsam im Wege des **insolvenzrechtlichen Nebenverfahrens** (→ Rn. 335) behandelt. Der Schuldner und die von der Zulassung betroffenen Gläubiger können Widerspruch einreichen (Art. 620 TRLC). **99**

Das **Urteil** in den Anfechtungsverfahren ergeht innerhalb von 30 Tagen ab dem Abschluss des insolvenzrechtlichen Nebenverfahrens. Hiergegen ist kein Rechtsmittel statthaft. Das Urteil ist auf gleiche Weise zu veröffentlichen wie der Zulassungsbeschluss. Wird einer Anfechtungsklage aufgrund einer Unverhältnismäßigkeit in Bezug auf das zu erbringende Opfer von einem oder mehreren betroffenen Gläubigern stattgegeben, berührt dies nicht die Wirksamkeit der Zulassung bezüglich der übrigen Gläubiger (Art. 621 TRLC). Das Urteil entfaltet am Tag nach seiner Veröffentlichung im BOE Rechtswirkung (Art. 622 TRLC). Eine Aussetzung oder Stundung ist nicht möglich. **100**

5. Nichterfüllung der Refinanzierungsvereinbarung

Im Falle einer Nichterfüllung einer kollektiven oder individuellen Refinanzierungsvereinbarung durch den Schuldner, unabhängig davon, ob er gerichtlich zugelassen wurde oder nicht, kann jeder betroffene Gläubiger die Feststellung der Nichterfüllung beantragen. Zuständig ist das Gericht, das die Vereinbarung zugelassen hat. In Ermangelung dessen das Gericht, welches für das Insolvenzverfahren zuständig wäre. Der Schuldner, die erschienenen Gläubiger und, sofern die Vereinbarung gerichtlich genehmigt wurde, sämtliche Personen, die im Rahmen des Anfechtungsverfahren anwesend waren, sind anzuhören. Gegen das Urteil ist kein Rechtsmittel statthaft (Art. 628 TRLC). **101**

Die Feststellung der Nichterfüllung hat folgende **Wirkungen** (Art. 629 TRLC): **102**
- Die Vereinbarung wird aufgelöst und entfaltet in Bezug auf die Forderungen keine Wirkungen mehr.
- Die Gläubiger können einen Insolvenzantrag stellen (nachfolgendes Insolvenzverfahren → Rn. 164) oder Vollstreckungen einleiten.
- Sieht die Vereinbarung vor, dass bereits vorher bestellte dingliche Sicherheiten im Falle einer Nichterfüllung gelöscht werden, sind Vollstreckungen aus dinglichen Sicherheiten nicht möglich.

Wird dennoch aus einer dinglichen Sicherheit vollstreckt, hat dies für die gesicherte Forderung folgende Auswirkungen auf Grundlage des durch die Vollstreckung erlangten Betrags (Art. 630 TRLC): **102.1**

Internationales Insolvenzrecht – Spanien

- Übersteigt dieser die ursprüngliche Forderung (vor der Vereinbarung), wird der Überschuss, der an die Gläubiger des letzten Ranges oder, in Ermangelung, an den Schuldner auszuzahlen ist, über der Differenz zwischen diesem Betrag und der ursprünglichen Schuld liegen.
- Liegt dieser unter der ursprünglichen Forderung, übersteigt aber den Wert der Sicherheit (→ Rn. 699), kann der Gläubiger diesen Betrag behalten. Der nicht befriedigte Teil der Forderung erlischt.
- Wenn der bei der Zwangsvollstreckung erlangte Betrag geringer ist als der Wert der Sicherheit, entspricht der Restbetrag (der Teil der Forderung des Gläubigers, der übrig bleibt) der Differenz zwischen der ursprünglichen Schuld und diesem Betrag.

6. Außergerichtliche Zahlungsvereinbarung (insolvenzrechtliche Mediation)

103　Die außergerichtliche Zahlungsvereinbarung (auch bekannt als insolvenzrechtliche Mediation, da in deren Rahmen ein Mediator bestellt wird) wurde 2013 als vorinsolvenzliches und außergerichtliches Verfahren eingeführt mit dem Ziel, eine Refinanzierungsvereinbarung zu erreichen. Dabei wurde in erster Linie an KMU und Unternehmer gedacht. Darüber hinaus soll dem Schuldner als natürliche Person ein besserer Zugang zu einer Restschuldbefreiung verschafft werden. Auch letztgenannte wurde im Jahr 2013 eingeführt.

104　Aufgrund der hohen Anforderungen bezüglich des Zugangs zu außergerichtlichen Zahlungsvereinbarungen wurden die Regelungen hierüber im Jahre 2015 grundlegend geändert, um diese auch für natürliche Personen möglich zu machen, die nicht Unternehmer sind, was diesem auch einen besseren Zugang zu einer Restschuldbefreiung verschaffen soll (→ Rn. 1069).

105　In der Praxis ist das Verfahren zur außergerichtlichen Zahlungsvereinbarung lediglich ein Mittel, um nachträglich, unter vorteilhaften Bedingungen, zu einer Restschuldbefreiung im nachfolgenden Insolvenzverfahren zu gelangen, da die Mehrheit der Gläubiger in der Praxis die Teilnahme an einer Insolvenzmediation ablehnt.

106　Das Verfahren beginnt mit einem Antrag (→ Rn. 118) vor der zuständigen Stelle (→ Rn. 116), die einen Mediator bestellt (→ Rn. 122), der eine Gläubigerversammlung einberufen muss (→ Rn. 130) und mit Zustimmung des Schuldners einen Vorschlag zu einer außergerichtlichen Zahlungsvereinbarung (→ Rn. 133) aufstellt. Wird dieser von der notwendigen Mehrheit (→ Rn. 148) angenommen, bindet die Vereinbarung auch die Gläubiger, die diesen abgelehnt haben, einschließlich Gläubiger mit dinglich gesicherten Forderungen. Für öffentlich-rechtliche Gläubiger gilt dies niemals. Wird keine Vereinbarung erzielt, müssen der Mediator oder der Schuldner einen Insolvenzantrag stellen (nachfolgendes Insolvenzverfahren → Rn. 164). Ist der Schuldner eine natürliche Person, kann er einen Antrag auf Gewährung der Restschuldbefreiung stellen (→ Rn. 1069).

107　**a) Aktivlegitimation.** Nur der Schuldner (der die folgenden Voraussetzungen erfüllt) kann ein Verfahren zum Abschluss einer außergerichtlichen Zahlungsvereinbarung einleiten (Art. 631–633 TRLC):

108　**Natürliche Personen,** gleich ob sie Unternehmer sind oder nicht, die bereits zahlungsunfähig sind oder deren Zahlungsunfähigkeit droht (→ Rn. 193), sofern das Insolvenzverfahren über deren Vermögen noch nicht eröffnet wurde und die geschätzten Passiva nicht mehr als 5 Mio. EUR betragen. Dass genug Aktiva vorhanden sind, um die Kosten des Verfahrens tragen zu können, wird nicht vorausgesetzt.

108.1　Hinsichtlich der Definition des Begriffs **Unternehmer** wird auf die Definitionen der handels-, und sozialversicherungsrechtlichen Gesetzgebung verwiesen. Dies sind solche Personen, die unternehmerische Tätigkeiten ausüben, und Selbstständige (Art. 638,4 TRLC). Dies bedeutet, Personen, die eine wirtschaftliche Tätigkeit auf eigene Rechnung ausüben und/oder Arbeitnehmer beschäftigen.

108.2　Die Unterscheidung zwischen Unternehmern und Nichtunternehmern ist für die Zuständigkeit zur Ernennung des Mediators (→ Rn. 117) sowie das Verfahren entscheidend.

108.3　Sind die Ehegatten Eigentümer der **Familienwohnung** und ist diese von der außergerichtlichen Zahlungsvereinbarung betroffen, muss der Antrag von beiden Ehegatten gestellt werden oder nur von einem, aber mit der Zustimmung des anderen (Art. 635.2 TRLC).

109　**Juristische Personen,** unabhängig von deren Rechtsform oder deren Aktivität, sofern sie (i) zahlungsunfähig sind, (ii) über deren Vermögen bisher kein Insolvenzverfahren eröffnet wurde, (iii) nachweisen, dass sie über genügend Aktiva verfügen, um die Kosten des Verfahrens zur Erreichung einer außergerichtlichen Zahlungsvereinbarung zu tragen und (iv) eine der folgenden Voraussetzungen erfüllt sind: (a) die Aktiva oder Passiva übersteigen 50 Mio. EUR voraussichtlich nicht oder (b) sie haben weniger als 50 Arbeitnehmer.

109.1　Über die Antragseinreichung entscheidet das Verwaltungs- oder Liquidationsorgan.

Die **Gläubiger** sind nicht aktivlegitimiert. 110
Folgende Schuldner können nicht zum Verfahren hinsichtlich einer außergerichtlichen Zah- 111
lungsvereinbarung zugelassen werden (**Verbote**) (Art. 634 TRLC):
- Solche, die innerhalb von zehn Jahren vor dem Antrag rechtskräftig wegen eines Vermögensde- 112
likts, eines sozialwirtschaftlichen Delikts, wegen Urkundenfälschung, eines Delikts zulasten des
Finanzamtes, der Sozialversicherung oder eines Delikts gegen die Arbeitnehmerrechte, verurteilt
wurden.
- Solche, die eine außergerichtliche Zahlungsvereinbarung oder eine gerichtlich zugelassene Refi- 113
nanzierungsvereinbarung (→ Rn. 58) abgeschlossen haben oder über deren Vermögen innerhalb
der letzten fünf Jahren vor dem Antrag ein Insolvenzverfahren eröffnet wurde.

Die Frist beginnt mit der Veröffentlichung im Öffentlichen Insolvenzregister zu laufen, der Annahme 113.1
der außergerichtlichen Zahlungsvereinbarung, der gerichtlichen Zulassung oder des Beschlusses über den
Abschluss des Insolvenzverfahrens.

- Solche, die gegenwärtig mit ihren Gläubigern eine Refinanzierungsvereinbarung verhandeln. 114
- Solche, deren Insolvenzantrag bereits als zulässig erklärt wurde. 115

b) Zuständigkeit. Das Verfahren zum Abschluss einer außergerichtlichen Zahlungsvereinbarung 116
wird als Insolvenzverfahren iSd Art. 2 Nr. 4 EuInsVO angesehen, sodass dies nur dann betrieben
werden kann, sofern sich aus Art. 3 EuInsVO eine **internationale Zuständigkeit** Spaniens ergibt.

Sofern das Verfahren in Spanien betrieben werden kann, ergibt sich die **zuständige Stelle** 117
nach den folgenden Regelungen (Art. 638 TRLC):
- Ist der antragstellende Schuldner ein Unternehmer oder eine juristische Person, die im Handelsregister einzutragen ist (vor allem Handelsgesellschaften), selbst wenn die Eintragung aussteht, ist
das Handelsregister am Sitz des Schuldners zuständig. Der Antragsteller wird im Handelsregister
eingetragen, sofern die Eintragung aussteht.
- In den übrigen Fällen (dh bei natürlichen Personen, die nicht Unternehmer sind und bei
juristischen Personen, die nicht im Handelsregister eingetragen werden können, wie etwa Gesellschaften bürgerlichen Rechts, Vereinigungen und Stiftungen) ist ein Notar am Sitz des Schuldners zuständig.
- Ist der Antragsteller eine juristische Person, unabhängig von ihrer Rechtsform (und unabhängig
davon, ob sie eine unternehmerische Tätigkeit ausübt), oder ein Unternehmer, kann der Antrag
als Alternative zu der vorher dargestellten Regelung auch bei den Handelskammern gestellt
werden, die Mediationsaufgaben ausführen oder bei der Nationalen Spanischen Handelskammer.

c) Antrag. Das Verfahren zur Erlangung einer außergerichtlichen Zahlungsvereinbarung wird 118
durch einen Antrag auf Bestellung eines Mediators eingeleitet, der auf dem durch die Verordnung
JUS/2831/2015 v. 17.12.2015 genehmigten **Standardformular** einzureichen ist, das ein Verzeichnis und eine Liste der Gläubiger enthält. Der Antrag mit diesen Anlagen muss zusammenfassend die folgenden **Angaben** enthalten (Art. 635 und 636 TRLC zusammen mit der genannten
Verordnung):
- Identifikationsdaten des Schuldners. Handelt es sich dabei um eine im Güterstand der Errungenschaftsgemeinschaft oder einer anderen Form der Gütergemeinschaft verheiratete Person, sind
die Identifikationsdaten des Ehegatten mitzuteilen sowie der konkrete Güterstand. Ist der
Schuldner weiteren Personen gegenüber unterhaltspflichtig, sind diese ebenfalls anzugeben wie
auch etwaige eigetragene Lebenspartner
- Eine Erklärung darüber, dass die Voraussetzungen (→ Rn. 107) für das Verfahren vorliegen
sowie die Gründe für eine Zahlungsunfähigkeit
- Ein Inventar über die Güter und Rechte und eine Auflistung der regelmäßigen Einnahmen
des Schuldners. Ebenfalls müssen Informationen über Bankkonten, Werte, Immobilien und
beweglichen Vermögensgegenständen eingereicht werden
- Eine Gläubigerliste, unter Angabe ihrer Identifikationsdaten, Wohnsitz, E-Mail-adresse, Höhe
und Fälligkeit ihrer Forderungen sowie Angaben über dingliche und persönliche Sicherheiten.
Auch öffentlich-rechtliche Forderungen sind anzugeben, selbst wenn diese nicht von der außergerichtlichen Zahlungsvereinbarung betroffen sind
- Eine Übersicht über alle laufenden Vollstreckungen in das Vermögen des Schuldners, wobei zu
bezeichnen ist, welche Vermögensgegenstände als für die Fortführung der unternehmerischen
oder beruflichen Tätigkeit notwendig sind
- Eine Auflistung aller laufenden Verträge
- Eine Auflistung aller Arbeitnehmer des Schuldners sowie die Daten der Arbeitnehmervertreter
- Aufstellung voraussichtlicher monatlicher Ausgaben.

119 Dem Antrag sind folgende **Dokumente** beizufügen:
- Vollmacht, es sei denn der Antragsteller handelt in eigenem Namen
- Ist der Schuldner ein Unternehmer: die aktualisierte Bilanz (Art. 637 TRLC)
- Ist der Schuldner buchführungspflichtig: Die Jahresabschlüsse der letzten drei Geschäftsjahre (Art. 637 TRLC)
- Polizeiliches Führungszeugnis
- Einkommensnachweise (Einkommensteuererklärungen der letzten vier Steuerjahre, Gehaltsabrechnungen, Rentenbescheide oder Sozialhilfebescheide, usw)
- Nachweise über das Vermögen und Rechte (Vermögenssteuernachweise der letzten vier Steuerjahre, Nachweis über Kontosalden und Wertpapiere, Registerbescheinigungen und Kaufvertragsurkunde, usw)
- Nachweise über dingliche Belastungen auf dem Schuldnervermögen (notarielle Urkunden oder Registerbescheinigungen)
- Eine Kopie der laufenden Verträge.

119.1 Im Antrag hat der Schuldner den Wert der dinglichen Sicherheiten festzulegen, die auf seinen Vermögensgegenständen lasten, gemäß den für die besonders vorrangigen Forderungen geltenden Regelungen (→ Rn. 699). Unter diesen Regelungen befindet sich die Pflicht zur Vorlage eines Wertgutachtens über Immobilien, das von einer Gutachtergesellschaft anzufertigen ist. In der Praxis reichen die finanziellen Mittel des Schuldners oftmals nicht aus, um ein solches Gutachten in Auftrag geben zu können, weshalb auf andere Bewertungen zurückgegriffen wird, wie der Anschaffungswert oder der Wert zu Steuerzwecken.

120 Die schwerwiegende Ungenauigkeit oder Verfälschung der eingereichten Unterlagen (sei es von Beginn an oder im Laufe des Verfahrens) führen zu einer unwiderlegbaren Vermutung der Schuldhaftigkeit des nachfolgenden Insolvenzverfahrens (Art. 720 TRLC). Die Restschuldbefreiung ist für den Schuldner dann ausgeschlossen.

121 Juristische Personen müssen den Antrag auf telematischem Wege stellen. Natürliche Personen, die nicht Unternehmer sind, müssen den Antrag vor einem Notar stellen. Unternehmer können den Antrag auf telematischem Wege gerichtet an das Handelsregister stellen.

122 **d) Zulässigkeit und Ernennung eines insolvenzrechtlichen Mediators.** Bei Erhalt des Antrags eröffnet die zuständige Stelle das Verfahren und **überprüft**, ob der antragstellende Schuldner die Zulässigkeitsvoraussetzungen der Antragsberechtigung (→ Rn. 107) erfüllt und ob die Daten im Antragsformular sowie die Anlagen keine Mängel enthalten und ausreichend sind (→ Rn. 118) (Art. 640.1 TRLC).

122.1 Ist der Antrag mit einem Formfehler behaftet oder sind die Daten oder die eingereichten Unterlagen nicht ausreichend, um die Erfüllung der Voraussetzungen nachzuweisen, hat der Schuldner innerhalb einer Frist von fünf Tagen die genannten Mängel zu beseitigen. Weist er das Vorliegen der Voraussetzungen nicht nach, wird der Antrag abgelehnt. Der Antrag kann allerdings erneut gestellt werden, sobald die Voraussetzungen vorliegen.

123 Sobald die vorherige Überprüfung erfolgt ist, ernennt die zuständige Behörde einen **Mediator** (Art. 640.2 TRLC).

123.1 **Voraussetzungen.** Der Mediator kann eine natürliche oder juristische Person sein, die die Voraussetzungen eines Mediators in Zivil- und Handelssachen erfüllt und in der offiziellen Liste des Registers der Mediatoren des Justizministeriums eingetragen ist, die auf der folgenden Webseite eingesehen werden kann: https://www.boe.es/buscar/mediadores.php (art. 642.1 TRLC).

123.2 Um Mediator zu werden, ist ein Universitätsabschluss oder eine höhere Berufsausbildung sowie eine spezifische Ausbildung in Mediation erforderlich. Der Mediator muss eine Haftpflichtversicherung abschließen.

123.3 **Frist.** Die Bestellung des Mediators muss innerhalb von fünf Tagen nach Eingang des Antrags bei der zuständigen Behörde erfolgen (Art. 641.2 TRLC).

123.4 **Ernennungskriterium.** Die Ernennung erfolgt im Gegensatz zur Insolvenzverwalterernennung (→ Rn. 370) nach einer strengen Reihenfolge der Liste (Art. 643 TRLC).

123.5 **Formalisierung.** Handelt es sich bei der zuständigen Stelle um einen Notar, erfolgt die Bestellung in einer notariellen Urkunde; handelt es sich um einen Registerführer am Handelsregister, erfolgt sie durch Beschluss, der auf dem für den Antragssteller offenen Blatt vermerkt wird; handelt es sich um eine Handelskammer, erfolgt sie im Protokoll des zuständigen Organs (Art. 641.3 TRLC).

123.6 **Sonderfälle.** Handelt es sich bei dem Schuldner um eine natürliche Person, kann der Notar die Aufgaben des Mediators übernehmen, wenn er es für angemessen hält und der Schuldner dem nicht widerspricht (Art. 642.2 TRLC).

Internationales Insolvenzrecht – Spanien

Wurde der Antrag bei einer Handelskammer gestellt, so übernimmt diese die Aufgaben des Mediators durch eine zu diesem Zweck eingesetzte Kommission (Art. 644 TRLC). **123.7**

Ergänzende Regelungen. Die Ernennung des Mediators richtet sich nach den Bestimmungen des TRLC über die Ernennung der unabhängigen Sachverständigen (→ Rn. 765) (Art. 654 TRLC). **123.8**

Im Rahmen der Ernennung ist die **Vergütung** des Mediators festzulegen, deren Höhe von der Art des Schuldners, der Aktiva und Passiva und dem Erfolg des Verfahrens abhängt (Art. 645 TRLC). **124**

Wird hinsichtlich der Vergütung keine besondere Vereinbarung getroffen, gilt die 2. Zusatzregelung des Gesetzes 25/2015 v. 28.7.2015: **124.1**
- Es finden die Regelungen der Gebührenordnung für die Insolvenzverwalter (→ Rn. 417) Anwendung, bezüglich der Aktiva und Passiva des Schuldners.
- Der Restbetrag ist wie folgt zu mindern: 70 %, wenn der Schuldner eine natürliche Person, aber nicht Unternehmer ist; 50 %, wenn der Schuldner eine natürliche Person und Unternehmer ist; 30 %, wenn es sich um eine Gesellschaft handelt.
- Wird eine außergerichtliche Zahlungsvereinbarung getroffen, erhält der Mediator einen Zusatzvergütung von 0,25 % der Aktiva des Schuldners.

Die sich aus den vorhergenannten Regelungen ergebende Vergütung ist recht niedrig, sodass in der Praxis viele Mediatoren (oftmals sogar alle auf der Liste stehenden) die Ernennung ablehnen. **124.2**

Der Mediator muss der Behörde, die ihn ernannt hat, innerhalb von fünf Tagen nach Erhalt des Ernennungsbeschlusses mitteilen, ob er die Ernennung **annimmt oder ablehnt**; nach Ablauf dieser Frist erlischt seine Ernennung (Art. 647 TRLC). Der Ernannte ist nicht verpflichtet, die Ernennung anzunehmen, und daher sind keine Sanktionen für die Nichtannahme vorgesehen. Wenn er zustimmt, muss er der zuständigen Behörde eine E-Mail-Adresse mitteilen, an die die Gläubiger alle Mitteilungen richten können (Art. 646 TRLC). **125**

Es kommt häufig vor, dass mehrere Mediatoren sich weigern, die Position anzunehmen, oder dass keiner der auf der Liste aufgeführten Personen sie akzeptiert. In der Praxis gilt das Verfahren zur außergerichtlichen Zahlungsvereinbarung als erfolglos, sofern drei erfolglose Ernennungen vorgenommen wurden. Der Schuldner hat dann das nachfolgende Insolvenzverfahren zu beantragen und kann unter günstigeren Bedingungen die Restschuldbefreiung (→ Rn. 1074) erlangen. **125.1**

Sofern der Mediator die Ernennung annimmt, muss die zuständige Stelle diese Annahme kostenlos **bekanntgeben**: **126**
- An das zuständige Insolvenzgericht (das hypothetisch zuständige Gericht) (Art. 648 TRLC). Diese Mitteilung entspricht der Mitteilung über die Aufnahme von Verhandlungen mit dem Gläubigem und hat dieselben Wirkungen (→ Rn. 21).
- An das Personenregister, in dem der Antragsteller eingetragen ist und an die öffentlichen Vermögensregister, in dem das Vermögen des Antragstellers eingetragen ist. Im Register ist die Einleitung des Verfahrens zur Erreichung einer außergerichtlichen Zahlungsvereinbarung mittels Vermerkes einzutragen (Art. 649 TRLC).
- An das Öffentliche Insolvenzregister zur Veröffentlichung (Art. 650 TRLC).
- An das Finanzamt und die Sozialversicherungskassen, selbst wenn diese nicht Gläubiger sind (Art. 651 TRLC).
- An die Vertreter der Arbeitnehmer des Antragstellers, der sich im Verfahren einlassen kann (Art. 652 TRLC).

e) Wirkungen der Verfahrenseröffnung. Der Verfahrensbeginn bezüglich einer außergerichtlichen Zahlungsvereinbarung hat wichtige Auswirkungen auf den Schuldner (ab Stellung des Antrags) wie auch auf die Gläubiger (ab der Mitteilung über die Annahme der Ernennung des Mediators). **127**

Für den **Schuldner** hat dies folgende Auswirkungen (Art. 639 TRLC): **128**
- Er kann seine berufliche, unternehmerische oder gewerbliche Tätigkeit weiterführen.
- Er darf keine Verwaltungs- oder Verfügungshandlungen über seine Vermögensgegenstände vornehmen, die Verfügungen seiner gewöhnlichen Tätigkeit übersteigen. Andernfalls können die Handlungen nachträglich aufgelöst werden im nachfolgenden Insolvenzverfahren.
- Die Pflicht zum Insolvenzantrag des Schuldners wird ausgesetzt und Insolvenzanträge der Gläubiger werden nicht zugelassen entsprechend den Regelungen über die Mitteilung der Aufnahme von Verhandlungen mit den Gläubigern (→ Rn. 22).

Die Auswirkungen auf die vom außergerichtlichen Zahlungsvereinbarung betroffenen **Gläubiger** (nicht aber auf die Gläubiger öffentlich-rechtlicher Forderungen) sind diejenigen, die für die **129**

Internationales Insolvenzrecht – Spanien

Mitteilung über die Aufnahme von Verhandlungen mit den Gläubigern gelten (insbesondere die vorläufige Aussetzung von Vollstreckungen) sowie die folgenden:
- Sie dürfen keine Handlungen vornehmen, die darauf abzielen, ihre Situation gegenüber dem Schuldner zu verbessern. Diese Handlungen sind unwirksam (Art. 664 TRLC).
- Entsprechend der allgemeinen insolvenzrechtlichen Regelungen (→ Rn. 536) wird eine Verzinsung ausgesetzt (Art. 665 TRLC).

130 **f) Einberufung der Gläubigerversammlung.** Mit der Annahme des Amtes verfügt der Mediator über eine Frist von zehn Tagen, um die Richtigkeit und Genauigkeit der vom Schuldner eingereichten Daten und Unterlagen zu **überprüfen**. In dieser Frist kann er den Schuldner zur Vervollständigung und Heilung von Mängeln auffordern (Art. 659 TRLC).

131 Ebenfalls innerhalb der genannten Frist muss er das Bestehen und die Beträge der vom Schuldner angegebenen Forderungen überprüfen, anhand der beim Schuldner befindlichen Unterlagen oder auf anderer Weise (Art. 660 TRLC).

132 Innerhalb dieser Frist von zehn Tagen muss der Mediator eine Versammlung des Schuldners und der Gläubiger **einberufen,** die innerhalb von zwei Monaten nach der Annahme des Amtes abgehalten werden muss, in der Gemeinde, in der der Schuldner seinen Sitz hat (Art. 662 TRLC).

132.1 Berücksichtigt werden die Gläubiger, die in der Liste aufgeführt sind, die der Schuldner seinem Antrag beifügt, sowie solche, von deren Existenz der Mediator auf andere Weise erfahren hat. Gläubiger öffentlich-rechtlicher Forderungen werden nicht berücksichtigt.

132.2 Die Einberufung ist dem Schuldner und den Gläubigern durch notarielle Zustellung oder individuelle Mitteilung schriftlich zuzustellen. Bei Gläubigern reicht auch eine Zustellung per E-Mail aus, sofern deren E-Mail-Adresse bekannt ist (Art. 664 TRLC).

132.3 Die Einberufung muss den Ort, Tag und die Uhrzeit der Versammlung nennen sowie den Zweck der Versammlung, namentlich die Zahlungsvereinbarung. Ferner sind die Daten der eingeladenen Gläubiger zu nennen, unter Angabe der Höhe ihrer Forderungen, Anschaffungsdatum, Fälligkeitsdatum sowie dingliche und persönliche Sicherheiten. In der Praxis werden die Gläubiger auch über die Folgen ihrer Nichtteilnahme informiert (→ Rn. 146).

132.4 Häufig werden zur Versammlung sämtliche Gläubiger aufgefordert, ihre Forderungen anzumelden (→ Rn. 663), damit der Mediator die Gläubigerliste vorbereiten kann, die im Falle eines nachfolgenden Insolvenzantrags vorzulegen ist, sofern die Zahlungsvereinbarung nicht zustande kommt. Deshalb werden auch die öffentlich-rechtlichen Gläubiger eingeladen.

132.5 Ist der Schuldner eine **natürliche Person, die nicht als Unternehmer** gilt, muss die Versammlung innerhalb von 30 Tagen nach Amtsannahme des Mediators stattfinden. Wurde dieses Amt von einem Notar übernommen, ist die Versammlung innerhalb von 15 Tagen ab der Einreichung des Antrags abzuhalten.

133 **g) Vorschlag der außergerichtlichen Zahlungsvereinbarung.** Der Mediator muss mit Einverständnis des Schuldners den Gläubigern einen Vorschlag über eine außergerichtliche Zahlungsvereinbarung **übermitteln** und in jedem Fall mindestens 20 Tage vor Abhalten der Versammlung. Der Vorschlag muss die offenen Forderungen im Moment des Antrags beinhalten (Art. 666 TRLC).

133.1 Es ist unerheblich, wer den Vorschlag erstellt. Nach dem Gesetz handelt es sich um den Vorschlag des Mediators, gleich wer diesen erstellt hat. Dieser bedarf stets das Einverständnis des Schuldners.

133.2 Ist der Schuldner eine **natürliche Person, die nicht als Unternehmer** gilt, ist der Vorschlag innerhalb einer Frist von 15 Tagen vor der Versammlung an die Gläubiger zu übermitteln.

134 Der Vorschlag der außergerichtlichen Zahlungsvereinbarung kann folgende Maßnahmen **enthalten** (Art. 667 TRLC):

135 • Stundungen von bis zu zehn Jahren.

136 • Schuldenerlass ohne Grenzen (wobei zu beachten ist, dass ein Schuldenerlass um 100 % kein Schuldenerlass, sondern ein Verzicht ist).

137 • Abtretung von Gegenständen oder Rechten der Gläubiger zur Zahlung oder an Zahlung statt.

137.1 Eine Abtretung zur Zahlung oder an Zahlung statt ist nur bei solchen Gegenständen und Rechten möglich, die für die Fortführung der unternehmerischen oder beruflichen Tätigkeit des Schuldners nicht notwendig sind. Die Abtretung muss zu einem angemessenen Wert geschehen, der nach den allgemeinen insolvenzrechtlichen Regelungen zu berechnen ist (→ Rn. 699.1). Entspricht der Wert dem Betrag der Forderung oder liegt darunter, erlischt die Forderung infolge der Abtretung. Liegt der Wert darüber, muss der Gläubiger dem Schuldner den Überschuss auszahlen. Handelt es sich um Gegenstände, die mit einer besonders vorrangigen Forderung belegt sind, finden die für die Überlassung zur Zahlung oder an Zahlung statt besonderen Regelungen Anwendung. In diesem Fall bedarf es einer Entscheidung des hypothetischen Insolvenzgerichts (Art. 699 TRLC).

- Die Umwandlung von Forderungen in Aktien oder Anteile an der Schuldnergesellschaft oder anderen Gesellschaften (Kapitalisierung von Forderungen). Es finden die für die gerichtlich genehmigten Refinanzierungsvereinbarungen geltenden Regelungen (→ Rn. 40.4) Anwendung. 138
- Die Umwandlung von Forderungen in Beteiligungsdarlehen mit einer Laufzeit von bis zu zehn Jahren, in wandelbare Instrumente, in nachrangige Forderungen, in Forderungen mit kapitalisierbaren Zinsen oder in irgendein anderes Finanzierungsinstrument, dessen Rang, Fälligkeit oder Merkmale sich von der ursprünglichen Forderung unterscheidet. 139

Ist der Schuldner eine natürliche Person, die nicht als Unternehmer gilt, kann die Vereinbarung nur Stundungen, Schuldenerlassen und/oder Überlassungen zur Zahlung oder an Zahlung statt enthalten. 140

Der Vorschlag kann nicht aus einer vollständigen Verwertung des Schuldnervermögens zur Begleichung seiner Schulden bestehen und auch nicht die für das Insolvenzverfahren geltende Zahlungsreihenfolge ändern, sofern die Gläubiger nicht ausdrücklich ihre Zustimmung hierzu erteilen (Art. 670 TRLC). 141

Dem Vorschlag sind folgende **Unterlagen** beizufügen: 142
- Ein Zahlungsplan für die offenen Forderungen und die Forderungen, die nachträglich entstehen werden (insbesondere Unterhaltsforderungen), der Auskunft über die Mittel geben muss, die zu dessen Erfüllung vorhanden sind (Art. 671.1 TRLC).
- Ein Durchführbarkeitsplan, sofern zur Erfüllung der Vereinbarung vorgesehen ist, dass die notwendigen Mittel aus der Fortführung der unternehmerischen oder beruflichen Tätigkeit des Schuldners stammen. Der Plan muss die notwendigen Mittel nennen und die Maßnahmen und Bedingungen zu ihrer Erlangung (Art. 672. TRLC).
- Der Antrag auf Ratenzahlung der öffentlich-rechtlichen Forderungen oder die Frist zur deren Begleichung, sofern diese nicht bei Fälligkeit gezahlt werden (Art. 671.2 TRLC).

Innerhalb einer Frist von zehn Kalendertagen nach Übermittlung des Vorschlags können die Gläubiger **Alternativ- oder Änderungsvorschläge** einreichen (Art. 673 TRLC). Nach Ablauf dieser Frist übermittelt der Mediator den Gläubigern den endgültigen, vom Schuldner genehmigten Vorschlag (Art. 674 TRLC). Dieser **endgültige Vorschlag** kann von den Gläubigern vor der Versammlung angenommen oder abgelehnt werden. 143

Teilen die Gläubiger, die die Mehrheit der Verbindlichkeiten vertreten und von der Vereinbarung betroffen sein könnten, innerhalb einer Frist von zehn Tagen mit, dass sie die Verhandlungen nicht weiterführen wollen und befindet sich der Schuldner in gegenwärtiger oder drohender Zahlungsunfähigkeit, muss der Mediator unverzüglich einen Insolvenzantrag stellen (Art. 705.1 TRLC). 144

h) Gläubigerversammlung. Die Gläubiger trifft eine **Teilnahmepflicht,** sofern sie nicht innerhalb von zehn Kalendertagen vor Abhaltung der Versammlung mitteilen, dass sie den endgültigen Vorschlag annehmen oder ihm widersprechen (Art. 676 TRLC). 145

Nimmt ein eingeladener Gläubiger ohne dingliche Sicherheit nicht an der Versammlung teil und teilt er seine Entscheidung über Annahme oder Widerspruch innerhalb der genannten Frist nicht mit, wird seine Forderung im nachfolgenden Insolvenzverfahren als **nachrangig** eingestuft (Art. 712 TRLC). 146

Für **öffentlich-rechtliche Forderungen** kann dies nicht gelten. Deren Gläubiger werden nicht zur Versammlung eingeladen, haben kein Stimmrecht und sind nicht von der Vereinbarung betroffen. 146.1

In der Gläubigerversammlung können der Zahlungsplan sowie der Durchführbarkeitsplan **geändert** werden, sofern die Zahlungsbedingungen nicht modifiziert werden (Art. 675 TRLC). 147

i) Annahme der Vereinbarung und Auswirkungen. Zur Annahme der außergerichtlichen Zahlungsvereinbarung durch die Gläubiger bedarf es bestimmter Mehrheiten, die sich stets auf Grundlage der **Gesamtverbindlichkeiten** berechnen. Als Gesamtverbindlichkeiten versteht sich die Summe aller Forderungen ohne dingliche Sicherheiten, dinglich gesicherte Forderungen zu dem Teil, der den Wert der dinglichen Sicherheit übersteigt (berechnet nach den allgemeinen insolvenzrechtlichen Regelungen, → Rn. 699) und die dinglich gesicherten Forderungen, die in der Vereinbarung angenommen wurden. Ausgeschlossen sind stets die öffentlich-rechtlichen Forderungen (Art. 677 TRLC). 148

Innerhalb der Gesamtverbindlichkeiten findet keine Unterscheidung der Forderungen mehr statt, da das Insolvenzverfahren nicht eröffnet wurde und daher keine besonders vorrangigen oder nachrangigen Forderungen existieren. Sämtliche Forderungen entfalten dasselbe Stimmrecht. 148.1

Internationales Insolvenzrecht – Spanien

149   Die notwendige Mehrheit variiert nach den in der Vereinbarung vorgesehenen Mitteln und danach, ob Gläubiger dinglich gesicherter Forderungen betroffen sind:
- Enthält der Vorschlag Stundungen (der Hauptforderung, der Zinsen oder eines anderen geschuldeten Betrags) von bis zu fünf Jahren, Schuldenerlässe von bis zu 25 % des Forderungsbetrags und/oder Umwandlungen der Forderungen in Beteiligungsdarlehen mit einer Laufzeit von bis fünf Jahren, sind **60 %** der Gesamtverbindlichkeiten notwendig (Art. 678.1 TRLC). Diese Wirkungen gelten auch für die **Gläubiger dinglich gesicherter Forderungen,** für den Teil der Forderungen, der den Wert der Sicherheit übersteigt, selbst wenn dieser die Vereinbarung nicht angenommen hat, sofern die Vereinbarung von mindestens **65 %** aller Gläubiger mit dinglich gesicherten Forderungen angenommen wurden (Art. 684 TRLC).
- Enthält der Vorschlag andere Maßnahmen, sind **75 %** notwendig (Art. 678.2 TRLC). Diese Maßnahmen wirken auch bezüglich der **Gläubiger dinglich gesicherter Forderungen,** für den Teil der Forderungen, der den Wert der Sicherheit übersteigt, selbst wenn dieser die Vereinbarung nicht angenommen hat, sofern die Vereinbarung von mindestens **80 %** aller Gläubiger mit dinglich gesicherten Forderungen angenommen wurden (Art. 684 TRLC).

150   Die außergerichtliche Zahlungsvereinbarung muss nach Annahme durch die Gläubiger **notariell beurkundet** werden, was zur Beendigung des Verfahrens durch die zuständige Stelle führt (Art. 679 TRLC). Diese Stelle muss über die Annahme der Vereinbarung **informieren:**
- Das für das Insolvenzverfahren zuständige Gericht („hypothetisches Insolvenzgericht") (Art. 680 TRLC).
- Die zuständigen Personenstands- und Vermögensregister, in denen die Verfahrenseröffnung vermerkt war. Der Vermerk wird gelöscht (Art. 681 TRLC).
- Das Öffentliche Insolvenzregister, in dem die Zahlungsvereinbarung zu veröffentlichen ist, unter Hinweis darauf, dass die Verfahrensakten bei der zuständigen Stelle zur Einsichtnahme durch die interessierten Gläubiger zur Verfügung stehen (Art. 682 TRLC).

151   Die außergerichtliche Zahlungsvereinbarung entfaltet nach ihrer Annahme durch die Gläubiger ohne die Notwendigkeit einer gerichtlichen Genehmigung folgende **Wirkungen:**
- Sie **bindet** den Schuldner, die Gläubiger nicht dinglich gesicherter Forderungen, die Gläubiger dinglich gesicherter Forderungen bezüglich des Teils der Forderung, der den Wert der dinglichen Sicherheit übersteigt (berechnet nach den allgemeinen Regelungen, → Rn. 699) und, sofern diese die Vereinbarung angenommen haben oder die Vereinbarung mit einer qualifizierten Mehrheit angenommen wurde (→ Rn. 149), die Gläubiger dinglich gesicherter Forderungen bezüglich des Teils, der den Wert der Sicherheit nicht übersteigt. Öffentlich-rechtliche Gläubiger sind niemals an die Vereinbarung gebunden (Art. 683 TRLC).
- Die Vereinbarung kann nicht durch die **insolvenzrechtliche Anfechtungsklage** angefochten werden, sofern über das Vermögen des Schuldners nachträglich das Insolvenzverfahren eröffnet wird (Art. 698 TRLC). Bezüglich der Anfechtung der Vereinbarung gilt ein spezielles Verfahren (→ Rn. 153).
- Die von der Vereinbarung betroffenen Gläubiger können keine **Vollstreckungshandlungen** einleiten oder fortführen in Bezug auf Forderungen, die bereits vor der Mitteilung der Verfahrenseröffnung (→ Rn. 13.1) bestanden. Der Schuldner kann die Löschung von **Pfändungen** beantragen (Art. 685.2 TRLC).
- Die außergerichtliche Zahlungsvereinbarung hat keine **Novationswirkung** bezüglich der Forderungen, auf die sie sich bezieht und die gemäß den Bestimmungen der Vereinbarung zurückgestellt, geändert oder gelöscht werden (Art. 685.1 TRLC).
- Gläubiger, die der Vereinbarung nicht zugestimmt oder sie abgelehnt haben, behalten ihre Rechte gegenüber den gesamtschuldnerisch mit dem Schuldner haftenden Personen und gegenüber ihren **Bürgen oder Garanten,** die sich nicht auf die Genehmigung des außergerichtlichen Vergleichs zum Nachteil des ersteren berufen können. Gegenüber den Gläubigern, die den Vertrag abgeschlossen haben, müssen sie sich an den Vertrag und, falls dies nicht der Fall ist, an die für die Verpflichtung des Bürgen geltenden gesetzlichen Bestimmungen halten (Art. 686 TRLC).

152   Wird der Vorschlag in der Versammlung **nicht angenommen** und befindet sich der Schuldner weiterhin in Zahlungsunfähigkeit muss der Mediator unverzüglich beim zuständigen Insolvenzgericht den Insolvenzantrag stellen (nachfolgendes Insolvenzverfahren, → Rn. 164) (Art. 705.1.2 TRLC).

152.1   Ist im Falle einer **natürlichen Person** der Notar oder der Mediator innerhalb von zwei Monaten nach der Mitteilung über die Aufnahme von Verhandlungen an das Gericht der Ansicht, dass keine Vereinbarung erzielt werden kann, hat er innerhalb von zehn Tagen den Insolvenzantrag zu stellen und dem zuständigen

Internationales Insolvenzrecht – Spanien

Gericht einen Bericht zu übermitteln und darin darzulegen, weshalb eine Vereinbarung unmöglich erscheint (Art. 705.2 TRLC).

j) Anfechtung der außergerichtlichen Zahlungsvereinbarung. Die außergerichtliche 153
Zahlungsvereinbarung kann nach deren Annahme durch die Gläubiger nur mittels eines speziellen Verfahrens angefochten werden.

Die **Anfechtungsfrist** beträgt zehn Tage ab der Bekanntmachung der Vereinbarung im Öffent- 154
lichen Insolvenzregister (Art. 689.1 TRLC).

Aktivlegitimiert ist der Gläubiger, dem die Einberufung zur Gläubigerversammlung nicht 155
zugestellt wurde (aber hätte zugestellt werden müssen) oder der die Vereinbarung nicht angenommen hat, sofern ihr Inkrafttreten Auswirkungen auf die Forderungen des betreffenden Gläubigers hat (Art. 688 TRLC).

Zuständig ist das Insolvenzgericht, welches für das Insolvenzverfahren zuständig ist (oder 156
hypothetisch zuständig wäre) (Art. 689.1 TRLC).

Als zulässige **Anfechtungsgründe** sind anerkannt (Art. 687 TRLC): 157
- Fehlende Zustimmung der erforderlichen Mehrheiten (unter Berücksichtigung der Gläubiger, die zustimmen müssen, aber nicht vorgeladen wurden)
- Verletzung der gesetzlichen Regelungen, die für den Vereinbarungsvorschlag gelten (→ Rn. 133)
- Die Unverhältnismäßigkeit der vereinbarten Maßnahmen.

Sämtliche Anfechtungen werden gemeinsam in einem einzigen **insolvenzrechtlichen Neben-** 158
verfahren (→ Rn. 335) **behandelt** (Art. 690 TRLC) und setzen die Vollstreckung der Vereinbarung nicht aus (Art. 689.2 TRLC). Gegen das Urteil ist der recurso de apelación statthaft (Art. 691 TRLC). Nach Eintritt der Rechtskraft ist das Urteil im Öffentlichen Insolvenzregister bekanntzumachen (Art. 692 TRLC).

Wird durch Urteil der Anfechtungsklage **stattgegeben** und befindet sich der Schuldner im 159
Zustand der Zahlungsunfähigkeit, muss der Insolvenzverwalter (oder andernfalls der Schuldner oder die Gläubiger) den Antrag auf ein nachfolgendes Insolvenzverfahren (→ Rn. 164) stellen (Art. 705.1.3 TRLC).

k) Erfüllung und Nichterfüllung der außergerichtlichen Zahlungsvereinbarung. Der 160
Mediator hat die Aufgabe, die Einhaltung der außergerichtlichen Zahlungsvereinbarung zu überwachen (Art. 693 TRLC). Diese Aufsichtspflicht hat zwei Auswirkungen:
- Wird die Vereinbarung vollständig erfüllt, so hat der Insolvenzverwalter dies in einer notariellen Urkunde festzuhalten, die im Insolvenzregister veröffentlicht wird (Art. 694 TRLC).
- Wird die Vereinbarung nicht erfüllt und ist der Schuldner zahlungsunfähig, muss der Mediator das nachfolgende Insolvenzverfahren beantragen (→ Rn. 164) (Art. 705.1.3 TRLC). Geht der zahlungsunfähige Schuldner davon aus, dass er die Vereinbarung nicht wird erfüllen können, muss er den Insolvenzantrag stellen. Alternativ kann der Antrag auch von den Gläubigern gestellt werden (Art. 695.b TRLC). Ein Verfahren zur gerichtlichen Feststellung der Nichterfüllung existiert nicht, sodass hierbei das Verfahren über den Antrag der freiwilligen (→ Rn. 228) oder unfreiwilligen (→ Rn. 245) Insolvenzverfahren Anwendung findet.

l) Öffentlich-rechtliche Forderungen und außergerichtliche Zahlungsvereinbarungen. 161
Keinesfalls dürfen öffentlich-rechtliche Ansprüche durch die außergerichtlichen Vereinbarungen berührt werden (Art. 683.2 TRLC), dh sie werden bei der Berechnung der Mehrheiten nicht berücksichtigt, ebenso wenig wie die Auswirkungen der Verfahrenseröffnung, der Nichtteilnahme an der Sitzung oder der Annahme des Vergleichs auf sie ausgedehnt werden können. Aus dem gleichen Grund werden administrative Vollstreckungsverfahren nicht ausgesetzt.

Allerdings gibt es Sonderregelungen für die Zahlungsaufschübe und Ratenzahlung von Steuer- 162
oder Sozialversicherungsschulden von Schuldnern, die das Verfahren zur Erreichung einer außergerichtlichen Zahlungsvereinbarung nutzen (Art. 655–658 TRLC). Sobald der Mediator bestellt wurde, muss der Schuldner von der Behörde, die Gläubigerin ist, einen Zahlungsaufschub oder eine Ratenzahlung der am Tag der Bestellung des Mediators ausstehenden Schulden beantragen, vorausgesetzt, dass er diese am Fälligkeitstag begleichen wird. Auch kann die Änderung der Bedingungen bereits gewährter Zahlungsaufschübe oder Ratenzahlungen beantragt werden.

Die Gewährung von Zahlungsaufschüben oder Ratenzahlungen richtet sich nach den Bestim- 163
mungen der Steuer- oder Sozialversicherungsgesetzgebung mit folgenden Besonderheiten:
- Die Behörde kann über den Antrag auf Zahlungsaufschub oder Ratenzahlung erst dann entscheiden, wenn die außergerichtliche Zahlungsvereinbarung formalisiert wurde oder wenn seit der Antragstellung drei Monate vergangen sind, ohne dass die Vereinbarung im Öffentlichen Insolvenzregister veröffentlicht wurde, oder früher, sofern das Insolvenzverfahren eröffnet wurde.

Internationales Insolvenzrecht – Spanien

- In der Regel wird der Zahlungsaufschub in Übereinstimmung mit den vorübergehenden Bedingungen erfolgen, die in der außergerichtlichen Zahlungsvereinbarung vorgesehen sind, auch wenn die Periodizität der Zahlungen unterschiedlich sein kann.
- Zuvor gewährte Zahlungsaufschübe und Ratenzahlungen bleiben in Kraft, es sei denn, es wurde eine Änderung beantragt.

7. Das nachfolgende Insolvenzverfahren

164 **a) Voraussetzungen, Antragsbefugnis und Zuständigkeit.** Als **nachfolgendes Insolvenzverfahren** wird das Insolvenzverfahren bezeichnet, wenn eine Refinanzierungsvereinbarung oder eine außergerichtliche Zahlungsvereinbarung scheitert. Konkret handelt es sich um ein Insolvenzverfahren, welches in den folgenden Fällen eröffnet wird, vorausgesetzt, dass der Schuldner zahlungsunfähig ist (Art. 695 TRLC):
- Unmöglichkeit, eine Refinanzierungsvereinbarung oder eine außergerichtliche Zahlungsvereinbarung zu erzielen. Der Schuldner und die Gläubiger sind berechtigt, einen Insolvenzantrag zu stellen; bei Scheitern der außergerichtlichen Zahlungsvereinbarung ist auch der Mediator antragsberechtigt.
- Unmöglichkeit zur Erfüllung der Refinanzierungsvereinbarung oder der außergerichtlichen Zahlungsvereinbarung. Antragsbefugt ist der Schuldner.
- Nichterfüllung der Refinanzierungsvereinbarung oder außergerichtlichen Zahlungsvereinbarung. Antragsbefugt sind der Schuldner und die Gläubiger.
- Aufhebung der Refinanzierungsvereinbarung oder außergerichtlichen Zahlungsvereinbarung. Antragsbefugt sind der Schuldner und die Gläubiger.

164.1 Im Falle einer **außergerichtlichen Zahlungsvereinbarung** stellt Art. 705 TRLC die Fälle klar, in denen es zu einem nachfolgenden Insolvenzverfahren kommen kann, der vom Mediator zu beantragen ist, sofern sich der Schuldner in gegenwärtiger oder drohender Zahlungsunfähigkeit befindet:
- Sofern die Mehrheit der Gläubiger, die von der Vereinbarung betroffen sein könnten, innerhalb einer Frist von zehn Kalendertagen ab Vorlage des Vorschlags mitteilen, dass sie keine Verhandlungen aufnehmen oder diese abbrechen wollen
- Sofern der Vorschlag nicht die notwendige Mehrheit (→ Rn. 149) erhält
- Sofern die Vereinbarung annulliert (→ Rn. 153) oder vom Schuldner nicht erfüllt wird (→ Rn. 160)
- Sofern der Schuldner, eine natürliche Person ist, die nicht als Unternehmer gilt, und der Mediator innerhalb von zwei Monaten nach der Mitteilung der Aufnahme von Verhandlungen der Auffassung ist, dass eine Vereinbarung nicht erzielt werden kann.

165 **Zuständig** für die Eröffnung des nachfolgenden Insolvenzverfahrens ist (Art. 696 TRLC):
- Das Gericht, welches die Nichtigkeit oder die Nichterfüllung der Vereinbarung festgestellt hat
- Das Gericht, welches die Vereinbarung genehmigt hat
- In den übrigen Fällen finden die allgemeinen Regelungen über die Zuständigkeit (→ Rn. 293) Anwendung.

166 Das nachfolgende Insolvenzverfahren richtet sich nach den allgemeinen insolvenzrechtlichen Regelungen mit bestimmten **Besonderheiten**, die auf alle nachfolgende Insolvenzverfahren (→ Rn. 167), nachfolgende Insolvenzverfahren nach Scheitern einer Refinanzierungsvereinbarung (→ Rn. 172) oder nur solche Verfahren bei Scheitern einer außergerichtlichen Zahlungsvereinbarung (→ Rn. 173) gelten.

167 **b) Besonderheiten des nachfolgenden Insolvenzverfahrens.** Folgende Besonderheiten sind zu beachten:

168 Refinanzierungsvereinbarungen und außergerichtliche Zahlungsvereinbarungen sind unter den für jede dieser Vereinbarungen erörterten **Bedingungen** unanfechtbar (→ Rn. 56).

169 Aufgelöst werden die folgenden Handlungen des Schuldners, die sich nachteilig auf die Aktivmasse auswirken (zusätzlich zu den Handlungen, die den allgemeinen Insolvenzregeln entsprechen, → Rn. 634): (a) solche, die während der Erfüllung einer Refinanzierungsvereinbarung vorgenommen wurden, sofern diese annulliert wird; (b) solche, nach dem Antrag auf Ernennung eines Mediators, sofern die außergerichtliche Zahlungsvereinbarung annulliert wird oder nicht die gesetzlichen Voraussetzungen erfüllt. In diesen sind die Handlungen des Schuldners vor der Eröffnung des Insolvenzverfahrens **anfechtbar** (Art. 697 TRLC).

170 Das nachfolgende Insolvenzverfahren wird als **schuldhaft** vermutet, soweit es die Geschäftsführer ohne wichtigen Grund ablehnen, den Gesellschaftern eine Kapitalisierung der Forderungen, eine Ausgabe von Werten oder wandelbaren Instrumenten vorzuschlagen und deshalb eine Refinanzierungsvereinbarung oder eine außergerichtliche Zahlungsvereinbarung scheitert (Art. 700 TRLC).

Internationales Insolvenzrecht – Spanien

Diese widerlegbare Vermutung setzt folgendes voraus: 170.1
- Dass vor der Eröffnung eines nachfolgenden Insolvenzverfahrens einer Gesellschaft Verhandlungen geführt wurden, die zum Abschluss einer Refinanzierungsvereinbarung oder einer außergerichtlichen Zahlungsvereinbarung gezielt waren
- Dass die Gläubiger bei diesen Verhandlungen angeboten haben, ihre Forderungen zu kapitalisieren, oder dass sie eine Ausgabe von Wertpapieren oder wandelbaren Instrumenten (in Aktien oder Gesellschaftsanteilen) akzeptiert haben
- Dass die Geschäftsführer oder Gesellschafter dieses Angebot ohne Rechtfertigungsgrund abgelehnt haben. Wenn die Geschäftsführer das Angebot ablehnen und es nicht einmal der Gesellschafterversammlung vorlegen, gilt die Schuldvermutung zulasten der erstgenannten; wurde das Angebot der Gesellschafterversammlung vorgelegt, gilt die Vermutung zulasten derer, die gegen die Annahme (die übrigen dagegen nicht). Eine Kapitalisierung ist dann als angemessen zu betrachten, wenn ein Sachverständigengutachten dies feststellt.

Die Einstufung der Gesellschafter, die einen Vorschlag als betroffene Personen ablehnen, geschieht unter Beachtung deren Anteil an der für die Ablehnung der Vereinbarung notwendigen Mehrheit (Art. 701.1 TRLC). 170.2

Die Geschäftsführer und Gesellschafter, die der Vermutung der schuldhaften Insolvenz unterliegen, können für das **Defizit** haften (→ Rn. 1017). Dies aber nur dann, wenn deren Weigerung tatsächlich zur Verschlimmerung der Insolvenzlage geführt hat und die übrigen Voraussetzungen gegeben sind (→ Rn. 966) (Art. 702 TRLC). 170.3

Nicht als **de-facto Geschäftsführer** (und daher nicht von der Einstufung als schuldhaft betroffen) gelten die Gläubiger, denen besondere Informationsrechte aus einer Refinanzierungsvereinbarung oder einer außergerichtlichen Zahlungsvereinbarung zustehen. Diese können entsprechend auch nicht als betroffen angesehen werden, es sei denn, es liegen Umstände vor, die eine de-facto Geschäftsführerstellung begründen (Art. 701.2 TRLC). 171

c) Besonderheiten des nachfolgenden Insolvenzverfahrens nach einer Refinanzierungsvereinbarung. Die Besonderheiten sind folgende: 172
- Das Verbot einen unabhängigen Sachverständigen, der den Durchführbarkeitsplan bewertet hatte (→ Rn. 40), zum **Insolvenzverwalter** zu bestellen (Art. 703 TRLC)
- Die Einstufung der von den Gläubigern oder Dritten gewährten Kredite, die neue Geldmittel gebracht haben als allgemein vorrangige Forderungen bis zu 50 % und als Forderungen gegen die Masse die übrigen 50 % (Art. 704 TRLC).

d) Besonderheiten des auf eine außergerichtliche Zahlungsvereinbarung nachfolgenden Insolvenzverfahrens. Das auf eine außergerichtliche Zahlungsvereinbarung nachfolgende Insolvenzverfahren wird als verkürztes Insolvenzverfahren (→ Rn. 327) behandelt, mit einer Reihe von Besonderheiten, die nachfolgend dargestellt werden (Art. 707 TRLC). 173

Dem vom Schuldner oder dem Mediator eingereichten **Insolvenzantrag** sind ein vorgezogener Vergleichsvorschlag (→ Rn. 841) oder ein Verwertungsplan (→ Rn. 924) beizufügen (Art. 706.1 TRLC). 174

Wurde der Insolvenzantrag von einem Gläubiger gestellt, können diese Unterlagen nicht eingereicht werden. Der Schuldner kann einen vorgezogenen Vergleichsvorschlag oder einen Verwertungsplan innerhalb einer Frist von 15 Tagen ab der Mitteilung über die Eröffnung des Insolvenzverfahrens einreichen (Art. 708 TRLC). 174.1

Handelt es sich **beim Schuldner um eine natürliche Person, die nicht als Unternehmer** gilt, wird das Insolvenzverfahren unmittelbar in der Verwertungsphase eröffnet (Art. 717.3 TRLC). Daher muss der Antrag des Schuldners oder des Mediators notwendigerweise einen Verwertungsplan enthalten. 174.2

Darüber hinaus muss im Falle einer Unzulänglichkeit der Aktivmasse für die Zahlung der Forderungen gegen die Maße dem Insolvenzantrag der Antrag auf Beendigung des Insolvenzverfahrens (Expressinsolvenzverfahren, → Rn. 1056) beigefügt werden (Art. 705.4 TRLC). 175

Wird der Insolvenzantrag vom Mediator gestellt, müssen auch folgende Unterlagen eingereicht werden: 176

Ein Bericht mit dem gleichen Inhalt wie der vorläufige Bericht des Insolvenzverwalters (→ Rn. 758), der ein vorläufiges Inventar und eine vorläufige Gläubigerliste sowie die anderen gesetzlich vorgeschriebenen Unterlagen enthalten muss (→ Rn. 760) (Art. 706.2 TRLC). 177

Fällt das Amt des Insolvenzverwalters einer anderen Person zu als derjenigen, die als Mediator tätig war, oder ist der Insolvenzantrag vom Schuldner selbst oder einem Gläubiger gestellt worden, so ist der vorläufige Bericht innerhalb von zehn Tagen nach Ablauf der Frist zur Forderungsanmeldung (→ Rn. 664) (Art. 711 TRLC) einzureichen. 177.1

Internationales Insolvenzrecht – Spanien

178 Ist der Schuldner eine natürliche Person: ein Bericht über die Erfüllung der Voraussetzungen für die Restschuldbefreiung (→ Rn. 1072) und gegebenenfalls über die Eröffnung des Einstufungsverfahrens (→ Rn. 964) (Art. 706.3 TRLC).

179 Das Insolvenzgericht bestimmt im Eröffnungsbeschluss den **Insolvenzverwalter** als Mediator, es sei denn, er erfüllt nicht die gesetzlichen Voraussetzungen für die Ausübung dieses Amts oder es liegt ein Rechtfertigungsgrund vor (Art. 709 TRLC).

179.1 Bei **natürlichen Personen** kann der Notar, wenn er die Funktion des Mediators übernommen hat, nicht zum Insolvenzverwalter bestellt werden.

179.2 Hat der Insolvenzverwalter als Mediator gehandelt, kann er keine höhere **Vergütung** geltend machen, als die in der außergerichtlichen Zahlungsvereinbarung festgelegte (→ Rn. 124). Teilweise wird vertreten, dass der Insolvenzverwalter ein Honorar erhalten kann. Allerdings wird dies von einigen Gerichten abgelehnt. Diese vertreten die Ansicht, dass der Insolvenzverwalter keine zusätzliche Vergütung erhalten kann, als diejenige, die dem Mediator zusteht.

179.3 Wenn das Gericht denjenigen zum Insolvenzverwalter bestellt, der nicht in der gleichen Sache als Mediator tätig gewesen ist, so bestimmt sich seine Vergütung nach den allgemeinen Regeln, die wesentlich großzügiger sind (→ Rn. 417).

180 Gläubiger, die eine außergerichtliche Zahlungsvereinbarung unterzeichnet haben, brauchen ihre **Forderungen nicht anzumelden** (Art. 710 TRLC).

181 Die Parteien können das **vorläufige Inventar und die vorläufige Gläubigerliste anfechten** innerhalb einer Frist von zehn Tagen nach der Mitteilung über die Einreichung des Berichts, oder, sofern dieser nicht zugestellt wurde, nach der letzten Bekanntmachung des Berichts anfechten. Die Anfechtung wird nach den Regeln des verkürzten Verfahrens (→ Rn. 783.1) bearbeitet (Art. 713 TRLC).

181.1 Sobald die Frist verstrichen ist oder das Anfechtungsverfahren abgeschlossen bzw. die Anfechtungen vom Insolvenzverwalter akzeptiert wurden, legt dieser dem Gericht die endgültige Fassung vor und sendet sie elektronisch an alle anerkannten Gläubiger, deren elektronische Adresse hinterlegt wurde (Art. 714 TRLC).

182 Als **Forderungen gegen die Masse** gelten zusätzlich zu den in den allgemeinen Voraussetzungen (→ Rn. 742) vorgesehenen Forderungen, die folgenden (Art. 715 TRLC):
- Die Kosten der außergerichtlichen Zahlungsvereinbarung
- Die Forderungen, die durch die Bearbeitung der außergerichtlichen Zahlungsvereinbarung entstanden sind.

183 Hat der Schuldner einen **vorgezogenen Vergleichsvorschlag** eingereicht, wird dieser entsprechend den für das verkürzte Verfahren (pre-pack, → Rn. 854) behandelt (Art. 716 TRLC).

184 Wird der vorgezogene Vergleichsvorschlag nicht eingereicht, zugelassen, angenommen oder erfüllt, wird unmittelbar die **Verwertungsphase** eröffnet ohne Möglichkeit der Einreichung eines ordentlichen Vergleichsvorschlags. Die Verwertungsphase ist ebenfalls unmittelbar zu eröffnen, sofern der Schuldner oder der Mediator dies beantragen (Art. 717 TRLC).

185 Der Insolvenzverwalter muss den Verwertungsplan innerhalb von zehn Tagen nach Eröffnung der Verwertungsphase vorlegen, sofern er nicht zuvor vom Schuldner oder dem Mediator vorgelegt wurde (Art. 718 TRLC).

185.1 Während der Frist zur Einreichung von Bemerkungen und Änderungsvorschlägen zum Verwertungsplan können der Schuldner und die Gläubiger Schriftsätze einreichen bezüglich des Vorliegens oder Nichtvorliegens der Voraussetzungen der Restschuldbefreiung.

186 Während dieser Frist können die Gläubiger auch das **Verfahren zur Einstufung** einleiten (Art. 719 TRLC).

186.1 Ist der Schuldner eine natürliche Person und wird die Insolvenz als unverschuldet eingestuft, entscheidet das Gericht im Rahmen des Beschlusses über die Beendigung des Insolvenzverfahrens auch über die Restschuldbefreiung.

C. Materielles Insolvenzrecht und Insolvenzverfahrensrecht

I. Eröffnung des Insolvenzverfahrens

187 Das Insolvenzverfahren wird auf Antrag einer antragsbefugten Partei, nach Durchführung eines Feststellungsverfahrens (→ Rn. 228) durch Beschluss (→ Rn. 269) des Insolvenzgerichts (→

Internationales Insolvenzrecht – Spanien

Rn. 293) eröffnet, sofern die subjektiven (→ Rn. 188) und objektiven (→ Rn. 192) Voraussetzungen erfüllt sind. Darüber hinaus fordert die Mehrheit der Rechtsprechung als zusätzliches Merkmal die Vielzahl der Gläubiger (→ Rn. 203), obwohl diese Voraussetzung durch Inkrafttreten des TRLC nunmehr entbehrlich sein könnte.

1. Subjektive Voraussetzungen (Insolvenzfähigkeit)

Die subjektiven Voraussetzungen sind in Art. 1 TRLC geregelt, wonach das Insolvenzverfahren eröffnet werden kann über: **188**

Das Vermögen jeder **natürlichen oder juristischen Person** (Art. 1.1 TRLC), wobei es sich zwingend um Personen mit Rechtspersönlichkeit handeln muss, **189**

Die Rechtspersönlichkeit bestimmt sich nach dem hypothetischen persönlichen Recht der Staatsangehörigkeit (Art. 9.1 CC). Bei juristischen Personen ist auf die lex societatis abzustellen (Art. 9.11 CC). **189.1**

Auch über das Vermögen **Minderjähriger** und **Geschäftsunfähiger** kann das Insolvenzverfahren eröffnet werden. Diese werden dann je nachdem von ihren Eltern, ihrem Vormund oder Betreuer vertreten und begleitet. **189.2**

Ebenfalls kann ein Insolvenzverfahren über das Vermögen von **Gesellschaften in Liquidation,** die ihre Rechtspersönlichkeit behalten (Art. 371.2 LSC), Gesellschaften in Gründung, unwirksame Gesellschaften (also solche, die ihrer Pflicht zur Eintragung in einem öffentlichen Register nicht nachgekommen sind) und Gesellschaften bürgerlichen Rechts, sofern diese Rechtspersönlichkeit besitzen, eröffnet werden. **189.3**

Über das Vermögen von Gesellschaften ohne Rechtspersönlichkeit kann dagegen in Spanien kein Insolvenzverfahren eröffnet werden. Hierzu zählen Vermögensgemeinschaften, Gelegenheitsgesellschaften, Eigentümergemeinschaften (obgleich einige Handelsgerichte die Insolvenzfähigkeit bejahen) oder eheliche Gemeinschaften. **189.4**

Über das Vermögen einer aus dem Handelsregister gelöschten Gesellschaft kann das Insolvenzverfahren ebenfalls eröffnet werden, da deren Rechtspersönlichkeit nicht erlischt, solange die Rechtsbeziehungen zu Dritten Bestand haben. Andernfalls könnten somit Löschungen in betrügerischer Absicht und zum Nachteil der Gläubiger durchgeführt werden, ohne dass diese noch auf die vom Insolvenzverfahren vorgesehenen Mittel zurückgreifen könnten, wie bspw. die Auflösung von Rechtsgeschäften des Schuldners, die die Masse beeinträchtigen. Wurde eine Gesellschaft wegen Abschluss des Insolvenzverfahrens oder Einstellung des Verfahrens wegen Unzulänglichkeit der Aktivmasse gelöscht, kann das Verfahren wiedereröffnet werden, sofern neue Vermögenswerte auftauchen (→ Rn. 1063). **189.5**

Einen **Nachlass,** solange dieser nicht unmittelbar angenommen wurde (Art. 567 TRLC) (→ Rn. 279). **190**

Über das Vermögen von **juristischen Personen des öffentlichen Rechts,** wie örtlichen Verwaltungen (des Staates, der Autonomen Gemeinschaften oder der Gemeinden) und öffentlichen Körperschaften jeglicher Art (autonome Körperschaften, staatliche Einrichtungen, öffentliche Unternehmenseinheiten) kann kein Insolvenzverfahren eröffnet werden (Art. 1.2 TRLC). **191**

Insolvenzverfahren über das Vermögen von juristischen Personen des Privatrechts sind dagegen möglich, selbst wenn die öffentliche Verwaltung an diesen beteiligt ist, wie etwa staatliche Gesellschaften. **191.1**

2. Objektive Voraussetzungen (Insolvenzgründe)

Einzige Objektive Voraussetzung ist die Zahlungsunfähigkeit des Schuldners (Art. 2.1 TRLC). **192**
Die Zahlungsunfähigkeit kann gegenwärtig sein oder drohen (Art. 2.3 TRLC). **193**
- Sie ist **gegenwärtig,** wenn der Schuldner nicht in der Lage ist, seinen Zahlungspflichten regelmäßig nachzukommen.
- Sie **droht,** wenn der Schuldner voraussichtlich nicht in der Lage sein wird, seinen Zahlungspflichten regelmäßig und pünktlich nachzukommen.

Die gegenwärtige Zahlungsunfähigkeit setzt Folgendes voraus: **193.1**
- Eine Unfähigkeit den Zahlungspflichten nachzukommen, unabhängig des Grundes. Eine reine Zahlungsunwilligkeit reicht demzufolge nicht aus.
- Die Unmöglichkeit, den Zahlungsverpflichtungen regelmäßig nachzukommen. Ein Schuldner, der nur mit ungewöhnlichen Maßnahmen zur Beschaffung von Finanzmitteln zahlen kann, wie zB Wucherdarlehen oder die Veräußerung von Vermögenswerten, die für seine Tätigkeit wesentlich sind (oder des gewöhnlichen Aufenthalts, im Falle einer natürlichen Person), gilt als zahlungsunfähig. Dagegen gilt ein Unternehmen, das sich nicht in einer Situation des Ungleichgewichts der Aktiva befindet und Vermögenswerte verkauft, die nicht mit seiner wirtschaftlichen Tätigkeit in Zusammenhang stehen, die

Internationales Insolvenzrecht – Spanien

bereits eingestellt wurde, um seine Schulden zu begleichen (Liquidation außerhalb des Insolvenzverfahrens), als nicht zahlungsunfähig.
- Dabei muss es sich um durchsetzbare Verpflichtungen handeln, dh sie müssen fällig sein und dürfen keiner aufschiebenden Bedingung unterliegen.

193.2 Die drohende Zahlungsunfähigkeit ist nur im Falle eines Antrags auf Eröffnung des Insolvenzverfahrens durch den Schuldner zu berücksichtigen (freiwillige Insolvenz) und setzt das Bestehen von Zahlungspflichten voraus, die noch nicht fällig sind, die aber bei Fälligkeit zu einer gegenwärtigen Zahlungsunfähigkeit führen werden. Der Schuldner darf mithin einer Situation der gegenwärtigen Zahlungsunfähigkeit vorgreifen, ist aber solange nicht antragspflichtig, bis die Zahlungsunfähigkeit eintritt.

193.3 Die Zahlungsunfähigkeit ist ein Zustand, in dem sich der Schuldner befindet, so dass eine isolierte oder sporadische Verletzung von Zahlungsverpflichtungen nicht ausreicht.

193.4 Ein bloßes Ungleichgewicht bedeutet nicht automatisch Zahlungsunfähigkeit: die Verbindlichkeiten des Schuldners können seine Aktiva übersteigen, er kann aber immer noch in der Lage sein, seinen Verpflichtungen nachzukommen (es liegt keine Insolvenz vor). Andererseits kann der Schuldner auch in Zahlungsschwierigkeiten kommen, die ihn daran hindern, seinen Zahlungsverpflichtungen bei Fälligkeit nachzukommen, selbst wenn die Aktiva die Verbindlichkeiten übersteigen (es liegt Insolvenz vor).

194 Die Anforderungen an den **Nachweis der Zahlungsunfähigkeit** richten sich danach, wer den Insolvenzantrag stellt. Stellt der Schuldner den Antrag (freiwilliger Insolvenzantrag), muss er seine gegenwärtige oder drohende Zahlungsunfähigkeit mit zulässigen Beweismitteln nachweisen (Art. 2.2 TRLC).

194.1 In der Praxis ist es empfehlenswert, das Vorliegen objektiver Anhaltspunkte (→ Rn. 195) nachzuweisen.

195 Wird der Antrag dagegen von einem Gläubiger gestellt (unfreiwilliger Insolvenzantrag), muss kein Nachweis erbracht werden, sondern es müssen vielmehr objektive Umstände vorliegen, wie (Art. 2.4 TRLC):

196 Das Vorliegen einer gerichtlichen oder behördlichen Entscheidung über die Zahlungsunfähigkeit des Schuldners, sofern diese rechtskräftig ist.

196.1 Dies sind die folgenden Situationen:
- Bei einer arbeitsrechtlichen Vollstreckung kann der Arbeitgeber zum Zweck der Zahlung durch den Lohngarantiefonds ganz oder teilweise für zahlungsunfähig erklärt werden (und diese Erklärung ist in das entsprechende Personenregister einzutragen), wenn die Forderung durch den Lohngarantiefonds garantiert wird (Art. 276 LJS).
- Obwohl gesetzlich nicht vorgesehen, wird auch in Strafverfahren üblicherweise eine Zahlungsunfähigkeit festgestellt, um die Durchsetzung von Geldverbindlichkeiten gegenüber subsidiär haftenden Parteien zu erreichen.
- Im Rahmen verwaltungsrechtlicher Zwangsmaßnahmen wird der Schuldner als „zahlungsunfähig" bezeichnet, sofern keine pfändbaren Vermögenswerte oder Rechte zur Befriedigung der Forderung (oder wenn die pfändbaren Vermögensgegenstände oder Rechte nur einen Teil der Forderung decken) vorhanden sind. In diesem Fall kann die Verwaltung gegen die Gesamtschuldner vorgehen oder, sofern solche nicht existieren oder diese ebenfalls zahlungsunfähig sind, die Forderung als uneinbringlich deklarieren (Art. 61 RGR). Diese Erklärung ist im Handelsregister einzutragen und führt dazu, dass die Gesellschaft vorläufig keine Registereintragungen vornehmen kann.

197 Das Vorhandensein eines Titels, auf dessen Grundlage ein Vollstreckungs- oder Zwangsversteigerungsbeschluss erlassen wurde, ohne dass die Pfändung die vollständige Befriedigung bewirkt.

197.1 Der Gläubiger benötigt einen Vollstreckungstitel auf dessen Grundlage er die Vollstreckung bereits begonnen hat, das pfändbare Vermögen aber nicht ausreichend ist, um die Forderung zu befriedigen. Eine tatsächliche Beschlagnahme der Vermögenswerte ist nicht notwendig (AAP Madrid 106/2008 v. 27.3.2008 – 60/2007).

198 Das Vorliegen von Pfändungen im Rahmen laufender Vollstreckungen, die das Vermögen des Schuldners insgesamt betreffen.

198.1 Der Unterschied zum vorhergehenden Fall besteht darin, dass der Gläubiger, der einen Insolvenzantrag stellt, in diesem Fall keinen Vollstreckungstitel haben muss bzw. keinen Vollstreckungsantrag gestellt haben muss.

198.2 Die ersten drei Fälle sind insofern äußerst schwerwiegend, als sie auf Antrag des Gläubigers zur unverzüglichen Eröffnung des Insolvenzverfahrens führen (→ Rn. 254), ohne dass der Schuldner hiergegen Widerspruch einlegen kann.

Internationales Insolvenzrecht – Spanien

Das allgemeine Versäumnis, den laufenden Verpflichtungen des Schuldners nachzukommen. **199**

Es ist nicht notwendig, dass alle Verpflichtungen erfüllt werden, aber auch eine gelegentliche oder spezifische Nichterfüllung reicht nicht aus. Es wird diskutiert, ob dieser Gesichtspunkt quantitativ (Mehrheit der Gläubiger) oder qualitativ (Gläubiger höherer Forderungen) bewertet werden soll. **199.1**

Ein Zahlungsversäumnis in Bezug auf die Verbindlichkeiten der folgenden Arten: Steuerverbindlichkeiten, die in den drei Monaten vor dem Insolvenzantrag fällig sind, Sozialversicherungsverbindlichkeiten im gleichen Zeitraum und Schulden aus dem Arbeitsverhältnis, die den letzten drei Monatszahlungen entsprechen. **200**

Die übereilte oder ruinöse Verwertung des Vermögens durch den Schuldner. **201**

Dies setzt Handlungen zur Verdeckung von Vermögen voraus, mit der Absicht, den Gläubigern zu schaden. Eine übereilte oder ruinöse Verwertung bezieht sich auf die Vornahme von Veräußerungshandlungen, durch die der Schuldner einen Veräußerungswert erzielt, der weit unter dem tatsächlichen Wert liegt, selbst wenn er ohne Schädigungsvorsatz handelt. **201.1**

Die letzten drei genannten Umstände wirken als Vermutung iuris tantum der Zahlungsunfähigkeit, so dass der Schuldner dem Insolvenzantrag widersprechen kann, indem er nachweist, dass er sich, selbst wenn solche Umstände eingetreten sind, nicht in einer Situation der Zahlungsunfähigkeit befindet; ist der Schuldner buchführungspflichtig, kann der Nachweis nur auf die Buchhaltung gestützt werden, die er nach Maßgabe des Gesetzes führt (Art. 20 TRLC). **202**

Obwohl das Gesetz dies nicht ausdrücklich verlangte, verstand die Rechtsprechung unter dem Insolvenzgesetz von 2003 größtenteils, dass neben der Zahlungsunfähigkeit auch die Existenz einer **Vielzahl von Gläubigern** erforderlich war, um einen Insolvenzantrag stellen zu können. **203**

Das LC sprach von der Insolvenz des „gemeinsamen" Schuldners (Art. 2.1. LC), der als Schuldner mehrerer Gläubiger verstanden wurde. Es wurde festgestellt, dass das Insolvenzverfahren und seine Instrumente (Forderungseinstufung, Vereinbarung, Verwertung usw.) bedeutungslos sind, wenn es nur einen Gläubiger gibt, der auf eine Einzelvollstreckung zurückgreifen kann. **203.1**

Das Merkmal der Vielzahl der Gläubiger wurde formal ausgelegt: es reichten zwei Gläubiger aus, selbst wenn es sich um Gesellschaften derselben Gruppe handelte oder Mitglieder derselben Familie. **203.2**

Das allgemeine Kriterium war, dass die Vielzahl der Gläubiger im Insolvenzantrag nachgewiesen werden musste. Der Nachweis könnte indikativ auf der Grundlage der verfügbaren Unterlagen (in der Regel Buchhaltung) erfolgen, insbesondere dann, wenn die einzige Möglichkeit, die Existenz weiterer Gläubiger festzustellen, gerade in der Eröffnung des Insolvenzverfahrens bestand (AAP Alicante 57/2015 v. 25.6.2015 – 340/2014). **203.3**

Nach dem TRLC ist die Existenz eines einzigen Gläubigers in der endgültigen Gläubigerliste (→ Rn. 1030) nunmehr zulässiger Grund für die Beendigung des Insolvenzverfahrens, was die Auslegung zulässt, dass die Vielzahl der Gläubiger für das Insolvenzverfahren keine Voraussetzung mehr darstellt, so dass dieses in jedem Fall eröffnet und bis zum Ende der allgemeinen Phase betrieben werden muss. **204**

Diese Auslegung ist allerdings fraglich, da es nicht sinnvoll erscheint, die gesamte allgemeine Phase durchzuführen, wenn von Anfang an bereits bekannt ist, dass der Schuldner lediglich einen einzigen Gläubiger hat. Das Ziel der Insolvenz, die Befriedigung der Gläubiger (Mehrzahl) kann nicht mittels einer Zahlungsanweisung (Im Falle einer Verwertung) oder einer Vereinbarung mit der Mehrheit (im Falle eines Vergleichs) erreicht werden. **204.1**

Rechtsprechung ist in diesem Punkt bisher noch nicht ergangen. **204.2**

Andererseits ist es keine Voraussetzung für den Insolvenzantrag, dass eine **hinreichende Aktivmasse** vorhanden ist, um die Forderungen gegen die Masse begleichen zu können. Die Unzulänglichkeit der Aktivmasse stellt einen Beendigungsgrund des Insolvenzverfahrens (→ Rn. 1031) dar, nicht aber einen Antragshinderungsgrund. Tatsächlich sieht das Gesetz ausdrücklich vor, dass, sofern die Unzulänglichkeit der Aktivmasse von Anfang an eindeutig ist und Anfechtungsklagen, die Haftung Dritter oder die Einstufung der Insolvenz als schuldhaft nicht wahrscheinlich sind (was zu einer Steigerung der Aktivmasse führen könnte), das Gericht zeitgleich das Insolvenzverfahren eröffnen und beenden muss (Art. 470 TRLC) (→ Rn. 1056). **205**

3. Antragsbefugnis

Das Insolvenzverfahren setzt einen Antrag einer befugten Partei voraus, so dass es nicht von einem Gericht von Amts wegen eröffnet werden kann, zB wenn das Gericht in Rahmen eines Vollstreckungsverfahrens Kenntnis von der Zahlungsunfähigkeit des Schuldners erlangt hat. **206**

Internationales Insolvenzrecht – Spanien

206.1 Die **Staatsanwaltschaft** ist nicht befugt, einen Insolvenzantrag zu stellen. Sofern in einem Strafverfahren wegen Vermögensdelikten und Verstößen gegen die sozioökonomische Ordnung Anhaltspunkte dafür vorliegen, dass einer der Beschuldigten zahlungsunfähig ist, kann das Strafgericht auf Antrag der Staatsanwaltschaft den Sachverhalt (a) dem zuständigen Insolvenzgericht mitteilen, damit dieses prüft, ob ein Insolvenzverfahren läuft, und (b) die den aus dem Strafverfahren hervorgegangenen Gläubigern mitteilen, damit diese einen Insolvenzantrag stellen und/oder die geeigneten Maßnahmen ergreifen können (Art. 4 TRLC).

207 Antragsbefugt sind (Art. 3 TRLC):
208 • Der **Schuldner**. Handelt es sich um eine juristische Person, liegt die Zuständigkeit beim Geschäftsführungs- oder Liquidationsorgan.

208.1 Eine Genehmigung durch die Gesellschafterversammlung ist nicht erforderlich. Das von der Gesellschafterversammlung beschlossene Verbot, den Antrag zu stellen, bindet den Geschäftsführer nur intern (Art. 161 LSC), entbindet ihn aber nicht von der gesetzlichen Pflicht zur Antragsstellung.

208.2 Der consejero delegado kann den Insolvenzantrag stellen, sofern er hierzu befugt wurde.

209 • Sämtliche **Gläubiger** des Schuldners, mit Ausnahme solcher, die ihre Forderung nach ihrer Fälligkeit, durch Rechtsgeschäfte unter Lebenden und innerhalb von sechs Monaten vor der Antragstellung erworben haben.

209.1 Hier ist eine sehr weite Auslegung angezeigt. Antragsbefugt sind daher sämtliche Inhaber von streitigen Forderungen (AAP Alicante 39/2012 v. 2.5.2012 – 78/2012), selbst wenn sie nicht fällig sind (SAP Barcelona 338/2012 v. 17.10.2012 – 91/2012).

210 • Die **Gesellschafter** der Schuldnergesellschaft, sofern sie persönlich für die Gesellschaftsschulden haften.

210.1 Art. 3.3 TRLC verlangt nicht mehr, dass die Gesellschafter „gesetzlich" haften, sodass auch diejenigen, die aufgrund einer Vereinbarung für die Schulden der Gesellschaft haften, antragsbefugt sind.

211 • Der **Mediator** im Falle des Scheiterns der außergerichtlichen Zahlungsvereinbarung (→ Rn. 164.1) (Art. 705 TRLC).

212 • Bei **Nachlassinsolvenzverfahren**, die Gläubiger des Erblassers, seine Erben und der Nachlassverwalter (Art. 568.1 TRLC).

4. Insolvenzantragspflicht

213 Der Schuldner ist verpflichtet, innerhalb einer Frist von zwei Monaten einen Insolvenzantrag zu stellen, ab dem Tag, an dem er von seinem gegenwärtigen Zustand der Zahlungsunfähigkeit Kenntnis hatte oder hätte Kenntnis haben müssen (Art. 5.1 TRLC).

213.1 Diese Pflicht besteht nur bei gegenwärtiger Zahlungsunfähigkeit, nicht aber bei drohender (SAP Madrid 115/2009 v. 8.5.2009 – 438/2008).

214 Der **dies a quo** der Frist von zwei Monaten ist unter Zugrundelegung der Sorgfaltspflicht des Schuldners zu bemessen, insbesondere, in Bezug auf die Pflicht zur ordentlichen Buchführung (Art. 25.1 CCom) und der regelmäßigen Erstellung von Bilanzen (mindestens quartalsmäßig) (Art. 28.1 CCom). Mangels anderweitiger Beweise ist anzunehmen, dass der Schuldner seine Zahlungsunfähigkeit kannte, sofern objektive Anhaltspunkte (→ Rn. 195) gegeben sind (Art. 5.2. TRLC).

215 Die **Nichterfüllung** dieser Pflicht hat folgende Auswirkungen:
- Es tritt die Vermutung iuris tantum des Vorsatzes oder der groben Fahrlässigkeit bezüglich der Verursachung oder Verschlimmerung der Insolvenz ein, was zu einer Einstufung der Insolvenz als schuldhaft führt (Art. 444.1 TRLC) (→ Rn. 986).
- Sofern der Schuldner eine Kapitalgesellschaft ist, die sich in einer Auflösungssituation befindet (insbesondere wenn das Gesellschaftskapital weniger als die Hälfte des Stammkapitals beträgt), haften die Geschäftsführer gesamtschuldnerisch neben der Gesellschaft für die Gesellschaftsschulden, die nach Aufkommen der Auflösungssituation entstanden sind (Art. 367.1 LSC).

216 Die Antragspflicht ist in den folgenden Fällen **ausgesetzt** (Art. 595 TRLC):
- Sofern mitgeteilt wird, dass Verhandlungen mit den Gläubigern aufgenommen wurden (Art. 583 TRLC) (sog. „Vorinsolvenzverfahren", → Rn. 13). Die Aussetzung der Antragspflicht beträgt drei Monate (zwei Monate für natürliche Personen, die nicht als Unternehmer gelten). Nach Ablauf dieser Frist hat der Schuldner den Insolvenzantrags innerhalb einer Frist von einem Monat zu stellen.

Internationales Insolvenzrecht – Spanien

- Solange ein Verfahren zur Erreichung einer außergerichtlichen Zahlungsvereinbarung (→ Rn. 103) läuft. Die Aussetzung der Antragspflicht beträgt ebenfalls drei oder zwei Monate ab der Mitteilung über die Ernennung eines Mediators an das Gericht.

5. Freiwilliges und unfreiwilliges Insolvenzverfahren

Grundsätzlich existieren zwei Arten von Insolvenzverfahren, je nach dem wer den Antrag stellt (Art. 29 TRLC): 217

Das Insolvenzverfahren ist **freiwillig**, wenn der erste Antrag vom Schuldner selbst gestellt wird. 218

Ausnahmsweise gilt das Insolvenzverfahren als unfreiwillig, wenn innerhalb von drei Monaten vor Antrag durch den Schuldner ein Antrag von einer anderen berechtigten Person gestellt wurde und dieser Antrag zulässig war, selbst wenn dieser Antrag zurückgenommen, der Antragsteller nicht erschienen oder diesen nicht nachträglich genehmigt hat (Art. 569 TRLC). 218.1

Ebenfalls gilt das Nachlassinsolvenzverfahren als freiwillig, sofern der erste Antrag vom Nachlassverwalter gestellt wurde oder von einem Erben, wobei die genannten Ausnahmen gelten (Art. 569 TRLC). 218.2

Umstritten ist, ob der Antrag eines Mediators bei Scheitern einer außergerichtlichen Zahlungsvereinbarung ebenfalls als freiwillig anzusehen ist. 218.3

In den übrigen Fällen (Antrag durch einen Gläubiger oder einen persönlich haftenden Gesellschafter), ist das Insolvenzverfahren **unfreiwillig (notwendig)**. 219

Werden mehrere Anträge gestellt, richtet sich die Einordnung des Insolvenzverfahrens nach dem Antrag, der zeitlich zuerst gestellt wurde (Art. 29.1 TRLC). 220

Wird gegen die Ablehnung des Insolvenzantrags ein recurso de apelación eingereicht und gleichzeitig ein Insolvenzantrag durch den Schuldner gestellt, gilt das Insolvenzverfahren als unfreiwillig, sofern dem recurso de apelación stattgegeben wird (AAP Madrid 101/2010 v. 28.6.2010 – 348/2009). 220.1

Die Mitteilung über die Aufnahme von Verhandlungen durch den Schuldner (Art. 583 TRLC) verhindert, dass das Insolvenzverfahren als unfreiwillig gilt. Während einer Frist von drei Monaten ab Mitteilung (zwei Monate bei natürlichen Personen, die nicht als Unternehmer gelten) werden keine unfreiwilligen Insolvenzanträge zugelassen. Wird während des vierten (oder dritten) Monats ein Antrag gestellt, wird dieser nur dann zugelassen (als unfreiwillige Insolvenz), sobald die Frist abgelaufen ist und der Schuldner nicht selbst einen Antrag gestellt hat (Art. 594 TRLC). Stellt der Schuldner dagegen innerhalb dieser Frist einen Antrag, gilt das Insolvenzverfahren als freiwillig, selbst wenn der Antrag eines Gläubigers zeitlich zuerst eingegangen ist. 220.2

Allerdings gilt das Insolvenzverfahren als unfreiwillig, sofern der Antrag des Gläubigers vor der Mitteilung über die Aufnahme von Verhandlungen eingeht (Art. 594.1 TRLC). 220.3

Die **Unterschiede** zwischen einem freiwilligen und unfreiwilligen Insolvenzverfahren sind die folgenden: 221

Grundsätzlich behält der Schuldner beim freiwilligen Insolvenzverfahren seine Verfügungs- und Verwaltungsbefugnis, wogegen diese beim unfreiwilligen Insolvenzverfahren auf den Insolvenzverwalter übergehen. Allerdings kann das Gericht andere Regelungen anordnen (→ Rn. 471) (Art. 106 TRLC). 222

Der Ablauf des Verfahrens zur Eröffnung des Insolvenzverfahrens ist ein anderes (→ Rn. 245). 223

Beim unfreiwilligen Insolvenzverfahren werden 50 % der Forderungen der antragstellenden Gläubiger als vorrangig eingeordnet (→ Rn. 725) (Art. 280.7 TRLC). 224

Haben mehrere Gläubiger zeitgleich einen Insolvenzantrag gestellt, wird die Vorrangigkeit der Forderung anteilsmäßig unter ihnen aufgeteilt, unter dem Anteil der Forderung eines jeden in Bezug auf die Gesamtheit aller antragsstellender Gläubiger (SAP Barcelona 313/2010 v. 11.10.2010 – 236/2009). Werden die Anträge nicht zeitgleich gestellt, trifft die Vorrangigkeit die Forderung des Gläubigers, der seinen Antrag zeitlich zuerst gestellt hat. 224.1

Im unfreiwilligen Insolvenzverfahren sind die Gerichtskosten des antragstellenden Gläubigers Forderungen gegen die Masse (Art. 24.2 TRLC). 225

Im unfreiwilligen Insolvenzverfahren hat der Schuldner die Pflicht, den Betrag der Forderung des Gläubigers bei Fälligkeit zu hinterlegen. Die fehlende Hinterlegung hat jedoch keine Folgen (Art. 22.2 TRLC). 226

Weitere bedeutsame Unterschiede zwischen dem freiwilligen und unfreiwilligen Insolvenzverfahren bestehen nicht. Sie stimmen überein in Bezug auf die subjektiven und objektiven Voraussetzungen (wobei allerdings die unterschiedlichen Beweisformen in Bezug auf die objektiven zu beachten sind), die Zuständigkeit, die Insolvenzverwaltung, die Wirkungen der Eröffnung des 227

Internationales Insolvenzrecht – Spanien

Insolvenzverfahrens (außer die erwähnte Ausnahme bezüglich der Verwaltungs- und Verfügungsbefugnis), der Bestimmung der Massen, der Lösung des Insolvenzverfahrens (Vergleich und Verwertung), der Einordnung und der Beendigung.

6. Ablauf des freiwilligen Insolvenzverfahrens

228 Der Insolvenzantrag muss schriftlich gefasst werden und ist von einem Rechtsanwalt sowie einem Prozessvertreter zu unterzeichnen (Art. 6.2 TRLC). Im Antrag ist der Schuldner zu identifizieren und darzustellen, ob die Zahlungsunfähigkeit bereits eingetreten ist oder droht (Art. 6.1 TRLC). In letztgenannten Fall sind die Gründe darzulegen, welche die Annahme der Unmöglichkeit der Erfüllung der Zahlungsverpflichtungen begründen.

228.1 Der Insolvenzantrag kann auch den Antrag auf Eröffnung der Verwertungsphase enthalten (Art. 406 TRLC) (→ Rn. 914).

228.2 Handelt es sich um einen Insolvenzantrag des Schuldners als natürliche Person, ist eine Vertretung durch einen Prozessvertreter nicht notwendig, da diese Vertretung von einem Rechtsanwalt übernommen werden kann (Dritte Zusatzbestimmung des Gesetzes 25/2015).

229 Dem Antrag sind folgende **Unterlagen** beizufügen (Art. 6 und 7 TRLC):

230 • Eine Sondervollmacht zur Beantragung der Insolvenz in notarieller Form oder zu Akten des Gerichts. Hierbei ist die Erteilung persönlich vor dem Rechtspfleger eines jeden Gerichts in Spanien möglich oder in elektronischer Form mit digitaler Unterschrift des Schuldners. Eine notarielle Vollmacht kann vor einem Notar in Spanien oder im Ausland gewährt werden (sofern die Funktionen des ausländischen Notar denen eines spanischen Notars entsprechen, dh dass der Notar die Kenntnis und Fähigkeit des Vollmachtgebers feststellt und es sich nicht lediglich um eine reine Unterschriftenbeglaubigung handelt; ferner bedarf es der Haager Apostille) oder aber vor einem spanischen Konsul, der Notarfunktionen ausübt.

230.1 In Spanien muss der Rechtsanwalt seine Vertretungsvollmacht dem Gericht nicht nachweisen.

230.2 Ergibt sich dies nicht direkt aus der Vollmacht, ist eine Bescheinigung über den Beschluss der Geschäftsführung oder des Liquidators einzureichen, aus der sich der Beschluss über die Einreichung des Insolvenzantrags ergibt.

231 • Unterlagen zum Nachweis der Zahlungsunfähigkeit.

232 • Ein Bericht, der a) die wirtschaftlichen und juristischen Hintergründe, b) die Tätigkeit oder Tätigkeiten während der letzten drei Jahren c) die Niederlassungen, Büros und Betriebe d) die Gründe für die Zahlungsunfähigkeit und e) die Erwägungen bezüglich des Erhalts des Vermögens beinhaltet.

233 • Ist der Schuldner verheiratet, sind die persönlichen Daten des Ehegatten, sowie das Datum der Eheschließung, der Güterstand und, sofern vorhanden, das Datum des Ehevertrags anzugeben.

234 • Hat der Schuldner einen eingetragenen Lebenspartner, sind dessen Identifikationsdaten und Eintragungsdaten aus dem entsprechenden Register anzugeben.

235 • Handelt es sich beim Schuldner um eine juristische Person, sind die persönlichen Daten der Gesellschafter, der Geschäftsführer oder Liquidatoren und der Wirtschaftsprüfer anzugeben sowie die Information, ob die juristische Person Teil einer Unternehmensgruppe ist (→ Rn. 733.3). In letzterem Fall sind sämtliche Unternehmen der Gruppe zu nennen.

236 • Im Nachlassinsolvenzverfahren sind die Daten des Erblassers anzugeben und die Antragsberechtigung des Antragstellers darzulegen (Nachlassverwalter oder Erbe) (Art. 568.2 TRLC).

237 • Ein Inventar über die Vermögenswerte und Rechte (Aktivmasse) unter Angabe ihrer Art, Eigenschaft, Belegenheitsort, Registerdaten, Anschaffungswert, Wertkorrekturen, Einschätzung über den aktuellen Wert sowie Art und Registerdaten von Belastungen (zugunsten eines Gläubigers oder eines Dritten).

237.1 Die Vorlage einer Bilanz oder die Auflistung der Vermögensgegenstände in allgemeinen Gruppen wie „Sachanlagen" ist nicht ausreichend. Es bedarf einer detaillierten Auflistung unter Nennung sämtlicher Vermögensgegenstände und Rechte, aus denen die Aktivmasse besteht, wobei gegebenenfalls diejenigen zusammengefasst werden, die gleichartig oder von geringem Wert sind (zB Büromobiliar).

238 • Eine Auflistung der Gläubiger (Passivmasse) nach alphabetischer Reihenfolge, unter Angabe der persönlichen Daten, Sitz, E-Mail-Adresse, Höhe und Fälligkeitsdatum aller Forderungen sowie die bestehenden persönlichen oder dinglichen Sicherheiten. Hat ein Gläubiger eine Zahlung gerichtlich geltend gemacht (unabhängig davon, ob es sich um ein Feststellungs- oder ein

Vollzugsverfahren handelt), ist zudem Auskunft über das zuständige Gericht, das Aktenzeichen und den Stand des Verfahrens zu geben.
- Eine Auflistung sämtlicher Arbeitnehmer und der Arbeitnehmervertreter. 239

Dabei sind die Arbeitnehmer zu nennen, deren Arbeitsverhältnis im Zeitpunkt der Antragstellung 239.1 bestand. Diese sind ebenfalls in der Gläubigerliste zu nennen.

Ist der Schuldner buchführungspflichtig, sind zusätzlich folgende Unterlagen einzureichen 240 (Art. 8 TRLC):
- Die Jahresabschlüsse und ggfls. Geschäfts- und Wirtschaftsprüferberichte der letzten drei Geschäftsjahre vor Stellung des Insolvenzantrags, selbst wenn die Jahresabschlüsse noch nicht genehmigt wurden.
- Ein Bericht über die wesentlichen Veränderungen, die Einfluss auf das Vermögen hatten, in der Zeit nach der Aufstellung, Genehmigung und Hinterlegung der letzten Jahresabschlüsse.
- Ein Bericht über die durchgeführten Maßnahmen, in der Zeit nach Aufstellung, Genehmigung und Hinterlegung der letzten Jahresabschlüsse, die über den üblichen Geschäftsverkehr hinausgehen.
- Die Zwischenabschlüsse, die nach den letzten eingereichten Jahresabschlüssen erstellt wurden, sofern der Schuldner verpflichtet ist, diese den Aufsichtsbehörden zu melden.
- Gehört der Schuldner einer Unternehmensgruppe an, sei es als Mutter- oder als Tochtergesellschaft, so muss er die konsolidierten Jahresabschlüsse und die konsolidierten Geschäftsführungs- und Prüfungsberichte für die letzten drei Geschäftsjahre, die am Tag der Antragstellung enden, vorlegen, auch wenn diese konsolidierten Jahresabschlüsse nicht genehmigt wurden, sowie einen Bericht über die Geschäfte, die im gleichen Zeitraum und bis zum Insolvenzantrag mit anderen Unternehmen der Gruppe getätigt wurden.

Die genannten Unterlagen sind dem Antrag als Anlage beizufügen. Ihr Inhalt darf nicht im Antrag 240.1 selbst enthalten sein.

Werden die Unterlagen nicht oder nicht vollständig eingereicht, ist im Antrag ausdrücklich darauf 240.2 hinzuweisen unter Angabe der Gründe hierfür (Art. 9 TRLC).

Andere Dokumente können dem Antrag entweder freiwillig beigefügt werden (Kopie des Ausweises 240.3 und der Geburtsurkunde des Schuldners, Auszug aus dem Personenregister, in welchem der Schuldner als juristische Person eingetragen ist, Auszug des Grundbuchamtes über die zum Vermögen gehörenden Immobilien, Zahlungsanweisungen der Gläubiger, beantragte Steuerstundungen) oder je nach dem zusätzlichen Inhalt des Antrags (vorgezogener Vergleichsvorschlag und Beitritte zu diesem (→ Rn. 841), Verwertungsplan mit Kaufangebot für die Unternehmenseinheit (pre-pack, → Rn. 941)).

Der Schuldner muss bei der Erstellung der von ihm vorgelegten Unterlagen besonders sorgfältig 241 vorgehen, da die schwerwiegende Ungenauigkeit oder Unrichtigkeit zu einer Einstufung der Insolvenz als schuldhaft führt (Art. 443.4 TRLC).

Sind der Antrag und/oder die Unterlagen fehlerhaft oder fehlen Unterlagen, räumt das Gericht 242 dem Schuldner eine Frist von fünf Tagen zur **Behebung** dieser Mängel ein. Die Frist ist nicht verlängerbar. Nach Ablauf dieser Frist, ohne dass der Mangel beseitigt wurde, lehnt das Gericht den Antrag als unzulässig ab (Art. 11.1 TRLC).

Die Rechtsprechung legt dieses Erfordernis flexibel aus, so dass das Insolvenzverfahren auch dann zu 242.1 eröffnen ist, wenn zwar Daten oder Unterlagen fehlen, sich aus einer Gesamtbeurteilung der vorgelegten Unterlagen aber das Vorliegen einer Zahlungsunfähigkeit oder einer äußeren Tatsache, die diese offenbaren (→ Rn. 195), ergibt (Art. 10.2. TRLC). Allerdings hat der Schuldner den Mangel in der Folge auf Verlangen des Insolvenzverwalters in Erfüllung seiner Mitwirkungspflicht zu beheben (AAP Barcelona v. 15.3.2010 – 386/2009).

Gerichtsgebühren fallen beim Insolvenzantrag des Schuldners nicht an (Art. 4.1.b Gesetz 10/ 243 2012).

Der **Ablauf** des freiwilligen Insolvenzantrags ist folgender: 244
- Das Gericht hat den Antrag spätestens am Tag nach der Einreichung zu prüfen (Art. 10.1 TRLC).
- Liegen formelle oder materielle Mängel vor oder sind die eingereichten Unterlagen unzureichend, gibt das Gericht dem Schuldner eine nicht verlängerbare Frist von fünf Tagen, um den Mangel zu beheben (Art. 11.1 TRLC). Wird der Mangel nicht fristgemäß behoben, wird der Antrag als unzulässig abgelehnt (Art. 11.2. TRLC). Hiergegen ist der recurso de reposición statthaft (Art. 12 TRLC).

Internationales Insolvenzrecht – Spanien

- Ergibt sich aus den eingereichten Unterlagen das Vorliegen der objektiven und subjektiven Voraussetzungen sowie der Zuständigkeit des Gerichts (→ Rn. 293), erlässt das Gericht am folgenden Werktag einen Beschluss über die Eröffnung des Insolvenzverfahrens (→ Rn. 269) (Art. 10.2 TRLC). Liegen die Voraussetzungen nach Auffassung des Gerichts nicht vor, ergeht ein Abweisungsbeschluss (Art. 11.3 TRLC). Hiergegen ist der recurso de reposición statthaft (Art. 12 TRLC).

244.1 Wird der Antrag aus einem anderen Grund als der Nichtheilung von Mängeln oder dem mangelnden Nachweis der Zahlungsunfähigkeit abgelehnt, wie zB mangels Nachweises der Vielzahl von Gläubigern, hält die Rechtsprechung die Berufung für statthaft (AAP Castellón 503/2008 v. 7.11.2008 – 366/2008).

7. Ablauf des unfreiwilligen Insolvenzverfahrens

245 Der unfreiwillige Insolvenzantrag ist, wie der freiwillige, schriftlich zu stellen und von einem Rechtsanwalt und einem Prozessvertreter zu unterzeichnen. Die Einhaltung der für Klageschriften geltenden Form ist nicht notwendig.

246 Der **Antrag** muss insbesondere die Antragsberechtigung darlegen sowie das Vorliegen objektiver Umstände; anzugeben sind (Art. 13 TRLC):
- Die persönlichen Daten des Antragstellers, einschließlich seiner Wohnanschrift.
- Die Antragsberechtigung des Antragstellers, also woraus sich diese ableitet (Gläubiger, Gesellschafter usw.), sowie der Beweisantrag hinsichtlich der Antragsberechtigung, sofern sich diese nicht bereits aus den eingereichten Unterlagen ergibt.
- Die Art, Höhe, Anschaffungsdatum, Fälligkeitsdatum und gegenwärtige Situation (dh ob diese bereits gerichtlich eingefordert wurden und ggfls. in welchem Verfahren) der Forderung des antragstellenden Gläubigers.
- Der objektive Anhaltspunkt für die Zahlungsunfähigkeit (→ Rn. 195), sofern der Antrag von einem Gläubiger gestellt wird.
- Die Beweisangebote zum Nachweis der objektiven Anhaltspunkte. Der Zeugenbeweis ist nicht ausreichend.

246.1 Dem Antrag sind Beweismittel über das Vorliegen der objektiven Anhaltspunkte von Anfang an beizufügen. Andernfalls wird der Antrag als unzulässig abgelehnt. Ein späteres Nachschieben von Beweismitteln ist nicht zulässig, da das Verfahren über die Eröffnung des Insolvenzverfahrens nicht zu einer fishing expedition werden soll.

246.2 Im Rahmen des Antrags können ebenfalls einstweilige Maßnahmen beantragt (→ Rn. 257) werden.

247 Dem Antrag sind folgenden **Unterlagen** beizufügen (Art. 13 TRLC):
248 - Eine Prozessvollmacht. Wie auch beim freiwilligen Antrag bedarf es hierbei der notariellen Form oder einer Vollmacht zu Akten des Gerichts (→ Rn. 230).
249 - Nachweise über die Forderung (Rechnungen, Schuldscheine, Verträge usw), sofern der Antrag von einem Gläubiger gestellt wird.

249.1 Demzufolge kann ein Gläubiger, der seine Forderung nicht schriftlich belegen kann (zB ein Gläubiger einer außervertraglichen Forderung) keinen Insolvenzantrag stellen, solange die Forderung nicht gerichtlich festgestellt wurde.

250 - Nachweis über die Antragberechtigung, sofern der Antragsteller kein Gläubiger ist.
251 - Die Unterlagen, aus denen sich ergeben, dass mehrere Gläubiger vorhanden sind (AAP Balearen 195/2009 v. 5.10.2009 – 260/2009), obgleich dies nach der Neufassung des Insolvenzgesetzes entbehrlich sein könnte (→ Rn. 203).
252 - Nachweis über die Einzahlung der Gerichtskosten in Höhe von 200 EUR, es sei denn, der Antragsteller ist von den Kosten befreit (natürliche Personen, öffentliche Verwaltungsbehörden, Empfänger von Prozesskostenhilfe).

252.1 Selbstverständlich muss der Antragsteller nicht den Bericht, das Inventar und die Gläubigerliste einreichen, die vom Schuldner verlangt werden. Wird das unfreiwillige Insolvenzverfahren eröffnet, ordnet das Gericht die Vorlage dieser Unterlagen vom Schuldner an (Art. 28.2 TRLC).

253 Nach Einreichung des Antrags prüft das Gericht am Tag der Zuteilung an den Richter oder spätestens am nächsten Werktag das Vorliegen der subjektiven Voraussetzungen, der Zuständigkeit und der Antragsberechtigung des Antragstellers (**Vorprüfung**). Ab diesem Zeitpunkt ist das Verfahren unterschiedlich, abhängig vom Antragsteller und den im Antrag behaupteten objektiven Umständen.

Wurde der Antrag von einem Gläubiger gestellt und der Nachweis über das Vorliegen von **254** einem der ersten drei genannten objektive Anhaltspunkte (→ Rn. 195) erbracht (gerichtliche oder behördliche Erklärung der Zahlungsunfähigkeit, nicht ausreichende Pfändung oder weitverbreitete Pfändungen), wird das Gericht ohne vorherige Anhörung des Schuldners den **Beschluss über die Eröffnung des Insolvenzverfahrens erlassen** (Art. 14.2.1 TRLC). Gegen diesen Beschluss ist nicht der besondere Widerspruch bezüglich der übrigen objektiven Voraussetzungen (→ Rn. 259) statthaft, sondern einzig der recurso de apelación (→ Rn. 267). Im Rahmen des Berufungsverfahrens ist über das Vorliegen der objektiven Voraussetzungen, der Antragsbefugnis oder andere formelle Zulässigkeitsgründe zu verhandeln.

In den übrigen Fällen des unfreiwilligen Antrags (also durch eine andere berechtigte Person als **255** einen Gläubiger oder einen Antrag auf Grundlage einer der drei letzten objektiven Anhaltspunkte der Zahlungsunfähigkeit) beschließt das Gericht zunächst nur über die Zulassung des Antrags (**Durchführbarkeitsprüfung**). Das Gericht hat über die Beweismittel zu befinden und hiermit über die Erfolgsaussichten des Antrags. Liegen die Voraussetzungen nicht vor, kann das Gericht den Antrag ablehnen (AAP Balearen 7/2010 v. 27.01.2010 – 537/2009). Demzufolge muss sich die Zulassung auf Vorliegen eines objektiven Anhaltspunktes stützen.

Gegen den Zulassungsbeschluss kann der Schuldner den recurso de reposición einlegen, im Rahmen **255.1** derer sämtliche Anfechtungsgründe vorgebracht werden können. Der Schuldner kann seinen Widerspruch gegen den Antrag auf Eröffnung des Insolvenzverfahrens nur auf die genannten Gründe stützen (fehlende Antragsbefugnis, Fehlende objektive Anhaltspunkte für die Zahlungsunfähigkeit, → Rn. 261) (AAP Castellón 205/2010 v. 15.11.2010 – 413/2010).

Ist das Gericht der Annahme, dass der Antrag oder die Unterlagen über den Nachweis der **256** Antragsbefugnis fehlerhaft und nicht ausreichend sind, wird es dem Antragsteller eine Frist zur Heilung dieser Mängel geben, die fünf Tage nicht übersteigen darf. Bei Nichtheilung der Mängel durch den Antragsteller wird der Antrag mittels Beschlusses abgelehnt. Hiergegen ist der recurso de reposición statthaft. Beseitigt der Antragsteller dagegen den Mangel, wird der Antrag zugelassen, sofern dieser die Durchführbarkeitsprüfung (→ Rn. 255) übersteht (Art. 17 TRLC).

Im Zulassungsbeschluss kann das Gericht auf Antrag des Antragstellers auch **einstweilige Maß-** **257** **nahmen** stattgeben, die notwendig erscheinen, um die Vollständigkeit des Schuldnervermögens abzusichern (Art. 18.1 TRLC).

Umfasst sind sämtliche einstweilige Maßnahmen, die in Art. 727 LEC genannt sind, wie der vorläufige **257.1** Vermerk über die Eröffnung des Insolvenzverfahrens in den Personen- oder Vermögensregistern, das Verfügungsverbot oder die Aussetzung laufender Vollstreckungen. Die Maßnahmen bleiben während der Eröffnung des Insolvenzverfahrens wirksam (entsprechend dem Inhalt des Beschlusses über die Eröffnung des Insolvenzverfahrens (→ Rn. 269) oder, der Ablehnung des Antrags, Art. 18.3 TRLC) und solange bis der Insolvenzverwalter sein Amt angenommen hat. Ab diesem Zeitpunkt treten die allgemeinen Wirkungen des Insolvenzverfahrens ein (→ Rn. 466).

Das Gericht kann die Hinterlegung einer **Sicherheitsleistung** anordnen, zur Deckung eventueller **257.2** Schäden, die die einstweiligen Maßnahmen bei dem Schuldner haben können, sofern der Antrag auf Eröffnung des Insolvenzverfahrens letztlich abgelehnt wird (Art. 18.2 TRLC).

Wurden nach Zulassung des unfreiwilligen Insolvenzantrags weitere Maßnahmen eingeleitet, **258** kommt es zu einer Anhäufung mit den vorherigen (Art. 15 TRLC).

Durch den Beschluss über die Zulassung des Antrags wird der Schuldner mittels Zustellung **259** dazu aufgefordert, innerhalb einer Frist von fünf Tagen zu erscheinen. In dieser Frist kann er Widerspruch einreichen und Beweisangebote stellen (Art. 14.2.2 TRLC).

Die Zustellung hat am Sitz des Schuldners zu erfolgen. Ist sein Sitz unbekannt oder konnte die Zustellung nicht durchgeführt werden, kann das Gericht die Feststellung einer zustellungsfähigen Adresse veranlassen (durch Prüfung der Datenbanken der Polizei, der Verkehrsbehörden, der Sozialversicherungsbehörden usw) und eine neue Zustellung an die sich hieraus ergebenden Adressen durchführen. Ist der Schuldner verstorben, ist die Zustellung an die Erben vorzunehmen. Handelt es sich beim Schuldner um eine juristische Person und geht die Zustellung fehl oder ist der Sitz nicht bekannt, kann das Gericht die Zustellung an die Geschäftsführer oder Liquidatoren bewirken. Gelingt eine Zustellung auch hier nicht, kann das Gericht die öffentliche Zustellung anordnen. Das Gericht kann den Beschluss über die Eröffnung des Insolvenzverfahrens auf Grundlage der Unterlagen und dem Vorbringen der Antragsteller erlassen sowie unter Beachtung der im Zahlungsverfahren festgestellten Tatsachen (Art. 16 TRLC). **259.1**

Der Zulassungsbeschluss ist den öffentlichen Behörden zuzustellen, denen auch der Beschluss über die **259.2** Eröffnung des Insolvenzverfahrens zuzustellen ist (Art. 14.4 TRLC).

Internationales Insolvenzrecht – Spanien

260   **Erkennt** der Schuldner den Insolvenzantrag an, reicht er keinen Widerspruch ein oder stellt er selbst einen Insolvenzantrag innerhalb einer Frist von fünf Tagen, wird das Gericht einen Beschluss über die Eröffnung des Insolvenzverfahrens erlassen (Art. 19 TRLC).

261   Der **Widerspruch** ist innerhalb von fünf Tagen einzureichen, mittels Schriftsatzes, welcher von einem Rechtsanwalt und einem Prozessvertreter zu unterzeichnen ist (hierzu bedarf es einer allgemeinen Prozessvollmacht). Der Widerspruch kann sich dabei nur auf drei Gründe stützen: fehlende Antragsbefugnis, das Nichtvorliegen objektiver Anhaltspunkte für die Zahlungsunfähigkeit auf denen der Antrag beruht oder das Nichtvorliegen einer Zahlungsunfähigkeit (entweder im Antragszeitpunkt oder im Zeitpunkt der Einleitung eines Widerspruchs). Den Schuldner trifft die Beweislast in Bezug auf seine Zahlungsfähigkeit. Ist er buchführungspflichtig, ist der Beweis auf Grundlage seiner Buchhaltung zu führen (Art. 20 TRLC).

261.1   Die objektiven Anhaltspunkte für die Zahlungsunfähigkeit, die nicht zur direkten Eröffnung des Insolvenzverfahrens führen (→ Rn. 254), sind Vermutungen iuris tantum der Zahlungsunfähigkeit, sodass es logisch erscheint, dass, sofern eine Vermutung vorliegt, den Schuldner die Last zum Beweis seiner Zahlungsfähigkeit trifft.

261.2   Der Schuldner muss beweisen, dass er, obgleich er im Moment der Antragstellung zahlungsunfähig war, er nunmehr zahlungsfähig ist. Entscheidend ist für das Gericht die Situation im Zeitpunkt, in dem es den Beschluss über die Eröffnung oder die Ablehnung des Insolvenzverfahrens erlässt (AAP Barcelona 76/2011 v. 1.6.2011 – 520/2010).

261.3   Stützt sich der Widerspruch auf andere Gründe, ist dieser als unzulässig zu verwerfen. Diese Gründe müssten im recurso de reposición gegen den Beschluss über Zulassung des Antrags geltend gemacht werden (→ Rn. 255.1).

262   Nach Einreichung des Widerspruchs hat das Gericht die Parteien zu laden. Die mündliche Verhandlung findet innerhalb von zehn Tagen nach Eingang des Widerspruchs statt. In der mündlichen Verhandlung müssen die Parteien mit den Beweisen erscheinen, die sie zu verwenden beabsichtigen (die sie in ihren Antrags- und Widerspruchsschriftsätzen vorgeschlagen haben) und an Ort und Stelle vorgelegt werden können, und, falls der Schuldner gesetzlich zur Buchführung verpflichtet ist, muss er in der mündlichen Verhandlung die Buchhaltungsbücher vorlegen, die geführt werden müssen (Art. 21 TRLC).

263   Erscheint der Schuldner nicht zu dem Termin, eröffnet das Gericht das Insolvenzverfahren. Erscheint er dagegen, hat er den Betrag der Forderung des antragstellenden Gläubigers zu **hinterlegen,** sofern die Forderung fällig ist oder darzulegen, warum er diesen nicht hinterlegt hat. Die fehlende Hinterlegung hat keine Folgen (Art. 22.2 TRLC).

263.1   Handelt es sich um eine Mehrzahl von antragstellenden Gläubigern, hat der Schuldner alle fälligen Forderungen zu hinterlegen.

263.2   Erscheint der Antragsteller nicht und ist das Gericht der Auffassung, dass die Voraussetzungen für die Eröffnung des Insolvenzverfahrens gegeben sind, gibt das Gericht den übrigen Gläubigern eine Frist von fünf Tagen, um Stellungnahmen einzureichen (Art. 22.3 TRLC).

264   Die fehlende Hinterlegung (sofern diese nicht vorgenommen wird oder nicht vorgenommen werden muss, da die Forderung des Antragstellers noch nicht fällig ist), oder, selbst wenn sie erfolgt ist, wenn der Gläubiger seinen Insolvenzantrag bestätigt, oder sofern der Antragsteller kein Gläubiger ist, hindert nicht die Fortführung des Termins. Im Termin können die Parteien zur Zulässigkeit der Eröffnung des Insolvenzverfahrens **vortragen** (Art. 22.4 TRLC), wobei das Gericht über die Zulassung oder Ablehnung von **Beweismitteln** entscheidet. Die Beweisaufnahme findet in der Regel in diesem Termin statt. Andernfalls ist ein neuer Termin innerhalb einer Frist von 20 Tagen einzuberufen (Art. 23 TRLC).

264.1   Die Beweisaufnahme richtet sich nach den Regelungen der LEC. Allerdings kann das Gericht auch unmittelbar die Vernehmung der Parteien, Zeugen und Sachverständiger vornehmen (Art. 23.3 TRLC). Die Beweiswürdigung hat nach den Regeln der LEC zu erfolgen (Art. 23.4 TRLC).

265   Nach der Beweisaufnahme hat das Gericht innerhalb einer Frist von drei Tagen per **Beschluss** über die Zulassung des Antrags zu entscheiden. Bei Zulassung des Antrags werden die **Kosten** des Verfahrens dem Schuldner auferlegt, die Forderungen gegen die Masse darstellen. Wird der Antrag abgelehnt, trifft die Kostentragungspflicht den Antragsteller, es sei denn, das Gericht ist der Auffassung, dass besondere Umstände vorliegen, die ein Absehen von der Auferlegung der Kosten rechtfertigen (Art. 24 TRLC). Ferner kann der Schuldner bei Antragsablehnung einen Antrag auf **Ersatz des Schadens** stellen, der ihm durch den Antrag entstanden ist. Der nachfol-

Internationales Insolvenzrecht – Spanien

gende Schadenersatzprozess wird nach den allgemeinen Regelungen der Zivilprozessordnung geführt. Der Beschluss hierüber ist ein vollstreckbarer Titel (Art. 27 TRLC).

Gegen den Beschluss über die Zulassung oder Ablehnung der Eröffnung des Insolvenzverfahrens sind folgende **Rechtsmittel** statthaft (Art. 25 TRLC): 266

Gegen die Zulassung oder Ablehnung ist der recurso de apelación statthaft. Diese entfaltet keine aufschiebende Wirkung, es sei denn, das Gericht ordnet dies an. In diesem Fall ist über die Aufrechterhaltung, Aufhebung oder die Einleitung der als notwendig erachteten einstweiligen Maßnahmen zu entscheiden. 267

Zur Einlegung des recurso de apelación berechtigt sind der Schuldner und jede Person, die ein berechtigtes Interesse nachweist. 267.1

Die AP entscheidet über den recurso de apelación. Wird dieser stattgegeben, gilt das Insolvenzverfahren am Tag des erstinstanzlichen Beschlusses als eröffnet (Art. 26 TRLC). Die zwischen dem erstinstanzlichen und dem zweitinstanzlichen Beschluss vorgenommenen Verfügungen können angefochten werden (→ Rn. 475). 267.2

Gegen andere Entscheidungen im Rahmen des Beschlusses (bspw. den Übergang der Verwaltungs- und Verfügungsbefugnis) ist nur der recurso de reposición statthaft, zu der jede Partei befugt ist. 268

Die Frist für beide Rechtsmittel beginnt für die Beteiligten mit Zustellung des Beschlusses, für die übrigen antragsbefugten Personen mit dessen Veröffentlichung im BOE. 268.1

Bei Ablehnung des Rechtsmittels werden dem Rechtsmittelführer die Kosten auferlegt. Wird dem Rechtsmittel stattgegeben, ergeht keine Entscheidung über die Kostenauferlegung. 268.2

8. Beschluss über die Eröffnung des Insolvenzverfahrens

Der Eröffnungsbeschluss hat folgenden **Inhalt** (Art. 28 TRLC): 269
- Die Information, ob es sich um ein freiwilliges oder unfreiwilliges Insolvenzverfahren handelt (→ Rn. 217)
- Die Information, ob es sich um ein gewöhnliches oder verkürztes Verfahren (→ Rn. 319) handelt
- Die Information, ob der Schuldner seine Verwaltungs- und Verfügungsbefugnis behält oder diese auf den Insolvenzverwalter übergeht (→ Rn. 466)
- Die Information, ob der Schuldner die Verwertung beantragt hat (→ Rn. 914) oder einen vorgezogenen Vergleichsvorschlag (→ Rn. 841) eingereicht hat
- Die Ernennung des Insolvenzverwalters (→ Rn. 364)
- Die Aufforderung an die Gläubiger, ihre Forderung beim Insolvenzverwalter innerhalb eines Monats nach Bekanntmachung des Beschlusses im BOE mitzuteilen (→ Rn. 663)
- Die Bekanntmachungsmethoden des Eröffnungsbeschlusses (→ Rn. 272)
- Im unfreiwilligen Insolvenzverfahren die Aufforderung an den Schuldner, innerhalb von zehn Tagen die Unterlagen vorzulegen, die im Falle eines freiwilligen Insolvenzverfahrens hätten vorgelegt werden müssen (→ Rn. 229)
- Es sind die einstweiligen Maßnahmen zu benennen, die das Gericht zur Integrität, Erhalt oder Verwaltung der Aktivmasse als notwendig erachtet
- Entscheidungen über die Auflösung der ehelichen Gemeinschaft (→ Rn. 485)

Der Beschluss tritt mit sofortiger Wirkung **in Kraft** (→ Rn. 453) und ist vollstreckbar, selbst wenn er nicht rechtskräftig ist (es sei denn, das Gericht verfügt etwas anderes bei Zulassung der Rechtsmittel) (Art. 32 TRLC). Der Beschluss hat mithin konstitutive Wirkung in Bezug auf das Insolvenzverfahren des Schuldners, auch bereits vor dessen Bekanntmachung. Nach Erlass des Beschlusses wird die allgemeine Phase des Insolvenzverfahrens eröffnet (Abschnitte zwei, drei und vier); hat der Schuldner auch die Eröffnung der Verwertungsphase beantragt (Abschnitt fünf), so wird das Gericht in demselben Beschluss hierüber befinden (Art. 30 TRLC); ferner wird das Gericht auch über die Eröffnung des Abschnittes fünf befinden, sofern der Schuldner einen vorgezogenen Vergleichsvorschlag eingereicht hat (Art. 31 TRLC). 270

Das Gericht **stellt** den Beschluss den Betroffenen (Art. 33.1 TRLC) **zu**. Ist der Schuldner verheiratet oder hat er einen eingetragenen Lebenspartner, stellt das Gericht den Beschluss auch dem Ehegatten oder Lebenspartner zu (Art. 33.2 TRLC). 271

Das Nichterscheinen des Schuldners hat nicht zur Folge, dass ihm der Beschluss zugestellt wird. Die Bekanntmachung des Beschlusses im BOE ersetzt die Zustellung (Art. 33.1 TRLC). 271.1

9. Bekanntmachung der Eröffnung des Insolvenzverfahrens

272 Der Beschluss über die Eröffnung des Insolvenzverfahrens unterliegt verschiedenen Formen der Bekanntmachung, mit dem Ziel, die am Verfahren interessierten Personen über das Verfahren und seine Auswirkungen zu informieren. Zusätzlich zu den im Rahmen des Verfahrens veröffentlichten Mitteilungen (→ Rn. 259) wird die Erklärung ua im BOE (→ Rn. 273), in öffentlichen Registern (→ Rn. 276) und durch individualisierte Mitteilung (→ Rn. 657) bekanntgemacht.

273 Zunächst erfolgt die Bekanntmachung auszugsweise kostenlos im **BOE**, sobald der Insolvenzverwalter sein Amt angenommen hat. Dabei werden lediglich die folgenden Daten veröffentlicht (Art. 35.1 TRLC):

- Persönliche Daten des Schuldners, einschließlich seiner Steueridentifikationsnummer (NIF)
- Zuständiges Insolvenzgericht und Aktenzeichen
- Datum des Beschlusses
- Information darüber, ob der Schuldner seine Verfügungsbefugnis behält oder verliert (→ Rn. 466)
- Daten des Insolvenzverwalters unter Angabe seiner Postanschrift und E-Mail-Adresse zur Forderungsanmeldung
- Frist zur Forderungsanmeldung für die Gläubiger (→ Rn. 664)
- E-Mail-Adresse des öffentlichen Insolvenzregisters in dem die Beschlüsse im Insolvenzverfahren veröffentlich werden.

273.1 Sobald der Auszug im BOE veröffentlicht wird, beginnen die Fristen für die Forderungsanmeldung (→ Rn. 664) und die Einlegung von Rechtsmitteln gegen die Eröffnung des Insolvenzverfahrens für die nicht beteiligten Parteien zu laufen (→ Rn. 266).

273.2 Über die Bekanntmachung des Insolvenzverfahrens im BOE → Rn. 362.1.

274 Das Gericht kann bei Veröffentlichung des Eröffnungsbeschlusses oder zu einem späteren Zeitpunkt, von Amts wegen oder auf Antrag einer Partei, **zusätzliche Maßnahmen zur Bekanntmachung** anordnen (Art. 35.2 TRLC).

274.1 Zum Beispiel kann das Gericht die Veröffentlichung einer Anzeige in einer Tageszeitung oder auf der Webseite des Schuldnerunternehmens anordnen. Das Gericht kann auch von Amts wegen oder auf Antrag den wesentlichen Inhalt des Eröffnungsbeschlusses in einem anderen Staat veröffentlichen, in Übereinstimmung mit den im jeweiligen Staat für Insolvenzverfahren vorgesehenen Veröffentlichungsmethoden (Art. 736.1 TRLC).

274.2 Findet die EuInsVO Anwendung, so ist die Eröffnung des Insolvenzverfahrens in jedem Mitgliedstaat zu veröffentlichen, in dem der Schuldner eine Niederlassung unterhält. Selbst wenn eine solche nicht vorhanden ist, kann der Insolvenzverwalter die Veröffentlichung vornehmen, wenn er dies für dienlich hält (Art. 28 EuInsVO).

275 Der Insolvenzverwalter muss die Eröffnung des Insolvenzverfahrens jedem Gläubiger, dessen Identität und Anschrift in den Verfahrensunterlagen enthalten ist, einzeln mitteilen, damit dieser seine Forderungen anmelden kann; die Mitteilung erfolgt elektronisch, sofern die E-Mail-Adresse des Gläubigers bekannt ist (Art. 252 TRLC). Dieselbe Mitteilung muss dem Finanzamt, der Sozialversicherung (unabhängig davon, ob sie Gläubiger sind oder nicht) und den Arbeitnehmervertretern des Schuldners zugestellt werden (Art. 253 und 254 TRLC).

275.1 Dabei sind die Besonderheiten zu berücksichtigen, die bei der Kommunikation mit ausländischen Gläubigern bestehen (→ Rn. 662).

276 Ferner ist die Eröffnung des Insolvenzverfahrens (sowie alle anderen Beschlüsse, die gesetzlich veröffentlicht werden müssen) im **Öffentlichen Insolvenzregister** bekanntzugeben (Art. 35.1 TRLC).

276.1 Zu der Bekanntmachung im Öffentlichen Insolvenzregister → Rn. 362.3.

277 Zudem ist die Eröffnung des Insolvenzverfahrens in den dem Schuldner entsprechenden **Personenregister** bekanntzugeben (Art. 36 TRLC).

277.1 Handelt es sich beim Schuldner um eine natürliche Person, ist die Eröffnung des Insolvenzverfahrens im **Personenregister** einzutragen, wobei anzugeben ist, ob der Beschluss rechtskräftig ist oder nicht. Ferner ist das Datum des Beschlusses und die Ernennung des Insolvenzverwalters anzugeben sowie die Information, ob der Schuldner seine Verwaltungs- und Verfügungsbefugnis behält. Ist der Schuldner in Gütergemeinschaft verheiratet, kann die Eintragung nicht ohne vorherige Zustellung an den Ehegatten erfolgen, damit dieser seine Rechte ausüben kann (→ Rn. 485) (Beschluss der DGRN v. 23.10.2015). Ist der Schuldner Ausländer und mithin nicht im Personenstandsregister in Spanien eingetragen, hat die Eintragung im zentralen spanischen Personenstandsregister sowie im Personenstandsregister des Herkunftsstaates des Schuldners zu erfolgen.

Ist der Schuldner im Handelsregister einzutragen, ist die Eröffnung des Insolvenzverfahrens dort einzutragen, wobei anzugeben ist, ob der Beschluss rechtskräftig ist oder nicht. Ferner ist das Datum des Beschlusses und die Ernennung der Insolvenzverwalter anzugeben sowie die Information darüber, ob der Schuldner seine Verwaltungs- und Verfügungsbefugnis behält. Ist der Schuldner bislang nicht im Handelsregister eingetragen, ist eine entsprechende Eintragung zu erstellen. Ist der Schuldner nicht im Handelsregister eintragungsfähig, dafür aber in einem **anderen öffentlichen Register,** ist die Eröffnung des Insolvenzverfahrens unter Angabe der genannten Daten in diesem Register einzutragen. 277.2

Die Eröffnung des Insolvenzverfahrens ist in sämtlichen **Vermögensregistern** zu veröffentlichen, in denen die Vermögensgegenstände des Schuldners eingetragen sind (Grundbuch, Register über bewegliche Vermögensgegenstände, Markenregister, Patentregister usw) (Art. 37 TRLC). 278

Einzutragen ist das zuständige Gericht, der Beschluss, sein Datum, die Regelungen über die Verwaltungs- und Verfügungsbefugnis des Schuldners und die Bestellung der Insolvenzverwalter. 278.1

Handelt es sich um Gegenstände der Gütergemeinschaft, ist der Ehegatte des Schuldners vorab zu informieren. 278.2

Die Eintragung entfaltet die folgenden Rechtsfolgen: 278.3
- Dritte können sich nicht mehr auf die Nichtkenntnis des Insolvenzverfahrens berufen. Vor Eröffnung des Insolvenzverfahrens vorgenommenen Verfügungshandlungen des Schuldners sind eintragungsfähig, selbst wenn er seine Verwaltungs- und Verfügungsbefugnis verloren hat, unterliegen aber den Ereignissen des Insolvenzverfahrens (zB die Anfechtung wegen Schädigung der Gläubiger → Rn. 633). Verfügungshandlungen des Schuldners, die nach Eröffnung des Insolvenzverfahrens vorgenommen werden und gegen die ihm auferlegten Beschränkungen seiner Verfügungsbefugnis verstoßen (→ Rn. 466), sind nicht eintragungsfähig.
- Über die eingetragenen Gegenstände können keine Pfändungen mehr stattfinden nach Eintragung der Eröffnung des Insolvenzverfahrens, es sei denn, es handelt sich um verwaltungsrechtliche- oder arbeitsrechtliche Vollstreckungsverfahren (→ Rn. 518) (Art. 37.2 TRLC). Vor Verfahrenseröffnung vorgenommenen Pfändungen sind zu vermerken, können aber später vom Gericht aufgehoben werden (→ Rn. 520).

Zu beachten sind die Regelungen über die Registerpublizität des Art. 29 EuInsVO. Findet die Verordnung keine Anwendung, so legt Art. 743.3 TRLC fest, dass, sobald das ausländische Insolvenzverfahren anerkannt wurde, der Insolvenzverwalter dieses in Spanien veröffentlichen muss unter Beachtung der für ein spanisches Insolvenzverfahren geltenden Veröffentlichungsregelungen. 278.4

10. Nachlassinsolvenzverfahren

Über den Nachlass kann ein Insolvenzverfahren eröffnet werden, sofern die Erbschaft nicht angenommen wurde (Art. 567 TRLC). Anderenfalls ist das Insolvenzverfahren über das Vermögen des Erben zu eröffnen. 279

Das spanische Zivilrecht folgt der Tradition des römischen Rechts. Daher wird ein Nachlass durch Annahme erworben. Für die Annahme sind zwei Arten vorgesehen: a) die unmittelbare Annahme, die zu einer Vermischung des Nachlasses mit dem Vermögen des Erben führt, sodass dieser für sämtliche Verbindlichkeiten des Nachlasses haftet (Art. 1003 Zivilgesetzbuch), oder b) die Annahme mit Beschränkung der Erbenhaftung, was dazu führt, dass der Nachlass als vom Vermögen des Erben getrenntes Vermögen zu betrachten ist. Die Verbindlichkeiten des Nachlasses sind daher ausschließlich mit den Mitteln aus dem Nachlass zu begleichen (Art. 1023 Zivilgesetzbuch). 279.1

Findet auf den Nachlass nicht das spanische Erbrecht Anwendung, ist zu prüfen, ob der Nachlass automatisch mit dem Erbfall als vom Erben angenommen gilt (germanisches System) und ob eine Trennung der Vermögen stattfindet. Das spanische Insolvenzrecht lässt eine Eröffnung des Nachlassinsolvenzverfahrens dann nicht zu, wenn es zu einer Vermischung der Vermögen kommt. 279.2

Ein Insolvenzverfahren über den Nachlass ist in den folgenden Fällen möglich: 280
- Es handelt sich um eine ruhende Erbschaft, dh eine Erbschaft, die noch nicht angenommen wurde und die gegenwärtig keinen Eigentümer mangels Annahme hat oder einer auflösenden Bedingung oder einer vorläufigen Bestimmung unterliegt (romanisches System).
- Die Erben nehmen die Erbschaft mit Beschränkung der Erbenhaftung an, dh unter Trennung der Vermögen (romanisches System).
- Die Erben nehmen die Erbschaft automatisch mit Ableben des Erblassers an, aber unter Trennung der Vermögen und solange die Erbengemeinschaft besteht (germanisches System).

Fernández / Lozano / Roth

Internationales Insolvenzrecht – Spanien

281 Verstirbt eine natürliche Person, über deren Vermögen das Insolvenzverfahren eröffnet wurde, wird das Verfahren als Nachlassinsolvenzverfahren weitergeführt, solange die Erbschaft nicht unmittelbar angenommen wurde (Art. 571 TRLC) oder durch den Erben ohne Trennung der Vermögen erworben wurde.

281.1 Sind mehrere Erben vorhanden, ist es denkbar, dass einige von ihnen die Erbschaft unmittelbar annehmen, wogegen andere diese nur mit Beschränkung der Erbenhaftung annehmen (Art. 1007 CC). In diesem Fall können die Erben zeitgleich einen Antrag auf Eröffnung der Nachlassinsolvenz und einen Antrag auf Eröffnung des Insolvenzverfahrens über das Vermögen der Erben stellen, die die Erbschaft unmittelbar angenommen haben und zahlungsunfähig sind, da diese Erben mit der unmittelbaren Erbschaftsannahme zu Gesamtschuldnern bezüglich der Verpflichtungen des Erblassers geworden sind.

282 Das Insolvenzverfahren über den Nachlass unterliegt den allgemeinen Regelungen unter Beachtung der folgenden Sonderbestimmungen:

283 **Antragsbefugt** sind die Gläubiger des Erblassers, die Erben (unabhängig von der Annahme der Erbschaft, nicht aber solche, die die Erbschaft unmittelbar angenommen haben) und der Nachlassverwalter (Art. 568.1 TRLC).

283.1 Der Antrag auf Eröffnung des Nachlassinsolvenzverfahrens durch einen Erben führt zur Annahme der Erbschaft mit Beschränkung der Erbenhaftung (Art. 568.3 TRLC).

283.2 Das von einem Erben oder dem Nachlassverwalter beantragte Nachlassinsolvenzverfahren wird als freiwillig eingestuft, unter Beachtung der allgemeinen Ausnahmetatbestände (→ Rn. 218.1) (Art. 569 TRLC). Die für den Schuldner geltenden allgemeinen Regelungen über eine Antragspflicht (→ Rn. 213) gelten gleichfalls für die Erben, die die Erbschaft mit Beschränkung der Erbenhaftung angenommen haben, sowie für den Nachlassverwalter.

284 Im **Antrag auf Eröffnung des Nachlassinsolvenzerfahrens** sind die persönlichen Daten des Erblassers sowie die Befugnis des Antragstellers unter Einreichung der hierfür notwendigen Unterlagen anzugeben (Art. 568.2 TRLC). Auch wenn das Gesetz dies nicht ausdrücklich erwähnt, scheint es logisch, dass dem Antrag eine Sterbeurkunde beizufügen ist. Wird der Antrag nicht von einem Gläubiger des Erblassers gestellt, ist zudem der Nachweis zu erbringen, dass es sich bei dieser Person um einen Erben oder den Nachlassverwalter handelt (zB durch Testament, Erbvertrag, Erbschein usw).

285 Der Schuldner verliert seine Verwaltungs- und Verfügungsbefugnis, sodass diese Befugnisse in Bezug auf die Erbschaft auf den Insolvenzverwalter übergehen (Art. 570 TRLC).

286 Die **Aktivmasse** besteht aus den Vermögensgegenständen und Rechten, die in die Erbmasse fallen, nicht aber die des Erben. Ebenso gehören zur **Passivmasse** ausschließlich die Verbindlichkeiten des Erblassers, nicht aber die Verbindlichkeiten des Erben.

287 Die **Vertretung der Erbschaft** im Insolvenzverfahren ist von demjenigen zu übernehmen, der nach der allgemeinen zivilrechtlichen Gesetzgebung hierzu bestimmt wird (Art. 571.2 TRLC).

288 Während des Insolvenzverfahrens kann es nicht zu einer **Erbauseinandersetzung** kommen. Gerichtsverfahren, die eine Erbauseinandersetzung zum Gegenstand haben, werden ausgesetzt (Art. 571.3 TRLC).

289 Die **unmittelbare Erbschaftsannahme,** die noch durchzuführen ist oder die zu einem Erwerb des Erben ohne Trennung der Vermögen führt, ist als Grund zur Beendigung des Insolvenzverfahrens, da die subjektiven Voraussetzungen wegfallen, unbeschadet der Möglichkeit der Eröffnung des Nachlassinsolvenzverfahrens.

289.1 Der Erbe, der die Erbschaft mit Beschränkung der Erbenhaftung annimmt, verliert diese Haftungsbeschränkung, sofern er wissentlich bestimmte Vermögenswerte, Rechte oder Ansprüche der Erbschaft nicht in das Inventar aufnimmt (Art. 1024.1 CC).

290 Ist der Erbe zahlungsunfähig und nimmt er die Erbschaft unmittelbar an, gewährt das allgemeine spanische Zivilrecht den Gläubigern des Erblassers kein Recht zur bevorzugten Befriedigung zulasten der Erbschaft (Aussonderungsrecht). In diesen Fall existiert eine einzige Aktivmasse, die aus den Vermögenswerten und Rechten des Erben und des Geerbten bestehen, sowie eine einzige Passivmasse, die aus den Schulden des Erblassers und denen des Erben besteht.

290.1 Die Gläubiger des Erblassers werden im Falle einer Erbschaftsannahme mit Beschränkung der Erbenhaftung bevorzugt vor den Gläubigern des Erben befriedigt. Letztgenannte werden erst dann befriedigt werden, wenn nach vollständiger Befriedigung der Gläubiger des Erblassers und der Vermächtnisnehmer Restvermögen vorhanden ist (Art. 1034 Zivilgesetzbuch). Das genannte Restvermögen wird der Aktivmasse des Erben zugeführt.

Internationales Insolvenzrecht – Spanien

Diese bevorzugte Befriedigung wird auch von einigen spanischen Foralrechten vorgesehen. Daher bestehen zwei getrennte Massen und mithin zwei Insolvenzen. Ob es zu dieser bevorzugten Befriedigung kommt oder nicht hängt vom jeweils anwendbaren Recht ab. 290.2

Im Falle einer unmittelbaren Erbschaftsannahme findet die bevorzugte Befriedigung der Gläubiger des Erblassers nach allgemeinem spanischem Zivilrecht keine Anwendung. In diesem Fall muss die Erbschaftsannahme angefochten werden mittels Klage auf Rückgängigmachung von Verfügungen (→ Rn. 633). 291

Schlägt ein zahlungsunfähiger Erbe die Erbschaft zum Nachteil seiner eigenen Gläubiger aus, können diese gerichtlich die Annahme der Erbschaft beantragen (Art. 1001 Zivilgesetzbuch). Wurde das Insolvenzverfahren über das Vermögen des Erben eröffnet, ist der Antrag vom Insolvenzverwalter oder in Ermangelung von den Gläubigern (→ Rn. 504) zu stellen (Art. 119.2 und 122 TRLC). Daneben ist die Anfechtung der Ausschlagung auch durch Anfechtungsklage (→ Rn. 633) möglich. 292

Behält der Schuldner seine Verwaltungs- und Verfügungsbefugnis und tritt ein Erbfall ein, bei dem er Erbe wäre, kann jede Person mit berechtigtem Interesse (insbesondere der Insolvenzverwalter und die Insolvenzgläubiger) den Schuldner notariell dazu auffordern, innerhalb einer Frist die Annahme oder Ausschlagung (**interpellatio in iure**) zu erklären. Kommt der Schuldner dem innerhalb der Frist nicht nach, gilt die Erbschaft als angenommen (Art. 1005 CC). Geht die Verwaltungs- und Verfügungsbefugnis auf den Insolvenzverwalter über, obliegt diesem unmittelbar die Annahme der Erbschaft. 292.1

II. Zuständigkeit und Verfahren

1. Zuständigkeit des Insolvenzgerichts

Für die Durchführung des Insolvenzverfahrens ab der Eröffnung der Insolvenz bis zu dessen Beendigung ist das **Insolvenzgericht** zuständig. Mit Insolvenzgericht ist jenes Gericht gemeint, das das Insolvenzverfahren durchführt. Ein offizielles Insolvenzgericht existiert in Spanien nicht, vielmehr wird diese Rolle von anderen Gerichten übernommen: 293

- Grundsätzlich übernehmen die **Gerichte für Handelssachen** (Art. 44.1 TRLC) der Hauptstädte der jeweiligen Provinz das Insolvenzverfahren (es existieren auch Gerichte für Handelssachen in größeren Gemeinden, die nicht Hauptstadt einer Provinz sind).
- Handelt es sich um Insolvenzverfahren natürlicher Personen, die nicht Unternehmer sind, ist das **Amtsgericht** zuständig (Art. 44.2 TRLC), deren Gerichtsbezirk nicht eine gesamte Provinz umfasst, sondern eine oder mehrere Gemeinden.

Zum Zweck der Zuständigkeitsbestimmung wird auf den Unternehmerbegriff des Handelsrechts zurückgegriffen (Art. 44.3 TRLC). Die Handelsgesetzgebung enthält jedoch keine Definition eines Unternehmers, sondern nur die eines Gewerbetreibenden. Allgemein versteht man unter einem Unternehmer eine Person, die regelmäßig auf eigene Rechnung materielle und persönliche Mittel für die Produktion oder den Vertrieb von Waren oder Dienstleistungen einsetzt (daher fallen hierunter geschäftliche Tätigkeiten im engeren Sinne und berufliche Tätigkeiten). Es sollte nicht berücksichtigt werden, ob der Großteil der Schuld durch eine in der Vergangenheit ausgeübte Geschäftstätigkeit des Schuldners entstanden ist, sondern nur sein Status als Unternehmer zum Zeitpunkt der Antragstellung. 293.1

Jedes Gericht für Handelssachen und Amtsgericht ist mit einem Richter besetzt (ausnahmsweise auch mit einem oder mehreren Zusatzrichtern). In der Bezeichnung des Gerichts sind Nummer des Gerichts und Ort anzugeben. Beispielsweise das Gericht für Handelssachen von Valencia Nr. 4. 293.2

Grundsätzlich ist das Insolvenzgericht für die Durchführung des gesamten Insolvenzverfahrens zuständig sowie für sämtliche Fragen insolvenzrechtlicher Art, die im Rahmen des Verfahrens aufkommen (Art. 86ter.1 LOPJ). 294

In Bezug auf den Insolvenzschuldner ist das Insolvenzgericht in folgenden Rechtsangelegenheiten unter Anwendung des Prinzips der Einheitlichkeit der Entscheidung und Zusammenfassung der Zuständigkeit **ausschließlich zuständig (vis attractiva):** 295

Zivilrechtliche Klagen von vermögensrechtlicher Bedeutung, die sich gegen den Insolvenzschuldner richten, mit Ausnahme der Ansprüche in Zivilverfahren betreffend die Vormundschaft, die Abstammung, die Ehe und Sorgerechtsverfahren (Art. 52.1 TRLC). 296

Hierbei handelt es sich um Feststellungsverfahren, in denen der Insolvenzschuldner **Beklagter** ist. Hinsichtlich der Auswirkungen des Insolvenzverfahrens auf Feststellungsverfahren → Rn. 506. 296.1

Ist der Insolvenzschuldner dagegen **Kläger**, entfällt eine Zuständigkeit des Insolvenzgerichts und es finden die allgemeinen Zuständigkeitsregelungen Anwendung (mit Ausnahme einiger bestimmter Verfah- 296.2

ren, → Rn. 302). In anderen Verfahren, beispielsweise solchen die auf die Vertragsauflösung abzielen, ist das Insolvenzgericht dagegen stets zuständig, gleich ob der Insolvenzschuldner Kläger oder Beklagter ist (→ Rn. 549).

296.3 Derartige Klagen sind im **insolvenzrechtlichen Nebenverfahren** (→ Rn. 335) geltend zu machen (Art. 532.1 TRLC).

296.4 Der Grundsatz der „vis attractiva" gilt nur für **zivilrechtliche** Klagen, nicht aber für **verwaltungsrechtliche, arbeitsrechtliche oder strafrechtliche**, selbst wenn diese das Vermögen des Insolvenzschuldners betreffen. In diesem Fall ist der Insolvenzverwalter Partei im Interesse des Insolvenzverfahrens, sofern er sich einlässt (Art. 136.3 TRLC).

296.5 Der Grundsatz der „vis attractiva" hat nur für die Feststellungsverfahren Bedeutung, die **nach** der Eröffnung des Insolvenzverfahrens eingeleitet werden. Wird die Klage bei einem anderen Gericht eingereicht, muss sich dieses für unzuständig erklären. Befasst es sich fälschlicherweise doch mit der Sache, sind sämtliche Prozesshandlungen ungültig (Art. 136 TRLC).

296.6 Dagegen sind die **vor** der Eröffnung des Insolvenzverfahrens eingeleiteten Feststellungsverfahrens (einschließlich Mahnverfahren und Verfahren im Wechselprozess) bis zur Rechtskraft des Urteils vor dem ursprünglichen Gericht weiterzuführen. Als Ausnahme sind die Haftungsklagen gegen die ordentlich bestellten oder de facto-Geschäftsführer oder Liquidatoren bzw. die Generaldirektoren, Wirtschaftsprüfer der Insolvenzschuldnerin mit dem Insolvenzverfahren zu verbinden (Art. 137 und 138 TRLC).

296.7 Eine **Widerklage** gegen den Insolvenzschuldner ist dann nicht möglich, sofern ein anderes Gericht als das Insolvenzgericht für die Hauptklage zuständig ist. Selbiges muss in einem **Schadensersatzverfahren** gegen den Schuldner gelten. Ist der Schuldner Beklagter in **Streitgenossenschaft**, spricht sich die Mehrzahl für eine Zuständigkeit des Insolvenzgerichts aus.

297 **Arbeitsrechtliche Feststellungsverfahren,** die Kollektivmaßnahmen zum Gegenstand haben, soweit der Insolvenzschuldner Arbeitgeber ist (insolvenzrechtliches Arbeitsregelungsverfahren, → Rn. 558) wie auch die Aussetzung oder Auflösung von Arbeitsverträgen leitender Angestellter (Art. 53 TRLC).

297.1 Solche **Maßnahmen** sind wesentliche Änderungen der Arbeitsbedingungen, Versetzungen, Entlassungen, Aussetzungen von Arbeitsverträgen und Arbeitszeitverkürzungen wegen wirtschaftlicher, technischer, organisatorischer oder produktionstechnischer Gründe, sofern sie aus arbeitsrechtlicher Sicht als Kollektivmaßnahme eingestuft werden können.

297.2 Für alle weiteren **arbeitsrechtlichen Klagen** (zB Kündigungsklagen usw.) ist das Arbeitsgericht zuständig.

298 Sämtliche Verfahren zur **Vollstreckung** von Insolvenzforderungen oder Forderungen gegen die Masse in Vermögensgegenstände oder Rechte des Schuldners, die Teil der Aktivmasse sind, unabhängig vom Gericht oder der Behörde, die das Verfahren angeordnet hat (Art. 52.2 TRLC).

298.1 Hinsichtlich der Rechtsfolgen des Insolvenzverfahrens auf die Vollstreckung → Rn. 516.

299 Die Erklärung darüber, ob ein Vermögensgegenstand oder ein Recht aus der Aktivmasse für die Fortführung der unternehmerischen oder beruflichen Tätigkeit notwendig ist (Art. 52.3 TRLC).

299.1 Diese Erklärung ist für verschiedene Aspekte des Insolvenzverfahrens relevant, insbesondere im Hinblick auf die Aussetzung der Vollstreckung aus dinglichen Rechten (→ Rn. 521).

300 Die vermögensrechtliche Liquidation und Auflösung der **ehelichen Gemeinschaft** des Insolvenzschuldners (→ Rn. 485) (Art. 52.5 TRLC).

301 Sämtliche **einstweilige Maßnahmen**, die Vermögensgegenstände oder Rechte der Aktivmasse betreffen, ausgenommen solche, die in Verfahren über die Vormundschaft, die Abstammung, die Ehe und Sorgerechtsverfahren oder in Schiedsverfahren getroffen werden (Art. 54 TRLC), unabhängig davon welches Gericht oder welche Behörde diese anordnet.

301.1 Deshalb kann nach Eröffnung des Insolvenzverfahrens kein anderes Gericht und keine andere Verwaltungsbehörde einstweilige Maßnahmen bezüglich der Aktivmasse erlassen. Ausnahme sind die für Familienverfahren vorgesehene Maßnahmen (ATS v. 19.2.2019 – 17/2018).

301.2 Dies führt dazu, dass in einem **Strafverfahren** gegen den Insolvenzschuldner, das Strafgericht keine einstweiligen Maßnahmen anordnen kann, die das Vermögen des Schuldners betreffen. Diese fallen vielmehr in die Zuständigkeit des Insolvenzgerichts. Wurde ein Strafverfahren gegen den Schuldner eingeleitet oder aus Gründen, die Bezug zum Insolvenzverfahren oder hierauf Einfluss haben, kann der Ermittlungsrichter beim Insolvenzgericht (welches hierfür zuständig ist) vorläufige Maßnahmen beantragen, die die Aktivmasse betreffen, einschließlich der Aussetzung von Zahlungen an die Gläubiger. Diese Maßnahmen können die Fortführung des Insolvenzverfahrens nicht beeinträchtigen und sind in der Form anzuordnen, dass sie die Vollstreckung der zu erwartenden Verurteilung garantieren. Auch können sie weder die Ränge der Insolvenzforderungen noch die in der insolvenzrechtlichen Gesetzgebung vorgesehene Vorrangigkeit ändern (Art. 520 TRLC).

Ist das Insolvenzgericht der Auffassung, dass die (vor Eröffnung des Insolvenzverfahrens) von anderen Gerichten oder Verwaltungsbehörden getroffenen einstweiligen Maßnahmen den ordnungsgemäßen Ablauf des Insolvenzverfahrens beeinträchtigen könnten, kann das Gericht die **Aussetzung** oder **Aufhebung** des jeweiligen Verfahrens anordnen. **301.3**

Haftungsansprüche gegen die **Gesellschafter** für Schulden der Schuldnergesellschaft (vor oder nach Eröffnung des Insolvenzverfahrens); Ansprüche gegen die Gesellschafter auf **Leistung ihrer Einlage** oder **Nebenleistungen** (Art. 52.6 TRLC); **Haftungsansprüche** gegen die ordentlich bestellten oder de facto-Geschäftsführer, Liquidatoren (oder gegen natürliche Personen, die den Geschäftsführer oder Liquidator vertreten, sofern Geschäftsführer oder Liquidator eine juristische Person ist) sowie gegen die Wirtschaftsprüfer oder Generaldirektoren der Schuldnerin (Art. 52.7 und 52.8 TRLC). **302**

Es handelt sich hierbei um Feststellungsverfahren, bei denen der Schuldner Kläger ist. Einzig der Insolvenzverwalter ist zur Vornahme dieser Verfahrenshandlungen befugt (Art. 131 und 132 TRLC). **302.1**

Die Zuständigkeit des Insolvenzgerichts erstreckt sich auch auf alle **vorentscheidungsbedürftigen** Fragen zivilrechtlicher (ausgenommen zivilrechtliche Verfahren über die Vormundschaft, die Abstammung, die Ehe und Sorgerechtsverfahren), verwaltungsrechtlicher wie auch arbeits- und sozialrechtlicher Art, die entweder mit dem Insolvenzverfahren in Verbindung stehen oder deren Entscheidung Einfluss auf den reibungslosen Ablauf des Insolvenzverfahrens haben kann, selbst wenn diese nur Wirkungen innerhalb des Insolvenzverfahrens entfaltet (Art. 55 TRLC). **303**

Über **vorentscheidungsbedürftige Fragen** strafrechtlicher Natur kann das Insolvenzgericht keine Entscheidung treffen. Zuständig ist hierfür das Strafgericht. Die Einleitung strafrechtlicher Verfahren, die mit der Insolvenz in Verbindung stehen, führt nicht zur Aussetzung des Insolvenzverfahrens (Art. 519 TRLC). **303.1**

Die sachliche Zuständigkeit des Insolvenzgerichts endet, im Falle der Verwertung, mit dem Abschluss des Insolvenzverfahrens und im Falle eines Insolvenzvergleichs mit dessen Inkrafttreten. **304**

Die **internationale Zuständigkeit des Insolvenzgerichts** (bezüglich Hauptinsolvenzverfahren oder Sekundärinsolvenzverfahren) richtet sich nach Art. 3 EuInsVO. **305**

Art. 3 Abs. 2 EuInsVO regelt nur die **Zuständigkeit** zur Eröffnung eines Sekundärinsolvenzverfahrens für den Fall, dass der Schuldner den Mittelpunkt seiner hauptsächlichen Interessen in einem Mitgliedstaat der EU, außer Dänemark, hat. Befindet sich dieser Mittelpunkt in Dänemark oder einem Drittstaat, findet Art. 49 TRLC Anwendung, der dieselben Regelungen aufstellt wie Art. 3 Abs. 2 EuInsVO: Die spanischen Gerichte sind für Insolvenzverfahren zuständig, sofern der Schuldner eine Betriebsstätte in Spanien hat. **Betriebsstätte** ist dabei jede Einrichtung, in der der Schuldner nicht nur vorübergehend einer gewerblichen Tätigkeit nachgeht unter Einsatz von Personal und Vermögensgütern. Befindet sich der Mittelpunkt der hauptsächlichen Interessen in Dänemark oder einem Drittstaat, können die spanischen Gerichte das Insolvenzverfahren eröffnen, unabhängig davon, ob die Voraussetzungen des Art. 3 Abs. 4 EuInsVO vorliegen. **305.1**

Sobald die internationale Zuständigkeit der spanischen Gerichte festgestellt wurde, bestimmt sich die **örtliche Zuständigkeit** wie folgt: **306**

Handelt es sich um eine **Hauptinsolvenz,** ist das Handelsgericht oder das erstinstanzliche Gericht zuständig, in dessen Zuständigkeitsbereich der Schuldner den Mittelpunkt seiner hauptsächlichen Interessen hat, das bedeutet der Ort, an dem der Schuldner für Dritte erkennbar gewöhnlicherweise seinen Interessen nachgeht (Art. 45 TRLC). **307**

Hat der Schuldner zwar seinen **Sitz** in Spanien, stimmt dieser aber nicht mit dem Mittelpunkt seiner hauptsächlichen Interessen überein, ist das Gericht am Wohnsitz des Schuldners auf Antrag des Schuldners hin ebenfalls zuständig (nur sofern der Schuldner selbst den Insolvenzantrag stellt). **307.1**

Handelt es sich beim Schuldner um eine **juristische Person** wird vermutet, dass der Mittelpunkt der hauptsächlichen Interessen am Gesellschaftssitz liegt. Wurde aber innerhalb der letzten sechs Monate vor dem Insolvenzantrag eine Sitzverlegung in das Handelsregister eingetragen, findet diese Vermutungsregelung keine Anwendung, unabhängig davon, wann die Sitzverlegung vom zuständigen Gesellschaftsorgan beschlossen wurde. **307.2**

Eine ähnliche Vermutung für natürliche Personen ist in der spanischen Gesetzgebung, im Unterschied zu Art. 3 EuInsVO, nicht vorgesehen. **307.3**

Internationales Insolvenzrecht – Spanien

307.4 Das Insolvenzverfahren ist ein **Universalverfahren** und die Aktivmasse umfasst sämtliche Vermögensgegenstände und Rechte des Schuldners, unabhängig davon, ob diese innerhalb oder außerhalb Spaniens liegen und ungeachtet der Tatsache, ob im Ausland ein örtliches Insolvenzverfahren eröffnet wird. Im Falle der Eröffnung eines örtlichen Insolvenzverfahrens im Ausland finden die Regelungen über die Anerkennung ausländischer Insolvenzverfahren Anwendung (→ Rn. 1212) (Art. 47 TRLC).

308 Handelt es sich um ein **Sekundärinsolvenzverfahren,** richtet sich die Zuständigkeit nach dem Belegenheitsort der Betriebsstätten des Schuldners in Spanien (Art. 49.1 TRLC).

308.1 Die Wirkungen des Sekundärinsolvenzverfahrens sind auf die Vermögensgegenstände und Rechte des Schuldners (unabhängig davon, ob sie seine wirtschaftliche Tätigkeit betreffen oder nicht) beschränkt, die sich auf spanischem Hoheitsgebiet befinden. Für den Fall, dass im Ausland ein Hauptinsolvenzverfahren eröffnet wurde, sind die Regelungen der Koordination zwischen parallelen Insolvenzverfahren (→ Rn. 1218) (Art. 49.2 TRLC) zu berücksichtigen.

309 Wurde der Insolvenzantrag vor zwei oder mehreren zuständigen Gerichten gestellt, ist das Gericht des zeitlich ersten Antrags zuständig, selbst wenn der Antrag formell oder materiell fehlerhaft ist (Art. 48 TRLC).

310 International ist das Gericht, in dessen Hoheitsgebiet das Insolvenzverfahren eröffnet wurde, für alle Klagen zuständig, die unmittelbar aus dem Insolvenzverfahren hervorgehen und in engem Zusammenhang mit diesem stehen (Art. 6 Abs. 1 EuInsVO und Art. 56 TRLC), selbst wenn der Beklagte seinen Wohnsitz nicht in Spanien hat.

310.1 Beispiel hierfür sind Anfechtungsklagen (→ Rn. 633) und Klagen zur Geltendmachung der Haftung der Geschäftsführer (EuGH BeckRS 2015, 81978).

310.2 Dagegen ist das Insolvenzgericht, das das Hauptverfahren in Bezug auf einen Schuldner führt, dessen hauptsächliche Interessen in Spanien liegen, nicht für Feststellungsverfahren zuständig, die einen Vermögensgegenstand betreffen, der nicht in Spanien belegen ist (es findet dann Art. 24 Abs. 1 VO (EU) Nr. 1215/2012 Anwendung).

311 Sämtliche Normen in Bezug auf die internationale, sachliche und örtliche Zuständigkeit sind unabdingbar, sodass das Gericht die Zuständigkeit von **Amts wegen zu prüfen** hat (Art. 50 TRLC und Art. 4 Abs. 1 EuInsVO).

312 Die Unzuständigkeit kann mittels **Unzuständigkeitsrüge** geltend gemacht werden, die bei jenem Gericht einzureichen ist, das sich für zuständig erklärt hat.

- Die Unzuständigkeitsrüge gegen die **internationale oder örtliche Unzuständigkeit** ist in Art. 51 TRLC geregelt: Zur Rüge befugt sind der Schuldner (innerhalb von fünf Tagen nach der Zustellung des Antrags) sowie die sonstigen zur Stellung des Insolvenzantrags befugten Personen (→ Rn. 207). Dies sind grundsätzlich die Gläubiger (innerhalb einer Frist von zehn Tagen nach der öffentlichen Bekanntmachung der Eröffnung des Insolvenzverfahrens im BOE, → Rn. 273). Die Einlegung der Unzuständigkeitsrüge führt nicht zur Unterbrechung des Insolvenzverfahrens. Sämtliche Handlungen des Gerichts bleiben wirksam, selbst wenn es für unzuständig erklärt wird. Wir der Unzuständigkeitsrüge stattgegeben, hat das Gericht die Sache an das seiner Ansicht nach zuständige Gericht abzugeben.
- Die Unzuständigkeitsrüge gegen die **sachliche Zuständigkeit** richtet sich nach den allgemeinen Regelungen der Art. 63–65 LEC. Befugt ist jede Person, die Partei im Rahmen des Insolvenzverfahrens sein kann. Die Rüge ist innerhalb von zehn Tagen ab der Zustellung (im Falle des Schuldners) oder der öffentlichen Bekanntmachung der Eröffnung des Insolvenzverfahrens im BOE (für alle anderen Befugten) einzureichen.

2. Allgemeine Verfahrensregeln

313 Das Insolvenzverfahren ist ein komplexes Zivilverfahren, welches aus verschiedenen Phasen besteht. Die einzelnen Phasen werden im Folgenden dargestellt:

- Die **Eröffnung des Insolvenzverfahrens,** welches mit dem Antrag eingeleitet (des Schuldners (→ Rn. 228) oder einer anderen antragsbefugten Partei (→ Rn. 245)) und durch den Beschluss über die Eröffnung des Insolvenzverfahrens (→ Rn. 269) oder über die Ablehnung des Verfahrens endet.
- Die **allgemeine Phase,** die auf die Bestimmung der Aktivmasse (→ Rn. 583) und der Passivmasse (→ Rn. 654) abzielt, die jeweils vom Insolvenzverwalter vorzunehmen ist und in seinem Bericht erscheint (→ Rn. 758). Hierfür existiert ein spezielles Anfechtungsverfahren. Sobald der Bericht erstellt wurde, liegen die endgültigen Inventar- und Gläubigerlisten vor.

Internationales Insolvenzrecht – Spanien

- Die **Vergleichsphase** (→ Rn. 798) oder **Verwertungsphase** (→ Rn. 912), abhängig davon, welche Lösung des Insolvenzverfahrens unter den gegebenen Umständen anwendbar ist (wobei ein Vergleich vorzuziehen ist).
- Die **Einstufung der Insolvenz** (→ Rn. 964), die darauf abzielt, die Gründe der Insolvenz zu bestimmen und den Personen Sanktionen und Haftungen aufzuerlegen, die die Insolvenz verursacht oder verschlimmert haben. Diese Phase ist unter bestimmten Voraussetzungen entbehrlich (→ Rn. 994).
- Die **Beendigung des Insolvenzverfahrens** (→ Rn. 1024), die eine Erfüllung des Vergleichs oder den Abschluss der Verwertung voraussetzt, sowie die Durchführung der Einstufung und die einen Beschluss über die Beendigung des Insolvenzverfahrens bedingt.

Das Insolvenzverfahren wurde allerdings sehr flexibel gestaltet, was die Ausschaltung oder die gleichzeitige Durchführung oder Zweiteilung einiger der vorhergenannten Phase erlaubt. Hierbei sind die wichtigsten Fälle: **314**

- Die Unzulänglichkeit der Aktivmasse zur Befriedigung der Forderungen gegen die Masse, wobei die Eröffnung und die Beendigung des Insolvenzverfahrens im selben Beschluss festgestellt und die übrigen Phasen nicht durchgeführt werden (Expressinsolvenzverfahren, → Rn. 1056). Zeigt sich die Unzulänglichkeit der Aktivmasse zur Befriedigung der Forderungen gegen die Masse erst nach Eröffnung des Insolvenzverfahrens (→ Rn. 1043), wird eine Phase der besonderen Verwertung eröffnet, die auf die Beendigung des Verfahrens abzielt.
- Sofern der Schuldner einen vorgezogenen Vergleichsvorschlag (→ Rn. 841) mit den notwendigen Gläubigerbeitritten einreicht (was zeitgleich mit dem Insolvenzantrag geschehen kann), wird dieser Vorschlag parallel zur allgemeinen Phase behandelt. Bei Genehmigung des Vorschlags kommt es nicht zur Eröffnung der Vergleichsphase (die für die Behandlung des gewöhnlichen Vergleichsvorschlags vorgesehen ist).
- Grundsätzlich beginnt nach Abschluss der allgemeinen Phase die Vergleichsphase. Scheitert der Vergleich (da kein gewöhnlicher Vergleichsvorschlag vorgelegt, zugelassen, angenommen oder genehmigt wurde oder ein genehmigter Vergleichsvorschlag aufgehoben oder nicht erfüllt wurde), wird die Vergleichsphase geschlossen und die Verwertungsphase eröffnet.
- In bestimmten Fällen kann ein beendetes Insolvenzverfahren wiedereröffnet werden (→ Rn. 1062), was zu einer Wiederholung der allgemeinen Phase und der Verwertungsphase in vereinfachter Form führt.

Angesichts der verschiedenen, in einigen Fällen gleichzeitig verlaufenden Verfahrensschritte ist das Insolvenzverfahren formell in sechs **Abschnitte** gegliedert, von denen jeder in so viele einzelne Teile zerlegt werden kann, wie erforderlich oder angemessen sind (Art. 508 TRLC): **314.1**

- Der erste Abschnitt umfasst die Eröffnung des Insolvenzverfahrens (→ Rn. 228), die einstweiligen Maßnahmen (→ Rn. 257), die Beendigung (→ Rn. 1024) und die Wiedereröffnung (→ Rn. 1062) des Insolvenzverfahrens
- Der zweite Abschnitt umfasst die Handlungen bezüglich dem Insolvenzverwalter (→ Rn. 364), einschließlich der Rechnungslegung (→ Rn. 1038), gegen ihn gerichtete Haftungsklagen (→ Rn. 429) und den Bericht des Insolvenzverwalters (→ Rn. 758)
- Der dritte Abschnitt umfasst alle Fragen in Zusammenhang mit der Aktivmasse (→ Rn. 583), insbesondere bezüglich der Genehmigungen zur Veräußerung von Vermögen (→ Rn. 604), Klagen zur Rückgängigmachung von Verfügungen (→ Rn. 633), Aussonderungsklagen (→ Rn. 592) und Forderungen gegen die Masse (→ Rn. 736)
- Der vierte Abschnitt umfasst die Bestimmung der Passivmasse (→ Rn. 654) und insbesondere die Zahlung an die Gläubiger (→ Rn. 944)
- Der fünfte Abschnitt umfasst Fragen bezüglich des Vergleichs (→ Rn. 798) (vorgezogenen oder gewöhnlich) und der Verwertung (→ Rn. 912)
- Der sechste Abschnitt umfasst die Einstufung der Insolvenz (→ Rn. 964).

Die insolvenzrechtlichen Nebenverfahren (→ Rn. 335) bilden separate Teile im entsprechenden Abschnitt. **314.2**

Das Gesetz sieht Sonderbestimmungen vor, die auf die **Verfahrensparteien** anwendbar sind: **315**
- Notwendige Parteien eines jeden Insolvenzverfahrens sind der **Schuldner** (außer der säumige Schuldner im unfreiwilligen Insolvenzverfahren) und der **Insolvenzverwalter** (außer im Expressinsolvenzverfahren über das Vermögen einer juristischen Person, in dem kein Verwalter bestellt wird). Diese sind als Parteien in sämtlichen Abschnitten anerkannt (Art. 509 TRLC). Für den Schuldner gilt eine Anwaltspflicht sowie die Pflicht zur Vertretung durch einen Prozessvertreter (Art. 510 TRLC), es sei denn, der Schuldner ist eine natürliche Person und es handelt sich um ein nachfolgendes Insolvenzverfahren. In letztgenanntem Fall besteht lediglich die

Internationales Insolvenzrecht – Spanien

Anwaltspflicht. Der Insolvenzverwalter hat niemals die Pflicht zur Bestellung eines Prozessvertreters und unterliegt einer Anwaltspflicht lediglich in den insolvenzrechtlichen Nebenverfahren und Rechtsmittelverfahren und nur sofern der Verwalter oder seine Hilfskraft nicht selber als Rechtsanwalt zugelassen sind (Art. 511 TRLC).

- Die **Gläubiger und die übrigen zum Insolvenzantrag befugten Personen** können dem Verfahren beitreten, wobei sich diese von einem Rechtsanwalt und einem Prozessvertreter vertreten lassen können. Sie sind allerdings nicht zum Beitritt und der Vertretung durch einen Rechtsanwalt und Prozessvertreter verpflichtet und können Schriftsätze einreichen, an der Gläubigerversammlung teilnehmen und die Beschlüsse selbst oder durch Anwalt und Prozessvertreter prüfen (Art. 512.1 und 512.2 TRLC). Da die Forderungsanmeldung gegenüber dem Insolvenzverwalter vorzunehmen ist, besteht auch hier keine Anwaltspflicht oder Pflicht zur Vertretung durch einen Prozessvertreter.
- Auch **Dritte** mit berechtigtem Interesse können dem Verfahren durch Rechtsanwalt und Prozessvertreter beitreten (Art. 512.3 TRLC), wie etwa der Erwerber von Gegenständen der Aktivmasse oder einer Unternehmenseinheit.
- Die **Arbeitnehmer**, ihre Vertreter und die Gewerkschaften können dem Insolvenzverfahren unter Beachtung der besonderen arbeitsrechtlichen Regelungen beitreten, dh sie müssen sich von einem Diplom-Sozialarbeiter (graduado social) vertreten lassen, benötigen aber weder Rechtsanwalt noch Prozessvertreter (Art. 513.2 TRLC).
- **FOGASA** ist immer dann Partei des Verfahrens, wenn der Schuldner seinen Arbeitnehmern Gehälter oder Abfindungen schuldet, als Insolvenzforderung oder Forderung gegen die Masse (Art. 514 TRLC).

316 Der **Rechtsanwalt,** der in Spanien zugelassen sein muss, benötigt keine formale Prozessvollmacht, es sei denn, er übernimmt die Vertretung des Mandanten in Abwesenheit des Prozessvertreters. Der **Prozessvertreter** dagegen muss seine Vollmacht nachweisen, die in notarieller Form oder zu Akten des Gerichts (dh vor Geschäftsstelle eines Gerichts oder in elektronischer Form mit digitalem Zertifikat) zu erteilen ist.

317 Alle Verfahrenshandlungen werden **von Amts wegen vorangetrieben** (Art. 515 TRLC).

318 **Zusätzlich** gelten die Regelungen der LEC (Art. 521 TRLC).

3. Ordentliches und verkürztes Insolvenzverfahren

319 Obwohl das Insolvenzverfahren insofern einzigartig ist, als es unabhängig von der Art des Schuldners eine gemeinsame Verfahrensstruktur und den gleichen Zweck (die geordnete Befriedigung der Gläubiger durch Vergleich oder Verwertung) hat, legt das Gesetz zwei verfahrensrechtliche Besonderheiten fest: das gewöhnliche Insolvenzverfahren und das verkürzte

320 Das **gewöhnliche Insolvenzverfahren** ist das allgemein anwendbare Verfahren, auf das wir uns vorliegend grundsätzlich beziehen, sofern nicht anders angegeben.

321 Das **verkürzte Insolvenzverfahren** ist in folgenden Fällen möglich:

322 • Freiwillig, nach Einschätzung des Gerichts, sofern es angesichts der vorliegenden Informationen, zu der Feststellung gelangt, dass das Insolvenzverfahren nicht besonders komplex erscheint, da folgende Voraussetzungen vorliegen: (a) in der vom Schuldner vorgelegten Gläubigerliste sind weniger als 50 Gläubiger enthalten; (b) nach erster Schätzung übersteigen die Verbindlichkeiten nicht den Betrag von 5.000.000 EUR; (c) nach Bewertung ergibt sich eine Aktivmasse von weniger als 5.000.000 EUR (Art. 522.1 TRLC).

322.1 Selbst bei Vorliegen einiger dieser Voraussetzungen kann das Gericht den Entschluss fassen, nicht das verkürzte Insolvenzverfahren anzuwenden. Beim unfreiwilligen Insolvenzantrag sollte zunächst das gewöhnliche Verfahren gewählt werden, da die genannten Umstände im Antragszeitpunkt noch nicht bekannt sein werden. Später kann das Verfahren in ein verkürztes umgewandelt werden (→ Rn. 326), sobald die Umstände bekannt sind.

322.2 Handelt es sich bei dem Schuldner um eine natürliche Person, muss der Richter insbesondere beurteilen, ob er Verwalter einer juristischen Person ist oder ob er für die Schulden anderer Personen haftet oder bürgt.

323 • Freiwillig, nach Ermessen des Gerichts, sofern der Schuldner einen vorgezogenen Vergleichsvorschlag (unabhängig des Inhalts) vorlegt oder einen Vergleichsvorschlag, der eine Gesamtabtretung der Aktiva und Passiva vorsieht (Art. 522.2 TRLC).

324 • Notwendigerweise, wenn (a) der Schuldner seine Tätigkeit eingestellt hat und keine Arbeitsverhältnisse in Kraft sind oder (b) wenn der Schuldner zusammen mit dem freiwilligen Insolvenzantrag einen Verwertungsplan einreicht, der ein verbindliches schriftliches Angebot zur Übernahme einer Unternehmenseinheit beinhaltet (pre-pack, → Rn. 941) (Art. 523 TRLC).

Internationales Insolvenzrecht – Spanien

- Notwendigerweise, wenn es sich um ein nachfolgendes Insolvenzverfahren nach Scheitern des Verfahrens zur Erreichung einer außergerichtlichen Zahlungsvereinbarung (→ Rn. 164) handelt. 325

Das Insolvenzgericht legt das durchzuführende Verfahren bei Zulassung des Insolvenzantrags fest, unter Berücksichtigung der in diesem Zeitpunkt vorliegenden Information. Nachträglich ist eine **Umwandlung** des Verfahrens (von gewöhnlich in verkürzt und umgekehrt) von Amts wegen oder auf Antrag des Schuldners, des Insolvenzverwalters oder eines Gläubigers möglich, sofern sich die anfänglich berücksichtigten Umstände ändern und dies die verringerte oder gesteigerte Komplexität der Insolvenz gebietet (Art. 524 TRLC). 326

In den Fällen, in denen das Gesetz ausdrücklich die Durchführung eines verkürzten Verfahrens vorsieht (→ Rn. 324), ist eine Umwandlung in ein gewöhnliches Verfahren nicht möglich. 326.1

Das verkürzte Insolvenzverfahren sieht grundsätzlich eine Verkürzung der Fristen und Vereinfachung bestimmter Handlungen vor (Art. 525–528 TRLC). In Ermangelung finden die Regelungen über das gewöhnliche Verfahren Anwendung (Art. 531 TRLC). Die **Besonderheiten** des verkürzten Insolvenzverfahrens sind die folgenden: 327
- Der Insolvenzverwalter muss ein vorläufiges Inventar (→ Rn. 761) innerhalb einer Frist von 15 Tagen ab Annahme seines Amtes vorlegen
- Die Frist zur Einreichung des vorläufigen Berichts des Insolvenzverwalters (→ Rn. 772) wird auf einen Monat herabgesetzt, verlängerbar um weitere 15 Tage
- Alle Anfechtungen des Inventars und der Gläubigerliste (→ Rn. 777) werden zusammen behandelt
- Es wird eine einzige Frist zur Einreichung gewöhnlicher Vergleichsvorschläge (→ Rn. 855) festgesetzt, die fünf Tage nach der Veröffentlichung des vorläufigen Berichts des Insolvenzverwalters endet. Wird innerhalb dieser Frist kein Vorschlag eingereicht, öffnet sich unmittelbar die Verwertungsphase ohne Einberufung der Gläubigerversammlung
- Die Gläubigerversammlung (→ Rn. 867) ist innerhalb einer Frist von 30 Tagen ab Einberufung abzuhalten
- Die Dauer der Verwertungsphase (→ Rn. 938) wird auf drei Monate herabgesetzt, verlängerbar um einen weiteren Monat.

In den folgenden Fällen finden auf das verkürzte Verfahren Sonderregelungen Anwendung: 327.1
- Sofern der Schuldner einen vorgezogenen Vergleichsvorschlag zusammen mit dem Insolvenzantrag eingereicht hat (→ Rn. 854)
- Sofern der Schuldner zusammen mit seinem Insolvenzantrag einen Verwertungsplan eingereicht hat, der ein verbindliches schriftliches Angebot zur Übernahme einer Unternehmenseinheit enthält (pre-pack, → Rn. 941)
- Im nachfolgenden Insolvenzverfahren infolge des Scheiterns des Verfahrens zur Erreichung einer außergerichtlichen Zahlungsvereinbarung (→ Rn. 173).

4. Häufung von Insolvenzverfahren

Das Gesetz erlaubt die Häufung von Insolvenzverfahren, sofern bestimmte Verknüpfungen bestehen. Diese Häufung kann von Anfang an vorgenommen werden (→ Rn. 329), also wenn mehrere Schuldner gemeinsam einen Insolvenzantrag stellen, oder nachträglich (→ Rn. 332), dh wenn verschiedene Insolvenzverfahren von verschiedenen Schuldnern zu einem Insolvenzverfahren zusammengeführt werden. 328

Die folgenden Schuldner sind berechtigt, gemeinsam einen Insolvenzantrag zu stellen (anfängliche Häufung) (Art. 38 und 40 TRLC): 329
- Ehegatten
- Eingetragene Lebenspartner, sofern das Gericht feststellt, dass ausdrückliche oder stillschweigende Vereinbarungen der Partner vorliegen, aus denen sich der eindeutige Wille zu einem gemeinsamen Vermögen ergibt
- Geschäftsführer oder Gesellschafter, die ganz oder teilweise für die Schulden derselben juristischen Person haften
- Gesellschaften, die derselben Gruppe angehören.

Zur Bestimmung des Begriffs der Gruppe wird hierzu auf die Definition der Zusatzbestimmung 1ª TRLC verwiesen (→ Rn. 733.3). 329.1

Üblicherweise stellen Gesellschaften zusammen mit ihren Geschäftsführern und/oder Gesellschaftern einen Antrag auf Eröffnung des Insolvenzverfahrens, sofern diese persönlich für den Großteil oder die Gesamtheit der Schulden der Gesellschaft haften (zB sofern diese persönlich bürgen). 329.2

Internationales Insolvenzrecht – Spanien

330   Der Gläubiger kann den Insolvenzantrag zusammen mit den folgenden Schuldnern (**anfängliche Häufung von unfreiwilligen Insolvenzverfahren**) stellen (Art. 39 und 40 TRLC):
- Ehegatten
- Eingetragene Lebenspartner, sofern die oben genannten Voraussetzungen vorliegen
- Schuldner, sofern zwischen diesen eine Vermögensvermischung besteht
- Gesellschaften, die derselben Gruppe angehören.

330.1   Der Antragsteller muss zwingend Gläubiger aller Schuldner sein, deren Insolvenzverfahren er gemeinsam beantragt.

331   Die **Zuständigkeit** richtet sich nach den folgenden Regelungen (Art. 46.1 TRLC):
- Grundsätzlich ist das Insolvenzgericht an dem Ort zuständig, an dem der Mittelpunkt der Interessen (→ Rn. 307) des Schuldners liegt, der die meisten Verbindlichkeiten aufweist.
- Handelt es sich um mehrere Schuldner derselben Gruppe ist das Gericht am Sitz des herrschenden Unternehmens zuständig und, sofern diese keinen Antrag stellt, das Gericht am Sitz der Gesellschaft mit den meisten Verbindlichkeiten.

331.1   Ist für das Insolvenzverfahren eines Schuldners das erstinstanzliche Gericht zuständig, für einen anderen Schuldner aber das Handelsgericht, so ist die Häufung trotzdem zulässig und es kommt zu einer Zuständigkeit beim Handelsgericht (Art. 46.3 TRLC).

332   Wurde über das Vermögen verschiedener Schuldner separat das Insolvenzverfahren eröffnet, können sämtliche Verfahren zusammengeführt werden, sofern die folgenden Verknüpfungen gegeben sind (**nachträgliche Häufung**) (Art. 41 TRLC):
- Die Schuldner sind miteinander verheiratet
- Die Schuldner sind eingetragene Lebenspartner, sofern die für die anfängliche Häufung von freiwilligen Insolvenzverfahren genannten Voraussetzungen vorliegen (→ Rn. 329)
- Es handelt sich um Geschäftsführer, Gesellschafter oder Mitglieder, die persönlich, ganz oder teilweise für die Verbindlichkeiten der juristischen Person haften
- Es handelt sich um Mitglieder einer Körperschaft ohne Rechtspersönlichkeit (zB Gelegenheitsgesellschaften ohne Rechtspersönlichkeit), die persönlich für die Verbindlichkeiten der Körperschaft haften
- Sofern die Schuldner (Gesellschaften) Teil einer Unternehmensgruppe sind
- Sofern eine Vermischung der Vermögen der Schuldner gegeben ist.

332.1   Eine Häufung der bereits eröffneten Insolvenzverfahren findet in jedem Fall bei Betreiberunternehmen im Bereich der öffentlichen Baumaßnahmen und öffentlichen Dienste sowie bei Vertragspartnern der öffentlichen Verwaltung statt, sofern ein Vergleichsvorschlag eingereicht wird, der diese betrifft. Die Zuständigkeit liegt dann bei dem Insolvenzgericht, das für den Schuldner mit den mit den meisten Verbindlichkeiten im Zeitpunkt der Antragsstellung zuständig ist (Art. 581 TRLC).

333   Die Häufung kann von jedem Schuldner oder Insolvenzverwalter mittels schriftlichen begründeten **Antrags** beim zuständigen Insolvenzgericht (die Häufung ist auch möglich, selbst wenn die Insolvenzverfahren von verschiedenen Gerichten eröffnet wurden) beantragt werden. In Ermangelung kann der Antrag auch von einem Gläubiger gestellt werden. **Zuständig** für die Entscheidung über die Häufung und die Bearbeitung der gehäuften Insolvenzverfahren ist (Art. 46.2 TRLC):
- Das Gericht, das für den Insolvenzantrag des Schuldners mit den meisten Verbindlichkeiten zuständig wäre.
- Bei mehreren Schuldnern derselben Gruppe ist das für die herrschende Gesellschaft zuständige Gericht zuständig. Hat diese keinen Antrag gestellt, das erste Gericht, das sich für zuständig erklärt hat.

334   Die Anhäufung (egal welcher Art) hat folgende **Wirkungen:**
- Die verschiedenen Insolvenzverfahren werden von einem Gericht bearbeitet (Art. 42 TRLC), dh parallel. Es wird versucht, so weit wie möglich parallel zu verfahren (obwohl zB in Bezug auf einen Schuldner einen Vergleich und in Bezug auf einen anderen Schuldner eine Verwertung durchgeführt werden kann).
- Es kann ein einziger Insolvenzverwalter bestellt werden. Handelt es sich um eine nachträgliche Häufung, kann einer der bereits bestellten Verwalter zum Verwalter aller bestellt werden (Art. 59 TRLC). In diesem Fall ist die Ernennung einer Hilfskraft (→ Rn. 393) zwingend (Art. 76 TRLC).

Internationales Insolvenzrecht – Spanien

- Die Einteilung in freiwilliges und unfreiwilliges Insolvenzverfahren bleibt für den einzelnen Schuldner weiterhin bestehen, ebenso wie die Regelungen über die Verwaltungs- und Verfügungsbefugnis (→ Rn. 466).
- Der Vergleichsvorschlag eines Schuldners kann der Bedingung unterliegen, dass diesem die Wirkungen eines anderen Vergleichs zukommen (Art. 319.2 TRLC).
- Grundsätzlich werden die Massen nicht zusammengeführt, so dass es für jeden Schuldner ein Inventar und eine Gläubigerliste und folglich eine Vereinbarung oder einen Verwertungsplan für jeden von ihnen geben wird. Ausnahmsweise kann das Gericht von Amts wegen oder auf Antrag einer Partei einer Zusammenführung der Aktiv- und Passivmasse (materielle Zusammenführung) zustimmen, wenn eine Vermischung der Vermögenswerte vorliegt und es nicht möglich ist, die Eigentumsverhältnisse an den Vermögenswerten und Verbindlichkeiten zu bestimmen, ohne dass es zu Verzögerungen bei der Abwicklung des Insolvenzverfahrens oder zu ungerechtfertigten Ausgaben kommt.

5. Insolvenzrechtliches Nebenverfahren

Das **insolvenzrechtliche Nebenverfahren** ist ein gesondertes Verfahren innerhalb des Insolvenzverfahrens welches sämtliche im Verlauf der Insolvenz aufkommende Streitfragen behandelt, für die das Insolvenzgericht sachlich zuständig ist. **335**

Der **Anwendungsbereich** des insolvenzrechtlichen Nebenverfahrens umfasst folgende Bereiche (Art. 532.1 TRLC): **336**
- Sämtliche Bereiche für die das Gesetz ausdrücklich die Anwendung dieser Verfahrensart vorschreibt (beispielsweise, Anfechtungsklagen (→ Rn. 633), zur Auflösung von Verträgen (→ Rn. 549), zur Anfechtung des Inventars und der Gläubigerliste (→ Rn. 777)).
- Sämtliche sonstige Fragen, die während des Insolvenzverfahrens auftreten können und die das Gesetz nicht ausdrücklich einem anderen Verfahren unterwirft (beispielsweise die Unzuständigkeitsrüge, → Rn. 312).
- Zivilrechtliche Feststellungsverfahren, die vor dem Insolvenzgericht nach Eröffnung des Insolvenzverfahrens eingereicht werden (→ Rn. 507). Dagegen sind vorher eingereichte Feststellungsklagen, die anzuhäufen sind (→ Rn. 508.1), nicht im insolvenzrechtlichen Nebenverfahren zu behandeln, sondern folgen dem Verfahren, in dem sie durchgeführt wurden (ordentliches oder mündliches Verfahren).
- Bestimmte arbeitsrechtliche Fragen, für die das Gesetz die Durchführung dieser Verfahrensart vorgibt (→ Rn. 349).

Nebenverfahren sind nicht zulässig, wenn sie die Beantragung von Handlungen des Insolvenzverwalters oder deren Anfechtung aus Gründen der **Zweckmäßigkeit** zum Gegenstand haben (Art. 532.2 TRLC), da das Kriterium der Zweckmäßigkeit des Insolvenzverwalters gerichtlich nicht überprüfbar ist. **337**

Das Nebenverfahren **unterbricht** das Insolvenzverfahren **nicht**, es sei denn, das Insolvenzgericht beschließt von Amts wegen oder auf Antrag die Aussetzung derjenigen Maßnahmen, die durch die ausstehende Entscheidung im Nebenverfahren betroffen sein könnten (Art. 533 TRLC). **338**

Aktivlegitimiert zur Einleitung des Nebenverfahrens ist jeder, der ein berechtigtes Interesse am Verfahrensgegenstand nachweisen kann. Diese Person muss aber bereits im Insolvenzverfahren als Partei in Erscheinung getreten sein. **339**

Passivlegitimiert sind diejenigen Parteien, gegen die sich die Klage richtet (Schuldner, Insolvenzverwalter, Gläubiger usw, Art. 534.1 TRLC). **340**

Auch Dritte mit einem berechtigten Interesse können in das Nebenverfahren -nach vorherigem Auftreten im Insolvenzverfahren- als **Nebenintervenienten** des Klägers oder des Beklagten einbezogen werden (Art. 534.2 TRLC). Die Nebenintervenienten sind selbst nicht handlungsfähig. **340.1**

Die **Anhäufung** von Nebenverfahren zur gemeinsamen Durchführung und Beurteilung ist möglich, sofern ein objektiver Bezug zwischen ihnen besteht. In diesem Fall haben alle Parteien auf die Klagen zu erwidern, deren Begehren sie widersprechen (Art. 537 TRLC). **341**

Das häufigste Beispiel für eine Anhäufung sind Anfechtungen des Inventars oder der Gläubigerliste (→ Rn. 777). **341.1**

Das Nebenverfahren wird mittels **Klageschrift** eingeleitet, die den Anforderungen einer ordentlichen Klage entsprechen muss (Art. 536.1 TRLC). **342**

Diese **Anforderungen** sind (Art. 399 LEC): **342.1**
- Eindeutige Benennung des Klägers und des Beklagten

Internationales Insolvenzrecht – Spanien

- Darstellung des Sachverhalts und der rechtlichen Bewertung (formell wie materiell) mit nummerierten und separaten Absätzen sowie Auflistung der eingereichten Unterlagen
- Klare und präzise Antragsformulierung
- Beifügung der Prozessdokumente, vor allem einer Prozessvollmacht (es sei denn, diese wurde bereits im Insolvenzverfahren eingereicht), welche vor einem Notar erteilt werden soll oder vor jedem Gericht in Spanien oder auf elektronischem Wege
- Ebenfalls sind Beweisdokumente einzureichen. Es ist jedoch nicht notwendig, die Unterlagen, die bereits im Insolvenzverfahren vorgelegt wurden, erneut einzureichen. In diesem Fall reicht es, die Unterlagen zu bezeichnen und das Verfahren anzugeben, in dem sie vorgelegt wurden (Art. 539.2 TRLC). Nach Einreichung der Klage können Dokumente nur noch in Ausnahmefällen nachgereicht werden.

342.2 Ferner muss die Klage **die Bezeichnung der Beweismittel** enthalten (Art. 539 TRLC). Nachträglich können keine weiteren Beweismittel mehr bezeichnet werden, sofern diese nicht dem Beweis neuer Tatsachen dienen.

343 Das Gericht **lässt** die Klage zu, es sei denn, es kommt zum Schluss, dass die aufgeworfene Frage unzulässig ist oder dass sie nicht das Gewicht hat, um in einem Nebenverfahren behandelt zu werden. In diesem Fall ist die Nichtzulassung durch Beschluss zu verfügen und zur Bearbeitung weiterzuleiten (beispielsweise als Verfahren der richterlichen Ermächtigung, → Rn. 352) (Art. 536.2 TRLC).

344 Wird die Klage zugelassen, ist sie den Beklagten im Nebenverfahren zuzustellen, die innerhalb einer Frist von zehn Tagen zu **erwidern** haben (Art. 536.3 TRLC).

344.1 Für die Klageerwiderung gelten die in der Zivilprozessordnung für das ordentliche Verfahren vorgesehenen **Voraussetzungen** (Art. 405 LEC):
- Sie muss die verfahrenshindernden Einreden enthalten
- Die Behauptungen des Klägers sind anzunehmen oder zu bestreiten. Ferner sind die Gründe für den Widerspruch gegen die in der Klage geltend gemachten Ansprüche in nummerierten und gesonderten Absätzen (die nicht notwendigerweise mit denen in der Klage übereinstimmen müssen) darzulegen. Zudem sind die beigefügten Unterlagen zu bezeichnen
- Die prozessrechtlich notwendigen Unterlagen sind einzureichen, insbesondere eine Prozessvollmacht (sofern diese nicht bereits im Insolvenzverfahren eingereicht wurden)
- Beweismittel sind einzureichen. Die für die Klage (→ Rn. 342.1) geltenden Ausnahmen finden auch hier Anwendung. Nach Einreichung der Klageerwiderung können keine Unterlagen mehr nachgereicht werden.

344.2 Ferner muss sie **Beweisanträge** des Beklagten enthalten (Art. 539.1 TRLC). Die für die Klage geltenden Regelungen finden hier gleichfalls Anwendung.

345 Zusammen mit der Klageerwiderung kann der Beklagte auch eine **Widerklage** gegen den Kläger des Nebenverfahrens erheben. Dies setzt allerdings einen objektiven Zusammenhang mit der Klage voraus.

346 Entsprechend der Regelungen über das mündliche Verfahren kommt es zu einem ersten **Termin**, soweit auf die Klage erwidert wurde, der Sachverhalt streitig ist und eine der Parteien Beweisanträge gestellt hat, die vom Gericht zugelassen wurden (Parteivernehmung, Zeugenvernehmung, Sachverständigenvernehmung oder Augenscheinbeweise). Anders dagegen sofern nur Unterlagen eingereicht wurden, gegen die keine Einwände vorgebracht oder Sachverständigengutachten eingereicht wurden (Art. 540.2 TRLC).

346.1 In der mündlichen Verhandlung werden die verfahrenshindernden Einreden mündlich geklärt (die im Rahmen der Klageerwiderung oder mündlich vom Beklagten vorgetragen werden), der Streitgegenstand festgestellt, die Beweisaufnahme durchgeführt. Abschließend ordnet das Gericht die Vornahme mündlicher Schlussanträge an.

346.2 Fand kein Termin statt, kann der Kläger innerhalb einer Frist von fünf Tagen nach Zustellung der Klageerwiderung Verfahrensfehler geltend machen, die die Klageerwiderung betreffen. Verfahrensfragen werden vom Gericht per Beschluss entschieden. Werden diese abgelehnt, ergeht ein Urteil (Art. 538 TRLC).

347 Das insolvenzrechtliche Nebenverfahren wird durch **Urteil** beendet. Mit dem Eintritt der formellen Rechtskraft entfaltet das Urteil im Nebenverfahren auch die Wirkungen der Rechtskraft (Art. 543 TRLC), es sei denn, es wird über vorentscheidungsbedürfte Sachen beschlossen (→ Rn. 303).

347.1 Das Urteil enthält eine **Kostenentscheidung** des Nebenverfahrens, welche sich nach den allgemeinen zivilprozessrechtlichen Regelungen richtet (Art. 542.1 TRLC), namentlich nach dem Prinzip des Obsie-

Internationales Insolvenzrecht – Spanien

gens. Die Kosten werden grundsätzlich der vollständig unterlegenen Partei auferlegt. Im Falle eines teilweisen Obsiegens, werden die Kosten keiner der Parteien auferlegt (Art. 394 ZPO). Werden die Kosten einem Insolvenzgläubiger oder einem Dritten auferlegt, entsteht eine Forderung zugunsten der Aktivmasse, welche über das Insolvenzgericht zu vollstrecken ist, sofern der Verurteilte nicht freiwillig zahlt. Wurden die Kosten dagegen dem Schuldner oder dem Insolvenzverwalter auferlegt, sind diese Kosten als Forderungen gegen die Masse (→ Rn. 744) zu betrachten und können unmittelbar eingefordert werden, unabhängig vom Stand des Insolvenzverfahrens.

Ergänzend finden auf das insolvenzrechtliche Nebenverfahren die Regelungen der Zivilprozessordnung für das mündliche Verfahren Anwendung (Art. 535 TRLC). **348**

Art. 541 TRLC regelt die **insolvenzrechtlichen Nebenverfahren in arbeitsrechtlichen Angelegenheiten** für die das Insolvenzgericht zuständig ist. Diese behandeln folgende Fragen: **349**
- Die Einzelklagen der Arbeitnehmer (oder von FOGASA) bezüglich insolvenzrechtlicher Arbeitsregelungsverfahren (→ Rn. 558). Der Beschluss, welcher Kollektivmaßnahmen hinsichtlich der Arbeitsverhältnisse bestätigt, kann lediglich vor dem Tribunal Superior de Justicia angefochten werden. Allerdings können bei der Umsetzung dieses Beschlusses in Bezug auf die einzelnen Arbeitnehmer (zB Berechnung der Abfindung) Streitigkeiten auftreten, welche im Nebenverfahren zu behandeln sind
- Die Anfechtung der Entscheidungen des Insolvenzverwalters hinsichtlich der Auflösung oder Aussetzung von Arbeitsverträgen leitender Angestellter (→ Rn. 577).

Hierbei handelt es sich um eine abgeschlossene Liste. Daher ist ein Streit über die Anspruchshöhe der Arbeitnehmer als Anfechtung der Gläubigerliste vor dem Insolvenzgericht auszutragen (→ Rn. 777). Kündigungsschutzverfahren fallen nicht in die Zuständigkeit des Insolvenzgerichts, sondern der des Arbeitsgerichts. **349.1**

Im insolvenzrechtlichen Nebenverfahren in arbeitsrechtlichen Angelegenheiten besteht kein Anwaltszwang, eine Vertretung durch Rechtsanwalt, Prozessvertreter oder Arbeitsberater ist allerdings möglich (Art. 513.2 TRLC). **350**

Der **Verfahrensablauf** ist dabei folgender: **351**
- Das Verfahren wird durch Einreichung einer Klage eingeleitet (→ Rn. 342). Ist der Kläger nicht anwaltlich vertreten, kann er eine verkürzte Klage einreichen, dh diese muss keine umfassende Sachverhaltsdarstellung enthalten, sondern kann sich auf die wesentlichen Tatsachen beschränken.
- Sobald die etwaigen Verfahrensfehler behoben wurden lässt das Gericht die Klage förmlich zu und beraumt einen ersten Termin an, zu dem die Beklagten zu laden sind.
- Der Termin beginnt mit einem Schlichtungsversuch. Ist eine Schlichtung nicht möglich, trägt der Kläger erneut den Inhalt seiner Klage vor und kann diese erweitern. Anschließend kann der Beklagte auf diese mündlich erwidern. Beide Parteien können Beweisanträge stellen. Die Beweiswürdigung unterliegt der Zulassung durch das Gericht. Zum Abschluss tragen beide Parteien ihre Schlussvorträge vor.

Art. 541 TRLC verweist nicht auf die Arbeitsprozessregelungen, sondern auf die des mündlichen Zivilverfahrens. Beide sind ähnlich, mit einem wichtigen Unterschied: Im mündlichen Zivilverfahren muss der Kläger sämtliche Unterlagen zusammen mit der Klage einreichen. Die nachträgliche Einreichung, etwa während der Verhandlung ist nicht möglich. **351.1**

Die Kostentragungspflichten für das insolvenzrechtliche Nebenverfahren in arbeitsrechtlichen Angelegenheiten richten sich nach der arbeitsrechtlichen Gesetzgebung (Art. 542.2 TRLC). Der Arbeitgeber hat die Rechtsanwaltskosten des Arbeitnehmers bis zu einem Höchstbetrag von 600 EUR zu tragen, wenn er bösgläubig oder leichtfertig prozessiert hat. **351.2**

6. Verfahren der richterlichen Ermächtigung

Art. 518 TRLC regelt ein vereinfachtes Verfahren, welches auf alle Fälle Anwendung findet, in denen das Gesetz die Notwendigkeit einer richterlichen Ermächtigung für bestimmte Handlungen vorschreibt (beispielsweise die Übertragung von Aktiva in der allgemeinen Phase, → Rn. 604) oder in denen der Insolvenzverwalter dies für geeignet erachtet: **352**
- Der Antrag ist schriftlich und mit hinreichender Begründung zu stellen
- Er ist den weiteren Verfahrensbeteiligten zuzustellen, denen Gelegenheit zur Äußerung zum Antragsgegenstand innerhalb einer Frist von nicht unter drei und höchstens zehn Tagen zu geben ist
- Das Gericht entscheidet durch Beschluss innerhalb einer Frist von fünf Tagen. Gegen den Beschluss ist ausschließlich der recurso de reposición statthaft.

7. Rechtsmittel

353 Die gegen die Beschlüsse des Insolvenzgerichts statthaften Rechtsmittel sind, unabhängig davon ob es sich um ein ordentliches oder verkürztes Insolvenzverfahren handelt, in Art. 544–550 TRLC geregelt. Subsidiär finden die allgemeinen Regelungen der spanischen Zivilprozessordnung Anwendung (außer in arbeitsrechtlichen Angelegenheiten, die dem Arbeitsgerichtsgesetz unterliegen).

354 Gegen **Verfügungen des Rechtspflegers** sind die im spanischen Zivilprozessrecht vorgesehenen Rechtsmittel statthaft (Art. 544 TRLC), namentlich die Beschwerde und unter Umständen die Revision.

354.1 Der **recurso de reposición** ist grundsätzlich gegen prozessleitende Maßnahmen und nicht abschließende Verfügungen des Rechtspflegers statthaft (Art. 451.1 LEC). Über sie entscheidet der Rechtspfleger selbst mittels Verfügung. Gegen die Verfügung, die über die Beschwerde entscheidet, ist der recurso de reposición statthaft (Urteil des Obersten Spanischen Gerichtshofs 15/2020 v. 28.1.2020).

354.2 Der **recurso de revisión** ist gegen die endgültige Verfügung (dh der das Verfahren beendet) und gegen die Verfügung, die über den recurso de reposición entscheidet, statthaft. Gegen die Entscheidung des Gerichts ist nur die Berufung statthaft (Art. 454bis LEC).

355 Gegen **Verfügungen und Beschlüsse** des Insolvenzgerichts ist nur das Rechtsmittel des recurso de reposición statthaft, es sei denn, das Gesetz schließt dies aus oder erklärt ausdrücklich ein anderes Rechtsmittel für statthaft (Art. 546 TRLC).

355.1 Über **recursos de reposición** gegen Verfügungen und Beschlüsse des Insolvenzgerichts entscheidet das Insolvenzgericht per Beschluss.

356 Gegen Beschlüsse über den recurso de reposición (→ Rn. 355) und gegen Urteile im insolvenzrechtlichen Nebenverfahren, welche während der allgemeinen Phase oder in der Vergleichsphase eingelegt wurden, ist nur der **Protest** statthaft. Dieser ist innerhalb einer Frist von fünf Tagen einzulegen. Gegen diese Beschlüsse ist ein die aufgeschobene Berufung (**recurso de apelación diferido**) statthaft, dh der Rechtsbehelf wird kumulativ mit der ersten möglichen Berufung eingelegt. Diese erste mögliche Berufung ist die gegen den Eröffnungsbeschluss der Vergleichsphase (→ Rn. 856), den Eröffnungsbeschluss der Verwertungsphase (→ Rn. 914) und das den vorweggenommenen Vergleichsvorschlag genehmigende Urteil (→ Rn. 850) statthaft (Art. 547 TRLC). Dieser recurso de apelación wird bevorzugt behandelt.

356.1 Ausgenommen von dieser Regelung sind Urteile in den insolvenzrechtlichen Nebenverfahren, in denen Anfechtungsklagen (→ Rn. 633) oder Aus- oder Absonderungsklagen (→ Rn. 592) eingereicht werden. Gegen diese ist unmittelbar recurso de apelación einzulegen.

356.2 Der **recurso de apelación** entscheidet die Audiencia Provincial mittels Beschluss oder Urteil, je nachdem ob die angegriffene Entscheidung in einem Beschluss oder Urteil ergangen ist. Der recurso de apelación kann sich gegen die Sachverhaltsdarstellung, die rechtliche Beurteilung oder Prozessmängel richten.

357 Gegen die Urteile, die den Vergleich genehmigen und diese im insolvenzrechtlichen Nebenverfahren, die nach oder während der Verwertungsphase (→ Rn. 912) geführt wurden ist die **Berufung** statthaft (Art. 548 TRLC).

357.1 Nach Ansicht der Rechtsprechung ist der unmittelbare recurso de apelación auch gegen Urteile statthaft, die während der Vergleichsphase insolvenzrechtlichen Nebenverfahren ergangen sind, aber während der allgemeinen Phase eingeleitet wurden, da gegen diese ansonsten kein Rechtsmittel statthaft wäre (AP Madrid 267/2014 v. 3.10.2014 – 866/2012) und gegen die Beschlüsse, die über recursos de reposición entscheiden, die während der Verwertungsphase ergangene Beschlüsse entscheiden (AP Almería 310/2016 v. 14.6.2016 – 347/2016).

358 Gegen Urteile im Zusammenhang mit der Genehmigung (→ Rn. 885) oder Erfüllung (→ Rn. 905) des Insolvenzvergleichs, der Einstufung (→ Rn. 964) oder Beendigung (→ Rn. 1024) des Insolvenzverfahrens sowie Entscheidungen in den im dritten (Aktivmasse → Rn. 583) und vierten Abschnitt (Passivmasse → Rn. 654) enthaltene Verfahren ist der **recurso de casación sowie der außerordentliche Rechtsbehelf wegen Verletzung prozessualer Vorschriften**, statthaft, nach Maßgabe der Vorschriften der Zivilprozessordnung (Art. 550 TRLC).

358.1 Für den **recurso de casación** und den **außerordentlichen Rechtsbehelf wegen Verletzung prozessualer Vorschriften** ist der Zivilsenat des Tribunal Supremo zuständig. Diese Rechtsmittel können nur in den abschließend aufgezählten Fällen eingereicht werden.

Gegen den Beschluss, der das insolvenzrechtliche Arbeitsregelungsverfahren bestätigt (→ 359
Rn. 558) und gegen Urteile bei insolvenzrechtlichen Nebenverfahren im arbeitsrechtlichen
Bereich (→ Rn. 349) sind die in den im Arbeitsgesetz vorgesehenen Rechtsmittel statthaft, dh
der **recurso de suplicación** und die **recursos de casación** (Art. 551 TRLC).

Über den **recurso de suplicación** entscheidet der Oberste Arbeitsgerichtshof, über die **recursos de** 359.1
casación der Senat für Arbeitssachen des Tribunal Supremo.

Art. 549 TRLC regelt die **aufschiebende Wirkung** des recurso de apelación. Das Insolvenzge- 360
richt muss, von Amts wegen oder auf Antrag einer der Parteien hin, die Berufung förmlich
zulassen und kann die Aussetzung solcher Insolvenzverfahrenshandlungen anordnen, die durch
die Entscheidung im Berufungsverfahren beeinträchtigt werden könnten. Die Audiencia Provincial
kann diese Entscheidung überprüfen.

Andererseits hat der recurso de suplicación in arbeitsrechtlichen Angelegenheiten keine aufschiebende 360.1
Wirkung in Bezug auf das Insolvenzverfahren (Art. 551.1 TRLC).

8. Bekanntmachung des Insolvenzverfahrens

Das TRLC legt verschiedene Mittel zur Bekanntmachung fest, sowohl für die Eröffnung des 361
Insolvenzverfahrens (für die ein besonderes Verfahren gilt, → Rn. 272) als auch für andere relevante Beschlüsse, die im Laufe des Verfahrens gefasst werden. Die Bekanntmachung kann durch
Veröffentlichung oder Eintragung (dh durch Eintragung oder Vermerk in öffentliche Personen-
und Vermögensregister) erfolgen. Das Gesetz legt die Fälle fest, in denen eine Bekanntmachung
stattfindet, und die Mittel, mit denen sie durchgeführt werden muss.

Die Bekanntmachung besteht aus der Veröffentlichung eines Erlasses oder eines Auszuges des 362
Beschlusses im BOE, im Öffentlichen Insolvenzregister und an der Anschlagtafel des Gerichts
(Art. 554 TRLC).

Der **BOE** wird ausschließlich in elektronischer Form unter https://www.boe.es/ veröffentlicht. 362.1
Bekanntmachungen zu Insolvenzverfahren werden in Abschnitt IV veröffentlicht. Der Inhalt dieses
Abschnitts kann unter folgendem Link abgerufen werden: https://www.boe.es/buscar/seccion4.php.

Neben der Eröffnung des Insolvenzverfahrens (→ Rn. 273) werden im Staatsanzeiger im Laufe des 362.2
Insolvenzverfahrens weitere Umstände bekanntgemacht, wie die Entlassung und Bestellung des Insolvenz-
verwalters (→ Rn. 449), dem nachträglichen Übergang der Verwaltungs- und Verfügungsbefugnis (→
Rn. 473), dem Urteil über die Genehmigung des Vergleichs (→ Rn. 896), dem Beschluss über die Feststel-
lung der Erfüllung des Vergleichs (→ Rn. 906), dem Beschluss über die Eröffnung der Verwertungsphase
(→ Rn. 916) und die Beschlüsse über die Beendigung (→ Rn. 1042) und die Wiedereröffnung des
Insolvenzverfahrens (→ Rn. 1064). Ebenfalls sind zu veröffentlichen der Beschluss über die gerichtliche
Zulassung der Refinanzierungsvereinbarungen (→ Rn. 74) und die Urteile, die über die Anfechtungen
der gerichtlichen Zulassung entscheiden (→ Rn. 100).

Das **Öffentliche Insolvenzregister** wird durch die Art. 560–566 TRLC und durch das Königliche 362.3
Gesetzesdekret 892/2013 geregelt. Dieses Register ist öffentlich und kann unentgeltlich im Internet unter
https://www.publicidadconcursal.es/ eingesehen werden, ohne dass es einer Registrierung oder der Angabe
eines berechtigten Interesses bedarf.

Das Register ist aktuell in 4 Abschnitte unterteilt: der erste, die Insolvenzedikte, in der die Verfahrenser- 362.4
öffnungen und übrigen Beschlüsse des Insolvenzverfahrens veröffentlicht werden. Zweitens, Registerveröf-
fentlichungen, in der die Beschlüsse eingetragen werden, die auch in öffentliche Personenregister (→
Rn. 363.1) einzutragen sind. Drittens, Restschuldbefreiungen, in die Restschuldbefreiungen über Zahlungspläne eingetragen werden (→ Rn. 1076), endgültige Restschuldbefreiungen (→ Rn. 1087) (wobei
der Zugang zu diesem Abschnitt begrenzt ist, → Rn. 1076) und viertens, außergerichtliche Zahlungsvereinbarungen und Refinanzierungsvereinbarungen, in die Mitteilungen über die Aufnahme von Verhandlungen (→ Rn. 19.2), außergerichtliche Zahlungspläne (→ Rn. 150) und die gerichtliche Genehmigung
von Refinanzierungsvereinbarungen (→ Rn. 80) eingetragen werden. Vorgesehen ist ein weiterer
Abschnitt über die Insolvenzverwalter und ihre Hilfskräfte, die mit Inkrafttreten des Gesetzes 17/2014
eingeführt werden soll und der Verwalterbestellung durch das Gericht dienen soll (→ Rn. 370.4).

Die Veröffentlichung von Beschlüssen im öffentlichen Insolvenzregister hat lediglich informativen Wert 362.5
(Art. 565 TRLC).

Die **Registerveröffentlichung** erfolgt durch die Eintragung oder dem Vermerk jener gericht- 363
lichen Beschlüsse in den Personen- oder Vermögensregistern, bei denen dies entsprechend gesetzlich festgelegt wurde.

Internationales Insolvenzrecht – Spanien

363.1 Folgende Entscheidungen des Insolvenzgerichts müssen in das dem Schuldner entsprechende **Personenregister** (dh in das Zivilregister, wenn der Schuldner eine natürliche Person ist, in das Handelsregister, wenn der Schuldner eine natürliche oder eintragungsfähige juristische Person ist, in das Stiftungsregister, in das Vereinsregister usw) eingetragen werden (Art. 557 TRLC):
- Die Eröffnung des Insolvenzverfahrens, für die eigene Regelungen gelten (→ Rn. 276)
- Die Ernennung und Abberufung des Insolvenzverwalters (→ Rn. 449)
- Die Wiedereröffnung des Insolvenzverfahrens (→ Rn. 1064)
- Die Genehmigung des Vergleichs (→ Rn. 896), einschließlich der Beschränkungen, die der genehmigte Vergleich hinsichtlich der Verfügungsbefugnis des Schuldners auferlegt
- Die Eröffnung der Verwertungsphase (→ Rn. 916)
- Die Genehmigung eines Verwertungsplans (→ Rn. 928)
- Der Abschluss des Insolvenzverfahrens und die Verfügung über die Anfechtung des Beendigungsbeschlusses (→ Rn. 1042)
- Das Urteil zur Einstufung der Insolvenz als schuldhaft (→ Rn. 1003)
- Beschlüsse, die die Verwaltungs- und Verfügungsbefugnis des Schuldners betreffen (→ Rn. 474)
- Sonstige, vom Gesetz genannte.

363.2 Die oben genannten Beschlüsse sind auch in die **Vermögensregister** (Grundbuch, Register für bewegliches Vermögen, Markenregister, Patentregister usw), in denen das Vermögen oder Rechte der Aktivmasse auf den Namen des Schuldners eingetragen sind, einzutragen (Art. 558 TRLC).

363.3 In sämtlichen Personenstands- und Vermögensregistern werden nicht rechtskräftige Entscheidungen durch einen Präventivvermerk eingetragen, der eine Gültigkeitsdauer von vier Jahren hat, die verlängert und von Amts wegen oder auf Antrag durch jedermann nach Ablauf der Gültigkeitsdauer gelöscht werden kann (Art. 555.1 TRLC); rechtskräftige Entscheidungen unterliegen der Eintragungspflicht ohne zeitliche Begrenzung.

III. Insolvenzverwaltung

1. Voraussetzungen und Bestellung

364 Der Insolvenzverwalter ist neben der Gläubigerversammlung (→ Rn. 868) eines von zwei Insolvenzorganen. Unter der Aufsicht des Insolvenzgerichts, übernimmt er verschiedene **Aufgaben,** wie etwa die Ausübung der Insolvenzbefugnisse und der Verfügungen über die Aktivmasse (im Falle einer Insolvenz auf Antrags eines Gläubigers) oder die Begleitung des Schuldners (bei einer freiwilligen Insolvenz auf Antrag des Schuldners, → Rn. 466), die Aufstellung des Inventars (→ Rn. 761), die Anerkennung von Forderungen (→ Rn. 673), die Erstellung der Gläubigerliste (→ Rn. 766), die Einreichung von Klagen zur Nichtigkeitserklärung (→ Rn. 475) oder Rückgängigmachung (→ Rn. 633) von Verfügungen, die Erstellung des Verwertungsplans und die Durchführung der Verwertung (→ Rn. 924).

365 Der Insolvenzverwalter ist ein **unerlässliches** Organ in jedem Insolvenzverfahren, es sei denn, der Schuldner ist eine juristische Person und es wird zeitgleich zur Eröffnung des Insolvenzverfahrens die Verfahrensbeendigung wegen Unzulänglichkeit der Aktivmasse angeordnet (Expressinsolvenzverfahren, → Rn. 1056). Ferner handelt es sich um ein einzigartiges Organ, dh, dass es gegenwärtig nur eine Art des Insolvenzverfahrens gibt, seine Bezeichnung und die geltenden Regelungen aber für alle Insolvenzverfahren gleich sind, unbeschadet der besonderen Funktionen, die von den konkreten Umständen abhängen.

365.1 Der Insolvenzverwalter kann sich in bestimmten Fällten auch folgenden **Hilfskräften** bedienen:
- Bevollmächtigte Hilfskräfte, die bestimmte Aufgaben der Insolvenzverwaltung übernehmen (→ Rn. 393)
- Unabhängige Sachverständige, die Bewertungen der Gegenstände und Rechte der Aktivmasse sowie die Durchführbarkeitsprüfung des laufenden Verfahrens und Klagen vornehmen (→ Rn. 765)
- Sachverständige zur Bewertung bestimmter Vermögenswerte (→ Rn. 699.1)
- Unternehmen, die auf die Veräußerung bestimmter Vermögenswerte spezialisiert sind (→ Rn. 624)
- Seinen eigenen Mitarbeitern oder den Mitarbeitern des Schuldners (Art. 75.2 TRLC).

366 Die für die Insolvenzverwalter geltenden gesetzlichen Regelungen wurden grundlegend durch das Gesetz 17/2014 vom 30.9.2014 geändert. Allerdings treten die Neuregelungen in Bezug auf die Voraussetzungen, die Bestellung und die Vergütung erst mit Genehmigung der Verordnung in Kraft, was bisher noch nicht geschehen ist. Daher ist bezüglich der Voraussetzungen, der Bestellung und der Vergütung der Insolvenzverwalter nach wie vor auf die alten Regelungen vor dem Gesetz 17/2014 abzustellen. Im Folgenden beziehen wir uns auf die alten Regelungen (vor dem Gesetz 17/2014) und werden kurz auf die Neuerungen des Gesetzes 17/2014 eingehen, das bisher noch nicht in Kraft getreten ist.

Internationales Insolvenzrecht – Spanien

Die Insolvenzverwaltung besteht grundsätzlich aus einem **einzigen Mitglied** (Art. 27.1 LC). In Insolvenzverfahren von besonderer Bedeutung muss das Insolvenzgericht zusätzlich einen Gläubiger zum zweiten Insolvenzverwalter bestellen, der Inhaber einer einfachen Insolvenzforderung oder einer ungesicherten, vorrangigen Forderung ist, die im ersten Drittel der höheren Insolvenzforderungen liegt („**Gläubiger als Insolvenzverwalter**") (Art. 27.2.3 LC). **367**

Zur Bestimmung des ersten Drittels des Höchstbetrags werden alle Schulden gegenüber den Arbeitnehmern zusammengefasst, und wenn sich ihre Summe im ersten Drittel befindet, kann das Gericht die Arbeitnehmervertretung als Gläubigerinsolvenzverwalter bestellen, die einen Berufsträger benennen muss, etwa einen Wirtschaftswissenschaftler, Betriebswirt, Wirtschaftsprüfer oder Jurist, und der den gleichen Regelungen über Unvereinbarkeit (→ Rn. 381), Verbot (→ Rn. 386), Vergütungen (→ Rn. 407) und Haftung (→ Rn. 429) unterliegt wie der erste Insolvenzverwalter. **367.1**

In der Regel ist der Gläubigerinsolvenzverwalter ein öffentlich-rechtlicher Gläubiger (Steuerbehörde oder Sozialversicherung). In diesem Fall muss die Bestellung von jedem öffentlichen Bediensteten mit einem Hochschulabschluss im juristischen oder wirtschaftlichen Bereich erfolgen, und seine Haftung entspricht den in der Verwaltungsgesetzgebung vorgesehenen Regelungen. **367.2**

Wird zusätzlich ein Gläubiger zum Insolvenzverwalter bestellt, obliegt die Vertretung gegenüber Dritten dem ersten Insolvenzverwalter. **367.3**

Der Begriff des Insolvenzverfahrens von besonderer Bedeutung war in Art. 27bis LC geregelt, bis er durch das Gesetz 17/2014 aufgehoben wurde. Nach dieser Bestimmung handelte es sich um Insolvenzverfahren, bei denen: **367.4**
- Der Jahresumsatz des Schuldners in einem der drei Jahre vor dem Jahr, in dem der Insolvenzantrag gestellt wurde, mindestens 100 Mio. EUR betrug, oder
- Die vom Schuldner angegebene Passivmasse mehr als 100 Mio. EUR beträgt, oder
- Die Anzahl der vom Schuldner angegebenen Gläubiger 1.000 übersteigt, oder
- Die Anzahl der Mitarbeiter 100 übersteigt oder in einem der drei Jahre vor dem Jahr, in dem der Insolvenzantrag gestellt wurde, 100 überstiegen hat.

Darüber hinaus konnte das Insolvenzgericht, selbst wenn keiner der oben genannten Fälle zutraf, entweder von Amts wegen oder auf Antrag des Insolvenzverwalters oder eines öffentlich-rechtlichen Gläubigers in solchen Insolvenzverfahren, in denen ein Grund des öffentlichen Interesses vorlag, der dies rechtfertigte, eine öffentliche Behörde zum Insolvenzverwalter bestellen. **367.5**

Werden mehrere Insolvenzverwalter bestellt, sind diese gesamtvertretungsberechtigt (→ Rn. 397). **367.6**

Mit Eintritt des **Gesetzes 17/2014** wird es nur noch einen einzigen Insolvenzverwalter geben (Art. 57 TRLC). Die Ernennung eines zweiten ist nur von Amts wegen oder auf Antrag eines öffentlich-rechtlichen Gläubigers möglich, sofern ein öffentliches Interesse hieran besteht. In diesem Fall wird die weitere Insolvenzverwaltung von einer öffentlichen Behörde übernommen. Die Vertretung der Insolvenzverwaltung gegenüber Dritten verbleibt allerdings stets beim ersten Insolvenzverwalter (Art. 58 TRLC). **367.7**

Der Insolvenzverwalter kann sowohl eine **natürliche wie auch eine juristische Person** sein. Um als natürliche Person zum Insolvenzverwalter ernannt zu werden, müssen folgende **Voraussetzungen** vorliegen: **368**
- Rechtsanwalt mit einer Berufserfahrung von mindestens fünf Jahren und einer besonderen Ausbildung im Insolvenzrecht. Hinsichtlich der Anforderungen dieser Ausbildung besteht kein einheitlicher Maßstab. Vielmehr werden diese von der Rechtsanwaltskammer bestimmt, die für die jeweilige Person zuständig ist (→ Rn. 370)
- Betriebswirt, Inhaber eines Handelsdiploms oder Wirtschaftsprüfer mit einer Berufserfahrung von mindestens fünf Jahren und einer nachweislichen Spezialisierung im Bereich des Insolvenzrechts.

Auch juristische Personen können zum Insolvenzverwalter ernannt werden, zu denen mindestens ein praktizierender Rechtsanwalt und ein Betriebswirt, ein zugelassener Inhaber eines Handelsdiploms oder ein Wirtschaftsprüfer gehören, sofern deren Unabhängigkeit und Leistungsbereitschaft garantiert ist. **369**

Folgende **Ausnahmen** gelten hierbei (Art. 27.2 LC): **369.1**
- Im Falle der Insolvenz eines Unternehmens, das Wertpapiere oder andere Finanzinstrumente für den Handel in einem offiziellen Sekundärmarkt ausgibt wird als Insolvenzverwalter technisches Personal der CNMV oder eine andere Person, die von der CNMV benannt wird und eine vergleichbare Qualifikation besitzt, bestellt (mit Eintritt des Gesetzes 17/2017 gilt diese Sonderregelung für sämtliche Unternehmen, die der Aufsicht der CNMV unterliegen).
- Im Falle der Insolvenz eines Kreditinstituts ernennt das Insolvenzgericht einen Insolvenzverwalter aus den Vorschlägen der FGD (nach Inkrafttreten des Gesetzes 17/2014 werden die Vorschläge durch die FROB gemacht werden).

Internationales Insolvenzrecht – Spanien

- Im Falle einer Insolvenz eines Versicherungsunternehmens ernennt das Insolvenzgericht einen Insolvenzverwalter aus den Vorschlägen der CCS (mit Inkrafttreten des Gesetzes 17/2014 übernimmt die CCS der Versicherungen selbst die Insolvenzverwaltung).

369.2 Mit Inkrafttreten des **Gesetzes 17/2014,** muss die Bestellung des Verwalters durch eine in Abschnitt Vier des öffentlichen Insolvenzregisters eingetragene natürliche oder juristische Person erfolgen, die sich bereits erklärt hat, als Verwalter im Bezirk des Insolvenzgerichts tätig zu werden (Art. 60 TRLC). Im Gegenzug legt das Gesetz fest, dass diejenigen, die die durch die Verordnung festgelegten Anforderungen erfüllen, in Abschnitt Vier des öffentlichen Insolvenzregister eingetragen werden können, was sich auf Qualifikationen, Erfahrung und die Durchführung spezifischer Prüfungen oder Kurse beziehen kann, und es können zusätzliche Anforderungen verlangt werden, um bei mittleren und großen Insolvenzverfahren als Verwalter tätig werden zu können (Art. 61 TRLC). Diese Regelungen sind noch nicht genehmigt worden.

370 Der Insolvenzverwalter wird durch das Insolvenzgericht im Rahmen des Beschlusses über die Eröffnung des Insolvenzverfahrens **ernannt.** Die Ernennung liegt im Ermessen des Insolvenzgerichts (folgt also keiner bestimmten Ordnung) unter denen, die in den entsprechenden **Listen** aufgeführt sind. Diese Listen werden jährlich von den entsprechenden Berufskammern veröffentlicht und enthalten die Namen sämtlicher natürlicher oder juristischer Personen, die die Voraussetzungen erfüllen und den Antrag gestellt haben, als Insolvenzverwalter zur Verfügung zu stehen (Art. 27.3 LC).

370.1 Das Gericht kann den Insolvenzverwalter frei von der Liste wählen, ohne dass es seine Entscheidung begründen müsste. Es muss lediglich zu einer „gleichmäßigen Verteilung der auf der Liste genannten Personen" (Art. 27.4 LC) kommen. Grundsätzlich berücksichtigt das Gericht die konkreten Umstände des Insolvenzverfahrens und wählt hiernach, ob es der Ernennung eines Rechtsanwalts, eines Betriebswirts oder eines Wirtschaftsprüfers bedarf. Auf Antrag werden vorherige Erfahrungen als Insolvenzverwalter oder bevollmächtigte Hilfskräfte in die Liste aufgenommen, wie auch besondere Ausbildungen oder Kenntnisse, die für das Amt relevant sein könnten.

370.2 Sofern das konkrete Insolvenzverfahren besondere Erfahrungen oder Ausbildungen erfordert, etwa zur Sicherstellung der Fortführung der unternehmerischen Tätigkeit des Schuldners oder aufgrund seiner Komplexität, kann das Gericht auch einen Insolvenzverwalter benennen, der nicht auf der Liste steht (Art. 27.4.1 LC).

370.3 Um in einem ordentlichen Insolvenzverfahren (→ Rn. 319) zum Insolvenzverwalter bestellt werden zu können, muss der bestellte Verwalter bereits vorher als Insolvenzverwalter in anderen gewöhnlichen Insolvenzverfahren oder in mindestens drei verkürzten Insolvenzverfahren als Insolvenzverwalter tätig gewesen sein, es sei denn, das Gericht hält seine Ausbildung und Erfahrung als ausreichend für das konkrete Insolvenzverfahren (Art. 27.4.2 LC).

370.4 Das **Gesetz 17/2014** hat das Verfahren zur Bestellung des Insolvenzverwalters grundlegend geändert, obwohl dieses neue Verfahren noch nicht in Kraft getreten ist. Die Bestellung wird dann der Reihe nach erfolgen, wodurch in der Regel der Ermessensspielraum des Richters eliminiert wird. Es ist geplant, dass zum Zwecke der Bestellung drei Schichten für kleine, mittlere und große Insolvenzverfahren vorgesehen sind. Bei großen Insolvenzverfahren kann das Gericht jedoch mit einer begründeten Erklärung einen anderen als den nach der Reihenfolge vorgesehenen Verwalter bestellen, wenn es der Meinung ist, dass sein Profil allein aufgrund seiner Spezialisierung oder seiner früheren Erfahrung besser zu den Merkmalen des Insolvenzverfahrens passt (Art. 62 TRLC).

371 Bei **verbundenen Insolvenzverfahren** (→ Rn. 328) kann das Insolvenzgericht einen einzigen Insolvenzverwalter für sämtliche Verfahren bestellen, was allerdings die Benennung von bevollmächtigten Hilfskräften voraussetzt. Im Falle einer **nachträglichen Häufung von Insolvenzverfahren** (→ Rn. 332) kann auch ein Insolvenzverwalter bestellt werden, der bereits bestellt wurde (Art. 27.5 LC).

371.1 Diese Regelung bleibt auch nach Inkrafttreten des Gesetzes **17/2014** weiterhin bestehen, die Ernennung eines einzigen Insolvenzverwalters bei verbundenen Insolvenzverfahren setzt aber voraus, dass das Gericht dies für angemessen erachtet (Art. 59 TRLC).

372 Sobald der Insolvenzverwalter im Rahmen des Eröffnungsbeschlusses ernannt wurde, hat das Insolvenzgericht dem Ernannten diese Ernennung so schnell wie möglich mitzuteilen. Der Ernannte hat innerhalb einer Frist von fünf Tagen ab Erhalt der Mitteilung über seine Bestellung persönlich beim Insolvenzgericht zu erscheinen, um:
- Zu erklären, ob irgendein Ablehnungsgrund vorliegt (→ Rn. 390) (Art. 66.3 TRLC)
- Den Abschluss einer Haftpflichtversicherung nachzuweisen (→ Rn. 435) (Art. 67.1 TRLC)
- Das Amt anzunehmen (Art. 66.1 TRLC).

Internationales Insolvenzrecht – Spanien

Der Ernannte ist verpflichtet, das Amt **anzunehmen,** es sei denn, es liegen Gründe für eine Unvereinbarkeit oder Verbotsgründe vor, bzw. irgendein anderer Rechtfertigungsgrund oder es handelt sich um einen zweiten Insolvenzverwalter, der von der öffentlichen Verwaltung ernannt wurde (Art. 66.2 TRLC). Erscheint der Ernannte nicht vor dem Insolvenzgericht, weist er keine Haftpflichtversicherung nach oder nimmt er das Amt nicht an: 373
- Nimmt das Insolvenzgericht unmittelbar eine neue Bestellung vor (Art. 69 TRLC).
- Liegt kein wichtiger Grund für das Nichterscheinen oder Nichtannahme des Amtes vor, kann für Insolvenzverfahren, die während eines Zeitraums von drei Jahren im selben Bezirk stattfinden, der Ernannte nicht zum Insolvenzverwalter bestellt werden (Art. 70 TRLC).

Weist der Ernannte dagegen den Abschluss einer Haftpflichtversicherung nach und nimmt er das Amt an: 374

Ordnet das Gericht gleichzeitig an, dem Ernannten die Bestellungsurkunde zum Insolvenzverwalter auszufertigen und zu überreichen. Diese muss bei Abberufung an das Gericht zurückgegeben werden (Art. 68 TRLC). 375

Bei der Bestellungsurkunde handelt es sich um den im gesamten Gebiet der Europäischen Union gültigen Nachweis der Bestellung zum Insolvenzverwalter. Diese muss weder öffentlich beurkundet noch mit der Haager Apostille versehen werden. Es bedarf allerdings einer Übersetzung (Art. 22 EuInsVO). Die Bestellungsurkunde wird mittlerweile auf elektronischem Wege zur Verfügung gestellt und enthält einen Verifizierungscode. 375.1

Der Insolvenzverwalter muss dem Gericht die Post- oder E-Mail-Adressen mitteilen, an die die Beteiligten zustellen können, insbesondere die Forderungsanmeldung (→ Rn. 669). Die E-Mail-Adresse muss es ermöglichen, das Senden und Empfangen, ihr Datum und den Inhalt aufzeichnen zu können. Besteht die Insolvenzverwaltung aus mehreren Verwaltern, ist jede einzelne Adresse jedes einzelnen Verwalters anzugeben (Art. 67.2 TRLC). 376

Der Ernannte kann das Amt nur aus wichtigem Grund niederlegen oder sofern er die Voraussetzungen zur Amtsausübung nicht mehr erfüllt; Ist als zweiter Insolvenzverwalter eine öffentliche Behörde bestellt, kann diese das Amt jederzeit ohne Angabe von Gründen niederlegen (Art. 71 TRLC). 377

Ist der Ernannte eine natürliche Person, muss er das Insolvenzgericht darüber in Kenntnis setzen, ob er in eine juristische Person von Berufsträgern integriert ist, da die Regelungen über Unvereinbarkeit auch für die übrigen Partner und Mitarbeiter der juristischen Person gelten (Art. 67.4 TRLC). 378

Ist der Ernannte eine juristische Person, hat diese dem Insolvenzgericht die Identität der natürlichen Person mitzuteilen, die sie bei der Wahrnehmung ihres Amtes vertritt (Art. 63.1 TRLC). Wurde die juristische Person wegen ihrer beruflichen Eignung bestellt, muss diese auch die zum Vertreter ernannte natürliche Person aufweisen (Art. 63.2 TRLC). 379

Ist eine juristische Person zum Insolvenzverwalter bestellt, finden auf ihren Vertreter die Regelungen über Unvereinbarkeit (→ Rn. 381), Verbote (→ Rn. 386), Haftung (→ Rn. 429) und Abberufung (→ Rn. 442) der Insolvenzverwalter Anwendung (Art. 63.4 TRLC). 379.1

2. Unvereinbarkeit und Verbote; Ablehnung

Die Insolvenzverwalter, gleich ob natürliche oder juristische Person (wie auch die bevollmächtigten Hilfskräfte und die Vertreter der natürlichen Person, die die Insolvenzverwaltung übernimmt) unterliegen strengen Regelungen in Bezug auf die Unvereinbarkeit und Verbote. Die Unterscheidung hat keine praktischen Auswirkungen. 380

Die Regeln der Unvereinbarkeit erstrecken sich auch auf die übrigen Partner und Mitarbeiter bei einer natürlichen Person, die in eine juristische Person von Berufsträgern integriert ist (Art. 67.4 TRLC). 380.1

Eine **Unvereinbarkeit** mit dem Amt des Insolvenzverwalters ist bei folgenden Personen gegeben (Art. 64 TRLC): 381

Solche, die nicht Geschäftsführer von Aktiengesellschaften oder Gesellschaften mit beschränkter Haftung sein können. 382

Nach Art. 213 des Kapitalgesellschaftsgesetzes kann nicht Geschäftsführer sein, wer: 382.1
- Minderjährig ist und nicht emanzipiert
- Geschäftsunfähig ist
- Durch Urteil über die Einstufung der Insolvenz als schuldhaft (→ Rn. 1009) ausgeschlossen wurde, solange die Ausschlussfrist noch nicht abgelaufen ist

Internationales Insolvenzrecht – Spanien

- Wegen bestimmter Straftaten verurteilt wurde
- Solche, die aufgrund ihres Amtes keine Wirtschaftstätigkeit ausüben dürfen
- Beamte, deren Aufgaben die Tätigkeit des Unternehmens betreffen
- Ein Richteramt ausübt.

383 Die während der letzten drei Jahre dem Schuldner irgendwelche Art von Dienstleistungen erbracht haben, oder die in besonderem Verhältnis zum Schuldner stehen (→ Rn. 733).

384 Die während der letzten drei Jahre gemeinsam mit dem Schuldner berufliche Aktivitäten derselben oder anderer Natur ausgeübt haben.

385 Bei denen eine Unvereinbarkeit gegeben ist, die im Gesetz über die Wirtschaftsprüfung vorgesehen ist in Bezug auf den Schuldner, seine Geschäftsführer oder einen Gläubiger, der mindestens 10 % der Aktivmasse vertritt.

385.1 Der Katalog der Unvereinbarkeitsgründe ist sehr weit gefasst und betrifft ua:
- Geschäftsführer, Leiter, Vollmachtnehmer, Angestellte oder Verantwortliche des Finanzbereichs der genannten Personen
- Personen, die ein besonderes Interesse an der genannten Person haben, wegen eines Vertrags, Eigentum eines Gutes oder Inhaberschaft eines Rechts
- Personen, die den genannten Personen Leistungen der Buchführung, Bewertung, internen Wirtschaftsprüfung oder Rechtsberatung erbringen, mit einigen Ausnahmen
- Personen, die mit den genannten Personen in einem Verwandtschaftsverhältnis stehen.

386 Folgenden Personen ist die Ausübung der Insolvenzverwaltung **untersagt** (Art. 65 TRLC):

387 Wer zu einer Person in einem besonderen Verhältnis steht (→ Rn. 733), die dem Schuldnern in den letzten drei Jahren Dienstleistungen erbracht hat oder eine mit dem Schuldner in besonderem Verhältnis stehende Person.

388 Wer durch denselben Richter innerhalb der zwei vorangehenden Jahre bereits in drei Insolvenzverfahren zum Insolvenzverwalter bestellt wurde, wobei die Frist ab der ersten Bestellung zu laufen beginnt. Dies aber nur dann, wenn in den entsprechenden Listen verfügbare Personen in ausreichender Zahl geführt werden.

388.1 Ebenso kann ein Vertreter der juristischen Person, die die Insolvenz verwaltet, nicht bestellt werden, wenn er innerhalb von zwei Jahren, gerechnet vom Tag der ersten Bestellung an, in drei Insolvenzverfahren vor demselben Gericht als Insolvenzverwalter oder Vertreter in drei Insolvenzverfahren tätig geworden ist.

388.2 Die Ernennungen von Insolvenzverwaltern in Verfahren von Unternehmen derselben Gruppe werden als eine einzige Ernennung betrachtet.

389 Wer innerhalb der vorangegangenen zwei Jahre aus dem Amt des Insolvenzverwalters entlassen wurde (→ Rn. 442) oder zur Aberkennung der Fähigkeit, fremde Vermögensgegenstände zu vertreten, verurteilt wurde, solange die Aberkennungsfrist noch nicht abgelaufen ist (→ Rn. 1009).

390 Unter folgenden Voraussetzungen können Insolvenzverwalter **abgelehnt** werden (Art. 73 TRLC).
- Bei Vorliegen von Unvereinbarkeit (→ Rn. 381) oder einem Verbotsgrund (→ Rn. 386)
- Sofern ein für den Zivilprozess geltender Ablehnungsgrund für Sachverständige vorliegt.

390.1 Diese sind in Art. 124.3 LEC geregelt. Hiernach gelten für Sachverständige die Ablehnungsgründe, die nach LOPJ für Richter gelten:
- Sofern der Sachverständige bereits ein Gutachten für die andere Seite erstellt hat
- Sofern der Sachverständige als Experte zugunsten einer Partei gehandelt hat
- Sofern der Sachverständige Anteile an einer Gesellschaft, Einrichtung oder Unternehmen hält, die Prozesspartei ist.

390.2 Die Ablehnungsgründe für Richter sind in Art. 219 LOPJ normiert. Diese umfassen insbesondere Verwandtschaftsverhältnisse, der Anhängigkeit eines Rechtsstreits gegen eine der Parteien, enge Freundschaft oder offensichtliche Feindschaft, unmittelbares oder mittelbares Interesse am Ausgang des Verfahrens oder andere Umstände, die eine Unparteilichkeit beeinträchtigen können.

391 Aktivlegitimiert für die Ablehnung sind sämtliche zum Antrag auf Eröffnung eines Insolvenzverfahrens berechtigte Personen (→ Rn. 207) (Art. 72 TRLC).

392 Die Ablehnung hat schriftlich zu erfolgen, unmittelbar nachdem der Ablehnende Kenntnis von dem Ablehnungsgrund erlangt hat. Die Ablehnung wird im insolvenzrechtlichen Nebenverfahren behandelt (→ Rn. 335) und entfaltet keine aufschiebende Wirkung, sodass der Insolvenzverwalter zunächst weiterhin sein Amt ausüben kann. Wird das Ablehnungsgesuch vom Insolvenzgericht als

Internationales Insolvenzrecht – Spanien

statthaft angesehen, wird der Insolvenzverwalter abberufen. Die Wirksamkeit seiner Handlungen berührt dies aber nicht (Art. 74 TRLC). Gegen die Entscheidung über die Ablehnung ist die Beschwerde und anschließend die Berufung statthaft (Art. 103 TRLC).

3. Bevollmächtigte Hilfskräfte

Bei komplexen Insolvenzverfahren kann das Insolvenzgericht einen zweiten Insolvenzverwalter bestellen (→ Rn. 367) und/oder einen oder verschiedene bevollmächtigte Hilfskräfte. Es handelt sich dabei um Personen (das Gesetz gibt keine Auskunft darüber, ob dies auch juristische Personen sein können) auf die der Insolvenzverwalter – sofern er die Zustimmung des Insolvenzgerichts hat – bestimmte Befugnisse übertragen kann. 393

In der Praxis ist die Ernennung einer bevollmächtigten Hilfskraft eher unüblich, da meistens juristische Personen zu Insolvenzverwaltern bestellt werden (→ Rn. 368), bei denen neben dem Vertreter in der Regel mindestens ein weiterer Berufsträger integriert ist. 393.1

In den folgenden Fällen können ein oder mehrere bevollmächtigte Hilfskräfte ernannt werden: 394
- Sofern der Insolvenzverwalter einen entsprechenden Antrag stellt und die Komplexität des Insolvenzverfahrens dies erfordert, kann das Gericht bevollmächtigte Hilfskräfte ernennen, die vom Insolvenzverwalter selbst vorgeschlagen werden, wobei die übertragenen Befugnisse zu bestimmen sind (insbesondere die Fortführung der Tätigkeit des Schuldners, → Rn. 598) (Art. 75.1 TRLC).
- Das Insolvenzgericht kann nach Anhörung des Insolvenzverwalters auch von Amts wegen eine bevollmächtigte Hilfskraft ernennen, sofern der Insolvenzverwalter eine natürliche Person ist. Die bevollmächtigte Hilfskraft muss einen Berufstitel innehaben, den der Insolvenzverwalter nicht hat (ist der Insolvenzverwalter beispielsweise Betriebswirt, muss die Hilfskraft Rechtsanwalt sein) (Art. 75.2 TRLC).
- In den folgenden Fällen muss das Insolvenzgericht mindestens eine bevollmächtigte Hilfskraft ernennen: sofern es sich um ein Insolvenzverfahren von besonderer Bedeutung handelt (→ Rn. 367.4), zur Aktivmasse mehrere Betriebsstätten gehören, die auf das spanische Staatsgebiet verstreut sind; wenn der Insolvenzverwalter eine Fristverlängerung zur Einreichung seines vorläufigen Berichts beantragt (→ Rn. 773) und in den verbundenen Insolvenzverfahren, in denen ein einziger Insolvenzverwalter bestellt wurde (Art. 76 TRLC).

Der Beschluss über die Ernennung der bevollmächtigten Hilfskraft, gegen den keine Rechtsmittel statthaft sind, bestimmt dessen zu übernehmenden Befugnisse und Vergütung, die in der Regel aus einem Teil der Insolvenzverwaltervergütung besteht, unmittelbar zu zahlen ist und welche dem Insolvenzverwalter zur Last fallen (Art. 77.1, 78 und 79 TRLC). 395

Für die bevollmächtigten Hilfskräfte gelten die Regelungen über Unvereinbarkeit (→ Rn. 381), Verbote (→ Rn. 386), Ablehnung (→ Rn. 390) und Haftung (→ Rn. 429), welche ebenfalls für die Insolvenzverwalter und deren Vertreter gelten (Art. 77.2 TRLC). 396

4. Ausübung des Amtes

Für die Ausübung des Amtes des Insolvenzverwalters geltend die folgenden Bestimmungen: 397
- Die Insolvenzverwalter und bevollmächtigten Hilfskräfte müssen ihr Amt mit der Sorgfalt eines ordentlichen Verwalters und eines loyalen Vertreters ausüben (Art. 80 TRLC).
- Wird die Insolvenzverwaltung von zwei Personen ausgeführt, handeln diese als gesamtvertretungsberechtigt, es sei denn, das Insolvenzgericht hat ihnen bestimmte Sonderzuständigkeiten alleine übertragen. Bei Unstimmigkeiten entscheidet das Insolvenzgericht.
- Einzelentscheidungen, die von beiden Insolvenzverwaltern getroffen werden und die nicht der allgemeinen Geschäftsführung zuzurechnen sind, werden schriftlich in einem Protokoll festgehalten (Art. 81 TRLC).
- Der Insolvenzverwalter unterliegt der Aufsicht des Insolvenzgerichts. Das Gericht kann jederzeit von einem oder allen Insolvenzverwaltern spezifische Informationen oder einen Sachstandsbericht über das Insolvenzverfahren oder irgendeine andere Frage in Bezug auf das Insolvenzverfahren verlangen (Art. 82 TRLC).

Bestimmte Entscheidungen des Insolvenzverwalters unterliegen der Zustimmungspflicht des Gerichts, sofern das Gesetz dies so vorsieht oder der Insolvenzverwalter dies für notwendig erachtet (Art. 518 TRLC). Allerdings hat der Insolvenzverwalter einen großen Ermessensspielraum, sodass seine Verwaltungshandlungen nicht im Wege des insolvenzrechtlichen Nebenverfahrens angegriffen werden können (Art. 532.2 TRLC). 397.1

Internationales Insolvenzrecht – Spanien

398   Die Gerichtsentscheidungen, die zur Lösung von Fragen bezüglich der Ausübung des Amtes des Insolvenzverwalters ergehen, werden in Beschlussform abgefasst, gegen die kein Rechtsmittel statthaft ist. Ebenso wenig kann ein insolvenzrechtliches Nebenverfahren in Bezug auf die der Entscheidung zugrunde liegende Materie betrieben werden (Art. 83 TRLC).

5. Aufgaben

399   Die Aufgaben des Insolvenzverwalters werden an verschiedenen Stellen des TRLC definiert. Art. 33 LC listete die wesentlichen Aufgaben, die nachfolgend genannt werden:

400   **a) Prozessrechtliche:**
- Dem Schuldner die Zustimmung zur Einreichung von Klagen oder Berufungen, Beilegung, Vergleichen oder zum Klageverzicht zu erteilen, wenn die streitige Angelegenheit die Aktivpasse betreffen kann, außer bei Handlungen nichtpersönlicher Natur (→ Rn. 498)
- Den Schuldner bei den anhängigen Gerichtsverfahren zu ersetzen (→ Rn. 500)
- Klagen auf Rückgängigmachung von Verfügungen (→ Rn. 633) einreichen
- Klagen der Schuldnergesellschaft gegen ihre Geschäftsführer, Wirtschaftsprüfer oder Liquidatoren (→ Rn. 302).

401   **b) Aufgaben des Schuldners oder seiner Geschäftsführer:**
- Behält der Schuldner seine Verwaltungs- und Verfügungsbefugnis über sein Vermögen (→ Rn. 471), hat der Insolvenzverwalter die Aufstellung der Jahresabschlüsse zu überwachen (→ Rn. 493) sowie die Verfügungen und Geschäfte zu bestimmen, die, da sie zur Fortführung der Tätigkeit notwendig sind, grundsätzlich erlaubt sind (→ Rn. 470).
- Verliert der Schuldner seine Verwaltungs- und Verfügungsbefugnis (→ Rn. 471), hat er die notwendigen Maßnahmen zur Fortführung der gewerblichen oder beruflichen Tätigkeit (→ Rn. 470) vorzunehmen und die Jahresabschlüsse aufzustellen und der Wirtschaftsprüfung vorzulegen (→ Rn. 494).

402   **c) Arbeitsrechtliche:**
- Antrag bei Gericht auf wesentliche Änderung der Arbeitsbedingungen sowie die Verlegung, Auflösung oder kollektive Aussetzung von Arbeitsverträgen, sofern der Schuldner Arbeitgeber ist (insolvenzrechtliches Arbeitsregelungsverfahren, → Rn. 558)
- Auflösung oder Aussetzung der Verträge mit leitenden Angestellten (→ Rn. 578).

403   **d) In Bezug auf Gläubigerrechte:**
- Anfertigung der Gläubigerliste (→ Rn. 766), Anerkennung der Insolvenzforderungen (→ Rn. 673) und Änderung der endgültigen Gläubigerliste (→ Rn. 792)
- Begleichung der Forderungen gegen die Masse (→ Rn. 737)
- Mitteilung an die Inhaber besonders vorrangiger Forderungen, sofern er diese zulasten der Masse befriedigt und ohne Verwertung der betroffenen Güter und Rechte (→ Rn. 621).

404   **e) Berichterstattung und Bewertung:**
- Aufstellung des Abschlussberichtes des Insolvenzverwalters, einschließlich des Inventars und der Gläubigerliste (→ Rn. 758)
- Vorschlag der Ernennung von unabhängigen Sachverständigen (→ Rn. 765)
- Bewertung der Vergleichsvorschläge (→ Rn. 866)
- Vorlage der insolvenzrechtlichen Quartalsberichte über die Verwertungshandlungen (→ Rn. 961) sowie den Abschlussbericht über die Verwertung (→ Rn. 962).

405   **f) Aufgaben in Zusammenhang mit der Verwertung:**
- Beantragung der Eröffnung der Verwertungsphase im Falle der Aufgabe der beruflichen oder gewerblichen Tätigkeit des Schuldners (→ Rn. 914)
- Ersetzung der Geschäftsführer oder Liquidatoren im Moment der Eröffnung der Liquidationsphase (→ Rn. 921)
- Aufstellung des Verwertungsplans (→ Rn. 924)
- Durchführung der Verwertung und Zahlung an die Insolvenzgläubiger (→ Rn. 944).

406   **g) Sonstige Aufgaben:**
- Mitteilung über die Eröffnung des Insolvenzverfahrens an die Gläubiger, damit diese ihre Forderungen anmelden können (→ Rn. 660)
- Mitteilung über die Eröffnung des Insolvenzverfahrens an die Steuerbehörde und die Sozialversicherung (→ Rn. 660.4)
- Mitteilung über die Eröffnung des Insolvenzverfahrens an die bekannten Gläubiger, die ihren gewöhnlichen Aufenthalt, Wohnsitz oder Gesellschaftssitz im Ausland haben (→ Rn. 662)
- Empfang der Forderungsanmeldungen der Gläubiger (→ Rn. 669)

Internationales Insolvenzrecht – Spanien

- Übernahme des Vorsitzes oder des Amtes des Schriftführers in der Gläubigerversammlung (→ Rn. 870)
- Registerveröffentlichung des Eröffnungsbeschlusses im Ausland sowie andere Beschlüsse, sofern dies zur Wahrung des Interesses der Insolvenz als geboten erscheint (→ Rn. 1207).

6. Vergütung

Die Regelungen über die Vergütung der Insolvenzverwalter wurden durch die Gesetze 17/2014 v. 30.9.2014 und 25/2015 v. 28.7.2015 weitgehend reformiert. Solange diese aber noch nicht in Kraft sind, findet noch die vor dem Gesetz 17/2014 geltende alte Regelung Anwendung, die nachfolgend dargestellt wird, wobei ein kurzer Hinweis auf die Neuerungen gegeben wird, die in Zukunft in Kraft treten werden. 407

Die Vergütung der Insolvenzverwalter geht zulasten der **Aktivmasse** (Art. 84 TRLC). Es handelt sich daher um eine Forderung gegen die Masse (→ Rn. 746) (Art. 242.6 TRLC). 408

Da es sich hierbei um eine Forderung gegen die Masse handelt, ist die Vergütung bei Fälligkeit zu zahlen (Art. 245.2 TRLC). Bei **Unzulänglichkeit der Aktivmasse** zur Zahlung der Forderungen gegen die Masse, ist die Reihenfolge der Zahlung der Forderungen gegen die Masse abzuändern (→ Rn. 1051), sobald der Insolvenzverwalter das Gericht über die Unzulänglichkeit in Kenntnis gesetzt hat. Die Forderung des Insolvenzverwalters ist danach an letzter Stelle zu begleichen zusammen mit den nicht vorrangigen Forderungen gegen die Masse. Ausnahmsweise sind die Kosten, die für die Verwertung unerlässlich sind, zuerst zu begleichen, die die Vergütung des Insolvenzverwalters umfassen können, sofern weitere Voraussetzungen vorliegen (STS 390/2016 v. 8.6.2016 – 126/2014): der Insolvenzverwalter muss die vorgenommenen Handlungen genau darstellen; diese müssen zum Erhalt der Aktivmasse, der Verwertung und der Zahlung notwendig gewesen sein. Die übrigen Gläubiger von Forderungen gegen die Masse sind anzuhören und das Gericht muss die vorgezogene Befriedigung des Insolvenzverwalters nach dem hierfür geltenden Verfahren genehmigen (→ Rn. 352). Die Handlungen müssen nach der Mitteilung über die Unzulänglichkeit der Aktivmasse vorgenommen worden sein und zu einem Gewinn für die Aktivmasse führen. Der Betrag der vorgezogenen Befriedigung darf die in der Gebührenordnung vorgegebene Vergütung nicht übersteigen. 408.1

Die endgültige Unzulänglichkeit der Aktivmasse zur Begleichung der Verwaltervergütung stellt keinen wichtigen Grund zum Rücktritt dar. 408.2

Die Vergütung der Insolvenzverwalter regelt eine **Gebührenordnung** (Königliches Dekret 1860/2004 vom 6.0.2004) in Abhängigkeit von der Höhe der Aktiva und der Passiva, der Frage, ob es sich um ein gewöhnliches Verfahren oder ein verkürztes (→ Rn. 319) handelt, die Anhäufung von Insolvenzverfahren und die vermeintliche Komplexität des Insolvenzverfahrens (Art. 34.2 LC). Der konkrete Betrag wird vom Insolvenzgericht festgelegt. 409

Die Vergütung des Insolvenzverwalters für die Ausübung sonstiger Tätigkeiten, die in einem Vergleich festgelegt worden sind (→ Rn. 812), ist nicht durch die Gebührenordnung geregelt, sondern durch den im Vergleich selbst vorgesehenen. Schweigt der Vergleich hierzu, ist die Vergütung vom Gericht festzulegen (Art. 1.2 Gebührenordnung). 409.1

Die künftige Neufassung der Gebührenordnung durch das **Gesetz 17/2014** wird andere Kriterien umfassen: Anzahl der Gläubiger, Häufung von Insolvenzverfahren, Größe der Insolvenz (groß, mittelgroß, klein) und tatsächlich von der Insolvenzverwaltung übernommene Aufgaben (Art. 85 TRLC). 409.2

Für die Gebührenordnung gelten die folgenden **Grundsätze** (Art. 34.2 LC): 410

Exklusivität: Die Insolvenzverwalter können für ihre Tätigkeit im Rahmen des Insolvenzverfahrens nur die Beträge erhalten, die sich aus der Gebührenordnung ergeben. 411

Sie haben zudem Anspruch auf Erstattung der Reisekosten für Reisen außerhalb des Gerichtsbezirks des jeweiligen Insolvenzgerichts, sofern diese gerechtfertigt sind. Diese gehen zulasten der Aktivmasse (Art. 3.1 Gebührenordnung). 411.1

Den Insolvenzverwaltern ist es nicht gestattet, vom Schuldner, Gläubigern oder Dritten irgendeine Zusatzvergütung für die Ausführung ihrer Aufgaben anzunehmen, weder in Geld noch in Sachleistungen (Art. 3.4 Gebührenordnung). Ist der Insolvenzverwalter Betriebswirt, Inhaber eines Handelsdiploms oder Wirtschaftsprüfer hat er keinen Anspruch auf eine zusätzliche Vergütung für die Überprüfung oder Erstellung der Jahresabschlüsse des Schuldners. Handelt es sich um einen Rechtsanwalt kann er für die Einlegung von Rechtsmitteln gegen die Beschlüsse des Insolvenzgerichts keine Honorarforderung geltend machen (Art. 3.2 und 3.3. Gebührenordnung). 411.2

Einschränkung: Die Insolvenzverwalter können keine Vergütung beziehen, die höher ist als die in der Gebührenordnung vorgesehene Vergütung. 412

Internationales Insolvenzrecht – Spanien

412.1 Das **Gesetz 17/2014** sieht eine weitere Einschränkung vor: Danach kann die Vergütung nicht mehr als 4 % der Aktiva des Schuldners betragen und den Betrag von 1.500.000 EUR nicht überschreiten. Allerdings kann das Insolvenzgericht diese Beschränkung bis zu 50 % anheben (Art. 86.2 TRLC).

413 **Effizienz,** die es dem Insolvenzverwalter erlaubt, eine Mindestvergütung zulasten des sog. Treuhandkontos nach der Gebührenordnung zu erhalten, wenn die Aktivmasse nicht ausreicht, um seine Vergütung zu zahlen.

413.1 Das erwähnte Treuhandkonto wurde bisher noch nicht eingerichtet, weshalb das Prinzip der **Effizienz** bisher nicht greift. Die Art. 91–93 TRLC sehen vor, dass auf dieses Konto Zahlungen der Insolvenzverwalter zu leisten sind, auf Grundlage der Vergütung die ihnen tatsächlich zusteht.

413.2 Das **Gesetz 17/2014** wird mit Inkrafttreten das Prinzip der **Effizienz** einführen. Danach soll die Verwaltervergütung von der tatsächlichen Aufgabenerfüllung der Verwalter abhängen. Zudem kann das Gericht bei mangelnder, mangelhafter oder verzögerter Aufgabenerfüllung die Vergütung herabsetzen.

414 Gibt es mehr als einen Insolvenzverwalter ist die Vergütung für jeden einzelnen **gleich** hoch (Art. 2.1 Gebührenordnung).

414.1 Ist der Insolvenzverwalter Gläubiger und eine natürliche Person und wurde bisher kein beruflicher Insolvenzverwalter bestellt, erhält dieser die Hälfte der Vergütung die jedem einzelnen beruflichen Insolvenzverwalter zustünde (Art. 2.2 Gebührenordnung).

415 Das Gericht legt die Höhe der Vergütung und **die Zahlungsfristen** gemäß der Gebührenordnung per Beschluss fest. Die Forderung des Insolvenzverwalters wird zu den im Beschluss genannten Daten fällig (Art. 87 TRLC).

416 Die Gebührenordnung bestimmt die Vergütung des Insolvenzverwalters und unterscheidet hierbei zwischen der allgemeinen Phase und der Phase des Vergleichs und der Verwertung (→ Rn. 313).

417 Die Vergütung jedes einzelnen Insolvenzverwalters betrifft die **allgemeine Phase,** unabhängig von ihrer Dauer und bestimmt sich nach der Gebührenordnung in Bezug auf die Aktiv- und Passivmasse, wobei beide Beträge summiert werden (Art. 4.1 Gebührenordnung):

a) Prozentsatz anwendbar auf die Aktiva			
Aktiva (bis EUR)	Vergütung	Rest der Aktiva (bis EUR)	Prozentsatz für übrige Aktiva
0	0	500.000	0,600
500.000	3.000	500.000	0,500
1.000.000	5.500	9.000.000	0,400
10.000.000	41.500	40.000.000	0,300
50.000.000	161.500	50.000.000	0,200
100.000.000	261.500	400.000.000	0,100
500.000.000	661.500	500.000.000	0,050
1.000.000.000	911.500	Und so weiter	0,025
b) Prozentsatz anwendbar auf Passiva			
Passiva (bis EUR)	Vergütung	Rest der Passiva (bis EUR)	Prozentsatz für die übrigen Passiva
0	0	500.000	0,300
500.000	1.500	500.000	0,200
1.000.000	2.500	9.000.000	0,100
10.000.000	11.500	40.000.000	0,050
50.000.000	31.500	50.000.000	0,025
100.000.000	44.000	400.000.000	0,012
500.000.000	92.000	500.000.000	0,006
1.000.000.000	122.000	Und so weiter	0,003

Internationales Insolvenzrecht – Spanien

Auf den sich hieraus ergebenden Betrag finden folgende Korrekturen Anwendung: 418
- Werden die Verwaltungs- und Verfügungsbefugnisse des Schuldners aufgehoben (→ Rn. 466): Erhöhung von bis zu 50 % (Art. 4.2 Gebührenordnung).
- Beim verkürzten Insolvenzverfahren (→ Rn. 319): Erhöhung von 5 % bis zu 25 %, soweit nur ein Insolvenzverwalter bestellt wurde (Art. 4.5 Gebührenordnung).
- Sofern der Schuldner seine berufliche oder gewerbliche Tätigkeit eingestellt hat: Herabsetzung um 25 %. Handelt es sich um eine teilweise Einstellung, bestimmt das Gericht nach seinem Ermessen die Herabsetzung (Art. 5 Gebührenordnung).

Auf den sich hieraus ergebenden Betrag findet eine Erhöhung um 5 % für jeden Aspekt der 419 Komplexität des Insolvenzverfahrens (mit einer Deckelung bis 15 % im Falle von mittelgroßen Insolvenzverfahren und 25 % bei großen Insolvenzverfahren) (Art. 6 Gebührenordnung).
- Bei einer Abweichung von mindestens 25 % zwischen dem Wert des Inventars oder der Gläubigerliste des Schuldners und dem endgültigen Inventar und dem endgültigen Inventar oder der endgültigen Gläubigerliste
- Sofern mindestens 25 % der Aktiva nach dem Inventar des Schuldners aus im Ausland belegenen Gegenständen bestehen, deren Wert 10 Mio. EUR übersteigt
- Sofern die Anzahl der Insolvenzgläubiger 1.000 übersteigt.
- Sofern die Anzahl der Arbeitnehmer des Schuldners im Zeitpunkt der Eröffnung des Insolvenzverfahrens oder die durchschnittliche Anzahl der Arbeitnehmer während des Jahres vor dem Antrag 250 übersteigt
- Sofern ein insolvenzrechtliches Arbeitsregelungsverfahren anhängig ist (→ Rn. 558), sofern die Anzahl der Arbeitnehmer des Schuldners 50 übersteigt
- Sofern der Schuldner laut seinem Inventar mehr als zehn Betriebsstätten unterhält oder mindestens drei, die in verschiedenen Provinzen belegen sind
- Sofern der Schuldner börsennotierte Wertpapiere oder Wertpapiere in einem Sekundärmarkt ausgegeben hat
- Sofern der Schuldner ein Kreditinstitut oder ein Versicherungsunternehmen ist.

Der sich ergebende Betrag ist um 25 % zu erhöhen, sofern ein gerichtlich genehmigter vorgezogener Vergleichsvorschlag vorliegt (Art. 7 Gebührenordnung). 420

Die Festlegung der Vergütung für die allgemeine Phase findet in zwei Phasen statt (Art. 4.4 421 Gebührenordnung):
- Nach Annahme seines Amtes hat der Insolvenzverwalter seine Vergütung vorläufig festzulegen, auf Grundlage des Inventars und der Gläubigerliste, die vom Schuldner vorgelegt werden. Diese vorläufige Vergütung ist vom Insolvenzgericht zu genehmigen
- Nach Vorlage des endgültigen Inventars und der endgültigen Gläubigerliste, genehmigt das Gericht die endgültige Vergütung.

Sofern das Gericht keine besonderen Fristen festlegt, ist die Vergütung für die allgemeine Phase 422 wie folgt zu zahlen (Art. 8 Gebührenordnung):
- 50 % innerhalb von fünf Tagen nach Eintritt der Rechtskraft des Beschlusses über die Festlegung der vorläufigen Vergütung für die allgemeine Phase.
- 50 % innerhalb von fünf Tagen nach Eintritt der Rechtskraft des Beschlusses über die Beendigung der allgemeinen Phase.

Im nachfolgenden Insolvenzverfahren (→ Rn. 179.2) verringert sich die Vergütung wie folgt: 70 % 422.1 sofern der Schuldner eine natürliche Person ist und nicht als Unternehmer gilt; 50 % bei natürlichen Personen, die als Unternehmer gelten; 30 % bei Gesellschaften.

Die monatliche Vergütung jedes einzelnen beruflichen Insolvenzverwalters während der **Ver-** 423 **gleichsphase** beträgt 10 % der Vergütung der allgemeinen Phase ohne zeitliche Grenze (Art. 9.1 Gebührenordnung).

Während der **Verwertungsphase** bestimmt sich die monatliche Vergütung jedes einzelnen 424 beruflichen Insolvenzverwalters wie folgt (Art. 9.2 Gebührenordnung und Dritte Übergangsbestimmung des Gesetzes 25/2015 v. 28.7.2015):
- Während der ersten sechs Monate: 10 % der allgemeinen Phase.
- Während der weiteren sechs Monate: 5 % der allgemeinen Phase.
- Ab dem 13. Monat entsteht kein Vergütungsanspruch mehr. Das Gericht kann aber eine Vergütung in Höhe von 5 % der allgemeinen Phase für die Monate 13–18 festlegen.

In der Verwertungsphase ist eine Erhöhung infolge des Übergangs der Verwaltungs- und Verfügungsbe- 424.1 fugnis nicht zu berücksichtigen.

425 Die Vergütung für die Vergleichs- und Verwertungsphasen entsteht am letzten Tag eines Monats und ist innerhalb der fünf ersten Tage des neuen Monats zu begleichen, sofern das Gericht keine anderen Zahlungsfristen angeordnet hat (Art. 10 Gebührenordnung).

426 Ferner hat der berufliche Insolvenzverwalter Anspruch auf 1 % (0,5 % für die nichtberuflichen) der Nettosteigerung der Aktivmasse durch **Klagen auf Rückgängigmachung von Verfügungen,** die der Insolvenzverwalter einleitet (Art. 11 Gebührenordnung).

427 Jegliche Vergütungen, die der Insolvenzschuldner oder ein Dritter an den Insolvenzverwalter zahlt, ist dem Gericht mitzuteilen unter Angabe des Zwecks, der Höhe und des Datums. Sämtliche erhaltene Vergütungen sind auch vom Verwalter dem Gericht anzuzeigen (Art. 90 TRLC).

428 Die Vergütung des Insolvenzverwalters kann auf zwei Arten **angefochten** werden:
- Durch recurso de apelación gegen den Beschluss, der die Vergütung festlegt oder abändert. Beschwerdebefugt sind der Insolvenzverwalter und sämtliche insolvenzantragsbefugte Personen (→ Rn. 207) (Art. 89 TRLC).
- Mittels Änderungsantrags gerichtet gegen die Festlegung der Vergütung, sofern ein wichtiger Grund vorliegt, dh sofern Umstände vorliegen, die Einfluss auf die Höhe der Vergütung haben (zB Übergang der Verwaltungs- und Verfügungsbefugnis). Diese Änderung kann zu jedem Zeitpunkt vom Gericht von Amts wegen oder auf Antrag des Schuldners oder eines Gläubigers nach vorheriger Anhörung des Verwalters in Übereinstimmung mit der Gebührenordnung vorgenommen werden (Art. 88 TRLC).

428.1 Die Änderung wirkt ab dem Datum, das im Beschluss bezeichnet ist oder, in Ermangelung, dem Datum des Beschlusses (Art. 12.3 Gebührenordnung).

7. Haftung und Versicherung

429 Im Fall einer Haftung können die Insolvenzverwalter und die bevollmächtigten Hilfskräfte auf folgende Weise in Anspruch genommen werden:
- Gemeinschaftliche Haftungsklage bei Schäden zulasten der Aktivmasse, die darauf abzielt, Schadensersatz zugunsten der Aktivmasse zu erlangen
- Individualklage bei Schäden zulasten des Schuldners, eines Gläubigers oder eines Dritten, die darauf abzielt, die genannten Personen schadlos zu halten.

430 Die **gemeinschaftliche Haftungsklage** richtet sich nach den folgenden Regelungen:
- Es bedarf eines Schadens zulasten der Aktivmasse, die durch rechtswidrige oder ohne Beachtung der erforderlichen Sorgfalt vorgenommene Handlungen oder Unterlassen des Insolvenzverwalters oder der bevollmächtigten Hilfskräfte entstanden sind (Art. 94.1 TRLC).
- Aktivlegitimiert sind der Schuldner sowie sämtliche Gläubiger, die im Interesse der Masse prozessieren (Art. 94.1 TRLC).
- Passivlegitimiert sind der Insolvenzverwalter oder die bevollmächtigte Hilfskraft, die den Schaden verursacht haben. Die Insolvenzverwalter haften gesamtschuldnerisch zusammen mit den bevollmächtigten Hilfskräften für die von diesen vorgenommenen schädigenden Handlungen und das Unterlassen, es sei denn, sie können nachweisen, dass sie die gesamte erforderliche Sorgfalt zur Abwendung oder Vermeidung des Schadens angewandt haben (Art. 95 TRLC). Ist eine juristische Person zur Insolvenzverwaltung bestellt, haftet diese im Außenverhältnis und nicht ihre Vertreter, ungeachtet der im Innenverhältnis geregelten Rechtsbeziehung
- Zuständig für die gemeinschaftliche Haftungsklage ist das Insolvenzgericht, bei dem das Insolvenzverfahren anhängig ist oder war, selbst wenn das Verfahren bereits beendet wurde (Art. 99 TRLC)
- Die Haftungsklage wird im Wege des Feststellungsverfahrens betrieben und nicht im insolvenzrechtlichen Nebenverfahren (Art. 99 TRLC).
- Der Haftungsanspruch verjährt nach vier Jahren, gerechnet ab der Kenntnis des Klägers von dem Schaden, den er geltend macht, in jedem Fall aber gerechnet ab der Abberufung des Insolvenzverwalters oder der bevollmächtigten Hilfskräfte (Art. 97 TRLC).
- Wird der Klage stattgegeben, hat der Gläubiger, der das Verfahren im Interesse der Masse durchgeführt hat, Anspruch auf Ersatz der von ihm tatsächliche getragenen notwendigen Kosten aus dem zugesprochenen Betrag (Art. 96 TRLC).

431 Die **Individualklage** richtet sich nach den folgenden Regelungen (Art. 98 TRLC):
- Beim Schuldner, einem Gläubiger oder einer dritten Person muss ein Schaden eingetreten sein, der vom Insolvenzverwalter oder einer bevollmächtigten Hilfskraft verursacht wurde. Es finden die allgemeinen Regelungen über eine außervertragliche Haftung Anwendung
- Aktivlegitimiert ist der Geschädigte, der im eigenen Interesse handelt

Internationales Insolvenzrecht – Spanien

- Passivlegitimiert sind der Insolvenzverwalter oder die bevollmächtigte Hilfskraft, die den Schaden verursacht haben
- Zuständig ist das Insolvenzgericht, selbst wenn das Insolvenzverfahren bereits beendet wurde (Art. 99 TRLC)
- Die Individualklage wird im aufgrund der Höhe des Streitwerts maßgeblichen Feststellungsverfahren betrieben und nicht im insolvenzrechtlichen Nebenverfahren (Art. 99 TRLC)
- Es gilt eine Verjährungsfrist von vier Jahren ab dem Moment, in dem der Kläger Kenntnis vom Schaden hatte bzw. der Tag der Abberufung des Insolvenzverwalters oder seiner Hilfskräfte, sofern dieser davor lag.

Wurde eine öffentliche Stelle zum zweiten Insolvenzverwalter bestellt, richtet sich ihre Haftung und die der natürlichen Person, die sie in Ausübung der Verwaltertätigkeit vertritt nicht nach den oben genannten Regelungen, sondern nach den besonderen verwaltungsrechtlichen Bestimmungen (Art. 94.2 TRLC). 431.1

In **Steuersachen** haften die Insolvenzverwalter nachrangig für die Steuerschulden des Insolvenzschuldners, welche vor der Eröffnung des Insolvenzverfahrens entstanden sind (gleich ob sie in diesem Zeitpunkt bereits liquide sind), wenn nicht alles Notwendige unternommen wurde, um die Steuerschulden zu begleichen. 432

Für die nach der Eröffnung des Insolvenzverfahrens entstandenen Steuerschulden haften die Insolvenzverwalter subsidiär wie Geschäftsführer (→ Rn. 1188), sofern diese Verwaltungsaufgaben übernehmen (Art. 43.1.c Allgemeines Steuergesetz). 433

Es ist fraglich, ob dies stets gelten muss oder nur dann, wenn der Insolvenzverwalter die Verwaltungs- und Verfügungsbefugnis übernommen hat. 433.1

In Bezug auf die Schulden des Insolvenzschuldners bei der **Sozialversicherung** existieren dagegen keine Sonderregelungen. 434

Der Insolvenzverwalter ist verpflichtet, entweder eine **Haftpflichtversicherung** abzuschließen oder eine entsprechende **Banksicherheit** (Art. 67.1 TRLC) in Anspruch zu nehmen, welche während der gesamten Zeit seiner Amtsausführung aufrecht zu halten sind. Die Sicherheit muss nicht für jeden einzelne Insolvenzverfahren abgeschlossen werden, sondern muss allgemein aufrechterhalten werden. Die Versicherungspflicht ist im königlichen Gesetzesdekret 1333/2012 v. 21.9.2012 geregelt. 435

Bei der entsprechenden Banksicherheit muss es sich um eine gesamtschuldnerische Bürgschaft eines Kreditinstitutes handeln. Diese ist während einer Frist von vier Jahren nach Abberufung des Insolvenzverwalters aus seinem Amt aufrechtzuerhalten (Art. 12 Königliches Gesetzesdekret 1333/2012). 435.1

Diese Pflicht trifft sämtliche Insolvenzverwalter, außer die Verwaltertätigkeit wird von einer öffentlichen Behörde übernommen, die von einem Beamten vertreten wird. Ist der Verwalter eine juristische Person, muss die Deckung der Versicherung oder die Sicherheit sämtliche Berufsträger umfassen, die im Namen der juristischen Person handeln (Art. 2 Königliches Gesetzesdekret 1333/2012). 436

Wird die öffentliche Behörde nicht von einem Beamten vertreten, muss die öffentliche Behörde die Versicherung abschließen oder die Sicherheit vorlegen. 436.1

Die Hilfskräfte müssen keine eigene Berufshaftpflichtversicherung abschließen. 436.2

Die Versicherung muss abdecken (Art. 3 Königliches Gesetzesdekret 1333/2012): 437
- Die Haftung des Insolvenzverwalters für gemeinschaftliche Haftungsklagen (→ Rn. 430) und Individualklagen (→ Rn. 431)
- Die Rückerstattung der Kosten an den Gläubiger, der erfolgreich im Interesse der Masse eine gemeinschaftliche Klage erhoben hat (→ Rn. 430).

Die **versicherte Mindestsumme** ist folgende (Art. 8 Königliches Gesetzesdekret 1333/2012): 438
- Grundsätzlich: 300.000 EUR, sofern der Insolvenzverwalter eine natürliche Person ist oder 2.000.000 EUR im Falle einer juristischen Person.
- Führt eine natürliche Person das Amt des Insolvenzverwalters in mindestens drei gewöhnlichen Insolvenzverfahren aus: 800.000 EUR.
- Im Falle von Insolvenzverfahren von besonderer Bedeutung: 1.500.000 EUR, sofern der Insolvenzverwalter eine natürliche Person ist oder 2.000.000 EUR im Falle einer juristischen Person.
- Handelt es sich um das Insolvenzverfahren eines Unternehmens, das Wertpapiere in einem Sekundärmarkt ausgibt, einer Investitionsgesellschaft, eines Kreditinstituts oder eines Versicherungsunternehmens: 3.000.000 EUR, sofern der Insolvenzverwalter eine natürliche Person ist, bzw. 4.000.000 EUR sofern die Verwaltung eine juristische Person übernimmt.

Internationales Insolvenzrecht – Spanien

439 **Zeitlich** gilt für die Deckung folgendes (Art. 9.1 Königliches Gesetzesdekret 1333/2012):
- Im Hinblick auf die zivilrechtliche Haftung, die sich aus der Ausübung der Kollektivklage ergibt, deckt die Versicherung oder die gleichwertige Sicherheit die Ansprüche ab, die gegen den Insolvenzverwalter während der Ausübung seines Amtes oder in den vier Jahren nach seinem Ausscheiden geltend gemacht werden.
- Hinsichtlich der zivilrechtlichen Haftung aus der Ausübung einer Individualklage deckt die Versicherung oder gleichwertige Sicherheit die Ansprüche ab, die gegen den Insolvenzverwalter während der Ausübung seines Amtes oder im Jahr nach dessen Beendigung geltend gemacht werden.

439.1 Zu berücksichtigen ist, dass Art. 98.2 TRLC klargestellt, dass die Individualklage nach vier Jahren und nicht innerhalb eines Jahres, wie bisher von der Rechtsprechung vertreten, verjährt.

440 Die Geschädigten können direkt gegen den Versicherer oder den Garanten **klagen** (Art. 11 Königliches Dekret 1333/2012), auch zusätzlich zu der Klage gegen den Insolvenzverwalter, wobei das Insolvenzgericht **zuständig** ist (Art. 9.2 Königliches Dekret 1333/2012).

441 Um die Einhaltung der Versicherungspflicht zu gewährleisten, werden die folgenden **Nachweis- und Kommunikationspflichten** festgelegt:
- Die Annahme des Amtes durch den Verwalter setzt voraus, dass er dem Gericht den Abschluss einer Versicherung oder Sicherheit nachweisen kann. Diese sind regelmäßig zu erneuern. Kommt er der Erneuerung nicht nach, kann er aus dem Amt entlassen werden (Art. 6 Königliches Gesetzesdekret 1333/2012).
- Das Gericht muss der Versicherung oder dem Sicherheitengeber die Bestellung und Entlassung des Insolvenzverwalters anzeigen (Art. 4 Königliches Gesetzesdekret 1333/2012). Gleichfalls muss die Versicherung oder der Sicherheitengeber dem Insolvenzgericht anzeigen, ob sich in Bezug die Versicherung oder die Sicherheit Änderungen ergeben haben, ein Zahlungsausfall in Bezug auf die Prämie vorliegt, eine unterlassene Erneuerung oder die Aussetzung der Deckung (Art. 7.1 Königliches Gesetzesdekret 1333/2012). Innerhalb eines Monats ab der Mitteilung der Änderung, Aussetzung oder des Zahlungsausfalls bleibt die Deckung bestehen (Art. 7.2 Königliches Gesetzesdekret 1333/2012). Während dieser Frist muss der Insolvenzverwalter die Sicherheit erneuern.

8. Entlassung und Rücktritt

442 Das Insolvenzgericht kann den Insolvenzverwalter von Amts wegen, auf Antrag einer zum Insolvenzantrag berechtigten Person (→ Rn. 207), oder auf Antrag eines anderen Verwalters entlassen und die Bestellung der Hilfskräfte widerrufen (Art. 100.1 TRLC).

443 Die Entlassung setzt das Vorliegen eines **wichtigen Grundes** voraus. Ein wichtiger Grund liegt vor bei (Art. 100.1 TRLC):

444 • Einer schwerwiegende Nichterfüllung der Verwalteraufgaben.

445 • Der Stattgabe der Anfechtungen gegen das Inventar oder der Gläubigerliste, die mindestens 20 % des Wertes der Aktiv- oder Passivmasse ausmacht, welche sich aus dem vorläufigen Bericht des Insolvenzverwalters ergeben.

445.1 Allerdings liegt die Entlassung bei Vorliegen dieser zwei Gründe dann im Ermessen des Gerichts.

446 • Nicht rechtzeitiger Erneuerung der Berufshaftpflichtversicherung (Art. 6.3 Königliches Gesetzesdekret 1333/2012).

447 Das **Verfahren** zur Entlassung setzt einen Schriftsatz oder eine Verfügung des Insolvenzgerichts voraus. Das insolvenzrechtlichen Nebenverfahren findet keine Anwendung. Der Verwalter ist vor der Entscheidung des Gerichts anzuhören. Die Entscheidung ergeht per Beschluss (Art. 100.4 TRLC). Gegen diesen ist der recurso de reposición statthaft und anschließend der recurso de apelación, die jeweils keine aufschiebende Wirkung entfalten (Art. 103 TRLC).

448 Wird die Entlassung beschlossen oder tritt der Insolvenzverwalter zurück (aus wichtigem Grunde, Ableben usw), muss das Gericht unverzüglich einen neuen Insolvenzverwalter bestellen (Art. 101.1 TRLC), es sei denn die Bestellung ist unzulässig (im Falle der Genehmigung eines Vergleichs oder der Beendigung des Insolvenzverfahrens).

448.1 Die Entlassung des Vertreters des Insolvenzverwalters, sofern dieser eine juristische Person ist, führt automatisch zur Entlassung des Insolvenzverwalters selbst (Art. 100.3 TRLC). Nimmt die juristische Person als Insolvenzverwalter allerdings selbst die Entlassung des Vertreters vor, ist dem Gericht unverzüglich ein neuer Vertreter zu nennen (Art. 101.2 TRLC).

Internationales Insolvenzrecht – Spanien

Die Entlassung des Insolvenzverwalters führt automatisch zur Entlassung seiner Hilfskräfte. **448.2**

Die Entlassung des Insolvenzverwalters und die Bestellung eines neuen Verwalters sind ebenso **449**
bekanntzumachen wie dies bei der Bestellung des ersten Verwalters der Fall war (Art. 101
TRLC).

Wird der Insolvenzverwalter vor Beendigung des Insolvenzverfahrens aus seinem Amt entlassen, **450**
trifft den Verwalter eine Pflicht zur **Rechnungslegung,** innerhalb einer Frist von einem Monat
nach entsprechender Aufforderung hierzu. Hinsichtlich Inhaltes, Widerspruch, Genehmigung
(einschließlich Rechtsfolgen der fehlenden Genehmigung) und Veröffentlichung finden die Regelungen für die Rechnungslegung bei Beendigung des Insolvenzverfahrens durch Verwertung
Anwendung (Art. 102 TRLC) (→ Rn. 1038).

Sämtliche Entscheidungen über die Bestellung und Entlassung der Insolvenzverwalter sind **451**
durch die **Beschwerde** eingreifbar, die keine aufschiebende Wirkung entfaltet. Beschwerdebefugt
sind der Schuldner, der Insolvenzverwalter, die betroffene Hilfskraft und andere Personen, sofern
sie ein berechtigtes Interesse nachweisen (Art. 103 TRLC).

Die Entlassung des Insolvenzverwalters oder der Hilfskraft ist im Öffentlichen Insolvenzregister **452**
einzutragen, was zu deren Austragung führt, die allerdings vorläufig ist, solange der Abberufungsbeschluss nicht rechtskräftig ist (Art. 104 TRLC).

IV. Bedeutung der Eröffnung des Insolvenzverfahrens

1. Auswirkungen auf den Schuldner

Die Eröffnung des Insolvenzverfahrens (und bereits der Insolvenzantrag) kann Auswirkungen **453**
auf die **Grundrechte** des Schuldners und der mit ihm verbundenen Personen haben, namentlich
das Postgeheimnis (→ Rn. 456), das Aufenthalts- und Freizügigkeitsrecht (→ Rn. 457) und die
Unantastbarkeit der Wohnung (→ Rn. 458), soweit dies im Interesse des Insolvenzverfahrens
geschieht und eine entsprechende Genehmigung des Insolvenzgerichts vorliegt. Diese Auswirkungen finden ihre gesetzliche Regelung im Art. 1 des Gesetzes 8/2003 v. 9.7.2003 zur Reform des
Insolvenzverfahrens (LORC).

Es handelt sich um **außergewöhnliche Maßnahmen,** sodass sie nicht notwendigerweise als **454**
Folge der Eröffnung des Insolvenzverfahrens eingetreten müssen. Sie können nur dann vorgenommen werden, sofern das Insolvenzgericht dies verfügt und die Grundsätze der Notwendigkeit,
Angemessenheit und Verhältnismäßigkeit eingehalten wurden.

Diese einzigen **Maßnahmen** können sein: **455**
- Der Eingriff in die Kommunikation des Schuldners **456**

Die Vertraulichkeit von Inhalten, die dem Interesse des Insolvenzverfahrens fremd sind, muss gewährleis- **456.1**
tet sein. Die Maßnahme wird gemäß den Bestimmungen des Strafprozessrechts erlassen: grundsätzlich
müssen die betroffenen Kommunikationsmittel identifiziert werden, und die anfängliche Höchstdauer
beträgt drei Monate, die für aufeinanderfolgende Zeiträume bis zu einem Maximum von 18 Monaten
verlängert werden kann.

- Die **Pflicht an einem bestimmten Ort** (bei natürlichen Personen) zu bleiben. Kommt der **457**
 Schuldner dieser Pflicht nicht nach oder besteht Anlass zur Annahme, dass er dieser Pflicht
 nicht nachkommen wird, kann das Insolvenzgericht die notwendigen Maßnahmen erlassen,
 einschließlich dem **Hausarrest**
- Die **Hausdurchsuchung** beim Schuldner. **458**

Dies setzt aber voraus, dass der Hauseigentümer sein Einverständnis verweigert und hinreichend Anzei- **458.1**
chen dafür vorliegen, dass sich am Sitz des Schuldners nicht vorgelegte Unterlagen befinden, die für das
Insolvenzverfahren von Interesse sein können oder sofern diese Maßnahme zur Vornahme einer anderen
Maßnahme notwendig erscheint.

Diese genannten Maßnahmen können ausschließlich zulasten der folgenden **Personen** erhoben **459**
werden:
- Gegen den Insolvenzschuldner, sofern er eine natürliche Person ist
- Gegen den Insolvenzschuldner, sofern er eine juristische Person ist, gegen seine Geschäftsführer
 und Liquidatoren (sowohl diejenigen, die das Amt im Zeitpunkt der Eröffnung des Insolvenzverfahrens innehaben wie auch diejenigen, die es innerhalb der letzten zwei Jahre vor der Eröffnung
 des Insolvenzverfahrens innehatten). Generaldirektoren sind nicht betroffen.

Internationales Insolvenzrecht – Spanien

460 Die Maßnahmen können zu jedem **Zeitpunkt** während des Insolvenzverfahrens angeordnet werden, sowohl im Falle, unabhängig davon, ob der Insolvenzschuldner seine Verfügungs- und Verwaltungsbefugnis behält oder nicht. Ganz konkret können Anordnungen getroffen werden:
- Ab der förmlichen Zulassung des Antrags auf Eröffnung des Insolvenzverfahrens auf Antrag einer antragsbefugten Person hin
- Ab der Eröffnung des Insolvenzverfahrens, von Amts wegen oder auf Antrag einer der Betroffenen. Der Insolvenzverwalter kann dem Insolvenzgericht die Gründe für die Einleitung der Maßnahmen darstellen, damit das Gericht diese von Amts wegen anordnet.

461 Die Maßnahmen werden nach Anhörung der Staatsanwaltschaft durch **Beschluss** angeordnet, der die verfolgten Ziele benennen und die Dauer der Maßnahme anzeigen muss. Ferner sind die Angemessenheit und Verhältnismäßigkeit der Maßnahme darzulegen. Die **Dauer** der Maßnahme muss unbedingt zur Erreichung des angestrebten Ziels notwendig sein. Allerdings besteht auch die Möglichkeit einer Verlängerung oder der frühzeitigen Beendigung. Gegen den Beschluss der recurso de apelación statthaft, ohne dass dieser aufschiebende Wirkung entfaltet.

2. Auskunfts- und Mitwirkungspflicht des Schuldners

462 Der Schuldner hat in jeder Phase des Insolvenzverfahrens und unabhängig davon, ob er seine Verwaltungs- und Verfügungsbefugnis behält, die folgenden Pflichten (Art. 135 TRLC):
- Er hat so oft persönlich vor dem Gericht und dem Insolvenzverwalter zu **erscheinen,** wie er dazu aufgefordert wird
- Er hat im Interesse der Insolvenz **mitzuwirken** und über alles Notwendige und Nützliche zu **informieren.**

463 Handelt es sich beim Schuldner um eine juristische Person, obliegen diese Pflichten ihren Geschäftsführern, Liquidatoren, Generaldirektoren und denen, die dies innerhalb der letzten zwei Jahre vor der Eröffnung des Insolvenzverfahrens waren.

464 Ist der Schuldner zur **Buchführung** verpflichtet, muss er dem Insolvenzverwalter die Bücher vorlegen (Kontenjournal, Inventarbuch und Jahresabschlüsse, Bücher über Sitzungsprotokolle, Gesellschafter- und Aktionärsregister, Bücher über Verträge mit dem Alleingesellschafter, sofern es sich um eine Einpersonengesellschaft handelt) sowie sämtliche weitere Bücher, Unterlagen und Register bezüglich der Vermögensaspekte seiner gewerblichen oder unternehmerischen Tätigkeit (beispielsweise, Hauptbuch, Kassenbuch, Bilanzen, Verträge, Rechnungen, Steuererklärungen, Kontoauszüge, usw). Auf Antrag des Insolvenzverwalters hin ordnet das Gericht die Maßnahmen an, die er zur effektiven Durchsetzung dieser Pflichten für notwendig erachtet (Art. 134 TRLC).

464.1 In der Praxis lädt der Insolvenzverwalter mit seiner Benennung den Insolvenzschuldner zu einem ersten Termin ein, bei dem er von ihm schriftlich die Vorlage der von ihm notwendig erachteten Unterlagen fordert.

465 Die **Nichterfüllung** dieser genannten Mitwirkungspflichten führt zu einer Vermutung iuris tantum hinsichtlich der Schuldhaftigkeit der Insolvenz (→ Rn. 987).

3. Auswirkungen auf die Verfügungsbefugnis des Schuldners

466 Die Eröffnung des Insolvenzverfahrens kann dazu führen, dass der Schuldner seine Verwaltungs- und Verfügungsbefugnis über die Aktivmasse behält oder verliert:
- **Behält er** seine Verwaltungs- und Verfügungsbefugnis, unterliegt er dem Zustimmungserfordernis des Insolvenzverwalters, das bedeutet, dass jede Verwaltungs- oder Verfügungshandlung die Zustimmung des Schuldners und des Insolvenzverwalters erfordert. Die Gewährung der Zustimmung liegt dabei im Ermessen des Insolvenzverwalters.
- **Verliert er** seine Verwaltungs- und Verfügungsbefugnis so geht diese auf den Insolvenzverwalter über. Verwaltungs- und Verfügungshandlungen bedürfen dann lediglich der Zustimmung des Insolvenzverwalters.

467 Ist der Schuldner eine **juristische Person,** sind die vorgenannten Regelungen wie folgt anzuwenden:
- Behält die Schuldnerin die Verwaltungs- und Verfügungsbefugnis ist das Geschäftsführungsorgan weiterhin zur Verwaltung, Verfügung und Vertretung der Gesellschaft befugt. Handlungen bedürfen aber dann der Zustimmung oder Genehmigung durch den Insolvenzverwalter (Art. 128.1 TRLC).
- Verliert die Schuldnerin die Verwaltungs- und Verfügungsbefugnis geht die Befugnis zur Verwaltung, Verfügung und Vertretung der Gesellschaft auf den Insolvenzverwalter über (Art. 128.3 TRLC).

Internationales Insolvenzrecht – Spanien

- Als Ausnahme dieser Regelungen bleiben das Geschäftsführungsorgan oder die Liquidatoren weiterhin zur Vertretung der Gesellschaft innerhalb des Insolvenzverfahrens berechtigt, einschließlich während der Verwertungsphase (Art. 129 TRLC).

Die Folgen für die Verwaltungs- und Verfügungsbefugnis haben aber nur Auswirkungen auf die Vermögensgegenstände und Rechte des Insolvenzschuldners in der Aktivmasse bezüglich der Übernahme, Änderung oder Löschung von vermögensrechtlichen Verpflichtungen in Bezug auf diese Vermögensgegenstände und Rechte und bezüglich der Befugnisausübung bei der ehelichen Gütergemeinschaft (Art. 107 TRLC). Hinsichtlich der übrigen Vermögensgegenstände und Rechte (insbesondere die unpfändbaren) behält der Schuldner seine volle Verwaltungs- und Verfügungsbefugnis, die keiner Zustimmung des Insolvenzverwalters unterliegen. **468**

Der Schuldner bleibt testierfähig, ohne dass irgendeine Mitwirkung des Insolvenzverwalters notwendig wäre. Allerdings sind die Auswirkungen der Insolvenz auf die Erbschaft zu berücksichtigen. **468.1**

Die Folgen für die Verwaltungs- und Verfügungsbefugnis haben auch Auswirkungen auf die **Bevollmächtigten** des Schuldners (Art. 128.4 TRLC). Geht die Verwaltungs- und Verfügungsbefugnis auf den Insolvenzverwalter über, übernimmt er auch die Vertretungsbefugnis des Schuldners. Andernfalls bedarf der Bevollmächtigte zur Vornahme von Handlungen, die das Vermögen des Schuldners betreffen, der Zustimmung des Insolvenzverwalters. **469**

Die Vertretungsmacht erlischt durch die Eröffnung des Insolvenzverfahrens über das Vermögen des Vollmachtgebers (Art. 1732 CC). Anders ist bei handelsrechtlichen Vollmachten (Art. 290 CCom), die zwar bestehen bleiben, allerdings vom Übergang der Verwaltungs- und Verfügungsbefugnis auf den Insolvenzverwalter betroffen sein können. **469.1**

Folgen ergeben sich aus für die Befugnisse des Schuldners hinsichtlich der **Fortführung seiner gewerblichen oder beruflichen Tätigkeit** (→ Rn. 595): **470**
- Behält er seine Verwaltungs- und Verfügungsbefugnis bedürfen sämtliche Handlungen im Rahmen seiner Tätigkeit der Zustimmung des Insolvenzverwalters. Um die Fortführung der Tätigkeit zu vereinfachen, kann der Insolvenzverwalter eine allgemeine Autorisierung für bestimmte Handlungen geben und/oder bis zu einem bestimmten Betrag (Art. 112 TRLC).
- Im Falle der Aufhebung der Verwaltungs- und Verfügungsbefugnis des Schuldners, ist der Insolvenzverwalter zuständig, die für die Fortführung der gewerblichen oder unternehmerischen Tätigkeit notwendigen Maßnahmen zu ergreifen (Art. 113 TRLC).

Während der allgemeinen und der Vergleichsphase bis zum Inkrafttreten des Vergleichs gelten grundsätzlich folgende Regelungen: **471**
- **Stellt der Schuldner selbst den Insolvenzantrag,** behält der Schuldner in der Regel seine Verwaltungs- und Verfügungsbefugnis (Art. 106.1 TRLC)
- **Stellt ein Gläubiger den Insolvenzantrag,** verliert der Schuldner in der Regel seine Verwaltungs- und Verfügungsbefugnis (Art. 106.2 TRLC)
- **Beim Nachlassinsolvenzverfahren** verliert der Schuldner stets seine Verwaltungs- und Verfügungsbefugnis (Art. 570 TRLC).

Außer im Nachlassinsolvenzverfahren kann das Insolvenzgericht im Rahmen des Beschlusses über die Eröffnung des Insolvenzverfahrens auch festlegen, dass der Schuldner seine Verwaltungs- und Verfügungsbefugnis behält, obgleich der Insolvenzantrag von einem Gläubiger gestellt wurde und andersherum. Das Gericht hat allerdings dann seine Entscheidung hinreichend darzulegen, insbesondere unter Darlegung etwaiger Risiken und Vorteile (Art. 106.3 TRLC). **472**

Das Gericht kann zu jedem Zeitpunkt eine **Änderung der Verhältnisse** anordnen (nicht aber in der Liquidationsphase oder bei einer Nachlassinsolvenz), sofern der Insolvenzverwalter dies beantragt. In diesem Fall ist der Schuldner vorher anzuhören (Art. 108.1 TRLC). **473**

Auch bereits vor der Eröffnung des Insolvenzverfahrens kann das Gericht **einstweilige Maßnahmen** anordnen, die zu einer Einschränkung der Verwaltungs- und Verfügungsbefugnis des Schuldners über sein Vermögen führen (Art. 18 TRLC). **473.1**

Ab der Eröffnung des Insolvenzverfahrens **bis zur Annahme des Amtes durch den Insolvenzverwalter** sind die Verwaltungsbefugnisse des Schuldners erheblich eingeschränkt. Er darf nur solche Geschäfte vornehmen, die dem Betrieb oder der Durchführung der Tätigkeit eigen und für die Fortführung der Geschäftstätigkeit notwendig sind und die zu den üblichen Marktbedingungen abgeschlossen werden (Art. 111.2 TRLC). **473.2**

Ab der Eröffnung der **Verwertungsphase** ist die Verwaltungs- und Verfügungsbefugnis des Schuldners stets aufgehoben (Art. 413.1 TRLC). **473.3**

Wird der **Vergleich** genehmigt, ändern sich die Verwaltungs- und Verfügungsbefugnis ab Inkrafttreten des Vergleichs (Art. 394.1 TRLC) (→ Rn. 900), es sei denn, es wurden Verbots- oder Beschränkungsmaß- **473.4**

Internationales Insolvenzrecht – Spanien

nahmen festgelegt (Art. 321 TRLC) (→ Rn. 811). Die Regelungen über die Verwaltungs- und Verfügungsbefugnis werden mit **Beendigung** des Insolvenzverfahrens aufgehoben (Art. 483 TLRC) (→ Rn. 1060).

474 Die Verhältnisse hinsichtlich der Verwaltungs- und Verfügungsbefugnis des Schuldners (wie auch etwaige Änderungen) sind in der gleichen Form wie die Eröffnung des Insolvenzverfahrens **öffentlich bekannt** zu machen (Art. 108.2 TRLC).

475 Die vom Schuldner vorgenommenen Handlungen ohne vorherige Zustimmung des Insolvenzverwalters werden nicht automatisch nichtig, können aber für nichtig erklärt werden, dh sie verlieren während der Ausübung des **Anspruchs auf Geltendmachung der Nichtigkeit** ihre Wirkung nicht (Art. 109 TRLC):

- Anspruch auf Geltendmachung der Nichtigkeit hat nur der Insolvenzverwalter. Jeder Gläubiger und derjenige, der Teil der von der Verletzung betroffenen vertraglichen Beziehung ist, kann den Insolvenzverwalter auffordern, sich bezüglich der Ausübung des entsprechenden Rechts oder bezüglich der Bestätigung oder Genehmigung der Handlung zu äußern. Eine Befugnis der Gläubiger oder Gegenpartei ist nicht vorgesehen.
- Passivlegitimiert sind der Schuldner wie auch die Gegenpartei der Handlungen, deren Nichtigkeit angestrebt wird
- Die Nichtigkeit ist im insolvenzrechtlichen Nebenverfahren (→ Rn. 335) geltend zu machen
- Die Nichtigkeitserklärung wirkt ex nunc
- Der Anspruch verjährt nach Ablauf von einem Monat ab Aufforderung an die Insolvenzverwaltung. Wurde keine Aufforderung abgegeben, verjährt er mit der Erfüllung des Vergleichs durch den Schuldner oder, im Falle der Verwertung, mit der Beendigung.

475.1 Die genannten Rechtshandlungen können nicht in öffentlichen Registern eingetragen werden, solange sie nicht bestätigt oder genehmigt wurden oder das Erlöschen des Anspruchs auf Geltendmachung der Nichtigkeit oder die rechtskräftige Zurückweisung des Anspruchs nachgewiesen werden.

475.2 Hiervon ist die Klage auf Rückgängigmachung von Verfügungen (→ Rn. 633) zu unterscheiden, die sich gegen Handlungen des Schuldners vor Eröffnung des Insolvenzverfahrens richtet, während die andere Klageart Handlungen nach der Eröffnung des Insolvenzverfahrens betrifft. Die Nichtigkeitsklage richtet sich gegen die Verletzung der bezüglich der Verwaltungs- und Verfügungsbefugnis auferlegten Einschränkungen des Schuldners. Dagegen ist die Grundlage der Klage auf Rückgängigmachung von Verfügungen der Gläubigerschaden. Ferner unterliegt die Klage auf Rückgängigmachung von Verfügungen nicht der genannten Verjährungsfrist und wirkt ex tunc.

476 Ab Eröffnung des Insolvenzverfahrens sind **sämtliche Zahlungen an den Schuldner** (also Forderungen der Masse) an den Insolvenzverwalter zu leisten (der zu diesem Zweck ein eigenes Bankkonto eröffnen wird), unabhängig davon, ob auf diesen die Verwaltungs- und Verfügungsbefugnis übergeht oder nicht. Die Zahlung an den Insolvenzschuldner, befreit den Schuldner nur dann von der Schuld, sofern er die Eröffnung des Insolvenzverfahrens nicht kannte. Nach Veröffentlichung der Eröffnung des Insolvenzverfahrens im BOE wird eine Kenntnis vermutet (Art. 110 TRLC).

476.1 Diese Regelung wurde durch das TRLC im Jahre 2020 eingeführt. Die Überweisung eines Betrags auf das vom Insolvenzverwalter eingerichtete Konto (dh die Verfügung über das Kontensaldo setzt die Unterschrift des Insolvenzverwalters voraus) führt zur Befreiung von der Schuld. Diese Norm bezieht sich allerdings nur auf die Zahlung, nicht aber auf andere Mittel zur Erlöschung der Verbindlichkeiten (wie die Aufrechnung).

4. Auswirkungen auf den Insolvenzschuldner als natürliche Person

477 Das TRLC sieht eine Eröffnung des Insolvenzverfahrens sowohl über das Vermögen natürlicher (egal ob Unternehmer oder nicht) als auch juristischer Personen vor. Die **Regelungen** gelten für beide Gruppen hinsichtlich der objektiven und subjektiven Voraussetzungen, der Auswirkungen auf den Schuldner und die Gläubiger, der Möglichkeit des Vergleichsschlusses oder der Liquidation sowie der Durchführung des Verfahrens (gewöhnlich oder verkürzt) und der Einordnung der Forderungen.

478 Allerdings sind bestimmte **Spezialregelungen** vorgesehen. Sowohl für alle natürlichen Personen (etwa die Auswirkungen auf Unterhaltsforderungen (→ Rn. 479), das Güterrecht der Ehegatten (→ Rn. 485) und die Möglichkeit einer Restschuldbefreiung (→ Rn. 1069)) wie auch für natürliche Personen, die keine Unternehmer sind (etwa die sachliche Zuständigkeit (→ Rn. 293) und die Nichtanwendung der Regelungen über die Buchführung und folglich verschiedener Vermutungstatbestände).

Internationales Insolvenzrecht – Spanien

Die Art. 123 und 124 TRLC stellen Sonderregelungen in Bezug auf **Unterhaltsansprüche** 479
gegen den Insolvenzschuldner auf, wobei zwischen vorrangigen und nachrangigen Unterhaltsberechtigten zu unterscheiden ist.

Vorrangige Unterhaltsberechtigte sind der Schuldner selbst, sein Ehegatte, sein eingetrage- 480
ner Lebenspartner (diese nur dann, sofern das Gericht feststellt, dass ausdrückliche oder stillschweigende Vereinbarungen vorliegen, die auf einen Willen zur Bildung eines gemeinsamen Vermögens schließen lassen) und seine Nachkommen, sofern er das Sorgerecht ausübt. Deren Unterhaltsansprüche gehen zulasten der Aktivmasse (als Forderungen gegen die Masse), sofern diese bedürftig sind und die Aktivmasse zur Befriedigung dieser Ansprüche ausreicht.

Die Höhe des Unterhalts und die Zeitabschnitte, in denen der Unterhalt zu zahlen ist, werden, 481
sofern der Schuldner seine Verfügungs- und Verwaltungsbefugnis behalten hat, vom Insolvenzverwalter festgelegt. Andernfalls vom Insolvenzgericht nach entsprechender Anhörung des Insolvenzverwalters und des Insolvenzschuldners. Auf Antrag des Insolvenzverwalters oder des Insolvenzschuldners hin, kann das Gericht die Höhe oder den Zeitabschnitt verändern.

Die vorherigen Ausführungen beziehen sich auf Unterhaltsansprüche zulasten der Aktivmasse. Außer- 481.1
halb der Aktivmasse befindet sich das pfändbare Vermögen des Schuldners, über das er die volle Verfügungsbefugnis behält. Der Schuldner und seine Familie verfügen zur Deckung des Lebensunterhalts über das unpfändbare Vermögen und den Betrag, der zulasten der Aktivmasse, vom Insolvenzverwalter oder dem Insolvenzgericht festgelegt wird.

Nachrangige Unterhaltsberechtigte sind alle, die nach den für das Unterhaltsrecht geltenden 482
Vorschriften (nach Maßgabe des Haager Protokolls vom 23.11.2017 über das auf Unterhaltspflichten anzuwendende Recht) Unterhaltsansprüche gegen den Insolvenzschuldner haben. Diese Personen haben nur dann Anspruch auf Unterhalt gegen die Aktivmasse (mit entsprechender Einordnung ihrer Forderung als Forderung gegen die Masse) sofern sie keine andere unterhaltspflichtige Person in Anspruch nehmen können und ihren Anspruch innerhalb eines Jahres ab Entstehung geltend gemacht haben. Zuständig für das Verfahren ist das Insolvenzgericht, das über das Bestehen und die Höhe entscheidet.

Wurde die Unterhaltspflicht dem Insolvenzschuldner gerichtlich bereits vor der Eröffnung des Insolvenz- 482.1
verfahrens auferlegt, entscheidet das Insolvenzgericht darüber, welcher Teil von der Unterhaltszahlung als Forderung gegen die Masse zu betrachten ist. Die übrigen sind gewöhnliche Insolvenzforderungen.

Die **vor der Eröffnung des Insolvenzverfahrens entstandenen Unterhaltsansprüche** sind 483
Insolvenzforderungen. Sie werden aber nicht zu nachrangigen Forderungen, obwohl der Gläubiger zum Schuldner in einem besonderen Verhältnis (→ Rn. 733) steht.

Nach Eröffnung der **Verwertungsphase** erlischt die Pflicht der Aktivmasse zur Befriedigung 484
der Unterhaltsansprüche bis zum Mindestbedarf des Insolvenzschuldners, seines Ehegatten, seines eingetragenen Lebenspartners oder seiner Nachkommen (Art. 413.2 TRLC). Der Insolvenzschuldner hat weiterhin Verfügungsbefugnis über seine unpfändbaren Gegenstände und Rechte, sodass auch diese zur Deckung des Mindestbedarfs seiner Familie eingesetzt werden müssen.

Ist der Schuldner im Güterstand der Errungenschaftsgemeinschaft oder einer sonstigen Güterge- 485
meinschaft verheiratet, fällt das Gemeinschaftseigentum in die Aktivmasse (und in das Inventar), wenn diese Vermögenswerte für die Schulden des Insolvenzschuldners haften müssen (Art. 193.2 TRLC) (→ Rn. 587). In diesem Fall kann der Ehegatte des Schuldners beim Insolvenzgericht Antrag auf **Aufhebung der ehelichen Gemeinschaft** stellen. Das Gericht beschließt über die Aufhebung und die Befriedigung der Gläubiger derselbigen sowie der Verteilung des Restes zwischen der Aktivmasse und dem Ehegatten des Schuldners (Art. 125 TRLC). Diese Vorgänge müssen allerdings unter Beachtung des Vergleichs oder der Verwertung der Aktivmasse (Art. 125 TRLC) vorgenommen werden.

Die Eröffnung des Insolvenzverfahrens über das Vermögen eines der Ehegatten führt nicht automatisch 485.1
zur Aufhebung der ehelichen Gemeinschaft. Hierfür ist der Antrag notwendig.

Fällt die **eheliche Wohnung** in die Gütergemeinschaft, hat der andere Ehegatten bei Auflösung der 485.2
ehelichen Gemeinschaft Anspruch auf ein Vorzugsrecht. Übersteigt der Wert seinen Anspruch, hat er den Rest zu begleichen (Art. 125.3 TRLC).

Weitere besondere Auswirkungen der Eröffnung des Insolvenzverfahrens auf natürliche Per- 486
sonen sind:
- Das Erwerbsrecht des Ehegatten des Schuldners in Bezug auf Vermögensgegenstände, die in die eheliche Gemeinschaft fallen und sich in der Aktivmasse befinden (Art. 194 TRLC) (→ Rn. 587)

Internationales Insolvenzrecht – Spanien

- Die Schenkungsvermutung (Art. 195 TRLC) (→ Rn. 589)
- Die Teilbarkeit der durch die Ehegatten unter dem sog. Überlebenspakt erworbenen Vermögensgegenstände (Art. 196 TRLC) (→ Rn. 590).

5. Auswirkungen auf den Insolvenzschuldner als juristische Person

487 Handelt es sich beim Insolvenzschuldner um eine juristische Person, hat die Eröffnung des Insolvenzverfahrens folgende Auswirkungen:
- Sämtliche **Organe** des Insolvenzschuldners bleiben bestehen, unbeschadet der Folgen des Übergangs der Verwaltungs- und Verfügungsbefugnis (Art. 126 TRLC).
- Die **Geschäftsführer** üben ihr Amt bis zur Eröffnung der Verwertungsphase weiterhin aus. Hinsichtlich ihrer Befugnisse zur Geschäftsführung, Verfügung und Vertretung der juristischen Person → Rn. 466
- Die **Beschlüsse der Gesellschafterversammlung oder Generalversammlung**, die das Vermögen des Insolvenzschuldners betreffen oder direkte Auswirkungen auf das Insolvenzverfahren haben können (zB Kapitalherabsetzungen), bedürfen zu ihrer Wirksamkeit der Genehmigung oder Bestätigung des Insolvenzverwalters (Art. 127.3 TRLC), selbst wenn die Verwaltungs- und Verfügungsbefugnis auf den Insolvenzverwalter übergeht (auch dann bleibt die Gesellschafter- oder Generalversammlung bezüglich des Beschlusses zuständig)
- Der Insolvenzverwalter hat ein **Teilnahme- und Rederecht** (nicht aber ein Stimmrecht) in den Sitzungen der Kollegialorgane (Gesellschafter- oder Generalversammlung, Verwaltungsratssitzungen), sodass er entsprechend der für die Mitglieder des Verwaltungsrats geltenden Bestimmungen über Form und Frist der Einberufung eingeladen werden muss (Art. 127.1 TRLC). Ohne die Anwesenheit des Insolvenzverwalters kann die Versammlung niemals universell sein (Art. 127.2 TRLC).

488 Ist das Amt des Geschäftsführers **vergütet,** kann das Insolvenzgericht die Aufhebung oder Herabsetzung dieser Vergütung verfügen unter Berücksichtigung der Komplexität der Verwaltungsaufgaben und der Höhe der Aktivmasse der Insolvenzschuldnerin (Art. 130 TRLC).

489 Das Gericht kann dem Insolvenzverwalter im Interesse des Insolvenzverfahrens auf Antrag des Verwalters hin, die Vertretung der juristischen Person als Gesellschafterin anderer Gesellschaften zusprechen. Der Insolvenzverwalter kann bestimmte Aufgaben nach eigenem Ermessen verteilen (Art. 128.2 TRLC).

490 Ab Eröffnung des Insolvenzverfahrens ist für die folgenden Klagen das Insolvenzgericht **zuständig** (→ Rn. 302) und der Insolvenzverwalter **klagebefugt:**
- Haftungsklagen gegen den oder die persönlich für die Schulden der Gesellschaft haftenden Gesellschafter, die vor Eröffnung des Insolvenzverfahrens entstanden sind (Art. 131.1 TRLC).
- Klagen auf Leistung der Einlagen und Klagen auf Erfüllung anderer Leistungen (Art. 131.2 TRLC)
- Haftungsklagen gegen die Geschäftsführer oder Liquidatoren (bzw. deren Vertreter, sofern die Geschäftsführung von einer juristischen Person übernommen wird), Generaldirektoren, Wirtschaftsprüfer und unabhängige Sachverständige der Schuldnerin (Art. 132 TRLC).

490.1 Der Insolvenzverwalter kann von den Gesellschaftern die sofortige Einzahlung der offenen Beträge verlangen, unabhängig von den in der Gesellschaftssatzung festgelegten Fristen.

490.2 Der Bezug auf die unabhängigen Sachverständigen beschränkt sich auf solche, die Sacheinlagen im Rahmen einer Kapitalerhöhung der Schuldnergesellschaft bewertet haben.

490.3 Generaldirektoren sind solche Personen, die mit höchsten Vertretungsbefugnissen ausgestattet sind, sofern der Verwaltungsrat nicht einen oder mehrere consejeros delegados mit Befugnissen ausgestattet hat.

490.4 Das Gericht kann von Amts wegen oder auf Antrag des Insolvenzverwalters hin als einstweilige Maßnahme die Pfändung der Vermögensgegenstände und Rechte der Gesellschafter zur Sicherung der Forderungen gegen die Insolvenzschuldnerin, die vor Eröffnung des Insolvenzverfahrens entstanden sind, verfügen, sofern es der Ansicht ist, dass die Aktivmasse nicht zur Befriedigung sämtlicher Forderungen ausreichen wird. Ferner kann das Gericht diese Maßnahmen von Amts wegen oder auf Antrag des Insolvenzverwalters, der Geschäftsführer, der Liquidatoren (und der Vertreter der juristischen Person, die dieses Amt ausübt) und der Generaldirektoren der Insolvenzschuldnerin anordnen, sowie auf Antrag der Personen, die eines der genannten Ämter innerhalb der letzten zwei Jahre vor der Eröffnung des Insolvenzverfahrens ausgeübt haben, sofern die Möglichkeit besteht, dass diese Personen im Rahmen der Einstufung der Insolvenz zur vollständigen oder teilweisen Deckung des Defizits (→ Rn. 1017) verurteilt werden. Diese vorläufigen Pfändungen setzen keine Sicherheitsleistung voraus. Der Pfändungsschuldner kann die Ersetzung der Pfändung durch Stellung einer Bankgarantie beantragen (Art. 133 TRLC).

Internationales Insolvenzrecht – Spanien

Die Eröffnung des Insolvenzverfahrens führt nicht zur **Auflösung** der juristischen Person. Diese Wirkung tritt erst mit Eröffnung der Verwertungsphase ein (Art. 413.3 TRLC). 491

6. Auswirkungen auf die buchhalterischen Pflichten des Schuldners

Die Eröffnung des Insolvenzverfahrens enthebt den Insolvenzschuldner nicht von seiner Pflicht zur Buchführung. Sie hat aber Auswirkungen auf die Aufstellung, Prüfung und Genehmigung der Jahresabschlüsse: 492

Behält der Insolvenzschuldner seine Verfügungs- und Verwaltungsbefugnis, bleibt das Geschäftsführungsorgan für die Aufstellung des Jahresabschlusses und deren Vorlage zur Prüfung zuständig. Es bedarf allerdings der Zustimmung des Insolvenzverwalters (Art. 115.1 TRLC). 493

Hinsichtlich der Frist zur Einreichung der Jahresabschlüsse für das Geschäftsjahr vor der Eröffnung des Insolvenzverfahrens gelten besondere Regelungen. Grundsätzlich beträgt die Frist drei Monat nach Abschluss des Geschäftsjahres (Art. 253.1 LSC). Allerdings kann der Insolvenzverwalter das Geschäftsführungsorgan ermächtigen, diese Jahresabschlüsse erst einen Monat nach der Vorlage des vorläufigen Inventars und der Gläubigerliste (→ Rn. 772) einzureichen, damit diese Dokumente berücksichtigt werden können. Die Frist zur Genehmigung der Jahresabschlüsse beträgt drei Monate ab der Vorlage der vorläufigen Fassung (Art. 115.2 TRLC). 493.1

Verliert der Insolvenzschuldner seine Verfügungs- und Verwaltungsbefugnis, geht die Zuständigkeit der Aufstellung und Vorlage zur Prüfung des Jahresabschlusses auf den Insolvenzverwalter über (Art. 116 TRLC). 494

Die **Genehmigung des Jahresabschlusses und die Gewinnverteilung** bleibt in jedem Fall in der Zuständigkeit der Gesellschafterversammlung, bedarf aber stets der Bestätigung des Insolvenzverwalters (Art. 127.3 TRLC). 495

Das Insolvenzgericht kann auf begründeten Antrag des Insolvenzverwalters hin die Bestellung der **Wirtschaftsprüfer** der Schuldner widerrufen und einen anderen Prüfer ernennen (Art. 117 TRLC). 496

7. Auswirkungen auf die Prozessfähigkeit des Insolvenzschuldners

Auch für die Prozessfähigkeit des Insolvenzschuldners in anderen Verfahren als dem Insolvenzverfahren, in denen er Kläger ist, kommt es darauf an, ob er seine Verfügungs- und Verwaltungsbefugnis behält oder nicht (→ Rn. 466). 497

Behält der Schuldner seine Verfügungs- und Verwaltungsbefugnis, ist er auch weiterhin prozessfähig. Das bedeutet, er kann selbst oder durch einen gesetzlichen oder freiwilligen Vertreter vor Gericht erscheinen und seinen Rechtsanwalt und Prozessvertreter wählen. Zur Einlegung von Klagen oder Rechtsmitteln, Klagerücknahmen oder einem Klageverzicht bedarf es aber der Zustimmung des Insolvenzverwalters, sofern das Verfahren die Aktivmasse betreffen kann (Art. 119.1 TRLC). 498

Erachtet der Insolvenzverwalter die Einlegung einer Klage im Interesse des Insolvenzverfahrens als für förderlich und weigert sich der Insolvenzschuldner zur Einlegung, kann das Insolvenzgericht den Insolvenzverwalter autorisieren, die Klage selbst einzulegen und namens des Insolvenzschuldners vor Gericht zu erscheinen (Art. 119.2 TRLC). 498.1

Verliert der Insolvenzschuldner dagegen seine Verfügungs- und Verwaltungsbefugnis verliert er auch seine Prozessfähigkeit: 499

In Zivilverfahren (außer im Falle höchstpersönlicher Verfahren, wie im Bereich des Familienrechts), arbeitsrechtlichen und verwaltungsrechtlichen Verfahren, in denen der Schuldner Partei ist und die im Zeitpunkt der Eröffnung des Insolvenzverfahrens anhängig sind, ersetzt der Insolvenzverwalter den Schuldner und handelt in dessen Namen. Der Insolvenzverwalter entscheidet darüber, ob er mit demselben Rechtsanwalt oder Prozessvertreter weitermacht und muss dies innerhalb einer Frist von fünf Tagen anzeigen (Art. 120.2 TRLC). Klageverzichte, teilweise oder vollständige Anerkenntnisse oder der Abschluss eines Vergleichs ist nur nach vorheriger Zustimmung des Insolvenzgerichts möglich (Art. 120.4 TRLC). 500

Liegt die gerichtliche Zustimmung vor, sind die Kosten im Falle einer Kostentragungspflicht Insolvenzforderungen. Endet das Verfahren in einem Vergleich, kommt es auf den Vergleichsinhalt an (es kann vereinbart werden, dass die Kosten Forderungen gegen die Masse sind). 500.1

Internationales Insolvenzrecht – Spanien

501 Die Einreichung neuer Klagen und Rechtsmittel im Interesse des Insolvenzverfahrens (außer es handelt sich um höchstpersönliche Klagen) obliegt dem Insolvenzverwalter ohne die Notwendigkeit einer gerichtlichen Genehmigung (Art. 120.1 TRLC).

502 Ausnahmsweise behält der Schuldner seine Prozessfähigkeit in solchen Verfahren, die höchstpersönlicher Natur sind. Er benötigt aber die Zustimmung des Insolvenzverwalters für die Klage- oder Rechtsmitteleinlegung, den Klageverzicht, das Anerkenntnis oder den Abschluss eines Vergleichs, sofern das Urteil Einfluss auf die Aktivmasse haben kann (insbesondere hinsichtlich der Kostenentscheidung) (Art. 120.3 TRLC).

503 In den Verfahren, in denen der Insolvenzverwalter den Schuldner ersetzt (unabhängig davon, ob diese vor oder nach Eröffnung des Insolvenzverfahrens eingeleitet wurden) kann der Verwalter neben dem Schuldner dem Prozess beitreten, mit eigenem Rechtsanwalt und Prozessvertreter. Er kann aber keine Handlungen vornehmen, die eine Genehmigung des Insolvenzgerichts voraussetzen oder solche Handlungen verhindern oder behindern (Art. 121 TRLC).

503.1 Der gesonderte Beitritt des Schuldners zum Prozess setzt voraus, dass ein Dritter dem Insolvenzgericht gegenüber hinreichend versichert, dass die eventuellen Kosten des gesonderten Beitritts, die dem Schuldner auferlegt werden könnten, nicht die Aktivmasse belasten. Über diese Versicherung und die Genehmigung durch das Insolvenzgericht ist dem für das Verfahren zuständige Gericht Nachweis zu erbringen.

504 Art. 122 TRLC gewährt den Gläubigern eine **nachrangige Prozessfähigkeit:** Sie können den Insolvenzverwalter schriftlich unter Angabe der konkreten Ansprüche und ihrer rechtlichen Grundlagen zur Geltendmachung eines vermögensrechtlichen Anspruchs des Insolvenzschuldners auffordern. Erheben innerhalb einer Frist von zwei Monaten weder der Insolvenzschuldner (sofern er die Verwaltungs- und Verfügungsbefugnis behält) noch der Insolvenzverwalter (bei Übergang der Verwaltungs- und Verfügungsbefugnis) die begehrte Klage, so ist der Gläubiger selbst zur Klageerhebung befugt.

504.1 Erhebt der Gläubiger die Klage, so tut er dies auf eigene Kosten und im Interesse der Aktivmasse, sodass er grundsätzlich sämtliche Kosten und Auslagen zu tragen hat, die eventuellen Vorteile aber der Aktivmasse zustehen. Wird der Klage vollständig oder teilweise stattgegeben, werden die von ihm getragenen Kosten und Auslagen allerdings zu Forderungen gegen die Masse, bis zu dem Betrag, den die Aktivmasse als Folge des Urteils gewonnen hat.

504.2 Die Klageerhebung durch den Gläubiger als nachrangig prozessfähiger Kläger muss dem Insolvenzverwalter mitgeteilt werden.

505 Im Insolvenzverfahren und in den Nebenverfahren bleibt der Schuldner prozessfähig, sodass er selbst oder durch einen gesetzlichen oder freiwilligen Vertreter teilnehmen und seinen eigenen Rechtsanwalt und Prozessvertreter bestellen muss (Art. 510 TRLC).

505.1 Deshalb behält auch der Liquidator einer juristischen Person seine Vertretungsbefugnis trotz seiner Abberufung als Folge der Eröffnung der Verwertungsphase (Art. 413.3 TRLC).

8. Auswirkungen auf Feststellungsverfahren

506 Die Eröffnung des Insolvenzverfahrens hat Auswirkungen auf Feststellungsverfahren, die gegen den Insolvenzschuldner eingeleitet werden (→ Rn. 507) sowie auch auf die Verfahren, die bereits anhängig sind (→ Rn. 508). Ferner wirkt sich auch auf Schiedsverfahren und Schlichtungsverfahren (→ Rn. 514) sowie auf die rechtskräftigen Urteile und Schiedssprüche (→ Rn. 515).

507 Ab der Eröffnung des Insolvenzverfahrens bis zum Inkrafttreten des Vergleichs oder in dessen Ermangelung bis zum Abschluss des Insolvenzverfahrens, ist nur das Insolvenzgericht für **zivilrechtliche Feststellungsverfahren** von vermögensrechtlicher Bedeutung, die **nach** der Eröffnung gegen den Insolvenzschuldner eingeleitet werden, zuständig (Art. 52.1 TRLC) (→ Rn. 296). Diese Verfahren sind daher vor dem Insolvenzgericht im Rahmen des insolvenzrechtlichen Nebenverfahrens (→ Rn. 335) zu führen (Art. 532.1 TRLC). Wird die Klage bei einem anderen Gericht eingelegt, hat sich dieses für unzuständig zu erklären, sei es von Amts wegen oder auf Antrag einer der Parteien. Befasst sich das Gericht fälschlicherweise doch mit der Klage, sind sämtliche Prozesshandlungen ungültig und das Verfahren ist abzuschließen (Art. 136.2 TRLC).

507.1 Gleiches gilt für **arbeitsrechtliche Klagen.** Für diese ist das Insolvenzgericht zuständig, soweit diese die kollektiven Entscheidungen in Bezug auf Arbeitsverträge der Arbeitnehmer oder die Aussetzung oder Aufhebung von Arbeitsverhältnissen leitender Angestellter des Insolvenzschuldners zum Inhalt haben (Art. 53 TRLC).

Internationales Insolvenzrecht – Spanien

Die bei der Eröffnung des Insolvenzverfahrens **anhängigen** zivilrechtlichen Feststellungsverfahren, in denen der Schuldner Partei ist, sind bis zum Eintritt der Rechtskraft des Urteils fortzuführen, ohne dass sich eine Zuständigkeit des Insolvenzgerichts ergibt, das Verfahren abgeändert oder ausgesetzt wird (Art. 137 TRLC). 508

Hiervon besteht eine Ausnahme: sämtliche Verfahren zur Geltendmachung der **Haftung** der ordentlich bestellten oder de facto-Geschäftsführer, Liquidatoren (oder die natürlichen Personen, die als deren Vertreter bestellt sind, sofern das Amt von einer juristischen Person ausgeübt wurde), Generaldirektoren oder der Wirtschaftsprüfer des Insolvenzschuldners werden mit dem Insolvenzverfahren von Amts wegen verbunden, sofern diese in erster Instanz anhängig sind und die Hauptverhandlung noch nicht abgeschlossen ist. Für die Fortführung dieser Verfahren ist das Insolvenzgericht zuständig. Gegen das Urteil sind die Rechtsmittel statthaft, die auch statthaft gewesen wären, sofern es nicht zu einer Häufung gekommen wäre (Art. 138 TRLC). 508.1

Bezüglich der **Prozessfähigkeit** des Schuldners bei vor oder nach der Eröffnung des Insolvenzverfahrens eingeleiteten Zivilverfahren gelten die bereits dargestellten Regelungen, je nachdem, ob der Schuldner seine Verwaltungs- und Verfügungsbefugnis verliert (→ Rn. 499) oder behält (→ Rn. 498). 509

Daneben bestehen bestimmte **Klagen, die nicht zugelassen werden,** solange das Insolvenzverfahren anhängig ist (sowie bis zum Inkrafttreten des Vergleichs oder in Ermangelung bis zum Abschluss des Insolvenzverfahrens) und die, sofern sie vorher eingereicht wurden, ausgesetzt werden: 510

Klagen auf Ersatz des der Gesellschaft entstandenen Schadens gegen die Geschäftsführer der Insolvenzschuldnerin wegen Nichterfüllung ihrer Verpflichtungen im Falle des Eintritts einer Auflösungssituation der Gesellschaft (Art. 136.1.2 und 139.1 TRLC). 511

Bei Eintritt der Auflösungssituation einer Kapitalgesellschaft sind die Geschäftsführer verpflichtet, innerhalb von zwei Monaten die Gesellschafterversammlung einzuberufen, damit diese die Auflösung der Gesellschaft beschließt. Trifft die Gesellschaftsversammlung diesen Beschluss nicht, so ist die gerichtliche Auflösung der Gesellschaft zu beantragen, innerhalb einer Frist von zwei Monaten. Sofern die sich in einer Auflösungssituation befindende Gesellschaft darüber hinaus auch zahlungsunfähig ist, haben die Geschäftsführer innerhalb der genannten Zweimonatsfrist auch den Insolvenzantrag zu stellen. Kommen die Geschäftsführer einer der genannten Verpflichtungen nicht nach, so haften sie für sämtliche Schulden der Gesellschaft, die nach Eintritt der Auflösungssituation entstanden sind, persönlich (Art. 367 LSC). Entsprechende Ansprüche gegen die Geschäftsführer können wegen des Grundsatzes „par conditio creditorum" nicht im Rahmen des Insolvenzverfahrens geltend gemacht werden. 511.1

Klagen des Unterauftragnehmers gegen den Auftraggeber eines Bauvertrags, sofern Insolvenzschuldner der Auftragnehmer ist (Art. 136.1.3 und 139.2 TRLC). 512

Der Unterauftragnehmer eines Baus kann sich direkt an den Auftraggeber halten zur Geltendmachung dessen, was der Auftragnehmer schuldet, bis zu dem Betrag, den der Auftraggeber dem Auftragnehmer schuldet (Art. 1597 CC). Eine solche Klage würde dem Grundsatz „par conditio creditorum" widersprechen, wenn der Unterauftragnehmer (als Gläubiger des Auftragnehmers als Insolvenzschuldner) gegen den Auftraggeber klagen könnte (Gläubiger der Aktivmasse). 512.1

Für **verwaltungsrechtliche, strafrechtliche oder arbeitsrechtliche Klagen** (mit Ausnahme der unter → Rn. 558 genannten) ist das Insolvenzgericht nicht zuständig, selbst wenn diese das Vermögen des Insolvenzschuldners betreffen und sind mithin bei dem zuständigen Gericht einzulegen. Betreffen sie allerdings das Schuldnervermögen, so muss das Gericht den Insolvenzverwalter laden und ihn als Partei im Interesse der Insolvenz zulassen (Art. 136.3 TRLC). 513

Grundsätzlich hat die Eröffnung des Insolvenzverfahrens keine Auswirkungen auf **Schiedsvereinbarungen** oder **Schlichtungsvereinbarungen** an denen der Insolvenzschuldner beteiligt ist (Art. 140.1 TRLC). Mediations- und Schiedsverfahren, die bereits im Zeitpunkt der Eröffnung des Insolvenzverfahrens laufen, werden bis zur Rechtskraft des Schiedsspruchs weitergeführt und es finden die gleichen Regelungen Anwendung, die für zivilrechtliche Feststellungsverfahren gelten, soweit der Insolvenzschuldner Partei ist (→ Rn. 497) (Art. 140.2 TRLC). 514

Ausnahmsweise kann das Insolvenzgericht, von Amts wegen oder auf Antrag des Schuldners oder des Insolvenzverwalters, sofern die Verwaltungs- und Verfügungsbefugnis auf diesen übergeht, die Wirkungen der Mediationsvereinbarung oder des Schiedsspruches **aussetzen,** sofern diese für das Insolvenzverfahren nachteilhaft sind, unbeschadet der Regelungen in den internationalen Abkommen (Art. 140.3 TRLC). 514.1

Internationales Insolvenzrecht – Spanien

514.2 Im Falle eines **Betrugs** kann der Insolvenzverwalter vor dem Insolvenzgericht die in der Mediation getroffenen Vereinbarungen und die im Schiedsverfahren abgeschlossenen Abkommen anfechten (Art. 140.4 TRLC).

515 Auf rechtskräftige **Schiedsurteile und -sprüche,** die vor und nach der Eröffnung des Insolvenzverfahrens erlassen werden, hat die Eröffnung des Insolvenzverfahrens keine Auswirkungen und binden das Insolvenzgericht, die diese insolvenzrechtlich entsprechend zu behandeln hat (insbesondere in Bezug auf die Einordnung der Forderung, zu dessen Begleichung der Insolvenzschuldner hierdurch verurteilt wurde) (Art. 141 TRLC).

9. Auswirkungen auf Vollstreckungsverfahren

516 Das TRLC differenziert hinsichtlich der Auswirkungen auf Vollstreckungsverfahren, in denen der Schuldner Vollstreckungsschuldner ist, zwischen:
- Vollstreckungen, die auf einer dinglichen Sicherheit beruhen und unmittelbar in den gesicherten Gegenstand, welcher im Eigentum des Insolvenzschuldners steht, vollstreckt wird (dingliche Vollstreckung, → Rn. 521)
- Vollstreckungen, die nicht auf einer dinglichen Sicherheit beruhen und daher in das Gesamtvermögen des Insolvenzschuldners vollstreckt wird (persönliche Vollstreckung, → Rn. 517)

517 Innerhalb der zweitgenannten Gruppe ist weiter zu berücksichtigen, ob die Vollstreckungshandlungen vor oder nach der Eröffnung des Insolvenzverfahrens eingeleitet wurden:
- Nach der Eröffnung des Insolvenzverfahrens können weder gerichtliche noch außergerichtliche Vollstreckungen in die Aktivmasse eingeleitet werden noch welche verwaltungsrechtlicher oder steuerrechtlicher Art (Art. 142 TRLC und Art. 568.1 LEC). Hiervon wird keine Ausnahme zugelassen.
- Unbeschadet der insolvenzrechtlichen Behandlung der entsprechenden Forderungen werden die bereits bei Eröffnung des Insolvenzverfahrens anhängigen Vollstreckungen in die Aktivmasse mit der Eröffnung des Insolvenzverfahrens ausgesetzt (dies sind in der Regel Insolvenzforderungen). Die ab der Eröffnung des Insolvenzverfahrens durchgeführten Vollstreckungshandlungen sind nichtig (Art. 143.1 TRLC).

517.1 Über die Aussetzung ist, von Amts wegen oder auf Antrag hin (normalerweise durch den Schuldner oder den Insolvenzverwalter), ein Beschluss zu erlassen und ein Nachweis über die Eröffnung des Insolvenzverfahrens zu erbringen (ausreichend ist hierbei der noch nicht rechtskräftige Beschluss über die Eröffnung des Insolvenzverfahrens, dessen öffentliche Bekanntmachung im BOE oder im öffentlichen Insolvenzregister). Alternativ kann das Insolvenzgericht auch eine Mitteilung an das Gericht übersenden, das mit dem Vollstreckungsverfahren betraut ist.

517.2 Forderungen, die vollstreckt werden, wandeln sich nicht in streitige (→ Rn. 688), es sei denn es wurde gegen die Vollstreckung Widerspruch eingelegt.

517.3 **Mahnverfahren** und **Wechselprozesse** sind keine Vollstreckungsverfahren, sondern vielmehr Feststellungsverfahren, sodass diese selbst bei Eröffnung des Insolvenzverfahrens nicht ausgesetzt werden. Diese sind fortzuführen, bis sie mittels Beschlusses beendet werden. Wurde die Insolvenz nicht eröffnet, können die Gläubiger auf dieser Grundlage vollstrecken (die Vollstreckung ist ab Eröffnung des Insolvenzverfahrens nicht mehr möglich).

518 Der Grundsatz der Aussetzung der Vollstreckungsverfahren hat zwei Ausnahmen (sog. **Privileg der Einzelvollstreckung**): Verwaltungsverfahren, in denen Pfändungen angeordnet wurden vor Eröffnung des Insolvenzverfahrens und arbeitsrechtliche Vollstreckungen in deren Rahmen Güter des Schuldners der Aktivmasse gepfändet wurden, können auch nach Eröffnung des Insolvenzverfahrens weitergeführt werden, sofern nachgewiesen wird, dass diese Güter nicht zur Fortführung der unternehmerischen oder beruflichen Tätigkeit des Schuldners notwendig sind (Art. 144 TRLC). Das Privileg der Einzelvollstreckung erlischt lediglich durch Genehmigung eines Verwertungsplans, sofern die gepfändeten Gegenstände in diesem Zeitpunkt noch nicht veräußert wurden oder verstrickt sind.

519 Das Privileg der Einzelvollstreckung impliziert, dass der durch die Veräußerung der gepfändeten Gegenstände erzielte Betrag nicht der Aktivmasse zuzuführen ist, sondern zur Befriedigung des öffentlich-rechtlichen oder arbeitsrechtlichen Gläubigers dient. Nur der Überschuss gehört der Aktivmasse. Anders nur, wenn Insolvenzforderungen existieren, die vorrangig zu befriedigen sind (→ Rn. 697) und der Insolvenzverwalter diese Vorrangigkeit im Vollstreckungsverfahren geltend macht. In diesem Fall ist der Betrag bis zur Höhe der Vorrangigkeit der Aktivmasse zuzuführen (Art. 144.2 TRLC).

Internationales Insolvenzrecht – Spanien

Dies stellt einen schwerwiegenden Bruch mit dem Grundsatz „par conditio creditorum" dar, weil der öffentlichen Verwaltung und den Arbeitnehmern hierdurch außerhalb des Insolvenzverfahrens und unabhängig vom Insolvenzvergleich und der Liquidation, eine Befriedigung zugestanden wird. **519.1**

Wird die Vollstreckung ausgesetzt, kann das Insolvenzgericht die **Aufhebung und Löschung von Pfändungen** verfügen, soweit der Insolvenzverwalter dies beantragt und der betroffene Vollstreckungsgläubiger hierzu angehört wird. Dies setzt aber voraus, dass die Aufrechterhaltung der Vollstreckung die Fortführung der gewerblichen oder unternehmerischen Tätigkeit des Schuldners in hohem Maße erschwert. All dies findet im Falle von verwaltungsrechtlichen Pfändungen keine Anwendung (Art. 143.2 TRLC). **520**

Wurde vor der Eröffnung des Insolvenzverfahrens eine verwaltungsrechtliche Pfändung angeordnet und ist der betroffene Gegenstand für die Fortführung der gewerblichen oder unternehmerischen Tätigkeit des Schuldners notwendig, wird das verwaltungsrechtliche Verfahren ausgesetzt und die öffentliche Verwaltung, als Gläubigerin, verliert ihr Privileg der gesonderten Vollstreckung (Art. 144.2 TRLC). Allerdings verbietet Art. 143.2 TRLC die Aufhebung der Pfändung. Um diesen gesetzlichen Widerspruch zu verhindern, der regelmäßig zur Liquidation der in Insolvenz befindlichen Unternehmen führte, das diese ihre unternehmerische Tätigkeit nicht mehr fortführen und auch keinen Insolvenzvergleich erreichen konnten, lässt der Großteil der spanischen Gerichte für Handelssachen eine Aufhebung der verwaltungsrechtlichen Pfändung zu, sofern diese Gegenstände betreffen, die für die Tätigkeit des Schuldners unentbehrlich sind. Andernfalls wäre die Pfändung des Gegenstands sowohl für die Verwaltung wie auch für den Insolvenzschuldner wertlos. **520.1**

10. Auswirkungen auf die Vollstreckung in dingliche Sicherheiten

Während die Auswirkungen der Eröffnung des Insolvenzverfahrens auf die Vollstreckung in persönliche Sicherheiten in den Art. 142–144 TRLC geregelt sind, regeln die Art. 145–151 TRLC die Auswirkungen auf Vollstreckungen in dingliche Sicherheiten (Hypotheken und Pfandrechte). Gleichfalls finden sich in diesen die Auswirkungen über bestimmten Klagen zur Wiedererlangung, die im Folgenden dargestellt werden (Art. 150 TRLC): **521**
- Erneute Besitzverschaffung von Gegenständen deren Kaufpreis unter Eigentumsvorbehalt gestundet wurde, sofern der Vertrag im öffentlichen Register für bewegliches Vermögen eingetragen wurde
- Rückabwicklungen von Immobilienkaufverträgen mangels Zahlung des gestundeten Kaufpreises, unabhängig davon, ob die Konditionen im Grundbuch eingetragen wurden
- Erneute Besitzverschaffung von im Rahmen eines Leasings überlassenen Gegenständen, sofern der Vertrag im Grundbuch oder im öffentlichen Register für bewegliches Vermögen eingetragen wurde oder ein vollstreckbarer Titel vorliegt.

Die anwendbaren Regelungen zeigen den besonderen Schutz, den der Vollstreckungsgläubiger genießt, da er in den meisten Fällen Gläubiger einer besonders vorrangigen Forderung ist (→ Rn. 697). **521.1**

Ebenfalls wird danach unterschieden, ob die Vollstreckung der dinglichen Sicherheit oder die erneute Besitzverschaffung vor oder nach der Eröffnung des Insolvenzverfahrens eingeleitet wurde und ob es sich um einen Gegenstand oder ein Recht handelt, das zur Fortführung der unternehmerischen oder beruflichen Tätigkeit des Schuldners notwendig ist. **522**

Diese Feststellung, ob es sich um ein für die Fortführung der unternehmerischen oder beruflichen Tätigkeit des Schuldners notwendigen Gegenstand handelt, hat das Insolvenzgericht zu treffen, auf Antrag des Gläubigers der dinglich gesicherten Forderung und nach vorheriger Anhörung des Insolvenzverwalters, unabhängig davon, in welcher Phase sich das Insolvenzverfahren befindet (Art. 52.3 und 147.1 TRLC). Die mangelnde Notwendigkeit muss durch das Insolvenzgericht per Beschluss festgestellt werden. **523**

Die vorherige Feststellung der Notwendigkeit verhindert nicht die nachträgliche Abänderung, sofern sich die Umstände geändert haben (zB Einstellung der Tätigkeit des Schuldners) (Art. 147.3 TRLC). **523.1**

Die Aktien oder Anteile an einer Gesellschaft mit besonderem Zweck (zB SPV, also Gesellschaften, deren Unternehmensgegenstand ausschließlich aus dem Halten der für ihre Finanzierung notwendigen Aktiva und Passiva besteht) werden nicht als notwendig angesehen, es sei denn, die Vollstreckung der auf ihnen bestellten Sicherheit ist Änderungs- oder Auflösungsgrund für das Vertragsverhältnis (Art. 147.2 TRLC). **523.2**

Unter Beachtung der vorhergenannten Bestimmungen (Vollstreckungseinleitung vor oder nach Eröffnung des Insolvenzverfahrens und gegebene oder fehlende Notwendigkeit des zu vollstreckenden Gegenstandes), ergeben sich folgende Regelungen, die Anwendung finden, ungeachtet ob es **524**

Internationales Insolvenzrecht – Spanien

sich bei der gesicherten Forderung um eine Insolvenzforderung, eine Forderung gegen die Masse oder keine der beiden Arten (dh sofern der Insolvenzschuldner lediglich Garantiegeber ist, nicht aber Schuldner) handelt:

525   Vollstreckungen in dingliche Sicherheiten und Klagen zur Wiedererlangung, die **nach der Eröffnung des Insolvenzverfahrens** eingeleitet wurden:
- Selbst wenn der Gegenstand oder das Recht als nicht notwendig zur Fortführung der unternehmerischen oder beruflichen Tätigkeit des Schuldners erscheint, kann der Gläubiger ab Eröffnung des Insolvenzverfahrens Vollstreckungshandlungen einleiten. Zuständig ist das ursprünglich zuständige Gericht, nicht aber das Insolvenzgericht (Art. 146 TRLC).
- Ist der Gegenstand oder das Recht notwendig (also wird die mangelnde Notwendigkeit nicht vom Gericht festgestellt), kann die Vollstreckung erst nach Inkrafttreten eines Vergleichs (sofern in diesem nicht das Absehen von der Einzelvollstreckung in diesen Gegenstand oder dieses Recht vorgesehen wurde) oder nach Ablauf eines Jahres ab Eröffnung des Insolvenzverfahrens eingeleitet werden, sofern nicht die Verwertungsphase („Abkühlungsphase") eröffnet wurde (Art. 148.1 TRLC). Zuständig ist das Insolvenzgericht (Art. 52.2 TRLC) unter Beachtung der entsprechenden gerichtlichen und außergerichtlichen Verfahrensregelungen (Art. 148.2 TRLC). Nach Einleitung der Vollstreckung kann diese nicht mehr aus insolvenzrechtlichen Gründen ausgesetzt werden (Art. 148.3 TRLC), insbesondere wegen der Eröffnung der Verwertungsphase.
- In beiden Fällen verliert der Gläubiger sein Recht auf Einzelvollstreckung, sofern die Verwertungsphase eröffnet und die Vollstreckung noch nicht eingeleitet wurde, da der betreffende Gegenstand oder das Recht der Verwertung unterliegen (Art. 149.1 TRLC). Gläubiger, die dagegen bereits vor der Eröffnung der Verwertungsphase Vollstreckungen eingeleitet haben, behalten ihr Recht auf Einzelvollstreckung, sodass diese gemäß der entsprechenden Verfahrensregelungen weitergeführt werden können und nicht der Verwertung unterliegen.

526   Vollstreckungen in dingliche Sicherheiten und Klagen zur Wiedererlangung, die **vor der Eröffnung des Insolvenzverfahrens** eingeleitet wurden:
- Sobald die Zahlungsunfähigkeit des Schuldners bekannt wird, sind Vollstreckungen auszusetzen, unabhängig davon, ob die Eröffnung des Insolvenzverfahrens rechtskräftig ist und eine Verstrickung bekanntgegeben oder bereits durchgeführt wird (Art. 145.2 TRLC und Art. 568.2 LEC).
- Ist der Gegenstand oder das Recht nicht notwendig (und diese mangelnde Notwendigkeit wird durch Beschluss des Insolvenzgerichts nachgewiesen), kann der Gläubiger die Aussetzung aufheben ab Eröffnung des Insolvenzverfahrens. Zuständig ist weiterhin das ursprünglich zuständige Gericht, nicht aber das Insolvenzgericht (Art. 146 TRLC).
- Ist der Gegenstand oder das Recht notwendig (also wird die mangelnde Notwendigkeit nicht vom Gericht festgestellt) ist eine Aufhebung der Aussetzung nur nach Inkrafttreten eines Vergleichs (sofern in diesem nicht das Absehen von der Einzelvollstreckung in diesen Gegenstand oder dieses Recht vorgesehen wurde) möglich oder nach Ablauf eines Jahres nach Eröffnung des Insolvenzverfahrens, ohne dass die Verwertungsphase („Abkühlungsphase") eröffnet wurde (Art. 148.1 TRLC). Zuständig ist dann das Insolvenzgericht, vor dem der Antrag auf Fortführung der Vollstreckung zu stellen ist (Art. 148.2 TRLC). Bei Fortführung der Vollstreckung ist eine Aussetzung aus insolvenzrechtlichen Gründen nicht mehr möglich (Art. 148.3 TRLC).
- Wird die Verwertungsphase eröffnet, ohne dass der Gläubiger die Fortführung der Vollstreckung beantragt hat, wird diese dennoch weitergeführt (Art. 149.2. TRLC). Dies bedeutet, dass der Gläubiger sein Recht auf Einzelvollstreckung behält und die Vollstreckung nicht von der Verwertung betroffen ist.

526.1   Zu beachten ist, dass eine Vollstreckung vor der Eröffnung des Insolvenzverfahrens ausgesetzt werden kann, sofern der Schuldner mitteilt, dass er mit den Gläubigern Verhandlungen aufgenommen hat (→ Rn. 13).

526.2   Richtet sich die Vollstreckung gegen mehrere Schuldner und ist nur einer von ihnen zahlungsunfähig, wird die Vollstreckung gegen die übrigen nicht ausgesetzt (Art. 568.3 LEC).

526.3   Die Vollstreckung kann auch dann ausgesetzt werden, sofern der Insolvenzverwalter unter Anwendung des Art. 430.2 TRLC entscheidet, dass die besonders vorrangigen Forderungen zulasten der Masse befriedigt werden, ohne dass in den gesicherten Gegenstand vollstreckt wird. Bei Nichterfüllung seitens des Insolvenzverwalters kann die Vollstreckung fortgeführt werden (→ Rn. 621).

527   Die Eröffnung des Insolvenzverfahrens hat keine Auswirkung auf die Vollstreckung einer dinglichen Sicherheit, sofern der Insolvenzschuldner **Drittbesitzer** des Gegenstands ist, dh wenn er den Gegenstand nach Bestellung der Sicherheit erworben und die Verpflichtung zur Zahlung der zu sichernden Schuld nicht übernommen hat (Art. 151 TRLC).

Internationales Insolvenzrecht – Spanien

Ist der Insolvenzschuldner allerdings **nicht haftender Hypothekenschuldner** (das bedeutet, dass die Sicherheit auf einem Gegenstand bestellt wurde, der in seinem Eigentum steht, um eine Drittforderung abzusichern, ohne dass er für diese haftet), kommt es zu den gleichen Auswirkungen, als wäre er Schuldner einer zu vollstreckenden Forderung, da die anwendbaren gesetzlichen Regelungen lediglich auf Vollstreckungen in Gegenstände und Rechte der Aktivmasse anwendbar sind und es sich nicht um die Vollstreckung von Insolvenzforderungen oder Forderungen gegen die Masse handeln muss. 528

Ist der Insolvenzschuldner dagegen der Schuldner und der Hypothekengeber ein nicht haftender Dritter, so kann der Gläubiger in die Sicherheit vollstrecken, unabhängig vom Insolvenzverfahren, ohne dass eine Aussetzung vorgenommen wird. Denn in diesem Fall fällt der Gegenstand nicht in die Aktivmasse. Für dieses Vollstreckungsverfahren ist das Insolvenzgericht nicht zuständig. 528.1

11. Auswirkungen auf Forderungen

Die Schulden des Insolvenzschuldners unterteilen sich in Forderungen gegen die Masse und Insolvenzforderungen. Grundsätzlich sind **Forderungen gegen die Masse** (→ Rn. 736) diejenigen, die während des Insolvenzverfahrens entstanden sind, um die unternehmerische Tätigkeit des Schuldners fortzuführen. **Insolvenzforderungen** sind dagegen die Schulden des Gläubigers, die vor Eröffnung des Insolvenzverfahrens entstanden sind. Nur die Insolvenzforderungen gehören zur Passivmasse (→ Rn. 654) (Art. 251.1 TRLC) und nur diese sind von den besonderen Wirkungen betroffen: Aufrechnungsverbot (→ Rn. 530), Aussetzung der Verzinsung (→ Rn. 536), Aussetzung des Zurückbehaltungsrechts (→ Rn. 539) und Verjährungshemmung (→ Rn. 541). 529

a) Aufrechnungsverbot. Grundsätzlich führt die Eröffnung des Insolvenzverfahrens zu einem Aufrechnungsverbot zwischen (Art. 153.2 TRLC): 530
• Insolvenzforderungen und
• Forderungen des Schuldners gegen die Gläubiger der Insolvenzforderung.
Eine Aufrechnung wird **ausnahmsweise** zugelassen: 531
• Wenn die Forderung und die Gegenforderung aus derselben Rechtsbeziehung stammen. 532

Wird das Insolvenzverfahren über das Vermögen eines Mieters eröffnet, kann die Mietkaution zur Deckung von Schäden an der Mietsache oder zur Begleichung der nicht geleisteten Mietzahlungen verwendet werden (SSTS 428/2014 v. 24.7.2014 – 2912/2012). 532.1

• Wenn die Aufrechnungsvoraussetzungen bereits vor Eröffnung des Insolvenzverfahrens bestanden haben, selbst wenn die gerichtliche oder behördliche Entscheidung über die Aufrechnung erst danach ergeht. Die Anmeldung der Forderung durch den Gläubiger hat auf die Aufrechnung grundsätzlich keine Auswirkungen (Art. 153.1 TRLC). 533

Gemäß Art. 1202 CC wirkt die Aufrechnung von Rechts wegen, sofern die Voraussetzungen erfüllt und führt zum Erlöschen der Forderung und der Gegenforderung. Deshalb werden Aufrechnungen vor Eröffnung des Insolvenzverfahrens zugelassen, da in diesen Fall weder die Forderung noch die Gegenforderung im Zeitpunkt der Verfahrenseröffnung existieren. Allerdings kann eine Aufrechnung, die innerhalb einer Frist von zwei Jahren vor der Verfahrenseröffnung stattgefunden hat, mittels insolvenzrechtlicher Anfechtungsklage (→ Rn. 633) angefochten werden. 533.1

Gemäß Art. 1195 CC ist eine Aufrechnung möglich, wenn zwei Personen gegenseitig sowohl Gläubiger als auch Schuldner des jeweils anderen sind. Die Voraussetzungen für eine Aufrechnung ergeben sich aus Art. 1196 CC: (a) jeder muss dem anderen gegenüber Hauptschuldner sein, (b) es muss sich jeweils um Geldforderungen handeln, (c) beide Forderungen müssen fällig, eintreibbar und liquide sein und (d) keine der Forderungen ist mit einem Zurückbehaltungsrecht einer Dritten Partei belegt oder streitbefangen. 533.2

• Wenn die Aufrechnung nach dem für die Forderung des insolventen Schuldners maßgeblichen Rechts zulässig ist (Art. 727 TRLC gem. Art. 9 EuInsVO). 534
Für Streitigkeiten bezüglich der Höhe der von der Aufrechnung betroffenen Forderungen und Gegenforderungen und/oder dem Vorliegen der Aufrechnungsvoraussetzungen ist das insolvenzrechtliche Nebenverfahren statthaft (Art. 153.3 TRLC). 535

b) Aussetzung der Verzinsung. Die Verzinsung der Insolvenzforderungen wird durch die Eröffnung des Insolvenzverfahrens **grundsätzlich** ausgesetzt (Art. 152.1 TRLC). Forderungen gegen die Masse werden weiterhin verzinst, ohne dass die Eröffnung des Insolvenzerfahrens Auswirkungen hätte (diese Zinsen sind dann ebenfalls Forderungen gegen die Masse). 536

Ausnahmen gelten bei (Art. 152.2 TRLC): 537
• Dinglich gesicherten Forderungen, aber nur bis zur Höhe der Sicherheit.

Internationales Insolvenzrecht – Spanien

- Lohnforderungen. In diesem Fall fällt der im Haushaltsgesetz festgelegte Zinssatz an und nicht der besondere Zinssatz, der sich aus Art. 29.3 ET ergibt. Die Zinsforderung gilt als nachrangig (→ Rn. 731).

537.1 Bei Hypothekendarlehen können sich in Bezug auf die Zinsen folgende Sonderfälle ergeben:
- Die vor der Eröffnung des Insolvenzverfahrens aufgelaufenen Zinsen (gewöhnliche und Verzugszinsen) sind besonders vorrangige Forderungen, sofern diese nicht die Höhe der Sicherheit übersteigen. Andernfalls sind sie nachrangige Forderungen.
- Nach Eröffnung des Insolvenzverfahrens sind die Zinsen (nicht Verzugszinsen) bis zur Höhe der Sicherheit besonders vorrangige Forderungen. Sobald die Höhe der Sicherheit erreicht wurde, fallen keine Zinsen mehr an.

538 Wird im Insolvenzverfahren ein **Vergleich** genehmigt ohne Schuldenerlass, kann in diesen die teilweise oder vollständige Zahlung der Zinsen vereinbart werden, die aufgrund der Eröffnung des Insolvenzverfahrens ausgesetzt waren (Art. 320 TRLC). Im Falle der **Verwertung** können diese Zinsen nur dann gezahlt werden, wenn nach vollständiger Begleichung sämtlicher Insolvenzforderungen einschließlich der nachrangigen, noch Mittel vorhanden sind (Art. 440 TRLC).

539 c) **Aussetzung des Zurückbehaltungsrechts.** Die Eröffnung des Insolvenzverfahrens führt zu einer Aussetzung des Zurückbehaltungsrechts in Bezug auf Vermögegenstände und Rechte, die Teil der Aktivmasse sind (Art. 154.1 TRLC). Diese Aussetzung wird mit Beendigung des Insolvenzverfahrens wieder **aufgehoben**. Wurden die Vermögegenstände und Rechte in diesem Zeitpunkt noch nicht veräußert, ist dem Inhaber des Zurückbehaltungsrechts unverzüglich wieder Besitz zu verschaffen, sofern seine Forderung nicht vollständig beglichen wurde (Art. 154.2 TRLC).

540 Bei verwaltungsrechtlichen, arbeitsrechtlichen, steuerrechtlichen und sozialversicherungsrechtlichen Forderungen tritt diese Wirkung **ausnahmsweise** nicht ein (Art. 154.3 TRLC).

541 d) **Hemmung der Verjährung.** Die Eröffnung des Insolvenzverfahrens hemmt die Verjährung von **Klagen gegen den Schuldner wegen vorher entstandener Forderungen** (Art. 155.1 TRLC). Diese Hemmung besteht bis zur Beendigung des Insolvenzverfahrens. In diesem Moment fängt die Verjährungsfrist von vorne an zu laufen (Art. 155.4 TRLC).

541.1 Allerdings wirkt diese Verjährungshemmung nicht gegenüber den Personen, die neben dem Schuldner gesamtschuldnerisch haften, Bürgen oder Garanten des Schuldners (Art. 155.2 TRLC).

542 Die Eröffnung des Insolvenzverfahrens führt auch zur Verjährungshemmung in Bezug auf **Klagen gegen Gesellschafter, Geschäftsführer, Liquidatoren** (und den natürlichen Personen, die eine als Geschäftsführer und Liquidator bestellte juristische Person vertreten) **und Wirtschaftsprüfer** der juristischen Person als Insolvenzschuldner sowie andere Personen, unabhängig von ihrer Bezeichnung, die auf hoher Stufe mit Vollmachten ausgestattet sind, sofern kein geschäftsführender Verwaltungsratsmitglied bestellt wurde (Art. 155.3 TRLC).

543 Schließlich hemmt die Eröffnung des Insolvenzverfahrens auch die Verjährung von **Klagen, die gesetzlich ausgesetzt werden.** Umfasst sind:
- Haftungsklagen gegen die Geschäftsführer für die Schulden der Gesellschaft, wenn diese den gesetzlichen Pflichten im Falle einer Auflösungssituation nicht nachgekommen sind (Art. 136.1.2 TRLC).
- Unmittelbare Klagen des Unterauftragnehmers des Insolvenzschuldners gegen den Auftraggeber, Schuldner des Insolvenzschuldners (Art. 136.1.3 TRLC).

12. Auswirkungen auf zivil- und handelsrechtliche Verträge

544 Die Eröffnung des Insolvenzverfahrens hat Bedeutung für die Gültigkeit von Verträgen, deren Partei der Insolvenzschuldner ist (→ Rn. 545), für die Einordnung der vertraglichen Verpflichtungen des Schuldners als Insolvenzforderung oder Forderung gegen die Masse (→ Rn. 548), für die Möglichkeit der Auflösung der Verträge im Interesse des Insolvenzverfahrens (→ Rn. 550) oder aufgrund von mangelnder Erfüllung (→ Rn. 551) sowie für die Wiederaufnahme von bestimmten Verträgen (→ Rn. 554). Besonderheiten bestehen in Bezug auf arbeitsrechtliche (→ Rn. 558) und verwaltungsrechtliche (→ Rn. 580) Verträge.

545 Als **Grundregel** gilt, dass die Eröffnung des Insolvenzverfahrens die Wirksamkeit von solchen Verträgen nicht beeinträchtigt, bei denen der Insolvenzschuldner Vertragspartei ist, sodass diese kein Grund zur Vertragsauflösung ist. Vertragsklauseln, die ein Recht zur Auflösung oder Aufhebung des Vertrags allein wegen der Eröffnung des Insolvenzverfahrens über das Vermögen einer der Vertragsparteien vorsehen, gelten als nicht in den Vertrag aufgenommen (Art. 156 TRLC).

Internationales Insolvenzrecht – Spanien

Diese Regelung zielt darauf ab, den Insolvenzschuldner, der seiner Pflicht zum Antrag auf Eröffnung **545.1**
des Insolvenzverfahrens nachkommt, nicht zu schädigen. Zudem soll der Abschluss eines Insolvenzvergleichs nicht verhindert werden, was der Fall wäre, wenn die Verträge, die für die Fortführung der unternehmerischen Tätigkeit notwendig sind, aufgelöst werden könnten.

Allerdings findet diese Grundregel keine Anwendung auf: **546**
- Die Möglichkeit der einseitigen Vertragskündigung, sofern dies gesetzlich ausdrücklich geregelt wurde (beispielsweise bei Geschäftsbesorgungsverträgen, Mietverträgen oder Dienstleistungsverträgen) (Art. 159.1 TRLC)
- Die Fälle, in denen das Gesetz die Auflösung von Verträgen in Insolvenzlagen oder in den Fällen der behördlichen Abwicklung einer der Parteien bestimmen oder ausdrücklich zulassen (beispielsweise beim Handelsvertretervertrag) (Art. 159.2 TRLC).

Um die Auswirkungen der Eröffnung des Insolvenzverfahrens auf die Verträge bestimmen zu **547**
können, bedarf es zunächst ihrer Einordnung anhand der folgenden **Kriterien:**
- Einseitig oder gegenseitig: ein Vertrag ist dann gegenseitig oder synallagmatisch, wenn die Leistung, zu der eine der Parteien verpflichtet ist, Ursache oder das Gegenstück der Leistung der anderen Partei ist (zB Kauf- oder Mietverträge).
- Innerhalb der gegenseitigen: Ob zum Zeitpunkt der Eröffnung des Insolvenzverfahrens noch Leistungen zugunsten einer oder beider Parteien geschuldet werden.
- Einmalige Leistungen (zB Kauf) oder Dauerschuldverhältnisse (zB Miete).
- Im Falle einer Nichterfüllung, gleich ob vor oder nach der Eröffnung des Insolvenzverfahrens, kommt es auf den Zeitpunkt der Fälligkeit der nicht erfüllten Leistung an.

Die Einordnung der **vertraglichen Verpflichtungen des Schuldners** findet auf folgende Weise **548**
statt:
- Die vertraglichen Verpflichtungen des Insolvenzschuldners, die im Zeitpunkt der Eröffnung des Insolvenzverfahrens bereits fällig waren, sind stets Insolvenzforderungen.
- Bei einseitigen Verträgen (zB Darlehensverträgen) sind die vertraglichen Verpflichtungen des Insolvenzschuldners immer Insolvenzforderungen, unabhängig davon, ob sie vor oder nach der Eröffnung des Insolvenzverfahrens fällig werden
- Bei gegenseitigen Verträgen, sofern die Gegenpartei im Zeitpunkt der Eröffnung des Insolvenzverfahrens vollständig erfüllt hat, der Schuldner dagegen noch nicht oder noch nicht vollständig (unabhängig, ob die Fälligkeit vor oder nach der Eröffnung des Insolvenzverfahrens eintritt), sind die vertraglichen Verpflichtungen des Schuldners Insolvenzforderungen. Hat dagegen der Insolvenzschuldner bereits vollständig erfüllt, die Gegenpartei allerdings noch nicht, so wird die Forderung des Insolvenzschuldners Teil der Aktivmasse (Art. 157 TRLC).
- Bei gegenseitigen Verträgen, bei denen im Zeitpunkt der Eröffnung des Insolvenzverfahrens weder der Insolvenzschuldner noch die Gegenpartei erfüllt hat, bleiben die Parteien zur Erfüllung verpflichtet. Die Verpflichtungen des Insolvenzschuldners, welche nach der Eröffnung des Insolvenzverfahrens fällig werden, sind Forderungen gegen die Masse (Art. 158 TRLC). Die Forderungen des Insolvenzschuldners werden Teil der Aktivmasse.

Ab der Eröffnung des Insolvenzverfahrens ist eine **Auflösung** solcher gegenseitigen Verträge im **549**
Interesse der Insolvenz (→ Rn. 550) oder wegen Nichterfüllung einer der Parteien (→ Rn. 551) möglich. Die Auflösung muss stets vom **Insolvenzgericht** beschlossen werden, sodass eine außergerichtliche Auflösung nicht möglich ist (selbst in den Fällen, in denen die Auflösung bereits vor Eröffnung des Insolvenzverfahrens mitgeteilt wurde, die andere Partei sich damit aber nicht einverstanden erklärt hat).

Eine Auflösung eines gegenseitigen Vertrags, dessen Partei der Insolvenzschuldner ist, ist dann **550**
möglich, wenn sie im **Interesse des Insolvenzverfahrens** als notwendig oder dienlich erscheint (Art. 165 TRLC). Dies ist der Fall, wenn die Zweckmäßigkeit des Vertrags für das Insolvenzverfahren von untergeordneter Rolle ist angesichts des Wertes der Forderungen gegen die Masse (wie bereits erwähnt sind vom Insolvenzschuldner geschuldeten Vertragsleistungen Forderungen gegen die Masse), die hieraus entstehen, was in der Regel dann der Fall ist, wenn der Insolvenzschuldner seine unternehmerische oder berufliche Tätigkeit eingestellt hat.

Befugt zur Beantragung der Auflösung des Vertrags ist der Insolvenzschuldner, sofern er seine Verfü- **550.1**
gungs- und Verwaltungsbefugnis behalten hat. Andernfalls der Insolvenzverwalter.

Die Vertragsauflösung im Interesse des Insolvenzverfahrens ist vor dem Insolvenzgericht geltend zu **550.2**
machen. Vor Klageeinreichung kann der künftige Kläger einen ersten mündlichen Termin beantragen, zu dem der Schuldner, der Insolvenzverwalter und die Vertragspartei zu laden sind. Der Antrag ist schriftlich zu stellen. Wird während dieses Termins eine Vereinbarung bezüglich der Vertragsauflösung und den Folgen hieraus getroffen, beschließt das Gericht die Auflösung.

550.3 Einigt man sich dagegen nicht, muss der Antragsteller eine Klage zur Einleitung des **insolvenzrechtlichen Nebenverfahrens** beim Insolvenzgericht einreichen (→ Rn. 335). Das Gericht entscheidet dann per Urteil über die Auflösung des Vertrags und die Auswirkungen. Sämtliche Pflichten, die sich aus der Auflösung des Vertrags zulasten des Insolvenzschuldners ergeben, sind **Forderungen gegen die Masse**. Die Auflösung entfaltet keine Rückwirkung.

550.4 Handelt es sich um einen Leasingvertrag, ist der Klage ein Sachverständigengutachten beizufügen über den Wert der verleasten Sache, den das Gericht bei Bestimmung des Schadensersatzes zur Grundlage machen kann.

551 Darüber hinaus ist die Auflösung eines Vertrags, dessen Partei der Insolvenzschuldner ist, in den folgenden Fällen wegen **Nichterfüllung** einer der Parteien möglich:
- Im Falle eines Dauerschuldverhältnisses, wobei die Nichterfüllung vor oder nach Eröffnung des Insolvenzverfahrens liegen kann (Art. 160 TRLC)
- Im Falle eines gegenseitigen Einzelschuldverhältnisses, sofern dieses von beiden Parteien noch nicht erfüllt wurde, wobei die Nichterfüllung einer der Parteien nach Eröffnung des Insolvenzverfahrens liegen muss (Art. 161 TRLC). Tritt die Nichterfüllung vor der Verfahrenseröffnung ein, wandelt sich die Schuld in eine Insolvenzforderung oder eine Forderung der Aktivmasse. Der Vertrag wird aber nicht aufgelöst.

551.1 Nach der Rechtsprechung handelt es sich bei **Leasingverträgen** nicht um Dauerschuldverhältnisse, da der Leasinggeber nur den Erwerb des Gegenstands und die Besitzübertragung an den Leasingnehmer schuldet und sämtliche Verpflichtungen auf diesen überträgt (STS 44/2013 v. 19.2.2013 – 802/2012). Eine Auflösung wegen einer Nichterfüllung durch den Insolvenzschuldner ist daher nicht möglich und die Forderungen des Leasinggebers werden als besonders vorrangige Insolvenzforderungen (→ Rn. 707) behandelt. Dagegen sind **Renting-Verträge** Dauerschuldverhältnisse, da es sich um gewöhnliche Mietverträge handelt. Ob es sich im Einzelfall tatsächlich um ein Dauerschuldverhältnis handelt oder nicht, bedarf der genauen Betrachtung der einzelnen Vertragsklauseln, da die Benennung der Vertragsparteien oftmals fehlerhaft ist.

551.2 Die **Befugnis** zur Vertragsauflösung wegen Nichterfüllung steht der erfüllenden Partei zu. Ist letztere der Insolvenzschuldner, sind die besonderen Prozessregelungen (→ Rn. 497) zu berücksichtigen. Die Auflösung des Vertrags ist im **insolvenzrechtlichen Nebenverfahren** (→ Rn. 335) zu behandeln, für welches das **Insolvenzgericht** zuständig ist (Art. 162 TRLC). Ein stattgebendes **Urteil** entfaltet Rückwirkung zum Zeitpunkt der Nichterfüllung und verurteilt die Parteien zur Rückerstattung und zum Ersatz des entstandenen Schadens.

551.3 Im Falle eines pre-packs (→ Rn. 941) beschließt das Gericht unmittelbar im Beschluss, welcher den Liquidationsplan genehmigt, und ohne ein vorheriges Nebenverfahren die Auflösung der Verträge, die nicht an den Erwerber der Unternehmenseinheit abgetreten werden.

552 Die Auflösung des Vertrags wegen Nichterfüllung führt zum Erlöschen der nicht fälligen Verpflichtungen. Die bereits fälligen Verpflichtungen sowie die Verpflichtung zur Rückerstattung und Ersatz des entstandenen Schadens zulasten des Insolvenzschuldners werden wie folgt eingestuft (Art. 163 TRLC):
- War die Nichterfüllung durch den Insolvenzschuldner bereits vor der Eröffnung des Insolvenzverfahrens gegeben, so handelt es sich um Insolvenzforderungen
- Ist die Nichterfüllung durch den Insolvenzschuldner dagegen erst nach der Eröffnung des Insolvenzverfahrens gegeben, so handelt es sich um Forderungen gegen die Masse.

552.1 Kommt das Gericht, nach entsprechendem Bericht des Insolvenzverwalters zu dem Schluss, dass die Gegenpartei, also der Gläubiger des Insolvenzschuldners die Erfüllung des Vertrags zum Schaden des Insolvenzverfahrens wiederholt **behindert** hat, wird seine Forderung als nachrangig eingestuft (Art. 281.7 TRLC).

553 Selbst im Falle einer vertraglichen Nichterfüllung kann das Gericht verfügen, dass im Interesse des Insolvenzverfahrens der Vertrag nicht aufgelöst wird, sondern vielmehr zu erfüllen ist. Die vom Insolvenzschuldner geschuldeten Leistungen werden dann zu Forderungen gegen die Masse (Art. 164 TRLC).

553.1 Dies kommt in der Regel dann vor, wenn der Insolvenzschuldner ein Dauerschuldverhältnis nicht erfüllt hat (zB einen Stromversorgungsvertrag), eine Auflösung des Vertrags aber hinsichtlich der Fortführung der gewerblichen Tätigkeit des Insolvenzschuldners nicht angezeigt ist.

554 Die Eröffnung des Insolvenzverfahrens erlaubt es dem Insolvenzverwalter Verträge **wiederaufzunehmen**, die vor Verfahrenseröffnung aufgelöst wurden, sofern dies der Fortführung der Tätigkeit des Insolvenzschuldners im Interesse des Insolvenzverfahrens dient. Diese Möglichkeit der

Internationales Insolvenzrecht – Spanien

Wiederaufnahme besteht aber nur bei Kreditverträgen (→ Rn. 555), Ratenzahlungskaufverträge (→ Rn. 556) und Mietverträgen (→ Rn. 557). Dies führt zur Aufhebung der Wirkungen der Auflösung oder der vorgezogenen Fälligkeit, sodass der Vertrag weiterläuft und die Pflichten des Insolvenzschuldners zulasten der Masse (→ Rn. 751) zu erfüllen sind.

Der Insolvenzverwalter kann, auf eigene Initiative hin oder nach Aufforderung durch den Insolvenzschuldner zunächst **Darlehens- und Kreditverträge** (mit Finanzinstituten oder nicht) wiederaufnehmen, bei denen der Insolvenzschuldner Kreditnehmer ist, wenn die vorgezogene Fälligkeit aufgrund von Zahlungsausfall hinsichtlich der Tilgungsrate oder der Zinsen innerhalb von drei Monaten vor der Eröffnung des Insolvenzverfahrens eingetreten ist (Art. 166 TRLC). 555

Voraussetzung für die Wiederaufnahme ist, dass die Forderung fristgerecht angemeldet wird (→ Rn. 664) und der Insolvenzverwalter dem Kreditgeber die Wiederaufnahme anzeigt, alle zum Zeitpunkt der Wiederaufnahme rückständigen Beträge befriedigt oder hinterlegt und die zukünftigen Zahlungen zulasten der Masse übernimmt. Einer richterlichen Zustimmung bedarf es nicht. 555.1

Die Gegenpartei kann die Wiederaufnahme mittels Widerspruchs **außer Kraft setzen,** soweit er die Forderungen bereits vor der Eröffnung des Insolvenzverfahrens gerichtlich gegen den Insolvenzschuldner eingeklagt hat oder gegen einen weiteren Gesamtschuldner oder Garantiegeber. 555.2

Weiter kann der Insolvenzverwalter auf eigene Initiative hin oder nach Aufforderung durch den Insolvenzschuldner **Kaufverträge über bewegliche oder unbewegliche Gegenstände mit kreditiertem oder gestundetem Kaufpreis** wiederaufnehmen, sofern der Insolvenzschuldner Erwerber ist und die Auflösung (wegen Nichterfüllung durch den Insolvenzschuldner) innerhalb der letzten drei Monate vor der Eröffnung des Insolvenzverfahrens stattgefunden hat (Art. 167 TRLC). 556

Voraussetzung für die Wiederaufnahme ist, dass die Forderung fristgerecht angemeldet wird (→ Rn. 664) und der Insolvenzverwalter dem Übertragenden anzeigt, alle zum Zeitpunkt der Wiederaufnahme rückständigen Beträge befriedigt oder hinterlegt und die zukünftigen Zahlungen zulasten der Masse übernimmt (Forderungen gegen die Masse). Einer richterlichen Zustimmung bedarf es nicht. 556.1

Kommt es nach der Wiederaufnahme zu einer **Nichterfüllung** des Vertrags durch den Insolvenzschuldner, kann die Gegenpartei den wiederaufgenommenen Vertrag auflösen. 556.2

Der Übertragende kann die Wiederaufnahme mittels Widerspruch **außer Kraft setzen,** soweit er vor der Eröffnung des Insolvenzverfahrens (a) die Auflösung des Vertrags erklärt oder die Rückgabe des übertragenen Gegenstands verlangt hat oder (b) den Gegenstand wieder in Besitz genommen und dem Insolvenzschuldner die Gegenleistung zurückgezahlt hat oder (c) zugunsten Dritter über den Gegenstand verfügt hat. 556.3

Schließlich kann der Insolvenzverwalter bis zur tatsächlichen Räumung die vor der Eröffnung des Insolvenzverfahrens gegenüber dem Schuldner eingeleitete Räumungsklage entkräften und den **Mietvertrag** wiederaufnehmen, welcher wegen Nichterfüllung durch den Insolvenzschuldner als Mieter aufgelöst wurde (Art. 168 TRLC). 557

Voraussetzung für die Wiederaufnahme ist, dass der Insolvenzverwalter dem Mieter die Entscheidung zur Wiederaufnahme des Vertrags vor der tatsächlichen Räumung zustellt. Zudem muss er sämtliche Zahlungsrückstände in Zusammenhang mit dem Mietverhältnis zulasten der Masse begleichen, einschließlich der Prozesskosten, die durch das Räumungsverfahren angefallen sind. 557.1

Im Falle der Entkräftung der Räumung ist es unerheblich, ob der Mieter die Räumung bereits zuvor entkräftet hat (diese Umstände verhindern außerhalb eines Insolvenzverfahrens die Entkräftung). 557.2

Im Gegensatz zur Fortführung des Vertrags aus Interesse des Insolvenzverfahrens gem. Art. 164 TRLC (→ Rn. 553), was voraussetzt, dass die Auflösung des Vertrags nach der Eröffnung des Insolvenzverfahrens geschieht, setzt die Entkräftung der Räumung nach Art. 168 TRLC die Auflösung nach der Eröffnung des Insolvenzverfahrens voraus. 557.3

13. Auswirkungen auf Arbeitsverträge

Das Insolvenzgericht ist ausschließlich für Kollektivmaßnahmen (wesentliche Änderung der Arbeitsbedingungen, Versetzungen, Kündigungen, Aussetzungen und Arbeitszeitreduzierung) in Bezug auf Arbeitsverträge der Arbeitnehmer des Insolvenzschuldners zuständig (Art. 53 TRLC). Dieses Verfahren ist gemeinhin als insolvenzrechtliches Arbeitsregelungsverfahren bekannt. 558

Außerhalb des **Insolvenzverfahrens** handelt es sich um eine unternehmerische Entscheidung, die der Unternehmer unter Beaufsichtigung durch die entsprechenden arbeitsrechtlichen Behörden trifft, nach entsprechender Konsultierung der Arbeitnehmervertreter. 558.1

Internationales Insolvenzrecht – Spanien

558.2 War im Zeitpunkt der Eröffnung des Insolvenzverfahrens bereits ein **Arbeitsregelungsverfahren** anhängig, ist dies unverzüglich dem Insolvenzgericht mitzuteilen, da dieses von nun an zuständig ist, obgleich sämtliche vorheriger Prozesshandlungen gültig bleiben. Wurde bis zu diesem Zeitpunkt noch keine Vereinbarung mit den Arbeitnehmern, oder von dem Schuldunternehmer keinen Beschluss über das Arbeitsregelungsverfahren getroffen, hat das Insolvenzgericht die beteiligten Parteien (→ Rn. 563) anzuhören und darüber zu entscheiden, ob das Arbeitsregelungsverfahren entsprechend der insolvenzrechtlichen Regelungen weitergeführt wird (Art. 170.1 TRLC).

558.3 Wurde das Arbeitsregelungsverfahren **bereits abgeschlossen** entscheidet das Insolvenzgericht über die Vollstreckung der vereinbarten Maßnahmen (Art. 170.2 TRLC).

558.4 Wurde die unternehmerische Entscheidung über die Maßnahmen vor Eröffnung des Insolvenzverfahrens vor den Arbeitsgerichten **angefochten,** ist dieses Anfechtungsverfahren bis zur Rechtskraft des Beschlusses fortzuführen (Art. 170.3 TRLC).

558.5 In jedem Fall ist die Eröffnung des Insolvenzverfahrens den arbeitsrechtlichen Behörden mitzuteilen (Art. 170.4 TRLC).

559 Nach Eröffnung des Insolvenzverfahrens werden im insolvenzrechtlichen Arbeitsregelungsverfahren (ergänzend zur arbeitsrechtlichen Gesetzgebung) die wesentlichen Änderungen der Arbeitsbedingungen, Versetzungen, Kündigungen, Aussetzungen der Arbeitsverhältnisse und Arbeitszeitreduzierungen behandelt, sofern diese Kollektivmaßnahmen sind und auf wirtschaftlichen, technischen, organisatorischen oder die Produktion betreffenden **Gründen** beruhen (Art. 169 TRLC und Art. 51.1 ET).

- **Wirtschaftliche** Gründe liegen vor, wenn das Unternehmensergebnis eine negative wirtschaftliche Lage widerspiegelt, etwa im Fall von bereits realisierten oder zu erwartenden Verlusten oder bei einem anhaltenden Rückgang der gewöhnlichen Einnahmen oder Umsätze. Von einem anhaltenden Rückgang ist dann auszugehen, wenn während drei aufeinanderfolgender Quartale das Niveau der gewöhnlichen Einnahmen oder des Umsatzes in eines jeden Quartals niedriger ausfällt als das im gleichen Quartal des Vorjahres verzeichnete Niveau.
- **Technische** Gründe sind bei Veränderungen, ua im Bereich der Produktionsmittel oder -instrumente gegeben.
- **Organisatorische** Gründe liegen vor, wenn es Veränderungen gibt, etwa in den Systemen und Arbeitsmethoden des Personals oder in der Produktionsorganisation.
- **Produktionsbedingte** Gründe liegen vor, wenn sich Änderungen etwa bei der Nachfrage nach den Produkten oder Dienstleistungen, die das Unternehmen auf den Markt bringen will, ergeben.

559.1 Basieren die Maßnahmen auf höherer Gewalt, ist das insolvenzrechtliche Arbeitsregelungsverfahren nicht statthaft.

560 Eine Maßnahme hat **kollektiven** Charakter, wenn diese Maßnahmen innerhalb eines Zeitraums von 90 Tagen:
- 10 Arbeitnehmer in Unternehmen mit weniger als 100 Arbeitnehmer betreffen.
- 10 % der Arbeitnehmer in Unternehmen mit 100–300 Arbeitnehmern betreffen.
- 30 Arbeitnehmer in Unternehmen mit mehr als 300 Arbeitnehmern betreffen.

560.1 Nach der Entscheidung des EuGH v. 13.5.2015 (BeckRS 2015, 80638) ist für die Berechnung der Arbeitnehmeranzahl nicht das Gesamtunternehmen heranzuziehen, sondern vielmehr der einzelne Betrieb.

561 Ebenfalls als Massenentlassung gilt die Auflösung der Arbeitsverhältnisse sämtlicher Arbeitnehmer des Unternehmens, sofern mindestens fünf Arbeitnehmer betroffen sind und die Massenentlassung auf der ganz oder teilweisen Einstellung der wirtschaftlichen Tätigkeit des Unternehmens beruht.

562 Liegen die genannten Voraussetzungen nicht vor, kann kein insolvenzrechtliches Arbeitsregelungsverfahren eingeleitet werden. Die Entscheidung liegt dann vielmehr beim Insolvenzschuldner mit Zustimmung des Insolvenzverwalters (sofern er seine Verwaltungs- und Verfügungsbefugnis behält) oder beim Insolvenzverwalter (sofern die Verwaltungs- und Verfügungsbefugnis übergeht).

563 **Befugt** zur Einleitung eines Arbeitsregelungsverfahren sind (Art. 171 TRLC):
- Der Insolvenzschuldner, unabhängig davon, ob er seine Verwaltungs- und Verfügungsbefugnis behält oder verliert
- Der Insolvenzverwalter
- Die Arbeitnehmervertreter (Personalvertreter, Betriebsräte oder Gewerkschaftsvertreter).

Internationales Insolvenzrecht – Spanien

Existieren keine Arbeitnehmervertreter müssen die Arbeitnehmer ein Verhandlungsgremium mit mindestens drei Mitgliedern bestimmen. Tun sie dies nicht, werden diese vom Insolvenzgericht bestimmt, wobei das Gremium aus Gewerkschaftsvertretern und Vertretern der Branche besetzt wird. **563.1**

Der **Antrag** auf Einleitung eines Arbeitsregelungsverfahrens ist nach Vorlage des vorläufigen Berichts des Insolvenzverwalters (→ Rn. 772) zu stellen. Ausnahmsweise kann der Antrag zu jedem Zeitpunkt des Verfahrens nach Einreichung des Antrags auf Eröffnung des Insolvenzverfahrens gestellt werden, wenn nachgewiesen wird, dass eine Verzögerung der Anwendung der beanspruchten kollektiven Maßnahmen den zukünftigen Bestand des Unternehmens erheblich gefährden oder erheblichen Nachteil für die Arbeitnehmer bedeuten könnte (Art. 172 TRLC). **564**

Beantragt der Insolvenzverwalter die vollständige oder teilweise Einstellung der Tätigkeit des Insolvenzschuldners (→ Rn. 599) und führt diese Einstellung zu Kollektivmaßnahmen, muss er zeitgleich den Antrag auf Einleitung des Arbeitsregelungsverfahrens stellen (Art. 114.2 TRLC). **564.1**

Der Antrag muss darlegen, welche kollektiven Maßnahmen geplant sind und welche objektiven Ziele sie verfolgen. Dem Antrag sind die notwendigen Unterlagen beizufügen (Art. 173.1 TRLC). Der Insolvenzverwalter kann eine Überprüfung der Antragsgründe sowie der Richtigkeit der eingereichten Unterlagen vornehmen und hierzu die Mitarbeit des Schuldners und des Gerichts verlangen (Art. 175.1 TRLC). **564.2**

Beschäftigt das Unternehmen mindestens 50 Arbeitnehmer, ist dem Antrag ein Plan beizufügen, der die Folgen der vorgeschlagenen Maßnahmen im Hinblick auf den zukünftigen Bestand des Unternehmens und der Arbeitsplätze behandelt (Art. 173.2 TRLC). **564.3**

Nach Einreichung des Antrags beginnt eine **Konsultationsphase** oder eine Phase der Verhandlung zwischen dem Schuldner, dem Insolvenzverwalter und den Arbeitnehmervertretern. Die Konsultationsphase beträgt maximal 30 Kalendertage, bei Unternehmen mit weniger als 50 Arbeitnehmern nur 15 Tage (Art. 174.1 TRLC). **565**

Das Gericht kann die Konsultationsphase jederzeit durch ein **Schlichtungs- oder Schiedsverfahren** ersetzen, welches in der Branche des Unternehmens durchzuführen ist (sofern dies vom Tarifvertrag vorgesehen ist) und welches innerhalb der genannten Frist durchzuführen ist (Art. 176.2 TRLC). **565.1**

Wenn dem Antrag eine Vereinbarung zwischen dem Insolvenzverwalter und den Arbeitnehmervertretern beigefügt wird, so ist die Konsultationsphase entbehrlich (Art. 176.1 TRLC). **565.2**

Der Insolvenzverwalter und die Arbeitnehmervertreter können beantragen, dass weitere natürliche oder juristische Personen an der Konsultationsphase teilnehmen, sofern diese zusammen mit dem Schuldner eine Unternehmenseinheit bilden (Art. 174.2 TRLC). Hierzu können sie die Mitwirkung des Gerichts zur Feststellung des Vorliegens einer Unternehmenseinheit beantragen und die Vorlage der konsolidierten Wirtschaftsunterlagen oder die Unterlagen bezüglich anderer Unternehmen verlangen (Art. 175.2 TRLC). **565.3**

Während der Konsultationsphase sollen der Schuldner, die Vertreter der Arbeitnehmer und der Insolvenzverwalter mit dem Ziel einer Einigung verhandeln (Art. 174.3 TRLC). Diese **Einigung** bedarf der Zustimmung des Insolvenzverwalters sowie der Mehrheit der Arbeitnehmervertreter (oder des Verhandlungsgremiums), sofern diese die Mehrheit der Arbeitnehmer in dem oder den betroffenen Betrieb(en) repräsentieren (Art. 177.1 TRLC). Umstritten ist, ob auch der Schuldner hieran teilnehmen muss (SG Bilbao Urt. v. 29.1.2009). **566**

Die Einigung muss zwingend die persönlichen Daten der betroffenen Arbeitnehmer enthalten, die Informationen über die vereinbarten Maßnahmen (die nicht zwingend mit den im Antrag genannten übereinstimmen müssen) und Informationen über Abfindungen, die den gesetzlichen Vorgaben entsprechen müssen, obgleich auch höhere Beträge vereinbart werden können (Art. 177.2 TRLC). **567**

Die **Abfindungen** berechnen sich nach dem Gesetz wie folgt: **567.1**
- Bei Massenentlassungen: 20 Tagesgehälter pro Jahr der Betriebszugehörigkeit mit einer Deckelung von 12 Monatsgehältern
- Bei wesentlichen Änderungen der Arbeitsbedingungen (einschließlich einer Arbeitszeitreduzierung), sofern der Arbeitnehmer die Auflösung des Arbeitsverhältnisses verlangt: 20 Tagesgehälter pro Jahr der Betriebszugehörigkeit mit einer Deckelung von neun Monatsgehältern
- Bei einer Versetzung, sofern der Arbeitnehmer die Auflösung des Arbeitsverhältnisses verlangt: 20 Tagesgehälter pro Jahr der Betriebszugehörigkeit mit einer Deckelung von 12 Monatsgehältern
- Bei einer Aussetzung des Arbeitsvertrags ist keine Abfindung vorgesehen

Nach Abschluss der Konsultationsphase mit oder ohne Einigung, teilen die Parteien dem Gericht das Ergebnis mit (Art. 178 TRLC). Das Gericht erbittet anschließend die zuständige **Arbeitsverwaltung um eine Stellungnahme** zu der Vereinbarung oder über die beantragten Maßnahmen, welche innerhalb einer Frist von 15 Tagen zu übermitteln ist (Art. 179 TRLC). **568**

Internationales Insolvenzrecht – Spanien

568.1 Für ihre Stellungnahme kann die zuständige Arbeitsverwaltung vom Insolvenzverwalter und den Arbeitnehmervertretern verlangen, dass diese Schriftsätze einreichen.

569 Nach Erhalt der Stellungnahme oder nach Ablauf der hierfür vorgesehenen Frist entscheidet das Gericht innerhalb von fünf Tagen mittels **Beschlusses** über die vorgeschlagenen Maßnahmen (Art. 180 TRLC).
- Sofern eine Einigung erzielt wurde, wird das Gericht die darin vorgesehenen Maßnahmen genehmigen, es sei denn, bei der Herbeiführung der Einigung liegen Betrug, Vorsatz, Erpressung oder Rechtsmissbrauch vor (Art. 181 TRLC).
- Fehlt es an einer Einigung, entscheidet das Gericht gemäß den arbeitsrechtlichen Vorschriften und nach Anhörung oder schriftlicher Einlassung der Verhandlungspartner über die Maßnahmen (dh ganze oder teilweise Annahme oder Ablehnung der vorgeschlagenen Maßnahmen) (Art. 182 TRLC).

570 Der Beschluss über das Arbeitsregelungsverfahren **wirkt** ab dessen Erlass, unabhängig von seiner Rechtskraft, es sei denn, er sieht hinsichtlich der Wirkung einen anderen Zeitpunkt vor (Art. 183 TRLC).

571 Die **Abfindungsansprüche,** die sich aus dem Arbeitsregelungsverfahren ergeben, gelten als Forderungen gegen die Masse (→ Rn. 748).

571.1 Wird das Arbeitsregelungsverfahren vor der Eröffnung des Insolvenzverfahrens beendet, so handelt es sich um Insolvenzforderungen.

572 Gegen den Beschluss können der Insolvenzverwalter, der Schuldner, die Arbeitnehmervertreter oder FOGASA **recurso de suplicación** beim Obersten Arbeits- und Sozialgericht einlegen. Hiergegen dann die recursos de casación gemäß der Arbeitsgerichtsgesetze einlegen. Keines der Rechtsmittel entfaltet aber aufschiebende Wirkung hinsichtlich des Insolvenzverfahrens oder des insolvenzrechtlichen Nebenverfahrens (Art. 551 TRLC).

573 Dagegen ist gegen den Beschluss, der das Arbeitsregelungsverfahren bestätigt in Bezug auf jeden einzelnen Arbeitnehmer (beispielsweise hinsichtlich der Höhe der Abfindung mangels Einigung) das **insolvenzrechtliche Nebenverfahren** vor dem Insolvenzgericht statthaft (→ Rn. 349). Klagebefugt ist neben dem betreffenden Arbeitnehmer auch FOGASA (Art. 541 TRLC). Gegen das Urteil in diesem Verfahren sind dieselben Rechtsmittel statthaft, die auch gegen den Beschluss im Arbeitsregelungsverfahren statthaft sind (Art. 551 TRLC).

573.1 Die **Klagefrist** beträgt im insolvenzrechtlichen Nebenverfahren einen Monat ab dem Zeitpunkt, in dem der Arbeitnehmer Kenntnis vom Beschluss im Arbeitsregelungsverfahren hatte oder hätte haben müssen; für FOGASA beginnt die Frist ab Zustellung des Beschlusses zu laufen.

574 Für die Durchführung des insolvenzrechtlichen Arbeitsregelungsverfahrens gilt der Grundsatz „vis attractiva" hinsichtlich der einzelnen **Kündigungsschutzprozesse** durch die Arbeitnehmer. Diese können vor dem Arbeitsgericht gegen die Auflösung des Arbeitsverhältnisses klagen mit Anspruch auf die für die unzulässige Kündigung geltenden Abfindungen (33 Tagesgehälter pro Jahr der Betriebszugehörigkeit mit einer Deckelung von 24 Monatsgehältern) im Falle einer schwerwiegenden Vertragsverletzung seitens des Arbeitgebers.

575 Sobald das Arbeitsregelungsverfahren eingeleitet wurde, in dem eine Massenentlassung vorgeschlagen wird, führt dies zur Aufhebung sämtlicher vor den Arbeitsgerichten eingeleiteter Verfahren, die nach Eröffnung des Insolvenzverfahrens eröffnet und in denen bisher kein rechtskräftiges Urteil ergangen ist, das die Auflösung von Arbeitsverhältnissen aus wirtschaftlichen Gründen oder der Zahlungsunfähigkeit des Schuldners zum Gegenstand hatte, bis zum Eintritt der Rechtskraft des insolvenzrechtlichen Arbeitsregelungsverfahrens (Art. 185 TRLC).

575.1 Der Beschluss im Arbeitsregelungsverfahren beendet auch die übrigen Verfahren, mit der Folge, dass die klagenden Arbeitnehmer durch das Arbeitsregelungsverfahren betroffen sind und unter Umständen **Abfindungsansprüche** haben können, die in letztgenanntem Verfahren festgelegt werden und in der Regel niedriger sind als die Ansprüche im Falle einer individuellen Auflösungsklage.

575.2 Die Forderung des Arbeitnehmers als Folge der Auflösung gilt als streitige (→ Rn. 688) Forderung, sofern hierüber nicht im Arbeitsregelungsverfahren entschieden wurde.

576 Sieht die im Rahmen des insolvenzrechtlichen Arbeitsregelungsverfahrens getroffene Maßnahme die **wesentliche Änderung der kollektiven Arbeitsbedingungen** (einschließlich der Arbeitszeitreduzierung) oder die **kollektive Versetzung** vor, haben die betroffenen Arbeitnehmer das Recht, das Arbeitsverhältnis aufzulösen. Allerdings wird dieses Recht während des Insolvenz-

Internationales Insolvenzrecht – Spanien

verfahrens für den Zeitraum von bis zu einem Jahr ab dem Beschluss im Arbeitsregelungsverfahren ausgesetzt (Art. 184 TRLC).

Diese Aussetzung findet allerdings keine Anwendung auf eine kollektive Versetzung, sofern der neue Betrieb in einer anderen spanischen Provinz liegt oder weiter als 60 km vom bisherigen Betrieb bzw. wenn die Hin- und Rückreise mehr als 25 % des Arbeitstags ausmacht. 576.1

Das Insolvenzgericht ist ausschließlich für die **Auflösung oder Aussetzung von Arbeitsverträgen für leitende Angestellte** zuständig (Art. 53 TRLC). 577

Der Insolvenzverwalter kann auf eigene Initiative oder auf Antrag des Schuldners hin, diese Verträge auflösen oder aussetzen (Art. 186.1 TRLC). Der betroffene leitende Angestellte kann diese Entscheidung anfechten mittels insolvenzrechtlichen Nebenverfahrens (→ Rn. 349) (Art. 541 TRLC). Gegen ein Urteil ist der recurso de suplicación statthaft (Art. 551 TRLC). 578

Üblicherweise werden in derartigen Verträgen sehr hohe **Abfindungen** zugunsten des leitenden Angestellten vereinbart, die die in den gesetzlichen Regelungen des Art. 11.1 Königliches Dekret 1382/1985 vorgesehenen Abfindungen weit übersteigen. Nach dem Gesetz beläuft sich die Abfindung auf sieben Tagesgehälter pro Jahr der Betriebszugehörigkeit mit einer Deckelung bei sechs Monatsgehältern. Art. 186.2 TRLC gibt dem Gericht die Möglichkeit, die Abfindung ungeachtet der vertraglichen Regelung anzupassen und die für Massenentlassungen geltenden Regelungen anzuwenden (20 Tagesgehälter pro Jahr der Betriebszugehörigkeit mit der Deckelung bei 12 Monatsgehältern). 578.1

Bei **Aussetzung** des Vertrags kann der Vertrag auf Wunsch des leitenden Angestellten unter Einhaltung einer Anzeigefrist von einem Monat aufgehoben werden, wobei der leitende Angestellte seinen Abfindungsanspruch gemäß der vorherigen Absatzes behält (Art. 187 TRLC). 578.2

In beiden Fällen gilt der Abfindungsanspruch als **Forderung gegen die Masse**. Allerdings kann der Insolvenzverwalter beim Insolvenzgericht die Stundung der Zahlung bis zum Eintritt der Rechtskraft des Urteils über die Einstufung der Insolvenz (→ Rn. 964) (Art. 188 TRLC) beantragen. Stellt sich heraus, dass der leitende Angestellte von der Einteilung der Insolvenz als schuldhaft betroffen ist, verliert er seinen Abfindungsanspruch (→ Rn. 1010). 578.3

Die Änderung der in **Tarifverträgen** geregelten Konditionen kann nur die Bereiche betreffen, in denen diese Änderung nach der Arbeitsgesetzgebung zulässig ist und bedarf in jedem Fall der Zustimmung der Arbeitnehmervertreter (Art. 189 TRLC). 579

14. Auswirkungen auf Verträge mit der öffentlichen Verwaltung

Verträge mit der öffentlichen Verwaltung können verwaltungsrechtlicher oder privatrechtlicher Natur sein. Zu den verwaltungsrechtlichen zählen öffentliche Bauverträge, Konzessionen öffentlicher Arbeiten oder Konzessionen an Versorgungsunternehmen, soweit diese mit der öffentlichen Verwaltung geschlossen werden. Andere mit öffentlichen Einrichtungen geschlossenen Verträge sind dagegen privatrechtlich. 580

Die Auswirkungen der Eröffnung des Insolvenzverfahrens auf die Verträge mit der öffentlichen Verwaltung richten sich nicht nach den Regelungen des Insolvenzgesetzes, sondern nach den speziellen für **öffentliche Verträge** geltenden Gesetze (Art. 190 TRLC). Die Eröffnung des Insolvenzverfahrens ist Auflösungsgrund für den Vertrag. Allerdings kann die Verwaltung auch die Fortführung des Vertragsverhältnisses wählen, sofern dies im öffentlichen Interesse steht und der Vertragspartner eine hinreichende, zusätzliche Sicherheit bestellt (Art. 211.1 lit. b und 212.5 LCSP). 581

Die Auswirkungen der Eröffnung des Insolvenzverfahrens auf **privatrechtliche Verträge**, die mit öffentlichen Behörden geschlossen werden, sind in den Regelungen des Insolvenzgesetzes geregelt (Art. 191 TRLC) (→ Rn. 544). 582

V. Aktivmasse

Während der allgemeinen Phase, dh nach der Eröffnung des Insolvenzverfahrens und vor der Vergleichs- oder Verwertungsphase (unter Umständen auch zeitgleich), wird die **Bestimmung der Aktivmasse** vorgenommen, die vor allem aus der Aufstellung eines Inventars besteht, das dem Bericht des Insolvenzverwalters (→ Rn. 758) beizufügen ist. 583

1. Zusammensetzung der Aktivmasse

In Übereinstimmung mit dem **Gesamtdeckungsprinzip,** setzt sich die Aktivmasse aus sämtlichen Gegenständen und Rechten des Schuldners zusammen, die sich zum Zeitpunkt der Eröffnung 584

Internationales Insolvenzrecht – Spanien

des Insolvenzverfahrens in dessen Vermögen befinden, die diesem wieder hinzugefügt oder bis zum Abschluss des Insolvenzverfahrens erworben werden (Art. 192.1 TRLC). Die Zusammensetzung ist mithin dynamisch, da Güter und Rechte hinzukommen (beispielsweise durch Anfechtungsklagen (→ Rn. 633) oder durch die Geschäftstätigkeit des Schuldners (→ Rn. 595)) oder entfernt werden können (durch Veräußerung von Aktiva, → Rn. 604).

584.1 Inhaber von vorrangigen Forderungen in Bezug auf **Schiffe** und **Flugzeuge** können diese Gegenstände von der Aktivmasse trennen mittels Vollstreckung gemäß der Verfahren, die nach den jeweiligen geltenden Sondervorschriften Anwendung finden. Bleibt nach der Vollstreckung ein Betrag zugunsten des Schuldners übrig, wird dieser der Aktivmasse zugeführt. Die Vollstreckung ist innerhalb einer Frist von einem Jahr ab der Eröffnung des Insolvenzverfahrens zu betreiben, andernfalls ist diese nicht mehr möglich und die Einteilung der Forderungen richtet sich nach den allgemeinen insolvenzrechtlichen Regelungen (Art. 241 TRLC).

585 Nicht Teil der Aktivmasse sind **unpfändbare** Gegenstände und Rechte (Art. 192.2 TRLC). In Bezug auf diese behält der Schuldner seine Verfügungs- und Verwaltungsbefugnis, sodass sie nicht der Kontrolle des Insolvenzverwalters unterliegen. Sie werden auch nicht dem Inventar beigefügt und sind von der Begleichung der Forderungen gegen die Masse oder der Insolvenzforderungen nicht betroffen. Auch spielen sie im Rahmen der Beendigung der Insolvenz mangels Aktivmasse hinsichtlich der Begleichung der Forderungen gegen die Masse (→ Rn. 1043) keine Rolle.

585.1 **Unpfändbar** sind (Art. 605 und 606 LEC):
- Unveräußerliche Güter.
- Nebenrechte, die nicht unabhängig vom Hauptrecht übertragen werden können.
- Nichtvermögensrechtliche Gegenstände.
- Gegenstände, die durch eine gesetzliche Bestimmung oder ein internationales Abkommen ausdrücklich als unpfändbar erklärt wurden.
- Möbel und Haushaltswaren des Vollstreckungsschuldners und seiner Familie, die nicht als überflüssig angesehen werden. Grundsätzlich solche Vermögenswerte wie Lebensmittel, Kraftstoff oder sonstige, die vom Gericht als unerlässlich erachtet werden, damit der Schuldner und seine Familie ein würdiges Leben führen können.
- Die Bücher und Instrumente, die der Schuldner zur Ausübung seines Berufs, der Kunst oder des Handels benötigt, sofern deren Wert nicht in angemessenem Verhältnis zur Schuld steht.
- Heiligtümer und Gegenstände, die der Ausübung einer gesetzlich registrierten Religion dienen.

585.2 Ebenfalls können nicht gepfändet werden **Löhne, Arbeitsentgelte, Rentenzahlungen, Vergütungen** oder ähnliche des Schuldners bis zur Höhe des gesetzlichen Mindestlohns (→ Rn. 713.2) (Art. 607 LEC). Löhne, Arbeitsentgelte, Rentenzahlungen und Vergütungen, die den Mindestlohn übersteigen, werden wie folgt gepfändet:
- Für den ersten übersteigenden Betrag bis zum Doppelten des Mindestlohns, 30 %.
- Für den weiteren übersteigenden Betrag bis zum Dreifachen des Mindestlohns, 50 %.
- Für den weiteren übersteigenden Betrag bis zum Vierfachen des Mindestlohns, 60 %.
- Für den weiteren übersteigenden Betrag bis zum Fünffachen des Mindestlohns, 75 %.
- Für Beträge, die die vorgenannten übersteigen, 90 %.

585.3 Im Hinblick auf Belastungen durch familiäre Pflichten des Schuldners, kann das Gericht eine Herabsetzung zwischen 10–15 % der vorherigen Prozessätze anordnen.

585.4 Zur Berechnung des unpfändbaren Teils werden die **Nettobeträge** herangenommen, nach Abzug der Steuer- und Sozialversicherungsschulden.

585.5 Diese beschränkte Unpfändbarkeit findet ebenfalls auf die Einkünfte einer natürlichen Person aus **beruflicher oder selbstständiger Tätigkeit** Anwendung.

585.6 Wenn der Schuldner Empfänger mehrerer Einkünfte ist, sind diese zu addieren hinsichtlich der Berechnung des unpfändbaren Teils. Gehälter, Löhne, Rentenzahlungen und Entgelte sowie weitere entsprechende Konzepte der Ehegatten sind kumulierbar, sofern die Ehegatten nicht im Güterstand der Gütertrennung leben.

586 Sofern der Schuldner Inhaber (nicht lediglich Berechtigter) eines **Bankkontos** mit Guthaben ist, gehört das gesamte Guthaben zur Aktivmasse, es sei denn, der Insolvenzverwalter erachtet den Gegenbeweis als nicht ausreichend. Diese Entscheidung kann von jedermann im insolvenzrechtlichen Nebenverfahren angegriffen werden (Art. 197 TRLC).

586.1 Diese Regelung findet auch auf Bankkonten im Miteigentum Anwendung, wobei der andere Miteigentümer nicht zwingend der Ehegatte sein muss.

Ist der Schuldner in einer **Gütergemeinschaft** (zB in einer Errungenschaftsgemeinschaft) verheiratet, gehören die im Privateigentum des Schuldners stehenden Vermögenswerte und Rechte zur Aktivmasse wie auch das Gesamtgut, sofern diese der Haftung unterliegen (Art. 193 TRLC). 587

Wird ein im Gemeineigentum stehendes Gesamtgut in die Aktivmasse mit einbezogen, kann der Ehegatte des Schuldners die Auflösung der Gütergemeinschaft beantragen. Das Insolvenzgericht muss dann über die Abwicklung entscheiden, die in Abstimmung mit dem Insolvenzvergleich oder der Verwertung der Aktivmasse zu erfolgen hat. 587.1

Im Falle der Insolvenz eines Ehegatten hat der andere Ehegatte das Recht, das gesamte Vermögen der Aktivmasse zu **erwerben,** das zur Gütergemeinschaft gehört, sofern er die Hälfte des Wertes der Aktivmasse zuführt. Dieser Wert ist der vom Ehegatten des Insolvenzschuldners und dem Insolvenzverwalter vereinbarte Wert oder in Ermangelung dessen der vom Gericht bestimmte Marktwert. Handelt es sich um die gewöhnliche Wohnung der Ehegatten ist dies der Anschaffungswert, angepasst nach dem spezifischen Verbraucherpreisindex für Wohnungen und bis zur Höhe des Marktwertes (Art. 194 TRLC). 588

Art. 195 TRLC begründet die **Vermutung (praesumptio Muciana),** dass Erwerbungen des Ehegatten Schenkungen des anderen Ehegatten sind: sofern der Schuldner im Güterstand der Gütertrennung verheiratet ist, wird, mangels gegenteiligen Beweises, zugunsten der Aktivmasse vermutet, dass er seinem Ehegatten die von ihm für den Erwerb von Vermögenswerten gegen Entgelt gezahlte Gegenleistung geschenkt hat, wenn diese Gegenleistung aus dem Vermögen des Schuldners stammt. Kann die Quelle der Gegenleistung nicht nachgewiesen werden, wird, sofern nicht anders bewiesen, vermutet, dass die Hälfte davon vom Schuldner an seinen Ehegatten geschenkt wurde, sofern die Zahlung der Gegenleistung im Jahr vor der Eröffnung des Insolvenzverfahrens erfolgt ist. Diese Vermutungen gelten nicht, wenn die Ehegatten zum Zeitpunkt der Leistung gerichtlich oder faktisch getrennt sind. 589

Die Vermutungen müssen mittels Anfechtungsklage zur Annullierung der Schenkung angegriffen werden; sofern dieser Klage stattgegeben wird, ist dem Inventar eine Insolvenzforderung gegen den Ehegatten hinzugefügt. 589.1

Diese Vermutungen gelten nicht bei Lebenspartnern, selbst wenn diese eingetragen sind. 589.2

Die von beiden Ehegatten angeschafften Vermögenswerte mit einem sog. **Überlebenspakt** (pacto de sobrevivencia) gelten in der Insolvenz als teilbar, sodass der dem Insolvenzschuldner gehörige Teil in die Aktivmasse aufgenommen wird (Art. 196 TRLC). 590

Nach dem sog. Überlebenspakt, der typisch für das katalanische Ehegattenrecht ist, erwerben die Ehegatten jeweils hälftig einen Vermögenswert unter der Vereinbarung, dass im Falle des Ablebens eines der Ehegatten der jeweils andere das volle Eigentum erwirbt. 590.1

Sofern die **Hauptwohnung** der Ehegatten in die Gütergemeinschaft fällt, hat der Ehegatte des Insolvenzschuldners im Falle einer Abwicklung ein vorrangiges Zuweisungsrecht (Art. 125.3 TRLC). 591

2. Aussonderungsrecht (Minderung der Aktivmasse)

Dritte, die Eigentümer eines identifizierbaren Gegenstands sind, der sich in Besitz des Schuldners befindet und über welches dieser kein Nutzungsrecht, Pfandrecht oder Zurückbehaltungsrecht hat, können vor dem Insolvenzverwalter zur Besitzerlangung ein Aussonderungsrecht geltend machen. Bei Ablehnung ist dies im insolvenzrechtlichen Nebenverfahren geltend zu machen (Art. 239 TRLC). 592

Dies ist der Fall bei gegenwärtigen oder zukünftigen Forderungen, die aus Abtretungen an Zahlung statt oder zahlungshalber vom Schuldner vorgenommen wurden (SSTS 650/2013 v. 6.11.2013 – 1703/2011 und 62/2014 v. 25.2.2014 – 167/2012). 592.1

Der Geltendmachung des Aussonderungsrechts steht nicht entgegen, dass der Gegenstand in das Inventar aufgenommen wurde und dieses nicht durch den vermeintlichen Eigentümer angefochten wurde, da das Inventar rein informativen Charakter hat und keine Eigentümerstellung gegenüber Dritten begründet (STS 563/2010 v. 28.9.2010 – 612/2007). 593

Wurde der Gegenstand durch den Schuldner vor der Eröffnung eines Insolvenzverfahrens an einen Dritten übertragen, gegen den nicht auf Herausgabe geklagt werden kann, kann der Geschädigte wahlweise (Art. 240 TRLC): 593.1

Internationales Insolvenzrecht – Spanien

- die Abtretung des Rechts auf Erhalt der Gegenleistung verlangen, sofern dieser noch aussteht
- beim Insolvenzverwalter eine gewöhnliche Forderung anmelden über den Wert, den der Gegenstand im Zeitpunkt der Übertragung hatte oder zu einem nachträglichen Zeitpunkt, zuzüglich der gesetzlichen Zinsen. Die Frist hierfür beträgt einen Monat ab Eintritt der Rechtskraft des Urteils, das das Aussonderungsrecht ablehnt.

3. Inventar der Aktivmasse

594   Das Inventar gibt den Inhalt und die Bewertung der einzelnen Elemente, aus denen die Aktivmasse besteht, wieder. Es ist Teil des Berichts des Insolvenzverwalters, den der Verwalter am Ende der allgemeinen Phase anzufertigen hat. Auf das Inventar wird im Kapital über den Bericht eingegangen (→ Rn. 761).

4. Fortführung der unternehmerischen oder beruflichen Tätigkeit des Schuldners

595   Grundsätzlich verfolgt das TRLC das Ziel des **Erhalts der unternehmerischen oder beruflichen Tätigkeit des Schuldners** als Mittel zum Zweck des Abschlusses eines Insolvenzvergleichs mit den Gläubigern und zur Verhinderung einer Verwertung. Daher legt Art. 111.1 TRLC fest, dass die Eröffnung des Insolvenzverfahrens die unternehmerische oder berufliche Tätigkeit des Schuldners nicht unterbricht.

596   Allerdings verlangt diese Fortführung die Ausübung von Verwaltungs- und Verfügungshandlungen über die Aktivmasse in Übereinstimmung mit den Befugnissen des Insolvenzverwalters und der Frage, ob der Schuldner seine Verwaltungs- und Verfügungsbefugnis behält oder verliert.

597   Ab der Eröffnung des Insolvenzverfahrens **bis zur Annahme seines Amtes** durch den Insolvenzverwalter kann einige Zeit liegen. Während dieser gilt bereits die hinsichtlich der Verwaltungs- und Verfügungsbefugnis des Schuldners in Bezug auf die Aktivmasse getroffene Regelung. Für diesen Zeitraum legt Art. 111.2 TRLC fest, dass der Schuldner (logischerweise ohne Zustimmung des Insolvenzverwalters, da dieser noch nicht im Amt ist) lediglich solche Verfügungen vornehmen darf, die nach Art und Umfang zur Fortführung seiner Tätigkeit notwendig sind und zu den üblichen Marktkonditionen getroffen werden.

597.1   Die vom Schuldner während dieser Zeit vorgenommenen Verfügungen, die nicht diesen Voraussetzungen entsprechen, können vom Insolvenzverwalter gerichtlich **angegriffen** werden (Art. 109 TRLC und SAP Santa Cruz de Tenerife 389/2012 v. 10.10.2012 – 249/2012).

597.2   Es ist möglich, dass das Insolvenzgericht im Rahmen der Eröffnung des Insolvenzverfahrens (Art. 28.3 TRLC) oder bereits zuvor (Art. 18 TRLC) **einstweilige Maßnahmen** erlassen hat, zum Schutz der Vollständigkeit, des Erhalts oder der Verwaltung der Aktivmasse (beispielsweise durch Verfügungsverbote), bis der Insolvenzverwalter sein Amt annimmt. In so einem Fall wird im Rahmen der einstweiligen Maßnahme bestimmt, wer zur Verwaltung und Verfügung hinsichtlich der Aktivmasse während dieses Zeitraums befugt ist.

598   Ab der Annahme des Amtes durch den Insolvenzverwalter hängt die Fortführung der unternehmerischen oder beruflichen Tätigkeit des Schuldners von der Ausgestaltung der Verwaltungs- und Verfügungsbefugnisse ab:

- **Behält der Schuldner seine Verwaltungs- und Verfügungsbefugnis** wie dies bei der freiwilligen Insolvenz grundsätzlich der Fall ist, bedürfen die Handlungen des Schuldners der Zustimmung des Insolvenzverwalters (Art. 106.1 TRLC). Um einer Behinderung der Fortführung der Tätigkeit des Schuldners entgegenzuwirken, ermächtigt das Gesetz den Insolvenzverwalter dazu, diejenigen Arten von Verfügungen zu bestimmen, die ihrer Art und Umfang nach allgemein genehmigt sind und vom Schuldner sowie seinen Vertreter vorgenommen werden dürfen (Art. 112 TRLC).
- **Geht die Verwaltungs- und Verfügungsbefugnis dagegen auf den Insolvenzverwalter über,** was beim unfreiwilligen Insolvenzverfahren der Fall sein wird, ist es Aufgabe der Insolvenzverwaltung, die notwendigen Maßnahmen zur Fortführung der Tätigkeit des Schuldners zu ergreifen (Art. 113 TRLC), wie etwa die Ernennung eines Leiters (dies kann beispielsweise von einer bevollmächtigten Hilfskraft übernommen werden, → Rn. 393).

599   Die Fortsetzung der Tätigkeit wird dem Interesse der Insolvenz untergeordnet, sodass es Fälle geben kann, in denen dieses Interesse die **vollständige oder teilweise Einstellung der Tätigkeit** rechtfertigt, zB weil es sich um defizitäre Geschäftszweige handelt, dh solche, die keine ausreichenden Erträge zur Deckung der von ihnen verursachten Ausgaben erzielen (Letztere sind Forderungen gegen die Masse, → Rn. 748).

Das Gericht kann auf Antrag des Insolvenzverwalters hin nach Anhörung des Schuldners sowie **600**
der Arbeitnehmervertreter den Beschluss fassen, die Büros, Einrichtungen oder Betriebe des
Schuldners ganz oder teilweise, endgültig oder vorübergehend stillzulegen oder die Tätigkeit des
Schuldners teilweise oder ganz auszusetzen (Art. 114 TRLC).

Eine Stilllegung ist auch dann gerechtfertigt, wenn die Tätigkeit gegen gesetzliche Bestimmungen **600.1**
verstößt (AAP Sevilla 27/2008 v. 31.1.2008 – 5677/2007).

Der Schuldner kann seine Tätigkeit nicht eigenmächtig einstellen, dh ohne die Zustimmung des **600.2**
Gerichts, da dies für die Aktivmasse Kosten verursachen würde (zB Abfindungsansprüche, die Forderungen
gegen die Masse wären, → Rn. 748). Er kann die Einstellung aber erzwingen, indem er die Eröffnung
der Verwertungsphase beantragt (→ Rn. 914).

Nach Einstellung der Tätigkeit entstehen keine weiteren Forderungen gegen die Masse, insbesondere **600.3**
Lohnforderungen (→ Rn. 748) und der Insolvenzverwalter kann die Eröffnung der Verwertungsphase
beantragen (→ Rn. 914).

Die vollständige oder teilweise Einstellung führt zur Beendigung, Änderung oder Aussetzung der beste- **600.4**
henden Arbeitsverträge, weshalb der Insolvenzverwalter bei Gericht den Antrag auf Einleitung eines
Arbeitsregelungsverfahrens (→ Rn. 558) stellen muss.

5. Erhalt der Aktivmasse

Die Verwaltungs- und Verfügungsbefugnis hat sich stets nach dem Grundprinzip des **Erhalts** **601**
zu richten (Art. 204 TRLC). Dieses Prinzip gilt während der allgemeinen Phase und während
der Vergleichsphase bis zur Genehmigung des Vergleichs, nicht aber während der Verwertungsphase, die auf die Verwertung der Aktivmasse abzielt und nicht auf deren Erhalt.

Bei der Bestimmung der Interessen des Insolvenzverfahrens, gibt das Gesetz dem Insolvenzver- **602**
walter einen gewissen **Ermessensspielraum.** Deshalb können seine Entscheidungen in diesem
Bereich nicht Gegenstand einer Beschwerde sein. Klagen, die auf die Anfechtung seiner Verwaltungshandlungen abzielen, sind unzulässig (Art. 532.2 TRLC), unbeschadet einer möglichen Haftung des Insolvenzverwalters.

Bei der Ausübung seiner Verwaltungs- und Verfügungsbefugnis kann der Insolvenzverwalter **603**
die **Hilfe** des Gerichts beantragen (Art. 204 TRLC), etwa durch die Zustellung von Aufforderungen an Dritte oder die Vorladung des Schuldners bei Gericht.

Grundsätzlich bedürfen **Verfügungen oder Belastungen** solcher Gegenstände oder Rechte, **604**
die zur Aktivmasse gehören, der Zustimmung des Insolvenzgerichts (Art. 205 TRLC). Behält der
Schuldner seine Verfügungsbefugnis, bedarf es zudem der Zustimmung des Schuldners selbst.

Diese Regelung findet während der allgemeinen Phase und der Vergleichsphase bis zur Geneh- **605**
migung des Vergleichs Anwendung, sowie im Rahmen der Verwertungsphase bis zur Genehmigung des Verwertungsplans (Art. 205 TRLC).

Das **Genehmigungsverfahren** richtet sich nach Art. 518 TRLC (→ Rn. 352). Es wird durch einen **605.1**
schriftlichen Antrag eingeleitet, in dem die konkrete Verfügungshandlung und die Gründe hierfür anzuführen sind. Innerhalb einer Frist von drei bis zehn Tagen sind die Beteiligten anzuhören und das Gericht
erlässt einen entsprechenden Beschluss, gegen den der recurso de reposición erhoben werden kann.

Die richterliche Genehmigung ist dann zu erteilen, wenn die Verfügungshandlung dazu dient, den **605.2**
Erhalt des Gegenstands zu gewährleisten (wenn der Erhalt sehr schwer oder unmöglich ist, etwa bei leicht
verderblicher Ware) oder seinen Wert (wenn es sich um Vermögenswerte handelt, die schnell an Wert
verlieren) oder ein interessantes Angebot vorliegt. Eine vorgezogene Verwertung kann auf diese Weise aber
nicht erreicht werden.

Eine richterliche Genehmigung ist in folgenden Fällen entbehrlich (Art. 206 TRLC): **606**
- Verfügungen, die als **notwendig** gelten, um (a) die Durchführbarkeit des Unternehmens oder **607**
einer Unternehmenseinheit zu gewährleisten, dh die Fortführung der Tätigkeit oder (b) die
Mittel zu erlangen, die zur Zahlung der notwendigen Ausgaben des Insolvenzverfahrens benötigt
werden.

Der Insolvenzverwalter muss das Gericht nach Vornahme der Verfügungshandlung unverzüglich über **607.1**
die Verfügung in Kenntnis setzen und deren Notwendigkeit darlegen. Die Entscheidung kann angesichts
des Opportunitätsprinzips (→ Rn. 337) nicht angefochten werden.

Behält der Schuldner seine Verfügungsbefugnis, bedarf es der Genehmigung durch den Insolvenzverwal- **607.2**
ter sowie der des Schuldners (→ Rn. 466).

- Verfügungen über **Vermögenswerte, die nicht als notwendig** angesehen werden, um die **608**
Fortführung des Unternehmens zu gewährleisten, sofern ein Angebot abgegeben wird, das im
Wesentlichen mit dem im Inventar angegebenen Wert übereinstimmt.

Internationales Insolvenzrecht – Spanien

608.1 Eine wesentliche Übereinstimmung mit dem Inventarwert wird angenommen, wenn sich das Angebot auf mindestens 90 % des Inventarwerts (→ Rn. 763) beläuft im Falle von Immobilien und auf 80 % bei beweglichem Vermögen.

608.2 Behält der Schuldner seine Verfügungsbefugnis, bedarf es der Genehmigung durch den Insolvenzverwalter sowie der des Schuldners (→ Rn. 466).

608.3 Zudem muss eine Verfügung zugunsten des besten Angebots erfolgen. Erhält der Insolvenzverwalter daher in der allgemeinen Phase ein Angebot hinsichtlich eines Vermögenswertes, welches nicht notwendig ist, muss er dies unverzüglich dem Gericht mitteilen unter Darlegung der Gründe, weshalb der Vermögenswert für die Unternehmensfortführung nicht notwendig ist. Innerhalb einer Frist von zehn Tagen können höhere Angebote abgegeben werden. Sofern kein höheres Angebot eingeht, gilt das ursprüngliche Angebot als angenommen, ohne dass es eines Gerichtsbeschlusses bedarf. Gehen dagegen höhere Angebote ein, kann das Gericht eine Versteigerung zwischen den Angebotsstellern anordnen.

608.4 Ist der Gegenstand dagegen doch als notwendig anzusehen oder entspricht kein Angebot im Wesentlichen dem Inventarwert, so bedarf die Übertragung der richterlichen Zustimmung (→ Rn. 604).

609 • Die Verfügungshandlungen, die zur **Fortführung der beruflichen oder geschäftlichen Tätigkeit** des Schuldners notwendig sind.

609.1 Es handelt sich um Handlungen und Geschäfte, die dem Betrieb oder der Durchführung der Tätigkeit eigen sind und mithin vom Insolvenzverwalter allgemein genehmigt werden können.

609.2 Der Insolvenzverwalter muss das Insolvenzgericht unverzüglich über die Verfügung in Kenntnis setzen und ihre Notwendigkeit darlegen. Die Entscheidung ist nicht anfechtbar (→ Rn. 337).

610 Die Verfügung über Vermögenswerte während der allgemeinen Phase (und während der Vergleichsphase bis zur Genehmigung des Vergleichs) hat folgende **Rechtsfolgen**:
• Der Gegenstand verlässt die Aktivmasse.
• Das Insolvenzgericht ordnet die Löschung sämtlicher vor der Insolvenz bestellter Belastungen (Pfändungen, Hypotheken usw) zur Sicherung der Insolvenzforderungen an. Die Kosten hierfür sind vom Erwerber zu tragen (Art. 225.1 TRLC). Sofern der Insolvenzschuldner nicht der Hauptschuldner ist, wird die Verfügung nicht rückgängig gemacht.

610.1 **Streitbefangene Gegenstände** in der Aktivmasse (also Gegenstände über deren Eigentümerstellung oder Verfügung ein Rechtsstreit anhängig ist) können als Ausnahme zum Verbot des Art. 1291.4 CC veräußert werden, wobei der Erwerber an den Ausgang des Prozesses gebunden ist. Der Insolvenzverwalter muss dem Gericht, bei dem der Rechtsstreit anhängig ist, die Veräußerung mitteilen. Der Erwerber wird dann vom Rechtsnachfolger im Prozess, ohne dass sich die Gegenpartei hiergegen wehren könnte, selbst wenn sich der Erwerber nicht anzeigt (Art. 207 TRLC).

610.2 Der Insolvenzverwalter darf Gegenstände und Rechte nicht persönlich erwerben, sei es im Rahmen einer Versteigerung oder durch Dritte. Bei Verstoß gegen dieses Verbot wird der Verwalter für die Amtsausübung gesperrt und er hat den Gegenstand oder das Recht an die Aktivmasse zurückzuführen, ohne Anspruch auf eine Gegenleistung. Ist der Insolvenzverwalter selbst Insolvenzgläubiger, verliert er seine Forderungen (Art. 208 TRLC).

611 Auf die Übertragung von Vermögenswerten, die **besonderer Vorrangigkeit** unterliegen, finden besondere Regelungen Anwendung (→ Rn. 612), die nachfolgend dargestellt werden.

6. Übertragung von Vermögenswerten und Rechten, die besonderer Vorrangigkeit unterliegen

612 Die Übertragung von Vermögenswerten und Rechten, die einer besonderen Vorrangigkeit unterliegen, ist während der allgemeinen Phase sowie während der Verwertungsphase (und während der Vergleichsphase bis zur Genehmigung des Vergleichs) Spezialregelungen unterworfen, die im Gläubigerinteresse **unabdingbar** sind (sodass sie nicht durch den Verwertungsplan abgeändert werden können). Die nachfolgend dargestellten Regelungen finden auf Einzelübertragungen Anwendung. Werden die betroffenen Vermögenswerte als Teil einer Unternehmenseinheit übertragen, sind hierauf andere Regelungen anzuwenden (→ Rn. 632.1).

613 **Gegenstände oder Rechte, die einer besonderen Vorrangigkeit unterliegen** sind solche, die sich in der Aktivmasse befinden und mit einer Sicherheit belastet sind, die eine besonders vorrangige Forderung absichert (→ Rn. 697). Nicht umfasst sind gepfändete Gegenstände, da die Pfändung im Insolvenzverfahren keine Vorrangigkeit gewährt.

614 Während Gegenstände und Rechte aus der Aktivmasse außerhalb der Verwertungsphase nicht veräußert werden dürfen (mit Ausnahmen in der allgemeinen Phase, → Rn. 604), ist eine Veräußerung von Gegenständen und Rechten, die einer besonderen Vorrangigkeit unterliegen, während

Internationales Insolvenzrecht – Spanien

jeder Phase des Insolvenzverfahrens und sogar außerhalb des Verfahrens (beispielsweise im Rahmen der Einzelvollstreckung einer Hypothek) möglich, sofern diese der Befriedigung besonders vorrangiger Forderungen dient. Auf die Veräußerung im Rahmen eines von Insolvenzverfahren unabhängigen Verfahrens wird an anderer Stelle eingegangen (→ Rn. 521). Die Veräußerung im Rahmen des Insolvenzverfahrens wird nachfolgend behandelt.

Die Veräußerung von Gegenständen und Rechten, die einer besonderen Vorrangigkeit unterliegen, kann **mit oder ohne Bestand der Belastung** erfolgen: **615**
- Grundsätzlich wird der Vermögensgegenstand lastenfrei an den Erwerber übertragen, was bedeutet, dass die Belastung erlischt (Art. 225.1 TRLC). Mit dem durch die Veräußerung erhaltenen Preis, wird die besonders vorrangige Forderung beglichen (ohne Berücksichtigung des Wertes der Sicherheit, der dieser im Inventar zugeordnet wurde; es zählt vielmehr der Wert der zu sichernden Forderung). Reicht der Preis nicht aus, wird der unbezahlte Teil der Forderung seiner Art nach eingestuft (normalerweise als gewöhnliche Forderung, die Zinsen dabei als nachrangige Forderung). Übersteigt der Preis dagegen die Forderung, so wird der überschüssige Teil zur Begleichung der weiteren besonders vorrangigen Forderungen, die in Bezug auf den Gegenstand bestehen verwendet, anschließend zur Begleichung der Forderungen gegen die Masse und schließlich zur Begleichung der restlichen Insolvenzforderungen (Art. 213 TRLC).
- Ausnahmsweise kann ein Gegenstand auch mit Belastung übertragen werden. Dies setzt allerdings die Genehmigung des Gerichts, einen entsprechenden Antrag durch den Insolvenzverwalter und die Anhörung der Beteiligten (Schuldner, Gläubiger besonders vorrangiger Forderungen und übriger Gläubiger) voraus. Behält der Schuldner seine Verwaltungs- und Verfügungsbefugnis, ist auch seine Zustimmung einzuholen. Der Erwerber erhält den Gegenstand mit der Belastung (die nicht gelöscht wird, Art. 225.2 TRLC) und tritt in die Stellung des Gläubigers einer besonders vorrangigen Forderung ein, ohne dass es hierzu der Zustimmung des Gläubigers bedarf. Die Forderung wird dann gänzlich aus der Passivmasse gelöscht. Bei Steuer- oder Sozialversicherungsforderungen ist dies nicht möglich (Art. 212 TRLC).

Grundsätzlich hat die Veräußerung eines Gegenstands oder Rechts, welches einer besonderen **616** Vorrangigkeit unterliegt, im Wege der gerichtlichen oder außergerichtlichen **Versteigerung** stattzufinden (Art. 209 TRLC).

In Spanien können die gerichtlichen und außergerichtlichen Versteigerungen unter der Webseite **616.1** https://subastas.boe.es/ verfolgt werden. Die Laufzeit der Versteigerung beträgt 20 Kalendertage.

Ausnahmsweise ist eine **Abtretung zur Zahlung oder an Zahlung statt** zugunsten des **617** Gläubigers einer besonders vorrangigen Forderung (oder die durch ihn hierfür bestimmte Person) bzw. ein **unmittelbarer Verkauf** möglich.

Der **unmittelbare Verkauf** ist in jeder Phase des Insolvenzverfahrens unter den folgenden **618** Voraussetzungen möglich (Art. 210 TRLC):
- Sofern das Gericht dies auf Antrag des Insolvenzverwalters oder des Gläubigers einer besonders vorrangigen Forderung hin genehmigt.
- Die gerichtliche Genehmigung und die Kondition des unmittelbaren Verkaufs sind auf die gleiche Art wie die Versteigerung zu veröffentlichen (im BOE und im Portal der öffentlichen Justizverwaltung). Geht innerhalb einer Frist von zehn Tagen nach der Veröffentlichung ein besseres Angebot ein, ist ein Ausschreibungsverfahren zwischen den Anbietern anzusetzen. Die Teilnahme setzt die Hinterlegung einer vom Gericht festgelegten Sicherheitsleistung voraus.
- Sofern der gebotene Preis höher ist als der bei der Bestellung der Sicherheit vereinbarte Preis (zB in der Urkunde über die Hypothekenbestellung vereinbarte Schätzwert) und dieser in bar bezahlt wird. Ist der Preis niedriger, sind die Zustimmungen des Schuldners und des Gläubigers der besonderes vorrangigen Forderung erforderlich. In jedem Fall muss der Preis aber gleich oder höher sein als der durch ein offizielles Gutachten ermittelte Marktwert.

Die Bewertung einer Immobilie muss von einem von der Bank von Spanien zugelassenen Unternehmen **618.1** vorgenommen werden. Im Falle von beweglichem Vermögen ist ein entsprechender Sachverständiger heranzuziehen.

Die **Überlassung zur Zahlung oder an Zahlung statt** kann zu jedem Zeitpunkt des Insol- **619** venzverfahrens in den folgenden Fällen durchgeführt werden (Art. 211 TRLC):
- Auf Antrag beim Insolvenzgericht durch den Gläubiger, der Inhaber einer besonders vorrangigen Forderung ist oder auf Antrag des Insolvenzverwalters mit Zustimmung des Gläubigers. Die Überlassung zur Zahlung oder an Zahlung statt setzt (anders als der direkte Verkauf) immer die Zustimmung des Gläubigers voraus, der Inhaber einer besonders vorrangigen Forderung ist.

Internationales Insolvenzrecht – Spanien

- Im Falle einer Überlassung zur Zahlung, erlischt die besonders vorrangige Forderung, unabhängig vom Wert des Vermögensgegenstandes. Liegt ihr Wert allerdings über dem der gesicherten Forderung, schuldet der Gläubiger der Aktivmasse den Überschuss.
- Bei einer Überlassung zur Zahlung muss der nachfolgende Verkauf des Vermögensgegenstandes mindestens zum Marktwert nach offiziellem Wertgutachten realisiert werden. Ein Überschuss ist der Aktivmasse zuzuführen. Reicht der erzielte Betrag nicht zur Begleichung der besonders vorrangigen Forderung aus, wird der ausstehende Teil seiner Art nach eingestuft.

620 Es kann vereinbart werden, dass der Erwerber die durch die Übertragung des Gegenstands angefallenen **Kosten** zu tragen hat (AAP Valencia 681/2017 v. 29.5.2017 – 2978/2016). Gleichfalls kann vereinbart werden, dass er die für den Schuldner anfallende Steuerschuld zu tragen hat (wie zB die Wertzuwachssteuer). Diese Vereinbarung wirkt aber nicht gegenüber der Finanzbehörde und kann dem Erwerber nicht gegen seinen Willen auferlegt werden.

621 Art. 430.2 TRLC gibt dem Insolvenzverwalter die Möglichkeit, die **Veräußerung zu verhindern**, sofern er die Verpflichtung übernimmt, die gesicherte Forderung auf Kosten der Masse zu begleichen. Hierbei hat der Insolvenzverwalter drei Voraussetzungen zu erfüllen:
- Er muss die Entscheidung während der Aussetzung der Vollstreckung treffen.
- Er muss den Gläubiger der besonders vorrangigen Forderungen informieren, selbst wenn dessen Zustimmung entbehrlich ist.
- Er muss unverzüglich sämtliche offenen Tilgungsraten und Zinsen zahlen und die Verpflichtung übernehmen, aufeinanderfolgende Raten als Forderungen gegen die Masse zu bedienen, bis zur Höhe des Wertes der Sicherheit, der in der Gläubigerliste angegeben ist (→ Rn. 699). Bei Nichterfüllung wird diese Option widerrufen und der Gläubiger der besonders vorrangigen Forderung erhält die Befugnis zurück, seine Sicherheit nach den allgemeinen Regelungen zu vollstrecken.

621.1 Diese Vornahme des Insolvenzverwalters setzt nicht zwingend voraus, dass die einer besonderen Vorrangigkeit unterliegenden Gegenstände oder Rechte für die Ausübung der wirtschaftlichen oder beruflichen Tätigkeit des Schuldners notwendig sind.

7. Veräußerung von Unternehmenseinheiten

622 Das TRLC enthält besondere Regelungen für die Veräußerung von **Unternehmenseinheiten**. Als Unternehmenseinheit versteht man die Gesamtheit aller Sach- und Personalressourcen, die zur Ausübung einer wirtschaftlichen Haupt- oder Nebentätigkeit dienen (Art. 200.2 TRLC). Sie umfasst nicht nur Aktiva, sondern auch vertragliche oder administrative Verhältnisse.

622.1 Der Schuldner, der eine wirtschaftliche Tätigkeit ausübt, kann Inhaber einer oder mehrerer Unternehmenseinheiten sein und auch Inhaber von Aktiva, die nicht Teil einer Unternehmenseinheit sind. Die Bestimmung des **Umfangs** der Unternehmenseinheit obliegt grundsätzlich dem Insolvenzverwalter (unbeschadet der Befugnisse der Anbieter, → Rn. 626), der diesen als Anlage zum Inventar beizufügen hat (→ Rn. 760).

623 Die Veräußerung einer Unternehmenseinheit ist in jeder Phase des Insolvenzverfahrens (Art. 215 TRLC) und sogar als Inhalt des Vergleichs möglich (Art. 324 TRLC). Sowohl in der allgemeinen Phase wie auch in der Verwertungsphase finden dieselben Regelungen Anwendung. Diese sind **unabdingbar**.

624 Das **Verfahren** zur Veräußerung einer Unternehmenseinheit ist folgendes:
- Grundsätzlich findet eine gerichtliche oder außergerichtliche **Versteigerung** statt (Art. 215 TRLC).
- Nach richterlicher Zustimmung auf Antrag des Insolvenzverwalters ist auch ein **unmittelbarer Verkauf** oder der Verkauf über ein **spezialisiertes Unternehmen** möglich. Die Zustimmung wird per Beschluss erteilt, gegen den kein Rechtsmittel statthaft ist. Die Kosten für das spezialisierte Unternehmen sind vom Insolvenzverwalter zu tragen (Art. 216 TRLC).

624.1 In beiden Fällen muss das Gericht vorab die Arbeitnehmervertreter anhören und gegebenenfalls ein Arbeitsregelungsverfahren (→ Rn. 558) einleiten, sofern der Verkauf zu einer wesentlichen Änderung der kollektiven Arbeitsbedingungen führt, sprich Versetzungen, Kündigungen, Aussetzung der Arbeitsverträge oder die Arbeitszeitreduzierung (Art. 220 TRLC).

625 Unabhängig vom gewählten Verfahren muss der Insolvenzverwalter folgende Daten festlegen (Art. 217 TRLC):
- Die **Frist** zur Abgabe von Angeboten

Internationales Insolvenzrecht – Spanien

- Die entstandenen **Kosten,** die zulasten der Aktivmasse für die Erhaltung im Betrieb der Unternehmenseinheit anfallen, sowie die vorhersehbaren Kosten bis zur endgültigen Entscheidung. Die Angebotsabgabe ist in der Regel an die Bedingung geknüpft, dass sich die Bieter verpflichten, zur Deckung dieser Kosten einen Vorschuss in bar zu leisten, der als auf Rechnung des Kaufpreises gezahlt gilt. Der Bieter, der den Zuschlag erhält, muss den übrigen Bietern die gezahlten Beträge zurückerstatten.

Hierdurch soll die Geschäftsfähigkeit des Unternehmens gewährleistet werden, während des Verkaufsvorganges der Unternehmenseinheit. Gleichzeitig sollen Angebote verhindert werden, die nur darauf abzielen, die Vergabe zu verhindern. **625.1**

Sowohl im Rahmen der Versteigerung als auch bei einem unmittelbaren Verkauf müssen die **Angebote** folgende Informationen enthalten (Art. 218 TRLC): **626**
- Bezüglich des Angebotsstellers: seine persönlichen Daten sowie Informationen über seine wirtschaftliche Zahlungsfähigkeit und die ihm zur Verfügung stehenden personellen und technischen Ressourcen.
- Den Umfang der zu erwerbenden Unternehmenseinheit und die genaue Bestimmung der im Angebot enthaltenen Gegenstände, Rechte, Verträge und Lizenzen.
- Den Angebotspreis, Zahlungsweisen und angebotene Sicherheiten. Sofern zur Unternehmenseinheit Vermögenswerte gehören, die als besonders vorrangig angesehen werden, ist zwischen dem Angebotspreis mit und ohne Bestehen der Sicherheit zu differenzieren (dh mit und ohne Forderungsübergang auf den Erwerber).
- Folgen für die Arbeitnehmer.

In der Regel wird das höchste Angebot **angenommen.** Allerdings kann das Gericht bei einer Versteigerung auch bestimmen, dass ein niedrigeres Angebot angenommen wird, sofern das höhere Angebot das bevorzugte nicht um mehr als 15 % übersteigt und das Gericht der Auffassung ist, dass das niedrigere Angebot die Fortführung des Unternehmens und der Erhalt von Arbeitsplätzen besser gewährleistet, wie auch eine bessere und schnellere Befriedigung der Forderungen (Art. 219 TRLC). **627**

Die **Auswirkungen** der Veräußerung der Unternehmenseinheit auf den Erwerber stellen sich wie folgt dar: **628**
- Der Erwerber wird zur Vertragspartei sämtlicher Verträge, die der Schuldner zur Fortführung der von der Unternehmenseinheit ausgeübten Tätigkeit geschlossen hatte, ohne dass es hierzu der Zustimmung der anderen Vertragspartei bedarf (Art. 222.1 TRLC). **629**

Die Verträge, in die der Käufer als Zessionar eingetreten ist, werden in der Praxis diejenigen sein, die in dem unterbreiteten Angebot enthalten sind (→ Rn. 626). Ausgeschlossen sind in jedem Fall Verträge, deren Kündigung erklärt wurde (→ Rn. 549) und solche Verträge (mit Ausnahme von Arbeitsverträgen), bei denen der Käufer in seinem Angebot erklärt hat, dass er sie nicht übernehmen will (Art. 223 TRLC). Die Abtretung von Verwaltungsverträgen richtet sich nach den Bestimmungen des Gesetzes über öffentliche Aufträge (Art. 222.2 TRLC). **629.1**

- Verwaltungsrechtliche Lizenzen und Genehmigungen gehen auf den Erwerber über, sofern diese die Fortführung des Unternehmens (bzw. der übertragenen Unternehmenseinheit) betreffen und der Erwerber die Tätigkeit in denselben Anlagen weiterführt (Art. 222.3 TRLC). **630**

Keine Abtretung der verwaltungsrechtlichen Lizenzen und Genehmigungen findet dann statt, wenn sich der Erwerber (im Rahmen der Angebotsabgabe) ausdrücklich gegen eine Abtretung entschieden hat (Art. 223 TRLC). Wie auch bei den Verträgen werden nur die Lizenzen und Genehmigungen abgetreten, die der Erwerber im Rahmen des Angebots für die Unternehmenseinheit benannt hat. **630.1**

- Der Erwerber haftet nicht für die Schulden des Insolvenzschuldners, die vor der Übertragung entstanden sind, gleich ob es sich um Insolvenzforderungen oder Forderungen gegen die Masse handelt, es sei denn (Art. 224 TRLC): (a) der Erwerber hat die Schuld ausdrücklich übernommen, (b) es gibt eine sondergesetzliche Regelung, die Gegenteiliges bestimmt, (c) der Erwerber steht zum Insolvenzschuldner in einem besonderen Verhältnis (→ Rn. 733) oder (d) es handelt sich um Schulden arbeitsrechtlicher oder sozialversicherungsrechtlicher Natur in Bezug auf Arbeitnehmer der Unternehmenseinheit, die vom Erwerber übernommen werden, sofern das Insolvenzgericht einen Betriebsübergang aus arbeitsrechtlicher Sicht anordnet. **631**

Art. 221.1 TRLC bestimmt, dass im Falle einer Veräußerung einer Unternehmenseinheit aus arbeitsrechtlicher- und sozialversicherungsrechtlicher Sicht ein Betriebsübergang vorliegt. Als Folge daraus, haftet der Erwerber für die offenen arbeitsrechtlichen- und sozialversicherungsrechtlichen Schulden. Dennoch **631.1**

Internationales Insolvenzrecht – Spanien

liegt die Zuständigkeit bezüglich der Erklärung des Betriebsübergangs nach Art. 221.2 TRLC beim Insolvenzgericht. Demzufolge kann ein Betriebsübergang auch abgelehnt werden, sofern die arbeitsrechtlichen Voraussetzungen nicht gegeben sind. In diesen Fall können weder die Sozialversicherungsbehörden noch die Arbeitsgerichte einen Betriebsübergang zum Zweck des Haftungsübergangs auf den Erwerber erklären.

632 In Bezug auf **Steuerschulden** findet eine gegenteilige Regelung Anwendung. Der Erwerber der Unternehmenseinheit haftet nicht für offene Steuerschulden (Art. 42.1.c Allgemeines Steuergesetz).

632.1 Sofern zur Unternehmenseinheit **Aktiva gehören, die einer besonderen Vorrangigkeit** (→ Rn. 697) unterliegen, gilt folgendes (Art. 214 TRLC):
- Werden Gegenstände an den Erwerber ohne Bestand einer Sicherheit übertragen (→ Rn. 615), findet ein Pro-rata-Satz Anwendung. Die Gläubiger besonders vorrangiger Forderungen werden nicht vorrangig befriedigt durch den mit der Veräußerung erzielten Kaufpreises, sondern erhalten anteilsmäßig Beträge des Kaufpreises in Höhe ihrer besonders vorrangigen Forderung. Der Rest ist der Aktivmasse zuzuführen. Erhält der Gläubiger einer besonders vorrangigen Forderung weniger als den Wert der Sicherheit (→ Rn. 699), ist eine Veräußerung der Unternehmenseinheit nur dann möglich, wenn die Gläubiger besonders vorrangiger Forderungen ihre Zustimmung geben, die ein Recht zur Einzelvollstreckung haben (→ Rn. 521) und die mindestens 75 % der besonders vorrangigen Forderungen ausmachen, die von der Übertragung betroffen sind und die derselben Kategorie (→ Rn. 696) angehören. Die nicht befriedigte Teil der Forderung ist nach seiner Art einzuordnen.
- Werden die Gegenstände dem Erwerber mit Fortbestand der Sicherheit übertragen, so tritt er in die Stellung des Schuldners ein. Die Zustimmung des Gläubigers der besonders vorrangigen Forderung ist hierzu nicht notwendig. In diesem Fall wird die Forderung aus der Passivmasse gelöscht. Das Gericht muss überprüfen, ob der Erwerber über hinreichende Zahlungsfähigkeit verfügt, um die übertragenen Verpflichtungen übernehmen zu können.

8. Maßnahmen zur Ergänzung der Aktivmasse (Anfechtung wegen Gläubigerbenachteiligung)

633 Das TRLC sieht die **Aufhebungsklage** oder die Klage zur Rückgängigmachung von Verfügungen als ausschließliches Mittel zur Aufhebung von vom Schuldner zulasten der Gläubiger gemachten Verfügungen vor. Die Aufhebungsklage ersetzt allerdings die sonstige **Anfechtungsklage,** welche das spanische Zivilrecht vorsieht, nicht, sodass diese nebeneinander geltend gemacht werden können. Allerdings bringt die Aufhebungsklage einige Vorteile mit sich aufgrund ihrer Voraussetzungen (→ Rn. 634) und der vom Gesetz vorgesehenen Vermutungswirkungen (→ Rn. 639).

633.1 Die Aufhebungsklage und die übrigen Arten der Anfechtungsklage werden gemeinsam als **Maßnahmen zur Rückgängigmachung von Verfügungen** bezeichnet.

634 Zur Einreichung dieser Klage müssen drei **Voraussetzungen** erfüllt sein: eine vermögensrechtliche Verfügung des Schuldners (→ Rn. 635), ein Schaden für die Aktivmasse (→ Rn. 637) und der Zeitpunkt der Verfügungshandlung (→ Rn. 641) (Art. 226 TRLC).

635 Zunächst setzt die Aufhebungsklage voraus, dass eine **vermögensrechtliche Verfügung des Schuldners** gegeben ist. Hierbei kann es sich neben dem Abschluss von Verträgen auch um die Vornahme von Zahlungen (und anderen Arten des Erlöschens von Verpflichtungen, wie etwa die Aufrechnung) oder einseitiger Willenserklärungen handeln (Verzicht, Anerkenntnis, Bestellung von Sicherheiten usw). Ausgenommen sind Handlungen Dritter, die unabhängig vom Willen des Schuldners vorgenommen werden, selbst wenn sie einen Schaden für die Aktivmasse herbeiführen.

636 Nicht Gegenstand der Aufhebungsklage können sein (Art. 230 TRLC):
- Gewöhnliche Handlungen der gewerblichen oder beruflichen Tätigkeit des Schuldners, sofern diese zu den üblichen Konditionen vorgenommen werden
- Handlungen, die besonderen Gesetzen über die Zahlungen, Entschädigung und Verwertung von Werten und Finanzderivaten unterliegen
- Sicherheiten zugunsten öffentlich-rechtlicher Forderungen oder solcher des FOGASA (zB im Rahmen von Stundungen oder Ratenzahlungen)
- Refinanzierungsvereinbarungen, die die gesetzlichen Vorgaben erfüllen, für welche spezielle Anfechtungsregelungen gelten (→ Rn. 56)
- Handlungen, die dem Recht eines anderen Staates als Spanien unterliegen, der eine Anfechtung nicht zulässt (Art. 16 EuInsVO und Art. 730 TRLC).

637 Ferner muss die Handlung für die Aktivmasse einen **Schaden** mit sich bringen. Dies ist dann der Fall, wenn die Handlung zu einer ungerechtfertigten Vermögenseinbuße führt (STS 548/2010 v.

Internationales Insolvenzrecht – Spanien

16.9.2010 – 1924/2006). Der zur Bewertung maßgebliche Zeitpunkt ist dabei der der Vornahme der Handlung und nicht der Eröffnung des Insolvenzverfahrens (STS 662/2010 v. 27.10.2010 – 10/2007). Die Kenntnis des Schadens oder der betrügerischen Absicht ist daher für den Erfolg der Klage unerheblich (nicht aber für die Wirkungen, → Rn. 649).

Zudem ist es auch unerheblich, ob im Zeitpunkt der Vornahme der Handlung hinreichend Aktiva vorhanden waren oder ob die Handlung letztlich nicht zur Zahlungsunfähigkeit geführt hat. 637.1

Die Beweislast für das Vorliegen des Schadens trifft normalerweise die klagende Partei (Art. 229 TRLC). Das Gesetz sieht allerdings zwei Möglichkeiten vor, wie die Beweisführung erleichtert werden kann. 638

Eine Schadensvermutung wird, **ohne die Möglichkeit des Gegenbeweises,** in den folgenden zwei Fällen angenommen (Art. 227 TRLC): 639
- Unentgeltliche Verfügungen mit Ausnahme von kleinen Zuwendungen.
- Zahlungen oder andere Handlungen (wie die Aufrechnung), die zum Erlöschen einer Forderung führen, die nach der Eröffnung des Insolvenzverfahrens fällig wird, es sei denn, es besteht eine dingliche Sicherheit.

Ein Schaden ist, sofern nicht anders bewiesen, in den folgenden drei Fällen zu vermuten (Art. 228 TRLC): 640
- Handlungen zugunsten einer Person, die zu dem Insolvenzschuldner in einem besonderen Verhältnis steht (→ Rn. 733).
- Bestellung von dinglichen Sicherheiten zur Sicherung einer bereits bestehenden Verpflichtung oder als Ersatz für andere bereits bestehende (dingliche oder persönliche) Sicherheiten.
- Zahlungen oder anderen Handlungen (wie die Aufrechnung), die zum Erlöschen einer Forderung mit dinglicher Sicherheit führen, sofern diese erst nach der Eröffnung des Insolvenzverfahrens fällig wird.

Schließlich muss die angegriffene Handlung innerhalb von **zwei Jahren** vor Beschluss der Eröffnung des Insolvenzverfahrens vorgenommen worden sein (Art. 226 TRLC). Die Frist wird von Datum zu Datum berechnet. 641

Die zur Erfüllung des Vergleichs vorgenommenen Verfügungen des Schuldners können nach Eröffnung der Verwertungsphase mittels Anfechtungsklage angegriffen werden, sofern diese in betrügerischer Absicht vorgenommen wurden. Ferner ist in bestimmten Fällen auch ihre Aufhebung möglich (Art. 405 TRLC). 641.1

Zuständig für die Aufhebungsklage ist das Insolvenzgericht (Art. 52.1 TRLC). 642

Aktivlegitimiert ist der Insolvenzverwalter (Art. 231 TRLC). Allerdings können die Gläubiger den Insolvenzverwalter dazu auffordern, die Aufhebungsklage zu erheben unter Hinweis auf die anzufechtende Handlung sowie die entsprechende Rechtsgrundlage. Sofern der Insolvenzverwalter dieser Aufforderung innerhalb einer Frist von zwei Monaten ab Erhalt der Aufforderung nicht nachkommt, sind die auffordernden Gläubiger selbst zur Klage befugt (Art. 232 TRLC). 643

In diesem Fall führen die Gläubiger das Klageverfahren auf eigene Kosten und im Interesse der Aktivmasse. Das Verfahren richtet sich nach Art. 122 TRLC (→ Rn. 504). 643.1

Der Ablauf der Zweimonatsfrist hindert den Insolvenzverwalter nicht an der Klageeinreichung, selbst wenn diese bereits durch die Gläubiger eingereicht wurde (in diesem Fall kommt es zu einer Klagehäufung). 643.2

Sofern der Insolvenzverwalter dem Gericht mitgeteilt hat, dass die Aktivmasse nicht ausreicht, um die Forderungen gegen die Masse zu begleichen, können die Gläubiger ihn auffordern, Maßnahmen zur Ergänzung einzuleiten. In diesem Fall ist bei Gericht ein Geldbetrag zu hinterlegen, der ausreichend sein muss, um die während der Durchführung des Verfahrens anfallenden Forderungen gegen die Masse begleichen zu können (Art. 476 TRLC). 643.3

Passivlegitimiert ist der Schuldner, die Parteien des angefochtenen Rechtsgeschäfts sowie Dritte, an die der betreffende Gegenstand übertragen wurde, sofern diesen durch die Auflösung ein Schaden entstehen soll (Art. 233 TRLC). 644

Das für die Aufhebungsklage geltende **Verfahren** ist das insolvenzrechtliche Nebenverfahren (→ Rn. 335) (Art. 234 TRLC). Gegen das Urteil ist der unmittelbare recurso de apelación statthaft (Art. 237 TRLC). 645

Eine **Frist** für die Erhebung der Aufhebungsklage existiert nicht. Sie kann zu jedem Zeitpunkt des Insolvenzverfahrens eingereicht werden, ab dem Zeitpunkt, zu dem der Insolvenzverwalter sein Amt annimmt, einschließlich während der Verwertungsphase. 646

Die Tatsache, dass der Insolvenzverwalter in seinem Bericht (→ Rn. 764) erklärt, dass Maßnahmen zur Ergänzung nicht vorgenommen werden können, hindert deren nachträgliche Vornahme nicht. 646.1

Internationales Insolvenzrecht – Spanien

647   Wir der Aufhebungsklage stattgegeben, entfaltet diese die folgenden **Wirkungen** (Art. 235 und 236 TRLC):

648 • Das Urteil erklärt die angefochtene Verfügung als nichtig „ex tunc".

649 • Handelt es sich um einen gegenseitigen Vertrag, sind die Parteien verpflichtet, die erhaltenen Leistungen zu erstatten samt Zinsen und Früchten. Dieser Rückerstattungsanspruch stellt grundsätzlich eine Forderung gegen die Masse dar, die nicht bei Fälligkeit zu begleichen ist, sondern im Moment der Rückerstattung des Vermögensgegenstandes oder des Rechts. Ist der Erwerber bösgläubig wird seine Forderung nachrangig.

649.1   Der Erwerber ist bösgläubig, wenn er Kenntnis darüber hat, dass den Gläubigern durch die Verfügung ein Schaden entsteht.

649.2   Wird eine Sicherheit gelöscht und ist der Erwerber bösgläubig, wird seine Forderung nicht nachrangig. Vielmehr erlischt die Sicherheit (STS 629/2012 v. 26.10.2012 – 672/2010).

650 • Handelt es sich um einen einseitig verpflichtenden Vertrag, muss die entsprechende Leistung der Aktivmasse zugeführt werden. Die Forderung des Beklagten wird zu einer Insolvenzforderung. Ist der Beklagte bösgläubig, wird seine Forderung nachrangig.

651 • Wurde ein Vermögensgegenstand vom Schuldner an einen **Dritten** veräußert, der nicht Beklagter ist, gutgläubig war oder sich auf den öffentlichen Glauben eines Registers verlassen hat, besteht ein Anspruch gegen den Veräußerer auf Ersatz des Schadens in Höhe des Wertes des Vermögensgegenstandes zugunsten der Aktivmasse zuzüglich entsprechender Zinsen.

652 • Ist die Vertragspartei des Schuldners bösgläubig, wird diese zum Ersatz des der Aktivmasse entstandenen Schadens **verurteilt**.

653   Art. 238 TRLC eröffnet die Möglichkeit, vom Schuldner vor Eröffnung des Insolvenzverfahrens vorgenommene Verfügungshandlungen **auf andere Weise anzufechten**. Auf diese anderen Anfechtungsarten finden dieselben Regelungen hinsichtlich Zuständigkeit (→ Rn. 642), Aktivlegitimation (→ Rn. 643) und Verfahren (→ Rn. 645) Anwendung, die für die Aufhebungsklage gelten. Sie entfalten allerdings andere Wirkungen. Insbesondere:
• Die Vermutungen der Aufhebungsklage finden keine Anwendung.
• Die Zweijahresfrist gilt nicht, sodass mittels der anderen Anfechtungsarten solche Handlungen des Schuldners angegriffen werden können, die bereits mehr als zwei Jahre vor der Eröffnung des Insolvenzverfahrens vorgenommen wurden, sofern sie nicht erloschen oder verjährt sind.

653.1   Eine von diesen ist die sog. „**acción pauliana**" (Art. 1111 und 1291.3 CC), die darauf abzielt, die Ungültigkeit von Geschäften herbeizuführen, die zum Betrug der Gläubiger abgeschlossen wurden und einer Verjährungsfrist von vier Jahren ab Vornahme der Handlung oder des Geschäftes unterliegt (Art. 1299 CC). Die Ausübung dieser Anfechtungsklage setzt voraus, dass keine anderweitige Befriedigung des Gläubigers möglich ist (Art. 1294 CC). Letztere Voraussetzung gilt mit der Eröffnung des Insolvenzverfahrens des Schuldners als erfüllt (STS 198/2017 v. 23.3.2017 – 2435/2014). Anders als im Falle der Aufhebungsklage reicht hier aber nicht das bloße Vorliegen eines Schadens aus; es bedarf zusätzlich einer betrügerischen Absicht.

653.2   Weiter besteht auch die Möglichkeit der Einreichung einer **Nichtigkeitsklage**, welche keiner Verjährungsfrist unterliegt und dazu dient, solche Geschäfte anzugreifen, die vorsätzlich durch den Schuldner und den Vertragspartner vorgenommen wurden, um die Gläubiger zu täuschen (STS 575/2015 v. 3.11.2015 – 2328/2013), oder um Übertragungen von Vermögenswerten zu fingieren, um zu verhindern, dass die Vermögenswerte zur Erfüllung des Vergleichs oder der Begleichung der Forderungen in der Verwertungsphase verwendet werden können (STS 265/2013 v. 24.4.2013 – 2108/2010).

VI. Passivmasse

654   Die Schulden des Insolvenzschuldners werden in Forderungen gegen die Masse und Insolvenzforderungen eingeteilt. **Forderungen gegen die Masse** (→ Rn. 736) sind im Allgemeinen die vom Schuldner bei der Abwicklung des Insolvenzverfahrens erworbenen Schulden zur Deckung der für die Förderung oder Aufrechterhaltung seiner wirtschaftlichen Tätigkeit notwendigen Aufwendungen, mit einigen gesetzlich vorgesehenen Ausnahmen. **Insolvenzforderungen** hingegen sind alle Schulden des Schuldners, die vor der Eröffnung des Insolvenzverfahrens entstanden sind. Aus objektiver Sicht ist die **Passivmasse** die Gesamtheit der Insolvenzforderungen (vorrangige, gewöhnliche oder nachrangige), die zum Zeitpunkt der Eröffnung des Insolvenzverfahrens bestanden haben, egal ob sie im Verfahren anerkannt wurden oder nicht. Aus subjektiver Sicht dagegen handelt es sich um die Gesamtheit der Insolvenzgläubiger des Schuldners (unabhängig von deren Staatsangehörigkeit oder Sitz), ausgenommen der Forderungen gegen die Masse (Art. 251.1. TRLC).

Internationales Insolvenzrecht – Spanien

Ist der Schuldner im Güterstand der Errungenschaftsgemeinschaft oder in einer anderen Güter- **655**
gemeinschaft verheiratet, fallen auch die Schulden des Ehegatten des Insolvenzschuldners in die
Passivmasse, sofern das im Gemeineigentum stehende Vermögen haftet (Art. 251.2 TRLC).

Während der allgemeinen Phase der Insolvenz, das bedeutet nach der Eröffnung des Insolvenz- **656**
verfahrens aber vor dem Vergleichsverfahren oder dem Verwertungsverfahren (in bestimmten Fällen auch zeitgleich), wird das Verfahren zur **Bestimmung der Passivmasse** durchgeführt, welches die Forderungsanmeldung (→ Rn. 663) sowie die Anerkennung (→ Rn. 673) und Einordnung (→ Rn. 695) der Insolvenzforderungen umfasst.

Da die Forderungen gegen die Masse nicht Teil der Passivmasse sind, findet in Bezug auf diese kein **656.1**
Verfahren zur formellen Anmeldung, Anerkennung und Einordnung statt.

1. Mitteilung der Eröffnung des Insolvenzverfahrens an die Gläubiger

Logische Voraussetzung für die Forderungsanmeldung seitens der Gläubiger ist die Mitteilung **657**
an die Gläubiger über die Eröffnung des Insolvenzverfahrens. Diese Mitteilung kann auf folgende
Weise geschehen:

- Durch einen Auszug des Beschlusses über die Eröffnung des Insolvenzverfahrens im BOE. **658**
Zwingender Inhalt dieser Mitteilung ist, unter anderem: die persönlichen Daten des Insolvenzschuldners, die Daten des für das Insolvenzverfahren zuständigen Gerichts, das Datum der Eröffnung des Insolvenzverfahrens, die Frist zur Forderungsanmeldung und die persönlichen Daten, der Sitz und die E-Mail-Adresse des Insolvenzverwalters (Art. 35.1 TRLC).

   Der BOE wird ausschließlich in elektronischer Form veröffentlich unter https://www.boe.es/. Mittei- **658.1**
lungen über Insolvenzverfahren befinden sich unter Abschnitt IV. Der Inhalt dieses Abschnitts ist unter
folgendem Link abrufbar: https://www.boe.es/buscar/seccion4.php.

- Durch sonstige, vom Gericht festgelegte Veröffentlichungsmedien (Art. 35.2 TRLC). **659**

   Insbesondere kann das Gericht von Amts wegen oder auf Antrag hin den Beschluss erlassen, dass der **659.1**
wesentliche Inhalt des Beschlusses über die Eröffnung des Insolvenzverfahrens in einem anderen Staat als
Spanien veröffentlicht wird, und zwar nach den im jeweiligen Staat für Insolvenzverfahren vorgesehenen
Veröffentlichungsmethoden (Art. 736.1 TRLC).

- Durch die individualisierte Mitteilung der Eröffnung des Insolvenzverfahrens, welche der Insol- **660**
venzverwalter unverzüglich an alle Gläubiger zu richten hat, deren Identität und Sitz in den
Verfahrensunterlagen angegeben sind (Art. 252 TRLC). Diese Mitteilung erfolgt auf elektronischem Wege, sofern die E-Mail-Adresse des Gläubigers bekannt ist. In dieser Mitteilung hat der
Insolvenzverwalter den Gläubiger über die Frist zur Forderungsanmeldung zu informieren.

   Die Mitteilung richtet sich dabei an folgende Gläubiger: **660.1**
- Beim freiwilligen Insolvenzverfahren (dh dem Insolvenzverfahren, das vom Schuldner selbst eingeleitet
wurde) an diejenigen, die vom Schuldner in die Gläubigerliste aufgenommen wurden, welche dem
Insolvenzantrag beizufügen ist
- Beim unfreiwilligen Insolvenzverfahren (dh dem Insolvenzverfahren, das von einer anderen antragsbefugten Person eingeleitet wird) an diejenigen, die der Antragsteller in seinem Antrag benannt hat sowie
diejenigen, die der Schuldner in die Gläubigerliste aufgenommen hat, welche nach der Eröffnung des
Verfahrens einzureichen ist (Art. 28.2 TRLC).

   Andererseits verpflichtet das Gesetz den Insolvenzverwalter nicht, diese Mitteilung auch an die Gläubiger **660.2**
zu übermitteln, die sich aus den Buchhaltungsunterlagen des Schuldners ergeben, unbeschadet der Pflicht,
deren Forderungen anzuerkennen, selbst wenn diese nicht angemeldet werden.

   Diese Mitteilung hat informativen Charakter und ist hinsichtlich des Fristbeginns für die Forderungsan- **660.3**
meldung nicht maßgeblich. Allerdings kann das Unterlassen der Mitteilung zu einer Haftung des Insolvenzverwalters führen, wenn der Gläubiger mangels Kenntnis vom Insolvenzverfahren seine Forderung nicht
fristgemäß anmelden kann.

   Der Insolvenzverwalter muss die Eröffnung des Insolvenzverfahrens sowie die Notwendigkeit der Forde- **660.4**
rungsanmeldung auch dem Staatlichen Finanzamt und der Allgemeinen Sozialversicherungskasse auf elektronischem Wege mitteilen, selbst wenn diese keine Insolvenzgläubiger sind (Art. 253 TRLC) sowie der
Arbeitnehmervertretung (Art. 254 TRLC).

- Durch Veröffentlichung des Beschlusses über die Eröffnung des Insolvenzverfahrens im öffentli- **661**
chen Insolvenzregister (Art. 35.1 TRLC).

   Beim Öffentlichen Insolvenzregister handelt es sich um ein öffentlich zugängliches Register, welches **661.1**
kostenlos unter https://www.publicidadconcursal.es/ eingesehen werden kann.

Internationales Insolvenzrecht – Spanien

662 Das Gesetz stellt für **ausländische Gläubiger** besondere Regelungen auf. Sobald die Eröffnung des Insolvenzverfahrens beschlossen wird, muss der Insolvenzverwalter unverzüglich die Gläubiger über die Verfahrenseröffnung informieren, die ihren gewöhnlichen Aufenthalt, Wohnsitz oder Gesellschaftssitz außerhalb Spaniens haben, sofern diese aus den Büchern und Unterlagen des Schuldners erkennbar sind oder auf andere Weise während des Verfahrens bekannt wurden (Art. 738 TRLC).

662.1 Daher sieht das Gesetz eine Pflicht zur individualisierten Mitteilung nicht nur an solche Gläubiger vor, die während des Verfahrens erfasst wurden, sondern auch an alle anderen, die sich aus den Unterlagen des Schuldners ergeben (dh an die bekannten Gläubiger: Art. 54 Abs. 1 EuInsVO).

662.2 Folgende Informationen sind dabei an ausländische Gläubiger zu übermitteln (Art. 738.2 TRLC und Art. 54 Abs. 2 EuInsVO):
- Verfahrensdaten (Zuständiges Gericht, einschließlich der Adresse und der Aktennummer)
- Datum des Beschlusses über die Eröffnung des Insolvenzverfahrens
- Mitteilung darüber, ob es sich um ein Hauptverfahren oder ein Sekundärverfahren handelt
- Die persönlichen Daten des Schuldners
- Die Auswirkungen auf die Verwaltungs- und Verfügungsbefugnis des Schuldners über die Aktivmasse
- Die Aufforderung an die Gläubiger, ihre Forderungen anzumelden und die Mitteilung über die Form und die entsprechende Frist hierzu. Mitteilung darüber, an wen die Forderungsanmeldung zu richten ist (dh den Insolvenzverwalter). Die Strafen bei Nichteinhaltung
- Die Mitteilung darüber, ob die Gläubiger vorrangige Forderungen vor ihre Forderungen anzumelden haben
- Kopie des Standardformulars zur Forderungsanmeldung (→ Rn. 670.1) oder den Hinweis darüber, wo dies erhältlich ist.

662.3 Zur individualisierten Mitteilung ist das spanischsprachige Standardformular zu verwenden, welches über das Europäische Justizportal (https://e-justice.europa.eu/content_insolvency-474-de.do?init=true) abgerufen werden kann und die Überschrift „Mitteilung über ein Insolvenzverfahren" trägt (Art. 54 Abs. 3 EuInsVO).

662.4 In der Regel ist jedem Gläubiger eine schriftliche Mitteilung zu übermitteln, es sei denn, das Gericht hält, angesichts der Umstände des konkreten Falles, eine andere Form für angemessen. Ist die E-Mail-Adresse des Gläubigers bekannt, muss die Mitteilung an eben diese gerichtet werden. Die Mitteilung muss auf Spanisch erfolgen oder einer anderen in Spanien zugelassenen Amtssprache. Allerdings muss die Überschrift „Aufforderung zur Anmeldung von Ansprüchen. Geltende Fristen" auch in englischer und französischer Sprache gehalten sein (Art. 740.1 TRLC).

2. Forderungsanmeldung durch den Gläubiger

663 Mittels Forderungsanmeldung setzt der Insolvenzgläubiger den Insolvenzverwalter darüber in Kenntnis, dass er Inhaber einer Forderung gegen den Schuldner ist und beantragt die Anerkennung dieser Forderung.

664 Die Forderungsanmeldung hat innerhalb einer **Frist** von einem Monat ab Veröffentlichung der Eröffnung des Insolvenzverfahrens im BOE zu erfolgen (Art. 28.1.5 TRLC). Eine Fristverlängerung ist ausgeschlossen.

664.1 Für die Fristberechnung ist es unerheblich, ob der Insolvenzverwalter den Gläubiger über die Existenz des Insolvenzverfahrens informiert hat oder nicht.

664.2 Es handelt sich bei der Monatsfrist um eine verfahrensrechtliche Frist, die von Datum zu Datum gezählt wird, sodass sie am selben numerischen Tag des Monats wie die Veröffentlichung der Eröffnung des Insolvenzverfahrens im BOE endet. Wenn es im Fälligkeitsmonat keinen Tag gibt, der dem ersten Tag der Berechnung entspricht, gilt, dass die Laufzeit am letzten Tag des Monats abläuft. Fällt das Fristende auf einen Samstag, Sonntag oder einen Feiertag, gilt die Frist automatisch als bis zum nächsten Werktag verlängert.

665 Bei ausländischen Gläubigern muss die Frist mindestens 30 Tage betragen. Diese Frist beginnt ab Veröffentlichung der Eröffnung des Insolvenzverfahrens im Öffentlichen Insolvenzregister (Art. 55 Abs. 6 EuInsVO).

666 Die **Folge einer nicht fristgemäßen Anmeldung** ist grundsätzlich die Einordnung der Forderung als nachrangig, es sei denn, es handelt sich um zwangsläufig anerkannte Forderungen (Art. 281.1.1 TRLC) oder der Gläubiger weist nach, dass er keine Kenntnis von der Existenz der Forderung vor Ablauf der Frist zur Anfechtung der vorläufigen Gläubigerliste hatte (Art. 268.2 TRLC).

666.1 Nach Ablauf der Frist sind Forderungsanmeldungen bis zur Einreichung des Abschlussberichts des Insolvenzverwalters möglich (Art. 268 TRLC).

Internationales Insolvenzrecht – Spanien

Zur Forderungsanmeldung **befugt** sind (Art. 257.1 TRLC): 667
- Der Gläubiger
- Sonstige Personen mit berechtigtem Interesse
- Die Vertreter der beiden genannten, der seine Vertretungsbefugnis nachzuweisen hat.

Im Rahmen der Forderungsanmeldung besteht kein **Anwaltszwang**. 668

Die Forderungsanmeldung hat **schriftlich** zu erfolgen und ist **an den Insolvenzverwalter** zu 669
richten, unter Verwendung einer der folgenden **Mittel** (Art. 257 TRLC):
- Persönlich an der für diesen Zweck vom Insolvenzverwalter festgelegten Adresse
- Mittels Schreiben an diese Adresse
- Mittels E-Mail an die Adresse, welche der Insolvenzverwalter für diesen Zweck mitgeteilt hat.

Demzufolge sind Anmeldungen, die an das Gericht übersendet werden, ungültig. 669.1

Die Forderungsanmeldung kann auch nach Fristablauf durchgeführt werden, mittels Anfechtung der 669.2
Gläubigerliste innerhalb der hierfür geltenden Frist (→ Rn. 777).

Sofern der Gläubiger eine Forderung gegen mehrere, gesamthänderisch haftende Schuldner hat und 669.3
das Insolvenzverfahren über das Vermögen mehrerer Schuldner eröffnet wurde, kann der Gläubiger seine
Forderung in lediglich einem dieser Insolvenzverfahren anmelden. Er muss dann aber mitteilen, ob er die
Forderung auch im Rahmen der übrigen Insolvenzverfahren angemeldet hat oder vorhat dies zu tun. In
diesem Fall müsste er Kopien sämtlicher eingereichter und erhaltener Schreiben übermitteln (Art. 258
TRLC).

Der Gläubiger kann seine Forderung in einem Hauptverfahren oder einem Sekundärverfahren in 669.4
Spanien anmelden, unabhängig davon, ob er die Forderung auch im Rahmen eines anhängigen Insolvenzverfahrens in Ausland angemeldet hat (Art. 739.2 TRLC).

Das Schreiben zur Anmeldung der Forderung muss folgende **Information** enthalten (Art. 256 670
TRLC):
- In Bezug auf den Gläubiger: Name, Wohnsitz und weitere Daten, die eine Identifikation erlauben sowie eine Postanschrift oder E-Mail-Adresse, an die der Insolvenzverwalter Mitteilungen
  übersenden kann (wobei Mitteilungen an die E-Mail-Adresse volle Wirksamkeit entfalten).
- In Bezug auf die Forderung: Art, Höhe, Datum des Entstehens der Forderung, Fälligkeitsdatum,
  Besonderheiten und vorgeschlagene Einordnung der Forderung. Sofern die Forderung als besonders vorrangig eingeordnet werden soll, ist mitzuteilen, in Bezug auf welche Güter oder Rechte
  der Aktivmasse diese Forderung besteht, samt der entsprechenden Registerdaten.

Forderungsanmeldungen von ausländischen Gläubigern müssen die in Art. 55 Abs. 2 EuInsVO erwähn- 670.1
ten Daten enthalten, wobei hierzu das Standardformular des Europäischen Justizportals verwendet werden
kann, welches unter https://e-justice.europa.eu/content_insolvency-474-de.do?init=true abrufbar ist und
die Überschrift „Forderungsanmeldung" trägt.

Der Forderungsanmeldung sind Kopien (oder elektronische Kopien) des Titels oder der Doku- 671
mente **beizufügen,** die die Forderung rechtfertigen (Art. 256.3 TRLC). Der Insolvenzverwalter
kann vom Gläubiger die Originale sowie beglaubigte Abschriften der übermittelten Unterlagen
fordern, es sei denn, diese sind in öffentlichen Registern einsehbar. Ferner kann er auch weitere
Unterlagen zum Nachweis verlangen, sofern er diese für die Anerkennung der Forderung als
notwendig erachtet (Art. 256.4 TRLC).

Grundsätzlich ist die Forderungsanmeldung in spanischer **Sprache** einzureichen oder in jeder 672
anderen Sprache, die am Gerichtsstandort als Amtssprache anerkannt ist. Ausländische Gläubiger
können die Forderungsanmeldung auch in einer anderen Sprache einreichen. Der Insolvenzverwalter kann allerdings nachträglich eine Übersetzung ins Spanische verlangen (Art. 740.2 TRLC).

Die Norm ist flexibler als die des Art. 55 Abs. 5 EuInsVO, nach der die Forderungsanmeldung zwingend 672.1
in einer Amtssprache der Europäischen Union einzureichen ist.

3. Anerkennung der Insolvenzforderung

Die Anerkennung der Insolvenzforderung ist Aufgabe des **Insolvenzverwalters,** wobei seine 673
Entscheidung vor dem Insolvenzgericht mittels Anfechtung der Gläubigerliste angegriffen werden
kann (Art. 259.1 TRLC).

Die **Forderungen,** über die der Insolvenzverwalter eine Entscheidung hinsichtlich ihrer Aner- 674
kennung oder Nichtanerkennung zu treffen hat, sind die folgenden (Art. 259.2 TRLC):
- Forderungen, die ausdrücklich angemeldet wurden
- Forderungen, die sich aus den Büchern und Unterlagen des Schuldners ergeben
- Sonstige Forderungen, die auf andere Weise während des Insolvenzverfahrens bekannt werden.

Internationales Insolvenzrecht – Spanien

675 Zudem existieren **Forderungen, die zwingend anzuerkennen sind**. Dies sind Forderungen, die der Insolvenzverwalter ohne die Möglichkeit, ihre Existenz oder Höhe in Frage stellen zu können, zwingend anzuerkennen hat, unabhängig davon, ob sie angemeldet wurden (Art. 260.1 TRLC):

676 • Forderungen, die durch eine Gerichtsentscheidung oder einen Schiedsspruch anerkannt wurden, unabhängig davon, ob bereits Rechtskraft eingetreten ist.

677 • Forderungen, über die ein vollstreckbarer Titel besteht.

677.1 Wechselzertifikate stellen keine vollstreckbaren Titel dar (Wechselscheine, Schuldscheine und Schecks).

678 • Forderungen, die durch Verwaltungsbeschluss anerkannt wurden.

679 • Forderungen, die mit einer dinglichen Sicherheit in einem öffentlichen Register abgesichert wurden.

680 • Forderungen von Arbeitnehmern, deren Existenz und Höhe sich aus den Büchern und Unterlagen des Schuldners ergeben oder die auf andere Weise während des Insolvenzverfahrens bekannt werden.

680.1 Dennoch kann der Insolvenzverwalter diese Forderungen anfechten, sobald sie anerkannt wurden, mittels der Einleitung eines ordentlichen Verfahrens und innerhalb der Frist zur Erstellung seines Abschlussberichts (Art. 260.2 TRLC). Dies gilt bei:
• Schiedsvereinbarungen oder Schiedsverfahren, im Falle von Betrug.
• Das Bestehen und die Zulässigkeit von Forderungen, über die ein vollstreckbarer Titel besteht oder die mittels dinglicher Sicherheiten abgesichert sind.
• Verwaltungsakte mittels der in den Verwaltungsvorschriften vorgesehenen Wege.

681 Der Insolvenzverwalter muss eine **individualisierte** Entscheidung treffen hinsichtlich jeder einzelnen angegebenen Forderung. Diese Entscheidung führt zur Einbeziehung oder Nichteinbeziehung in die **Gläubigerliste,** welche dem Zwischenbericht des Insolvenzverwalters beizufügen ist (Art. 293.1 TRLC).

682 Die **Frist** zur Anerkennung ist daher die Frist für den Insolvenzverwalter innerhalb derer er seinen Zwischenbericht einreichen muss, welche zwei Monate (einen Monat im Falle eines verkürzten Insolvenzverfahrens) beträgt ab Annahme des Amtes. Eine Verlängerung dieser Frist ist möglich.

683 Die Forderungen sind in Geld und **Euro** zu berechnen, allerdings nur zum Zwecke der Bemessung der Passivmasse, weshalb diese Berechnung nicht zu einer Umwandlung oder Änderung der Forderung führt (Art. 267.1 TRLC).

683.1 Diese Umwandlung in eine Geldforderung geschieht nur dann, sofern die Verwertungsphase eröffnet wurde.

683.2 Sofern die Forderung in einer anderen Währung mitgeteilt wurde, findet der offizielle Wechselkurs des Tages der Eröffnung des Insolvenzverfahrens Anwendung (Art. 267.2 TRLC).

683.3 Handelt es sich nicht um eine Geldforderung, sondern um die Leistung oder Herausgabe einer anderen Sache oder ein Unterlassen, ist der Wert maßgeblich, der am Tag der Eröffnung des Insolvenzverfahrens gilt (Art. 267.3 TRLC).

683.4 Handelt es sich bei der Forderung um eine zukünftige Geldleistung, so ist ihr Wert unter Bezugnahme auf das Datum der Eröffnung des Insolvenzverfahrens unter Anwendung des zu diesem Zeitpunkt geltenden gesetzlichen Zinssatzes zu berechnen (Art. 267.4 TRLC).

684 Besondere Regelungen bestehen für Steuerforderungen. Zu deren Bestimmung bedarf es zunächst der Einreichung einer **Steuererklärung oder Selbstveranlagung** durch den Steuerpflichtigen. Sofern diese Erklärung oder Selbstveranlagung bis zur Eröffnung des Insolvenzverfahrens nicht eingereicht wurde, muss dies der Schuldner tun, sofern er die Verwaltungs- und Verfügungsbefugnis über sein Vermögen behält bzw. der Insolvenzverwalter im Falle eines Übergangs der Verwaltungs- und Verfügungsbefugnis, sofern der Schuldner dies nicht getan hat. Sobald die Erklärung oder Selbstveranlagung eingereicht wurde, wird die sich hieraus ergebene Forderung anerkannt. Sofern die Einreichung mangels der notwendigen Daten nicht möglich ist, wird eine ungewisse Forderung (→ Rn. 687) anerkannt (Art. 260.3 TRLC).

684.1 Dies gilt auch für die Forderungen von Arbeitnehmern.

685 Das Gesetz sieht Spezialregelungen für bedingte und ungewisse Forderungen vor. Bedingte Forderungen sind solche, die einer auflösenden Bedingung unterliegen, während die ungewissen Forderungen aufschiebenden Bedingungen unterliegen oder streitig sind.

Für **bedingte Forderungen** (die einer auflösenden Bedingung unterliegen) gelten die folgenden Sonderregelungen: **686**
- Solange die auflösende Bedingung nicht eintritt, ist ihr Inhaber für sämtliche Zwecke ein Insolvenzgläubiger. Ihm stehen sämtliche Rechte der Insolvenz zu (insbesondere Stimmrecht und das Beitrittsrecht zum Vergleich sowie das Recht auf Forderungseinziehung in der Verwertungsphase entsprechend der Höhe und Einordnung der Forderung (Art. 261.1 TRLC)).
- Tritt die auflösende Bedingung ein, muss der Insolvenzverwalter die Forderung von der Gläubigerliste entfernen, da diese nun nicht mehr Teil der Passivmasse ist. Die Handlungen und Entscheidungen für die eine Handlung, ein Beitritt oder eine Zustimmung des Gläubigers entscheidend war (zB die Annahme des Vergleichs), können auf Antrag hin annulliert werden. Die übrigen bleiben bestehen. Sofern der Gläubiger aus der Aktivmasse zur Erfüllung seiner Forderung Beträge erhalten hat, muss er diese an die Aktivmasse zurückzahlen, unbeschadet einer möglichen Haftung des Gläubigers gegenüber der Masse oder den übrigen Gläubigern (Art. 261.2 TRLC).

Ebenfalls gelten öffentlich-rechtliche Forderungen als bedingte Forderungen, sofern sie in einem verwaltungsrechtlichen oder ordentlichen Widerspruchsverfahren angefochten und mithin ihre Vollstreckung ausgesetzt wurde (Art. 265.1 TRLC). Wird dem Widerspruchsverfahren stattgegeben, so besteht die auflösende Bedingung in der Aufhebung der Forderung. **686.1**

Für **ungewisse Forderungen** (die einer aufschiebenden Bedingung unterliegen) gelten folgende Sonderregelungen: **687**
- Solange die aufschiebende Bedingung nicht eintritt, wird die Forderung im Insolvenzverfahren ohne eigene Höhe und mit der jeweiligen Einordnung anerkannt. Der Gläubiger wird zum Insolvenzverfahren zugelassen, allerdings ohne Stimmrecht, Beitrittsrecht zum Vergleich oder das Recht zur Forderungseinziehung im Rahmen der Verwertungsphase (Art. 261.3 TRLC). Andererseits kann der Gläubiger die Gläubigerliste und das Inventar anfechten und im Interesse des Insolvenzverfahrens Maßnahmen einleiten und eine Haftung der Insolvenzverwalter geltend machen.
- Sobald die aufschiebende Bedingung eintritt, erhält der Gläubiger sämtliche Rechte im Insolvenzverfahren, die im nach der Höhe und der Einordnung seiner Forderung zustehen (Art. 261.4 TRLC).

Die **streitigen Forderungen** sind gleichwertig mit Forderungen, die einer aufschiebenden Bedingung unterliegen. Es handelt sich daher um ungewisse Forderungen (Art. 262.1 TRLC). Eine Forderung ist als streitig anzusehen, sofern die hierüber eingereichte Klage erwidert wurde (Art. 262.2 TRLC), gleich ob vor oder nach Eröffnung des Insolvenzverfahrens. Sobald die Forderung in einem rechtskräftigen Urteil oder einem Schiedsspruch anerkannt wird oder vorläufig vollstreckt werden kann, verliert sie ihre Eigenschaft als streitig (Art. 261.4 TRLC). **688**

Nach STS 548/2016 v. 20.9.2016 – 213/2014 kann eine Forderung als streitig angesehen werden, die Objekt eines Strafverfahrens ist. Um allerdings zu verhindern, dass Strafanzeigen oder Strafklagen eingereicht werden, um bestimmte Gläubiger daran zu hindern, ihre Wahlrechte oder Rechte auf Beitritt zum Vergleich auszuüben, kann eine Forderung im Rahmen eines Strafverfahrens nur dann als streitig angesehen werden, wenn in dessen Rahmen eindeutig und ernsthaft über die Existenz der Forderung gestritten wird. **688.1**

Ungewisse Forderungen sind auch: **688.2**
- Öffentlich-rechtliche Forderungen, die sich aus laufenden Prüfungs- und Inspektionsverfahren ergeben. Die aufschiebende Bedingung bezieht sich auf die Feststellung der Forderung entsprechend der behördlichen Veranlagung. In diesem Fall werden sie zu Forderungen mit auflösender Bedingung.
- Beträge, die aus einem Steuerbetrug oder einem Betrug zulasten der Sozialversicherung resultieren ab der Zulassung der Strafanzeige oder Strafklage, es sei denn, diese wurde durch die Behörde bereits eingezogen. Die aufschiebende Bedingung tritt durch Anerkennung der Forderung mittels Urteils ein (Art. 265.3 TRLC). Wurde die Forderung durch eine Behörde bereits eingezogen, ist die Forderung, außer im nachstehend genannten Fall als bedingt anzusehen.
- Zahlungen in Zusammenhang mit einem Delikt zulasten der Steuerbehörde bis zur Rechtskraft des Urteils (Art. 265.4 TRLC).

Sofern das Insolvenzgericht den Eintritt der auflösenden Bedingung oder der Bestätigung der ungewissen Forderung für wahrscheinlich erachtet, kann es auf Antrag hin **einstweilige Maßnahmen** erlassen, die es für angemessen hält, wie Rückstellungen zulasten der Masse oder die Erhebung von Sicherheitsleistungen (Art. 261.5 TRLC). **689**

Internationales Insolvenzrecht – Spanien

690 Erfüllt sich die aufschiebende oder auflösende Bedingung vor Einreichung der endgültigen Gläubigerliste, hat der Insolvenzverwalter die notwendigen Änderungen von Amts wegen oder auf Antrag einer Partei vorzunehmen (Art. 266 TRLC).

690.1 Erfüllt sich die aufschiebende oder auflösende Bedingung erst danach, kann die endgültige Gläubigerliste ebenfalls abgeändert werden (Art. 308.7 TRLC), wobei das hierfür vorgesehene Verfahren (→ Rn. 792) einzuhalten ist.

691 Wenn die Insolvenzforderung mittels **Bürgschaft durch einen Dritten** gesichert ist oder weitere **gesamtschuldnerisch haftende Schuldner** existieren, wird die Höhe der Forderung ohne Beschränkungen anerkannt. Zahlt der Bürge an den Insolvenzgläubiger, ersetzt der Bürge den Insolvenzgläubiger als neuer Inhaber der Forderung im Wege eines Forderungsübergangs. Die Insolvenzforderung des Bürgen wird nach der für das Insolvenzverfahren am wenigsten belastenden Art eingeordnet (Art. 263.2 TRLC).

691.1 Wenn der Bürge eine öffentliche Behörde ist und an den Gläubiger zahlt, wird ihre Forderung nicht zu einer vorrangigen gem. Art. 280.4 TRLC (STS 296/2018 v. 23.5.2018 – 2458/2015).

691.2 Hat der Insolvenzgläubiger einen Teil seiner Forderung von einem Bürgen, Garantiegeber oder Gesamtschuldner erhalten, kann er verlangen, dass der nicht beglichene Teil in die Gläubigerliste aufgenommen wird sowie die gesamte Forderung, die anteilsmäßig demjenigen zusteht, der die Teilzahlung geleistet hat, selbst wenn er seine Forderung nicht angemeldet hat (Art. 264 TRLC).

692 Ist der **Insolvenzschuldner ein Bürge,** wird die Forderung des Gläubigers gegen ihn unterschiedlich anerkannt, je nachdem, ob es sich um eine Rückbürgschaft oder eine gesamtschuldnerische Bürgschaft handelt:

693 • Bei einer Rückbürgschaft wird die Forderung des Gläubigers als ungewiss anerkannt, sofern dem Insolvenzverwalter nicht nachgewiesen wird, dass sich das Vorausverfahren gegen den Hauptschuldner erschöpft hat (Art. 263.1 TRLC).

693.1 Eine Erschöpfung des Vorausverfahrens wird in folgenden Fällen angenommen (Art. 1831 und 1832 CC):
• Wenn der Hauptschuldner für insolvent erklärt wird.
• Wenn gegen den Hauptschuldner nicht in Spanien geklagt werden kann.
• Wenn der Gläubiger nachweist, dass das in Spanien belegene vollstreckbare Vermögen des Hauptschuldners für die Befriedigung der Forderung nicht ausreicht.

694 • Bei gesamtschuldnerischen Bürgschaften wird die Forderung des Gläubigers als ungewiss anerkannt, sofern weder Fälligkeit noch Nichterfüllung durch den Hauptschuldner eintreten (STS 361/2014 v. 8.7.2014 – 2378/2012).

4. Einordnung der Insolvenzforderungen

695 Die Insolvenzforderungen sind nach der Rangfolge ihrer Befriedigung in vier Kategorien eingeteilt (Art. 269 TRLC):
• **Besonders vorrangige Forderungen** (→ Rn. 697) sind diejenigen, deren Zahlung mit Vorrang vor allen anderen Insolvenzforderungen erfolgt (und auch vorrangig gegenüber den Forderungen gegen die Masse), allerdings nur zulasten bestimmter Güter der Aktivmasse. Dies bedeutet, dass die besonders vorrangigen Forderungen mit dem Betrag bezahlt werden, der durch die Veräußerung dieser Güter erzielt wird. Sofern ein Teil dieser Forderung nicht beglichen werden kann, wird dieser Teil seiner Art nach neu eingeordnet. Es handelt sich vor allem um mit dinglichen Sicherheiten abgesicherte Forderungen.
• **Allgemein vorrangige Forderungen** (→ Rn. 710): im Vergleich zu besonders vorrangigen Forderungen, betrifft die Vorrangigkeit der allgemein vorrangigen Forderungen die gesamte Aktivmasse. Dies bedeutet, dass diese Forderungen vor den gewöhnlichen Forderungen, aber nach den Forderungen gegen die Masse beglichen werden, zulasten solcher Vermögenswerte, die von besonders vorrangigen Forderungen nicht betroffen sind oder zulasten des Restes nach Begleichung der besonders vorrangigen Forderungen.
• **Gewöhnliche Forderungen** sind solche, die vom Gesetz weder als vorrangig noch als nachrangig eingestuft werden (Art. 269.3 TRLC). Diese werden erst bezahlt, wenn die vorrangigen Forderungen und die Forderungen gegen die Masse befriedigt wurden.
• **Nachrangige Forderungen** (→ Rn. 726) sind solche, die das Gesetz aus Gesetzgebungspolitik heraus als nachrangig einstuft. Diese werden erst bezahlt, wenn die Forderungen gegen die Masse, die vorrangigen Forderungen und die gewöhnlichen Forderungen befriedigt wurden.

Internationales Insolvenzrecht – Spanien

Es wurde versucht, im Rahmen des TRLC die Anzahl der vorrangigen Forderungen herabzusetzen, **695.1**
um das Prinzip der „par conditio creditorum" (gleiche Lage der Gläubiger) zu fördern. Daher sieht Art.
269 TRLC vor, dass in Insolvenzverfahren keine Vorrangigkeit oder kein Vorzug zugelassen wird, der nicht
ausdrücklich in einem Gesetz (TRLC oder einem anderen Gesetz) vorgesehen ist. Es ist eine restriktive
Auslegung anzuwenden. Eine Vorrangigkeit kann nicht durch die Parteien vertraglich vereinbart werden.

Je nach Inhaber unterteilen sich die Forderungen in folgende Kategorien (Art. 287 TRLC): **696**
- **Arbeitsrechtliche:** Dies sind solche, die arbeitsrechtlichen Gläubigern zustehen, also den Arbeitnehmern. Ausgeschlossen sind allerdings Forderungen von Arbeitnehmern, die sich in einem speziellen Arbeitsverhältnis für Führungskräfte befinden, bezüglich der Forderung die nicht allgemein vorrangig ist (→ Rn. 713). Eingeschlossen sind Forderungen von selbstständigen Arbeitnehmern, die wirtschaftlich abhängig sind (sog. „TRADE-Verträge") bis zur Höhe, die diese Forderungen als allgemein vorrangig zu betrachten sind.
- **Öffentliche:** Dies sind solche, die öffentlich-rechtlichen Gläubigern zustehen.
- **Finanzverbindlichkeiten:** unabhängig, ob der Inhaber einer Finanzaufsicht unterliegt.
- **Sonstige Forderungen,** einschließlich Handelskredite.

Grundsätzlich gilt diese Einordnung für die vorrangigen Forderungen (und nur sofern im Zeitpunkt **696.1**
der Einreichung der Gläubigerliste die Verwertungsphase noch nicht eröffnet wurde oder der Schuldner
ihre Eröffnung beantragt hat). Das TRLC wendet sie allerdings auch auf die übrigen an.

a) Besonders vorrangige Forderungen. Es handelt sich um Forderungen, die, zumindest **697**
teilweise, mit bestimmten Gegenständen oder Rechten der Aktivmasse abgesichert sind. Der
Ertrag der Veräußerung dieses Vermögens dient, mit Vorrang vor allen anderen Zwecken, der
Begleichung der gesicherten Forderung.

Damit eine Forderung als besonders vorrangig eingestuft werden kann, muss die Sicherheit vor **698**
der Eröffnung des Insolvenzverfahrens mit den in ihren spezifischen gesetzlichen **Vorschriften
und Formalitäten** bestellt worden und Dritten gegenüber durchsetzbar sein (Art. 271.1 TRLC).

Für den Vergleich, Refinanzierungsvereinbarungen und außergerichtliche Zahlungsvereinba- **699**
rungen (nicht aber für Zahlungen), ist der als besonders vorrangig eingestufte Teil der Forderung
der **Wert der Sicherheit** (oder die Grenze der besonderen Vorrangigkeit), der wie folgt berechnet
wird:
- Als Grundlage wird der angemessene Wert des Gegenstands oder des Rechts, über welches die Sicherheit (Pfandrecht, Hypothek usw) bestellt wird, herangezogen (Art. 272.1 TRLC).
- Dieser angemessene Wert wird mit 0,9 multipliziert und alle ausstehenden Forderungen mit einer Vorzugsgarantie für denselben Vermögenswert werden abgezogen. Der resultierende Wert ist der Maximalwert (Art. 275.1 TRLC).
- Der Wert der Sicherheit ist der niedrigere der folgenden: (a) der Maximalwert, (b) der Wert der Forderung oder (c) der Wert der vereinbarten Hypotheken- oder Pfandhaftung.
- Der Wert der Sicherheit kann nicht unter 0 liegen (Art. 275.2 TRLC).

Als **angemessener Wert** zur Bestimmung der Grenze der besonderen Vorrangigkeit wird angesehen **699.1**
(Art. 273 TRLC):
- Bei einer Immobilie der Wert, der im Bericht eines im Sonderregister der Bank von Spanien eingetragenen zugelassenen Sachverständigen festgestellt wird. Das Gutachten muss innerhalb von sechs Monaten vor der Eröffnung des Insolvenzverfahrens verfasst worden sein. Bei fertiggestellten Wohnungen werden auch Gutachten zugelassen, die bis zu sechs Jahre alt sind. Hierbei ist der Wert allerdings entsprechend der Preisentwicklung vergleichbarer Immobilien im betreffenden Gebiet anzupassen oder in Ermangelung, mittels Anwendung des Preisindexes für Wohnimmobilien (Art. 274 TRLC).
- Bei börsennotierten Wertpapieren, der Durchschnittskurs im letzten Quartal vor der Eröffnung des Insolvenzverfahrens.
- Bei Bargeld, Bankguthaben oder elektronisches Geld, der Nennwert.
- Bei sonstigen Vermögengegenständen, der Wert, der sich aus einem von einem unabhängigen Sachverständigen nach den allgemein anerkannten Bewertungsgrundsätzen und -standards für diese Art von Vermögenswerten erstellten Gutachten ergibt. Das Gutachten muss innerhalb von sechs Monaten vor der Eröffnung des Insolvenzverfahrens erstellt worden sein.

Die Gutachterkosten sind vom Insolvenzverwalter zulasten von dessen Vergütung zu begleichen **699.2**
(Art. 278 TRLC).

Der Wert der Sicherheit muss durch die Ausstellung eines neuen Bewertungsberichts aktualisiert werden, **699.3**
der von der Vergütung des Insolvenzverwalters zu zahlen ist, falls Umstände eintreten, die den Marktwert
der Gegenstände oder Rechte erheblich verändern könnten. Ein neuer Bericht kann auch auf Antrag und
Kosten des betreffenden Gläubigers erstellt werden (Art. 279 TRLC).

Internationales Insolvenzrecht – Spanien

699.4 Wenn das Sicherungsrecht zugunsten derselben Forderung für **mehrere Vermögenswerte** der Aktivmasse gilt, finden die vorstehenden Regelungen für jeden einzelnen von ihnen Anwendung. Die Summe hieraus stellt den Wert des Sicherungsrechts bis zur Höhe der Forderung des Gläubigers dar (Art. 276 TRLC). Wurde die Sicherheit bezüglich einer oder mehrerer Gegenstände oder Rechte der Aktivmasse zur Sicherung zweier oder mehrerer Forderungen bestellt, entspricht der Wert der Sicherheit jeder einzelnen Forderung dem Höchstwert der besonders vorrangigen Forderung und ist zwischen diesen aufzuteilen (Art. 277 TRLC).

699.5 Sofern die Sicherheit auf eine **andere Währung als den Euro** lautet, gilt der am Bewertungstag durchschnittliche Wechselkurs (Art. 273.2 TRLC).

700 Der Wert der Forderung, der die Grenze der besonderen Vorrangigkeit übersteigt, ist jeweils nach seiner Art als allgemein vorrangig, gewöhnlich oder nachrangig einzuordnen (Art. 272.2 TRLC).

701 Die Einstufung einer Forderung als besonders vorrangig setzt voraus, dass der Vermögenswert, der mit einer Sicherheit belegt ist, Teil der Passivmasse ist. Zudem muss der Insolvenzschuldner tatsächlich Schuldner der Forderung sein. Mithin:
- Sofern der mit einer Sicherheit belegte Vermögenswert im Eigentum eines Dritten steht, ist die Forderung nicht besonders vorrangig. Der Gläubiger kann seine Forderung außerhalb des Insolvenzverfahrens geltend machen, etwa durch Vollstreckung aus der Hypothek oder dem Pfandrecht.
- Ist der Schuldner ein Dritter, ist er lediglich ein nicht schuldenpflichtiger Hypothekenschuldner oder Drittinhaber. Eine Forderung in der Passivmasse scheidet aus. Allerdings ist im Rahmen des Inventars der Aktivmasse zu berücksichtigen, dass der Vermögenswert durch eine Hypothek oder ein Pfandrecht als Sicherheit für eine fremde Schuld belastet ist, was zu einer Wertminderung führt (Art. 201.2 TRLC).

702 Zu den besonders vorrangigen Forderungen zählen die folgenden (Art. 270 TRLC):

703
- Die Forderungen, die mit einer **Grundstückshypothek oder einer Mobiliarhypothek** belastet sind oder mit einem **besitzlosen Pfandrecht**. Die Vorrangigkeit streckt sich auf die Vermögenswerte oder Rechte, die mit einer Hypothek oder einem Pfandrecht belastet sind.

703.1 Eine Hypothek am Grundstück ist mittels notarieller Urkunde und entsprechender Eintragung im Grundbuch zu bestellen. Eine Mobiliarhypothek mittels notarieller Urkunde sowie Eintragung im Register für bewegliches Vermögen, Registro de Bienes Muebles (RBM). Ein besitzloses Pfandrecht mittels notarieller Urkunde oder eine im RBM eingetragene notarielle Police.

704
- Forderungen, die durch eine **stillschweigende Hypothek** gesichert sind.

704.1 Diese Art von Hypothek wird „ope legis" bestellt. Es bedarf weder einer notariellen Urkunde noch der Eintragung in das Grundbuch. Sie sichert die regelmäßige Erhebung von Steuern auf Vermögenswerten oder Rechten, die in einem öffentlichen Register eintragen werden können (zB die Grundsteuer), entsprechend dem Jahr, in dem die Zahlung verlangt wird und dem unmittelbar vorangegangenen Jahr (Art. 78 LGT). Sie belastet auch die mit einer Sicherheit für Steuerzahlungen übertragenen Vermögenswerte (zB Grunderwerbsteuer, Schenkungsteuer und Erbschaftsteuer, nicht aber Umsatzsteuer) (Art. 79 LGT).

705
- Forderungen, die durch **Nutzungspfandrecht** (anticresis) gesichert sind. Die Vorrangigkeit bezieht sich auch auf die Früchte der belasteten Immobilie.

705.1 Das Nutzungspfandrecht ist eine Immobiliensicherheit. Nach Art. 1881 CC erlangt der Gläubiger durch das Nutzungspfandrecht gegen den Schuldner den Anspruch auf die Früchte einer Immobilie mit der Verpflichtung, diese auf die Zahlung von Zinsen und anschließend auf das Kapital anzuwenden.

706
- Forderungen aus **Anlagedarlehen**. Die Vorrangigkeit bezieht sich auf das Anlageobjekt.

706.1 Anlagedarlehen sind solche, die zur Finanzierung eines Bauwerks, der Reparatur oder der Erhaltung eines Gutes verwendet werden. Mit Eintragung im Grundbuch, entfalten diese dieselben Wirkungen wie eine Hypothek.

706.2 Eine Sonderform des Anlagedarlehens sind **Forderungen von Arbeitern wegen der von ihnen erstellten Objekten**, welche ebenfalls besonders vorrangig sind. Nach Art. 32.2 des Arbeitsgesetzes, haben Lohnansprüche Vorzug vor anderen Forderungen in Bezug auf die von den Arbeitern erstellten Objekte, solange sie sich im Eigentum oder im Besitz des Unternehmers befinden.

707
- Forderungen aus **Finanzierungsleasingverträgen** oder **Ratenzahlungskaufverträgen**, gleich ob dies bewegliche oder unbewegliche Vermögensgegenstände betrifft. Begünstigter der besonders vorrangigen Forderung ist, je nach den konkreten Umständen, der Vermieter, Verkäu-

Internationales Insolvenzrecht – Spanien

fer oder Geldgeber. Die Sicherheit betrifft die Mietobjekte oder die Objekte des Verkaufs unter Eigentumsvorbehalt, sofern ein Verfügungsverbot oder eine auflösende Bedingung bei Zahlungsausfall besteht.

Bei Leasingverträgen oder Kaufverträgen mit Eigentumsvorbehalt steht das Miet- oder Kaufobjekt nicht im Eigentum des Insolvenzschuldners, sondern im Eigentum des Gläubigers. Da der Gläubiger aber in der Regel kein Interesse am Eigentum haben wird, sondern vielmehr an der Zahlung des Mietzinses bzw. der Raten, gibt das Gesetz dem Gläubiger ein Wahlrecht zwischen der Wiederherstellung seiner Besitzerstellung (Art. 150 TRLC) oder der Liquidierung zusammen mit der Aktivmasse, wobei seine Forderung zulasten des Verkaufspreis befriedigt wird. Daher betrachtet das Gesetz die Forderung des Gläubigers als besonders vorrangig. **707.1**

Damit die Forderung als besonders vorrangig eingestuft werden kann, muss der Ratenzahlungskaufvertrag im RBM eingetragen werden, was eine notarielle Beurkundung, eine notarielle Police oder den Abschluss eines privatschriftlichen Vertrags nach den offiziellen Vorgaben der DGFPSJ voraussetzt. In einem Urteil vom 28.7.2011 (267/2008) erklärt der TS, dass die Eintragung eines Leasingvertrags ins RBM nicht notwendig ist, um diesen eine Vorrangigkeit zusprechen zu können. **707.2**

- **Im Effekten-**Giroverfahren abgesicherte Forderungen. Die Vorrangigkeit erstreckt sich auf die belasteten Effekten. **708**

Nach Art. 320 CCom ist ein Darlehen mit Effektensicherheit mittels notarieller Urkunde oder Police zu bestellen. **708.1**

- **Forderungen mit Pfandrecht** bei Besitzübertragung. Die Vorrangigkeit bezieht sich auf die gepfändeten Gegenstände oder Rechte, die sich im Besitz des Gläubigers oder eines Dritten befinden. **709**

Damit die Vorrangigkeit entstehen kann, muss das Pfandrecht mittels öffentlichen Dokuments (öffentlicher Urkunde oder Police) bestellt werden. Zudem muss sich der gepfändete Gegenstand oder das gepfändete Recht im Besitz des Gläubigers oder eines Dritten befinden als Folge eines gegenseitigen Einverständnisses (Art. 1863 und 1865 CC). Kommt es dagegen nicht zu einer Besitzübertragung, so handelt es sich um ein Pfandrecht ohne Besitzübertragung, was dann seine Eintragung im RBM notwendig macht. **709.1**

Pfandrechte auf Forderungen der Aktivmasse müssen in einem Dokument festgehalten sein, das vor der Eröffnung des Insolvenzverfahrens datiert ist (Art. 271.2 TRLC). Ferner muss die Zustellung an den Schuldner über die gepfändete Forderung nachgewiesen werden (wurde diese Mitteilung nicht gemacht, bedarf es der Eintragung ins RBM, → Rn. 703.1). Ausreichend sind öffentliche Urkunden, die in einem öffentlichen Register eingetragen wurden, solche, die von einer verstorbenen Person unterzeichnet wurden und solche, die einem Beamten übergeben wurden (Art. 1227 CC). **709.2**

Das Pfandrecht kann auch an **künftigen Forderungen** bestellt werden. Zur Entstehung der Vorrangigkeit müssen im Zeitpunkt der Eröffnung des Insolvenzverfahrens die folgenden Voraussetzungen erfüllt sein: **709.3**
- Es können nur solche künftigen Forderungen sein, die bereits vor der Eröffnung des Insolvenzverfahrens vertraglich entstanden sind. Daher kann der Schuldner nicht an sämtlichen künftigen Forderungen ein Pfandrecht bestellen.
- Das Pfandrecht ist mittels öffentlichen Dokuments (öffentliche Urkunde oder Police) zu bestellen. Zudem ist der Schuldner der gepfändeten Forderung hierüber zu informieren oder im RBM einzutragen.
- Handelt es sich um künftige Forderungen aus der Auflösung von Werk- oder Dienstleistungsverträgen, die öffentlich-rechtlichen Normen unterliegen, muss das Pfandrecht zusätzlich vor der Eröffnung des Insolvenzverfahrens bestellt worden sein zur Sicherung der Forderungen (Art. 271.4 TRLC).

- b) **Allgemein vorrangige Forderungen.** Dabei handelt sich um solche Forderungen, die nach dem Gesetz vor den gewöhnlichen und nachrangigen Forderungen zu begleichen sind, aber erst dann, wenn die Forderungen gegen die Masse und die besonders vorrangigen Forderungen bis zum Wert der entsprechenden Sicherheit beglichen wurden. Anders als die besondere Vorrangigkeit betrifft die allgemeine Vorrangigkeit die gesamte Aktivmasse. **710**

Die allgemein vorrangigen Forderungen werden bezüglich ihrer Zahlungsreihenfolge in sieben Kategorien unterteilt. Die Forderungen einer Kategorie werden erst dann beglichen, sofern sämtliche Forderungen der vorherigen Kategorie vollständig beglichen wurden. Innerhalb jeder Kategorie findet eine anteilsmäßige Zahlung statt (Art. 432.1 TRLC). In der Liste der allgemein vorrangigen Forderungen werden die Kategorien mittels Nummer in Klammern angezeigt. **711**

Allgemein vorrangige Forderungen (Art. 280 TRLC) sind: **712**
- **(1) Lohnforderungen,** die weder als besonders vorrangig (dh anders als die Forderungen von Arbeitern wegen der von ihnen erstellten Objekte, → Rn. 706.2) noch als Forderungen gegen **713**

Internationales Insolvenzrecht – Spanien

die Masse (→ Rn. 743) angesehen werden sollen, bis zum dreifachen des Mindestlohns multipliziert mit den nicht vergüteten Arbeitstagen. Der Überschuss wird als gewöhnliche Forderung betrachtet.

713.1 Es handelt sich um Lohnansprüche, die vor der Eröffnung des Insolvenzverfahrens entstanden sind. Solche, die danach entstehen, sind Forderungen gegen die Masse (→ Rn. 748).

713.2 Der berufsübergreifende Mindestlohn ab 2021 beträgt in Spanien 950 EUR/Monat, zahlbar in vierzehn Raten pro Jahr (13.300,00 EUR/Jahr).

714 • **(1) Abfindungen bei Auflösung des Arbeitsvertrags,** bis zu dem Betrag, der der gesetzlichen Mindestabfindung entspricht, wobei dieser das Dreifache des Mindestlohns nicht überschreiten darf.

714.1 Die gesetzliche Mindestabfindung beträgt:
- Bei unzulässiger Kündigung 33 Tagesgehälter pro Jahr der Betriebszugehörigkeit bis zu einer Grenze von 24 Monatsgehältern (Art. 56.1 ET).
- Bei einer Kündigung aus objektiven Gründen 20 Tagesgehälter pro Jahr der Betriebszugehörigkeit bis zu einer Grenze von 12 Monatsgehältern (Art. 53.1.b ET).
- Bei Ablauf eines Zeitarbeitsvertrag 12 Tagesgehälter pro Jahr der Betriebszugehörigkeit (Art. 49.1.c ET).
- Bei Beendigung des Arbeitsverhältnisses leitender Angestellter durch den Arbeitnehmer sieben Tagesgehälter pro Jahr der Betriebszugehörigkeit bis zu einer Grenze von sechs Monatsgehältern (Art. 11.1 des Gesetzes 1382/1985 v. 1.8.1985).

714.2 Umfasst neue **entgangene Arbeitsentgelte,** welche bis zur Eröffnung des Insolvenzverfahrens angefallen sind (STS 400/2014 v. 24.7.2014 – 2622/2012).

715 • **(1) Entschädigungen aus Arbeitsunfällen und Berufskrankheiten,** die vor Eröffnung des Insolvenzverfahrens entstanden sind.

716 • (1) Sog. **Sozialversicherungskapitalkosten,** die vom Insolvenzschuldner zu tragen sind und **sozialversicherungsrechtliche Zuschläge,** die vor Eröffnung des Insolvenzverfahrens wegen Verstößen gegen die Arbeitsschutzgesetze ausgesprochen wurden.

717 • (2) Beträge, die **Steuer- oder Sozialversicherungseinbehalten** entsprechen und vom Insolvenzschuldner aufgrund der Erfüllung gesetzlicher Verpflichtungen geschuldet sind.

718 • (3) Forderungen von **selbstständigen natürlichen Personen aufgrund von Dienstleistungen,** die innerhalb von sechs Monaten vor Eröffnung des Insolvenzverfahrens entstanden sind.

718.1 Es handelt sich um Forderungen für Leistungen von Rechtsanwälten, Ärzten, Architekten usw.

719 • (3) Forderungen, die dem **Urheber** eines Werkes, das Objekt des geistigen Eigentums ist, für die Übertragung der Nutzungsrechte zustehen, die innerhalb von sechs Monaten vor Eröffnung des Insolvenzverfahrens entstanden sind.

720 • (4) **Forderungen öffentlichen Rechts,** einschließlich der Forderungen seitens der Finanzbehörde oder der Sozialversicherung (andere als die Einbehalte, → Rn. 717 und solche, die mittels stillschweigender Hypothek abgesichert wurden, → Rn. 704) bis zu 50 % ihres Betrags.

720.1 Die 50 % berechnen sich aus der Summe der öffentlich-rechtlichen Forderungen, ausgenommen der besonders vorrangigen Forderungen und der nachrangigen Forderungen.

720.2 Öffentliche Forderungen sind solche, deren Inhaber eine spanische öffentliche Verwaltung ist und die durch Ausübung der öffentlichen Befugnisse entstanden sind.

720.3 **Forderungen von ausländischen Finanz- oder Sozialversicherungsbehörden** werden als gewöhnliche Forderungen eingestuft (Art. 739.2 TRLC).

721 • (4) Forderungen aus außervertraglicher zivilrechtlicher Haftung im Zusammenhang mit **Personenschäden,** die nicht von einer Versicherung gedeckt sind.

722 • (5) Die übrigen Forderungen aus **außervertraglicher zivilrechtlicher Haftung.**

723 • (5) Forderungen aus deliktischer Haftung gegen die **Finanzbehörde oder die Sozialversicherungsbehörde.**

724 • (6) Forderungen aus **Geldmittelzuschüssen (fresh money),** dh Zahlungen, die im Rahmen einer unanfechtbaren Refinanzierungsvereinbarung (→ Rn. 57) getätigt wurden (gerichtlich genehmigt oder nicht, kollektiv oder individuell), sofern sie die gesetzlichen Voraussetzungen erfüllen, bis zu 50 % ihres Betrags (die restlichen 50 % sind Forderungen gegen die Masse, → Rn. 755).

725 • (7) Forderungen des Gläubigers, der den **Insolvenzantrag** gestellt hat, bis zu 50 % des Betrags, immer dann, wenn diese Art von Forderungen nicht üblicherweise als nachrangige Forderungen eingeordnet worden wäre.

Internationales Insolvenzrecht – Spanien

Haben mehrere Gläubiger den Insolvenzantrag gestellt, gebührt die Vorrangigkeit dem zeitlich ersten von ihnen. Haben sie den Antrag gemeinsam gestellt, findet eine Aufteilung statt. **725.1**

c) Nachrangige Forderungen. Nachrangige Forderungen sind den gewöhnlichen Forderungen nachgeordnet und werden erst dann beglichen, wenn sämtliche Forderungen gegen die Masse, die vorrangigen und die gewöhnlichen Forderungen vollständig beglichen wurden. Die Gläubiger nachrangiger Forderungen verfügen nicht über Stimm- oder Beitrittsrechte im Insolvenzvergleich (→ Rn. 833). **726**

Zur Bestimmung der **Zahlungsreihenfolge** werden die nachrangigen Forderungen in sieben Kategorien unterteilt. Die Forderungen einer Kategorie werden erst dann beglichen, wenn die einer vorherigen Kategorie vollständig beglichen wurden; innerhalb jeder Kategorie werden die Forderungen anteilsmäßig beglichen (Art. 435.2 TRLC). In der Auflistung der nachrangigen Forderungen ist die Kategorie durch Zahlen in Klammern angegeben. **727**

Nachrangige Forderungen sind (Art. 281 TRLC): **728**

- (1) Forderungen, die als Folge einer **verspäteten Anmeldung** als nachrangig eingeordnet werden sollen, sofern es sich nicht um Forderungen handelt, die zwingend anzuerkennen sind (→ Rn. 675). **729**

Forderungen, die nicht in die Gläubigerliste aufgenommen werden, gelten als **nicht bestehende Forderungen**. Diese werden erst dann beglichen, wenn sämtliche Insolvenzforderungen beglichen wurden und Vermögensgegenstände oder Rechte zu ihrer Befriedigung übrigbleiben. **729.1**

- (2) Forderungen, deren Nachrangigkeit **vertraglich vereinbart** wurde, einschließlich solche aus Beteiligungsdarlehen (Art. 20 Königliches Gesetzesdekret 7/1996 v. 7.6.1996). **730**
- (3) Forderungen aufgrund von **Zuschlägen und Zinsen** jedweder Art einschließlich Verzugszinsen, jedoch ausgenommen Zinsen aus dinglich gesicherten Insolvenzforderungen bis zu der Höhe der Sicherheit. **731**
- (4) Forderungen aus **Bußgeldbescheiden** oder anderen Geldstrafen. **732**

Hierzu gehören strafrechtliche oder verwaltungsrechtliche Sanktionen sowie Vertragsstrafen. **732.1**

- (5) Forderungen, deren Inhaber **Personen sind, die zum Schuldner in einem besonderen Verhältnis stehen,** unabhängig von einer Gut- oder Bösgläubigkeit des Gläubigers und selbst, wenn diese ihrer Art nach als vorrangig einzustufen wären. **733**

Ist der Insolvenzschuldner eine **natürliche Person,** wird ein besonderes Verhältnis angenommen bei (Art. 282 TRLC): **733.1**
- dem Ehegatten des Insolvenzschuldners bzw. demjenigen, der dies innerhalb der letzten zwei Jahre vor Eröffnung des Insolvenzverfahrens gewesen ist sowie Personen, die in einem vergleichbaren Näheverhältnis zusammenleben oder innerhalb der letzten zwei Jahre vor der Eröffnung des Insolvenzverfahrens gewöhnlich zusammengelebt haben
- den Verwandten in aufsteigender und absteigender Linie sowie die Geschwister des Insolvenzschuldners
- den Ehegatten der Verwandten in aufsteigender oder absteigender Linie sowie die Geschwister des Insolvenzschuldners
- den juristischen Personen, die vom Insolvenzschuldner oder einer der vorher genannten Personen kontrolliert werden sowie ihre Geschäftsführer, auch de facto-Geschäftsführer. Von einer Kontrollsituation wird ausgegangen, wenn eine der in Art. 42.1 CCom (Unternehmensgruppe) vorgesehenen Situation eintritt
- den juristischen Personen, die zusammen mit den vorhergenannten derselben Gruppe angehören
- den juristischen Personen, deren ordentlich bestellte oder de facto-Geschäftsführer die vorhergenannten Personen sind.

Ist der Insolvenzschuldner eine **juristische Person,** wird ein besonderes Verhältnis angenommen bei (Art. 283 TRLC): **733.2**
- den Gesellschaftern, die nach dem Gesetz persönlich und unbeschränkt für die Schulden der Gesellschaft haften und solche, die zum Zeitpunkt der Entstehung der Forderung direkt oder indirekt Inhaber von mindestens 5 % des Stammkapitals sind, sofern die Insolvenzschuldnerin Wertpapiere in einem Sekundärmarkt ausgegeben hat. Andernfalls 10 %. Handelt es sich bei den Gesellschaftern um natürliche Personen, gelten solche Personen ebenfalls als zur Insolvenzschuldnerin in einem besonderen Verhältnis stehende Personen, die diese Eigenschaft in Bezug auf die Gesellschafter gemäß den unter → Rn. 733.1 beschriebenen Voraussetzungen erfüllen
- den ordentlich bestellten oder de facto-Geschäftsführern, Liquidatoren und die mit einer Generalvollmacht ausgestatteten Generaldirektoren der Gesellschaft sowie die Personen, auf die dies innerhalb der letzten zwei Jahre vor der Eröffnung des Insolvenzverfahrens zutrifft

Internationales Insolvenzrecht – Spanien

- den Gesellschaften, die derselben Gruppe angehören wie die in der Insolvenz befindliche Gesellschaft
- den gemeinsamen Gesellschaftern der in der Insolvenz befindlichen Gesellschaft und anderen Unternehmen derselben Gruppe, sofern im Zeitpunkt des Entstehens der Forderung, diese Gesellschafter an dieser Gesellschaft beteiligt sind, sei es unmittelbar oder mittelbar, mit mindestens 5 % des Stammkapitals.

733.3 Der Begriff der **Unternehmensgruppe** ergibt sich aus Art. 42 CCom. Danach besteht eine Gruppe, wenn eine Gesellschaft direkt oder indirekt die Kontrolle über ein oder mehrere Unternehmen innehat oder innehaben kann. Daher fallen nur vertikale Konzerne darunter, nicht aber horizontale (SSTS 738/2012 v. 13.12.2012 – 1205/2010 und 134/2016 v. 4.3.2016 – 2467/2013). Insbesondere wird eine Kontrollsituation angenommen, wenn eine Gesellschaft, welche als beherrschend angesehen wird, in einer der folgenden Situationen in Bezug auf eine andere Gesellschaft, welche als abhängig gilt, steht:
- Es verfügt über die Mehrheit der Stimmrechte.
- Es hat die Befugnis, die Mehrheit der Mitglieder des Verwaltungsorgans zu bestellen oder zu entlassen.
- Es kann aufgrund von Vereinbarungen mit Dritten über die Mehrheit der Stimmen verfügen.
- Es hat mit seiner Stimme die Mehrheit der Mitglieder des Verwaltungsorgans bestellt, die zum Zeitpunkt der Aufstellung des konsolidierten Jahresabschlusses und während der beiden unmittelbar vorangegangen Geschäftsjahre im Amt waren.

733.4 Nach einem STS 190/2017 v. 15.3.2017 – 2321/2014, ist es nicht zwingend notwendig, dass die beherrschende Einheit innerhalb einer Unternehmensgruppe eine Gesellschaft ist. Es kann sich auch um eine nicht gesellschaftsrechtliche Einheit handeln oder sogar eine natürliche Person.

733.5 Die vorher genannten Umstände müssen zum **Zeitpunkt** des Entstehens der Forderung vorliegen und nicht erst bei Eröffnung des Insolvenzverfahrens (STS 134/2016 v. 4.3.2016 – 2467/2013 und 239/2018 v. 24.4.2018 – 1019/2015).

733.6 Mangels gegenteiligen Beweises werden solche Personen als zu dem Schuldner in einem besonderen Verhältnis stehend vermutet, die **Abtretungsempfänger oder Erwerber** einer Forderung sind, die einer Person zustehen, die mit dem Schuldner in einem besonderen Verhältnis stehen, soweit der Erwerb innerhalb von zwei Jahren vor der Eröffnung des Insolvenzverfahrens stattgefunden hat (Art. 284 TRLC).

733.7 **Eine Nachrangigkeit der Forderung** ergibt sich, selbst wenn der Inhaber mit dem Schuldner in einer besonderen Beziehung steht, nicht bei (Art. 281.2 TRLC):
- Arbeitsrechtlichen Forderungen, die als vorrangig eingestuft werden, sofern der Schuldner eine natürliche Person ist.
- Forderungen, die nicht aus Darlehen o.ä. stammen, und deren Gläubiger die Gesellschafter der Schuldnerin sind.
- Unterhaltsforderungen, die bereits vor Eröffnung des Insolvenzverfahrens entstanden und fällig sind, werden als gewöhnliche Insolvenzforderungen betrachtet.

733.8 Nicht als zum Schuldner in einem besonderen Verhältnis stehende Personen gelten die Gläubiger, die unmittelbar oder mittelbar einen Teil oder ihre gesamte Forderung zur Erfüllung einer Refinanzierungsvereinbarung, die die gesetzlichen Voraussetzungen erfüllt, einer außergerichtlichen Zahlungsvereinbarung oder einem Insolvenzvergleich kapitalisiert haben, zur Einstufung ihrer Forderung gegen den Schuldner als Folge der gewährten Refinanzierung. Dies gilt selbst dann, wenn sie aufgrund der Kapitalisierung in das Geschäftsführungsorgan der Schuldnerin eingetreten sind. Nicht als de facto-Geschäftsführer gelten die Gläubiger, die eine Refinanzierungsvereinbarung, einen Insolvenzvergleich oder eine außergerichtliche Zahlungsvereinbarung unterzeichnet haben für die Pflichten, die der Schuldner bezüglich eines Durchführbarkeitsplans übernommen hat (zB unter vorherige Zustimmung oder einem Vetorecht dieser Gläubiger), es sei denn, es liegen Gründe vor, die auf eine de facto-Geschäftsführerstellung schließen lassen (Art. 283.2 TRLC).

734 • (6) Forderungen, die aufgrund einer insolvenzrechtlichen Anfechtung denjenigen zustehen, die durch das Urteil als bösgläubige Partei hinsichtlich der angefochtenen Handlung festgestellt worden sind (→ Rn. 649).

735 • (7) Forderungen aus gegenseitigen Verträgen, wiederaufgenommenen Kreditverträgen (→ Rn. 555) oder wiederaufgenommenen Kaufverträgen mit gestundetem Kaufpreis (→ Rn. 556), die bereits vor Eröffnung des Insolvenzverfahrens entstanden sind, sofern das Gericht feststellt, dass der Gläubiger wiederholt die Erfüllung des Vertrags zulasten des Interesses des Insolvenzverfahrens behindert hat.

5. Forderungen gegen die Masse

736 **Forderungen gegen die Masse** sind grundsätzlich Verbindlichkeiten, welche der Schuldner während der Abwicklung der Insolvenz erwirbt als Aufwendungen für die Aufrechterhaltung und Fortführung seiner Geschäftstätigkeit

737 Die Forderungen gegen die Masse sind grundsätzlich bei deren Fälligkeit zu **begleichen**, unabhängig vom gegenwärtigen Stand des Insolvenzverfahrens (Art. 245.2 TRLC). Der Insolvenz-

Internationales Insolvenzrecht – Spanien

verwalter kann hiervon aber absehen und Forderungen gegen die Masse vor Fälligkeit begleichen oder auch erst nachträglich, sofern er dies im Interesse des Insolvenzverfahrens als förderlich erachtet und die Aktivmasse zur Begleichung sämtlicher Forderungen gegen die Masse ausreicht. Dies ist allerdings dann nicht möglich, wenn es sich um Forderungen arbeitsrechtlicher, unterhaltsrechtlicher, steuerrechtlicher oder sozialversicherungsrechtlicher Natur handelt (Art. 245.3 TRLC).

Sofern der Insolvenzverwalter der Meinung ist, dass die **Aktivmasse nicht ausreichend** ist zur Zahlung der Forderungen gegen die Masse, kommt die Zahlungsreihenfolge aus Art. 250 TRLC zur Anwendung, sobald dieser Umstand dem Insolvenzgericht entsprechend mitgeteilt wurde (→ Rn. 1051). 737.1

Die Forderungen gegen die Masse sind gegenüber den Insolvenzforderungen vorrangig zu begleichen (außer den besonders vorrangigen Forderungen, die soweit Vorrang haben gegenüber diesen, wie die Sicherheit reicht, Art. 244 TRLC). Sie unterliegen nicht dem Schuldenerlass oder der Stundung im Falle eines **Vergleichs**, weshalb den Gläubigern von Forderungen gegen die Masse bei den Gläubigerversammlungen kein Stimmrecht zusteht. 738

Forderungen gegen die Masse sind nicht Teil der Aktivmasse, selbst wenn sie in die Gläubigerliste aufgenommen wurden. Auch findet auf sie das **Aufrechnungsverbot** (→ Rn. 530), die Aussetzung der **Verzinsung** (→ Rn. 536) und die Aufhebung des **Zurückbehaltungsrechts** (→ Rn. 539) keine Anwendung. 739

Deshalb führt die unterlassene Begleichung einer Forderung gegen die Masse bei Fälligkeit nicht zur Aussetzung der Verzinsung, des Anfalls eines Zuschlags oder den übrigen Pflichten bei Nichterfüllung (Art. 248.2 TRLC). 739.1

Sie unterliegen auch nicht den Regelungen über die **Anmeldung und Einordnung** der Insolvenzforderungen. Nach Art. 246 TRLC obliegt die Anerkennung von Forderungen gegen die Masse dem Insolvenzverwalter. Klagen, die eine Anerkennung der Forderung gegen die Masse zum Gegenstand haben (unabhängig vom Entstehungszeitpunkt) und deren Eintreibung können nicht im Verfahren zur Anfechtung der Gläubigerliste betrieben werden, sondern vielmehr im insolvenzrechtlichen Nebenverfahren (Art. 247 TRLC und SAP Madrid 83/2016 v. 4.3.2016 – 118/2014). 740

Stuft der Insolvenzverwalter dagegen eine Forderung, von der ausgegangen wird, dass es sich um eine Forderung gegen die Masse handelt, als Insolvenzforderung ein, kann die Gläubigerliste angefochten werden. 740.1

Eine gerichtliche oder verwaltungsrechtliche **Vollstreckung** einer Forderung gegen die Masse ist nach Inkrafttreten des Vergleichs nicht möglich (Art. 248.1 TRLC). 741

Die Forderungen gegen die Masse werden in Art. 242 TRLC aufgezählt. Es handelt sich um eine **abgeschlossene Liste**. Außer im ersten Fall, ist es notwendig, dass die Forderung nach Eröffnung des Insolvenzverfahrens entstanden ist: 742

- **Lohnforderungen** für die letzten 30 Arbeitstage vor der Eröffnung des Insolvenzverfahrens, soweit sie das Zweifache des gesetzlichen berufsübergreifenden Mindestlohns nicht übersteigen. 743

Es handelt sich ausschließlich um Lohnforderungen, nicht um andere arbeitsrechtliche Forderungen (Abfindungen, Einbehalte, Sozialversicherungsbeiträge usw). Ebenso wenig sind entgangene Arbeitsentgelte enthalten (STS 400/2014 v. 24.7.2014 – 2622/2012). 743.1

Die 30 Arbeitstage sind nicht die unmittelbar vor dem Datum des Beschlusses über die Eröffnung des Insolvenzverfahrens angefallenen, sondern die letzten 30 Tage, die der Arbeitnehmer tatsächlich gearbeitet hat. 743.2

Diese Forderungen sind unmittelbar nach Ernennung des Insolvenzverwalters zu bezahlen (Art. 245.1 TRLC). 743.3

- **Verfahrenskosten und -auslagen,** die im Rahmen des Insolvenzverfahrens entstanden sind. 744

Hierbei ist zu differenzieren: einerseits die **Prozesskosten**, die dem Schuldner auferlegt werden; andererseits die Kosten **zulasten** des Insolvenzschuldners oder des Insolvenzverwalters (Rechtsanwaltshonorare, Honorare der Prozessagenten, Gutachterkosten, Gerichtskosten usw), wenn es nicht zur Auferlegung der Kosten kommt. 744.1

Diese Verfahrenskosten und -auslagen müssen in Zusammenhang mit einer der folgenden **Handlungen** angefallen sein: 744.2
- Dem Insolvenzantrag und der Eröffnung des Insolvenzverfahrens.
- Der Anordnung einstweiliger Maßnahmen.

Internationales Insolvenzrecht – Spanien

- Der öffentlichen Bekanntmachung gerichtlicher Entscheidungen, sofern dies im TRLC vorgesehen ist.
- Der Beistand und die Vertretung des Insolvenzschuldners sowie des Insolvenzverwalters während des gesamten Insolvenzverfahrens und der insolvenzrechtlichen Nebenverfahren, allerdings nur dann, wenn seine Beteiligung (des Schuldners und des Insolvenzverwalters) notwendig war oder im Interesse der Masse geschehen ist.

744.3 **Ausgeschlossen** sind die Auslagen und Kosten, die im Rahmen der Einlegung von Rechtsmitteln gegen die Gerichtsbeschlüsse entstanden sind, sofern sie gänzlich oder teilweise abgewiesen wurden unter Auferlegung der Kosten.

744.4 Forderungen gegen die Masse sind nur solche, die bis zum Wirksamwerden des Vergleichs oder im Falle der Verwertung bis zum Abschluss des Insolvenzverfahrens entstehen.

744.5 Nicht der gesamte **Betrag** der Auslagen und Kosten ist als Forderung gegen die Masse anzusehen:
- Nach STS 399/2014 v. 21.7.2014 (495/2013) finden im Falle einer Auferlegung der Kosten hinsichtlich der Bestimmung der Forderung gegen die Masse nicht die Honorarvorgaben der Rechtsanwaltskammer Anwendung. Vielmehr bestimmt sich der Wert anhand einer Vielzahl von Kriterien, wie den Streitwert, die Komplexität der Angelegenheit, die Gründe für die Einlegung der Rechtsmittel, die Art und der Umfang der eingereichten Schriftsätze sowie die Mitwirkung anderer Berufsträger im Rahmen des Verfahrens.
- Sofern die Kosten niemandem auferlegt werden, legt das Urteil fest, dass eine Honorarvereinbarung zwischen dem Rechtsanwalt und dem Mandanten (Insolvenzschuldner oder Insolvenzverwalter) nicht bindend ist hinsichtlich der Bestimmung der Forderung gegen die Masse. Ebenso wenig sind die Vorgaben der Rechtsanwaltskammer verbindlich. Es sind verschiedene Umstände zu betrachten, wie etwa die Schwierigkeit der durchgeführten Arbeit. Als Orientierung zur Bestimmung der Anwaltshonorare dienen die Honorare des Insolvenzverwalters.

744.6 Jedenfalls werden nur die **notwendigen** Kosten als Forderungen gegen die Masse eingestuft, nicht aber schlichtweg alle. Hierbei ist eine restriktive Auslegung geboten.

745 • **Verfahrenskosten und -auslagen,** die im Rahmen anderer als dem Insolvenzverfahren geführter Verfahren entstanden sind.

745.1 Es handelt sich hierbei um die Verfahrenskosten und -auslagen, die durch den Beistand und die Vertretung des Insolvenzschuldners, des Insolvenzverwalters oder berechtigter Gläubiger in den Gerichtsverfahren entstanden sind, die im Interesse der Masse fortgeführt oder eingeleitet werden. Der Hinweise auf die Gläubiger bezieht sich auf die Fälle, in denen diese im Namen des Schuldners oder im Namen des Insolvenzverwalters im Interesse der Masse klagen (→ Rn. 504, → Rn. 643).

745.2 Ebenfalls gelten als Forderungen gegen die Masse die Kosten sofern den Schuldner eine Kostentragungspflicht trifft infolge der Abweisung einer von ihm mit Zustimmung des Insolvenzverwalters eingereichten Klage (oder den entsprechenden Rechtsmitteln).

745.3 Wird beispielsweise über das Vermögen einer Gesellschaft, die Klägerin in einem Feststellungsverfahren ist, das Insolvenzverfahren eröffnet und wird die Klage nach Verfahrenseröffnung unter Auferlegung der Kosten abgewiesen, sind diese Kosten als Forderungen gegen die Masse anzusehen; gleiches gilt für die nach der Eröffnung des Insolvenzverfahrens angefallenen Anwaltskosten (STS 418/2017 v. 30.6.2017 – 3155/2014).

746 • Die **Vergütung des Insolvenzverwalters** (→ Rn. 407) und die Kosten für die **Verwaltung und Verwertung** der Aktivmasse während des Insolvenzverfahrens.

747 • **Unterhaltsforderungen** (→ Rn. 479), wobei diese bestimmten Beschränkungen unterliegen.

747.1 Wurde das Bestehen eines Unterhaltsanspruchs nach der Eröffnung des Insolvenzverfahrens festgestellt, sei es durch den Insolvenzverwalter, durch das Insolvenzgericht oder durch das Familiengericht, so handelt es sich bei diesen Forderungen vollständig um solche gegen die Masse. Wurde dessen Bestehen bereits zuvor mittels Beschlusses festgestellt, so entscheidet das Insolvenzgericht darüber, welcher Teil der Forderung als Forderung gegen die Masse anzusehen ist; der Rest gilt als gewöhnliche Insolvenzforderung (Art. 124.3 TRLC). Unterhaltsansprüche, die vor Eröffnung des Insolvenzverfahrens entstehen, sind immer Insolvenzforderungen.

748 • Forderungen, die durch die Ausübung der **beruflichen und unternehmerischen Tätigkeit** des Schuldners nach Eröffnung des Insolvenzverfahrens (→ Rn. 595) entstanden sind, bis das Insolvenzgericht die Einstellung der Tätigkeit verfügt oder die Beendigung des Insolvenzverfahrens beschließt, einschließlich arbeitsrechtlicher Forderungen während dieses Zeitraums und solche aus Kündigungen oder Vertragsauflösungen nach der Eröffnung des Insolvenzverfahrens.

748.1 Der Begriff der Forderungen gegen die Masse ist hierbei weit auszulegen, um die Geschäftstätigkeit des Schuldners zu fördern.

Internationales Insolvenzrecht – Spanien

Nur nach Eröffnung des Insolvenzverfahrens entstandene Forderungen sind solche gegen die Masse. Bei **entgangenen Lohnzahlungen** ist deren Entstehungszeitraum maßgeblich und nicht der Zeitpunkt des Urteils, welches die Kündigung als unwirksam erklärt (STS 400/2014 v. 24.7.2014 – 2622/2012). 748.2

Forderungen gegen die Masse sind auch solche, die während der Laufzeit des Insolvenzvergleichs anfallen, sofern das Insolvenzverfahren mangels Erfüllung des Vergleichs erneut eröffnet wird. 748.3

- Forderungen, die bisher unerfüllten Leistungspflichten des Insolvenzschuldners aufgrund derjenigen **Verträge mit gegenseitigen Verpflichtungen** (→ Rn. 548) entspringen, welche nach Eröffnung des Insolvenzverfahrens wirksam bleiben sowie solche aus Rückgewähr- und Entschädigungspflichten im Falle der Vertragsauflösung im Interesse des Insolvenzverfahrens oder der Nichterfüllung durch den Insolvenzschuldner nach der Eröffnung des Insolvenzverfahrens. 749

Die Eröffnung des Insolvenzverfahrens alleine beeinträchtigt nicht die Wirksamkeit von Verträgen mit gegenseitigen Verpflichtungen, deren Erfüllung sowohl durch den Insolvenzschuldner als auch durch die andere Partei noch aussteht. Leistungen, zu denen der Schuldner verpflichtet ist, erfolgen zulasten der Masse (Art. 158 TRLC) (→ Rn. 548). 749.1

Diese Verträge können im Interesse des Insolvenzverfahrens (→ Rn. 550) oder aufgrund der Nichterfüllung (→ Rn. 551) seitens des Insolvenzschuldners aufgelöst werden. In bestimmten Fällen werden die Rückgabe- und Schadensersatzansprüche dann als Forderungen gegen die Masse eingestuft. 749.2

- Forderungen aus der Ablösung von **Verbindlichkeiten mit dinglicher Sicherheit**. 750

In bestimmten Fällen (→ Rn. 621) kann der Insolvenzverwalter den Gläubigern mit besonders vorrangigen Forderungen mitteilen, dass er sich für eine Zahlung zulasten der Masse entschieden hat, um die Ablösung von belasteten Gütern und Rechten zu verhindern; in diesem Fall werden die ausstehenden und zukünftigen Forderungen zu Forderungen gegen die Masse. 750.1

- Forderungen aufgrund von Zahlungen im Rahmen von **wiederaufgenommenen Verträgen** (→ Rn. 554). 751

Der Insolvenzverwalter kann bestimmte Verträge (wie Darlehensverträge, Ratenzahlungskaufverträge oder Mietverträge) wiederaufleben lassen, obwohl sie aufgrund einer Nichterfüllung gekündigt wurden. Die gegenwärtig oder künftig geschuldeten Leistungen des Insolvenzschuldners hieraus gelten dann als Forderungen gegen die Masse. 751.1

- Forderungen aufgrund von Rückgabeansprüchen gegen den Schuldner infolge der Erhebung einer **Aufhebungsklage** (→ Rn. 649). 752

Sofern der Aufhebungsklage stattgegeben wird, hat der Schuldner sämtliche ihm erbrachte Leistungen zu erstatten. Dieser Erstattungsanspruch wird als Forderung gegen die Masse eingestuft, es sei denn der Gläubiger war bösgläubig. 752.1

- Forderungen aufgrund von **Verträgen,** die wirksam während des Insolvenzverfahrens vom Insolvenzverwalter **abgeschlossen** wurden oder vom Schuldner mit Genehmigung des erstgenannten. 753
- Forderungen aufgrund **gesetzlicher Verpflichtungen oder außervertraglicher Haftung** des Schuldners, welche nach Eröffnung des Insolvenzverfahrens entstanden sind. Diese umfassen insbesondere Steuerschulden (→ Rn. 1138) und Schulden gegenüber der Sozialversicherung. 754

Steuerschulden entstehen grundsätzlich mit dem Eintritt des Steuertatbestands (STS 589/2009 v. 20.9.2009 – 202/2007) unabhängig davon, wann die Steuererklärung eingereicht wird (STS 590/2009 v. 1.9.2009 – 253/2007). Schulden aufgrund von Steuereinbehalten entstehen grundsätzlich im Moment der Zahlung der Einkünfte, die einer Steuereinbehaltung unterliegen, selbst wenn diese Einkünfte bereits vorher fällig waren (STS 436/2018 v. 11.7.2018 – 2933/2015). 754.1

- Forderungen durch Einzahlung von neuen Geldmitteln (**fresh money**). Es handelt sich um Forderungen, die neue Geldmittel bringen im Rahmen einer Refinanzierungsvereinbarung (→ Rn. 57) (gerichtlich zugelassen, individuell oder kollektiv) bis zu 50 % ihres Betrags (die übrigen 50 % sind allgemein vorrangige Forderungen, → Rn. 724), es sei denn der Gläubiger ist oder war eine Person, die zum Schuldner in einem besonderen Verhältnis steht (→ Rn. 733) (Art. 704 TRLC). 755
- Forderungen zugunsten des Schuldners vor Eröffnung der Verwertungsphase im Rahmen eines gerichtlich genehmigten **Insolvenzvergleichs** zur Finanzierung eines Durchführbarkeitsplans (→ Rn. 816), sofern die Vereinbarung nicht erfüllt wurde und nachträglich die Verwertungsphase geöffnet wird, zu 100 % des Betrags. Ausgenommen sind solche Forderungen, die während 756

757 • **Sonstige Forderungen,** die das TRLC ausdrücklich als Forderungen gegen die Masse ansieht.

VII. Abschlussbericht des Insolvenzverwalters

1. Inhalt

758   Der Abschlussbericht ist vom Insolvenzverwalter bei Beendigung der allgemeinen Insolvenzphase zu erstellen und enthält das Ergebnis sämtlicher Insolvenzhandlungen, insbesondere die Bestimmung der Aktivmasse (mittels des Inventars) und der Passivmasse (mittels der Gläubigerliste). Er dient dazu, die Vermögenswerte zu bestimmen, die im Rahmen der Verwertungsphase verwertet werden sowie die Gläubiger, die während der Vergleichsphase oder der Verwertungsphase befriedigt werden.

759   Der Bericht des Insolvenzverwalters muss folgenden **Inhalt** haben (Art. 292 TRLC):
- Die Analyse des Schuldnerberichts (→ Rn. 760), welcher zusammen mit dem Insolvenzantrag einzureichen ist bzw. nach der Eröffnung des Insolvenzverfahrens, sofern es sich um ein unfreiwilliges Insolvenzverfahren handelt (→ Rn. 269)
- Darstellung des Stands der Buchführung des Schuldners und Beurteilung der vom Schuldner vorgelegten Buchhaltungsunterlagen, die zusammen mit dem Insolvenzantrag einzureichen sind bzw. nach der Eröffnung des Insolvenzverfahrens, sofern es sich um ein unfreiwilliges Insolvenzverfahren handelt (→ Rn. 269)
- Eine Zusammenfassung der wichtigsten Entscheidungen und Maßnahmen des Insolvenzverwalters
- Eine begründete Darstellung der finanziellen Situation des Schuldners sowie aller Daten und Umstände, die für die Abwicklung des Insolvenzverfahrens relevant sein könnten (zB Angebote zum Kauf einer Unternehmenseinheit oder Arbeitsregulierungsverfahren).

760   Dem Bericht sind die folgenden zusätzlichen Unterlagen **beizufügen** (Art. 293 TRLC):
- Das Inventar der Aktivmasse (→ Rn. 761) (einschließlich einer Übersicht über anhängige Verfahren und der zu erhebenden Anfechtungsklagen, → Rn. 633)
- Die Gläubigerliste (→ Rn. 766) (die Informationen über die Forderungen gegen die Masse als Anlage enthalten muss, → Rn. 770)
- Sofern in der Aktivmasse ein Unternehmen enthalten ist: Bewertung des Unternehmens sowie jeder einzelnen Unternehmenseinheit unter Berücksichtigung der zwei Handlungsalternativen: Fortführung oder Verwertung
- Die schriftliche Stellungnahme zu den Vergleichsvorschlägen (sofern diese bereits vorliegen, → Rn. 866)
- Der Verwertungsplan (sofern die Verwertungsphase bereits vorher eröffnet wurde, → Rn. 924)
- Ggf. der Nachweis über die Einleitung eines Arbeitsregulierungsverfahrens (→ Rn. 558).

2. Das Inventar der Aktivmasse

761   Das Inventar der Aktivmasse (→ Rn. 583) ist vom Insolvenzverwalter anzufertigen und dem Bericht als Anhang beizufügen. Es enthält eine Auflistung (→ Rn. 762) und Bewertung (→ Rn. 763) sämtlicher Gegenstände und Rechte, die sich zum **Stichtag,** dh am Tag vor der Einreichung des Berichts des Insolvenzverwalters in der Aktivmasse des Schuldners befinden (Art. 198.1 TRLC).

761.1   Im Falle eines verkürzten Insolvenzverfahrens muss der Insolvenzverwalter innerhalb von 15 Tagen ab der Annahme seines Amtes ein vorläufiges Inventar erstellen (→ Rn. 327) (Art. 525.1 TRLC). Dieses vorläufige Inventar kann nicht angefochten werden.

762   Zunächst muss dieses eine **Auflistung** sämtlicher Gegenstände und Rechte der Aktivmasse enthalten, wobei jeweils folgende Informationen anzugeben sind (Art. 199 TRLC):
- Art des Gegenstands oder Rechts
- Die besonderen Umstände
- Der Belegenheitsort
- Sofern vorhanden, die Registerdaten
- Informationen über Belastungen auf den Gegenständen oder Rechten (zugunsten eines Gläubigers oder eines Dritten) unter Angabe der Art der Belastung und der Registerdaten.

Internationales Insolvenzrecht – Spanien

Ist der Insolvenzschuldner im Güterstand der Errungenschaftsgemeinschaft oder einer anderen Form der Gütergemeinschaft **verheiratet** so sind sowohl die im Alleineigentum wie auch die im Gemeineigentum stehenden Gegenstände und Rechte in das Inventar aufzunehmen, sofern diese zur Haftung des Schuldners herangezogen werden können (Art. 198.2 TRLC). 762.1

Ausgenommen sind die **Gegenstände, die im Eigentum einer anderen Person** stehen, an denen der Schuldner aber ein Nutzungsrecht hat. Ausgenommen sind Finanzierungsleasings (Art. 198.3 TRLC). 762.2

Sind in der Aktivmasse eine oder mehrere **Unternehmenseinheiten** vorhanden, sind diese im Anhang zum Inventar zu beschreiben und zu erklären, aus welchen Vermögenswerten und Rechte der Aktivmasse diese bestehen. Als Unternehmenseinheit gilt eine Einheit von organisatorischen Mitteln zur Ausübung einer wirtschaftlichen Haupt- oder Nebentätigkeit (Art. 200 TRLC). 762.3

Die **Bewertung** jedes einzelnen Gegenstands und Rechts richtet sich nach dem jeweiligen Marktwert zum Stichtag (→ Rn. 767) (Art. 201.1 TRLC). Hiervon abzuziehen (und im Inventar anzugeben) sind (Art. 201.2 TRLC): 763
- Dauerhafte, zeitlich begrenzte und abzahlbare Belastungen, die einen Vermögensgegenstand unmittelbar beeinträchtigen und Auswirkungen auf seinen Wert haben
- Dingliche Sicherheiten und Pfändungen, die Forderungen absichern, die nicht in die Passivmasse fallen (dh von Dritten). Keine Berücksichtigung bei Bewertung finden dagegen dingliche Sicherheiten, die eine Forderung in der Passivmasse sichern.

Dem Inventar sind folgende Unterlagen beizufügen (Art. 202 TRLC): 764
- Eine Auflistung sämtlicher anhängiger **Gerichtsverfahren,** deren Ausgang Einfluss auf die Aktivmasse haben kann
- Eine Auflistung sämtlicher **Klagen zur Rückgängigmachung von Verfügungen** (→ Rn. 633), die nach Ansicht des Insolvenzverwalters zu erheben sind.

In beiden Auflistungen sind daneben noch die Durchführbarkeit, Risiken, Kosten und Möglichkeit der Finanzierung der Verfahren zu bezeichnen. 764.1

Bei der Erstellung des Inventars kann der Insolvenzverwalter auch einen oder mehrere **unabhängige Sachverständige** zu Rate ziehen, sofern er dies für notwendig erachtet (Art. 203 TRLC). Ziel dieser Beratung kann sein: 765
- Die Bewertung der Gegenstände und Rechte, die die Aktivmasse ausmachen
- Die Analyse der Durchführbarkeit der Gerichtsverfahren und Aufhebungsklagen, die Einfluss auf die Aktivmasse haben kann.

Die unabhängigen Sachverständigen werden auf Antrag des Insolvenzverwalters vom Gericht **ernannt.** Im Ernennungsbeschluss, welcher unanfechtbar ist, müssen die Daten des Sachverständigen genannt werden sowie die Konditionen. Seine **Vergütung** hat der Insolvenzverwalter zulasten seiner eigenen Vergütung zu begleichen. 765.1

Für die unabhängigen Sachverständigen gelten ebenfalls die **Regelungen** über Unvereinbarkeit (→ Rn. 381), Verbote (→ Rn. 386), Ablehnung (→ Rn. 390) und Haftung (→ Rn. 429), die auch für die Insolvenzverwalter gelten. Allerdings sind diese nicht zur Rechnungslegung (→ Rn. 1038) verpflichtet. 765.2

Der **Sachverständigenbericht** (und eine Übersicht über dessen Vergütung) ist dem Inventar beizufügen. 765.3

3. Gläubigerliste

Bei der **Gläubigerliste,** welche vom Insolvenzverwalter anzufertigen ist, handelt es sich um das zweite Dokument, welches dem Bericht des Insolvenzverwalters beizufügen ist. Sie enthält eine Aufstellung der anerkannten (→ Rn. 673) und nicht anerkannten Insolvenzforderungen (→ Rn. 654) sowie eine gesonderte Übersicht über die Forderungen gegen die Masse (→ Rn. 736). 766

Gemäß Art. 285 TRLC ist die Gläubigerliste auf das **Datum** des Insolvenzantrags zu datieren, obgleich es sinnvoller erscheint, das Datum der Eröffnung des Insolvenzverfahrens heranzuziehen. 767

Die Aufstellung **der anerkannten Insolvenzforderungen** muss jeweils enthalten (Art. 286.1 TRLC): 768
- Die persönlichen Daten des Gläubigers
- Den Ursprung der Forderung
- Die Höhe der Hauptforderung sowie etwaiger Zinsen
- Den Entstehungs- und Fälligkeitszeitpunkt der Forderung
- Information über das Bestehen persönlicher oder dinglicher Sicherheiten (und, im Falle dinglicher Sicherheiten, den Wert des betroffenen Vermögensgegenstands gemäß Inventar)
- Den Rang der Forderung (→ Rn. 695)

Internationales Insolvenzrecht – Spanien

- Bei vorrangigen Forderungen, die Art der Forderung (arbeitsrechtlich, öffentlich-rechtliche Forderungen, Finanzverbindlichkeiten oder sonstige) (Art. 287 TRLC) (→ Rn. 696)
- Den Charakter als bedingte oder eventuale Forderung
- Darlegung etwaiger Unstimmigkeiten zwischen der Forderungsanmeldung und der durch den Insolvenzverwalter vorgenommenen Forderungsanerkennung (Art. 286.3 TRLC).

768.1 Ist der Schuldner im Güterstand der Errungenschaftsgemeinschaft oder einer anderen Form der Gütergemeinschaft **verheiratet,** ist zwischen den Forderungen für die lediglich der Schuldner mit seinem Privatvermögen haftet und denjenigen für die das Gesamtvermögen haftet zu unterscheiden (Art. 286.4 TRLC).

769 Die **Übersicht der nicht anerkannten Forderungen** muss enthalten (Art. 286.2 TRLC):
- Die persönlichen Daten des Gläubigers
- Die Gründe für die Nichtanerkennung der Forderung.

770 Der Gläubigerliste ist eine **Liste über die offenen Forderungen gegen die Masse** beizufügen, die enthalten muss (Art. 288 TRLC).
- Die persönlichen Daten des Gläubigers
- Die Art der Forderung
- Die Höhe der Forderung
- Den Fälligkeitszeitpunkt.

770.1 Da die Liste der Forderungen gegen die Masse nicht Teil der Gläubigerliste ist, muss diese auf andere Weise angefochten werden (→ Rn. 740).

771 Während die Einbeziehung eines Gegenstands oder Rechtes in das Inventar lediglich informativen Charakter hat und nur innerhalb des Insolvenzverfahrens gilt, entspricht die Einbeziehung einer Forderung in die Gläubigerliste einem statthaften Urteil (Art. 484.2 TRLC). Allerdings führt die Nichteinbeziehung einer Forderung in die Gläubigerliste nicht zu ihrem Erlöschen. Die Forderung wird dann nur nicht im Rahmen des Insolvenzverfahrens beglichen.

4. Vorläufiger Bericht

772 Der Bericht des Insolvenzverwalters durchläuft mehrere **Phasen** bevor er seine endgültige Fassung erreicht hat. Kurz gesagt, der Insolvenzverwalter übermittelt zunächst einen Entwurf (→ Rn. 774); nach den notwendigen Korrekturen reicht er den vorläufigen Bericht ein (→ Rn. 776); gegen das vorläufige Inventar und die vorläufige Gläubigerliste kann Widerspruch eingelegt werden (→ Rn. 777). Nach dem Beschluss hierüber sind das endgültige Inventar und die endgültige Gläubigerliste (→ Rn. 785) einzureichen, die allerdings weiterhin Änderungen zugänglich sind (→ Rn. 792).

773 Die **Frist** zur Einreichung des vorläufigen Berichts beim zuständigen Insolvenzgericht beträgt zwei Monate (einen Monat im Falle des verkürzten Insolvenzverfahrens) ab dem Moment, in dem der Insolvenzverwalter sein Amt annimmt (Art. 290 und 525.3 TRLC).

773.1 Im gewöhnlichen Insolvenzverfahren **verlängert** sich die Frist automatisch um fünf Tage nach Ende der Frist zur Forderungsanmeldung (→ Rn. 664) nach dem Fristablauf für die Einreichung des Berichts endet (Art. 291.1 TRLC).

773.2 Auch das Gericht kann die Frist im gewöhnlichen Insolvenzverfahren in drei Fällen auf Antrag des Insolvenzverwalters hin **verlängern,** wenn:
- außergewöhnliche Umstände vorliegen. Die Frist kann um höchstens zwei Monate verlängert werden (Art. 291.2 TRLC).
- mehr als 2.000 Gläubiger existieren. Dann kann die Frist um höchstens vier Monate verlängert werden (Art. 291.3 TRLC).

773.3 Im verkürzten Insolvenzverfahren kann das Gericht eine Verlängerung der Frist um 15 Tage anordnen, sofern ein Rechtfertigungsgrund hierfür vorliegt (Art. 525.3 TRLC).

773.4 Bei **Nichteinhaltung** der Frist, kann sich eine persönliche Haftung des Insolvenzverwalters ergeben (→ Rn. 429) und ein Grund für seine Abberufung (→ Rn. 444). In jedem Fall verliert er seinen Vergütungsanspruch und hat die bereits an ihn gezahlte Vergütung zu erstatten (Art. 296 TRLC).

774 Mindestens zehn Tage vor der Einreichung des vorläufigen Berichts beim Insolvenzgericht, muss der Insolvenzverwalter einen **Entwurf** des Inventars und der Gläubigerliste auf elektronischem Wege an den Schuldner sowie an diejenigen Personen, die ihre Forderung angemeldet haben und deren E-Mail-Adresse bekannt ist (selbst wenn sie nicht in der Gläubigerliste aufgenommen sind) zustellen. Hierbei ist auch die Frist zur Einreichung des Berichts beim Insolvenzgericht anzugeben (Art. 289.1 TRLC).

Internationales Insolvenzrecht – Spanien

Diese Mitteilung ist zusammen mit ihren Anlagen auch im öffentlichen Insolvenzregister zu veröffentlichen. **774.1**

Mindestens drei Tage vor Einreichung des vorläufigen Berichts beim Insolvenzgericht, können **775**
der Schuldner und die Gläubiger beim Insolvenzverwalter auf elektronischem Wege die **Berichtigung von Fehlern** beantragen oder die Vervollständigung der Daten im Inventar oder der Gläubigerliste (Art. 289.2 TRLC).

Der Insolvenzverwalter muss dem Schuldner sowie den Gläubiger auf elektronischem Wege die Liste **775.1**
mit erhaltenen Berichtigungs- oder Vervollständigungsanträgen zustellen und diese ebenfalls im öffentlichen Insolvenzregister veröffentlichen.

Anschließend muss der Insolvenzverwalter dem Insolvenzgericht den vorläufigen Bericht **einreichen**. Diese Einreichung ist den Beteiligten **zuzustellen** und im öffentlichen Insolvenzregister **776**
zu **veröffentlichen,** sowie an der Gerichtstafel auszuhängen. Der Insolvenzverwalter muss darüber hinaus sämtlichen Personen, die ihre Forderung angemeldet haben und deren E-Mail-Adressen vorliegen, eine Kopie des vorläufigen Berichts samt Anlagen **mitteilen,** selbst wenn diese Personen nicht in die Gläubigerliste aufgenommen wurden (Art. 294 TRLC).

Hier ist genau der Zeitpunkt der Zustellung an die betroffenen Personen vom Zeitpunkt der öffentlichen **776.1**
Bekanntmachung und der Mitteilung zu unterscheiden. Die ersten beiden sind hinsichtlich der Anfechtung des vorläufigen Berichts des Insolvenzverwalters relevant (→ Rn. 780).

Das Gericht kann weitere Veröffentlichungsmethoden anordnen (Art. 294.3 TRLC). **776.2**

Jeder Beteiligte im Insolvenzverfahren kann auf seine Kosten die unverzügliche Übermittlung einer **776.3**
Kopie des Berichts und seiner Anlagen beantragen (Art. 295 TRLC). Der Antrag muss nicht persönlich gestellt werden, sondern durch einen Rechtsanwalt oder Prozessvertreter (Art. 512.2 TRLC).

5. Anfechtung des vorläufigen Inventars und der vorläufigen Gläubigerliste

Der vorläufige Bericht kann selbst nicht angefochten werden. Nur das Inventar und die Gläubigerliste, welche dem Bericht als Anlagen beizufügen sind, können Gegenstand einer Anfechtung sein. **777**

Aktivlegitimiert sind die im Insolvenzverfahren Beteiligten (Schuldner und Gläubiger). Auch **778**
ein Beitritt zum Verfahren und eine Anfechtung sind zeitgleich möglich (Art. 297.1 TRLC).

Die Anfechtung kann folgende **Ziele** verfolgen (Art. 298 TRLC): **779**
- Hinsichtlich des Inventars die Einbeziehung oder den Ausschluss von Gegenständen oder Rechten sowie die Herauf- oder Herabsetzung deren Bewertung
- Hinsichtlich der Gläubigerliste die Einbeziehung oder den Ausschluss von Insolvenzforderungen, wie auch die Anfechtung ihrer Werte und Einordnung.

Die **Anfechtungsfrist** beträgt zehn Tage ab (Art. 297.2 TRLC): **780**
- der Zustellung der Einreichung des vorläufigen Berichts (→ Rn. 776), sofern an den Anfechtenden zugestellt wurde
- der letzten Veröffentlichung des vorläufigen Berichts (→ Rn. 776), sofern der Anfechtende die Zustellung nicht erhalten hat.

Es handelt sich um eine **Ausschlussfrist,** sodass eine nicht fristgemäße Anfechtung des Inventars **781**
oder der vorläufigen Gläubigerliste dazu führt, dass die Änderung dieser Unterlagen nicht mehr beantragt werden kann. Allerdings können die vom Gericht vorgenommenen Änderungen noch auf andere Weise angefochten werden (Art. 299 TRLC).

Ficht der Forderungsinhaber, dessen Forderung in der vorläufigen Gläubigerliste als nachrangig **782**
(→ Rn. 726) genannt wird, diese Einordnung nicht fristgemäß an, wird das Gericht unmittelbar das Erlöschen sämtlicher zur Sicherung dieser Forderung auf den Gegenständen und Rechte der Aktivmasse bestellter Sicherheiten beschließen. Ferner wird es die Besitzübertragung anordnen sowie die Löschung der Sicherheiten aus den entsprechenden Registern. Gleiches geschieht, wenn das Gericht die Anfechtung der Einstufung der Forderung als nachrangig abweist (Art. 302.1 TRLC).

Im gewöhnlichen Insolvenzverfahren werden die Anfechtungen mittels Klage erhoben und im **783**
Rahmen des **insolvenzrechtlichen Nebenverfahrens** (→ Rn. 335) behandelt, wobei das Gericht mehrere oder alle zusammenfassen kann. Das Gericht kann die verschiedenen Anfechtungen einheitlich im Rahmen eines einzigen Nebenverfahrens zusammenfassen (Art. 300 TRLC).

Auch im **verkürzten Insolvenzverfahren** werden die Anfechtungen als Klage erhoben. Sie werden **783.1**
aber nicht im Rahmen des insolvenzrechtlichen Nebenverfahrens behandelt, sondern gesondert zusammen mit den übrigen Anfechtungen. Das Gericht übermittelt die Anfechtungen an den Insolvenzverwalter, der

Internationales Insolvenzrecht – Spanien

in innerhalb einer Frist von zehn Tagen darüber zu entscheiden hat, ob er diesen annimmt oder ob hiergegen schriftlich vor Gericht Widerspruch erhebt. Die Anfechtungen, die nicht vom Insolvenzverwalter angenommen wurden, werden gemeinsam im insolvenzrechtlichen Nebenverfahren behandelt (Art. 526 TRLC).

783.2 Eine Liste sämtlicher Anfechtungen und die jeweils mit ihr geltend gemachten Ansprüche sind im öffentlichen Insolvenzregister zu veröffentlichen (Art. 301 TRLC).

784 Grundsätzlich setzen die Anfechtung der vorläufigen Texte die Einleitung der Vergleichs- oder Verwertungsphase aus, bis über sie entschieden wurde. Betreffen die Anfechtungen **weniger als 20 %** der Aktiv- oder Passivmasse (gemäß den vorläufigen Texten) kann das Gericht die Beendigung der allgemeinen Phase und die Eröffnung der Vergleichs- oder Verwertungsphase anordnen und einstweilige Maßnahmen erlassen (zB die Aufhebung oder Gewährung von Stimmrechten in der Gläubigerversammlung, die Rückhaltung bestimmter Zahlungen usw) (Art. 307 TRLC).

6. Endgültige Fassung

785 Sobald über die Anfechtungen der vorläufigen Fassung entschieden wurde, hat der Insolvenzverwalter innerhalb einer **Frist** von fünf Tagen (ab Zustellung des letzten Urteils), die entsprechenden Änderungen vorzunehmen und dem Gericht die endgültige Fassung des Inventars und der Gläubigerliste vorzulegen (Art. 303.1 TRLC).

786 Die endgültige Fassung enthält nicht nur die Änderungen, die Folge einer erfolgreichen Anfechtung sind, sondern auch die Anerkennung der **nicht fristgemäß angemeldeten Forderungen** (→ Rn. 664) (Art. 268 TRLC). In der Tat ist die Anmeldung der Forderung nach Ablauf der Frist zur Anfechtung der Gläubigerliste und bis zur Einreichung der endgültigen Fassung möglich. Diese sind vom Insolvenzverwalter nach den allgemeinen Regeln anzuerkennen, sie werden dann aber als nachrangige Forderungen (→ Rn. 729) eingestuft, es sei denn, der Gläubiger weist nach, dass er nicht um das Bestehen der Forderung vor Ablauf der Anfechtungsfrist wusste. In diesem Fall werden sie nach ihrer Art eingestuft. Der Insolvenzverwalter muss diese Forderungen in der endgültigen Gläubigerliste anerkennen; die Anerkennung oder Nichtanerkennung kann innerhalb einer Frist von zehn Tagen von jedermann angefochten werden. Diese Anfechtung hindert allerdings die Durchführung der Vergleichs- oder Verwertungsphase nicht (Art. 305 TRLC).

786.1 Nur in dem genannten Fall kann die endgültige Fassung **angefochten** werden. Deren Änderung ist allerdings in bestimmten Fällen möglich (→ Rn. 792).

787 Die **endgültige Fassung** muss neben dem endgültigen Inventar und der endgültigen Gläubigerliste auch Hinweise geben über:
- Die Unterschiede zwischen dem vorläufigen und endgültigen Inventar und der vorläufigen und der endgültigen Gläubigerliste (Art. 303.2 TRLC).
- Die verspätet angemeldeten Forderungen (dh nach Ablauf der Anmeldefrist aber noch vor Ablauf der Frist zur Vorlage des endgültigen Berichts) und die hieraus resultierenden Änderungen (→ Rn. 786) (Art. 303.3.1 TRLC).
- Die aktualisierte Liste der entstandenen Forderungen gegen die Masse, sowohl die bereits beglichenen wie auch die noch offenen und deren Fälligkeitszeitpunkte (Art. 303.3.2 TRLC).

788 Die endgültige Fassung ist den Beteiligten am Gericht zur Verfügung zu stellen und sie sind hierüber zu informieren. Darüber hinaus muss der Insolvenzverwalter allen anerkannten Gläubigern, deren E-Mail-Adressen bekannt sind auf elektronischem Wege eine Kopie des endgültigen Berichts am Tag seiner Einreichung zustellen (Art. 304 TRLC).

789 Ergibt sich aus der endgültigen Gläubigerliste, dass nur ein einziger Gläubiger vorhanden ist, wird das Gericht das Insolvenzverfahren durch Beschluss beenden (Art. 303.5 TRLC).

790 Sofern nach der Einreichung der vorläufigen Fassung keine Anfechtungen oder verspäteten Forderungsanmeldungen eingehen (oder werden diese abgelehnt), wird die vorläufige Fassung zur endgültigen. Die Insolvenzverwalter haben diese Fassung dann erneut einzureichen, diesmal als endgültige, zusammen mit der aktualisierten Liste der Forderungen gegen die Masse.

791 Innerhalb einer Frist von 15 Tagen nach Bekanntgabe der endgültigen Fassung (oder innerhalb von 15 Tagen nach Ablauf der Frist zur Anfechtung der vorläufigen Fassung, sofern keine Anfechtung erhoben wurde), hat das Insolvenzgericht per **Beschluss die Beendigung der allgemeinen Phase** und die Eröffnung der Vergleichsphase (→ Rn. 798) zu anzuordnen. Eine Ausnahme besteht dann, wenn die Verwertungsphase (→ Rn. 912) bereits läuft oder der Schuldner die Verwertung beantragt hat. Während der Vergleichsphase bleiben die Wirkungen der Eröffnung des Insolvenzverfahrens für die allgemeine Phase (→ Rn. 453) anwendbar (Art. 306 TRLC).

7. Änderungen der endgültigen Fassung

792 Die Änderung der endgültigen Fassung ist in den folgenden **Fällen** möglich (Art. 308 TRLC):
- Sofern den gegen die Beschlüsse des Insolvenzgerichts eingereichten Rechtmitteln gegen die Anfechtung von Gläubigerlisten stattgegeben wird
- Bei Beschluss über die Anfechtungen der verspätet angemeldeten Forderungen (→ Rn. 786) (es handelt sich um die Anfechtung der endgültigen Fassung)
- Sofern Gerichtsbeschlüsse erlassen werden im Rahmen des Insolvenzverfahrens, aus denen sich die Existenz, die Betragsänderung oder die Rangänderung oder das Erlöschen einer Insolvenzforderung ergibt
- Wenn, nach Einreichung des endgültigen Berichts ein verwaltungsrechtliches Prüfungs- oder Inspektionsverfahren eingeleitet wird oder ein straf- oder arbeitsrechtliches Verfahren, das eine öffentlich-rechtliche Forderung zum Gegenstand hat.
- Wenn bei einer bedingten (→ Rn. 686) oder ungewissen (→ Rn. 687) Forderung die Bedingung nach Einreichung des endgültigen Berichts eintritt.

793 In diesen Fällen handelt es sich nicht um verspätet angemeldete Forderungen, sodass diese nicht zu nachrangigen Forderungen werden. In den ersten drei genannten Fällen wird die Forderung entsprechend des Gerichtsbeschlusses eingeordnet. In den übrigen Fällen anhand der Art der Forderung (Art. 309 TRLC).

793.1 Eine verspätete Forderungsanmeldung mittels der Änderung der endgültigen Fassung ist nicht möglich.

794 Die Änderung der endgültigen Fassung ist auch bei **Änderung oder Austausch des Gläubigers** möglich, zB durch Forderungsabtretung oder Zahlung durch Dritte. Grundsätzlich bleibt die ursprüngliche Einordnung wirksam (Art. 310.1 TRLC), außer in den folgenden Fällen (Art. 310.2 TRLC):
- Arbeitsrechtliche Forderungen: Die Vorrangigkeit (oder die Einordnung als Forderung gegen die Masse, Art. 243 TRLC) bleibt nur bei einem Forderungsübergang auf FOGASA bestehen.
- Öffentliche Forderungen: Die allgemeine Vorrangigkeit bleibt bestehen, sofern es sich bei dem neuen ebenfalls um einen öffentlichen Gläubiger handelt.
- Begleichung durch den Garanten, Bürgen oder Gesamtschuldner. Hier findet die schlechteste Einordnung Anwendung, die dem vorherigen oder neuen Gläubiger entspricht.
- Ist der neue Gläubiger eine Person, die zum Schuldner in einem besonderen Verhältnis steht, findet die schlechteste Einordnung Anwendung, die dem vorherigen oder neuen Gläubiger entspricht.

795 Ist die Änderung der endgültigen Gläubigerliste die Folge eines Gerichtsbeschlusses, der im Insolvenzverfahren ergangen ist, ist diese vom Insolvenzverwalter vorzunehmen, sobald er hierüber Kenntnis erlangt hat (Art. 311.1 TRLC). Im Übrigen kann die Änderung der endgültigen Fassung nur vor der gerichtlichen Genehmigung des Vergleichs (→ Rn. 896) beantragt werden; im Falle der Verwertung, vor der Einreichung des Endberichts des Insolvenzverwalters über die Verwertung (→ Rn. 962) oder der Mitteilung über die Unzulänglichkeit der Aktivmasse zur Begleichung der Forderungen gegen die Masse (→ Rn. 1051) (Art. 311.2 TRLC).

796 Die Änderung ist schriftlich beim Insolvenzverwalter zu beantragen, der diese dem Insolvenzgericht zusammen mit seinem Bericht innerhalb einer Frist von fünf Tagen vorlegt (Art. 311.3 TRLC). Sofern der Insolvenzverwalter die Änderung ablehnt, ist hiergegen ein insolvenzrechtliches Nebenverfahren einzuleiten innerhalb von zehn Tagen zur Anerkennung der Forderung, sodass das Gericht andernfalls den Änderungsantrag ablehnt (Art. 311.4 TRLC); stimmt der Bericht des Insolvenzverwalters zu, werden sämtliche Beteiligte innerhalb einer Frist von zehn Tagen angehört und das Gericht erlässt einen Beschluss über die Annahme der Änderung, sofern hiergegen kein Widerspruch eingereicht wurde (Art. 311.5 TRLC).

797 Die Befassung mit den Änderungsanträgen hindert nicht die Fortführung der Vergleichs- oder Verwertungsphase, dh es mangelt an **aufschiebender Wirkung**. Da die Entscheidung über den Antrag allerdings die Mehrheiten in der Gläubigerversammlung und die Zahlungen im Rahmen des Vergleichs und der Verwertung beeinflussen kann, kann das Gericht einstweilige Maßnahmen anordnen. Jedenfalls beeinflussen die Änderungen der endgültigen Fassung weder die Wirksamkeit des bereits angenommenen Vergleichs noch der vorgenommenen Zahlungen oder Verwertungsmaßnahmen (Art. 312 und 313 TRLC).

797.1 Die vorläufige Vollstreckung des Gerichtsbeschlusses (vor Eintritt der Rechtskraft) bezüglich der Änderung der Gläubigerliste ist möglich (Art. 314 TRLC).

Internationales Insolvenzrecht – Spanien

VIII. Insolvenzvergleich

1. Konzept

798 Der Vergleich ist eine Möglichkeit zur Lösung eines Insolvenzverfahrens, als Alternative zur Verwertung (→ Rn. 912). Die Vergleichsphase beginnt ab Beendigung der allgemeinen Phase, also sobald Aktiv- und Passivmasse im Bericht des Insolvenzverwalters (→ Rn. 758) festgestellt wurden. Allerdings besteht auch die Möglichkeit eines vorgezogenen Vergleichsvorschlags (→ Rn. 841) während der allgemeinen Phase (ein solcher Vorschlag kann auch zusammen mit einem Insolvenzantrag eingereicht werden, → Rn. 854).

798.1 Vergleich und Verwertung sind nicht **kompatibel**. Daher kann ein Vergleichsvorschlag auch nicht eingereicht werden, sobald die Verwertung begonnen hat, zB weil der Schuldner dies beantragt hat, wozu er zu jedem Zeitpunkt berechtigt ist (Art. 315.2 TRLC).

799 Da der Vergleich in der Regel die Fortführung der unternehmerischen oder beruflichen Tätigkeit des Schuldners zulässt (er ist aber auch für Schuldner zugänglich, die keine unternehmerische oder berufliche Tätigkeit ausüben) und in der Praxis eine bessere Befriedigung der Insolvenzforderungen bietet als die Verwertung, ist der Vergleich das vom Gesetz **bevorzugte** Mittel zur Lösung eines Insolvenzverfahrens. Nur wenn der Vergleich scheitert (zB weil die notwendige Mehrheit der Gläubiger nicht zustimmt oder der Schuldner selbst den Vergleich ablehnt), kommt es zur Eröffnung der Verwertungsphase. Sobald diese eröffnet wurde, ist eine Rückkehr zur Vergleichsphase nicht mehr möglich.

799.1 Allerdings enden in der Praxis nur 7,5 % aller Insolvenzverfahren mit einem Vergleich, der tatsächlich erfüllt wird.

800 Der **Vergleich** stellt ein zweiseitiges Rechtsgeschäft dar, das aus dem Vergleichsvorschlag des Schuldners oder seiner Gläubiger (→ Rn. 802) und der Annahme durch Beitritt der Mehrheit der Gläubiger oder dessen Zustimmung in der Gläubigerversammlung (→ Rn. 824) zustande kommt. Zusätzlich bedarf es der Genehmigung des Gerichts nach Überprüfung der rechtlichen Zulässigkeit (→ Rn. 885). Der Vergleich zielt darauf ab, die Insolvenz zu lösen, etwa durch die Vereinbarung von Schuldenerlässen und/oder Stundungen sowie ggf. anderen Maßnahmen (→ Rn. 804). Die Rolle des Insolvenzverwalters beim Vergleich ist eher gering, obgleich er den Vergleich bewerten soll und ihn anfechten kann. Seine Zustimmung ist allerdings entbehrlich.

801 Dem Vergleich kommt eine **Novationswirkung** zu, da dieser die bestehende Rechtsbeziehung zwischen dem Schuldner und seinen Gläubigern abändert. So kann dieser die Höhe der Forderungen mindern (Schuldenerlass), die Zahlungsfristen verlängern (Stundungen), Forderungen zum Erlöschen bringen (Überlassung an Zahlung statt), Forderungen umwandeln (zB durch Umwandlung in Kapital) oder andere Restrukturierungsmaßnahmen vorsehen (wie beispielsweise die Veräußerung einer Unternehmenseinheit, → Rn. 814). Diese Novationswirkung tritt nicht nur in Bezug auf die Gläubiger ein, die für den Vergleich gestimmt haben, sondern auch für jene, die dagegen gestimmt haben mit einigen Ausnahmen (→ Rn. 902). Dies gilt aber nur solange, wie der Vergleich erfüllt wird. Diese Wirkung entfällt rückwirkend, sofern der Vergleich infolge einer Nichterfüllung aufgehoben wird (→ Rn. 909).

2. Allgemeine Regelungen für Vergleichsvorschläge

802 Der **Vergleichsvorschlag** ist eine Willenserklärung des Schuldners gegenüber seiner Gläubiger oder aber eines Gläubigers oder mehrerer Gläubiger gegenüber dem Schuldner sowie den übrigen Gläubigern. Inhalt ist der Vorschlag zum Abschluss eines Vergleichs mit einem bestimmten Inhalt. Es handelt sich um ein formelles Vergleichsangebot. Der Vorschlag kann angenommen oder abgelehnt werden. Sobald dieser angenommen wurde, sind Widerruf oder Änderung ausgeschlossen (Art. 346 TRLC).

802.1 Der Schuldner kann sich allerdings gegen die Vorschläge stellen (einschließlich gegen seinen eigenen Vorschlag) und jederzeit die Verwertung beantragen, die vom Gericht dann unverzüglich anzuordnen ist.

803 Der Vergleichsvorschlag ist beim zuständigen Insolvenzgericht **schriftlich** einzureichen, wobei zu bezeichnen ist, wer den Vorschlag einreicht, also der Schuldner, Gläubiger selbst oder aber durch ihre Vertreter mit Spezialvollmacht (in notarieller Form oder zu Akten des Gerichts). Legt der Vorschlag den Gläubigern oder Dritten Verpflichtungen auf (zB Zahlungsverpflichtungen, Verpflichtungen zur Sicherheitsleistung oder Finanzierungspflichten) ist der Vorschlag ebenfalls

Internationales Insolvenzrecht – Spanien

von den Betroffenen zu unterzeichnen, auch wenn es sich lediglich um Alternativvorschläge handelt oder die annehmenden Personen anders behandelt werden. Die Unterschriften und der Nachweis der Vertretungsbefugnis des Unterzeichneten sind notariell oder gerichtlich zu beglaubigen. Die notarielle Beurkundung ist nicht notwendig (Art. 316 TRLC).

Bezüglich des **Inhalts** des Vergleichsvorschlags ist zwischen dem notwendigen Inhalt (→ Rn. 805), dem freiwilligem Inhalt (→ Rn. 808), dem alternativem Inhalt (→ Rn. 817) und dem verbotenen Inhalt (→ Rn. 822) zu differenzieren. 804

Der Vergleichsvorschlag muss zwingend Schuldenerlässe und/oder Stundungen enthalten (Art. 317.1 TRLC): 805
- **Schuldenerlässe** sind Minderungen der Höhe der Forderungen. Das Gesetz sieht keine Höchstgrenze vor. Allerdings können diese nicht bei 100 % liegen, da es sich andernfalls um einen Forderungsverzicht handeln würde.
- **Stundungen** sind Verschiebungen der Fälligkeit der Forderungen. Die Höchstfrist liegt bei zehn Jahren. Häufig wird während dieser Zeit auf eine Verzinsung verzichtet.

Entgegen des Gesetzeswortlauts werden in der Praxis allerdings auch Vergleichsvorschläge zugelassen, die keine Schuldenerlässe oder Stundungen vorsehen. 805.1

Schuldenerlässe und Stundungen gelten für gewöhnliche Forderungen und nachrangige. Eine Benachteiligung der zuletzt genannten ist nicht möglich (STS 50/2013 v. 19.2.2013 – 1752/2010). Allerdings beginnt die Stundung der nachrangigen Forderungen erst ab vollständiger Erfüllung der Vereinbarung bezüglich der Gläubiger gewöhnlicher Forderungen (Art. 396.2 TRLC). 806

Dem Vergleichsvorschlag ist ein **Zahlungsplan** beizufügen, der eine Aussage über die Mittel zur Erfüllung des Vergleichs trifft, einschließlich einer möglichen Veräußerung von Vermögensgegenständen der Aktivmasse (Art. 331 TRLC). Gehören zu diesen Mitteln auch solche, die durch die Fortführung der geschäftlichen oder beruflichen Tätigkeit des Schuldners erwirtschaftet werden, muss auch ein **Durchführbarkeitsplan** beigefügt werden, in dem die Ressourcen, Mittel und Bedingungen für ihren Erhalt und ggf. die Verpflichtungen, sie durch Dritte bereitzustellen, im Einzelnen aufgeführt sind (Art. 332 TRLC). 807

Neben Schuldenerlässen und/oder Stundungen kann der Vergleichsvorschlag noch folgende Maßnahmen vorsehen: 808
- Die **Verschmelzung, Abspaltung oder Globalabtretung von Aktiva und Passiva** der zahlungsunfähigen Gesellschaft (Art. 317.3 TRLC). Logischerweise betrifft dieser Vorschlag alle Gläubiger. 809
- Die vollständige oder teilweise Zahlung von **Zinsen,** deren Auflaufen durch die Wirkung der Eröffnung des Insolvenzverfahrens ausgesetzt wurde (→ Rn. 536), berechnet zum gesetzlichen Zinssatz oder, nur wenn dieser niedriger ist, zum vereinbarten Zinssatz. Dieser Vorschlag ist nur zulässig, wenn der Vorschlag für die Vereinbarung keine Schuldenerlässe enthält (Art. 320 TRLC). 810
- **Verbots- oder Beschränkungsmaßnahmen** in Bezug auf die Ausübung der Befugnisse des Schuldners hinsichtlich Verwaltung und Verfügung über die Aktivmasse des Schuldners während des Zeitraumes der Erfüllung der Vereinbarung. Diese sind eintragungsfähig in den öffentlichen Vermögensregistern (Art. 321 TRLC). 811

Die Eintragung der Maßnahmen, die die Verfügungshandlungen unterbinden oder beschränken steht der Eintragung der Verfügungshandlungen nicht entgegen. Der Erwerber wird jedoch von einer möglichen Erklärung der Unwirksamkeit oder der Auflösung der Handlung betroffen sein, da die Publizität der Maßnahme seine Gutgläubigkeit ausschließt (Art. 558.2 TRLC). 811.1

- Die Zuweisung bestimmter Aufgaben an den **Insolvenzverwalter oder seine Hilfskraft** (nach deren vorheriger Zustimmung und gegen eine zu vereinbarende Vergütung) während der Phase der Vergleichserfüllung (Art. 322 TRLC). 812

Diese Aufgaben können die Maßnahmen zur Unterbindung oder Beschränkung (→ Rn. 811) betreffen. Beispielsweise können Verfügungen über bestimmte Vermögensgegenstände von der Zustimmung des Insolvenzverwalters abhängig gemacht werden. 812.1

- Veräußerung von Vermögenswerten, die mit einer **besonders vorrangigen Forderung** belegt sind (Art. 323 TRLC). 813

Hierbei ist zu berücksichtigen, dass die Gläubiger besonders vorrangiger Forderungen nur dann an einen Vergleich gebunden sind, sofern bestimmte qualifizierte Mehrheiten vorliegen (→ Rn. 839). In jedem Fall sind bei Verfügungen über diese Vermögenswerte die allgemeinen Regelungen zu beachten (→ Rn. 612). 813.1

Fernández/Lozano/Roth

Internationales Insolvenzrecht – Spanien

813.2   Das Gesetz legt hier fest, dass der Gläubiger einer besonders vorrangigen Forderung, der einem Vergleich unterliegt, vom Preis des Verkaufs eines Gegenstands, der einer Vorrangigkeit unterliegt bis zum Betrag seiner besonders vorrangigen Forderung (ohne Berücksichtigung des Wertes der Sicherheit, → Rn. 699) erhält gemäß den im Vergleich vereinbarten Bestimmungen. Ein Überschuss ist der Aktivmasse zuzuführen. Reicht der Preis zur vollständigen Befriedigung des Gläubigers nicht aus, ist der nicht bezahlte Teil nach seiner Art einzustufen.

814   • **Veräußerung des Unternehmens** in seiner Gesamtheit oder einer oder mehrere **Unternehmenseinheiten** (Vergleichsvorschlag „mit Übernahme"). Der Erwerber ist im Vorschlag genau zu bezeichnen, sodass dieser den Vorschlag ebenfalls unterzeichnen muss (Art. 324 TRLC).

814.1   Diese Veräußerung unterliegt den allgemeinen insolvenzrechtlichen Regelungen über die Veräußerung von Unternehmenseinheiten (→ Rn. 622), selbst wenn diese auf einem Vergleich basiert. Der Erwerber muss (a) die Tätigkeit der Unternehmenseinheit weiterführen für die im Vorschlag erwähnten Dauer und (b) ganz oder teilweise alle oder Teile der Insolvenzforderungen begleichen.

814.2   Vor Zulassung eines Vorschlags mit derartigem Inhalt sind die Arbeitnehmervertreter anzuhören (Art. 342.2 TRLC).

815   • **Veräußerung bestimmter Vermögenswerte oder Rechte,** selbst wenn diese die Fortführung der gewerblichen oder beruflichen Tätigkeit des Schuldners betreffen, sofern die Veräußerung nicht zu einer Gesamtverwertung des Vermögens führt (STS 180/2012 v. 28.3.2012 – 572/2009).

816   • **Zusagen** zur Zahlung oder Bereitstellung von Sicherheiten oder Finanzierungen zulasten Dritter, die dem Vergleich zustimmen müssen. Bei Nichterfüllung des Vergleichs und Eröffnung der Verwertungsphase sind die Forderungen aus diesen Bereitstellungen von „fresh money"-Forderungen gegen die Masse (→ Rn. 756).

817   Der Vergleichsvorschlag kann verschiedene **Alternativen** für alle Gläubiger vorsehen, für Gläubiger diverser Kategorien (außer öffentlich-rechtlicher) oder bestimmte Gläubiger (Art. 325 TRLC):

817.1   Dies bedeutet, dass der betroffene Gläubiger zwischen verschiedenen im Vergleichsvorschlag vorgesehenen Varianten wählen kann (zB Umwandlung der Forderung in Aktien oder Anteile). Der Vorschlag muss die Variante vorsehen, die durchgeführt wird, sofern der Gläubiger nicht von seinem Wahlrecht innerhalb der Frist Gebrauch macht. Die Frist ist im Vorschlag festzulegen und darf einen Monat nicht überschreiten, ab Eintritt der Rechtskraft des Urteils über die Genehmigung des Vergleichs (Art. 326 TRLC).

818   Das Gesetz regelt im Detail drei alternative Vorschläge, was nicht ausschließt, dass der Vorschlag weitere einschließt:

819   • **Forderungsumwandlung** in Aktien, Beteiligungen oder wandelbare Schulden der Schuldnergesellschaft oder einer anderen Gesellschaft in nachrangige Forderungen, Beteiligungsdarlehen mit einer Laufzeit bis zu zehn Jahren, in Darlehen mit kapitalisierbaren Zinsen oder jedes andere Finanzinstrument, dessen Rang, Laufzeit oder andere Merkmale sich von der ursprünglichen Schuld unterscheiden (Art. 327 TRLC).

819.1   Die Umwandlung kann die gesamte Forderung betreffen oder nur einen bestimmten Teil. Nur bei arbeitsrechtlichen Forderungen bedarf es der Zustimmung des Gläubigers.

819.2   Im Falle einer Forderungsumwandlung in Aktien oder Beteiligungen ist bei der Schuldnergesellschaft eine Kapitalerhöhung vorzunehmen, ohne dass es einer qualifizierten Mehrheit zur Beschlussfassung bedarf, selbst wenn dies gesetzlich oder in der Satzung der Gesellschaft vorgesehen ist. Zudem ist es nicht notwendig, dass die Forderung fällig und zahlbar ist (Art. 328 TRLC).

820   • **Die Übertragung an Zahlung statt** von Vermögenswerten oder Rechten der Aktivmasse an die Gläubiger, sofern diese nicht zur Fortführung der unternehmerischen oder beruflichen Tätigkeit des Schuldners notwendig sind (Art. 329 TRLC).

820.1   Der Vergleichsvorschlag muss den angemessenen Wert der Vermögenswerte und Rechte angeben, die gemäß den insolvenzrechtlichen Regeln übertragen werden sollen (→ Rn. 699.1). Ist der Wert niedriger als die Forderung, erlischt der Rest. Übersteigt er den Wert der Forderung dagegen, muss der Zessionar den Überschuss der Aktivmasse zuführen. Die Übertragung an Zahlung statt setzt nicht das Einverständnis des Gläubigers voraus (sofern es sich nicht um einen öffentlich-rechtlichen Gläubiger handelt). Ist der Vermögenswert oder das Recht mit einer besonders vorrangigen Forderung belegt, finden die allgemeinen Regelungen Anwendung (→ Rn. 619).

821   • **Die Übertragung der Befugnis zur Klage zur Rückgängigmachung von Verfügungen** (→ Rn. 633) an einen oder mehrere Gläubiger (Art. 330 TRLC).

Internationales Insolvenzrecht – Spanien

Folgende Maßnahmen kann der Vorschlag nicht enthalten (Art. 318 TRLC): 822
- Die **Gesamtverwertung** der Aktivmasse zur Zahlung der Forderungen
- Die **Änderung** des Ranges oder der Höhe der Forderungen, unbeschadet der Schuldenerlässe.

Der Vorschlag kann die Wirkungen des Vergleichs nicht unter aufschiebende oder auflösende 823 **Bedingungen** stellen. Andernfalls gilt der Vorschlag als nicht eingereicht. Eine Ausnahme existiert bei verbundenen Insolvenzverfahren (→ Rn. 328), bei denen der Vorschlag eines Schuldners von einem anderen Vergleich in einem verbundenen Verfahren mit einem bestimmten Inhalt abhängig gemacht wird (sämtliche Vergleichsvorschläge können also verbunden werden, sodass entweder alle angenommen werden oder keiner) (Art. 319 TRLC).

3. Annahme des Vergleichsvorschlags

Der Vergleichsvorschlag setzt die **Annahme** durch die Mehrheit (→ Rn. 837) der stimmbe- 824 rechtigten (→ Rn. 832) Gläubiger sowie die des Schuldners (→ Rn. 884) voraus. Diese Annahme kann durch schriftlichen Beitritt erfolgen oder, sofern der Vorschlag im Rahmen einer Gläubigerversammlung behandelt wird, durch entsprechende Stimmabgabe. Es wird vermutet, dass die Urheber des Vorschlags diesen annehmen. Die Gläubiger können Widerspruch gegen den Vergleichsvorschlag einreichen, entweder schriftlich oder im Rahmen der Gläubigerversammlung (Art. 351 TRLC).

Liegen mehrere Vergleichsvorschläge vor, können die Gläubiger alle von ihnen annehmen, allen wider- 824.1 sprechen oder nur einzelne annehmen und den übrigen widersprechen.

Dieser Widerspruch ist nicht mit dem Widerspruch gegen die Genehmigung des Vergleichs (→ 824.2 Rn. 885) zu verwechseln. Letzterer setzt die Annahme des Vergleichs voraus.

Die Beitritte sind notwendig zur Einreichung des vorgezogenen Vergleichsvorschlags (→ Rn. 846) 824.3 oder eines ordentlichen Vergleichsvorschlags durch die Gläubiger (→ Rn. 860).

Eine Sonderregelung besteht für solche Gläubiger, die einem Stimmzwang unterliegen. Es wird ange- 824.4 nommen, dass alle Gläubiger dem Vergleich unterliegen, sofern die Gläubiger, die mindestens 75 % der betroffenen Verbindlichkeiten vertreten, zugestimmt haben, es sei denn, die Vereinbarung über den Stimmzwang verlangt einen niedrigeren Prozentsatz (Art. 353 TRLC).

Die **Beitritte** sind Willenserklärungen der Gläubiger über die Annahme eines Vergleichs (vor- 825 gezogen oder ordentlich). Für sie gelten (ebenso wie für den schriftlichen Widerspruch) die folgenden Regelungen:
- Sie müssen bedingungslos sein, dh sie können keine Änderungen des Vorschlags oder die Aufer- 826 legung einer Bedingung enthalten. Andernfalls gilt der Beitritt als nichtig (Art. 354.2 TRLC).
- Die Höhe der Forderungen des Gläubigers ist anzugeben, sowie sein Rang (→ Rn. 695) 827 (Art. 354.1 TRLC), was dann relevant wird, sofern der Gläubiger Inhaber von Forderungen verschiedenen Rangs ist oder der Rang oder die Höhe nachträglich geändert werden (→ Rn. 830).

Ist ein Gläubiger gleichzeitig Inhaber einer vorrangigen und einer gewöhnlichen Forderung, wird 827.1 angenommen, dass der Beitritt mit der gewöhnlichen Forderung geschehen ist, sofern nichts anderes erklärt wird (Art. 356 TRLC).

- Der Beitritt ist vor einem spanischen Gericht zu erklären (zu Akten des Gerichts) oder in 828 notarieller Form (Art. 355 TRLC) und dem Insolvenzgericht vorzulegen. Eine formfreie schriftliche Erklärung des Beitritts an das Gericht ist unwirksam.

Bezüglich der Fristen zur Einreichung kommt es darauf an, ob es sich um einen vorgezogenen 829 Vorschlag (→ Rn. 849) oder um einen ordentlichen handelt und, im letztgenannten Fall, ob der Vorschlag der Gläubigerversammlung vorzulegen ist (→ Rn. 867) oder aber im schriftlichen Verfahren bearbeitet wird (→ Rn. 881). Die Gläubiger mit vorrangigen Forderungen können einem Vergleich, der bereits von den Gläubigern und dem Insolvenzgericht genehmigt wurde, vor der gerichtlichen Feststellung der Erfüllung beitreten (Art. 397.1 TRLC).

Der **Widerruf des Beitritts** ist nur ausnahmsweise möglich (Art. 358 TRLC): 830
- Sofern ein vorgezogener Vorschlag nicht mit der notwendigen Mehrheit angenommen wird und der Schuldner den Vorschlag als ordentlichen Vorschlag beibehält, kann der Gläubiger, der dem vorgezogenen Vorschlag beigetreten wäre, seinen Beitritt vor der Abhaltung der Gläubigerversammlung widerrufen oder, im Falle des schriftlichen Verfahrens, vor Ablauf der Frist zur Mitteilung des Beitritts.
- Sofern die im Beitritt genannte Höhe oder der Rang der Forderung des Gläubigers in der endgültigen Gläubigerliste geändert wurden, kann der Gläubiger seinen Beitritt innerhalb von

Fernández/Lozano/Roth

Internationales Insolvenzrecht – Spanien

822 fünf Tagen ab Einreichung der Liste widerrufen. Andernfalls tritt er unter Annahme der in der Liste genannten Bedingungen bei.
- Sofern der Gläubiger an der Gläubigerversammlung teilnimmt, kann er seinen Beitritt widerrufen indem er gegen den Vorschlag stimmt.

831 Wird der Vorschlag nicht von der notwendigen Mehrheit angenommen oder nicht gerichtlich genehmigt, entfaltet er keine Wirkung.

832 **Beitritts- und stimmberechtigt** sind die Gläubiger mit ordentlichen Forderungen, unabhängig vom Zeitpunkt des Entstehens der Forderung (seit der Reform durch das Königliche Gesetzesdekret 11/2014 sind auch die Gläubiger umfasst, die ihre Forderung nach Eröffnung des Insolvenzverfahrens erlangt haben).

833 Nicht beitritts- und stimmberechtigt sind (Art. 352 TRLC):
- Gläubiger von **nachrangigen** (→ Rn. 726) Forderungen
- Personen, die zum **Schuldner in einem besonderen Verhältnis stehen** (→ Rn. 733), unabhängig vom Rang ihrer Forderungen, sofern sie die Forderung durch eine Verfügung unter Lebenden nach Eröffnung des Insolvenzverfahrens erlangt haben.

833.1 Ist ein Gläubiger Inhaber ordentlicher Forderungen und gleichzeitig Forderungen der vorgenannten Art, kann er sein Stimmrecht in Bezug auf die erstgenannten ausüben.

833.2 Für **bedingte** (→ Rn. 686) und **ungewisse** (→ Rn. 687) Forderungen gelten Sonderregelungen.

834 Gläubiger von **vorrangigen** Forderungen (allg. → Rn. 710 oder besonders → Rn. 697) haben ein Enthaltungsrecht, da der Vergleich für sie grundsätzlich nicht bindend ist, es sei denn, es werden bestimmte qualifizierte Mehrheiten (→ Rn. 839) erreicht. Auf dieses Recht kann verzichtet werden. Die Teilnahme an der Gläubigerversammlung und den Beratungen gilt nicht als Verzicht. Stimmt ein Gläubiger mit einer vorrangigen Forderung aber für den Vorschlag, stellt er den Vorschlag auf oder tritt er einem Vorschlag bei (und widerruft er seinen Beitritt nicht, → Rn. 830):
- Entfaltet der Vergleich diesem gegenüber Bindungswirkung, sofern er gerichtlich genehmigt wird (Art. 397.1 TRLC).
- Zur Berechnung der notwendigen Mehrheit (→ Rn. 837) gelten die Ja-Stimmen der Gläubiger vorrangiger Forderungen als Stimmen der Verbindlichkeiten (Art. 376.4 TRLC).

835 Die Gläubiger von **Forderungen gegen die Masse** haben kein Stimmrecht, da deren Forderungen keine Bindungswirkung des Vergleichs treffen kann.

836 Zum Zweck der Berechnung der notwendigen Mehrheit (→ Rn. 837) enthalten die **Forderungsbeträge** die gewöhnlichen Forderungen sowie die vorrangigen Forderungen (auch besonders vorrangige), deren Gläubiger dem Vorschlag beigetreten sind (und den Beitritt nicht widerrufen haben), die diesen verfasst haben oder dafür gestimmt haben.

837 Die Annahme des Vorschlags (vorgezogen oder ordentlich) setzt folgende **notwendige Mehrheiten** voraus (Art. 376 TRLC):
- Besteht der Vorschlag aus (a) einer Stundung bis zu drei Jahren, ohne Schuldenerlass oder (b) einem Schuldenerlass auf weniger als 20 %, reicht eine einfache Mehrheit aus.
- Besteht der Vorschlag nur aus (a) einem Schuldenerlass von bis zu 50 %, (b) einer Stundung bis zu fünf Jahren oder (c) einer Umwandlung der Forderungen in Beteiligungsdarlehen mit einer Laufzeit von bis zu fünf Jahren (ausgenommen öffentlich-rechtliche und arbeitsrechtliche Gläubiger): 50 % des gesamten Forderungsbetrags.
- Enthält der Vorschlag oder eine darin genannte Alternative einen anderen Inhalt: 65 % der gesamten Forderungsbeträge.

838 Enthält ein Vergleichsvorschlag bezüglich bestimmter Forderungen oder einer Gruppe von Forderungen **Einzelvereinbarungen** setzt dies voraus (Art. 378 TRLC):
- Die nach der allgemeinen gesetzlichen Regelung notwendige Mehrheit
- Die Annahme durch die gesetzlich notwendige Mehrheit, berechnet nach dem Forderungsbetrag, der nicht von der Einzelvereinbarung betroffen ist.

838.1 Die Tatsache, dass der vorgeschlagene Vergleich zugunsten der vorrangigen Gläubiger, die dem Vorschlag zustimmen, die mit ihrem Privileg verbundenen Vorteile aufrechterhält, wird nicht als Einzelvereinbarung angesehen, vorausgesetzt, dass diese Gläubiger im gleichen Maße wie die gewöhnlichen Gläubiger dem gleichen Entzug, der gleichen Wartezeit oder beidem unterworfen sind.

839 Obwohl der angenommene Vergleich grundsätzlich nur die Gläubiger nachrangiger oder gewöhnlicher Forderungen (selbst wenn diese nicht zugestimmt haben) und die Gläubiger vorrangiger Forderungen, die den Vergleich angenommen haben, bindet, kann er auch die **Gläubiger**

vorrangiger Forderungen binden, sofern die folgenden Mehrheiten erreicht wurden (Art. 397.2 TRLC):
- Besteht der Vorschlag nur aus (a) einem Schuldenerlass bis zum 50 %, (b) einer Stundung von bis zu fünf Jahren oder (c) einer Umwandlung der Forderungen in Beteiligungsdarlehen mit einer Laufzeit von bis zu fünf Jahren (ausgenommen öffentlich-rechtliche und arbeitsrechtliche Gläubiger): 60 % des gesamten Forderungsbetrags desselben Rangs.
- Enthält der Vorschlag einen anderen Inhalt: 75 % des gesamten Forderungsbetrags desselben Rangs.

Die Berechnung der Mehrheit wird gesondert vorgenommen für alle Gläubiger vorrangiger Forderungen jeder Art (arbeitsrechtliche, öffentlich-rechtliche, Finanzverbindlichkeiten und sonstige). Demzufolge gilt: 840
- Bei Gläubigern allgemein vorrangiger Forderungen ist der Anteil der allgemein vorrangigen Verbindlichkeiten zu berücksichtigen, die den Vorschlag annimmt gegenüber der Gesamtheit aller allgemein vorrangiger Verbindlichkeiten.
- Bei Gläubigern besonders vorrangiger Forderungen ist der Wert der Sicherheiten zugunsten der Gläubiger besonders vorrangiger Forderungen zu berücksichtigen, die den Vorschlag annehmen gegenüber der Gesamtheit des Wertes der Sicherheiten dieses Rangs.

4. Vorgezogener Vergleichsvorschlag

Der **vorgezogene Vergleichsvorschlag** erhält seinen Namen von der Tatsache, dass er bereits während der allgemeinen Phase eingereicht werden kann, also zeitgleich zur Bestimmung der Aktiv- und Passivmasse, was im Ergebnis Zeit und Kosten spart. Der ordentliche Vergleichsvorschlag (→ Rn. 855) wird dagegen erst nach Abschluss der allgemeinen Phase behandelt. 841

Das **Verfahren** bezüglich des vorgezogenen Vergleichsvorschlags ist ähnlich wie das Verfahren beim ordentlichen Vorschlag, nur dass erstgenanntes stets schriftlich erfolgt. Nach Einreichung (→ Rn. 843) wird er formell zugelassen (→ Rn. 847) und vom Insolvenzverwalter zu bewerten (→ Rn. 848). Die Annahme findet durch Gläubigerbeitritte statt (→ Rn. 849) (ohne Gläubigerversammlung). Nach Bekanntgabe des Ergebnisses der Beitritte (→ Rn. 850) besteht die Möglichkeit der Widerspruchseinlegung (→ Rn. 885). Die Genehmigung erfolgt durch Urteil (→ Rn. 896). 842

Befugt zur Einreichung eines vorgezogenen Vergleichsvorschlags ist ausschließlich der Schuldner (Art. 333 TRLC), unabhängig davon, ob es sich um eine freiwilliges oder unfreiwilliges Insolvenzverfahren handelt. 843

Die **Frist** zur Einreichung des vorgezogenen Vorschlags beginnt ab Einreichung des Insolvenzantrags (beim freiwilligen Insolvenzverfahren) oder durch Eröffnung des unfreiwilligen Insolvenzverfahrens und endet zeitgleich mit dem Fristablauf zur Forderungsanmeldung (also einen Monat nach Bekanntmachung der Eröffnung des Insolvenzverfahrens im BOE, → Rn. 664) (Art. 333 TRLC). Der Vorschlag kann auch zusammen mit dem Insolvenzantrag eingereicht werden (prepack, → Rn. 854). 844

In den folgenden Fällen ist die Einreichung eines vorgezogenen Vergleichsvorschlags durch den Schuldner **ausgeschlossen**: 845
- Wenn er die Verwertung beantragt hat (was jederzeit möglich ist, → Rn. 914) (Art. 315.2 TRLC).
- Wenn er während der letzten drei Geschäftsjahre seiner Pflicht zur Hinterlegung der Jahresabschlüsse nicht nachgekommen ist (Art. 335.1.2 TRLC).
- Wenn er wegen bestimmter Straftaten verurteilt wurde (Art. 335.1.1 TRLC).

Umfasst sind die folgenden Straftaten: Vermögensdelikte, Taten gegen die sozioökomische Ordnung, Urkundsdelikte, Taten gegen die Finanzbehörden, gegen die Sozialversicherungsbehörden oder gegen die Arbeitnehmerrechte. Ist der Schuldner eine juristische Person, bezieht sich dies auf die aktuellen Geschäftsführer oder Liquidatoren und auf die, die diese Ämter in den letzten drei Jahren vor der Einreichung des vorgezogenen Vergleichsvorschlags ausgeübt haben. 845.1

Liegt beim Schuldner nach formeller Zulassung des vorgezogenen Vergleichsvorschlags ein Verbotsgrund vor oder wird festgestellt, dass ein solcher bereits davor vorlag, wird das Gericht den Vorschlag aufheben (Art. 335.2 TRLC). 845.2

Die genannten Ausschlussgründe gelten, mit Ausnahme des Antrags der Verwertung, nicht für den ordentlichen Vergleichsvorschlag. 845.3

Der vorgezogene Vergleichsvorschlag (anders als der ordentliche) setzt **Gläubigerbeitritte** (→ Rn. 825) voraus. Notwendig sind die folgenden Zahlen (Art. 334 TRLC). 846

Internationales Insolvenzrecht – Spanien

- Grundsätzlich 20 % der vom Schuldner mitgeteilten Verbindlichkeiten
- Wird der Vorschlag zusammen mit einem freiwilligen Insolvenzantrag eingereicht, 10 % der vom Schuldner mitgeilten Verbindlichkeiten.

846.1 Wird der Vorschlag zeitlich nach dem Insolvenzantrag, aber noch vor der Eröffnung des freiwilligen Insolvenzverfahrens eingereicht, reichen bereits Beitritte von 10 % des gesamten Forderungsbetrags.

846.2 Sämtliche Beitritte der Gläubiger finden Berücksichtigung, unabhängig vom Rang ihrer Forderung, einschließlich nachrangiger Forderungen. Die „vom Schuldner mitgeteilten Verbindlichkeiten" ergeben sich aus einer Aufstellung der Gläubiger, die der Schuldner zusammen mit seinem Insolvenzantrag eingereicht hat (→ Rn. 238) oder nach Einreichung eines unfreiwilligen Insolvenzantrags (→ Rn. 269) und beinhaltet die Insolvenzforderungen aller Ränge.

847 Wird der vorgezogene Vergleichsvorschlag zeitlich vor dem Insolvenzantrag eingereicht, entscheidet das Gericht über dessen **Zulassung oder Ablehnung** im Beschluss über die Eröffnung des Insolvenzverfahrens. Wird er zeitlich danach eingereicht, ergeht ein gesonderter Beschluss über die Zulassung oder Ablehnung innerhalb einer Frist von drei Tagen nach Einreichung (Art. 343.1 TRLC). Gegen diesen Beschluss ist kein Rechtsmittel statthaft (Art. 345.1 TRLC).

847.1 Im Übrigen richtet sich die Zulassung nach den für den ordentlichen Vergleichsvorschlag geltenden Regelungen (→ Rn. 865).

848 Nach Zulassung ist der vorgezogene Vorschlag vom Insolvenzverwalter zu **bewerten**.

848.1 Fällt die Bewertung des Insolvenzverwalters negativ aus, entscheidet das Gericht mittels unangreifbaren Beschlusses über die Aufhebung der Zulassung oder die Fortführung der Bearbeitung (Art. 350 TRLC).

848.2 Im Übrigen richtet sich die Bewertung des vorgezogenen Vorschlags nach den für den ordentlichen Vergleichsvorschlag geltenden Regelungen (→ Rn. 866).

849 Die **Annahme** des vorgezogenen Vorschlags durch die Gläubiger findet in einem schriftlichen Verfahren statt, also ohne Gläubigerversammlung. Die Frist zur Mitteilung des Beitritts an das Gericht (und der Widerspruchseinlegung) beginnt mit der formellen Zulassung des Vorschlags und endet automatisch mit dem Ablauf der für die Anfechtung des vorläufigen Inventars und der vorläufigen Gläubigerliste geltenden Frist (zehn Tage ab Zustellung oder Bekanntmachung, → Rn. 780) (Art. 359.2 TRLC).

849.1 Die Beitritte finden vor Einreichung der endgültigen Gläubigerliste statt (→ Rn. 785), sodass die Forderungen der beigetretenen Gläubiger in der Höhe oder dem Rang geändert werden können. In diesem Fall ist ein Widerruf des Beitritts möglich (→ Rn. 830).

850 Nach Ablauf der für den Beitritt und die Widerspruchseinlegung geltenden Frist hat der Rechtspfleger das Ergebnis zu überprüfen und es mittels Verfügung innerhalb einer Frist von zehn Tagen **bekanntzugeben** (Art. 379.2 TRLC). Anschließend kann Widerspruch gegen die Genehmigung eingelegt werden und das Gericht hat einen Beschluss über die **Genehmigung** des Vergleichs zu erlassen, entsprechend der für den ordentlichen Vergleichsvorschlag geltenden Regelungen (→ Rn. 885).

851 Das **Verhältnis** zwischen dem **vorgezogenen Vergleichsvorschlag** und dem **ordentlichen Vergleichsvorschlag** stellt sich wie folgt dar (Art. 336 TRLC):

852 - Wurde der vorgezogene Vorschlag nicht formell zugelassen oder nach Annahme durch die Gläubiger nicht gerichtlich genehmigt, kann der Schuldner einen ordentlichen Vergleichsvorschlag einreichen (oder aber die Verwertung beantragen).

852.1 Sofern die Frist zur Einreichung der vorgezogenen Vorschläge noch läuft, kann der Schuldner auch einen neuen vorgezogenen Vergleichsvorschlag einreichen (→ Rn. 844). Die Einreichung eines ordentlichen Vergleichsvorschlags ist stets möglich.

853 - Wird der vorgezogene Vorschlag nicht mit der notwendigen Gläubigermehrheit angenommen, kann der Schuldner diesen als ordentlichen Vorschlag (unter Umständen mit Änderungen) beibehalten oder alternativ einen anderen ordentlichen Vorschlag einreichen. Die Frist zur Änderung des vorgezogenen Vorschlags oder der Einreichung eines anderen ordentlichen Vorschlags endet mit der Bekanntgabe des endgültigen Abschlussberichts des Insolvenzverwalters (→ Rn. 785). Alternativ kann die Verwertung beantragt werden.

853.1 Hält der Schuldner den Vorschlag als ordentlichen Vorschlag bei, wird die Annahme durch die Gläubiger gewöhnlicher oder vorrangiger Forderungen vermutet, die dem vorgezogenen Vorschlag beigetreten wären,

Internationales Insolvenzrecht – Spanien

sofern sie ihren Beitritt nicht widerrufen (→ Rn. 830) haben oder an der Gläubigerversammlung teilnehmen (Art. 377.2 TRLC).

5. Vorgezogener Vergleichsvorschlag und Insolvenzantrag (pre-pack)

Der Schuldner kann einen vorgezogenen Vergleichsvorschlag zusammen mit einem Insolvenzantrag einreichen. Ordnet das Gericht die Eröffnung des verkürzten Insolvenzverfahrens an, sieht Art. 529 TRLC eine Reihe von **Maßnahmen** zur Beschleunigung und Vereinfachung der Genehmigung des Vergleichs vor: 854
- Das Gericht entscheidet über die Zulassung des Vorschlags im Beschluss über die Eröffnung des Insolvenzverfahrens
- Die Frist des Insolvenzverwalters zur Aufstellung des Bewertungsberichts (→ Rn. 848) beträgt zehn Tage ab Veröffentlichung der Eröffnung des Insolvenzverfahrens
- Die Frist zum Beitritt der Gläubiger beträgt fünf Tage ab Einreichung des vorläufigen Berichts des Insolvenzverwalters (→ Rn. 772)
- Im Falle eines Widerspruchs kann das Gericht vom Widerspruchsteller die Hinterlegung einer Sicherheitsleistung verlangen, um eventuelle Schäden der Aktiv- und Passivmasse zu decken, die durch die Verzögerung der Vergleichsgenehmigung entstehen könnten.

Die Beitritte der Gläubiger sind vor Einreichung des Insolvenzantrags zu sammeln (Art. 583 TRLC). Der Schuldner kann dem Gericht mitteilen, dass er die Verhandlungen mit seinen Gläubigern aufgenommen hat, um die Antragsfrist zu verzögern und die laufenden Vollstreckungen zu bremsen (→ Rn. 13). 854.1

6. Ordentlicher Vergleichsvorschlag

a) Konzept. Der **ordentliche Vergleichsvorschlag** wird während der Vergleichsphase behandelt, also nach Abschluss der allgemeinen Phase, obgleich der Vorschlag auch bereits während der allgemeinen Phase eingereicht werden kann. 855

b) Eröffnung der Vergleichsphase. Die **formale Eröffnung der Vergleichsphase** (fünfter Abschnitt des Insolvenzverfahrens) erfolgt durch Gerichtsbeschluss, der die allgemeine Phase beendet. Die Frist beträgt 15 Tage ab Einreichung des Abschlussberichts des Insolvenzverwalters (→ Rn. 785) oder 25 Tage ab Einreichung des vorläufigen Berichts (→ Rn. 773) (sofern dieser nicht angefochten wurde, → Rn. 780). Einzige Voraussetzung ist, dass die Verwertungsphase noch nicht eröffnet wurde, etwa auf Antrag des Schuldners hin (→ Rn. 914) (Art. 306 TRLC). 856

In bestimmten Fällen ist auch eine vorgezogene Beendigung der allgemeinen Phase (und damit eine vorgezogene Eröffnung der Vergleichsphase) unter bestimmten Voraussetzungen möglich (Art. 307 TRLC) (→ Rn. 784). 856.1

Der Beschluss über die Eröffnung der Vergleichsphase ist im für den Schuldner zuständigen Personenregister (→ Rn. 363.1) **einzutragen** sowie in den Vermögensregistern, in denen das Vermögen des Schuldners eingetragen ist (→ Rn. 363.2) und im Öffentlichen Insolvenzregister zu **veröffentlichen**. 856.2

Durch den Beschluss über die Eröffnung der Vergleichsphase ist, selbst wenn kein ordentlicher Vergleichsvorschlag eingereicht wurde: 857
- Die Gläubigerversammlung einzuberufen, wobei der Text der Einberufung im BOE und dem Öffentlichen Insolvenzregister zu veröffentlichen ist (Art. 360.1 TRLC).
- Oder alternativ ein schriftliches Verfahren (→ Rn. 881) anzuordnen, sofern die Anzahl der Gläubiger 300 übersteigt, ohne Abhaltung einer Gläubigerversammlung (Art. 374 TRLC).

Ab Eröffnung der Vergleichsphase und bis zum Inkrafttreten des Vergleichs bleiben die **Wirkungen** der Eröffnung des Insolvenzverfahrens auf die allgemeine Phase bestehen (→ Rn. 453) (Art. 306.3 TRLC). 858

c) Einreichung des ordentlichen Vergleichsvorschlags. Das **Verfahren** zur Einreichung eines ordentlichen Vergleichsvorschlags lässt sich wie folgt darstellen: nach Einreichung (→ Rn. 860) ist der gerichtlich zuzulassen (→ Rn. 865), vom Insolvenzverwalter zu bewerten (→ Rn. 866) und von den Gläubigern anzunehmen oder abzulehnen, entweder in der Gläubigerversammlung (→ Rn. 867) oder im schriftlichen Verfahren (→ Rn. 881). Anschließend ist das Ergebnis bekanntzugeben (→ Rn. 877), es können Widersprüche eingelegt werden (→ Rn. 885). Abschließend ist der vom Gericht zu genehmigen oder abzulehnen (→ Rn. 896). 859

Für die Einreichung existieren zwei verschiedenen **Fristen** und verschiedene **Berechtigungen**: 860
- Nach Ablauf der Frist zur Forderungsanmeldung (→ Rn. 664) (die mit dem Fristende zur Einreichung von vorgezogenen Vergleichsvorschlägen zusammenfällt) und bis zum Ablauf der Frist zur Anfechtung des vorläufigen Berichts (→ Rn. 780) (sofern keine Anfechtung erhoben 861

Internationales Insolvenzrecht – Spanien

wurde) oder bis zur Bekanntmachung des endgültigen Berichts (→ Rn. 785) (sofern keine Anfechtungen erhoben wurden) sind zur Einreichung des ordentlichen Vergleichsvorschlags berechtigt: der Schuldner (Art. 337 TRLC) und die Gläubiger, deren Forderungen bekannt sind und die zusammen 20 % der Gesamtverbindlichkeiten ausmachen, die sich aus der endgültigen Gläubigerliste ergeben. Dies gilt aber nur dann, wenn der Schuldner den Vorschlag nicht als ordentlichen Vorschlag beibehält (Art. 338 TRLC).

861.1 Anders als im Falle des vorgezogenen Vergleichsvorschlags bestehen keine weiteren Anforderungen (Beitritte) (→ Rn. 846) oder Verbote (→ Rn. 845) zulasten des Schuldners. Allerdings darf der Schuldner die Verwertung noch nicht beantragt haben.

862 • Wurde innerhalb der vorhergenannten Frist kein Vergleichsvorschlag eingereicht, ergeht der Beschluss über die Eröffnung der Vergleichsphase (der die Einberufung der Gläubigerversammlung oder die Anordnung des schriftlichen Verfahrens enthält), der eine neue Frist auslöst, die 40 Tage vor dem für die Gläubigerversammlung vorgesehenen Datum endet (wurde ein schriftliches Verfahren durchgeführt, endet die Frist ein Monat vor Ablauf der Frist zur Mitteilung der Beitritte, → Rn. 881). Während dieser Frist sind zur Einreichung eines ordentlichen Vergleichsvorschlags berechtigt, der Schuldner und die Gläubiger, deren Forderungen bekannt sind und die zusammen 20 % der Gesamtverbindlichkeiten ausmachen, die sich aus der endgültigen Gläubigerliste ergeben (Art. 339 TRLC).

862.1 Wie beim vorgezogenen Vergleichsvorschlag sind dabei sämtliche Gläubiger umfasst, unabhängig ihres Ranges. Die Gesamtverbindlichkeiten enthalten alle Arten von Forderungen.

862.2 Der ordentliche Vergleichsvorschlag kann aus dem vorgezogenen Vergleichsvorschlag bestehen, der nicht angenommen wurde, sofern dieser beibehalten oder abgeändert wurde (→ Rn. 853).

862.3 Im **verkürzten Insolvenzverfahren** existiere eine einzige Frist zur Einreichung eines ordentlichen Vorschlags. Der Vorschlag ist innerhalb von fünf Tagen nach Veröffentlichung des vorläufigen Berichts des Insolvenzverwalters einzureichen (Art. 527.1 TRLC). Ist während dieser Frist kein ordentlicher Vergleichsvorschlag eingegangen, wird unverzüglich die Verwertungsphase eingeleitet (Art. 528.1 TRLC), was die Einberufung der Gläubigerversammlung verhindert.

863 Da verschiedene Berechtigte existieren, kann es auch zur Einreichung einer Vielzahl von Vorschlägen kommen.

864 Wurde kein ordentlicher Vergleichsvorschlag fristgerecht eingereicht oder formell zugelassen, verfügt das Gericht von Amts wegen die Eröffnung der Verwertungsphase (→ Rn. 914) unter Aufhebung der Einberufung der Gläubigerversammlung (Art. 340 TRLC).

865 **d) Zulassung und Bewertung des ordentlichen Vergleichsvorschlags.** Nach Einreichung des ordentlichen Vergleichsvorschlags bei Gericht, hat das Gericht diesen an die beteiligten Parteien zuzustellen und innerhalb einer Frist von fünf Tagen über die formelle Zulassung oder Ablehnung zu entscheiden (Art. 341–345 TRLC):
• Die **Zulassung** setzt voraus, dass die gesetzlichen Voraussetzungen hinsichtlich Frist, Form und Inhalt vollständig erfüllt sind und der Schuldner nicht die Verwertung beantragt hat. Ab Zulassung ist der Vorschlag unwiderruflich und unabänderbar.
• Heilbare Formmängel sind innerhalb einer Frist von drei Tagen zu **beseitigen**
• Liegen unheilbare Formmängel vor oder wurden die heilbaren Mängel nicht innerhalb der Frist beseitigt, wird die Zulassung **abgelehnt**.

865.1 Gegen den Beschluss über die Zulassung oder Ablehnung ist der recurso de reposición statthaft. Gegen den Beschluss über die Beschwerde der recurso de apelación diferido (→ Rn. 356).

866 Nach Zulassung des ordentlichen Vergleichsvorschlags hat der Insolvenzverwalter innerhalb einer Frist von zehn Tagen einen **Bewertungsbericht** über den Inhalt des Vorschlags bei Gericht einzureichen, unter Berücksichtigung des Zahlungsplans und des Durchführbarkeitsplans. Der Bericht ist den Gläubiger per E-Mail zuzustellen. Dieser Bericht kann (mit oder ohne Vorbehalte) positiv ausfallen oder aber negativ, sofern die Durchführbarkeit des Vergleichs fraglich erscheint (Art. 347–349 TRLC).

866.1 Hat der Schuldner einen vorgezogenen Vorschlag eingereicht (über den bereits ein Bewertungsbericht ausgestellt wurde) und behält er diesen als ordentlichen Vorschlag bei, ist eine neue Bewertung entbehrlich.

867 **e) Annahme durch die Gläubigerversammlung.** Die **Annahme** des ordentlichen Vergleichsvorschlags durch die Gläubiger erfolgt durch Stimmenmehrheit in der Gläubigerversammlung oder mittels Beitritten und schriftlichen Widersprüchen. Selbst wenn eine Gläubigerversammlung einberufen wurde, können die Gläubiger die **Beitritte und Widersprüche** schriftlich

Internationales Insolvenzrecht – Spanien

fassen, sobald der vorläufige Bericht des Insolvenzverwalters eingereicht wurde (→ Rn. 772) oder der Bewertungsbericht (Art. 359.3 TRLC). Ab Feststellung der Teilnehmerliste der Gläubigerversammlung ist dies nicht mehr möglich (Art. 359.3 TRLC).

Die **Gläubigerversammlung** ist das für die Entscheidung über die Annahme oder Ablehnung eines ordentlichen Vergleichsvorschlags zuständige Organ im Insolvenzverfahren. Weitere Zuständigkeiten hat sie nicht. **868**

Die **Einberufung** ergeht im Beschluss über die Eröffnung der Vergleichsphase (→ Rn. 856) (Art. 360 TRLC). Die Versammlung ist im dritten Monat nach der Einberufung abzuhalten (bzw. im zweiten Monat, sofern zum Zeitpunkt der Einberufung bereits ein ordentlicher Vergleichsvorschlag vorliegt) (Art. 361 TRLC). **869**

Die Versammlung findet an dem Ort, Tag und zu der Zeit statt, die in der Einberufung angegeben sind (Art. 366.1 TRLC). Den **Vorsitz** der Versammlung führt der Richter am zuständigen Insolvenzgericht. Dieser kann diese Funktion allerdings auch auf den Insolvenzverwalter übertragen (Art. 364.1 TRLC). Der Vorsitzende eröffnet die Sitzung, leitet die Beratungen, entscheidet über streitige Fragen (zB die Wirksamkeit von Vollmachten) und legt den Vergleichsvorschlag zur Abstimmung vor (Art. 367.1 TRLC). Die Funktion des **Schriftführers** wird vom Rechtspfleger übernommen, der hierbei vom Insolvenzverwalter unterstützt wird (Art. 364.2 TRLC). Vorsitzender und Schriftführer bilden das Präsidium der Versammlung. **870**

Zur **Beschlussfähigkeit** der Gläubigerversammlung ist die Anwesenheit (persönlich oder vertreten) der Gläubiger notwendig, die mindestens die Hälfte der gewöhnlichen Forderungen vertreten (die in der endgültigen Gläubigerliste genannt sind) oder, in Ermangelung, die Hälfte der Forderungen, die vom Vergleich betroffen sein können, mit Ausnahme der Gläubiger nachrangiger Forderungen (Art. 366.2 TRLC). Die Gläubiger gewöhnlicher oder vorrangiger Forderungen, die den Vergleichsvorschlag unterzeichnet oder ihren Beitritt erklärt haben, gelten immer als anwesend (Art. 366.3 TRLC). Wird eine Beschlussfähigkeit nicht erreicht, ist die Verwertungsphase von Amts wegen zu eröffnen. **871**

Den **Insolvenzverwalter** trifft eine Anwesenheitspflicht. Nimmt der Insolvenzverwalter nicht an der Versammlung teil, verliert er seinen Vergütungsanspruch und hat die bereits erhaltene Vergütung zu erstatten (Art. 362.2 TRLC). Die Nichtanwesenheit des Insolvenzverwalters stellt keinen Grund zur Verschiebung der Versammlung dar. Allerdings kann das Gericht die Versammlung verschieben und eine neue Versammlung einberufen (Art. 362.3 TRLC). **872**

Ebenfalls zur Anwesenheit verpflichtet ist der **Schuldner.** Dieser kann entweder persönlich oder durch Vertreter teilnehmen, wobei die Vertretung das Vorliegen einer Sondervollmacht (in notarieller Form oder zu Akten des Gerichts, → Rn. 230) voraussetzt. Gleichfalls kann er sich durch einen Rechtsanwalt begleiten lassen (Art. 362.1 TRLC). Die Nichtteilnahme führt zur mangelnden Beschlussfähigkeit der Versammlung, weshalb die Verwertungsphase zu eröffnen ist. **873**

Die Nichtteilnahme des Schuldners führt zu einer Vermutung iuris tantum bezüglich der Schuldhaftigkeit der Insolvenz (→ Rn. 987). **873.1**

Die **Gläubiger** (einschließlich Gläubiger mit nachrangigen Forderungen) haben ein Teilnahmerecht, sofern sie in der endgültigen Gläubigerliste genannt werden. Diese können persönlich oder durch Vertreter teilnehmen, der nicht selber Gläubiger sein muss. Die Vertretung setzt das Vorliegen einer Sondervollmacht voraus, die in notarieller Form zu erteilen ist oder zu Akten des Gerichts. Eine allgemeine Prozessvollmacht ist nicht ausreichend. Vielmehr muss die Vollmacht die Befugnisse zur Teilnahme der Gläubigerversammlung und Stimmabgabe bezüglich jeder Art von Vergleichsvorschlägen beinhalten (Art. 363 TRLC). **874**

Dieselbe Person kann mehrere Gläubiger vertreten. Nicht als Vertreter zugelassen sind der Schuldner und die Personen, die zu ihm in einem besonderen Verhältnis stehen (→ Rn. 733), selbst wenn es sich dabei um Gläubiger handelt. **874.1**

Zu Beginn der Versammlung ist eine Teilnehmerliste zu erstellen, die dem Sitzungsprotokoll als Anlage beizufügen ist (Art. 365 TRLC). **874.2**

In der Gläubigerversammlung können die Gläubiger von ihrem **Auskunftsrecht** Gebrauch machen, indem sie Klarstellungen zum Bericht des Insolvenzverwalters (→ Rn. 758), zu den Handlungen des Insolvenzverwalters, zu den Vergleichsvorschlägen und zu den erstellten Auswertungsberichten verlangen (Art. 368 TRLC). **875**

Nach Eröffnung der Sitzung und der Erstellung der Teilnehmerliste ist der Verfahrensablauf wie folgt: **876**

Fernández/Lozano/Roth

Internationales Insolvenzrecht – Spanien

- Der Schriftführer legt die zugelassenen Vergleichsvorschläge vor und gibt an, wer diese verfasst hat, ob der Verfasser Gläubiger ist und welchen Anteil an den Verbindlichkeiten er vertritt (Art. 367.2 TRLC).
- Vor der Abstimmung können die Anwesenden ihre Meinung zu den Vorschlägen abgeben. Zur Beschleunigung der Debatte kann der Vorsitzende den Antrag auf Abstimmung stellen, wenn bereits drei abwechselnd befürwortende und ablehnende Wortmeldungen vorliegen (Art. 369 TRLC).
- Die Vergleichsvorschläge werden in folgender Reihenfolge diskutiert und abgestimmt: zunächst der vom Schuldner eingereichte Vorschlag. Nur wenn dieser nicht angenommen wird, die von den Gläubigern eingereichten, in der Reihenfolge der höchsten bis niedrigste Verbindlichkeiten (Art. 370.3 TRLC). Wird ein Vorschlag angenommen, findet bezüglich der übrigen keine Diskussion und Abstimmung mehr statt, dh es wird nicht der Vorschlag angenommen, der die meisten Stimmen erhält, sondern der Vorschlag, der zuerst die notwendige Mehrheit (→ Rn. 837) der Stimmen erhält (Art. 370.4 TRLC).
- Während der Versammlung ist es nicht möglich, die Vorschläge zurückzunehmen oder zu ändern.
- Die Abstimmung erfolgt namentlich und durch Aufruf der anwesenden stimmberechtigten Gläubiger (Art. 370.1 TRLC), die in dem ihnen angemessen erscheinenden Sinne abstimmen können, auch wenn sie den Antrag unterzeichnet haben oder ihm beigetreten sind (Art. 370.2 TRLC). Die Ja-Stimmen sind die Stimmen der unterzeichnenden und beitretenden Gläubiger, es sei denn, sie nehmen an der Sitzung teil und stimmen gegen den Vorschlag.

876.1 Zum **Stimmrecht** der Gläubiger → Rn. 832.

877 Nach Abgabe der Stimmen, hat der Schriftführer das Ergebnis zu überprüfen und unverzüglich in der Versammlung das Ergebnis **bekanntzugeben**, dh er teilt mit, ob der Vergleichsvorschlag die notwendige Mehrheit der Stimmen erlangt hat (Art. 379.1 TRLC).

878 Am Ende der Sitzung hat der Schriftführer ein **Sitzungsprotokoll** zu erstellen, in dem das Ergebnis der Abstimmung festzuhalten ist. Auf Antrag ist auch festzuhalten, wie die einzelnen Gläubiger abgestimmt haben (dies ist wichtig für die Einreichung eines Widerspruchs gegen die Genehmigung des Vergleichs, → Rn. 886). Die Sitzung ist darüber hinaus auf Video aufzuzeichnen (Art. 372 und 373 TRLC).

879 Wird in der Versammlung kein Vorschlag mit der notwendigen Mehrheit angenommen, hat das Gericht die Eröffnung der Verwertungsphase von Amts wegen zu beschließen (→ Rn. 914).

880 Das Verfahren nach Abschluss der Gläubigerversammlung entspricht dem schriftlichen Verfahren (→ Rn. 882).

881 **f) Annahme durch schriftliches Verfahren.** Wird durch Beschluss die Vergleichsphase im schriftlichen Verfahren angeordnet (→ Rn. 857), sind die **Beitritte oder Widersprüche** der Gläubiger schriftlich zu verfassen (→ Rn. 825) und beim Gericht innerhalb einer Frist von zwei Monaten nach Veröffentlichung des Beschlusses einzureichen (Art. 375.1 TRLC).

882 Um festzustellen, welcher Vergleichsvorschlag angenommen wurde, ist die entsprechende **Ordnung** der Gläubigerversammlung einzuhalten (→ Rn. 876) (Art. 375.4 TRLC). Der Rechtspfleger hat das Ergebnis zu überprüfen und es mittels Verfügung innerhalb einer Frist von zehn Tagen nach dem Ablauf der Frist zur Einreichung der Beitritte oder Widersprüche zu **veröffentlichen** (Art. 379.2 TRLC). Wird in der Versammlung kein Vergleichsvorschlag mit einer Mehrheit angenommen, eröffnet das Gericht die Verwertungsphase von Amts wegen (→ Rn. 914).

883 Ab der Bekanntgabe des Ergebnisses ist das Verfahren das gleiche wie im Falle einer Gläubigerversammlung.

884 **g) Annahme durch den Schuldner.** Ist der Schuldner nicht der Urheber des Vergleichsvorschlags, ist seine Zustimmung notwendig, damit der Vergleich vom Gericht genehmigt werden kann. Der Schuldner kann seine Zustimmung (Art. 380 TRLC):

- ausdrücklich erteilen, zu jedem Zeitpunkt mittels Stimmabgabe in der Gläubigerversammlung oder schriftlich (→ Rn. 825)
- stillschweigend, sofern er der Genehmigung des Gerichts eines von der Mehrheit der Gläubiger angenommenen Vergleichs nicht widerspricht und nicht die Eröffnung der Verwertungsphase beantragt.

885 **h) Widerspruch und Genehmigung des Vergleichs.** Wird die notwendige Mehrheit erreicht, entweder durch Stimmabgabe in der Gläubigerversammlung und/oder durch schriftliche Beitritte, gilt der Vergleichsvorschlag als von den Gläubigern **angenommen**. Das Inkrafttreten setzt aber die **Genehmigung** durch das Insolvenzgericht voraus (Art. 381 TRLC). Das Gericht überprüft

die Rechtmäßigkeit und/oder Durchführbarkeit des Vergleichs von Amts wegen (→ Rn. 897) oder auf Antrag im Rahmen des Widerspruchs (→ Rn. 886).

Widerspruchsbefugt sind (Art. 382 TRLC): **886**
- Der Insolvenzverwalter
- Die Gläubiger, die nicht an der Gläubigerversammlung teilgenommen haben, sofern sie ihrem Stimmrecht beraubt wurden. Gläubiger, die in der Versammlung gegen den Vorschlag gestimmt haben (weshalb die Stimme im Sitzungsprotokoll aufzunehmen ist, → Rn. 878). Im Falle einer vorgezogenen Vergleichsvorschlags oder im schriftlichen Verfahren, die Gläubiger, die dem Vorschlag nicht beigetreten sind
- Der Schuldner, sofern er den angenommenen Vergleichsvorschlag nicht erstellt hat und diesen nicht nachträglich angenommen hat. Statt Widerspruch zu erheben, kann der Schuldner die Eröffnung der Verwertungsphase beantragen, was dazu führt, dass der Vergleich nicht genehmigt werden kann. Andernfalls ist er an den Vergleich gebunden, selbst wenn er nicht seine Zustimmung erteilt hat.

Umstritten ist, ob die Gläubiger nachrangiger und bedingter Forderungen ebenfalls widerspruchsbefugt sind. **886.1**

Als **Widerspruchsgründe** kommen ausschließlich in Betracht: **887**
- Verstoß gegen die gesetzlichen Regelungen über den Inhalt des Vergleichs (→ Rn. 804) **888** (Art. 383.1.1 TRLC).
- Verstoß gegen die gesetzlichen Regelungen über Form und Inhalt der Beitritte (→ Rn. 825) **889** oder der Stimmabgabe (→ Rn. 876) (Art. 383.1.2 TRLC).
- Der Beitritt zum angenommenen Vergleich oder die Stimmabgabe von Personen, die nicht **890** Inhaber von Forderungen sind oder die Beitritte oder Stimmabgabe durch eine Handlung, die die Gleichbehandlung der Gläubiger gewöhnlicher Forderungen beeinträchtigt, sofern diese Beitritte und Stimmabgaben für die Annahme des Vorschlags entscheidend waren (Art. 383.1.3 TRLC).
- Verstoß gegen die gesetzlichen Regelungen über das schriftliche Verfahren (→ Rn. 881) oder **891** die Beschlussfähigkeit (→ Rn. 871) oder Formvorschriften (→ Rn. 876) der Gläubigerversammlung (Art. 383.1.4 TRLC).

Stützt sich der Widerspruch auf den letztgenannten Grund, so ist nicht widerspruchsbefugt, wer an der **891.1** Versammlung teilgenommen, aber den Verstoß nicht während der Versammlung bei Begehung angemahnt hat bzw. sofern der Verstoß vor der Feststellung der Beschlussfähigkeit begangen wurde, ihn nicht während der Feststellung der Beschlussfähigkeit anmahnt (Art. 383.2 TRLC). Dies findet aber dann keine Anwendung, wenn sich der Widerspruch auf entscheidende Ja-Stimmen oder Beitritte bezieht, die von einer Person abgegeben wird, die nicht berechtigter Forderungsinhaber ist oder auf Handlungen, die dem Grundsatz par conditio creditorum (→ Rn. 890) zuwiderlaufen.

- Objektive Nichtdurchführbarkeit des Vergleichs. Befugt sind lediglich der Insolvenzverwalter **892** und die Gläubiger, die mindestens 5 % der gewöhnlichen Forderungen vertreten (Art. 384 TRLC).

Die **Widerspruchsfrist** beträgt zehn Tage nach Veröffentlichung des Ergebnisses, also nach **893** Abschluss der Gläubigerversammlung, oder, sofern ein schriftliches Verfahren durchgeführt wurde, zehn Tage nach der Zustellung der Verfügung, in der das Ergebnis bekanntgegeben wird (Art. 385 TRLC).

Der Widerspruch ist im **insolvenzrechtlichen Insolvenzverfahren** zu behandeln (Art. 386 **894** TRLC). Das Gericht kann **einstweilige Maßnahmen** anordnen, um zu verhindern, dass die Verzögerung der Genehmigung des Vergleichs nachteilige Auswirkungen auf seine Erfüllung hat (Art. 387 TRLC). Die Entscheidung über den Widerspruch ergeht in **Urteilsform**. Das Urteil beschränkt sich auf die Genehmigung oder Ablehnung des angenommenen Vergleichs, ohne dass dessen Inhalt abgeändert werden kann (Art. 388 TRLC).

Gibt das Urteil dem Widerspruch statt, treten folgende **Rechtsfolgen** ein (Art. 391 TRLC): **895**
- Stellt das Gericht einen Verstoß gegen den gesetzlichen Inhalt fest oder die objektive Unmöglichkeit der Erfüllung, wird der Vergleich verworfen und die Verwertungsphase eröffnet. Hiergegen ist die Beschwerde statthaft.
- Stellt das Gericht einen Verstoß gegen die Beschlussfähigkeit oder Formvorschriften der Abhaltung der Gläubigerversammlung fest, ist eine neue Versammlung innerhalb eines Monats ab Erlass des Urteils einzuberufen. In der neuen Versammlung ist über den Vergleich abzustimmen, der in der vorherigen Versammlung die Stimmmehrheit bekommen hat. Wird dieser nicht angenommen, sind die folgenden der Reihenfolge nach (→ Rn. 876) vorzulegen.

Internationales Insolvenzrecht – Spanien

- Stellt das Gericht einen Verstoß gegen gesetzliche Regelungen über das schriftliche Verfahren fest, kann es die Einberufung einer Gläubigerversammlung anordnen oder die erneute Durchführung eines schriftlichen Verfahrens mit einer Frist von höchstens 30 Tagen.

896 Geht innerhalb der Widerspruchsfrist kein Widerspruch ein, ergeht ein **Urteil** über die Genehmigung des Vergleichs, es sei denn es liegen Gründe zur Ablehnung von Amts wegen vor. Im Urteil ist der gesamte Text des Vergleichs widerzugeben (Art. 389 TRLC) und entsprechend der für die Eröffnung des Insolvenzverfahrens vorgegebenen Form zu veröffentlichen (Art. 390 TRLC).

897 Das Gericht hat den Vergleich **von Amts wegen abzulehnen,** gleich ob Widerspruch eingelegt wird oder nicht, sofern ein Verstoß gegen die gesetzlichen Regelungen über den Inhalt (→ Rn. 804), die Form und den Inhalt der Beitritte (→ Rn. 825), die Regelungen über das schriftliche Verfahren (→ Rn. 881), die Beschlussfähigkeit (→ Rn. 871) oder Abhaltung (→ Rn. 876) der Gläubigerversammlung vorliegt. Die Folgen entsprechen denen der Stattgabe des Widerspruchs (→ Rn. 895) (Art. 392 TRLC).

897.1 Erkennt das Gericht einen Verstoß gegen die Form und den Inhalt der Beitritte, hat es eine Frist von einem Monat zur Heilung des Verstoßes anzuordnen.

898 Selbst nach gerichtlicher Genehmigung des Vergleichs, kann dieser mittels einer **Nichtigkeitsklage** angegriffen werden, sofern Gründe vorliegen, die zu seiner Ablehnung von Amts wegen hätten führen müssen.

7. Wirkungen des Vergleichs

899 Der Vergleich tritt mit dem Urteil über seine Genehmigung in Kraft, sofern das Gericht angesichts des Inhalts des Vergleichs nicht anordnet, dass der Vergleich erst mit Eintritt der Rechtskraft (ganz oder teilweise) des Urteils in Kraft tritt (Art. 393 TRLC).

900 Das Inkrafttreten des Vergleichs entfaltet ex lege folgende **Rechtsfolgen:**
- Die **Wirkungen der Eröffnung des Insolvenzverfahrens** (→ Rn. 453) werden außer Kraft gesetzt (dies gilt nicht für die Mitwirkungs- und Informationspflichten des Schuldners (→ Rn. 462), die bis zur Beendigung des Insolvenzverfahrens bestehen bleiben) und durch die im Vergleich vereinbarten Wirkungen ersetzt (Art. 394 TRLC). Insbesondere werden die Beschränkungen der Verwaltungs- und Verfügungsbefugnis des Schuldners aufgehoben, es sei denn, der Vergleich sieht Verbote oder Beschränkungen vor (→ Rn. 811).
- Der **Insolvenzverwalter** wird aus seinem Amt entlassen. Dieser hat eine Rechnungslegung (→ Rn. 1038) vorzulegen. Der Verwalter wirkt aber weiterhin in den laufenden insolvenzrechtlichen Nebenverfahren (→ Rn. 335) mit sowie im Verfahren zur Einstufung der Insolvenz (→ Rn. 964). Er kann die vorläufige oder endgültige Vollstreckbarkeit der Urteile in den Nebenverfahren und im Einstufungsverfahren beantragen (Art. 395 TRLC), unbeschadet der Befugnisse, die Insolvenzverwalter mit seiner Zustimmung durch den Vergleich auferlegt werden (→ Rn. 812).
- Das **Insolvenzgericht** verliert seine Zuständigkeit für Klagen in Bezug auf die Aktivmasse (→ Rn. 296), die nach Eintritt der Rechtskraft des Urteils, das den Vergleich genehmigt, erhoben wurden bis zur Feststellung seiner Nichterfüllung.
- Der Vergleich hat eine **Novationswirkung** für die Forderungen der Insolvenzgläubiger, die dem Vergleich unterliegen (→ Rn. 902). Der vom Schuldenerlass betroffene Teil erlischt bzw. unterliegt der Stundung (Art. 398 TRLC). Diese Wirkung wird aufgehoben, sofern die Nichterfüllung des Vergleichs festgestellt wird. Mithin handelt es sich vielmehr um einen „pactum de non petendo", dh die Gläubiger verpflichten sich von einer Geltendmachung ihrer Forderungen Abstand zu nehmen, sofern der Schuldner den Vergleich erfüllt. Im Falle einer Nichterfüllung werden sämtliche gestundeten Forderungen sofort fällig (Art. 414 TRLC).

901 Die Genehmigung des Vergleichs führt nicht zur Beendigung des Insolvenzverfahrens. Die Beendigung tritt erst mit vollständiger Erfüllung des Vergleichs ein (→ Rn. 1026).

902 Der Inhalt des Vergleichs **bindet** (Art. 396 und 397 TRLC):
- den Schuldner
- die Gläubiger mit gewöhnlichen oder nachrangigen Forderungen, selbst wenn diese Forderungen aus irgendeinem Grund nicht anerkannt wurden
- die Gläubiger mit vorrangigen Forderungen, sofern diese den Vergleich genehmigt und unterzeichnet haben oder diesem beigetreten sind (und den Beitritt nicht widerrufen haben), bzw. solche, die für den Vergleich gestimmt haben oder nach der Annahme oder Genehmigung aber vor der Feststellung der Nichterfüllung beigetreten sind

Internationales Insolvenzrecht – Spanien

- sämtliche Gläubiger vorrangiger Forderungen derselben Kategorie (arbeitsrechtliche, öffentlich-rechtliche, Finanzverbindlichkeiten und sonstige), sofern eine ausreichende Mehrheit derselben Kategorie zugestimmt hat (→ Rn. 839).

Die Gläubiger mit Forderungen gegen die Masse sind nicht an den Vergleich gebunden. 903

Die Wirkungen des Vergleichs auf Klagen gegen die neben dem Schuldner **gesamtschuldnerisch haftenden Personen** und gegen seine **Bürgen** oder **Garanten** hängen davon ab, ob der Gläubiger für den Vergleich gestimmt hat. Andernfalls hat der Vergleich keine Auswirkungen auf diese Klagen, sodass der Gläubiger seine Rechte vollständig behält. Hat er dafür gestimmt, richtet sich die Haftung der genannten Personen nach den Vereinbarungen im Vergleich und, nachrangig, nach den auf die jeweilige Rechtsbeziehung anwendbaren Regelungen (Art. 399 TRLC). 904

8. Erfüllung und Nichterfüllung des Vergleichs

Solange der Vergleich in Kraft ist, muss der Schuldner das Gericht **halbjährlich** über die Erfüllung des Vergleichs informieren (Art. 400 TRLC). 905

Ist der Schuldner der Ansicht, dass er den Vergleich vollständig erfüllt hat, hat er dem Gericht einen entsprechenden Bericht vorzulegen und die **gerichtliche Feststellung der Erfüllung** zu beantragen. Innerhalb einer Frist von 15 Tagen können Personen mit einem berechtigten Interesse hiergegen Widerspruch einlegen. Das Gericht entscheidet per Beschluss über die Erfüllung des Vergleichs. Der Beschluss ist nach der für die Veröffentlichung des Urteils über die Genehmigung geltenden Form bekanntzugeben (→ Rn. 896) (Art. 401 TRLC). Nach Eintritt der Rechtskraft und nach Ablauf der Frist zur Einleitung von Klagen zur Feststellung der Nichterfüllung (→ Rn. 908) erlässt das **Gericht einen Beschluss über die Beendigung des Insolvenzverfahrens** wegen Erfüllung des Vergleichs (→ Rn. 1026) (Art. 467 TRLC). 906

Erkennt der Schuldner dagegen, während der Vergleich in Kraft ist, dass die **Erfüllung** der im Vergleich vereinbarten Zahlungen oder der übernommenen Pflichten **unmöglich** ist, hat er beim Gericht die Verwertung zu beantragen (Art. 407.1 TRLC). 907

Jeder Gläubiger, der den Vergleich als für nicht erfüllt ansieht, kann bei Gericht Klage auf **Feststellung der Nichterfüllung** erheben (Art. 402.1 TRLC). Die Frist hierfür beläuft sich auf zwei Monate nach Veröffentlichung der Feststellung der Erfüllung. Es handelt sich um eine Ausschlussfrist, die nicht gehemmt werden kann (Art. 403.1 TRLC). 908

Der Verstoß gegen die Verbots- oder Beschränkungsmaßnahmen, die dem Schuldner in Bezug auf seine Verwaltungs- und Verfügungsbefugnis durch den Vergleich auferlegt wurden, gilt als Nichterfüllung. In diesen Fall ist jeder Gläubiger befugt, die Feststellung der Nichterfüllung zu beantragen (Art. 402.2 TRLC). 908.1

Die Feststellungsklage ist im insolvenzrechtlichen Nebenverfahren zu behandeln, sodass ein formfreies Schreiben an das Gericht nicht ausreichend ist, in dem lediglich die Nichterfüllung behauptet wird (Art. 403.2 TRLC). Wird die Nichterfüllung mittels Urteils festgestellt, erlischt die Novationswirkung des Vergleichs in Bezug auf die Forderungen (→ Rn. 801) und die Verwertungsphase wird eröffnet (Art. 403.3 und 404.1 TRLC). 909

Nach Eintritt der Rechtskraft des Urteils über die Feststellung der Nichterfüllung des Vergleichs können die Gläubiger besonders vorrangiger Forderungen, die von den Wirkungen des Vergleichs betroffen waren, die Sicherheiten vollstrecken, unabhängig von der Eröffnung der Verwertungsphase (Art. 404.2 TRLC). 909.1

Die Gläubiger von Forderungen gegen die Masse und die nicht an den Vergleich gebundenen Insolvenzgläubiger sind nicht klagebefugt in Bezug auf die Klage zur Feststellung der Nichterfüllung. Informiert der Schuldner allerdings das Gericht nicht über die Unmöglichkeit der Erfüllung des Vergleichs, kann jeder Gläubiger, der den Nachweis über das Vorliegen objektiver Anhaltspunkte für die Zahlungsunfähigkeit liefern kann, das Gericht informieren (Art. 407.2 TRLC). 909.2

Die Feststellung der Nichterfüllung hat folgende Auswirkungen auf die vom Schuldner oder von Dritten vorgenommenen Verfügungen (Art. 405 TRLC): 910
- Grundsätzlich bleiben sie weiterhin wirksam.
- Solche, die dem Vergleich widersprechen oder einige Gläubiger benachteiligen, können aufgehoben werden.
- Solche, die der Aktivmasse schaden und vom Schuldner in betrügerischer Absicht während der Phase der Erfüllung des Vergleichs vorgenommen wurden, können angefochten werden (→ Rn. 633).
- Zahlungen, die der Schuldner in Ausführung des Vergleichs getätigt hat, gelten als zulässig es sei denn, es wird nachgewiesen, dass er hat sie in betrügerischer Absicht vorgenommen, im Widerspruch zum Vergleich oder zur Benachteiligung einiger Gläubiger (Art. 439.1 TRLC).

Fernández / Lozano / Roth

Internationales Insolvenzrecht – Spanien

911   Eine **Neuverhandlung** des Vergleichs mit neuem Inhalt ist im Falle der Unmöglichkeit der Erfüllung oder der Nichterfüllung des Vergleichs nicht möglich.

IX. Verwertung

1. Konzept

912   Die **Verwertung** ist eine von zwei Lösungen der Insolvenz, nachrangig zum Vergleich (→ Rn. 798). Die Verwertungsphase wird mit Abschluss der allgemeinen Phase eröffnet, das bedeutet, sobald die Feststellung der Aktiv- und Passivmasse im Bericht des Insolvenzverwalters abgeschlossen und der Vergleich gescheitert ist (also, wenn kein Vergleichsvorschlag eingegangen ist, dieser nicht angenommen oder genehmigt wurde oder dieser nicht erfüllt oder für nichtig erklärt wurde). Es besteht aber auch die Möglichkeit, die Verwertungsphase parallel zur allgemeinen Phase durchzuführen, sofern der Insolvenzschuldner während des Insolvenzverfahrens einen entsprechenden Antrag gestellt hat (selbst zusammen mit dem Antrag auf Insolvenzeröffnung) oder, sofern die unternehmerische oder berufliche Tätigkeit des Schuldners eingestellt wird, auf Antrag des Insolvenzverwalters hin.

913   Die Verwertung ist eine **Gesamtvollstreckung** der Aktivmasse und zielt auf die Verwertung der darin enthaltenen Vermögensgegenstände ab durch Versteigerung, Direktverkauf (sowohl der verschiedenen Unternehmensteile wie auch des gesamten Unternehmens oder den Unternehmenseinheiten aus denen das Unternehmen besteht), Abtretung zahlungshalber oder an Zahlung statt zur Begleichung der anerkannten Insolvenzforderungen gemäß ihrem Rang und der gesetzlich vorgegebenen Zahlungsreihenfolge. Sie wird durch formellen Beschluss (→ Rn. 914) eröffnet und besteht aus zwei Phasen, die zeitgleich ablaufen können: Die Verwertung gemäß Verwertungsplan oder entsprechend der ergänzenden gesetzlichen Regelungen (→ Rn. 924) und die Befriedigung der Gläubiger (→ Rn. 944). Für beides ist der Insolvenzverwalter zuständig, unter Aufsicht des Insolvenzgerichts.

913.1   Die Verwertung führt, sofern keine gesamte Unternehmenseinheit übertragen (→ Rn. 622) wird, zur Einstellung der gewerblichen oder unternehmerischen Tätigkeit des Schuldners und mithin zur Vernichtung von Arbeitsplätzen. Deshalb bevorzugt das Gesetz den Vergleich. Dies zeigt sich bereits durch die Gründe zur Eröffnung der Verwertungsphase (→ Rn. 914), die vom Scheitern des Vergleichs abhängen (widersprüchlich erscheint allerdings, dass der Schuldner die Verwertung zu jedem Zeitpunkt beantragen kann) und in der Eröffnung der Phase zur Einstufung der Insolvenz, die immer dann stattfindet, wenn diese in der Verwertung endet (→ Rn. 994).

2. Eröffnung der Verwertungsphase

914   Die Verwertungsphase wird durch Beschluss des Insolvenzgerichts von Amts wegen oder auf Antrag einer der Parteien hin eröffnet:
- Der **Schuldner** kann die Eröffnung der Verwertungsphase zu jedem Zeitpunkt beantragen, einschließlich im Rahmen des Insolvenzantrags. Das Gericht hat hierüber innerhalb einer Frist von zehn Tagen zu entscheiden, ohne dass hiergegen ein Widerspruch von Seiten der Gläubiger oder des Insolvenzverwalters statthaft wäre (Art. 406 TRLC).
- Der Schuldner muss die Eröffnung der Verwertungsphase beantragen, wenn ein Vergleich in Kraft ist und er erkennt, dass er den ihm hierdurch auferlegten Zahlungsverpflichtungen nicht nachkommen kann (bezüglich der Insolvenzforderungen) oder den nach der Genehmigung des Vergleichs entstandenen Verpflichtungen (Art. 407.1 TRLC). Nach Stellung des Antrags eröffnet das Gericht die Verwertungsphase, ohne dass es einer vorherigen Auflösung des genehmigten Vergleichs bedarf.
- Jeder **Gläubiger** ist zum Antrag auf Eröffnung der Verwertungsphase berechtigt, sofern folgende Voraussetzungen gegeben sind: a) ein Vergleich ist in Kraft, b) es liegen Umstände vor, die den Gläubiger zum Insolvenzantrag berechtigen (→ Rn. 195), und c) der Schuldner hat seinerseits noch keinen Antrag auf Eröffnung der Verwertungsphase gestellt. Es reicht also nicht aus, dass der Gläubiger die Nichterfüllung des Vergleichs nachweist. Hierfür bedarf es einer Klage wegen Nichterfüllung des Vergleichs (→ Rn. 908). Über den Antrag auf Eröffnung der Verwertungsphase wird per Beschluss entschieden, der die Eröffnung entweder ablehnt oder ihr stattgibt (Art. 407.2 TRLC).
- Der **Insolvenzverwalter** kann (muss aber nicht) den Antrag auf Eröffnung der Verwertungsphase stellen, sofern die gewerbliche oder unternehmerische Tätigkeit des Schuldners ganz oder teilweise eingestellt wird. Der Antrag führt allerdings nicht automatisch zur Eröffnung der

Verwertungsphase durch das Gericht. Vielmehr ist der Schuldner hierzu anzuhören (Art. 408 TRLC) und es ergeht ein entsprechender Beschluss.
- Scheitert der Vergleich, so hat das Insolvenzgericht die Verwertungsphase von **Amts wegen** zu eröffnen. Ein Scheitern ist gegeben, wenn innerhalb der genannten Frist kein Vorschlag eingeht, keiner der eingereichten Vorschläge zugelassen wird, die Gläubiger keinen der Vorschläge annehmen (sei es in der Gläubigerversammlung oder im schriftlichen Verfahren) oder das Gericht den angenommenen Vorschlag nicht genehmigt und keine neue Gläubigerversammlung einberufen oder eine erneute schriftliche Durchführung angeordnet wird oder sofern der Vergleich nicht erfüllt wurde oder er für nichtig erklärt wird. In diesen Fällen wird die Verwertungsphase ohne weitere Verfahrenshandlungen eröffnet. Ein Widerspruch ist hiergegen nicht statthaft. Die Eröffnung der Verwertungsphase von Amts wegen findet statt sobald der Beschluss hierüber rechtskräftig ist (Art. 409 TRLC).

Im Rahmen des **verkürzten Insolvenzverfahrens** kann die Verwertungsphase statt durch Gerichtsbeschluss auch durch eine Verfügung des Rechtspflegers des Gerichts eröffnet werden, sofern innerhalb der Frist zur Einreichung der Vergleichsvorschläge kein einziger Vorschlag eingegangen ist (Art. 528.1 TRLC). 914.1

Zur Eröffnung der Verwertungsphase muss nicht bis zum Abschluss der allgemeinen Phase gewartet werden. In diesem Fall wird direkt mit der Verwertung begonnen parallel zur Bestimmung der Aktiv- und Passivmasse, selbst wenn der Verwertungsplan noch nicht genehmigt wurde. Zudem können bereits vorweggenommene Zahlungen an die Gläubiger mit allgemein oder besonders vorrangigen Forderungen getätigt werden. Hierzu werden die notwendig erscheinenden Maßnahmen getroffen (→ Rn. 944). Üblicherweise findet dies aber erst nach Genehmigung des Verwertungsplans (nach Abschluss der allgemeinen Phase) statt, sodass eine Verfügung über Vermögen aus der Aktivmasse bis zu diesem Zeitpunkt nur nach gerichtlicher Genehmigung möglich ist (→ Rn. 604). 915

Der Eröffnungsbeschluss der Verwertungsphase wird (Beschluss oder Verordnung), wie der Beschluss über die Eröffnung des Insolvenzverfahrens (→ Rn. 272), im BOE und dem Öffentlichen Insolvenzregister **veröffentlicht** (→ Rn. 361) und ist im Handels- oder Zivilregister (oder in dem Register, das für den Schuldner wegen seiner Rechtsform zuständig ist) oder im Grundbuch sowie den übrigen Registern einzutragen (Art. 410 TRLC). 916

Während der Verwertungsphase (auch bereits vor Genehmigung des Verwertungsplans) bleiben die **Wirkungen** der Insolvenzeröffnung (→ Rn. 453) in Bezug auf den Schuldner, die Forderungen und die Verträge (Art. 411 TRLC) bestehen wie auch die folgenden: 917
- Der Schuldner verliert seine Verwaltungs- und Verfügungsbefugnis in Bezug auf die Passivmasse, sodass er durch den Insolvenzverwalter ersetzt wird mit allen Folgen, die diesbezüglich für die allgemeine Phase vorgesehen sind (→ Rn. 466) (Art. 413.1 TRLC). 918
- Wurde vor der Eröffnung der Verwertungsphase ein Vergleich genehmigt und der **Insolvenzverwalter** mithin aus seinem Amt entlassen, ernennt das Gericht diesen erneut oder einen anderen Insolvenzverwalter (Art. 412 TRLC). 919
- **Unterhaltsansprüche** zulasten der Aktivmasse (→ Rn. 479) erlöschen, außer solcher die zur Deckung des Lebensbedarfs des Schuldners, seines Ehegatten, seines eingetragenen Lebenspartners oder seiner Nachkommen, über die er das Sorgerecht ausübt notwendig sind (Art. 413.2 TRLC). Selbstverständlich können der Schuldner und seine Familie weiterhin über die unpfändbaren Gegenstände und Einkommen verfügen, um ihren Lebensbedarf zu decken. 920
- Handelt es sich beim Insolvenzschuldner um eine juristische Person, die noch nicht aufgelöst wurde, so wird diese jetzt **aufgelöst** und die **Geschäftsführer und Liquidatoren** werden **abberufen** und durch den Insolvenzverwalter ersetzt, außer in Bezug auf die Vertretung des Schuldners im Insolvenzverfahren und dem insolvenzrechtlichen Nebenverfahren (Art. 413.3 TRLC). 921
- Es tritt eine **vorgezogene Fälligkeit** der gestundeten Insolvenzforderungen ein und eine **Umwandlung in Geldforderungen** von solchen, die aus anderen Leistungen als Geldleistungen bestehen (Art. 414 TRLC). 922

Sofern die Zahlung einer Forderung von ihrer im Zeitpunkt der Eröffnung der Verwertung noch nicht vorliegenden Fälligkeit erfolgt, wird ein entsprechender Abzug vorgenommen, der sich nach dem gesetzlichen Zins berechnet (Art. 436 TRLC) (→ Rn. 957.1). 922.1

Die Umwandlung in Geldforderungen hat in Einklang mit den für die Anerkennung von Forderungen geltenden gesetzlichen Regelungen stattzufinden (→ Rn. 683). 922.2

- Die **Phase der Einstufung** (→ Rn. 964) wird eröffnet, sobald der Verwertungsplan oder die Verwertung nach anderen Normen genehmigt wird (Art. 446.1 TRLC). Wird der Vergleich 923

Internationales Insolvenzrecht – Spanien

nicht erfüllt oder ist seine Erfüllung unmöglich, wird die Phase der Einstufung erneut eröffnet mittels des Eröffnungsbeschlusses der Verwertungsphase (Art. 452.1 TRLC) (→ Rn. 997).

3. Verfahrenshandlungen der Verwertung: der Verwertungsplan

924 Die Verfahrenshandlungen der Verwertung vor der Befriedigung der Gläubiger werden durch den **Verwertungsplan** festgelegt, der vom Insolvenzverwalter zu erstellen (oder ausnahmsweise im Rahmen eines pre-pack (→ Rn. 941) und im nachfolgenden Insolvenzverfahren einer natürlichen Person, die nicht als Unternehmer angesehen werden kann (→ Rn. 174) durch den Schuldner oder im zweitgenannten Fall durch den Mediator) und vom Gericht zu genehmigen ist. Wurde kein Verwertungsplan aufgestellt oder wurde keiner genehmigt, so richtet sich das Verfahren nach den Zusatzbestimmungen des TRLC (→ Rn. 935). Unabhängig vom Verwertungsplan finden die Normen über die Veräußerung von Vermögensgegenständen, die mit einer besonders vorrangigen Forderung belegt sind (→ Rn. 612) und von Unternehmenseinheiten (→ Rn. 622) zwingend Anwendung (Art. 415 TRLC).

925 Der Insolvenzverwalter muss den Verwertungsplan beim Insolvenzgericht **einreichen** (Art. 416 TRLC):
- Hierbei gilt grundsätzlich eine Frist von 15 Tagen ab der Zustellung des Beschlusses über die Eröffnung der Verwertungsphase. Das Gericht kann diese Frist verlängern, sofern dies angesichts der Komplexität der Insolvenz notwendig erscheint. Bei gewöhnlichen Insolvenzverfahren beträgt die Frist zehn Tage ohne die Möglichkeit einer Verlängerung (Art. 528 TRLC).
- Wurde die Verwertungsphase bereits vor Ablauf der Frist zur Einreichung des vorläufigen Berichts (→ Rn. 772) des Insolvenzverwalters eröffnet (einschließlich im Beschluss über die Eröffnung des Insolvenzverfahrens), ist der Verwertungsplan zusammen mit diesem Bericht einzureichen.

925.1 Dies führt dazu, dass, sofern die Verwertungsphase vor Beendigung der allgemeinen Phase eröffnet wurde, erst der Bericht des Insolvenzverwalters abgewartet werden muss, ehe der Verwertungsplan ausgeführt werden kann. Eine Ausnahme besteht im Falle eines pre-pack (→ Rn. 941).

926 Ab Eröffnung der Verwertungsphase **bis zur Genehmigung des Verwertungsplans**, ist der Insolvenzverwalter nicht befugt, Vermögensgegenstände aus der Aktivmasse, ohne richterliche Zustimmung, zu verwerten. Anders nur, wenn die Zustimmung, wie in der allgemeinen Phase, entbehrlich ist (→ Rn. 606).

927 Nach Vorlage des Verwertungsplans durch den Insolvenzverwalter können der Schuldner, die Gläubiger und die Arbeitnehmervertreter (nicht die Inhaber von Forderungen gegen die Masse oder andere Personen) innerhalb einer Frist von 15 Tagen **Bemerkungen und Änderungsvorschläge** einreichen. In der Praxis gewährt das Gericht dem Insolvenzverwalter eine Frist, um sich zu diesen Bemerkungen und eingereichten Vorschlägen zu äußern (Art. 418.1 TRLC).

928 Das Gericht erlässt anschließend einen **Beschluss** mittels dessen es den Verwertungsplan entsprechend der vom Insolvenzverwalter eingereichten Fassung genehmigt, diesen nach eigenem Ermessen abändert oder diesen ablehnt und die Verwertung entsprechend der nachrangigen gesetzlichen Regelungen anordnet (letzteres kommt in der Praxis sehr selten vor). Der Beschluss hierüber muss den konkret genehmigten Verwertungsplan enthalten. Gegen diesen Beschluss ist der recurso de apelación statthaft (Art. 419 TRLC).

928.1 Ab Genehmigung des Verwertungsplans (besser gesagt, ab dessen Rechtskraft) ist der Insolvenzverwalter berechtigt, ohne weitere richterliche Zustimmung Vermögensgegenstände und Recht der Aktivmasse zu veräußern – auch durch Abtretung zahlungshalber oder an Zahlung statt. Dies umfasst auch Güter, die mit einer besonders vorrangigen Forderung belegt sind sowie die Unternehmenseinheiten, die ausdrücklich im Plan genannt wurden (Art. 419.2 TRLC).

929 Das TRLC legt die folgenden unabdingbaren Regelungen fest, die vom Insolvenzverwalter bei der Ausarbeitung des Verwertungsplans zu berücksichtigen sind:
- Er hat die Interessen des Insolvenzverfahrens und die bestmögliche Befriedigung der Gläubiger zu berücksichtigen (Art. 417.1 TRLC).
- In Übereinstimmung mit dem allgemeinen Prinzip der Erhaltung der Gesellschaft muss der Verwertungsplan, wann immer möglich, eine einheitliche Veräußerung der Gesellschaft oder der Unternehmenseinheit, aus denen sie besteht, vorsehen (Art. 417.2 TRLC).
- Der Verwertungsplan kann die Abtretung von Vermögenswerten zur Zahlung oder an Zahlung statt oder die Befriedigung von Insolvenzforderungen, mit Ausnahme öffentlich-rechtlicher Forde-

rungen, vorsehen. In jedem Fall ist die Abtretung gegen Zahlung oder an Zahlung statt von der Zustimmung des betreffenden Gläubigers abhängig (Art. 417.3 TRLC).
- Enthält der Verwertungsplan Bestimmungen über wesentliche Änderungen der Arbeitsbedingungen, Versetzungen, Entlassungen, die Aussetzung des Vertrags oder die Reduzierung der Arbeitszeit der Arbeitnehmer, die kollektiver Natur sind, muss das insolvenzrechtliche Arbeitsregelungsverfahren (→ Rn. 558) befolgt werden, aber es ist nicht erforderlich, dass der Plan abgeschlossen ist, damit er genehmigt werden kann (Art. 418.2 TRLC).

In der Praxis wenden viele Gerichte für Handelssachen **Standardregelungen für die Verwertung** an, die Vorrang vor dem vom Insolvenzverwalter eingereichten Verwertungsplan haben oder diesen sogar ersetzen. Ziel ist die Vereinheitlichung der Verwertungen bezüglich der verschiedenen Insolvenzverfahren. Im Wesentlichen folgen diese Standardregelungen und der Großteil der Verwertungspläne dem folgenden Schema (ohne Berücksichtigung der Möglichkeit der Übertragung einer Unternehmenseinheit, → Rn. 622): 930

- Zunächst ist eine **unmittelbare Verkaufsphase** vorgesehen, während derer der Insolvenzverwalter innerhalb einer verlängerbaren Frist von normalerweise 1–6 Monaten Vermögensgegenstände und Rechte der Aktivmasse zu einem Mindestpreis verkaufen kann (es wird der Preis des Inventars herangezogen oder der, den der Insolvenzverwalter selbst festlegt). Handelt es sich um Vermögensgegenstände, die mit einer besonderen Vorrangigkeit belegt sind, kann der Insolvenzverwalter dem Gläubiger die Überlassung an Zahlung statt oder zahlungshalber anbieten, vorrangig gegenüber dem unmittelbaren Verkauf an Dritte unter Anwendung der hierfür geltenden Regelungen (→ Rn. 619). 931
- Scheitert der unmittelbare Verkauf innerhalb der vorgesehenen Frist, werden die Vermögensgegenstände einzeln oder gemeinsam, gerichtlich oder notariell **versteigert**. Einige Gerichte lassen die gerichtliche Versteigerung (deren Kosten niedriger sind) nur dann zu, wenn die Aktivmasse nicht ausreicht, um die Kosten einer notariellen Versteigerung oder einer Veräußerung durch eine fachkundige Stelle (zB im Falle von Immobilien durch einen Immobilienmakler) durchzuführen. 932

Auch während der Versteigerungsphase ist ein unmittelbarer Verkauf noch möglich, sofern ein attraktives Angebot eingeht. 932.1

- Kann ein Vermögensgegenstand nicht durch Versteigerung veräußert werden, kommen **subsidiäre Maßnahmen** zur Anwendung, wie der direkte Verkauf ohne Mindestpreis, eine Schenkung im Falle von beweglichem Vermögen oder die Beendigung der Verwertung ohne Veräußerung des Gegenstands. 933
- Der Verwertungsplan kann vom Insolvenzgericht nach seiner Genehmigung nur auf Antrag des Insolvenzverwalters **geändert** werden, wenn dieser dies im Interesse des Insolvenzverfahrens und zur schnelleren Befriedigung der Gläubiger für erforderlich hält. Das Verfahren entspricht dem Verfahren zur Genehmigung des Plans (→ Rn. 927) und endet mit einer anfechtbaren Verfügung, in der das Gericht entweder den vom Insolvenzverwalter beantragten Änderungen zustimmt oder die von ihm für notwendig erachteten Änderungen einführt oder den Antrag ablehnt (Art. 420 TRLC). 934

Für den Fall, dass der Verwertungsplan nicht genehmigt wird und für die nicht im hier geregelten Punkten, sieht das Gesetz zusätzlich zu den zwingenden Bestimmungen für den Verkauf von Unternehmenseinheiten (→ Rn. 622) und die Verwertung von Vermögensgegenständen, die mit einer besonders vorrangigen Forderung belegt sind (→ Rn. 612), die **folgenden zusätzlichen Verwertungsvorschriften** vor: 935

- Das Unternehmen muss als Ganzes veräußert werden. Nur ausnahmsweise kann das Gericht nach Vorlage eines Berichts des Insolvenzverwalters durch Verfügung der getrennten Veräußerung der verschiedenen Unternehmenseinheiten oder einiger von ihnen (wenn das Unternehmen aus mehreren besteht) oder der einzelnen Elemente, aus denen sie sich zusammensetzen, zustimmen, wenn er dies im Interesse des Insolvenzverfahrens für richtig hält. Gegen die Entscheidung, diese getrennte Veräußerung durchzuführen, ist kein Rechtsmittel statthaft (Art. 422 TRLC).
- Die Verfügung über die Vermögenswerte und Rechte der Aktivmasse richtet sich nach den für das Zwangsversteigerungsverfahren in der Spanischen Zivilprozessordnung festgelegten Regeln (Art. 421 TRLC), dh mittels einer öffentlichen Versteigerung oder eines Verkaufs durch ein spezialisiertes Unternehmen.

Art. 423 TRLC legt eine Regel fest, die darauf abzielt, die Verwertung der Aktivmasse zu veröffentlichen, wenn es sich bei dem Schuldner um eine juristische Person handelt: Der Insolvenzverwalter muss dem öffentlichen Insolvenzregister, in dem sie veröffentlicht wird, alle notwendigen Informationen übermitteln, um den Verkauf der Aktivmasse zu erleichtern. 936

Internationales Insolvenzrecht – Spanien

937 Bei sämtlichen Übertragungen der Vermögensgegenstände oder Rechte, sei es durch Verkauf, Versteigerung oder im Wege der Veräußerung einer Unternehmenseinheit, ordnet das Gericht die **Löschung der Belastungen** (Hypotheken, Garantien, Pfändungen), die vor der Eröffnung des Insolvenzverfahrens bestellt wurden, zugunsten der Insolvenzforderungen an, es sei denn, es handelt sich um einen Gegenstand der einer besonderen Vorrangigkeit unterliegt und der dem Erwerber mit der Belastung übertragen wurden (→ Rn. 615) (Art. 225 TRLC). Grundsätzlich findet also ein lastenfreier Erwerb statt.

938 Für die Durchführung von Verwertungsmaßnahmen gelten folgende **Fristen**:
- Bei einem gewöhnlichen Insolvenzverfahren ein Jahr ab dem Datum des Eintrittes der Rechtskraft des Beschlusses über die Eröffnung der Verwertungsphase bis zum Ende dieser, die eine Zahlung an die Gläubiger voraussetzt (Art. 427.1 TRLC).
- Im verkürzten Insolvenzverfahren drei Monate, verlängerbar um einen weiteren Monat, ab der Genehmigung des Verwertungsplans (Art. 528.2 TRLC).

939 Im Verwertungsplan kann jedoch je nach den Umständen des Insolvenzverfahrens eine andere Frist festgelegt werden. Wird die Frist nicht eingehalten, kann jede interessierte Partei die Abberufung des Insolvenzverwalters beim Insolvenzgericht beantragen. Das Gericht muss nach Anhörung des Insolvenzverwalters dessen Abberufung anordnen, wenn kein hinreichender Grund für die Verzögerung gegeben ist und einen neuen Insolvenzverwalter ernennen (Art. 427 TRLC). Im Falle einer Abberufung aufgrund einer ungebührlichen Verzögerung der Verwertung verliert der Insolvenzverwalter den Anspruch auf die aufgelaufenen und nicht eingezogenen Vergütungen und muss die seit Beginn der Verwertungsphase bereits erhaltene Vergütung wieder an die Aktivmasse zurückführen (Art. 428 TRLC).

939.1 Die Praxis zeigt, dass sich die Verwertungen um mehrere Jahre verlängern, insbesondere, da die Insolvenzverwalter ihre Vergütung in dieser Phase monatlich erhalten. Um die Verwertung zu verkürzen, sieht die dritte Übergangsbestimmung des Gesetzes 25/2015 v. 28.7.2015 vor, die Vergütung ab dem 7. Monat auf die Hälfte herabzusetzen und ab dem 13. Monat ganz zu streichen, ab Eröffnung der Verwertungsphase, es sei denn, das Gericht gewährt eine Verlängerung von maximal sechs Monaten.

940 Das Verwertungsverfahren **endet** mit der kompletten Verwertung der Werte der Vermögensgegenstände und Rechte, die die Aktivmasse ausmachen, außer solche, die keinen Marktwert haben oder bei denen die Veräußerungskosten nicht zum Verkaufswert in einem angemessenen Verhältnis stehen. Deshalb kann die Verwertung auch dann als beendet betrachtet werden, wenn der Insolvenzschuldner noch Inhaber von unpfändbaren Gegenständen ist, die nicht Teil der Aktivmasse sind und daher nicht der Verwertung unterliegen (Art. 468.3 TRLC).

4. Pre-pack

941 Der **pre-pack**, welcher in den Art. 523 und 530 TRLC geregelt ist, stellt eine verfahrensrechtliche Besonderheit dar, der einen schnelleren Verkauf einer Unternehmenseinheit ermöglicht auf Grundlage eines Kaufangebots, welches dem Verwertungsplan, den der Schuldner zusammen mit dem Insolvenzantrag einreicht, beizufügen ist. Bei einem pre-pack wird der Verkauf einer Unternehmenseinheit zwischen dem Schuldner und einem Dritten vor Eröffnung des Insolvenzverfahrens verhandelt und die getroffene bindende Kaufvereinbarung wird zusammen mit dem Insolvenzantrag eingereicht.

941.1 Das verbindliche Kaufangebot kann sich nur auf eine funktionsfähige Unternehmenseinheit beziehen, nicht aber auf einzelne Aktiva und es sind die Vorgaben des Art. 217 und 218 TRLC (→ Rn. 623) einzuhalten. Das Angebot muss den zu übernehmenden Umfang der Unternehmenseinheit benennen (Aktiva, bestehende Verträge und gegebenenfalls Verbindlichkeiten) sowie die Aktiva, Verbindlichkeiten und Verträge nicht übernommen werden.

942 Das **Verfahren** ist sehr schnell und zielt darauf, den Verkauf einer Unternehmenseinheit vorzugsweise vor allen anderen Insolvenzverfahrenshandlungen abzuschließen. Der Ablauf ist folgender:
- Der Schuldner stellt den Insolvenzantrag (→ Rn. 228) und den Antrag auf Eröffnung der Verwertungsphase (→ Rn. 914), dem er den Verwertungsplan (→ Rn. 929) und das verbindliche unterzeichnete Kaufangebot des Dritten (→ Rn. 626) beizufügen hat.
- Das Gericht erlässt einen Beschluss zur Eröffnung des Insolvenzverfahrens (→ Rn. 269) und der Verwertungsphase und entscheidet darüber, ob die Regelungen des verkürzten Insolvenzverfahrens (→ Rn. 327) zur Anwendung kommen (Art. 523 TRLC). Der Insolvenzverwalter ist zu ernennen (→ Rn. 370), der das Amt anzunehmen hat (→ Rn. 373).

- Innerhalb einer Frist von zehn Tagen muss der Insolvenzverwalter eine schriftliche Stellungnahme zum Verwertungsplan abgeben, der ein Inventar der Aktivmasse (→ Rn. 761) und eine Bewertung der Auswirkungen auf die Aktiv- und die Passivmasse enthalten muss. Ferner eine Bewertung hinsichtlich der Auflösung der Verträge (→ Rn. 550), die im Verwertungsplan vorgesehen ist. Während dieser Frist können die Gläubiger und die Arbeitnehmervertreter ebenfalls Schriftsätze einreichen. Hierbei ist das Blockierungsrecht der Gläubiger mit besonders vorrangigen Forderungen zu beachten, sofern die der besonderen Vorrangigkeit unterliegenden Vermögensgegenstände Teil der zu erwerbenden Unternehmenseinheit sind und lastenfrei zu übertragen sind (→ Rn. 632.1). Ferner ist ein insolvenzrechtliches Arbeitsregelungsverfahren durchzuführen, sofern die Übertragung arbeitsrechtliche Kollektivmaßnahmen mit sich bringt (Auflösungen, Aussetzungen, Arbeitszeitreduzierung, Versetzungen oder wesentliche Änderungen) (→ Rn. 558). Während der Frist können auch Alternativvorschläge gemacht werden, wobei die Regelungen über die Vorzugswürdigkeit (→ Rn. 627) zu beachten sind.
- Anschließend wird das Insolvenzgericht den Verwertungsplan per Beschluss genehmigen (→ Rn. 928). Hiergegen ist der recurso de apelación statthaft, deren Einlegung keine aufschiebende Wirkung entfaltet. In diesem Beschluss kann das Gericht die Auflösung solcher gegenseitigen Verträge anordnen, deren Erfüllung noch von beiden Parteien geschuldet ist und die nicht auf den Erwerber übergehen müssen (→ Rn. 550).
- Im selben Beschluss oder in einem gesonderten wird das Gericht dem Erwerber die Unternehmenseinheit direkt zuweisen oder es befugt den Insolvenzverwalter zur Zuweisung, ohne dass eine Versteigerung stattfindet. Gegen diesen Beschluss sind keine Rechtsmittel statthaft. Der Erwerber erwirbt die Unternehmenseinheit lastenfrei (→ Rn. 610), es sei denn, es existieren Vermögensgegenstände, die mit einer besonderen Vorrangigkeit belegt sind und die samt der Belastung (→ Rn. 615) übertragen werden.
- Nach Abschluss des Verkaufs der Unternehmenseinheit wird das Insolvenzverfahren in Bezug auf die Aktiva weitergeführt, die nicht an den Erwerber übergegangen sind.

942.1 Bei Anfechtungen des Inventars oder der Gläubigerliste (→ Rn. 777), die über die Aussetzung der Verwertungsvorgänge entscheiden sollen, kann das Gericht deren Bearbeitung von der Stellung einer Sicherheitsleistung durch den Anfechtungskläger abhängig machen, um mögliche durch die Verzögerung verursachte Schäden zu decken. Hierdurch sollen Anfechtungen, die lediglich dilatorische Wirkung haben sollen, vermieden werden.

943 Der pre-pack bringt für den Erwerber einer Unternehmenseinheit von in der Insolvenz befindlichen Unternehmen erhebliche **Vorteile** mit sich. Dies sind zum einen kürzeren Fristen, sodass die Übertragung bereits zu Beginn des Insolvenzverfahrens abgeschlossen werden kann. Zum anderen die Möglichkeit bereits vor Eröffnung des Insolvenzverfahrens unmittelbar mit dem Veräußerer verhandeln zu können und nicht erst mit dem Insolvenzverwalter, was die Möglichkeit bietet, in das Angebot Klauseln mitaufzunehmen, die für den Erwerber günstig sind, wie etwa break-up fees, die Verpflichtung anderer Bieter, eine Sicherheit zu leisten oder einen Mindestbetrag in Bezug auf die Gebote. Zudem ist die Unternehmenseinheit dann nicht vollständig im Insolvenzverfahren verfangen und der Erwerber wird bei seinem Erwerb geschützt, da dieser gerichtlich genehmigt wird (claw-back protection).

5. Zahlung an die Gläubiger

944 Nach Abschluss des Verwertungsverfahrens muss der Insolvenzverfahren die Zahlungen an die Gläubiger leisten entsprechend der gesetzlich vorgegebenen Reihenfolge. In bestimmten Fällen erlaubt das Gesetz eine **Vorauszahlung:**
- Die Forderungen gegen die Masse sind, einschließlich während der Verwertungsphase, bei Fälligkeit zu begleichen, sofern die Aktivmasse zur Begleichung ausreicht. Andernfalls muss der Insolvenzverwalter das Gericht informieren und die Begleichung dieser Forderungen entsprechend der besonderen Reihenfolge aus Art. 250 TRLC (→ Rn. 1051) vornehmen.
- Die besonders vorrangigen Forderungen können ganz oder teilweise bereits vor der Verwertungsphase beglichen werden, wenn der Insolvenzverwalter sein Recht, die Veräußerung zu verhindern (→ Rn. 621), ausgeübt hat oder der vorrangige Gläubiger die gesonderte Vollstreckung der Sicherheit eingeleitet oder weitergeführt hat (→ Rn. 521).
- Die allgemein vorrangigen Forderungen und die gewöhnlichen Forderungen können auch vor Abschluss des Anfechtungsverfahrens (gegen die Gläubigerliste) befriedigt werden, sofern das Gericht hierzu seine Zustimmung erteilt. Das Gericht muss die einstweiligen Maßnahmen anordnen, die es für notwendig erachtet, um die Wirksamkeit des Urteils zu gewährleisten und

die Befriedigung der hierbei voraussichtlich entstehenden Forderungen gegen die Masse (in erster Linie die Prozesskosten) (Art. 432.2 und 434.2 TRLC). Zudem kann der Insolvenzverwalter Vorauszahlungen zulasten der gewöhnlichen Forderungen tätigen (mindestens 5 % seines Nominalwerts), auf Grundlage der Aktivmasse, dh ohne den Abschluss des Verwertungsverfahrens abwarten zu müssen (Art. 433.3 TRLC).

944.1 Das Insolvenzgericht kann anordnen, dass bis zu 15 % des aus den Verwertungsvorgängen erzielten Preises oder der aus der Aktivmasse zu leistenden Zahlungen **hinterlegt** werden, dh dass sie nicht für die Befriedigung von Forderungen verwendet werden. Diese Beträge werden zur Begleichung von Insolvenzforderungen verwendet, die sich aus recursos de apelación gegen das Urteil über die Gläubigerliste oder bestimmte Verwertungshandlungen ergeben können (Art. 425 TRLC). Die Mittel werden freigegeben, wenn über alle recursos de apelación entschieden wurde oder die Frist für deren Einreichung abgelaufen ist. Anschließend werden sie dem Insolvenzverwalter zur Verwendung für die Befriedigung der Forderungen gemäß der gesetzlich festgelegten Reihenfolge und unter Berücksichtigung des bereits gezahlten Teils der Forderungen übergeben (Art. 426 TRLC).

945 Die **besonders vorrangigen Forderungen** (→ Rn. 697) werden zunächst durch die Verwertung der besicherten Sachen und Rechte gezahlt, unabhängig davon, ob sie Gegenstand einer getrennten Einzelvollstreckung oder des Gesamtvollstreckungsverfahrens sind (Art. 430 TRLC) und vor den Forderungen gegen die Masse. Das Gesetz stellt eine Reihe von Spezialregelungen für die Vollstreckung dieser Sachen und Rechte auf (→ Rn. 612). Diese sind unabdingbar, sodass der Verwertungsplan diese nicht beeinträchtigen kann. Insbesondere ist der durch die Veräußerung eines Vermögensgegenstandes, der mit einer besonders vorrangigen Forderung belegt ist, erzielte Gewinn zur Befriedigung der besonders vorrangigen Forderung zu verwenden, ohne Berücksichtigung des Wertes der Sicherheit (→ Rn. 699).

945.1 Dies gilt auch dann, wenn der besonders vorrangige Gläubiger weder Bemerkungen zum Verwertungsplan eingereicht hat noch Rechtsmittel gegen den Beschluss eingereicht hat, der diesen Plan genehmigt. Kommt es zu einem Widerspruch zwischen den unabdingbaren gesetzlichen Regelungen, die diese Art von Gläubiger schützen und dem Verwertungsplan, haben die erstgenannten Vorrang (STS 247/2016 v. 13.4.2016 – 32/2014).

946 Dient dieselbe Sache als Sicherheit mehrerer besonders gesicherter Forderungen findet das **Rangprinzip** Anwendung und die Zahlung ist entsprechend des zeitlichen Vorrangs vorzunehmen. Ausnahme sind die stillschweigenden Hypotheken, die grundsätzlichen Vorrang haben vor anderen Sicherheiten (Art. 431 TRLC). Erst wenn der Gläubiger einer besonders vorrangigen Forderung des obersten Ranges befriedigt wurde, kann der Verkaufspreis zur Befriedigung der Gläubiger der unteren Ränge verwendet werden (AAP Barcelona 86/2014 v. 14.7.2014 – 206/2014).

947 Der Verkaufspreis des Vermögensgegenstandes, der mit einer besonders vorrangigen Forderung belegt ist, wird in Anwendung von Art. 692.1 TRLC auf die **Hauptforderung, die Zinsen und Kosten** des besonders vorrangigen Gläubigers angerechnet.

948 Zu berücksichtigen sind:
- Die Möglichkeit der Veräußerung eines Gegenstands, der als Sicherheit einer besonders vorrangigen Forderung dient **mit oder ohne Wahrung der Belastung** (→ Rn. 615). Die erste Option führt dazu, dass die besonders vorrangige Forderung im Insolvenzverfahren nicht als befriedigt gilt, sondern lediglich der Schuldner wechselt.
- Das Verfahren zur Veräußerung eines Gegenstands, der als Sicherheit einer besonders vorrangigen Forderung dient, was grundsätzlich die **Versteigerung** (→ Rn. 616) ist und nur ausnahmsweise die **Abtretung statt Zahlung oder zahlungshalber** an den Gläubiger (→ Rn. 619) oder der **unmittelbare Verkauf** (→ Rn. 618) unter Beachtung der speziellen gesetzlichen Regelungen.
- Die Möglichkeit der Vereinbarung der Pflicht des Erwerbers zur Tragung der im Rahmen der Veräußerung anfallenden **Kosten und Steuern** (→ Rn. 620).
- Die Sonderregelungen, die bezüglich der Befriedigung eines Gläubigers einer besonders vorrangigen Forderung gelten, sofern der Vermögensgegenstand, der mit der besonders vorrangigen Forderung belegt ist, als **Teil einer Unternehmenseinheit** veräußert wird, sowie das Blockierrecht (→ Rn. 632.1).

949 Reicht der durch den Verkauf des Gegenstands, der zur Sicherung einer besonders vorrangigen Forderung dient zur Befriedigung der besonders vorrangigen Forderungen erzielte Betrag aus, kommt der überschüssige Teil in die Aktivmasse zur Befriedigung der übrigen Forderungen.

Reicht er dagegen nicht, wandeln sich die besonders vorrangigen Forderungen, ihrer jeweiligen Art entsprechend, in allgemein vorrangige, gewöhnliche oder nachrangige (Art. 430.3 TRLC).

Die **Forderungen gegen die Masse** (→ Rn. 736) sind vor den Insolvenzforderungen zu befriedigen, allerdings nur aus dem durch den Verkauf solcher Gegenstände erzielten Betrags, die nicht zur Sicherung einer besonders vorrangigen Forderung dienen, dh die besonders vorrangigen Forderungen haben Vorrang vor den Forderungen gegen die Masse (Art. 429 TRLC). **950**

Nur wenn die Aktivmasse zur Befriedigung der Forderungen gegen die Masse ausreicht, werden die **allgemein vorrangigen Forderungen** (→ Rn. 710) beglichen, aus dem Verkauf der Gegenstände, die nicht von einer besonderen Vorrangigkeit betroffen sind. Für die Befriedigung gilt die Reihenfolge der allgemein vorrangigen Forderungen und sie wird bei gleicher Ordnungsziffer anteilig durchgeführt (Art. 432.1 TRLC). **951**

Erst wenn die allgemein vorrangigen Forderungen und die Forderungen gegen die Masse vollständig beglichen wurden, werden die **gewöhnlichen Forderungen** (→ Rn. 695) anteilig beglichen (innerhalb dieser Gruppe von Forderungen besteht keine Rangordnung) (Art. 433.1 und 433.2 TRLC). Ausnahmsweise kann das Gericht dem Insolvenzverwalter die Befugnis erteilen, die gewöhnlichen Forderungen vorab zu begleichen, sofern es der Auffassung ist, dass die Aktivmasse ausreicht, um die Begleichung der allgemein vorrangigen Forderungen und der Forderungen gegen die Masse zu decken (Art. 434.1 TRLC). **952**

Wenn schließlich die gewöhnlichen Forderungen vollständig beglichen wurden, sind die **nachrangigen Forderungen** (→ Rn. 726) entsprechend der hierfür geltenden Reihenfolge und anteilig, bei gleicher Ordnungsziffer (Art. 435 TRLC) zu begleichen. **953**

Bleiben nach Befriedigung der nachrangigen Forderungen noch Beträge übrig, werden mit diesen die **Zinsen** beglichen, deren Anfallen durch die Eröffnung des Insolvenzverfahrens ausgesetzt war (→ Rn. 536). Zur Berechnung wird der vereinbarte oder in Ermangelung der gesetzliche Zinssatz herangezogen (Art. 440 TRLC). **954**

Bleiben auch hiernach noch Beträge bestehen, gehen diese an den Schuldner, sofern er eine natürliche Person ist oder an die Gesellschafter der Schuldnerin, sofern diese eine juristische Person ist. In letzterem Fall finden die für die Liquidation der Gesellschaft geltenden Regelungen Anwendung. **955**

Zur Zahlung ist jedes **Mittel** zugelassen (Bar, Banküberweisung, Scheck). Der Gläubiger muss bei Zahlungsempfang eine **Zahlungsquittung** ausstellen. Weigert sich der Gläubiger, die Zahlung anzunehmen und ist er nicht auffindbar, muss der Insolvenzverwalter ihn gerichtlich oder notariell **auffordern.** Die Forderung **erlischt** soweit sie beglichen wurde. Der nicht beglichene Teil bleibt offen, da der Abschluss des Insolvenzverfahrens nicht zum Erlöschen der Forderung führt (außer im Falle der Restschuldbefreiung, → Rn. 1069). **956**

Wird infolge des Eintritts einer vorweggenommenen Fälligkeit einer Forderung durch die Eröffnung der Verwertungsphase eine Zahlung vor Eintritt der ursprünglichen Fälligkeit vorgenommen, so ist hiervon der gesetzliche Zinssatz **abzuziehen** (Art. 436 TRLC). **957**

Beispiel: Eine Forderung in Höhe von 1.000 EUR wird am 31.12.2025 fällig. Die Verwertungsphase wird durch Beschluss am 31.12.2018 eröffnet. Die Zahlung erfolgt am 31.12.2019. Unter Beachtung des in Spanien geltenden gesetzlichen Zinssatzes von aktuell 3 % ergibt sich folgendes: 1.000 / (1 + 6*0,03) = 847,46 EUR. Der Gläubiger erhält also 847,46 EUR. **957.1**

Der gesetzliche Zinssatz wird jährlich im spanischen Haushaltsgesetz bekannt gegeben. **957.2**

War vor der Eröffnung der Verwertungsphase ein **Vergleich** in Kraft und wurde dieser teilweise erfüllt, so werden die getätigten Zahlungen als rechtsgültig angesehen, sofern nicht bewiesen wird, dass Betrug, Verletzung des Insolvenzvergleichs oder Verletzung des Grundsatzes der Gleichbehandlung der Gläubiger vorliegen (Art. 439.1 TRLC) (→ Rn. 910). Zur Anfechtung dieser Zahlungen ist die Einleitung eines insolvenzrechtlichen Nebenverfahrens notwendig, das auf den Widerruf der getätigten Zahlungen abzielt und einer Anfechtungsklage (→ Rn. 633) entspricht. Die Gläubiger, die Teilzahlungen erhalten haben, deren Rechtsgültigkeit nicht durch ein rechtskräftiges Urteil widerrufen wurde, behalten diese in ihrer Gewalt, können aber nicht an Zahlungen im Rahmen der Verwertung teilhaben, bis die anderen Gläubiger des gleichen Rangs Zahlungen in gleicher prozentualer Höhe erhalten haben (Regelung bezüglich der Zahlungen gem. Art. 439.2 TRLC). **958**

Handelt es sich um Forderungen, die mit einer **Bürgschaft oder Garantie** abgesichert sind oder existieren neben dem Insolvenzschuldner **weitere Gesamtschuldner** gilt: **959**
- Der Bürge, Garant oder Mitschuldner hat erst dann einen Anspruch auf Begleichung des Regresses im Rahmen der Verwertung, wenn die gesicherten Insolvenzforderungen vollständig beglichen wurden. Bei der Einordnung dieser Forderung ist unter den verschiedenen, den Gläubigern

Internationales Insolvenzrecht – Spanien

und Bürgen zukommenden, die für die Insolvenz kostengünstigste zu wählen (Art. 263.2 TRLC).
- Hat der Garant die Forderung des Gläubigers vor der Insolvenzeröffnung nur teilweise beglichen, hat der Gläubiger im Insolvenzverfahren unter Berücksichtigung der bereits erhaltenen Beträge bis zur Gesamthöhe seiner Forderung Anspruch auf Erhalt der auf diese entfallenden Zahlungen (Art. 437 TRLC).
- Wurde die Forderung in zwei oder mehr Insolvenzverfahren von Gesamtschuldnern anerkannt, kann die Summe der aus allen Insolvenzverfahren erhaltenen Beträge nicht den Betrag der Forderung übersteigen (Art. 438.1 TRLC). Der in Insolvenz geratene Mitschuldner, der eine Teilzahlung an den Gläubiger geleistet hat, kann in den Insolvenzverfahren der anderen Mitschuldner keine Ausgleichszahlungen erhalten, solange nicht der Gläubiger vollständig befriedigt wurde (Art. 438.3 TRLC).

959.1 Um die Zahlungen der verschiedenen Insolvenzverfahren zu koordinieren, kann der Insolvenzverwalter die Zahlungen so lange zurückhalten, bis der Gläubiger eine Bescheinigung über die erhaltenen Zahlungen aus den Insolvenzverfahren der Mitschuldner vorlegt. Nimmt der Insolvenzverwalter die Zahlung an den Gläubiger vor, hat er dies in den Insolvenzverfahren der Mitschuldner bekannt zu geben (Art. 483.2 TRLC).

6. Auskunft über die Verwertung

960 Der Insolvenzverwalter muss dem Insolvenzgericht und den interessierten Parteien (vor allem den Gläubigern) Auskunft über das Verwertungsverfahren erteilen, mittels Quartalsberichte sowie dem Abschlussbericht. Letztem ist eine Rechnungslegung beizufügen.

961 Zunächst muss der Insolvenzverwalter dem Insolvenzgericht alle drei Monate (nachfolgend **Quartalsbericht** genannt) ab Eröffnung der Verwertungsphase einen Bericht über den Stand der ausgeführten Verwertungsmaßnahmen (insbesondere über die an die Insolvenzgläubiger getätigten Zahlungen) einreichen, der detaillierte Informationen über die offenen Forderungen gegen die Masse und ihren Fälligkeitszeitpunkt enthalten muss. Der Quartalsbericht ist den Verfahrensparteien zuzustellen und der Insolvenzverwalter hat den Bericht an die Gläubiger auf elektronischem Wege zu übermitteln, sofern die entsprechenden E-Mail-Adressen bekannt sind. Die Nichteinhaltung dieser Verpflichtung kann zu seiner Haftung und Entlassung führen (Art. 424 TRLC).

961.1 Gegen den Quartalsbericht kann weder Berufung noch das insolvenzrechtliche Nebenverfahren noch ein Widerspruch eingelegt werden. Sämtliche Uneinigkeit in Bezug auf die Verwertungsmaßnahmen und der Zahlung an die Gläubiger ist im insolvenzrechtlichen Nebenverfahren zu behandeln.

962 Ferner muss der Insolvenzverwalter einen **Abschlussbericht** über die Verwertungsmaßnahmen einreichen. Die Frist beträgt einen Monat ab Beendigung der Verwertung oder, sofern noch das Verfahren zur Einstufung der Insolvenz läuft, innerhalb eines Monats nach Zustellung des Urteils über die Einstufung (Art. 468 TRLC). Dieser Abschlussbericht, wie auch die Rechnungslegung werden bei Abschluss des Insolvenzverfahrens geprüft (→ Rn. 1027).

7. Abschluss der Verwertung

963 Die Einreichung des Abschlussberichts läutet das **Abschlussverfahren** (→ Rn. 1036) der Insolvenz ein. Gegen die Genehmigung der Rechnungslegung kann Widerspruch eingelegt werden und/oder gegen den Abschluss der Insolvenz. Wurde der Widerspruch behandelt oder wurde gar keiner eingelegt, erlässt das Gericht einen Beschluss zum Abschluss der Insolvenz, der die Verwertungsphase förmlich beendet (Art. 469 TRLC).

X. Einstufung der Insolvenz

1. Zweck der Einstufung der Insolvenz

964 Im Rahmen des Insolvenzverfahrens findet grundsätzlich die sog. Einstufung der Insolvenz statt. Dieses Verfahren **zielt darauf ab,** die Gründe für die Insolvenz zu ermitteln und insbesondere die Frage, ob das Verhalten des Schuldners, seiner Vertreter oder seiner Gesellschafter bzw. Dritter die Insolvenz vorsätzlich oder grob fahrlässig (sog. schuldhafte Insolvenz) herbeigeführt oder verschärft hat oder ob die Insolvenzlage auf ein schuldloses oder leicht fahrlässiges Verhalten des Schuldners (sog. zufällige Insolvenz) zurückzuführen ist.

Internationales Insolvenzrecht – Spanien

Wird die Insolvenz als schuldhaft eingestuft, bringt dies zahlreiche **gesetzliche Folgen** (→ Rn. 1006) für die Verantwortlichen mit sich, wie beispielsweise das Verbot, Gegenstände Dritter zu verwalten, Dritte zu vertreten, den Verlust der Insolvenzrechte, Schadensersatzpflichten und die Pflicht, den Anteil der Insolvenzforderungen, die während des Insolvenzverfahrens nicht beglichen werden konnten, aus ihrem Privatvermögen zu befriedigen (insolvenzrechtliche Haftung, → Rn. 1017). 965

2. Gründe für die Einstufung der Insolvenz als schuldhaft

Der einzige Grund für die Einstufung der Insolvenz als schuldhaft ist die vorsätzliche oder grob fahrlässige Verursachung oder Verschärfung der Insolvenzlage (Art. 442 TRLC) (→ Rn. 968). Das Gesetz sieht bezüglich dieses Grundes verschiedene widerlegbare (→ Rn. 984) und unwiderlegbare (→ Rn. 973) Vermutungstatbestände vor (Art. 443 und 444 TRLC). 966

Es handelt sich um eine geschlossene Aufzählung. Der Grund und die Vermutungstatbestände sind restriktiv auszulegen. 967

a) Allgemeiner Grund für die schuldhafte Insolvenz (Art. 442 TRLC). Allgemein liegt eine schuldhafte Insolvenz vor, wenn der Schuldner selbst (als natürliche Person) oder (im Falle einer juristischen Person) seine gesetzlichen Vertreter wie ordentlich bestellte oder de facto-Geschäftsführer oder Liquidatoren oder die Generaldirektoren die Insolvenzlage vorsätzlich oder grob fahrlässig herbeigeführt oder verschärft haben. Die Partei, die die Insolvenz als schuldhaft erklären lassen will, muss Beweis erbringen über: 968

- **Handlung oder Unterlassen** des Schuldners oder einer der oben genannten Personen, grundsätzlich vor Eröffnung des Insolvenzverfahrens. Allerdings kann eine Handlung zur Verschärfung der Insolvenzlage auch noch während des Insolvenzverfahrens vorgenommen werden. 969
- Das Vorliegen von **Vorsatz oder grober Fahrlässigkeit.** Umfasst wird auch der bedingte Vorsatz, dh sofern der Schuldner oder seine Vertreter das Risiko der Herbeiführung oder der Verschärfung der Insolvenzlage kannten und dies billigend in Kauf genommen hat. Die Schuld liegt hierbei in der Fahrlässigkeit, dh in der Verletzung der dem Handelnden obliegenden Sorgfaltspflicht. Die Verletzung muss allerdings schwerwiegend sein. 970

Maßnahmen, die als unternehmerisches Risiko eingestuft werden, sind nicht umfasst, es sei denn sie erscheinen als besonders waghalsig. 970.1

Es ist nicht notwendig, dass das Verhalten eines Geschäftsführers gegen die ihm gesellschaftsrechtlich auferlegte Loyalitätspflicht verstößt. Diese soll die Interessen der Gesellschaft schützen, wogegen die Einstufung der Insolvenz dem Schutz der Gläubiger dient. 970.2

- Das Vorliegen der **Herbeiführung oder der Verschärfung** der Insolvenzlage. 971
- Die **Kausalität** zwischen der vorsätzlich oder grob fahrlässigen Handlung bzw. Unterlassen und dem Eintritt oder der Verschärfung der Insolvenzlage. 972

Ein allgemeiner Grund für das Vorliegen einer schuldhaften Insolvenz wird beispielsweise dann angenommen, wenn der Geschäftsführer einer Gesellschaft mit beschränkter Haftung nach spanischem Recht von den Gesellschaftern nicht die vollständige Einzahlung auf ihre Anteile verlangt hat. 972.1

b) Unwiderlegbare Vermutungen (Art. 443 TRLC). Hierbei handelt es sich um Handlungstatbestände die, sofern sie nachgewiesen wurden, zu einer Einstufung der Insolvenz als schuldhaft führen, da die vorsätzliche oder grob fahrlässige Herbeiführung oder Verschärfung der Insolvenz vermutet wird. Diese Vermutungen sind nicht widerlegbar, sodass der Nachweis eines vorsätzlichen oder grob fahrlässigen Handelns oder Unterlassens oder aber auch einer Kausalität entbehrlich ist (STS 719/2016 v. 1.12.2016 – 1015/2014). 973

Eine unwiderlegbare Vermutung gilt bei: 974

- **Nichterfüllung der Buchführungspflicht** sofern der Schuldner gesetzlich zur ordnungsgemäßen Buchführung verpflichtet ist. 975

Nicht umfasst sind dagegen die Gesellschaftsbücher (Gesellschafterregister, Aktienregister, Protokollbuch, Register der Verträge mit dem Alleingesellschafter im Falle einer Einpersonengesellschaft). 975.1

- **Doppelte Buchführung.** 976

Dies ist der Fall, wenn der Schuldner eine offizielle Buchführung unterhält, die nicht seine wahre finanzielle Situation widerspiegelt, er daneben aber eine interne zweite Buchführung hat, die der wahren Situation entspricht. Notwendig ist hierbei allerdings eine Betrugsabsicht. Nicht erfasst sind zweite Buchführungen, die aus Sicherheits- oder Klarstellungsgründen geführt werden und jeweils die tatsächliche Situation wiedergeben. 976.1

977 • Das Vorliegen von **buchhalterischen Unregelmäßigkeiten,** die für die Darstellung der Vermögens- oder Finanzlage des Schuldners relevant sind.

977.1   Hierbei reicht allerdings nicht jede Unregelmäßigkeit aus; sie muss vielmehr von einer gewissen Größenordnung sein, damit die Rechnungslegung nicht mehr das den tatsächlichen Verhältnissen entsprechende Bild der Vermögens,- Finanz,- und Ertragslage der Gesellschaft vermittelt. Zum Beispiel die fehlende Wertberichtigung zweifelhafter Forderungen oder die Überbewertung von Vermögenswerten, wie sie bei Beständen üblich ist.

978 • Das Vorliegen einer **schwerwiegenden Ungenauigkeit** oder **Unrichtigkeit** in einem der Dokumente, die dem Insolvenzvertrag beigefügt wurden (→ Rn. 229) oder während des Insolvenzverfahrens eingereicht wird.

978.1   Diese Vermutung gilt dann nicht, wenn der Schuldner trotz Aufforderung seitens des Gerichts oder des Insolvenzverwalters diese Unterlagen nicht eingereicht hat; in diesem Fall kann die widerlegbare Vermutung der mangelnden Zusammenarbeit Anwendung finden (→ Rn. 987).

978.2   Die Ungenauigkeit kann auf Vorsatz oder auf Fahrlässigkeit beruhen. Die Tatsache, dass der Schuldner die Erstellung oder Bereitstellung der Unterlagen auf einen Dritten übertragen hat (seinen Steuerberater oder Rechtsanwalt) entlastet den Schuldner nicht. Ist der Schuldner eine juristische Person, die mehrere Geschäftsführer hat, so dient die Tatsache, dass durch interne Vereinbarung zwischen den Geschäftsführern nur einer von ihnen für die Buchhaltung zuständig ist, den übrigen nicht zur Entlastung, da diese Pflicht alle von ihnen trifft (STS 490/2016 v. 14.7.2016 – 363/2014).

978.3   Die Ungenauigkeit ist dann schwerwiegend, wenn sie aus informativer Sicht für das Insolvenzverfahren relevant ist, insbesondere für Geschäfte die Aktiv- oder Passivmasse betreffend, für die Einstufung der Forderungen oder für den Insolvenzvergleich (STS 650/2016 v. 3.11.2016 – 725/2014).

979 • Die Eröffnung der Verwertungsphase von Amts wegen aufgrund der **Nichterfüllung des Vergleichs** (→ Rn. 908) aus einem Grund, der auf den Schuldner zurückzuführen ist.

979.1   Dies ist ein Sonderfall, der die Untersuchung der Nichterfüllung der Pflicht aus dem Vergleich zulässt. Nach Ansicht der Rechtsprechung ist dies auf die Eröffnung der Verwertungsphase übertragbar, sofern diese auf die Unmöglichkeit der Erfüllung des Vergleichs durch den Schuldner zurückzuführen ist (→ Rn. 907) (STS 246/2016 v. 13.4.2016 – 2910/2013).

979.2   Dies setzt voraus, dass die Erfüllung des Vergleichs möglich war, die Nichterfüllung oder Unmöglichkeit der Erfüllung aber auf ein vorsätzliches oder fahrlässiges Handeln oder Unterlassen des Schuldners zurückzuführen ist. Gelingt dieser Beweis, gilt die Insolvenz als schuldhaft verursacht ohne Möglichkeit des Beweises des Gegenteils.

980 • Das **Beiseiteschaffen** des gesamten Vermögens oder Teile hiervon durch den Schuldner zum Nachteil der Gläubiger.

980.1   Die Rechtsprechung fordert zusätzlich die Erfüllung des Merkmals der Heimlichkeit des Beiseiteschaffens; fehlt es hieran, könnte die Vermutung der betrügerischen Übertragung (→ Rn. 982) vorliegen.

980.2   Beispiele für ein Beiseiteschaffen sind: Barzahlungen durch die Geschäftsführer ohne entsprechenden Vermerk in der Buchhaltung, der Erhalt eines Aufpreises in Bar beim Verkauf eines Gegenstands oder die Übergabe von Waren durch die Schuldner zugunsten einer anderen Gesellschaft, ohne dass eine Beziehung zwischen beiden besteht, die einen Verkauf rechtfertigen würde (STS 5/2016 v. 27.1.2016 – 1439/2014).

981 • Handlungen, die eine Beschlagnahme bei eingeleiteten oder geplanten Vollstreckungshandlungen **verzögert, behindert oder verhindert.**

982 • Die **betrügerische Entnahme** von Gegenständen oder Rechten aus dem Schuldnervermögen innerhalb von zwei Jahren vor der Eröffnung des Insolvenzverfahrens.

982.1   Um betrügerisch zu sein, muss die Entnahme mit animus nocendi (mit der Absicht, Gläubigern zu schädigen) oder mit scientia fraudis (Wissen, dass die Entnahme zu einer Schädigung führen wird) vorgenommen werden (STS 174/2014 v. 27.3.2014 – 1472/2012).

982.2   Wurde die Veräußerung mittels insolvenzrechtlicher Anfechtungsklage angegriffen (→ Rn. 633) und hat das Urteil nicht die Bösgläubigkeit festgestellt, kann diese Veräußerung in der Einstufung der Insolvenz nicht als betrügerisch erklärt werden (STS 269/2016 v. 22.4.2016 – 2431/2013).

983 • Die Vornahme von Rechtshandlungen, die darauf abzielen, vor der Eröffnung des Insolvenzverfahrens eine **fiktive Vermögenssituation darzustellen.**

983.1   Nach STS 574/2017 v. 24.10.2017 – 582/2015 setzt dies voraus:
• Die Vornahme einer Handlung, die darauf abzielt, eine fiktive Vermögenssituation darzustellen, die nicht der tatsächlichen Situation entspricht.

Internationales Insolvenzrecht – Spanien

- Die Handlungen müssen Rechtscharakter haben. Das bloße Tätigwerden ist ausgenommen.
- Sie müssen geeignet sein, um die Gläubiger zu überzeugen, dass die fiktive Situation die tatsächliche ist. Sie müssen eine gewisse Relevanz aufweisen und geeignet sein, das Verhalten der Gläubiger zu verzerren.
- Die Handlungen dürfen nicht bereits unter einen anderen Vermutungstatbestand fallen.

c) Widerlegbare Vermutungen (Art. 444 TRLC).

In diesen Fällen wird vermutet, sofern 984 nicht anders nachgewiesen, dass eine schuldhafte Insolvenz gegeben ist, das bedeutet, die Herbeiführung oder Verschärfung der Insolvenzlage, Vorsatz oder grobe Fahrlässigkeit und die Kausalität. Es kommt zu einer Beweislastumkehr, dh dass nunmehr der Schuldner oder die übrigen Verantwortlichen eine Beweislast trifft, hinsichtlich des Nichtvorliegens einer der Voraussetzungen.

Die widerlegbare Vermutung gilt, wenn: 985
- Die **Insolvenzantragspflicht** (→ Rn. 213) nicht erfüllt wurde. 986

Der Schuldner ist verpflichtet, einen Insolvenzantrag innerhalb einer Frist von zwei Monaten ab dem 986.1 Tag zu stellen, an dem er Kenntnis von seiner Zahlungsunfähigkeit erlangt oder hätte erlangen müssen. Die Kenntnis über den Eintritt der Zahlungsunfähigkeit wird unter bestimmten Voraussetzungen vermutet (Art. 5 TRLC) (→ Rn. 214). Durch diese Vermutung soll der Schuldner bestraft werden, der seiner Pflicht zur Stellung des Insolvenzantrags entweder gar nicht oder nur verspätetet nachgekommen ist und hierdurch die Zahlungsunfähigkeit verschärft hat oder dies zu einer Verschärfung des Vermögensdefizits geführt hat. Dies wird angenommen, wenn er weiterhin im Wirtschaftsverkehr neue Pflichten übernommen hat, obwohl er seinen bereits bestehenden Pflichten nicht nachkommen konnte.

Art. 583 TRLC gibt dem Schuldner die Möglichkeit, dem Gericht innerhalb der genannten Zweimo- 986.2 natsfrist mitzuteilen, dass er sich in Verhandlung mit seinen Schuldnern befindet zum Abschluss einer kollektiven Refinanzierungsvereinbarung oder hinsichtlich der Beitritte zu einem vorweggenommenen Vergleichsvorschlag (→ Rn. 13). Sobald diese Mitteilung abgegeben wurde, erhält der Schuldner eine Frist von drei Monaten, innerhalb derer er zum Insolvenzantrag nicht verpflichtet ist. Kommt es nicht zu einer Vereinbarung mit den Gläubigern, lebt die Pflicht zur Stellung des Insolvenzantrags wieder auf und es gilt hierfür eine Frist von einem Monat. Die Einhaltung dieser Fristen ist für die Vermutungstatbestände relevant.

Wird diese Mitteilung aus Art. 583 TRLC in betrügerischer Absicht verwendet, dh zur Verlängerung 986.3 der Frist, ohne dass der Schuldner tatsächlich mit seinen Gläubigern verhandelt, treten die Wirkungen nicht ein und die Verhandlungsfrist (drei Monate) findet im Rahmen der Vermutung der schuldhaften Insolvenz keine Berücksichtigung.

- Die **Pflicht zur Mitwirkung** (→ Rn. 462) gegenüber dem Insolvenzgericht und dem Insol- 987 venzverwalter nicht erfüllt wurde, diesen die im Interesse des Insolvenzverfahrens notwendigen oder zweckmäßigen **Informationen** nicht gegeben oder nicht selbst oder durch einen Vertreter an der Gläubigerversammlung (→ Rn. 873) teilgenommen wurde, sofern die **Teilnahme** für die Annahme des Vergleichs entscheidend gewesen war.

Der Schuldner muss selbst persönlich vor dem Insolvenzgericht und dem Insolvenzverwalter erscheinen, 987.1 so oft, wie dies gefordert wird und hat die Pflicht zur Zusammenarbeit und über alles zu informieren, was für das Insolvenzverfahren von Interesse sein könnte (Art. 135 TRLC).

Diese Vermutung findet selbst dann Anwendung, wenn der Insolvenzverwalter trotz mangelnder Zusam- 987.2 menarbeit mit dem Schuldner sein Amt erfolgreich ausüben konnte (STS 650/2016 v. 3.11.2016 – 725/ 2014).

- Der gesetzlich zur Buchführung verpflichtete Schuldner **keinen Jahresabschluss aufgestellt** 988 oder diesen nicht einer Buchprüfung unterzogen hat (sofern die Pflicht hierzu besteht), oder die aufgestellten und geprüften Jahresabschlüsse in einem der drei Jahre vor der Eröffnung des Insolvenzverfahrens nicht beim Handelsregister (oder in einem anderen für den Schuldner zuständigen Register, zB dem Genossenschaftsregister) **eingereicht** hat.

Diese widerlegbare Vermutung ist von der unwiderlegbaren Vermutung zu unterscheiden, die beim 988.1 Fehlen einer Buchführung gilt. Die widerlegbare Vermutung gilt, sofern der Schuldner zwar Bücher führt, allerdings weder Jahresabschlüsse aufstellt, diese prüfen lässt oder diese nicht im Register hinterlegt.

3. Personen, die von der Einstufung der Insolvenz als schuldhaft betroffen sind, und Gehilfen

Hinsichtlich der Einstufung der Insolvenz als schuldhaft ist zwischen zwei Arten der haftenden 989 Personen zu differenzieren: Personen, die davon betroffen sind (→ Rn. 990) und die Gehilfen (→ Rn. 993). Die Folgen sind für beide verschieden (→ Rn. 1008).

Internationales Insolvenzrecht – Spanien

990 Handelt es sich bei dem Schuldner um eine **natürliche Person,** betrifft die Einstufung als schuldhafte Insolvenz den Schuldner selbst sowie seine gesetzlichen Vertreter (Art. 442 TRLC).

991 Ist der Schuldner eine **juristische Person,** können von der Einstufung folgende Personen betroffen sein (Art. 442 TRLC):
- Ihre Geschäftsführer oder Liquidatoren, auch diejenigen, die dieses Amt de facto ausführen.
- Ihre Generaldirektoren.
- Die Personen, die innerhalb von zwei Jahren vor der Eröffnung des Insolvenzverfahrens das Amt des Geschäftsführers oder des Liquidators bekleidet haben (sowohl ordentlich bestellte als auch de facto) wie auch Generaldirektoren.

991.1 Die **juristische Person** kann selbst nie von der Einstufung betroffen sein.

991.2 Hinsichtlich der **ordentlich bestellten Geschäftsführer oder Liquidatoren** kann die Einstufung folgende Personen treffen:
- Den alleinigen Geschäftsführer.
- Die gesamt- oder einzelvertretungsberechtigten Geschäftsführer.
- Die Mitglieder des Verwaltungsrates einschließlich der geschäftsführenden Verwaltungsratsmitglieder (bezüglich der auf die übertragenen Befugnisse). Ausgenommen ist der Schriftführer, sofern er selbst nicht Verwaltungsratsmitglied, Geschäftsführer oder Liquidator ist.

991.3 Existieren mehrere Personen, die von der Einstufung betroffen sein können, so ist deren Haftung einzeln zu betrachten. Es kann zu einer Enthaftung der Geschäftsführer kommen, die keine Kenntnis der Umstände hatten oder die in Kenntnis alles Notwendige zur Vermeidung unternommen oder sich ausdrücklich widersetzt haben.

991.4 Handelt es sich beim Geschäftsführer um eine juristische Person, kann nur diese von der Einstufung betroffen sein, nicht aber die natürliche Person, die als ihr Vertreter eingetragen ist. Anders sieht dies die gesellschaftsrechtliche Gesetzeslage in Spanien vor, da hiernach sowohl die juristische Person als Geschäftsführerin sowie ihre natürlichen Vertreter gesamtschuldnerisch haften (Art. 236.5 LSC).

991.5 Im Falle einer Niederlegung seines Amtes kann der Geschäftsführer oder Liquidator nur in Bezug auf seine Handlungen vor der Niederlegung betroffen sein, nicht aber für die Zeit danach.

991.6 Der **de facto-Geschäftsführer oder Liquidator** ist die Person, die Geschäftsführungstätigkeiten bzw. Tätigkeiten im Rahmen der Liquidation eigenständig und unabhängig vom ordentlich bestellten Geschäftsführer oder Liquidator ausübt. Dies kann offensichtlich sein, sofern sich Dritte mit ihren Gesellschaftsangelegenheiten direkt an ihn wenden oder aber mittels eines Strohmanns.

991.7 Nicht als de facto-Geschäftsführer (oder Liquidatoren) gelten die Gläubiger, die durch Vereinbarung im Vergleich, besondere Informationsrechte bezüglich bestimmter Verfügungen des Schuldners haben oder andere Überwachungsbefugnisse oder Kontrollrechte bezüglich der Erfüllung des Durchführbarkeitsplans, es sei denn, es wird nachgewiesen, dass andere Umstände vorliegen, die eine Einordnung als de facto-Geschäftsführer (oder Liquidatoren) rechtfertigen (Art. 455.2.1 TRLC).

991.8 Auch der de facto-Geschäftsführer oder Liquidator kann betroffen sein, sofern die als schuldhaft eingestuften Handlungen gesetzlich dem ordentlich bestellten Geschäftsführer oder Liquidator auferlegt werden (wie beispielsweise nicht gerechtfertigte Zahlungen, Unregelmäßigkeiten in der Buchhaltung oder das Unterlassen der Stellung des Insolvenzantrags), soweit der de facto-Geschäftsführer oder Liquidator die relevanten Entscheidungen getroffen hat (STS 421/2015 v. 22.7.2015 – 1701/2013).

991.9 Existieren sowohl ein de facto-Geschäftsführer oder Liquidator und ein ordentlich bestellter Geschäftsführer oder Liquidator, können letztere einer Haftung entgehen, sofern sie nachweisen können, dass sie sich aufgrund ihrer Unterordnung den Entscheidungen der erstgenannten nicht widersetzten konnten (beispielsweise, wenn der de facto-Geschäftsführer die fristgerechte Stellung des Insolvenzantrags untersagt hat).

991.10 **Generaldirektoren** unterscheiden sich von den facto-Geschäftsführern dadurch, dass sie den Weisungen des Geschäftsführungsorgans unterliegen.

992 Die Geschäftsführer oder Liquidatoren, egal ob ordentlich bestellt oder de facto sowie die Generaldirektoren können von der Einstufung nur dann betroffen sein, wenn sie ihr Amt innerhalb der letzten **zwei Jahre** vor der Eröffnung des Insolvenzverfahrens ausgeübt haben. Unbeachtlich hierbei ist der Zeitpunkt, in dem die Handlung ausgeführt wurde, die zu einer Einstufung der Insolvenz als schuldhaft führt (STS 202/2017 v. 29.3.2017 – 1384/2014).

992.1 Es ist auch möglich, dass eine Insolvenz als schuldhaft eingestuft wird, allerdings keine Person von dieser Einstufung betroffen ist (STS 575/2017 v. 24.10.2017 – 1380/2015), etwa wenn die Veräußerung von Vermögensgegenständen durch einen Geschäftsführer vier Jahre vor der Eröffnung des Insolvenzverfahrens vorgenommen wurde und dieser drei Jahre vor der Verfahrenseröffnung sein Amt niedergelegt hat.

Es bestehen aber auch bestimmte Vermutungen, die einer zeitlichen Begrenzung unterliegen, wie die **992.2** betrügerische Veräußerung von Vermögenswerten (→ Rn. 982) oder die Nichterfüllung der Pflicht zur Aufstellung, Prüfung und Einreichung der Jahresabschlüsse (→ Rn. 988).

Als **Gehilfe** können Personen gelten, die folgende Voraussetzungen erfüllen (Art. 445 TRLC **993** und STS 5/2016 v. 27.1.2016 – 1439/2014):
- Mitwirkung zusammen mit dem Schuldner (oder seinen gesetzlichen Vertretern) oder mit den Geschäftsführern oder Liquidatoren, ordentlich bestellt oder de facto sowie den Generaldirektoren bei der Begehung einer Handlung, aufgrund derer die Insolvenz als schuldhaft eingestuft worden ist.
- Vorsätzliches oder grob fahrlässiges Handeln in Bezug auf dieses Mitwirken.

Zunächst muss die Handlung festgestellt werden, auf die sich die Einstufung der Insolvenz als schuldhaft **993.1** stützt (beispielsweise eine Übertragung in betrügerischer Absicht). Anschließend ist zu bestimmen, ob der Gehilfe mit dem Schuldner (oder seinem gesetzlichen Vertreter, Geschäftsführer, Liquidator oder Generaldirektoren) zusammengewirkt hat (zB als Käufer im Rahmen der Übertragung in betrügerischer Absicht). Die Mitwirkung muss nicht zwingend notwendig gewesen sein, aber die Relevanz aufweisen.

Die Mitwirkungshandlungen des Gehilfen können zeitlich vor (ohne zeitliche Begrenzung) oder der **993.2** nach der Eröffnung des Insolvenzverfahrens vorgenommen worden sein.

Es ist auch denkbar, dass eine Person als Gehilfe bestimmt wird, obwohl keine betroffenen Personen **993.3** gegeben sind. Dies ist dann der Fall, wenn der Geschäftsführer, der durch sein Verhalten die Insolvenzlage herbeigeführt oder verschärft hat, bereits zwei Jahre vor der Eröffnung des Insolvenzverfahrens sein Amt niedergelegt hat.

4. Eröffnung des Verfahrens zur Einstufung

Das Verfahren zur Einstufung ist in folgenden Fällen einzuleiten (Art. 446 TRLC): **994**
- Bei Eröffnung der **Verwertungsphase** (→ Rn. 914). Die Eröffnung des Verfahrens zur Einstufung wird durch den Beschluss angeordnet, der die Genehmigung des Liquidationsplans oder der Verwertung entsprechend der Zusatzregelungen bestimmt (→ Rn. 928).
- Bei Genehmigung eines **Vergleichs** (→ Rn. 896), sofern es sich nicht um einen „weniger schwerwiegenden" Vergleich handelt, dh der für alle Forderungen oder für die einer oder mehrerer Kategorien oder Unterkategorien (arbeitsrechtliche, öffentlich-rechtliche, Finanzverbindlichkeiten oder sonstige) einen Schuldenerlass von weniger als einem Drittel oder einer Stundung von weniger als drei Jahren vorsieht. Die Genehmigung eines Vergleichs, der diese Voraussetzungen nicht erfüllt (schwerwiegender Vergleich), führt zur Eröffnung des Einstufungsverfahrens, die im Urteil über die Genehmigung des Vergleichs angeordnet wird.

Die Genehmigung eines **weniger schwerwiegenden Vergleichs** bedeutet, dass das Einstufungs- **995** verfahren nicht eröffnet wird. Wird dieser Vergleich aber nicht erfüllt oder ist eine Erfüllung unmöglich, muss die Verwertungsphase eröffnet werden, was ebenfalls zur Eröffnung des Einstufungsverfahrens führt, in dessen Rahmen sämtliche Gründe für eine schuldhafte Insolvenz geprüft werden müssen (→ Rn. 966), das bedeutet, nicht nur die Gründe, die zur Insolvenz geführt haben, sondern auch die für die Nichterfüllung des Vergleichs (→ Rn. 979) (Art. 454.2 TRLC und STS 29/2013 v. 12.2.2013 – 2137/2010). In diesem Fall ergeht die Eröffnung des Verfahrens zur Einstufung zusammen mit dem Beschluss über die Eröffnung der Verwertungsphase (Art. 452.1 TRLC).

Andererseits führt die Genehmigung eines **schwerwiegenden Vergleichs** zur Eröffnung des **996** Einstufungsverfahrens, in dessen Rahmen die Gründe untersucht werden, die zur Herbeiführung oder Verschärfung der Insolvenzlage geführt haben, nicht aber der in Art. 443.6 TRLC vorgesehene Grund (Eröffnung der Verwertung wegen Nichterfüllung des Vergleichs aus durch den Schuldner verschuldeten Gründen, → Rn. 979), da eine Nichterfüllung des Vergleichs zu diesem Zeitpunkt noch nicht vorliegen wird.

Ist ein schwerwiegender Vergleich nicht erfüllt oder erscheint seine Erfüllung unmöglich, ist **997** die Verwertungsphase zu eröffnen. In diesem Fall ordnet Art. 452.2 TRLC die **Wiedereröffnung** des Einstufungsverfahrens an. Dieses zweite Einstufungsverfahren wird unabhängig vom ersten durchgeführt (welches mit Genehmigung des Vergleichs eröffnet wurde) und es wird geprüft, ob die Nichterfüllung oder Unmöglichkeit der Erfüllung auf Umständen beruht, die vom Schuldner verursacht wurden, dh der Grund des Art. 443.6 TRLC (→ Rn. 979) (Art. 454.1 TRLC und STS 246/2016 v. 13.4.2016 – 2910/2013). Sämtliche weitere Gründe sind im Rahmen der ersten Einstufung zu prüfen.

5. Durchführung des Verfahrens zur Einstufung

998 Die **Gläubiger und sämtliche Personen, die ein berechtigtes Interesse** nachweisen, können sich im Verfahren zur Einstufung einlassen und Schriftsätze hinsichtlich der Einstufung der Insolvenz als schuldhaft einreichen. Die Frist hierfür beträgt zehn Tage ab der letzten Bekanntmachung des Beschlusses über die Eröffnung dieses Verfahrens (Art. 447 TRLC).

998.1 Wird das Verfahren der Einstufung erneut eröffnet (→ Rn. 997), beschränkt sich der Schriftsatz jedoch darauf, ob die Insolvenz wegen Nichterfüllung des Insolvenzvergleichs aus einem dem Insolvenzschuldner zurechenbaren Grund als schuldhaft einzustufen ist (Art. 453 TRLC).

998.2 Im Einstufungsverfahren sind die Gläubiger und Personen mit berechtigtem Interesse Streithelfer des Insolvenzverwalters und der Staatsanwaltschaft. Mithin können sie die Einstufung als schuldhaft nicht geltend machen, sofern weder der Insolvenzverwalter noch die Staatsanwaltschaft dies tun. Ihre Schriftsätze beschränken sich vielmehr auf die Ergänzung und Unterstützung der Schriftsätze der letztgenannten, sie können diese aber nicht erweitern oder ersetzen (STS 10/2015 v. 3.2.2015 – 466/2013).

999 Nach Ablauf dieser Frist hat der **Insolvenzverwalter** innerhalb einer Frist von 15 Tagen bei Gericht einen Bericht über die Einstufung der Insolvenz vorzulegen (Art. 448.1 TRLC). Wird in diesem Bericht eine Einstufung als schuldhaft vorgeschlagen, hat der Insolvenzverwalter Klage einzureichen mit folgendem Inhalt (Art. 448.2 TRLC):
- Die Benennung derjenigen Personen, die von der Einstufung betroffen sind (→ Rn. 990), sowie die als Gehilfen (→ Rn. 993) angesehen werden. Ferner ist genau darzustellen, inwieweit jeder einzelne von ihnen an den Taten mitgewirkt hat, die zu einer Einstufung als schuldhaft führen.
- Eine genaue Darstellung der Gründe, die zu einer Einstufung als schuldhaft führen sowie des vorgeworfenen Verhaltens unter Einreichung der hierfür notwendigen Beweismittel.
- Einen Antrag auf den Eintritt der Folgen (→ Rn. 1008) einer Einstufung als schuldhaft, wobei genau mitzuteilen ist, welche Folgen auf welche Personen oder Gehilfen Anwendung finden.

999.1 Das Gericht kann die Frist zur Stellungnahme verlängern, sofern Gründe vorliegen, die eine Verlängerung rechtfertigen (STS 45/2015 v. 5.2.2015 – 1086/2013).

1000 Nach Einreichung des Berichts des Insolvenzverwalters wird der **Staatsanwaltschaft** eine Frist von zehn Tagen gewährt (verlängerbar um zehn weitere Tage), um ebenfalls Stellung zu nehmen (Art. 449.1 TRLC). Strukturell werden an die Stellungnahme die gleichen Anforderungen gestellt wie im Falle des Berichts des Insolvenzverwalters.

1000.1 Reicht die Staatsanwaltschaft innerhalb dieser Frist keine Stellungnahme ein, wird davon ausgegangen, dass sie der Einstufung zustimmt. Das Einstufungsverfahren wird dann fortgeführt (Art. 449.2 TRLC).

1001 Der Bericht des Insolvenzverwalters und die Stellungnahme der Staatsanwaltschaft bestimmen die Einstufung der Insolvenz als schuldhaft sowie die weiteren **Umstände,** dh welche Personen als betroffen oder Gehilfen angesehen werden, die Gründe für die Einstufung und die Folgen eines entsprechenden Urteils (mit Ausnahme einiger Auswirkungen, die das Gericht auf eigene Initiative hin anordnen kann). Das Gericht ist an den Bericht und die Stellungnahme gebunden, sodass eine Einstufung als schuldhaft nicht möglich ist, sofern dies nicht vom Insolvenzverwalter oder der Staatsanwaltschaft beantragt wird. Ebenso wenig kann es andere Personen als betroffen oder Gehilfen erklären oder diese Erklärung auf andere Tatsachen stützen, als die im Bericht oder der Stellungnahme angegebenen.

1002 Stufen sowohl der Bericht des Insolvenzverwalters als auch die Stellungnahme der Staatsanwaltschaft die Insolvenz als unverschuldet ein, beendet das Gericht das Verfahren mittels **Einstellungsbeschluss,** gegen den keine Rechtsmittel statthaft sind (Art. 450.1 TRLC).

1002.1 Dieser Einstellungsbeschluss ergeht selbst dann, wenn sich Gläubiger oder Dritte eingelassen und vorgebracht haben, die Insolvenz müsse als schuldhaft eingestuft werden (→ Rn. 998.2).

1003 Stufen Insolvenzverwalter oder Staatsanwaltschaft die Insolvenz dagegen als schuldhaft ein, wird dem Schuldner sowie den übrigen Personen, die als betroffen oder Gehilfen angesehen werden, eine Frist von zehn Tagen gewährt, um gegen die Einstufung **Widersprüche** einzulegen, die zusammen im insolvenzrechtlichen Nebenverfahren (→ Rn. 335) (Art. 451.1 TRLC) zu behandeln sind und über die ein einziges **Urteil** ergeht.

1003.1 Die trotz Ladung nicht erschienenen Personen werden als säumig erklärt und das Verfahren wird fortgeführt, ohne dass sie erneut geladen werden (Art. 450.4 TRLC).

Internationales Insolvenzrecht – Spanien

Im Rahmen des insolvenzrechtlichen Nebenverfahrens können die Gläubiger und Dritte, die sich im Einstufungsverfahren eingelassen haben, zur Bestätigung der durch den Insolvenzverwalter oder die Staatsanwaltschaft vorgebrachten Einstufung der Insolvenz als schuldhaft, Beweisanträge stellen, an den Verhandlungen teilnehmen und Schriftsätze einreichen (STS 10/2015 v. 3.2.2015 – 466/2013). 1003.2

Wird kein Widerspruch eingelegt, erlässt das Gericht ohne weitere Verfahrenshandlungen ein Urteil (Art. 451.2 TRLC), ohne dass es verpflichtet wäre, die Insolvenz als schuldhaft einzustufen. 1004

Gegen das Urteil der Einstufung können die Parteien des Einstufungsverfahrens **Berufung** (→ Rn. 356.2) einlegen (Art. 460 TRLC). 1005

Die Berufung der **Gläubiger** als Streithelfer kann sich allerdings nur auf die vom Insolvenzverwalter oder der Staatsanwaltschaft geltend gemachten Behauptungen stützen, selbst wenn diese ihrerseits kein Rechtsmittel eingelegt haben (STS 191/2020 v. 21.5.2020 – 2759/2017). 1005.1

Der **Schuldner (juristische Person)** ist zur Berufungseinlegung soweit befugt, wie er sich gegen die Einstufung der Insolvenz als schuldhaft wendet, nicht aber hinsichtlich der Aspekte des Urteils, die andere Personen betreffen (insbesondere die Verurteilung zur Deckung des Defizits, → Rn. 1017), wie seine Geschäftsführer, Liquidatoren, Generaldirektoren oder Gesellschafter. Diese sind selbst befugt (STS 395/2016 v. 9.6.2016 – 171/2014). 1005.2

6. Auswirkungen einer Einstufung der Insolvenz als schuldhaft

Das Urteil muss die Insolvenz als zufällig oder schuldhaft einstufen. In letztgenanntem Fall sind der Grund oder die Gründe (→ Rn. 966) zu bezeichnen, auf denen die Einstufung beruht (Art. 455.1 TRLC). Selbstverständlich kann das Urteil die Insolvenz auch als zufällig einstufen, selbst wenn der Insolvenzverwalter und/oder die Staatsanwaltschaft die Einstufung als schuldhaft beantragt haben. 1006

Bei Einstufung der Insolvenz als schuldhaft muss das Urteil auch die betroffenen Personen (→ Rn. 990) und Gehilfen (→ Rn. 993) bestimmen (Art. 445.2.1 TRLC). Andere als die vom Insolvenzverwalter oder der Staatsanwaltschaft benannten können aber nicht bestimmt werden. 1007

Die Einstufung als schuldhaft führt für die als **betroffen erklärten Personen** zu folgenden Auswirkungen, die im Urteil zu erläutern sind (Art. 455.2 TRLC): 1008

- Die **Aberkennung** der Fähigkeit, fremde Vermögensgegenstände während einer Dauer von 2–15 Jahren zu verwalten sowie in demselben Zeitraum einen anderen zu vertreten oder seine Geschäfte zu führen, wobei zur Festlegung der genauen Frist die Schwere der Tat sowie des für die Aktivmasse entstandenen Schadens zu berücksichtigen sind. Diese Aberkennung kann nur natürliche Personen treffen. 1009

Hierbei handelt es sich um eine **zwingende** Folge, die das Urteil auch dann anordnen muss, wenn sie weder vom Insolvenzverwalter noch von der Staatsanwaltschaft beantragt wurde. In diesem Fall gilt allerdings eine Frist von nur zwei Jahren (SSTS 650/2016 v. 3.11.2016 – 725/2014; und 719/2016 v. 1.12.2016 – 1015/2014). 1009.1

Ausnahmsweise, sofern das Einstufungsverfahren wegen der Genehmigung eines schwerwiegenden Vergleichs (→ Rn. 994) eröffnet wurde, kann das Urteil auf Antrag des Insolvenzverwalters in seinem Abschlussbericht (→ Rn. 772) hin die betroffene Person ermächtigen, die Position des Geschäftsführers während der Erfüllung des Vergleichs zu behalten, sofern dies der Erfüllung des Vergleichs dienlich erscheint. 1009.2

Die Geschäftsführer oder Liquidatoren, die von der Aberkennung betroffen sind, werden mit Eintritt der Rechtskraft des Urteils automatisch von ihrem Amt **abberufen.** Beeinträchtigt dies die Geschäftsführung oder Liquidation, muss der Insolvenzverwalter eine Gesellschafterversammlung einberufen, die entsprechend Nachfolger ernennt (Art. 459 TRLC). Ist die von der Aberkennung betroffene Person, Geschäftsführer oder Liquidator einer anderen Gesellschaft, muss sie ebenfalls mittels Beschlusses der Gesellschafterversammlung oder gegebenenfalls gerichtlich von ihrem Amt abberufen werden. 1009.3

Betrifft die Aberkennung dieselbe Person in **zwei oder mehreren Insolvenzen,** werden die Fristen addiert (Art. 458 TRLC). 1009.4

Die Aberkennung führt nicht dazu, dass die betroffenen Personen ihre **eigenen Vermögen** nicht verwalten können. 1009.5

Diese Aberkennung gilt nicht für **Gehilfen.** 1009.6

- Das **Erlöschen der Insolvenzforderungen** oder der Forderungen gegen die Masse, deren Inhaber sie ist. 1010

Es handelt sich um eine **zwingende** Folge der Einstufung der Insolvenz als schuldhaft. 1010.1

Unerheblich ist, ob die Forderung des Gläubigers, der nunmehr eine betroffene Person ist, in irgendeiner Beziehung zur Herbeiführung oder Verschärfung der Insolvenz steht. 1010.2

Fernández/Lozano/Roth

Internationales Insolvenzrecht – Spanien

1010.3 Diese Folge tritt auch bei **Gehilfen** ein.

1011 • Die **Verpflichtung zur Rückerstattung der Gegenstände oder Rechte,** die sie unrechtmäßig aus dem Vermögen des Schuldners erhalten hat (vor der Eröffnung des Insolvenzverfahrens oder während ein Vergleich in Kraft war) oder aus der Aktivmasse (während des Insolvenzverfahrens).

1011.1 Die Pflicht zur Rückerstattung ist im Gegensatz zu den übrigen Folgen nicht zwingend. Der Insolvenzverwalter oder die Staatsanwaltschaft müssen angeben, welche Gegenstände oder Rechte zurückzugeben sind.

1011.2 Es handelt sich um eine **Pflicht zur Rückerstattung** an die Aktivmasse (ohne die Notwendigkeit einer Klage auf Rückgängigmachung einer Verfügung, → Rn. 633) der Vermögensgegenstände oder Rechte, die unrechtmäßig dem Schuldnervermögen entnommen und dem Vermögen des Verpflichteten zugeführt wurden. Eine **Unrechtmäßigkeit** ist nicht gegeben, sofern die Gegenstände zum Marktwert veräußert wurden oder ein Bezug auf die Vergütung für Dienstleistungen, die der Verpflichtete zugunsten des Schuldners erbracht hat (zB Geschäftsführervergütung), es sei denn diese erscheinen exzessiv. Befinden sich die Gegenstände im Zeitpunkt der Verurteilung nicht mehr im Besitz des Verurteilten, schuldet er Schadensersatz.

1011.3 Diese Folge tritt auch bei **Gehilfen** ein.

1012 • Die Verpflichtung zum **Ersatz des entstandenen Schadens.**

1012.1 Dies ist auch keine zwingende Folge. Der Schadensersatz darf nicht höher sein als der vom Insolvenzverwalter oder der Staatsanwaltschaft beantragte.

1012.2 Die Unterscheidung dieser Schadensersatzpflicht von der Haftung für das Defizit (→ Rn. 1017) erscheint kompliziert (Art. 456 TRLC). Die Rechtsprechung hat zur Differenzierung folgende Maßstäbe aufgestellt:
- Der Schadensersatz dient dem Ausgleich des entstandenen Schadens, während die Haftung für das Defizit eine Haftung für eine fremde Schuld ist (SAP Barcelona 135/2016 v. 8.6.2016 – 87/2016). Allerdings hat sich diese Ansicht mit Einführung des Königlichen Gesetzesdekrets 4/2014 dahingehend geändert, dass die Haftung für das Defizit ebenfalls dem Ausgleich des entstandenen Schadens dient (STS 650/2016 v. 3.11.2016 – 725/2014).
- Die Schadensersatzpflicht kann auch die Gehilfen treffen, wogegen die Haftung für das Defizit nur die betroffenen Personen treffen kann (STS 108/2015 v. 11.3.2015 – 1020/2013).
- Die Schadensersatzpflicht setzt das Vorliegen folgender Voraussetzungen voraus: eine unrechtmäßige Handlung der betroffenen Person, den Schadenseintritt beim Insolvenzschuldner und eine Kausalität zwischen Handlung und Schaden (SAP Barcelona 135/2016 v. 8.6.2016 – 87/2016).
- Nach SAP Girona 111/2017 v. 27.3.2017 – 499/2016 kann ein Schadensersatz nur zusätzlich zur Verurteilung zur Rückgewährung unrechtmäßig erworbener Gegenstände oder Rechte aus dem Vermögen des Schuldners auferlegt werden und nicht zur Wiedergutmachung sämtlicher vom Verurteilten zulasten des Schuldners verursachter Schäden. Dieser Ansicht wird zugestimmt, insbesondere da seit der Reform durch das Königliche Gesetzesdekret 4/2014 je nach dem Ausmaß, in dem das Verhalten des Verurteilten die Insolvenzlage herbeigeführt oder verschärft hat, moduliert werden.

1013 Für die **Gehilfen** hat die Einstufung der Insolvenz als schuldhaft folgenden Auswirkungen:
- Das **Erlöschen** der Insolvenzforderungen oder der Forderungen gegen die Masse, deren Inhaber sie sind (→ Rn. 1010).
- Die **Pflicht zur Rückübertragung der Gegenstände und Rechte,** die sich aus dem Vermögen des Schuldners oder der Aktivmasse erhalten haben (→ Rn. 1011).
- Die Pflicht **zum Ersatz des entstandenen Schadens** (→ Rn. 1012).

1014 Das Urteil über die Einstufung der Insolvenz als schuldhaft wird in das Öffentliche Insolvenzregister (→ Rn. 362.3) **eingetragen** (Art. 457 TRLC), sowie in das für den Schuldner zuständige Personenregister (→ Rn. 363) (Art. 557 TRLC).

1015 Das Urteil ist für die **Strafgerichte** nicht bindend (Art. 462 TRLC).

1016 Die Antragsbefugnis zur **Vollstreckung** des Urteils liegt beim Insolvenzverwalter. Die Gläubiger können den Insolvenzverwalter schriftlich dazu auffordern, die Vollstreckung zu beantragen, und können die Vollstreckung auch selbst bei Gericht beantragen, sofern der Insolvenzverwalter den Antrag nicht innerhalb einer Frist von einem Monat ab Erhalt der Aufforderung stellt (→ Rn. 504). Die im Rahmen der Vollstreckung erhaltenen Beträge werden der Aktivmasse zugeführt (Art. 461 TRLC).

1017 Das Urteil über die Einstufung der Insolvenz als schuldhaft kann auch eine Verurteilung zur Deckung des vollständigen oder teilweisen Defizits enthalten. Das Defizit ist nicht der Teil der Insolvenzforderungen und Forderungen gegen die Masse, der unbefriedigt geblieben ist, sondern

Internationales Insolvenzrecht – Spanien

die Differenz zwischen dem Wert der Gegenstände und Rechte der Aktivmasse, laut Inventar des Insolvenzverwalters und der Summe der anerkannten Forderungen in der Gläubigerliste (Art. 456.2 TRLC). Es handelt sich um die sog. **Haftung zur Deckung des Defizits oder insolvenzrechtliche Haftung.**

Die insolvenzrechtliche Haftung zur Deckung des Defizits kann die ordentlich bestellten oder de facto-Geschäftsführer oder Liquidatoren **treffen**, die Generaldirektoren und die Gesellschafter, die ohne wichtigen Grund einer Kapitalisierung ihrer Forderungen nicht nachgekommen sind oder der Ausgabe von Werten oder wandelbaren Finanzinstrumenten, sofern einer oder andere als betroffene Personen erklärt wurden (Art. 456.1 TRLC). Sie findet keine Anwendung auf Schuldner, die natürliche Personen sind oder auf Gehilfen. **1018**

Eine insolvenzrechtliche Haftung tritt nur dann ein, wenn das Einstufungsverfahren als Folge der **Eröffnung der Verwertungsphase** eröffnet oder wiedereröffnet wurde. Also nicht, wenn es infolge der Genehmigung eines vollständig erfüllten schwerwiegenden Vergleichs wiedereröffnet wird (Art. 456.1 TRLC). **1019**

Es handelt sich um eine Folge der Einstufung der Insolvenz als schuldhaft, die vom Insolvenzverwalter (→ Rn. 999) oder der Staatsanwaltschaft (→ Rn. 1000) **beantragt** werden muss und die nicht von Amts wegen ergeht. Sie wird ggf. im Urteil über die Einstufung erklärt. **1020**

Es handelt sich allerdings nicht um eine automatisch eintretende Folge der Einstufung als schuldhaft. Das Urteil kann alle, einige oder niemanden zur Deckung des Defizits verurteilen, gesamtschuldnerisch oder als Einzelschuldner. Kriterium hierfür ist die **Kausalität** zwischen:
- dem Verhalten der durch die Einstufung als schuldhaft betroffenen Person und
- die Herbeiführung oder Verschärfung der Insolvenz. **1021**

Durch die Einstufung betroffene Personen können also nur in dem Maße zur Deckung des Defizits verurteilt werden, in dem sie die Insolvenzlage herbeigeführt oder verschärft haben. Die Kausalität muss stets bewiesen werden. Die widerlegbaren und unwiderlegbaren Vermutungen finden keine Anwendung. Letztere können aber zu einer Einstufung als schuldhaft führen, selbst wenn die Herbeiführung oder Verschärfung der Insolvenzlage nicht nachgewiesen wird (→ Rn. 973). **1022**

Wegen der Notwendigkeit des Nachweises einer Kausalität, ist die Verurteilung zur Deckung des Defizits für jede einzelne betroffene Person vorzunehmen anhand welches Verhaltens und der Auswirkungen dessen auf der Verursachung oder Verschärfung der Insolvenz (Art. 456.3 TRLC und STS 650/2016 v. 3.11.2016 – 725/2014). Es ist möglich, dass trotz der Einstufung als schuldhaft infolge einer Vermutung nicht unmittelbar bewiesen werden kann, dass die Verursachung oder Verschärfung der betroffenen Person zuzurechnen ist. **1022.1**

Dies ist beispielsweise der Fall, wenn die Insolvenz als schuldhaft eingestuft wird, weil der Insolvenzschuldner gefälschte Dokumente zusammen mit dem Insolvenzantrag eingereicht hat (unwiderlegbare Vermutung, → Rn. 978), die Verfälschung aber keine Auswirkung auf die Herbeiführung oder die Verschärfung der Insolvenzlage hatte. **1022.2**

Wurde das Einstufungsverfahren wegen Nichterfüllung des Vergleichs wiedereröffnet (→ Rn. 997), legt das Gericht die insolvenzrechtliche Haftung fest auf Grundlage der im Rahmen der ersten Einstufung bewiesenen Umstände (Insolvenzgründe) und diejenigen, die in der Wiedereröffnung des Einstufungsverfahrens festgestellt wurden (Gründe der Nichterfüllung des Vergleichs) (Art. 456.4 TRLC). **1022.3**

Nach der Eröffnung des Insolvenzverfahrens kann das Insolvenzgericht von Amts wegen oder auf Antrag des Insolvenzverwalters **einstweilige Maßnahmen** anordnen, wie die Pfändung von Vermögensgegenständen und Rechten der betroffenen Personen, die zur Deckung der Verbindlichkeiten ausreichen könnten (Art. 133.1 TRLC). **1023**

XI. Beendigung und Wiedereröffnung des Insolvenzverfahrens

Das Insolvenzverfahren wird durch das Insolvenzgericht mittels Beschlusses oder Urteils im insolvenzrechtlichen Nebenverfahren, welches den Widerspruch gegen die Beendigung zum Gegenstand hat, beendet. Das Gesetz regelt die Gründe (→ Rn. 1025), unter besonderem Hinweis auf die Beendigung wegen Unzulänglichkeit der Aktivmasse zur Begleichung der Forderungen gegen die Masse (→ Rn. 1043), das Verfahren (→ Rn. 1036) und die Rechtsfolgen (→ Rn. 1060) (insbesondere die Restschuldbefreiung zugunsten des Schuldners als natürliche Person, → Rn. 1069). Bei Vorliegen bestimmter Voraussetzungen ist eine Wiedereröffnung des beendeten Verfahrens möglich (→ Rn. 1062). **1024**

Internationales Insolvenzrecht – Spanien

1. Beendigungsgründe

1025 So wie der Vergleich (→ Rn. 798) und die Verwertung (→ Rn. 912) die beiden alternativen Lösungen des Insolvenzverfahrens sind, sieht das Gesetz als gewöhnliche Gründe für den Abschluss des Insolvenzverfahrens folgendes vor:

1026 • Die **Erfüllung des Insolvenzvergleichs** (→ Rn. 906) (Art. 465.3 TRLC).

1026.1 Sofern der Schuldner der Auffassung ist, dass er den Vergleich vollständig erfüllt hat, hat er das Gericht hierüber zu informieren und einen Antrag auf gerichtlicher Feststellung der Erfüllung zu stellen. Gibt das Gericht dem statt, ist ein Beschluss zu erlassen (Art. 401 TRLC). Innerhalb einer Frist von zwei Monaten ab der Veröffentlichung des Beschlusses können die Gläubiger Klage auf Feststellung der Nichterfüllung des Vergleichs einreichen (Art. 403 TRLC). Nach Ablauf dieser Frist, und, sofern diese Feststellungsklagen durch rechtskräftiges Urteil abgelehnt wurden, erlässt das Gericht den Beschluss über die Beendigung des Insolvenzverfahrens wegen Erfüllung des Vergleichs (Art. 467 TRLC).

1026.2 Während die Genehmigung und das Inkrafttreten des Vergleichs dazu führen, dass der Insolvenzverwalter aus seinem Amt entlassen wird und die Wirkungen des Insolvenzverfahrens (außer die im Vergleich festgelegten) aufgehoben werden, wird das Insolvenzverfahren erst mit der vollständigen Erfüllung des Vergleichs beendet.

1027 • Die **Beendigung der Verwertungsphase** (→ Rn. 940) (Art. 465.4 TRLC).

1027.1 Die setzt voraus, dass sämtliche Verwertungshandlungen, die im Plan oder den Zusatzregelungen vorgesehen waren vorgenommen wurden und keine Gegenstände oder Rechte in der Aktivmasse existieren, die zu verwerten sind (außer solche, die für die Begleichung der Forderungen gegen die Masse unzulänglich sind, obgleich dies ebenfalls einen Beendigungsgrund darstellt, → Rn. 1043) und dass alle Gläubiger befriedigt wurden. Die Verwertungsphase gilt auch dann als beendet, wenn noch Vermögenswerte existieren, die aber nicht pfändbar sind (und daher nie Teil der Aktivmasse waren) oder die keinen Marktwert haben oder solche, deren Verwertung nur mit unverhältnismäßig hohen Kosten verbunden wäre (Art. 468.3 TRLC). Ist der Schuldner Anspruchsinhaber bezüglich einer Dauerschuld (etwa Lohnzahlungen oder Rentenzahlungen), sind nur die pfändbaren Ansprüche zu berücksichtigen, die bereits entstanden sind, nicht aber zukünftige.

1027.2 Das Verfahren über die Einstufung der Insolvenz (→ Rn. 964) muss bereits abgeschlossen worden sein (Art. 468.1 TRLC).

1027.3 Liegen die vorgenannten Voraussetzungen, muss der Insolvenzverwalter innerhalb eines Monats (ab dem Abschluss der Verwertung oder der Zustellung des Urteils über die Einstufung der Insolvenz, sofern dieses zeitlich davor ergeht) dem Gericht seinen **abschließenden Bericht** vorlegen, zusammen mit seiner Rechnungslegung und zeitgleich die Beendigung des Insolvenzverfahren beantragen (Art. 468 TRLC). Im abschließenden Verwertungsbericht sind die vorgenommenen Verwertungshandlungen darzustellen, die erzielten Beträge und die vorgenommenen Zahlungen zur Befriedigung der Forderungen gegen die Masse und der Insolvenzforderungen. Zudem muss dieser Bericht festlegen, ob der Schuldner weiterhin Eigentümer der unpfändbaren Vermögensgegenstände ist, die keinen Marktwert haben, deren Verwertung nur mit unverhältnismäßig hohen Kosten möglich gewesen wäre. Der Bericht ist den Beteiligten zuzustellen. Ferner muss der Insolvenzverwalter ihn per E-Mail an alle Gläubiger übersenden, deren E-Mail-Adressen bekannt sind.

1027.4 Die Beteiligten können ab Vorlage des abschließenden Verwertungsberichts innerhalb einer Frist von 15 Tagen bei der Geschäftsstelle des Gerichts Widerspruch gegen die Beendigung des Insolvenzverfahrens und/oder die Genehmigung der Rechnungslegung einlegen. Der Schuldner als natürliche Person kann die Restschuldbefreiung beantragen (→ Rn. 1069). Geht kein Widerspruch ein, erlässt das Gericht einen Beschluss über die Beendigung des Verfahrens und die Genehmigung der Rechnungslegung. Wird dagegen ein Widerspruch geltend gemacht, ist dieser im insolvenzrechtlichen Nebenverfahren zu behandeln (Art. 479 TRLC). Stellt der Schuldner einen Antrag auf Restschuldbefreiung, wird die Beendigung des Verfahrens solange nicht beschlossen, bis ein Beschluss über die vorläufige Restschulbefreiung ergeht (Art. 490.3 und 496.3 TRLC).

1028 Neben den oben genannten allgemeinen Beendigungsgründen existieren auch außergewöhnliche Beendigungsgründe:

1029 • Der **Widerruf der Eröffnung des Insolvenzverfahrens** (Art. 465.1 TRLC).

1029.1 Gegen den Beschluss über die Eröffnung des Insolvenzverfahrens ist der recurso de apelación vor der Audiencia Provincial statthaft. Wird dieser stattgegeben und die Eröffnung des Insolvenzverfahrens widerrufen, wird das Gericht die Beendigung des Insolvenzverfahrens beschließen (Art. 466 TRLC). Ein erneuter Insolvenzantrag ist allerdings möglich.

Internationales Insolvenzrecht – Spanien

- Das Vorliegen eines **einzigen Gläubigers** laut der endgültigen Gläubigerliste (→ Rn. 785) **1030** (Art. 465.2 TRLC).

Dies bedeutet ein einziger Gläubiger einer Insolvenzforderung, da die Gläubiger mit Forderungen **1030.1** gegen die Masse nicht in der Gläubigerliste erscheinen.

Wurde das Insolvenzverfahren aus diesem Grund beendet, kann der einzige Gläubiger die Einzelvollstre- **1030.2** ckung zur Befriedigung seiner Forderung einleiten.

Bislang vertraten die hM in der Literatur sowie die Rechtsprechung unter Anwendung des LC von **1030.3** 2003 die Auffassung, dass die Eröffnung des Insolvenzverfahrens die Existenz mehrerer Insolvenzgläubiger voraussetzt. Nach TRLC ist das Vorliegen nur eines einzigen Insolvenzgläubigers ein Beendigungsgrund für das Insolvenzverfahren, das Insolvenzverfahren kann aber auch dann eröffnet werden, sofern nur ein einziger Gläubiger vorliegt.

Auch das von der Rechtsprechung vertretene Kriterium der Flexibilität ist weiterhin wirksam, wonach **1030.4** ein Insolvenzverfahren einer natürlichen Person mit einem einzigen Gläubiger möglich ist, um dem Schuldner die Restschuldbefreiung zu ermöglichen (AAP Barcelona 166/2020 v. 13.11.2020 – 377/2020).

- Die **Unzulänglichkeit der Aktivmasse** zur Zahlung der Forderungen gegen die Masse **1031** (Art. 465.5 TRLC).

Angesichts der Komplexität dieses Beendigungsgrunds, wird dieser in einem eigenen Abschnitt behan- **1031.1** delt (→ Rn. 1043).

- Die **Zahlung oder Hinterlegung** sämtlicher anerkannter Forderungen oder die vollständige **1032** Befriedigung der Gläubiger auf andere Weise (Art. 465.6 TRLC).

Anders als die Beendigung wegen Erfüllung des Vergleichs, die die Zahlung der Insolvenzforderungen **1032.1** unter Beachtung der Schuldenerlässe und/oder Stundungen voraussetzt, wird hier die vollständige Erfüllung (ohne Erlässe) der anerkannten Insolvenzforderungen laut endgültiger Gläubigerliste verlangt. Ebenfalls sind sämtliche Forderungen gegen die Masse zu begleichen.

Die „vollständige Befriedigung" bezieht sich auf jedes Mittel, das die Verbindlichkeit zum Erlöschen **1032.2** bringt, wie die Vereinigung der Forderung mit der Schuld, die Aufrechnung (sofern diese zulässig ist, → Rn. 530) oder den Verzicht.

Aus dem Gesetz ergibt sich, dass die Beendigung aus diesem Grund zu „jedem Zeitpunkt des Verfahrens" **1032.3** möglich ist, obgleich in der Praxis zu warten ist, bis die endgültige Gläubigerliste vorliegt, da nur so Gewissheit darüber bestehen kann, ob sämtliche Gläubiger befriedigt wurden.

Diesen Beendigungsgrund können der Insolvenzverwalter und die Gläubiger behaupten, selbst wenn **1032.4** ein Verfahren zur Einstufung der Insolvenz anhängig ist. Stellt nicht der Insolvenzverwalter den Antrag, hat dieser innerhalb einer Frist von 15 Tagen seinen Bericht einzureichen, in dessen Rahmen er Widerspruch gegen die Beendigung des Insolvenzverfahrens erheben kann. Nach Einreichung dieses Berichts (oder Widerspruch durch den Insolvenzverwalter) können die übrigen Beteiligten innerhalb einer Frist von 15 Tagen Widerspruch gegen die Beendigung des Insolvenzverfahrens und/oder die Rechnungslegung einreichen. Andernfalls entscheidet das Gericht per Beschluss über die Beendigung des Verfahrens und die Rechnungslegung. Geht ein Widerspruch gegen die Beendigung des Verfahrens und/oder die Rechnungslegung ein, ist dieses im insolvenzrechtlichen Nebenverfahren zu behandeln entsprechend der allgemeinen Regelungen (→ Rn. 1039). Dieser Beendigungsgrund führt weder zur Beendigung des Insolvenzverfahrens zur Einstufung der Insolvenz noch zur Aufhebung der Vollstreckungen aus dem in diesem Verfahren ergehenden Urteil (Art. 477 TRLC).

- Der **Wegfall der Zahlungsunfähigkeit** (Art. 465.6 TRLC). **1033**

Hierbei handelt es sich um den außergewöhnlichen Umstand, dass der Schuldner nach Eröffnung des **1033.1** Insolvenzverfahrens in der Lage ist, seinen Zahlungsverbindlichkeiten wieder nachzukommen und dies auch in der Zukunft so sein wird. Dieser Grund setzt nicht voraus, dass sämtliche Insolvenzgläubiger befriedigt wurden, sondern lediglich die Fähigkeit des Schuldners, die Verbindlichkeiten bei Fälligkeit zu begleichen.

Das Gesetz gibt hierzu kein Verfahren vor. Mithin findet das vorher beschriebene Verfahren hier analog **1033.2** Anwendung (→ Rn. 1032.4).

- Der **Widerruf oder Verzicht** sämtlicher Gläubiger, sofern dieser in einem rechtskräftigen **1034** Beschluss anerkannt wurde (Art. 465.7 TRLC).

Sämtliche anerkannte Gläubiger, die in der endgültigen Gläubigerliste (→ Rn. 785) genannt sind (also **1034.1** nach Abschluss der allgemeinen Phase), müssen den Widerruf oder Verzicht erklären, einschließlich der Gläubiger mit Forderungen gegen die Masse. Das Verfahren entspricht dem für die Beendigung durch Befriedigung sämtlicher Gläubiger (→ Rn. 1032.4).

Internationales Insolvenzrecht – Spanien

1034.2 Zu unterscheiden ist hiervon die Frage, ob der Insolvenzantragsteller den Antrag zurücknehmen kann, noch bevor das Insolvenzverfahren eröffnet wurde. Hierbei stellt sich allerdings nicht die Frage, ob dies zur Beendigung des Insolvenzverfahrens führt, da das Insolvenzverfahren in diesem Fall nie eröffnet wurde.

1035 Das **Ableben des Schuldners** ist kein Beendigungsgrund, da das Insolvenzverfahren als Nachlassinsolvenzverfahren weitergeführt wird solange die Erbschaft nicht unmittelbar angenommen wurde. In diesem Fall (Art. 571 TRLC):
- übernimmt der Insolvenzverwalter die Verwaltungs- und Verfügungsbefugnis über den gesamten Nachlass
- übernimmt die Vertretung des Nachlasses im Insolvenzverfahren derjenige, dem die Vertretung von Gesetzes wegen übertragen wurde und ggf. derjenige, den die Erben hierzu benennen
- bleibt der Nachlass ungeteilt, solange das Insolvenzverfahren läuft.

2. Verfahren zur Beendigung des Insolvenzverfahrens

1036 Das TRLC regelt kein einheitliches Verfahren für die Beendigung des Insolvenzverfahrens, sondern sieht für jeden einzelnen Beendigungsgrund ein eigenes Verfahren vor. Allerdings stimmen die Verfahren in Bezug auf den Abschlussbericht (→ Rn. 1037) und die Rechnungslegung des Insolvenzverwalters (→ Rn. 1038) sowie die Regelung in Bezug auf die Rechtsmittel (→ Rn. 1041) überein.

1037 Beantragt der Insolvenzverwalter die Beendigung des Insolvenzverfahrens, ist diesem Antrag ein **Abschlussbericht** beizufügen, dessen Inhalt dem abschließenden Verwertungsbericht (→ Rn. 1027.3) entspricht. Gleiches gilt, wenn der Antrag von einer anderen Person gestellt wird, der Insolvenzverwalter diesem Antrag aber zustimmt (Art. 486.6 TRLC). Wurden keine Verwertungshandlungen vorgenommen, schweigt der Bericht hierzu logischerweise.

1038 Zusammen mit dem Abschlussbericht hat der Insolvenzverwalter eine **Rechnungslegung** einzureichen. Dieses Dokument ist im Öffentlichen Insolvenzregister zu veröffentlichen und enthält (Art. 478 TRLC):
- Eine Darstellung darüber, wie er von den ihm übertragenen Befugnissen Gebrauch gemacht hat.
- Seine vom Gericht festgelegte Vergütung (→ Rn. 407) unter Angabe der erhaltenen Beträge sowie des Datums der Zahlung.
- Die Zahlungen an die Hilfskräfte, unabhängige Sachverständige, Gutachter und spezialisierte Unternehmen, sofern die Zahlungen auf die Vergütung des Insolvenzverwalters anzurechnen sind.
- Die Zahl der Mitarbeiter, die der Insolvenzverwalter für die Bearbeitung des Insolvenzverfahrens abgestellt hat und die Zahl der Arbeitsstunden dieser Mitarbeiter.

1039 Der Abschlussbericht und die Rechnungslegung sind den Beteiligten zu übermitteln. Innerhalb der Frist zum Widerspruch gegen die Beendigung des Insolvenzverfahrens (in der Regel 15 Tage) können diese Widersprüche gegen den Bericht oder die Rechnungslegung einreichen, die zusammen im insolvenzrechtlichen Nebenverfahren (→ Rn. 335) behandelt werden (Art. 479 TRLC).
- Geht kein Widerspruch weder gegen die Beendigung des Insolvenzverfahrens noch gegen die Genehmigung der Rechnungslegung ein, erlässt das Gericht einen Beschluss über die Beendigung des Insolvenzverfahrens und gegebenenfalls die Genehmigung der Rechnungslegung.
- Richtet sich der Widerspruch nur gegen die Rechnungslegung, entscheidet das Gericht durch Urteil hierüber und über die Beendigung des Insolvenzverfahrens.
- Richtet sich der Widerspruch nur gegen den Abschlussbericht, entscheidet das Gericht durch Urteil hierüber und über die Rechnungslegung.
- Richtet sich der Widerspruch sowohl gegen die Rechnungslegung als auch gegen die Beendigung des Insolvenzverfahrens, entscheidet das Gericht über beides per Urteil.

1040 Wird die Rechnungslegung nicht vom Gericht genehmigt, führt dies dazu, dass der Insolvenzverwalter gesperrt wird und sein Amt während einer Frist von sechs Monaten bis zu zwei Jahren nicht mehr ausüben darf. Zu einer persönlichen Haftung (→ Rn. 429) führt dies aber nicht zwingend (Art. 480 TRLC).

1041 Geht kein Widerspruch gegen die Beendigung des Insolvenzverfahrens ein, ergeht ein Beschluss, gegen den keine Rechtsmittel statthaft sind. Gegen den Ablehnungsbeschluss dagegen ist die Berufung statthaft. Geht dagegen ein Widerspruch ein, ist das hierüber ergangene Urteil entsprechend der für das insolvenzrechtliche Nebenverfahren geltenden Regelungen (→ Rn. 357) angreifbar (Art. 481 TRLC).

Internationales Insolvenzrecht – Spanien

Der Beschluss über die Beendigung des Insolvenzverfahrens ist den Personen **zuzustellen**, 1042
denen auch der Beschluss über die Eröffnung des Insolvenzverfahrens zuzustellen ist (→ Rn. 271).
Ferner ist der Beschluss entsprechend der für die Eröffnung des Insolvenzverfahrens geltenden
Formen zu **veröffentlichen** (→ Rn. 272), dh im BOE, in den öffentlichen Personen- und
Vermögensregistern und im Öffentlichen Insolvenzregister (Art. 482, 557 und 558 TRLC).

3. Beendigung des Insolvenzverfahrens wegen Unzulänglichkeit der Masse

Grundsätzlich zielt das Insolvenzverfahren darauf ab, die Insolvenzgläubiger in der gerechtesten 1043
und effizientesten Weise zu befriedigen. Dies ist dann nicht möglich, wenn selbst die durch
das Insolvenzverfahren entstandenen Kosten (Forderungen gegen die Masse, → Rn. 736) nicht
beglichen werden können, da die Vermögenswerte und Rechte der Aktivmasse nicht ausreichen.
Da die Forderungen gegen die Masse vor den Insolvenzforderungen beglichen werden, impliziert
die Unmöglichkeit deren Begleichung logischerweise auch die Unmöglichkeit der Begleichung
der Insolvenzforderungen. Mithin ist das Insolvenzverfahren als gescheitert anzusehen und so
schnell wie möglich zu beenden, unter Umständen bereits im Zeitpunkt der Eröffnung des Insolvenzverfahrens.

Die Zulänglichkeit der Aktivmasse zur Zahlung der Forderungen gegen die Masse ist andererseits keine 1043.1
Voraussetzung für die Eröffnung des Insolvenzverfahrens. Ist die Aktivmasse unzulänglich zur Zahlung der
Forderungen gegen die Masse, ist das Insolvenzverfahren zu eröffnen und, zeitgleich zu beenden.

Die **Voraussetzungen** für diesen Beendigungsgrund sind die folgenden (Art. 473 TRLC): 1044
- Die Aktivmasse reicht vermutlich nicht aus, um die Forderungen gegen die Masse zu begleichen. 1045

Hier ist ein Vergleich anzustellen zwischen der Aktivmasse (→ Rn. 584) (unter Nichtberücksichtigung 1045.1
ua der unpfändbaren Vermögenswerte) und den Forderungen gegen die Masse (→ Rn. 742), die entweder
bereits bestehen oder deren Entstehung bereits absehbar ist. Es ist nicht notwendig, dass überhaupt keine
Aktivmasse besteht. Diese muss lediglich unzulänglich sein.

Da nicht das Vermögen des Schuldners, sondern die Aktivmasse berücksichtigt wird, ist die Existenz 1045.2
von unpfändbaren Vermögenswerten, solchen denen kein Marktwert zukommt oder solchen, deren Verwertung nur mit unverhältnismäßig hohen Kosten möglich wäre entbehrlich. Auch finden hierzu solche
Vermögenswerte keine Beachtung, die zur Zahlung einer besonders vorrangigen Forderung belegt sind,
sofern der Wert der Sicherheit mindestens so hoch ist wie der Wert des Vermögenswertes, da dessen
Verwertung der Zahlung der besonders vorrangigen Forderung zukommt.

Die Forderungen gegen die Masse dürfen nicht hinreichend durch Dritte gesichert sein nach Auffassung 1045.3
des Gerichts.

- Es ist kein Verfahren zur Einstufung (→ Rn. 964), Klagen auf Rückgängigmachung von Verfü- 1046
  gungen (→ Rn. 633) oder Haftungsklagen gegen Dritte (→ Rn. 1046.3) anhängig, außer sie
  sind abgetreten worden.

Der Ausgang dieser Verfahren könnte zu einer Steigerung der Aktivmasse führen, die die Zahlung der 1046.1
Forderungen gegen die Masse erlaubt. Diese Voraussetzung ist dann erfüllt, wenn der durch diese Verfahren
zu erzielendem Betrag nicht ausreichend wird, um die Forderungen gegen die Masse zu begleichen. Nach
Einleitung des Verfahrens über die Beendigung wegen Unzulänglichkeit der Masse kommt es nicht zur
Eröffnung des Verfahrens zur Einstufung der Insolvenz, es sei denn, das Insolvenzverfahren wird wiederaufgenommen (→ Rn. 1067).

Die Anhängigkeit dieser Verfahren verhindert die Beendigung des Insolvenzverfahrens, nicht aber die 1046.2
Mitteilung der Unzulänglichkeit der Aktivmasse, die vom Insolvenzverwalter zu machen ist und wichtige
Auswirkungen hat (→ Rn. 1051).

Als „Haftungsklagen gegen Dritte" verstehen sich solche, die auf die Steigerung der Aktivmasse abzielen, 1046.3
nicht aber auf die Senkung der Passivmasse (letztgenanntes wäre der Fall bei Haftungsklagen gegen die
Gesellschafter oder Geschäftsführer für die Schulden der Gesellschaft – SAP Zaragoza 102/2014 v.
4.4.2014 – 60/2014), da für die Wirkungen der Beendigung des Insolvenzverfahrens wegen Unzulänglichkeit der Aktivmasse nur der erstgenannte Fall relevant ist. Ferner muss es sich um Haftungsklagen handeln,
die im Rahmen des Insolvenzverfahrens eingeleitet werden, wie die Klage auf Haftung für das Defizit
(→ Rn. 1017) (Art. 456 TRLC) oder eine Haftungsklage gegen die Geschäftsführer, Liquidatoren oder
Wirtschaftsprüfer (→ Rn. 490) (Art. 132 TRLC).

- Es ist nicht absehbar, dass die Insolvenz als schuldhaft eingestuft wird, Klagen auf Rückgängigma- 1047
  chung von Verfügungen oder Haftungsklagen Dritter erhoben werden.

Internationales Insolvenzrecht – Spanien

1047.1 Diese Klagen müssen Erfolgsaussichten haben und rentabel sein (also das durch die Klage zu erlangende muss ausreichen, um die Forderungen gegen die Masse befriedigen zu können), was vom Insolvenzverwalter zu überprüfen ist.

1048 **Antragsbefugt** hinsichtlich der Einleitung der Beendigung des Insolvenzverfahrens wegen Unzugänglichkeit der Aktivmasse ist ausschließlich der Insolvenzverwalter.

1049 Das Verfahren zur Beendigung des Insolvenzverfahrens wegen Unzulänglichkeit der Aktivmasse kann in jedem **Zeitpunkt** des Insolvenzverfahrens eingeleitet werden. Die Beendigung kann sogar im Beschluss über die Eröffnung des Insolvenzverfahrens angeordnet werden (sog. Expressinsolvenzverfahren, für das ein eigenes Verfahren vorgesehen ist, → Rn. 1056). In der Regel erhält der Insolvenzverwalter bei Ausarbeitung seines vorläufigen Berichts (→ Rn. 772) über diese Umstände Kenntnis (oder aber bei Ausarbeitung des vorläufigen Inventars im verkürzten Insolvenzverfahren, → Rn. 327) oder während der Verwertungsphase.

1050 Das **Verfahren** ist wie folgt gegliedert:

1051 • Sobald der Insolvenzverwalter Kenntnis über die Unzulänglichkeit der Aktivmasse zur Zahlung der Forderungen gegen die Masse hat, muss er dies dem Gericht mitteilen. Die Geschäftsstelle des Gerichts hat den Beteiligten diese Mitteilung zuzustellen (Art. 249 TRLC). Mit dieser Mitteilung ändert sich unverzüglich die Zahlungsreihenfolge der Forderungen gegen die Masse. Wurden die Zahlungen bis zu diesem Zeitpunkt nach Fälligkeit vorgenommen, wobei eine Verzögerung möglich war (Art. 245 TRLC), gilt ab der Mitteilung folgende Zahlungsreihenfolge (Art. 250 TRLC): 1) unerlässliche Forderungen für die Verwertung, 2) Lohnforderungen der letzten 30 Arbeitstage, bis zum doppelten Betrag des Mindestlohns, 3) Abfindungen bis zum dreifachen Betrag des Mindestlohns für die offenen Tagesgehälter, 4) Unterhaltsforderungen, die nach der Eröffnung der Verwertungsphase entstanden sind bis zum Betrag des Mindestlohns, 5) Gerichtskosten im Zusammenhang mit dem Insolvenzverfahren, 6) übrige Forderungen gegen die Masse.

1051.1 Liegen innerhalb derselben Stufe mehrere Forderungen gegen die Masse vor und ist die Aktivmasse unzulänglich zu deren Begleichung, sind die anteilsmäßig zu begleichen.

1051.2 Die Änderung der Zahlungsreihenfolge erfolgt durch die Mitteilung, nicht durch Kenntnisnahme durch das Gericht und nicht durch Vorliegen der Unzulänglichkeit der Aktivmasse. Betroffen sind sämtliche offene Forderungen gegen die Masse, egal, ob sie bereits fällig sind oder noch nicht (Art. 250 TRLC und STS 306/2015 v. 9.6.2015 – 1665/2013), weshalb bereits ausgezahlte Beträge nicht zurückzugeben sind, unbeschadet einer möglichen persönlichen Haftung des Insolvenzverwalters auf Grundlage einer verspäteten Mitteilung oder Nichtbeachtung der Zahlungsreihenfolge vor der Mitteilung.

1051.3 Die zur **Verwertung unerlässlichen Forderungen** genießen absoluten Vorrang bei der Zahlung. Hierunter fallen solche Kosten, ohne die eine Erlangung von Mitteln der Aktivmasse, die Verwertung und die Zahlung der Forderungen gegen die Masse nicht möglich ist. Umfasst sind etwa Kosten für die Steuerberatung oder arbeitsrechtliche Beratung, Einkommensteuereinbehalte (STS 533/2017 v. 2.10.2017 – 733/2015), die Kosten für die notwendigen Veröffentlichungen, Verfügungen zur Löschung von Belastungen, Zahlungen zum Erhalt der Aktiva usw. Das Gericht muss ausdrücklich, nach vorheriger Anhörung der Beteiligten erklären, ob es sich um unerlässliche Kosten handelt, deren Begleichung Vorrang hat.

1051.4 Die **Honorare des Insolvenzverwalters** gehören zur letzten Gruppe der Zahlungsreihenfolge der Forderungen gegen die Masse. Allerdings kann ein Teil von ihnen als für die Verwertung unerlässlich eingestuft werden, sofern diese die genannten Voraussetzungen erfüllen (→ Rn. 408.1).

1052 • Nach Vornahme der Mitteilung muss der Insolvenzverwalter die Aktivmasse verwerten, ohne die Notwendigkeit eines Verwertungsplans und die Forderungen gegen die Masse entsprechend der dargestellten Zahlungsreihenfolge begleichen (Art. 474.1 TRLC).

1053 • Nach Vornahme der Zahlung hat der Insolvenzverwalter dem Insolvenzgericht ein Bericht, dessen Inhalt dem des endgültigen Verwertungsberichts (→ Rn. 1027.3) entspricht, vorzulegen, in dem darzustellen ist, warum die Insolvenz nicht als schuldhaft eingestuft werden kann und dass keine Klagen auf Rückgängigmachung von Verfügungen oder Haftungsklagen gegen Dritte anhängig sind (sind derartige Klagen anhängig, ist zu erläutern, warum der durch sie zu erlangende Betrag nicht zur Begleichung der Forderungen gegen die Masse ausreichen wird) und den Antrag auf Beendigung des Verfahrens zu stellen. Dieser Bericht ist vom Insolvenzverwalter an alle Gläubiger zu senden, deren E-Mail-Adressen bekannt sind (Art. 474 TRLC). Beizufügen ist dem Bericht eine Rechnungslegung des Verwalters (→ Rn. 1038).

1054 • Innerhalb einer Frist von 15 Tagen nach Vorlage des Berichts können die Beteiligten Widerspruch gegen die Beendigung einreichen, die im insolvenzrechtlichen Nebenverfahren behandelt wird (Art. 475.1 TRLC). Während dieser Frist kann der Schuldner, sofern er eine natürliche Person ist, die Restschuldbefreiung beantragen. In diesem Fall wird die Beendigung des Insol-

Internationales Insolvenzrecht – Spanien

venzverfahrens nicht beschlossen, bis nicht der Beschluss über die Restschuldbefreiung ergangen ist (Art. 489.1 und 490.3 TRLC).

- Geht kein Widerspruch ein, erlässt das Gericht einen Beschluss über die Beendigung des Insolvenzverfahrens (und die Genehmigung der Rechnungslegung des Insolvenzverwalters) (Art. 475.2 TRLC). Geht ein Widerspruch gegen die Beendigung des Verfahrens und/oder die Rechnungslegung des Insolvenzverwalters ein, ist dieser gemäß den allgemeinen Regelungen (→ Rn. 1039) zu behandeln. **1055**

Seit 2011 lässt das Gesetz die Beendigung des Insolvenzverfahrens zeitgleich mit der Eröffnung des Insolvenzverfahrens („**Expressinsolvenzverfahren**") zu, wodurch die seit einigen Jahren streitige Frage endgültig geklärt wurde, ob die Eröffnung des Insolvenzverfahrens auch bei vollständigem Fehlen einer Masse möglich ist. **1056**

Dies setzt voraus, dass sich das Gericht vor Eröffnung des Insolvenzverfahrens über die offensichtliche Unzulänglichkeit der Masse zur Begleichung der voraussichtlichen Verfahrenskosten Gewissheit verschafft hat sowie darüber, dass die Erhebung von Klagen auf Rückgängigmachung von Verfügungen, Haftungsklagen gegen Dritte oder die Einstufung der Insolvenz als schuldhaft nicht zu erwarten ist (Art. 470 TRLC). **1057**

„Offensichtlich" bedeutet, dass die Unzulänglichkeit aus den Unterlagen ersichtlich ist, die vom Schuldner eingereicht wurden. Die Unzulänglichkeit ergibt sich aus dem vom Schuldner eingereichten Inventar, während die voraussichtlichen Forderungen gegen die Masse das Honorar des Insolvenzverwalters, der Rechtsanwälte und der Prozessvertreter beinhalten. Zu beachten ist, dass hier aber kein Vergleich mit den voraussichtlichen allgemeinen Forderungen gegen die Masse vorgenommen wird, sondern ausschließlich mit den „voraussichtlichen Kosten des Insolvenzverfahrens". Eine Offensichtlichkeit in Bezug auf die Nichterhebung von Klagen auf Rückgängigmachung von Verfügungen, der Nichterhebung von Haftungsklagen gegen Dritte oder die Einstufung der Insolvenz als zufällig wird nur selten gegeben sein, da der Schuldner in der Regel hierüber schweigen wird. Wird der Insolvenzantrag nicht fristgemäß gestellt, was sich aus den mit dem Antrag eingereichten Jahresabschlüssen ergeben wird (sofern sich aus diesen ergibt, dass die Zahlungsunfähigkeit bereits vor einigen Jahren bestand) wird dazu führen, dass das Insolvenzverfahren nicht im Beschluss über die Eröffnung des Insolvenzverfahrens beendet wird, da die Einstufung der Insolvenz als schuldhaft als wahrscheinlich erscheint. **1057.1**

Kurz gesagt, es handelt sich um eine Möglichkeit, die sehr restriktiv genutzt werden sollte, da die Beurteilung des Gerichts auf der Grundlage der vom Schuldner selbst eingereichten Unterlagen erfolgt, ohne dass diese vom Insolvenzverwalter überprüft werden, da dieser in diesem Fall nicht einmal dann bestellt wird, wenn der Schuldner eine juristische Person ist. **1057.2**

Liegen diese Voraussetzungen vor und ist der Schuldner eine juristische Person, beschließt das Gericht zeitgleich die Eröffnung und Beendigung des Insolvenzverfahrens ohne einen Insolvenzverwalter zu bestellen. Personen mit berechtigtem Interesse können hiergegen Beschwerde einlegen (Art. 471 TRLC). **1058**

Ist der Schuldner eine natürliche Person, ist eine gleichzeitige Eröffnung und Beendigung des Insolvenzverfahrens nicht möglich. Das Gericht muss vielmehr einen Insolvenzverwalter bestellen, der sich ausschließlich um die Verwertung der Aktivmasse und die Zahlung der Forderungen gegen die Masse nach der in Art. 250 TRLC normierten Zahlungsreihenfolge kümmert. Nach Abschluss der Verwertung reicht der Insolvenzverwalter seinen Abschlussbericht und Rechnungslegung ein, gegen die innerhalb einer Frist von 15 Tagen Widerspruch eingelegt werden kann. Der Schuldner kann die Restschuldbefreiung beantragen (Art. 472 TRLC). **1059**

4. Auswirkungen der Beendigung des Insolvenzverfahrens

Die allgemeinen Auswirkungen für die Schuldner und für alle Beendigungsgründe sind die folgenden (Art. 483 TRLC). **1060**
- Die Wirkungen der Eröffnung des Insolvenzverfahrens (→ Rn. 453) werden aufgehoben, insbesondere die Beschränkungen der Verwaltungs- und Verfügungsbefugnis des Schuldners, es sei denn die Insolvenz wird per Urteil als schuldhaft (→ Rn. 1009) eingestuft.
- Der Insolvenzverwalter wird aus seinem Amt entlassen.
- Das Gericht stellt sämtliche Verfahrenshandlungen ein.
- Der Schuldner haftet weiterhin für die nicht beglichenen Forderungen, es sei denn, ihm wird die Restschuldbefreiung gewährt (→ Rn. 1069) (Art. 484.1 TRLC).
- Die unbefriedigten Gläubiger können die Einzelvollstreckung einleiten, solange nicht die Wiedereröffnung des Insolvenzverfahrens angeordnet oder ein neues Insolvenzverfahren eröffnet wird. Deren Forderungen werden in die endgültige Gläubigerliste aufgenommen zusammen mit einem rechtskräftigen Urteil, dh einem Vollstreckungstitel (Art. 484.2 TRLC).

Internationales Insolvenzrecht – Spanien

1061   Bei juristischen Personen als Schuldner führt die Beendigung des Insolvenzverfahrens durch Verwertung oder Unzulänglichkeit der Aktivmasse zum Erlöschen und zur Löschung der Eintragungen im entsprechenden öffentlichen Personenregister (Art. 485 TRLC). Dies bedeutet allerdings nicht das Erlöschen ihrer Rechtspersönlichkeit solange weiterhin Rechtsbeziehungen (aktiv oder passiv) bestehen, sodass Gläubiger weiterhin die Einzelvollstreckung einleiten können, sofern neue Vermögenswerte entdeckt werden. Alternativ kann das Insolvenzverfahren wiedereröffnet werden, ohne die Notwendigkeit die Registerlöschungen rückgängig zu machen (STS 324/2017 v. 24.5.2017 – 197/2015). Aus demselben Grund führt das Erlöschen der juristischen Person nicht zum Erlöschen ihrer Rechtsbeziehungen mit Dritten oder zur Beendigung von gerichtlichen Verfahren, bei denen sie Partei ist (SSTS 979/2011 v. 27.12.2011 – 1736/2008; und 220/2013 v. 20.3.2013 – 1339/2010).

5. Wiedereröffnung und Wiederaufnahme des Insolvenzverfahrens

1062   Nach Beendigung des Insolvenzverfahrens besteht, je nach Fall, die Möglichkeit der Eröffnung eines **neuen Insolvenzverfahrens** über das Vermögen des Schuldners oder die **Wiedereröffnung** des beendigten Verfahrens. Es handelt sich dabei um zwei verschiedene Fälle. Im ersten Fall handelt es sich um ein neues Insolvenzverfahren (sodass ein anderes Insolvenzgericht zuständig sein kann, einer neuer Insolvenzverwalter bestellt wird und vollkommen unabhängig vom vorherigen Verfahren behandelt wird). Dagegen hebt die Wiedereröffnung die vorherige Beendigung des Verfahrens auf, weshalb es sich um dasselbe Insolvenzverfahren handelt, sodass dasselbe Insolvenzgericht zuständig ist (Art. 503 TRLC) und derselbe Insolvenzverwalter bestellt wird.

1063   Die **Wiedereröffnung** ist nach der Beendigung des Insolvenzverfahrens unter folgenden Voraussetzungen möglich:
* Bei natürlichen Personen innerhalb einer Frist von fünf Jahren nach der Beendigung des vorherigen Verfahrens wegen Verwertung oder Unzulänglichkeit der Aktivmasse. Wurde das Verfahren aus anderen Gründen beendet oder wird ein neues Verfahren innerhalb von fünf Jahren eröffnet, handelt es sich um ein anderes Insolvenzverfahren (Art. 504 TRLC).
* Bei juristischen Personen kommt eine Wiedereröffnung im Falle einer Beendigung wegen Verwertung oder Unzulänglichkeit der Aktivmasse nur in zwei Fällen in Betracht: (1) wenn, nach der der Beendigung des Verfahrens, neue Vermögenswerte auftauchen (2) Innerhalb eines Jahres nach der Beendigung des Verfahrens, sofern ein Gläubiger, der nicht vollständig befriedigt wurde, die Wiedereröffnung beantragt, um Klagen auf Rückgängigmachung von Verfügungen einzureichen oder Umstände vorliegen, die auf ein Einstufung der Insolvenz als schuldhaft schließen lassen, sofern die Insolvenz nicht bereits im vorherigen Verfahren als schuldhaft eingestuft wurde. In beiden Fällen beschränkt sich das wiedereröffnete Insolvenzverfahren auf die Verwertung der Vermögenswerte und Rechte, die nach der Beendigung des Verfahrens aufgetaucht sind und auf die Erhebung von Klagen auf Rückgängigmachung von Verfügungen und/oder die Einleitung des Verfahrens zur Einstufung der Insolvenz (Art. 505 TRLC). In den übrigen Fällen handelt es sich um ein anderes Insolvenzverfahren und nicht um eine Wiedereröffnung des vorherigen.

1064   Die Wiedereröffnung unterliegt denselben Veröffentlichungsregelungen wie die Eröffnung des Insolvenzverfahrens (→ Rn. 272). Wird ein Insolvenzverfahren über das Vermögen einer juristischen Person wiedereröffnet, sind die Registerblätter in den betreffenden öffentlichen Registern wieder zu öffnen (Art. 506 TRLC).

1065   Sobald das Verfahren wiedereröffnet wurde, hat der Insolvenzverwalter innerhalb einer Frist von zwei Monaten die endgültigen Berichte (→ Rn. 785) zu aktualisieren, bezüglich (Art. 507 TRLC):
* Des Inventars (→ Rn. 761) durch Streichung der aus der Aktivmasse ausgeschiedenen Vermögenswerte und Rechte und durch Bewertung der in der Aktivmasse verbliebenen Werte und der neu hinzugekommenen.
* Der Gläubigerliste (→ Rn. 766) durch Angabe der Höhe der Forderungen sowie der übrigen Änderungen in Bezug auf die Forderungen, die bereits vorher bestanden haben und Einfügung neuer Gläubiger.

1066   Die Aktualisierung ist entsprechend der allgemeinen Regelungen über den Bericht des Insolvenzverwalters zu entwerfen (→ Rn. 774), zu veröffentlichen (→ Rn. 776) und anzufechten (→ Rn. 777), auch wenn das Gericht von Amts und ohne die Möglichkeit der Erhebung von Rechtsmitteln die Behauptungen ablehnen kann, die keine Relevanz für die Aktualisierung haben.

1067   Von der Wiedereröffnung ist die **Wiederaufnahme** oder Fortführung des Insolvenzverfahrens (Art. 476 TRLC) zu unterscheiden. Nach Mitteilung des Insolvenzverwalters über die Unzuläng-

Internationales Insolvenzrecht – Spanien

lichkeit der Aktivmasse (→ Rn. 1043) und vor Beschluss der Verfahrensbeendigung können die Gläubiger sowie andere Personen mit berechtigtem Interesse (dies sind die zum Insolvenzantrag berechtigten Personen) diese Beendigung angreifen, wenn sie nachweisen, dass sie bestimmte Klagen auf Rückgängigmachung von Verfügungen (→ Rn. 633) einreichen können oder Umstände vorliegen, die auf eine Einstufung der Insolvenz als schuldhaft (→ Rn. 966) schließen lassen.

Um leichtfertige Ansprüche zu vermeiden, die nur zu einer unnötigen Anhäufung von Forderungen gegen die Masse führen würden, sollte der Antragsteller eine Sicherheitsleistung in Höhe der vorhersehbaren Forderungen gegen die Masse stellen in Form einer Kaution, einer Konsignation, einer Bankgarantie oder einer gleichwertigen Sicherheit bieten. **1067.1**

Wird der Antrag zugelassen, ist der Antragsteller auch befugt, Klage auf Rückgängigmachung einer Verfügung einzureichen, die er im Antrag bezeichnet hat und für die die entsprechenden Regelungen gelten (→ Rn. 504) (Art. 122 TRLC). **1068**

6. Restschuldbefreiung („zweite Chance")

Grundsätzlich entbindet die Beendigung des Insolvenzverfahrens durch Verwertung oder Unzulänglichkeit der Aktivmasse nicht von den Zahlungsverbindlichkeiten, die während des Verfahrens nicht beglichen werden konnten, sodass die Gläubiger nach dem Grundsatz der **umfassenden vermögensrechtlichen Haftung** (Art. 1911 CC) Einzelvollstreckungen gegen den Schuldner zur Eintreibung einleiten oder das Insolvenzverfahren gegebenenfalls wieder- oder neu eröffnen können. **1069**

Die **Restschuldbefreiung** (Art. 487–502 TRLC) stellt die Ausnahme zu dieser Regelung dar. Eingeführt im Jahre 2013 und umfassend reformiert durch das Gesetz 25/2015, erlaubt sie das Erlöschen der nicht beglichenen Forderungen im Insolvenzverfahren einer natürlichen Person, Unternehmer oder Verbraucher, sobald die komplette Aktivmasse verwertet wurde. Die Restschuldbefreiung kann unmittelbar gewährt werden oder aber durch einen Zahlungsplan mit einer Höchstdauer von fünf Jahren. **1070**

Die Restschuldbefreiung ist vom Insolvenzgericht zu beschließen und setzt voraus, dass das Insolvenzverfahren über das Vermögens des Schuldners in Spanien eröffnet und durch Verwertung (→ Rn. 912) oder wegen Unzulänglichkeit der Aktivmasse (→ Rn. 1043) beendet wurde (was ebenfalls die Verwertung der Aktivmasse bedeutet) (Art. 486 TRLC). Üblicherweise handelt es sich um ein nachfolgendes Insolvenzverfahren (→ Rn. 173), das nach Scheitern einer außergerichtlichen Zahlungsvereinbarung (→ Rn. 103) eingeleitet wurde. Mit Inkrafttreten des TRLC im Jahre 2020 setzt die Restschuldbefreiung allerdings nicht mehr voraus, dass der Schuldner versucht haben muss, eine außergerichtliche Zahlungsvereinbarung zu treffen (Art. 488.2 TRLC). **1071**

Da die Restschuldbefreiung vom spanischen Insolvenzgericht beschlossen wird und innerhalb eines in Spanien geführten Insolvenzverfahrens (konkret während des Verfahrens zur Beendigung), können von ihr nur natürliche Personen profitieren, über deren Vermögen in Spanien ein Insolvenzverfahren eröffnet wurde. Mithin sind die Regelungen der **internationalen Zuständigkeit** (→ Rn. 305) zu berücksichtigen. **1071.1**

Die Restschuldbefreiung setzt voraus, dass der Schuldner **gutgläubig** ist (Art. 487.1 TRLC). Die Gutgläubigkeit ist hierbei aus objektiver Sicht zu bewerten und nicht mit dem zivilrechtlichen Rechtsbegriff zu verwechseln. Sie setzt folgendes voraus (Art. 487.2 TRLC; STS 381/2019 v. 2.7.2019 – 3669/2016): **1072**
- Die Insolvenz darf nicht als schuldhaft (→ Rn. 966) eingestuft worden sein. Wurde die Insolvenz als schuldhaft eingestuft, wegen Nichteinhaltung der Antragsfrist (→ Rn. 986) (zwei Monate ab Kenntnis der Zahlungsunfähigkeit, → Rn. 213) kann das Gericht dennoch die Restschuldbefreiung gewähren, sofern besondere Umstände für das Fristversäumnis vorliegen.
- Der Schuldner darf in den zehn Jahren vor Stellung des Insolvenzantrags nicht rechtskräftig verurteilt worden sein wegen einer Vermögensstraftat, einer Straftat zulasten der sozioökonomischen Ordnung, wegen Urkundenfälschung, einer Straftat zulasten der Finanzbehörden, zulasten der Sozialversicherung oder einer Straftat gegen die Rechte der Arbeitnehmer.

Ist ein Strafverfahren anhängig, wird die Gewährung der Restschuldbefreiung ausgesetzt bis ein rechtskräftiges Urteil in dem Verfahren ergeht. **1072.1**

Sofern die genannten Voraussetzungen vorliegen, gibt es zwei Arten der Restschuldbefreiung: Die unmittelbare (→ Rn. 1074) und die Restschuldbefreiung über einen Zahlungsplan (→ Rn. 1076). **1073**

Internationales Insolvenzrecht – Spanien

1073.1 Die Rechtsprechung ging früher davon aus, dass es sich nicht um zwei verschiedene Arten handelt, sodass der Schuldner zunächst die unmittelbare Restschuldbefreiung beantragen konnte und, bei Nichterfüllung der Voraussetzungen, die Restschuldbefreiung über einen Zahlungsplan beantragen konnte (STS 381/2019 v. 2.7.2019 – 3669/2016). Das TRLC enthält eine weniger flexible Regelung. Der Schuldner muss sich für eine Art entscheiden. Hat er die unmittelbare Restschuldbefreiung gewählt, kann er nachträglich die andere Art wählen, sobald sich der Insolvenzverwalter und die Gläubiger hierzu geäußert haben. Er kann aber nicht gleichzeitig oder nachträglich beide Arten wählen.

1074 • Die **unmittelbare Restschuldbefreiung** setzt voraus, dass im Insolvenzverfahren sämtliche Forderungen gegen die Masse (→ Rn. 742) und vorrangige Insolvenzforderungen (→ Rn. 695) beglichen wurden und, sofern der Schuldner, der die hierfür geltenden Voraussetzungen (→ Rn. 108) erfüllt, keine außergerichtliche Zahlungsvereinbarung erreicht oder versucht zu erreichen hat, mindestens 25 % der gewöhnlichen Insolvenzforderungen (Art. 488 TRLC).

1074.1 Ein Versuch wird dann angenommen, wenn die Gläubigerversammlung einen Vorschlag nicht angenommen hat oder der Mediator beschließt, keinen Vorschlag einzureichen, kein Mediator das Amt annimmt oder, allgemein, in den übrigen Beendigungsfällen der außergerichtlichen Zahlungsvereinbarung aus Gründen, die nicht beim Schuldner liegen.

1075 Liegen die Voraussetzungen vor, gewährt das Gericht dem Schuldner die endgültige Restschuldbefreiung, was sämtliche nicht befriedigte Insolvenzforderungen (gewöhnliche und nachrangige) zum Erlöschen bringt einschließlich solcher, die nicht angemeldet wurden. Ausgenommen sind öffentlich-rechtliche Forderungen und Unterhaltsforderungen (Art. 491 TRLC).

1075.1 Die Ausnahme bezüglich der öffentlich-rechtlichen Forderungen und Unterhaltsforderungen wurde durch das TRLC eingeführt. Unter dem LC ging die Rechtsprechung (STS 381/2019 v. 2.7.2019 – 3669/2016) davon aus, dass derartige Forderungen von der Restschuldbefreiung umfasst waren. Es ist daher zu erwarten, dass das TRLC in der Zukunft entsprechend angefochten wird.

1076 • Die **Restschuldbefreiung über einen Zahlungsplan** erlaubt die Nichtbefriedigung sämtlicher Forderungen gegen die Masse oder vorrangiger Forderungen, verlangt aber vom Schuldner, dass er sich einem Zahlungsplan unterwirft, der vom Gericht zu genehmigen ist und zudem voraussetzt (Art. 493 TRLC): a) dass er seine Mitwirkungs- und Informationspflichten gegenüber dem Insolvenzgericht und Insolvenzverwalter erfüllt hat (→ Rn. 462), b) dass ihm innerhalb der letzten zehn Jahre keine Restschuldbefreiung gewährt wurde, c) dass er innerhalb der letzten vier Jahre vor der Eröffnung des Insolvenzverfahrens kein Stellenangebot abgelehnt hat, das seinen Fähigkeiten entspricht, d) dass er sich ausdrücklich einem gerichtlich genehmigten Zahlungsplan unterwirft und e) dass er ausdrücklich zustimmt, dass die Restschuldbefreiung innerhalb von fünf Jahren im Öffentlichen Insolvenzregister veröffentlicht wird, sodass sich Personen mit berechtigtem Interesse über die finanzielle Situation des Schuldners informieren können (Art. 494 und 564.2 TRLC).

1077 Der Zahlungsplan ist für solche Insolvenzverfahren vorgesehen, die wegen Unzulänglichkeit der Masse oder durch Verwertung beendet wurden, ohne dass sämtliche Forderungen gegen die Masse oder vorrangige Insolvenzforderungen beglichen werden konnten. In diesem Fall wird die Restschuldbefreiung zunächst vorläufig gewährt, was zu einem Erlöschen der a) gewöhnlichen und nachrangigen Forderungen führt, mit Ausnahme öffentlich-rechtlicher Forderungen und Unterhaltsforderungen und b) dem Teil der besonders vorrangigen Forderungen, der durch die Vollstreckung aus der Sicherheit nicht befriedigt werden konnte, sofern dieser Teil nicht als allgemein vorrangige Forderung einstufen ist (Art. 497 TRLC). Die Forderungen gegen die Masse, die allgemein vorrangigen Forderungen und die öffentlich-rechtlichen Forderungen und Unterhaltsforderungen erlöschen dagegen nicht, sondern sind innerhalb einer Frist von fünf Jahren zu begleichen (sofern die Fälligkeit nicht erst zu einem späteren Zeitpunkt eintritt) entsprechend dem Zahlungsplan, ohne Verzinsung.

1077.1 Die Gläubiger der erloschenen Forderungen können ihre Forderungen nicht mehr gegen den Schuldner geltend machen (Art. 500 TRLC). Sie können sich aber weiterhin an die neben dem Schuldner gesamtschuldnerisch haftenden Personen, seinen Bürgen oder Garanten wenden, die nicht von der Restschuldbefreiung des Schuldners profitieren und nicht zu Gläubigern des Schuldners werden, um sich anschließend an diesen zu halten. Anders nur, wenn die Restschuldbefreiung aufgehoben wird (Art. 502 TRLC).

1077.2 Wenn der Insolvenzschuldner im Rahmen eines ehelichen Güterstandes der Errungenschaftsgemeinschaft oder einer anderen Form der Gütergemeinschaft verheiratet ist, die nicht liquidiert wurde, kommt die Befreiung dem Gemeingut zugute, und zwar in Bezug auf die Forderungen vor der Eröffnung des Insolvenzverfahrens, für die dieses Vermögen haftet, auch wenn der andere Ehegatte nicht für insolvent erklärt wurde. Dies bedeutet jedoch nicht, dass sich die Befreiung auf die Schulden des Ehegatten des Gemeinschuldners auswirkt, sodass dessen Gläubiger auf ihr eigenes Privatvermögen zurückgreifen können, solange sie keinen eigenen Befreiungsvorteil erhalten (Art. 501 TRLC).

Ob ausländische öffentlich-rechtliche Forderungen ebenfalls das Privileg genießen wie die spanischen ist fraglich. Bezüglich deren Einstufung differenziert das Gesetz (→ Rn. 720.3) (Art. 739.2 TRLC), nicht aber in Bezug auf die Restschuldbefreiung. **1077.3**

Das **Verfahren** zur Erlangung der unmittelbaren Restschuldbefreiung ist folgendes: **1078**

- Der Antrag muss vom Schuldner als einzigem Antragsberechtigten gestellt werden. In diesem ist die Erfüllung der Voraussetzungen darzulegen. Ferner sind diesem die Unterlagen beizufügen, die diese Erfüllung belegen (Art. 489.2 TRLC). Der Antrag ist innerhalb der Anhörungsfrist (in der Regel 15 Tage) zu stellen. Während dieser Frist können Widersprüche gegen die Beendigung des Insolvenzverfahrens eingereicht werden. Die Frist beginnt also mit der Vorlage des abschließenden Verwertungsberichts des Insolvenzverwalters (Art. 489.1 TRLC). Die Einreichung des Antrags führt zur Beendigung des Insolvenzverfahrens bis zum Beschluss über die Restschuldbefreiung (Art. 490.3 TRLC). **1079**
- Nach Einreichung des Antrags können der Insolvenzverwalter und die betroffenen Gläubiger Widerspruch gegen den Antrag einreichen, innerhalb einer Frist von fünf Tagen (Art. 489.3 TRLC), der im insolvenzrechtlichen Nebenverfahren (→ Rn. 335) behandelt wird. Der Widerspruch kann sich nur auf die Nichterfüllung der für die Restschuldbefreiung geltenden Voraussetzungen stützen (Art. 489.2 TRLC). **1080**

Im nachfolgenden Insolvenzverfahren, also dem Verfahren nach Scheitern einer außergerichtlichen Zahlungsvereinbarung, muss der Mediator, sofern er den Insolvenzantrag stellt, in seinem Antrag darlegen, ob die Voraussetzungen für eine Restschuldbefreiung gegeben sind (Art. 706.3 TRLC). Diesbezüglich können Stellungnahmen abgegeben werden (Art. 718.2 TRLC). **1080.1**

- Geht kein Widerspruch ein, überprüft das Gericht das Vorliegen der Voraussetzungen für die Restschuldbefreiung und erlässt einen Beschluss über die endgültige Restschuldbefreiung zusammen mit der Beendigung des Insolvenzverfahrens (Art. 490.1 TRLC). **1081**
- Geht ein Widerspruch ein, wird dem Schuldner eine Frist gesetzt, um zu erklären, ob er an seinem Antrag festhalten will oder aber die Restschuldbefreiung über einen Zahlungsplan wählt. Schweigt der Schuldner, wird davon ausgegangen, dass er an seinem Antrag festhält. Wählt er die Restschuldbefreiung über einen Zahlungsplan ist ein Vorschlag zu einem Zahlungsplan einzureichen und es folgt das hierfür geltende Verfahren (→ Rn. 1083) (Art. 489.4 TRLC). **1082**

Das **Verfahren** zur Erreichung einer Restschuldbefreiung über einen Zahlungsplan sieht wie folgt aus: **1083**

- Der Antrag ist innerhalb der bereits erwähnten Frist und mit dem bereits erwähnten Inhalt zu stellen (→ Rn. 1079). Der Schuldner hat einen Vorschlag über einen Zahlungsplan einzureichen in Bezug auf solche Forderungen, die nicht von der Restschuldbefreiung umfasst sind, also die Forderungen gegen die Masse, die allgemein vorrangigen Forderungen und die öffentlich-rechtlichen Forderungen und Unterhaltsforderungen. Der Zahlungsplan muss einen Zahlungszeitrahmen enthalten unter Angabe der Zahlungsfrist und der Höhe jeder einzelnen Forderung. Die Höchstfrist darf fünf Jahre nicht überschreiten, es sei denn die konkrete Forderung wird erst zu einem späteren Zeitpunkt fällig. Die im Zahlungsplan umfassten Forderungen werden nicht verzinst (Art. 495 TRLC).
- Nach Einreichung des Antrags können der Insolvenzverwalter und die betroffenen Gläubiger innerhalb einer Frist von zehn Tagen Widerspruch gegen die Restschuldbefreiung einreichen (Art. 496.1 TRLC). Anders als bei einer unmittelbaren Restschuldbefreiung gibt das Gesetz hier keine Auskunft darüber, ob der Widerspruch im insolvenzrechtlichen Nebenverfahren zu behandeln ist.
- Geht ein Widerspruch ein, muss der Schuldner innerhalb einer bestimmten Frist erklären, ob er am Zahlungsplan festhält oder diesen modifizieren will.
- Im Beschluss über die Beendigung des Insolvenzverfahrens gewährt das Gericht, nach Prüfung der Voraussetzung, die vorläufige Restschuldbefreiung und die Genehmigung des Zahlungsplans (sei es gemäß dem Vorschlag des Schuldners oder mit den Änderungen, die es für angemessen erachtet) (Art. 496.3 TRLC).

Das Gesetz stellt keine weiteren Anforderungen an den Zahlungsplan als die bereits dargestellten. Insbesondere schweigt das Gesetz über die Höhe der Mittel, die der Schuldner zur Erfüllung bereithalten muss. Unbeachtlich sind selbstverständlich die unpfändbaren Einkünfte. Es wird angenommen, dass er sämtliche Forderung zu begleichen hat, die nicht von der Restschuldbefreiung umfasst sind, gemäß ihrem **1083.1**

Internationales Insolvenzrecht – Spanien

Rang im Insolvenzverfahren. In der Praxis übersteigt die nicht von der Restschuldbefreiung umfasste Schuld die pfändbaren Einkünfte des Schuldners (die oftmals gar nicht existieren) um ein Vielfaches, was dazu führt, dass der Zahlungsplan undurchführbar ist und die Restschuldbefreiung oftmals aufgehoben wird. Häufig sehen Zahlungspläne eine Ratenzahlung von 59 monatlichen Raten vor, wobei der monatliche Betrag sehr gering ist (teilweise sogar null), deren Höhe 50 % (oder sogar 25 %) der pfändbaren Einkünfte des Schuldners ausmacht, mit der Möglichkeit der Anpassung, wobei die Restschuld als letzte Rate bleibt, so dass der Schuldner die endgültige Restschuldbefreiung womöglich nach fünf Jahren aufgrund seiner Zahlungsbemühungen erhalten kann.

1083.2 Der Zahlungsplan betrifft sämtliche nicht von der Restschuldbefreiung umfasste Forderungen, einschließlich der öffentlich-rechtlichen, weshalb die Zustimmung des öffentlich-rechtlichen Gläubigers zur Stundung oder Ratenzahlung entbehrlich ist. Vielmehr reicht die richterliche Genehmigung aus (STS 381/2019 v. 2.7.2019 – 3669/2016). Das TRLC sieht dagegen vor, dass die Stundung oder Ratenzahlung von öffentlich-rechtlichen Forderungen nach den jeweils geltenden Sondervorschriften zu regeln ist (Art. 495.1 TRLC).

1084 Die Restschuldbefreiung, sowohl die unmittelbare als auch über einen Zahlungsplan, kann auf Antrag eines Gläubigers hin vom Insolvenzgericht **widerrufen** werden, wenn innerhalb von fünf Jahren nach deren Gewährung, Anhaltspunkte dafür vorliegen, dass der Schuldner über nicht offengelegte Einkünfte, Gegenstände oder Rechte verfügt, es sei denn es handelt sich hierbei um unpfändbares Vermögen (Art. 492.1 und 498 TRLC).

1085 Ebenfalls kann die vorläufig gewährte Restschuldbefreiung über einen Zahlungsplan widerrufen werden, sofern in Bezug auf den Schuldner innerhalb der zur Erfüllung vorgesehenen Frist (Art. 498 TRLC):
- Umstände vorliegen, die dazu geführt hätten, dass er nicht als gutgläubiger Schuldner (→ Rn. 1072) anzusehen war.
- sich infolge einer Erbschaft, eines Vermächtnisses oder einer Schenkung seine finanzielle Lage erheblich verbessert und er nunmehr in der Lage ist, die von der Restschuldbefreiung umfassten Forderungen zu begleichen, sofern er gleichzeitig seinen Unterhaltsverpflichtungen nachkommen kann, oder
- er den Zahlungsplan nicht erfüllt. Allerdings kann das Insolvenzgericht unter Abwägung aller Umstände des jeweiligen Einzelfalles und nach Anhörung der Gläubiger die Nichterfüllung als Widerrufsgrund ablehnen und die endgültige Restschuldbefreiung anordnen, wenn der Schuldner mindestens 50 % seiner pfändbaren Einnahmen während der letzten fünf Jahre nach Gewährung der vorläufigen Restschuldbefreiung zur Erfüllung des Zahlungsplans verwendet hat (Art. 499.2 TRLC).

1085.1 Erfüllt der Schuldner zusätzlich die folgenden Voraussetzungen, reichen hierfür lediglich 25 % aus (Art. 3 Königliches Gesetzesdekret 6/2012):
- Das Gesamteinkommen einer Familie darf das Dreifache des jährlichen öffentlichen Indikators für Einkommen aus Mehrfacheffekten (IPREM) nicht überschreiten, bzw. das Vierfache, wenn ein Familienmitglied mit einem Behinderungsgrad von mindestens 33 existiert, eine Situation der Abhängigkeit oder Krankheit, die sie dauerhaft unfähig macht, eine Arbeitstätigkeit auszuüben ist, bzw. das Fünffache des Betrags im Falle eines Schuldners, bei dem es sich um eine Person mit Zerebralparese, einer Geisteskrankheit oder einer geistigen Behinderung mit einem Behinderungsgrad von mindestens 33 % oder mehr handelt oder um eine Person mit einer körperlichen oder sensorischen Behinderung mit einem Behinderungsgrad von mindestens 65 % oder mehr, sowie im Falle einer schweren Krankheit, die die Person oder ihre Betreuer nachweislich unfähig macht, eine Arbeitstätigkeit auszuüben. Als Familieneinheit gilt diejenige, die sich aus dem Schuldner, seinem nicht gesetzlich getrennten Ehegatten oder eingetragenen Lebenspartner und den Kindern, unabhängig von ihrem Alter, die in derselben Wohnung wohnen, einschließlich Personen, die durch ein Vormundschafts-, Sorgerechts- oder Pflegschaftsverhältnis miteinander verbunden sind, zusammensetzt. Das jährliche IPREM in 14 Zahlungen beträgt 7.908,60 EUR im Jahr 2021.
- Die Familie muss in den vergangenen vier Jahren eine erhebliche Veränderung ihrer wirtschaftlichen Lage, was die Bemühungen um den Zugang zu Wohnraum betrifft, erlitten haben oder es müssen in diesem Zeitraum besondere Umstände eingetreten sein. Für diese Zwecke gilt eine wesentliche Veränderung der wirtschaftlichen Verhältnisse dann als eingetreten, wenn die Belastung des Familieneinkommens durch die Hypothekenbelastung mit mindestens 1,5 multipliziert wurde. Es wird davon ausgegangen, dass besondere Umstände eingetreten sind wenn: a) die Familie zu einer kinderreichen Familie wurde, b) beim Vorliegen eines alleinerziehenden Elternteils mit unterhaltsberechtigten Kindern, c) einer Familie, zu der ein Minderjähriger gehört, d) eine Familie, in der eines ihrer Mitglieder einen Behinderungsgrad von mindestens 33 % aufweist, eine Abhängigkeits- oder Krankheitssituation, die es dauerhaft unfähig

Internationales Insolvenzrecht – Spanien

macht, eine Arbeitstätigkeit auszuüben, aufweist, e) eine Familie, mit der sie in derselben Wohnung zusammenleben, eine oder mehrere Personen, die mit dem Schuldner oder seinem Ehegatten bis zum dritten Grad verwandt sind und die sich in einer persönlichen Situation der Behinderung, der Abhängigkeit, einer schweren Krankheit, die sie vorübergehend oder dauerhaft an der Ausübung einer Erwerbstätigkeit hindert, befinden, (f) es in der Familie ein Opfer geschlechtsspezifischer Gewalt gibt, und (g) der Schuldner über 60 Jahre alt ist, auch wenn er nicht als Familie gilt.

Zur Bestimmung des pfändbaren Teils des Einkommens wird der nicht pfändbare Betrag, der sich aus der Anwendung der allgemeinen Regeln (→ Rn. 585.2) ergibt, mit 1,5 multipliziert, der für jedes Mitglied der Familie, das kein eigenes regelmäßiges Einkommen, Gehalt oder eine eigene Rente hat, die über dem Mindestlohn liegt, um 30 % des Mindestlohns erhöht wird. Für diese Zwecke bilden der Schuldner, sein Ehegatte oder Lebenspartner und die mit dem Schuldner zusammenlebenden Verwandten ersten Grades in aufsteigender und absteigender Linie die Kernfamilie (Art. 1 Königliches Gesetzesdekret 8/2011). **1085.2**

Die Widerrufsklage ist beim Insolvenzgericht zu erheben (Art. 492.2 TRLC). Wird der Klage stattgegeben, können die Gläubiger ihre unbefriedigten Forderungen gegen die Schuldner geltend machen (Art. 492.3 TRLC), unbeschadet der Möglichkeit der Wiedereröffnung (→ Rn. 1062), sofern verwertbare Vermögenswerte vorhanden sind. **1086**

Nach Ablauf der festgelegten Frist zur Erfüllung des Zahlungsplans und sofern die vorläufige Restschuldbefreiung nicht widerrufen wurde, beschließt das Gericht auf Antrag des Schuldners hin die **endgültige Restschuldbefreiung**. Gegen diesen Beschluss ist kein Rechtsmittel statthaft. Er ist im Öffentlichen Insolvenzregister (→ Rn. 362.3) zu veröffentlichen (Art. 499 TRLC). Ein Widerruf der endgültigen Restschuldbefreiung ist nicht möglich. **1087**

XII. Insolvenzstrafrecht

1. Einführung

Grundsätzlich wird die Insolvenz durch Umstände einer wirtschaftlichen Krise oder einer unklugen oder riskanten Unternehmensführung verursacht. In diesen Fällen legt das Insolvenzrecht die Regeln und das Verfahren fest, die es den geschädigten Gläubigern ermöglichen sollen, ihre Forderungen in geordneter Weise aus dem Vermögen des Schuldners und in Übestimmung mit dem Grundsatz par conditio creditorum zu befriedigen. **1088**

Wurde die Insolvenz dagegen durch betrügerische oder grob fahrlässige Handlungen des Schuldners oder seiner Vertreter verursacht oder verschlimmert, sieht das Gesetz zwei wesentliche Instrumente vor: **1089**
- Die Einstufung der Insolvenz (→ Rn. 964), die ein Verfahren innerhalb des Insolvenzverfahrens ist, das darauf abzielt, festzustellen, ob die Insolvenz durch betrügerische oder grob fahrlässige Handlungen verursacht oder verschlimmert wurde, und schließlich mit der Verhängung von Sanktionen (→ Rn. 1006) gegen die Verantwortlichen und sogar der Verpflichtung zur persönlichen Deckung des Defizits (→ Rn. 1017) des geschädigten Gläubigers enden kann.
- Das Strafrecht greift ein, wenn die Insolvenzinstitutionen unwirksam oder unzureichend gegen betrügerisches Verhalten sind, das gerade darauf abzielt, sich der Erfüllung der Pflichten des Schuldners zu entziehen (allerdings auch auf fahrlässiges Verhalten ausgedehnt, → Rn. 1122).

Mit anderen Worten: Die Insolvenz an sich hat keine strafrechtliche Relevanz (angesichts des Verbots des Freiheitsentzugs wegen Schulden), so dass das Strafrecht nur dann greift, wenn der Schuldner es durch schwerwiegende Handlungen erreicht hat, die darauf abzielen, Gläubiger an der Befriedigung ihrer Forderungen zu hindern. **1090**

Das CP teilt das Verhalten zur Behinderung oder Vereitelung des Rechts der Gläubiger auf ihre Forderung in **zwei Gruppen von Straftaten:** **1091**
- Vollstreckungsvereitelung (→ Rn. 1092), unter der das Beiseiteschaffen von Vermögenswerten und das sonstige Verstecken von Vermögenswerten beinhaltet sind.
- Insolvenzdelikte im engeren Sinne (→ Rn. 1107), zu denen der Straftatbestand des Bankrotts und der Tatbestand der unrechtmäßigen Gläubigerbegünstigung gehören, die aber nach der Reform von 2015 nicht mehr in allen Fällen die Existenz eines Insolvenzverfahrens voraussetzen.

2. Vollstreckungsvereitelung

Das CP sieht zwei Tatbestände der Vollstreckungsvereitelung vor: **1092**
- Das Beiseiteschaffen von Vermögenswerten (→ Rn. 1094).
- Das Verstecken von Vermögenswerten in Vollstreckungsverfahren (→ Rn. 1105).

Bei sämtlichen Delikten der Vollstreckungsvereitelung ist nur die vorsätzliche Begehung strafbar. **1093**

Internationales Insolvenzrecht – Spanien

1094 **a) Das Beiseiteschaffen von Vermögenswerten.** Der Tatbestand des Beiseiteschaffens von Vermögenswerten hat drei Formen:
- Die Straftat der Vermögensverschiebung (→ Rn. 1095) (Grunddelikt)
- Das Beiseiteschaffen zur Behinderung der Vollstreckung einer Forderung (→ Rn. 1100)
- Das Beiseiteschaffen zur Umgehung einer deliktischen Haftung (→ Rn. 1101)

1095 Wer in der Absicht, seine Gläubiger zu benachteiligen, sein Vermögen verschiebt, begeht den **Tatbestand der Vermögensverschiebung** (Art. 257.1.1 CP).

1096 Das **Beiseiteschaffen** ist die Entfernung oder Verheimlichung des gesamten oder eines Teils seines Vermögens durch den Schuldner, sodass der Gläubiger Schwierigkeiten hat, Vermögen oder Rechte zu finden, mit denen er seine Forderung eintreiben kann. Ein Beiseiteschaffen kann die folgenden Formen haben:
- Durch physisches Verbergen eines Vermögenswertes (mit oder ohne Verschwinden des Schuldners selbst), sodass der Gläubiger den Vermögenswert nicht finden kann oder nicht weiß, dass er Teil des Schuldnervermögens ist.
- Durch Abschluss eines Rechtsgeschäfts, durch das der Schuldner das Vermögen veräußert oder belastet. Das Rechtsgeschäft kann real (Schenkung) oder nur vorgetäuscht sein (Zahlung einer nicht bestehenden Schuld, Verkauf zur Deckung einer Schenkung). Obwohl das vorgetäuschte Rechtsgeschäft das Vermögen des Schuldners nicht mindert, behindert es in der Praxis die Vollstreckung der Forderung, weil ein Dritter formell als Eigentümer des Vermögens auftritt, gegen das die Vollstreckung gerichtet ist.

1097 Das Beiseiteschaffen muss zum **Nachteil der Gläubiger** geschehen, was voraussetzt:
- Dass der Schuldner eine oder mehrere tatsächlich existierende Forderungen schuldet, selbst wenn diese nicht eintreibbar sind (weil sie nicht fällig oder liquide sind), wobei es unerheblich ist, ob diese bereits vollstreckt werden.
- Dass das Beiseiteschaffen mit der Absicht der Gläubigerschädigung vorgenommen wird, ohne dass tatsächlich ein Schaden eintreten muss. Es handelt sich um ein subjektives Merkmal, welches durch Indizienbeweis zu belegen ist. Die Erfüllung des Tatbestands setzt nicht voraus, dass der Schuldner seine eigene Zahlungsunfähigkeit hervorruft noch, dass er die Befriedigung seines Gläubigers verhindert.

1097.1 Kann der Gläubiger jedoch trotz des Beiseiteschaffens noch gegen andere Vermögenswerte des Schuldners vorgehen, die nicht verdeckt sind und für die Befriedigung der Forderung ausreichen, ist die Straftat ausgeschlossen (STS 867/2013 v. 28.11.2013 – 484/2013). Weder liegt ein Beiseiteschaffen vor, wenn das Vermögen in eine Gesellschaft eingebracht wird, da es im Vermögen des Schuldners durch die erhaltenen Anteile ersetzt wird, noch wenn der Schuldner die Forderung eines Gläubigers zum Nachteil der übrigen Gläubiger befriedigt (es könnte dann aber ein Straftatbestand der unrechtmäßigen Gläubigerbegünstigung (→ Rn. 1125) vorliegen) (STS 1889/1999 v. 15.9.1999 – 2547/1998).

1098 Hierbei handelt es sich um ein **eigenes Sonderdelikt,** bei dem nur der Schuldner der Täter sein kann. Diejenigen, die, ohne Schuldner zu sein, zum Beiseiteschaffen beitragen (zB als Käufer oder Empfänger der Waren), können als Mittäter oder als Gehilfen qualifiziert werden.

1099 Im Falle einer Verurteilung besteht die **Wiedergutmachung des Schadens** (die im Strafurteil selbst festgelegt wird, es sei denn, der Geschädigte hat sich die Ausübung der Zivilklage in dem entsprechenden Zivilprozess vorbehalten) nicht in der Verurteilung zur Begleichung der Forderung des geschädigten Gläubigers (da diese Forderung nicht aus dem Delikt entsteht, sondern bereits vorher bestand), sondern in der Wiederherstellung der durch die betrügerische Handlung des Schuldners veränderten rechtlichen Ordnung, durch:
- Hauptsächlich durch die Rückgabe von unrechtmäßig veräußerten Gütern an das Vermögen des Schuldners, was die Erklärung der Nichtigkeit des betrügerischen Rechtsgeschäfts und die Löschung der vorgenommenen Eintragungen erfordert.
- Hilfsweise, wenn die Vermögensgegenstände von einem gutgläubigen Dritten erworben wurden, von dem nach dem Zivilrecht kein Anspruch geltend gemacht werden kann oder der nicht Partei des Strafverfahrens gewesen ist, verurteilt das Urteil die strafrechtlich Verantwortlichen zu einer Entschädigung, die dem Wert der übertragenen Vermögensgegenstände oder, wenn dieser niedriger ist, dem Betrag des Anspruchs des geschädigten Gläubigers entspricht.

1099.1 Das **Strafmaß** für das Beiseiteschaffen von Vermögensgegenständen beträgt eine Freiheitsstrafe von 1–4 Jahren und eine Geldstrafe von 12–24 Monaten. Die Geldstrafe berechnet sich nach der im Gesetz jeweils vorgesehenen Dauer multipliziert mit einem Tagessatz, der sich auf Grundlage der wirtschaftlichen Verhältnisse des Täters berechnet. Die Tagessatzhöhe kann von 2 EUR pro Tag bis 400 EUR pro Tag betragen.

Internationales Insolvenzrecht – Spanien

Das **Beiseiteschaffen zur Behinderung der Vollstreckung einer Forderung** (Art. 257.1.2 **1100**
CP) stellt einen Sondertatbestand dar. Täter ist, wer:
- Zum Nachteil seiner Gläubiger, also zu deren Schädigung handelt.
- Eine vermögensrechtliche Verfügungshandlung vornimmt (Verkauf, Schenkung, Bestellung einer Belastung, Vermietung) oder Pflichten übernimmt (Anerkennung nicht existenter Schulden).
- Es muss eine Handlung sein, die die Wirksamkeit einer Pfändung oder eines Vollstreckungsverfahrens (gerichtlich, außergerichtlich oder verwaltungsrechtlich) verzögert, behindert oder verhindert, unabhängig davon, ob dieses bereits eingeleitet wurde oder dessen Einleitung vorhersehbar ist. Es muss ein Kausalzusammenhang zwischen der Handlung und dem Ergebnis des Vollzugshindernisses bestehen.

Die Forderung des geschädigten Gläubigers muss überfällig sein, damit es überhaupt zu einem absehbaren Beginn der Vollstreckung kommt, anders als bei dem Grunddelikt (→ Rn. 1097). **1100.1**

Das **Strafmaß** ist das gleiche wie beim Grunddelikt (→ Rn. 1099.1). **1100.2**

Den Straftatbestand des **Beiseiteschaffens zur Vermeidung einer deliktischen Haftung** **1101**
(Art. 257.2 CP) stellt einen Sonderfall des Grunddelikts dar. Den Tatbestand erfüllt:
- Wer Verfügungshandlungen vornimmt, Verpflichtungen eingeht, die sein Vermögen schmälern, oder auf irgendeine Weise Elemente seines Vermögens verbirgt, auf die die Vollstreckung wirksam werden könnte.
- Um die Zahlung zivilrechtlicher Verbindlichkeiten zu vermeiden, die sich aus einer Straftat ergeben, die er begangen hat (strafrechtliche Haftung) oder für die er zivilrechtlich haftbar gemacht werden sollte.

Diese Straftat wird jedoch nicht begangen, wenn das Ziel die Nichtbezahlung der Geldstrafe ist, unbeschadet einer Verurteilung wegen der Straftat der Vermögensverschiebung (→ Rn. 1095). **1101.1**

Der Unterschied zu der obigen spezifischen Modalität besteht darin, dass bei dieser zweiten **1102**
Modalität nicht eine begonnene oder vorhersehbare Ausführung erforderlich ist, sondern die Begehung einer früheren Straftat, für die der Urheber der Vermögensverschiebung straf- oder zivilrechtlich verantwortlich ist, ausreicht. Die frühere Straftat geht der Straftat der Vermögensverschiebung voraus, und für die Begehung der letzteren ist es nicht erforderlich, dass die frühere Straftat in einem rechtskräftigen Urteil festgestellt oder sogar ein Strafverfahren zu ihrer Verfolgung eingeleitet worden ist.

Das **Strafmaß** ist das gleiche wie beim Grunddelikt (→ Rn. 1099.1). **1102.1**

Die folgenden **gemeinsamen Regeln** gelten für das Grunddelikt und die zwei Sonderfälle: **1103**
- Das Strafmaß wird auf eine Freiheitsstrafe von 1–6 Jahren und eine Geldstrafe von 12–24 Monaten heraufgesetzt, wenn es sich bei der betroffenen Schuld um eine öffentlich-rechtliche Schuld handelt und ihr Gläubiger eine juristische Person des öffentlichen Rechts ist, oder um eine Geldschuld aus der Begehung einer Straftat zulasten der Finanzbehörde oder der Sozialversicherung (Art. 257.3 CP).
- Die Grundstrafen oder die vorherige verschärfte Strafe werden in ihrer oberen Hälfte verhängt, wenn der Wert der Vermögensverschiebung 50.000 EUR übersteigt oder eine große Anzahl von Personen betroffen ist oder die Straftat unter Ausnutzung der persönlichen Beziehungen zwischen dem Opfer und dem Täter oder unter Ausnutzung der geschäftlichen oder beruflichen Glaubwürdigkeit des letzteren begangen wird (Art. 257.4 CP).
- Die Straftatbestände des Beiseiteschaffens von Gegenständen werden strafrechtlich verfolgt, unabhängig davon, ob nach Erfüllung über das Vermögen des Täters ein Insolvenzverfahren eröffnet wird oder nicht (Art. 257.5 CP).

Die üblicherweise mit dem Beiseiteschaffen von Vermögenswerten **zusammentreffenden** **1104**
Delikte werden wie folgt gelöst:
- Mit dem Delikt des simulierten Vertrags: Es handelt sich um eine Gesetzeskonkurrenz, die zugunsten des Delikts des Beiseiteschaffens von Vermögenswerten entschieden wird, das das erste absorbiert.
- Mit dem Delikt der dokumentarischen Falschheit: Wird die Falschheit in einem öffentlichen Dokument begangen, handelt es sich um eine mitbestrafte Vortat. Wird sie in einem privaten Dokument begangen, liegt eine Gesetzeskonkurrenz vor, die zu Gunsten des Verbrechens des Beiseiteschaffens von Vermögenswerten entschieden wird.

b) Beiseiteschaffen von Vermögen in der Vollstreckung. Ein Beiseiteschaffen von Vermögen **1105**
in der Vollstreckung (gerichtliche oder behördliche) ist in zwei Varianten möglich:

Internationales Insolvenzrecht – Spanien

- Aktive Variante (Art. 258.1 CP): sofern der mit der Vollstreckung beauftragten Behörde oder dem für die Vollstreckung zuständigen Beamten eine unvollständige oder falsche Liste der Vermögenswerte oder Vermögensgegenstände vorgelegt wird, was dazu führt, dass die Befriedigung des Gläubigers verzögert, behindert oder verhindert wird.
- Unterlassensvariante (Art. 258.2 CP): sofern die vom Schuldner verlangte Liste der Vermögenswerte oder Vermögensgegenstände nicht vorgelegt wird.

1105.1 Im Rahmen von zivilrechtlichen Vollstreckungsverfahren (Art. 589 LEC) und von steuerrechtlichen Vollstreckungsverfahren (Art. 162.1 LGT) kann der Vollstreckungsschuldner dazu aufgefordert werden, eine Liste der vollstreckungsfähigen Vermögensgegenstände vorzulegen. Die Nichterfüllung dieser Pflicht, durch Handeln oder Unterlassen, führt zur Erfüllung des Tatbestands.

1106 Es handelt sich um ein **höchstpersönliches Delikt,** welches nur vom Vollstreckungsschuldner als Täter begangen werden kann.

1106.1 Das **Strafmaß** liegt bei einer Freiheitsstrafe von drei Monaten bis zu einem Jahr oder einer Geldstrafe von 6–18 Monaten. Straffrei bleibt derjenige Täter, der, bevor die Behörde oder der Beamte die falsche oder unvollständige Erklärung entdeckt vor diesen erscheint und eine richtige und vollständige Erklärung über die Gegenstände oder das Vermögen abgibt (Art. 258.3 CP).

3. Insolvenzdelikte

1107 Das Strafgesetzbuch definiert drei Insolvenzdelikte:
- Den Bankrott oder die Verursachung oder Verschlimmerung der Insolvenz (→ Rn. 1109).
- Die unrechtmäßige Gläubigerbegünstigung (→ Rn. 1125).
- Die falsche Buchführung zur Erreichung des Insolvenzverfahrens (→ Rn. 1130).

1108 Die Missachtung der Pflicht des Schuldners zur Stellung eines Insolvenzantrags (→ Rn. 213) stellt strafrechtlich einen atypischen Fall des Unterlassens dar.

1109 **a) Bankrott.** Die Straftat des Bankrotts besteht aus (a) der Verschlimmerung (→ Rn. 1110) der Zahlungsunfähigkeit durch den bereits zahlungsunfähigen Schuldner oder (b) der Verursachung (→ Rn. 1120) derselben durch den nicht zahlungsunfähigen Schuldner, in beiden Fällen durch die Ausführung einer der typisierten Handlungen.

1110 Der Schuldner erfüllt den Straftatbestand des Bankrotts, wenn er sich in einer Situation der gegenwärtigen oder drohenden Zahlungsunfähigkeit befindet und eine der folgenden **Handlungen** begeht (Art. 259.1 CP):

1111 - Verstecken, Beschädigen oder Zerstören der Güter oder Vermögenswerte, die in der Aktivmasse (→ Rn. 584) zum Zeitpunkt der Eröffnung des Insolvenzverfahrens enthalten sind oder enthalten gewesen wären.

1112 - Die Vornahme von Verfügungshandlungen durch die Lieferung oder Übertragung von Geld oder anderen Vermögenswerten oder durch die Übernahme von Schulden, die weder in einem angemessenen Verhältnis zur Vermögenslage des Schuldners noch zu seinem Einkommen stehen und die wirtschaftlich oder geschäftlich nicht gerechtfertigt sind.

1112.1 Dieses Verhalten ähnelt der Vermutung der schuldhaften Insolvenz in Art. 443.2 TRLC (→ Rn. 982).

1113 - Die Vornahme von Verkäufen oder die Ausführung von Dienstleistungen zu einem Preis durchzuführen, der unter den Anschaffungs- oder Produktionskosten liegt, und die unter den Umständen des Falles wirtschaftlich nicht gerechtfertigt sind.

1114 - Das Vortäuschen von Forderungen Dritter oder die Anerkennung von fiktiven Forderungen.

1114.1 Dieses Verhalten ähnelt der Vermutung der schuldhaften Insolvenz in Art. 443.2 TRLC (→ Rn. 983).

1115 - Die Beteiligung an Spekulationsgeschäften, wenn dies wirtschaftlich nicht gerechtfertigt ist und unter den Umständen des Falles und in Anbetracht der ausgeübten wirtschaftlichen Tätigkeit gegen die Sorgfaltspflicht bei der Führung der wirtschaftlichen Angelegenheiten verstößt.

1116 - Die Nichteinhaltung der gesetzlichen Verpflichtung zur Buchführung, eine doppelte Buchführung oder Unregelmäßigkeiten bei der Buchführung, die für das Verständnis der Finanz- oder Vermögenslage relevant sind. Vernichtung oder Änderung der Buchhaltungsunterlagen, wenn dies das Verständnis der finanziellen Situation erschwert oder unmöglich macht.

1116.1 Dieses Verhalten ähnelt der Vermutung der schuldhaften Insolvenz in Art. 443.5 TRLC (→ Rn. 975).

1117 - Die Vernichtung, Verheimlichung oder Veränderung der Unterlagen, die der Unternehmer aufzubewahren hat, vor Ablauf des Zeitraums, auf den sich diese gesetzliche Pflicht erstreckt, wenn dies die Prüfung oder Beurteilung der tatsächlichen wirtschaftlichen Lage des Schuldners erschwert oder unmöglich macht.

Die gesetzliche Frist, während der der Unternehmer verpflichtet ist, seine Bücher, Korrespondenz, Unterlagen und Belege, die sich auf sein Unternehmen beziehen, aufzubewahren, beträgt sechs Jahre ab der letzten Eintragung in das betreffende Buch, auch wenn er seine Tätigkeit vor diesem Zeitpunkt einstellt (Art. 30 Handelsgesetzbuch). **1117.1**

- Die Erstellung des Jahresabschlusses oder der Rechnungsbücher in einer Weise, die gegen die Vorschriften über die kaufmännische Buchführung verstößt, so dass es schwierig oder unmöglich ist, die tatsächliche wirtschaftliche Lage des Schuldners zu prüfen oder zu beurteilen, oder der Pflicht zur rechtzeitigen Erstellung der Bilanz oder des Inventars nicht nachgekommen wird. **1118**

Dieses Verhalten ähnelt der Vermutung der schuldhaften Insolvenz in Art. 443.3 TRLC (→ Rn. 977). **1118.1**

- Jedes andere Handeln oder Unterlassen, das eine schwerwiegende Verletzung der Sorgfaltspflicht bei der Verwaltung wirtschaftlicher Angelegenheiten darstellt und die auf eine Minderung des Vermögens des Schuldners zurückzuführen ist oder durch die die tatsächliche wirtschaftliche Lage des Schuldners oder seines Unternehmens verschleiert wird. **1119**

Ferner erfüllt auch der nicht zahlungsunfähige Schuldner den Tatbestand des Bankrotts, sofern er die Zahlungsunfähigkeit durch eine der beschriebenen Handlungen **verursacht** (Art. 259.2 CP). **1120**

Es ist darauf hinzuweisen, dass die Insolvenz in dieser zweiten Unterart das **Ergebnis** des Verhaltens ist, während sie in der ersten Unterart deren Voraussetzung ist (ihr strafrechtlich nicht erfasstes und daher zweifelhaftes Ergebnis ist die Verschlimmerung der Insolvenz). Daher ist ein **Kausalzusammenhang** zwischen dem typischen Verhalten und dem Ergebnis der Verursachung der Insolvenz erforderlich. **1120.1**

Die Begriffe der **gegenwärtigen und drohenden Zahlungsunfähigkeit** sind im Strafrecht nicht definiert und haben daher die Bedeutung, die ihnen durch die Insolvenzgesetzgebung gegeben wird (→ Rn. 193). **1120.2**

Der Straftatbestand des Bankrotts kann nur dann strafrechtlich **verfolgt** werden, wenn der Schuldner (**Subjekt**) regelmäßig seinen Verpflichtungen nicht nachgekommen ist (laufende Zahlungsunfähigkeit) oder das Insolvenzverfahren eröffnet wurde (Art. 259.4 CP). **1121**

Art. 259.1 CP bezieht sich jedoch auch auf den Schuldner, der sich in einer Situation der drohenden Zahlungsunfähigkeit befindet. Bei der Auslegung beider Regeln muss der Schluss gezogen werden, dass der Schuldner, der eines der typischen Verhaltensweisen an den Tag legt und sich in einer Situation drohender Zahlungsunfähigkeit befindet, den Straftatbestand des Bankrotts begeht, der jedoch nur dann strafrechtlich verfolgt werden kann, wenn diese Zahlungsunfähigkeit eintritt oder wenn das Insolvenzverfahren eröffnet wird. **1121.1**

Das **geschützte Rechtsgut** ist ein doppeltes: einerseits das Recht der Gläubiger auf Kredit und andererseits das für die Entwicklung der Finanzgeschäfte im Interesse der wirtschaftlichen Entwicklung notwendige Vertrauen. **1121.2**

Der Tatbestand des Bankrotts kann vorsätzlich oder **fahrlässig** (Art. 259.3 CP) begangen werden und muss schwerwiegend sein. **1122**

Das **Strafmaß** für das Delikt des vorsätzlichen Bankrotts liegt bei einer Freiheitsstrafe von ein bis vier Jahren und einer Geldstrafe von acht bis 24 Monaten; für das Delikt des fahrlässigen Bankrotts eine Freiheitsstrafe von sechs Monaten bis zwei Jahren oder eine Geldstrafe von 12–24 Monaten. **1122.1**

Folgende **erschwerende Umstände** sind denkbar (Art. 259bis CP): **1123**
- Der Eintritt eines Schadens zulasten des Eigentums einer Vielzahl von Personen, wodurch diese in eine ernste finanzielle Lage geraten könnten
- Die Entstehung eines Schadens zulasten eines Gläubigers, der 600.000 EUR übersteigt.
- Dass mindestens die Hälfte der Insolvenzforderungen von der Steuerbehörde und der Sozialversicherung gehalten werden.

Das Strafmaß für den besonders schweren Bankrott liegt bei einer Freiheitsstrafe von 2–6 Jahren und einer Geldstrafe von 8–24 Monaten. **1123.1**

Die folgenden Unabhängigkeitsregeln werden zwischen dem Insolvenzverfahren und dem Strafverfahren für den Straftatbestand des Bankrotts festgelegt: **1124**
- Das Strafverfahren wegen Bankrott und der anderen damit zusammenhängenden Straftaten (zB Beschlagnahme von Eigentum, gefälschte Dokumente) kann abgewickelt werden, ohne den Abschluss des Insolvenzverfahrens abwarten zu müssen. Umgekehrt kann letzteres unabhängig

von den Ereignissen im Strafverfahren fortgesetzt werden, sodass es nicht ausgesetzt wird (Art. 259.5 CP und Art. 519 TRLC). Die zivilrechtliche Haftung, infolge der Begehung des Bankrotts wird gegebenenfalls in die Masse aufgenommen, was bedeutet, dass sie als Forderung der Aktivmasse gilt, wenn die haftende Partei eine dritte Partei ist, und als Insolvenzforderungen oder Forderung gegen die Masse, je nach Fall, wenn die haftende Partei der Schuldner selbst ist.

- Die Einstufung der Insolvenz bindet das Strafgericht nicht (Art. 259.6 CP und Art. 462 TRLC). Die Strafgerichte können jedoch die im Abschnitt über die Einstufung der Insolvenz (SAN 22/2016 v. 27.7.2016 – 6/2013) als bewiesen erklärten Tatsachen berücksichtigen. Nach einem Urteil des Verfassungsgerichts, können dieselben Tatsachen nicht für verschiedene Staatsorgane existieren oder aufhören zu existieren (STC 77/1983).

1125 b) **Unrechtmäßige Gläubigerbegünstigung.** Der Straftatbestand der unrechtmäßigen Gläubigerbegünstigung, der einen Sonderfall des Beiseiteschaffens von Vermögen darstellt, kann vor (→ Rn. 1126) oder während (→ Rn. 1127) des Insolvenzverfahrens erfüllt werden.

1126 **Vor einem Insolvenzverfahren** erfüllt den Tatbestand der unrechtmäßigen Gläubigerbegünstigung, wer (Art. 260.1 CP):
- Sich in einer Situation der gegenwärtigen oder drohenden Zahlungsunfähigkeit befindet (→ Rn. 193), ohne dass der Insolvenzantrag zugelassen wurde (andernfalls findet die insolvenzliche Variante Anwendung, → Rn. 1127).
- Einen seiner Gläubiger begünstigt.
- Eine vermögensrechtliche Verfügungshandlung vornimmt (zB Zahlung) oder Pflichten übernimmt.
- Die zur Befriedigung einer nicht einforderbaren Forderung (also eine existente Forderung, die nicht fällig ist oder einer aufschiebenden Bedingung unterliegt) oder zur Gewährung einer Sicherheit zugunsten eines Gläubigers, der darauf keinen Anspruch hat (sei es gesetzlich oder vertraglich).
- Die Verfügung weder wirtschaftlich noch unternehmerisch gerechtfertigt ist.

1126.1 Eine wirtschaftliche oder unternehmerische Rechtfertigung wird insbesondere dann gegeben sein, wenn eine insolvenzrechtliche Anfechtungsklage (→ Rn. 636) ausgeschlossen ist.

1127 Die **insolvenzliche Variante** des Tatbestands der unrechtmäßigen Gläubigerbegünstigung begeht der Schuldner (Art. 260.2 CP):
- Sofern der Insolvenzantrag, freiwillig oder unfreiwillig, zugelassen wurde.
- Er eine vermögensrechtliche Verfügungshandlung vornimmt oder Pflichten übernimmt.
- Die zur Befriedigung eines oder mehrerer Gläubiger(s) dient, gleich ob vorrangig oder nicht, unter Aufschub der restlichen.
- Und er weder gerichtlich noch durch den Insolvenzverwalter noch gesetzlich hierzu berechtigt ist.

1128 Es handelt sich um ein **höchstpersönliches Delikt,** das nur vom Schuldner selbst begangen werden kann (in der insolvenzlichen Variante, sofern der Insolvenzantrag zugelassen wurde). **Mittäter** ist der Gläubiger als Empfänger der Verfügung oder Sicherheit, sofern er vorsätzlich gehandelt hat.

1128.1 Zahlt ein Geschäftsführer einer Gesellschaft (Schuldnerin) an einen ihrer Gläubiger ist der Tatbestand nicht erfüllt, da der Geschäftsführer nicht über das Vermögen der Gesellschaft verfügt und diese nicht verpflichtet (SAP Valencia 546/2005 vom 11.10.2005, Az.: 245/2005).

1129 Der Straftatbestand kann lediglich **vorsätzlich** erfüllt werden.

1129.1 Der **Strafrahmen** für die unrechtmäßige Gläubigerbegünstigung in seiner vor-insolvenzlichen Variante liegt bei einer Freiheitsstrafe von sechs Monaten bis drei Jahren oder einer Geldstrafe von 8–24 Monaten. Für die insolvenzliche Variante eine Freiheitsstrafe von 1–4 Jahren und einer Geldstrafe von 12–24 Monaten.

1130 c) **Fälschung der Buchhaltungsunterlagen zur Erreichung der Eröffnung des Insolvenzverfahrens.** Dieser Straftatbestand wird von demjenigen erfüllt, der in einem Insolvenzverfahren wissentlich falsche Angaben über den Stand der Buchhaltung macht, mit dem Ziel, auf unzulässige Weise die Eröffnung des Insolvenzverfahrens zu erwirken (Art. 261 CP).

1131 **Täter** kann sowohl der Schuldner sein, der versucht, auf unzulässige Weise die Eröffnung seines eigenen Insolvenzverfahrens zu erwirken, als auch eine zum Insolvenzantrag berechtigte Person, die dieselbe Unwahrheit begeht, um die Eröffnung des unfreiwilligen Insolvenzverfahrens zu erreichen.

Internationales Insolvenzrecht – Spanien

Es handelt sich um ein **bloßes Tätigwerden,** so dass es mit der Vorlage falscher Daten vollzogen wird, unabhängig davon, ob das Insolvenzverfahren tatsächlich eröffnet wird. **1132**

Das **Strafmaß** beläuft sich auf eine Freiheitsstrafe von 1–2 Jahren und einer Geldstrafe von 6–12 Monaten. **1132.1**

4. Allgemeine Regelungen für die Vollstreckungsvereitelung und Insolvenzdelikte

Art. 258ter und 261bis CP legen fest, dass **juristische Personen** für die Straftaten der Vereitelung der Vollstreckung und für Insolvenzdelikte strafrechtlich verantwortlich gemacht werden können, und sehen die folgenden Strafen vor **1133**
- Eine Geldstrafe von zwei bis fünf Jahren, wenn die von der natürlichen Person begangene Straftat mit einer Freiheitsstrafe von mehr als fünf Jahren bestraft wird.
- Eine Geldstrafe von ein bis drei Jahren, wenn das Strafmaß der von der natürlichen Person begangenen Straftat bei einer Freiheitsstrafe von mehr als zwei Jahren liegt.
- Eine Geldstrafe von sechs Monaten bis zu zwei Jahren, in allen anderen Fällen.
- Das Gericht kann zusätzlich folgende Strafen verhängen: Auflösung der juristischen Person, Aussetzung der Tätigkeit (bis zu fünf Jahren), Schließung von Geschäftslokalen und Betriebseinrichtungen (bis zu fünf Jahren), Verbot künftiger Tätigkeiten (vorübergehend oder dauerhaft), Verbot des Erhalts öffentlicher Subventionen und Hilfen, des Abschlusses von Verträgen mit dem öffentlichen Sektor und der Inanspruchnahme von Steuer- oder Sozialversicherungsvorteilen (bis zu 15 Jahren) und/oder des gerichtlichen Einschreitens (bis zu fünf Jahren).

Eine strafrechtliche Verantwortung der juristischen Person kann sich in zwei Fällen ergeben (Art. 31bis.1 CP): **1134**
- Wenn die Straftat im Namen und für Rechnung der juristischen Person und zu ihrem unmittelbaren oder mittelbaren Nutzen von ihren gesetzlichen Vertretern oder von Personen begangen wird, die einzeln oder als Mitglieder eines Organs der juristischen Person befugt sind, in ihrem Namen Entscheidungen zu treffen, oder die innerhalb der juristischen Person Organisations- und Kontrollbefugnisse haben
- Wenn die Straftat in Ausübung gesellschaftlicher Tätigkeiten und im Namen und zum direkten oder indirekten Nutzen der juristischen Person von Personen begangen wird, die, da sie der Autorität der im vorstehenden Punkt aufgeführten Personen unterstehen, in der Lage waren, die Handlungen auszuführen, weil sie ihre Aufsichts-, Überwachungs- und Kontrollpflichten nicht erfüllt haben.

Das Vorhandensein eines Systems zur Verhütung strafrechtlicher Risiken in der juristischen Person, das insbesondere aus einer Kontrollstelle und einem Handbuch zur Prävention (Compliance) besteht, wirkt als Entlastungsfaktor für die juristische Person oder, wenn sie nicht alle Anforderungen erfüllt, als mildernder Umstand für die strafrechtliche Verantwortlichkeit (Artikel 31bis.2 CP). **1135**

Die Haftung der juristischen Person schließt die Haftung der **natürlichen Person, die sie vertritt,** nicht aus. Auch bei diesen besonderen Straftaten, bei denen die Eigenschaft der Täter Schuldner sein muss, ist der de facto oder ordentlich bestellte Geschäftsführer einer juristischen Person sowie der gesetzliche oder freiwillige Vertreter einer beliebigen Person als Täter strafrechtlich verantwortlich, auch wenn er diese Eigenschaft nicht besitzt, wobei es ausreicht, wenn der Vertretene den Tatbestand erfüllt (Art. 31 CP). **1136**

XIII. Insolvenzsteuerrecht

In Spanien existiert ein Insolvenzsteuerrecht als solches nicht, obgleich es bezogen auf das Insolvenzverfahren besondere Steuervorschriften gibt, die im LGT, dem TRLC und in den Gesetzen zur Regelung spezifischer Steuern verankert sind. Im Falle einer Insolvenz sind daher folgende Normen in Betracht zu ziehen: **1137**
- Besondere Steuervorschriften.
- Bei Fehlen, die allgemeinen Auswirkungen der Insolvenz auf die Insolvenzforderungen (→ Rn. 654) und die Forderungen gegen die Masse (→ Rn. 736).
- Subsidiär, die allgemeinen Steuergesetze.

1. Steuerforderungen in der Insolvenz

Steuern, die von den Steuerbehörden oder durch Selbstveranlagung festgesetzt werden, sind **Insolvenzforderungen,** wenn das steuerbare Ereignis vor Eröffnung des Insolvenzverfahrens stattgefunden hat (Art. 251 TRLC). Dagegen sind sie **Forderungen gegen die Masse,** wenn das **1138**

Internationales Insolvenzrecht – Spanien

Ereignis nach der Eröffnung und bis zur Beendigung des Insolvenzverfahrens stattfindet (Art. 242.13 TRLC) (→ Rn. 754), unabhängig davon, wann die Selbstveranlagung oder Zustellung des Steuerbescheids erfolgt und die Rechtskraft der Steuerfestsetzung eingetreten ist (STS 590/2009 v. 1.9.2009 – 253/2007). Auch ist es unbeachtlich, dass die Steuerforderung erst nach Entstehen eingezogen werden kann.

1138.1 Die für jede Steuerart geltenden besonderen Regelungen regeln jeweils den Entstehungszeitpunkt für die jeweilige Art der Steuer. Beispielsweise:
- Bei der Einkommensteuer erfolgt die Entstehung am 31. Dezember, sodass die gesamte Steuerforderung (die einheitlich ist) für den Steuerzeitraum eine Insolvenzforderung oder Forderung gegen die Masse ist.
- Bei der Körperschaftsteuer erfolgt die Entstehung am letzten Tag des Steuerzeitraums. Es gelten die gleichen Überlegungen wie oben.
- Im Falle der Umsatzsteuer tritt der Steuertatbestand in der Regel dann ein, wenn die gelieferten Gegenstände dem Käufer zur Verfügung gestellt oder die Dienstleistungen erbracht werden.

1138.2 Im Falle einer **Quellensteuer** entsteht die Forderung des Finanzamtes in dem Moment, in dem das Quelleneinkommen unterliegende Einkommen ausgezahlt wird, auch wenn der Anspruch bereits vorher entstanden ist (STS 436/2018 v. 11.7.2018 – 2933/2015), und unabhängig von dem Zeitpunkt, in dem die Quellensteuer erklärt und an das Finanzamt abzuführen ist.

1138.3 **Bußgeldforderungen** sind Insolvenzforderungen, sofern der Verstoß gegen die Steuervorschriften vor Eröffnung des Insolvenzverfahrens begangen wurde. Im Falle von nachträglichen Verstößen handelt es sich stets um Forderungen gegen die Masse (STS 55/2011 v. 23.2.2011 – 1627/2007).

1139 Handelt es sich bei der Steuerforderung um eine **Insolvenzforderung**, ist folgendes zu beachten:

1140 • Allgemein gilt, dass 50 % der Steuerforderungen der Steuerbehörden (also nicht 50 % jeder einzelnen Forderung) als vorrangige Forderungen eingeordnet werden (Art. 280.4 TRLC) (→ Rn. 720). Die restlichen Forderungen sind gewöhnliche. Steuerforderungen anderer nicht spanischer Steuerbehörden sind nicht vorrangig und werden nur dann anerkannt, sofern es in Spanien eine vergleichbare Steuer gibt (Art. 739.2 TRLC).

1141 • Forderungen aus Quellensteuern sind insgesamt vorrangige Forderungen (Art. 280.2 TRLC) (→ Rn. 717).

1142 • Wurde zugunsten der Steuerbehörde eine dingliche Sicherheit, wie eine Hypothek (auch die stillschweigende, → Rn. 704) oder ein Pfandrecht bestellt, so sind die Steuerforderungen als besonders vorrangig anzusehen (Art. 270.1 TRLC) (→ Rn. 703).

1142.1 Dies gilt insbesondere für Steuern, die periodisch auf Waren oder Abgaben, die in ein öffentliches Register eingetragen werden können, oder auf deren Erzeugnisse (zB Grundsteuer) für das Jahr, in dem die Zahlung verlangt wird, und für das unmittelbar vorausgehende Jahr erhoben werden (Art. 78 LGT). Ferner für Steuern auf die Übertragung einer Immobilie (wie die Grunderwerbsteuer, Schenkungssteuer und Erbschaftsteuer, nicht aber die Umsatzsteuer), da in diesem Fall und im vorherigen Fall die Steuerbehörden eine implizite gesetzliche Hypothek auf diese Immobilie halten.

1142.2 Andererseits ändert das Bestehen einer Beschlagnahme nichts an der Einordnung der Forderung, da die Beschlagnahme im Insolvenzverfahren keine Vorrangigkeit der Forderung impliziert, außer dem der getrennten Vollstreckung (→ Rn. 518), das in der Praxis jedoch als besondere Vorrangigkeit zugunsten der Steuerbehörden fungiert.

1143 • Forderungen über Verzugszinsen und Zuschläge sind nachrangige Forderungen, es sei denn, sie stehen mit einer dinglich gesicherten Forderung in Zusammenhang (Art. 281.1.3 TRLC) (→ Rn. 731).

1143.1 Die Einordnung von Verzugszinsen als Insolvenzforderungen oder Forderungen gegen die Masse hängt von der Einordnung der Hauptforderung ab, selbst wenn diese erst nach der Eröffnung des Insolvenzverfahrens entstanden sind.

1143.2 Lagen die Voraussetzungen bereits vor Eröffnung des Insolvenzverfahrens vor (Ablauf der Frist zur freiwilligen Zahlung), kann die Steuerbehörde selbst nach Verfahrenseröffnung einen Zahlungsbescheid über die steuerliche Insolvenzforderung erlassen, damit der gesetzlich vorgesehene Zwangszuschlag anfällt (Art. 164.2 LGT).

1144 • Bußgeldforderungen sind nachrangige Forderungen (Art. 281.1.4 TRLC) (→ Rn. 732).

1145 • Wurde die Steuerschuld von der Steuerbehörde festgelegt, unterliegt diese einer auflösenden Bedingung bis zum Eintritt der Rechtskraft, auch wenn die Vollstreckung ausgesetzt wurde (→ Rn. 686). Wurde dagegen lediglich ein Überprüfungs- und Inspektionsverfahren eingeleitet

Internationales Insolvenzrecht – Spanien

ohne dass die Steuerschuld festgelegt wurde, kann die Forderung als aufschiebend angesehen werden (Art. 265 TRLC) (→ Rn. 687).

Die Steuerforderung unterliegt den allgemeinen Insolvenzvorschriften (→ Rn. 654), insbesondere **1146** ihrer Unterwerfung unter den Vergleich (unter Berücksichtigung der Besonderheiten vorrangiger Forderungen, → Rn. 834) oder unter die Verwertung, mit folgenden **Besonderheiten:**
- Ein Zurückbehaltungsrecht der Steuerbehörde bleibt wirksam (→ Rn. 539).
- Die Nichtunterordnung der Steuerforderung, die nach Ablauf der jeweils geltenden Frist mitgeteilt wird, wenn die vorherige Einreichung einer Steuererklärung oder Selbstveranlagung erforderlich ist oder wenn die Forderung das Ergebnis einer Steuerprüfung ist, die während des Insolvenzverfahrens durchgeführt wird (→ Rn. 684).

Es gilt zu berücksichtigen, dass Steuerforderungen Teil der **öffentlich-rechtlichen Forderungen** **1147** sind (wie etwa Sozialversicherungsforderungen), weshalb auf diese die entsprechenden Sondervorschriften Anwendung finden:
- Sie können von der Verwaltung gesondert vollstreckt werden (→ Rn. 518). **1148**
- Sie gelten als zwingend anzuerkennende Forderungen (→ Rn. 678), da sie das Ergebnis eines **1149** Verwaltungsbeschlusses sind, so dass sie nicht aufgrund einer verspäteten Anmeldung zu nachrangigen Forderungen werden können (→ Rn. 729).
- Die Vereinbarung von Ratenzahlungen oder Stundungen ist nicht möglich (Art. 65.2.c LGT). **1150** Es besteht jedoch die Möglichkeit, mit den Steuerbehörden eine Sondervereinbarung bezüglich der als vorrangig eingestuften steuerlichen Insolvenzforderungen zu treffen (Art. 164.4 LGT). Ordentliche und nachrangige Steuerforderungen unterliegen dem Insolvenzvergleich, und sind keiner besonderen Vereinbarung zugänglich.

In der Sondervereinbarung vereinbaren der zahlungsunfähige Schuldner und die Steuerbehörden besondere **1150.1** Zahlungsbedingungen, die sich von dem in den Steuervorschriften vorgesehenen unterscheiden und für den Schuldner nicht günstiger sein können als die im Insolvenzvergleich enthaltenen. Die Vereinbarung kann die Bedingungen und Sicherheiten enthalten, die für die bestmögliche Eintreibung der Forderung für notwendig erachtet werden (Bedingungen, Zahlungsfristen, Sicherheiten usw). Die Verwaltung akzeptiert den Abschluss einzelner Vereinbarungen in der Regel erst dann, wenn der Schuldner alle Forderungen gegen die Masse und diejenigen, die nach Inkrafttreten des Vergleichs entstanden sind, bezahlt hat, und knüpft die Gültigkeit der einzelnen Vereinbarung in der Regel an die Erfüllung der laufenden Verpflichtungen des Schuldners. Vor der Eröffnung des Insolvenzverfahrens ist es nicht notwendig, eine spezielle Vereinbarung zu unterzeichnen.

Vor Eröffnung des Insolvenzverfahrens ist der Abschluss einer Sondervereinbarung nicht möglich. Der **1150.2** Schuldner muss vielmehr eine Stundung der Steuerschuld bei der Steuerverwaltung beantragen.

- Vollstreckungshandlungen werden im Falle der Mitteilung über die Aufnahme von Verhandlungen nicht ausgesetzt (→ Rn. 28). **1151**
- Sicherheiten, die zur Sicherung von Steuerforderungen geleistet wurden, können nicht angefochten werden (→ Rn. 636). **1152**
- Die endgültige Gläubigerliste kann geändert werden, wenn nach ihrer Vorlage ein Überprüfungs- oder Inspektionsverfahren eingeleitet wird, das zu öffentlich-rechtlichen Forderungen **1153** zugunsten der Verwaltung führen könnte (→ Rn. 792).
- Sie sind nicht vom alternativen Inhalt von Vergleichsvorschlägen (insbesondere der Umwandlung **1154** von Forderungen in Beteiligungsdarlehen) betroffen (→ Rn. 817).
- Eine Überlassung zur Zahlung oder an Zahlung statt in der Verwertungsphase ist nicht möglich. **1155**
- Sie unterliegen dem Zahlungsplan im Falle einer Restschuldbefreiung über einen Zahlungsplan **1156** und nicht der unmittelbaren Restschuldbefreiung (→ Rn. 1075).
- Sie sind von außergerichtlichen Zahlungsvereinbarungen nicht betroffen (→ Rn. 106). **1157**
- Handelt es sich bei der Steuerforderung dagegen um eine **Forderung gegen die Masse,** finden **1158** die hierfür geltenden Vorschriften Anwendung (→ Rn. 736), sodass sie im Zeitpunkt der Fälligkeit zu begleichen sind. Eine Änderung dieser Regelung in Bezug auf diese Art von Forderungen ist nicht möglich (Art. 245 TRLC). Der Insolvenzverwalter kann daher nicht beschließen, die Begleichung einer Steuerforderung gegen die Masse auf einen anderen Zeitpunkt zu verlegen als den in der steuerlichen Gesetzgebung vorgesehenen. Die Vereinbarung einer Stundung oder Ratenzahlung von Steuerforderungen gegen die Masse ist nicht möglich (Art. 65.2.c LGT).

Forderungen gegen die Masse sind mit den aufgelaufenen Verzugszinsen zu begleichen, das Zurückbehaltungsrecht wird nicht ausgesetzt und die Verjährungsfrist für die Klage nicht unterbrochen, um die **1158.1** Zahlung geltend zu machen (STS 181/2017 v. 13.3.2017 – 1632/2014). Allerdings kann die Verwaltung Steuerforderungen gegen die Masse nicht automatisch mit Forderungen des Insolvenzschuldners verrechnen, sondern muss eine Klage beim Insolvenzverwalter einreichen (RTEAC v. 26.2.2019 – 217/2018).

1158.2 Die Steuerbehörden können bei Nichtzahlung der Steuerforderungen gegen die Masse eine Zwangsverfügung erlassen, wodurch ein Zwangszuschlag und Verzugszinsen (Art. 164.2 LGT) anfallen, die ebenfalls als Forderung gegen die Masse betrachtet werden. Die Verwaltung kann jedoch kein verwaltungsrechtliches Vollstreckungsverfahren zur Eintreibung ihrer Forderungen gegen die Masse durchführen (Art. 248 TRLC und STS 227/2017 v. 6.4.2017 – 2798/2014), sondern nur im Falle der Genehmigung des Insolvenzvergleichs.

1158.3 Teilt der Insolvenzverwalter dem Insolvenzgericht mit, dass die Aktivmasse zur Befriedigung der Forderungen gegen die Masse nicht ausreicht, wird die Zahlungsreihenfolge dahingehend geändert, dass nicht mehr die Fälligkeit, sondern die vorrangige Befriedigung bestimmter Kategorien von Forderungen gegen die Masse berücksichtigt wird (→ Rn. 1051). Die Steuerforderungen gehören zur letztgenannten Kategorie und werden daher anteilig zusammen mit allen nicht vorrangigen Forderungen gegen die Masse gezahlt.

2. Umsatzsteuer

1159 Die Ausführungen im vorherigen Absatz über die Einteilung der Steuerforderungen als Insolvenzforderungen oder Forderungen gegen die Masse gelten auch für die Umsatzsteuer. Während diese Steuer jedoch für jede der Lieferungen oder Dienstleistungen einzeln zu entrichten ist (der für die Einordnung relevante Zeitpunkt), legt das Steuergesetz die Verpflichtung zur vierteljährlichen oder monatlichen Selbstveranlagung fest. Diese führen zu einer einzigen zu zahlenden (positiven) oder zu erstattenden (negativen) Umsatzsteuerschuld, die der Differenz zwischen der geschuldeten Umsatzsteuer und der abzugsfähigen Vorsteuer entspricht.

1160 Folglich werden in dem vierteljährlichen oder monatlichen Zeitraum, in dem die Eröffnung des Insolvenzverfahrens erklärt wurde, die vor und nach dieser Erklärung aufgelaufenen Steuerschulden in die Berechnung der zu zahlenden oder zurückzugebenden Quote einfließen. Um Verwechslungen zwischen Insolvenzforderungen und Forderungen gegen die Masse zu vermeiden, sehen die Umsatzsteuervorschriften folgende Sonderregeln vor:

1161 • Der Schuldner muss **zwei Selbstveranlagungen der Umsatzsteuer** für den vierteljährlichen oder monatlichen Zeitraum vorlegen, in dem die Eröffnung des Insolvenzverfahrens erfolgt: eine, die sich auf die steuerpflichtigen Ereignisse vor dieser Erklärung bezieht, und eine, die sich auf die nachfolgenden bezieht (Art. 71.5 Umsatzsteuerverordnung). Die Steuerschuld, die sich aus der ersten ergibt, ist eine Insolvenzforderung, die zweite eine Forderung gegen die Masse.

1161.1 Ergibt sich aus der ersten Selbstveranlagung eine Steuerrückerstattung zugunsten des Schuldners (Forderung der Masse) kann dieser Betrag mit dem sich aus der zweiten Selbstveranlagung ergebenden Steuerschuld zum Abzug gebracht werden (Forderung gegen die Masse). Wählt der Schuldner dagegen nicht diesen Weg, unterliegt der sich aus der ersten Selbstveranlagung ergebende Betrag den allgemeinen Regelungen über die Aufrechnung und Rückerstattung der Umsatzsteuer, dh er kann auf die Selbstveranlagungen der nächsten vier Jahre angerechnet werden. Alternativ kann der Schuldner eine Steuerrückerstattung geltend machen (s. hierzu Aufrechnung von Forderungen des Schuldners mit steuerlichen Gegenforderungen gegen die Masse durch die Steuerbehörde, → Rn. 1158.1).

1162 • Die Regel der **zeitweiligen Anrechnung der abzugsfähigen Umsatzsteuer** wird geändert: Während die Vorsteuerzahlungen im Allgemeinen in dem Quartal oder Monat, in dem sie getragen werden, oder in den folgenden vier Jahren im Falle der Eröffnung des Insolvenzverfahrens abgezogen werden können, muss das Recht auf Abzug der davor geleisteten Zahlungen, die zu diesem Zeitpunkt zum Abzug anstehen, in der Selbstveranlagung ausgeübt werden, die dem Quartal oder Monat entspricht, in dem sie getragen wurden. Auf diese Weise wird es notwendig sein, die bereits eingereichten Selbstveranlagungen zu korrigieren (Art. 99.3 Umsatzsteuergesetz).

1163 Daraus lassen sich die folgenden Sonderregelungen für den **Umsatzsteuerausgleich** ableiten:
• Umsatzsteuer, die vor Eröffnung des Insolvenzverfahrens aufgelaufen ist (Insolvenzforderungen), können nur mit Vorsteuerzahlungen kompensiert werden, die in der gleichen Quartals- oder Monatsperiode geleistet wurden, oder mit dem zu kompensierenden Saldo aus früheren Perioden.

• Übersteigt die Umsatzsteuer vor der Eröffnung des Insolvenzverfahrens die Vorsteuerzahlungen (die Differenz ist eine Forderung gegen die Masse), so können sie nach der Eröffnung des Insolvenzverfahrens mit den Vorsteuerzahlungen verrechnet werden (Forderung gegen die Masse), jedoch nur unter Anwendung der maximal möglichen Verrechnung bei der ersten Selbstveranlagung in dem Zeitraum, in dem die Eröffnung des Insolvenzverfahrens erfolgt (Art. 99.5 Umsatzsteuergesetz).

- Umsatzsteuer nach Eröffnung des Insolvenzverfahrens kann nach den allgemeinen Umsatzsteuervorschriften mit den nach der Insolvenzeröffnung fälligen Umsatzsteuerzahlungen verrechnet werden.

Eine andere Frage betrifft die Umsatzsteuer, die dem Schuldner von seinen Gläubigern (sei es Inhabern von Forderungen gegen die Masse oder Insolvenzforderungen) in Rechnung gestellt und von diesen an die Steuerbehörden abgeführt wird, wenn sie vom Schuldner nicht bezahlt wird. Das Umsatzsteuergesetz ermöglicht es allen Gläubigern, die in Rechnung gestellte und entrichtete Umsatzsteuer durch ein Verfahren zur **Berichtigung der Steuerbemessungsgrundlage** von den Steuerbehörden zurückzufordern. **1164**

Liegt das steuerbare Ereignis **vor der Eröffnung des Insolvenzverfahrens** (und daher die Forderung des Gläubigers gegen den Schuldner zur Rückerstattung der Umsatzsteuer eine Insolvenzforderung ist) muss das Verfahren des Art. 80.3 Umsatzsteuergesetz befolgt werden: **1165**

- Innerhalb einer Frist von drei Monaten nach Bekanntmachung der Eröffnung des Insolvenzverfahrens im BOE muss der Gläubiger dem Schuldner sowie dem Insolvenzverwalter eine Rechnung ausstellen und zusenden, die den ursprünglich berechneten Betrag berichtigt oder annulliert und das Datum der berichtigten Rechnung angibt.
- Innerhalb eines Monats nach Versendung der Korrekturrechnung muss der Gläubiger das Formular 952 zusammen mit einer Kopie der Korrekturrechnung und der Begründung für die Versendung an den Schuldner und den Insolvenzverwalter dem Finanzamt vorlegen.
- Im Falle einer Selbstveranlagung, die dem vierteljährlichen oder monatlichen Zeitraum entspricht, in dem die Korrekturrechnung ausgestellt wurde, kann der Gläubiger die korrigierten Raten mit negativem Vorzeichen angeben.
- Ist der Schuldner ein Unternehmen oder Selbstständiger, muss er das Formular 952 einreichen, aus dem hervorgeht, dass er die Korrekturrechnung erhalten hat, und in der Selbstveranlagung (in der Regel für den Zeitraum, in dem die nicht bezahlte Umsatzsteuer abgezogen wurde) den Gesamtbetrag der korrigierten Zahlungen mit einem positiven Vorzeichen angeben. Mit anderen Worten, die Korrektur bewirkt die Ersetzung des Gläubigers der Umsatzsteuer durch die Finanzbehörde (die zum Insolvenzgläubiger wird).

Liegt das steuerbare Ereignis **nach Eröffnung des Insolvenzverfahrens** (und es sich mithin um eine Forderung gegen die Masse handelt), muss das Verfahren des Artikels 80.4 der Umsatzsteuergesetz befolgt werden, das auch auf nicht eintreibbare Forderungen außerhalb des Insolvenzverfahrens anwendbar ist: **1166**

- Um die nicht bezahlte Umsatzsteuer zurückzufordern, müssen 12 Monate (oder nach Wahl des Gläubigers nur sechs Monate, wenn sein Umsatz im vorangegangenen Kalenderjahr 6 Mio. EUR nicht überschritten hat) ab dem Datum, an dem die Ausgangsumsatzsteuer geschuldet wurde, verstrichen sein. Der Schuldner muss Unternehmer oder Selbstständiger sein (andernfalls muss die Besteuerungsgrundlage mehr als 300 EUR betragen), und die Zahlung muss von einem Gericht oder Notar eingefordert worden sein. Im Falle von Forderungen gegen die Masse verlangen die Steuerbehörden, dass die Forderung im Rahmen des insolvenzrechtlichen Nebenverfahrens geltend gemacht wird (→ Rn. 740).
- Innerhalb von drei Monaten nach Ablauf der angegebenen 12- oder 6-Monatsfrist muss der Gläubiger dem Schuldner eine Rechnung ausstellen und zusenden, die den ursprünglich berechneten Betrag berichtigt oder annulliert und das Datum der berichtigten Rechnung angibt.
- Innerhalb eines Monats nach Versendung der Korrekturrechnung muss der Gläubiger dem Finanzamt das Formular 952 zusammen mit einer Kopie der Korrekturrechnung und dem Nachweis der Versendung an den Schuldner sowie der gerichtlichen oder notariellen Forderung vorlegen.
- In die Selbstveranlagung, die dem vierteljährlichen oder monatlichen Zeitraum entspricht, in dem die Korrekturrechnung ausgestellt wurde, kann der Gläubiger mit negativem Vorzeichen die berichtigten Raten mit einbeziehen.
- Ist der Schuldner ein Unternehmer oder Selbstständiger, muss er das Formular 952 vorlegen, aus dem hervorgeht, dass er die Korrekturrechnung erhalten hat, und in der Selbstveranlagung (für den Zeitraum, in dem die Korrekturrechnung eingegangen ist) den Gesamtbetrag der berichtigten Zahlungen mit einem positiven Vorzeichen angeben. Mit anderen Worten, die Korrektur bewirkt die Ersetzung des Gläubigers der Umsatzsteuer durch die Steuerbehörden (als Gläubiger gegenüber der Masse).

In beiden Fällen darf der Gläubiger das angegebene Verfahren erst dann anwenden, wenn die Umsätze, deren Steuerbemessungsgrundlage korrigiert werden soll, in Rechnung gestellt und im Rechnungsbuch zeit- und formgerecht vermerkt wurde. **1166.1**

Internationales Insolvenzrecht – Spanien

1166.2 Das Versäumnis des Schuldners, seinen formalen Verpflichtungen nachzukommen, hindert den Gläubiger nicht daran, von den Auswirkungen der Korrektur zu profitieren.

1166.3 Die Einordnung als vorrangige Forderung der Steuerbehörden gegen den Schuldner, die sich aus der Korrektur ergibt, ist umstritten. Unserer Meinung nach sollte sie die gleiche Einordnung haben wie die Forderung des ursprünglichen Gläubigers gegenüber dem Insolvenzschuldner (Art. 310 TRLC) (→ Rn. 794).

1167 Die Genehmigung eines Vergleichs oder die Zahlung unbezahlter Rechnungen hat keinen Einfluss auf die bereits erfolgte Umsatzsteuerberichtigung, wobei zu berücksichtigen ist, dass der Schuldner die Ausgangssteuer nicht mehr an den ursprünglichen Gläubiger, sondern an die Steuerbehörden zahlen muss. Andererseits verpflichtet die Beendigung des Insolvenzverfahrens zur Ausstellung einer neuen Korrekturrechnung (dh in diesen Fällen kehrt er zur Ausgangssituation zurück).

1168 Die Änderung der Steuerbemessungsgrundlage ist in folgenden Fällen ausgeschlossen (Art. 80.5 Umsatzsteuergesetz):
- Dinglich gesicherte Forderungen, im mit der Sicherheit belegten Teil.
- Forderungen, die durch ein Kreditinstitut, einer Garantiegesellschaft oder einer Versicherung gesichert sind in Bezug auf den gesicherten oder versicherten Teil.
- Forderungen zwischen Personen oder Einrichtungen, die nach der Umsatzsteuergesetzgebung als verbunden anzusehen sind.
- Forderungen, die von öffentlichen Einrichtungen geschuldet oder verbürgt werden (nur wenn sie als Insolvenzforderung eingeordnet wurden).
- Forderungen, deren Schuldner nicht in Spanien ansässig ist (obwohl in diesem Fall das Insolvenzverfahren in der Regel nicht in Spanien eröffnet wird, → Rn. 305).

1168.1 Im Falle einer Teilzahlung vor der Korrektur gilt die Umsatzsteuer im gleichen Verhältnis wie der Teil des gezahlten Entgelts als in den gezahlten Beträgen enthalten.

1169 Wird das umsatzsteuerpflichtige Geschäft infolge einer **Klage auf Rückgängigmachung von Verfügungen** (→ Rn. 633) **oder einer Klage auf Geltendmachung der Nichtigkeit** (→ Rn. 475) aufgelöst, muss der Steuerschuldner eine entsprechende Korrektur der Selbstveranlagung für den Zeitraum vornehmen, in dem die Steuer erklärt wurde (Art. 89.5 Umsatzsteuergesetz).

1170 Immobilienübertragungen des Schuldners infolge eines Insolvenzverfahrens (zB der Verkauf oder die Überlassung einer Immobilie zahlungshalber aus der Aktivmasse in der allgemeinen Phase oder der Verwertungsphase, → Rn. 619) unterliegen der **Umkehrung der Steuerschuldnerschaft** (Artikel 84.1.2.e Umsatzsteuergesetz), sodass der Schuldner die Umsatzsteuer nicht auf den Käufer abwälzen kann. Der Käufer wird die dem Erwerb entsprechende Umsatzsteuer aufrechnen und gleichzeitig abziehen, sofern er zum Vorsteuerabzug berechtigt ist.

1170.1 Hierdurch soll verhindert werden, dass der Insolvenzverwalter die vom Käufer gezahlte Umsatzsteuer zur Begleichung früherer fälliger Forderungen gegen die Masse zum Nachteil der Steuerbehörde verwendet.

1171 Die **Übertragung einer Unternehmenseinheit** des Schuldners (→ Rn. 622), unterliegt nicht der Umsatzsteuer, wenn sie beim Übertragenden eine eigenständige wirtschaftliche Einheit (Organisationsstruktur der materiellen und personellen Produktionsfaktoren) bildet oder bilden könnte, die in der Lage ist, mit eigenen Mitteln eine unternehmerische oder berufliche Tätigkeit auszuüben, unabhängig davon, ob der Erwerber die gleiche Tätigkeit fortsetzt oder eine andere ausübt (Art. 7.1 Umsatzsteuergesetz).

1171.1 Gehört zur Unternehmenseinheit eine Immobilie, trifft den Erwerber die Grunderwerbsteuerpflicht, die nicht abzugsfähig ist. Die Immobilienübertragung ist (wenn es sich nicht um einen Vorgang handelt, der der Umsatzsteuer nicht unterworfen ist) üblicherweise umsatzsteuerfrei, womit der Steuerschuldner auf die Steuerbefreiung verzichten kann, mit der Folge, dass eine Umkehrung der Steuerschuldnerschaft stattfindet und der Vorgang nicht der Grunderwerbsteuer (sondern der Beurkundungssteuer, die wesentlicher geringer ist) unterliegt.

1171.2 Daher wird bei Übertragung der Unternehmenseinheit meistens vereinbart, dass der Nichtanfall der Steuer abgelehnt wird (zB durch Verhinderung des Übergangs der wesentlichen Verträge auf den Erwerber) oder, dass Immobilien gesondert auf einen anderen Erwerber übertragen werden (zB eine zweite Zweckgesellschaft).

3. Körperschaftsteuer

1172 Die spezifischen Auswirkungen, die die Eröffnung des Insolvenzverfahrens auf die Körperschaftsteuer Insolvenzschuldners und seiner Gläubiger hat, gelten gleichermaßen für die Einkom-

Internationales Insolvenzrecht – Spanien

mensteuer von Nicht-Residenten (wenn der Steuerzahler Inhaber einer Betriebsstätte in Spanien ist) und für die Einkommensteuer von natürlichen Personen (wenn der Steuerzahler wirtschaftliche Tätigkeiten ausübt).

Bezüglich des **Schuldners** finden folgende Regelungen Anwendung: **1173**
- Einnahmen infolge von **Schuldenerlässen und Stundungen,** die in einem Vergleich vereinbart wurden, sind steuerlich relevant, sodass der Schuldner die hiermit in Zusammenhang stehenden Kosten der Schuld steuerlich erfassen muss, bis zur Höhe der genannten Einnahme. Übersteigt die Einnahme den Betrag der Kosten, sind die Einnahmen im selben Verhältnis zu versteuern wie die Kosten (Art. 11.13 LIS). Dies bedeutet, dass die Steuereinzahlung infolge der Schuldenerlässe und Stundungen auf alle Steuerjahre verteilt wird, in denen Kosten bezüglich der betroffenen Schuld entstanden sind.
- Aufrechnungsgrenzen bezüglich **negativer Steuerbemessungsgrundlagen** finden hier keine Anwendung (Art. 26.1 LIS).
- Gehört der Schuldner einer **Steuerkonsolidierungsgruppe** an, wird er im Jahr der Eröffnung des Insolvenzverfahrens (mit Wirkung zum Beginn des Steuerjahres) und für alle Steuerzeiträume, in denen die Erklärung wirksam wird, aus dieser Gruppe ausgeschlossen (Art. 58.4.c LIS). Daher kann die insolvente Partei nach Genehmigung des Vergleichs mit Wirkung ab dem auf das Jahr des Inkrafttretens des Vergleichs folgenden Jahr in die Steuerkonsolidierungsgruppe zurückkehren.

Bezüglich der **Gläubiger** finden folgende Sonderregelungen Anwendung: **1174**
- **Minderungen der Forderung** sind steuerlich absetzbar, sofern über das Vermögen des Schuldners ein Insolvenzverfahren eröffnet wurde (Art. 13.1.b LIS). Der Gläubiger kann diese Minderung steuerlich absetzen im Steuerjahr der Eröffnung des Insolvenzverfahrens oder nachträglich und nur dann, wenn dies nicht zu einer Senkung der Steuer führt (was zB der Fall ist, wenn der Steuerabzug durchgeführt, obwohl der Abzug bereits verjährt ist). Sind Gläubiger und Schuldner verbundene Personen im körperschaftsteuerlichen Sinne, muss zudem bereits die Verwertungsphase eröffnet worden sein. Nachträgliche Zahlungen führen zur Prüfungspflicht bezüglich der Steuerjahre, in denen sie erhalten wurden.
- **Nicht bezahlte Umsatzsteuerschulden des Schuldners** sind nach Ansicht der Finanzbehörden nicht abzugsfähig von der Körperschaftsteuer, sofern die Steuerbemessungsgrundlage nicht fristgerecht korrigiert wurde (→ Rn. 1164), da dieses Unterlassen als Schenkung angesehen wird.

4. Steuerliche Stellung des Insolvenzverwalters

a) Steuerliche Pflichten. Dem Insolvenzverwalter obliegen die folgenden steuerlichen Pflichten: **1175**
- Nach seiner Ernennung muss er der staatlichen Steuerverwaltungsbehörde die **Eröffnung des Insolvenzverfahrens** auf elektronischem Wege **anzeigen,** unabhängig davon, ob sie Gläubigerin ist oder nicht (Art. 253 TRLC). Diese Verpflichtung ist für die übrigen Steuerbehörden (regionale, lokale und ausländische) nicht vorgesehen, unbeschadet der Tatsache, dass sie benachrichtigt werden müssen, sofern ihre Gläubigerstellung festgestellt wird.
- Geht die Verwaltungs- und Verfügungsbefugnis auf den Insolvenzverwalter über, schuldet er die Einreichung der vom Schuldner geforderten **Steuererklärungen** und **Selbstveranlagungen;** behält der Schuldner dagegen seine Verwaltungs- und Verfügungsbefugnis obliegt ihm diese Pflicht unter Aufsicht des Insolvenzverwalters (Art. 118 TRLC). Anders verhält es sich bei Erklärungen oder Selbstveranlagungen, die vor Eröffnung des Insolvenzverfahrens hätten abgegeben werden müssen und die zur Feststellung einer öffentlich-rechtlichen Forderung notwendig sind: bei Verwaltungs- und Verfügungsbefugnis des Schuldners muss dieser sie einreichen, anderenfalls der Insolvenzverwalter (Art. 260.3 TRLC).
- Annahme der **Steuerbescheide,** sofern die Verwaltungs- und Verfügungsbefugnis auf ihn übergegangen ist. **Verfahrensrechtliche Handlungen in Steuerverfahren** gelten als vom Schuldner oder seinem Vertreter vorgenommen, sofern der Schuldner seine Verwaltungs- und Verfügungsbefugnis behält. Andernfalls vom Insolvenzverwalter (Art. 108.2 RGIT)

b) Rechnungslegungspflichten. Es gibt keine besonderen Vorschriften über die Rechnungslegungspflichten des Insolvenzverwalters in Steuerangelegenheiten, sodass die allgemeinen Regeln des TRLC und die des LGT heranzuziehen sind: **1176**
- Nach Abschluss des Insolvenzverfahrens trifft den Verwalter die Pflicht zur Rechnungslegung (→ Rn. 1038).

Internationales Insolvenzrecht – Spanien

- Er unterliegt allgemeinen Informationspflichten gegenüber den Steuerbehörden, entweder periodisch oder sofern die Steuerbehörden einen entsprechenden Antrag stellen (Art. 93 LGT).

1177 Das Insolvenzgericht hat die Pflicht, mit den Steuerbehörden zusammenzuarbeiten, indem es ihnen die Auskünfte über das Insolvenzverfahren erteilt, die sie zur Erfüllung ihrer Aufgaben benötigen (Art. 164.3 LGT).

1178 **c) Besteuerung der Einkünfte des Insolvenzverwalters.** Die Vergütung des Insolvenzverwalters (→ Rn. 407) muss durch entsprechende Rechnungen belegt werden und unterliegt der Umsatzsteuer zum allgemeinen Satz von 21 %. Sie stellt Einkünfte dar, für die der Insolvenzverwalter nach dem für ihn geltenden persönlichen Steuersystem Steuern zahlen muss (Einkommensteuer im Falle einer natürlichen Person, Körperschaftsteuer im Falle juristischer Personen). In der Regel wird die Vergütung für Steuerzwecke dem Steuerjahr der Fälligkeit zugerechnet.

5. Haftung für Steuerforderungen

1179 Die steuerrechtliche Gesetzgebung sieht diverse Fälle der gesamtschuldnerischen oder subsidiären Haftung Dritter für Steuerschulden des Hauptschuldners vor. Die Haftung wird von der Steuerbehörde mittels Haftungsableitungsverfahrens festgestellt, welches eingeleitet werden kann, bei:
- **Gesamtschuldnerischer** Haftung, sofern die freiwillige Zahlungsfrist für den Hauptschuldner abgelaufen ist, dh sobald die Schuld vollstreckbar ist.
- **Subsidiärer** Haftung, sobald der Hauptschuldner und die gesamtschuldnerisch haftenden Personen als zahlungsunwillig festgestellt wurden. Die Eröffnung des Insolvenzverfahrens über das Vermögen des Schuldners führt nicht automatisch zu seiner Zahlungsunwilligkeit.

1179.1 Gegen die Haftungsableitung kann der Betroffene Widerspruch einlegen, der sich auf die Voraussetzungen der Haftung und/oder die Schuld selbst stützen kann, selbst wenn diese in Bezug auf den Schuldner bereits rechtskräftig festgestellt wurde (Art. 174.5 LGT).

1180 Die Haftung **erstreckt sich** auf die vom Hauptschuldner während der freiwilligen Zahlungsfrist verlangte Schuld, dh die Hauptschuld und die Zinsen der freiwilligen Periode, nicht aber die Zuschläge oder Zinsen der Vollstreckungsfrist (Art. 41.3 LGT). Die Haftung erstreckt sich nur dann auf Bußgelder, wenn das Gesetz dies ausdrücklich vorsieht (Art. 41.4 LGT).

1181 Die haftpflichtige Partei hat gegen gegenüber dem Hauptschuldner einen Anspruch auf **Rückerstattung** unter den zivilrechtlichen Regelungen (Art. 41.6 LGT). Die Einordnung des Rückzahlungsanspruchs richtet sich nach den allgemeinen insolvenzrechtlichen Regelungen, sodass diese nicht zwingend vorrangig ist (→ Rn. 794).

1182 Im Folgenden sind die für Insolvenzverfahren relevanten Haftungsfälle aufgeführt:
1183 **a) Geschäftsführer. Subsidiär** haften für Steuerschulden:
1184
- Die ordentlich bestellten oder de facto-Geschäftsführer einer juristischen Person, sofern folgende Voraussetzungen erfüllt sind: (a) die juristische Person hat einen Steuerverstoß begangen, und (b) die Geschäftsführer haben nicht alles in ihrer Macht Stehende getan, um die Erfüllung der Steuerpflichten zu erreichen; sie haben die Nichterfüllung durch von ihnen abhängigen Personen genehmigt oder sie haben Beschlüsse getroffen, die diese Verstöße ermöglicht haben. Die Haftung umfasst auch Bußgelder (Art. 43.1.a LGT). War der Geschäftsführer an der Begehung des Steuerverstoßes aktiv beteiligt, haftet er gesamtschuldnerisch zusammen mit dem Hauptschuldner für die Steuerschuld und das Bußgeld.

1184.1 Die Voraussetzung (b) ist dann erfüllt, wenn die Geschäftsführer keinen Insolvenzantrag gestellt oder die Liquidation der Gesellschaft nicht eingeleitet haben.

1185
- Die ordentlich bestellten oder de facto-Geschäftsführer einer juristischen Person, sofern folgende Voraussetzungen erfüllt sind: (a) die juristische Person hat ihre Tätigkeit eingestellt; (b) im Moment der Einstellung bestehen offene Steuerschulden – wobei sich die Haftung nur auf diese beziehen kann – und (c) die Geschäftsführer haben nicht alles Notwendige getan, um diese Schulden zu begleichen oder sie haben Beschlüsse gefasst oder Maßnahmen unternommen, die die Nichtbegleichung verursacht haben (Art. 43.1.b LGT).

1186
- Die ordentlich bestellten oder de facto-Geschäftsführer einer juristischen Person, die einer weiterzugebenden Steuer (Umsatzsteuer) unterliegt oder zum Steuerrückbehalt verpflichtet ist, in Bezug auf diese Steuern oder Rückbehalte, sofern die folgenden Voraussetzungen gegeben sind: (a) die wirtschaftliche Tätigkeit wird weiterhin ausgeübt, (b) es wurden wiederholt Selbstveranlagungen eingereicht, ohne die Steuer abzuführen, (c) die Finanzbehörde nachweist, dass diese

Einreichung nicht mit dem Ziel durchgeführt wurde, die Steuerpflichten zu erfüllen (Art. 43.2 LGT).

Eine wiederholte Einreichung von Selbstveranlagungen liegt dann vor, wenn innerhalb eines Jahres, ununterbrochen Selbstveranlagungen eingereicht werden, ohne mindestens die Hälfte der Steuer abzuführen, unabhängig davon, ob eine Ratenzahlung oder Stundung beantragt wurde und die Einreichung fristgerecht erfolgt ist. **1186.1**

Für diese Zwecke werden diejenigen Selbstveranlagungen nicht berücksichtigt, bei denen nach einem Antrag auf Stundung oder Ratenzahlung eine Entscheidung ergangen ist, mit der dem Antrag stattgegeben wurde, außer im Falle einer späteren Nichterfüllung und unabhängig vom Zeitpunkt dieser Nichterfüllung, und in keinem Fall werden diejenigen berücksichtigt, die mit einer ordnungsgemäß formalisierten Garantie gewährt wurden. **1186.2**

Zum Zwecke der Haftung wird vermutet, dass die Einreichung der Selbstveranlagungen ohne Einzahlung durchgeführt wurden, wenn zwar Teilbeträge, der sich aus der Selbstveranlagungen ergebenden Beträge eingezahlt wurden, der insgesamt eingezahlte Betrag aber weniger als 25 % der gesamten selbstveranlagten Steuerschuld beträgt. **1186.3**

Es wird vermutet, dass kein tatsächlicher Wille zur Erfüllung der Steuerpflicht besteht, sofern andere Forderungen von Dritten bezahlt werden, deren Fälligkeit nach dem Datum an dem die Steuerverbindlichkeiten, auf die sich die Haftung erstreckt, fällig o eintreibbar geworden sind, eintritt, sofern jene Forderungen Dritter nicht bevorrechtigt gegenüber besagter Steuerforderungen sind. **1186.4**

Dies findet unbeschadet einer möglichen Haftung für das Defizit (→ Rn. 1017) der Geschäftsführer auch im Falle einer Einstufung der Insolvenz als schuldhaft Anwendung. **1187**

b) Insolvenzverwalter. Der Insolvenzverwalter haftet **subsidiär** für Steuerschulden des Schuldners, sofern er nicht die für deren vollständige Begleichung notwendigen Handlungen vorgenommen hat und die Steuerschuld vor der Eröffnung des Insolvenzverfahrens entstanden ist (unbeachtlich, ob diese in diesem Zeitpunkt bereits zahlbar sind). Wurde ihm die Verwaltungs- und Verfügungsbefugnis übertragen (→ Rn. 466), haftet er gleich einem Geschäftsführer (→ Rn. 1183) (Art. 43.1.c LGT). **1188**

Umstritten ist, ob diese Haftung nur dann zur Anwendung kommt, wenn dem Insolvenzverwalter tatsächlich die Verwaltungs- oder Verfügungsbefugnis übertragen wurden oder ob eine Haftung stets anzunehmen ist. **1188.1**

c) Dritte. Dritte haften **gesamtschuldnerisch** für Steuerschulden, sofern sie den Steuerverstoß verursacht oder an seiner Begehung mitgewirkt haben. Die Haftung umfasst auch Bußgelder (Art. 41.1.a LGT). **1189**

Insbesondere haften gesamtschuldnerisch für die offene Steuerschuld und, ggfls. die Bußgelder, einschließlich Versäumniszuschläge und Verzugszinsen, bis zu einem Wert des durch die Steuerbehörden gepfändeten oder veräußerten Gegenstands oder Rechts die folgenden Personen (Art. 42.2 Allgemeines Steuergesetz): **1190**
- Solche, die Gegenstände oder Rechte des Schuldners verschafft oder veräußert haben, um die Handlung der Steuerbehörden zu verhindern oder die hierbei geholfen haben.
- Solche, die vorsätzlich oder fahrlässig Zahlungsaufforderungen missachtet haben.
- Diejenigen, die in Kenntnis der Pfändung, der einstweiligen Maßnahme oder der Bestellung der Sicherheit an der Verschaffung der gepfändeten Vermögenswerte oder Rechte oder den Vermögenswerten oder Rechten, die mit einer Sicherheit belegt sind, mitwirken oder ihr Einverständnis dazu geben.
- Die Personen oder Körperschaften, die über das Vermögen des Schuldners verfügen und die nach Erhalt der Benachrichtigung über die Pfändung an der Verschaffung mitwirken oder ihr Einverständnis dazu geben.

Zwar haften solche Personen, die in die Rechtsnachfolge in Bezug auf eine wirtschaftliche Tätigkeit eintreten grundsätzlich gesamtschuldnerisch, allerdings sind Erwerber von **Unternehmenseinheiten** ausdrücklich von dieser Haftung freigestellt (Art. 42.1.c LGT). **1191**

Subsidiär haften für Steuerschulden: **1192**
- Muttergesellschaften: Personen oder Körperschaften, die ganz oder teilweise, mittelbar oder unmittelbar Kontrolle über die juristische Person ausüben (Hauptschuldner) oder in denen ein gemeinsamer Wille mit der juristischen Person besteht, wenn nachgewiesen wird, dass die juristische Person in missbräuchlicher oder betrügerischer Weise geschaffen oder benutzt wurde, um sich der Haftung für das Gesamtvermögen gegenüber der Steuerbehörden zu entziehen, und wenn Einheitlichkeit der Personen oder der Wirtschaftsbereiche oder Vermischung oder

Internationales Insolvenzrecht – Spanien

eine Abweichung des Vermögens vorliegt. Die Haftung erstreckt sich auf die steuerlichen Pflichten und Bußgelder der genannten juristischen Personen (Art. 43.1.g LGT).
- Tochtergesellschaften: Die Personen oder Körperschaften, über die die Steuerschuldner aufgrund seiner steuerlichen Verpflichtungen ganz oder teilweise die tatsächliche Kontrolle ausüben oder bei denen ein gemeinsamer Wille mit den Steuerzahlern besteht, wenn nachgewiesen wird, dass diese Personen oder Körperschaften in missbräuchlicher oder betrügerischer Weise geschaffen oder verwendet wurden, um sich der allgemeinen Vermögenshaftung gegenüber den Steuerbehörden zu entziehen, vorausgesetzt, dass es sich entweder um eine einzige Person oder Wirtschaftssphäre oder um eine Vermischung oder Umleitung von Vermögenswerten handelt. Die Haftung erstreckt sich auch auf Sanktionen (Art. 43.1.h LGT).

XIV. Internationales Privatrecht

1. Anwendbare Norm

1193   Die Normen des internationalen Privatrechts im insolvenzrechtlichen Bereich finden dann Anwendung, wenn das Insolvenzverfahren Auswirkungen in mehreren Ländern hat, weil sich etwa ein Teil der Aktivmasse oder der Gläubiger in verschiedenen Ländern befindet. Diese Normen befinden sich (Art. 721.1 TRLC):

1194 • In der EuInsVO, die vorrangig Anwendung findet.

1194.1   In Spanien findet die EuInsVO nicht nur auf das Insolvenzverfahren Anwendung, sondern auch auf die gerichtliche Zulassung von Refinanzierungsvereinbarungen (→ Rn. 58) und außergerichtliche Zahlungsvereinbarungen (→ Rn. 103), sowie auf die Mitteilung der Aufnahme von Verhandlungen mit den Gläubigern (→ Rn. 13).

1195 • Nachrangig, in den Regelungen des internationalen Privatrechts über die Insolvenz, die in den Art. 45 ff. und 721 ff. TRLC verankert sind. Diese Vorschriften regeln die internationale Zuständigkeit (→ Rn. 1197), das anwendbare Recht (→ Rn. 1199), bestimmte verfahrensrechtliche Besonderheiten bei Insolvenzverfahren mit Auslandsbezug (→ Rn. 1205), die Anerkennung von Entscheidungen in ausländischen Insolvenzverfahren (→ Rn. 1212) und die Koordinierung zwischen nationalen und ausländischen Insolvenzverfahren über das Vermögen desselben Schuldners (→ Rn. 1218).

1196   Im Folgenden wird auf die in der TRLC vorgesehenen Regeln des internationalen Privatrechts in Insolvenzsachen eingegangen, die, wie bereits erwähnt, nur nachrangig zur EuInsVO gelten.

2. Internationale Zuständigkeit

1197   Spanien folgt dem gleichen Modell wie die EuInsVO, dh der Möglichkeit, ein **Hauptinsolvenzverfahren** in Spanien mit universeller Reichweite zu erklären, wenn sich der Mittelpunkt der hauptsächlichen Interessen des Schuldners in Spanien befindet (Art. 45 TRLC), oder ein **Sekundärinsolvenzverfahren** mit lediglich nationaler Reichweite, wenn sich nur eine Niederlassung des Schuldners in Spanien befindet (Art. 47 TRLC).

1198   Zur internationalen Zuständigkeit der spanischen Gerichte in Insolvenzsachen → Rn. 305 und → Rn. 310.

3. Anwendbares Recht

1199   Generell regelt das spanische Recht die Voraussetzungen und Wirkungen der von den spanischen Gerichten eröffneten Insolvenz, einschließlich des Verfahrens und dessen Abschluss (Regel der **lex fori concursus:** Art. 722 TRLC).

1200   Die **Ausnahmen** von der lex fori concursus sind, ähnlich wie in der EuInsVO die folgenden:

1201 • **Lex rei sitae:** Die Wirkungen des Insolvenzverfahrens auf die dinglichen Rechte eines Gläubigers oder eines Dritten, die auf Vermögensgegenstände oder Rechte der Aktivmasse (einschließlich Gruppen von Vermögensgegenständen und Rechten, deren Zusammensetzung sich im Laufe der Zeit ändern kann) fallen, wenn sich zur Zeit der Eröffnung des Insolvenzverfahrens in einem anderen Staat befinden, richten sich ausschließlich nach dem Recht dieses Staates (Art. 723.1 TRLC).

1201.1   Diese Regelung gilt auch für die Rechte des Verkäufers in Bezug auf die Gegenstände, die an den Insolvenzschuldner verkauft wurden und unter Eigentumsvorbehalt stehen (Art. 723.1.II TRLC).

Internationales Insolvenzrecht – Spanien

Die Eröffnung des Insolvenzverfahrens über das Vermögen des Verkäufers einer unter Eigentumsvorbehalt stehenden Sache, die bereits übergeben wurde und die sich im Zeitpunkt der Eröffnung des Insolvenzverfahrens in einem anderen Staat als in Spanien befindet, führt nicht unmittelbar zum Unwirksamwerden des Verkaufs und hindert den Käufer nicht am Eigentumserwerb (Art. 723.2 TRLC). 1201.2

All dies gilt unbeschadet der Möglichkeit der Einleitung einer Klage auf Rückgängigmachung von Verfügungen (→ Rn. 633) (Art. 723.3 TRLC). 1201.3

Ebenso richten sich die Rechtsfolgen des Insolvenzverfahrens für Verträge, die ein Nutzungsrecht einer Immobilie oder den Erwerb einer Immobilie zum Gegenstand haben, nach dem Recht des Belegenheitsstaates (Art. 728 TRLC). 1201.4

- **Lex registri:** Die Wirkungen des Insolvenzverfahrens auf die Rechte des Schuldners an Grundstücken, Schiffen oder Luftfahrzeugen, die der Eintragung in ein öffentliches Register unterliegen, richten sich nach dem Recht des Staates, unter dessen Aufsicht das Register geführt wird (Art. 724 TRLC). 1202

Für die Wirksamkeit von entgeltlichen Verfügungen des Schuldners über Grundstücke, Schiffe oder Luftfahrzeuge, die der Eintragung in ein öffentliches Register unterliegen, die nach der Eröffnung des Insolvenzverfahrens vorgenommen werden, ist daher das Recht des Staates maßgebend, in dem sich das Grundstück befindet oder unter dessen Aufsicht das Schiffs- oder Luftfahrzeugregister geführt wird (Art. 725 TRLC). 1202.1

Die Rechtsfolgen des Insolvenzverfahrens in Bezug auf Rechte an verbrieften handelbaren Wertpapieren richten sich nach dem Recht des Staates, in dem das Verbriefungsregister geführt wird. Diese Regelung gilt für sämtliche gesetzlich anerkannte Verbriefungsregister, einschließlich solcher, die von Finanzinstituten geführt werden, die einer rechtlichen Aufsicht unterliegen (Art. 726.1 TRLC). 1202.2

- **Lex contractus:** Dieses ersetzt das lex fori concursus in vier Fällen. 1203

Die Wirkungen des Insolvenzverfahrens auf Arbeitsverträge und Arbeitsverhältnisse (nicht aber auf die Einordnung von Forderungen aus diesen Vertragsverhältnissen) richten sich zunächst ausschließlich nach dem auf das Vertrag anzuwendende Recht (Art. 729 TRLC). 1203.1

Zweitens ist die Aufrechnung der Forderung des Insolvenzgläubigers gegen die Forderung des Schuldners gegen diesen Gläubiger zulässig, wenn das Recht, dem die Forderung des Schuldners unterliegt, dies in Insolvenzsituationen zulässt, und unbeschadet der Ausübung der Klage auf Rückgängigmachung der Verfügung gegen die Aufrechnung selbst (Art. 727 TRLC). 1203.2

Drittens richten sich die Rechtsfolgen des Insolvenzverfahrens für Rechte und Pflichten der Teilnehmer an einem Zahlungs- oder Verrechnungssystem oder einem Finanzmarkt ausschließlich nach dem auf dieses System oder diesen Markt anwendbare Recht (Art. 726.II TRLC). 1203.3

Viertens ist die Einleitung einer Klage auf Rückgängigmachung von Verfügungen (→ Rn. 633) nicht möglich, wenn der durch die die Aktivmasse schädigende Handlung Begünstigte nachweist, dass diese Handlung dem Recht eines anderen Staates unterliegt, das eine Anfechtung der Verfügung in jedem Fall nicht zulässt (Art. 730 TRLC). 1203.4

- **Lex fori:** Die Wirkungen der Eröffnung des Insolvenzverfahrens auf anhängige Feststellungsverfahren über Vermögen oder Rechte der Aktivmasse richten sich nach dem Recht des Staates, dessen Gerichte mit ihnen befasst sind (Art. 731 TRLC). 1204

4. Prozessrechtliche Besonderheiten bei Insolvenzverfahren mit Auslandsbezug

Das in Spanien eröffnete **Sekundärinsolvenzverfahren** unterliegt den allgemeinen Insolvenzverfahrensregelungen mit folgenden Besonderheiten (Art. 732 TRLC): 1205
- Sofern das im Ausland eröffnete Hauptinsolvenzverfahren in Spanien anerkannt wurde, kann das Sekundärinsolvenzverfahren in Spanien eröffnet werden, ohne dass die Zahlungsunfähigkeit des Schuldners nachgewiesen werden muss (Art. 733 TRLC).
- Zur Stellung eines Insolvenzantrags im Sekundärinsolvenzverfahren in Spanien ist, neben den grundsätzlich befugten Personen (→ Rn. 207), der Insolvenzverwalter des ausländischen Hauptinsolvenzverfahrens befugt (Art. 734 TRLC), das logischerweise vorher in Spanien anerkannt worden sein muss.
- Die Wirkungen einer in einem spanischen Sekundärinsolvenzverfahren genehmigten Vereinbarung (wie zB der Erlass oder die Stundung) erstrecken sich nur auf die in Spanien befindlichen Vermögenswerte und Rechte der Aktivmasse; um eine Erstreckung auf im Ausland befindliche Vermögenswerte und Rechte der Aktivmasse zu erreichen, ist die Zustimmung aller Gläubiger erforderlich (Art. 735 TRLC).

Internationales Insolvenzrecht – Spanien

1206 Die folgenden Regelungen finden auf alle Insolvenzverfahren in Spanien Anwendung, gleich ob Haupt- oder Sekundärinsolvenzverfahren:

1207 • Das Insolvenzgericht kann verfügen, dass die Eröffnung des Insolvenzverfahrens in einem anderen Staat **veröffentlicht** wird, wobei die Veröffentlichungsvoraussetzungen des betreffenden Staates zu berücksichtigen sind (Art. 736.1 TRLC).

1207.1 Der Insolvenzverwalter kann die **Registereintragung** im Ausland des Beschlusses über die Eröffnung des Insolvenzverfahrens sowie anderer Prozesshandlungen beantragen (insbesondere bezüglich der im Ausland befindlichen Immobilien des Schuldners) (Art. 736.2 TRLC).

1208 • Nach der Eröffnung des Insolvenzverfahrens muss der Insolvenzverwalter jeden der bekannten Gläubiger, die ihren gewöhnlichen Aufenthalt, Wohnsitz oder Sitz außerhalb Spaniens haben (ausländische Gläubiger), **einzeln von dieser Erklärung in Kenntnis setzen,** sofern sie sich aus den Büchern und Unterlagen des Schuldners oder aus dem Insolvenzverfahren ergeben (Art. 738 TRLC).

1208.1 Zu Inhalt, Mittel und Sprache der Mitteilung → Rn. 657.

1209 • Die **Anmeldung von Forderungen** ausländischer Gläubiger richtet sich nach den allgemeinen Regeln (→ Rn. 663). Alle Gläubiger, ob ausländisch oder nicht, können ihre Forderungen in dem in Spanien eröffneten Haupt- oder Sekundärinsolvenzverfahren anmelden, unabhängig davon, ob sie dies auch in einem im Ausland eröffneten Insolvenzverfahren getan haben (Art. 739 TRLC).

1209.1 Diese Regel findet, unter Beachtung der Gegenseitigkeit, auf Steuer- und Sozialversicherungsforderungen anderer Staaten Anwendung, die als gewöhnliche Forderungen eingestuft werden.
1209.2 Zur Forderungsanmeldung (insbesondere Frist, Form und Sprache) → Rn. 664.

1210 • Die **Zahlung an den Insolvenzschuldner** im Ausland durch einen Schuldner der Masse mit gewöhnlichem Aufenthalt, Wohnsitz oder Sitz im Ausland befreit den Zahlenden nur dann, wenn er von der Eröffnung des Insolvenzverfahrens in Spanien keine Kenntnis hatte (Art. 737 TRLC).

1210.1 Diese Unkenntnis wird mangels Gegenbeweises dann vermutet, wenn die Zahlung vor Bekanntmachung der Eröffnung des Insolvenzverfahrens im Heimatstaat des Zahlenden gemäß den unter (→ Rn. 1207) dargestellten Regelungen vorgenommen wurde.
1210.2 Dagegen befreit die Zahlung in Spanien an einen Schuldner, über dessen Vermögen im Ausland ein Insolvenzverfahren eröffnet wurde und die Zahlung nach dem Recht dieses Staates an den Insolvenzverwalter zu leisten war, den Zahlenden nur dann, wenn er vom Insolvenzverfahren keine Kenntnis hatte. Eine solche Unkenntnis wird mangels Gegenbeweises dann vermutet, wenn die Zahlung erfolgt, bevor die im TRLC für die Eröffnung des Insolvenzverfahrens vorgesehene Bekanntmachung des Insolvenzverfahrens in Spanien (→ Rn. 272) nach Anerkennung desselben erfolgt ist (Art. 747 TRLC).

1211 • Die Auswirkungen einer **Zahlung an einen Insolvenzgläubiger** richten sich danach, in welchem Kontext diese Zahlung geleistet wurde.

1211.1 Erlangt der Gläubiger nach Eröffnung des Hauptinsolvenzverfahrens in Spanien die vollständige oder teilweise Befriedigung seiner Forderung aus Vermögenswerten und Rechten der Aktivmasse, die sich im Ausland befinden, oder im Wege der (einzelnen, gerichtlichen oder außergerichtlichen) Zwangsvollstreckung, muss er alles, was er erlangt hat, an die aktive Masse herausgeben, es sei denn, die in → Rn. 1201 dargelegte Vorschrift besagt etwas anderes (Art. 741.1.I TRLC).
1211.2 Erhält der Gläubiger hingegen in einem im Ausland eröffneten Insolvenzverfahren eine Zahlung, kann er alle erhaltenen Beträge behalten, aber nur dann weitere Zahlungen in dem in Spanien eröffneten Insolvenzverfahren verlangen, wenn die übrigen Gläubiger derselben Klasse und desselben Ranges einen prozentual gleichwertigen Betrag in dem in Spanien eröffneten Insolvenzverfahren erhalten haben (Zahlungsregelung) (Art. 751 TRLC). Die Zahlungsregelung unterliegt der Gegenseitigkeit (→ Rn. 1212).
1211.3 Wenn der Staat, in dem sich die Vermögenswerte der Aktivmasse befinden, das in Spanien eröffnete Insolvenzverfahren nicht anerkennt oder die Schwierigkeiten, diese Vermögenswerte zu lokalisieren und diese zu verwerten, dies rechtfertigen, kann das Insolvenzgericht die Gläubiger ermächtigen, eine Einzelvollstreckung im Ausland zu betreiben. In diesem Fall wird die Zahlungsregelung angewendet (Art. 741.2 TRLC).

Internationales Insolvenzrecht – Spanien

5. Anerkennung ausländischer Beschlüsse

Für die Anerkennung der Entscheidung über die Eröffnung des Insolvenzverfahrens (→ Rn. 1213), die Anerkennung der Bestellung des Insolvenzverwalters (→ Rn. 1214) und die Anerkennung und Vollstreckung anderer insolvenzrechtlicher Beschlüsse (→ Rn. 1215) gelten unterschiedliche Regeln. Sie sind alle von der **Gegenseitigkeit** des Herkunftsstaates abhängig, so dass sie bei fehlender Gegenseitigkeit oder bei systematisch mangelnder Zusammenarbeit der Behörden des Herkunftsstaates nicht anwendbar sind (Art. 721.2 TRLC). 1212

Die **Anerkennung ausländischer Entscheidungen über die Eröffnung eines Insolvenzverfahrens in Spanien** setzt die Durchführung des Exequaturverfahrens voraus, das in den Art. 52 ff. des Gesetzes 29/2015 v. 30.7.2015 über die internationale rechtliche Zusammenarbeit in Zivilsachen (Art. 742 TRLC) geregelt ist. 1213

Die **Voraussetzungen** für die Anerkennung sind: 1213.1
- Dass es sich um ein kollektives Insolvenzverfahren über das Vermögen des Schuldners handelt, wobei das Vermögen und die Tätigkeit des Schuldners der Aufsicht eines Gerichts oder einer anderen Behörde unterliegen zum Zweck der Sanierung oder Verwertung.
- Dass es sich nach dem Recht des Ursprungsstaates um eine endgültige Entscheidung handelt.
- Dass die Zuständigkeit des Gerichts oder der Behörde, die das Verfahren eingeleitet hat, auf einem der in der TRLC vorgesehenen Zuständigkeitskriterien (Mittelpunkt der hauptsächlichen Interessen oder Niederlassung) oder auf einer angemessenen gleichwertigen Anknüpfung beruht.
- Dass dem Schuldner das verfahrenseinleitende Schriftstück oder ein gleichwertiges Schriftstück so rechtzeitig und in einer Weise zugestellt worden ist, dass er sich verteidigen konnte, sofern die Entscheidung in Abwesenheit ergangen ist.
- Dass die Entscheidung nicht gegen die spanische öffentliche Ordnung verstößt.

Ein ausländisches Insolvenzverfahren wird als **Hauptinsolvenzverfahren** anerkannt, wenn es in dem Staat durchgeführt wird, in dem der Schuldner den Mittelpunkt seiner hauptsächlichen Interessen hat, oder als **Sekundärinsolvenzverfahren,** wenn er dort eine Niederlassung oder eine andere gleichwertige Verbindung (wie das Vorhandensein von Vermögenswerten, die zu einer wirtschaftlichen Tätigkeit zugeordnet sind) hat. 1213.2

Die Eröffnung eines Hauptinsolvenzverfahrens im Ausland steht der Eröffnung eines Sekundärinsolvenzverfahrens in Spanien nicht entgegen. 1213.3

Die Anerkennung eines ausländischen Insolvenzverfahrens in Spanien impliziert automatisch die **Anerkennung der Befugnisse des Insolvenzverwalters** nach dem Recht des betreffenden Staates, es sei denn, sie sind mit den Wirkungen eines in Spanien eröffneten Sekundärinsolvenzverfahrens oder mit den von den spanischen Gerichten aufgrund eines Insolvenzantrags erlassenen einstweiligen Maßnahmen unvereinbar oder ihr Inhalt steht im Widerspruch zur spanischen öffentlichen Ordnung. Bei der Ausübung seiner Befugnisse muss der ausländische Insolvenzverwalter das spanische Recht beachten, insbesondere hinsichtlich der Art und Weise, wie er über das Vermögen der Aktivmasse verfügt (Art. 743.4 TRLC). 1214

Für diese Zwecke ist der Insolvenzverwalter die Person oder Stelle, die zur Sanierung oder Verwertung des Vermögens, der Verwaltung oder Überwachung der Tätigkeiten des Schuldners oder der Vertretung im Insolvenzverfahren befugt ist, selbst wenn er vorläufig bestellt wurde. 1214.1

Die Bestellung des Insolvenzverwalters ist durch eine beglaubigte Abschrift des Bestellungsbeschlusses oder durch eine vom Gericht oder von der zuständigen Behörde ausgestellte Bescheinigung, die ordnungsgemäß beglaubigt und übersetzt sein muss, **nachzuweisen**. 1214.2

Sobald das im Ausland eröffnete Insolvenzverfahren in Spanien anerkannt wurde, muss der Insolvenzverwalter auf Kosten der Aktivmasse das Verfahren so bekannt machen, als wäre das Insolvenzverfahren in Spanien eröffnet worden (→ Rn. 272), unter Beachtung der entsprechenden Registerpublizität (→ Rn. 278). 1214.3

Sobald das im Ausland angemeldete Insolvenzverfahren in Spanien anerkannt wurde, werden die **übrigen Entscheidungen,** die in demselben ausländischen Insolvenzverfahren ergangen sind und auf dem Insolvenzrecht beruhen, automatisch anerkannt, sofern sie die Voraussetzungen für die Anerkennung der Eröffnungsentscheidung (→ Rn. 1213.1) erfüllen. 1215

Die Anerkennung kann auch primär durch das Exequaturverfahren angestrebt werden. 1215.1

Sofern sich aus den Regeln des anwendbaren Rechts nichts anderes ergibt (→ Rn. 1200), entfalten anerkannte ausländische insolvenzrechtliche Beschlüsse in Spanien die Wirkungen, die ihnen nach dem Recht des Ursprungsstaates zukommen. Es ist jedoch zu beachten, dass im Falle eines Sekundärinsolvenzver- 1215.2

Internationales Insolvenzrecht – Spanien

fahrens in Spanien die Regelungen der Koordination zwischen den Insolvenzverfahren anzuwenden sind (→ Rn. 1218) (Art. 745 TRLC).

1216 Enthält der ausländische insolvenzrechtliche Beschluss eine Verurteilung und ist dieser nach dem Recht des Ursprungsstaates vollstreckbar, setzt seine Vollstreckung in Spanien voraus, dass zuvor ein Exequaturverfahren durchgeführt wurde (Art. 746 TRLC).

1217 **Einstweilige Maßnahmen,** die im Ausland vor der Eröffnung des ausländischen Insolvenzverfahrens von dem für die Eröffnung des Insolvenzverfahrens zuständigen Gericht getroffen werden, können in Spanien anerkannt und vollstreckt werden, nachdem das entsprechende Exequatur erlangt wurde. Alternativ können in Spanien vor der Anerkennung eines im Ausland eröffneten Insolvenzverfahrens auf Antrag des Insolvenzverwalters einstweilige Maßnahmen nach spanischem Recht getroffen werden (Art. 748 TRLC).

1217.1 Solche Maßnahmen können insbesondere in einer Aussetzung der Vollstreckung, der Übertragung der Verwaltungs- oder der Verfügungsbefugnis über in Spanien belegenes Vermögen auf den Insolvenzverwalter oder einen Dritten oder in der Aussetzung der Verwaltungs- und Verfügungsbefugnis des Schuldners bestehen.

1217.2 Werden die einstweiligen Maßnahmen vor dem Antrag auf Anerkennung des ausländischen Insolvenzverfahrens beantragt, ist der Antrag auf Anerkennung innerhalb von 20 Tagen nach Erlass der Maßnahmen zu stellen.

6. Koordinierung zwischen nationalen und ausländischen Insolvenzverfahren über das Vermögen desselben Schuldners

1218 Das TRLC legt die folgenden Regeln der Koordinierung zwischen Insolvenzverfahren fest, die in Spanien und im Ausland über das Vermögen desselben Schuldners eröffnet wurden, unter der Bedingung der Gegenseitigkeit (→ Rn. 1212) und der vorherigen Anerkennung des ausländischen Insolvenzverfahrens in Spanien (→ Rn. 1213):
- Die verschiedenen Insolvenzverwalter müssen bei der Wahrnehmung ihrer Aufgaben miteinander kooperieren, insbesondere durch den Austausch von Informationen (Art. 749.1 TRLC).
- Der Insolvenzverwalter des in Spanien eröffneten Sekundärinsolvenzverfahrens muss dem Insolvenzverwalter des ausländischen Hauptinsolvenzverfahrens erlauben, Vergleichsvorschläge, Verwertungspläne oder jede andere Form der Verwertung von Vermögenswerten und Rechten der Aktivmasse oder der Befriedigung von Forderungen zu unterbreiten. Umgekehrt muss der Insolvenzverwalter des in Spanien eröffneten Hauptinsolvenzverfahrens die gleichen Maßnahmen in ausländischen Sekundärinsolvenzverfahren verlangen (Art. 749.3 TRLC).
- Sofern es das für das ausländische Insolvenzverfahren geltende Recht zulässt, kann der Insolvenzverwalter in dem in Spanien eröffneten Insolvenzverfahren gemäß den Regelungen der TRLC die anerkannten Forderungen anmelden (→ Rn. 663). Ferner kann er im spanischen Insolvenzverfahren im Namen der Gläubiger auftreten, deren Forderungen angemeldet wurden. Umgekehrt kann der Insolvenzverwalter eines in Spanien eröffneten Insolvenzverfahrens in einem ausländischen Insolvenzverfahren (Haupt- oder Sekundärinsolvenzverfahren), das über das Vermögen desselben Schuldners eröffnet wurde, die in der endgültigen Gläubigerliste anerkannten Forderungen anmelden und in diesem für die Gläubiger, deren Forderungen angemeldet wurden, intervenieren, wenn dies nach dem für das ausländischen Insolvenzverfahren geltenden Recht zulässig ist (Art. 750 TRLC).
- Sofern in einem in Spanien eröffneten Sekundärinsolvenzverfahren ein Restvermögen vorhanden verbleibt (nachdem die anerkannten Forderungen befriedigt wurden), ist dieses an den Insolvenzverwalter des ausländischen Hauptinsolvenzverfahrens herauszugeben. Umgekehrt wird der Insolvenzverwalter des in Spanien eröffneten Hauptinsolvenzverfahrens die gleiche Maßnahme bei ausländischen Sekundärinsolvenzverfahren, die über das Vermögen des Schuldners eröffnet wurden, verlangen.

D. Glossar

AP = **AP** = Audiencia Provincial	Provinzgericht
AAP = Auto de la Audiencia Provincial	Beschluss des Provinzgerichts
ATS = Auto del Tribunal Supremo	Beschluss des Obersten Spanischen Gerichtshofs
BOE = Boletín Oficial del Estado	Staatsanzeiger

Internationales Insolvenzrecht – Spanien

BORME = Boletín Oficial del Registro Mercantil	Amtsblatt des Handelsregisters
CC = Código Civil	Zivilgesetzbuch
CCom = Código de Comercio	Handelsgesetzbuch
CCS = Consorcio de Compensación de Seguros	Rückversicherungskonsortium
CNMV = Comisión Nacional del Mercado del Valores	Nationale Börsenkommission
CP = Código penal	Strafgesetzbuch
DGRN = Dirección General de los Registros y del Notariado	Generaldirektion für Register und Notare
DGSJyFP = Dirección General de Seguridad Jurídica y Fe pública	Generaldirektion für Rechtssicherheit und öffentlichen Glauben
ERE = Expediente de Regulación de Empleo	Arbeitsregelungsverfahren
ET = Estatuto de los Trabajadores	Arbeitnehmergesetz
FGD = Fondo de Garantía de Depósitos	Einlagensicherungsfonds
FOGASA = Fondo de Garantía Salarial	Lohngarantiefonds
FROB = Fondo de Reestructuración Ordenada Bancaria	Staatlicher Bankenrettungsfonds
ICAC = Instituto de Contabilidad y Auditoría de Cuentas	Institut für Buchhaltung und Wirtschaftsprüfung
LC = Ley Concursal	Insolvenzgesetz
Ley de Suspensión de Pagos	Zahlungsaussetzungsgesetz
LEC = Ley de Enjuiciamiento Civil	Zivilprozessgesetz
LGT = Ley General Tributaria	Allgemeines Steuergesetz
LIS = Ley del Impuesto sobre Sociedades	Körperschaftsteuergesetz
LJS = Ley de Jurisdicción Social	Sozialverfahrensgesetz
LOPJ = Ley de Poder Judicial	Gerichtsverfassungsgesetz
LORC = Ley Orgánica para la Reforma Concursal	Grundlagengesetz zur Reform des Insolvenzverfahrens
LSC = Ley de Sociedades de Capital	Kapitalgesellschaftsgesetz
Recurso de apelación	Berufung
Recurso de casación	Revision
Recurso de reposición	Etwa Beschwerde
Recurso de suplicación	Besonderes Berufungsverfahren in arbeitsrechtlichen Angelegenheiten
RGIT = Reglamento de Gestión e Inspección de los Tributos	Verordnung der Steuerverfahren und Finanzinspektion
RGR = Reglamento General de Recaudación	Allgemeine Einzugsverordnung
RMB = Registro de Bienes Muebles	Mobiliarregister
RTEAC = Resolución del Tribunal Económico-Administrativo Central	Beschluss des Zentralen Finanzgerichts
SAN = Sentencia de la Audiencia Nacional	Urteil des Nationalen Gerichtshofs
SAP = Sentencia de la Audiencia Provincial	Urteil des Provinzgerichts
STC = Sentencia del Tribunal Constitucional	Urteil des Verfassungsgerichts
STS = Sentencia del Tribunal Supremo	Urteil des Obersten Spanischen Gerichtshofs

Internationales Insolvenzrecht – Spanien

SSTS = Sentencias del Tribunal Supremo	Urteile des Obersten Spanischen Gerichtshofs
TEAC = Tribunal Económico-Administrativo Central	Zentrales Finanzgericht
TRLC = Texto refundido de la Ley Concursal	Überarbeiteter Text des Insolvenzgesetzes
TS = Tribunal Supremo	Oberster Spanischer Gerichtshof

Internationales Insolvenzrecht – Tschechische Republik

Übersicht

	Rn.
A. Geschichte und Rahmenbedingungen der Insolvenz und Restrukturierung	1
I. Gesetz über den Konkurs und über den Ausgleich	1
II. Insolvenzgesetz	7
III. Novellierung des Insolvenzgesetzes	14
IV. Entwicklung der Rechtsprechung	21
B. Vorinsolvenzliche Restrukturierung	22
I. Präventiver Restrukturierungsrahmen (EU) und dessen Umsetzung	22
II. Formlose/sonstige Restrukturierungswege	23
C. Insolvenzverfahrensrecht	24
I. Antrag, Antragspflichten und Antragsinhalt	24
1. Inhalt des Insolvenzantrages	26
2. Allgemeines zu dem Insolvenzantrag	27
3. Schuldnerantrag	29
4. Gläubigerantrag	31
II. Zuständiges Gericht	36
III. Verfahren und Rechtsmittel	42
IV. Verfahrenskosten und Folgen bei fehlender Deckung	52
V. Verfahrensöffentlichkeit und Akteneinsicht	55
1. Insolvenzakte	56
2. Insolvenzregister	57
3. Akte des Insolvenzverwalters	60
VI. Anerkennung des Verfahrens im Ausland	61
VII. Verfahrensbeendigung (Verweis auf Regelfall und Insolvenzplanverfahren)	62
1. Ablehnung des Insolvenzantrages wegen Unbestimmtheit oder Unverständlichkeit	63
2. Ablehnung des Insolvenzantrages wegen Unbegründetheit (Missbrauch)	64
3. Zurücknahme des Insolvenzantrages	66
4. Zurückweisung des Insolvenzantrages	68
5. Einstellung des Insolvenzverfahrens	74
VIII. Anerkennung von ausländischen Verfahren	77
D. Materielles Insolvenzrecht	83
I. Anwendungsbereich	83
1. Insolvenzgründe	83
2. Verfahrensziele	96
3. Insolvenzfähigkeit, auch: Nachlass und Gütergemeinschaft	99
II. Verfahrensarten	103
1. Regelverfahren	103
2. Eigenverwaltung einschließlich Schutzschirm	115
3. Kleinverfahren	127
III. Verfahrensbeteiligte (einschließlich deren Aufgaben, Rechte und Pflichten)	132
1. Schuldner	132
2. Gläubiger	159
3. Insolvenzgericht	224
4. (Vorläufiger) Insolvenzverwalter (einschließlich: Planbarkeit)	233
5. (Vorläufiger) Sachwalter (einschließlich: Planbarkeit)	290
6. Gutachter	291

	Rn.
7. Gläubigerversammlung	299
8. (Vorläufiger) Gläubigerausschuss	317
IV. Bedeutung eines Insolvenzeröffnungsverfahrens	335
1. Sachverhaltsermittlung	335
2. Auskunfts- und Mitwirkungspflicht des Schuldners	340
3. Sicherung der Insolvenzmasse	343
4. Stellung des vorläufigen Insolvenzverwalters/Sachwalters	346
5. Weichenstellung im vorläufigen Verfahren	347
V. Sanierungsmöglichkeiten im Insolvenzverfahren (auch im Eröffnungsverfahren)	350
1. Allgemeines	350
2. Verlauf des Verfahrens	353
3. Zulässigkeit der Reorganisation	354
4. Entscheidung über die Lösung des Vermögensverfalls (E2)	364
5. Phase nach der Genehmigung der Reorganisation (E2) und vor der Verabschiedung der Reorganisation (RE1)	371
6. Reorganisationsplan (Phase zwischen E2 und RE1)	378
7. Entscheidung über die Verabschiedung des Reorganisationsplanes (RE1)	396
8. Änderung des Reorganisationsplanes	402
9. Beendigung der Reorganisation (RE2)	405
10. Vereinfachte Variante (vorvereinbarter Plan)	412
VI. Bedeutung der Verfahrenseröffnung	414
1. Gläubigerzugriff	414
2. Verfügungsbefugnis	415
3. Laufende Verträge	416
4. Aufrechnung	433
5. Anhängige Rechtsstreite	436
6. Gesellschaftsrechtliche Folgen	446
VII. Arbeits- und Sozialrecht	450
1. Individualarbeitsrecht	450
2. Kollektives Arbeitsrecht	469
VIII. Insolvenzmasse	470
1. Umfang des Insolvenzbeschlages	470
2. Bevorzugte Gläubiger	482
3. Verwertung der Insolvenzmasse (einschließlich Sicherheiten)	485
IX. Von Dritten gestellte Sicherheiten	500
X. Haftungsansprüche	501
1. Gesamthaftungsansprüche	501
2. Kapitalaufbringung und Kapitalerhaltung	503
3. Haftung von Geschäftsführern und Vorständen	505
XI. Anfechtung wegen Gläubigerbenachteiligung	528
1. Ungültige Rechtsgeschäfte und ungerechtfertigte Bereicherung	529
2. Rechtsgeschäfte ohne angemessene Gegenleistung	530
3. Begünstigende Rechtsgeschäfte	533
4. Absichtlich kürzende Rechtsgeschäfte	537
5. Unwirksame Rechtsgeschäfte während des Insolvenzverfahrens	538
6. Urteil über Unwirksamkeit vor der Einleitung des Insolvenzverfahrens	539
XII. Verteilung der Insolvenzmasse	540

Internationales Insolvenzrecht – Tschechische Republik

	Rn.		Rn.
1. Vorrechte	540	8. Missbildung des Zustandes des Wirtschaftens	627
2. Quotale Befriedigung (Anmeldung und Feststellung, weitere Hinweise)	541	9. Erpressung und Nachrede	629
3. Verteilung der Masse	546	II. Verletzung der Insolvenzantragspflichten	630
XIII. Bedeutung der Verfahrensbeendigung	552	III. Sozialversicherungsbetrug	631
1. Liquidationsfall – Konkurs	552	1. Hinterziehung einer Steuer, Gebühr oder einer anderen Pflichtzahlung, in § 240 StG geregelt	632
2. Fortführung	554		
XIV. Restschuldbefreiung	555	2. Nichtabführung der Steuer, Sozialversicherung oder anderer Pflichtzahlung, in § 241 StG geregelt	633
1. Allgemeines	555		
2. Verlauf des Verfahrens	558		
3. Einleitung des Verfahrens (IN)	559		
4. Entscheidung des Insolvenzgerichtes – Vermögensverfall und Genehmigung der Schuldbefreiung (E1)	567	F. Insolvenzsteuerrecht	636
		I. Steuerforderungen in der Insolvenz	636
		1. Einkommensteuer	642
5. Prüfungsverhandlung (PV)	577	2. Liegenschaftsteuer	644
6. Gläubigerversammlung (GV)	582	3. Straßensteuer	645
7. Entscheidung des Insolvenzgerichtes – Verabschiedung der Schuldbefreiung (E2)	587	4. Liegenschafterwerbssteuer	646
		5. Mehrwertsteuer	647
8. Während der Wirkungen der Verabschiedung der Schuldbefreiung (zwischen E2 und SE2)	595	6. Verbrauchssteuer	653
		II. Verkehrssteuern bei Unternehmensfortführung	655
9. Entscheidung des Insolvenzgerichtes – Beendigung der Schuldbefreiung (SE1)	600	III. Verkehrssteuern bei Massenverwertung	656
E. Insolvenzstrafrecht	612	IV. Ertragssteuern, insbesondere Besteuerung von Sanierungsgewinnen	657
I. Bankrottstraftaten	612		
1. Gläubigerbeschädigung	615	V. Steuerliche Stellung des Insolvenzverwalters	658
2. Gläubigerbegünstigung	618		
3. Verursachung des Vermögensverfalls	619	1. Steuerliche Pflichten	658
4. Verletzung der Pflichten im Insolvenzverfahren	622	2. Rechnungslegungspflichten	661
		3. Besteuerung von Verwaltereinkünften – Gewerbesteuerpflicht	669
5. Machenschaften im Insolvenzverfahren	623		
6. Verletzung der Pflicht zur wahren Vermögenserklärung	625	VI. Haftung für Steuerforderungen	671
		1. Geschäftsführer und Dritte	671
7. Verletzung der Pflicht bei der Verwaltung des fremden Vermögens	626	2. Insolvenzverwalter	676

A. Geschichte und Rahmenbedingungen der Insolvenz und Restrukturierung

I. Gesetz über den Konkurs und über den Ausgleich

1　Die **rechtliche Entwicklung** der Tschechischen Republik begann Anfang der neunziger Jahre. Zu den ersten Gesetzen zählt auch das Gesetz über den Konkurs und Ausgleich (nachstehend nur „**GKA**" genannt), welches unter Nr. 328/1991 Slg. am 1.10.1991 in Kraft getreten ist.

2　Die Unterbrechung der demokratischen Entwicklung des Staates hat sich im Inhalt des Gesetzes widergespiegelt. Als Inspirationsquelle diente die Konkursordnung Nr. 64/1931 Slg., welche am 1.8.1931 in Kraft trat. Ferner knüpften die Autoren des GKA an die Tradition der Konkursordnungen der Österreichisch-Ungarischen Monarchie an.

3　Der Stand der gesellschaftlichen Verhältnisse war jedoch weit entfernt von den Verhältnissen, an welchen die Inspirationsquellen gemessen waren. So war der Schwerpunkt des Gesetzes an einen Einzelkaufmann mit wenigen Gläubigern gerichtet. Die Autoren des Gesetzes wussten, dass sie ein schnelles und vorläufiges Gesetz vorlegen mussten, was auch aus ihrem Bericht zum Gesetz hervorgeht.

4　Die **Gläubiger,** einschließlich der abgesonderten Gläubiger, hatten nur begrenzte Möglichkeiten, auf das Verfahren Einfluss zu nehmen. Die Regeln über das Honorar des **Konkursverwalters** haben die Kosten des Verfahrens nicht beeinflusst. Ferner waren es sehr einfache Regeln für eine Eintragung in die Liste der Konkursverwalter, deren Anzahl bis zu 3.500 stieg. Diese Faktoren verursachten eine Durchschnittsdauer des Konkursverfahrens von ca. neun Jahren (nach der Information des tschechischen Justizministeriums).

5　Nach dem GKA war auch die Sanierung unter einem sog. „Ausgleich" möglich. Die Bedingungen waren jedoch so streng und unpraktisch formuliert, dass eine Vielzahl von Fällen – ca. 99 % – mit der **Liquidation** (Konkurs) abgeschlossen wurden (nach dem Bericht zum Insolvenzgesetz).

6　Die GKA wurde mehr als 20 Mal novelliert. Durch die **Novellen** wurden die Auslegungsfragen sowie die Modernisierungsbedürfnisse gelöst.

Internationales Insolvenzrecht – Tschechische Republik

II. Insolvenzgesetz

Die wirtschaftliche Entwicklung hat gezeigt, dass die Novellierung des Gesetzes die unbefriedigende Rechtslage nicht lösen kann. Daher wurde ein ganz neues Gesetz vorbereitet, welches alle Mängel beseitigen sollte. So wurde das Insolvenzgesetz Nr. 182/2006 Slg. (nachstehend nur „**IG**" genannt) am 30.3.2006 verabschiedet und trat am 1.1.2008 in Kraft. 7

Das IG wurde durch das Gesetz über die Insolvenzverwalter Nr. 312/2006 Slg. ergänzt, welches auch am 1.1.2008 in Kraft trat. Darüber hinaus wurden folgende Verordnungen erlassen: 8
- Verordnung 311/2007 Slg. über die Geschäftsordnung für das Insolvenzverfahren
- Verordnung Nr. 313/2007 Slg. über das Entgelt des Insolvenzverwalters
- Verordnung Nr. 314/2007 Slg. über die minimalen Grenzwerte der Versicherungsleistungen und über die minimalen Standards der Versicherungsverträge der Insolvenzverwalter

Das IG hat die Mehrheit der Begriffe und die Struktur des Verfahrens nach dem GKA aufgegeben und neu geregelt. Es beschreibt ein grundsätzlich **einheitliches Verfahren,** welches zu drei verschiedenen Arten der Lösung des Vermögensverfalls („**úpadek**" – der Begriff „úpadek" lässt sich am ehesten mit dem Ausdruck „Vermögensverfall" ins Deutsche übersetzen, in der Literatur wird jedoch auch uneinheitlich „Insolvenz", „Bankrott" oder „Zahlungsunfähigkeit" verwendet) führen kann: dem **Konkurs** (§§ 244 ff. IG), der **Reorganisation** (§§ 316 ff. IG) oder der **Entschuldung** (§§ 389 ff. IG). Eine Sonderkategorie stellt die Lösung des Vermögenverfalls der Finanzinstitutionen dar, für welche spezielle Vorschriften verankert sind (Kopf III §§ 367–388 IG). 9

Nach dem IG werden alle Insolvenzverfahren transparent verhandelt und die Insolvenzakten für alle außergerichtlichen Teilnehmer des Insolvenzverfahrens und für die Öffentlichkeit von Anfang an mittels des **Insolvenzregisters** zur Verfügung gestellt. 10

Gleichzeitig wurde eine neue **Liste der Insolvenzverwalter** eingeführt, in die nur Personen eingetragen werden dürfen, welche die vorgeschriebene Prüfung erfolgreich abgelegt haben. Dadurch wurde der Beruf des Insolvenzverwalters begründet. Das IG hat die **Sanierungsmittel** sowohl für große Firmen als auch für Verbraucher hervorgebracht. Für alle Unternehmer wurde auch die Möglichkeit des Schutzschirmes eingeführt, welcher als Moratorium bezeichnet wird. 11

Ein weiteres Ziel des IG war die **Kürzung der Verfahrenslänge.** Nach dem GKA hat die Durchschnittslänge des Gerichtsverfahrens in der Form des Konkurses ca. neun Jahre betragen. Die aktuellen Statistiken weisen eine Verkürzung der Länge der Gerichtsverfahren in der Form des Konkurses auf zwei bis drei Jahre auf (Anm.: andere Arten der Lösung des Vermögensverfalls nach dem IG kann man nicht mit dem GKA vergleichen. Die Schuldbefreiung wurde erst mit dem IG eingeführt. Die Reorganisation wurde ganz neu strukturiert, da der Ausgleich nach dem GKA nicht funktioniert hat. Daher kann man die Daten über die Länge der Verfahren nicht vergleichen). 12

Vor dem Inkrafttreten des IG wurden im Zeitraum von 2003 bis 2007 jährlich 3.800–4.000 Anträge auf Erklärung des Konkurses und 10–20 Ausgleichsanträge gestellt. Die statistischen Daten für den Zeitraum von 2015 bis 2017 sehen wie folgt aus: 13

Jahr	Firmenanträge	Verbraucheranträge	Insgesamt
2015	3.004	29.349	32.353
2016	2.438	27.067	29.505
2017	1.803	21.343	23.146
2018	1.343	19.352	20.695
2019	1.088	20.371 (Schuldbefreiung) 8.746 (nat. Person als Unternehmer)	30.205

Quelle: Creditreform s.r.o. (2015-2017, 2019)
Crefoport s.r.o. (2018)

Jahr	Anträge – Konkurs oder Reorganisation	Anträge – Schuldbefreiung	Insgesamt
2018	1.643	19.044	20.687
2019	1.530	28.701	30.231

Quelle: Justizministerium

Internationales Insolvenzrecht – Tschechische Republik

III. Novellierung des Insolvenzgesetzes

14   Das IG wurde nach fünf Jahren durch eine **große Novelle** revidiert, welche zum 1.1.2014 in Kraft trat. Bei der Revision des Gesetzes wurden viele Schwächen überprüft und erfolgreich beseitigt.

15   Mit dieser Novelle kam gleichzeitig ein revolutionärer Schritt für die tschechische Rechtsordnung. Das Zivilrecht wurde umgebaut. Das neue **Zivilgesetzbuch** mit der Gesetzesnummer 89/2012 Slg. (nachstehend nur „**Zivilgesetzbuch**") trat mit vielen zusammenhängenden Gesetzen in Kraft. Da bis zum Tag der Wirkung der Rekodifikation unsicher war, ob diese nicht auf einen späteren Zeitpunkt verschoben wird, war unklar, ob die Novelle des IG die Begriffe des neuen Rechts übernehmen sollte. Das ist letztlich nicht passiert und das IG beinhaltet bis dato manche Begriffe des alten Rechts.

16   Es hat sich gezeigt, dass der Vorteil des IG, dass alle Dokumente gescannt im Internet zur Verfügung stehen, auch missbraucht werden kann. In mehreren Fällen wurden nicht bestehende Forderungen im Insolvenzantrag geltend gemacht und die Schuldner, oft renommierte Firmen, erpresst. Der Gesetzgeber hat auf diese Versuche mit mehreren Novellen reagiert, in welchen die Anforderungen an die **Gläubigeranträge** verschärft wurden und eine **gerichtliche Vorprüfung** jedes Gläubigerantrages verankert wurde.

17   Ferner ist mit Wirkung zum 1.7.2017 eine Verordnung Nr. 191/2017 Slg. in Kraft getreten, mit welcher zu gewissen Schritten im Insolvenzverfahren obligatorische Formulare vorgeschrieben sind.

18   Es handelt sich um folgende Schritte:
- Antrag auf die Änderung des Verfahrensbeteiligten
- Stimmzettel für die Gläubigerversammlung
- Forderungsanmeldung (die Verordnung hat dieses Formular auch aufgenommen, obwohl es sich um keine Neuigkeit handelt. Das Formular der Forderungsanmeldung ist bereits seit dem 1.1.2008 notwendig)
- Liste der Forderungsanmeldungen
- Bestreitung der Forderung seitens des Gläubigers
- Formular für die Geltendmachung der Masseforderung
- Vermögensverzeichnis
- Schlussbericht
- Reorganisationsplan und Bericht zum Reorganisationsplan
- Antrag auf die Genehmigung der Schuldbefreiung
- mehrere Formulare für die Schriftstücke des Insolvenzverwalters

19   Am 1.6.2019 ist eine lang diskutierte Novelle in Kraft getreten. Das Ziel der Novelle war es, der Schuldbefreiung weitere Türen zu öffnen. Die bisherige Mindestquote von 30 % der Befriedigung der ungesicherten Gläubiger soll unter bestimmten Bedingungen durch eine Nullquote ersetzt werden. Die Novelle gilt nur für neue Verfahren, bei denen die Entscheidung über den Verfall erst während ihrer Gültigkeit erlassen wurde. Mit der Novelle ist eine Verordnung Nr. 121/2019 Slg., über die materielle Ausstattung und über die Standards der Ausübung der Funktion in Kraft getreten.

20   Zudem steht die Umsetzung der Richtlinie über präventive Restrukturierungsrahmen, die zweite Chance und Maßnahmen zur Steigerung der Effizienz von Restrukturierungs-, Insolvenz- und Entschuldungsverfahren und zur Änderung der Richtlinie 2012/30/EU bevor, die bei der Implementierung in die nationalen Rechtsordnungen weitreichende Veränderungen mit sich bringen wird (Richtlinienvorschlag 2019/1023 v. 20.6.2019). Das tschechische Justizministerium arbeitet derzeit an der Aufstellung einer Kommission, welche die Richtlinie implementieren soll.

20a   Der Gesetzgeber hat auf die außerordentliche Situation mit der Pandemie von COVID-19 mit einem Sondergesetz Nr. 191/2020 Slg. reagiert. Das COVID-19-Gesetz ist am 24.4.2020 in Kraft getreten und durch zwei Novellen mit der Reaktion auf die fortschreitende Pandemie geändert. Das COVID-19-Gesetz regelt Sondermaßnahmen, zu welchen insbesondere
- der Nachlass des Versäumnisses von Fristen insbesondere in gerichtlichen Zivil-, Verwaltungs-, Straf-, Zwangsvollstreckung- und Insolvenzverfahren sowie Verfahren bei dem Verfassungsgericht,
- Sondermaßnahmen im Insolvenzrecht,
- Maßnahmen in Bezug auf die juristischen Personen,

Internationales Insolvenzrecht – Tschechische Republik

- Anhalt der Verwertung der beweglichen und unbeweglichen Sachen in der Zwangsvollstreckung bis zum 31.1.2021 sowie Erhöhung des Mindestbetrags des Guthabens auf dem Bankkonto, welcher durch die Zwangsvollstreckung nicht in Beschlag genommen werden kann, zählen.

Im Bereich des Insolvenzrechts wurden folgende Maßnahmen eingeführt: **20b**
- **Vereinfachung der Zustellung** – die Schriftstücke werden nur dem Schuldner, der Person, über deren Antrag entschieden wird oder welche etwas tätigen soll, zugestellt. Dies gilt für den Zeitraum von 12 Monaten nach der Beendigung der Krisenmaßnahmen zur Bekämpfung der Pandemie.
- **Anhalt der Pflicht zur Stellung des Insolvenzantrages** – der Schuldner muss den Insolvenzantrag gem. § 98 Abs. 1 S. 1 IG nicht stellen. Dies gilt für den Zeitraum von 6 Monaten nach der Beendigung der Krisenmaßnahmen zur Bekämpfung der Pandemie; spätestens jedoch zum 30.6.2021. Diese Ausnahme gilt nicht für die Fälle, wann die Insolvenzgründe nicht wesentlich durch COVID -Situation verursacht wurden oder wann die Insolvenzgründe vor der Implementierung der Krisenmaßnahmen erfüllt wurden.
- **Schuldbefreiung in Form der Wohlverhaltensphase** – das Gericht kann auch niedrigere Raten des Schuldners erlauben, wobei die Mindestgrenze der Befriedigung der Gläubiger unter die Grenze von 50 % fallen kann. Ferner wird die Schuldbefreiung nicht aufgehoben, wenn die Nichterfüllung des wesentlichen Teiles des Ratenkalenders durch die Krisenmaßnahmen verursacht wurde. Ähnliches gilt für die Befreiung von Verbindlichkeiten, wenn die vorgeschriebene Quote nach der alten Rechtslage von 30 % bzw. 50 % nicht erreicht wird, wobei dies durch die Krisenmaßnahmen verursacht wurde.
- **Unterbrechung der Erfüllung des Reorganisationsplanes** – der Schuldner ist berechtigt, die Unterbrechung der Erfüllung des noch nicht erfüllten Reorganisationsplanes zu beantragen. Das Insolvenzgericht kann dies, bis die Krisenmaßnahmen andauern, anordnen. Wird diese Entscheidung erlassen, kann die Reorganisation in den Konkurs nicht umgewandelt werden.
- **Verlängerung des Zeitraumes der anfechtbaren Rechtsgeschäfte** – der Zeitraum, in welchem der Insolvenzverwalter die Rechtsgeschäfte des Schuldners anfechten kann (→ Rn. 530, Rn. 533 und Rn. 537 ff.), wird um den Zeitraum, wann die Krisenmaßnahmen angedauert haben, verlängert.
- **Einführung vom außerordentlichen Moratorium** – der Schuldner, welcher ein Unternehmer ist und welcher zum 5.10.2020 nicht im Vermögensverfall war, kann bis zum 30.6.2021 ein außerordentliches Moratorium gem. § 127a IG beantragen.

Für das außerordentliche Moratorium gelten grundsätzlich die gleichen Vorschriften wie für das **20c** bisherige Moratorium (→ Rn. 115 ff.). Der Schuldner kann die Verbindlichkeiten, welche mit der Fortführung des Unternehmens zusammenhängen, vorrangig vor den eher fälligen Verbindlichkeiten zahlen. Die Personen, welche gemäß des bisherigen Moratoriums die Verträge über die Lieferung von Energie, Dienstleistungen und Waren nicht beenden dürfen, müssen mit der Erfüllung dieser Verträge fortsetzen, es sei denn, es handelt sich um eine Verweigerung der Inanspruchnahme eines neuen Kredites oder anderer finanziellen Leistung in Folge der Verletzung der Bedingung für die Inanspruchnahme, welche vor der Erklärung des außerordentlichen Moratoriums eingetreten ist.

Zum Zwecke der Erleichterung der Situation der Geschäftsführung wurden die Bestandteile des Antrages vereinfacht, sodass die Erklärung des Schuldners über die örtliche Zuständigkeit, Anzahl der Arbeitnehmer, Erklärung, dass der Mittelpunkt der hauptsächlichen Interessen sich in der Tschechischen Republik befindet, Angabe über den Umsatz aus der letzten Buchhaltungsperiode, Ehrenerklärung über den Inhalt des Antrages und dass das außerordentliche Moratorium wegen COVID-19 beantragt wird, ausreicht. Das Insolvenzgericht kann das außerordentliche Moratorium auf Antrag des Schuldners höchstens um drei Monate verlängern. Für die Verlängerung des außerordentlichen Moratoriums ist die Zustimmung der Mehrheit der Gläubiger vorgeschrieben. Dies gilt nicht für die Anträge auf die Verlängerung des außerordentlichen Moratoriums, welche vor der 31.8.2020 gestellt wurden.

IV. Entwicklung der Rechtsprechung

Wegen der Transparenz und des einfachen Zutritts zur Rechtsprechung aller Instanzen entwickeln sich die Auslegung und die Insolvenzpraxis in dramatischer Geschwindigkeit. Sehr oft deckt sich die Auslegung der jeweiligen Vorschriften nicht mit dem Wortlaut des Gesetzestextes. Dadurch ist das Insolvenzrecht ein Sonderbereich geworden, bei welchem eine langjährige Praxis erforderlich ist. **21**

B. Vorinsolvenzliche Restrukturierung

I. Präventiver Restrukturierungsrahmen (EU) und dessen Umsetzung

22 Das tschechische Justizministerium stellt eine Arbeitskommission zusammen, welche einen Gesetzesentwurf erstellt.

II. Formlose/sonstige Restrukturierungswege

23 Die vorinsolvenzrechtliche Restrukturierung ist nach dem tschechischen Recht nur begrenzt geregelt. Es wird erwartet, dass die Restrukturierung entweder nach der Einigung mit den Gläubigern oder im Rahmen des IG erreicht wird. Die einzige Lösung der Restrukturierung, welche geregelt ist und vor der Einleitung des Insolvenzverfahrens ergriffen werden kann, ist die „**Schutzschirmprozedur**", auch bezeichnet als „**Moratorium**". Das Moratorium wird im weiteren Textverlauf näher beschrieben (→ Rn. 115 ff.).

C. Insolvenzverfahrensrecht

I. Antrag, Antragspflichten und Antragsinhalt

24 Der **Insolvenzantrag** kann gem. § 97 Abs. 2 IG regelmäßig sowohl vom Schuldner als auch von einem Gläubiger gestellt werden. Ein Sonderfall gilt gem. § 368 IG für die Insolvenz von Finanzinstituten, bei denen der Antrag zusätzlich auch von der tschechischen Zentralbank gestellt werden darf. Im Falle eines drohenden Vermögensverfalls ist einzig der Schuldner zur Stellung des Antrages berechtigt, da ihm zu diesem Zeitpunkt eine bessere Einschätzung der Situation zugesprochen wird.

25 Bei **juristischen Personen** muss der Antrag von der Geschäftsführung oder von dem gesetzlichen Vertreter eingereicht werden. Sofern es mehrere Personen gibt, die diese Position haben und berechtigt sind, selbstständig zu handeln, hat diese Pflicht jeder dieser Personen. Bei juristischen und natürlichen Personen, welche als Unternehmer auftreten, besteht eine **Verpflichtung zur Stellung des Insolvenzantrags**. Dieser muss gem. § 98 Abs. 1 IG unverzüglich nach der Kenntnisnahme des Zustandes des Vermögensverfalls bzw. ab dem Zeitpunkt, ab dem dieser Zustand hätte erkannt werden können, bei Gericht eingereicht werden. Ferner besteht die Pflicht in dem Fall, in dem die Zwangsvollstreckung gegen das Unternehmen des Schuldners beendet wurde, sofern sich herausgestellt hat, dass der Wert des Vermögens niedriger ist als die Summe der Schulden. Diese Pflicht gilt als nicht erfüllt, wenn das Insolvenzverfahren durch Verschulden des Antragstellers eingestellt oder der Insolvenzantrag abgelehnt wurde.

1. Inhalt des Insolvenzantrages

26 Bezüglich des Inhaltes des Insolvenzantrages haben die tschechischen Gerichte **strenge Anforderungen**, was zu einer hohen Anzahl an abgelehnten Insolvenzanträgen führt. Daher sollten die inhaltlichen Anforderungen genauestens beachtet werden. Durch Einreichen des Insolvenzantrages wird das Insolvenzverfahren eingeleitet. Der Antrag auf Eröffnung eines Insolvenzverfahrens wird gem. § 101 IG innerhalb von zwei Stunden nach Eingang bei Gericht mit allen relevanten Informationen im Insolvenzregister veröffentlicht. Über diese **Einleitung** werden gem. § 102 IG auch alle relevanten Ämter informiert. Mit der Novelle, welche zum 1.6.2019 die Mindestquote für die Schuldbefreiung abgeschafft hat, wurde dieser Aspekt entschärft. Die Insolvenzanträge, mit welchen ein Antrag auf die Schuldbefreiung verbunden ist, sowie weitere Dokumente müssen demnach innerhalb von drei Arbeitstagen im Insolvenzregister veröffentlicht werden.

2. Allgemeines zu dem Insolvenzantrag

27 Aus dem Insolvenzantrag muss gem. § 103 IG die Person des **Antragstellenden**, die des Schuldners und deren jeweilige Vertreter hervorgehen. Mit dem Antrag müssen Umstände dargelegt werden, welche die Insolvenz des Schuldners beweisen. Daneben müssen Tatsachen dargelegt werden, die das Einreichen eines Insolvenzantrages begründen und solche, die das Begehren des Antragstellers eindeutig ausführen.

28 Sofern der Antragsteller oder dessen Vertreter eine **Datenbox** (Anm.: Die Datenbox ist eine elektronische über das Internet verfügbare Schnittstelle, durch welche die Ämter Schriftstücke zustellen. Sobald eine Datenbox besteht, müssen die Ämter auf diesem Wege kommunizieren.

Internationales Insolvenzrecht – Tschechische Republik

Die Details sind im Gesetz Nr. 300/2008 Slg. geregelt) hat, müssen die Schriftstücke gem. § 80a IG ausschließlich über die Datenbox oder elektronisch mit der elektronisch garantierten Unterschrift abgeschickt werden. Eine Ausnahme gilt, wenn der elektronische Weg nicht möglich ist, was zu begründen ist. Wird ein schriftlicher Insolvenzantrag gestellt, muss die Unterschrift auf dem Insolvenzantrag beglaubigt werden. Bei Einschaltung eines Rechtsanwaltes muss die Unterschrift auf der Vollmacht beglaubigt werden und der Rechtsanwalt kann den Insolvenzantrag über die Datenbox abschicken.

3. Schuldnerantrag

Wird der Insolvenzantrag vom **Schuldner** gestellt, so sind gem. § 104 IG folgende **Dokumente** über das Unternehmen beizulegen: 29

- **Liste des Vermögens** einschließlich der Forderungen: In dieser Liste wird der Schuldner nach einzelnen Posten eigenes Vermögen aufzählen. Bei den Forderungen wird er den Sachverhalt kurz zusammengefasst schildern, wobei er sich ausdrücklich zu der Einbringlichkeit äußert. Ferner wird der Schuldner erklären, über welche Vermögensgegenstände das Gerichtsverfahren geführt wird.
- **Liste der Verbindlichkeiten:** In dieser Liste wird der Schuldner alle ihm bekannten Personen nennen, welche Forderungen oder Ansprüche gegen ihn haben oder diese zumindest geltend machen. Ferner sind die Höhe und das Datum der Fälligkeit der Verbindlichkeiten anzuführen. Sofern der Gläubiger ein enges Verhältnis mit dem Schuldner hat, mithin eine sog. nahestehende Person ist oder Konzernverbindung aufweist, muss dies von dem Schuldner ausdrücklich aufgeführt werden. Es ist anzugeben, welche Verbindlichkeiten gesichert sind und was als Sicherheit dient. (Anm.: Die nahestehende Person wird in § 22 des Zivilgesetzbuches so definiert, dass es sich um einen Verwandten in der geraden Linie, Geschwister, Ehemann oder Ehefrau sowie registrierten Lebenspartner handelt; andere Personen aus familiären oder anderen Verhältnissen gelten als nahestehende Person, sofern diese den Nachteil der anderen Person begründeterweise als eigenen Nachteil empfindet. Es wird vermutet, dass verschwägerte Personen oder Personen, die gemeinsam dauerhaft leben, ebenso nahestehenden Personen sind). Die Liste der Verbindlichkeiten muss der Schuldner nicht erstellen, wenn er gleichzeitig mit dem Insolvenzantrag den Antrag auf die Schuldbefreiung gestellt hat.
- **Liste der Arbeitnehmer:** Diese Liste ist auch in dem Falle beizulegen, in welchem der Schuldner keine Arbeitnehmer hat. Falls der Schuldner keine eigenen Arbeitnehmer beschäftigt, ist dies ausdrücklich zu erklären.
- Dokumente, welche das **Vorliegen des Vermögensverfalls** belegen: Es sind mindestens zwei Verbindlichkeiten verschiedener Gläubiger anzugeben. Die Verbindlichkeiten sind durch Verträge, Rechnungen, Bestellungen usw. nachzuweisen.

In den Listen muss der Schuldner erklären, dass sie vollständig und richtig sind. Weiterhin muss er diese unterschreiben.

Nach der Einleitung des Insolvenzverfahrens kann das Insolvenzgericht die Bezahlung des 30 Vorschusses für die Deckung der Kosten des Insolvenzverfahrens auferlegen. Dies wird in der Praxis genutzt. Der **Vorschuss** beträgt bis zu 50.000 CZK (ca. 2.000 EUR) (zur Höhe → Rn. 52 ff.). Wird der Vorschuss seitens des Schuldners nicht bezahlt, kann das Insolvenzgericht das Insolvenzverfahren einstellen. Eine Ausnahme für die Zahlung des Vorschusses gilt für den Antragsteller, welcher bereits mit dem Insolvenzantrag einen Antrag auf die Genehmigung der Schuldbefreiung stellt. Der Schuldner gewinnt nach der Bezahlung des Vorschusses keine Masseforderung auf die Rückerstattung des Vorschusses.

4. Gläubigerantrag

Wird der Antrag hingegen von einem Gläubiger gestellt, so muss dieser gem. § 105 IG nachweisen, einen fälligen und durchsetzbaren Anspruch gegen den Schuldner zu haben. Dieser muss durch eine **Forderungsanmeldung** auf dem vorgeschriebenen Formular geltend gemacht werden. 31

Ist der Schuldner eine juristische Person oder eine Person, welche Buchhaltung führt, so 32 bestehen gem. § 105 Abs. 1 IG zur Vermeidung von Missbrauch der Veröffentlichung des Insolvenzvertrags erhöhte Anforderungen an den **Nachweis über dessen Forderung**. Diese muss entweder durch eine beglaubigte Unterschrift des Schuldners von diesem anerkannt, durch eine vollstreckbare Entscheidung oder durch eine notarielle Urkunde mit Vollstreckungserlaubnis dokumentiert oder durch einen Wirtschaftsprüfer, einen Steuerberater oder einem Gerichtssachverständigen bestätigt worden sein. Ist der Antragsteller eine ausländische, natürliche Person oder hat er

Internationales Insolvenzrecht – Tschechische Republik

seinen Sitz außerhalb der Tschechischen Republik, so sind gem. § 105 Abs. 2 IG zur Verifizierung auch den tschechischen Dokumenten im Ausland gleichgestellte Nachweise ausreichend.

33 Wird ein Insolvenzantrag von einem Gläubiger beabsichtigt, wird der Antragsteller einen **Vorschuss** gem. § 108 IG für die Kosten des Verfahrens bezahlen müssen. Dieser muss bei der Antragstellung geleistet. Praktisch heißt dies, dass der Vorschuss vorher auf das Bankkonto des Insolvenzgerichtes einzuzahlen und ein Nachweis darüber dem Insolvenzantrag beizulegen ist (zur Höhe → Rn. 52 ff.).

34 Das Subjekt, das den Vorschuss bezahlt hat, gewinnt die **Masseforderung auf die Rückerstattung des Vorschusses**. Diese wird nach dem Stand der Insolvenzmasse bezahlt. Eine Ausnahme gilt für Arbeitnehmer, welche einen arbeitsrechtlichen Anspruch geltend machen, sowie für Verbraucher, die einen Anspruch aus dem Verbrauchervertrag geltend machen. Ferner gilt eine Ausnahme für den Beitritt zu einem bereits eingeleiteten Insolvenzverfahren, da ein weiterer Antragsteller keinen Vorschuss bezahlen muss.

35 Geändert durch die neue Novelle, findet mit der Einreichung des Insolvenzantrages durch einen Gläubiger innerhalb eines Werktages gem. § 100a IG zunächst eine **vorläufige Prüfung** des Gerichts statt. Dadurch werden Insolvenzanträge, auf deren Grundlage offensichtlich kein Insolvenzverfahren eröffnet werden würde, schon im Voraus abgelehnt und somit die Veröffentlichung des Insolvenzantrages vermieden. Diese Maßnahme wurde durch die Reformierung des tschechischen IG 2017 eingeführt und soll insbesondere Missbräuche der Veröffentlichung der Insolvenzanträge verhindern, da sich das Erscheinen eines Unternehmens im Insolvenzregister als folgenreich gestalten und einen erheblichen Vertrauensverlust von Anteilseignern und Geschäftspartnern mit sich bringen kann. Diese vorläufige Prüfung kann allerdings nur mäßigen Erfolg für sich verbuchen, da es den zuständigen Richtern regelmäßig kaum möglich ist, sich innerhalb eines Werktages einen Überblick über sämtliche eingereichte Unterlagen zu verschaffen.

II. Zuständiges Gericht

36 Der Antrag muss gem. § 97 Abs. 1 beim zuständigen Gericht eingereicht werden, welches gem. §§ 7a und 7b IG grundsätzlich das **Kreisgericht** am Sitz des Schuldners ist. Sofern der Schuldner keinen Sitz hat, richtet sich die **örtliche Zuständigkeit** nach dem Aufenthaltsort des Schuldners.

37 Die zuletzt eingeführte Novelle zur Vorbeugung von „Forum Shopping" ist eine Neuregelung für die Schuldner, die im Handelsregister eingetragen sind. Für sie ist nun der Sitz ausschlaggebend, welcher sechs Monate vor der Stellung des Insolvenzantrages im Handelsregister eingetragen war. Eine **Sondervorschrift** für die örtliche Zuständigkeit des Gerichtes gilt für Konzerne. Sofern ein Insolvenzverfahren, in dem ein Subjekt aus dem Konzern als Schuldner auftritt, geführt wird, ist auch dieses Insolvenzgericht zuständig. Der Antragsteller kann daher frei entscheiden, bei welchem Gericht er das Insolvenzverfahren einleitet.

38 Das Insolvenzverfahren kann über einen **ausländischen Schuldner** geführt werden, welcher ein Unternehmen im Bezirk eines Kreisgerichtes hat, sofern in der europäischen VO (EU) 2015/848 (nachstehend nur „EUInsVO" genannt) nichts Abweichendes steht.

39 Das Insolvenzfahren wird eingeleitet, sobald der Antrag einem Kreisgericht zugestellt wird. Gleichgültig ist, ob das Gericht örtlich zuständig ist. Der Antrag, der einem örtlich unzuständigen Gericht zugestellt ist, wird als vollwertiger Antrag behandelt. Das Gericht kann vor der Entscheidung über eine etwaige örtliche Unzuständigkeit vorläufige Maßnahmen treffen, wie die Bestellung eines vorläufigen Insolvenzverwalters, eines vorläufigen Gläubigerausschusses, die Ablehnung des Insolvenzantrages und die Nichtveröffentlichung der Dokumente im Insolvenzregister.

40 Bereits aus dem Aktenzeichen des jeweiligen Verfahrens kann ermittelt werden, welches Insolvenzgericht das Insolvenzverfahren führt. Der Anfang des Aktenzeichens beinhaltet vier Buchstaben, welche die Abkürzung des jeweiligen Gerichtes darstellen.

41 Es gelten folgende Abkürzungen:

Gericht	Abkürzung
Stadtgericht in Prag – Městský soud v Praze	MSPH
Kreisgericht in Prag – Krajský soud v Praze	KSPH
Kreisgericht in Pilsen – Krajský soud v Plzni	KSPL
Kreisgericht in Ústí nad Labem – Krajský soud v Ústí nad Labem	KSUL
Kreisgericht in Ústí nad Labem, Niederlassung Liberec – Krajský soud v Ústí nad Labem, pobočka Liberec	KSLB

Internationales Insolvenzrecht – Tschechische Republik

Gericht	Abkürzung
Kreisgericht in Brno – Krajský soud v Brně	KSBR
Kreisgericht in České Budějovice – Krajský soud v Českých Budějovicích	KSCB
Kreisgericht in Hradec Králové – Krajský soud v Hradci Králové	KSHK
Kreisgericht in Hradec Králové, Niederlassung Pardubice – Krajský soud v Hradci Králové, pobočka Pardubice	KSPA
Kreisgericht in Ostrava – Krajský soud v Ostravě	KSOS
Kreisgericht in Ostrava, Niederlassung Olomouc – Krajský soud v Ostravě, pobočka Olomouc	KSOL

III. Verfahren und Rechtsmittel

42　Die Gerichtsentscheidungen im Insolvenzverfahren sind gem. § 89 IG grundsätzlich, im Unterschied zu den Entscheidungen nach der allgemeinen Zivilprozessordnung, mit der **Veröffentlichung im Insolvenzregister** wirksam. Die Rechtsmittel haben daher grundsätzlich keine aufschiebende Wirkung.

43　Die Entscheidungen, die während der **mündlichen Verhandlung** erlassen werden, sind gegenüber den Verfahrensbeteiligten sowie gegenüber dem Insolvenzverwalter wirksam, sobald diese erklärt werden. Die Entscheidungen in der Sache selbst sind gegenüber allen Verfahrensbeteiligten sowie gegenüber dem Insolvenzverwalter wirksam, sobald diese öffentlich erklärt werden. Bei Entscheidungen, welche in dem Insolvenzregister veröffentlicht werden müssen, muss dies spätestens am nachfolgenden Werktag in vereinfachter Form geschehen. Mit dem Tag der Veröffentlichung sind diese Entscheidungen wirksam.

44　Der **ordentliche Verlauf** des Insolvenzverfahrens wird durch die Aufsicht des Insolvenzgerichts sichergestellt. Damit das Insolvenzgericht diese Aufgabe erfüllen kann, kann es **Aufsichtsbeschlüsse** gem. § 11 IG erlassen. Gegen die Entscheidungen des Insolvenzgerichtes ist kein Rechtsmittel zulässig. Theoretisch ist nur die Verfassungsbeschwerde gegen eine solche Entscheidung denkbar.

45　Über die **Berufungen** gegen die Entscheidungen der ersten Instanz sollen die Berufungsgerichte – Obergericht in Prag und Obergericht in Olomouc – möglichst schnell entscheiden. Für die Entscheidung über die Rechtsmittel gegen gewisse Gerichtsbeschlüsse – Beschluss über die einstweilige Verfügung, Beschluss über den Vermögensverfall, Beschluss über die Art der Lösung des Verfalls und Beschluss über die Genehmigung des Reorganisationsplanes – gilt gem. § 93 IG eine Frist von zwei Monaten. In der Praxis wird diese Frist nicht immer eingehalten.

46　Zur Beschleunigung der Verfahren bei den Berufungsgerichten werden die Fälle eingeschränkt, in denen das Gericht die **mündliche Verhandlung** gem. § 94 IG anordnen muss. Es handelt sich dabei um Fälle, in denen es darum geht, wann die Berufung abgelehnt oder das Berufungsverfahren eingestellt oder unterbrochen wird. Ferner geht es auch um Fälle, bei denen die Entscheidung der ersten Instanz aufgehoben oder bei denen über die Verfahrenskosten entschieden wird, sowie wann sich die Berufung gegen eine Entscheidung der ersten Instanz richtet, welche ohne mündliche Verhandlung oder nicht in der Sache selbst erlassen wurde.

47　Gegen die von den Rechtspflegern oder von den Assistenten des Richters erlassenen Entscheidungen ist es möglich, die **Rechtsmittel** gem. § 9 des Gesetzes Nr. 121/2008 Slg. unter den gleichen Bedingungen zu erheben, unter denen dies gegen die Entscheidung des Einzelrichters möglich wäre. Eine Berufung, die sich gegen die vom Rechtspfleger erlassene Entscheidung richtet, wird dem Senatsvorsitzenden (Einzelrichter) vorgelegt. Dieser kann, sofern er zum Schluss gekommen ist, der Berufung stattzugeben, über sie entscheiden. Diese Entscheidung kann mit der **Berufung** angefochten werden.

48　Ist gegen die Entscheidung, welche der Rechtspfleger oder der Assistent erlassen hat, kein Rechtsmittel zulässig, kann der Verfahrensbeteiligte gem. § 9 Abs. 2 des Gesetzes Nr. 121/2008 Slg. gegen diese Entscheidung innerhalb von 15 Tagen nach der Zustellung der schriftlichen Ausfertigung **Einwendungen** erheben. In diesen Einwendungen dürfen keine neuen Tatsachen oder Beweise geltend gemacht werden. Über die Einwendungen wird der Senatsvorsitzende entscheiden, wenn er die Entscheidung des Rechtspflegers oder des Assistenten ohne mündliche Verhandlung entweder bestätigt oder ändert. Gegen die Entscheidung des Senatsvorsitzenden ist kein Rechtsmittel zulässig. Sofern es sich nicht um eine Entscheidung über die einstweilige Verfügung oder um eine Entscheidung in der Sache selbst handelt und die Berufung zulässig ist, kann

Internationales Insolvenzrecht – Tschechische Republik

der Berufung auch das Gericht erster Instanz stattgeben und die einschlägige Entscheidung gem. § 95 IG ändern.

49   In der Entscheidung des Obersten Gerichtshofs (20.1.2011 – 29 NSČR 30/2010) wird näher definiert, was eine **Entscheidung in der Sache selbst** ist. Diese Entscheidung ist in folgende drei Gruppen eingestuft:
- Statusentscheidungen des Insolvenzgerichtes, welche die Stellung des Schuldners im Insolvenzverfahren ändern; die Auflistung dieser Entscheidungen ist in der genannten Entscheidung beinhaltet;
- Entscheidungen, durch welche endgültig das Vermögen zwischen die Gläubiger verteilt wird;
- Entscheidungen, durch welche der Prozess der Verwertung vor der endgültigen Befriedigung der Forderungen der Gläubiger abgeschlossen wird.

50   Die Wiederaufnahme des Insolvenzverfahrens ist gem. § 96 IG untersagt. Andere **Rechtsmittel** wie die **Revision,** die als Rechtsmittel zur Beseitigung von der fehlerhaften rechtlichen Beurteilung des Falles zu verstehen ist, und die **Nichtigkeitsklage,** welche zur Beseitigung von schweren Verfahrensfehlern dient, bleiben im Insolvenzverfahren unberührt. Das Rechtsmittel gegen den Insolvenzantrag des Schuldners ist gem. § 141 IG ausgeschlossen. Die Berufungsgründe sind eingeschränkt. Gegen die Entscheidung über den Vermögensverfall, welche aufgrund eines Gläubigerinsolvenzantrages erlassen wurde, ist nur das Rechtsmittel des Schuldners zulässig. In der **Berufung** kann nur behauptet werden, dass der Vermögensverfall nicht belegt wurde. Tatsachen, welche nach der Entscheidung der ersten Instanz eingetreten sind, werden nicht berücksichtigt. Ferner kann nicht behauptet werden, dass der Antragsteller keine fällige Forderung hat.

51   Damit die prozessualen Schritte auf einer festen Grundlage stehen, ist gem. § 83 IG der Fristnachlass oder ein Versäumnis der Verhandlung einschließlich der Gläubigerversammlung oder Prüfungsverhandlung ausgeschlossen.

IV. Verfahrenskosten und Folgen bei fehlender Deckung

52   Das tschechische Insolvenzrecht hat sich in die Richtung entwickelt, dass das Verfahren grundsätzlich nur dann durchgeführt werden kann, wenn die Kosten des Insolvenzverfahrens gedeckt sind. Für die **Deckung der Kosten** des Insolvenzverfahrens ist der Antragsteller verantwortlich. Dieser zahlt den **Vorschuss** für die Kosten des Insolvenzverfahrens.

53   Die Pflicht zur Zahlung des Vorschusses haben nicht Arbeitnehmer, die einen arbeitsrechtlichen Anspruch geltend machen, Verbraucher, welche einen Anspruch aus dem Verbrauchervertrag geltend machen sowie Schuldner, die eine Schuldbefreiung anstreben. Der mit der Antragstellung zu zahlende Vorschuss beträgt wie folgt:
- bei einem Schuldner, der eine juristische Person und ein Unternehmer ist: 50.000 CZK (ca. 2.000 EUR),
- bei einem Schuldner, der eine natürliche Person oder eine juristische Person, aber **kein** Unternehmer ist: 10.000 CZK (ca. 400 EUR).
- Darüber hinaus kann das Insolvenzgericht zur Bezahlung des Vorschusses bis zu 50.000 CZK (ca. 2.000 EUR) auffordern.

54   Wird der Vorschuss nicht bezahlt, wird das Verfahren eingestellt oder das Insolvenzgericht kann den Vorschuss gegenüber dem Antragsteller eintreiben, was eine eher theoretische Möglichkeit ist.

V. Verfahrensöffentlichkeit und Akteneinsicht

55   Der Zutritt zu den Informationen besteht aus drei Quellen: (1.) Insolvenzakte, (2.) Insolvenzregister und (3.) Akte des Insolvenzverwalters.

1. Insolvenzakte

56   Die Verfahrensbeteiligten können die **Insolvenzakte** beim Insolvenzregister des Insolvenzgerichts einsehen. Nach telefonischer Bestellung wird die Insolvenzakte zur Verfügung gestellt. Anderen Personen kann die Akteneinsicht auf Antrag gestattet werden, sofern diese ein rechtliches Interesse oder ein anderes ernsthaftes Interesse haben.

2. Insolvenzregister

57   Das gem. § 419 IG vom tschechischen Justizministerium verwaltete **Insolvenzregister** beinhaltet alle Informationen von natürlichen und juristischen Personen, die sich im tschechischen Insol-

venzverfahren befinden. Das Register ist für jedermann unter „www.justice.cz" einsehbar und sorgt für eine umfassende Transparenz des Gerichtsverfahrens.

Regelmäßig werden gem. § 421 Abs. 1 IG sämtliche Entscheidungen des Gerichts zu allen Rechtssachen sowie alle Unterlagen der Gerichtsakte eingescannt und hochgeladen. Diese umfassen Angaben über Antragsteller, Schuldner, Insolvenzgericht und Zeitpunkt der Antragstellung. Damit steht beinahe die gesamte Insolvenzakte der **Öffentlichkeit** zur Verfügung. 58

Das Insolvenzverfahren ist ein kollektives Verfahren. Zur Zustellung von Schriftstücken gegenüber den Gläubigern wird das Insolvenzregister genutzt. Das Justizministerium hat das Insolvenzregister der Öffentlichkeit auch digital eröffnet. Es gibt viele Privatsubjekte, die eine **Software zur Überwachung des Insolvenzregisters** anbieten. Sobald ein Insolvenzantrag hinsichtlich einer in der Liste aufgeführten, zu überwachenden Person gestellt wird, gibt diese Software eine Meldung an alle die Software nutzenden Nutzer. Auf diese Situation kann rechtlich reagiert werden. Die etwaigen Mängel dieser Software liegen in der Verantwortung des Nutzers. 59

3. Akte des Insolvenzverwalters

Die **Verfahrensbeteiligten** können gem. § 12 der Verordnung Nr. 311/2007 Slg. begrenzt in die Akte des Insolvenzverwalters Einsicht nehmen und zwar in die Liste der Forderungsanmeldungen sowie in die Unterlagen, aufgrund derer diese Liste zusammengestellt wurde. Vor allem können die Verfahrensbeteiligten die Anlagen der Forderungsanmeldung einsehen, welche im Insolvenzregister nicht zu finden sind. 60

VI. Anerkennung des Verfahrens im Ausland

Die Anerkennung der tschechischen Entscheidungen erfolgt aufgrund der EUInsVO und außerhalb dieser Verordnung aufgrund der bilateralen Abkommen über die Anerkennung der zivilrechtlichen Entscheidungen. 61

VII. Verfahrensbeendigung (Verweis auf Regelfall und Insolvenzplanverfahren)

Das Insolvenzverfahren wird aufgrund der Entscheidung des Insolvenzgerichtes beendet. Das Verfahren kann zudem aufgrund folgender Gründe vor der Entscheidung über den Vermögensverfall unabhängig von der beantragten Art der Lösung des Vermögensverfalles beendet werden: 62

1. Ablehnung des Insolvenzantrages wegen Unbestimmtheit oder Unverständlichkeit

Ein zulässiger Insolvenzantrag liegt nicht vor, wenn dieser **unbestimmt** oder **unverständlich** ist. Verfügt er nicht über alle Bestandteile und hat der Antragsteller den Mangel nicht während der von dem Insolvenzgericht festgesetzten Frist beseitigt, wird das Insolvenzgericht den unbestimmten oder unverständlichen Insolvenzantrag gem. § 128 IG ablehnen. 63

2. Ablehnung des Insolvenzantrages wegen Unbegründetheit (Missbrauch)

Das Insolvenzgericht kann den Antrag wegen der **offensichtlicher Unbegründetheit** gem. § 128a IG ablehnen. Beispielhaft werden die Fälle aufgezählt, bei denen es sich um einen unbegründeten Insolvenzantrag handelt: 64
- Der Antragsteller begründet den Insolvenzantrag mit einer Forderung, welche für die Entscheidung über den Vermögensverfall nicht berücksichtigt wird.
- Es handelt sich um einen wiederholt gestellten Insolvenzantrag, wenn der Antragsteller nicht nachweist, dass er die in der vorherigen Entscheidung des Insolvenzgerichtes festgelegten Pflichten nicht erfüllt hat.
- Der Insolvenzantrag verfolgt offensichtlich einen Missbrauch der Rechte des Antragstellers zuungunsten des Schuldners.
- Der Antragsteller hat den vorgeschriebenen Vorschuss auf die Verfahrenskosten nicht bezahlt.

Mit der Ablehnung des Insolvenzantrages kann das Insolvenzgericht eine **Geldstrafe** in Höhe von bis zu 500.000 CZK (ca. 20.000 EUR) auferlegen. Der Antragsteller kann einen neuen Insolvenzantrag erst nach Ablauf der Frist von sechs Monaten nach der Rechtskraft der Entscheidung über die Ablehnung stellen. Eine Ausnahme gilt für den Fall, in dem der Antrag nur wegen der Nichtbezahlung des Vorschusses abgelehnt wurde. 65

3. Zurücknahme des Insolvenzantrages

66 Der Antragsteller kann den Insolvenzantrag bis zum Erlass der Entscheidung über den Vermögensverfall oder bis zur Rechtskraft einer anderen Entscheidung über den Insolvenzantrag gem. § 129 IG zurücknehmen. Ein Gläubiger, der den Insolvenzantrag zurückgenommen hat, kann einen neuen Insolvenzantrag für die gleiche Forderung erst 6 Monate nach der Zurücknahme stellen.

67 Das Insolvenzgericht reagiert auf die Zurücknahme mit der **Einstellung des Insolvenzverfahrens** gem. § 130 IG. Gibt es mehrere Antragsteller und nur einer von diesen nimmt den Insolvenzantrag zurück, wird das Insolvenzverfahren nur gegenüber diesem eingestellt. Ein Rechtsmittel gegen diese Entscheidung ist zulässig, wobei nur der Antragsteller zu dem Rechtsmittel berechtigt ist. Wird der Insolvenzantrag aus dem Grund zurückgenommen, dass der Schuldner die Forderung bezahlt hat, trägt der Antragsteller nicht die Verfahrenskosten.

4. Zurückweisung des Insolvenzantrages

68 Nach der vorläufigen Prüfung kommt die **Phase der inhaltlichen Prüfung des Insolvenzantrages.** Dies bezieht sich sowohl auf den Schuldnerantrag als auch auf den Gläubigerantrag. Bei dem Schuldnerantrag gelten vereinfachte Regeln gem. § 132 Abs. 1 IG für die Prüfung des Antrages, da das Hauptziel des IG die Einleitung des Insolvenzverfahrens durch den Schuldner ist. So reicht es aus, wenn die relevanten Informationen durch den Antrag selbst oder durch die Anlagen nachgewiesen werden. Zeigen der Schuldnerantrag und dessen Anlage, dass der Vermögensverfall vorliegt, ist über den Antrag gem. § 134 IG innerhalb von 15 Tagen zu entscheiden.

69 Die Tatsachen, nach welchen das Insolvenzgericht entscheidet, müssen gem. § 131 IG bescheinigt werden (niedrigerer Umfang als bei dem Nachweis der Tatsachen). Zur **Bescheinigung der Tatsachen** über das eventuelle Bestehen des Vermögensverfalls ist das Insolvenzgericht verpflichtet, auch andere Beweise als die von den Verfahrensbeteiligten Vorgeschlagenen gem. § 86 IG zu erheben.

70 Bei den Gläubigeranträgen prüft das Insolvenzgericht, ob auch weitere Forderungen bestehen, indem er die von dem Gläubiger genannten Gläubiger anschreibt und sie nach weiteren Forderungen gegen den Schuldner fragt.

71 Sind die Voraussetzungen für die Entscheidung über den Vermögensverfall nicht erfüllt, entscheidet das Insolvenzgericht über die **Zurückweisung des Insolvenzantrages** gem. § 143 IG. Ferner regelt das Insolvenzgericht spezifische Varianten, wenn formal die Voraussetzungen erfüllt sind, aber über den Vermögensverfall nicht entschieden werden kann.

72 Die tschechische Rechtsprechung wurde durch die **künstliche Schaffung von Gläubigermehrheiten**, wenn also ein Gläubiger einen Teil seiner Forderung an ein anderes Subjekt abtritt, negativ beeinflusst. Gemäß § 143 Abs. 2 IG wird daher kein weiterer Gläubiger berücksichtigt, wenn dieser die Forderung des Antragstellers sechs Monate vor der Stellung des Insolvenzantrages erworben hat. Die Rechtsprechung war sich am Anfang nicht ganz einig, ob unmittelbar nach sechs Monaten der neu entstandene Gläubiger berücksichtigt werden soll. Sie kam schließlich zu dem Ergebnis, dass die Frist von sechs Monaten ein striktes Verbot sei und es danach vom Ermessen des Insolvenzgerichtes abhinge, wie es die Abtretung von Forderungen würdigt (Oberes Gericht Prag 2.4.2015 – 3 VSPH 7/2015-A-24).

73 Sofern sich der Schuldner im Vermögensverfall in Form der Zahlungsunfähigkeit (genauer der Überschuldung) befindet, wird das Insolvenzgericht den Gläubigerantrag gem. § 143 Abs. 3 IG dann ablehnen, wenn der im guten Glauben handelnde Schuldner bescheinigt, dass seine Zahlungsunfähigkeit durch widerrechtliches Verhalten eines Dritten entstanden ist und dass er die Zahlungsunfähigkeit bis zu drei Monate nach der Fälligkeit seiner Verbindlichkeiten überwindet.

5. Einstellung des Insolvenzverfahrens

74 Die **Einstellung des Insolvenzverfahrens** gehört zu den formellen Entscheidungen, durch welche das Insolvenzverfahren ohne materielle Prüfung des Insolvenzantrages beendet wird. Zur Einstellung des Insolvenzverfahrens kommt es gem. § 142 IG, wenn die **prozessualen Bedingungen** nicht erfüllt sind, Mängel nicht beseitigt werden können oder deren Beseitigung nicht gelungen ist.

75 Des Weiteren kann das Insolvenzverfahren eingestellt werden, wenn der Vorschuss auf die Verfahrenskosten gem. § 108 IG nicht bezahlt wird. Das ist der Regelverlauf des Insolvenzverfahrens, da die Gerichte die Situation vermeiden wollen, dass die Kosten von dem Staat getragen werden.

Internationales Insolvenzrecht – Tschechische Republik

Wenn die Voraussetzungen des Vermögensverfalls oder des drohenden Verfalls bei dem Schuldnerantrag erfüllt sind, wird das Insolvenzgericht die **Entscheidung über den Vermögensverfall** erlassen. Die Entscheidungen über die Beendigung des Insolvenzverfahrens nach der Entscheidung über den Vermögensverfall sind an den nachfolgend genannten Stellen näher beschrieben:
- Konkurs (→ Rn. 103 ff.),
- Reorganisation (→ Rn. 350 ff.),
- Schuldbefreiung (→ Rn. 555 ff.),
- Vor der Entscheidung über die Lösung des Vermögensverfalls (→ Rn. 159 ff.).

VIII. Anerkennung von ausländischen Verfahren

Das tschechische Insolvenzrecht verpflichtet die **Veröffentlichung** von den in den **Mitgliedstaaten der EU erlassenen Entscheidungen** über die Einleitung des Insolvenzverfahrens und die Bestellung des Insolvenzverwalters gem. § 429 IG. Das dem Schuldner zugeteilte Insolvenzgericht wird diese Entscheidung durch eine Verkündung unverzüglich veröffentlichen. Zu dem Antrag ist der Insolvenzverwalter, der verfügungsberechtigte Schuldner oder ein anderes, nach dem ausländischen Recht bestimmtes Organ berechtigt. Sofern dies beantragt wird, wird das Insolvenzgericht die Angabe über den Insolvenzverwalter und über die Bestimmung, nach welcher die internationale Zuständigkeit des ausländischen Gerichtes begründet ist, veröffentlichen.

Die Entscheidungen sind dann im **Insolvenzregister** veröffentlicht. Dies erfolgt nicht zusammen mit anderen Entscheidungen der tschechischen Gerichte. Ausländische Entscheidungen haben einen eigenen Bereich im Insolvenzregister („Evidence údajů o cizozemském rozhodnutí").

Die relevante Rechtslage hinsichtlich der **Anerkennung der ausländischen Insolvenzverfahren** findet sich in § 111 des Gesetzes Nr. 91/2012 Slg. über das internationale Privatrecht in der letzten Fassung. Diese Vorschrift dehnt die Kollisionsnormen der EUInsVO auf die Insolvenzverfahren aus, welche die Nichtmitgliedstaaten der EU betreffen.

Die Entscheidungen in den **Insolvenzverfahren außerhalb der Rechtsordnungen**, für welche die EUInsVO nicht gilt, werden gem. § 111 Abs. 5 des genannten Gesetzes unter den folgenden Bedingungen anerkannt:
- Bedingung der Gegenseitigkeit,
- das wirtschaftliche Hauptinteresse des Schuldners befindet sich in dem Staat, welcher die jeweilige Entscheidung erlassen hat und
- das Vermögen des Schuldners bildet nicht den Gegenstand eines bereits früher eingeleiteten Verfahrens.

Diese Vorschrift regelt auch die Bedingungen für die **Herausgabe der beweglichen Sachen** auf Antrag des ausländischen Gerichtes oder eines anderen zuständigen Organs. Es handelt sich um vier Bedingungen:
- Bedingung der Gegenseitigkeit,
- das Vermögen des Schuldners bildet nicht den Gegenstand eines bereits früher eingeleiteten Verfahrens,
- die Aussonderungsrechte hinsichtlich der betroffenen Sachen wurden befriedigt und
- die vor der Zustellung des Antrages des ausländischen Gerichtes oder eines anderen zuständigen Organes bestellten Rechte der gesicherten Gläubiger wurden befriedigt.

In den Vorschriften §§ 113–114 des Gesetzes über das internationale Privatrecht sind die Regeln über den Vermögensverfall einer Finanzinstitution und in §§ 115–116 die Regeln über den Vermögensverfall einer Versicherungsanstalt aufgeführt.

D. Materielles Insolvenzrecht

I. Anwendungsbereich

1. Insolvenzgründe

Voraussetzungen für die Einleitung des Insolvenzverfahrens ist das Vorliegen eines „**Vermögensverfalls**". Als ein solcher kommen gem. § 3 IG **Zahlungsunfähigkeit** und **Überschuldung** sowie die **drohende Zahlungsunfähigkeit** in Betracht.

a) Zahlungsunfähigkeit. Ein Schuldner ist gem. § 3 Abs. 1 IG zahlungsunfähig, wenn er mindestens zwei Gläubiger hat, fällige finanzielle Verpflichtungen mehr als 30 Tage nach Fälligkeit bestehen und er diese nicht erfüllen kann (**Liquiditätstest**).

Internationales Insolvenzrecht – Tschechische Republik

85 Zur Vereinfachung der Beurteilung des Zustandes der Unfähigkeit, die Schulden zu erfüllen, wurden gem. § 3 Abs. 2 IG vier **Vermutungen** eingeführt:
- der Schuldner hat die Zahlung des wesentlichen Teils seiner Verpflichtungen ausgesetzt,
- der Schuldner ist mit der Begleichung seiner Verpflichtungen mehr als drei Monate in Verzug,
- eine gerichtliche Vollstreckung wegen fälliger Verpflichtungen ist nicht durchsetzbar oder
- der Schuldner hat die Pflichtverzeichnisse nach Aufforderung des Insolvenzgerichts nicht eingereicht.

86 Alle Vermutungen sind widerlegbar (Oberster Gerichtshof 1.3.2012 – 29 NSČR 38/2010). Sofern der Antragsteller nachweist, dass eine der Vermutungen gegeben ist, muss der Schuldner das Gegenteil nachweisen. Dies kann er zB durch den Beweis tun, dass er genug Finanzmittel für die Bezahlung zur Verfügung hat.

87 Auch die anderen Vermögensbestandteile werden unter der Voraussetzung berücksichtigt, dass der Schuldner im Stande ist, die Vermögensgegenstände zur Befriedigung praktisch zu nutzen. Zuerst wird judiziert, dass die Forderungen des Schuldners nicht berücksichtigt werden, welche er nicht zur Befriedigung der fälligen Verbindlichkeiten nutzen kann (Oberster Gerichtshof 2.12.2010 – 29 NSČR 10/2009). Danach wird judiziert, dass sich diese Schlussfolgerung auf alle Vermögensgegenstände bezieht (Oberster Gerichtshof 27.10.2011 – 29 NSČR 36/2009).

88 Natürlich gilt für jeden Schuldner, dass er berechtigt ist, strittige Forderungen abzulehnen. Die Rechtsprechung hat in diesem Sinne abgeleitet, dass zwischen der **Unfähigkeit** und der **Unwilligkeit** zu trennen ist. Der Schuldner, der fähig ist, die strittige Forderung zu erfüllen, muss die strittige Forderung auch gegen seinen Willen nicht zahlen (Stellungnahme des Obersten Gerichtshofs, Az. Cpjn 19/98).

89 Demgegenüber besteht nach der letzten Novelle zum Schutz gegen missbräuchliche Insolvenzanträge nun eine Vermutung zugunsten der Zahlungsfähigkeit (**negative Vermutung**). Die Inspiration stammt aus dem Institut des deutschen Rechts, die sog. Liquiditätslücke. Diese kann von einem als Unternehmer auftretenden und Buchhaltung führendem Schuldner zur Erfüllung gem. § 3 Abs. 3 IG nachgewiesen werden, wenn aus einem Dokument über den Liquiditätszustand hervorgeht, dass die Differenz zwischen der Gesamtsumme der ausstehenden finanziellen Verbindlichkeiten und den verfügbaren Mitteln (**Liquiditätslücke**) weniger als ein Zehntel der Höhe der ausstehenden finanziellen Verbindlichkeiten beträgt. Selbiges wird vermutet, wenn ein Nachweis darüber vorgelegt werden kann, dass zu erwarten ist, dass die Liquiditätslücke in einem absehbaren Zeitraum weniger als ein Zehntel der ausstehenden Verbindlichkeiten betragen wird.

90 Ein solcher Nachweis kann von den im Gesetz genannten Personen, wie zB Wirtschaftsprüfern, erstellt werden und muss gem. § 131 Abs. 2 IG dem Gericht innerhalb von 14 Tagen ab der Verkündung des Beschlusses über die Einleitung des Insolvenzverfahrens vorgelegt werden. Einzelheiten zu einem solchen Nachweis sind in einer eigenständigen Verordnung festgelegt, welche den Inhalt, den Umfang und die Vorgehensweise der Erstellung eines solchen Nachweises enthält (Verordnung Nr. 190/2017 Slg.).

91 Der Gläubiger, welcher einen Insolvenzantrag stellen will, muss in dem Insolvenzantrag eigene Forderungen schildern und mit Nachweisen belegen. Ferner muss dies der Mehrheit der Gläubiger dargelegt werden. Die Forderung eines anderen Gläubigers muss angeführt werden, sodass diese individuell einschließlich der Fälligkeit spezifiziert ist. Ferner muss nachweisbar sein, dass der Schuldner zahlungsunfähig ist. In der Praxis wird am häufigsten die Vermutung nach Buchst. b genutzt, da es einfach fällt, den dreimonatigen Verzug nachzuweisen.

92 **b) Überschuldung.** Juristische oder natürliche Personen, die als Unternehmer auftreten, befinden sich gem. § 3 Abs. 4 IG auch dann im **Vermögensverfall**, wenn sie überschuldet sind. Dieser Fall tritt ein, wenn der Schuldner mehrere Gläubiger hat und die Gesamtsumme seiner Schulden sein Vermögen überschreitet (**Bilanz-Test**), wobei der tatsächliche Wert des Vermögens vor dem buchhalterischen Wert zu berücksichtigen ist (Oberes Gericht Prag 19.8.2014 – 3 VSPH 1190/2013). Für diese Bewertung sind sämtliche Verbindlichkeiten des Schuldners maßgebend. Ferner wird die Fortführung und weitere Verwaltung des Vermögens des Schuldners in Betracht genommen.

93 In der Praxis gibt es nur wenige Fälle, in denen das Insolvenzgericht den Vermögensverfall in der Form der Überschuldung aufgrund des Gläubigerantrages feststellt, da die Gläubiger nur begrenzten Zutritt zu den Informationen der Buchhaltung haben.

94 Zu diesen Regelungen hat der Oberste Tschechische Gerichtshof zuletzt einen Rechtsgrundsatz aufgestellt (Oberster Gerichtshof 26.1.2012 – 29 Cdo 4462/2011): Es wurde festgelegt, dass Gläubiger ein Insolvenzverfahren nicht initiieren dürfen, sofern sie eine vollständige Befriedigung ihrer Verbindlichkeiten auch durch eine **Zwangsvollstreckung** erzielen können. Als Folge nähern

Internationales Insolvenzrecht – Tschechische Republik

sich Zahlungsunfähigkeit und Überschuldung gewissermaßen der Richtung eines einheitlichen Insolvenzgrundes.

c) Drohender Vermögensverfall. Ein drohender Vermögensverfall gem. § 3 Abs. 5 IG liegt 95 schon dann vor, wenn unter Betrachtung aller Umstände damit zu rechnen ist, dass der Schuldner einen wesentlichen Teil seiner finanziellen Verbindlichkeiten nicht ordnungsgemäß und termingerecht erfüllen kann. Den drohenden Vermögensverfall kann nur der Schuldner als Grund für den Insolvenzantrag nutzen.

2. Verfahrensziele

Das Insolvenzverfahren ist ein **kollektives Verfahren,** in dem die Forderungen der Gläubiger 96 **verhältnismäßig** befriedigt werden. Zur Erfüllung dieses Hauptzieles dienen weitere Grundsätze, welche in § 5 IG ausdrücklich geregelt sind. Das Insolvenzverfahren muss so geführt werden, dass keiner der Verfahrensbeteiligten ungerecht oder unerlaubt begünstigt wird und dass eine schnelle, wirtschaftliche sowie eine möglichst hohe Befriedigung der Gläubiger erzielt wird. Die Gläubiger, die in dem Insolvenzverfahren grundsätzlich über gleiche oder ähnliche Positionen verfügen, haben im Insolvenzverfahren gleiche Möglichkeiten.

Durch die Erfahrung mit dem GKA, zu welchem Zeitpunkt gewisse Rechtsgeschäfte nach der 97 Insolvenzeröffnung für unwirksam erklärt wurden, ist ein Grundsatz eingeführt worden. Nach diesem dürfen die im guten Glauben vor der Einleitung des Insolvenzverfahrens erworbenen Rechte durch die Entscheidung des Insolvenzgerichtes oder durch Vorgang des Insolvenzverwalters nicht beschränkt werden, es sei denn, es ist etwas anderes im IG geregelt.

Damit das Insolvenzverfahren eine verbindliche Plattform zur Auseinandersetzung der Ansprü- 98 che der Gläubiger darstellt, wird den Gläubigern untersagt, die Befriedigung ihrer Ansprüche außerhalb des Insolvenzverfahrens zu verlangen, es sei denn, es ist etwas anderes im IG geregelt.

3. Insolvenzfähigkeit, auch: Nachlass und Gütergemeinschaft

Das Insolvenzverfahren kann grundsätzlich über das Vermögen jedes Schuldners geführt werden, 99 sowohl **natürlicher** als auch **juristischer Personen.** Ausnahmen davon sind in § 6 IG festgehalten, wonach ein Insolvenzverfahren in einer Reihe von staatlichen Beteiligungen ausgeschlossen ist, etwa bei einer Beteiligung des tschechischen Staates als solchen, einer der 14 Region, der Tschechischen Nationalbank, einer öffentlichen Hochschule, der Garantiefonds der Wertpapierhändler, dem Garantiesystem des Finanzmarktes und dessen Fonds, den Finanzinstituten (solange diese die Lizenz haben), den Krankenversicherungen (VZP ČR) oder eine andere Krankenkasse, die eine Genehmigung für ihre Tätigkeit hat, sowie von politischen Parteien nach der Verkündung der Wahlen. Jede juristische Person kann aus dem Insolvenzverfahren ausgenommen werden, sobald der Staat oder die Region vor Einleitung des Insolvenzverfahrens alle Schulden übernommen oder für diese gebürgt hat. Im internationalen Kontext kann jeder Schuldner sein, der „den Mittelpunkt seiner hauptsächlichen Interessen" und einen Teil des Vermögens auf tschechischem Staatsgebiet hat (Art. 3 VO (EG) 2015/848).

Eine **Mehrheit der Verfahrensbeteiligten** auf der Seite des Schuldners kann nur dann vorlie- 100 gen, wenn die Ehegatten einen gemeinsamen Antrag auf die Schuldbefreiung gem. § 394a IG gestellt haben. In anderen Fällen kann der Schuldner nur ein Subjekt sein. Zum Zwecke des Insolvenzverfahrens kann das ganze Vermögen beider Ehegatten genutzt werden.

Sofern der Schuldner während des Konkurses stirbt, treten in dessen Stellung seine **Erben** gem. 101 § 310 IG ein. Wenn es keine Erben gibt, erfolgt ein Eintritt des Staates. Der Insolvenzverwalter wird nach diesem Ereignis seinen Bericht mit der Berechnung seines Honorars vorlegen. Das Insolvenzgericht wird den Konkurs aufheben und die Sache dem für die Erbschaft zuständigen Gericht vorlegen.

Bei der Lösung des Vermögensverfalls durch die Schuldbefreiung und durch die Reorganisation 102 ist diese Problematik im IG nicht geregelt. Die Rechtsprechung hat bei der Schuldbefreiung entwickelt, dass das Insolvenzverfahren eingestellt wird, sofern der Schuldner stirbt (Obergericht Prag 26.1.2017 – 2 VSPH 704/2016). Dies gilt auch bei einem Verfahren, in dem beide Ehegatten als ein Schuldner auftreten.

Internationales Insolvenzrecht – Tschechische Republik

II. Verfahrensarten

1. Regelverfahren

103 Der Verlauf des Insolvenzverfahrens ist in der unten aufgeführten Skizze dargelegt.

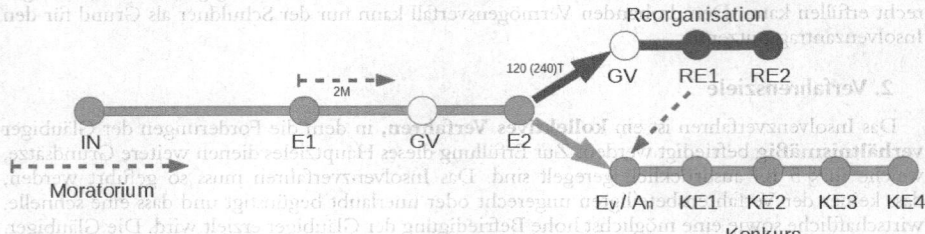

104 **a) Phase vor der Eröffnung.** Das Insolvenzverfahren wird mit dem **Insolvenzantrag** (IN) eingeleitet. Der Schuldner hat diese Möglichkeit vor der Einleitung des Insolvenzverfahrens oder kann später die Anordnung des **Moratoriums** beantragen.

105 **b) Phase nach der Eröffnung.** Werden alle Voraussetzungen für den Erlass der **Entscheidung über den Vermögensverfall** (E1) erfüllt, so wird diese erlassen. Ansonsten wird der Insolvenzantrag abgelehnt. Mit der Entscheidung über den Vermögensverfall (E1) wird der Insolvenzverwalter bestellt und es beginnt die Frist zur Anmeldung von Forderungen (30 Tage bei der Schuldbefreiung, ansonsten zwei Monate). Zur spezifischen Stellung der Gläubiger aus der EU (→ Rn. 163). Gleichzeitig wird in der Entscheidung über den Vermögensverfall (E1) das Datum der **Prüfungsverhandlung** und der **ersten Gläubigerversammlung** (GV) festgelegt.

106 Ist die Lösung des Verfalls durch die Sanierungsform (Schuldbefreiung oder Reorganisation) ausgeschlossen, was als der Regelfall anzusehen ist, muss das Insolvenzgericht die **Prüfungsverhandlung** und die **erste Gläubigerversammlung** nicht abwarten und muss gem. § 148 IG die Entscheidung über den Vermögensverfall (E1) mit der **Entscheidung über die Lösung des Vermögensverfalls** (E2) verbinden. Wenn dies nicht geschieht, ist es auch zu einem anderen Zeitpunkt möglich (Oberster Gerichtshof 20.1.2011 – 29 NSCR 30/2010).

107 Ist die Sanierungsform zulässig, so münden die **Prüfungsverhandlung** und die **erste Gläubigerversammlung** (GV) in der **Entscheidung über die Sanierungsform.** Scheitert die Sanierungsform, kann das Insolvenzgericht die Lösung des Vermögensverfalls in den Konkurs umwandeln (→ Rn. 350 ff.).

108 Nach der Rechtskraft der **Entscheidung über den Konkurs** (E2) und nach der ersten **Gläubigerversammlung** (GV) kann der Insolvenzverwalter die Vermögensgegenstände aus der Vermögensmasse verwerten. Die Verwertung erfolgt bei den Vermögensgegenständen, zu welchen kein Sicherungsrecht geltend gemacht wurde, aufgrund der Zustimmung des Gläubigerorgans und eventuell aufgrund der **Entscheidung des Insolvenzgerichtes** (Ev). Bei den Vermögensgegenständen, zu denen ein Sicherungsrecht geltend gemacht wurde, erfolgt die Verwertung aufgrund der **Anweisung des gesicherten Gläubigers** (An).

109 Nach der Verwertung aller Vermögensgegenstände aus der Vermögensmasse stellt der Insolvenzverwalter seinen Schlussbericht zusammen und legt diesen dem Insolvenzgericht vor. Ist der Schlussbericht richtig, erlässt das Insolvenzgericht die **Entscheidung über die Verabschiedung des Schlussberichtes** (KE1). In dem Schlussbericht wird der Insolvenzverwalter beziffern, welche Quote für die angemeldeten Gläubiger verbleibt.

110 Verbleibt in dem Schlussbericht eine Quote (Finanzmittel), wird der Insolvenzverwalter nach der Rechtskraft der **Entscheidung über die Verabschiedung des Schlussberichtes** (KE1) den Antrag auf den Verteilungsbeschluss vorlegen. Das Insolvenzgericht wird nach der Überprüfung des Antrages den **Verteilungsbeschluss** (KE2) erlassen. Diese Entscheidung wird nicht in den Fällen erlassen, bei denen in der Masse keine Finanzmittel für die angemeldeten Gläubiger bestehen.

111 Nach der Erfüllung des **Verteilungsbeschlusses** (KE2) wird das Insolvenzgericht die **Entscheidung über die Aufhebung des Konkurses** (KE3) erlassen. Nach der Rechtskraft dieser Entscheidung erfüllt der Insolvenzverwalter seine Abschluss- und Archivierungspflichten und das Insolvenzgericht wird ihn mit der **Entscheidung** (KE4) von der Funktion befreien.

112 **c) Konkurs.** Der Kern des Konkurses ist die **Verwertung** des bestehenden Vermögens und die **Verteilung des Erlöses** zwischen den Gläubigern. Die Wirkungen des Konkurses treten mit der Veröffentlichung der Entscheidung über den Konkurs im Insolvenzregister ohne Rücksicht

Internationales Insolvenzrecht – Tschechische Republik

auf die Rechtskraft gem. § 245 IG ein. An den Insolvenzverwalter gehen mit diesem Augenblick die Verfügungsbefugnisse gem. § 246 IG über. Die Rechtsgeschäfte, die der Schuldner nach den Wirkungen des Konkurses tätigt, sind gegenüber den Gläubigern von Gesetz wegen unwirksam. Das Rechtsgeschäft, durch welches der Schuldner eine Spende oder eine Erbschaft ablehnt, ist nach § 246 Abs. 4 IG ungültig.

Nach der Erklärung des Konkurses sind die Schuldner des insolventen Schuldners verpflichtet, 113 die Schulden gem. § 249 Abs. 2 IG in die Vermögensmasse zu leisten. Nur die Leistung in die Vermögensmasse hat eine **schuldbefreiende Wirkung,** es sei denn, dass der leistende Schuldner nachweist, dass er von der Erklärung des Konkurses nichts wissen konnte oder dass es mit Rücksicht auf die Art der Leistung offensichtlich war, dass der Schuldner die Leistung in die Vermögensmasse übergibt.

Mit der **Erklärung des Konkurses** ist ferner verbunden, dass die nichtfälligen Forderungen 114 gegenüber dem Schuldner gem. § 250 IG fällig werden. Des Weiteren erlöschen gem. § 252 IG alle einseitigen Rechtsgeschäfte des Schuldners, wie zB Vollmachten, Aufträge, Vertragsangebote. Mit der Erklärung des Konkurses erlischt gem. § 268 IG die Errungenschaftsgemeinschaft des Schuldners. Die Auseinandersetzung wird der Insolvenzverwalter vornehmen. Dieser kann auch das ganze Vermögen aus der Errungenschaftsgemeinschaft in die Vermögensmasse gem. § 274 IG aufnehmen, wenn die Errungenschaftsgemeinschaft überschuldet ist. Der Erlös aus der Verwertung wird nach den Regeln der Auseinandersetzung der Errungenschaftsgemeinschaft auseinandergesetzt. Wenn zwei Insolvenzverfahren hinsichtlich der beiden Ehegatten geführt werden, wird das Vermögen in dem Insolvenzverfahren verwertet und auseinandergesetzt, in welchem zuerst die Anweisung des gesicherten Gläubigers erteilt oder der Konkurs erklärt wurde.

2. Eigenverwaltung einschließlich Schutzschirm

Das tschechische Insolvenzrecht regelt ein einheitliches Verfahren, das zu drei verschiedenen 115 Arten der Lösung des Vermögensverfalls führen kann. Das tschechische Recht kennt die **Reorganisation,** in welcher der Schuldner grundsätzlich unter Aufsicht des Insolvenzverwalters verfügungsberechtigt bleibt. Die Reorganisation mündet in der Erfüllung des verabschiedeten Reorganisationsplanes. Die Reorganisation kann als **Eigenverwaltung** verstanden werden (zur Reorganisaton → Rn. 350 ff.). Darüber hinaus beinhaltet das IG das Moratorium, welches als eine Schutzschirm-Phase zu verstehen ist.

Das **Moratorium** dient zur Abwendung der finanziellen Schwierigkeiten sowohl vor der Ent- 116 scheidung über den Insolvenzantrag, als auch nach der Stellung des Insolvenzantrages. Das Moratorium ist nur für die unternehmerisch handelnden Schuldner gem. § 115 IG bestimmt.

Das Moratorium kann nur nach einem **Schuldnerantrag** erklärt werden. Der Antrag muss 117 gem. § 116 IG alle Informationen beinhalten, welche die Erklärung des Moratoriums begründen. Ferner müssen dem Antrag die gleichen Anlagen beigelegt werden, die auch dem Insolvenzantrag beizufügen sind (→ Rn. 24 ff.). Des Weiteren muss der letzte Bücherabschluss und eine schriftliche Zustimmung der Mehrheit der Gläubiger, die nach der Höhe der Forderungen gemessen wird, beigelegt werden. Die Unterschrift des jeweiligen Gläubigers ist zu beglaubigen. In der Praxis kann diese Anforderung in Fällen, in denen sich die Gläubiger im Ausland befinden, schwer erfüllbar sein. Da zB die deutsche Beglaubigung der Unterschrift nicht direkt anerkannt wird, müssen Gläubiger entweder zu einem tschechischen Organ reisen, welches die Beglaubigung durchführt oder eine Apostille zur Beglaubigung besorgen, was allerdings zeitlich problematisch ist.

Der **Antrag auf die Erklärung des Moratoriums** muss innerhalb der siebentägigen Frist 118 nach Stellung des Insolvenzantrages seitens des Schuldners gestellt werden. Sofern der Insolvenzantrag seitens eines Gläubigers gestellt wurde, beläuft sich die Frist auf 15 Tage, nachdem der Insolvenzantrag dem Schuldner vom Insolvenzgericht zugestellt wurde. Der Antrag kann auch vor Einleitung des Insolvenzverfahrens gestellt werden. Diese Variante hat den Vorteil, dass keine Dokumente im Insolvenzregister bis zur Erklärung des Moratoriums veröffentlicht werden. Die Einschränkungen für die Verfügungen des Schuldners, welche mit der Einleitung des Insolvenzverfahrens verbunden sind (→ Rn. 136), gelten mit der Erklärung des Moratoriums.

Über den Antrag auf die Erklärung des Moratoriums wird das Insolvenzgericht innerhalb der 119 sehr kurzen **Frist** von einem Werktag entscheiden. Sofern alle Voraussetzungen erfüllt sind, wird das Insolvenzgericht das Moratorium erklären. Gegen diese Entscheidung ist kein Rechtsmittel zulässig. Sofern der Antrag abgelehnt wird, kann der Schuldner die Berufung einlegen.

Der Schuldner kann die Bestellung des **vorläufigen Insolvenzverwalters** beantragen. Das 120 Insolvenzgericht besitzt keine Aufforderungspflicht für eine Änderung des Antrages beim Moratorium.

Voda 871

121 Die Dauer des Moratoriums darf zunächst gem. § 119 Abs. 1 IG drei Monate nicht übersteigen, kann jedoch auf Antrag des Schuldners um bis zu 30 weitere Tage verlängert werden. Zum Antrag auf Verlängerung des Moratoriums sind die aktualisierte Liste der Verbindlichkeiten und die Zustimmung der Mehrheit der Gläubiger, gemessen nach der Höhe der Forderungen, Voraussetzung, wobei die Unterschrift des jeweiligen Gläubigers wieder zu beglaubigen ist.

122 Während dieser **zeitweiligen Insolvenzsperre** zugunsten des Schuldners ist das Insolvenzgericht gem. § 120 Abs. 1 IG nicht zur Entscheidung über den Insolvenzantrag befugt. Ferner gelten die Einschränkungen für die Verfügungen des Schuldners, welche mit der Einleitung des Insolvenzverfahrens verbunden sind (→ Rn. 136).

123 Der Hauptzweck des Moratoriums ist es, dass der Schuldner Zeit gewinnt, die finanziellen Schwierigkeiten zu überwinden. Dazu dienen folgende Rechte des Schuldners:
- Die Verbindlichkeiten, die mit der Fortführung des Betriebes zusammenhängen und die im Zeitraum von 30 Tagen vor der Erklärung des Moratoriums entstanden sind, kann der Schuldner vorrangig vor den eher fälligen Forderungen zahlen.
- Bei Verträgen über die Lieferung von Energie, Dienstleistungen und Waren, welche länger als drei Monate andauern, dürfen die anderen Vertragsparteien nicht aus dem Grund kündigen oder von dem Vertrag zurücktreten, dass der Schuldner mit der Zahlung vor dem Moratorium in Verzug war, sofern der Schuldner zumindest die Schulden erfüllt, die er vorrangig zahlen kann. Die Zulieferer nach diesen Verträgen sind gem. § 168 Abs. 1 lit. e IG geschützt, da die während des Moratoriums entstandenen Forderungen als Masseforderungen eingestuft werden.
- Die Aufrechnung ist nur nach Entscheidung des Insolvenzgerichtes zulässig.

124 Die Gläubiger, die keine Zustimmung für das Moratorium erteilt haben und Forderungen im Umfang von mindestens 10 % des Gesamtvolumens besitzen, dürfen die Bestellung des vorläufigen Insolvenzverwalters beantragen.

125 Das Moratorium erlischt nach Ablauf des Zeitraumes, für welchen es erklärt wurde. Ansonsten kann das Insolvenzgericht das Moratorium aufheben, wenn sich herausstellt, dass der Schuldner mit dem Moratorium ein missbräuchliches Vorhaben verfolgt. Ferner kann die Mehrheit der Gläubiger eine **Aufhebung des Moratoriums,** gemessen an der Höhe der Forderungen, verlangen.

126 Der Schutz der Gläubiger vor **Missbrauch des Moratoriums** ist dadurch gesichert, dass der Schuldner mit dessen Geschäftsführung gemeinschaftlich für den durch die Verletzung der Pflichten nach dem IG entstandenen Schaden haftet.

3. Kleinverfahren

127 Das IG enthält eine vereinfachte Regelung für kleinere Fälle zur Minimierung der Verfahrenskosten, das sogenannte Kleinverfahren (Hásova, Insolvenční zákon, 2. Aufl., 1038 ff.). Es handelt sich um kein Sonderverfahren oder um eine neue Art der Lösung des Vermögensverfalls, sondern um eine prozessuale Abweichung vom normalen Konkurs.

128 Das Insolvenzgericht kann auch ohne Antrag gem. § 314 IG die Entscheidung über den unerheblichen (im Tschechischen lautet dieser Begriff „nepatrný") Konkurs erlassen, wenn
- der Schuldner eine natürliche Person ist,
- der Umsatz in der in die Entscheidung über den Konkurs vorhergehende Rechnungsperiode den Betrag von 2.000.000 CZK (ca. 80.000 EUR) übersteigt und der Schuldner nicht mehr als 50 Gläubiger hat.

129 Gegen die Entscheidung über den unerheblichen Konkurs ist keine Berufung zulässig. Stellt sich später heraus, dass Voraussetzungen für den unerheblichen Konkurs nicht vorliegen, hebt das Insolvenzgericht seine Entscheidung auf.

130 Abweichungen vom üblichen Verlauf des Konkurses sind in § 315 IG aufgelistet:
- anstatt des **Gläubigerausschusses** kann der Vertreter der Gläubiger bestellt werden,
- zur Wirksamkeit der Vereinbarung über die Auseinandersetzung der Errungenschaftsgemeinschaft der Ehegatten ist weder eine Zustimmung des Insolvenzgerichtes noch eine Zustimmung des Gläubigerorgans erforderlich,
- zum Ausschluss der unverkäuflichen Vermögensgegenstände aus der Vermögensmasse ist weder eine Zustimmung des Insolvenzgerichtes noch die Zustimmung des **Gläubigerorgans** erforderlich,
- zur Verhandlung der Einwendungen gegen den Schlussbericht muss keine mündliche Verhandlung angeordnet werden,
- bei der Prüfungsverhandlung können alle Fragen verhandelt werden, welche der **Gläubigerversammlung** zustehen; auch der Schlussbericht kann verhandelt werden,

Internationales Insolvenzrecht – Tschechische Republik

- das Insolvenzgericht kann den Beschluss über die Verabschiedung des Schlussberichtes mit dem Verteilungsbeschluss verbinden. Der Verteilungsbeschluss kann frühestens gleichzeitig mit dem Beschluss über die Verabschiedung des Schlussberichtes Rechtskraft erlangen.

Das Insolvenzgericht oder die Gläubigerversammlung können weitere Abweichungen von dem normalen Konkurs genehmigen. Diese müssen dabei die Grundsätze des Insolvenzverfahrens beachten. Die Stellung der gesicherten Gläubiger darf angetastet werden. 131

III. Verfahrensbeteiligte (einschließlich deren Aufgaben, Rechte und Pflichten)

1. Schuldner

Folgende **Rechte und Pflichten** hat der Schuldner während des Insolvenzverfahrens, wobei 132
die Details zu jedem Punkt unten beschrieben sind:
  a) Vorlage der Listen über sein Vermögen und über seine Schulden.
  b) Partizipation aller Mitglieder der Geschäftsführung an dem Insolvenzverfahren.
  c) Verfügungsbefugnis über die Vermögensmasse und dessen Einschränkungen.
  d) Pflicht zur Mitwirkung des Schuldners gegenüber dem Insolvenzverwalter.
  e) Zutrittsrecht des Insolvenzverwalters.
  f) Vermögenserklärung des Schuldners.
  g) Bestätigung der Vollständigkeit des Vermögensverzeichnisses.
  h) Antrag auf Ausschluss von Gegenständen aus der Vermögensmasse.
  i) Bestreitungsrecht bei der Feststellung von Forderungen.
  j) Räumung der verwerteten Liegenschaft.
  k) Beitrag zu den Existenzbedürfnissen des Schuldners.
  l) Schutz vor missbräuchlichen Insolvenzanträgen.
  m) Regeln der Kreditfinanzierung (neue Kredite).

a) Vorlage der Listen über sein Vermögen und über seine Schulden. Bei der Verhandlung 133
des Insolvenzantrages wird das Insolvenzgericht auch selbstständig Beweis erheben, ob der Schuldner im Vermögensverfall ist. Hier spielt natürlich der Schuldner eine wichtige Rolle, welcher den besten Überblick über seine wirtschaftliche Lage hat. Das Insolvenzgericht kann dem Schuldner gem. § 128 Abs. 3 IG auferlegen, dass er die Listen über Vermögen, Verbindlichkeiten und Arbeitnehmer sowie ggf. auch das Dokument über den Liquiditätszustand vorlegt. Sofern der Gläubiger einen vollstreckbaren Titel besitzt, muss das Insolvenzgericht den Schuldner dazu auffordern, die Liste vorzulegen. Diese Dokumente werden wegen des Schutzes des Schuldners bis zur Entscheidung über den Verfall nicht veröffentlicht.

b) Partizipation aller Mitglieder der Geschäftsführung an dem Insolvenzverfahren. 134
Bei dem Schuldnerantrag ist der Schuldner wegen eines eventuellen Missbrauches seiner Geschäftsführung dadurch geschützt, dass der Antrag von allen Mitgliedern der Geschäftsführung (Mitglieder des Statutarorgans) unterzeichnet werden muss. Wird der Antrag nicht von den Mitgliedern unterzeichnet, wird das Insolvenzgericht die nicht unterzeichnenden Mitglieder gem. § 132 IG zur Stellungnahme auffordern.

Hat niemand dem Insolvenzantrag widersprochen, kann das Insolvenzgericht ohne mündliche 135
Verhandlung entscheiden. Die **Entscheidung über den Vermögensverfall** beim Schuldnerantrag wird während der gesetzlichen Frist von 15 Tagen getroffen. In der Praxis wird diese Frist regelmäßig nicht eingehalten und realistisch dauert die Entscheidung über den einwandfreien Schuldnerinsolvenzantrag ein bis drei Monate.

c) Verfügungsbefugnis zu der Vermögensmasse und deren Einschränkungen. In dem 136
Augenblick, in dem im Insolvenzregister die Verkündung über die Einleitung des Insolvenzverfahrens veröffentlicht wird, treten die Wirkungen des Insolvenzverfahrens ein. Der Schuldner bleibt auch nach der Antragstellung gem. § 229 IG verfügungsberechtigt. Für seine Rechtsgeschäfte gelten gem. § 111 IG **Einschränkungen für seine Verfügungsbefugnis.** Der Schuldner muss jedwede Rechtsgeschäfte unterlassen, die Verfügungen über die Masse betreffen, sofern der Schuldner dadurch Wesentliches in der Zusammensetzung, Nutzung oder Bestimmung dieses Vermögens verursacht oder sofern es sich um eine nicht geringfügige Verkleinerung handelt. Für die finanziellen Verbindlichkeiten, die vor Einleitung des Insolvenzverfahrens entstanden sind, besitzt er in den durch das IG festgelegten Fällen die Berechtigung zur Erfüllung.

Die Einschränkungen nach dem vorherigen Abschnitt gelten nicht für die Erfüllung der gesetzlichen 137
Pflichten, für die Fortführung des Betriebes im Rahmen des gewöhnlichen Wirtschaftens, für die Erfüllung der gesetzlichen Unterhaltspflicht und für die Erfüllung der prozessualen Sanktio-

Voda

Internationales Insolvenzrecht – Tschechische Republik

nen. Die Einschränkungen gelten auch nicht für die Befriedigung der Masseforderungen und diesen gleichgestellten Forderungen, sofern dies nach dem Zustand der Masse möglich ist.

138 Die Verletzung der Einschränkungen hat die Anfechtbarkeit des betroffenen Rechtsgeschäftes zur Folge. Der Insolvenzverwalter kann diese Rechtsgeschäfte mittels Klage anfechten. Die Rechtsprechung legt die Ausnahme zu den Tatbeständen der anfechtbaren Rechtsgeschäfte so aus, dass das, was vor der Einleitung des Insolvenzverfahrens anfechtbar war, auch während des Insolvenzverfahrens anfechtbar sein muss (Oberster Gerichtshof 31.8.2017 – 29 Cdo 3660/2015).

139 In der Zeit nach der Entscheidung über den Verfall, jedoch vor der Entscheidung über die Lösung des Verfalls, bleibt der Schuldner weiterhin verfügungsberechtigt. Die Einschränkungen gem. § 111 IG gelten auch während dieser Phase. Bei der Lösung des Verfalls durch die Schuldbefreiung und die Reorganisation bleibt der Schuldner verfügungsberechtigt, ist aber beschränkt durch die Art der Schuldbefreiung oder durch den Inhalt des Reorganisationsplanes. Bei der Lösung des Verfalls durch den Konkurs ist ausschließlich der Insolvenzverwalter verfügungsberechtigt.

140 Wegen des **Schutzes des Geschäftsverkehrs,** welcher während des Insolvenzverfahrens herrscht, wurde die Möglichkeit eingeführt, dass die Vertragsparteien vor dem Abschluss etwaiger Verträge eine Zustimmung des Insolvenzgerichtes gem. § 111 Abs. 3 IG erhalten können. Diese Rechtsgeschäfte können dann von dem Insolvenzverwalter nach den im IG genannten Tatbeständen nicht angefochten werden.

141 Das Insolvenzgericht kann durch eine einstweilige Verfügung die Verfügungsbefugnisse des Schuldners in jeder Phase des Insolvenzverfahrens beschränken. Dieser Schritt des Insolvenzgerichtes kann auch ohne Antrag erfolgen.

142 **d) Pflicht des Schuldners zur Mitwirkung gegenüber dem Insolvenzverwalter.** Nach der Entscheidung über den Vermögensverfall und zum Zeitpunkt der Bestellung des **Insolvenzverwalters,** wird der Schuldner dem Insolvenzverwalter bei der Feststellung der Masse gem. § 210 IG alleinige Mitwirkung leisten. Ist der Schuldner eine juristische Person, trifft diese Pflicht die Geschäftsführung bzw. die gesetzlichen Vertreter. Sofern die Funktion dieser Personen bis zu drei Monate vor der Einleitung des Insolvenzverfahrens geendet hat, trifft die Pflicht zur Mitwirkung auch diese Personen. Diese Pflicht trifft auch Gesellschafter in dem Umfang, in welchem sie nach außen handeln.

143 **e) Zutrittsrecht des Insolvenzverwalters.** Der Schuldner ermöglicht dem Insolvenzverwalter gem. § 212 IG Zutritt zu allen Räumlichkeiten, in denen sich sein Vermögen befindet. Sofern es erforderlich ist, zB wenn der Schuldner nicht mitwirkt, kann der Insolvenzverwalter die Besichtigung der Räumlichkeiten des Schuldners beantragen, welche ggf. auch mit Hilfe eines Schlossers erfolgen kann. Über die Besichtigung erstellt der Insolvenzverwalter ein Protokoll.

144 **f) Vermögenserklärung des Schuldners.** Auf Antrag des Insolvenzverwalters oder des Gläubigerausschusses kann gem. § 214 IG das Insolvenzgericht den Schuldner zur Erklärung über sein Vermögen vorladen. Es handelt sich um ein strenges Institut, da unwahre oder falsche Informationen bei dieser Erklärung strafrechtliche Konsequenzen gem. § 227 des Strafgesetzbuches haben können.

145 **g) Bestätigung der Vollständigkeit des Vermögensverzeichnisses.** Der Insolvenzverwalter kann dem Schuldner zur Bestätigung der Richtigkeit und der Vollständigkeit das Vermögensverzeichnis gem. § 221 IG vorlegen. Der Schuldner kann dies nur dann ablehnen, wenn er begründet, aus welchem Grund er das Verzeichnis als nicht richtig ansieht.

146 **h) Antrag auf Ausschluss der Sachen aus der Vermögensmasse.** Es kann geschehen, dass der Insolvenzverwalter in das Vermögensverzeichnis auch die Vermögensgegenstände aufnimmt, die nicht aufgenommen werden können. Der Schuldner kann in diesem Fall bei dem Insolvenzverwalter **Antrag auf Ausschluss** solcher Sachen gem. § 226 IG stellen. Der Schuldner muss diesen Antrag unverzüglich stellen, nachdem er die Aufnahme dieser Sachen erkannt hat oder hätte erkennen können. In dem Antrag muss der Schuldner, außer den allgemeinen Bestandteilen, den Vermögensgegenstand spezifizieren und zudem begründen, warum die Aufnahme in das Vermögensverzeichnis nicht möglich ist. Ist der Antrag mangelhaft, wird der Insolvenzverwalter den Schuldner auffordern, diesen innerhalb der festgesetzten Frist zu beseitigen. Wird der Mangel nicht in der Frist beseitigt, wird der Insolvenzverwalter den Antrag dem Insolvenzgericht zur Ablehnung vorlegen. Darüber muss der Schuldner belehrt werden. Nach der Stellungnahme des Gläubigerausschusses wird über den Antrag das Insolvenzgericht entschieden. Gegen die Entscheidung ist die Berufung zulässig. Ab dem Zeitpunkt der Stellung des Antrags bis zur rechtskräftigen Entscheidung, darf der Insolvenzverwalter den betroffenen Vermögensgegenstand nicht verwerten.

147 **i) Bestreitungsrecht bei der Feststellung von Forderungen.** Der Schuldner spielt eine wichtige Rolle bei der Feststellung von Forderungen, die durch Gläubiger geltend gemacht wur-

Internationales Insolvenzrecht – Tschechische Republik

den. Der Schuldner wird vom Insolvenzverwalter aufgefordert, sich zu den angemeldeten Forderungen zu äußern. Der Schuldner kann die Forderungen bestreiten. Es gibt drei Arten des Bestreitens von Forderungen:
- **Das Bestreiten der Echtheit** gem. § 193 IG: Diese Art des Bestreitens kommt in Frage, wenn die bestrittene Forderung nicht bestand, erloschen oder verjährt ist.
- **Das Bestreiten der Höhe** gem. § 194 IG: Bei diesem Bestreiten muss der Bestreitende angeben, in welchem Umfang (Höhe) die Forderung unberechtigt und in welchem Umfang (Höhe) die Forderung berechtigt ist.
- **Das Bestreiten der Rangfolge** gem. § 195 IG: Die Rangfolge kann bestritten werden, wenn die Forderung eine ungünstigere Rangfolge besitzt, als angemeldet wurde. Gleichzeitig ist anzugeben, welche Rangfolge richtig ist. Diese Art des Bestreitens wird in den Fällen genutzt, bei denen der Gläubiger ein Sicherungsrecht geltend gemacht hat, ohne dieses Recht zu besitzen.

Die Rechtsprechung hat entwickelt, dass ein Bestreiten auch eventuell erfolgen kann, dh dass ein **148** Bestreiten in mehreren Varianten erfolgen kann (Oberster Gerichtshof 31.5.2016 – 29 Cdo 1520/2014). In der Praxis passiert es nicht selten, dass die Richter dazu neigen, mehrere Varianten des Bestreitens auch trotz dieser Rechtsprechung abzulehnen. Dies ist insbesondere bei einem Bestreiten seitens der Gläubiger von Bedeutung (→ Rn. 212).

Die Wirkung des Bestreitungsrechts unterscheidet sich nach der Art der Lösung des Verfalls. **149** Folgende Varianten kommen in Betracht:
- **Konkurs:** Die Wirkung des Bestreitens ist sehr begrenzt und hat keinen Einfluss auf das Insolvenzverfahren. Das einzige Ergebnis des Bestreitens im Konkurs ist gem. § 192 IG, dass die Liste der Forderungen nach der Beendigung des Insolvenzverfahrens nicht als Vollstreckungstitel hinsichtlich der bestrittenen Forderungen genutzt werden kann.
- **Reorganisation:** Nach der Genehmigung der Reorganisation hat ein Bestreiten des Schuldners gem. § 336 IG die gleiche Wirkung wie ein Bestreiten des Insolvenzverwalters. Sofern die Prüfungsverhandlung vor der Genehmigung der Reorganisation stattgefunden hat, wirkt ein Bestreiten mit dem Tag, an dem die Genehmigung ihre Wirkung erhalten hat. Ein Bestreiten hat jedoch keinen Einfluss auf die Stimmrechte auf der Gläubigerversammlung gem. § 51 Abs. 2 IG.
- **Schuldbefreiung:** Nach der Bewilligung der Schuldbefreiung hat ein Bestreiten der Forderungen durch den Schuldner gem. § 410 IG die gleiche Wirkung wie ein Bestreiten des Insolvenzverwalters. Sofern die Prüfungsverhandlung vor der Bewilligung der Schuldbefreiung stattgefunden hat, wirkt ein Bestreiten mit dem Tag, an dem die Bewilligung ihre Wirkung erhalten hat. Ein Bestreiten hat jedoch keinen Einfluss auf die Stimmrechte auf der Gläubigerversammlung gem. § 51 Abs. 2 IG.

j) Räumung der verwerteten Liegenschaft. Gehört in die Masse eine Liegenschaft oder eine **150** Wohnung, die der Schuldner als Unterkunft für seine Familien nutzt, muss er diese gem. § 285 IG nach der Verwertung räumen. Der Käufer kann die Räumung gerichtlich verlangen.

k) Beitrag zu den Existenzbedürfnissen des Schuldners. Die Gläubigerversammlung kann **151** auf Antrag des Schuldners oder eines Mitglieds seiner Familie gem. § 282 IG darüber entscheiden, dass ein Teil der Vermögensmasse dem Schuldner gewährt wird. In der Praxis ist dies selten, da die Gläubiger nicht oft auf der Gläubigerversammlung erscheinen und falls das doch der Fall sein sollte, dann wollen die Gläubiger die Vermögensmasse eher für sich bewahren. Falls die Gläubigerversammlung dem Antrag des Schuldners nicht stattgibt, kann er sich an das Insolvenzgericht wenden (Hásova, Insolvenční zákon, 2. Aufl., 948).

l) Schutz vor missbräuchlichen Insolvenzanträgen. Der Schutz der Schuldner vor miss- **152** bräuchlichen Insolvenzanträgen gewinnt immer mehr an Bedeutung. Der Gesetzgeber hat daher mit einer der Novellen in § 82 IG eingeführt, dass der Schuldner eine **einstweilige Verfügung** beantragen kann, mit der das Insolvenzgericht dem Antragsteller die Bezahlung eines Vorschusses zur Deckung des etwaigen Schadens oder eines anderen Nachteils auferlegt, welcher durch die Führung oder durch die Maßnahmen in dem Insolvenzverfahren entstehen kann. Den Antrag auf die einstweilige Verfügung kann nur der Schuldner mit dem ersten prozessualen Schriftstück stellen. In dem Antrag muss er nachweisen, dass ihm die Entstehung eines solchen Schadens oder eines anderen Nachteils offensichtlich droht. Der Antrag auf die einstweilige Verfügung muss abgelehnt werden, wenn das Insolvenzgericht erwartet, dass der Vermögensverfall (Insolvenzeröffnung) festgestellt wird.

m) Regeln der Kreditfinanzierung (neue Kredite). Der verfügungsberechtigte Schuldner, **153** der Schuldner während des Moratoriums oder der Insolvenzverwalter können zur **Aufrechterhaltung oder Wiederherstellung des Betriebes** des Unternehmens, welches sich in der Vermögensmasse befindet, gem. § 41 IG unter gewöhnlichen Bedingungen bestimmte Verträge abschlie-

Internationales Insolvenzrecht – Tschechische Republik

ßen. Dies sind Verträge über den Kredit oder ähnliche Verträge sowie Verträge über die Lieferung von Energie und Rohstoffen einschließlich derjenigen über die Sicherung der Erfüllung dieser Verträge. Die jetzigen gesicherten Gläubiger haben das vorrangige Recht auf Abschluss dieser Verträge, sofern diese nicht ein schlechteres Angebot unterbreiten.

154 Die aufgrund der Kreditfinanzierung gewährten Finanzmittel dürfen gem. § 42 IG nur zu den in den Verträgen genannten Zwecken genutzt werden. Das aufgrund der durch die Kreditfinanzierung gewährten Finanzmittel erworbene Vermögen ist kein Gegenstand der Besicherung nach den früher abgeschlossenen Verträgen.

155 Zu dem Abschluss der Verträge über die Kreditfinanzierung erteilt das Gläubigerorgan die Zustimmung gem. § 58 Abs. 2 lit. c IG.

156 Die Forderungen aus der Kreditfinanzierung sind gem. § 168 Abs. 1 lit. f IG Masseforderungen.

157 Wurde die Kreditfinanzierung nach der Genehmigung der Reorganisation angenommen, werden die Forderungen aus der Kreditfinanzierung gem. § 357 IG vor allen Forderungen mit Ausnahme des Honorars und der Kosten des Insolvenzverwalters befriedigt.

158 Das IG zwingt in der Reorganisation Personen (vor allem die gesicherten Gläubiger), welche ein vorrangiges Recht zur Gewährung der Kreditfinanzierung haben, dazu, dieses mit der **Gewährung von weiteren Mitteln** fortzusetzen. Tun sie dies nicht, dann droht, dass die neuen Gläubiger an der Position der bisherigen Gläubiger partizipieren. Ist der Gläubiger aus der Kreditfinanzierung eine Person, die kein vorrangiges Recht zur Kreditfinanzierung gehabt hat (also ein neuer Gläubiger), hat die Forderung aus der Kreditfinanzierung nach § 357 IG den gleichen Rang wie die Forderungen der Gläubiger, die das vorrangige Recht zur Gewährung der Kreditfinanzierung nicht in Anspruch genommen haben. Die Forderung des Gläubigers aus der Kreditfinanzierung verteilt sich zwischen den (alten) gesicherten Gläubigern in dem Verhältnis, in dem die Sicherheitsgegenstände der alten gesicherten Gläubiger aufgrund des Gutachtens stehen.

2. Gläubiger

159 Die Gläubiger sind die wichtigste Partei des Insolvenzverfahrens. Sie sind im ökonomischen Sinne die Eigentümer des Vermögens des Schuldners. Das tschechische Insolvenzrecht achtet die wichtige Position der Gläubiger im ganzen Verfahren und erkennt ihnen dementsprechend **Rechte und prozessuale Positionen** zu. Den Gläubigern werden insbesondere folgende Rechte eingeräumt:

a) Aktive Teilnahme am Insolvenzverfahren.
b) Geltendmachung von Forderungen.
c) Wahrnehmung der Wirkungen des Insolvenzverfahrens.
d) Bestreitung der Forderungen anderer Gläubiger.
e) Beendigung des Insolvenzverfahrens.
f) Klarstellung von Unklarheiten bei der Rangfolge der Forderungen.

160 **a) Aktive Teilnahme am Insolvenzverfahren.** Die Gläubiger können das Insolvenzverfahren durch den Gläubigerantrag initiieren (→ Rn. 31). Auch die Gläubiger, die den Insolvenzantrag nicht stellen wollen, haben die Position eines Verfahrensbeteiligten und genießen daher grundsätzlich das Recht, Rechtsmittel einzulegen. Das IG regelt ausdrücklich in § 135 IG, dass Verfahrensbeteiligte, abgesehen vom Schuldner, die gleichen Rechte besitzen wie der Antragsteller. Diese Position ist praktisch, da nur der Antragsteller den Vorschuss für die Kosten des Insolvenzverfahrens tragen muss und der Antragsteller für die unberechtigte Beendigung des Insolvenzverfahrens haftet (→ Rn. 522 ff.).

161 **b) Geltendmachung von Forderungen.** Das Ziel des Insolvenzverfahrens ist die Befriedigung von Forderungen der Gläubiger. Das tschechische Insolvenzrecht wendet den römischen Grundsatz – vigilantibus iura scripta sunt (jedermann ist für eigene Rechte verantwortlich) – streng an, indem alle Gläubiger ihre Rechte geltend machen müssen, mit der Folge, dass die nicht geltend gemachten Forderungen nicht befriedigt werden. Die Art und Weise der Geltendmachung der Forderung ist von dem Typ der Forderung abhängig, wobei folgende Typen in Betracht kommen:
• anzumeldende Forderungen,
• Masseforderungen und die den Masseforderungen gleichgestellten Forderungen,
• aus der Befriedigung ausgeschlossene Forderungen,
• Forderungen vom Ehegatten des Schuldners.

162 Bei den **anzumeldenden Forderungen** dürfen die Gläubiger ihre Forderungen ab der Einleitung des Insolvenzverfahrens gem. § 110 IG anmelden, auch wenn bisher noch nicht die Aufforderung zur Stellung der Forderungsanmeldung veröffentlicht wurde. Nach der Entscheidung über den

Internationales Insolvenzrecht – Tschechische Republik

Vermögensverfall muss die Forderungsanmeldung spätestens bis zum Ablauf der gesetzlichen Frist erfolgen. Diese beträgt zwei Monate ab der Entscheidung über den Vermögensverfall. Wird eine Forderung bis zu diesem Zeitpunkt nicht angemeldet, so verliert der Gläubiger seinen Anspruch und die Forderung wird im Laufe des Insolvenzverfahrens nicht mehr befriedigt. Es handelt sich um eine **Ausschlussfrist**.

Wegen der Abschaffung von sprachlichen Barrieren, gilt eine spezielle Vorgehensweise für die **163 Gläubiger aus den EU-Mitgliedstaaten**. Durch § 430 IG, welcher an Art 54 EUInsVO anknüpft, ist das Insolvenzgericht dazu verpflichtet, „bekannte Gläubiger", welche ihren Sitz in einem EU-Mitgliedstaat haben, unverzüglich über die Eröffnung des Insolvenzverfahrens und die Kernpunkte der Insolvenzentscheidung zu informieren. Darüber hinaus müssen diese Gläubiger die Entscheidung über den Vermögensverfall erhalten, welche auch die Frist zur Forderungsanmeldung festsetzt.

Der Begriff des **bekannten Gläubigers** wurde vom Obersten Tschechischen Gerichtshof weit **164** ausgelegt (Oberster Gerichtshof 26.7.2012 – 29 NSCR 13/2010-P48-17): Darunter ist jeder Gläubiger zu verstehen, von dem das Insolvenzgericht oder der Insolvenzverwalter bei der Durchsicht von Dokumenten über den Stand der Vermögenswerte und Verbindlichkeiten des Schuldners, welche dieser dem Insolvenzgericht vorzulegen hatte, unter gewöhnlichen Umständen Kenntnis, zB aus der Insolvenzakte oder aus der Korrespondenz des Schuldners, genommen hätte. Es ist anzumerken, dass etwaige Unterlassung des Schuldners, den EU-Gläubiger zu nennen, nicht zulasten des EU-Gläubigers geht.

Die genannte Vorgehensweise gilt nicht für die Gläubiger mit Sitz innerhalb der Tschechischen **165** Republik oder außerhalb der EU-Mitgliedstaaten.

Die Frist zur Stellung der Forderungsanmeldung ist eine prozessuale Frist, bei der zur Einhaltung **166** die Übergabe der Forderungsanmeldung dem zur Zustellung verpflichtetem Organ ausreicht (Obergericht Prag 29.4.2008 – 1 VSPH 8/2008).

Angemeldet werden müssen gem. § 173 Abs. 2 IG grundsätzlich alle Forderungen, einschließ- **167** lich der gesicherten, nicht fälligen, bedingten, vollstreckbaren oder bereits gerichtlich geltend gemachten Forderungen. Die Forderungsanmeldung muss an das zuständige Insolvenzgericht gerichtet werden. Sollte die Forderungsanmeldung einem anderen Gericht zugestellt werden, wird dieses die Forderungsanmeldung weiterleiten. Die Wirkungen der rechtzeitigen Stellung der Forderungsanmeldung treten erst mit der tatsächlichen Zustellung bei dem zuständigen Insolvenzgericht ein.

Die Forderungsanmeldung muss gem. § 174 IG in zweifacher Ausführung, einschließlich der **168** Anlagen, beim Insolvenzgericht vorgelegt werden, welches die Unterlagen an den Insolvenzverwalter weiterleitet.

Beschrieben sein müssen u.a. der **Entstehungsgrund** und die **Höhe der Forderung**. Die **169** Forderungsanmeldung muss auf einem Formular des Justizministeriums in der tschechischen Sprache eingereicht werden. Für die Gläubiger aus den EU-Mitgliedstaaten gilt das Formular gemäß der EUInsVO. Für die Forderungsanmeldung müssen ein Handelsregisterauszug, eine Kopie der Dokumente, aus welchen sich die Forderung ergibt, und eventuell eine Vollmacht eingereicht werden.

Mit der Novelle, welche zum 1.7.2017 in Kraft getreten ist, wurden Vorschriften zur Bekämp- **170** fung der Geldwäsche in das Insolvenzrecht eingeführt. Die neuen Vorschriften knüpfen an das Gesetz Nr. 253/2008 Slg., das sog. „Gesetz zur Bekämpfung der Geldwäsche" (nachstehend „**GBG**" genannt) in § 177 IG an.

Der Gläubiger, welcher die Forderung, durch Abtretung oder durch ähnliche Vorgehensweisen, **171** nach der Einleitung des Insolvenzverfahrens oder im Zeitraum von sechs Monaten vor der Einleitung des Insolvenzverfahrens erworben hat, wird nach dem GBG in der Anlage die eidesstattliche Erklärung über seinen tatsächlichen Eigentümer einschließlich des Grundes, warum diese Person als tatsächlicher Eigentümer anzusehen ist, vorlegen.

Sofern diese Pflicht nach dem GBG nicht zutrifft, da die Pflicht zur Prüfung des Kunden **172** gem. GBG nicht gilt, wird der Gläubiger dies in der zur Forderungsanmeldung beigelegenden eidesstattlichen Erklärung begründen. Dies gilt auch für den Fall, wenn der Wert des Rechtsgeschäftes, aus welchem die Forderung entstanden ist, niedriger als 10.000 EUR ist. Gleiches gilt, wenn der Gläubiger kein tatsächlicher Eigentümer ist. Für natürliche Personen und für Subjekte, über welche diese Informationen in einer für das Gericht oder für den Insolvenzverwalter zugänglichen **Evidenz** angegeben sind, gelten diese Vorschriften nicht (Anm.: Die Evidenz der tatsächlichen Eigentümer wurde ab 1.1.2018 errichtet. Es handelt sich um neue Evidenz. Es ist noch nicht klar, ob diese Evidenz der Vorschrift von § 177 IG entspricht). Die Verletzung der Pflicht zur Benennung des tatsächlichen Eigentümers ist mit der Suspension der mit den jeweiligen Forderungen verbundenen Stimmrechte an der Gläubigerversammlung sanktioniert.

173 Der Gläubiger kann bis zur Feststellung der Forderung an der Prüfungsverhandlung die Höhe der Forderung gem. § 192 IG ändern. Kann deswegen die Forderung an der angeordneten Prüfungsverhandlung nicht überprüft werden, wird eine neue Prüfungsverhandlung angeordnet. Der Gläubiger, der die Vertagung verursacht hat, muss den anderen Gläubigern die Kosten für die weitere Prüfungsverhandlung erstatten.

174 Bei den gesicherten Forderungen muss während der Frist zur Anmeldung von Forderungen auch das **Sicherungsrecht** geltend gemacht werden. Ferner ist die Art der Sicherheit und das Datum der Entstehung anzugeben. Wird das Sicherungsrecht und dessen Art nicht geltend gemacht, so kann dieses gem. § 174 Abs. 3 IG nicht im Insolvenzverfahren befriedigt werden. Als Sicherungsrecht wird gem. § 2 lit. g IG das Pfandrecht, das Zurückbehaltungsrecht, die Sicherungsübertragung eines Rechtes, die Sicherungsabtretung einer Forderung, die Einschränkung der Übertragung der Liegenschaften und ähnliche Rechte nach den ausländischen Rechtsordnungen bezeichnet, sofern diese Rechte an einem Vermögensgegenstand, welcher in die Vermögensmasse gehört, haften. Der gesicherte Gläubiger ist nach dem Gesetz über die Schuldbriefe auch der Agent für die Sicherheit. Für die Reihenfolge der Befriedigung der gesicherten Gläubiger ist gem. § 167 Abs. 1 S. 2 IG der Zeitpunkt der Entstehung des Pfandrechts oder der Sicherung maßgebend (**Prioritätsprinzip**).

175 Falls die Forderungsanmeldung **formelle Mängel** aufweist, die die Überprüfung der Forderung an der Prüfungsverhandlung verhindern, wird der Insolvenzverwalter den Gläubiger bzw. den etwaigen Vertreter zur Beseitigung der festgestellten Mängel mit der Belehrung auffordern, wie die Beseitigung vorzunehmen ist (Oberster Gerichtshof 27.9.2017 –29 NSČR 107/2015). Ein Beispiel ist die Nichteinhaltung der vorgeschriebenen Form (Formular). Die Frist zur Mängelbeseitigung muss gem. § 188 Abs. 2 IG mindestens 15 Tage betragen. Die Nichtbeseitigung der festgestellten Mängel während der festgesetzten Frist führt automatisch zur Ablehnung der Forderungsanmeldung (Obergericht Prag 12.10.2012 – 1 VSPH 1233/2012-P1).

176 Die Rechtsprechung hat die Position entwickelt, dass keine formalistischen Anforderungen zur Ablehnung von Forderungsanmeldungen führen (Obergericht Prag 27.8.2013 – 3 VSPH 1355/2012-P2-12). Sie zwingt die Insolvenzverwalter zur gründlichen Überprüfung der Forderungsanmeldung mit allen Anlagen.

177 Der Insolvenzverwalter kann den Gläubiger zum Einreichen auffordern, und sollte dies auch tun, wenn ihm Anlagen bzw. Unterlagen als Beweismittel zur Überprüfung der Forderung fehlen. Die Nichtvorlage der aufgeforderten Dokumente darf aber nicht mit der Ablehnung der Forderungsanmeldung sanktioniert werden. Der Insolvenzverwalter kann darauf lediglich mit der Bestreitung der Forderung in der Prüfungsverhandlung reagieren (Obergericht Prag 15.7.2008 – 1 VSPH 94/2008-P).

178 Sofern der Antragsteller oder dessen Vertreter eine Datenbox (zur Definition → Rn. 28) haben, muss die Forderungsanmeldung gem. § 80a IG ausschließlich über die Datenbox oder elektronisch mit der elektronischen garantierten Unterschrift abgeschickt werden. Eine Ausnahme gilt, wenn der elektronische Weg nicht möglich ist, was wiederum zu begründen ist. Ist die schriftliche Stellung der Forderungsanmeldung möglich, reicht eine einfache Unterschrift auf dem Dokument aus, eine Beglaubigung ist nicht erforderlich.

179 Mit der Einreichung der Forderungsanmeldung ist keine Gerichtsgebühr verbunden.

180 Die Überprüfung der Forderungen mündet in der Vorlage der **Liste der angemeldeten Forderungen**. Der Insolvenzverwalter wird diese dem Insolvenzgericht so vorlegen, dass dieses die Liste 15 Tage vor der Prüfungsverhandlung veröffentlichen kann. Findet die Prüfungsverhandlung weniger als 30 Tage nach dem Ablauf der Frist für die Forderungsanmeldungen statt, muss die Liste zehn Tage vor der Prüfungsverhandlung veröffentlicht werden. Wird diese Frist nicht eingehalten, sollte das Insolvenzgericht die Prüfungsverhandlung vertagen. Wenn Bedarf besteht, sollte der jeweilige Gläubiger eine entsprechende Einwendung bzw. einen Antrag auf die Vertagung stellen.

181 Der Insolvenzverwalter wird in der Liste der angemeldeten Forderungen seine Stellungnahme über die Anerkennung oder über die etwaige Bestreitung angeben. Er kann seine Stellungnahme bis zum Augenblick der Verhandlung der jeweiligen Forderung ändern.

182 Die **Prüfungsverhandlung** ist eine gerichtliche Verhandlung, in der die für die von dem Insolvenzverwalter geführten Liste der angemeldeten Forderungen aufgenommenen Forderungen überprüft werden. Die gerichtliche Prüfungsverhandlung findet nicht in den Fällen statt, in denen über die Genehmigung der Schuldbefreiung entschieden wurde (→ Rn. 555 ff.). In der Prüfungsverhandlung ist die Anwesenheit des Insolvenzverwalters erforderlich. Die Anwesenheit des

Schuldners ist möglich, doch nicht verpflichtend. Die Gläubiger können die Anerkennung ihrer Forderungen oder den Grund der Bestreitung anhören. Eine Verteidigung des jeweiligen Gläubigers gegen die Bestreitung wird nicht erwartet. Dazu dient das etwaige Inzidenzverfahren.

Das Ergebnis der Prüfungsverhandlung wird der Insolvenzverwalter in die aktualisierte Liste der Forderungen einarbeiten. Diese wird unverzüglich nach der Prüfungsverhandlung im Insolvenzregister veröffentlicht. **183**

Nach einem etwaigen **Bestreiten der Forderung** unterscheiden sich die Konsequenzen nach der Art der bestrittenen Forderung. Sofern es sich um eine vollstreckbare Forderung handelt, muss der Insolvenzverwalter gegen den Gläubiger Klage erheben. Als **vollstreckbare Forderung** wird jede Forderung betrachtet, bei welcher der Gläubiger nachgewiesen hat, dass diese spätestens zum Tag der Entscheidung über den Vermögensverfall vollstreckbar wurde. Nach negativen Erfahrungen, bei denen die Insolvenzverwalter willkürlich die vollstreckbaren sowie die nichtvollstreckbaren Forderungen in der Prüfungsverhandlung überprüft haben, wurde in § 191 Abs. 2 IG geregelt, dass das Insolvenzgericht in der Prüfungsverhandlung letztendlich bestimmen kann, ob die Forderung vollstreckbar ist oder nicht. **184**

Bei den **nichtvollstreckbaren Forderungen** wird der in der Prüfungsverhandlung anwesende Gläubiger darüber belehrt, dass er im Falle eines Bestreitens Klage erheben kann. Die abwesende Gläubiger der nichtvollstreckbaren Forderungen werden durch den Insolvenzverwalter benachrichtigt. Die Frist zur Erhebung der Klage beträgt 30 Tage nach der Prüfungsverhandlung. Dem Gläubiger ist auf jeden Fall, ohne Rücksicht auf den (Ab-)Lauf der Frist nach dem vorherigen Satz, eine Frist von 15 Tagen nach der Zustellung der Benachrichtigung von dem Insolvenzverwalter eingeräumt. **185**

Die Klage bei der Lösung des Vermögensverfalls durch die Schuldbefreiung ist innerhalb von 30 Tagen nach der Rechtskraft der Entscheidung über die Verabschiedung des Berichtes über die Prüfungsverhandlung gem. § 198 IG zu erheben. Dem Gläubiger ist auf jeden Fall, ohne Rücksicht auf den Lauf der Frist nach dem vorherigen Satz, eine Frist von 15 Tagen nach der Zustellung der Benachrichtigung von dem Insolvenzverwalter eingeräumt. **186**

Wird die Rangfolge der vollstreckbaren oder nicht vollstreckbaren Forderung bestritten, welche als gesicherte Forderung geltend gemacht wurde, muss immer der Gläubiger die Klage auf Feststellung der Forderung erheben (Oberster Gerichtshof 31.3.2014 – 29 ICdo 13/2012). Der Gläubiger muss in diesem Verfahren behaupten und nachweisen, dass die Forderung gesichert ist. **187**

Der Gläubiger kann in der Klage nur den Sachverhalt schildern, welchen er bis zur Beendigung der Prüfungsverhandlung geltend gemacht hat (Anm.: Praktisch kann der Gläubiger die geltend gemachte Forderung bis zum Ablauf der Frist zur Anmeldung von Forderungen ändern, da er nach dem Ablauf dieser Frist keine neuen Ansprüche geltend machen kann. Danach kann er gem. § 192 Abs. 4 IG nur die Höhe der Forderung ändern.), oder die Tatsachen, die der Kläger nachträglich aus dem Grund erfahren hat, dass ihm der Käufer aus dem Unternehmenskaufvertrag oder dessen Teil nicht rechtzeitig die Übernahme der Verbindlichkeit des Schuldners angekündigt hat. **188**

Die Klage ist gegen den Insolvenzverwalter zu richten. Hat ein Bestreiten des Schuldners die gleiche Wirkung wie die des Insolvenzverwalters, was in der Schuldbefreiung und in der Reorganisation durchaus passieren kann (→ Rn. 149), muss die Klage gegen alle Bestreitenden (Insolvenzverwalter und Schuldner) gerichtet werden. Die Klage muss während der Frist dem Insolvenzgericht zugestellt werden. **189**

Die **Gerichtsgebühr** für die Erhebung der Klage beträgt 5.000 CZK (ca. 200 EUR). In dem Inzidenzverfahren auf die Feststellung der bestrittenen Forderung hat gem. § 202 Abs. 1 IG kein Verfahrensbeteiligter Anspruch auf Ersatz der Verfahrenskosten gegen den Insolvenzverwalter. Die Verfahrenskosten, welche durch Verschulden des Insolvenzverwalters oder durch Zufall entstehen, werden von ihm selbst getragen. Er ist verpflichtet, diese den anderen Verfahrensbeteiligten zu ersetzen. **190**

Die Forderungen der gesicherten Gläubiger, die verzinst sind, erhöhen sich gem. § 171 IG um die Zinsen an dem die Entscheidung über die Lösung des Vermögensverfalls folgenden Tag, wenn die Vermögensmasse durch einen Vertrag verwertet wird. **191**

Bei der Reorganisation erhöhen sich diese Forderungen nach dem Tag, an dem über die Lösung des Vermögensverfalls durch die Reorganisation (Genehmigung der Reorganisation) entschieden wurde. Diese sind monatlich nach der Ermittlung des Wertes des Sicherungsgegenstandes fällig. **192**

Dabei ist darauf hinzuweisen, dass der Wert der Forderung zwingend in korrekter Höhe angegeben werden muss, da das **Risiko der Strafe bei der Forderungsanmeldung** besteht. Abweichungen zwischen der angegebenen und der tatsächlichen Höhe der Forderung von mehr als 50 % können gem. § 178 IG mit Strafen verbunden sein. Erstens kann dies eine Strafzahlung zugunsten der Masse, höchstens im Betrag der Differenz, sein oder zweitens der Ausschluss der zu hoch **193** angemeldeten Forderung vom Insolvenzverfahren. Die Strafzahlung wird auf Antrag des Insolvenzverwalters in dem Inzidenzverfahren auferlegt. Diese Regelung hat große Verunsicherung bei den Gläubigern bereits am Anfang des Inkrafttretens des IG hervorgerufen. Daraufhin hat der Gesetzgeber die scharfe Regelung mit mehreren Novellen abgemildert. Die Strafen können nicht auferlegt werden, wenn die Entscheidung des Insolvenzgerichtes über die Höhe der Forderung von einem Gutachten oder vom Ermessen des Gerichtes abhängig war. Sofern der Gläubiger die Forderungsanmeldung vor der Wirkung der Bestreitung der Forderung (teilweise) zurücknimmt, ist für die Berechnung der Differenz von 50 % die Höhe nach der Zurücknahme maßgeblich. Dies gilt auch während des Inzidenzverfahrens über die Bestreitung der Forderung (Oberster Gerichtshof 30.6.2014 – 29 NSCR 82/2012). Hat der Gläubiger ein Rechtsgeschäft in dem Insolvenzverfahren getätigt, welches die Position eines anderen Gläubigers verschlechtert hat oder verschlechtern konnte und es stellt sich ggf. heraus, dass der Gläubiger die Forderung nicht im guten Glauben angemeldet hat, hat die Zurücknahme gem. § 182 IG darauf keinen Einfluss.

194 Die Strafzahlung kann gem. § 180 IG dem Gläubiger nicht auferlegt werden, wenn die mit der nicht festgestellten Forderung verbundenen Rechte vom Gläubiger im Insolvenzverfahren nicht ausgeübt wurden. Die Personen, die die Forderungsanmeldung unterschrieben haben oder einem Vertreter zu diesem Zweck eine Vollmacht erteilt haben, bürgen gem. § 181 IG für die Erfüllung der Strafzahlung. Entsprechend gelten diese Regeln gem. § 179 IG auch für besicherte Forderungen hinsichtlich der gesicherten Höhe oder hinsichtlich der Rangfolge.

195 Das tschechische Insolvenzrecht kennt das Institut der **nachrangigen Forderungen.** Es gibt gem. § 172 IG vier Gruppen von nachrangigen Forderungen.
- In die erste Gruppe gehören die Forderungen der Gesellschafter oder Mitglieder des Schuldners, welche sich aus deren Mitgliedschaft mit dem Schuldner ergeben. Diese Forderungen müssen nicht angemeldet werden, sondern der Insolvenzverwalter muss über diese benachrichtigen. Diese Forderungen werden zuletzt befriedigt. In diesem Zusammenhang ist zu ergänzen, dass die tschechische Rechtsprechung das Institut der eigenkapitalersetzenden Darlehen nicht kennt.
- Ferner sind das nachrangige Forderungen, bei welcher die vereinbarte Art und Weise der Nachrangigkeit berücksichtigt wird (Oberster Gerichtshof 28.6.2016 – 23 Cdo 2907/2014). Die Angabe über die Nachrangigkeit muss in der Forderungsanmeldung angegeben werden.
- Als die nachrangige Forderung gilt die Forderung aus der subordinierten Anleihe gem. des Gesetzes Nr. 190/2004 Slg.
- Seit dem 1.6.2019 wurde eine neue Gruppe von nachrangigen Forderungen für die Fälle der Schuldbefreiung eingeführt. Als nachrangige Forderungen gelten die Nebenforderungen, dh Zinsen, Verzugszinsen und Verzugsgebühren aus den angemeldeten Forderungen, sowie Vertragsstrafen, wenn diese nicht aus der unternehmerischen Tätigkeit stammen, und nur in der Höhe, in welcher diese die Nominale zum Zeitpunkt der Forderungsentstehung übersteigen.

196 Die Masseforderungen und die den Masseforderungen gleichgestellte Forderungen sind neue Forderungen, welche während des Insolvenzverfahrens entstanden und in der abschließenden Liste in § 168 IG aufgelistet sind (Oberster Gerichtshof 30.11.2011 – 29 NSCR 16/2011). Die den Masseforderungen gleichgestellten Forderungen sind Forderungen, welche auch vor der Einleitung des Insolvenzverfahrens entstanden sind, die der Gesetzgeber aber aus politischen Gründen zwischen die vorrangigen Forderungen in § 169 IG einstufen wollte. Unten werden beide Forderungsgruppen als Masseforderungen genannt.

197 Die Masseforderung wird gegenüber der Person, welche die Verfügungsbefugnis hat, auf dem Formular geltend gemacht. Der Insolvenzverwalter wird immer über die Geltendmachung benachrichtigt. Die arbeitsrechtlichen Forderungen der Arbeitnehmer gelten gem. § 203 IG in der sich aus der Buchhaltung ergebenen Höhe als gültig. Wird die Masseforderung nicht rechtzeitig oder nicht vollständig bezahlt, kann der Gläubiger die Befriedigung durch Klage gegen die Person mit Verfügungsbefugnis verlangen. Es handelt sich nicht um ein Inzidenzverfahren, dh es gilt die allgemeine gerichtliche Zuständigkeit. Nach der Rechtskraft der Entscheidung über diese Klage wird das Insolvenzgericht nach Antrag des Gläubigers oder der Person mit der Verfügungsbefugnis, entscheiden, welcher Vermögensgegenstand zur Befriedigung genutzt wird und in welcher Frist dies erfolgt. Gegen diese Entscheidung ist kein Rechtsmittel zulässig.

198 Die Masseforderungen sind in § 168 IG aufgelistet. Es handelt sich um folgende Forderungen, soweit diese nach der Einleitung des Insolvenzverfahrens oder nach der Erklärung des Moratoriums entstanden sind:
- Ersatz der Kosten und des Entgelts des vorläufigen Insolvenzverwalters, sofern dieser nicht als Insolvenzverwalter bestellt wurde,
- Ersatz der Kosten und des Entgelts des durch das Gericht bestellten Liquidators und des Verwalters des Unternehmens für die Mitwirkung (dem Insolvenzverwalter und dem vorläufigen Insolvenzverwalter),

- Ersatz der notwendigen Kosten und des Entgelts der Mitglieder und der Ersatzmitglieder des Gläubigerausschusses,
- Ersatz des Vorschusses für die Kosten des Insolvenzverfahrens, sofern dieser im Einklang mit der Entscheidung des Insolvenzgerichtes von einer anderen Person als dem Schuldner bezahlt wurde,
- Forderungen aus den Kreditfinanzierungen,
- Forderungen aus den Verträgen aus dem Moratorium (→ Rn. 115 ff.)

Ferner handelt es sich um folgende Forderungen, soweit diese nach der Entscheidung über den Vermögensverfall entstanden sind: **199**
- Ersatz der Kosten und des Entgelts des Insolvenzverwalters,
- Ersatz der mit der Verwaltung und mit der Instandhaltung der Vermögensmasse des Schuldners verbundenen Kosten,
- Ersatz der notwendigen Kosten und des Entgelts des Liquidators und der Personen in ähnlicher Stellung eines Liquidators und des verantwortlichen Vertreters für die Tätigkeit nach der Entscheidung über den Vermögensverfall,
- Ersatz der Kosten und des Entgelts des von dem Insolvenzgericht bestellten Sachverständigen zum Zwecke der Bewertung der Insolvenzmasse,
- Ersatz der Steuern und ähnlichen finanziellen Leistungen, Sozialversicherungsbeiträge und Beiträge zu der Staatspolitik der Beschäftigung sowie Krankenversicherungsbeiträge,
- Forderungen aus den mit der Person mit der Verfügungsbefugnis abgeschlossenen Verträgen mit Ausnahme der durch den Schuldner nach der Verabschiedung der Schuldbefreiung abgeschlossenen Verträge,
- Forderungen aus der Auseinandersetzung der beendeten, gegenseitigen Verträge oder aus der Erfüllung der nicht beendeten Verträge, sofern es sich um eine Leistung nach der Einleitung des Insolvenzverfahrens handelt; mit Ausnahme der Leistungen während der Schuldbefreiung,
- Ersatz der Zinsen, welche im Einklang mit dem IG zu den angemeldeten Forderungen zuwachsen,
- Ersatz der Barausgaben der Personen, welche dem Insolvenzverwalter Mitwirkung geleistet haben,
- weitere Forderungen, welche das IG als Masseforderungen bezeichnet.

Forderungen, welche den Masseforderungen gleichgestellt sind und welche in § 169 IG aufgezählt sind, sind folgende Forderungen, unabhängig davon, wann diese entstanden sind: **200**
- Arbeitsrechtliche Forderungen der Arbeitnehmer des Schuldners, es sei denn, es wird über diese etwas anderes geregelt,
- Forderungen auf den Ersatz des an der Gesundheit herbeigeführten Schadens,
- Forderungen des Staates/Arbeitsamtes auf den Ersatz der den Arbeitnehmern ausbezahlten Löhne und der Abgaben und Forderungen der Steuerbehörde aus der Rückerstattung der Mehrwertsteuer,
- Forderungen der Teilnehmer der Pensionsversicherung mit dem Staatsbeitrag,
- Forderungen aus der gesetzlichen Unterhaltspflicht,
- Ersatz der Kosten, welche ein Dritter für die Aufwertung der Masse ausgegeben hat, sofern der Dritte gegenüber dem Schuldner Forderung aus der ungerechtfertigten Forderung hat,
- Forderungen aus den Verträgen aus dem vor der Einleitung des Insolvenzverfahrens erklärten Moratorium, sofern das Insolvenzverfahren in der Frist von einem Jahr nach dem Erlöschen des Moratoriums eingeleitet wurde,
- andere Forderungen, welche im Gesetz als Masseforderungen bezeichnet werden.

Die Masseforderungen werden grundsätzlich jederzeit in voller Höhe befriedigt. Dies gilt unter der Voraussetzung, dass es für die Bezahlung aller Masseforderungen ausreichende Finanzmittel gibt. Sofern es nicht genug Finanzmittel zur vollständigen Befriedigung der Masseforderungen gibt, gilt nach § 297 Abs. 2 IG, dass das Insolvenzgericht auf Antrag des Insolvenzverwalters über die teilweise Befriedigung (Verteilungsbeschluss für die Masseforderungen) entscheidet. Dieser Antrag kann erst nach der Verabschiedung des Schlussberichtes erfolgen, wenn die finanziellen Ergebnisse des Konkurses endgültig festgelegt sind (Obergericht Prag 14.9.2015 – 2 VSPH 60/2015-B-84). **201**

Die **Reihenfolge der Befriedigung der Masseforderungen,** wenn keine Mittel zur vollständigen Befriedigung existieren, ist in § 305 Abs. 2 IG wie folgt geregelt: **202**
- Ausgaben und Entgelt des Insolvenzverwalters,
- Forderungen aus den Verträgen aus dem Moratorium,
- Forderungen aus der Kreditfinanzierung,

Internationales Insolvenzrecht – Tschechische Republik

- verhältnismäßige Forderungen aus der Verwaltung und mit der Instandhaltung der Vermögensmasse und arbeitsrechtlichen Forderungen der Arbeitnehmer des Schuldners, welche nach der Entscheidung über den Vermögensverfall entstanden sind,
- Forderungen aus dem vom Gläubiger bezahlten Vorschuss auf die Kosten des Insolvenzverfahrens,
- Forderungen aus der gesetzlichen Unterhaltspflicht,
- Forderungen auf den Ersatz des an der Gesundheit herbeigeführten Schadens,
- andere Masseforderungen (verhältnismäßig).

203 Gewisse Forderungen wurden aus der Befriedigung im Insolvenzfahren ganz ausgeschlossen. Die Aufzählung dieser **aus der Befriedigung ausgeschlossenen Forderungen** ist in § 170 IG beinhaltet. Es handelt sich um Zinsen, Verzugszinsen und Verzugsgebühren zu den Forderungen der angemeldeten Gläubiger, wenn diese erst nach der Entscheidung über den Vermögensverfall zugewachsen werden oder nach dieser Entscheidung fällig werden. Ferner sind die Forderungen aus Schenkungsverträgen aus der Befriedigung sowie die Verfahrenskosten der Beteiligung am Insolvenzverfahren ausgeschlossen. Darüber hinaus werden in dem Verfahren die Forderungen nicht befriedigt, welche in dem rechtswidrigen Verhalten des Schuldners gegenüber den Staatsorganen beruhen. Der Hauptgedanke besteht darin, dass die Gläubiger mit den angemeldeten Forderungen die Verletzung der Rechtsvorschriften seitens des Schuldners nicht verursacht haben. Daher ist es nicht gerecht, dass die Gläubiger ökonomisch durch die Strafen von den staatlichen Organen beeinträchtigt werden. So gelten außervertragliche Sanktionen als von der Befriedigung ausgeschlossen, mit Ausnahme der Pönale, für die Nichtbezahlung von Steuern und anderer finanziellen Leistungen, Sozialversicherungsbeiträge und des Beitrages der staatlichen Politik der Beschäftigung und Krankenversicherungsbeiträge, sofern die Pflicht zur Zahlung dieser Pönale vor der Entscheidung über den Vermögensverfall entstanden ist. Ähnliches gilt für die Vertragsstrafen, sofern das Recht auf deren Geltendmachung nach der Entscheidung über den Vermögensverfall entstanden ist.

204 **Die Forderung des Ehegatten des Schuldners**, welche nach der Erklärung des Konkurses aus der Auseinandersetzung der Ehegütergemeinschaft entstanden ist, wird gem. § 275 IG als angemeldete Forderung betrachtet und als angemeldete Forderung befriedigt.

205 **c) Wahrnehmung der Wirkungen des Insolvenzverfahrens.** Mit der Einleitung des Insolvenzverfahrens sind mehrere **Wirkungen** verbunden. Diese treten mit dem Augenblick der Veröffentlichung der Verkündigung über die Einleitung des Insolvenzverfahrens im Insolvenzregister ein. Diese Wirkungen bleiben gem. § 109 IG bis zur Beendigung des Insolvenzverfahrens und bei der Reorganisation bis zur Genehmigung des Reorganisationsplanes bestehen.

206 Die Gläubiger dürfen ihre Rechte anstatt der Klage durch die **Forderungsanmeldung** geltend machen. Die Sicherungsrechte dürfen nur aufgrund der Vorschriften des IG begründet werden. Das bedeutet zB, dass das Pfandrecht, welches an einer Liegenschaft bestellt werden soll, vor der Stellung des Insolvenzantrages eingetragen werden muss. Der Zeitraum zwischen der Stellung des Antrages auf die Eintragung des Pfandrechtes ins Liegenschaftskataster und der Genehmigung muss mindestens 20 Tage dauern (Anm.: Nach negativen Erfahrungen von Versuchen, verfälschte Dokumente dem Katasteramt vorzulegen, hat der Gesetzgeber gem. § 16 iVm § 18 des Gesetzes Nr. 256/2013 Slg. eine Regelung eingeführt, dass der im Liegenschaftskataster eingetragene Eigentümer über den gestellten Antrag informiert wird und erst nach dem Ablauf der Frist von 20 Tagen das Katasteramt zur Eintragung der Daten kommen kann). Es kann deshalb passieren, dass der Antrag auf die Eintragung des Pfandrechts zeitgleich mit einem Insolvenzantrag gestellt wird, welcher die Wirkungen des Sicherungsrechtes für das Insolvenzverfahren beseitigt (Oberster Gerichtshof 30.11.2011 – 29 NSCR 16/2011).

207 Das IG ermöglicht ausdrücklich die Bestellung der Sicherheiten im Rahmen der Kreditfinanzierung während des Insolvenzverfahrens.

208 Darüber hinaus hat der Oberste Gerichtshof eine Entscheidung erlassen, mit welcher er die Entstehung der Stellung des gesicherten Rechts (**Recht auf Absonderung**) aus den Bankgarantien ausgelegt hat (Oberster Gerichtshof 26.8.2014 – 29 Cdo 4340/2011). Er hat entschieden, dass der Gläubiger mit der nach der Konkurserklärung aus der Inanspruchnahme der Bankgarantie entstandenen Forderung die Position des gesicherten Gläubigers nicht genießen kann. Darauf hat der Gesetzgeber mit der Novelle, welche zum 1.7.2018 in Kraft getreten ist, klargestellt, dass solche Forderungen die Stellung der gesicherten Gläubiger im Insolvenzverfahren genießen sollen. Ein wichtiger Repräsentant der insolvenzrechtlichen Meinungen am Obersten Gerichtshof verbreitete zuletzt auf mehreren Seminaren die Meinung, dass diese Novelle fehlerhaft geschrieben und das angestrebte Ziel nicht erreicht wurde. Daher ist diese Entwicklung noch nicht sicher abgeschlossen.

Internationales Insolvenzrecht – Tschechische Republik

Des Weiteren kann der Gläubiger mit einer anzumeldenden Forderung nur die Zwangsvollstre- 209
ckung anordnen lassen. Diese darf aber nicht mehr realisiert werden.

Eine weitere Wirkung des eingeleiteten Insolvenzverfahrens ist, dass die vertraglich vereinbarte 210
Lohnpfändung nicht mehr begründet werden kann.

Die Verjährungsfrist läuft für Forderungen, welche nur angemeldet werden dürfen, nicht nach 211
der Einleitung des Insolvenzverfahrens. Diese Forderungen müssen während der Frist zur Anmeldung rechtzeitig angemeldet werden, damit diese Wirkung bleibt (Oberster Gerichtshof 24.4.2018 – 29 Cdo 1774/2016).

d) Bestreitung der Forderungen anderer Gläubiger. Eine der Neuerungen des IG am 212
1.1.2008 war, dass das Recht der Gläubiger, die Forderungen anderer Gläubiger zu bestreiten, abgeschafft wurde. Begründet wurde dies damit, dass die Gläubigerbestreitung und folgende Inzidenzverfahren die damaligen Konkursverfahren wesentlich verlängert haben. Mit der Abschaffung dieses Rechtes hat sich das Verfassungsgericht befasst (Verfassungsgericht 1.7.2010 – Pl. ÚS 14/10). Es hat entschieden, dass das Bestreitungsrecht der Gläubiger zu dem Verfassungsrecht auf ein faires Verfahren gehört. Die Einschränkung wurde zum 31.3.2011 aufgehoben.

Darauf hat der Gesetzgeber mit einer Novelle reagiert, mit welcher er die Vorgehensweise der 213
Bestreitung seitens der Gläubiger geregelt hat. Das Ziel der Novelle war es, das Bestreitungsrecht einzuschränken. Daher tendieren die Gerichte zu einer engen Auslegung der einschlägigen Vorschriften. Die Regelung ist in § 200 und in § 202 IG enthalten. Das Bestreiten muss auf dem Formular erfolgen, wobei alle Bestandteile wie bei der zivilrechtlichen Klage vorliegen müssen. Aus der Klage muss ersichtlich sein, ob die Echtheit, Höhe oder Reihenfolge bestritten wird.

Ein **Bestreiten** wird berücksichtigt, sofern es alle Bestandteile enthält und dem Insolvenzgericht 214
spätestens drei Werktage vor der Prüfungsverhandlung über die zu bestreitende Forderung zugestellt wird. Im Falle, dass der Vermögensverfall durch die Schuldbefreiung gelöst wird, muss diese spätestens zehn Tage nach dem Ablauf der Frist als Forderungsanmeldungen gestellt werden, wobei diese Frist nicht früher als sieben Tage nach der Veröffentlichung der Forderungsanmeldung im Insolvenzregister abläuft. Die **Frist** wird so berechnet, dass der Tag der Prüfungsverhandlung bei der Berechnung der Frist nicht berücksichtigt wird. Dann folgen bei der Berechnung drei Werktage, wobei die Bestreitung spätestens am letzten Tag zugestellt sein muss (Oberster Gerichtshof 29.11.2012 – 29 Cdo 17/2012).

Etwaige **Mängel** des Bestreitens werden nicht durch Aufforderung des Insolvenzgerichtes 215
gelöst. Die **Gründe des Bestreitens** müssen innerhalb der Frist zum Bestreiten der Forderungen vollständig geschildert (Oberster Gerichtshof 27.9.2017 – 29 NSCR 96/2015; Obergericht Prag 11.5.2016 – 1 VSPH 2332/2015-B-89) und dürfen später nicht mehr geändert werden. Als Grund des Bestreitens einer durch eine rechtskräftige Entscheidung eines zuständigen Organs anerkannten und vollstreckbaren Forderung können nur solche Tatsachen genannt werden, die der Schuldner in dem vorgehenden Verfahren nicht geltend gemacht hat. Eine andere rechtliche Beurteilung kommt nicht in Betracht. Das Insolvenzgericht kann das Bestreiten des Gläubigers bis zum Ende der Prüfungsverhandlung wegen etwaiger Mängel oder wegen Versäumung ablehnen. Gegen die Entscheidung steht dem Gläubiger mit dem abgelehnten Bestreiten die Berufung zur Verfügung. Das Bestreiten wandelt sich nach der Entscheidung über die Lösung des Vermögensverfalls in die Klage um. Damit die Gläubiger Zeit für die Reaktion auf das Ergebnis der Prüfungsverhandlung haben, geschieht die Umwandlung frühestens zehn Tage nach der Beendigung der Prüfungsverhandlung bzw. bei der Schuldbefreiung nach der Verabschiedung des Berichtes über die Prüfung der Forderungen. Sofern das Insolvenzgericht das Bestreiten nicht ablehnt, obwohl es dazu Gründe gab, kann dies nach der Umwandlung in die Klage vorgenommen werden (Oberster Gerichtshof 29.11.2012 – 29 Cdo 17/2012).

Der Gläubiger, welcher die Forderung eines anderen Gläubigers bestritten hat, muss einen 216
Vorschuss für die Kosten des durch das Bestreiten initiierten Gerichtsverfahrens bezahlen. Die Frist zur Zahlung des Vorschusses ist auf 15 Tage nach der Prüfungsverhandlung gem. § 202 Abs. 3 IG vorgeschrieben. Wurde noch nicht über die Art der Lösung des Vermögensverfalls entschieden, endet diese Frist nicht früher als mit Ablauf der Frist von zehn Tagen nach der Entscheidung über die Art der Lösung des Vermögensverfalls. Eine nachträgliche Bezahlung des Vorschusses, gleichgültig ob dies vor der Gerichtsentscheidung geschieht, hat keinen Einfluss und die Klage wird abgelehnt (Oberster Gerichtshof 24.7.2014 – 29 Cdo 26/2014).

Zum Schutz der Gläubiger vor einem missbräuchlichen Bestreiten wurde die Möglichkeit 217
eingeführt, dass diese bei dem Insolvenzgericht die Auferlegung der Kaution (Vorschuss) zur Sicherung eines etwaigen Schadens oder eines anderen Nachteils beantragen können, welcher durch das unbegründete Bestreiten entstehen könnte. Der Antragsteller muss dabei belegen, dass ihm dieser Schaden oder dieser Nachteil offensichtlich droht. Scheint das Bestreiten nach den

bisherigen Ergebnissen des Insolvenzverfahrens begründet zu sein, so wird das Insolvenzgericht den Antrag ablehnen.

218 Die Pflicht zur Bezahlung des Vorschusses nach dem vorherigen Abschnitt gilt nicht für die Gläubiger, welche bescheinigen, dass sie den Vorschuss ohne ihr Verschulden nicht bezahlen konnten und dass hier die Gefahr des Verzuges besteht, aus welcher ein Nachteil entstehen kann. Ferner besteht die Pflicht zur Bezahlung des Vorschusses nicht während der Reorganisation, wenn das Bestreiten seitens der Gläubiger keinen Einfluss auf die Feststellung der Forderungen gem. § 336 Abs. 4 IG hat. Wird der Vorschuss nicht bezahlt oder belegt der Gläubiger nicht, dass er die Pflicht zur Bezahlung des Vorschusses hat, wird das Insolvenzgericht die Klage (Bestreitung) ablehnen.

219 **e) Beendigung des Insolvenzverfahrens.** Das Insolvenzverfahren ist durch den Gedanken geprägt, dass **Gläubiger** diejenigen sind, für die das Verfahren geführt wird. Diesem Gedanken entspricht das Recht der Gläubiger, sich zu einigen, dass das Verfahren beendet wird. Die Gläubiger können immer die Beendigung des Verfahrens dadurch erreichen, dass sie ihre Forderungsanmeldungen zurücknehmen. Sofern es keine Forderungen zur Befriedigung gibt, wird das Verfahren beendet.

220 Das IG regelt auch eine **Sondermöglichkeit,** nach welcher die Gläubiger keine Forderungsanmeldungen zurücknehmen müssen und dabei die Sicherheit haben, dass das Verfahren unter der Bedingung der Vorlage der Zustimmung aller Gläubiger beendet wird. Dies kann durch die Entscheidung erfolgen, dass der Schuldner sich nicht im Vermögensverfall befindet. Diese Entscheidung kann auf **Antrag des Schuldners** gem. § 158 Abs. 2 IG erlassen werden, sobald alle Gläubiger und der Insolvenzverwalter ihre Zustimmung erklärt haben. Die Unterschriften müssen dabei beglaubigt werden. Der Antrag ist spätestens bis zur Entscheidung über die Art der Lösung des Vermögensverfalls einzureichen. Ferner besteht die gleiche Möglichkeit für Gläubiger während des Konkurses.

221 **f) Klarstellung von Unklarheiten bei der Rangfolge der Forderungen.** Bei Zweifeln, ob die geltend gemachte Forderung eine Masseforderung oder eine der Masseforderung gleichgestellte Forderung bzw. eine aus der Befriedigung im Insolvenzverfahren ausgeschlossene Forderung ist, wird das Insolvenzgericht gem. § 203a IG auch ohne Antrag den Gläubiger auffordern, eine Klage auf die Feststellung der Rangfolge innerhalb der Frist von 30 Tagen bei dem Insolvenzgericht zu erheben. Die Klage muss gegen den Insolvenzverwalter bei dem Insolvenzgericht gerichtet werden. Mit der Klage wird das **Inzidenzverfahren** eingeleitet. Die Aufforderung kann jedermann durch Einreichen eines Schriftstückes initiieren. Nur auf Antrag des Insolvenzverwalters wird dies durch das Insolvenzgericht erfolgen.

222 Wird diese Klage nicht rechtzeitig erhoben oder wird die Klage abgelehnt, unterscheiden sich die Konsequenzen nach der Rangfolge, welche von dem Gläubiger geltend gemacht wurde. Sofern der Gläubiger die Forderung als Masseforderung oder der Masseforderung gleichgestellte Forderung geltend gemacht hat, gilt die Forderung als angemeldete Forderung. Handelt es sich dabei um eine aus der Befriedigung ausgeschlossene Forderung, ist die Befriedigung im Insolvenzverfahren ausgeschlossen.

223 Das Verfahren gem. § 203a IG kann parallel mit dem Verfahren gem. § 203 IG laufen, dh Verfahren auf die Bezahlung der Forderung (Obergericht Prag 28.5.2015 – 101 VSPH 175/2015). Die Rechtsprechung hat sich bisher nicht zu der Frage geäußert, ob die Erhebung der Klage auf die Feststellung der Rangfolge die Verjährungsfrist hemmt.

3. Insolvenzgericht

224 Das Insolvenzgericht ist ein **Prozesssubjekt,** welches die Überwachung und die Aufsicht im Insolvenzverfahren durchführt. Zur Erfüllung dieser Aufgabe kann es Aufsichtsbeschlüsse gem. § 11 IG erlassen, gegen welche kein Rechtsmittel zulässig ist (ausführlicher zu den Rechtsmitteln → Rn. 42 ff.). Durch **Aufsichtsbeschlüsse** können den Verfahrensbeteiligten Pflichten auferlegt werden, Maßnahmen zur Sicherung des Zwecks des Insolvenzverfahrens getroffen und über Angelegenheiten entschieden werden, welche das Insolvenzverfahren berühren. Im Rahmen der **Aufsichtsbefugnis** ist das Insolvenzgericht berechtigt, vom Insolvenzverwalter die Erklärung seines Vorgehens und Einsicht in seine Rechnungen zu verlangen, notwendige Untersuchungen vorzunehmen und dem Insolvenzverwalter Weisungen zu erteilen. Eingeschlossen ist die Pflicht, sich eine Stellungnahme zu gewissen Fragen vom Gläubigerorgan einzuholen.

225 In der ersten Instanz entscheidet im Insolvenzverfahren und in den Inzidenzverfahren ein **Richter** (Einzelrichter). In der zweiten Instanz entscheidet der **Senat** mit drei Richtern. Die Entscheidung in der ersten Instanz dürfen weitere Personen erlassen. Erstens sind das die **Rechts-**

Internationales Insolvenzrecht – Tschechische Republik

pfleger, die Stellung dazu ist im Gesetz Nr. 121/2008 Slg. geregelt. Der Rechtspfleger nimmt die Tätigkeit nach der gerichtlichen Arbeitseinteilung vor. In der Arbeitseinteilung wird auch die Zuordnung des Rechtspflegers zum bestimmten Senat festgesetzt. Der Rechtspfleger unterliegt den Weisungen des Senatspräsidenten (des Einzelrichters). In den rechtlich oder sachlich komplizierten Angelegenheiten darf der Rechtspfleger nicht entscheiden. In § 11 lit. m des genannten Gesetzes sind die Angelegenheiten genannt, zu welchen er nicht entscheiden darf. Es handelt sich zum Beispiel um die Bestellung des Insolvenzverwalters, die Entscheidungen über den Vermögensverfall, die Erklärung des Konkurses und die Entscheidungen in der Sache selbst in den Inzidenzverfahren. Die Entscheidungen des Rechtspflegers gelten als Entscheidungen des Einzelrichters. Zur abweichenden Regelung der Rechtsmittel → Rn. 42 ff.

Zweitens können die Entscheidungen die **Assistenten des Richters** treffen. Die Stellung des 226 Assistenten des Richters ist im Gesetz Nr. 6/2002 Slg. geregelt. Für den Umfang der Teilnahme an den Entscheidungen gilt gem. § 36a des genannten Gesetzes entsprechend das Gesetz Nr. 121/2008 Slg., welches die Stellung der Rechtspfleger regelt. Der vorherige Abschnitt gilt daher entsprechend auch für die Tätigkeit des Assistenten des Richters. Der Assistent übt die einzelnen Schritte im Gerichtsverfahren nach der Beauftragung des Richters aus, sofern das von einem Sondergesetz oder von der Arbeitseinteilung festgesetzt wird.

Die wichtige Rolle des Insolvenzgerichtes in Insolvenzverfahren wird dadurch vergrößert, dass 227 die **einstweiligen Verfügungen,** welche in einem normalen Zivilverfahren nur auf Antrag der Verfahrensbeteiligten erlassen werden, im Insolvenzverfahren auch ohne Antrag gem. § 82 IG angeordnet werden dürfen, es sei denn, es wird etwas abweichendes ausdrücklich festgelegt. Durch die einstweilige Verfügung kann das Insolvenzgericht einen vorläufigen Insolvenzverwalter bestellen, die Verfügungsbefugnisse einschränken oder die Aufrechnung regeln, dh verbieten oder erlauben (→ Rn. 343 ff.).

Auch im Insolvenzverfahren gelten die allgemeinen Vorschriften §§ 14 ff. des Gesetzes Nr. 99/ 228 1963 Slg., Zivilprozessordnung, in der letzten Fassung (nachstehend nur „ZPO" genannt), nach welchen der Richter, der Assistent oder der Rechtspfleger, bei welchen ein Grund zum Zweifeln an der **Nichtbefangenheit** wegen des Verhältnisses zu der Sache, zu den Verfahrensbeteiligten oder zu deren Vertretern besteht, aus dem Verfahren ausgeschlossen sind. Der Grund kann nicht in dem Vorgang des Richters im Verfahren oder in einer Entscheidung in anderen Sachen bestehen. Bei der eigenen Anzeige der betroffenen Personen entscheidet über den Ausschluss des Richters der Gerichtsvorsitzende und über andere Personen der Senatsvorsitzende.

Die **Verfahrensbeteiligten** können sich zu der Frage der **Befangenheit** gem. § 15 ZPO 229 äußern. Darüber müssen die Verfahrensbeteiligten von dem Gericht belehrt werden. Die Einwendung kann spätestens in der Gerichtsverhandlung erhoben werden, an welcher die betroffene Person teilnimmt. Ist der Grund für die Geltendmachung der Einwendung später entstanden, kann diese innerhalb von 15 Tagen danach gestellt werden, wenn davon Kenntnis genommen wird. In der Einwendung müssen die allgemeinen Bestandteile jedes prozessualen Schriftstückes beinhaltet und auch die Tatsachen mit den Beweisen genannt werden, worin der Grund der Befangenheit besteht. Die Sache wird dem übergeordneten Gericht vorgelegt, es sei denn das betroffene Gericht ist gem. § 15b ZPO mit der Einwendung nicht einverstanden und es wird an der ersten Verhandlung über die Sache entschieden. Etwaige prozessuale Fehler bei der Beurteilung der Einwendung der Befangenheit sind erst dann ein Berufungsgrund für die Aufhebung, wenn die Einwendung begründet war (Oberster Gerichtshof 30.1.2012 – 29 NSČR 75/2011).

Zur Sicherung des ordentlichen Verlaufes des Insolvenzverfahrens kann das Insolvenzgericht 230 die **Ordnungsstrafen** gem. § 53 ZPO auferlegen. Diese können allen Subjekten auferlegt werden, welche den Verlauf des Verfahrens grob behindern, zB durch Nichterscheinen vor Gericht ohne wichtigen Grund, Nichtbefolgung des Gebotes des Gerichts, Störung der Ordnung oder Einreichung eines grob beleidigenden Schriftstückes. Ferner können die Ordnungsstrafen gem. § 81 IG den Mitgliedern oder Ersatzmitgliedern des Gläubigerorgans auferlegt werden, wenn diese ohne Entschuldigung an der Tagung nicht teilnehmen oder die Pflichten anderweitig nicht erfüllen. Die Ordnungsstrafen können in Höhe bis zu 50.000 CZK (ca. 2.000 EUR) festgelegt werden. Das Insolvenzgericht, welches die Ordnungsstrafe auferlegt hat, kann auf diese auch nach der Rechtskraft verzichten.

Die Ordnungsstrafe kann gem. § 81 IG auch dem Insolvenzverwalter auferlegt werden, wenn 231 dieser seine Pflichten nicht erfüllt.

Die Ordnungsstrafe kann auch wiederholt, jedoch lediglich bis zum Gesamtbetrag von 200.000 232 CZK auferlegt werden.

4. (Vorläufiger) Insolvenzverwalter (einschließlich: Planbarkeit)

233 Der Insolvenzverwalter ist ein **prozessuales Subjekt,** dessen Stellung im Gesetz Nr. 312/2006 Slg., über die Insolvenzverwalter, in der letzten Fassung (nachfolgend nur „**IVG**" genannt), geregelt ist. Nach dem IVG ist der Insolvenzverwalter eine natürliche oder eine juristische Person, welche die Genehmigung zur Tätigkeit des Insolvenzverwalters innehat.

234 Das IVG hat aus der Tätigkeit des Insolvenzverwalters einen Beruf geschaffen. Die Insolvenzverwalter müssen ein Hochschuldiplom aus einem Magisterprogram in einem EU- oder EWR-Staat oder der Schweiz haben. Ferner muss unter anderem eine Prüfung am Justizministerium abgelegt werden und eine dreijährige Praxistätigkeit absolvieren.

235 Die natürlichen Personen können die Tätigkeit des Insolvenzverwalters auch mittels einer juristischen Person in Form der offenen Handelsgesellschaft oder einer Form nach der Rechtsordnung des EU- oder EWR-Staates ausüben. Die Personen, welche die Genehmigung zur Tätigkeit des Insolvenzverwalters haben, werden in die **Liste der Insolvenzverwalter** beim Justizministerium eingetragen. Die Liste der Insolvenzverwalter ist über das Internetportal www.justice.cz zugänglich. Die Liste wird nach den Distrikten der Kreisgerichte geführt.

236 In folgenden Fällen darf ein Insolvenzverwalter gem. § 3 Abs. 2 IVG beauftragt werden, der über eine **Sondergenehmigung** verfügt:
 • der Vermögensverfall des Schuldners wird von Finanzinstitutionen, Wertpapierhändlern, dem zentralen Depositar, dem Betreiber des Auseinandersetzungssystems, dem Organisator des Markts mit den Investitionsmitteln, von Investitionsgesellschaften, Investitionsfonds der Pensiongesellschaft oder Pensionsfonds mit der Reorganisation gelöst;
 • der Umsatz des Schuldners betrag in letzten der Stellung des Insolvenzantrages vorhergehenden Rechnungsperiode mindestens 100.000.000 CZK (ca. 4.000.000 EUR);
 • der Schuldner beschäftigt mindestens 100 Arbeitnehmer.

237 Die Insolvenzverwalter mit der Sondergenehmigung müssen eine **Sonderprüfung** ablegen und werden in der Liste der Insolvenzverwalter separat geführt.

238 Separat werden auch sog. gastierende Insolvenzverwalter geführt, welche nach der Rechtsordnung eines EU- oder EWR-Staats oder der Schweiz die Tätigkeit des Insolvenzverwalters zeitweilig oder gelegentlich auf dem Gebiet der Tschechischen Republik ausüben.

239 Der Insolvenzverwalter wird von dem Gerichtsvorsitzenden mittels einer **Software** aus der Liste der Insolvenzverwalter entweder aus den Distrikten der Kreisgerichte für die Fällen der Schuldbefreiung für den Konkurs oder aus dem Gebiet der ganzen Tschechischen Republik für die Fälle, in denen eine **Sondergenehmigung** erforderlich ist, gem. § 25 IG ausgewählt. Ausnahmsweise und in begründeten Fällen kann der Insolvenzverwalter außerhalb der Reihenfolge in der Liste der Insolvenzverwalter bestimmt werden. Bei Schuldnern, welche einen Konzern bilden, wird der Gerichtsvorsitzende grundsätzlich den gleichen Insolvenzverwalter bestimmen. Die gleiche Regelung gilt auch für die Ehegatten.

240 Sofern der Schuldner mit dem Insolvenzantrag, in welchem er die Reorganisation beantragt, auch den von mindestens der Hälfte der gesicherten Gläubiger und von mindestens der Hälfte der ungesicherten Gläubiger (beides nach der Höhe der Forderungen) genehmigten Reorganisationsplan vorlegt, wird das Insolvenzgericht gem. § 25 IG als Insolvenzverwalter die Person vorbestellen, welche im Reorganisationsplan genannt ist. Ist für den Schuldner ein Insolvenzverwalter mit Sonderprüfung erforderlich, wird dieser aus dem Teil der Liste der Insolvenzverwalter mit der Sondergenehmigung gem. § 25 Abs. 3 IG bestimmt.

241 Der Insolvenzverwalter kann die Bestellung in einem konkreten Fall gem. § 22 IG nur aus wichtigen Gründen ablehnen. Der Insolvenzverwalter muss gem. § 23 IG für seine Tätigkeit eine **Haftpflichtversicherung** abgeschlossen haben. Die Mindestdeckung der Versicherung liegt gem. der Verordnung Nr. 314/2007 Slg. bei 1.000.000 CZK (ca. 40.000 EUR) und für die Insolvenzverwalter mit der Sonderprüfung bei 10.000.000 CZK (ca. 400.000 EUR). Für offene Handelsgesellschaften gilt dieser Betrag für jeden angemeldeten Gesellschafter.

242 Für den Insolvenzverwalter gelten gem. § 24 IG ähnliche Regeln für die **Befangenheit** wie für einen Richter (Oberster Gerichtshof 30.6.2014 – 29 NSCR 78/2013) (→ Rn. 224). Der Insolvenzverwalter wird im Falle eines Ausschlusses unverzüglich das Insolvenzgericht über die Gründe für seinen Ausschluss aus dem Insolvenzverfahren informieren. Gilt dieser nur gegenüber einem der Gläubiger oder gegenüber einem der Vertreter des Gläubigers, kann das Insolvenzgericht gem. § 34 IG einen getrennten Insolvenzverwalter zur Lösung der Befangenheit bestellen. Üblicherweise geschieht dies in den Fällen, in denen ein Insolvenzverwalter für den ganzen **Konzern** bestellt wird und für die Klärung der Verhältnisse in der Konzerngruppe wie zB Gerichtsverfahren oder die Prüfung von Forderungen.

Internationales Insolvenzrecht – Tschechische Republik

Der Insolvenzverwalter wird in der Entscheidung über den Vermögensverfall bestellt. Gegen 243
die Nominierung des Insolvenzverwalters seitens des Gerichtsvorsitzenden ist kein Rechtsmittel
zulässig, da dies keine **Gerichtsentscheidung** darstellt (Oberster Gerichtshof 22.12.2016 – 29
NSCR 130/2014; Obergericht 31.3.2010 – 3 VSPH 193/2010-B-12). Gegen die Entscheidung
des Insolvenzgerichtes über die Bestellung des Insolvenzverwalters ist jedoch die Berufung gem.
§ 26 IG zulässig. Die Berufungsgründe sind nach der genannten Vorschrift wesentlich eingeschränkt. Es kann nur eingewandt werden, dass der Insolvenzverwalter die Gründe für die Bestellung nicht erfüllt oder dass er aus dem Insolvenzverfahren ausgeschlossen (befangen) ist. Die
Tatsachen, welche nach der Entscheidung der ersten Instanz entstanden sind, werden nicht berücksichtigt.

Der Insolvenzverwalter kann während des Insolvenzverfahrens aus der Funktion abberufen 244
werden. Die größte Änderung, welche das IG gebracht hat, war, dass die Gläubiger den Insolvenzverwalter abberufen und einen neuen Insolvenzverwalter bestellen können. Die Regelung findet
sich in § 29 IG. Nach dieser Vorschrift kann der Insolvenzverwalter an der ersten Gläubigerversammlung, welche nach der Prüfungsverhandlung folgt, von den Gläubigern abberufen und ein
neuer Insolvenzverwalter bestellt werden.

Die Entscheidung der Gläubigerversammlung ist erreicht, sofern sich dafür die Mehrheit aller 245
der mindestens einen Tag vorher angemeldeten Gläubiger nach der Höhe der Forderungen ausgesprochen hat. Bei der Lösung des Vermögensverfalls durch die Schuldbefreiung tritt zu der genannten Mehrheit noch die Mehrheit nach der Anzahl der Gläubiger hinzu, was die Abberufung des
Insolvenzverwalters in der Schuldbefreiung fast unmöglich macht.

Der **Beschluss** über die Bestellung des neuen Insolvenzverwalters wird von dem Insolvenzge- 246
richt bestätigt. Das Insolvenzgericht wird den Beschluss der Gläubigerversammlung nicht bestätigen, wenn die Bedingungen der §§ 21–24 IG oder § 25 Abs. 3 IG, wie zB die Befangenheit, die
ausstehende Versicherung oder die fehlende Eintragung in die Liste der Insolvenzverwalter, nicht
erfüllt sind. Wird das Insolvenzgericht den Beschluss der Gläubigerversammlung bestätigen, ist
die Berufung nicht zulässig. Wird umgekehrt der Beschluss nicht bestätigt, können diejenigen
Gläubiger die Berufung erheben, die für den Beschluss der Gläubigerversammlung abgestimmt
haben.

Der abberufene Insolvenzverwalter wird in der festgesetzten Frist über seine Tätigkeit Bericht 247
abgeben und sein Honorar abrechnen.

In der Praxis, vor allem in der jüngeren Zeit, tendierten die Richter bezüglich der Ausübung 248
des Gläubigerrechtes für den Austausch des Insolvenzverwalters zum Schutz der vorherigen Insolvenzverwalters. So ist es mehrmals passiert, dass der Insolvenzverwalter, welcher den Austausch
zB nach der Anwesenheit der Gläubiger an der Prüfungsverhandlung geahnt hat, plötzlich seine
Stellungnahme zu den geprüften Forderungen geändert und diese bestritten hat. Mit den bestrittenen Forderungen sind jedoch die Stimmrechte nicht verbunden (→ Rn. 149). Der Insolvenzverwalter konnte dadurch unter Umständen den Austausch verhindern. Die letzte Fassung des IG
ermöglicht diese Vorgehensweise nicht mehr; der Austausch des Insolvenzverwalters bleibt weiterhin ein problematischer, wenn auch wichtiger Schritt.

In diesem Zusammenhang ist zu ergänzen, dass es beim Austausch des Insolvenzverwalters 249
empfehlenswert ist, die Zustimmung des neuen Insolvenzverwalters einzuholen. Die Rechtsprechung hat entschieden, dass der oder die für den Austausch abstimmenden Gläubiger keine weiteren Dokumente vorlegen müssen, welche die Berechtigung des neuen Insolvenzverwalters zur
Ausübung der Tätigkeit des Insolvenzverwalters belegen (Obergericht Prag 13.4.2015 – 3 VSPH
986/2014-B-19).

Die Rechtsprechung hat zudem entwickelt, dass allein die Tatsache, dass die Gläubiger wieder- 250
holt einen Insolvenzverwalter bestellen, keine Befangenheit des Insolvenzverwalters begründet
(Oberster Gerichtshof 31.8.2015 – 29 NSČR 110/2014).

Bei dem **Austausch des Insolvenzverwalters** seitens der Gläubiger wäre die Zustimmung 251
des neuen Insolvenzverwalters nützlich. Die geltende Rechtslage schreibt dies zwar nicht vor, da
der ohne seine Zustimmung installierte Insolvenzverwalter seine Bestellung innerhalb von drei
Tagen gem. § 31 Abs. 2 IG ablehnen kann. In der Praxis stimmen die Gläubiger jedoch meistens
den Austausch mit dem neuen Insolvenzverwalter ab und legen die Zustimmung vor.

Verabschiedet die Gläubigerversammlung den Beschluss über die Abberufung des Insolvenzver- 252
walters, ohne den neuen Insolvenzverwalter zu benennen, wird das Insolvenzgericht gem. § 30
IG einen aus der Liste der Insolvenzverwalter bestellen.

Kommt es später, nach der Abberufung des Insolvenzverwalters, zu einer Änderung in der 253
Zusammensetzung der Gläubiger durch die Entscheidung des Insolvenzgerichtes über die Ablehnung von Forderungsanmeldungen, können die Gläubiger in der ersten Gläubigerversammlung

Internationales Insolvenzrecht – Tschechische Republik

nach der Änderung gem. § 30 IG wieder den Insolvenzverwalter abberufen und einen neuen bestellen.

254 Über die Abberufung des in dem Reorganisationsplan bestimmten Insolvenzverwalters kann auch die erste Gläubigerversammlung, die nach der Umwandlung der Reorganisation in den Konkurs folgt, gem. § 29 IG entscheiden.

255 Die Funktion des Insolvenzverwalters erlischt auch nach der Entscheidung des Insolvenzgerichtes. Das **Insolvenzgericht** kann den Insolvenzverwalter gem. § 31 IG aus wichtigen Gründen abberufen, welche nicht in der Pflichtverletzung des Insolvenzverwalters bestehen. Diese Entscheidung kann ohne bzw. auf Antrag des Insolvenzverwalters oder des Gläubigerorgans getätigt werden. Das Insolvenzgericht sollte auf diesen Schritt erst nach der Vernehmung eingehen. Mit der **Abberufung** wird das Insolvenzgericht gleichzeitig einen neuen Insolvenzverwalter bestellen. Die Rechtsprechung legt diese Vorschrift so aus, dass sich dies an die Fälle richtet, in denen der Insolvenzverwalter langfristig die Tätigkeit nicht ausüben kann, zB wegen langfristiger Gesundheitsprobleme oder Befangenheit des Insolvenzverwalters (Obergericht Olomouc 26.7.2017 – 2 VSOL 291/2017-B-83). Die Berufung gegen diese Entscheidung ist zulässig.

256 Der Insolvenzverwalter, welcher seine **Pflichten** nicht ordnungsgemäß ausübt, bei der Ausübung der Funktion nicht mit der **fachlichen Sorgfalt** vorgeht oder eine wichtige ihm vom Gesetz oder Gericht auferlegte Pflicht verletzt hat, kann vom Insolvenzgericht seiner Funktion gem. § 32 IG enthoben werden. Diese Entscheidung kann ohne oder auf Antrag des Gläubigerorgans oder des Schuldners getätigt werden. Das Insolvenzgericht sollte diesen Schritt erst nach der Vernehmung gehen.

257 Das tschechische Insolvenzrecht verfügt über einen Vertreter des Insolvenzverwalters, welcher gem. § 33 IG eingesetzt werden kann, wenn der Insolvenzverwalter aus triftigen Gründen die Funktion vorübergehend nicht ausüben kann. Ferner ist anzumerken, dass das Insolvenzgericht einen **Spezialinsolvenzverwalter** gem. § 35 IG bestellen kann, wenn Spezialkenntnisse in dem Insolvenzverfahren notwendig sind. Beide Arten der Insolvenzverwalter werden sehr selten gebraucht.

258 Der Insolvenzverwalter übt die Funktion gem. § 36 IG mit fachlicher Sorgfalt aus. Er ist verpflichtet, jedwede Mühe aufzubringen, welche von ihm in gerechtfertigter Weise verlangt werden kann, sodass die Gläubiger im maximalen Ausmaß befriedigt werden. Er ist verpflichtet, die gemeinsamen Interessen der Gläubiger vor eigenen Interessen und vor Interessen anderer Personen zu bevorzugen.

259 Der Insolvenzverwalter muss den **Bericht** über den Stand des Verfahrens alle drei Monate dem Gläubigerorgan und dem Insolvenzgericht vorlegen. Das Insolvenzgericht kann aber eine andere Frist zur Vorlage des Berichtes bestimmen. In den Fällen der Schuldbefreiung wurde die Pflicht zur Vorlage der Berichte ab dem 1.6.2019 aufgehoben. Der Insolvenzverwalter muss den Bericht nur dann vorlegen, wenn die Schuldbefreiung nicht ordnungsgemäß erfüllt wird. Die Details über die Pflichten des Insolvenzverwalters werden in der Verordnung Nr. 121/2019 Slg. näher spezifiziert.

260 Der Insolvenzverwalter haftet gem. § 37 Abs. 1 IG zivilrechtlich dem Schuldner, den Gläubigern und Dritten für den Schaden, welcher er durch die Verletzung der im Gesetz oder in der Gerichtsentscheidung festgesetzten Pflichten oder durch Missachtung der fachlichen Sorgfaltspflicht herbeigeführt hat. Der Insolvenzverwalter wird von der **Haftung** entzogen, sofern er nachweist, dass er den Schaden oder den Nachteil auch beim Einsatz aller Mühe, die von ihm investiert wurde und mit der Rücksicht auf den Verlauf des Insolvenzverfahren verlangt werden kann, nicht verhindern konnte. Der Insolvenzverwalter haftet für die Personen, welche er zur Erfüllung seiner Pflichten eingeschaltet hat.

261 Ein zweiter Tatbestand der Haftung des Insolvenzverwalters ist in § 37 Abs. 3 IG geregelt. Nach dieser Vorschrift haftet der Insolvenzverwalter dem Gläubiger mit der Masseforderung, welche durch das Rechtsgeschäft des Insolvenzverwalters entstanden ist, für den Schaden, dass seine Forderung nicht befriedigt wurde. Die Haftung wird dem Insolvenzverwalter entzogen, wenn dieser nachweist, dass er in der Zeit, in der er dieses Rechtsgeschäft begründet hat, nicht erkennen konnte, dass die Vermögensmasse nicht zur Befriedigung der Masseforderung ausreichen wird.

262 Die Haftung unterliegt einer **Verjährungsfrist** von zwei Jahren, nachdem der Beschädigte über die Höhe des Schadens und über die Haftung des Insolvenzverwalters Kenntnis gewonnen hat, höchstens jedoch von drei Jahren (objektive Frist). Handelt es sich um einen absichtlich herbeigeführten Schaden, für welchen der Insolvenzverwalter rechtskräftig verurteilt wurde, unterliegt er der Verjährungsfrist von höchstens zehn Jahren nach Beendigung des Insolvenzverfahrens.

263 Der Insolvenzverwalter besitzt die **Verfügungsbefugnisse** abhängig davon, in welcher Phase sich das Insolvenzverfahren befindet. In der ersten Phase zwischen der Antragstellung und der

Internationales Insolvenzrecht – Tschechische Republik

Entscheidung über den Vermögensverfall (Eröffnungsphase) bleibt der Schuldner verfügungsberechtigt. Das Insolvenzgericht kann den vorläufigen Insolvenzverwalter auch ohne Antrag bestellen. In der Regel passiert dies jedoch nicht. Die Insolvenzgerichte betrachten die Bestellung des vorläufigen Insolvenzverwalters als Eingriff in die Sphäre des Schuldners und beurteilen die Situationen sehr streng (Obergericht Olomouc 16.3.2010 – 3 VSOL 35/2010-A-91; Obergericht Olomouc 24.11.2008 – 1 VSPH 227/2008-A-67; Obergericht Olomouc 29.4.2010 – 2 VSPH 222/2010-A-42).

Den Umfang der Verfügungsrechte des vorläufigen Insolvenzverwalters bestimmt das Insolvenzgericht in der Entscheidung über seine Bestellung gem. § 27 IG. Der Umfang kann jedoch nicht breiter formuliert werden, als der Insolvenzverwalter mit der Entscheidung über den Vermögensverfall gewinnt. 264

Wird der Umfang der Verfügungsrechte des Schuldners weiter eingeschränkt, als sich aus dem § 111 IG ergibt (→ Rn. 136) wird das Insolvenzgericht gem. § 112 IG durch eine einstweilige Verfügung den vorläufigen Insolvenzverwalter bestellen. Ferner kann das Insolvenzgericht den vorläufigen Insolvenzverwalter dann bestellen, wenn das Moratorium erklärt wurde oder wenn dies wegen des Umfangs der Vermögensmasse erforderlich ist, bzw. wenn es andere gleichrangige Gründe gibt. Der Insolvenzverwalter ist dann geeignet, zu identifizieren und zu sichern. 265

Die Aufgabe des vorläufigen Insolvenzverwalters ist es, die Maßnahmen zur **Identifizierung des Vermögens** und zu dessen **Sicherung** sowie zur Überprüfung der Buchhaltung oder der Steuerevidenz zu ergreifen. 266

Zum Schutz der Vermögensmasse vor den unerlaubten Verfügungen des Schuldners kann das Insolvenzgericht gem. § 113 IG auch ohne Antrag anordnen, dass der Schuldner über gewisse Vermögensgegenstände nicht oder über die Vermögensmasse nur mit Zustimmung des vorläufigen Insolvenzverwalters verfügen kann. 267

Gleichzeitig kann angeordnet werden, dass die Drittschuldner nicht mehr dem Schuldner leisten dürfen, sondern dem vorläufigen Insolvenzverwalter. Die Leistung hat nur gegenüber dem vorläufigen Insolvenzverwalter eine schuldbefreiende Wirkung gem. § 114 IG, es sei denn, die leistende Person weist nach, dass sie über die einstweilige Verfügung nicht Bescheid wissen konnte. 268

Lediglich der Schuldner kann gegen diese Entscheidung Berufung erheben. Bei der Ablehnung des Antrages ist der Antragsteller zur Berufung berechtigt. 269

Die **einstweilige Verfügung,** welche gem. § 113 IG angeordnet wurde, erlischt mit dem Ablauf der Dauer, für welche diese angeordnet wurde. Des Weiteren erlischt sie grundsätzlich mit der Entscheidung über die Einstellung des Insolvenzverfahrens oder über die Ablehnung, es sei denn, das Insolvenzgericht entscheidet anders. Darüber hinaus erlischt die einstweilige Verfügung mit der Wirkung des Moratoriums oder mit der Entscheidung, durch welche die einstweilige Verfügung aufgehoben wird. 270

Nach der Entscheidung über den Vermögensverfall wird der vorläufige Insolvenzverwalter zum Insolvenzverwalter. Die Verfügungen, welche der Schuldner nicht vornehmen kann, kann der Insolvenzverwalter gem. § 140 Abs. 1 IG tätigen. 271

Die vollständige Verfügungsbefugnis hat der Insolvenzverwalter nach der Erklärung des Konkurses gem. § 229 Abs. 3 lit. c IG und § 246 Abs. 1 IG. Der Umfang der Rechte, welche mit der Verfügungsbefugnis verbunden sind, ist beispielsweise in § 228 IG aufgezählt. Es handelt sich vor allem um die Verwertung und Erfüllung von Buchhaltungs- und Steuerpflichten. 272

Für die **Verfügungsbefugnisse** während des Konkurses gilt, dass der Insolvenzverwalter über das in das Vermögensverzeichnis aufgenommene Vermögen verfügen kann (Oberster Gerichtshof 10.11.2010 – 29 Cdo 1655/2009). Diese Schlussfolgerung hat wesentliche Konsequenzen: Wenn zB der Insolvenzverwalter gewisse Forderungen nicht in das Vermögensverzeichnis aufnimmt, dann haftet für die etwaige Verjährung der Schuldner (nicht also der Insolvenzverwalter). 273

Der Insolvenzverwalter unterliegt in den Einzelfällen der Aufsicht des Insolvenzgerichtes gem. § 11 IG. Die beruflichen Pflichten und Tätigkeiten, die einen Übergriff in andere Verfahren beinhalten (kein Einzelfall), unterliegen der **Aufsicht des Justizministeriums** gem. §§ 36 ff. IVG. 274

Der Insolvenzverwalter bekommt für die Ausübung der Funktion das **Honorar,** welches in der Verordnung Nr. 313/2007 Slg., in der letzten Fassung, festgesetzt ist. Die Höhe des Honorars ist von der Art der Lösung des Verfalls abhängig. Sofern es zu der Umwandlung der Reorganisation oder der Schuldbefreiung in den Konkurs kommt, beträgt das Honorar des Insolvenzverwalters mindestens so viel, wie nach der vorherigen Art der Lösung des Verfalls bereits an Anspruch entstanden ist. 275

Ferner hat der Insolvenzverwalter auch Anspruch auf den Ersatz der Barausgaben. Sobald der Insolvenzverwalter mehrwertsteuerpflichtig ist, werden das Honorar und der Ersatz der Barausgaben um die Mehrwertsteuer erhöht. 276

Internationales Insolvenzrecht – Tschechische Republik

277 Finden sich nicht ausreichende Mittel in der Vermögensmasse und reichen die Mittel aus dem bezahlten Vorschuss nicht für die Kosten des Insolvenzverfahrens, so wird das Honorar und die Barauslagen von dem Staat gem. § 38 IG erstattet. Der **Ersatz** beläuft sich auf 50.000 CZK für das Honorar, der gleiche Betrag gilt für die Barauslagen. Die Rechtsprechung hat sich dahin entwickelt, dass dieser Betrag um die etwaige Mehrwertsteuer erhöht wird (Obergericht Prag 19.1.2016 – 3 VSPH 381/2015-B-17).

278 Das Honorar wird in dem Schlussbericht oder in einem ähnlichen Bericht abgerechnet und geltend gemacht. Das Insolvenzgericht kann das Honorar des Insolvenzverwalters nach der Verhandlung mit dem Gläubigerorgan senken oder erhöhen. Der Grund zur Senkung des Honorars kann in einer Pflichtverletzung oder in dem Fall, dass der Insolvenzverwalter den Teilverteilungsbeschluss trotz Möglichkeit nicht beantragt hat, liegen.

279 Das Insolvenzgericht kann auch während des Insolvenzverfahrens über die Auszahlung eines Vorschusses auf das Honorar oder auf den Ersatz der Barauslagen entscheiden. Dies kann auch wiederholt erfolgen.

280 Ist es nicht möglich, die Höhe des Honorars zu ermitteln, so kann das Insolvenzgericht gem. § 5 der Verordnung nach seinem Ermessen das Honorar, unter Berücksichtigung der Länge, des Umfangs und des Anspruchs der Tätigkeit, bestimmen.

281 **a) Konkurs.** Das Honorar des Insolvenzverwalters setzt sich aus **zwei Elementen** zusammen. Erstens gibt es das Honorar für die Prüfung der Forderungsanmeldungen, wobei dieser pro Forderungsanmeldung einem Betrag in Höhe von 1.000 CZK gem. § 2a der oben genannten Verordnung entspricht.

282 Zweitens gibt es das Honorar für den (Netto-)Verwertungserlös, welcher für die Verteilung zwischen den Gläubigern vorbereitet ist. Das Honorar wird nach diesen Grundsätzen berechnet, wobei beim Verwertungserlös zwischen dem gesicherten und ungesicherten Vermögen unterschieden wird.

283 Die Grundsätze sind folgende:

Gesichertes Vermögen

Verwertungserlös	Satz
0–1 Mio. CZK	9 %
1 Mio.–10 Mio. CZK	90.000 CZK + 4 % aus dem Betrag über 1 Mio. CZK
10 Mio.–50 Mio. CZK	450.000 CZK + 3 % aus dem Betrag über 10 Mio. CZK
50 Mio.–500 Mio. CZK	1.650.000 CZK + 2 % aus dem Betrag über 50 Mio. CZK
ab 500 Mio. CZK	10.650.000 CZK + 1 % aus dem Betrag über 500 Mio. CZK

Ungesichertes Vermögen

Verwertungserlös	Satz
0–500.000 CZK	25 %
500.000–1 Mio. CZK	125.000 CZK + 20 % aus dem Betrag über 500.000 CZK
1 Mio.–5 Mio. CZK	225.000 CZK + 15 % aus dem Betrag über 1 Mio. CZK
5 Mio.–10 Mio. CZK	825.000 CZK + 13 % aus dem Betrag über 5 Mio. CZK
10 Mio.–50 Mio. CZK	1.475.000 CZK + 10 % aus dem Betrag über 10 Mio. CZK
50 Mio.–100 Mio. CZK	5.475.000 CZK + 5 % aus dem Betrag über 50 Mio. CZK
100 Mio.–250 Mio. CZK	7.975.000 CZK + 1 % aus dem Betrag über 100 Mio. CZK
ab 250 Mio. CZK	9.475.000 CZK + 0,5 % aus dem Betrag über 250 Mio. CZK

Das Minimalhonorar des Insolvenzverwalters beträgt 45.000 CZK.

284 **b) Schuldbefreiung.** Bei der Lösung des Vermögensverfalls durch die **Schuldbefreiung** setzt sich das Honorar wieder aus **zwei Elementen** zusammen. Zum einen handelt es sich um das Honorar für die Prüfung der Forderungsanmeldungen, wobei dieses pro Forderungsanmeldung 25 % des Konkurshonorars nach § 38 IG beträgt, mithin also 250 CZK.

285 Das zweite Element unterscheidet sich nach der Form der Schuldbefreiung. Bei der Schuldbefreiung in Form der Wohlverhaltensphase mit der Verwertung erhält der Insolvenzverwalter ein monatliches Honorar bei Einzelschuldnern in Höhe von 750 CZK und bei Ehegatten iHv 1.125

Internationales Insolvenzrecht – Tschechische Republik

CZK. Ferner erhält der Insolvenzverwalter einen Pauschalbetrag als Ersatz der Barausgaben, welcher bei Einzelschuldnern 150 CZK und bei Ehegatten 225 CZK beträgt. Bei der Unterbrechung der Schuldbefreiung wird das Honorar um 70 % reduziert.

Wird ein gesicherter Vermögensgegenstand nach der Weisung des gesicherten Gläubigers verwertet, so kann der Insolvenzverwalter ein Honorar nach den Regeln des Konkurses abrechnen. Wird der Insolvenzverwalter nach der Vorgehensweise gem. § 286 IG (freihändiger Verkauf oder eine Art der Versteigerung) verwerten, erhält er das Honorar entsprechend der folgenden Tabelle. Das Mindesthonorar beträgt CZK 20.000,-. Wird ein niedrigerer Verwertungserlös bei der Verwertung erreicht, so erhält der Insolvenzverwalter diesen Betrag nach Abzug der Kosten.

Verwertungserlös	Satz
0–500.000 CZK	15 %
500.000–1 Mio. CZK	75.000 CZK + 9 % aus dem Betrag über 500.000 CZK
1 Mio.–5 Mio. CZK	120.000 CZK + 4 % aus dem Betrag über 1 Mio. CZK
5 Mio.–10 Mio. CZK	280.000 CZK + 3 % aus dem Betrag über 5 Mio. CZK
10 Mio.–50 Mio. CZK	430.000 CZK + 2 % aus dem Betrag über 10 Mio. CZK
ab 50 MioCZK	1.230.000 CZK + 1 % aus dem Betrag über 50 Mio. CZK

Wird ein Verwertungserlös auf andere Art und Weise als in § 286 IG erzielt, erhält der Insolvenzverwalter das Honorar mit einem Prozentsatz von 4 %.

Bei der Schuldbefreiung in der Form der Verwertung der Vermögensmasse richtet sich das zweite Element des Honorars nach den Regeln des Konkurses, da es zur Verwertung der Vermögensgegenstände kommt.

c) Reorganisation. Auch in der **Reorganisation** kann der Insolvenzverwalter **zwei Elemente des Honorars** abrechnen. Erstens ist das Honorar für die Prüfung der Forderungsanmeldungen, wobei dieses pro Forderungsanmeldung den Betrag in Höhe von 1.000 CZK gem. § 2a der oben genannten Verordnung entspricht. Zweitens ist das monatliche Honorar für den Verlauf der Reorganisation ab dem Monat gedacht, in dem die Reorganisation genehmigt wurde. Die Gläubigerversammlung kann mit der Zustimmung des Insolvenzverwalters eine abweichende Höhe des Honorars genehmigen. Passiert dies nicht, wird das Honorar nach dem Umsatz des Schuldners gem. § 2 der oben genannten Verordnung berechnet.

In dem ersten Jahr nach der Entscheidung über die Genehmigung der Reorganisation wird der Umsatz als das Zwölffache des durchschnittlichen monatlichen Umsatzes für die Rechnungsperiode, welche der Stellung des Insolvenzantrages vorhergegangen ist, berechnet. In den folgenden Jahren der Reorganisation wird jeweils das vorhergehende Jahr der Reorganisation bei der Berechnung berücksichtigt.

Die konkreten Beträge schildert folgende Tabelle:

Umsatz	Monatliches Honorar
0–100 Mio. CZK	33.000 CZK
100 Mio.–250 Mio. CZK	83.000 CZK
250 Mio.–500 Mio. CZK	166.000 CZK
500 Mio.–750 Mio. CZK	249.000 CZK
750 Mio.–1 Milliarde CZK	332.000 CZK
über 1 Milliarde CZK	415.000 CZK

5. (Vorläufiger) Sachwalter (einschließlich: Planbarkeit)

Das tschechische Insolvenzrecht regelt keine Sachverwaltung.

6. Gutachter

Die Tätigkeit der Gutachter richtet sich nach dem Gesetz Nr. 254/2019 Slg. über die Gutachter in der letzten Fassung. Der Gutachter wird von dem Justizminister in die Liste der Gutachter eingetragen.

Nach der **Bestellung** wird der Gutachter in die von dem Justizministerium geführte **Liste** der Gutachter eingetragen. Die Liste ist zentral von Justizministerium verwaltet und ist über das Internetportal www.justice.cz zugänglich.

Internationales Insolvenzrecht – Tschechische Republik

293   Der Insolvenzverwalter ist gem. § 219 IG verpflichtet, den Gutachter mit der Abschätzung in gewissen Fällen zu beauftragen. Es handelt sich um Fälle, in denen der Insolvenzverwalter vom Gläubigerorgan dazu aufgefordert wird und damit die Abschätzung sichert. Die Vermögensgegenstände werden auf den gewöhnlichen Preis geschätzt. Die Ergebnisse der Schätzung werden in der Buchhaltung nicht berücksichtigt. Schwer abschätzbare Vermögensgegenstände kann der Insolvenzverwalter bei dem Sachverständigen auch ohne Antrag des Gläubigerorgans bewerten lassen, wenn dies einen Vorteil für die Vermögensmasse bringt. Die **Pflicht zur Abschätzung** besteht auch für die Vermögensgegenstände, zu welchen ein Sicherungsrecht geltend gemacht wurde. Die Pflicht besteht auch dann, wenn die Vermögensmasse durch einen Vertrag verwertet wird oder wenn das Unternehmen des Schuldners oder dessen Teil durch einen Vertrag verwertet wird. Die Pflicht zur Abschätzung der einzelnen Vermögensgegenstände gilt nicht in dem Fall, in dem der Gutachter zur Abschätzung der ganzen Vermögensmasse gem. § 153 IG bestellt wird. Dies geschieht dann, wenn das Insolvenzgericht über die Genehmigung der Reorganisation entscheidet oder wenn die Gläubigerversammlung im Konkursbeschluss verabschiedet, dass sie die Verwertung des Unternehmens durch einen Vertrag empfiehlt. Die Gläubigerversammlung kann gleichzeitig über die Bestellung eines konkreten Gutachters entscheiden. Für die Verabschiedung ist ein Sonderquorum von zwei Dritteln aller anwesenden Gläubiger nach der Höhe der Forderungen vorgeschrieben. Das Insolvenzgericht wird dann den ausgewählten Sachverständigen beauftragen.

294   Zum Zwecke des vorherigen Abschnittes gilt die Fiktion, dass der Betrieb des Unternehmens des Schuldners am Tag der Vorlage des Gutachtens eingestellt wurde. Die Vermögensgegenstände, zu welchen ein Sicherungsrecht geltend gemacht wurde, werden in dem Gutachten separat abgeschätzt.

295   Das Insolvenzgericht wird unverzüglich nach der Vorlage des Gutachtens eine **Gläubigerversammlung** gem. § 155 IG einberufen, welche über die Genehmigung des Gutachtens entscheidet. Für die **Genehmigung** ist ein Sonderquorum von zwei Dritteln aller anwesenden Gläubiger nach der Höhe der Forderungen vorgeschrieben. Sofern das Gutachten nicht genehmigt wird, kann die Gläubigerversammlung wieder einen neuen Gutachter gem. § 156 IG bestimmen. Nach dem Beschluss der Gläubigerversammlung wird das Insolvenzgericht den **Beschluss über den Wert der Vermögensmasse** erlassen.

296   Das Honorar des Gutachters tragen die gesicherten und die ungesicherten Gläubiger gem. § 157 IG jeweils zur Hälfte.

297   Spezifische Unklarheiten bestehen bei der **Abschätzung der Vermögensmasse** gem. § 153 IG in der Reorganisation. Das Gutachten spielt während der Reorganisation eine wichtige Rolle, da dieses für die Gläubiger eine Informationsquelle zur Entscheidung über die Verabschiedung des Reorganisationsplanes darstellt. Des Weiteren spielt das Gutachten eine wichtige Rolle für das Insolvenzgericht, welches jenes in den Fällen, in denen der Reorganisationsplan nicht von allen Gläubigergruppen verabschiedet wird, zum Test „Best Interest" gem. § 349 IG benötigt. Das IG schreibt aber nicht vor, dass alle Gutachten für die Reorganisation einen Vergleich der beiden Varianten des Konkurses und der Reorganisation beinhalten müssen.

298   Bei der Lösung des Vermögensverfalls durch die Schuldbefreiung ist der Insolvenzverwalter gem. § 398a IG verpflichtet, das Gutachten vorzulegen, soweit sich in der Vermögensmasse eine Liegenschaft befindet.

7. Gläubigerversammlung

299   Die Gläubigerversammlung ist ein **Gläubigerorgan.** Zu ihren Funktionen gehören die Bestellung und die Abberufung der Mitglieder des Gläubigerausschusses und des Vertreters der Gläubiger. Die Gläubigerversammlung kann sich jede Frage vorbehalten, welche in die Befugnisse eines anderen Gläubigerorgans gehört. Der Beschluss über den Vorbehalt kann verabschiedet werden, wenn sich darauf mit § 46 Abs. 2 IG geeinigt wurde.

300   Die Gläubigerversammlung wird vom **Insolvenzgericht** gem. § 47 IG geführt und einberufen. Es beruft die Gläubigerversammlung aus eigener Initiative, auf Antrag des Insolvenzverwalters oder auf einen qualifizierten Antrag der Gläubiger ein. Bei der Schuldbefreiung muss der Antrag von einer zweifachen Mehrheit der Gläubiger gestellt werden, die Mehrheit aller Gläubiger nach den Personen sowie die Mehrheit aller angemeldeten Forderungen nach der Höhe der Forderungen. Das Insolvenzgericht wird den Termin der Gläubigerversammlung so anordnen, dass die Gläubigerversammlung bis zu 30 Tage nach dem Antrag stattfindet.

301   Der Gläubiger, welcher wiederholt einen **unbegründeten Antrag** auf die Einberufung der Gläubigerversammlung gestellt hat, wird den anderen Gläubigern auf deren Antrag die durch die Teilnahme an der Gläubigerversammlung entstandenen Kosten gem. § 48 Abs. 3 IG ersetzen.

Internationales Insolvenzrecht – Tschechische Republik

Ferner wird diesem Gläubiger auferlegt, dass er dem Gericht Ersatz der Pauschalkosten in Höhe von 5.000 CZK bezahlen muss.

An der **Gläubigerversammlung** dürfen die angemeldeten Gläubiger, der Schuldner, der Insolvenzverwalter und die Staatsanwaltschaft, sofern diese in dem Insolvenzverfahren involviert ist, teilnehmen. Hat der Schuldner Arbeitnehmer, welche in Gewerkschaften organisiert sind, können auch die Gewerkschaften mit der höchsten Anzahl der Mitglieder teilnehmen. In der Praxis verlaufen die Gläubigerversammlungen in den Gerichtsälen und die Richter erlauben dabei die Anwesenheit der Öffentlichkeit. 302

Das **Programm** der Gläubigerversammlung, mit welchem diese einberufen wird, ist gem. § 48 IG verbindlich. Das Programm darf daher nicht erweitert werden, es sei denn alle Gläubiger sind anwesend. 303

Grundsätzlich gilt das Quorum der einfachen Mehrheit der anwesenden Gläubiger für die Gläubigerversammlung. Ein **Stimmrecht** gilt je 1 CZK der Forderung. Das Stimmrecht dürfen die Gläubiger ausüben, welche anwesend sind oder vertreten werden. Ferner dürfen die Gläubiger durch einen Stimmzettel abstimmen (welcher auf einem Formular einen Tag vor der Gläubigerversammlung ausgefüllt wird). Die Unterschrift auf dem Formular muss beglaubigt werden. 304

Die Stimmrechte stehen den Gläubigern zu, deren angemeldeten Forderungen nicht vom Insolvenzverwalter bestritten wurden. Die Bestreitung seitens des Schuldners und des Gläubigers hat auf die Stimmrechte keinen Einfluss Die Gläubigerversammlung kann darüber entscheiden, dass auch die Gläubiger in dem bestrittenen Umfang gem. § 51 IG abstimmen können. Erkennt die Gläubigerversammlung die Stimmrechte nicht an, wird das Insolvenzgericht über die Stimmrechte aufgrund eines Antrages entscheiden. Für diesen **Antrag** sind mehrere Regeln gem. § 52 Abs. 2 IG vorgeschrieben. Sofern das Insolvenzgericht über den Antrag abweichend von der Liste der angemeldeten Gläubiger entscheiden soll, muss ihm der Antrag sieben Tage vor der Gläubigerversammlung zugestellt werden. Diese **Frist** endet nicht eher als fünf Tage nach der Veröffentlichung der von dem Insolvenzverwalter erstellten Liste der Forderungsanmeldungen im Insolvenzregister. Die Tatsachen und die Beweise müssen in dem Antrag spätestens zwei Werktage vor der Gläubigerversammlung angegeben werden. Gegen die **Entscheidung des Insolvenzgerichtes** über die Stimmrechte ist kein Rechtsmittel zulässig. In den Fällen, in denen die Entscheidung des Insolvenzgerichtes über die Stimmrechte die Grundlage für eine weitere Entscheidung bildet, gegen welche Rechtsmittel zulässig sind, kann das Berufungsgericht die Richtigkeit der Entscheidung über die Stimmrechte überprüfen. 305

Über die Stimmrechte hinsichtlich der Forderungen, welche noch nicht festgestellt oder noch strittig sind, wird das Insolvenzgericht nach der Liste der Forderungsanmeldungen oder nach dem in dem vorherigen Abschnitt genannten Antrag über die Zuteilung der Stimmrechte gem. § 51 Abs. 3 IG entscheiden. 306

Die Gläubiger besitzen die Stimmrechte an der Gläubigerversammlung nicht, wenn die Gläubiger anders geschützt werden oder diese den Schutz nicht bedürfen. Dies sind Gläubiger mit folgenden Forderungen: 307
- Masseforderungen,
- die den Masseforderungen gleichgestellte Forderungen,
- Forderungen, welche aus der Befriedigung im Insolvenzverfahren ausgeschlossen sind,
- nachrangige Forderungen.

Mit der Novelle in 2017 wurde der Schutz der Verfahrensbeteiligten vor dem etwaigen **Interessenkonflikt** erweitert. Die Gläubiger, welche dem Konzern des Schuldners angehören, oder welche als nahestehende Personen (Definition → Rn. 29) des Schuldners klassifiziert werden, können auf der Gläubigerversammlung gem. § 53 IG nicht abstimmen. 308

Des Weiteren darf der Gläubiger in den Sachen nicht abstimmen, in welchen er involviert ist: 309
- Erwerb der Vermögensgegenstände aus der Masse,
- Rechtsgeschäft hinsichtlich des Rechtes, welches in die Masse gehören kann,
- Inzidenzstreit,
- Entscheidung über das Stimmrecht.

Dieser Ausschluss gilt auch für die Gläubiger, welche als nahestehende Personen des Schuldners klassifiziert werden können oder dem Konzern angehören.

Das Insolvenzgericht kann in Ausnahmefällen, sofern der Test des gemeinsamen Interesses der Gläubiger positiv ist und kein Interessenkonflikt droht, die Stimmrechte auch in den oben genannten Fällen anerkennen. Dies wird in der **Vernehmung des Insolvenzverwalters** und nach dem **qualifizierten Antrag** gem. § 52 Abs. 2 IG, wie oben beschrieben, vorgenommen. Die entsprechende Vorschrift gilt für andere als die genannten Fälle, in welchen das Insolvenzgericht die Stimmrechte verbieten kann. 310

Voda

Internationales Insolvenzrecht – Tschechische Republik

311 Das Insolvenzgericht schützt das **gemeinsame Interesse der Gläubiger,** in dem es den etwaigen Beschluss der Gläubigerversammlung, welches das gemeinsame Interesse verletzt, gem. § 54 IG aufheben kann. Die Ausnahmen von diesem Recht stellen die Beschlüsse über die Abberufung des Insolvenzverwalters, über die Zuteilung von Stimmrechten an der Gläubigerversammlung, über die Lösung des Vermögensverfalls, über den Reorganisationsplan und über die Art der Schuldbefreiung dar. Das Insolvenzgericht kann diese nur auf Antrag des Insolvenzverwalters oder eines Gläubigers, welcher gegen den Beschluss abgestimmt hat, entscheiden. Die Entscheidung muss spätestens bis zum Ende der Gläubigerversammlung erlassen werden.

312 Nach der Entscheidung über die **Aufhebung des Beschlusses** der Gläubigerversammlung wird das Insolvenzgericht gem. § 55 IG die anwesenden Gläubiger, welche für den aufgehobenen Beschluss der Gläubigerversammlung abgestimmt haben, auffordern, die Berufung bis Ende der Gläubigerversammlung zu stellen. Entsprechend gilt diese Vorschrift, wenn der Antrag auf die Aufhebung des Beschlusses der Gläubigerversammlung abgewiesen wird.

313 In den Fällen, in denen das Insolvenzgericht über die Lösung des Verfalles mit einem getrennten Beschluss über den Konkurs oder über die Reorganisation entscheiden soll, muss abgewartet werden, bis die Gläubigerversammlung, welche durch den Beschluss über den Vermögensverfall einberufen wurde, gem. § 149 IG stattfindet.

314 Für den Beschluss der Gläubigerversammlung über die Art der Lösung des Vermögensverfalls ist gem. § 151 IG ein **Sonderquorum** vorgeschrieben. Der Beschluss über die Lösung des Vermögensverfalls durch den Konkurs oder durch die Reorganisation ist verabschiedet:
- wenn mindestens die Mehrheit aller anwesenden gesicherten und aller anwesenden ungesicherten Gläubiger nach der Höhe der Forderungen dafür gestimmt haben,
- wenn mindestens 90 % der anwesenden Gläubiger nach der Höhe der Forderungen dafür gestimmt haben,
- sofern ausschließlich die gesicherten oder die ungesicherten Gläubiger an der Abstimmung an der Gläubigerversammlung teilnehmen, wenn mindestens die Mehrheit aller anwesenden nach der Höhe der Forderungen erreicht wurde, wobei der Stichtag zur Berechnung der Höhe der Forderungen ein Tag vor der Gläubigerversammlung ist.

315 Wurde der Beschluss verabschiedet, ist dieser für das Insolvenzgericht gem. § 152 IG verbindlich. Dies gilt natürlich unter der Voraussetzung, dass die Reorganisation zulässig ist oder dass der Beschluss nicht im Widerspruch mit dem bereits verabschiedeten Reorganisationsplan steht.

316 Eine wichtige Rolle spielt die Gläubigerversammlung in der Reorganisation, wo diese über die Verabschiedung des Planes entscheidet (ausführlicher → Rn. 350 ff.).

8. (Vorläufiger) Gläubigerausschuss

317 Das zweite Gläubigerorgan ist der **Gläubigerausschuss** oder **der Vertreter der Gläubiger.** Es handelt sich um ein Organ, welches sich nur nach Anzahl der Mitglieder unterscheidet. Die Hauptaufgabe des Gläubigerausschusses ist es, das Interesse der Gläubiger zu repräsentieren und die Transaktionskosten zur Ermittlung des Willens der Gläubiger zu minimieren.

318 Der vorläufige Gläubigerausschuss ist das **Gläubigerorgan,** welches vor der Bestellung des ordentlichen Gläubigerausschusses, eventuell auch vor der Entscheidung über den Vermögensverfall, von dem Insolvenzgericht gem. § 61 IG bestellt wird. Liegt ein Antrag des vorläufigen Insolvenzverwalters, des Schuldners oder des angemeldeten Gläubigers bei dem Insolvenzgericht vor, so wird darüber unverzüglich entschieden. Wird der vorläufige Gläubigerausschuss bestellt, so wird die erste Gläubigerversammlung, welche mit der Entscheidung über den Vermögensverfall einberufen wurde, über die Umwandlung des vorläufigen Gläubigerorgans in den Gläubigerausschuss abstimmen. Zur Verabschiedung dieses Beschlusses ist ein Quorum von der Mehrheit der gesicherten anwesenden Gläubiger, nach der Höhe der Forderungen, gem. § 62 Abs. 2 IG nötig.

319 Zu dem Programm der ersten Gläubigerversammlung, welche mit der Entscheidung über den Vermögensverfall einberufen wurde, gehört auch die Abstimmung über die **Bestellung des Gläubigerausschusses.** Die Bestellung des Gläubigerausschusses ist pflichtig und schließt die Funktion des Gläubigervertreters aus, wenn es mehr als 50 angemeldete Gläubiger gibt. Über die Anzahl der Mitglieder und deren Substitute entscheidet die Gläubigerversammlung, wobei das Minimum drei und das Maximum sieben Mitglieder sind. Bei der Schuldbefreiung oder bei dem geringfügigen Konkurs ist die Wahl des Gläubigerausschusses gem. § 56 Abs. 3 IG nicht pflichtig.

320 In dem Gläubigerausschuss müssen die **ungesicherten und gesicherten Gläubiger** vertreten werden. Die ungesicherten Gläubiger müssen gem. § 57 IG mindestens die gleiche Anzahl an Vertretern haben wie die gesicherten Gläubiger. Dies gilt natürlich nicht in dem Fall, dass es auf

Internationales Insolvenzrecht – Tschechische Republik

der Seite der ungesicherten Gläubiger keine Interessenten gibt. Die Abstimmung erfolgt für die Kandidaten der gesicherten Gläubiger und für die Kandidaten der ungesicherten Gläubiger getrennt, wobei jede Gruppe für eigene Kandidaten abstimmt.

Die ausgewählten Mitglieder und die Substitute werden von dem Insolvenzgericht gem. § 57 Abs. 3 IG bestätigt. 321

Die Aufgabe des Gläubigerorgans ist es, das **gemeinsame Interesse der Gläubiger** zu schützen. Die weiteren Aufgaben sind die Aufsicht über die Tätigkeit des Insolvenzverwalters, die Unterstützung des Insolvenzverwalters, die Erteilung der Zustimmung zur Kreditfinanzierung, die Genehmigung ihrer Höhe und die Richtigkeit der Kosten des Insolvenzverwalters, die Einsicht in die Buchhaltung und in die Schriftstücke des Schuldners, die Entscheidung über die Beglaubigung des Bücherabschlusses von dem Wirtschaftsprüfer und schließlich die Erfüllung weiterer Pflichten, welche sich aus dem IG und aus der Entscheidung des Insolvenzgerichtes ergeben. 322

Der Gläubigerausschuss entscheidet gem. § 58 IG als ein Organ, dh dass die Mehrheit der Mitglieder zur Entscheidung notwendig ist. Der Gläubigerausschuss wählt seinen **Vorsitzenden**, dessen Stimmrecht bei der Gleichheit der Stimmen Priorität hat. Der Gläubigerausschuss wird von dem Vorsitzenden geführt und einberufen. Der Insolvenzverwalter und das Insolvenzgericht können die Tagung des Gläubigerausschusses auch anordnen. Der Gläubigerausschuss ist **beschlussfähig**, wenn die Mehrheit der Mitglieder anwesend ist. Die Mitglieder und die Substituten können von einer anderen Person wie zB von einem Rechtsanwalt gem. § 58 Abs. 4 IG vertreten werden, wobei sie die Kosten dafür selbst tragen. 323

Mitglied des Gläubigerausschusses kann nur derjenige angemeldete Gläubiger werden, der damit einverstanden ist. Die juristische Person, die ein Mitglied des Gläubigerausschusses wird, wird unverzüglich eine natürliche Person ernennen, welche diese im Gläubigerausschuss vertreten wird. 324

Die Person, welche ein Mitglied des Gläubigerausschusses wird, muss gewisse Eigenschaften gem. § 59 IG aufweisen. Erstens darf kein Zweifel an der **Unbefangenheit** bestehen. Dieser liegt insbesondere dann vor, wenn es sich um eine dem Schuldner nahestehende Person, führende Arbeitnehmer des Schuldners, dem Konzern des Schuldners angehörende Personen sowie um Gesellschafter des Schuldners (mit Ausnahme der Aktionäre, welche nicht in den Organen des Schuldners auftreten und welche die Aktien mit der Teilnahme an dem Stammkapital unter 10 % besitzen) handelt. Zweitens darf es keine Zweifel an der **Vertrauenswürdigkeit** geben. Drittens muss der Gläubiger fähig sein, die **Funktion** auszuüben. 325

Bestehen keine der oben genannten Gründe für den Ausschluss der Teilnahme an dem Gläubigerorgan, wird das Insolvenzgericht das Mitglied bzw. das Substitut bestätigen. Gegen diese Entscheidung ist kein Rechtsmittel zulässig. Anders ist es aber in dem Fall, in dem das Insolvenzgericht das von der Versammlung ausgewählte Mitglied nicht bestätigt. Gegen diese Entscheidung ist die Berufung zulässig (Obergericht Prag 26.9.2013 – 1 VSPH 1544/2013-B-38). 326

Die Mitglieder und die Substituten des Gläubigerorganes müssen nach § 60 IG mit fachlicher Sorgfalt vorgehen und haften für den Schaden oder den Nachteil, welche sie durch Pflichtverletzung oder durch nicht fachliche Ausübung der Funktion herbeiführen. 327

Die Mitglieder und die Substituten dürfen das Vermögen aus der Vermögensmasse nur mit der Zustimmung der Gläubigerversammlung erwerben. Sie haften bei der Ausübung der Funktion auch für eigene Arbeitnehmer oder andere Personen, über welche sie die Pflicht erfüllen. 328

Sie erhalten für die Ausübung der Funktion ein **Honorar** und die **Erstattung** der für sie angefallenen Kosten. Das Honorar kann gem. § 9 der Verordnung Nr. 313/2007 Slg. höchstens 5 % des Honorars des Insolvenzverwalters betragen. Die Reisekosten werden nach dem gesetzlichen Umfang erstattet. Die Kosten für Telefonate, Kopien und Post werden höchstens bis 5 % des Honorars des Insolvenzverwalters erstattet. Weitere Kosten müssen den üblichen Kosten entsprechen. 329

Die Funktion des Mitglieds oder des Substituts des Gläubigerausschusses erlischt mit der **Abberufung**, also dem Rücktritt oder der Beendigung der Teilnahme im Insolvenzverfahren. Sofern es zur Änderung der Verfahrensbeteiligten kommt, wird auch die Mitgliedschaft im Gläubigerorgan gem. § 63 IG übertragen. Dies gilt nicht, wenn die Forderungen des einschlägigen Gläubigers mehrere Personen erworben haben. 330

Das Insolvenzgericht kann den Gläubigerausschuss oder dessen Mitglied aus wichtigen Gründen, zB wegen einer Pflichtverletzung, abberufen. Dies kann es auch ohne Antrag unternehmen. Stellt sich später heraus, dass das Insolvenzgericht die Teilnahme des Mitglieds an der Gläubigerversammlung fälschlicherweise bestätigt hat, da Gründe zum Ausschluss bestanden, kann das Insolvenzgericht jederzeit, auch später, das betroffene Mitglied abberufen (Obergericht Prag 26.9.2013 – 1 VSPH 1544/2013-B-38). Gegen diese Entscheidung ist die Berufung zulässig, wobei nur die betroffene Person dazu berechtigt ist. Dies gilt gem. § 64 IG auch für den Fall, bei 331

Internationales Insolvenzrecht – Tschechische Republik

dem ein Antrag zur Abberufung abgelehnt wird. Jedes Mitglied kann jederzeit auch ohne Grund zurücktreten. Der Rücktritt muss gem. § 65 IG an das Insolvenzgericht gerichtet werden.

332   Sinkt die Anzahl der Mitglieder oder Substitute unter die Anzahl, welche von der Gläubigerversammlung verabschiedet wurde, wird das Insolvenzgericht eine neue Wahl (Gläubigerversammlung) einberufen. Sinkt die Anzahl der Mitglieder unter drei oder unter die Mehrheit, so übernimmt die Funktion das Insolvenzgericht gem. § 66 IG bis zur Neuwahl.

333   An der Gläubigerversammlung darf auch die Gewerkschaft (bei mehreren die Größte) mit der Beratungsstimme gem. § 67 IG teilnehmen.

334   Ist die Wahl des Gläubigerausschusses nicht pflichtig, kann die Gläubigerversammlung gem. § 68 IG darüber entscheiden, ob der Vertreter der Gläubiger bestellt wird. Für den Vertreter stimmen vermisch sowohl die gesicherten als auch die ungesicherten Gläubiger.

IV. Bedeutung eines Insolvenzeröffnungsverfahrens

1. Sachverhaltsermittlung

335   Das Insolvenzverfahren wird aufgrund eines Antrages eingeleitet. In der Phase zwischen der Antragstellung und vor der Entscheidung über den Vermögensverfall ermittelt das Insolvenzgericht, ob die Voraussetzungen des Vermögensverfalls erfüllt sind. Es ist für diese Prüfung erforderlich, dass ein einwandfreier Insolvenzantrag vorliegt.

336   Ein einwandfreier **Insolvenzantrag** liegt nicht vor, wenn dieser unbestimmt oder unverständlich ist oder wenn dieser nicht alle Bestandteile beinhaltet. Den mangelhaften Insolvenzantrag wird das Insolvenzgericht binnen sieben Tagen gem. § 128 IG ablehnen. Weist der Insolvenzantrag keine Mängel auf, die vorgeschriebenen Anlagen aber fehlen oder sind mangelhaft, wird das Insolvenzgericht den Antragsteller auffordern, diese innerhalb der Frist von bis zu sieben Tagen zu korrigieren. Ein Sonderfall liegt bei dem Insolvenzverfahren vor, in welchem der Schuldner die Schuldbefreiung anstrebt. In diesem Fall wird das Insolvenzgericht die Person, welche für den Schuldner den Antrag gestellt hat, und auch den Schuldner zur Ergänzung auffordern.

337   Das Insolvenzgericht prüft bei dem **Gläubigerantrag**, ob der Antragsteller eine fällige Forderung gegenüber dem Schuldner hat und ob der Insolvenzantrag berechtigt ist. Mit einer der Novellen des Insolvenzgesetzes wurde eine Vorprüfung des Gläubigerantrages in § 100a IG eingeführt. Der Gesetzgeber wollte die bisherige Praxis ändern, bei welcher der Insolvenzantrag unverzüglich, spätestens innerhalb von zwei Arbeitsstunden zu veröffentlichen war.

338   Das Insolvenzgericht muss für jeden Gläubigerantrag die **vorläufige Prüfung** vornehmen. Dazu ist eine **Frist** von einem Arbeitstag vorgeschrieben. Während dieser Frist werden keine Dokumente im Insolvenzregister veröffentlicht. Das Insolvenzgericht kann entscheiden, ob die Dokumente und der Insolvenzantrag im Insolvenzregister nicht veröffentlicht werden. Dann werden diese Dokumente erst nach dem Ablauf der Frist von sieben Tagen zur Ablehnung des Insolvenzantrages wegen der offenbaren Unbegründetheit veröffentlicht.

339   Während der siebentägigen Frist, in der die Dokumente im Insolvenzregister nicht veröffentlicht werden, kann das Insolvenzgericht den Antrag wegen der offenbaren Unbegründetheit gem. § 128a IG ablehnen (→ Rn. 62).

2. Auskunfts- und Mitwirkungspflicht des Schuldners

340   Das Insolvenzverfahren wird grundsätzlich als ein **Streitverfahren** mit den im vorherigen Kapitel genannten Ausnahmen verhandelt. Bei der Verhandlung des Schuldnerantrages ist die Situation vereinfacht, da der Schuldner die Pflichtanlagen vorlegen muss, aus welchen ein vollständiges Bild über die Vermögenssituation hergestellt werden kann.

341   Bei der Verhandlung des Gläubigerantrages ist die Situation komplizierter. Der Gläubiger kann die wirtschaftliche Situation des Schuldners nicht kennen. Um dem Gericht die Situation zu erleichtern, wurde die Auflage eingeführt, welche das Insolvenzgericht dem Schuldner gem. § 128 Abs. 3 IG auferlegen kann und diesen zur Vorlage der Listen über sein Vermögen, Verbindlichkeiten und Arbeitnehmer verpflichtet. Hat der Gläubiger eine vollstreckbare Forderung, muss das Insolvenzgericht diese vollziehen.

342   Damit sich das Insolvenzgericht eine vollständige Vorstellung über die wirtschaftliche Situation verschaffen kann, ist der Insolvenzantrag von allen zur selbstständigen Vertretung befugten Personen (Geschäftsführung oder gesetzliche Vertretung) gem. § 132 IG zu unterzeichnen. Fehlt eine Unterschrift, wird das Insolvenzgericht den Insolvenzantrag verhandeln, aber die Personen zur Stellungnahme auffordern, welche nicht unterschrieben haben.

3. Sicherung der Insolvenzmasse

Mit der Veröffentlichung der Verkündung im Insolvenzregister treten die Wirkungen des Insolvenzverfahrens ein (→ Rn. 136). 343

Das Insolvenzgericht kann den vorläufigen Insolvenzverwalter bestellen. Das passiert aber nicht obligatorisch und ist eher eine Ausnahme. Jedwede Einschränkung der Verfügungsbefugnis spiegelt sich in der Bestellung des vorläufigen Insolvenzverwalters wider (→ Rn. 233). 344

Wegen der Regelung des Abflusses der Finanzmittel aus der Masse, beinhaltet das IG zahlreiche Vorschriften über die **Aufrechnung**. Diese ist während des Moratoriums gem. § 122 Abs. 3 IG und nach der Veröffentlichung des Antrages auf die Reorganisation gem. § 324 Abs. 3 IG nicht zulässig. In diesen Ausnahmefällen kann das Insolvenzgericht gem. § 82 Abs. 3 und 4 IG die Aufrechnung mit der einstweiligen Verfügung aus den Fällen, welche eine Sonderberücksichtigung erfordern, erlauben, und zwar unter der Voraussetzung, dass diese nicht im Widerspruch mit dem gemeinsamen Interesse der Gläubiger steht. Ferner kann das Insolvenzgericht für gewisse Fälle oder für einen gewissen Zeitraum die Aufrechnung durch eine einstweilige Verfügung verbieten. 345

4. Stellung des vorläufigen Insolvenzverwalters/Sachwalters

Nach dem tschechischen Insolvenzrecht gibt es keinen Sachwalter. In der Phase des Insolvenzverfahrens vor der Insolvenzeröffnung kann (nicht obligatorisch) der vorläufige Insolvenzverwalter bestellt werden (→ Rn. 233). 346

5. Weichenstellung im vorläufigen Verfahren

Beabsichtigt der Schuldner die Fortführung des Unternehmens, muss er schnell handeln und das **Sanierungskonzept** mit den Gläubigern verhandeln. Der erste Schritt, mit welchem er Zeitraum für Verhandlungen gewinnen kann, ist das Moratorium (Schutzschirm), innerhalb dem er die Reorganisation mit den Gläubigern vereinbaren oder durch eigene Restrukturierungsmaßnahmen den Vermögensverfall vermeiden kann. 347

Ferner kann der Schuldner den **Reorganisationsplan** innerhalb der Frist bis zur Entscheidung über den Vermögensverfall vorlegen. Diese Möglichkeit ist für die Schuldner, die ein Unternehmen haben, unabhängig von dessen Größe, offen. Diese Frist kann nach § 316 Abs. 4 IG nach Antrag des Schuldners bei dem Gläubigerinsolvenzantrag höchstens um 30 Tage nach der Entscheidung über den Vermögensverfall verlängert werden. 348

Die Schuldner mit größeren Unternehmen, dh Unternehmen, welche 349
- den jährlichen Netto-Gesamtumsatz gem. des Gesetzes Nr. 563/1991 Slg., über die Buchhaltung, von mindestens 50 Mio. CZK für die letzte dem Insolvenzantrag vorhergehende Rechnungsperiode erreicht haben oder
- mindestens 50 Arbeitnehmer im Arbeitsverhältnis haben,

dürfen die Sanierung auch nach der Entscheidung über den Vermögensverfall beantragen.

V. Sanierungsmöglichkeiten im Insolvenzverfahren (auch im Eröffnungsverfahren)

1. Allgemeines

Die Restrukturierung der Unternehmen kann bereits in der Phase des Schutzschirms, also im Moratorium erfolgen. Die Möglichkeit der Durchsetzung der Restrukturierung im Moratorium ist auf die einvernehmliche Lösung beschränkt. Die Restrukturierung, welche auch prozessual geregelt ist, ist die Reorganisation. Die Regelung ist in §§ 316–364 ff. IG beinhaltet. 350

Unter einer **Reorganisation** nach § 316 Abs. 1 IG wird grundsätzlich eine stufenweise Befriedigung der Forderungen der Gläubiger bei gleichzeitiger Aufrechterhaltung des Betriebes verstanden, welche durch Maßnahmen zur Wiederbelebung der Wirtschaftsfähigkeit des Schuldnergeschäfts, im Einklang mit dem vom Gericht genehmigten Reorganisationsplan, sichergestellt werden soll. 351

Es ist anzumerken, dass in § 338 Abs. 4 IG ausdrücklich verankert ist, dass der Reorganisationsplan hinsichtlich der Befriedigung der Gläubiger, der Verfügungen über die Vermögensmasse und der Verbindlichkeiten nach der Reorganisation von dem IG abweichen darf. Daher hat die Reorganisation keine zwingende Form und spricht dem Ersteller des Reorganisationsplanes eine weitgehende Freiheit bei der Gestaltung zu. 352

Internationales Insolvenzrecht – Tschechische Republik

2. Verlauf des Verfahrens

353 Das Insolvenzverfahren, bei welchem Reorganisation beantragt wird, verläuft im Regelfall nach der unten abgebildeten Skizze. Es gibt die Möglichkeit eines vereinfachten Verlaufes (→ Rn. 412). Die vereinfachte Variante wird in den Fällen genutzt, in denen Chancen bestehen, dass die Gläubiger die Reorganisation bereits vor der Stellung des Insolvenzantrages unterstützen.

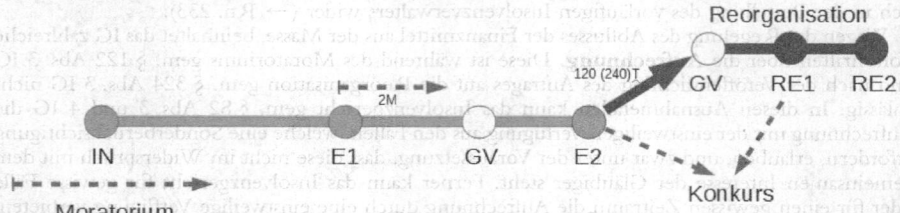

IN = Insolvenzantrag
E1 = Entscheidung über den Vermögensverfall
GV = Gläubigerversammlung
E2 = Entscheidung über die Lösung des Vermögensverfalls
RE1 = Entscheidung über die Verabschiedung des Reorganisationsplanes
RE2 = Beendigung der Reorganisation

3. Zulässigkeit der Reorganisation

354 Durch die Reorganisation kann gem. § 316 IG der Vermögensverfall oder der drohende Vermögensverfall eines Schuldners gelöst werden, welcher ein Unternehmer ist. Die Reorganisation betrifft sein Unternehmen. Ausgeschlossen ist die Reorganisation bei sich in der Liquidation befindenden Schuldnern, sowie bei Wertpapierhändlern und Personen mit einer Handlungsberechtigung an einer Rohstoffbörse.

355 Die **wirtschaftliche Zulässigkeit** ist in § 316 Abs. 4 IG geregelt. Nach dieser Bestimmung ist die Reorganisation bei den Schuldnern zulässig, welche
- einen jährlichen Netto-Gesamtumsatz gemäß des Gesetzes Nr. 563/1991 Slg., über die Buchhaltung, von mindestens 50 Mio. CZK für die letzte dem Insolvenzantrag vorhergehende Rechnungsperiode erreicht haben oder
- mindestens 50 Arbeitnehmer im Arbeitsverhältnis haben.

356 Diese Grenzwerte gelten nicht für den Schuldner, welcher den mindestens von der Mehrheit der gesicherten und ungesicherten Gläubiger nach der Höhe der Forderungen genehmigten Reorganisationsplan spätestens bis zur Entscheidung über den Vermögensverfall (E1) vorlegt. Wird ein Gläubigerinsolvenzantrag gestellt, kann der Schuldner vor der Entscheidung über den Vermögensverfall (E1) die Verlängerung dieser Frist um 30 Tage nach der Entscheidung über den Vermögensverfall (E1) beantragen.

357 Den **Antrag auf die Reorganisation** kann gem. § 317 IG sowohl der Schuldner als auch der Gläubiger stellen. Er muss grundsätzlich spätestens zehn Tage vor der ersten Gläubigerversammlung (GV) gestellt werden. Wird der Insolvenzantrag nur wegen des drohenden Vermögensverfalls gestellt, zu dessen Stellung nur der Schuldner gem. § 97 IG berechtigt ist, ist auch nur der Schuldner in diesem Fall zur Stellung des Antrages auf die Reorganisation berechtigt. Der Antrag in diesem Fall ist bis zur Entscheidung über den Vermögensverfall (E1) zu stellen.

358 Der von dem Schuldner zu stellende Antrag auf Reorganisation muss gem. § 319 IG folgende Bestandteile beinhalten:
- Bezeichnung des Schuldners und der für ihn handelnden Personen,
- dem Schuldner bekannte Angaben über die Kapitalstruktur und über das Vermögen der Personen, welche über ihm stehen oder welche mit ihm den Konzern bilden, einschließlich der Information, ob hinsichtlich des Vermögensverfalls dieser Personen ein Insolvenzverfahren geführt wird oder die Erklärung, dass es keine solche Personen gibt,
- Angaben über die Art und Weise der beantragten Reorganisation. An diese Angaben sind die Personen, welche den Reorganisationsplan erstellen, nicht gebunden.

359 Mit dem Antrag muss der Schuldner die **Liste des Vermögens und der Verbindlichkeiten** vorlegen, sowie ggf. die **Erklärung über die Änderungen** in den bereits vorgelegten Listen. Der von einem Gläubiger gestellte Antrag auf die Reorganisation muss nur die Angaben des ersten und des letzten Punktes beinhalten, da die Gläubiger begrenzten Zutritt zu Informationen bei

dem Schuldner haben. Der von dem Gläubiger gestellte Antrag auf die Reorganisation muss gem. § 323 IG von der Gläubigerversammlung genehmigt werden. Die Abstimmung erfolgt nach dem Bericht des Insolvenzverwalters. Dieser äußert sich auch dazu, ob ihm Gründe bekannt sind, welche Zweifel an einem ehrlichen Vorhaben des Schuldners begründen könnten.

Die über die Vermögensmasse verfügenden Personen müssen gem. § 324 IG alle Schritte unterlassen, die die beantragte Reorganisation gefährden oder vereiteln können. 360

Werden mehrere Anträge auf die Reorganisation gestellt, gilt jeder weitere Antrag auf die Reorganisation als **Verfahrenszutritt** gem. § 321 IG. Das Insolvenzgericht wird beide Personen auffordern, dass diese die Unterschiede beseitigen und eine einheitliche Stellungnahme abgeben. Wird dies nicht getan, geht das Insolvenzgericht von dem Antrag des Schuldners und bei den Gläubigeranträgen von dem ersten gestellten Antrag aus. Auch der verspätete Antrag wird nach § 318 Abs. 2 IG abgelehnt. 361

Enthält der Antrag auf die Reorganisation nicht alle erforderlichen Bestandteile oder nicht alle vorgeschriebenen Anlagen, wird das Insolvenzgericht den Antragsteller auffordern, diese Mängel innerhalb einer Frist von höchstens sieben Tagen gem. § 128 IG zu beseitigen. Sofern die Mängel in der festgesetzten Frist nicht beseitigt werden, wird der Antrag abgelehnt. 362

Der Antragsteller kann den Antrag auf die Reorganisation bis zur Entscheidung über diesen gem. § 322 IG zurücknehmen. 363

4. Entscheidung über die Lösung des Vermögensverfalls (E2)

Das Insolvenzgericht entscheidet über die **Lösung des Vermögensverfalls** bei den Schuldnern, bei welchen die Reorganisation zulässig ist, mit einem separaten Beschluss, welcher erst nach der Gläubigerversammlung getroffen werden kann. Diese Entscheidung muss gem. § 149 IG innerhalb von drei Monaten nach der Entscheidung über den Vermögensverfalls (E1) fallen. Der Insolvenzverwalter wird an der Gläubigerversammlung über seine Tätigkeit berichten und sich zu den vorgeschlagenen Lösungen des Vermögensverfalls äußern. 364

Die Gläubigerversammlung kann bei den Schuldnern, bei welchen die Reorganisation zulässig ist und welche Unternehmer sind, über die Lösung des Vermögensverfalls durch den Konkurs oder durch die Reorganisation gem. § 150 IG für das Insolvenzgericht verbindlich entscheiden. Die Gläubigerversammlung kann die Art der Lösung des Vermögensverfalls gem. § 151 IG verbindlich beschließen, wenn 365

- für diesen Beschluss mindestens die Hälfe aller anwesenden gesicherten und ungesicherten Gläubiger nach der Höhe der Forderungen abgestimmt hat,
- für diesen Beschluss mindestens 90 % der anwesenden Gläubiger nach der Höhe der Forderungen abgestimmt hat, wobei mit der Teilnahme beider Gläubigergruppen, gesicherten und ungesicherten, gerechnet wird, oder
- für diesen Beschluss mindestens 50 % der anwesenden Gläubiger nach der Höhe der Forderungen abgestimmt haben, wenn lediglich entweder die gesicherten oder die ungesicherten Gläubiger anwesend sind.

Als anwesender Gläubiger gilt nicht derjenige, welcher schriftlich abgestimmt hat.

Das Insolvenzgericht wird dem verbindlichen Beschluss der Gläubiger aus der Gläubigerversammlung gem. § 152 IG folgen, es sei denn die Art der Lösung des Vermögensverfalls ist bei dem jeweiligen Schuldner ausgeschlossen oder das Ergebnis der Abstimmung steht im Widerspruch mit dem nach der Entscheidung über den Vermögensverfall (E1) vorgelegten und von allen Gruppen verabschiedeten Reorganisationsplan. 366

Das Insolvenzgericht weist den Antrag auf die Reorganisation gem. § 326 IG zurück, 367
- sofern man glaubhaft voraussetzen kann, dass ein unehrliches Vorhaben durch den Antrag verfolgt wird,
- wenn den Antrag eine Person gestellt hat, über deren Antrag bereits entschieden wurde,
- wenn der Antrag von einem Gläubiger gestellt wurde, der Antrag aber nicht durch die Gläubigerversammlung verabschiedet wurde.

Das IG nennt zwei Anhaltspunkte, welche die Schlussfolgerung des Bestehens eines **unehrlichen Vorhabens** begründen können. Der erste Punkt liegt vor, wenn im Zeitraum der letzten fünf Jahre das Statutarorgan, der gesetzliche Vertreter oder der Schuldner ein Insolvenzverfahren durchlaufen haben, wobei die Ergebnisse des Verfahrens zu berücksichtigen sind. Ferner ist ein Anhaltspunkt die rechtskräftige Verurteilung einer der genannten Personen im Zeitraum der letzten fünf Jahre vor der Einleitung des Insolvenzverfahrens wegen einer Wirtschafts- oder Vermögensstraftat. 368

Sofern der Antrag auf die Reorganisation zurückgewiesen oder abgelehnt wird und die Zurücknahme zur Kenntnis genommen wird, setzt das Insolvenzgericht das Insolvenzverfahren gem. 369

§ 327 IG weiter fort. Der Antragsteller haftet dann entsprechend § 147 IG für den Schaden oder für einen anderen Nachteil.

370   Das Insolvenzgericht wird die Reorganisation gem. § 328 IG genehmigen, wenn der Antrag auf die Reorganisation nicht zurückgewiesen, abgelehnt wurde oder die Zurücknahme nicht zur Kenntnis genommen wurde. Mit dem Beschluss wird der Schuldner aufgefordert, den Reorganisationsplan innerhalb der Frist von 120 Tagen einzureichen, es sei denn er hat das Insolvenzgericht darüber informiert, dass er keinen Reorganisationsplan erstellen will. Ferner wird das Insolvenzgericht gleichzeitig einen Sachverständigen zur Ermittlung des Schätzwertes der Vermögensmasse gem. § 153 IG bestellen (→ Rn. 291 ff.).

5. Phase nach der Genehmigung der Reorganisation (E2) und vor der Verabschiedung der Reorganisation (RE1)

371   Mit der Rechtskraft der Entscheidung über die **Genehmigung der Reorganisation (E2)** werden die bisherigen Beschränkungen der Verfügungsbefugnisse gem. § 330 IG aufgehoben. Natürlich bleibt das Recht des Insolvenzgerichtes, eine abweichende Maßnahme zu treffen, unberührt.

372   Die Rechtsgeschäfte, die aus der Sicht der Verfügung über die Vermögensmasse oder deren Verwaltung wesentliche Bedeutung haben, tätigt der Schuldner nur mit der Zustimmung des Gläubigerorganes. Der Schuldner haftet den Gläubigern für etwaige, durch die Verletzung dieser Pflicht entstehende Schäden. Für den Schaden oder für den Nachteil haften als **Bürgen** gesamtschuldnerisch die Mitglieder des Statutarorgans. Wesentliche Bedeutung haben die Rechtsgeschäfte, die als Schlussfolge bedeutend den Wert der Vermögensmasse, die Stellung der Gläubiger oder ggf. das Ausmaß der Befriedigung der Gläubiger ändern.

373   Die Forderungen der leitenden Arbeitnehmer des Schuldners, welcher die Verfügungsbefugnisse hat, können bis zu der Höhe befriedigt werden, die der Insolvenzverwalter mit der Zustimmung des Gläubigerausschusses bestimmt.

374   Während der Reorganisation, in welcher der Schuldner verfügungsbefugt bleibt, gelten die Regeln über die Rechte hinsichtlich der laufenden Verträge gem. § 330a iVm § 253 IG, bei Leasing- und Mietverträgen sowie beim Eigentumsvorbehalt gem. § 260 IG. Bei den laufenden Verträgen gilt eine Vermutung, umgekehrt als der im Konkurs. Danach gelten die laufenden Verträge weiterhin, wenn sich der Schuldner innerhalb der Frist von 30 Tagen nicht anders äußert (→ Rn. 103 ff.).

375   Der Schuldner mit den Verfügungsbefugnissen unterliegt der Aufsicht des Insolvenzverwalters gem. § 331 IG.

376   Mit der Entscheidung über die Genehmigung der Reorganisation (E2) wird die Tätigkeit der **Gesellschafterversammlung** suspendiert. Statt der Generalversammlung entscheidet der Insolvenzverwalter gem. § 333 IG. Der Generalversammlung steht weiterhin das Recht zu, die Mitglieder des Statutarorgans oder des Aufsichtsrats zu bestellen oder abzuberufen. Zu der Wirksamkeit der Entscheidung der Generalversammlung ist die Zustimmung des Gläubigerausschusses erforderlich. Wurde die Reorganisation aufgrund eines Gläubigerantrages genehmigt oder hat der Schuldner kein Recht auf die Erstellung des Reorganisationsplans, steht das Recht zur Bestellung bzw. Abberufung dieser Personen dem Gläubigerausschuss zu.

377   Die Bestreitung der Forderung eines Gläubigers seitens des Schuldners hat während der Reorganisation gleiche Wirkungen wie die **Wirkungen der Bestreitung des Insolvenzverwalters** gem. § 336 IG. Wird der Schuldner eine Forderung eines Gläubigers vor der Genehmigung der Reorganisation bestreiten, treten die Wirkungen der Bestreitung erst mit der Wirkungen der Genehmigung der Reorganisation ein. Die Klage auf die Feststellung der nicht vollstreckbaren Forderungen ist seitens der Gläubiger gegen den Schuldner zu richten. Bei den vollstreckbaren Forderungen sind die Gründe für die Bestreitung auf die Tatsachen beschränkt, welche die Gründe zur Einstellung der Zwangsvollstreckung darstellen sowie auf die Verjährung oder das Erlöschen der Forderung.

6. Reorganisationsplan (Phase zwischen E2 und RE1)

378   Der Reorganisationsplan regelt die rechtliche Stellung der betroffenen Personen aufgrund der Maßnahmen zur Sanierung des Unternehmens und zur Auseinandersetzung der Verhältnisse zwischen dem Schuldner und seinen Gläubigern.

379   Der Schuldner hat das vorrangige **Recht auf Erstellung des Reorganisationsplanes**, welcher innerhalb der **Frist** von 120 Tagen vorzulegen ist. Diese Frist kann höchstens um noch einmal 120 Tage verlängert werden. Das Insolvenzgericht kann die Frist kürzen oder beenden. Der

Schuldner kann auf dieses Recht auf Erstellung durch Benachrichtigung des Insolvenzgerichtes gem. § 339 IG verzichten. Die Gläubigerversammlung kann dem Schuldner dieses Recht entziehen. Die Gläubigerversammlung, welche über den Antrag auf die Reorganisation entscheidet, kann darüber immer gem. § 339 IG abstimmen. Hat der Schuldner kein vorrangiges Recht zur Erstellung des Reorganisationsplanes, kann die Gläubigerversammlung darüber entscheiden, wem dieses Recht zusteht.

Der Antragsteller ist gem. § 338 IG verpflichtet, Handlungen zu unterlassen, welche dem Reorganisationsplan zuwiderlaufen oder sich anderweitig auf die Erfüllung des Reorganisationsplans auswirken. 380

Die **Bestandteile** des Reorganisationsplanes sind in §§ 340 ff. IG und in der Verordnung Nr. 191/2017 Slg. geregelt. Auch die Struktur des Reorganisationsplanes ist in diesen Bestimmungen vorgeschrieben. 381

Diese ist folgende: 382
- **Verteilung der Gläubiger** in die Gruppen: Bei der Verteilung der Gläubiger in die Gruppen sollte berücksichtigt werden, dass die Gläubiger mit der gleichen Stellung, also ähnlicher rechtlicher Forderungen, in eine Gruppe eingestuft werden. Die Kriterien der Verteilung muss der Reorganisationsplan beinhalten. Selbstständige Gruppen bilden gem. § 337 IG insbesondere folgende Gläubiger:
  o gesicherte Gläubiger,
  o Gesellschafter oder Mitglieder des Schuldners,
  o Gläubiger, deren Forderungen durch den Reorganisationsplan nicht berührt sind. In diese Gruppe zählen die Gläubiger, deren Forderungen bzw. deren Höhe, Fälligkeit oder andere Eigenschaften oder verbundene Rechte nicht betroffen sind, bzw. ggf. hinsichtlich welcher der Gläubiger erklärt hat, dass diese durch den Reorganisationsplan nicht betroffen sind.

Ob die Verteilung der Gläubiger geeignet und begründet ist, beurteilt das Insolvenzgericht. Das Insolvenzgericht kann auf Antrag des Gläubigers oder des Erstellers des Reorganisationsplanes vor der Verabschiedung des Reorganisationsplanes den Gläubiger in eine andere Gruppe gem. § 337 IG einordnen. Gegen diese Entscheidung ist kein Rechtsmittel zulässig. 383

- Bestimmung der Art und Weise der Reorganisation
- Bestimmung der Maßnahmen der Reorganisation, welche in § 341 IG demonstrativ beschrieben sind. Diese sind insbesondere folgende und diese können kombiniert werden:
  o Restrukturierung der Forderungen (Verzicht auf Teile der Schulden oder Verschiebung der Fälligkeit)
  o Verkauf der ganzen Vermögensmasse oder einen Teil
  o Herausgabe der Vermögensmasse an die Gläubiger oder die Übertragung der Vermögensmasse auf eine neu gegründete Gesellschaft, in welcher die Gläubiger Teilnahme haben
  o Umwandlung des Schuldners
  o Emission der Wertpapiere
  o Sicherung der Finanzierung
  o Änderung des Gesellschaftsvertrages
- Angabe darüber, ob das Unternehmen fortgeführt wird
- Benennung der Personen, welche an der Finanzierung teilnehmen werden
- Folgen für die Beschäftigung.
- Angabe darüber, welche Schulden der Schuldner nach der Reorganisation haben wird.

Der Ersteller des Reorganisationsplanes muss einen **Bericht über den Reorganisationsplan** gem. § 343 IG erstellen, dessen Anlage der Reorganisationsplan oder dessen Zusammenfassung ist. Der Reorganisationsplan muss ausreichende Informationen beinhalten, damit sich die Gläubiger entscheiden können, ob sie für den Reorganisationsplan abstimmen werden. 384

Der Bericht muss spätestens 15 Tage vor dem Termin der Gläubigerversammlung, welche über den Reorganisationsplan abstimmen soll, veröffentlich werden. Der Bericht wird erst nach seiner Genehmigung seitens des Insolvenzgerichtes veröffentlicht. 385

Die formellen Bestandteile sind auch in der Verordnung Nr. 191/2017 Slg. geregelt. 386

Zu der Verabschiedung des Reorganisationsplanes wird eine Gläubigerversammlung einberufen, die gem. § 344 IG nur diesen Punkt auf dem Programm hat. 387

Die Gläubigerversammlung wird aufgehoben, sofern der Reorganisationsplan außerhalb der Gläubigerversammlung angenommen wurde. 388

Die Gläubiger dürfen auch außerhalb der Gläubigerversammlung gem. § 345 IG abstimmen, und zwar auch vor der Stellung des Antrages auf die Reorganisation oder vor der Stellung des Insolvenzantrages. 389

Internationales Insolvenzrecht – Tschechische Republik

390   Die Ergebnisse der Abstimmung außerhalb der Gläubigerversammlung werden den Ergebnissen der Gläubigerversammlung zugerechnet. Bei Unterschieden hat die persönliche Abstimmung Vorrang.

391   Die Gläubiger müssen außerhalb der Gläubigerversammlung gem. § 346 IG auf dem Stimmzettel abstimmen, welcher auf einem Formular erfolgen muss. Dieser ist vor der Einleitung des Insolvenzverfahrens dem Schuldner innerhalb der vom Schuldner festgesetzten Frist von mindestens 15 Tagen zuzustellen.

392   Nach der Einleitung des Insolvenzverfahrens ist der Stimmzettel dem Insolvenzgericht spätestens einen Tag vor der Gläubigerversammlung zuzustellen. Die Unterschrift auf dem Stimmzettel muss beglaubigt werden. Der Stimmzettel darf keinen weiteren prozessualen Schritt beinhalten.

393   Die **Abstimmung in der Gläubigerversammlung** erfolgt nach den Gläubigergruppen. Die Gläubigergruppe hat den Reorganisationsplan angenommen, wenn für ihn die Mehrheit der anwesenden Gläubiger nach der Höhe der Forderung abgestimmt hat (Hásova, Insolvenční zákon, 2. Aufl., 1114; Obergericht Prag 30.5.2017 – 2 VSPH 404/2017-B-242).

394   Die Gruppe von Gesellschaftern bzw. Mitgliedern hat den Plan angenommen, sofern dafür die Mehrheit dieser abgestimmt hat. Sofern der Schuldner das Stammkapital hat, muss der Gesamtanteil dieser Gesellschafter oder Mitglieder mindestens zwei Drittel des Stammkapitals entsprechen. Der Gläubigergruppe, deren Forderungen durch den Reorganisationsplan nicht betroffen sind, wird die Annahme des Reorganisationsplanes angerechnet.

395   Hat ein Gläubiger den Reorganisationsplan durch Verletzung des Gesetzes oder dessen Umgehung abgelehnt oder angenommen, kann das Insolvenzgericht bis zur Entscheidung über die Verabschiedung des Planes darüber entscheiden, ob diese Stimme berücksichtigt wird.

7. Entscheidung über die Verabschiedung des Reorganisationsplanes (RE1)

396   Nach der Abstimmung der Gläubiger wird das **Insolvenzgericht** über die Verabschiedung des Reorganisationsplanes gem. § 348 IG entscheiden. Das Insolvenzgericht prüft dabei die Absenz eines unehrlichen Vorhabens, den Einklang mit dem Gesetz und die Annahme von allen Gläubigergruppen. Ferner prüft es auch, ob die Gläubiger mindestens die gleiche Befriedigung wie bei dem Konkurs („best interests of creditors test") haben werden und ob die Masseforderungen und die den Masseforderungen gleichgestellten Forderungen bezahlt sind oder unverzüglich nach der Wirksamkeit des Reorganisationsplanes bezahlt werden.

397   Das Insolvenzgericht kann den Reorganisationsplan auch ohne Annahme von allen Gläubigergruppen verabschieden. In diesem Fall muss der Reorganisationsplan von mindestens einer Gläubigergruppe angenommen werden und der Test von „best interests of creditors" muss positiv sein. Gegen die Entscheidung über die Verabschiedung des Reorganisationsplanes können diejenigen Gläubiger die Berufung gem. § 350 IG erheben, welche für die Ablehnung des Reorganisationsplanes abgestimmt haben. Gegen die Entscheidung über die Zurückweisung des Reorganisationsplanes können der Schuldner, der Ersteller des Reorganisationsplanes und die Gläubiger, die für den Reorganisationsplan abgestimmt haben, die **Berufung** gem. § 351 IG einlegen.

398   Der Ersteller des Reorganisationsplanes kann den Plan bis zur Entscheidung über die Verabschiedung ändern oder ergänzen. Die Gläubiger stimmen dann nach der letzten Fassung des Planes ab. Der Ersteller, dessen Plan zurückgewiesen wurde, kann einen neuen Reorganisationsplan bis zum Ablauf der Frist zur Vorlage des Reorganisationsplanes gem. § 351 Abs. 3 IG vorlegen.

399   Der Reorganisationsplan ist wirksam, sobald die Entscheidung über die Verabschiedung des Reorganisationsplanes rechtskräftig wird. Der Reorganisationsplan oder das Insolvenzgericht kann eine abweichende Regelung gem. § 352 IG treffen. Die Verfügungsbefugnisse sind nur so eingeschränkt, wie das in dem Reorganisationsplan geregelt ist. Dies gilt auch für die Generalversammlung (Gesellschafterversammlung). Der Gesellschaftervertrag ändert sich ggf. mit der Wirkung des Reorganisationsplanes.

400   Während der **Durchführung des Reorganisationsplanes** unterliegt der Schuldner der Aufsicht des Insolvenzverwalters gem. § 354 IG. Die Kontrolle des Schuldners und des Insolvenzverwalters übt das Gläubigerorgan aus. Das Gläubigerorgan kann sich vorbehalten, ob der Schuldner mit den Verfügungsbefugnissen die Rechtsgeschäfte, welche eine wesentliche Bedeutung haben, nur mit seiner vorherigen Zustimmung tätigen kann.

401   Mit der Wirksamkeit des Reorganisationsplanes erlöschen die Rechte aller Gläubiger gegenüber dem Schuldner, einschließlich der Forderungen, welche nicht angemeldet wurden. Der Inhalt und das Ausmaß der Forderungen werden gem. § 356 IG durch den Reorganisationsplan ersetzt. Die Aussonderungsrechte, die Rechte der Mitschuldner und des Bürgen bleiben unberührt. Die Forderungen, welche in dem Insolvenzverfahren gem. § 170 IG nicht befriedigt werden, mit

Internationales Insolvenzrecht – Tschechische Republik

Ausnahme der außervertraglichen Sanktionen, erlöschen mit der Verabschiedung des Reorganisationsplanes gem. § 359 IG:

8. Änderung des Reorganisationsplanes

Der Antragsteller des Reorganisationsplanes kann gem. § 361 IG die Änderung des Planes für 402 eine **bessere Erfüllbarkeit** vorschlagen. Den Vorschlag der Änderung wird das Insolvenzgericht im Insolvenzregister veröffentlichen und den ursprünglichen sowie den neuen Gläubigern zustellen. Gleichzeitig wird das Insolvenzgericht eine Frist setzen, innerhalb welcher die Gläubiger den Reorganisationsplan ablehnen können. Die Frist darf nicht kürzer als 30 Tage sein.

Zur **Verhandlung des Reorganisationsplanes** wird eine **Gläubigerversammlung** einberu- 403 fen, auf welcher die Gläubiger nach folgenden Gruppen abstimmen:
- alle ursprünglichen Gläubigergruppen
- Mehrheit der neuen gesicherten Gläubiger
- Mehrheit der neuen ungesicherten Gläubiger
- Mehrheit der Gesellschafter des Schuldners oder einer anderen Gesellschaft, an welche das Vermögen übertragen wurde.

Dabei besteht die Regelung, dass die Änderung als genehmigt gilt, sofern die Gläubiger nicht 404 anders abgestimmt oder während der gesetzten Frist den Reorganisationsplan nicht abgelehnt haben. Wird die Änderung des Reorganisationsplanes nicht genehmigt, gilt der vorherige Plan.

9. Beendigung der Reorganisation (RE2)

a) Aufhebung der Entscheidung über die Verabschiedung des Reorganisationsplanes. 405 Erfährt das Insolvenzgericht, dass einem Gläubiger besondere Vorteile gewährt wurden, ohne dass die anderen Gläubiger dem zugestimmt haben oder dass die Verabschiedung des Reorganisationsplanes durch eine betrügerische Handlung erreicht wurde, kann es den Reorganisationsplan gem. § 362 IG bis zu sechs Monate nach dessen Wirksamkeit aufheben.

Wird der Reorganisationsplan mit Hilfe einer absichtlichen Straftat durchgesetzt oder wurden 406 durch ihn die Gläubiger wesentlich gekürzt, kann das Insolvenzgericht bis drei Jahre nach der Wirksamkeit des Reorganisationsplanes diesen aufheben.

Nach der Aufhebung stellt sich der vorherige Stand der Forderungen her. 407

b) Umwandlung der Reorganisation in den Konkurs. Das Insolvenzgericht kann gem. 408 § 363 IG über die Umwandlung der Reorganisation in den Konkurs entscheiden, wenn:
- die Reorganisation aufgrund des Schuldnerantrages genehmigt wurde und dieser die Umwandlung vorgeschlagen hat,
- die zur Erstellung des Reorganisationsplanes berechtigte Person den Reorganisationsplan nicht während der gesetzten Frist erstellt hat, oder diesen zurückgenommen und innerhalb von 30 Tagen danach keinen Antrag auf die Einberufung der Gläubigerversammlung zur Bestimmung einer anderen berechtigten Person gestellt hat oder diese andere berechtigte Person den Reorganisationsplan zurückgenommen oder ihn nicht in der festgesetzten Frist erstellt hat,
- das Insolvenzgericht den Reorganisationsplan nicht verabschiedet hat und die Frist zu dessen Vorlage verstrichen ist,
- der Schuldner bei der Durchführung der Reorganisation eigene, in dem Plan festgesetzte wesentliche Pflichten nicht erfüllt hat,
- sich die Unmöglichkeit der Erfüllung des wesentlichen Teils des Planes herausgestellt hat,
- der Schuldner nicht ordnungsgemäß oder rechtzeitig die Zinsen gem. § 171 IG zahlt oder wenn er andere fällige Geldverbindlichkeiten im wesentlichen Umfang nicht zahlt,
- der Schuldner aufgehört hat, zu unternehmen, obwohl er nach dem Reorganisationsplan unternehmen sollte, oder
- der Schuldner die Masseforderungen oder die den Masseforderungen gleichgestellte Forderungen nicht im Einklang mit § 348 IG bezahlt hat.

Über die Umwandlung der Reorganisation in den Konkurs kann das Insolvenzgericht nicht 409 entscheiden, wenn der Reorganisationsplan in wesentlichen Punkten bereits erfüllt wurde. Bei dem ersten und dritten Grund wird das Insolvenzgericht ohne Verhandlung entscheiden. Bei den Übrigen wird die Verhandlung angeordnet.

Gegen die Entscheidung über die Umwandlung der Reorganisation in den Konkurs ist ein 410 Rechtsmittel zulässig. Mit der Entscheidung über die Umwandlung der Reorganisation in den Konkurs treten die Wirkungen des Konkurses ein.

c) Erfüllung des Reorganisationsplanes. Die Erfüllung des Reorganisationsplanes oder des- 411 sen wesentlichen Teile nimmt das Insolvenzgericht nach § 364 IG durch Gerichtsentscheidung

Internationales Insolvenzrecht – Tschechische Republik

zur Kenntnis. Durch diese Entscheidung endet die Reorganisation. Danach entscheidet das Insolvenzgericht über das Honorar des Insolvenzverwalters und über seine Kosten.

10. Vereinfachte Variante (vorvereinbarter Plan)

412   Das Insolvenzgericht erlaubt gem. § 148 IG, dass der Schuldner einen Reorganisationsplan mit dem Insolvenzantrag vorlegt, welcher bereits von der Mehrheit der gesicherten und ungesicherten Gläubiger nach der Höhe der Forderungen angenommen wurde. Der Vorteil dieser vereinfachten Variante des Verlaufes des Insolvenzverfahrens besteht in der Beschleunigung, da die Entscheidung über den Vermögensverfall mit der Entscheidung über die Genehmigung der Reorganisation verbunden wird. Ferner besteht ein wesentlicher Vorteil darin, dass in dem Reorganisationsplan die Person des Insolvenzverwalters verbindlich genannt werden kann.

413   Der Verlauf des Insolvenzverfahrens sieht dann wie folgt aus:

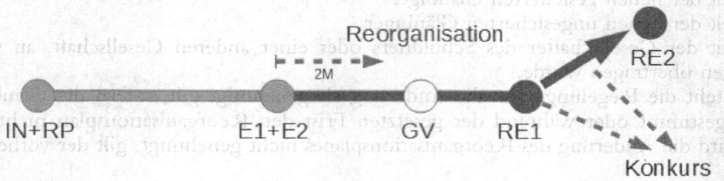

VI. Bedeutung der Verfahrenseröffnung

1. Gläubigerzugriff

414   Die anzumeldenden Forderungen müssen innerhalb der gesetzlichen Frist von zwei Monaten angemeldet werden. Es handelt sich um eine Ausschlussfrist. Näheres dazu, welche Forderungen anzumelden sind (→ Rn. 161 ff.). Die Gläubiger aus den EU-Ländern können die Forderungen nach der Sondervorgehensweise geltend machen (→ Rn. 161 ff.).

2. Verfügungsbefugnis

415   Die Verfügungsbefugnis steht nach der Entscheidung über den Vermögensverfall und vor der Entscheidung über die Lösung des Vermögensverfalls durch den Konkurs dem Schuldner gem. § 229 Abs. 2 lit. b IG zu. Für die Verfügungsbefugnis des Schuldners gelten die Einschränkungen gem. § 111 IG (→ Rn. 136). Etwaige Einschränkungen der Verfügungsbefugnis bleiben auch nach der Entscheidung über den Vermögensverfall gem. § 140 IG bestehen. Wird das Insolvenzgericht über die Art der Lösung des Vermögensverfalls durch den Konkurs entscheiden, gewinnt der Insolvenzverwalter die Verfügungsbefugnis gem. § 229 Abs. 2 lit. c IG.

3. Laufende Verträge

416   Die unten genannte Regelung ist in dem Teil des IG zum Konkurs verankert. Die Praxis hat gezeigt, dass auch bei anderen Arten der Lösung des Vermögensverfalls eine ähnliche Regelung notwendig ist. Daher wurden die Bestimmungen von § 397a IG für die Schuldbefreiung und § 330a IG für die Reorganisation eingeführt, sodass die Vorschriften entsprechend gelten.

417   Während der Reorganisation ist der Schuldner mit den Verfügungsbefugnissen berechtigt, die Rechte hinsichtlich der laufenden Verträge gem. § 330a IG iVm § 253 IG auszuüben. Bei den laufenden Verträgen gilt eine Vermutung, umgekehrt als beim Konkurs, und zwar, dass die laufenden Verträge weiterhin gelten, wenn sich der Schuldner sich nicht anders während der Frist von 30 Tagen äußert.

418   Bei der Schuldbefreiung gelten die unten genannten Regeln entsprechend, die Rechte übt der Insolvenzverwalter gem. § 397a IG aus.

419   **a) Noch nicht erfüllte Verträge (gegenseitige Verträge).** Die Verträge, einschließlich der Vorverträge, welche weder von dem Schuldner noch von der anderen Seite vollständig erfüllt wurden, kann der Insolvenzverwalter gem. § 253 IG anstatt des Schuldners erfüllen und die Erfüllung von der anderen Seite verlangen oder ablehnen. Äußert sich der Insolvenzverwalter nicht innerhalb von 30 Tagen nach der Erklärung des Konkurses, dass er den Vertrag erfüllt, so gilt die Erfüllung als abgelehnt. Bis zu diesem Zeitpunkt darf die Gegenseite nicht zurücktreten, es sei denn etwas anderes wurde im Vertrag vereinbart.

Sofern die Gegenseite nach dem Vertrag zuerst erfüllen muss, kann der Schuldner die Erfüllung 420
bis zu dem Zeitpunkt ablehnen, bis die Gegenleistung gewährt oder sichergestellt wird; dies gilt
natürlich nicht für die Verträge, welche nach der Veröffentlichung der Entscheidung über den
Vermögensverfall abgeschlossen werden.

Hat der Insolvenzverwalter die Leistung abgelehnt, kann die andere Vertragspartei den Scha- 421
densersatzanspruch durch die Forderungsanmeldung geltend machen, und zwar spätestens 30 Tage
nach der Ablehnung der Leistung. Sofern die Frist zur Anmeldung der Forderung bereits verstrichen ist, kann dies auch später unter Einhaltung der Frist nach dem vorherigen Satz erfolgen
(Oberster Gerichtshof 25.10.2017 – 29 Cdo 14/2016).

Die Forderungen der anderen Seite aus der Fortsetzung des Vertrages nach der Erklärung des 422
Konkurses gelten als Masseforderungen. Die Gegenseite kann die Teilleistung, welche vor der
Entscheidung über den Vermögensverfall gewährt wurde, nicht mit der Begründung zurückgeben,
dass sie keine Gegenleistung erhalten hat.

b) Fixe Verträge. Bei den Verträgen, bei welchen der Vertragsgegenstand zu einem Marktwert 423
zu einer pünktlichen Zeit oder einer genauen Frist geliefert werden und diese Lieferung erst nach
der Erklärung des Konkurses eintreten soll, kann die Erfüllung des Vertrages nicht verlangt werden,
sondern nur der Schadensersatz. Der Schaden besteht in dem Unterschied zwischen dem vereinbarten Preis und dem Marktpreis, welcher während der Wirkung des Konkurses am Ort der
Erfüllung nach dem Vertrag gezahlt wird. Die andere Vertragspartei kann diesen Anspruch nur
durch die Forderungsanmeldung geltend machen, und zwar spätestens 30 Tage nach der Erklärung
des Konkurses.

c) Leihvertrag. Der Insolvenzverwalter kann die Zurückgabe nach der Erklärung des Konkur- 424
ses auch vor der vereinbarten Dauer der Ausleihe gem. § 255 IG verlangen. Wurde bei der
Erklärung des Konkurses der Vertragsgegenstand noch nicht übergeben, kann der Insolvenzverwalter oder die andere Vertragspartei von dem Vertrag gem. § 258 IG zurücktreten. Tut das der
Insolvenzverwalter, kann die andere Vertragspartei den erlittenen Schaden durch die Forderungsanmeldung geltend machen. Die Forderungsanmeldung ist spätestens 30 Tage nach der Zustellung
des Rücktrittes zu stellen. Jede Vertragspartei ist verpflichtet, die andere Vertragspartei innerhalb
von zehn Tagen auf der Aufforderung davon zu unterrichten, ob diese von dem Vertrag zurücktritt. Tut sie dies nicht, erlischt das Recht auf Rücktritt nach § 258 IG.

d) Mietverträge und Leasingverträge. Die Mietverhältnisse können auf die Vermögensmasse 425
sehr wichtige Einwirkungen haben. Dies gilt auch für die Leasingverträge und für die Verträge
über den Kauf der vermieteten Sache. Da diese Verträge einen ähnlichen wirtschaftlichen Sinn/
Zweck haben, gelten die Vorschriften über die Mietverträge gem. § 259 IG entsprechend auch
für die Leasingverträge und für die Verträge über den Kauf der vermieteten Sache.

Für den Insolvenzverwalter besteht ein **Sonderkündigungsrecht** gem. §§ 256 ff. IG. Der 426
Insolvenzverwalter kann den von dem Schuldner abgeschlossenen Mietvertrag nach der Erklärung
des Konkurses kündigen. Dieses Recht besteht auch bei den Verträgen auf bestimmte Zeit. Die
Kündigungsfrist richtet sich nach dem Gesetz oder nach dem Vertrag, kann jedoch nicht mehr als
drei Monate betragen. Die Schutzbestimmungen bei dem Mietverhältnis einer Wohnung bleiben
unberührt.

Der Mieter ist bei einem auf bestimmte Zeit abgeschlossenen Vertrag, in dem der Schuldner 427
ein Vermieter ist, dadurch geschützt, dass er innerhalb von 15 Tagen nach der Zustellung der
Kündigung dem Insolvenzgericht **einen Antrag auf die Aufhebung des Mietvertrages** stellen
kann. Das Aufhebungsrecht ist auf die Fälle beschränkt, in denen die berechtigten Interessen des
Mieters unverhältnismäßig betroffen werden oder in denen er dadurch einen wesentlichen Schaden
erleidet. Gegen die Entscheidung des Insolvenzgerichtes ist kein Rechtsmittel zulässig (Obergericht Prag 3.1.2013 – 3 VSPH 729/2012-B-49).

Wenn sichergestellt wird, dass der Mieter den Mietgegenstand bei der Verwertung der Vermö- 428
gensmasse für einen üblichen Preis kauft, wird das Insolvenzgericht dem Antrag immer stattgeben.

Das Recht auf die Miete oder eine andere Zahlung vor der Erklärung des Konkurses kann die 429
andere Vertragspartei nur durch Forderungsanmeldung geltend machen. Dies gilt auch für die
Miete oder eine andere Zahlung, welche im Voraus gezahlt wird, wobei diese Forderung als
bedingte Forderung anzumelden ist.

Den Mietvertrag oder den Untermietvertrag, welchen der Schuldner als Mieter oder Untermie- 430
ter abgeschlossen hat, kann die andere Vertragspartei nach der Entscheidung über den Vermögensverfall wegen Verzuges des Schuldners mit Zahlung der Miete oder einer anderen Zahlung, zu
dem es vor der Entscheidung über den Vermögensverfall gekommen ist, wegen der Verschlechterung der Vermögenssituation gem. § 257 IG kündigen oder von diesem zurücktreten.

Internationales Insolvenzrecht – Tschechische Republik

431   Wurde bei der Erklärung des Konkurses der Mietgegenstand oder der Gegenstand des Untermietvertrages nicht übergegeben, kann der Insolvenzverwalter oder die andere Vertragspartei von dem Vertrag gem. § 258 IG zurücktreten. Tut der Insolvenzverwalter dies, so kann die andere Vertragspartei den erlittenen Schaden durch die Forderungsanmeldung geltend machen. Die Forderungsanmeldung ist spätestens 30 Tage nach der Zustellung des Rücktrittes zu stellen. Jede Vertragspartei ist verpflichtet, die andere Vertragspartei innerhalb von zehn Tagen nach der Aufforderung davon zu unterrichten, ob diese von dem Vertrag zurücktritt. Tut sie dies nicht, erlischt das Recht auf Rücktritt nach § 258 IG.

432   **e) Eigentumsvorbehalt.** Sofern der Schuldner als Verkäufer eine Sache mit dem **Eigentumsvorbehalt** vor der Erklärung des Konkurses verkauft und dem Käufer übergeben hat, kann der Käufer diese zurückgeben oder auf die Erfüllung des Vertrages gem. § 260 IG beharren. Sofern der Schuldner als Käufer eine Sache mit dem Eigentumsvorbehalt gekauft hat und vom Käufer übernommen hat, ohne das Eigentumsrecht zu erwerben, kann der Verkäufer die Rückgabe der Sache nicht verlangen, wenn der Insolvenzverwalter alle Verpflichtungen aus dem Vertrag unverzüglich nach der Aufforderung des Verkäufers erfüllt hat.

4. Aufrechnung

433   Die Aufrechnung der gegenseitigen Forderungen ist nach der Insolvenzeröffnung, dh nach der Entscheidung über den Vermögensverfall, zulässig, sofern die Bedingungen von § 140 IG erfüllt sind. Die **Voraussetzungen** für die Aufrechnung müssen vor der Art der Lösung des Verfalls erfüllt werden. Die Rechtsprechung (Obergericht Olomouc 28.4.2009 – 2 VSOL 106/2009-B-26) und die Rechtslehre (Hásová, Insolvenční zákon, 2. Aufl., 431 ff.) zählen die Erklärungen (Rechtsgeschäft) zur Aufrechnung nicht zu den Voraussetzungen. Die Aufrechnung bei der Mietkaution kann bis zur Entscheidung über die Verabschiedung erfolgen.

434   Aus der zitierten Vorschrift ergibt sich ferner, dass die Aufrechnung nicht erlaubt ist, wenn:
- die Forderung nicht angemeldet wurde; die Aufrechnung der Masseforderungen ist daher ausgeschlossen (Hásova, Insolvenční zákon, 2. Aufl., 431 ff.),
- der Gläubiger seine Forderung durch ein, dank der Anfechtung, unwirksames Rechtsgeschäft gewonnen hat,
- der Gläubiger zum Zeitpunkt des Erwerbens der aufzurechnenden Forderung über den Vermögensverfall gewusst hat, oder
- der Gläubiger bisher nicht den Unterschied, in welchem seine Schuld besteht, zugunsten der Vermögensmasse bezahlt hat.

435   Sofern die Wirkungen des gestellten Antrages auf die Reorganisation gem. § 324 Abs. 3 IG fortbestehen und diese im Insolvenzregister veröffentlicht sind, ist die Aufrechnung von Gesetz wegen ausgeschlossen, es sei denn, das Insolvenzgericht hat durch eine einstweilige Verfügung gem. § 82 IG etwas anders bestimmt. Die Wirkungen der etwaigen einstweiligen Verfügung, welche die Aufrechnung gem. § 82 IG verbietet, bleiben bestehen.

5. Anhängige Rechtsstreite

436   Mit der **Entscheidung über den Vermögensverfall** sind gem. § 140a IG die Auswirkungen verbunden, dass alle Gerichtsverfahren und Schiedsverfahren unterbrochen werden, in welchen die in dem Insolvenzverfahren zu befriedigenden Forderungen oder Ansprüche geltend gemacht werden. Dies gilt auch für die Verfahren, in denen die aus dem Insolvenzverfahren ausgeschlossenen Ansprüche geltend gemacht werden.

437   Wird das Verfahren unterbrochen, laufen die **Fristen** nicht weiter. Wird das jeweilige Verfahren fortgesetzt, beginnen die Fristen erneut. Sobald das Gericht oder das zuständige Organ Kenntnis über die Entscheidung in dem Vermögensverfall gewinnt, werden die Verfahrensbeteiligten darüber unterrichtet, dass in dem Verfahren während der Fortdauer keine Entscheidung über den Vermögensverfall getroffen werden kann.

438   Entsprechendes gilt gem. § 140c IG für die Einleitung von neuen Gerichts- oder Schiedsverfahren hinsichtlich der Ansprüche oder der Forderungen, die die Vermögensmasse betreffen, welche durch die Forderungsanmeldung geltend zu machen sind.

439   Andere Verfahren werden durch die Entscheidung über den Vermögensverfall gem. § 140d IG nicht unterbrochen. Diese können auch während der Entscheidung über den Vermögensverfall neu eingeleitet werden. Der **Verfahrensbeteiligte** ist grundsätzlich der Schuldner. Beispielhaft werden folgende Verfahren gem. § 140d IG genannt:
- Steuerverfahren,
- Verfahren hinsichtlich der Einverleibung des Rechts zu den Liegenschaften,

Internationales Insolvenzrecht – Tschechische Republik

- Verfahren hinsichtlich der Lohnansprüche der Arbeitnehmer gem. des Gesetzes Nr. 118/2000 Slg., über den Schutz der Arbeitnehmer bei der Zahlungsunfähigkeit des Arbeitgebers, in der letzten Fassung,
- Verfahren über die Beiträge zu Sozialversicherung und über die Beiträge zu der Staatspolitik der Beschäftigung.

Die **Zwangsvollstreckung** und die **Exekution** können während der Fortdauer der Wirkung der Entscheidung über den Vermögensverfall gem. § 140e IG nicht angeordnet oder eingeleitet werden, soweit sie das Vermögen in der Vermögensmasse betreffen würden. Eine Ausnahme ist möglich, wenn die Entscheidung des Insolvenzgerichtes gem. § 203 IG vollstreckt wird. 440

Wird über die Lösung des Vermögensverfalls durch den **Konkurs** entschieden, gelten weitere Bestimmungen über die geführten Verfahren gem. §§ 263 ff. IG. Verfahren, in welchen der Schuldner als Antragsteller oder Kläger aufgetreten ist, können auf Antrag des Insolvenzverwalters gem. § 264 IG fortgesetzt werden. Mit der Zustellung des Antrages tritt der Insolvenzverwalter als Verfahrensbeteiligter statt des Schuldners auf. Wird der Insolvenzverwalter keinen Antrag während der von dem jeweiligen Verfahren führenden Organ festgesetzten Frist stellen, können die anderen Verfahrensbeteiligten (Schuldner und andere Verfahrensbeteiligten) den Antrag stellen, wobei der Schuldner als Verfahrensbeteiligter bleibt. 441

Die **Verfahren,** in denen die Gläubiger gegen den Schuldner als Beklagter Ansprüche geltend gemacht haben, können gem. § 265 IG fortgesetzt werden, sofern es sich um Verfahren (1) über den Umfang der Vermögensmasse mit Ausnahme von Verfahren auf den Ausschluss des Vermögens aus der Vermögensmasse, (2) über die gesicherten Ansprüche und (3) über die Ansprüche auf Befriedigung der Masseforderungen und der den Masseforderungen gleichgestellten Forderungen handelt. Die genannten Verfahren können auf Antrag des Insolvenzverwalters oder der Gläubiger fortgesetzt werden. 442

Ein **Sonderfall** gilt für die Verfahren, in welchen die Gläubiger Ansprüche geltend machen, welche anzumelden sind. Diese Verfahren können fortgesetzt werden, wenn darüber das Insolvenzgericht auf Antrag des Insolvenzverwalters oder des jeweiligen Gläubigers entscheidet. Gegen diese Entscheidung ist kein Rechtsmittel zulässig. Das Insolvenzgericht kann die Fortsetzung erlauben, wenn dies dem Insolvenzverfahren helfen kann; jedoch nicht vor der Prüfungsverhandlung. Mit der Entscheidung des Insolvenzgerichtes wird der Insolvenzverwalter anstelle des Schuldners Verfahrensbeteiligter. 443

Folgende Verfahren werden durch die Entscheidung über den Konkurs nicht unterbrochen: 444
- Strafverfahren,
- Erbschaftsverfahren,
- Verfahren über die Auseinandersetzung des gemeinsamen Vermögens der Ehegatten,
- Verfahren über die Unterhaltsansprüche,
- Verfahren über den Persönlichkeitsschutz und über den Schutz des Rufs der juristischen Person (dies gilt nicht in den Fällen, in denen der Schuldner ein Unternehmer ist oder wenn eine finanzielle Leistung geltend gemacht wird),
- Verfahren über die Register nach den Sondergesetzen,
- Verfahren über die Kapitalmärkte,
- Verfahren über die Zwangsvollstreckung und über die Exekution,
- Verfahren, in welchen der Schuldner der einzige Verfahrensbeteiligte ist.

In den Verfahren über die Kapitalmärkte und in den Verfahren, in welchen der Schuldner der einzige Verfahrensbeteiligte ist, kann das Insolvenzgericht so oder auf Antrag des Organs, welches das Verfahren führt, entscheiden, dass der Insolvenzverwalter statt des Schuldner Verfahrensbeteiligter gem. § 266 Abs. 3 IG wird. Gegen die Entscheidung des Insolvenzgerichtes ist kein Rechtsmittel zulässig. 445

6. Gesellschaftsrechtliche Folgen

Der **Erlass der Entscheidung über den Vermögensverfall** (also Insolvenzeröffnung) hat keine direkten gesellschaftsrechtlichen Folgen. Es ist anzumerken, dass es ein Unterschied zwischen der Entscheidung über den Vermögensverfall und der Entscheidung über die Lösung des Vermögensverfalls besteht. 446

Nach dem Erlass der Entscheidung über den Vermögensverfall bleibt der Schuldner grundsätzlich verfügungsberechtigt. Es ist aber damit zu rechnen, dass er Beschränkungen gem. § 111 IG (ausführlicher → Rn. 136 ff.) unterliegt. Auch die Entscheidungen der Gesellschafterversammlung/Generalversammlung können von dem Insolvenzverwalter gem. §§ 240 ff. IG angefochten werden. 447

Voda

448 Nach der Entscheidung über den Vermögensverfall kann die Gesellschafterversammlung/Generalversammlung über die Stammkapitalerhöhung entscheiden. Ferner kann diese über die Abberufung oder über die Bestellung eines neuen Statutarorgans entscheiden.

449 Die Einschränkungen der Tätigkeit der Gesellschafterversammlung/Generalversammlung wird für die Reorganisation eingeführt. Mit der Entscheidung über die Genehmigung der Reorganisation (E2) wird die Tätigkeit der Gesellschafterversammlung suspendiert. Statt ihr entscheidet der Insolvenzverwalter gem. § 333 IG (ausführlicher dazu → Rn. 350 ff.).

VII. Arbeits- und Sozialrecht

1. Individualarbeitsrecht

450 **a) Beendigung des Arbeitsverhältnisses durch den Arbeitgeber.** Die Führung des Insolvenzverfahrens kann für das Arbeitsrecht wesentliche Konsequenzen haben. Der Erlass der Entscheidung über den Vermögensverfall hat keinen sofortigen Einfluss auf die arbeitsrechtlichen Verhältnisse. Bei den Insolvenzfällen sind die Regeln über die Beendigung des Arbeitsverhältnisses, welche in §§ 50 ff. des Gesetzes Nr. 262/2006 Slg., Arbeitsgesetzbuch, in der letzten Fassung (nachstehend nur „**AGB**" genannt), geregelt sind, am wichtigsten. Nach diesen Vorschriften kann der Arbeitgeber das Arbeitsverhältnis nur aus den im AGB festgesetzten Gründen kündigen. Die **Kündigung** muss schriftlich erfolgen und der Grund der Kündigung muss aufgeführt werden. Die Kündigungsfrist beläuft sich auf mindestens zwei Monate, wobei diese für beide Seiten gleich sein muss. Eine längere Kündigungsfrist muss schriftlich von beiden Seiten vereinbart werden. Die Kündigungsfrist beginnt ab dem ersten Tag des folgenden Kalendermonats.

451 Die **Kündigungsgründe** sind in § 52 AGB geregelt, wobei diese wie folgt sind:
- der Arbeitgeber oder dessen Teil wird gestört,
- der Arbeitgeber oder dessen Teil wird verlegt,
- der Arbeitnehmer wird überflüssig aufgrund der Entscheidung des Arbeitgebers oder eines zuständigen Organs wegen der Änderung der Aufgaben, der technischen Ausstattung, der Senkung der Anzahl der Arbeitnehmer zum Zwecke der Erhöhung der Effektivität oder wegen anderer organisatorischen Änderungen (über die Wahl des konkreten Arbeitnehmers entscheidet nur der Arbeitnehmer gem. dem Obersten Gerichtshof 25.9.1998 – 2 Cdon 1130/97),
- der Arbeitnehmer kann die Arbeit aufgrund eines ärztlichen Gutachtens oder aufgrund der Entscheidung des zuständigen Verwaltungsorgans, welches die Gutachten prüft, aus dem Grund eines Arbeitsunfalles, einer Berufskrankheit, einer Gefährdung durch diese Krankheit oder bei der Erreichung der höchstzulässigen Exposition, nicht ausüben,
- der Arbeitnehmer hat mit Rücksicht auf seinen Gesundheitszustand nach einem ärztlichen Gutachten oder nach der Entscheidung des zuständigen Verwaltungsorgans, welches die Gutachten prüft, langfristig die Arbeitsfähigkeit verloren,
- der Arbeitnehmer erfüllt nicht die durch die einschlägigen Rechtsvorschriften festgesetzten Voraussetzungen für die Ausübung der vereinbarten Art der Arbeit oder der Arbeitnehmer erfüllt ohne Verschulden des Arbeitgebers die Voraussetzung für die ordnungsgemäßen Ausübung der Arbeit nicht; besteht die Nichterfüllung dieser Voraussetzungen in den unbefriedigenden Arbeitsergebnissen, ist es nur dann möglich die Kündigung zu erteilen, wenn der Arbeitnehmer während der letzten 12 Monate zur Beseitigung der Mängel schriftlich aufgefordert wurde und wenn er sie während einer angemessenen Frist nicht beseitigt hat,
- wenn Gründe bestehen, für die der Arbeitgeber den Arbeitsvertrag außerordentlich kündigen könnte, wegen schwerwiegender Verletzung der Pflichten, welche sich aus den arbeitsrechtlichen Vorschriften ergeben und welche sich auf die ausgeübte Arbeit beziehen oder wegen ständiger wenig schwerwiegender Verletzung der genannten Vorschriften. Bei diesen Gründen kann die Kündigung erteilt werden, wenn der Arbeitnehmer in den letzten sechs Monaten schriftlich auf die Möglichkeit der Kündigung aufmerksam gemacht wurde,
- der Arbeitnehmer verletzt besonders grob die Pflicht zur Einhaltung der Pflichten bei der Arbeitsunfähigkeit, dh er befindet sich nicht zu Hause (zB während der Krankheit) oder hält die Zeit und den Umfang der erlaubten Spaziergänge nicht ein.

Die genannten Beendigungsgründe gelten für die verfügungsberechtigte Person, dh entweder für den Schuldner oder für den Insolvenzverwalter.

452 **b) Abfindung.** Dem Arbeitnehmer, dessen Arbeitsverhältnis aus dem Grund gem. lit. (a)–(c) aufgrund der Kündigung oder der Vereinbarung beendet wird, steht eine Abfindung gem. § 67 AGB zu. Die **Höhe** unterscheidet sich nach der Länge der Dauer des Arbeitsverhältnisses. Diese ist wie folgt:

- einen Durchschnittslohn, wenn das Arbeitsverhältnis kürzer als ein Jahr gedauert hat,
- zwei Durchschnittslöhne, wenn das Arbeitsverhältnis mindestens ein Jahr aber weniger als 2 Jahre gedauert hat,
- drei Durchschnittslöhne, wenn das Arbeitsverhältnis mindestens zwei Jahre gedauert hat.

Bei der Lösung des Vermögensverfalls durch den **Konkurs**, gilt eine **Sondervorschrift**, wenn die Fortführung des Betriebes eingestellt wird. Nach § 261 Abs. 2 lit. b IG endet die Fortführung mit dem Tag, an dem das Insolvenzgericht auf Antrag des Insolvenzverwalters nach der Stellungnahme des Gläubigerorgans so entscheidet. Gegen diese Entscheidung ist kein Rechtsmittel zulässig. Diese Entscheidung ist eine Voraussetzung für die Kündigung gem. lit. a Störung des Arbeitgebers (Hásova, Insolvenční zákon, 2. Aufl., 895 ff.). 453

Bei der **Reorganisation** richten sich die Maßnahmen nach dem Reorganisationsplan, wobei die allgemeinen arbeitsrechtlichen Regeln eingehalten werden müssen. 454

c) Massenentlastung. Wegen des Schutzes der Arbeitnehmer wurden eine Reihe von **Informationspflichten** des Arbeitgebers gem. §§ 62 ff. AGB eingeführt. Die Nichteinhaltung der Informationspflichten kann zur Auferlegung von Geldstrafen oder zur Verlängerung der Kündigungsfristen der einzelnen Arbeitnehmer führen. 455

Eine **Massenentlastung** liegt vor, wenn im Zeitraum von 30 Kalendertagen die Kündigungen aus den drei erstgenannten Gründen – (→ Rn. 451 – erste drei Aufzählungspunkte) – erteilt werden und wenn einer gewissen, unten aufgeführten Anzahl von Arbeitnehmern gekündigt wird: 456
- zehn Arbeitnehmer bei dem Arbeitgeber, welcher insgesamt 20–100 Arbeitnehmer anstellt,
- 10 % der Arbeitnehmer bei dem Arbeitgeber, welcher insgesamt zwischen 101–300 Arbeitnehmer beschäftigt,
- 30 Arbeitnehmer bei dem Arbeitgeber, der mehr als 300 Arbeitnehmer anstellt.

- Werden Kündigungen mindestens fünf Arbeitnehmern erteilt, werden in die Anzahl der oben genannten Arbeitnehmer auch die Arbeitnehmer eingerechnet, mit welchen der Arbeitgeber aus dem gleichen Grund das Arbeitsverhältnis aufgrund der Vereinbarung beendet hat. 457
- Vor der Erteilung der Kündigung an die einzelnen Arbeitnehmer muss der Arbeitgeber spätestens 30 Tage vorher die Gewerkschaft oder den Arbeitsrat über sein Vorhaben informieren. Ferner wird er über folgende Tatsachen informieren: 458
- über die Gründe der Massenentlastung,
- über die Anzahl und die Zusammensetzung der Arbeitnehmer, welche gekündigt werden sollen,
- über die Anzahl und über die Berufszusammensetzung aller Arbeitnehmer, welche bei dem Arbeitgeber angestellt sind,
- über den Zeitraum der Massenentlastung,
- über die Gesichtspunkte für die Wahl der zu kündigenden Arbeitnehmer,
- über die Abfindung und über andere Rechte der gekündigten Arbeitnehmer.

Mit der Gewerkschaft wird der Arbeitgeber die Minderung der Folgen verhandeln.

Der Arbeitgeber wird gleichzeitig das Arbeitsamt, welches nach Ort der Tätigkeit des Arbeitgebers zuständig ist, über die gleichen Informationen schriftlich informieren. Eine schriftliche Ausfertigung der Information wird der Gewerkschaft und der Rat der Arbeitnehmer zustellen. 459

Ferner wird der Arbeitgeber dem Arbeitsamt seinen Bericht über seine Entscheidung über die Massenentlastung und über die Ergebnisse der Verhandlungen mit der Gewerkschaft und mit dem Rat der Arbeitnehmer gem. § 62 Abs. 5 AGB zustellen. Eine schriftliche Ausfertigung der Information ist der Gewerkschaft und dem Rat der Arbeitnehmer zuzustellen. Eine Erleichterung gilt für den Arbeitgeber, bei dem die Entscheidung über den Vermögensverfall erlassen wurde. Dieser muss den Bericht nur auf Aufforderung zustellen. Ist im Unternehmen des Arbeitgebers keine Gewerkschaft oder Arbeitnehmerrat vorhanden, wird der Arbeitgeber die einzelnen betroffenen Arbeitnehmer hierüber informieren. 460

Das Arbeitsverhältnis des Arbeitnehmers, welcher im Rahmen der Massenentlastung gekündigt werden soll, endet frühestens 30 Tage nach der Zustellung des Berichtes gem. § 62 Abs. 5 AGB, es sei denn, die Entscheidung über den Vermögensverfall wurde erlassen. 461

d) Beendigung des Arbeitsverhältnisses durch den Arbeitnehmer. Der Arbeitnehmer kann das Arbeitsverhältnis aus einem ihm freistehenden Grund oder auch grundlos kündigen. 462

Aus der insolvenzrechtlichen Sicht ist die Vorschrift von § 56 AGB relevant, nach welcher der Arbeitnehmer das Arbeitsverhältnis sofort auflösen kann, wenn ihm der Lohn, das Gehalt, deren Ersatz oder ggf. ein Teil dessen, bis zu 15 Tage nach der Fälligkeit nicht ausbezahlt wurde. Die Fälligkeit ist in § 141 AGB geregelt, nach dem der Lohn spätestens am Ende des folgenden Monats fällig ist, für welchen der **Lohnanspruch** entstanden ist. Im konkreten Fall muss beurteilt werden, ob der Arbeitgeber mit dem Arbeitnehmer eine abweichende Regelung im Arbeitsvertrag getrof- 463

Internationales Insolvenzrecht – Tschechische Republik

fen haben. Dabei sind der Begriff der Fälligkeit und der Termin der Lohnauszahlung zu unterscheiden (Oberster Gerichtshof 31.8.2012 – 21 Cdo 2565/2011).

464 Dem Arbeitnehmer steht der Ersatz des Lohnes bei der sofortigen Auflösung des Arbeitsverhältnisses in der Höhe zu, welche dem Durchschnittslohn für die Kündigungsfrist gem. § 56 Abs. 2 AGB entspricht.

465 **e) Insolvenzgeld.** Die Arbeitnehmer werden vor der Zahlungsunfähigkeit der Arbeitgeber mit dem Gesetz Nr. 118/2000 Slg. über den Schutz der Arbeitnehmer bei der Zahlungsunfähigkeit des Arbeitgebers, in der letzten Fassung (nachstehend nur „SAZ" genannt), geschützt. Der Arbeitnehmer kann vom **Arbeitsamt** verlangen, dass ihm seine fälligen arbeitsrechtlichen Forderungen bezahlt werden.

466 Sobald das Arbeitsamt der Tschechischen Republik gem. § 4 Abs. 4 SAZ Kenntnis davon erhält, dass der Arbeitgeber zahlungsunfähig ist, wird es auf der Amtstafel Informationen aushängen, sodass die Arbeitnehmer die Befriedigung der nichtbezahlten Lohnansprüche verlangen können. Als zahlungsunfähig wird der Arbeitgeber gem. § 3 lit. c des Gesetzes einen Tag nach Erklärung des Moratoriums oder der Insolvenzantragstellung angesehen oder sobald von einem übernationalen Arbeitgeber bei dem zuständigen Organ darüber entschieden wurde. Die Arbeitnehmer dürfen die Lohnansprüche während der Frist von fünf Monaten und 15 Tagen nach der Aushängung der Information auf der Amtstafel gem. § 4 Abs. 5 des Gesetzes geltend machen.

467 Von dem Arbeitsamt werden nur die Ansprüche befriedigt, die in den relevanten Zeitraum fallen. In dem Zeitraum sind die Ansprüche für den Kalendermonat eingeschlossen, in welchem das Moratorium erklärt oder der Insolvenzantrag gestellt wurde, sowie jeweils auch drei Monate vor und nach diesem Monat. Der Antrag für weitere Lohnansprüche kann beim gleichen Arbeitgeber erst nach Ablauf von zwölf Monaten nach dem zuletzt befriedigten Kalendermonat wiederholt werden. Praktisch bedeutet dies, dass bei einem Insolvenzverfahren nur einmal der Antrag gestellt werden kann.

468 Der Arbeitnehmer kann gem. § 5 SAZ nur drei Monatsansprüche geltend machen. Der auszubezahlende Betrag ist durch einen Höchstbetrag zu begrenzen, welcher jährlich von dem Ministerium für Arbeit und Soziales aktualisiert wird. Der auszuzahlende Betrag setzt sich aus anderthalb Jahresbeträgen zusammen. Zurzeit ist der Betrag durch die Mitteilung Nr. 53/2018 Slg. bis zum 30.4.2019 auf 44.256 CZK (ca. 1.700 EUR) für einen Kalendermonat festgesetzt.

2. Kollektives Arbeitsrecht

469 Das kollektive Arbeitsrecht weist keine direkte Besonderheit im Hinblick auf das Insolvenzrecht auf, es sei denn, es ergibt sich etwas anderes aus den relevanten Verträgen.

VIII. Insolvenzmasse

1. Umfang des Insolvenzbeschlages

470 Der Umfang der Vermögensmasse ist in §§ 205 ff. IG definiert. Die Vermögensmasse entsteht abhängig von der Person des Antragstellers. Ist der Antragsteller der **Schuldner**, entsteht die Vermögensmasse in dem Augenblick, in dem die Wirkungen des Insolvenzverfahrens eingetreten sind, dh grundsätzlich mit der Veröffentlichung der Verkündung über die Einleitung des Insolvenzverfahrens im Insolvenzregister. Ist der Antragsteller der **Gläubiger**, entsteht die Vermögensmasse in dem Augenblick, in dem entweder die Wirkungen einer einstweiligen Verfügung eintreten, welche die Verfügungsbefugnisse des Schuldners einschränkt, oder wenn die Entscheidung über den Vermögensverfall erlassen wird.

471 In die **Vermögensmasse** gehören alle Vermögensgegenstände zum Zeitpunkt der Entstehung der Insolvenzmasse und alle, die der Schuldner während des Insolvenzverfahrens gewonnen hat. Wenn der Schuldner ein Miteigentümer ist, gehört in die Vermögensmasse sein Eigentumsanteil. In die Vermögensmasse gehören auch Vermögensgegenstände, die sich in der Errungenschaftsgemeinschaft des Schuldners mit dem Ehegatten/der Ehegattin befinden. Die Vermögensgegenstände anderer Personen gehören nur dann in die Vermögensmasse, wenn dies das IG vorschreibt, dh insbesondere bei den unwirksamen Rechtsgeschäften.

472 In die Vermögensmasse gehören nach § 206 IG folgende **Vermögensgegenstände**:
- Finanzmittel,
- Bewegliche und unbewegliche Sachen,
- Unternehmen,
- Gesamtheit von Sachen und Gesamtsache (universitas rerum),

Internationales Insolvenzrecht – Tschechische Republik

- Einlagebücher, Sparbriefe und andere Einlagenformen,
- Wertpapiere wie zB Aktien, Wechsel,
- Geschäftsanteile,
- Forderungen,
- Lohn oder ähnliche Leistungen,
- andere Rechte oder Vermögenswerte, welche einen ermittelbaren Wert haben.

Aus diesen Vermögensgegenständen sind gewisse Posten ausgeschlossen. Es handelt sich gem. **473** § 208 IG vor allem um das Vermögen, welches nach den Rechtsvorschriften auf bestimmte Art und Weise genutzt werden soll, zB Dotationen aus dem Staatsbudget, Nationalfonds, Reserven, welche einen gesetzlich festgesetzten Zweck haben, treuhänderisch verwaltetes Vermögen der Tschechischen Nationalbank (ČNB), Ware, welche vom Zollamt zur zeitlich begrenzten Nutzung freigegeben wurde und Staatsvermögen. Ferner gehören in die Vermögensmasse die Abzüge (Lohnpfändung) gem. § 207 IG. Die Abzüge muss der Arbeitgeber berechnen und dem Insolvenzverwalter auszahlen.

Sofern der Arbeitgeber diese Pflicht verletzt und der Schuldner die Mittel an die Masse nicht **474** auszahlt, muss er die Abzüge dem Insolvenzverwalter nochmals zahlen, außer er kann im Rahmen des Konkurses gem. § 249 IG nachweisen, dass er keine Möglichkeit über das Wissen vom Konkurs hatte oder dass aus den Umständen deutlich war, dass der Schuldner die Mittel in die Masse auszahlt. Die Rechtsprechung zu dieser Problematik ist sehr streng und bestätigt die Pflicht der Arbeitgeber zur wiederholten Zahlung (Oberster Gerichtshof 20.1.2011 – 21 Cdo 726/2010. Diese Entscheidung wurde nach dem GKA erlassen, aber die Schlussfolgerung ist grundsätzlich kompatibel mit IG). Die Arbeitgeber müssen daher sorgfältig das Insolvenzregister prüfen, um zu wissen, ob sie dem Arbeitgeber den vollständigen Lohn auszahlen dürfen.

Der Umfang der Abzüge bei der Lohnpfändung gleicht der Vollstreckung der vorrangigen **475** Forderungen. Die Vorgehensweise der Berechnung der Abzüge richtet sich nach § 279 ZPO. Grundlage für die Berechnung der Abzüge ist der Nettolohn. Aus dem Nettolohn wird der nichtpfändbare Betrag abgerechnet.

Der **nichtpfändbare Betrag** setzt sich aus zwei Elementen zusammen. **476**

Das Existenzminimum in Höhe von 3.410 CZK, welches in der Verordnung Nr. 409/2011 Slg. iVm Gesetz Nr. 110/2006 Slg. festgesetzt wird.

Die Wohnkosten, welche in der Verordnung Nr. 407/2017 Slg. festgesetzt und jährlich aktualisiert werden, die zurzeit (Stand 1.6.2019) 6.428,66 CZK betragen. Für jede unterhaltsabhängige Person, einschließlich des Ehegatten/ der Ehegattin, wird ein Viertel des nichtpfändbaren Betrages berücksichtigt. Die Summe der nichtpfändbaren Beträge wird auf ganze Zahlen nach oben aufgerundet. Der Rest des Lohnes wird auf den dreiteiligen Betrag nach unten abgerundet. Zwei Drittel gehören dem Insolvenzverwalter und ein Drittel bleibt dem Schuldner. Seit dem 1.6.2019 gilt die lang erwartete gesetzliche Bestimmung von § 398b IG für die Fälle der Schuldbefreiung, wenn der Schuldner ein Unternehmer ist. Die monatlichen Zahlungen werden aufgrund von Vorschüssen aufgebaut. Diese werden nach dem letzten Besteuerungszeitraum festgelegt und nach dem Ablauf des jeweiligen Besteuerungszeitraumes wird ein eventueller Zuschuss von dem Insolvenzverwalter festgelegt.

In die Vermögensmasse gehören nicht die Sachen, welche aus der Gerichtsvollstreckung gem. **477** § 207 IG iVm § 322 ZPO ausgeschlossen sind. Es handelt sich um die Sachen, die der Schuldner unbedingt für seine materiellen Lebens- und Familienbedürfnisse oder zur Erfüllung der Arbeitsaufgaben benötigt. Ferner sind die Sachen ausgeschlossen, deren Verwertung im Widerspruch mit den guten Sitten wäre.

In der genannten Vorschrift sind folgende Beispiele genannt: **478**
- gewöhnliche Kleidung einschließlich der Wäsche und der Schuhe,
- gewöhnliche Ausstattung des Haushalts insbesondere Bett, Tisch, Stuhl, Küchenblock, Küchengerät, Geschirr, Kühlschrank, Herd, Wärmer, Waschmaschine, Heizkörper, Brennstoff, Bettdecke und Bettwäsche, sofern der Wert der jeweiligen Sache offensichtlich nicht den gewöhnlichen Wert der Ausstattung übersteigt,
- Studienliteratur sowie religiöse Literatur, Schulbedarf und Kinderspielzeuge,
- Eheringe, Schriftstücke persönlicher Natur, Bilder, Bild- und Schallaufnahmen, welche den Schuldner oder Mitglieder seiner Familie betreffen, und auch die Datenträger solcher Daten, sofern diese nicht transferiert werden können, und andere Gegenstände ähnlicher Natur,
- gesundheitliche und andere Gegenstände, welche der Schuldner oder seine Familienmitglieder mit Rücksicht auf eigene Krankheit oder körperliche Behinderung benötigt,
- Barmittel bis zum Doppelten des Lebensminimums gem. Gesetz Nr. 110/2006 Slg.,
- Haustiere.

Internationales Insolvenzrecht – Tschechische Republik

479 Der Schuldner kann unter bestimmten Bedingungen beantragen, dass gewisse Vermögensgegenstände aus der Vermögensmasse ausgeschlossen werden (ausführlicher dazu → Rn. 146).

480 Die in die Vermögensmasse gehörenden Vermögensgegenstände werden in das **Vermögensverzeichnis** aufgenommen. Das Vermögensverzeichnis wird nach den Anweisungen des Insolvenzgerichtes und mit Mitwirkung des Gläubigerorgans von dem Insolvenzverwalter gem. § 217 IG geführt. Sobald der jeweilige Vermögensgegenstand in das Vermögensverzeichnis aufgenommen wird, kann über diesen nur die verfügungsberechtigte Person nach dem IG verfügen.

481 Solange ein Vermögensgegenstand in das Vermögensverzeichnis aufgenommen ist und zu diesem Vermögensgegenstand ein Dritter ein Recht geltend macht, wird der Insolvenzverwalter diese Person über die Aufnahme in das Vermögensverzeichnis schriftlich gem. § 224 IG benachrichtigen und prozessual belehren. Die betroffene Person kann gegen die Aufnahme in das Vermögensverzeichnis seitens des Insolvenzverwalters eine **Ausschlussklage** gem. § 225 IG erheben. Diese Klage muss innerhalb von 30 Tagen nach der Zustellung der Benachrichtigung bei dem Insolvenzgericht erhoben werden. Die Klage muss während der Frist bei dem Insolvenzgericht eingereicht werden (keine prozessuale Frist). Ab der Benachrichtigung bis zur rechtskräftigen Entscheidung des Insolvenzgerichtes über die Klage, kann der betroffene Vermögensgegenstand nicht verwertet werden. Eine Ausnahme davon ist die Vermeidung von Schäden oder die Zustimmung des Klägers.

2. Bevorzugte Gläubiger

482 Die Gläubiger mit der prozessualen Position, dank welcher sie vorrangiges Recht auf Befriedigung aus dem Insolvenzverfahren haben, sind **Gläubiger mit den Masseforderungen** oder mit den den Masseforderungen gleichgestellten Forderungen. Diese Forderungen können grundsätzlich jederzeit während des Insolvenzverfahrens befriedigt werden. Dies gilt nur unter der Voraussetzung, dass es ausreichende Mittel zur Befriedigung aller solcher Forderung gibt.

483 Ferner gibt es nach dem tschechischen IG eine wichtige Gruppe von gesicherten Gläubigern. Die gesicherten Gläubiger haben das Recht auf die Befriedigung der Forderung aus den verwerteten Vermögensgegenständen (→ Rn. 485).

484 Als gesicherter Gläubiger gilt derjenige Gläubiger, dessen Forderung durch einen Vermögensgegenstand aus der Vermögensmasse gesichert ist. Das **Sicherungsrecht** wird dabei gem. § 2 lit. g IG taxativ definiert, und zwar als Pfandrecht, Zurückbehaltungsrecht, Sicherungsübertragung eines Rechtes, Sicherungsabtretung einer Forderung, Einschränkung der Übertragung der Liegenschaften und ähnliche Rechte nach den ausländischen Rechtsordnungen, sofern diese Rechte an einem Vermögensgegenstand, welcher in die Vermögensmasse gehört, haften. Der gesicherte Gläubiger ist nach dem Gesetz über die Schuldbriefe auch der Agent für die Sicherheiten. Für die Reihenfolge der Befriedigung der gesicherten Gläubiger ist gem. § 167 Abs. 1 S. 2 IG der Zeitpunkt der Entstehung des Pfandrechts oder der Sicherung maßgebend (Prioritätsprinzip).

3. Verwertung der Insolvenzmasse (einschließlich Sicherheiten)

485 Die Gläubiger nehmen an der **Verwertung der Vermögensgegenstände** aus der Vermögensmasse teil. Der Umfang der Teilnahme ist von der Position des Gläubigers abhängig.

486 **a) Gesicherte Gläubiger.** Sobald ein Gläubiger ein **Sicherungsrecht** geltend macht, ist er als gesicherter Gläubiger anzusehen. Der gesicherte Gläubiger kann die Weisungen zur Verwaltung und zur Verwertung des Sicherungsgegenstandes gem. §§ 293 und 230 IG erteilen. Der gesicherte Gläubiger wird nämlich ökonomisch als Eigentümer des Sicherungsgegenstandes und bei mehreren gesicherten Gläubigern als Miteigentümer angesehen. Bei mehreren gesicherten Gläubigern zu einem Sicherungsgegenstand erteilt der erstrangige Gläubiger die Weisungen. Der erstrangige Gläubiger muss bei der Existenz anderer, durch den gleichen Sicherungsgegenstand gesicherten, Gläubiger die Zustimmung dieser gem. § 230 Abs. 4 IG vorlegen.

487 Sofern das Gutachten zur Ermittlung des Schätzwertes des **Sicherungsgegenstandes** im Insolvenzverfahren bereits erstellt wurde, schließt der **Schätzwert** gem. § 167 IG den Umfang der gesicherten Gläubiger. Als gesicherter Gläubiger gilt dann derjenige Gläubiger, welcher erstrangig ist. Für die weiteren Gläubiger ist maßgeblich, ob der Schätzwert durch die Höhe der Forderung des erstrangig gesicherten Gläubigers erschöpft ist. Ist der Schätzwert nicht erschöpft, sind weitere Gläubiger mit schlechterem Rang an der Reihe, bis der Schätzwert erschöpft wird. Nur Gläubiger, bei denen die Höhe der Forderungen durch den Schätzwert gedeckt wird, gelten als gesichert.

488 Wird die Zustimmung der anderen gesicherten Gläubiger nicht vorgelegt, wird die Person mit der Verfügungsbefugnis das Insolvenzgericht unverzüglich informieren. Das Insolvenzgericht wird innerhalb von 30 Tagen eine **mündliche Verhandlung** anordnen, in welcher es über die etwaige Genehmigung der Weisung des erstrangigen Gläubigers entscheidet. Die **Einwendungen** gegen

Internationales Insolvenzrecht – Tschechische Republik

die Weisung des erstrangigen Gläubigers müssen innerhalb von sieben Tagen nach der Veröffentlichung der Weisungen im Insolvenzregister schriftlich geltend gemacht werden. Verspätete Einwendungen werden nicht berücksichtigt. Gegen die Entscheidung des Insolvenzgerichtes ist keine Berufung zulässig.

In diesem Zusammenhang ist zu ergänzen, dass die Rechtsprechung sich noch nicht ausdrücklich zu der Frage geäußert hat, ob der gesicherte Gläubiger, dessen Sicherungsrecht bestritten wurde, als gesicherter Gläubiger im Insolvenzverfahren auftreten kann. Die Vertreter der Gerichte haben sich auf den fachlichen Seminaren so geäußert, dass auch Gläubiger mit bestrittenem Sicherungsrecht Anweisungen zur Verwaltung und zur Verwertung erteilen können. 489

Bei der **Verwertung** ist der gesicherte Gläubiger an die gem. § 286 IG festgesetzten Varianten der Verwertung gebunden. Es handelt sich um folgende Varianten der Verwertung: 490
- in öffentlichen Versteigerungen,
- in der Versteigerung gemäß der ZPO,
- in der Versteigerung bei dem (privaten) Gerichtsvollzieher und
- der freihändige Verkauf.

Die Weisung kann die Bedingungen der Verwertung präzisieren. Der Insolvenzverwalter kann die Weisung gem. § 293 IG nur dann ablehnen, wenn er diese dem Insolvenzgericht zur Überprüfung vorlegt. 491

Wegen des Schutzes vor passiv gesicherten Gläubigern wurde die Regel eingeführt, dass der gesicherte Gläubiger das Recht verliert, Weisungen zu erteilen, sofern dieser die Weisung während der von dem Insolvenzgericht dafür bestimmten Frist nicht erteilt. Dann wird der gesicherte Gläubiger im weiteren Rang mit der Weisung fortsetzen. Gibt es keinen weiteren gesicherten Gläubiger, so gelten die Regeln für die Verwertung ohne gesicherte Gläubiger. 492

Die gesicherten Gläubiger haben gem. § 298 IG Anspruch darauf, dass ihre **Forderungen** aus dem Verwertungserlös des Sicherungsgegenstands **vorrangig** befriedigt werden. Aus dem Verwertungserlös dürfen nur das Honorar des Insolvenzverwalters, die mit der Verwertung verbundenen Kosten bis zu 5 % und die mit der Verwaltung des Sicherungsgegenstandes verbundenen Kosten bis zu 4 % abgezogen werden. Der gesicherte Gläubiger oder das Insolvenzgericht kann den Abzug höherer Beträge erlauben. 493

Gegen den **Antrag auf die Herausgabe des gesicherten Verwertungserlöses** können der Schuldner und die Gläubiger Einwendungen erheben. Diese müssen innerhalb der siebentägigen Frist nach Veröffentlichung des Antrages im Insolvenzregister gestellt werden. Verspätete Einwendungen werden nicht berücksichtigt. Werden Einwendungen erhoben, wird das Insolvenzgericht eine mündliche Verhandlung anordnen, in welcher es über den Antrag entscheidet. Gegen die Entscheidung des Insolvenzgerichtes sind Rechtsmittel zulässig, wobei der Insolvenzverwalter, der Schuldner, der betroffene gesicherte Gläubiger und der Gläubiger, welcher die Einwendungen gestellt hat, berechtigt sind, Rechtsmittel einzulegen. 494

Mit der am 1.12.2017 in Kraft getretenen Novelle wurde für die Verwertung von Wohnungen in Häusern eingeführt, dass die Forderungen der Verwaltung des Hauses vorrangig mit bis zu 10 % des Verwertungserlöses vor den gesicherten Gläubigern befriedigt werden. Es handelt sich um eine relativ neue Regelung, welche viele Fragen aufwirft, aber nur wenige Antworten gibt. Mit der Novelle wurde der Gesetzestext seit dem 1.6.2019 präzisiert, dass durch diese Regelung die angemeldeten Forderungen befriedigt werden und dass die Basis für die Kalkulierung des 10%-Satzes der Nettobetrag (nach Abzug der Kosten und des Honorars des Insolvenzverwalters) ist. 495

b) Ungesicherte Gläubiger. Die einzelnen ungesicherten Gläubiger nehmen an der Verwertung nur mittels des Gläubigerorgans teil. Das Gläubigerorgan ist der wichtigste Partner im Insolvenzverfahren (→ Rn. 317 ff.). Das **Gläubigerorgan** erteilt seine Zustimmung zu der Art der Verwertung der Vermögensgegenstände, zu welchen kein Sicherungsrecht geltend gemacht wurde. 496

Dabei kommen folgende **Varianten der Verwertung** in Betracht: 497
- in der öffentlichen Versteigerung (§ 287 IG): Der Versteigerer wird die Versteigerung nach dem Gesetz Nr. 26/2000 Slg., über öffentliche Versteigerungen, in der letzten Fassung, auf Antrag des Insolvenzverwalters veranstalten. Zu der Wirksamkeit des Vertrages über die Versteigerung ist die Zustimmung des Gläubigerorgans erforderlich.
- in der Versteigerung gem. ZPO (§ 288 IG): Das zuständige Gericht wird die Versteigerung nach dem ZPO auf Antrag des Insolvenzverwalters anordnen, wobei der Insolvenzverwalter der einzige Verfahrensbeteiligte ist. Zu dem Antrag muss die Zustimmung des Gläubigerorganes vorgelegt werden. Ferner auch die Entscheidung über den Konkurs und das mit der Bestätigung des Insolvenzgerichtes versehene Vermögensverzeichnis.
- in der Versteigerung bei dem (privaten) Gerichtsvollzieher (§ 289a IG): Der Gerichtsvollzieher wird die Versteigerung nach dem Gesetz Nr. 120/2001 Slg., über die Exekutionsordnung, in

Voda

Internationales Insolvenzrecht – Tschechische Republik

der letzten Fassung, auf Antrag des Insolvenzverwalters veranstalten. Für die Wirksamkeit des Vertrages über die Versteigerung ist die Zustimmung des Gläubigerorgans erforderlich.
- der freihändige Verkauf (§ 289 IG): Zu dem freihändigen Verkauf ist die Zustimmung des Insolvenzgerichtes und des Gläubigerorgans erforderlich. Ohne die Zustimmungen gewinnt der Vertrag über den Verkauf nicht die Wirksamkeit.

498 Die **Zustimmung** von beiden Organen ist nicht erforderlich, wenn es um den Verkauf von durch den Verderb oder Abwertung gefährdeten Vermögensgegenständen sowie um den Verkauf gewöhnlicher Sachen zur Fortführung des Unternehmens geht. Die Gültigkeit der Verträge, durch welche es zur Verwertung gekommen ist, kann während der Frist von drei Monaten nach der Veröffentlichung der jeweiligen Vertrages im Insolvenzregister eingetragen werden. Diese Frist gilt nicht, wenn der Erwerber nicht im guten Glauben war.

499 Ein Sonderfall des freihändigen Verkaufes ist der Verkauf des Unternehmens gem. § 290 und § 291 IG. Bei dieser Verwertung erwirbt der Erwerber alle Rechte und Pflichten einschließlich der arbeitsrechtlichen Rechte und Pflichten. Aus dem Erwerb sind jedoch die Forderungen gegenüber dem Schuldner ausgeschlossen, welche bis zu der Wirksamkeit des Vertrages entstanden sind.

IX. Von Dritten gestellte Sicherheiten

500 Die von Dritten gestellten Sicherheiten werden nicht in die Vermögensmasse aufgenommen. Das Recht der Gläubiger auf die Befriedigung aus diesen Sicherheiten bleibt unberührt, erfolgt aber außerhalb des Insolvenzverfahrens.

X. Haftungsansprüche

1. Gesamthaftungsansprüche

501 Das tschechische Insolvenzrecht kennt nicht die Vorschrift von § 93 InsO des deutschen Rechts, nach welcher die persönliche Haftung eines Gesellschafters einer Gesellschaft ohne Rechtspersönlichkeit oder einer Kommanditgesellschaft auf Aktien für die Verbindlichkeiten der Gesellschaft während der Dauer des Insolvenzverfahrens nur vom Insolvenzverwalter geltend gemacht werden. Daher können die **persönlichen Haftansprüche** jeder Gläubiger geltend machen.

502 Es ist anzumerken, dass die offene Handelsgesellschaft („veřejná obchodní společnost" mit der Abkürzung „veř. obch. spol." oder „v. o. s.") über eine Rechtspersönlichkeit verfügt. Die Gesellschafter haften als Bürgen nach § 95 des Gesetzes Nr. 90/2012 Slg., Gesetz über die Handelskorporationen, in der letzten Fassung.

2. Kapitalaufbringung und Kapitalerhaltung

503 Die Kodifikation des Zivilrechts hat seit dem 1.1.2014 den Grundsatz der Kapitalaufbringung wesentlich geändert. Das Gesetz Nr. 90/2012 Slg., Gesetz über die Handelskorporationen, in der letzten Fassung (nachstehend nur „**GHK**" genannt) nimmt nach der Inspiration von anderen Ländern das Konzept der minimalen Stammkapitals auf. Das Gesetz über die Handelskorporationen bestimmt die Mindesthöhe des Stammkapitals für die Gesellschaft mit beschränkter Haftung – společnost s ručením omezeným (s.r.o.) – mit einem Betrag von 1 CZK und für die Aktiengesellschaft – akciová společnost (a.s.) – mit einem Betrag von 2.000.000 CZK oder 80.000 EUR. Bei anderen Typen der Gesellschaften wird keine Mindesthöhe des Stammkapitals vorgeschrieben.

504 Der **Grundsatz der Kapitalerhaltung** ist in § 182 GHK verankert, in dem der Geschäftsführer der Gesellschaft mit beschränkter Haftung die Gesellschafterversammlung einberufen soll, wenn der Gesellschaft Vermögensverfall droht. Der Geschäftsführer wird die Auflösung der Gesellschaft oder eine andere geeignete Maßnahme vorschlagen. Bei der Aktiengesellschaft wird der Grundsatz der Kapitalerhaltung in § 403 Abs. 3 GHK eingeführt. Nach dieser Vorschrift wird der Vorstand die Generalversammlung unverzüglich einberufen, wenn der Gesamtverlust der Gesellschaft nach dem Bücherabschluss die Höhe erreicht hat, dass es bei der Bezahlung des Verlustes aus den verfügbaren Quellen der Gesellschaft der nichtbezahlte Verlust die Hälfte des Stammkapitals erreicht. Die Generalversammlung muss von dem Vorstand einberufen werden, wenn ein anderer ernster Grund besteht. Die Rechtslehre zählt zu den ernsten Gründen auch den drohenden Vermögensverfall (Štenglová/Havel/Cileček/Kuhn/Šuk, Zákon o obchodních korporacích, 5. Aufl. 2013, § 403 Rn. 5). Der Vorstand wird die Auflösung der Gesellschaft oder eine andere geeignete Maßnahme vorschlagen.

3. Haftung von Geschäftsführern und Vorständen

a) Insolvenzverschleppung. Bei juristischen Personen und natürlichen Personen, welche als 505 Unternehmer auftreten, besteht eine **Verpflichtung zur Stellung des Insolvenzantrags**. Dieser muss gem. § 98 Abs. 1 IG unverzüglich nach der Kenntnisnahme des Zustandes des Vermögensverfalls bzw. ab dem Zeitpunkt, ab dem dieser Zustand hätte erkannt werden können, bei Gericht eingereicht werden. Ferner besteht die Pflicht in dem Fall, dass die Zwangsvollstreckung, welche gegen das Unternehmen des Schuldners geführt wurde, deshalb beendet wurde, dass der Wert des Vermögens niedriger ist als die Summe der Schulden. Diese Pflicht gilt als nicht erfüllt, sofern das Insolvenzverfahren durch Verschulden des Antragstellers eingestellt oder der Insolvenzantrag abgelehnt wurde.

Diese Pflicht haben das **Statutarorgan**, die **gesetzlichen Vertreter** und auch der **Liquidator** 506 **des Schuldners,** welcher sich in der Liquidation befindet. Gibt es in dieser Position mehrere Personen, welche einzelvertretungsberechtigt sind, hat diese Pflicht jede dieser Personen. Bei der Verletzung dieser Pflicht haftet die jeweilige Person für den Schaden oder für den Nachteil gem. § 99 IG, welcher durch die Pflichtverletzung entstanden ist. Der Schaden oder der Nachteil besteht in dem Unterschied der Höhe der in dem Insolvenzverfahren festgestellten Forderung (die Forderung muss in das Insolvenzverfahren rechtzeitig angemeldet werden – s. Oberster Gerichtshof 17.12.2015 – 29 Cdo 4269/2014) und dem Betrag, welcher der Gläubiger in dem Insolvenzverfahren erhalten hat. Entsteht die Forderung eines Gläubigers im Zeitraum nach der Pflichtverletzung zur Stellung des Insolvenzantrages, entspricht der Schaden der gesamten Höhe der Forderung (Oberster Gerichtshof 27.9.2007 – 29 Odo 1220/2005). Mit der Geltendmachung des Schadensersatzanspruches muss man nicht auf die Beendigung des Insolvenzverfahrens warten (Oberster Gerichtshof 11.4.2012 – 29 Cdo 4968/2009).

Aus der **Haftung** kann sich die betroffene Person befreien, wenn diese nachweist, (1) dass die 507 Pflichtverletzung keinen Einfluss auf den Umfang des Betrages hat, welcher dem Gläubiger in dem Insolvenzverfahren zusteht, oder (2) dass sie die Pflicht mit Rücksicht auf die Umstände nicht erfüllt hat, welche unabhängig von deren Willen aufgetreten sind und welche sie mit dem Einsatz jedweder Mühe, welche gerechtfertigt verlangt werden kann, nicht im Stande war, zu verhindern.

Die **Verjährung dieses Haftungsanspruches** richtet sich nach den allgemeinen zivilrechtli- 508 chen Vorschriften von § 636 des Zivilgesetzbuches (Hásova, Insolvenční zákon, 2. Aufl., 306 ff.; Oberster Gerichtshof 29.6.2016 – 29 Cdo 1212/2016) in der subjektiven Frist von drei Jahren, spätestens von zehn Jahren, bei einem absichtlich herbeigeführten Schaden von 15 Jahren.

Der betroffene Gläubiger kann gem. § 100 IG durch eine **einstweilige Verfügung** beantragen, 509 dass dem Schädiger in dem Insolvenzverfahren auferlegt wird, dass dieser in die gerichtliche Treuhand einen angemessenen Betrag zur Deckung des etwaigen Schadens einbezahlt. Der einstweiligen Verfügung kann stattgegeben werden, wenn aus dem Insolvenzverfahren offensichtlich ist, dass die betroffene Person die Pflicht zur rechtzeitigen Stellung des Insolvenzantrages verletzt hat. Die Rechtsprechung ist bei der Beurteilung des Aspektes der „Offensichtlichkeit" sehr streng (Obergericht Olomouc 27.9.2017 – 1 VSOL 854/2017).

b) Haftung für die bei der zu hoch angemeldeten Forderung drohenden Geldstrafe. 510 Wie bereits in → Rn. 193 ff. erläutert wird, droht für die unberechtigt zu hoch angemeldeten Forderungen die Auferlegung einer Geldstrafe. Für die Erfüllung der Geldstrafe haften als Bürge gem. § 181 IG diejenigen Personen, welche die Forderungsanmeldung unterzeichnet haben. Bei der Unterzeichnung durch einen Bevollmächtigten haftet diejenige Person, welche die Bevollmächtigung erteilt hat.

c) Haftung für die Pflichtverletzung während des Moratoriums. Der Schuldner haftet 511 den Gläubigern für den durch die Pflichtverletzung während des Moratoriums entstandenen Schaden gem. § 127 IG. Aus der Haftung kann sich der Schuldner befreien, wenn er nachweist, dass er die Pflicht mit Rücksicht auf die Umstände nicht erfüllt hat, welche unabhängig von dessen Willen aufgetreten sind und welche er mit dem Einsatz jedweder Mühe, welche gerechtfertigt verlangt werden kann, nicht im Stande war, zu verhindern. Für den Schaden oder für den Nachteil haften als Bürge gesamtschuldnerisch die Mitglieder des Statutarorgans.

d) Haftung für die Pflichtverletzung während der Reorganisation. Nach der Rechtskraft 512 der Entscheidung über die Genehmigung der Reorganisation werden die Einschränkungen der Verfügungsbefugnisse aus dem IG oder aus der Entscheidung des IG gem. § 330 IG beseitigt, es sei denn, das Insolvenzgericht entscheidet etwas Abweichendes.

Die Rechtsgeschäfte, welche aus der Sicht der Verfügung über die Vermögensmasse oder deren 513 Verwaltung wesentliche Bedeutung haben, tätigt der Schuldner nur mit der Zustimmung des

Internationales Insolvenzrecht – Tschechische Republik

Gläubigerorgans. Der Schuldner haftet den Gläubigern für den durch die Verletzung dieser Pflicht entstandenen Schaden. Für den Schaden oder für den Nachteil haften als Bürge gesamtschuldnerisch die Mitglieder des Statutarorgans.

514   e) **Sorgfalt des ordentlichen Kaufmannes.** Dem Gebot zur Handlung mit der Sorgfalt eines ordentlichen Kaufmannes ist gem. § 151 des Zivilgesetzbuches iVm § 52 GHK jedes Mitglied des Statutarorgans verpflichtet. Für die Verletzung dieser Pflicht haftet das Mitglied des Statutarorgans nach den allgemeinen Vorschriften der zivilrechtlichen Haftung gem. §§ 2894 ff. des Zivilgesetzbuches. Gemäß § 52 Abs. 2 GHK gilt dabei die Beweislastumkehr für die Tatsache, dass das Mitglied des Statutarorgans seine Pflichten nicht verletzt hat. Ferner ist das Mitglied des Statutarorgans bei der Verletzung dieser Pflicht gem. § 53 GHK verpflichtet, den durch die Pflichtverletzung gewonnenen Vorteil der Gesellschaft herauszugeben.

515   f) **Ausschluss aus der Funktion des Statutarorgans.** Das Mitglied des Statutarorgans kann aus der Funktion gem. §§ 63 ff. GHK für den Zeitraum von drei Jahren aufgrund der Gerichtsentscheidung ausgeschlossen werden. Die Entscheidung kann auch ohne Antrag erlassen werden. Den Antrag kann jede Person stellen, welche daran ein wichtiges Interesse hat.

516   Das Gericht entscheidet über den **Ausschluss** gem. §§ 63 ff. GHK in folgenden Fällen:
- wenn das Mitglied des Statutarorgans wiederholt oder ernsthaft die Pflichten bei der Ausübung der Funktion verletzt hat,
- wenn es über die Pflicht zur Herausgabe des Entgeltes des Statutarorgans (dazu → Rn. 520) und eventuell über die Nachfüllung von Passiva entschieden, kann auch über den Ausschluss aus der Funktion des Mitglieds des Statutarorgans entschieden werden.

517   Nach der Rechtskraft der Entscheidung über den Ausschluss erlischt die Funktion des Statutarorgans gem. § 64 GHK. Das betroffene Mitglied des Statutarorgans kann eine Ausnahme beantragen, sodass die jeweilige Person ein Mitglied des Statutarorgans bei einer anderen Gesellschaft bleiben kann. Das Gericht wird dabei die Gründe für den Ausschluss aus der Funktion für die Ausnahme berücksichtigen, wobei es nicht zur Beeinträchtigung der Interessen der Gläubiger oder der jeweiligen Gesellschaft kommen kann.

518   Bei der Verletzung des Verbotes zur Ausübung der Funktion haftet die als Mitglied des Statutarorgans handelnde Person in der Position des Bürgen für die Erfüllung aller Pflichten der Gesellschaft. Ferner kann das Gericht das Verbot um bis zu zehn Jahre verlängern.

519   g) **Herausgabe des Entgeltes des Statutarorgans und Nachfüllung der Passiva.** Hat das Statutarorgan durch die Verletzung eigener Pflichten zum Vermögensverfall beigetragen und wurde es bereits über die Art der Lösung des Vermögensverfalls entschieden, kann das Insolvenzgericht gem. § 66 GHK auf Antrag des Insolvenzverwalters Folgendes entscheiden:
- über die Pflicht zur Herausgabe des Vorteils aus dem Vertrag über die Ausübung der Funktion ggf. auch eines anderen Vorteils, welchen es von der Gesellschaft erhalten hat. Der Zeitraum, für welchen diese Pflicht auferlegt werden kann, beträgt zwei Jahre vor der Einleitung des Insolvenzverfahrens, sofern es sich um einen Gläubigerantrag handelt. Sofern die Herausgabe des Vorteils nicht möglich ist, ist ein Ersatz in Geld herauszugeben; und
- wurde über die Lösung des Vermögensverfalls durch den Konkurs entschieden, kann das Insolvenzgericht auch darüber entscheiden, dass das Mitglied des Statutarorgans in die Vermögensmasse den Unterschied zwischen dem Wert des Vermögens des Schuldners und die Höhe der Schulden zahlen muss. Bei der Festsetzung der Höhe des zu zahlenden Betrages wird das Insolvenzgericht insbesondere den Einfluss der Verletzung der Pflicht auf die Höhe der Vermögensmasse berücksichtigen.

520   Das Verfahren nach dem vorherigen Absatz ist ein Inzidenzverfahren. Den Antrag nach dem vorherigen Absatz wird der Insolvenzverwalter auch nach Entscheidung des Gläubigerausschusses stellen. Fehlen in der Vermögensmasse Finanzmittel zur Deckung der Kosten zur Stellung dieses Antrages und zur Führung dieses Verfahrens, kann der Insolvenzverwalter einen entsprechenden Vorschuss verlangen. Die Gläubiger gewinnen dann eine Masseforderung zur Rückerstattung dieses Vorschusses.

521   Das Verfahren kann gegen das ehemalige Mitglied des Statutarorgans sowie gegen eine Person, welche sich faktisch in einer ähnlichen Position wie ein Statutarorgan befunden hat, eingeleitet werden. Ist das Mitglied des Statutarorgans eine juristische Person, betrifft diese Haftung auch die natürliche Person, welche die juristische Person in der Funktion des Mitgliedes des Statutarorgans vertritt.

522   h) **Haftung für einen nicht erfolgreichen Insolvenzantrag.** Die schnelle Veröffentlichung der Insolvenzanträge im Insolvenzregister bringt eine sofortige Wirkung für das wirtschaftliche Leben des Schuldners mit sich. Auf diese Situation reagiert das IG mit der Einführung der Haftung des Antragstellers für einen nicht erfolgreichen Insolvenzantrag nach § 147 IG.

Internationales Insolvenzrecht – Tschechische Republik

Kommt es zur Einstellung des Insolvenzverfahrens oder zur Ablehnung des Insolvenzantrages 523
wegen der Schuld des Antragstellers, haftet dieser gegenüber der Person, welche durch Einleitung
des Insolvenzverfahrens und durch Maßnahmen des Insolvenzverfahrens Recht auf Schadensersatz
oder Ersatz eines anderen Nachteils hat. In Zweifelfällen wird das Verschulden des Antragstellers
zu der Ablehnung oder zur Einstellung vermutet.

Die **Haftung** gilt auch bei der Zurückweisung des Insolvenzantrages, wobei die Haftung in 524
den Fällen ausgeschlossen ist, wenn
- der Schuldner die Schulden bezahlt hat, welche den Vermögensverfall belegten,
- der Schuldner mit den Gläubigern eine andere Befriedigung der Schulden vereinbart hat,
- der Schuldner im Vermögensverfall in der Form der Überschuldung dank der widerrechtlichen Handlung eines Dritten ist und wenn die Überwindung der Überschuldung innerhalb von drei Monaten gem. § 143 Abs. 2 IG zu erwarten ist.

Sofern der Antragsteller eine juristische Person ist, haften als Bürgen gemeinschaftlich die Mitglie- 525
der des Statutarorgans, es sei denn diese weisen nach, dass sie das Insolvenzgericht unverzüglich
nach der Stellung des Insolvenzantrages darüber informiert haben, dass der Insolvenzantrag unbegründet oder dass ein weiterer Bestandteil der Voraussetzungen für die Entscheidung des Vermögensverfalls nicht erfüllt ist.

Die **Klage auf den Schadensersatzanspruch** oder auf den Ersatz eines anderen Nachteils 526
muss der Schuldner spätestens sechs Monate nach der Zustellung der Entscheidung über die
Beendigung des Verfahrens über den Antrag erheben. Andere Personen müssen die Klage innerhalb
von sechs Monaten nach der Veröffentlichung dieser Entscheidung im Insolvenzregister erheben.
Über die Klage kann man nicht vor der Rechtskraft dieser Entscheidung entscheiden. Nach dem
fruchtlosen Versäumnis dieser Frist erlischt das Recht.

Sofern es offensichtlich ist, dass ein **Schaden oder ein anderer Nachteil** durch die Einleitung 527
des Insolvenzverfahrens oder durch die Maßnahmen in dem Insolvenzverfahren entstanden ist,
kann das Insolvenzgericht durch eine einstweilige Verfügung der verpflichteten Person auferlegen,
dass diese in die Treuhand des Gerichtes einen angemessenen Betrag bezahlt. Dies kann nur
aufgrund einer berechtigten Person erfolgen, welche spätestens 30 Tage nach dem Erlass der
Entscheidung über die Einstellung des Insolvenzverfahrens, über die Ablehnung des Insolvenzantrages oder über die Entscheidung über die Zurückweisung des Insolvenzantrages den Antrag
stellt. Den Erlass dieser Entscheidung hindert nicht, dass die Bezifferung des Gesamtschadens oder
des Gesamtnachteils nicht möglich ist.

XI. Anfechtung wegen Gläubigerbenachteiligung

Das tschechische Insolvenzrecht kennt sechs Instrumente für die Wiederherstellung der Situa- 528
tion, wenn der Schuldner zuungunsten der Insolvenzgläubiger sein Vermögen transferiert hat.

1. Ungültige Rechtsgeschäfte und ungerechtfertigte Bereicherung

Der Insolvenzverwalter kann bei dem Insolvenzgericht eine Klage auf **die Feststellung der** 529
Ungültigkeit eines Rechtsgeschäftes erheben. Gleichzeitig kann er die Herausgabe des Vorteils
aus dem ungültigen Rechtsgeschäft gem. § 233 Abs. 1 IG verlangen (Oberster Gerichtshof
27.9.2017 – 29 Cdo 4349/2015). Für die wirksame Anfechtung der Ungültigkeit eines Rechtsgeschäftes muss der Insolvenzverwalter nachweisen, dass er ein sog. „**akutes Rechtsinteresse**" an
der Feststellung der Ungültigkeit hat. Ferner sind das Fälle, in denen der Insolvenzverwalter die
Wirksamkeit der Rechtsgeschäfte gegenüber den Gläubigern anfechten kann. Die Anfechtungsklage muss der Insolvenzverwalter während der präklusiven Frist von einem Jahr nach der Entscheidung über den Vermögensverfall gem. § 239 IG erheben. Das Gläubigerorgan hat das Recht,
dem Insolvenzverwalter die Erhebung der Klage aufzuerlegen. Es ist anzumerken, dass gegen die
Forderung auf die Herausgabe der Leistung aus dem angefochtenen Rechtsgeschäft die Aufrechnung gem. § 238 IG nicht erlaubt ist.

2. Rechtsgeschäfte ohne angemessene Gegenleistung

Das Rechtsgeschäft ohne angemessene Gegenleistung ist gem. § 240 IG so definiert, dass der 530
Schuldner eine Leistung ohne Gegenleistung (kostenlos) oder für eine Gegenleistung, deren Wert
wesentlich niedriger ist als der erhaltene Wert, vereinbart hat. Für diesen Tatbestand gilt die
Voraussetzung, dass das betroffene Rechtsgeschäft dann getätigt wurde, wenn der Schuldner sich
im Vermögensverfall befand oder die Tätigung des Rechtsgeschäftes zum Vermögensverfall geführt
hat. Es wird die widerlegbare Vermutung eingeführt, wonach der Schuldner im Vermögensverfall

war, wenn das Rechtsgeschäft zugunsten der nahestehenden Person (Definition → Rn. 29) oder der Person im Konzern getätigt wurde.

531 Das Rechtsgeschäft ohne angemessene Gegenleistung kann **angefochten** werden, wenn dieses im folgenden Zeitraum getätigt wurde:
- bis zu drei Jahre vor der Einleitung des Insolvenzverfahrens, sofern das Rechtsgeschäft zugunsten einer nahestehenden Person oder einer Person im Konzern getätigt wurde,
- bis zu einem Jahr vor der Einleitung des Insolvenzverfahrens in anderen Fällen.

532 In § 240 Abs. 4 IG sind vier Fälle genannt, bei denen es sich um kein Rechtsgeschäft ohne angemessene Gegenleistung handelt. Diese sind folgende:
- die in einem Gesetz festgelegte Leistung,
- gelegentliche Spende in angemessener Höhe,
- Leistung, durch welche der Anständigkeit nachgekommen wurde, oder
- es handelt sich um ein Rechtsgeschäft, von dem der Schuldner mit Rücksicht auf alle Umstände begründeterweise vorausgesetzt hat, dass er von diesem einen angemessenen Vorteil haben wird, und zwar unter der Voraussetzung, dass (i) das Rechtsgeschäft gegenüber keiner nahestehenden Person oder keiner Person im Konzern getätigt wurde und (ii) die Person, zu deren Vorteil das Rechtsgeschäft getätigt wurde, auch bei der Einhaltung der erforderlichen Sorgfalt nicht erkennen konnte, dass der Schuldner sich im Vermögensverfall befindet oder das gegenständliche Rechtsgeschäft zum Vermögensverfall des Schuldners führte.

3. Begünstigende Rechtsgeschäfte

533 Das begünstigende Rechtsgeschäft ist gem. § 241 IG so definiert, dass ein Gläubiger zuungunsten der anderen Gläubiger eine **höhere Befriedigung** bekommt, als er dies im Konkurs getan hätte. Für diesen Tatbestand gilt die Voraussetzung, dass das betroffene Rechtsgeschäft dann getätigt wurde, als der Schuldner sich im Vermögensverfall befand oder die Tätigung des Rechtsgeschäftes zum Vermögensverfall geführt hat. Die widerlegbare Vermutung wird eingeführt, dass der Schuldner im Vermögensverfall war, wenn das Rechtsgeschäft zugunsten der nahestehenden Person oder der Person im Konzern getätigt wurde.

534 Das begünstigende Rechtsgeschäft kann **angefochten** werden, wenn dieses im folgenden Zeitraum getätigt wurde:
- bis zu drei Jahre vor der Einleitung des Insolvenzverfahrens, sofern das Rechtsgeschäft zugunsten einer nahestehenden Person oder einer Person im Konzern getätigt wurde,
- bis zu einem Jahr vor der Einleitung des Insolvenzverfahrens in anderen Fällen.

535 In § 241 Abs. 3 IG sind vier Beispiele genannt, wann es sich um ein **begünstigendes Rechtsgeschäft** handelt. Diese sind folgende:
- Befriedigung vor der Fälligkeit,
- Änderung oder Ersatz eines bestehenden Rechtsgeschäfts zu eigenen Ungunsten,
- Verzicht eines Schuldners oder der Schuldner hat das Erlöschen oder die Nichterfüllung eigener Rechte vereinbart oder ermöglicht,
- der Schuldner hat eigenes Vermögen zur Sicherung eines bereits bestehenden Rechtsgeschäftes gewährt.

536 In § 241 Abs. 5 IG sind drei Fälle genannt, bei denen es sich um **kein begünstigendes Rechtsgeschäft** handelt. Diese sind folgende:
- Errichtung einer Sicherheit, sofern der Schuldner gleichzeitig eine angemessene Gegenleistung erhalten hat,
- Es handelt sich um ein Rechtsgeschäft, welches unter den im Geschäftsverkehr üblichen Bedingungen getätigt wurde und dem Schuldner eine angemessene Gegenleistung zugesprochen hat, und zwar unter den Voraussetzungen, dass (1) das Rechtsgeschäft gegenüber keiner nahestehenden Person oder keiner Person im Konzern getätigt wurde und (2) die Person, zu deren Vorteil das Rechtsgeschäft getätigt wurde, auch bei der Einhaltung der erforderlichen Sorgfalt nicht erkennen konnte, dass der Schuldner sich im Vermögensverfall befindet oder das gegenständliche Rechtsgeschäft zum Vermögensverfall des Schuldners führt.

In diesem Zusammenhang ist zu ergänzen, dass die Rechtsprechung (Oberster Gerichtshof 29.8.2019 – 29 ICdo 149/2017) gegen die Banken eine sehr strenge Schlussfolgerung abgeleitet hat. Die Banken müssen jeden Kreditfall fachlich prüfen. Wenn die Bank aus den zur Verfügung stehenden Unterlagen, zB dank der vertraglichen Pflicht zur Vorlage von Jahresabschlüssen, entnehmen kann, dass der Schuldner im Gesamtverfall ist, darf die Bank keine Finanzmittel (dh auch keine Kreditraten) mehr annehmen.

Internationales Insolvenzrecht – Tschechische Republik

- Das Rechtsgeschäft, welches der Schuldner während des Moratoriums oder im Einklang mit dem IG während des Insolvenzverfahrens getätigt hat.

4. Absichtlich kürzende Rechtsgeschäfte

Es ist auch möglich, diejenigen Rechtsgeschäfte gem. § 242 IG **anzufechten,** durch welche   537
der Schuldner absichtlich die Befriedigung der Gläubiger gekürzt hat, sofern diese Absicht der Gegenseite bekannt war oder mit Rücksicht auf alle Umstände bekannt sein musste. Die **widerlegbare Vermutung** wird eingeführt, dass die Absicht der Gegenseite bekannt war, sofern das Rechtsgeschäft zugunsten einer nahestehenden Person oder der Person im Konzern getätigt wurde. Diese Rechtsgeschäfte können angefochten werden, wenn sie im Zeitraum von fünf Jahren vor der Einleitung des Insolvenzverfahrens getätigt wurden.

5. Unwirksame Rechtsgeschäfte während des Insolvenzverfahrens

Der Insolvenzverwalter kann auch die Rechtsgeschäfte des Schuldners **anfechten,** welche   538
während des Insolvenzverfahrens widerrechtlich getätigt wurden (ausführlicher → Rn. 136 ff.).

6. Urteil über Unwirksamkeit vor der Einleitung des Insolvenzverfahrens

Sofern ein Gläubiger des Schuldners eine Entscheidung über die Unwirksamkeit eines Rechts-   539
geschäftes des Schuldners gewonnen hat und diese bereits vor der Rechtskraft der Entscheidung über den Vermögensverfall rechtskräftig wurde, kann er gem. § 243 IG die **Herausgabe der Leistung** aus dem unwirksamen (angefochtenen) Rechtsgeschäft bis zur Höhe seiner Forderung verlangen.

XII. Verteilung der Insolvenzmasse

1. Vorrechte

Zwischen die Vorrechte gehören die **gesicherten Gläubiger,** welche ein Absonderungsrecht   540
zu einem Vermögensgegenstand oder zu mehreren Vermögensgegenständen geltend machen. Ausführlicher zu den gesicherten Gläubigern → Rn. 486 ff. Ferner gehören zu den Vorrechten auch die Masseforderungen und die den Masseforderungen gleichgestellten Forderungen (ausführlicher → Rn. 196 ff.).

2. Quotale Befriedigung (Anmeldung und Feststellung, weitere Hinweise)

Die **Reihenfolge der Befriedigung der Gläubiger** richtet sich nach dem Typ der Forderung   541
des jeweiligen Gläubigers.

Die **Masseforderungen** und die den Masseforderungen gleichgestellten Forderungen sollten,   542
abhängig von dem finanziellen Stand der Vermögensmasse, jederzeit in voller Höhe befriedigt werden.

Die **anzumeldenden Forderungen** (näheres zum Prozedere der Geltendmachung von Forde-   543
rungen → Rn. 161 ff.) werden nach dem Grundsatz pari passu gleich und anteilsmäßig gem. § 306 Abs. 4 IG befriedigt. Bei der Befriedigung von angemeldeten Forderungen gibt es keine Reihenfolge der Befriedigung. Die angemeldeten Forderungen werden unter Berücksichtigung der gesicherten Gläubiger gleich gestellt.

Für die **Einordnung** der jeweiligen Forderung in die zu befriedigenden Forderungen muss   544
diese bei der **Prüfungsverhandlung** festgestellt werden. Zu der Feststellung muss gegeben sein, dass keiner von den Verfahrensbeteiligten die Forderung bestreitet. Wenn über die Feststellung der Forderung ein Inzidenzverfahren geführt wird, muss der Insolvenzverwalter eine Reserve für diese Forderung gem. § 307 Abs. 4 IG machen, damit die Befriedigung des jeweiligen Gläubigers im Falle seines eventuellen Sieges nicht ausgeschlossen wird.

Die **Befriedigung** erfolgt: 545
- im Konkurs: aufgrund des Verteilungsbeschlusses (KE2)
- in der Restschuldbefreiung: aufgrund des Beschlusses über die Verabschiedung des Berichtes des Insolvenzverwalters (E2)
- in der Reorganisation: aufgrund des Beschlusses über die Verabschiedung des Reorganisationsplanes in Verbindung mit dem Reorganisationsplan (RE1)

Internationales Insolvenzrecht – Tschechische Republik

3. Verteilung der Masse

546 Die **Masseforderungen und die den Masseforderungen gleichgestellten Forderungen** können grundsätzlich jederzeit in voller Höhe befriedigt werden. Auch bei der Befriedigung dieser Forderung gilt das Verbot der Gläubigerbegünstigung. Daher spielt es eine wichtige Rolle, ob es genug Finanzmittel für die vollständige Befriedigung dieser Forderungen gibt. Wenn nicht, dann ist im IG eine Reihenfolge der Befriedigung dieser Forderungen festgelegt (→ Rn. 196 ff.).

547 Die **gesicherten Gläubiger** werden vorrangig aus dem Sicherheitsgegenstand befriedigt. Zu den Details zu der Vorgehensweise und zu den Abschlägen → Rn. 486 ff.

548 Die **ungesicherten Gläubiger** werden aufgrund eines Verteilungsbeschlusses befriedigt. Während des Insolvenzverfahrens kann es zu einem teilweisen Verteilungsbeschluss gem. § 301 IG kommen. Voraussetzungen dafür sind, dass der Zustand der Vermögensmasse dies ermöglicht und dass der Gläubigerausschuss dazu Zustimmung erteilt. Das Insolvenzgericht wird den Verteilungsbeschluss erlassen, wenn die Vermögensmasse dies ermöglicht, die Rechte der gesicherten Gläubiger nicht berührt werden und wenn die vorgeschlagene Befriedigung der Gläubiger unstreitig ist.

549 Die Grundlage für den Erlass des ordnungsgemäßen Verteilungsbeschlusses ist der **Schlussbericht**, welcher von dem Insolvenzverwalter gem. § 302 IG zu erstellen ist. In dem Schlussbericht wird der Insolvenzverwalter alle finanziellen Ergebnisse zusammenfassen. In dem Schlussbericht wird der Insolvenzverwalter beziffern, wie viel an die angemeldeten Gläubiger mit dem Anteil der einzelnen Gläubiger anfällt. Der Schlussbericht ist zusammen mit dem vorgeschriebenen Formular vorzulegen.

550 Das Insolvenzgericht wird den Insolvenzverwalter auffordern, etwaige Fehler in dem Schlussbericht zu korrigieren. Danach wird es die Verfahrensbeteiligten durch eine Verkündung darüber informieren, dass diese gegen den Schlussbericht **Einwendungen** innerhalb einer Frist von 15 Tagen erheben können. Einen richtigen Beschluss, gegen welchen keine oder nur unbegründete Einwendungen erhoben wurden, wird das Insolvenzgericht durch einen Beschluss gem. § 304 IG verabschieden. Gegen diesen Beschluss kann ein Rechtsmittel erhoben werden. Berechtigt dazu sind der Insolvenzverwalter, die Gläubiger und der Schuldner, deren Einwendungen nicht stattgegeben wurden.

551 Nach der Rechtskraft des Beschlusses über die Verabschiedung des Schlussberichtes wird der Insolvenzverwalter den Entwurf des Verteilungsbeschlusses gem. § 306 IG vorlegen. Vor dem Verteilungsbeschluss werden alle Masseforderungen und alle den Masseforderungen gleichgestellten Forderungen befriedigt. In dem Verteilungsbeschluss werden konkrete Beträge für die einzelnen Gläubiger genannt. In dem Verteilungsbeschluss wird das Insolvenzgericht dem Insolvenzverwalter eine Frist zu Erfüllung des Verteilungsbeschlusses festsetzen, welche höchstens zwei Monate betragen soll.

XIII. Bedeutung der Verfahrensbeendigung

1. Liquidationsfall – Konkurs

552 Das Insolvenzverfahren endet mit der Rechtskraft der Entscheidung über die **Aufhebung des Konkurses** gem. § 309 IG. Aufgrund der Liste der Forderungen, welche der Insolvenzverwalter aufgestellt hat, können die Gläubiger, deren Forderung anerkannt und von dem Schuldner nicht bestritten wurde, die Zwangsvollstreckung für den unbefriedigten Teil der Forderung beantragen. Dieses Recht erlischt zehn Jahre nach der Aufhebung des Konkurses.

553 Nach der Aufhebung des Konkurses gewinnen die gewöhnlichen Statutarorgane die **Verfügungsbefugnisse**. Wurde der Konkurs wegen Masseunzulänglichkeit aufgehoben, ist dieser Beschluss Grundlage für die **Löschung des Schuldners** aus dem Handelsregister. Dies gilt nicht, wenn es sich um eine Gesellschaft handelt, die durch das Gesetz gegründet wurde. Sofern es in Folge der Aufhebung des Konkurses wegen der Erfüllung des Verteilungsbeschlusses oder wegen der Masseunzulänglichkeit zur Auflösung und zum Erlöschen des Schuldners ohne einen Rechtsnachfolger kommt, erlöschen die nicht befriedigten Forderungen oder deren Teile, sofern diese nicht aus einer Sicherheit befriedigt werden, nach § 311 IG.

2. Fortführung

554 Mit der Wirksamkeit des Reorganisationsplanes **erlöschen die Rechte aller Gläubiger** gegenüber dem Schuldner einschließlich der Forderungen, welche nicht angemeldet wurden. Der Inhalt und das Ausmaß der Forderungen werden gem. § 356 IG **durch den Reorganisationsplan ersetzt.** Die Aussonderungsrechte, die Rechte der Mitschuldner und der Bürgen bleiben unbe-

rührt. Die Forderungen, welche in dem Insolvenzverfahren gem. § 170 IG nicht befriedigt werden, mit Ausnahme der außervertraglichen Sanktionen, erlöschen mit der Verabschiedung des Reorganisationsplanes gem. § 359 IG. Sollte das Insolvenzgericht nach § 362 IG über die Aufhebung des Beschlusses über die Verabschiedung des Reorganisationsplanes entscheiden, werden sich die Forderungen in den Stand vor der Verabschiedung des Reorganisationsplanes herstellen.

XIV. Restschuldbefreiung

1. Allgemeines

Die **Verbraucherinsolvenz** ist die in Tschechien am häufigsten genutzte Lösung des Vermögensverfalls. Die **Regelung der Schuldbefreiung** ist in §§ 389–418 ff. IG beinhaltet. Das Ziel dieses Verfahrens ist die Befreiung von der Schuldenlast des Schuldners nach einer Verwertungs- oder Wohlverhaltensphase. Seit dem 1.6.2019 wurde die Mindestquote von mindestens 30 % abgeschafft. Nach langen Diskussionen im Parlament hat sich eine Kompromissvariante durchgesetzt, nach der zwar keine Mindestquote vorgeschrieben wird, die Schuldner jedoch müssen mindestens denselben Betrag, der dem Insolvenzverwalter zu zahlen ist, auch den nichtgesicherten Gläubigern zahlen. Da eine hohe Anzahl von Anträgen erwartet wird, wurden die Anforderungen an den Antrag vereinfacht und die Tätigkeit des Insolvenzgerichtes erleichtert. Zukünftig wird zB die Entscheidung über die Genehmigung der Schuldbefreiung keine Begründung beinhalten. Ferner gelten bei der Schuldbefreiung auch die Regeln des unerheblichen Konkurses gem. § 398 Abs. 6 iVm § 315 IG, da es in beiden Varianten der Schuldbefreiung zu der Verwertung kommt. Es wird erwartet, dass einige Schuldner eine Unterstützung im finanziellen Leben benötigen werden. Daher kann das Insolvenzgericht auf Antrag des Insolvenzverwalters dem Schuldner Sozialberatungsdienste bis zu 100 Stunden bewilligen.

Während der Art der Schuldbefreiung durch die **Verwertungsphase** wird das Vermögen des Schuldners verwertet, das zum Zeitpunkt des Erlasses der Gerichtsentscheidung geeignet ist und welches das Gericht in den Beschluss aufgenommen hat. Während der **Wohlverhaltensphase mit der Verwertung** wird der Schuldner den pfändbaren Teil seines Einkommens dem Insolvenzverwalter unabhängig vom Inhalt der Gerichtsentscheidung entweder über den Arbeitgeber oder direkt im Zeitraum von fünf Jahren auszahlen. Der Regelfall ist, dass die Berechnung des pfändbaren Teils durch den Arbeitgeber vorgenommen wird.

Seit dem 1.6.2019 wird auch während der Wohlverhaltensphase das Vermögen des Schuldners verwertet. Wegen des Schutzes des Schuldners wird die Wohnstätte des Schuldners nur dann verwertet, wenn an dieser ein Pfandrecht haftet (unter Voraussetzung der Vorlage einer Anweisung des gesicherten Gläubigers) oder wenn der Wert der Wohnstätte einen durch eine Verordnung festgelegten Betrag übersteigt. Die Verordnung der Regierung hat die Nr. 189/2019 Slg. Nach dem aktuell bestehenden Entwurf der Verordnung der Regierung wird der Betrag aufgrund der statistischen Angaben über den Durchschnittswert der Wohnstätte berechnet.

2. Verlauf des Verfahrens

Das Insolvenzverfahren, bei dem eine Schuldbefreiung beantragt wird, verläuft im Regelfall nach der unten aufgeführten Skizze:

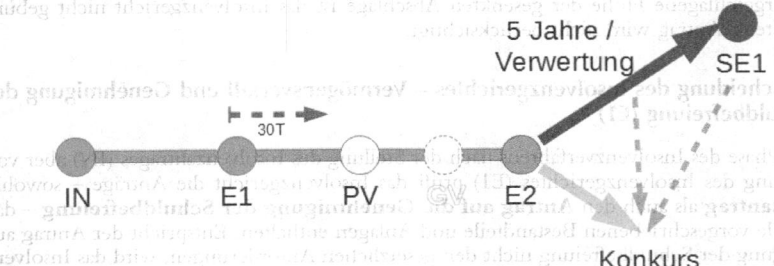

3. Einleitung des Verfahrens (IN)

Das Insolvenzverfahren wird durch den **Insolvenzantrag** (IN) eingeleitet. Genaueres zu den erforderlichen Bestandteilen des Insolvenzantrages → Rn. 24 ff. Der Insolvenzantrag und der Antrag auf die Genehmigung der Schuldbefreiung sind zu unterscheiden.

Internationales Insolvenzrecht – Tschechische Republik

560 Zu dem Insolvenzantrag sind der Schuldner und der Gläubiger berechtigt. Zu **dem Antrag auf die Genehmigung der Schuldbefreiung** ist ausschließlich der Schuldner gem. § 390 Abs. 1 IG berechtigt. Der Antrag auf die Genehmigung der Schuldbefreiung muss gleichzeitig mit dem Insolvenzantrag gestellt werden, sofern der Antragsteller der Schuldner ist. Wird das Insolvenzverfahren durch einen Gläubigerantrag eingeleitet, kann der Schuldner den Antrag auf die Genehmigung der Schuldbefreiung spätestens 30 Tage nach der Zustellung des Insolvenzantrages stellen. Die Ehegatten dürfen gem. § 394a IG einen gemeinsamen Antrag stellen. Es handelt sich um eine Ausnahme, wenn mehrere Schuldner in einem Insolvenzverfahren auftreten.

561 Die Schuldbefreiung kann gem. § 389 IG nur der Schuldner beantragen, welcher
- eine natürliche Person oder
- eine juristische Person, die keinen Unternehmer darstellt, ist.

562 Durch schlechte Erfahrungen, bei denen die Anträge oft und extrem teuer von Winkelberatern erstellt wurden, wurde die Vorschrift des § 390a IG eingeführt, nach welcher den Antrag nur eine spezielle Gruppe von Vertretern erstellen kann. Den **Antrag** dürfen nur folgende Personen erstellen und erheben:
- Rechtsanwalt, Insolvenzverwalter, Notar, Privatgerichtsvollzieher,
- akkreditierte juristische Personen, vor allem die Stiftungen.

563 Das Honorar, welches sich auf dem Betrag von 4.000 CZK (ca. 160 EUR) bei dem Einzelschuldner und 6.000 CZK (ca. 240 EUR) bei den Ehegatten beläuft, darf nur die Gruppe des ersten Punktes verlangen. Das Honorar wird aus dem Insolvenzverfahren als die den Masseforderungen gleichgestellte Forderung befriedigt. Der Schuldner zahlt also nichts.

Der Antrag wird auf einem vorgeschriebenen Formular und elektronisch erstellt. In einem Formular werden gleichzeitig der Insolvenzantrag und der Antrag auf die Genehmigung der Schuldbefreiung gestellt.

564 In den Antrag auf die Genehmigung der Schuldbefreiung müssen über die allgemeinen Bestandteile des Insolvenzantrages hinaus gem. § 391 IG auch die **Angaben über das Einkommen des Schuldners** der letzten zwölf Monate und das erwartete Einkommen in den folgenden zwölf Monaten enthalten sein. Der Schuldner kann auch seine Vorstellung über die Art der Schuldbefreiung nennen. Zu dem Antrag auf die Genehmigung der Schuldbefreiung müssen die Dokumente vorgelegt werden, welche das Einkommen der letzten zwölf Monate nachweisen. Die Liste der Verbindlichkeiten muss nicht mehr vorgelegt werden. Darüber hinaus muss der Schuldner eine eidesstattliche Erklärung vorlegen, in welcher er erklärt, dass er alle Pflichten einhalten wird und dass er die maximale Befriedigung der Gläubiger verfolgen wird.

565 Der Schuldner kann in dem Antrag auf die Genehmigung der Schuldbefreiung, spätestens in den begründeten Fällen bei der Prüfungsverhandlung, beantragen, dass ihm niedrigere pfändbare Abzüge aus dem Einkommen gem. § 398 IG genehmigt werden. Über den Antrag entscheidet das Insolvenzgericht, welches folgende Gesichtspunkte dabei berücksichtigt:
- die Gründe, welche zu dem Vermögensverfall geführt haben,
- die Gesamtsumme der Verbindlichkeiten,
- bisherige und künftige Höhe des Einkommens des Schuldners,
- die Maßnahmen, welche der Schuldner zur Aufrechterhaltung, Erhöhung oder zur Senkung der Verbindlichkeit getroffen hat,
- die Empfehlung der Gläubiger.

566 An die vorgeschlagene Höhe der gesenkten Abschläge ist das Insolvenzgericht nicht gebunden. Ein verspäteter Antrag wird nicht berücksichtigt.

4. Entscheidung des Insolvenzgerichtes – Vermögensverfall und Genehmigung der Schuldbefreiung (E1)

567 In der Phase des Insolvenzverfahrens nach der Stellung des Insolvenzantrages (IN) aber vor der Entscheidung des Insolvenzgerichtes (E1) prüft das Insolvenzgericht die Anträge – sowohl den **Insolvenzantrag** als auch den **Antrag auf die Genehmigung der Schuldbefreiung** – darauf, ob diese alle vorgeschriebenen Bestandteile und Anlagen enthalten. Entspricht der Antrag auf die Genehmigung der Schuldbefreiung nicht den gesetzlichen Anforderungen, wird das Insolvenzgericht den Antragsteller und auch den Vertreter gem. § 393 IG auffordern, diesen innerhalb von sieben Tagen zu ergänzen.

568 Die Entscheidung des Insolvenzgerichtes (E1) über den Antrag auf die Genehmigung der Schuldbefreiung kann wie folgt formuliert werden:

569 **a) Zurücknahme des Antrages auf die Genehmigung der Schuldbefreiung.** Der Schuldner kann den Antrag gem. § 394 IG jederzeit, jedoch spätestens bis zur Entscheidung über die

Verabschiedung der Schuldbefreiung (E2), zurücknehmen. Ein einmal zurückgenommener Antrag kann nicht mehr gestellt werden.

b) Ablehnung des Antrages. Den Antrag auf die Genehmigung der Schuldbefreiung wird 570 das Gericht ablehnen, sofern der Antrag gem. der Aufforderung des Insolvenzgerichtes gem. § 393 IG nicht korrigiert oder ergänzt wird. Ferner wird der Antrag abgelehnt, wenn dieser nicht von dem vorgeschriebenen Vertreter gestellt wird.

c) Zurückweisung des Antrages. Den Antrag auf die Genehmigung der Schuldbefreiung 571 wird das Gericht gem. § 395 IG zurückweisen, sofern man glaubhaft voraussetzen kann, dass ein **unehrliches Vorhaben** durch den Antrag verfolgt wird oder dass der Schuldner nicht im Stande ist, die Kosten und das Honorar des Insolvenzverwalters, die Unterhaltsleistung und den gleichen Betrag gegenüber den nichtgesicherten Gläubigern, die Kosten für den Antrag auf die Schuldbefreiung zu zahlen. Der Antrag wird auch dann zurückgewiesen, wenn die bisherigen Ergebnisse des Insolvenzverfahrens zeigen, dass der Schuldner die Pflichten im Insolvenzverfahren **nachlässig oder leichtsinnig** erfüllt. Darüber hinaus gilt, dass das Insolvenzgericht den Antrag auf die Schuldbefreiung in folgenden Situationen zurückweisen soll:
- wenn der Schuldner innerhalb von zehn Jahren vor der Antragstellung bereits von Schulden befreit wurde,
- wenn die Schuldbefreiung in den letzten fünf Jahren vor der Antragstellung, zurückgewiesen, aufgehoben oder eingestellt wurde, weil der Schuldner ein unehrliches Vorhaben verfolgt hat,
- wenn der Schuldner drei Monate vor der Antragstellung einen vorherigen Antrag auf die Genehmigung der Schuldbefreiung zurückgenommen hat.
- Das Insolvenzgericht kann in außergewöhnlichen Fällen eine Ausnahme von den aufgezählten Situationen machen, was zu begründen ist. Das Rechtsmittel gegen die Zurückweisung kann nur der Schuldner erheben.

In diesem Zusammenhang ist anzumerken, dass das Insolvenzgericht zu der Bezahlung des Vor- 572 schusses für die Verfahrenskosten diejenigen gem. § 108 Abs. 2 IG nicht auffordert, bei denen der Antrag gleichzeitig über die Genehmigung der Schuldbefreiung entscheiden kann. Wird der Schuldner aufgefordert, wird in der Praxis in der Begründung des Gerichtsbeschlusses aufgeführt, aus welchen Gründen die Schuldbefreiung nicht genehmigt werden kann. Der Schuldner kann darauf mit der Zurücknahme des ganzen Insolvenzantrages reagieren und nach Beseitigung der Mängel einen neuen Antrag stellen.

d) Genehmigung der Schuldbefreiung. Das Insolvenzgericht wird die Entscheidung über 573 den Vermögensverfall und über die Genehmigung der Schuldbefreiung gem. § 148 IG gleichzeitig erlassen, wenn es sich um den Schuldnerinsolvenzantrag, mit welchem der Antrag auf die Genehmigung der Schuldbefreiung gestellt wurde, handelt. In anderen Fällen, was eine Ausnahme ist, wird das Insolvenzgericht zuerst die Entscheidung über den Vermögensverfall erlassen, und danach innerhalb von 30 Tagen über den Antrag auf die Genehmigung der Schuldbefreiung entscheiden. Das Insolvenzgericht wird die Schuldbefreiung gem. § 397 IG genehmigen, wenn **keine Gründe zur Ablehnung oder zur Zurückweisung** bestehen und der Antrag **nicht zurückgenommen** wurde. Bei Zweifeln hinsichtlich der Erfüllung der Schuldbefreiung wird das Insolvenzgericht die Schuldbefreiung genehmigen und die Beurteilung der Zweifelfrage der Gläubigerversammlung überlassen. Die Entscheidung über die Genehmigung der Schuldbefreiung muss die Begründung nicht beinhalten.

e) Folgen der Nichtgenehmigung. Wird das Insolvenzgericht sich für die Zurücknahme, 574 Ablehnung oder Zurückweisung entscheiden, kann das Insolvenzgericht über die Erklärung des Konkurses grundsätzlich in den Fällen gem. § 396 IG entscheiden, wenn
- der Vorschuss für die Verfahrenskosten bezahlt ist, und zwar entweder von dem Gläubiger bei der Stellung des Insolvenzantrages oder später von dem Schuldner, wenn dieser in dem Antrag auf die Genehmigung der Schuldbefreiung den Konkurs beantragt hat und
- bei dem Schuldnerinsolvenzantrag kein Fall der Vermögensunzulänglichkeit besteht.

Wird das Insolvenzgericht keinen Konkurs erklären, wird das Insolvenzverfahren eingestellt. Wenn 575 die Einstellung nicht durch den Vertreter des Schuldners verursacht wurde, wird dem Schuldner auferlegt, das Honorar für die Erstellung des Antrages zu bezahlen. Wird das Insolvenzverfahren aufgrund des Gläubigerinsolvenzantrages eingeleitet, gewinnen die Gläubiger gem. § 396 Abs. 4 IG den Exekutionstitel, deren Forderung nicht bestritten wurde. Das Recht auf die Vollstreckung dieser Forderung verjährt nach zehn Jahren nach der Einstellung des Insolvenzverfahrens.

Mit der Entscheidung über den Vermögensverfall wird eine zweimonatige Frist festgesetzt, 576 innerhalb welcher die Gläubiger ihre Forderungen durch eine Forderungsanmeldung geltend machen müssen (→ Rn. 161).

5. Prüfungsverhandlung (PV)

577 Die Prüfung der angemeldeten Forderungen erfolgt auf der **Verhandlung mit dem Insolvenzverwalter,** welche gem. § 410 IG persönlich mit dem Insolvenzverwalter erfolgen muss. Zu dieser Verhandlung wird der Schuldner von dem Insolvenzverwalter vorgeladen, wobei er über den Termin mindestens sieben Tage vorher benachrichtigt werden muss.

578 Die Bestreitung der Forderung eines Gläubigers hat während der Wirkung der verabschiedeten Schuldbefreiung die gleiche Wirkung wie die Wirkung der Bestreitung des Insolvenzverwalters. Wird der Schuldner eine Forderung eines Gläubigers vor der Verabschiedung der Schuldbefreiung tätigen, treten die Wirkungen der Bestreitung erst mit den Wirkungen der Verabschiedung der Schuldbefreiung ein. Die Klage auf die Feststellung der nicht vollstreckbaren Forderungen ist seitens der Gläubiger gegen den Schuldner zu richten. Bei den vollstreckbaren Forderungen sind die Gründe für die Bestreitung auf die Tatsachen beschränkt, welche die Gründe zur Einstellung der Zwangsvollstreckung darstellen oder dass die Forderung verjährt oder erloschen ist.

579 Der Insolvenzverwalter wird gem. § 410 IG über die Prüfungsverhandlung durch den **Bericht über die Prüfung** informieren. Das Insolvenzgericht wird über den Bericht spätestens mit der Entscheidung (E2) entscheiden. Der Regelfall ist, dass diese Entscheidung mit der Verabschiedung der Schuldbefreiung verbunden ist.

580 Zusammen mit dem Bericht über die Prüfung wird der Insolvenzverwalter dem Insolvenzgericht den **Bericht über die Schuldbefreiung** gem. § 398a IG vorlegen. In diesem Bericht wird er sich zu der vorausgesetzten Befriedigung der Gläubiger äußern. Ferner wird er ein Gutachten zur Ermittlung des gewöhnlichen Wertes der Liegenschaften beantragen, sofern sich diese in der Vermögensmasse befindet. Schlägt der Insolvenzverwalter die Art der Schuldbefreiung durch die Wohlverhaltensphase vor, wird er auch das Distributionsschema zur Verteilung der Abschläge aus dem Einkommen des Schuldners zwischen den Gläubigern vorlegen. Des Weiteren wird er sich zu dem Antrag des Schuldners auf die reduzierten Abschläge äußern.

581 Das Insolvenzgericht wird die Verfahrensbeteiligten durch die Verkündigung im Insolvenzregister benachrichtigen, dass die Berichte gestellt wurden und dass die Verfahrensbeteiligten gegen diesen **Einwand** innerhalb von sieben Tagen erheben dürfen. Die Einwendungen dürfen nicht gegen die Bestreitung von Forderungen gerichtet werden. Das Insolvenzgericht prüft beide Berichte aus eigener Initiative und kann dem Insolvenzverwalter die **Wiederholung der Prüfungsverhandlung** oder die **Ergänzung des Berichts** gem. § 410 IG auferlegen. Ähnliches gilt für den Bericht über die Schuldbefreiung. Beide Berichte sind Grundlage für die Entscheidung über die Verabschiedung der Schuldbefreiung (E3).

6. Gläubigerversammlung (GV)

582 Bei der Lösung des Vermögensverfalls ist gem. § 47 IG nicht zwingend die Gläubigerversammlung angeordnet. Diese wird nur aus der Initiative der Gläubiger einberufen. Für den Antrag auf die Einberufung der Gläubigerversammlung ist ein qualifizierter Antrag vorgeschrieben, welcher von zwei Mehrheiten der Gläubiger zu stellen ist. Die erste Mehrheit nach der Höhe der Forderungen und die zweite nach der Anzahl der Gläubiger.

583 In der **Entscheidung über den Vermögensverfall mit der Genehmigung der Schuldbefreiung** (E1) werden die ungesicherten Gläubiger gem. § 136 Abs. 2 lit. i IG aufgefordert, den Antrag auf die Einberufung der Gläubigerversammlung spätestens sieben Tage nach der Veröffentlichung des Berichtes über die Schuldbefreiung im Insolvenzregister zu stellen oder innerhalb dieser Frist außerhalb der Gläubigerversammlung abzustimmen. Für die Entscheidung über die Art der Schuldbefreiung ist eine einfache Mehrheit der ungesicherten Gläubiger gem. § 402 Abs. 3 IG vorgeschrieben. Der Schuldner muss an der Gläubigerversammlung persönlich teilnehmen. Erreicht keine Art der Schuldbefreiung die vorgeschriebene Mehrheit, wird das Insolvenzgericht entscheiden.

584 Die Gläubiger dürfen auch außerhalb der Gläubigerversammlung gem. § 401 IG abstimmen. Sie müssen auf dem Stimmzettel abstimmen, der auf einem Formular erfolgen muss. Dieser muss vor der Einleitung des Insolvenzverfahrens dem Schuldner innerhalb der vom Schuldner festgesetzten Frist von mindestens 15 Tagen zugestellt werden. Nach der Einleitung des Insolvenzverfahrens ist der Stimmzettel dem Insolvenzgericht spätestens einen Tag vor der Gläubigerversammlung zuzustellen. Die Unterschrift auf dem Stimmzettel muss beglaubigt werden. Der Stimmzettel darf keinen weiteren prozessualen Schritt beinhalten.

585 Sofern Gründe bestehen, welche die Verabschiedung der Schuldbefreiung ausschließen bzw. welche **die Ablehnung oder die Zurückweisung des Antrages** auf die Genehmigung der Schuldbefreiung begründen könnten, wird der Insolvenzverwalter auf diese in dem **Bericht über**

die Schuldbefreiung gem. § 403 IG aufmerksam machen. Bei der Einberufung der Gläubigerversammlung zur Verabschiedung der Schuldbefreiung wird er spätestens vor der Entscheidung der Gläubigerversammlung darauf aufmerksam machen.

Die Gläubiger können diese Tatsachen einwenden, wobei diese **Einwendungen** spätestens bis zur Beendigung der Gläubigerversammlung auszusprechen sind. Findet die Gläubigerversammlung nicht statt, sind die Einwendungen spätestens sieben Tage nach der Veröffentlichung des Berichtes über die Schuldbefreiung im Insolvenzregister zu erheben. Es gilt die Vermutung, dass die schweigenden Gläubiger mit der Schuldbefreiung gem. § 403 IG einverstanden sind. Über die Einwendungen wird das Insolvenzgericht in der Entscheidung über die Verabschiedung der Schuldbefreiung (E2) entscheiden. Dazu kann auch eine mündliche Verhandlung angeordnet werden. **586**

7. Entscheidung des Insolvenzgerichtes – Verabschiedung der Schuldbefreiung (E2)

Das Insolvenzgericht entscheidet unverzüglich nach der Verhandlung der Einwendungen gegen die Berichte des Insolvenzverwalters gem. § 404 IG. Wenn die Gläubigerversammlung zur Verabschiedung der Art der Schuldbefreiung einberufen wird, wird das Insolvenzgericht erst nach der Gläubigerversammlung entscheiden. **587**

Wenn sich Gründe herausstellen, nach welchen der Antrag auf die Genehmigung der Schuldbefreiung abgelehnt oder zurückgewiesen werden könnte, wird das Insolvenzgericht die Schuldbefreiung gem. § 405 IG nicht verabschieden. Mit der Entscheidung über eine **Nichtverabschiedung der Schuldbefreiung,** wird das Insolvenzgericht den Konkurs nur dann erklären, wenn **588**
- das Insolvenzgericht bei dem Gläubigerinsolvenzantrag nicht erfährt, dass das Vermögen des Schuldners unzulänglich ist,
- das Insolvenzgericht bei dem Schuldnerinsolvenzantrag nicht erfährt, dass das Vermögen des Schuldners unzulänglich ist,
- das Insolvenzgericht bei dem Schuldnerinsolvenzantrag erfährt, dass das Vermögen des Schuldner unzulänglich ist und der Schuldner bei der Prüfungsverhandlung mit dem Insolvenzverwalter beantragt hat, dass der Vermögensverfall durch den Konkurs gelöst wird und der Schuldner den Vorschuss für die Verfahrenskosten, welche ihm auferlegt wurden, bezahlt hat.

Erklärt das Insolvenzgericht keinen Konkurs, wird das Insolvenzverfahren eingestellt. Gleichzeitig wird es über die Kosten des Insolvenzverwalters und über die eventuell noch nicht bezahlten Kosten des Vertreters des Schuldners entscheiden, welcher den Antrag gestellt hat. **589**

Wird das Insolvenzverfahren aufgrund des Gläubigerinsolvenzantrages eingeleitet, gewinnen die Gläubiger gem. § 405 Abs. 4 IG den Exekutionstitel, deren Forderung nicht bestritten wurde. Das Recht auf die Vollstreckung dieser Forderung verjährt nach zehn Jahren nach der Einstellung des Insolvenzverfahrens. **590**

Sofern das Insolvenzgericht keine Gründe zur Nichtverabschiedung der Schuldbefreiung identifiziert, wird es die Schuldbefreiung gem. § 406 IG verabschieden. Bei der Art der Schuldbefreiung durch die **Verwertung der Vermögensmasse,** wird es die sich in der Vermögensmasse befindlichen Vermögensgegenstände identifizieren, die veräußert werden. Ferner wird es ausdrücklich diejenigen Gläubiger nennen, welche einer niedrigeren Befriedigung zugestimmt haben. **591**

Bei der Art der Schuldbefreiung durch die **Wohlverhaltensphase mit der Verwertung** wird das Insolvenzgericht dem Schuldner auferlegen, dass dieser während des Zeitraums von fünf Jahren den Gläubigern über den Insolvenzverwalter die Abschläge aus dem Einkommen zahlt. Die Anteile der Gläubiger an den Abschlägen werden in dem Bericht des Insolvenzverwalters über die Schuldbefreiung gem. § 398 IG festgesetzt. Ferner wird es den Zahlern des Lohnes auferlegt, dass diese die Abzüge berechnen und abführen. Darüber hinaus wird es ausdrücklich diejenigen Gläubiger benennen, welche einer niedrigeren Befriedigung zugestimmt haben. Näheres zum Umfang der Abschläge und deren Berechnung → Rn. 470 ff. Wird die Forderung eines Gläubigers bestritten, zahlt der Insolvenzverwalter diesem Gläubiger die Raten erst nach der Rechtskraft der Entscheidung über die Anerkennung der Forderung gem. § 411 IG. Wird die Forderung nicht anerkannt, werden die Raten den anderen Gläubigern ausbezahlt. Darüber hinaus wird der Schuldner dem Insolvenzverwalter alle Vermögensgegenstände zur Verwertung gem. § 398 Abs. 3 IG herausgeben, welche im Vermögenverzeichnis aufgenommen wurden. Seit dem 1.6.2019 kann die Wohlverhaltensphase mit der Verwertung gem. § 412b IG unterbrochen oder verlängert werden. Die Unterbrechung kann einmal aus wichtigen Gründen auf Antrag des Insolvenzverwalters oder des Schuldners bis zu einem Jahr angeordnet werden. Auf Antrag des Schuldners kann die Dauer der Wohlverhaltensphase mit der Verwertung aus wichtigen Gründen bis zu sechs Monate verlängert werden. **592**

593 Die Wirkungen der **Verabschiedung der Schuldbefreiung** treten gem. § 407 IG mit der Veröffentlichung im Insolvenzregister ein. Mit der Rechtskraft dieser Entscheidung werden alle Einschränkungen der Verfügungsbefugnisse des Schuldners aufgehoben.

594 Bei der Art der Schuldbefreiung durch die Wohlverhaltensphase mit der Verwertung unterliegt der Schuldner gem. § 409 IG **Pflichten,** nach denen er Abzüge aus seinem Einkommen abführen soll. Die Verfügungsbefugnisse zu dem in die Vermögensmasse gehörenden Vermögen gewinnt der Schuldner nach der Rechtskraft der Entscheidung über die Verabschiedung der Schuldbefreiung. Das Vermögen, welches den Sicherungsgegenstand eines gesicherten Gläubigers darstellt, wird der Insolvenzverwalter nach der Verabschiedung der Schuldbefreiung, nach den Regeln im Konkurs, verwerten.

8. Während der Wirkungen der Verabschiedung der Schuldbefreiung (zwischen E2 und SE1)

595 Bei der Art der Schuldbefreiung durch die Verwertung der Vermögensmasse gelten die Regeln über die Verwertung im Konkurs entsprechend. Die Verfügungsbefugnisse über das Vermögen, welches der Schuldner nach den Wirkungen der Schuldbefreiung erwirbt, gewinnt nach § 408 IG der Schuldner mit der Rechtskraft der Entscheidung über die Schuldbefreiung.

596 Der Schuldner ist während der Wirkungen der Art der Schuldbefreiung in der **Wohlverhaltensphase mit der Verwertung** verpflichtet, folgende **Pflichten** gem. § 412 IG zu erfüllen:
- eine angemessene Erwerbstätigkeit zu entfalten und im Falle, dass er arbeitslos ist, Einkommensmöglichkeiten zu suchen; er darf die Möglichkeit eines Einkommens nicht ablehnen,
- die Vermögensgegenstände, welche der Schuldner als Spende oder aus der Erbschaft oder aus einem unwirksamen Rechtsgeschäft erworben hat sowie die Vermögensgegenstände, welche der Schuldner in der Liste des Vermögens nicht genannt hat, obwohl er dazu verpflichtet war, dem Insolvenzverwalter zur Verwertung herauszugeben. Gleiches gilt für den Teil des Verwertungserlöses der Errungenschaftsgemeinschaft und die außerordentlichen Einkommen, welche er zur außerordentlichen Raten im Rahmen des Ratenkalenders (Wohlverhaltensphase) erhält,
- unverzüglich das Insolvenzgericht, den Insolvenzverwalter und den Gläubigerausschuss über jede Änderung des Wohnortes, des Sitzes und der Arbeit zu informieren,
- jeweils zum 15.3. und zum 15.9. des Kalenderjahres dem Insolvenzgericht, dem Insolvenzverwalter und dem Gläubigerausschuss den Überblick seiner Einkommen in den letzten sechs Monaten vorzulegen, es sei denn, das Insolvenzgericht trifft eine abweichende Regelung,
- kein Einkommen zu unterschlagen und auf Verlangen des Insolvenzgerichtes, des Insolvenzverwalters oder des Gläubigerausschusses, die Steuererklärungen für den Zeitraum der Wirkungen der Verabschiedung der Schuldbefreiung vorzulegen,
- keinem Gläubiger einen Vorteil zu gewähren,
- keine neuen Schulden zu begründen, hinsichtlich derer er nicht im Stande wäre, diese zu bezahlen,
- jegliche Mühe aufzuwenden, welche von ihm gerechterweise zur vollständigen Befriedigung der Gläubiger verlangt werden kann.

597 Während der Wohlverhaltensphase mit der Verwertung übt der Insolvenzverwalter eine **Aufsicht über die Tätigkeit des Schuldners** aus. Über die Ergebnisse dieser Tätigkeit benachrichtigt er regelmäßig das Insolvenzgericht sowie den Gläubigerausschuss.

598 Das Rechtsgeschäft, mit welchem der Schuldner während der Wirkungen der Verabschiedung der Schuldbefreiung durch die Wohlverhaltensphase die Spende oder den Nachlass ohne Zustimmung des Insolvenzverwalters ablehnt, ist ungültig. Gleiches gilt, wenn der Schuldner eine Vereinbarung über die Auseinandersetzung der Erbschaft abschließt, nach welcher er einen kleineren Teil gewinnen soll, als an ihn ansonsten fallen würde. Gewinnt der Schuldner einen Nachlass, gilt eine Fiktion, nach der er den sog. Vorbehalt des Verzeichnisses geltend gemacht hat, nach welchem er für die Schulden der Erbschaft nur bis zum Wert der erworbenen Erbschaft haftet.

599 Die Rechtsprechung hat abgeleitet, dass es eine wichtige Pflicht im ganzen Insolvenzverfahren gibt, und zwar das **ehrliche Vorhaben** des Schuldners. Dieser Gesichtspunkt wird nicht nur bei der Entscheidung über die Verabschiedung der Schuldbefreiung und auch jederzeit während der Dauer der Wirkungen der Verabschiedung der Schuldbefreiung in Betracht genommen. Stellen sich solche Tatsachen über ein nicht ehrliches Vorhaben erst nach der Verabschiedung der Schuldbefreiung heraus, kann das Insolvenzgericht auch nachträglich die verabschiedete Schuldbefreiung gem. § 418 Abs. 1 lit. a IG aufheben (Oberster Gerichtshof 30.4.2013 – 29 NSCR 45/2010).

9. Entscheidung des Insolvenzgerichtes – Beendigung der Schuldbefreiung (SE1)

Die Schuldbefreiung in der Art der **Wohlverhaltensphase mit der Verwertung** ist gem. **600**
§ 412a IG erfüllt, wenn der Schuldner
- dem ungesicherten Gläubiger die Forderungen in voller Höhe bezahlt hat,
- im Zeitpunkt der Dauer der Schuldbefreiung von drei Jahren die ungesicherten Forderungen mindestens in Höhe von 60 % bezahlt hat,
- seine Pflicht zur Bemühung über die vollständige Bezahlung der Gläubiger nicht verletzt hat; wenn der Schuldner mindestens 30 % der Forderungen bezahlt, wird die Nichtverletzung der genannten Pflicht vermutet.
Bei den letzten zwei Varianten werden die nachrangigen Forderungen nicht berücksichtigt.
- vor dem Beschluss der Schuldbefreiung Anspruch auf die Altersrente gewonnen hat und dieser Anspruch während der gesamten Dauer der Schuldbefreiung bestanden hat oder einen Anspruch auf die Invalidenrente in der zweiten oder dritten Stufe gewonnen hat; wurde die Schuldbefreiung während der Dauer von drei Jahren aufgehoben, ist diese erfüllt.
- Mit der Novelle Nr. 230/2019 Slg., welche am 1.10.2019 in Kraft getreten ist, wurde eine privilegierte Gruppe von jugendlichen Schuldnern eingeführt, bei welcher die Schuldbefreiung in Form der Wohlverhaltensphase mit der Verwertung nach drei Jahren endet. Die Voraussetzung dafür ist, dass mindestens 2/3 der Schulden vor dem Alter von 18 Jahren des jeweiligen Schuldners entstanden sind. Zu den jugendlichen Schulden zählen auch die Nebenforderung und auch die Vertragsstrafen, welche nach dem Alter des Schuldners von 18 Jahren entstehen, sowie die neuen Schulden, welche durch die Bezahlung der alten Schulden entstanden sind (alter Kredit bezahlt durch einen neuen Kredit nach 18. Lebensjahr des Schuldners). Die Novelle betrifft nur die Insolvenzverfahren, welche nach dem 31.5.2019 eingeleitet wurden.

Im Rahmen der letzten Entscheidung kann das Insolvenzgericht die Erfüllung der Schuldbefreiung **601**
gem. § 413 IG zur Kenntnis nehmen. Gleichzeitig wird es über das Honorar des Insolvenzverwalters und über seine Kosten entscheiden und mit der Rechtskraft dieser Entscheidung das Insolvenzverfahren beenden.

Sofern der Schuldner alle Pflichten nach der verabschiedeten Art der Schuldbefreiung erfüllt, **602**
wird das Insolvenzgericht einen Beschluss erlassen, welcher den Schuldner von den nicht erfüllten Teilen der Verbindlichkeiten gem. § 414 IG befreit. Die Befreiung bezieht sich auch auf die Forderungen, welche nicht angemeldet oder im Insolvenzverfahren nicht berücksichtigt wurden sowie auf die Bürgen und Personen, welche Regressforderungen hätten. Dem gesicherten Gläubiger, der keine Anweisung zur Verwertung des Sicherheitsgegenstandes erteilt hat, bleibt das Recht auf die Befriedigung aus dem Sicherheitsgegenstand; die Forderungen, welche während des Insolvenzverfahren gem. § 170 IG nicht befriedigt werden, kann er erst nach der Beendigung des Insolvenzverfahrens verlangen. Die Forderungen aus einer Geldstrafe oder Vermögensstrafe für eine absichtliche Straftat, aus Schadensersatz für eine absichtliche Pflichtverletzung oder bei Gesundheitsschäden, sowie Forderungen aus den gesetzlichen Unterhaltsansprüchen bleiben auch nach der Befreiung gem. § 416 Abs. 1 IG durchsetzbar. Gegen die Entscheidung über die Befreiung von Schulden ist gem. § 416 Abs. 2 IG ein Rechtsmittel zulässig, welches nur derjenige Gläubiger erheben kann, dessen Forderung nicht vollständig befriedigt werden.

Unabhängig von den genannten Vorschriften in diesem Artikel gelten im Rahmen der Schuld- **603**
befreiung in Form der **Verwertung der Vermögensmasse** die Regeln des Konkurses, wie zB die Erstellung des Schlussberichtes und der Erlass des Verteilungsbeschlusses.

Die Rechtsprechung hat sich mit den Fällen befasst, in denen die Gläubiger über die Art der **604**
Schuldbefreiung entschieden und eine ungünstigere Variante durchgesetzt haben, obwohl der Schuldner bei der anderen Art der Schuldbefreiung die vorgeschriebene Befriedigung von mindestens 30 % angeboten hat. Die Rechtsprechung hat sich dazu so geäußert, dass es das Risiko der Gläubiger ist, wenn sie sich für eine andere Variante entscheiden. In diesem Fall konnte der Schuldner von Verbindlichkeiten gem. § 415 IG befreit werden (Oberster Gerichtshof 30.1.2014 – 29 NSCR 91/2013). Diese Vorschrift wurde seit 1.6.2019 aufgehoben, trotzdem ist diese Entscheidung wichtig. Denn diese Entscheidung zeigt, dass die Gläubiger (also nicht der Schuldner) die Verantwortung für die Wahl der günstigsten Art der Schuldbefreiung tragen.

Die Befreiung kann dem Schuldner entnommen werden, wenn ein Antrag gem. § 417 IG **605**
spätestens im Zeitraum von drei Jahren nach der Rechtskraft der Entscheidung über die Befreiung gestellt wird. Dies kann nur dann geschehen, wenn sich herausstellt, dass die Befreiung durch betrügerische Handlung des Schuldners erreicht wurde oder dass der Schuldner einigen Gläubigern besondere Vorteile gewährt hat. Dies gilt nicht, wenn er diese Einwendung vor der Entscheidung über die Befreiung erheben könnte.

Internationales Insolvenzrecht – Tschechische Republik

606 Die Befreiung erlischt, wenn der Schuldner bis zu drei Jahre nach der Rechtskraft der Entscheidung über die Befreiung bestraft wird, und zwar für eine absichtliche Straftat, mit welcher er wesentlich die Verabschiedung oder Durchführung der Schuldbefreiung und ggf. die Befreiung beeinflusst oder. die Gläubiger anders beschädigt hat. Das Erlöschen der Schuldbefreiung betrifft nicht die Gläubiger, welche an der Handlung des Schuldners partizipiert haben.

607 Das Insolvenzgericht hebt die verabschiedete **Schuldbefreiung** gem. § 418 IG nach der Vernehmung des Schuldners auf, wenn
- der Schuldner wesentliche Pflichten der verabschiedeten Schuldbefreiung nicht erfüllt,
- eine Geldschuld in Folge der verschuldeten Handlung des Schuldners nach der verabschiedeten Schuldbefreiung entstanden ist, welche sich 30 Tage nach der Fälligkeit befindet; die verschuldete Handlung wird vermutet, wenn zur Geltendmachung dieser Schuld die Zwangsvollstreckung beantragt wurde,
- der Schuldner infolge der Umstände, welche er selbst herbeigeführt hat, länger als drei Monate nicht im Stande ist, die minimalen Beträge gem. § 395 IG zu zahlen
- der Schuldner dies beantragt.

608 Mit der Entscheidung über die Aufhebung der verabschiedeten Schuldbefreiung wird das Insolvenzgericht entweder das Insolvenzverfahren einstellen oder den Konkurs erklären. Den Konkurs wird es erklären, wenn kein Fall der Vermögensunzulänglichkeit im Konkurs droht oder wenn der Schuldner, welcher der Antragsteller war, dies beantragt und wenn er den etwaig festgesetzten Vorschuss für die Verfahrenskosten bezahlt hat.

609 Wird es über die Einstellung des Insolvenzverfahrens entscheiden, wird es auch über die Kosten des Insolvenzverwalters und über die eventuell noch nicht bezahlten Kosten des Vertreters des Schuldners entscheiden, welcher den Antrag erstellt hat.

610 Wird das Insolvenzverfahren aufgrund des Gläubigerinsolvenzantrages eingeleitet, gewinnen die Gläubiger den Exekutionstitel, deren Forderung nicht bestritten wurde. Das Recht auf die Vollstreckung dieser Forderung verjährt nach zehn Jahren nach der Einstellung des Insolvenzverfahrens.

611 Gegen beide Entscheidungen sind **Rechtsmittel** zulässig. Zum Rechtsmittel gegen die Einstellung des Insolvenzverfahrens sind die angemeldeten Gläubiger, der Gläubigerausschuss, der Schuldner und der Insolvenzverwalter berechtigt. Gegen die Entscheidung über die Aufhebung der Schuldbefreiung sind der Schuldner, der Gläubigerausschuss, der Insolvenzverwalter und der Gläubiger, welcher die Aufhebung der Schuldbefreiung beantragt hat, berechtigt.

E. Insolvenzstrafrecht

I. Bankrottstraftaten

612 Das materielle Strafrecht ist im Gesetz Nr. 40/2009 Slg., Strafgesetzbuch, in der letzten Fassung (nachstehend nur „StG"), geregelt. Ein Bestandteil der Definition einer Straftat ist das Vorliegen einer Absicht gem. § 13 StG, es sei denn, das Strafgesetzbuch schreibt ausdrücklich vor, dass die Fahrlässigkeit ausreicht. Sofern das Strafgesetzbuch ein spezielles Subjekt als Täter bezeichnet, bei welchem spezielle Eigenschaften notwendig sind, reicht es aus, wenn die Eigenschaften bei der juristischen Person vorliegen, in deren Namen der Täter handelt. Das heißt, dass das Statutarorgan für die Handlungen der Gesellschaft haftet. Zwischen die Umstände, welche die Anwendung des höheren Strafsatzes begründen, gehört insbesondere der Umfang des herbeigeführten Schadens.

613 Die strafrechtliche Haftung der juristischen Personen richtet sich nach dem Gesetz Nr. 418/2011 Slg., in welchem die Voraussetzungen der Haftung näher definiert sind. Die juristischen Personen können die gleichen Straftaten begehen, wie die natürlichen Personen. Ausgeschlossen sind natürlich diejenigen Straftaten, welche ipso facto eine juristische Person nicht begehen kann, wie zB Verletzung der Unterhaltspflicht zu einem Kind.

614 Zwischen die Bankrottstraftaten gehören folgende Tatbestände:
1. Gläubigerbeschädigung
2. Gläubigerbegünstigung
3. Verursachung des Vermögensverfalls
4. Verletzung der Pflichten im Insolvenzverfahren
5. Machenschaften im Insolvenzverfahren
6. Verletzung der Pflicht zur wahren Vermögenserklärung
7. Verletzung der Pflicht bei der Verwaltung des fremden Vermögens
8. Missbildung des Zustandes des Wirtschaftens
9. Erpressung und Nachrede

Internationales Insolvenzrecht – Tschechische Republik

1. Gläubigerbeschädigung

Diese Straftat ist in § 222 StG verankert. Strafbar ist nach dieser Vorschrift derjenige, welcher die **Befriedigung,** auch teilweise, eines eigenen Gläubigers durch folgende Handlung **vereitelt:**
- Zerstörung, Beschädigung, Verheimlichung, Veräußerung oder Abschaffung des Vermögens oder dessen Teils,
- Abtretung einer eigenen Forderung oder Übernahme der Schuld eines Dritten,
- Belastung oder Vermietung einer Sache, welche Gegenstand eines Schuldverhältnisses darstellt,
- Vortäuschung oder Anerkennung eines nichtbestehenden Rechtes oder einer Verbindlichkeit in einem größeren Umfang als der Realität entspricht,
- Vortäuschung der Erfüllung einer Verbindlichkeit,
- Vortäuschung des Vermögensverfalls oder andere fiktive Vortäuschung des Untergangs oder der Verminderung des eigenen Vermögens.

Ferner gilt ein zweiter Tatbestand für einen Täter, welcher die Befriedigung des Gläubigers einer anderen Person dadurch vereitelt, dass er die Handlung unter dem ersten Punkt begeht oder dass er zu dem Vermögen des Schuldners ein nicht bestehendes Recht oder ein bestehendes Recht oder Forderung einer besseren Reihenfolge geltend macht. Eine weitere Voraussetzung für beide oben genannte Tatbestände ist die Entstehung eines Schadens, welcher bei beiden Varianten mindestens 25.000 CZK betragen muss.

Die Strafe für beide Varianten ist eine Freiheitsstrafe von bis zu zwei Jahren oder ein Verbot der Tätigkeit. Die Strafen werden höher, wenn ein höherer Schaden verursacht wird.

2. Gläubigerbegünstigung

Diese Straftat ist in § 223 StG verankert. Strafbar ist nach dieser Vorschrift der Schuldner im Vermögensverfall, welcher die (teilweise) **Befriedigung** eines eigenen Gläubigers durch die **Begünstigung** eines anderen Gläubigers durch eine Handlung vereitelt. Eine weitere Voraussetzung für diesen Tatbestand ist die Entstehung eines Schadens, welcher mindestens 25.000 CZK betragen muss. Die Strafe ist eine Freiheitsstrafe von bis zu einem Jahr oder ein Verbot der Tätigkeit. Die Strafen werden höher, wenn ein höherer Schaden verursacht wird.

3. Verursachung des Vermögensverfalls

Diese Straftat ist in § 224 StG verankert. Strafbar ist nach dieser Vorschrift derjenige, wer eigenen Vermögensverfall auch durch die **grobe Fahrlässigkeit** dadurch herbeiführt, dass er:
- Ausgaben tätigt, welche grob unverhältnismäßig zu den eigenen Vermögensverhältnissen sind,
- eigenes Vermögen auf die Art und Weise verwaltet, die den gesetzlichen oder vertraglichen Pflichten nicht entspricht oder im groben Widerspruch zu diesen steht,
- den gewährten Kredit im Widerspruch oder im groben Missverhältnis mit seinem Zweck nutzt,
- aus eigenem Vermögens Kredite oder Darlehen anderen Personen gewährt, obwohl dies im groben Missverhältnis zu seinen Vermögensverhältnissen ist,
- über den Rahmen des gewöhnlichen unternehmerischen Risikos hinaus ein Geschäft oder Operation tätigt, welches nicht zu seiner regelmäßigen unternehmerischen Tätigkeit gehört oder welches im groben Missverhältnis zu seinen Vermögensverhältnissen steht.

Ferner gilt ein zweiter Tatbestand für einen Täter, der auch mit der groben Fahrlässigkeit eine neue Verbindlichkeit annimmt oder ein Pfandrecht bestellt, obwohl er weiß, dass er sich im Vermögensverfall befindet und dadurch die Stellung der bisherigen Gläubiger verschlechtert.

Die Strafe ist eine Freiheitsstrafe bis zu einem Jahr oder ein Verbot der Tätigkeit. Die Strafen werden höher, wenn ein höherer Schaden verursacht wird.

4. Verletzung der Pflichten im Insolvenzverfahren

Diese Straftat ist in § 225 StG verankert. Strafbar ist nach dieser Vorschrift derjenige, wer im Insolvenzverfahren die **Ausübung der Funktion des Insolvenzverwalters** vereitelt oder grob hindert, und dadurch den Zweck des Insolvenzverfahrens bedroht. Die Strafe ist eine Freiheitsstrafe von sechs Monaten bis zu drei Jahren oder ein Verbot der Tätigkeit.

5. Machenschaften im Insolvenzverfahren

Diese Straftat ist in § 226 StG verankert. Nach dieser Vorschrift werden unlautere Handlungen befallen, welche die **ordentliche Auseinandersetzung der Vermögensverhältnisse** hindern.

Internationales Insolvenzrecht – Tschechische Republik

624 Diese Vorschrift schreibt drei Tatbestände vor:
- Wer als Gläubiger im Zusammenhang mit der Abstimmung der Gläubiger im Insolvenzverfahren im Widerspruch mit den Grundsätzen und Regeln des Insolvenzverfahrens ein Vermögensvorteil oder einen anderen Vorteil annimmt oder die Zusage erlaubt.
- Wer einem Gläubiger im Zusammenhang mit der Abstimmung der Gläubiger im Insolvenzverfahren im Widerspruch mit den Grundsätzen und Regeln des Insolvenzverfahrens einen Vermögensvorteil oder einen anderen Vorteil gewährt, anbietet oder verspricht.
Für beide Straftatbestände gilt eine Freiheitsstrafe von bis zu einem Jahr oder ein Verbot der Tätigkeit. Die Strafen werden höher, wenn ein höherer Schaden verursacht wird.
- Dritter Tatbestand gilt für den Insolvenzverwalter, ein Mitglied des Gläubigerausschusses oder für den Vertreter der Gläubiger, welche im Widerspruch mit den Grundsätzen und Regeln des Insolvenzverfahrens ein Vermögensvorteil oder ein anderer Vorteil annimmt oder Zusage erlaubt.
Die Strafe ist eine Freiheitsstrafe von bis zu zwei Jahren oder ein Verbot der Tätigkeit. Die Strafen werden höher, wenn ein höherer Schaden verursacht wird.

6. Verletzung der Pflicht zur wahren Vermögenserklärung

625 Diese Straftat ist in § 227 StG verankert. Strafbar ist nach dieser Vorschrift derjenige, der vor einem Gericht oder einem Organ der öffentlichen Gewalt die Erfüllung der gesetzlichen **Pflicht zur Tätigung der Vermögenserklärung** ablehnt oder sich dieser Pflicht entzieht oder wer in dieser Erklärung unwahre oder grob missbildende Angaben aufführt. Die Strafe ist eine Freiheitsstrafe von sechs Monaten bis zu drei Jahren, eine Geldstrafe oder ein Verbot der Tätigkeit.

7. Verletzung der Pflicht bei der Verwaltung des fremden Vermögens

626 Diese Straftat ist in § 220 StG für den absichtlichen Tatbestand und in § 221 StG für den fahrlässigen Tatbestand verankert. Diese Straftat schreibt folgende zwei Tatbestände vor:
- Wer die vom Gesetz festgesetzte oder vertraglich übernommene Pflicht zur Verwaltung oder zur Pflege des fremden Vermögens absichtlich verletzt und dadurch einem anderen einen Schaden von mindestens 25.000 CZK verursacht.
Die Strafe ist eine Freiheitsstrafe von bis zu zwei Jahren oder ein Verbot der Tätigkeit.
- Wer die vom Gesetz festgesetzte oder vertraglich übernommene Pflicht zur Verwaltung oder zur Pflege des fremden Vermögens aus grober Fahrlässigkeit verletzt und dadurch einem anderen einen Schaden von mindestens 500.000 CZK verursacht.
Die Strafe ist eine Freiheitsstrafe von bis zu sechs Monaten oder ein Verbot der Tätigkeit. Die Strafen werden höher, wenn ein höherer Schaden verursacht wird.

8. Missbildung des Zustandes des Wirtschaftens

627 Diese Straftat ist in § 254 StG verankert. Nach dieser Vorschrift werden die richtige und rechtzeitige Steuerfestsetzung und die Vermögensrechte eines Dritten geschützt. Diese Straftat kann derjenige begehen, wer:
- die Rechnungsbücher, Eintragungen oder andere zum Überblick über den Zustand des Wirtschaftens oder dessen Kontrolle dienende Belege nicht führt, obwohl er dazu verpflichtet ist,
- in diesen Rechnungsbüchern, Eintragungen oder anderen Belegen unwahre oder grob missbildende Angaben aufführt,
- diese Rechnungsbücher, Eintragungen oder andere Belege verändert, vernichtet, beschädigt, unbrauchbar macht oder verheimlicht.

628 Die Strafe ist eine Freiheitsstrafe von bis zu zwei Jahren oder ein Verbot der Tätigkeit. Die Strafen werden höher, wenn ein höherer Schaden verursacht wird.

9. Erpressung und Nachrede

629 Die Straftat der Erpressung ist in § 175 StG und die Straftat der Nachrede in § 184 StG verankert. Die Gerichtspraxis hat sich längere Zeit mit der Problematik der missbräuchlichen Insolvenzanträge befasst. Diese Insolvenzanträge haben die Transparenz des Insolvenzregisters dadurch missbraucht, dass die schnelle Veröffentlichung des Insolvenzantrages im Internet bzw. im Insolvenzregister den Schuldner unter sofortigen Druck der Geschäftspartner insbesondere der Finanzierunggesellschaften gestellt hat. Die Rechtsprechung hat sich an der Auslegung stabilisiert, dass die missbräuchlichen Insolvenzanträge die Straftaten der Erpressung und der Nachrede erfüllen können (Oberster Gerichtshof 26.2.2015 – 8 Tdo 1352/2014).

II. Verletzung der Insolvenzantragspflichten

Die Verletzung der Pflichten zur Stellung des Insolvenzantrages, eine sog. Insolvenzverschleppung, ist seit dem 1.1.2008 keine Straftat mehr, da diese Straftat in der Praxis schlechte Ergebnisse gehabt hat. Die Straftat der Insolvenzverschleppung wurde durch die strenge zivilrechtliche Haftung ersetzt (→ Rn. 505 ff.). Andere Bankrottstraftaten sind im vorherigen Kapitel (→ Rn. 612 ff.) erläutert. 630

III. Sozialversicherungsbetrug

Das tschechische Strafgesetzbuch regelt zwei Straftaten, mit welchen der Täter die öffentlichen Zahlungen hinterzieht oder ablistet. Es handelt sich um folgende Straftaten: 631

1. Hinterziehung einer Steuer, Gebühr oder einer anderen Pflichtzahlung, in § 240 StG geregelt

Die Straftat ist als eine Hinterziehung einer Steuer, eines Zolles, einer Sozialversicherung, eines Beitrages zu der Politik der Beschäftigung, einer Unfallversicherung, einer Krankenversicherung, einer Gebühr oder einer anderen Zahlung im Umfang von mindestens 50.000 CZK definiert. Auch der Gewinn eines Vorteils an einer solchen Zahlung fällt darunter. Die Strafe ist eine Freiheitsstrafe von sechs Monaten bis zu drei Jahren oder ein Verbot der Tätigkeit. Die Strafen werden höher, wenn ein höherer Schaden verursacht wird. 632

2. Nichtabführung der Steuer, Sozialversicherung oder anderer Pflichtzahlung, in § 241 StG geregelt

Die Straftat ist so definiert, dass der Arbeitgeber oder der Zahler die Zahlungen richtig abgerechnet, aber diese im Umfang von mindestens 50.000 CZK nicht bezahlt haben. Zu den Zahlungen, die er nicht abführt, zählen für die Arbeitnehmer oder andere Personen die Steuer, die Sozialversicherung, der Beitrag zu der Politik der Beschäftigung und die Krankenversicherung. Diese Straftat richtet sich auf die Zahlung, welche zB aus dem Gehalt eines Arbeitnehmers nach Abrechnung abgezogen und dem öffentlichen Organ nicht bezahlt wurde. Die Abgaben des Arbeitgebers werden in diese Straftat nicht aufgenommen (Oberster Gerichtshof 30.8.2000 – 3 Tz 155/2000 und v. 10.5.2000 – 4TZ 63/2000; eine Voraussetzung für die Bestrafung ist, dass der Arbeitgeber die Finanzmittel zur Verfügung hat und diese anders nutzte, als er sollte). 633

Die Strafe ist eine Freiheitsstrafe von bis zu drei Jahren oder ein Verbot der Tätigkeit. Die Strafen werden höher, wenn ein höherer Schaden verursacht wird. 634

Die öffentlichen Organe nutzen diese Straftat sehr oft und stellen häufig Strafanzeigen in den Insolvenzverfahren wegen dieser Straftat. Nach § 242 StG gilt die Möglichkeit der tätigen Reue, wenn der Täter seine Pflicht spätestens bis zu dem Zeitpunkt erfüllt, an dem das Gericht der ersten Instanz das Urteil verkündet hat. 635

F. Insolvenzsteuerrecht

I. Steuerforderungen in der Insolvenz

Für die Steuerforderungen gelten grundsätzlich die gleichen Regeln wie für die nichtstaatlichen Forderungen. Nach der Bestimmung von § 242 des Gesetzes Nr. 280/2009 Slg., Steuerordnung, in der letzten Fassung (nachstehend nur „StO"), gilt eine zeitliche Linie von der Wirkung (Veröffentlichung) der Entscheidung über den Vermögensverfall. Die Steuerforderungen, welche vor diesem Augenblick entstanden sind, müssen innerhalb der **präklusiven Frist** angemeldet werden. Die nach diesem Augenblick entstandenen Steuerforderungen genießen den **Rang der Masseforderungen**. Nach dieser Vorschrift kann der etwaige alte Überschuss auf dem Steuerkonto nur zur Begleichung der alten, vor der Entscheidung über den Vermögensfall entstandenen Steuerforderungen genutzt werden. Für die (neuen) Masseforderungen gilt dies entsprechend umgekehrt. 636

Aus der Befriedigung im Insolvenzverfahren sind die Steuerstrafen (Pönale) gem. § 170 IG ausgeschlossen, wenn diese nach der Entscheidung über den Vermögensverfall entstanden sind. 637

Zu der Erfüllung der Steuer- und Buchhaltungspflichten ist die Person berechtigt oder verpflichtet, welche die Verfügungsbefugnisse gem. § 228 IG iVm § 20 StO hat. Grundsätzlich ist der Schuldner verfügungsberechtigt. Der Insolvenzverwalter ist dies automatisch nur bei der Erklärung des Konkurses. 638

Internationales Insolvenzrecht – Tschechische Republik

639 Mit der Entscheidung über den Vermögensverfall beginnt eine 30-tägige Frist zur Stellung der Sondersteuererklärungen gem. § 244 StO. Die gewöhnlichen Fristen zur Stellung von Steuererklärungen sind dadurch unberührt. Sofern die gewöhnliche Frist zur Stellung von Steuererklärung länger als die 30-tätige Sonderfrist laufen soll, gilt gem. § 245 die (kürzere) Sonderfrist. Der Sinn dieser Regelung besteht darin, dass die präklusive Anmeldefrist auch für die Steuerbehörde gilt. Diese muss Zeit haben, die Steuer zu ermessen.

640 Es ist anzumerken, dass die Gläubiger, welche die Forderung angemeldet haben und diese festgestellt wurde, nach dem Gesetz Nr. 593/1992 Slg., über die Reserven zur Feststellung der Einkommensteuer, in der letzten Fassung, steuerwirksame Reserven bilden dürfen.

641 Folgende Steuern sind in der Tschechischen Republik abzuführen:

Art der Steuer	Rechtsgrundlage
Einkommensteuer	Gesetz Nr. 586/1992 Slg. (EstG)
Liegenschaftssteuer	Gesetz Nr. 338/1992 Slg. (LstG)
Straßensteuer	Gesetz Nr. 16/1993 Slg. (StstG)
Mehrwertsteuer	Gesetz Nr. 235/2004 Slg. (MwstG)
Verbrauchssteuer	Gesetz Nr. 353/2003 Slg. (VstG)

1. Einkommensteuer

642 Die **Entscheidung über den Vermögensverfall** hat bei den juristischen Personen die Folge, dass die bereits verlaufene Rechnungsperiode unterbrochen in zwei Teile geteilt wird. Mit dem Tag der Entscheidung über den Vermögensverfall beginnt die neue Teilrechnungsperiode. Bei den natürlichen Personen ist dies gem. § 38gb EStG anders. Bei den natürlichen Personen ist die Rechnungsperiode immer das Kalenderjahr gem. § 16b EStG. Die während der 30-tägigen Frist gestellte Steuererklärung bildet eine vorherige Steuererklärung, dessen Steuerergebnis in die finale Steuererklärung für das ganze Kalenderjahr aufzunehmen ist.

643 Das Insolvenzverfahren hat keinen Einfluss auf die Besteuerung während des Insolvenzverfahrens mit Ausnahme bei der Sanierungsform der Lösung des Vermögensverfalls (→ Rn. 657 ff.).

2. Liegenschaftssteuer

644 Diese Steuer verteilt sich in zwei Teile, die Steuer aus dem Gebäude und aus dem Grundstück. Der Gegenstand der Steuer ergibt sich bereits aus der Bezeichnung der Steuer. Grundsätzlich ist der Eigentümer des Grundstückes oder des Gebäudes steuerpflichtig, wobei der Stand zum 1. Januar maßgeblich ist. Kommt dieser Zeitpunkt nach der Wirkung der Entscheidung über den Vermögensverfall, gilt diese Steuerforderung als Masseforderung. Ansonsten gelten im Insolvenzverfahren keine Besonderheiten.

3. Straßensteuer

645 Bei dieser Steuer gelten außerhalb der Besonderheiten, welche bereits oben beschrieben wurden und welche die Frist für die Sondersteuererklärung betreffen, keine Änderungen.

4. Liegenschafterwerbssteuer

646 Die Liegenschafterwerbssteuer wurde zum 26.9.2020 aufgehoben.

5. Mehrwertsteuer

647 Das Gesetz über die Mehrwertsteuer regelt in § 99b MwstG, dass der Besteuerungszeitraum durch die **Entscheidung über den Vermögensverfall** betroffen ist. In dem Kalendermonat, in welchem die Entscheidung über den Vermögensverfall erlassen wurde, endet der Besteuerungszeitraum mit dem letzten Tag des Kalendermonats, unabhängig davon, ob der Besteuerungszeitraum monatlich oder vierteljährig war.

648 Ferner regelt das Gesetz in § 101b MwstG die **Frist** zur Stellung von Steuererklärungen. Grundsätzlich gilt die gewöhnliche Frist bis zum 25. des Kalendermonats, welcher nach dem Ende des Besteuerungszeitraumes folgt. Liegen zwischen der Entscheidung über den Vermögensverfall des Zahlers oder des Mitglieds der Gruppe und dem letzten Tag der gewöhnlichen Frist zur Stellung der Steuererklärung weniger als 30 Tage, gilt eine Sonderfrist von 30 Tagen nach der

Internationales Insolvenzrecht – Tschechische Republik

Entscheidung über den Vermögensverfall. Hat das Gericht über den Vermögensverfall eines Mitglieds der Gruppe entschieden, ist die Gruppe verpflichtet, die Steuererklärung für den Teil des Besteuerungszeitraumes spätestens 30 Tage nach der Entscheidung über den Vermögensverfall einzureichen. Der Besteuerungszeitraum endet einen Tag vor der Veröffentlichung der Entscheidung über den Vermögensverfall. Nach den Wirkungen der Entscheidung über den Vermögensverfall ist der Besteuerungszeitraum immer der Kalendermonat gem. § 99b Abs. 2 MwstG.

Zur Erleichterung der Stellung der Gläubiger, welche eine Forderung gegenüber einem im **649** Insolvenzverfahren befindlichen Schuldner haben, hat der Gesetzgeber eine Regelung in § 42 und §§ 46 ff. MwstG eingeführt, nach welcher der Gläubiger unter bestimmten Bedingungen die Mehrwertsteuer aus der betroffenen Forderung von dem Finanzamt verlangen kann. Die Regelung ist auf dem Konzept der Korrektur der Höhe durch einen Steuerbeleg aufgebaut. Die bisherige Rechtslage, welche namentlich für Insolvenzverfahren die Möglichkeit der Mehrwertsteuerrückerstattung geregelt hat, wurde in Reaktion auf die Entscheidung des EuGH – Enzo Di Maura (BeckRS 2017, 132136) – am 1.4.2019 durch eine breitere Regelung ersetzt, welche auch in anderen Situationen die Mehrwertsteuerrückerstattung ermöglicht, wenn die Forderungen uneinbringlich sind.

Der Gläubiger kann die **Korrektur der Steuer** bei Änderung der Höhe der Forderung **650** aufgrund des Reorganisationsplanes gem. § 42 MwstG vornehmen. Ferner kann der Gläubiger die Korrektur der Steuer bei der uneinbringlichen Forderung vornehmen, wenn

- das Insolvenzgericht über die Erklärung des Konkurses oder über die Umwandlung der Reorganisation in den Konkurs entschieden hat,
- es sich aus dem Bericht des Insolvenzverwalters ergibt, dass die Forderung nicht befriedigt wird oder das Insolvenzverfahren in der Phase der Schuldbefreiung beendet wurde,
- der Gläubiger seine Rechte ordnungsgemäß im Verfahren geltend gemacht hat und die Voraussetzungen für die Korrektur der Steuer nicht erfüllt sind und ferner ab dem Ende des Besteuerungszeitraumes, in welchem die steuerbare Leistung getätigt wurde, fünf Jahre abgelaufen sind. Der Gläubiger muss darauf reagieren, dass sich die Situation im Verfahren ändert und dieser volle Befriedigung erhält.

Die Korrektur der Steuer kann nicht vorgenommen werden, wenn **651**

- der Schuldner und der Gläubiger zum Zeitpunkt der steuerbaren Leistung nahestehende Personen oder kapitalverbundene Personen mit einem Anteil oder mit den Stimmrechten von mindestens 25 % sind,
- der Schuldner und der Gläubiger zum Zeitpunkt der steuerbaren Leistung Gesellschafter einer Gesellschaft waren und die Leistung aufgrund des entsprechenden Gesellschaftervertrages erfolgte,
- der Schuldner zum Zeitpunkt der steuerbaren Leistung unzuverlässiger Zahler war,
- die Korrektur der Steuer aus einem anderen Grund bereits erfolgt ist,
- der Schuldner dem Gläubiger nicht gut bekannt ist,
- der Gläubiger mit der Sorgfalt eines ordentlichen Kaufmannes wissen konnte, dass die steuerbare Leistung nicht bezahlt wird,
- der Gläubiger die Steuergrundlage bei der Umwandlung der Reorganisation in den Konkurs gem. § 42 MwstG nicht vorgenommen hat, wenn er die Steuergrundlage gemäß des verabschiedeten Reorganisationsplanes gem. § 42 MwstG vorgenommen hat.
- der Schuldner nicht mehr Zahler der Mehrwertsteuer ist.

Die Korrektur der Steuer kann man nicht nach dem Ablauf von drei Jahren nach Ende des **652** Besteuerungszeitraumes, in welchem die steuerbare Leistung erbracht wurde durchführen. Diese Frist läuft nicht während des Insolvenzverfahrens, in welchem der Gläubiger die Befriedigung seiner Forderung anstrebt.

6. Verbrauchssteuer

Das Gesetz regelt in § 136a VstG, dass der **Besteuerungszeitraum durch die Entscheidung** **653** **über den Vermögensverfall** betroffen ist. Der Besteuerungszeitraum endet ein Tag vor der Entscheidung über den Vermögensverfall. Der weitere Besteuerungszeitraum beginnt am Tag der Entscheidung über den Vermögensverfall und endet an dem letzten Tag des jeweiligen Kalendermonats. Der weitere Besteuerungszeitraum ist der Kalendermonat. Die Steuererklärung ist 25 Tage nach dem Ende des Besteuerungszeitraumes abzugeben.

Mit dem Tag, an dem das Insolvenzverfahren beendet ist, endet der verlaufende Besteuerungs- **654** zeitraum. Der weitere Besteuerungszeitraum beginnt an dem Tag, welcher der Beendigung des Insolvenzverfahrens folgt, und endet am letzten Tag des Kalendermonats, in welchem das Insol-

Internationales Insolvenzrecht – Tschechische Republik

venzverfahren beendet wurde. Darüber hinaus hat das Insolvenzverfahren keinen Einfluss auf die Besteuerung während des Insolvenzverfahrens.

II. Verkehrssteuern bei Unternehmensfortführung

655 Bei der Liegenschaftserwerbssteuer gilt eine Ausnahme, die **Befreiung von der Steuer**, wenn es sich um den Erwerb im Rahmen der Reorganisation in der folgenden Form handelt: der Erwerb des Eigentumsrechtes zur einer Liegenschaft bei der Durchführung der Reorganisation im Rahmen des Insolvenzverfahrens,
- wenn ein Teil der Schuldneraktiven den Gläubigern herausgegeben wird oder
- wenn die Schuldneraktiven an eine neu gegründete Gesellschaft übertragen werden, an welcher die Gläubiger eine Vermögensbeteiligung haben.

Alle Besonderheiten wurden bereits genannt oder werden dies im Folgenden.

III. Verkehrssteuern bei Masseverwertung

656 Bei der Verwertung des Vermögensgegenstandes, welcher als ein Sicherheitsgegenstand dient, war es strittig, ob die Grundlage des Kaufpreises mit oder ohne Mehrwertsteuer zu berechnen ist. Da der Grundsatz der Mehrwertsteuer 21 % beträgt, ist diese Frage von großer Bedeutung. Nach der Vorschrift von § 298 IG dürfen nur die maximalen prozentualen Sätze für die Kosten abgezogen werden. Fraglich ist, ob die Grundlage der Netto- oder der Bruttokaufpreis ist. Die letzte Rechtsprechung hat sich für das Bruttomodel ausgesprochen, welches für die gesicherten Gläubiger günstiger ist (Obergericht Olomouc 24.10.2017 – 3 VSOL 598/2017-B-19).

IV. Ertragssteuern, insbesondere Besteuerung von Sanierungsgewinnen

657 Die Erträge, welche durch die Abschreibung der Schulden bei der Reorganisation oder bei der Restschuldbefreiung begründet werden, sind sowohl bei den juristischen als auch bei den natürlichen Personen von der Einkommensteuer befreit.

V. Steuerliche Stellung des Insolvenzverwalters

1. Steuerliche Pflichten

658 Der Insolvenzverwalter erhält die steuerrechtlichen Pflichten in dem Augenblick, in dem er verfügungsberechtigt wird.

659 Ist die Entscheidung über den Konkurs mit der Entscheidung über den Vermögensverfall verbunden, muss er die Sondersteuererklärungen gem. § 244 StO innerhalb der 30-tägigen Frist stellen. Sofern er erfährt, dass die Unterlagen für die Stellung der Steuererklärung unzureichend sind, erlischt seine Pflicht. Der Insolvenzverwalter muss während der Frist zur Stellung der Steuererklärungen das Finanzamt darüber unterrichten und zur Ermessung der Steuer Mitwirkung leisten.

660 Ferner ergibt sich aus § 244 StO eine Pflicht zur Stellung der Sondersteuererklärungen zum Tag der Vorlage des Schlussberichtes, wobei er die Ergebnisse der Sondersteuererklärungen im Schlussbericht berücksichtigen muss. Die Frist zur Stellung von Sondersteuererklärungen beträgt 15 Tage. Es ist anzumerken, dass der Schlussbericht im Konkurs oder in der Restschuldbefreiung in der Form der Verwertung der Vermögensmasse zu verfassen ist. Im Übrigen gelten die vorherigen Regeln für die einzelnen Steuern mit den für das Insolvenzverfahren geltenden Ausnahmen.

2. Rechnungslegungspflichten

661 Der Insolvenzverwalter ist für die Rechnungslegung gem. § 228 IG verantwortlich, wenn er gem. § 229 IG verfügungsberechtig wird. Das ist im Regelfall bei dem Konkurs und ausnahmsweise in der Restschuldbefreiung in der Form der Verwertung der Vermögensmasse der Fall, wenn die Regeln des Konkurses entsprechend gelten.

662 Die Regeln über die Rechnungslegung sind im Gesetz Nr. 563/1991 Slg., über die Buchhaltung, in der letzten Fassung (nachstehend nur „**BuG**" genannt) verankert. Dieses Gesetz definiert die Einheiten, welche dem Gesetz und den buchhalterischen Pflichten unterliegen. Grundsätzlich gilt dieses Gesetz für die juristischen Personen. Für die natürlichen Personen gilt dieses Gesetz nur dann, wenn diese gewisse Bedingungen (wie zB Umsatz von mindesten 25 Mio. CZK) erfüllen oder die Regeln nach eigener Entscheidung anwenden.

Internationales Insolvenzrecht – Tschechische Republik

Die natürlichen Personen, welche nicht dem Gesetz über die Buchhaltung unterliegen, führen 663
nach dem Gesetz über die Einkommensteuer nach § 7b die Steuerevidenz. Die Steuerevidenz sind
Angaben über:
- Einnahmen und Ausgaben,
- Vermögen und Verbindlichkeiten.

In dem Gesetz über die Buchhaltung in § 17 Abs. 2 werden die Zeitpunkte definiert, zu welchen 664
die Buchhaltungseinheit die Rechnungsbücher abschließen soll. Diese sind im Hinblick auf das
Insolvenzverfahren folgende:
- zu dem Tag, welcher den Wirkungen der Entscheidung über den Vermögensverfall vorangeht,
- zu dem Tag, welcher den Wirkungen der Entscheidung über die Umwandlung der Reorganisation in den Konkurs vorangeht,
- zu dem Tag, zu welchem die Wirkungen der Aufhebung des Konkurses eintreten,
- zu dem Tag, welcher den Wirkungen der Verabschiedung des Reorganisationsplans vorangeht,
- zu dem Tag, zu welchem die Wirkungen der Erfüllung des Reorganisationsplan eintreten,
- zu dem Tag, zu welchem die Wirkungen der Erfüllung des Planes der Schuldbefreiung eintreten.

An dem Tag, welcher den oben genannten Augenblicken folgt, werden die Buchhaltungseinheiten 665
die Rechnungsbücher eröffnen. Zu dem Tag, zu welchem die Buchhaltungseinheit die Rechnungsbücher abschließt, erstellt sie gem. § 19 BuG den Jahresabschluss.

Darüber hinaus schreibt das IG in zwei Fällen vor, wann der mittlerweilige Jahresabschluss zu 666
erstellen ist. Wenn getrennt über die Lösung des Vermögensverfalls durch den Konkurs (dh nicht
gleichzeitig mit der Entscheidung über den Vermögensverfall) entschieden wird, wird der Insolvenzverwalter den mittlerweiligen Jahresabschluss zu dem Tag gem. § 277 IG erstellen, welcher
den Wirkungen des Konkurses vorangeht.

Ferner gilt die Pflicht zur Erstellung des mittlerweiligen Jahresabschlusses, wenn über die 667
Genehmigung der Reorganisation getrennt (dh nicht gleichzeitig mit der Entscheidung über den
Vermögensverfall) entschieden wird. Der Schuldner wird den mittlerweiligen Jahresabschluss zu
dem Tag gem. § 330 IG erstellen, welcher den Wirkungen der Genehmigung der Reorganisation
vorangeht.

Nach dem Gesetz über die Buchhaltung gelten gem. § 20 drei **Ausnahmen von der Pflicht** 668
zur Prüfung des Jahresabschlusses durch den Wirtschaftsprüfer. Diese sind folgende:
- für den Jahresabschluss, welcher während des Konkurses erstellt wird, und zwar für 36 Monate, anfangend mit dem ersten Tag des Kalendermonates, welcher den Wirkungen des Konkurses folgt, es sei denn die Prüfung verlangt der Gläubigerorgan,
- für den Jahresabschluss zu dem Tag, welcher den Wirkungen der Verabschiedung des Reorganisationsplanes vorangeht, es sei denn die Prüfung verlangt das Gläubigerorgan,
- wenn es zur Aufhebung des Konkurses wegen Masseunzulänglichkeit gekommen ist.

Über die Überprüfung des Jahresabschlusses durch einen Wirtschaftsprüfer kann das Gläubigerorgan gem. § 58 Abs. 2 lit. f IG entscheiden. Im Übrigen gelten die allgemeinen Regeln der
Rechnungslegung.

3. Besteuerung von Verwaltereinkünften – Gewerbesteuerpflicht

Die **Einkünfte des Insolvenzverwalters** werden gleich wie die gewöhnlichen Einkünfte aus 669
einem anderen Gewerbe durch die Einkommensteuer besteuert. Es ist anzumerken, dass der
Insolvenzverwalter als natürliche Person oder auch als OHG – veřejná obchodní společnost „v.o.s."
tätig sein kann. Die OHG ist eine juristische Person, welche die Buchhaltung führt.

Das Vermögen des Schuldners ist während des Insolvenzverfahrens getrennt von dem Vermögen 670
des Insolvenzverwalters zu führen. Daher kann es nicht passieren, dass der Insolvenzverwalter die
Einnahmen (Erträge) oder die Ausgaben (Kosten) in seine eigene Buchhaltung oder Steuerevidenz
übernimmt.

VI. Haftung für Steuerforderungen

1. Geschäftsführer und Dritte

Die Geschäftsführung haftet für die Steuerforderungen (→ Rn. 505 ff.). 671

Die Haftung von Dritten in der Form der Bürgschaft ist von Bedeutung bei der Mehrwertsteuer 672
und im Zusammenhang mit der Verbrauchssteuer. Die Rechtslage ist in §§ 108a ff. des Gesetzes
über die Mehrwertsteuer (MwstG) verankert.

a) Haftung des berechtigten Empfängers gem. § 108a MwstG. Diese Haftung gilt für 673
die Beschaffung von Waren aus einem anderen Mitgliedstaat, wenn der Vermittler, welcher die

Internationales Insolvenzrecht – Tschechische Republik

Ware aus einem anderen Mitgliedstaat beschafft, die Verbrauchssteuer anmeldet und bezahlen muss. Der Empfänger dieser Ware haftet als Bürge für die Mehrwertsteuer, welche der Vermittler bezahlen soll. Ein Ausschlussgrund für die Haftung gilt, wenn der Empfänger der Ware nachweist, dass er alle Maßnahmen zur Überprüfung der Steuerzahlung getroffen hat, welche von ihm vernünftig verlangt werden können. Die Haftung ist auf die Höhe der Steuer aus dem gewöhnlichen Wert der Ware einschließlich der Verbrauchssteuer beschränkt.

674   **b) Haftung des Empfängers der steuerbaren Erfüllung gem. § 109 MwstG.** Die Haftung hat vier Varianten:
- Der Zahler der Steuer, welcher eine steuerbare Erfüllung mit dem Erfüllungsort im Inland annimmt, haftet als Bürge für die nichtbezahlte Steuer, wenn er im Augenblick der steuerbaren Leistung oder der Zahlung dieser Leistung wusste oder wissen musste, dass:
  - die Steuer auf dem Steuerbeleg absichtlich nicht bezahlt wird,
  - der Geber der steuerbaren Leistung oder der Empfänger der Zahlung absichtlich in den Zustand gerät, in dem er die Steuer nicht bezahlen kann, oder
  - es zur Kürzung der Steuer oder zur Auslockung eines Steuervorteils kommt.
- Der Empfänger der steuerbaren Leistung haftet als Bürge für die nicht bezahlte Steuer, wenn er im Augenblick der steuerbaren Leistung oder der Zahlung von dieser Leistung wusste oder wissen musste, und das Entgelt für diese Leistung,
  - ohne wirtschaftlichen Grund ganz offensichtlich abweichend von dem gewöhnlichen Wert ist,
  - vollständig oder teilweise durch unbare Überweisung auf ein im Ausland geführtes Konto gewährt wird,
  - auf ein anderes Konto als das überwiesen wird, welches über die Finanzverwaltung im Internet veröffentlicht wird und der gegenständliche Betrag höher als das Doppelte ist, was das Gesetz Nr. 254/2004 Slg., über die Einschränkung der Bartransaktionen, als Höchstbetrag für die Bartransaktionen definiert. Zurzeit 270.000 CZK oder
  - durch die virtuelle Währung bezahlt wird.
- Ferner haftet der Empfänger der steuerbaren Leistung für die nichtbezahlte Steuer, wenn über den Geber der steuerbaren Leistung im Internet veröffentlicht wird, dass dieser ein unzuverlässiger Zahler gem. § 106 MwstG ist.
- Der Empfänger der steuerbaren Leistung haftet als Bürge für die nichtbezahlte Steuer, wenn er die Kraftstoffe von einem Distributor ankauft, dieser aber nicht in dem Verzeichnis der Distributoren der Kraftstoffe aufgeführt wird. Diese Regelung richtet sich auf den Großhandel, nicht auf den Verkauf in den Tankstellen.

675   Damit die Geschäftsverhältnisse eine Rechtssicherheit gewinnen können, wurde die Vorschrift von § 109a MwstG eingeführt. Nach dieser Vorschrift dürfen die Personen, welche theoretisch als Bürgen nach den Steuervorschriften auftreten können, den der Mehrwertsteuer entsprechenden Betrag direkt dem Finanzamt zahlen und dadurch das Bestehen der Bürgschaft ausschließen.

2. Insolvenzverwalter

676   Der Insolvenzverwalter haftet für die Steuerforderung gleich wie für die anderen Masseforderungen (→ Rn. 233 ff.).

Internationales Insolvenzrecht – USA

Übersicht

	Rn.
A. Überblick und historische Entwicklung	1
I. Überblick	1
II. Historische Entwicklung	7
III. Änderungen/Reformen	11
B. Insolvenzrecht in den Vereinigten Staaten	13
I. United States Bankruptcy Code – Bundesrecht	13
II. Insolvenzgründe	16
III. Verfahrensziele	19
IV. Quellen für Informationen	21
C. Vorinsolvenzliche Reorganisation	22
I. Restrukturierung von Schuldtiteln außerhalb eines Chapter 11 Verfahrens	22
II. Pre-packaged und Pre-arranged Restrukturierungen in Chapter 11-Verfahren	27
1. Pre-Packaged Chapter 11 Restrukturierungen	29
2. Pre-arranged Chapter 11 Restrukturierungen	33
III. Fazit	39
D. Einleitung von Insolvenzverfahren	40
I. Freiwillige/unfreiwillige Einleitung eines Insolvenzverfahren	40
1. Freiwilliger Insolvenzantrag (voluntary petition)	40
2. Unfreiwilliger Insolvenzantrag (involuntary petition)	44
II. Informations- und Mitwirkungspflicht des Schuldners	51
III. Sicherstellung der am Insolvenzverfahren beteiligten Vermögenswerte	53
IV. Zuständiges Gericht	54
V. Weitere Verfahren und Rechtsbehelfe	59
VI. Öffentlichkeit des Verfahrens und Akteneinsicht	65
VII. Anerkennung im Ausland	69
VIII. Abweisung des Verfahrens (Dismissal)	73
E. Arten von Insolvenzverfahren	79
I. Chapter 7	79
II. Chapter 11	82
III. Kleine Unternehmen	100
IV. Weitere Verfahrensarten – Chapter 9 (Kommunen), Chapter 12 (Landwirte), Chapter 13 (Verbraucher-Einzelpersonen)	104
F. Beteiligte in US-Insolvenzverfahren	111
I. Schuldner	111
II. Gläubiger	112
III. Insolvenzgerichte und Berufungsgerichte mit Aufsichtsfunktion	128

	Rn.
1. Insolvenzgerichte (Bankruptcy Courts)	128
2. Bezirksgerichte (District Courts)	130
3. Spezielle Insolvenzberufungsausschüsse (Bankruptcy Appellate Panels)	133
4. Bundesberufungsgerichte (Circuit Court of Appeals)	136
5. Oberster Gerichtshof der Vereinigten Staaten (Supreme Court of the United States)	140
IV. Gläubigerausschuss	142
V. Treuhänder	146
1. Chapter 7-Treuhänder	146
2. Chapter 11-Treuhänder	148
VI. Gutachter (examiners)	154
VII. Office of the United States Trustee	157
G. Verwaltung der Insolvenzmasse	161
I. Insolvenzmasse (Bankrupt's Estate)	161
II. Zugang zum Verfahren für Gläubiger	165
III. Nutzung, Verkauf und Verpachtung	168
IV. Laufende Verträge: Übernahme und Ablehnung	172
V. Aufrechnung	179
VI. Anfechtungsklagen (Avoidance Actions)	182
1. Fraudulent Conveyance	185
2. Preference	189
VII. Anhängige Rechtsstreitigkeiten	191
VIII. Auswirkungen auf Gesellschaftsrechtliche Fragen	193
H. Arbeits- und Sozialrecht	196
I. Individuelles Arbeitsrecht	196
1. Lohnforderungen	196
2. Abfindungsansprüche	202
3. Vorsorgeleistungen	203
II. Kollektives Arbeitsrecht	205
1. Kollektivvertragliche Vereinbarungen	205
2. Altersvorsorge	209
I. Kapitalbeschaffung während des Insolvenzverfahrens – (DIP-Financing)	211
I. Allgemeiner Überblick	211
II. Historische Entwicklung	213
III. Angemessener Schutz	216
IV. Kreditaufnahme - Gesetzliche Grundlagen	218
V. Barsicherheiten	220
VI. Loan to Own und Roll-Ups von Verbindlichkeiten aus der Zeit vor der Insolvenz	222
J. Haftung der Geschäftsleitung (officers and directors)	224
I. Allgemein	224
II. Treuhänderische Pflichten	229
1. Sorgfaltspflichten	232
2. Pflicht zur Loyalität	234
III. Schutz der Business Judgement Rule	235

Internationales Insolvenzrecht – USA

	Rn.		Rn.
IV. Weitere mögliche Haftungsrisiken	237	1. Befreiung von Verbindlichkeiten nach Chapter 7	246
V. Geltendmachung von Ansprüchen durch Gläubiger	239	2. Befreiung von Verbindlichkeiten nach Chapter 11	249
K. Beendigung des Insolvenzverfahrens	240	IV. Verzicht auf Forderungen gegen Dritte	253
I. Liquidation	241	V. Abschluss des Insolvenzverfahrens	257
II. Reorganisation	243	1. Abschluss eines Chapter 7-Falls	258
III. Befreiung von Verbindlichkeiten	245	2. Abschluss eines Chapter 11-Falls	260

A. Überblick und historische Entwicklung

I. Überblick

1 Die **freiwillige Einleitung eines Insolvenzverfahrens** (bankruptcy proceeding) gemäß United States Bankruptcy Code (Title 11 des United States Code, 11 U.S.C.), setzt **keine Insolvenzreife** voraus, sofern die Antragstellung in gutem Glauben (in good faith) erfolgt (s. Fields Station LLC v. Capital Food Corp. of Fields Corner (In re Capital Food Corp. of Fields Corner), 490 F.3d 21, 25 (4th Cir. 2007)). An die Person des Schuldners werden jedoch besondere Anforderungen gestellt. Dieser muss entweder einen **Wohnsitz, Geschäftssitz, oder Eigentum in den Vereinigten Staaten** haben. Der Wert des Eigentums ist in der Regel nicht relevant. Ausreichend kann beispielsweise ein Anspruch aufgrund eines Vorschusses bei einer Anwaltskanzlei oder einem anderen Berater sein. Dabei ist praktisch jeder Betrag ausreichend, um die Zuständigkeit eines US-amerikanischen Insolvenzgerichts (U.S. Bankruptcy Court) zu begründen.

2 Abhängig von der Art des beantragten Insolvenzverfahrens kommen zusätzliche Anforderungen hinzu. Folgende **Arten von Insolvenzverfahren** kommen in Betracht: (i) eine Liquidation (liquidation, gem. 11 U.S.C. Chapter 7), (ii) ein Restrukturierungsverfahren von Kommunen (gem. 11 U.S.C. Chapter 9), (iii) ein Reorganisationsverfahren von Unternehmen oder natürlichen Personen (gem. 11 U.S.C. Chapter 11), (iv) ein Insolvenzverfahren von Familienbetrieben in Land- und Fischereiwirtschaft (gem. 11 U.S.C. Chapter 12), (v) ein Insolvenzverfahren eines Verbrauchers, soweit der Verbraucher eine Reorganisation und keine Liquidation oder umfassende Befreiung der Verbindlichkeiten beabsichtigt (gem. 11 U.S.C. Chapter 13) oder (vi) ein Insolvenzverfahren, das von einem Vertreter eines ausländischen Insolvenzverfahrens eingereicht wird (gem. 11 U.S.C. Chapter 15).

3 Schuldner einer **Liquidation nach Chapter 7** kann nur eine Person sein, die kein Eisenbahnunternehmen, inländische Versicherungsgesellschaft oder Finanzinstitution ist. Diese Finanzinstitution dürfte außerdem nicht durch den Federal Deposit Insurance Act reguliert werden (bank, savings bank, cooperative bank, savings and loan association, building and loan association, homestead association, credit union, industrial bank or similar institution). Anderes gilt nur, soweit besondere Umstände vorliegen (11 U.S.C. § 109(b)).

4 Personen, die Schuldner einer Liquidation nach Chapter 7 sein können, können auch eine **Reorganisation nach Chapter 11** beantragen. Für natürliche Personen gilt dies jedoch nur, wenn sie ein regelmäßiges Einkommen haben und am Tag der Antragstellung unbedingte, ungesicherte Geldforderungen von mehr als 394.725 USD, sowie unbedingte, gesicherte Geldforderungen von mehr als 1.184.200 USD schulden. Natürliche Personen, die geringere offene Verbindlichkeiten haben, können nur Schuldner in Verfahren nach Chapter 13 sein (11 U.S.C. § 109(e)).

5 Die weiteren genannten Chapter regeln **Verfahren, die besondere Schuldner bzw. Umstände** betreffen. Darunter fallen beispielsweise Kommunen (municipality), Landwirte und Fischer (jeweils wie im United States Bankruptcy Code definiert), sowie die **Anerkennung ausländischer Insolvenzverfahren** gem. 11 U.S.C. Chapter 15.

6 Die **Chapter 1, 3 und 5** des Bankruptcy Code enthalten **allgemeine Vorschriften**, die in allen Verfahren Anwendung finden, sofern nicht abweichend geregelt.

II. Historische Entwicklung

7 Die Verfassung der Vereinigten Staaten räumt dem Kongress die Befugnis ein, „**einheitliche Gesetze zum Thema Insolvenz in den gesamten Vereinigten Staaten** zu erlassen." (U.S. CONST., Art. I, Sec. 8). Diese Bestimmung, auch Bankruptcy Clause genannt, war erst sehr spät Gegenstand der Beratungen über die Verfassung der Vereinigten Staaten. Es ist wenig über die

Gründe bekannt, warum die Klausel angenommen wurde, da dies „praktisch ohne Debatte" geschah (s. Charles Warren, Bankruptcy in United States History (Beard Books 1999 Reprint, 5)). Nur ein Delegierter stimmte gegen sie. Er befürchtete, dass einige Insolvenzen mit dem Tod bestraft werden könnten. Um Schuldbefreiungen hinsichtlich Verbindlichkeiten, die vor der Verabschiedung der Verfassung entstanden waren, zu ermöglichen, bemühte man sich, die Bankruptcy Clause zu ändern, bevor der Verfassungskonvent endete. Dies wurde jedoch abgelehnt. Da es keine Aufzeichnungen über die Debatten im Verfassungskonvent gibt, findet sich die einzige Begründung für die Bankruptcy Clause in den Schriften von James Madison, in denen er auf die Verabschiedung der Verfassung durch die Staaten drängte.

Zur Frage, ob die Bankruptcy Clause richtigerweise staatlicher oder nationaler Gesetzgebung **8** zuzuordnen sei, schrieb James Madison: „Die Befugnis, einheitliche Insolvenzgesetze zu erlassen, ist so eng mit Vorschriften verbunden, die den Handel betreffen, und wird so viel Betrug verhindern, bei denen die Parteien oder ihr Eigentum in verschiedenen Staaten sind oder verbracht werden, dass die **Zweckmäßigkeit** dessen wohl nicht in Frage gestellt werden kann." (The Federalist, No. 42, at 443-44; James Madison, The Constitution of the United States and Selected Writings of the Founding Fathers, Barns & Noble 2012).

Erst 1800 verabschiedeten die Vereinigten Staaten ein Gesetz zu Insolvenzen. Das Gesetz galt **9** jedoch nur für Kaufleute, basierte weitgehend auf der englischen Gesetzgebung (Warren, supra n. 9, at 18-19) und wurde drei Jahre später wieder aufgehoben. Im weiteren Verlaufe des 19. Jahrhunderts verabschiedete der Kongress eine Reihe von Insolvenzgesetzen. Auch diese wurden jedoch jedes Mal wieder aufgehoben (David A. Skeel, Jr., Debt's Dominion: A history of bankruptcy law in America (Princeton Press 2001), 24). In dieser Zeit erließen die Staaten Gesetze, die das Verhältnis von Gläubigern und Schuldnern regelten und die **Lücke in der nationalen Gesetzgebung** füllten. Der Oberste Gerichtshof der Vereinigten Staaten (United States Supreme Court) bestätigte, dass die Bundesregierung für den Erlass von Insolvenzgesetzen zuständig ist; soweit und solange der Kongress seine Zuständigkeit nicht ausübt, könnten jedoch auch die Bundesstaaten Insolvenzgesetze erlassen. Diese würden jedoch durch neue Bundesgesetze verdrängt (s. Sturges v. Crowninshie ld, 17 U.S. (4 Wheat.) 122, 196 (1819)).

Erst im Jahr 1898 erließ der Kongress den **Bankruptcy Act von 1898,** welcher eine umfassende **10** nationale Gesetzgebung vorsah. Der Bankruptcy Act von 1898 wurde über die Jahre immer wieder geändert. Von großer Bedeutung war vor allem die Reform durch den sog. Chandler Act im Jahr 1938, der den Entwicklungen in der Wirtschaft und den Geschäftspraktiken seit dem Erlass des Bankruptcy Acts Rechnung trug (Carl Wilde, The Chandler Act, 14 IND. L. J. 93, 94 (1938)). Der Chandler Act enthielt einige Bestimmungen, die die theoretische Grundlage für das moderne Insolvenzrecht bildeten und 1978 in Kraft traten („Bankruptcy Code", s. 11 U.S.C. § 101, et seq). Der Bankruptcy Code wurde erst nach fast einem Jahrzehnt wissenschaftlicher Untersuchungen und Anhörungen im Kongress erlassen und stellte eine umfassende und grundlegende Überarbeitung des Insolvenzsystems der Vereinigten Staaten dar. Dies betraf sowohl Unternehmen als auch natürliche Personen (s. Skeel, supra n. 14, in Chapter 5, „Raising the Bar with the 1978 Bankruptcy Code"). Auch der Bankruptcy Code erfuhr laufende Änderungen. Maßgeblich waren vor allem die **Reformen der Jahre 1984, 1994 und 2005.** Die Reform im Jahr 2005 diente der Umsetzung des Model Cross-Border Law der United Nations Commission on International Trade Law in nationales Recht in einem neu geschaffenen Chapter 15 des U.S.C.

III. Änderungen/Reformen

Von 2012 bis 2014 richtete das **American Bankruptcy Institute** eine Kommission ein, **11** die den Bankruptcy Code untersuchen und Vorschläge für Reformen erarbeiten sollte. Diese Kommission veröffentlichte mehrere Reformvorschläge in einem Abschlussbericht, der sich mit allen Aspekten des Chapter 11 befasste. Die wichtigste Änderung der darauffolgenden Reform war die Verabschiedung des **Small Business Reorganisation Act of 2019** (Pub. L. 116-54 (Aug. 23, 2019)), kodifiziert als Subchapter V des Bankruptcy Code in 11 U.S.C. §§ 1181–1195. Zweck des Small Business Reorganization Act of 2019 war es, den Zugang zu Insolvenzverfahren für kleinere Unternehmen kostengünstiger und effizienter zu gestalten.

Die einzige Änderung des Bankruptcy Code aufgrund der **Coronavirus-Pandemie** bestand **12** darin, dass die Verschuldungsobergrenze für kleine Unternehmen im Rahmen des Small Business Reorganisation Act von 2.725.625 USD auf 7.500.000 USD angehoben wurde (Coronavirus Aid, Relief, and Economic Security Act, Pub.L. 116-136).

Internationales Insolvenzrecht – USA

B. Insolvenzrecht in den Vereinigten Staaten

I. United States Bankruptcy Code – Bundesrecht

13   In den Vereinigten Staaten ist Insolvenzrecht Bundesrecht, das in allen US-Bundesstaaten gilt. Die **Verfassung der Vereinigten Staaten** sieht vor, dass der US-Kongress die Befugnis hat, **Gesetze zum Insolvenzrecht einheitlich in den gesamten Vereinigten Staaten** zu erlassen (U.S. Const. art. I, § 8, Abs. 4). Vom US-Kongress erlassene Gesetze sind gegenüber bundesstaatlichen Gesetzen vorrangig. Den Bundesstaaten ist es untersagt, widersprüchliche Gesetze zu erlassen. Dieses Prinzip besteht fort; der Oberste Gerichtshof der Vereinigten Staaten erklärte erst kürzlich ein von Puerto Rico verabschiedetes Gesetz für verfassungswidrig, das es puerto-ricanischen Kommunen erlaubte, vor den örtlichen Gerichten Insolvenz anzumelden (s. Commonwealth of Puerto Rico v. Franklin California Tax-Free Trust, 579 U.S. (2016)).

14   Der US-Kongress hat von 1800 bis heute zahlreiche Gesetze erlassen. Das aktuelle Insolvenzrecht wurde 1978 als **Titel 11 des United States Code** kodifiziert und in Kraft gesetzt. In der Praxis wird dieser Teil des United States Code als **Bankruptcy Code** bezeichnet (11 U.S.C. § 101, et seq). Der Bankruptcy Code wurde mehrmals geändert, vor allem in den Jahren 1984, 1994 und 2005 („The Bankruptcy Amendments and Federal Judgeship Act of 1984", der „Bankruptcy Reform Act of 1994" und der „Bankruptcy Abuse Prevention and Consumer Protection Act of 2005"). Der Bankruptcy Code gilt für alle Insolvenzverfahren und besteht aus allgemeinen Kapiteln, die sich mit der Verwaltung befassen (Chapter 1, 3 und 5). Diese allgemeinen Kapitel gelten für alle Fälle, während die anderen Kapitel nur auf bestimmte Arten von Fällen Anwendung finden (Chapter 7 – Liquidationen, Chapter 9 – Kommunen, Chapter 11 – Reorganisation von Unternehmen, Chapter 12 – Landwirte und Fischer, Chapter 13 – Privatpersonen und Chapter 15 – Neben- und grenzüberschreitende Verfahren (s. 11 U.S.C. § 103).

15   Der US-Kongress hat festgelegt, welche Arten von Insolvenzverfahren unter dem Bankruptcy Code beantragt werden können und einige **Bereiche aus der Anwendung des Bankruptcy Codes ausgenommen.** Dies erlaubt den Bundesstaaten, in diesen Bereichen Insolvenzgesetze zu erlassen. Zum Beispiel können inländische Versicherungsgesellschaften, bestimmte Banken, ausländische Versicherungsgesellschaften, die in den USA tätig sind, und ausländische Banken mit einer Niederlassung in den Vereinigten Staaten nicht Schuldner nach Chapter 7 oder Chapter 11 sein (s. 11 U.S.C. § 109(b)). Da der US-Kongress keine einheitlichen Insolvenzgesetze für Versicherungsgesellschaften und Banken erlassen hat, haben viele Bundesstaaten für die Insolvenz dieser Arten von Unternehmen anwendbare Gesetze erlassen (s. Adam Hodkin, Insurer Insolvency: Problems & Solutions, 20 Hofstra L. Rev. 727, 728-29 (1992)). Außerdem ermöglichen spezielle Bestimmungen im Bankruptcy Code auch einer Eisenbahngesellschaft, Schuldner nach Chapter 11 (aber nicht nach Chapter 7) zu sein, und erlauben eine Liquidation von Börsen- und Rohstoffmaklern (s. 11 U.S.C. §§ 109(b)(1) & (d)).

II. Insolvenzgründe

16   **Insolvenzreife ist keine Voraussetzung** für einen freiwilligen Insolvenzantrag nach dem Bankruptcy Code (s. In re Johns-Manville Corp., 36 B.R. 727, 732 (Bankr. S.D.N.Y. 1984)). Ist ein Unternehmen allerdings solvent und stellt den Insolvenzantrag aus einem unsachgemäßen Zweck oder zur Ausnutzung des Insolvenzrechts für einen Mitnahmeeffekt bzw. einen unberechtigten Gewinn, können Gerichte den Fall als **Insolvenzantrag „wider gutem Glauben"** (in bad faith) abweisen (s. In re SGL Carbon Corp., 200 F.3d 154, 164 (3d Cir. 1999)).

17   In einem **Verfahren, das nicht freiwillig beantragt wurde (involuntary petition),** kann ein vermeintlicher Schuldner nur dann für insolvent erklärt werden, wenn er seine Verbindlichkeiten zu dem Zeitpunkt nicht zahlt, „wenn sie fällig werden, es sei denn, diese Verbindlichkeiten sind in gutem Glauben Gegenstand eines Rechtsstreits (bona fide dispute) über die Haftung oder die Höhe ..." (s. 11 U.S.C. § 303(h)(1)).

18   Das Vorliegen einer Insolvenz ist jedoch nach dem Bankruptcy Code vor allem im Hinblick auf **Anfechtungsklagen (avoidance actions)** relevant. Anfechtungsklagen erlauben es dem Treuhänder bzw. dem eigenverwaltenden Schuldner, soweit kein Treuhänder bestellt wurde, vor dem Insolvenzantrag geleistete Zahlungen zurückzufordern, wenn das Schuldnerunternehmen „insolvent" war (s. zB 11 U.S.C. §§ 547(b)(3) – preference; 548(a)(b)(ii)(I) – constructively fraudulent). In diesem Zusammenhang sieht der Bankruptcy Code eine ausdrückliche Definition des Begriffs „insolvent" (insolvent) vor, die je nach Art der betroffenen juristischen Person unterschiedliche Bedeutungen hat (s. Definition in 11 U.S.C. § 101 (32)):

(A) in Bezug auf eine **juristische Person,** die keine Personengesellschaft (partnership) und keine Kommune (municipality) ist: Eine finanzielle Situation, in welcher die Summe der bestehenden Verbindlichkeiten dieser juristischen Person größer ist als das gesamte Vermögen. Bewertungsmaßstab ist der objektive Markt- bzw. Zeitwert (fair valuation) (ausgenommen (i) Vermögen, das mit der Absicht übertragen, verborgen oder entfernt wurde, die Gläubiger der juristischen Person zu behindern, hinzuhalten oder zu betrügen; und (ii) Vermögen, das gem. Section 522 dieses Titels vom Vermögen der Masse ausgenommen werden kann);

(B) in Bezug auf eine **Personengesellschaft (partnership):** Eine finanzielle Situation, in welcher die Summe der Verbindlichkeiten einer Personengesellschaft größer ist als die Summe aus (i) dem gesamten Vermögen einer solchen Personengesellschaft (ausgenommen Vermögen der in Unterparagraph (A)(i) dieses Paragraphen genannten Art) und (ii) dem Betrag, um den das Vermögen jedes Komplementärs (general partner), welches nicht der Personengesellschaft zugeordnet ist (ausgenommen Vermögen der in Unterabsatz (A) dieses Paragraphen genannten Art), die offenen Verbindlichkeiten desjenigen Komplementärs, welche nicht der Personengesellschaft zugeordnet sind, übersteigt; und

(C) in Bezug auf eine **Kommune:** eine finanzielle Situation, in der die Kommune (i) ihre Verbindlichkeiten bei Fälligkeit allgemein nicht bezahlt, es sei denn, diese Verbindlichkeiten sind im guten Glauben Gegenstand eines Rechtsstreits (bona fide dispute); oder (ii) die Kommune ist nicht in der Lage, ihre offenen Verbindlichkeiten bei Fälligkeit zu begleichen.

Verbindlichkeiten (debts) umfasst dabei die Haftung für Ansprüche (claims), die gesetzlich definiert sind, ua als ein Recht auf Zahlung, „unabhängig davon, ob dieses Recht durch ein Urteil festgestellt, in Geld oder nicht, festgesetzt, bedingt, fällig, nicht fällig, bestritten, unbestritten, gesetzlich oder nach Billigkeitsrecht, gesichert oder unbesichert ist" (s. Definition in 11 U.S.C. § 101(5), (12)).

III. Verfahrensziele

Grundsätzlich ist es Ziel der Verfahren nach dem Bankruptcy Code, **einem Schuldner eine „Atempause" zu verschaffen.** Dem Schuldner soll die Gelegenheit gegeben werden, seine Angelegenheiten zu organisieren und zu bestimmen, ob sein Unternehmen saniert werden kann oder, im Falle einer Liquidation, für ein geordnetes und faires Vorgehen zu sorgen. Um diese „Atempause" zu rechtfertigen, muss der Schuldner maßgebliche Informationen zur Verfügung stellen, damit die Gläubiger informierte Entscheidungen treffen können. Ziel ist es, **sicherzustellen, dass die Gläubiger fair behandelt werden, ein ordnungsgemäßes Verfahren durchgeführt wird und die Gläubiger von dem Verfahren und den Handlungen Kenntnis erhalten.** Interessen einzelner Gläubiger müssen häufig hinter das Interesse der Gläubigergesamtheit (best interests of creditors) zurücktreten. Der Bankruptcy Code sieht ein kollektives Verfahren mit dem Ziel vor, sicherzustellen, dass alle Gläubiger, die sich in einer ähnlichen Lage befinden, **gleichbehandelt werden.**

Außerdem sollen Unternehmen, die Risiken eingegangen und gescheitert sind, zum Zwecke der Sanierung von den Gläubigern einen Aufschub erhalten. Sobald ein Schuldner das Insolvenzverfahren verlassen hat, kann er wieder unternehmerischen Aktivitäten nachgehen, die Arbeitsplätze und gesamtwirtschaftlichen Nutzen bringen. In dieser Hinsicht **wägt der Bankruptcy Code die Rechte des eigenverwaltenden Schuldners gegen die Rechte der Gläubiger ab.** Wenn der Schuldner seinen Verpflichtungen nach dem Bankruptcy Code nachkommt und sachgemäße Ziele verfolgt, werden die Insolvenzgerichte dem Schuldner allgemein die Zeit und die Unterstützung gewähren, die er benötigt, um die Verfahrensziele des Bankruptcy Code zu erreichen. Kommt der Schuldner seinen Verpflichtungen allerdings nicht nach, erscheint eine Sanierung unwahrscheinlich oder werden Gläubiger durch das Insolvenzverfahren geschädigt, verfügen die Insolvenzgerichte über Instrumente, um das Gleichgewicht zugunsten der Gläubiger wiederherzustellen und Abhilfe zu schaffen (Harvey R. Miller, The Changing Face of Chapter 11: A Reemergence of the Bankruptcy Judge As Producer, Director, and Sometimes Star of the Reorganization Passion Play, 69 Am. Bankr. L.J. 431, 431 (1995)).

IV. Quellen für Informationen

Die US-amerikanischen Insolvenzgerichte veröffentlichen ihre Entscheidungen im **offiziellen Bankruptcy Reporter,** der über verschiedene Abonnement-Recherchedienste erhältlich ist. Darüber hinaus stellt die Mehrheit der Insolvenzgerichte, die Berufungsgerichte und der United States Supreme Court ihre Entscheidungsgründe auf der Webseite des jeweiligen Gerichts im PDF-Format zur Verfügung. In diesem Bereich ist das **American Bankruptcy Institute**

Internationales Insolvenzrecht – USA

(www.abiworld.org) eine der wichtigsten Organisationen in den Vereinigten Staaten. Das Institut gibt eine Monatszeitschrift, eine vierteljährlich erscheinende Law Review sowie zahlreiche Bücher und Texte zu verschiedenen Aspekten des Insolvenzrechts heraus. Die wichtigste Abhandlung zum Insolvenzrecht, auf die sich Gerichte in der Regel stützen, ist Collier on Bankruptcy. Auch Norton Bankruptcy Law and Practice zählt zu beliebten Referenzquellen (s. Collier on Bankruptcy (Richard Levin & Henry J. Sommer eds., 16th ed.); William L. Norton, III, Norton BANKR. L. & PRAC. (3d ed. 2021)).

C. Vorinsolvenzliche Reorganisation

I. Restrukturierung von Schuldtiteln außerhalb eines Chapter 11 Verfahrens

22   Im Zusammenhang mit öffentlich gehandelten festverzinslichen Schuldtiteln (publicly traded fixed income securities) bestehen nach den US-Wertpapiergesetzen (U.S. securities laws) mehrere außergerichtliche Optionen zur Restrukturierung von Schuldtiteln. Zu den praktikablen Optionen für Unternehmen, die ihre Verschuldung umstrukturieren möchten, gehören ein **Umwandlungsangebot (exchange offer)** oder, seltener, ein **Barangebot (cash tender offer)** für ausstehende Schuldtitel. Weitere Optionen sind **Rückkäufe gemäß den Bedingungen der Schuldtitel (redemptions)**, **Käufe auf dem regulierten Markt** und **direkte Käufe** (Debt Exchange Offers: Purpose and Process, Practical Law Practice Note 0-384-4790). Jeder Versuch eines Emittenten, ein Umwandlungsangebot oder ein Barangebot durchzuführen, erfordert eine Prüfung der jeweils anwendbaren Bedingungen und der geltenden Wertpapiergesetze und -verordnungen (Robert Landau und Romano I. Peluso, Corporate Trust Administration and Management (Infinity Press 2017, 7th Ed.)).

23   Insbesondere bei einem Barangebot oder einem Rückkauf der Schuldtitel nach den Bedingungen der Schuldtitel sind die **Bedingungen der Schuldtitel zu berücksichtigen**. Es kann viele vertragliche Bestimmungen über Rückkaufzeitpunkte und -quoten geben, die die Aufrechterhaltung der Rendite gewährleisten sollen. Übernahmeangebote für nicht wandelbare Schuldtitel unterliegen grundsätzlich den Regeln für Übernahmeangebote gemäß Securities Exchange Act of 1934, 15 U.S.C. § 78a, et seq. („Exchange Act") (Methods of Restructuring Outstanding Debt Securities, Practical Law Practice Note 7-384-7484). Wird ein Übernahmeangebot für einige oder alle ausstehenden Schuldtitel durchgeführt, unterliegt das Angebot den Bestimmungen von § 14(e) des Exchange Acts. Dieser verbietet betrügerische und manipulative Aktivitäten. Weiterhin verlangt er, dass das Angebot für mindestens 20 Geschäftstage und weitere zehn Geschäftstage ab der Bekanntgabe einer Änderung der Angebotsbedingungen aufrechterhalten wird. In manchen Situationen ist auch ein verkürztes Übernahmeangebot, das für nur fünf Geschäftstage offengehalten wird, möglich (Methods of Restructuring Outstanding Debt Securities, Practical Law Practice Note 7-384-7484).

24   Häufig werden **im Zusammenhang mit einer bilanziellen Krise des Unternehmens bestehende Schuldtitel in neues Fremd- oder Eigenkapital umgewandelt.** Rechtlich gesehen sind Umwandlungsangebote auch Übernahmeangebote; die Begriffe werden oft austauschbar verwendet. Da ein Umwandlungsangebot ein Angebot auf Ausgabe neuer Schuldtitel beinhaltet, muss das Angebot bei der SEC registriert werden. Anderes gilt nur, sofern eine Befreiung von der Registrierung möglich ist. Infolgedessen bestehen grundsätzlich drei Möglichkeiten, ein Umwandlungsangebot zu strukturieren: (i) ein Angebot gem. Section 3(a)(9) des Security Acts von 1933, (ii) ein Angebot im Rahmen einer Privatplatzierung (§ 97:7. Generell; Umtauschangebote, 5 Norton Bankr. L. & Prac. 3d § 97:7) oder (iii) ein bei der SEC angemeldetes Angebot (Methods of Restructuring Outstanding Debt Securities, Practical Law Practice Note 7-384-7484). Für Details zum auf die jeweiligen Umwandlungsangebote anwendbaren Recht s. Practice Note, Debt Exchange Offers: Purpose and Process: Structuring an Exchange Offer).

25   Diese **Arten von Umwandlungsangeboten können kombiniert werden,** wie im Beispiel des Harrah's Casinos, welches aber schlussendlich insolvent ging: Zur Reduzierung seiner Verbindlichkeiten bestand für Harrah's die Möglichkeit, auf dem Markt Schuldtitel und Kredite zu vergünstigten Preisen zurückzukaufen. Der Rückkauf einer Anleihe zu fünfzig Cent hätte die bestehenden Verbindlichkeiten um einen Dollar reduziert und somit unmittelbar fünfzig Cent an Eigenkapitalwert geschaffen. Dieses Verfahren wirkt zwar auf den ersten Blick wirtschaftlich sinnvoll, bindet aber Barmittel, welche in der Folge nicht mehr für Investitionen und andere, eigentlich vorrangige, Zwecke zur Verfügung stehen. Weiterhin bestand für Harrah's die Option eines sog. Umwandlungsangebotes. Den Inhabern von 100 Mio. USD Schuldtiteln könnten zB neue Schuldtitel im Wert von 80 Mio. USD angeboten werden. Diese haben einen höheren Rang im Vergleich zu

den anderen bestehenden Verbindlichkeiten, werden aber drei oder vier Jahre später fällig. Um die Inhaber zum Tausch zu bewegen, könnten ein höherer Zinssatz und zusätzliche Gebühren angeboten werden. Im Dezember 2009 wandelte Harrah's bestehende Verbindlichkeiten in Höhe von 2,2 Mrd. USD in neue Verbindlichkeiten, mit einem Nennwert von etwa der Hälfte, um. Im März 2009 wandelte Harrah's die damals noch bestehenden Verbindlichkeiten in Höhe von 5,5 Mrd. USD in neue Verbindlichkeiten in Höhe von 3,7 Mrd. USD um. Gleichzeitig kauften die operative Gesellschaft sowie die Gesellschaft, die die CMBS hielt, Verbindlichkeiten auf dem freien Markt zurück (Max Frumes und Sujeet Indap, The Caesars Palace Coup: How a Billionaire Brawl Over the Famous Casino Exposed the Power and Greed of Wall Street (Diversion Books: 2021) at 54).

Im Rahmen einer außergerichtlichen Restrukturierung kann die Frage aufkommen, ob das Unternehmen den **vollen Nennwert der entsprechenden Wertpapiere restrukturieren** muss. Der Trust Indenture Act von 1939, 11 U.S.C. § 77aaa (der „Trust Indenture Act"), der die Emission von öffentlichen Schuldtiteln regelt, erlaubt keine außergerichtliche Änderung von Hauptschuld sowie Zinsen, ohne die ausdrückliche Zustimmung jedes Inhabers. US-Recht unterliegende Bedingungen enthalten normalerweise eine entsprechende Bestimmung (Trust Indenture Act, § 316(b)), nach der dies zwingendes Recht sei. Die Vorschrift kann dazu führen, dass Inhaber, die **aus Unachtsamkeit kein Angebot** abgeben oder die Situation ausnutzen, sog. **„hold out"**, die **Restrukturierungsbemühungen gefährden**. 26

II. Pre-packaged und Pre-arranged Restrukturierungen in Chapter 11-Verfahren

Wenn ein Unternehmen mit öffentlichen Schuldtiteln ein Umwandlungsangebot verfolgt, ist eine Annahme des Angebots von mehr als 67 % der Inhaber der Schuldtitel nicht ausreichend; die Zustimmung jedes Inhabers ist notwendig. Allerdings könnten die Anforderungen für die Restrukturierung in einem Chapter 11-Verfahren erfüllt sein. In einem Chapter 11-Verfahren gilt die Zustimmung der gesamten Gruppe der Inhaber von Schuldtiteln als erteilt, wenn Gläubiger, die mehr als zwei Drittel des Betrages der Forderungen in dieser Gruppe halten und mehr als 50 % der Anzahl der Gläubiger in dieser Gruppe darstellen, zustimmen. Folglich ist es **nicht ungewöhnlich, dass auf ein „gescheitertes" Umwandlungsangebot ein sog. Pre-packaged-Insolvenzverfahren folgt**. Als echtes Pre-Packaged-Insolvenzverfahren werden Verfahren bezeichnet, in denen die Aufforderung und Abstimmung vor der Antragsstellung erfolgt und der Plan kurzfristig, in der Regel in nur wenigen Tagen und in den meisten Gerichtsbezirken in weniger als 45 Tagen, gerichtlich bestätigt wird. 27

Lassen Zeit oder Umstände eine im Pre-Packaged-Insolvenzverfahren vorgesehene Abstimmung vor dem Insolvenzantrag nicht zu, können Unternehmen ein **sog. Pre-arranged-Insolvenzverfahren** anstreben, in welchem die Planinhalte und -bedingungen in einer Vereinbarung festgelegt werden. Die Offenlegung, Abstimmung und gerichtliche Bestätigung erfolgen aber erst nach der Stellung des Antrags auf Eröffnung des Chapter 11-Insolvenzverfahrens. 28

1. Pre-Packaged Chapter 11 Restrukturierungen

Der Bankruptcy Code sieht ausdrücklich vor, dass ein Schuldner ein Pre-Packaged-Insolvenzverfahren beantragen kann. Nach der Eröffnung eines Verfahrens darf im Rahmen des Bankruptcy Code nicht um die Annahme oder Ablehnung eines Plans geworben werden. Eine Ausnahme besteht für den Fall, dass zum Zeitpunkt der Aufforderung eine gerichtlich genehmigte schriftliche Offenlegungserklärung an die abstimmende Partei übermittelt wurde (11 U.S.C. § 1126(b)). Eine ausdrückliche Bestimmung erlaubt es aber trotz dieser Voraussetzung, dass „eine **Annahme oder Ablehnung des Plans** von einem Forderungs- oder Rechtsinhaber erbeten werden kann, wenn ein solches Ersuchen mit dem außerhalb des Insolvenzrechts anwendbaren Recht vereinbar ist und wenn der Inhaber **vor der Eröffnung des Insolvenzverfahrens** gebeten wurde und dies in einer Weise, die mit dem außerhalb des Insolvenzrechts anwendbaren Recht vereinbar ist" (11 U.S.C. § 1126(g)). 29

Das Pre-Packaged-Verfahren lässt sich in **zwei wesentliche Schritte** einteilen. Zunächst wird **mit einer ausgesuchten Gläubigergruppe über den Inhalt eines Plans verhandelt,** auf dieser Basis wird der Plan entworfen und zur **Abstimmung mit diesen Gläubigern** gebracht. Sobald die Abstimmung erfolgt ist und die nach dem Bankruptcy Code bestehenden Abstimmungserfordernisse erfüllt sind, beantragt das Schuldnerunternehmen im zweiten Schritt die **Eröffnung des Insolvenzverfahrens sowie eine verbundene Anhörung zur Bestätigung** von Abstimmungsverfahren und Plan (11 U.S.C. § 105(d)(2)(B)(vi)). Häufig sind bei Pre-Packaged-Insolvenzverfahren nur die Finanzverbindlichkeiten Gegenstand des Verfahrens. Forderungen 30

Internationales Insolvenzrecht – USA

aus Handelsgeschäften und andere unbesicherte Verbindlichkeiten sind hingegen nicht betroffen und bleiben vom Insolvenzverfahren unberührt. Aus diesem Grund wird in Pre-Packaged-Fällen meist kein offizieller Gläubigerausschuss unbesicherter Gläubiger (offical committee of unsecured creditors) eingesetzt. Insgesamt zeichnen sich Pre-Packaged-Verfahren häufig durch Schnelligkeit und Effizienz aus.

31   Das Pre-Packaged-Verfahren trotzdem nicht häufiger genutzt werden, liegt laut einigen Kommentatoren daran, dass Pre-Packaged-Verfahren nur in den Fällen möglich sind, in denen man **mit einer großen Mehrheit von Gläubigern vor der Insolvenz eine Einigung erzielen** kann. Dies ist weitgehend abhängig von der Art der Gläubigergruppe. Ist die Gläubigergruppe relativ klein und sind die Verbindlichkeiten auf wenige Gläubiger konzentriert, können Schuldner und Gläubiger zu einer Einigung kommen und „ein Insolvenzverfahren durchlaufen". Dies erfolgt mit dem Ziel, allen übrigen Gläubigern, die nicht in der Lage oder willens sind, der Einigung zuzustimmen, die erzielte Einigung aufzuzwingen. Hat ein Unternehmen jedoch Hunderte von Anleihegläubigern und Handelsgläubigern und konzentrieren sich die Verbindlichkeiten nicht auf wenige Gläubiger, ist ein Schuldner möglicherweise nicht in der Lage, rechtzeitig vor der Insolvenz auf effektive Art und Weise die Zustimmung zu einem Plan einzuholen.

32   Aus verfahrensrechtlicher Sicht bieten Bankruptcy Code und Verordnungen keine detaillierten Regeln für Pre-packaged-Insolvenzverfahren. Bestimmte Gerichtsbezirke greifen auf **lokale Regeln** zurück. Diese schreiben die Art und Weise vor, wie Pre-packaged-Verfahren beantragt und durchgeführt werden. Beispielsweise sieht die vom Southern District of New York erlassene Local Rule 3018-2 vor, dass „[eine] Partei, die eine Bestätigung eines Plans anstrebt, der vor der Eröffnung eines Chapter 11-Verfahrens vorgeschlagen und angenommen wurde, die Procedural Guidelines for Prepackaged Chapter 11 Cases einhalten muss..." (Southern District of New York Local Bankruptcy Rules 3018-2). Diese Richtlinien behandeln ua die Frage, wie viel Zeit für die Abstimmung im Rahmen eines Pre-packaged-Plans eingeräumt werden sollte (21 Tage für Eigenkapitaltitel und Handelsgläubiger und 14 Tage für Schuldtitel) und welche Abstimmungsmodalitäten für das Abstimmungsverfahren verwendet werden dürfen.

2. Pre-arranged Chapter 11 Restrukturierungen

33   Für ein sog. Pre-arranged-Insolvenzverfahren finden sich **im Bankruptcy Code keine Regelungen.** Das Konzept hat sich vielmehr **in der Praxis aus der Verwendung von Restrukturierungsvereinbarungen** (Restructuring Support Agreements, auch bekannt als Lock Up Agreements oder Plan Support Agreements) entwickelt. In einer Restrukturierungsvereinbarung erklärt sich ein Schuldner typischerweise bereit, einen bestimmten Plan vorzuschlagen, und die Gläubiger erklären sich bereit, diesen Plan, vorbehaltlich bestimmter Bedingungen, zu unterstützen. Die Parteien binden sich diesbezüglich bereits, auch wenn der zugrundeliegende Plan und die Offenlegungserklärung noch nicht beim Bankruptcy Court eingereicht wurden (Restructuring Support Agreements in Bankruptcy, Practical Law Practice Note 2-532). Restrukturierungsvereinbarungen schließen somit die Lücke zwischen der regulären Einleitung eines Insolvenzverfahrens, also ohne vorherige Abstimmung über den Inhalt eines Plans und der Einleitung eines Insolvenzverfahrens in Form eines Pre-packaged-Insolvenzverfahrens. Sie ermöglichen dem Schuldner, seinen bestehenden und möglichen zukünftigen Kreditgebern, Investoren und Handelspartnern zu versichern, dass eine umsetzbare Restrukturierungslösung verfolgt wird. Auch können Restrukturierungsvereinbarungen dem Schuldner die Gewissheit geben, dass er seine Zeit, sein Geld und seine Ressourcen für eine Restrukturierung einsetzt, die die Zustimmung der Gläubiger erfährt und ermöglicht, schnell aus der Insolvenz herauszukommen und mögliche negative Auswirkungen auf sein Geschäft zu minimieren (Restructuring Support Agreements in Bankruptcy, Practical Law Practice Note 2-532).

34   In den letzten Jahren haben Restrukturierungsvereinbarungen an Beliebtheit gewonnen und werden häufig eingesetzt. Zu Anfang zweifelte man an der **Durchsetzbarkeit derartiger Vereinbarungen.** Insbesondere wurde kritisiert, Restrukturierungsvereinbarungen verstießen gegen die Anforderungen des Bankruptcy Code, wonach eine Abstimmung über die Annahme oder Ablehnung eines Plans erst dann durchgeführt werden darf, wenn das Insolvenzgericht eine Offenlegungserklärung für die Abstimmung genehmigt hat (11 U.S.C. § 1125(b)). Teilweise wurde vertreten, dass Parteien, die eine Restrukturierungsvereinbarung vor dem Antrag auf Eröffnung eines Insolvenzverfahren unterzeichneten, an diese gebunden wären und diese im Rahmen des Insolvenzverfahrens durchgesetzt würde. Diejenigen, die die Vereinbarung nach dem Verfahren, aber **vor der gerichtlichen Genehmigung einer Offenlegungserklärung** unterzeichneten, wären jedoch nicht daran gebunden. Überdies wäre es ihnen auch untersagt, über einen Plan abzustim-

men (s. Daniel J. DeFranceschi, Feature: Delaware Bankruptcy Court Announces Bright-line Rule for Use of Lock-up Agreements in Chapter 11 Cases, Amer. Bankr. L. J. Feb. 2003).
Die Ansicht, dass Restrukturierungsvereinbarungen nur vor einem Antrag auf Eröffnung eines 35 Chapter 11-Verfahrens abgeschlossen werden können, wurde in jüngerer Zeit abgelehnt. Begründet wurde dies damit, dass die „robusten Offenlegungsanforderungen des Bankruptcy Code die unerwünschte Praxis beenden sollten, um Annahme oder Ablehnung zu einem Zeitpunkt zu werben, zu dem Gläubiger und Anteilsinhaber zu schlecht informiert waren, um in ihrem eigenen Interesse kompetent zu handeln." (In re Indianapolis Downs, LLC, 486 B.R. 286, 295-96 (Bankr. D. Del. 2013)). Nachdem die Parteien, die die Restrukturierungsvereinbarung unterzeichneten, „allesamt erfahrene Marktteilnehmer waren und während des gesamten Verfahrens von fähigen und erfahrenen Fachleuten vertreten wurden [, wäre] es grob formalistisch, wenn man behauptete", dass der Bankruptcy Code den Parteien die Abstimmung über den Plan verbiete. Den Parteien hätte die Möglichkeit zustehen sollen, eine vom Gericht genehmigte Offenlegungserklärung zu prüfen, bevor sie eine Einigung mit dem Schuldner erzielen oder unterstützen (In re Indianapolis Downs, LLC, 486 B.R. 286, 295-96 (Bankr. D. Del. 2013)).

Mithin bieten Restrukturierungsvereinbarungen einem Schuldner **große Flexibilität bei der** 36 **Verhandlung von Restrukturierungslösungen.** Restrukturierungsvereinbarungen können bereits vor einem Insolvenzantrag die **notwendige Unterstützung für eine Planbestätigung** sofort nach Eröffnung enthalten. Sie können aber auch erst nach einem Insolvenzantrag verhandelt werden und ein bestimmtes Verfahren über die Bestätigung des Plans vorsehen, bevor im laufenden Verfahren der Plan und die Offenlegungserklärung eingereicht werden. Des Weiteren gibt es Restrukturierungsvereinbarungen, die zwar nicht für die Verabschiedung eines Plans ausreichen, aber genutzt werden, um nach einem Insolvenzantrag kurzfristig für die erforderliche Unterstützung mittels Beitritts zur bereits ausverhandelten Restrukturierungsvereinbarung zu werben.

Während sich Restrukturierungsvereinbarungen in Länge und Komplexität unterscheiden, ent- 37 halten sie typischerweise alle bestimmte Regelungen (Restructuring Support Agreements in Bankruptcy, Practical Law Practice Note 2-532-9406). **Typische Regelungen** sind ua:
- Die Parteien verpflichten sich, den Plan zu unterstützen. Typischerweise ist der Inhalt des Plans in einem sog. Term Sheet skizziert und der Restrukturierungsvereinbarung als Anlage beigefügt.
- Die Gläubiger verpflichten sich, für die Verabschiedung des Plans zu stimmen, ihre Stimmen nicht zurückzuziehen, einen konkurrierenden Plan nicht zu unterstützen oder andere dabei zu unterstützen. Dies gilt jedoch nur, sofern der vom Schuldner tatsächlich vorgeschlagene Plan nicht wesentlich von dem im Term Sheet skizzierten Plan abweicht.
- Üblicherweise vereinbaren die Gläubiger, ihre Forderungen nicht zu verkaufen, es sei denn, der Forderungskäufer bzw. Abtretungsempfänger erklärt sich schriftlich bereit, an die Bedingungen der Restrukturierungsvereinbarung gebunden zu sein.
- Häufig fordern Gläubiger einen Zeitplan, welcher Fristen für die Maßnahmen festlegt, um sicherzustellen, dass der Planbestätigungsprozess wie geplant durchgeführt wird.
- Typischerweise muss eine Mehrheit oder eine qualifizierte Mehrheit (supermajority) der Gläubiger, die die Restrukturierungsvereinbarung unterzeichnen, allen Änderungen zustimmen. Alle ablehnenden Gläubiger oder nicht abstimmenden Gläubiger sind an die von der Mehrheit bzw. der Supermajorität genehmigten Änderungen gebunden.
- Kündigungsbestimmungen variieren je nach den Umständen des Einzelfalles. In der Regel bevorzugen Schuldner restriktivere Kündigungsbestimmungen, um sicherzustellen, dass die Hauptgläubiger ihre Unterstützung nicht ohne Weiteres kündigen können. Aus verschiedensten Gründen wird jede Partei Kündigungsmöglichkeiten fordern.
- Viele Restrukturierungsvereinbarungen enthalten einen „Fiduciary Out". Dieses Konzept ermöglicht es dem Schuldner, der die treuhänderische Pflicht hat, den Wert der Masse zugunsten aller seiner Gläubiger zu maximieren, die Restrukturierungsvereinbarung zu kündigen und einen anderen, besseren Restrukturierungsvorschlag zu verfolgen, wenn dieser verfügbar geworden ist. Einige Gerichte genehmigen Restrukturierungsvereinbarungen mit einer derartigen Regelung jedoch nicht (In re Innkeepers USA Trust, 442 B.R. 227, 235 (Bankr. S.D.N.Y. 2010).
- Typischerweise können Gläubiger eine Restrukturierungsvereinbarung kündigen, wenn ein Schuldner einen Plan einreicht oder unterstützt, der nicht mit den von den Parteien vereinbarten Bedingungen übereinstimmt, eine seiner Verpflichtungen aus der Vereinbarung wesentlich verletzt oder eine Bedingung der Vereinbarung in wesentlicher Hinsicht nicht erfüllt. Dies schließt auch die Einhaltung bestimmter Fristen, wie vereinbarter Meilensteine ein. Weiter bestehen Kündigungsgründe typischerweise bei bestimmten insolvenzverfahrensbezogenen Ereignissen, wie zB die Ernennung eines Gutachters oder eines Chapter 11 Trustee, der anstelle des Manage-

Internationales Insolvenzrecht – USA

ments eingesetzt wird, die Umwandlung in ein Chapter 7-Liquidationsverfahren oder die Abweisung des Insolvenzverfahrens.
- Um sicherzustellen, dass die Vereinbarung nicht als Verstoß gegen die Bestimmungen des Bankruptcy Code zur Offenlegungserklärung angesehen wird, wird in den meisten Restrukturierungsvereinbarungen statuiert, dass es sich nicht um eine Aufforderung zur Stimmabgabe über einen Plan nach einem Insolvenzantrag handelt.

38 Um eine Restrukturierungsvereinbarung zu erlangen, wird meist versucht, eine **bestimmte Gruppe von Gläubigern** (in der Regel Anleihegläubiger oder andere gesicherte Finanzgläubiger) zu organisieren. Im Folgenden wird eine **Geheimhaltungsvereinbarung** mit diesen Gläubigern abgeschlossen und eine finanzielle Due Diligence für diese Gruppe durchführt. Dabei ist es üblich, dass das schuldnerische Unternehmen zustimmt, die Kosten der Berater (Rechts- und Finanzberater) zu zahlen. Im Falle, dass die zu restrukturierenden Verbindlichkeiten öffentlich gehandelt werden, enthält die Geheimhaltungsvereinbarung regelmäßig eine Klausel, die einen Zeitrahmen für die **Veröffentlichung aller mitgeteilter, wesentlicher und nichtöffentlicher Informationen** vorsieht. Wenn keine Einigung erzielt wird, können nach Veröffentlichung die Gläubiger der Gruppe wieder mit dem Handel ihrer Wertpapiere beginnen. Mit Fortschreiten der Verhandlungen kann dieser Zeitrahmen verlängert werden. Der Abschluss der Verhandlungen, egal ob erfolgreich nicht, wird oft in einer Pressemitteilung veröffentlicht. Dies soll den Markt auf diesen Erfolg oder Misserfolg aufmerksam machen.

III. Fazit

39 Die Wertpapiergesetze in den Vereinigten Staaten sehen verschiedene Optionen für ein notleidendes Unternehmen vor, um bestehende Verbindlichkeiten durch deren Umwandlung in neue Verbindlichkeiten oder in Eigenkapital zu beseitigen oder indem Barangebote zum Rückkauf von Verbindlichkeiten zugelassen sind. Der Bankruptcy Code erlaubt dabei eine weitgehende Flexibilität und lässt weitere Optionen zu, darunter ein Prepackaged-Plan-Verfahren, welches im Rahmen eines Insolvenzverfahrens in kurzer Zeit gerichtlich bestätigt werden kann. Typischerweise geschieht dies innerhalb von wenigen Tagen, maximal bis zu 35 und 45 Tagen. Ist ein Prepackaged-Plan aus zeitlichen Gründen nicht möglich, bietet die Praxis der Verwendung von Restrukturierungsvereinbarungen zusätzliche Flexibilität für eine vorinsolvenzliche Lösung. Es besteht die Möglichkeit, eine Unternehmensrestrukturierung im Rahmen eines Insolvenzverfahrens in effizienter Art und Weise zu erreichen, soweit die Einschaltung eines Gerichts erforderlich ist.

D. Einleitung von Insolvenzverfahren

I. Freiwillige/unfreiwillige Einleitung eines Insolvenzverfahren

1. Freiwilliger Insolvenzantrag (voluntary petition)

40 Die Einleitung eines Verfahrens mittels freiwilligen Insolvenzantrags (voluntary application) ist relativ einfach, da der Schuldner lediglich einen **Antrag** ausfüllen und einreichen muss. Dabei handelt es sich um ein Standardformular, in dem bestimmte Informationen abgefragt werden (11 U.S.C. § 303(a); Fed. R. Bankr. Pro. 1002(a)). In einigen Gerichtsbarkeiten gibt es lokale Vorschriften, die den Schuldner verpflichten, das Büro des Gerichtssachbearbeiters (clerk) und den United States Trustee zwei Tage vor der Einreichung zu benachrichtigen, damit die entsprechenden **administrativen Vorbereitungen** getroffen werden können. In der Praxis geschieht dies vertraulich und ohne Namensnennung. Ein Schuldner, der einen freiwilligen Antrag einreicht, muss eine Anmeldegebühr pro Schuldner entrichten, die derzeit etwa 1.800 USD pro Schuldner beträgt (Fed. R. Bankr. Pro. 1006). Der Schuldner muss weiterhin eine Liste mit den Namen und Adressen seiner Gläubiger einreichen, eine Erklärung über die Anteilseigner des Unternehmens, in der alle Personen aufgeführt sind, die mehr als 10 % des Schuldners besitzen, eine Liste der Inhaber von Wertpapieren und eine Liste der zwanzig größten Gläubiger abgeben (Fed. R. Bankr. Pro. 1007). Jede dieser Listen muss geprüft werden oder eine Erklärung über ihre Richtigkeit enthalten.

41 Wenngleich auch nicht erforderlich, ist es üblich geworden, dass ein Schuldner am ersten Tag weitere Anträge, sog. **„first day motions"**, stellt, in denen viele Anträge, insbesondere zur Aufrechterhaltung der Geschäftsfortführung während des Chapter11-Verfahrens, enthalten sind. Zu diesen Anträgen gehören oft Anträge auf Zahlung von Verbindlichkeiten, die vor der Antragstellung entstanden sind, aber erst nach der Antragstellung fällig werden und daher technisch gesehen nicht ohne gerichtliche Genehmigung gezahlt werden dürfen. Typischerweise werden auch Anträge auf Zahlung der Löhne der Mitarbeiter, Zahlung von Steuern und Versicherungsprämien aus der Zeit vor dem Insolvenzantrag, Zahlungen zur Aufrechterhaltung von Kunden- und Rabattprogrammen, Zahlung von Lager- und Versandgebühren sowie Anträge auf Ermächtigung zur Zahlung „kritischer Lieferanten" (critical vendors) gestellt. Obwohl diese Anträge inzwischen routinemäßig gestellt werden und auf Formularen basieren, können sie zu frühen gerichtlichen Auseinandersetzungen mit den Gläubigern oder zu Verhandlungen über wichtige Fragen des Insolvenzverfahrens führen (In re Kmart Corp., 359 F.3d 866 (7th Cir. 2004)). Ein typischer Antrag der first day motions ist zB auch der Antrag, Barsicherheiten verwenden zu dürfen oder ein Massedarlehen (post-petition financing) zu erhalten, um die Finanzierung des Verfahrens zu sichern.

Bei Insolvenzanträgen für Unternehmen ist es üblich, einen **Beschluss der Geschäftsleitung** 42 beizufügen, der den Insolvenzantrag, die Beauftragung von Fachleuten und die Ermächtigung bestimmter Geschäftsführer zu allen im Insolvenzfall erforderlichen Handlungen genehmigt. Bei Rechtsformen wie zB Gesellschaften mit beschränkter Haftung oder Personengesellschaften haben Kreditgeber und Gläubiger damit begonnen, einen sog. goldenen Gesellschaftsanteil, **„golden share"**, von den Unternehmen zu fordern und in der Satzung der Gesellschaft vorzusehen, dass der Insolvenzantrag nur genehmigt ist, wenn der Inhaber des „golden share" dem Antrag zustimmt (→ Rn. 42.1 f.).

Bisher hat nur ein Berufungsgericht das Konzept des „golden share" erörtert (In re Franchise Servs. 42.1 of N. Am., Inc., 891 F.3d 198 (5th Cir. 2018)). In dem Fall tätigte der Anteilsinhaber eine Investition in Höhe von 15 Mio. USD im Austausch für 100 % der Vorzugsaktien des Schuldners. Gleichzeitig wurde der Gründungssitz nach Delaware verlegt und die Satzungsurkunde geändert. Als Voraussetzung für die Einreichung eines freiwilligen Insolvenzantrags erforderte die geänderte Satzungsurkunde die Zustimmung einer Mehrheit in jeder Gruppe der Stamm- und Vorzugsaktionäre des Schuldners. Nach der missglückten Übernahme einer neuen Tochtergesellschaft meldet der Schuldner Insolvenz an. Aus Angst, dass die Aktionäre den Antrag ablehnen könnten, wurde die Angelegenheit nie zur Abstimmung gestellt. Der einzige Vorzugsaktionär beantragte die Abweisung des Insolvenzantrags als ungenehmigt. Der Schuldner argumentierte jedoch, dass der Aktionär kein Recht habe, den Insolvenzantrag zu verhindern. Die Muttergesellschaft des Aktionärs, erklärte der Schuldner, sei ein ungesicherter Gläubiger aufgrund einer Rechnung in Höhe von 3 Mio. USD, die der Schuldner nicht bezahlen wollte. Das Insolvenzgericht widersprach und wies den Antrag ab. In der Berufung forderte der Schuldner das Bundesberufungsgericht (Fifth Circuit) auf, die Entscheidung rückgängig zu machen und zu erlauben, das Insolvenzverfahren fortzusetzen.

Das Bundesberufungsgericht (Fifth Circuit) lehnte dies mit der Begründung ab, dass das Bundesrecht 42.2 einen bona fide Gesellschafter nicht daran hindert, von seinem Recht Gebrauch zu machen, gegen einen Insolvenzantrag zu stimmen, nur weil er auch ein ungesicherter Gläubiger ist. Das Berufungsgericht äußerte sich nicht zur allgemeinen Zulässigkeit von „golden shares", sondern konzentrierte sich stattdessen auf die Frage der Befugnis der Gesellschaft, in diesem speziellen Fall nach staatlichem Recht einen Insolvenzantrag zu stellen. Das Gericht stellte fest, dass das Insolvenzgericht keine andere Möglichkeit hat, als den Antrag abzuweisen, wenn den Antragstellern die Befugnis nach staatlichem Recht fehlt. Es reiche nicht aus, dass diejenigen, die die Gesellschaft vertreten wollen, das Recht haben, diese Befugnis zu erlangen; vielmehr müssen sie dieses Recht zum Zeitpunkt der Antragstellung haben (In re Franchise Servs. of N. Am., Inc., 891 F.3d 198, 206-07 (5th Cir. 2018)). Das Insolvenzgericht habe ohne einen ordnungsgemäß bevollmächtigten Antrag keine Befugnis, die Geschäftsleitung einer Gesellschaft von einer Gruppe auf eine andere zu übertragen, gesellschaftsinterne Streitigkeiten beizulegen und gesellschaftsinterne Forderungen zu regulieren (In re Franchise Servs. of N. Am., Inc., 891 F.3d 198, 206-07 (5th Cir. 2018)). Das Gericht stellte weiter fest, dass nach dem Recht des Bundesstaates die Zustimmung des Gläubigers, der Inhaber der goldenen Aktie war, für den Insolvenzantrag erforderlich war. Da er nicht zugestimmt hatte, war die Abweisung des Antrags durch das Insolvenzgericht, mangels gesellschaftsrechtlicher Befugnis, rechtmäßig.

Auch wenn einige Gerichte derartige Sperrbestimmungen in Satzungsdokumenten als **nichtig** 43 **und gegen die öffentliche Ordnung verstoßend** ansehen (In re Intervention Energy Holdings, LLC, 553 B.R. 258 (Bankr. D. Del. 2016); anders wohl aber In re Franchise Servs. of N. Am., Inc., 891 F.3d 198, 206-07 (5th Cir. 2018)), ist jeder Schuldner, der beabsichtigt, einen Insolvenzantrag zu stellen, gut beraten, die entsprechende Vertretungsbefugnis von der Geschäftsleitung oder seinen Aktionären, wie nach den Gründungsdokumenten erforderlich, einzuholen.

Internationales Insolvenzrecht – USA

2. Unfreiwilliger Insolvenzantrag (involuntary petition)

44   Ein unfreiwilliges Insolvenzverfahren kann nach Chapter 7 oder Chapter 11 durch die **Einreichung eines unfreiwilligen Insolvenzantrags durch Gläubiger** gegen eine Person, die nach dem Bankruptcy Code ein Schuldner sein kann, eingeleitet werden (11 U.S.C. § 303(a)). Wenn der Schuldner weniger als 12 Gläubiger hat, muss nur ein Gläubiger den unfreiwilligen Antrag unterzeichnen (11 U.S.C. § 303(b)(2)). Hat der Schuldner mehr als 12 Gläubiger, muss der Antrag, um gültig zu sein, von drei Gläubigern unterzeichnet werden (11 U.S.C. § 303(b)(1)). In jedem Fall muss die **Gesamtsumme offener Verbindlichkeiten** mehr als 15.775 USD betragen und darf hinsichtlich der Haftung nicht unter einer Bedingung stehen oder in gutem Glauben Gegenstand eines Streits über die Haftung oder den Betrag sein (11 U.S.C. § 303(b)).

45   Wenn ein unfreiwilliger Antrag eingereicht wird, muss er dem vermeintlichen Schuldner mit einer Ladung (summons) zugestellt werden. Der Schuldner kann den Antrag innerhalb von 21 Tagen nach der Zustellung zurückweisen und die **Abweisung des Antrags beantragen oder eine Erwiderung einreichen** (11 U.S.C. § 303(d); Fed. R. Bankr. Pro. 1011). Wird keine Erwiderung eingereicht, können die Antragsteller den Erlass einer Verfügung beantragen. Es ist auch nicht unüblich, dass ein vermeintlicher Schuldner, der Gegenstand eines Chapter 7-Antrags ist, einen **eigenen freiwilligen Antrag nach Chapter 11** stellt, um eine Sanierung zu erreichen. Wenn der freiwillige Antrag zusätzlich eingereicht wird, muss das Gericht, bei dem der unfreiwillige Antrag eingereicht wurde, den richtigen Gerichtsstand für das Chapter 11-Verfahren bestimmen (Fed. R. Bankr. Pro. 1014(b)).

46   Wird der **unfreiwillige Antrag angefochten, muss das Gericht entscheiden,** ob der Schuldner zu einem insolventen Schuldner erklärt und dem Antrag stattgegeben werden soll. Das Gericht kann auch verlangen, dass die Antragsteller eine Kaution hinterlegen, um den Schuldner für Anwaltskosten und Schadensersatz zu entschädigen, wenn dem Antrag nicht stattgegeben wird und solche Gebührenansprüche später gewährt werden (11 U.S.C. § 303(e)). Während des Zeitraums, in dem der Antrag anhängig ist und sofern das Gericht nichts anderes anordnet, können die Geschäfte des Schuldners entweder so fortgeführt werden, als ob kein unfreiwilliger Antrag eingereicht worden wäre, oder das Gericht kann zum Schutz der Vermögensmasse einen vorläufigen Chapter 7-Treuhänder ernennen, um die Vermögensmasse zu bewahren oder um einen Verlust der Vermögensmasse zu verhindern (11 U.S.C. § 303(f) & (g)).

47   Der vermeintliche Schuldner **sollte nur dann zum insolventen Schuldner erklärt werden,** wenn (1) er seine Verbindlichkeiten bei Fälligkeit im Allgemeinen nicht bezahlt, es sei denn, sie sind in gutem Glauben Gegenstand eines Streits hinsichtlich Existenz und Höhe des Betrags und (2) wenn innerhalb von 120 Tagen vor der Einreichung des Antrags ein Vermögensverwalter (custodian), abgesehen von einem Treuhänder (trustee), Zwangsverwalter (receiver) oder Bevollmächtigter (agent), der damit beauftragt ist weniger als das gesamte Vermögen des Schuldners zur Durchsetzung eines Pfandrechts an diesem Vermögen in Besitz zu nehmen, ernannt wurde oder den Besitz übernommen hat (11 U.S.C. § 303(h)).

48   Um zu erreichen, dass der Insolvenzantrag abgewiesen wird, wird in letzter Zeit häufig behauptet, dass der **Insolvenzantrag nicht in „gutem Glauben"** gestellt wurde (s. zB In re Forever Green Athletic Fields, Inc. 804 F.3d 328 (3d Cir. 2015)). Dies steht damit im Zusammenhang, dass das Gericht, wenn ein Antrag in bösem Glauben gestellt wurde, dem Schuldner einen Anspruch auf Schadensersatz, einschließlich Strafschadensersatz, gegen die antragstellenden Gläubiger zuerkennen kann. Der Schadensersatzanspruch umfasst die Erstattung angemessener Anwaltsgebühren und Kosten, wenn dem Antrag nicht stattgegeben wird.

49   Die Prüfung zur Feststellung, ob ein Antrag in bösem Glauben gestellt wurde, bezieht sich häufig auf die **„Gesamtheit der Umstände".** Dies ermöglicht dem Gericht, auf die unzähligen Möglichkeiten einzugehen, wie Gläubiger, die einen unfreiwilligen Antrag stellen, in bösen Glauben handeln könnten. Bei dieser faktenintensiven Prüfung können die Gerichte eine Reihe von **Kriterien** berücksichtigen, unter anderem (In re Forever Green Athletic Fields, Inc. 804 F.3d at 336):

- ob die Gläubiger die gesetzlichen Voraussetzungen für die Antragstellung erfüllt haben;
- der unfreiwillige Antrag begründet war;
- die Gläubiger vor der Antragstellung die relevanten Tatsachen und das einschlägige Recht in angemessener Weise untersucht haben;
- es Beweise für Vorzugszahlungen an bestimmte Gläubiger oder für die Verschwendung von Vermögenswerten des Schuldners gab;
- die Antragstellung durch Böswilligkeit oder den Willen, den Schuldner zu belästigen, motiviert war;

- die antragstellenden Gläubiger die Anmeldung nutzen, um einen unverhältnismäßigen Vorteil für sich selbst zu erlangen, anstatt sich vor anderen Gläubigern zu schützen, die ebends versuchen;
- ob die Anmeldung als taktischer Vorteil in anhängigen Verfahren genutzt wurde;
- die Anmeldung als Ersatz für übliche Schuldeneintreibungsverfahren genutzt wurde;
- und ob die Anmeldung einen verdächtigen Zeitpunkt hatte.

Kurz gesagt: Gläubiger, die die Einreichung eines unfreiwilligen Antrags für ihre eigenen strategischen Zwecke oder als Rechtsbehelf bzw. Inkassovehikel nutzen, können wegen bösgläubiger Antragstellung Schadenersatzforderungen ausgesetzt sein. Die Gerichte scheinen zu verlangen, dass die antragstellenden Gläubiger den Fall zu einem **kollektiven Nutzen aller Gläubiger** einreichen. Die Risiken, die sich aus einem möglichen Schadensersatzanspruch ergeben, haben jedoch dazu geführt, dass die Verwendung von unfreiwilligen Anträgen in den letzten Jahren abgenommen hat. Insgesamt bleibt aber festzuhalten, dass es unter den richtigen Umständen ein praktikables Instrument für Gläubiger bleibt, um einen nicht einlenkenden Schuldner in ein Insolvenzverfahren zu zwingen. 50

II. Informations- und Mitwirkungspflicht des Schuldners

Der Bankruptcy Code sieht vor, dass ein Schuldner eine **Liste der Gläubiger,** eine **Aufstellung der Vermögenswerte und Verbindlichkeiten** sowie eine **Aufstellung der laufenden Einnahmen und Ausgaben** einreichen muss (11 U.S.C. § 521; Fed. R. Bankr. P. 1007). Der Schuldner muss außerdem eine **Erklärung über seine finanzielle Situation** einreichen. Diese muss eine Reihe von Informationen enthalten, wie zB die vor dem Insolvenzantrag getätigten Überweisungen, die Identität der Geschäftsleitung, den Standort der Geschäftsbücher und -unterlagen sowie entsprechende Informationen. Nach Einreichung der anfänglichen Informationen ist der Schuldner verpflichtet, **monatliche Betriebsberichte (operating reports)** vorzulegen, in welchen die monatlichen und kumulierten Einnahmen und Ausgaben sowie eine Vielzahl anderer finanzieller Informationen, wie vom United States Trustee oder dem Insolvenzgericht verlangt, enthalten sind (11 U.S.C. §§ 1106(a)(1), 704(a)(8) & 1107(a); Fed. R. Bankr. P. 2015 (a)(2), (a)(3)). Die Vorlagen sind öffentlich zugänglich und werden vom Office of the United States Trustee überwacht (https://www.justice.gov/ust/chapter-11-operating-reports) (→ Rn. 51.1). 51

Am 21.12.2020 veröffentlichte der United States Trustee Vorschriften betreffend das Verfahren zum Erstellen einheitlicher regelmäßiger Berichte für Chapter 11-Verfahren von Nicht-Kleinunternehmen (United States Trustee Program, Federal Register, „Procedures for Completing Uniform Periodic Reports in Non-Small Business Cases Filed Under Chapter 11 of Title 11"). Die Vorschriften traten am 21.6.2021 in Kraft und regeln die Einreichung von monatlichen Betriebsberichten (MORs) vor der Bestätigung und vierteljährlichen Berichten (PCRs) nach der Bestätigung für alle Schuldner, ausgenommen Kleinunternehmen oder Unternehmen, die sich gemäß dem CARES Act für eine Befreiung nach Chapter 11, Subchapter V entscheiden. Diese neuen Vorlagen müssen für alle Berichte verwendet werden, die am oder nach dem 21.6.2021 abgegeben werden. 51.1

Zusätzlich zu den vorgenannten Angaben ist der Schuldner nach den Federal Rules of Bankruptcy Procedure dazu verpflichtet, **regelmäßig Finanzberichte über den Wert, die Geschäftstätigkeit und die Profitabilität des Unternehmens** einzureichen, das keine börsennotierte Kapitalgesellschaft oder ein Schuldner in einem Verfahren nach Titel 11 ist und an dem die Vermögensmasse eine wesentliche oder kontrollierende Beteiligung hält. Dies gilt bei einer Beteiligung von mindestens 20 %. Diese Berichte müssen eine Woche vor der Gläubigerversammlung und danach alle sechs Monate eingereicht werden, es sei denn, das Insolvenzgericht entscheidet aus wichtigem Grund abweichend, namentlich der Tatsache, dass der Schuldner nach redlichem Bemühen nicht in der Lage ist, diese Berichtspflichten zu erfüllen, oder dass die Informationen öffentlich zugänglich sind. 52

III. Sicherstellung der am Insolvenzverfahren beteiligten Vermögenswerte

Der Bankruptcy Code sieht vor, dass **alle gesetzlichen und sonstigen nach common law existierenden Rechte des Schuldners an Vermögen, wo immer es sich befindet und von wem auch immer es gehalten wird, Eigentum der schuldnerischen Vermögensmasse** werden (11 U.S.C. § 541). Diese Eigentumsrechte werden durch das das anwendbare allgemeine, nicht insolvenzrechtliche, Recht bestimmt. Jeder Streit über Eigentumsrechte kann vom Insolvenzgericht, unter Anwendung des Sachenrechts, entschieden werden, nämlich, ob das Eigentum Teil der schuldnerischen Vermögensmasse ist oder nicht (11 U.S.C. § 542). Jede Partei, die im Besitz von Vermögen ist, das im Eigentum der schuldnerischen Vermögensmasse steht, welches der 53

Schuldner nutzen, verkaufen oder vermieten kann, muss dieses Eigentum oder den Wert dieses Eigentums an den Schuldner ausliefern und verantworten. Dies gilt nicht, wenn dieses Eigentum von unbedeutendem Wert oder Nutzen für die Insolvenzmasse ist. Darüber hinaus muss jede Partei, die dem Schuldner Geld schuldet, diese Schuld begleichen, vorbehaltlich des Rechts auf Aufrechnung. Weiter ist der Schuldner berechtigt, Geschäftsbücher und -unterlagen, die in seinem Eigentum stehen, von seinen Beratern heraus zu verlangen. Sollten diese sich weigern, kann das Gericht nach Ankündigung und Anhörung einen Anwalt, Buchhalter oder jede andere Person, die die Informationen (einschließlich Geschäftsbücher, Dokumente, Aufzeichnungen und Papiere) in Bezug auf das Eigentum oder die finanziellen Angelegenheiten des Schuldners besitzt, anweisen, diese Informationen dem Schuldner zu übergeben oder diesem offenzulegen (11 U.S.C. § 542(e)).

IV. Zuständiges Gericht

54 Zuständig für Insolvenzverfahren sind nach dem Bankruptcy Code die **Bundesbezirksgerichte (federal district courts)**. Diese **verweisen alle Insolvenzverfahren** fast einheitlich **an das jeweilige Insolvenzgericht (bankruptcy court)**. Der Grund hierfür ist, dass bei der Verabschiedung des Bankruptcy Codes im Jahr 1978 vorgesehen war, dass die bankruptcy courts den Bundesbezirksgerichten gleichgestellt werden sollten. Der Oberste Gerichtshof der Vereinigten Staaten erklärte diese Struktur jedoch für verfassungswidrig, da der Kongress nicht befugt war, ein Gericht nach Article III der Verfassung für Insolvenzverfahren zu schaffen. Vielmehr hatte er nach Article I nur die Befugnis, einheitliche Gesetze betreffend Insolvenzen zu erlassen (Northern Pipeline Const. Co. v. Marathon Pipe Line Co., 458 U.S. 50 (1982)). Der Unterschied zwischen einem Gericht nach Article III und einem Gericht nach Article I besteht vor allem darin, dass die Richter der Gerichte nach Article III vom Präsidenten ernannt und vom Senat bestätigt werden. Weiterhin üben sie ihr Amt auf Lebenszeit aus, während die Richter der Insolvenzgerichte nach Article I von den Berufungsgerichten (Court of Appeals) ausgewählt und ernannt werden und eine Amtszeit von 14 Jahren haben. Die Bundesbezirksgerichte dienen als erstes Berufungsgericht der Insolvenzgerichte.

55 Diese Struktur hat zu regelmäßigen Rechtsstreitigkeiten darüber geführt, inwieweit die Insolvenzgerichte befugt sind, Anordnungen in verschiedenen Angelegenheiten zu erlassen (allg. Kenneth N. Klee, Bankruptcy and the Supreme Court (LexisNexis 2008), 213-20). Gesetzlich ist vorgesehen, dass die **Bundesbezirksgerichte die originäre und ausschließliche Zuständigkeit für alle Verfahren nach dem Bankruptcy Code** haben, sowie die originäre, aber nicht ausschließliche Zuständigkeit für alle Zivilverfahren, die im Rahmen der Anwendung des Bankruptcy Code entstehen („arise in" oder „arise under" the Bankruptcy Code). Die Bundesbezirksgerichte haben auch die originäre, aber nicht ausschließliche Zuständigkeit für Streitigkeiten, die mit dem Insolvenzverfahren im Zusammenhang stehen („related to", 28 U.S.C. § 1334). Die Bundesbezirksgerichte können entsprechend verfügen, dass alle vorstehenden Fälle an das Insolvenzgericht in diesem Gerichtsbezirk verwiesen werden (28 U.S.C. § 157(a)).

56 Im Rahmen dieser Zuständigkeit kann das jeweilige Insolvenzgericht die **Verfahren nach dem Bankruptcy Codes** sowie alle **Kernverfahren, die im Rahmen der Anwendung des Bankruptcy Code entstehen** („core proceedings", „arise in" or „arise under" the Bankruptcy Code), verhandeln und entscheiden (28 U.S.C. § 157(b)(1) (→ Rn. 56.1).

56.1 Kernverfahren umfassen zahlreiche Angelegenheiten, gem. 28 U.S.C. § 157(b)(2) ua:
(A) Angelegenheiten, die die Verwaltung der Insolvenzmasse betreffen;
(B) Zulassung oder Ablehnung von Ansprüchen gegen die Insolvenzmasse oder Befreiungen von Vermögenswerten des Nachlasses sowie Schätzung von Ansprüchen oder Beteiligungen zum Zwecke der Bestätigung eines Plans nach Kapitel 11, 12 oder 13 von Titel 11. Nicht aber die Liquidation oder Schätzung von bedingten oder nicht liquidierten Ansprüchen aus unerlaubter Körperverletzung oder widerrechtlicher Tötung gegen die Insolvenzmasse zum Zwecke der Verteilung in einem Fall nach Titel 11;
(C) Widerklagen der Insolvenzmasse gegen Personen, die Ansprüche gegen die Insolvenzmasse anmelden;
(D) Anordnungen in Bezug auf die Beschaffung von Krediten;
(E) Anordnungen zur Herausgabe von Insolvenzmasse;
(F) Verfahren zur Feststellung, Anfechtung oder Beitreibung von bevorzugter Behandlung (preferences);
(G) Anträge auf Beendigung, Aufhebung oder Änderung der automatischen Aussetzung (automatic stay);
(H) Verfahren zur Feststellung, Anfechtung oder Beitreibung betrügerischer Übertragungen (fraudulent conveyances);
(I) Feststellungen zur Befreiung von bestimmten Verbindlichkeiten;

Internationales Insolvenzrecht – USA

(J) Einsprüche gegen Befreiungen;
(K) Feststellungen zu Gültigkeit, Umfang oder Vorrang von Pfandrechten;
(L) Bestätigungen von Plänen;
(M) Anordnungen zur Genehmigung der Nutzung oder des Leasings von Vermögensgegenständen, einschließlich der Verwendung von Barsicherheiten;
(N) Anordnungen zur Genehmigung des Verkaufs von Vermögensgegenständen, ausgenommen Vermögensgegenstände, die sich aus Forderungen der Insolvenzmasse gegen Personen ergeben, die keine Forderungen gegen die Insolvenzmasse angemeldet haben;
(O) sonstige Verfahren, die die Verwertung des Vermögens der Insolvenzmasse oder die Anpassung des Schuldner-Gläubiger-Verhältnisses oder des Verhältnisses zwischen den Inhabern von Anteilsrechten betreffen, ausgenommen Ansprüche aus unerlaubter Handlung wegen Personenschäden oder widerrechtlicher Tötung; und
(P) die Anerkennung ausländischer Verfahren und andere Angelegenheiten gem. Kapitel 15 von Titel 11.

In Bezug auf diese Verfahren kann das Insolvenzgericht **entsprechende Verfügungen und Entscheidungen** erlassen, die abschließend sind und gegen die Rechtsmittel eingelegt werden können (§ 157(b)(5)). 57

Die Insolvenzrichter sind befugt, **Verfahren, bei denen keine Kernzuständigkeit gegeben ist** (zB solche, die nur „im Zusammenhang stehen"), anzuhören und dem Bundesbezirksgericht Vorschläge für Tatsachenfeststellungen und rechtliche Schlussfolgerungen vorzustellen. Die Bundesbezirksrichter sollen auf dieser Grundlage abschließende Verfügungen und Entscheidungen erlassen; soweit eine Partei rechtzeitig Einspruch erhoben hat, haben die Bundesbezirksrichter die entsprechenden Fragen neu zu beurteilen. Jede Partei kann beantragen, dass ein Verfahren oder ein bestimmter Aspekt eines Verfahrens, der an das Insolvenzgericht verwiesen wurde, vom Insolvenzgericht an das Bundesbezirksgericht zurückverwiesen wird und dieses damit wieder zuständig wird (§ 157(d); s. auch Fed. R. Bank. Pro. 5011). 58

V. Weitere Verfahren und Rechtsbehelfe

Sobald ein Insolvenzverfahren beantragt wurde, hängen die Arten der weiteren Verfahren von der Art der Anträge und den beantragten Gegenständen ab. Bei den meisten Angelegenheiten, die in einem Insolvenzverfahren auftreten können, handelt es sich um sog. „Kernangelegenheiten" (core matters). **Bei Kernangelegenheiten wird davon ausgegangen, dass sie strittig sind und eine verfahrensrechtliche Entscheidung (administrative relief) erfordern.** Darunter fallen zB der Antrag des Schuldners auf Aufnahme eines Kredits zur Finanzierung seiner Geschäftstätigkeit oder auf Übernahme oder Ablehnung von Verträgen. Maßnahmen im Rahmen dieser – angenommen streitigen – Angelegenheiten werden beim Insolvenzgericht beantragt. Der Antrag wird allen Gläubigern zugestellt, die gegen den Antrag Einspruch erheben können. Wird Einspruch erhoben, führt das Insolvenzgericht eine Anhörung durch, bei der auch Zeugen gehört und andere Beweismittel vorgelegt werden können. 59

Das Verfahren für eine derart strittige Angelegenheit unterscheidet sich von Gericht zu Gericht und hängt häufig von **örtlichen Verfahrensvorschriften** ab. **In der Regel** wird über eine strittige Kernangelegenheit **innerhalb von zehn Arbeitstagen** entschieden. Wenn Beweise erhoben werden müssen, kann das Verfahren ggf. bis zu vier oder sechs Wochen dauern, in Einzelfällen sogar bis zu mehreren Monaten. 60

Manche im Rahmen eines Insolvenzverfahrens auftretenden Streitigkeiten erfordern eine förmlichere Entscheidung. Diese werden als **kontradiktorische Verfahren (adversary proceeding)** bezeichnet (Fed. R. Bankr. Pro. 7001). Ein kontradiktorisches Verfahren beginnt mit dem Einreichen einer Beschwerde (complaint) seitens einer Partei, in der sie Tatsachen vorträgt und den von ihr angestrebten Rechtsbehelf beantragt (zB Schadensersatz, Versagung der Anerkennung einer Forderung oder Nachrang einer Forderung) (Fed. R. Bankr. Pro. 7003). Die Zustellung der Beschwerde richtet sich nach den allgemeinen Zustellungsvorschriften. Ist der Beklagte zB in Deutschland ansässig, könnte eine Zustellung nach dem Haager Übereinkommen über die Zustellung gerichtlicher und außergerichtlicher Schriftstücke im Ausland in Zivil- oder Handelssachen erforderlich sein (Fed. R. Bankr. Pro. 7004(a)(1)). 61

Ist die Zustellung der Beschwerde erfolgt, kann der Beschwerdegegner auf die **Klage erwidern**, indem er Behauptungen einräumt, bestreitet oder angibt, dass er hierfür keine ausreichende Kenntnis hat, **oder** er kann **beantragen, die Beschwerde abzuweisen.** Der Zweck eines Antrags auf Abweisung der Beschwerde besteht darin, die tatsächliche Zulänglichkeit der Behauptungen in der Beschwerde zu prüfen, die als wahr und für den Kläger möglichst günstig angenommen 62

Internationales Insolvenzrecht – USA

werden. Weiter wird geprüft, ob die vorgetragenen Tatsachen ausreichen, die begründete Erwartung zu wecken, dass die Beweisaufnahme (discovery) die Beweise für das Vorliegen der notwendigen Voraussetzungen der geltend gemachten Ansprüche liefern wird (Official Comm. of Unsecured Creditors of Fedders North Amer., Inc. v. Goldman Sachs Credit Partners L.P. (In re Fedders North Amer., Inc.), 405 B.R. 527, 536-37 (Bankr. D. Del. 2007)). Mit anderen Worten: Im Rahmen eines Antrags auf Abweisung einer Beschwerde vor der Erwiderung (pre-answer dismissal motion) geht das Gericht davon aus, dass alle vom Beschwerdeführer in der Beschwerde angeführten Tatsachen der Wahrheit entsprechen. Das Gericht prüft lediglich, ob der Beschwerdeführer einen Anspruch geltend gemacht hat, für den Rechtsschutz gewährt werden kann. Ist dies der Fall, muss der Beschwerdegegner auf die Beschwerde erwidern und die Parteien werden die Beweisaufnahme durchführen. Ist dies nicht der Fall, weist das Gericht die Klage ab.

63   Die **Beweisaufnahme (discovery)** besteht in der Regel aus schriftlichen Fragen (sog. interrogatories), Anträgen auf Vorlage von Dokumenten, Anträgen auf Anerkennung von Tatsachen und mündlichen Anhörungen (depositions). Darüber hinaus wird im Rahmen dieser Beweisaufnahme Zeit für die Einholung von Sachverständigengutachten (expert testimony) gewährt, die für den Rechtsstreit erforderlich sind, einschließlich Sachverständigengutachten zu einschlägigen Bestimmungen ausländischen Rechts. Wenn nach Abschluss der Beweisaufnahme keine Unstimmigkeiten über wesentliche Tatsachen bestehen, können sowohl der Beschwerdeführer als auch der Beschwerdegegner eine **Entscheidung im summarischen Verfahren (summary judgment)** beantragen und das Gericht um eine Entscheidung ohne Verhandlung bitten. Sind nach Abschluss der Beweisaufnahme wesentliche Tatsachen weiterhin strittig, führt das Gericht eine **Verhandlung mit persönlichen Zeugenaussagen, Vorlage von Beweisen und formaler Erörterung der rechtlichen Argumente** durch.

64   Zwischen der Einreichung der Beschwerde und der Verhandlung liegen je nach Sachverhalt und Umständen des Einzelfalls **in der Regel sechs bis zwölf Monate**, möglich sind aber auch bis zu zwei Jahre oder sogar mehr. Rechtsstreitigkeiten, an denen ausländische Parteien beteiligt sind, sind meist zeitaufwendiger als solche zwischen inländischen Parteien.

VI. Öffentlichkeit des Verfahrens und Akteneinsicht

65   Die **Gerichte** sollen **jederzeit zur Verfügung stehen** für die Einreichung von Schriftsätzen oder anderen Dokumenten sowie den Erlass von Anordnungen und Vorschriften (Fed. R. Bankr. Pro. 5001(a)). Weiter gelten nach dem Bankruptcy Code, vorbehaltlich der unten erläuterten Ausnahmen, alle in einem Insolvenzverfahren **eingereichten Dokumente und die Gerichtsakte (docket)** grundsätzlich als öffentliche Dokumente und können von jedem innerhalb eines angemessenen Zeitrahmens kostenlos eingesehen werden (11 U.S.C. § 107(a)).

66   In der Praxis gewährleistet der **Sachbearbeiter des Gerichts (clerk)** den **öffentlichen Zugang,** indem er Computerterminals zur Verfügung stellt, an denen die Öffentlichkeit während der Geschäftszeiten auf die Akten zugreifen kann (Fed. R. Bankr. Pro. 5001(c) und 9006(a)). Dieser Zugang ist grundsätzlich kostenlos; für das Ausdrucken von Kopien können jedoch Gebühren erhoben werden (28 U.S.C. § 751). Außerdem können die Parteien über das Softwaresystem PACER (Public Access to Court Electronic Records) des Gerichts auf Kopien der Gerichtsakten zugreifen und diese herunterladen, ebenfalls gegen eine Gebühr (s. https://pacer.login.uscourts.gov/csologin/login.jsf). Viele Insolvenzgerichte verlangen von großen Schuldnerunternehmen auch die Beauftragung eines Dritten als Bevollmächtigten für Benachrichtigungen und Zustellungen, der die Gerichtsakten und Dokumente kostenlos im Internet zugänglich macht.

67   Als Ausnahme von der allgemeinen Regel und der Annahme, dass alle Gerichtsverfahren öffentlich sind, kann eine Partei beantragen, dass **Geschäftsgeheimnisse oder vertrauliche Forschungs-, Entwicklungs- oder Geschäftsinformationen** vertraulich behandelt und somit **unter Verschluss (under seal)** eingereicht und der Öffentlichkeit nicht zugänglich gemacht werden (11 U.S.C. § 107(b)(1)). Ein Insolvenzgericht kann eine ähnliche Verfügung erlassen, um eine Person in Bezug auf „skandalöse" oder „verleumderische Inhalte" zu schützen, die in einem in einem Insolvenzverfahren eingereichten Schriftstück enthalten sind (11 U.S.C. § 107(b)(2)). Gleichermaßen bestehen auch Bestimmungen zum Schutz vor der Offenlegung von Informationen, die eine Identifizierung ermöglichen oder zur Offenlegung des Namens eines minderjährigen Kindes führen würden (11 U.S.C. § 107(c); § 112). Jedes Gericht hat in der Regel seine eigenen Verfahrensregeln für Anträge auf vertrauliche Behandlung von Unterlagen. In vielen Jurisdiktionen unterscheiden sich die Verfahren außerdem von Richter zu Richter.

Internationales Insolvenzrecht – USA

Auch wenn die Informationen unter Verschluss eingereicht wurden und der Öffentlichkeit nicht zugänglich sind, hat die zuständige US-amerikanische Aufsichtsbehörde **uneingeschränkten Zugang** zu allen Informationen, darf aber die durch die Verfügung eines Gerichts geschützten Informationen nicht offenlegen. Darüber hinaus kann jede Stelle, die im Rahmen polizeilicher oder sonstiger Regelungsbefugnisse von inländischen Regierungsbehörden tätig ist, Zugang zu unter Verschluss gehaltenen Informationen beantragen. Der Zugang wird bei Vorliegen eines wichtigen Grundes gewährt (11 U.S.C. § 107 (2,3)). Sind die Informationen unter Verschluss, dürfen sie nur offengelegt werden, wenn das Insolvenzgericht ihre Veröffentlichung genehmigt hat (→ Rn. 68.1).

68

In der Rechtssache In re Alterra Healthcare Corporation (335 B.R. 66 (Bankr. D. Del. 2006)) beantragte der Herausgeber einer Zeitung beispielsweise Einsicht in neun Vergleichsvereinbarungen mit Klägern bezüglich geltend gemachter Schadenersatzansprüche. Das Insolvenzgericht stellte fest, dass die Zeitung aufgrund des wichtigen Grundsatzes, dass Gerichtsverfahren öffentlich zugänglich sein sollten, ein Recht darauf habe, über Missbrauch und Vernachlässigung in den Gesundheitseinrichtungen des Schuldners zu berichten. Diese Vorwürfe waren jedoch bereits in der Öffentlichkeit bekannt und der Zugang zu den Vergleichsvereinbarungen unterfiel demnach nicht mehr diesem Grundsatz. Das Gericht stellte aber weiterhin fest, dass die in den Vergleichsvereinbarungen enthaltenen Informationen nicht zu den vertraulichen Geschäftsinformationen gehörten, die durch den Bankruptcy Code geschützt sind. Denn die Geschäftstätigkeit des Schuldners bestehe darin, betreutes Wohnen und Gesundheitsfürsorge für ältere Bewohner mit Alzheimer und und anderen geriatrischen Erkrankungen anzubieten. Entsprechend bezogen sich die Informationen in den Vergleichsvereinbarungen nicht auf die Geschäftsvorgänge und hätten öffentlich zugänglich sein müssen, sodass der Herausgeber der Zeitung im Ergebnis Zugang zu den Vergleichsvereinbarungen erhielt (335 B.R. 66 (Bankr. D. Del. 2006)).

68.1

VII. Anerkennung im Ausland

Im Rahmen der Änderung des Insolvenzrechts im Jahr 2005 übernahm der Kongress als Chapter 15 des Bankruptcy Codes das UNCITRAL Model Law on Cross Border Insolvency (das „Modellgesetz"). Die Bestimmungen sehen primär vor, dass ein ausländischer Schuldner bzw. ausländischer Schuldnervertreter (foreign representative) die **Anerkennung eines ausländischen Verfahrens in den Vereinigten Staaten** beantragen kann.

69

Es wurde jedoch auch Artikel 5 des Modellgesetzes in Chapter 15 übernommen, wenn auch mit abgeändertem Wortlaut, um spezifischen Belangen der US-Insolvenzgerichte Rechnung zu tragen. In der in den Vereinigten Staaten angenommenen Fassung sieht diese Bestimmung nun vor:

70

Ein **Treuhänder** oder eine andere Person (einschließlich eines Gutachters) **kann vom Gericht ermächtigt werden, in einem ausländischen Staat** im Namen eines gem. § 541 geschaffenen Vermögens **zu handeln.** Eine nach diesem Paragraf bevollmächtigte Stelle kann in jeder nach dem anwendbaren ausländischen Recht zulässigen Weise tätig werden (11 U.S.C. § 1505).

71

In Chapter 15 wurde Artikel 5 des Modellgesetzes dahingehend geändert, dass die Formulierung „wird genehmigt" durch „kann vom Gericht genehmigt werden" ersetzt wurde. Der Hauptzweck dieser Änderung bestand darin, „sicherzustellen, dass das Gericht **Kenntnis und Kontrolle über die möglicherweise kostspieligen Aktivitäten**" eines eigenverwaltenden Schuldners (debtor in possession) hat. Zusätzlich erlaubt die Änderung aber auch, ausländischen Gerichten versichern zu können, dass der Schuldner oder Schuldnervertreter in den Vereinigten Staaten „**unter richterlicher Autorität und Aufsicht** steht" (10 Norton Bankr. L. & Prac. 3d 11 U.S.C. § 1505). Wenn also ein US-Treuhänder oder ein eigenverwaltender Schuldner die Anerkennung in einer ausländischen Jurisdiktion erwirken will, muss er zunächst eine Genehmigung hierfür bei einem US-Gericht beantragen. Sobald diese Genehmigung erteilt wurde, wird die Frage der **Anerkennung** zu einer **Frage des anwendbaren ausländischen Rechts des Staates,** in dem der Schuldner die Anerkennung beantragt hat. In diesem Zusammenhang haben Gerichte zB in Kanada, Mexiko, England, Singapur, Kolumbien und Chile US-Verfahren anerkannt. In manchen Ländern wurde die Anerkennung von US-Verfahren zwar beantragt, aber abgelehnt (s. zB Re Zetta Jet Pte Ltd. & Ors [2018] SGHC 16 (Singapore courts recognize a U.S. liquidation proceeding); In the matter of Videology Limited, [2018] EWHC 2186 (Ch) (recognizing U.S. chapter 11 proceeding as a foreign non-main proceeding)).

72

VIII. Abweisung des Verfahrens (Dismissal)

Ein Insolvenzverfahren kann **auf Antrag einer Partei** vom Gericht abgewiesen werden. Der Bankruptcy Code sieht auch vor, dass das Insolvenzgericht, nach Ankündigung und Verhandlung

73

(11 U.S.C. § 102(1)), ein **Insolvenzverfahren jederzeit abweisen oder alle weiteren Verfahren in diesem Verfahren aussetzen kann,** wenn dies den Interessen der Gläubiger besser dient (11 U.S.C. § 305(a)). Diese Bestimmung ermöglicht es dem Insolvenzgericht, ein Insolvenzverfahren nach Billigkeitsgrundsätzen zu prüfen und, wenn der Fall einem unangemessenen Zweck (improper cause) zu dienen scheint, ihn abzuweisen. In der Regel verzichtet ein Insolvenzgericht nicht auf die Durchführung eines Chapter 11-Verfahrens, außer, es ist ein gewichtiges anderes Regime zur Verwaltung des Vermögens des insolventen Unternehmens vorhanden. Von dieser Bestimmung wird Gebrauch gemacht, sofern andere **ausländische Verfahren mit unterschiedlichen Zielen konkurrieren.** Dann würde nämlich das Verfahren nach Chapter 11 den Gläubigern des Unternehmens schaden oder das ausländische Verfahren beeinträchtigen (In re Northshore Mainland Servs., Inc., 537 B.R. 192 (Bankr. D. Del. 2015); In re Yukos Oil Co., 321 B.R. 396 (Bankr. S.D. Tex. 2005)).

74 Sowohl im Rahmen einer Liquidation nach Chapter 7 als auch einer Reorganisation nach Chapter 11 kann ein Verfahren **aus „wichtigem Grund" („cause")** abgewiesen werden (11 U.S.C. §§ 707(a) und 1112(b)(1)). Bei einer **Liquidation nach Chapter 7** umfasst ein „wichtiger Grund" ausdrücklich eine „unangemessene Verzögerung durch den Schuldner, die sich nachteilig auf die Gläubiger auswirkt" oder das Versäumnis die Gläubigerliste, die Aufstellung von Vermögen und Verbindlichkeiten und andere vom Bankruptcy Code vorgeschriebene Informationen einzureichen (11 U.S.C. § 707(a)). Die Liste der möglichen „wichtigen Gründe" für eine Abweisung eines Chapter 7-Verfahren ist jedoch nicht abschließend. Die Gerichte wägen allgemein zwischen den Interessen des Schuldners und seiner Gläubiger ab, um festzustellen, ob der Antrag auf Eröffnung eines Chapter 7-Verfahrens in gutem Glauben (in good faith) gestellt wurde. Bei einem Verfahren nach Chapter 7 kann das Insolvenzgericht von sich aus ein Verfahren abweisen, ohne dass eine der beteiligten Parteien dies beantragen muss (In re Asset Resolution Corp. 552 B.R. 856 (Bankr. D. Kan. 2016)).

75 Der Bankruptcy Code erlaubt auch die **Abweisung eines Verfahrens nach Chapter 11 aus „wichtigem Grund" oder die Umwandlung in eine Liquidation,** je nachdem, was im besten Interesse der Gläubiger oder der Vermögensmasse ist, es sei denn, die Ablösung der Geschäftsführung und Ernennung eines Treuhänders oder die Ernennung eines Gutachters zur Untersuchung der Angelegenheiten des Schuldners dient dem Interesse der Gläubiger besser (11 U.S.C. § 1112(b)). Gründe für eine Abweisung sind nach dieser Vorschrift ua ein erheblicher oder anhaltender Verlust oder eine Verringerung des Vermögens und das Fehlen einer hinreichenden Wahrscheinlichkeit für eine Sanierung, außerdem grobes Missmanagement, das Versäumnis, eine angemessene Versicherung aufrechtzuerhalten, die unbefugte Verwendung von Barsicherheiten, die einem oder mehreren Gläubigern erheblich schadet, die Nichtbefolgung von Anordnungen des Gerichts sowie verschiedene andere Handlungen oder Unterlassungen (s. § 1112(b)(4)).

76 Das Gericht darf ein Verfahren nach Chapter 11 jedoch nicht abweisen, wenn das Gericht **ungewöhnliche Umstände** feststellt, die darauf hindeuten, dass die Abweisung des Falles nicht im besten Interesse der Gläubiger wäre und wenn der Schuldner oder ein Beteiligter nachweist, dass eine „begründete Wahrscheinlichkeit besteht, dass ein Plan nach den Bestimmungen des Bankruptcy Code bestätigt wird" oder dass eine „vernünftige Rechtfertigung" für diejenige Handlung oder Unterlassung vorliegt, die den „wichtigen Grund" für die Abweisung darstellt (s. § 1112(b)(2)).

77 Dies hat zur Folge, dass Insolvenzgerichte in einem Chapter 11-Verfahren häufig zögern, einen Fall abzuweisen. **In der Regel** werden **andere Rechtsmittel** eingesetzt, **wie die Bestellung eines Chapter 11-Treuhänders (trustee),** um die Geschäftsleitung des eigenverwaltenden Schuldners abzulösen, oder die Bestellung eines Gutachters (examiner) zur Untersuchung von Betrugsvorwürfen. In diesem Zusammenhang ist es zur gängigen Praxis geworden, dass ein Schuldner in einem Chapter 11-Verfahren, dem vor dem Insolvenzantrag Missmanagement oder betrügerisches Verhalten vorgeworfen wird, einen Chief Restructuring Officer ernennt. Dieser tritt in die Geschäftsleitung ein und interagiert mit den Gläubigern, um eine Restrukturierung zu erleichtern und das Vertrauen in das Schuldnerunternehmen wiederherzustellen.

78 Eine erzwungene Abweisung oder Aussetzung eines Verfahrens ist relativ selten und wird in der Regel als drastisches Mittel angesehen. Im Normalfall verwaltet der zuständige Treuhänder oder eigenverwaltende Schuldner das Vermögen gemäß den Bestimmungen des Plans (oder gemäß den Liquidationsbestimmungen des Chapter 7 des Bankruptcy Code). Sobald das Verfahren vollständig durchgeführt ist, beendet das Gericht das Verfahren (11 U.S.C. § 350). In einem Chapter 11-Verfahren erlässt das Insolvenzgericht eine Schlussverfügung in der Regel nachdem der Plan im Wesentlichen umgesetzt ist (s. Fed. R. Bankr. Pro. 3022). Oftmals wird ein Chapter 11-Verfahren **auch nach der Bestätigung des Plans und der Umsetzung einiger Maßnahmen**

Internationales Insolvenzrecht – USA

des Plans aus verwaltungstechnischen Gründen oder zur gerichtlichen Klärung noch anhängiger Fragen **noch fortgeführt**.

E. Arten von Insolvenzverfahren

I. Chapter 7

Chapter 7 regelt die **Liquidation**. Nach Einreichung des Antrags ernennt das Büro des United States Trustee eine Person, die das Vermögen des Schuldners verwerten soll. Dieser **Treuhänder (trustee)** löst die Geschäftsleitung ab, die nach dem Insolvenzantrag keine Verfügungsbefugnis mehr hat. Die Hauptaufgabe des Treuhänders besteht darin, das Vermögen zu erfassen und zu verwerten und es „so zügig wie möglich" im bestmöglichen Interesse der beteiligten Parteien abzuwickeln (11 U.S.C. § 704(a)(1)). In der Regel führt ein Treuhänder das frühere Geschäft des Schuldners nicht fort; das Insolvenzgericht kann den Treuhänder jedoch ermächtigen, dies für einen begrenzten Zeitraum zu tun, „wenn die Fortführung im besten Interesse der Insolvenzmasse ist und im Einklang mit der geordneten Verwertung der Insolvenzmasse steht." (11 U.S.C. § 721). Der Bankruptcy Code beschreibt zudem eine Reihe weiterer Pflichten des Treuhänders. Zu den wichtigsten gehören:

- die Verantwortung für alle erhaltenen Vermögenswerte zu übernehmen;
- die finanzielle Situation des Schuldners zu ermitteln;
- soweit zweckmäßig, die Forderungsanmeldungen zu prüfen und einer unrichtigen Berücksichtigung von Forderung zu widersprechen;
- soweit geboten, die Schuldbefreiung eines natürlichen Schuldners abzulehnen;
- sofern das Gericht nichts anderes anordnet, die von einer Partei angeforderten Informationen über die Masse und die Verwaltung der Masse zur Verfügung zu stellen;
- wenn eine Ermächtigung zur Fortführung des Geschäfts des Schuldners besteht, regelmäßige Berichte und Zusammenfassungen der Geschäftsfortführung, einschließlich Einnahmen-Ausgaben-Rechnung und weiterer Informationen, die der United States Trustee oder das Gericht verlangt, bei Gericht, beim United States Trustee und bei jeder anderen für die Erhebung von Steuern zuständigen staatlichen Stelle einzureichen;
- einen Schlussbericht und -rechnung zu erstellen sowie diese bei Gericht und dem United States Trustee einzureichen (11 U.S.C. § 704(a)).

Der **Treuhänder** kann das **Vermögen verkaufen, darüber verfügen und** im Rahmen der Erfüllung der Verpflichtungen nach dem Bankruptcy Code **freigeben** (11 U.S.C. §§ 363, 554, und 726). Eine weitere wichtige Aufgabe des Treuhänders ist die **Einleitung von streitigen Verfahren**, u.a. gerichtet auf Herausgabe, Anfechtung von Sicherheiten, Anfechtung aufgrund Bevorzugung (preference), betrügerische Übertragungen (fraudulent transfers) oder aus anderen Gründen. Hierzu zählt auch die Geltendmachung von Ansprüchen gegen die frühere Geschäftsleitung wegen Verletzung von Treuepflichten oder andere Ansprüche nach dem Recht eines Bundesstaates unter Zuhilfenahme der sog. **„strong arm"-Befugnis**. Diese verleiht dem Treuhänder die Rechte eines gutgläubigen Gläubigers zum Zeitpunkt des Insolvenzantrags und ermöglicht die Geltendmachung von Ansprüchen, die ein hypothetischer Gläubiger hätte geltend machen können.

Verwertet der Trustee das gesamte Vermögen der Masse und hat er alle Rechtsstreitigkeiten und sonstigen Fragen, die im Rahmen der Verwaltung der Masse auftreten können, gelöst, wird ein **Schlussbericht mit Verteilungsvorschlägen** gemäß des Bankruptcy Codes eingereicht. Die Reihenfolge der Verteilung ist in Chapter 10 geregelt.

II. Chapter 11

Chapter 11 verfolgt den Zweck, die **Zustimmung der Gläubiger zu einem Plan zum Zweck der Reorganisation des schuldnerischen Geschäfts** zu erlangen. Der Plan muss nicht zwingend zu einer Reorganisation führen; nach dem Bankruptcy Code kann er auch die Liquidation zum Gegenstand haben (s. 11 U.S.C. § 1129(a)(11)). Die zugrundeliegende Idee besteht darin, ein Forum zu schaffen, in dem ein Unternehmen, das sich in der Krise befindet, einen Vertrag – den Plan – mit seinen Gläubigern aushandeln kann, um seine Schwierigkeiten zu lösen. In der Praxis genügt dies häufig nicht, sodass Chapter 11-Verfahren beantragt werden, um Probleme mit Miet- und anderen Verträgen zu lösen oder um den Verkauf von wesentlichen Vermögenswerten zu ermöglichen.

Der Bankruptcy Code sieht vor, dass der Schuldner einen **Plan entweder zusammen mit einem Antrag auf Eröffnung des Verfahrens oder jederzeit später** einreichen kann, unab-

Internationales Insolvenzrecht – USA

hängig davon, ob es sich um ein freiwilliges oder unfreiwilliges Chapter 11-Verfahren handelt (11 U.S.C. § 1121(a)). Innerhalb der ersten 120 Tage nach Insolvenzantrag hat ausschließlich der Schuldner das Recht, einen Plan einzureichen; dieser Zeitraum kann auf insgesamt 18 Monate verlängert werden (11 U.S.C. § 1121(d)). Der Plan ist dann innerhalb von 180 Tagen nach Insolvenzantrag zur Abstimmung zu bringen; diese Frist kann auf bis zu 20 Monate nach Insolvenzantrag verlängert werden. Das Insolvenzgericht kann den Zeitraum, in dem nur der Schuldner einen Plan einreichen darf, auf Antrag und bei Vorliegen eines wichtigen Grundes, ebenfalls verlängern oder verkürzen (11 U.S.C. § 1121(d)(1)).

84 Der Schuldner hat im Hinblick auf den vorgeschlagenen Planinhalt große Flexibilität. Dies gilt, auch wenn zu erwarten ist, dass wichtige beteiligte Parteien auf den Inhalt Einfluss nehmen. Die gesetzlichen **Vorschriften über Inhalt und Bedingungen eines Plans** sehen sowohl zwingende Anforderungen als auch Kann-Bestimmungen vor. Weiter muss der Plan Bedingungen enthalten, die „mit den Interessen der Gläubiger (creditors) und Inhabern von Eigenkaptialinstrumenten (equity security holders) und mit der öffentlichen Ordnung (public policy), in Bezug auf die Art und Weise der Auswahl von Geschäftsführern und Treuhändern im Rahmen des Plans und jeweiligen Nachfolgern, vereinbar sind" (11 U.S.C. § 1123(a)(7)).

85 Zu den **zwingenden Anforderungen** des Bankruptcy Codes an einen Plan gehört, dass ein Plan **Forderungsgruppen** benennen muss. Es muss angegeben werden, ob die Forderungen in jeder der Gruppen im Rahmen des Plans „beeinträchtigt" werden, und spezifiziert werden, wie **beeinträchtigte Forderungen** und Interessen behandelt werden (s. 11 U.S.C. § 1123(a)(1)-(4)). Schließlich sollte der Plan auch das Verfahren angeben, das den Plan adäquat umsetzt (11 U.S.C. § 1123(a)(5)(A)-(J)).

86 Die Gruppen dürfen nur aus **Ansprüchen** bestehen, die einander **im Wesentlichen ähnlich** sind. Dagegen ist es nicht erforderlich, dass alle im Wesentlichen ähnlichen Ansprüche in der gleichen Gruppe sind, sofern eine **geschäftliche Rechtfertigung** für eine getrennte Klassifizierung besteht (11 U.S.C. § 1122 (a)). Alle Ansprüche innerhalb einer Gruppe müssen im Rahmen des Plans die **gleiche Behandlung** erfahren. Anderes gilt nur, wenn der Anspruchsberechtigte einer weniger günstigen Behandlung zustimmt (11 U.S.C. § 1123(a)(4)).

87 Eine Forderung gilt nach dem Bankruptcy Code als „beeinträchtigt", es sei denn, der Plan lässt die gesetzlichen und sonstigen nach common law bestehenden Rechte des Inhabers einer solchen Forderung unberührt (11 U.S.C. § 1124(1)). Der Plan muss zudem vorsehen, dass jeder Gläubiger oder Anteilsinhaber einer bestimmten Gruppe gleichbehandelt wird, außer eine Partei stimmt einer schlechteren Behandlung zu (s. 11 U.S.C. § 1123(a)(4)). **Wenn Forderungen beeinträchtigt werden, muss mindestens eine Gruppe für die Annahme des Plans stimmen.** Entsprechend zielt die Strukturierung von Gruppen darauf ab, die Zustimmung einer Gruppe sicher zu stellen (häufig als **„gerrymandering"** bezeichnet), was häufig zu Rechtsstreitigkeiten geführt hat. Insolvenzgerichte haben es dabei erlaubt, ähnliche Arten von Forderungen in unterschiedliche Gruppen einzuordnen, solange es hierfür einen legitimen Geschäftszweck gibt. Was einen legitimen Geschäftszweck darstellt, wurde von Gerichten nicht einheitlich definiert. Die Gerichte verwiesen darauf, dass die Einordnung angemessen und nicht willkürlich sein oder für einen „legitimen Geschäftszweck" vorgenommen werden muss was, die Bestätigung eines Plans zu erlangen einschließen kann. Natürlich ist die Einordnung von Forderungen in Gruppen abhängig von den Tatsachen und Umständen des jeweiligen Einzelfalles (s. Richard M. Cieri, et al., The Long and Winding Road": The Standards to Confirm a Plan of Reorganization Under Chapter 11 of the Bankruptcy Code (Part I), 3 J. Bankr. L. & Prac. 3, 16-19 (1993)).

88 Der Plan muss des Weiteren auch **angemessene Maßnahmen zur Umsetzung seiner Bedingungen und Bestimmungen** vorsehen. Die folgenden Maßnahmen können beispielsweise nach dem Bankruptcy Code durch einen Plan umgesetzt werden: Das Behalten oder Übertragen von Eigentum, gesellschaftsrechtliche Umwandlungen, der Verkauf von belastetem oder unbelastetem Vermögen, Befriedigung aus oder Abänderung einer Sicherheit, die Beendigung oder Abänderung von Schuldverschreibungen, die Änderung der Satzung des Schuldners oder die Ausgabe von Wertpapieren (s. 11 U.S.C. § 1123(a)(5)). Der Plan kann auch Bestimmungen über die Beendigung oder Fortführung von Verträgen und Pachtverträgen, einen Vergleich oder die weitere Verfolgung von Ansprüchen des Schuldners enthalten. Der Plan des Schuldners kann letztlich auch den Verkauf von im Wesentlichen allen Vermögenswerten vorsehen und gesicherte Forderungen anpassen oder abändern.

89 Der Plan muss **vom Insolvenzgericht „bestätigt" (confirmed)** werden. Zu diesem Bestätigungstermin (confirmation hearing) haben die **Gläubiger** das **Recht, Einwände gegen jede Regelung des Plans zu erheben** (11 U.S.C. § 1128). Die Bestätigung eines Plans erfordert zunächst die Einreichung einer **Offenlegungserklärung des Schuldners (disclosure state-

ment), die eine Beschreibung des Plans enthält. Der Plan darf nicht zur Abstimmung an die Gläubiger verteilt werden, bevor die Offenlegungserklärung vom Insolvenzgericht genehmigt wurde (s. 11 U.S.C. § 1125(b)). Die Offenlegungserklärung beschreibt den Plan und muss „angemessene Informationen" enthalten, die es einem „für einen Inhaber von Forderungen oder Anteilen der betreffenden Gruppe typischen Investor" (s. 11 U.S.C. § 1125(a)(2)) ermöglichen zu entscheiden, ob er für die Annahme oder die Ablehnung des Plans stimmen soll. Offenlegungserklärungen enthalten typischerweise eine Beschreibung des Schuldners, seiner Geschäfts- und Kapitalstruktur, der Umstände, die zum Insolvenzantrag geführt haben, der Vorgänge während des Insolvenzverfahrens, eine Beschreibung des Plans und des erwarteten Ergebnisses für die Gläubiger in den verschiedenen Gruppen gemäß dem vorgeschlagenen Plan sowie etwaige Klagen, die nach der Bestätigung erhoben werden können, um das Ergebnis für die Gläubiger zu verbessern. In einer Offenlegungserklärung werden in der Regel auch die verschiedenen Risikofaktoren erörtert, die das erwartete Ergebnis des Plans gefährden könnten. Weiter werden häufig die steuerlichen Folgen des Plans erörtert, damit die Gläubiger die steuerlichen Auswirkungen des Plans auf sich selbst abschätzen können. Es ist auch nicht ungewöhnlich, dass die Offenlegungserklärung Finanzplanungen und eine Liquidationsanalyse enthält, um aufzuzeigen, dass das Angebot unter dem Plan besser ist als eine Liquidation. Eine Offenlegungserklärung enthält zudem häufig eine Bewertung der Vermögenswerte oder des schuldnerischen Unternehmens, auch wenn eine separate Bewertung oder Begutachtung der Vermögenswerte nicht zwingend erforderlich ist (11 U.S.C. § 1125(b)). Zwar ähneln sich die Inhalte von Offenlegungserklärungen verschiedener Fälle grundsätzlich, wichtige Unterschiede können sich aber aus der Art des Plans und aus den Problemen des Unternehmens ergeben.

Sobald das Gericht die **Offenlegungserklärung** genehmigt hat, wird sie **zusammen mit dem Plan und den Stimmzetteln an die Gläubiger verschickt.** Ab diesem Zeitpunkt ist es auch rechtlich zulässig, dass der Schuldner die Gläubiger um ihre Zustimmung zum Plan bittet. Häufig fügt das Official Committee of Unsecured Creditors, der offizielle Ausschuss der ungesicherten Gläubiger, ein Schreiben bei, indem es die Unterstützung des Plans erklärt oder den Gläubigern empfiehlt, für den Plan zu stimmen. Sobald die Abstimmung aufbereitet und ausgewertet ist, legt der Schuldner seinen Plan zur Bestätigung vor. Der Bankruptcy Code sieht vor, dass das Insolvenzgericht den Plan bestätigt, sofern er 15 verschiedene Anforderungen erfüllt (11 U.S.C. § 1129(a)). Manche dieser Kriterien sind leicht erfüllbar oder nicht immer relevant. Die **folgenden Schlüsselkriterien** führen regelmäßig zu Rechtsstreitigkeiten in den Bestätigungsterminen: 90

Abstimmung über den Plan: Jede Gruppe von Gläubigern oder Anteilsinhabern muss für die Annahme des Plans stimmen oder vom Plan nicht beeinträchtigt sein (11 U.S.C. § 1129(a)(8)). Ist eine oder sind mehrere Gruppen beeinträchtigt, muss mindestens eine dieser beeinträchtigten Gruppen für die Annahme des Plans stimmen (11 U.S.C. § 1129(a)(10)). Die Stimmabgabe erfolgt in jeder Gruppe separat. Eine Gruppe von Gläubigern hat den Plan angenommen, wenn Gläubiger, die mindestens die Hälfte nach Anzahl und zwei Drittel des Wertes aller von abstimmenden Gläubigern der Gruppe gehaltenen und zugelassenen Forderungen halten, für die Annahme des Plans gestimmt haben (11 U.S.C. § 1126(c)). Eine Gruppe von Anteilsinhabern nimmt den Plan dann an, wenn Anteilsinhaber, die nach Anzahl mindestens zwei Drittel der von abstimmenden Anteilsinhabern in dieser Gruppe gehaltenen und zugelassenen Anteile halten, für die Annahme des Plans stimmen (11 U.S.C. § 1126(d)). Bei einer Gruppe, deren Forderungen nicht beeinträchtigt werden, geht man davon aus, dass sie den Plan annimmt. Bei einer Gruppe, bei der die Gläubiger oder die Anteilsinhaber kein Vermögen erhalten oder behalten werden, wird davon ausgegangen, dass sie für die Ablehnung des Plans stimmt. Keine dieser beiden Gruppen stimmt tatsächlich über den Plan ab, da der Bankruptcy Code die Annahme oder Ablehnung unter den beschriebenen Umständen als automatisch gegeben ansieht (11 U.S.C. § 1126(f) & (g)). Ist die Stimmabgabe einer Partei nicht nach Treu und Glauben erfolgt oder wurde sie nicht in Übereinstimmung mit den Bestimmungen des Bankruptcy Codes eingeholt, kann das Insolvenzgericht bestimmen, dass die Stimme dieser Partei nicht in die Anforderungen an Anzahl oder Wert der Stimmabgaben einbezogen wird (11 U.S.C. § 1126(e) & (c)). Dieses Vorgehen ist selten und die Rechtsprechung gibt nur spärliche Hinweise darauf, wann ein Gericht dies tun sollte; die Prüfung konzentriert sich allgemein darauf, ob die Stimme aus einem verborgenen Beweggrund heraus abgegeben wurde, der über das bloße Eigeninteresse an der Auszahlung eines Höchstbetrags für eine Forderung hinausgeht (In re DBSD N. Am., Inc., 634 F.3d 79, 102 (2d Cir. 2011) (Section 1126(e)). 91

Best Interest Test: Der Bankruptcy Code sieht in Bezug auf jede beeinträchtigte Gruppe, die den Plan nicht angenommen hat, vor, dass jeder Inhaber einer Forderung dieser Gruppe „im Rahmen des Plans aufgrund dieser Forderung ... einen Vermögenswert erhalten oder behalten 92

Internationales Insolvenzrecht – USA

wird, dessen Wert zum Zeitpunkt des Inkrafttretens des Plans nicht geringer ist als der Betrag, den dieser Inhaber erhalten oder behalten würde, wenn der Schuldner nach Chapter 7 liquidiert würde" (11 U.S.C. § 1129(a)(7)(A)). Der „best interest test" erfordert eine Analyse darüber, was jeder einzelne Gläubiger erhalten würde. Es ist nicht von Bedeutung, was die Gruppe der Gläubiger erhalten würde. In der Praxis bedeutet dies, das selbst wenn eine Gruppe von Gläubigern einem Plan zustimmt, jeder einzelne Gläubiger innerhalb dieser Gruppe dennoch Einspruch gegen den Plan gemäß diesem Test erheben kann. Typischerweise wird ein Schuldner eine Liquidationsanalyse seiner Offenlegungserklärung beifügen, um zu zeigen, wie hoch das Ergebnis für alle Gläubiger in einer Chapter 7-Liquidation, im Vergleich zur vorgeschlagenen Behandlung, unter dem Plan wäre. Die Anwendung des Best Interest Tests erfordert, dass das Gericht die auf die Verteilung der Masse nach Chapter 7 anwendbaren Vorschriften berücksichtigt und sich auf „rationale Spekulationen" darüber einlässt, was in einer Chapter 7-Liquidation passieren könnte, einschließlich der Frage, ob bestimmte Forderungen einen Einspruch des Chapter 7-Treuhänders hervorrufen könnten (In re Abengoa Bioenergy Biomass of Kansas, LLC, No. 16-10446, 2018 WL 812941). Die Analyse des Gerichts ist hier hypothetisch und beinhaltet oft konkurrierende Aussagen von Zeugen und Experten bezüglich des wahrscheinlichen Ergebnisses einer Liquidation und des Wertes, der durch diese Liquidation erzielt wird. Auch ein Plan, der eine Liquidation vorsieht, muss diesen Test erfüllen. Er muss zeigen, dass die Liquidation nach dem Chapter 11-Plan einen besseren Erlös bringen wird als dies bei der hypothetischen Liquidation nach Chapter 7 der Fall wäre. Hier sind häufig auch die Kosten und die Verzögerung, die mit dem Wechsel zu einer Chapter 7-Liquidation verbunden wären, zu berücksichtigen.

93   Durchführbarkeit: Der Schuldner muss nachweisen, dass „auf die Bestätigung des Plans wahrscheinlich nicht die Liquidation oder die Notwendigkeit einer weiteren finanziellen Restrukturierung des Schuldners oder eines im nach dem Plan vorgesehenen Nachfolgers des Schuldners folgen wird, es sei denn, eine solche Liquidation oder Reorganisation wird im Plan vorgeschlagen" (11 U.S.C. § 1129(a)(11)). Um zu belegen, dass er diese Anforderung erfüllt, wird der Schuldner in der Regel eine Fünfjahresprognose und einen Geschäftsplan vorlegen. Wie ein Großteil der Prüfung, die das Insolvenzgericht durchführt, ist die Prüfung der Durchführbarkeit faktenspezifisch und variiert von Fall zu Fall. Die Anforderungen an den Nachweis der Durchführbarkeit sind relativ niedrig; die Beweise, die für eine hinreichende Aussicht auf Erfolg des Plans sprechen, müssen überwiegen (der Schuldner muss den Erfolg nicht garantieren) (§ 45:228. Reasonable prospect of success necessary—Low threshold of proof, 5 Bankr. Service L. Ed. § 45:228). Auch ein Plan, der eine Liquidation vorschlägt, muss die Anforderung der Durchführbarkeit erfüllen (s. zB In re Danny Thomas Properties II Ltd. P'ship, 241 F.3d 959, 963 (8th Cir. 2001)). Die Durchführbarkeit ist also weniger ein Instrument zur Verhinderung der Bestätigung eines Plans, sondern dient eher dazu, es den Hauptgläubigern zu ermöglichen, den Geschäftsplan eines Schuldners zu testen und auf zusätzliche Investitionen oder Änderungen an diesem Geschäftsplan zu bestehen. Im Ergebnis soll sichergestellt werden, dass die Erfolgschancen größer sind als die Wahrscheinlichkeit eines Misserfolgs.

94   „Cramdown": Sind alle Anforderungen eines Plans erfüllt, mit der Ausnahme, dass alle beeinträchtigten Gruppen für die Annahme des Plans gestimmt haben, können die ablehnenden Gruppen gezwungen werden, den Plan anzunehmen, solange, „der Plan keine unfaire Diskriminierung darstellt und fair und gerecht ist in Bezug auf jede Gruppe von Forderungen und Anteilen, die unter dem Plan beeinträchtigt ist und diesen nicht angenommen hat". Der Begriff „cramdown" wird im Bankruptcy Code nicht verwendet, steht aber umgangssprachlich für die Beeinträchtigung einer Gruppe im Rahmen eines Plans gegen ihren Willen. In der Regel zwingt eine im Rang höhere Gruppe (senior class) einer im Rang niedrigeren Gruppe (junior class) einen Plan auf. Die Verwendung des Begriffs „cramdown" hat zur Entstehung anderer Begriffe geführt, um verschiedene Arten erzwungener Pläne zu beschreiben. Darunter der Begriff „cram up", um den Fall zu beschreiben, dass eine im Rang niedrigere Gruppe von Gläubigern einer im Rang höheren Gruppe einen Plan aufzwingt. Diese umgangssprachlichen Begriffe werden in einem eher beschreibenden, kommerziellen Sinn verwendet und haben keine rechtliche eigenständige Bedeutung.

95   Unfaire Diskriminierung: Die Anforderung, dass ein Plan nicht „unfair diskriminieren" darf, bedeutet nicht, dass keine unterschiedliche Behandlung zwischen Gruppen erlaubt ist. Gemeint ist lediglich, dass die Ungleichbehandlung nicht unfair sein darf. In einer führenden Abhandlung zu diesem Thema werden die vier Faktoren genannt, die von den Gerichten verwendet wurden, um eine unfaire Diskriminierung festzustellen: (i) Wird die Diskriminierung durch eine angemessene Grundlage gestützt; (ii) Kann der Schuldner einen Plan ohne Diskriminierung bestätigen und vollziehen; (iii) Wurde die Diskriminierung nach Treu und Glauben vorgeschlagen; und (iv)

Die Art und Weise der Behandlung der diskriminierten Gruppen (Unfaire Diskriminierung, 6 Norton Bankr. L. & Prac. 3d § 113:3).

Wie ein Großteil der Rechtsstreitigkeiten im Rahmen der Planbestätigungsanforderungen des Bankruptcy Codes, stellen die vier Faktoren gemischte Rechts- und Tatsachenfragen dar, deren Beurteilung vom Einzelfall abhängt (U.S. Bank Nat. Ass'n ex rel. CWCapital Asset Mgmt. LLC v.Village at Lakeridge, LLC, 138 S. Ct. 960 (2018) zu den Anforderungen an eine Prüfung von gemischten Rechts- und Tatsachenfragen durch Insolvenzgerichte). **96**

Fair und gerecht: Die Anforderung „fair und gerecht" wird dahingehend ausgelegt, dass sie sich auf die Regel der „absoluten Priorität" bezieht, die von den Gerichten vor dem Inkrafttreten des aktuellen Bankruptcy Codes angewandt wurde (§ 113:4. Requirement that plan be fair and equitable, 6 Norton Bankr. L. & Prac. 3d § 113:4). Der Bankruptcy Code macht fair und gerecht aber nun abhängig von der Art der Gruppe, die gezwungen wird, den Plan zu akzeptieren (§ 1129(b)(2)). Allgemein ausgedrückt verbietet die Regel der „absoluten Priorität" den nachrangigen Gruppen, Eigentum zu erhalten oder zu behalten, bis alle vorrangigen Gruppen aufgrund ihrer Forderungen oder Interessen den vollen Wertausgleich erhalten oder behalten haben. Eine Folge der absoluten Prioritätsregel ist die „Neuwert"-Regel („new value"-rule); diese sieht vor, dass eine nachrangige Gruppe ihren Anteil behalten kann, wenn sie neues Kapital in den Schuldner investiert. Der US Supreme Court hat entschieden, dass dieses Recht, neuen Wert zu investieren, selbst einen Wert hat, und impliziert, dass, wenn der bestehende Eigentümer investieren will, um die Neuwertregel während der Zeit zu erfüllen, in der der Schuldner das ausschließliche Recht hat, einen Plan vorzuschlagen, auch diese Neuwertinvestition einem Markttest unterzogen werden sollte (s. Kenneth N. Klee, Bankrupty and the Supreme Court (LexisNexis 2008) at 395-96 (discussing Bank of Amer. Nat. Trust & Savs. Ass'n v. 203 N. LaSalle Street P'tnership, 526 U.S. 434 (1999))). **97**

Wie aufgrund der vorangegangenen Ausführungen zu erwarten, können die Anforderungen an die Planbestätigung gewisse **Schwierigkeiten** mit sich bringen. Dies gilt insbesondere in Situationen, in denen sich der Schuldner in großen wirtschaftlichen Schwierigkeiten befindet oder sein gesamtes Vermögen veräußert hat und die **Kosten und Ausgaben eines Rechtsstreits über die Planbestätigung** hoch sind. Ist dies der Fall, kann ein Schuldner das Verfahren verwerfen oder in eine Chapter 7-Liquidation umwandeln. Beide Möglichkeiten stellen aber regelmäßig keine günstigeren Alternativen für die Gläubiger dar, da sie zu geringeren und späteren Auszahlungen führen können. Infolgedessen hat sich das **Konzept der „strukturierten Abweisung" (structured dismissal)** entwickelt, bei dem ein Verfahren zwar abgewiesen wird, der Beschluss über die Abweisung des Verfahrens jedoch die Verteilung des Vermögens des Schuldners an seine Gläubiger wie ausgehandelt vorsieht (s. kürzlich insbesondere US Supreme Court, Czyzewski v. Jevic Holding Corp (137 S.Ct. 973 (2017)) (→ Rn. 98.1 ff.). **98**

Der US Supreme Court erörterte das Konzept der „strukturierten Entlassung" in der Rechtssache Czyzewski gegen Jevic Holding Corp (137 S.Ct. 973 (2017)). In diesem Fall meldete die Jevic Transportation, Inc. ein Speditionsunternehmen, Insolvenz nach Chapter 11 an. Vor dem Insolvenzantrag hatte eine Private-Equity-Firma Jevic in einem gescheiterten Leveraged-Buyout, finanziert mit einem Darlehen eines kommerziellen Kreditgebers, erworben (Lipson & Vandermeuse, Stern, Seriously: The Article I Judicial Power, Fraudulent Transfers, and Leveraged Buyouts, 2013 Wis. L.Rev. 1161, 1220-1221). Kurz vor dem Insolvenzantrag stellte Jevic den Betrieb ein und entließ alle Mitarbeiter. Zum Zeitpunkt des Insolvenzantrags schuldete Jevic seinen vorrangigen, besicherten Kreditgebern ca. 53 Mio. USD sowie den Steuerbehörden und ungesicherten Gläubigern mehr als 20 Mio. USD. **98.1**

Als Reaktion auf den Insolvenzantrag von Jevic wurden zwei Klagen eingereicht, eine von ehemaligen Lkw-Fahrern gegen Jevic und von den Private-Equity-Sponsoren, die es versäumt hatten, eine ordnungsgemäße Kündigung auszusprechen sowie eine weitere vom Official Committee of Unsecured Creditors gegen den Private-Equity-Sponsor und die Kreditgeber. In letzterer wurde unter anderem behauptet, dass die im Rahmen des Leveraged Buyouts vorgenommenen Übertragungen und eingegangenen Verpflichtungen aufgrund bevorzugender (preference) und betrügerischer (fraudulent conveyance) Übertragungen anfechtbar seien. **98.2**

Im Jahr 2012 erzielten die Private-Equity-Firma, der Schuldner, die Kreditgeber und das Official Committee of Unsecured Creditors einen Vergleich. Mit diesem wurde die Klage des Official Committee of Unsecured Creditors beigelegt. Zu diesem Zeitpunkt hatte Jevic bereits im Wesentlichen alle seine Vermögenswerte liquidiert, um den gesicherten Kreditgeber zu befriedigen. Die einzigen verbleibenden Vermögenswerte waren 1,7 Mio. USD in bar und die Klage gegen die Kreditgeber, welche beigelegt wurde. Der Vergleich sah im Ergebnis eine Barzahlung und die Freigabe von Pfandrechten an den Barmitteln vor, die vollständig an die Steuerbehörden und die allgemeinen ungesicherten Gläubiger verteilt werden sollten. **98.3**

Internationales Insolvenzrecht – USA

Zudem beinhaltete der Vergleich, dass nach Genehmigung des Vergleichs durch das Insolvenzgericht das Chapter 11-Verfahren eingestellt werden würde.

98.4 Die Lkw-Fahrer des Unternehmens, die das Unternehmen und seinen Private-Equity-Sponsor verklagt hatten, erhoben Einspruch gegen den Vergleich und die Abweisung des Verfahrens, weil sie im Rahmen dieses Vergleichs keine Zahlungen aufgrund ihrer Forderungen oder ihrer Klage erhalten würden, obwohl gleichgestellte und nachrangige Gläubiger in der vorgeschlagenen „strukturierten Abweisung" Zahlungen erhalten würden. Die Insolvenzaufsichtsbehörde, der United States Trustee, machte von ihrem Recht Gebrauch, in jedem Verfahren gehört zu werden, und erhob ebenfalls Einspruch gegen den Vorschlag. Das Insolvenzgericht genehmigte jedoch den Vergleich.

98.5 Der US Supreme Court analysierte die von Jevic vorgeschlagene „strukturierte Abweisung" auf der Grundlage der Prioritätsvorschriften im Bankruptcy Code, die er als „fundamental" bezeichnete. Dabei äußerte der Supreme Court „keine Meinung zur Rechtmäßigkeit strukturierter Abweisungen im Allgemeinen" und erkannte sogar an, dass in einigen früheren Fällen Ausschüttungen, die die Prioritätsvorschriften zugunsten „bedeutender, mit dem [Bankruptcy] Code im Zusammenhang stehender Ziele" verletzen (wie zB die Zahlung von am ersten Tag angeordneten Löhnen (first day wage orders), „Roll-up"-Darlehen, die es den Kreditgebern ermöglichen, den Schuldner weiter zu finanzieren und vorrangig auf ihre Forderungen aus der Zeit vor dem Insolvenzantrag bezahlt zu werden), zulässig sind, weil die genehmigenden Gerichte „in der Regel festgestellt haben, dass die fraglichen Ausschüttungen eine erfolgreiche Sanierung ermöglichen und sogar die benachteiligten Gläubiger besser stellen"(Jevic, 137 S. Ct. At 985).

98.6 Der Supreme Court entschied, dass im Fall des Vergleichs im Verfahren Jevic „die Ausschüttung, die die Prioritätsvorschriften verletzt, an eine endgültige Verfügung geknüpft ist, sie den Schuldner nicht als fortbestehendes Unternehmen erhält, die benachteiligten Gläubiger nicht besserstellt, nicht die Möglichkeit eines bestätigungsfähigen Plans fördert, nicht den vorherigen Status quo wiederherzustellen hilft und keine Vertrauensinteressen schützt (Jevic, 137 S. Ct. At 985-86). Dementsprechend entschied das Gericht, dass die im Fall Jevic vorliegende Verletzung der Prioritätsvorschriften keine wesentliche ausgleichende insolvenzrechtliche Rechtfertigung hatte und hob daher die Genehmigung des Vergleichs durch das Insolvenzgericht auf (Jevic, 137 S. Ct. at 986).

99 Auch nach dem Urteil des US Supreme Courts im Fall Jevic ist jedoch **weiterhin unklar, ob strukturierte Abweisungen zulässig sind**. Einige Gerichte sind der Ansicht, dass Jevic weitreichende Auswirkungen hat (s. Commercial Track: How Will Jevic Change Chapter 11 Practice? West Law 082317 ABI-CLE 343). Viele Kommentatoren betonen, dass strukturierte Abweisungen, da sie nicht per se vom Supreme Court abgelehnt wurden, zulässig sind. Jedenfalls solange sie die Prioritätsvorschriften des Bankruptcy Codes respektieren und Gruppen nicht übergehen, wie dies in der strukturierten Abweisung im Fall Jevic der Fall war, indem keine Zahlung der Forderungen der LKW-Fahrer vorgesehen war (Kaylynn Webb, Utilizing the Fourth Option: Examining the Permissibility of Structured Dismissals That Do Not Deviate from the Bankruptcy Code's Priority Scheme, 33 Emory Bankr. Dev. J. 355 (2016)). Diese Fragen werden wahrscheinlich weiterhin in Chapter 11-Fällen diskutiert werden, in denen eine Planbestätigung nicht möglich ist und Schuldner und ihre Gläubiger versuchen, alternative Lösungsansätze zu finden.

III. Kleine Unternehmen

100 Im August 2019 verabschiedete der US-Kongress den **Small Business Restructuring Act**, der am 19.2.2020 in Kraft trat. Der Zweck dieses Gesetzes ist es, „den Reorganisationsprozess für kleine Schuldnerunternehmen zu straffen, da kleine Unternehmen oft Schwierigkeiten hatten, sich in einem Chapter 11-Verfahren zu reorganisieren." (Pub. L. 116-54). Das Gesetz ermöglichte **ein für kleine Unternehmen effizienteres Chapter 11-Verfahren**. In der ursprünglichen Fassung des Gesetzes war ein kleines Unternehmen definiert als „eine Person, die eine gewerbliche oder geschäftliche Tätigkeit ausübt (einschließlich aller verbundener Unternehmen einer solchen Person, die ebenfalls Schuldner im Sinne dieses Titels sind, ausgenommen eine Person, deren Haupttätigkeit der Besitz einer einzelnen Immobilie ist), die zum Zeitpunkt der Einreichung des Antrags oder Erlasses einen Gesamtbetrag an unbedingten gesicherten und ungesicherten Verbindlichkeiten von nicht mehr als 2.725.625 US-Dollar hat" (Cares Act, Pub.L. 116-136, § 1113. B). Der US-Kongress erhöhte diesen Betrag von 2.725.625 USD auf 7.500.000 USD für den Zeitraum eines Jahres, beginnend am 27.3.2020, im Rahmen des „Coronavirus Aid, Relief, and Economic Security Act" oder „CARES Act", um der durch die weltweite Coronavirus-Pandemie verursachte Wirtschaftskrise zu begegnen (Pub.L. 116-136).

101 Der Grundsatz der Bestimmungen über den Plan für kleine Unternehmen sieht vor, dass der Schuldner das Verfahren beantragen kann und **nur auf Antrag einer beteiligten Partei** und nach Benachrichtigung und Anhörung **aus wichtigem Grund** entlassen werden kann. Ein

Internationales Insolvenzrecht – USA

wichtiger Grund kann bei Betrug, Unehrlichkeit, Inkompetenz oder groben Missmanagements in den Schuldnerangelegenheiten, entweder vor oder nach dem Datum der Eröffnung des Verfahrens, oder bei Nichterfüllung von Verpflichtungen des Schuldners nach einem bestätigten Plan vorliegen (11 U.S.C. § 1185). Bei der Einreichung des Antrags muss der Schuldner seine letzte Bilanz, Geschäftsbericht, Cashflow-Rechnung und Einkommenssteuererklärung einreichen; alternativ muss er eine eidesstattliche Erklärung abgeben, dass weder eine Bilanz noch ein Geschäftsbericht oder eine Cashflow-Rechnung erstellt und keine Einkommenssteuererklärung eingereicht wurde (11 U.S.C. § 1187). Ein Treuhänder wird ernannt, um sicherzustellen, dass das Verfahren ordnungsgemäß durchgeführt wird. Der Treuhänder hat jedoch nur begrenzte Befugnisse; seine Rolle ist eher mit der eines Treuhänders in einem Verbraucherfall vergleichbar (11 U.S.C. § 1183). Ein Gläubigerausschuss wird nicht ernannt (11 U.S.C. § 1181(a)(1)). Eine Besprechung des Verfahrensstands (status conference) wird innerhalb von 60 Tagen nach Insolvenzantrag abgehalten oder innerhalb eines längeren Zeitraums, „wenn die Notwendigkeit einer Verlängerung auf Umstände zurückzuführen ist, für die der Schuldner richtigerweise nicht verantwortlich gemacht werden sollte" (11 U.S.C. § 1188). „Spätestens 14 Tage vor dem Termin der Statuskonferenz hat der Schuldner beim Gericht einen Bericht einzureichen und dem Treuhänder und allen Beteiligten zuzustellen, in dem die Bemühungen, die der Schuldner unternommen hat und unternehmen wird, um einen einvernehmlichen Reorganisationsplan zu erreichen, im Einzelnen dargelegt sind." (11 U.S.C. § 1188(c)).

Handelt es sich um ein kleines Unternehmen, **kann nur der Schuldner einen Plan einreichen.** Dieser soll innerhalb von 90 Tagen nach dem Antrag eingereicht werden. Das Gericht kann die Frist verlängern, „wenn die Notwendigkeit der Verlängerung auf Umstände zurückzuführen ist, für die der Schuldner richtigerweise nicht verantwortlich gemacht werden sollte" (11 U.S.C. § 1189). Die Vorschriften des Bankruptcy Code zur Offenlegungserklärung, die in Chapter 11-Verfahren Anwendung finden, gelten nicht in Verfahren für kleine Unternehmen, es sei denn, das Insolvenzgericht ordnet an, dass sie gelten sollen (11 U.S.C. § 1181(b)). Der Inhalt des Plans muss die Geschichte des Geschäftsbetriebs, eine Liquidationsanalyse und Zahlungspläne des Schuldners enthalten. Weiterhin muss er die Unterwerfung aller oder eines solchen Teils der zukünftigen Einkünfte oder anderer zukünftiger Einkünfte des Schuldners unter die Aufsicht und Kontrolle des Treuhänders vorsehen, wie es für die Ausführung des Plans erforderlich ist (11 U.S.C. § 1190). Der Plan kann auch eine Änderung der Rechte eines Forderungsinhabers vorsehen, wenn die Forderung nur durch eine Sicherheit an der Immobilie, die dem Hauptwohnsitz des Schuldners darstellt, gesichert ist und der Vermögenswert, der im Zusammenhang mit der Gewährung der Sicherheit zugeflossen ist, nicht in erster Linie zum Erwerb der Immobilie, sondern im Zusammenhang mit dem kleinen Unternehmen des Schuldners verwendet wurde (11 U.S.C. § 1190). Die Bestätigung des Plans erfordert, dass grundsätzlich alle Anforderungen des Bankruptcy Code erfüllt werden, die in einem regulären Insolvenzverfahren Anwendung finden. Ausnahmsweise darf der Schuldner jedoch seine Beteiligung an dem Verfahren behalten (11 U.S.C. § 1191). Der Plan kann auch vorsehen, dass der Schuldner die vorgesehenen Zahlungen an den Treuhänder leistet, der diese dann wiederum gemäß den Bedingungen des Plans an die Gläubiger des Schuldners verteilt (11 U.S.C. § 1194).

Kurz gesagt, der neue Small Business Restructuring Act soll das Chapter 11-Verfahren für kleine Unternehmen vereinfachen. Ihnen soll eine Reorganisation ermöglicht werden, statt sie zu einer Liquidation zu zwingen.

IV. Weitere Verfahrensarten – Chapter 9 (Kommunen), Chapter 12 (Landwirte), Chapter 13 (Verbraucher-Einzelpersonen)

Die anderen Verfahrensarten des Bankruptcy Codes befassen sich mit Verfahren für bestimmte Arten von Schuldnern: Kommunen (Chapter 9), Landwirte und Fischer (Chapter 12) sowie Verbraucher (Chapter 13). Sie enthalten jeweils Bestimmungen, die die spezifischen Aspekte der jeweiligen Art der Schuldner adressieren.

Zum Beispiel erlauben die Vorschriften des Chapter 9 nur einer **„Kommune"** (municipality, 11 U.S.C. § 101(40)), die von einem Bundesstaat hierzu ermächtigt wurde, einen Insolvenzantrag nach Chapter 9 zu stellen (11 U.S.C. § 109(c)). Die Kommune muss weiter insolvent sein, einen Plan zur Anpassung der Verbindlichkeiten anstreben und eine der folgenden Voraussetzungen in Bezug auf Verhandlungen vor der Antragstellung erfüllen: (A) Die Kommune hat die Zustimmung von Gläubigern erhalten, die betragsmäßig mindestens die Mehrheit der Forderungen in jeder Gruppe halten, die sie im Rahmen eines Plans beeinträchtigen will. (B) Die Kommune hat nach Treu und Glauben mit den Gläubigern verhandelt, aber keine Zustimmung von Gläubigern erhal-

Internationales Insolvenzrecht – USA

ten, die betragsmäßig mindestens die Mehrheit der Forderungen in jeder Gruppe halten, die sie im Rahmen eines Plans beeinträchtigen will. (C) Die Kommune ist nicht in der Lage, mit Gläubigern zu verhandeln, weil solche Verhandlungen nicht durchführbar sind. (D) Die Kommune geht in vertretbarer Weise davon aus, dass ein Gläubiger versuchen könnte, eine Übertragung zu erreichen, die anfechtbar wäre (s. 11 U.S.C. § 109(c), sowie In re Valley Health Sys., 383 B.R. 156, 163 (Bankr. C.D. Cal. 2008)).

106 Der primäre Zweck der Restrukturierung einer Kommune ist nicht die Sicherstellung zukünftiger Gewinne. Es geht vielmehr darum, die **Fortsetzung der Erbringung öffentlicher Dienstleistungen zu ermöglichen** und der Kommune eine Atempause sowie die Möglichkeit zu geben, ihre langfristige Zahlungsfähigkeit durch einen organisierten Prozess anzugehen (9 Am. Jur. 2d Bankruptcy § 45). In diesem Zusammenhang sieht der Bankruptcy Code vor, dass das Insolvenzgericht ohne die Zustimmung der Kommune keine Anordnungen treffen darf, die die politischen oder staatlichen Befugnisse des Schuldners, das Eigentum oder die Einnahmen des Schuldners oder Nutzung oder Genuss von Einkommen erzeugendem Eigentum beeinträchtigen (11 U.S.C. § 903).

107 Nur die Kommune kann einen **Plan zur Anpassung der Verbindlichkeiten** einreichen. Reicht sie den Plan nicht zusammen mit dem Antrag ein, muss sie den Plan zu einem späteren, vom Insolvenzgericht festgelegten Zeitpunkt einreichen (11 U.S.C. § 941). Voraussetzung für die Bestätigung des Plans eines kommunalen Schuldners ist, dass der Plan die Anforderungen des Chapter 9 erfüllt, die zu zahlenden Beträge vollständig offengelegt und nachvollziehbar sind, die Verfahrenskosten vollständig bezahlt sind, alle behördlichen Genehmigungen vorliegen und der Plan im besten Interesse der Gläubiger und überdies auch durchführbar ist (11 U.S.C. § 943). Weitere Bedingungen einer Bestätigung nach Chapter 11 gelten auch in einem Verfahren nach Chapter 9, einschließlich der Anforderungen an die Abstimmung und einen cramdown gesicherter Gläubiger. Das Planbestätigungsverfahren für eine Kommune kann komplex sein und „das Gericht hat eine unabhängige Verpflichtung festzustellen, dass ein vorgeschlagener Plan die Bestätigungsanforderungen erfüllt (...) ungeachtet der Zustimmung der Gläubiger" (In re City of Detroit, 524 B.R. 147, 202 (Bankr. E.D. Mich. 2014)).

108 Nur „**Familienbetriebe in der Landwirtschaft**" **(family farmers)** (11 U.S.C. § 101(18)) oder „**Familienbetriebe in der Fischereiwirtschaft**" **(family fishermen)** (11 U.S.C. § 101(19A)) mit einem „regelmäßigen Jahreseinkommen" (11 U.S.C. § 101(19) & (19B)) können Schuldner nach Chapter 12 sein (11 U.S.C. § 109(f)). Chapter 12 bezweckt, finanziell angeschlagenen Familienbetrieben in Land- und Fischereiwirtschaft zu ermöglichen, einen Plan zur vollständigen oder teilweisen Rückzahlung ihrer Verbindlichkeiten vorzuschlagen und durchzuführen (s. auch https://www.uscourts.gov/services-forms/bankruptcy/bankruptcy-basics/chapter-12-bankruptcy-basics). Der Plan muss Zahlungen über drei Jahre vorsehen, es sei denn, das Gericht genehmigt einen längeren Zeitraum „aus wichtigem Grund". In keinem Fall darf ein Plan Zahlungen über einen längeren Zeitraum als fünf Jahre vorsehen (11 U.S.C. § 1222(c)).

109 Ähnlich wie der Small Business Restructuring Act hat der US-Kongress Chapter 12 geschaffen, um den wirtschaftlichen Herausforderungen von Familienbetrieben in den genannten Wirtschaftsbereichen gerecht zu werden. Ein Chapter 12-Verfahren ist zum Beispiel schlanker, weniger kompliziert und weniger teuer als ein Chapter 11-Verfahren, das sich besser für die Reorganisation großer Unternehmen eignet. Viele der oben diskutierten Bestimmungen zum Small Business Restructuring Act stammen aus dem Chapter 12. So wird zB ein Treuhänder mit eingeschränkten Befugnissen ernannt. Außerdem muss der Plan innerhalb von 90 Tagen nach Antragsstellung eingereicht werden, es sei denn, die Frist wird aus Gründen verlängert, die auf Umstände zurückzuführen sind, für die der Schuldner richtigerweise nicht verantwortlich gemacht werden sollte. Chapter 13 ist wiederum für Lohnempfänger konzipiert, die typischerweise mit geringeren Verbindlichkeiten konfrontiert sind als Familienunternehmen in Land- und Fischereiwirtschaft (https://www.uscourts.gov/services-forms/bankruptcy/bankruptcy-basics/chapter-12-bankruptcy-basics).

110 Chapter 13 ist ein vereinfachtes Verfahren für **Einzelpersonen, die Lohnempfänger sind.** Sie können einen Plan vorschlagen, der einen Vergleich ihrer Verbindlichkeiten und monatliche Zahlungen ihres Einkommens an einen Treuhänder vorsieht, der diese dann an die Gläubiger verteilt (→ Rn. 110.1).

110.1 Chapter 13 bietet Einzelpersonen eine Reihe von Vorteilen gegenüber der Liquidation nach Chapter 7, darunter die Möglichkeit, Häuser von Einzelpersonen vor der Zwangsvollstreckung zu schützen. Durch einen Insolvenzantrag unter Chapter 13 können Einzelpersonen das Zwangsvollstreckungsverfahren stoppen und die Begleichung von säumigen Hypothekenzahlungen zeitlich strecken. Es müssen jedoch alle Hypo-

Internationales Insolvenzrecht – USA

thekenzahlungen, die während der Laufzeit des Chapter 13-Plans fällig werden, pünktlich geleistet werden. Ein weiterer Vorteil eines Chapter 13-Verfahrens ist, dass es Einzelpersonen erlaubt, besicherte Verbindlichkeiten (andere als solche, die mit einer Hypothek auf der Immobilie ihres Hauptwohnsitzes besichert sind) umzuschulden und auf die Laufzeit des Chapter 13-Plans zu erstrecken. Chapter 13 enthält auch eine Bestimmung zum Schutze Dritter, die zusammen mit dem Schuldner für „Schulden von Verbrauchern" (consumer debts) haften. Schließlich wirkt Chapter 13 wie ein Konsolidierungsdarlehen (consolidation loan), bei dem die Person die Planzahlungen an einen Chapter 13-Treuhänder leistet, der dann die Zahlungen an die Gläubiger verteilt. Der Einzelne hat keinen direkten Kontakt mit den Gläubigern, während er unter dem Schutz von Chapter 13 steht (s. https://www.uscourts.gov/services-forms/bankruptcy/bankruptcy-basics/chapter-13-bankruptcy-basics/).

F. Beteiligte in US-Insolvenzverfahren

I. Schuldner

Schuldner ist eine **Person oder Kommune, über die ein Verfahren nach dem Bankruptcy Code eröffnet wurde** (11 U.S.C. § 101(13)). Wie bereits erwähnt, ist ein Schuldner unter Chapter 11 auch der **eigenverwaltende Schuldner (debtor in possession),** der im Allgemeinen alle Rechte und Befugnisse hat und alle **Funktionen und Pflichten eines Treuhänders** im Rahmen eines Insolvenzverfahrens **selbst wahrnimmt** (11 U.S.C. § 1107). In Chapter 15-Fällen, die sich mit ausländischen Verfahren befassen, ist der „Schuldner" das Unternehmen, das Gegenstand des ausländischen Verfahrens ist (11 U.S.C. § 1502(1)). 111

II. Gläubiger

Ein Gläubiger im Sinne des Bankruptcy Code ist eine **Person, die eine Forderung gegen den Schuldner hat,** die zum Zeitpunkt oder vor dem Beschluss, mit dem das Insolvenzverfahren eröffnet wird, entstanden ist, oder die Ansprüche aufgrund bestimmter Kapitel des Bankruptcy Code hat. Letztere sind meistens Gläubiger, die nach der Eröffnung des Verfahrens Vermögen zurückübertragen müssen, die sie vor dem Insolvenzverfahren erhalten haben (11 U.S.C. § 101(10)). 112

Ein **„Anspruch" (claim)** hat in diesem Zusammenhang eine weite Bedeutung und ist gesetzlich definiert als ein Recht auf Zahlung, „unabhängig davon, ob dieses Recht durch ein Urteil festgestellt, in Geld oder nicht, festgesetzt, bedingt, fällig, nicht fällig, bestritten, unbestritten, gesetzlich oder nach Billigkeitsrecht, gesichert oder unbesichert ist" (11 U.S.C. § 101(5)). Für die **Anmeldung von Forderungen (filing a proof of claim)** besteht eine Frist. Versäumt eine Partei diese Frist, wird sie in der Regel nicht als „Gläubiger" angesehen. Nach anderer Ansicht kann eine Person für einige Zwecke als Gläubiger angesehen werden, unabhängig davon, ob sie als Gläubiger eingetragen ist oder eine Forderung anmeldet (s. zB In re Hunn, 49 B.R. 430, 431 (Bankr. M.D. Fla. 1985)). 113

Im Zweifel hat die Person, die Insolvenzantrag gestellt hat, nicht ausreichend Liquidität, um all ihre Verbindlichkeiten erfüllen zu können. Entsprechend werden Gläubiger, wenn überhaupt, nur einen Teil der ihnen geschuldeten Beträge erhalten. Der Bankruptcy Code sieht eine **Rangfolge** vor, die bestimmt, **welche Gläubiger bevorzugt, dh vorrangig bezahlt werden.** 114

Grundsätzlich lassen sich Gläubiger in **drei Kategorien** einteilen: Besicherte Gläubiger (secured creditors), unbesicherte Gläubiger (unsecured creditors) und Anteilseigner (equity holders). Darüber hinaus sind Kosten, die im Zusammenhang mit der Verwaltung des Insolvenzverfahrens stehen, vor allen anderen Gläubigern, vorrangig aus der Verwertung von Vermögen zu befriedigen, das nicht Gegenstand eines Sicherungsrechtes eines besicherten Gläubigers ist. 115

Besicherte Gläubiger (secured creditors) sind Forderungsinhaber, deren Forderungen durch ein gültiges, vollstreckbares Sicherungsrecht oder -interesse an einem Gegenstand besichert sind, der nach dem anwendbaren Recht, außerhalb des Insolvenzrechts, Eigentum der Insolvenzmasse ist. Die Forderung eines besicherten Gläubigers ist bis zur Höhe des Wertes der Sicherheiten gesichert (11 U.S.C. § 506). Besicherte Gläubiger haben das Recht, vor allen anderen Gläubigern aus dem Erlös der Sicherheiten, die ihre Verbindlichkeiten sichern, befriedigt zu werden (Czyzewski v. Jevic Holding Corp., 137 S. Ct. 973, 979 (2017)). 116

Soweit der Betrag der Forderung größer ist als der Wert der Sicherheiten, wird der übersteigende Forderungswert zu einer **ungesicherten Ausfallforderung.** Wenn der Wert der Sicherheiten größer ist als der Forderungswert, erhöht sich die Forderung des gesicherten Gläubigers nicht. Vielmehr wird der Gläubiger als „überbesicherter" Gläubiger betrachtet und hat nach dem Bank- 117

Internationales Insolvenzrecht – USA

ruptcy Code besondere Rechte, wie zB das Recht, dass seine Zinsen weiter auflaufen und dass seine Forderung die Kosten der Vollstreckung einschließt (11 U.S.C. § 506(b)) (→ Rn. 117.1).

117.1 **Beispiel:** Ein Gläubiger hat dem Schuldner ein Darlehen in Höhe von 500 USD gewährt, das durch eine Sicherheit an einem Vermögensgegenstand besichert ist. Der Vermögensgegenstand hat einen Wert von 200 USD und fällt in die Insolvenzmasse. Der Gläubiger hätte eine besicherte Forderung in Höhe von 200 USD und eine unbesicherte Forderung in Höhe von 300 USD. Hätte der als Sicherheit dienende Vermögensgegenstand jedoch einen Wert von 700 USD, könnte der Gläubiger eine Forderung in Höhe von 500 USD sowie etwaige Zinsen, die nach dem Insolvenzantrag anfallen, als besicherte Forderung geltend machen; in diesem Beispiel insgesamt 520 USD. Typischerweise versucht ein Schuldner, wenn der als Sicherheit dienende Vermögensgegenstand mehr wert ist als die geltend gemachte besicherte Forderung, den besicherten Gläubiger auszuzahlen, damit keine weiterlaufenden Zinsen gezahlt werden müssen.

118 Als **unbesicherte Gläubiger** (unsecured creditors) werden Gläubiger bezeichnet, deren Forderung nicht durch eine Sicherheit gesichert ist. Unbesicherte Forderungen werden erst bezahlt, wenn alle besicherten und vorrangigen Forderungen vollständig bezahlt sind.

119 Als **vorrangige Gläubiger** (preferred creditors) werden Gläubiger bezeichnet, die vorrangige Forderungen (priority claims) halten, also unbesicherte Forderungen, die vor den allgemeinen unbesicherten Forderungen bezahlt werden. Sie umfassen bestimmte Löhne oder Steuern.

120 **Anteilsinhaber** (equity holders) werden erst befriedigt, wenn alle anderen Gläubiger befriedigt wurden. Wenn genügend Vermögen für eine Befriedigung von Anteilseignern vorhanden ist, spricht man üblicherweise von einem „solventen" Verfahren.

121 An der obersten Stelle in der Rangfolge, häufig auch als Wasserfall bezeichnet, stehen **vorrangig besicherte Forderungen** (super-priority secured claims) nach § 364(d), dh Forderungen von Gläubigern, die während des Insolvenzverfahrens Finanzmittel bereitstellen (DIP Financing).

122 In der **Rangfolge** folgen auf **vorrangig besicherte Forderungen** besicherte Forderungen, **vorrangige Verfahrenskosten** (super-priority administrative expense claims; Forderungen eines Kreditgebers aus der Zeit nach dem Insolvenzantrag, die nicht von den vorhandenen Sicherheiten gedeckt sind), **Verfahrenskosten** (administrative expenses), **vorrangige unbesicherte Forderungen** (priority unsecured claims), **unbesicherte Forderungen** (unsecured claims), **nachrangige Forderungen** (subordinated claims) und schließlich **Eigenkapital** (equity interests).

123 Die Forderungen jeden Rangs müssen vollständig befriedigt werden, bevor die Forderungen des folgenden Rangs eine Ausschüttung erhalten dürfen. So müssen die besicherten Gläubiger aus dem Erlös ihrer Sicherheiten befriedigt werden, bevor die unbesicherten Gläubiger bezahlt werden dürfen; alle unbesicherten Gläubiger müssen befriedigt werden, bevor die Anteilseigner irgendwelche Anteile behalten können (sog. **absolute priority rule**).

124 Reicht die Masse nicht aus, um alle Gläubiger eines Rangs vollständig zu befriedigen, müssen die **Ausschüttungen auf die Forderungen pro rata** vorgenommen werden. Mit anderen Worten: Die Gläubiger eines Rangs sind gleich zu behandeln.

125 Die vorrangig unbesicherten Forderungen müssen vollständig befriedigt werden, bevor die allgemein unbesicherten Gläubiger eine Ausschüttung erhalten können. § 507(a) legt zehn **Kategorien vorrangiger unbesicherter Forderungen** fest, die in der **dort aufgeführten Rangfolge** zu befriedigen sind. Darunter fallen zB häusliche Unterhaltsverpflichtungen (11 U.S.C. § 507(a)(1)), Verfahrenskosten (11 U.S.C. § 507(a)(2)), bestimmte, höhenmäßig begrenzte Lohn- und Gehaltszahlungen einzelner Arbeitnehmer (11 U.S.C. § 507(a)(4)), Beiträge zur Altersvorsorge (11 U.S.C. § 507(a)(5)) sowie eine Reihe von Steuerforderungen aus der Zeit vor dem Insolvenzantrag (11 U.S.C. § 507(a)(8)). Wie in der übrigen Rangfolge auch, müssen alle Forderungen innerhalb der Ränge nach § 507(a) vollständig bezahlt werden, bevor Forderungen des nächsten Rangs befriedigt werden.

126 **Allgemein unbesicherte Forderungen** werden erst befriedigt, wenn die vorrangig unbesicherten Forderungen vollständig befriedigt wurden. Reichen die Erlöse nicht aus, um alle allgemeinen unbesicherten Forderungen zu begleichen, werden die unbesicherten Kläger, wie auch sonst auf jeder anderen Stufe der Rangfolge, sofern der Erlös zur Befriedigung aller Gläubiger nicht ausreicht, pro rata bezahlt.

127 Nach den unbesicherten Forderungen verbleiben nur noch **nachrangige Ansprüche und Ansprüche der Anteilseigner**. Sie erhalten jeweils nur dann einen Erlös, wenn alle anderen Gläubiger, die in der Rangfolge vorgehen, vollständig befriedigt wurden, einschließlich aller Forderungen und aufgelaufener Zinsen, die während des Insolvenzverfahrens entstanden sind. Aufgrund ihres tiefen Rangs ist es unwahrscheinlich, dass die Inhaber von nachrangigen Forderungen einen Erlös erhalten. Noch unwahrscheinlicher ist es, dass Eigenkapitalanteile im Insolvenzverfahren einen Erlös erhalten.

Internationales Insolvenzrecht – USA

III. Insolvenzgerichte und Berufungsgerichte mit Aufsichtsfunktion

1. Insolvenzgerichte (Bankruptcy Courts)

Der US-Kongress hat in jedem Gerichtsbezirk ein **Insolvenzgericht als Teil des jeweiligen** **128** **Bundesbezirksgerichts** eingerichtet, bekannt als „Insolvenzgericht für den Bezirk..." (zB Delaware, Southern District of Texas, Southern District of New York) (s. 28 U.S.C. § 151)). Je nach Größe des Gerichtsbezirks kann es auch mehrere Einheiten eines Insolvenzgerichts (divisions) geben. Jeder Insolvenzrichter kann in seiner Funktion als gerichtlicher Amtsträger (judicial officer) des Bezirksgerichts die gesetzlich übertragenen Befugnisse ausüben und allein den Vorsitz führen, sowie reguläre oder besondere Sitzungen des Gerichts abhalten (s. 28 U.S.C. § 151). Insolvenzrichter dienen als gerichtliche Amtsträger der verfassungsmäßig eingerichteten Bezirksgerichte und werden als „Master in Chancery" bezeichnet (Centrust Sav. Bank v. Love, 131 B.R. 64, 65 (S.D. Tex. 1991)). Das Bezirksgericht bestimmt die Dienstorte der Richter, ihre Fallzuweisungen, örtliche Vorschriften und stellt in einigen Bezirken Sachbearbeiter (clerks) zur Verfügung.

Das **Bundesberufungsgericht (Court of Appeals of the United States)** des jeweiligen **129** Gerichtsbezirkes **ernennt die Insolvenzrichter.** Jeder Richter wird für 14 Jahre ernannt und kann für eine weitere Amtszeit ernannt werden (28 U.S.C. 152(a)(1)). Ein Anspruch auf Wiederernennung besteht jedoch nicht. Das Berufungsgericht des Bezirks holt öffentliche Stellungnahmen zur Wiederernennung ein und entscheidet, ob der Richter wiederernannt wird oder ein neuer Richter ernannt werden soll (In re U.S., 463 F.3d 1328 (Fed. Cir. 2006)). Ein Insolvenzrichter kann während der Amtszeit nur wegen Inkompetenz, Fehlverhalten, Pflichtverletzung oder körperlicher oder geistiger Behinderung abberufen werden und zwar nur durch einen Mehrheitsbeschluss der Richter im Justizbeirat (judicial council) des Bezirks, nachdem sie die Vorwürfe mitgeteilt und dem betreffenden Richter die Möglichkeit gegeben haben, zu diesen Vorwürfen gehört zu werden (28 U.S.C. § 152(e)).

2. Bezirksgerichte (District Courts)

Die Bezirksgerichte (federal district courts) werden vom US-Kongress gem. Artikel III der **130** Verfassung der Vereinigten Staaten eingerichtet. Die Richter werden vom US-Präsidenten ernannt und vom US-Senat bestätigt. Die Bezirksgerichte sind **Prozessgerichte erster Instanz und zuständig für die zivil- und strafrechtliche Gerichtsbarkeit** vieler Arten von Streitigkeiten. In Bezug auf Insolvenzverfahren ist die primäre Aufgabe der Bezirksgerichte als **Berufungsgericht der ersten Instanz der Insolvenzgerichte** zu fungieren.

Die Bezirksgerichte sind zuständig für **Berufungen gegen Endurteile, Anordnungen und** **131** **Verfügungen (final judgments, orders and decrees)** des jeweiligen Insolvenzgerichts sowie gegen **einstweilige Anordnungen und Verfügungen** von diesem (mit der Ausnahme, dass eine Anordnung bezüglich der Verlängerung oder Verkürzung der Frist zur Einreichung eines Plans zwar eine einstweilige Anordnung ist, aber von Rechts wegen gehört werden kann) (s. 28 U.S.C. § 158(a)). Eine Anordnung (final order) ist in einem Insolvenzverfahren differenzierter als in einem regulären Zivilverfahren, in dem zwei Parteien eine abschließende Klärung anstreben (Samuel R. Maizel und Jessica D. Gabel, ABI's Bankruptcy Appeals Manuel (2d ed., Amer. Bankr. Inst. 2010)). Im Rahmen eines Insolvenzverfahrens gibt es viele Anordnungen, die in Bezug auf die Frage, die sie betreffen, abschließend sind. Als solche können diese angefochten werden, ohne den Abschluss des Insolvenzverfahrens abwarten zu müssen.

Das **Verfahren zur Einlegung einer Berufung** bezüglich eines beim Insolvenzgericht anhän- **132** gigen Verfahrens ist in Teil VIII der Federal Rules of Bankruptcy Procedure geregelt. Eine Berufungsschrift ist innerhalb von 14 Tagen einzureichen (Fed. R. Bankr. Pro. 8002). Handelt es sich um eine einstweilige Anordnung, kann ein Antrag auf Berücksichtigung durch das Bezirksgericht gestellt werden (Fed. R. Bankr. Pro. 8004). Ggf. wird eine Sicherheitsleistung verlangt, wenn die Rechtskraft der Anordnung während der Berufung ausgesetzt wird (Fed. R. Bankr. Pro. 8007). Sobald die Berufung eingereicht ist, werden die Parteien Schriftsätze einreichen und das Bezirksgericht kann auf Grundlage der Schriftsätze entscheiden oder eine mündliche Verhandlung über die Berufung durchführen.

3. Spezielle Insolvenzberufungsausschüsse (Bankruptcy Appellate Panels)

In manchen Gerichtsbezirken gibt es **spezielle Berufungsinstanzen für Berufungen in** **133** **Verfahren vor dem Insolvenzgericht,** die Bankruptcy Appellate Panels. Der Justizbeirat (judicial council) des jeweiligen Bezirksgerichtes kann ein solches Bankruptcy Appellate Panel einrich-

Internationales Insolvenzrecht – USA

ten. Die Berufung kann **nur** dann von einem Bankruptcy Appellate Panel gehört werden, **wenn die Berufungsparteien** damit **einverstanden** sind, dass es anstelle des Bezirksgerichts über die Berufung entscheidet (28 U.S.C. § 157(b)(3)).

134 Ein mit einer Berufung betrautes Bankruptcy Appellate Panel besteht aus **drei Insolvenzrichtern aus einem anderen Bezirk** als dem, in dem das mit dem Fall befasste Insolvenzgericht seinen Sitz hat (28 U.S.C. § 157(b)(5)). Jedes Bankruptcy Appellate Panel hat seine eigenen Mitarbeiter und Verfahrensregeln und kann auf der Grundlage der eingereichten Unterlagen entscheiden oder eine mündliche Verhandlung durchführen.

135 Bei der Entscheidung, ob eine **Berufung vor ein Bankruptcy Appellate Panel** gebracht werden soll, sollte der Berufungskläger die unterschiedlichen Häufigkeiten einer Aufhebung der beteiligten Panels, die Zeit, die das Panel für eine Entscheidung benötigen könnte, und die betreffende Rechtsfrage (zB ob es sich um eine Kernfrage des Insolvenzrechts handelt oder um eine Frage, die am besten von einem generalistischen Einzelrichter entschieden werden könnte) berücksichtigen.

4. Bundesberufungsgerichte (Circuit Court of Appeals)

136 Die Berufungsgerichte (Circuit Court of Appeals) sind die **allgemeinen Bundesberufungsgerichte** in den Vereinigten Staaten und verhandeln über **alle Arten von Berufungen** einschließlich Strafsachen, Verfassungsangelegenheiten und allgemeine Zivilsachen. Die Bundesberufungsgerichte sind **auch für Berufungen in Insolvenzsachen zuständig.** Jede Entscheidung eines Bundesberufungsgerichts ist für die unteren Gerichte innerhalb des Gerichtsbezirks (circuit) bindend, nicht aber für Gerichte außerhalb dieses Gerichtsbezirks.

137 Typischerweise wird eine Berufung vor einem **Senat aus drei Richtern** verhandelt. Unter bestimmten Umständen kann die Berufung vor einem **en banc panel** des Bundesberufungsgerichts verhandelt bzw. erneut verhandelt werden, dh die Berufung wird von allen zu diesem Zeitpunkt aktiven Richtern des Bundesberufungsgerichts beraten.

138 Die Bundesberufungsgerichte verlangen die **Einreichung von Schriftsätzen** in einem bestimmten Format und Umfang. Sobald die Schriftsätze vollständig eingereicht sind, kann das Gericht auf Grundlage der eingereichten Schriftsätze entscheiden oder eine mündliche Verhandlung abhalten – üblicherweise werden jeder Seite für die mündliche Argumentation in der Berufung 15 bis 30 Minuten gewährt.

139 Eine Berufung geht normalerweise zum Bundesberufungsgericht, nachdem sie entweder vom Bezirksgericht oder vom Bankruptcy Appelate Panel geprüft wurde. Es ist jedoch auch eine **Berufung vom Insolvenzgericht direkt** zum Bundesberufungsgericht möglich (28 U.S.C. § 158(d); Fed. R. Bankr. Pro. 8005); die an der Berufung beteiligten Parteien können eine Zulassung zum Bundesberufungsgericht beantragen, um die Berufung direkt zu verhandeln, oder, falls nicht alle zustimmen, kann jede Partei beantragen oder das Gericht kann von sich aus entscheiden, die Angelegenheit für eine direkte Berufung zuzulassen (28 U.S.C. § 158(d)). Die Zulassung einer direkten Berufung erfordert, dass die Rechtsfrage einen Punkt betrifft, (1) zu dem es keine leitende Entscheidung des zuständigen Bundesberufungsgerichts oder des US Supreme Courts gibt oder eine Angelegenheit von öffentlicher Bedeutung betrifft, (2) die eine Lösung widersprüchlicher Entscheidungen erfordert oder (3) für die eine Entscheidung den Fortgang des Falles oder Verfahrens, in dem die Berufung eingelegt wird, wesentlich voranbringen würde (28 U.S.C § 157(d)(2)(A)).

5. Oberster Gerichtshof der Vereinigten Staaten (Supreme Court of the United States)

140 Der Oberste Gerichtshof der Vereinigten Staaten, der Supreme Court of the United States, ist das **höchste Berufungsgericht.** Seine Entscheidungen sind für alle Gerichte innerhalb der Vereinigten Staaten bindend. Es gibt jedoch kein Recht, die Angelegenheit von einem Berufungsgericht mittels Rechtsmittel vor den Obersten Gerichtshof zu bringen. Der Oberste Gerichtshof bestimmt selbst, mit welchen Fällen er sich befasst und Parteien, die Revision beim Obersten Gerichtshof einlegen möchten, müssen einen **Antrag auf Zulassung (petition for certiorari)** einreichen. Die Zulassung muss vom Obersten Gerichtshof bewilligt werden, damit die Revision fortgesetzt werden kann. Statistisch gesehen liegt die Erfolgsquote eines Antrags normalerweise bei 2–4%.

141 Der Hauptgrund für den Obersten Gerichtshof, einen Fall zur Revision zuzulassen, ist ein **Konflikt zwischen Bundesberufungsgerichten** (Sup. Ct. R. 10). Der Oberste Gerichtshof kann auch eine **Zulassung bewilligen (writ of certiorari)**, wenn ein Bundesberufungsgericht

eine wichtige Frage des Bundesrechts entschieden hat, die vom Obersten Gerichtshof noch nicht entschieden wurde, aber werden sollte, oder eine wichtige Frage des Bundesrechts in einer Weise entschieden hat, die mit relevanten Entscheidungen des Obersten Gerichtshofs konfligiert. Auch wenn in der Regel ein oder zwei insolvenzrechtliche Fälle jährlich verhandelt werden, ist dies eine seltene Materie für den Obersten Gerichtshof. Zum Beispiel betraf im Jahr 2019, von den 59 Fällen, nur ein Fall Insolvenzrecht (Harvard Law Review, Scotus Statistics unter https://harvardlawreview.org/supreme-court-statistics/). Aber, auch wenn selten, sind Entscheidungen des Obersten Gerichtshof zu insolvenzrechtlichen Themen wichtig und bestimmen häufig die **Grundsätze des Insolvenzrechts** in den gesamten Vereinigten Staaten (Ronald J. Mann, Bankruptcy and the U.S. Supreme Court (Cambridge University Press 2017); Kenneth N. Klee, Bankruptcy and the Supreme Court (LexisNexis 2008); M. Jonathan Hayes, Bankruptcy Jurisprudence from the Supreme Court (2008)).

IV. Gläubigerausschuss

In einem Chapter 11-Verfahren hat das Büro des **United States Trustee** die Aufgabe, so bald **142** wie möglich nach Insolvenzantrag einen **Ausschuss der unbesicherten Gläubiger zu ernennen** (11 U.S.C. § 1102(a)(1)). Die Gläubiger, die in diesen Ausschuss berufen werden, müssen bereit sein, hierfür zur Verfügung zu stehen und die sieben größten ungesicherten Forderungen halten oder für die verschiedenen Arten von Forderungen gegen den Schuldner repräsentativ sein (11 U.S.C. § 1102(b)(1)). Das Office of the United States Trustee hat die Befugnis, **weitere Ausschüsse** zu ernennen, darunter auch Ausschüsse von Anteilsinhabern. Diese anderen Arten von Ausschüssen können aus Mitarbeitern im Ruhestand, Vermietern, Schadenersatzklägern oder jeder anderen größeren Gläubigergruppe bestehen, die durch den eher vielschichtigen allgemeinen Ausschuss möglicherweise nicht ausreichend vertreten wird. Im Normalfall wird der United States Trustee jedoch nur einen offiziellen Ausschuss der ungesicherten Gläubiger (official committee of unsecured creditors) einsetzen. Häufig versuchen andere Gläubigergruppen beim United States Trustee zu erreichen, dass er weitere Ausschüsse ernennt. Ist dies nicht erfolgreich, können sie das Gericht bitten, den **United States Trustee anzuweisen, einen Ausschuss zu ernennen;** hierzu ist das Gericht befugt, wenn dies notwendig ist, um eine angemessene Vertretung der antragstellenden Gruppe zu gewährleisten (11 U.S.C. § 1102(a)(2)). Hinsichtlich eines Ausschusses von Anteilsinhabern stellt sich häufig die Frage, ob das schuldnerische Vermögen so groß ist, dass sie am Ergebnis partizipieren werden; denn ohne ein wirtschaftliches Interesse wären die Kosten für einen Ausschuss von Anteilsinhabern nicht gerechtfertigt.

Das Vorgehen bei der **Auswahl von Ausschussmitgliedern** ist von Region zu Region unter- **143** schiedlich, hat aber gewisse Gemeinsamkeiten. Mit dem Insolvenzantrag muss der Schuldner eine Liste seiner zwanzig größten Gläubiger einreichen. Der US Trustee schickt dann einen Fragebogen an diese Gruppe von Gläubigern mit der Bitte um Informationen über die Forderungen, die jeder einzelne gegen den Schuldner haben könnte. Innerhalb von ca. einer Woche beruft der **United States Trustee** eine **konstituierende Versammlung (formation meeting)** ein, in der er alle Gläubiger über ihre Bereitschaft zur Mitarbeit befragt und den Ausschuss ernennt. Üblich ist in der Praxis weiterhin, dass die Ausschussmitglieder nach der Ernennung Fachleute, wie Anwälte, Banker oder Finanzberater beauftragen (11 U.S.C. § 1103(a)). Diese Fachleute werden dann vom Schuldner und nicht von den Gläubigern bezahlt (11 U.S.C. § 330(a)(1)).

Sobald ein Ausschuss ernannt ist, sollte der Schuldner mit ihm zusammenkommen, um die **144** „notwendigen und angemessenen" Angelegenheiten zu regeln (11 U.S.C. § 1103(d)). Der Gläubigerausschuss hat das **gesetzliche Recht, zu jeder Angelegenheit gehört zu werden und nach eigenem Ermessen eine Reihe von Aufgaben zu erfüllen,** darunter (1) sich mit dem Treuhänder oder dem eigenverwaltenden Schuldner über die Verwaltung des Falles zu beraten, (2) die Handlungen, das Verhalten, das Vermögen, die Verbindlichkeiten und die finanzielle Lage des Schuldners, den Geschäftsbetrieb des Schuldners und die Zweckmäßigkeit der Fortführung dieses Geschäftsbetriebs sowie alle anderen für den Fall oder die Ausarbeitung eines Plans relevanten Angelegenheiten zu untersuchen, (3) an der Ausarbeitung eines Plans mitzuwirken, die von einem solchen Ausschuss vertretenen Gläubiger über die Beurteilung des Ausschusses in Bezug auf einen ausgearbeiteten Plan zu informieren und die jeweilige Annahme oder Ablehnung eines Plans zu sammeln und bei Gericht einzureichen, (4) die Bestellung eines Treuhänders oder Gutachters gem. § 1104 dieses Titels zu beantragen und (5) sonstige Leistungen zu erbringen, die im Interesse der vertretenen Gläubiger sind (11 U.S.C. 1103(c)).

Häufig beantragt der Gläubigerausschuss auch, **Ansprüche** im Namen des Schuldners **zu** **145** **verfolgen.** Während dieses Recht ursprünglich beim Schuldner liegt, wird der Gläubigerausschuss

Internationales Insolvenzrecht – USA

hinsichtlich begründeter Ansprüche, **die der Schuldner nicht verfolgt** (wie zB Ansprüche gegen einen Kreditgeber, der weiterhin finanziert, oder Ansprüche gegen weiterhin tätige Mitglieder des Managements), das Insolvenzgericht um Erlaubnis bitten, diese Ansprüche im Namen der Insolvenzmasse gerichtlich verfolgen zu dürfen, wenn dies kosteneffizient ist (→ Rn. 145.1 f.).

145.1 Der führende Fall zum Recht eines Gläubigerausschusses, einen Rechtsstreit im Namen des Schuldners zu führen, ist Unsecured Creditors Comm. of STN Enterps., Inc. v. Noyes (In re STN Enterprs., Inc.), 779 F.2d 901 (2d Cir. 1985)). In diesem Fall führten ein Ehemann und eine Ehefrau eine Firma, die antike Waffen verkaufte. Nachdem der Ehemann verstorben war, meldete das Unternehmen Insolvenz an, und die Gemeinschaft der Gläubiger beantragte die Erlaubnis, die Ehefrau wegen Verletzung ihrer Pflichten als Geschäftsführerin zu verklagen, weil sie die Verschwendung von Unternehmensvermögen (corporate waste) zugelassen hatte; dies beruhte auf der Behauptung, der Ehemann habe Unternehmensvermögen zur Verbesserung des Hauses des Ehepaares verwendet. Die erstinstanzlichen Gerichte lehnten den Antrag des Gläubigerausschusses ab und der Gläubigerausschuss legte gegen diese Ablehnung Berufung beim Berufungsgericht (Second Circuit Court of Appeals) ein.

145.2 Das Berufungsgericht (Second Circuit Court of Appeals) stellte fest, dass es keine implizite Befugnis für einen Gläubigerausschuss gibt, einen Rechtsstreit einzuleiten. Es stellte gegenteilig fest, dass Gerichte in der Vergangenheit diese Befugnis impliziert und „Gläubigerausschüssen nur dann erlaubt haben, ein Verfahren einzuleiten, wenn der Trustee oder der eigenverwaltende Schuldner es ungerechtfertigterweise versäumt hat, Klage zu erheben oder sein Ermessen missbraucht hat, indem er nicht geklagt hat (In re STN Enterps., 779 F.2d at 904). Das Berufungsgericht stellte weiter fest, dass, wenn der Ausschuss „einen begründeten Anspruch oder Ansprüche auf Entschädigung, die bei entsprechendem Nachweis Rückforderungen ergeben würden" vorträgt, die Prüfung, ob der Gläubigerausschuss die Befugnis hat, Klage zu erheben, auch eine Entscheidung darüber beinhalten muss, ob der Schuldner „es ungerechtfertigt unterlassen hat, Klage zu erheben…"; weiter muss das Gericht auch beurteilen, ob die Erhebung der Klage voraussichtlich der Insolvenzmasse nutzen würde (In re STN Enterps., 779 F.2d at 904). Dies kann eine Kosten-Nutzen-Analyse und eine Bewertung anderer Umstände hinsichtlich der Frage umfassen, ob die Klage dem Insolvenzverfahren vorteilhaft wäre.

V. Treuhänder

1. Chapter 7-Treuhänder

146 Nach Antrag auf Eröffnung eines Chapter 7-Antrags ernennt das **Office of the United States Trustee** eine **unabhängige Person aus einem Gremium (panel) als vorläufigen Treuhänder** (11 U.S.C. § 701(a)(1)). Das Office of the United States Trustee richtet für jeden Gerichtsbezirk ein derartiges Gremium ein und beruft hierfür eine Anzahl von Personen, die häufig als **„Panel-Trustees"** bezeichnet werden. Die „Panel-Trustees" sind jedoch keine Regierungsangestellten, sondern arbeiten nur mit der Aufsichtsbehörde zusammen. In Chapter 7-Verfahren werden die vorläufigen Treuhänder in der Regel aus diesem Gremium mittels eines Rotationsverfahrens ausgewählt (**blind rotation process**, https://www.justice.gov/ust/private-trustee-information). Wenn in der **Gläubigerversammlung** keine andere Person gewählt wird, wird der vorläufige Treuhänder **zum ständigen Treuhänder** (11 U.S.C. § 702(d)). An der Wahl eines Treuhänders nehmen alle Gläubiger teil, die zulässige, unbestrittene, im Betrag feststehende und unbesicherte Geldforderungen halten, soweit sie, abgesehen von Eigenkapital, keine sonstigen Interessen haben, die Gläubigerinteressen wesentlich entgegenstehen und kein Insider des Schuldners sind (11 U.S.C. § 702(a)). Ein Treuhänder wird mit der Mehrheit der abstimmenden Gläubiger gewählt, die diese Anforderungen erfüllen, soweit die abstimmenden Gläubiger mindestens 20 % der Forderungen dieser Art halten (11 U.S.C. § 702(c)).

147 Der Chapter 7-Treuhänder **ersetzt die Geschäftsleitung** eines Schuldners und **stellt die Vermögenswerte des Schuldners sicher**, die nach dem Bankruptcy Code nicht von der Beschlagnahme ausgenommen sind, verwertet sie und **verteilt den Erlös an die Gläubiger** in Übereinstimmung mit dem Bankruptcy Code. Der Treuhänder ist der Repräsentant der schuldnerischen Vermögensmasse und kann in dieser Eigenschaft **klagen und verklagt werden** (11 U.S.C. § 323).

2. Chapter 11-Treuhänder

148 **Eine Partei** in einem Chapter 11-Fall **kann** die **Bestellung eines Chapter 11-Treuhänders beantragen,** nachdem der Fall eingereicht wurde, aber bevor ein Plan bestätigt wird. Das Gericht ernennt einen Treuhänder **bei Vorliegen einer von zwei Voraussetzungen**. Erstens ernennt das Gereicht einen Treuhänder bei Vorliegen eines wichtigen Grundes, namentlich Betrug, Unehrlichkeit, Inkompetenz oder grober Misswirtschaft hinsichtlich der schuldnerischen Geschäfte durch das bestehende Management. Zweitens ist die Ernennung eines Chapter 11-Treuhänders begründet, wenn dies im Interesse der Gläubiger, der Inhaber von Eigenkapitalinstrumenten oder anderer Interessen der Insolvenzmasse ist (11 U.S.C. § 1104(a)). Darüber hinaus ist der United States Trustee verpflichtet, die Ernennung eines Chapter 11-Treuhänders anzustreben, wenn es „begründete Anhaltspunkte" für den Verdacht gibt, dass die gegenwärtige Geschäftsleitung oder die leitenden Angestellten an tatsächlichem Betrug, Unehrlichkeit oder kriminellem Verhalten bei der Geschäftsführung des Schuldners oder der öffentlichen Finanzberichterstattung des Schuldners beteiligt waren (11 U.S.C. § 1104(e)).

Es kann schwierig sein, ein Gericht davon zu überzeugen, einen Chapter 11-Treuhänder aufgrund der ersten Voraussetzung zu ernennen, da der Nachweis von Betrug schwierig sein kann und viele hierin eine außerordentliche Rechtsschutzmöglichkeit sehen, um den eigenverwaltenden Schuldner zu entfernen (In re Anchorage Boat Sales, 4 B.R. 635, 644 (Bkrtcy.E.D.N.Y.1980)). Außerdem sind die wichtigen Gründe nicht auf die im Gesetz aufgezählten beschränkt. Ein **wichtiger Grund** kann auch bei Vorliegen anderer Faktoren bestehen, beispielsweise eines tatsächlichen Interessenkonflikts (In re Cajun Elec. Power Co-op., Inc., 191 B.R. 659, 661 (M.D. La.)). Während also leichte Misswirtschaft nicht ausreicht, kann auch das Versäumnis, angemessene Berichte beim Insolvenzgericht einzureichen, oder eine extrem schlechte Buchführung einen wichtigen Grund für die Ernennung eines Chapter 11-Treuhänders darstellen. Die Entscheidung, einen Treuhänder zu ernennen, basiert auf einer faktenspezifischen Prüfung. Die Gerichte zögern in der Regel, einen Treuhänder zu ernennen, wenn nicht eine Form von **unvertretbarem oder missbräuchlichem Verhalten** vorliegt. In den letzten Jahren haben Unternehmen die Ernennung eines Chapter 11-Treuhänders unter der ersten Voraussetzung meist vermieden, indem sie einen **unabhängigen Chief Restructuring Officer** ernennt haben, der den schlecht geführten oder betrügerischen Teil eines Unternehmens übernimmt. Infolgedessen verhandeln die Gläubiger nun häufiger über die Ernennung eines unabhängigen Mitglieds der Geschäftsleitung oder leitenden Angestellten, um die Probleme des schlechten Managements zu beheben, anstatt die Prozesskosten für die Ersetzung der Geschäftsleitung durch einen Chapter 11-Treuhänder auf sich zu nehmen (Scott I. Davidson & Heath D. Rosenblat, Responsible Officers: A Possible Alternative to A Chapter 11 Trustee, Am. Bankr. Inst. J., June 2010, at 38).

Wie ein Gericht feststellte (In re China Fishery Grp. Ltd. (Cayman), 2016 WL 6875903 (Bankr. S.D.N.Y. Oct. 28, 2016), existiert keine klare, kurze Regel für die Ernennung unter der zweiten Voraussetzung, der **Ernennung im Interesse zB der Gläubiger.** Im Gegensatz zum wichtigen Grund nach UAbs. (a)(1), ist jedoch „**nicht notwendig [...], ein Verschulden des Schuldners festzustellen**", um einen Chapter 11-Treuhänder unter Subsection (a)(2) zu bestellen (In re Eurospark Indus., Inc., 424 B.R. 621, 627 (Bankr. E.D.N.Y. 2010)). Vielmehr sieht § 1104(a)(2) die **Anwendung eines „flexiblen" Standards** vor (In re Sharon Steel Corp., 871 F.2d 1217, 1226 (3d Cir. 1989)). Aus diesem Grund vermeiden die Gerichte bei der Beurteilung der Begründetheit eines Antrags nach der zweiten Voraussetzung „starre Absolute und berücksichtigen die praktischen Gegebenheiten und Notwendigkeiten" des Einzelfalles (In re Ionosphere Clubs, Inc., 113 B.R. 164, 168 (Bankr. S.D.N.Y. 1990)).

Kurz gesagt, zu den **Faktoren,** die die Gerichte bei der Beurteilung der Begründetheit eines Antrags nach der zweiten Voraussetzung berücksichtigen, gehören: (i) die **Vertrauenswürdigkeit des Schuldners,** (ii) die vergangene und gegenwärtige **Leistung des Schuldners und** die **Aussichten auf eine Sanierung** des Schuldners, (iii) das **Vertrauen** der Geschäftswelt und der Gläubiger **in die gegenwärtige Geschäftsführung** und (iv) die **Vorteile,** die sich aus der Ernennung eines Treuhänders ergeben, **abgewogen gegen die Kosten** der Ernennung, wobei die Entscheidung über die Ernennung eines Treuhänders vollständig **im Ermessen des Gerichts** steht (In re Soundview Elite, Ltd., 503 B.R. 571, 583 (Bankr. S.D.N.Y. 2014)). Bei der Ausübung dieses Ermessens wird das Insolvenzgericht „auf [seine] weitreichenden Billigkeitsbefugnisse zurückgreifen" und „eine faktenorientierte Analyse vornehmen, bei der es hauptsächlich die Vor- und Nachteile der Bestellung eines Treuhänders abwägt" (In re Adelphia Comm'ns Corp., 336 B.R. at 658).

Wenn ein Chapter 11-Treuhänder ernannt wird, hat die ernannte Person bestimmte Pflichten und **übernimmt die Rolle des Schuldners** im Rahmen des Verfahrens. Sofern nicht anders angeordnet, muss der Chapter 11-Treuhänder die Handlungen, das Verhalten, das Vermögen, die Verbindlichkeiten und die finanzielle Lage des Schuldners, den Geschäftsbetrieb des Schuldners und die Vorteile einer Fortführung dieses Geschäftsbetriebs untersuchen (11 U.S.C. § 1106(a)). So bald wie möglich nach der Ernennung ist der Chapter 11-Treuhänder auch verpflichtet, eine

Internationales Insolvenzrecht – USA

Erklärung über die Untersuchung einzureichen, einschließlich aller festgestellten Tatsachen in Bezug auf Betrug, Unehrlichkeit, Inkompetenz, Fehlverhalten, Missmanagement oder Unregelmäßigkeiten in der Geschäftsführung oder den Angelegenheiten des Schuldners (11 U.S.C. § 1106(a)). Danach besteht die Aufgabe des Chapter 11-Treuhänders darin, so bald wie möglich einen **Reorganisationsplan, sowie die entsprechenden Berichte beim Insolvenzgericht einzureichen** (11 U.S.C. § 1106(a)).

153　Die wahre Stärke der Möglichkeit, einen Chapter 11-Treuhänder einsetzen zu können, besteht aber darin, dass den **Gläubigern** damit **ein Werkzeug zur Verfügung** steht, dass sie nutzen können, wenn der Schuldner das Insolvenzverfahren nicht ordnungsgemäß zur Reorganisation nutzt. Dieses Werkzeug kann genutzt werden, **um die Geschäftsleitung des eigenverwaltenden Schuldners zu ersetzen oder den Schuldner zu einer Änderung seines Managementansatzes zu bewegen,** um eine Ersetzung durch das Gericht zu vermeiden. Obwohl es also oft als außerordentliches Rechtsmittel angesehen wird, kann es durchaus ein zentrales Gläubigerrecht im Umgang mit schlecht geführten oder fehlgeleiteten Schuldnern sein.

VI. Gutachter (examiners)

154　Für den Fall, dass das Insolvenzgericht keinen Treuhänder ernennt, muss das Gericht **vor der Bestätigung eines Plans** die Bestellung eines Gutachters (examiner) anordnen, der eine **Untersuchung des Schuldners** in angemessenem Umfang durchführt (ua Vorwürfe von Betrug, Unehrlichkeit, Inkompetenz, Fehlverhalten, Misswirtschaft oder Unregelmäßigkeiten bei der Führung der Geschäfte des Schuldners oder durch das gegenwärtige oder frühere Management), **wenn** (1) die **Bestellung im Interesse der Gläubiger,** Anteilseigner oder des Nachlasses wäre oder (2) die „festen, liquiden, ungesicherten **Verbindlichkeiten** des Schuldners, die nicht aus Waren, Dienstleistungen oder Steuern bestehen oder einem Insider geschuldet sind, **5.000.000 US-Dollar übersteigen**" (11 U.S.C. § 1104(c)).

155　Diese letzte Vorschrift hat für einige Verwirrung gesorgt, da die Verwendung der Klausel „shall appoint" die Bestellung eines Gutachters zu fordern scheint, wenn kein Treuhänder bestellt wird und der Schuldner mehr als 5 Mio. USD Verbindlichkeiten hat. Eine solche Situation würde tatsächlich auf viele Schuldner zutreffen (In re UAL Corp., 307 B.R. 80 (N.D. Ill. 2004)). Das einzige **Bundesberufungsgericht,** das sich mit dieser Frage befasst hat, hat in diesem Rahmen entschieden, dass die **Bestellung zwingend erforderlich ist, wenn die gesetzlichen Voraussetzungen erfüllt sind** (In re Revco D.S., Inc., 898 F.2d 498, 500-01 (6th Cir. 1990)). Die **Gerichte der unteren Instanzen** haben sich mit diesem Konflikt hingegen auf unterschiedliche Weise auseinandergesetzt. Einige Gerichte sind der Meinung, dass es in ihrem **Ermessen** liegt, keinen Gutachter zu bestellen, wenn die Bestellung keinen Zweck erfüllt. Andere Gerichte haben einen Gutachter mit der Begründung bestellt, dass die Bestellung zwingend sei, haben dem Gutachter aber **keinen Prüfungsumfang** eröffnet (In re Spansion, Inc., 426 B.R. 114, 124-28 (Bankr. D. Del. 2010)). Generell ist die Bestellung eines Gutachters eher selten. Sind die Gerichte der Meinung, dass eine Bestellung keinen Zweck hat, haben sie Mechanismen zur Hand, die sie nutzen können, um das Verfahren nicht durch die Bestellung eines Gutachters zu verlangsamen. Ist eine Bestellung jedoch sinnvoll, ernennen die Gerichte gerne einen Gutachter.

156　Wird ein Gutachter ernannt, besteht seine Hauptaufgabe darin, eine Untersuchung der Handlungen, des Verhaltens, der Vermögenswerte, der Verbindlichkeiten und der finanziellen Lage des Schuldners sowie des Geschäftsbetriebs durchzuführen und dann eine **Erklärung über diese Untersuchung beim Gericht einzureichen** (11 U.S.C. § 1104(b)). Das Insolvenzgericht kann einem Gutachter **auch zusätzliche Befugnisse** einräumen. In der Praxis wird die Untersuchung als Hauptfunktion des Gutachters angesehen. Daher ist der Auftrag des Gutachters oft mit der Einreichung des Berichts erfüllt. Wenn dieser Bericht nahelegt, dass ein Rechtsstreit geführt werden sollte, wird dieser oft vom Schuldner oder dem Gläubigerausschuss und eben nicht vom Gutachter geführt.

VII. Office of the United States Trustee

157　Der Generalstaatsanwalt der Vereinigten Staaten, der United States Attorney General, wurde vom US-Kongress mit der **Ernennung eines United States Trustees in jeder der 21 verschiedenen Regionen** beauftragt (28 U.S.C. § 581). Die ernannten United States Trustees dienen für einen Zeitraum von fünf Jahren und können ihr Amt bis zur Ernennung eines Nachfolgers weiterführen (28 U.S.C. § 581(b)). Das Executive Office of the United States Trustee ist im Justizministerium der Vereinigten Staaten angesiedelt und verwaltet das United States Trustee Programm. In North Carolina und Alabama wurde die Einführung des United States Trustee

Internationales Insolvenzrecht – USA

Programm aufgeschoben. Die Insolvenzverwalter (bankruptcy administrators) üben daher ähnliche Funktionen aus wie die United States Trustees in den übrigen achtundvierzig Staaten. Das Bankruptcy Administrator Programm wird vom Administrative Office of the United States Courts verwaltet, während das United States Trustee Programm der Verwaltung des Justizministeriums unterliegt. Der Bankruptcy Administrator ist ein unabhängiger, nichtrichterlicher Beamter der Bundesgerichtsbarkeit. Der Bankruptcy Administrator ist kein Angestellter des Insolvenzgerichts, sondern wird vom Bundesberufungsgericht ernannt und steht unter dessen Aufsicht.

Die allgemeinen Aufgaben des United States Trustee bestehen in der **Aufrechterhaltung** 158 **des Gremiums von Treuhändern,** die für Chapter 7-Verfahren ernannt werden und in der **Überwachung der Verfahren und Treuhändern nach Chapter 7, 11, 12, 13 und 15.** In diesen Aufgaben wird er von angestellten Prozessanwälten und Finanzanalysten unterstützt. In dieser Hinsicht sieht sich der United States Trustee als der **„Wachhund" des US-Insolvenzverfahrenssystems** und ist als **Aufsichtsbehörde in jedem Verfahren,** das in den Vereinigten Staaten eröffnet wird, involviert. Zu ihren spezifischen gesetzlichen Aufgaben gehören unter anderem die Überwachung der Zahlung von Honoraren, die Überwachung von Plänen und Offenlegungserklärungen in Chapter 11-Verfahren, die Ernennung und Überwachung von Gläubigerausschüssen in Chapter 11-Verfahren, die Mitteilung von strafbaren Verhalten in Insolvenzfällen an den zuständigen US-Staatsanwalt zur Strafverfolgung und die Ergreifung weiterer Maßnahmen, um Verfahrensverzögerungen zu vermeiden.

Der United States Trustee führt auch ein erstes **Gespräch mit dem Schuldner,** um sicherzu- 159 stellen, dass die Geschäftsleitung des Schuldners Kenntnis von ihren Verpflichtungen nach dem Bankruptcy Code hat, die erforderlichen Unterlagen einreicht und die gesetzlich vorgeschriebene Gläubigerversammlung nach dem Bankruptcy Code durchführt. Im Rahmen der Gläubigerversammlung befragt der United States Trustee den Schuldner zu seiner Erklärung über die finanzielle Lage und den Verzeichnissen der Vermögenswerte und Verbindlichkeiten. Das Office of the United States Trustee überwacht auch die **Hinterlegung von Geldern** eines Schuldners, um sicherzustellen, dass diese den Anforderungen des Bankruptcy Codes entsprechen. In diesem Zusammenhang verfügt das Office of the United States Trustee über Listen akzeptabler Institute, bei denen Schuldner Hinterlegungen tätigen können.

Zusammenfassend ist das Office of the United States Trustee als Teil des Justizministeriums die 160 wichtigste Aufsichtsbehörde des Insolvenzsystems in den Vereinigten Staaten. Es ist auch in die meisten Unternehmensinsolvenzen nach Chapter 11 eingebunden und hat das **Recht, Fragen aufzuwerfen und streitige Verfahren einzuleiten;** nach der Ernennung eines Gläubigerausschusses hält es sich jedoch eher aus den Angelegenheiten raus, da der Ausschuss sicherstellen soll, dass eine zügige Lösung herbeigeführt wird.

G. Verwaltung der Insolvenzmasse

I. Insolvenzmasse (Bankrupt's Estate)

Sobald ein Schuldner Insolvenzantrag stellt, entsteht automatisch eine Insolvenzmasse. Die 161 Insolvenzmasse besteht aus dem **Eigentum des Schuldners,** unabhängig davon, wo und in wessen Besitz es sich befindet. Sie ist durch eine **automatische Aussetzung der Zwangsvollstreckung etc (automatic stay)** geschützt. Die Insolvenzmasse wird zum **rechtlichen Eigentümer** aller Vermögenswerte und Eigentumsrechte des Schuldners. Jegliches Eigentum, das als Teil der Insolvenzmasse betrachtet wird, unterliegt den Bestimmungen des Bankruptcy Codes und kann **außerhalb des gewöhnlichen Geschäftsbetriebs** ohne **ausdrückliche Genehmigung des Insolvenzgerichts** nicht genutzt, verkauft, verpachtet oder anderweitig belastet werden. Eigentum, das nicht als Teil der Insolvenzmasse betrachtet wird, unterliegt nicht dem Bankruptcy Code und ist daher nicht durch die automatische Vollstreckungssperre geschützt.

In einem **Verfahren nach Chapter 7** verwaltet der **Treuhänder (trustee)** die Insolvenzmasse 162 und ist durch den Bankruptcy Code ermächtigt, Maßnahmen zu ergreifen, die das Eigentum der Insolvenzmasse schützen, sowie solche, die der Insolvenzmasse Eigentum verschaffen und zurückerlangen sollen. In **Verfahren nach Chapter 11** verfügt der **eigenverwaltende Schuldner (debtor in possession)** über dieselben Rechte wie ein Treuhänder und ist zu denselben Handlungen ermächtigt, zu denen auch ein Treuhänder nach dem Bankruptcy Code ermächtigt ist. Insoweit tritt der eigenverwaltende Schuldner **an die Stelle des Treuhänders.** Soweit die automatische Vollstreckungssperre (automatic stay) verlangt, dass der Treuhänder die Genehmigung des Gerichts einholen muss, bevor er das Eigentum der Insolvenzmasse verwendet, muss entsprechend auch der eigenverwaltende Schuldner eine Genehmigung einholen.

Internationales Insolvenzrecht – USA

163 § 541 des Bankruptcy Codes regelt den **Umfang der Insolvenzmasse,** also was als Eigentum der Insolvenzmasse gilt (11 U.S.C. § 541). Der Paragraf ist weit gefasst und umfasst alle rechtlichen und sonstigen common law Eigentumsinteressen (legal and equitable interests in property) des Schuldners zum Zeitpunkt der Eröffnung des Verfahrens (11 U.S.C. § 541(a)(1)), unabhängig davon, wo und in wessen Besitz sie sich befinden. Nach der Rechtsprechung gehört gem. § 541(a) beispielsweise Folgendes zum Eigentum der Insolvenzmasse: (i) Sachgüter wie Grundstücke, Maschinen, Betriebsmittel, Fahrzeuge, etc, (ii) Immaterielle Güter wie Bargeld und Bankkonten, (iii) Rechtliche Ansprüche gegen andere Parteien; Recht auf Klageerhebung, (iv) Zu erfüllende Verträge (executory contracts) oder (v) Vermögen im Eigentum des Schuldners, das an andere Parteien vermietet ist.

164 Diese Auflistung ist nicht abschließend. Die Eigentumsrechte und -interessen eines Schuldners bestimmen sich **nach den vor der Eröffnung des Insolvenzverfahrens geltenden Vorschriften.** Die Entstehungsgeschichte des § 541 des Bankruptcy Codes sah eine weite Auslegung des Eigentums der Insolvenzmasse vor. Insolvenzgerichte haben dementsprechend viele Eigentumsarten als Eigentum der Insolvenzmasse ausgelegt. § 541(b) bestimmt, welche Eigentumsarten hingegen **nicht** als **Eigentum der Insolvenzmasse** gelten. Beispiele hierfür sind (i) Altersvorsorgepläne (401k retirement plans), (ii) Sozialversicherungsansprüche, (iii) Eigentum, das vom Schuldner als Pfandgläubiger gehalten wird, und (iv) Akkreditive (American Bank of Martin Cnty. v. Leasing Serv. Corp. (In re Air Conditioning, Inc. of Stuart), 845 F.2d 293, 296 (11th Cir. 1988)). Während der Eigentumsbegriff der Insolvenzmasse weit gefasst ist, wird § 541(b) eng ausgelegt.

II. Zugang zum Verfahren für Gläubiger

165 Der Bankruptcy Code sieht vor, dass in einem Chapter 11-Verfahren **jede betroffene Partei** zu jeder Frage in dem Verfahren **Stellung nehmen** kann **und gehört** wird (11 U.S.C. § 1109(b)). Zu den betroffenen Parteien zählen ua Schuldner, Treuhänder, Gläubigerausschüsse, Ausschüsse der Anteilsinhaber etc. Im Allgemeinen sind die Verhandlungen vor dem Insolvenzgericht öffentlich und jede Partei, die ein Interesse an dem Verfahren hat, wird in der Regel gehört. Es kann vorkommen, dass ein Gericht feststellt, dass eine Partei kein finanzielles Interesse an dem Verfahren hat und daher nicht berechtigt ist, Anträge zu stellen; dies wird jedoch in der Regel im Zusammenhang mit der Darstellung des Standpunkts der Partei vor dem Insolvenzgericht erörtert.

166 Zusätzlich zu ihren direkten Zugangsrechten haben allgemeine ungesicherte Gläubiger ein **Recht auf Information durch den Gläubigerausschuss,** sofern sie eine Forderung besitzen, die vom Ausschuss vertreten wird (11 U.S.C. § 1103(b)(3)). In größeren Chapter 11-Fällen haben Gerichte entschieden, dass der Gläubigerausschuss eine Webseite zur Verfügung stellen sollte, um sicherzustellen, dass die Gläubiger in Echtzeit Zugang zu Informationen haben (In re S&B Surgery Center, Inc., 421 B.R. 546 (Bankr. C. D. Calif. 2009). Auch in einem Chapter 7-Fall ist der ernannte **Treuhänder** verpflichtet, Informationen über die Insolvenzmasse und die Verwaltung der Insolvenzmasse zur Verfügung zu stellen, die von einer interessierten Partei angefordert werden (11 U.S.C. § 704(a)(7)).

167 Zusammenfassend lässt sich sagen, dass Gläubiger ein weitreichendes Recht haben, Informationen über den Schuldner zu erhalten und sich an dem Verfahren vor dem Gericht zu beteiligen.

III. Nutzung, Verkauf und Verpachtung

168 Nach dem Bankruptcy Code ist ein Schuldner berechtigt, sein **Eigentum im Rahmen des gewöhnlichen Geschäftsverkehrs zu nutzen, zu verkaufen oder zu verpachten,** ohne dass eine Genehmigung des Insolvenzgerichts erforderlich ist (11 U.S.C. § 363(c)(1)). Beabsichtigt der Schuldner jedoch, sein Eigentum **außerhalb des gewöhnlichen Geschäftsverkehrs** zu nutzen, zu verkaufen oder zu verpachten, darf er dies nur tun, nachdem er seine **Gläubiger benachrichtigt und die Genehmigung des Insolvenzgerichts** in einer Anhörung eingeholt hat (11 U.S.C. § 363(b)(1)). Die Verfahrensregeln erlauben einen Verkauf außerhalb des gewöhnlichen Geschäftsgangs entweder durch einen privaten Verkauf oder eine öffentliche Versteigerung (Fed. R. Bankr. P. 6004(f)). Der Kauf von Vermögenswerten aus der Insolvenz hat den großen Vorteil, dass sie **frei von jeglichen Rechten an dem verkauften Eigentum** erworben werden können, wenn (i) das anwendbare nicht-insolvenzrechtlich Recht dies zulässt, (ii) der Inhaber der Rechte zustimmt, (iii) die Vermögenswerte für einen höheren Preis, als die Gesamtsumme der Sicherheiten, mit der sie belastet sind, verkauft werden, (iv) die Rechte im guten Glauben Gegenstand eines Rechtsstreits sind oder (v) der Inhaber der Rechte gezwungen werden könnte, eine finanzielle Befriedigung dieser Rechte zu akzeptieren (11 U.S.C. § 363(f)).

Internationales Insolvenzrecht – USA

In vielen Fällen schlägt der Schuldner zu Beginn des Verfahrens vor, **im Wesentlichen alle** 169
seine Vermögenswerte zu verkaufen, um seine finanziellen Schwierigkeiten zu beheben. Es
gibt keine Vorschriften, Gesetze oder Verfahren, die die Art und Weise der Durchführung einer
Versteigerung regeln. Daher hat sich die Art und Weise dieser Verkäufe in der Praxis entwickelt.
Das Verfahren beginnt in der Regel damit, dass ein Schuldner vorschlägt, seine Vermögenswerte
an einen **vorab ausgewählten Bieter** zu verkaufen, der als **„Stalking Horse"** bezeichnet wird.
Dieser Bieter wird in der Regel auf Grundlage einer Suche ausgewählt, die ein Investmentbanker
bereits vor der Insolvenz durchgeführt hat. Die Bieterverfahren sehen in der Regel einen Zeitplan
für die Gebotsabgabe und weitere Punkte vor, die vom Insolvenzgericht genehmigt werden müssen,
beispielsweise die Art des Kaufvertrags, Gebotsstufen und eine „breakup fee" für den Stalking
Horse Bieter, wenn eine andere Partei den Stalking Horse Bieter überbietet. Die Bieterverfahren
sehen in der Regel vor, dass jeder interessierte Bieter, nach Unterzeichnung einer Geheimhaltungsvereinbarung,
Zugang zu einem Datenraum erhält. Um ein „qualifizierter Bieter" zu werden,
muss ein Interesse meist eine Version des genehmigten Kaufvertrags mit Anmerkungen einreichen,
eine Kaution hinterlegen und nachweisen, dass er über die finanziellen Mittel verfügt, die
geplante Transaktion abzuschließen. Nach Ablauf der Gebotsfrist nehmen **alle qualifizierten
Bieter** an der geplanten Auktion teil und bieten in mehreren Runden, bis der Schuldner das
höchste oder anderweitig beste Gebot auswählt. Sobald das Gebot ausgewählt wurde, legt der
Schuldner das von ihm ausgewählte Gebot dem Gericht vor, damit es den Verkauf an den erfolgreichen
Bieter genehmigt.

In der Regel vertraut das Gericht bei der **Auswahl eines erfolgreichen Bieters** auf das 170
unternehmerische Urteil des Schuldners. Bei den Verkaufsverhandlungen geht es um eine Vielzahl
von Fragen, da zu den zu verkaufenden Vermögenswerten auch Verträge gehören können, die
eine **Mitteilung an alle Vertragspartner der verkauften und abgetretenen Verträge** erfordern.
Die wichtigste Frage, die bei einem Verkauf häufig angesprochen wird, ist, ob das Gebot
den höchsten und besten Wert für das Vermögen des Schuldners darstellt. Der Verkaufserlös wird
dann gemäß der gesetzlichen Rangfolge des Bankruptcy Codes an die Gläubiger verteilt.

Das Gericht kann den Verkauf von Vermögenswerten frei von Sicherheiten oder sonstigen 171
Rechten an den verkauften Vermögenswerten genehmigen. Solange der Käufer in gutem Glauben
handelt (zB keine Absprachen mit anderen Bietern trifft, um den Preis der Vermögenswerte bei
der Auktion zu kontrollieren), kann die **Genehmigung des Verkaufs nicht geändert oder
rückgängig gemacht werden,** sofern Genehmigung und Kauf nicht ausgesetzt worden sind (11
U.S.C. § 363(m)). Dieser Schutz vor weiteren Rechtsstreitigkeiten und Einspruch ist für den
Käufer von Vorteil und wird oft als entscheidender Faktor dafür angesehen, dass ein höherer
Verkaufspreis gezahlt wird als ohne diesen Schutz.

IV. Laufende Verträge: Übernahme und Ablehnung

Der Bankruptcy Code enthält auch besondere Bestimmungen zu „zu erfüllenden Verträgen" 172
(executory contracts) und Mietverträgen (leases) (11 U.S.C. § 365). Nach dem Bankruptcy Code
kann ein **Schuldner** Verträge oder Mietverträge entweder **ablehnen (reject) oder übernehmen
(assume).** Soweit der Schuldner die Übernahme eines Vertrags ablehnt, entsteht ein Anspruch
aufgrund Vertragsverletzung. Wenn der Schuldner einen Vertrag oder ein Pachtverhältnis übernimmt,
muss er alle ausstehenden, fälligen, aber nicht bezahlten Verpflichtungen aus dem Vertrag
oder dem Pachtverhältnis „heilen" bzw. bezahlen. Bei der Übernahme und nach der Heilung läuft
der Vertrag oder das Pachtverhältnis zwischen den Parteien weiter, als ob nie ein Insolvenzverfahren
stattgefunden hätte. Nach der Übernahme kann der Schuldner einen Vertrag oder ein Pachtverhältnis
auch an Dritte abtreten.

Der **Begriff „zu erfüllender Vertrag"** wird im Bankruptcy Code jedoch nicht definiert. 173
Vielmehr heißt es dort, dass ein Schuldner, „vorbehaltlich der Zustimmung des Gerichts, jeden
zu erfüllenden Vertrag oder nicht abgelaufenen Pachtvertrag des Schuldners übernehmen oder
ablehnen kann" (11 U.S.C. § 365(a)). In Ermangelung einer Definition des Wortes „zu erfüllen"
erkannte der Oberste Gerichtshof an, dass die Gesetzgebungsgeschichte im Allgemeinen „darauf
hinweist, dass der US Kongress mit diesem Begriff einen **Vertrag** gemeint hat, **'bei dem die
Erfüllung in gewissem Umfang auf beiden Seiten fällig ist"** (NLRB v. Bildisco & Bildisco,
465 U.S. 513, 522 n.6 (1984)). Aber viele Verträge, wenn nicht sogar die meisten, würden möglicherweise
unter diese Definition fallen (In re Columbia Gas Sys. Inc., 50 F.3d 233, 238 (3d Cir.
1995)).

Daher haben die meisten Gerichte die sog. **„Countryman"-Definition** übernommen, die 174
einen zu erfüllenden Vertrag als einen Vertrag beschreibt, **„bei dem die Verpflichtungen** sowohl

des Insolvenzschuldners als auch der anderen Vertragspartei **soweit unerfüllt** sind, **dass das Versäumnis** einer der beiden Vertragsparteien, **die Erfüllung zu vollenden, eine wesentliche Verletzung darstellen würde, die die Erfüllung der anderen Partei entschuldigt**" (Vern Countryman, Executory Contracts in Bankruptcy: Part I, 57 Minn. L. Rev. 439, 460 (1973))." Andere Gerichte verwenden einen **„funktionalen Ansatz"** und betrachten den **Zweck der Übernahme oder Ablehnung.** Zieht der Schuldner keinen Nutzen aus dem Vertrag, kann er abgelehnt werden; kann er hingegen einen gewissen Nutzen aus dem Vertrag ziehen, kann er übernommen werden (In re Jolly, 574 F.2d 349, 351 (6th Cir. 1978)). „Der Zeitpunkt für die Prüfung, ob auf beiden Seiten wesentliche unerfüllte Verpflichtungen gibt, ist der Zeitpunkt, zu dem der Insolvenzantrag gestellt wird" (Columbia Gas, 50 F.3d at 239). Was eine wesentliche unerfüllte Verpflichtung ist, wird durch das einschlägige Recht des Bundesstaates bestimmt.

175   Im Gegensatz dazu kann ein Vertrag, bei dem der Schuldner alle wesentlichen Verpflichtungen vollständig erfüllt hat, die nicht insolvente Gegenseite jedoch nicht, kein „zu erfüllender Vertrag" sein; dieser Vertrag kann als Vermögenswert der Insolvenzmasse ohne Haftung angesehen werden (3 Collier, supra 365.02[2](a)). Ähnlich verhält es sich, wenn die Gegenpartei ihre Verpflichtungen erfüllt hat, der Schuldner aber nicht. Dann ist der Vertrag ebenfalls kein „zu erfüllender Vertrag", da er lediglich eine Verbindlichkeit für die Insolvenzmasse darstellt. **Nur, wenn** ein Vertrag **auf beiden Seiten mindestens eine wesentliche unerfüllte Verpflichtung aufweist,** dh, wenn es ungewiss ist, ob der Vertrag für den Schuldner einen Nettovermögenswert oder eine Nettoverbindlichkeit darstellt, **kann der Schuldner nach seinem wirtschaftlichen Ermessen entscheiden, ob der Vertrag übernommen oder abgelehnt werden soll** (Mission Prod. Holdings, Inc. v. Tempnology, LLC, 139 S. Ct. 1652, 1658 (2019)).

176   Während ein Schuldner entscheiden kann, ob er einen bestimmten Vertrag oder Pachtvertrag übernimmt oder ablehnt (die nicht insolvente Gegenseite kann das Gericht bitten, den Schuldner zu dieser Entscheidung zu verpflichten), kann der Schuldner auch **alle** seine **Verträge als Teil eines Verkaufs von im Wesentlichen allen seinen Vermögenswerten verkaufen.** In diesem Fall muss der Schuldner, wenn ein Käufer einen zu erfüllenden Vertrag kaufen möchte, diesen zunächst übernehmen und etwaige Zahlungsausfälle beseitigen, bevor er den Vertrag an den Käufer abtreten kann (wer für den Betrag für die Beseitigung der Zahlungsausfälle aufkommt, ist oft ein heftig umkämpfter Aspekt eines Asset-Kaufvertrags im Rahmen eines Kaufs aus der Insolvenz) (In re CellNet Data Sys., Inc., 327 F.3d 242, 251 (3d Cir. 2003)). Das Erfordernis, vor der Vertragsübernahme bestehende Zahlungsausfälle zu heilen, ist aus Gründen der Fairness gegenüber der nicht insolventen Gegenseite geboten, da die Vertragsübernahme im Wesentlichen ein „Mittel darstellt, mit dem ein Schuldner andere dazu zwingen kann, weiterhin mit ihm Geschäfte zu machen, wenn sie andernfalls, aufgrund der Insolvenzanmeldung, zögern würden, dies zu tun" (Penn Traffic, 524 F.3d at 382). Der Dritte, an den der Schuldner den zu erfüllenden Vertrag abzutreten vorschlägt, muss außerdem hinreichende Sicherheit dafür bieten, dass er über die finanziellen und operativen Kapazitäten verfügt, um den Vertrag in Zukunft zu erfüllen (11 U.S.C. § 365(b)(3)).

177   Wenn der Vertrag **nicht zu erfüllen** ist, kann er **trotzdem,** wie jede andere Verbindlichkeit oder jeder andere Vermögenswert, **verkauft werden** (In re Am. Home Mortg. Holdings, Inc., 402 B.R. 87, 94 (Bankr. D. Del. 2009)). Im Falle eines nicht zu erfüllenden Vertrags, bei dem nur der Schuldner noch wesentliche Verpflichtungen zu erfüllen hat, ist der Vertrag eine Verbindlichkeit der Insolvenzmasse. Möchte der Käufer ihn kaufen, übernimmt er diese Verbindlichkeit freiwillig. Typischerweise muss der Käufer die Verpflichtungen aus dem Vertrag, den er gekauft hat, nach Abschluss des Verkaufs erfüllen, genauso wie er es mit jedem anderen Vermögenswert oder jeder anderen Verbindlichkeit tun würde (11 U.S.C. § 363(f)). Sofern die Parteien jedoch nichts anderes vereinbart haben, ist niemand verpflichtet, bestehende Ausfälle eines nicht zu erfüllenden Vertrags oder Leasingvertrags zu heilen, da die nicht insolvente Gegenseite bereits in einer mindestens ebenso guten Position ist wie ohne den Verkauf. Würde sich kein Käufer melden, hätte die nicht insolvente Gegenseite nur eine ungesicherte Forderung gegen den Schuldner, für die sie in der Regel nur einen Cent pro Dollar erwarten kann.

178   Im Ergebnis können die Verträge, bei denen der Schuldner Vertragspartner ist, entweder übernommen oder abgelehnt werden, je nachdem, ob sie für den Schuldner von wirtschaftlichem Nutzen sind. Werden sie übernommen, sind alle Zahlungsausfälle der Gegenseite zu heilen. Die Gegenseite wird folglich so gestellt, als ob es keine Insolvenz und keinen Vertragsbruch gegeben hätte. Stellt der Vertrag eine Belastung für den Schuldner dar, wird er ihn wahrscheinlich ablehnen, sodass die Gegenseite lediglich einen ungesicherten Anspruch wegen Vertragsbruch hat. Als Vermögenswerte der Masse können die Verträge eines Schuldners unabhängig davon veräußert werden, ob sie zu erfüllen sind oder nicht, wobei diese Feststellung nur für die Frage relevant ist, ob

die vergangenen Vertragsverletzungen geheilt werden müssen (Spyglass Media Group, LLC f/k/a Lantern Entmt. LLC v. Bruce Cohen Prods. (In re Weinstein Co. Hldgs. LLC), 997 F.3d 497 (3d Cir. 2021)).

V. Aufrechnung

Die Aufrechnung „ermöglicht es Rechtssubjekten, die sich gegenseitig Geld schulden, ihre gegenseitigen Verbindlichkeiten gegeneinander aufzurechnen, um so „die Absurdität zu vermeiden, dass A an B zahlt, wenn B A schuldet" (Citizens Bank of Maryland v. Strumpf, 516 U.S. 16, 18, (1995)). Der Paragraf des Bankrutpcy Codes, der die Aufrechnung in der Insolvenz regelt, schafft kein Recht auf Aufrechnung, sondern „**bewahrt** zugunsten des Gläubigers **ein Aufrechnungsrecht,** das ihm **nach anwendbaren nicht-insolvenzrechtlichen Vorschriften** zusteht", und „erlegt einem Gläubiger, der eine Aufrechnung anstrebt, **zusätzliche Beschränkungen** auf", die erfüllt sein müssen, um eine Aufrechnung gegen einen Schuldner in Insolvenz durchzusetzen (In re SemCrude, L.P., 399 B.R. 388, 393 (Bankr. D. Del. 2009)). Daher ist eine Aufrechnung in der Insolvenz nur dann angemessen, wenn ein Gläubiger sowohl ein unabhängiges Aufrechnungsrecht nach anwendbaren nicht-insolvenzrechtlichen Vorschriften erfüllt hat als auch die weiteren Voraussetzungen des Bankruptcy Codes erfüllt sind (11 U.S.C. § 553). 179

Die **weiteren Voraussetzungen** unter dem Bankruptcy Code müssen erfüllt sein, da das Recht, eine Aufrechnung durchzuführen, durch die automatische Aussetzung bzw. Vollstreckungssperre (automatic stay) ausgesetzt ist. Der Gläubiger darf die Verbindlichkeit **nicht innerhalb von 90 Tagen vor dem Insolvenzantrag des Schuldners** erworben haben und die aufzurechnenden Verbindlichkeiten müssen **gegenseitige, vor dem Insolvenzantrag entstandene Verbindlichkeiten** sein. Das Erfordernis der Gegenseitigkeit bedeutet, dass die Verpflichtungen von denselben Parteien geschuldet sein müssen. Ein Gläubiger, der Verbindlichkeiten gegenüber einem Schuldner in einem Chapter 11-Verfahren hat, kann seine Forderung gegenüber einem zweiten Schuldner, wie zB einer Tochtergesellschaft des Schuldners, nicht verwenden, um seine Verbindlichkeiten gegen den ersten Schuldner aufzurechnen. Diese Art der Aufrechnung wird manchmal als „Dreiecksaufrechnung" bezeichnet und ist nach dem Bankruptcy Code unzulässig (In re SemCrude, 399 B.R. at 393-94). 180

Sind alle Voraussetzungen erfüllt, kann ein Gläubiger sein Aufrechnungsrecht grundsätzlich in einer **Forderungsanmeldung** geltend machen oder die **Aufhebung der Aussetzung** beantragen, um die Aufrechnung durchzuführen und den Betrag, den er dem Schuldner schuldet, zu reduzieren. Sollte der Schuldner einen Rechtsstreit gegen den Gläubiger anstrengen, kann er sein Aufrechnungsrecht als **Einrede** geltend machen. 181

VI. Anfechtungsklagen (Avoidance Actions)

Der Bankruptcy Code gibt dem **Treuhänder bzw. dem eigenverwaltenden Schuldner** die Befugnis, auf **Rückgabe bestimmter, vor dem Insolvenzantrag übertragener Vermögenswerte** des Schuldners an die Insolvenzmasse zu klagen. Diese Anfechtungsbefugnis dient dazu, Betrug zu verhindern, den Wert der schuldnerischen Insolvenzmasse zu erhalten, sowie sicherzustellen, dass das Vermögen des Schuldners gleichmäßig unter den Gläubigern verteilt wird. Außerdem soll der Schuldner davon abgehalten werden, kurz vor Insolvenzeröffnung bestimmte Gläubiger gegenüber anderen zu bevorzugen. 182

Insbesondere kann der Schuldner **nicht vollständig vor Insolvenzantrag bestellte Sicherheiten (unperfected, pre-petition lien)** (11 U.S.C. § 544(a)), **bestimmte gesetzliche Sicherheiten (statutory lien),** die entstanden sind, während der Schuldner insolvent wurde (11 U.S.C. § 545) und jede Übertragung, die nach geltendem Recht, außerhalb des Insolvenzrechts, anfechtbar wäre (11 U.S.C. § 544(b)), anfechten. 183

Die beiden häufigsten Arten von Anfechtungsklagen sind jedoch **fraudulent conveyance,** die betrügerische Übertragung von Vermögen, und **preference,** die bevorzugte Behandlung von Gläubigern. 184

1. Fraudulent Conveyance

Fraudulent conveyance, **betrügerische Übertragungen,** betrifft Übertragungen von Eigentumsrechten des Schuldners vor der Insolvenzeröffnung. § 548 des Bankruptcy Code sieht **zwei Theorien** für fraudulent conveyance vor: Die Theorie des actual fraud, des tatsächlichen Betrugs, und die Theorie des constructive fraud, des konkludenten Betrugs. 185

Internationales Insolvenzrecht – USA

186 Die Theorie des **actual fraud** setzt voraus, dass der Schuldner zum Zeitpunkt der Übertragung **in der Absicht** gehandelt hat, **andere bestehende oder vorhersehbare Gläubiger zu behindern, hinzuhalten oder zu betrügen** (11 US.C. § 548(a)(1)(A)). Der tatsächliche Vorsatz kann durch Indizienbeweise nachgewiesen werden. Als Indiz kann beispielsweise das Bestehen einer besonderen Beziehung zwischen dem Schuldner und dem Übertragungsempfänger gelten. **Indizwirkung** hat auch, wenn der Schuldner Eigentum auf dem Papier übertragen, den Besitz aber tatsächlich behalten hat, der Schuldner zum Zeitpunkt der Übertragung insolvent war oder die Übertragung im Wesentlichen das gesamte Vermögen des Schuldners umfasste.

187 Die Theorie des **constructive fraud** ermöglicht es dem Treuhänder, eine Übertragung anzufechten oder den Wert des übertragenen Eigentums zurückzuerhalten, **auch wenn kein tatsächlicher Vorsatz** vorlag. Dies gilt solange der Schuldner weniger als den angemessenen Gegenwert für das übertragene Eigentum erhalten hat und infolge der Übertragung insolvent war oder insolvent wurde (11 U.S.C. § 548(a)(1)(B); s. allg. Edward S. Weisfelner, Advanced Fraudulent Transfers: a Litigation Guide (American Bankruptcy Institute 2014)).

188 Zusätzlich zum Klagegrund der fraudulent conveyance sieht eine weitere Vorschrift des Bankruptcy Codes vor, dass es einem Treuhänder und einem eigenverwaltenden Schuldner erlaubt ist, einen **Anspruch** geltend zu machen, der **nach dem Recht eines Bundesstaates wegen fraudulent conveyance** geltend gemacht werden könnte. Eine solche Vorschrift wird als „**strong arm powers**" bezeichnet (11 U.S.C. § 544). Dies hat insoweit Auswirkungen, als der für eine fraudulent conveyance nach dem Bankruptcy Code einzubeziehende Zeitraum zwei Jahre beträgt, während er nach vielen einzelstaatlichen Gesetzen länger ist und vier, sechs oder noch mehr Jahre betragen kann.

2. Preference

189 Preferential transfers, **bevorzugende Übertragungen,** betreffen Übertragungen des schuldnerischen Vermögens, die von einem insolventen Schuldner **innerhalb von 90 Tagen nach dem Insolvenzantrag oder,** wenn die **Übertragung an einen Insider** erfolgte, **innerhalb eines Jahres nach dem Insolvenzantrag** vorgenommen wurden. Die Übertragungen stehen im Zusammenhang mit einer vor dem Antrag bestehenden Verbindlichkeit und erwecken den Anschein, dass sie bestimmte Gläubiger zum Nachteil anderer begünstigen. Der Schuldner kann diese Übertragungen zurückzufordern, wenn er nachweisen kann, dass die Übertragung eines Eigentumsrechts des Schuldners (1) an einen Gläubiger oder zu dessen Gunsten, (2) aufgrund einer früheren Schuld, (3) während der Schuldner insolvent war, (4) innerhalb von 90 Tagen vor der Stellung des Insolvenzantrags (oder einem Jahr, wenn es sich um einen Insider handelt) erfolgt ist und (5) dass der Gläubiger durch die Übertragung mehr erhalten hat, als er bei einer Liquidation nach Chapter 7 erhalten hätte (11 U.S.C. § 547(b)).

190 Wenn ein eigenverwaltender Schuldner das Vorliegen dieser Voraussetzungen nachweisen kann, stehen der Gegenseite ua folgende Einreden zu:

- „**Substantially contemporaneous exchange for new value**": Der Gläubiger kann die Einrede erheben, dass die Parteien einen Austausch beabsichtigten, durch den dem Schuldner im Wesentlichen zeitgleich mit der Übertragung neue Vermögenswerte zukommen sollten (11 US.C. § 547(c)(1)). Die Einrede soll insbesondere Gläubigern ermöglichen, weiterhin mit notleidenden Unternehmen zu handeln, ohne befürchten zu müssen, dass Übertragungen rückgängig gemacht werden.
- „**Ordinary course of business**": Die Einrede des gewöhnlichen Geschäftsverkehrs bezieht sich auf Zahlungen an Gläubiger, die im Rahmen des gewöhnlichen Geschäftsverkehrs zwischen Gläubiger und Schuldner erfolgten. Der Gläubiger muss nachweisen, dass entweder die Verbindlichkeit, auf die vom Schuldner gezahlt worden ist, sowohl für den Schuldner als auch für den Erwerber, im gewöhnlichen Geschäftsverkehr entstanden ist oder dass die Rückzahlung im Rahmen des gewöhnlichen Geschäftsverkehrs in der betreffenden Branche erfolgt ist.
- „**Subsequent advance of new value**": Diese Einrede betrifft die Situation, dass ein unbesicherter Gläubiger aufgrund einer Übertragung dem Schuldner zusätzliche Kredite oder Waren zur Verfügung stellt (11 U.S.C. 547(c)(4)). Voraussetzung für diese Einrede ist, dass die zusätzlichen Kredite oder Waren unbesichert sind und zur Verfügung gestellt werden, nachdem der Gläubiger eine ansonsten nach den Grundsätzen der preference anfechtbare Übertragung vom Schuldner erhalten hat. Außerdem dürfen die zusätzlichen Kredite oder Waren nicht vom Erhalt einer weiteren Zahlung des Schuldners abhängig sein.

VII. Anhängige Rechtsstreitigkeiten

Rechtsstreitigkeiten gegen den Schuldner werden mit Insolvenzantrag **automatisch ausgesetzt (automatic stay)**. Sollte ein Schuldner den Rechtsstreit fortsetzen wollen, kann er ihn entweder an dem Ort fortsetzen, in dem er anhängig ist, oder von seinem Recht Gebrauch machen, den **Rechtsstreit an die Bundesgerichte zu verlagern und ihn an das Gericht verweisen zu lassen, in dem das Insolvenzverfahren anhängig** ist. Die Verfahrensvorschriften sehen vor, dass der Schuldner in Fällen, die zum Zeitpunkt des Insolvenzantrags anhängig sind, eine Verlegungsanzeige innerhalb der längsten der folgenden **Fristen** einreichen kann: (i) 90 Tage nach Insolvenzantrag, (ii) 30 Tage nach Erlass einer Verfügung zur Beendigung einer Aussetzung, wenn der Anspruch oder der Klagegrund in einem Zivilprozess gemäß des Bankruptcy Codes ausgesetzt wurde, und (iii) 30 Tage nach Ernennung eines Treuhänders in einem Chapter 11-Verfahren (Fed. R. Bankr. P. 9027(a)(2)). Es ist jedoch nicht ungewöhnlich, dass ein Schuldner eine Verlängerung der 90-Tage-Frist beantragt und diese auch gewährt wird. 191

In den meisten Fällen werden alle anhängigen Rechtsstreitigkeiten ausgesetzt und **typischerweise im Rahmen des Plans als Teil des Insolvenzverfahrens abgewiesen oder erledigt**. Selbst in **Fällen von Massenschäden** ist es nicht unüblich, dass der Schuldner und die Schadensersatzkläger eine Vereinbarung über die Anerkennung von Ansprüchen und deren Zahlung durch einen Trust treffen, der manchmal ganz oder teilweise von den Versicherungsgesellschaften finanziert wird. Diese Arten von Vereinbarungen ermöglichen es einem durch Rechtsstreitigkeiten belasteten Schuldner, diese **in einem einzigen Forum, dem Insolvenzgericht,** anzugehen und ein für alle Mal **zu erledigen,** um dem Unternehmen zu ermöglichen, sich von der Belastung durch diese Art von Rechtsstreitigkeiten zu befreien. 192

VIII. Auswirkungen auf Gesellschaftsrechtliche Fragen

Wenn ein Unternehmen Insolvenz anmeldet, unterfällt seine **Geschäftstätigkeit im Allgemeinen dem einheitlich in den Vereinigten Staaten geltenden Insolvenzrecht** und einige seiner bestehenden **Verpflichtungen nach einzelstaatlichem Recht können** durch die Anordnungen des Insolvenzgerichts **außer Kraft gesetzt werden.** 193

So kann beispielsweise eine Gesellschaft nach dem Recht von Delaware, die sich im Insolvenzverfahren befindet, per Gesetz „alle Verfügungen und Anordnungen des Gerichts oder Richters in einem solchen Insolvenzverfahren in Kraft setzen und ausführen und alle durch solche Verfügungen und Anordnungen vorgesehenen oder angewiesenen gesellschaftsrechtlichen Maßnahmen ergreifen, **ohne dass es einer weiteren Handlung ihrer Geschäftsleitung oder Anteilsinhaber bedarf**" (8 Del. Code § 303(a)). Diese Befugnis und Autorität „kann ausgeübt werden und solche Unternehmensmaßnahmen können ergriffen werden, wenn sie (i) durch solche Verfügungen oder Anordnungen angewiesen werden, (ii) durch den Treuhänder oder die Treuhänder dieser Gesellschaft, die im Insolvenzverfahren ernannt oder gewählt wurden (oder eine Mehrheit davon) ausgeübt werden durch benannte Geschäftsführer der Gesellschaft oder durch einen Vertreter, der durch das Gericht oder den Richter ernannt wurde, mit der gleichen Wirkung, wie wenn sie durch einstimmiges Handeln der Geschäftsleitung und Anteilsinhaber der Gesellschaft ausgeübt und ergriffen würden und sonst niemand zur Ausübung ernannt oder gewählt wurde." (8 Del. Code § 303(a)). 194

Das Recht des Schuldners nach staatlichem Recht, seine **Geschäftsleitungsstruktur nach dem Insolvenzantrag zu ändern,** ist eine angemessene Ausübung seiner Selbstverwaltungsrechte und nach dem Bankruptcy Code zulässig. Ohne die Ernennung eines Chapter 11-Treuhänders bleiben diese Selbstverwaltungsrechte nach dem Recht des jeweiligen Bundesstaats bestehen; die Anteilsinhaber können weiterhin die **Selbstverwaltungsrechte** ausüben. Weiter hindert die Anhängigkeit des Insolvenzverfahrens nicht das Recht der Anteilsinhaber, eine Gesellschafter- bzw. Hauptversammlung zum Zwecke der Wahl einer neuen Geschäftsleitung zu erzwingen (In re Johns-Manville Corp., 801 F.2d 60, 63 (2d Cir. 1986)). Das Recht der Anteilsinhaber, ihr Unternehmen zu leiten, ist ein „Vorrecht, das normalerweise durch eine Reorganisation nicht beeinträchtigt wird". Das Insolvenzgericht wird weiterhin den natürlichen Wunsch der Anteilsinhaber respektieren, sich an dieser Angelegenheit der Unternehmensführung zu beteiligen. Obwohl dieses Recht bestätigt wurde, ist es oft ratsam, die **Erlaubnis des Insolvenzgerichts** zu beantragen, um eine zulässige Änderung der Unternehmensführung umzusetzen. Diejenigen, die dagegen sind, können dennoch behaupten, dass eine solche Maßnahme den automatischen Aufschub verletzt. 195

Internationales Insolvenzrecht – USA

H. Arbeits- und Sozialrecht

I. Individuelles Arbeitsrecht

1. Lohnforderungen

196 Das Gesetz unterscheidet zwischen Lohnforderungen, die vor und nach der Eröffnung des Insolvenzverfahrens entstanden sind. **Löhne, Gehälter oder Provisionen, die während des Insolvenzverfahrens entstehen** und der Erhaltung der Vermögensmasse des Schuldners oder der Fortführung seines Unternehmens dienen, gelten als **Verwaltungskosten (administrative expenses)**, deren Zahlung an zweiter Rangstelle erfolgt (11 U.S.C. § 507(a)(2)). Während des Insolvenzverfahrens ist es wichtig sicherzustellen, dass ausreichend Mittel zur Zahlung der laufenden Löhne, Gehälter und Provisionen der Mitarbeiter vorhanden sind, da die meisten Insolvenzgerichte die Aussichten auf eine Sanierung anzweifeln, wenn das Unternehmen nicht in der Lage ist, diese Verpflichtungen entweder durch Einnahmen aus dem Geschäftsbetrieb oder aus der nach der Insolvenz aufgenommenen Finanzierungshilfen zur Fortführung des Unternehmens zu erfüllen.

197 Ein Aspekt der Insolvenzpraxis, der für einen Mitarbeiter zu Verwaltungskosten führen kann, sind sog. **Halteprämien**, die für die Mitarbeiter einen Anreiz zum Verbleib im Schuldnerunternehmen schaffen sollen. Derartige „Retention"-Pläne sind umstritten, da sie Mitarbeitern und Führungskräften eines insolventen Unternehmens ein zusätzliches Entgelt gewähren. Nichtsdestotrotz genehmigen die amerikanischen Insolvenzgerichte **„KEIPS" (Key Employee Incentive Plan) und „KERPS" (Key Employee Retention Plan)** immer wieder (Andrew Hinkelman und Jordan Kroop, KERPs und KEIPs: What are They, Why, and How can They be Implemented, ABI Southwest Conference Materials (September 9, 2016)). Ein **Key Employee Incentive Plan** wurde entwickelt, um Anreize für Geschäftsführer, leitende Angestellte und andere Mitarbeiter in Schlüsselpositionen während einer Sanierung nach dem Chapter 11-Verfahren, in der Regel bei einem operativen Schuldner, zu schaffen. Ein **Key Employee Retention Plan** ist ein Programm, das Mitarbeitern in Schlüsselpositionen Prämien gewährt, um ihnen einen Anreiz zu geben, während des Chapter 11-Verfahrens im Unternehmen des Schuldners zu bleiben. Wichtige Änderungen des Bankruptcy Codes im Jahr 2005 schränkten die Möglichkeiten eines Schuldners, einen KERP zu verabschieden, der Prämien oder Abfindungen für leitende Angestellte vorsah, stark ein – **KERPs sind für „Insider"** (also Geschäftsleitung, leitende Angestellte, etc, s. 11 U.S.C. § 101 (31)) **seit diesen Änderungen schwer, wenn nicht gar unmöglich, genehmigt zu bekommen** (11 U.S.C. § 503). Denn nach diesen Änderungen hängt die Vergabe einer Halteprämie an einen Insider davon ab, dass der Schuldner bei einer Anhörung nachweisen kann, dass die Prämie für die Weiterbeschäftigung der Person unerlässlich ist. Dies ist dann der Fall, wenn die betroffene Person ein gutgläubiges Stellenangebot eines anderen Unternehmens mit demselben oder einem höheren Gehalt erhalten hat und der zu zahlende Betrag nicht mehr als das Zehnfache des Durchschnittswerts ähnlicher Prämienzahlungen beträgt, die im selben Kalenderjahr an nicht-leitende Angestellte gezahlt wurden. Letzteres ist auch dann erfüllt, wenn in jenem Kalenderjahr keine Prämien für nicht-leitende Angestellte gezahlt wurden und der zu zahlende Betrag den Betrag, der an die Führungskraft gezahlt wurde, die die Prämie erhalten soll, nicht um 25 % übersteigt (11 U.S.C. § 503 (c)).

198 Aufgrund der hohen Anforderungen an Genehmigungen von Halteplänen, schlagen die Schuldner **immer häufiger Anreizpläne** vor. Diese Pläne enthalten verschiedene Anreize, die regelmäßig auf die Erfordernisse des jeweiligen Falles zugeschnitten sind, aber Folgendes umfassen können:

- **Zeitbasis:** Prozentsatz des Grundgehalts oder Barmittelpool mit zugeteilten „Aktien" unter den wichtigsten Führungskräften bei erfolgreichem Abschluss eines Verkaufs, einer Umstrukturierung oder der Bestätigung eines Sanierungsplans;
- **Leistungskennzahlen:** Prozentsatz des Grundgehalts oder Barmittelpool bei Erreichen der operativen Leistungsschwellen;
- **Verkaufsbasis:** bestimmt durch (i) einen prozentualen Anteil am Verkaufserlös, (ii) einen prozentualen Anteil am Grundgehalt oder (iii) bestimmte Zahlungen, die unter den teilnehmenden Führungskräften aufgeteilt werden;
- **Rückgewinnung von Gläubigern:** wird durch einen Cash-Pool bestimmt, der den teilnehmenden Führungskräften zugewiesen wird, wenn das Ziel der Rückgewinnung von Gläubigern erreicht wird.

199 **Löhne, Gehälter oder Provisionen, die 180 Tage vor der Insolvenzanmeldung** entstanden sind, gelten als **viertrangige Forderungen** (11 U.S.C. § 507(a)(4)). Dabei sind die Forderungen auf 13.650 USD pro Person begrenzt (11 U.S.C. 104(b)). In der Praxis stellt ein Schuldner häufig im Rahmen der „**first day motions**" einen **Antrag auf Zahlung der nicht gezahlten Löhne** seiner Mitarbeiter, um seine Unternehmensfortführung zu sichern. Diesen Anträgen wird in der Regel stattgegeben. Dies gilt insbesondere dann, wenn die nicht gezahlten Löhne unter dem vorrangigen Lohnbetrag liegen und die Zahlungen an „einfache" Arbeitnehmer geleistet werden.

In vielen Staaten gelten gesetzliche Bestimmungen, die **einzelne „Verantwortliche", wie Geschäftsführer, für bestimmte Arten von unbezahlten Löhnen persönlich haftbar** machen. Ist ein Unternehmen nicht mehr in der Lage, die Gehaltszahlungen zu leisten, meldet es häufig Insolvenz an und entlässt seine Beschäftigten, möglicherweise sogar unmittelbar vor der Insolvenzanmeldung, um sicherzustellen, dass im Insolvenzfall keine zusätzlichen Lohnverpflichtungen anfallen. Dies kann im Insolvenzfall zu einem zusätzlichen Problem führen. Werden Arbeitnehmer vor der Insolvenzanmeldung entlassen, werden diese häufig **Ansprüche gemäß dem Gesetz über die Anpassung und Umschulung von Arbeitnehmern** (Worker Adjustment and Retraining Notification Act – **WARN Act**) geltend machen (29 U.S.C. §§ 2101–2109). Arbeitgeber, die unter den WARN-Act fallen (dabei ist die Zahl der Beschäftigten ausschlaggebend), müssen die betroffenen Arbeitnehmer im Falle einer dauerhaften oder längeren vorübergehenden Betriebsschließung oder Massenentlassung 60 Tage im Voraus schriftlich benachrichtigen. Erfolgt keine **ordnungsgemäße Benachrichtigung**, haben die entlassenen Arbeitnehmer Ansprüche in Höhe des Lohns, den sie in diesem Zeitraum erhalten hätten. Obwohl es sich bei WARN-Act Gesetzesverfahren um eine technische Angelegenheit handelt und viele Verteidigungsmöglichkeiten zur Verfügung stehen, kann dies ein problematisches Thema sein, da **Massenentlassungen** zu einer Sammelklage führen können, bei der eine hohe Schadenssumme im Namen aller entlassenen Arbeitnehmer geltend gemacht wird.

Lohnforderungen, die weder Verwaltungskosten sind noch vorrangig geltend gemacht werden können, sind **allgemeine ungesicherte Forderungen** gegen den Schuldner. Meist handelt es sich bei diesen Forderungen um Abfindungsbeträge oder Ansprüche auf unbezahlten Urlaub, die über den Betrag des gesetzlichen Vorrangs hinausgehen und oft hoch bezahlte Führungskräfte mit großen Abfindungspaketen betreffen.

2. Abfindungsansprüche

Abfindungen sind Zahlungen, die einem entlassenen Arbeitnehmer zustehen, um ihm eine gewisse finanzielle Unterstützung zu gewähren, nachdem er aus dem Unternehmen ausgeschieden ist. Gemäß Bankruptcy Code genießen **Abfindungszahlungen, die innerhalb von 180 Tagen vor der Insolvenzanmeldung verdient** wurden, den gleichen Vorrang, wie die oben genannten Lohnforderungen. Stichtag für die Feststellung, ob Abfindungsleistungen Gegenstand vorrangiger Zahlung sind, ist der Tag, an dem sie verdient wurden, nicht der Tag der Zahlung. Die Theorie besagt, dass für jeden Tag, den ein Arbeitnehmer arbeitet, ein Teil eines künftigen Abfindungsanspruchs erworben wird. Wird der Arbeitnehmer vor Ablauf von 180 Tagen vor der Insolvenzanmeldung gekündigt, werden die Abfindungsleistungen nicht Gegenstand vorrangiger Zahlung, da sie nicht innerhalb der 180-Tage-Frist „verdient" wurden. Dies gilt selbst dann, wenn die geltende Abfindungsvereinbarung die Zahlung von Abfindungsleistungen innerhalb dieses vorrangigen Zeitraums vorsieht. **Abfindungszahlungen im Rahmen eines Abfindungsprogramms,** das vom Gericht genehmigt wurde, gelten in der Regel als Verwaltungskosten.

3. Vorsorgeleistungen

Ansprüche auf **Vorsorgeleistungen, die innerhalb von 180 Tagen vor dem Antragsdatum entstanden** sind, sind gemäß Bankruptcy Code **fünftrangige Forderungen** (11 U.S.C. § 503(a)(5)). Der Oberste Gerichtshof der Vereinigten Staaten hat entschieden, dass Forderungen für nicht gezahlte Versicherungsprämien für die Arbeiterunfallversicherung keine „Beiträge zu einem Sozialplan" darstellen (Howard Delivery Serv. v. Zurich Am. Ins. Co., 547 U.S. 651 (2006)). Zu diesen Ansprüchen gehören Beiträge zu Vorsorgeplänen, die als eine Form der Arbeitnehmervergütung konzipiert sind.

Der **Gesamtbetrag der** in jedem Fall **zulässigen fünftrangigen Ansprüche hängt von dem gezahlten Betrag aus viertrangigen Ansprüchen ab.** Der zulässige Gesamtbetrag der Ansprüche von Arbeitnehmern wird pro Vorsorgeplan wie folgt berechnet: Der gesetzliche Betrag (derzeit 13.650 USD) multipliziert mit der Anzahl der Arbeitnehmer, die unter diesen Vorsorgeplan fallen, abzüglich des Gesamtbetrags, der den Arbeitnehmern im Rahmen der vierten Priorität für Löhne, Gehälter oder Provisionen gezahlt wurde, zuzüglich des Gesamtbetrags, der im Namen der Arbeitnehmer im Rahmen eines anderen Vorsorgeplans für Arbeitnehmer gezahlt wurde (11

Internationales Insolvenzrecht – USA

U.S.C. 507(a)(5)). Fünftrangige Ansprüche können also nur in dem Umfang geltend gemacht werden, in dem die Obergrenze für den vierten Rang noch nicht erreicht ist.

II. Kollektives Arbeitsrecht

1. Kollektivvertragliche Vereinbarungen

205   Der Bankruptcy Code behandelt **Tarifverträge** anders als andere zu erfüllende Verträge. § 1113 des Bankruptcy Code legt das Verfahren für die Ablehnung von Tarifverträgen fest. Bevor der Schuldner einen Tarifvertrag ablehnen (oder ändern) kann, muss er dem Gewerkschaftsvertreter zunächst einen Vorschlag unterbreiten, in dem er darlegt, warum die Änderung des Tarifvertrags notwendig ist, um das Schuldnerunternehmen erfolgreich zu sanieren und eine faire und gerechte Behandlung aller Gläubiger und anderer betroffener Parteien zu gewährleisten. Der Vorschlag muss alle Informationen enthalten, die der Gewerkschaftsvertreter zur Bewertung der vom Schuldner vorgebrachten Gründe benötigt. Dazu zählen Bilanzen sowie Einnahmen- und Ausgabenprognosen. Nur wenn das Gericht feststellt, dass der Schuldner die **Anforderungen von § 1113** erfüllt und der Gewerkschaftsvertreter den Vorschlag ohne wichtigen Grund abgelehnt hat, kann das Gericht den Schuldner ermächtigen, den Tarifvertrag zu ändern oder abzulehnen.

206   Das Bundesberufungsgericht (Second Circuit) entschied in der Rechtssache Maxwell Newspapers, Inc., dass die Gewerkschaft einen wichtigen Grund hat, den Vorschlag des Schuldners abzulehnen, wenn sie **Kompromisse vorgeschlagen** hat, **die den Bedürfnissen der Gewerkschaft und des Schuldners entsprechen** (981 F.2d 85 (2d Cir. 1992)). Das Gericht stellte weiter fest, dass die Gewerkschaft keinen wichtigen Ablehnungsgrund hat, wenn der Vorschlag des Schuldners nur Änderungen enthält, die für die Sanierung des Schuldners wesentlich sind (981 F.2d 85 (2d Cir. 1992)).

207   Solange ein Tarifvertrag nicht abgelehnt wurde, ist der **Schuldner verpflichtet** die **Bedingungen des Tarifvertrags einzuhalten.** Eine häufige Vertragsbedingung in Tarifverträgen ist, dass sich der Schuldner als Arbeitgeber zur **Leistung von Beiträgen zu gewerkschaftlichen Rentenplänen** verpflichtet. Sofern sich diese Beiträge auf Arbeitnehmerleistungen beziehen, die nach der Eröffnung des Insolvenzverfahrens erbracht wurden, sind diese Verpflichtungen **in der Regel als Verwaltungskosten vorrangig.** Die Gerichte sind sich jedoch **uneinig hinsichtlich des Umfangs** der Verpflichtungen zu Verwaltungskosten. Die Mehrheit lässt eine Qualifizierung als Verwaltungskosten nur dann zu, wenn die Verpflichtungen im Zusammenhang mit den gesetzlich festgelegten Prioritätsansprüchen stehen. Einige Gerichte haben Verwaltungskosten in Höhe eines monatlichen Krankenversicherungsbeitrags für alle Arbeitnehmer, die mindestens einen Tag nach Insolvenzeröffnung gearbeitet haben, zugelassen, weil dies der Verpflichtung des Schuldners aus dem nicht abgelehnten Gewerkschaftsvertrag entsprach (In re World Sales, Inc. 183 B.R. 872 (B.A.P. 9th Cir. 1995)).

208   Auch die Frage, ob ein Schuldner nach § 1113 verpflichtet ist, **unbezahlte Beitragsschulden aus der Zeit vor der Insolvenz** zu begleichen, wird nicht einhellig beantwortet. Die Mehrheit der Gerichte, die sich mit dieser Frage befasst haben, vertritt die Auffassung, dass die allgemeine Vorrangregelung des Paragrafs Vorrang vor den spezifischen Verpflichtungen in der Vorschrift zu Tarifverträgen in § 1113 habe (In re Roth Am., Inc., 975 F.2d 949 (3. Cir. 1992)). Die Mindermeinung vertritt hingegen, dass die Bestimmungen eines Tarifvertrags strikt durchgesetzt werden müssten, selbst wenn das Ergebnis mit der allgemeinen Vorrangregelung unvereinbar sei (United Steel Workers of Am. v. Unimet Corp. (In re Unimet), 842 F.2d 879 (6th Cir. 1998)).

2. Altersvorsorge

209   Durch das Verfahren gem. § 1114 des Bankruptcy Codes kann der Schuldner **Änderungen an den Altersversorgungsplänen** beantragen. Dem Schuldner ist es untersagt, Altersversorgungspläne ohne die Zustimmung der betroffenen Parteien oder ohne Gerichtsbeschluss zu ändern (11 U.S.C. 1114). Um die Zahlungsverpflichtungen des Schuldners für bestehende Altersversorgungsprogramme zu ändern, muss der Schuldner nachweisen und das Gericht feststellen, dass (i) der Schuldner dem Bevollmächtigten der Rentner einen Vorschlag unterbreitet hat, in dem dargelegt wird, warum eine Änderung der Leistungen der Altersversorgung notwendig ist, um das Schuldnerunternehmen erfolgreich zu sanieren und eine faire und gerechte Behandlung aller Gläubiger und anderer betroffener Parteien zu gewährleisten, (ii) der Bevollmächtigte der Rentner den Vorschlag des Schuldners ohne wichtigen Grund abgelehnt hat und (iii) die vom Schuldner beantragte Änderung notwendig ist, um das Schuldnerunternehmen erfolgreich zu sanieren und eine faire und gerechte Behandlung aller Gläubiger und anderer Betroffener zu gewährleisten.

§ 1114 gilt nicht für Rentner, deren Ehegatten und Angehörige mit einem Bruttoeinkommen von mehr als 250.000 USD für den 12-Monats-Zeitraum vor dem Antragsdatum auskommen. Leistungen für Rentner haben gem. § 503 des Bankruptcy Codes den Status von Verwaltungskosten.

I. Kapitalbeschaffung während des Insolvenzverfahrens – (DIP-Financing)

I. Allgemeiner Überblick

Debtor in Possession (DIP)-Finanzierung ist eine Form der Kreditvergabe, bei der einem eigenverwaltenden Schuldner unter dem Bankruptcy Code ein Kredit gewährt wird. **DIP-Finanzierungen** wurden früher in der Regel als revolvierende Kreditfazilitäten (revolving credit facility) strukturiert, die einem Schuldner sofortige Barmittel und laufend Kapital zur Aufrechterhaltung seiner Geschäftstätigkeit während eines Chapter 11-Verfahrens zur Verfügung stellten (Zumbro, Paul H., DIP and Exit Financing Trends and Strategies in a Changing Marketplace, Aspatore Special Rep. (2016)). In jüngster Zeit werden DIP-Finanzierungen **zunehmend als Laufzeitdarlehen (term loans) strukturiert,** die das Chapter 11-Verfahren vollständig finanzieren. DIP-Finanzierungen ermöglichen es, Löhne und Gehälter von Mitarbeitern, Versicherungsprämien, Lieferanten und anderen für den Betrieb des Schuldners wichtigen Parteien zu bezahlen. Da Kreditgeber häufig zögern, einem Unternehmen, das einen Antrag auf Schutz nach Chapter 11 gestellt hat, einen Kredit zu gewähren, sieht der Bankruptcy Code **Schutzmechanismen, einschließlich Vorrang bei der Verteilung, für Kreditgeber vor,** die DIP-Finanzierungen gewähren (Chung, Julian S.H. und Rodbug, Jennifer L., An Overview of DIP Financing: Current Trends, Sources, and the Process of Obtaining a DIP Loan, 2016 Aspatore Special Rep. 55 (2016)).

DIP-Finanzierungen werden **häufig von den bestehenden gesicherten Kreditgebern des Schuldners bereitgestellt** (oftmals bezeichnet als „defensive DIPs"), die ihre bestehenden Kredite schützen wollen. Manchmal sind die bestehenden Kreditgeber die einzigen Kreditgeber, die bereit sind, eine DIP-Finanzierung bereitzustellen. DIP-Finanzierungen können auch von neuen Kreditgebern bereitgestellt werden (häufig bezeichnet als „New Money DIPs" oder „Offensive DIPs"). Neue Kreditgeber können daran interessiert sein, Gläubiger zu werden, um die Kontrolle über ein Unternehmen zu übernehmen oder es zu kaufen, zB im Rahmen einer „loan-to-own"-Strategie (Practical Law Bankruptcy & Restructuring and Practical Law Finance, DIP Financing: Overview).

II. Historische Entwicklung

DIP-Finanzierungen haben eine lange Geschichte im US-Insolvenzrecht, obwohl sich die genauen Mechanismen im Laufe der Zeit geändert haben. Die Bestimmungen des Bankruptcy Code zur DIP-Finanzierung sind **Kodifizierungen von Common Law-Praktiken,** die sich vor dem Erlass nationaler Insolvenzrechtsgesetze entwickelt haben (Baer, Hank et al., Debtor-in-Possession Financing: Funding a Chapter 11 Case, American Bankruptcy Institute (2012)). Die moderne DIP-Finanzierung hat ihren Ursprung in den Unternehmensreorganisationen des 19. Jahrhunderts in Amerika, die als „Equity Receiverships" von Eisenbahnen begannen (s. Skeel, Jr., David A., The Past, Present, and Future of Debtor in Possession Financing, 25 Cardozo L. Rev1905, 1905 (2004)). Ähnlich wie bei der modernen DIP-Finanzierung räumten die Gerichte des 19. Jahrhunderts den Kreditgebern, die diese Zwangsverwaltungen (receiverships) finanzierten, besondere Priorität ein, da ihre Mittel die Fortführung des Betriebs während des Zwangsverwaltungsprozesses ermöglichten (receivership process). Die Insolvenzgerichte genehmigten die Ausstellung eines „Insolvenzverwalterzertifikats" – eines Schuldscheins des Insolvenzverwalters. Diese Zertifikate hatten Vorrang vor allen anderen Verpflichtungen der Eisenbahngesellschaft, einschließlich Hypotheken. Obwohl die ersten Receiver's Certificates nur für den Erhalt der Sicherheiten bestimmt waren, wurde ihre Verwendung allmählich auf die Kosten für den Betrieb der Eisenbahn ausgeweitet und schließlich über die Eisenbahn hinaus auch auf andere Unternehmen, die unter Zwangsverwaltung standen. Es entwickelte sich eine Unterscheidung zwischen Ausgaben, die für die „Erhaltung", und solchen, die für den „Betrieb" benötigt wurden, wobei die Gerichte Insolvenzverwaltungszertifikate allgemein nur für die Finanzierung der „Erhaltung" zuließen.

Diese **Receiver's Certificates** fanden schließlich in den 1930er Jahren ihren Weg in die Gesetzgebung. Der Chandler Act von 1938 erlaubte die Emission von Verbindlichkeiten mit Sicherheit und Vorrang vor bestehenden Verpflichtungen. Das Gesetz unterschied nicht zwischen „Erhaltungs-" und „Betriebs"-Ausgaben und stellte klar, dass solche Verbindlichkeiten zur Finanzierung des normalen Betriebs zulässig waren.

Internationales Insolvenzrecht – USA

215   Der 1978 erlassene **Bankruptcy Code** hob nicht nur die verbleibenden Unterscheidungen zwischen quasi-öffentlichen und privaten Unternehmen auf, sondern **beseitigte** auch **die Anforderung, dass DIP-Finanzierungen an bestimmte Ausgaben gebunden sein müssen**. Unter dem neu erlassenen § 364 des Bankruptcy Codes, der die DIP-Finanzierung regelt, erhält das **Gericht weitreichende Befugnisse zugunsten der DIP-Kreditgeber**. Darunter die Möglichkeit, „Priming"-Pfandrechte mit Vorrang vor bestehenden Pfandrechten an der Immobilie zu genehmigen. § 364 des Bankruptcy Codes und „priming" DIP-Darlehen werden im Folgenden näher erläutert.

III. Angemessener Schutz

216   Mit der Verabschiedung des Bankruptcy Codes im Jahr 1978 wurde auch das **Konzept des „angemessenen Schutzes"** kodifiziert, das für „priming" DIP-Kredite gilt. Dieses Konzept schützt einen bestehenden gesicherten Gläubiger vor einer Wertminderung der Sicherheiten, die sich aus (1) der Nachrangigkeit seiner Forderung, (2) der Verwendung von „Barsicherheiten" durch den Schuldner (auf die weiter unten eingegangen wird) oder (3) der Verhängung der automatischen Vollstreckungssperre (automatic stay) ergibt, die den Schuldner daran hindert, seine Sicherheiten zu verwerten (11 U.S.C. §§ 361, 362(d), 364). Gemäß § 361(a) des Bankruptcy Codes kann ein angemessener Schutz **auf drei Arten** gewährt werden: (1) regelmäßige Barzahlungen in Höhe der Wertminderung der Sicherheiten, (2) ein zusätzliches oder Ersatzpfandrecht in Höhe der Wertminderung der Sicherheiten oder (3) jede andere Entlastung, die das „unzweifelhafte Äquivalent" des Anteils des gesicherten Kreditgebers an den Sicherheiten darstellt. Die Idee des angemessenen Schutzes ist es, dem gesicherten Gläubiger seine ausgehandelten Rechte zu gewähren. Angemessener Schutz ist dabei schwer zu beweisen, wenn der bestehende Kreditgeber widerspricht (11 U.S.C. § 361(a)).

217   Der Schuldner wird in der Regel argumentieren, dass der gesicherte Kreditgeber **durch ein „Eigenkapitalpolster"** angemessen geschützt ist – das Ausmaß, in dem der Wert der Sicherheiten den Betrag der gesicherten Forderung des Kreditgebers übersteigt (Krause, Steven C. und Zatz, Andrew, Recent Developments in Adequate Protection Under Section 361, 2015 Norton Annual Survey of Bankruptcy Law 14 (2015)). Daher ist der Wert der Sicherheiten von Bedeutung für die Feststellung, ob und in welchem Umfang ein Eigenkapitalpolster besteht. Häufig hat ein besicherter Kreditgeber ein umfassendes Pfandrecht an allen Vermögenswerten des Schuldners, sodass der Wert der Sicherheiten dem **Wert des gesamten Unternehmens des Schuldners** entspricht. Für ein operatives Unternehmen ist dies der Fortführungswert des Unternehmens (Friedland, Jonathan P., Commercial Bankruptcy Litigation § 6.55 (2021)).

IV. Kreditaufnahme - Gesetzliche Grundlagen

218   § 364 des Bankruptcy Codes ermöglicht es einem Schuldner, auf **verschiedene Möglichkeiten nach der Insolvenzeröffnung** einen Kredit zu erhalten (11 U.S.C. § 364). Unterabschnitt **(a)** erlaubt es dem Schuldner, einen **unbesicherten Kredit im normalen Geschäftsverlauf** zu erhalten, der ohne gerichtliche Genehmigung als Verwaltungsaufwand zulässig ist, dh er hätte im Insolvenzverfahren eine höhere Priorität als allgemeine unbesicherte Forderungen vor der Insolvenzeröffnung, wäre aber nicht vorrangig gegenüber bestehenden Krediten. Gemäß Unterabschnitt **(b)** kann das **Gericht** nach Ankündigung und Anhörung einen **ungesicherten Kredit, der nicht zum gewöhnlichen Geschäftsbetrieb gehört, genehmigen,** der ebenfalls als Verwaltungskosten zulässig ist. Wenn der Schuldner nicht in der Lage ist, einen unbesicherten Kredit zu erhalten, der als Verwaltungskosten zulässig ist, kann das Gericht (nach Ankündigung und Anhörung) gem. Unterabschnitt **(c)** dem Schuldner erlauben, einen **Kredit** zu erhalten, **der Vorrang vor den Verwaltungskosten hat** und durch ein **Pfandrecht an unbelastetem Eigentum** oder durch ein **nachrangiges Pfandrecht an belastetem Eigentum** gesichert ist. Schließlich kann das Gericht nach Ankündigung und Anhörung gem. Unterabschnitt **(d)** dem Schuldner gestatten, einen **Kredit** zu erhalten, der durch ein **vorrangiges oder gleichrangiges Pfandrecht** an bereits mit einem Pfandrecht belastetem Nachlassvermögen gesichert ist, vorausgesetzt der Schuldner ist nicht in der Lage, anderweitig einen Kredit zu erhalten und der **Inhaber des bestehenden Pfandrechts entweder zustimmt oder angemessen geschützt** ist (Practical Law Bankruptcy & Restructuring and Practical Law Finance, DIP Financing: Overview).

219   Die nach Unterabschnitt **(d)** zulässige Kreditform ist ein „priming" DIP-Kredit. Für einen **„priming" DIP-Kredit** verlangen die DIP-Kreditgeber in der Regel ein erstrangiges Pfandrecht an den Forderungen, dem Inventar und den Barmitteln des Schuldners (selbst wenn diese einem bestehenden Pfandrecht unterliegen), ein zweitrangiges Pfandrecht an allen belasteten Immobilien

Internationales Insolvenzrecht – USA

und ein erstrangiges Pfandrecht an unbelasteten Immobilien. Vorrangige Pfandrechte bieten dem DIP-Kreditgeber einen erheblichen Schutz und werden, obwohl dies möglich wäre, in der Regel nicht gegen den Einspruch des bestehenden Kreditgebers genehmigt, obwohl die Kreditgeber vor der Insolvenzeröffnung der Vorrangigkeit zustimmen könnten. Ein bestehender Kreditgeber kann dies tun, um neue Kreditgeber zu ermutigen, dem Schuldner neues Geld zu leihen und so den Fortführungswert des Unternehmens (und den Wert der Sicherheiten) zu erhalten, oder im Austausch für ein vereinbartes angemessenes Schutzpaket (Practical Law Bankruptcy & Restructuring and Practical Law Finance, DIP Financing: Overview).

V. Barsicherheiten

Ein Schuldner, der über ausreichende Barmittel zur Finanzierung seines Chapter 11-Verfahrens 220 verfügt, möchte möglicherweise **„Barsicherheiten" anstelle von oder in Verbindung mit einer DIP-Finanzierung** verwenden. „Barsicherheiten" werden in § 363(a) des Bankruptcy Codes als „Bargeld, begebbare Instrumente, Eigentumsurkunden, Wertpapiere, Einlagenkonten oder andere Bargeldäquivalente, wann immer sie erworben wurden, an denen die Insolvenzmasse und eine andere Einheit als die Insolvenzmasse ein Interesse haben, und die Erlöse, Produkte, Nachkommen, Mieten etc ..." definiert. Dazu gehören auch Miet- und Hoteleinnahmen für Schuldner im Immobiliengeschäft, die diese an einen Kreditgeber als Sicherheit verpfändet haben (11 U.S.C. § 363(a)). Einem Schuldner ist die Verwendung von Barsicherheiten nicht gestattet, es sei denn, er erhält die Zustimmung aller Parteien, die ein Interesse an der Barsicherheit haben, oder eine gerichtliche Genehmigung nach Ankündigung und Anhörung. Parteien, die ein Interesse an einer Barsicherheit haben, können beantragen, dass das Gericht die Verwendung von Barsicherheiten verbietet oder deren Verwendung an, einen angemessenen Schutz gewährleistende, Bedingungen knüpft (Practical Law Bankruptcy & Restructuring, Cash Collateral: Overview).

Oftmals werden die beteiligten Parteien eine Barsicherheitsbestellung aushandeln. Da die **Ver-** 221 **wendung von Barmitteln für die Aufrechterhaltung des Fortführungswertes des Unternehmens entscheidend** ist, besteht ein Interessengleichlauf zwischen dem Schuldner und dem Kreditgeber vor der Insolvenz. Außerdem erkennen die Gerichte den Bedarf des Schuldners an Barsicherheiten an und sind daher geneigt, deren Verwendung zuzulassen. Darüber hinaus kann ein Kreditgeber bereit sein, die Verwendung von Barsicherheiten zuzulassen, damit er in der vereinbarten Bestellung günstige Bedingungen aushandeln kann (Obtaining DIP Financing and Using Cash Collateral, American Bankruptcy Institute (Sept. 2004).

VI. Loan to Own und Roll-Ups von Verbindlichkeiten aus der Zeit vor der Insolvenz

Investoren gewähren **DIP-Finanzierungen** manchmal **als Teil einer „loan-to-own"-Stra-** 222 **tegie.** Im Rahmen einer solchen Strategie kann das DIP-Darlehen eine Klausel enthalten, die es den Kreditgebern erlaubt, bei einem Ausfall oder im Rahmen eines Reorganisationsplans (vorbehaltlich der gerichtlichen Genehmigung) die bestehenden besicherten Verbindlichkeiten gegen neues Eigenkapital zu tauschen, wodurch der DIP-Kreditgeber nach Abschluss der Insolvenz Eigentümer des Unternehmens wird (DeLucia, Louis T. und Cannizzaro, John C., Why You Should Consider DIP Lending, Lexology (Dec. 3, 2020)). Dies ist eine übliche Strategie für Kreditgeber, die **notleidenden Verbindlichkeiten des Schuldners** mit dem Ziel **erwerben,** eine DIP-Finanzierung bereitzustellen, um von der Eigenkapitalrendite zu profitieren. Diese Strategie reduziert überdies auch die Menge an Barmitteln, die der Schuldner aufbringen muss, um das DIP-Darlehen nach der Insolvenz zurückzuzahlen (Chung, Julian S.H. und Rodbug, Jennifer L., An Overview of DIP Financing: Current Trends, Sources, and the Process of Obtaining a DIP Loan, 2016 Aspatore Special Rep. 55 (2016)).

Ein Kreditgeber, der ursprünglich einen Kredit vor dem Insolvenzantrag gewährt hat und nach 223 dem Antrag eine DIP-Finanzierung bereitstellt, kann auch eine **„Roll-up"-Klausel** aushandeln, in der er die Rückzahlung seiner Verbindlichkeiten (aufgrund des vor dem Insolvenzantrag begebenen Kredits) mit den Erlösen aus der Finanzierung, die nach dem Insolvenzantrag begeben wurde, anstrebt. Auf diese Weise kann erreicht werden, dass neue Mittel aus der DIP-Fazilität einen Teil (oder die Gesamtheit) der vor dem Insolvenzantrag begebenen Kredite tilgen oder dass die vorinsolvenzlichen Kredite in DIP-Kredite umgewandelt werden. Roll-ups können entweder als einmalige Inanspruchnahme der DIP-Fazilität strukturiert werden, oder „schleichende" Roll-ups sein, bei denen Verbindlichkeiten aus vor dem Insolvenzantrag begebenen Krediten in DIP-Kredite auf einer Dollar-für-Dollar-Basis umgewandelt werden (Cooper, Richard J. et al., Recent Developments in DIP Financing for International and Domestic Debtors, Global Restructuring Review). Die Möglichkeit, Verbindlichkeiten vor der Insolvenz „aufzurollen", bietet einen Anreiz

Internationales Insolvenzrecht – USA

für bestehende Kreditgeber, DIP-Finanzierungen bereitzustellen, da dies ihre Position in der Kapitalstruktur verbessert. DIP-Roll-ups entstanden während der Großen Rezession, als Schuldner erfolgreich argumentierten, dass es keine andere vernünftige Aussicht auf eine Finanzierung gebe. In jüngerer Zeit sind Roll-ups jedoch zu einem gängigen Merkmal von DIP-Finanzierungen geworden (s. Carlsson-Sweeny, Alarna, DIP Financing: A Rough Road to Recovery, Practical Law (2009)).

J. Haftung der Geschäftsleitung (officers and directors)

I. Allgemein

224   Der Bankruptcy Code sieht vor, dass in einem Chapter 11-Verfahren die bestehende Geschäftsleitung (officers and directors) während der gesamten Reorganisation weiterhin die Kontrolle über den eigenverwaltenden Schuldner behält. Die **Geschäftsleitung** (zB board of directors, managing member or general partner) **bestimmt weiterhin die Strategie des Unternehmens, führt den Betrieb** (vorbehaltlich der normalen Verpflichtungen zur Unternehmensführung nach dem anwendbaren Recht eines Bundesstaates) und ist für die wichtigsten Entscheidungen während des gesamten Falles verantwortlich.

225   Die **Gründung und die „internen Angelegenheiten"** von Kapitalgesellschaften sowie anderen juristischen Personen – relevant sind vor allem Gesellschaften mit beschränkter Haftung und Personengesellschaften mit allgemeiner oder beschränkter Haftung – richtet sich in der Regel **nach dem Recht des jeweiligen Bundesstaats.**

226   Die **Doktrin über interne Angelegenheiten** ist ein **Prinzip des Kollisionsrecht;** nur ein Staat sollte die Befugnis haben, die internen Angelegenheiten einer Gesellschaft zu regeln. Andernfalls würde eine Gesellschaft womöglich mit widersprüchlichen Anforderungen konfrontiert werden. Die Doktrin wurde unter der Prämisse entwickelt, dass die Befugnis zur Regulierung der internen Angelegenheiten einer Gesellschaft nicht bei mehreren Gerichtsbarkeiten liegen sollte. Dies sollte verhindern, dass Gesellschaften widersprüchlichen rechtlichen Standards unterworfen werden. Die Doktrin über interne Angelegenheiten sieht vor, dass interne Angelegenheiten der Unternehmensführung durch das **Recht des Bundesstaates der Gründung** geregelt werden. Nur in dem ungewöhnlichen Fall, dass die Anwendung des Rechts eines anderen Staates aufgrund eines überwiegenden Interesses dieses anderen Staates an der zu entscheidenden Frage erforderlich ist, wird eine **Ausnahme** gemacht (9 Fletcher Cyc. Corp. § 4223.50).

227   Aufgrund dieser Doktrin sind **US-Insolvenzgerichte manchmal damit konfrontiert, das Recht eines (anderen) Bundesstaates** anzuwenden, um die gesetzlichen Rechte und Rechtsmittel der Kapitalgesellschaft und ihrer Geschäftsleitung zu regeln. Stellt zB eine im Bundesstaat Delaware gegründete Gesellschaft einen Antrag nach Chapter 11 im Southern District of New York, muss der Richter in New York möglicherweise das Recht des Bundesstaates Delaware auf verschiedene Fragen anwenden. Da das Insolvenzrecht Bundesrecht ist, könnte es zu Situationen kommen, in denen, statt des Recht des Bundesstaates, auf Insolvenzrecht und -konzepte zurückgegriffen wird, weil das Bundesrecht (wie das Insolvenzrecht) dem bundesstaatlichen Recht gemäß der Verfassung der Vereinigten Staaten vorgeht (9 Fletcher Cyc. Corp. § 4223.50).

228   Darüber hinaus neigen die nationalen Insolvenzgerichte dazu, die Entscheidungen der Geschäftsleitung in einer Art zu analysieren, die sich darauf konzentriert, den **Schuldner als fortbestehendes Unternehmen (wenn möglich) zu erhalten** und den Wert des Vermögens des Schuldners zugunsten der Gläubiger, in Übereinstimmung mit den durch den Bankruptcy Code festgelegten Prioritäten, zu maximieren. Die Entscheidungen bedürfen nur dann der Zustimmung des Insolvenzgerichts, wenn sie außerhalb des gewöhnlichen Geschäftsverlaufs liegen oder dessen Zustimmung ausdrücklich vorausgesetzt wird. Dies ist unter anderem der Fall, wenn ein Schuldner im Wesentlichen alle Vermögenswerte des Unternehmens verkauft oder eine Schuldnerfinanzierung eingeht (11 U.S.C. § 363(b); 11 U.S.C. § 364). Die Entscheidungen der Geschäftsleitung genießen dabei allgemein den **Schutz der „Business Judgement Rule".** Da sie jedoch dem Recht des Bundesstaates unterliegen, in dem das Unternehmen gegründet wurde, ergeben sich hier **Unterschiede und Abweichungen hinsichtlich der Rechte und Pflichten der Geschäftsleitung in den einzelnen Bundesstaaten.** Entsprechend sind die folgenden Erörterungen nur allgemeiner Natur:

II. Treuhänderische Pflichten

229   Die Geschäftsleitung US-amerikanischer Kapitalgesellschaften schuldet allgemein **treuhänderische Pflichten gegenüber der Gesellschaft.** Es wird seit langem kontrovers diskutiert, ob diese

Pflichten gegenüber der Gesellschaft selbst bestehen oder gegenüber den einzelnen Gesellschaftern und ob sich diese **Pflichten „verlagern"** und **gegenüber den Gläubigern** bestehen, wenn sich ein Unternehmen **im „Bereich der Insolvenz"** befindet (Credit Lyonnais Bank Nederland, N.V. v. Pathe Commc'ns Corp., No. CIV. A. 12150, 1991 WL 277613 (Del. Ch. Dec. 30, 1991)). Die neuere Rechtsprechung zu diesem Thema legt nahe, dass sich die Pflichten der leitenden Angestellten und Direktoren nicht ändern. Es ändert sich jedoch die **Partei, die berechtigt ist, einen Anspruch für Verstöße gegen diese Pflichten geltend zu machen (doctrine of standing,** Klagebefugnis), je nachdem, ob das Unternehmen solvent ist oder nicht. Ist eine Gesellschaft solvent, haben nur die Gesellschafter die abgeleitete Klagebefugnis (derivative standing), Ansprüche wegen Verletzung der Treuepflicht im Namen der Gesellschaft geltend zu machen. Wird ein Unternehmen insolvent, steht das Recht, Ansprüche im Namen des Unternehmens geltend zu machen, **Gesellschaftern und Gläubigern** als Eigentümer des Residualwerts zu (North Am. Catholic v. Gheewala, 930 A.2d 92 (Del. 2007)).

Wie bereits erwähnt, werden die internen Angelegenheiten einer Gesellschaft durch das Recht des jeweiligen Bundesstaates geregelt. Daher können die **Pflichten je nach Bundesstaat variieren.** Darüber hinaus können auch gesetzliche Pflichten (statutory obligations) und Pflichten nach common law zu beachten sein. Schließlich erlauben einige Jurisdiktionen, dass die **Gesellschaftsatzung** oder das insoweit maßgebliche Dokument vorsieht, dass die Gesellschaft bestimmte Direktoren für bestimmte **Verstöße gegen die Treuepflicht entschuldigt** (6 Del. Code § 102(b)). Der erfahrene Praktiker wird daher, wenn er mit Fragen der treuhänderischen Pflichten von Geschäftsführern konfrontiert wird, der Gesellschaftssatzung des Unternehmens besondere Aufmerksamkeit schenken und alle (insbesondere bundesstaaten-spezifische) Nuancen der Pflichten bewerten, die eine Person in dieser Position dem Unternehmen gegenüber schuldet. Wird ein Insolvenzverfahren über das Unternehmen eröffnet, ist weiter zu beachten, dass sich die Rolle der Geschäftsleitung verändern kann, aufgrund der **Anwendbarkeit von Konzepten des US-Insolvenzrechts** als Bundesrecht. Im Folgenden soll kurz auf zwei bedeutende treuhänderische Pflichten – die Sorgfalts- und Treuepflicht – eingegangen werden. 230

Erwähnenswert ist, dass für die Geschäftsleitung **keine Pflicht** besteht, **einen Insolvenzantrag zu stellen,** anders als zB nach deutschem Recht (§ 15a InsO). Selbst wenn sich das Unternehmen in finanziellen Schwierigkeiten befindet, ist es den Geschäftsführern möglich, risikoreiche Aktivitäten in der Hoffnung zu verfolgen, das Unternehmen zu sanieren. Dies gilt jedenfalls solange, wie die **Handlungen im Rahmen des normalen geschäftlichen Ermessens** eines Geschäftsführers bzw. seines Amtes liegen (dies setzt jedoch voraus, dass die Geschäftsleitung bezüglich ihrer Handlungen gut informiert und beraten ist). Die Geschäftsleitung sollte dabei sicherstellen, dass risikoreiches Vorgehen gut dokumentiert und begründet ist, um im Falle des Scheiterns in einem darauffolgenden Rechtsstreit die vorgenommenen Handlungen und getroffenen Entscheidungen rechtfertigen zu können. Alternativ kann die Geschäftsleitung gut beraten sein, das **Unternehmen in einem Insolvenzverfahren fortzuführen** und für eine Sanierung notwendige Investitionen oder Transaktionen vom Insolvenzgericht genehmigen zu lassen. Die Genehmigung durch das Insolvenzgericht erlaubt insoweit ein gewisses Maß an Entlastung und Schutz vor Haftungsrisiken. 231

1. Sorgfaltspflichten

Die Geschäftsleitung (board of directors) schuldet dem Unternehmen im Allgemeinen eine treuhänderische Sorgfaltspflicht. Die Geschäftsleitung ist verpflichtet, **im Interesse des Unternehmens, auf der Grundlage angemessener Informationen** (unter den gegebenen Umständen) **und in gutem Glauben** zu handeln bzw. Entscheidungen zu treffen (Brudney, Liability of Corporate Officers and Directors, § 2.02 (4th ed. 1988)). Die Gerichte wenden die Sorgfaltspflicht in Fällen an, in denen es um angebliche Fahrlässigkeit, Missmanagement oder vorsätzliche Entscheidungen bei der Begehung rechtswidriger Handlungen geht. Wird festgestellt, dass ein Mitglied der Geschäftsleitung eine Sorgfaltspflichtverletzung begangen hat, kann es für seine Handlungen haften. Die meisten Unternehmen schließen deswegen **Versicherungen zum Schutz der Geschäftsleitung** ab und selbst wenn ein Unternehmen insolvent wird und seinen Freistellungs- bzw. Entschädigungsverpflichtungen nicht mehr nachkommen kann, deckt der Versicherungsschutz zumindest die Verteidigungskosten der Geschäftsleiter und möglicherweise auch gegen sie ergangene Urteile. 232

Aus diesem Grund ist die Versicherungsgesellschaft, wenn es im Rahmen eines Insolvenzverfahrens zu einem Rechtsstreit gegen einen leitenden Angestellten oder Geschäftsführer kommt, oft sehr stark in die Verteidigung des Falles und die Vergleichsgespräche involviert. Häufig kann der Rechtsstreit nur fortgesetzt werden, wenn das Insolvenzgericht genehmigt, dass die **Versiche-** 233

Internationales Insolvenzrecht – USA

rungssumme, die Eigentum der Masse des Schuldners sein kann, **für die Verteidigung oder Begleichung der Ansprüche** verwendet werden darf (3A Fletcher Cyc. Corp. § 1029).

2. Pflicht zur Loyalität

234 Fälle, in denen es um Betrug, Eigengeschäfte und Interessenkonflikte geht, fallen im Allgemeinen unter die Loyalitätspflicht und nicht unter die Sorgfaltspflicht (3A Fletcher Cyc. Corp. § 1029). Geschäftsleiter schulden **„ungeteilte und uneingeschränkte Loyalität gegenüber der Gesellschaft, der sie dienen"** (Edward Brodsky & M. Patricia Adamsk, The Law of Corporate Officers and Directors § 3.01 (1984)). Der Zweck dieser treuhänderischen Pflicht der Loyalität oder des guten Glaubens ist, jedes Mitglied der Geschäftsleitung daran zu hindern, auf Kosten der Gesellschaft einen Vorteil zu erlangen oder persönliche Belange über die der Gesellschaft zu stellen. Ähnlich wie bei der Sorgfaltspflicht, kann ein geschäftsführendes Mitglied für seine Handlungen haften, wenn festgestellt wird, dass es seine Loyalitätspflicht verletzt und der Gesellschaft Schaden zugefügt hat.

III. Schutz der Business Judgement Rule

235 Die Business Judgement Rule ist eine gerichtlich geschaffene **Vermutung,** dass ein Geschäftsleiter bei einer Geschäftsentscheidung in Kenntnis der Sachlage, in gutem Glauben und in der ehrlichen Überzeugung gehandelt hat, dass die **getroffene Maßnahme im besten Interesse des Unternehmens** ist. Stellt ein Gericht fest, dass die Loyalitäts- und Sorgfaltspflichten erfüllt wurden, werden Geschäftsentscheidungen vor der Insolvenzeröffnung allgemein durch die Business Judgement Rule geschützt und vom Insolvenzgericht genehmigt.

236 Die Business Judgement Rule schränkt im Ergebnis die Verfügbarkeit des persönlichen Vermögens eines Geschäftsführers zur Deckung eines Verlusts aufgrund seines fahrlässigen Verhaltens erheblich ein. Da es sich bei dieser Regel jedoch nur um eine Vermutung handelt, kann sie widerlegt werden und die **Beweislast sich auf den Geschäftsführer verlagern.** Dieser muss dann beweisen, dass der Entscheidungsprozess angemessen war (→ Rn. 236.1).

236.1 „Um den Grundsatz zu widerlegen, … trägt der Kläger die Beweislast dafür, dass die Direktoren bei ihrer angefochtenen Entscheidung gegen eine der Triaden ihrer treuhänderischen Pflichten verstoßen haben – namentlich Treu und Glauben, Loyalität oder gebührende Sorgfalt. Kommt ein Kläger dieser Beweislast nicht nach, greift die Business Judgement Rule, die Geschäftsleitung und die von ihnen getroffenen Entscheidungen zu schützen. Gerichte werden diese Geschäftsentscheidungen nicht hinterfragen. Gelingt die Widerlegung der Regel, verlagert sich die Beweislast auf die beklagten Geschäftsleiter, die die angefochtene Transaktion befürwortet haben; sie müssen dem Gericht die „gesamte Angemessenheit" der Transaktion beweisen." (Cede & Co. v. Technicolor, Inc., 634 A.2d 345, 361 (Del.1993)).

IV. Weitere mögliche Haftungsrisiken

237 Neben potenziellen Ansprüchen aufgrund der Verletzung der Treuepflicht, kann die Geschäftsleitung eines notleidenden Unternehmens mit anderen potenziellen Verbindlichkeiten und Verpflichtungen konfrontiert sein, die in einem Insolvenzverfahren erhebliche Spannungen auslösen können. So gibt es in vielen Bundesstaaten das **Konzept der Haftung einer „responsible person" für nicht gezahlte Löhne oder Steuern.** Zahlt das Unternehmen bestimmte Löhne oder Steuern nicht, können Mitarbeiter der Steuerbehörde Ansprüche auf Zahlung der Löhne und Steuern direkt gegen den Geschäftsführer geltend machen. In vielen kleineren Unternehmen oder solchen, mit beschränkter Mitgliederzahl, haben Geschäftsleiter gegebenenfalls **Garantien für Verbindlichkeiten des Unternehmens** abgegeben und sehen sich als Folge des Insolvenzverfahrens die Unternehmens einem Rechtsstreit mit einem Gläubiger außerhalb des Insolvenzverfahrens ausgesetzt.

238 Die Eröffnung eines Insolvenzverfahrens führt zu einer **automatischen Vollstreckungssperre bzw. Aussetzung von anhängigen Gerichtsverfahren (automatic stay)** und schützt das Unternehmen so vor Rechtsstreitigkeiten. In bestimmten Fällen kann diese Aussetzung auf den Schutz der Geschäftsleitung vor Rechtsstreitigkeiten ausgeweitet werden. Dies ist beispielsweise der Fall, wenn das Unternehmen eine Freistellungs- bzw. Entschädigungsverpflichtung zu ihren Gunsten hat und eine Fortsetzung des Rechtsstreits zu einer Haftung des insolventen Unternehmens führen würde. In manchen Fällen erweitern Insolvenzgerichte die **Aussetzung auch auf Rechtsstreitigkeiten gegen die Geschäftsleitung,** um sicherzustellen, dass diese ihre gesamte Aufmerksamkeit der wichtigen Aufgabe der Reorganisation des Unternehmens widmen können.

Internationales Insolvenzrecht – USA

Diese erfolgt nicht automatisch, sondern **erfordert einen separaten Antrag,** um eine Anordnung zur Erweiterung der Aussetzung zu erhalten.

V. Geltendmachung von Ansprüchen durch Gläubiger

Wie bereits erwähnt, sind Gläubiger vor der Insolvenz nicht befugt, die **Pflichten der** **239** **Geschäftsleitung gegenüber der Gesellschaft** durchzusetzen. Wird das Unternehmen insolvent, haben Gläubiger die Möglichkeit, Ansprüche im Namen des Unternehmens geltend zu machen. Da diese abgeleiteten Ansprüche jedoch Vermögenswerte des Unternehmens sind, bleiben sie in einem Chapter 11-Verfahren **Vermögenswerte der Insolvenzmasse** und können nur vom Schuldner verfolgt werden. Handelt es sich um einen eigenverwalteten Schuldner kommt es häufig zu einem vermeintlichen Interessenkonflikt, wenn ein **Gläubiger oder** häufiger das **Official Committee of Unsecured Creditors** um die Befugnis bittet, **Ansprüche gegen die Geschäftsleitung** im Namen des Schuldners geltend zu machen (diese Art von Ansprüchen werden als **„derivative Ansprüche"** bezeichnet und unterscheiden sich von direkten Ansprüchen, die ein Gläubiger direkt gegen einen Geschäftsleiter haben kann). Viele Gerichte verlangen, dass ein Gläubiger oder eine Gruppe von Gläubigern zuerst den Schuldner auffordert, alle Ansprüche zu verfolgen. Stimmt der Schuldner entweder der Geltendmachung des Anspruchs durch den Gläubiger zu oder verweigert er diesen Antrag ungerechtfertigt und sind überdies die Ansprüche vertretbar und kommen wahrscheinlich der Insolvenzmasse zugute (zB der Zeitaufwand und die Kosten sind aufgrund der Erfolgsaussichten gerechtfertigt), dann wird den Gläubigern **vom Insolvenzgericht das Recht eingeräumt, die Ansprüche oder Klagegründe im Namen des Schuldners zu verfolgen** (Unsecured Creditors Committee of Debtor STN Enterprises, Inc. v. Noyes (In re STN Enterprises), 779 F.2d 901 (2d Cir. 1985)). Obsiegt der Gläubiger, dem die Klagebefugnis zuerkannt wird, wird das Urteil an die Insolvenzmasse ausgezahlt, aus der an alle Gläubiger gemäß der Rangfolge des Bankruptcy Code zu verteilen ist.

K. Beendigung des Insolvenzverfahrens

Sofern sie nicht abgewiesen oder eingestellt werden, enden Insolvenzverfahren in der Regel **240** entweder mit **Liquidation oder Reorganisation.** Während eine Liquidation sowohl unter Chapter 11 als auch unter Chapter 7 möglich ist, ist die Reorganisation eines Unternehmens nur unter Chapter 11 möglich. Sowohl die Liquidation als auch die Reorganisation zielen darauf ab, den Schuldner von seinen Verbindlichkeiten zu befreien. Damit soll das Ziel des Insolvenzsystems erreicht werden, nämlich **dem Schuldner einen „Neuanfang" zu ermöglichen.**

I. Liquidation

Gemäß den gesetzlichen Bestimmungen in Chapter 7-Fällen und den in Chapter 11 eingereich- **241** ten Liquidationsplänen, wird das Vermögen des Schuldners in der Regel gegen Bargeld verkauft und der **Erlös wird gemäß der absolute priority rule an die Gläubiger verteilt** (11 U.S.C. § 726). Vereinfacht ausgedrückt verlangt die absolute priority rule, dass die Gläubiger vollständig befriedigt werden, bevor ein zu ihnen nachrangiger Beteiligter, wie zB ein Anteilseigner, am Vermögen des Schuldners teilhaben kann (In re Experient Corp., 535 B.R. 386, 413 (Bankr. D. Colo. 2015)). Nach der absolute priority rule muss allgemein jede Gruppe von Forderungen vollständig bezahlt werden, bevor die nächste Gruppe Erlöse erhalten kann, wie bei einem Wasserfall. Der Rang der Forderungen ist wie folgt: (1) vorrangige, gesicherte Forderungen, die einem DIP-Kreditgeber gewährt wurden (superpriority secured claims), (2) vor-insolvenzliche, gesicherte Forderungen (pre-bankruptcy secured claims), (3) vorrangige Verwaltungskosten (superpriority administrative costs); darunter zählen in der Regel auch solche, die dem DIP-Kreditgeber gewährt werden, (4) Verwaltungskosten (administrative expenses), (5) Vorrangige, ungesicherte Forderungen (priority unsecured claims; zB Forderungen für bestimmte Löhne, Steuern usw), (6) allgemeine ungesicherte Forderungen (general unsecured claims), (7) Nachrangige Forderungen (subordinated claims) und (8) Kapitalbeteiligungen (equity interests).

Ist nicht genug Geld vorhanden, um eine Gruppe von ähnlich gelagerten Forderungen vollstän- **242** dig zu befriedigen, wird der **verbleibende Erlös anteilig an die betroffene Gruppe verteilt.** Gesicherte Gläubiger haben das Recht, vor allen anderen Gläubigern **aus den Erlösen der Sicherheiten,** die ihre Verbindlichkeiten besichern, befriedigt zu werden (Czyzewski v. Jevic Holding Corp., 137 S. Ct. 973, 979 (2017)).

II. Reorganisation

243 Ein Reorganisationsplan nach Chapter 11 räumt einem Schuldner erhebliche **Flexibilität** ein bei der Frage, **wie und mit welcher Struktur er das Insolvenzverfahren verlässt** und welche Beiträge die Gläubiger leisten. Abhängig von der Art der Reorganisation sind bestimmte Voraussetzungen erforderlich.

244 Handelt es sich um eine **Reorganisation, bei der die bestehenden Anteilsinhaber** nach der Insolvenz **weiterhin beteiligt bleiben,** müssen die unbesicherten Gläubiger nach der **absolute priority rule oder** nach dem „**Neuwertkorrelativ**" („**new value corollary**") befriedigt werden. Bei einer Befriedigung nach dem „Neuwertkorrelativ" kann der Anteilseigner seinen Anteil behalten, auch wenn die unbesicherten Gläubiger nicht vollständig bezahlt werden. Voraussetzung ist, dass der Anteilseigner einen **angemessenen Beitrag zum Neuwert** leistet (s. auch In re SM 104 Ltd., 160 B.R. 202, 225 (Bankr. S.D. Fla. 1993)). Ansonsten dürfen die bestehenden Anteilseigner keine Ausschüttung erhalten oder ihre Anteile behalten, wenn die ungesicherten Gläubiger nicht vollständig bezahlt werden. Ein Reorganisationsplan kann **den Gläubigern** im Gegenzug für ihre Forderungen auch eine **Beteiligung an dem reorganisierten Unternehmen gewähren.** Art und Details des Plans sind im Ergebnis abhängig von den Umständen des Einzelfalls sowie den beteiligten Gläubigern.

III. Befreiung von Verbindlichkeiten

245 Der Bankruptcy Code bezweckt, einem Schuldner die Befreiung von Verbindlichkeiten aus der Zeit vor dem Insolvenzantrag zu gewähren. Die **Voraussetzungen einer Befreiung,** sowie daraus folgenden Auswirkungen, unterscheiden sich je nach Art des Verfahrens.

1. Befreiung von Verbindlichkeiten nach Chapter 7

246 Ein Schuldner nach Chapter 7 muss **alle Verbindlichkeiten** aus der Zeit vor dem Insolvenzantrag im Insolvenzplan aufführen, unabhängig davon, ob sie strittig, bedingt oder nicht in Geld bestehen. Außerdem ist er verpflichtet, alle Gläubiger über den Eintritt der Insolvenz zu informieren.

247 Handelt es sich bei dem Schuldner nach Chapter 7, um eine **natürliche Person,** erhält diese eine Befreiung von ihren Verbindlichkeiten. Ist der Schuldner nach Chapter 7 allerdings ein **Unternehmen,** erhält er keine Befreiung (11 U.S.C. § 727(a)(1)). Ebenfalls keine Befreiung erhalten Einzelpersonen, wenn sie Eigentum der Insolvenzmasse mit der Absicht übertragen, entfernt oder zerstört oder anderweitig beeinflusst haben, einen Gläubiger oder einen Beamten des Gerichts zu behindern oder zu betrügen. Falscheid oder falsche Behauptungen des Schuldners statuieren ebenfalls **Gründe für die Versagung der Befreiung.** Ebenso gilt dies für die Nichteinhaltung von Gerichtsanordnungen durch den Schuldner. Schließlich erhält ein Schuldner keine Befreiung, wenn er innerhalb von acht Jahren vor dem Antragsdatum bereits eine Befreiung nach Chapter 7 oder Chapter 11 erhalten hat.

248 Zusammenfassend lässt sich sagen, dass eine Befreiung die **persönliche Haftung des Schuldners für Verbindlichkeiten aus der Zeit vor der Insolvenzeröffnung** aufhebt. Dies betrifft auch Verbindlichkeiten, die in Form von Gerichtsurteilen entstanden sind (11 U.S.C. § 524(a)(1)). Die Befreiung fungiert auch als Unterlassungsanordnung gegen jede Handlung oder Eintreibung einer Schuld, von der der Schuldner durch das Chapter 7-Verfahren befreit wurde, sei es eine Schuld, für die der Schuldner persönlich haftet, oder eine, die mit Eigentum des Schuldners belastet ist und die nach dem Datum der Antragstellung erworben wurde (11 U.S.C. § 524(a)(2)-(3)).

2. Befreiung von Verbindlichkeiten nach Chapter 11

249 Um eine Befreiung von Verbindlichkeiten nach Chapter 11 zu erhalten, muss der **Chapter 11-Plan gemäß den entsprechenden Anforderungen bestätigt** werden.

250 Der Plan nach Chapter 11 ist eine Vereinbarung zwischen dem Schuldner und all seinen Gläubigern und Anteilsinhabern. Der Plan sieht eine Befreiung von bestimmten Forderungen des Schuldners vor, regelt die **Behandlung aller Verbindlichkeiten und Eigenkapitalforderungen** gegen den Schuldner, legt die **Bedingungen für neue Verbindlichkeiten oder Eigenkapital,** für den Verzicht auf Forderungen gegenüber Dritten sowie weitere, für eine erfolgreiche Reorganisation des Schuldners notwendige, Punkte fest. Die Bedingungen des Plans werden zwischen dem Schuldner, dem Gläubigerausschuss, den gesicherten Kreditgebern und anderen Gläubigern mit

Internationales Insolvenzrecht – USA

wesentlichen Forderungen ausgehandelt. Der Schuldner ist nicht verpflichtet die Zustimmung aller Parteien einzuholen, solange er die Anforderungen des Bankruptcy Codes für die Bestätigung des Plans erfüllen kann.

§ 1141 beschreibt die **Rechtsfolgen der Bestätigung eines Plans nach Chapter 11.** Er beinhaltet eine Befreiung von Verbindlichkeiten, der die Schuldner, Gläubiger und andere Parteien an die Bedingungen des Plans bindet, das gesamte Vermögen des Nachlasses dem Schuldner überträgt und jegliches Vermögen, das im Rahmen des Plans behandelt wird, als frei und unbelastet von allen Ansprüchen und Interessen von Gläubigern, Inhabern von Wertpapieren und anderen gilt, sofern der Schuldner im Plan nichts anderes vorsieht. **251**

§ 1141(a)(1)(D) des Bankruptcy Codes sieht vor, dass der Schuldner, nach der Bestätigung eines Chapter 11-Plans, eine **Befreiung von Verbindlichkeiten erhält, die vor dem Bestätigungsdatum entstanden sind (unabhängig davon, ob sie vor oder nach dem Antrag entstanden sind).** Außerdem sieht er eine Befreiung von allen Verbindlichkeiten vor, die aus der Ablehnung eines zu erfüllenden Vertrags oder Mietvertrags, Steuerforderungen nach dem Antrag und aus anderen bestimmten Übertragungen und Pfandrechten entstanden sind. Die Bestätigung des Plans führt nicht zur Befreiung von Verbindlichkeiten, die nach der Bestätigung des Plans entstehen. **Mitschuldner und Bürgen haften** darüber hinaus **weiterhin für die Verbindlichkeiten, von denen der Schuldner befreit wurde** (es sei denn, sie stellen selbst einen Insolvenzantrag und werden anschließend von ihren Verbindlichkeiten befreit oder im Rahmen des Plans entlastet) (11 U.S.C. § 524(e)). Der Schuldner erhält jedoch keine Befreiung seiner Verbindlichkeiten, wenn es sich bei dem bestätigten Plan um einen Liquidationsplan handelt. Dies rührt daher, dass eine Kapitalgesellschaft keine Entlastung benötigt, wenn der Plan darin besteht, die Geschäftstätigkeit des Unternehmens einzustellen (11 U.S.C. § 1141(d)(3)). **252**

IV. Verzicht auf Forderungen gegen Dritte

Ein wichtiger Aspekt von Chapter 11-Plänen kann der Verzicht auf Forderungen gegen Dritte sein, wonach Nicht-Schuldner, in der Regel Gläubiger und Anteilsinhaber, auf Forderungen gegen andere Nicht-Schuldner, wie zB Geschäftsleiter, Kreditgeber und Eigenkapitalsponsoren, verzichten. Obwohl der Bankruptcy Code dies nicht ausdrücklich zulässt, lassen die Gerichte im Regelfall **Verzichte gegenüber Dritten** zu, **wenn die Gläubiger dem Verzicht zustimmen;** die Gerichte unterscheiden jedoch, wann die Zustimmung erteilt wurde. **253**

§ 524(g) ist die einzige Bestimmung des Bankruptcy Codes, die sich auf **Verzichte gegenüber Dritten im Zusammenhang mit Asbestansprüchen** bezieht. Ansonsten gibt es keine spezifische Bestimmung, die sich mit solchen Verzichten befasst. Durch die **Anwendung von Grundsätzen des Vertragsrechts** haben die Gerichte im Laufe der Zeit Leitlinien entwickelt, nach denen einvernehmliche Verzichte gegenüber Dritten angemessen sind. Dem lag die Erkenntnis zugrunde, dass ein Plan nach Chapter 11 ein Vertrag ist, der diejenigen bindet, die ihn befürworten und sich nicht von einer Vergleichsvereinbarung zwischen Parteien unterscheidet (In re Coram Healthcare Corp., 315 B.R. 321, 336 (Bankr. D. Del. 2004)). Einige Gerichte haben entschieden, dass **ein Gläubiger, der einem Plan zustimmt, auch dem Verzicht gegenüber Dritten zugestimmt hat.** Andere Gerichte stellen strengere Anforderungen und verlangen, dass der Gläubiger „**unzweideutig seine Zustimmung zur Befreiung des Nichtschuldners von der Haftung für seine Verbindlichkeiten bekundet** hat" (In re Arrowmill Development Corp., 211 B.R. 497, 507 (Bankr. D.N.J. 1997) (→ Rn. 254.1). **254**

Im Gegensatz zu einigen Gerichten, die eine verbindliche Stimmabgabe/Zustimmung erfordern, sehen andere Gerichte weniger strenge Anforderungen vor. Danach würde die Stimmenthaltung und die Nichtrückgabe eines Stimmzettels, der die Ablehnung eines Verzichts gegenüber Dritten ermöglicht, eine Zustimmung darstellen, solange die Gläubiger hinreichend darüber informiert waren, dass das Versäumnis, sich gegen den Verzicht zu entscheiden, zu einer impliziten Zustimmung zum Verzicht führen würde (In re Indianapolis Downs, LLC, 486 B.R. 286, 305 (Bankr. D. Del. 2013)). Einige Delaware-Insolvenzgerichte haben dieses Konzept der stillschweigenden Zustimmung auf nicht beeinträchtigte Gläubiger ausgedehnt. Sie gingen davon aus, dass solche Gläubiger den Plan akzeptieren und eine Zustimmung zum Verzicht gegenüber Dritten vermutet, weil sie den vollen Wert ihrer Forderung erhalten (In re Spansion, Inc., 426 B.R. 114, 144 (Bankr. D. Del. 2010)). In beiden Szenarien stimmt ein Gläubiger, der für die Ablehnung eines Plans stimmt, nicht dem Verzicht gegenüber Dritten zu. **254.1**

Während die Gerichte im Allgemeinen einvernehmliche Verzichte gegenüber Dritten zulassen, sind sie in der Frage, ob **nicht-einvernehmliche Verzichte** zulässig sind, geteilter Meinung. Die **Mehrheitsmeinung**, die vom Second, Third, Fourth, Sixth, Seventh, Ninth und Eleventh **255**

Internationales Insolvenzrecht – USA

Circuit vertreten wird, vertritt, dass **nicht-einvernehmliche Verzichte möglich** sind, **soweit sie angemessen** sind. Die Frage der Angemessenheit ist eine Einzelfallanalyse, die von der Art der Umstrukturierung abhängt (In re Airadigm Communications, Inc., 519 F.3d 640, 657 (7th Cir. 2008)).

256   Die **Minderheitsmeinung,** die vom Fifth und Tenth Circuit vertreten wird, ist der Ansicht, dass § 105(a) durch § 524(e) eingeschränkt wird. Dieser besagt, dass die „**Entlastung einer Schuld des Schuldners nicht die Haftung einer anderen Einheit für diese Schuld oder das Eigentum einer anderen Einheit für diese Schuld berührt.**" Da die Insolvenzgerichte § 105(a) nicht anwenden können, um Anordnungen zu erlassen, die anderen Bestimmungen des Bankruptcy Codes widersprechen, hält die Minderheitsansicht **nicht-einvernehmliche Verzichte für nichtig.** Die Mehrheitsmeinung bringt § 524(e) damit in Einklang, dass sie argumentiert, dass er lediglich die Parameter der Entlastung festlegt und keine automatische Befreiung von der Haftung eines Dritten als Folge einer entlasteten Schuld erlaubt. Vielmehr müssen Verzichte vorgesehen werden, die eine solche Haftungsfreistellung ermöglichen. Die Minderheitsmeinung führt weiter aus, dass Haftungsfreistellungen für Dritte im Bankruptcy Code nur in § 524(g) für Asbestansprüche ausdrücklich erwähnt werden.

V. Abschluss des Insolvenzverfahrens

257   Ein Insolvenzverfahren wird abgeschlossen, wenn die **Insolvenzmasse „vollständig verwaltet" wurde und das Gericht den Schuldner oder Treuhänder entlastet hat** (11 U.S.C. § 350(a)). Die Standards für die Feststellung, ob ein Insolvenzverfahren vollständig verwaltet wurde, unterscheiden sich zwischen Verfahren nach Chapter 11 und Chapter 7. Darüber hinaus treten im Einzelfall Fragen auf, die geklärt werden müssen, bevor ein Schuldner den endgültigen Abschluss des Verfahrens beantragen kann.

1. Abschluss eines Chapter 7-Falls

258   Der Begriff „vollständig verwaltet" ist im Bankruptcy Code nicht definiert. Die Rechtsprechung sieht allerdings vor, dass ein Chapter 7-Verfahren vollständig verwaltet ist, wenn (i) der **Treuhänder einen Abschlussbericht und eine Schlussabrechnung eingereicht** hat (Fed. R. Bankr. P. Rule 5009), (2) **keine Einwände** gegen den Abschlussbericht und die Schlussabrechnung eingereicht wurden (In re Ginsberg, 164 B.R. 870, 873 (Bankr. S.D.N.Y. 1994)) und (3) **alle administrativen Ansprüche** befriedigt wurden (In re Kliegl Bros. Universal Elec. State Lighting Co., 238 B.R. 531, 542 (Bankr. E.D.N.Y. 1999)).

259   Der Chapter 7-Treuhänder muss einen Abschlussbericht und eine Schlussabrechnung über die Verwaltung der Insolvenzmasse einreichen, bevor eine abschließende Verfügung erlassen wird. Der Abschlussbericht sollte den Gesamtbetrag (1) der vom Treuhänder getätigten Einnahmen und Ausgaben, (2) anderer vorrangiger und pfandrechtlich gesicherter Forderungen, die vor den allgemeinen ungesicherten Gläubigern bezahlt wurden, und (3) zugelassener allgemeiner ungesicherter Forderungen enthalten. Werden keine Einwände gegen den Abschlussbericht erhoben, wird der Treuhänder entbunden und der Chapter 7-Fall wird geschlossen.

2. Abschluss eines Chapter 11-Falls

260   Um ein Chapter 11-Verfahren abzuschließen, muss ein **bestätigter Chapter 11-Plan im Wesentlichen vollzogen und das Chapter 11-Verfahren vollständig abgewickelt** worden sein, damit das Insolvenzgericht die abschließende Verfügung erlassen kann. Ein Plan ist im Wesentlichen vollzogen, wenn (1) das gesamte oder im Wesentlichen das gesamte Vermögen, das nach dem Plan übertragen werden soll, übertragen wurde, (2) der Schuldner (oder der Nachfolger des Schuldners) gemäß des Plans das Geschäft oder die Verwaltung des gesamten oder im Wesentlichen des gesamten Vermögens, das Gegenstand des Plans ist, übernommen hat, und (3) die Verteilung gemäß des Plans begonnen hat (11 U.S.C. § 1101(2)). Die Frage, ob wesentlicher Vollzug vorliegt, ist eine Tatsachenfrage, die von den Umständen des Falles abhängt (In re Jorgensen, 66 B.R. 104, 106 (B.A.P. 9th Cir. 1986)). Es existiert keine Vorschrift, die verlangt, dass die Zahlungen und Verteilungen unter dem Plan abgeschlossen sein müssen, bevor ein Chapter 11-Verfahren abgeschlossen werden kann (In re Johnson, 402 B.R. 851, 856 (N.D. Ind. 2009)).

261   Der Kommentar zur Federal Rule of Bankruptcy Procedure sieht vor, dass die Gerichte bei der Feststellung, ob ein Verfahren nach Chapter 11 vollständig abgewickelt wurde, die folgenden **Faktoren berücksichtigen** sollten: (1) ob die Verfügung zur Bestätigung des Plans rechtskräftig geworden ist, (2) ob die im Plan geforderten Einlagen verteilt worden sind, (3) ob das im Plan

zur Übertragung vorgesehene Vermögen übertragen worden ist, (4) ob der Schuldner oder der Nachfolger des Schuldners im Rahmen des Plans das Geschäft oder die Verwaltung des im Plan behandelten Vermögens übernommen hat, (5) ob die Zahlungen im Rahmen des Plans begonnen haben und (6) ob alle Anträge, Streitfragen und Widerspruchsverfahren endgültig entschieden worden sind (Fed. R. Bankr.P. Rule 3022, Advisory Committee Note (1991)). Bei den Faktoren handelt es sich um keine Checkliste, die erfüllt sein muss, damit ein Fall abgeschlossen werden kann. Vielmehr dienen die aufgezählten Faktoren als Leitfaden, um festzustellen, ob ein Fall vollständig abgewickelt wurde (In re SLI, Inc., 2005 WL 1668396, (24.6.2005)).

Ähnlich wie nach Chapter 7 müssen die Schuldner zusätzlich zu den Anforderungen bezüglich des wesentlichen Abschlusses und der vollständigen Verwaltung auch einen Abschlussbericht an den US-Treuhänder einreichen. Dieser muss eine Zusammenfassung der Verwaltung der Insolvenzmasse sowie den Status der Ausschüttungen gemäß des Plans enthalten. Schließlich müssen die Schuldner auch für die Zahlung der gesetzlichen US-Treuhändergebühren und Verwaltungskosten sorgen. Da der Schuldner vierteljährliche Gebühren des US-Treuhänders zahlen muss, die während des laufenden Insolvenzverfahrens anfallen, sollte er sobald wie möglich einen endgültigen Beschluss beantragen, um die oben genannten Anforderungen zu erfüllen und sich von der Verpflichtung zur Zahlung dieser Gebühren zu befreien. **262**

Spezialthemen

Spezialthemen

Geschichte

Übersicht

	Rn.		Rn.
A. Einflüsse anderer Rechtskreise	1	I. Verfahrensgang	66
I. Römisches Recht	2	1. Eröffnungsbeschluss	67
1. Personalexekution	3	2. Einstweilige Verwaltung	69
2. Übergang zur Realexekution	7	3. Akkordverfahren	72
II. Italienisches Statuarrecht	18	4. Definitive Verwaltung	73
III. Spanisches Konkursrecht	23	II. Konkursverfahren für Nichtkaufleute	75
IV. Französischer Code de Commerce	27	**D. Reichskonkursordnung**	76
1. Konkursrecht für Kaufleute	28	I. Bemühen um Rechtsvereinheitlichung	78
2. Gläubigerinitiative bei der Verfahrensdurchführung	29	1. Allgemeines Deutsches Handelsgesetzbuch	79
		2. Norddeutscher Bund	80
B. Insolvenzrecht in Deutschland vor 1855	32	II. Entwurf einer Deutschen Gemeinschuldverordnung	83
I. Altes deutsches Vollstreckungsrecht	33	1. Neuerungen gegenüber der preußischen Konkursordnung	85
1. Zwangsvollstreckungsverfahren	34	2. Reaktionen	88
2. Arrestverfahren	38	3. Gesetzesentwurf der Sachverständigenkommission des Bundesrates	89
II. Frühes deutsches Konkursrecht	39	4. Konkurskommission des Reichstags	92
1. Abkehr vom Prioritätsprinzip	40	III. Inkrafttreten der Reichskonkursordnung	93
2. Frühes deutsches Konkursrecht	42		
C. Preußische Konkursordnung	65		

A. Einflüsse anderer Rechtskreise

Vor Inkrafttreten der preußischen Konkursordnung beeinflussten vor allem das **römische** **1** **Recht**, das **italienische Statuarrecht** und das **spanische Konkursrecht** des 17. Jahrhunderts die Rechtsentwicklung in Deutschland. Später wurde die preußische Konkursordnung von 1855 von dem französischen **Code de Commerce** von 1807 geprägt.

I. Römisches Recht

Im römischen Recht gab es schon frühzeitig einen Übergang von der Personal- zur Realexekution, **2** sodass der Schuldner nicht mit seiner Person, sondern seinem Vermögen zur Verantwortung gezogen wurde.

1. Personalexekution

Im frühen römischen Recht galt das **Prinzip der Personalexekution,** bei der Verbindlichkei- **3** ten nicht in das Vermögen des Schuldners vollstreckt, sondern Maßnahmen gegen Ehre, Freiheit, Leib und Leben des Schuldners ergriffen wurden. Die Personalexekution gründet auf dem Gedanken, dass die Nichterfüllung von Verbindlichkeiten ein strafbares Verhalten ist, was der Ahndung bedarf.

Das **Zwölftafelgesetz** von 451 v. Chr. beschreibt die strengste Form der Personalexekution **4** damit, dass mehrere Gläubiger den Schuldner zerteilen, wobei es unschädlich sei, wenn ein Gläubiger ein größeres oder kleineres Stück abschneidet als ihm pro rata zusteht (Seuffert, Zur Geschichte und Dogmatik des Deutschen Konkursrechts, 1888, 2). Es besteht Uneinigkeit, ob diese Regelung des Zwölftafelgesetzes wörtlich oder vielmehr symbolisch zu verstehen ist (Wagner, Konkursrecht, 1980, 21). Die Zerstückelungsstrafe wird als maximale Strafe angesehen, die zur Entziehung der Grabesruhe führt und somit höchstmögliche Abschreckung mit sich bringt (Düll, Das Zwölftafelgesetz, 7. Aufl. 2014, 81). Es gibt indes keine Belege für die tatsächliche Anwendung der Zerstückelungsstrafe.

Die Nichterfüllung einer Verbindlichkeit konnte zum Verlust der Bürgerrechte und Sklaverei **5** führen. Das Zwölftafelgesetz beschreibt ein förmliches Verfahren, das mit einem Antrag des Gläubigers beim Prätor, der actio iudicati, begann. Nach einer Überprüfung des Vollstreckungstitels hatte der Schuldner zunächst Gelegenheit, die Verbindlichkeiten innerhalb einer bestimmten Frist freiwillig zu begleichen. War dies nicht möglich, begannen Sicherungsmaßnahmen. Der Gläubiger hatte das Recht, den Schuldner 60 Tage zu inhaftieren und seine Schuld abarbeiten zu lassen. Das Zwölftafelgesetz sah dabei gewisse Schutzregelungen zugunsten des Schuldners vor, die den genauen Umgang mit dem Schuldner und die Einhaltung von Fristen regelten, zB die Bedingun-

Geschichte

gen der Inhaftierung. Sofern nach Ablauf des Zeitraums der Sicherungsmaßnahmen niemand bereit war, die Verbindlichkeiten des Schuldners zu begleichen, fiel dieser endgültig an den Gläubiger. Dem Gläubiger stand frei, den Schuldner seine Verbindlichkeiten weiter abarbeiten zu lassen oder ihn als Sklave zu verkaufen oder zu töten. Mit der Person des Schuldners ging dessen komplettes Hab und Gut auf den Gläubiger über, einschließlich der zu ihm gehörenden Familienangehörigen.

6   Stand eine Gläubigermehrheit dem Schuldner gegenüber, hatten die Gläubiger Anteilsrechte. Beispielsweise wurde die vom Schuldner erbrachte Arbeitsleistung unter den Gläubigern aufgeteilt. Die Rolle des Staates war darauf beschränkt, das im Zwölftafelgesetz vorgesehene Verfahren durchzuführen und die Strafmaßnahmen anzuordnen. Ansonsten herrschte eine weitreichende Gläubigerautonomie.

2. Übergang zur Realexekution

7   Die Realexekution löste die Personalexekution nicht sogleich vollständig ab, sondern wurde zunächst parallel angewendet. Es entwickelte sich allmählich das Rechtsinstitut **der missio in bona,** das zu einem **Gesamtverkauf des Vermögens** des Schuldners führte. Später trat an die Stelle des Gesamtverkaufs verstärkt der **Einzelverkauf** von Vermögensteilen des Schuldners.

8   **a) Anfänge der Realexekution.** Die Realexekution kam zunächst nur in den Fällen zur Anwendung, in denen der Schuldner nicht in Person greifbar war. Der Gläubiger erhielt anstatt auf die Person auf das Vermögen des Schuldners Zugriff. Die Lex Poetelia von 326 oder 313 v. Chr. schaffte das Tötungsrecht und den Verkauf in die Sklaverei ab. Der Gläubiger konnte den Schuldner aber nach wie vor in die **Schuldhaft** nehmen, um ihn seine Verbindlichkeiten abarbeiten zu lassen. Sobald die Schuld abgearbeitet war oder ein Dritter die offenen Verbindlichkeiten beglich, wurde der Schuldner aus der Schuldhaft des Gläubigers entlassen. Als die Realexekution zunehmend an Bedeutung gewann, wandelte sich die Zielsetzung der Schuldhaft und diente fortan verstärkt dazu, die Flucht des Schuldners oder eine Einwirkung auf sein Vermögen zu verhindern und generell Druck auszuüben, damit der Schuldner das ganze verfügbare Vermögen zur Begleichung seiner Schuld einsetzt.

9   Unter Rutilius Rufus wurde das Vollstreckungsverfahren umfassend reformiert und ab ca. 111 v. Chr. ein Gesamtverkauf des Vermögens des Schuldners durchgeführt. Der Gesamtverkauf galt als vorzugswürdig gegenüber dem Zugriff auf einzelne Vermögensgegenstände, weil er schneller und weniger streitanfällig sein sollte. Mehrere Gläubiger wurden aus dem Erlös gleichmäßig befriedigt.

10 **b) Rechtsinstitut der missio in bona.** Der Gedanke des Gesamtverkaufs des Vermögens wurde durch das Rechtsinstitut der missio in bona weiter entwickelt. Die missio in bona war dem Vorgehen bei der Durchsetzung von Forderungen des Staates nachempfunden, bei dem der Quästor in das Vermögen des Schuldners eingesetzt wurde und eine öffentliche Versteigerung des Gesamtvermögens des Schuldners erfolgte.

11 Für private Gläubiger begann das Verfahren mit einem Antrag an den Prätor. Sofern ein Schuldner zur Zahlung von Schulden gerichtlich verurteilt war, die Schulden eingestand oder sich nicht verteidigte, wies der Prätor den Gläubiger in das Vermögen des Schuldners ein. Der Gläubiger erlangte mit der **Besitzeinweisung** Besitz und Aufsicht über das gesamte Vermögen des Schuldners. In der Praxis zog der Gläubiger oder eine von ihm beauftragte Person in das Haus des Schuldners ein und übernahm die Verwaltung. Die Besitzeinweisung umfasste die Befugnis, das Vermögen des Schuldners zu verwalten und Erträge hieraus zu ziehen. In diesem Rahmen konnte der Gläubiger Verträge abschließen, beispielsweise zur Verpachtung von Grundstücken oder dem Verkauf von Früchten. Maßnahmen, die zu einer Minderung der Vermögenssubstanz führten, waren nicht möglich.

12 Sofern innerhalb von 30 Tagen nach der Besitzeinweisung keine vollständige Befriedigung der Verbindlichkeiten erfolgt war, erhielt der Gläubiger die Erlaubnis, das Vermögen des Schuldners in der Gesamtheit zu verkaufen. Der Verkauf erfolgte durch öffentliche Versteigerung. Dabei wurden verschiedene dingliche Rechte und Privilegien berücksichtigt. Beispielsweise konnten Eigentümer von im Besitz des Schuldners befindlichen Sachen diese vorrangig herausverlangen. Pfandrechte genossen ebenso einen Vorrang wie bestimmte Arten von Forderungen, beispielsweise Forderungen des Fiskus und der Anspruch der Ehefrau auf Rückgabe ihrer Mitgift.

13 Sofern der Verkauf nicht innerhalb von 30 weiteren Tagen erfolgen konnte, wurde ein curator bonorum als Verwalter für das Vermögen des Schuldners eingesetzt. Der Prätor bestellte den Verwalter, der sowohl einer der Gläubiger als auch ein Dritter sein konnte.

Gab es mehrere Gläubiger, konnten sich diese dem Verfahren bis zu dem Zeitpunkt anschließen, 14
in dem das Vermögen des Schuldners verkauft und der Erlös komplett verteilt war. Um dem
Verfahren beizutreten, mussten Gläubiger ihre Forderung anmelden, wohl aber nicht final nachweisen. Gab es Streitigkeiten über das Bestehen einer Forderung, kam es erst später zu einer
Auseinandersetzung zwischen dem betreffenden Gläubiger und dem Erwerber des Vermögens des
Schuldners. Vor dem Verkauf des Schuldnervermögens verständigten sich die Gläubiger typischerweise über die Verkaufsbedingungen und stimmten ab, zu welchen Quoten ihnen der Verkaufserlös
zustehen sollte.

c) Weitere Entwicklung. Die missio in bona führte zunächst zu einem Gesamtverkauf des 15
Schuldnervermögens. Gegen Ende der römischen Republik trat der Einzelverkauf von Vermögen
zunehmend an die Stelle des Gesamtverkaufs (Dabelow, Ausführliche Entwicklung der Lehre vom
Concurse der Gläubiger, 1801, 105). Während Gläubiger zunächst ein Wahlrecht zwischen
Gesamt- und Einzelverkauf hatten, setzte sich der Einzelverkauf allmählich als die typische Vorgehensweise durch, vermutlich weil es leichter war, Erwerber für einzelne Vermögensgegenstände
anstatt des Gesamtvermögens zu finden. Im Unterschied zum Gesamtverkauf kümmerte sich der
curator bonorum um den Einzelverkauf des Vermögens, womit die Bedeutung des Verwalters
wuchs.

Durch die Lex Julia, die Julius Caesar oder Kaiser Augustus zugeschrieben wird, erhielten 16
Schuldner die Möglichkeit zu einer **freiwilligen Vermögensabtretung,** um den negativen Folgen einer missio in bona zu entgehen. Das Verfahren wurde als cessio bonorum bezeichnet und
orientierte sich in vielen Details an der missio in bona. Auch hier erhielt der Gläubiger Besitz
und Dispositionsbefugnis über das Schuldnervermögen, allerdings im Einvernehmen mit dem
Schuldner. Ein wesentlicher Vorteil für den Schuldner lag darin, dass der Schuldner der Schuldhaft
entging. Nach dem Verkauf genoss der Schuldner eine Erholungsphase, in der er keinen weiteren
Vollstreckungsmaßnahmen ausgesetzt werden konnte, bis er wieder ein gewisses Vermögen angesammelt hatte.

Nachfolgend entwickelten sich viele Details der missio in bona und der cessio bonorum weiter. 17
Im Jahr 532 wurden beispielsweise Anmeldefristen für die Gläubigerforderungen bei der missio
in bona eingeführt. In der jeweiligen Provinz ansässige Gläubiger mussten ihre Forderung innerhalb
von zwei Jahren, Auswärtige innerhalb von vier Jahren anmelden. Erst nach Ablauf dieser Zeit
kam es zum Verkauf des Vermögens.

II. Italienisches Statuarrecht

Ab dem 13. Jahrhundert entwickelten sich in den ober- und mittelitalienischen Handelsstädten, 18
basierend auf dem römischen Recht, zahlreiche Stadtrechte mit konkursrechtlichen Inhalten.

Die freiwillige Vermögensabtretung, cessio bonorum, war die typische Art der Verfahrenseinleitung. Die missio in bona entwickelte sich zur Ausnahme für Sonderfälle, beispielsweise wenn der 19
Schuldner flüchtig war. Um zu vermeiden, dass Schuldner durch die freiwillige cessio bonorum
einzelne Gläubiger bevorzugten, führten die Städte zusätzliche Voraussetzungen ein, beispielsweise,
dass die Zahlungsunfähigkeit unverschuldet eingetreten ist. Da viele Stadtrechte das Verfahren
damit abschlossen, dass der Schuldner aus der Stadt verwiesen wurde, verlor die freiwillige Vermögensabtretung aber zunehmend an Attraktivität und kam zunehmend außer Gebrauch.

Immer stärkere Bedeutung gewannen Arrestverfahren, die zum Einsatz kamen, wenn Gläubiger- 20
forderungen gefährdet waren. Konkurs- oder Handelsgerichte waren für die Arrestierung zuständig, wobei die Gerichte eingangs zwingend das Vorliegen eines Arrestgrundes prüften. In diesem
Zuge wurde auch die zugrunde liegende Gläubigerforderung zumindest summarisch vom Gericht
geprüft (Fuchs, Das Concursverfahren, 1863, 17 ff.). Die Gerichte wurden in zunehmendem
Maße in die Ausführung des Personal- oder Vermögensarrests involviert, nachdem diese Aufgaben
ursprünglich in die **Eigeninitiative der Gläubiger** gelegt waren.

Durch öffentliche Bekanntmachungen informierten die Gerichte weitere Gläubiger oder sons- 21
tige Betroffene über das Arrestverfahren, die somit Gelegenheit erhielten, ihre Rechte geltend zu
machen. Ein curator bonorum verwaltete das Schuldnervermögen. Die Aufgaben und Befugnisse
dieses Verwalters unterlagen aber starken örtlichen Besonderheiten. Teilweise nahmen auch die
Konkursgerichte die Aufgaben wahr, die nach anderen Stadtrechten in die Zuständigkeit des
curator bonorums gelegt waren.

Die Erstellung eines Inventars über das Vermögen des Schuldners war ein zentraler Bestandteil 22
zu Beginn des Verfahrens. In dieser Phase wurde unter gerichtlicher Aufsicht auch das Eigentum
Dritter aus der Masse ausgesondert. Vor einer Verwertung des Vermögens hatte der Schuldner
typischerweise mehrere Monate Zeit, seine Schulden doch noch zu begleichen oder eine gütliche

Geschichte

Einigung mit den Gläubigern zu finden. Nach einer Verwertung des Schuldnervermögens partizipierten mehrere Gläubiger anteilig an dem Erlös. Eine begrenzte Art von privilegierten Forderungen genossen eine vorrangige Befriedigung, beispielsweise Forderungen des Staates. Nach Abschluss des Verfahrens traf den Schuldner typischerweise ein Berufsverbot und weitere Strafen, wenn er die Zahlungsunfähigkeit selbst verschuldet hatte.

III. Spanisches Konkursrecht

23 Das gebräuchlichste Rechtsinstitut im spanischen Konkursrecht des 17. Jahrhunderts war die aus dem römischen Recht stammende freiwillige Vermögensabtretung, cessio bonorum. Im Unterschied zum römischen Recht und dem italienischen Statuarrecht entwickelte sich in Spanien ein Verfahren, das von einer starken Kontrolle durch das Gericht geprägt war. Umfangreiche literarische Abhandlungen über das Konkursrecht von Amador Rodriguez und Francisco Salgado de Samoza führten zu einer Verbreitung des spanischen Rechts innerhalb Europas.

24 Die **Formstrenge** des spanischen Konkursrechts drängte die Gläubigerautonomie und Selbsthilfe weitgehend zurück. Die starke Rolle des Gerichts äußerte sich zudem darin, dass das Gericht bis zur abschließenden Befriedigung der Gläubiger alle Streitigkeiten, die sich im Zusammenhang mit dem Verfahren ergaben, entschied.

25 Das Konkursverfahren begann mit einer Abtretungserklärung des Schuldners vor dem Konkursgericht. Der Schuldner übergab damit sein Vermögen in die Kontrolle des Gerichts, das die Verwaltung des Vermögens übernahm. Um das Vermögen und den Umstand der Zahlungsunfähigkeit festzustellen, übergab der Schuldner ein Vermögensverzeichnis an das Gericht. Das Gericht verwendete das Vermögensverzeichnis auch dazu, die Gläubiger des Schuldners zu ermitteln, die es von Amts wegen lud und aufforderte, ihre Ansprüche innerhalb bestimmter Fristen geltend zu machen. Für nicht bekannte Gläubiger verwendete das Gericht öffentliche Ladungen.

26 Das Gericht prüfte einleitend, ob die Voraussetzungen für ein Konkursverfahren vorlagen. Dazu mussten mindestens drei vom Schuldner benannte Gläubiger an dem Verfahren teilnehmen. Wurde das Verfahren eröffnet, entschied das Gericht über den Bestand und den Rang aller angemeldeten Forderungen. Das Verfahren endete mit einem Urteil, das die Grundlage für die Befriedigung der Gläubiger darstellte.

IV. Französischer Code de Commerce

27 Das französische Konkursrecht wurde stark von dem italienischen Statuarrecht beeinflusst, dass sich über die Handelsplätze verbreitete und Vorbild für den Code de Commerce von 1807 wurde. Die freiwillige Vermögensabtretung des römischen Rechts, cessio bonorum, war als cessio de biens bis in das 19. Jahrhundert im französischen Recht bekannt (Hellmann, Lehrbuch des deutschen Konkursrechts, 1907, 105 f.).

1. Konkursrecht für Kaufleute

28 Der Code de Commerce führte erstmalig ein Konkursverfahren speziell für Kaufleute ein. Auf Privatpersonen waren zivilprozessuale Regelungen des Code de Procedure Civile anwendbar, die separate Verfahren für den Umgang mit zahlungsunfähigen Schuldnern vorsahen. Der Code de Commerce unterschied zwischen der Zahlungseinstellung, faillite, und dem strafbaren banqueroute, der ein grobes Verschulden des Schuldners oder betrügerisches Handeln voraussetzte.

2. Gläubigerinitiative bei der Verfahrensdurchführung

29 Das Konkursverfahren konnten auf Antrag des Schuldners, Antrag eines Gläubigers oder von Amts wegen eingeleitet werden. Sobald das nach dem Code de Commerce zuständige Handelsgericht das Verfahren eröffnete, verlor der Schuldner die Dispositions- und Verwaltungsbefugnis über sein Vermögen. Das Gericht hatte in dem Verfahren lediglich eine Aufsichtsfunktion und wurde nur dann aktiver involviert, wenn Streitfragen einer richterlichen Entscheidung bedurften.

30 Es herrschte weitreichende **Gläubigerautonomie,** die beispielsweise dadurch zum Ausdruck kam, dass Gläubiger in einer Versammlung sog. provisorische Syndiken wählten, die das Vermögen des Schuldners zusammenstellten. Die Syndiken waren beispielsweise auch in die Feststellung von Gläubigerforderungen involviert und bestätigten unstreitige Forderungen. Bestrittene Forderungen wurden in einem summarischen Verfahren vor dem Handelsgericht behandelt.

31 Die Gläubiger verhandelten mit dem Schuldner, ob das Konkursverfahren durch einen Vergleich, concordat, abgewendet werden konnte. Kam keine Einigung zustande, besorgten definitive Syndiken den Verkauf des Schuldnervermögens.

… Geschichte

B. Insolvenzrecht in Deutschland vor 1855

Vor Inkrafttreten der preußischen Konkursordnung gab es in den Stadtrechten Ansätze eines frühen Konkursrechts, das sich parallel zum Aufleben des Städtewesens ab Mitte des 12. Jahrhunderts entwickelte. Zuvor gab es ein Vollstreckungsrecht, das keine Partizipation von Gläubigern am Schuldnervermögen kannte. Es herrschte nahezu überall ein strenges **Prioritätsprinzip**, bei dem der Gläubiger, der zunächst gegen den Schuldner vorging, ohne Rücksicht auf andere Gläubiger vorrangig befriedigt wurde. Erst mit der Abkehr von dem Prioritätsprinzip entwickelte sich ein Konkursverfahren. 32

I. Altes deutsches Vollstreckungsrecht

Das alte deutsche Vollstreckungsrecht, wie es in den Rechtsbüchern des Mittelalters Sachsenspiegel und Schwabenspiegel oder frühen Stadtrechten niedergelegt war, zeigte noch wenig Einflüsse anderer Rechtskreise. Es herrschte weitgehend ein Prioritätsprinzip, bei dem der Gläubiger, der zuerst eine Vollstreckung einleitete, vorrangig und ohne Rücksicht auf andere Gläubiger befriedigt wurde. Nur wenn Gläubiger von vornherein gemeinsam gegen den Schuldner vorgingen, wurde dessen Vermögen unter den Gläubigern aufgeteilt. Maßgeblich war dafür eine Einigung der Gläubiger auf die Aufteilung. 33

1. Zwangsvollstreckungsverfahren

Gegen Schuldner, die gerichtlich verurteilt oder geständig waren, fand ein Zwangsvollstreckungsverfahren Anwendung. Es fanden sowohl Maßnahmen der Personal- als auch der Realexekution statt, denn Gläubiger konnten gegen die Person oder das Vermögen des Schuldners vorgehen. Das Vorgehen gegen die Person des Schuldners war lange Zeit die übliche Vorgehensweise, während das Vermögen nur in Ausnahmefällen, zB bei flüchtigen Schuldnern, herangezogen wurde. Das Vorgehen gegen die Person des Schuldners führte zur Schuldknechtschaft, in der der Schuldner seine Schulden abarbeitete. Daneben gab es eine Übergabe zu Hand und Halfter, bei der sich der Schuldner freiwillig dem Gläubiger übergab (Eckhardt, Sachsenspiegel, 1966, III 39). 34

Bei Maßnahmen gegen das Vermögen des Schuldners wurden die einzelnen Vermögensgegenstände an den Gläubiger überwiesen. Damit sich der Schuldner verteidigen und Dritte Rechte geltend machen konnten, bot das Gericht die Vermögensgegenstände auf. Dem Gläubiger stand es frei, wie er mit den Vermögensgegenständen verfuhr. Überstieg der Verkaufserlös die Schulden, wurde der Überschuss an den Schuldner zurückgegeben. Reichte der Verkaufserlös nicht aus, konnte der Schuldner in die Schuldknechtschaft übergeben werden und den verbleibenden Teil der Schulden abarbeiten. 35

Es galt dabei ein strenges Prioritätsprinzip, nach dem der Gläubiger, der zuerst gegen den Schuldner vorging, vor allen anderen Gläubigern befriedigt wurde. Somit kam es nicht zu einer anteiligen Befriedigung von Gläubigern. Sogar, wenn Gläubiger in demselben Gerichtstermin ihre Forderungen geltend machten, war eine anteilige Befriedigung ausgeschlossen. Vielmehr wurde eine Reihenfolge anhand des genauen Zeitpunkts der Maßnahmen ermittelt (Stobbe, Zur Geschichte des älteren deutschen Konkursprozesses, 1888, 4 ff.). 36

Neben den finanziellen Folgen kamen oft weitere strafende Maßnahmen zur Anwendung (Dabelow, Ausführliche Entwicklung der Lehre vom Concurse der Gläubiger, 1801, 493 f.). 37

2. Arrestverfahren

Neben dem Vollstreckungsverfahren für gerichtlich festgestellte oder eingestandene Verbindlichkeiten gab es Arrestverfahren zur Sicherung von Forderungen. Voraussetzung war eine Gefährdung des Anspruchs. Dies galt für flüchtige oder fluchtverdächtige Schuldner oder bestimmte Personengruppen wie Schuldner ohne Grundbesitz, Fremde oder Gäste. Das Arrestverfahren konnte zu einer Sicherstellung des gesamten Vermögens des Schuldners führen und mündete typischerweise in eine Zwangsvollstreckung. Die Sicherstellung wurde gegenstandslos, wenn der Gläubiger das Verfahren nicht weiter betrieb (Seuffert, Zur Geschichte und Dogmatik des Deutschen Konkursrechts, 1888, 55 f.). 38

II. Frühes deutsches Konkursrecht

Die Abkehr vom Prioritätsprinzip führte zur Entwicklung eines Konkursverfahrens. Die Entwicklung begann im 13. Jahrhundert und ging von den Hansestädten aus. 39

Meier

Geschichte

1. Abkehr vom Prioritätsprinzip

40   Die Abkehr vom Prioritätsprinzip erfolgte in kleinen Schritten und verbreitete sich nur langsam. Das Prioritätsprinzip wurde zunächst in Konstellationen aufgegeben, in denen der Schuldner flüchtig oder verstorben war. Meldeten Gläubiger innerhalb bestimmter Zeiträume Forderungen an, erfolgte eine anteilige Befriedigung. Das Vermögen galt als friedlos, sodass es als sachgerecht empfunden wurde, dass Gläubiger keine unterschiedlichen Rechte hieran entfalten konnten.

41   Die Motive für die Aufgabe des Prioritätsprinzips sind nicht eindeutig belegt. Es könnte sich um eine autonome Entwicklung in den Städten handeln, die auf der Erkenntnis gründete, dass eine anteilige Befriedigung einer Mehrheit von Gläubigern sachgerechter war. Auch sind Beschwerden belegt, dass es zu viele Streitigkeiten über die Reihenfolge der Gläubiger gab (Hellmann, Lehrbuch des deutschen Konkursrechts, 1907, 57). Außerdem ist möglich, dass die Abkehr vom Prioritätsprinzip auf den Einfluss des italienischen Statuarrechts zurückgeht. Ausgeschlossen werden kann, dass es sich um einen Einfluss aus dem römischen Recht handelt, da die Entwicklung in den deutschen Städten zeitlich deutlich vor der Rezeption des römischen Rechts einsetzte.

2. Frühes deutsches Konkursrecht

42   Das frühe deutsche Konkursrecht entwickelte sich zunächst in den Städten, die aufgrund des Handels in besonderem Maße auf einen effizienten Umgang mit zahlungsunfähigen Schuldnern angewiesen waren. Das Prinzip einer anteiligen Befriedigung mehrerer Gläubiger entwickelte sich nach der Abkehr von dem Prioritätsprinzip vor der Rezeption des römischen Rechts im 15. Jahrhundert. Im Unterschied zum römischen Recht nahm das Gericht zentrale Aufgaben wahr, wenngleich Elemente der Gläubigerautonomie vorhanden waren. Beispielsweise konnten die Gläubiger häufig das Vermögen des Schuldners selbst oder durch einen von ihnen bestimmten curator verwalten. Über die Aufteilung des Verkaufserlöses wurde indes durch gerichtliches Urteil entschieden.

43   Gegen Ende des 16. Jahrhunderts entwickelte sich das gemeine Konkursrecht, das sich im 17. Jahrhundert in allen Gebieten Deutschlands verbreitete.

44   **a) Anfänge des Konkursrechts in den Städten.** Die Stadtrechte zeigten große individuelle Unterschiede und waren eher fallgruppenbezogene Regelungen anstatt umfassende Kodifikationen. Häufig fassten sie zunächst Bräuche und Gepflogenheiten zusammen und gestatteten eine subsidiäre Geltung anderer Rechtsquellen (Eichhorn, Deutsche Staats- und Rechtsgeschichte, 1844, 302). Vielerorts galt eine weitreichende Gläubigerautonomie.

45   Viele Stadtrechte regelten anfänglich die Fallgruppe des flüchtigen Schuldners. Beispielsweise mussten Gläubiger nach der Nürnberger Reformation von 1564 gegenüber dem Bürgermeister die Flucht des Schuldners anzeigen und ihre Forderungen belegen. Sofern die Flucht und die Gefährdung der Forderung hinreichend belegt waren, erklärte der Bürgermeister den Schuldner für zahlungsunfähig (Hellmann, Lehrbuch des deutschen Konkursrechts, 1907, 61 f.).

46   Für anwesende Schuldner galten typischerweise separate Regelungen. Sowohl Gläubiger als auch der Schuldner selbst konnten die Durchführung des Konkursverfahrens beantragen. Gläubiger konnten sich dem von einem Gläubiger begonnenen Verfahren anschließen oder von Beginn an gemeinsam gegen den Schuldner vorgehen. Durch ein öffentliches Edikt gab das Gericht die Zahlungsunfähigkeit des Schuldners bekannt und forderte alle Gläubiger auf, ihre Forderungen zu einem bestimmten Termin anzumelden (Hellmann, Das Konkursrecht der Reichsstadt Augsburg, 1905, 71 ff.). Bei Streit über den Bestand angemeldeter Forderungen kam es zu einer gerichtlichen Entscheidung.

47   Um das Vermögen des Schuldners zu ermitteln, mussten der Schuldner, Angehörige und Diener unter Eid Auskunft über die Vermögensverhältnisse geben. Städtische Organe wie der Bürgermeister sicherten das Schuldnervermögen durch einen Arrest. Gläubiger waren regelmäßig befugt, einen curator als Verwalter des schuldnerischen Vermögens einzusetzen, der von dem zuständigen städtischen Organ bestätigt wurde. Konnten sich Schuldner und Gläubiger auf keine gütliche Einigung, zB durch ein Moratorium, Erlass oder Stundung verständigen, kam es zu einer Versteigerung des Vermögens des Schuldners. Das Gericht entschied vielerorts über die Verteilung des Verkaufserlöses. Die anteilige Befriedigung der Gläubiger wurde dabei von zahlreichen, örtlich sehr unterschiedlichen privilegierten Forderungen durchbrochen (Hellmann, Lehrbuch des deutschen Konkursrechts, 1907, 68).

48   **b) Frühe Landrechte.** Die Landrechte des 16. und 17. Jahrhunderts regelten das Konkursrecht nur fragmentarisch. Neben einzelnen konkursrechtlichen Regelungen regelten sie vornehmlich die Einzelvollstreckung in das bewegliche und unbewegliche Vermögen.

Geschichte

Im Gegensatz zu den Stadtrechten hielten die Landrechte noch lange an dem Prioritätsprinzip 49 fest. Beispielsweise sah das Bayerische Landrecht im 16. Jahrhundert vor, dass ein Gläubiger, der einen flüchtigen Schuldner zuerst ergriff oder mit einem gerichtlichen Arrest belegte, vor den übrigen Gläubigern befriedigt wurde. Es herrschten indes örtliche Unterschiede. Das württembergische Landrecht von 1555 gab beispielsweise das Prioritätsprinzip ausdrücklich auf und sah eine Gesamtvollstreckung in Form der cessio bonorum vor, der freiwilligen Vermögensabtretung durch den Schuldner (Hellmann, Lehrbuch des deutschen Konkursrechts, 1907, 76 ff.). Im 17. Jahrhundert kam es auch in anderen Landrechten zu einer anteiligen Befriedigung der Gläubiger, wenn ein Fall der cessio bonorum vorlag. Diese war an die Voraussetzung einer unverschuldeten Zahlungsunfähigkeit gekoppelt.

c) Gemeines Konkursrecht. Ab Ende des 16. Jahrhunderts entwickelte sich das gemeine 50 Konkursrecht und verbreitete sich im 17. Jahrhundert in allen Gebieten Deutschlands. Bei dem gemeinen Recht handelt es sich um ein gemeinsames Recht für die Bevölkerung eines Territoriums, in Abgrenzung zu Sonder- und Partikularrechten, die sich nur an räumlich oder ständisch abgrenzbare Bevölkerungsteile richteten.

Umfassende Kodifikationen, die das gemeine Recht zusammenfassen, gab es zunächst nicht. 51 Das gemeine Recht wurde hauptsächlich durch richterliches Gewohnheitsrecht geprägt. Vor allem infolge des 30-jährigen Krieges entwickelten Gerichte umfangreichere Regelungen im Bereich des Konkursrechts, aufbauend auf dem römischen Recht und den anderen vorhandenen Regelungen aus den Stadt- und Landrechten (Puchta, Über den Concursprozeß, 1827, 38). Besonderen Einfluss auf die Entwicklung hatte zudem die Literatur des 17. Jahrhunderts, allen voran das Lehrbuch von Salgado de Samoza. Prägende Merkmale des sich entwickelnden gemeinen Konkursrechts waren eine umfangreiche gerichtliche Kontrolle und ein Streben nach **Universalität,** einer allumfassenden und abschließenden Regelung der Zahlungsunfähigkeit unter Einbeziehung sämtlicher Beteiligter. Dies führte zu einer langen Verfahrensdauer.

Im 18. Jahrhundert fand das gemeine Recht Eingang in die Partikularrechte, insbesondere die 52 preußische Allgemeine Gerichtsordnung von 1793/95.

aa) Entwicklung des Begriffs „Concurs". Im gemeinen Recht entwickelte sich der Begriff 53 des „Concurs der Gläubiger", kurz „Concurs". Die Terminologie lehnte sich an dem Zusammenkommen der Gläubiger, concursus creditorum, an. Regional, vor allem in Süddeutschland, wurde daneben der Begriff der „Gant" und des „Gantverfahrens" verwendet, der dem Wort „gan", gemein, entspringt. Der öffentliche Verkauf wurde als „verganten" bezeichnet (Dabelow, Ausführliche Entwicklung der Lehre von Concurse der Gläubiger, 1801, 770).

bb) Vierteilung des Verfahrens. Das Konkursverfahren begann durch einen Antrag des 54 Schuldners oder eines oder mehrerer Gläubiger, konnte aber auch von Amts wegen eingeleitet werden. Eine Verfahrenseinleitung durch den Schuldner kam dabei am häufigsten vor (Endemann, Das deutsche Zivilprozessrecht, 1868, 1104). Dies lag vermutlich daran, dass der Schuldner, entsprechend der cessio bonorum, Vorteile genoss, wenn er sein Vermögen freiwillig abtrat. Einer der Vorteile bestand, anders als im römischen Recht, darin, dass der Schuldner nur das zum Zeitpunkt des Verfahrensbeginns vorhandene Vermögen abtrat und während des Konkursverfahrens neu erworbenes Vermögen nicht erfasst wurde.

Das Konkursverfahren war in zwei Verfahrensabschnitte eingeteilt, das präparatorische Verfahren 55 und das Hauptverfahren, was wiederum aus drei Abschnitten, Liquidationsverfahren, Prioritätsverfahren und Distributionsverfahren, bestand. Jeder Abschnitt musste durch einen Richterspruch beendet werden, bevor der nächste Verfahrensabschnitt beginnen konnte.

(1) Präparatorisches Verfahren. Im präparatorischen Verfahren prüfte das Gericht, ob die 56 Voraussetzungen für ein Konkursverfahren vorlagen. Dazu ermittelte das Gericht von Amts wegen, ob der Schuldner überschuldet war und mehrere Gläubiger um das Vermögen konkurrierten. Das Gericht konnte Maßnahmen zur Sicherung des Vermögens anordnen.

Sofern die Voraussetzungen vorlagen und die Beteiligten keine gütliche Einigung erreichten, 57 eröffnete das Gericht das Konkursverfahren. Der Schuldner verlor seine Dispositionsbefugnis über sein Vermögen. Die Gläubiger erhielten gemeinschaftlich die Verfügungs- und Verwertungsbefugnis. Alle etwaig laufenden Rechtsstreitigkeiten gegen den Schuldner wurden zusammengelegt und eine Einzelvollstreckung gegen den Schuldner war nicht mehr möglich.

Der Schuldner konnte den Eröffnungsbeschluss mit einer Berufung angreifen. Das Hauptverfah- 58 ren begann erst mit Rechtskraft des Eröffnungsbeschlusses.

(2) Liquidationsverfahren. Das Hauptverfahren begann mit dem Liquidationsverfahren und 59 dieses mit einer Bekanntmachung der Konkurseröffnung. Mit einer **Ediktalladung** forderte das Gericht die Gläubiger auf, ihre Forderungen an einem bestimmten Termin anzumelden. Gläubigern, die nicht zu dem Termin erschienen, drohte die Präklusion. Zugleich wurden Schuldner

Geschichte

aufgefordert, ihre Verbindlichkeiten gegenüber dem Schuldner bei Gericht zu begleichen. Sofern nicht bereits geschehen, versiegelte das Gericht spätestens jetzt das Vermögen des Schuldners.

60   Es folgte der in der Ediktalladung angekündigte erste Liquidationstermin, in dem die Gläubiger erschienen und ihre Forderungen anmeldeten. Ein vom Gericht bestellter contradictor, teilweise auch curator litis genannt, unterstützte das Gericht bei der Prüfung der angemeldeten Forderungen. In weiteren Liquidationsterminen führten Gläubiger Beweis über den Bestand ihrer Forderung. Der contradictor akzeptierte die begründeten Forderungen und bestritt die unbegründeten. Über die bestrittenen Forderungen kam es zu einem Liquidationsprozess zwischen dem Gläubiger als Kläger und dem contradictor als Beklagten. Der Verfahrensabschnitt des Liquidationsverfahrens konnte erst beendet werden, wenn sämtliche dieser Rechtsstreitigkeiten, einschließlich der entsprechenden Rechtsmittelinstanzen, abgeschlossen waren.

61   Zur Verwaltung des Vermögens des Schuldners setzte das Gericht einen curator ein. Er vertrat die Interessen der Gläubiger, stand aber unter Kontrolle des Gerichts, das die wichtigsten Maßnahmen genehmigen musste.

62   **(3) Prioritätsverfahren.** Im Prioritätsverfahren legte das Gericht die Rangfolge aller akzeptierten Forderungen fest. Die Gläubiger erschienen zu einem gemeinsamen Termin, in dem sie ihre Lokationsanträge stellten und damit eine bestimmte Klasse für ihre Forderung beanspruchten. Es gab grundsätzlich fünf Klassen von Forderungen, absolut privilegierte Forderungen (wie Abgaben und manchmal die Kosten von curator und contradictor), privilegierte Pfandforderungen, einfache Pfandforderungen, Forderungen privilegierter Konkursgläubiger und nicht privilegierte Forderungen. Eine Klasse wurde erst nach vollständiger Befriedigung der vorhergehenden Klasse befriedigt. Innerhalb der fünften Rangklasse kam es zu einer anteiligen Befriedigung.

63   Das Gericht prüfte die Lokationsanträge und stellte die Reihenfolge in einem vorläufigen Kollokationsentwurf zusammen. Bei Streit über den Kollokationsentwurf kam es zu einem separaten Rechtsstreit, der mit einem Prioritätsurteil endete. Erst nach rechtskräftigem Abschluss aller Streitigkeiten begann das Distributionsverfahren.

64   **(4) Distributionsverfahren.** Nach Entscheidung aller Streitfragen und Verwertung der Masse erließ das Gericht Distributionsbescheide, um den Verkaufserlös unter den Gläubigern aufzuteilen. In einem Distributionstermin konnten Gläubiger Beschwerden gegen die Zuteilung erheben. Das Verfahren kam zum Abschluss, wenn das Gericht den Verkaufserlös vollständig verteilt hatte.

C. Preußische Konkursordnung

65   Die preußische Konkursordnung von 1855 gehört zu den frühen modernen Kodifikationen, die die Rechtsentwicklung maßgeblich beeinflussten. Sie brachte, motiviert durch die gewandelten Bedürfnisse des Wirtschaftslebens, einen neuen Impuls für das Konkursrecht, indem sie als erstes bedeutendes Partikularrecht das gemeine Konkursrecht aufgab. Sie zielte auf ein einfaches und klares Verfahren ab, das die Schwerfälligkeit des gemeinen Konkursrechts ablegte. Um eine möglichst schnelle Befriedigung der Gläubiger zu erreichen, betonte die Preußische Konkursordnung die Gläubigerautonomie. Das Gericht wurde nur für die Lösung einzelner Streitpunkte involviert. Maßgeblichen Einfluss auf die preußische Konkursordnung übte der **Code de Commerce** aus.

I. Verfahrensgang

66   Die preußische Konkursordnung beseitigte die starren Verfahrensschritte des gemeinen Rechts, wodurch sich das Verfahren insgesamt einfacher und flexibler gestaltete. Prägende Elemente des Verfahrens waren ein Eröffnungsbeschluss, die Anordnung der einstweiligen Verwaltung, das Akkordverfahren und die definitive Verwaltung.

1. Eröffnungsbeschluss

67   Das Konkursverfahren konnte von dem Schuldner, einem Gläubiger oder von Amts wegen eingeleitet werden. Das Gericht prüfte das Vorliegen der Verfahrensvoraussetzungen summarisch. Voraussetzung für die Eröffnung des Verfahrens gegen einen Kaufmann war die Zahlungseinstellung (§ 113 prKO). Bei Nichtkaufleuten war die Vermögensunzulänglichkeit Eröffnungsvoraussetzung (§ 322 prKO). Fehlte eine die Kosten deckende Vermögensmasse, konnte das Gericht die Eröffnung des Verfahrens ablehnen (§§ 306, 339 ff. prKO) oder bei Kaufleuten ein abgekürztes Verfahren durchführen (§§ 297 ff. prKO).

68   Das Gericht gab den Eröffnungsbeschluss öffentlich bekannt. Mit der Eröffnung des Verfahrens verlor der Schuldner die Dispositionsbefugnis über sein Vermögen (§ 4 prKO). Das Gericht konnte sichernde Maßnahmen ergreifen (§ 137 prKO). Im Vergleich zu dem gemeinen Recht konnte

Geschichte

die Entscheidung über die Verfahrenseröffnung schneller erfolgen, weil es keine Rechtsstreitigkeiten über das Vorliegen der Verfahrensvoraussetzungen gab.

2. Einstweilige Verwaltung

Das Gericht bestellte unmittelbar nach der Verfahrenseröffnung einen Kommissar, der das Verfahren leitete, überwachte und wesentliche Verwaltungsmaßnahmen entschied (§ 127 prKO). Es handelte sich um einen gerichtlichen Bearbeiter des Verfahrens, der nicht mit einem Einzelrichter vergleichbar ist. 69

Das Gericht setzte zudem von Amts wegen einen einstweiligen Verwalter als Vertreter der Gläubiger ein (§ 128 prKO). Der einstweilige Verwalter hatte die Aufgabe, die geltend gemachten Ansprüche festzustellen, ein Inventar bzw. eine Bilanz über die Masse zu stellen und die dazu erforderlichen Rechtsstreitigkeiten zu führen. 70

Das Gericht erließ innerhalb von 14 Tagen nach Eröffnung des Verfahrens eine öffentliche Aufforderung an die Gläubiger, ihre Forderungen innerhalb einer festgelegten Frist anzumelden. Dazu beraumte das Gericht einen allgemeinen Prüfungstermin an (§ 164 prKO), in dem die Gläubiger vor dem Kommissar über ihre Forderungen verhandelten. Über streitige Forderungen entschied nicht automatisch das Gericht, das mit dem Konkursverfahren befasst war, sondern das nach den allgemeinen Regelungen für den Streit zuständige Gericht (§ 228 prKO). Die Streitigkeiten über bestrittene Forderungen hielten den Gang des Konkursverfahrens nicht auf. Zur Befriedigung von noch streitigen Forderungen verwahrte das Gericht eine Spezialmasse, die nachträglich, nach der Entscheidung der Rechtsstreitigkeiten verteilt werden konnte. 71

3. Akkordverfahren

Vor Einleitung der definitiven Verwaltung hatten die Beteiligten über einen gerichtlichen Vergleich zu verhandeln, dem sog. Akkord (§ 197 prKO). Die Gläubiger verhandelten in einem separaten Gerichtstermin über den Akkord (§ 183 prKO). Kam ein Vergleich zustande, hob dieser das Konkursverfahren auf. 72

4. Definitive Verwaltung

Sofern kein Akkord zustande kam, folgte die definitive Verwaltung. Diese Phase wurde weitgehend von dem Verwalter geführt, der auf Vorschlag der Gläubiger vom Gericht ernannt wurde (§ 213 prKO). Der Verwalter übernahm die Geschäfte vom einstweiligen Verwalter und liquidierte die Konkursmasse. Der definitive Verwalter entwarf einen Teilungsplan (§ 241 prKO), der sämtliche Forderungen auflistete und die auf die Forderungen entfallenden Erlöse. Der Verwalter zahlte Abschlagszahlungen aus, sobald ein gewisses Maß an Erlösen vorlag (§ 239 prKO). So folgten mehrere Abschlagszahlungen aufeinander, bis es zur Schlussverteilung kam (§ 276 prKO). 73

Die Forderungen wurden in neun Rangklassen unterteilt (§§ 72 ff. prKO). Wenngleich es eine höhere Anzahl von Rangklassen als im gemeinen Recht gab, so reduzierte die preußische Konkursordnung gleichwohl die über die Jahrhunderte immer stärker angewachsenen Vorrechte und Privilegien. Vor allem hatte der Schuldner weniger Möglichkeiten, die Forderungen einzelner Gläubiger zu privilegieren (Goltdammer, Kommentar und vollständige Materialien zur Konkursordnung vom 8. Mai 1855, 1858, 13). Die neun Rangklassen bestanden aus rückständigen Staatsschulden (§ 73 prKO), Gemeindesteuern (§ 74 prKO), Begräbniskosten (§ 75 prKO), Kosten für Krankheiten des Schuldners nach Konkurseröffnung (§ 76 prKO), Lohnforderungen des Dienstpersonals des Schuldners (§ 77 prKO), bestimmte fiskalische Forderungen (§ 78 prKO), Ansprüche der Kommunen (§ 79 prKO), Forderungen von Familienmitgliedern des Schuldners (§ 80 prKO) und die Forderungen der gewöhnlichen Gläubiger (§ 82 prKO). 74

II. Konkursverfahren für Nichtkaufleute

Anders als im französischen Recht stand das Konkursverfahren nicht nur Kaufleuten offen. Nichtkaufleute konnten vor den Zivilgerichten ein Konkursverfahren nach §§ 319 ff. prKO durchführen. Das Verfahren folgte den Regeln des Konkurses für Kaufleute, allerdings gab es Vereinfachungen, um die regelmäßig kleinere Vermögensmasse zu berücksichtigen. Beispielsweise genügte anstelle einer Vermögensbilanz ein vom einstweiligen Verwalter aufgestelltes Inventar über das Vermögen des Schuldners. 75

Geschichte

D. Reichskonkursordnung

76 Das Konkursrecht war Mitte des 19. Jahrhunderts so stark zersplittert wie kaum ein anderes Rechtsgebiet. Neben den moderneren Partikulargesetzen galt in manchen Landesteilen immer noch das gemeine Recht, teilweise auch parallel zu Partikularrechten, die sich von dem gemeinen Recht abgewendet hatten. Teilweise folgten aber auch Partikulargesetze noch dem gemeinen Recht.

77 Die Bedürfnisse des Industriezeitalters, stärkere überregionale Wirtschaftsbeziehungen und Beschwerden über einen Anstieg der Zahl der Konkursverfahren waren Impulse für die Rechtsvereinheitlichung. Da die reichsweite Konkursstatistik erst im Jahr 1895 eingeführt wurde, lassen sich indes keine konkreten Angaben über die Entwicklung der Fallzahlen machen.

I. Bemühen um Rechtsvereinheitlichung

78 Die Bemühungen um eine Vereinheitlichung des Konkursrechts wurden besonders von Preußen stark vorangetrieben, teilweise bereits zeitlich parallel zu den Arbeiten an der preußischen Konkursordnung.

1. Allgemeines Deutsches Handelsgesetzbuch

79 Die Bemühungen um eine Rechtsvereinheitlichung begannen zunächst im Zusammenhang mit den Arbeiten an einem Allgemeinen Deutschen Handelsgesetzbuch. Das preußische Justizministerium arbeitete ab 1850 an dem Entwurf, der 1856 fertig gestellt wurde und in seinem fünften Buch Regelungen zum Konkursrecht für Kaufleute enthielt, die der preußischen Konkursordnung entnommen waren. Es entstand indes Widerstand, konkursrechtliche Regelungen in das Allgemeine Deutsche Handelsgesetzbuch aufzunehmen. Ein Hauptaspekt war die noch nicht abgeschlossene Arbeit an dem Zivilprozessrecht. Im revidierten Entwurf des Allgemeinen Deutschen Handelsgesetzbuchs aus 1860 gab es daher nur einige Grundprinzipien zum Konkursrecht, die anwendbar waren, ohne dass es vorher einer Anpassung anderer Rechtsgebiete bedurfte. Auch gegen diesen Ansatz gab es Widerstand, der die Verabschiedung des Allgemeinen Deutschen Handelsgesetzbuchs zu verzögern drohte. Es fiel 1861 die Entscheidung, konkursrechtliche Regelungen komplett aus dem Allgemeinen Deutschen Handelsgesetzbuch zu entfernen.

2. Norddeutscher Bund

80 Nach Gründung des Norddeutschen Bundes 1866 bemühten sich die Staaten um Rechtseinheit innerhalb des Bundesgebiets. Das Konkursrecht solle nach der Zivilprozessordnung vereinheitlicht werden. Ein bereits zuvor vom preußischen Justizministerium vorbereitetes Rechtshilfegesetz zur Anerkennung von zwischenstaatlichen Konkursen schaffte ab 1869 eine Verbesserung im Umgang mit Konkursverfahren, deren Auswirkungen sich über mehrere Staaten erstreckten.

81 Die Vorbereitungen für ein einheitliches Konkursrecht begannen mit einem Gutachten des preußischen Justizministers Leonhardt Anfang 1870, das er auf Bitten des Bundeskanzleramts des Norddeutschen Bundes erstellte. Das Gutachten behandelte die Frage, ob das prozessuale Konkursrecht allein oder gemeinsam mit dem materiellen Konkursrecht behandelt werden solle. Leonhardt sprach sich deutlich dafür aus, das prozessuale und materielle Konkursrecht zusammen zu regeln und den Arbeiten insgesamt die preußische Konkursordnung zugrunde zu legen. Die preußische Konkursordnung war zwischenzeitlich, im Jahr 1869, novelliert worden, um einige Kinderkrankheiten auszubessern.

82 Im April 1870 beauftragte das Bundeskanzleramt das preußische Justizministerium, einen Gesetzesentwurf zu erstellen. Die Beauftragung des preußischen Justizministeriums war nahezu alternativlos, da es vergleichbar ausgestattete Justizministerien in den anderen Staaten nicht gab. Die Entscheidung, das preußische Justizministerium mit dem Entwurf des einheitlichen Konkursrechts zu beauftragen, erging mithin ohne Einbeziehung der Süddeutschen Staaten, die erst wieder seit 1871 dem Deutschen Reich angehörten.

II. Entwurf einer Deutschen Gemeinschuldverordnung

83 Das preußische Justizministerium arbeitete von 1870 bis 1873 an dem Gesetzesentwurf zum einheitlichen Konkursrecht, der letztlich den Titel Deutsche Gemeinschuldverordnung trug. Der Name lehnte sich an den Begriff des Gemeinschuldners an und verstand sich als bewusster Versuch, angesichts der örtlich unterschiedlichen Terminologie eine neue Rechtssprache zu entwickeln.

Geschichte

Dem preußischen Justizministerium gelang dabei eine Balance, bewährte Teile der preußischen Konkursordnung zu übernehmen und sich in anderen Bereichen von ihr zu lösen, in denen Verbesserungsbedarf bestand. Insgesamt löste sich der Entwurf der Deutschen Gemeinschuldordnung endgültig von Prinzipien des gemeinen Rechts wie der Universalität des Verfahrens und der Herrschaft des Gerichts. Ein gerichtlich eingesetzter Verwalter, dessen Tätigkeit von einem **Gläubigerausschuss** überwacht wurde, nahm die zentrale Aufgabe der Verwaltung und Verwertung der Masse wahr.

Die Reaktionen auf den Entwurf der Deutschen Gemeinschuldordnung waren durchweg positiv. Gleichwohl überarbeitete die vom Bundesrat eingesetzte **Sachverständigenkommission** den Entwurf nochmal grundlegend.   84

1. Neuerungen gegenüber der preußischen Konkursordnung

Im Vergleich zu der preußischen Konkursordnung sah der Entwurf der Deutschen Gemeinschuldordnung ein weiter vereinfachtes und beschleunigtes Verfahren vor. Dies zeigte sich vor allem in kürzeren Anmeldefristen und einer schnelleren Verwertung und Verteilung der Masse durch den Verwalter. Es entfiel die Unterteilung in provisorische und definitive Verwaltung, die sich in der Praxis als schwerfällig erwiesen hatte. Ein Verwalter und der Gläubigerausschuss waren für die Verwaltung zuständig, wobei der Gläubigerausschuss die Tätigkeit des Verwalters überwachte. Die Kasuistik der preußischen Konkursordnung wurde durch allgemeine Rechtsgrundsätze ersetzt, vor allem im Bereich der Anfechtungsregelungen.   85

Der Entwurf der Deutschen Gemeinschuldordnung gab die Unterscheidung in ein Konkursverfahren für Kaufleute und Nichtkaufleute auf. Ein wesentlicher Grund hierfür waren die geringen praktischen Unterschiede, die keine aufwendige Abgrenzung der Verfahren rechtfertigte, da generell Kaufläute weniger Sonderregelungen erfuhren als zuvor.   86

Nach dem Entwurf der Deutschen Gemeinschuldordnung waren die Amtsgerichte für die Konkursverfahren zuständig. Die bereits in der preußischen Konkursordnung begrenzte gerichtliche Kontrolle erfuhr eine weitere Reduzierung auf rein organisatorische und ordnende Aufgaben. Das Gericht hatte beispielsweise keine Aufgaben im Zusammenhang mit der Verwaltung und Verwertung der Masse, sondern ernannte lediglich den Verwalter.   87

2. Reaktionen

Die Resonanz auf den Entwurf der Deutschen Gemeinschuldordnung war durchweg positiv. Die Konzeption des preußischen Justizministeriums fand weite Zustimmung, sodass sich Kritik vornehmlich auf Detailfragen begrenzte. Häufiger Kritikpunkt war indes die Terminologie der Gemeinschuldordnung, die als unpassend empfunden wurde.   88

3. Gesetzesentwurf der Sachverständigenkommission des Bundesrates

Eine vom Bundesrat eingesetzte Sachverständigenkommission beriet 1874 den Entwurf der Deutschen Gemeinschuldordnung und entwickelte einen neuen Gesetzesentwurf, der zwar die Leitlinien des Entwurfs beibehielt, aber zu deutlichen weiteren Kürzungen führte. Die Sachverständigenkommission setzte sich aus elf Mitgliedern zusammen, acht Juristen und drei Vertretern des Handelsstandes, wobei insgesamt vier Mitglieder aus Preußen stammten. Die Arbeit der Sachverständigenkommission hatte einen großen Einfluss auf das Gesetzgebungsverfahren und führte zu den umfangreichsten Änderungen.   89

Die Sachverständigenkommission entschied sich deutlich für eine Umbenennung des Gesetzes in Konkursordnung, weil die Terminologie Gemeinschuldordnung als zu ungebräuchlich angesehen wurde. Die weitere Kürzung und Straffung des Entwurfs führte ua dazu, dass Anfechtungsrechte nur noch von dem Verwalter ausgeübt werden konnten, nicht durch Gläubiger. Die Zuständigkeit des Amtsgerichts für Konkursverfahren blieb bestehen. Gerichtliche Entscheidungen innerhalb des Konkursverfahrens konnten fortan ohne mündliche Verhandlung ergehen, weil das Konkursverfahren nicht den typischen Charakter eines streitigen Verfahrens hat. Insgesamt hatte das Gericht, wie bereits im Entwurf der Gemeinschuldordnung vorgesehen, eine zurückgenommene, organisatorische Rolle. Beispielsweise wurde der Gedanke verworfen, dass der Gläubigerausschuss vor dem Gericht beraten und Beschlüsse fassen könne.   90

Die Sachverständigenkommission zeigte am 31.7.1874 gegenüber dem Reichskanzler das Ende ihrer Arbeiten an und überreichte den erarbeiteten Gesetzesentwurf einer Konkursordnung nebst Einführungsgesetz. Der Bundesrat beschloss vor allem in seiner vierten Sitzung am 16.1.1875 noch mehrere Änderungen. Er führte ua weitere Kategorien privilegierter Forderungen ein.   91

Geschichte

4. Konkurskommission des Reichstags

92 Am 21.1.1875 begannen die Beratungen im Reichstag, der eine eigene Konkurskommission bestehend aus 14 Mitgliedern einsetzte. Nach Abschluss der Arbeiten der Konkurskommission beriet der Reichstag die Gesetzesentwürfe im 1876 Plenum. Insgesamt gab es durch Reichstag und Konkurskommission nur wenige inhaltliche Änderungen, ohne Auswirkungen auf die Prinzipien des Gesetzesentwurfs. Der geringe Umfang von Änderungen wird gemeinhin der Qualität des Gesetzesentwurfs zugeschrieben.

III. Inkrafttreten der Reichskonkursordnung

93 Die Gesetzgebungsarbeiten fanden im Jahr 1876 ihren Abschluss. Am 10.2.1877 wurde die Reichskonkursordnung ausfertigt und am 5.3.1877 im Reichsgesetzblatt veröffentlich. Am 1.10.1879 trat die Reichskonkursordnung gemeinsam mit der Zivilprozessordnung, der Strafprozessordnung, dem Gerichtsverfassungsgesetz sowie einigen Nebengesetzen als eines der **Reichsjustizgesetze** in Kraft. Im Unterschied zu den übrigen Reichsjustizgesetzen enthielt die Reichskonkursordnung als einzige materiellrechtliche Regelungen.

94 Ausgelöst durch die Ausarbeitung des Bürgerlichen Gesetzbuches kam es 1898 zu einer Novelle. Sie passte vornehmlich einzelne Bereiche des materiellen Konkursrechts an das Bürgerliche Gesetzbuch an und führte zudem eine geringe Zahl von weiteren Änderungen ein. Beispielsweise wurde ein Nachlasskonkurs in den §§ 214 ff. KO eingeführt.

Bau- und Architektenrecht in der Insolvenz

Übersicht

	Rn.
A. Vorbemerkung	1
I. Begrifflichkeiten des Baurechts	1
1. Bauinsolvenzrecht	1
2. Bauvertrag/VOB-Vertrag/Bauträgervertrag	3
3. Insolvenzschuldner	6
4. Insolvenzgläubiger	8
5. Auftraggeber/Auftragnehmer	12
6. Architekt/Ingenieur/Fachplaner	14
7. Krise	16
II. Insolvenzrechtliche Grundlagen	19
1. Formelle/Materielle Insolvenz	19
2. Zahlungsunfähigkeit (§ 17 InsO)	21
3. Überschuldung (§ 19 InsO)	24
4. Insolvenzverfahren/Insolvenzverwalter	26
5. Eigenverwaltung/Sachwalter/Schutzschirm	34a
6. Restrukturierung (StaRUG)	34b
III. Schnittstellen zwischen Baurecht und Insolvenzrecht	35
1. Bei Abschluss des Bauvertrages	36
2. Bei Eintritt der materiellen Insolvenz	41
3. Bei einem Antrag auf Verfahrenseröffnung (Eröffnungsverfahren)	46
4. Bei Insolvenzverfahrenseröffnung	49
5. Nach Beendigung des Insolvenzverfahrens	50
B. Krise und Eröffnungsverfahren	56
I. Kündigungsrecht des Auftraggebers	56
1. Überblick	56
2. AGB-rechtliche Wirksamkeit von § 8 Abs. 2 Nr. 1 VOB/B	60
3. Vereinbarkeit mit § 119 InsO	63
4. Nachschieben von Kündigungsgründen	70
5. Adressat der Kündigung	74
6. BGB-Werkvertrag und BGB-Bauvertrag	75
7. Anfechtbarkeit der Kündigungserklärung?	78
8. Weiteres Vorgehen nach einer Kündigung	80
II. Kündigung/Vertragsbeendigung durch den Auftragnehmer bzw. Nachunternehmer	106
1. Möglichkeiten zur Kündigung/Aufhebung des Vertrages	106
2. Alternative: Leistungsverweigerungsrecht	109
III. Gefahrenlage einer späteren Insolvenzanfechtung	113
1. Gründe für die Insolvenzanfechtung	113
2. Grundlagen zur Insolvenzanfechtung (Überblick) und Bezüge zum Baurecht	118
3. Anfechtung von Abschlagszahlungen	126
4. Anfechtung von Direktzahlungen	127
5. Anfechtung von vorfälligen Zahlungen	144
6. Anfechtung bei Zahlungen unter Druck	145
7. Anfechtung bei Stellung von Sicherheiten	146
8. Anfechtung von Zahlungen des Auftraggebers	172
9. Anfechtung von Zahlungen mit Zustimmung des vorläufigen Insolvenzverwalters	181
10. Anfechtung von Vergleichen	182
11. Anfechtung bei Werthaltigmachen einer Forderung	212
12. Anfechtung von Vereinbarung einer Mängelbeseitigung auf Kosten der späteren Masse	221
13. Anfechtung von Verjährungsverzichtserklärungen	222
14. Exkurs: Bausteuerrecht	223a
IV. Mängelrechte des Auftraggebers und Gegenforderungen des Schuldners	224
1. Die Wirkung der Insolvenz auf den (Bau-)Vertrag	224
2. Die einzelnen Mängelrechte des Auftraggebers	228
3. Aufrechnung mit und gegen (Rest-)Vergütungsforderungen	230
C. Eröffnung des Insolvenzverfahrens	265
I. Die Wirkungen der Verfahrenseröffnung (Überblick)	265
1. Materiell-rechtliche Folgen	265
2. Prozessuale Folgen	267
3. Auskunfts- und Mitwirkungspflichten	271
4. Berufsrechtliche Folgen	273
5. Gesellschaftsrechtliche Folgen	274
II. Das Schicksal des Bauvertrages	276
1. Allgemeines	276
2. Anwendbarkeit der §§ 103 ff. InsO	278
3. „Vertragsspaltung" und Folgen für Abtretung, Aufrechnung und Zurückbehaltungsrechte	283
4. Erfüllungswahl und Aufforderung zur Wahlrechtsausübung	287
III. Insolvenz des Bauunternehmers	294
1. Überblick	294
2. Erfüllungswahl des Insolvenzverwalters	295
3. Erfüllungsablehnung durch den Insolvenzverwalter	323
IV. Insolvenz des Generalunternehmers (GU)/Generalplaners	341
1. Allgemeines	341
2. Doppeltes Wahlrecht	343
3. Mängelrechte gegen den Nachunternehmer	346
4. Direktzahlungen des Auftraggebers gem. § 16 Abs. 6 VOB/B an den Nachunternehmer	350
V. Insolvenz des Bauträgers	351
1. Rechtslage ab Antragstellung bis Verfahrenseröffnung	351
2. Kaufvertraglicher Leistungsteil des Bauträgervertrages	352
3. Insolvenzschutz des Erwerbers über § 106 InsO	354
4. Wahlrecht des Insolvenzverwalters	356
5. Grundpfandrechte bei Bankenbeteiligung	376
6. Verteidigung des Insolvenzverwalters gegen den Anspruch auf Eigentumsübertragung	379
7. Erschließungs- und Anliegerbeiträge	382
VI. Insolvenz von Architekten und Ingenieuren	385
1. Berufsrechtliche Folgen	385

Bau- und Architektenrecht in der Insolvenz

	Rn.		Rn.
2. Fortführung oder Verwertung der „Praxis"	391	4. Exkurs: Korrektur der Forderungsanmeldung	559
3. Direktansprüche gegen den Haftpflichtversicherer (§ 115 VVG)	398	II. Bindung an Schiedsgerichtsvereinbarungen	560
4. Abgesonderte Befriedigung aus dem Freistellungsanspruch (§ 110 VVG)	403	III. Prozessunterbrechung	562
VII. Insolvenz des Auftraggeber	409	1. Verfahrenseröffnung oder „starke" vorläufige Verwaltung	562
1. Erfüllungswahl des Insolvenzverwalters	409	2. Rechtsfolgen	568
2. Erfüllungsablehnung des Insolvenzverwalters	416	IV. Beendigung der Unterbrechung und Aufnahme unterbrochener Verfahren	570
3. Sicherungshypothek des Bauunternehmers (§ 650e BGB)	421	1. Beendigung des Insolvenzverfahrens	570
4. Sicherheitsverlangen nach § 650f BGB	430	2. Aufnahme des unterbrochenen Verfahrens	572
5. Sicherungsabtretung, Sicherungsübereignung	435	3. Klage und Widerklage	587
6. Sicherheitsleistung	439	4. Klage und (isolierte) Drittwiderklage	591
7. Baustoffe und Bauteile	445	5. Selbstständiges Beweisverfahren	593
8. Ansprüche aus dem Bauforderungssicherungsgesetz (BauFoSiG)	448	V. Prozesskosten (Insolvenzforderungen oder Masseverbindlichkeiten?)	594
VIII. Die Rechte des Baustofflieferanten	459	1. Vor Verfahrenseröffnung entstanden	594
1. Typisierung des Vertrages	459	2. Nach Verfahrenseröffnung entstanden	596
2. Eigentumsverhältnisse an Baustoffen	461	E. Restabwicklungsvereinbarungen mit dem (vorläufigen) Insolvenzverwalter in baurechtlichen Sachverhalten	598
3. Eingebaute Baustoffe	468	I. Interessen der Beteiligten an einer Restabwicklungsvereinbarung	598
4. Angelieferte Baustoffe ohne Eigentumsvorbehalt	470	II. Risiken ohne Restabwicklungsvereinbarung	601
5. Der Baustofflieferant in der Insolvenz des Bauunternehmers	472	1. Risiken für den (vorläufigen) Insolvenzverwalter	602
6. Ansprüche des Baustofflieferanten als Nachunternehmer in der Insolvenz des Generalunternehmers/Bauträgers gegen Dritte?	477	2. Risiken für den Auftraggeber	605
7. Der Produzent in der Insolvenz des Baustofflieferanten	481	III. Bausteine einer Restabwicklungsvereinbarung	608
8. Vertragsrechtliche Besonderheiten	488	1. Abgrenzungsstichtag	608
IX. Insolvenz in der Bau-ARGE	490	2. Leistungsstandsfeststellung	610
1. Allgemeines	490	3. Abschlagszahlungen und Zahlungsverkehr	612
2. ARGE-Mustervertrag	493	4. Aufrechnungsvereinbarung	613
3. Die Insolvenz eines ARGE-Partners	500	5. Sicherheiten	617
4. Rechtsbeziehungen nach dem Ausscheiden eines ARGE-Partners	537	6. Vertragstermine	618
5. Sicherheiten durch Bürgschaften	540	7. Mängelhaftung	619
D. Prozessuale Fragen	548	IV. Absicherung der Restabwicklungsvereinbarung über die Verfahrenseröffnung hinaus	622
I. Forderungsanmeldung (Anmelden und Durchsetzen von Forderungen)	548	1. Ausgangsüberlegung	622
1. Aufforderung zur Forderungsanmeldung	548	2. Einzelermächtigung	626
2. Anmeldung der Forderungen	550	3. Treuhandmodell	630
3. Erhebung einer Feststellungsklage	558a	V. Beispiel einer Restabwicklungsvereinbarung	633

A. Vorbemerkung

I. Begrifflichkeiten des Baurechts

1. Bauinsolvenzrecht

1   Das (Bau-)Insolvenzrecht ist kein speziell kodifiziertes Rechtsgebiet. Das (Bau-)Insolvenzrecht befasst sich schwerpunktmäßig mit der rechtlichen Abwicklung eines Bauvertrages im Insolvenzverfahren über das Vermögen eines Baubeteiligten (Auftragnehmer bzw. Auftraggeber). Dies ist auch sinnvoll, weil das Insolvenzrecht ein allgemeines Verfahrensrecht darstellt, das auf die Zwecke und Bedürfnisse der Baubeteiligten nicht besonders abgestimmt ist und daher den baurechtlichen Besonderheiten zwangsläufig nicht immer gerecht wird. Konkret geht es im Schwerpunkt um die Frage, wie ein Bauvorhaben trotz Insolvenz eines Baubeteiligten sinnvoll fortgeführt bzw. abgewickelt werden kann und wie sich zugleich Forderungsausfälle der Gläubiger vermeiden oder reduzieren lassen.

Bau- und Architektenrecht in der Insolvenz

Das „Bauinsolvenzrecht" befasst sich mithin mit der Abwicklung von Bauvorhaben in der Insolvenz mit dem Ziel, Forderungsausfälle in der Insolvenz des Vertragspartners möglichst zu vermeiden. **2**

2. Bauvertrag/VOB-Vertrag/Bauträgervertrag

Seit der Reform des Bauvertragsrechts mit dem Inkrafttreten des „Gesetzes zur Reform des Bauvertragsrechts, zur Änderung der kaufrechtlichen Mängelhaftung, zur Stärkung des zivilprozessualen Rechtsschutzes und zum maschinellen Siegel im Grundbuch- und Schiffsregisterverfahren" v. 28.4.2017 (BGBl. I 969) am 1.1.2018 ist der „Bauvertrag" erstmals ein im Gesetz definierter eigenständiger Vertragstyp. Zuvor wurde der Begriff nur in der VOB (Vertragsordnung für Bauleistungen) verwendet. Im praktischen Regelfall gehört die VOB/B häufig zu den Vertragsgrundlagen eines Bauvertrages; öffentliche Auftraggeber sind zur Ausschreibung mit der VOB/B verpflichtet (§ 8 Abs. 3 VOB/A); im reinen Privatrechtsverkehr wird die VOB/B oft freiwillig zur Vertragsgrundlage gemacht, weil sie ua mit ihren differenzierten Vergütungsregelungen die Bedürfnisse der Beteiligten bei einem Bauvorhaben besser abdeckt, als die gesetzlichen Regelungen des Werkvertragsrechts in den §§ 631 ff. BGB. Ob die Regelungen der VOB/B zur Vergütungsanpassung bei geänderten Bauleistungen allerdings noch mit dem neuen gesetzlichen Leitbild (§ 650b BGB) in Übereinkunft zu bringen sind, ist fraglich (Kapellmann NZBau 2017, 635). **3**

Vom Bauvertrag abzugrenzen ist der **Bauträgervertrag**. Auch dieser Vertragstyp ist erstmals seit dem 1.1.2018 gesetzlich in § 650u BGB legal definiert (hierzu Kraczewski NZBau 2018, 328). Danach ist ein Bauträgervertrag ein Vertrag, der die Errichtung oder den Umbau eines Hauses oder eines vergleichbaren Bauwerks zum Gegenstand hat und der zugleich die Verpflichtung des Unternehmers enthält, dem Besteller das Eigentum an dem Grundstück zu übertragen oder ein Erbbaurecht zu bestellen oder zu übertragen. Der Bauträgervertrag ist damit weiterhin ein einheitlicher Vertrag eigener Art, der sowohl kaufvertragliche als auch werkvertragliche Elemente enthält. Der Bauunternehmer baut auf fremdem Grundstück, der Bauträger auf eigenem Grundstück, das er nach Baufertigstellung an den Erwerber (Käufer) überträgt. **4**

Völlig unstreitig stellt der Bauvertrag (und auch der Bauträgervertrag) einen „gegenseitigen Vertrag" iSv § 103 Abs. 1 InsO dar, was bedeutet, dass einem Insolvenzverwalter bei einem zur Zeit der Eröffnung des Insolvenzverfahrens noch nicht (vollständig) erfüllten Bauvertrag (bzw. Bauträgervertrag) ein Wahlrecht nach § 103 InsO zusteht (→ § 103 Rn. 31). Er kann wählen, ob der Vertrag abgewickelt werden soll oder nicht. **5**

3. Insolvenzschuldner

Insolvenzschuldner (unter Geltung der KO: Gemeinschuldner) ist jeweils das Rechtssubjekt, über dessen Vermögen das Insolvenzverfahren eröffnet wird. Nach § 11 Abs. 1 InsO kann ein Insolvenzverfahren über das Vermögen jeder natürlichen und jeder juristischen Person eröffnet werden. Der nicht rechtsfähige Verein steht insoweit einer juristischen Person gleich. Nach § 11 Abs. 2 InsO kann ein Insolvenzverfahren ferner eröffnet werden über das Vermögen einer OHG, KG, Partnerschaftsgesellschaft, GbR, Patenreederei oder europäischen wirtschaftlichen Interessenvereinigung (→ § 11 Rn. 3). Für juristische Personen des öffentlichen Rechts gelten Sonderregeln (§ 12 InsO). Diese sind in der Regel nicht insolvenzfähig. **6**

Im baurechtlichen Bereich kann der Insolvenzschuldner sowohl als Auftragnehmer/Unternehmer als auch als Auftraggeber/Besteller auftreten, was nicht zuletzt bei der Insolvenz eines Generalunternehmers deutlich wird. **7**

4. Insolvenzgläubiger

Insolvenzgläubiger ist nach **§ 38 InsO** jeder persönliche Gläubiger, der einen **zur Zeit der Eröffnung des Insolvenzverfahrens** begründeten Vermögensanspruch gegen den Schuldner hat. Persönliche Gläubiger sind dabei solche, dem der Schuldner mit seinem gesamten Vermögen und nicht nur mit einem bestimmten Vermögensgegenstand (dingliche Gläubiger) haftet. Nach herrschender Meinung ist auch der Baugläubiger, zu dessen Befriedigung das Baugeld iSv § 1 BauFoSiG (Gesetz zur Sicherung von Bauforderungen) dient, einfacher Insolvenzgläubiger (vgl. OLG Hamm ZIP 2007, 240). **8**

Vermögensansprüche sind Ansprüche, die auf Zahlung einer Geldsumme gerichtet sind oder die gem. § 45 InsO in einen Geldanspruch umgerechnet werden können (→ § 38 Rn. 8). Die Werklohnforderung des Auftragnehmers zB ist das beste Beispiel für einen Vermögensanspruch. Aber auch der **Anspruch des Auftraggebers auf Herstellung des Bauwerks** lässt sich in Geld **9**

umrechnen und stellt daher einen Vermögensanspruch dar, gleiches gilt für den mangelbedingten **Anspruch auf Nacherfüllung, Kostenerstattung etc.** Anders sieht dies demgegenüber bei höchstpersönlichen, familien- und erbrechtlichen oder Unterlassungsansprüchen aus. Auch **Gestaltungsrechte** wie die Kündigung, der Rücktritt, die Minderung oder die Anfechtung stellen keine Insolvenzforderungen dar („Anspruch auf Minderung"). Gestaltungsrechte können lediglich ausgeübt werden und bewirken eine unmittelbare Änderung der bestehenden Rechtslage. Besteht allerdings beispielsweise ein Rückzahlungsanspruch nach erklärter Minderung, so wäre ein derartiger Rückzahlungsanspruch selbstverständlich Insolvenzforderung iSv § 38 InsO (→ § 38 Rn. 15).

10   Insolvenzrechtlich ist in diesem Zusammenhang noch zu beachten, dass auch **vertretbare Handlungen Insolvenzforderungen** sein können, nicht vertretbare Handlungen dagegen nicht (→ § 38 Rn. 13). Da Handwerker- und Bauleistungen jedoch Leistungen darstellen, deren Vornahme auch durch einen Dritten erfolgen kann (vertretbare Handlungen), muss auf die Unterscheidung hier nicht weiter eingegangen werden (Uhlenbruck/Sinz, 15. Aufl. 2019, InsO § 38 Rn. 19).

11   Weil die Insolvenzforderung „zur Zeit der Eröffnung des Insolvenzverfahrens" begründet sein muss (Wortlaut des § 38 InsO), stellt sich häufig die Frage, wie **Mängelansprüche** zu qualifizieren sind, wenn der Mangel (zB Risse im Außenputz) erst nach Verfahrenseröffnung zu Tage tritt, die Bauleistung jedoch vor Verfahrenseröffnung erbracht wurde. Nach der Rechtsprechung des BGH genügt es, dass der „Schuldrechtsorganismus", der die Grundlage des Anspruchs bildet, bereits vor Verfahrenseröffnung entstanden ist (vgl. BGH ZInsO 2005, 537). Für die Abgrenzung, ob eine Insolvenzforderung oder Masseschuld oder sogar Neuverbindlichkeit vorliegt, ist mithin weder das Entstehen des Anspruchs noch dessen Fälligkeit maßgeblich. Es reicht, dass der **anspruchsbegründende Tatbestand** (Herstellung des mangelhaften Werks) bereits vor Verfahrenseröffnung erfüllt worden ist (vgl. für Schadensersatzansprüche MüKoInsO/Ehricke/Behme InsO § 38 Rn. 32). Mängelansprüche wegen einer nicht fachgerechten Leistung vor Verfahrenseröffnung des Bauunternehmers stellen daher Insolvenzforderungen dar, unabhängig davon, wann der Mangel/ das Symptom zu Tage tritt (Uhlenbruck/Sinz, 19. Aufl. 2015, InsO § 38 Rn. 26).

5. Auftraggeber/Auftragnehmer

12   Die Kennzeichnung der einzelnen Baubeteiligten erlaubt die Verwendung unterschiedlicher Begriffe. Das private Baurecht kennt diesbezüglich keine einheitliche Begriffsdefinition. Folgende Formulierungen sind gebräuchlich: Auftraggeber, Bauherr, Besteller; Auftragnehmer, Unternehmern; Nachunternehmer, Subunternehmer etc. Inhaltlich bestehen bei den verschiedenen Begriffen keine Unterschiede.

13   Der **Generalunternehmer** (GU) nimmt in Betrachtung der vertraglichen Leistungskette ebenso wie der **Generalübernehmer** (GÜ) eine Doppelstellung ein. Beide sind sowohl Auftragnehmer des Bauherrn und Auftraggeber gegenüber den Nachunternehmern. Der Unterschied zwischen Generalunternehmer und Generalübernehmer liegt darin, dass der Generalunternehmer zum Teil auch eigene Bauleistungen erbringt, sich ansonsten Nachunternehmern bedient. Der Generalübernehmer vergibt demgegenüber alle Planungs- und Bauleistungen weiter an Nachunternehmer (man spricht auch von einem **Totalübernehmer,** vgl. zu den einzelnen Unternehmereinsatzformen Werner/Pastor, Der Bauprozess, 17. Aufl. 2020, Rn. 1314a ff. mwN; Eschenbruch/ Leicht, Handbuch des Fachanwalts Bau- und Architektenrecht, 4. Aufl. 2013, Kap. 6).

6. Architekt/Ingenieur/Fachplaner

14   Architekten und Ingenieure sind naturgemäß jedenfalls alle eingetragenen Architekten und Ingenieure, die nach berufsrechtlichen Gesichtspunkten diese Bezeichnung tragen dürfen. Der persönliche Anwendungsbereich in § 1 HOAI ist für die Begriffsdefinition nicht entscheidend, denn auch im Sinne des Preisrechts sind auch alle anderen Personen, die einen Abschluss in Bauingenieurwesen und/oder Architektur haben, Architekten und Ingenieure im Sinne der HOAI (Steeger/Fahrenbruch, Praxiskommentar HOAI, 2. Aufl. 2016, § 1 Rn. 20). Diese können auch in Form einer juristischen Person (zB GmbH oder AG) oder Gesellschaft bürgerlichen Rechts (GbR) zusammengeschlossen sein. Auch alle anderen Rechtsformen, wie etwa eine Limited oder eine SE (europäische AG) können als Architekten- und Ingenieurgesellschaft vom Anwendungsbereich der HOAI erfasst sein.

15   Der BGH betrachtet die Anwendbarkeit der HOAI bekanntlich nicht personen-, sondern leistungsbezogen (BGH BauR 1997, 677). Architekten, Ingenieure und Fachplaner sind daher alle natürlichen oder juristischen Personen, die Architekten- (§§ 33 ff. HOAI), Ingenieur- (§§ 41 ff.

HOAI) oder Flachplanungsleistungen (Tragwerk, Technische Ausrüstung, §§ 49 ff. HOAI) erbringen.

7. Krise

Im insolvenzrechtlichen Kontext wird häufig der Begriff „Krise" verwendet. Auch dieser Begriff ist gesetzlich nicht definiert. Im Rahmen der Insolvenzanfechtungsvorschriften kennzeichnet der Begriff beispielsweise den Zeitraum von drei Monaten vor Insolvenzantragstellung bis zur Insolvenzverfahrenseröffnung (Becker, Insolvenzrecht, 3. Aufl. 2010, Rn. 589).

Die „Krise" kann aber auch als bevorstehende, sich aufbauende Insolvenz umschrieben werden. Sie definiert jedoch keinen bestimmten Grad der Insolvenzgefahr. Betriebswirtschaftlich muss ohnehin zwischen verschiedenen Arten einer „Krise" unterschieden werden (s. zum Ganzen BeckHdB GmbH/Rieser § 17 Rn. 1 ff.). So gibt es beispielsweise „Strategiekrisen", „Umsatzkrisen", „Erfolgskrisen" und schließlich die „Insolvenzkrise" (s. auch Nerlich/Kreplin/Gras, Insolvenz und Sanierung, 3. Aufl. 2019, § 2 Rn. 4).

Bei dieser Betrachtung wird zB der Grad der Krise nach und nach verschärft, meist beginnt eine Insolvenzkrise schon mit einer sog. „**Stakeholder-Krise**", also dem Problem, dass schon die Geschäftsführung eines Unternehmens Fehlentscheidungen trifft oder Chancen und Risiken der Marktlage für das Unternehmen nicht frühzeitig erkennt oder nutzt. Auf diese Weise verschärft sich die Krise dann leicht in eine **Strategiekrise**. Dem Unternehmen fehlen die „Ideen", die Betriebsausstattung veraltet, geeignete Mitarbeiter/Fachkräfte fehlen oder wandern ab etc. Auf diese Weise schafft es das Unternehmen dann irgendwann nicht mehr, seine Leistungen, sein Produkt erfolgreich zu vermarkten. Es kommt zur **Absatzkrise**. Meist beschränken sich die Sanierungsbemühungen dann darauf, die Kosten zu reduzieren, was allein das Problem aber nicht löst. Es besteht im Gegenteil die Gefahr, dass sich die Absatzkrise noch verstärkt/festigt, wenn am falschen Ende gespart wird. Es kommt dann geradezu unausweichlich zu einer **Erfolgskrise**, wenn das Unternehmen keine schwarzen Zahlen mehr schreibt. Die Zuführung von frischem Kapital hilft meist nur kurzweilig, löst das Problem allerdings ebenfalls nicht. Wenn dann alle finanziellen Reserven verbraucht sind, entsteht eine handfeste **Liquiditätskrise**. Dies ist das Stadium, in dem das Unternehmen unvorhergesehene Verbindlichkeiten nicht mehr ohne Weiteres bedienen kann. Von hier ist der Schritt zur **Insolvenzreife** nicht mehr weit. Insolvenzreif ist das Unternehmen, sobald die fälligen Verbindlichkeiten (also auch alle regulären Verpflichtungen) nicht mehr bedient werden können (Zahlungsunfähigkeit) oder das buchmäßige Vermögen die Verbindlichkeiten nicht mehr deckt (Überschuldung).

II. Insolvenzrechtliche Grundlagen

1. Formelle/Materielle Insolvenz

Materielle Insolvenz des Schuldners liegt vor, wenn er zahlungsunfähig (§ 17 InsO, → § 17 Rn. 16) oder überschuldet (§ 19 InsO, → § 19 Rn. 4) ist. Materielle Insolvenz kann auch vorliegen, wenn der Schuldner nur einen einzigen Gläubiger hat, was praktisch jedoch einen Ausnahmefall darstellt. Bauunternehmer beispielsweise haben eine Vielzahl von Gläubigern (Arbeitnehmer, Nachunternehmer, Warenlieferanten, Banken etc). Dem Bild vom Zusammenströmen all dieser Gläubiger ist die frühere Bezeichnung der Insolvenz als „Konkurs" geschuldet (lat. concursus = zusammenlaufen, zusammenströmen).

Formelle Insolvenz kennzeichnet demgegenüber die Eröffnung des Insolvenzverfahrens durch das Insolvenzgericht. Sie setzt einen Eröffnungsgrund (nämlich materielle Insolvenz) voraus.

2. Zahlungsunfähigkeit (§ 17 InsO)

Wegen eingetretener Zahlungsunfähigkeit werden wohl die meisten Insolvenzverfahren eröffnet. Das Merkmal der Zahlungsunfähigkeit ist damit nicht nur der klassische Insolvenzeröffnungsgrund, sondern häufig auch entscheidende Voraussetzung dafür, ob eine in der Krise vorgenommene Rechtshandlung des Schuldners nach Insolvenzverfahrenseröffnung angefochten werden kann oder nicht. So sind beispielsweise selbst sog. kongruente Deckungen u.a. dann anfechtbar, wenn sie in den letzten drei Monaten vor Antragstellung vorgenommen worden sind, der Schuldner zu dieser Zeit schon zahlungsunfähig war und der Gläubiger dies wusste (§ 130 Abs. 1 Nr. 1 InsO). Inkongruente Deckungen sind, wenn sie innerhalb von drei Monaten vor Antragstellung vorgenommen wurden, ohne Weiteres anfechtbar, wenn der Schuldner schon zahlungsunfähig war (§ 131 Abs. 1 Nr. 2 InsO) (→ § 131 Rn. 27).

Bau- und Architektenrecht in der Insolvenz

22 Nach § 17 Abs. 2 S. 1 InsO ist der Schuldner zahlungsunfähig, wenn er nicht in der Lage ist, die **fälligen Zahlungspflichten** zu erfüllen. Zahlungsunfähigkeit ist in der Regel anzunehmen, wenn der Schuldner seine Zahlungen eingestellt hat (§ 17 Abs. 2 S. 2 InsO). Für die Feststellung der Zahlungsunfähigkeit kommt es vereinfacht gesagt nur darauf an, ob der Schuldner mit den ihm zur Verfügung stehenden Mitteln (Bargeld, Kontoguthaben, kurzfristig liquidierbares Vermögen) seine aktuell bestehenden und fälligen Verbindlichkeiten bedienen kann; gestundete Verbindlichkeiten oÄ bleiben also unberücksichtigt; **streitige Verbindlichkeiten** dürfen nicht per se unberücksichtigt bleiben, im Einzelfall kommt es auf die Wahrscheinlichkeit der drohenden Inanspruchnahme an (→ § 17 Rn. 6; Leithaus/Wachholtz ZIP 2019, 649 mwN).

23 Nach dem genannten Muster ist die Feststellung der Zahlungsunfähigkeit im Grunde schlicht; schwieriger ist es häufig, sie von einer nur kurzfristigen **Zahlungsstockung** abzugrenzen, die **keinen Insolvenzgrund** darstellt (→ § 17 Rn. 13). Der BGH (NJW 2005, 3062) hat für die Abgrenzung folgende Kernaussagen getroffen: Beträgt die Liquiditätslücke 10 % oder mehr der fälligen Gesamtverbindlichkeiten, ist in der Regel von Zahlungsunfähigkeit auszugehen, wenn diese Lücke nicht innerhalb von **drei Wochen** zu beseitigen ist. Dies gilt nur dann nicht, wenn ausnahmsweise mit an Sicherheit grenzender Wahrscheinlichkeit zu erwarten ist, dass die Liquiditätslücke demnächst vollständig oder fast vollständig beseitigt werden wird und den Gläubigern ein Zuwarten nach den besonderen Umständen des Einzelfalls zuzumuten ist. Demnach gilt für den Fall, dass die Liquiditätslücke weniger als 10 % beträgt, in der Regel, dass der Schuldner nicht zahlungsunfähig ist, es sei denn, es ist abzusehen, dass die Lücke demnächst mehr als 10 % erreichen wird (Einzelheiten bei MüKoInsO/Eilenberger, 4. Aufl. 2019, InsO § 17 Rn. 20; → § 17 Rn. 13).

3. Überschuldung (§ 19 InsO)

24 Überschuldung liegt nach gesetzlicher Definition vor, wenn das Vermögen des Schuldners die bestehenden Verbindlichkeiten nicht mehr deckt, es sei denn, die Fortführung des Unternehmens in den nächsten zwölf Monaten ist nach den Umständen überwiegend wahrscheinlich (§ 19 Abs. 1 S. 1 InsO). Mit dem SanInsFoG (Gesetz zur Fortentwicklung des Sanierungs- und Insolvenzrechts vom 22.12.2020, BGBl. 2020 I 3256) hat der Gesetzgeber den Prognosezeitraum der Überschuldungsprüfung auf zwölf Monate fixiert. Im Lichte der Pandemie ist der Prognosezeitraum für das Jahr 2021 sogar auf nur vier Monate verkürzt (zum Ganzen Piekenbrock NZI-Beil. 1/2021, 82).

25 Die Überschuldung ist damit im Grunde ein zweigliedriger Begriff. Zum einen kommt es auf die rechnerische Überschuldung an, zum anderen auf eine Prognose zur Unternehmensfortführung. Bei letzterem geht es im Grunde um eine **Zahlungsfähigkeitsprognose.** Die Einzelheiten sind komplex (Uhlenbruck/Mock, 15. Aufl. 2019, InsO § 19 Rn. 209 ff.) Herauskristallisiert hat sich jedoch, dass eine Fortbestehensprognose belastbar nur auf der Grundlage eines tragfähigen Unternehmenskonzepts, aus dem eine Ertrags- und Finanzplanung abzuleiten sind, angestellt werden kann. Ist schon die Prognose positiv, liegt keine Überschuldung vor. Ist sie negativ, ist ein Überschuldungsstatus zu Zeitwerten (Uhlenbruck/Mock, 15. Aufl. 2019, InsO § 19 Rn. 126) zu erstellen (→ § 19 Rn. 21).

4. Insolvenzverfahren/Insolvenzverwalter

26 Der Insolvenzverwalter ist Partei kraft Amtes. Er wird von dem Insolvenzgericht bestellt. Dies erfolgt erst mit der Insolvenzverfahrenseröffnung (§ 27 Abs. 1 S. 1 InsO). Zu den Einzelheiten → § 80 Rn. 1 ff.

27 Als **vorläufige Sicherungsmaßnahme** kann das Insolvenzgericht jedoch auch schon einen **vorläufigen Insolvenzverwalter** vor Insolvenzverfahrenseröffnung bestellen, um bis zur Entscheidung über den Antrag eine den Gläubigern nachteilige Veränderung der Vermögenslage des Schuldners zu verhindern (§ 21 Abs. 1 S. 1 InsO) (→ § 22 Rn. 1).

28 Hierbei ist zwischen einem sogenannten „**schwachen**" und „**starken**" **vorläufigen Insolvenzverwalter** zu unterscheiden. Beide Begriffe sind gesetzlich nicht definiert. Von einem „starken" vorläufigen Insolvenzverwalter spricht man aber dann, wenn das Insolvenzgericht ganz ausnahmsweise schon vor der Insolvenzverfahrenseröffnung, also für die Dauer des vorläufigen Insolvenzverfahrens, dem Schuldner ein allgemeines Verfügungsverbot auferlegt, wodurch die Verwaltungs- und Verfügungsbefugnis über das Vermögen des Schuldners auf den vorläufigen Insolvenzverwalter übergeht. Von einem „schwachen" vorläufigen Insolvenzverwalter spricht man demgegenüber dann, wenn dem Schuldner gerade für die Dauer des vorläufigen Insolvenzverfahrens kein allgemeines Verfügungsverbot auferlegt wird, sondern das Gericht die Pflichten des vorläufigen Insolvenzverwalters im konkreten Einzelfall bestimmt (§ 22 Abs. 2 InsO). Der praktisch häufigste Fall ist hierbei, dass dem Schuldner zwar kein allgemeines Verfügungsverbot auferlegt wird, Verfügungen des Schuldners jedoch nur mit Zustimmung des vorläufigen Insolvenzverwalters wirksam sind (§ 21 Abs. 2 Nr. 2 InsO).

Die Differenzierung zwischen starkem und schwachem vorläufigen Insolvenzverwalter ist von entscheidender Bedeutung. Nicht nur, dass allein die Stellung eines vorläufigen starken Insolvenzverwalters bereits im Insolvenzeröffnungsverfahren dazu führt, dass beispielsweise gem. § 240 ZPO etwaige Prozesse des Insolvenzschuldner unterbrochen werden, was allein bei der Bestellung eines nur schwachen vorläufigen Insolvenzverwalters nicht der Fall ist. Der starke vorläufige Insolvenzverwalter kann im Vergleich zum schwachen vorläufigen Insolvenzverwalter gem. § 55 Abs. 1 InsO auch Masseverbindlichkeiten begründen. **29**

Verbindlichkeiten die er als vorläufiger Insolvenzverwalter begründet, gelten nach der Eröffnung des Verfahrens als **Masseverbindlichkeiten.** Diese Verbindlichkeiten sind daher privilegiert zu erfüllen. Auf eine Quote muss sich der Insolvenzgläubiger in diesen Fällen nicht verweisen lassen. Ausnahme: es tritt Masseunzulänglichkeit ein. Die Masse reicht dann also nicht, um alle Masseverbindlichkeiten vollständig zu erfüllen. Auch die Masseverbindlichkeiten müssen dann nach einer gesetzlich vorgeschriebenen Reihenfolge erfüllt werden (§§ 208, 209 InsO). Der sogenannte schwache vorläufige Insolvenzverwalter kann demgegenüber in keinem Fall Masseverbindlichkeiten begründen (s. BGH NZI 2003, 543). **30**

Der schwache vorläufige Insolvenzverwalter ist folglich auch nicht der Vertreter des Schuldners und somit in Bezug auf das Vermögen des Schuldners auch nicht Vertragspartner. Folglich können auch etwaige „Zusagen" des vorläufigen schwachen Insolvenzverwalters im vorläufigen Insolvenzverfahren die spätere Insolvenzmasse nicht verpflichten oder haftbar machen. Ganz ausnahmsweise kann allenfalls eine Haftung des Verwalters wegen der Inanspruchnahme besonderen Vertrauens des Gläubigers in Betracht kommen, wenn der schwache vorläufige Insolvenzverwalter im Rechtsverkehr so auftritt, dass der Gläubiger berechtigterweise darauf vertrauen darf, er habe Vertretungsmacht (§ 823 Abs. 2 BGB iVm § 263 StGB). **31**

Aus den vorgenannten Gründen hat der Vertragspartner etwaige **rechtsgeschäftliche Erklärungen (Kündigungserklärung etc)** bei der Bestellung eines bloß schwachen vorläufigen Insolvenzverwalters nach wie vor an den Schuldner zu richten. Er allein ist der richtige **Adressat** solcher Erklärungen. Unschädlich ist es natürlich, wenn dem vorläufigen Insolvenzverwalter derartige Erklärungen zusätzlich zugehen. **32**

Besonders hinzuweisen ist in diesem Zusammenhang noch darauf, dass einem vorläufigen Insolvenzverwalter, egal ob stark oder schwach, **kein Erfüllungswahlrecht** nach § 103 InsO zukommt. Selbst wenn daher der vorläufige Insolvenzverwalter seine Zustimmung zur weiteren Abwicklung des gegenseitigen Vertrages erteilt, so heißt dies nicht, dass die hieraus entstehenden Verbindlichkeiten als Masseverbindlichkeiten zu erfüllen sind. **33**

Wird das Insolvenzverfahren eröffnet, so gehört es zu den Aufgaben des (endgültigen) Insolvenzverwalters, das Vermögen des Schuldners in Besitz zu nehmen und zu verwalten, die Masse zu bereinigen, laufende Geschäfte abzuwickeln, die Masse durch Insolvenzanfechtungsrechte zu mehren, die Masse zu verwerten und die Schuldmasse festzustellen, um auf dieser Basis die Summe der Insolvenzforderungen zu bedienen. **34**

5. Eigenverwaltung/Sachwalter/Schutzschirm

Im Rahmen einer **Eigenverwaltung** ist der Schuldner berechtigt, unter Aufsicht eines **Sachwalters** die Insolvenzmasse zu verwalten und über sie zu verfügen (§§ 270 ff. InsO). Im Rahmen des „Insolvenzeröffnungsverfahrens" kann das Insolvenzgericht auch schon die **vorläufige Eigenverwaltung** gestatten (§ 270b InsO). Zu den Voraussetzungen → § 270b Rn. 3 ff. Für die Dauer von längstens drei Monaten kann der Schuldner dabei zur Vorbereitung einer Sanierung auch das sog. **Schutzschirmverfahren** (§ 270d InsO) in Anspruch nehmen; innerhalb dieser Zeit ist sodann ein Insolvenzplan vorzulegen. Vollstreckungsmaßnahmen sind während dieser Zeit nicht zu befürchten. Zu Einzelheiten → § 270d Rn. 1 ff. Das Schutzschirmverfahren ist in gewisser Weise ein Unterfall der vorläufigen Eigenverwaltung (hierzu und zu den Änderungen durch das SanInsFoG vom 22.12.2020 Thole NZI-Beil. 1/2021, 90 ff.). Da der Schuldner in einer Eigenverwaltung selbst über die Masse/sein Vermögen verfügt und dieses verwaltet, müssen etwaige rechtsgeschäftliche Erklärungen (zB **Kündigung eines Bauvertrages**) auch im Rahmen einer (vorläufigen oder eröffneten) Eigenverwaltung maßgeblich dem Schuldner zugehen. **34a**

6. Restrukturierung (StaRUG)

Mit dem SanInsFoG (Gesetz zur Fortentwicklung des Sanierungs- und Insolvenzrechts vom 22.12.2020, BGBl. I 3256) hat der Gesetzgeber in Umsetzung der Restrukturierungsrichtlinie **34b**

Bau- und Architektenrecht in der Insolvenz

(RL (EU) 2019/1023) mit dem StaRUG einen Stabilisierungs- und Restrukturierungsrahmen geschaffen, der es zulassen soll, eine Sanierung auch außerhalb eines Insolvenzverfahrens zu ermöglichen (vgl. zu den Einzelnen Instrumenten Bork NZI-Beil. 1/2021, 38). Hervorzuheben sind an dieser Stelle die vertragsrechtlichen Wirkungen (§ 55 StaRUG), die an den Erlass einer Stabilisierungsanordnung anknüpfen. Nach § 55 Abs. 1 StaRUG ist es einem Gläubiger versagt, sich allein wegen einer rückständigen Leistung auf ein **Zurückbehaltungsrecht** nach § 273 BGB oder ein **Kündigungsrecht** zu berufen, wenn der Schuldner auf die Leistung angewiesen ist. Außerdem kann ein vorleistungspflichtiger Gläubiger nach § 55 Abs. 3 S. 1 StaRUG **Sicherheit für seine Vorleistung** verlangen.

III. Schnittstellen zwischen Baurecht und Insolvenzrecht

35   Vor diesem Hintergrund hat das Insolvenzrecht in der allgemeinen Chronologie folgende Einflüsse auf und im Zusammenhang mit dem Bauvertragsrecht:

1. Bei Abschluss des Bauvertrages

36   Schon bei Abschluss des Bauvertrages ist zu empfehlen, die einzelnen vertraglichen Regelungen mit Blick daraufhin zu überprüfen, was denn gilt, sollte in Zukunft wider Erwarten die Insolvenz einer Vertragspartei eintreten.

37   Die unerwünschten Folgen einer Insolvenz lassen sich natürlich am besten schon dann vermeiden, wenn bei der Auswahl des Vertragspartners dessen **Bonität** abgefragt wird, wenngleich zugegebenermaßen diesbezüglich keine verlässlichen Auskunftsquellen bestehen. Creditreform-Auskünfte oder Bürgel-Anfragen sagen allenfalls über die Zahlungsmoral des Unternehmens etwas aus, können aber nicht davor schützen, dass eine Vertragspartei sich künftig unerwartet mit der Insolvenz der anderen Partei konfrontiert sehen muss. Gleichwohl ist zu empfehlen, vor Vertragsabschluss entsprechende Auskünfte einzuholen, weil sich bereits eingetretener Schieflage sich entsprechende Eintragungen in den Auskünften finden lassen.

38   Mit Blick auf etwaige **Insolvenzanfechtungsrisiken** ist es wesentlich wichtiger, im Rahmen des Bauvertrages Leistung und Gegenleistung so genau und konkret wie möglich zu beschreiben, wobei zB Auftraggeber besonderen Wert darauf legen müssen, die Pflichten des Auftragnehmers, die der geschuldeten Vergütung gegenüberstehen, so konkret wie möglich zu beschreiben. Der Hintergrund ist der, dass nur insoweit, als dem Auftraggeber auf die von dem Auftragnehmer zu erbringenden Leistungen ein konkreter Anspruch zusteht, der Tatbestand der Kongruenz nach § 130 InsO erfüllt sein kann. Rechtshandlungen, die einem Insolvenzgläubiger eine Sicherung oder Befriedigung gewähren oder ermöglichen, die er nicht oder nicht in der Art oder nicht zu der Zeit zu beanspruchen hatte, sind inkongruent und damit unter den erleichterten Voraussetzungen des § 131 Abs. 1 InsO anfechtbar. Hinzu kommt, dass das Merkmal der Inkongruenz nach ständiger Rechtsprechung des BGH ein Beweisanzeichen/Indiz für eine Vorsatzbenachteiligung darstellt, was zur Folge hat, dass nach § 133 InsO derartige Rechtshandlungen auch über den Dreimonatszeitraum vor Insolvenzantragsstellung angefochten werden können (BGH ZIP 2020, 2135).

39   Dementsprechend muss schon bei der Abfassung des Bauvertrages Wert darauf gelegt werden, alle wesentlichen Leistungen in Ansprüche zu „kleiden", und nach Möglichkeit auch genau festzulegen, wann jeweils bestimmte Leistungen zu erfüllen sind. Nur dann kann es gelingen, die Kongruenz derartiger Leistungen zu begründen und damit etwaigen späteren Insolvenzanfechtungen nach §§ 131, 133 InsO zu entgehen.

40   Ein anschauliches Beispiel hierfür ist die **Stellung von Sicherheiten (→ § 131 Rn. 12)**. Sobald die Krise des Vertragspartners eintritt, erweckt bei dem anderen Vertragsteil das gesteigerte Bedürfnis nach der Stellung von Sicherheiten. Diese muss nicht zwangsläufig in der Übergabe von Bürgschaften oder einer Stellung von Pfandrechten etc bestehen. Haben die Vertragsparteien bei Abschluss des Bauvertrages beispielsweise keinen Sicherheitseinbehalt zugunsten des Auftraggebers vereinbart, so steht dem Auftraggeber in der Krise des Auftragnehmers auch kein Anspruch auf eine nachträgliche Stellung einer derartigen Sicherheit zu. Die Parteien könnten zwar vertraglich auch nachträglich einen derartigen Sicherheitseinbehalt vereinbaren. Eine derartige Vereinbarung wäre aber, da hierauf kein Anspruch besteht, in der Krise, dh nach Eintritt der materiellen Insolvenz, anfechtbar nach § 131 InsO. Anfechtbar wäre infolge dessen auch der Einbehalt der Sicherheit selbst, sodass der Insolvenzverwalter nach erklärter Anfechtung ohne Weiteres die Auszahlung des Einbehaltes verlangen kann. Anders ist die Rechtslage, wenn die Sicherheiten schon mit Abschluss des Bauvertrages mit vereinbart werden. Die Sicherheitenstellung ist in diesem Fall kongruent, weil hierauf ein insolvenzfester Anspruch besteht.

2. Bei Eintritt der materiellen Insolvenz

Sobald eine Vertragspartei materiell insolvent wird, folglich ein Insolvenzgrund vorliegt, knüpft das Insolvenzrecht hieran diverse Rechtsfolgen. 41

Wichtigster Insolvenzgrund ist die **Zahlungsunfähigkeit** (→ § 17 Rn. 3 ff.). Die Zahlungsunfähigkeit liegt dann vor, wenn der Schuldner nicht mehr in der Lage ist, seine fälligen Zahlungspflichten zu erfüllen (§ 17 InsO). Insolvenzgrund ist aber auch die **drohende Zahlungsunfähigkeit** (→ § 18 Rn. 8), wenn der Schuldner selbst einen Insolvenzantrag stellt (§ 18 InsO) oder die **Überschuldung** (→ § 19 Rn. 8). Überschuldung liegt vor, wenn das Vermögen des Schuldners die bestehenden Verbindlichkeiten nicht mehr deckt, es sei denn, die Fortführung des Unternehmens in den nächsten zwölf Monaten ist nach den Umständen überwiegend wahrscheinlich (§ 19 InsO). 42

Zahlungsunfähigkeit und Überschuldung lösen für den Schuldner u.U. nicht nur die Pflicht zur Stellung eines Insolvenzantrages aus (§ 15a InsO). Die Zahlungsunfähigkeit ist zudem auch die wichtigste Voraussetzung für eine Insolvenzanfechtung nach §§ 129 ff. InsO. So sind beispielsweise selbst kongruente Deckungen, also Leistungen des Schuldners, auf die der Gläubiger einen Anspruch hatte, anfechtbar, wenn sie in den letzten drei Monaten vor dem Antrag auf Eröffnung des Insolvenzverfahrens übernommen worden sind, wenn zur Zeit der Handlung der Schuldner zahlungsunfähig war und wenn der Gläubiger zu dieser Zeit die Zahlungsunfähigkeit kannte (§ 130 Abs. 1 S. 1 Nr. 1 InsO). Ohne Kenntnis der Zahlungsunfähigkeit sind inkongruente Deckungen innerhalb von drei Monaten vor dem Eröffnungsantrag ohne weitere Voraussetzung anfechtbar (§ 131 Abs. 1 Nr. 2 InsO). 43

Sinn und Zweck der Insolvenzanfechtungsvorschriften ist es, den Grundsatz der Gläubigergleichbehandlung möglichst frühzeitig auf den Zeitraum der materiellen Insolvenz vor zu verlagern. Schon dann, wenn der Schuldner materiell insolvent ist, sollen möglichst alle Gläubiger gleichbehandelt werden, sodass der Insolvenzverwalter unter bestimmten Voraussetzungen (Kenntnis) selbst von den Gläubigern Leistungen zurückfordern kann, die aufgrund eines Anspruchs Leistungen vorinsolvenzlich erhalten haben. 44

Das Insolvenzrecht ist daher im Grunde auch stets Teil des Bauabwicklungsmanagements, weil sich nach Vertragsschluss die finanzielle Situation eines Vertragspartners grundlegend ändern kann. 45

3. Bei einem Antrag auf Verfahrenseröffnung (Eröffnungsverfahren)

Spätestens mit dem Antrag auf Verfahrenseröffnung ist es nicht mehr möglich, den Wirkungen des Insolvenzrechts zu „entgehen". Nach dem Eröffnungsantrag sind regelmäßig alle Rechtshandlungen des Insolvenzschuldners anfechtbar, da praktisch jeder Gläubiger nach Stellung eines derartigen Antrages wenigstens die Umstände kennt, die auf die Zahlungsunfähigkeit schließen lassen. Regelmäßig ist es nämlich so, dass lange im Vorfeld vor einer Insolvenzantragsstellung der Schuldner seinen Pflichten nur noch ungenügend nachkommt und er fällige Zahlungen einstellt. Der Kenntnis der Zahlungsunfähigkeit oder des Eröffnungsantrages steht nach § 130 Abs. 2 InsO die Kenntnis von Umständen gleich, die zwingend auf die Zahlungsunfähigkeit oder den Eröffnungsantrag schließen lassen. Im Zusammenspiel mit § 130 Abs. 1 Nr. 2 InsO sind danach auch kongruente Deckungen nach Antragstellung ohne Weiteres anfechtbar. 46

Der Insolvenzanfechtung kann der Vertragspartner nur noch über die Begründung eines Bargeschäftes nach § 142 InsO entgehen, die jedoch voraussetzt, dass für jede Leistung des Schuldners unmittelbar eine gleichwertige Gegenleistung in sein Vermögen gelangt. 47

Im Zusammenspiel mit den §§ 94 ff. InsO beeinflussen diese insolvenzanfechtungsrechtlichen Wirkungen auch potentielle Forderungen des Gläubigers aus anderen Rechtsverhältnissen bzw. bereits bestehende Forderungen gegen den Insolvenzschuldner. Der Gläubiger verliert über die Insolvenzanfechtung nämlich die Befugnis, gegen die erst nach der Antragstellung entstehenden Forderungen des Insolvenzschuldners aufzurechnen, weil in derartigen Fällen die Aufrechnung durch eine anfechtbare Rechtshandlung erlangt wird und damit nach § 96 Abs. 1 Nr. 3 InsO unzulässig ist. 48

4. Bei Insolvenzverfahrenseröffnung

Mit der Insolvenzverfahrenseröffnung geht die Verwaltungs- und Verfügungsbefugnis über das schuldnerische Vermögen auf den Insolvenzverwalter über (§ 80 Abs. 1 InsO), außer bei einer angeordneten Eigenverwaltung (§ 270 InsO). Prozessrechtsverhältnisse werden unterbrochen (§ 240 ZPO). Bei unerfüllten Verträgen hat der Insolvenzverwalter ein Erfüllungswahlrecht (§§ 103 ff. InsO). Er ist künftig **Adressat** für alle vertragsrechtlich relevanten Erklärungen. 49

Bau- und Architektenrecht in der Insolvenz

5. Nach Beendigung des Insolvenzverfahrens

50   Das Insolvenzverfahren kann auch nicht unerhebliche Nachwirkungen entfalten. Bei Privatpersonen sind beispielsweise die Wirkungen einer Restschuldbefreiung zu nennen. Sie führen dazu, dass Insolvenzgläubiger dauerhaft mit ihren Forderungen ausgeschlossen bleiben.

51   Zu nennen sind jedoch beispielsweise auch die Wirkungen eines Insolvenzplans nach § 254 InsO. Mit der Rechtskraft der Bestätigung des Insolvenzplans treten die im gestaltenden Teil des Plans festgestellten Wirkungen für und gegen alle Beteiligten ein.

Das Insolvenzrecht kann sich auch maßgeblich auf die **Verjährungsfristen** auswirken: Nach **§ 259b Abs. 1 InsO** verjähren Forderungen von Insolvenzgläubigern, die nicht bis zum Termin über die Abstimmung eines Insolvenzplans angemeldet worden sind, in einem Jahr seit Eintritt der Rechtskraft des insolvenzgerichtlichen Bestätigungsbeschlusses (§ 248 InsO).

52   Immer häufiger kommt es vor, dass im Rahmen von eröffneten Insolvenzverfahren **Insolvenzpläne** erstellt werden, um die schuldnerischen Unternehmen zu sanieren. Wird ein derartiger Insolvenzplan rechtskräftig beschlossen, verjähren fällige und nicht bis zum Abstimmungstermin über den Insolvenzplan angemeldete Forderung in einem Jahr. Verjährt die Forderung bereits zu einem früheren Zeitpunkt, so bleibt es hierbei; auch auf die Verjährungsvorschrift des § 259b InsO kommt es dann nicht an (§ 259b Abs. 3 InsO).

53   Die Verjährungsvorschrift ist deswegen besonders wichtig, weil sie insbesondere auch im baurechtlichen Bereich zu einer deutlichen **Verjährungsverkürzung** führen kann. So kann etwa die fünfjährige Verjährungsfrist für Mängelrechte bei Insolvenz des Auftraggebers auf ein Jahr verkürzt werden, wenn die Forderung nicht bis zum Abstimmungstermin angemeldet wird. Selbst wenn ein Titel über die Forderung vorliegt, womit diese gemäß § 197 Abs. 1 Nr. 3 BGB erst in 30 Jahren verjährt, so verjährt **auch die titulierte Forderung**, die im Insolvenzverfahren nicht angemeldet wird, binnen der Jahresfrist des § 259b Abs. 1 InsO (Rugullis NZI 2012, 825). Dies kann möglicherweise auch Auswirkungen auf **Bürgschaftsansprüche** etc. haben.

54   In der Schnittstelle zum Insolvenzrecht gibt es damit insgesamt drei unterschiedliche Verjährungsregime: (1) Zur Insolvenztabelle angemeldete und festgestellte Insolvenzforderungen verjähren gem. § 197 Abs. 1 Nr. 5 BGB in 30 Jahren. (2) Wird eine Insolvenzforderung zur Insolvenztabelle angemeldet, nicht aber zur Tabelle festgestellt, so ist die Verjährung dieser Forderung nach § 204 Abs. 1 Nr. 10 BGB bis zur Beendigung des Insolvenzverfahrens gehemmt. Auf ein Bestreiten des Insolvenzverwalters kommt es insoweit nicht an. (3) Insolvenzforderungen, die nicht angemeldet sind, verjähren ohne Hemmungswirkung weiter. Nach § 259b InsO verjähren sie bei rechtskräftiger Bestätigung eines Insolvenzplans innerhalb von einem Jahr, sofern die Verjährung nicht schon zuvor eingetreten ist.

55   § 259b InsO findet auf alle Insolvenzpläne in Insolvenzverfahren, die vor dem 1.3.2012 beantragt wurden, keine Anwendung (Art. 103g EGInsO). Die Vorschrift gilt folglich erst für solche Insolvenzverfahren, die nach dem oder am 1.3.2012 beantragt worden sind.

B. Krise und Eröffnungsverfahren

I. Kündigungsrecht des Auftraggebers

1. Überblick

56   Ob und unter welchen Voraussetzungen eine Vertragspartei einseitig zur Kündigung, insbesondere außerordentlichen Kündigung des (Bau-)Vertrages berechtigt ist, bestimmt sich zunächst einmal nach den Regelungen/Bestimmungen des Vertrages selbst. Bei einem **BGB-(Bau-)Vertrag,** der keine besonderen Kündigungsvoraussetzungen beinhaltet, ist nur der Besteller gemäß § 648 S. 1 BGB (jederzeit) dazu berechtigt, den Vertrag bis zur Vollendung des Werkes (frei) zu kündigen. Eine außerordentliche Kündigung aus wichtigem Grund kommt nach § 648a BGB jeder Vertragspartei grundsätzlich dann zu, wenn dem kündigenden Teil unter Berücksichtigung aller Umstände des Einzelfalls und unter Abwägung der beiderseitigen Interessen die Fortsetzung des Vertragsverhältnisses nicht zugemutet werden kann.

57   Dies gilt gleichermaßen für den **VOB-Bauvertrag,** welcher in § 8 Abs. 1 Nr. 1 VOB/B das gesetzlich ohnehin geltende (§ 648 BGB) freie Kündigungsrecht des Auftraggebers beinhaltet.

58   Darüber hinaus sieht § 8 Abs. 2 Nr. 1 VOB/B besondere/außerordentliche Kündigungsgründe vor, die so oder in ähnlicher Form von den Parteien häufig ergänzend zum Inhalt eines BGB-Bauvertrages gemacht werden. Danach kann der Auftraggeber den Vertrag kündigen, wenn (1) der Auftragnehmer seine Zahlungen einstellt, (2) von ihm oder zulässigerweise vom Auftraggeber

oder einem anderen Gläubiger das Insolvenzverfahren bzw. ein vergleichbares gesetzliches Verfahren beantragt ist, (3) ein solches Verfahren eröffnet wird oder (4) dessen Eröffnung mangels Masse abgelehnt wird. § 8 Abs. 2 Nr. 1 VOB/B damit **vier mögliche Kündigungsalternativen.**

Zu der Kündigungsalternative (2), **Stellung eines Eigenantrages,** hat der **VII. Zivilsenat** 59 **des BGH** mit seinem Grundsatzurteil v. 7.4.2016 entschieden, dass die in einen Bauvertrag einbezogenen Regelungen des § 8 Abs. 2 Nr. 1 Alt. 2 VOB/B 2009 nicht gem. § 134 BGB wegen Verstoßes gegen §§ 103, 119 InsO unwirksam sind (BGH NZBau 2016, 422 = NJW 2016, 1945). Weiter hat der BGH entschieden, dass die genannten Regelungen auch nicht gem. §§ 307 Abs. 1 und 2 BGB wegen unangemessener Benachteiligung des Auftragnehmers unwirksam sind. Der BGH hat damit die seit Inkrafttreten der Insolvenzordnung (InsO) höchst umstrittene Frage, ob eine sog. insolvenzbedingte Kündigung eines Bauvertrags zulässig ist, bejahend beantwortet (im Einzelnen Matthies NZBau 2016, 481). Die möglichen Konsequenzen des Urteils und seine Übertragbarkeit auf andere Kündigungsgründe als die Stellung eines Eigenantrages, werden noch diskutiert (vgl. Huber NZI 2016, 527; C. Schmitz, Die Abwicklung des Bauvertrages in der Innsolvenz, Stand: 4.2.2018, Rn. 47). Zu der Kündigungsalternative (3), **Eröffnung eines Insolvenzverfahrens,** hat der **IX. Zivilsenat des BGH** indes geurteilt, dass dies allein kein Grund für eine außerordentliche Kündigung darstellt (BGH NZBau 2018, 214).

2. AGB-rechtliche Wirksamkeit von § 8 Abs. 2 Nr. 1 VOB/B

Der BGH hat entschieden, dass § 8 Abs. 2 Nr. 1 Alt. 2 VOB/B nicht gem. §§ 307 Abs. 1 und 2 60 BGB wegen unangemessener Benachteiligung des Auftragnehmers unwirksam sind (BGH NZBau 2016, 422 = NJW 2016, 1945). Es entspricht auch im Hinblick auf die weiteren Kündigungsalternativen herrschender Auffassung, dass diese unter AGB-Gesichtspunkten (allg. zu Lösungsklauseln in AGB s. Lenger/Schmitz NZI 2015, 396) **unbedenklich** sind (s. insbesondere OLG Brandenburg IBR 2010, 210 mit Verweis auf Ingenstau/Korbion/Vygen, VOB-Kommentar, 17. Aufl., VOB/B § 8 Nr. 2 Rn. 14; s. auch Schmitz, Die Bauinsolvenz, 6. Aufl. 2015, Rn. 101 ff. mwN). In der Literatur werden hiergegen jedoch zum Teil Bedenken vorgebracht (Koenen BauR 2005, 202 (207 f.)). Zur Begründung heißt es, dass es im Hinblick auf die gravierenden Rechtsfolgen einer auf § 8 Nr. 2 VOB/B gestützten Kündigung sowie unter Berücksichtigung des in der Insolvenzordnung vorrangigen Interesses des Insolvenzverwalters zweifelhaft erscheine, dass die Kündigungsregelung durch andere Regelungen in der VOB/B ausgeglichen werde, sodass bei isolierter Inhaltskontrolle und bei vertraglicher Abweichung von der VOB/B AGB-rechtliche Wirksamkeitsbedenken begründet seien.

Diese Argumentation kann jedoch allenfalls hinsichtlich der Rechtsfolgen der außerordentlichen 61 Kündigung überzeugen. Da dem Auftraggeber bei einem Bauvertrag ohnehin ein jederzeit freies Kündigungsrecht zusteht, kann allein das Ob des Kündigungsrechtes keine unangemessene Benachteiligung entgegen den Geboten von Treu und Glauben iSv § 307 Abs. 1 BGB darstellen. Aber auch die Kündigungsfolgen dürften keine derartige unangemessene Benachteiligung darstellen, weil auch bei einer außerordentlichen Kündigung das Recht, Schadensersatz zu verlangen, unangetastet bleibt (vgl. § 314 Abs. 4 BGB). Das OLG Schleswig (IBR 2012, 133) verweist daher zur Recht darauf, dass die in § 8 Abs. 2 Nr. 2 S. 2 VOB/B bestimmte Schadensersatzverpflichtung gleichermaßen auch aus den §§ 281, 280 BGB folge. Die Verletzung der Leistungspflichten liege bei Beantragung der Eröffnung des Insolvenzverfahrens durch den Auftragnehmer in seiner finanziellen Leistungsverpflichtung, einer die Hauptleistungspflicht ergänzende vertragliche Nebenleistungspflicht. Mit der Überschuldung oder dem Verlust der Zahlungsfähigkeit werde die Verpflichtung verletzt. Eine Fristsetzung nach § 281 Abs. 2 BGB ist daher wegen der besonderen Umstände entbehrlich. Das Verschulden liege ebenfalls vor, denn der Schuldner habe seine finanzielle Leistungsfähigkeit unabhängig von einem Verschulden zu vertreten (vgl. Kapellmann/Messerschmidt/Lederer, VOB-Kommentar, 6. Aufl. 2018, VOB/B § 8 Rn. 75 mwN).

Mit diesen Erwägungen hat der BGH auch die Kündigungsalternative in § 8 Abs. 2 Nr. 1 62 Alt. 2 VOB/B nicht gem. § 307 Abs. 1 und 2 BGB wegen unangemessener Benachteiligung des Auftragnehmers für unwirksam erachtet (BGH NZBau 2016, 422 = NJW 2016, 1945), sodass viel dafür spricht, dass auch die Zahlungseinstellung, die zulässige Antragstellung eines Dritten, die Eröffnung des Verfahrens und die Ablehnung der Eröffnung mangels Masse keine unangemessene Benachteiligung darstellen dürften.

3. Vereinbarkeit mit § 119 InsO

a) Rückblick. Die Frage, ob die **Kündigungsregelungen in § 8 Abs. 2 VOB/B** mit § 119 63 InsO vereinbar sind, war lange umstritten. Unter Geltung der Konkursordnung (KO) hatte der

Bau- und Architektenrecht in der Insolvenz

BGH schon im Jahre 1985 entschieden, dass eine insolvenzbedingte (außerordentliche) Kündigung eines Bauvertrags nach § 8 Nr. 2 VOB/B (aF) wirksam ist (BGHZ 96, 34 = NJW 1986, 255 = ZfBR 1986, 32).

64 Die insolvenzbedingte Kündigung war nach dieser früheren Entscheidung selbst dann noch wirksam, wenn bereits das Insolvenzverfahren über das Vermögen des Auftragnehmers eröffnet worden war. Der BGH war der Auffassung, dass die persönlichen Eigenschaften des Auftragnehmers wie Fachkunde, Leistungsfähigkeit und Zuverlässigkeit im Bauvertrag für den Auftraggeber regelmäßig von so großer Bedeutung sind, dass ihm schon deshalb eine Fortsetzung des Vertrags mit dem „Konkursverwalter" (heute Insolvenzverwalter) gegen seinen Willen nicht zugemutet werden könne.

65 Dass die Frage, ob ein Bauvertrag aus insolvenzbedingten Gründen heraus außerordentlich gekündigt werden kann, nach dieser Entscheidung aus dem Jahre 1985 (wieder) streitig geworden ist, liegt daran, dass die KO keine Bestimmung beinhaltete, die – wie das geltende Recht in § 119 InsO – dem späteren „Gemeinschuldner" (heute Insolvenzschuldner) und dessen Vertragspartner untersagt, eine Vereinbarung zu treffen, wonach dem Auftraggeber im Falle des Konkurses des Auftragnehmers ein Kündigungsrecht und damit verbundene Schadensersatzansprüche wegen Nichterfüllung zustehen sollen. Mit Inkrafttreten der InsO 1999 gilt mit § 119 ein Verbotsgesetz, wonach Vereinbarungen, durch die im Voraus die Anwendung der §§ 103–118 InsO ausgeschlossen oder beschränkt wird, unwirksam sind. Damit kam mit Inkrafttreten der InsO (wieder) die Frage auf, ob § 8 Abs. 2 VOB/B gegen § 119 InsO verstößt und die Entscheidung des BGH v. 26.9.1985 möglicherweise überholt ist.

66 Nachdem der BGH in seinem Urteil v. 15.11.2012 (BGHZ 195, 348 = NJW 2013, 1159 mAnm Römermann NJW 2013, 1162 = NZI 2013, 178 mAnm Eckhoff NZI 2013, 180 = NZM 2013, 200 = NZG 2013, 434) in einem Fall, der einen Energielieferertrag zum Gegenstand hatte, entschieden hat, dass Lösungsklauseln in Verträgen über die fortlaufende Lieferung von Waren oder Energie, die an den Insolvenzantrag oder die Insolvenzeröffnung anknüpfen, unwirksam sind und hierbei mit einer relativ generell gehaltenen Begründung auch Bezug nahm auf die bauvertragliche Entscheidung v. 26.9.1985, ging die Tendenz in der bauinsolvenzrechtlichen Literatur zuletzt verstärkt dahin, dass auch § 8 Abs. 2 VOB/B wegen Verstoßes gegen § 119 InsO unwirksam sein müsse (vgl. Kapellmann/Messerschmidt/Lederer, VOB A/B, 6. Aufl. 2018, VOB/B § 8 Rn. 74; Kniffka/Schmitz, Bauvertragsrecht, 2. Aufl. 2016, BGB § 649 Rn. 177; Ingenstau/Korbion/Schmitz, VOB, 19. Aufl. 2015, VOB/B § 8 Abs. 2 Rn. 3 ff.; Koenen BauR 2011, 352; Franke BauR 2007, 774; Messerschmidt/Voit/Voit, Privates Baurecht, 2. Aufl. 2012, VOB/B § 8 Rn. 5). Auf der anderen Seite war aber seit jeher festzustellen, dass die überwiegende Instanz-Rechtsprechung in der Praxis § 8 Abs. 2 VOB/B nicht wegen Verstoßes gegen §§ 103, 119 InsO für unwirksam hält (vgl. OLG Koblenz NZI 2014, 807; OLG Celle NZBau 2014, 696 = NJW-RR 2014, 1432 = NZI 2014, 807 (Ls.); OLG Schleswig NJW 2012, 1967 = NZI 2012, 293; OLG Bamberg BeckRS 2011, 18213; OLG Brandenburg BeckRS 2010, 01052; OLG Düsseldorf BeckRS 2006, 11122 = BauR 2006, 1908; OLG Karlsruhe BeckRS 2012, 09920; Scheef/Uyani-Wietz ZIP 2016, 250).

67 **b) Eigenantrag.** Der für das Baurecht zuständige VII. Zivilsenat des BGH hat entschieden, dass § 8 Abs. 2 Nr. 1 Alt. 2 iVm § 8 Abs. 2 Nr. 2 VOB/B nicht gem. § 134 BGB wegen Verstoßes gegen §§ 103, 119 InsO unwirksam ist (Eigenantrag auf Verfahrenseröffnung). Der für das Baurecht zuständige VII. Zivilsenat stellt heraus, dass die Entscheidung des IX. Zivilsenates v. 15.11.2012 sich nur auf Verträge über die fortlaufende Lieferung von Waren oder Energie beschränke und somit auf Bauverträge grundsätzlich nicht anzuwenden sei. § 8 Abs. 2 Nr. 1 Alt. 2 VOB/B enthalte zwar eine insolvenzabhängige Lösungsklausel; die Regelung verstoße aber nicht gegen die Zielsetzung der InsO und führe somit auch nicht zu einem Verstoß gegen § 119 InsO. In seinem Urteil v. 15.11.2012 hatte der BGH betont, dass eine Beeinträchtigung des Wahlrechts des Insolvenzverwalters mit einer vertraglichen Lösungsklausel dann nicht verbunden sei, wenn diese einer gesetzlich ohnehin vorgesehenen Lösungsmöglichkeit entspreche (BGHZ 195, 348 = NJW 2013, 1159; s. auch BGHZ 170, 206 = NZBau 2007, 238 = NJW 2007, 1067). Das wesentliche Argument ist, dass der Auftraggeber als Vertragspartner des Schuldners ein erheblich überwiegendes Interesse daran hat, nicht an einen Vertrag ohne Anspruch auf Schadensersatz gebunden zu sein. Im Unterschied zu anderen Gläubigern hat der Auftraggeber ein erheblich überwiegendes Interesse daran, sich im Falle des Eigeninsolvenzantrags des Auftragnehmers frühzeitig vom Vertrag lösen zu können und um den ihm durch die anderweitige Vergabe der Restarbeiten etwa entstehenden Schaden geltend zu machen, ohne gem. § 648 S. 2 BGB gegenüber dem Insolvenzverwalter zur Zahlung einer Vergütung für nicht erbrachte Leistungen verpflichtet zu sein. So sei es dem Auftraggeber im Falle des Eigeninsolvenzantrags regelmäßig nicht zuzumuten, die Eröffnung des Insolvenzver-

fahrens und die sich anschließende Entscheidung des Insolvenzverwalters zur Fortführung des Bauvertrags abzuwarten. Der Prozess der Entscheidungsfindung des Insolvenzverwalters nimmt erfahrungsgemäß einen längeren Zeitraum in Anspruch. Während dieser Zeit können sowohl dem Auftraggeber als auch sämtlichen an dem Bau Beteiligten durch den daraus folgenden Baustillstand erhebliche Schäden entstehen, die durch eine frühzeitige Vertragsbeendigung reduziert oder vielleicht sogar vermieden werden können.

Des Weiteren sei es dem Auftraggeber auch in persönlicher Hinsicht nicht zuzumuten, den **68** Vertrag gegen seinen Willen mit einem insolventen Auftragnehmer oder mit dem Insolvenzverwalter fortzusetzen. Denn bei einem Bauvertrag sind die persönlichen Eigenschaften des Auftragnehmers (Fachkunde, Leistungsfähigkeit und Zuverlässigkeit) für den Auftraggeber von wesentlicher Bedeutung. Der Abschluss eines Bauvertrags erfolge typischerweise unter Inanspruchnahme besonderen Vertrauens. Dieses Vertrauen zerstört der Schuldner, der einen Eigeninsolvenzantrag stellt.

Vor dem Hintergrund dieser tragenden Erwägungsgründe stellt der BGH konsequenterweise **69** heraus, dass § 8 Abs. 2 Nr. 1 Fall 2 VOB/B nicht gegen § 119 verstößt. Wichtig ist auch die Feststellung, dass § 8 Abs. 2 Nr. 2 S. 2 VOB/B keinen verschuldensunabhängigen Schadensersatzanspruch regele, da der Auftragnehmer mit seiner Insolvenz schuldhaft seine vertragliche Nebenpflicht iSv §§ 280 Abs. 1, 3, 282 BGB verletze. Diese Pflichtverletzung hat er zu vertreten. Hierbei weist der BGH auf das Prinzip der unbeschränkten Vermögenshaftung und darauf hin, dass der Auftragnehmer ohne Rücksicht auf ein Verschulden grundsätzlich für seine finanzielle Leistungsfähigkeit einzustehen habe (NZBau 2016, 422 mit Hinweis auf BGHZ 204, 134 = NJW 2015, 1296; OLG Schleswig NJW 2012, 1967 = NZI 2012, 29).

c) **Verfahrenseröffnung.** Für die Praxis im Hinblick auf die Frage nach einem insolvenzbe- **69a** dingten Kündigungsrecht des Auftraggebers etwas fragwürdig ist, dass schon kurz nach dem Grundsatzurteil des VII. Zivilsenats vom 7.4.2016 der **IX. Zivilsenat des BGH,** der für das Insolvenzrecht zuständig ist, über eine **nach der Eröffnung des Insolvenzverfahrens** von einem Besteller eines Werklieferungsvertrags ausgesprochene Kündigung aus wichtigem Grund entschieden hat und zu der Einschätzung gelangt, dass in der **Eröffnung eines Insolvenzverfahrens kein wichtiger Grund für eine Kündigung** liegt (BGH NZBau 2018, 214). Der IX. Zivilsenat verweist vielmehr darauf, dass der Vertragspartner allein die Möglichkeit habe, den Insolvenzverwalter über das Vermögen des Vertragspartners gem. § 103 Abs. 2 S. 2 InsO zur Ausübung seines Wahlrechts aufzufordern, ob er den Vertrag erfülle oder nicht. Damit verbundene Verzögerungen und Risiken müssten nach der Eröffnung des Insolvenzverfahrens hingenommen werden und rechtfertigten nicht eine Kündigung aus wichtigem Grund, denn das Wahlrecht des Insolvenzverwalters aus § 103 InsO könne nicht durch eine Kündigung aus wichtigem Grund unterlaufen werden.

d) **Zahlungseinstellung.** Die Zahlungseinstellung ist Ausdruck schon eingetretener Zahlungs- **69b** unfähigkeit (§ 17 Abs. 2 InsO). Es ist daher mit den Erwägungen des BGH in seiner Entscheidung vom 7.4.2016 (NJW 2016, 1945) nicht ersichtlich, warum die Zahlungseinstellung nicht ein wichtiger Kündigungsgrund sein sollte. Praktisch schwierig für den Auftraggeber ist jedoch, dass er im Streitfall beweisen müsste, dass der Auftragnehmer zur Zeit der Kündigung die Zahlungen eingestellt hatte.

e) **Abweisung mangels Masse.** Die vorstehenden Überlegungen gelten hier erst recht. Da **69c** ein Verfahren nicht eröffnet wird, kann auch kein Konflikt mit der Rechtsprechung des IX. Zivilsenates (NZBau 2018, 214) bestehen.

4. Nachschieben von Kündigungsgründen

Kann der Kündigende den zum Anlass der Kündigung genommenen Grund nicht beweisen, **70** stellt sich die Frage, ob er nachträglich im Rahmen eines Rechtsstreits Kündigungsgründe auch noch nachschieben kann. Nach der Rechtsprechung des BGH ist dies grundsätzlich möglich, allerdings innerhalb bestimmter Grenzen (BGH NJW 1993, 1972 (1973); 1976, 518; BGHZ 82, 100 (109); BGH NZBau 2018, 32). So lässt der BGH ein solches Nachschieben wichtiger Gründe mit Rückwirkung auf den Zeitpunkt der Kündigungserklärung grundsätzlich zu, sofern nur die Kündigung als außerordentliche ausgesprochen war (anders OLG Stuttgart IBR 2015, 247 – beschränkt das Nachschieben von Kündigungsgründen bis zum Beginn der Selbstvornahme). Entscheidend ist dabei allerdings, dass die tatsächlichen Voraussetzungen für den nachgeschoben Kündigungsgrund im Zeitpunkt der Kündigung bereits erfüllt waren (BGH NZBau 2018, 32; Kniffka/Koeble Teil 9 Rn. 7; Ingenstau/Korbion § 8 Rn. 5), und zwar auch hinsichtlich der formellen Voraussetzungen wie etwa der vorherigen Setzung einer Nachfrist in Fällen des § 4 Abs. 7 VOB/B.

Bau- und Architektenrecht in der Insolvenz

71 Eine ausdrücklich als freie Kündigung ausgesprochene Kündigung kann demgegenüber nicht ohne Weiteres nachträglich in eine solche aus wichtigem Grund umgewandelt werden, auch wenn im Zeitpunkt der Kündigung wichtige Gründe objektiv vorgelegen haben. Nach der Rechtsprechung ist eine nachträgliche Umwandlung einer freien Kündigung ausnahmsweise nur dann möglich, wenn die Gründe für eine wichtige Kündigung im Zeitpunkt der Kündigungserklärung zwar vorlagen, dem Auftraggeber aber noch nicht bekannt waren (BGH NJW 1975, 825). Dies wird damit begründet, dass ansonsten derjenige Auftragnehmer besser gestellt wäre, der wichtige Kündigungsgründe verheimlicht hat (BGHZ 82, 100 (109)). Außerdem sind nachgeschobene Kündigungsgründe erst dann zu berücksichtigen, wenn sie gegenüber dem Vertragspartner offen gelegt sind und sich der Kündigende darauf berufen hat (OLG Stuttgart BauR 2012, 1130 (1131)).

72 Einschränkungen für ein Nachschieben von Kündigungsgründen ergeben sich auch aus den Voraussetzungen der einzelnen Kündigungsgründe (s. hierzu BeckOK VOB/B/Kleineke VOB/B § 8 Abs. 3 Rn. 18a).

73 Hat unter diesen Voraussetzungen der Auftraggeber die außerordentliche Kündigung zunächst auf eine Zahlungseinstellung gestützt und stellt sich später heraus, dass der Auftragnehmer zum Zeitpunkt der Kündigung bereits einen Insolvenzantrag gestellt hatte, ist ein Nachschieben dieses außerordentlichen Grundes (Antragstellung) unproblematisch. Fraglich ist aber, ob beispielsweise die Kündigung, die mit einer Insolvenzverfahrenseröffnung begründet wird, später auch noch auf die Antragstellung gestützt werden kann. Mit der hier vertretenen Auffassung, dass auch eine Kündigung wegen Verfahrenseröffnung nicht gegen § 119 InsO verstößt und von den Erwägungen des BGH-Urteils v. 7.4.2016 (NZBau 2016, 422 = NJW 2016, 1945) getragen wird, ist die Frage zu bejahen. Anders wäre aber ggf. mit Blick auf das Urteil des für das Insolvenzrecht zuständigen IX. Zivilsenates v. 14.9.2017 (NJW 2017, 3369) zu entscheiden. Hinsichtlich der Alternative „Eröffnung eines Insolvenzfahrens" hat der IX. Zivilsenat entschieden, dass die Eröffnung des Insolvenzverfahrens keinen wichtigen Grund für eine Kündigung darstelle. Vielmehr habe der Besteller „nur noch die Möglichkeit", den Insolvenzverwalter über das Vermögen des Vertragspartners gem. § 103 Abs. 2 InsO zur Ausübung seines Wahlrechts aufzufordern. Damit verbundene Verzögerungen und Risiken habe der Vertragspartner eines Insolvenzschuldners nach der Eröffnung des Insolvenzverfahrens hinzunehmen (BGH ZfBR 2017, 779 = NZBau 2018, 214). Diese Überlegung wäre Makulatur, wenn stattdessen die Kündigung einfach auf den zeitlich zwangsläufig vorangehenden Insolvenzantrag gestützt werden könnte (Zeyns ZIP 2018, 8 (15)). Relevant kann dies dann sein, wenn der AG von der Krise seines AN erstmals mit Kenntnis der Verfahrenseröffnung erfährt. Kennt er hingegen schon den Antrag, kündigt aber nicht, sondern wartet bis zur Verfahrenseröffnung ab, um dann die Kündigung hierauf zu stützen, dürfte ein Nachschieben der Antragstellung als Kündigungsgrund ohnehin wegen Verwirkung ausscheiden.

5. Adressat der Kündigung

74 Im Eröffnungsverfahren ist der Schuldner Adressat der Kündigungserklärung, wenn nicht ausnahmsweise eine sog. starke vorläufige Insolvenzverwaltung angeordnet wurde, bei der schon im Eröffnungsverfahren die Verwaltungs- und Verfügungsbefugnis auf den vorläufigen Insolvenzverwalter übertragen wird (→ § 21 Rn. 43). Dies gilt auch bei einer Eigenverwaltung. Ansonsten ist nach Insolvenzverfahrenseröffnung der Insolvenzverwalter empfangszuständig.

6. BGB-Werkvertrag und BGB-Bauvertrag

75 Der Entscheidung des BGH v. 7.4.2016 (NZBau 2016, 422) lag ein Fall zugrunde, bei dem die VOB/B Vertragsbestandteil geworden ist. Auch nach der Bauvertragsrechtsreform 2018 sieht das gesetzliche Werkvertragsrecht anders als die VOB/B keine spezifischen insolvenzbedingten Lösungsrechte wie in § 8 Abs. 2 VOB/B vor. § 648a BGB beinhaltet aber immerhin eine allgemeine Regelung zur Kündigung aus wichtigem Grund. In der Entwicklung der Norm ist zu sehen, dass schon der Regierungsentwurf Bezug auf die Kündigungsgründe in § 8 VOB/B genommen hat, der Gesetzgeber allerdings von einer Normierung einzelner Kündigungstatbestände absehen wollte, da auf diese Weise nicht alle denkbaren Konstellationen erfasst werden könnten (BT-Drs. 18/8486, 50 f.). Der Regierungsentwurf verdeutlicht aber, dass die Insolvenz des Auftragnehmers auch in der Vorstellung des Gesetzgebers regelmäßig einen wichtigen Grund zur Beendigung des Werkvertrags darstellt (BT-Drs. 18/8486, 51). Wörtlich heißt es unter anderem: „Der Entwurf sieht auch keinen speziellen Kündigungstatbestand für den Fall der Insolvenz des Unternehmers vor, obwohl dies in der Praxis häufig einen wichtigen Grund zur Beendigung des Werkvertrags darstellen wird. Der Gesetzentwurf hat jedoch davon abgesehen, dem Besteller für diesen Fall ein generelles Kündigungsrecht einzuräumen, da ein solcher Ansatz nicht der Vielgestaltigkeit

der Lebensverhältnisse Rechnung tragen würde. Die Leistungsfähigkeit und Zuverlässigkeit des Unternehmers gehören beim Abschluss eines Bauvertrags regelmäßig zu den Gesichtspunkten, die für den Besteller von wesentlicher Bedeutung sind. Durch die Insolvenz erweist sich der Unternehmer gerade als nicht leistungsfähig und zuverlässig. (...). Die Insolvenz führt häufig zu einer Unterbrechung der Bautätigkeiten und in Folge dessen zu einer verspäteten Fertigstellung des Bauwerks. Dies wiederum verursacht regelmäßig Verdienstausfälle und andere Folgeschäden. Bestehen gute Sanierungschancen für das angeschlagene Unternehmen, wird der Insolvenzverwalter regelmäßig bestrebt sein, diese Risiken gering zu halten und den Bestellern und damit auch dem gesamten Geschäftsverkehr zu signalisieren, dass er möglichst störungsfrei die Geschäftstätigkeit weiter aufrechterhalten will. (...) Im Rahmen der Prüfung, ob die Fortsetzung des Vertragsverhältnisses für den Besteller zumutbar ist, wird daher insbesondere zu berücksichtigen sein, ob der Verwalter zeitnah erklärt, die Bauleistungen ohne wesentliche Unterbrechungen fortzuführen und durch geeignete Unterlagen, etwa ein Sanierungsgutachten, dokumentiert wird, dass er hierzu auch in der Lage ist."

Der BGH weist in seiner Entscheidung v. 7.4.2016 (NZBau 2016, 422) darauf hin, dass eine auftraggeberseitige Kündigung wegen Eigeninsolvenzantragstellung auch nach richterrechtlichen Grundsätzen anerkannt ist. Vor diesem Hintergrund dürfte auch nach gesetzgeberischem Willen die Entscheidung des BGH auch auf einen **BGB-Bauvertrag** uneingeschränkt übertragbar sein (Schmitz, Die Abwicklung des Bauvertrags in der Insolvenz, Stand 4.2.2018, Rn. 48/1). Die Ausnahme, an die der Regierungsentwurf denken mag, nämlich dass der Verwalter zeitnah erklärt, die Bauleistung ohne wesentliche Unterbrechungen fortzuführen und dies mit einem Sanierungsgutachten nachweisen kann, dürften praktisch kaum vorkommen. Denn zum einen gibt es bei einer Antragstellung noch keinen Insolvenzverwalter und zum anderen braucht es längere Zeit, bis überhaupt ein plausibles und umfassendes Sanierungsgutachten erarbeitet werden kann. Während dieser Zeit aber stünde die Baustelle still, was gerade nicht im Interesse des Auftraggebers ist. 76

Bei einem **BGB-Werkvertrag,** der nicht die Voraussetzungen eines Bauvertrages nach § 650a BGB erfüllt (hierunter fällt auch der Planervertrag) gelten diese Grundsätze entsprechend, da § 648a BGB eben nicht auf Bauverträge beschränkt ist, sondern systematisch auf alle Werkverträge Anwendung findet (MüKoInsO/Huber InsO § 119 Rn. 45; wohl auch C. Schmitz in Fuchs/Berger/Seifert, HOAI-Kommentar, 2. Aufl. 2020, BGB Vor §§ 650p ff. Rn. 8). 77

7. Anfechtbarkeit der Kündigungserklärung?

Nach §§ 129 ff. InsO kann der Insolvenzverwalter Rechtshandlungen, die vor Insolvenzverfahrenseröffnung erfolgt sind und die Insolvenzgläubiger benachteiligen, anfechten, wenn jeweils die speziellen Voraussetzungen der §§ 130 ff. InsO vorliegen. 78

Der Begriff der Rechtshandlung ist hierbei weit auszulegen. Rechtshandlung ist danach jedes von einem Willen getragene Handeln vor Eröffnung des Insolvenzverfahrens, das eine rechtliche Wirkung auslöst. Daher ist auch die Kündigung des Bauvertrages eine Rechtshandlung, die angefochten werden könnte. Allerdings hat der BGH in seiner Entscheidung v. 7.4.2016 auch klargestellt, dass es einer objektiven Benachteiligung fehlt, wenn die Einbeziehung des § 8 Abs. 2 VOB/B in den Vertrag dem Insolvenzschuldner keine Vermögensnachteile auferlegt, die über die gesetzlichen und richterrechtlich anerkannten Folgen hinausgehen (BGH ZfBR 2016, 575 Rn. 66). Da im Übrigen eine Unausgewogenheit des Bauvertrags nicht ersichtlich ist, scheidet eine insolvenzrechtliche Anfechtbarkeit der Kündigungsregelung grundsätzlich aus. 79

8. Weiteres Vorgehen nach einer Kündigung

a) Bautenstandsfeststellung. § 648a Abs. 4 BGB in der seit der Bauvertragsrechtsreform geltenden Fassung bestimmt nunmehr ähnlich wie § 8 Abs. 7 VOB/B, dass nach einer Kündigung aus wichtigem Grunde jede Vertragspartei von der anderen verlangen kann, dass sie an einer gemeinsamen Feststellung des Leistungsstandes mitwirkt (Kniffka/Koeble, Kompendium des Baurechts, 5. Aufl. 2020, Teil 8 Rn. 27). Verweigert eine Vertragspartei die Mitwirkung oder bleibt sie einem vereinbarten oder einem von der anderen Vertragspartei innerhalb einer angemessenen Frist bestimmten Termin zur Leistungsstandfeststellung fern, trifft sie die Beweislast für den Leistungsstand zum Zeitpunkt der Kündigung. Dies gilt nicht, wenn die Vertragspartei infolge eines Umstands fernbleibt, den sie nicht zu vertreten hat und den sie der anderen Vertragspartei unverzüglich mitgeteilt hat (Einzelheiten bei BeckOK BauvertrR/Sienz BGB § 648a Rn. 32; MüKoBGB/Busche, 8. Aufl. 2020, BGB § 648a Rn. 12). 80

Bau- und Architektenrecht in der Insolvenz

81 Der Auftragnehmer bzw. – im Falle einer Verfahrenseröffnung – der Insolvenzverwalter hat damit einen Anspruch gegen den Auftraggeber auf Feststellung des Leistungsstandes, um den bis zur vorzeitigen Vertragsbeendigung erarbeiteten Werklohn geltend schlüssig abrechnen und geltend machen zu können, sofern dieser nicht bereits durch Voraus- und Abschlagszahlungen des Auftraggebers getilgt ist und nicht der Auftraggeber berechtigt mit (Schadensersatz-)Gegenforderungen aufrechnet (Schmitz, Die Abwicklung des Bauvertrags in der Insolvenz, Stand 4.2.2018, Rn. 50). In seinem Grundsatzurteil v. 25.4.2002 (IX ZR 313/99) hat der BGH hierzu entschieden, dass für die Ermittlung des anteiligen Werklohns dieselben Maßstäbe anzuwenden sind, wie wenn der Bauvertrag im Zeitpunkt der Verfahrenseröffnung aus wichtigem Grund gekündigt worden wäre.

82 **b) Abrechnung.** Der insolvente Auftragnehmer (bzw. die Insolvenzmasse) hat daher lediglich einen Werklohnanspruch für die erbrachten Leistungen, soweit diese von dem Auftraggeber verwertet werden können. Pauschale Bewertungen oder ein Abgleich auf der Grundlage eines Ratenzahlungsplans sind also nicht zulässig bzw. geeignet, den Leistungsstand festzustellen, dh zu ermitteln, welchen Vergütungsanteil sich der Auftragnehmer für die erbrachten Leistungen „verdient" hat.

83 Der Werklohnanspruch setzt nach allgemeinen Grundsätzen ferner voraus, dass die er-brachten Teilleistungen abnahmereif sind und die Abnahme auch tatsächlich erklärt wird. Nach der Kündigung hat der Auftragnehmer einen Anspruch gegen den Auftraggeber auf Abnahme, wenn die von ihm bis zur Kündigung erbrachte Leistung die Voraussetzungen der Abnahmepflicht des Auftraggebers erfüllt (Kniffka/Koeble, Kompendium des Baurechts, 5. Aufl. 2020, Teil 8 Rn. 25). Auch insofern ist der tatsächlich erbrachte Leistungsumfang maßgeblich. Keinesfalls können sich die Beteiligten auf Abschlagsrechnungen bzw. Zahlungspläne, die dem Vertrag zugrunde gelegt wurden, beziehen und anhand des Zahlungsstandes den Leistungsstand nachverfolgen.

84 **aa) Bewertung beim Einheitspreisvertrag.** Wenn zwischen Insolvenzverwalter und Vertragspartner keine gütliche Verständigung hinsichtlich des Leistungsstandes möglich ist, kann dies bedeuten, dass unter Umständen eine umfangreiche Bestandsaufnahme erforderlich ist. Bei einem Einheitspreisvertrag muss Aufmaß genommen werden. Der Verwalter muss zu den einzelnen Positionen des Vertrages die Mengen ordnungsgemäß aufmessen und diese Vordersätze mit den Einheitspreisen des Vertrages multiplizieren. Nachlässe sind in voller Höhe berücksichtigungsfähig.

85 **bb) Bewertung beim Pauschalvertrag.** Bei einem Pauschalpreisvertrag ist die Ermittlung des Werklohns der Höhe nach demgegenüber komplizierter. Auch hier kann der Insolvenzverwalter für die erbrachten Leistungen nicht die aus dem Vertrag für den erreichten Bautenstand vorgesehenen Raten verlangen, sondern auch insoweit nur die Vergütung für die tatsächlich erbrachten Leistungen. Dazu hat der BGH bei einem Pauschalpreisvertrag darauf hingewiesen, dass die Verknüpfung von Teilleistungen mit Teilzahlungen nicht zwingend etwas darüber aussagt, dass die Vertragsparteien die einzelnen Teilleistungen mit den ihnen zugeordneten Raten bewerten wollten (BauR 1980, 356). Danach müssen für die Abrechnung zunächst die erbrachten Leistungen festgestellt und von dem nicht erbrachten Teil der Werkleistung abgegrenzt werden. Für die erbrachten Leistungen ist sodann ein entsprechender anteiliger Werklohn anzusetzen. Der BGH sagt, dass dabei die Höhe der Vergütung nach dem Verhältnis des Wertes der erbrachten Teilleistung zum Wert der nach dem Pauschalpreisvertrag geschuldeten Gesamtleistung zu errechnen ist (BauR 1980, 356; BauR 2000, 1182; NZBau 2003, 151).

86 Das einfachste ist, wenn das Wertverhältnis der erbrachten Teilleistung zur Gesamtleistung anhand eines Aufmaßes oder eines Leistungsverzeichnisses ermittelt werden kann. Bei einem Global-Pauschalpreisvertrag scheidet diese Möglichkeit jedoch aus. Hier wäre dann die Heranziehung der Ursprungskalkulation erforderlich. Aus der Kalkulation muss dann – unter Umständen durch eine zusätzliche Schätzung nach § 287 ZPO – die richtige Vergütung ermittelt werden. Folgende Schritte müssen bei der Abrechnung eines Pauschalpreisvertrages also vollzogen werden:
- Es muss zwischen erbrachten und nicht mehr erbrachten Leistungen abgegrenzt werden.
- Die erbrachten Leistungen sind entsprechend dem Verhältnis ihres Wertes zum Wert der nach dem Pauschalvertrag geschuldeten Gesamtleistung zu bewerten. Hierzu ist die Vorlage der Urkalkulation notwendig. Aus der Kalkulation muss sich ergeben, mit welchen einzelnen Teilleistungen gerechnet worden ist und wie diese Teilleistungen preislich bewertet wurden. Aus der Summe der einzelnen Teilleistungen muss sich der Gesamtpreis ergeben.
- Sodann ist darzulegen, welche Leistungen entsprechend der Urkalkulation in welchem Umfang ausgeführt/erbracht worden sind. Diese Leistungen sind dann entsprechend der Urkalkulation preislich zu bewerten.
- Zusatzleistungen/Nachträge müssen gesondert ausgewiesen werden. Hierzu gehört auch die Darstellung, warum die Nachträge von der Ursprungspauschale nicht umfasst sind. Die Nach-

tragshöhe hat sich jedoch soweit möglich aus der Urkalkulation zu ergeben; fehlen vergleichbare Preispositionen, ist notfalls eine ortsübliche Vergütung anzusetzen.

Es liegt auf der Hand, dass die richtige Ermittlung der Vergütung bei einem gekündigten Pauschalvertrag unter Umständen einen erheblichen Aufwand erfordert, weil, sollte eine Ursprungskalkulation fehlen, der Insolvenzverwalter im Nachhinein im Einzelnen darzulegen hat, wie die erbrachten Leistungen unter Beibehaltung des Vertragspreisniveaus zu bewerten sind. Hierbei kann es erforderlich sein, die Vertragskalkulation erst nachträglich zu erstellen (Kniffka/Koeble, Kompendium des Baurechts, 5. Aufl. 2020, Teil 8 Rn. 57). 87

Hat der insolvente Auftragnehmer bis zur Kündigung nur sehr geringfügige Teilleistungen erbracht oder hat er das Werk nahezu vollständig fertiggestellt, gestattet der BGH eine gewisse Erleichterung. Im ersteren Falle lässt der BGH es ausdrücklich zu, dass der Auftragnehmer die ihm zustehende Mindestvergütung in der Weise abrechnet, dass er die gesamte Leistung als nicht erbracht zugrunde legt und von dem Pauschalpreis die hinsichtlich der Gesamtleistung ersparten Aufwendungen absetzt. Im letzteren Falle kann der Insolvenzverwalter vom vollständigen Pauschalpreis ausgehen und davon lediglich die nicht geleisteten Arbeiten in Abzug bringen (BGH NZBau 2015, 27; 2000, 375). Die entscheidende Frage ist dann jedoch, wann in diesem Sinne von „geringfügigen Teilleistungen" gesprochen werden kann, die entweder anfänglich erst erbracht oder noch nicht erbracht sind. Zum Teil wird insoweit auf die noch fehlenden Einzelgewerke (zB Außenputz, Fliesenarbeiten, Dachgeschossausbau etc) verwiesen. 88

Im Einzelfall kann die Abrechnung der erbrachten Leistungen auch schlüssig derart erfolgen, dass der Auftragnehmer die vereinbarte Pauschale ansetzt und hiervon die Drittunternehmerkosten in Abzug bringt, die der Auftraggeber aufwendet, um das Werk von einem Ersatzunternehmer fertigstellen zu lassen (BGH NZBau 2014, 351).. Den Auftraggeber benachteiligt dies in der Regel dann nicht, wenn fest steht, dass der Drittunternehmer für die Restfertigstellung teurer ist als der insolvent gewordene Auftragnehmer. Gleiches gilt, wenn zwar nicht fest steht, dass der Drittunternehmer teurer ist, der Besteller aber den Abzug der Restfertigstellungskosten akzeptiert, er sich mit dem Unternehmer auf diese Art der Abrechnung verständigt oder der Besteller dieser Berechnungsmethode nicht widerspricht. 89

c) Abnahme. Seine ursprüngliche Rechtsprechung, dass nach vorzeitiger Beendigung eines (VOB-)Bauvertrages es für die Fälligkeit der Vergütung für erbrachte Leistungen oder vergütungsgleicher Forderungen (entgangener Gewinn, Entschädigung) keiner Abnahme des unfertigen Werkes bedürfe, sondern die Erteilung einer Schlussrechnung ausreichend sei (BGH NJW 1987, 382) hat der BGH mit seinem Urteil v. 11.5.2006 aufgegeben (BGHZ 167, 345 = NZBau 2006, 569). Seither gilt: Auch nach Kündigung eines Bauvertrags wird die Werklohnforderung grundsätzlich erst mit der Abnahme der bis dahin erbrachten Werkleistungen fällig. Damit kann für Einzelheiten auf die einschlägige Kommentierung der Abnahmevorschriften verwiesen werden (BeckOK BGB/Voit BGB § 641 Rn. 2 ff.). Die Kündigung stellt naturgemäß keine (konkludente) Abnahme dar (BGH NZBau 2013, 265). 90

Der Auftragnehmer bzw. Insolvenzverwalter, der Restvergütung für die bis zur Kündigung erbrachten Leistungen verlangt, ist daher gehalten, eine Abnahme des bis zur Kündigung erstellten Teilwerks herbeizuführen. Er kann hierzu die Abnahme beantragen (§ 8 Abs. 7 VOB/B), hat jedoch nur dann einen Anspruch auf Abnahme durch den Auftraggeber, wenn die erbrachten Leistungen keine wesentlichen Mängel aufweisen (§ 640 Abs. 1 S. 2 BGB, § 12 Abs. 3 VOB/B). Liegen nur unwesentliche Mängel vor, kann der Auftragnehmer bzw. Verwalter die Abnahme, die der Auftraggeber möglicherweise wegen der noch fehlenden Gesamtleistung verweigert, nach § 640 Abs. 2 BGB „ersetzen". Er kann den Auftraggeber dazu auffordern, die Abnahme innerhalb einer angemessenen Frist zu erklären. Nach Ablauf der Frist ist der Anspruch der Masse der Höhe nach gerichtet auf die vereinbarte Vergütung (einschließlich etwaiger Nachträge etc.). 91

Liegen allerdings wesentliche Mängel vor, ist die Leistung zunächst einmal nicht abnahmefähig. Der AN bzw. Insolvenzverwalter kann dann – dauerhaft – keine Werklohnansprüche zur Masse ziehen (Thode ZfBR 2006, 638 (640) – „Blockadesituation"). Die einzige Möglichkeit wäre, auf Kosten der Masse die Mängel zu beseitigen und das Werk abnahmereif zu machen. Wegen der damit verbundenen Haftungsrisiken (Stichwort: Erfüllungswahl) dürfte dies allerdings ein nur theoretischer Fall sein. 92

Zum Teil wird allerdings auch vertreten, dass auch bei wesentlichen Mängeln dies nur zu einem Abzug in Höhe der einfachen Mängelbeseitigungskosten führt, sodass im Übrigen ein Abrechnungsverhältnis entsteht, das eine Abnahme der mangelhaften Leistungen als Fälligkeitsvoraussetzung entfallen lasse (Bopp, Der Bauvertrag in der Insolvenz, 2009, 241 f., 284 ff.; Huber ZInsO 2005, 449 (451)). Diese Auffassung überzeugt allerdings nicht. Ein Abrechnungsverhältnis wird nach der Rechtsprechung des BGH erst dann begründet, wenn der Auftragnehmer einen 93

Bau- und Architektenrecht in der Insolvenz

Vergütungsanspruch hat und dem Auftraggeber allein auf Geldzahlung gerichtete Ansprüche wegen der unvollständigen oder mangelhaften Fertigstellung des Werkes zustehen. Allein in diesem Fall ist die Abnahme der Werkleistung keine Voraussetzung (mehr) für die Fälligkeit der Vergütungsforderung. Ein Abrechnungsverhältnis entsteht daher grundsätzlich erst dann, wenn der Auftraggeber Minderung oder Schadensersatz geltend macht oder jedenfalls die Abnahme ernsthaft und endgültig verweigert (BGH NZBau 2017, 211).

94 **d) Gegenrechte.** Mit dem Urteil des BGH v. 23.6.2005 (NZBau 2005, 582) hat der BGH seine bis dahin geltende Rechtsprechung aufgegeben, dass gegenseitigen Ansprüche in einem Abrechnungsverhältnis saldiert bzw. verrechnet werden (BGH NJW 1977, 1345). Seitdem gilt, dass wenn sich in einem Werkvertrag Ansprüche aufrechenbar gegenüberstehen, Aufrechnungsverbote nicht dadurch umgangen werden können, dass ein Verrechnungsverhältnis angenommen wird. Die Ansprüche werden nicht verrechnet.

95 **aa) Fertigstellungsmehrkosten.** Nach einer Kündigung nach § 8 Abs. 3 VOB/B stehen sich der Werklohnanspruch des Auftragnehmers für erbrachte Leistungen und der Schadensersatzanspruch in Höhe der Mehrkosten der Fertigstellung aufrechenbar gegenüber (BGH NZBau 2005, 582). Der Auftraggeber kann daher gegenüber dem Werklohnanspruch des Auftragnehmers für erbrachte Leistungen mit dem Schadensersatzanspruch in Höhe der Mehrkosten der Fertigstellung auch im Insolvenzverfahren aufrechnen, wenn die Kündigung vor der Eröffnung des Verfahrens erfolgt ist. Denn sofern der Auftraggeber vor der Eröffnung des Insolvenzverfahrens den Bauvertrag gekündigt hat, wird seine Forderung auf Schadensersatz wegen der Restfertigstellungsmehrkosten bereits mit der Kündigung fällig. § 95 Abs. 1 S. 3 InsO steht der Aufrechnung nicht entgegen (BGH NZBau 2005, 582).

96 Anders wird dies zum Teil dann beurteilt, wenn der Auftraggeber erst nach der Eröffnung des Insolvenzverfahrens, Erfüllungsablehnung durch den Verwalter und Schlussrechnungslegung die Restfertigstellungsmehrkosten als Nichterfüllungsschaden geltend macht. Die Aufrechnungsverbote des § 95 Abs. 1 S. 1 und 3 InsO greifen formell dann ein, wenn die Werklohnforderung des Insolvenzverwalters bereits vorher, dh vor dem Schadensersatzanspruch des Auftraggebers, fällig geworden ist. Allerdings stellt der BGH in mehreren Entscheidungen heraus, dass die Wirkung eines solchen Aufrechnungsverbotes grundsätzlich nicht gerechtfertigt ist, wenn der Besteller gegenüber einer Werklohnforderung mit Ansprüchen aufrechnet, die dazu dienen, das durch den Vertrag geschaffene Äquivalenzverhältnis von Leistung und Gegenleistung herzustellen. Dazu gehören nach BGH die Forderung auf Zahlung der Mängelbeseitigungskosten (vgl. BGH NZBau 2005, 685; BauR 2002, 1390 = NZBau 2002, 499 = ZfBR 2002, 671) und die Forderung auf Zahlung der Fertigstellungsmehrkosten (vgl. BGH BauR 2005, 1477 = NZBau 2005, 582 = ZfBR 2005, 673; BGHZ 151, 147).

97 Mit Restfertigstellungsmehrkosten kann der Auftraggeber daher grundsätzlich gegen etwaige noch bestehende Werklohnforderungen des Auftragnehmers bzw. der Masse aufrechnen (Uhlenbruck/Sinz, 15. Aufl. 2019, InsO § 95 Rn. 38; → § 95 Rn. 34).

98 **bb) Ansprüche wegen Mängeln.** Da, wie vorstehend ausgeführt, insolvenzrechtliche Aufrechnungsverbote keine Anwendung auf synallagmatisch verbundene Forderungen aus demselben Schuldverhältnis finden (BGH NZI 2013, 296 Rn. 12 mAnm Dahl/Schmitz NZI 2013, 631; OLG Celle ZIP 2011, 1164), kann der Auftraggeber gegenüber einer Werklohnforderung auch mit einer Forderung auf **Zahlung der Mängelbeseitigungskosten** aufrechnen, da auch diese dazu dienen, das durch den Vertrag geschaffene Äquivalenzverhältnis von Leistung und Gegenleistung herzustellen (vgl. BGH NZBau 2005, 685; BGH BauR 2002, 1390 = NZBau 2002, 499 = ZfBR 2002, 671).

99 Mit Eröffnung des Insolvenzverfahrens werden der Erfüllungsanspruch des Auftraggebers und seine Rechte aus §§ 320 ff., 641 Abs. 3 BGB suspendiert. Ein „volles" **Leistungsverweigerungsrecht** mit Druckzuschlag in regelmäßig zweifacher Höhe der Mängelbeseitigungskosten steht dem Auftraggeber nicht zu (Schmitz, Die Abwicklung des Bauvertrags in der Insolvenz, Stand 4.2.2018, Rn. 62). Etwas anderes gilt nur, wenn der Insolvenzverwalter die Erfüllung des Vertrages, einschließlich der Verpflichtung zur Beseitigung von Mängeln wählen sollte (praktisch unwahrscheinlich). Im Übrigen kann der Auftraggeber nach fruchtloser Fristsetzung an den Insolvenzverwalter mit einem aus § 103 Abs. 2 S. 1 InsO abzuleitenden (Schadensersatz-)Anspruch wegen Nichterfüllung aufrechnen.

100 Mit der Rechtsprechungsänderung des BGH (NZBau 2018, 201) kann Schadensersatzanspruch allerdings nicht mehr anhand der fiktiven Mängelbeseitigungskosten berechnet werden. Der Besteller, der das Werk behält und den Mangel nicht beseitigen lässt, kann im Rahmen eines Schadensersatzanspruchs statt der Leistung (kleiner Schadensersatz) gegen den Unternehmer seinen Schaden nur noch in der Weise bemessen, dass er im Weg einer Vermögensbilanz die Differenz zwischen

Bau- und Architektenrecht in der Insolvenz

dem hypothetischen Wert der durch das Werk geschaffenen oder bearbeiteten, im Eigentum des Bestellers stehenden Sache ohne Mangel und dem tatsächlichen Wert der Sache mit Mangel ermittelt. Der Schaden kann alternativ in Anlehnung an § 634 Nr. 3 BGB, § 638 BGB auch in der Weise bemessen werden, dass ausgehend von der für das Werk vereinbarten Vergütung der Minderwert des Werks wegen des (nicht beseitigten) Mangels geschätzt wird. Maßstab ist danach die durch den Mangel des Werks erfolgte Störung des Äquivalenzverhältnisses. Der Besteller hingegen, der das Werk behält und den Mangel beseitigen lässt, kann die von ihm aufgewandten Mängelbeseitigungskosten als Schaden ersetzt verlangen.

cc) Sicherheitseinbehalt. Der Insolvenzverwalter ist an die Vereinbarung eines Sicherheitseinbehalts gebunden (BGH BauR 1999, 392). Dadurch wird die Fälligkeit des entsprechenden Werklohnanteils bis zum Ablauf der festgelegten Fristen hinausgeschoben. Der Sicherheitseinbehalt muss auf Nachfristsetzung des Insolvenzverwalters hin auf ein gemeinsames Sperrkonto einbezahlt werden, wenn nicht ausnahmsweise ein Fall des § 17 Abs. 6 Nr. 4 VOB/B als Privilegierung für den öffentlichen Auftraggeber vorliegt. Ansonsten muss der Einbehalt sofort ausgezahlt werden (§ 17 Abs. 6 Nr. 3 VOB/B). **101**

dd) Verzugsschaden/Vertragsstrafe. Verzugsschadensersatzansprüche und Vertragsstrafenansprüche des Auftraggebers sind keine synallagmatischen Forderungen im Verhältnis zu den Vergütungsansprüchen des Auftragnehmers bzw. der Masse. Die Aufrechnung ist daher grundsätzlich ausgeschlossen, wenn der Vergütungsanspruch vor dem Verzugsschadensersatzanspruch fällig wird. Jedoch ist weitgehend aus praktischen Gründen ausgeschlossen, dass der Vergütungsanspruch vor dem Verzugsschadensersatzanspruch oder dem Vertragsstrafenanspruch fällig wird. Für die Frage der Fälligkeit kommt es nämlich auf die objektive Fälligkeit an und nicht darauf, wann der Schaden abschließend beziffert werden kann. Objektiv fällig ist der Verzugsschaden bereits mit Verzugseintritt, auch wenn der letztendliche Schaden zu diesem Zeitpunkt noch nicht konkret beziffert werden kann (vgl. BGH NJW-RR 2010, 1401). Zu nennen sind beispielsweise Verzugsschäden in Form von entgangenen Mieten oder Finanzierungskosten (Schmitz, Die Bauinsolvenz, 6. Aufl. 2015, Rn. 527). **102**

Schon mit Verzugseintritt entsteht der Schadensersatzanspruch; der Gläubiger könnte den Schuldner auf Leistung in Anspruch nehmen iSd § 271 BGB und wenigstens Feststellungsklage auf Verzugsschadensersatz erheben. Befindet sich der Auftragnehmer jedoch objektiv in Verzug, heißt dies zugleich, dass er seine Bauleistungen noch nicht fertiggestellt hat/haben kann. In Folge dessen kann aber auch die Vergütungsforderung nicht fällig sein, weil für die Fälligkeit die Abnahme der Vertragsleistung erforderlich ist und bei einem VOB-Vertrag darüber hinaus der Zugang einer (Schluss-)Rechnung bei dem Auftraggeber; die Abnahme wiederum setzt voraus, dass das Werk im Wesentlichen mängelfrei fertiggestellt ist. **103**

Etwas anderes mag dann gelten, wenn zum Zeitpunkt der Insolvenzverfahrenseröffnung bereits fällige Vergütungsforderungen bestanden (beispielsweise fällige Abschlagsrechnungen) und der objektive Verzug erst nach Insolvenzverfahrenseröffnung entstanden ist. In diesem Fall wäre die Aufrechnung nach § 95 Abs. 1 S. 3 InsO ausgeschlossen. **104**

Gleiches gilt für Vertragsstrafenansprüche. Diese bestehen mit der Verletzung der sanktionierten Pflicht, dh mit der schuldhaft verzögerten Fertigstellung, die ebenfalls zwingend vor der Forderung des Unternehmers fällig wird, weil die Fälligkeit die Fertigstellung und Abnahme der Bauleistung voraussetzt. **105**

II. Kündigung/Vertragsbeendigung durch den Auftragnehmer bzw. Nachunternehmer

1. Möglichkeiten zur Kündigung/Aufhebung des Vertrages

Auch der Unternehmer kann ein Interesse daran haben, den Bauvertrag zu beenden, um Schäden durch Stillstand der Baustelle und Vorhaltung von Materialien und Arbeitskraft zu vermeiden. **§ 648a Abs. 1 BGB** gibt grundsätzlich auch dem Auftragnehmer das Recht, den Bauvertrag **außerordentlich zu kündigen,** wenn ihm ein Festhalten an dem Vertrag nicht zugemutet werden kann. Als Kündigungsgründe für den Unternehmer werden allgemein angesehen (s. BeckOK BGB/Voit BGB § 648a Rn. 6): Beharrliche Weigerung, fällige Abschlagszahlungsansprüche zu erfüllen, (OLG Celle NJW-RR 2000, 234), Zahlungsverzug des Bestellers (vgl. § 9 Abs. 1 VOB/B). Die **Insolvenzantragstellung über das Vermögen des Auftraggebers oder die Verfahrenseröffnung** sind bislang jedoch nicht als Fallgruppen für eine außerordentliche Kündigung anerkannt worden. Wenn man aber mit dem VII. Zivilsenat annimmt, dass eine Verpflichtung der Vertragsparteien besteht, das zwischen ihnen erforderliche Vertrauensverhältnis nicht nachhaltig zu stören und die Erreichung des Vertragszwecks nicht zu gefährden, und eine schuldhafte Pflicht- **106**

Bau- und Architektenrecht in der Insolvenz

verletzung des Unternehmers allein schon deswegen bejaht, weil dieser einen Eigeninsolvenzantrag stellt (BGH NJW 2016, 1945 Rn. 58 f.), dann ist nicht ersichtlich, warum es umgekehrt nicht auch zulässig sein sollte, den Vertrag außerordentlich zu kündigen, wenn der Besteller einen Eigeninsolvenzantrag stellt oder das Verfahren über sein Vermögen eröffnet wird (s. auch C. Schmitz, ibr-online-Kommentar Bauvertragsrecht, § 648a Rn. 12).

107 Ansonsten kann der Unternehmer den Bauvertrag nur dann beenden, wenn dies nach den vertraglichen oder allgemeinen gesetzlichen Gründen möglich ist. Dies ist zB dann der Fall, wenn die Voraussetzungen von **§ 650f Abs. 5 BGB** vorliegen, Abschlagsrechnungen von dem Auftraggeber nicht bezahlt werden (§ 323 Abs. 1 BGB) oder der Auftraggeber seinen erforderlichen **Mitwirkungsverpflichtungen** nicht nachkommt (**§ 643 BGB iVm § 642 Abs. 1 BGB**).

108 Eine Vertragsbeendigung nach § 643 BGB wegen unterlassener Mitwirkungshandlung bietet sich insbesondere für den **Nachunternehmer** an, wenn der Auftraggeber seinerseits den Bauvertrag (zB insolvenzbedingt nach § 8 Abs. 2 VOB/B) mit dem Hauptauftragnehmer gekündigt hat. Denn der Hauptauftragnehmer und seine Erfüllungsgehilfen (Nachunternehmer) haben nach der Auftraggeberkündigung kein Recht mehr, die Baustelle fertigzustellen. Der Hauptauftraggeber kann dann dem Nachunternehmer das Grundstück nicht mehr zur Verfügung stellen und verletzt insoweit gegenüber dem Nachunternehmer seine Mitwirkungsverpflichtung (vgl. BGH BauR 2000, 722 (725)). Setzt der Nachunternehmer dem Hauptauftragnehmer eine Frist zur Erfüllung seiner Mitwirkungspflicht und erklärt, dass er nach Fristablauf den Vertrag kündigen werde, gilt der Vertrag mit Ablauf der Frist als aufgehoben (§ 643 S. 2 BGB).

2. Alternative: Leistungsverweigerungsrecht

109 Alternativ kann sich der Unternehmer ggf. auf ein Leistungsverweigerungsrecht nach §§ 320 ff., 273 Abs. 1 BGB berufen. Insbesondere auf **§ 321 Abs. 1 BGB** ist an dieser Stelle besonders hinzuweisen: Wer danach aus einem gegenseitigen Vertrag zur Vorleistung verpflichtet ist, kann die ihm obliegende Leistung verweigern, wenn nach Abschluss des Vertrags erkennbar wird, dass sein Anspruch auf die Gegenleistung durch mangelnde Leistungsfähigkeit des anderen Teil gefährdet wird. Das Leistungsverweigerungsrecht entfällt nur dann, wenn die Gegenleistung bewirkt oder Sicherheit für sie geleistet wird. Der Vorleistungspflichtige kann auch den **Rücktritt** von dem Vertrag erklären, wenn er dem Gläubiger zunächst eine Frist zur Stellung eine Sicherheit gesetzt hat.

110 Die Schwierigkeit bei diesem Leistungsverweigerungsrecht/Rücktrittsrecht ist der Nachweis der Anspruchsgefährdung durch mangelnde Leistungsfähigkeit des anderen Vertragspartners. Nach dem Wortlaut der Norm müssen die Ansprüche tatsächlich gefährdet sein. Bloße Zweifel an der Zahlungsfähig- oder Kreditwürdigkeit sind daher nicht ausreichend (vgl. BGH NJW 1985, 1220 (1221); OLG Düsseldorf NJW-RR 1999, 1437). Tritt jedoch die Situation ein, dass der Besteller einen Insolvenzantrag stellt oder, ggf. schon vorher, seine Zahlung eingestellt hat, was nach § 17 Abs. 2 S. 2 InsO als Indiz für die Zahlungsunfähigkeit ausreicht, ist zugleich auch das Tatbestandsmerkmal der Anspruchsgefährdung erfüllt (s. Schmitz, Die Bauinsolvenz, 6. Aufl. 2015, Rn. 736).

110a Das seit dem 1.1.2021 geltende Gesetz über den Stabilisierungs- und Restrukturierungsrahmen für Unternehmen (StaRUG) regelt, dass allein die **Rechtshängigkeit einer Restrukturierungssache oder die Inanspruchnahme von Instrumenten des Stabilisierungs- und Restrukturierungsrahmens** kein Grund für ein Leistungsverweigerungsrecht sind (§ 44 Abs. 1 Nr. 3 StaRUG). Dabei stellt der Gesetzgeber indes heraus, dass das **Leistungsverweigerungsrecht nach § 271 BGB** unberührt bleibt, wenn es in § 55 Abs. 3 S. 1 StaRUG heißt: „Ist der Gläubiger vorleistungspflichtig, hat er das Recht, die ihm obliegende Leistung gegen Sicherheitsleistung oder Zug um Zug gegen die dem Schuldner obliegende Leistung zu erbringen." Da ein Unternehmen den Stabilisierungs- und Restrukturierungsrahmen nur dann nutzen kann, wenn drohende Zahlungsunfähigkeit vorliegt, dokumentiert wohl der Schuldner mit einer Einleitung einer Restrukturierungssache seine mangelnde Leistungsfähigkeit, sodass dem Auftragnehmer regelmäßig aus diesem Grunde auch das Leistungsverweigerungsrecht nach § 271 BGB zustehen dürfte.

111 Hat nicht der Besteller, sondern ein Gläubiger den Insolvenzantrag gestellt, kommt es darauf an, ob dieser seinen Antrag hinreichend glaubhaft gemacht hat. Für den Auftragnehmer ist dies jedenfalls nicht ohne Weiteres zu beurteilen. Gegebenenfalls müsste er versuchen, gem. § 299 Abs. 2 ZPO iVm § 4 InsO Einsicht in die Insolvenzakten zu nehmen, was jedoch voraussetzt, dass er ein rechtliches Interesse an der Akteneinsicht glaubhaft machen kann. Erst wenn der Auftragnehmer den Insolvenzantrag kennt, kann er einigermaßen verlässlich einschätzen, ob die Insolvenzgründe hinreichend glaubhaft gemacht sind und ob vor diesem Hintergrund tatsächlich eine Anspruchsgefährdung iSv § 321 Abs. 1 BGB besteht.

Bau- und Architektenrecht in der Insolvenz

In einer Krisensituation wird ein Auftragnehmer, der Schäden aus unnötigem Baustillstand **112** abwenden möchte, kaum Zeit haben, um erst über die Beantragung eines Akteneinsichtsrechts, welches eine Art kontradiktorisches Zwischenverfahren nach sich ziehen kann, Einsicht in die Insolvenzakten zu nehmen, um sodann erst im Anschluss hieran zu prüfen, ob die Ausübung des Leistungsverweigerungsrechtes begründet ist. Wie bei § 320 Abs. 1 BGB kann der Unternehmer allerdings auch bei § 321 Abs. 1 BGB ggf. erst im Nachhinein eine Baustellenräumung oder sonstige Leistungsverweigerung rechtfertigen, wenn zum Zeitpunkt der Rechtsausübung die Tatbestandsmerkmale des § 321 Abs. 1 BGB objektiv vorlagen (Schmitz, Die Bauinsolvenz, 6. Aufl. 2015, Rn. 738 mit Hinweis auf BGH NJW 2010, 1272).

III. Gefahrenlage einer späteren Insolvenzanfechtung

1. Gründe für die Insolvenzanfechtung

Die Vorschriften der Insolvenzanfechtung (§§ 129–147 InsO) haben den Zweck, eine vor **113** Eröffnung des Insolvenzverfahrens vorgenommene Schmälerung der Insolvenzmasse wieder zu korrigieren (Uhlenbruck/Hirte/Ede, 15. Aufl. 2019, InsO § 129 Rn. 1; → § 129 Rn. 1). Hierdurch soll zum einen erreicht werden, dass hinreichend Masse für die Durchführung des Insolvenzverfahrens generiert werden kann und dass die Gläubiger schon ab einem früheren Zeitpunkt als zu dem der formellen Eröffnung des Insolvenzverfahrens gleichbehandelt werden. Zweck der Insolvenzanfechtung ist natürlich auch, eine sachlich ungerechtfertigte Vermögensverschiebungen, durch die die Insolvenzmasse verkürzt wurde, rückgängig zu machen.

Derartige Vermögensminderungen sind praktisch vor allem in den letzten Monaten vor der **114** Stellung eines Eröffnungsantrages zu beobachten; die Vorschriften der **Kongruenz-** bzw. **Inkongruenz**anfechtung legen sich insoweit auf einen Zeitraum von drei Monaten vor Antragstellung fest. Gleiches gilt für unmittelbar nachteilige Rechtshandlungen iSv § 132 InsO.

Unentgeltliche Leistungen, die rechtlich wenig schutzbedürftig sind, sind demgegenüber sogar **115** für einen Zeitraum von bis zu vier Jahren vor Antragstellung anfechtbar (§ 134 InsO). Vorsätzliche Benachteiligungen sind sogar für einen Zeitraum von 10 Jahren vor Antragstellung anfechtbar (§ 133 InsO). Die besonderen Anfechtungsvorschriften in §§ 135–137 InsO sind für den bauvertraglichen Bereich nicht von Bedeutung, sodass diese an dieser Stelle nicht weiter behandelt werden.

Besonders relevant für den bauvertraglichen Bereich sind demgegenüber die Anfechtungsvor- **116** schriften in den §§ 130–134 InsO. In der **Insolvenz des Auftraggebers** führt dies zu der Frage, ob und unter welchen Voraussetzungen **Zahlungen** des Auftraggebers **an den Auftragnehmer** vor Insolvenzeröffnung anfechtbar sind (ua → Rn. 126), wobei zu differenzieren ist, ob die Zahlungen unter Umständen den Charakter eines Bargeschäftes erfüllen (→ Rn. 121), ob sie inkongruent (→ Rn. 124) oder möglicherweise mit Zustimmung durch den schwachen vorläufigen Insolvenzverwalter erfolgten (→ Rn. 181) oder ob sie beispielsweise zur Abfindung einer angebotenen Zwangsvollstreckung geleistet worden sind (→ Rn. 145). Zudem stellt sich in der Insolvenz des Auftraggebers die Frage, ob und unter welchen Voraussetzungen, (nachträgliche) **Sicherheitenstellungen** durch den Auftraggeber der Anfechtung unterliegen (→ Rn. 166). Zu nennen als solche Sicherheitenstellungen sind die Bauhandwerkersicherung gem. § 650f BGB oder die Stellung einer Bauhandwerkersicherungshypothek nach § 650e BGB.

In der **Insolvenz des Auftragnehmers** stellt sich demgegenüber die Frage, ob beispielsweise **117** eine nachträglich eingeräumte **Sicherung** (→ Rn. 146 ff.) sowie die Vereinbarung eines **Sicherheitseinbehalts** (→ Rn. 157) der Anfechtung unterliegen. Insolvenzrechtlich anfechtbar könnte des Weiteren noch ein **Vergleich des Auftragnehmers mit dem Auftraggeber** (→ Rn. 182 ff.) sein, den die Parteien abschließen, um das Bauvorhaben vor Eröffnung des Insolvenzverfahrens zu beenden. In diesem Zusammenhang stellt sich auch die Frage, ob und unter welchen Voraussetzungen **Direktzahlungen** an die Nachunternehmer des Auftragnehmers (→ Rn. 127) der Insolvenzanfechtung unterliegen. Zu denken ist schließlich aber auch an eine Anfechtung der Aufrechnungslage (→ Rn. 212 ff.), was zu einem Aufrechnungsverbot nach § 96 Abs. 1 Nr. 3 InsO führen könnte. Schließlich sind auch Verjährungsverzichtserklärungen (→ Rn. 222) zu berücksichtigen, die in baurechtlichen Sachverhalten auch vergleichsweise häufig anzutreffen sind.

2. Grundlagen zur Insolvenzanfechtung (Überblick) und Bezüge zum Baurecht

Grundvoraussetzung jeder Insolvenzanfechtung ist das Vorliegen einer objektiv gläubigerbe- **118** nachteiligenden Rechtshandlung vor Insolvenzverfahrenseröffnung (§ 129 Abs. 1 InsO). Liegt eine objektiv gläubigerbenachteiligenden vorinsolvenzliche Rechtshandlung vor, kommt es darauf an, ob die spezifischen Voraussetzungen der §§ 130 ff. InsO erfüllt sind. Dies bedeutet, dass zusätzlich die Voraussetzungen der **Kongruenz**anfechtung (§ 130 InsO), der **Inkongruenz**anfechtung (§ 131 InsO) der Anfechtung unmittelbar nachteiliger Rechtshandlungen (§ 132 InsO), der Vorsatzanfechtung (§ 133 InsO) bzw. – für den bauvertraglichen Bereich ebenfalls relevant – der Anfechtung unentgeltlicher Leistungen (§ 134 InsO) erfüllt sein müssen.

119   Diese Anfechtungstatbestände sehen einen gewissen Zeitraum vor, innerhalb dessen die Rechtshandlung vorgenommen sein muss (bei der Vorsatzanfechtung reicht dieser bis zu 10 Jahre vor Antragstellung zurück). Des Weiteren knüpfen die Vorschriften an gewisse objektive Umstände (Vornahme der Rechtshandlung, ggf. Zahlungsunfähigkeit des Schuldners zu diesem Zeitpunkt) sowie innere Tatbestände (Kenntnis des Gläubigers von der Zahlungsunfähigkeit, Benachteiligungsvorsatz etc) an. Nur wenn jeweils diese spezifischen Voraussetzungen eines dieser besonderen Insolvenzanfechtungstatbestände erfüllt sind, greift die Insolvenzanfechtung durch. **Darlegungs- und beweisbelastet** für das Vorliegen der Voraussetzungen ist im Allgemeinen der **Insolvenzverwalter** (BGH WM 2020, 1919 Rn. 17; BGH ZInsO 2017, 1366 = NZI 2017, 620). Indes sehen die Anfechtungsvorschriften zum Teil Beweiserleichterungen bzw. gesetzliche Vermutungen vor, die dann letztlich der Gläubiger erschüttern bzw. widerlegen muss.

120   a) **Rechtshandlung.** Der Begriff der Rechtshandlung ist weit auszulegen (→ § 129 Rn. 19). Rechtshandlung ist nach ständiger Rechtsprechung des BGH jedes von einem Willen getragene Handeln vor Eröffnung des Insolvenzverfahrens, das eine rechtliche Wirkung auslöst (BGH NZI 2004, 374; 2004, 314; 2007, 158). Ob die Wirkung selbst gewollt ist, ist unerheblich (BGH NZI 2004, 314). Nach diesen Maßgaben erfüllen nicht nur Willenserklärungen, geschäftsähnliche Rechtshandlungen oder Realakte die Voraussetzungen des Begriffes der Rechtshandlung. Auch Handlungen und Unterlassungen auf prozessrechtlichem Gebiet (Vollstreckungshandlungen, ein gerichtlicher Vergleich, das Unterlassen des Widerspruches gegen einen Mahnbescheid, die Unterlassung des Einspruchs gegen ein Versäumnisurteil etc) sind Rechtshandlungen in dem benannten Sinne. Dementsprechend sind ohne Weiteres auch **Zahlungen des Auftraggebers,** die **Stellung von Sicherheiten** durch den Auftraggeber, die Vereinbarung eines **Sicherheitseinbehalts,** der Abschluss eines **Vergleichs in der Krise** und sogar die **Entgegennahme von Bauleistungen,** durch die möglicherweise eine Aufrechnungslage werthaltig gemacht wird, Rechtshandlungen im insolvenzrechtlichen Sinne, die angefochten werden können.

121   b) **Objektive Gläubigerbenachteiligung.** Eine objektive Gläubigerbenachteiligung liegt vor, wenn die Rechtshandlung dazu führt, dass die Befriedigung der Insolvenzgläubiger verkürzt, vereitelt, erschwert, gefährdet oder verzögert wird (→ § 129 Rn. 46). Es muss also festgestellt werden, dass sich die Befriedigung der Gläubiger im Fall des Unterbleibens der angefochtenen Handlung günstiger gestaltet hätte (BGH NZI 1999, 188; 2009, 105; Uhlenbruck/Hirte/Ede, 15. Aufl. 2019, InsO § 129 Rn. 159). Die benachteiligende Handlung muss sich daher auf Vermögensgegenstände beziehen, die zum Vermögen des späteren Schuldners gehören. Sowohl die Verminderung des dem Gläubigerzugriffs unterworfenen Aktiv-Vermögens als auch die Erhöhung des Passiv-Vermögens sind danach grundsätzlich gläubigerbenachteiligend. Dementsprechend liegt bei Bargeschäften (§ 142 InsO) regelmäßig keine Gläubigerbenachteiligung vor, wenngleich in derartigen Fällen grundsätzlich die Anfechtung des Bargeschäftes wegen vorsätzlicher Benachteiligung verbleibt, wenn nämlich eine Gläubigerbenachteiligung wenigstens mittelbar eintreten kann (BGH NZI 2014, 762 (764/765)). Ein **Bargeschäft** ist dadurch gekennzeichnet, dass für die Vermögensweggabe aus dem Schuldnervermögen im zeitlich unmittelbaren Zusammenhang eine gleichwertige Gegenleistung in das Schuldnervermögen gelangt. Sind diese Voraussetzungen allerdings erfüllt, liegt regelmäßig schon keine objektive Gläubigerbenachteiligung vor, sodass auch eine Anfechtung nach § 133 InsO nicht möglich wäre. Der Wortlaut in § 142 InsO sagt allerdings, dass auch Bargeschäfte nach § 133 InsO anfechtbar bleiben. Der BGH nimmt dies in Fällen an, in denen eine Gläubigerbenachteiligung wenigstens mittelbar eintreten kann, denn es sei derjenige nicht schutzbedürftig, der dem Schuldner einen Vermögensgegenstand zu einem angemessenen Preis, aber mit dem Wissen abkauft, dass der Schuldner den Erlös seinen Gläubigern entziehen will (BGH NZI 2014, 762 (765); s. auch Jaeger/Henckel, 2008, InsO § 133 Rn. 19 mwN).

122   Der BGH schränkt die Vorsatzanfechtung allerdings in Fällen **gleichwertigen Leistungsaustauschs** mit Blick auf den per Indizien festzustellenden Gläubigerbenachteiligungsvorsatz ein: Danach ist (neben einer im Grunde schon fehlenden objektiven Gläubigerbenachteiligung auch) ein Gläubigerbenachteiligungsvorsatz in aller Regel nicht gegeben, wenn der Schuldner in einem engen zeitlichen Zusammenhang eine kongruente Gegenleistung für die von ihm empfangene Leistung erbringt, welche zur Fortführung seines Unternehmens nötig ist und damit den Gläubigern im Allgemeinen nutzt (BGH NJW 1997, 3028 (3029); BGH NJW 2014, 2956 (2959); BGH

ZInsO 2017, 1366 Rn. 7 mwN = NZI 2017, 620; ZInsO 2018, 2519 Rn. 3 = NZI 2019, 74; ZInsO 2019, 1787 Rn. 22 = NZI 2019, 812). Dem liegt die Überlegung zugrunde, dass eine Betriebsfortführung regelmäßig für die Gläubiger von Nutzen ist. Gleiches hat dann für Leistungen zu gelten, welche für die Fortführung des Betriebs notwendig sind und diese deshalb erst ermöglichen. Auch im Falle eines bargeschäftsähnlichen Leistungsaustausches wird sich der Schuldner der eintretenden mittelbaren Gläubigerbenachteiligung allerdings dann bewusst werden, wenn er weiß, dass er trotz Belieferung zu marktgerechten Preisen fortlaufend unrentabel arbeitet und deshalb bei der Fortführung seines Geschäfts mittels der durch bargeschäftsähnliche Handlungen erworbenen Gegenstände weitere Verluste anhäuft, welche die Befriedigungsaussichten der Gläubiger weiter mindern, ohne dass auf längere Sicht Aussicht auf Ausgleich besteht (vgl. BGH ZInsO 2017, 1366 = NZI 2017, 620). Bei bargeschäftsähnlichem Leistungsaustausch bedarf die Insolvenzanfechtung gem. § 133 Abs. 1 InsO des Nachweises der Kenntnis des Anfechtungsgegners von der fehlenden Rentabilität des fortgeführten Geschäftsbetriebs des Schuldners. Die Darlegungs- und Beweislast für diese Kenntnis des Anfechtungsgegners trifft den anfechtenden Insolvenzverwalter (BGH IBR 2019, 673 mit Besprechung Kollmar = BeckRS 2019, 26168).

123 Zwischen der Rechtshandlung und der Gläubigerbenachteiligung muss im Übrigen lediglich ein ursächlicher Zusammenhang bestehen. Hypothetische anderweitige Geschehensabläufe sind grundsätzlich unbeachtlich (BGH NZI 2011, 141). Es kommt daher grundsätzlich nicht darauf an, ob der Schuldner möglicherweise sein Vermögen auch sonst weggegeben hätte, hätte der die konkret angefochtene Rechtshandlung unterlassen.

124 c) **Inkongruenz.** Die Inkongruenz ist ein Tatbestand der sog. Deckungsanfechtung. Hierzu gehören die Anfechtungstatbestände der §§ 130 und 131 InsO. Diese zeichnen sich dadurch aus, dass in Abgrenzung zu § 132 InsO der durch das Rechtsgeschäft begünstigte Insolvenzgläubiger schon zum Zeitpunkt der Vornahme des Rechtsgeschäftes in Rechtsbeziehungen zum späteren Verfahrensschuldner stand. Bei § 132 InsO (unmittelbar nachteilige Rechtshandlung) tritt durch das Rechtsgeschäft begünstigte Insolvenzgläubiger demgegenüber erst durch die Vornahme dieses anfechtbaren Rechtsgeschäfts in Rechtsbeziehungen zum Insolvenzschuldner (s. Uhlenbruck/Hirte/Ede, 15. Aufl. 2019, InsO § 132 Rn. 1). Bei der Deckungsanfechtung geht es daher um die mehr (§ 130 InsO) oder weniger (§ 131 InsO) korrekte Erfüllung von bereits vor der kritischen Zeit eingegangenen Verbindlichkeiten, sodass die Tatbestände der Deckungsanfechtung gerade für den bauvertraglichen Bereich ein sehr große Bedeutung haben.

125 Inkongruenz bedeutet, dass der Gläubiger/Vertragspartner eine Sicherung oder Befriedigung erhalten hat, die er nicht (erste Alternative), nicht in der Art (zweite Alternative) oder nicht zu der Zeit (dritte Alternative) zu beanspruchen hatte. Die erste Alternative der Inkongruenz (nicht zu beanspruchen hatte) liegt auch dann vor, wenn der Auftraggeber auf eine verjährte Forderung zahlt. Liegt nämlich wie bei der Einrede der Verjährung eine dauernde Einrede vor, hatte der Gläubiger sein Recht im insolvenzrechtlichen Sinne nicht zu beanspruchen.

125a Äußert praxisrelevant ist die Inkongruenz als Beweisanzeichen für einen Gläubigerbenachteiligungsvorsatz (vgl. BGH WM 2013, 2233 Rn. 12 mwN = BeckRS 2013, 19684; WM 2017, 1215 Rn. 24 = BeckRS 2017, 112996). Hierzu hat der BGH (WM 2020, 1919) festgestellt, dass bei inkongruenten Deckungen es für die Frage, ob der Schuldner mit Benachteiligungsvorsatz handelte, nicht darauf ankommt, ob zum Zeitpunkt der Rechtshandlung bereits Zahlungspflichten des Schuldners bestanden. Ausschlaggebend ist vielmehr, ob zum Zeitpunkt der Rechtshandlung mit einer hinreichenden Wahrscheinlichkeit zu erwarten ist, dass der Schuldner seine bestehenden und zukünftig entstehenden Verbindlichkeiten nicht wird erfüllen können. Verdächtig wird die Inkongruenz, wenn erste, ernsthafte Zweifel an der Zahlungsfähigkeit des Schuldners auftreten. Es genügt die ernsthafte Besorgnis bevorstehender Zahlungskürzungen oder -stockungen des Schuldners, weil sich damit die Gefährdung der anderen, nicht in gleicher Weise begünstigten Gläubiger aufdrängt.

3. Anfechtung von Abschlagszahlungen

126 Nicht zu beanspruchen hat der Gläubiger eine **Abschlagszahlung** für einen Bauabschnitt, die nach den vertraglichen Vereinbarungen nicht gesondert abgerechnet werden durfte (Messerschmidt/Voit/Huber, Privates Baurecht, 2. Aufl. 2012, Abschnitt R Rn. 83). Wird also eine Abschlagsrechnung gestellt, obwohl die Voraussetzungen von § 632a BGB oder § 16 Abs. 1 VOB/B nicht erfüllt sind (zB Bautenstand nicht erreicht oder nachprüfbar belegt), läuft der Auftragnehmer ein hohes Risiko, dass die erhaltene Abschlagszahlung in der Insolvenz des Auftraggebers wegen Inkongruenz angefochten werden kann. Der Anfechtungszeitraum bei § 131 InsO ist zwar als solche nur auf höchstens drei Monate vor Antragstellung begrenzt. Faktisch verlängert er sich allerdings auf bis zu zehn Jahre, weil die Inkongruenz ein starkes Beweisanzeichen für einen Gläubigerbenachteiligungsvorsatz des Schuldners und (!) der Kenntnis desselben des Gläubigers ist (vgl. BGH NZI 2003, 533; 2014, 68).

4. Anfechtung von Direktzahlungen

127 Die zweite Alternative der Inkongruenz (nicht in der Art zu beanspruchen hatte) liegt dann vor, wenn dem Gläubiger anstelle dessen, was er zu fordern hat, etwas an Erfüllungsstatt oder Erfüllungshalber gegeben wird (OLG Frankfurt a. M. ZIP 1997, 598 (599)). Dies ist beispielsweise dann der Fall, wenn der Auftraggeber an den Nachunternehmer auf Anweisung des Schuldners leistet; dies gilt auch im Fall von § 16 Abs. 6 VOB/B (s. zuletzt BGH NZI 2014, 762; NJW-RR 2003, 842 (844); NZI 2006, 159; 2007, 456; OLG Dresden ZIP 1999, 2161 (2165); BGH ZInsO 2002, 766; NZI 2009, 55; ausführlich auch Matthies FS Messerschmidt, 2018, 179 ff.). Insofern kann auch die Vorschrift des § 650f BGB keinen Anspruch auf eine solche **Direktzahlung** begründen (vgl. BGH NZI 2007, 456). Der Nachunternehmer hat zwar einen Anspruch gegen den (insolventen) Generalunternehmer auf Vergütung. Nicht aber darauf, dass die Vergütung direkt von dem Auftraggeber an ihn gezahlt wird. Für die Insolvenzmasse ist dies gläubigerbenachteiligend, weil der Auftraggeber mit der Zahlung zugleich auch seine eigene Schuld gegen den Generalunternehmer tilgt. Dieser verliert mithin durch die Zahlung einen werthaltigen Anspruch gegen den Auftraggeber. In der Insolvenz hätte dieser Anspruch zur Masse geltend gemacht werden können. Der Nachunternehmer wäre bloßer Insolvenzgläubiger gewesen. Durch die Direktzahlung haben nun aber sowohl Auftraggeber (erhält weitere Bauleistung) als auch Nachunternehmer (erhält Vergütung) einen Vorteil. Allein der Schuldner/die Masse hat einen Nachteil. Die Direktzahlung kann daher gegenüber dem Nachunternehmer angefochten werden, möglicherweise aber **auch gegenüber dem Auftraggeber** (vgl. BGH NJW 2008, 1067 = NZI 2008, 167. – Der Fall lag so, dass der Auftraggeber im kollusiven Zusammenwirken mit dem Schuldner die Nachunternehmer bezahlte, obwohl zu diesem Zeitpunkt von dem Insolvenzgericht bereits ein entsprechendes Verbot ausgesprochen war. Anfechtungsgrund war § 133 InsO).

128 **a) Praktische Erfordernisse.** Wenn der von dem Auftraggeber beauftragte Auftragnehmer (im Folgenden auch „Generalunternehmer") auf eine wirtschaftliche Krise zusteuert, werden regelmäßig auch die von den Nachunternehmern erbrachten Werkleistungen nicht mehr vollständig oder fristgerecht vergütet, weil dem Generalunternehmer hierzu schlicht die erforderliche Liquidität fehlt. Dies führt letztlich für alle Beteiligten zu einem Problem: Der Nachunternehmer hat offenstehende Werkvergütung zu beklagen und wird demgemäß weitere Leistungen verweigern und seine Arbeiten auf der Baustelle einstellen (§§ 320, 273 BGB; § 321 BGB). Erbringt der Nachunternehmer keine weiteren Leistungen auf der Baustelle, dann wird auch der Generalunternehmer nicht mehr dazu in der Lage sein, weitere Leistungen gegenüber dem Auftraggeber abzurechnen, wodurch ihm weitere Liquidität verloren geht. Zudem gerät er im Vertragsverhältnis zu dem Hauptauftraggeber womöglich in Leistungsverzug und sieht sich dadurch am Ende Schadensersatzforderungen des Auftraggebers wegen Verzuges ausgesetzt. Schließlich ist die Krise des Generalunternehmers aber auch ein Problem für den Auftraggeber, dessen Baustelle ins Stocken gerät. Kommt es zum Ausfall des Generalunternehmers durch die Einleitung und Eröffnung eines Insolvenzverfahrens, dann muss der Auftraggeber die GU-Leistung neu ausschreiben, mit allen sich daraus ergebenden zeitlichen und monetären Konsequenzen.

129 **b) Vertragliche und gesetzliche Handlungsoptionen.** Der Hauptauftraggeber kann sich freilich, was inzwischen geklärt ist, nach § 8 Abs. 2 VOB/B im Falle einer Insolvenzantragstellung des Auftragnehmers von dem VOB-Bauvertrag mit sofortiger Wirkung lösen (BGH NZI 2016, 532 = Matthies EWiR 2016, 373). Hierdurch allein ist allerdings die Gefahr eines Baustellenstillstandes nicht gebannt. Denn wie bereits erwähnt, wird der Auftraggeber die gekündigte GU-Leistung dann anderweitig zu vergeben haben. Er muss daher erst einmal einen nachfolgenden Unternehmer finden und beauftragen, der die nur teilfertig gestellte Werkleistung zu Ende führt.

130 Es liegt nahe, dass der Auftraggeber, sofern er mit der bisherigen GU-Leistung qualitativ zufrieden ist, den Anschlussvertrag mit den von dem GU eingesetzten Nachunternehmern schließen möchte. Dies allerdings ist für den Nachunternehmer nicht ohne Weiteres möglich. Der Nachunternehmer hat im Falle einer Krise seines Auftraggebers kein Kündigungsrecht nach § 8 Abs. 2 VOB/B. Eine Kündigung könnte er ggf. auf § 9 Abs. 1 Nr. 2 VOB/B stützen, was aber Schuldnerverzug voraussetzt und erst zulässig ist, wenn der Nachunternehmer dem GU ohne Erfolg eine angemessene Frist gesetzt und erklärt hat, dass er nach fruchtlosem Ablauf der Frist den Vertrag kündigen werde (Kündigungsandrohung).

Bau- und Architektenrecht in der Insolvenz

Geht der Nachunternehmer gleichwohl ein Vertragsverhältnis mit dem Hauptauftraggeber ein, **131** bevor sein Vertrag mit dem GU beendet ist, dann hat dies rechtliche Folgen: Mit der weiteren Leistung des Nachunternehmers an den Auftraggeber ohne vorherige Beendigung des Vertrages mit dem Generalunternehmer wird die nochmalige Leistung an den Generalunternehmer unmöglich (§ 275 Abs. 1 BGB) (BGH NJW 2010, 1282; BauR 2007, 2061). Der Vergütungsanspruch gegen den Generalunternehmer ist gem. § 326 Abs. 1 S. 2 BGB in entsprechender Anwendung des § 441 Abs. 3 BGB zu mindern. Danach wird die für die Gesamtleistung vereinbarte Vergütung gemindert. Ausgehend davon, dass der Wert der vereinbarten Leistung dem wirklichen Wert entspricht, bestimmt sich die Minderung nach dem Wert des durch die Teilmöglichkeit nicht erbrachten Teils (vgl. zum Ganzen Bauinsolvenzrecht Rn. 252). Der BGH geht davon aus, dass die Vergütung in gleicher Weise zu bestimmen ist, wie die Vergütung aus einem gekündigten Bauvertrag (BGH NZBau 2010, 307). Da aber der Nachunternehmer ohne vorherige Beendigung des Vertrages mit dem GU für die Unmöglichkeit verantwortlich ist, haftet er dem GU ggf. nach § 275 Abs. 3 BGB auf Schadensersatz. Denn durch seine unmittelbare Leistung an den Auftraggeber wird auch für den GU die Leistungserbringung an den Auftraggeber (aus seinem Vertragsverhältnis) unmöglich (Bauinsolvenzrecht (Fn. 4) Rn. 254). Auch der GU verliert dadurch seinen Gegenanspruch (§ 326 Abs. 1 BGB) gegen den Auftraggeber. Der GU muss auf der anderen Seite dann zwar auch keine Vergütung an den Nachunternehmer leisten oder nur nach Maßgabe der Minderung; er verdient aber auch nichts mehr an der Leistungserbringung durch den Nachunternehmer, sodass dieser nach § 275 Abs. 3 BGB ggf. für den entgangenen Gewinn haftet (BGH NZBau 2007, 703 (705)).

Das Weiterarbeiten des Nachunternehmers für den Auftraggeber, ohne zuvor rechtssicher den **132** Vertrag mit dem GU beendet zu haben, birgt daher für den Nachunternehmer Risiken. Auch der Auftraggeber ist nicht ganz risikolos. Soweit sich aus dem Umstand eine Mehrbelastung ergibt, dass die Ersparnis der Vergütung, die an den GU hätte gezahlt werden müssen, nicht mit der Zahlung korrespondiert, die der Auftraggeber an den Nachunternehmer zahlen muss, geht dies allein zu wirtschaftlichen Lasten des Auftraggebers (BGH NZBau 2010, 307 Rn. 12).

c) Lösung: Direktzahlung? § 16 Abs. 6 VOB/B gibt die Möglichkeit zur Direktzahlung, **133** wenn der Nachunternehmer wegen Zahlungsverzugs des GU seine Leistungen eingestellt hat. Die rechtliche Folge der (wirksamen) Direktzahlung wäre, dass mit der Zahlung des Hauptauftraggebers das Leistungsverweigerungsrecht des Nachunternehmers entfällt, weil die Zahlung des Auftraggebers als Direktzahlung schuldbefreiende Wirkung für den Generalunternehmer hat.

Dabei nützt die Direktzahlung aber nicht allen Beteiligten. Sie nützt lediglich dem Hauptauf- **134** traggeber und dem Nachunternehmer. Für den GU ist immerhin festzustellen, dass mit der Direktzahlung die Verbindlichkeit gegenüber dem Nachunternehmer erfüllt wird. Darüber hinaus gelangt jedoch nichts in das Vermögen des Generalunternehmers.

Das BGB-Werkvertragsrecht kennt auch nach der Reform 2018 keine entsprechende Regelung, **135** die mit § 16 Abs. 6 VOB/B vergleichbar wäre. Nach allgemeinen Grundsätzen kann der Auftraggeber an den Nachunternehmer nur dann schuldbefreiend leisten, wenn der Nachunternehmer zum Empfang der Zahlung von dem Generalunternehmer gem. § 362 Abs. 2 BGB ermächtigt worden ist.

d) Insolvenzrechtliche Bewertung. Nach § 129 Abs. 1 InsO sind Rechtshandlungen, die **136** vor Insolvenzverfahrenseröffnung vorgenommen worden sind und die Insolvenzgläubiger benachteiligen, anfechtbar, sofern ein spezifischer Anfechtungsgrund der §§ 130–135 InsO vorliegt.

aa) Zeitpunkt der Zahlung. Soweit die insolvenzanfechtungsrechtlichen Vorschriften damit **137** auf Rechtshandlungen zugeschnitten sind, die zeitlich vor der Insolvenzverfahrenseröffnung liegen, heißt dies selbstverständlich nicht, dass Direktzahlungen nach Insolvenzverfahrenseröffnung rechtlich möglich wären. Die schuldbefreiende Zahlung des Hauptauftraggebers ist eine rechtsgeschäftliche Verfügung iSv § 21 Abs. 2 Nr. 2 InsO. Verfügungen des Auftragnehmers nach Anordnung eines allgemeinen Verfügungsverbots bzw. nach Anordnung des Zustimmungsvorbehaltes des vorläufigen Insolvenzverwalters bedürfen zu §§ 24 Abs. 1, 81 InsO der Zustimmung des vorläufigen Insolvenzverwalters. Damit sind Direktzahlungen schon ab dem Zeitpunkt nicht mehr möglich, ab dem gegen den Auftragnehmer im Eröffnungsverfahren verfügungsbeschränkende Maßnahmen erlassen werden. Da mit Insolvenzverfahrenseröffnung automatisch gem. § 80 Abs. 1 InsO die Verwaltungs- und Verfügungsbefugnis auf den Insolvenzverwalter übergeht, sind mithin erst Recht nach Insolvenzverfahrenseröffnung Leistungen an den Auftragnehmer über Direktzahlungen an die Nachunternehmer nicht mehr möglich (Bauinsolvenzrecht (Fn. 4) Rn. 260).

bb) Rechtshandlung. Unproblematisch stellt eine Direktzahlung eine Rechtshandlung iSv **138** § 129 Abs. 1 InsO dar. Der Begriff ist weit zu verstehen. Nach ständiger Rechtsprechung des BGH ist eine Rechtshandlung jedes von einem Willen getragene Handeln, das eine rechtliche

Bau- und Architektenrecht in der Insolvenz

Wirkung auslöst und das Vermögen des Schuldners zum Nachteil der Insolvenzgläubiger verändern kann (BGH NJW 2004, 1660; NZI 2009, 644; 2014, 321). Dabei kommt es auch nicht darauf an, dass die Direktzahlung als Rechtshandlung nicht unmittelbar von dem eigentlichen Insolvenzschuldner stammt. Auch Rechtshandlungen Dritter, die die Insolvenzgläubiger benachteiligen, können Gegenstand der Insolvenzanfechtung sein (vgl. BGH NJW 2000, 1117 (1118)). Da infolge der Direktzahlung der Hauptauftraggeber seine Verbindlichkeit gegenüber dem Generalunternehmer tilgt und damit zugleich die Verbindlichkeit des Generalunternehmers gegen den Nachunternehmer, hat die Direktzahlung rechtliche Wirkung auf das schuldnerische Vermögen und ist daher grundsätzlich dazu geeignet, Insolvenzgläubiger zu benachteiligen (BGH WM 2016, 282 (283)).

139   cc) **Gläubigerbenachteiligung.** In Drei-Personen-Verhältnissen ist bei der Frage, ob eine wirtschaftliche Benachteiligung vorliegt, nach der Rechtsprechung des BGH zwischen zwei Fallgruppen zu unterscheiden (BGH NJW 2014, 2956; 2016, 1012 = EWiR 2016 113 mAnm Bork = NZI 2016, 311 mAnm Eckhoff): Bei einer Zahlung des Schuldners durch Einschaltung eines Dritten ist zwischen der „Anweisung auf Schuld" und der „Anweisung auf Kredit" zu unterscheiden. Bei einer „Anweisung auf Schuld" tilgt der Angewiesene mit der von dem Schuldner als Anweisendem veranlassten Zahlung an den Empfänger eine eigene, gegenüber dem Schuldner bestehende Verbindlichkeit, sodass sich in dem Verlust dieser Forderung eine Gläubigerbenachteiligung äußert. Im Rahmen einer „Anweisung auf Kredit" nimmt der Angewiesene die Zahlung an den Empfänger hingegen ohne eine Verpflichtung gegenüber dem anweisenden Schuldner vor. Da dem Angewiesenen aus der Tilgung der gegen den Schuldner gerichteten Verbindlichkeit unmittelbar eine Rückgriffsforderung gegen diesen erwächst, scheidet eine Gläubigerbenachteiligung aus, weil sich in der Person des Schuldners ein bloßer Gläubigerwechsel verwirklicht (BGH WM 2016, 282 (283) mit Hinweis auf BGH WM 2015, 53). Unter diesen Voraussetzungen ist eine Direktzahlung des Hauptauftraggebers an den Nachunternehmer regelmäßig eine sogenannte „Anweisung auf Schuld", weil der Hauptauftraggeber mit der Direktzahlung eine eigene Verbindlichkeit gegenüber dem insolventen Generalunternehmer zu tilgen beabsichtigt.

140   dd) **Kongruenzvereinbarung.** Bei einer objektiven Gläubigerbenachteiligung wäre der spezifische Anfechtungsgrund die Inkongruenz nach § 131 Abs. 1 InsO. Dabei stellt der BGH heraus, dass der Nachunternehmer regelmäßig keinen Anspruch gegen den Auftragnehmer auf Zahlung des Werklohns durch den Auftraggeber hat (BGH NJW 2014, 2956; BGH NJW 2016, 1012 = EWiR 2016 113 mAnm Bork = NZI 2016, 311 mAnm Eckhoff). Auch nach § 16 Abs. 6 VOB/B ist lediglich der Auftraggeber dem Wortlaut der Vorschrift nach dazu berechtigt, in bestimmten Fällen eine Direktzahlung an den Nachunternehmer vorzunehmen. Daraus folgt aber nicht, dass der Nachunternehmer ein eigenes Forderungsrecht gegenüber dem Hauptauftraggeber hätte. Auch bei einem VOB-Bauvertrag ist die Direktzahlung somit inkongruent (BGH WM 2016, 282 (283) mit Hinweis auf BGH WM 2014, 1588). Eine entscheidende Differenzierung nimmt der BGH sodann wie folgt vor: Die Direktzahlung ist (ausnahmsweise) als kongruent zu bewerten, wenn (und weil) sie auf einer dreiseitigen Vereinbarung beruht (BGH WM 2016, 282 (283)). Der BGH umschreibt dies mit dem Begriff „Kongruenzvereinbarung". Weil eine solche Kongruenzvereinbarung eine „Bardeckung" bezweckt, ist sie als solche nicht der Anfechtung nach § 131 Abs. 1 Nr. 1 InsO unterworfen. Eine Direktzahlung ist also insolvenzanfechtungsrechtlich nur dann möglich, wenn sie

- auf der Grundlage einer Kongruenzvereinbarung (dreiseitigen Vereinbarung) erfolgt,
- wenn diese Kongruenzvereinbarung eine Bardeckung bezweckt und
- eine Bardeckung auch tatsächlich herbeigeführt wird.

141   Eine Kongruenzvereinbarung kann als Abänderungsvertrag grundsätzlich auch in der Krise des Generalunternehmers noch getroffen werden (ausf. hierzu Matthies FS Messerschmidt, 2018, 179–190). Die zeitliche Grenze, bis zu der dies möglich ist, liegt nach der Rechtsprechung des BGH bei dem Zeitpunkt, bis die erste Leistung eines Vertragsteils erbracht worden ist (BGH WM 2016, 282; 2014, 1588).

142   Für den Bauvertrag ist daraus die Schlussfolgerung zu ziehen, dass bei Abwicklung eines Vertrages für eine Kongruenzvereinbarung dann kein Raum mehr ist, sobald der Unternehmer eine erste Werkleistung geschaffen hat. Dabei kommt es nicht auf die Leistungshandlung, sondern auf den Leistungserfolg an. Entscheidend ist somit nicht, wann Baumaterialien auf die Baustelle angeliefert worden sind (anders noch OLG München BeckRS 2016, 02320), sondern wann erste werkvertragliche Leistungen ausgeführt worden sind (BGH WM 2016, 282).

143   Huber (NZBau 2008, 737 (738)) und Kandell (Beck'scher VOB/B-Kommentar, Stand 15.4.2017, VOB/B § 16 Abs. 6 Rn. 10a) weisen zu Recht darauf hin, dass das Risiko der insolvenzrechtlichen Anfechtbarkeit der Zahlung an den Dritten auch den Hauptauftraggeber treffen kann. Wenn der Auftragnehmer mit Benachteiligungsvorsatz den Auftraggeber zur Zahlung an

den Dritten anweist und der Hauptauftraggeber von dem Vorsatz des Auftragnehmers wusste, kann der Insolvenzverwalter nach § 133 InsO auch den Hauptauftraggeber ggf. nochmals auf Zahlung in Anspruch nehmen (bestätigt durch BGH IBR 2008, 216; vgl. auch Bauinsolvenzrecht Rn. 264).

5. Anfechtung von vorfälligen Zahlungen

Die dritte Alternative der Inkongruenz (nicht zu der Zeit zu beanspruchen) liegt beispielsweise 144 dann vor, wenn der Auftraggeber eine noch nicht fällig (Abschlags-)Rechnung bezahlt (vgl. BGH ZIP 2005, 1243). Dabei stellt sich jedoch die Frage, ob die Leistungen in voller Höhe der Anfechtung unterliegen oder nur in Höhe eines Zwischenzins. Der BGH hat entschieden, dass zur Beantwortung dieser Frage zu beurteilen ist, ob die Minderung der Masse auch durch eine gesetzlich nicht missbilligte Rechtshandlung des Schuldners hätte herbeigeführt werden können und ob die Dauerhaftigkeit der Wirkung der angefochtenen Rechtshandlung mit dem Zweck der Anfechtungsvorschriften vereinbar ist. Die Anfechtbarkeit der gesamten Leistungen hat der BGH zumindest dann angenommen, wenn zwischen Leistung und Eintritt der Fälligkeit der Insolvenzantrag gestellt und ein Zustimmungsvorbehalt angeordnet worden ist, weil der Schuldner dann die Masseschmälerung selbst nicht in gesetzlich gebilligter Weise hätte herbeiführen können (vgl. Uhlenbruck/Ede/Hirte, 15. Aufl. 2019, InsO § 131 Rn. 8).

6. Anfechtung bei Zahlungen unter Druck

In der Abgrenzung zur Inkongruenz liegt die Kongruenz vor, wenn der Gläubiger letztlich 145 genau das erhält, worauf er einen Anspruch hatte. Dies ergibt sich aus einem Umkehrschluss der Inkongruenz-Definitionen in § 131 InsO. **Druckzahlungen** allerdings, also Zahlungen, die unter der Androhung von Zwangsvollstreckungsmaßnahmen oder der Stellung eines Insolvenzantrages geleistet werden, sowie Sicherungen und Befriedigungen durch Zwangsvollstreckungsmaßnahmen – obwohl der Gläubiger in all diesen Fällen genau das erhält, worauf er einen Anspruch hat – sind trotzdem nach ständiger Rechtsprechung des BGH als inkongruente Leistungen einzustufen und anfechtbar nach § 131 InsO (BGH NZI 2006, 196 – Druckzahlung; NZBau 2003, 614; NZI 2005, 215; 2020, 1043).

7. Anfechtung bei Stellung von Sicherheiten

a) Sicherheitsleistung durch den Auftragnehmer. aa) Allgemeines. Anfechtbar kann 146 nicht nur die Vereinbarung der Sicherheit (Sicherungsabrede) als solche sein, sondern auch die Stellung/Hingabe der Sicherheit selbst. Die Abgrenzung von Kongruenz und Inkongruenz entscheidet sich danach, ob die Vereinbarung, auf die die Sicherheitenstellung zurückzuführen ist, inkongruent bzw. kongruent abgeschlossen worden ist. Ist die Vereinbarung kongruent, ist auch die Sicherheitenstellung kongruent, da die Sicherheitenstellung dann auf einen entsprechenden vertraglich begründeten Anspruch zurückzuführen ist. Ist die Vereinbarung hingegen inkongruent, gilt dies auch für die Sicherheitenstellung.

Ist in dem Bauvertrag kein vertraglicher Anspruch auf Stellung einer Sicherheit eingeräumt 147 worden, kommt ggf. ein gesetzlicher Anspruch auf Sicherheitenstellung in Betracht. Für die Vergütungsansprüche des Unternehmers folgt ein solcher Anspruch zB aus § 650f BGB. Selbst wenn daher der Auftraggeber unter den Voraussetzungen des § 650f BGB eine Sicherheit erst nach Eintritt der Krise leistet, liegt darin keine inkongruente Deckung.

Die nach § 129 Abs. 1 S. 1 InsO erforderliche Gläubigerbenachteiligung der Sicherungsabrede 148 bzw. der Sicherheitenstellung kann nur dann vorliegen, wenn der Sicherheitsgeber (Bürge) in Bezug auf das Insolvenzvermögen des Hauptschuldners eine bevorzugte Rechtsstellung einnimmt; dh eine bessere Rechtsposition hat als der Gläubiger, weil er etwa in der späteren Insolvenz ein Absonderungsrecht an den Vermögensgegenständen des Schuldners geltend machen kann (OLG Hamburg ZInsO 2006, 877 = BeckRS 2011, 17208). Dies ist vor folgendem Hintergrund zu sehen: Befriedigt der Bürge den Gläubiger, stehen ihm Regressansprüche gegen den Schuldner zu (§ 774 BGB). Im Grundsatz kommt es daher zunächst einmal durch die Leistung des Bürgen/Sicherungsgebers nur zu einem Gläubigeraustausch, der, sofern er in Bezug auf das Vermögen des Schuldners neutral erfolgt, keine Gläubigerbenachteiligung darstellt.

Kann sich aber der neue Gläubiger (Bürge) wegen seiner Regressforderungen an den Vermö- 149 gensgegenständen des Schuldners „schadlos" halten und hätte dies der Gläubiger (Sicherungsnehmer) nicht gekonnt, ist der Vorgang objektiv gläubigerbenachteiligend. Eine Gläubigerbenachteiligung ist daher dann zu bejahen, wenn dem Bürgen in Folge seiner Regressforderung ein höherer

Erlös aus einer zu seinen Gunsten bestellten Sicherheit zufließt, ohne diesen Anspruch also ein entsprechender Betrag im Massevermögen der Gläubigergesamtheit verblieben wäre (BGH NZI 1999, 268 (269); OLG München WM 2008, 442; Schmitz, Die Bauinsolvenz, 6. Aufl. 2015, Rn. 943 ff.).

150 Für den Vertragspartner, der die Sicherheit erhält, bedeutet dies, dass es das Anfechtungsrisiko der zu seinen Gunsten bestellten Sicherheit nicht abschließend überblicken kann. Er weiß nämlich regelmäßig nicht, inwieweit der Sicherungsgeber abgesicherte Regressanforderungen gegen den Insolvenzschuldner hat und ob dieser sich im Vergleich zum Gläubiger privilegiert aus dem Vermögen des Schuldners bedienen kann.

151 Zu den in diesem Zusammenhang veröffentlichen Entscheidungen aus der Rechtsprechung (BGH NZI 1999, 268 (269); OLG München WM 2008, 442) ist jedoch zu beachten, dass nach den dortigen Sachverhalten die Zahlungen des Bürgen jeweils vor Insolvenzverfahrenseröffnung geleistet worden sind. Erfolgen die Zahlungen hingegen erst nach Insolvenzverfahrenseröffnung, kommt eine Anfechtung nicht in Betracht. § 129 Abs. 1 InsO setzt dem Wortlaut nach nämlich voraus, dass die Rechtshandlung „vor Eröffnung des Insolvenzverfahrens" vorgenommen worden sein muss. Mit der Zahlung nach Insolvenzverfahrenseröffnung geht der Bürge aber letztlich immer nur ein eigenes Risiko ein (BGH NZI 2008, 371).

152 Dementsprechend hat das KG (ZInsO 2004, 979 (980)) in einem vergleichbaren Sachverhalt entschieden, dass die eigentliche Frage bei einer Zahlung des Bürgen nach der Insolvenzverfahrenseröffnung nicht die ist, ob die Zahlung anfechtbar ist. Die Frage ist vielmehr, ob der Bürge über seine vorinsolvenzliche Absicherung noch ein Recht an der Masse erwerben kann, ob er also beispielsweise nach der Zahlung noch auf die zu seinen Gunsten bestellte Grundschuld zugreifen darf. Rechtsgrundlage dafür, ihm dies zu verwehren, wäre § 91 Abs. 1 InsO (vgl. Jaeger/Henckel, 2007, InsO § 91 Rn. 31). Danach können Rechte an den Gegenständen der Insolvenzmasse nach der Eröffnung des Insolvenzverfahrens nicht (mehr) wirksam erworben werden, auch wenn keine Verfügung des Schuldners und keine Zwangsvollstreckung für einen Insolvenzgläubiger zugrunde liegt.

153 **bb) Sicherheitenstellung/Sicherungsabrede.** Wird in dem Vertrag zwischen dem Gläubiger und dem Hauptschuldner insolvenzfest ein Anspruch auf Sicherheitenstellung eingeräumt, ist auch die Sicherheitenstellung kongruent und kann allenfalls unter den Voraussetzungen des § 130 Abs. 1 InsO angefochten werden. Ist die Sicherungsvereinbarung inkongruent, weil beispielsweise im Krisenzeitraum vereinbart, ist auch die Sicherheitenstellung inkongruent und kann unter den Voraussetzungen des § 131 InsO angefochten werden.

154 **cc) Abtretung von Ansprüchen gegen Nachunternehmer.** Weit verbreitet sind Abtretungen von Ansprüchen auf Mängelhaftung des Auftragnehmers gegenüber seinen Nachunternehmern. Sofern die Abtretung außerhalb des anfechtungsrelevanten Zeitraums liegt, kann der Auftraggeber versuchen, etwaige Ansprüche aus abgetretenem Recht gegen die Nachunternehmer durchzusetzen. Allerdings steht er dabei vor dem faktischen Problem, ohne Unterlagen (Vertrag, Abnahmeprotokoll, Leistungsverzeichnis etc) die Ansprüche wohlmöglich nicht gerichtsfest durchsetzen zu können. Das größte Problem für den Auftraggeber bleibt, dass er ggf. nicht sicher weiß, ob der Auftragnehmer seine Nachunternehmer vollständig bezahlt hat. Ist dies nicht der Fall, können die Nachunternehmer die Einreden aus §§ 273, 320 Abs. 1 iVm § 404 BGB auch gegenüber dem Auftraggeber erheben (Schmitz, Die Abwicklung des Bauvertrags in der Insolvenz, Stand 4.2.2018, Rn. 71). Weit verbreitet sind auch **Abtretungen unter der aufschiebenden Bedingung der Eröffnung des Insolvenzverfahrens über das Vermögen des Auftragnehmers.** Hier ist § 91 InsO zu beachten. Ein Rechtserwerb wird durch § 91 Abs. 1 verhindert, sofern der Bedingungseintritt gerade an die Eröffnung des Insolvenzverfahrens geknüpft wird, um hierdurch eine Haftung zu vereiteln (K. Schmidt InsO/Sternal InsO § 91 Rn. 24 mwN). Dies gilt allerdings dann nicht, wenn sich die vereinbarte Lösungsklausel an gesetzlichen Vorschriften orientiert, dh wenn die Rechtsfolge auch aufgrund gesetzlicher Bestimmungen herbeigeführt werden könnte (vgl. BGH NJW-RR 2000, 1285 = NZI 2000, 308; BGHZ 170, 206 = NZI 2007, 222).

155 **dd) Zahlung des Bürgen vor Insolvenzverfahrenseröffnung.** Ist die Sicherheitenstellung kongruent (weil kongruent vereinbart), steht dem Gläubiger auch ein kongruenter Zahlungsanspruch gegenüber dem Bürgen zu. Folglich ist auch die Zahlung des Bürgen vor Insolvenzverfahrenseröffnung an den Gläubiger eine kongruente Deckung und, sofern es durch den Forderungsübergang auf den Bürgen lediglich zu einem Gläubigertausch kommt, nicht benachteiligend. Eine Anfechtung scheidet aus. Kommt es hingegen mit der Zahlung zu einem Forderungsübergang auf den Bürgen und ist dieser am Schuldnervermögen besser besichert, kommt eine Anfechtung gegenüber dem Gläubiger unter den Voraussetzungen des § 130 Abs. 1 InsO in Betracht, weil

dieser am Ende auf Kosten der Masse (wegen die privilegierte Rechtstellung des Bürgen) etwas erhält (volle Befriedigung), worauf er keinen Anspruch hatte. Unabhängig hiervon stellt sich natürlich die Frage, ob die Sicherheitenstellung zugunsten des Bürgen ggf. ebenfalls insolvenzrechtlich anfechtbar ist. Dies ist beispielsweise dann der Fall, wenn dem Bürgen eine Sicherheit gewährt worden ist, nachdem bereits die Krise des Schuldners eingetreten ist und der Bürge auf die Sicherheitenstellung keinen Anspruch hatte. Die Anfechtungsmöglichkeiten (Anfechtung der Zahlung und Anfechtung der Sicherheitenstellung) bestehen jedoch grundsätzlich parallel nebeneinander. Der Insolvenzverwalter kann wählen, welchen Vorgang er anfechten und über welche Anfechtung er die Massen bereinigt/anreichert.

ee) Zahlung des Bürgen nach Insolvenzverfahrenseröffnung. Eine Insolvenzanfechtung **156** nach §§ 129 ff. InsO setzt tatbestandlich voraus, dass die angefochtene Rechtshandlung vor Eröffnung des Insolvenzverfahrens vorgenommen worden ist (§ 129 Abs. 1 InsO). Wird demnach bauvertraglich die Stellung von Sicherheiten vereinbart und die Sicherheit bestellt (erhält zB der Bauherr Vertragserfüllungsbürgschaften, Mängelhaftungsbürgschaften etc) und wird über das Vermögen des Auftragnehmers dann das Insolvenzverfahren eröffnet, woraufhin der Bauherr dann die Bürgschaft „zieht", so ist die Zahlung des Bürgen nach Insolvenzverfahrenseröffnung gegenüber dem Bauherrn nicht anfechtbar. Hat der Bürge bei einer Zahlung nach Insolvenzverfahrenseröffnung an dem Schuldnervermögen keine Rückbesicherung, findet wegen § 774 BGB ein bloßer Gläubigerwechsel statt, der nicht gläubigerbenachteiligend ist. Hat der Bürge Sicherungsrechte am Massevermögen und kommt es durch die cessio legis zu einer Valutierung der Sicherungsrechte, so scheidet ein Rechtserwerb des Bürgen an § 91 Abs. 1 InsO. Dies ist aber keine Frage der Insolvenzanfechtung.

ff) Sicherheitseinbehalte und Mängeleinbehalte. Ist in dem Bauvertrag zu Gunsten des **157** Auftraggebers ein Sicherheitseinbehalt vereinbart, so ist dies unter insolvenzanfechtungsrechtlichen Gesichtspunkten grundsätzlich unbedenklich. Auch nach Insolvenzverfahrenseröffnung ist der Insolvenzverwalter an die vertragliche Vereinbarung des Sicherheitseinbehalts gebunden und kann folglich allein aufgrund der Verfahrenseröffnung nicht die Auszahlung des Sicherheitseinbehalts verlangen (BGH NZI 1999, 72 (73)). Relevanter ist die Frage, ob der Sicherheitseinbehalt vertraglich **wirksam vereinbart** worden ist. Allein die Einbeziehung der VOB/B in den Bauvertrag führt jedenfalls nicht dazu, dass dem Auftraggeber das Recht zusteht, einen Sicherheitseinbehalt vorzunehmen. Dies folgt schon aus § 17 VOB/B, der lediglich die einzelnen Modalitäten eines Sicherheitseinbehalts regelt, allerdings voraussetzt, dass der Sicherheitseinbehalt vertraglich vereinbart wurde (vgl. Kapellmann/Messerschmidt/Thierau, VOB, 6. Aufl. 2018, VOB/B § 17 Rn. 4 ff.). Ist das Recht, einen Sicherheitseinbehalt vorzunehmen, aufgrund von **Allgemeinen Geschäftsbedingungen** vereinbart worden, ist zu überprüfen, ob die Abrede über den Sicherheitseinbehalt AGB-rechtlich wirksam ist. Der BGH hat hervorgehoben, dass allein aufgrund der Insolvenz des Auftragnehmers kein vertraglicher bzw. gesetzlicher Anspruch auf Sicherstellung besteht (BGH NJW 1984, 1676).

Ist der Sicherheitseinbehalt wirksam vereinbart worden, steht dem Schuldner/Insolvenzverwal- **158** ter ein fälliger Zahlungsanspruch nur dann zu, wenn der **Sicherungszweck entfallen** ist. Dies ist regelmäßig erst dann der Fall, wenn die Verjährungsfrist für etwaige Mängelansprüchen abgelaufen ist. Für den Auftraggeber bedeutet dies jedoch, dass er keinesfalls davon ausgehen darf, dass mit der Insolvenz seines Vertragspartners die Verpflichtung zur Auszahlung des Sicherheitseinbehalts automatisch entfalle, weil beispielsweise der Auftragnehmer weitere Bauleistungen nicht erbringt oder das von ihm hergestellter Werk mit Mängeln behaftet ist. Die Frage ist aber, ob der Auftraggeber gegen einen Auszahlungsanspruch mit eigenen Forderungen, beispielsweise auf Schadensersatz wegen Nichterfüllung gem. § 103 Abs. 2 InsO oder wegen mängelbedingter Schadensersatzansprüche aufrechnen kann. Zu einer **Aufrechnung** ist der Auftraggeber berechtigt, wenn auf Geldzahlung gerichtete Mängelansprüche zum Zeitpunkt der Insolvenzverfahrenseröffnung bestehen, die mit Insolvenzverfahrenseröffnung als Insolvenzforderungen zu qualifizieren sind. In diesem Fall kann er sich aus dem Sicherheitseinbehalt bedienen, weil sich der Sicherungszweck realisiert hat.

Der Auftraggeber muss zudem beachten, dass er auch in der Krise des Auftragnehmers gem. **159** § 17 Abs. 6, Abs. 7 VOB/B dazu aufgefordert werden kann, den Sicherheitseinbehalt auf ein **Sperrkonto** einzuzahlen, wenn dies nicht ausnahmsweise wirksam vertraglich ausgeschlossen worden ist oder es sich nicht ausnahmsweise um einen durch § 17 Abs. 6 Nr. 4 VOB/B privilegierten öffentlichen Auftraggeber handelt, für den die Vorschrift in § 17 Abs. 6 VOB/B nicht gilt. Zahlt der Auftraggeber den Einbehalt trotz angemessener Nachfristsetzung nicht rechtzeitig auf ein Sperrkonto ein, wird der Sicherheitseinbehalt sofort fällig (§ 17 Abs. 6 Nr. 3 S. 2 VOB/B). In diesem Fall kann der Auftraggeber gegen den fälligen Auszahlungsanspruch nur im Rahmen der allgemeinen Vorschriften nach §§ 94 ff. InsO mit Gegenforderungen aufrechnen. Möglich bleibt, auch nach Insolvenzverfahrenseröffnung, mit Gegenforderungen, die mit dem Werklohnanspruch synallagmatisch verbunden sind, oder mit Gegenforderungen, die zum Zeitpunkt der Insolvenzverfahrenseröffnung bereits fällig und durchsetzbar waren, aufzurechnen.

160 Von dem Sicherheitseinbehalt zu unterscheiden ist der **Mängeleinbehalt nach § 641 Abs. 3 BGB („Druckzuschlag")**. Nach der Abnahme steht dem Auftraggeber danach das Recht zu, wegen Mängeln das Doppelte der für die Mängelbeseitigung erforderlichen Kosten von den restlichen Vergütungsforderungen zurückzubehalten. Der Druckzuschlag setzt indes voraus, dass dem Auftraggeber ein fälliger Anspruch auf Mängelbeseitigung gegenüber dem Auftragnehmer zusteht. Da die Stellung eines Insolvenzantrages keinen Einfluss materiell-rechtlicher Art auf den Bauvertrag hat, kann der Auftraggeber ungeachtet einer Antragstellung seinen Mängeleinbehalt geltend machen. Erst die Insolvenzverfahrenseröffnung bringt insoweit eine Zensur. Mit der Insolvenzverfahrenseröffnung hat der Insolvenzverwalter hinsichtlich des unerfüllten Vertrages ein Erfüllungswahlrecht. Wählt der Insolvenzverwalter die Nichterfüllung des Vertrages, kann der Auftraggeber im Insolvenzverfahren keinen Nacherfüllungsanspruch gegen den Insolvenzverwalter durchsetzen. Er kann gem. § 103 Abs. 2 InsO nur Schadensersatzforderungen wegen Nichterfüllung des Vertrages beanspruchen. Diese berechtigen ihn zwar zur Aufrechnung gegen etwaige noch bestehende Vergütungsansprüche des Auftragnehmers (AG Witten ZInsO 2003, 479 (480); s. auch BGH NZI 1999, 72). Mit der Insolvenzverfahrenseröffnung und nach Erfüllungsablehnung durch den Insolvenzverwalter verliert der Auftraggeber jedoch sein Leistungsverweigerungsrecht in Höhe des Druckzuschlags. Er kann nur noch mit einem Schadensersatzanspruch in Höhe der einfachen Mängelbeseitigungskosten aufrechnen.

161 gg) **Vertragserfüllungsbürgschaft.** Wegen etwaiger insolvenzanfechtungsrechtlicher Risiken für den Fall, dass dem Auftraggeber eine Vertragserfüllungsbürgschaft übergeben worden ist, kann auf die einleitenden Ausführungen verwiesen werden. Ist der Anspruch auf Stellung der Vertragserfüllungsbürgschaft kongruent vereinbart worden, so ist auch die Sicherheitenstellung selbst kongruent und auch die auf die (kongruente Bürgschaft) geleisteten Zahlung des Bürgen.

162 In der Insolvenz des Auftragnehmers steht dem Insolvenzverwalter **kein Anspruch auf Rückgabe der Bürgschaft** zu, wenn der Bauvertrag noch unerfüllt und damit der Sicherungszweck der Vertragserfüllungsbürgschaft nicht entfallen ist. Insolvenzrechtliche Besonderheiten bestehen in diesem Zusammenhang nicht.

163 hh) **Mängelhaftungsbürgschaft.** Wegen der möglichen Anfechtbarkeit der Sicherheitenstellung kann auch hier auf die einleitenden Ausführungen verwiesen werden.

164 Steht dem Auftragnehmer in der Insolvenz des Auftraggebers nach der Rechtsprechung des BGH (NZBau 2011, 288) ein Aussonderungsrecht an der Bürgschaft zu, wenn der abzulösende Sicherheitseinbehalt nicht ausgezahlt wird, so ist diese Rechtsprechung im umgekehrten Fall der Insolvenz des Auftragnehmers nicht übertragbar. Entscheidend ist die Frage, wem die Bürgschaft vermögensrechtlich zuzuordnen ist. Auf Konstellationen etwa iRv § 650f BGB lassen sich die Entscheidungsgründe des BGH daher nicht übertragen. Fordert der Auftragnehmer beispielsweise von dem Auftraggeber Sicherheit nach § 650f BGB und kommt der Auftraggeber dem durch die Übergabe einer Bürgschaft zur Absicherung der Vergütungsforderungen nach, so kann der Auftraggeber die Bürgschaft in der Insolvenz des Auftragnehmers **nicht aussondern,** auch nicht, wenn dem Auftragnehmer Vergütungsansprüche nicht mehr zustehen, beispielsweise weil der Auftraggeber wirksam die Aufrechnung mit entsprechenden Gegenforderungen erklärt hat (Handschumacher jurisPR-PrivBauR 7/2011 Anm. 5; anders wohl Schmitz, Die Bauinsolvenz, 6. Aufl. 2015, Rn. 802 ff.) Die Bürgschaft nach § 648a BGB geht nämlich in das Vermögen des Auftragnehmers über und fällt daher in die Insolvenzmasse (aA OLG Stuttgart NZBau 2014, 772 (773) – allerdings ohne nähere Begründung).

165 ii) **Vorauszahlungsbürgschaft.** Erklärt sich der Auftraggeber dazu bereit, Vorauszahlungen an den Auftragnehmer zu leisten und werden die Vorauszahlungen über eine Vorauszahlungsbürgschaft abgesichert, so sichert die Bürgschaft im Insolvenzfall die ungedeckten Auszahlungen des Auftraggebers ab. Spezifische Insolvenzanfechtungsrisiken bestehen insoweit neben den einleitenden Ausführungen, auf die an dieser Stelle verwiesen wird, nicht.

166 b) **Sicherheitsleistung durch den Auftraggeber. aa) Sicherungshypothek des Bauunternehmers (§ 650e BGB).** Auf eine Bauhandwerkersicherungshypothek gem. § 650e BGB hat der Auftragnehmer kraft Gesetzes einen Anspruch. Wird die Hypothek daher aufgrund einer Bewilligung des Auftraggebers im Grundbuch eingetragen, liegt eine kongruente Leistung vor, sodass die Hypothekenbestellung allenfalls nach § 130 InsO anfechtbar sein kann. Inkongruenz liegt demgegenüber vor, wenn der Auftragnehmer die Hypothek kraft einer einstweiligen Verfügung erlangt. Sicherungen im Wege der Zwangsvollstreckung, zu der die einstweilige Verfügung

Bau- und Architektenrecht in der Insolvenz

gehört, stellen nach ständiger Rechtsprechung des BGB inkongruente Leistungen dar und sind daher nach § 131 InsO anfechtbar.

Sicherheiten, die im letzten Monat vor bzw. nach dem Insolvenzantrag bestellt worden sind, sind außerdem von der Rückschlagsperre nach § 88 InsO erfasst und damit mit Insolvenzverfahrenseröffnung automatisch unwirksam. Einer Anfechtung nach den §§ 129 ff. InsO durch den Insolvenzverwalter bedarf es in diesen Fällen nicht. 167

bb) Bauhandwerkersicherung (§ 650f BGB). Mit Inkrafttreten des Forderungssicherungsgesetzes (Gesetz v. 23.10.2008, BGBl. I S. 2022 (2582), in Kraft seit dem 1.1.2009) hat der Auftragnehmer nach § 650f BGB zudem einen gesetzlichen Anspruch auf eine Sicherung für seine Vergütungsforderungen einschließlich Nebenforderungen in Höhe von 10 %. Derartige Sicherheiten (in der Regel durch Bürgschaften) sind daher ebenfalls kongruent und damit nur unter den Voraussetzungen des § 130 InsO anfechtbar. Zur Haftung des Bürgen in der Insolvenz des Auftraggebers s. Küpper NJW 2015, 3057 ff. 168

cc) Spezialfall: Aussonderung der Mängelhaftungsbürgschaft bei späterer Insolvenzverfahrenseröffnung. Eine Mängelhaftungsbürgschaft wird dem Auftraggeber in der Regel gegen Ablösung des Sicherheitseinbehalts übergeben und zwar in aller Regel vor Eintritt der wirtschaftlichen Krise des Auftraggebers bzw. vor Insolvenzverfahrenseröffnung. Nach Rechtsprechung des BGH (BGH BauR 2011, 997 = NZBau 2011, 288) ist die Bürgschaftsstellung und die Sicherungsabrede so auszulegen, dass sie unter der Bedingung steht, der Auftraggeber werde den Sicherheitseinbehalt alsbald in voller Höhe auszahlen. Tut er dies nicht, kann der Auftragnehmer die Rückgabe der Bürgschaft verlangen. 169

Der BGH hat in diesem Zusammenhang auch hervorgehoben, dass der Auftragnehmer in der Insolvenz des Auftraggebers, also nach der späteren Insolvenzverfahrenseröffnung, kraft seines Herausgabeanspruchs die Bürgschaft sogar aussondern kann. Insolvenzrechtlicher Anknüpfungspunkt ist hier § 47 InsO. Danach kann der Gläubiger (hier der Auftragnehmer) einen Gegenstand, der nicht zur Insolvenzmasse gehört, herausverlangen. Zur Aussonderung berechtigen in erster Linie dingliche Rechte, aber auch schuldrechtliche Ansprüche, sofern sie – wie hier – auf Herausgabe und nicht lediglich auf Verschaffung gerichtet sind. Aufgrund der Sicherungsabrede, dass die Bürgschaft unter der Bedingung der Auszahlung des Sicherheitseinbehalts gestellt wird, geht der BGH davon aus, dass hinsichtlich der Bürgschaft insoweit eine treuhänderische Bindung besteht. Sie steht daher solange dem Unternehmer „vermögensrechtlich" zu, als der Auftraggeber den Sicherheitseinbehalt nicht auszahlt. Durch die Eröffnung des Insolvenzverfahrens über das Vermögen des Auftraggebers ändert sich hieran nichts. Die Bürgschaft steht daher bei vermögensrechtlicher Zuordnung nicht der Masse zu, sodass sie von dem Auftragnehmer ausgesondert werden kann. 170

Gerät der Insolvenzverwalter mit der Herausgabe der Bürgschaft in Verzug, schuldet er gem. § 55 Abs. 1 Nr. 1 InsO die Avalzinsen aus der Masse, sowie – entsprechend allgemeiner Grundsätze – auch sonstige Verzugsschäden (beispielsweise Rechtsverfolgungskosten) (BGH NJW-RR 1990, 411; NZBau 2011, 288). 171

8. Anfechtung von Zahlungen des Auftraggebers

Zahlungen, die der Auftraggeber an den Auftragnehmer leistet, stellen grundsätzlich kongruente Leistungen dar, wenn es sich etwa um die Schlussrechnungszahlung oder um Abschlagszahlungen aufgrund eines bestimmten Bautenstandes handelt. In diesen Fällen nämlich, hat der Auftragnehmer einen Anspruch auf die vereinbarte Vergütung, wenn und soweit alle Fälligkeitsvoraussetzungen vorliegen. Insbesondere bei Abschlagszahlungen ist den Fälligkeitsvoraussetzungen indes besondere Aufmerksamkeit zu schenken. Voraussetzung nach § 632a Abs. 1 BGB ist insofern eine „vertragsgemäß erbrachte Leistung" des Auftragnehmers und eine Abschlagszahlung des Auftraggebers in der Höhe des Wertes der von ihm erbrachten und nach dem Vertrag geschuldeten Leistungen. Die Leistungen sind nach § 632a Abs. 1 S. 4 BGB durch eine Aufstellung nachzuweisen, die eine rasche und sichere Beurteilung der Leistungen ermöglichen muss. Dies gilt auch für erforderliche Stoffe oder Bauteile, die angeliefert oder eigens angefertigt und bereitgestellt sind, wenn dem Auftraggeber nach seiner Wahl Eigentum an den Stoffen oder Bauteilen übertragen oder entsprechende Sicherheit hierfür geleistet wird. Ähnlich ist dies bei § 16 Abs. 1 Nr. 1 VOB/B. Auch hier können Abschlagszahlungen nur jeweils auf nachgewiesene vertragsgemäße Leistungen erfolgen. Auch hier sind die Leistungen durch eine prüfbare Aufstellung nachzuweisen, die eine rasche und sichere Beurteilung der Leistungen ermöglichen muss. 172

Sind diese Voraussetzungen nicht erfüllt, ist die Abschlagszahlung als inkongruente Leistung einzustufen, zB wenn ihr keine prüfbare Abrechnung zugrunde lag (s. BGH NZI 2003, 197; 2002, 173

486). Inkongruent ist daher auch eine Abschlagszahlung, die über den konkreten Wertzuwachs hinausgeht. Anfechtbar sind solche Zahlungen als inkongruente Leistungen ohne weitere Voraussetzungen dann, wenn sie im letzten Monat vor dem Antrag auf das Insolvenzverfahrens oder nach diesem Antrag vorgenommen worden sind (§ 131 Abs. 1 Nr. 1 InsO). Wenn sie innerhalb des zweiten oder dritten Monats vor dem Eröffnungsantrag vorgenommen worden sind, sind sie anfechtbar, wenn der Schuldner zu der Zeit der Zahlung bereits zahlungsunfähig war (§ 131 Abs. 1 Nr. 2 InsO) oder wenn die Zahlung innerhalb des zweiten oder dritten Monats vor dem Eröffnungsantrag vorgenommen worden ist und dem Gläubiger zur Zeit der Zahlung bekannt war, dass die Zahlung die Insolvenzgläubiger benachteiligte (§ 131 Abs. 1 Nr. 3 InsO).

174 Da der Auftragnehmer kraft eigener Anschauung nur schwer beurteilen kann, ob zum Zeitpunkt der Zahlung bereits eine Zahlungsunfähigkeit des Auftraggebers vorgelegen hat, besteht für ihn bei der Entgegennahme von inkongruenten Leistungen ein nicht unerhebliches Insolvenzanfechtungsrisiko. In einem späteren Prozess müsste freilich der Insolvenzverwalter die Voraussetzungen für die Zahlungsunfähigkeit zum Zeitpunkt der Zahlungen darlegen und im Zweifel beweisen. Der Auftragnehmer jedenfalls muss das Anfechtungsrisiko einkalkulieren und sich darüber bewusst sein, dass jedenfalls alle in kritischer Zeit (dh bis drei Monate vor Antragstellung) erhaltene Zahlungen zurückgezahlt werden müssen.

175 Nach ständiger Rechtsprechung des BGH ist die Inkongruenz einer Leistung zudem das wesentliche Beweisanzeichen für den Vorsatz der Gläubigerbenachteiligung durch den Schuldner und die Kenntnis des anderen Teils hiervon (BGH NJW 2003, 3560). Die Inkongruenz eröffnet damit auch die Anwendbarkeit der Vorsatzanfechtung nach § 133 InsO. Zur Begründung weist der BGH darauf hin, dass bei einer inkongruenten Leistung die Vermutung nahe liegt, dass der Schuldner seine Gläubiger benachteiligen wollte (warum sonst erbringt er einen Leistung, auf die der andere Vertragspartner keinen konkreten Anspruch hat?) und dass der Gläubiger diesen Benachteiligungsvorsatz kannte (warum sonst nimmt er eine Leistung entgegen, auf die er keinen konkreten Anspruch hat?). Für einen Benachteiligungsvorsatz spricht somit die Inkongruenz der Leistung bei gleichzeitig beengten finanziellen Verhältnissen (BGH WM 2020, 1919; 2013, 2233 Rn. 12 mwN; WM 2017, 1215 Rn. 24).

176 Dem Auftragnehmer kann daher nur nahegelegt werden, seine Abschlagsrechnungen und die hierfür erforderlichen Nachweise mit höchster Sorgfalt zu erstellen, wie er dies auch bei einer Schlussrechnung tun würde, um schon im Rahmen der Bauabwicklung und der Leistungserbringung die Anfechtungsrisiken zu minimieren.

177 Stellen sich die Abschlagszahlungen danach als kongruente Leistungen dar, wären sie nur nach § 130 Abs. 1 InsO anfechtbar, wenn sie in den letzten drei Monaten vor dem Antrag auf Eröffnung des Insolvenzverfahrens vorgenommen worden sind, wenn zu dieser Zeit der Schuldner zahlungsunfähig war und wenn der Gläubiger zumindest zu dieser Zeit die Zahlungsunfähigkeit kannte (§ 130 Abs. 1 InsO) oder wenn sie nach dem Eröffnungsantrag vorgenommen worden sind und der Gläubiger zu dieser Zeit die Zahlungsunfähigkeit oder den Eröffnungsantrag kannte (§ 130 Abs. 1 Nr. 2 InsO). Voraussetzung für die Anfechtung ist daher erzwingend auch der innere Tatbestand der Kenntnis der Zahlungsunfähigkeit bzw. der Kenntnis des Eröffnungsantrages, die im Prozess nur schwer nachzuweisen sind. Die Vermutungsregelung in § 130 Abs. 2 InsO schafft hier nur bedingt Erleichterung, weil der Insolvenzverwalter jedenfalls nachweisen müsste, dass der Gläubiger die Kenntnis von Umständen gehabt hat, die zwingend auf die Zahlungsunfähigkeit bzw. den Eröffnungsantrag schließen lassen. Der Auftragnehmer sollte es daher bei der baubegleitenden Dokumentation tunlichst vermeiden, in der Korrespondenz auf Zweifel an der Zahlungsunfähigkeit oder dergleichen hinzuweisen.

178 Nicht übersehen werden darf, dass bei der Kongruenzanfechtung auch die Zahlungsunfähigkeit (§ 17 InsO) zum Zeitpunkt der Rechtshandlung tatsächlich bereits vorgelegen haben muss. Der Nachweis liegt auch insoweit bei dem Insolvenzverwalter. Hier kommt es allein darauf an, ob der Schuldner schon nicht mehr dazu in der Lage war, mit den ihm zur Verfügung stehenden Geldmitteln seine fälligen Verbindlichkeiten zu erfüllen. Drohende Zahlungsunfähigkeit oder Überschuldung reichen als Anfechtungsvoraussetzung nicht aus.

179 Ausgeschlossen ist die Anfechtung (kongruent erhaltener Zahlungen) jedenfalls dann, wenn die Voraussetzungen des Bargeschäftes nach § 142 InsO vorliegen. Dies setzt voraus, dass für die Zahlung unmittelbar eine gleichwertige Gegenleistung (die Bauleistung) in das Vermögen des Auftraggebers gelangt ist. Auch ein Bauvertrag kann grundsätzlich die Voraussetzungen eines Bargeschäfts erfüllen (vgl. BGH NJW 2006, 2701 (2706)). Entspricht die Abschlagszahlung dem tatsächlichen Wertzuwachs, so ist das Erfordernis der Gleichwertigkeit erfüllt. Was aber unmittelbar iSd § 142 InsO bedeutet, ergibt sich nicht aus dem Gesetz; fest steht nur, dass zwischen Leistung und Gegenleistung ein enger zeitlicher Zusammenhang bestehen muss. Ein gewisser zeitlicher

Bau- und Architektenrecht in der Insolvenz

Abstand zwischen den einzelnen Akten eines Leistungsaustausches steht der Annahme eines Bargeschäftes noch nicht entgegen (BGH NJW 2006, 2701; NZI 2008, 482). Eine Zug-um-Zug-Zahlung ist daher nicht erforderlich. Ein Zeitraum von einigen Wochen sollte indes nicht überschritten werden. Die Zahlung auf die Schlussrechnung wird nach vollständiger Bauleistung jedenfalls kein Bargeschäft mehr darstellen, wenn hier zwischen dem Beginn der Leistung und der Zahlung ein Zeitraum von unter Umständen mehreren Jahren, oder aber mehreren Monaten liegt.

Im Ergebnis muss daher auf die vereinbarten Fälligkeitstermine abgestellt werden. Werden Zahlungen demgemäß innerhalb vereinbarter Fälligkeit geleistet, und entspricht die Zahlung dem Wert der erbrachten und nach dem Vertrag geschuldeten Leistungen, liegt ein anfechtungsfestes Bargeschäft vor (vgl. Messerschmidt/Voit/Huber, Privates Baurecht, 3. Aufl. 2018, Abschnitt R Rn. 89). **180**

9. Anfechtung von Zahlungen mit Zustimmung des vorläufigen Insolvenzverwalters

Anfechtbar können auch Zahlungen sein, die, nach Antragstellung, der Auftraggeber mit Zustimmung des vorläufigen Insolvenzverwalters erbringt. Die Zustimmung des vorläufigen Insolvenzverwalters schließt die Insolvenzanfechtung nicht aus. Die Anfechtung ist unter Umständen nur dann ausgeschlossen, wenn der Auftragnehmer darauf vertraut hat und darauf vertrauen durfte, dass die Zahlung nicht angefochten wird, und er aufgrund der Zustimmung des Insolvenzverwalters sich überhaupt erst dazu bereit erklärt hat, weitere Leistungen an den Schuldner zu erbringen (BGH NJW 2006, 1134). Ein derartiger Vertrauenstatbestand scheidet jedoch per se dann aus, wenn der Insolvenzverwalter der Zahlung nur unter Vorbehalt der späteren Anfechtbarkeit zustimmt oder wenn der Auftragnehmer seine weitere Leistungsbereitschaft davon abhängig macht, dass der Insolvenzverwalter auch der Erfüllung sogenannter Altverbindlichkeiten (also zB Vergütungen für bereits erbrachte Leistungen) zustimmt. In einem derartigen Fall kann sich der Auftragnehmer nicht mehr auf einen Vertrauenstatbestand berufen. Ohnehin wäre die Vereinbarung mit dem Insolvenzschuldner, dass auch alle Altverbindlichkeiten gegen weitere Leistungen erfüllt werden sollen, gem. § 132 InsO anfechtbar (BGH NZBau 2003, 438). **181**

10. Anfechtung von Vergleichen

Anfechtbar im Zusammenhang mit dem Abschluss und der Vollziehung eines Vergleiches können isoliert folgende Rechtshandlungen sein: **182**
- schuldrechtlicher Abschluss des Vergleiches,
- Vollziehung des Vergleiches (zB Zahlung des Vergleichsbetrages, Stellung/Hingabe einer Sicherheit, Verzicht auf weitergehende Forderungen etc).

Die Zahlung einer Vergleichssumme ist nur dann als kongruent zu bewerten, wenn auch die Vergleichsvereinbarung als solche, auf deren Grundlage die Zahlung erfolgt, kongruent ist. Ist schon die schuldrechtliche Vereinbarung hingegen inkongruent, dann ist auch die auf dieser Vereinbarung hin geleistete Zahlung inkongruent. Damit unterliegt die mögliche Anfechtung lediglich den Voraussetzungen des § 131 InsO, sodass im Ergebnis eine Anfechtung für den Insolvenzverwalter leichter durchgesetzt werden kann. **183**

a) Objektive Gläubigerbenachteiligung. Der Abschluss eines Vergleiches kann sowohl zu einer Erhöhung des Passivmasse führen (durch den schuldrechtlichen Vergleich entstehen Forderungen gegen die „Masse") als auch zu einer Verringerung des Aktivvermögens (die Vergleichszahlung steht bei späterer Insolvenz der „Masse" nicht mehr zur Verfügung). Aus diesem Grunde kann ein Vergleich objektiv benachteiligend sein (vgl. BGH NZI 1999, 188; 2009, 105; BGH WM 2016, 282 (283)). **184**

aa) Urteil des BGH v. 28.1.2016. In einem Fall, in dem die Parteien einen Vergleich geschlossen hatten, hat der BGH mit Urteil v. 28.1.2016 (BGH ZIP 2016, 426 = NZI 2016, 262 = NJW 2016, 2115) festgestellt, dass eine Gläubigerbenachteiligung abzulehnen ist, wenn der in der (Vergleichs-)Zahlung liegende Vermögensverlust durch den damit verbundenen Verzicht auf weitere Forderungen (des anderen Vergleichspartners) voll ausgeglichen worden ist. **185**

Dies erinnert zunächst an den Gedanken einer Vorteilsausgleichung. Regelmäßig beinhaltet ein Zahlungsvergleich nicht nur die Verpflichtung des einen Vertragspartners, die Vergleichszahlung binnen einer bestimmten Frist an den anderen Vertragspartner zu zahlen. Regelmäßig wird darüber hinaus auch vereinbart, dass mit der Zahlung weitere wechselseitige Forderungen der Parteien abgegolten und erledigt sein sollen. Damit verzichtet der andere Vertragspartner im Hinblick auf die erhaltene Vergleichszahlung regelmäßig auf weitergehende Forderungen. Der BGH ist in ständiger Rechtsprechung indes der Auffassung, dass im Rahmen der Insolvenzanfechtung der Gedanke einer Vorteilsausgleichung unberücksichtigt bleiben muss, weil – wie bereits **186** ausgeführt – jede Rechtshandlung isoliert auf ihre Anfechtbarkeit zu überprüfen ist. Der BGH führt in seiner Entscheidung v. 28.1.2016 allerdings aus, dass dieses Verbot der Berücksichtigung einer Vorteilsausgleichung Tatbestände betrifft, bei denen die benachteiligende Handlung in adäquat ursächlichem Zusammenhang mit anderen Ereignissen der Insolvenzmasse auch Vorteile gebracht hat, die jedoch keine Gegenleistung für die durch die Handlung bewirkte Vermögensminderung darstellen (BGH ZIP 2016, 426 = NZI 2016, 262 = NJW 2016, 2115 Rn. 19). Entscheidend war nach dem Urteil des BGH, dass durch die Zahlung des Schuldners aufgrund des mit dem Gläubiger vereinbarten Verzichts auch weitere Forderungen über den Zahlungsbetrag hinausgehende Verbindlichkeiten getilgt wurden.

187 Der BGH stellt fest, dass eine Gläubigerbenachteiligung dann ausscheidet, wenn der in der Zahlung liegende Vermögensverlust durch den damit **aufschiebend bedingt verbundenen Verzicht** auf weitere Forderungen voll ausgeglichen wird (BGH ZIP 2016, 426 = NZI 2016, 262 = NJW 2016, 2115 Rn. 20).

188 **bb) Kritik und Schlussfolgerung.** Die Entscheidung des BGH v. 28.1.2016 ist in der Literatur nicht ohne Kritik geblieben (Böhme NZI 2016, 262 (265 ff.)), weil sie im Ergebnis dazu führt, dass Gläubiger mit hohen Forderungen, die in kritischer Zeit aber noch Teilzahlungen von dem Schuldner erhalten, privilegiert sind, da sie mit der Zahlung aufschiebend bedingt auf weitergehende Forderungen verzichten können, die im Falle der Insolvenz aber wertlos gewesen wären. Zudem wird eingewandt, dass zur Beurteilung, ob eine Gläubigerbenachteiligung vorliegt, zumindest eine gesamtheitliche Vergleichsbetrachtung angestellt werden müsse. Danach soll in einem ersten Schritt zunächst geprüft werden, wie hoch sich die Aktiva nach Vornahme der angefochtenen Rechtshandlung belaufen. Den verbliebenen Aktiva sollen dann die verminderten Passiva gegenübergestellt werden, um daraus eine Insolvenzquote zu bilden. In einem zweiten Schritt wäre zu untersuchen, wie hoch die Vermögenswerte des Schuldners bei Unterlassung der Rechtshandlung und Verbleib der Mittel in der Masse zu veranschlagen wären. Den so ermittelten Aktiva wären dann wiederum die Verbindlichkeiten unter Einschluss der ungeschmälerten Forderungen des Gläubigers gegenüber zu stellen, um dann ebenfalls die Befriedigungsquote zu ermitteln. Erst nach Maßgabe einer solchen Vergleichsrechnung würde eine Gläubigerbenachteiligung ausscheiden, sofern die Insolvenzquote in beiden Gestaltungen identisch oder sogar noch höher gewesen wäre.

189 Da allerdings im Falle einer etwaigen Anfechtung die Darlegungs- und Beweislast für das Vorliegen an objektiven Gläubigerbenachteiligung bei dem anfechtenden Insolvenzverwalter liegt, empfiehlt sich für die **Vertragsgestaltung,** mit Blick auf die Entscheidung des BGH v. 28.1.2016 die Abgeltungsregelung stets so zu fassen, dass mit der Zahlung des Vergleichsbetrages aufschiebend bedingt auch auf weitergehende Forderungen verzichtet wird, dh dass erst mit der Zahlung dieser rechtliche Verzicht aufschiebend bedingt wirksam wird.

190 **b) Spezifische Anfechtungsgründe.** Allein das Vorliegen einer objektiven Gläubigerbenachteiligung reicht nicht aus, um eine Rechtshandlung erfolgreich anzufechten. Es muss zudem einer der spezifischen Anfechtungsgründe der §§ 130–146 InsO verwirklicht sein, wobei aus dem Katalog dieser Anfechtungsgründe im hiesigen Kontext nur folgende Anfechtungsgründe in Betracht kommen.

191 **aa) Kongruenz/Inkongruenz (§§ 130, 131 InsO).** Die beiden Tatbestände der Deckungsanfechtung zeichnen sich dadurch aus, dass in Abgrenzung zu § 132 InsO der durch die Rechtsgeschäft begünstigte Insolvenzgläubiger schon zum Zeitpunkt der Vornahme des Rechtsgeschäfts in Rechtsbeziehungen zum späteren Verfahrensschuldner stand. Bei § 132 InsO (unmittelbar nachteilige Rechtshandlungen) tritt der durch das Rechtsgeschäft begünstigte Insolvenzgläubiger demgegenüber erst durch die Vornahme dieses anfechtbaren Rechtsgeschäfts in Rechtsbeziehungen zum Insolvenzschuldner (siehe Uhlenbruck/Ede/Hirte, 15. Aufl. 2019, InsO § 132 Rn. 1). Bei der Deckungsanfechtung geht es demgegenüber um die mehr (§ 130 InsO) oder weniger (§ 131 InsO) korrekte Erfüllung von bereits vor der kritischen Zeit eingegangene Verbindlichkeiten (Uhlenbruck/Ede/Hirte, 15. Aufl. 2019, InsO § 132 Rn. 1).

192 Bei dem **schuldrechtlichen Abschluss eines Vergleiches** kommt es für die Unterscheidung von Kongruenz und Inkongruenz letztlich darauf an, ob der Gläubiger (Vertragspartner des Schuldners) einen schulrechtlichen Anspruch auf Abschluss des Vergleiches, der ihm in kritischer Zeit noch Teilzahlungen ermöglicht, hatte. In aller Regel ist dies nicht der Fall (BGH NJW-RR 2004, 1534), sodass der schuldrechtliche Vergleichsabschluss als solcher regelmäßig allein unter dem Aspekt einer etwaigen Inkongruenz nach § 131 InsO zu prüfen sein dürfte (vgl. auch BGH NZI 2007, 101 Rn. 24: mit einer etwaigen Kongruenzanfechtung setzt sich der BGH in der zitierten Entscheidung dementsprechend zu Recht nicht auseinander). Vor diesem Hintergrund kann der schuldrechtliche Abschluss des Vergleiches inkongruent sein, wenn nach dem ursprünglichen

Vertrag/der ursprünglichen Rechtsbeziehung zwischen den Parteien von dem Gläubiger nicht gefordert werden konnte, was er sich nunmehr in dem Vergleich zusagen lässt, insbesondere nachträgliche Sicherheiten (vgl. BGH NZI 2004, 623). Wird ein solcher Vergleich innerhalb des letzten Monats vor dem Antrag auf Eröffnung des Insolvenzverfahrens geschlossen, sind weitere Anfechtungsvoraussetzungen neben dieser Inkongruenz nicht erforderlich.

Im Zeitraum zwischen dem zweiten und dem dritten Monat vor dem Eröffnungsantrag kommt **193** hinzu, dass der Schuldner zum Zeitpunkt des Vergleichsabschlusses bereits zahlungsunfähig gewesen sein muss. Gleiches gilt, wenn der Vertragspartner gewusst hat, dass der Schuldner wegen seiner finanziellen Situation in absehbarer Zeit nicht mehr fähig sein wird, sämtliche Gläubiger zu befriedigen (BGH NZI 2007, 101 Rn. 24).

Ist der Abschluss des schuldrechtlichen Vergleiches inkongruent, sind auch die auf der Grund- **194** lage dieses schuldrechtlichen Vergleiches vorgenommenen Verfügungen (**Vollziehung des Vergleichs**), insbesondere geleistete Vergleichszahlungen, zwangsläufig inkongruent (siehe oben). Ist hingegen der schuldrechtliche Vergleich kongruent, sind auch die auf dieser Grundlage geleisteten Zahlungen (da sie dann der kongruenten Vereinbarung entsprechen) ihrerseits kongruent und wären mithin nur nach § 130 Abs. 1 InsO anfechtbar. Dann allerdings muss nachgewiesen sein, dass der Gläubiger, der die Zahlungen innerhalb der letzten drei Monate vor dem Antrag auf Eröffnung des Insolvenzverfahrens erhalten hat, von der bereits vorliegenden Zahlungsunfähigkeit des Schuldners zum Zeitpunkt der Zahlung Kenntnis gehabt hat.

Dabei steht freilich der Kenntnis der Zahlungsunfähigkeit die Kenntnis von Umständen gleich, **195** die zwingend auf die Zahlungsunfähigkeit schließen lassen (§ 130 Abs. 2 InsO). Es stellt sich dabei die Frage, ob allein das **Verhandeln und Vereinbaren einer Ratenzahlung** innerhalb des Vergleiches eine solche Kenntnis von Umständen vermittelt. Der BGH hat allerdings in jüngerer Vergangenheit mehrfach klargestellt, dass allein die Bitte des Schuldners auf Abschluss einer Ratenzahlungsvereinbarung, wenn sie sich im Rahmen der Gepflogenheiten des Geschäftsverkehrs hält, als solche kein Indiz für eine Zahlungseinstellung oder für eine Zahlungsunfähigkeit des Schuldners ist (BGH NZI 2015, 470; 2014, 863). Allerdings muss hier genauer hingesehen werden: Ist mit der Bitte um Ratenzahlung die eigene Aussage des Schuldners verbunden, die fälligen Zahlungspflichten ansonsten nicht erfüllen zu können, dann kennt der Gläubiger die Umstände, die auf eine Zahlungseinstellung bzw. Zahlungsunfähigkeit schließen lassen (→ § 130 Rn. 21.3). Der BGH hat in vorzitierter Entscheidung lediglich klargestellt, dass allein die Bitte um eine Ratenzahlung diverse Gründe haben kann, die mit einer Zahlungseinstellung nichts zu tun haben, etwa die Erzielung von Zinsvorteilen oder die Vermeidung von Kosten und Mühen im Zusammenhang mit der Aufnahme eines ohne Weiteres erlangbaren Darlehens. Ist aber die Bitte um Ratenzahlung mit der Erklärung verbunden, dass die fälligen Verbindlichkeiten anders nicht beglichen werden können, ist sie ein Indiz für eine Zahlungsunfähigkeit (BGH NZI 2011, 589 Rn. 17; 2012, 416; 2014, 863).

Im Ergebnis ist damit festzuhalten, dass ein schuldrechtlicher Vergleich der Kongruenzanfech- **196** tung nach § 130 Abs. 1 Nr. 1 InsO unterliegt, wenn der Schuldner zum Zeitpunkt des Vergleichsabschlusses bereits zahlungsunfähig ist und im Rahmen des Vergleiches um eine Ratenzahlung bittet, weil er ansonsten die Verbindlichkeiten nicht erfüllen kann.

bb) Vorsätzliche Benachteiligung (§ 133 InsO). Der relativ lange Anfechtungszeitraum von **197** zehn Jahren hat durch das „Gesetz zur Verbesserung der Rechtssicherheit bei Anfechtungen nach der Insolvenzordnung und nach dem Anfechtungsgesetz" v. 29.3.2017 (BGBl. I 654), das am 5.4.2017 in Kraft getreten ist, eine wesentliche Einschränkung erfahren. Danach hat der Gesetzgeber bei **Deckungshandlungen**, also bei Rechtshandlungen, die tendenziell dem Anwendungsbereich der §§ 130, 131 InsO unterfallen, den Anfechtungszeitraum auch bei der Vorsatzanfechtung von zehn Jahren **auf vier Jahre verkürzt**.

Bei sogenannten **Kongruenzdeckungen** muss der Insolvenzverwalter zum Nachweis der **198** Kenntnis des Benachteiligungsvorsatzes nicht mehr nur lediglich die zum Zeitpunkt der Rechtshandlung vorliegende drohende Zahlungsunfähigkeit nachweisen, sondern die tatsächlich eingetretene Zahlungsunfähigkeit, was für den Insolvenzverwalter in der Beweisführung schwieriger ist (nach Nerlich/Römermann/Nerlich, 33. EL, InsO § 133 Rn. 43b dürfte es dem Insolvenzverwalter in den meisten Fällen ohne klare Beweise für die Kenntnis des Anfechtungsgegners der Zahlungsunfähigkeit nicht möglich sein, seiner Beweislast nachzukommen). Zudem werden Ratenzahlungsvereinbarungen („Zahlungsvereinbarungen") privilegiert, weil bei ihnen gesetzlich (widerleglich) vermutet wird, dass der Vertragspartner zur Zeit der Handlung die Zahlungsunfähigkeit **nicht** kannte, wenn mit dem Schuldner eine Zahlungsvereinbarung getroffen wurde (Kindler/Bitzer NZI 2017, 369 ff.; Dahl/Schmitz NJW 2017, 1505).

Bau- und Architektenrecht in der Insolvenz

199   Die gesetzliche Regelung führt dazu, dass allein der Abschluss einer Zahlungsvereinbarung nicht auf die Kenntnis des Benachteiligungsvorsatzes schließen lassen kann (BGH NZI 2016, 837; 2015, 470). Um Zahlungsvereinbarungen mit Hilfe der Vorsatzanfechtung anfechten zu können, soll der Insolvenzverwalter im Übrigen vortragen müssen/können,
- dass der Schuldner die Ratenzahlungsvereinbarung nicht einhält oder anderweitig, etwa mit neu entstandenen Forderungen, in erheblichen Zahlungsrückstand gerät,
- dass der Schuldner gegenüber weiteren Gläubigern erhebliche fällige Verbindlichkeiten hat, die er nicht, auch nicht ratenweise, bedienen kann, oder
- dass der Anfechtungsgegner Grund zur Annahme hatte, der Schuldner werde bis zuletzt nur seine Forderung (und nicht die anderer Gläubiger) bedienen (Dahl/Schmitz, NJW 2017, 1505 (1507)).

200   **cc) Unentgeltliche Leistung/„Schenkungsanfechtung" (§ 134 InsO).** Schließlich kommt bei dem Abschluss eines schuldrechtlichen Vergleiches und dessen Vollziehung auch eine unentgeltliche Leistung iSv § 134 InsO in Betracht, die wiederum der Anfechtung unterliegt. Danach ist eine unentgeltliche Leitung des Schuldners anfechtbar, es sei denn, sie ist früher als vier Jahre vor dem Antrag auf Eröffnung des Insolvenzverfahrens vorgenommen worden.

201   Rechtliche Kriterien zu der Frage, unter welchen Voraussetzungen ein Vergleich unter dem Gesichtspunkt einer unentgeltlichen Leistung anfechtbar sein kann, hat der BGH in seiner Entscheidung v. 9.11.2016 aufgestellt (BGH NZI 2007, 101). Dort lag der Fall so, dass der Insolvenzverwalter über das Vermögen des Auftragnehmers den Auftraggeber klageweise unter Anrechnung einer bereits gezahlten Vergleichssumme auf Zahlung der vollen Schlussrechnungssumme in Anspruch nahm mit dem Argument, der Auftraggeber könne sich auf den Vergleich nicht berufen, weil er nach § 134 InsO anfechtbar sei. In Bezug auf einen Vergleich zwischen Auftraggeber und Auftragnehmer in der Krise hat der BGH hierzu folgende Kernaussagen getroffen:
- Nach § 134 InsO ist eine Leistung dann als unentgeltlich anzusehen, wenn ihr nach dem Inhalt des Rechtsgeschäfts keine Leistung des Empfängers gegenübersteht, die dem aufgegebenen Vermögenswert entspricht.
- Die Eigenart eines Vergleichsvertrages verlangt eine sinngemäße Fortbildung dieses Grundsatzes. Es verbietet sich, generell auf das verglichene Rechtsverhältnis zurückzugreifen und den Vergleichsinhalt an den ihn vorausgegangenen Rechtsbehauptungen des Gläubigers zu messen. Das Ergebnis wäre dann stets ein unentgeltlicher teilweiser Forderungsverzicht des Gläubigers. Der andere Teil des Vergleichs verdient jedoch nicht deswegen den geringeren Schutz des § 134 InsO, weil er keine eigene Leistung erbringt. Denn er hat typischerweise eine Verpflichtung übernommen, die gemessen an seiner vorausgegangenen Rechtsposition ebenfalls nicht bestand.
- Wird ein Vergleich abgeschlossen, um die bei verständiger Würdigung des Sachverhalts oder der Rechtslage bestehende Ungewissheit durch gegenseitiges Nachgeben zu beseitigen, so lässt dies vermuten, dass die vereinbarte Regelung die gegenseitigen Interessen ausgewogen berücksichtigt hat. Innerhalb der von objektiver Ungewissheit gekennzeichneten Vergleichslage haben die Parteien für ihr gegenseitiges Nachgeben einen **Ermessens- und Bewertungsspielraum**.
- Das vergleichsweise Nachgeben kann daher nur dann als unentgeltliche Leistung gewertet werden, wenn der Vergleichsinhalt den Bereich der bei objektiver Beurteilung ernstlich zweifelhaft sein kann. Auf eine **rechnerische Gegenüberstellung** des beiderseitigen Nachgebens gegenüber der jeweiligen Ausgangsposition kommt es in diesem Rahmen **nicht** an.
- Verzichtet der Insolvenzschuldner ohne Ungewissheit der Sach- und Rechtslage in Folge eines **Liquiditätsengpasses** auf seine Ansprüche oder erklärt sich aus sonstigen Gründen dazu bereit, vergleichsweise einen Teil seiner Forderungen aufzugeben, so ist ein solcher Vergleich nach § 134 InsO in der Regel anfechtbar.

202   Es kommt demnach für die Anfechtbarkeit darauf an, dass tatsächlich eine Ungewissheit hinsichtlich der Sach- und Rechtslage besteht und dass die Parteien diese Ungewissheit durch ihr jeweiliges Nachgeben beseitigen wollen. Besteht aber eine Ungewissheit hinsichtlich der Sach- und Rechtslage, so wird nach der Entscheidung des BGH vermutet, dass die vereinbarte Regelung die Interessen ausgewogen berücksichtigt. Im Streitfall müsste daher der Insolvenzverwalter nachweisen, dass der Vergleich die wechselseitigen Positionen nicht ausgewogen berücksichtigt hat und der Vergleich daher den Rahmen verlässt, der bei objektiver Beurteilung ernstlich zweifelhaft sein konnte.

203   Da den Parteien nach der Entscheidung des BGH jedoch ausdrücklich ein Beurteilungs- und Ermessensspielraum zusteht, ist ein Vergleich bei Ungewissheit der Sach- und Rechtslage im Regelfall nicht anfechtbar unter dem Gesichtspunkt einer unentgeltlichen Leistung, sofern die Parteien darum bemüht sind, eine wirtschaftliche und kaufmännisch ausgewogene Lösung zu finden. Im Umkehrschluss bedeutet dies, dass wenn der Insolvenzschuldner willkürlich im Rahmen

des Vergleiches auf seine Rechte/Ansprüche verzichtet, ein solcher Vergleich nicht nur wegen Inkongruenz, sondern auch wegen vorsätzlicher Benachteiligung (nach ständiger Rechtsprechung ist die Inkongruenz ein starkes Beweisanzeichen für den Benachteiligungsvorsatz, vgl. BGH NJW 1993, 3367; BGH NJW-RR 2004, 1534 (1535)) und schließlich auch wegen unentgeltlicher Leistung anfechtbar ist (§§ 131, 133, 134 InsO).

dd) Bargeschäfte (§ 142 InsO). Für sog. Bargeschäfte gilt eine anfechtungsrechtliche Privilegierung nach § 142 InsO. Eine Leistung des Schuldners, für die unmittelbar eine gleichwertige Gegenleistung in sein Vermögen gelangt, ist danach nur anfechtbar, wenn die Voraussetzungen der Vorsatzanfechtung nach § 133 Abs. 1–3 InsO gegeben sind und der andere Teil erkannt hat, dass der Schuldner **unlauter** handelte (§ 142 InsO ist mit dem Gesetz zur Verbesserung der Rechtssicherheit bei Anfechtungen nach der Insolvenzordnung und nach dem Anfechtungsgesetz v. 5.4.2017 (BGBl. I 654) inhaltlich ebenfalls modifiziert worden, vgl. auch hierzu Kindler/Bitzer NZI 2017, 369 (375 ff.)). Grundsätzlich kann auch die Vollziehung eines schuldrechtlichen Vergleiches ein Bargeschäft in diesem Sinne darstellen. Ausreichend ist, dass Leistung und Gegenleistung durch Parteivereinbarung unmittelbar miteinander verknüpft sind (vgl. mit diversen Nachweisen Uhlenbruck/Ede/Hirte, 15. Aufl. 2019, InsO § 142 Rn. 11). Der Wortlaut der Regelung stellt klar, dass allein der **Abschluss des schuldrechtlichen Vergleiches** als solcher **kein Bargeschäft** darstellen kann, sondern allenfalls die auf seiner Grundlage („für die") ausgetauschten Leistungen. Bargeschäft kann somit nur die Vollziehung des Vergleiches sein. 204

Bei einfachen Zahlungsvergleichen, die lediglich vorsehen, dass der Schuldner noch eine Restzahlung an den Gläubiger/Vertragspartner erbringt, mit der dann alle weiteren Forderungen abgegolten sind, kann ebenfalls kein Bargeschäft in diesem Sinne darstellen, weil im Gegenzug für die Vergleichszahlung des Schuldners keine gleichwertige Gegenleistung in das Vermögen des Schuldners gelangt. Die Erfüllung einer Verbindlichkeit ist kein Bargeschäft, weil das Erlöschen der Verbindlichkeit nicht dem späteren Zugriff der übrigen Gläubiger offensteht (K. Schmidt InsO/Ganter/Weinland, 19. Aufl. 2016, InsO § 142 Rn. 14). Hier wäre allenfalls die Frage, ob durch den Verzicht auf weitergehende Forderungen eine entsprechende bargeschäftliche Gegenleistung liegen kann. Diese Frage dürfte allerdings zu verneinen sein. Wie oben bereits ausgeführt, hat der BGH mit seinem Urteil v. 28.1.2016 in einem vergleichbaren Fall (BGH NZI 2016, 262) zwar ausgeführt, dass bei einem aufschiebend bedingten Verzicht auf weitere Forderungen die Vergleichszahlung mangels objektiver Gläubigerbenachteiligung nicht anfechtbar sein kann. Dabei ist allerdings entscheidend, dass im Ergebnis durch die Zahlung und dem damit aufschiebend bedingten Eintritt des Verzichts dies allgemein wirtschaftlich vorteilhaft ist und daher insoweit ausnahmsweise eine Art „Vorteilsausgleichung" stattfinden kann. Der BGH geht dabei allerdings nicht davon aus, dass der aufschiebend bedingte Verzicht eine gleichwertige Gegenleistung für die Vergleichszahlung des Schuldners darstellt und die Anfechtung daher als Bargeschäft anfechtungsrechtlich privilegiert sei. Bei einer einfachen Abgeltungsklausel, wonach mit der Zahlung der Vergleichssumme weitergehende Forderungen abgegolten und erledigt sein sollen, mag zwar das Geschäft allgemein wirtschaftlich betrachtet vorteilhaft sein. Dies allein genügt jedoch nicht für einen bargeschäftlichen Leistungsaustausch (vgl. BGH NJW 2010, 3578; Uhlenbruck/Ede/Hirte, 15. Aufl. 2019, InsO § 142 Rn. 26). 205

ee) Rechtsfolgen der Anfechtung. Ist Gegenstand der Anfechtung der **Abschluss des Vergleichsvertrages insgesamt,** dann entfallen bei erfolgreicher Anfechtung im Verhältnis zur Insolvenzmasse die Verpflichtungen aus diesem Vergleich. Zudem führt die Anfechtung der Begründung der Verbindlichkeit zwangsläufig dazu, dass auch die erfolgte Erfüllung oder Sicherung auf Grundlage des angefochtenen Vergleiches inkongruent wird (Uhlenbruck/Ede/Hirte, 15. Aufl. 2019, InsO § 143 Rn. 186). In dem Sonderfall, dass zwar die Verbindlichkeit, nicht aber die erbrachte Erfüllung oder Sicherung anfechtbar ist, kann die erfolgte Sicherung oder Befriedigung in Folge der Anfechtung der Verbindlichkeit nach §§ 812 ff. BGB herausverlangt werden (Uhlenbruck/Ede/Hirte, 15. Aufl. 2019, InsO § 143 Rn. 186). 206

Ist Gegenstand der Anfechtung nur die **Begründung einer bestimmten Forderung aus dem Vergleich,** dann kann der Gläubiger diese Forderung aus dem Vergleich nicht geltend machen und der Insolvenzverwalter kann die Erfüllung einredeweise ablehnen. Im Falle einer Inanspruchnahme des Schuldners aus dieser Forderung kann der Insolvenzverwalter die **Einrede der Anfechtbarkeit** erheben. Dies berechtigt ihn, die Feststellung der Forderung zur Tabelle zur verweigern (Uhlenbruck/Ede/Hirte, 15. Aufl. 2019, InsO § 143 Rn. 194). 207

Ist Gegenstand der Anfechtung die **Abgeltungsregelung des Vergleiches,** wonach der Schuldner auf weitergehende Forderungen verzichtet, dann ist die Rechtsfolge die Wiederherstellung des (verzichteten Rechts) (vgl. BGH NJW-RR 2004, 1534). Im Falle einer erlassenen Forde- 208

Bau- und Architektenrecht in der Insolvenz

rung kann der Insolvenzverwalter unmittelbar Zahlung verlangen. Eine Neubegründung der Forderung ist nicht erforderlich (Uhlenbruck/Ede/Hirte, 15. Aufl. 2019, InsO § 143 Rn. 203).

209 **c) Gestaltungsmöglichkeiten. aa) Vermeidung einer objektiven Gläubigerbenachteiligung.** Im Falle des Verhandelns eines Zahlungsvergleiches sollte der Gläubiger, sofern ihm über die verglichene Forderung weitere Forderungen gegen den Schuldner zustehen, erwägen, im Hinblick auf die nach dem Vergleich zugesagte Zahlung einen aufschiebend bedingten Verzicht auch auf diese weitergehenden Forderungen zu vereinbaren. Dies macht für den Gläubiger unter Umständen dann Sinn, wenn sich der Schuldner ernstlich in einer wirtschaftlichen Krise befindet und der Gläubiger ohnehin nicht davon ausgehen kann, dass er die weitergehenden Forderungen noch erfolgreich durchsetzen kann. Durch die Gestaltung des Vergleiches mit einem aufschiebend bedingten weitergehenden Forderungsverzichts kann der Gläubiger gegen einen etwaigen späteren Anfechtungseinwand vorbringen, dass eine objektive Gläubigerbenachteiligung nicht vorliege, weil durch den Eintritt des Verzichts die Gläubiger nicht benachteiligt werden (BGH ZIP 2016, 426).

210 **bb) Vermeidung einer Inkongruenz.** Des Weiteren ist darauf zu achten, dass eine inkongruente Deckung vermieden wird (vgl. hierzu BGH, NJW-RR 2004, 1534). Der BGH hat bereits in seiner Entscheidung v. 13.5.2004 (ZIP 2004, 1370) hervorgehoben, dass der Auftraggeber in der Krise grundsätzlich keinen Anspruch auf einen Vergleich mit dem Schuldner hat und daher auch eine Inkongruenz der Vergleichsvereinbarung in Betracht kommt. Vergleichen sich danach beispielsweise ein Bauunternehmer, der ein nachbesserungswürdiges Werk abgeliefert hat, und der Auftraggeber über die Höhe des geschuldeten Werklohns in der Weise, dass dieser unter Verzicht auf eine Nachbesserung ermäßigt wird, hängt es von den Umständen des Einzelfalles, insbesondere von dem Ausmaß des jeweiligen Nachgebens ab, ob eine objektiv gegebene Inkongruenz des Vergleiches dem Auftraggeber bekannt ist. Der BGH hebt hervor, dass von einer derartigen Kenntnis nicht ausgegangen werden kann, wenn der Auftraggeber die vorhandenen Mängel als derart gravierend einschätzt, dass aus seiner Sicht die mangelhafte Werkleistung durch die vereinbarte Zahlung in etwa angemessen entlohnt ist (BGH NJW-RR 2004, 1534).

211 **cc) Vermeidung einer unentgeltlichen Leistung.** Schließlich ist im Rahmen einer Vergleichsvereinbarung eine unentgeltliche Leistung, die das Risiko einer Anfechtung nach § 134 InsO begründet, zu vermeiden. Die Parteien sind dazu aufgerufen, bei der Bewertung der Sach- und Rechtslage im Hinblick auf die jeweils geltend gemachten Rechtspositionen/Ansprüche „kaufmännische Vernunft" walten zu lassen. Ihnen steht durchaus ein Ermessens- und Bewertungsspielraum zu (BGH NZI 2007, 101). Es muss allerdings tatsächlich eine Ungewissheit der Sach- und Rechtslage geben. Zudem darf dem Vergleich nicht lediglich in Folge eines Liquiditätsengpasses von Seiten des Schuldners nachgegeben werden.

11. Anfechtung bei Werthaltigmachen einer Forderung

212 **a) Entgegennahme von Bauleistungen nach Antragsstellung.** Für den Auftraggeber können Anfechtungsrisiken auch im Hinblick auf eine etwaige (künftige) Aufrechnungsbefugnis des Auftraggebers mit zu diesem Zeitpunkt bereits bestehenden Ansprüchen gegen den Insolvenzschuldner bestehen. Nach § 96 Abs. 1 Nr. 3 InsO ist die Aufrechnung ua dann ausgeschlossen, wenn ein Insolvenzgläubiger die Möglichkeit der Aufrechnung durch eine anfechtbare Rechtshandlung erlangt hat (→ § 96 Rn. 29). § 96 Abs. 1 Nr. 3 InsO stellt eine Ausnahme von dem Grundsatz des § 94 InsO dar, wonach ein Insolvenzgläubiger auch nach Insolvenzverfahrenseröffnung zur Aufrechnung berechtigt bleibt, sofern zur Zeit der Eröffnung des Insolvenzverfahrens die Aufrechnungslage bereits bestand.

213 Die Insolvenzanfechtung ist auch bei kongruentem Leistungsaustausch möglich, wenn zum Zeitpunkt der Rechtshandlung der Schuldner bereits zahlungsunfähig war und der Vertragspartner dies wusste (§ 130 Abs. 1 Nr. 1 InsO). Stellt ein Insolvenzschuldner Insolvenzantrag, geschieht dies häufig wegen bereits eingetretener Zahlungsunfähigkeit (wobei auch Anträge wegen bloß drohender Zahlungsunfähigkeit oder Überschuldung denkbar sind, die als Anknüpfungstatsachen für eine Insolvenzanfechtung allerdings unerheblich sind). Kennt dann der Gläubiger diesen Antrag, sind die Voraussetzungen für eine Kongruenzanfechtung gegeben.

214 Hat bei einer solchen Sachlage der Auftraggeber begründete Ansprüche gegen den Auftragnehmer, als er von der Krise bzw. von dem Eröffnungsantrag erfährt, und nimmt er nach diesem Zeitpunkt gleichwohl noch weitere Bauleistungen des Auftragnehmers entgegen, wodurch letzterer sich einen Vergütungsansprüche verdient, gegen den der Auftraggeber nach Insolvenzverfahrenseröffnung aufrechnen möchte, so scheitert die Aufrechnung an § 96 Abs. 1 Nr. 3 InsO. Die anfechtbare Rechtshandlung ist in diesem Fall das Werthaltigmachen der eignen Forderung (vgl.

Bau- und Architektenrecht in der Insolvenz

BGH NZI 2004, 580; NJW 2008, 430; ZIP 2008, 1453; NZI 2008, 551; Uhlenbruck/Hirte, 15. Aufl. 2019, InsO § 129 Rn. 112). Die Rechtsfolge ist, dass der Insolvenzverwalter die Gegenleistungen für die Leistungen des Auftragnehmers in vollständiger Höhe verlangen kann und dem Auftraggeber der Einwand der Aufrechnung abgeschnitten ist.

Beispiel: Der Auftragnehmer führt Bauleistungen aus, zu denen er eine Abschlagsrechnung in Höhe von 50.000 EUR stellt. Sodann stellt er einen Antrag auf Eröffnung des Insolvenzverfahrens, über den er den Auftraggeber in Kenntnis setzt. Dem Auftraggeber stehen zu diesem Zeitpunkt noch Schadensersatzansprüche in Höhe von 120.000 EUR gegen den Auftragnehmer aus einem anderen Bauvorhaben zu. Während des Eröffnungsverfahrens erbringt der Auftragnehmer weitere Leistungen und verdient sich so einen weiteren Werklohnanspruch in Höhe von 70.000 EUR. – Nach § 94 InsO ist der Auftraggeber dem Wortlaut nach grundsätzlich dazu berechtigt, gegen den Vergütungsanspruch mit seinen vollen Gegenansprüchen aufzurechnen, da sowohl Forderung (120.000 EUR Schadensersatz) als auch Gegenforderung (50.000 EUR + 70.000 EUR Vergütung) zum Zeitpunkt der Insolvenzverfahrenseröffnung bestanden. In Höhe von 70.000 EUR allerdings, die der insolvente Auftragnehmer im Eröffnungsverfahren „verdient" hat, ist die Aufrechnung nach §§ 96 Abs. 1 Nr. 3, 130 Abs. 1 S. 1 Nr. 2 InsO ausgeschlossen, da der Auftraggeber die Leistungen nach Antragstellung in Kenntnis der Zahlungsunfähigkeit bzw. des Eröffnungsantrages entgegengenommen und somit seine Gegenforderung „aufgefüllt" hat (Ingenstau/Korbion/Schmitz, VOB-Kommentar, 20. Aufl. 2017, VOB/B § 8 Abs. 2 Rn. 64 mwN).

Die Abgrenzung zwischen Kongruenz und Inkongruenz der Entgegennahme weitere Leistungen hat danach zu erfolgen, ob der Auftraggeber die Leistungen auf der Grundlage eines Vertrages entgegennimmt, der mehr als drei Monate vor dem Eröffnungsantrag abgeschlossen worden ist. Liegt der Vertragsschluss außerhalb des Dreimonatszeitraums, so hat der Auftraggeber einen „Anspruch" auf die Leistungen, sodass die Entgegennahme der Bauleistungen kongruent ist. Eine inkongruente Deckung liegt jedoch vor, wenn der Unternehmer aufgrund eines Vertrags arbeitet, der innerhalb des Dreimonatszeitraums geschlossen wurde (Schmitz, Die Bauinsolvenz, 6. Aufl. 2015, Rn. 27 ff.). Die Inkongruenz folgt daraus, dass in der derartigen Konstellation der Auftraggeber keinen Anspruch darauf hat, in kritischer Zeit Bauverträge mit dem Schuldner zu schließen (BGH NZI 2001, 357; BGH NZBau 2002, 33). Dies bedeutet, dass schon der Abschluss des Bauvertrages, sofern für die Masse nachteilhaft, insolvenzrechtlich anfechtbar sein kann.

b) Rechtsfolge. Die Insolvenzanfechtung führt nicht zu der Nichtigkeit des Vertrages ex tunc und macht auch nicht den bis zur Anfechtung erfolgten Leistungsaustausch ungerechtfertigt. Zu beseitigen ist aber die gläubigerbenachteiligende Wirkung. Der Vorteil, den der Auftraggeber durch das Weiterarbeiten in der Krise erlangt hat, ist folglich auszugleichen. Dies setzt voraus, dass der Wert der in der Krise erbrachten Leistung festgestellt werden muss.

In der Praxis kann die Frage, welcher Vergütungsanteil auf die in kritischer Zeit erbrachten Bauleistungen des Auftragnehmers zurückgeht, allerdings nicht unerhebliche Probleme bereiten. Der BGH hat in seiner Grundsatzentscheidung v. 25.4.2002 entschieden, dass für die Ermittlung des anteiligen Werklohns, der auf ein bis zur Insolvenzverfahrenseröffnung erbrachte Teilwerk des Schuldners entfällt, dieselben Grundsätze anzuwenden sind, die auch für die Ermittlung des Werklohns für ein bis zur Kündigung des Bauvertrages erbrachtes Teilwerk gelten (BGH NZBau 2002, 439). Die Beweislast dafür, welche Leistungen vor Eröffnung des Insolvenzverfahrens erbracht worden sind und welcher Vergütungsanteil insofern nicht durch Aufrechnung erloschen ist, liegt bei dem Insolvenzverwalter, der sich zu seinem Vorteil auf die vermeintliche Anfechtbarkeit beruft.

Beim Einheitspreisvertrag ist die Abrechnung noch überschaubar. Hier kann der Insolvenzverwalter, sofern er den Umfang der erbrachten Leistungen, die von dem Aufrechnungsverbot umfasst sind, gemäß den einzelnen Leistungspositionen unter Zuordnung der jeweiligen Mengen ermitteln und die Vordersätze mit den Einheitspreisen multiplizieren. Freilich setzt dies voraus, dass noch genau feststellbar ist, welche Leistungen ggf. bis zur Stellung des Eröffnungsantrages bzw. (genauer) der Kenntnis des Vertragspartners von dem Antrag erbracht waren. Schon dies dürfte, sofern nicht ausnahmsweise eine aussagekräftige Baustellendokumentation vorliegt, nur schwer möglich sein.

Noch umständlicher ist die Abrechnung bei einem Pauschalpreisvertrag. Hier muss der Insolvenzverwalter die erbrachte Leistung und die dafür anzusetzende Vergütung darlegen und diese von dem nicht mehr ausgeführten Teil der Leistung bzw. dem vor dem Eingreifen des Aufrechnungsverbots ausgeführten Teil der Leistung abgrenzen. Im Grunde gelten für die Vergütungsberechnung die allgemeinen Grundsätze zur Abrechnung eines gekündigten Pauschalpreisvertrages. Auf die einschlägige Literatur wird daher an dieser Stelle verwiesen (ua Kniffka/Koeble, Kompendium des Baurechts, 5. Aufl. 2020, Teil 8). Die besondere Schwierigkeit liegt auch hier darin,

Bau- und Architektenrecht in der Insolvenz

den jeweiligen Bautenstand zum Zeitpunkt der Kenntnis des Vertragspartners von dem Insolvenzeröffnungsantrag festzustellen und zu beweisen.

12. Anfechtung von Vereinbarung einer Mängelbeseitigung auf Kosten der späteren Masse

221 Vereinbaren Auftraggeber und Auftragnehmer bei unstreitig vorliegenden Mängeln, dass diese auf Kosten des später in Insolvenz geratenden Auftragnehmers beseitigt werden sollen (durch Verrechnung/Aufrechnung gegen Werklohnforderungen), dann ist dies nach OLG Hamm nicht anfechtbar (OLG Hamm ZIP 2016, 781 = IBR 2016, 384). Mängel einer von der Insolvenzschuldnerin erbrachten Werkleistung schmälern den Wert der in die Insolvenzmasse fallenden Werklohnforderung (BGH ZIP 1986, 382 = NJW 1986, 1176). Eine zwischen der Insolvenzschuldnerin und dem Besteller getroffene Vereinbarung, wonach die Beseitigung der Mängel auf Kosten der Insolvenzschuldnerin im Wege der Ersatzvornahme erfolgen soll, stellt daher keine die Gläubiger benachteiligende Verfügung iSv §§ 129, 131 InsO dar, weil ohne diese Vereinbarung und die daraufhin ausgeführte Ersatzvornahme der Werklohnforderung ein Leistungsverweigerungsrecht des Bestellers in Höhe des Zweifachen der Mangelbeseitigungskosten gem. §§ 320, 641 Abs. 3 BGB hätte entgegengehalten werden können. Die zur Herstellung der Aufrechnungslage in Bezug auf die Ansprüche auf Erstattung der Mangelbeseitigungskosten einerseits und Werklohnzahlung andererseits führende Verfügung der Insolvenzschuldnerin benachteiligt die Gläubiger nicht, wenn sie gleichzeitig erst zur vollen Durchsetzbarkeit der Werklohnforderung führt (BGH ZIP 2005, 1561).

13. Anfechtung von Verjährungsverzichtserklärungen

222 Verjährungsverzichtserklärungen sind in baurechtlichen Sachverhalten häufig anzutreffen. In Krisensituationen ist aber auch hier Vorsicht geboten, wie die Entscheidung des OLG Dresden v. 3.12.2009 verdeutlicht (OLG Dresden NZI 2010, 102). Nach Eröffnung des Insolvenzverfahrens über das Vermögen der Schuldnerin hat der Insolvenzverwalter die Feststellung einer Forderung des Gläubigers zur Insolvenztabelle mit der Begründung verweigert, dass diese verjährt seien. Der Insolvenzverwalter hat damit die von der Schuldnerin noch in unverjährter Zeit abgegebene Verjährungsverzichtserklärung angefochten. Das OLG Dresden bejaht eine Anfechtbarkeit der Verjährungsverzichtserklärung und damit eine Verjährung der in Frage stehenden Forderung, da die Verjährungsverzichtserklärung eine anfechtbare Rechtshandlung darstellt. Die mit der Verzichtserklärung faktisch verbundene Verlängerung der Verjährungsfrist gebe einem einzelnen Gläubiger die Möglichkeit, sich länger erfolgreich aus dem Vermögen des Schuldners zu befriedigen, was im Insolvenzfall zulasten anderer Gläubiger gehe. Allerdings ist zu beachten, dass das Gericht einen Benachteiligungsvorsatz deshalb annahm, weil die Schuldnerin zum Zeitpunkt der Abgabe der Verzichtserklärung bereits zahlungsunfähig war und dem Gläubiger die Umstände diesbezüglich bekannt waren.

223 Problematisch erscheint dabei allerdings die Begründung des OLG, dass sich ein Anzeichen für die bei der Schuldnerin gegebene Benachteiligungsabsicht daraus ergebe, dass mit der in Rede stehenden Verzichtserklärung eine inkongruente Deckung gewährt wurde (vgl. BGH NJW-RR 1993, 238). Der Gläubiger habe keinen Anspruch auf Abgabe des Verjährungsverzichts durch die Schuldnerin gehabt. Ein solcher Anspruch folge insbesondere auch nicht daraus, dass der Schuldnerin anderenfalls eine gerichtliche Geltendmachung des Anspruchs gedroht hätte (OLG Dresden NZI 2010, 102 (104)). Meines Erachtens verkennt das OLG dabei, dass nach ständiger Rechtsprechung des BGH, das Beweisanzeichen der Inkongruenz ist als entkräftet anzusehen ist, wenn Umstände feststehen, die den Benachteiligungsvorsatz in Frage stellen (BGH NZI 2005, 678; NJW 2006, 1348; 2009, 1351; ZIP 2009, 922 = NJW 2009, 1601; NJW 2012, 2099). Dies kommt in Betracht, wenn sich aus den Umständen des Einzelfalls ergibt, dass die Rechtshandlung von einem anfechtungsrechtlich unbedenklichen Willen geleitet worden ist, in Folge dessen das Bewusstsein der Gläubigerbenachteiligung in den Hintergrund getreten ist (BGH NZI 2012, 142; NJW 2012, 2099). Wenn der Schuldner aber ohnehin davon ausgehen muss, dass der Gläubiger die streitige Forderung bei seiner Verweigerung zur Abgabe einer Verjährungsverzichtserklärung gerichtlich geltend machen wird, er sich aber dafür entscheidet, unnötige Prozessrisiken vorerst zu vermeiden, um ggf. doch noch eine vergleichsweise Verständigung zu erzielen, dürfte außer Frage stehen, dass es dem Schuldner nicht darum geht, einen bestimmten Gläubiger zu bevorteilen, sondern für sich weiteren Schaden (unnötiger Prozess) abzuwenden. Dementsprechend hat der BGH bereits entschieden, dass die Indizwirkung der Inkongruenz ausscheidet, wenn ein Forderungsverzicht des Schuldners im Rahmen eines Vergleichs nach § 779 BGB aufgrund der unklaren

Bau- und Architektenrecht in der Insolvenz

Rechtslage durch die rechtlichen Risiken der Durchsetzung der Gesamtforderung aufgewogen wird (BGH NJW 2012, 2099).

14. Exkurs: Bausteuerrecht

Mit dem Gesetz zur Eindämmung der illegalen Betätigung im Baugewerbe v. 30.8.2001 (BGBl. I 2267) wurde zur Sicherung von Steueransprüchen bei Bauleistungen ein Steuerabzug eingeführt. Ab dem 1.1.2002 haben nach §§ 48 ff. EStG unternehmerisch tätige Auftraggeber von Bauleistungen (Leistungsempfänger) im Inland einen Steuerabzug von 15 % der Gegenleistung für Rechnung des die Bauleistung erbringenden Unternehmens (Leistender) vorzunehmen, wenn nicht eine gültige, vom zuständigen Finanzamt des Leistenden ausgestellte Freistellungsbescheinigung vorliegt oder bestimmte Freigrenzen nicht überschritten werden (vgl. BMF-Schreiben v. 27.12.2002 – IV A5-S 2272-1/02, BStBl 2002 I 1399 = NZBau 2003, 202). Dem Steuerabzug unterliegt der volle Betrag der Gegenleistung. Zur Gegenleistung gehört das Entgelt für die Bauleistung zuzüglich Umsatzsteuer. Auch bei der Aufrechnung ist ein Steuerabzug vorzunehmen. Das Finanzamt rechnet den Abzugsbetrag auf die vom Leistenden zu entrichtenden Steuern an. Voraussetzung ist, dass der Abzugsbetrag einbehalten und angemeldet wurde (§ 48c Abs. 1 EStG). Zur Prüfung dieser Voraussetzung hat der Leistende dem Finanzamt die vom Leistungsempfänger gem. § 48a Abs. 2 EStG erteilten Abrechnungsbelege vorzulegen (Beck/Depré/Depré/Dobler, Praxis der Insolvenz, 3. Aufl. 2017).

223a

In der **Insolvenz des Bauauftragnehmers** (Details → SteuerrechtinderInsolvenz-Umsatzsteuer Rn. 143 ff.) kann sich für den Fall, dass die **Steuerabzugszahlung vor Eröffnung des Insolvenzverfahrens** erfolgte, ein Anfechtungsanspruch des Insolvenzverwalters wegen der Zahlung auf die Steuerschuld des Schuldners nach §§ 129 ff. InsO oder der allgemeine Erstattungsanspruch nach § 48c EStG ergeben (Heinze DZWIR 2005, 282).

223b

Ist das Insolvenzverfahren über das Vermögen des Bauunternehmers eröffnet und **zahlt der Auftraggeber erst nach Eröffnung des Verfahrens** an die Insolvenzmasse, hat er ebenso den Steueranteil zunächst einzubehalten und an das Finanzamt abzuführen (Mitlehner NZI 2002, 143 (144)), da durch die Insolvenz Änderungen des Steuerverfahrens nicht eintreten.

223c

Bestehen Steueransprüche, die iSd § 38 InsO vor der Eröffnung des Insolvenzverfahrens begründet wurden, muss die Finanzbehörde die Steuerforderung zur Insolvenztabelle anmelden (Mitlehner NZI 2002, 143 (144)). Zahlt der Auftraggeber nach Eröffnung des Verfahrens auf derartige Insolvenzforderungen der Finanzbehörde, liegt darin eine insolvenzzweckwidrige Verfügung des Auftraggebers für Rechnung der Masse. Das Besteuerungsverfahren begründet kein Aus- oder Absonderungsrecht. An den nach §§ 48 ff. EStG abgeführten Beträgen kann die Finanzverwaltung deshalb nach §§ 81, 91 InsO Rechte nicht wirksam erwerben (Mitlehner NZI 2002, 143 (144)). Die Finanzbehörde hat daher die ihr nach Eröffnung des Insolvenzverfahrens zugeflossenen Zahlungen an den Insolvenzverwalter entsprechend § 48c Abs. 2 EStG herauszugeben, sofern keine von der Bauabzugsteuer zu sichernden Steuerforderungen gegen die Masse bestehen. Dies gilt auch dann, wenn der Schuldner seine Vergütungsansprüche an einen Zessionar abgetreten hat (zur Rechtslage bei der Erbringung einer Bauleistung durch Personengesellschaften s. Mitlehner NZI 2002, 143 (144)).

223d

In der **Insolvenz des Bauauftraggebers** (→ SteuerrechtinderInsolvenz-Umsatzsteuer Rn. 148 ff.) schuldet der Insolvenzverwalter nur dann die Zahlung von Vergütung, wenn er einen Werkauftrag erteilt hat oder in einen bestehenden Auftrag nach § 103 InsO eintritt (§ 55 InsO). Er hat für diesen Fall dann auch das allgemeine Verfahren nach §§ 48 ff. EStG zu beachten.

223e

IV. Mängelrechte des Auftraggebers und Gegenforderungen des Schuldners

1. Die Wirkung der Insolvenz auf den (Bau-)Vertrag

Mit seiner Entscheidung v. 25.4.2002 hat der BGH die bis dahin unter dem Schlagwort „Erlöschenstheorie" zusammengefasste Rechtsauffassung, dass die Eröffnung des Insolvenzverfahrens das Erlöschen der wechselseitigen Ansprüche aus einem gegenseitigen Vertrag bewirke, aufgegeben. Die Eröffnung des Insolvenzverfahrens bewirkt mithin kein Erlöschen der Erfüllungsansprüche im Sinne einer materiell-rechtlichen Umgestaltung. Der BGH ist nunmehr der Auffassung, dass die noch offenen Ansprüche im Insolvenzverfahren ihre Durchsetzbarkeit verlieren, soweit sie auf die anteilige Gegenleistung für vor Verfahrenseröffnung erbrachte Leistungen gerichtet sind („**Suspensivtheorie**") (BGH NZBau 2002, 439).

224

Erst die Insolvenzverfahrenseröffnung kann daher überhaupt eine Auswirkung auf die gegenseitigen Erfüllungsansprüche haben, soweit sie zunächst zu der aufgeschobenen Durchsetzbarkeit

225

Bau- und Architektenrecht in der Insolvenz

führt. Im Umkehrschluss bedeutet dies jedoch auch, dass allein die materielle Krise des „Insolvenzschuldners" oder dessen Eröffnungsantrag **keinerlei materiell-rechtliche Auswirkungen auf das Vertragsverhältnis** haben.

226 Auch nach Stellung eines Eröffnungsantrags besteht der Vertrag daher „ganz normal" fort. Alleiniger Ansprechpartner bleibt für den anderen Vertragsteil sein Vertragspartner, dh der „Insolvenzschuldner". Er allein bleibt einstweilen auch alleiniger Adressat beispielsweise von Mängelrügen, Mahnungen oder sonstigen Vertragserklärungen. Für deren rechtliche Wirksamkeit kommt es folglich nicht auf einen Zugang bei dem nach Stellung des Eröffnungsantrags bestellten vorläufigen Insolvenzverwalter an. Der Insolvenzschuldner ist nach der Stellung des Eröffnungsantrages auch nicht daran gehindert, neue Verträge abzuschließen oder Leistungen entgegen zu nehmen. Nur soweit der Auftraggeber nach der Bestellung eines vorläufigen Insolvenzverwalters seinerseits noch Leistungen an den Schuldner erbringen muss (zB Abschlagszahlungen zu leisten hat), so wird er hierfür die Zustimmung des vorläufigen Insolvenzverwalters einholen, weil die Entgegennahme einer Leistung eine Verfügung nach §§ 24 Abs. 1, 82 InsO darstellt, die der Zustimmung bedarf. Der Auftraggeber geht sonst das Risiko ein, dass er ein weiteres Mal an den Insolvenzverwalter zahlen muss, wenn seine Zahlung nicht in die Haftungsmasse gelangt (vgl. BGH NJW-RR 2006, 771 (773)).

227 Obwohl allein die Stellung des Eröffnungsantrags den Vertrag materiell-rechtlich nicht beeinflusst, muss der Auftraggeber zur Absicherung etwaiger künftiger Aufrechnungsmöglichkeiten die insolvenzrechtlichen Besonderheiten aus den §§ 94 ff. InsO beachten. Die Aufrechnung nach den genannten Normen ist für ihn unter Umständen die einzige Möglichkeit, seine Forderungen im Wege der „Selbstexekution" zu bedienen; anderenfalls er das Risiko eingeht, Ansprüchen des späteren Insolvenzverwalters ausgesetzt zu sein und seine Gegenforderungen lediglich zur Insolvenztabelle anmelden zu müssen. Soweit sich indes Forderung und Gegenforderung aufrechenbar gegenüberstehen, bleibt die Aufrechnung auch nach Eröffnung des Insolvenzverfahrens zulässig. Für den Vertragspartner des Insolvenzschuldners kann es daher von enormer Bedeutung sein, die rechtlichen Voraussetzungen für eine auch in der Insolvenz privilegierte Aufrechnung zu erfüllen und die Tatbestände der Aufrechnungsverbote in den §§ 95, 96 InsO zu vermeiden.

2. Die einzelnen Mängelrechte des Auftraggebers

228 Weist das Werk einen Mangel auf, stehen dem Auftraggeber die in § 634 BGB bzw. § 13 VOB/B genannten Rechte zu. Hierzu gehören:
- das Recht auf Nacherfüllung (§ 635 BGB),
- das Recht zur Selbstvornahme und der Anspruch auf Aufwendungsersatz (§ 637 BGB),
- das Recht, von dem Vertrag zurückzutreten oder die Vergütung zu mindern (§§ 636, 638 BGB) und schließlich
- das Recht, Schadensersatz (§§ 280 ff. BGB) oder Ersatz vergeblicher Aufwendungen zu verlangen (§ 284 BGB).

229 Diese Mängelrechte stehen dem Auftraggeber auch in der Krise des Auftragnehmers zu. Die sog. **sekundären Mängelrechte** des Auftraggebers (Selbstvornahme, Rücktritt, Minderung, Schadensersatz) setzen voraus, dass der Auftraggeber dem Auftragnehmer zuvor erfolglos eine angemessene **Frist zur Nacherfüllung** gesetzt hat. Ist eine solche Fristsetzung nicht ausnahmsweise im Einzelfall entbehrlich, kann der Auftraggeber zB nach eigenmächtiger Selbstvornahme keine Ansprüche gegen den Auftragnehmer geltend machen (OLG Frankfurt a. M. IBRRS 2015, 1136). Interessant sind für den Auftraggeber in der Krise des Auftragnehmers vor allem die **auf Geldzahlung gerichteten Mängelrechte,** da er diese „verwenden" kann, um gegen etwaige Restvergütungsansprüche des Auftragnehmers, die ggf. auch von dem vorläufigen oder (endgültigen) Insolvenzverwalter geltend gemacht werden, aufzurechnen.

3. Aufrechnung mit und gegen (Rest-)Vergütungsforderungen

230 **a) Regelungssystematik.** § 94 InsO enthält die **Grundregel,** dass in der Insolvenz die bereits vor Insolvenzeröffnung kraft Gesetzes oder aufgrund einer Vereinbarung begründete Aufrechnungslagen erhalten bleiben und der Insolvenzgläubiger dieses Recht auch im eröffneten Insolvenzverfahren weiter ausüben kann (allg. Uhlenbruck/Sinz, 15. Aufl. 2019, InsO § 94 Rn. 1). Soweit sich der Insolvenzgläubiger daher durch die Aufrechnung Befriedigung zu verschaffen vermag („Selbstexekution" – Böttcher FS Schima, 1969, 95 ff.; → § 94 Rn. 3) besteht für ihn keine Verpflichtung darin, seine Forderung zur Insolvenztabelle anzumelden. § 96 InsO enthält demgegenüber als Ausnahme diverse Aufrechnungsverbote, die zur Durchsetzung bzw. Bekräftigung des Gläubigergleichbehandlungsgrundsatzes eine Aufrechnung für unzulässig erklären, mit

der Folge, dass der Insolvenzgläubiger seine Verpflichtung gegenüber der Masse voll erfüllen muss und seine Gegenforderung nur zur Insolvenztabelle anmelden kann.

§ 95 InsO steht in gewisser Weise „zwischen" der Grundregel des § 94 InsO und den Aufrechnungsverboten des § 96 InsO. Die Vorschrift regelt, dass auch die begründete Aussicht auf eine künftige Aufrechnungslage Vertrauensschutz genießt, wenn der Schuldner deren Vollendung nicht mehr einseitig verhindern konnte. Zum anderen stellt sie klar, dass Aufrechnungslagen, die zivilrechtlich nicht bestanden, sondern erst aufgrund insolvenzrechtlicher Sonderregeln mit Insolvenzeröffnung entstanden sind (§§ 40 Abs. 1, 45 InsO) kein Aufrechnungsrecht begründen sollen (Uhlenbruck/Sinz, 15. Aufl. 2019, InsO § 94 Rn. 1). 231

b) Voraussetzungen des § 94 InsO. Voraussetzung des § 94 InsO ist zunächst, dass es sich bei dem aufrechnenden Gläubiger um einen „Insolvenzgläubiger" iSd § 38 InsO handeln muss, also um einen Gläubiger, der zum Zeitpunkt des Insolvenzverfahrenseröffnung einen begründeten Vermögensanspruch gegen den Schuldner hat (→ § 94 Rn. 5). Dies sind auch nachrangige Insolvenzgläubiger iSv § 39 Abs. 1 Nr. 1 – 5 (→ § 94 Rn. 7) sowie Abs. 2 InsO sowie absonderungsberechtigte Gläubiger mit Ausfallforderungen nach § 52 InsO (→ § 94 Rn. 6). 232

Die Aufrechnungsbefugnis hängt jedoch nicht von der Teilnahme des Gläubigers am Insolvenzverfahren ab. Die Aufrechnung ist daher nicht davon abhängig, dass der Gläubiger seine Forderungen zur Insolvenztabelle anmeldet. Andererseits liegt in der **Anmeldung der Forderung** zur Insolvenztabelle auch **kein Verzicht auf das Aufrechnungsrecht** (Uhlenbruck/Sinz, 15. Aufl. 2019, InsO § 94 Rn. 5 mwN). 233

Weitere Voraussetzung der Grundregel ist, dass die Aufrechnungslage vor Insolvenzverfahrenseröffnung entstanden sein muss. Die Einzelheiten richten sich nach den §§ 387 ff. BGB. Die Forderung des Gläubigers muss fällig, die des Schuldners zumindest erfüllbar sein (§ 387 BGB). Die Aufrechnung ist daher zB auch dann möglich, wenn der insolvente Auftragnehmer kurz vor Insolvenzverfahrenseröffnung eine Schlussrechnung nach § 16 Abs. 3 VOB/B gestellt hat, die spätestens innerhalb von 30 Tagen nach Zugang bei dem Auftraggeber fällig wird und der Auftraggeber zum Zeitpunkt der Verfahrenseröffnung schon fällige Gegenforderungen gegen den Schuldner hatte. Gegen den Anspruch auf die Schlusszahlung kann der Auftraggeber, daher aufrechnen; die Schlusszahlung ist zwar nicht fällig aber erfüllbar. Dies genügt. 234

Zur wirksamen Aufrechnungslage gehört auch die Durchsetzbarkeit der Gegenforderung. Die Aufrechnung mit einer nicht einklagbaren oder mit einer Einrede behafteten Forderung ist demgemäß nach § 390 S. 1 BGB ausgeschlossen. Die Verjährungseinrede greift allerdings nicht, wenn sich die Forderungen vor Verfahrenseröffnung bereits aufrechenbar gegenübergestanden haben (§ 390 S. 2 BGB). Gesetzliche oder vertragliche Aufrechnungsverbote gelten uneingeschränkt auch im eröffneten Insolvenzverfahren und stehen daher der Aufrechnung ebenfalls entgegen. Verboten bleibt daher beispielsweise die Aufrechnung gegen eine Forderung aus vorsätzlich unerlaubter Handlung (§ 393 BGB). 235

c) Die Aufrechnungsverbote nach § 96 InsO. § 96 InsO enthält diverse Ausnahmen zu der Grundregel des § 94 InsO. Danach ist die Aufrechnung unzulässig, 236
- wenn ein Insolvenzgläubiger erst nach der Eröffnung des Insolvenzverfahrens etwas zur Insolvenzmasse schuldig geworden ist,
- wenn ein Insolvenzgläubiger seine Forderung erst nach der Eröffnung des Verfahrens von einem anderen Gläubiger erworben hat,
- wenn ein Insolvenzgläubiger die Möglichkeit der Aufrechnung durch eine anfechtbare Rechtshandlung erlangt hat,
- wenn ein Gläubiger, dessen Forderung aus dem freien Vermögen des Schuldners zu erfüllen ist, etwas zur Insolvenzmasse schuldet.

Diese Aufrechnungsverbote betreffen, insbesondere was die erste und die dritte Alternative anbelangt, gerade auch die bauvertragsrechtliche Leistungsbeziehung. Der Schutzzweck der Aufrechnungsverbote liegt in der möglichst gleichmäßigen Befriedigung aller Gläubiger und dient damit dem Gläubigergleichbehandlungsgrundsatz (BGHZ 30, 250 = WM 1959, 1036; Uhlenbruck/Sinz, 15. Aufl. 2019, InsO § 96 Rn. 1). Bauvertragsrechtlich ergeben sich hieraus folgende Besonderheiten. 237

aa) Entstehung der Hauptforderung nach Insolvenzeröffnung (§ 96 Abs. 1 Nr. 1 InsO). Wird der Insolvenzgläubiger erst nach der Eröffnung des Insolvenzverfahrens etwas zur Masse schuldig, kann er mit den zum Zeitpunkt der Insolvenzverfahrenseröffnung bereits bestehenden Vermögensansprüchen nicht aufrechnen. Er wird dann wie jeder andere Insolvenzgläubiger behandelt und kann seine Insolvenzforderungen zur Insolvenztabelle anmelden. Er gehört zum Kreis der einfachen Insolvenzgläubiger des § 38 InsO. Die Masse wird geschützt, in dem sie ihre nach 238

Bau- und Architektenrecht in der Insolvenz

Verfahrenseröffnung entstandenen Ansprüche ungeschmälert gegen den Gläubiger geltend machen kann.

239 Entscheidend kommt es darauf an, dass die Schuldnerstellung des Insolvenzgläubigers erst nach Verfahrenseröffnung entstanden ist. § 96 Abs. 1 Nr. 1 InsO findet jedoch keine Anwendung auf eine **im Eröffnungsverfahren begründete Aufrechnungslage,** selbst wenn das Insolvenzgericht einen vorläufigen Insolvenzverwalter bestimmt und Sicherungsmaßnahmen nach § 21 Abs. 2 getroffen hat (BGH NZI 2005, 164; NJW 2004, 3118). Dementsprechend kann der Auftraggeber beispielsweise mit seinen Gegenforderungen aus einem Bauvorhaben aufrechnen, wenn diese Gegenforderungen vor der Eröffnung des Insolvenzverfahrens, aber nach der Anordnung von Sicherungsmaßnahmen durch das Insolvenzgericht fällig werden. § 96 Abs. 1 Nr. 1 InsO und auch § 95 Abs. 1 S. 3 InsO stehen dem nicht entgegen (BGH BauR 2006, 1993).

240 Das Aufrechnungsverbot des § 96 Abs. 1 Nr. 1 InsO hat unter Berücksichtigung der Grundsatzentscheidung des BGH v. 25.4.2002 (BGH NZBau 2002, 439) einen wesentlichen Anwendungsbereich bei der weiteren Vertragsabwicklung mit dem Insolvenzverwalter. **Beispiel:** Auftraggeber und Auftragnehmer haben einen Bauvertrag geschlossen. Der Auftragnehmer wird insolvent, sodass am 1.6.2013 das Insolvenzverfahren eröffnet wird. Zu diesem Zeitpunkt ist der Bauvertrag gut zur Hälfte abgewickelt. Dem Auftragnehmer stehen zu diesem Zeitpunkt (Verfahrenseröffnung) Vergütungsansprüche in Höhe von 100.000 EUR zu. Der Auftraggeber hat Gegenforderungen (aus einem anderen Bauvorhaben oder aus Mangelfolgeschäden aus dem gleichen Bauvertrag) in Höhe von 150.000 EUR. Der Insolvenzverwalter wählt die Erfüllung des Vertrages, stellt das Bauvorhaben fertig und verdient hierdurch weitere Vergütung in Höhe von 50.000 EUR, sodass er insgesamt 150.000 EUR gegen den Auftraggeber geltend macht. Der Auftraggeber rechnet mit seinen Gegenforderungen in gleicher Höhe auf.

241 Im Ergebnis wird der Auftraggeber seinen Anspruch nur in Höhe von 100.000 EUR aufrechnen können. Weitere 50.000 EUR schuldet er dem Insolvenzverwalter zur Masse. Seine nicht zur Aufrechnung gestellten Gegenforderungen in Höhe von 50.000 EUR können nur zur Insolvenztabelle anmelden.

242 Hintergrund ist die insolvenzrechtliche Besonderheit, dass nach der geltenden Rechtsprechung des BGH mit der Insolvenzverfahrenseröffnung die wechselseitigen Erfüllungsansprüche aus einem noch unerfüllten Vertrag zunächst suspendiert werden (BGH NZBau 2002, 439). Die Erfüllungswahl hat sodann für die Zwecke und während der Dauer des Insolvenzverfahrens die gleichen Wirkungen wie ein zwischen Insolvenzverwalter und Vertragspartner neu abgeschlossener Vertrag mit identischem Inhalt. Es kommt damit faktisch zu einer Art „**Vertragsspaltung**" (→ § 103 Rn. 82).

243 Nach der Erfüllungswahl hat im obigen Beispielsfall der Insolvenzverwalter weitere 50.000 EUR an Vergütung verdient. Diese Forderungen sind originäre Forderungen der Masse. Eine Aufrechnung mit Insolvenzforderungen ist daher nach § 96 Abs. 1 Nr. 1 InsO nicht möglich. Im Ergebnis wird der Vertragspartner hierdurch jedoch nicht benachteiligt. Ohne das Erfüllungsverlangen und die Leistung des Verwalters wäre die Aufrechnungslage für den Insolvenzgläubiger nichts wert gewesen, weil er insoweit einen um 50.000 EUR überschießenden Forderungsteil gehabt hätte, den er auch zur Tabelle hätte anmelden können. Dadurch, dass der Verwalter Erfüllung verlangt und aus Massemitteln dann die vertragsgemäße Leistung bewirkt wird, soll die Insolvenzforderung des Vertragspartners nicht aufgewertet werden, was dann am Ende zulasten der Masse auch noch in eine Aufrechnungsbefugnis des Gläubigers endet.

244 Da Bauleistungen in der Regel **teilbar** (iSd § 105 S. 1 InsO) sind, kann der Vertragspartner nur mit Insolvenzforderungen gegen die durch die Teilleistung bis zur Insolvenzeröffnung fällig und werthaltig gewordenen Forderungen des Insolvenzschuldners aufrechnen (BGH NJW 2001, 3704; BGHZ 129, 336 (340) = NJW 1995, 1966). Mit „Altforderungen" kann er nicht gegen Vergütungsansprüche, die sich die Masse in Folge der Erfüllungswahl verdient hat, aufrechnen.

245 Vor diesem Hintergrund kann der Auftraggeber in der Insolvenz des Auftragnehmers gem. § 96 Abs. 1 Nr. 1 InsO auch nicht gegen den Vergütungsanspruch des Auftragnehmers aus **§ 8 Abs. 3 Nr. 3 VOB/B** (Stichwort: **Geräteeinsatz**) für den nach der Insolvenzeröffnung erbrachten Leistungsteil mit dem Anspruch auf **Erstattung kündigungsbedingter Mehrkosten** aus § 8 Abs. 3 Nr. 2 VOB/B aufrechnen, weil der Anspruch auf Vergütung aus § 8 Abs. 3 Nr. 3 VOB/B erst **nach der Verfahrenseröffnung** entsteht, der kündigungsbedingte Mehrkostenanspruch seine Rechtsgrundlage aber in der vorinsolvenzlichen Kündigung hat (BGH NZI 2001, 23). Soweit dem Auftragnehmer aus § 8 Abs. 3 Nr. 3 VOB/B Vergütungsansprüche für vor Insolvenzeröffnung erbrachte Leistungsteile zustehen, bleibt die Aufrechnung demgegenüber wirksam. Jedoch kann die Aufrechnung in diesen Fällen nach § 130 Abs. 1 InsO anfechtbar sein, wenn der Auftrag-

geber die Geräte in Kenntnis der Zahlungseinstellung bzw. Zahlungsunfähigkeit des Auftragnehmers in Anspruch genommen hat.

bb) Erwerb der Gegenforderung nach Insolvenzeröffnung (§ 96 Abs. 1 Nr. 2 InsO). 246
§ 96 Abs. 1 Nr. 2 InsO soll verhindern, dass der Gläubigergleichbehandlungsgrundsatz durch den Aufkauf von Passiva gebrochen wird (Uhlenbruck/Sinz, 15. Aufl. 2019, InsO § 96 Rn. 2 mwN). Die Gefahr besteht darin, dass ansonsten ein nicht gesicherter Insolvenzgläubiger (Zedent) seine Forderung gegen Entgelt an einen Dritten abtritt, der seinerseits etwas zur Masse schuldet (Zessionar). In diesem Fall würden sowohl der Zessionar als auch der Zedent von der Abtretung profitieren. Allein die Masse wäre benachteiligt, weil die Differenz zwischen der von dem Zessionar zu zahlenden Schuld und der an den Insolvenzgläubiger aus der Masse zu zahlenden Quote verloren ginge.

Dementsprechend steht § 96 Abs. 1 Nr. 2 InsO der Aufrechnung auf der anderen Seite nicht 247 entgegen, wenn die Gegenforderung von einem **aufrechnungsberechtigten Insolvenzgläubiger** auf einen Schuldner des Insolvenzschuldners übergeht. Dies kann in bauvertraglichen Fallkonstellationen der Fall sein, wenn sowohl der Zedent als auch der Zessionar dem Insolvenzschuldner als **Gesamtschuldner** haften. Der „Klassiker" ist die gesamtschuldnerische Haftung von **Bauunternehmer und bauüberwachendem Architekt** gegenüber dem Auftraggeber. Macht also der insolvente Auftraggeber beispielsweise Schadensersatzansprüche sowohl gegen den Unternehmer als auch gegenüber dem bauüberwachenden Architekten geltend, und steht dem Unternehmer ein Restvergütungsanspruch zu, so kann der Unternehmer diesen Vergütungsanspruch theoretisch an den Architekten abtreten, der dann seinerseits die Aufrechnung gegen den Schadensersatzanspruch erklären kann. Für die Masse wirkt sich diese Auswechselung nicht nachteilig aus, weil ja auch der Unternehmer hätte aufrechnen können.

Das Aufrechnungsverbot greift jedoch dann ein, wenn der Gläubiger **vor Verfahrenseröffnung** 248 **die Forderung an einen Dritten abgetreten hat und sie erst nach Verfahrenseröffnung zurück erwirkt.** Eine Aufrechnung nach Verfahrenseröffnung steht § 96 Abs. 1 Nr. 2 InsO deswegen entgegen, weil eine Aufrechnungslage in diesem Fall bei Verfahrenseröffnung gerade nicht bestand. Erfolgen sowohl Abtretung und Rückerwerb nach Eröffnung, gilt dies jedoch nicht. In derartigen Fällen ist die Aufrechnung daher möglich.

§ 96 Abs. 1 Nr. 2 InsO steht im Übrigen auch einer Auslegung des **§ 16 Abs. 3 Nr. 2 VOB/** 249 **B** dahingehend entgegen, dass die Wirkungen der **vorbehaltlosen Annahme der Schlusszahlung** auch dann eintreten soll, wenn eine der Schlusszahlung gleichstehende Aufrechnung aufgrund zwingender insolvenzrechtlicher Vorschriften unzulässig ist (BGH NZBau 2007, 644). Nach § 16 Abs. 3 Nr. 2 VOB/B schließt die vorbehaltlose Annahme einer Schlusszahlung Nachforderungen aus, wenn der Auftragnehmer über die Schlusszahlung schriftlich unterrichtet und auf die Ausschlusswirkung hingewiesen wurde. Nach ständiger Rechtsprechung des BGH steht die Aufrechnungserklärung nach § 16 Abs. 3 Nr. 3 VOB/B der Schlusszahlung gleich (BGH NJW 1987, 2582; 1999, 944). Dabei ist es grundsätzlich unerheblich, ob die zur Aufrechnung gestellte Gegenforderung bestritten oder anerkannt ist (BGH NJW 1977, 1294). Diese Grundsätze gehen jedenfalls nicht soweit, dass der Auftraggeber beispielsweise auch die Aufrechnung mit einer Forderung erklären kann, deren Inhaber er im Zeitpunkt der Verfahrenseröffnung noch nicht gewesen ist. § 96 Abs. 1 Nr. 2 InsO ist insoweit zwingendes Recht und verbietet folglich eine Aufrechnung.

cc) Anfechtbare Herbeiführung der Aufrechnungslage (§ 96 Abs. 1 Nr. 3 InsO). Nach 250 § 96 Abs. 1 Nr. 3 InsO ist des Weiteren die Aufrechnung dann ausgeschlossen, wenn ein Insolvenzgläubiger die Möglichkeit der Aufrechnung durch eine anfechtbare Rechtshandlung erlangt hat. Zwar besteht in den Fällen des § 96 Abs. 1 Nr. 3 InsO die Aufrechnungslage bei Verfahrenseröffnung, jedoch ist die Aufrechnungslage durch ein eine anfechtbare Rechtshandlung geschaffen worden. Die Aufrechnung widerspricht in diesem Fall ebenfalls dem Gläubigergleichbehandlungsgrundsatz. In diesen Fällen ist die Aufrechnung „automatisch" unwirksam, sodass sich der Insolvenzverwalter unmittelbar auf die Unwirksamkeit der Aufrechnung berufen kann. Die Folge ist, dass er die ursprünglich durch die Aufrechnung erloschenen Ansprüche des Insolvenzschuldners für die Insolvenzmasse einklagen und den Aufrechnungseinwand mit der Gegeneinrede der Anfechtbarkeit abwehren kann (BGH NZI 2008, 547; 2007, 582; 2007, 31; Uhlenbruck/Sinz, 15. Aufl. 2019, InsO § 96 Rn. 46). Auf den für das Bauvertragsrecht wesentlichen Anwendungsbereiche der Regelung, dass der Auftraggeber in der Krise des Auftragnehmers weitere Bauleistungen entgegen nimmt und damit seine bereits zu diesem Zeitpunkt bestehenden Forderungen werthaltig macht, ist bereits hingewiesen worden. Auf die entsprechenden Ausführungen oben wird Bezug genommen.

Der BGH hat in diesem Zusammenhang klargestellt, dass die Forderung (des Schuldners), die 251 anderenfalls durch Aufrechnung erloschen wäre, für die Dauer und für die Zwecke des Insolvenz-

Bau- und Architektenrecht in der Insolvenz

verfahrens fortbesteht und für diese Forderung die **Verjährungsvorschrift des § 146 Abs. 1 InsO analog** gilt. Es gilt danach eine regelmäßige Verjährungsfrist von drei Jahren, beginnend frühestens mit der Insolvenzverfahrenseröffnung. Wird diese Frist jedoch versäumt und beruft sich der Anfechtungsgegner hierauf, entfaltet § 96 Abs. 1 S. 3 InsO keine rechtliche Wirkung mehr (BGH NZI 2007, 582; 2008, 547; 2007, 31). Der Vertragspartner seinerseits ist über § 144 InsO geschützt. Gewährt er danach das Erlangte zurück, so lebt seine Forderung wieder auf. Die Verjährungsfrist seines Anspruchs, der bis zu der (unzulässigen) Aufrechnung unanfechtbar bestand, ist während des Zeitraums, während dem die Forderung erfüllt war, gehemmt (Uhlenbruck/Ede/Hirte, 15. Aufl. 2019, InsO § 144 Rn. 3c).

252 dd) „**Aufrechnungsprivilegierung**" durch § 95 Abs. 1 S. 3 InsO. In dem Spannungsfeld zwischen § 94 InsO (Grundregel) und § 96 InsO (Ausnahmen/Aufrechnungsverbote) steht § 95 InsO. Sind danach zur Zeit der Eröffnung des Insolvenzverfahrens die aufzurechnenden Forderungen oder eine von ihnen noch aufschiebend bedingt oder nicht fällig oder die Forderungen noch nicht auf gleichartige Leistungen gerichtet, so kann die Aufrechnung erst erfolgen, wenn ihre Voraussetzungen eingetreten sind. Nach § 95 Abs. 1 S. 3 InsO ist die Aufrechnung allerdings ausgeschlossen, wenn die Forderung, gegen die aufgerechnet werden soll, unbedingt und fällig wird, bevor die Aufrechnung erfolgen kann.

253 Die Forderung „gegen die aufgerechnet werden soll" ist die Forderung der Masse. Wenn die Aufrechnungslage zum Zeitpunkt der Insolvenzverfahrenseröffnung folglich noch nicht in allen Voraussetzungen besteht (Forderungen noch nicht fällig, noch nicht gleichartig etc), gestattet § 95 Abs. 1 InsO gleichwohl die Aufrechnung auch im Insolvenzverfahren, wenn erst nach Verfahrenseröffnung die Aufrechnungsvorrausetzungen eintreten, sofern nicht die Hauptforderung vor diesen Ereignissen zuerst unbedingt, fällig und durchsetzbar wird (BGHZ 164, 195; Uhlenbruck/Sinz, 15. Aufl. 2019, InsO § 95 Rn. 1).

254 Daraus ergibt sich folglich ein gewisser „**Wettlauf" der Forderungsfälligkeiten**. Für den Auftraggeber ist dies vor folgendem Hintergrund von Bedeutung: Der Auftragnehmer, der in Insolvenz gerät, wird nach Verfahrenseröffnung allenfalls noch Restvergütungsansprüche geltend machen. Diese sind auf Geldzahlung gerichtete Ansprüche. Ist das von dem insolventen Unternehmer hergestellte Werk aber mangelhaft, stehen dem Auftraggeber zunächst Mängelbeseitigungsansprüche zu, vornehmlich der Anspruch auf Nacherfüllung, der mit dem Recht auf Nacherfüllung des Unternehmers korrespondiert. Einen auf Geldzahlung gerichteten Anspruch auf Zahlung eines Vorschusses oder auf Schadensersatz hat der Auftraggeber erst dann, wenn er dem Auftragnehmer erfolglos eine Frist zur Nacherfüllung gesetzt hat.

255 Um den „Wettlauf" des § 95 Abs. 1 S. 3 InsO nicht zu verlieren, kann es für den Auftraggeber daher von entscheidender Bedeutung sein, noch rechtzeitig vor Insolvenzverfahrenseröffnung, jedenfalls vor Fälligkeit der Vergütungsforderung eine angemessene Frist zur Nacherfüllung zu setzen, die abgelaufen sein muss, bevor der Vergütungsanspruch fällig wird. Nur in diesem Fall ist die Aufrechnung dann nicht gem. § 95 Abs. 1 S. 3 InsO ausgeschlossen.

256 Dabei hat **§ 95 Abs. 1 S. 3 InsO** durch die Rechtsprechung des BGH gerade für den bauinsolvenzrechtlichen Anwendungsbereich eine wesentliche (teleologische) **Einschränkung** erfahren: Seit der Entscheidung des BGH v. 23.6.2005 (BGH NZI 2005, 672; 2006, 639) erfolgt grundsätzlich keine automatische Verrechnung („Saldierung") mehr zwischen dem Vergütungsanspruch der Masse und etwaigen Schadensersatzansprüchen des Auftraggebers. Vielmehr sind die vertraglichen oder gesetzlichen Regelungen zur Aufrechnung und etwaigen Aufrechnungsverboten anwendbar.

257 Das Aufrechnungsverbot des § 95 Abs. 1 S. 3 InsO gilt nach der Rechtsprechung des BGH allerdings nicht, wenn Forderung und Gegenforderung synallagmatisch verbundene Forderungen aus demselben Schuldverhältnis darstellen. Denn wenn die Werklohnforderung des Insolvenzschuldners (nach Verfahrenseröffnung) zwar vor der mängelbedingten Gegenforderung des Bestellers fällig wird, der Schuldner sie aber wegen des mängelbedingten Leistungsverweigerungsrechts des Bestellers aus § 320 BGB nicht hätte durchsetzen können, wäre es unangemessen, dem Besteller auf eine Insolvenzforderung zu verweisen und vom ihm zu verlangen, eine mangelhafte oder unfertige Leistung im vollen Umfang zu vergüten, obwohl ihm Gegenansprüche in Höhe der **Mängelbeseitigungs- oder Fertigstellungsmehrkosten** zustehen (BGH NJW 2006, 698; NZI 2005, 672). Die Aufrechnungsverbote sind daher dahingehend teleologisch zu reduzieren, dass sie keine Anwendung finden, wenn die Aufrechnung dazu dient, dass durch den Vertrag geschaffene Äquivalenzverhältnis von Leistung und Gegenleistung herzustellen.

258 Zwar geht § 95 Abs. 1 S. 3 InsO dem Aufrechnungsverbot es § 96 Abs. 1 Nr. 3 InsO nicht grundsätzlich vor. Indes lässt sich aus den Ausführungen des BGH schlussfolgern, dass ein wie auch immer geartetes Aufrechnungsverbot (dh auch ein solches aus § 96 Abs. 1 Nr. 3 InsO) nicht eingreifen kann, wenn der Besteller gegenüber einer Werklohnforderung mit Ansprüchen

aufrechnet, die dazu dienen, das durch den Vertrag geschaffene Äquivalenzverhältnis von Leistung und Gegenleistung herzustellen (Schmitz, Die Bauinsolvenz, 6 Aufl. 2015, Rn. 424).

Für Gegenforderungen, die jedoch nicht im engen Synallagma mit der Werklohnforderung stehen (**Mangelfolgeschäden, Ursachenermittlungskosten, Rechtsverfolgungskosten, Verzugsschäden** etc) verbleibt es jedoch bei der Regelung des § 95 Abs. 1 S. 3 InsO und dem dort definierten Aufrechnungsverbot. Dies gilt erst recht, wenn der Auftraggeber mit **Gegenforderungen aus anderen Verträgen** bzw. mit **Forderungen aus anderen Bauvorhaben** aufrechnet. 259

ee) **Zusammenfassende Bewertung für die Mängelrechte.** Mit **Mängelbeseitigungs- oder Fertigstellungsmehrkosten aus demselben Vertrag,** dh mit synallagmatisch verbundenen Forderungen kann der Auftraggeber im Insolvenzverfahren stets aufrechnen, auch wenn zum Zeitpunkt der Insolvenzverfahrenseröffnung seine Forderungen noch nicht fällig waren, beispielsweise weil die gesetzten Mängelbeseitigungsfristen noch nicht abgelaufen waren. 260

Mängelbeseitigungs- oder Fertigstellungsmehrkosten **aus anderen Bauvorhaben,** und daher mit nicht synallagmatisch verbundenen Forderungen, ist die Aufrechnung nur insoweit zulässig, als zum Zeitpunkt der Verfahrenseröffnung die Aufrechnungslage bereits bestand oder jedenfalls die diese Forderungen zwar nach Verfahrenseröffnung, aber **zeitlich vor** der Vergütungsforderung (der Masse) fällig werden. Insoweit sollte der Auftraggeber folglich darauf achten, dass noch vor Verfahrenseröffnung alle Mängelbeseitigungsfristen ablaufen. Jedenfalls sollten die Fristen ablaufen, bevor die Vergütungsansprüche des insolventen Auftragnehmers (ggf. auch erst nach Insolvenzverfahrenseröffnung) fällig werden. 261

Gleiches gilt grundsätzlich auch für alle weiteren nicht im engen Synallagma stehenden Forderungen aus dem gleichen Bauvorhaben, dh für Mangelfolgeschäden, Ursachenermittlungskosten, Rechtsverfolgungskosten etc. Nach § 95 Abs. 1 S. 3 InsO wäre die Aufrechnung ausgeschlossen, wenn die Vergütungsforderung eher unbedingt und fällig wird. 262

Wählt der Insolvenzverwalter **nach der Insolvenzverfahrenseröffnung** die **Erfüllung** des Bauvertrages (praktisch ein sehr unwahrscheinlicher Fall), werden die mit Insolvenzverfahrenseröffnung zunächst nicht durchsetzbaren beiderseitigen Ansprüche zu originären Masseforderungen und Verbindlichkeiten „aufgewertet". Gegen hieraus entstehende weitere Vergütungsansprüche der Masse, dh gegen Vergütungsansprüchen aus Leistungen, die mit Massemitteln erbracht werden, kann der Auftraggeber nicht mit vorinsolvenzlichen Ansprüchen (gleich ob im Synallagma verbunden oder nicht) aufrechnen, auch nicht, wenn insoweit alle Aufrechnungsvorrausetzungen zum Zeitpunkt der Verfahrenseröffnung vorgelegen haben. Für Leistungen, die mit Mitteln der Insolvenzmasse erbracht werden, steht der Masse die ungeschmälerte Gegenleistung zu (vgl. BGHZ 135, 125 = NJW 1997, 1697). 263

Diese rechtliche Bewertung führt im Ergebnis zu einer **Zweiteilung des Bauvertrages,** nämlich in einen bis zur Erfüllungswahl bestehenden Vertrag und einen ab Erfüllungswahl („neu entstehenden") Vertrag. Gemeinhin spricht man hier von einer gewissen Art „Vertragsspaltung". Gegen Vergütungsforderungen aus dem „neuen Vertrag", kann der Auftraggeber daher nur noch mit Gegenforderungen aufrechnen, die aus der Abwicklung dieses Vertrages/Vertragsteils resultieren. 264

C. Eröffnung des Insolvenzverfahrens

I. Die Wirkungen der Verfahrenseröffnung (Überblick)

1. Materiell-rechtliche Folgen

Die Wirkungen der Eröffnung des Insolvenzverfahrens sind im Wesentlichen in den §§ 80 ff. InsO beschrieben (→ § 80 Rn. 1) (MüKoInsO/Vuia, 4. Aufl. 2019, InsO § 80 Rn. 43). Die wohl wichtigste Wirkung ist, dass mit der Eröffnung des Verfahrens die Verwaltungs- und Verfügungsbefugnis des Schuldners an den durch das Insolvenzgericht bestellten Insolvenzverwalter übergeht. Der Insolvenzverwalter ist Partei kraft Amtes und tritt somit in gewisser Weise in die „Fußstapfen" des Schuldners. 265

Mit Blick auf den Bauvertrag hat sich der Vertragspartner nunmehr an den Insolvenzverwalter zu wenden, um Mahnungen, Fristsetzungen oder ähnliches auszusprechen. Verfügungen (beispielsweise weitere Abschlagszahlungen) können nur noch von dem Insolvenzverwalter wirksam bewirkt werden. Auch Gegenleistungen können fortan nur noch von und an den Insolvenzverwalter bewirkt werden. Ist nach der Eröffnung des Insolvenzverfahrens zur Erfüllung einer Verbindlichkeit an den Schuldner geleistet worden, obwohl die Verbindlichkeit zur Insolvenzmasse zu erfüllen 266

Bau- und Architektenrecht in der Insolvenz

war, so wird der zu Leistende von seiner Schuld nur dann befreit, wenn er zur Zeit der Leistung die Eröffnung des Verfahrens nicht kannte. Hat er vor der öffentlichen Bekanntmachung der Eröffnung geleistet, so wird vermutet, dass er die Eröffnung nicht kannte (Einzelheiten → § 82 Rn. 9).

2. Prozessuale Folgen

267 In prozessualer Hinsicht bewirkt die Verfahrenseröffnung, dass ein zum Zeitpunkt der Verfahrenseröffnung anhängiger Rechtsstreit gem. § 240 ZPO unterbrochen wird, bis er nach dem §§ 85 ff. InsO wieder aufgenommen wird (→ Rn. 562 ff.).

268 In diesem Zusammenhang ist für den Rechtsanwalt, der den Insolvenzschuldner prozessual vertreten hat, von Bedeutung, dass die **Prozessvollmacht** ebenso wie der gesamte **Anwaltsvertrag** als Geschäftsbesorgungsvertrag nach §§ 116, 117 InsO automatisch mit der Insolvenzverfahrenseröffnung erlöschen. Das Mandat ist damit für den Rechtswalt automatisch zunächst einmal beendet, bis der Insolvenzverwalter den Anwalt ggf. erneut mandatiert (mit Bindung für die Masse). § 87 ZPO, wonach in Anwaltsprozessen die Vollmacht erst durch die Anzeige der Bestellung eines anderen Anwalts ihre rechtliche Wirksamkeit verliert, ist bei einer Beendigung des Mandates durch Insolvenzverfahrenseröffnung nicht anwendbar (vgl. BGH NJW-RR 1989, 183; Zöller/Vollkommer ZPO § 87 Rn. 1).

269 Nicht unbedeutend in prozessualer Hinsicht ist auch, dass eine etwaige Ermächtigung des Insolvenzschuldners zur Prozessführung (gewillkürte Prozessstandschaft) automatisch mit der Insolvenzverfahrenseröffnung nach § 115 Abs. 1 InsO erlischt (BGH NZI 2000, 125 = Marotzke EWiR 2000, 405. Die Prozessführungsbefugnis liegt mit der materiellen Rechtsinhaberschaft fortan (wieder) allein bei dem Insolvenzverwalter. Die Klage des Prozessstandschafters ist als unzulässig abzuweisen (Uhlenbruck/Mock, 15. Aufl. 2019, InsO § 85 Rn. 10).

270 Darüber hinaus bewirkt die Verfahrenseröffnung ein Vollstreckungsverbot (§ 89 InsO). Zwangsvollstreckungen für einzelne Insolvenzgläubiger sind folglich während der Dauer des Insolvenzverfahrens weder in die Insolvenzmasse noch in das sonstige Vermögen des Schuldners zulässig. Die sog. „Rückschlagsperre" bewirkt in diesem Zusammenhang, dass auch Sicherungen, die im letzten Monat vor dem Antrag auf Eröffnung des Insolvenzverfahrens oder nach diesem Antrag durch Zwangsvollstreckung an dem zur Insolvenzmasse gehörenden Vermögen erlangt wurden, automatisch unwirksam werden (→ § 88 Rn. 15 ff.). **Beispiel:** Der Insolvenzgläubiger hatte im letzten Monat vor dem Antrag auf Eröffnung des Insolvenzverfahrens im Wege der Zwangsvollstreckung eine Forderung des Schuldners gegen einen Drittschuldner pfänden lassen. Die sichernde Wirkung der Pfändung (Pfändungspfandrechte) entfällt folglich mit der Insolvenzverfahrenseröffnung. Der Insolvenzgläubiger ist ungesichert.

3. Auskunfts- und Mitwirkungspflichten

271 Für den Schuldner persönlich hat die Verfahrenseröffnung eine Reihe von Verpflichtungen zur Folge. Mit der Insolvenzverfahrenseröffnung entsteht für den Schuldner eine Auskunftspflicht über alle das Verfahren betreffenden Verhältnisse (§ 97 InsO). Der Schuldner ist verpflichtet, allen Verfahrensbeteiligten, dh sowohl dem Insolvenzgericht, dem Insolvenzverwalter, dem Gläubigerausschuss und auf Anordnung des Gerichts auch der Gläubigerversammlung über alle wesentlichen Informationen Auskunft zu erteilen, zB über seine Aktiva und Passiva, die Berechtigung geltend gemachter Gläubigerforderungen, Übersicherungsrechte der Gläubiger etc. Die Richtigkeit und Vollständigkeit seiner Auskunft muss der Schuldner ggf. eidesstattlich versichern. Verheimlicht er Vermögen, das zur Insolvenzmasse gehört, macht er sich strafbar (§ 283 Abs.1 Nr. 1, Abs. 6 StGB). Persönlich trifft den Schuldner aber auch eine Mitwirkungsverpflichtung. Gemäß § 97 Abs. 2 InsO hat er den Insolvenzverwalter bei der Erfüllung dessen Aufgaben zu unterstützen.

272 Die Mitwirkungsverpflichtungen sind vielfältig. Sie beziehen sich insbesondere auch auf die Vornahme tatsächlicher Handlungen, zB Herausgabe von Akten, Mitteilung von Informationen, Aushändigung von Schlüssel etc. Bei einer juristischen Person hat entsprechend der Geschäftsführer bzw. das Vorstandsmitglied den vorgenannten Auskunfts- und Mitwirkungspflichten nachzukommen. Im Rahmen der Insolvenz einer Gesellschaft ohne Persönlichkeit (zB GbR) sind nur die vertretungsberechtigten persönlich haftenden Gesellschafter entsprecht verpflichtet.

4. Berufsrechtliche Folgen

273 Die Insolvenzverfahrenseröffnung bewirkt auch berufsrechtliche Beschränkungen, welche an dieser Stelle jedoch nicht näher betrachtet werden brauchen. Für die Geschäftsführer einer juristi-

Bau- und Architektenrecht in der Insolvenz

schen Person, die in Insolvenz gerät, sei insoweit nur erwähnt, dass sich die Insolvenz der Gesellschaft auch auf die Geschäftsführertätigkeit auswirken kann, jedoch nur, wenn es im Zusammenhang mit der Insolvenz zu einer strafrechtlichen Verurteilung kommt. Nach § 6 Abs. 2 Nr. 3 GmbHG kann beispielsweise Geschäftsführer nicht sein, wer wegen einer vorsätzlich begangenen Straftat des Unterlassens der Stellung des Antrags auf Eröffnung des Insolvenzverfahrens verurteilt worden ist. Der Ausschluss gilt für die Dauer von fünf Jahren seit der Rechtskraft des Urteils. Geschäftsführer haben gem. § 15a InsO die Pflicht, bei Eintritt von Zahlungsunfähigkeit oder Überschuldung einen Insolvenzantrag zu stellen und zwar unverzüglich, spätesten aber innerhalb von drei Wochen nach Zahlungsunfähigkeit oder Überschuldung. Wird folglich das Insolvenzverfahren eröffnet und sollten infolgedessen ein Anhaltspunkt dafür bestehen, dass der Insolvenzantrag von dem Geschäftsführer zu spät gestellt worden ist (Insolvenzverschleppung), kommt es in diesem Zusammenhang zu einer strafrechtlichen Verurteilung, so bewirkt die Insolvenzverfahrenseröffnung auch eine Berufsausübungsspeere für den Geschäftsführer.

5. Gesellschaftsrechtliche Folgen

Zu den Wirkungen der Insolvenzverfahrenseröffnung sei in diesem Zusammenhang schließlich noch darauf hingewiesen, dass diese auch zu der Auflösung von Gesellschaften führt. Kapitalgesellschaften werden nach § 262 Abs. 1 Nr. 3 AktG, § 60 Abs. 1 Nr. 4 GmbHG und Personengesellschaften nach § 728 Abs. 1 S. 1 BGB, § 131 Abs. 1 HGB aufgelöst. Die Auflösung ist im Handelsregister einzutragen. Die Gesellschaft wandelt sich dann für einen Erwerbenden in eine „sterbende" Gesellschaft (Liquidationsgesellschaft). 274

Von Bedeutung ist diese Folge beispielsweise auch für den hier noch näher zu betrachtenden Fall der ARGE-Insolvenz (→ Rn. 490 ff.). Auch über das Vermögen einer Bau-ARGE kann ein Insolvenzverfahren eröffnet werden (§ 11 Abs. 2 InsO). Die Bau-ARGE wird dann mit der Insolvenzverfahrenseröffnung kraft Gesetzes aufgelöst. Ebenso ist die Rechtsfolge, wenn über das Vermögen eines ARGE-Gesellschafters das Insolvenzverfahren eröffnet wird (§ 728 Abs. 2 BGB). 275

II. Das Schicksal des Bauvertrages

1. Allgemeines

Ist der Bauvertrag zum Zeitpunkt der Verfahrenseröffnung vollständig erfüllt, ändert auch die Insolvenzverfahrenseröffnung hieran nichts. Der Vertrag bleibt erfüllt. Weder dem Insolvenzverwalter noch dem Vertragspartner entstehen weitere Rechte bzw. Pflichten. 276

Ist der Vertrag nur von einer Vertragspartei vollständig erfüllt, von der anderen aber nur teilweise, so ist die Rechtslage ebenfalls überschaubar: Hat beispielsweise in der Unternehmerinsolvenz der Auftraggeber die Werkvergütung bereits vollständig bezahlt (hält somit auch keinen Sicherheitseinbehalt zurück), so kann er etwaige Vertragserfüllungsansprüche oder Mängelbeseitigungsansprüche nur als Insolvenzforderungen zur Tabelle anmelden. Hat in der Auftraggeber-Insolvenz der Unternehmer jedoch beispielsweise das Werk bereits vollständig erbracht und steht noch seine Vergütung aus, so kann er auch seine Vergütungsansprüche nur zur Insolvenztabelle in dem Insolvenzverfahren über das Vermögen des Auftraggebers anmelden. § 103 Abs. 1 InsO ist in diesen Fällen nicht anwendbar, weil das Wahlrecht des Insolvenzverwalters zu dem Zeitpunkt der Verfahrenseröffnung einen noch beiderseits nicht vollständig erfüllten Vertrag voraussetzt (→ § 103 Rn. 37). Der BGH hat mit Entscheidung v. 16.5.2019 (NZI 2019, 587) hierzu entschieden, dass der Anwendungsbereich von § 103 InsO nur dann eröffnet sein kann, wenn auf beiden Seiten synallagmatische Pflichten noch nicht vollständig erfüllt sind. Neben- und Nebenleistungspflichten, die mit den Vertragspflichten der anderen Vertragspartei nicht synallagmatisch verbunden sind, reichen nicht. Dem Verwalter im Insolvenzverfahren über das Vermögen des Unternehmers steht kein Recht zur Erfüllungswahl oder Ablehnung der Erfüllung zu, wenn der Besteller den Werklohn vor der Eröffnung des Insolvenzverfahrens vollständig gezahlt hatte und vor der Abnahme der vom Unternehmer verweigerten Mängelbeseitigungsarbeiten ausstand (BGH NZI 2019, 587 = IBR 2019, 2852 (Praxishinweis C. Schmitz)). 277

2. Anwendbarkeit der §§ 103 ff. InsO

Bei gegenseitigen, zum Zeitpunkt der Verfahrenseröffnung beiderseits nicht oder nicht vollständig erfüllten Verträgen steht dem Insolvenzverwalter ein Wahlrecht zu. Er kann wählen, ob der Vertrag im Insolvenzverfahren erfüllt werden soll oder nicht. Lehnt der Verwalter die Erfüllung 278

Bau- und Architektenrecht in der Insolvenz

ab, so kann der andere Teil eine Forderung wegen der Nichterfüllung nur als Insolvenzgläubiger geltend machen (→ § 103 Rn. 67).

279 Bei einem Bauvertrag handelt es sich um einen „gegenseitigen Vertrag" iSv § 103 Abs. 1 InsO, sodass das Erfüllungswahlrecht auf den Bauvertrag grundsätzlich Anwendung findet (BGH NZI 2002, 375 (376); 2006, 575; 2016, 532; → § 103 Rn. 31). Dabei ist jedoch hervorzuheben, dass § 103 Abs. 1 InsO, der nur in einem eröffneten Insolvenzverfahren Anwendung finden kann, keinerlei materiell-rechtliche Wirkung für das Vertragsverhältnis mit sich bringt (BGH NZI 2002, 375). **Beispiel:** Hat der Generalunternehmer zum Zeitpunkt der Verfahrenseröffnung über sein Vermögen die Rohbauleistungen ausgeführt und insofern eine Werklohnforderung in Höhe von 100.000 EUR verdient und steht noch die Hälfte der Leistungen aus (Auftragsvolumen daher angenommen 200.000 EUR), so muss der Generalunternehmer nach Erfüllungswahl durch den Insolvenzverwalter seine Leistungen fertigstellen und kann sich somit weitere 100.000 EUR „verdienen". Die 100.000 EUR fließen selbstverständlich in die Masse und müssen für die Befriedigung aller Insolvenzgläubiger verwendet werden.

280 Der BGH hat in seiner Entscheidung v. 25.4.2002 (NZI 2002, 375) zugleich betont, dass die vor Eröffnung des Insolvenzverfahrens erbrachten Leistungen des Insolvenzschuldners stets gesondert abzurechnen sind, sodass ermittelt werden kann, inwieweit bei einer Erfüllungswahl die Gegenleistungen der Masse zufließen müssen. Bei der Ermittlung des anteiligen Werklohns sind dieselben Maßstäbe anzuwenden, als wäre der Bauvertrag zum Zeitpunkt der Eröffnung des Insolvenzverfahrens aus wichtigem Grunde gekündigt worden (BGH BauR 2002, 1264 Rn. 37). Dabei kommt es im Ergebnis also nicht darauf an, ob und wie die Vertragspartner Teilleistungen als abrechenbar vereinbart haben, sondern nur darauf, wie sie sich zum Zeitpunkt der Insolvenzeröffnung objektiv feststellen und bewerten lassen (Messerschmidt/Voit/Huber, Privates Baurecht, 2. Aufl. 2012, Abschnitt R Rn. 19).

281 Wählt der Insolvenzverwalter die Nichterfüllung des Vertrages, so bleiben auch in diesem Falle die Erfüllungsansprüche unberührt. Auch die Ablehnung der Erfüllung hat folglich keine materiell-rechtliche Wirkung auf das Vertragsverhältnis. Die Ablehnung der Erfüllung bedeutet lediglich, dass der Suspensiveffekt der Insolvenzverfahrenseröffnung auch für die Dauer des Insolvenzverfahrens aufrechterhalten bleibt. Die wechselseitigen Ansprüche aus dem Vertrag bleiben folglich nicht durchsetzbar. Der Vertragspartner kann, muss aber nicht mit einer Forderung wegen Nichterfüllung (§ 103 Abs. 2 S. 1 InsO) am Insolvenzverfahren teilnehmen. Regelmäßig wird er jedoch am Insolvenzverfahren teilnehmen, insbesondere wenn es sich bei seinem Vertragspartner um eine GmbH handelt, die im Insolvenzverfahren liquidiert und sodann aufgelöst wird. Die Teilnahme an dem Insolvenzverfahren ist für den Vertragspartner damit in gewisser Weise die letzte Möglichkeit, wenigstens noch eine quotale Befriedigung zu erhalten.

282 Wie bereits erwähnt, räumt § 103 Abs. 2 S. 1 InsO dem Vertragspartner die Möglichkeit ein, Schadensersatz wegen Nichterfüllung zu verlangen. Es ist nun eine Folge des allgemeinen Leistungsstörungsrechts (§ 281 Abs. 4 BGB), dass die Geltendmachung von Schadensersatz Gestaltungscharakter hat. Mit der Geltendmachung von Schadensersatz statt der Leistung wird der Erfüllungsanspruch ausgeschlossen. Infolge dessen bewirkt dann erst die Geltendmachung von Schadensersatz, dass der Vertragspartner keine weitere Erfüllung mehr verlangen kann. Das Vertragsverhältnis wird vielmehr in ein Abrechnungsverhältnis überführt. Schadensersatzansprüche müssen dann mit etwaigen restlichen Vergütungsansprüchen saldiert werden. Eine Abnahme ist insofern nicht mehr erforderlich (vgl. BGH NJW 2005, 2771 (2772) mwN).

3. „Vertragsspaltung" und Folgen für Abtretung, Aufrechnung und Zurückbehaltungsrechte

283 Dass mit der Insolvenzverfahrenseröffnung die vor Eröffnung des Verfahrens erbrachten Leistungen festgestellt und bewertet werden müssen (entsprechend den Grundsätzen einer außerordentlichen Kündigung), bewirkt eine „Spaltung des Vertrages" (MüKoInsO/Huber, 4. Aufl. 2019, InsO § 103 Rn. 47). Der ursprünglich einheitliche Bauvertrag besteht nun rechtlich bewertet streng genommen aus zwei unterschiedlichen Verträgen und zwar aus einem vor Verfahrenseröffnung erfüllten Vertragsteil und einem nach Insolvenzverfahrenseröffnung und ggf. Erfüllungswahl noch zu erfüllenden Vertragsteil. Das Wahlrecht des Insolvenzverwalters nach § 103 Abs. 1 InsO besteht dabei grundsätzlich stets nur für den noch unerfüllten Vertragsteil. Soweit vor Insolvenzverfahrenseröffnung Leistungen und Gegenleistungen bereits ausgetauscht worden sind, kann der Insolvenzverwalter bezogen auf diesen (abgewickelten) Vertragsteil kein Wahlrecht mehr ausüben.

284 Sinn und Zweck dieser Vertragsspaltung ist es, die Insolvenzmasse zu schonen, um für eine größere Verteilungsgerechtigkeit bei den Insolvenzgläubigern zu sorgen. Die Vertragsspaltung und

Bau- und Architektenrecht in der Insolvenz

die zugrunde liegende BGH-Rechtsprechung sind nicht unumstritten, da sie zwar zu einem Schutz der Insolvenzmasse führen, jedoch weitestgehend auf Wertungen beruhen, die der Insolvenzordnung kaum zu entnehmen sind (krit. auch Foerste, Insolvenzrecht, 7. Aufl. 2018, Rn. 224 mwN). Die Vertragsspaltung führt auch zu weiteren Konsequenzen. Beispiel (Matthies BauR 2012, 1005 (1009)): Der Generalunternehmer hat zum Zeitpunkt der Verfahrenseröffnung über sein Vermögen lediglich die Rohbauarbeiten ausgeführt und insofern eine Werklohnforderung in Höhe von 100.000 EUR bei einem Auftragsvolumen von insgesamt 170.000 EUR verdient. Seine Werklohnansprüche hatte der Generalunternehmer vorinsolvenzlich zum Zwecke der Refinanzierung des Bauvorhabens an die kreditgebende Bank abgetreten. Werklohnzahlungen hat der Auftraggeber noch nicht geleistet. – Wählt der Insolvenzverwalter die Erfüllung des Vertrages, so ermöglicht ihm dies, den Restwerklohn von 70.000 EUR zu verdienen, wenn er das Bauvorhaben mit den Mitteln der Masse fertigstellt. In Höhe von 100.000 EUR hatte der Auftragnehmer den Bauvertrag jedoch bereits vorinsolvenzlich erfüllt. Diesbezüglich steht dem Insolvenzverwalter kein Wahlrecht zu. Seine Werklohnansprüche sind in dieser Höhe von der vorinsolvenzlichen Abtretung an die Bank erfasst, die die Ansprüche gegen den Auftraggeber geltend machen kann. Die Restwerklohnansprüche in Höhe von 70.000 EUR – auch wenn sie an die Bank abgetreten worden sind – müssen demgegenüber ungeschmälert der Masse zugutekommen. Die Abtretung an die Bank geht insofern ins Leere, weil – so die insolvenzrechtliche Begründung – Ansprüche aus diesem nachinsolvenzlichen Vertragsteil nicht an die Bank abgetreten werden konnten.

Nur selten dürfte in der Praxis jedoch derart klar sein, inwieweit der Bauvertrag bereits tatsächlich vorinsolvenzlich erfüllt worden ist. Besteht zwischen dem Insolvenzverwalter, der Bank und dem Auftraggeber Streit über den Umfang der erbrachten Bauleistungen, so bleibt nur die Möglichkeit, eine Bautenstandsfeststellung durch einen Sachverständigen treffen zu lassen. Denkbar ist auch die Durchführung eines selbstständigen Beweisverfahrens gem. § 485 Abs. 2 Nr. 1 ZPO. Praktisch besteht damit jedoch das Problem, dass bis zu Klärung des Sachverhalts nicht abschließend beurteilt werden kann, in welcher Höhe der Abtretung bestanden hat, in welcher Höhe der Insolvenzverwalter eine Restvergütung verdienen kann und in welcher Höhe der Auftraggeber möglicherweise mit begründeten Gegenansprüchen aufrechnen kann.

Die Praxis behilft sich weitgehend mit sog. Restfertigstellungsvereinbarungen. Mit Hilfe von Privatsachverständigen oder kraft eigener technischer Einschätzung wird in diesem Zusammenhang zunächst versucht, Einigkeit über den Bautenstand zu erzielen, um ein wirtschaftlich vertretbares Ergebnis zu erzielen.

4. Erfüllungswahl und Aufforderung zur Wahlrechtsausübung

a) Problemlage. Durch die Suspensivwirkung „hängt" der Bauvertrag zunächst in gewisser Weise in der Schwebe. Insbesondere für den Bauherrn und Auftraggeber ist diese Situation misslich, weil ein Bauvorhaben in der praktischen Wirklichkeit immer innerhalb einer bestimmten Bauzeit fertiggestellt sein muss. Häufig hat sich der Bauherr daher durch entsprechende Anschlussverträge (beispielsweise Mietverträge) bereits verbindlich festgelegt und läuft folglich durch eine Verzögerung in die Gefahr, sich Verzugsschadensersatzansprüchen ausgesetzt zu sehen. Für den Bauherrn/Auftraggeber ist daher von entscheidender Bedeutung, möglichst rasch Klarheit über das weitere rechtliche Schicksal des Bauvertrages zu erhalten.

b) Aufforderung zur „unverzüglichen" Ausübung des Wahlrechts. Nach § 103 Abs. 2 InsO kann der Auftraggeber auf die Dauer der Schwebezeit nur unzureichend Einfluss nehmen. Er kann den Insolvenzverwalter zur Ausübung seines Wahlrechts auffordern, woraufhin sich der Verwalter „unverzüglich" zu erklären hat. Unterlässt der Insolvenzverwalter die unverzügliche Erklärung, ob er die Erfüllung verlangen will, so kann er auf Erfüllung nicht bestehen (§ 103 Abs. 2 S. 3 InsO). Die Nichterklärung innerhalb gesetzter Frist ist daher mit der Ablehnung der Erfüllung gleichgestellt.

Die Aufforderung als solche ist auslegungsfähig, da es sich bei ihr um eine einseitige empfangsbedürftige Willenserklärung handelt. Daher kann beispielsweise auch das Setzen einer Nacherfüllungsfrist als konkludente Erfüllungswahlaufforderung verstanden und ausgelegt werden (BGH NJW 1991, 2897; AG Bremen NZBau 2009, 388).

Die Frage ist jedoch, was „unverzüglich" im Sinne der Vorschrift bedeutet. Unverzüglich ist ein gesetzlicher Begriff und bedeutet ohne schuldhaftes Zögern (§ 121 Abs. 1 BGB). Damit ist die eigentliche Länge der Erklärungsfrist im Gesetz allerdings nicht geregelt. Dem Insolvenzverwalter muss zumindest eine angemessene Prüfungs- und Überlegungsfrist zustehen, um sich über Bedeutung und Folgen der Erfüllungswahl für die Insolvenzmasse klar zu werden (Uhlenbruck/Wegener, 15. Aufl. 2019, InsO § 103 Rn. 129). Dies hängt naturgemäß stets von den Umständen des Einzelfalls ab. Allgemein herrscht die Auffassung, dem Insolvenzverwalter müsse kurz nach der Eröffnung des Insolvenzverfahrens wegen der erforderlichen Einarbeitung in die Gegebenheiten des Schuldnerunternehmens eine längere Erklärungsfrist zugebilligt werden als nach Ablauf einer gewissen Abwicklungsdauer (Uhlenbruck/Wegener, 15. Aufl. 2019, InsO § 103 Rn. 121). In der Rechtsprechung wurde bereits mehrfach entschieden, dass der Insolvenzverwalter jedenfalls nicht schuldhaft handelt, wenn er zunächst den Berichtstermin abwartet und sich dann unverzüglich im Anschluss hieran erklärt (vgl. OLG Köln NZI 2003, 149; s. auch Messerschmidt/Voit/Huber, Privates Baurecht, 3. Aufl. 2018, Abschnitt R Rn. 53). Für die Praxis sollte daraus folgen, dass dem Insolvenzverwalter zumindest eine Erklärungsfrist bis zum Ablauf einer angemessenen Frist nach dem Berichtstermin (§ 156 InsO) zugebilligt werden muss.

291 Das Gesetz beinhaltet insofern einen normativen Anknüpfungspunkt in § 107 Abs. 2 S. 1 InsO. Hat danach vor der Eröffnung des Insolvenzverfahrens der Käufer eine bewegliche Sache unter Eigentumsvorbehalt gekauft und hat er Besitz an der Sache erlangt, so braucht der Insolvenzverwalter des insolventen Käufers, den der Baustoffhändler zur Ausübung des Wahlrechts aufgefordert hat, die Erklärung zur Wahlrechtsausübung schon von Gesetzes wegen erst unverzüglich nach dem Berichtstermin abzugeben. Eine Ausnahme hiervon lässt das Gesetz dann zu, wenn in der Zeit bis zum Berichtstermin eine erhebliche Verminderung des Wertes der Sache zu erwarten ist und der Gläubiger den Verwalter auf diesen Umstand hingewiesen hat. Durch diese gesetzliche Regelung kommt ebenfalls zum Ausdruck, dass das Abwarten bis zum Berichtstermin für den Bauherrn unter Umständen nicht möglich oder zumutbar sein kann. Im Einzelfall ist dem Auftraggeber daher zu empfehlen, genau zu begründen, warum die Erklärung ausnahmsweise nicht bis zum Berichtstermin aufgeschoben werden kann.

292 Bei allen Schwierigkeiten, die Angemessenheit der Erklärungsfrist rechtssicher einzuschätzen, darf aber nicht verkannt werden, dass die Frage allenfalls dann streitig wird, wenn der Insolvenzverwalter den Erfüllungsanspruch der Masse auf dem Klageweg verfolgt und der Vertragspartner im Prozess einwendet, der Verwalter habe nicht rechtzeitig Erfüllung des Vertrages verlangt. Diese Situation ist praktisch jedoch kaum relevant, weil in Fällen, in denen der Insolvenzverwalter den Bauvertrag zu erfüllen gedenkt, er ohnehin nie eine unbegrenzte Erfüllung wählen wird, sondern sich mit dem Vertragspartner frühzeitig im Wege einer Restfertigstellungsvereinbarung verständigt.

293 **c) Ausübung der Erfüllungswahl.** Das Erfüllungsverlangen ist eine einseitige, empfangsbedürftige Willenserklärung des Insolvenzverwalters, sodass auch insoweit die allgemeinen Regelungen zur Auslegung von Willenserklärungen (§§ 133, 157 BGB) anwendbar sind. Allerdings kann ein Schweigen oder eine Untätigkeit des Insolvenzverwalters nicht als eine positive Erfüllungswahl gewertet werden. Die Erfüllungswahl ist ferner grundsätzlich unteilbar und bedingungsfeindlich (Uhlenbruck/Wegener, 15. Aufl. 2019, InsO § 103 Rn. 123).

III. Insolvenz des Bauunternehmers

1. Überblick

294 In der Insolvenz eines Vertragspartners, unabhängig davon, ob es sich um die Insolvenz des Auftragnehmers oder die Insolvenz des Auftraggebers handelt, kann die Rechtslage nie pauschal allein danach bewertet werden, ob der Insolvenzverwalter die Erfüllung des Vertrages wählt oder die Erfüllung ablehnt. Entscheidend ist letztlich der Vertragsabwicklungsstand. Dieser kann so aussehen, dass zum Zeitpunkt der Erfüllungswahl bzw. Ablehnung der Erfüllung keine der Vertragsparteien irgendwelche Leistungen aus dem Bauvertrag erbracht hat (die Insolvenz tritt beispielsweise kurz nach Vertragsschluss ein), dass entweder ein Leistungsgleichstand vorliegt (der Unternehmer hat Bauleistungen erbracht, die objektiv dem Wert der von dem Auftraggeber geleisteten Abschlagszahlungen entsprechen), oder eine der beiden Vertragsparteien hat einen Leistungsüberschuss erbracht (der Auftraggeber hat mehr bezahlt, als er an Bauleistungen erhalten hat bzw. der Auftragnehmer hat mehr geleistet und Vergütungsforderungen stehen noch aus). Je nachdem, in welcher Situation der Insolvenzverwalter von seinem Wahlrecht Gebrauch macht, sind Fragen wie zB ob dem Vertragspartner Masseansprüche zustehen, ob er mit möglichen Gegenforderungen aufrechnen kann, ob ihm Zurückbehaltungsrechte zustehen oder ob er Sicherheiten in Anspruch nehmen kann etc. jeweils isoliert zu betrachten und im Einzelfall zu beantworten (vgl. schematisch Messerschmidt/Voit/Huber, Privates Baurecht, 3. Aufl. 2018, Abschnitt R Rn. 54).

2. Erfüllungswahl des Insolvenzverwalters

295 Die wechselseitigen Erfüllungsansprüche erfahren durch die Erfüllungswahl des Insolvenzverwalters einen „Qualitätssprung". § 55 Abs. 1 Nr. 2 InsO ordnet insoweit klarstellend an, dass

Bau- und Architektenrecht in der Insolvenz

Verbindlichkeiten aus gegenseitigen Verträgen, soweit deren Erfüllung zur Insolvenzmasse verlangt wird, Masseverbindlichkeiten darstellen. Stehen folglich dem Auftraggeber Resterfüllungsansprüche gegen den insolventen Auftragnehmer zu, so kann er deren Erfüllung nunmehr als Masseverbindlichkeit verlangen.

Haftungsrechtlich abgesichert werden derartige Masseverbindlichkeiten über § 61 InsO. Kann danach eine Masseverbindlichkeit, die durch den Insolvenzverwalter begründet worden ist, aus der Masse nicht voll erfüllt werden (beispielsweise also bei späterer Masseunzulänglichkeit), so ist der Verwalter dem Massegläubiger (= Bauherrn oder Auftraggeber) zum Schadensersatz verpflichtet. Gleichwohl kann sich der Insolvenzverwalter nach § 61 S. 2 InsO exkulpieren, wenn er bei der Begründung der Verbindlichkeit nicht erkennen konnte, dass die Masse voraussichtlich zur Erfüllung nicht ausreichen wird. **296**

a) Kein Leistungsaustausch bei Insolvenzverfahrenseröffnung. Dass zum Zeitpunkt der Insolvenzverfahrenseröffnung noch überhaupt kein Leistungsaustausch stattgefunden hat, ist praktisch nicht sehr wahrscheinlich. Wenn aber zum Zeitpunkt der Verfahrenseröffnung der Bauvertrag noch von keiner Partei erfüllt worden ist, auch nicht teilweise, so bewirkt die Erfüllungswahl des Insolvenzverwalters, dass der Vertrag trotz Insolvenz „ganz normal" abgewickelt wird. Wie bereits erwähnt, kann der Vertragspartner aus der Insolvenzmasse die Erfüllung verlangen (§ 55 Abs. 1 Nr. 2 InsO). Der Insolvenzverwalter muss das Bauvorhaben bzw. das von dem Auftragnehmer geschuldete Werk auf Kosten der Masse erstellen und haftet insofern nach dem allgemeinen Mängelhaftungsrecht. Auf der anderen Seite hat der Bauherr die Vergütung nach der Abnahme des Werkes (§ 640 BGB) an den Insolvenzverwalter bzw. zur Insolvenzmasse zu zahlen. **297**

Vorinsolvenzliche Abtretungen der Vergütungsforderungen durch den Insolvenzschuldner haben keinen Bestand, weil die Gegenleistung für die aus der Masse erbrachten Leistungen ungeschmälert der Masse zugutekommen muss (vgl. bereits zur früheren Rechtslage BGH NJW 1989, 1282 (1283 ff.)). Finanziert der Auftragnehmer das Bauvorhaben über eine Bank und hat vorinsolvenzlich zur Sicherheit seine Vergütungsansprüche an die Bank abgetreten, so muss der Insolvenzverwalter, wenn auch er auf die Vorfinanzierung angewiesen ist, eine neue Vereinbarung mit der Bank abschließen und die Vergütungsansprüche (erneut) abtreten. **298**

Ebenso wenig ist eine Aufrechnung des Vertragspartners mit etwaigen Gegenforderungen aus anderen Schuldverhältnissen gegen den Vergütungsanspruch der Masse möglich (BGH NJW 1992, 507). Dem steht § 96 Abs. 1 Nr. 1 InsO als Aufrechnungsverbot entgegen. **299**

b) Leistungsgleichstand. Ein tatsächlicher Leistungsgleichstand dürfte praktisch ebenfalls kaum anzutreffen sein. Dies schon deswegen, weil der Auftragnehmer im Rahmen seiner werkvertraglichen Verpflichtungen vorleistungspflichtig ist und Abschlagszahlungen nur in Höhe des tatsächlichen Wertes der erbrachten und nach dem Vertrag geschuldeten Leistungen verlangen kann (vgl. § 632a Abs. 1 BGB). Damit dürfte aber entweder der Auftragnehmer einen „Leistungsüberschuss" zum Zeitpunkt der Insolvenzverfahrenseröffnung erbracht haben oder der Auftraggeber eine entsprechende Vorauszahlung (also eine Zahlung auf die Vergütung, für die er noch keinen Wertzuwachs erhalten hat). **300**

aa) Bewertungsgrundsätze. Gleichwohl ist es keineswegs ausgeschlossen, dass es zu einem Leistungsgleichstand kommt. Zudem stellt sich die Frage, wie der Leistungsstand/Bautenstand konkret festzustellen ist. Der BGH hat, wie bereits erwähnt, entschieden, dass das vor Verfahrenseröffnung erbrachte Teilwerk nach den Regeln des gekündigten Bauvertrages abzurechnen ist (BGH NZBau 2002, 439). Der insolvente Auftragnehmer (bzw. die Insolvenzmasse) hat daher lediglich einen Werklohnanspruch für die erbrachten Leistungen, soweit diese von dem Auftraggeber verwertet werden können (vgl. BGH BauR 1993, 469). Pauschale Bewertungen oder ein Abgleich auf der Grundlage eines Ratenzahlungsplans sind also nicht zulässig bzw. geeignet, den Leistungsstand festzustellen, dh zu ermitteln, welchen Vergütungsanteil sich der Auftragnehmer für die erbrachten Leistungen „verdient" hat. **301**

Der Werklohnanspruch setzt nach allgemeinen Grundsätzen ferner voraus, dass die erbrachten Teilleistungen abnahmereif sind und die Abnahme auch tatsächlich erklärt wird (vgl. BGH BauR 2006, 1294). Auch insofern ist der tatsächlich erbrachte Leistungsumfang maßgeblich. Keinesfalls können sich die Beteiligten auf Abschlagsrechnungen bzw. Zahlungspläne, die dem Vertrag zugrunde gelegt wurden, beziehen und anhand des Zahlungsstandes den Leistungsstand nachverfolgen. **302**

bb) Bewertung beim Einheitspreisvertrag. Wenn also zwischen Insolvenzverwalter und Vertragspartner keine gütliche Verständigung hinsichtlich des Leistungsstandes möglich ist, kann dies bedeuten, dass unter Um-ständen eine umfangreiche Bestandsaufnahme erforderlich ist. Bei einem Einheitspreisvertrag muss Aufmaß genommen werden. Der Verwalter muss zu den einzelnen Positionen des Vertrages die Mengen ordnungsgemäß aufmessen und diese Vordersätze mit den **303**

Bau- und Architektenrecht in der Insolvenz

Einheitspreisen des Vertrages multiplizieren. Nachlässe sind in voller Höhe berücksichtigungsfähig (Schmitz, Die Bauinsolvenz, 6. Aufl. 2015, Rn. 390).

304 **cc) Bewertung beim Pauschalvertrag.** Bei einem Pauschalpreisvertrag ist die Ermittlung des Werklohns der Höhe nach demgegenüber komplizierter. Auch hier kann der Insolvenzverwalter für die erbrachten Leistungen nicht die aus dem Vertrag für den erreichten Bautenstand vorgesehenen Raten verlangen, sondern auch insoweit nur die Vergütung für die tatsächlich erbrachten Leistungen. Dazu hat der BGH bei einem Pauschalpreisvertrag darauf hingewiesen, dass die Verknüpfung von Teilleistungen mit Teilzahlungen nicht zwingend etwas darüber aussagt, dass die Vertragsparteien die einzelnen Teilleistungen mit den ihnen zugeordneten Raten bewerten wollten (BauR 1980, 356). Danach müssen für die Abrechnung zunächst die erbrachten Leistungen festgestellt und von dem nicht erbrachten Teil der Werkleistung abgegrenzt werden. Für die erbrachten Leistungen ist sodann ein entsprechender anteiliger Werklohn anzusetzen. Der BGH sagt, dass dabei die Höhe der Vergütung nach dem Verhältnis des Wertes der erbrachten Teilleistung zum Wert der nach dem Pauschalpreisvertrag geschuldeten Gesamtleistung zu errechnen ist (BauR 1980, 356).

305 Das einfachste ist, wenn das Wertverhältnis der erbrachten Teilleistung zur Gesamtleistung anhand eines Aufmaßes oder eines Leistungsverzeichnisses ermittelt werden kann. Bei einem Global-Pauschalpreisvertrag scheidet diese Möglichkeit jedoch aus. Hier wäre dann die Heranziehung der Ursprungskalkulation erforderlich. Aus der Kalkulation muss dann – unter Umständen durch eine zusätzliche Schätzung nach § 287 ZPO – die richtige Vergütung ermittelt werden. Folgende Schritte müssen bei der Abrechnung eines Pauschalpreisvertrages also vollzogen werden:
- Es muss zwischen erbrachten und nicht mehr erbrachten Leistungen abgegrenzt werden.
- Die erbrachten Leistungen sind entsprechend dem Verhältnis ihres Wertes zum Wert der nach dem Pauschalvertrag geschuldeten Gesamtleistung zu bewerten. Hierzu ist die Vorlage der Urkalkulation notwendig. Aus der Kalkulation muss sich ergeben, mit welchen einzelnen Teilleistungen gerechnet worden ist und wie diese Teilleistungen preislich bewertet wurden. Aus der Summe der einzelnen Teilleistungen muss sich der Gesamtpreis ergeben.
- Sodann ist darzulegen, welche Leistungen entsprechend der Urkalkulation in welchem Umfang ausgeführt/erbracht worden sind. Diese Leistungen sind dann entsprechend der Urkalkulation preislich zu bewerten.
- Zusatzleistungen/Nachträge müssen gesondert ausgewiesen werden. Hierzu gehört auch die Darstellung, warum die Nachträge von der Ursprungspauschale nicht umfasst sind. Die Nachtragshöhe hat sich jedoch soweit möglich aus der Urkalkulation zu ergeben; fehlen vergleichbare Preispositionen, ist notfalls eine ortsübliche Vergütung anzusetzen.

306 Es liegt auf der Hand, dass die richtige Ermittlung der Vergütung bei einem gekündigten Pauschalvertrag unter Umständen einen erheblichen Aufwand erfordert, weil, sollte eine Ursprungskalkulation fehlen, der Insolvenzverwalter im Nachhinein im Einzelnen darzulegen hat, wie die erbrachten Leistungen unter Beibehaltung des Vertragspreisniveaus zu bewerten sind. Hierbei kann es erforderlich sein, die Vertragskalkulation erst nachträglich zu erstellen.

307 Hat der insolvente Auftragnehmer bis zur Kündigung nur sehr geringfügige Teilleistungen erbracht oder hat er das Werk nahezu vollständig fertiggestellt, gestattet der BGH eine gewisse Erleichterung. Im ersteren Falle lässt der BGH es ausdrücklich zu, dass der Auftragnehmer die ihm zustehende Mindestvergütung in der Weise abrechnet, dass er die gesamte Leistung als nicht erbracht zugrunde legt und von dem Pauschalpreis die hinsichtlich der Gesamtleistung ersparten Aufwendungen absetzt. Im letzteren Falle kann der Insolvenzverwalter vom vollständigen Pauschalpreis ausgehen und davon lediglich die nicht geleisteten Arbeiten in Abzug bringen (BGH NZBau 2015, 27; 2000, 375). Die entscheidende Frage ist dann jedoch, wann in diesem Sinne von „geringfügigen Teilleistungen" gesprochen werden kann, die entweder anfänglich erst erbracht oder noch nicht erbracht sind. Zum Teil wird insoweit auf die noch fehlenden Einzelgewerke (zB Außenputz, Fliesenarbeiten, Dachgeschossausbau etc) verwiesen.

308 Im Einzelfall kann die Abrechnung der erbrachten Leistungen auch schlüssig derart erfolgen, dass der Auftragnehmer die vereinbarte Pauschale ansetzt und hiervon die Drittunternehmerkosten in Abzug bringt, die der Auftraggeber aufwendet, um das Werk von einem Ersatzunternehmer fertigstellen zu lassen (BGH NZBau 2014, 351).. Den Auftraggeber benachteiligt dies in der Regel dann nicht, wenn feststeht, dass der Drittunternehmer für die Restfertigstellung teurer ist als der insolvent gewordene Auftragnehmer. Gleiches gilt, wenn zwar nicht feststeht, dass der Drittunternehmer teurer ist, der Besteller aber den Abzug der Restfertigstellungskosten akzeptiert, er sich mit dem Unternehmer auf diese Art der Abrechnung verständigt oder der Besteller dieser Berechnungsmethode nicht widerspricht.

c) Mangelhafte Teilleistungen und Mängelansprüchen des Auftraggebers. Entsprechend 309
den obigen Darstellungen ist eine mangelhafte Teilleistung als Nichtleistung zu qualifizieren.
Denn im Umfang der mangelhaft erbrachten Leistung erfüllt der Auftragnehmer seine vertragliche
Leistungspflicht gerade nicht. Auch in insolvenzrechtlichen Kategorien bemessen liegt daher insofern lediglich eine Teilleistung vor, die im Falle der Insolvenzverfahrenseröffnung zu einer Spaltung
des Vertrages in einen erfüllten und eine unerfüllten Vertragsteil führt (zu den Mängelrechten in
der Insolvenz des Bauunternehmers Matthies BauR 2012, 105 ff.).

Bei der Feststellung der erbrachten Leistung muss der Insolvenzverwalter daher auch etwaige 310
mangelhafte Leistungsteile bewerten. Sind die Mängel wesentlicher Natur, stehen die Mängel
folglich einer (Teil-)Abnahme der Werkleistung entgegen, so kann der Insolvenzverwalter ohnehin
keinen Werklohnanspruch zur Masse ziehen. Im Einzelnen gilt Folgendes:

aa) Anspruch des Auftraggebers auf mangelfreie Werkerrichtung. Der Anspruch des 311
Auftraggebers auf mangelfreie Werkerrichtung ist zu erfüllen, wenn der Insolvenzverwalter die
Erfüllung des Vertrages wählt. Im Umfang der Wertdifferenz zwischen dem vollständigen und
dem auf das mangelhafte Werk entfallenden Werklohn ist der Vertrag unerfüllt und unterliegt als
Nacherfüllungs-/Nachbesserungsanspruch dem Anwendungsbereich des § 103 InsO. Wählt der
Insolvenzverwalter die Erfüllung, erklärt sich also zur Nacherfüllung bereit, so wird der Nacherfüllungsanspruch des Auftraggebers zu einer originären Masseverbindlichkeit aufgewertet (§ 55 Abs. 1
Nr. 2 Alt. 1 InsO). Der Insolvenzverwalter (die Masse) ist folglich verpflichtet, die Mängel auf
Massekosten zu beseitigen. Dem Auftraggeber bleibt das Recht, den vereinbarten Sicherheitseinbehalt nach Fertigstellung des Werkes im vollen Umfang geltend zu machen (BGH NZI 1999, 72).

bb) Erfasst Erfüllungswahl auch versteckte Mängel? Im insolvenzrechtlichen Schrifttum 312
wird die Frage kontrovers diskutiert, ob der Insolvenzverwalter bei Erfüllung des Vertrages ohne
Einschränkung dazu verpflichtet ist, auch sämtliche vorinsolvenzlich von dem Insolvenzschuldner
produzierten Mängel auf Kosten der Masse beseitigen zu lassen, auch soweit diese bei Erfüllungswahl dem Insolvenzverwalter nicht bekannt waren und vielleicht sogar tatsächlich erst später zu
Tage treten. Beachtliche Stimmen in der Literatur lehnen dies ab (Schmitz, Die Bauinsolvenz,
6. Aufl. 2015, Rn. 286 ff.; MüKoInsO/Huber, 4. Aufl. 2019, InsO § 103 Rn. 146a; Wellensiek
BauR 2005, 186 (197)). Vor dem Hintergrund aber, dass § 103 Abs. 1 InsO von der Erfüllung
„des Vertrages" spricht und § 55 Abs. 1 Nr. 2 InsO die Erfüllungsansprüche aus gegenseitigen
Verträgen, soweit eben deren Erfüllung zur Insolvenzmasse verlangt wird, zu Masseverbindlichkeiten aufwertet, dürfte nach dem Wortlaut des Gesetzes der Insolvenzverwalter bei Vertragserfüllung
jedoch grundsätzlich ohne Einschränkung auch zu einer entsprechenden Beseitigung von versteckten oder unbekannten Mängeln verpflichtet sein (ebenso Gottwald NZI 2005, 588 (590); Glöckner/von Berg/Gollnick, Fachanwaltskommentar Bau- und Architektenrecht, 2011, InsO § 103
Rn. 95). Der Insolvenzverwalter ist danach zu einer Mängelbeseitigung verpflichtet, wenn sich
nach der Erfüllungswahl weitere, zunächst noch unentdeckt gebliebene Mängel zeigen (Uhlenbruck/Wegener, 15. Aufl. 2019, InsO § 103 Rn. 73; Glöckner/von Berg/Gollnick, Fachanwaltskommentar Bau- und Architektenrecht, 2011, InsO § 103 Rn. 95). Höchstrichterlich eindeutig
geklärt ist diese Frage bislang jedoch noch nicht, wobei der BGH (ZfBR 2013, 769 (771)) durchaus
in seiner Entscheidung v. 17.7.2013 deutlich hervorgehoben hat, dass er die Erfüllungswahl nicht
für teilbar erachtet und der Insolvenzverwalter nicht im Sinne der hier vertretenen Auffassung nur
die Erfüllung bestimmter Ansprüche wählen kann (s. auch BGHZ 103, 250 = NJW 1988, 1790;
BGHZ 169, 43 Rn. 12 = NZI 2006, 575 mwN).

Es sprechen daher meines Erachtens die besseren Argumente dafür, dass der Insolvenzverwalter 313
mit seiner Erfüllungswahl grundsätzlich auch solche Mängelbeseitigungsansprüche des Auftraggebers in den Rang von Masseverbindlichkeiten erhebt, die sich auf zunächst noch unentdeckte
Mängel beziehen, von denen der Verwalter zum Zeitpunkt seiner Erklärung keine Kenntnis hatte.

cc) Der Werklohnanspruch der Masse. Auch der Werklohnanspruch der Masse wird durch 314
die Verfahrenseröffnung und die Erfüllungswahl des Insolvenzverwalters geteilt. Der Wert des
mangelhaften Werkes, der sich rechnerisch aus der Differenz zwischen dem vertraglich vereinbarten
Werklohn und den Kosten der Mängelbeseitigung ergibt, wird er nicht von § 103 InsO erfasst.
Allerdings führt allein die Insolvenzverfahrenseröffnung nicht zu einem Abrechnungsverhältnis mit
der Folge, dass der Insolvenzverwalter den rechnerisch ermittelten Werklohn zur Masse ziehen
könnte (Schmitz, Die Abwicklung des Bauvertrages in der Insolvenz, Stand: 4.2.2018, Rn. 53/
1). Die Insolvenzverfahrenseröffnung entbindet ebenso wenig wie eine Vertragskündigung von
der Abnahmepflicht der bis zur Verfahrenseröffnung/Kündigung erbrachten Leistungen (BGH
BauR 2006, 129; aA KG BauR 2007, 1746 (1747); Heidland, Der Bauvertrag in der Insolvenz,
2. Aufl. 2002, Rn. 727 ff.). Ein Abrechnungsverhältnis wird erst dann begründet, wenn der Auftragnehmer einen Vergütungsanspruch hat und dem Auftraggeber allein auf Geldzahlung gerichtete

Bau- und Architektenrecht in der Insolvenz

Ansprüche wegen der unvollständigen oder mangelhaften Fertigstellung des Werkes zustehen. Allein in diesem Fall ist die Abnahme der Werkleistung keine Voraussetzung (mehr) für die Fälligkeit der Vergütungsforderung (BGH NJW 2005, 2771 (2772)). Ein Abrechnungsverhältnis entsteht daher grundsätzlich erst dann, wenn der Auftraggeber Minderung oder Schadensersatz geltend macht oder jedenfalls die Abnahme ernsthaft und endgültig verweigert (BGH NJW 2017, 1604). Wählt der Insolvenzverwalter Erfüllung des Bauvertrages, scheiden diese Fallkonstellationen indes zwingend aus.

315 Liegen zum Zeitpunkt der Verfahrenseröffnung wesentliche Mängel vor, die einer Abnahme entgegenstehen, kann der Insolvenzverwalter keinen Werklohnanspruch zur Masse ziehen (Thode ZfBR 2006, 638 (640) – „Blockadesituation"). Insofern wäre es dann auch obsolet, durch umfangreichen Aufwand zu versuchen, die erbrachten Teilleistungen festzustellen.

316 Liegen indes nur unwesentliche Mängel vor, kann der Verwalter die Abnahme, die der Auftraggeber möglicherweise wegen der noch fehlenden Gesamtleistung verweigert, nach § 640 Abs. 1 S. 3 BGB „ersetzen". Er kann den Auftraggeber dazu auffordern, die Abnahme innerhalb einer angemessenen Frist zu erklären. Nach Ablauf der Frist ist der Anspruch der Masse der Höhe nach gerichtet auf die vereinbarte Vergütung (einschließlich etwaiger Nachträge etc). Nimmt der Insolvenzverwalter den Auftraggeber auf Werklohnzahlung in Anspruch, so wird dieser sich womöglich mit dem Einwand der Mangelhaftigkeit verteidigen und wenigstens ein Zurückbehaltungsrecht geltend machen. Allerdings stehen dem Auftraggeber in der Insolvenz – wegen der Vertragsspaltung – ohne Erfüllungswahl kein durchsetzbarer Erfüllungsanspruch und mithin auch kein Leistungsverweigerungsrecht zu. Hat jedoch der Insolvenzverwalter die Erfüllung gewählt, kann der Auftraggeber dem Werklohnanspruch die Einrede gem. §§ 320, 641 Abs. 3 BGB (Leistungsverweigerung mit „Druckzuschlag") entgegenhalten. Ohne Erfüllungswahl müsste der Auftraggeber den vollen Werklohn jedoch bezahlen, ohne einen Druckzuschlag geltend machen zu können. Der Zahlung des ungekürzten Werklohns kann der Auftraggeber in diesem Fall (also bei Ablehnung der Erfüllung) dadurch entgehen, dass er den Verwalter zur Nacherfüllung auffordert und – lehnt dieser ab – mit einem Schadensersatzanspruch in Höhe der objektiven Mängelbeseitigungskosten gegen den Restvergütungsanspruch aufrechnet.

317 **dd) Der Anspruch auf Zahlung des Restwerklohns.** Der Anspruch der Masse auf Zahlung des Restwerklohns unterfällt stets dem Regelungsbereich des § 103 InsO und verliert daher mit Verfahrenseröffnung seine Durchsetzbarkeit. Hat der Auftraggeber zum Zeitpunkt der Verfahrenseröffnung Vorauszahlungen geleistet, die über dem Wert des mangelhaften Werkes liegen, so hat er in diesem Fall eine ungedeckte Vorleistung erbracht, mit der er selbst bei einer Erfüllungswahl lediglich einfacher Insolvenzgläubiger bleibt (§ 105 S. 1 InsO). Wählt der Insolvenzverwalter gleichwohl Erfüllung und bessert das mangelhafte Werk nach und verdient sich somit den noch restlichen Werklohn, muss nach herrschender Meinung der Auftraggeber in Höhe der überschießenden Vorleistungen den Werklohn doppelt zahlen (MüKoInsO/Huber, 4. Aufl. 2019, InsO § 105 Rn. 18; Uhlenbruck/Wegener, 15. Aufl. 2019, InsO § 103 Rn. 74; Rohrmüller NZBau 2007, 145 ff.). Anknüpfungspunkt in der Rechtsprechung ist insoweit die Aussage des BGH, der Insolvenzmasse müsse für die von ihr erbrachten Leistungen stets ungemindert auch die entsprechende Gegenleistung zufließen (BGH NJW 1992, 507 (508); NZI 2003, 150 (152); BauR 2001, 1580).

318 **d) Leistungsüberschuss Auftraggeber.** Die Rechtslage wurde vorstehend teilweise bereits angesprochen. Hat der Auftraggeber Vorauszahlungen erbracht (bei größeren Bauprojekten wird der Auftraggeber sich zur Absicherung von Vorauszahlungen Vorauszahlungsbürgschaften übergeben lassen), so ordnet § 105 S. 1 InsO an, dass der Auftraggeber mit der ungedeckten Vorauszahlung selbst dann einfacher Insolvenzgläubiger bleibt, wenn der Insolvenzverwalter im Übrigen die Vertragserfüllung wählt. Es muss ermittelt werden, welche Bauleistungen dem teilweise vorausgezahlten Werklohn entsprechen. Diese Leistungen braucht der Insolvenzverwalter nicht mehr zu erbringen. Erbringt er sie doch, muss der Auftraggeber die Vergütung hierfür (ein weiteres Mal) zahlen.

319 In der Literatur ist diese Auffassung nicht unumstritten (Kesseler ZIP 2005, 2046 (2050 ff.)). Ausgangspunkt ist der gesetzlich nicht definierte Teilbarkeitsbegriff in § 105 S. 1 InsO. Die Vertragsspaltung hängt insoweit maßgeblich davon ab, ob die geschuldeten Leistungen „teilbar" sind. In seiner Grundsatzentscheidung v. 25.4.2002 hat der BGH jedenfalls für den Bauvertrag entschieden, dass bei einem Bauvertrag die gegenseitigen Leistungen in der Regel teilbar sind. Alleiniges Kriterium sieht der BGH darin, dass sich die vor und nach Eröffnung des Insolvenzverfahrens erbrachten Leistungen feststellen und bewerten lassen. Bei Bauleistungen ist dies regelmäßig ohne Weiteres möglich. Es sollte allerdings nicht verkannt werden, dass die derart weite Auslegung des Teilbarkeitsbegriffs zwingend auch einen Eingriff in die Privatautonomie der Vertragsparteien

Bau- und Architektenrecht in der Insolvenz

darstellt, weil es dem Willen der Parteien bei Vertragsschluss eben entsprochen hat, für die vereinbarte Gesamtvergütung die entsprechende Gesamtbauleistung zu erhalten. Wenn nun über das Erfüllungswahlrecht und die weite Auslegung des Teilbarkeitsbegriffs bewirkt wird, dass der Vertragspartner für die Gesamtbauleistung eine Doppelvergütung zahlen muss, entspricht dies eben nicht der Privatautonomie und dem Inhalt des ursprünglich geschlossenen Vertrages. Zugleich bedeutet die weite Auslegung des Teilbarkeitsbegriffs damit einen Eingriff in das funktionelle Synallagma des Vertrages.

Die herrschende Meinung nimmt diese Beschränkung der Privatautonomie und den Eingriff 320 in das funktionelle Synallagma jedoch in Kauf, weil dies dem Gläubigergleichbehandlungsgrundsatz dienen soll. Es mag richtig sein, dass die Masse geschont wird, wenn sie für die von ihr erbrachte Bauleistung ungeschmälert die entsprechende Gegenleistung erhält. Dies ist jedoch keineswegs zwingend zur Einhaltung des Gläubigergleichbehandlungsgrundsatzes. Welche Anforderungen dieser Grundsatz stellt, muss in gewisser Weise als Vorfrage geklärt werden. Im Grunde besagt der Gläubigergleichbehandlungsgrundsatz lediglich, dass solche Gläubiger, die in gleicher Weise eine „Ursache" für die Insolvenz durch ihre Forderungen gegen das Schuldnerunternehmen gesetzt haben, hinsichtlich dieser Forderungen für die Dauer des Insolvenzverfahrens gleich zu behandeln sind. Eine Gleichbehandlung ist dort allerdings nicht zwingend erforderlich, wo der Insolvenzverwalter durch seine Entscheidung, dass die Erfüllung eines bestimmten Vertrages der Insolvenzmasse Vorteile verspricht, sich ausdrücklich für die Vertragserfüllung entschieden hat. Der Insolvenzverwalter muss daher, bevor er sich für die Vertragserfüllung entscheidet, den Nutzen für die Masse kalkulieren.

Gleichwohl ist an dieser Stelle deutlich darauf hinzuweisen, dass die vorstehenden Thesen nicht 321 der herrschenden Auffassung entsprechen. Für die Praxis ist festzuhalten, dass ein Bauvertrag stets teilbar ist und der Auftraggeber daher nach Erfüllungswahl und ungedeckter Vorleistung das Risiko einer doppelten Leistungspflicht hat. Abgesichert ist er nur, soweit er beispielsweise eine Vorauszahlungsbürgschaft erhalten hat.

e) Leistungsüberschuss Auftragnehmer. Hat der Auftragnehmer einen Leistungsüberschuss 322 erbracht, so steht dem Insolvenzverwalter, so die Fälligkeitsvoraussetzungen des Anspruchs gegeben sind, die entsprechende Vergütung gegen den Auftraggeber zu. Der Auftraggeber kann ein Leistungsverweigerungsrecht wegen der noch nicht erbrachten Leistungen ausüben, wenn der Insolvenzverwalter die Vertragserfüllung gewählt hat.

3. Erfüllungsablehnung durch den Insolvenzverwalter

a) Grundsätzliches. Der Insolvenzverwalter ist nicht dazu verpflichtet, die Erfüllung eines 323 zum Zeitpunkt der Insolvenzverfahrenseröffnung noch unerfüllten Vertrages zu wählen. Er kann an Stelle des Schuldners den Vertrag erfüllen und die Erfüllung vom anderen Teil verlangen (§ 103 Abs. 1 InsO). Er kann die Erfüllung aber auch ablehnen, sodass der andere Teil eine Forderung wegen der Nichterfüllung nur als Insolvenzgläubiger gelten machen kann (§ 103 Abs. 2 S. 1 InsO).

Die Insolvenzverfahrenseröffnung führt also nicht automatisch zu einer materiell-rechtlichen 324 Umgestaltung des Vertrages, sondern suspendiert nach Auffassung des BGH die wechselseitigen Erfüllungsansprüche. Entscheidet sich der Insolvenzverwalter nicht für die Vertragserfüllung, bleibt es zunächst bei dem durch die Insolvenzverfahrenseröffnung entstehenden „Schwebestand". Der Eröffnung des Insolvenzverfahrens kommt als solcher für das Rechtsverhältnis zwischen Schuldner und Vertragspartner daher keine materiell-rechtliche Wirkung zu, insbesondere hat sie keinen Einfluss auf Bestand oder Inhalt des Vertrages, auch nicht auf vertraglich eingeräumte Rücktritts- oder Kündigungsrechte (BGH NZI 2003, 491). Die vertraglichen Erfüllungsansprüche bestehen fort, verlieren aber wegen der wechselseitigen Nichterfüllungseinreden aus § 320 BGB mit Insolvenzeröffnung zunächst, dh bis zu einem etwaigen Erfüllungsverlangen des Insolvenzverwalters, ihre Durchsetzbarkeit (BGH NZI 2002, 375; 2006, 229; NJW 2007, 1594; NZI 2008, 236; ZIP 2013, 526 = ZInsO 2013, 494; MüKoInsO/Huber § 103 Rn. 18). Auch die Erfüllungsablehnung hat zunächst einmal keine materiell-rechtliche Gestaltungswirkung. Lehnt der Insolvenzverwalter die Vertragserfüllung ab, verliert er das Recht, nach § 103 Abs. 1 die Erfüllung des Vertrages zu verlangen (BGH ZIP 1987, 304 = NJW 1987, 1702). Dieser Rechtsverlust ist unwiderruflich und tritt mit dem Zugang der Ablehnungserklärung beim Vertragspartner ein (MüKoInsO/Huber § 103 Rn. 167; HK-InsO/Marotzke § 103 Rn. 45; Graf-Schlicker/Breitenbücher § 103 Rn. 26). Die Erfüllungsablehnung hat also insoweit rechtsgestaltende Wirkung, als mit ihr das Erfüllungswahlrecht des Verwalters nach § 103 Abs. 1 erlischt (HK-InsO/Marotzke § 103 Rn. 45; KPB/Tintelnot § 103 Rn. 10; aA Jaeger/Henckel KO § 17 Rn. 152). Folge ist, dass die gegenseitigen Erfüllungsansprüche für die Dauer des Insolvenzverfahrens mangels Möglichkeit der Erfüllungswahl endgültig undurchsetzbar bleiben (BGH NJW 2003, 2744; Fischer NZI 2002, 281). Der gegenseitige Vertrag kann im eröffneten Insolvenzverfahren nur noch insolvenzmäßig abgewickelt werden (MüKoInsO/Huber § 103 Rn. 13). Materiell-rechtlich lässt die Erfüllungsablehnung den Vertrag – ebenso wie die Verfahrenseröffnung – unberührt. Sie hat weder Einfluss auf Bestand noch Inhalt der gegenseitigen Hauptleistungsansprüche. Auch auf vertraglich eingeräumte Kündigungs- oder Rücktrittsrechte ist die Erfüllungsablehnung des Insolvenzverwalters ohne Einfluss (BGH NZI 2006, 229). Wie § 103 Abs. 2 S. 1 InsO deutlich macht, kann der Vertragspartner seinen Nichterfüllungsschaden als Insolvenzgläubiger geltenden machen, aber auch er ist hierzu – ebenso wenig wie der Insolvenzverwalter zur Erfüllung gehalten ist – nicht gezwungen. Zu einer Umgestaltung des Vertrages kommt es erst dann, wenn der Vertragspartner von seinem Recht, Schadensersatz („Nichterfüllung") zu beanspruchen, Gebrauch macht. Die Geltendmachung von Schadensersatz führt nach allgemeinem Leistungsstörungsrecht gem. § 281 Abs. 4 BGB dazu, dass weitere Erfüllungsansprüche ab diesem Zeitpunkt ausgeschlossen sind. Es kommt infolge dessen zu einer Abrechnung des Vertrages, sodass der Vertragspartner unter Saldierung der ausgetauschten Leistungen einen etwaig bei ihm verbleibenden Schaden zur Insolvenztabelle als Insolvenzgläubiger geltend machen kann (vgl. BFH ZIP 2007, 976; Uhlenbruck/Wegener, 15. Aufl. 2019, § 103 Rn. 161).

325 Anders formuliert bedeutet dies, dass der Vertragspartner auch nach der Ablehnung der Erfüllung durch den Insolvenzverwalter für die Dauer des Insolvenzverfahrens schlicht untätig bleiben könnte, sodass er nach Abschluss des Insolvenzverfahrens seine Erfüllungsansprüche weiterverfolgen kann. In der Insolvenz des Auftragsnehmers ist dies natürlich nur eine theoretische Möglichkeit. Zunächst einmal ist jeder Auftraggeber/Bauherr darauf angewiesen, dass das Bauvorhaben innerhalb der vorgesehenen Frist – jedenfalls alsbald – fertiggestellt wird, weil die Verzögerungsfolgen ansonsten zu immens wären. Zum anderen wird ein insolventes Unternehmen, das in der Praxis häufig als GmbH (oder als andere juristische Person) betrieben wird, nach wie vor in den allermeisten Fällen liquidiert und beendet. Nach der Verteilung des Vermögens, sprich sobald Vermögenslosigkeit vorliegt, wird die Gesellschaft im Handelsregister gelöscht.

326 Der „Schwebezustand" kann von den Vertragspartnern einseitig aufgelöst werden. Hierzu gibt § 103 Abs. 2 S. 2 InsO die Möglichkeit, den Insolvenzverwalter zur Ausübung seines Wahlrechts aufzufordern. Nach entsprechender Aufforderung hat sich der Insolvenzverwalter unverzüglich zu erklären, ob er die Erfüllung verlangen will. Unterlässt er dies, so kann er auf die Erfüllung nicht bestehen (§ 103 Abs. 2 S. 3 InsO). Mit anderen Worten: Erklärt er sich nicht unverzüglich, gilt dies als Erfüllungsablehnung, sodass der Vertragspartner auch ohne Erklärung des Insolvenzverwalters zu seinem Erfüllungswahlrecht Schadensersatz zur Insolvenztabelle geltend machen kann.

327 **b) Kein Leistungsaustausch bei Insolvenzverfahrenseröffnung. aa) Schadensersatz („Forderung wegen Nichterfüllung").** Wenn zum Zeitpunkt der Verfahrenseröffnung der Bauvertrag noch von keiner Partei erfüllt worden ist, auch nicht teilweise, so berechtigt die Erfüllungsablehnung durch den Insolvenzverwalter den Auftraggeber in der Insolvenz des Auftragnehmers zur Geltendmachung von Schadensersatz (§ 103 Abs. 2 InsO). Nach ganz herrschender Meinung richtet sich der Inhalt des Schadenersatzanspruchs nach den Grundsätzen die für den Schadensersatz im bürgerlichen Recht gelten (Uhlenbruck/Wegener, 15. Aufl. 2019, InsO § 103 Rn. 167 ff.). Dies bedeutet, dass der Vertragspartner (Auftraggeber) einen Anspruch auf Ersatz des positiven Interesses hat (BGH NZI 2001, 85; NJW 1999, 3625). Der Anspruch beinhaltet nicht nur Ausgleich für die vom Schuldner nicht erbrachte Leistung, sondern auch Ersatz für Vermögensfolgeschäden. Der entgangene Gewinn wird aber nicht erfasst, soweit sich dieser nicht schon aus dem Wertverhältnis der beiderseits versprochenen Leistungen ergibt.

328 Der Vertragspartner ist daher so zu stellen, wie er stünde, wenn der Auftragnehmer/Insolvenzverwalter den Vertrag ordnungsgemäß erfüllt hätte. Daher fallen bei zum Zeitpunkt der Verfahrenseröffnung noch von keiner Partei erfüllten Bauverträgen ohne Weiteres die Restfertigstellungsmehrkosten unter den ersatzfähigen Schaden. Ersatzfähig sind aber auch die Kosten, die durch Materialpreissteigerungen eintreten, mit denen der Auftraggeber infolge der Neubeauftragung eines Drittunternehmens belastet wird. Ersatzfähig sind auch Verzugsschäden, die dadurch entstehen, dass das Bauvorhaben insolvenzbedingt später fertig gestellt wird. Freilich wird der Auftraggeber, um dem Nachweis des ununterbrochenen Kausalzusammenhangs gerecht zu werden, darzustellen und zu dokumentieren haben, dass er unverzüglich einen anderweitigen Bauvertrag abgeschlossen hat und er folglich um eine schnellstmögliche Fertigstellung bemüht war. Nach jüngerer Rechtsprechung des BGH gehört schließlich auch ein Nutzungsausfallschaden zum ersatzfähigen Schaden (BGH NZBau 2014, 280).

329 **bb) Aufrechnungsrecht des Auftraggebers.** Die Literatur weist zum Teil darauf hin, der Auftraggeber könne mit seinen Forderungen wegen Nichterfüllung nicht gegen einen Anspruch

des Auftragnehmers gegen ihn aus der Zeit vor Insolvenzverfahrenseröffnung aufrechnen, weil dem § 95 Abs. 1 S. 3 InsO entgegenstehe (MüKoInsO/Huber, 4. Aufl. 2019, InsO § 103 Rn. 23; Messerschmidt/Voit/Huber, Privates Baurecht, 2. Aufl. 2002, Abschnitt R Rn. 56). Dies ist so pauschal nicht zutreffend. Die Aufrechnung ist nach § 95 Abs. 1 S. 3 InsO nur dann ausgeschlossen, wenn die Hauptforderung (also die Forderung des insolventen Auftragnehmers) zeitlich vor der Gegenforderung (der Forderung wegen Nicht-erfüllung) fällig wird. Das Aufrechnungsverbot dient dem Masseschutz. Es soll verhindern, dass der Insolvenzgläubiger (Auftraggeber) die Erfüllung einer fälligen und durchsetzbaren Forderung der Masse solange hinauszögert, bis seine Forderung fällig und damit aufrechenbar ist. Dieses Aufrechnungsverbot wird indes teleologisch eingeschränkt bei synallagmatisch verbundenen Forderungen aus demselben Schuldverhältnis (s. BGH NZBau 2005, 685).

Ob der Auftraggeber also mit seiner Schadensersatzforderung aus § 103 Abs. 2 S. 1 InsO gegen eine bei Eröffnung des Insolvenzverfahrens bestehende und bereits fällige massezugehörige Schuldnerforderung aufrechnen kann, hängt davon ab, zu welchem Zeitpunkt die Forderung wegen Nichterfüllung fällig wird. Darüber hinaus ist fraglich, ob die Schadensersatzforderung mit der Hauptforderung synallagmatisch verknüpft ist. **330**

Der Schadensersatzanspruch wegen der Ablehnung der Erfüllung des Insolvenzverwalters kann, wie § 103 Abs. 2 InsO deutlich macht, nicht schon mit Vertragsschluss und damit schon vor Verfahrenseröffnung entstanden und fällig sein. Der Schadensersatzanspruch bzw. die Forderung wegen Nichterfüllung wird auch nicht automatisch mit Insolvenzverfahrenseröffnung fällig, weil die Verfahrenseröffnung als solche keine materiell-rechtliche Auswirkung auf den Vertrag hat (BGH NZBau 2002, 439). Der Anspruch kann daher frühestens dann fällig (dh durchsetzbar) werden, wenn der Insolvenzverwalter sich für die Erfüllungsablehnung entscheidet, sprich von seinem Erfüllungswahlrecht keinen Gebrauch macht, sich also entweder ablehnend erklärt oder sich auf eine Aufforderung des Vertragspartners nicht unverzüglich äußert. Erst ab diesem Zeitpunkt ist der Vertragspartner berechtigt, seine Schadensersatzansprüche geltend zu machen. Dies bedeutet dann aber iSd §§ 94 ff. InsO, dass der Schadensersatzanspruch erst nach Verfahrenseröffnung fällig wird (der Schadensersatzanspruch nach § 103 Abs. 2 InsO kann gleichwohl schon bei Verfahrenseröffnung, auch wenn eine Erklärung des Verwalters noch aussteht, iSd §§ 174 ff. InsO als aufschiebend bedingter Anspruch zur Insolvenztabelle angemeldet werden, vgl. Uhlenbruck/Wegener, 15. Aufl. 2019, InsO § 191 Rn. 4). **331**

Hieraus ergeben sich zusammenfassend folgende Konsequenzen: **332**
- Steht dem insolventen Auftragnehmer zum Zeitpunkt der Verfahrenseröffnung aus einem anderen Vertrags- bzw. Schuldverhältnis ein fälliger Anspruch gegen den Auftraggeber zu, ist die Aufrechnung des Auftraggebers mit seinem Nichterfüllungsschaden aus § 103 Abs. 2 S. 1 InsO nach § 95 Abs. 1 S. 3 InsO ausgeschlossen.
- Wird die Forderung des insolventen Auftragnehmers erst nach Insolvenzverfahrenseröffnung fällig (beispielsweise weil der Insolvenzverwalter erst nach Insolvenzverfahrenseröffnung eine prüffähige Schlussrechnung für die Werkleistungen vorlegt), hängt die Möglichkeit des Insolvenzgläubigers zur Aufrechnung davon ab, wann der Insolvenzverwalter die Erfüllung des Vertrages ablehnt und damit die Fälligkeit der Nichterfüllungsforderung herbeiführt. Nur wenn der Verwalter die Vertragserfüllung ablehnt, bevor die Masseforderung fällig wird, kann der Auftraggeber aufrechnen. Der Auftraggeber sollte daher möglichst frühzeitig darauf hinwirken, dass sich der Insolvenzverwalter zu seinem Erfüllungswahlrecht erklärt, um seine Schadensersatzforderung fällig zu stellen, wenn eine prüffähige Schlussrechnung des Insolvenzverwalters für die Leistungen des insolventen Auftragnehmers noch aussteht. Ansonsten wird der Insolvenzverwalter aus taktischen Gründen den Vertrag in der Schwebe halten, damit die Schadensersatzforderung erst nach Fälligkeit der Masseforderung fällig wird.

Für den Fall, dass der Auftragnehmer eine Erfüllungssicherheit gestellt hat, sichert diese naturgemäß (wenn nichts anderes vereinbart ist) auch die Forderung wegen der Nichterfüllung nach § 103 Abs. 2 InsO ab. Insoweit handelt es sich beim Nichterfüllungsschaden in diesem Sinne gerade um einen Schadensersatzanspruch wegen unterbliebener Erfüllung des Vertrages. In der Sicherungszweckabrede muss § 103 Abs. 2 InsO insoweit auch keine ausdrückliche Erwähnung finden. Der BGH selbst lässt die Rechtsgrundlage des Schadensersatzanspruches mangels praktischer Auswirkungen offen (vgl. BGH NJW 1986, 1176; 1987, 1702), sodass es auf die Frage, aus welcher Rechtsgrundlage der Schadensersatzanspruch besteht, im Ergebnis nicht ankommt. **333**

c) Leistungsgleichstand. Sofern ein tatsächlicher Leistungsgleichstand vorliegt, also der Auftraggeber für die von ihm geleistete Teilvergütung nach insolvenzrechtlichen Bewertungskriterien eine gleichwertige Gegenleistung erhalten hat, kann er seinen Nichterfüllungsschaden naturgemäß nur wegen des Rests der noch nicht erbrachten Leistungen berechnen und geltend machen. **334**

Bau- und Architektenrecht in der Insolvenz

335   **d) Mangelhafte Teilleistungen.** Hat der Auftragnehmer bei einem teilweise erfüllten Bauvertrag mangelhaft geleistet und lehnt der Insolvenzverwalter die Vertragserfüllung ab bzw. erklärt er sich auf eine Frist zur Mängelbeseitigung nicht, so kann der Auftraggeber mangelbedingt Schadensersatzansprüche geltend machen. Im Einzelnen gilt Folgendes:

336   **aa) Anspruch des Auftraggebers auf mangelfreie Werkerrichtung.** Einen Nacherfüllungsanspruch bzw. Erfüllungsanspruch auf mangelfreie Werkerrichtung hat der Auftraggeber nach Eröffnung des Insolvenzverfahrens nicht (mehr). Er kann den Insolvenzverwalter nicht zur positiven Wahlrechtsausübung zwingen. Er hat infolge dessen keine Nacherfüllungsansprüche, die er zur Insolvenztabelle anmelden könnte, er kann auch keinen Kostenvorschuss für die Mängelbeseitigung beanspruchen. Bislang war anerkannt, dass der Auftraggeber vielmehr in Höhe der voraussichtlichen Mängelbeseitigungskosten einen Schadensersatzanspruch hat, der sich als Nichterfüllungsschaden iSv § 103 Abs. 2 InsO darstellt (s. BGH NZBau 2005, 390; BauR 1991, 744; BGH BeckRS 2012, 22364 mAnm Matthies jurisPR-PrivBauR 1/2013 Anm. 4). Mit der Rechtsprechungsänderung des BGH (NZBau 2018, 201) kann Schadensersatzanspruch allerdings nicht mehr anhand der fiktiven Mängelbeseitigungskosten berechnet werden. Der Besteller, der das Werk behält und den Mangel nicht beseitigen lässt, kann im Rahmen eines Schadensersatzanspruchs statt der Leistung (kleiner Schadensersatz) gegen den Unternehmer seinen Schaden nur noch in der Weise bemessen, dass er im Weg einer Vermögensbilanz die Differenz zwischen dem hypothetischen Wert der durch das Werk geschaffenen oder bearbeiteten, im Eigentum des Bestellers stehenden Sache ohne Mangel und dem tatsächlichen Wert der Sache mit Mangel ermittelt. Der Schaden kann alternativ in Anlehnung an § 634 Nr. 3 BGB, § 638 BGB auch in der Weise bemessen werden, dass ausgehend von der für das Werk vereinbarten Vergütung der Minderwert des Werks wegen des (nicht beseitigten) Mangels geschätzt wird. Maßstab ist danach die durch den Mangel des Werks erfolgte Störung des Äquivalenzverhältnisses. Der Besteller hingegen, der das Werk behält und den Mangel beseitigen lässt, kann die von ihm aufgewandten Mängelbeseitigungskosten als Schaden ersetzt verlangen.

337   **bb) Der Werklohnanspruch der Masse.** Für die mangelhafte Teilleistung kann der Insolvenzverwalter, wenn der Auftraggeber keinen Schadensersatzanspruch geltend macht, keine Vergütung beanspruchen. Der Vergütungsanspruch wird trotz Insolvenzverfahrenseröffnung erst mit der Abnahme der Leistung fällig. Ist das Werk nicht abnahmereif, weil nicht fertiggestellt oder weil wesentliche Mängel vorliegen, steht der Masse ebenfalls kein Vergütungsanspruch zu. Die Situation ändert sich erst dann, wenn der Auftraggeber Schadensersatz geltend macht. Insofern ist anerkannt, dass die Geltendmachung von Schadensersatz statt der Leistung die Abnahme als Fälligkeitsvoraussetzung entfallen lässt (Abrechnungsverhältnis) (BGH NZBau 2005, 852; BGH NJW 2017, 1604). Es kommt zu einer unmittelbaren Saldierung der ausgetauschten Leistungen. Sofern der Vergütungsanteil den Nichterfüllungsschaden übersteigt, mithin ein positiver Saldo für die Insolvenzmasse verbleibt, kann der Insolvenzverwalter die Vergütung insoweit für die Masse geltend machen. Übersteigt aber der Nichterfüllungsschaden den Vergütungsanteil, steht dem Auftraggeber in Höhe dieser Differenz ein Nichterfüllungsschaden als Insolvenzforderung zu. Diese Differenz kann er dann zur Insolvenztabelle anmelden.

338   **e) Leistungsüberschuss Auftraggeber.** Entsprechend den vorstehenden Ausführungen kann der Auftraggeber auch in Höhe seines Vorleistungsüberschusses keinen Resterfüllungsanspruch geltend machen. Den seiner Teilleistung (Vorauszahlung) entsprechenden Herstellungsanspruch muss er vielmehr nach § 45 InsO in Geld umrechnen und als Insolvenzforderung zur Tabelle anmelden (§ 105 S. 1 InsO).

339   Mit diesem Anspruch ist eine Aufrechnung gegen einen bei Insolvenzeröffnung bestehenden anderen Anspruch des Schuldners gem. § 94 InsO möglich (Messerschmidt/Voit/Huber, Privates Baurecht, 2. Aufl. 2012, Abschnitt R Rn. 61). Ansonsten stehen dem Auftraggeber wegen der noch ausstehenden Werkleistungen nur eine Forderung wegen Nichterfüllung und keine Aufrechnungsmöglichkeit zu.

340   **f) Leistungsüberschuss Auftragnehmer.** Bei einem Leistungsüberschuss des Auftragnehmers steht dem Insolvenzverwalter grundsätzlich ein Anspruch auf die Gegenleistung für den der Teilleistung entsprechenden Umfang zu. Der Auftraggeber kann aber die Fälligkeit des Vergütungsanspruchs vereiteln, wenn er weiß, dass der Restvergütungsanspruch seinen Nichterfüllungsschaden übersteigen wird, sobald er Schadensersatz geltend macht. Er kann in diesem Fall schlicht davon absehen, eine Schadensersatzforderung zur Insolvenztabelle anzumelden. Der Leistungsüberschuss des Auftragnehmers, der sich in Insolvenz befindet, führt nämlich nicht automatisch dazu, dass der Anspruch auch fällig und damit durchsetzbar ist. Wie bereits erwähnt, setzt die Fälligkeit des Vergütungsanspruchs weiterhin die Abnahme voraus. Das Abnahmeerfordernis entfällt erst dann, wenn dem Auftraggeber nur noch auf Geldzahlung gerichtete Gegenansprüche zustehen, was aber

Bau- und Architektenrecht in der Insolvenz

frühestens dann der Fall wäre, wenn er Schadensersatz geltend macht (§ 281 Abs. 4 BGB) (BGH NZBau 2005, 852). Für den Insolvenzverwalter gibt es in dieser Situation praktisch keine Möglichkeit, den Restvergütungsanspruch fällig zu stellen (Thode ZfBR 2006, 638).

IV. Insolvenz des Generalunternehmers (GU)/Generalplaners

1. Allgemeines

Der Generalunternehmer oder auch der Generalplaner (im Folgenden der Einfachheit halber nur noch Generalunternehmer) nimmt im Rahmen der bauvertraglichen Leistungskette die Position eines Zwischenglieds ein. Er ist zum einen Auftragnehmer des Bauherrn (Bestellers). Zum anderen ist er Auftraggeber des Nachunternehmers, dessen Leistungen er für die Herstellung des Bauwerks oder der Planung, soweit er dem Auftraggeber gegenüber verpflichtet ist, in Anspruch nimmt. 341

Die einzelnen Rechtsverhältnisse sind auch in der Insolvenz des Generalunternehmers bzw. -planers strikt voneinander zu trennen, sodass entweder die bereits dargestellten Grundsätze zu der Auftragnehmerinsolvenz oder die Grundsätze zu der Auftraggeberinsolvenz zu beachten sind. Einige Aspekte verdienen darüber hinaus besondere Betrachtung: 342

2. Doppeltes Wahlrecht

Aufgrund der unterschiedlichen Vertragsbeziehungen zwischen dem Bauherrn und dem Generalunternehmer sowie zwischen dem Generalunternehmer und dem Nachunternehmer hat ein Insolvenzverwalter in der Insolvenz über das Vermögen des Generalunternehmers ein doppeltes Wahlrecht. Dieses bezieht sich nach § 103 Abs. 1 InsO sowohl auf das Vertragsverhältnis zum Bauherrn als auch auf das Vertragsverhältnis zum Nachunternehmer. Der Insolvenzverwalter wird praktischerweise die Erfüllung des einen Vertrages nur dann wählen, wenn er zugleich auch die Erfüllung des anderen Vertrages wählt. Wählt er beispielsweise im Vertragsverhältnis zum Bauherrn die Erfüllung, muss er zwangsläufig auch die Erfüllung des Nachunternehmervertrages wählen, da er aus der Erfüllungswahl Masseverbindlichkeiten (gegenüber dem Bauherrn) produziert und diese nur erfüllen kann, wenn er sich hierzu der Leistungen des Nachunternehmers bedient. 343

Gleiches gilt bei einer Erfüllungsablehnung. Lehnt der Insolvenzverwalter die Vertragserfüllung im Verhältnis zum Bauherrn ab, wird er natürlich auch die Vertragserfüllung im Verhältnis zum Nachunternehmer ablehnen, weil er dessen Leistung dann nicht (mehr) benötigt. 344

Theoretisch ist es aber auch möglich, so sinnlos dies auch sein mag, dass der Insolvenz-verwalter sein Wahlrecht unterschiedlich ausübt. Die konkreten Umstände des Einzelfalles können dies möglicherweise im Einzelfall mit sich bringen. Wählt beispielsweise der Insolvenzverwalter im Vertragsverhältnis zum Bauherrn die Erfüllung, reagiert er aber auf eine Aufforderung zur Erklärung zu seinem Wahlrecht von Seiten des Nachunternehmers nicht, kann er von diesem dann nicht die Erfüllung verlangen. Es bleibt dann bei den Rechtsfolgen, die zunächst mit Insolvenzverfahrenseröffnung eintreten (§ 103 Abs. 2 InsO). Ob der Insolvenzverwalter dem Bauherrn dann auf Schadensersatz haftet, weil er Masseverbindlichkeiten begründet hat, die er nicht erfüllen kann, ist ebenso eine Frage des Einzelfalles und richtet sich nach §§ 60 ff. InsO. 345

3. Mängelrechte gegen den Nachunternehmer

Zu einem VOB-Vertrag hat der BGH im Jahre 2006 eine Entscheidung getroffen, wonach es dem Insolvenzverwalter erlaubt ist, eine etwaige noch offenstehende Nachunternehmervergütung unmittelbar zu mindern, ohne vorab gezwungen zu sein, ihm eine Nachfrist zur Mängelbeseitigung zu setzen (BGH NZI 2006, 575). Dies ist dann der Fall, wenn dem Bauherrn seinerseits wegen der Mängel an dem Bauwerk nur eine Insolvenzforderung zusteht. Der BGH ist der Auffassung, dass die Mängelbeseitigung dann für den Generalunternehmer unzumutbar iSd § 13 Abs. 6 VOB/B ist. Würde der Generalunternehmer anderenfalls den Nachunternehmer mit Fristsetzung zur Mängelbeseitigung auffordern und würde der Nachunternehmer dieser Mängelbeseitigungsaufforderung auch nachkommen, hätte der Bauherr hieraus einen Vorteil, obwohl der Insolvenzverwalter die Erfüllung des Vertrages mit dem Bauherrn abgelehnt hat (krit. Weyer BauR 2007, 755 ff.). Mit seiner Entscheidung v. 19.11.2015 (NZI 2016, 128) hat der BGH zu dieser Entscheidung hervorgehoben, dass der Wegfall des Erfordernisses zur Setzung einer Nacherfüllungsfrist gegenüber dem Subunternehmer sich maßgeblich daraus begründet, dass § 103 InsO im Verhältnis zwischen GU und Sub nicht anwendbar war (BGH NZI 2016, 128 Rn. 20). 346

Bau- und Architektenrecht in der Insolvenz

347 In der Entscheidung v. 19.11.2015 ging es um die Frage, ob dem Insolvenzverwalter des GU gegen den Nachunternehmer wohlmöglich auch ein Schadensersatzanspruch zusteht, obwohl dem Nachunternehmer keine Nacherfüllungsfrist gesetzt wurde. Der BGH verneint dies, sofern § 103 InsO anwendbar ist. Lehnt der Verwalter die Erfüllung ab, bleibt der Vertrag in der Lage bestehen, in welcher er sich bei der Eröffnung des Insolvenzverfahrens befand (BGHZ 169, 43 = NZI 2006, 575). Der Insolvenzverwalter müsste, um Ansprüche aus dem Bauvertrag gegen den Nachunternehmer geltend zu machen, also Erfüllung des Vertrags verlangen. Dann hätte er anstelle der Erfüllung in Form der Nachbesserung an deren Stelle tretende Ansprüche auf Schadenersatz geltend machen können, das Vorliegen der hierfür erforderlichen zusätzlichen Voraussetzungen vorausgesetzt (NZI 2016, 128 Rn. 19).

348 Diese Rechtsfolge gilt auch in allen anderen Fällen, in denen der Verwalter im Verhältnis zum Bauherrn die Nichterfüllung des Vertrages wählt oder eine etwaige Erfüllungswahl unwirksam ist. Beispielsweise dann, wenn der Bauherr nach § 8 Abs. 2 VOB/B die Kündigung des Generalnehmervertrages ausspricht (s. Messerschmidt/Voit/Huber, Privates Baurecht, 2. Aufl. 2012, Abschnitt R Rn.76 b).

349 In der **Insolvenz des Nachunternehmers** hingegen hat der GU/Insolvenzverwalter des GU – solange die Mängel noch nicht beseitigt sind – einen Freistellungsanspruch, der sich mit Insolvenzverfahrenseröffnung nach schon länger geltender Rechtsprechung in einen direkten Zahlungsanspruch wandelt (BGH NJW 1994, 49; hierzu auch Kniffka/Koeble, Kompendium des Baurechts, 4. Aufl. 2014, 6. Teil Rn. 252).

4. Direktzahlungen des Auftraggebers gem. § 16 Abs. 6 VOB/B an den Nachunternehmer

350 → Rn. 127.

V. Insolvenz des Bauträgers

1. Rechtslage ab Antragstellung bis Verfahrenseröffnung

351 Die Antragstellung hat keine rechtlichen Wirkungen auf den Bauträgervertrag. Der Bauträgervertrag ist seit der Baurechtsreform mit Wirkung ab dem 1.1.2018 erstmals in den §§ 650u ff. BGB gesetzlich geregelt. Nach § 650u Abs. 2 BGB ist allerdings auf den Bauträgervertrag ua § 648a BGB nicht anwendbar, sodass sich Überlegungen erübrigen, ob allein die Insolvenzantragstellung nach § 648a BGB ein Grund für eine außerordentliche Kündigung des Bauträgervertrages sein kann (vgl. Gesetzentwurf der Bundesregierung v. 18.5.2016, BT-Drs. 18/8486, 72). Die Insolvenz des Bauträgers ist kein außerordentlicher Kündigungsgrund (BeckOK BauvertrR/Karczewski BGB § 650u Rn. 171). Unberührt bleiben aber die Rechte des Erwerbers, sich nach allgemeinen Rechtsgrundsätzen von dem Vertrag zu lösen (Grziwotz/Koeble/Schmitz, Handbuch Bauträgerrecht, 5. Teil Rn. 5). So steht dem Erwerber zB ein Rücktrittsrecht bei Mängeln des Werkes aus § 634 Nr. 3 iVm §§ 636, 323 BGB oder bei gravierenden nicht leistungsbezogenen Pflichtverletzungen durch den Bauträger nach § 324 iVm § 241 Abs. 2 BGB zu (BeckOK BauvertrR/Karczewski BGB § 650u Rn. 171).

2. Kaufvertraglicher Leistungsteil des Bauträgervertrages

352 Der Bauträgervertrag zeichnet sich dadurch aus, dass es sich hier nicht um einen reinen Werkvertrag, sondern um einen gemischten Vertragstypus mit kaufvertraglichen, werk- und werklieferungsvertraglichen Elementen handelt. § 650u Abs. 1 BGB definiert den Bauträgervertrag so: Ein Bauträgervertrag ist ein Vertrag, der die Errichtung oder den Umbau eines Hauses oder eines vergleichbaren Bauwerks zum Gegenstand hat und der zugleich die Verpflichtung des Unternehmers enthält, dem Besteller das Eigentum an dem Grundstück zu übertragen oder ein Erbbaurecht zu bestellen oder zu übertragen.

353 Beim klassischen Bauträgervertrag errichtet der Bauträger ein Bauvorhaben auf eigenem Grund und Boden. Er schließt im eigenen Namen und oft auch auf eigene Rechnung einen Vertrag mit dem Erwerber über Vorbereitung, Durchführung und den Erwerb des Bauobjekts (Haus, Eigentumswohnung) sowie mit den Handwerkern über die Bauausführung ab. Bei dieser Konstellation bestehen vertragliche Kontakte folglich mit dem Erwerber und den Handwerkern. Hinsichtlich der Errichtung oder des Umbaus finden grundsätzlich die Vorschriften des Bauvertragsrechts Anwendung; hinsichtlich des Anspruchs auf Übertragung des Eigentums an dem Grundstück

oder auf Übertragung oder Bestellung des Erbbaurechts finden die Vorschriften über den Kauf Anwendung (§ 650u Abs. 1 S. 2 BGB).

3. Insolvenzschutz des Erwerbers über § 106 InsO

Der Erwerber, der einen Vertrag mit dem Bauträger und daher Rechte gegenüber den Handwerkern in Folge des Fehlens einer vertraglichen Verbindung nicht hat, sichert sich seinen Anspruch auf die Übereignung des hergestellten Objektes mit den erbrachten Teilzahlungen und der zu seinen Gunsten eingetragenen Auflassungsvormerkung im Grundbuch. Diese Sicherungen stellen nach § 12 MaBV zwingendes Recht dar. Da der Erwerber das Objekt in aller Regel finanziert hat, ist zugunsten der finanzierenden Bank eine Sicherung durch Grundpfandrechte vorgesehen, die vorrangig zur Auflassungsvormerkung eingetragen sind. Nach § 3 Abs. 1 Nr. 3 MaBV muss die Freistellung des Vertragsobjektes von allen Grundpfandrechten, die der Vormerkung im Range vorgehen, gesichert sein. 354

Ist zugunsten des Erwerbers eine Auflassungsvormerkung eingetragen worden, sichert ihn dies auch in einem Insolvenzfalle nach § 106 Abs. 1 S. 1 InsO. Wenn die Bewilligung und der Eintragungsantrag für die Vormerkung zeitlich vor der Verfahrenseröffnung und vor Erlass eines allgemeinen Verfügungsverbotes erfolgten, ist die Vormerkung „insolvenzfest" (BGH NZI 1996, 275; BGHZ 138, 179). Der Erwerber kann in diesem Fall seinen Übereignungsanspruch auch gegen den Insolvenzverwalter durchsetzen. Infolge des Wahlrechts des Insolvenzverwalters ist nach § 103 InsO zugunsten des Erwerbers nur die Grundstücksübereignung gesichert, nicht aber die Lastenfreistellung des Grundstücks oder die Fertigstellung des Bauwerks (Basty, Der Bauträgervertrag, 10. Aufl. 2020, Rn. 290; Grziwotz/Koeble/Schmitz, Handbuch Bauträgerrecht, Teil 5 Rn. 38). Demnach fallen auch Mängelhaftungsansprüche nicht unter den Vormerkungsschutz (vgl. Kesseler RNotZ 2004, 176 (193)). 355

4. Wahlrecht des Insolvenzverwalters

Bei dem Bauträgervertrag handelt es sich um einen gegenseitigen Vertrag, auf den die §§ 103 ff. InsO anwendbar sind, sollte der Vertrag zum Zeitpunkt der Insolvenzverfahrenseröffnung wechselseitig noch unerfüllt sein. Folglich steht dem Insolvenzverwalter auch insoweit ein Erfüllungswahlrecht zu, mit jeweils spezifischen Rechtsfolgen. 356

a) Erfüllungswahl durch den Insolvenzverwalter. Entscheidet sich der Insolvenzverwalter für die **Erfüllung des Bauträgervertrages,** muss der Vertrag von beiden Seiten vollständig erfüllt werden; der Erwerber kann die bauliche Fertigstellung und Übereignung aus und gegen die Masse verlangen (BGHZ 150, 353; Kesseler RNotZ 2004, 176 (181)). Auf der anderen Seite muss der Erwerber die noch ausstehenden Raten an den Insolvenzverwalter bzw. die Masse zahlen. 357

Hat der Erwerber mit seinen bisherigen Ratenzahlungen den objektiven Wert der bislang erbrachten Bauleistungen noch nicht abgegolten, ist die Erfüllungswahl des Verwalters für ihn im Grunde nur positiv, weil er den Restkaufpreis an die Masse zahlt und volle Gegenleistung erhält. Prekär ist die Sachlage für den Erwerber jedoch dann, wenn er vorgeleistet hat, wenn also der objektive Wert der Bauleistung hinter der gezahlten Vergütung zurückbleibt. In diesen Fall nämlich ordnet **§ 105 S. 1 InsO** an, dass der anteilige Anspruch auf die Gegenleistung des Erwerbers auch dann eine Insolvenzforderung bleibt, wenn der Insolvenzverwalter im Übrigen die Erfüllung des Vertrages wählt (Bauleistungen sind nach Rechtsprechung des BGH „teilbare" Leistungen im Sinne der Norm, BGH BauR 2001, 1580; BGH BauR 2002, 1264 (1266)). Der Erwerber muss daher am Ende in Höhe der Vorleistung ein zweites Mal – diesmal an die Masse – leisten; die Aufrechnung gegen einen etwaigen Rückzahlungsanspruch ist nicht möglich (Wellensieck BauR 2005, 186 (193)). Einen solchen Anspruch kann der Erwerber nur zur Insolvenztabelle anmelden. 358

Bei **Mängeln** an den bis zur Verfahrenseröffnung erbrachten Bauleistungen geht man davon aus, dass der Erwerber, falls er noch Vergütung für die bis zur Insolvenzverfahrenseröffnung ausgeführten Bauarbeiten schuldet, mit Gegenansprüchen aufrechnen kann (vgl. BGH BauR 2006, 411 (412); Pause, Bauträgerkauf und Baumodelle, 6. Aufl. 2018, Rn. 1008). Gleiches muss gelten, wenn die nach der Erfüllungswahl erbrachten Leistungen Mängel aufweisen; insoweit wird der Erwerber jedenfalls mit Gegenansprüchen (Mängelansprüchen) gegen die hieraus resultierenden Vergütungsforderungen der Masse aufrechnen können. Eine Aufrechnung mit Mängelansprüchen wegen Mängeln an den bis zur Verfahrenseröffnung erbrachten Leistungen gegen Vergütungsforderungen aus den nach Erfüllungswahl ausgeführten Arbeiten wird jedoch für unzulässig gehalten (Grziwotz/Koeble/Schmitz, Handbuch Bauträgerrecht, Teil 5 Rn. 47; Basty, Der Bauträgervertrag, 10. Aufl. 2020, Rn. 1140; Pause, Bauträgerkauf und Baumodelle, 6. Aufl. 2018, Rn. 1019; Reul/Heckschen/Wienberg/Reul, Insolvenzrecht in der Gestaltungspraxis, 2012, Abschnitt L 359

Rn. 20). Meines Erachtens kann dies nicht überzeugen, da mit der Erfüllungswahl der Vertrag insgesamt zur Erfüllung gewählt wird (vgl. MüKoInsO/Huber, 4. Aufl. 2019, InsO § 105 Rn. 18; Uhlenbruck/Wegener, 15. Aufl. 2019, InsO § 103 Rn. 90). Dies schließt die Beseitigung der Mängel, die an den bis zur Verfahrenseröffnung erbrachten Leistungen bestehen, mit ein, da nur die Errichtung eines mangelfreien Bauwerks Erfüllungswirkung haben kann. Beseitigt der Verwalter diese Mängel aber nicht und ergeben sich hieraus Gegenansprüche, dann fragt sich, woraus sich ein Aufrechnungsverbot ergeben soll. Das Aufrechnungsverbot des § 95 Abs. 1 S. 3 InsO ist auf synallagmatische Forderungen gerade nicht anwendbar.

360 Die Frage, ob die grundsätzlich weite Auslegung des Teilbarkeitsbegriffs des § 105 S. 1 InsO (hierzu im Einzelnen Matthies, Der Teilbarkeitsbegriff in der Insolvenzordnung, 2008) dazu führen muss, dass auch bei mangelhaften Leistungen nach dem Zeitpunkt der Schlecht- bzw. Nichtleistung zu differenzieren ist, wurde von dem BGH bislang nicht entschieden. Ein Insolvenzverwalter läuft jedenfalls Gefahr, dass er nach positiver Erfüllungswahl auch alle (ggf. noch unbekannten) Mängel an den bis zur Verfahrenseröffnung erbrachten Bauleistungen auf Massekosten beseitigen muss. Dieses Risiko ist für einen Insolvenzverwalter im Grunde untragbar, sodass die Verwalter in der Praxis meist den Empfehlungen in der Literatur (Reul/Heckschen/Wienberg/Reul, Insolvenzrecht in der Gestaltungspraxis, 2012, Abschnitt L Rn. 24) folgen und besser die Nichterfüllung wählen. Etwaige Restarbeiten können dann sinnvollerweise eher auf der Grundlage eines **neuen Vertrages** bzw. einer **Fortführungsvereinbarung** bzw. Restabwicklungsvereinbarung ausgeführt werden.

361 **b) Ablehnung der Erfüllung durch den Insolvenzverwalter.** Entscheidet sich der Insolvenzverwalter nicht dafür, den Vertrag abzuwickeln, wählt er folglich **nicht die Erfüllung des Bauträgervertrages,** dann bleibt es zunächst einmal lediglich dabei, dass der Erwerber in der Insolvenz des Bauträges – sofern für ihn keine Sicherheiten bestehen – keine durchsetzbaren Erfüllungsansprüche hat. Er kann aber von dem Vertrag zurücktreten (Grund: dauerhafte Leistungsverweigerung) bzw. den Vertrag hinsichtlich der noch auszuführenden Bauarbeiten kündigen und seinen Nichterfüllungsschaden zur Insolvenztabelle anmelden.

362 **aa) Aufspaltung des Bauträgervertrages.** In aller Regel enthält ein Bauträgervertrag eine Regelung, wonach zur Sicherung des Erwerbers eine Eigentumsvormerkung in das Grundbuch einzutragen ist. In der Regel sehen Bauträgerverträge darüber hinaus vor, dass die Eintragung einer derartigen Vormerkung wesentliche Fälligkeitsvoraussetzung für die zu zahlende Kaufpreisraten darstellt. § 106 Abs. 1 InsO bestimmt, dass sofern eine Auflassungsvormerkung eingetragen ist, der Gläubiger von seinem Anspruch Befriedigung aus der Insolvenzmasse verlangen kann. Anspruch in diesem Sinne meint durch die Vormerkung gesicherten Anspruch, also den Eigentumsübertragungsanspruch. Nicht abgesichert durch die Vormerkung ist der Anspruch auf Fertigstellung des Bauvorhabens respektive auf Beseitigung aller Mängel an dem Bauwerk. Auch die lastenfreie Eigentumsübertragung wird durch die Vormerkung nicht abgesichert. Dies ergibt sich auch aus dem Wortlaut in § 106 Abs. 1 S. 2 InsO. Dort heißt es, dass der durch die Vormerkung gesicherte Eigentumsübertragungsanspruch aus der Insolvenzmasse auch dann verlangt werden kann, wenn der Schuldner dem Gläubiger gegenüber weitere Verpflichtungen übernommen hat (zB die Erbringung einer Bauleistung) und diese nicht oder nicht vollständig erfüllt sind.

363 In der Kautelarpraxis werden Überlegungen dahingehend angestellt, ob eine Ausweitung des Vormerkungsschutzes dadurch erzielt werden kann, dass die Erstellung des Bauwerkes zu Bedingung der Grundstücksübereignung gemacht wird (Reul/Hekschen/Wienberg/Reul, Insolvenzrecht in der Gestaltungspraxis, 2012, Abschnitt 11 Rn. 2). Eine derartige Vertragsgestaltung dürfte allerdings nach § 119 InsO unwirksam sein. Danach sind Vereinbarungen, durch die im Voraus die Anwendung der §§ 103–118 InsO ausgeschlossen oder beschränkt werden, unwirksam. § 106 Abs. 1 InsO sichert allein den durch die Vormerkung gesicherten Eigentumsübertragungsanspruch. Wegen weiterer Leistungen steht dem Insolvenzverwalter danach ein Erfüllungswahlrecht gem. § 103 Abs. 1 InsO zu. Dieses würde umgegangen, wenn die Fertigstellung des Bauwerkes zu Bedingung der Grundstücksübereignung gemacht werden könnte.

364 § 106 Abs. 1 S. 2 InsO führt damit zwangsläufig zu einer **Aufspaltung des Bauträgervertrages.** Der einheitliche Bauträgervertrag wird aufgespalten hinsichtlich seiner werkvertraglichen Bestandteile (Bebauungsverpflichtung) sowie hinsichtlich seiner kaufmännischen Bestandteile (Eigentumsübertragung). Diese Aufspaltung findet auch dann statt, wenn im Vertrag ein Entgelt für den Grundstückskauf nicht gesondert ausgewiesen ist (s. OLG Stuttgart MittBayNot 2005, 162 (165); Uhlenbruck/Wegener, 15. Aufl. 2019, InsO § 106 Rn. 38; OLG Koblenz NJW-RR 2007, 164). In Folge dessen ist zu ermitteln, welcher Kaufpreis auf die Übereignungsverpflichtung entfällt. Eine Ermittlung des Kaufpreises hat in Zweifel nach Maßgabe der §§ 315, 316 BGB zu erfolgen (vgl. BGH NJW 1981, 991 (993)). Der Übereignungsanspruch (durch die Vormerkung

gesichert) ist in weiterer Folge dessen erst dann **fällig,** wenn der auf das Grundstück entfallende Vergütungsanteil von dem Erwerber entrichtet wurde (OLG Stuttgart BauR 2004, 1349). Soweit folglich die von dem Erwerber bis zur Insolvenzverfahrenseröffnung geleisteten Zahlungen den Wert des Grundstücks nicht erreichen, schuldet er – vorbehaltlich etwaiger Gegenansprüche – die Differenz an die Masse oder – sofern die Vergütung an die finanzierende Bank abgetreten ist – an die Bank (Pause, Bauträgerkauf und Baumodelle, 6. Aufl. 2018, Rn. 1007).

bb) Restvergütungsansprüche, Gegenansprüche und Aufrechnungsbefugnis. Die durch § 106 Abs. 1 S. 2 InsO bewirkte Spaltung des Bauträgervertrages und auch die durch § 105 S. 1 InsO bewirkte Spaltung des Austauschverhältnisses führen dazu, dass die bis zur Insolvenzverfahrenseröffnung erbrachten Leistungen festgestellt und bewertet werden müssen. Daraus kann sich ergeben, dass dem Insolvenzverwalter noch Restvergütungsansprüche gegen den Erwerber zustehen. Dies ist dann der Fall, wenn der Wert der erbrachten Bauleistung durch die von dem Erwerber gezahlten Kaufpreisraten nicht abgedeckt wird. Für den Erwerber stellt sich dann die Frage, ob er dann im Falle der Nichterfüllungswahl des Insolvenzverwalters gegen etwaige Restvergütungsansprüche mit seinen Schadensersatzansprüchen wegen der Nichterfüllung aufrechnen kann. Die Meinungen gehen insoweit auseinander. Zunächst einmal ist hervorzuheben, dass eine automatische Verrechnung aller wechselseitigen Forderungen und Gegenforderungen nicht stattfindet, sondern stets im Einzelfall zu prüfen ist, ob die Aufrechnungsvoraussetzungen nach den §§ 94 ff. InsO vorliegen (BGH NJW 2005, 2771). Danach ist eine Aufrechnung zulässig, wenn die Aufrechnungslage zum Zeitpunkt der Insolvenzverfahrenseröffnung bereits bestand.

Da ein Nichterfüllungsschaden gem. § 103 Abs. 2 InsO in Folge der Ablehnung der Erfüllung kraft Gesetzes den Rang einer Insolvenzforderung einnimmt, können Aufrechnungsverbote nicht entgegenstehen. Insolvenzforderungen zeichnen sich gerade dadurch aus, dass es sich hierbei um Vermögensansprüche handelt, die zum Zeitpunkt der Insolvenzverfahrenseröffnung bestehen müssen (vgl. § 38 InsO). Hinzu kommt, dass nach der Rechtsprechung des BGH eine Aufrechnung mit mangelbedingten Gegenforderungen nicht an einem Aufrechnungsverbot nach § 95 Abs. 1 S. 3 InsO scheitert (BGH BauR 2006, 411 (412)). Mit einem Schadensersatzanspruch in Höhe der notwendigen **Mängelbeseitigungskosten** und **Mehrkosten für die Ausführung der noch unerledigten Restarbeiten** kann der Erwerber daher stets aufrechnen. Gleiches muss für einen auf die Mängelbeseitigung gerichteten Vorschussanspruch gelten (vgl. BGH BauR 2001, 789; Pause, Bauträgerkauf und Baumodelle, 6. Aufl. 2018, Rn. 1008).

Zulässig wäre eine Aufrechnung auch mit einem verwirkten **Vertragsstrafenanspruch** und dem Anspruch wegen eines **Verzugsschadens,** der zum Zeitpunkt der Insolvenzverfahrenseröffnung bereits begründet war.

Soweit der Schadensersatzanspruch den Restvergütungsanspruch übersteigt, handelt es sich hierbei jedoch lediglich um eine bloße Insolvenzforderung, die zur Insolvenztabelle angemeldet werden kann und muss.

Die vorstehenden Ausführungen gelten nach herrschender Auffassung auch dann, wenn **Mängel am Gemeinschaftseigentum** vorliegen. Hinsichtlich solcher Mängel kann nach herrschender Auffassung der einzelne Erwerber sich ungehindert auf seine Mängelrechte berufen und insbesondere Mängelbeseitigung, folglich auch Kostenvorschuss für die Mängelbeseitigung zum Zwecke der Selbstvornahme geltend machen. Folglich kann der einzelne Erwerber auch bis zur Höhe seiner Zahlungspflicht vollumfänglich (und nicht auf seine Miteigentumsquote beschränkt) die Aufrechnung gegen etwaige Restvergütungsansprüche erklären (Pause, Bauträgerkauf und Baumodelle, 6. Aufl. 2013, Rn. 1009).

cc) Sicherheiten zugunsten des Erwerbers. In Bauträgerverträgen sind zuweilen Regelungen enthalten, wonach der Bauträger Mängelrechte gegen die am Baubeteiligten an den Erwerber zur Sicherheit abtritt. Sieht der Bauträgervertrag lediglich vor, dass der Bauträger eine entsprechende Abtretungsverpflichtung für den Fall der Insolvenzeröffnung hat, ist eine solche Sicherheit wertlos, weil auch der Anspruch auf die Abtretung eine bloße Insolvenzforderung darstellt bzw. gegen den Insolvenzverwalter nicht durchsetzbar ist.

Wurde der Bauträgervertrag in unkritischer Zeit geschlossen und ist die Abtretungsvereinbarung auch nicht von einem Gläubigerbenachteiligungsvorsatz getragen, kann der Insolvenzverwalter eine derartige Regelung nicht anfechten. Verfügt der Erwerber demnach über Ansprüche gegen die am Baubeteiligten, kann er hinsichtlich dieser zur Sicherheit abgetretenen Ansprüche Absonderung aus der Insolvenzmasse verlangen. Nach § 166 Abs. 2 InsO bleibt jedoch zunächst einmal der Insolvenzverwalter dazu befugt, die Forderung einzuziehen oder in anderer Weise zu verwerten. Den Verwertungserlös hat der Insolvenzverwalter jedoch abzüglich Kostenquote an den Erwerber/absonderungsberechtigten Gläubiger auszukehren.

Bau- und Architektenrecht in der Insolvenz

372 Als weitere Sicherheitsgunsten des Erwerbers kommt schließlich eine **Bürgschaft nach § 7 MABV** in Betracht. Der Umfang der Sicherheit hängt im Einzelfall vom vereinbarten Sicherungszweck der Bürgschaft ab. Bei einer reinen Vertragserfüllungsbürgschaft kann der Erwerber folglich zB die Rückzahlung zu viel gezahlter Kaufpreisraten von dem Bürgen verlangen. Inwieweit der Erwerber durch eine Gewährleistungsbürgschaft gesichert ist, ist fraglich. Teilweise wird die Ansicht vertreten, dass Mängelansprüche, die mit einer Gewährleistungsbürgschaft gesichert sind, erst ab der Abnahme des Bauwerkes bestehen können, folglich die Gewährleistungsbürgschaft erst ab dem Zeitpunkt der Fertigstellung und Abnahme der Bauleistung sichert. Wählt aber der Insolvenzverwalter nicht die Erfüllung des Vertrages, steht fest, dass das Bauvorhaben nicht fertiggestellt werden wird. Es wird daher die Auffassung vertreten, der Insolvenzverwalter könne die Gewährleistungssicherheit im Wege des Bereicherungsausgleiches nach § 812 BGB gegen den Erwerber herausverlangen (Reul/Heckschen/Wienberg/Reul, Insolvenzrecht in der Gestaltungspraxis, 2012, Abschnitt 11 Rn. 7). Dies kann allerdings nicht überzeugen, da mit der Erfüllungsverweigerung letztlich eine dauerhafte Leistungsverweigerung vorliegt. Es entspricht bauvertraglichen Grundsätzen, dass auch im Falle einer endgültigen Leistungsverweigerung/Mängelbeseitigungsverweigerung der Erwerber/Besteller seine Mängelrechte geltend machen kann und die Mängelrechte ab diesem Zeitpunkt auch zu verjähren beginnen. Mit anderen Worten: Bei einer endgültigen Leistungsverweigerung treten gleichsam die Abnahmewirkungen ein. Folglich muss aber der Erwerber in diesem Fall dazu berechtigt sein, auf eine Gewährleistungssicherheit zuzugreifen (vgl. auch BGH NJW 1999, 1261).

373 In Bauträgerverträgen sind zuweilen Regelungen enthalten, wonach der Bauträger Mängelrechte gegen die am Baubeteiligten an den Erwerber zur Sicherheit abtritt. Sieht der Bauträgervertrag lediglich vor, dass der Bauträger eine entsprechende Abtretungsverpflichtung für den Fall der Insolvenzeröffnung hat, ist eine solche Sicherheit wertlos, weil auch der Anspruch auf die Abtretung eine bloße Insolvenzforderung darstellt bzw. gegen den Insolvenzverwalter nicht durchsetzbar ist.

374 Wurde der Bauträgervertrag in unkritischer Zeit geschlossen und ist die Abtretungsvereinbarung auch nicht von einem Gläubigerbenachteiligungsvorsatz getragen, kann der Insolvenzverwalter eine derartige Regelung nicht anfechten.

375 Verfügt der Erwerber demnach über Ansprüche gegen die am Baubeteiligten, kann er hinsichtlich dieser zur Sicherheit abgetretenen Ansprüche Absonderung aus der Insolvenzmasse verlangen. Nach § 166 Abs. 2 InsO bleibt jedoch zunächst einmal der Insolvenzverwalter dazu befugt, die Forderung einzuziehen oder in anderer Weise zu verwerten. Den Verwertungserlös hat der Insolvenzverwalter jedoch abzüglich Kostenquote an den Erwerber/absonderungsberechtigten Gläubiger auszukehren.

5. Grundpfandrechte bei Bankenbeteiligung

376 Die Banken sind in aller Regel durch Grundpfandrechte gesichert, die der Auflassungs-vormerkung zugunsten des Erwerbes im Grundbuch dem Rang nach vorgehen. Nach § 3 Abs. 1 S. 1 Nr. 3 MaBV muss die Freistellung des Objektes von allen vorrangigen Grundpfandrechten auch für den Fall, dass das Objekt nicht fertiggestellt wird, gesichert sein. Hierzu muss die Bank des Bauträgers eine Erklärung abgeben, die den Erfordernissen des § 3 Abs. 1 MaBV genügen muss. Nach § 3 Abs. 1 S. 3 MaBV kann sich die Bank jedoch für den Fall, dass das Bauvorhaben nicht beendet wird, anstelle der Freistellungserklärung vorbehalten, alle Zahlungen, die der Erwerber geleistet hat, bis zum anteiligen Wert des Objektes zurückzuzahlen. Dies hat zur Folge, dass die Bank mit den vor der Auflassungsvormerkung vorrangigen Sicherheiten in voller Höhe im Grundbuch verbleibt und der Erwerber zwar Vormerkungsberechtigter bleibt, aber der vollen Belastung durch die vorrangigen Grundpfandrechte ausgesetzt ist. § 106 Abs. 1 InsO sichert nur den Vormerkungsanspruch des Erwerbers, in dem zum Zeitpunkt der Eintragung der Vormerkung bestehenden Umfang, also inkl. der Belastung durch die vorrangigen Grundpfandrechte (Nerlich/Kreplin/Forcher, Insolvenz und Sanierung, 3. Aufl. 2019, § 36 Rn. 290 mwN).

377 Hieraus können sich allerdings sowohl für die beteiligte Bank als auch für den Erwerber erhebliche Abwicklungsprobleme ergeben: Der Erwerber hat zwar grundsätzlich die Möglichkeit, den Bauträgervertrag zu kündigen (wegen Verzugs oder Nichtbeseitigung von Mängel durch den in der Krise befindlichen Bauträger), dies kann ihm allerdings regelmäßig nicht angeraten werden, weil in diesem Falle – wenn der Erwerber also kündigt oder Schadensersatz statt der Leistung geltend macht – die beiderseitigen Primäransprüche des Bauträgervertrages und damit auch die akzessorische Vormerkung erlöschen. Dies ist nicht im Interesse des Erwerbers, denn er hat bereits Anzahlungen geleistet, er würde jegliche Sicherung seines Anspruchs verlieren (Nerlich/Kreplin/

Forcher, Insolvenz und Sanierung, 3. Aufl. 2019, § 36 Rn. 291). Die Bank auf der anderen Seite wird jedoch kein Interesse daran haben, trotz bestehender Auflassungsvormerkung den Weg über § 3 Abs. 1 S. 3 MaBV zu wählen und die Zwangsvollstreckung mit dem Risiko der schwierigen Verwertungsmöglichkeiten zu betreiben.

Den Interessen der Beteiligten lässt sich daher auch in dieser Fallkonstellation am ehesten durch eine Restabwicklungsvereinbarung (mit dem Insolvenzverwalter) gerecht werden. Zahlungstand und Bautenstand können einvernehmlich festgelegt werden. **378**

6. Verteidigung des Insolvenzverwalters gegen den Anspruch auf Eigentumsübertragung

Der Insolvenzverwalter kann gegen den Anspruch des Erwerbers auf Übertragung des Eigentums an dem Grundstück oder Wohneigentum aus der Masse einwenden, dass nachträglich der Eigentumsverschaffungsanspruch des Erwerbers und damit der Schutz der Auflassungsvormerkungen nach § 106 InsO entfallen ist. **379**

Dies ist ua dann der Fall, wenn der Erwerber den Rücktritt von dem Bauträgervertrag erklärt oder Schadensersatz statt der ganzen Leistung verlangt hat (Messerschmidt/Voit/Thode BGB § 650u Rn. 37; zur Kündigung aus wichtigem Grund nach bisherigem Recht vgl. BGH NJW 1986, 925 f.). Solange über das Vermögen des Bauträgers noch kein Insolvenzverfahren eröffnet worden ist, kann der Erwerber allerdings auch trotz Rücktritts und damit trotz wirkungslos gewordener Auflassungsvormerkung gegen den Anspruch auf Löschungsbewilligung ein Zurückbehaltungsrecht nach § 273 Abs. 1 BGB geltend machen (BGH NJW-RR 1989, 201 (202); Vollmer ZfIR 2002, 543 f.). Nach Insolvenzverfahrenseröffnung kann der Erwerber dem Insolvenzverwalter dieses Zurückbehaltungsrecht jedoch nicht mehr entgegenhalten, da Zurückbehaltungsrechte nur in den Fällen des § 51 Abs. 1 Nr. 3 InsO, also soweit sie nach dem HGB begründet sind, Insolvenzschutz genießen. **380**

Zur etwaigen Anfechtung der Eigentumsübertragung → § 140 Rn. 14 ff.; Grziwotz/Koeble/Schmitz, Handbuch Bauträgerrecht, Teil 5 Rn. 17 ff. Zur etwaigen Anfechtung der Auflassungsvormerkung Kesseler RNotZ 2004, 177 (190). **381**

7. Erschließungs- und Anliegerbeiträge

Es gehört zum Standard, dass sich in einem Bauträgervertrag der Bauträger verpflichtet, auch die anfallenden Erschließungs- und Anlegerbeiträge zu übernehmen. Sollte aber der Bauträger in Insolvenz geraten, besteht für den Erwerber die Gefahr der Doppelzahlung: Es kann nämlich sein, dass der Erwerber die Beiträge bereits im Rahmen des Kaufpreises mitbezahlt hat. Der Erwerber wird allerdings bei nicht ordnungsgemäßer Herstellung der Erschließungsanlage durch den Bauträger oder bei zeitlich versetzter Inanspruchnahme durch die Kommunen zugleich beitragspflichtig. Die Kommune kann den Erwerber unmittelbar in Anspruch nehmen (Nerlich/Kreplin/Forcher, Insolvenz und Sanierung, 3. Aufl. 2019, § 36 Rn. 293. – Nach § 134 Abs. 2 BauGB ruht der Beitrag als öffentliche Last auf dem Grundstück, nach den Kommunalabgabengesetzen der Länder ist der Erwerber zur Duldung verpflichtet). **382**

Der schuldrechtliche Ausgleichsanspruch des von der Kommune in Anspruch genommenen Erwerbers gegen den insolventen Bauträger stellt lediglich eine Insolvenzforderung dar, da der Insolvenzverwalter bezüglich der werkvertraglichen Elemente des Bauträgervertrages die Nichterfüllung erklärt. Dies gilt unabhängig davon, ob die Erschließungskosten im Bauträgervertrag gesondert ausgewiesen wurden oder im Pauschalpreis enthalten waren. **383**

Dem Erwerber ist anzuraten, im Bauträgervertrag eine Regelung aufzunehmen, wonach er sich von vornherein verpflichtet, die Erschließungs- und Anliegerbeiträge gegen eine entsprechende Reduzierung der Kaufsumme des Objektes unmittelbar an die Kommune zu bezahlen, sobald er von dort als Beitragspflichtiger in Anspruch genommen wird. Eine Doppelzahlung ist dann ausgeschlossen. **384**

VI. Insolvenz von Architekten und Ingenieuren

1. Berufsrechtliche Folgen

Die berufsrechtlichen Regelwerke der Architekten sehen in der Regel die Möglichkeit vor, einen Architekten aus der Architektenliste zu löschen und ihm damit faktisch die Berufsausübung zu verbieten. Die Gesetzeslage ist allerdings nicht einheitlich, da es bundeslandspezifisch unterschiedliche Regelungen gibt. So sagt § 5 lit. e iVm § 4 Abs. 6 lit. c Baukammergesetz NRW iVm **385**

Bau- und Architektenrecht in der Insolvenz

§ 35 Abs. 1 GewO zB, dass ein Architekt bei Unverlässlichkeit aus der Architektenliste gelöscht werden kann. Dass geordnete Vermögensverhältnisse vorliegen müssen, wird nicht gesagt (anders zB in § 7 Abs. 2 iVm § 6 Abs. 2 Nr. 1 ArchG Baden-Württemberg). Spezifiziert wird dies vielmehr durch die verwaltungsgerichtliche Rechtsprechung. Das Argument ist nachzuvollziehen: Der Architekt muss in seiner Person gewährleisten, dass er ua auch öffentliche Belange und die Interessen der Auftraggeber zuverlässig wahren kann. So hat ua das OVG Münster in einer Entscheidung v. 26.4.2007 geurteilt, dass im Falle der Eröffnung eines Insolvenzverfahrens über das Vermögen eines Architekten typischerweise die widerlegbare Vermutung für die Unverlässlichkeit besteht (OVG NRW BeckRS 2009, 33291). Diese Einschätzung wird von diversen weiteren Verwaltungsgerichten geteilt (vgl. zB HessVGH NJW 2005, 919; VG Düsseldorf 16.8.2007 – 20 L 1168/07; VG Aachen IBRRS 2010, 0147; NdsOVG Lüneburg BeckRS 2011, 52987).

386 Nach Ansicht des BVerfG und des BGH zu vergleichbaren Fällen bei Notaren, Rechts-anwälten und Steuerberatern dürften auf der anderen Seite aber die Anforderungen an eine Widerlegung der Unzuverlässigkeit wegen Vermögensverfalls mit Blick auf die grundgesetzlich geschützte Berufsfreiheit aus Art. 12 GG nicht unnötig überspannt werden (BVerfG NJW 2005, 3057; s. auch BGH NJW 2004, 2018).

387 Die Frage nach der Zuverlässigkeit des Architekten ist damit stets eine Frage des Einzelfalls. Ein Architekt ist damit in der Regel aus der Architektenliste zu löschen, wenn er in Vermögensverfall geraten ist, es sei denn, fremde Vermögensinteressen oder öffentliche Belange sind nicht gefährdet. Die Praxis geht, was mit den vorzitierten gerichtlichen Entscheidungen deutlich wird, davon aus, dass aufgrund der Insolvenz zunächst einmal die Vermutung besteht, der Architekt sei zur Ausübung seines Berufes nicht (mehr) hinreichend „zuverlässig" (insbesondere HessVGH NJW 2005, 919). Danach spielt es keine Rolle, ob der Architekt selbst als Bauträger tätig wird oder lediglich Bauvorhaben im Auftrag von Bauträgern oder Bauherren betreut.

388 Dies rechtfertigt sich im Wesentlichen auch daraus, dass der Architekt in der Insolvenz (wenn also Zahlungsunfähigkeit und Überschuldung festgestellt sind) nicht mehr über hinreichendes Vermögen verfügt, um Verbindlichkeiten, die gegen das Architekturbüro bestehen, zu bezahlen.

389 Es obliegt daher dem Architekten, die Vermutung für seine Unzuverlässigkeit zu wider-legen, folglich nachzuweisen, dass die Vermögensverhältnisse geordnet sind und der Architekt seiner Berufsausübung nachgehen kann. Nach der Eröffnung eines Insolvenzverfahrens wäre hiervon zB dann auszugehen, wenn der Insolvenzverwalter gem. § 35 Abs. 2 InsO die freiberufliche Tätigkeit aus der Insolvenzmasse freigibt oder dem Architekten nach Durchführung eines Restschuldbefreiungsverfahrens durch das Insolvenzgericht die Restschuldbefreiung erteilt wird. Wird nach geltender Rechtslage zunächst nur der Antrag des Architekten auf Erteilung der Restschuldbefreiung von dem Insolvenzgericht für zulässig erachtet (vgl. § 287a InsO), ist fraglich, ob dies schon als Nachweis für geordnete Vermögensverhältnisse ausreichen kann (was an dieser Stelle verneint wird).

390 Die Einzelheiten sind gleichwohl umstritten. Die Architektenkammern haben es vielfach genügen lassen, dass dem Architekten nach alter Rechtslage die Restschubbefreiung von dem Insolvenzgericht angekündigt worden ist (vgl. § 291 InsO aF). Eine entsprechende Norm sieht das geltende Insolvenzrecht nicht mehr vor. Vielmehr entscheidet das Insolvenzgericht nach § 287a InsO nun schon mit der Eröffnung des Insolvenzverfahrens über die Zulässigkeit des Restschuldbefreiungsantrages. Insoweit bleibt abzuwarten, ob die Architektenkammern in der Praxis dies für ausreichend erachten werden. Der BGH hat entschieden, dass die gesetzliche Vermutung des Vermögensverfalls im Fall eines Insolvenzverfahrens erst dann widerlegt ist bzw. können die Vermögensverhältnisse wieder als geordnet angesehen werden, wenn dem Schuldner entweder – nach der bis zum 30.6.2014 geltenden Rechtslage – am Ende des Insolvenzverfahrens durch Beschluss des Insolvenzgerichts die Restschuldbefreiung angekündigt wurde (§ 291 InsO aF) oder ein vom Insolvenzgericht bestätigter Insolvenzplan (§ 248 InsO) oder angenommener Schuldenbereinigungsplan (§ 308 InsO) vorliegt, bei dessen Erfüllung der Schuldner von seinen übrigen Forderungen gegenüber den Gläubigern befreit wird (BGH BeckRS 2019, 2671).

2. Fortführung oder Verwertung der „Praxis"

391 Ziel eines Insolvenzverfahrens ist es auch, die Möglichkeiten einer Sanierung des Schuldners sorgfältig zu prüfen, wenn sich hierüber eine bessere Befriedigung der Insolvenzgläubiger realisieren lässt. In der Insolvenz eines Architekten bzw. Ingenieuren stellt daher für einen Insolvenzverwalter unter Umständen auch die Frage, ob die Architektenpraxis/Ingenieurpraxis fortgeführt werden kann oder ob die Praxis verwertet werden muss.

a) Fortführung der Praxis. Der Insolvenzverwalter selbst ist in der Regel nicht im Stande, die **392** Praxis fortzuführen, schon allein deswegen, weil ihm die berufsrechtlich notwendige Qualifikation hierzu fehlt. Wollte der Insolvenzverwalter ohne Mitwirkung des insolventen Architekten die Praxis fortführen, bräuchte er einen berufsqualifizierten Berater an seiner Seite. Ein solches Vorgehen biete sich praktisch aber schon deswegen nicht an, weil der externe Praxisberater die Kunden und Bauvorhaben des Schuldners nicht kennt, was die Risiken für Berufsfehler erhöht.

Aber auch die gemeinsame Praxisfortführung durch Insolvenzverwalter und Schuldner begegnet **393** praktischen Schwierigkeiten: Zunächst einmal kann der Insolvenzverwalter den Schuldner nicht zwingen, seine Arbeitskraft für das Unternehmer/die Praxis einzusetzen. Die „Verwertung der Arbeitskraft" gehört nicht zum Massevermögen, sodass der Insolvenzverwalter keinen Anspruch auf den Einsatz der Arbeitskraft hat. Hinzu kommt, dass der Erwerb des Schuldners aus der Tätigkeit im vollen Umfang als sog. Neuerwerb zur Insolvenzmasse gehört und damit zur Gläubigerbefriedigung eingesetzt werden muss. Dies führt in aller Regel dazu, dass ein Insolvenzschuldner nicht die Motivation hat, unter Einsatz der eigenen Arbeitskraft das Unternehmen fortzuführen.

In Betracht kommt die Praxisfortführung im eröffneten Insolvenzverfahren darüber hin-aus **394** dann, wenn der Insolvenzverwalter die Praxis freigibt. Die Freigabe aus der Insolvenzmasse ist gesetzlich nicht normiert, allerdings allgemein anerkannt. Die Freigabe einer freiberuflichen Tätigkeit ist jedoch in § 35 Abs. 2 InsO angelegt. Im Falle der Freigabe wird das Vermögen (hier die selbstständige Tätigkeit) aus der Insolvenzmasse zur freien Verfügung an den Architekten „zurückübertragen". Eine solche Freigabe „lohnt" sich für den Insolvenzverwalter aber nur dann, wenn weder aus der Praxisfortführung noch aus der Praxisveräußerung nennenswerte Erlöse für die Masse zu erwarten sind. Ein Insolvenzverwalter würde wohl zweckmäßigerweise auch darauf bestehen, dass zukünftige Honorarforderungen aus den Aufträgen durch den Architekten zuvor wirksam an die Masse abgetreten werden.

In Betracht kommt darüber hinaus auch die Eigenverwaltung durch den Architekten. Die **395** Eigenverwaltung kennzeichnet sich dadurch aus, dass hierbei die Verwaltungs- und Verfügungsbefugnis über das Vermögen beim Architekten verbleibt (§§ 270 ff. InsO) (Hess/Röbke NZI 2003, 233 (236)). Möglich ist schließlich auch die Fortführung der Praxis aufgrund eines Insolvenzplans (Graf/Wunsch ZIP 2001, 1029; Kluth NJW 2002, 186).

b) Verwertung der Praxis. Hier gibt es zwei Varianten. Die Verwertung der Praxis kann **396** einmal dadurch erfolgen, dass die Praxis insgesamt an einen Erwerber veräußert wird. Eine andere Variante ist die Praxisstilllegung. Die Praxis wird damit insgesamt eingestellt, was bedeutet, dass im Wesentlichen noch das Inventar verwertet wird. Über die Praxisstilllegung muss die Gläubigerversammlung abstimmen (vgl. § 157 InsO). Hat die Gläubigerversammlung die Stilllegung der Praxis beschlossen, kann der Architekt die Praxis nicht mehr fortführen.

Die Veräußerung der freiberuflichen Praxis ist allgemein anerkannt, genauso wie die grundsätz- **397** lich zulässige Unternehmensveräußerung in der Insolvenz, wobei es hier im Wesentlichen um die Übertragung des Kundenstammes und die Abtretung bestehender Forderungen geht. Bei der „Übertragung eines Kundenauftrages" handelt es sich rechtstechnisch um eine Vertragsübernahme durch den Erwerber, die zwingend der Zu-stimmung des jeweiligen Vertragspartners bedarf (Uhlenbruck/Hirte, 15. Aufl. 2019, InsO § 11 Rn. 9 ff.).

3. Direktansprüche gegen den Haftpflichtversicherer (§ 115 VVG)

Architekten und Ingenieure unterliegen der gesetzlichen Pflicht, eine Haftpflichtversicherung **398** vorzuhalten. Nach § 115 Abs. 1 Nr. 2 VVG kann bei einer solchen Pflichtversicherung der Dritte seinen Anspruch auf Schadensersatz auch gegen den Versicherer geltend machen, wenn über das Vermögen des Versicherungsnehmers das Insolvenzverfahren eröffnet oder der Eröffnungsantrag mangels Masse abgewiesen oder ein vorläufiger Insolvenzverwalter bestellt worden ist.

§ 115 VVG dient dem Zweck, die Stellung des Dritten zu verbessern (s. zB BGH NJW 1972, **399** 387). Der Dritte erhält das Recht, den Versicherer des haftpflichtversicherten Schädigers ua bei Insolvenz des Versicherungsnehmers unmittelbar auf Schadensersatz in Anspruch zu nehmen, ggf. auch als Gesamtschuldner neben dem Schädiger (§ 115 Abs. 1 S. 4 VVG).

Den Versicherer kann der Dritte aber stets nur auf Schadenersatz in Geld in Anspruch nehmen **400** (§ 115 Abs. 1 S. 3 VVG). Dies schließt die Möglichkeit aus, Schadensersatz in Form der Naturalrestitution (§ 249 Abs. 1 BGB) von dem Versicherer zu beanspruchen (der Versicherer schuldet damit zB nicht die Nacherfüllung mangelhafter Pläne). Gegenüber dem Schädiger, der nach allgemeinen Grundsätzen haftet, verbleibt es demgegenüber bei dem Wahlrecht des Geschädigten und damit bei der Möglichkeit, auch Naturalrestitution zu verlangen (MüKoVVG/Schneider, 2. Aufl. 2017, VVG § 115 Rn. 19).

Bau- und Architektenrecht in der Insolvenz

401 Der Direktanspruch ist allerdings streng akzessorisch und besteht nur im Rahmen der Leistungspflicht aus dem Versicherungsvertrag und, soweit eine Leistungspflicht nicht besteht, iRd § 117 Abs. 1–4 VVG. Der Versicherer haftet damit unmittelbar bis zur Höhe der vereinbarten Versicherungssumme, soweit Leistungspflicht des Versicherers besteht. Ist der Versicherer gegenüber seinem Versicherungsnehmer nicht zur Leistung verpflichtet, zB weil er infolge einer Obliegenheitsverletzung ganz oder teilweise leistungsfrei geworden ist, so besteht die Haftung im Außenverhältnis nur mit den Einschränkungen aus § 117 Abs. 1 VVG. Danach haftet der Versicherer nur bis zu Höhe der vorgeschrieben Mindestversicherungssumme (MüKoVVG/Schneider, 2. Aufl. 2017, VVG § 115 Rn. 21 ff.).

402 Zu beachten sind bei einem Direktanspruch schließlich auch die verjährungsrechtlichen Sonderregeln in § 115 Abs. 2 VVG. Der Direktanspruch unterliegt der gleichen Verjährung wie der Schadensersatzanspruch gegen den Versicherungsnehmer. Diese Sonderregeln gelten allerdings nicht für den vertraglichen Deckungsanspruch des Schädigers gegen den Versicherer (s. BGH VersR 1987, 561).

4. Abgesonderte Befriedigung aus dem Freistellungsanspruch (§ 110 VVG)

403 Die Vorteile eines Direktanspruch nach § 115 VVG liegen darin, dass der Geschädigte das Versicherungsunternehmen unmittelbar im Rahmen eines Gesamtschuldverhältnisses in Anspruch nehmen kann. Daneben eröffnet § 110 VVG dem geschädigten Dritten nach Eröffnung des Insolvenzverfahrens über das Vermögen des Versicherungsnehmers die Möglichkeit, abgesonderte Befriedigung aus dem Freistellungsanspruch des Versicherungsnehmers zu verlangen, sodass der Geschädigte den Haftpflichtversicherer des Schädigers ohne Pfändung und Überweisung des Deckungsanspruchs unmittelbar auf Zahlung in Anspruch nehmen kann (BGH BeckRS 2021, 5162).

404 § 115 VVG ist insgesamt weitergehender, da der Direktanspruch nicht nur bei Insolvenzverfahrenseröffnung besteht, sondern auch, wenn der Eröffnungsantrag mangels Masse abgewiesen worden ist oder ein vorläufiger Insolvenzverwalter bestellt ist. Allgemein wird daher angenommen, dass § 110 VVG „gegenstandlos" ist, soweit die Voraussetzungen eines Direktanspruchs nach § 115 VVG gegeben sind (MüKoVVG/Littbarski, 2. Aufl. 2017, VVG § 110 Rn. 11). Wenngleich es sich aber für den geschädigten Dritten anbietet, statt über den Umweg der abgesonderten Befriedigung seinen Direktanspruch aus § 115 VVG geltend zu machen, stehen die beiden Normen rechtlich nicht in einem Ausschließlichkeitsverhältnis. Vielmehr kann der Geschädigte statt seines Direktanspruchs auch sein Absonderungsrecht beanspruchen. Der Dritte erwirbt ein Einziehungsrecht unmittelbar gegen die Versicherung, sobald der Anspruch fällig geworden ist. Einer gesonderten Pfändung bedarf es nicht (BGH VersR 1954, 578; NJW-RR 1993, 1306; OLG Köln VersR 2006, 1207). Die Fälligkeit in diesem Sinne setzt die Feststellung des Anspruchs gem. § 106 VVG voraus. Danach muss der Anspruch des Dritten mit bindender Wirkung für den Versicherer durch rechtskräftiges Urteil, Anerkenntnis oder Vergleich festgestellt worden sein. Ein solches Anerkenntnis liegt gemeinhin auch in der widerspruchslosen Feststellung der Haftpflichtforderung zur Insolvenztabelle (BGH BeckRS 2021, 5162; Prölss/Martin/Lücke VVG § 110 Rn. 5 mwN). In der widerspruchslosen Feststellung des Haftpflichtanspruchs des Geschädigten zur Tabelle liegt ein Anerkenntnis im versicherungsvertragsrechtlichen Sinne vor (BGH BeckRS 2021, 5162 Rn. 11).

404a Der BGH hat klargestellt, dass wenn der Versicherungsnehmer dem Geschädigten mehr verspricht, als diesem zusteht, der Mehrbetrag zulasten des Versicherungsnehmers geht (vgl. BT-Drs. 16/3945, 86 liSp). Werde das Anerkenntnis ohne Zustimmung des Versicherers abgegeben, kommt ihm bindende Wirkung iSv § 106 S. 1 VVG deshalb regelmäßig nur in dem Umfang zu, in welchem eine Haftpflichtschuld des Versicherungsnehmers nach materieller Rechtslage tatsächlich besteht; das gilt auch dann, wenn das **Anerkenntnis durch widerspruchslose Feststellung des Haftpflichtanspruchs zur Tabelle** erfolgt ist (BGH BeckRS 2021, 5162 Rn. 13). Etwas anderes ergebe sich auch nicht aus der Rechtskraftwirkung der Eintragung der Forderung zur Insolvenztabelle nach 178 Abs. 3 InsO (→ § 178 Rn. 24 ff.).

405 Im Anwendungsbereich von § 110 VVG meldet daher zB der Bauherr, der den Architekten wegen fehlerhafter Bauplanung und Bauüberwachung auf Schadensersatz in Anspruch nimmt, in der Insolvenz des Architekten/Ingenieuren seine Schadensersatzforderung zur Insolvenztabelle an und begehrt abgesonderte Befriedigung aus dem Freistellungsanspruch gegen die Haftpflichtversicherung. Wird die Forderung zur Tabelle festgestellt, kann der Bauherr unmittelbar Zahlung/Freistellung von der Versicherung verlangen.

Bau- und Architektenrecht in der Insolvenz

Wird die Forderung von dem Insolvenzverwalter hingegen nicht zur Insolvenztabelle festgestellt, muss der Bauherr den Insolvenzverwalter auf Feststellung der Forderung zur Insolvenztabelle in Anspruch nehmen und sein Recht auf abgesonderte Befriedigung feststellen lassen (BGH VersR 1964, 966; LG Köln VersR 2004, 1128). **406**

Mit der Anmeldung des Haftpflichtanspruchs zur Insolvenztabelle wäre insoweit die verjährungshemmende Wirkung gem. § 204 Abs. 1 Nr. 10 BGB herbeigeführt. Die Verjährungshemmung gilt allerdings nicht für den Deckungsanspruch des Versicherungsnehmers (Architekten) gegen die Versicherung. Vor der Klärung der Haftpflichtfrage kommt daher für den geschädigten Bauherrn auch eine Feststellungsklage in Betracht, wenn die Gefahr besteht, dass der Deckungsanspruch verloren geht (s. Prölss/Martin/Lücke VVG § 110 Rn. 5 mit Hinweis auf BGH VersR 2001, 90; KG VersR 2007, 349). Eine Gefährdung des Deckungsanspruchs besteht dann, wenn der geschädigte Bauherr nicht genau weiß, ob entweder der versicherte Architekt oder der Insolvenzverwalter den Deckungsanspruch gegen das Versicherungsunternehmen geltend gemacht hat oder noch rechtzeitig geltend macht. **407**

Alternativ zu der vorstehend dargestellten Vorgehensweise, kann der geschädigte Bauherr schließlich sein Recht auf abgesonderte Befriedigung aus der Versicherungsforderung auch unmittelbar durch Klag auf Zahlung gegen den Insolvenzverwalter geltend machen, dann allerdings nur beschränkt auf Leistung aus der Entschädigungsforderung (BGH VersR 1989, 730; 1981, 328; 1964, 966). Hat der Bauherr den Schädiger (Architekten oder Ingenieuren) schon gerichtlich auf Zahlung in Anspruch genommen, wenn das Insolvenzverfahren eröffnet wird, so gesteht der BGH ihm die Möglichkeit zu, seinen Anspruch in entsprechender Anwendung von § 86 Abs. 1 Nr. 2 InsO durch Aufnahme des Rechtsstreits gegen den Verwalter aufzunehmen bzw. fortzusetzen (BGH NZI 2013, 886). **408**

VII. Insolvenz des Auftraggeber

1. Erfüllungswahl des Insolvenzverwalters

Wählt der Insolvenzverwalter die Erfüllung des Vertrages, wird der Bauvertrag nach § 55 Abs. 1 Nr. 2 Alt. 1 InsO wie vereinbart durchgeführt. Die Vergütung schuldet der Insolvenzverwalter dann aus der Insolvenzmasse. Der Werklohnanspruch des Unternehmers stellt eine Masseschuld dar und ist vorweg (vor den sonstigen Insolvenzforderungen) zu bedienen. **409**

Sofern es dazu kommen sollte, dass der Insolvenzverwalter die Erfüllung des Bauvertrages wählt, so besteht trotz der rechtlichen „Aufwertung" der Vergütungsforderungen zu Masseschulden für den Auftragnehmer gleichwohl das Risiko, dass es im Laufe der Insolvenzverfahrens zu einer Masseunzulänglichkeit kommt (§§ 208, 209 InsO), was bedeutet, dass die Masse nicht ausreicht, um alle Masseverbindlichkeiten zu bedienen. Neben den Vergütungsforderungen des Auftragnehmers aus Erfüllungswahl des Insolvenzverwalters sind auch die Kosten der Verfahrensabwicklung und etwaige weitere Verbindlichkeiten aus von dem Insolvenzverwalter zur Erfüllung gewählten Verträgen Masseverbindlichkeiten. **410**

Der Insolvenzverwalter wird dann eine Masseunzulänglichkeitsanzeige an das Insolvenzgericht richten, was für den Auftragnehmer die Konsequenz hätte, dass gem. § 209 InsO auch die Masseverbindlichkeiten nur entsprechend einer bestimmten Rangfolge befriedigen werden (→ § 209 Rn. 1 ff.). **411**

Eine Haftung des Insolvenzverwalters ist in derartigen Fällen äußerst selten. Haftungsgrundlage ist insoweit § 61 InsO. Nach § 61 S. 2 InsO kann sich der Insolvenzverwalter dann exkulpieren, wenn er bei der Begründung der Verbindlichkeit nicht erkennen konnte, dass die Masse voraussichtlich zur Erfüllung nicht ausreichen würde (→ § 61 Rn. 25). **412**

Hat der insolvente Auftraggeber vor Insolvenzverfahrenseröffnung einen Leistungsüber-schuss erbracht, das heißt hat er Vergütung gezahlt, ohne dass der Auftragnehmer hierfür Leistungen erbracht hat, steht der anteilige Leistungsanspruch der Masse zu. Dementsprechend hat der Insolvenzverwalter einen Anspruch darauf, dass der Auftragnehmer eine der teilweisen Vorauszahlung entsprechende Leistung erbringt. Zahlung hierfür kann der Auftragnehmer nicht nochmals verlangen. Nur soweit er nach Insolvenzverfahrenseröffnung und nach Erfüllungswahl durch den Insolvenzverwalter weitere Leistungen erbringt, ist die hieraus anteilige (Rest-)Vergütung Masseschuld (Uhlenbruck/Wegener, 15. Aufl. 2019, InsO § 103 Rn. 15). **413**

Interessanter ist der umgekehrte Fall, dass bei Insolvenzverfahrenseröffnung von dem Auftragnehmer ein Leistungsüberschuss erbracht worden ist. Eine Sonderregelung sieht hier aber § 105 S. 1 InsO vor. Hat der Auftragnehmer Teilleistungen erbracht, ohne bislang Vergütung hierfür zu erhalten, so kann er den hierauf entfallenden anteiligen Vergütungsanspruch nur zur Insolvenzta- **414**

Bau- und Architektenrecht in der Insolvenz

belle geltend machen (§ 105 S. 1 InsO). Wählt der Insolvenzverwalter Erfüllung des Vertrages im Übrigen, kann der Auftragnehmer für die Restleistung entsprechende anteilige Vergütung als Masseverbindlichkeit geltend machen (Uhlenbruck/Wegener, 15. Aufl. 2019, InsO § 103 Rn. 20).
Beispiel: Der Auftragnehmer hat zum Zeitpunkt der Insolvenzverfahrenseröffnung aus einem Bauvertrag, der ihn zur schlüsselfertigen Herstellung eines Bauvorhabens verpflichtet, die Baugrube erstellt, ohne Vergütung hierfür zu erhalten. Der Auftraggeber wird insolvent. Der Insolvenzverwalter wählt Erfüllung des Vertrags. Den auf die Erstellung der Baugrube entfallenen Vergütungsanteil, der nach den Grundsätzen des gekündigten Bauvertrages zu errechnen ist, kann der Auftragnehmer nur als Insolvenzforderung zur Insolvenztabelle geltend machen. Den Vergütungsanteil für alle weiteren, nach Erfüllungswahl ausgeführten Leistungen, kann er von dem Insolvenzverwalter aus der Masse verlangen.

415 Aus § 105 S. 1 InsO folgt auch, dass dem Auftragnehmer kein Zurückbehaltungsrecht wegen seiner Altforderungen zusteht (→ § 105 Rn. 32). Die gesetzliche Regelung in § 105 S. 1 InsO kann der Auftragnehmer also nicht dadurch umgehen, dass er die weiteren Bau-leistungen (die er nach der Erfüllungswahl auszuführen hat) davon abhängig macht, dass der Insolvenzverwalter (im vorstehenden Beispielsfall) auch die Vergütung für die Erstellung der Baugrube zahlt. Wegen der weiteren Vertragsleistungen ist der Auftragnehmer vorleistungspflichtig. Ein Zurückbehaltungsrecht hat er folglich nur dann, wenn er fällige Abschlagsrechnungen für weitere Vertragsleistungen gestellt hat und diese von dem Insolvenzverwalter aus der Masse nicht bezahlt werden. Hat er beispielsweise eine Abschlagsrechnung für den Rohbau gestellt, wird diese aber von dem Insolvenzverwalter nicht bezahlt, kann er wegen seiner weiteren Leistungen (beispielsweise Fenstereinbau oder Verputzerarbeiten) ein Leistungsverweigerungsrecht ausüben.

2. Erfüllungsablehnung des Insolvenzverwalters

416 Lehnt in der Insolvenz des Auftraggebers der Insolvenzverwalter die Erfüllung des Vertrages ab bzw. erklärt sich zu seinem Erfüllungswahlrecht nicht unverzüglich (§ 103 Abs. 2 InsO), steht dem Auftragnehmer, spiegelbildlich wie in der Insolvenz des Auftragnehmers, auch hier lediglich ein Schadensersatzanspruch/eine Forderung wegen Nichterfüllung zu. Diesen Schadensersatzanspruch kann auch der Auftragnehmer in der Insolvenz des Auftraggebers nur als Insolvenzforderung geltend machen.

417 **a) Leistungsüberschuss Auftraggeber.** Hat der Auftraggeber Vorauszahlungen erbracht, wählt aber der Insolvenzverwalter die Nichterfüllung des Vertrages, so steht dem Insolvenzverwalter dennoch in Höhe der Vorauszahlung der entsprechende Erfüllungsanspruch (Herstellungsanspruch) zu.

418 Der Insolvenzverwalter, der kein Interesse an der weiteren Abwicklung des Bauvorhabens hat, hat demgegenüber keinen Anspruch auf Rückzahlung der Vorauszahlung. Eine Vorauszahlung könnte er allenfalls aus insolvenzanfechtungsrechtlichen Gründen beanspruchen, wenn die diesbezüglichen Voraussetzungen vorliegen (§§ 129 ff. InsO).

419 Höchstrichterlich nicht geklärt ist aber die Frage, ob der Auftragnehmer wegen seines Schadensersatzanspruches infolge der Nichterfüllung (§ 103 Abs. 2 InsO) ein Zurückbehaltungsrecht nach § 273 BGB hat, das er dem (anteiligen) Herstellungsanspruch entgegenhalten kann. Dies dürfte im Ergebnis eher nicht der Fall sein, weil § 273 BGB im Grunde nur einen Zug-um-Zug-Leistungsaustausch sicherstellen will. Da aber § 103 Abs. 2 InsO anordnet, dass der Nichterfüllungsschaden zwingend nur als Insolvenzforderung geltend gemacht werden kann, muss der Schadensersatz auch erst bei der Schlussverteilung berücksichtigt werden (§§ 174 ff., 187, 196 InsO) (s. Messerschmidt/Voit/Huber, Privates Baurecht, 2. Aufl. 2012, Abschnitt R Rn. 72).

420 **b) Leistungsüberschuss Auftragnehmer.** Das vorstehend Gesagte gilt hier entsprechend. Nach § 105 S. 1 InsO kann der Auftragnehmer bei Erfüllungsablehnung seinen anteiligen Vergütungsanspruch nur zur Insolvenzzelle geltend machen. Wegen der Erfüllungsverweigerung/-ablehnung durch den Insolvenzverwalter kann die Vergütung für die nicht erbrachte Leistung nicht beansprucht werden. Vielmehr steht dem Auftragnehmer auch diesbezüglich nur ein Schadensersatzanspruch wegen Nichterfüllung zu.

3. Sicherungshypothek des Bauunternehmers (§ 650e BGB)

421 Der Unternehmer eines Bauwerks kann für seine Forderung aus dem Vertrag die Einräumung einer Sicherungshypothek an dem Baugrundstück des Bestellers verlangen. Ist das Werk noch nicht vollendet, so kann er die Einräumung der Sicherungshypothek für einen der geleisteten Arbeit entsprechenden Teil der Vergütung und für die in der Vergütung nicht inbegriffenen Auslagen verlangen.

§ 650e Abs. 1 BGB gibt dem Unternehmer damit einen Anspruch gegen den Besteller (insolventen Auftraggeber), der zugleich Eigentümer des Grundstückes sein muss. Der Besteller/Eigentümer muss nach § 650e Abs. 1 BGB die Eintragung der Sicherungshypothek bewilligen, damit diese von dem Grundbuchamt eingetragen wird. In der Insolvenz des Auftraggebers wird der Auftraggeber bzw. der Insolvenzverwalter der Eintragung einer Bauhandwerkersicherungshypothek freiwillig aber kaum zustimmen. 422

Einseitig kann der Unternehmer nach § 885 Abs. 1 BGB eine einstweilige Verfügung zur Erlangung einer Vormerkung erwirken. Er kann also mit der einstweiligen Verfügung, bei der er die Gefährdung des zu sichernden Anspruchs nicht glaubhaft machen muss, die Vormerkung zur Eintragung einer Bauhandwerkersicherungshypothek erlangen. 423

Der Anspruch auf Einräumung der Sicherungshypothek besteht im Insolvenzverfahren gegen den Insolvenzverwalter grundsätzlich auch dann, wenn dieser die Erfüllung des Vertrages ablehnt, da der in diesem Fall zugunsten des Unternehmers bestehende Schadensersatzanspruch gleichermaßen von dem Sicherungszweck des § 650e BGB gedeckt ist (vgl. BGH NJW 1988, 255 (257)). – Noch unter Geltung der Konkursordnung hat der BGH geurteilt, dass der Konkurs des Auftraggebers keine Auswirkung auf den Anspruch hat. Dass sich das ursprüngliche Vertragsverhältnis durch die Erfüllungsverweigerung des Konkursverwalters gem. § 17 KO umgestaltet hat, schade nicht. Auch der dadurch verbleibende Schadensersatzanspruch sei eine aus dem Vertrag herrührende Forderung, für die – wie für andere Schadensersatzansprüche dieser Art – die Einräumung der Sicherungshypothek nach § 648 BGB aF verlangt werden kann). Für den Unternehmer bedeutet dies allerdings nur „Brot statt Steine". Seine Ansprüche kann er nach § 87 InsO nur noch im Insolvenzverfahren (durch Anmeldung zur Insolvenztabelle) geltend machen. Die Erlangung einer Vormerkung zur Eintragung des Anspruches nach Eröffnung des Insolvenzverfahrens ist im Wege der Zwangsvollstreckung nach § 89 InsO nicht mehr möglich (Vollstreckungsverbot) (K. Schmidt InsO/Keller, 19. Aufl. 2016, InsO § 89 Rn. 40; Uhlenbruck/Mock, 15. Aufl. 2019, InsO § 89 Rn. 58). 424

In der Insolvenz des Auftraggebers ist der Auftragnehmer daher durch die Sicherungshypothek nur dann gesichert, wenn diese oder – wegen § 106 Abs. 1 InsO – wenigstens die Vormerkung zur Eintragung der Sicherungshypothek insolvenzfest vor Insolvenzverfahrenseröffnung im Grundbuch eingetragen worden ist. 425

Ist die Eintragung der Sicherungshypothek bzw. der Vormerkung im letzten Monat vor dem Antrag auf Eröffnung des Insolvenzverfahrens erfolgt, so greift die sog. Rückschlagsperre nach § 88 InsO. Das bedeutet, dass die durch die Zwangsvollstreckung erlangte Sicherheit automatisch kraft Gesetzes unwirksam wird. Der Insolvenzverwalter kann infolgedessen das Grundbuchberichtigungsverfahren gem. § 22 Abs. 1 GBO betreiben (BGH NZI 2000, 311; Schmitz, Die Bauinsolvenz, 6. Aufl. 2015, Rn. 967 mwN). Außerhalb des Ein-Monats-Zeitraums des § 88 InsO, dh für den Zeitraum zwischen dem zweiten und dem dritten Monat vor dem Antrag auf Eröffnung des Insolvenzverfahrens, könnte die Sicherheit in anfechtbarer Weise erlangt worden sein. Streitig ist hier, ob die im Wege der einstweiligen Verfügung erlangte Sicherungshypothek eine kongruente oder inkongruente Deckung iSv §§ 130, 131 InsO darstelle. 426

Der BGH hat bereits in mehreren Entscheidungen geurteilt, dass solche Deckungen, die im Wege der Zwangsvollstreckung erlangt werden, stets inkongruent sind (BGH NZI 2000, 310; 2007, 161). Unter Geltung der Konkursordnung hatte er zu § 648 BGB noch anders entschieden und angenommen, dass es sich allenfalls um eine kongruente Sicherung handeln könne, da § 648 BGB einen gesetzlichen Sicherungsanspruch normiere (BGH NJW 1961, 456 ff.). 427

Würde man dies auf die geltende Rechtslage übertragen, würde dies bedeuten, dass der Insolvenzverwalter die Sicherheit nur dann anfechten kann, wenn er darlegen und beweisen kann, dass der Unternehmer die Zahlungsunfähigkeit des Schuldners zum Eröffnungsantrag kannte bzw. grob fahrlässig nicht erkannte (vgl. § 130 Abs. 2 InsO). Der Insolvenzverwalter müsste also darlegen und beweisen, dass der Auftraggeber im Zeitpunkt der Eintragung der Vormerkung zahlungsunfähig war und dass der Auftragnehmer in diesem Zeitpunkt die Zahlungsunfähigkeit kannte. 428

Bei einer Anfechtbarkeit wegen Inkongruenz nach § 131 Abs. 1 Nr. 2 InsO würde demgegenüber die Zahlungsunfähigkeit zum Zeitpunkt der Eintragung der Vormerkung genügen. Freilich wäre auch dies von dem Insolvenzverwalter im Streitfall darzulegen und zu beweisen. Derzeit ist nicht davon auszugehen, dass der BGH an seiner Rechtsprechung etwas ändern wird, sodass auch nach geltender Rechtslage die Eintragung einer Vormerkung für eine Sicherungshypothek eine inkongruente Leistungen iSv § 131 InsO darstellen dürfte (vgl. MüKoInsO/Huber, 4. Aufl. 2019, InsO § 131 Rn. 17). 429

Bau- und Architektenrecht in der Insolvenz

4. Sicherheitsverlangen nach § 650f BGB

430   Nach § 650f Abs. 1 BGB kann der Unternehmer eines Bauwerks, einer Außenanlage oder eines Teils davon vom Besteller Sicherheit für die auch in Zusatzaufträgen vereinbarte und noch nicht gezahlte Vergütung einschließlich der zugehörigen Nebenforderungen, die mit 10 % des zu sichernden Vergütungsanspruchs anzusetzen sind, verlangen. Der Anspruch auf Sicherheitsleistung besteht auch für Ansprüche, die an die Stelle der Vergütung treten.

431   Der Anspruch auf Leistung einer Sicherheit ist ein solcher Anspruch, der auf die Vornahme einer vertretbaren Handlung gerichtet ist. Damit stellt der Anspruch auf die Sicherheitsleistung, wenn er sich auf den vorinsolvenzlich abgeschlossenen Bauvertrag gründet, aber eine Insolvenzforderung iSv § 38 InsO dar (Uhlenbruck/Sinz, 15. Aufl. 2019, InsO § 38 Rn. 19). Der Anspruch muss folglich zur Insolvenztabelle angemeldet werden, sprich kann gegen den Auftraggeber bzw. den Insolvenzverwalter nicht persönlich durchgesetzt werden (der Wert des Anspruchs auf Sicherheitsleistung muss nach § 45 InsO umgerechnet werden, wenn der Anspruch zur Tabelle angemeldet wird. Es kommt nach allgemeiner Meinung auf den Kostenaufwand an, der mit der Sicherheitsleistung verbunden ist, vgl. Uhlenbruck/Knof, 15. Aufl. 2019, InsO § 45 Rn. 7). Nur bei einem Neuabschluss des Vertrages durch den Insolvenzverwalter nach eröffnetem Insolvenzverfahren käme ein Anspruch aus § 650f BGB als Masseverbindlichkeit in Betracht. Praktisch dürfte ein solcher Fall jedoch wohl kaum auftreten.

432   Da der Unternehmer mit dem Abschluss des Vertrages einen gesetzlichen Anspruch auf die Sicherheitsleistung hat, stellt die Hingabe der Sicherheit als solche eine kongruente Leistung dar. Sie wäre daher nur unter den Voraussetzungen des § 130 InsO anfechtbar. Außerhalb des Dreimonatszeitraums von § 130 Abs. 1 InsO ist die Erlangung der Sicherheit insolvenzfest.

433   In krisennahen Situationen ist oft festzustellen, dass die Unternehmer schnell noch von ihrem Recht auf Anforderung einer Sicherheit nach § 650f BGB Gebrauch machen wollen, um für die absehbare Insolvenz des Auftraggebers abgesichert zu sein. Selbst wenn sie eine Sicherheit erhalten, innerhalb von drei Monaten nach Erlangung der Sicherheit dann aber Insolvenzantrag gestellt wird, ist die Sicherheit nicht insolvenzfest und kann von dem Insolvenzverwalter angefochten werden.

434   Ist die Sicherheit insolvenzfest erlangt, kann der Auftragnehmer die Sicherheit in Anspruch nehmen, also in der Regel gegen den Bürgen vorgehen. Bei der Haftung des Bürgen in der Insolvenz des Auftraggebers ist zu beachten, dass die Fälligkeit der Bürgenschuld nicht mit § 41 InsO begründet werden kann (BGH NJW 2000, 1284). Vielmehr tritt Fälligkeit der Bürgenschuld erst dann ein, wenn im Hinblick auf die Werklohnforderungen ein Abrechnungsverhältnis vorliegt (Einzelheiten Küpper NJW 2015, 3057).

5. Sicherungsabtretung, Sicherungsübereignung

435   Soweit dem Auftragnehmer von dem insolventen Auftraggeber Gegenstände zur Sicherung übereignet oder Forderungen zur Sicherung abgetreten worden sind, so ist der Unternehmer dazu befugt, diese Sicherungsrechte im Insolvenzfall, zumal sich durch die Insolvenz der Sicherungszweck realisiert, geltend zu machen und die Sicherheiten zu verwerten. Rechte aus einer Sicherungsübereignung und Sicherungsabtretung vermitteln insolvenzrechtliche Absonderungsrechte (§ 51 Nr. 1 InsO). Abgesonderte Befriedigung bedeutet, dass der Sicherungsgegenstand vorrangig zur Befriedigung des abgesicherten Gläubigers verwertete werden muss.

436   Die näheren Einzelheiten regeln die §§ 165 ff. InsO. Aus § 166 Abs. 1 InsO ergibt sich, dass das Verwertungsrecht im Insolvenzverfahren grundsätzlich beim Insolvenzverwalter liegt. Bei der Sicherungsübereignung von beweglichen Gegenständen ist allein der Insolvenzverwalter zur freihändigen Verwertung befugt, wenn sich die Sache in seinem Besitz befindet. Ebenso kann der Insolvenzverwalter nach § 166 Abs. 2 InsO eine Forderung, die zur Sicherung abgetreten war, einziehen oder in anderer Weise verwerten.

437   Besondere Bedeutung hat in diesem Zusammenhang § 170 InsO. Danach sind aus dem Verwaltungserlös die Kosten der Feststellung und der Verwertung des Gegenstandes zu entnehmen. Nach § 171 InsO werden die Kosten der Feststellung in der Regel pauschal mit 4 % des Verwaltungserlöses angesetzt. Die Kosten der Verwertung mit weiteren pauschalen 5 %. Insgesamt sind aus dem Verwertungserlös daher zumeist 9 % abzuziehen. Diese verbleiben bei der Insolvenzmasse. Der Rest, sprich 91 % des Erlöses, gehen an den Gläubiger.

438   Auch die Sicherungsübereignung und Sicherungsabtretung können anfechtbar sein. Sofern diese auf der Grundlage entsprechender vertraglicher Regelungen erfolgen, handelt es sich bei ihnen um kongruente Deckungen. Handelt es sich bei der Sicherungsübereignung oder Siche-

Bau- und Architektenrecht in der Insolvenz

rungsabtretung jedoch um nachträgliche Sicherheiten, sprich um Sicherheiten, die erst nach Auftragsvergabe eingeräumt werden, liegt eine inkongruente Deckung vor.

6. Sicherheitsleistung

Hat der Auftragnehmer dem Auftraggeber für die vertragsgemäße Erfüllung bzw. Mängelgewährleistung eine Sicherheit gestellt, hat beispielsweise der Auftraggeber einen Sicherheitseinbehalt (Bareinbehalt) vorgenommen, so kann der Auftragnehmer im Falle der Insolvenz des Auftraggebers hierauf nicht mehr zugreifen. Der Anspruch auf Auszahlung des Einbehaltes ist Teil des Vergütungsanspruchs. Er wird fällig, sobald der Sicherungszweck entfallen ist. Seinen Vergütungsanspruch, soweit eben durch den Bareinbehalt unerfüllt, kann der Auftragnehmer nur noch zur Insolvenztabelle anmelden. 439

Hat der Auftragnehmer dem Auftraggeber eine Bürgschaft zur Ablösung des Bareinbehaltes gestellt, zahlt der Auftraggeber diesen gleichwohl nicht aus, so kann der Auftragnehmer in der Insolvenz des Auftraggebers den Bürgschaftsherausgabeanspruch aussondern (BGH NZBau 2011, 288). 440

Ist also der Auftraggeber verpflichtet, nach fehlgeschlagenem Sicherheitentausch eine als Austauschsicherheit gestellte Gewährleistungsbürgschaft an den Auftragnehmer zurück zu gewähren, kann nach Eröffnung des Insolvenzverfahrens über das Vermögen des Auftraggebers der Auftragnehmer die Bürgschaftsurkunde aussondern. Maßgeblich ist insoweit die Erwägung, dass die Bürgschaftsurkunde bei fehlgeschlagenem Sicherheitentausch nicht Teil der Insolvenzmasse ist. Es wird die Bürgschaft mit einer Treuhandbindung übergeben. Der Auftraggeber darf daher von der Bürgschaft nur unter der Bedingung Gebrauch machen, dass er zuvor die auszutauschende Sicherheit, nämlich den Sicherheitseinbehalt, ausbezahlt. Die Übersendung der Bürgschaft mit dieser treuhänderischen Bindung bewirkt, dass die Bürgschaft haftungsrechtlich bis zur Auszahlung des Bareinbehaltes dem Auftragnehmer zugeordnet bleibt. Frühestens mit der Auszahlung des Sicherheitseinbehalts soll die Bürgschaft dem Vermögen des Auftraggebers zugeordnet werden. An dieser haftungsrechtlichen Zuordnung ändert die Insolvenzverfahrenseröffnung nichts. 441

Als Annex hierzu steht dem Auftragnehmer ein Anspruch gegen die Masse auf Erstattung der Avalzinsen bis zur Herausgabe der Bürgschaftsurkunde oder auf Erstattung der außergerichtlichen Kosten der Rechtsverfolgung zu, wenn der Insolvenzverwalter/die Masse mit der Herausgabe der Bürgschaft in Verzug gerät (BGH NZBau 2011, 288 (290)). 442

Die vorgenannte Entscheidung des BGH kann auf andere Bürgschaftsarten nicht ohne Weiteres übertragen werden. So steht beispielsweise im umgekehrten Fall in der Insolvenz des Auftragnehmers dem Auftraggeber, der noch kurz vor Insolvenzverfahrenseröffnung eine Bürgschaft nach § 648a BGB gegeben hat, kein Herausgabeanspruch/Aussonderungsrecht zu. Dem Auftragnehmer steht nach § 648a BGB ein Anspruch auf Sicherheitsleistung zu. Wird auf Sicherheit eine Bürgschaft gestellt, ist sie von vornherein haftungsrechtlich dem Vermögen des Auftragnehmers zuzuordnen. Die Erwägungen aus der Entscheidung des BGH v. 10.2.2011 (NJW 2011, 1282) lassen sich daher auf diesen Fall nicht analog übertragen (vgl. Handschumacher jurisPR-PrivBauR 7/2011 Anm. 5; aA, allerdings ohne nähere Begründung, OLG Stuttgart NZBau 2014, 772). 443

Auch auf den Fall, dass der Auftragnehmer vor Eröffnung des Insolvenzverfahrens dem Auftraggeber eine Mängelhaftungsbürgschaft ausgehändigt hatte, sind die Überlegungen nicht übertragbar. Möglicherweise verjähren etwaige Mängelansprüche während der Dauer des Insolvenzverfahrens. Der Auftragnehmer kann von dem Insolvenzverwalter dann aber nicht die Herausgabe der Bürgschaftsurkunde als Aussonderungsanspruch geltend machen. Denn auch bei einer Mängelhaftungsbürgschaft liegt keine vergleichbare Treuhandbindung vor, wonach die Bürgschaft haftungsrechtlich dem Vermögen des Auftragnehmers zugeordnet bleiben soll, wenn gleich der Insolvenzverwalter aus der Bürgschaft in Folge der eingetretenen Verjährung keine Rechte mehr ableiten kann und die Bürgschaft da auch für die Maße „wertlos" ist (ebenso wohl Schmitz IBR 2011, 271). 444

7. Baustoffe und Bauteile

Die dem Auftragnehmer gehörenden Baustoffe und Bauteile können grundsätzlich nach § 47 InsO ausgesondert werden, sollte der Auftraggeber in deren Besitz sein. Die Baustoffe und Bauteile werden jedoch mit ihrem Einbau wesentlicher Bestandteil des Bauwerks, wodurch der Grundstückseigentümer kraft gesetzlicher Anordnung Eigentümer der Baustoffe und -teile wird (§ 946 BGB). 445

Mit dem Einbringen in das Bauwerk muss der Auftragnehmer berücksichtigen, dass er sein Eigentum an den Baustoffen verliert. Ihm ist daher dringend davon abzuraten, etwaige bereits 446

Bau- und Architektenrecht in der Insolvenz

montierte Baumaterialien wegen drohender Insolvenz des Auftraggebers zu demontieren und zu entfernen. Hierin kann eine Eigentumsverletzung mit den entsprechenden zivilrechtlichen und strafrechtlichen Konsequenzen liegen.

447 Sind die Baumaterialien demgegenüber noch nicht verbaut, sondern zunächst nur auf die Baustelle angeliefert, hat folglich der Grundstückseigentümer (möglicherweise identisch mit dem Auftraggeber) noch kein Eigentum an den Baustoffen erworben, steht es dem Auftragnehmer grundsätzlich frei, sein Eigentum wieder an sich zu nehmen. Etwas anderes gilt aber dann, wenn der Auftraggeber vereinbarungsgemäß Abschlagszahlungen auf die angelieferten Baustoffe und -teile geleistet hat, da dann insoweit davon ausgegangen werden kann, dass die angelieferten Bauteile rechtsgeschäftlich übertragen worden sind und der Auftraggeber nach Zahlung das Eigentum an Bauteilen erlangt hat (§ 632a Abs. 1 S. 6 BGB).

8. Ansprüche aus dem Bauforderungssicherungsgesetz (BauFoSiG)

448 **a) Problemlage.** Jeder Unternehmer, der einen Forderungsausfall erleidet, weil der Auftraggeber in Insolvenz gerät, stellt sich die Frage, ob nicht vielleicht die Möglichkeit besteht, Durchgriffs-/Haftungsansprüche gegen Dritte erfolgreich durchzusetzen. Nur selten bestehen hinreichende Erfolgsaussichten, beispielsweise den Geschäftsführer der Auftraggebergesellschaft persönlich in Anspruch zu nehmen, was allerdings bei einem Eingehungsbetrug oder einer nachweisbaren Insolvenzverschleppung möglich wäre (→ § 15a Rn. 33). Ein persönlicher Durchgriffsanspruch kann sich möglicherweise aber auch aus der zweckwidrigen Verwendung von Baugeld, für die bei einer GmbH & Co. KG auch der Geschäftsführer der Komplementär GmbH haftet, ergeben (vgl. KG IBR 1986, 185).

449 **b) Anspruchsvoraussetzungen.** Wird für die Durchführung eines Bauwerks Baugeld iSv § 1 Abs. 3 BauFoSiG verwendet, darf der Baugeldempfänger dieses gem. § 1 Abs. 1 BauFoSiG nur zur Befriedigung von rechtlichen Personen verwenden, die an der Baustelle Leistungen erbringen. Wird das Baugeld hier anderweitig verwendet, verstößt der Baugeldempfänger gegen die Baugeldverwendungspflicht und macht sich gem. § 823 Abs. 2 BGB iVm § 1 Abs. 1 BauFoSiG schadensersatzpflichtig, falls der Gläubiger mit seiner Forderung ausfällt. Voraussetzungen des Anspruchs sind daher, dass

- der Auftragnehmer zum anspruchsberechtigten Personenkreis gehört und die Herstellung eines Baus vorliegt,
- für die Herstellung eines Baus Baugeld gewährt wurde,
- ein Baugeldempfänger Baugeld nicht ordnungsgemäß verwendet hat,
- dem Baugeldempfänger Verschulden anzulasten ist, sowie
- die geltend gemachte Forderung Bestandteil des Schadensersatzanspruchs ist.

450 **c) Herstellen eines Baus.** Der Wortlaut des BauFoSiG macht deutlich, dass es sich bei Baugeld nur um solche Geldbeträge handelt, die für die „Herstellung oder den Umbau des Baus" aufgrund eines Werk-, Dienst- oder Kaufvertrages verwendet werden. Es kommt danach darauf an, dass der Unternehmer, um in den Schutzbereich des BauFoSiG zu gelangen, eine „im Zusammenhang mit der Herstellung des Baus oder Umbaus bestehende Leistung" erbracht haben muss, da er Glied einer Vertragskette ist, die Bauleistungen erbringt.

451 Aufgrund dieser Zweckbestimmung fallen in den Anwendungsbereich des Gesetzes nur solche Leistungen, die gezielt der Herstellung des Baus oder Umbaus dienen. Dies sind nach der Rechtsprechung solche Leistungen, Lieferungen und Arbeiten, die sich unmittelbar und wertsteigernd im Bau/ Umbau niederschlagen (Stammkötter, BauFoSiG, 3. Aufl. 2009, BauFoSiG § 1 Rn. 338 ff.). Maßgebliches Entscheidungskriterium ist, ob die Bauleistung in eine so enge Beziehung zum Grundstück gelangt ist, dass sich sein Wert hierdurch vergrößert und ob die Arbeiten nach allgemeiner Lebensanschauung in Beziehung zum Bauvorhaben stehen (OLG Hamburg BauR 1994, 123; OLG Dresden BauR 2002, 486).

452 Vor diesem Hintergrund ist beispielsweise der Nachunternehmer, der Arbeiten zur Erbringung eines Bauwerks ausführt, durch das BauFoSiG geschützt, sprich gehört zum geschützten Personenkreis. Gleichfalls unterliegt auch der Generalunternehmer des Bauvorhabens der Baugeldverwendungspflicht. Diese obliegt nicht nur dem Bauherrn, sondern auch einem Generalüber- und Generalunternehmer sowie sonstigen Baubeteiligten, die als Zwischenperson die Verfügungsgewalt über Baugeld zur Finanzierung der Bauleistungen erlangt haben (OLG Brandenburg 16.11.2011 – 4 U 202/10 Rn. 54, NZBau 2012, 166). Der Geschäftsführer des Baugeldempfängers muss im Streitfall substantiiert darlegen, dass er das Baugeld ordnungsgemäß verwendet hatte. Erforderlich ist hierfür eine substantiierte Aufschlüsselung, welche Zahlung auf welches Bauwerk im Einzelnen geleistet und auf welcher Art und Weise das empfangene Baugeld an welchen Baugeldgläubiger weitergeleitet worden ist. Nach § 1 Abs. 4 BauFoSiG trifft die alleinige Beweislast für die Baugeldeigenschaft oder die Verwendung des Baugeldes den Empfänger. Zu Gunsten des anspruchstellenden Geschädigten wird daher zunächst einmal vermutet, dass der Schädiger für das Bauvorhaben Baugeld empfangen und dieses nicht zweckentsprechend verwendet hat, sofern der Anspruchsteller mit seiner Vergütungsforderung ausfällt. Das Verschulden hinsichtlich der zweckwidrigen Verwendung des Baugelds wird demgegenüber von Gesetzes wegen nicht vermutet, muss daher von dem Anspruchsteller nachgewiesen werden.

d) Kausalität. Besondere Aufmerksamkeit hat in diesem Zusammenhang zuletzt die Entscheidung des BGH v. 26.4.2013 (NZI 2013, 719) erfahren. Wie bereits ausgeführt, muss die zweckwidrige Verwendung von Baugeld zu einem kausalen Schaden des Gläubigers führen. An dem danach erforderlichen Kausalzusammenhang fehlt es nach der Entscheidung des BGH allerdings, wenn die hypothetisch pflichtgemäß geleisteten Zahlungen insolvenzanfechtungsrechtlich keinen Bestand gehabt hätten. **453**

Inzident stellt sich in diesem Zusammenhang mithin die Frage, ob hypothetisch pflicht-gemäß geleistete Zahlungen insolvenzrechtlich anfechtungsfest gewesen wären. Unter welchen Voraussetzungen eine Insolvenzanfechtung begründet ist, lässt sich naturgemäß nicht für alle denkbaren Fallkonstellationen pauschal zusammenfassen. Nach dem Sachverhalt, der der vorstehend zitierten BGH-Entscheidung zugrunde lag (BGH NZI 2013, 719 = Matthies jurisPR-PrivBauR 9/2013 Anm. 6), war es so, dass die Schlussrechnungsforderung erst zu einem Zeitpunkt fällig wurde, als der Generalunternehmer bereits einen Insolvenzantrag gestellt hatte. Vorfällige Zahlungen stellen im insolvenzrechtlichen Sinne inkongruente Leistungen dar, die nach Antragstellung ohne weitere Voraussetzung nach § 131 Abs. 1 Nr. 1 InsO der Anfechtung unterliegen. Wäre die Zahlung daher im Zeitpunkt der Fälligkeit der Forderung geleistet worden, läge eine kongruente Deckung vor, die nach § 130 Abs. 1 InsO ebenso anfechtbar gewesen wäre, wenn zum Zeitpunkt der Rechtshandlung die Insolvenzschuldnerin bereits zahlungsunfähig gewesen ist. Darüber hinaus muss der Gläubiger bei der Kongruenzanfechtung zum Zeitpunkt der Zahlung die Zahlungsunfähigkeit oder wenigstens den Eröffnungsantrag gekannt haben. Und selbst wenn die Zahlung nicht innerhalb von drei Monaten vor Antragstellung oder nach Antragstellung geleistet worden wäre, bliebe insolvenzrechtlich immer noch die Möglichkeit der Vorsatzanfechtung nach § 133 InsO. Auch soweit eine derartige Vorsatzanfechtung durchgreift, haben Ansprüche aus § 1 BauFoSiG keinen Vorrang. **454**

e) Gesamtschaden oder Einzelschaden. Was weder baurechtlich, noch insolvenzrechtlich bislang abschließend entschieden worden ist, ist die Frage, wer etwaige Schadensersatzansprüche nach § 823 Abs. 2 BGB iVm § 1 BauFoSiG geltend machen kann. Da § 1 BauFoSiG keinen reinen Innenanspruch zwischen der Gesellschaft und dem etwaig haftenden Geschäftsführer begründet, steht es vor der Eröffnung eines Insolvenzverfahrens über das Vermögen der Auftraggebergesellschaft dem jeweils betroffenen Gläubiger zu, seine Haftungsansprüche gegen den Geschäftsführer geltend zu machen. **455**

Aus § 92 InsO könnte sich jedoch für die Dauer des Insolvenzverfahrens eine Ausübungssperre ergeben. Danach können für die Dauer eines Insolvenzverfahrens Ansprüche der Insolvenzgläubiger auf Ersatz eines Schadens, den diese Gläubiger gemeinschaftlich durch eine Verminderung des zur Insolvenzmasse gehörenden Vermögens vor oder nach der Eröffnung des Insolvenzverfahrens erlitten haben (Gesamtschaden), nur vom Insolvenzverwalter geltend gemacht werden. **456**

Voraussetzung für diese Sperrwirkung nach § 92 InsO ist also zunächst einmal, dass es überhaupt zu einer Insolvenzverfahrenseröffnung kommt. Solange das Insolvenzverfahren noch nicht eröffnet ist, besteht auch keine Sperrwirkung, kann folglich der Gläubiger seine Ansprüche auch eigenständig geltend machen. **457**

Kommt es jedoch zu einer Verfahrenseröffnung – möglicherweise auch erst im Laufe eines anhängigen Rechtsstreits – so ist anerkannt, dass Einzelklagen von Gläubigern unzulässig sind bzw. werden (vgl. Uhlenbruck/Hirte, 15. Aufl. 2019, InsO § 92 Rn. 27). Entscheidend ist daher die Frage, ob es sich bei dem Schaden, der sich aus der Verletzung des BauFoSiG ergibt, um einen Gesamtschaden in diesem Sinne oder vielmehr um einen Individualschaden handelt. Diese Frage wird in der bau- und insolvenzrechtlichen Literatur nur rudimentär behandelt. Überzeugender dürfte meines Erachtens die Auffassung sein, wonach ein Anspruch aus § 823 Abs. 2 BGB iVm § 1 BauFoSiG ein Gesamtschaden iSv § 92 InsO darstellt, weil § 1 BauFoSiG nach der Rechtsprechung des BGH „ein Schutzgesetz zu Gunsten der am Baubeteiligten" ist (BGH ZfBR 1982, 75 (76); Kleine-Möller/Merl, Handbuch des privaten Baurechts, 6. Aufl. 2019, § 2 Rn. 542). Dementsprechend könnte während der Dauer eines Insolvenzverfahrens der Anspruch aus § 1 BauFoSiG allein vom Insolvenzverwalter geltend gemacht werden, nicht jedoch von dem einzelnen **458**

Bau- und Architektenrecht in der Insolvenz

Gläubiger (vgl. auch Kuffer/Wirth/Koenen, Handbuch des Fachanwalts Bau- und Architektenrecht, 6. Aufl. 2020, Kap. 7 Abschnitt E Rn. 199 ff. mwN).

VIII. Die Rechte des Baustofflieferanten

1. Typisierung des Vertrages

459 In einer Bauinsolvenz stellen sich auch für den Baustofflieferanten spezifische Fragestellungen. Dies gilt insbesondere dann, wenn der Auftragnehmer in Insolvenz gerät; der Auftragnehmer verpflichtet sich gegenüber dem Auftraggeber zur Erstellung des Bauwerkes, bezieht die hierfür erforderlichen Baustoffe jedoch von einem Lieferanten, nämlich dem Baustofflieferanten. Treffen den Baustofflieferanten reine Lieferpflichten, sind also die bestellten Baustoffe hergestellt oder ist die Herstellungsverpflichtung nicht Vertragsgegenstand des Baustofflieferanten, liegt ein reiner Kaufvertrag über die Baustoffe vor (§§ 433 ff. BGB).

460 Bei der Lieferung beweglicher Sachen bleibt Kaufrecht anwendbar, auch wenn sich der Lieferant verpflichtet, die Sache bei dem Besteller einzubauen (§ 651 BGB). Hat der Baustofflieferant den Baustoff nicht nur zu liefern, sondern das Bauteil auch zu montieren, kann im Einzelfall streitig sein, ob die werkvertraglichen Leistungselemente den Schwerpunkt des Vertrages bilden, sodass im Ergebnis die Anwendung von Werkvertragsrecht gerechtfertigt wäre (Wirth/Kuffer/Gay, Der Baustoffhandel, 2010, Kap. 1 Rn. 57 ff.). Bei einem einfachen Kauf mit Montageverpflichtung bleibt es hingegen bei der Anwendung des Kaufvertragsrechts (§ 434 Abs. 2 BGB).

2. Eigentumsverhältnisse an Baustoffen

461 Im Regelfall steht für den Baustofflieferanten die Lieferung von Baustoffen auf die Baustelle im Vordergrund. Für ihn ist es daher von wesentlicher Bedeutung, ob er sich wegen seiner Zahlungsansprüche im Falle der Insolvenz seines Kunden (also des Auftragnehmers) befriedigen/schadlos halten kann. Am ehesten gelingt dies, wenn der gelieferte Baustoff bis zur vollständigen Zahlung des Kaufpreises im Eigentum des Baustofflieferanten verbleibt. Ihre Sicherungsinteressen wollen Baustofflieferanten daher oft dadurch stillen, dass sie sich vertraglich einen Eigentumsvorbehalt an den gelieferten Baustoffen einräumen lassen.

462 **a) Einfacher Eigentumsvorbehalt.** Rechtskonstruktiv funktioniert der einfache Eigentumsvorbehalt so, dass der Vorbehaltsverkäufer den Baustoff nur unter der aufschiebenden Bedingung (§ 158 Abs. 1 BGB) der vollständigen Kaufpreiszahlung übereignet. Das Eigentum an dem Baustoff geht daher erst dann auf den Erwerber/Bauunternehmer über, wenn der Kaufpreis in vollständiger Höhe gezahlt ist. Bedingungsfeindliche Weiterveräußerungen sind gegenüber dem Baustofflieferanten relativ unwirksam (§ 161 BGB). Möglich bleibt jedoch ein gutgläubiger Dritterwerb (§§ 161 Abs. 3, 932, 933, 934 BGB).

463 Da sich nach § 946 BGB das Eigentum am Grundstück auch auf bewegliche Sachen, die mit dem Grundstück verbunden werden, erstreckt, vermag ein einfacher Eigentumsvorbehalt den Baustofflieferanten nur so lange zu schützen, als der gelieferte Baustoff nicht in das Bauwerk eingebaut wird. Der Eigentumsverlust des Baustofflieferanten nach § 946 BGB ist zwingend. Die Norm statuiert einen gesetzlichen Eigentumserwerb, der mit der Vereinbarung eines einfachen Eigentumsvorbehaltes nicht ausgeschlossen werden kann. Der einfache Eigentumsvorbehalt ist daher kein umfassendes Sicherungsinstrument, sondern nur eine „Sicherheit auf Zeit" (bis zum Einbau).

464 Der einfache Eigentumsvorbehalt sichert allein den Herausgabeanspruch des Vorbehalts-verkäufers (Baustofflieferanten), wenn dieser vom Vertrag zurücktritt. In der Insolvenz der Vorbehaltskäufers (Bauunternehmer/Auftragnehmer) hat der Vorbehaltsverkäufer dann ein Aussonderungsrecht an der unter einfachem Eigentumsvorbehalt veräußerten Sache (§ 47 InsO). Der Vorbehaltsverkäufer kann mithin die Herausgabe des Eigentums von dem Insolvenzverwalter verlangen. Der Insolvenzverwalter kann dem nur durch einen Vertragseintritt unter Bezahlung der (Rest-)Kaufpreisforderung begegnen (vgl. § 55 Abs. 1 Nr. 2 InsO). Lehnt er jedoch die Erfüllung des Vertrages ab, kann der Baustofflieferant ohne weitere Fristsetzung vom Vertrag zurücktreten und den Baustoff aussondern (§ 449 Abs. 2 BGB) (vgl. BGH NZI 2008, 357).

465 **b) Verlängerter Eigentumsvorbehalt.** Bei dem verlängerten Eigentumsvorbehalt vereinbart der Baustofflieferant mit seinem Vertragspartner, dass an Stelle der verkauften Baumaterialien im Falle der Weiterveräußerung die Kaufpreisforderung des Baustofflieferanten gegen seinen Vertragspartner treten soll. Beim verlängerten Eigentumsvorbehalt tritt daher regelmäßig der Vertragspartner des Baustofflieferanten seine späteren Kaufpreisforderungen/Vergütungsforderung gegen den

Bau- und Architektenrecht in der Insolvenz

Endkunden an den Baustofflieferanten ab. Wesentliches Element des verlängerten Eigentumsvorbehaltes ist diese Vorausabtretung.

In der Insolvenz des Bauunternehmers hat der verlängerte Eigentumsvorbehalt nicht die gleiche **466** Rechtstellung wie der einfache Eigentumsvorbehalt. Dem Baustofflieferanten wird kein Aussonderungsrecht, sondern lediglich ein Absonderungsrecht eingeräumt, jedenfalls dann, wenn der Baustoff schon weiterveräußert bzw. verarbeitet wurde (K. Schmidt InsO/Thole InsO § 47 Rn. 38; Uhlenbruck/Brinkmann InsO § 47 Rn. 38 ff.; MüKoInsO/Ganter InsO § 47 Rn. 144), ansonsten kommt nach hM auch hier eine Aussonderung in Betracht (Details → § 47 Rn. 40 f). Im Vordergrund steht nach Weiterveräußerung/-verarbeitung richtigerweise nicht der Anspruch auf Rückgabe der Kaufsache, sondern das Sichern des Kaufpreisanspruches (BGH NZI 2008, 357).

Da der Vertragspartner des Baustofflieferanten beim verlängerten Eigentumsvorbehalt zur Wei- **467** terveräußerung des Baustoffes berechtigt ist, erwirbt letztendlich der Endkunde das Eigentum an dem Baustoff. Der Baustofflieferant ist über die abgetretene (Kaufpreis-)Forderung gegen den Endkunden abgesichert. Der verlängerte Eigentumsvorbehalt führt damit nicht nur dazu, dass der Baustofflieferant im Falle der Weiterveräußerung das Eigentum an dem Baustoff verliert. In der praktischen Durchsetzung seines Sicherungsrechtes bestehen nicht unerhebliche Risiken: Möglicherweise fehlt es dem Baustofflieferanten an Kenntnis darüber, an wen am Ende der Baustoff weiterveräußert wird. Will er aber in der Insolvenz des Bauunternehmers Absonderungsrechte geltend machen, trifft ihn die Beweislast dafür, dass er Forderungsinhaber einer abgetretenen Forderung geworden ist. Hierzu muss er also in der Regel wissen, wie der Endkunde heißt und welche Baustoffe konkret an diesen weiterveräußert worden sind.

3. Eingebaute Baustoffe

Werden bewegliche Sachen mit dem Grundstück verbunden, erstreckt sich das Eigentum am **468** Grundstück auch auf die beweglichen Sachen (§ 946 BGB). Voraussetzung ist, dass die Sache durch die Verbindung wesentlicher Bestandteil des Grundstücks wird. Hierzu gehören das auf dem Grundstück stehende Gebäude selbst sowie die zur Herstellung des Gebäudes eingefügten Sachen (§ 94 BGB). Baustoffe sind typischerweise Sachen, die der Herstellung des Gebäudes dienen. Werden die Baustoffe daher in das Bauwerk eingebaut und damit wesentlicher Grundstücksbestandteil, wird der Grundstückseigentümer zugleich mit dem Einbau auch Eigentümer der Baumaterialien.

Der Baustofflieferant sollte nach dem Einbau des Baustoffes in jedem Fall davon absehen, die **469** Baustoffe wieder auszubauen und an sich zu nehmen. Dies stellt gem. § 823 Abs. 1 BGB eine deliktische Handlung dar, die zum Schadensersatz gegenüber dem Grundstückseigentümer führt.

4. Angelieferte Baustoffe ohne Eigentumsvorbehalt

Liefert der Baustofflieferant Ware auf die Baustelle an, ohne dass sie in das Bauwerk eingebaut **470** und damit wesentlicher Grundstücksbestandteil werden, werden die Baustoffe also z. B. für einen gewissen Zeitraum zwischengelagert, muss im Einzelfall rechtlich geprüft werden, ob eine Eigentumsübertragung nach § 929 BGB stattgefunden hat. Erforderlich für einen Eigentumsübergang ist danach, dass der Baustofflieferant die Sache dem Erwerber (sein Vertragspartner, der Bauunternehmer) übergibt und beide darüber einig sind, dass das Eigentum übergehen soll. Die Übergabe ist aber ein tatsächlicher Vorgang. Sie liegt dann vor, wenn der Besitz von dem Baustofflieferanten auf den potenziellen Erwerber übergeht, der Erwerber also Besitz erlangt.

Daneben bedarf es für einen Eigentumsübergang aber auch der Einigung der Parteien über den **471** Eigentumsübergang. Hiervon ist dann auszugehen, wenn der Auftraggeber vereinbarungsgemäß Abschlagszahlungen auf angelieferte Baustoffe leistet (vgl. § 16 Abs. 1 Nr. 1 S. 3 VOB/B bzw. § 632a Abs. 1 S. 6 BGB).

5. Der Baustofflieferant in der Insolvenz des Bauunternehmers

Rechtliche Grundlage für das Vertragsverhältnis zwischen dem Baustofflieferanten und dem **472** Bauunternehmer ist der Baustofflieferungsvertrag (Kaufvertrag). Hat der Baustofflieferant (wie regelmäßig) unter Eigentumsvorbehalt geliefert, zum Zeitpunkt der Insolvenzverfahrenseröffnung aber noch nicht den vollständigen Kaufpreis von dem Bauunternehmer erhalten, so findet auf den Belieferungsvertrag das Wahlrecht des Insolvenzverwalters nach den §§ 103 ff. InsO Anwendung (→ § 103 Rn. 31). Die Rechte des Baustofflieferanten bestimmen sich folglich danach, ob sich der Insolvenzverwalter für die Erfüllung des Vertrages entscheidet oder die Erfüllung ablehnt.

Bau- und Architektenrecht in der Insolvenz

473 **a) Erfüllungswahl.** Wählt der Insolvenzverwalter die Erfüllung des Vertrages, muss der Restkaufpreis aus der Insolvenzmasse bezahlt werden (§ 55 Abs. 1 Nr. 2 InsO). Wird die letzte Kaufpreisrate gezahlt, erstarkt das Anwartschaftsrecht des Bauunternehmers mit der Zahlung der letzten Rate zu Volleigentum.

474 **b) Erfüllungsablehnung.** Bei der Erfüllungsablehnung kann der Bauunternehmer in der Insolvenz keine weitere Erfüllung von dem Baustofflieferanten verlangen. Sein Anwartschaftsrecht erlischt. Der Baustofflieferant kann gem. § 449 Abs. 2 BGB vom Kaufvertrag zurücktreten und dann die Herausgabe des unter (einfachen) Eigentumsvorbehalt gelieferten Baustoffes verlangen. In der Insolvenz hat er insoweit ein Aussonderungsrecht (§ 47 InsO, → § 47 Rn. 36). Er kann folglich geltend machen, dass der Baustoff nicht zur Insolvenzmasse gehört. Tritt der Baustofflieferant vom Vertrag zurück, hat der Bauunternehmer respektive der Insolvenzverwalter auch kein Recht zum Besitz mehr iSd § 986 BGB.

475 **c) Aufforderung zur Ausübung des Wahlrechts.** Nach § 103 Abs. 2 S. 2 InsO kann der Baustofflieferant den Insolvenzverwalter des Bauunternehmers auch zur Erklärung zu seinem Erfüllungswahlrecht auffordern, wobei die Nichterklärung innerhalb angemessener Frist dann als Erfüllungsablehnung zu werten ist. § 107 Abs. 2 S. 1 InsO enthält insoweit die Besonderheit, dass der Insolvenzverwalter die Erklärung erst unverzüglich nach dem Berichtstermin abzugeben hat. In praktisch den meisten Fällen findet der Berichtstermin in etwa drei Monate nach der Eröffnung des Insolvenzverfahrens statt. Vor dem Berichtstermin wird der Baustofflieferant keine Möglichkeit haben, den Baustoff zurückzuerhalten. Etwas anderes gilt nur, wenn in der Zeit, in der der Baustofflieferant warten muss, eine erhebliche Verminderung des Wertes der Sache zu erwarten ist (§ 107 Abs. 2 S. 2 InsO). Bei Baustoffen dürfte dies eher unwahrscheinlich sein (vgl. → § 107 Rn. 42).

476 In den Fällen der Vereinbarung eines verlängerten Eigentumsvorbehaltes ist der Baustofflieferant wesentlich schlechter geschützt. Hält er die Erfüllung des Vertrages ein, bleibt die Vorausabtretung vollumfänglich wirksam. Entscheidet sich der Insolvenzverwalter hingegen dafür, die Verträge nicht zu erfüllen, hat dies in der Regel auch ein Scheitern der Abtretung zur Folge. Folglich kann der Baustofflieferant aus dem vorausabgetretenem Anspruch keine abgesonderte Befriedigung mehr verlangen. Nach § 105 InsO bleibt die Vorausabtretung nur in der Höhe wirksam, in der der Baustofflieferant wertmäßig Baustoffe bis zur Eröffnung des Insolvenzverfahrens an den Bauunternehmer geliefert hatte (MüKoInsO/Ganter, 4. Aufl. 2019, InsO § 47 Rn. 153.).

6. Ansprüche des Baustofflieferanten als Nachunternehmer in der Insolvenz des Generalunternehmers/Bauträgers gegen Dritte?

477 **a) Bauforderungssicherungsgesetz.** Ist der Baustofflieferant Nachunternehmer des insolventen Generalunternehmers/des insolventen Bauträgers, dann ist er über § 1 des Bauforderungssicherungsgesetzes abgesichert. Danach ist der Empfänger von Baugeld verpflichtet, das Baugeld zur Befriedigung solcher Personen, die an der Herstellung des Baus aufgrund eines Werk-, Dienst- oder Lieferungsvertrages beteiligt sind, zu verwenden. Auch der Baustofflieferant gehört danach zum geschützten Personenkreis, dh der Baugeldempfänger ist verpflichtet, das Baugeld auch zu Befriedigung der Forderungen des Baustofflieferanten zu verwenden. Dem Baustofflieferanten können daher durchaus Schadensersatzansprüche wegen zweckwidriger Verwendung von Baugeld gegen den Generalunternehmer bzw. Bauträger zustehen, wenn er von diesen als Nachunternehmer mit der Lieferung von Baustoffen beauftragt worden ist.

478 Damit kann für den Baustofflieferanten letztendlich auch eine persönliche Haftung des Geschäftsführers des insolventen Generalunternehmers/Bauträgers aus § 823 Abs. 2 BGB iVm § 1 BauFoSiG in Betracht kommen.

479 **b) Direktansprüche gegen den Hauptauftraggeber/Bauherrn?** Der Baustofflieferant hat grundsätzlich keinen Anspruch gegen den Bauherrn bzw. Hauptauftraggeber aufgrund ungerechtfertigter Bereicherung nach § 812 Abs. 1 BGB. Grundsätzlich sind etwaige Ansprüche im jeweiligen Leistungsverhältnis auszugleichen. Da zwischen dem Baustofflieferanten und dem Bauherrn in aller Regel kein unmittelbares Leistungsverhältnis besteht, ist davon auszugehen, muss der Baustofflieferant seine Ansprüche gegen den insolventen Bauunternehmer bzw. dem Insolvenzverwalter geltend machen.

480 Etwas anderes könnte sich allenfalls dann ergeben, sollten der insolvente Unternehmer und der Baustofflieferant einen verlängerten Eigentumsvorbehalt vereinbart haben. In dem Fall hätte nämlich der Unternehmer seine vertraglichen Ansprüche gegenüber dem Bauherrn abgetreten. Da allerdings der verlängerte Eigentumsvorbehalt im eröffneten Insolvenzverfahren in der Regel lediglich ein Absonderungsrecht begründet (→ Rn. 466), muss der Baustofflieferant sich auch trotz der

Bau- und Architektenrecht in der Insolvenz

Abtretung zunächst mit dem Verwalter verständigen, da ihm nach § 166 Abs. 2 InsO gleichwohl das Recht zusteht, die abgetretene Forderung einzuziehen (→ § 166 Rn. 34).

7. Der Produzent in der Insolvenz des Baustofflieferanten

Für den Bauunternehmer ist voranzustellen, dass dieser seine Ansprüche wegen Mängeln der gelieferten Baustoffe nur zur Insolvenztabelle wird anmelden können, wenn nicht der Insolvenzverwalter ausnahmsweise die Erfüllung des Vertragsverhältnisses wählt und im Gesamten eine sog. unteilbare Leistung vorliegt. Mit Blick auf § 105 S. 1 InsO und vor dem Hintergrund der Tatsache, dass nach der Rechtsprechung der Teilbarkeitsbegriff weit auszulegen ist, wird der Bauunternehmer aber regelmäßig Insolvenzgläubiger bleiben. **481**

Hat der Hersteller/Lieferant seinerseits an den Baustofflieferanten unter einfachem Eigentumsvorbehalt geliefert, gelten die oben stehenden Ausführungen sinngemäß. Vertragsgrundlage ist auch im Rechtsverhältnis zum Baustofflieferanten der Kaufvertrag. Ist dieser zum Zeitpunkt der Insolvenzverfahrenseröffnung wechselseitig unerfüllt, steht dem Insolvenzverwalter ein Wahlrecht nach § 103 InsO zu. Wählt der Insolvenzverwalter Erfüllung, muss er die restlichen Kaufpreisraten aus der Insolvenzmasse bezahlen. Bei Ablehnung der Erfüllung kann auch er vom Vertrag zurücktreten und dann seinen Herausgabeanspruch aus der Insolvenzmasse aussondern. **482**

Besonderheiten ergeben sich allenfalls bei einem verlängerten Eigentumsvorbehalt: Unter bestimmten Umständen stehen dem Produzenten aus der Vorausabtretung keine Rechte zu. Dem Insolvenzverwalter des Baustofflieferanten stehen nicht nur im Vertragsverhältnis zum Hersteller, sondern auch im Vertragsverhältnis zum Bauunternehmer Erfüllungswahlrechte zu. **483**

Der Produzent/Hersteller hat ein werthaltiges Absonderungsrecht gegen den Insolvenzverwalter über das Vermögen des Baustofflieferanten, wenn er Baustoffe an den Baustofflieferanten vor Insolvenzverfahrenseröffnung geliefert und der Baustofflieferant diese Baustoffe an den Bauunternehmer weiter geliefert hat. Die Vorausabtretung der entsprechenden Gegenforderung gegen den Bauunternehmer bleibt auf der Grundlage der vorvertraglichen Abrede zwischen dem Produzenten und dem Baustofflieferanten werthaltig. Hinsichtlich dieser abgetretenen (Teil-)Forderung steht dem Insolvenzverwalter auch kein Erfüllungswahlrecht (mehr) zu. **484**

Soweit Baustoffe an den Bauunternehmer von dem Baustofflieferanten jedoch nicht weiter geliefert worden sind, ist auch noch keine werthaltige Gegenforderung gegen den Bauunternehmer entstanden und kann folglich die Abtretung an den Produzenten keinen Bestand haben. Befinden sich die Baustoffe noch beim Baustofflieferanten/Insolvenzverwalter und erklärt er sich nicht zur Erfüllung des Vertrages bereit, kann der Produzent vom Vertrag zurücktreten und sodann die Herausgabe des noch unverbrauchten (nicht weiter gelieferten) Baustoffes verlangen. Insoweit steht ihm dann ein Aussonderungsrecht zu. **485**

Es nützt dem Produzenten die Vorausabtretung indes nichts, wenn der Insolvenzverwalter über das Vermögen des Baustofflieferanten im Vertragsverhältnis zum Bauunternehmer die Nichterfüllung des Vertrages wählt. Diese Ablehnung der Erfüllung schlägt dann auch auf die Abtretung durch, weil ein werthaltiger Gegenanspruch mangels Lieferung an den Bauunternehmer nicht entstehen kann. Folglich kann insoweit auch der Produzent kein Absonderungsrecht gegen den Insolvenzverwalter geltend machen. **486**

Dem Produzenten nützt es auch nichts, wenn der Insolvenzverwalter einseitig im Vertragsverhältnis zum Bauunternehmer die Erfüllung des Vertrages wählt ohne zugleich auch die Erfüllung des Lieferantenvertrages mit dem Produzenten zu wählen. Aus § 91 Abs. 1 InsO folgt, dass der Produzent keine Rechte an den Gegenständen der Insolvenzmasse nach der Eröffnung des Insolvenzverfahrens mehr erwerben kann. Der Insolvenzverwalter könnte folglich über die einseitige Erfüllung des Vertrages mit dem Bauunternehmer Restvergütungsansprüche für die Masse generieren, dem Produzenten auf der anderen Seite jedoch auf die Geltendmachung seiner Forderungen zur Insolvenztabelle verweisen. Wählt der Insolvenzverwalter jedoch die Erfüllung beider Verträge, führt dies dazu, dass er auch die Kaufpreisansprüche gegen den Bauunternehmer an den Hersteller abtreten muss. **487**

8. Vertragsrechtliche Besonderheiten

Bei den gesamten vorstehenden Überlegungen ist zu würdigen, dass ein Eigentumsvorbehalt, sei es ein einfacher oder ein verlängerter Eigentumsvorbehalt, zunächst einmal auch vertragsrechtlich wirksam zwischen den Vertragsparteien vereinbart worden sein muss. Regelmäßig liegen dem die Allgemeinen Geschäftsbedingungen des Baustofflieferanten bzw. Produzenten zugrunde. Im unternehmerischen Rechtsverkehr ist eine entsprechende AGB grundsätzlich nicht zu beanstanden. Der BGH hat jedoch entschieden, dass eine uneingeschränkte Abtretung den Bauunterneh- **488**

Bau- und Architektenrecht in der Insolvenz

mer unter Umständen unangemessen benachteiligen kann und unwirksam ist (Munz BauR 2003, 621 ff.).

489 Zu berücksichtigen sind schließlich auch etwaige Abtretungsverbote, die sowohl dem Baustofflieferanten als auch dem Produzenten in der Insolvenz des Bauunternehmers bzw. Baustofflieferanten beeinträchtigen können. Vereinbart der Bauunternehmer mit seinem Endabnehmer ein Abtretungsverbot hinsichtlich seiner Werklohnansprüche, nützt dem Baustofflieferanten die Vorausabtretung nichts. Das Abtretungsverbot wäre nur dann wirkungslos, wenn das Rechtsgeschäft, das die abgetretene Forderung begründet hat (bspw. also der Vertrag zwischen dem Bauunternehmer und dem Bauherrn) für beide Seiten ein Handelsgeschäft ist (§ 354a HGB).

IX. Insolvenz in der Bau-ARGE

1. Allgemeines

490 Es entspricht heute weitestgehend einhelliger Auffassung, dass es sich rechtstechnisch bei einer sog. ARGE (Arbeitsgemeinschaft) um eine Gesellschaft bürgerlichen Rechts nach §§ 705 ff. BGB handelt, die eine eigene Rechtspersönlichkeit im Außenverhältnis hat (vgl. BGH BeckRS 2009, 5200). Wie jede Gesellschaft bürgerlichen Rechts ist damit auch die ARGE teilrechtsfähig.

491 Nach § 11 Abs. 2 Nr. 1 InsO ist ua auch die Gesellschaft bürgerlichen Rechts und damit folglich auch die ARGE insolvenzfähig. Dies bedeutet, dass ein Insolvenzverfahren auch partiell über das Vermögen der ARGE eröffnet werden könnte. In der Baupraxis ist dieser Fall jedoch kaum relevant, weil die ARGE selbst oft über kein nennenswertes Vermögen verfügt. ARGE-rechtliche Zusammenschlüsse von mehreren Bauunternehmen finden in der Art statt, dass die Gesellschafter der ARGE (sprich die einzelnen Bauunternehmen) ihre Beitragspflichten durch die eigenverantwortliche Durchführung der zugeteilten Aufgaben erfüllen (Dach-ARGE). Hinzu kommt, dass die Gesellschafter einer Gesellschaft bürgerlichen Rechts akzessorisch entsprechend § 128 HGB für die Verbindlichkeiten der ARGE haften. Ein Gläubiger/Bauherr, der seine Ansprüche nicht mehr gegen die ARGE durchsetzen kann, wird sich daher sogleich an die beteiligten Bauunternehmen unmittelbar wenden.

492 Viel praxisrelevanter ist daher die Fallkonstellation, dass ein Gesellschafter der ARGE in die Insolvenz gerät.

2. ARGE-Mustervertrag

493 Die Rechtsfolgen für den Fall, dass ein Gesellschafter einer GbR in Insolvenz gerät, sind in den §§ 728 ff. BGB geregelt. Diese gesetzlichen Normen sind dispositiv, dh sie können durch Parteivereinbarung abgeändert oder erweitert werden. Eine GbR, die ein (Groß-)Bauvorhaben verwirklicht, weicht häufig entweder durch einen eigens ausgehandelten Gesellschaftervertrag oder zumindest durch die Zugrundelegung des ARGE-Mustervertrages von den gesetzlichen Regelungen ab, um die Folgen des Ausscheides und die wechselseitigen Rechte und Pflichten der Gesellschaft und der Gesellschafter untereinander angemessen zu regeln.

494 Von dem Hauptverband der Deutschen Industrie und von dem Zentralverband des Deutschen Baugewerbes e.V. werden Musterverträge herausgegeben für Bietergemeinschaften, für Arbeitsgemeinschaften sowohl in einer Dach-Arbeitsgemeinschaftsorganisation als auch in einem Konsortialvertragsmuster. Diese Musterverträge waren bereits mehrfach im Wege der Inhaltskontrolle auf richterlichem Prüfstand; insbesondere die Regelungen über das Ausscheiden eines Gesellschafters und die Gewährleistungsregelungen der Verträge stehen insoweit im Fokus (Nerlich/Kreplin/Forcher, Insolvenz und Sanierung, 3. Aufl. 2019, § 36 Rn. 274).

495 Insoweit ist jedoch festzuhalten, dass bislang keinerlei durchgreifende Unwirksamkeits-gründe festgestellt worden sind, die Vereinbarungen mit diesen Musterverträgen als Rechtsgrundlage daher grundsätzlich keinen rechtlichen Bedenken begegnen (BGH BauR 1991, 1381; OLG München BauR 2002, 1409).

496 Wesentlicher Inhalt des ARGE-Vertrages ist die übereinstimmende Vereinbarung mehrerer Unternehmen, die sich gemeinsam um einen Bauauftrag bewerben und/oder einen erteilten Auftrag zusammen auszuführen (Ingenstau/Korbion, VOB-Kommentar, 21. Aufl. 2020, Anhang „Die Unternehmereinsatzformen" Rn. 8). Dies bedeutet für jeden Bauunternehmer, der Teil der ARGE ist, dass er auch Verpflichtungen gegenüber den anderen Unternehmern/Gesellschaftern hat. Entsprechend den im Innenverhältnis getroffenen Vereinbarungen muss der einzelne Gesellschafter mit zur Erreichung des vereinbarten Ziels beitragen. Der Gesellschafterbeitrag erfolgt grundsätzlich im Rahmen der intern vertraglich festgelegten Möglichkeiten. Der ARGE-Mustervertrag enthält insoweit Konkretisierungen für viele Einzelfragen.

Bau- und Architektenrecht in der Insolvenz

Konzeptionell unterscheidet man zwischen folgenden Erscheinungsformen einer ARGE (s. **497** auch Thierau/Messerschmidt NZBau 2007, 129 (131)):
- Vertikale ARGE ist der Zusammenschluss von Bauunternehmen verschiedener Fachrichtungen zur Erreichung eines oder mehrerer gemeinsamer Bauvorhaben.
- Horizontale ARGE ist der Zusammenschluss von Unternehmen gleicher Fachrichtung zu einem oder mehreren gemeinschaftlichen Bauvorhaben.
- Eine Dach-ARGE liegt vor, wenn die Gesellschafter ihre gesellschaftsrechtliche Beitragspflicht durch ihre selbstständige und eigenverantwortliche Bauleistung erfüllen.

Wenn und soweit im Innenverhältnis durch die Vereinbarung der Regelungen des ARGE-Muster- **498** vertrages keine abweichenden Bestimmungen getroffen worden sind oder soweit die Musterverträge Regelungslücken enthalten, sind die Vorschriften des BGB zur Gesellschaft bürgerlichen Rechts nach §§ 705 ff. BGB anzuwenden.

Bei den Organen der baurechtlichen Arbeitsgemeinschaft wird zwischen der Aufsichtsstelle **499** (Gesellschafterversammlung) und der kaufmännischen und technischen Geschäftsführung unterschieden. Die Gesellschafterversammlung (Aufsichtsstelle) hat die Geschäftstätigkeit der ARGE im Allgemeinen zu überwachen. Sie hat über alle Fragen von grundsätzlicher Bedeutung zu entscheiden, die ihr entweder von den Gesellschaftern unterbreitet werden oder über die sie nach dem ARGE-Vertrag zu befinden hat. Die kaufmännische bzw. technische Geschäftsführung muss die Beschlüsse der Aufsichtsstelle ausführen und hat alle Geschäfte wahrzunehmen, die nicht von dieser zu erledigen sind bzw. erledigt werden.

3. Die Insolvenz eines ARGE-Partners

Wie einleitend bereits ausgeführt, ist die ARGE also solche insolvenzfähig (§ 11 Abs. 2 **500** Nr. 1 InsO). Sie besitzt allerdings in der Regel kein eigenes Vermögen, sodass eine Insolvenz dadurch faktisch unmöglich ist. Die für die Erstellung des Bauvorhabens nötigen Leistungen und Geräte stellen in der Regel die ARGE-Mitglieder innerhalb der ARGE zur Verfügung.

a) Keine Kündigungsmöglichkeit für den Bauherrn. Der Auftraggeber (Bauherr), der ein **501** unmittelbares Vertragsverhältnis mit der ARGE hat, ist zunächst einmal nicht dazu berechtigt, das Vertragsverhältnis wegen der Insolvenz eines ARGE-Gesellschafter zu kündigen. Dies wäre auch nicht gerechtfertigt, da die übrigen ARGE-Partner durchaus in der Lage sein können, die Leistung des ausfallenden Partners zu substituieren und der Verlust eines Partners der ARGE meist nicht die Vermögenslosigkeit der gesamten ARGE nach sich zieht.

b) Auflösung vs. Fortbestand der ARGE. aa) Auflösung. § 728 Abs. 2 S. 1 BGB sieht **502** bei Insolvenz eines Gesellschafters vor, dass die Gesellschaft aufgelöst wird. Die gesetzlichen Rechtsfolgen sind in §§ 728 ff. BGB geregelt. Diese Regelungen aus dem BGB sind der InsO vorrangig (§ 84 InsO). Die Abwicklung der aufgelösten Gesellschaft findet damit außerhalb des Insolvenzrechts statt.

Im Regelfall wird die Gesellschaft auseinandergesetzt, was bedeutet, dass schwebende Geschäfte **503** beendet, Gesellschaftsschulden berichtigt und Einlagen erstattet werden (s. § 733 BGB). Zur Berichtigung der Schulden und Zurückerstattung der Einlagen ist das Gesellschaftsvermögen (soweit vorhanden) in Geld umzusetzen, das Vermögen der Gesellschaft muss also liquidiert werden. Nur wenn nach der Berichtigung der Schulden Vermögen übrig bleibt, sind die Einlagen an die Gesellschafter zurückzuerstatten. Kann die Gesellschaft ihre Schulden nicht begleichen, müsste sie ggf. ihrerseits einen Insolvenzeröffnungsantrag stellen. Im Grunde ist auch dies ohne Weiteres möglich, da auch eine GbR in Liquidation (i. L.) insolvenzfähig ist (§ 11 Abs. 2 Nr. 1, Abs. 3 InsO). Ein Insolvenzverfahren über das Vermögen der GbR kommt letztlich aber nur dann in Betracht, wenn der etwaige Fehlbetrag nicht von den verbleibenden Gesellschaftern (beispielsweise wenn auch diese in Insolvenz geraten) erlangt werden kann. Die verbleibenden Gesellschafter sind bei einem Verlust zum Nachschuss verpflichtet (§ 735 BGB).

bb) Fortbestehen. Die Rechtsfolge des § 728 Abs. 2 S. 1 BGB kann durch sog. Fortsetzungs- **504** abreden unter den Parteien des Gesellschaftsvertrages abbedungen werden. Ist in einem Gesellschaftsvertrag geregelt, dass trotz der Insolvenz eines Gesellschafters die Gesellschaft fortgeführt werden soll, entfaltet § 728 Abs. 2 BGB keine Wirkung. Die verbliebenen Partner der ARGE führen diese fort. Nach § 738 Abs. 1 S. 1 BGB werden ohne besonderen Übertragungsakt mit dinglicher Wirkung die Anteile des ausgeschiedenen Partners übernommen. Durch das Ausscheiden des Gesellschafters ändert sich nicht die Vermögenszuordnung, da Vermögensgegenstände nach wie vor der Gesellschaft zuzuordnen sind, sondern der Wert der Beteiligung an der Gesellschaft wird zugunsten des verbleibenden Gesellschafters nach Anteilen erhöht.

Matthies

Bau- und Architektenrecht in der Insolvenz

505 Dies gilt grundsätzlich auch bei einer sog. zweigliedrigen ARGE (vgl. OLG Hamm BauR 1986, 462). Auch hier geht bei Ausscheiden des Gesellschafters durch Eröffnung des Insolvenzverfahrens dessen Anteil ohne besonderen Übertragungsakt durch Anwachsung auf die anderen Gesellschafter über; also wird die Gesellschaft nicht aufgelöst und nicht auseinandergesetzt.

506 Der ARGE-Mustervertrag sieht eine solche Regelung in § 24.1 vor. Die Regelung gilt bereits zum Zeitpunkt des eigenen Insolvenzantrages des ARGE-Partners. Wird der ARGE-Mustervertrag nicht vereinbart, sieht der Gesellschaftsvertrag aber eine ähnliche Regelung vor, wonach ein Partner aus der ARGE automatisch ausscheidet, wenn ein Insolvenzantrag gestellt wird, so ist auch eine solche Vereinbarung wirksam (Schmitz, Die Bauinsolvenz, 6. Aufl. 2015, Rn. 1173). Die verbleibenden Gesellschafter können auch nachträglich noch (und damit auch noch nach Insolvenzverfahrenseröffnung) einen Fortsetzungsbeschluss fassen, der nach Insolvenzverfahrenseröffnung freilich der Zustimmung des Insolvenzverwalters bedarf.

507 Wird die Gesellschaft fortgesetzt, steht dem Insolvenzverwalter des insolventen Gesellschafters nur ein etwaiges Abfindungsguthaben für den verbleibenden Anteil an dem Gesellschaftsvermögen zu. Die Auseinandersetzung zielt grundsätzlich auf die Abrechnung und Abfindung der Gesellschaft ab. In die Abrechnung sind alle wechselseitigen Forderungen aus dem Gesellschaftsverhältnis als Rechnungsposten einzustellen, Einzelforderungen können grundsätzlich nicht mehr isoliert geltend gemacht werden; es besteht eine Durchsetzungssperre (BGH NJW 2011, 2355). Gegenstände, die der Insolvenzschuldner in die Gesellschaft eingebracht hatte, müssen allerdings grundsätzlich zurückgegeben werden (vgl. § 738 Abs. 1 BGB). Der Insolvenzverwalter kann diese für die Befriedigung der Gläubiger verwerten. Der ARGE-Mustervertrag sieht eine Ausnahme hierzu in § 24.9 vor, wonach der ausgeschiedene ARGE-Partner die von ihm eingebrachten Gegenstände der ARGE auch nach seinem Ausscheiden entgeltlich zur Verfügung stellen muss. Mit der Eröffnung des Verfahrens fällt der Anteil des Gesellschafters jedoch grundsätzlich in die Masse. Die Gegenstände des Gesellschaftsvermögens werden hingegen nicht vom Insolvenzbeschlag erfasst (BGH NJW 1957, 750 (752)). Dementsprechend kann für ein Grundstück der GbR auch kein Insolvenzvermerk eingetragen werden (hM; OLG Dresden NJW-RR 2003, 46 (47); OLG Rostock NZI 2003, 648).

508 c) Das Stichtagsprinzip/Auseinandersetzungsbilanz („Durchsetzungssperre"). Durch das insolvenzbedingte Ausscheiden eines ARGE-Mitglieds und die Anwachsung der Anteile der übrig gebliebenen Gesellschafter hat einer Bewertung der Leistungen des Ausscheidenden zu erfolgen. Nach § 738 Abs. 1 S. 2 BGB bzw. § 24 des Mustervertrages besteht die Pflicht der verbliebenen Gesellschafter, eine Auseinandersetzungsbilanz der Gesellschaft zu erstellen. Der Abfindungsanspruch des Ausscheidenden kommt zum Zeit-punkt des Ausscheidens zur Entstehung (Nerlich/Kreplin/Forcher, Insolvenz und Sanierung, 3. Aufl. 2019, § 36 Rn. 278). Zu dem Stichtag, dem Tag des Ausscheidens (Mustervertrag) oder der Eröffnung des Insolvenzverfahrens (gem. § 736 BGB) muss daher die Auseinandersetzungsbilanz der ehemaligen ARGE-Partner erstellt werden.

509 Zuständig für die Erstellung der Auseinandersetzungsbilanz ist vom Grundsatz her der kaufmännisch zuständige ARGE-Partner. Zu der Erstellung dieser Auseinandersetzungsbilanz sind die übrigen Gesellschafter aber auch dann verpflichtet, wenn sie bis zum Ausscheiden des insolventen Gesellschafters nicht mit der kaufmännischen Geschäftsabwicklung befasst waren, durch die Insolvenz also gerade er kaufmännische „Geschäftsführer" ausscheidet. Die für die Erstellung der Auseinandersetzungsbilanz erforderlichen Informationen/Auskünfte muss daher ggf. der insolvente ARGE-Partner bzw. der Insolvenzverwalter erteilen.

510 In der Praxis ist es aber in der Regel unmöglich, dass die Bilanz „unmittelbar" gem. § 23.7 des Mustervertrages vorgelegt wird. Die rechnerische Aufarbeitung der oft komplexen Vorgänge bis zum Ausscheiden des Partners der ARGE nimmt oft mehre Monate oder Jahre in Anspruch. Dennoch müssen sämtliche Bilanzposten zum Stichtag hin berechnet werden, da der ausgeschiedene Partner ab diesem Tag nicht mehr am Gewinn und nur noch eingeschränkt am Verlust beteiligt ist. Die Verlustbeteiligung stellt eine einfache Insolvenzforderung der verbliebenen Partner da. Die Insolvenzforderung muss zur Insolvenztabelle angemeldet werden. Wichtig ist auch, dass der ausgeschiedenen Partner, also der Insolvenzschuldner bzw. der Insolvenzverwalter Restansprüche gegen die Gesellschaft bzw. die übriggebliebenen Gesellschafter nur noch als positiven Saldo gem. Auseinandersetzungsbilanz geltend machen kann. Einzelansprüche stehen ihm nicht mehr zu. Wegen aller Einzelansprüche besteht mit dem durch die Insolvenzverfahrenseröffnung bedingten Ausscheiden eine Durchsetzungssperre (BGH NJW 1999, 2438; OLG Frankfurt a. M. BauR 2005, 1679).

511 Das Finanzierungskonzept einer ARGE ist in praktisch stets auf das Umlaufvermögen beschränkt, also auf das Vermögen, das nicht dazu bestimmt ist, dauernd dem Geschäftsbetrieb zu dienen. Klassisches Umlaufvermögen ist das zum Verbrauch durch Verarbeitung oder Veräußerung bestimmte Vorratsvermögen. Dies bedeutet, dass die einzelnen ARGE-Partner in der Regel die Vorfinanzierung des Bauvorhabens übernehmen; genauso als wenn sie als (Einzel-)Auftragnehmer zur Erstellung des Bauvorhabens verpflichtet wären. Zahlungen erhalten sie erst im Zuge der Bauausführung als Abschlagszahlungen oder Schlusszahlung nach Abnahme durch den Auftraggeber. Die Finanzierung des Bauvorhabens ist auch insoweit mit der Situation, dass ein ARGE-Partner das Bauvorhaben als (Einzel-)Auftragnehmer ausführt identisch, als die ARGE auf Fremdmitteln angewiesen ist, sollten die Gesellschafter nicht zur Vorfinanzierung in der Lage sein. Praktisch nicht unüblich ist ua auch, dass der Auftraggeber zu Beginn des Bauvorhabens eine Vorauszahlung leistet.

Immer dann, wenn die ARGE Liquidität erhält, insbesondere durch Vergütungszahlungen **512** durch den Auftraggeber, können Auszahlungen an die ARGE-Partner erfolgen. § 11.25 des ARGE-Vertrages legt insoweit jedoch fest, dass die Auszahlung stets unter dem Vorbehalt der jederzeitigen Rückführung durch die kaufmännische Geschäftsführung der ARGE erfolgt. Um Geldflüsse und Leistungen zwischen der ARGE und ihren Mitgliedern buchhalterisch zu erfassen, werden Gesellschafterkonten bei der ARGE geführt. Auf diesen Gesellschafterkonten werden nach § 11.24 des ARGE-Vertrages üblicherweise die Lieferungen und Leistungen der Gesellschafter/ARGE-Partner verbucht. Hierzu gehören insbesondere die Einzahlungen der Gesellschafter und die Auszahlungen an die Gesellschafter, aber auch das zur Verfügung stellen von Baumaterialien, Geräten und Personal sowie sonstigen Leistungen. Dieses Finanzierungskonzept funktioniert daher letztlich wie eine Art Kontokorrent. Wesentlicher Grundgedanke hierbei ist, den Zahlungsverkehr in der Rechtsbeziehung zwischen der ARGE und den einzelnen ARGE-Partnern zu vereinfachen. Es wird vermieden, dass durch die vielen unterschiedlichen Rechtsbeziehungen zwischen der ARGE und den ARGE-Partnern selbstständige wechselseitige Zahlungsansprüche entstehen, die nur durch jeweils im Einzelfall zu erklärende Aufrechnungen verrechnet werden könnten. Dieses Finanzierungskonzept rechtfertigt es gerade auch für den Fall des Ausscheidens eines ARGE-Partners durch Insolvenz, dass alle bis zum Ausscheiden wechselseitig erbrachten Leistungen saldiert und Einzelansprüche nicht isoliert geltend gemacht werden können. Hieraus folgt die oben bereits erwähnte Durchsetzungssperre für Einzelansprüche aus der Rechtsbeziehung zwischen der ARGE und den ARGE-Partnern im Falle des insolvenzbedingten Ausscheidens.

Weist folglich das Gesellschafter-Verrechnungskonto im Falle des insolvenzbedingten Ausschei- **513** dens eines Gesellschafters einen Negativsaldo aus, stehen also der ARGE gegen den insolventen Gesellschafter Rückforderungsansprüche zu, so können diese nur als Insolvenzforderungen zur Insolvenztabelle angemeldet werden. Weist das Verrechnungskonto demgegenüber einen positiven Saldo aus, steht dem ausgeschiedenen Gesellschafter mithin ein Guthaben zu, kann der Insolvenzverwalter dieses Guthaben zur Insolvenzmasse verlangen. Folglich muss auch der Insolvenzverwalter in der Regel ein Interesse daran haben, dass bei Auseinandersetzung die Bilanz möglichst kurzfristig bzw. unmittelbar erstellt wird.

d) Die Erstellung der Auseinandersetzungsbilanz. Folge des Ausscheidens eines Gesell- **514** schafters und damit einhergehend der Auseinandersetzung der Gesellschaft ist stets, dass der Abfindungsanspruch des ausgeschiedenen Gesellschafters festgestellt werden muss. Dies gilt unabhängig davon, ob die Regelungen der §§ 728 ff. BGB oder die Regelungen des ARGE-Mustervertrages zur Anwendung kommen. Der nach § 738 BGB zu ermittelnde Abfindungsanspruch ist der Anspruch auf Abfindung in Geld gemäß den wahren Anteilswert, der durch Erstellung einer Auseinandersetzungsbilanz zu ermitteln ist (BGH NJW 2014, 305). Allgemein sind einzubeziehen der Anspruch auch Rückzahlung der Einlagen oder ihres Wertes, der anteilige Anspruch auf den in der Abfindungsbilanz ausgewiesenen, nach dem beim Ausscheiden geltenden Gewinnverteilungsschlüssel zwischen dem ausgeschiedenen und den übrigen Gesellschafter aufzuteilenden fiktiven Liquidationsüberschuss sowie die sonstigen in die Abfindungsbilanz als Rechnungsposten einzustellenden gegenseitigen Ansprüche aus dem Gesellschaftsverhältnis (BGH NJW 2014, 305 Rn. 17).

Abweichende Vereinbarungen zur Erstellung der Auseinandersetzungsbilanz sind grundsätzlich **515** möglich. Solche enthält § 24.2 – § 24.6 des ARGE-Mustervertrages. Danach sind folgende Grundsätze für die Erstellung der Auseinandersetzungsbilanz zu beachten:
- Die verbleibenden Gesellschafter haben zur Ermittlung des Auseinandersetzungsguthabens eine Auseinandersetzungsbilanz zum Stichtag des Ausscheidens zu erstellen.
- Der ausgeschiedene Gesellschafter nimmt am Gewinn und Verlust der bis zu seinem Ausscheiden ausgeführten Arbeiten teil; er nimmt nicht teil an Gewinn und Verlust noch auszuführender Arbeiten und schwebender Geschäfte, mit Ausnahme bereits erkennbarer Verluste.

Bau- und Architektenrecht in der Insolvenz

- Der ausgeschiedene Gesellschafter haftet entsprechend der Höhe seines früheren Anteils auch für solche Mängelhaftungs- und sonstige Verpflichtungen sowie Verluste in Bezug auf das Gesamtbauvorhaben, welche erst nach Aufstellung der Auseinandersetzungsbilanz erkennbar geworden sind, deren Ursachen jedoch schon zum Zeitpunkt seines Ausscheidens gesetzt waren.
- In der Auseinandersetzungsbilanz sind die Aktiva und Passiva, soweit nicht anders feststellbar, im Wege der Schätzung unter Anwendung des § 738 Abs. 2 BGB zu ermitteln.
- Eine angemessene Bewertung des Gewährleistungsrisikos und sonstiger Risiken bezüglich des Gesamtbauvorhabens ist vorzunehmen.
- Ein etwaiger Geschäftswert der ARGE ist nicht zu berücksichtigen.
- Die ausgeschiedenen Gesellschafter haften für alle Kosten, welche der ARGE durch sein Ausscheiden entstehen.

516 Ausgangspunkt für die Ermittlung des Auseinandersetzungsguthabens ist das Gesellschafterkonto des ausgeschiedenen Gesellschafters. Auf den Gesellschafterkonten werden üblicherweise die Lieferungen und Leistungen der Gesellschafter verbucht (Burchhardt/Pfülb, ARGE-Kommentar, 4. Aufl. 2006, § 11 Rn. 11). Die Gesellschafterkonten bestehen aus sog. Unterkonten, um zB Personalkosten, Gerätemieten, sonstige Lieferungen und Leistungen, Stoffe, Transporte, Ein- und Auszahlungen etc zu erfassen. Dementsprechend stellt das Auseinandersetzungsguthaben im Ergebnis Folgendes dar:

    Saldo des Gesellschafterkontos
    + anteiliger Gewinn laut Buchhaltung
    ./. anteiliger Verlust laut Buchhaltung
    ./. Kosten der ARGE durch das Ausscheiden (§ 24.5 des Mustervertrages)
    = Auseinandersetzungsguthaben nach Auseinandersetzungsbilanz
    ./. eventuell zurückbehaltende Beträge wegen Mängelhaftung
    (§ 24.4 und § 24.3 ARGE-Mustervertrag (Burchhardt/Pfülb, ARGE-Kommentar, 4. Aufl. 2006, § 24 Rn. 16))

517 Für die Erstellung der Auseinandersetzungsbilanz ist noch darauf hinzuweisen, dass die allgemeinen Grundsätze für eine ordnungsgemäße Bilanzierung (Vollständigkeit, Klarheit, Richtigkeit und Willkürfreiheit) zu beachten sind. Für die Bewertung sind die Vermögensgegenstände und Schuldposten so zu bewerten, wie sie mit Wahrscheinlichkeit realisierbar sind bzw. eintreten oder anfallen werden. Auf insolvenzrechtliche Liquidationswerte oder steuerrechtliche Bewertungsgrundsätze kommt es insoweit nicht an.

518 **aa) Saldo des Gesellschafterkontos/Verrechnungskontos.** Der einzelne Gesellschafter erbringt die Bauleistung in der Regel als Teil seiner Einlage zur Erreichung des Gesellschaftszwecks. Seine Forderungen aus Lieferungen und Leistungen sind daher in der Regel mit dem Buchwert anzusetzen. Die von den Gesellschaftern an die ARGE erbrachten Leistungen und Beistellungen können diese der ARGE ohne Weiteres in Rechnung stellen, damit diese bei der Angleichung der Gesellschafterkonten berücksichtig werden können (Burchhardt/Pfülb, ARGE-Kommentar, 4. Aufl. 2006, § 11 Rn. 13). Gleiches gilt auch für die Bewertung von Vorräten wie zB Verbrauchsstoffen oder Gebrauchsstoffen, die durch Inventur, notfalls durch sorgfältige Schätzung zu ermitteln und mit dem „Einstandspreis Freibaustelle" zu bewerten sind. Gemeint ist hiermit generell der Einkaufspreis der bezogenen Stoffe (Burchhardt/Pfülb, ARGE-Kommentar, 4. Aufl. 2006, § 24 Rn. 43 f.).

519 Zu saldieren sind entsprechende Abzahlungen und Anzahlungen an die Gesellschafter, wenn zB die von dem Gesellschafter erbrachte Bauleistung gegenüber dem Auftraggeber abgerechnet und vergütet wird. Hält die ARGE auf dieser Weise Liquidität und kehrt diese an die Gesellschafter aus, ist dies auf den Gesellschafterkonten ebenfalls zu verbuchen und zwar mit dem Buchwert.

520 **bb) Teilnahme an Gewinn und Verlust ausgeführter Arbeiten.** Unter ausgeführte Arbeiten iSv § 24.2 des ARGE-Vertrages ist der jeweilige Fertigstellungsstand der Baudurchführung zu verstehen. Insoweit kommt es maßgeblich auf die tatsächlich erbrachten Leistungen an (Bautenstand). Diese Leistungen müssen noch nicht abgenommen sein. Sind die Leistungen mit Mängeln behaftet, sind die Kosten der Mängelbeseitigung und/oder Minderung entsprechend zu berücksichtigen oder ein eigener Betrag ist zurückzuhalten (§ 24.3 des Mustervertrages).

521 Unter „Gewinn" ist hierbei der Betrag zu verstehen, der für das Gesamtbauvorhaben kalkuliert und vereinbart wurde (Burchhardt/Pfülb, ARGE-Kommentar, 4. Aufl. 2006, § 24 Rn. 32). Maßgeblich ist daher das Preissystem im Verhältnis der ARGE zum Besteller. Anzuwenden sind insoweit die gleichen Grundsätze wie bei einer Vertragskündigung, die ebenfalls dazu führt, dass der Vertrag unter Berücksichtigung des Preisgefüges abgerechnet werden muss. Bei einem Einheitspreisvertrag muss entsprechender Aufmaß genommen werden, um die einzelnen Mengen und Massen zu ermitteln. Bei einem Pauschalpreisvertrag sind die Grundsätze der Rechtsprechung zur Abrech-

Bau- und Architektenrecht in der Insolvenz

nung des gekündigten Pauschalpreisvertrages heranzuziehen (s. auch Schmitz, Die Bauinsolvenz, 6. Aufl. 2015, Rn. 391 ff.). An Gewinn und Verlust noch auszuführender Arbeiten nimmt der ausgeschiedene Gesellschafter nicht Teil. Noch nicht ausgeführte Arbeiten sind daher entsprechend in der Auseinandersetzungsbilanz nicht zu berücksichtigen.

Nach § 24. 2 Abs. 2 S. 1 des ARGE-Vertrages nimmt der Gesellschafter gleichfalls auch nicht 522 an Gewinn und Verlust schwebender Geschäfte teil. Hierbei handelt es sich um Geschäfte der ARGE mit dem Auftraggeber oder Nachunternehmern, die noch nicht vollständig erfüllt worden sind.

cc) Erkennbare Verluste noch auszuführender Arbeiten. Erkennbare Verluste für noch 523 auszuführende Arbeiten sind zu berücksichtigen. Die erkennbaren Verluste beschränken sich nicht nur auf die schwebenden Geschäfte, sondern gelten gleichermaßen auch für die noch auszuführenden Arbeiten. Erkennbarkeit ist gegeben, wenn der Verlust erkannt werden kann. Die erkennbaren Verluste sind bei der Risikobewertung in der Auseinandersetzungsbilanz zu berücksichtigen. Hierzu gehören insbesondere Risiken wegen Mängelhaftung und sonstigen Risiken. Für die Bewertung von Risiken aus der Mängelhaftung sieht der ARGE-Vertrag unter § 24.2 Abs. 2 S. 5 einen eigenen Ansatz vor. Ein Ansatz iHv 2 % des Auftragswertes wird danach in der Regel als angemessen bewertet. Es handelt sich nicht – entgegen dem Wortlaut – um eine „Rückstellung", sondern um eine pauschalierte, endgültige Bewertung. Die Parteien vereinbaren allerdings oft auch höhere Anteile von bis zu 5 %, was von der Rechtsprechung nicht beanstandet wird (vgl. OLG München BauR 2002, 1509). Nach § 24.2 S. 8 des Mustervertrages müssen Einsprüche gegen die Auseinandersetzungsbilanz ohnehin schriftlich mit Begründung innerhalb von 3 Monaten nach Zustellung erhoben werden. Nach Ablauf der Dreimonatsfrist sind alle in der Auseinandersetzungsbilanz enthaltenen Ansätze abschließend und endgültig (§ 24.2 S. 9 des Mustervertrages).

dd) Keine Berücksichtigung des Geschäftswertes. Ein Geschäftswert ist bei der Auseinandersetzungsbilanz nicht zu berücksichtigen. 524

e) Formale Anspruchsvoraussetzung: Die Feststellung der Auseinandersetzungsbilanz. 525 Die (richtige) Auseinandersetzungsbilanz weist mit den vorstehenden Ausführungen am Ende aus, ob der ARGE ein Rückforderungsanspruch gegen den ausgeschiedenen Gesellschafter zusteht (der zur Insolvenztabelle angemeldet werden muss) oder ob der ausgeschiedene Gesellschafter einen Guthabenanspruch gegen die ARGE hat (der von dem Insolvenzverwalter verwertet werden kann). Die Auseinandersetzungsbilanz ist folglich für den Inhalt der wechselseitigen Ansprüche nicht unbedeutend. Letztlich wird auch ein Guthabenanspruch allein auf die (richtige) Auseinandersetzungsbilanz gestützt.

Vor diesem Hintergrund versteht es sich von selbst, dass die Auseinandersetzungsbilanz zwischen 526 den Parteien eine Art „Feststellung" erfahren muss, damit die Parteien an den Inhalt dieser Auseinandersetzungsbilanz untereinander gebunden sind (dies gilt, wenn nichts Spezielles geregelt ist, auch bei einer Auseinandersetzung nach §§ 728 ff. BGB, s. BGH NZG 1999, 937). Die Auseinandersetzungsbilanz wird von den verbleibenden ARGE-Partnern erstellt. Dem ausgeschiedenen bzw. dem Insolvenzverwalter muss daher auch die Möglichkeit zustehen, Einspruch bzw. Rechtsbehelf gegen die Auseinandersetzungsbilanz einzulegen.

Genau dies ist in § 24. 2 des ARGE-Vertrages geregelt. Danach kann der ausgeschiedene Partner 527 Einspruch gegen die Auseinandersetzungsbilanz in schriftlicher Form innerhalb von drei Monaten nach Zugang der Bilanz erheben. Diese drei Monatsfristen beginnen nur dann zu laufen, wenn die Bilanz dem ausgeschiedenen Partner bzw. dem Insolvenzverwalter zugeht und er gem. § 24.2 des ARGE-Vertrages aufgefordert wird, die Zustimmung zu der Bilanz zu erteilen.

Erfolgt kein Einspruch innerhalb von drei Monaten nach Zugang, gilt die Auseinandersetzungs- 528 bilanz als festgestellt. Dies bedeutet, dass nachträgliche Widersprüche/Einwendungen gegen die Auseinandersetzungsbilanz und folglich gegen alle dort enthaltenen Ansätze und Bewertungen nicht mehr vorgebracht werden können.

Es versteht sich von selbst, dass ein Einspruch gegen die Auseinandersetzungsbilanz hinreichend 529 substantiiert sein muss, um rechtliche Wirkung zu entfalten. Anders als bei einer Forderungsprüfung nach §§ 174 ff. InsO kann auch der Insolvenzverwalter sich nicht auf ein schlichtes Bestreiten/ ein schlichten Widerspruch gegen die Auseinandersetzungsbilanz zurückziehen. Über dies muss der Einspruch schriftlich erfolgen. Dies bedeutet, dass der Einspruch handschriftlich unterschrieben und der Schriftform entsprechend auch bei der Gegenseite (der ARGE) zugehen muss. Ausreichend ist zur Fristwahrung jedoch die rechtzeitige Einspruchserhebung durch Telefax (BGH NJW-RR 2000, 1560).

Wird form- und fristgerechter Einspruch erhoben, so liegt es zunächst einmal nahe, dass die 530 Parteien versuchen, eine einvernehmliche Regelung zur Feststellung der Auseinandersetzungsbi-

Bau- und Architektenrecht in der Insolvenz

lanz herbeizuführen. Gegebenenfalls muss aber ein gerichtliches Verfahren auf Feststellung durchgeführt und zwar grundsätzlich mit Hilfe einer Feststellungsklage. Da Vermögensansprüche in der Insolvenz gem. § 87 InsO nur noch nach den Vorschriften der Insolvenzordnung verfolgt werden können, macht eine Forderungsfeststellungsklage gegen den Insolvenzverwalter jedoch naturgemäß keinen Sinn. Wie bereits erwähnt, müssen stattdessen die behaupteten Forderungen aus der Auseinandersetzungsbilanz zur Insolvenztabelle angemeldet werden. Erst wenn der Insolvenzverwalter im Prüfungstermin dieser Forderungsanmeldung widerspricht, liegen die Sachurteilsvoraussetzungen dafür vor, dass eine Feststellungsklage gerichtet auf Feststellung der angemeldeten Forderung zur Insolvenztabelle erhoben werden kann. Behauptet auf der anderen Seite der Insolvenzverwalter einen Guthabenanspruch, dürfte der einfachste Weg der Rechtsdurchsetzung die unmittelbare Erhebung einer Zahlungsklage sein (siehe auch Schmitz, Die Bauinsolvenz, 6. Aufl. 2015, Rn. 1308 f.).

531 Die Feststellung der Auseinandersetzungsbilanz ist letztlich allein eine formale Voraus-setzung für den materiellen Anspruch aus der Bilanz. Liegt die ARGE bzw. der verbleibende ARGE-Partner mit seiner Forderungsanmeldung erstmalig die Auseinandersetzungsbilanz vor, kann der Insolvenzverwalter der Forderungsanmeldung zu Recht widersprechen, wenn zum Zeitpunkt des Prüfungstermins die drei Monatsfrist nicht verstrichen war. Gleichwohl hindert dies den Gläubiger (die ARGE) nicht, auf den Widerspruch hin eine Forderungsfeststellungsklage nach den §§ 174 ff. InsO zu erheben. Der Beschluss der mündlichen Verhandlung entscheidet als maßgeblicher Zeitpunkt darüber, ob die (auch formalen) Anspruchsvoraussetzungen für den Rückforderungsanspruch aus der Auseinandersetzungsbilanz vorliegen.

532 Auf der anderen Seite kann der Insolvenzverwalter ungehindert der Feststellung der Auseinandersetzungsbilanz durch Ablauf der Einspruchsfrist dem zur Insolvenztabelle angemeldeten Rückforderungsanspruch widersprechen. Warum der Insolvenzverwalter insolvenzrechtlich trotz der Feststellung der Auseinandersetzungsbilanz kein Widerspruchs-recht haben sollte, ist nicht ersichtlich (aA Schmitz, Die Bauinsolvenz, 6. Aufl. 2015, Rn. 1311). Der Insolvenzverwalter kann auch sonstigen Forderungen, die materiell rechtlich begründet sind, im Prüfungstermin widersprechen. Hintergrund dieses voraussetzungslosen Widerspruchsrechts ist, dass mit der Tabellenfeststellung die Forderung des Gläubigers rechtskräftig festgestellt wird. Erst der Widerspruch des Insolvenzverwalters schafft die Voraussetzung dafür, dass wegen der Forderung ein reguläres Erkenntnisverfahren durch die Feststellungsklage (des Gläubigers) durchgeführt wird. Die Feststellung der Auseinandersetzungsbilanz durch das Verstreichenlassen der Einspruchsfrist führt demgegenüber nicht zu einer rechtskräftigen Anspruchsfeststellung, sondern lediglich dazu, dass der Saldo der Auseinandersetzungsbilanz die Höhe des bestehenden Anspruchs ausweist. Es besteht entweder ein Rückforderungsanspruch der ARGE oder ein Guthabenanspruch des ausgeschiedenen Partners in Höhe des festgestellten Saldos.

533 **f) Fälligkeit des Guthabenanspruchs.** Die Fälligkeit des Anspruches aus der Auseinandersetzungsbilanz ist in der Literatur umstritten. Von der sofortigen Fälligkeit des Anspruchs (Schmitz, Die Bauinsolvenz, 6. Aufl. 2015, Rn. 1190) bis zu Fälligkeit erst bei Feststellung der Auseinandersetzungsbilanz (Erman/Westermann, BGB, 16. Aufl. 2020, § 738 Rn. 4) gehen hier die Ansichten auseinander. Wie immer, kommt es auf den Einzelfall an. Ist zwischen den Parteien nichts Spezielles vereinbart, ist insbesondere auch nicht der ARGE-Vertrag Grundlage des Gesellschafterverhältnisses geworden, wird der Anspruch nach den Regelungen des BGB schon mit dem Ausscheiden des Gesellschafters fällig (MüKoBGB/Schäfer, 8. Aufl. 2020, BGB § 738 Rn. 20). Ist aber zB der ARGE-Mustervertrag und mit ihm § 24 Vertragsgrundlage, spricht viel dafür, dass gerade in § 24.6 des ARGE-Vertrages eine spezielle Fälligkeitsregelung enthalten ist, da dort die unverzügliche Ausgleichspflicht für festgestellte Auseinandersetzungsbilanzen angeordnet ist; die festgestellte Bilanz ist Anspruchsvoraussetzung und damit (letzte) Fälligkeitsvoraussetzung für den Guthabenanspruch (Wölfing-Hamm/Hochstadt NZBau 2007, 65 (70)).

534 **g) Stichtagsprinzip und Nachträge.** Für die Auseinandersetzungsbilanz sind die vom ausgeschiedenen Partner erbrachten Leistungen zum Stichtag des Ausscheidens zu bewerten. Eine zeitnahe Leistungsabgrenzung bzw. Dokumentation der bis zum Stichtag erbrachten Leistungen ist daher unverzüglich vorzunehmen. Zweckdienlich ist, wenn die verbliebenen Partner den Bautenstand und die Leistungen des ausgeschiedenen Gesellschafters mit Hilfe eines Aufmaßes unter Berücksichtigung des Wertverhältnisses der Leistungen des Ausscheidenden zur Gesamtleistung bewerten. Es muss also geklärt werden, welche Vergütung bzw. welcher Vergütungsanteil der ausgeschiedene ARGE-Partner für die von ihm gem. Aufmaß festzustellenden Leistungen hätte verlangen können.

535 Dieses Stichtagsprinzip hat zur Folge, dass nachträgliche Erkenntnisse ohne Einfluss auf die Auseinandersetzungsbilanz sind. Man denke insoweit zB an Nachträge, die zum Zeitpunkt des

Bau- und Architektenrecht in der Insolvenz

Ausscheidens zwar ausgeführt waren, aber sowohl dem Grunde als auch der Höhe nach gegenüber dem Besteller streitig gewesen sind. Eine nachträgliche Korrektur der Auseinandersetzungsbilanz kommt nicht in Betracht, wenn die ursprüngliche Bewertung der Nachtragsforderung nicht angreifbar ist. Bei der Erstellung der Auseinandersetzungsbilanz muss daher realistisch die Möglichkeit zur Durchsetzung des Nachtrages bewertet werden. Hier sind tatsächliche und rechtliche Kriterien/Risiken zu bewerten. Entsprechend § 252 Abs. 1 Nr. 4 HGB hat ein angemessener Werteinsatz zu erfolgen.

Besteht zwischen dem Insolvenzverwalter und den übrigen ARGE-Partnern, die die Auseinandersetzungsbilanz aufgestellt haben, Streit über den korrekten Bewertungsansatz, muss bei gerichtlicher Klärung in einem Rechtsstreit überprüft werden, ob die objektiven Bewertungskriterien eingehalten worden sind. Hierzu gehört die objektive Bewertung zum Stichtag des Ausscheidens. Gegebenenfalls muss die korrekte Bewertung sachverständig ermittelt werden. **536**

4. Rechtsbeziehungen nach dem Ausscheiden eines ARGE-Partners

Der Auftraggeber in seiner Eigenschaft als Vertragspartner der ARGE hat, hierauf wurde bereits hingewiesen, durch den Insolvenzantrag oder die Insolvenzverfahrenseröffnung über das Vermögen eines Gesellschafters kein Kündigungsrecht gegenüber der ARGE nach § 8 Abs. 2 VOB/B. Dies ergibt sich bereits aus der vertraglichen Situation: Durch den Insolvenzantrag eines der ARGE-Partner ergibt sich lediglich im Innenverhältnis der ARGE eine Rechtsänderung, im Verhältnis zum Vertragspartner, dem Besteller, ändert sich durch die Insolvenzantragsstellung bzw. Insolvenzverfahrenseröffnung einer der ARGE-Partner nichts. Dem Vertragspartner der ARGE verbleibt als Sicherheit die gesamtschuldnerische Haftung der übrigen ARGE-Partner. Auch kann der Auftraggeber gegenüber den übrigen Partnern der ARGE im Falle des Terminverzugs, wenn die ARGE-Partner den vertraglich geschuldeten Leistungsfortschritt ohne den ausgeschiedenen Partner nicht bewirken, berechtigt gem. § 4 VOB/B iVm § 8 Abs. 3 VOB/B kündigen, sodass auch kein Schutzbedürfnis für den Auftraggeber besteht. **537**

Im Hinblick auf laufende Rechtsstreitigkeiten ist nach Aktiv- und Passivprozessen zu unterscheiden. Soweit die ARGE einen Werklohnprozess gegen den Besteller führt, ändert sich am Prozessrechtsverhältnis nichts (BGH BauR 2003, 1758). Haben die ARGE-Partner dagegen als Kläger den Prozess geführt, tritt nach § 240 ZPO Verfahrensunterbrechung ein, wenn das Insolvenzverfahren eröffnet oder ein „starker" vorläufiger Insolvenzverwalter bestellt wird. Im Falle eines Passivprozesses des ARGE-Partners sind diese nur einfache Streitgenossen iSd § 59 ZPO, sodass die Eröffnung des Insolvenzverfahrens über das Vermögen eines ARGE-Partners den Rechtsstreit nur insoweit (im Prozessverhältnis des ausscheiden-den Partners mit dem Auftraggeber) unterbricht (BGH NZBau 2003, 278). Der Insolvenzverwalter des ausgeschiedenen Partners hat, wie ebenfalls bereits erwähnt, nur noch Ansprüche aus der Auseinandersetzungsbilanz. **538**

Aus diesem Grund kann der Insolvenzverwalter die verbleibenden Gesellschafter auf Erstellung der Auseinandersetzungsbilanz klageweise in Anspruch nehmen. Regelmäßig würde er dann eine Stufenklage (§ 254 ZPO) erheben. Auf der ersten Stufe klagt er auf Vorlage einer Auseinandersetzungsbilanz und auf der zweiten Stufe auf Zahlung des etwaigen sich aus der Bilanz ergebenden Auseinandersetzungsguthabens (Schmitz, Die Bauinsolvenz, 6 Aufl. 2015, Rn. 1315 mit Hinweis auf OLG Karlsruhe BB 1977, 1475). **539**

5. Sicherheiten durch Bürgschaften

a) Partnerausschüttungsbürgschaft. Besondere Bedeutung haben bei ARGE-Verhältnissen sog. Ausschüttungsbürgschaften bzw. sog. Partnerausschüttungsbürgschaften. Dabei handelt es sich um eine Sonderform von Bürgschaften, um die Rückzahlungsansprüche der ARGE gegen den Gesellschafter gem. § 11.25 des ARGE-Vertrages abzusichern. Die Bürgschaft dient damit gerade dem Zweck, einen eventuellen Zahlungsanspruch der ARGE gegen den ARGE-Gesellschafter für den Fall seines Ausscheidens abzusichern, der der ARGE aus der Auseinandersetzungsbilanz zusteht. Die Bürgschaft kann allerdings nur in der Höhe in Anspruch genommen werden, in der zuvor, dh bis zum Ausscheiden des Gesellschafters durch den Eintritt der Insolvenz, der Rückzahlungsanspruch gem. § 11.25 des ARGE-Vertrages bestand. Rückzahlungsanspruch meint den Anspruch, der der ARGE wegen einer Auszahlung verfügbarer Geldmittel gegen den Gesellschafter zusteht. Die Auszahlung erfolgt stets nur unter dem Vorbehalt der jederzeitigen Rückführung durch die kaufmännische Geschäftsführung der ARGE. **540**

Der ARGE-Vertrag sieht damit in § 11.25 eine Regelung vor, die zur Stellung entsprechender Partnerausschüttungsbürgschaften verpflichtet, wenn auch nur ein Gesellschafter eine Besicherung des Zahlungsanspruchs verlangt. Wird die Sicherheit nicht gestellt, nimmt der entsprechende **541**

Bau- und Architektenrecht in der Insolvenz

Gesellschafter, der die Bürgschaften nicht hinterlegt, nicht an der Ausschüttung der der ARGE zustehenden Liquidität teil.

542 Den ARGE-Mitgliedern steht es frei, den Sicherungszweck über den Wortlaut in § 11.25 des ARGE-Vertrages hinaus zu erweitern. Es steht ihnen mithin frei, in den Sicherungszweck der Bürgschaft beispielsweise auch den Verlustausgleichsanspruch aus der Auseinandersetzungsbilanz im Falle eines Ausscheidens mit aufzunehmen. Der Verlustausgleichsanspruch ist nämlich in der Regel durch die Bürgschaft iSd § 11.25 des ARGE-Vertrages nicht abgedeckt. Der Bürge der (regulären) Partnerausschüttungsbürgschaft soll in der Regel nur für den Rückzahlungsanspruch (Rückzahlung der Ausschüttung) haften, nicht aber allgemein für Verlustanteile des ausgeschiedenen Gesellschafters (Burchhardt/Pfülb, ARGE-Kommentar, 4. Aufl. 2006, § 11 Rn. 15m).

543 **b) Vertragserfüllungsbürgschaften.** In der Insolvenz eines ARGE-Partner spielen auch die Vertragserfüllungsbürgschaften und deren Unterformen eine besondere Bedeutung. Regelmäßig sichert eine Vertragserfüllungsbürgschaft alle im Bauvertrag übernommenen Erfüllungsverpflichtungen der Bau-ARGE gegenüber den Auftraggebern ab. Der Sicherungszweck umfasst demnach grundsätzlich alle Ansprüche des Auftraggebers im Falle der nicht vertragsgemäßen oder nicht rechtzeitigen Erfüllung der Bauverpflichtung.

544 Konzeptionell ist die sog. Gesamtbürgschaft für den Auftraggeber die günstigste Bürgschaftsform. Dabei verbürgt sich der Bürge für alle ARGE-Mitglieder gemeinschaftlich. Die ARGE-Mitglieder stellen die Bürgschaft als Gesamtschuldner. Da aber die Bauausführung von den einzelnen ARGE-Mitgliedern verantwortet wird, bestehen die Bürgen verständlicherweise in der Regel auf eine Rückbesicherung. Dies kann dadurch geschehen, dass entweder jeder der ARGE-Partner dem Bürgen eine Rückbürgschaft in Höhe seines Anteils an der Verpflichtung dem Auftraggeber gegenüber stellt. Denkbar ist aber auch, dass sog. Haupt- und Unterbürgschaften gestellt werden. Dabei gibt der Bürge zu Gunsten des Auftraggebers die Hauptbürgschaft über die volle zu verbürgende Summe ab. Die interne Absicherung der ARGE-Partner für den Fall der Einstandspflicht für einen insolvent werdenden oder aus anderen Gründen nicht leistenden ARGE-Partner erfolgt durch sog. Unterbürgschaften. Diese Unterbürgschaften können von den anderen ARGE-Gesellschaftern allerdings nur dann in Anspruch genommen werden, wenn die Hauptbürgschaft vom Auftraggeber ohne Inanspruchnahme zurückgegeben wurde. Dies ist nur dann der Fall, wenn die in der ARGE verbleibenden Gesellschafter für den insolvent gewordenen Partner geleistet/eingestanden haben. Damit ist eine doppelte Inanspruchnahme des Bürgen aus der Haupt- und der Unterbürgschaft ausgeschlossen.

545 Diese vertragliche Konzeption setzt voraus, dass der Sicherungszweck der Hauptbürgschaft und der Unterbürgschaft übereinstimmen muss. Kann die Hauptbürgschaft nur für Vertragserfüllung oder Mängelbeseitigung in Anspruch genommen werden, kann der Bürge auch aus der Unterbürgschaft nicht für sonstige Mehrkosten, die der ARGE ohnehin entstanden wären, haftbar gemacht werden (Wölfing-Hamm/Hochstadt NZBau 2007, 65 (71) mwN).

546 Theoretisch denkbar ist schließlich auch, dass der Auftraggeber von den einzelnen ARGE-Mitgliedern jeweils anteilige Bürgschaften entsprechend den internen Haftungsverhältnissen hält. Praktisch üblich sind solche Bürgschaften wegen der für den Auftraggeber bestehenden Nachteile indessen nicht; von Fall zu Fall werden sie jedoch angetroffen.

547 Bestellen die ARGE-Mitglieder anteilige Bürgschaften zugunsten des Auftraggebers, dann kann es durch das insolvenzbedingte Ausscheiden eines ARGE-Partners dazu kommen, dass die Bürgschaft als sog. akzessorische Sicherheit auf die verbleibenden Partner übergeht, wenn diese das Bauvorhaben ohne den ausgeschiedenen Partner zu Ende führen. Mit anderen Worten: Die ARGE-Partner haften gesamtschuldnerisch für die Erstellung des Bauvorhabens. Der Auftraggeber/Besteller kann grundsätzlich jeden Gesellschafter auf die volle Leistung in Anspruch nehmen. Im Innenverhältnis sind die ARGE-Partner aber nur zu der Erbringung im vereinbarten Verhältnis verpflichtet. Leistet ein Partner mehr als im Innenverhältnis vereinbart, hat er einen Gesamtschuldnerausgleichsanspruch (§ 426 BGB). § 426 Abs. 2 BGB ordnet hierbei an, dass auch der Anspruch des Auftraggebers gegen den ausgeschiedenen ARGE-Partner auf den verbleibenden (leistenden) ARGE-Partner übergeht. Mit dem Anspruchsübergang gehen auch sämtliche akzessorische Sicherheiten auf den ARGE-Partner über. Hierzu gehört die Bürgschaftsforderung des Auftraggebers (BGH NJW 1991, 97).

Bau- und Architektenrecht in der Insolvenz

D. Prozessuale Fragen

I. Forderungsanmeldung (Anmelden und Durchsetzen von Forderungen)

1. Aufforderung zur Forderungsanmeldung

Mit der Insolvenzverfahrenseröffnung hat das Insolvenzgericht die Gläubiger in dem Eröffnungsbeschluss aufzufordern, ihre Forderungen innerhalb einer bestimmten Frist unter Beachtung des §§ 174 InsO beim Insolvenzverwalter schriftlich anzumelden (§ 28 Abs. 1 InsO). Darüber hinaus sind die Gläubiger im Eröffnungsbeschluss aufzufordern, dem Verwalter unverzüglich mitzuteilen, welche Sicherungsrechte sie an beweglichen Sachen oder an Rechten des Schuldners in Anspruch nehmen. Der Gegenstand, an dem das Sicherungsrecht beansprucht wird, die Art und der Entstehungsgrund des Sicherungsrechts sowie die gesicherte Forderung sind zu bezeichnen. Wer die Mitteilung schuldhaft unterlässt oder verzögert, haftet für den daraus entstehenden Schaden (§ 28 Abs. 2 InsO). 548

Schließlich sind die Personen im Eröffnungsbeschluss, die Verpflichtungen gegenüber dem Schuldner haben, aufzufordern, nicht mehr an den Schuldner zu leisten, sondern an den Verwalter (§ 28 Abs. 3 InsO). Einzelheiten → § 28 Rn. 3 ff. 549

2. Anmeldung der Forderungen

a) Formale Anforderungen. Das Verfahren zur Geltendmachung von Insolvenzforderungen beginnt für den Insolvenzgläubiger damit, dass er die Forderung zunächst einmal schriftlich beim Insolvenzverwalter anzumelden hat. § 174 Abs. 2 InsO bestimmt hierbei, dass bei der Anmeldung **der Grund und der Betrag der Forderung** anzugeben sind. Außerdem sollen der Anmeldung die Urkunden, aus denen sich die Forderung ergibt, in Abdruck beigefügt werden. 550

Die in der Praxis häufig anzutreffenden Anmeldeformulare, die der Insolvenzverwalter den bei Verfahrenseröffnung bekannten Gläubigern schon mit der Information über die Insolvenzverfahrenseröffnung übersendet, sind nicht zwingend zu verwenden. Wichtig ist nur, dass die Anmeldung schriftlich erfolgt und nicht beim Insolvenzgericht eingereicht wird, sondern dem Insolvenzverwalter zugeht. Die Forderungsanmeldung kann grundsätzlich auch in Form eines simplen Anmeldeschreibens, aus dem sich Grund und Höhe der Forderung ergeben, erfolgen. 551

Bei der Forderungsanmeldung ist jedoch darauf zu achten, dass die Forderung so individualisiert wie möglich angemeldet wird. Nach der Rechtsprechung des BGH hat der Gläubiger bei der Anmeldung den Lebenssachverhalt darzulegen, der in Verbindung mit einem – nicht notwendig ebenfalls vorzutragenden – Rechtssatz die geltend gemachte Forderung als begründet erscheinen lässt. Die rechtliche Einordnung der Forderung ist nicht Gegenstand der Anmeldung (BGH NZI 2020, 782; ZIP 2013, 680 Rn. 15; WM 2014, 270 Rn. 6; 2016, 46 Rn. 3; ZIP 2018, 1644 Rn. 11; WM 2018, 2099 Rn. 14). Ansonsten riskiert der Gläubiger, dass der Insolvenzverwalter die angemeldete Forderung bis zum Prüfungstermin nicht überprüfen und sie daher schon allein aus diesem Grunde (jedenfalls vorläufig) bestreiten wird. Eine Forderung, die sich dem Insolvenzverwalter nicht aus der Forderungsanmeldung und den dort beigefügten Anlagen erschließt, wird der Insolvenzverwalter schon allein aufgrund dieser fehlenden Nachvollziehbarkeit bestreiten müssen. Besonders tückisch für den Gläubiger ist dabei, dass er im Falle einer fehlerhaften Forderungsanmeldung nicht einmal eine zulässige Feststellungsklage erheben könnte. Denn sowohl die Erhebung einer Feststellungsklage als auch die Aufnahme eines unterbrochenen Rechtsstreits nach § 240 ZPO setzen eine wirksame Anmeldung der Forderung voraus (BGH NZI 2020, 782). Besonders in baurechtlichen Sachverhalten ist es wichtig, zu berücksichtigen, dass **jeder Mangel** grundsätzlich einen **eigenständigen Lebenssachverhalt** darstellt, sodass bei einer Forderungsanmeldung beispielsweise wegen Schadensersatzansprüchen aufgrund von zehn Mängeln für diese Mängel separat auch mitgeteilt/geschätzt werden sollte, welche Teilforderung auf jeden einzelnen Mangel entfällt. Für eine wirksame Forderungsanmeldung erfordert die Angabe des Grundes der Forderung die **bestimmte Angabe des Lebenssachverhalts,** aus dem die Forderung nach der Behauptung des Gläubigers entspringt; eine schlüssige Darlegung der Forderung ist jedoch, wie der BGH klargestellt hat, nicht erforderlich (BGH NZI 2020, 782 mit Verweis auf BGH IBRRS 2009, 0823 = WM 2009, 468). Ob der Insolvenzgläubiger seine Forderung in ausreichend individualisierter Weise angemeldet hat, richtet sich dabei nach den Verhältnissen im Prüfungstermin; **eine nachträglich erfolgte Individualisierung wirkt nicht auf den Zeitpunkt der Forderungsanmeldung zurück** (BGH NZI 2020, 782). 552

Die erforderliche Individualisierung der Forderung erklärt sich auch vor dem Hintergrund, dass der Forderungsanmeldung gem. § 204 Abs. 1 Nr. 10 BGB verjährungshemmende Wirkung 553 zukommt. Es muss sich daher aus der Forderungsanmeldung ergeben, welchen Anspruch der Insolvenzgläubiger geltend macht. Insoweit sind die gleichen Maßstäbe anzulegen, wie bei einer Klage oder einem Mahnbescheidsantrag. Hierbei sollte ein Insolvenzgläubiger auch nicht darauf vertrauen, dass dem Insolvenzverwalter die Sache vermeintlich „bekannt" ist, da sich die Vertragsunterlagen und die wesentliche Korrespondenz eigentlich auch aus den der Insolvenzschuldnerin vorliegenden Akten ergeben müssten. Der Forderungsanmeldung sollten daher zweckmäßigerweise in jedem Fall eine Kopie des Vertrages mit dem insolventen Vertragspartner, ggf. ein Abnahmeprotokoll und etwaige weitere Schriftstücke/Gutachten etc, aus denen sich etwaige behauptete Mängel oder Ähnliches ergibt, beigefügt werden.

554 Wie sich aus dem Wortlaut von § 174 Abs. 1 InsO ergibt, sind grundsätzlich auch nur Insolvenzforderungen anmeldbar. Dies sind sämtliche zum Zeitpunkt der Insolvenzverfahrenseröffnung bestehenden Vermögensansprüche (§ 38 InsO). Hierzu gehören insbesondere Geldforderungen oder Forderungen, die in Geld umgerechnet werden können (§§ 45, 46 InsO). Unerheblich ist, aus welchem Rechtsverhältnis die Forderungen entstanden sind. Auch titulierte Forderungen müssen ebenso angemeldet werden wie Forderungen, die noch rechtshängig sind.

555 Zu derartigen Insolvenzforderungen gehören zB auch mängelbedingte Aufwendungsersatz- oder Schadensersatzansprüche gem. § 637 Abs. 1 BGB bzw. §§ 634 Abs. 1 Nr. 3, 280 Abs. 1 Nr. 3, 280 Abs. 1 BGB auch dann, wenn der Mangel erst nach Verfahrenseröffnung zu Tage tritt, jedoch auf einer nicht fachgerechten Leistung vor Eröffnung des Insolvenzverfahrens beruht. Dies gilt auch dann, wenn die Nacherfüllung erst vom Insolvenzverwalter abgelehnt wird und die Selbstvornahme dann vom Besteller nach Eröffnung ausgeführt wird (Uhlenbruck/Sinz, 15. Aufl. 2019, InsO § 38 Rn. 26; → § 38 Rn. 27).

556 **b) Anmeldung ist kein Verzicht auf Aufrechnung.** In der Anmeldung einer Forderung zur Insolvenztabelle liegt grundsätzlich kein Verzicht auf das Aufrechnungsrecht (Jaeger/Windel, 2007, InsO § 94 Rn. 49; Uhlenbruck/Sinz, 15. Aufl. 2019, InsO § 94 Rn. 5). Allerdings macht eine Forderungsanmeldung für einen aufrechnungsberechtigten Insolvenzgläubiger keinen Sinn, da er ja die Möglichkeit hat, sich unmittelbar durch Aufrechnung zu befriedigen. Anmeldbar ist grundsätzlich aber auch der Differenzbetrag, um den die Forderung des Gläubigers die Hauptforderung des Schuldners übersteigt. Anmeldbar ist grundsätzlich auch die gesamte Forderung, wenn der Insolvenzverwalter die Aufrechnungsbefugnis des Gläubigers bestreitet.

557 **c) Anmeldefrist keine Ausschlussfrist.** Bei der im Eröffnungsbeschluss vom Gericht bestimmten Anmeldefrist handelt es sich nicht um eine Ausschlussfrist (MüKoInsO/Nowak, 4. Aufl. 2019, InsO § 177 Rn. 2). Grundsätzlich können Insolvenzforderungen bis zum Abschluss des Insolvenzverfahrens zur Insolvenztabelle angemeldet werden. Bei einer verspäteten Anmeldung kann es jedoch sein, dass die Forderung in einem separaten Prüfungstermin geprüft werden muss. Die Kosten hierfür hat das Insolvenzgericht gem. Nr. 2340 GKG Anlage 1 dem Säumigen aufzuerlegen. Die Kosten liegen bei 15 EUR an Gerichtskosten.

558 Ein endgültiger Ausschluss von der Forderungsanmeldung droht dem Insolvenzgläubiger aber dann, wenn er seine Forderungsanmeldung so spät vornimmt, dass eine Prüfung vor Ablauf der Ausschlussfrist für die Schlussverteilung nicht mehr erfolgen kann (§§ 189, 192 InsO). Gemäß § 189 InsO muss ein Insolvenzgläubiger, dessen Forderung angemeldet, aber nicht festgestellt ist und für dessen Forderung ein vollstreckbarer Titel oder ein Endurteil nicht vorliegt, innerhalb einer Ausschlussfrist von zwei Wochen nach der öffentlichen Bekanntmachung (des Verteilungsverzeichnisses) dem Insolvenzverwalter nachweisen, dass und für welchen Betrag die Feststellungsklage erhoben oder das Verfahren in dem früher anhängigen Rechtsstreit aufgenommen worden ist. Nur wenn dieser Nachweis rechtzeitig geführt wird, behält der Verwalter den auf die Forderung entfallenden Anteil bei der Verteilung gem. § 189 Abs. 2 InsO zurück, solange der Rechtsstreit anhängig ist. Wird der Nachweis nicht rechtzeitig geführt, so bleibt die Forderung bei der Verteilung unberücksichtigt (§ 189 Abs. 3 InsO) (BGH NZI 2012, 885 (886)). Eine analoge Anwendung der Frist in § 189 Abs. 1 InsO auf den „Nachweis der Anmeldung" lehnt der BGH ab (BGH ZIP 2007, 876 Rn. 10). Um einen Ausschluss von der Schlussverteilung zu vermeiden, hat der Gläubiger grundsätzlich einen Anspruch auf Durchführung eines besonderen Prüfungstermins vor Ablauf der Ausschlussfrist des § 189 InsO (Uhlenbruck/Sinz, 15. Aufl. 2019, InsO § 177 Rn. 10). Vor dem Hintergrund dieser Ausschlussfrist und der praktischen Schwierigkeit, den aktuellen Veröffentlichungsstatus abzurufen, sollte ein Insolvenzgläubiger sich möglichst frühzeitig nach der Insolvenzverfahrenseröffnung dazu entscheiden, ob er mit einer Forderungsanmeldung an dem Insolvenzverfahren teilnehmen möchte; beabsichtigt er eine Teilnahme, was dann naheliegt, wenn mit einer Quotenauszahlung zu rechnen ist, sollte die Forderungsanmeldung möglichst innerhalb der Anmeldefrist, jedenfalls aber unverzüglich nach Ablauf der Frist erfolgen. Auf verspätet angemeldete Forderungen ist im Übrigen § 192 InsO entsprechend anwendbar (Uhlenbruck/Wegener, 15. Aufl. 2019, InsO § 192 Rn. 6).

3. Erhebung einer Feststellungsklage

558a Wird die angemeldete Forderung vom Insolvenzverwalter oder von einem Insolvenzgläubiger bestritten, so bleibt es dem Gläubiger überlassen, die Feststellung gegen den Bestreitenden zu betreiben (§ 179 Abs. 1 InsO). Das Bestreiten der Forderung muss in einem Feststellungsprozess durch einen beglaubigten Auszug aus der Insolvenztabelle nachgewiesen werden (→ § 179 Rn. 20). Aus der Tabelle ergibt sich mit Blick auf § 181 InsO die erforderliche Identifikation der angemeldeten und bestrittenen Forderung sowie der Parteien und der Nachweis, dass und in welchem Umfang Widerspruch erhoben worden ist. Es kann nur eine solche Forderung zur Feststellung eingeklagt werden, die zuvor inhaltsgleich angemeldet, geprüft und bestritten worden ist. Dies ist eine besondere **Sachurteilsvoraussetzung** (BGH NZI 2019, 587 Rn. 10; 2007, 647 Rn. 12). Ist diese Voraussetzung nicht erfüllt, wäre die Feststellungsklage bereits unzulässig (→ § 181 Rn. 3).

558b Grundsätzlich muss also Identität zwischen der angemeldeten Forderung und der im Wege der Feststellungsklage geltend gemachten Forderung bestehen (Uhlenbruck/Sinz InsO § 180 Rn. 26). Daraus ergibt sich für baurechtliche Sachverhalte die Frage, ob zB die **Forderung auf Kostenerstattung bzw. Schadensersatz nach durchgeführter Mängelbeseitigung mit der angemeldeten Forderung auf Kostenvorschuss identisch** ist, oder ob hier ein anderer Lebenssachverhalt vorliegen würde. Der BGH hat mit seiner Entscheidung vom 26.11.2009 (BeckRS 2009, 89267) geurteilt, dass der Übergang vom Vorschussanspruch auf den Anspruch auf Erstattung der tatsächlichen Kosten **keine Klageänderung** darstellt, sondern eine Anpassung der Klage an die geänderten Abrechnungsverhältnisse, die gem. § 264 Nr. 3 ZPO zu beurteilen ist (BGH ZfBR 2010, 246; BauR 2006, 717 = ZfBR 2006, 347). Aus dem Verweis auf § 264 ZPO ergibt sich daraus, dass auch insolvenzrechtlich keine Änderung des „Grundes" und damit des zivilprozessualen Lebenssachverhaltes vorliegen kann (sofern es nach wie vor um die gleichen Mängel geht), wenn im Rahmen des Anmeldeverfahrens von Vorschuss auf Erstattung umgestellt wird (vgl. auch MüKoInsO/Schumacher InsO § 181 Rn. 6; Uhlenbruck/Sinz InsO § 181 Rn. 5). Allerdings hat der BGH auch entschieden, dass selbst wenn der im ersten Rechtszug erfolgreiche Kläger in der Berufungsinstanz seinen Antrag dahin anpasst, dass er statt des ursprünglich geforderten Kostenvorschusses nunmehr Kostenerstattung geltend macht, dies nur dann zulässig ist, sofern der geltend gemachte Anspruch auf Kostenerstattung den im angefochtenen Urteil zuerkannten Betrag nicht übersteigt (BGH NJW-RR 2006, 669). Daraus ergibt sich wohl, dass auch nach durchgeführter Sanierung weiterhin eine Feststellungklage erhoben werden kann, sofern die **Forderung der Höhe nach auf den angemeldeten Betrag begrenzt** bleibt. Liegen die tatsächlichen Mängelbeseitigungskosten höher als der zunächst geschätzte (und zur Tabelle angemeldete) Vorschuss, müsste mE dieser Mehrbetrag zur Insolvenztabelle nachgemeldet werden (→ § 181 Rn. 7).

4. Exkurs: Korrektur der Forderungsanmeldung

559 Zur Korrektur einer Forderungsanmeldung und Rechtsbehelfen gegen die Feststellung einer Forderung:
- **Restitutionsklage bzw. Vollstreckungsabwehrklage:** BGH ZInsO 2009, 142; BGH NJW 1985, 271 (272); BGH NJW 1987, 1691; BGH NJW 1991, 1615; K. Schmidt InsO/Jungmann, 19. Aufl. 2016, InsO § 187 Rn. 28; Uhlenbruck/Sinz, 15. Aufl. 2019, InsO § 174 Rn. 50;
- **Klage aus § 823 Abs. 1 BGB:** MüKoInsO/Schumacher, 4. Aufl. 2019, InsO § 178 Rn. 83 mwN;
- **Abänderungsklage:** K. Schmidt InsO/Thonfeld, 19. Aufl. 2016, InsO § 45 Rn. 16.

559a Die Rücknahme der Anmeldung einer Forderung zur Insolvenztabelle kann nach Durchführung des Prüfungstermins und Niederlegung der Tabelle bei dem Insolvenzgericht wirksam nicht mehr gegenüber dem Verwalter, sondern nur noch gegenüber dem Insolvenzgericht erklärt werden (vgl. – auch mit Darstellung des Meinungsstandes – OLG Brandenburg IBRRS 2018, 1376).

II. Bindung an Schiedsgerichtsvereinbarungen

560 Nach ständiger Rechtsprechung des BGH ist der Insolvenzverwalter generell an eine vom Schuldner geschlossene Schiedsabrede gebunden (BGH NZI 2008, 768; NZI 2009, 309; NZI 2011, 634). Er muss die Rechtslage übernehmen, die bei Eröffnung des Verfahrens besteht. Die Schiedsabrede ist weder ein gegenseitiger Vertrag iSd § 103 InsO, noch ein Auftrag iSd § 115

Bau- und Architektenrecht in der Insolvenz

InsO, sodass der Insolvenzverwalter weder die Erfüllung ablehnen kann noch die Schiedsvereinbarung gem. § 115 InsO erlischt (Dahl/Schmitz NZI 2013, 1059 (1060)).

561 Sofern es allerdings um originäre Rechte des Insolvenzverwalters aus der InsO geht und nicht aus dem der Schiedsvereinbarung zugrunde liegenden Vertrag, ist der Verwalter an die vorinsolvenzliche Vereinbarung nicht gebunden. Nicht erfasst von der Bindungswirkung ist daher die Insolvenzanfechtung nach §§ 129 ff. InsO (BGH NJW 1957, 791). Gleichfalls ausgenommen von der Bindungswirkung der Schiedsvereinbarung ist das Erfüllungswahlrecht des Insolvenzverwalters gem. § 103 InsO (BGH NZI 2011, 634 mAnm Dahl/Thomas NZI 2012, 534).

III. Prozessunterbrechung

1. Verfahrenseröffnung oder „starke" vorläufige Verwaltung

562 **a) Betroffene Verfahrensarten.** § 240 ZPO ordnet an, dass Verfahren, die die Insolvenzmasse betreffen, im Falle der Eröffnung des Insolvenzverfahrens unterbrochen werden. Da der Schuldner mit der Eröffnung des Insolvenzverfahrens die Verwaltungs- und Verfügungsbefugnis über das zur Insolvenzmasse gehörende Vermögen verliert und an seine Stelle der Insolvenzverwalter tritt (§ 80 InsO), verliert der Schuldner auch seine Prozessführungsbefugnis. Sinn und Zweck des § 240 ZPO ist insoweit, dem Insolvenzverwalter eine gewisse „Bedenkzeit" einzuräumen, um über die Fortführung des Prozesses entscheiden zu können. Der Prozess wird daher unterbrochen, unabhängig von einer etwaigen Kenntnis des Gerichts oder der Parteien von einer Insolvenzeröffnung.

563 § 240 ZPO bewirkt die Unterbrechung eines die Insolvenzmasse betreffenden Verfahrens mit dem Wegfall der Verwaltungs- und Verfügungsbefugnis des Schuldners über sein zur Insolvenzmasse gehörendes Vermögen. Dies ist in der Regel die Eröffnung des Insolvenz-verfahrens. Zu welchem Zeitpunkt konkret das Insolvenzverfahren eröffnet wird, ergibt sich aus dem Insolvenzeröffnungsbeschluss, da der Zeitpunkt der Verfahrenseröffnung hier gem. § 27 Abs. 2 Nr. 3 InsO konkret angegeben wird. Ein die Insolvenzmasse betreffendes Verfahren ist darüber hinaus nach Sinn und Zweck des § 240 ZPO auch dann gegeben, wenn die Eigenverwaltung angeordnet wird, wenngleich der Schuldner prozessführungsbefugte Partei bleibt (BGH NZI 2007, 188). Gemäß § 240 S. 2 ZPO kann der Unterbrechungszeitpunkt vorverlagert sein, wenn im Insolvenzantragsverfahren das Insolvenzgericht ein allgemeines Verfügungsverbot gem. § 22 Abs. 1 S. 1 InsO in Verbindung mit § 21 Abs. 2 Nr. 1, Nr. 2 Alt. 1 InsO erlassen hat und einen sog. „starken" vorläufigen Insolvenzverwalter bestellt. Denn auch in diesem Fall geht die Verwaltungs- und Verfügungsbefugnis betreffend das Vermögen des Schuldners bereits auf den Insolvenzverwalter über.

564 Zu den „Verfahren", die iSv § 240 ZPO unterbrochen werden, gehören nicht das Streitwertfestsetzungsverfahren, das Schiedsgerichtsverfahren oder die Zwangsvollstreckung.

565 Unter den Anwendungsfall von § 240 ZPO fällt darüber hinaus auch jedes weitere rechtshängige **Klageverfahren**, das **Mahnverfahren**, sofern der Mahnbescheid bei Insolvenzeröffnung bereits zugestellt war, das **Kostenfestsetzungsverfahren**, das Verfahren zur Erwirkung eines **Arrestes** oder einer **einstweiligen Verfügung** und das **Beschwerdeverfahren**.

566 Ein Verfahren iSv § 240 ZPO betrifft die Insolvenzmasse dann, wenn der Streitgegenstand ganz oder teilweise zugunsten oder zulasten des gem. §§ 35, 36 InsO zur Insolvenzmasse gehörenden Vermögens in Anspruch genommen wird. Die Unterbrechung tritt deshalb immer ein, wenn der Verfahrensgegenstand einen Vermögenswert betrifft, der zur Insolvenzmasse gehören kann. Es genügt, dass die Insolvenzmasse mittelbar betroffen ist; insbesondere bei Feststellungsklagen oder Klagen auf Rechnungslegung, die einen Hauptanspruch vorbereiten. Nicht betroffen ist die Insolvenzmasse ausnahmsweise nur dann, wenn nur unpfändbare Gegenstände, höchstpersönliche oder nicht vermögens-rechtliche Ansprüche betroffen sind.

567 **b) Besonderheit bei einem Prozess mit ARGE-Beteiligung.** Vor diesem Hintergrund tritt eine Prozessunterbrechung nach § 240 ZPO auch dann nicht ein, wenn im Falle einer Arbeitsgemeinschaft (ARGE) die ARGE den Rechtsstreit führt und das Insolvenzverfahren über das Vermögen eines ARGE-Gesellschafters eröffnet wird. Anders ist dies, wenn die ARGE-Gesellschafter in ihrer gesamthänderischen Verbundenheit geklagt haben. In diesem Fall wird mit der Insolvenzverfahrenseröffnung über das Vermögen des aus der ARGE ausgeschiedenen Partners der Prozess insgesamt unterbrochen (vgl. BGH BauR 2003, 1758). Bei einem Passivprozess gegen die ARGE-Gesellschafter in ihrer gesamthänderischen Verbundenheit wird allerdings nur der Rechtsstreit im Prozessrechtsverhältnis zu dem insolventen Gesellschafter unterbrochen (BGH NZI 2003, 229).

Bau- und Architektenrecht in der Insolvenz

2. Rechtsfolgen

568 Die Rechtsfolgen der Unterbrechung sind in § 249 ZPO geregelt. Mit der Unterbrechung endet der Lauf einer Frist zunächst und beginnt nach Beendigung der Unterbrechung von neuem zu laufen. Diese Unterbrechungswirkung bezieht sich aber nur auf gesetzliche und richterliche Fristen, insbesondere auf die Notfristen. Sie gilt nicht für die Unterbrechung materieller Fristen, wie zB der Verjährungsfrist (vgl. § 249 Abs. 2 ZPO). Die prozessualen Fristen werden nicht nur gehemmt; ihr Lauf endet und beginnt nach Beendigung der Unterbrechung in vollem Umfang von neuem.

569 Darüber hinaus sind Prozesshandlungen der Parteien während der Unterbrechung unwirksam. Diese Unwirksamkeit ist jedoch relativ; sie entfaltet sich nur gegenüber der anderen Partei. Gegenüber dem Gericht sind sie wirksam. Praxisrelevant ist hier insbesondere die Einlegung und Begründung eines Rechtsbehelfs (zB Berufung gegen ein erstinstanzliches Urteil) durch den Gegner des Schuldners, der trotz der Unterbrechung zulässig ist (s. BGH NJW 1969, 49; NZI 2009, 783).

IV. Beendigung der Unterbrechung und Aufnahme unterbrochener Verfahren

1. Beendigung des Insolvenzverfahrens

570 Die Eröffnung des Insolvenzverfahrens führt zur Unterbrechung. Actus contrarius hierzu ist die Beendigung des Insolvenzverfahrens, die dementsprechend wieder zur Beendigung der Unterbrechung führt. Das Insolvenzverfahren ist beendet, wenn es gem. §§ 200, 258 InsO nach der Schlussverteilung bzw. der Bestätigung eines rechtskräftigen Insolvenzplans aufgehoben wird. Beendet werden kann das Insolvenzverfahren auch nach Einstellung gem. §§ 207, 211, 212, 213 InsO. Wird der Insolvenzbeschluss auf Beschwerde des Schuldners gem. § 34 InsO aufgehoben, endet die Unterbrechung mit Rechtskraft des Aufhebungsbeschlusses gem. § 6 Abs. 3 InsO, in allen übrigen Fällen mit Ablauf des zweiten Tages nach der Ausgabe des Amtsverkündungsblattes, das die öffentliche Bekanntmachung des jeweiligen Aufhebungs- oder Einstellungsbeschlusses enthält (§ 200 Abs. 2 S. 2 InsO, § 258 Abs. 3 S. 3 InsO, § 215 Abs. 1 S. 3 InsO iVm § 9 Abs. 1 S. 3 InsO).

571 Der Gegner des Schuldners wird hingegen häufig ein Interesse daran haben, die Unterbrechungswirkung nicht erst mit der Beendigung des Insolvenzverfahrens enden zu lassen, schon deswegen weil er etwaige Forderungen buchhalterisch erfasst hat oder (im Falle eines Passivprozesses) Rückstellungen gebildet hat, durch die die Handelsbücher nur unnötig belastet werden.

2. Aufnahme des unterbrochenen Verfahrens

572 Unter welchen Voraussetzungen ein Verfahren wieder aufgenommen werden kann, richtet sich ausschließlich nach den insolvenzrechtlichen Vorschriften der §§ 85, 86, 87 InsO. Die Insolvenzordnung trifft folgende Differenzierung:

- § 85 InsO – Aufnahme von Aktivprozessen: Rechtsstreitigkeiten über das zur Insolvenzmasse gehörende Vermögen, die im Zeitpunkt der Eröffnung des Insolvenzverfahrens für den Schuldner anhängig sind, können in der Lage, in der sie sich befinden, vom Insolvenzverwalter aufgenommen werden. Lehnt der Verwalter die Aufnahme des Rechtsstreites ab, so können sowohl der Schuldner als auch der Gegner den Rechtsstreit aufnehmen.
- § 86 InsO – Aufnahme bestimmter Passivprozesse: Rechtsstreitigkeiten, die im Zeitpunkt der Eröffnung des Insolvenzverfahrens gegen den Schuldner anhängig sind, können sowohl vom Insolvenzverwalter als auch vom Gegner aufgenommen werden, wenn sie die Aussonderung eines Gegenstandes aus der Insolvenzmasse, die abgesonderte Befriedigung oder eine Masseverbindlichkeit betreffen.
- § 87 InsO – Forderungen der Insolvenzgläubiger (sog. Schuldenmassestreit): Insolvenzgläubiger können im Übrigen ihre Forderungen nur nach den Vorschriften über das Insolvenzverfahren verfolgen, sprich ihre Forderung zur Insolvenztabelle anmelden.

573 a) Aktivprozesse. Ein Aktivprozess betrifft Vermögen, die im Zeitpunkt der Eröffnung des Insolvenzverfahrens zum zur Insolvenzmasse gehörende Vermögen betrifft. In aller Regel ist der Schuldner Kläger. Auf die Parteirolle kommt es allerdings nicht an (→ § 85 Rn. 30). Auch eine gegen den Schuldner gerichtete negative Feststellungsklage ist ein Aktivprozess in diesem Sinne. Dies gilt allerdings nicht für eine vom Schuldner erhobene negative Feststellungsklage, da es hier um die Abwehr vermeintlich unbegründeter Ansprüche Dritter gegen die Insolvenzmasse geht.

574 Bei Klage und Widerklage ist jeweils selbstständig für Klage und Widerklage zu prüfen, ob diese für den Schuldner als Aktiv- oder Passivprozess angesehen werden können. Klage und

575 Widerklage folgen dann jeweils den besonderen Wiederaufnahmeregelungen (Nerlich/Kreplin/Beck, Insolvenz und Sanierung, 3. Aufl. 2019, § 40 Rn. 22).

576 Grundsätzlich liegt das Initiativrecht zur Aufnahme des Verfahrens beim Insolvenzverwalter. Die Aufnahme geschieht gem. § 250 ZPO durch Zustellung eines beim Gericht einzureichenden Schriftsatzes. Auch eine konkludente Prozessaufnahme ist möglich, wenn sich der Wille des Insolvenzverwalters feststellen lässt, den Prozess fortsetzen zu wollen. Ist das Verfahren nach Verkündung des Urteils, aber vor wirksamer Einlegung eines Rechtsmittels unterbrochen worden, so braucht es nicht bei dem unteren Gericht aufgenommen zu werden; vielmehr können Aufnahme und Rechtsmitteleinlegung zusammen in einem Schriftsatz erklärt werden, der bei dem höheren Gericht eingereicht wird (vgl. BGH NJW 1962, 589).

577 Erkennt der Insolvenzverwalter im Wiederaufnahme des Verfahrens keine Vorteile für die Insolvenzmasse, wird er die Aufnahme ablehnen (§ 85 Abs. 2 InsO). Diese Ablehnungserklärung ist nicht dem Gericht gegenüber zu erklären, sondern kann formlos entweder dem Schuldner oder der anderen Partei (sprich dem Gegner) gegenüber erklärt werden. Die Ablehnungserklärung des Insolvenzverwalters führt zu zu der Freigabe des Streitgegenstandes aus der Insolvenzmasse (vgl. BGH DZWIR 2005, 387; Uhlenbruck/Mock, 14. Aufl. 2015, InsO § 85 Rn. 42). Aus § 85 Abs. 2 InsO folgt, dass der Gegner/Gläubiger den Insolvenzverwalter auch zu einer Aufnahme des Rechtsstreits auffordern kann. Erklärt sich der Insolvenzverwalter hierauf nicht und muss der Gläubiger dennoch davon ausgehen, dass der Insolvenzverwalter kein Interesse an der Fortführung des Rechtsstreits hat, kann der Gegner seinerseits die Aufnahme des Rechtsstreits betreiben (→ § 85 Rn. 46). Nach § 85 Abs. 1 S. 2 InsO hat er die Möglichkeit, gem. § 239 Abs. 2 ZPO zu beantragen, den Insolvenzverwalter zur Aufnahme und zugleich zur Verhandlung der Hauptsache zu laden. Diese Ladungsmöglichkeit besteht, wenn der Verwalter den Prozess ohne Entscheidungsgrund nicht innerhalb einer den Umständen nach angemessenen Frist aufnimmt oder die Aufnahme ablehnt. Entscheidend für die Überlegungsfrist des Verwalters sind der Umfang und die Schwierigkeit der Sache und die Bedeutung des Rechtsstreits.

578 In aller Regel ist es daher erforderlich, dass der Gegner den Insolvenzverwalter direkt anschreibt, ihn von dem Prozess in Kenntnis setzt und ihn zu der Erklärung über die Aufnahme oder Ablehnung auffordert. Nur wenn der Insolvenzverwalter auf eine derartige Aufforderung nicht reagiert, kann ihm eine Verzögerung des Rechtsstreits vorgeworfen werden.

579 Erscheint der Insolvenzverwalter in einem danach anberaumten Termin nicht, kann Versäumnisurteil in der Hauptsache erlassen werden (vgl. § 239 Abs. 4 ZPO).

580 Die einmal erfolgte Aufnahme des Rechtsstreits durch den Insolvenzverwalter ohne durch den Gegner führt dazu, dass der Prozess fortgeführt wird. Hat der Insolvenzverwalter den Rechtsstreit aufgenommen und verliert er, treffen ihn im Prozesskosten, auch über mehrere Instanzen hinweg, und zwar selbst in den Fällen, in denen sie bereits zum Teil vor der Insolvenzeröffnung entstanden waren (BGH DZWIR 2005, 387; MüKoInsO/Schumacher, 4. Aufl. 2019, InsO § 85 Rn. 19 mwN).

581 **b) Passivprozesse.** Bestimmte Passivprozesse (→ § 86 Rn. 3) kann der Gegner gleichberechtigt neben dem Insolvenzverwalter wiederaufnehmen. Das Initiativrecht liegt hier also nicht allein bei dem Insolvenzverwalter. Zu derartigen Passivprozessen gehört gem. § 86 Abs. 1 Nr. 1 InsO zunächst eine Klage wegen Aussonderung, auf Feststellung des Bestehens eines Absonderungsrechts oder aber auch die vom Schuldner erhobene Vollstreckungsgegenklage gegen einen Absonderungsanspruch.

582 Gleiches gilt, wenn nach § 86 Abs. 1 Nr. 2 InsO der Rechtsstreit einen Anspruch betrifft, der in der Insolvenz ein Absonderungsrecht auf Duldung der Zwangsvollstreckung, auf Feststellung des Bestehens eines Absonderungsrechts oder aber auch die vom Schuldner erhobene Vollstreckungsgegenklage gegen einen Absonderungsanspruch.

Schließlich gehören zu den genannten Passivprozessen auch alle Klagen über Ansprüche, die aus der Insolvenzmasse zu erfüllen sind. Dies sind zB Ansprüche aus gegenseitigen Verträgen, deren Erfüllung der Verwalter verlangt hat, aber auch Ansprüche aus gegenseitigen Verträgen, insbesondere aus Schuldverhältnissen, die zunächst unabhängig vom Verhalten des Insolvenzverwalters für die Zeit nach Insolvenzeröffnung zu erfüllen sind.

583 Die Aufnahme geschieht hier ebenso wie in den Fällen des § 85 InsO, dh die Aufnahme erfolgt gem. § 250 ZPO wiederum durch Zustellung eines bei dem Gericht einzureichenden Schriftsatzes, der bei der Wiederaufnahme durch den Gegner an den Insolvenzverwalter zuzustellen ist. Hintergrund ist, dass die Prozessvollmacht eines etwaigen vom Schuldner vor Insolvenzeröffnung bestellten Anwalts automatisch nach § 115 Abs. 1 InsO mit der Insolvenzverfahrenseröffnung erlischt.

c) Forderungen der Insolvenzgläubiger (Schuldenmassestreit). Werden im den unterbrochenen Passivprozess des Schuldners lediglich Ansprüche geltend gemacht, die in der Insolvenz den Charakter einer Insolvenzforderung haben (§ 38 InsO), ist es dem Gläubiger zunächst verwehrt, die unterbrochene Klage unmittelbar gegen den Insolvenzverwalter weiterzuführen. Vielmehr müssen die Gläubiger ihre Insolvenzforderungen gem. §§ 174 ff. InsO beim Insolvenzverwalter schriftlich zur Insolvenztabelle anmelden. **584**

Zu einer Aufnahme des Rechtsstreits kann es aber dann kommen, wenn die Forderung entweder vom Insolvenzverwalter oder von einem Insolvenzgläubiger im Prüfungstermin bestritten worden ist. Anderenfalls wird die Forderung mit Rechtskraftwirkung zur Insolvenztabelle festgestellt. Für die Aufnahme des Verfahrens fehlt dem Gläubiger dann das Rechtsschutzbedürfnis. **585**

Wird die Forderung aber bestritten, erfolgt die Aufnahme des Rechtsstreits gem. § 180 Abs. 2 InsO durch die Zustellung eines entsprechenden Aufnahmeschriftsatzes (§ 250 ZPO). Der Gläubiger muss seinen Klageantrag indes auf Feststellung des Anspruchs zur Insolvenztabelle umstellen (§§ 180 Abs. 2, 184 InsO). An seinem ursprünglichen (Leistungs-)Antrag kann er nicht weiterfesthalten. Insolvenzforderungen werden eben nicht vollständig aus der Insolvenzmasse, sondern bestenfalls quotal (Gläubigergleichbehandlungsgrundsatz) bedient. **586**

3. Klage und Widerklage

Bauprozesse zeichnen sich häufig dadurch aus, dass in einem Klageverfahren eine Partei nicht nur beispielsweise auf Zahlung von Restwerklohn klagt, sondern auch die andere Partei eine Widerklage erhebt, um zB Mängelbeseitigungskosten oder Schadensersatzansprüche geltend zu machen. **587**

Dass sowohl Klage als auch Widerklage „in einem Prozess" behandelt werden, darf nicht darüber hinwegtäuschen, dass es sich streng genommen um zwei separate Klageverfahren handelt. § 33 ZPO konstituiert insoweit lediglich den besonderen Gerichtsstand der Klage. Nimmt dementsprechend beispielsweise der Insolvenzverwalter einen Prozess gem. § 85 InsO auf, so berechtigt das den Gegner nicht automatisch auch dazu, die Widerklage auf-zunehmen. Die Widerklage ist gegenüber der ursprünglichen Klage selbstständig; dies gilt auch im Insolvenzverfahren (OLG Jena NZI 2002, 112; s. auch Stiller ZInsO 2015, 15 (unter besonderer Berücksichtigung von Widerklagen in Bauprozessen); BeckOK ZPO/Jaspersen, Stand 1.3.2021, ZPO § 240 Rn. 20). **588**

Die Vertragsstrafenansprüche und Verzugsschadensersatzansprüche sind Forderungen, die zum Zeitpunkt der Insolvenzverfahrenseröffnung als Insolvenzforderungen zu betrachten sind (§ 38 InsO). Dies ist der Fall, da es bei diesen Ansprüchen um Vermögensansprüche handelt, die zum Zeitpunkt der Insolvenzverfahrenseröffnung bereits begründet waren. Dementsprechend muss der Auftraggeber diese Forderungen gem. §§ 87, 174 ff. InsO zur Insolvenztabelle anmelden. Erst wenn die Forderungen bestritten werden, kann er seinen Widerklageantrag auf Feststellung der Forderungen zur Insolvenztabelle umstellen. Der Auftraggeber wäre aber nicht gehindert, mit den behaupteten Ansprüchen die Aufrechnung gegen die behaupteten Restvergütungsansprüche zu erklären, sofern kein Aufrechnungsverbot nach §§ 94 ff. InsO vorliegt. **589**

Die Verfolgung der Ansprüche im Wege der Widerklage steht der späteren Aufrechnung im Prozess nicht entgegen (vgl. BGH NJW 1997, 2601; 1999, 1179). Der Auftraggeber könnte insofern also zumindest seine „Verteidigungsstrategie" umstellen. **590**

4. Klage und (isolierte) Drittwiderklage

Besonderheiten ergeben sich aus der Konstellation von Klage und (isolierter) Drittwiderklage (zur Zulässigkeit s. BGH NJW 2007, 1753). Unter baurechtlichen Vorzeichen liegt ein solcher Fall zB dann vor, wenn der Unternehmer/Auftragnehmer seine Vergütungsansprüche an einen Dritten (zB einen Gesellschafter) abtritt, der die Forderungen dann aus abgetretenem Recht prozessual einklagt. Erhebt der Auftraggeber Widerklage gegen den Unternehmer (zB wegen Überzahlung oder Schadensersatzes) und wird über dessen Vermögen das Insolvenzverfahren eröffnet, dann wird nach § 240 ZPO zunächst einmal nur das Widerklageverfahren unterbrochen und muss der Auftraggeber seine widerklagend geltend gemachten Forderungen zur Insolvenztabelle anmelden. Die Klage aus abgetretenem Recht wird grundsätzlich nicht unterbrochen; es sei denn die Abtretung war insolvenzrechtlich anfechtbar (vgl. BGH NZI 2010, 298). Denn der Massebezug iSd § 240 ZPO wird im Zeitpunkt der Insolvenzeröffnung dadurch hergestellt, dass die Abtretung der Forderung nach insolvenzrechtlichen Vorschriften anfechtbar war. Das Anfechtungsrecht entsteht mit der Eröffnung des Insolvenzverfahrens, auch ohne dass der Insolvenzverwalter den Anfechtungsanspruch bereits geltend gemacht hat. Zugleich wird damit der Rückgewähranspruch gem. § 143 InsO fällig (BGH NJW-RR 2007, 557). Die Insolvenzmasse hatte demnach eine **591**

Bau- und Architektenrecht in der Insolvenz

Rechtsposition, die den Insolvenzverwalter in die Lage versetzte, die Forderung wieder zur Masse zu ziehen.

592 Bei einer (nicht isolierten) Drittwiderklage, beispielsweise in dem Fall, dass der von dem Architekten verklagte Bauherr Widerklage sowohl gegen den Architekten als auch gegen den gesamtschuldnerisch mithaftenden Bauunternehmer erhebt (zur Zulässigkeit vgl. BGH NJW 1964, 44), sind die Rechtsbeziehungen ebenfalls strikt zu trennen. Fällt der Bauunternehmer in Insolvenz, kann der Bauherr die gesamte Forderung zur Insolvenztabelle anmelden, gleichwohl aber die gesamte Forderung auch im Rahmen der Widerklage gegen den Architekten verfolgen (§ 43 InsO).

5. Selbstständiges Beweisverfahren

593 Auch das selbstständige Beweisverfahren, welches in der baurechtlichen Praxis hohe Relevanz hat, wird durch die Insolvenzverfahrenseröffnung nicht unterbrochen (vgl. BGH NJW 2004, 1388). Der BGH hat entschieden, dass ein selbstständiges Beweisverfahren durch die Eröffnung des Insolvenzverfahrens über das Vermögen einer der Parteien trotz Vorliegens der tatbestandlichen Voraussetzungen des § 240 ZPO nicht unterbrochen wird. Dies gilt aber nur dann, wenn die Beweisaufnahme noch nicht beendet ist. Der BGH stellt hier darauf ab, dass das Verfahren eine schnelle Beweissicherung oder eine rasche und kostensparende Einigung der Parteien erreichen soll und dieses Ziel nur dann erreicht werden könne, wenn das selbstständige Beweisverfahren möglichst zügig und ohne die mit einer Unterbrechung nach § 240 ZPO verbundenen zeitlichen Verzögerungen durchgeführt wird. Im Umkehrschluss hat der BGH aber entschieden, dass nach der Durchführung der Beweisaufnahme durch die Insolvenzverfahrenseröffnung auch ein selbstständiges Beweisverfahren unterbrochen wird (BGH NJW 2011, 1679).

V. Prozesskosten (Insolvenzforderungen oder Masseverbindlichkeiten?)

1. Vor Verfahrenseröffnung entstanden

594 Der Anspruch der Gerichtskasse oder der des Prozessgegners auf Zahlung oder Erstattung von Prozesskosten stellt unzweifelhaft einen Vermögensanspruch dar mit der Folge, dass es sich bei derartigen Ansprüchen um gewöhnliche Insolvenzforderungen iSd § 38 InsO, wenn sie vor der Verfahrenseröffnung entstanden sind (vgl. LAG Köln BeckRS 2015, 72905). Der Anspruch entsteht nach hM bereits aufschiebend bedingt mit Prozessbeginn, selbst wenn die Kostenfestsetzung erst nach Insolvenzverfahrenseröffnung erfolgt (Jaeger/Henckel, InsO, 2007, InsO § 38 Rn. 152; Uhlenbruck/Sinz, 15. Aufl. 2019, InsO § 38 Rn. 49).

595 Nur ausnahmsweise kann eine Insolvenzforderung nach § 55 Abs.1 1 Nr. 1 InsO zu einer Masseforderung aufgewertet werden, wenn die Forderung auf ein Handeln des Insolvenzverwalters zurückgeht. Wegen des Grundsatzes der Einheitlichkeit der Kostenentscheidung ist dies nach Auffassung des BGH ua dann der Fall, wenn ein zunächst durch Insolvenzverfahrenseröffnung unterbrochener Rechtsstreit nach Aufnahme nach § 85 InsO streitig fortgesetzt wird (krit. Uhlenbruck/Sinz, 15. Aufl. 2019, InsO § 55 Rn. 18). Über die Kosten des Verfahrens hat dann eine einheitliche Kostenentscheidung zu ergehen, was gemeinhin eine Aufteilung nach Zeitabschnitten vor und nach der Prozessaufnahme ausschließt. Obsiegt der Insolvenzverwalter, kann er den gesamten Kostenerstattungsanspruch zur Masse ziehen. Unterliegt er aber, ist umgekehrt der Kostenerstattungsanspruch des Verfahrensgegners in voller Höhe Masseverbindlichkeit (vgl. BGH NZI 2008, 565; 2007, 104).

2. Nach Verfahrenseröffnung entstanden

596 Nach § 55 Abs. 1 Nr. 1 InsO sind Prozesskostenerstattungsansprüche Masseverbindlichkeiten, wenn der Verwalter eine Klage für die Masse erhebt (und verliert) oder wenn er durch seine Bestreiten einer angemeldeten Insolvenzforderung Veranlassung zur Klage gibt und in dem Feststellungsprozess unterliegt (vgl. auch MüKoInsO/Hefermehl, 4. Aufl. 2019, InsO § 55 Rn. 43 ff.).

597 Eine Ausnahme gibt es nur bei § 86 Abs. 2 InsO: Nimmt der Prozessgegner einen Passivprozess auf, so kann der Insolvenzverwalter mit einem sofortigen Anerkenntnis des Anspruchs das Entstehen einer Masseverbindlichkeit vermeiden (der Prozessgegner hat dann nur eine Insolvenzforderung); dies gilt selbst bei einem „vorläufigen" Bestreiten im Prüfungstermin (vgl. BGH NZI 2006, 295).

Bau- und Architektenrecht in der Insolvenz

E. Restabwicklungsvereinbarungen mit dem (vorläufigen) Insolvenzverwalter in baurechtlichen Sachverhalten

I. Interessen der Beteiligten an einer Restabwicklungsvereinbarung

Kein Baubeteiligter kann ein Interesse daran haben, dass die Baustelle durch die Insolvenz eines der Beteiligten auf unabsehbare Zeit stillsteht. Es entspricht auch nicht den Interessen der Beteiligten, unter Umständen langwierige juristische Auseinandersetzungen zu führen, die sich dann einstellen, wenn beispielsweise schon die Frage strittig ist, ob eine von dem Auftraggeber im Krisenstadium ausgebrachte Vertragskündigung überhaupt wirksam ist. Vom Ergebnis hängt ua auch ab, ob dem Auftraggeber Schadensersatzansprüche wegen Restfertigstellungsmehrkosten und Mängelbeseitigungskosten zustehen, die er etwaigen Vergütungsforderungen des Auftragnehmers in dessen Insolvenz aufrechnungsweise gegenüber zu stellen beabsichtigt. 598

Gleichgerichtet sind insoweit auch die Interessen des Auftragnehmers, der schon allein, um etwaige Unwägbarkeiten bei der korrekten Abrechnung der von ihm erbrachten Leistungen zu vermeiden, es nicht auf einen Streit über die Berechtigung der Kündigung des Auftraggebers ankommen lassen möchte. Stellt sich nach jahrelanger juristischer Auseinandersetzung am Ende heraus, dass die Kündigung wirksam gewesen ist, muss der Auftragnehmer seinen Vergütungsanspruch auf den Stichtag der Kündigung berechnen. Dies wird ihm aber vielleicht nicht mehr möglich sein. 599

Ist die Baustelle darüber hinaus für den Auftragnehmer auskömmlich kalkuliert worden, hat vielleicht auch der (vorläufige) Insolvenzverwalter ein Interesse daran, die Baustelle fortzuführen, um die in Aussicht stehenden Vergütungsforderungen zur Masse zu ziehen. 600

II. Risiken ohne Restabwicklungsvereinbarung

Entspricht es mithin den Interessen aller Beteiligten, Streitigkeiten in Bezug auf das Bauvorhaben zu vermeiden und die Baumaßnahme nach Möglichkeit zur allseitiger Zufriedenheit fortzusetzen, so bestehen doch gewisse Risiken für den Fall, dass dies ohne eine entsprechende Fortführungsvereinbarung/Restabwicklungsvereinbarung geschieht, in der der aktuelle Status quo und die Rechte der Beteiligten für die Zukunft konkretisiert/fixiert werden. 601

1. Risiken für den (vorläufigen) Insolvenzverwalter

Für den (vorläufigen) Insolvenzverwalter ist es von grundlegender Bedeutung, dass er die Vergütung für solche Leistungen, die aus Massemitteln finanziert werden, zum Vorteil der Gläubigergesamtheit zur Masse beanspruchen kann. Um dies zu gewährleisten, muss er zunächst einmal Gewissheit darüber haben, welcher Bautenstand zum Stichtag der Weiterarbeit mit Massemitteln tatsächlich erreicht war. Hierbei ist nicht nur der Umfang der erforderlichen Restarbeiten festzulegen; es ist darüber hinaus auch zu dokumentieren, inwieweit die bislang von dem Schuldner erbrachten Leistungen ggf. mit Mängeln behaftet sind. Denn nur dies kann dem Insolvenzverwalter eine Einschätzung vermitteln, ob nicht möglicherweise der wirtschaftliche Aufwand zur Fertigstellung des Bauwerkes inklusive der Mängelbeseitigung doch zu hoch ist. Hierbei ist zu berücksichtigen, dass eine Restabwicklungsvereinbarung, die von dem („endgültigen") Insolvenzverwalter abgeschlossen wird, nach § 55 Abs. 1 Nr. 2 InsO unmittelbar die Masse bindet. Die Ansprüche des Auftraggebers aus dieser Restabwicklungsvereinbarung stellen mithin Masseverbindlichkeiten dar. Erklärt sich aber der Insolvenzverwalter dazu bereit, das Bauvorhaben abnahmereif herzustellen, so gehört hierzu auch die Beseitigung der bis dato vorliegenden (wesentlichen) Mängel. 602

Der (vorläufige) Insolvenzverwalter hat darüber hinaus ein Interesse daran, dass die von dem Schuldner eingesetzten Nachunternehmer nicht abspringen, sondern weiter für die Fortsetzung der Arbeiten zur Verfügung stehen. Dies kann allerdings nur dann gelingen, wenn die Vergütung der Nachunternehmer sichergestellt ist. Insoweit bedarf es daher einer Regelung, inwieweit der Insolvenzverwalter Zahlungen zur Finanzierung der weiteren Bauarbeiten einsetzen darf. 603

Aus Sicht des (vorläufigen) Insolvenzverwalters muss schließlich noch berücksichtigt werden, dass nur eine Restabwicklungsvereinbarung mit entsprechender Regelung eine etwaige noch im Raum stehende Kündigung des Auftraggebers nach § 8 Abs. 2 VOB/B auszuschließen kann. Ansonsten besteht das Risiko, dass der Auftraggeber doch noch von seinem Kündigungsrecht Gebrauch macht und die Gegenleistung für die bis dahin ausgeführten Arbeiten dann nicht mehr der Insolvenzmasse zugutekommt. 604

Bau- und Architektenrecht in der Insolvenz

2. Risiken für den Auftraggeber

605 Die vorstehenden Ausführungen treffen spiegelbildlich auch für den Auftraggeber zu. Es ist für den Auftraggeber von Bedeutung, Klarheit darüber zu erhalten, ob der (vorläufige) Insolvenzverwalter denn auch tatsächlich willig ist, das Bauvorhaben (zügig) zu Ende zu führen. Mit einer entsprechenden Restabwicklungsvereinbarung wird jedenfalls das Vertrauen des Auftraggebers in eine Absichtsbekundung des Insolvenzverwalters gestärkt.

606 Mit der Festlegung eines Stichtages für die Abgrenzung der bis dahin erbrachten Leistungen samt monetärer Bewertung der erbrachten Arbeiten erhält auch der Auftraggeber Klarheit darin, inwieweit er möglicherweise mit bis zum Stichtag fälligen Gegenforderungen aufrechnen kann und hinsichtlich welchen (Rest-)Vergütungsforderungen ihm eine Aufrechnung mit seinen Altverbindlichkeiten verwehrt ist.

607 Eine Restabwicklungsvereinbarung bietet für den Auftraggeber schließlich die Möglichkeit, etwaige Vertragsfristen/-termine neu zu koordinieren, da es in aller Regel durch die Krise des Auftragnehmers schon zu zeitlichen Verzögerungen gekommen sein dürfte.

III. Bausteine einer Restabwicklungsvereinbarung

1. Abgrenzungsstichtag

608 Zunächst einmal ist festzulegen, auf welchen Abgrenzungsstichtag sich die Beteiligten verständigen können. Vor dem Hintergrund, dass es dem Auftraggeber in Zusammenschau der §§ 96 Abs. 1 Nr. 3, 130 Abs. 1 Nr. 1 InsO mit der Kenntnis von der Stellung eines Insolvenzantrages durch den insolventen Auftragnehmer nicht mehr möglich ist, mit bis dahin bestehenden Gegenforderungen später gegen die anteiligen Vergütungsansprüche aus der Zeit nach der Kenntnis des Eröffnungsantrages aufzurechnen, bietet sich der Einfachheit halber an, als Abgrenzungsstichtag das Datum der Insolvenzantragstellung zu vereinbaren.

609 Wenn die Parteien es genau nehmen wollen, könnten sie sich alternativ auf das konkrete Datum der Kenntniserlangung durch den Auftraggeber verständigen. Dann müsste allerdings geklärt werden, wann konkret der Auftraggeber Kenntnis erlangt hat. Ein vorläufiger Insolvenzverwalter würde hierzu spätestens auf den Zeitpunkt des Zugangs eines von ihm verfassten Rundschreibens an die Geschäftspartner des Insolvenzschuldners abstellen. Lässt sich der tatsächliche Zugang nicht klären, ließe sich auf das Datum dieses Rundschreibens abstellen.

2. Leistungsstandsfeststellung

610 Eine Fortführungsvereinbarung muss regeln, wie der Leistungsstand, der bis zum Abgrenzungsstichtag erreicht ist, von den Parteien bewertet wird. Aus dieser Leistungsstandsfeststellung muss sich insbesondere ergeben, inwieweit dem Auftragnehmer für den erbrachten Leistungsstand ein anteiliger Werklohnanspruch (gemessen an der Gesamtvergütung) zusteht.

611 Bei einem Einheitspreisvertrag mag dies mit Hilfe eines überschlägigen Aufmaßes noch vergleichsweise einfach zu ermitteln sein. Bei einem Pauschalpreisvertrag ist die Schwierigkeit offensichtlich. Es ist allerdings zu empfehlen, auch bei einem Pauschalpreisvertrag wenigstens ein überschlägiges Aufmaß zu erstellen und den Leistungsstand nötigenfalls anhand von Fotos oder Sachverständigengutachten zu dokumentieren, um auf dieser Basis eine einigermaßen verlässliche Schätzgrundlage für die anteilige Vergütung zu ermitteln. Wie im Rahmen von Vergleichsvereinbarungen üblich, steht den Parteien insoweit ein gewisser Beurteilungsspielraum zu, der – wenn die gebotenen Grenzen nicht überschritten werden – zwischen den Parteien auch bindend ist (vgl. BGH NZI 2007, 101). Die Schätzung darf nicht erkennbar losgelöst von jeglicher Tatsachengrundlage sein.

3. Abschlagszahlungen und Zahlungsverkehr

612 Kommt die Leistungsstandsfeststellung zu dem Ergebnis, dass dem Auftragnehmer für die bis zum Stichtag erbrachten Leistungen noch ein Vergütungsanspruch zusteht, für die er eine Abschlagsrechnung stellen kann, so sollte die Fortführungsvereinbarung eine diesbezügliche Regelung enthalten. Da der Auftraggeber aber sicherzustellen beabsichtigt, dass etwaig eingesetzte Nachunternehmer von dem Auftragnehmer bezahlt werden, ist eine Regelung dazu erforderlich, ob und inwieweit der (vorläufige) Insolvenzverwalter die Zahlungen treuhänderisch entgegennimmt und nach welchen Vorgaben/Modalitäten er die Nachunternehmer zu bezahlen hat.

4. Aufrechnungsvereinbarung

Im Zusammenhang mit der vorstehenden Regelung bietet sich eine weitergehende Verständigung dazu an, ob der Auftraggeber mit seinen bis zum Abgrenzungsstichtag bestehenden Gegenansprüchen (aus dem gleichen oder beispielsweise aus einem anderen Bauvorhaben) die Aufrechnung gegen etwaige zu diesem Zeitpunkt noch offene Restwerklohnansprüche des Auftragnehmers erklären darf. 613

Hierbei kann naturgemäß der Sachverhalt auch so liegen, dass Grund und Höhe der von dem Auftraggeber behaupteten Gegenansprüche in Streit stehen, sodass der Auftraggeber zumindest einen Vorbehalt dahingehend, dass er sich die Aufrechnung mit seinen behaupteten Gegenansprüchen vorbehält, erklären sollte. 614

Mit der gleichen Zielrichtung sollten die Parteien in einer etwaigen Insolvenz des Auftraggebers, in der die Vereinbarung einer Restabwicklungsvereinbarung ansteht, eine Regelung dazu aufnehmen, dass der Auftragnehmer auf die Ausübung seines Zurückbehaltungsrechtes wegen der noch zu erbringenden Bauleistungen wegen Ansprüchen, die ihm aus der Zeit vor dem Abgrenzungsstichtag zustehen, verzichtet. 615

5. Sicherheiten

Haben die Baubeteiligten die Stellung von Sicherheiten vereinbart, sollte klarstellend geregelt werden, ob und inwieweit die vereinbarten Sicherheiten auch für die nach der Restabwicklungsvereinbarung noch zu erbringenden Leistungen gelten. Höchst vorsorglich sollten die Beteiligten auch die **Zustimmung etwaiger Bürgen** zu dem Abschluss der Restabwicklungsvereinbarung einholen, wenn ein Bürge auch als Sicherheit für die Vertragserfüllung nach der Restabwicklungsvereinbarung haften soll. Denn bekanntlich ist für die Verpflichtung des Bürgen der jeweilige Bestand der Hauptverbindlichkeit maßgebend (§ 767 Abs. 1 S. 1 BGB). Eine Restabwicklungsvereinbarung kann eine nachträgliche Abänderung der Hauptverbindlichkeit darstellen, sodass die Beteiligten nicht das Risiko eingehen sollten, mit dem Abschluss der Restabwicklungsvereinbarung die Bürgschaftsansprüche zu gefährden. 617

6. Vertragstermine

Sind in dem Bauvertrag Vertragstermine vereinbart worden, bietet sich an, eine Neuordnung dieser Vertragstermine zu vereinbaren, weil es möglich ist, dass aufgrund der eingetretenen Krise die Vertragstermine nicht mehr gehalten werden können. Infolgedessen wären auch etwaige **Vertragsstrafenansprüche** im Falle eines Terminverzuges neu zu regeln. Der Insolvenzverwalter des insolventen Auftragnehmers wird in diesem Zusammenhang eher dafür plädieren, dass eine etwaige Vertragsstrafe nur aus dem (geringeren) Auftragswert der noch zu erbringenden Restbauleistung berechnet werden darf, wobei dies fraglich erscheint. Denn mit der Restabwicklungsvereinbarung kommt es nicht zu einem vollständig neuen Vertragsverhältnis; es werden nur die Modalitäten der weiteren Vertragsabwicklung festgelegt. Die einmal gewählte Bezugsgröße der Vertragsstrafe gemäß Hauptvertrag kann daher durchaus verbindlich bleiben. Der Auftragnehmer hat jedenfalls keinen Anspruch darauf, dass die Bezugsgröße entsprechend angepasst wird, da der Vertrag weder durch die vorläufige Insolvenzverwaltung noch durch die Insolvenzverfahrenseröffnung materiell-rechtlich modifiziert wird. 618

7. Mängelhaftung

Schlussendlich sollte eine Restabwicklungsvereinbarung zweckmäßigerweise eine Regelung dazu enthalten, inwieweit von dem (vorläufigen) Insolvenzverwalter die Mängelhaftung für die bereits erbrachten und noch zu erbringenden Bauleistungen übernommen wird. Da der (vorläufige) Insolvenzverwalter das Mängelrisiko kaum verlässlich überschauen kann, wird er Interesse daran haben, dass die Masse (im Falle der schon erfolgten Insolvenzverfahrenseröffnung) gemäß Vereinbarung nur für die noch zu erbringenden Bauleistungen haftet. 619

Wollte man jedoch in dem Abschluss einer Restabwicklungsvereinbarung zugleich auch eine Erfüllungswahl iSv § 103 Abs. 1 InsO erblicken, so würde der Insolvenzverwalter konkludent mit dem Vertragsabschluss die Erfüllung des gesamten Vertrages wählen. Da der Insolvenzverwalter aber nicht die Erfüllung eines Mängelanspruches wählt (und auch nicht wählen kann), sondern nur den Vertrag als Ganzes, haftet die Insolvenzmasse auch für Mängel, die bis dato noch unbekannt gewesen sind (aA Schmitz, Die Bauinsolvenz, 6. Aufl. 2015, Rn. 286 ff.). 620

Da der Auftraggeber mit seinen Mängelansprüchen ohne Restabwicklungsvereinbarung allerdings auch nur die Stellung eines einfachen Insolvenzgläubigers einnehmen würde, ist es durchaus 621

Bau- und Architektenrecht in der Insolvenz

zweck- und interessengerecht, dass mit der Restabwicklungsvereinbarung eine Verständigung dazu gefunden wird, dass die Masse eben nur für die Leistungen haftet, die mit dem Abschluss der Restabwicklungsvereinbarung von dem Insolvenzverwalter noch ausgeführt werden.

IV. Absicherung der Restabwicklungsvereinbarung über die Verfahrenseröffnung hinaus

1. Ausgangsüberlegung

622   Für den Fall, dass eine Restabwicklungsvereinbarung mit dem (endgültigen) Insolvenzverwalter abgeschlossen wird, bindet die Vereinbarung gem. § 55 Abs. 1 Nr. 2 InsO die Insolvenzmasse unmittelbar. Die Restabwicklungsvereinbarung hat also im Insolvenzverfahren Bestand, sodass der Vertragspartner aus dieser Restabwicklungsvereinbarung unmittelbar Masseforderungen geltend machen kann.

623   Anders ist dies im Falle des Abschlusses einer Restabwicklungsvereinbarung mit einem (zumeist nur „schwachen") vorläufigen Insolvenzverwalter. Nur für den Fall, dass ein vorläufiger Insolvenzverwalter mit Verwaltungs- und Verfügungsbefugnis ernannt worden ist (sog. „starker" vorläufige Insolvenzverwalter), hätten dessen Rechtshandlungen gem. § 55 Abs. 2 S. 1 InsO ebenfalls Bindungswirkung für die Insolvenzmasse (→ § 55 Rn. 70). Auch solche Verbindlichkeiten, die von einem vorläufigen „starken" Insolvenzverwalter begründet werden, binden die Insolvenzmasse. Die Verbindlichkeit wirkt daher noch über die Insolvenzeröffnung hinaus fort.

624   Ist hingegen lediglich ein sog. „schwacher" vorläufiger Insolvenzverwalter bestellt worden, gilt dies nicht. Ein vorläufiger schwacher Insolvenzverwalter hat lediglich einen allgemeinen Zustimmungsvorbehalt. Eine Restabwicklungsvereinbarung wäre daher im Grunde zunächst einmal mit dem insolventen Schuldner zu vereinbaren. Im Zweifel sollte die Zustimmung des vorläufigen Insolvenzverwalters eingeholt werden.

625   Da aber der Vertragspartner keine (rechtliche) Verlässlichkeit hat, dass die Regelungen, die in der Restabwicklungsvereinbarung geregelt werden, auch über die Verfahrenseröffnung hinaus Bestand haben, wird er sich erfahrungsgemäß und auch nachvollziehbar schwertun, auf der Grundlage einer derartigen „weichen" Vereinbarung weitere Zahlungen an den Auftragnehmer zu leisten, und das wenn auch noch bis dato aufgelaufene Gegenforderungen im Raum stehen und er das Risiko einer Anfechtung durch den späteren Insolvenzverwalter wegen Verfügungen des Schuldners aus der Zeit der vorläufigen Insolvenzverwaltung nicht vermeiden kann.

2. Einzelermächtigung

626   Um die damit einhergehenden Unwägbarkeiten auszuschließen, sollten die Beteiligten die Fortführungsvereinbarung/Restabwicklungsvereinbarung nach Möglichkeit von **einer Einzelermächtigung des Insolvenzgerichts** decken lassen (→ § 55 Rn. 71). Das Insolvenzgericht kann den (schwachen) vorläufigen Insolvenzverwalter dazu ermächtigen, im Voraus genau festgelegte Verbindlichkeiten auch zulasten der späteren Insolvenzmasse einzugehen, wobei dann nach herrschender Auffassung Rechtshandlungen, die auf der Grundlage einer solchen Einzelermächtigung (hierzu detailliert → § 22 Rn. 69; Laroche NZI 2010, 965) vorgenommen werden, auch der späteren Insolvenzanfechtung entzogen sind (s. Schluck-Amend/Seibold ZIP 2010, 62 (67) mwN; BGH ZIP 2005, 314).

627   Für den Fall, dass die Abwicklungsvereinbarung in jeden Fall nur von einer derartigen Ermächtigung des Insolvenzgerichts abhängig gemacht werden soll, muss in der Vereinbarung eine entsprechende **aufschiebende Bedingung** aufgenommen werden, dass die Abwicklungsvereinbarung erst dann wirksam wird, wenn die Ermächtigung durch das Insolvenzgericht erteilt wird.

628   Die Einzelermächtigung durch das Insolvenzgericht hat damit letztlich die gleiche Wirkung, als wäre die Restabwicklungsvereinbarung mit einem starken vorläufigen Insolvenzverwalter bzw. dem („endgültigen") Insolvenzverwalter abgeschlossen worden: Die Vorteile für den Auftraggeber liegen darin, dass – wie bereits erwähnt – eine spätere Insolvenzanfechtung gem. §§ 129 ff. InsO ausgeschlossen ist und die Restabwicklungsvereinbarung auch nicht dem Wahlrecht des Insolvenzverwalters gem. § 103 Abs. 1 InsO unterliegt (vgl. MüKoInsO/Huber § 103 Rn. 151; Jaeger/Henckel § 55 Rn. 90; Schluck-Amend/Seibold ZIP 2010, 62 (67)). Nach der Rechtsprechung des BGH ist die Zulässigkeit von sog. Einzelermächtigungen gegeben. Dies hat der BGH bereits in einer Entscheidung v. 18.7.2002 klargestellt (BGH ZIP 2002, 1625 = BGHZ 155, 353).

629   Gleichfalls haftet der vorläufige (schwache) Insolvenzverwalter, der mit Einzelermächtigung eine Restabwicklungsvereinbarung schließt, wie ein vorläufiger starker Insolvenzverwalter bzw. ein (endgültiger) Insolvenzverwalter gem. § 61 S. 1 InsO auf Schadensersatz, sollte sich herausstel-

Bau- und Architektenrecht in der Insolvenz

len, dass die aus der Restabwicklungsvereinbarung folgenden Masseverbindlichkeiten mit den Mitteln der Masse nicht bedient werden können. Eine Haftung besteht lediglich dann nicht, wenn sich der Verwalter gem. § 61 S. 2 InsO exkulpieren kann. Dies ist dann der Fall, wenn für ihn nicht ersichtlich gewesen ist, dass die Masse nicht ausreicht, um die Masseverbindlichkeiten zu bedienen.

3. Treuhandmodell

Um sicherzustellen, dass mit den weiteren Zahlungen letztlich auch nur die Fortführung der konkreten streitbefangenen Baustelle finanziert wird, bietet sich neben einer Einzelermächtigung durch das Insolvenzgericht eine sog. Treuhandlösung an. 630

In diesem Fall richtet der Insolvenzverwalter ein Treuhandkonto ein. Von diesem Treuhandkonto werden dann nach festgelegten Voraussetzungen entweder Zahlungen an die Nachunternehmer oder an das insolvente Unternehmen freigegeben, wenn der Auftragnehmer Eigenleistungen erbringt. Mit Hilfe des Treuhandmodells lässt sich auch leichter erreichen, dass der Auftraggeber das Eigentum an Gegenständen erhält, die zB von Lieferanten des insolventen Auftragnehmers angeliefert werden. Bestehen nämlich Eigentumsvorbehaltsrechte, machen die Lieferanten die Übereignung des Eigentums von der vollständigen Kaufpreiszahlung abhängig. Mit dem Treuhandmodell lässt sich jedoch sicherstellen, dass die Verbindlichkeiten gegenüber den Lieferanten erfüllt werden und mithin die Voraussetzungen für den Eigentumsübergang eintreten (vgl. Schluck-Amend/Seibold ZIP 2010, 62 (68)). 631

Gegen das Treuhandmodell wird eingewandt, dass hierdurch im Grunde eine Art Sondervermögen entsteht, was durch die Regelungen der InsO nicht ausdrücklich abgedeckt sei. Mit der hM dürften jedoch keine durchschlagenden Bedenken gegen die Zulässigkeit des Treuhandmodells bestehen (vgl. BGH NJW 1990, 45; Bork ZIP 2003, 1421 (1424); Marotzke ZInsO 2005, 561 (566)). Soweit Bedenken hinsichtlich eines etwaigen Selbstkontrahierens des Insolvenzverwalters mit sich selbst in dem Fall, dass gemäß Treuhandauftrag an das eigene schuldnerische Unternehmen Zahlungen zu leisten sind, bestehen, so bietet sich die Möglichkeit, die Genehmigung des Selbstkontrahierens über die Bestellung eines Sonderverwalters zu erreichen (vgl. Uhlenbruck/Mock § 80 Rn. 65). 632

V. Beispiel einer Restabwicklungsvereinbarung

Eine Restabwicklungsvereinbarung, die die vorstehenden Ausführungen berücksichtigt, könnte in etwa wie folgt aussehen: 633

Restabwicklungsvereinbarung
für das Projekt (...)
zwischen den Parteien (...)
Präambel
Die Vertragsparteien sind zu dem Bauvorhaben (...) mit Bauvertrag vom (...) rechtlich verbunden.

Der AN hat am (...) bei dem zuständigen Insolvenzgericht (...) einen Antrag auf Eröffnung des Insolvenzverfahrens gestellt. Mit Beschluss des Insolvenzgerichts vom (...) ist Herr Rechtsanwalt/ist Frau Rechtsanwältin (...) zum (vorläufigen) Insolvenzverwalter ernannt worden.

Mit Bauvertrag vom (...) ist der Auftragnehmer mit dem Gewerk (...) beauftragt worden. Das Gesamtauftragsvolumen inklusive bis heute angefallener Nachträge beläuft sich auf (...).

Im Vorfeld zu dem Abschluss dieser Restabwicklungsvereinbarung haben die Parteien eine Bautenstandsfeststellung erarbeitet, die als **Anlage 1** dieser Vereinbarung beigefügt ist. Danach wurden bislang Bauleistungen im Wert von insgesamt (...) € erbracht.

Der AN hat sich bereit erklärt, das Bauvorhaben fortzuführen. Ziel des AG ist es, Sicherheit in Bezug auf die zukünftige Vertragsabwicklung zu erhalten und spätere Insolvenzanfechtungsrisiken zu vermeiden, d. h. insbesondere auch, eine Bevorzugung vor etwaigen weiteren Insolvenzgläubigern zu vermeiden. Ziel des AN ist es, den Vertrag fortzuführen, um die Möglichkeit einer erfolgreichen Sanierung zu schaffen bzw. noch im Raum stehende Vergütungsansprüche zur generieren.

Dies vorausgeschickt vereinbaren die Parteien unter Berücksichtigung der wechselseitigen Interessen das Nachfolgende:

§ 1 Fortgeltung des Bauvertrages
Die in dem Bauvertrag vom (...) nebst den weiteren Vereinbarungen sowie den zwischenzeitlich geschlossenen Nachtragsvereinbarungen geregelten wechselseitigen Verpflichtungen und der Inhalt

Bau- und Architektenrecht in der Insolvenz

der jeweils geschuldeten Leistungen gelten fort, soweit diese vertraglichen Regeln nicht durch die folgende Vereinbarung modifiziert werden.

§ 2 Restabwicklung

Der AN verpflichtet sich, aus den bisher insgesamt vertraglich vereinbarten Leistungen und unter Berücksichtigung der Leistungsstandfeststellung die noch restlichen Leistungen, die der Übersichtlichkeit halber in der **Anlage 2** zu dieser Vereinbarung dargestellt sind, zu erbringen.

§ 3 Termine

Die in der vorgenannten Regelung genannten Leistungen wird der AN bis zum (…) erbringen (Vertragstermin). Die in dem Bauvertrag vom (…) vereinbarten Rechtsfolgen im Falle der schuldhaften Überschreitung des Fertigstellungstermins (insbesondere Vertragsstrafe) gelten nun im Falle der schuldhaften Überschreitung des vorgenannten Fertigstellungstermins.

§ 4 Vergütung

Der AN bekommt für die bislang erbrachten Leistungen noch eine restliche Vergütung i. H. v. insgesamt (…) €. Für die noch zu erbringenden Leistungen wird eine Restvergütung i. H. v. (…) € vereinbart. Mit der danach insgesamt noch zu zahlenden Vergütung sind alle für die Herstellung des Leistungserfolgs erforderlichen Leistungen abgegolten. Darüber hinausgehende Forderungen des AN sind ausgeschlossen.

Die Vergütung wird nach Maßgabe des folgenden Zahlungsplans gezahlt:

(…)

§ 5 Aufrechnung/Zurückbehaltungsrechte

Der AG bestätigt, dass er keine Aufrechnung gegen seit Insolvenzantragsstellung (Stichtag) zu leistenden Zahlungen mit Forderungen, die zu diesem Zeitpunkt bereits begründet waren, vornehmen wird. Desgleichen verzichtet er auf die Ausübung eines Zurückbehaltungsrechtes an den hier vereinbarten Leistungen wegen Ansprüchen, die ihm aus der Zeit vor Insolvenzantragsstellung zustehen.

§ 6 Mängelhaftung

Es gelten die im ursprünglichen Vertragsverhältnis vereinbarten Mängelhaftungsregelungen. Ansprüche wegen Mängeln, die bis zum Stichtag bestehen, wird der Auftraggeber nach Insolvenzverfahrenseröffnung nur als Insolvenzgläubiger geltend machen.

§ 7 Vertragsbeendigung/Kündigung

Die in dem Bauvertrag vom (…) vereinbarten Kündigungsrechte bleiben unberührt und gelten sowohl für den Bauvertrag vom (…) als auch für diese Vereinbarung. Der AG ist folglich zu einer außerordentlichen Kündigung berechtigt, falls die weitere Vertragsabwicklung nach rechtswirksamer Unterzeichnung dieser Vereinbarung eine solche außerordentliche Kündigung rechtfertigt.

§ 8 Aufschiebende Bedingung

Die Wirksamkeit dieser Vereinbarung wird unter die aufschiebende Bedingung gestellt, dass der vorläufige Insolvenzverwalter von dem Insolvenzgericht mit einer Einzelermächtigung zum Abschluss dieser Vereinbarung ausgestattet wird.

§ 9 Sonstiges

Jede Vertragspartei trägt ihre eigenen Kosten.

Nebenabreden bestehen nicht. Änderungen und Ergänzungen dieses Vertrages bedürfen der Schriftform. Dies gilt auch für die Abbedingung dieser Schriftformregelung.

Es gilt ausschließlich deutsches Recht.

Gerichtstand für sämtliche Streitigkeiten aus oder im Zusammenhang mit dieser Vereinbarung ist (…).

Ort, Datum
Unterschriften

Datenschutz in der Insolvenz

Überblick

Der Datenschutz widmet sich einer der zentralen Herausforderungen im Zeitalter der Informationsgesellschaft, dem Schutz natürlicher Personen vor Bedrohungen für deren Privatleben und ihr allgemeines Persönlichkeitsrecht durch die Verarbeitung personenbezogener Daten. Auf europäischer Ebene sind die entsprechenden Grundrechte in Art. 7 und 8 GRCh und Art. 8 EMRK verortet. Im deutschen Verfassungsrecht wird das Recht auf Informationelle Selbstbestimmung als besondere Ausprägung des allgemeinen Persönlichkeitsrechts aus Art. 2 Abs. 1 iVm Art. 1 Abs. 1 GG abgeleitet. Die Diskussion um die Verabschiedung und die Geltungserlangung der EU-Datenschutzgrundverordnung (DS-GVO) hat auch die bereichsspezifische Bedeutung dieser Querschnittsmaterie in den Fokus gerückt. Vor dem Hintergrund der fortschreitenden Digitalisierung in allen Lebens- und Wirtschaftsbereichen gewinnt der Datenschutz auch in der Insolvenz stetig weiter an **Bedeutung** (→ Rn. 1 ff.). Das moderne Datenschutzrecht ist geprägt von einer Vielzahl von Legaldefinitionen. Für den Rechtsanwender ist es daher sehr hilfreich, sich zunächst einen Überblick über die Bedeutung der **wesentlichen Begrifflichkeiten** zu verschaffen (→ Rn. 5 ff.). Für die Tätigkeit des **Insolvenzverwalters** sind dessen **datenschutzrechtliche Stellung** (→ Rn. 11 ff.) und die **Auswirkungen der Verfahrenseröffnung** aus datenschutzrechtlicher Sicht (→ Rn. 40 ff.) sowie die **Massebefangenheit von personenbezogenen Daten** (→ Rn. 92) von großer praktischer Relevanz. Er ist nicht zuletzt gehalten, sowohl möglichst schnell Maßnahmen zur **Fortführung der Datenschutzcompliance des schuldnerischen Unternehmens** (→ Rn. 65 ff.) zu treffen, als auch in der **eigenen Kanzlei** für die **Einhaltung datenschutzrechtlicher Vorschriften** zu sorgen (→ Rn. 106 ff.).

Übersicht

	Rn.		Rn.
A. Vorbemerkungen	1	5. Melde und Benachrichtigungspflichten	81
I. Bedeutung des Datenschutzes für die Insolvenz	1	6. Umgang mit Beschäftigtendaten	84
II. Wesentliche Begrifflichkeiten des Datenschutzrechts	5	7. Technische und organisatorische Maßnahmen zur Datensicherheit	86
1. Allgemeines	5	8. Umgang mit Datenschutzaufsichtsbehörden	88
2. Personenbezogene Daten	6	9. Checkliste für den Insolvenzverwalter zur Datenschutzcompliance des schuldnerischen Unternehmens	91
3. Verarbeitung	7		
4. Betroffene Person	8		
5. Verantwortlicher	9	**C. Personenbezogene Daten als Gegenstand der Insolvenzmasse**	92
6. Auftragsverarbeiter	10	I. Massebefangenheit von personenbezogenen Daten	92
B. Datenschutz im Insolvenzverfahren	11	II. Personenbezogene Daten in Verwertungs- und Restrukturierungsszenarien	94
I. Datenschutzrechtliche Stellung des Verwalters	11	1. Planverfahren	97
1. Insolvenzverwalter	15	2. Share Deal	98
2. Keine gemeinsame Verantwortlichkeit mit dem Schuldner	21	3. Umwandlungsrechtliche Gesamtrechtsnachfolge	99
3. Starker vorläufiger Insolvenzverwalter	24	4. Asset Deal	100
4. Schwacher vorläufiger Insolvenzverwalter	27	**D. Datenschutz in der Kanzlei des Insolvenzverwalters**	106
5. Insolvenzverwalter ist nicht-öffentliche Stelle	33	I. Datenschutz-Compliance des Insolvenzverwalters	106
II. Auswirkungen der Verfahrenseröffnung aus datenschutzrechtlicher Sicht	40	II. Datenschutzrechtliche Compliance-Risiken	112
1. Nachweisbarkeit der Rechtmäßigkeit der Datenverarbeitung	40	1. Bußgeldrisiken	112
2. Einwilligungen und datenschutzrelevante Verträge mit Dritten	53	2. Strafvorschriften	119
III. Übernahme/Fortführung der Datenschutzcompliance des schuldnerischen Unternehmens	65	3. Schadensersatz	120
1. Erste Schritte des Insolvenzverwalters	65	4. Wettbewerbsrecht	121
2. Betrieblicher Datenschutzbeauftragter	71	5. Reputationsverlust	123
3. Verarbeitungsverzeichnis	74	III. Praxisempfehlung: Datenschutzmanagementsystem	124
4. Rechte der betroffenen Person	76		

Datenschutz in der Insolvenz

A. Vorbemerkungen

I. Bedeutung des Datenschutzes für die Insolvenz

1 Der Datenschutz hat nicht zuletzt im Zuge der im Mai 2018 in Kraft getretenen EU-Datenschutzgrundverordnung (DS-GVO) nochmals erheblich an Bedeutung für die Insolvenz gewonnen. Datenschutzrechtliche Berührungspunkte bestehen an vielen verschiedenen Stellen.

2 Zum einen schafft die DS-GVO etwa einen neuen Maßstab für die schon länger diskutierte Frage nach dem rechtskonformen Umgang mit (personenbezogenen) Daten in der Insolvenz (vgl. zum bisherigen Stand der Diskussion insbesondere Schmitt/Heil NZI 2018, 865 (866); Berberich/Kanschik NZI 2017, 1; Beyer/Beyer NZI 2016, 241; Berger ZInsO 2013, 569). Oftmals begegnen dem Praktiker im Insolvenzverfahren Schuldner, bei denen die einzigen Vermögenswerte (Kunden-)Daten sind (Weiß/Reisener ZInsO 2019, 481). Gerade die wirtschaftliche Nutzungs- und Verwertungsmöglichkeit von Daten (→ Rn. 92 ff.) kann daher ganz erhebliche Auswirkungen für viele Insolvenzfälle haben. Die Frage der Zulässigkeit der Verwertung von Daten in der Insolvenz muss nicht mehr nur sachenrechtlich, sondern daneben auch datenschutzrechtlich bewertet werden.

3 Zum anderen stellen die (neuen) Pflichten aus der DS-GVO eine erhebliche Compliance-Herausforderung für den Insolvenzverwalter dar, der im Eilverfahren die Verantwortung für einen Status Quo der Datenverarbeitung im schuldnerischen Unternehmen übernimmt und gleichzeitig auch die eigene Datenverarbeitung entsprechend den Notwendigkeiten des Insolvenzverfahrens und in Anbetracht der erheblichen neuen Haftungsrisiken rechtskonform ausgestalten muss. Belastbare Rechtsprechung liegt zu zahlreichen offenen Rechtsfragen in diesem Bereich noch nicht vor. An der Schnittstelle von Insolvenz- und Datenschutzrecht besteht daher eine erhebliche Rechtsunsicherheit.

4 Die vorliegende Darstellung soll dem Praktiker eine erste Orientierung zu den wesentlichen datenschutzrechtlichen Rahmenbedingungen anbieten.

II. Wesentliche Begrifflichkeiten des Datenschutzrechts

1. Allgemeines

5 Die wesentlichen im Datenschutzrecht verwendeten Begriffe sind in Art. 4 DS-GVO legaldefiniert. Die Begriffsdefinitionen weichen dabei teilweise von der IT-Fachsprache ab (Ernst in Paal/Pauly, Datenschutz-Grundverordnung (DS-GVO, BDSG, 3. Aufl. 2021, DS-GVO Art. 4 Rn. 1). Weitere Begriffsbestimmungen finden sich in § 2 BDSG.

2. Personenbezogene Daten

6 Zentraler Ausgangspunkt für die Eröffnung des sachlichen Schutzbereichs der DS-GVO ist der Begriff der personenbezogenen Daten (Art. 4 Nr. 1 DS-GVO). Davon umfasst sind alle Informationen, die sich auf eine identifizierte oder identifizierbare, lebende, natürliche Person beziehen (Übersicht zu konkreten Einzelfällen: NK-DatenschutzR/Karg DS-GVO Art. 4 Rn. 66 ff.).

3. Verarbeitung

7 Die Begriffsbestimmung ist sehr weit und abstrakt gefasst. Unter einer Verarbeitung ist gem. Art. 4 Nr. 2 DS-GVO jeder mit oder ohne Hilfe automatisierter Verfahren ausgeführte Vorgang oder jede solche Vorgangsreihe im Zusammenhang mit personenbezogenen Daten wie das Erheben, das Erfassen, die Organisation, das Ordnen, die Speicherung, die Anpassung oder Veränderung, das Auslesen, das Abfragen, die Verwendung, die Offenlegung durch Übermittlung, Verbreitung oder eine andere Form der Bereitstellung, den Abgleich oder die Verknüpfung, die Einschränkung, das Löschen oder die Vernichtung gemeint. Die Definition ist technikneutral zu verstehen. Grundsätzlich findet der Begriff auch auf nichtautomatisierte Verfahren, also zB auf personenbezogene Daten in Papierakten Anwendung, eine Ausnahme stellen lediglich solche Daten dar, die unstrukturiert, also ohne Dateisystem (Art. 4 Nr. 6 DS-GVO) vorliegen (Kühling/Buchner/Herbst DS-GVO Art. 4 Rn. 19).

4. Betroffene Person

8 Diejenige natürliche Person, deren Informationen verarbeitet werden, ist die betroffene Person (Art. 4 Nr. 1 DS-GVO). Sie ist diejenige, die davor geschützt wird, dass sie durch den Umgang

Datenschutz in der Insolvenz

mit ihren Daten in ihren Grundrechten, etwa aus Art. 7 und 8 GRCh verletzt wird (Details zum Datenschutz als Grundrechtsschutz etwa bei Kühling/Buchner/Buchner DS-GVO Art. 1 Rn. 9 ff.). Juristische Personen fallen hingegen nicht in den Schutzbereich des Datenschutzrechts.

5. Verantwortlicher

Wer für die Einhaltung der datenschutzrechtlichen Regelungen verantwortlich ist, bestimmt sich nach Art. 4 Nr. 7 DS-GVO. Die Verantwortlichkeit wird insoweit demjenigen zugewiesen, der alleine oder gemeinsam mit anderen über die Zwecke und Mittel der Verarbeitung entscheidet. Der Kreis möglicher Verantwortlicher ist groß und umfasst gem. Art. 4 Nr. 7 DS-GVO jede natürliche oder juristische Person, Behörde, Einrichtung oder andere Stelle. Grundgedanke des Datenschutzrechts ist, dass jede Verarbeitung einer Rechtsperson zugeordnet wird, die hierfür Verantwortung übernimmt (Kühling/Buchner/Hartung DS-GVO Art. 4 Nr. 7 Rn. 5 mit Verweis auf Pötters/Böhm in Wybitul, EU-Datenschutz-Grundverordnung, 2017, DS-GVO Art. 4 Rn. 28).

6. Auftragsverarbeiter

Auftragsverarbeiter ist eine natürliche oder juristische Person, Behörde, Einrichtung oder andere Stelle, die personenbezogene Daten im Auftrag des Verantwortlichen verarbeitet (Art. 4 Nr. 8 DSVGO). Auch diese Definition des Auftragsverarbeiters dient dazu, in datenschutzrechtlicher Sicht Verantwortung für Datenverarbeitungen zuzuweisen, für den Fall, dass mehrere Stellen zusammenwirken und die Verarbeitung nicht durch den Verantwortlichen (→ Rn. 9) selbst erfolgt. Die Definition muss daher immer gemeinsam mit der Bestimmung des Verantwortlichen gesehen werden. Der Auftragsverarbeiter wird über die abzuschließende Auftragsverarbeitungsvereinbarung gem. Art. 28 DS-GVO streng weisungsgebunden für den Verantwortlichen tätig und ist damit nicht als Dritter iSv Art. 4 Nr. 10 DS-GVO anzusehen (vgl. Ernst in Paal/Pauly, Datenschutz-Grundverordnung (DS-GVO, BDSG), 3. Aufl. 2021, DS-GVO Art. 4 Nr. 8 Rn. 56).

B. Datenschutz im Insolvenzverfahren

I. Datenschutzrechtliche Stellung des Verwalters

Zentraler Adressat der datenschutzrechtlichen Verpflichtungen, insbesondere aus der DS-GVO, ist der Verantwortliche. Die Bestimmung des Verantwortlichen klärt, wer im Außenverhältnis die datenschutzrechtlichen Pflichten zu tragen hat und für Verstöße haftet (NK-DatenschutzR/Petri DS-GVO Art. 4 Rn. 20). Von grundlegender Bedeutung ist die Klärung darüber hinaus für die Prüfung der Voraussetzungen und die Zulässigkeit der Datenströme zwischen dem Schuldner, dem Verwalter und Dritten.

Der Pflichtenkreis des Verantwortlichen umfasst gem. Art. 24 Abs. 1 DS-GVO insbesondere die Umsetzung geeigneter technischer und organisatorischer Maßnahmen, um sicherzustellen und ggf. nachweisen zu können, dass die Verarbeitung personenbezogener Daten gemäß den einschlägigen datenschutzrechtlichen Vorgaben erfolgt (sog. Accountability). Entscheidendes Kriterium für die Feststellung der datenschutzrechtlichen Verantwortlichkeit ist gem. Art. 4 Nr. 7 DS-GVO die (tatsächliche) Entscheidungsgewalt über die Zwecke und Mittel der Verarbeitung von personenbezogenen Daten (Klabunde in Ehmann/Selmayr, Datenschutz-Grundverordnung, 2. Aufl. 2018, DS-GVO Art. 4 Rn. 36). Der Begriff der Verarbeitung ist wiederum sehr weit gefasst und umfasst praktisch jeden Umgang mit personenbezogenen Daten, von der Erhebung bis zum Löschen. Ob der jeweilige Vorgang mit oder ohne die Hilfe automatisierter Verfahren durchgeführt wird, ist dabei für das Vorliegen einer Verarbeitung nicht relevant (vgl. Gola in Gola, Datenschutz-Grundverordnung, 2. Aufl. 2018, DS-GVO Art. 4 Rn. 32).

Der Insolvenzverwalter ist zweifelsfrei Verantwortlicher im datenschutzrechtlichen Sinne im Hinblick auf die originäre Datenverarbeitung seiner eigenen Kanzlei und derer Mitarbeiter (→ Rn. 106).

Die Frage, ob der Insolvenzverwalter daneben auch hinsichtlich der Datenverarbeitung des schuldnerischen Unternehmens in datenschutzrechtlicher Hinsicht verantwortlich ist, muss anhand der konkreten tatsächlichen Einflussmöglichkeit auf die Datenverarbeitung im Rahmen des Insolvenzverfahrens differenziert für die verschiedenen Tätigkeiten und Phasen des Insolvenzverfahrens beurteilt werden (vgl. Bornheimer/Park NZI 2018, 877 (878 ff.)). Dabei ist zwischen der Tätigkeit ab Eröffnungsbeschluss und der des sog. schwachen oder starken vorläufigen Verwalters zu differenzieren.

Datenschutz in der Insolvenz

14a Der Insolvenzverwalter selbst ist keine betroffene Person iSv Art. 4 Nr. 1 DS-GVO hinsichtlich der beim Finanzamt gespeicherten personenbezogenen Daten des Insolvenzschuldners. Das datenschutzrechtliche Auskunftsrecht nach Art. 15 DS-GVO geht nicht durch die Eröffnung des Insolvenzverfahrens auf ihn über (BVerwG ZD 2021, 55 (56); OVG NRW ZD 2019, 478; BFH NZI 2020, 901 (902)). Macht der Insolvenzverwalter Auskunftsansprüche geltend, die auf ein Informationsfreiheitsgesetz gestützt werden, etwa um vom Finanzamt Informationen zu Bewegungen auf den Steuerkonten des Insolvenzschuldners zu erlangen, oder um von der Krankenkasse Auskunft über abgeführte Sozialversicherungsbeiträge zu bekommen, so ist hierfür regelmäßig der Verwaltungsrechtsweg eröffnet (BFH NZI 2020, 901 (902); VG München NZI 2021, 104).

1. Insolvenzverwalter

15 Die Eröffnung des Insolvenzverfahrens führt dazu, dass die Verwaltungs- und Verfügungsbefugnis über das schuldnerische Vermögen auf den Insolvenzverwalter übergeht (§ 80 Abs. 1 InsO) (→ § 80 Rn. 9 ff.). Der Insolvenzverwalter hat die Insolvenzmasse in Besitz und Verwaltung zu nehmen (§ 148 InsO, → § 148 Rn. 3). Alleine aus der faktischen Sicherung der Masse kann noch nicht auf eine datenschutzrechtliche Verantwortlichkeit iSv Art. 4 Nr. 7 DS-GVO geschlossen werden (so bereits Bornheimer/Park NZI 2018, 877 (878)). In datenschutzrechtlicher Hinsicht maßgeblich ist vielmehr der Zeitpunkt der tatsächlichen Entscheidungshoheit bezüglich der berührten Datenverarbeitungsvorgänge.

16 Eindeutig gegeben ist diese Entscheidungshoheit, wenn der Verwalter die entsprechenden Datenträger mit personenbezogenen Daten in Besitz genommen hat.

17 Problematisiert werden hingegen Fälle, in denen der Insolvenzverwalter keinen Besitz an Datenträgern begründet (vgl. Schmitt/Heil NZI 2018, 865 (866)). Demnach soll – streng nach dem Zeitpunkt der Begründung tatsächlicher Sachherrschaft über die entsprechenden Datenträger unterscheidend – ohne einen solchen Besitz auch keine datenschutzrechtliche Verantwortlichkeit entstehen können (Schmitt/Heil NZI 2018, 865 (866); Thole ZIP 2018, 1001). Dieser Auffassung ist entgegenzuhalten, dass die Entscheidungshoheit über Zweck und Mittel der Verarbeitung gem. Art. 4 Nr. 7 DS-GVO nicht zwingend direkt an eine Sachherrschaft über bestimmte Datenträger gekoppelt ist. Augenscheinlich wird dies anhand der grundsätzlichen Konzeption der Auftragsverarbeitung (§ 28 DS-GVO). Geradezu typisch für die meisten Auftragsverarbeitungskonstellationen ist, dass die Sachherrschaft über das jeweilige Speichermedium gerade nicht beim Verantwortlichen, sondern bei dessen Auftragsverarbeiter liegt. Ausgangspunkt für die Bestimmung des Verantwortlichen muss vielmehr eine funktionelle Analyse der tatsächlichen Gegebenheiten danach, wer die wesentlichen Entscheidungen trifft, sein. Ausschlaggebend ist insoweit vorrangig die Entscheidungsbefugnis über den Zweck, also das Ob, Wofür und Wieweit einer Datenverarbeitung (Kühling/Buchner/Hartung DS-GVO Art. 4 Rn. 13). Rechtliche Einflussmöglichkeiten können demnach ausreichend sein. Ob und inwieweit die fragliche Stelle selbst tatsächlich personenbezogene Daten verarbeitet, ist hingegen für die Verantwortlichkeit nach Art. 4 Nr. 7 DS-GVO nicht unmittelbar relevant (NK-DatenschutzR/Petri DS-GVO Art. 4 Rn. 20). Auch der EuGH hat zuletzt insoweit deutlich gemacht, dass es ausschließlich auf die Entscheidungshoheit ankommt (EuGH NJW 2018, 2537 Rn. 28 ff. – Facebook-Fanpages).

18 Aus der Verwaltungs- und Verfügungsbefugnis über die Insolvenzmasse (§ 80 Abs. 1 InsO) ergibt sich regelmäßig die weitreichende Einflussmöglichkeit für den Insolvenzverwalter im Hinblick auf massebezogene Datenverarbeitungsvorgänge. Der Schuldner wird verdrängt und hat ab dem Eröffnungsbeschluss keine entsprechende Entscheidungshoheit mehr und damit auch nicht mehr die Möglichkeit iSv Art. 4 Nr. 7 DS-GVO über Zwecke oder Mittel der Datenverarbeitung zu entscheiden.

19 Der Verwalter erfüllt daher ab dem Eröffnungsbeschluss die Voraussetzungen eines Verantwortlichen iSv Art. 4 Nr. 7 DS-GVO auch hinsichtlich der Datenverarbeitung des schuldnerischen Unternehmens. Im Regelfall wird der Insolvenzverwalter daher im eröffneten Verfahren als Verantwortlicher gelten müssen, weil er derjenige ist, der ab diesem Zeitpunkt kraft seiner gesetzlichen Befugnisse über Zweck und Mittel der Datenverarbeitung entscheidet. Dies gilt unabhängig davon, ob er faktisch auf die personenbezogenen Daten des schuldnerischen Unternehmens zugreift (aA Thole ZIP 2018, 1001 (1003), der auf die tatsächliche Sachherrschaft über die Datenträger abstellt). Die Auffassung, dass eine bloße Lagerung personenbezogener Daten, ohne dass mit diesen Daten „umgegangen" wurde oder wird, keine Verarbeitung darstelle, weil es an einer „willensgetragenen menschlichen Aktivität" fehle (so aber das HmbOVG BeckRS 2020, 30248 für Patientenakten), steht im Widerspruch zum Wortlaut von Art. 4 Nr. 2 DS-GVO, der insoweit kein subjektives

Datenschutz in der Insolvenz

Element menschlichen Willens voraussetzt. Zur Speicherung von Daten gehört auch die Archivierung, also das Lagern von Akten (vgl. BeckOK DatenschutzR/Schild DS-GVO Art. 4 Rn. 42).

Dazu wird die Auffassung vertreten, dass der Insolvenzverwalter hinsichtlich der relevanten Datenverarbeitung des schuldnerischen Unternehmens auch nach dem Eröffnungsbeschluss kein Verantwortlicher sei, sondern – ähnlich wie ein Organ – Teil des Insolvenzschuldners, der seinerseits Verantwortlicher bleibt (Weiß/Reisener ZInsO 2017, 416 (418); Hartung ZInsO 2011, 1225 (1230)). Dem steht aber die eigenständige Stellung des Insolvenzverwalters entgegen. Nach der hM der Amtstheorie ist der Insolvenzverwalter weder Vertreter noch Organ des Schuldners, sondern übt das private Amt als Amtsperson und Partei kraft Amtes gerade im eigenen Namen und auf der Grundlage der ihm gesetzlich übertragenen Befugnisse aus (hierzu → § 80 Rn. 15). Er ist institutionell und organisatorisch vom Schuldner getrennt und nicht dessen Weisungen unterworfen. Der Verwalter hat gerade weitreichende eigene Entscheidungsmöglichkeiten, welche die Verwaltungs- und Verfügungsbefugnisse des Schuldners und seiner Organe verdrängen (so auch Thole ZIP 2018, 1001 (1004)). Die mit der Ausübung seines Amtes zusammenhängende Unabhängigkeit des Insolvenzverwalters vom Schuldner wirkt im Gegensatz zu einer mit eigenen Rechten ausgestatteten Organisationseinheit des schuldnerischen Unternehmens insofern auch nach außen (so zur Stellung des Insolvenzverwalters bereits unter dem BDSG aF Blunk, Zur Verwertbarkeit von Datenbeständen in der Insolvenz, 2006, 108). 20

2. Keine gemeinsame Verantwortlichkeit mit dem Schuldner

Insolvenzverwalter und Schuldner sind keine gemeinsamen Verantwortlichen iSv Art. 26 DS-GVO. 21

Das Vorliegen einer gemeinsamen Verantwortlichkeit setzt voraus, dass zwei oder mehrere Verantwortliche gemeinsam die Zwecke der und Mittel zur Verarbeitung festlegen (Art. 26 Abs. 1 S. 1 DS-GVO). Welche Anforderungen dabei an die gemeinsame Festlegung der Zwecke und Mittel gestellt werden müssen, ist noch nicht abschließend geklärt (s. hierzu im Detail NK-DatenschutzR/Petri DS-GVO Art. 26 Rn. 14). Eine gemeinsame Verantwortlichkeit kann sowohl anfänglich, also bereits bei Erhebung, als auch nachträglich begründet werden (BeckOK DatenschutzR/Spoerr DS-GVO Art. 26 Rn. 18). Dabei ist keine gleichwertige Verantwortlichkeit vorauszusetzen, sondern bereits die Mitwirkung an der Datenverarbeitung in verschiedenen Phasen und in verschiedenem Ausmaß kann grundsätzlich genügen (EuGH EuZW 2018, 534 (537)). 22

Mit der Eröffnung des Insolvenzverfahrens verliert der Schuldner jede Entscheidungshoheit über betriebliche Abläufe und damit auch über Zweck und Mittel der Verarbeitung personenbezogener Daten, da die entsprechende Verwaltungsbefugnis alleine auf den Insolvenzverwalter übergeht und die Entscheidungshoheit des Schuldners verdrängt (Thole ZIP 2018, 1001 (1004)). Soweit die Datenverarbeitung seiner gesetzlichen Verwaltungs- und Verfügungsbefugnis unterfällt, wird daher der Insolvenzverwalter Verantwortlicher iSv Art. 4 Nr. 7 DS-GVO (so auch: Bayerisches Landesamt für Datenschutzaufsicht, 10. Tätigkeitsbericht 2020, 31/32). 23

3. Starker vorläufiger Insolvenzverwalter

Die Stellung des starken vorläufigen Verwalters gleicht im Wesentlichen der rechtlichen Stellung des endgültigen Insolvenzverwalters (zur Stellung des starken vorläufigen Insolvenzverwalters im Detail → § 22 Rn. 6 ff.; BGH NZI 2007, 231 Rn. 17). 24

Er hat nach § 22 Abs. 1 S. 2 Nr. 1 InsO das Vermögen des Schuldners zu sichern. Ob der starke vorläufige Verwalter auch als Verantwortlicher iSv Art. 4 Nr. 7 DS-GVO anzusehen ist, wurde in letzter Zeit wieder diskutiert (Schmitt/Heil NZI 2018, 865 (867); Theurich/Degenhardt NZI 2018, 870 (872); Bornheimer/Park NZI 2018, 877 (878); Thole ZIP 2018, 1001 (1009); Berberich/Kanschick NZI 2017, 1 (5)). Entscheidend ist dabei im Hinblick auf die Datenverarbeitung des Schuldners wiederum, ob bzw. zu welchem Zeitpunkt der Verwalter über die Zwecke und Mittel der Verarbeitung von personenbezogenen Daten entscheiden kann. Aus datenschutzrechtlicher Sicht wird der starke vorläufige Verwalter insoweit nicht anders als der endgültige Insolvenzverwalter zu behandeln sein können. Die Verwaltungs- und Verfügungsbefugnis geht mit Beschluss auf ihn über und wird zugleich dem Schuldner umfassend entzogen (§ 22 Abs. 1 InsO). Wie bei dem endgültigen Verwalter geht damit auch die Entscheidungshoheit über Datenverarbeitungsvorgänge auf ihn über und er wird Verantwortlicher. 25

Dieser Verantwortlichkeit soll der Verwalter sich wiederum dadurch entziehen können, dass er die betroffenen Daten(-träger) freigibt (Theurich/Degenhardt NZI 2018, 870 (872); Thole ZIP 2018, 1001 (1009)). Dieser Ansatz folgt dem Grundgedanken, dass es für die datenschutzrechtliche Verantwortlichkeit maßgeblich (auch) auf die eigentliche Verarbeitungstätigkeit und die Sachherr- 26

Platzer

Datenschutz in der Insolvenz

schaft über die jeweiligen Datenträger ankommt (so wohl Thole ZIP 2018, 1001 (1010)). Ob und inwieweit die fragliche Stelle selbst tatsächlich personenbezogene Daten verarbeitet, ist aber für die Verantwortlichkeit nach Art. 4 Nr. 7 DS-GVO gerade nicht unmittelbar relevant (NK-DatenschutzR/Petri DS-GVO Art. 4 Rn. 20). Der EuGH hat insoweit deutlich gemacht, dass es ausschließlich auf die Entscheidungshoheit ankommt (EuGH NJW 2018, 2537 Rn. 28 ff. – Facebook-Fanpages). Der starke vorläufige Verwalter kann die Entstehung seiner datenschutzrechtlichen Verantwortlichkeit folglich nicht dadurch verhindern, dass er keine Sachherrschaft über die fraglichen Speichermedien ausübt (aA scheinbar: Koenig NZI 2021, 191 (196)).

4. Schwacher vorläufiger Insolvenzverwalter

27 Der schwache Insolvenzverwalter hat im Hinblick auf die Verarbeitung personenbezogener Daten durch das schuldnerische Unternehmen regelmäßig nicht die Stellung eines Verantwortlichen gem. Art. 4 Nr. 7 DS-GVO, diese verbleibt beim Schuldner.

28 Die Entscheidungshoheit über Zwecke und Mittel der Datenverarbeitung bleibt im Stadium der vorläufigen schwachen Insolvenzverwaltung beim ursprünglichen Verantwortlichen, der Insolvenzverwalter hat demgegenüber nur eine überwachende Funktion (Theurich/Degenhardt NZI 2018, 870).

29 In der Literatur wird zwar insoweit die Frage gestellt, ob ein schwacher vorläufiger Insolvenzverwalter dann Verantwortlicher ist, wenn das Gericht die vorläufige Verwaltung mit einem Zustimmungsvorbehalt anordnet (§ 21 Abs. 2 Nr. 2 Alt. 2 InsO; → § 21 Rn. 50 ff.) oder weitere Pflichten des Verwalters bestimmt (§ 22 Abs. 2 InsO; → § 22 Rn. 52 ff.) (zu dieser Diskussion Thole ZIP 2018, 1001; Theurich/Degenhardt NZI 2018, 870 (872)).

30 Nach einer Ansicht soll danach unterschieden werden, welche Verarbeitungsvorgänge in den vom Gericht festgelegten Verwaltungs- und Verfügungsbereich fallen (Schmitt/Heil NZI 2018, 865 (867)).

31 In der Praxis führen aber weder die Bestimmung weiterer Pflichten, noch der Zustimmungsvorbehalt regelmäßig dazu, dass der Verwalter – anstelle des Schuldners – über Zwecke und Mittel der relevanten Verarbeitungsvorgänge entscheidet (zutr. Theurich/Degenhardt NZI 2018, 870 (872)). Die Hoheit der Entscheidung über die Datenverarbeitung verbleibt hingegen in beiden Fällen beim Schuldner. Der Zustimmungsvorbehalt als Teil der Überwachungsfunktion betrifft lediglich Verfügungsgeschäfte, etwa den Verkauf einer Sache. Die Geschäftsführung im Allgemeinen ist davon hingegen nicht erfasst. Der Verwalter hat im Hinblick auf relevante Datenverarbeitungsvorgänge weder eine ausdrückliche noch eine implizite Einflussmöglichkeit, welche die Annahme einer datenschutzrechtlichen Verantwortlichkeit rechtfertigen würde (so auch Thole ZIP 2018, 1001 (1010 f.)). Gleiches gilt regelmäßig auch für die nach § 22 Abs. 2 InsO gerichtlich angeordneten Einzelkompetenzen.

32 Ebenso wenig führt eine Einsetzung als gerichtlicher Sachverständiger zu einer Zuordnung der datenschutzrechtlichen Verantwortlichkeit an den Insolvenzverwalter. In der Funktion als Sachverständiger begutachtet der Insolvenzverwalter im Rahmen seiner Prüfungsaufgaben etwa die Vermögenslage des Schuldners, die Gründe für die Insolvenz und die Möglichkeiten des Unternehmenserhalts (Theurich/Degenhardt NZI 2018, 870 (872); → § 22 Rn. 81). Damit ist aber ebenfalls keine (ausschließliche) Entscheidungsbefugnis über die Datenverarbeitungsvorgänge des Schuldners verbunden. Selbstverständlich bleibt die eigene Verantwortlichkeit des Sachverständigen (→ Rn. 13) für die eigene Verarbeitung personenbezogener Daten im Rahmen der Begutachtung unberührt.

5. Insolvenzverwalter ist nicht-öffentliche Stelle

33 Nachdem der Verwalter Verantwortlicher iSd Art. 4 Nr. 7 DS-GVO ist (→ Rn. 9), wird, insbesondere im Hinblick auf die weiterhin vorhandenen bereichsspezifischen Unterschiede im BDSG, die Frage aufgeworfen, ob er als nicht-öffentliche oder öffentliche Stelle einzuordnen ist (Thole ZIP 2018, 1001 (1004 ff.)).

34 Die Rechtsstellung des Insolvenzverwalters ist insoweit seit jeher umstritten (Uhlenbruck/Mock InsO § 80 Rn. 57). Bislang wurde der Insolvenzverwalter nach dem Verständnis der Amtstheorie in datenschutzrechtlicher Hinsicht als nicht-öffentliche Stelle eingeordnet, da er nicht als Amtsträger auf Seiten des Staates tätig wird, sondern ein privates – also nicht-öffentliches Amt – wahrnimmt (vgl. etwa Blunk, Zur Verwertbarkeit von Datenbeständen in der Insolvenz, 2006, 109).

35 Der Verband Deutscher Insolvenzverwalter hat hingegen zuletzt die Auffassung vertreten, der Insolvenzverwalter sei nunmehr als öffentliche Stelle iSd § 2 Abs. 4 S. 2 BDSG anzusehen, da er hoheitliche Aufgaben im Zusammenhang mit der Führung der Insolvenztabelle und Zustellungen

nach § 8 InsO wahrnehme (Stellungnahme des VDI zum Referentenentwurf eines Gesetzes zur Anpassung des Datenschutzrechts an die Verordnung (EU) 2016/679 und zur Umsetzung der Richtlinie (EU) 2016/680 (DSAnpUG-EU), abrufbar unter https://www.vid.de/wp-content/uploads/2016/12/vid-stellungnahme-z-refe-datenschutz-anpassungs-u.-umsetzungsgesetz-eu.pdf, letzter Abruf am 6.8.2021). Auch das LG Stuttgart sah im Insolvenzverwalter zuletzt eine öffentliche Stelle (LG Stuttgart ZIP 2019, 585).

Fraglich ist in diesem Zusammenhang bereits, ob unter der DS-GVO an der historisch gewachsenen strengen Unterscheidung zwischen öffentlichen und nicht-öffentlichen Stellen überhaupt festgehalten werden soll, da das Europarecht eine solche strikte Differenzierung gerade nicht vornimmt (BeckOK DatenschutzR/Schild BDSG § 2 Rn. 2). Insbesondere Art. 4 Nr. 7 DS-GVO unterscheidet nicht zwischen diesen Bereichen. Allgemein soll für die Abgrenzung zwischen einer öffentlichen Stelle und dem „privaten Sektor" aus datenschutzrechtlicher Sicht maßgeblich sein, ob es um die Erfüllung öffentlicher Aufgaben auf der Grundlage eines Sonderrechts geht, das über die im Verhältnis zwischen Privatpersonen geltenden Regeln hinausgeht. Öffentliche Stellen sind demnach alle unter das öffentliche Recht des jeweiligen Mitgliedstaats fallenden natürlichen oder juristischen Personen. Keine öffentlichen Stellen sind hingegen die natürlichen und juristischen Personen des Privatrechts, selbst wenn sie Aufgaben zur Erfüllung einer rechtlichen Verpflichtung oder im öffentlichen Interesse (Art. 6 Abs. 1 lit. c und e DS-GVO) ausführen (vgl. im Zusammenhang mit der Pflicht zur Bestellung eines Datenschutzbeauftragten Heberlein in Ehmann/Selmayr, Datenschutz-Grundverordnung, 2. Aufl. 2018, DS-GVO Art. 37 Rn. 18; Erwägungsgrund 45 zur DS-GVO). 36

§ 2 Abs. 1–4 BDSG setzt wiederum – unabhängig vom Geltungsbereich der DS-GVO – auf die Differenzierung nach öffentlicher und nicht öffentlicher Stelle, um zu bestimmen, wer in den Anwendungsbereich des BDSG fällt. Insoweit wird diskutiert, ob der Insolvenzverwalter als Beliehener nach § 2 Abs. 4 S. 2 BDSG als öffentliche Stelle anzusehen ist. Der VDI führt an, das BDSG und damit insbesondere die Erlaubnistatbestände für die Verarbeitung besonderer Kategorien personenbezogener Daten und die Zweckänderungen nach §§ 22, 23 und 24 BDSG seien nach § 2 Abs. 4 S. 2 BDSG auf den Insolvenzverwalter anwendbar (Stellungnahme des VDI zum Referentenentwurf eines Gesetzes zur Anpassung des Datenschutzrechts an die Verordnung (EU) 2016/679 und zur Umsetzung der Richtlinie (EU) 2016/680 (DSAnpUG-EU), abrufbar unter https://www.vid.de/wp-content/uploads/2016/12/vid-stellungnahme-z-refe-datenschutz-anpassungs-u.-umsetzungsgesetz-eu.pdf, letzter Abruf am 6.8.2021). 37

Schon zweifelhaft ist, ob die Regelungen nach §§ 22, 23 und 24 BDSG überhaupt in den Regelungsauftrag des nationalen Gesetzgebers fallen und den Anforderungen der grundsätzlich vorrangigen DS-GVO genügen (vgl. etwa zu § 23 BDSG Frenzel in Paal/Pauly, Datenschutz-Grundverordnung (DS-GVO, BDSG), 3. Aufl. 2021, BDSG § 23 Rn. 1–3). Jedenfalls wird aber zutreffend darauf hingewiesen, dass der Insolvenzverwalter kein Beliehener iSv § 2 Abs. 4 S. 2 BDSG ist bzw. selbst wenn man eine Beleihung in Teilbereichen – etwa der Zustellung nach § 8 InsO – annehmen möchte, diese nicht auf den gesamten Bereich der Tätigkeit des Insolvenzverwalters wirkt (Thole ZIP 2018, 1001 (1005); Theurich/Degenhardt NZI 2018, 870 (873)). 38

Auch unter der DS-GVO bleibt der Insolvenzverwalter daher grundsätzlich eine nicht-öffentliche Stelle. 39

II. Auswirkungen der Verfahrenseröffnung aus datenschutzrechtlicher Sicht

1. Nachweisbarkeit der Rechtmäßigkeit der Datenverarbeitung

Die Voraussetzungen für die Rechtmäßigkeit der Datenverarbeitung durch das schuldnerische Unternehmen ändern sich durch die Eröffnung des Insolvenzverfahrens grundsätzlich nicht. Insbesondere gilt der zentrale datenschutzrechtliche Erlaubnisvorbehalt (Art. 6 DS-GVO) im Hinblick auf die Zulässigkeit der Verarbeitung personenbezogener Daten weiter. 40

Das bedeutet, dass jede Verarbeitung personenbezogener Daten vollständig von einem der in Art. 6 Abs. 1 lit. a–f DS-GVO genannten Erlaubnistatbestände gedeckt sein muss. Dort sind die Voraussetzungen für eine rechtmäßige Datenverarbeitung nach der DS-GVO abschließend genannt (im Detail etwa Schulz in Gola, Datenschutz-Grundverordnung, 2. Aufl. 2018, DS-GVO Art. 6 Rn. 1 ff.). 41

Für sog. besondere Kategorien von personenbezogenen Daten, etwa Gesundheitsdaten, gelten zudem strikte Spezialregelungen (Art. 9 DS-GVO). Das Verhältnis zwischen Art. 6 und 9 DS-GVO ist dabei umstritten. Einerseits wird vertreten, dass es sich bei Art. 9 DS-GVO um eine echte lex specialis zu Art. 6 handelt (Schiff in Ehmann/Selmayr, Datenschutz-Grundverordnung, 42

Datenschutz in der Insolvenz

2. Aufl. 2018, DS-GVO Art. 9 Rn. 9) andererseits wird angeführt, es sollen neben Art. 6 DS-GVO zusätzlich zu beachtende Vorgaben gemacht werden (BeckOK DatenschutzR/Albers/Veit DS-GVO Art. 9 Rn. 1).

43 Der Eröffnungsbeschluss wirkt sich regelmäßig nicht auf die vom schuldnerischen Unternehmen festgelegten Zwecke und die einschlägigen Erlaubnistatbestände aus. Insbesondere kommt es durch die Insolvenz alleine nicht zu einer Änderung der Verarbeitungszwecke nach Art. 6 Abs. 4 DS-GVO.

44 Der Zweck einer Verarbeitung ergibt sich aus deren Ziel und Grund, er beantwortet die Frage, „Wozu" die jeweiligen Daten verarbeitet werden (NK-DatenschutzR/Roßnagel DS-GVO Art. 5 Rn. 68). Die Eröffnung des Insolvenzverfahrens ändert daran regelmäßig nichts. Auch in der Insolvenz werden personenbezogene Daten beispielsweise weiter dazu verarbeitet, Verträge durchzuführen und abzuwickeln oder gesetzliche Aufbewahrungspflichten zu erfüllen. Ebenso werden die personenbezogenen Daten von Arbeitnehmern des schuldnerischen Unternehmens weiterhin dazu verarbeitet, um das jeweilige Beschäftigungsverhältnis durchzuführen.

45 Wenn die Durchführung des Insolvenzverfahrens im Einzelfall darüber hinaus eine insolvenzspezifische Verarbeitung personenbezogener Daten erforderlich macht, etwa im Zusammenhang mit der Übermittlung solcher Daten vom Schuldner an den Insolvenzverwalter, muss diese Datenverarbeitung ebenfalls auf eine eigene Rechtsgrundlage gestützt werden können.

46 Soweit die Datenverarbeitung durch den Insolvenzverwalter Gegenstand einer gesetzlichen Verpflichtung ist, ergibt sich die datenschutzrechtliche Berechtigung aus Art. 6 Abs. 1 lit. c DS-GVO. So ist der Insolvenzverwalter beispielsweise gem. § 175 Abs. 1 InsO (→ § 175 Rn. 3) verpflichtet, jede angemeldete Forderung einschließlich im Zusammenhang mit den nach § 174 Abs. 2 und 3 InsO notwendigen personenbezogenen Daten in eine Tabelle einzutragen. Die damit notwendigerweise verbundenen Datenverarbeitungen können als eine rechtliche Verpflichtung des Insolvenzverwalters auf Art. 6 Abs. 1 lit. c DS-GVO gestützt werden (Bayerisches Landesamt für Datenschutzaufsicht, 10. Tätigkeitsbericht 2020, 32). Ferner wird der Verwalter auch regelmäßig nach § 8 InsO (→ § 8 Rn. 2 ff.) vom Insolvenzgericht damit beauftragt, den Eröffnungsbeschluss an die Gläubiger zuzustellen.

47 Überwiegend müssen diese insolvenzspezifischen Verarbeitungsvorgänge aber wohl auf Art. 6 Abs. 1 lit. f DS-GVO gestützt werden, jedenfalls soweit es sich dabei nicht um besondere Kategorien personenbezogener Daten iSv Art. 9 Abs. 1 DS-GVO handelt.

48 Demnach können die Interessen des Verantwortlichen oder eines oder mehrerer Dritter eine Verarbeitung rechtfertigen, sofern dies zur Wahrung dieser Interessen erforderlich ist und nicht überwiegende Interessen oder Rechte der betroffenen Person entgegenstehen. Insoweit ist eine Abwägung mit den Interessen der betroffenen Personen im Einzelfall vorzunehmen, wobei die Kriterien dieser Abwägungsentscheidung durch die DS-GVO nicht näher konkretisiert sind.

49 Aus Sicht der Literatur sind rechtliche, wirtschaftliche oder ideelle Interessen zu berücksichtigen (Schulz in Gola, Datenschutz-Grundverordnung, 2. Aufl. 2018, DS-GVO Art. 6 Rn. 57). Gläubiger, Schuldner und Insolvenzverwalter haben das berechtigte Interesse daran, das Insolvenzverfahren ordnungsgemäß abzuwickeln. Dies macht umfangreiche Datenverarbeitungsvorgänge durch den Insolvenzverwalter erforderlich. Im Rahmen der Abwägung dieser vorrangig rechtlichen und wirtschaftlichen Interessen mit denen der betroffenen Person sind deren vernünftige Erwartungshaltung, die Absehbarkeit sowie die Beziehung zum Verantwortlichen zu beachten (vgl. Erwägungsgrund 47 zur DS-GVO; BeckOK DatenschutzR/Alberts/Veit DS-GVO Art. 6 Rn. 48). Im heutigen Wirtschaftsverkehr gehört aus Sicht der betroffenen Person in aller Regel zur vernünftigen Erwartungshaltung, dass ein Unternehmen, das personenbezogene Daten verarbeitet, auch in die Insolvenz fallen kann und die personenbezogenen Daten dann im Zuge der Insolvenzverwaltung auch durch den bestellten Verwalter verarbeitet werden. Soweit nicht im Einzelfall spezielle Interessen der betroffenen Person entgegenstehen, wird man daher im Rahmen der Interessenabwägung regelmäßig zugunsten der Interessen von Gläubiger, Schuldner und Insolvenzverwalter für die Durchführung des Insolvenzverfahrens das Vorliegen einer Erlaubnis nach Art. 6 Abs. 1 lit. f DS-GVO annehmen können.

50 Dies erfasst aber nicht die Verwertung personenbezogener Daten als Teil der Insolvenzmasse. Hierbei handelt es sich aus datenschutzrechtlicher Sicht wiederum um einen eigenen Datenverarbeitungsvorgang, der einen eigenen Zweck erfüllt und gesondert zu prüfen ist (→ Rn. 65 ff.).

51 Jedenfalls ab Eröffnungsbeschluss muss der Insolvenzverwalter auch im Hinblick auf die Datenverarbeitung des schuldnerischen Unternehmens als Verantwortlicher iSv Art. 4 Nr. 7 DS-GVO angesehen werden (→ Rn. 19). Damit treffen ihn die entsprechenden datenschutzrechtlichen Verpflichtungen, zu denen gehört, durch geeignete technische und organisatorische Maßnahmen sicherzustellen, jederzeit nachweisen zu können, dass die Verarbeitung personenbezogener Daten

Datenschutz in der Insolvenz

gemäß den einschlägigen datenschutzrechtlichen Vorgaben erfolgt (Art. 5 Abs. 2, 24 Abs. 1 S. 1 DS-GVO). Dabei gilt ein sog. risikobasierter Ansatz. Das bedeutet, der Verwalter muss Art, Umfang, Umstände und Zweck der Verarbeitung sowie die unterschiedlichen Eintrittswahrscheinlichkeiten und die Schwere des Risikos für die Rechte und Freiheiten natürlicher Personen (etwa Kunden und Beschäftigte) berücksichtigen (vgl. Pötter in Gola, Datenschutz-Grundverordnung, 2. Aufl. 2018, DS-GVO Art. 5 Rn. 30 ff.).

Die Nachweis- und Dokumentationspflichten für die Rechtmäßigkeit der Datenverarbeitung 52 liegen beim Verantwortlichen (Art. 5 Abs. 2 DS-GVO). Der Verwalter sollte sich daher möglichst schnell mit der Datenverarbeitung des schuldnerischen Unternehmens vertraut machen und Compliance und Accountability gemäß den datenschutzrechtlichen Vorgaben überprüfen, um anschließend ggf. geeignete technische und organisatorische Maßnahmen zu ergreifen (→ Rn. 65 ff.). Bestenfalls kann dabei auf ein vorhandenes, an den bewährten Prüfstandards orientiertes Datenschutzmanagementsystem zurückgegriffen werden, das – jedenfalls ab einer gewissen Unternehmensgröße bzw. ab einer gewissen Qualität und Quantität von Datenverarbeitungsvorgängen – zwischenzeitlich als Pflichtaufgabe der Complianceorganisation gelten sollte (zu entsprechenden praktikablen Ansätzen und wesentlichen Inhalten eines Datenschutzmanagementsystems Schneider, Datenschutz, 2. Aufl. 2019, 236 ff.; Jung ZD 2018, 208; Bering ZD 2018, 348).

2. Einwilligungen und datenschutzrelevante Verträge mit Dritten

Die Verfahrenseröffnung kann Folgen für datenschutzrelevante Verträge zwischen dem Schuld- 53 ner und Dritten (etwa mit Geschäftspartnern, Kunden und Beschäftigten) haben. Schnittstellen ergeben sich in diesem Zusammenhang aus Art. 6 Abs. 1 lit. a DS-GVO, der auf eine datenschutzrechtliche Einwilligung als Erlaubnistatbestand für die Verarbeitung personenbezogener Daten abstellt und Art. 6 Abs. 1 lit. b DS-GVO, der die Verarbeitung zur Erfüllung eines Vertrags mit der betroffenen Person erfasst.

Die Bedingungen für eine datenschutzrechtliche Einwilligung werden in Art. 4 Nr. 11, 7 DS- 54 GVO näher konkretisiert. Wirksamkeitsvoraussetzung ist demnach eine der Verarbeitung zeitlich vorgehende, freiwillige, informierte, bestimmte, formgemäße Einverständniserklärung einer einwilligungsfähigen betroffenen Person (s. zu den Anforderungen an eine Einwilligung im Detail BeckOK DatenschutzR/Stemmer DS-GVO Art. 7 Rn. 32 ff.; mit Mustertexten und Checkliste Bergt in Koreng/Lachemann, Formularhandbuch Datenschutzrecht, 2. Aufl. 2018, I. Kundendatenschutz).

Fraglich ist zunächst, ob und ggf. wie sich die Regelungen zum Schicksal von gegenseitigen 55 Verträgen in der Insolvenz, gem. §§ 103 ff. InsO und insbesondere das Erfüllungswahlrecht des Insolvenzverwalter (→ § 103 Rn. 67) auch auf die Wirksamkeit von datenschutzrechtlichen Einwilligungserklärungen auswirkt (vgl. Berberich/Kanschick NZI 2017, 1 (6)).

Die Rechtsnatur einer datenschutzrechtlichen Einwilligungserklärung ist umstritten. Unabhän- 56 gig von der Frage, ob man die Einwilligungserklärung als Realakt oder als rechtsgeschäftliche bzw. geschäftsähnliche Erklärung einordnet, besteht aber Einigkeit, dass sich mit der Abgabe einer Einwilligung weder eine gesetzliche noch eine willentliche Rechtsfolge herstellen lässt, da sich die Einwilligungserklärung nicht unmittelbar auf ein Rechtsgeschäft bezieht (Schulz in Gola, Datenschutz-Grundverordnung, 2. Aufl. 2018, DS-GVO Art. 7 Rn. 9).

Die datenschutzrechtliche Einwilligung begründet also keinen durchsetzbaren Anspruch und 57 ist – soweit nicht durch ihren Erklärungsinhalt mit einem bestimmten Vertrag verbunden – grundsätzlich unabhängig von etwaigen gegenseitigen Verträgen zu sehen. Daher fällt sie auch nicht unter das insolvenzspezifische Sonderrecht gem. §§ 103 ff. InsO und besteht unberührt von diesem fort. Das Erlöschen der Einwilligung würde hingegen im Widerspruch zu den Zielen des Insolvenzverfahrens von Masseschutz und Unternehmensfortführung stehen, ohne dass hierfür aus Sicht der betroffenen Person ein Bedarf besteht. Diese ist durch die unabdingbare Möglichkeit des jederzeitigen Widerrufs ausreichend geschützt und der Umfang der durch die Einwilligung zu rechtfertigenden Datenverarbeitung wird durch die Insolvenz nicht vergrößert (Berberich/Kanschick NZI 2017, 1 (6)).

Soweit in der Insolvenz laufende Verträge mit Wirkung für und gegen die Masse fortbestehen, 58 ändert sich in datenschutzrechtlicher Hinsicht zwar der Verantwortliche (→ Rn. 9). Im Übrigen bleibt es aber insbesondere bei den bisherigen Zweckfestlegungen und Erlaubnistatbeständen (für die Vertragsdurchführung Art. 6 Abs. 1 lit. b DS-GVO) für die entsprechende Datenverarbeitung. Die Betroffenen sind über und durch den Insolvenzverwalter als neuen Verantwortlichen iSv Art. 4 Nr. 7 DS-GVO zu informieren (→ Rn. 77).

Platzer

Datenschutz in der Insolvenz

59 Im Hinblick auf den Regelfall von beidseitig nicht vollständig erfüllten Verträgen sind die datenschutzrechtlichen Wirkungen des Insolvenzverfahrens derzeit noch nicht geklärt (Berberich/Kanschick NZI 2017, 1 (6)).

60 Alleine die Verfahrenseröffnung hat – abgesehen von dem Wechsel der Verantwortlichkeit – keine weiteren datenschutzrechtlichen Auswirkungen. Für den Insolvenzverwalter ist aber maßgeblich, zu beachten, dass die konkrete Ausübung seines Erfüllungswahlrechts nach § 103 InsO sich mittelbar auf die Rechtmäßigkeit der Datenverarbeitung des schuldnerischen Unternehmens auswirken kann. Im Falle der Erfüllungswahl wird der Vertrag fortgesetzt und die erforderliche Datenverarbeitung kann weiterhin auf Art. 6 Abs. 1 lit. b DS-GVO gestützt werden. Lehnt der Insolvenzverwalter hingegen die Erfüllung ab und macht der Vertragspartner seinerseits Ansprüche wegen Nichterfüllung geltend, so erlischt der Vertrag (→ § 103 Rn. 75). Mit dem Erlöschen des jeweiligen Vertrags kann sich der Verantwortliche nur noch insoweit auf Art. 6 Abs. 1 lit. b DS-GVO als datenschutzrechtlichen Erlaubnistatbestand stützen, wie die Verarbeitung der relevanten personenbezogenen Daten für die Abwicklung und Beendigung des Vertrags und die Erfüllung nachträglicher Sorgfaltspflichten noch erforderlich ist (BeckOK DatenschutzR/Alberts/Veit DS-GVO Art. 6 Rn. 31). Nicht mehr für die Vertragserfüllung erforderliche personenbezogene Daten sind hingegen mit Ablauf der gesetzlichen Verjährungsfrist für Rechte unter diesem Vertrag zu löschen, soweit nicht weitergehende Aufbewahrungs- und Speicherfristen gelten (vgl. Kamann/Braun in Ehmann/Selmayr, Datenschutz-Grundverordnung, 2. Aufl. 2018, DS-GVO Art. 17 Rn. 21). Dies sollten Insolvenzverwalter in ihrer Erfüllungsentscheidung jedenfalls mitberücksichtigen.

61 Besonders relevant ist die Insolvenz für Vereinbarungen zur Auftragsverarbeitung iSv Art. 28 DS-GVO. Die zivilrechtlich zugrundeliegende Rechtsnatur dieser Vereinbarungen wird aus datenschutzrechtlicher Sicht regelmäßig als unerheblich angesehen (Kühling/Buchner/Hartung DS-GVO Art. 28 Rn. 27). Denkbar sind insoweit insbesondere die Vertragstypen Dienstvertrag, Werkvertrag und Geschäftsbesorgung sowie typengemischte Verträge. Für die Auswirkung der Insolvenz ist der jeweilige Vertragstyp aufgrund der §§ 103 ff. InsO entscheidend (vgl. Berberich/Kanschick NZI 2017, 1 (6)).

62 Auftragsverarbeitungsvereinbarungen mit einem dienstvertraglichen Charakter sind insolvenzfest und bestehen gem. § 108 Abs. 1 S. 1 InsO fort, können aber ggf. gem. § 113 S. 1 InsO erleichtert gekündigt werden. Hingegen unterfallen insbesondere Auftragsverarbeitungsverträge mit dem Charakter eines Miet-, Werk- oder Geschäftsbesorgungsvertrags regelmäßig dem Wahlrecht des Insolvenzverwalters nach § 103 InsO. Wesentliche datenschutzrechtliche Pflichten des Auftragsverarbeiters aus der Auftragsverarbeitungsvereinbarung, etwa zur Umsetzung von Weisungen, Duldung und Mitwirkung von Kontrollen, Meldepflichten etc (Art. 28 Abs. 3 DS-GVO), werden ggf. nach der Undurchsetzbarkeitstheorie (hierzu im Detail → § 103 Rn. 5 ff.) nicht mehr durchsetzbar.

63 Der Verwalter sollte daher für Auftragsverarbeitungsverhältnisse regelmäßig Erfüllung wählen oder die Datenverarbeitung durch den Auftragsverarbeiter (vorübergehend) einstellen/ersetzen lassen (Berberich/Kanschick NZI 2017, 1 (6)) bzw. als Verantwortlicher neue (eigene) Auftragsverarbeitungsvereinbarungen iSv Art. 28 Abs. 3 DS-GVO mit dem Auftragsverarbeiter abzuschließen.

64 Für den Fall der Auftragsverarbeitung durch das schuldnerische Unternehmen gilt die bereits (→ Rn. 61) beschriebene Unterscheidung nach Vertragstyp entsprechend. Hierbei ist zusätzlich Art. 28 Abs. 10 DS-GVO zu beachten. Wählt der Insolvenzverwalter in diesem Fall für unter Art. 28 Abs. 3 DS-GVO oder darüber hinausgehende Pflichten aus der Vereinbarung die Nichterfüllung oder kündigt die entsprechende Vereinbarung, so besteht für ihn das Risiko, dass er auch für die bisher „im Auftrag" durchgeführte Datenverarbeitung als Verantwortlicher gem. Art. 4 Nr. 7 DS-GVO angesehen werden muss.

III. Übernahme/Fortführung der Datenschutzcompliance des schuldnerischen Unternehmens

1. Erste Schritte des Insolvenzverwalters

65 Als Verantwortlichen iSv Art. 4 Nr. 7 DS-GVO treffen den Insolvenzverwalter weitreichende Nachweis- und Dokumentationspflichten (Art. 5 Abs. 2 DS-GVO). Nicht zuletzt um die Risiken einer eigenen Haftung zu reduzieren, sollte sich der Insolvenzverwalter daher möglichst früh intensiv mit der Organisation der Datenschutzcompliance des schuldnerischen Unternehmens befassen und entsprechende Maßnahmen zu Fortführung bzw. Etablierung eines strukturierten

Datenschutz in der Insolvenz

Datenschutzmanagementsystems zur Sicherstellung und Dokumentation einer rechtskonformen Verarbeitung personenbezogener Daten ergreifen.

Die Umsetzung der Datenschutzcompliance kann grob in die drei wesentlichen Kernprozesse (1) datenschutzkonforme Verarbeitung, (2) Sicherstellung der Betroffenenrechte und (3) Handhabung von Datenschutzverletzungen unterteilt werden (vgl. Kranig/Sachs/Gierschmann, Datenschutzcompliance nach der DS-GVO, 2017, 25). Diese sollte der Insolvenzverwalter im Detail überprüfen. **66**

Eine datenschutzkonforme Datenverarbeitung bedarf zunächst einer Rechtsgrundlage (Art. 6 DS-GVO). Der Verantwortliche muss darüber hinaus der betroffenen Person ausreichende Informationen zur Verfügung stellen (Art. 12–14 DS-GVO) und den Nachweis erbringen können, geeignete technische und organisatorische Maßnahmen zum Schutz vor Datenschutzverletzungen erbracht zu haben (Art. 24, 32 DS-GVO). Auftragsverarbeiter sind sorgfältig auszuwählen und entsprechend der gesetzlichen Vorgaben vertraglich zu binden (Art. 28 DS-GVO). Die relevanten Datenverarbeitungsprozesse sind in einem Verzeichnis zu dokumentieren (Art. 30 DS-GVO). Für den Fall, dass personenbezogene Daten in Drittländer (außerhalb der EU des EWR) übermittelt werden, ist ein angemessenes Schutzniveau sicherzustellen (Art. 44 DS-GVO). **67**

Die Sicherstellung der Betroffenenrechte erfordert, dass der Verantwortliche im Unternehmen Prozesse etabliert, die eine fristgerechte Bearbeitung der Anträge der betroffenen Person gewährleisten. Neben den Informationspflichten gem. §§ 12–14 DS-GVO gehören hierzu das Recht auf Auskunft (Art. 15 DS-GVO), das Recht auf Berichtigung (Art. 16 DS-GVO), das Recht auf Löschung (Art. 17 DS-GVO), das Recht auf Einschränkung der Verarbeitung (Art. 18 DS-GVO), das Recht auf Datenübertragbarkeit (Art. 20 DS-GVO), das Recht auf Widerspruch (Art. 21 DS-GVO), das Recht, keiner automatisierten Einzelentscheidung unterworfen zu sein (Art. 22 DS-GVO) und das Recht auf Widerruf einer Einwilligung (Art. 7 Abs. 3 DS-GVO). **68**

Die Handhabung von Datenschutzverletzungen (legaldefiniert in Art. 4 Nr. 12 DS-GVO) ist Gegenstand von Melde- und Benachrichtigungspflichten gem. Art. 33 und 34 DS-GVO. Für das Vorliegen einer Datenschutzverletzung ist unerheblich, ob diese vorsätzlich oder fahrlässig verursacht ist. Erfasst sind sowohl gezieltes Handeln als auch unbeabsichtigte Nebenfolgen einer anderen Handlung (BeckOK DatenschutzR/Schild DS-GVO Art. 4 Rn. 135). **69**

Zur Identifizierung etwaiger Lücken in der Datenschutzcomplianceorganisation des schuldnerischen Unternehmens kann der Insolvenzverwalter auf die entsprechenden Prüffragen der Datenschutzaufsichtsbehörden (zB Prüffragebogen des Bayerischen Landesamtes für Datenschutzaufsicht, abrufbar unter https://www.lda.bayern.de/media/dsgvo_fragebogen.pdf) und die hier enthaltene Checkliste zurückgreifen. **70**

2. Betrieblicher Datenschutzbeauftragter

Erster Ansprechpartner für die Datenschutzcompliance des schuldnerischen Unternehmens sollte für den Insolvenzverwalter – soweit bestellt – der bisherige betriebliche Datenschutzbeauftragte sein. **71**

Zu den Aufgaben des betrieblichen Datenschutzbeauftragten gehört gem. Art. 38 Abs. 1 lit. b DS-GVO insbesondere die Überwachung der Einhaltung der Vorgaben der DS-GVO und weiterer anwendbarer Datenschutzbestimmungen. Er ist dabei im Rahmen seiner Aufgabenwahrnehmung unabhängig (Art. 37 Abs. 3 DS-GVO) und berichtet unmittelbar der höchsten Managementebene. Für den Insolvenzverwalter sind der betriebliche Datenschutzbeauftragte und seine Tätigkeitsberichte daher eine wertvolle Informationsquelle im Hinblick auf den Reifegrad der Datenschutzcompliance des schuldnerischen Unternehmens und etwaigen akuten Handlungsbedarf. **72**

Für den Fall, dass bislang kein Datenschutzbeauftragter bestellt wurde, ist zu prüfen, ob eine Pflicht zur Benennung eines betrieblichen Datenschutzbeauftragten nach Art. 37 Abs. 1 DS-GVO, § 38 BDSG besteht. Ausschlaggebend ist insoweit die Anzahl der ständig mit der automatisierten Verarbeitung personenbezogener Daten beschäftigten Personen. Gegebenenfalls kann vom Verantwortlichen auch ein externer Datenschutzbeauftragter benannt werden. Der Datenschutzbeauftragte ist an die zuständige Datenschutzaufsichtsbehörde zu melden (Art. 37 Abs. 7 DS-GVO). Diese bieten hierfür Online-Portale an (beispielsweise das Bayerische Landesamt für Datenschutzaufsicht unter https://www.lda.bayern.de/de/dsb-meldung.html). **73**

3. Verarbeitungsverzeichnis

Verantwortlicher und Auftragsverarbeiter sind gem. Art. 30 DS-GVO verpflichtet, ein Verzeichnis von Verarbeitungstätigkeiten zu führen. Das Verarbeitungsverzeichnis soll den Nachweis ermöglichen, dass der Verantwortliche bzw. Auftragsverarbeiter personenbezogene Daten im Ein- **74**

Datenschutz in der Insolvenz

klang mit der DS-GVO verarbeitet (vgl. Erwägungsgrund 82 zur DS-GVO). Das Verarbeitungsverzeichnis bietet daher eine weitere wesentliche Informationsquelle für den Insolvenzverwalter, um sich einen Überblick über die relevanten Datenverarbeitungsprozesse zu verschaffen. Darüber hinaus ist das Verfahrensverzeichnis eine bedeutende Grundlage für die Erfüllung der Kontrollaufgaben des betrieblichen Datenschutzbeauftragten (→ Rn. 71 ff.), wobei dessen operativer Mitwirkung an der Erstellung des Verzeichnisses zur Vermeidung der Entstehung eines Interessenkonflikts zwischen Ausführungs- und Überwachungsfunktion enge Grenzen gesetzt sind.

75 Sofern bislang kein Verarbeitungsverzeichnis geführt wird, sollte der Insolvenzverwalter umgehend ein solches erstellen lassen (Schmitt/Heil NZI 2018, 865 (868)). Der Mindestinhalt des Verarbeitungsverzeichnisses ergibt sich aus Art. 30 Abs. 1 DS-GVO (Verantwortlicher) bzw. Art. 30 Abs. 2 DS-GVO (Auftragsverarbeiter) (ausführlich zu den notwendigen Inhalten Martini in Paal/Pauly, DS-GVO, BDSG, 3. Aufl. 2021, DS-GVO Art. 30 Rn. 6 ff.). Denkbar ist auch, das von der Insolvenzverwalterkanzlei geführte Verfahrensverzeichnis entsprechend zu ergänzen.

4. Rechte der betroffenen Person

76 In der DS-GVO sind im Vergleich zur alten Rechtslage unter dem BDSG aF deutlich umfangreichere Informationspflichten des Verantwortlichen gegenüber der betroffenen Person vorgesehen. Diese umfassen jede Art der Verarbeitung personenbezogener Daten.

77 Der Insolvenzverwalter muss daher sicherstellen, dass die betroffene Person im Zeitpunkt der Datenerhebung bzw. falls die Daten nicht von ihr, sondern aus einer anderen Quelle (etwa den IT-Systemen des schuldnerischen Unternehmens) erlangt werden, innerhalb einer angemessenen Frist die in den Art. 13, 14 DS-GVO vorgesehenen Informationen erhält. Für den Fall, dass der Schuldner seinen Informationspflichten bislang nicht oder nicht ausreichend nachgekommen ist, besteht für den Verwalter eine fortwirkende Pflicht, diese unterbliebene Information nachzuholen (so auch Schmitt/Heil NZI 2018, 865 (869)).

78 Hierzu bietet sich in der Praxis die Verwendung von sog. Datenschutzhinweisen an. Eine besondere Form ist für die Zurverfügungstellung der notwendigen Informationen nicht vorgesehen. Aus Sicht der Datenschutzaufsichtsbehörden kann der Verantwortliche auf einen mehrschichtigen Ansatz zurückgreifen und – je nach Einzelfall – für die Information der Betroffene mehrere Medien bzw. Kanäle kombinieren (s. hierzu im Detail Article 29 Working Party, Guidelines on transparency under Regulation 2016/679, abrufbar unter https://ec.europa.eu/newsroom/article29/item-detail.cfm?item_id=622227, S. 13 ff., letzter Abruf am 20.4.2019). Für den Insolvenzverwalter dürfte sich aus Praktikabilitätsgründen zur Erfüllung der Informationspflichten regelmäßig anbieten, zentrale Datenschutzhinweise für seine Verwaltertätigkeit im Internet (etwa auf seiner Kanzlei-Homepage) vorzuhalten und in Anschreiben der betroffenen Person auf diese Datenschutzhinweise zu verweisen. Dabei ist darauf zu achten, dass der Verweis im Anschreiben an die betroffene Person die von den Datenschutzbehörden insoweit als erforderlich anzusehenden Mindestangaben enthält.

79 Darüber hinaus gewährt die DS-GVO der betroffenen Person weitreichende Rechte gegenüber dem Verantwortlichen. Hierzu zählen insbesondere das Recht auf Auskunft gem. Art. 15 DS-GVO über die vom Verantwortlichen verarbeiteten personenbezogenen Daten, das Recht auf Berichtigung gem. Art. 16 DS-GVO, wonach die betroffene Person eine Berichtigung oder Vervollständigung ihrer Daten verlangen kann, falls die sie betreffenden Angaben nicht korrekt sein sollten, das Recht aus Löschung unter bestimmten Voraussetzungen (Art. 17 DS-GVO), das Recht auf Einschränkung der Verarbeitung gem. Art. 18 DS-GVO, das Recht gem. Art. 21 DS-GVO, aus Gründen, die sich aus der besonderen Situation der betroffenen Person ergeben, der Verarbeitung der sie betreffenden Daten zu widersprechen. Ferner kann die betroffene Person auch nach Art. 20 DS-GVO jederzeit eine Datenübertragung verlangen und hat die Möglichkeit, sich bei einer Datenschutzaufsichtsbehörde zu beschweren (Art. 77 DS-GVO). Die Anforderungen an den Verantwortlichen in Zusammenhang mit der Erfüllung der entsprechenden Ansprüche der betroffenen Person gehen deutlich über die alte Rechtslage unter dem BDSG aF hinaus. Der Verantwortliche muss dabei insbesondere knapp bemessene Fristen einhalten (vgl. Art. 12 Abs. 3 DS-GVO).

80 Der Insolvenzverwalter sollte daher umgehend sicherstellen, dass Geschäftsprozesse entwickelt, beschrieben, implementiert und in Gang gesetzt sind, um Ersuchen der betroffenen Personen (etwa Kunden, Mitarbeiter und Geschäftspartner) fristgerecht und vollständig in einer geeigneten Form nachkommen zu können. Wichtig ist dabei die Planung und der Betrieb einer strukturierten und systematischen Annahme von Anträgen (Annahmeprozess), eine angemessene Verifikation der Identität und eine konsistente Bearbeitung der Ersuchen (Rückmeldeprozess) sowie die Imple-

Datenschutz in der Insolvenz

mentierung eines adäquaten Eskalationsverfahrens (vgl. Kranig/Sachs/Gierschmann, Datenschutzcompliance nach der DS-GVO, 2017, 61 ff.). Diese Schritte sollten jeweils dokumentiert werden (Dokumentationsprozess).

5. Melde und Benachrichtigungspflichten

Wenn es zu einer Verletzung des Schutzes personenbezogener Daten gekommen ist, hat der Verantwortliche in der vorgesehenen Frist eine Meldung an die zuständige Aufsichtsbehörde zu machen (Art. 33 DS-GVO) und für den Fall, dass ein hohes Risiko für die Rechte und Freiheiten der betroffenen Person besteht, auch diese zu benachrichtigen (Art. 34 DS-GVO). 81

Wann eine Verletzung des Schutzes personenbezogener Daten vorliegt, ist in Art. 4 Nr. 12 DS-GVO legaldefiniert. Der Verantwortliche muss entsprechende Vorkehrungen treffen, um sicherzustellen, dass er in der Lage ist, sofort festzustellen, ob eine Datenschutzverletzung vorliegt und ggf. innerhalb von 72 Stunden die Aufsichtsbehörden und die betroffene Person umgehend zu unterrichten (Erwägungsgrund 87 zur DS-GVO). Der Umfang und Inhalt der Meldung lässt sich dabei Art. 33 Abs. 3 DS-GVO entnehmen. Die Aufsichtsbehörden stellen mittlerweile auf ihren Internetseiten Online-Meldungsportale zur Verfügung (vgl. etwa das Meldeportal des Bayerischen Landesamts für Datenschutzaufsicht https://www.lda.bayern.de/de/datenpanne.html). 82

Der Insolvenzverwalter sollte daher überprüfen, ob ein Reaktionsplan für die Handhabung von Datenschutzverletzungen vorliegt. 83

6. Umgang mit Beschäftigtendaten

Oftmals außer Acht gelassen wird, dass auch die Beschäftigten des schuldnerischen Unternehmens zu den betroffenen Personen gehören und damit in den Schutzbereich des Datenschutzes fallen. Die DS-GVO räumt insoweit dem nationalen Gesetzgeber über eine Öffnungsklausel die Möglichkeit einer eigenen ergänzenden, konkretisierenden Regulierung ein. Hiervon hat der Gesetzgeber mit dem Gesetz zur Anpassung des Datenschutzrechts an die Verordnung (EU) 2016/679 und zur Umsetzung der Richtlinie (EU) 2016/680 (Datenschutz-Anpassungs- und Umsetzungsgesetz EU – AnpUG-EU) Gebrauch gemacht (BGBl. 2017 I Nr. 44 v. 5.7.2017). Die zentrale Spezialregelung für die Datenverarbeitung für Zwecke des Beschäftigungsverhältnisses findet sich nun in § 26 BDSG (zur ersten Orientierung und mwN: Gola BB 2017, 1462). Dabei wurde die bisherige Regelung aus § 32 BDSG aF weitgehend übernommen. 84

Der Insolvenzverwalter hat daher auch sicherzustellen, dass die Verarbeitung der Beschäftigtendaten des schuldnerischen Unternehmens datenschutzkonform erfolgt. Von besonderer Bedeutung ist hierbei, ggf. die Arbeitnehmervertreter einzubeziehen. Diese haben neben dem betrieblichen Datenschutzbeauftragten eine eigene gesetzliche Aufgabe zur Überwachung der Einhaltung des Datenschutzes (§ 80 Abs. 1 Nr. 1 BetrVG). Darüber hinaus wirkt die Arbeitnehmervertretung an der konkreten Ausgestaltung von Informations- und Kommunikationstechnik im Unternehmen mit, da sie im Bereich der zwingenden Mitbestimmung, etwa aus § 87 Abs. 1 Nr. 1 und Nr. 6 BetrVG, erhebliche Einflussmöglichkeiten hat. 85

7. Technische und organisatorische Maßnahmen zur Datensicherheit

Der Verantwortliche muss geeignete technische und organisatorische Maßnahmen umsetzen, um sicherzustellen und jederzeit nachweisen zu können, dass die Verarbeitung der personenbezogenen Daten gemäß den datenschutzrechtlichen Vorgaben erfolgt (Art. 24 Abs. 1 DS-GVO, § 64 BDSG). Eine Pflicht zu Überwachung der technischen und organisatorischen Maßnahmen zur Datensicherheit soll sich für den Insolvenzverwalter zudem bereits aus den Grundsätzen ordnungsgemäßer Insolvenzverwaltung (GOI) des VID ergeben (vgl. Hinweis bei Weiß/Reisener, Datenschutz in der Insolvenzkanzlei, 2019, Rn. 766; GOI abrufbar unter https://www.vid.de/wp-content/uploads/2016/09/goi-1-2016-vom-22.04.2016.pdf; letzter Abruf am 6.8.2021). Die DS-GVO stellt insoweit auf einen sog. risikobasierten Ansatz ab. Welche konkreten Maßnahmen erforderlich sind, bestimmt sich demnach nach der Art, dem Umfang, den Umständen und den Zwecken der Datenverarbeitung unter Beachtung der Schwere und Eintrittswahrscheinlichkeiten von Risiken für die betroffene Person. Dies gilt auch im Hinblick auf die Sicherheit der Datenverarbeitung (Art. 32 DS-GVO; s. im Detail Kranig/Sachs/Gierschmann, Datenschutzcompliance nach der DS-GVO, 2017, 41). Der Begriff der technischen und organisatorischen Maßnahmen verbindet also den auf den Schutz der Grundrechte der betroffenen Person gerichteten Datenschutz mit dem auf den Schutz der jeweiligen Daten gerichteten Datensicherheit (ausf. bei Schmitz/v. Dall'Armi in Forgó/Helfrich/Schneider, Betrieblicher Datenschutz, 3. Aufl. 2019, Kap. 1 C 86

Datenschutz in der Insolvenz

Rn. 43 ff.). Konkrete Einflussfaktoren im Hinblick auf die Datensicherheit sind demnach neben Art, Umfang, Umständen und Zwecken der Verarbeitungen sowie der Eintrittswahrscheinlichkeit und der Schwere des Risikos für die Rechte der betroffenen Person insbesondere der Stand der Technik und die Implementierungskosten für die jeweiligen Maßnahmen. Zwar lassen sich die technischen und organisatorischen Maßnahmen anhand der drei gebräuchlichen Schutzziele in der Datensicherheit – Vertraulichkeit, Verfügbarkeit und Integrität – sowie unter Zuhilfenahme des Maßnahmenkatalogs aus § 64 BDSG vom Verwalter grob auf Nachweisbarkeit, Vollständigkeit und Schlüssigkeit hin überprüfen.

87 Im Hinblick auf die Wahl und Überprüfung konkreter Maßnahmen wird der Insolvenzverwalter aber – jedenfalls im Zusammenhang mit umfangreichen und komplexen Verarbeitungssituationen und soweit keine umfassenden Zertifizierungen für die jeweiligen Verarbeitungsvorgänge vorliegen – im Einzelfall praktisch nicht umhinkommen, Informationssicherheitsexperten zu Rate zu ziehen.

8. Umgang mit Datenschutzaufsichtsbehörden

88 Die Datenschutzaufsichtsbehörden spielen bei der Überwachung der Datenschutzcompliance eine besondere Rolle. Gegenüber dem Verantwortlichen haben sie die in Art. 57 DS-GVO genannten Aufgaben. Hierzu zählen insbesondere die Überwachung und Durchsetzung der DS-GVO und die Bearbeitung von Beschwerden von betroffenen Personen, sowie die Sensibilisierung für die Datenschutzpflichten. Die Aufsichtsbehörden haben für die Erfüllung ihrer Aufgaben sehr weitreichende Untersuchungs- und Abhilfebefugnisse (Art. 58 DS-GVO) und können gem. Art. 83 sehr hohe Geldbußen verhängen.

89 Zwar sieht die DS-GVO eine Verpflichtung der Aufsichtsbehörden zur Beratung von Verantwortlichen nicht mehr ausdrücklich vor. Bislang gehört es aber zum Selbstverständnis der Datenschutzaufsichtsbehörden, in der Praxis regelmäßige individuelle Beratungstätigkeiten gegenüber den Verantwortlichen auszuüben, um damit Datenschutzverstöße und Sanktionierungen von vornherein zu vermeiden. Sollte ein bußgeldbewährter Verstoß festgestellt werden, haben die Datenschutzaufsichtsbehörden bei der Verhängung etwaiger Geldbußen insbesondere zu berücksichtigen, welche Maßnahmen ergriffen worden sind, um die Einhaltung der DS-GVO zu gewährleisten und die Folgen eines Verstoßes abzuwenden oder abzumildern und in welchem Umfang eine Zusammenarbeit mit den Aufsichtsbehörden erfolgt ist (Art. 83 Abs. 2 lit. c und f DS-GVO; s. zu den speziellen Zumessungskriterien für die Verhängung von Bußgeldern ausf. NK-DatenschutzR/Boehm DS-GVO Art. 83 Rn. 22 ff.).

90 Vor diesem Hintergrund sollte der Insolvenzverwalter im eigenen Interesse – abgesehen von etwaigen ohnehin bestehenden Meldepflichten (→ Rn. 81) – für den Fall, dass er Datenschutzverstöße beim schuldnerischen Unternehmen erkennt oder vermutet, die Abstimmung mit der zuständigen Datenschutzbehörde suchen (bereits Schmitt/Heil NZI 2018, 865 (869)).

9. Checkliste für den Insolvenzverwalter zur Datenschutzcompliance des schuldnerischen Unternehmens

91 Die folgende Checkliste soll den Insolvenzverwalter dabei unterstützen, einen ersten Überblick über die Datenschutzcompliance des schuldnerischen Unternehmens zu erhalten und schnell Bereiche zu identifizieren, in denen akuter Handlungsbedarf besteht. Die Fragestellungen der Checkliste orientieren sich dabei an den von den Datenschutzaufsichtsbehörden veröffentlichten Hilfestellungen (vgl. etwa Checkliste des Bayerischen Landesamts für Datenschutzaufsicht, abrufbar unter: https://www.lda.bayern.de/media/DS-GVO_fragebogen.pdf und Checkliste der Landesbeauftragten für Datenschutz und Informationsfreiheit in Nordrhein-Westfalen abrufbar unter: https://www.ldi.nrw.de/mainmenu_Aktuelles/submenu_EU-Datenschutzreform/Inhalt/EU-Datenschutzreform/Checkliste-fuer-KMU-zur-DS-GVO_LDI-NRW.pdf) und haben keinen Anspruch auf Vollständigkeit.

☐ Datenschutzbeauftragter (Verantwortliche (→ Rn. 9) und Auftragsverarbeiter (→ Rn. 10) sind unter bestimmten Voraussetzungen verpflichtet, einen betrieblichen Datenschutzbeauftragten (→ Rn. 71) zu benennen (Art. 37 DS-GVO, § 38 BDSG; zu den Voraussetzungen für die Bestellpflicht ausf. BeckOK DatenschutzR/Moos BDSG § 38 Rn. 3 ff.). Selbst wenn keine gesetzliche Pflicht zur Bestellung besteht, kann freiwillig ein betrieblicher Datenschutzbeauftragter benannt werden).

☐ Verfügt das schuldnerische Unternehmen über einen betrieblichen Datenschutzbeauftragten?

Datenschutz in der Insolvenz

☐ Wurde der betriebliche Datenschutzbeauftragte des schuldnerischen Unternehmens der zuständigen Aufsichtsbehörde benannt?
☐ Datenschutzbewusstsein (wesentliche Voraussetzung dafür, dass ein Unternehmen sich datenschutzkonform verhält, ist, dass bei allen Personen, die mit personenbezogenen Daten (→ Rn. 6) umgehen, ein entsprechendes Datenschutzbewusstsein besteht)
☐ Hat sich die Geschäftsführung des schuldnerischen Unternehmens mit den aktuellen Anforderungen aus der DS-GVO und dem BDSG befasst?
☐ Verfügt das schuldnerische Unternehmen über
☐ Datenschutzleitlinie(n)?
☐ Datenschutzziele?
☐ Arbeitsanweisungen zum Datenschutz?
☐ Regelungen zur Verantwortlichkeit?
☐ Schulungsmaßnahmen für alle Mitarbeiter zum Datenschutz?
☐ Verzeichnis der Verarbeitungen (gem. Art. 30 DS-GVO sind Verantwortliche und Auftragsverarbeiter verpflichtet, ein Verzeichnis von Verarbeitungstätigkeiten (→ Rn. 74) zu führen)
☐ Sind alle Geschäftsprozesse, bei denen personenbezogene Daten (→ Rn. 6) verarbeitet werden, in einem Verzeichnis von Verarbeitungstätigkeiten erfasst?
☐ Besteht für alle Verarbeitungen (→ Rn. 7) eine taugliche Rechtsgrundlage (vgl. Art. 6–11 DS-GVO), die im Verzeichnis der Verarbeitungstätigkeiten dokumentiert ist?
☐ Sofern Verarbeitungen auf Einwilligungen gestützt werden: Kann das Vorliegen wirksamer Einwilligungen nachgewiesen werden?
☐ Ist sichergestellt, dass vor Beginn oder Änderung eines Geschäftsprozesses, der die Verarbeitung personenbezogener Daten betrifft, das Verzeichnis der Verarbeitungstätigkeiten aktualisiert wird?
☐ Wurde bei allen Verarbeitungen, die mit einer Übermittlung personenbezogener Daten in ein Drittland (zu den Anforderungen für eine Datenübermittlung in Länder außerhalb der EU/des EWR Voigt in v.d. Bussche/Voigt, Konzerndatenschutz, 2. Aufl. 2019, Teil 4, Kap. 4 B.I) verbunden sind, das Bestehen zusätzlicher Garantien, bspw. EU-Standartvertragsklauseln (die EU-Kommission hat mit Durchführungsbeschluss (EU) 2021/914 vom 7.6.2021 neue Standardvertragsklauseln angenommen; hierzu: Czeszak ZD-Aktuell 2021, 7) oder sog. Binding Corporate Rules dokumentiert?
☐ Rechte der Betroffenen (die betroffenen Personen sind über die Verarbeitung ihrer Daten in einer transparenten, leicht zugänglichen Form sowie in einer klaren und einfachen Sprache zu informieren (Art. 12 DS-GVO, → Rn. 76).
☐ Ist sichergestellt, dass betroffene Personen über alle in Art. 13 und 14 DS-GVO genannten Punkte rechtzeitig und nachweisbar informiert werden (etwa in Form von entsprechenden Datenschutzhinweise)?
☐ Ist über entsprechende Geschäftsprozesse sichergestellt, dass Anträge von betroffenen Personen zur Geltendmachung ihre Rechte auf
☐ Auskunft (Art. 15 DS-GVO)
☐ Berichtigung (Art. 16 DS-GVO)
☐ Löschung (Art. 17 DS-GVO)
☐ Einschränkung der Verarbeitung (Sperrung) (Art. 18 DS-GVO)
☐ Datenübertragung (Art. 20 DS-GVO)
☐ Widerspruch (Art. 21 DS-GVO)
fristgerecht und nachweisbar erfüllt werden?
☐ Technische und organisatorische Maßnahmen zur Datensicherheit (Verantwortliche (→ Rn. 9) und Auftragsverarbeiter (→ Rn. 10) haben gem. Art. 32 DS-GVO geeignete technische und organisatorische Maßnahmen zu treffen, um ein dem Risiko angemessenes Schutzniveau zu gewährleisten.
☐ Setzen das schuldnerische Unternehmen und seine Dienstleister technische und organisatorische Maßnahmen ein, die ein dem Verarbeitungsrisiko angemessenes Schutzniveau gewährleisten (insbesondere unter Berücksichtigung des Stands der Technik, der Implementierungskosten und der Art, des Umfangs, der Umstände und der Zwecke der Verarbeitung sowie der unterschiedlichen Eintrittswahrscheinlichkeiten und Schwere des jeweiligen Risikos für Datenschutzverstöße sowie etwaiger branchenspezifischen Standards)?
☐ Gibt es eine nachvollziehbare Dokumentation der eingesetzten technischen und organisatorischen Maßnahmen zur Datensicherheit (zB im Rahmen eines Informationssicherheitskonzepts)?
☐ Werden die technischen und organisatorischen Maßnahmen zur Datensicherheit regelmäßig überprüft/auditiert?

Datenschutz in der Insolvenz

☐ Hat das schuldnerische Unternehmen für seine IT-Anwendungen jeweils ein dokumentiertes Rollen- und Berechtigungskonzept?
☐ Setzt das schuldnerische Unternehmen Verfahren zur
☐ Verschlüsselung
☐ Pseudonymisierung
☐ Anonymisierung
ein?
☐ Ist über entsprechende Geschäftsprozesse sichergestellt, dass bei der Änderung oder Neuentwicklung von Produkten oder Dienstleistungen Datenschutzanforderungen von Anfang an mit berücksichtigt werden?
☐ Datenschutzfolgenabschätzung (ist über entsprechende Geschäftsprozesse sichergestellt, dass bei Verarbeitungen mit einem voraussichtlich hohen Risiko für die Rechte und Freiheiten betroffener Personen eine Datenschutzfolgenabschätzung (ausführlich zu den Fällen, in denen eine solche Datenschutzfolgenabschätzung durchgeführt werden muss: Koglin in v.d. Bussche/Voigt, Konzerndatenschutz, 2. Aufl. 2019, Teil 2, Kap. 5) durchgeführt wird?)
☐ Umgang mit Datenschutzpannen
☐ Hat das schuldnerische Unternehmen Maßnahmen getroffen und dokumentiert, die sicherstellen, dass Datenschutzverletzungen erkannt und an die richtigen Stellen innerhalb des Unternehmens gemeldet werden (sog. Incidentmanagement)?
☐ Hat das schuldnerische Unternehmen einen dokumentierten Prozess, der sicherstellt, dass die Meldung von Verletzungen des Schutzes personenbezogener Daten innerhalb von 72 Stunden an die Datenschutzaufsichtsbehörde möglich ist?
☐ Nachweispflichten
☐ Ist durch entsprechende Dokumentation sichergestellt, dass die oben genannten Anforderungen jederzeit nachgewiesen werden können?
☐ Wird die Dokumentation der Maßnahmen zur Einhaltung datenschutzrechtlicher Vorgaben regelmäßig auf den neuesten Stand gebracht?

C. Personenbezogene Daten als Gegenstand der Insolvenzmasse

I. Massebefangenheit von personenbezogenen Daten

92 Einigkeit herrscht dazu, dass Daten heutzutage unabhängig vom jeweiligen Speichermedium einen erheblichen wirtschaftlichen Wert darstellen (vgl. bereits BGH NJW 1996, 2924 (2926)). Intensiv diskutiert wird die Frage, ob es ein Eigentum an (personenbezogenen) Daten gibt bzw. ob ein entsprechendes absolutes Recht geschaffen werden muss (zum aktuellen Stand der Diskussion um ein Dateneigentum mwN: Paulus/Berg ZIP 2019, 2133). Wem die Daten insolvenzrechtlich „gehören", ist letztlich auch entscheidend dafür, ob sie gem. § 35 Abs. 1 in die Insolvenzmasse fallen (ausführliche Herleitung einer insolvenzrechtlichen Zuordnung bei Paulus/Berg ZIP 2019, 2133 (2135 ff.)). Grundsätzlich sind Daten wirtschaftlich realisierbare Rechtsgüter und können daher Bestandteil des schuldnerischen Vermögens sein und in die Insolvenzmasse fallen (so bereits Berberich/Kanschick NZI 2017, 1 mwN).

93 Dies gilt nach der hier vertretenen Auffassung auch für personenbezogene Daten, etwa von Kunden. Diese sind zwar aufgrund der mit dem Personenbezug einhergehenden besonderen grundrechtlichen Implikationen durch das Datenschutzrecht besonders geschützt, werden aber dadurch nicht der Massebefangenheit entzogen. Die durch die datenschutzrechtlichen Vorschriften geschützte informationelle Selbstbestimmung der betroffenen Person begründet keine der Zuordnung zur Insolvenzmasse entgegenstehenden ausschließlichen Verwertungsbefugnisse an den Daten. Dieser Schlussfolgerung liegt das konzeptionelle Verständnis des Rechts auf informationelle Selbstbestimmung zugrunde, wonach dieses gerade nicht als eigentumsähnliche Datenverfügungsbefugnis, sondern als instrumentelles Recht zur Gewährleistung von persönlicher Entfaltungsfreiheit zu verstehen ist (vgl. BeckOK DatenschutzR/Schneider DS-GVO Syst. B. Völker- und unionsrechtliche Grundlagen Rn. 20 mwN). Personenbezogene Daten fallen daher in die Insolvenzmasse und können grundsätzlich verwertet werden, wobei gleichzeitig die entsprechenden datenschutzrechtlichen Einschränkungen für die Verarbeitung zu beachten und insbesondere die Rechte der betroffenen Person (Art. 12 ff. DS-GVO) zu wahren sind (Paulus/Berg ZIP 2019, 2133 (2142); Berberich/Kanschick NZI 2017, 1 (3)). Vor diesem Hintergrund kommen auch keine eigenen Aussonderungsansprüche der betroffenen Person gem. § 47 InsO in Frage.

93a Nicht zur Insolvenzmasse gehören hingegen die Rechte der betroffenen Personen nach Art. 12 ff. DS-GVO. Hierbei handelt es sich um höchstpersönliche Rechte. Das datenschutzrechtliche Auskunftsrecht des Schuldners gem. Art. 15 Abs. 1 DS-GVO ist als höchstpersönliches Recht nicht Teil der Insolvenzmasse und geht daher auch nicht durch die Eröffnung des Insolvenzverfahrens auf den Insolvenzverwalter über (BVerwG ZD 2021, 55 (57); Schmittmann NZI 2020, 39 (40)). Der Insolvenzverwalter kann den Anspruch auf Auskunft aus Art. 15 Abs. 1 DSG-VO und Erhalt einer Kopie aus Art. 15 Abs. 3 DS-GVO daher auch nicht in eigenem Namen geltend machen.

II. Personenbezogene Daten in Verwertungs- und Restrukturierungsszenarien

Bei allen Verwertungs- und Restrukturierungsszenarien sind insbesondere die besondere Zweckbindung (Art. 5 Abs. 1 lit. b DS-GVO) und die weiteren sich aus den mannigfaltigen datenschutzrechtlichen Vorschriften ergebenden Nutzungsbeschränkungen für personenbezogenen Date zu beachten (Berberich/Kanschick NZI 2017, 1 (7)). Unterschiedliche datenschutzrechtliche Herausforderungen ergeben sich für das Planverfahren, den Share Deal, Umwandlungsmaßnahmen und den Asset Deal. **94**

Kommt es im Vorfeld einer Transaktion zu einer Due Diligence-Prüfung, ist nach dem Grundprinzip des Verbots mir Erlaubnisvorbehalt (hierzu für viele Ingold in Sydow, Europäische Datenschutzgrundverordnung, 2. Aufl. 2018, Kap. II I 1 Rn. 8) auch die Verarbeitung der personenbezogenen Daten eines Unternehmens für die Zwecke der Due Diligence nur dann datenschutzrechtlich zulässig, wenn entweder die betroffene Person eingewilligt hat oder eine gesetzliche Erlaubnis eingreift (Art. 6 Abs. 1 DS-GVO). Bereits die Möglichkeit der Einsichtnahme in personenbezogene Daten (etwa von Mitarbeitern, Kunden oder Geschäftspartnern) des schuldnerischen Unternehmens ist eine Offenlegung und damit eine relevante Verarbeitung iSd Art. 4 Nr. 2 DS-GVO. Eine wirksame datenschutzrechtliche Einwilligung gem. Art. 7 DS-GVO (übersichtlich zu den einzelnen Wirksamkeitsvoraussetzungen Schulz in Gola, DS-GVO, 2. Aufl. 2018, DS-GVO Art. 7 Rn. 21 ff.) wird in der Praxis hierzu regelmäßig nicht vorliegen bzw. nicht von allen betroffenen Personen eingeholt werden können. Als Erlaubnistatbestand kommt aber Art. 6 Abs. 1 S. 1 lit. f DS-GVO in Betracht, denn die Beteiligten verfolgen in der Regel berechtigte Interessen (zum Datenschutz in Transaktionen Plath in v.d. Bussche/Voigt, Konzerndatenschutz, 2. Aufl. 2019, Teil 6 C). Das Interesse an der Offenlegung ist aber ins Verhältnis zu dem Schutzinteresse der betroffenen Person zu stellen. Daneben ist zusätzlich das Gebot der Zweckkompatibilität des Art. 6 Abs. 4 DS-GVO zu beachten. Auch bei Vorliegen einer Erlaubnis nach Art. 6 Abs. 1 S. 1 lit. f DS-GVO ist schließlich grundsätzlich das Risiko für die betroffenen Personen möglichst gering zu halten, etwa durch eine Anonymisierung der Daten, eine Verschlüsselung der Übermittlung sowie eine Vereinbarung von Geheimhaltungs- und Löschpflichten für den Fall einer gescheiterten Unternehmenstransaktion (Schröder in Forgó/Helfrich/Schneider, Betrieblicher Datenschutz, 3. Aufl. 2019, Teil VI 4. B I Rn. 6). **95**

Besondere Arten personenbezogener Daten (Art. 9 Abs. 1 DS-GVO), etwa Angaben über die rassische und ethnische Herkunft, politische Meinungen, religiöse oder weltanschauliche Überzeugungen, die Gewerkschaftszugehörigkeit, Gesundheit oder Sexualleben sind datenschutzrechtlich besonders geschützt und können im Rahmen einer Due Diligence-Prüfung nicht auf der Basis von Art. 6 Abs. 1 S. 1 lit f. DS-GVO offengelegt werden. Die in Art. 9 Abs. 2 DS-GVO und – für Beschäftigte – in § 26 Abs. 3 BDSG enthaltenen Erlaubnistatbestände liegen im Rahmen der Due Diligence regelmäßig (noch) nicht vor. **96**

1. Planverfahren

Aus datenschutzrechtlicher Sicht ist das Planverfahren im Wesentlichen unproblematisch. Insbesondere kommt es hierbei nicht zu einer Übermittlung von personenbezogenen Daten an einen Übernehmer, da die Rechtspersönlichkeit des schuldnerischen Unternehmens bestehen bleibt. Eine Änderung der datenschutzrechtlichen Verantwortlichkeit ergibt sich nicht. Für die laufende Verarbeitung bleiben die entsprechenden Erlaubnistatbestände (Art. 6 Abs. 1 DS-GVO) erhalten. Der Insolvenzplan selbst enthält üblicherweise keine personenbezogenen Kunden-, Lieferanten oder Beschäftigtendaten. Die personenbezogenen Daten der Anteilsinhaber, deren Rechte nach § 225a InsO (→ § 225a Rn. 1 ff.) enthalten sind, werden – etwa mit der Vorlage des Insolvenzplans an das Insolvenzgericht (→ § 218 Rn. 1 ff.) – in datenschutzrechtlich relevanter Hinsicht verarbeitet (→ Rn. 3). Eine (Vor-)Veröffentlichung dieser Informationen, etwa nach §§ 106, 163 HGB, lässt insoweit insbesondere das Erfordernis einer einschlägigen datenschutzrechtlichen Rechtsgrundlage nicht entfallen (wohl aA: Harig/Kay NZI 2020, 96 (98)). Nach der hier vertretenen Auffassung ergibt sich ein Erlaubnistatbestand für diese Verarbeitung im Zusammenhang mit der Planerstellung durch den Insolvenzverwalter insoweit aus Art. 6 Abs. 1 lit. c DS-GVO, soweit er **97**

Datenschutz in der Insolvenz

gem. § 218 Abs. 3, 2 InsO einer Pflicht zur Planvorlage unterliegt (→ § 218 Rn. 13). Ansonsten kann sich die Erlaubnis zur Verarbeitung dieser Daten auch aus Art. 6 Abs. 1 lit. f DS-GVO und den berechtigten wirtschaftlichen Interessen des Verwalters oder Dritter an der Planvorlage ergeben.

2. Share Deal

98 Für den Erwerb von Anteilen an dem schuldnerischen Unternehmen im Rahmen des Share Deals ist keine Übermittlung von personenbezogenen Daten an einen Dritten notwendig. Das schuldnerische Unternehmen besteht fort. Bestehende Verträge müssen ebenso wie weitere Rechtspositionen nicht übergeleitet werden. Der Share Deal verursacht daher keine eigenen spezifischen datenschutzrechtlichen Herausforderungen für den Verwalter.

3. Umwandlungsrechtliche Gesamtrechtsnachfolge

99 Wegen der Gesamtrechtsnachfolge gem. § 20 Abs. 1 Nr. 1 UmwG kommt es bei der Verschmelzung bzw. Abspaltung nicht zu einer Übermittlung personenbezogener Daten. Das neu geschaffene bzw. den Unternehmensteil erhaltende Unternehmen tritt vollkommen in die Stellung des Rechtsvorgängers ein und ist deswegen nicht Dritter iSv Art. 4 Nr. 10 DS-GVO. Es kommt daher ebenfalls zu keiner relevanten Übermittlung personenbezogener Daten. Im Rahmen einer Abspaltung ist aber sicherzustellen, dass nicht parallel der verbleibende Rechtsträger weiterhin Zugriff auf die Daten des abgespalteten Unternehmens hat (Schröder in Forgó/Helfrich/Schneider, Betrieblicher Datenschutz, 3. Aufl. 2019, Teil VI 4. E III Rn. 43).

4. Asset Deal

100 Beim Asset Deal werden die jeweiligen Vermögensgüter des schuldnerischen Unternehmens auf einen anderen Rechtsträger übertragen. Soweit in diesem Zusammenhang auch personenbezogene Daten übertragen werden sollen, bedarf es in datenschutzrechtlicher Hinsicht einer differenzierten Betrachtung der verschiedenen Fallgruppen.

101 **a) Beschäftigtendaten.** Die Zulässigkeit der Übermittlung von Beschäftigtendaten zur Vertragsdurchführung kann nach der überwiegenden Meinung in der Literatur regelmäßig auf § 26 Abs. 1 S. 1 BDSG iVm § 613a BGB gestützt werden (Schröder in Forgó/Helfrich/Schneider, Betrieblicher Datenschutz, 3. Aufl. 2019, Teil VI 4. E III Rn. 41). Dies umfasst auch besondere Kategorien personenbezogener Daten (sensible Daten) der Beschäftigten, soweit die Übermittlung für die erwerbende wie die übertragende Gesellschaft erforderlich ist, um rechtliche Ansprüche gegenüber den Mitarbeitern und Ansprüche der Mitarbeiter gegen sie zu prüfen und ggf. ausüben zu können und kein Grund zu der Annahme besteht, dass im Einzelfall das schutzwürdige Interesse des jeweiligen Beschäftigten an dem Ausschluss der Verarbeitung überwiegt (Art. 9 Abs. 2 lit. b DS-GVO iVm § 26 Abs. 3 BDSG).

102 Bislang noch nicht abschließend geklärt ist aber, ob ein etwaiger Widerspruch des Beschäftigten gegen den Übergang des Arbeitsverhältnisses gem. § 613a Abs. 6 BGB einer Übermittlung entgegenstehen kann (s. hierzu BeckOK DatenschutzR/Riesenhuber BDSG § 26 Rn. 185).

103 **b) Kundendaten.** Auch wenn personenbezogene Daten von Kunden im Rahmen eines Asset Deals übergehen sollen, handelt es sich hierbei um datenschutzrechtlich relevante Verarbeitung. Gemäß Art. 6 Abs. 1 DS-GVO bedarf es daher entweder einer wirksamen Einwilligung des Kunden oder eines anderen gesetzlich vorgesehenen Erlaubnistatbestands.

104 In vielen Konstellationen wird es für den Verwalter bereits nicht praktikabel oder sogar unmöglich sein, eine Einwilligung aller betroffenen Kunden einzuholen. In Betracht kommt hingegen, diese Verarbeitung unter Beachtung der Abwägung der Interessen und Umstände des Einzelfalls auf Art. 6 Abs. 1 S. 1 lit. f DS-GVO zu stützen. Hierzu haben sich die deutschen Datenschutzaufsichtsbehörden auf einen Katalog von Fallgruppen verständigt, der dem Insolvenzverwalter eine gute Hilfestellung bietet (Beschluss der Konferenz der unabhängigen Datenschutzbehörden des Bundes und der Länder v. 24.5.2019, abrufbar unter https://www.datenschutzkonferenz-online.de/media/dskb/20190524_dskb_asset_deal.pdf; letzter Abruf am 6.8.2021).

105 Unabhängig von der zugrundeliegenden Fallkonstellation besteht die Pflicht des Erwerbers, die betroffenen Kunden gem. Art. 14 DS-GVO zu informieren.

(1) Der Übergang eines laufenden Vertrags mit einem Kunden bedarf bereits nach den allgemeinen zivilrechtlichen Regelungen zur Schuldübernahme gem. § 415 BGB einer Genehmigung durch den Kunden. In der Genehmigung der Schuldübernahme ist auch die datenschutzrechtliche Zustimmung zum Übergang der für die Vertragsdurchführung erforderlichen Daten enthalten,

damit sind die Interessen des Kunden gewahrt. Dies kann grundsätzlich auch durch eine – ggf. in mehreren Schritten umzusetzende – Änderung Allgemeiner Geschäftsbedingungen mit angemessener Widerspruchsfrist praktikabel umgesetzt werden (Berberich/Kanschick NZI 2017, 1 (8)).

(2) Eine Einschränkung der Verarbeitungsmöglichkeit durch den Erwerber besteht hingegen für Daten von Bestandskunden ohne laufende Verträge, bei denen die letzte aktive Vertragsbeziehung mehr als drei Jahre zurückliegt. Aus Sicht der Datenschutzaufsichtsbehörden dürfen diese Daten dem Erwerber zwar grundsätzlich übermittelt, dort aber nur im Rahmen der gesetzlichen Aufbewahrungsfristen genutzt werden. Alternativ können sie im Alt-Unternehmen verbleiben und dort archiviert werden. Speziell den Insolvenzverwalter sehen die Datenschutzaufsichtsbehörden in dieser Fallkonstellation allerdings in der Pflicht, sich um einen aus der Insolvenzmasse zu finanzierenden Dienstleister zu bemühen, der die Alt-Daten für einen bestimmten Zeitraum archiviert.

(3) Personenbezogene Daten von (künftigen) Kunden bei fortgeschrittener Vertragsanbahnung sowie von Bestandskunden ohne laufende Verträge und letzter Vertragsbeziehung jünger als drei Jahre können im Wege einer Widerspruchslösung (Opt-Out) mit einer ausreichenden Widerspruchsfrist (zB sechs Wochen) an den Erwerber übermittelt werden, wobei das Widerspruchsverfahren einfach auszugestalten ist. Ein Online-Verfahren mit einem Klick auf ein Kästchen wird empfohlen. Ausgenommen von der Widerspruchslösung sind Bankdaten (etwa IBAN). Diese dürfen nur nach ausdrücklicher Einwilligung übertragen werden. Das in dieser Fallgruppe von den Datenschutzaufsichtsbehörden geforderte Widerspruchsverfahren erinnert an die bekannte Widerspruchslösung des Bayerischen Landesamtes für Datenschutzaufsicht, welches noch vor Wirksamwerden der DS-GVO zur alten Rechtslage entwickelt wurde (vgl. Pressemitteilung des BayLDA v. 30.7.2015; abrufbar unter https://www.lda.bayern.de/media/pm2015_10.pdf; letzter Abruf am 6.8.2021; krit. zur Widerspruchslösung des BayLDA etwa Beyer/Beyer NZI 2016, 241 (244)).

(4) Für den Fall, dass offene Forderungen gegen Kunden bestehen, richtet sich deren Übertragung allgemein zivilrechtlich nach §§ 398 ff. BGB. Die in diesem Zusammenhang stehenden personenbezogenen Daten darf der Zedent (schuldnerisches Unternehmen) in der Regel an den Zessionar (Erwerber) übertragen. Ein überwiegendes Gegeninteresse, das einer Übermittlung entgegenstehen kann, besteht aber darin, wenn die Abtretung durch Vereinbarung ausgeschlossen ist (§ 399 Alt. 2 BGB, § 354a HGB).

(5) Besondere (sensible) Kundendaten gem. Art. 9 Abs. 1 DS-GVO, etwa Gesundheitsdaten, können nur im Wege der informierten Einwilligung nach Art. 9 Abs. 2 lit. a, Art. 7 DS-GVO übertragen werden.

D. Datenschutz in der Kanzlei des Insolvenzverwalters

I. Datenschutz-Compliance des Insolvenzverwalters

Auch in der Kanzlei des Insolvenzverwalters sollte aus eigenem Interesse Datenschutz als „Chefsache" verstanden werden. Verwalter müssen sich in ihrer Kanzlei mit den Pflichten nach der DS-GVO sowohl im Hinblick auf die eigene als auch auf die übernommene Datenverarbeitung des schuldnerischen Unternehmens auseinandersetzen.

Aufgrund dieser besonderen Eigenart des Verwalters, der die datenschutzrechtliche Verantwortlichkeit für eine bislang fremde Datenschutzorganisation übernimmt, auf die er vorher keinen Einfluss hatte, entsteht zweifelsohne eine erhebliche Sonderbelastung (zu damit einhergehenden Fragen der Vergütung des Insolvenzverwalters → InsVV § 3 Rn. 38).

Dennoch rechtfertigt diese Sonderbelastung keine Abweichung von dem datenschutzrechtlichen Grundprinzip, dass eine Datenverarbeitung stets einem bestimmbaren Verantwortlichen zugeordnet werden kann. Schließlich ermöglicht erst diese strenge Bindung einer Verarbeitung an die Verantwortlichkeit einer Stelle, dass die von einer Verarbeitung betroffenen Personen ihre Rechte effektiv ausüben können (vgl. Petri in Simitis/Hornung/Spiecker gen. Döhmann, Datenschutzrecht, 2019, DS-GVO Art. 4 Nr. 7 Rn. 1). Zutreffend wird auf eine Parallele zum Wettbewerbsrecht hingewiesen, auch dort existiere kein Insolvenzprivileg, sondern der Verwalter muss sämtliche wettbewerbsschützenden Vorschriften einhalten (→ § 80 Rn. 52; Schmitt/Heil NZI 2018, 865 (867 mwN); zur umstrittenen Frage, inwieweit Verstöße gegen datenschutzrechtliche Vorschriften von Mitbewerbern und Verbänden mit lauterkeitsrechtlichen Ansprüchen verfolgt werden können, Ohly GRUR 2018, 686 ff.; Baumgartner/Sitte ZD 2018, 555).

Datenschutz in der Insolvenz

109   Auf die geforderte telelogische Reduktion einzelner Vorschriften (so bei Schmitt/Heil NZI 2018, 865 (867)) wird sich der Insolvenzverwalter nicht verlassen können. Nach dieser Auffassung wäre danach zu differenzieren, ob das schuldnerische Unternehmen fortgeführt werden soll oder nicht. Der Insolvenzverwalter müsse demzufolge nur bei einer geplanten Fortführung des schuldnerischen Unternehmens unverzüglich darauf hinwirken, dass die geschäftlichen Abläufe zukünftig im Einklang mit dem geltenden Datenschutzrecht erfolgen. Sofern das Unternehmen hingegen vollständig liquidiert werden soll, wäre der Insolvenzverwalter nach dieser Auffassung datenschutzrechtlich nur noch dafür verantwortlich, dass sämtliche personenbezogenen Daten gelöscht werden (Schmitt/Heil NZI 2018, 865 (867)).

110   Eine solche Reduktion der Pflichten des Verantwortlichen steht aber im Widerspruch zum erklärten Ziel der DS-GVO. Prominent in Art. 1 Abs. 1, 2 DS-GVO wird darauf hingewiesen, das Telos des europäischen Datenschutzrechts der Schutz natürlicher Personen bei der Verarbeitung personenbezogener Daten bzw. der Schutz der Grundrechte und Grundfreiheiten natürlicher Personen ist, die DS-GVO hat folglich Schutzgesetzcharakter (vgl. Pötters in Gola, DS-GVO, 2. Aufl. 2018, DS-GVO Art. 1 Rn. 7 und 13).

111   Die Unterscheidung danach, ob eine Datenverarbeitung auf Dauer ausgelegt ist oder demnächst eingestellt werden soll, ist datenschutzrechtlich nicht vorgesehen und würde dem Schutz der einzelnen betroffenen Person entgegenstehen. Neben der Verantwortlichkeit für die originäre Verarbeitung personenbezogener Daten im Zusammenhang mit seiner eigenen Kanzleiführung hat der Insolvenzverwalter als Verantwortlicher auch in allen Fortführungs-, Verwertungs- und Restrukturierungsszenarien alle datenschutzrechtlichen Vorgaben zu beachten (vgl. Berberich/Kanschik NZI 2017, 1 (5); zu den ersten Schritten → Rn. 65).

II. Datenschutzrechtliche Compliance-Risiken

1. Bußgeldrisiken

112   Die DS-GVO hat sowohl im Hinblick auf die Haftungstatbestände als auch bei der Höhe der Bußgeldandrohung zu einer deutlichen Verschärfung der Sanktionsrisiken geführt. Verstöße gegen organisatorische Regelungen der DS-GVO können von den Datenschutzaufsichtsbehörden mit Geldbußen bis zu 10 Mio. EUR oder 2 % des weltweiten Jahresumsatzes eines betroffenen Unternehmens geahndet werden, je nachdem, welcher der Beträge höher ist (Art. 83 Abs. 4 DS-GVO). Für einen Großteil möglicher Verstöße steht sogar ein Bußgeld von bis zu 20 Mio. EUR oder 4 % des weltweiten Jahresumsatzes eines Unternehmens im Raum.

113   Gemäß § 41 Abs. 1 BDSG gelten ergänzend die Regelungen des OWiG, wobei die Vorschriften zur Bußgeldhöhe (§ 17 OWiG) und zur Behördenzuständigkeit (§§ 35, 36 OWiG) ausgenommen sind.

114   Bereits nach den allgemeinen insolvenzrechtlichen Vorschriften kann es zu einer parallelen Haftung für etwaige Bußgelder nicht nur der Masse (gem. § 55 Abs. 1 Nr. 1 InsO), sondern auch des Verwalters (gem. § 60 InsO) kommen (Berberich/Kanitsch NZI 2017, 1 (5)).

115   Die deutschen Aufsichtsbehörden haben bereits kurz nach vollständigem Inkrafttreten der DS-GVO erste Bußgelder wegen Verstößen verhängt. Zunächst haben sich diese eher am unteren Ende des durch Art. 83 DS-GVO definierten Rahmens orientiert (vgl. zur Bußgeldpraxis der Datenschutzbehörden Auer-Reinsdorff/Conrad, Handbuch IT- und Datenschutzrecht, 3. Aufl. 2019, § 34 Rn. 692). Zwischenzeitlich wurden aber auch erste Bußgelder in Millionenhöhe verhängt.

116   Mit dem Ziel einer einheitlichen transparenten Methode für eine systematische und nachvollziehbare Bemessung von Geldbußen hat die Konferenz der unabhängigen Datenschutzaufsichtsbehörden des Bundes und der Länder (DSK) ein vielbeachtetes Konzept zur Zumessung von Geldbußen veröffentlicht, das bereits von allen nationalen Datenschutzaufsichtsbehörden angewendet wird (abrufbar unter https://www.datenschutzkonferenz-online.de/media/ah/20191016_bu%C3%9Fgeldkonzept.pdf; letzter Abruf am 6.8.2021).

117   Zentraler Anknüpfungspunkt für die Bußgeldhöhe ist demnach der Jahresumsatz eines Unternehmens. Die Bußgeldberechnung erfolgt nach der in dem Bußgeldkonzept festgelegten Methode in fünf Schritten. Zunächst wird (1) das betroffene Unternehmen einer Größenklasse zugeordnet, (2) danach wird der mittlere Jahresumsatz der jeweiligen Untergruppe der Größenklasse bestimmt, (3) dann ein wirtschaftlicher Grundwert ermittelt, (4) dieser Grundwert mittels eines von der Schwere der Tatumstände abhängigen Faktors multipliziert und (5) abschließend dieser ermittelte Wert (4) anhand täterbezogener und sonstiger noch nicht berücksichtigter Umstände angepasst.

Datenschutz in der Insolvenz

Die besondere Eigenart der Funktion des Verwalters (→ Rn. 15 ff.) wirft die Frage auf, ob **118** die Datenschutzaufsichtsbehörden für den Fall der Verhängung eines Bußgeldes nach Eintritt der datenschutzrechtlichen Verantwortlichkeit durch den Verwalter im Sinne des Bußgeldkonzepts auf den Jahresumsatz des schuldnerischen Unternehmens oder nicht vielmehr auf den des Insolvenzverwalters abzustellen hätten. Darüber hinaus enthält das Bußgeldkonzept zur Festlegung des tatbezogenen Multiplikators (4) und der vorgesehenen Schlussanpassung des Grundwertes (5) lediglich generische Beschreibungen. Für den Insolvenzverwalter ist das Bußgeldkonzept aufgrund dieser Unsicherheiten im Ergebnis nur bedingt geeignet, entsprechende Risiken zu konkretisieren.

2. Strafvorschriften

Strafrechtlich können Verstöße gegen den Schutz personenbezogener Daten gem. § 42 BDSG **119** geahndet werden. Daneben kommen im Einzelfall Sanktionsvorschriften aus dem Kern- und Nebenstrafrecht (insbesondere §§ 201 ff. StGB) in Betracht (vgl. ausführlich zu den Straf- und Ordnungswidrigkeitsvorschriften im Bereich des betrieblichen Datenschutzes: Cornelius in Forgó/Helfrich/Schneider, Betrieblicher Datenschutz, 3. Aufl. 2019, Teil XIV). Wie die Rechtsprechung die Strafvorschrift des § 42 BDSG zukünftig anwendet, ist derzeit noch nicht absehbar.

3. Schadensersatz

Gemäß Art. 82 Abs. 1 DS-GVO müssen Verantwortliche bei Verstößen gegen die DS-GVO **120** sowohl materielle als auch ausdrücklich immaterielle Schäden ersetzen. In Deutschland waren zwar bereits vor der DS-GVO immaterielle Schadensersatzansprüche im Datenschutzrecht grundsätzlich über das allgemeine Persönlichkeitsrecht oder bei Verstößen von öffentlichen Stellen über § 8 Abs. 2 BDSG aF möglich, die Rechtsprechung hierzu war aber bislang sehr zurückhaltend (Moos/Schefzig in Taeger/Gabel, DS-GVO – BDSG, 3. Aufl. 2019, DS-GVO Art. 82 Rn. 31). Auch wenn die erste Rechtsprechung der Instanzgerichte zur Schadenersatzpflicht gem. Art. 82 DS-GVO sehr zurückhaltend ausfällt und insbesondere Bagatellschäden grundsätzlich nicht ersatzfähig sein sollen (vgl. OLG Dresden (Hinweisbeschluss) BeckRS 2019, 12941 Rn. 13), dürfte die praktische Bedeutung immaterieller Schadensersatzansprüche unter der DS-GVO dennoch deutlich zunehmen (Rechtsprechungsüberblick: Wybitul NJW 2019, 3265). Auch der Insolvenzverwalter kann als datenschutzrechtlicher Verantwortlicher von betroffenen Personen bei Verstößen in Anspruch genommen werden.

4. Wettbewerbsrecht

Der Insolvenzverwalter hat die wettbewerbsrechtlichen Regelungen zu beachten (→ § 80 **121** Rn. 52).

Ob und ggf. welche Verstöße gegen Datenschutzrecht durch Mitbewerber (§ 4 Nr. 11 UWG) **122** und Verbände (§ 2 Abs. 1, 2 Nr. 11 UKlaG) wettbewerbsrechtlich verfolgt werden können, ist nach wie vor nicht abschließend geklärt (vgl. Ohly GRUR, 2019, 686 ff.; Baumgartner/Sitte ZD 2018, 555). Die Rechtsprechung bewertet dies sehr unterschiedlich (gegen die Verfolgung von Verstößen mit Mitteln des Wettbewerbsrechts LG Stuttgart ZD 2019, 366; LG Magdeburg PharmR 2019, 133; LG Wiesbaden ZD 2019, 367; LG Bochum ZD 2019, 39; dafür aber OLG Hamburg GRUR 2019, 86; LG Würzburg ZD 2019, 38).

5. Reputationsverlust

Neben den dargestellten rechtlichen Sanktionsmöglichkeiten dürfen auch Reputationsschäden, **123** die mit einem Datenschutzverstoß einhergehen können, nicht außer Acht gelassen werden. Dies betrifft sowohl die Reputation des schuldnerischen Unternehmens als auch die des Verwalters. Schließlich steht bei der Auswahl des Verwalters durch das Insolvenzgericht die persönliche und fachliche Eignung des Bewerbers im Mittelpunkt (→ § 56 Rn. 16).

III. Praxisempfehlung: Datenschutzmanagementsystem

Zur Einhaltung anwendbarer Vorschriften zum Schutz personenbezogener Daten dienen auch **124** in der Kanzlei des Verwalters insbesondere die unter → Rn. 65 ff. zur Übernahme/Fortführung der Datenschutzcompliance des schuldnerischen Unternehmens bereits beschriebenen Maßnahmen.

Alleine die Bestellung eines betrieblichen Datenschutzbeauftragten für die Kanzlei reicht hingegen nicht aus. Bei der Umsetzung der Datenschutzcompliance in der eigenen Kanzlei kann sich **125**

Datenschutz in der Insolvenz

der Verwalter wiederum grob an den drei wesentlichen Kernprozessen (1) datenschutzkonforme Verarbeitung, (2) Sicherstellung der Betroffenenrechte und (3) Handhabung von Datenschutzverletzungen orientieren (vgl. Kranig/Sachs/Gierschmann, Datenschutzcompliance nach der DS-GVO, 2017, 25).

126 Von ganz wesentlicher Bedeutung ist eine stetige Aufklärung und Sensibilisierung aller (Kanzlei-)Mitarbeiter. Wie in anderen Bereichen der Compliance ist eine Akzeptanz durch die handelnden Personen eine Grundvoraussetzung für die Wirksamkeit des Datenschutzmanagments. Neben einer entsprechenden Schulung beim Einstieg sowie anlass- und positionsbezogenen Schulungen sollten Mitarbeiter daher mindestens einmal jährlich eine Auffrischungsschulung mit aktuellen Beispielen aus der täglichen Kanzleipraxis erhalten.

127 Ein weiteres Grundelement sind Kanzleiregelungen und -richtlinien, die insbesondere klare und verständliche Handlungsanweisungen für die Kanzleimitarbeiter zur Umsetzung und Überwachung der datenschutzrechtlichen Pflichten enthalten, konkrete Rollen, Verantwortlichkeiten und Befugnisse innerhalb der Kanzlei zuweisen und die Prozesslandschaft der Kanzlei dokumentieren. Schließlich ist eine regelmäßige Bewertung und fortlaufende Verbesserung der Angemessenheit und Wirksamkeit des Datenschutzmanagements unumgänglich, hierbei helfen prozessbegleitende Überwachungen – etwa durch den Datenschutzbeauftragten – sowie die Durchführung regelmäßiger Audits.

128 Im Ergebnis empfehlenswert ist daher ein an den Spezifika der Insolvenzverwaltung und den konkreten Kanzleiabläufen orientiertes Datenschutzmanagementsystem, um effektiv die entsprechenden Risiken für den Insolvenzverwalter zu reduzieren (zu entsprechenden Ansätzen Kranig/Sachs/Gierschmann, Datenschutzcompliance nach der DS-GVO, 2017, 162 ff.; Jung ZD 2018, 208).

129 Darüber hinaus sollte der Insolvenzverwalter prüfen, inwieweit die jeweiligen Datenschutzrisiken über entsprechende Versicherungen sinnvoll abgesichert werden können, etwa über eine D&O- oder Rechtschutzversicherung, im Rahmen einer Vermögensschaden-Haftpflichtversicherung oder durch eine Cyberversicherung.

Immobilienverwertung im Insolvenzverfahren

Überblick

Ist der Insolvenzschuldner Eigentümer von unbeweglichen Vermögenswerten oder Teilhaber einer Gemeinschaft, die Eigentümerin von unbeweglichen Vermögenswerten ist, treten in diesem Zusammenhang ab der Insolvenzantragstellung zahlreiche rechtliche Fragen auf, die nachstehend im Einzelnen geklärt werden.

Übersicht

	Rn.
A. Insolvenzantragsverfahren	1
I. Antragstellung	1
II. Unterbindung von Verfügungen	5
1. Anordnung von Verfügungsbeschränkungen	5
2. Anordnung eines allgemeinen Verfügungsverbotes	6
3. Anordnung eines Zustimmungsvorbehaltes	9
4. Anordnung eines gegenständlich beschränkten Verfügungsverbotes	12
5. Erfasstes Vermögen	13
6. Verfügung	14
7. Maßgeblicher Zeitpunkt für die Verfügung	16
8. Gutgläubiger Erwerb (§ 81 Abs. 1 S. 2 InsO), Insolvenzvermerk	18
III. Sonstiger Erwerb bleibt möglich (§ 91 InsO)	22
IV. Unterbindung von Vollstreckungsmaßnahmen	24
1. Einstellung der Vollstreckung (§ 21 Abs. 2 S. 1 Nr. 3 InsO)	25
2. Einstellung der Versteigerung (§ 30d ZVG)	26
3. Einstellung der Zwangsverwaltung (§ 30d ZVG)	30
V. Verwertung durch den vorläufigen Insolvenzverwalter	31
1. Nur Sicherung, kein Verwertungsrecht	31
2. Einzug von Forderungen aufgrund allgemeiner Einziehungsbefugnis (§ 21 Abs. 2 S. 1 Nr. 2 InsO)	32
3. Verwertungsverbot nach § 21 Abs. 2 S. 1 Nr. 5 InsO	35
4. Verwertung nach einem allgemeinen Verfügungsverbot	39
B. Insolvenzverfahren, Allgemeine Wirkungen	42
I. Erfasstes Vermögen	42
II. Eintritt von Verfügungs- und Erwerbsbeschränkungen	43
1. Eintritt von Verfügungsbeschränkungen (§§ 80, 81 InsO)	44
2. Sonstige Verfügungsverbote sind zu berücksichtigen (§ 80 Abs. 2 S. 1 InsO)	46
3. Eintritt von Erwerbsbeschränkungen (§ 91 InsO)	49
III. Gutgläubiger Erwerb, Nachträgliche Verfügungsbeschränkung, Insolvenzvermerk	54
1. Gutgläubiger Erwerb (§§ 892, 893 BGB)	54

	Rn.
2. Nachträgliche Verfügungsbeschränkung (§ 878 BGB, § 91 Abs. 2 InsO)	55
3. Insolvenzvermerk (§ 32 InsO)	57
4. Anfechtung des gutgläubigen Erwerbes	60
IV. Erlöschen von Vollmachten (§ 117 InsO)	62
V. Ende der Verfügungsbeschränkung/Löschung des Insolvenzvermerkes	64
VI. Unwirksamkeit einer Vollstreckung innerhalb der Monatsgrenze (§ 88 InsO)	67
VII. Unzulässigkeit der Vollstreckung nach Eröffnung (§ 89 InsO ua)	70
VIII. Anfechtung von Rechtshandlung	76
1. Maßgeblicher Zeitpunkt für die Rechtshandlung	77
2. Rechtshandlung	80
3. Gläubigerbenachteiligung	81
4. Bargeschäft	85
5. Kongruente oder inkongruente Deckungsanfechtung (§§ 130, 131 InsO)	86
6. Unmittelbar nachteiliges Rechtsgeschäft (§ 132 InsO)	90
7. Schenkungsanfechtung (§ 134 InsO)	91
8. Vorsatzanfechtung (§ 133 InsO)	106
9. Bestellung einer Sicherheit für ein Gesellschafterdarlehen (§ 135 Abs. 1 Nr. 1 InsO)	115
10. Befriedigung eines Gesellschafterdarlehen (§ 135 Abs. 1 Nr. 2 InsO)	117
11. Befreiung von einer Gesellschaftersicherheit für eine Darlehensverbindlichkeit des Insolvenzschuldners (§ 135 Abs. 2 InsO)	119
12. Rechtsfolgen	122
IX. Weitere Rechte und Pflichten des Insolvenzverwalters	125
1. Übernahme der Insolvenzmasse in Besitz und Verwaltung	125
2. Steuerliche Pflichten des Insolvenzverwalters	128
3. Umsatzsteuerliche Pflichten des Insolvenzverwalters	130
4. Ertragsteuerliche Pflichten des Insolvenzverwalters	139
5. Grundsteuer	142
6. Öffentlich-rechtliche Pflichten	143
X. Verwertung der Insolvenzmasse	148
1. Verwertungsmöglichkeiten des Insolvenzverwalters	148
2. Grundsätzliche Auseinandersetzung einer Gemeinschaft (§ 84 InsO)	150
3. Anteil an einer Bruchteilsgemeinschaft (§ 741 BGB)	151

Immobilienverwertung im Insolvenzverfahren

	Rn.
4. Wohnungseigentum, Bruchteilsgemeinschaft	157
5. Anteil an einer Gesamthandsgemeinschaft, GbR	160
6. Nachlassinsolvenzverfahren über das Vermögen eines Gesellschafters	167
7. Gütergemeinschaft, Gesamthandsgemeinschaft	169
8. Erbengemeinschaft, Gesamthandsgemeinschaft	172
9. Geschäftsanteil an einer juristischen Person	175
10. Erbbaurecht	176
XI. Freigabe	180
1. Voraussetzungen	180
2. Allgemeine Folgen	183
3. Steuerlichen Folgen	188
4. Öffentlich-rechtliche Pflichten	192
XII. Eigenverwaltung	193
C. Überblick der Stellung der einzelnen Gläubiger im Insolvenzverfahren	195
I. Massegläubiger	195
II. Insolvenzgläubiger	200
III. Nachrangige Insolvenzgläubiger	204
IV. Aussonderungsberechtigte Gläubiger	206
V. Absonderungsberechtigte Gläubiger	211
1. Vorzugsweise Befriedigungsmöglichkeit	211
2. Gesetzliche Regelung der Absonderungsrechte	213
3. Absonderungsrechte aus unbeweglichen Gegenständen	214
4. Absonderungsrechte an beweglichen Vermögensgegenständen	217
5. Absonderungsrechte des Teilhabers an einer Gemeinschaft	219
6. Entstehungsvoraussetzungen, Fälligkeit	220
7. Rangfragen	223
8. Durchsetzung der Rechte	225
9. Umfang der Sicherung durch das Absonderungsrecht	228
10. Ausfallhaftung	231
11. Ersatzabsonderung	236
VI. WEG	237
1. Stellung im Insolvenzverfahren	237
2. Wohngeldvorschüsse	240
3. Abrechnungsspitze	243
VII. Dauerwohnrecht	244
VIII. Nießbrauch	246
IX. Beschränkt persönliche Dienstbarkeit	250
X. Wohnungsrecht	253
XI. Vorkaufsrecht	255
D. Aussonderungsrecht an unbeweglichen Gegenständen	257
I. Aussonderungsgegenstand	258
II. Durchsetzung des Aussonderungsrechts an unbeweglichen Gegenständen	259
1. Alleineigentum	259
2. Aussonderungssperre für Gesellschafter	261
3. Miteigentum	265
4. Gesamthand	266
III. Wirksamer Erwerb des Aussonderungsrechts an unbeweglichen Gegenständen	267
1. Eigentums an unbeweglichen Sachen	267
2. Vormerkung	282
3. Rückauflassungsanspruch	291

	Rn.
E. Absonderungsrecht aus unbeweglichen Gegenständen	294
I. Definition der unbeweglichen Gegenstände (§ 49 InsO, 864 ZPO)	295
1. Grundstücke und Wohnungseigentum (§ 864 Abs. 1 ZPO)	296
2. Grundstücksgleiche Rechte, Berechtigungen (§§ 864 Abs. 1, 870 ZPO)	298
3. Schiffe und Luftfahrzeuge und Bahneinheiten	299
4. Bruchteil (§ 864 Abs. 2 ZPO)	300
5. Haftungsverband, Erzeugnisse, Bestandteile (§ 865 ZPO, § 1120 BGB, §§ 94 ff. BGB)	301
6. Haftungsverband, Miet- und Pachtforderung (§§ 1123 ff. BGB)	302
7. Haftungsverband, Forderung aus Versicherungsleistungen (§§ 1127–1130 BGB)	303
8. Haftungsverband, Recht auf wiederkehrende Leistung (§ 1126 BGB)	310
9. Haftungsverband, Bestandserweiterung (§ 1131 BGB, § 890 Abs. 2 BGB)	313
10. Gesamthypothek (§ 1132 BGB)	314
11. Umfang der Haftung (§ 1118 BGB)	317
II. Ersterwerb eines Grundpfandrechts, Rangklasse Nr. 4 (§ 10 Abs. 1 Nr. 4 ZVG)	320
1. Bestellung von Grundpfandrechten	321
2. Erledigung des Sicherungszwecks	325
3. Wirksame Verfügung (§ 81 InsO)	336
4. Kein unwirksamer sonstiger Erwerb	337
5. Kein anfechtbarer Erwerb	339
III. Valutierung eines Grundpfandrechtes	353
1. Wirksame Verfügung/kein unwirksamer sonstiger Erwerb	353
2. Kein anfechtbarer Erwerb	361
IV. Übertragung von Grundpfandrechten	363
1. Wirksamkeitsvoraussetzungen	363
2. Wirksame Verfügung	365
3. Kein anfechtbarer Erwerb	369
V. Erweiterung des Haftungsumfanges	370
1. Wirksame Verfügung	370
2. Kein anfechtbarer Erwerb	373
VI. Vormerkung	374
VII. Löschungsanspruch nach § 1179a BGB	375
VIII. Abtretung des Rückgewähranspruchs	378
IX. Erwerb einer Zwangshypothek/Arresthypothek	381
1. Entstehungsvoraussetzungen	382
2. Verfügungsverbot im Eröffnungsverfahren	384
3. Rückschlagsperre (§ 88 InsO)	385
4. Vollstreckungsverbot (§ 89 InsO)	391
5. Kein anfechtbarer Erwerb	395
X. Ansprüche der persönlichen Gläubiger, Rangklasse 5 (§ 10 Abs. 1 Nr. 5 ZVG)	398
1. Entstehungsvoraussetzungen	398
2. Insolvenzfester Erwerb	399
XI. WEG, Rangklasse 2 und 5 (§ 10 Abs. 1 Nr. 2, 5 ZVG)	404
XII. Durchsetzung des Absonderungsrechts	407
1. Absonderungsrecht an Alleineigentum	407
2. Verfallabreden/Verkaufsvollmacht	410
3. Ersatzabsonderung	413

Immobilienverwertung im Insolvenzverfahren

	Rn.
4. Absonderungsrecht an dem Miteigentum des Schuldners	414
5. Absonderungsrecht an dem Anteil an einer Gemeinschaft	416
F. Absonderungsrecht an beweglichen Sachen	**420**
I. Ansprüche des Grundpfandgläubigers	420
1. Grundsätzlicher Haftungsverband	420
2. Bestandteile und Erzeugnisse	422
3. Zubehör	428
4. Pfändungsverbot	435
5. Freiwerden durch Veräußerung und Entfernung (§ 1121 BGB)	438
6. Freiwerden durch Entfernung, Aufhebung der Zubehöreigenschaft (§ 1122 BGB)	442
7. Beschlagnahme	444
8. Freiwerden ab Beschlagnahme	445
9. Keine Disposition über die Folge der Beschlagnahme	449
II. Pfändung/Verpfändung/Sicherungsübereignung (§ 50 Abs. 1 InsO)	450
1. Wirksame Verpfändung/Sicherungsübereignung	451
2. Wirksame Pfändung	455
III. Durchsetzung des Anspruchs	457
G. Absonderungsrecht an Mietforderungen	**458**
I. Ansprüche des Grundpfandgläubigers	458
1. Ab der Insolvenzeröffnung, Beschlagnahme zugunsten der Masse	458
2. Grundsätzlicher Haftungsverband des Grundpfandrechts	459
3. Beschlagnahme	463
4. Verfügung/Pfändung bis zur Beschlagnahme	469
5. Verfügungen/Pfändung ab der Beschlagnahme	471
6. Aufrechnung durch den Mieter ab der Beschlagnahme (§§ 392, 1125 BGB)	474
7. Anfechtbarkeit der Mietzahlung an Grundpfandgläubiger	475
8. Anfechtbarkeit des Pfandrechtes	478
II. Pfändung/Verpfändung/Abtretung (§ 50 Abs. 1 InsO)	480
1. Wirksame Verpfändung/Abtretung	481
2. Zulässigkeit der Pfändung	486
3. Einschränkung der Erwerbsbeschränkung nach § 110 InsO	488
4. Anfechtbarkeit	491
III. Rangfolge	493
IV. Durchsetzung des Anspruchs	495
1. Verfallabreden	495
2. Ersatzabsonderung	496
H. Zwangsvollstreckung, allgemeine und besondere Voraussetzungen	**499**
I. Allgemeine Voraussetzungen (§§ 704–802 ZPO)	499
1. Antrag (Allgemeine Verfahrensvoraussetzung)	499
2. Zuständiges *Vollstreckungsorgan* (Allgemeine Verfahrensvoraussetzung)	500
3. Persönliche Verfahrensvoraussetzungen (Allgemeine Verfahrensvoraussetzung)	503
4. Vollstreckungstitel (Allgemeine Vollstreckungsvoraussetzung)	504

	Rn.
5. Vollstreckungsklausel (Allgemeine Vollstreckungsvoraussetzung)	506
6. Bezeichnung der richtigen Partei und Zustellung (Allgemeine Vollstreckungsvoraussetzungen)	507
II. Überblick über die besonderen Voraussetzungen der Zwangsvollstreckung	515
1. Besondere Voraussetzungen	515
2. Forderungsvollstreckung in das unbewegliche Vermögen (§§ 864 ff. ZPO)	517
3. Forderungsvollstreckung in andere Vermögensrechte (§ 857 ZPO)	519
4. Forderungsvollstreckung durch Pfändung von Gesamthandanteilen (§ 859 ZPO)	521
III. Prozesskostenhilfe	522
I. Zwangsversteigerung	**523**
I. Antrag (§§ 15 ff. ZVG)/Einstellung/Rücknahme	524
1. Allgemeines	524
2. Antrag des Insolvenzverwalters	528
3. Versteigerung aus der Eigentümergrundschuld	538
4. Reaktionsmöglichkeit der absonderungsberechtigten Gläubiger	540
5. Grundpfandgläubiger, Allgemeines	541
6. Grundpfandgläubiger, Beitritt	544
7. Grundpfandgläubiger, Anmeldung, Ablösung	548
8. Grundpfandgläubiger, Zwangsversteigerung	550
9. Persönlicher Gläubiger	552
10. Versteigerung durch einen Massegläubiger	554
11. WEG, Zwangsversteigerung oder Beitritt	556
12. Reaktion des Insolvenzverwalters auf die Gläubigerversteigerung	557
13. Reaktion bei Unwirksamkeit der Vollstreckung	558
14. Einstellungsanträge	559
15. Rücknahme des Versteigerungsantrages	564
II. Einstellungsantrag nach § 30d ZVG	565
1. Einstellungsgründe (§ 30d Abs. 1 S. 1 ZVG)	566
2. Dem Gläubiger nicht zuzumuten (§ 30d Abs. 1 S. 2 ZVG)	571
3. Einstellungsverfahren (§ 30d Abs. 3 ZVG)	572
4. Entschädigung des Gläubigers (§ 30e ZVG)	573
5. Aufhebung des Einstellungsantrages (§ 30f ZVG)	578
III. Anordnung der Zwangsversteigerung	580
IV. Beschlagnahme (§ 20 ZVG)	581
V. Festsetzung des Verkehrswertes	587
VI. Terminbestimmung	590
VII. Ausgebot	596
1. Geringste Gebot	596
2. Bargebot/Meistgebot	605
3. Mindestgebot (§§ 74a, 85a ZVG)	607
4. Kein Gebot	610
5. Abweichender Antrag eines Absonderungsberechtigten (§ 174 ZVG)	612
6. Feststellungskosten der Insolvenzmasse (§ 174a ZVG)	620
7. Verschiedene Ausgebotsarten	626

Immobilienverwertung im Insolvenzverfahren

	Rn.		Rn.
VIII. Zuschlag	627	VII. Ansprüche der persönlichen Gläubiger, Rangklasse 5 (§ 10 Abs. 1 Nr.5 ZVG)	753
1. Zuschlagbeschluss	627		
2. Übergang des Eigentums	631	VIII. Ansprüche aus dinglichen Rechten, die nach der Beschlagnahme eingetragen sind, Rangklasse 6 (§ 10 Abs. 1 Nr. 6 ZVG)	755
3. Teilungsplan	634		
4. Erlöschen von Rechten/Surrogat am Versteigerungserlös	652		
5. Bestehen bleibende Rechte	655	IX. Ältere Rückstände öffentlicher Lasten der Rangklasse 3, Rangklasse 7 (§ 10 Abs. 1 Nr. 7 ZVG)	756
6. Übernahme weiterer Pflichten	656		
7. Übererlös	658	X. Wiederkehrende Ansprüche der dinglichen Gläubiger (§ 10 Abs. 1 Nr. 8 ZVG)	758
IX. Weitere Rechte und Pflichten des Erwerbers	661		
1. Gefahrenübergang/Nutzungen und Lasten	661	XI. Nachrangige Forderungen gem. §§ 37 Nr. 4, 110 ZVG	759
2. Öffentliche Lasten/Steuern	664	**K. Zwangsverwaltung**	761
3. Miete	665	I. Allgemeines	761
4. Eintritt in die Pflichten der WEG	668	1. Mietvertrag im Insolvenzverfahren	761
X. Weitergehende Haftung der Insolvenzmasse	674	2. Grundsätze der Zwangsverwaltung	762
1. Kosten des Verfahrens	674	II. Antragsberechtigung/Verhältnis zum Insolvenzverfahren	769
2. Ansprüche aus Ordnungspflichten	675	1. Vor Eröffnung angeordnete Zwangsverwaltung	769
3. Umsatzsteuer	676		
4. Ertragssteuer	684	2. Antragsrecht ab Insolvenzeröffnung	771
5. Verbindlichkeiten gegenüber dem Mieter	688	3. Einstellungsantrag des Insolvenzverwalters	773
XI. Vorteile	689	4. Zwangsverwaltungsantrag des Insolvenzverwalters	782
J. Rangklassen des § 10 ZVG, Inhalt und Rangordnung	691	5. Sondermasse	784
I. Allgemeine Verfahrenskosten	692	III. Beschlagnahme/Wirkung	786
II. Zwangsverwaltungsvorschüsse, Rangklasse 1 (§ 10 Abs. 1 Nr. 1 ZVG)	693	1. Eintritt der Beschlagnahme	786
1. Bevorrechtigte Ausgaben	693	2. Wirkung der Beschlagnahme	789
2. Anspruchsinhaber/Rechtsbehelfe	699	3. Umfang der Beschlagnahme	791
3. Anmeldung des Anspruchs	701	IV. Mögliche Objekte	796
III. Feststellungskosten der Insolvenzmasse, Rangklasse 1a (§ 10 Abs. 1 Nr. 1a ZVG)	702	V. Rechte und Pflichten des Zwangsverwalters	797
IV. WEG Ansprüche, Rangklasse 2 (§ 10 Abs. 1 Nr. 2 ZVG)	705	1. Person des Zwangsverwalters	797
1. Von dem Vorrecht erfasste Ansprüche	706	2. Besitz des Verwalters	798
2. Nur fällige, laufende und rückständige Beträge aus dem Jahre der Beschlagnahme	708	3. Befugnisse und Aufgaben des Verwalters	804
		4. Eintritt in Rechte und Pflichten des Schuldners	808
3. Anspruch mindestens drei und maximal auf fünf vom Hundert	712	5. Wohnrecht des Schuldners	813
		6. Miete/Kaution	817
4. Durchsetzung außerhalb des Insolvenzverfahrens	714	7. Fortführung eines Betriebes	824
		VI. Verteilung der Einnahmen	830
5. Situation im laufenden Insolvenzverfahren	717	1. Ausgaben der Verwaltung und die Kosten des Verfahrens	831
6. Möglichkeit 1: Anmeldung im laufenden Zwangsversteigerungsverfahren (§ 10 Abs. 1 Nr. 2 ZVG)	719	2. Ausgabe: Wohngeld	834
		3. Ausgabe: Unterhalt für den Schuldner	837
		4. Ausgabe: Sonstige Kosten	840
7. Möglichkeit 2: Pfandklage (§ 10 Abs. 3 ZVG)	720	5. Ausgabe: Steuern	841
		6. Auszahlung an die Gläubiger	848
V. Öffentliche Lasten, Rangklasse 3 (§ 10 Abs. 1 Nr. 3 ZVG)	727	VII. Einstellung wegen Auftragsrücknahme im laufenden Insolvenzverfahren	852
1. Bevorzugte Ansprüche in der Rangklasse 3	728	1. Ende der Beschlagnahme und der Befugnisse	852
2. Laufende und rückständige Lasten	733	2. Schicksal der eingezogenen Mieten	855
3. Rangordnung, Durchsetzung der Rechte	739	3. Fortwirkung der Prozessführungsbefugnis	857
VI. Ansprüche aus dinglichen Rechten, Rangklasse 4 (§ 10 Abs. 1 Nr. 4 ZVG)	743	4. Anfechtbare Zahlung durch den Insolvenzschuldner an den Zwangsverwalter	859
1. Ansprüche aus Rechten an dem Grundstück	743	VIII. Einstellung wegen Zuschlags im Versteigerungsverfahren	860
2. Wirksame Beschlagnahme	747	IX. Einstellung wegen vollständiger Befriedigung des betreibenden Gläubigers	865
3. Wiederkehrende Leistung	750		
4. Reihenfolge der Befriedigung	751	**L. Teilungsversteigerung im Falle der Mitberechtigung des Schuldners**	866
5. Durchsetzung der Rechte	752		

Immobilienverwertung im Insolvenzverfahren

	Rn.		Rn.
I. Allgemeine Regelungen des Teilungsversteigerungsverfahrens	866	II. Vom Haftungsverband nicht erfasste bewegliche Sachen	943
II. Anteil an einer Bruchteilsgemeinschaft (§ 741 BGB)	871	1. Verwertungsmöglichkeiten durch den Insolvenzverwalter	943
III. Anteil an einer Gesamthandsgemeinschaft	875	2. Umsatzsteuerpflicht, Grundsatz	945
		3. Umsatzsteuerpflicht, Dreifachumsatz	946
M. Freihändige Verwertung der Immobilie	882	**O. Einzug der Mietforderung/Nutzungsentschädigung**	949
I. Verwertungsrecht	882	I. Mietvertrag im Insolvenzverfahren	949
II. Herausgabeanspruch gegen die Nutzer	888	II. Anspruch auf Miet- und Pachtzinsen	956
III. Berücksichtigung von vorrangigen Ansprüchen	890	III. Weitere Rechte und Pflichten der Insolvenzmasse	962
1. Absonderungsberechtigte Gläubiger/Verwertungsvereinbarung	890	1. Gebrauchsgewährung und Erhaltung	962
2. Nachrangige Grundpfandgläubiger (Lästigkeitsprämie)	899	2. Nebenkosten/-abrechnungen	964
3. Öffentliche Lasten (§ 10 Abs. 1 Nr. 3 ZVG)	901	3. Mietkaution	967
		4. Nutzung durch den Schuldner	969
4. Umsatzsteuer, grundsätzliche Haftung	904	5. Pflicht zur Begleichung der Kosten	971
5. Umsatzsteuer, Verwertung einer nicht wertausschöpfend belasteten Immobilie	905	6. Unterhaltsanspruch des Insolvenzschuldners	972
6. Umsatzsteuer, Verwertung einer wertausschöpfend belasteten Immobilie	911	IV. Berücksichtigung von Absonderungsrechten	974
7. Umsatzsteuer, Verwertung der vom Haftungsverband erfassten beweglichen Wirtschaftsgüter	915	**P. Kalte Zwangsverwaltung**	976
		I. Grundsätze	976
		II. Inhalt der Vereinbarung	981
8. Umsatzsteuer, Verwertung doppelt gesicherter beweglicher Wirtschaftsgüter	917	III. Pflichten/zu begleichende Kosten	988
9. Ertragsteuer, Steuerbarer Umsatz/Masseverbindlichkeit	918	1. Kostenbeitrag der Insolvenzmasse	988
		2. Unterhaltsansprüche des Insolvenzschuldners	990
10. Grunderwerbsteuer	924	3. Ansprüche des Mieters	992
IV. Übergang der Haftung von der Masse auf den Erwerber	925	IV. Verteilung des Erlöses	994
1. Gewährleistungsansprüche	925	1. Absonderungsberechtigte Gläubiger	994
2. Öffentliche Lasten	926	2. Ertragsteuer	995
3. Verpflichtung als Vermieter	930	3. Umsatzsteuer	996
		4. Grundsteuer	999
N. Freihändige Verwertung beweglicher Sachen	931	**Q. Freihändige Verwertung der Mitberechtigung des Schuldners an unbeweglichen Gegenständen – Wohnungs- oder Teileigentum des Schuldners**	1000
I. Vom Haftungsverband erfasste bewegliche Sachen	931	I. Verwertung durch den Insolvenzverwalter	1000
1. Freiwerden des Haftungsverbandes durch Veräußerung vor Beschlagnahme	932	II. Durchsetzung der Rechte der WEG	1002
2. Freiwerden des Haftungsverbandes durch Entfernung und Aufhebung der Zubehöreigenschaft vor Beschlagnahme	935	III. Ansprüche gegen den Erwerber	1006
3. Freiwerden des Haftungsverbandes nach der Beschlagnahme	938	**R. Freihändige Verwertung der Mitberechtigung des Schuldners an Mietforderungen – Anteil an einer Bruchteilsgemeinschaft**	1008
4. Verkauf ohne Freiwerden des Haftungsverbandes	940		

A. Insolvenzantragsverfahren

I. Antragstellung

Gemäß **§ 13 Abs. 1 S. 1 InsO** wird das Insolvenzverfahren nur auf **schriftlichen Antrag** hin eröffnet. Gemäß S. 2 sind der Gläubiger und der Schuldner **antragsberechtigt**. 1

Der Antrag eines Gläubigers auf Eröffnung des Insolvenzverfahrens ist nach **§ 14 Abs. 1 S. 1 InsO** nur zulässig, wenn er seine Forderung glaubhaft macht. Denn eröffnet wird das Verfahren nur, wenn ein Eröffnungsgrund gegeben ist (§ 16 InsO). Ist ein Eröffnungsgrund nur gegeben, wenn die von dem antragstellenden Gläubiger geltend gemachte Forderung tatsächlich besteht, reicht die Glaubhaftmachung der Forderung nicht aus, wenn der Schuldner ihr substantiiert widerspricht. Vielmehr hat der Gläubiger den Bestand seiner Forderung zu beweisen (BGH NZI 2021, 266). 2

Immobilienverwertung im Insolvenzverfahren

3 Gemäß **§ 14 Abs. 1 S. 1 InsO** muss der Gläubiger zudem ein **rechtliches Interesse** an der Eröffnung des Insolvenzverfahrens glaubhaft machen. Der Gläubiger hat ein rechtliches Interesse an der Eröffnung des Insolvenzverfahrens regelmäßig dann, wenn ihm eine Forderung zusteht und ein Eröffnungsgrund glaubhaft ist. Kein rechtlich schützenswertes Interesse an der Eröffnung des Insolvenzverfahrens hat ausnahmsweise ein Gläubiger, dessen Forderung unzweifelhaft **ausreichend dinglich gesichert** ist. Darlegungspflichtig für eine ausreichende dingliche Sicherung ist der Schuldner (BGH NZI 2016, 732). Das Rechtsschutzbedürfnis fehlt jedoch nur, wenn der Antrag mit einer Forderung begründet wird, die aufgrund der dinglichen Sicherung auch ohne die Eröffnung eines Insolvenzverfahrens mit Sicherheit vollständig befriedigt werden kann (BGH NJW 2021, 1325).

4 Zudem ist das **Kostenrisiko des Gläubigers** im Falle der Abweisung des Antrages mangels Masse oder eines von Beginn an unzulässigen oder unbegründeten Antrags im Auge zu behalten. Gemäß § 23 Abs. 1 S. 1 GKG schuldet der Antragsteller die Gebühr für das Verfahren über den Antrag auf Eröffnung des Insolvenzverfahrens. Gemäß S. 2 gilt dies auch für die Sachverständigenkosten, wenn der Antrag abgewiesen oder zurückgenommen wird.

II. Unterbindung von Verfügungen

1. Anordnung von Verfügungsbeschränkungen

5 Soweit ein zulässiger Insolvenzantrag vorliegt, **hat das Insolvenzgericht** gem. § 21 Abs. 1 S. 1 InsO alle Maßnahmen zu treffen, die erforderlich erscheinen, um bis zur Entscheidung über den Antrag eine den Gläubigern nachteilige Veränderung in der Vermögenslage des Schuldners zu verhüten. Gemäß § 21 Abs. 2 S. 1 Nr. 2 Alt. 1 InsO kann das Gericht dem Insolvenzschuldner ein **allgemeines Verfügungsverbot** auferlegen (→ Rn. 6) oder gem. § 21 Abs. 2 S. 1 Nr. 2 Alt. 2 InsO bestimmen, dass Verfügungen des Schuldners **nur mit Zustimmung** des vorläufigen Insolvenzverwalters wirksam sind (→ Rn. 9). In beiden Fällen hat das Gericht einen vorläufigen Verwalter gem. § 21 Abs. 2 Nr. 1 InsO zu bestellen. Anstelle der oben genannten Sicherungsmaßnahmen kann das Insolvenzgericht als milderes Mittel nach § 21 Abs. 2 S. 1 Nr. 2 InsO auch nur ein **gegenständlich beschränktes Verfügungsverbot** anordnen (→ Rn. 12), dh es kann anordnen, dass lediglich Verfügungen über einen bestimmten Gegenstand oder über Teile des Vermögens des Schuldners unwirksam sind (MüKoInsO/Haarmeyer/Schildt InsO § 21 Rn. 59).

2. Anordnung eines allgemeinen Verfügungsverbotes

6 Hat das Gericht gem. § 21 Abs. 2 S. 1 Nr. 2 Alt. 1 InsO ein allgemeines Verfügungsverbot angeordnet, gelten gem. § 24 Abs. 1 InsO die **§§ 81, 82 InsO entsprechend** (BGH NZI 2018, 601).

7 Gemäß **§ 81 Abs. 1 S. 1** InsO ist eine **Verfügung des Schuldners** (→ Rn. 14) nach der Eröffnung des Insolvenzverfahrens über einen Gegenstand der Insolvenzmasse (→ Rn. 13) unwirksam (zum Zeitpunkt der Verfügung → Rn. 16). Die Vorschrift des § 81 Abs. 1 S. 1 InsO untersagt jedoch nur Verfügungshandlungen des Schuldners. Sie hindert nicht den Eintritt des **Verfügungserfolgs** (ggf. greift § 91 InsO, → Rn. 22) (BGH NZI 2012, 614). Diese Wirkung wird nach § 24 Abs. 1 InsO auf den Zeitpunkt der Anordnung des allgemeines Verfügungsverbotes vorverlagert. Verfügungen des Schuldners sind ab diesem Zeitpunkt **absolut unwirksam** (BGH NZI 2006, 224; Uhlenbruck/Vallender InsO § 24 Rn. 1). Das Verfügungsverbot bewirkt jedoch lediglich eine **schwebende Unwirksamkeit,** da es durch die Zwecke des Insolvenzverfahrens begrenzt ist und daher nur so lange wirkt, wie es zum Schutz der Gläubiger erforderlich ist. Eine hiernach unwirksame Sicherheit entsteht somit entsprechend § 185 Abs. 2 S. 1 Alt. 2 BGB mit Wirkung ex iure neu, soweit die Voraussetzungen für die Begründung der Sicherung noch gegeben sind (BGH NZI 2006, 224; Uhlenbruck/Vallender InsO § 24 Rn. 1; MüKoInsO/Haarmeyer/Schildt InsO § 24 Rn. 7). Zudem wird eine Verfügung des Schuldners durch die **Genehmigung** des vorläufigen Insolvenzverwalters ex tunc wirksam (§§ 185 Abs. 2, 184 Abs. 1 BGB) (Uhlenbruck/Vallender InsO § 24 Rn. 3).

8 Die Wirksamkeit von **Leistungen von Drittschuldnern an den Schuldner** nach Anordnung des Verfügungsverbotes richtet sich dagegen nach **§ 82 InsO** (BGH NZI 2018, 601). Hiernach ist der Leistende in seinem **Vertrauen auf die Empfangszuständigkeit** seines Gläubigers geschützt, wenn ihm die Eröffnung des Insolvenzverfahrens über dessen Vermögen oder die Beschränkung der Verfügungsbefugnis so lange unbekannt geblieben ist, wie er den Leistungserfolg noch zu verhindern vermag (BGH NZI 2018, 601). § 82 S. 1 InsO versagt den Gutglaubensschutz

Immobilienverwertung im Insolvenzverfahren

nur bei **positiver Kenntnis** (BGH NZI 2018, 601). Geschützt ist jedoch nur der gute **Glauben des Leistenden in den Fortbestand** der zum Zeitpunkt des Entstehens der Verbindlichkeit noch gegebenen und die Insolvenzverfahrenseröffnung oder den Erlass eines vorläufigen Verfügungsverbots nachträglich entfallenden Empfangszuständigkeit (BGH NZI 2018, 601).

3. Anordnung eines Zustimmungsvorbehaltes

Hat das Gericht gem. § 21 Abs. 2 S. 1 Nr. 2 Alt. 2 InsO einen Zustimmungsvorbehalt angeordnet, gelten **im Falle der Verfügung** des Schuldners (→ Rn. 14, zum Zeitpunkt der Verfügung → Rn. 16) trotz Zustimmungsvorbehalt und ohne Zustimmung des vorläufigen Insolvenzverwalters über Gegenstände des Haftungsvermögens (→ Rn. 13) gem. § 24 Abs. 1 InsO die §§ 81, 82 InsO entsprechend (BGH NZI 2018, 601; Uhlenbruck/Vallender InsO § 24 Rn. 10). 9

Das Verfügungsverbot hat auch hier **absolute Wirkung** (BGH NZI 2006, 224; Uhlenbruck/Vallender InsO § 24 Rn. 1, 10) und bewirkt gem. § 81 Abs. 1 S. 1 InsO lediglich eine **schwebende Unwirksamkeit** (→ Rn. 7) (BGH NZI 2006, 224; MüKoInsO/Haarmeyer/Schildt InsO § 24 Rn. 7). 10

Die **Wirksamkeit einer Verfügung erfordert** im Falle der Anordnung eines Zustimmungsvorbehalts eine übereinstimmende Willensentschließung von Schuldner und vorläufigem Verwalter (BGH NZI 2011, 602). Eine Verfügung des Schuldners wird durch die Genehmigung des vorläufigen Insolvenzverwalters ex tunc wirksam (§§ 185 Abs. 2, 184 Abs. 1 BGB) (OLG Köln BeckRS 2008, 25333). 11

4. Anordnung eines gegenständlich beschränkten Verfügungsverbotes

Hat das Gericht lediglich ein gegenständlich beschränktes Verfügungsverbot angeordnet, gelten gem. § 24 Abs. 1 InsO die **§§ 81, 82 InsO ebenfalls entsprechend** (MüKoInsO/Haarmeyer/Schildt InsO § 24 Rn. 8; aA Uhlenbruck/Vallender InsO § 24 Rn. 2). Das Verfügungsverbot hat auch hier **absolute Wirkung** und bewirkt lediglich eine **schwebende Unwirksamkeit** (→ Rn. 7). 12

5. Erfasstes Vermögen

Von dem Verfügungsverbot sind sämtliche Vermögensgegenstände des Schuldners erfasst, die im Fall der Verfahrenseröffnung **zur Insolvenzmasse gehören würden** (§ 35 InsO) und damit sowohl Vermögenswerte die im Zeitpunkt der Anordnung vorhanden sind als auch solche die erst danach erworben werden (→ Rn. 42) (Uhlenbruck/Vallender InsO § 24 Rn. 3). Soweit dem Schuldner an einem Vermögensgegenstand lediglich eine **Mitberechtigung** zusteht, erfasst das Verbot lediglich den Auseinandersetzungs- bzw. Abfindungsanspruch (→ Rn. 150) (Uhlenbruck/Mock InsO § 81 Rn. 13). 13

6. Verfügung

Unter Verfügung werden **Rechtsgeschäfte verstanden,** durch die unmittelbar ein Recht begründet, übertragen, belastet, aufgehoben oder sonst wie in seinem Inhalt verändert werden (BGH NZI 2011, 602). Erfasst werden Verfügungen im Sinn des allgemeinen Zivilrechts, aber auch sonstige Rechtshandlungen des Schuldners, soweit durch diese eine unmittelbare rechtliche Wirkung auf sein Vermögen herbeigeführt wird (BGH NZI 2018, 601). 14

Verpflichtungsgeschäfte kann der Schuldner auch nach Anordnung des Verfügungsverbotes oder des Zustimmungsvorbehaltes uneingeschränkt eingehen (BGH NZI 2010, 138). Verpflichtungserklärungen des Schuldners müssen zum Schutz der Insolvenzmasse nicht unterbunden werden, da diese nach den §§ 87, 38 InsO und nicht als Masseforderungen geltend gemacht werden können. Diese sind daher von der Beschränkung des § 81 InsO nicht erfasst (BGH NZI 2010, 138; Uhlenbruck/Mock InsO § 81 Rn. 1). 15

7. Maßgeblicher Zeitpunkt für die Verfügung

Zu welchem Zeitpunkt eine Verfügung vorgenommen worden ist, bestimmt sich nach dem Zeitpunkt, zu dem die **rechtliche Wirkung der Verfügung eintritt** (MüKoInsO/Vuia InsO § 81 Rn. 8; Uhlenbruck/Mock InsO § 81 Rn. 18). Spätestens wenn **sämtliche Wirksamkeitselemente vorliegen,** gilt die Verfügung als vorgenommen. Liegen diese Wirksamkeitselemente vor Eintritt der Verfügungsbeschränkung vor, ist die Verfügung nicht nach § 81 Abs. 1 S. 1 InsO unwirksam (MüKoInsO/Vuia InsO § 81 Rn. 9). 16

Immobilienverwertung im Insolvenzverfahren

17 Im Falle einer **empfangsbedürftigen Erklärungen** kommt es daher auf den Zugang bei dem Empfänger an (Uhlenbruck/Mock InsO § 81 Rn. 19). Im Falle von **mehraktigen Verfügungsgeschäften** tritt die rechtliche Wirkung zwar erst mit dem Zeitpunkt der Erfüllung aller Verfügungsakte ein. Die Verfügung ist jedoch nicht nach § 81 Abs. 1 S. 1 InsO unwirksam, wenn die Verfügungsbefugnis zwar bis zum Abschluss des Verfügungstatbestands, nicht jedoch bis zum Eintritt des **Verfügungserfolgs** bestand (BGH NZI 2010, 138; aA MüKoInsO/Vuia InsO § 81 Rn. 9). Hängt die Wirksamkeit von einer weiteren **Voraussetzung ab, die nicht in einer weiteren Verfügungshandlung** des Schuldners liegt (etwa im Falle der Vollendung einer Forderungsabtretung), so ist nicht § 81 InsO, ggf. jedoch § 91 InsO anwendbar (→ Rn. 22) (BGH NZI 2010, 138). Daher stellt im Falle der Vorausabtretung einer künftigen Forderung unter der aufschiebenden Bedingung des Ankaufs der jeweiligen Forderung durch den Abtretungsempfänger vor Anordnung von Sicherungsmaßnahmen, das Angebot zum Kauf der bereits vor Anordnung entstandenen Forderung keine Verfügung im vorgenannten Sinne dar (BGH NZI 2010, 138; Uhlenbruck/Mock InsO § 81 Rn. 21).

8. Gutgläubiger Erwerb (§ 81 Abs. 1 S. 2 InsO), Insolvenzvermerk

18 Gemäß **§ 81 Abs. 1 S. 2** InsO, auf den § 24 Abs. 1 InsO für den Fall der Anordnung eines Verfügungsverbotes oder Zustimmungsvorbehaltes verweist, bleiben die **§§ 892, 893 BGB** unberührt (zur **Anfechtung** des gutgläubigen Erwerbs → Rn. 60).

19 Gemäß **§ 892** Abs. 1 S. 1 InsO gilt zugunsten des Inhabers eines Rechts an einem Grundstück oder dem rechtsgeschäftlichen Erwerber eines Rechts an einem solchen Recht der **Inhalt des Grundbuchs als richtig,** wenn nicht ein Widerspruch gegen die Richtigkeit eingetragen oder dem Erwerber die Unrichtigkeit bekannt ist. Soweit der Berechtigte, zugunsten einer bestimmten Person, in der **Verfügung über ein im Grundbuch** eingetragenes Recht **beschränkt ist,** ist gem. S. 2 die Beschränkung dem Erwerber gegenüber nur wirksam, wenn sie aus dem Grundbuch ersichtlich oder dem Erwerber bekannt ist.

20 Diese Vorschrift schützt über § 81 Abs. 1 S. 2 InsO den **guten Glauben an die Richtigkeit und Vollständigkeit** des Grundbuchs im Hinblick auf die uneingeschränkte Verfügungsbefugnis des Schuldners hinsichtlich dieser Rechte (BGH NZI 2018, 601). Insoweit schadet **nur positive Kenntnis** des Erwerbers (MüKoInsO/Vuia InsO § 81 Rn. 22). Dabei ist im Zweifel davon auszugehen, dass dem Erwerber die Unrichtigkeit des Grundbuchs nicht bekannt war, solange die Bösgläubigkeit des Erwerbers nicht nachgewiesen wird (OLG Köln NZI 2020, 247). Maßgeblicher **Zeitpunkt für den guten Glauben** nach § 892 Abs. 1 BGB ist der Zeitpunkt der Vollendung des Rechtserwerbes (MüKoInsO/Vuia InsO § 81 Rn. 22). Ist zu dem Erwerb des Rechts die **Eintragung im Grundbuch erforderlich,** so ist gem. § 892 Abs. 2 BGB der Zeitpunkt der Stellung des Antrags auf Eintragung für die Kenntnis des Erwerbers entscheidend, oder, wenn die nach § 873 BGB erforderliche Einigung erst später zustande kommt, der Zeitpunkt der Einigung maßgebend.

21 Zur Sicherung der Masse vor einer Verfügung des Schuldners über Grundstücke und grundstücksgleiche Rechte zugunsten eines gutgläubigen Dritten sind daher die vorläufigen **Verfügungsbeschränkungen umgehend im Grundbuch** gem. §§ 32 Abs. 1, 23 Abs. 3 InsO offenkundig zu machen. Hierzu wird der vorläufige Insolvenzverwalter bei dem Insolvenzgericht einen entsprechenden **Eintragungsantrag an das Grundbuchamt** anregen (→ Rn. 57). Sollte kein konkretes Eigentumsrecht eingetragen sein, kann aus Vorsichtsgründen eine Insolvenzanzeige an das Grundbuchamt erfolgen (Uhlenbruck/Vallender InsO § 23 Rn. 6).

III. Sonstiger Erwerb bleibt möglich (§ 91 InsO)

22 **§ 91 InsO schließt den Erwerb** von Gegenständen der Insolvenzmasse auch dann aus, wenn dem Rechtserwerb weder eine Verfügung des Schuldners noch eine Zwangsvollstreckung zugrunde liegt (BGH NZI 2010, 138).

23 Die Regelung des § 91 InsO ist **im Eröffnungsverfahren** weder unmittelbar noch entsprechend anwendbar (BGH NZI 2018, 601), sodass ein sonstiger Rechtserwerb (zB abgetretener Mietforderungen), der nicht auf einer Verfügung des Schuldners beruht, möglich bleibt (**ab Eröffnung,** → Rn. 49) (Uhlenbruck/Vallender InsO § 24 Rn. 3).

IV. Unterbindung von Vollstreckungsmaßnahmen

24 Im Antragsverfahren kann der Gläubiger die Vollstreckung in das Vermögen des Schuldners **grundsätzlich weiterbetreiben.** Das Vollstreckungsverfahren kann in diesem Verfahrensstadium jedoch unterbunden werden.

Immobilienverwertung im Insolvenzverfahren

1. Einstellung der Vollstreckung (§ 21 Abs. 2 S. 1 Nr. 3 InsO)

Das Gericht kann gem. § 21 Abs. 2 S. 1 Nr. 3 InsO Maßnahmen der Zwangsvollstreckung 25
gegen den Schuldner, soweit nicht unbewegliche Gegenstände betroffen sind, untersagen oder einstweilen einstellen. Wurde die Vollstreckung hiernach untersagt, kann der Gläubiger den **(Nutzungsausfall-)Schaden** geltend machen, der mit der Verfahrenseröffnung zur Insolvenzforderung wird (BGH NZI 2010, 95). Soweit die Sicherungsmaßnahme eine Beschränkung der Verwertungsmöglichkeit mit sich bringt, ist der Insolvenzverwalter nach § 169 S. 2 InsO spätestens drei Monate nach Erlass der Sicherungsmaßnahmen zur **Zinszahlung** an den Gläubiger verpflichtet, der aufgrund dieser Anordnung an einer Verwertung gehindert worden ist (BGH NZI 2003, 259) (im Falle der **Anordnung nach Nr. 5**, → Rn. 35). Die Vollstreckung in das **unbewegliche Vermögen** kann aufgrund dieser Vorschrift nicht untersagt werden (MüKoInsO/Kern InsO § 165 Rn. 54).

2. Einstellung der Versteigerung (§ 30d ZVG)

Auf Antrag des vorläufigen Insolvenzverwalters bei dem Vollstreckungsgericht ist gem. § 30d 26
Abs. 4 S. 1 ZVG die **Zwangsversteigerung einstweilen einzustellen,** wenn glaubhaft gemacht wird, dass die einstweilige Einstellung zur Verhütung nachteiliger Veränderungen in der Vermögenslage des Schuldners erforderlich ist. Hierdurch soll die **Zerschlagung von Verbundwerten** verhindert werden (ab Eröffnung, → Rn. 561). Das ist etwa der Fall, wenn ein Betriebsgrundstück versteigert werden soll und hierdurch eine lukrativere Versteigerung des gesamten Betriebes nicht mehr möglich wäre (MüKoInsO/Kern InsO § 165 Rn. 95). Zu denken ist auch an den Fall einer Vollstreckung durch einen persönlichen Gläubiger, soweit die Vollstreckung nach Eröffnung unwirksam wird (→ Rn. 401). Wurde ein **vorläufiger Sachwalter** bestellt, so steht dieses Antragsrecht gem. § 30d Abs. 4 S. 2 ZVG dem Schuldner zu.

Nach § 30d Abs. 3 ZVG richten sich das **Verfahren und das Rechtsmittel** nach § 30b Abs. 2– 27
4 ZVG (→ Rn. 572). Nachdem gem. § 30d Abs. 3 ZVG die Regelung des § 30b Abs. 1 ZVG nicht für entsprechend anwendbar erklärt wurde, ist der Antrag nicht an eine Notfrist gebunden und kann **bis zur Verkündung des Zuschlages gestellt** werden.

Die Einstellung kann gem. § 30e Abs. 1 S. 1 ZVG mit der Anordnung versehen werden, dass 28
dem betreibenden Gläubiger für die Zeit nach dem Berichtstermin laufend die geschuldeten **Zinsen** binnen zwei Wochen nach Eintritt der Fälligkeit aus der Insolvenzmasse gezahlt werden (ab Eröffnung, → Rn. 573). Im Falle der Einstellung im vorläufigen Verfahren ist nach § 30e Abs. 1 S. 2 ZVG die Zahlung **ab dem Zeitpunkt** der Einstellung bzw. spätestens ab dem Zeitpunkt anzuordnen, der drei Monate nach der ersten einstweiligen Einstellung liegt. Zu zahlen sind die **geschuldeten Zinsen,** welche der Gläubiger aufgrund des Rechtsverhältnisses mit dem Schuldner beanspruchen kann. Eine **Nutzungsentschädigung** wird nicht geschuldet (FK-InsO/ Schmerbach InsO § 22 Rn. 55).

Auf Antrag des Gläubigers kann die einstweilige **Einstellung aufgehoben werden,** wenn der 29
Antrag auf Eröffnung des Insolvenzverfahrens zurückgenommen oder abgewiesen wird (§ 30f Abs. 2 S. 1 ZVG), die **Voraussetzungen für die Einstellung** fortgefallen sind (§ 30f Abs. 2 S. 2, Abs. 1 S. 1 Fall 1 ZVG), die **Auflagen nach § 30e** ZVG nicht beachtet werden (§ 30f Abs. 2 S. 2, Abs. 1 S. 1 Alt. 2 ZVG), oder nach **Zustimmung des Antragstellers** zur Aufhebung der Einstellung (§ 30f Abs 2 S. 2, Abs. 1 S. 1 Alt. 3 ZVG) (zu den einzelnen **Anforderungen** → Rn. 578).

3. Einstellung der Zwangsverwaltung (§ 30d ZVG)

Eine **Einstellung der Zwangsverwaltung** nach § 153b ZVG ist in der vorläufigen Verwaltung 30
nicht vorgesehen (LG Cottbus NZI 2000, 183). Eine entsprechende Anwendung der Vorschrift wird in der Literatur befürwortet, und zwar über den nach § 146 Abs. 1 ZVG entsprechend anzuwendenden § 30d Abs. 4 ZVG (MüKoInsO/Kern, 2019, InsO § 165 Rn. 54, 264; MüKoInsO/Ganter InsO § 49 Rn. 90).

V. Verwertung durch den vorläufigen Insolvenzverwalter

1. Nur Sicherung, kein Verwertungsrecht

Grundsätzlich ist der vorläufige Insolvenzverwalter **nur zur Sicherung, nicht zur Verwer-** 31
tung von Sicherungsgut berechtigt (BGH NZI 2010, 339).

Immobilienverwertung im Insolvenzverfahren

2. Einzug von Forderungen aufgrund allgemeiner Einziehungsbefugnis (§ 21 Abs. 2 S. 1 Nr. 2 InsO)

32 Das Insolvenzgericht kann den vorläufigen Insolvenzverwalter ermächtigen, Bankguthaben und sonstige Forderungen des Schuldners einzuziehen und eingehende Gelder entgegenzunehmen. Hat der vorläufige Verwalter kraft einer ihm vom Insolvenzgericht erteilten Ermächtigung von dem Schuldner zur Sicherheit abgetretene Forderungen eingezogen, muss er den eingezogenen Betrag an den Sicherungsnehmer **abführen oder ihn jedenfalls unterscheidbar verwahren.** Dies gilt auch für den Fall der Globalzession, soweit der Globalzessionar durch die fortlaufende Abtretung neu entstehender Forderungen nicht hinreichend geschützt ist, da etwa Anfechtungsgründe bestehen oder er die Ermächtigung widerruft. Der vorläufige Verwalter ist nämlich verpflichtet, auch die Interessen der Sicherungsnehmer zu wahren (BGH NZI 2019, 274). Ein **Verbrauch des Erlöses** ist dem vorläufigen Verwalter nicht gestattet, auch nicht im Rahmen der Fortführung des Unternehmens des Schuldners (BGH NZI 2010, 339).

33 Wird eine zur **Sicherheit abgetretene Forderung** in Unkenntnis der Abtretung an den vorläufigen Verwalter bezahlt, muss der Zessionar die geleisteten Zahlungen gegen sich gelten lassen (§ 407 Abs. 1 BGB). Die betreffende Forderung ist durch Erfüllung erloschen (§ 362 Abs. 1 BGB); zugleich **erlischt auch das (künftige) Absonderungsrecht** (BGH NZI 2019, 274).

34 Der Sicherungsnehmer erwirbt jedoch regelmäßig ein **Aussonderungs- oder ein Ersatzabsonderungsrecht.** Ist der Schuldner bzw. der vorläufige Verwalter gegenüber dem Sicherungsnehmer zur Einziehung der Forderungen iSv § 48 S. 1 InsO nicht berechtigt, kann ein **Ersatzabsonderungsrecht** entstehen (zum **Anspruch gegen die Insolvenzmasse** → Rn. 496). Ob der Einzug unberechtigt ist, richtet sich allein nach der Rechtsbeziehung des Schuldners zum Sicherungsnehmer. Der vorläufige Verwalter hat insoweit keine Rechte, die über diejenigen des Schuldners (des Sicherungsgebers) hinausgehen (BGH NZI 2019, 274). **Bis zum Widerruf der Einziehungsermächtigung,** und nicht bereits mit der Stellung des Insolvenzantrages oder der Bestellung eines vorläufigen Insolvenzverwalters, ist der Schuldner und der vorläufige Verwalter regelmäßig gemäß der getroffenen Vereinbarung nur zum Forderungseinzug im ordnungsgemäßen Geschäftsverkehr berechtigt. Ein Ersatzaussonderungsrecht nach § 48 InsO besteht bei Einhaltung dieser Grenze nicht. Im Falle der Bestellung eines vorläufigen Insolvenzverwalters und Anordnung der Forderungseinziehung durch diesen ist jedoch davon auszugehen, dass eine Einziehungsermächtigung nur unter der Bedingung besteht, als das Sicherungsinteresse des Sicherungsnehmers gewahrt bleibt. Das ist dann der Fall, wenn der Erlös auf ein zugunsten des Sicherungsnehmers eröffnetes offenes Treuhandkonto gezogen wird. In diesem Fall erwirbt der Sicherungsnehmer ein **Aussonderungsrecht an dem Guthaben** (BGH NZI 2019, 274). Die Einziehung auf ein für den Schuldner gehaltenes allgemeines Treuhandkonto des vorläufigen Verwalters oder ein allgemeines Geschäftskonto des Schuldners verhindert das Entstehen einer insolvenzfesten Rechtsposition des Sicherungsnehmers und ist deshalb **unberechtigt iSv § 48 InsO** (BGH NZI 2019, 274). Nur soweit der Sicherungsnehmer mit dem Einzug der Forderung auf dem Geschäftskonto des Schuldners auch nach Anordnung der allgemeinen Einzugsbefugnis einverstanden ist, liegt kein unberechtigter Einzug vor (BGH NZI 2010, 339). **Nach Widerruf** der Einziehungsberechtigung ist der lediglich mit Einziehungsbefugnis ausgestattete vorläufige Verwalter, soweit keine Anordnung nach § 21 Abs. 2 S. 1 Nr. 5 InsO durch das Insolvenzgericht erfolgt (→ Rn. 35), zum Einzug nicht berechtigt (BGH NZI 2019, 274).

3. Verwertungsverbot nach § 21 Abs. 2 S. 1 Nr. 5 InsO

35 Das **Insolvenzgericht kann** gem. § 21 Abs. 2 S. 1 Nr. 5 InsO anordnen, dass der Gläubiger solche Gegenstände nicht verwerten oder einziehen darf, wenn sie im Falle der Eröffnung des Verfahrens von § 166 InsO erfasst wären und sie zur Fortführung des Unternehmens des Schuldners eingesetzt werden können und sie hierfür von erheblicher Bedeutung sind.

36 Die Regelung soll **trotz eines Widerrufs** der Einziehungs-, Verarbeitungs- und Weiterveräußerungsermächtigung durch den Sicherungsgläubiger den wirtschaftlichen Verbund des Unternehmens des Schuldners erhalten. Der Einzug von abgetretenen Forderungen, die Inbesitznahme bzw. Nutzungsuntersagung von übereigneten Gegenständen durch den Sicherungsgläubiger würde eine Fortführung des schuldnerischen Unternehmens im Eröffnungsverfahren erschweren, Sanierungschancen vereiteln und eine bestmögliche Verwertung der Insolvenzmasse behindern (BGH NZI 2019, 274). Mit der Anordnung kann der **Widerruf der Einziehungsermächtigung** überwunden werden. Die Einziehung der Forderung durch den vorläufigen Verwalter ist in diesem Fall nicht unberechtigt iSd § 48 InsO. Ein **Widerruf der Weiterveräußerungs- und Verarbeitungsermächtigung** und das **Verbot des Verbrauchs** der eingezogenen Forderung kann damit nicht

Immobilienverwertung im Insolvenzverfahren

umgangen werden. Denn der vorläufige Insolvenzverwalter kann nicht durch das Insolvenzgericht ermächtigt werden, sicherungsübereignete Gegenstände und Vorbehaltsware zu veräußern und zu verarbeiten und eingezogenen Erträge zu verbrauchen. Durch die Anordnung nach Nr. 5 ist der vorläufige Verwalter berechtigt, die mit Absonderungs- und Aussonderungsrechten belasteten Gegenstände zu nutzen; der Verbrauch ist von der Anordnung nicht erfasst. Der vorläufige Verwalter ist ohne vertragliche Erlaubnis durch den Sicherungsgläubiger nicht berechtigt, sicherungsübereignete Gegenstände zu veräußern oder zur Sicherung abgetretene Forderungen einziehen und zum Erwerb von Rohstoffen oder Waren einsetzen (BGH NZI 2019, 274) (zum **Anspruch auf den Erlös** gegen den Insolvenzverwalter → Rn. 498).

Gibt der vorläufige Verwalter oder der spätere Insolvenzverwalter eine Sache aufgrund der 37 Anordnung nach Nr. 5 nicht heraus, ist nach § 169 S. 2 InsO an den betroffenen Gläubiger **Nutzungsentschädigung** in Form von Zinsen in Höhe der zuvor vereinbarten Miete, aber erst drei Monate nach der gerichtlichen Anordnung zu zahlen (BGH NZI 2010, 95).

Die Anordnung setzt **die Feststellung des Gerichts voraus,** welche konkreten Aus- oder 38 Absonderungsrechte welcher Gläubiger betroffen sind, welches Aus- oder Absonderungsgut für eine Betriebsfortführung eingesetzt werden soll und welches für die Betriebsfortführung von erheblicher Bedeutung ist, wobei formularmäßige Pauschalanordnungen unzulässig sind (BGH NZI 2010, 95).

4. Verwertung nach einem allgemeinen Verfügungsverbot

Das Insolvenzgericht kann gem. § 21 Abs. 2 S. 1 Nr. 2 Alt. 1 InsO dem Insolvenzschuldner ein 39 **allgemeines Verfügungsverbot** (→ Rn. 6) auferlegen. In diesem Fall geht gem. § 22 Abs. 1 S. 1 InsO die Verwaltungs- und Verfügungsbefugnis über das Vermögen des Schuldners auf den starken vorläufigen Insolvenzverwalter über und der Schuldner verliert alle Einwirkungsmöglichkeiten auf das von der Insolvenz betroffene Vermögen (BGH NZI 2018, 601). Die von dem sog. starken vorläufigen Verwalter über das verwaltete Vermögen des Insolvenzschuldners getroffenen Verfügungen sind, bis auf die Ausnahme einer **insolvenzzweckwidrigen Verfügung** (BGH NZI 2019, 893), wirksam (MüKoInsO/Haarmeyer/Schildt InsO § 22 Rn. 24).

Doch der vorläufige Insolvenzverwalter hat das Schuldnervermögen **grundsätzlich noch nicht** 40 **im technischen Sinne zu verwerten**, unabhängig davon, ob ein allgemeines Verfügungsverbot erlassen ist oder nicht. Solange die Insolvenzeröffnung nicht feststeht, soll zum einen der Schuldner vor unwiederbringlichen Vermögenseinbußen geschützt werden. Zum anderen soll der Entscheidung der Gläubiger nach der Insolvenzeröffnung (§ 157 InsO) nicht vorgegriffen werden (BGH NZI 2011, 602; 2001, 191). Soweit ein Aufschub bis nach der Insolvenzeröffnung die künftige Insolvenzmasse schädigen würde, ist eine **Verwertung jedenfalls gerechtfertigt** (BGH NZI 2011, 602). Vermögenswerte des Insolvenzschuldners darf der vorläufige Insolvenzverwalter außerhalb des laufenden Geschäftsbetriebes daher **nur verwerten, wenn eine Verschlechterung** der Vermögenssituation des Insolvenzschuldners abgewendet werden soll (BGH NZI 2012, 365; MüKoInsO/Haarmeyer/Schildt InsO § 22 Rn. 80). Den vorläufigen Verwalter kann auch die **Verpflichtung treffen, günstige Verwertungschancen wahrzunehmen,** wenn für ihn erkennbar ist, dass es sich um keine Masseverwertung im technischen Sinne handelt, auch mit Rücksicht auf schützenswerte Belange des Schuldners entbehrliche Vermögensgegenstände betroffen sind und eine auch nur annähernd vergleichbar lukrative Veräußerungsmöglichkeit nach Verfahrenseröffnung aller Voraussicht nach nicht mehr zu erwarten ist (BGH NZI 2011, 602).

Überschreitet der starke vorläufige Verwalter seine Kompetenz, haftet er für den entstandenen Schaden nach den §§ 60, 21 Abs. 2 Nr. 1 InsO (BGH NZI 2011, 602). 41

B. Insolvenzerfahren, Allgemeine Wirkungen

I. Erfasstes Vermögen

Das Insolvenzverfahren erfasst gem. § 35 Abs. 1 InsO das gesamte Vermögen, das dem Schuldner 42 im Zeitpunkt der **Insolvenzeröffnung gehört**, sowie das Vermögen, welches er **während des Verfahrens erlangt** (Insolvenzmasse) (zu den **einzelnen Ansprüchen** des Insolvenzschuldners → Rn. 150 ff.).

II. Eintritt von Verfügungs- und Erwerbsbeschränkungen

Mit der Insolvenzverfahrenseröffnung (§ 27 Abs. 2 Nr. 3, Abs. 3 InsO) wird die Insolvenzmasse 43 durch die Regelung des § 80 Abs. 1 InsO sowie ergänzend durch § 91 InsO geschützt.

Immobilienverwertung im Insolvenzverfahren

1. Eintritt von Verfügungsbeschränkungen (§§ 80, 81 InsO)

44 Gemäß § 80 Abs. 1 InsO geht mit Insolvenzeröffnung das Recht des Schuldners, das zur Insolvenzmasse gehörende **Vermögen zu verwalten und über es zu verfügen,** auf den Insolvenzverwalter über.

45 Gemäß § 81 Abs. 1 S. 1 InsO sind **Verfügungen des Schuldners** (→ Rn. 14) über einen Gegenstand der Insolvenzmasse (→ Rn. 42) nach der Eröffnung des Insolvenzverfahrens absolut unwirksam (→ Rn. 7). Erfasst sind lediglich Verfügungen, welche erst **nach Insolvenzeröffnung** vorgenommen worden sind (zur Bestimmung des Zeitpunkts → Rn. 16) (Uhlenbruck/Mock InsO § 81 Rn. 18). Ist die Verfügung vor Eröffnung vorgenommen worden, kann eine **Erwerbsbeschränkung nach § 91 InsO** greifen (→ Rn. 49) oder die Verfügung kann nach den **§§ 129 ff. InsO anfechtbar** sein (→ Rn. 76). Die Wirksamkeit der **Leistung von Drittschuldnern an den Schuldner** richtet sich dagegen nach § 82 InsO (→ Rn. 8).

2. Sonstige Verfügungsverbote sind zu berücksichtigen (§ 80 Abs. 2 S. 1 InsO)

46 Gemäß § 80 Abs. 2 S. 1 InsO hat ein gegen den Schuldner bestehendes Veräußerungsverbot, das nur den Schutz bestimmter Personen bezweckt (§§ 135, 136 BGB, **relatives Veräußerungsverbot**), im Insolvenzverfahren **keine Wirkung.** Zu denken ist hier insbesondere an das Veräußerungsverbot aufgrund **einstweiliger Verfügung** gem. §§ 935, 938 ZPO.

47 Das Zustimmungserfordernis nach **§ 12 Abs. 1 WEG** gilt dagegen absolut und damit auch gegenüber der Insolvenzmasse (→ Rn. 1001). Das Zustimmungserfordernis nach den **§§ 5 Abs. 1, 8 ErbbauRG** (→ Rn. 177) geht der Regelung des § 80 Abs. 2 S. 1 InsO ebenfalls vor.

48 **Unberührt von dieser Ausnahme** bleiben gem. § 80 Abs. 2 S. 2 InsO auch **Pfändungen und Beschlagnahmen** im Wege der Zwangsvollstreckung, soweit die Pfändung oder die Beschlagnahme vor Eröffnung wirksam geworden ist (MüKoInsO/Vuia InsO § 80 Rn. 158). Bei der **Forderungspfändung** ist hierbei auf den Zeitpunkt der Zustellung des Beschlusses an den Drittschuldner (§§ 829 Abs. 3, 846 ZPO) abzustellen. Für die Vorpfändung (§ 845 ZPO) gilt die Ausnahme dagegen nicht (MüKoInsO/Vuia InsO § 80 Rn. 158). Im Falle der **Beschlagnahme einer unbeweglichen Sache** ist auf den Zeitpunkt der Zustellung des sie anordnenden Beschlusses an den Schuldner oder den Zeitpunkt des Ersuchens um Eintragung eines Versteigerungsvermerks abzustellen (→ Rn. 584). Wurde das Insolvenzverfahren zwischen dem Eingang des Eintragungsersuchens beim Grundbuchamt und der Eintragung eröffnet, muss das Grundbuchamt die Beschlagnahme auch nach der Verfahrenseröffnung noch eintragen. Eine Verzögerung im Eintragungsverfahren darf nämlich nicht zulasten dessen gehen, dessen Rechte von der Eintragung abhängen (MüKoInsO/Vuia InsO § 80 Rn. 158). Bei der **Mobiliarvollstreckung** ist zudem die Inbesitznahme durch den Gerichtsvollzieher (§ 808 Abs. 1 ZPO) erforderlich. Soweit die Pfändung und Beschlagnahme bis zur Eröffnung **nicht wirksam geworden** sind, insbesondere weil die Zustellung erst danach erfolgt ist, steht dem wirksamen Erwerb § 91 InsO entgegen (→ Rn. 49) (MüKoInsO/Vuia InsO § 80 Rn. 158).

3. Eintritt von Erwerbsbeschränkungen (§ 91 InsO)

49 Gemäß § 91 Abs. 1 InsO können nach Insolvenzeröffnung Rechte an den Gegenständen der Insolvenzmasse nicht wirksam erworben werden.

50 Das **insolvenzfreie Vermögen** des Schuldners wird von ihr ebenso wenig betroffen wie Maßnahmen, die ausschließlich der **Erhaltung bereits bestehender Rechte** dienen (BGH NZI 2008, 304). Abzustellen ist darauf, ob ein Vermögensgegenstand bereits im Zeitpunkt der Verfahrenseröffnung ganz oder teilweise aus dem Vermögen des Schuldners **ausgeschieden ist,** ohne dass die Möglichkeit besteht, diesen aufgrund alleiniger Entscheidung des Schuldners oder des Insolvenzverwalters wieder zurückzuerlangen (BGH NZI 2008, 304).

51 Ausgeschlossen wird nach § 91 Abs. 1 InsO die **Begründung von neuen Rechten** an Vermögensgegenständen des Schuldners (→ Rn. 42) sowie die **Erweiterung bereits bestehender Rechte** zulasten der Masse, wobei sich die Unwirksamkeitsfolge dann auf die Rechtserweiterung beschränkt (BGH NZI 2008, 304). Durch § 91 Abs. 1 InsO wird auch der Erwerb durch **Zwangsvollstreckungen zugunsten von Neugläubigern** des Schuldners verhindert, sodass Neugläubiger ein Pfändungspfandrecht an massezugehörigen Vermögen nach Eröffnung nicht wirksam begründen können (MüKoInsO/Breuer/Flöther InsO § 91 Rn. 73).

52 Soweit der Erwerb bereits auf einer **Verfügung des Schuldners** nach Insolvenzeröffnung beruht, wird dieser bereits von § 81 InsO eingeschränkt (→ Rn. 44). Soweit er auf **Zwangsvoll-**

streckungsmaßnahmen durch Insolvenzgläubiger beruht, wird der Erwerb nach § 89 InsO eingeschränkt (→ Rn. 71).

Nicht durch § 91 InsO eingeschränkt werden Rechtsvorgänge, die auf einer **Verfügung durch** 53 **den Insolvenzverwalter** oder auf einer **nach § 90 InsO zulässigen Vollstreckungsmaßnahme** von Massengläubigern beruhen (→ Rn. 73). Von dem Ausschluss wird im begrenzten Umfang eine Ausnahme für die Verfügung über **Mietforderung** in § 110 InsO gemacht (→ Rn. 488).

III. Gutgläubiger Erwerb, Nachträgliche Verfügungsbeschränkung, Insolvenzvermerk

1. Gutgläubiger Erwerb (§§ 892, 893 BGB)

Gemäß § 81 Abs. 1 S. 2 und § 91 Abs. 2 InsO bleiben trotz Insolvenzeröffnung die Regelungen 54 zum Schutz des **guten Glaubens an die Richtigkeit und Vollständigkeit des Grundbuchs** nach §§ 892, 893 BGB von den genannten Beschränkungen unberührt (→ Rn. 19).

2. Nachträgliche Verfügungsbeschränkung (§ 878 BGB, § 91 Abs. 2 InsO)

Unberührt bleibt nach § 91 Abs. 2 InsO auch die Vorschrift des **§ 878 BGB**. Nach § 878 BGB 55 wird eine von dem Berechtigten in Gemäßheit der §§ 873, 875, 877 BGB abgegebene Erklärung nicht dadurch unwirksam, dass der **Berechtigte in der Verfügung beschränkt** wird, nachdem die **Erklärung für ihn bindend geworden** und bei dem Grundbuchamt der **Eintragungsantrag** gestellt worden ist. Hat sich somit der Erwerber mit dem Schuldner gem. §§ 873 Abs. 2 und 875 Abs. 2 BGB bindend geeinigt und hat er den Eintragungsantrag gestellt, wird die Verfügung wirksam, auch wenn vor der Eintragung die Verfügungsbeschränkung eintritt. Der Zeitpunkt der Eintragung liegt nicht mehr in seiner Hand. Der durch die Eintragung im Grundbuch einhergehende Zeitverlust geht daher auch bei zwischenzeitlicher Verfahrenseröffnung nicht zu seinen Lasten (MüKoInsO/Breuer/Flöther InsO § 91 Rn. 78).

Nach dem Wortlaut reicht es hierbei aus, wenn der **Antrag nur von dem Veräußerer gestellt** 56 **worden** ist, auch wenn er ihn vor Eröffnung noch zurücknehmen kann (anders im Falle der Anfechtung, → Rn. 79). Doch wurde der Antrag nur von dem Insolvenzschuldner in der Eigenschaft als Veräußerer gestellt, **kann der Insolvenzverwalter** nach Insolvenzeröffnung vor der Eintragung den Eintragungsantrag zurücknehmen, nach § 103 Abs. 1 InsO vorgehen und das unbewegliche Vermögen anderweitig verwerten (BGH NZI 2008, 177; MüKoInsO/Ganter InsO Vor § 49 Rn. 48). Zudem ist eine **Anfechtung** entsprechend § 147 S. 1 InsO möglich (→ Rn. 61). Daher sollte in jedem Fall der Notar den Eintragungsantrag auch im Namen des Erwerbes stellen, allein schon um die Möglichkeit der Anfechtung auszuschließen.

3. Insolvenzvermerk (§ 32 InsO)

Zur Vermeidung eines gutgläubigen Erwerbes ist zur Sicherung der Masse der **Insolvenzbe-** 57 **schlag umgehend im Register** gem. § 32 Abs. 1 Nr.1 InsO offenkundig zu machen (MüKo-InsO/Busch InsO §§ 32, 33 Rn. 1). Hierzu wird der **Insolvenzverwalter bei dem Insolvenzgericht** einen entsprechenden Eintragungsantrag an das Grundbuchamt anregen.

Das Grundbuchamt wird jedoch auch dann einen Nachweis der (unbeschränkten) Verfügungs- 58 befugnis verlangen müssen, wenn ein Insolvenzvermerk nicht eingetragen wurde und auch kein entsprechendes Ersuchen gestellt wurde, es jedoch aus anderer Quelle sichere **Kenntnis von der Eröffnung des Insolvenzverfahrens** hat (OLG NZI 2014, 474).

Die Eintragung wird nur erfolgen, soweit die **Verfügungsbefugnis tatsächlich einge-** 59 **schränkt** ist (BGH NZI 2017, 993). Bei der Eintragung des Insolvenzvermerks sind daher Besonderheiten zu beachten, wenn der Schuldner nur in **Gesamthandsgemeinschaft** mit anderen (Erbengemeinschaft, GbR nach § 899a BGB, § 47 Abs. 2 S. 1 GBO) ein eingetragenes Recht innehat. Hier ist die insolvenzrechtliche Verfügungsbeschränkung in das Grundbuch einzutragen, jedoch mit der Klarstellung, dass sich die Verfügungsbeschränkung nur auf die Mitberechtigung des Schuldners bezieht (zB: „nur lastend auf dem Anteil Abt. I Nr. 2b") (BGH NZI 2011, 650; zur Erbengemeinschaft NZI 2017, 993). Zu den Einzelheiten wir auf die verschiedenen, nachstehend dargelegten Konstellationen verwiesen (→ Rn. 160).

4. Anfechtung des gutgläubigen Erwerbes

Der Schuldner kann nach Eröffnung des Insolvenzverfahrens Verfügungen über insolvenzgefan- 60 genes Vermögen nicht vornehmen, es sei denn es liegt ein gutgläubiger Erwerb vor (→ Rn. 54).

Immobilienverwertung im Insolvenzverfahren

Gemäß § 147 S. 1 InsO kann **eine Verfügung,** die nach Maßgabe des § 140 InsO (→ Rn. 77) **nach der Eröffnung des Insolvenzverfahrens** vorgenommen worden ist und die nach den **§§ 892, 893 BGB wirksam** ist (→ Rn. 19), nach den Vorschriften angefochten werden, die für die Anfechtung einer vor der Verfahrenseröffnung vorgenommenen Rechtshandlung gelten. Die Vorschrift greift jedoch nur bei einem **rechtsgeschäftlichen Erwerb** und damit einer nach § 81 Abs. 1 S. 2 InsO noch **wirksam werdenden Verfügung** des Schuldners oder eines Dritten (MüKoInsO/Kirchhof/Piekenbrock InsO § 147 Rn. 3).

61   Nach dem Wortlaut ist die Regelung auf die Überwindung der Verfügungsbeschränkung nach **§ 91 Abs. 2 InsO nicht anzuwenden** (§ 878 BGB) (→ Rn. 55). Wie vorstehend dargestellt, ist ein nach diesen Vorschriften wirksamer Erwerb möglich, wenn der Antrag auf Eintragung vor Insolvenzeröffnung von dem Veräußerer gestellt worden ist. Dagegen ist keine gem. § 140 Abs. 2 InsO geschützte und nicht anfechtbare Rechtsposition gegeben, wenn der Eintragungsantrag vor Insolvenzeröffnung durch den Schuldner und nicht den Erwerber gestellt worden ist (→ Rn. 79). Die herrschende Meinung wendet daher § 147 S. 1 InsO bei einem aufgrund von § 878 BGB zustande gekommenen Erwerb entsprechend an, wenn nicht der Erwerber, sondern der Schuldner den Eintragungsantrag gestellt hatte (MüKoInsO/Kirchhof/Piekenbrock InsO § 147 Rn. 5).

IV. Erlöschen von Vollmachten (§ 117 InsO)

62   Eine vom **Schuldner erteilte Vollmacht,** welche sich auf das zur Insolvenzmasse gehörende Vermögen bezieht, erlischt gem. § 117 Abs. 1 InsO durch die Eröffnung des Insolvenzverfahrens. Doch bereits mit dem Übergang der Verwaltungs- und Verfügungsbefugnis auf den Insolvenzverwalter gem. § 80 Abs. 1 InsO erlischt diese Vollmacht, weshalb § 117 Abs. 1 InsO lediglich **deklaratorischen Charakter** hat (OLG München NZI 2017, 612).

63   Daher erlischt auch die von dem Insolvenzschuldner einem **Notar erteilte Vollmacht** zur Erklärung der Bewilligung nach § 19 GBO bereits mit dem Übergang der Verwaltungs- und Verfügungsbefugnis auf den Insolvenzverwalter (OLG München NZI 2018, 696). Erfasst ist auch die Vollmacht zur Ausübung vermögensrechtlicher Befugnisse im Zusammenhang mit der **Gesellschaftsbeteiligung** des Insolvenzschuldners (OLG München NZI 2017, 612).

V. Ende der Verfügungsbeschränkung/Löschung des Insolvenzvermerkes

64   Die Wirkung des § 80 Abs. 1 InsO endet mit der **Aufhebung** (§ 200 InsO) oder **Einstellung** des Verfahrens (§ 207 InsO) (BGH NZI 2019, 745; Uhlenbruck/Mock InsO § 80 Rn. 7) und zwar bereits mit der **Beschlussfassung,** nicht erst mit der Veröffentlichung (BGH NZI 2010, 741).

65   Die Vermutung der Verfügungsbeschränkung endet zudem nach der **Löschung des Insolvenzvermerks** in dem noch laufenden Insolvenzverfahren aufgrund eines entsprechenden Ersuchens des Insolvenzgerichts oder des Insolvenzverwalters (BGH NZI 2017, 910; OLG Frankfurt a. M. BeckRS 2016, 9031).

66   Gemäß § 32 Abs. 3 S. 1 InsO hat das Insolvenzgericht das Grundbuchamt um Löschung der Eintragung zu ersuchen, wenn ein Grundstück oder ein Recht, bei dem die Eröffnung des Verfahrens eingetragen worden ist, vom **Verwalter freigegeben** (→ Rn. 181) **oder veräußert** wurde. Gemäß § 38 GBO erfolgt sodann die Löschung im Grundbuch (BGH NZI 2017, 910). Gemäß S. 2 kann die Löschung auch vom Verwalter beim Grundbuchamt beantragt werden. Wenn der Insolvenzverwalter die Löschung beantragt, muss er entweder durch **öffentliche Urkunden** die aus seiner Freigabeerklärung folgende Unrichtigkeit des Grundbuchs hinsichtlich des Insolvenzvermerks nachweisen (§§ 22, 29 Abs. 1 S. 2 GBO) oder eine Löschungsbewilligung in Form einer öffentlichen oder öffentlich beglaubigten Urkunde abgeben (vgl. §§ 19, 29 Abs. 1 S. 1 GBO) (BGH NZI 2017, 910). Nicht erforderlich ist, dass trotz erfolgter Löschung des Insolvenzvermerkes der Insolvenzschuldner zudem die **Freigabeerklärung in Form des § 29 GBO** vorlegt (OLG Hamm NZI 2014, 474).

VI. Unwirksamkeit einer Vollstreckung innerhalb der Monatsgrenze (§ 88 InsO)

67   Gemäß § 88 Abs. 1 InsO wird eine **Sicherheit** an einem zur Insolvenzmasse gehörenden Vermögen des Schuldners, die ein Insolvenzgläubiger **im letzten Monat vor dem Antrag** auf Eröffnung des Insolvenzverfahrens oder nach diesem Antrag durch Zwangsvollstreckung erlangt, mit der Eröffnung des Verfahrens unwirksam (sog. Rückschlagsperre) (BGH NZI 2006, 224; MüKoInsO/Breuer/Flöther InsO § 88 Rn. 24). Wenn ein **Verbraucherinsolvenzverfahren** nach § 304 InsO eröffnet wird, beträgt die in Abs. 1 genannte Frist drei Monate. Gemäß § 139

Abs. 2 InsO ist **bei mehreren Insolvenzanträgen** der erste zulässige und begründete Eröffnungsantrag maßgeblich, selbst wenn das Verfahren aufgrund eines späteren Antrags eröffnet worden ist (BGH NZI 2011, 600).

Die **Wirkung tritt mit der Eröffnung** des Verfahrens (§ 27 Abs. 2 Nr. 3, Abs. 3 InsO) ein (BGH NZI 2006, 224). Es handelt sich hierbei um eine **absolute (schwebende) Unwirksamkeit** gegenüber jedermann (BGH NZI 2006, 224). 68

Die Vorschrift des § 88 InsO gilt, wie sich bereits aus ihrem Wortlaut ergibt, nur für Insolvenzgläubiger, **nicht für Absonderungsberechtigte** (→ Rn. 211), die aufgrund ihres dinglichen Rechts in den belasteten Gegenstand vollstrecken (BGH NZI 2014, 565). Soweit eine Vollstreckung jedoch aus der **persönlichen Forderung** erfolgt, kann die Beschlagnahme nach einer Freigabe der Immobilie wirksam werden (→ Rn. 390). 69

VII. Unzulässigkeit der Vollstreckung nach Eröffnung (§ 89 InsO ua)

Im **Einzelzwangsvollstreckungsverfahren** gilt das sog. Prioritätsprinzip. Konkurrieren mehrere Gläubiger im Vollstreckungszugriff auf einen Vermögenswert des Schuldners, erhält der Gläubiger, der durch eine frühere Pfändung ein Pfandrecht an dem Vermögenswert des Schuldners erlangt hat, gem. § 804 Abs. 3 ZPO aus diesem die vorrangige Befriedigung gegenüber den späteren Gläubigern. 70

Im Insolvenzverfahren des Schuldners werden die Regeln der Einzelzwangsvollstreckung von dem Insolvenzrecht verdrängt. Während der Dauer des Insolvenzverfahrens sind gem. § 89 Abs. 1 InsO **Zwangsvollstreckungen für einzelne Insolvenzgläubiger** weder in die Insolvenzmasse noch in das sonstige Vermögen des Schuldners zulässig (BGH NZI 2009, 382). Ein Verstoß gegen § 89 Abs. 1 InsO führt **zur materiellrechtlichen Unwirksamkeit** der Vollstreckungsmaßnahme (OLG Hamm BeckRS 2012, 5604). 71

Soweit jedoch **absonderungsberechtigte Gläubiger** (→ Rn. 211) nicht ihre persönlichen Forderungen gegen den Schuldner, sondern ihr dingliches Recht verfolgen, unterliegen sie nicht dem Vollstreckungsverbot nach § 89 Abs. 1 InsO (BGH NZI 2009, 382; MüKoInsO/Breuer/Flöther InsO § 89 Rn. 13) (zum **Einstellungsantrag** → Rn. 559). Eine **Vollstreckung in Forderungen und bewegliche Sachen** durch Absonderungsberechtigte ist nach Insolvenzeröffnung jedoch bereits gem. § 173 Abs. 1 InsO unzulässig, soweit das Verwertungsrecht des Insolvenzverwalters reicht (MüKoInsO/Ganter InsO Vor § 49 Rn. 165). 72

Die Vollstreckung ist gem. § 90 Abs. 1 InsO auch untersagt wegen nicht durch Rechtshandlungen des Insolvenzverwalters begründeter **Masseverbindlichkeiten** (sog. oktroyierte Masseverbindlichkeiten, s. Abs. 2), für die Dauer von sechs Monaten ab der Eröffnung des Insolvenzverfahrens. Dagegen ist die Vollstreckung wegen gewillkürten Masseverbindlichkeiten hierdurch nicht ausgeschlossen. Gemäß § 210 InsO ist zudem nach **Anzeige der Masseunzulänglichkeit** die Vollstreckung wegen einer Masseverbindlichkeit iSd § 209 Abs. 1 Nr. 3 InsO (Alt-Masseverbindlichkeit) unzulässig. Diese Altmasseverbindlichkeiten werden verhältnismäßig befriedigt nach der in § 209 Abs. 1 InsO angeordneten Rangfolge (MüKoInsO/Kern InsO § 165 Rn. 58). Für die nach Anzeige der Masseunzulänglichkeit begründeten Masseverbindlichkeiten gilt dieses Verbot nicht. Das Vollstreckungsverbot gilt jedoch nicht rückwirkend. Soweit zum Zeitpunkt des Eintritts der Masseunzulänglichkeit ein Absonderungsrecht bereits entstanden ist, wird dieses nicht nach dieser Vorschrift rückwirkend unwirksam (MüKoInsO/Kern InsO § 165 Rn. 58). Zudem ist nach § 123 Abs. 3 S. 2 InsO eine Zwangsvollstreckung in die Masse wegen einer **Sozialplanforderung** unzulässig. 73

Die Unzulässigkeit der Vollstreckung ist von **Amts wegen zu beachten** und muss ggf. von dem Insolvenzverwalter mit der Vollstreckungserinnerung gem. § 766 ZPO bei dem Insolvenzgericht gem. § 89 Abs. 3 S. 1 InsO durchgesetzt werden. 74

Zudem sind nach § 294 Abs. 1 InsO in dem Zeitraum **zwischen Beendigung des Insolvenzverfahrens** und dem Ende der Abtretungsfrist Zwangsvollstreckungen für einzelne Insolvenzgläubiger in das Vermögen des Schuldners nicht zulässig. 75

VIII. Anfechtung von Rechtshandlung

Rechtshandlungen, welche vor Insolvenzeröffnung vorgenommen worden sind und die Insolvenzgläubiger benachteiligen, können nach den §§ 129 ff. InsO angefochten werden. 76

1. Maßgeblicher Zeitpunkt für die Rechtshandlung

Eine Rechtshandlung gilt nach § 140 Abs. 1 InsO als in dem Zeitpunkt vorgenommen, in dem ihre **rechtlichen Wirkungen** eintreten. Entscheidend ist hiernach der Zeitpunkt, in dem durch 77 die Handlung eine Rechtsposition **begründet worden** ist, welche nach Insolvenzeröffnung ohne eine Insolvenzanfechtung beachtet werden müsste (BGH NZI 2018, 800).

78 **Erfüllungshandlungen** sind mit dem jeweils letzten Übertragungsakt abgeschlossen. Die Erfüllung einer Pflicht zur **dauernden Gebrauchsgewährung** und -überlassung erfolgt nicht mit dem zugrundeliegenden Vertragsschluss, sondern erst mit dem jeweiligen Nutzungszeitraum (BGH NZI 2018, 800).

79 Für die Anfechtung einer Rechtshandlung, deren Gültigkeit eine **Grundbucheintragung erfordert,** ist grundsätzlich der Zeitpunkt der Eintragung maßgebend (BGH BeckRS 2008, 12542). Davon abweichend ist gem. § 140 Abs. 2 S. 1 InsO der **vorgelagerte Zeitpunkt der Antragstellung** maßgeblich, falls die übrigen Voraussetzungen für das Wirksamwerden des Rechtsgeschäfts erfüllt waren, die Willenserklärung des Schuldners für ihn bindend geworden war und der Anfechtungsgegner den Antrag auf Eintragung der Rechtsänderung gestellt hatte (BGH NZI 2016, 773). Das Gesetz knüpft hierbei darauf, dass der Erwerber eine geschützte, von dem Veräußerer nicht mehr einseitig zerstörbare Erwerbsanwartschaft erworben hat. Daher greift die Regelung nur, wenn der **Erwerber den Antrag gestellt** hat und nicht der Schuldner. Der Erwerber erlangt daher auch keine geschützte Rechtsposition iSd § 140 Abs. 2 S. 1 InsO, wenn der **Antrag durch einen Notar** auf der Grundlage des § 15 GBO gestellt wurde, weil der Notar gem. § 24 Abs. 3 S. 1 BNotO diesen auch ohne Zustimmung des Berechtigten zurücknehmen kann. Anders ist dies nur, wenn der Notar einen vom Erwerber selbst gestellten Antrag als Bote an das Grundbuchamt übermittelt (BGH BeckRS 2008, 12542). Wir die **Verfügung nach Eröffnung** gem. § 878 BGB wirksam, kann der ggf. gutgläubige Erwerb nach § 147 InsO angefochten werden (→ Rn. 61). Eine Vorverlagerung des Vornahmezeitpunktes nach Abs. 2 ist nur im Falle des rechtsgeschäftlichen Erwerbes, nicht dagegen im Falle des **Erwerbs aufgrund eines staatlichen Hoheitsaktes** möglich, etwa durch Eintragung einer Zwangshypothek (MüKoInsO/Kirchhof/Piekenbrock InsO § 140 Rn. 34).

2. Rechtshandlung

80 **Jede Willensbetätigung** stellt eine Rechtshandlung dar, wenn sie eine rechtliche Wirkung auslöst und zwar unabhängig davon, ob diese selbst gewollt ist oder nicht. Der Begriff ist weit gefasst. Um möglichst alle Arten gläubigerbenachteiligender Maßnahmen der Anfechtung zu unterwerfen, ist der Begriff weit gefasst (BGH NZI 2004, 314).

3. Gläubigerbenachteiligung

81 Eine Gläubigerbenachteiligung ist gegeben, wenn die Rechtshandlung entweder die **Schuldenmasse vermehrt oder die Aktivmasse verkürzt** und dadurch den Zugriff auf das Vermögen des Schuldners vereitelt, erschwert oder verzögert hat, mithin wenn sich die Befriedigungsmöglichkeiten der Insolvenzgläubiger ohne die Handlung bei wirtschaftlicher Betrachtungsweise günstiger gestaltet hätten (BGH NZI 2018, 216). Auch wenn die **Zugriffsmöglichkeiten erschwert oder verzögert** werden, liegt eine Gläubigerbenachteiligung vor (BGH NZI 2018, 800).

82 Sofern das Gesetz dies ausdrücklich bestimmt, ist eine **unmittelbare Benachteiligung** notwendig, so in den §§ 132 und 133 Abs. 4 InsO, andernfalls genügt eine mittelbare Benachteiligung. Eine Benachteiligung ist unmittelbar, wenn sie **ohne Hinzukommen** später eintretender Umstände bereits mit der Vornahme der angefochtenen Rechtshandlung eintritt. **Maßgeblicher Zeitpunkt** dafür ist derjenige der Vollendung der Rechtshandlung (→ Rn. 77). Erhält der Schuldner für das, was er aus seinem Vermögen weggibt, unmittelbar eine vollwertige Gegenleistung, liegt keine unmittelbare Gläubigerbenachteiligung vor (BGH NZI 2016, 773). Eine **mittelbare Benachteiligung** der Insolvenzgläubiger liegt vor, wenn zwar noch keine unmittelbare Benachteiligung besteht, sich aber im Zeitpunkt der letzten mündlichen Tatsachenverhandlung im Anfechtungsprozess ergibt, dass die Möglichkeit der Gläubiger, sich aus dem Vermögen des Schuldners zu befriedigen, durch das Hinzutreten weiterer Umstände beeinträchtigt wurde (BGH NZI 2016, 773).

83 Wenn der Schuldner ein **Absonderungsrecht durch Zahlung des Betrags ablöst,** den der Absonderungsberechtigte durch Verwertung des Sicherungsguts hätte erzielen können, und ist das Absonderungsrecht insolvenzfest entstanden, liegt keine Gläubigerbenachteiligung vor. Ein für die Masse neutrales Tauschgeschäft liegt im Umfang des hypothetischen Verwertungserlöses vor, da der Insolvenzverwalter diesen Erlös bei einer Verwertung an den absonderungsberechtigten Gläubiger auszukehren hätte (BGH NZI 2012, 667). Gleiches gilt, wenn der Käufer des belasteten Gegenstands den **Kaufpreis unmittelbar an den Absonderungsberechtigten** zahlt, soweit die Zahlung dem Wert des Absonderungsrechts entspricht (BGH NZI 2012, 667).

In der **nachträglichen Bestellung einer Sicherheit** liegt eine unmittelbare, zumindest jedoch 84
eine mittelbare Benachteiligung vor (zum Grundpfandrecht → Rn. 343). Eine Gläubigerbenachteiligung liegt bei einem bloßen **Austausch einer Sicherheit** gegen eine jedenfalls nicht höherwertige Sicherheit grundsätzlich nicht vor (BGH NZI 2006, 700; Ganter WM 2017, 261). Das ist aber nur der Fall, wenn das **erste Sicherungsrecht selbst wirksam und insolvenzfest** entstanden ist (BGH NZI 2006, 700; Ganter WM 2017, 261). Zu bedenken ist, dass die Aufgabe eines Sicherungsrechts zugunsten eines anderen Rechts kein anfechtungsrechtlich neutrales Tauschgeschäft darstellt, wenn das **eine Recht erloschen ist, bevor** das andere Recht begründet worden ist, sodass dem Schuldner in der Zwischenzeit ein dinglich unbelastetes Recht zugestanden hat, auf welches Gläubiger hätten zugreifen können (BGH NZI 2012, 667). Zudem ist nicht von einem bloßen Tausch auszugehen, wenn der Sicherungsgläubiger eine **höherwertigere** oder für den Gläubiger leichter oder schneller verwertbare Sicherheit erhält (BGH NZI 2012, 667).

4. Bargeschäft

Eine Leistung des Schuldners, für die unmittelbar eine gleichwertige Gegenleistung in sein 85
Vermögen gelangt, ist gem. § 142 Abs. 1 InsO **nur anfechtbar,** wenn die Voraussetzungen des § 133 Abs. 1–3 InsO gegeben sind und der andere Teil das unlautere Handeln des Schuldners erkannt hat. Gemäß § 142 Abs. 2 S. 1 InsO ist der Austausch von Leistung und Gegenleistung **unmittelbar,** wenn er nach Art der ausgetauschten Leistungen und unter Berücksichtigung der Gepflogenheiten des Geschäftsverkehrs in einem engen zeitlichen Zusammenhang erfolgt.

5. Kongruente oder inkongruente Deckungsanfechtung (§§ 130, 131 InsO)

In § 130 InsO ist die Deckungsanfechtung von **kongruenten Rechtshandlungen** innerhalb 86
von drei Monaten vor dem Antrag auf der Eröffnung des Insolvenzverfahren geregelt, die einem Insolvenzgläubiger eine Sicherung oder Befriedigung gewährt oder ermöglicht hat, wenn zur Zeit der Handlung der Schuldner zahlungsunfähig war und wenn der Gläubiger zu dieser Zeit die Zahlungsunfähigkeit kannte oder wenn sie nach dem Eröffnungsantrag vorgenommen worden ist. Zudem muss der Gläubiger zur Zeit der Handlung die Zahlungsunfähigkeit oder den Eröffnungsantrag gekannt haben.

§ 131 InsO regelt die Deckungsanfechtung von **inkongruenten Rechtshandlungen,** die 87
einem Insolvenzgläubiger eine Sicherung oder Befriedigung gewährt oder ermöglicht hat, die er nicht oder nicht in der Art oder nicht zu der Zeit zu beanspruchen hatte, wenn die Handlung im letzten Monat vor dem Antrag auf Eröffnung des Insolvenzverfahrens oder danach vorgenommen worden ist oder wenn die Handlung innerhalb des zweiten oder dritten Monats vor dem Eröffnungsantrag vorgenommen worden ist und der Schuldner im Zeitpunkt der Rechtshandlung zahlungsunfähig war.

Eine zur **Abwendung der Einzelzwangsvollstreckung** erbrachte Leistung **ist inkongruent,** 88
wenn der Schuldner zur Zeit der Leistung aus seiner objektivierten Sicht damit rechnen muss, dass ohne sie der Gläubiger nach dem Ablauf der Zahlungsfrist mit der ohne weiteres zulässigen Zwangsvollstreckung beginnt (BGH NZI 2013, 492). Gleiches gilt im Falle einer **Drohung mit einem Insolvenzantrag,** wenn der Schuldner zur Zeit der Leistung aus seiner ebenfalls objektivierten Sicht ernsthaft damit rechnen muss, der Gläubiger werde nach Ablauf der gesetzten Zahlungsfrist Insolvenzantrag stellen. Hierfür genügt eine Formulierung, die dies zwar nicht ausdrücklich androht, ein derart geplantes Vorgehen aber „zwischen den Zeilen" deutlich werden lässt (BGH NZI 2013, 492).

Der **Anspruch auf Besicherung** ist nicht als minus in dem Anspruch auf Befriedigung enthal- 89
ten, sondern als aliud anzusehen. Die **Gewährung einer Sicherheit** ist daher nur dann **kongruent,** wenn der Sicherungsnehmer einen **Anspruch auf gerade diese Sicherheit** hatte. Wird in dem **Vertrag, durch den der gesicherte Anspruch** selbst entsteht, zugleich ein Anspruch auf Sicherung eingeräumt, liegt in der späteren Gewährung der Sicherheit keine inkongruente Deckung, weil von Anfang an ein Anspruch auf die Sicherheit bestand. Wird hingegen eine bereits bestehende Verbindlichkeit **nachträglich besichert,** liegt eine inkongruente Deckung vor (BGH NZI 2010, 439; 2014, 68). Wird eine Sicherheit für eine **bereits bestehende** und für eine **neue begründete** Verbindlichkeit gewährt, und ist die Sicherheit nicht auf die neue Verbindlichkeit begrenzt, ist die Gewährung der Sicherheit insgesamt als inkongruent anzusehen (BGH NZI 2008, 299). Von einer kongruenten Sicherung kann nur ausgegangen werden, wenn die betreffende Vereinbarung auf Gewährung einer Sicherheit auf bestimmte, wenigstens **identifizierbare Gegenstände gerichtet** ist. Bei Absprachen, die es dem Ermessen der Beteiligten oder dem

Immobilienverwertung im Insolvenzverfahren

Zufall überlassen, welche konkrete Sicherheit erfasst werden, ist dies nicht der Fall (BGH NZI 2008, 89).

6. Unmittelbar nachteiliges Rechtsgeschäft (§ 132 InsO)

90 Nach § 132 InsO ist ein **unmittelbar nachteiliges Rechtsgeschäft** des Schuldners anfechtbar, wenn es in den letzten drei Monaten vor dem Antrag auf Eröffnung des Insolvenzverfahrens vorgenommen worden ist und der Schuldner im Zeitpunkt der Rechtshandlung zahlungsunfähig war und der andere Teil in diesem Zeitpunkt die Zahlungsunfähigkeit kannte. Gleiches gilt, wenn die Rechtshandlung nach dem Eröffnungsantrag vorgenommen worden ist und wenn der andere Teil zum Zeitpunkt der Rechtshandlung die Zahlungsunfähigkeit oder den Eröffnungsantrag kannte.

7. Schenkungsanfechtung (§ 134 InsO)

91 Gemäß § 134 InsO ist eine unentgeltliche Leistung des Schuldners anfechtbar, welche nicht früher als vier Jahre vor dem Antrag auf Eröffnung des Insolvenzverfahrens vorgenommen worden ist.

92 Als **Leistung** iSd § 134 Abs. 1 InsO ist jede Rechtshandlung zu verstehen, die dazu dient, einen Gegenstand, auf welchen die Gläubiger des Schuldners zugreifen könnten, aus dem Vermögen des Schuldners zu entfernen (BGH NZI 2021, 26).

93 Für die Frage der Unentgeltlichkeit ist auf den **Zeitpunkt des Rechtserwerbs** des Anfechtungsgegners in Folge der Leistung des Schuldners abzustellen, also gem. § 140 Abs. 1 InsO (→ Rn. 77) auf den Zeitpunkt, zu dem die rechtlichen Wirkungen der Rechtshandlung eintreten (BGH NZI 2021, 26; 2018, 746).

94 **a) Unentgeltlichkeit im Zwei-Personen-Verhältnis.** In einem **Zwei-Personen-Verhältnis** ist eine Leistung als **unentgeltlich anzusehen,** wenn ein Vermögenswert des Verfügenden zugunsten einer anderen Person aufgegeben wird, ohne dass dem Verfügenden ein **entsprechender Vermögenswert** vereinbarungsgemäß zufließen soll. Entgeltlich ist dagegen eine Verfügung, wenn der Schuldner für seine Leistung etwas **erhalten soll, was objektiv ein Ausgleich** für seine Leistung war oder jedenfalls subjektiv nach dem Willen der Beteiligten sein sollte (BGH NZI 2021, 26). An der kompensationslosen Minderung des schuldnerischen Vermögens kann es selbst dann fehlen, wenn eine Gegenleistung überhaupt nicht vertraglich vereinbart wurde, etwa dann, wenn der Empfänger die Leistung des Schuldners auf eine **andere Art und Weise auszugleichen hat** (BGH NZI 2018, 800). Im Zwei-Personen-Verhältnis scheidet eine unentgeltliche Leistung daher auch dann aus, wenn ein **Dritter** und nicht der Empfänger die ausgleichende Gegenleistung erbringt, sofern zwischen der Leistung des Schuldners und der ausgleichenden Gegenleistung des Dritten ein ausreichender rechtlicher Zusammenhang besteht (BGH NZI 2018, 800). Bei der von einem Dritten an den Schuldner zu erbringender Leistung muss es sich jedoch um eine Leistung handeln, die dem Schuldner gerade für die von ihm erbrachte Leistung zugeflossen oder versprochen ist. Insoweit ist eine rechtliche Zuordnung und eine entsprechende rechtliche Verknüpfung erforderlich (BGH NZI 2018, 800) (im Dreipersonenverhältnis → Rn. 102).

95 Entscheidender Gesichtspunkt für die Unentgeltlichkeit ist, dass der Schuldner, statt seine Gläubiger zu befriedigen, ihnen durch die unentgeltliche Leistung **kompensationslos Mittel entzogen hat,** die andernfalls im Zeitpunkt der Insolvenz zu ihrer Befriedigung zur Verfügung gestanden hätten. Ein Schuldner handelt dann freigiebig, wenn er Vermögenswerte auf einen anderen überträgt, ohne dass im Gegenzug seinem Vermögen ein den Vermögensverlust ausgleichender Wert zufließt oder zumindest vereinbarungsgemäß zufließen soll (BGH NZI 2018, 800).

96 Abzustellen ist dabei **auf die objektive Wertrelation** zwischen der Leistung des Schuldners und der Gegenleistung des Empfängers. Andernfalls könnten die Beteiligten ihren Erklärungen einer für den Schuldner objektiv wertlosen Leistung einen subjektiven Wert beimessen und so den Zweck des Gesetzes vereiteln (BGH NZI 2021, 26). Im Falle von **subjektiven Fehlvorstellungen über die Entgeltlichkeit** ist nicht von einer unentgeltlichen Leistung iSd § 134 Abs. 1 InsO auszugehen, wenn beide Teile nach den objektiven Umständen der Vertragsanbahnung, der Vorüberlegungen der Parteien und des Vertragsschlusses selbst von einem Austauschgeschäft ausgehen und zudem in gutem Glauben von der Werthaltigkeit der dem Schuldner gewährten Gegenleistung überzeugt sind, die sich erst aufgrund einer nachträglichen Prüfung als unzutreffend erweist (BGH NZI 2021, 26).

97 Ist zwar eine angemessene Gegenleistung für die von dem Schuldner erbrachte Zuwendung vereinbart, ist diese auch dann nicht als unentgeltlich anzusehen, wenn die **Gegenleistung ausgeblieben ist.** In diesem Fall kann der Schuldner seine Leistung zurückfordern (§§ 323 Abs. 1, 326

Abs. 4 und 5 BGB) oder Schadensersatz statt der Leistung verlangen (BGH NZI 2021, 26). Gehen jedoch beide Vertragsparteien von vornherein davon aus, dass der Zuwendungsempfänger die vereinbarten Gegenleistungen nicht erbringen soll, dann sind die rechtsgeschäftlichen Erklärungen der Beteiligten nur vorgeschoben. In diesem Fall liegt tatsächlich eine **verschleierte Schenkung** vor (BGH NZI 2021, 26).

Gemäß § 134 InsO ist auch eine **teilweise unentgeltliche Leistung** anfechtbar (BGH NZI 2021, 26). Eine solche Leistung unterliegt insoweit der Anfechtung, als deren Wert, den der Gegenleistung übersteigt (BGH NZI 2004, 376). **98**

b) Anfechtbare Rechtshandlungen im Zwei-Personen-Verhältnis. Zahlt der Schuldner auf eine **tatsächlich nicht bestehende Schuld** im Zwei-Personen-Verhältnis, liegt eine unentgeltliche Leistung des Schuldners vor, es sei denn, der Schuldner nimmt **irrtümlich** an, zu einer entgeltlichen Leistung verpflichtet zu sein. Dem Schuldner steht hinsichtlich der Leistung in diesem Fall ein Bereicherungsanspruch nach § 812 Abs. 1 S. 1 BGB zu, sodass es an einem endgültigen, vom Empfänger nicht auszugleichenden, freigiebigen Vermögensverlust des Schuldners fehlt (→ Rn. 95). Anders ist dies, wenn der Empfänger nicht mit einer Verpflichtung belastet wird, etwa wenn der Schuldner in Kenntnis des fehlenden Rechtsgrundes handelt, sodass eine Rückforderung nach § 814 BGB ausgeschlossen (BGH NZI 2017, 669; 2021, 30). Unentgeltlich im vorgenannten Sinne ist die bewusste **Erfüllung einer nicht bestehenden Forderung** (BGH NZI 2013, 841). Daher ist auch die **bewusste Sicherung einer nicht bestehenden Verbindlichkeit** unentgeltlich. **99**

Dagegen stellt die **Zahlung auf eine bestehende Schuld** eine entgeltliche Leistung dar. Das Entgelt besteht bei den reinen Erfüllungsgeschäften in der Befreiung von der Schuld. Ist das Erfüllungsgeschäft entgeltlich, gilt das auch für die **Sicherung der zu erfüllenden** Verbindlichkeit (BGH NZI 2016, 773). Auch die **nachträgliche Bestellung einer Sicherheit** für eine eigene, entgeltlich begründete Verbindlichkeit ist eine entgeltliche Leistung (jedoch inkongruent → Rn. 89) (BGH NZI 2016, 773). **100**

Überträgt der Schuldner das Eigentum an einer Immobilie im **Wege der vorweggenommenen Erbfolge** und übernimmt der Erwerber hierbei nur die dingliche Haftung aus dem bestellten Grundpfandrecht und erfolgt keine persönliche Schuldübernahme der gesicherten Forderung, ist die **Zahlung durch den Schuldner auf die persönliche Forderung** eine unentgeltliche Leistung an den Erwerber des Immobilieneigentums. Die Unentgeltlichkeit einer Leistung, ist nach dem Grundgeschäft zu beurteilen, wenn sie wie im vorliegenden Fall hier kein Verpflichtungsgeschäft darstellt. Beruht die Leistung an den Erwerber des Immobilieneigentums, der von der dinglichen Haftung befreit wird, auf dem Übergabevertrag, der keine Gegenleistung des Schuldners vorsieht, stellt die Befreiung des Erwerbers von der dinglichen Schuld eine unentgeltliche Leistung an ihn dar (BGH NZI 2014, 397). **101**

c) Unentgeltlichkeit im Drei-Personen-Verhältnis. Ist eine **dritte Person in den Zuwendungsvorgang** einbezogen, kommt es für die Frage der Unentgeltlichkeit der Leistung nicht entscheidend darauf an, ob der Schuldner selbst einen Ausgleich bekommen hat. Abzustellen ist vielmehr darauf, ob der Empfänger seinerseits eine Gegenleistung zu erbringen hat (BGH NZI 2018, 800). Dies betrifft die Fälle, in denen der Leistende (Schuldner) die gegen einen Dritten gerichtete Forderung des Zuwendungsempfängers bezahlt. Es geht mithin um eine **Leistung auf fremde Schuld** (BGH NZI 2018, 800). Dies gilt nicht, wenn den Leistenden (Schuldner) eine **eigene Verbindlichkeit** gegenüber dem Zahlungsempfänger trifft. Für die Abgrenzung, ob die Grundsätze über das **Zwei-Personen-Verhältnis anwendbar** sind, kommt es daher darauf an, ob zwischen Insolvenzschuldner und dem Zahlungsempfänger eine schuldrechtliche Leistungsbeziehung besteht oder nicht. Entscheidend ist, ob der Zahlungsempfänger einen eigenen Anspruch gegen den leistenden Insolvenzschuldner hat (BGH NZI 2018, 800). **102**

d) Anfechtbare Rechtshandlungen im Drei-Personen-Verhältnis. Stellt der Schuldner eine **Sicherheit für eine fremde Schuld,** ist der Sicherungsnehmer von der Schenkungsanfechtung freigestellt, wenn er für die Zuwendung des Schuldners eine **ausgleichende Gegenleistung** an diesen oder einen Dritten erbringt. Für die Entgeltlichkeit genügt es, dass der Leistungsempfänger vereinbarungsgemäß eine ausgleichende Leistung an einen Dritten erbringt, ohne dass hierzu eine **vertragliche Verpflichtung** des Sicherungsnehmers gegenüber dem Sicherungsgeber (Schuldner) bestehen muss (BGH NZI 2013, 258). Unerheblich ist dabei, **ob der Schuldner** (Sicherungsgeber) gegenüber dem Drittschuldner zu der Leistung verpflichtet war oder ein eigenes Interesse an der Leistungserbringung hatte (BGH NZI 2013, 258). Entscheidend ist vielmehr, ob der Sicherungsnehmer für den Erhalt der Sicherheit eine Gegenleistung erbringen musste (→ Rn. 102). Entscheidend ist deshalb, ob der Sicherungsnehmer seine Leistung an den Drittschuldner zumindest Zug-um-Zug gegen die Hereinnahme der vom Schuldner gestellten Sicherheit oder **103**

Immobilienverwertung im Insolvenzverfahren

danach erbracht hat (entgeltlich), oder ob umgekehrt die **Drittsicherheit nachträglich bestellt** worden ist (BGH NZI 2013, 258).

104 Hat der Sicherungsnehmer im Zeitpunkt des Erwerbs der Sicherheit (dem maßgeblichen Zeitpunkt für die Unentgeltlichkeit, → Rn. 93) seine Leistung bereits erbracht und bekommt er erst **nachträglich seine Sicherheit,** muss er für diese nachträgliche Besicherung keine weitere Leistung erbringen, sodass sie unentgeltlich erfolgt (im Zwei-Personen-Verhältnis, → Rn. 100. Die zeitliche Reihenfolge hat der Insolvenzverwalter zu beweisen (BGH NZI 2013, 258). Doch auch bei einer nachträglichen Besicherung einer Drittschuld ist von einer die Unentgeltlichkeit ausschließenden Gegenleistung auszugehen, wenn der Sicherungsgeber zur Bestellung der Sicherheit aufgrund einer **entgeltlich begründeten Verpflichtung verpflichtet** war. Wurde dem Sicherungsgeber für seine Leistung die Kreditgewährung an den Dritten versprochen, beruht die Besicherung auf einer entgeltlichen Vereinbarung. Denn eine die Unentgeltlichkeit ausgleichende Gegenleistung kann auch an einen Dritten bewirkt werden (BGH NZI 2013, 81).

105 e) **Rechtsfolge.** Als Rechtsfolge einer **teilweise unentgeltlichen Leistung** ist vorrangig der Wertüberschuss der schuldnerischen Leistung an die Insolvenzmasse zurückzuerstatten. Soweit die Leistung **teilbar** ist, bleibt die Rechtsfolge der Anfechtung gem. § 134 InsO auf den überschießenden Teil, der als unentgeltlich gilt, beschränkt (BGH NZI 2021, 26). Ist die höherwertige Leistung des Schuldners, etwa eine Eigentumsübertragung an einer Immobilie, **unteilbar,** richtet sich die Anfechtung auf Rückgewähr der Leistung insgesamt, allerdings Zug um Zug gegen Rückgabe der erbrachten Gegenleistung (BGH NZI 2021, 26).

8. Vorsatzanfechtung (§ 133 InsO)

106 Nach § 133 Abs. 1 InsO ist eine Rechtshandlung anfechtbar, die der Schuldner in den letzten zehn Jahren vor dem Antrag auf Insolvenzeröffnung mit Benachteiligungsvorsatz vorgenommen hat, wenn der andere Teil im Zeitpunkt der Rechtshandlung den Vorsatz des Schuldners kannte.

107 a) **Rechtshandlung des Schuldners.** § 133 InsO setzt eine **Rechtshandlung des Schuldners** voraus. Davon ist bei einem willensgeleiteten, verantwortungsgesteuerten Handeln des Schuldners auszugehen, bei dem der Schuldner selbst entscheiden kann, ob er eine Leistung erbringt oder verweigert (BGH NZI 2017, 715).

108 Gefordert wird ein willensgeleitetes, verantwortungsgesteuertes Handeln des Schuldners. Der Schuldner muss darüber entscheiden können, ob er eine Leistung erbringt oder verweigert (BGH NZI 2017, 715). Eine im Rahmen oder aus Anlass einer **Zwangsvollstreckung** erfolgte Vermögensverlagerung kann anfechtbar sein, wenn dazu zumindest auch eine selbstbestimmte Rechtshandlung des Schuldners beigetragen hat. Erforderlich ist ein willensgeleitetes, verantwortungsgesteuertes Handeln des Schuldners. Eine Befriedigung im Wege der Zwangsvollstreckung ist daher anfechtbar, wenn dazu eine Rechtshandlung des Schuldners zumindest beigetragen hat, auch wenn diese unter dem Druck oder zur Abwendung der Zwangsvollstreckung erfolgt ist. Hat der Schuldner allerdings nur noch die Wahl, die geforderte Zahlung sofort zu leisten oder die Vollstreckung zu dulden, ist jede Möglichkeit zu einem selbstbestimmten Handeln ausgeschlossen (BGH NZI 2017, 715).

109 b) **Anfechtungszeitraum.** Gemäß § 133 Abs. 2 InsO beträgt der in Abs. 1 genannte Zeitraum lediglich vier Jahre, wenn die Rechtshandlung dem anderen Teil eine **Sicherung oder Befriedigung** gewährt oder ermöglicht. Diese Regelung betrifft lediglich Deckungshandlungen; für alle sonstigen Rechtshandlungen verbleibt es bei dem bisherigen zehnjährigen Anfechtungszeitraum (Gesetzesbegründung vom 16.12.2015, BT-Drs. 18/7054).

110 c) **Benachteiligungsvorsatz.** Nach der ständigen Rechtsprechung des BGH genügt für den in § 133 Abs. 1 InsO vorausgesetzten Benachteiligungsvorsatz des Schuldners **bedingter Vorsatz.** Daher ist ein Benachteiligungsvorsatz gegeben, wenn der Schuldner bei Vornahme der Rechtshandlung (§ 140 InsO) die Benachteiligung der Gläubiger als Erfolg seiner Rechtshandlung gewollt hat oder aber wenn er zumindest an die Benachteiligung als mutmaßliche Folge oder auch als unvermeidliche Nebenfolge eines an sich erstrebten anderen Vorteils erkannt und gebilligt hat (BGH NZI 2017, 715). Eine **Schädigungsabsicht** ist nicht erforderlich (zum **Bargeschäft** → Rn. 114). Ein Schuldner, der **zahlungsunfähig** ist und seine Zahlungsunfähigkeit kennt, handelt in der Regel entsprechend der Vermutungsregel in Abs. 1 S. 2 mit Benachteiligungsvorsatz, wenn auch er weiß, dass sein Vermögen nicht ausreicht, um sämtliche Gläubiger zu befriedigen (BGH NZI 2017, 715). Dabei reicht es jedoch nicht aus, dass der Schuldner weiß, dass er im Zeitpunkt der Vornahme der später angefochtenen Rechtshandlung nicht alle seine Gläubiger befriedigen kann. Vielmehr muss er wissen oder jedenfalls billigend in Kauf nehmen, dass er auch künftig nicht dazu in der Lage sein wird (BGH BeckRS 2021, 16902). Daher reicht die Kenntnis von der

Zahlungsunfähigkeit im Zeitpunkt der angefochtenen Zahlung nur aus, wenn sie ein Ausmaß erreicht hat, das eine vollständige Befriedigung der übrigen Gläubiger auch in Zukunft nicht erwarten lässt und daher ein Insolvenzverfahren unausweichlich erscheint (BGH BeckRS 2021, 16902). Die **drohende Zahlungsunfähigkeit** genügt als Beweiszeichen, wenn noch weitere Umstände hinzukommen, so etwa, wenn der Schuldner im Zustand der drohenden Zahlungsunfähigkeit und in der sicheren Erwartung des Eintritts der Zahlungsunfähigkeit mit den noch vorhandenen Mitteln gezielt bestimmte (ggf. nahestehende) Altgläubiger außerhalb des ordnungsgemäßen Geschäftsgangs befriedigt (BGH BeckRS 2021, 16902). Im Falle einer **kongruenten Deckungshandlung** ist nach Abs. 3 S. 1 InsO statt der drohenden Zahlungsunfähigkeit des Schuldners nach Abs. 1 S. 2 die eingetretene Zahlungsunfähigkeit erforderlich.

Die **Kenntnis des Benachteiligungsvorsatzes** des Anfechtungsgegners muss der Insolvenzverwalter darlegen und beweisen. Diese wird jedoch gem. § 133 Abs. 1 S. 2 InsO vermutet, wenn der Anfechtungsgegner **wusste, dass die Zahlungsunfähigkeit drohte** oder bereits eingetreten ist und dass die Handlung die Gläubiger benachteiligte. Davon ist auszugehen, wenn der Anfechtungsgegner weiß, dass es noch **andere Gläubiger** gibt, deren Forderungen vom Schuldner nicht vollständig bedient werden. Mit letzterem muss ein Gläubiger rechnen, wenn der Schuldner unternehmerisch tätig ist (BGH BeckRS 2021, 16902). Entsprechend der Kenntnis des Schuldners ist auch hier erforderlich, dass er Kenntnis davon hat, dass der Schuldner auch **künftig nicht in der Lage sein wird,** alle seine Gläubiger zu befriedigen (BGH BeckRS 2021, 16902). Nicht erforderlich ist jedoch, dass auch der Anfechtungsgegner die **Benachteiligung der Gläubigergesamtheit will** oder jedenfalls billigend in Kauf nimmt (BGH BeckRS 2021, 16902).

Eine **inkongruente Deckung** bildet nur dann ein Beweisanzeichen für den Benachteiligungsvorsatz des Schuldners und für die Kenntnis des Gläubigers von diesem Vorsatz, wenn die Wirkungen der Rechtshandlung zu einem Zeitpunkt eintraten, als zumindest aus der Sicht des Empfängers der Leistung Anlass bestand, an der Liquidität des Schuldners zu zweifeln (BGH BeckRS 2021, 16902). Die inkongruente Deckung wird als Beweisanzeichen für die Benachteiligungsvorsatz eingestuft, weil nach allgemeiner Erfahrung im Geschäftsverkehr der Schuldner **regelmäßig nicht bereit ist, anderes oder gar mehr zu leisten** als er schuldet. Eine dennoch erfolgte inkongruente Deckung muss daher bei dem Empfänger den Verdacht wecken, dass wegen seiner Bevorzugung für andere Gläubiger entsprechend weniger übrig bleibt. Von einem Gläubigerbenachteiligungsvorsatz kann wegen Inkongruenz daher erst ausgegangen werden, sobald **ernsthafte Zweifel an der Zahlungsfähigkeit** des Schuldners auftreten, aufgrund dessen der gut informierten und durchsetzungskräftigen Gläubiger Gegenmaßnahmen auslöst, wodurch in einer späteren Insolvenz die Gleichbehandlung aller Gläubiger verhindert wird (BGH NZI 2014, 68).

d) Vertrag mit nahestehender Person. Gemäß § 133 Abs. 4 InsO ist ein vom Schuldner mit einer nahestehenden Person iSd § 138 InsO geschlossener entgeltlicher Vertrag, durch den die Insolvenzgläubiger unmittelbar benachteiligt werden (→ Rn. 82), anfechtbar. Nach S. 2 der Vorschrift ist die Anfechtung ausgeschlossen, wenn der **Vertrag früher als zwei Jahre** vor dem Eröffnungsantrag geschlossen worden ist oder wenn dem anderen Teil zur Zeit des Vertragsschlusses der Gläubigerbenachteiligungsvorsatz des Schuldners **nicht bekannt** war (Umkehr der Beweislast, → Rn. 111). Der **Vertragsbegriff** des § 133 Abs. 4 InsO ist weit auszulegen. Hierfür genügt jeder auf einer Willensübereinstimmung beruhende Erwerbsvorgang. Erfasst werden nicht nur schuldrechtliche Verträge, sondern auch sachenrechtliche Abkommen wie Grundstücksübertragungen und die Gewährung von Hypothekenbestellungen (BGH NZI 2016, 773).

e) Bargeschäft. Gemäß § 142 Abs. 1 InsO ist im Falle eines Bargeschäfts (→ Rn. 85) die Vorsatzanfechtung nach § 133 InsO nur noch dann möglich, wenn der Schuldner **unlauter handelte** und der andere Teil dies erkannt hat. Ein unlauteres Handeln liegt bei **gezielter Benachteiligung** von Gläubigern vor, wenn es dem Schuldner in erster Linie darauf ankommt, durch die Befriedigung des Leistungsempfängers andere Gläubiger zu schädigen. Kennt der Schuldner seine eigene Zahlungsunfähigkeit, handelt er auch unlauter, wenn er Vermögen **für Leistungen verschleudert,** die seinen Gläubigern unter keinem Gesichtspunkt nutzen können, etwa für flüchtige Luxusgüter. Unlauter ist auch das Abstoßen von zur Aufrechterhaltung des Betriebs **unverzichtbarem Betriebsvermögen,** wenn der vereinnahmte Gegenwert den Gläubigern entzogen werden soll. Dagegen sind die allgemein **zur Fortführung des Geschäftsbetriebs erforderlichen** Handlungen nicht unlauter, auch wenn die Betriebsfortführung verlustträchtig ist und der Schuldner dies erkennt. Zudem muss der **Leistungsempfänger erkannt haben,** dass der Schuldner unlauter handelt (Gesetzesbegründung vom 16.12.2015, BT-Drs. 18/7054).

Immobilienverwertung im Insolvenzverfahren

9. Bestellung einer Sicherheit für ein Gesellschafterdarlehen (§ 135 Abs. 1 Nr. 1 InsO)

115 Gemäß § 135 Abs. 1 Nr. 1 InsO ist eine Rechtshandlung anfechtbar, die für die **Forderung eines Gesellschafters auf Rückgewähr eines Darlehens** iSd § 39 Abs. 1 Nr. 5 InsO oder für eine gleichgestellte Forderung **Sicherung gewährt hat,** wenn die Handlung in den letzten **zehn Jahren** vor dem Antrag auf Eröffnung des Insolvenzverfahrens oder nach diesem Antrag vorgenommen worden ist. Von einer einem Darlehen **gleichgestellten Forderung** ist auszugehen, wenn der Gesellschafter seiner Gesellschaft einen Geldbetrag verschafft hat mit dem Willen, diese zusätzlichen finanziellen Mittel der Gesellschaft von vornherein nur auf Zeit zu überlassen. Auf ein weiteres Stehenlassen der Forderung kommt es nicht an (BGH NJW 2019, 2923).

116 Die Anfechtung einer Sicherungsgewährung kann nicht deshalb verneint werden, weil eine an ihrer Stelle **bereits bewirkte Befriedigung** nach § 135 Abs. 1 Nr. 2 InsO nicht mehr anfechtbar ist (BGH NZI 2013, 742). Für die Sicherung von Forderungen aus Gesellschafterdarlehen oder von gleichgestellten Forderungen iSv § 135 Abs. 1 Nr. 1 InsO gilt das **Bargeschäftsprivileg** nicht (BGH NZI 2019, 460).

10. Befriedigung eines Gesellschafterdarlehen (§ 135 Abs. 1 Nr. 2 InsO)

117 Gemäß § 135 Abs. 1 Nr. 2 InsO ist eine Rechtshandlung anfechtbar, durch die eine **Darlehensrückzahlungsforderung eines Gesellschafters** oder eine gleichgestellte Forderung (teilweise) **erfüllt wurde,** wenn die Handlung im **letzten Jahr** vor dem Insolvenzantrag oder nach diesem Antrag vorgenommen worden ist.

118 Die Gläubigerbenachteiligung besteht hierbei in der vorinsolvenzlichen Befriedigung eines Gesellschafterdarlehens, welches nach Insolvenzeröffnung gem. § 39 Abs. 1 Nr. 5 InsO **nur nachrangig** zu berücksichtigen wäre (BGH NZI 2017, 760). Doch die Befriedigung eines Gesellschafterdarlehens und damit die **Verwertung einer Sicherheit** des Insolvenzschuldners innerhalb eines Jahres vor Antragstellung ist nicht gem. § 135 Abs. 1 Nr. 2 InsO anfechtbar, falls der Gesellschafter über eine länger als zehn Jahre vor Antragstellung begründete **unanfechtbare Sicherheit** (§ 135 Abs. 1 Nr. 1 InsO) verfügt (BGH NZI 2013, 742).

11. Befreiung von einer Gesellschaftersicherheit für eine Darlehensverbindlichkeit des Insolvenzschuldners (§ 135 Abs. 2 InsO)

119 Gegenstand der Anfechtung nach § 135 Abs. 2 InsO ist die **Befreiung des Gesellschafters** von einer von ihm für ein Drittdarlehen an die Schuldnerin übernommenen Sicherheit (BGH NZI 2014, 321). Besichert der Gesellschafter eine Darlehensverbindlichkeit der Gesellschaft, so verspricht er, im Verhältnis zwischen ihm und der Gesellschaft für die besicherte Verbindlichkeit der Gesellschaft bis zur Höhe der übernommenen Sicherheit einzustehen (BGH NZI 2013, 804). Wird der Gesellschafter durch den Gläubiger der Gesellschaft aus der **Sicherheit in Anspruch genommen,** unterliegt sein Erstattungsanspruch gegen die Gesellschaft dem Nachrang des § 39 Abs. 1 Nr. 5 InsO (BGH NZI 2017, 760). Nach Verfahrenseröffnung ordnet § 44a InsO an, dass der Darlehensgläubiger für seine noch offene Forderung in erster Linie aus der **Gesellschaftersicherheit Befriedigung suchen muss.** Wurde der Darlehensgläubiger vor Verfahrenseröffnung **durch die Gesellschaft befriedigt,** wird nach Verfahrenseröffnung der durch § 44a InsO gebotene Haftungsvorrang des Gesellschafters mithilfe von § 135 Abs. 2 InsO wiederhergestellt, indem die Gesellschaft von dem Gesellschafter Erstattung des an den Darlehensgläubiger gezahlten Betrags verlangen kann (BGH NZI 2017, 760). Denn zahlt die Insolvenzschuldnerin in einem solchen Falle das Darlehen im letzten Jahr vor der Insolvenzeröffnung zurück, so wird zugleich der Gesellschafter, der für diese Forderung eine Sicherheit bestellt hatte, von seiner Haftung gegenüber dem Dritten befreit. Diese durch die Zahlung der Gesellschaft bewirkte Befreiung des Gesellschafters von der von ihm für ein Drittdarlehen übernommenen Sicherheit ist nach § 135 Abs. 2 InsO anfechtbar (BGH NZI 2017, 760).

120 Führt die Gesellschaft das besicherte Drittdarlehen **nur teilweise zurück** und kann es deshalb weiterhin zur Inanspruchnahme des Gesellschafters durch den Gläubiger der Gesellschaft kommen, darf die Summe aus dem Anspruch gem. § 135 Abs. 2 InsO und der fortbestehenden Verpflichtung des Gesellschafters aus der Sicherheit die ohne die teilweise Rückführung des Darlehens bestehende Verpflichtung des Gesellschafters nicht überschreiten (BGH NZI 2013, 804).

121 Hat jedoch die Darlehensgeberin im Anschluss an die Eröffnung des Insolvenzverfahrens durch die **Verwertung seitens der Gesellschaft gestellter dinglicher Sicherheit** Befriedigung erlangt, ist die Befreiung der Sicherheit des Gesellschafters entsprechend § 143 Abs. 3 InsO

anfechtbar. Der Gesellschafter ist hiernach zur Erstattung des an den Gläubiger ausgekehrten Betrags zur Insolvenzmasse verpflichtet (BGH NZI 2017, 760).

12. Rechtsfolgen

Gemäß § 143 Abs. 1 S. 1 InsO ist das, was durch die anfechtbare Handlung aus dem Vermögen des Schuldners veräußert, weggegeben oder aufgegeben ist, zur Insolvenzmasse zurückzugewähren. Angefochten und nach § 143 Abs. 1 InsO **rückgängig gemacht wird** nicht die Rechtshandlung selbst, sondern ihre **gläubigerbenachteiligende Wirkung** (BGH NZI 2014, 397).

Wurde der Anfechtungsschuldner vor der Eröffnung des Insolvenzverfahrens aufgrund der Vorschriften des **Anfechtungsgesetzes von einem Gläubiger in Anspruch genommen**, scheidet ein weiterer Anspruch auf Rückgewähr zur Insolvenzmasse in dem Umfang aus, in dem der Anfechtungsanspruch tatsächlich erfüllt wurde (BGH NZI 2016, 307).

Gemäß § 146 Abs. 1 InsO **verjährt der Anfechtungsanspruch** nach den Regelungen über die regelmäßige Verjährung nach dem BGB und damit regelmäßig zum Jahresende innerhalb von drei Jahren ab Insolvenzeröffnung. Auch **nach Eintritt der Verjährung** kann der Insolvenzverwalter nach Abs. 2 die Erfüllung einer Leistungspflicht verweigern, soweit diese auf einer anfechtbaren Rechtshandlung beruht.

IX. Weitere Rechte und Pflichten des Insolvenzverwalters

1. Übernahme der Insolvenzmasse in Besitz und Verwaltung

Nach der Eröffnung des Insolvenzverfahrens hat der Insolvenzverwalter gem. § 148 Abs. 1 InsO das gesamte zur Insolvenzmasse gehörende Vermögen sofort in **Besitz und Verwaltung** zu nehmen (zur **Verwertung** → Rn. 148).

Den **Besitzanspruch gegenüber dem Schuldner** kann er gem. § 148 Abs. 2 S. 1 InsO aufgrund einer vollstreckbaren Ausfertigung des Eröffnungsbeschlusses im Vollstreckungswege (§ 885 ZPO) durchsetzen. **Gegenüber Dritten** ist er zunächst auf den Klageweg angewiesen (Uhlenbruck/Sinz InsO § 148 Rn. 9).

Die **Verwaltung** zielt zunächst auf die Sicherung der Insolvenzmasse (Uhlenbruck/Sinz InsO § 148 Rn. 35). Ist eine **Immobilie Bestandteil** der Masse, ist es Aufgabe des Insolvenzverwalters, diese zu verwalten (BGH NZI 2016, 824). Hierunter fallen insbesondere die Überprüfung und der Abschluss notwendiger Versicherungen, die Wartungs- und Instandhaltungspflichten und die Verkehrssicherungspflichten. Die Kosten der Verwaltung der Grundstücke stellen **Masseverbindlichkeiten** dar (→ Rn. 195) (BGH NZI 2016, 824).

2. Steuerliche Pflichten des Insolvenzverwalters

Der Insolvenzverwalter hat als Vermögensverwalter gem. § 34 Abs. 3 AO auch die **steuerlichen Pflichten des Insolvenzschuldners** (§ 34 Abs. 1 AO) zu erfüllen, soweit seine Verwaltung reicht. Als Vermögensverwalter ist der Insolvenzverwalter richtiger **Inhaltsadressat von Steuerbescheiden**, mit denen eine Finanzbehörde bestehende Masseverbindlichkeiten geltend macht (BFH NZI 2020, 1119). Dagegen sind **Insolvenzforderungen** (→ Rn. 200) gem. § 174 InsO zur Eintragung in die Tabelle anzumelden und dürfen deshalb nach Eröffnung des Insolvenzverfahrens von den Finanzämtern nicht mehr festgesetzt werden. Ein dennoch erlassener Steuerbescheid ist unwirksam (BFH NZI 2003, 456).

Abzugrenzen ist eine Steuerforderung als **Insolvenzforderung** oder (sonstigen) Masseverbindlichkeit nach dem Zeitpunkt ihrer insolvenzrechtlichen Begründung. Entscheidend ist dabei, wann ein **Besteuerungstatbestand** nach seiner Art und Höhe nach steuerrechtlichen Grundsätzen **tatbestandlich verwirklicht** und damit die Steuerforderung insolvenzrechtlich begründet worden ist (BFH NZI 2020, 1119). Auf die steuerliche Entstehung der Forderung und deren Fälligkeit kommt es dagegen nicht an (BFH NZI 2013, 709).

3. Umsatzsteuerliche Pflichten des Insolvenzverwalters

Der Insolvenzverwalter ist gem. § 22 Abs. 1 S. 1 UStG verpflichtet, **Aufzeichnungen** zur Feststellung der Steuer und zu der Feststellung der Grundlagen ihrer Berechnung zu machen. Die **Umsatzsteuervoranmeldungen** nach § 18 UStG und die **Umsatzsteuererklärungen** sind von dem Insolvenzverwalter abzugeben.

Immobilienverwertung im Insolvenzverfahren

131 Soweit der Insolvenzschuldner steuerpflichtig war (→ Rn. 132) und eine umsatzsteuerbare (→ Rn. 134) Verwertung durch den Insolvenzverwalter erfolgt, stellt die Umsatzsteuer aus dem Veräußerungsgeschäft eine **Masseverbindlichkeit** gem. § 55 Abs. 1 Nr. 1 Alt. 1 InsO dar.

132 Im Insolvenzverfahren ist auf die **Unternehmereigenschaft des Insolvenzschuldners** vor der Insolvenzeröffnung abzustellen. Unterlagen die Umsätze des Insolvenzschuldners vor der Eröffnung der Umsatzsteuer, gilt dies auch für die Insolvenzmasse. Die Eröffnung des Insolvenz- oder Nachlassinsolvenzverfahrens hat keinen Einfluss auf die Unternehmereigenschaft des Insolvenzschuldners (BFH NZI 2016, 370). Auch wenn der (Nachlass-)Insolvenzverwalter die wirtschaftliche Tätigkeit des Insolvenzschuldners oder des Erblassers nach der (Nachlass-)Insolvenzeröffnung **nicht fortführt** und verkauft er im Rahmen der Liquidation des Unternehmens lediglich die Gegenstände des Unternehmensvermögens, handelt er insoweit als Unternehmer (BFH NZI 2016, 370). Im Falle der **Insolvenz eines Organträgers oder eines Organunternehmens** führt die Insolvenzeröffnung zur Beendigung der Organschaft (BFH BeckRS 2004, 24001700).

133 War der **Schuldner kein Unternehmer** oder nur **Kleinunternehmer** iSd § 19 Abs. 1 S. 1 UStG oder betraf die Lieferung **nicht den unternehmerischen Bereich,** fehlt es hinsichtlich der Lieferung an der Umsatzsteuerbarkeit.

134 Im Falle von Verwertung von Vermögenswerten des Insolvenzschuldners ist zu prüfen, ob die Umsätze der Insolvenzmasse der **Umsatzsteuer unterliegen.** Gemäß § 1 Abs 1 Nr. 1 UStG unterliegen der **Umsatzsteuer Lieferung und sonstige Leistungen,** die ein Unternehmer iSv § 2 Abs. 1 UStG ausführt (zur **Versteigerung** durch den absonderungsberechtigten Gläubiger → Rn. 676, zur **freihändigen Verwertung** → Rn. 904).

135 Zu beachten ist auch der **Vorsteuerrückforderungsanspruch nach § 15a UStG.** Wurde bei dem Erwerb oder der Herstellung eines Grundstücks oder bei sonstigen beweglichen Gütern Vorsteuer abgezogen, muss diese bei Immobilien nach § 15a Abs. 1 S. 2 UStG für 10 Jahre und im Falle des Erwerbes beweglicher Güter nach § 15a Abs. 1 S. 1 UStG für fünf Jahre für umsatzsteuerpflichtige Umsätze verwendet werden. Im Falle eines vor diesem Zeitpunkt erfolgten umsatzsteuerfreien Verkaufs ist die Vorsteuererstattung gem. § 15 Abs. 1 S. 1 UStG entsprechend zu berichtigen. Beruht die Berichtigung nach § 15a UStG auf einer steuerfreien Veräußerung durch den Insolvenzverwalter im Rahmen der Verwaltung und Verwertung der Masse, handelt es sich bei dem Berichtigungsanspruch um eine **Masseverbindlichkeit** iSv § 55 Abs. 1 Nr. 1 InsO (BFH BeckRS 2012, 94684). Dies kann insbesondere bei Immobilien zu erheblichen Belastungen der Insolvenzmasse führen, sodass unter Umständen eine Freigabe zu erwägen ist (→ Rn. 189) bzw. es ist eine Kostentragung durch den absonderungsberechtigten Gläubiger zu vereinbaren (→ Rn. 895). Im Falle des Verkaufs unter **Befreiung von der Umsatzsteuer** ist daher zu erwägen, ob auf die Befreiung zu verzichten ist (im Falle der Versteigerung → Rn. 680, im Falle der freihändigen Verwertung → Rn. 907).

136 Liegt eine **Geschäftsveräußerung im Ganzen** gem. § 1 Abs. 1a UStG vor, fehlt es hinsichtlich der Lieferung an der **Umsatzsteuerbarkeit.** Zudem wird nach § 15a Abs. 10 S. 1 UStG der für das Wirtschaftsgut maßgebliche **Berichtigungszeitraum nicht unterbrochen,** da der Erwerber nach § 1 Abs. 1a S. 3 UStG an die Stelle des Veräußerers tritt. Daher ist die Geschäftsveräußerungen iSv § 1 Abs. 1a UStG von einer Berichtigung nach § 15a UStG ausgenommen (BFH BeckRS 2016, 95338).

137 Eine Geschäftsveräußerung gem. § 1 Abs. 1a S. 2 UStG liegt vor, wenn ein **Unternehmen oder ein in der Gliederung** eines Unternehmens gesondert geführter Betrieb im Ganzen übereignet oder in eine Gesellschaft eingebracht wird, wobei es nicht darauf ankommt, ob dies entgeltlich oder unentgeltlich erfolgt. Der Erwerber muss außerdem beabsichtigen, den übertragenen Geschäftsbetrieb oder Unternehmensteil **zu betreiben.** Nicht begünstigt ist die sofortige Abwicklung der übernommenen Geschäftstätigkeit. Dabei wird nicht gefordert, dass der Begünstigte vor der Übertragung eine wirtschaftliche **Tätigkeit derselben Art** wie der Übertragende ausgeübt hat. Eine Geschäftsveräußerung im vorgenannten Sinne steht auch nicht entgegen, wenn der Erwerber den von ihm erworbenen Geschäftsbetrieb in der Folge in seinem **Zuschnitt ändert oder modernisiert.** Unerheblich ist auch, ob der Veräußerer gleichzeitig mit der Übertragung eine andere wirtschaftliche Tätigkeit einstellt (BFH BeckRS 2016, 95338). Die Bestimmung erfasst die Übertragung von Geschäftsbetrieben und von **selbstständigen Unternehmensteilen,** die als Zusammenfassung materieller und immaterieller Bestandteile ein Unternehmen oder einen Unternehmensteil bilden, mit dem eine selbstständige wirtschaftliche Tätigkeit fortgeführt werden kann. Maßgeblich ist hierfür die Lage im Zeitpunkt der Übertragung (BFH BeckRS 2016, 95338). Für die Annahme eines Teilvermögens ist **nicht ein „zivilrechtlich selbständiges** Wirtschaftsgut" zu verlangen. Bei einem Teilvermögen handelt es sich vielmehr um eine **Kombination von Bestandteilen** eines Unternehmens, die zur Ausübung einer wirtschaftlichen Tätigkeit ausreicht,

Immobilienverwertung im Insolvenzverfahren

auch wenn diese Tätigkeit nur Teil eines größeren Unternehmens ist, von dem sie abgespalten wurde. Nicht entscheidend ist jedoch, ob bereits beim Veräußerer eine eigenständige **betriebliche Organisation vorlag**. Zu prüfen ist vielmehr, ob ein Teilvermögen übertragen wird, welches von dem Erwerber selbstständig hätte übernommen werden können, für welches im Falle der entgeltlichen Übertragung der Erwerber eine Gegenleistung gezahlt hätte (BFH BeckRS 2016, 95338). In der **Lieferung eines nicht vermieteten Grundstücks** wird im Regelfall keine Geschäftsveräußerung nach § 1 Abs. 1a UStG zu sehen sein (BFH BeckRS 2007, 24003178).

Liegt eine Geschäftsveräußerung im Ganzen vor, ist eine **Option zur Umsatzsteuer** nicht möglich (MüKoInsO/Kern InsO § 165 Rn. 281). Wurde für eine nichtsteuerbare Geschäftsveräußerung die Umsatzsteuer im Kaufvertrag oder in der **Rechnung gesondert ausgewiesen**, schuldet der Veräußerer nach § 14c Abs. 1 S. 1 UStG den ausgewiesenen Betrag ist nach § 14c Abs. 1 S. 3 UStG nur unter den erschwerten Bedingungen des § 14c Abs. 2 S. 3–5 UStG **zur Berichtigung berechtigt**. Wenn der Veräußerer die Rechnung nicht berichtigt und die geschuldete Umsatzsteuer nicht entrichtet, **haftet nach § 75 Abs. 2 AO** nicht der Erwerber für die Umsatzsteuer. Vielmehr haftet die Insolvenzmasse nach § 69 AO für die Umsatzsteuer (OFD Niedersachsen NWB SAAAG-58612). 138

4. Ertragsteuerliche Pflichten des Insolvenzverwalters

Der Insolvenzverwalter hat als Vermögensverwalter gem. § 34 Abs. 3 AO die **Steuererklärungen** für den Schuldner abzugeben. Soweit die Insolvenzmasse einen Gewinn erzielt, unterliegt dieser der jeweils anwendbaren **Ertragsteuer (Gewerbe-, Körperschaft- oder Einkommensteuer)**. 139

Dabei ist die **Einkommensteuer** des Insolvenzschuldners zu entrichten, soweit es sich um eine Masseverbindlichkeit handelt. Im laufenden Insolvenzverfahren wird die Einkommensteuer des Insolvenzschuldners **zunächst einheitlich ermittelt** und in einem zweiten Schritt aufgeteilt. Handelt es sich um eine **Masseverbindlichkeit** (§ 55 InsO), ist sie durch Steuerbescheid gegen den Insolvenzverwalter als Entrichtungsschuldner festzusetzen. Soweit sie **Insolvenzforderung** ist, darf sie vom Finanzamt nicht festgesetzt, sondern muss zur Tabelle angemeldet werden. Soweit die Steuerschuld auf die **Nutzung des insolvenzfreien Vermögens** durch den Schuldner entfällt, ist sie gegen den Insolvenzschuldner durch Steuerbescheid festzusetzen (BFH NZI 2015, 672). 140

Bei der **Einkommensteuer** handelt es sich um eine sonstige Masseverbindlichkeit iSd § 55 Abs. 1 Nr. 1 InsO, wenn der einzelne (unselbstständige) **Besteuerungstatbestand** und damit die Einkünfte nach § 2 Abs. 1 EStG nach Insolvenzeröffnung verwirklicht wurden (BFH NZI 2013, 709). Abzustellen ist dabei auf den Zeitpunkt der Realisierung des Gewinns und nicht auf den Zeitpunkt der Entstehung der **stillen Reserven**. Erst zu diesem Zeitpunkt werden auch stille Reserven mit steuerlicher Wirkung aufgedeckt (BFH NZI 2015, 427) (zur **Versteigerung** → Rn. 684, zur **freihändigen Verwertung** → Rn. 918). 141

5. Grundsteuer

Die **Grundsteuer entsteht** nach § 9 Abs. 2 GrStG mit dem Beginn des Kalenderjahres, für das die Steuer festzusetzen ist. Sie wird gem. § 9 Abs. 1 GrStG nach den Verhältnissen zu Beginn des Kalenderjahres festgesetzt. Wird das **Insolvenzverfahren nach dem Beginn** des Kalenderjahres eröffnet, handelt es sich bei der im Kalenderjahr der Eröffnung entstandenen Forderung um eine Insolvenzforderung. Für den Zeitraum danach und bis zum Ende des Jahres, in die Immobilie verkauft wurde, handelt es sich um Masseverbindlichkeiten. Die Erhebung der **Grundsteuer durch Verwaltungsakt** ist nur zulässig, wenn es sich dabei um eine Masseverbindlichkeit iSd § 55 InsO handelt (OVG LSA BeckRS 2009, 41261). 142

6. Öffentlich-rechtliche Pflichten

Im Zusammenhang mit der Immobilie können Ordnungspflichten entstehen, bei denen zu klären ist, ob diese von der Insolvenzmasse zu erfüllen sind. Die Frage, welcher Umstand eine Ordnungspflicht für eine von der Masse ausgehende Störung begründet, ist ausschließlich nach den Tatbestandsmerkmalen des jeweils **einschlägigen Ordnungsrechts** zu beurteilen. 143

Reicht danach, wie in § 4 Abs. 3 S. 1 BBodSchG, die **tatsächliche Gewalt** über ein Grundstück oder wie in § 11 Abs. 1 iVm § 3 Abs. 6 KrWG/AbfG die tatsächliche Sachherrschaft aus, wird der Insolvenzverwalter bereits mit der Besitzergreifung ordnungspflichtig (BVerwG NVwZ 2004, 1505). Somit ist nach **§ 4 Abs. 3 S. 1 BBodSchG** der Insolvenzverwalter als Inhaber der tatsächlichen Gewalt über ein Grundstück verpflichtet, den Boden und Altlasten sowie durch 144

Immobilienverwertung im Insolvenzverfahren

schädliche Bodenveränderungen oder Altlasten verursachte Verunreinigungen von Gewässern so zu sanieren, dass dauerhaft keine Gefahren, erheblichen Nachteile oder erheblichen Belästigungen für den Einzelnen oder die Allgemeinheit entstehen. Die sich daraus ergebende bodenschutzrechtliche Verantwortlichkeit führt zu ihrer Einordnung als **Masseverbindlichkeit** iSd § 55 Abs. 1 Nr. 1 InsO. Unerheblich ist dabei, dass die Gefahren bereits vor Eröffnung des Insolvenzverfahrens entstanden sind (BVerwG NVwZ 2004, 1505).

145 Knüpft die Pflicht demgegenüber, wie in §§ 5, 22 BImSchG, an die **Stellung als Betreiber** einer Anlage an, ist fragwürdig, ob schon die Inbesitznahme als solche für die ordnungsrechtliche Verantwortlichkeit des Insolvenzverwalters ausreicht (BVerwG NVwZ 2004, 1505). Doch stellt der Verwalter den Betrieb nach Eröffnung nicht sofort ein, sondern führt er ihn zunächst fort, betreibt er damit den Betrieb im immissionsschutzrechtlichen Sinne und löst die Ordnungspflicht aus (BVerwG NZI 1999, 37).

146 Soweit die Ordnungspflicht sich schließlich nicht aus der Verantwortlichkeit für den aktuellen Zustand von Massegegenständen ergibt, sondern an ein in der **Vergangenheit liegendes Verhalten** anknüpft, wie etwa die Verursachung einer schädlichen Bodenveränderung oder Altlast (§ 4 Abs. 3 S. 1 BBodSchG) oder die Erzeugung von Abfall (§ 11 Abs. 1 KrWG/AbfG iVm § 3 Abs. 5 KrWG/AbfG) durch den Gemeinschuldner, kann die Besitzergreifung von vornherein nicht zur persönlichen Inanspruchnahme des Insolvenzverwalters führen; denn seine Sachherrschaft hat keinen Bezug zu den Voraussetzungen, die das Ordnungsrecht in diesen Fällen an die Störereigenschaft stellt (BVerwG NVwZ 2004, 1505).

147 Wenn die **ordnungsrechtliche Verantwortlichkeit den Insolvenzverwalter** trifft, so stellt diese Verpflichtung eine persönliche Pflicht des Insolvenzverwalters dar, die nach § 55 Abs. 1 Nr. 1 InsO als **Masseverbindlichkeit** zu erfüllen ist. Trifft die **Ordnungspflicht demgegenüber als Verhaltensverantwortlichkeit** den Insolvenzschuldner, handelt es sich um eine Insolvenzforderung iSd § 38 InsO. Der Insolvenzverwalter kann in diesem Fall nur nach Maßgabe des Insolvenzrechts in eine von dem Insolvenzschuldner abgeleitete Rechtsstellung einrücken (BVerwG NVwZ 2004, 1505) (zur Möglichkeit der **Freigabe** → Rn. 192).

X. Verwertung der Insolvenzmasse

1. Verwertungsmöglichkeiten des Insolvenzverwalters

148 Gemäß § 80 Abs. 1 InsO geht mit der Insolvenzeröffnung das Recht des Schuldners, über das zur Insolvenzmasse gehörende **Vermögen zu verwalten** und über es zu verfügen, auf den Insolvenzverwalter über. Gemäß § 159 InsO hat der Insolvenzverwalter nach dem Berichtstermin unverzüglich das zur Insolvenzmasse (§ 35 InsO) gehörende **Vermögen zu verwerten,** soweit die Beschlüsse der Gläubigerversammlung nicht entgegenstehen. Vor dem Berichtstermin ist er damit zu einer Verwertung grundsätzlich weder berechtigt noch verpflichtet. Hat die **Gläubigerversammlung** keine Entscheidung über die **Art der Verwertung** eines konkreten Vermögenswertes getroffen, steht die Entscheidung darüber im pflichtgemäßen Ermessen des Insolvenzverwalter. Aufgabe des Insolvenzverwalters ist es gem. § 1 S. 1 InsO, durch bestmögliche Verwertung des Vermögens des Schuldners die Gläubiger gemeinschaftlich zu befriedigen (BGH NZI 2016, 773).

149 Die Verwertung eines mit **Absonderungsrechten belasteten** zur Insolvenzmasse gehörenden unbeweglichen Vermögens (**zur Mitberechtigung** des Schuldners → Rn. 150) durch den Insolvenzverwalter ist in **§ 165 InsO geregelt.** Hiernach kann der Insolvenzverwalter die **Zwangsversteigerung** (→ Rn. 528) eines unbeweglichen Gegenstands der Insolvenzmasse betreiben, auch wenn an dem Gegenstand ein Absonderungsrecht besteht (BGH NZI 2010, 482). Möglich ist zudem eine Verwertung durch den **freihändigen Verkauf** (→ Rn. 882). Die Verwertung kann auch in Form des **Einzugs der Miete** (→ Rn. 956) ggf. im Wege der **stillen Zwangsverwaltung** (→ Rn. 976) erfolgen (BGH NZI 2016, 773), soweit nicht der Grundpfandgläubiger oder der Insolvenzverwalter die **Zwangsverwaltung** betreibt (→ Rn. 769) (BGH NZI 2010, 482). Der Insolvenzverwalter kann den Vermögenswert aus der Insolvenzmasse auch **freigeben** (→ Rn. 180).

2. Grundsätzliche Auseinandersetzung einer Gemeinschaft (§ 84 InsO)

150 Besteht zwischen dem Schuldner und Dritten eine **Gemeinschaft nach Bruchteilen,** eine **andere Gemeinschaft** oder eine **Gesellschaft ohne Rechtspersönlichkeit,** so erfolgt die Teilung oder sonstige Auseinandersetzung gem. § 84 Abs. 1 S. 1 InsO außerhalb des Insolvenzverfahrens. Aus der klarstellenden Bestimmung in § 84 Abs. 1 S. 1 InsO folgt, dass **zwischen dem Insolvenzverfahren** über das Vermögen des Schuldners und dem **Verfahren zur Auseinandersetzung** der Gemeinschaft unterschieden werden muss (BGH NZI 2012, 575). § 84 Abs. 1 S. 1 InsO knüpft daran an, dass das **Insolvenzverfahren nur das Vermögen des Schuldners** (einschließlich eines Neuerwerbs nach § 35 InsO) erfasst, der Anteil des Dritten an dem gemeinschaftlichen Gegenstand dagegen der Aussonderung nach § 47 InsO unterliegt (BGH NZI 2012, 575).

3. Anteil an einer Bruchteilsgemeinschaft (§ 741 BGB)

Von einer **Bruchteilsgemeinschaft** ist auszugehen, wenn **mehreren Personen ein Recht** 151 gemeinsam zusteht, **ohne dass ein weitergehender gemeinsamer Zweck** verfolgt wird. Durch das letztgenannte Kriterium unterscheidet sich die Bruchteilsgemeinschaft von der Gesamthandsgemeinschaft (→ Rn. 160). Die **allgemeinen Vorschriften** zur Bruchteilsgemeinschaft finden sich in den §§ 742 BGB ff. Steht das **Eigentum an einer Sache** mehreren nach Bruchteilen zu, so gelten neben den §§ 741 ff. BGB gem. § 1008 BGB auch die Vorschriften der §§ 1009–1011 BGB.

Auch für den Fall der Bruchteilsgemeinschaft ist **zwischen dem Insolvenzverfahren** über 152 das Vermögen des Schuldners und dem Verfahren zur Auseinandersetzung der Gemeinschaft zu unterscheiden (→ Rn. 150). Der **Anteil eines Miteigentümers** (§§ 1008 ff. BGB) an dem gemeinschaftlichen Gegenstand fällt nicht in die Insolvenzmasse und unterliegt der Aussonderung nach § 47 InsO nach den allgemeinen Vorschriften der Bruchteilsgemeinschaft (→ Rn. 156) (BGH NZI 2012, 575; MüKoInsO/Ganter InsO § 47 Rn. 45).

Gemäß § 747 S. 1 BGB kann jeder **Teilhaber über seinen Anteil**, den ideellen Buchteil 153 verfügen; über den gemeinschaftlichen **Gegenstand im Ganzen** können die Teilhaber gem. S. 2 nur gemeinschaftlich verfügen. Daher ist auch der **Insolvenzverwalter** ohne Zustimmung der weiteren Teilhaber zu einer Verfügung über den gemeinschaftlichen **Gegenstand im Ganzen** und auch zu einer Insolvenzverwalterversteigerung (§§ 172 ff. ZVG) über den gesamten Gegenstand nicht befugt (→ Rn. 529) (BGH NZI 2012, 575). Doch der **Miteigentumsanteil** des Schuldners an einem Grundstück oder grundstücksgleichen Recht (§§ 741 ff. BGB und §§ 1008 ff. BGB) ist zwar als solcher nicht pfändbar. Er unterliegt jedoch der Zwangsvollstreckung in das unbewegliche Vermögen (→ Rn. 300) (§§ 864 Abs. 2, 870 ZPO). Verkauft und versteigert werden kann jedoch nur der ideelle Anteil, und zwar auch von dem Insolvenzverwalter (→ Rn. 529). Für einen ideellen Anteil an einem Grundstück wird es jedoch regelmäßig keine Nachfrage geben, sodass die Versteigerung dieses Anteils regelmäßig nicht sinnvoll sein wird.

Kann der Anteil eines Teilhabers mangels Interessenten nicht verwertet werden, kann jeder 154 Teilhaber nach § 749 Abs. 1 BGB die **Aufhebung der Gemeinschaft verlangen.** Der Teilhaber hat einen Anspruch auf Aufhebung der Gemeinschaft und auf eine den Anteilen entsprechende Teilung und Auskehrung des Versteigerungserlöses (BGH NZI 2014, 565). Dieser Anspruch ist gem. §§ 857, 829 ZPO **pfändbar** (→ Rn. 520) (BGH NZI 2014, 565) und damit **Massebestandteil** und kann von dem Insolvenzverwalter geltend gemacht werden (zum Aussonderungsrecht der weiteren Teilhaber → Rn. 156). Ist die Teilung in Natur ausgeschlossen (§ 752 BGB), so erfolgt die Aufhebung der Gemeinschaft gem. § 753 Abs. 1 S. 1 BGB durch Verkauf der gemeinschaftlichen Gegenstands nach den Vorschriften über den Pfandverkauf, bei Grundstücken durch Zwangsversteigerung und durch Teilung des Erlöses. Bei Immobilien wird die Aufhebung der Gemeinschaft durch Einleitung eines **Teilungsversteigerungsverfahrens** gem. §§ 180 ff. ZVG erfolgen (→ Rn. 871) (BGH BeckRS 2011, 7604). Dieses Recht steht auch dem Insolvenzverwalter zu (BGH NZI 2012, 575).

Gemäß § 749 Abs. 2 BGB kann die Aufhebung auch verlangt werden, und zwar auch ohne 155 Einhaltung einer Kündigungsfrist, wenn das Recht, die Aufhebung zu verlangen, durch **Vereinbarung für immer oder auf Zeit ausgeschlossen wurde** oder eine Kündigungsfrist bestimmt ist, so, wenn ein wichtiger Grund vorliegt. Ein solcher liegt etwa in der Eröffnung des Insolvenzverfahrens über das Vermögen eines Teilhabers (MüKoInsO/Gehrlein InsO § 84 Rn. 21). Daher stellt § 84 Abs. 2 S. 1 InsO klar, dass eine Vereinbarung, durch die bei einer Gemeinschaft nach Bruchteilen das Recht, die Aufhebung der Gemeinschaft zu verlangen, für immer oder auf Zeit ausgeschlossen oder eine Kündigungsfrist bestimmt worden ist, im Insolvenzverfahren keine Wirkung hat (MüKoInsO/Gehrlein InsO § 84 Rn. 21).

Das **Recht des weiteren Miteigentümers** wird im **Hinblick auf sein Miteigentumsanteil** 156 in der Insolvenz eines Mitberechtigten wie das **Aussonderungsrecht** eines Alleineigentümers behandelt (BGH NZI 2010, 897). Steht die gemeinschaftliche Sache im Besitz des Schuldners, können sie Klage auf Einräumung des Mitbesitzes oder auf Auseinandersetzung geltend machen

Immobilienverwertung im Insolvenzverfahren

(MüKoInsO/Gehrlein InsO § 84 Rn. 3). Ist der Schuldner Miteigentümer einer Immobilie, so ergeben sich die **Rechte der Teilhaber gegen Dritte,** die nicht Miteigentümer sind, aus §§ 1011, 432 BGB (Uhlenbruck/Brinkmann InsO § 47 Rn. 12). Nach § 84 Abs. 1 S. 2 InsO steht dem Mitberechtigten **für Ansprüche aus dem Rechtsverhältnis** die abgesonderte Befriedigung zu. Ist jedoch der bei der Auseinandersetzung ermittelte Nettoanteil des insolventen Miteigentümers/Mitgesellschafters festgestellt, gibt es in aller Regel keine Ansprüche mehr, die Gegenstand des in § 84 Abs. 1 S. 2 InsO geregelten Absonderungsrechts sein können, sodass die praktische Bedeutung der Vorschrift gering ist (BGH NZI 2007, 222; MüKoInsO/Ganter InsO § 47 Rn. 50). Die Mitberechtigten bleiben auch nach Insolvenzverfahrenseröffnung berechtigt, die **Auseinandersetzung nach den §§ 749 ff. BGB** (→ Rn. 154) zu verlangen und die Teilungsversteigerung (→ Rn. 871) zu beantragen.

4. Wohnungseigentum, Bruchteilsgemeinschaft

157 **Wohnungseigentum** ist gem. § 1 Abs. 2 WEG das Sondereigentum an einer Wohnung nebst dem Miteigentumsanteil an dem gemeinschaftlichen Eigentum, zu dem es gehört. Das **Sondereigentum entsteht,** indem gem. § 3 Abs. 1 WEG das Miteigentum an einem Grundstück nach § 1008 BGB durch einen Vertrag der Miteigentümer in der Weise beschränkt wird, dass jedem Miteigentümer abweichend von § 93 BGB das Sondereigentum an einer bestimmten Wohnung oder an nicht zu Wohnzwecken dienenden bestimmten Räumen in einem auf dem Grundstück errichteten oder zu errichtenden Gebäude eingeräumt wird. Das Sondereigentum kann gem. § 6 Abs. 1 WEG **nicht ohne den Miteigentumsanteil,** zu dem es gehört, veräußert oder belastet werden. Gemäß § 7 Abs. 1 S. 1 WEG wird für jeden Miteigentumsanteil ein besonderes Grundbuchblatt (**Wohnungsgrundbuch,** Teileigentumsgrundbuch) angelegt.

158 § 84 InsO findet auch auf das Sondereigentum Anwendung (→ Rn. 150).

159 Bei einer WEG ist gem. § 11 Abs. 1 S. 1 WEG kein Wohnungseigentümer berechtigt, die **Aufhebung der Gemeinschaft zu verlangen.** Gemäß § 11 Abs. 1 S. 3 WEG ist eine abweichende Vereinbarung nur für den Fall zulässig, dass das Gebäude ganz oder teilweise zerstört wird und keine Verpflichtung zum Wiederaufbau besteht. Gemäß § 11 Abs. 2 WEG ist zudem das Recht eines Pfändungsgläubigers (§ 751 BGB) sowie das im Insolvenzverfahren bestehende Recht (§ 84 Abs. 2 InsO) ausgeschlossen, die Aufhebung der Gemeinschaft zu verlangen. Daher bleibt es bei der Möglichkeit der freihändigen Verwertung des **ideellen Anteils** oder der Versteigerung des ideellen Anteils (→ Rn. 153). Auch der Insolvenzverwalter kann das Wohnungseigentum freihändig veräußern (→ Rn. 1000) oder im Wege der Zwangsversteigerung nach §§ 172 ff. ZVG verwerten (→ Rn. 531).

5. Anteil an einer Gesamthandsgemeinschaft, GbR

160 Das Gesetz hat Gesamthandsgemeinschaften in Form der **GbR** (§§ 705 ff. BGB), dem **nicht rechtsfähigen Verein** (§ 54 S. 1 BGB), der **OHG** (§ 105 Abs. 3 HGB), der **KG** (§ 161 Abs. 2 HGB), der **ehelichen Gütergemeinschaft** (§ 1416 Abs. 1 S. 1 BGB) und der **Erbengemeinschaft** (§ 2032 Abs. 1 BGB) geregelt.

161 Die **Gemeinschaftsgüter einer GbR** stehen in deren Alleineigentum und nicht im gemeinschaftlichen Eigentum ihrer Gesellschafter (BGH NJW-RR 2014, 149). Steht unbewegliches Vermögen im Eigentum einer Gesamthandsgemeinschaft, fällt dieses daher **nicht in die Insolvenzmasse.**

162 Gemäß § 719 Abs. 1 Hs. 1 Alt. 1 BGB kann ein **Gesellschafter nicht über seinen Anteil** an dem Gesellschaftsvermögen und damit über seine Gesamthandsbeteiligung am Gesellschaftsvermögen nach § 718 Abs. 1 BGB verfügen. Gemäß § 719 Abs. 1 Hs. 1 Alt. 2 BGB kann der Gesellschafter auch **nicht über die einzelnen dazugehörenden Gegenstände** verfügen, da diese in einem einheitlichen Sondervermögen zusammengefasst sind. Diese können von den Gläubigern des Gesellschafters daher gem. § 859 Abs. 1 S. 2 ZPO auch nicht gepfändet werden (iVm § 105 Abs. 3 HGB für OHG, iVm § 161 Abs. 2 HGB für KG). § 859 Abs. 1 S. 1 ZPO eröffnet jedoch die Möglichkeit der **Pfändung des Anteils** eines Gesellschafters an dem Gesellschaftsvermögen einer Gesellschaft nach § 705 BGB (iVm § 105 Abs. 3 HGB für OHG, iVm § 161 Abs. 2 HGB für KG). Gepfändet wird hierbei nach § 859 Abs. 1 ZPO die Mitgliedschaft, und damit das Bündel der Rechte und Pflichten des Gesellschafters.

163 Ist der Insolvenzschuldner **Teilhaber einer Gesamthandsgemeinschaft,** die Eigentümerin unbeweglichen Vermögens ist, so fallen lediglich seine hieraus erwachsenden Rechte und nicht das unbewegliche Vermögen selbst in die Insolvenzmasse (Uhlenbruck/Hirte/Praß InsO § 35 Rn. 161; MüKoInsO/Gehrlein InsO § 84 Rn. 8). Die Rechte des Schuldners übt hierbei im

Immobilienverwertung im Insolvenzverfahren

Insolvenzverfahren der Insolvenzverwalter aus (BGH NZI 2007, 222). Bei dem Anteil des Gesellschafters ist ein **Insolvenzvermerk** in das Grundbuch einzutragen, um die Insolvenzmasse vor Beeinträchtigungen durch einen gutgläubigen Erwerb zu schützen (BGH NZI 2017, 993).

Die **Auseinandersetzung** vollzieht sich nach **gesellschaftsrechtlichen Liquidationsregeln** **164** (§§ 730 ff. BGB) außerhalb des Insolvenzverfahrens (§ 84 Abs. 1 InsO) (OLG München NZI 2017, 612). Die Auseinandersetzung erfolgt nach den §§ 730 ff. BGB bzw. §§ 145 ff. HGB nach einer **Auflösung** der Gesellschaft (→ Rn. 165) oder **dem Ausscheiden** des insolventen Gesellschafters (→ Rn. 166), wobei auch hierbei der Insolvenzverwalter an die Stelle des insolventen Gesellschafters tritt (§ 146 Abs. 3 HGB). Denn nach § 719 Abs. 1 Hs. 2 BGB ist der Gesellschafter **bis zur Kündigung** bzw. Auflösung (§§ 723, 730 ff. BGB) nicht berechtigt, Teilung des Gesellschaftsvermögens zu verlangen. Die **nach der Kündigung** bzw. Auflösung vorzunehmende Gesamtabrechnung aller gegenseitigen Ansprüche erfolgt im Wege der Saldierung nach den für das jeweilige Gemeinschaftsverhältnis geltenden Regelungen des materiellen Rechts (für die GbR §§ 728, 734, 738 BGB) (BGH NZI 2007, 222). Damit können in dem Insolvenzverfahren über das Vermögen eines Gesellschafters nicht die einzelnen Vermögenswerte der Gemeinschaft, sondern nur der nach den Regeln des Gesellschaftsrechts ermittelte **Nettoanteil des ausgeschiedenen** Schuldners zur Masse gezogen werden (BGH NZI 2007, 222).

Die **GbR wird durch die Eröffnung** des Insolvenzverfahrens über das Vermögen eines Gesell- **165** schafters einer GbR mangels abweichender Vereinbarung (→ Rn. 166) **aufgelöst** (§ 728 Abs. 2 S. 1 BGB) (zur OHG und KG → Rn. 166) (BGH NZI 2017, 993) (zum Tod des Gesellschafters → Rn. 167). Die werbende Gesellschaft wird kraft Gesetzes zur Liquidationsgesellschaft und besteht fort zum Zwecke der Abwicklung (§ 730 Abs. 2 S. 1 BGB). Der insolvente Gesellschafter bleibt während des Abwicklungsstadiums deren Gesellschafter (OLG München NZI 2017, 612). In die **Insolvenzmasse fällt** in diesem Fall der Anteil der Insolvenzschuldnerin an der Gesellschaft (OLG München NZI 2017, 612). Dagegen stellt ein **Ausgleichsanspruch der Gesellschaft** gegen den ausgeschiedenen Gesellschafter lediglich eine Insolvenzforderung dar, die zur Tabelle anzumelden ist (MüKoInsO/Gehrlein InsO § 84 Rn. 8). In der Liquidationsgesellschaft nimmt der Insolvenzverwalter entsprechend § 146 Abs. 3 HGB die **Befugnisse des insolventen Gesellschafters** wahr (BGH NZI 2017, 993). Im Rahmen der gesetzlich (dispositiv) angeordneten Gesamtgeschäftsführung (§ 730 Abs. 2 S. 2 Hs. 2 BGB) ist die Mitwirkung des Insolvenzverwalters erforderlich (OLG München NZI 2017, 612). Gemäß § 731 S. 1 BGB **erfolgt die Auseinandersetzung,** wenn keine andere Vereinbarung getroffen worden ist, nach den §§ 732–735 BGB. Nach § 731 S. 2 BGB gelten für die Auseinandersetzung der GbR die Vorschriften über die Gemeinschaft. § 753 Abs. 1 S. 1 Hs. 2 BGB verweist auf die Zwangsversteigerung, und damit auf die besonderen Vorschriften über die Versteigerung zur Aufhebung einer Gemeinschaft in den §§ 180–184 ZVG (BGH NJW-RR 2014, 149). Soweit die Gemeinschaft aufgelöst und eine andere Form der **Aufteilung des unbeweglichen Vermögens** der GbR nicht vereinbart werden kann, erfolgt die Teilung gem. § 753 Abs. 1 BGB im Wege der Teilungsversteigerung (→ Rn. 875) (BGH NJW-RR 2014, 149).

Ist im Gesellschaftsvertrag der GbR geregelt, dass im Falle der Eröffnung des Insolvenzverfahrens **166** über das Vermögen eines Gesellschafters die Gesellschaft unter den übrigen Gesellschaftern fortbestehen soll (sog. **Fortsetzungsklausel**), so scheidet nach § 736 Abs. 1 BGB bei dem Eintritt eines solchen Ereignisses der Gesellschafter, in dessen Person das Ereignis eintritt, aus der Gesellschaft aus. Nach § 131 Abs. 3 Nr. 2 HGB scheidet der **Gesellschafter einer OHG** (oder der KG iVm § 161 Abs. 2 HGB) mit der Eröffnung des Insolvenzverfahrens über sein Vermögen aus der Gesellschaft aus. Scheidet hiernach ein Gesellschafter aus der Gesellschaft aus, so **wächst sein Anteil am Gesellschaftsvermögen** gem. § 738 Abs. 1 S. 1 BGB den übrigen Gesellschaftern zu. Diese sind gem. § 738 Abs. 1 S. 2 BGB verpflichtet, dem Ausscheidenden die Gegenstände, die er der Gesellschaft zur Benutzung überlassen hat, nach Maßgabe des § 732 BGB zurückzugeben, ihn von den **gemeinschaftlichen Schulden** zu befreien. Zudem müssen sie ihm **dasjenige zu zahlen,** was er bei der Auseinandersetzung im Falle des Ausscheidens im Falle der Auflösung der Gesellschaft erhalten hätte. Im Fall einer **zweigliedrigen Gesellschaft** wächst der Anteil dem einzigen übrigen Gesellschafter ebenfalls gem. § 738 Abs. 1 S. 1 BGB an, wenn eine Fortsetzungsklausel vereinbart wurde. Die Gesellschaft wird liquidationslos vollbeendigt, die Aktiva und Passiva gehen im Wege der Gesamtrechtsnachfolge auf ihn über, ohne dass es eines Übertragungsaktes oder einer Übernahmeerklärung bedarf (BGH NZI 2008, 612). Andernfalls ist die Gesellschaft durch das Ausscheiden des vorletzten Gesellschafters erloschen (OLG München NZI 2017, 612) (→ Rn. 165).

Immobilienverwertung im Insolvenzverfahren

6. Nachlassinsolvenzverfahren über das Vermögen eines Gesellschafters

167 Wird eine GbR nach § 727 Abs. 1 BGB mangels abweichender Vereinbarung durch den **Tod eines insolventen Gesellschafters aufgelöst,** vollzieht sich die Vererbung von Anteilen an der nach dem Erbfall fortbestehenden Liquidationsgesellschaft (→ Rn. 165) nach rein **erbrechtlichen Regeln.** So werden bei einer Mehrheit von Erben nicht, wie bei einer noch werbenden Gesellschaft, die einzelnen Erben jeder für sich, sondern in ihrer gesamthänderischen Verbundenheit als Erbengemeinschaft Gesellschafter der Liquidationsgesellschaft (→ Rn. 172) (BGH NZI 2017, 993). In einer Liquidationsgesellschaft übernimmt der Insolvenzverwalter mit der Eröffnung des **Nachlassinsolvenzverfahrens** entsprechend § 146 Abs. 3 HGB die Befugnisse des betreffenden Erben. Daher ist der Nachlassinsolvenzverwalter zur Abwicklung der Liquidationsgesellschaft und als (Gesamt-)Vertreter zur Ausübung der im Grundbuch eingetragenen Rechte der Gesellschaft befugt (BGH NZI 2017, 993). In das Grundbuch ist ein **Insolvenzvermerk** einzutragen, durch den der Übergang der Verfügungsbefugnis auf den Nachlassinsolvenzverwalter dokumentiert wird (BGH NZI 2017, 993).

168 Ist in dem Gesellschaftsvertrag eine sog. **Nachfolgeklausel** enthalten, wonach die Gesellschaft im Fall des Todes eines Gesellschafters nicht aufgelöst, vielmehr mit dessen Erben fortgesetzt wird, wird die Befugnis der Gesellschafter-Erben, über im Grundbuch eingetragene Rechte der GbR zu verfügen, durch die Eröffnung des **Nachlassinsolvenzverfahrens** nicht gem. §§ 80 Abs. 1, 81 Abs. 1 S. 1 InsO eingeschränkt. Vielmehr behalten sie die erlangten Mitgliedschaftsrechte auch im Liquidationsstadium. Die **Abwicklung der Gesellschaft** verbleibt in der Zuständigkeit der Gesellschafter (§ 730 Abs. 2 S. 2 BGB). Es geht dann nämlich auch um unternehmerische Entscheidungen und um Vermögenswerte, die der Gesellschafter-Erbe nach dem Tode des Erblassers mitgestalten soll und die ihm anteilmäßig außerhalb des Nachlassvermögens endgültig verbleiben müssen (BGH NZI 2017, 993). Ein **Insolvenzvermerk** ist daher nicht zulässig (BGH NZI 2017, 993).

7. Gütergemeinschaft, Gesamthandsgemeinschaft

169 Gemäß § 860 Abs. 1 S. 1 ZPO ist bei dem Güterstand der Gütergemeinschaft der Anteil eines Ehegatten oder Lebenspartners an dem Gesamtgut und an den einzelnen dazu gehörenden Gegenständen der **Pfändung nicht unterworfen.** Die **Auseinandersetzung** der im Güterstand der Gütergemeinschaft lebenden Ehegatten richtet sich nach den §§ 1471 ff. BGB, wobei im Falle der **Insolvenz eines Ehegatten** dessen Insolvenzverwalter die Rechte im Rahmen der Auseinandersetzung ausübt.

170 Die **Massezugehörigkeit des Gesamtgutes** wird abweichend von dem Grundsatz in § 84 InsO nach § 37 InsO geregelt. So bestimmt § 37 Abs. 1 S. 1 InsO, dass im Falle der Verwaltung des Gesamtgutes von nur einem Ehegatten und der Eröffnung des Insolvenzverfahrens über das Vermögen dieses Ehegatten, das Gesamtgut im Falle des Güterstandes der Gütergemeinschaft in die Insolvenzmasse fällt.

171 Gemäß § 860 Abs. 2 ZPO ist jedoch der Anteil an dem Gesamtgut **nach der Beendigung der Gemeinschaft** zugunsten der Gläubiger des Anteilsberechtigten der Pfändung unterworfen. Wird das Insolvenzverfahren erst nach der Beendigung der Gütergemeinschaft und vor dem Abschluss der Auseinandersetzung eröffnet, fällt somit der Anteil des betroffenen Ehegatten an dem Gesamtgut in die Insolvenzmasse (MüKoInsO/Gehrlein InsO § 84 Rn. 18).

8. Erbengemeinschaft, Gesamthandsgemeinschaft

172 Wenn der Erblasser mehrere Erben hinterlässt, so wird der Nachlass gem. § 2032 Abs. 1 BGB **gemeinschaftliches Vermögen der Erben.** Gemäß § 2033 Abs. 1 BGB kann der Miterbe über seinen **Anteil am Nachlass verfügen.** Gemäß Abs. 2 kann er jedoch nicht über seinen Anteil an den einzelnen Nachlassgegenständen verfügen. § 859 Abs. 1, 2 ZPO eröffnet jedoch die Möglichkeit der **Pfändung des Anteils eines Miterben** an dem Nachlass. Gepfändet wird gem. § 859 Abs.1 ZPO die Mitgliedschaft, in welcher die Rechte und Pflichten aus dem Gesamthandverhältnis zusammengefasst sind (Ahrens in Prütting/Gehrlein, ZPO, 12. Aufl. 2020, ZPO § 859 Rn. 3). In die **Insolvenzmasse fällt dieser Erbanteil** und die zu diesem Anteil gehörenden Mitwirkungs- und Verfügungsrechte, die zum Zwecke der Verwaltung und der Auseinandersetzung des Nachlasses auf den Insolvenzverwalter übergehen (BGH NZI 2011, 650).

173 Jeder Miterbe kann gem. § 2042 Abs. 1 BGB jederzeit die **Auseinandersetzung verlangen,** soweit sich nicht ein anderes aus den §§ 2043–2045 BGB ergibt. Nach Abs. 2 sind die für die **Bruchteilsgemeinschaft** geltenden Regelungen gem. §§ 749 Abs. 2 und 3, 750–758 BGB entsprechend anzuwenden (zur Bruchteilsgemeinschaft → Rn. 154). Die **Verwertung** erfolgt somit durch die Veräußerung des Erbteils (→ Rn. 153) oder im Rahmen einer von dem Verwalter oder einem anderen Erben beantragten Teilungsversteigerung (→ Rn. 154) (MüKoInsO/Gehrlein InsO § 84 Rn. 17).

Zu denken ist auch an eine Verwertung im Wege der sog. **Abschichtung.** Hiernach kann ein **174** Miterbe durch Vertrag mit den anderen Miterben aus der Erbengemeinschaft ausscheiden, indem er seine Mitgliedschaftsrechte an der Erbengemeinschaft aufgibt, sodass sein Erbteil den verbleibenden Miterben kraft Gesetzes anwächst. Gehört zum Erbe ein im Grundbuch **eingetragenes Recht**, so erfolgt der Wechsel des Berechtigten nach Abschluss eines entsprechenden Vertrages außerhalb des Grundbuchs. Das Grundbuch ist entsprechend zu berichten. Wenn nur ein Miterbe verbleibt, führt jedoch die Anwachsung zum Alleineigentum am Nachlass. Die Erbengemeinschaft endet damit. Die Vereinbarung ist **formfrei**, auch wenn ein Grundstück oder ein grundstücksgleiches Recht zum Nachlass gehört, es sei denn, als Abfindung soll ein solches Recht übertragen werden oder die Formbedürftigkeit ergibt sich aus anderen Gründen (OLG München NZI 2014, 335).

9. Geschäftsanteil an einer juristischen Person

Das Mitglied einer juristischen Person ist **Inhaber** des die Mitgliedschaft verkörpernden **175** Anteilsrechts. An dem Vermögen als solchem sind sie nicht beteiligt. In dem **Insolvenzverfahren über das Vermögen eines Mitglieds** wird dieses Anteilsrecht von dem Insolvenzbeschlag erfasst und die Verfügungs- und Verwaltungsbefugnis über das Anteilsrecht geht mit allen sich daraus ergebenden Rechten und Pflichten auf den Insolvenzverwalter über. Die Verwertung erfolgt über die Verwertung des Anteils (MüKoInsO/Gehrlein InsO § 84 Rn. 19). Eine Beschränkung der Pfändbarkeit des Anteils durch die Satzung nur für den Fall der Vollstreckung oder des Insolvenzverfahrens ist unzulässig (BGH NJW 1975, 1835).

10. Erbbaurecht

Gemäß § 11 Abs. 1 S. 1 ErbbauRG finden auf das Erbbaurecht die sich **auf Grundstücke** **176** **beziehenden Vorschriften** mit Ausnahme der §§ 925, 927, 928 BGB sowie die Vorschriften über Ansprüche aus dem Eigentum entsprechende Anwendung, soweit sich nicht aus dem ErbbauRG ein anderes ergibt.

In der **Insolvenz des Erbbauberechtigten** fällt das Erbbaurecht als grundstücksgleiches Recht **177** in die Insolvenzmasse. Gemäß § 5 Abs. 1 ErbbauRG kann als Inhalt des Erbbaurechts vereinbart werden, dass der Erbbauberechtigte einer Zustimmung des Grundstückseigentümers zur **Veräußerung des Erbbaurechts** bedarf. Zudem sind gem. § 8 ErbbauRG Verfügungen, die im Wege der **Zwangsvollstreckung** oder der Arrestvollziehung oder durch den Insolvenzverwalter erfolgen, insoweit unwirksam, als sie die Rechte des Grundstückseigentümers aus einer Vereinbarung gem. § 5 ErbbauRG vereiteln oder beeinträchtigen würden. Das Zustimmungserfordernis ist auch in einer Verwalterversteigerung nach den §§ 172 ff. ZVG zu beachten (MüKoInsO/Kern InsO § 165 Rn. 308).

Soweit anzunehmen ist, dass durch die Veräußerung der mit der Bestellung des Erbbaurechts **178** verfolgte **Zweck nicht wesentlich beeinträchtigt** oder gefährdet wird, und wenn die Persönlichkeit des Erwerbers Gewähr für eine ordnungsmäßige Erfüllung der sich aus dem Erbbaurechtsinhalt ergebenden Verpflichtungen bietet, so kann der Erbbauberechtigte nach § 7 Abs. 1 S. 1 ErbbauRG die Zustimmung des Grundstückseigentümers zur Veräußerung verlangen. Verweigert dieser die Zustimmung **ohne ausreichenden Grund,** so kann sie auf Antrag des Erbbauberechtigten gem. § 7 Abs. 3 S. 1 ErbbauRG durch das Amtsgericht ersetzt werden, in dessen Bezirk das Grundstück belegen ist. Während des Insolvenzverfahrens des Erbbauberechtigten ist für das Ersetzungsverfahren der **Insolvenzverwalter antragsberechtigt** (OLG Düsseldorf BeckRS 2013, 10981). Als **Grund für eine Verweigerung** wird akzeptiert, wenn nicht sichergestellt ist, dass der Erwerber alle schuldrechtlichen Verpflichtungen aus dem Erbbaurechtsvertrag übernehme, zumindest dann, wenn dem Erbbauberechtigten vertraglich auferlegt worden ist, dem Erwerber des Erbbaurechts alle schuldrechtlichen Verpflichtungen weiterzugeben (OLG Düsseldorf BeckRS 2013, 10981). **Verkauft der Insolvenzverwalter** in der Insolvenz des Erbbauberechtigten das Erbbaurecht, erwirbt der Grundstückseigentümer nicht im Wege der dinglichen Surrogation an dem **Veräußerungserlös ein Absonderungsrecht.** Denn die Rechte des Grundstückseigentümers erlöschen durch den Verkauf des Erbbaurechts nicht. Vielmehr können die Rechte auf Entrichtung von Erbbauzins gegen den Erwerber auf dinglicher Grundlage durch Zwangsvollstreckung in das Erbbaurecht gem. § 9 Abs. 1 S. 1 ErbbauRG iVm §§ 1107, 1147 BGB weiter geltend gemacht werden. Gegenüber einem Erwerber wirken die nicht im Grundbuch eingetragenen

Immobilienverwertung im Insolvenzverfahren

öffentlichen Lasten des Grundstücks fort, da insoweit ein gutgläubiger lastenfreier Erwerb ausgeschlossen ist (BGH NZI 2010, 399).

179   Im Insolvenzverfahren über das **Vermögen des Immobilieneigentümers** fällt die Immobilie in die Insolvenzmasse, wobei die Belastung mit dem Erbbaurecht zu beachten ist (→ Rn. 745).

XI. Freigabe

1. Voraussetzungen

180   Übersteigen die durch Absonderungsrechte gesicherten Forderungen den erwarteten Erlös aus dem Verkauf der Immobilie (**wertausschöpfende Belastung**) oder zur Vermeidung sonstiger mit der Immobilie zusammenhängender finanzieller Lasten (**oktroyierte Masseverbindlichkeiten**, vgl. jedoch → Rn. 188), kann der Insolvenzverwalter auch unbewegliches Vermögen des Schuldners bzw. die diesbezüglichen Rechte des Insolvenzschuldners aus der Insolvenzmasse freigeben (§ 32 Abs. 3 S. 1 InsO).

181   Die Freigabe erfolgt durch eine **formlose, einseitige empfangsbedürftige Erklärung** des Verwalters gegenüber dem Schuldner, wonach auf die Verwaltungs- und Verfügungsbefugnis über den betreffenden Gegenstand verzichtet und dem Schuldner zur freien Verfügung überlassen wird (BGH NZI 2007, 407; MüKoInsO/Busch InsO §§ 32, 33 Rn. 78). Hier ist insbesondere im Falle der Freigabe einer Immobilie an das **Zustimmungserfordernis des § 160** Abs. 2 Nr. 1 InsO zu denken.

182   Abzugrenzen ist die echte Freigabe von der sog. **erkauften Freigabe.** Diese entspricht dem freihändigen Verkauf an den Schuldner.

2. Allgemeine Folgen

183   Mit dem Zugang der Freigabeerklärung **erlischt der Insolvenzbeschlag** und der Schuldner erhält die Verfügungsbefugnis über den Gegenstand zurück (BGH NZI 2007, 407) (zum Insolvenzvermerk → Rn. 66).

184   Mit der Freigabe eines Grundstücks werden **nicht sämtliche mit dem Grundstück** zusammenhängenden Vermögenswerte freigegeben. Vielmehr ist durch Auslegung zu ermitteln, welche Vermögenswerte freigegeben wurden (BGH NZI 2017, 608). Aus der Freigabe der Immobilie folgt nicht zwingend die Freigabe bestehender **Eigentümerpfandrechte** oder Ansprüche auf Rückgewähr nicht valutierter Grundschulden (BGH NZI 2017, 608; 2006, 224). Dagegen ist grundsätzlich davon auszugehen, dass **zugleich auch die Freigabe von Rechten** erfolgt, die die Geltendmachung der Rechte am Grundstück ermöglichen, so die im Zusammenhang mit der Immobilie gegen die Rechtsschutzversicherung bestehenden Ansprüche (BGH NZI 2014, 1048).

185   Die Freigabe stellt einen **dauernden Verzicht** auf die Massezugehörigkeit der Sache und kann **nicht widerrufen** werden (BGH NZI 2014, 501). Diese Freigabe ist im Falle der **Insolvenzzweckwidrigkeit** jedoch unwirksam (BGH NZI 2014, 501). Eine **Anfechtung** ist jedoch nicht möglich, soweit lediglich ein unbeachtlicher Motivirrtum vorliegt (BGH NZI 2014, 501).

186   Im Insolvenzverfahren über das Vermögen einer **juristischen Person** ist der Insolvenzverwalter ebenfalls befugt, einzelne Gegenstände aus der Masse freizugeben (BGH NJW 2005, 2015). Die Verantwortung fällt dann auf die Organe der juristischen Person zurück (BGH BeckRS 2006, 2722).

187   Gibt der Insolvenzverwalter das Eigentum an der Immobilie aus der Insolvenzmasse frei, scheidet es aus der Insolvenzmasse aus und es geht in die **Verwaltungs- und Verfügungsbefugnis der Schuldnerin** über. Es wird Teil des sonstigen Vermögens des Schuldners und ist daher weiterhin von dem **Vollstreckungsverbot des § 89 Abs. 1 InsO** (→ Rn. 71) erfasst (BGH NZI 2009, 382). Die **Insolvenzmasse haftet** dem gesicherten Gläubiger aber dennoch nur nach Maßgabe des § 52 S. 2 InsO auf den Ausfall (→ Rn. 232) (BGH NZI 2009, 380). Zu beachten ist zudem, dass aufgrund der **Rückschlagsperre des § 88 InsO** unwirksame Sicherheiten absolut unwirksam sind und damit auch gegenüber dem Insolvenzschuldner (BGH NZI 2006, 224) (zur Zwangssicherungshypothek → Rn. 390). Eine **Versteigerung durch den Insolvenzverwalter** ist nicht mehr zulässig. Der Insolvenzschuldner kann gegen einen Vollstreckungsantrag nach § 37 Nr. 5 ZVG, §§ 766, 771 ZPO vorgehen (MüKoInsO/Kern InsO § 165 Rn. 129). Der **dingliche Gläubiger** kann jedoch gegen den Schuldner die Zwangsverwertung betreiben (zur Umschreibung des Titels und Zustellung → Rn. 513) (MüKoInsO/Kern InsO § 165 Rn. 198, 226).

3. Steuerlichen Folgen

Die Insolvenzmasse wird durch die Freigabe jedoch **nicht von allen Pflichten frei**. 188
Soweit der **freihändige Verkauf** einer Immobilie des Schuldners **umsatzsteuerpflichtig** ist 189
(→ Rn. 131, → Rn. 906), geht der BFH auch im Falle einer **freihändigen Verwertung** der Immobilie nach der erfolgten echten Freigabe von einer Masseschuld aus, wenn diese im Anschluss der Freigabe verwertet und der Erlös an einen Absonderungsberechtigten ausgekehrt wird, der zugleich Insolvenzgläubiger ist und daher die Insolvenzmasse in dieser Höhe entlastet wird (BFH NZI 2002, 572).

Dagegen kann die Begründung von Masseverbindlichkeiten in Form von **Ertragsteuer** durch 190
eine Freigabe vor der **freihändigen Verwertung** (→ Rn. 921) und der **Versteigerung** (→ Rn. 687) verhindert werden.

Im Falle der **Grundsteuer** haftet die Insolvenzmasse im Falle der Freigabe für die Grundsteuer 191
noch für das Jahr der Freigabe und nur für das Jahr nach der Insolvenzeröffnung als Masseverbindlichkeit (→ Rn. 142). Abzustellen ist auf den Zeitpunkt des Zugangs der Freigabeerklärung an den Schuldner und nicht auf den Zeitpunkt der Löschung des Insolvenzvermerkes (OVG LSA BeckRS 2009, 41261).

4. Öffentlich-rechtliche Pflichten

Im Zusammenhang mit der Immobilie können Ordnungspflichten entstehen, bei denen zu 192
klären ist, ob diese von der Insolvenzmasse zu erfüllen sind (→ Rn. 143). Knüpft die Ordnungspflicht an die **tatsächliche Gewalt** und gibt der Insolvenzverwalter die **Immobilie frei**, kann der Verwalter nicht mehr zu deren Sanierung herangezogen werden, weil er dadurch die tatsächliche Gewalt über diese Flächen verloren hat und daher nicht mehr die bodenschutzrechtlichen Voraussetzungen für eine Inanspruchnahme erfüllt. Die Freigabe der Immobilie ist auch nicht entsprechend § 138 Abs. 1 BGB sittenwidrig, weil sie dazu dient, sich den Gefahrenbeseitigungskosten zu entziehen und diese der Allgemeinheit aufzubürden (BVerwG NVwZ 2004, 1505). Knüpft die Ordnungspflicht an die Stellung des Insolvenzverwalters als **früherer Betreiber** der Anlage, beseitigt dies nicht die als Masseverbindlichkeit eingestufte Ordnungspflicht (BVerwG NZI 1999, 37).

XII. Eigenverwaltung

Der Schuldner ist gem. § 270 Abs. 1 S. 1 InsO berechtigt, unter der Aufsicht eines Sachwalters 193
die Insolvenzmasse zu verwalten und über sie zu verfügen, wenn das Insolvenzgericht in dem Beschluss über die Eröffnung des Insolvenzverfahrens die Eigenverwaltung anordnet.

Gemäß § 282 Abs. 1 S. 1 InsO steht dem Schuldner das Recht zur Verwertung von **Gegenstän-** 194
den zu, an denen Absonderungsrechte bestehen. Zudem darf der Schuldner in diesem Verfahren analog § 165 InsO iVm § 282 InsO im Einvernehmen mit dem Sachwalter die **Versteigerung** der in seinem Eigentum stehenden Immobilie betreiben (Depré ZVG/Cranshaw ZVG § 10 Rn. 39).

C. Überblick der Stellung der einzelnen Gläubiger im Insolvenzverfahren

I. Massegläubiger

Massekosten sind gem. § 53 InsO die Kosten des Insolvenzverfahrens und die sonstigen Masse- 195
verbindlichkeiten.

Diese Verbindlichkeiten sind aus der Insolvenzmasse vorweg und soweit möglich in **voller** 196
Höhe und nicht nur anteilsmäßig wie Insolvenzforderungen zu befriedigen. **Reicht die Insolvenzmasse hierzu nicht aus**, ist die in § 209 InsO geregelte Befriedigungsreihenfolge einzuhalten. Hiernach sind gem. § 209 Abs. 1 Nr. 1 InsO zunächst die Kosten des Insolvenzverfahrens und erst dann die Neumasseverbindlichkeiten (Nr. 2) und die übrigen Masseverbindlichkeiten (Nr. 3) zu bedienen. Stellt sich nach der Insolvenzeröffnung heraus, dass die Insolvenzmasse zur Deckung der Kosten des Verfahrens nicht ausreicht, so stellt gem. § 207 Abs. 1 S. 1 InsO das Insolvenzgericht das Verfahren ein.

Gemäß § 54 InsO sind **Kosten des Insolvenzverfahrens** die Gerichtskosten für das Insolvenz- 197
verfahren und die Vergütungen und die Auslagen des vorläufigen Insolvenzverwalters, des Insolvenzverwalters und der Mitglieder des Gläubigerausschusses.

Immobilienverwertung im Insolvenzverfahren

198 Die **sonstigen Masseverbindlichkeiten** sind in § 55 InsO geregelt. Hervorzuheben sind die Verbindlichkeiten, die durch Handlungen des Insolvenzverwalters oder in anderer Weise durch die Verwaltung, Verwertung und Verteilung der Insolvenzmasse begründet werden (Abs. 1 Nr. 1) und die aus gegenseitigen Verträgen, soweit deren Erfüllung zur Insolvenzmasse verlangt wird, oder für die Zeit nach der Eröffnung des Insolvenzverfahrens erfolgen muss (Abs. 1 Nr. 2).

199 Zu **Abgrenzung** von **Steuerforderung** → Rn. 129, **öffentlich-rechtlichen Pflichten** → Rn. 147, **Forderungen der WEG** → Rn. 240.

II. Insolvenzgläubiger

200 Bei den Insolvenzgläubigern handelt es sich gem. § 38 InsO um **persönliche Gläubiger,** die einen zur Zeit der Eröffnung des Insolvenzverfahrens begründeten Vermögensanspruch gegen den Schuldner haben.

201 Gemäß § 41 Abs. 1 InsO gelten **nicht fällige Forderungen,** etwa aus Darlehen, mit der Insolvenzeröffnung als fällig; soweit es sich um unverzinsliche Forderungen handelt, jedoch reduziert gemäß der Abzinsungsregelungen nach Abs. 2. Bei einem **Kontokorrentvertrag** erlöschen die sich aus der Kontokorrentabrede ergebenden Verpflichtungen gem. §§ 116 Abs. 1, 115 Abs. 1 InsO mit der Eröffnung des Insolvenzverfahrens und es entsteht mit der Insolvenzeröffnung eine kausale Saldoforderung (MüKoInsO/Vuia InsO § 116 Rn. 39).

202 Gemäß § 87 InsO können die Insolvenzgläubiger ihre Forderungen nur nach den Vorschriften der **InsO verfolgen.** Sie müssen ihre Forderungen zur Tabelle anmelden. Soweit ihre Forderung festgestellt wird (§§ 174–186 InsO), nehmen sie nach der Befriedigung der bevorzugten Gläubiger (Massegläubiger → Rn. 195, absonderungsberechtigte Gläubiger → Rn. 211) an einer quotalen Verteilung (§§ 187–206 InsO) teil.

203 Haften dem Insolvenzgläubiger **neben dem Insolvenzschuldner noch weitere Personen** für dieselbe Leistung auf das Ganze, kann er gem. § 43 InsO im Insolvenzverfahren bis zu seiner vollen Befriedigung gegen den Insolvenzschuldner den ganzen Betrag geltend machen, den er zur Zeit der Eröffnung des Verfahrens noch zu fordern hatte. Daher können gem. § 44 InsO der Gesamtschuldner und der Bürge die Forderung, die sie durch eine Befriedigung des Gläubigers künftig gegen den Schuldner erwerben könnten, im Insolvenzverfahren nur geltend machen, wenn der Gläubiger von der Geltendmachung seiner Forderung absieht. Verfügt der persönliche **Gläubiger über eine Sicherheit** an Vermögenswerten des Insolvenzschuldners, kann dieser unter Umständen auch an der quotalen Verteilung teilnehmen (→ Rn. 231).

III. Nachrangige Insolvenzgläubiger

204 Die InsO sieht zudem vor, dass bestimmte Insolvenzforderungen nachrangig zu befriedigen sind. So **regelt § 39 InsO,** dass bestimmte dort genannte Insolvenzforderungen erst nach der vollständigen Befriedigung der Insolvenzgläubiger iSd § 38 InsO (→ Rn. 200) zu befriedigen sind. Zu erwähnen sind hier die seit der Insolvenzeröffnung laufenden Zinsen auf Forderung der Insolvenzgläubiger (Abs. 1 S. 1 Nr. 1). Für das **Nachlassinsolvenzverfahren** sind in § 327 Abs. 1 InsO zudem weitere Verbindlichkeiten genannt, die erst nach vollständiger Befriedigung der in den § 39 InsO bezeichneten Verbindlichkeiten zu erfüllen sind.

205 Gemäß § 174 Abs. 3 S. 1 InsO können die nachrangigen Forderungen zur Tabelle **erst angemeldet werden,** wenn das Insolvenzgericht besonders zur Anmeldung dieser Forderungen auffordert.

IV. Aussonderungsberechtigte Gläubiger

206 Aussonderungsberechtigte Gläubiger sind gem. § 47 S. 1 InsO Gläubiger, die aufgrund eines **dinglichen oder persönlichen Rechts** geltend machen können, dass ein Gegenstand nicht Teil der Insolvenzmasse ist. Zu denken ist hier insbesondere an den **Eigentümer,** den **Miteigentümer,** aber auch den **Forderungsinhaber** (zur Übersicht über mögliche Rechte vgl. Uhlenbruck/Brinkmann InsO § 47 Rn. 10). Ob ein Gegenstand nicht zur Insolvenzmasse gehört, beurteilt sich **nach der materiellen Rechtslage** (MüKoInsO/Ganter InsO § 47 Rn. 34).

207 Das Aussonderungsrecht kann **vor, aber auch nach Insolvenzeröffnung entstehen** (MüKoInsO/Ganter InsO § 47 Rn. 35). Der wirksame Erwerb wird jedoch durch die vorstehend dargestellten **Verfügungsbeschränkungen und Erwerbsbeschränkungen** eingeschränkt (→ Rn. 7, → Rn. 43). Soweit das Aussonderungsrecht vor Insolvenzeröffnung entstanden ist, kann die betreffende Verfügung unter Umständen nach den §§ 129 ff. InsO **angefochten** werden (→ Rn. 76).

Immobilienverwertung im Insolvenzverfahren

Eine Aussonderung kommt nur in Betracht, wenn der betreffende Gegenstand überhaupt **massebefangen ist,** in dem der Insolvenzverwalter diesen rechtlich oder tatsächlich für die Masse beansprucht. Andernfalls kann der Berechtigte allein den Schuldner persönlich oder einen Dritten in Anspruch nehmen (BGH NZI 2008, 554; MüKoInsO/Ganter InsO § 47 Rn. 35a). 208

Besteht ein insolvenzfestes Aussonderungsrecht, wird der Berechtigte **nicht auf eine quotale Befriedigung** aus der Verwertung des Gegenstandes verwiesen. Vielmehr kann er gem. § 47 S. 2 InsO die **Aussonderung des Gegenstandes** aus der Insolvenzmasse nach den außerhalb des Insolvenzverfahrens geltenden Gesetzen verlangen. Dem Aussonderungsberechtigten steht kein Selbsthilferecht zu. Vielmehr kann und muss er den Insolvenzverwalter nach den allgemeinen Regeln ggf. auf Auskunft bzw. Herausgabe in Anspruch nehmen (MüKoInsO/Ganter InsO § 47 Rn. 471i; Uhlenbruck/Brinkmann InsO § 47 Rn. 3) (**im Einzelnen** → Rn. 259 ff.). 209

Ist ein Gegenstand, dessen Aussonderung hätte verlangt werden können, vor der Eröffnung des Insolvenzverfahrens vom Schuldner oder nach der Eröffnung vom Insolvenzverwalter **unberechtigt veräußert worden,** so kann der Aussonderungsberechtigte nach § 48 S. 1 InsO die Abtretung des Rechts auf die Gegenleistung verlangen, soweit diese noch nicht erfüllt wurde (**Ersatzaussonderung**). Nach S. 2 kann er die Gegenleistung aus der Insolvenzmasse verlangen, soweit sie in der Masse unterscheidbar vorhanden ist. 210

V. Absonderungsberechtigte Gläubiger

1. Vorzugsweise Befriedigungsmöglichkeit

Der absonderungsberechtigte Gläubiger kann im Gegensatz zum aussonderungsberechtigten Gläubiger (→ Rn. 209) zwar **nicht die Herausgabe** eines massezugehörigen Gegenstandes verlangen. Das Absonderungsrecht gewährt seinem Inhaber jedoch das **Recht auf vorzugsweise Befriedigung** seines Anspruchs aus der Verwertung des betreffenden, zur Masse gehörigen Vermögensgegenstands (zur Durchsetzung → Rn. 225). Hierzu muss er seine Forderung **nicht zu Insolvenztabelle** anmelden (MüKoInsO/Ganter InsO Vor § 49 Rn. 1), kann es jedoch machen, soweit der Schuldner ihm **auch persönlich haftet** und er aus dem Absonderungsrecht nicht vollständig befriedigt wird (→ Rn. 231). Haftet der Schuldner dem Gläubiger nicht auch persönlich, kann der Gläubiger keine Insolvenzforderung geltend machen. 211

Ist für eine Verbindlichkeit des Insolvenzschuldners durch diesen und durch seinen Gesellschafter eine Sicherheit bestell worden **(Doppelbesicherung),** unterliegt es der freien Entscheidung des Gläubigers, die Gesellschafts- oder die Gesellschaftersicherheit in Anspruch zu nehmen (BGH NZI 2012, 19). Hat **nur ein Dritter eine Sicherheit** für eine Forderung gegen den Schuldner bestellt, ist der Gläubiger nicht Absonderungsberechtigter. Im Falle einer teilweisen Befriedigung durch den Sicherungsgeber unterliegt er nicht der Beschränkung des § 52 InsO. § 43 InsO ist für diesen Fall entsprechend anzuwenden (MüKoInsO/Ganter InsO Vor § 49 Rn. 58). Hiernach kann ein Gläubiger, dem mehrere Personen für dieselbe Leistung auf das Ganze haften, im Insolvenzverfahren gegen jeden Schuldner bis zu seiner vollen Befriedigung den ganzen Betrag geltend machen, den er zur Zeit der Eröffnung des Verfahrens zu fordern hatte. 212

2. Gesetzliche Regelung der Absonderungsrechte

Absonderungsrechte können **nur durch Gesetz begründet werden** (MüKoInsO/Ganter InsO Vor § 49 Rn. 13). Während § 49 InsO die bevorzugte Befriedigung aus **unbeweglichen Gegenständen** regelt (→ Rn. 294), ist die abgesonderte Befriedigung aus **beweglichen Sachen und Rechten** in den §§ 50, 51 InsO geregelt (→ Rn. 450). 213

3. Absonderungsrechte aus unbeweglichen Gegenständen

Nach § 49 InsO sind Gläubiger, denen ein **Recht auf Befriedigung** aus Gegenständen zusteht, die der Zwangsvollstreckung in das **unbewegliche Vermögen** unterliegen, auch nach der Insolvenzeröffnung nach **Maßgabe des Gesetzes** über die Zwangsversteigerung und die Zwangsverwaltung zur abgesonderten Befriedigung berechtigt. 214

§ 49 InsO definiert somit zum einen die **unbeweglichen Gegenstände,** aus denen eine bevorzugte Befriedigung verlangt werden kann, als Gegenstände, die der Zwangsvollstreckung in das unbewegliche Vermögen unterliegen und verweist damit auf die Regelungen in §§ 864 ZPO ff. (→ Rn. 295) (MüKoInsO/Ganter InsO § 49 Rn. 3). 215

Der Kreis der Personen, die ein **Recht auf bevorzugte Befriedigung** aus den unbeweglichen Gegenständen der Insolvenzmasse haben, richtet sich gem. § 49 InsO nach den §§ 10 ff., 155 216

Immobilienverwertung im Insolvenzverfahren

ZVG (→ Rn. 693) (BGH NZI 2011, 731; MüKoInsO/Ganter InsO § 49 Rn. 3). Zu denken ist hier insbesondere an
- die **dinglichen Rechte an einem Grundstück** iSv § 10 Abs. 1 Nr. 4 ZVG (zu den Entstehungsvoraussetzungen → Rn. 320, zum Inhalt und den Rangfragen → Rn. 743), so insbesondere an
    - die Grunddienstbarkeit (§§ 1018 ff. BGB)
    - den Nießbrauch (§§ 1030 ff. BGB)
    - die Hypothek (§§ 1113 ff. BGB) und die Zwangssicherungshypothek (§ 867 ZPO)
    - die Grundschuld (§§ 1191 ff. BGB)
- das Recht zur Befriedigung aufgrund **persönlicher Forderungen** iSv § 10 Abs. 1 Nr. 5 ZVG (zu den Entstehungsvoraussetzungen → Rn. 398, zum Inhalt und den Rangfragen → Rn. 753),
- die privilegierten **Insolvenzforderungen der WEG** iSd § 10 Abs. 1 Nr. 2 ZVG (zu Entstehungsvoraussetzungen → Rn. 404, zum Inhalt und den Rangfragen → Rn. 705),
- sowie die **öffentlichen Lasten** iSd § 10 Abs. 1 Nr. 3 ZVG (zum Inhalt und den Rangfragen → Rn. 727, für den Fall der freihändigen Verwertung → Rn. 901, für den Fall der Versteigerung → Rn. 664).

4. Absonderungsrechte an beweglichen Vermögensgegenständen

217 Die §§ 50, 51 InsO regeln die Absonderungsrechte **an beweglichen** Vermögensgegenständen und **Forderungen** (→ Rn. 450) (Uhlenbruck/Brinkmann InsO § 49 Rn. 2).

218 Zu erwähnen sind die **Mobiliarpfandrechte** nach § 50 InsO, das **Sicherungseigentum** und die Forderungsinhaberschaft aufgrund **Sicherungsabtretung** nach § 51 Nr. 1 InsO sowie die **Zurückbehaltungsrechte** nach § 51 Nr. 2 und 3 InsO.

5. Absonderungsrechte des Teilhabers an einer Gemeinschaft

219 Hervorzuheben ist zudem das Absonderungsrecht der weiteren **Teilhaber an dem Anteil an einer Gesellschaft oder Gemeinschaft** gem. § 84 Abs. 1 S. 2 InsO, an der der Schuldner beteiligt ist (→ Rn. 156).

6. Entstehungsvoraussetzungen, Fälligkeit

220 Die **Entstehungsvoraussetzungen** der genannten Rechte richten sich nach dem materiellen Recht und nicht nach dem Insolvenzrecht (Uhlenbruck/Brinkmann InsO § 49 Rn. 2).

221 Ein insolvenzfestes Absonderungsrecht besteht jedoch nur dann, wenn das zur Absonderung berechtigte materielle Recht zum Zeitpunkt der **Verfahrenseröffnung bereits wirksam begründet** war. Gemäß **§ 80 Abs. 2 S. 2** InsO bleiben die Vorschriften über die Wirkung einer Pfändung oder einer Beschlagnahme im Wege der Zwangsvollstreckung unberührt (→ Rn. 48). Das Entstehen der Absonderungsrechte wird jedoch durch die vorstehend dargestellten **Verfügungsbeschränkungen und Erwerbsbeschränkungen** (→ Rn. 6, → Rn. 43) sowie die **Rückschlagsperre** (→ Rn. 67) und das **Vollstreckungsverbot** (→ Rn. 70) eingeschränkt (Uhlenbruck/Brinkmann InsO § 49 Rn. 5). Soweit eine Rechtshandlung vor Insolvenzverfahrenseröffnung wirksam geworden und damit ein Absonderungsrecht begründet worden ist, könnte dieses ggf. nach den §§ 129 ff. InsO **angefochten** werden (→ Rn. 76). Zu den Einzelheiten wird auf die nachstehenden **Ausführungen zu den einzelnen Absonderungsrechten** verwiesen (→ Rn. 320).

222 Zu bedenken ist, dass das Absonderungsrecht nicht bereits mit der Insolvenzeröffnung nach § 41 InsO **fällig wird,** zumindest dann nicht, wenn der Insolvenzschuldner als Sicherungsgeber **nicht auch persönlicher Schuldner** ist (→ Rn. 201) (BGH NZI 2009, 165). Solange der **Sicherungsfall noch nicht eingetreten** ist, müssen die dem Absonderungsberechtigten zustehenden Erlösanteile aus der Verwertung des Absonderungsgutes entsprechend § 191 Abs. 1 InsO vom Verwalter zurückbehalten werden (BGH NZI 2009, 165). Ist der Schuldner nicht nur Sicherungsgeber, sondern **auch persönlicher Schuldner,** und wurde nicht bereits ein sofortiges Verwertungsrecht des Gläubigers am Sicherungsgut für den Fall der Insolvenz des Schuldners vertraglich vereinbart, wird die entsprechende Anwendung des § 41 InsO weitgehend befürwortet (zum Meinungsstreit MüKoInsO/Bitter InsO § 41 Rn. 15, 16).

7. Rangfragen

223 Die Rangfragen zwischen mehreren Absonderungsrechten richten sich **nach dem materiellen** Recht und nicht nach dem Insolvenzrecht (Uhlenbruck/Brinkmann InsO § 49 Rn. 2). Der **vor-**

Immobilienverwertung im Insolvenzverfahren

rangige Gläubiger wird vor dem nachfolgenden Gläubiger voll befriedigt. Zwischen **gleichrangigen** Gläubigern wird der Erlös im Verhältnis der einzelnen Forderungen verteilt (MüKoInsO/ Ganter InsO Vor § 49 Rn. 73).

Hier ist zunächst von dem Grundsatz des **Prioritätsprinzips** auszugehen, wonach die früher 224 bestellte Sicherheit der später bestellten vorgeht. Dementsprechend haben gleichzeitig entstandene Sicherheiten grundsätzlich gleichen Rang (MüKoInsO/Ganter InsO Vor § 49 Rn. 74). Dies gilt für den Fall der Kollision von **Sicherungsübereignung und Grundpfandrechten** (MüKoInsO/ Ganter InsO Vor § 49 Rn. 74), aber auch von **Sicherungsübereignung und Verpfändung** (MüKoInsO/Ganter InsO Vor § 49 Rn. 74a).

8. Durchsetzung der Rechte

Gemäß § 28 Abs. 2 S. 1 InsO sind die Gläubiger im Eröffnungsbeschluss aufzufordern, dem 225 **Verwalter unverzüglich mitzuteilen,** welche Sicherungsrechte sie an beweglichen Sachen oder an Rechten des Schuldners geltend machen. Unterlässt der Gläubiger die Mitteilung schuldhaft oder verzögert er die Mitteilung, haftet er nach S. 3 für den daraus entstehenden Schaden. Die **konkrete Möglichkeit der Durchsetzung** der Rechte des Gläubigers aus dem Absonderungsrecht richtet sich nach dem konkreten Sicherungsrecht.

Dieses Recht können die Gläubiger auch gegenüber dem **Insolvenzverwalter durchsetzen** 226 (BGH NZI 2011, 138). Werden diese nicht beachtet, können den absonderungsberechtigten Gläubigern gegen die Insolvenzmasse **bereicherungsrechtliche** (§ 55 Abs. 1 Nr. 3 InsO) sowie bei Verschulden **Schadensersatzansprüche** (§ 55 Abs. 1 Nr. 1 InsO) zustehen (Uhlenbruck/ Brinkmann InsO § 49 Rn. 2). Zudem kommt ggf. eine **Ersatzabsonderung** in Betracht (→ Rn. 413) (Uhlenbruck/Brinkmann InsO § 49 Rn. 2). Gegen den Insolvenzverwalter können **Haftungsansprüche** nach § 60 InsO bestehen (BGH NZI 2006, 350; Uhlenbruck/Brinkmann InsO § 49 Rn. 2). Durchsetzen kann der Gläubiger die vorzugsweise Befriedigung mit einer **Klage auf vorzugsweise Befriedigung,** wobei die Klage nicht wie in der Einzelzwangsvollstreckung gem. § 805 ZPO gegen den Vollstreckungsgläubiger, sondern gegen den Insolvenzverwalter zu führen ist, soweit dieser den Gegenstand nicht aus der Insolvenzmasse freigegeben hat (MüKoInsO/Ganter InsO Vor § 49 Rn. 2, 138). **Im Insolvenzplan** können jedoch Eingriffe in das Absonderungsrecht vorgesehen werden, so durch die Aussetzung der Verwertung (§ 223 InsO) oder inhaltliche Modifizierung des Absonderungsrechts (§§ 217, 223, 228 InsO). Zu beachten ist, dass die Rechte der Gläubiger aus einer zu ihrer Sicherung eingetragenen Vormerkung oder ihr Recht, das im Insolvenzverfahren zur abgesonderten Befriedigung berechtigt, durch die **Restschuldbefreiung** nach § 301 Abs. 2 S. 1 InsO nicht berührt werden.

Zudem können sie **auf das Insolvenzverfahren Einfluss** nehmen, so etwa durch die Teil- 227 nahme an der **Gläubigerversammlung** (§ 74 Abs. 1 S. 2 InsO) und die Beantragung der Einberufung einer solchen (§ 75 Abs. 1 Nr. 3, 4 InsO), in der sie auch stimmberechtigt sind und ggf. auch, wenn das Absonderungsrecht bestritten ist (§ 76 Abs. 2 Hs. 2 InsO, § 77 Abs. 3 Nr. 2 InsO). Gemäß § 67 Abs. 2 S. 1 InsO sollen sie im **Gläubigerausschuss** vertreten sein. Soweit der **Insolvenzplan** in ihre Rechte eingreift, können sie über diesen abstimmen (§ 222 Abs. 1 S. 2 Nr. 1 InsO, § 238 InsO) und wenn der Insolvenzschuldner ihnen auch persönlich haftet und soweit sie auf ihr Absonderungsrecht verzichten oder damit ausfallen, stimmen sie als Insolvenzgläubiger ab.

9. Umfang der Sicherung durch das Absonderungsrecht

Das Absonderungsrecht sichert neben der **Hauptforderung** auch die Ansprüche auf **Kosten** 228 **und Zinsen** und zwar auch die **nach der Eröffnung** des Insolvenzverfahrens fällig werdenden und bis zur Verwertung entstandenen Ansprüche auf Kosten und Zinsen (BGH NZI 2008, 542; 2011, 247; MüKoInsO/Ganter InsO Vor § 49 Rn. 59).

Stehen dem Grundpfandgläubiger **mehrere Forderungen zu, die nicht alle gesichert** sind, 229 oder reicht der Erlös nicht zur Tilgung aller Forderungen aus, kann der Schuldner im Rahmen einer **Tilgungsbestimmung** festlegen, auf welche Forderung die Zahlungen erfolgt (§ 366 Abs. 1 BGB), soweit nicht eine andere **Tilgungsreihenfolge vereinbart** worden ist. Zudem steht dem Schuldner das Tilgungsbestimmungsrecht des § 366 Abs. 1 BGB nicht zu, wenn der Gläubiger im Wege der **Zwangsvollstreckung oder durch Verwertung** einer Sicherheit des Schuldners befriedigt wird (BGH NZI 2014, 1044). Ist der Schuldner zur Tilgungsbestimmung nicht berechtigt oder ist eine Tilgungsreihenfolge nicht vereinbart worden, richtet sich die Reihenfolge nach den §§ 366 Abs. 2, 367 BGB. Reicht der Erlös aus der Verwertung des Grundstücks nicht aus, um alle Forderungen des Grundpfandgläubigers zu bedienen, ist der Erlös nicht vorrangig auf die Hauptforderung (einschließlich der bis zur Eröffnung des Insolvenzverfahrens angefallenen Kosten und Zinsen) anzurechnen. Vielmehr gilt auch bei der Berechnung des bei der Verwertung des Absonderungsgutes entstandenen Ausfalls (§ 52 S. 2 InsO) die **Anrechnungsvorschrift des § 367 BGB**. Nach dieser ist eine zur Tilgung der ganzen Schuld nicht ausreichende Leistung zunächst auf die Kosten, dann auf die Zinsen und zuletzt auf die Hauptleistung anzurechnen (BGH NZI 2011, 247). Die Verrechnung ist auch in dieser Reihenfolge vorzunehmen, da der Absonderungsberechtigte, wenn der aus der abgesonderten Befriedigung erzielte Erlös nicht zur vollständigen Befriedigung des Absonderungsberechtigten ausreicht, mit der restlichen Hauptforderung an der Verteilung mit der **Ausfallforderung als nicht nachrangiger Insolvenzgläubiger** gem. §§ 38, 187 ff. InsO teilnehmen kann. Das wäre ihm hinsichtlich der Forderung auf die nach der Eröffnung angefallenen Zinsen durch § 39 Abs. 1 Nr. 1 InsO verwehrt (BGH NZI 2011, 247). Dies gilt auch dann, wenn die nach Eröffnung entstandenen Zinsen und Kosten nicht zur Insolvenztabelle angemeldet worden sind (BGH NZI 2011, 247). Eine von § 367 BGB **abweichende Tilgungsreihenfolge** kann jedoch in der Sicherungsabrede oder zwischen dem Grundpfandgläubiger und dem Insolvenzverwalter vereinbart werden (BGH NZI 2011, 247).

230 **Zinsen und Kosten, welche nach der Verwertung** entstehen, können lediglich als nachrangige Insolvenzforderungen geltend gemacht werden (→ Rn. 204) (MüKoInsO/Ganter InsO Vor § 49 Rn. 61). Soweit der Erlös zur Befriedigung der Hauptforderung und der Nebenforderung nicht ausreicht, kann diese ggf. noch als **Ausfallforderung verfolgt** werden (→ Rn. 231). Soweit es sich um eine **nachrangige Forderung** handelt, bleibt es in diesem Fall bei dem Nachrang.

10. Ausfallhaftung

231 Soweit der Schuldner den absonderungsberechtigten Gläubigern **auch persönlich haftet**, sind sie gem. § 52 S. 1 InsO auch Insolvenzgläubiger. Die persönliche Forderung kann wie eine Insolvenzforderung **zur Tabelle angemeldet** werden (→ Rn. 202). Diese Forderung wird wie eine Insolvenzforderung geprüft und wenn kein Widerspruch erhoben bzw. dieser beseitigt wird (§ 178 Abs. 1 S. 1 InsO), wird die Forderung üblicherweise mit dem Hinweis „für den Ausfall" anerkannt.

232 Der gesicherte Gläubiger nimmt jedoch an der **Verteilung an die Insolvenzgläubiger** (→ Rn. 202) gem. § 52 S. 2 InsO jedoch nur teil, soweit er auf eine abgesonderte Befriedigung verzichtet oder bei ihr ausgefallen ist (sog. **Ausfallhaftung**). Leistet der Insolvenzverwalter **Zahlungen an einen Grundpfandgläubiger,** ist davon auszugehen, dass er auf die Grundschuld und nicht die persönliche Forderung leistet (BGH NJW 1994, 2692). Eine anderslautende Anrechnungsvereinbarung zwischen Insolvenzschuldner und Grundschuldgläubiger bindet den Insolvenzverwalter nicht (BGH NJW 1994, 2692). Ob der Insolvenzverwalter im Falle einer ausdrücklichen Tilgungsbestimmung von der genannten Regel abweichen kann, ist offengelassen worden. Die Vorschrift des § 52 InsO ist ihrem Zweck nach auch anzuwenden, wenn der Insolvenzverwalter den mit einem Absonderungsrecht belasteten Gegenstand aus der **Masse freigegeben hat** (→ Rn. 187) (BGH NZI 2009, 380). Im Falle der **Doppelbesicherung** (→ Rn. 212) kann der Gläubiger seine Ausfallforderung nur insoweit geltend machen, als er auch mit dem Anspruch gegen den Gesellschafter gem. § 44a InsO ausfällt (Uhlenbruck/Hirte InsO § 44a Rn. 7).

233 **Ersteigert der Sicherungsnehmer** die Immobilie des Schuldners unter dem Verkehrswert, gilt er zudem gem. § 114a S. 1 ZVG in Höhe der 7/10-Grenze als befriedigt und kann den Ausfall nur für den Rest geltend machen. Versucht der dingliche Gläubiger, den materiell-rechtlichen Folgen eines eigenen Meistgebots zu entgehen und lässt er daher einen Dritten, einen sog. Strohmann, den Grundbesitz ersteigern, gilt diese Regelung entsprechend (BGH BeckRS 2005, 6717). Die Befriedigungsfiktion gilt auch dann zulasten des Grundpfandgläubigers, wenn er das Recht aus dem Meistgebot auf einen Dritten übertragen hat und diesem der Zuschlag erteilt wird (BGH NJW 1989, 2396; MüKoInsO/Kern InsO § 165 Rn. 93).

234 Gemäß § 190 Abs. 1 S. 1 InsO muss daher der Gläubiger, wenn nicht der Insolvenzverwalter zur Verwertung des Absonderungsgutes berechtigt ist (§ 190 Abs. 3 S. 1 InsO), spätestens innerhalb der **Ausschlussfrist von zwei Wochen** nach der öffentlichen Bekanntmachung der bei der Verteilung zu berücksichtigenden Forderungen und des Massebestandes (§ 189 Abs. 1 InsO iVm § 188 InsO) dem Insolvenzverwalter nachweisen, dass und für welchen Betrag er auf die **abgesonderte Befriedigung verzichtet hat oder bei ihr ausgefallen** ist. Im Falle eines nicht rechtzeitig geführten Nachweises wird die Forderung gem. § 190 Abs. 1 S. 2 InsO bei der Verteilung nicht berücksichtigt. Der nach § 190 Abs. 1 InsO **zu führende Nachweis** des Ausfalls im Rahmen der Schlussverteilung setzt die Darlegung des Verwertungsergebnisses des Haftungsgegenstandes oder zumindest den Nachweis, dass ein erfolgloser Verwertungsversuch unternommen wurde, voraus, sodass eine genaue Bezifferung des Ausfalls möglich ist (BGH NZI 2012, 892; MüKoInsO/

Immobilienverwertung im Insolvenzverfahren

Ganter InsO § 52 Rn. 37). Bei einer **Sicherungsgrundschuld** genügt hierzu bereits der Verzicht auf den Sicherungszweck der Grundschuld, wenn das Recht nicht zugleich Forderungen sichert, die sich gegen einen Dritten richten und dadurch die Sicherungsgrundschuld zweckfrei wird (BGH BeckRS 2011, 251). Muss dagegen der Verzicht auf das zur abgesonderten Befriedigung berechtigende Grundpfandrecht erfolgen, hat dies in der **zum grundbuchlichen Vollzug geeigneten Form** des § 29 GBO zu erfolgen, bei Briefrechten einschließlich der Briefherausgabe (BGH BeckRS 2011, 251).

Soweit ein **Miteigentumsanteil des Insolvenzschuldners** dinglich für Verbindlichkeiten der 235 anderen Miteigentümerin haftete, ist der dinglich Berechtigte nicht Insolvenzgläubiger und es liegt kein Fall des § 52 InsO vor (BGH BeckRS 2011, 251). Soweit ein **Bruchteil eines anderen Miteigentümers** für Verbindlichkeiten des Insolvenzschuldners haftete, ist der dingliche Gläubiger zwar Insolvenzgläubiger (BGH BeckRS 2011, 251). Im Falle einer Teilbefriedigung eines Insolvenzgläubigers aus einer nicht insolvenzbefangenen Sicherheit eines Dritten hinderte dies entsprechend § 43 InsO (→ Rn. 203) nicht den Gläubiger daran, die volle Forderung in der Insolvenz des Schuldners geltend zu machen (BGH BeckRS 2011, 251). Um eine doppelte Inanspruchnahme der Masse zu vermeiden, ist auch hier nach § 44 InsO der Regressanspruch des dinglichen Schuldners gegen die Insolvenzmasse auszuschließen. Soweit der persönliche Gläubiger des Schuldners dinglich durch eine **Gesamtgrundschuld an dem Miteigentumsbruchteil** des Schuldners und eines Dritten gesichert ist, ist zur Teilnahme an der Quotenverteilung (→ Rn. 234) lediglich der Verzicht auf die Sicherung der Insolvenzforderung durch die Gesamtgrundschuld, soweit sie auf dem massebefangenen Grundstücksbruchteil ruht, notwendig (BGH BeckRS 2011, 251).

11. Ersatzabsonderung

Die Regelung des § 48 InsO (→ Rn. 210) ist auf Absonderungsrechte entsprechend anzuwenden 236 (BGH NZI 2010, 339).

VI. WEG

1. Stellung im Insolvenzverfahren

In der Insolvenz eines Wohnungseigentümers hängen die Möglichkeiten der WEG bzw. eines 237 anderen Sondereigentümers, ihre Ansprüche gegen die Insolvenzmasse durchzusetzen, zum einen davon ab, ob es sich um **Insolvenz- oder um Masseforderungen** handelt (→ Rn. 240). Zudem ist zu prüfen, ob in Bezug auf die Forderung ein **Absonderungsrecht** besteht (→ Rn. 404).

Soweit es sich bei den Ansprüchen um **Insolvenzforderungen** handelt, sind diese grundsätz- 238 lich nach den Vorschriften über das Insolvenzverfahren zu verfolgen (§ 87 InsO, → Rn. 202) (BGH NZI 2011, 731). Insolvenzforderungen unterliegen zudem grundsätzlich dem **Vollstreckungsverbot** des § 89 InsO (→ Rn. 202) (BGH NZI 2009, 382). Im Rahmen der angeordneten **Zwangsverwaltung** kommt ggf. eine privilegierte Berücksichtigung der Forderung in Betracht (→ Rn. 834).

Im Hinblick auf **Masseschulden** kann die WEG den Insolvenzverwalter auf **Zahlung verkla-** 239 **gen**. Aus diesem Zahlungstitel kann sie in die Masse vollstrecken. Sie kann auch aus der **Rangklasse 5** des § 10 Abs. 1 ZVG in das zur Masse zugehörige Grundeigentum vollstrecken, sofern die Voraussetzungen des § 90 InsO (→ Rn. 73) nicht vorliegen (BGH NZI 2011, 731). Hat jedoch der Insolvenzverwalter nach § 208 InsO Masseunzulänglichkeit angezeigt, kann die Wohnungseigentümergemeinschaft die Wohngeldforderungen, die nach Insolvenzeröffnung, aber vor Anzeige der Masseunzulänglichkeit entstanden sind (**Altmasseverbindlichkeiten**), weder mit der Zahlungsklage verfolgen noch wegen dieser Ansprüche in die Masse vollstrecken (→ Rn. 73) (§ 209 InsO) (BGH NZI 2011, 731).

2. Wohngeldvorschüsse

Wohngeldvorschüsse, die aufgrund eines **beschlossenen Wirtschaftsplans geschuldet** wer- 240 den (§§ 16 Abs. 2, 28 Abs. 2 WEG), stellen Masseverbindlichkeiten dar, wenn sie erst **nach Insolvenzeröffnung fällig** (→ Rn. 241) geworden sind (BGH NZI 2011, 731). Wohngeldvorschüsse, welche zur Zeit der Verfahrenseröffnung **bereits entstanden und rückständig sind**, stellen dagegen Insolvenzforderungen dar (§ 38 InsO). Unerheblich ist hierfür, ob die **Jahresabrechnung** (§ 28 Abs. 3 WEG) erst nach Eröffnung des Insolvenzverfahrens beschlossen wurde.

Immobilienverwertung im Insolvenzverfahren

Dieser Beschluss hat hinsichtlich der Beitragsrückstände (zur den Abrechnungsspitzen → Rn. 243) aus dem Wirtschaftsplan regelmäßig nur eine bestätigende Wirkung (BGH NZI 2011, 731).

241 Die **Fälligkeit** kann sich aus dem **Teilungsplan** oder einer **Vereinbarung nach § 10 Abs. 2 S. 2 WEG** ergeben. Ist dort keine Regelung getroffen, können die Wohnungseigentümer nach §§ 21 Abs. 7, 28 Abs. 5 WEG die Fälligkeit der Vorschusszahlungen im Beschluss über den Wirtschaftsplan bestimmen. Die Fälligkeit der übrigen Wohngeldansprüche können sie im Jahresabrechnungsbeschluss oder in einem Beschluss über eine Sonderumlage bestimmen. Die WEG kann etwa im Beschluss über den Wirtschaftsplan regeln, dass die Vorschussforderungen aus einem beschlossenen Wirtschaftsplan zu Beginn des Wirtschaftsjahres insgesamt fällig werden, den Wohnungseigentümern jedoch die Möglichkeit zeitlich festgelegter Teilleistungen eingeräumt wird, solange sie nicht mit mindestens zwei Teilbeträgen in Rückstand geraten (BGH NZI 2011, 731). Ist die **Fälligkeit weder ausdrücklich noch konkludent geregelt,** sind die Wohngelder gem. § 28 Abs. 2 WEG auf den jederzeit möglichen Abruf des Verwalters hin fällig (BGH NJW 2018, 2044; NZI 2011, 731).

242 Eine Forderung, welche gegenüber dem Insolvenzschuldner vor Insolvenzeröffnung entstanden ist und damit ihren wirtschaftlichen Ursprung aus der Zeit vor Eröffnung hatte, kann nicht auf dem Umweg des **Umlagebeschlusses teilweise zur Masseverbindlichkeit** konstruiert werden. Daher würde ein Beschluss, nach welchem wegen des Ausfalls einer Forderung gegen den Insolvenzschuldner eine Umlage für sämtliche Eigentümer und damit auch den Insolvenzschuldner beschlossen wird, gegen § 38 InsO verstoßen (BGH NZI 2011, 731).

3. Abrechnungsspitze

243 Die Abrechnungsspitze **ist die Differenz** zwischen den im beschlossenen Wirtschaftsplan veranschlagten, durch Vorschüsse zu deckenden Lasten und Kosten (Wohngeldsoll) und den für das Wohnungseigentum tatsächlich entstandenen Lasten und Kosten. Die Forderung auf Zahlung der Abrechnungsspitze **entsteht erst mit dem Beschluss** der Wohnungseigentümer über die Jahresabrechnung. Die eigene, selbstständige Zahlungspflicht der einzelnen Wohnungseigentümer wird erst durch diesen Beschluss begründet. Wenn die Abrechnungsspitze **nach Eröffnung des Insolvenzverfahrens beschlossen** worden ist, handelt es sich um eine Masseverbindlichkeit (BGH NZI 2011, 731).

VII. Dauerwohnrecht

244 Gemäß § 31 Abs. 1 S. 1 WEG kann ein Grundstück in der Weise belastet werden, dass derjenige, zu dessen Gunsten die Belastung erfolgt, unter Ausschluss des Eigentümers berechtigt ist, eine bestimmte Wohnung zu bewohnen oder in anderer Weise zu nutzen (**Dauerwohnrecht**).

245 Hierbei handelt es sich **nicht um ein grundstücksgleiches** Recht (MüKoInsO/Ganter InsO Vor § 49 Rn. 6), sodass eine abgesonderte Befriedigung nicht verlangt werden kann.

VIII. Nießbrauch

246 Gemäß § 1030 BGB kann eine Sache in der Weise belastet werden, dass derjenige, zu dessen Gunsten die Belastung erfolgt, berechtigt ist, die Nutzungen der Sache zu ziehen (**Nießbrauch**). Gemäß § 1036 Abs. 1 BGB ist er zum **Besitz der Sache** berechtigt. Das **Stammrecht am Nießbrauch** ist gem. § 1059 S. 1 BGB nicht übertragbar. Die **Ausübung des Nießbrauchs** kann jedoch nach S. 2 einem anderen überlassen werden.

247 Der Nießbrauch ist jedoch **pfändbar,** weil § 1059 S. 2 BGB die Überlassung der Ausübung auch ohne besondere Gestattung vorsieht (BGH NJW 2008, 292). Zwar kann die Überlassungsbefugnis des Nießbrauchers aus § 1059 S. 2 BGB wirksam abbedungen werden. Ein solcher Ausschluss hat, sofern er beim Grundstücksnießbrauch im Grundbuch eingetragen ist (§§ 873, 877 BGB), dingliche Wirkung. Der mit dinglicher Wirkung vereinbarte Ausschluss des § 1059 S. 2 BGB führt aber nicht gem. § 857 Abs. 1, 2 ZPO iVm § 851 Abs. 2 ZPO zur Unpfändbarkeit des betreffenden Nießbrauchsrechts. Das **Nutzungsrecht** fällt damit in die Insolvenzmasse (BGH BeckRS 9998, 100875). Der Insolvenzverwalter kann daher die Immobilie nutzen und die Nutzungen (§ 1030 BGB) zur Masse ziehen (MüKoInsO/Peters InsO § 35 Rn. 513).

248 Das **Stammrecht** ist nur eingeschränkt verwertbar. Denn gem. § 857 Abs. 3 ZPO sind auch unveräußerliche Rechte der Pfändung unterworfen, soweit deren Ausübung einem anderen überlassen werden kann, wobei das Gericht nach Abs. 4 besondere Anordnungen erlassen kann. Diese Vorschriften iVm § 1059 S. 1 BGB sollen den Eigentümer vor dem unkontrollierten Wechsel in der Person des Nießbrauchsberechtigten im Wege der Zwangsvollstreckung und damit vor einer unkontrollierbaren Aushöhlung und Entwertung seines Eigentums schützen. Das ist bei einer Erteilung der **Löschungsbewilligung für den Nießbrauch** durch den Insolvenzwalter gegen Zahlung eines Erlöses nicht der Fall, sodass dies ohne Zustimmung des Nießbrauchberechtigten möglich ist (OLG Frankfurt NJW-RR 1991, 445; MüKoInsO/Peters InsO § 35 Rn. 510).

Ist der **Nießbrauchberechtigte eine juristische Person** oder eine rechtsfähige Personenvereinigung, ist der Nießbrauch gem. §§ 1059a–1059e BGB übertragbar, pfändbar und damit unbeschränkt Massebestandteil (MüKoInsO/Peters InsO § 35 Rn. 513). 249

IX. Beschränkt persönliche Dienstbarkeit

Gemäß § 1090 Abs. 1 BGB kann ein Grundstück in der Weise belastet werden, dass der Begünstigte zur Nutzung des Grundstücks in einzelnen Beziehungen berechtigt ist. Zudem kann diesem eine sonstige Befugnis eingeräumt werden, die den Inhalt einer Grunddienstbarkeit bilden kann (**beschränkte persönliche Dienstbarkeit**). Gemäß § 1092 Abs. 1 S. 1 BGB ist die beschränkte persönliche Dienstbarkeit **nicht übertragbar**. Nach § 1092 Abs. 1 S. 2 BGB kann die Ausübung der Dienstbarkeit einem anderen nur überlassen werden, wenn die **Überlassung gestattet ist**. 250

Da beschränkte persönliche Dienstbarkeiten nach § 1092 Abs. 1 S. 1 BGB nicht übertragbar sind, sind sie grundsätzlich **nicht pfändbar** (§§ 857 Abs. 1, 851 ZPO) und fallen damit auch nicht in die Insolvenzmasse. Pfändbar und **Teil der Insolvenzmasse sind sie** hingegen nach § 857 Abs. 3 ZPO, wenn die Ausübung einem anderen überlassen werden kann. Dies ist der Fall, wenn eine zur Pfändbarkeit führende Ausübungsgestattung nach § 1092 Abs. 1 S. 2 BGB besteht, wonach es dem Berechtigten gestattet ist, die Ausübung der Dienstbarkeiten auf Dritte zu übertragen. Hierbei genügt eine nicht im Grundbuch eingetragene Gestattung. Die Eintragung im Grundbuch ist nur insoweit bedeutsam, ob sich ein Grundstückserwerber die Befugnis zur Übertragung der Ausübung entgegenhalten lassen muss (BGH MittBayNot 2007, 47). Ist die Überlassung der Dienstbarkeit an einen anderen gestattet, fällt die persönliche Dienstbarkeit in die Masse. Der **Insolvenzverwalter darf das Ausübungsrecht** einem Dritten gegen Zahlung einer Vergütung überlassen. Dieser kann im Falle einer Klage des vormals Berechtigten nach § 1027 BGB die Überlassung durch den Verwalter einwenden (MüKoInsO/Peters InsO § 35 Rn. 518). 251

Ist der beschränkt Berechtigte **eine juristische Person** oder eine rechtsfähige Personenvereinigung, ist die Berechtigung gem. §§ 1092 Abs. 2, 3, 1059a–1059d BGB übertragbar, pfändbar und damit unbeschränkt Massebestandteil (MüKoInsO/Peters InsO § 35 Rn. 518). 252

X. Wohnungsrecht

Gemäß § 1093 Abs. 1 S. 1 BGB kann als beschränkt persönliche Dienstbarkeit auch das Recht eingeräumt werden, wonach der Begünstigte unter Ausschluss des Eigentümers ein Gebäude oder einen Teil eines Gebäudes **als Wohnung benutzen darf**. Der Inhaber eines Wohnungsrechts ist, wie ein Nießbraucher, nach § 1093 Abs. 1. S. 2 BGB iVm § 1036 Abs. 1 BGB dem Grundstückseigentümer gegenüber gem. § 986 Abs. 1 S. 1 BGB **zum Besitz berechtigt**. Dem Eigentümer steht deshalb kein Herausgabeanspruch zu (BGH NZM 2016, 278). 253

Beschränkt persönliche Dienstbarkeiten, zu denen des Wohnungsrecht gehört, sind nach § 1092 Abs. 1 S. 1 BGB nicht übertragbar und deshalb **mangels Pfändbarkeit** (§ 857 Abs. 1 ZPO) grundsätzlich nicht Gegenstand der Insolvenzmasse (→ Rn. 251) (§ 36 Abs. 1 S. 1 InsO) (OLG München BeckRS 2010, 28885). Liegt keine **Ausübungsgestattung** über den Kreis der nach § 1093 Abs. 2 BGB berechtigten Personen vor, so fällt das Wohnungsrecht mangels Übertragbarkeit und Pfändbarkeit überhaupt nicht in die Insolvenzmasse (OLG München BeckRS 2010, 28885). 254

XI. Vorkaufsrecht

Wer in Ansehung eines Gegenstandes zum Vorkauf berechtigt ist, kann gem. § 463 BGB das Vorkaufsrecht ausüben, sobald der Verpflichtete mit einem Dritten einen Kaufvertrag über den Gegenstand geschlossen hat. Das **schuldrechtliche Vorkaufsrecht** ist gem. § 471 BGB **ausgeschlossen,** wenn der Verkauf im Wege der Zwangsvollstreckung oder aus einer Insolvenzmasse erfolgt. Der durch § 471 BGB für Veräußerungen im Weg der **Zwangsvollstreckung** oder aus einer **Insolvenzmasse** angeordnete Ausschluss des schuldrechtlichen Vorkaufsrechts gilt mangels Verweisung auf § 1098 Abs. 1 S. 2 BGB auch dann, wenn das Grundstück vom Insolvenzverwalter aus **freier Hand** verkauft worden ist (LG Gera BeckRS 2007, 13405). Der Ausschluss gilt entsprechend gem. § 28 Abs. 2 S. 2 BauGB für das **kommunale Vorkaufsrecht** und gem. § 577 Abs. 1 S. 3 BGB für das **Vorkaufsrecht des Mieters**. 255

Immobilienverwertung im Insolvenzverfahren

256 Gemäß § 1094 BGB kann ein Grundstück in der Weise belastet werden, dass der Begünstigte dem Eigentümer gegenüber zum Vorkauf berechtigt ist. Das **dingliche Vorkaufsrecht** nach § 1094 BGB kann gem. § 1098 Abs. 1 S. 2 BGB auch im Falle der **freihändigen Veräußerung** durch den Insolvenzverwalter ausgeübt werden. Zwar kommt dem dinglichen Vorkaufsrecht die **Wirkung einer Vormerkung** (→ Rn. 282) zu. Dieses ist aber nicht gem. § 106 InsO geschützt, wenn der Vorkaufsfall bei Verfahrenseröffnung noch nicht eingetreten ist, sodass in diesem Fall auf die Regelung des § 1098 Abs. 1 S. 2 BGB zurückzugreifen ist (BGH NZI 2006, 395). Übt der **Vorkaufsberechtigte sein Recht aus,** kann er das Grundstück zu den Vertragsbedingungen, die der Insolvenzverwalter mit einem Kaufinteressenten ausgehandelt hat, erwerben. Zu prüfen ist hierbei, ob im Falle eines **subjektiv dinglichen Vorkaufsrechts** (§ 1094 Abs. 1 BGB) dieses als unübertragbares und unvererbliches Recht bestellt worden ist (§ 1098 Abs. 1 BGB, § 473 BGB) und zwischenzeitlich mit dem Tod des Berechtigten erloschen ist. Das Grundbuch ist in diesem Fall nach Vorlage der Sterbeurkunde nach § 22 GBO zu berichtigen. Im Rahmen der **Zwangsversteigerung** kann das dingliche Vorkaufsrecht nicht ausgeübt werden.

D. Aussonderungsrecht an unbeweglichen Gegenständen

257 Wie vorstehend erwähnt können aussonderungsberechtigte Gläubiger nach § 47 S. 2 InsO die Aussonderung des Gegenstandes aus der Insolvenzmasse nach den Gesetzen, die außerhalb des Insolvenzverfahrens gelten, verlangen (→ Rn. 206).

I. Aussonderungsgegenstand

258 Das Aussonderungsrecht kann an **unbeweglichen Vermögenswerten** bestehen. Hierbei ist an Grundstücke und grundstücksgleiche Rechte und das Wohnungseigentum zu denken (MüKoInsO/Ganter InsO § 47 Rn. 20).

II. Durchsetzung des Aussonderungsrechts an unbeweglichen Gegenständen

1. Alleineigentum

259 Der Eigentümer einer unbeweglichen Sache kann in der Insolvenz des Besitzers die Aussonderung dieser Sache im Wege der **Herausgabe verlangen** (MüKoInsO/Ganter InsO § 47 Rn. 37) (soweit der Gegenstand **bereits veräußert** wurde, → Rn. 210).

260 Ist zugunsten des Schuldners im Grundbuch unrichtigerweise das Eigentum an einem Grundstück oder einem begrenzt dinglichen Recht eingetragen, kann der tatsächlich Berechtigte die Aussonderung im Wege der **Grundbuchberichtigung nach § 894 BGB** (Umschreibung oder Löschung auch des Insolvenzvermerkes nach § 32 InsO) und vorläufig das Aussonderungsrecht nach § 899 BGB durch Eintragung eines Widerspruchs sichern (MüKoInsO/Ganter InsO § 47 Rn. 20, 40).

2. Aussonderungssperre für Gesellschafter

261 Wurde dem Schuldner von einem **Gesellschafter ein Gegenstand zum Gebrauch** oder zur Ausübung überlassen, so kann der Aussonderungsanspruch während der Dauer des Insolvenzverfahrens nach § 135 Abs. 3 S. 1 InsO, höchstens aber für eine Zeit von einem Jahr ab Insolvenzeröffnung, nicht geltend gemacht werden, soweit der Gegenstand von erheblicher Bedeutung für die Fortführung des Unternehmens des Schuldners ist.

262 Erfasst sind auch Vermieter, die einem **Gesellschafter wirtschaftlich entsprechen,** wenn der Dritte bei wirtschaftlicher Betrachtung in Folge einer horizontalen oder vertikalen Verbindung einem Gesellschafter gleichsteht. Die Beteiligung kann in der Weise ausgestaltet sein, dass ein Gesellschafter an beiden Gesellschaften, der die Leistung annehmenden und der die Leistung gewährenden Gesellschaft, und zwar an der letztgenannten maßgeblich beteiligt ist. Von einer maßgeblichen Beteiligung ist auszugehen, wenn der Gesellschafter auf die Entscheidungen des hilfeleistenden Unternehmens einen bestimmenden Einfluss ausübt, so über den Abzug oder die Gewährung der Leistung an das andere Unternehmen. Davon ist insbesondere auszugehen, wenn durch Gesellschafterbeschlüsse gem. § 46 Nr. 6 GmbHG dem Geschäftsführungsorgan der Hilfe gewährenden Gesellschaft entsprechende Weisungen erteilt werden können (BGH NZI 2015, 331).

263 Die Nutzung überlassener Gegenstände durch die Insolvenzmasse erfolgt nach § 135 Abs. 3 S. 2 InsO **nicht unentgeltlich.** Grundsätzlich soll der Gesellschafter dieselbe Vergütung erhalten,

Immobilienverwertung im Insolvenzverfahren

die ihm zuvor tatsächlich zugeflossen ist. Doch war etwa für eine Gebrauchsüberlassung eine bestimmte Vergütung vereinbart, wurde diese jedoch nicht entrichtet, so bestimmt sich die Höhe des Ausgleichs nach dem im letzten Jahr tatsächlich vom Schuldner Geleisteten. Falls die Nutzungsdauer ein Jahr unterschreitet, ist der Durchschnitt der während dieses Zeitraums erbrachten Zahlungen zu berücksichtigen. Dabei sind anfechtbare Zahlungen nicht zu berücksichtigen (BGH NZI 2015, 331). Hierbei ist auf den Zeitpunkt der Antragstellung und nicht der Verfahrenseröffnung als Stichtag der Jahresfrist für die Berechnung des Ausgleichsanspruchs abzustellen (BGH NZI 2015, 331).

Besteht jedoch das **vertragliche Nutzungsverhältnis** zwischen dem Gesellschafter und der 264
Gesellschaft nach Verfahrenseröffnung fort, ist der Regelungsbereich des § 135 Abs. 3 InsO nicht berührt. Dauert ein Mietverhältnis gem. § 108 Abs. 1 S. 1 InsO über die Verfahrenseröffnung hinaus fort, kann der Vermieter von dem Insolvenzverwalter die Begleichung der vereinbarten Miete als Masseverbindlichkeit (§ 55 Abs. 1 Nr. 2 Alt. 2 InsO) verlangen (BGH NZI 2015, 331). Der Insolvenzverwalter kann jedoch die weitere Nutzung des Vermögensgegenstandes beanspruchen und zugleich von dem Sonderkündigungsrecht Gebrauch machen. Nach Ablauf der Kündigungsfrist greift die Regelung des § 135 Abs. 3 InsO (BGH NZI 2015, 331).

3. Miteigentum

Der **Anteil eines Miteigentümers** (§§ 1008 ff. BGB) an dem gemeinschaftlichen Gegenstand 265
fällt nicht in die Insolvenzmasse und unterliegt daher der Aussonderung nach § 47 InsO (BGH NZI 2012, 575). Die Auseinandersetzung erfolgt nach den für die Gemeinschaft geltenden allgemeinen Vorschriften (→ Rn. 151).

4. Gesamthand

Steht unbewegliches Vermögen im Eigentum der Gesamthand, ist die Gesamthand aussonde- 266
rungsberechtigt (→ Rn. 161) (MüKoInsO/Ganter InsO § 47 Rn. 51). Auch hier gilt die Regel des § 84 Abs. 1 S. 1 InsO (→ Rn. 164).

III. Wirksamer Erwerb des Aussonderungsrechts an unbeweglichen Gegenständen

1. Eigentums an unbeweglichen Sachen

a) Entstehungsvoraussetzungen. Zur Übertragung eines Rechts an einem Grundstück ist 267
gem. § 873 Abs. 1 BGB die **Einigung** des Berechtigten und des anderen Teils über den Eintritt der Rechtsänderung und die **Eintragung** der Rechtsänderung in das Grundbuch erforderlich. Gemäß § 873 Abs. 2 BGB sind die Beteiligten vor der Eintragung an die Einigung nach Abs. 1 nur gebunden, wenn die Erklärungen notariell beurkundet oder vor dem Grundbuchamt abgegeben oder bei diesem eingereicht sind oder wenn der Berechtigte dem anderen Teil eine den Vorschriften der GBO entsprechende **Eintragungsbewilligung** (§ 29 Abs. 1 S. 1 GBO) ausgehändigt hat.

b) Wirksame Verfügung (§ 81 InsO). Im Falle eines Grundstücksverkaufs stellen die **Eini-** 268
gung nach § 873 Abs. 1 BGB (zum gutgläubigen Erwerb → Rn. 54, zu dessen Anfechtbarkeit → Rn. 60) und der **Antrag auf Eintragung** der Rechtsänderung im Grundbuch bzw. die Bewilligung durch den Schuldner eine Verfügung nach § 81 Abs. 1 S. 1 InsO dar (BGH NZI 2012, 614). Diese Verfügungen kann der Schuldner spätestens ab **Verlust der Verfügungsbefugnis** gem. § 81 Abs. 1 S. 1 InsO nicht mehr wirksam vornehmen (im Insolvenzeröffnungsverfahren → Rn. 6 ff., im Insolvenzverfahren → Rn. 44 ff.).

§ 81 Abs. 1 S. 1 InsO hindert jedoch nicht den Eintritt des **Verfügungserfolges** (→ Rn. 7, 269
zu § 91 InsO → Rn. 270) (BGH NZI 2012, 614). Bei einem **mehraktigen Rechtserwerb** (→ Rn. 17) muss die Verfügungsbefugnis des Schuldners lediglich bis zur Vornahme aller notwendigen Verfügungshandlungen vorliegen (Einigung erfolgt und Eintragungsantrag gestellt) (BGH NZI 2012, 614). Soweit der Anspruch jedoch durch wirksame **Vormerkung gesichert** ist, kann bereits auf den Zeitpunkt des Erwerbes der Vormerkung abzustellen sein (→ Rn. 282).

c) Kein unwirksamer sonstiger Erwerb (§ 91 InsO). Ist der Erwerb nicht nach § 81 Abs. 1 270
S. 1 InsO unwirksam, ist ggf. eine Unwirksamkeit nach § 91 InsO und damit des Eintritts des Verfügungserfolges zu prüfen. Diese Regelung gilt nur im Insolvenzverfahren (→ Rn. 49), dagegen **nicht im Eröffnungsverfahren** (→ Rn. 22). Hiernach ist nach Insolvenzeröffnung eine **Eintragung der Rechtsänderung** grundsätzlich nicht möglich.

Immobilienverwertung im Insolvenzverfahren

271 § 91 Abs. 2 InsO verweist jedoch auch auf **§ 878 BGB,** dem Schutz vor nachträglichen Verfügungsbeschränkungen (→ Rn. 55). § 91 InsO hindert daher den Rechtserwerb nicht, wenn der Eintragungsantrag und eine nach §§ 873 Abs. 2 und 875 Abs. 2 BGB bindende Einigung vor der Insolvenzeröffnung vorlag, und lediglich noch die Eintragung aussteht. Soweit der Anspruch jedoch durch eine wirksame **Vormerkung** gesichert ist, ist bereits auf den Zeitpunkt des Erwerbes der Vormerkung abzustellen (→ Rn. 282).

272 **d) Kein anfechtbarer Erwerb. aa) Maßgeblicher Zeitpunkt.** Die Rechtshandlung, Übereignung gilt im Zeitpunkt der Eintragung im Grundbuch als vorgenommen, wenn nicht die Voraussetzungen des § 140 Abs. 2 InsO vorliegen (→ Rn. 79).

273 **bb) Entgeltlich/Unentgeltlich.** Die Übertragung des Eigentums an einer Immobilie ist weder im Hinblick darauf entgeltlich, dass sie im Rahmen einer **ehebedingten Zuwendung** erfolgt, noch stellt die Übernahme der im Grundbuch eingetragenen Belastungen, und damit nur der **dinglichen Haftung,** eine Gegenleistung dar. Dies kann nur im Fall der Übernahme der persönlichen Haftung der Fall sein (OLG Düsseldorf BeckRS 2018, 25730) (zur **wertausschöpfenden Belastung** → Rn. 276, zur **Zahlung auf die persönliche Schuld** durch den Schuldner → Rn. 101).

274 **cc) Vertrag iSd § 133 Abs. 4 InsO.** Die Grundstücksübertragung bildet einen Vertrag iSd § 133 Abs. 4 InsO (BGH NZI 2016, 773).

275 **dd) Gläubigerbenachteiligung.** Von einer Gläubigerbenachteiligung kann nicht ausgegangen werden, falls die Rechtshandlung die **Zugriffslage der Insolvenzschuldner** nicht verschlechtert hat (→ Rn. 81 ff.).

276 An einer **unmittelbaren Benachteiligung** (→ Rn. 82) fehlt es daher, falls das Grundstück im maßgeblichen Zeitpunkt der insolvenzfesten Übertragung der Immobilie unter Anlegung des in einem Zwangsversteigerungsverfahren realisierbaren Erlöses **wertausschöpfend belastet war,** und zwar auch dann, wenn ein über die dinglichen Belastungen hinausgehender Marktpreis infolge der späteren Eröffnung eines Insolvenzverfahrens und der dadurch bedingten Möglichkeit einer freihändigen Veräußerung erwirkt werden kann (BGH NZI 2016, 773). Zur Ermittlung der dinglichen Belastung ist dabei nicht auf deren nominelle Höhe, sondern auf den Umfang der Valutierung abzustellen (BGH NZI 2018, 934).

277 Denn im Falle einer Gläubigeranfechtung nach dem Anfechtungsgesetz stellt die Übertragung eines dinglich belasteten Grundstücks ebenso wie seine zusätzliche dingliche Belastung nur dann eine objektive Gläubigerbenachteiligung (§ 1 Abs. 1 AnfG) dar, wenn der in der Zwangsversteigerung erzielbare Erlös des Grundstücks die vorrangigen Belastungen und die Kosten des Zwangsversteigerungsverfahrens überstiegen hätte. Dem Anfechtungsgläubiger würde, wenn die angefochtene Übertragung oder Belastung eines Grundstücks unterblieben wäre und er die Zwangsversteigerung hätte betreiben können, lediglich der Versteigerungserlös abzüglich der vorrangigen Belastungen und der Kosten des Zwangsversteigerungsverfahrens zur Befriedigung zur Verfügung stehen (BGH NZI 2016, 773). Im Falle der Insolvenzanfechtung kann bei der Beurteilung einer Gläubigerbenachteiligung (§ 129 Abs. 1 InsO) durch die Übertragung eines dinglich belasteten Grundstücks oder seine zusätzliche dingliche Belastung anstelle des Versteigerungserlöses nur dann auf den höheren Erlös einer freihändigen Verwertung abgestellt werden, wenn der Insolvenzverwalter zu einer solchen Veräußerung rechtlich in der Lage ist (BGH NZI 2016, 773). Setzt der Anfechtungstatbestand, wie etwa § 133 Abs. 4 InsO, eine vor Verfahrenseröffnung verwirklichte unmittelbare Gläubigerbenachteiligung voraus, beurteilt sich die Benachteiligung mangels einer Verwertungsbefugnis des Insolvenzverwalters zum Zeitpunkt des Eintritts der Gläubigerbenachteiligung (→ Rn. 82), nach dem bei einer Zwangsversteigerung zu erwartendem Erlös (BGH NZI 2016, 773).

278 Setzt die Anfechtungsnorm lediglich eine **mittelbare Benachteiligung** (→ Rn. 82) voraus (etwa § 133 Abs. 1 InsO), so sind bei der Übertragung eines Grundstücks die durch die allgemeine Marktlage bedingte Wertsteigerungen, die seit der Vornahme der anfechtbaren Rechtshandlung eingetreten sind, in die Prüfung einer Gläubigerbenachteiligung einzubeziehen (BGH NZI 2016, 773). Hat oder musste jedoch der Insolvenzverwalter eine Versteigung nach der Insolvenzverfahrenseröffnung hinnehmen (zum Einstellungsantrag → Rn. 559), ist der Versteigerungserlös zugrunde zu legen. Andernfalls ist der mögliche Verwertungserlös zum Schluss der mündlichen Tatsachenverhandlung zugrunde zu legen (BGH NZI 2016, 773; 2009, 512). Ist in diesem Zeitpunkt eine objektive Gläubigerbenachteiligung gegeben, und lag davor eine wertausschöpfende Belastung vor, kann sich der Anfechtungsgegner nur darauf berufen, wenn er entweder die wertausschöpfende Belastung mit eigenen Mitteln beseitigt hat oder im Falle einer inzwischen eingetretenen Werterhöhung, wenn diese auf seinen werterhöhenden Maßnahmen beruht (BGH NZI 2009, 512). Wird der Umfang der Valutierung nach der angefochtenen Eintragung im Grundbuch durch Leistung reduziert, kommt das dem Anfechtungsgegner jedoch nicht zugute, wenn diese Leistungen aus den Nutzungen der übertragenen Immobilie erbracht wurden (BGH NZI 2007, 169). Eine sog. freie Spitze ist auch nicht anzunehmen, wenn der Grundschuldgläubiger über weitere Sicherheiten verfügt, soweit er ein Wahlrecht hat, welche Sicherheiten er freigeben will und damit zu einer Freigabe der Grundschuld nicht verpflichtet ist (BGH NZI 2007, 169).

Die **Darlegungs- und Beweislast** für die tatsächlichen Voraussetzungen der Gläubigeranfechtung und damit für die objektive Gläubigerbenachteiligung liegt bei dem Anfechtenden. Fällt die Belastung der Immobile jedoch in den Wahrnehmungsbereich des Anfechtungsgegners, trifft diesen aber die Verpflichtung, Einzelheiten zum Stand der Valutierung der Belastung im maßgeblichen Zeitpunkt vorzutragen. Kommt er dieser sekundären Darlegungslast nicht nach, gilt der Vortrag des Anfechtenden als zugestanden (BGH NZI 2009, 512). 279

Im Zuge der Prüfung der wertausschöpfenden Belastungen können nicht alle **Grundstücksbelastungen** außer Betracht bleiben, **die selbst der Anfechtung unterliegen.** Vielmehr kann sich der die Grundstücksübertragung anfechtende Gläubiger gegenüber dem Einwand des Erwerbers, das Grundstück sei bereits wertausschöpfend belastet gewesen, auf die Anfechtbarkeit der vorrangigen Belastungen nur dann berufen, wenn die Möglichkeit der Anfechtung gerade im Verhältnis zum Grundstückserwerber besteht, dieser also auch insoweit richtiger Anfechtungsgegner wäre (BGH NZI 2018, 934). 280

ee) **Rechtsfolge.** Wird die Übertragung eines nicht wertausschöpfend belasteten Grundstücks mit Erfolg angefochten, kann der Insolvenzverwalter Rückauflassung an die Masse verlangen, um das Grundstück sodann im Wege einer freihändigen Veräußerung zu veräußern und den Erlös der Masse zuzuführen (BGH NZI 2016, 773). 281

2. Vormerkung

Gemäß § 883 Abs. 1 S. 1 BGB **kann zur Sicherung des Anspruchs** auf Einräumung oder Aufhebung eines Rechts an einem Grundstück oder an einem das Grundstück belastende Recht oder auf Änderung des Inhalts oder des Ranges eines solchen Rechts eine Vormerkung in das Grundbuch eingetragen werden. Gemäß § 883 S. 2 BGB ist die Eintragung einer Vormerkung auch zur **Sicherung eines künftigen oder eines bedingten** Anspruchs zulässig. 282

Ist zur Sicherung eines Anspruchs auf Einräumung oder Aufhebung eines Rechts an einem Grundstück des Schuldners oder an einem für den Schuldner eingetragenen Recht oder zur Sicherung eines Anspruchs auf Änderung des Inhalts oder des Ranges eines solchen Rechts eine Vormerkung im Grundbuch eingetragen, so kann der Gläubiger gem. § 106 Abs. 1 S. 1 InsO für seinen Anspruch **Befriedigung aus der Insolvenzmasse** verlangen. Nach § 106 InsO ist der **Insolvenzverwalter verpflichtet,** den vorgemerkten Anspruch gegenüber dem Vormerkungsberechtigten zu erfüllen, wie es außerhalb des Insolvenzverfahrens der Schuldner tun müsste. Er hat mithin für Rechnung der Insolvenzmasse alle Handlungen vorzunehmen, die zum Eintritt der geschuldeten Rechtsänderung erforderlich sind (BGH NZI 2016, 451). Bei einer **Auflassungsvormerkung** muss der Insolvenzverwalter dem Vormerkungsberechtigten deswegen das Eigentum an dem Grundstück verschaffen, also die Auflassung erklären (§§ 873 Abs. 1, 925 BGB) und die Eintragung bewilligen (§ 19 GBO) (BGH NZI 2016, 451). 283

Allerdings muss der Insolvenzverwalter den Anspruch des Vormerkungsgläubigers nur soweit erfüllen, wie er **tatsächlich durch die Vormerkung gesichert** ist (BGH NZI 2016, 451). Die Insolvenzfestigkeit besteht jedoch nur, wenn die Vormerkung selbst im Hinblick auf die gem. § 81 Abs. 1 S. 1 InsO eingetretene **Verfügungsbeschränkung** (→ Rn. 268) wirksam erworben wurde. 284

Die Vormerkung erlischt mit dem **Erlöschen des gesicherten Anspruchs.** Die nach Erlöschen fortbestehende Eintragung erlaubt es jedoch, eine erloschene Vormerkung durch einen neu begründeten Anspruch wieder **„aufzuladen"** oder eine wegen Scheiterns der Begründung des zu sichernden Anspruchs zunächst unwirksame Vormerkung zur Entstehung zu bringen, sofern der neu begründete Anspruch auf dieselbe Leistung wie der zunächst gesicherte Anspruch gerichtet ist und die Vormerkung nicht vereinbarungsgemäß auf die Sicherung eines bestimmten Anspruchs beschränkt ist (BGH BeckRS 2008, 604). Für die Frage, ob der Änderung gegenüber **zwischenzeitlich eingetragenen Rechten der Vorrang** zukommt, ist zu beachten, dass die nach der Vormerkung, aber vor deren „Aufladung" in das Grundbuch eingetragenen Rechte von der Änderung des durch die bestehende Vormerkung gesicherten Anspruchs nicht berührt werden. Denn der Rang der durch die Vormerkung weiter gesicherten Ansprüche bestimmt sich nach dem Zeitpunkt der neuen Bewilligung (BGH BeckRS 2008, 604). Erfolgt diese Erweiterung des Schutzes durch die eingetragene Vormerkung **vor dem Erlass des Verfügungsverbots** nach 285

Immobilienverwertung im Insolvenzverfahren

§ 81 InsO, bleibt der gesicherte Auflassungsanspruch grundsätzlich insolvenzfest (BGH BeckRS 2008, 604).

286 Zudem ist, trotz wirksamen Erwerbs der Vormerkung, die Einschränkung der Erwerbsbeschränkung nach § **91 InsO** zu beachten (→ Rn. 270). Erfolgt die Eintragung der Vormerkung im Grundbuch vor der Begründung des zu sichernden Anspruchs, **entsteht sie erst mit der Begründung des Anspruchs** (BGH BeckRS 2008, 604). Der gesetzlich vorgesehene Vormerkungsschutz für künftige Ansprüche (§ 883 Abs. 1 S. 2 BGB) wäre jedoch sinnentleert, wollte man ihn erst von dem Zeitpunkt an eintreten lassen, in dem die gesicherten Ansprüche entstehen. Von einer Insolvenzfestigkeit des vormerkungsgesicherten künftigen Anspruchs kann jedoch erst ausgegangen werden, wenn die Entstehung des gesicherten Anspruchs nicht nur möglich, sondern deren **sichere Rechtsboden bereits gelegt** ist (BGH NZI 2006, 395). Ein sicherer Rechtsboden wird angenommen, wenn die Entstehung des Anspruchs nur noch **von dem Willen des künftigen Berechtigten abhängt** (BGH NZI 2006, 395). Dagegen ist die Vormerkungsfähigkeit eines künftigen Anspruchs zu verneinen, wenn seine Entstehung ausschließlich vom Willen des Schuldners oder davon abhängt, dass dieser ein Rechtsgeschäft überhaupt erst vornimmt (BGH NZI 2006, 395). Ist durch eine Auflassungsvormerkung ein in notariell beurkundeter Form abgegebenes unwiderrufliches Angebot zum **Abschluss eines Kaufvertrages** über ein Grundstück gesichert gewesen und hat der Käufer das Angebot erst nach Eröffnung des Insolvenzverfahrens über das Vermögen eines der Miteigentümer angenommen, so ist ein solcher künftiger, durch eine vor Verfahrenseröffnung eingetragene Vormerkung gesicherter Auflassungsanspruch insolvenzfest (BGH NZI 2006, 395).

287 Zu beachten ist jedoch, dass die Bestellung der Vormerkung selbst auch gläubigerbenachteiligend und **anfechtbar** sein könnte (→ Rn. 76) und damit die **sichernde Wirkung nicht entfaltet**. Im Hinblick auf den für die **Anfechtung maßgeblichen Zeitpunkt** (→ Rn. 77) gilt nach § 140 Abs. 2 S. 2 InsO die Regelung des Abs. 2 S. 1 mit der Maßgabe, dass der Antrag auf Eintragung einer Vormerkung zur Sicherung des Anspruchs an die Stelle des Antrags auf Eintragung der Rechtsänderung tritt. Abgestellt wird hierbei auf die bindende materielle Bewilligung der Vormerkung als Willenserklärung des Schuldners (BGH NZI 2010, 190). Ist die Bestellung einer Vormerkung, zur Sicherung eines anfechtbaren Auflassungsanspruchs, ebenfalls anfechtbar, kann der Vormerkung die **Anfechtungseinrede** nach § 146 Abs. 2 InsO (→ Rn. 124) entgegengehalten werden (BGH NZI 2010, 190).

288 Zwar ist die Auflassungsvormerkung **kein der Zwangsversteigerung entgegenstehendes Recht** iSv § 28 Abs. 1 ZVG (BGH NJW 2014, 2445). Sie ist jedoch **wie ein eingetragenes Recht** zu behandeln (§ 9 Nr. 1, § 48 ZVG) und daher in das **geringste Gebot aufzunehmen**, wenn sie dem Anspruch des (bestrangig betreibenden) Gläubigers vorgeht (§ 44 Abs. 1 ZVG). Gleiches gilt, wenn die Vormerkung einen bedingten Anspruch sichert (BGH NJW 2014, 2445). Zuzuordnen ist die Auflassungsvormerkung der **Rangklasse 4** des § 10 Abs. 1 ZVG (BGH NJW 2014, 2445).

289 Wenn die **Auflassungsvormerkung in das geringste Gebot** fällt, bleibt sie in der Zwangsversteigerung bei dem Zuschlag bestehen (§ 52 Abs. 1 S. 1 ZVG). Da dem Vormerkungsberechtigten gegenüber der Eigentumserwerb des Erstehers unwirksam ist (§ 883 Abs. 2 BGB), kann dieser, trotz des erfolgten Zuschlags, gegenüber dem Ersteher den gesicherten Übereignungsanspruch durchsetzen (§ 888 Abs. 1 BGB) (BGH NJW 2014, 2445). Geht die Vormerkung dem Recht des (bestrangig betreibenden) Gläubigers im Range nach, ist sie **nicht in das geringste Gebot aufzunehmen.** Der Vormerkungsberechtigte muss in diesem Fall den Eigentumserwerb des Erstehers gegen sich gelten lassen, da die Vormerkung nicht in das geringste Gebot aufzunehmen ist und daher mit dem Zuschlag erlischt (§§ 91 Abs. 1, 52 Abs. 1 S. 2 ZVG). Hiernach tritt der Anspruch auf Wertersatz aus dem Versteigerungserlös an die Stelle des zuvor durch die Vormerkung gesicherten Anspruchs (§ 92 Abs. 2 ZVG, § 888 Abs. 1 BGB) (BGH NJW 2014, 2445).

290 Die Ansprüche der WEG, die die Zwangsversteigerung aus der **Rangklasse 2** des § 10 Abs. 1 ZVG betreibt, gehen stets der Auflassungsvormerkung vor, sodass die Vormerkung auch dann nicht in das geringste Gebot zu berücksichtigen ist, wenn sie bereits vor dem Entstehen der bevorrechtigten Hausgeldansprüche in das Grundbuch eingetragen worden ist. Der Vorrang der § 10 Abs. 1 Nr. 2 ZVG unterfallenden Hausgeldansprüche ergibt sich daraus, dass die Auflassungsvormerkung der Rangklasse 4 des § 10 Abs. 1 ZVG zuzuordnen ist (BGH NJW 2014, 2445).

3. Rückauflassungsanspruch

291 Überträgt ein Dritter das Eigentum an einer Immobilie vor der Insolvenzeröffnung **unentgeltlich an den Schuldner** und vereinbart er in diesem Zusammenhang mit diesem, dass der Schuldner im Fall der Eröffnung des Insolvenzverfahrens über sein Vermögen verpflichtet ist, das **Eigentum zurück** zu übertragen, ist die **Vereinbarung grundsätzlich wirksam** (BGH BeckRS 2008, 604). Dieser vereinbarte bedingte Übertragungsanspruch kann zudem gem. § 883 Abs. 1 BGB durch eine **Vormerkung** gesichert werden (BGH BeckRS 2008, 604). Gemäß § 883 S. 2 BGB kann auch ein künftiger Anspruch durch eine Vormerkung gesichert werden. Wird diese Vereinbarung vor dem Erlass des Verfügungsverbots gegen den Schuldner (→ Rn. 268) getroffen, ist der durch die eingetragene Vormerkung gesicherte Auflassungsanspruch grundsätzlich insolvenzfest (→ Rn. 282) (BGH BeckRS 2008, 604). Der **Insolvenzverwalter schuldet** in diesem Fall gem. § 106 InsO die Rückübereignung der Immobilie (BGH BeckRS 2008, 604).

Verkauft ein Dritter an den Schuldner eine Immobilie und wird in dem Kaufvertrag ein unentgeltliches Rücktrittsrecht für den Fall der Insolvenzeröffnung über das Vermögen des Schuldners vereinbart, kann darin jedoch eine die **Anfechtung rechtfertigende** Gläubigerbenachteiligung liegen (BGH NZI 2018, 22). **Keine Gläubigerbenachteiligung** liegt jedoch vor, wenn das Rücktrittsrecht von vornherein Bestandteil des gegenseitigen Vertrags ist und der Schuldner Rechte an der Sache ausschließlich aufgrund dieses Vertrags erworben hat, welcher den Berechtigten aufgrund der Rücktrittsklausel in den Stand versetzt hatte, den Zugriff der Gläubiger auf die Sache jederzeit verhindern zu können (BGH NZI 2018, 22). Das ist bei dem Erwerb eines Grundstücks durch den Schuldner der Fall, welches vom Zeitpunkt des Erwerbs an für jeden Fall des Gläubigerzugriffs mit einem durch eine Vormerkung gesicherten Rückübertragungsanspruch zugunsten des Verkäufers belastet ist. In diesem Fall erwirbt der Schuldner lediglich einen Vermögensgegenstand, der mit einem insolvenzfesten Rückforderungsrecht behaftet ist (BGH NZI 2018, 22). Eine gläubigerbenachteiligende Rechtshandlung liegt jedoch vor, wenn ein Rücktrittsrecht und seine Absicherung für den Insolvenzfall erst **nachträglich vereinbart werden.** Durch eine solche nachträgliche Vereinbarung werden die zuvor aufgrund des geschlossenen Vertrags bestehenden Zugriffsmöglichkeiten der Gläubiger verkürzt. Hierin liegt eine anfechtbare Gläubigerbenachteiligung (BGH NZI 2018, 22).

Zudem ist von einer gläubigerbenachteiligenden Rechtshandlung auszugehen, wenn der Schuldner zu einer **unentgeltlichen Rückübertragung** verpflichtet ist. Hat der Schuldner dem Vertragspartner ein Rücktrittsrecht eingeräumt und macht der Vertragspartner von dem Rücktrittsrecht Gebrauch, entsteht ein Rückgewährschuldverhältnis gem. §§ 346 ff. BGB mit beiderseitigen Rechten und Pflichten. Hiernach kann der Schuldner im Falle eines Rücktritts von dem Kauf den bezahlten Kaufpreis und die hieraus gezogenen Nutzungen vom Verkäufer verlangen (§ 346 Abs. 1 BGB). Zudem kann er den Ersatz notwendiger Verwendungen und anderer Aufwendungen geltend machen (§ 347 Abs. 2 BGB). In der Verpflichtung des Schuldners zu einer unentgeltlichen Rückgewähr liegt jedoch auch ein Verzicht auf diese Ansprüche. Hierdurch werden die Gläubiger benachteiligt. Dies hat jedoch im Insolvenzfall nicht zur Folge, dass der Vertrag **vollständig rückgängig gemacht** werden muss. Vielmehr ist nur der unentgeltliche Teil rückgängig zu machen (BGH NZI 2018, 22). In diesem Fall ist der Insolvenzverwalter nur zur Auflassung und Herausgabe der Immobilie Zug-um-Zug gegen Rückzahlung des Kaufpreises und Ersatz der Verwendungen verpflichtet (§ 348 S. 1 BGB), vorbehaltlich des Vorliegens der weiteren Anfechtungsvoraussetzungen, etwa aus § 133 InsO (BGH NZI 2018, 22).

E. Absonderungsrecht aus unbeweglichen Gegenständen

Wie vorstehend erwähnt regelt § 49 InsO die abgesonderte Befriedigung aus unbeweglichen Gegenständen (→ Rn. 214).

I. Definition der unbeweglichen Gegenstände (§ 49 InsO, 864 ZPO)

So definiert § 49 InsO die unbeweglichen Gegenstände, aus denen eine bevorzugte Befriedigung verlangt werden kann, als Gegenstände, die der Zwangsvollstreckung in das unbewegliche Vermögen unterliegen und verweist damit auf die Regelungen in § 864 ZPO ff. (MüKoInsO/Ganter InsO § 49 Rn. 3). Erfasst werden hiernach:

1. Grundstücke und Wohnungseigentum (§ 864 Abs. 1 ZPO)

Gemäß § 864 Abs. 1 ZPO unterliegen **Grundstücke** (§ 3 Abs. 1 S. 1 GBO) der Zwangsvollstreckung in das unbewegliche Vermögen.

Das **Wohnungs- und Teileigentum** gem. § 1 Abs. 2 und 3 WEG wird wie das Eigentum am Grundstück behandelt und unterliegt daher wie ein Grundstück der Zwangsvollstreckung in das unbewegliche Vermögen (MüKoInsO/Ganter InsO § 49 Rn. 5; Zöller/Seibel ZPO § 864 Rn. 1).

Immobilienverwertung im Insolvenzverfahren

2. Grundstücksgleiche Rechte, Berechtigungen (§§ 864 Abs. 1, 870 ZPO)

298 Gemäß § 864 Abs. 1 ZPO unterliegen grundstücksgleiche Rechten der Zwangsvollstreckung in das unbewegliche Vermögen. In erster Linie ist an das **Erbbaurecht** (§§ 1, 11 Abs. 1 ErbbauRG) und das **Wohnungs- und Teilerbbaurecht** (§ 30 WEG) zu denken (MüKoInsO/Ganter InsO § 49 Rn. 6; Zöller/Seibel ZPO § 864 Rn. 2). Das Dauerwohn- und Dauernutzungsrecht (§ 31 WEG) sowie das landesrechtliche Erbpachtrecht (Art. 63 EGBGB) sind dagegen nicht erfasst (MüKoInsO/Ganter InsO § 49 Rn. 6).

3. Schiffe und Luftfahrzeuge und Bahneinheiten

299 Der Zwangsvollstreckung in das unbewegliche Vermögen unterliegen weiterhin die im Schiffsregister eingetragenen **Schiffe und die Schiffsbauwerke,** die im Schiffsbauregister eingetragen sind oder in dieses Register eingetragen werden können (§ 864 Abs. 1 ZPO). Zudem sind die Luftfahrzeuge (§ 99 Abs. 1 LuftRG) und **Bahneinheiten** (§ 871 ZPO) erfasst.

4. Bruchteil (§ 864 Abs. 2 ZPO)

300 Gemäß § 864 Abs. 2 ZPO **unterliegt auch ein Bruchteil** der in Abs. 1 genannten Objekte (insbesondere Grundstück, grundstücksgleiches Recht) der Zwangsvollstreckung in das unbewegliche Vermögen, wenn der Bruchteil in dem Anteil eines Miteigentümers besteht (§§ 741, 1008 BGB) oder wenn sich der Anspruch des Gläubigers auf ein Recht gründet, mit dem der Bruchteil als solcher belastet ist (→ Rn. 414) (zur **Gemeinschaft** → Rn. 416).

5. Haftungsverband, Erzeugnisse, Bestandteile (§ 865 ZPO, § 1120 BGB, §§ 94 ff. BGB)

301 Die **Zwangsvollstreckung in das unbewegliche Vermögen umfasst** gem. § 865 Abs. 1 ZPO auch Gegenstände, auf die sich bei Grundstücken und Berechtigungen gem. § 854 Abs. 1 ZPO die Hypothek erstreckt (§§ 1120–1130 BGB). Die Hypothekengläubiger (gem. § 1192 Abs. 1 BGB die Grundschuldgläubiger) können im Zuge der Verwertung nicht nur auf das Grundstück, sondern auch auf die in den **§§ 1120 ff. BGB genannten Gegenstände** als Sicherungsgut zurückgreifen (**Hypothekenhaftungsverband,** im Einzelnen → Rn. 420 ff.).

6. Haftungsverband, Miet- und Pachtforderung (§§ 1123 ff. BGB)

302 Wie vorstehend dargelegt **umfasst die Zwangsvollstreckung** in das unbewegliche Vermögen gem. § 865 Abs. 1 ZPO auch Gegenstände, auf die sich bei Grundstücken und Berechtigungen die Hypothek erstreckt (§§ 1120–1130 BGB). Im Hinblick auf erfasste **Miet- und Pachtforderung** wird auf die nachstehenden Ausführungen verweisen (→ Rn. 458).

7. Haftungsverband, Forderung aus Versicherungsleistungen (§§ 1127–1130 BGB)

303 a) **Erstreckung auf die Forderung auf Versicherungsleistung.** Sind Gegenstände, die von dem Haftungsverband der Hypothek erfasst sind (→ Rn. 301), für den Eigentümer oder den Eigenbesitzer des Grundstücks versichert, so ist die **Forderung gegen den Versicherer** für die versicherten Gegenstände gem. § 1127 Abs. 1 BGB (iVm § 1192 Abs. 1 BGB) ebenfalls von dem Haftungsverband des Grundpfandrechts erfasst. Das **Absonderungsrecht** des Grundpfandgläubigers erstreckt sich daher auch auf diese Forderungen. Diese Regelung soll als eine **Ausnahmevorschrift** ein praktisches Bedürfnis erfüllen und beruht nicht auf der dinglichen Surrogation. Die Regelung kann daher **nicht auf Schadensersatzansprüche des Eigentümers** wegen einer Beschädigung des Grundstücks entsprechend angewandt werden (MüKoInsO/Ganter InsO § 49 Rn. 32; BGH NJW 2006, 771).

304 Die Haftungserstreckung auf die Versicherungsforderung **setzt voraus,** dass im Zeitpunkt des Eintritts des Versicherungsfalles neben einem wirksamen Versicherungsvertrag auch das Grundpfandrecht bzw. zumindest eine dessen Erwerb sichernde Vormerkung bestanden hat (MüKoInsO/Ganter InsO § 49 Rn. 33) (weitere Voraussetzungen im Falle der **Gebäudeversicherung** → Rn. 305, zur Versicherung **anderer Gegenstände** → Rn. 309). Die **Haftungserstreckung ist zudem begrenzt** auf den Betrag, mit dem das Grundpfandrecht im Zeitpunkt des Versicherungsfalls valutiert (MüKoInsO/Ganter InsO § 49 Rn. 33). Sind **mehrere Grundpfandgläubiger** vorhanden, bestimmt das Rangverhältnis an dem jeweiligen Recht auch den Rang am Versicherungsanspruch (MüKoInsO/Ganter InsO § 49 Rn. 32). Sind die Bestandteile und das Zubehör

im Zeitpunkt des Versicherungsfalles von dem **Haftungsverband nicht mehr erfasst** (gem. § 1121 BGB, → Rn. 438, oder § 1122 BGB, → Rn. 442), werden auch die Versicherungsforderungen frei (MüKoInsO/Ganter InsO § 49 Rn. 32).

b) Besonderheiten im Fall einer Gebäudeversicherung (§ 1128 BGB). Ist ein Gebäude 305 versichert, **erwirbt der Grundpfandgläubiger** gem. § 1128 Abs. 3 BGB (unter Verweis auf §§ 1279 ff. BGB) mit Wirksamwerden des Grundpfandrechts und des Versicherungsvertrages vor Eintritt des Versicherungsfalles ein Pfandrecht an der Versicherungsforderung (MüKoInsO/Ganter InsO § 49 Rn. 34). Ist der **Versicherungsfall erst nach Insolvenzeröffnung** eingetreten, und hatte der Grundpfandgläubiger somit bis zur Insolvenzeröffnung in Bezug auf die Versicherungsforderung noch keine gesicherte Rechtstellung erworben, gilt diese Sonderregelung nicht, sodass sich das Recht des Grundpfandgläubigers nach den Regeln zur Versicherung über einen anderen Gegenstand als ein Gebäude richtet (→ Rn. 309) (MüKoInsO/Ganter InsO § 49 Rn. 36).

Die Regelung des § 1128 BGB gilt auch für das **versicherte Zubehör**, wenn es in die Gebäu- 306 deversicherung einbezogen ist. Ist es selbstständig versichert, greift jedoch § 1129 BGB (→ Rn. 309) (BeckOK BGB/Rohe, 52. Ed. 1.11.2019, BGB § 1128 Rn. 3). § 1128 BGB gilt jedoch nicht für eine Versicherung für **Gebäudebestandteile** (zB Glasbruchversicherung) oder für Grundstücksbestandteile, die keine Gebäude sind (BeckOK BGB/Rohe, 52. Ed. 1.11.2019, BGB § 1128 Rn. 3).

Vor Eintritt der Pfandreife kann der Versicherer gem. § 1281 S. 1 BGB die **Versicherungs-** 307 **leistung** nur gemeinschaftlich an den Versicherungsnehmer und den Grundpfandgläubiger leisten. **Ab Eintritt der Pfandreife** kann er diese gem. § 1282 Abs. 1 S. 1 BGB nur noch an den Grundpfandgläubiger erbringen (MüKoInsO/Ganter InsO § 49 Rn. 34). Unter den in § 1128 Abs. 1 und 2 BGB genannten Voraussetzungen ist auch eine befreiende Zahlung an den Versicherten möglich (MüKoInsO/Ganter InsO § 49 Rn. 34). Das aus § 1128 Abs. 3 BGB hergeleitete **Einziehungsrecht** steht nach § 1290 BGB nur dem erstrangigen Grundpfandgläubiger zu (BGH NJW 1981, 1671; MüKoInsO/Ganter InsO § 49 Rn. 34). Im Falle einer **Wiederherstellungsklausel** ist unter den in § 1130 BGB genannten Bedingungen eine befreiende Zahlung auch an den Versicherten möglich (MüKoInsO/Ganter InsO § 49 Rn. 34a). Für den Fall einer Gebäudeversicherung werden in **§§ 142 ff. VVG** zudem besondere Regelungen getroffen. So ist insbesondere in § 143 VVG eine Nachhaftung des Versicherers zugunsten des Grundpfandgläubigers im Falle eines „**kranken Versicherungsverhältnisses**" geregelt. Zugunsten der Insolvenzmasse wird der Versicherer dagegen von der Leistungspflicht frei (MüKoInsO/Ganter InsO § 49 Rn. 34a).

Im Falle der **Versteigerung** eines brandgeschädigten Hausgrundstücks unterliegt die Versiche- 308 rungsforderung der Grundpfandhaft, wenn das Grundpfandrecht in das **geringste Gebot** fällt. Fällt das Grundpfandrecht dagegen **nicht in das geringste Gebot** und erlischt es daher, setzt sich der Versicherungsanspruch jedoch am Versteigerungserlös fort, wenn berücksichtigt worden ist, dass der Ersteher mit dem Zuschlag auch die Forderung gegen den Versicherer erwirbt (MüKoInsO/Ganter InsO § 49 Rn. 37).

c) Besonderheit, sonstige Schadensversicherung (§ 1129 BGB). Ist ein **anderer Gegen-** 309 **stand als ein Gebäude** versichert, so bestimmt sich die Haftung der Forderung gegen den Versicherer gem. § 1129 BGB nach den Vorschriften des § 1123 Abs. 2 S. 1 BGB (→ Rn. 462) und des § 1124 Abs. 1, 3 BGB (→ Rn. 469) und somit nach den **Regeln über die Miet- und Pachtforderung**. Die **Wirksamkeit der Verfügung** über die Versicherungsforderung gegenüber dem Grundpfandgläubiger richtet sich somit nach den Regeln über die Miet- und Pachtforderung. Die sonstigen Gegenstände sind von dem **Absonderungsrecht** des Grundpfandrechtsgläubigers somit erst ab der Beschlagnahme (→ Rn. 444) erfasst (MüKoBGB/Lieder, 8. Aufl. 2020, BGB § 1127 Rn. 13). Die **Beschlagnahme** kann durch Anordnung der Zwangsversteigerung oder Zwangsverwaltung sowie der Pfändung und Überweisung des Versicherungsanspruch erfolgen, wobei im Falle der Beschlagnahme durch Zwangsversteigerung gem. § 21 Abs. 1 ZVG die Forderung aus einer Versicherung für land- und forstwirtschaftliche Erzeugnisse des Grundstücks nur erfasst wird, soweit die Erzeugnisse noch mit dem Boden verbunden oder soweit sie Zubehör des Grundstücks sind. Dies ist durch eine Beschlagnahme durch Zwangsverwaltung dagegen möglich (§ 148 Abs. 1 ZVG) (MüKoBGB/Lieder, 8. Aufl. 2020, BGB § 1129 Rn. 5 ff.). Die **Einziehung der Versicherungsforderung** durch den Eigentümer für mithaftendes Zubehör vor der Beschlagnahme ist somit auch nicht rechtswidrig, und zwar auch, wenn eine im selben Zeitpunkt vorgenommene Veräußerung des Zubehörs zu keiner Enthaftung geführt hätte (MüKoInsO/Ganter InsO § 49 Rn. 35). Die Wirksamkeit richtet sich eben nach den Regeln zu den Miet- und Pachtforderungen (§§ 1123 ff., → Rn. 459) und nicht nach § 1120 BGB. Dem Grundpfandgläubiger ist es unbenommen, auch **nach Eröffnung des Insolvenzverfahrens** die Beschlagnahme zu

Immobilienverwertung im Insolvenzverfahren

erwirken und damit ein Absonderungsrecht an den Versicherungsforderungen zu begründen. § 91 InsO steht dem nicht entgegen (MüKoInsO/Ganter InsO § 49 Rn. 35).

8. Haftungsverband, Recht auf wiederkehrende Leistung (§ 1126 BGB)

310   Ist mit dem Eigentum an dem Grundstück ein Recht auf wiederkehrende Leistungen verbunden (§ 96 BGB), so **erstreckt sich die Hypothek** gem. § 1126 S. 1 BGB auf die Ansprüche auf diese Leistungen. Zu denken ist hierbei an **Erbbauzinsen**, Ansprüche aus **Reallasten, Überbau- und Notwegrenten** (MüKoInsO/Ganter InsO § 49 Rn. 31). Der Anspruch auf Schadensersatz für schuldhaft **nicht gezogene Nutzungen** wird von § 1126 BGB dagegen nicht erfasst (MüKoInsO/Ganter InsO § 49 Rn. 31), auch nicht das Entgelt für das **Dauerwohnrecht** (→ Rn. 244) und das **Vorkaufsrecht** (→ Rn. 255) (MüKoBGB/Lieder, 8. Aufl. 2020, BGB § 1126 Rn. 5, 6).

311   Das **Freiwerden von dieser Haftung** ist im Hinblick auf die beweglichen Sachen und die Rechte an die **Miet- und Pachtforderungen** angeglichen worden. Dementsprechend werden nach S. 2 die Vorschriften des § 1123 Abs. 2 S. 1 BGB, des § 1124 Abs. 1, 3 BGB und des § 1125 BGB (→ Rn. 462 ff.) für entsprechend anwendbar erklärt. Anstelle des § 1124 Abs. 2 BGB, auf den nicht verwiesen wird, bestimmt S. 3, dass eine **vor der Beschlagnahme erfolgte Verfügung** über den Anspruch auf eine Leistung, die erst drei Monate nach der Beschlagnahme fällig wird, dem Hypothekengläubiger gegenüber unwirksam ist.

312   Damit werden von dem Haftungsverband nur Leistungen erfasst, welche **nicht länger als ein Jahr vor der Beschlagnahme** fällig waren (§ 1123 Abs. 2 BGB, → Rn. 462). **Verfügungen bis zur Beschlagnahme** sind dem Hypothekengläubiger in den Grenzen des S. 3 wirksam. Nach der Beschlagnahme ist der Einzug dem Hypothekengläubiger grundsätzlich unwirksam.

9. Haftungsverband, Bestandserweiterung (§ 1131 BGB, § 890 Abs. 2 BGB)

313   Wird ein Grundstück nach § 890 Abs. 2 BGB einem anderen Grundstück im Grundbuch zugeschrieben, so erstrecken sich die an diesem Grundstück bestehenden Hypotheken gem. § 1131 S. 1 BGB **auf das zugeschriebene Grundstück**. Umgekehrt erstrecken sich die Grundpfandrechte des zugeschriebenen Grundstücks **nicht auf das Hauptgrundstück**, sodass lediglich der reale Grundstücksteil des zugewiesenen Grundstücks für die an ihm begründeten Rechte haftet (MüKoInsO/Ganter InsO § 49 Rn. 39). Dies gilt auch im Falle der **Vereinigung von Grundstücken nach § 890 Abs. 1 BGB,** in dem der Eigentümer die Grünstücke im Grundbuch als ein Grundstück eintragen lässt (MüKoInsO/Ganter InsO § 49 Rn. 39; BGH BeckRS 1977, 31117128).

10. Gesamthypothek (§ 1132 BGB)

314   Ist für eine Forderung ein Grundpfandrecht an mehreren Grundstücken (**Gesamthypothek**) bestellt, so haftet gem. § 1132 Abs. 1 S. 1 BGB (für Grundpfandrechte iVm § 1192 Abs. 2 BGB) **jedes Grundstück für die ganze Forderung.** Nach § 1132 Abs. 1 S. 2 BGB kann der **Gläubiger die Befriedigung** nach seinem Belieben aus jedem der Grundstücke ganz oder zu einem Teil suchen, soweit diesbezüglich nicht eine Vereinbarung mit den Eigentümern getroffen wurde (MüKoInsO/Ganter InsO § 49 Rn. 40). Der Grundpfandgläubiger kann einzelne Grundstücke auch aus der **Mithaft entlassen**, etwa durch den Verzicht auf die Hypothek an einem Grundstück, was nach § 1175 Abs. 1 S. 2 BGB zum Erlöschen der Hypothek führt, oder durch Aufhebung der Hypothek durch Rechtsgeschäft, was nach § 1183 S. 1 BGB mit Zustimmung des Eigentümers möglich ist.

315   Hat der Grundpfandgläubiger die Haftungserstreckung hiernach nicht eingeschränkt, so ist **im Insolvenzverfahren eines Immobilieneigentümers** mit seiner vollen Forderung absonderungsberechtigt (MüKoInsO/Ganter InsO § 49 Rn. 41). Die **Ausübung des Rechts** aus § 1132 Abs. 1 S. 2 BGB ist nicht als ein Rechtserwerb iSd § 91 InsO zu sehen, da die Immobilie von Beginn an für die gesicherte Forderung haftet und nicht erst mit der Ausübung des Wahlrechts (MüKoInsO/Ganter InsO § 49 Rn. 41).

316   In der **Insolvenz des Grundpfandgläubigers** fällt das Ausübungsrecht in die Insolvenzmasse und wird von dem dortigen Insolvenzverwalter ausgeübt (MüKoInsO/Ganter InsO § 49 Rn. 41).

11. Umfang der Haftung (§ 1118 BGB)

317   Zum Umfang der Sicherung durch das Absonderungsrecht kann zunächst auf die **grundsätzlichen Ausführungen** verwiesen werden (→ Rn. 228). Gemäß § 1118 BGB iVm § 1192 BGB

Immobilienverwertung im Insolvenzverfahren

haftet das Grundstück kraft dem Grundpfandrecht auch für die **gesetzlichen Zinsen** der Forderung sowie für die **Kosten der Kündigung und der die Befriedigung** aus dem Grundstück bezweckenden Rechtsverfolgung.

Über die **dinglichen Zinsen** wird in der Regel eine ausdrückliche Regelung getroffen, die in das Grundbuch eingetragen wird (§§ 1115 Abs. 1, 1192 Abs. 1 BGB). Bei unverzinslichen Forderungen oder wenn der Zinssatz niedriger als fünf vom Hundert ist, kann das Grundpfandrecht nach §§ 1119 Abs. 1, 1192 Abs. 1 BGB ohne Zustimmung der im Range gleich- oder nachstehenden Berechtigten dahin erweitert werden, dass das Grundstück für Zinsen bis zu fünf vom Hundert haftet. 318

Der Anspruch auf die **Zinsen ist bei der Grundschuld** abstrakt (§ 1192 Abs. 2 BGB). Von der Sicherungsgrundschuld sind alle Haupt- und Nebenforderungen gesichert. Der laufende Zinsanspruch und der aus den beiden letzten Jahren rückständige Anspruch ist in der Zwangsversteigerung oder Zwangsverwaltung mit dem Rang des § 10 Abs. 1 Nr. 4 ZVG, § 155 Abs. 2 S. 1 ZVG zu berücksichtigen (→ Rn. 750) (BGH NZI 2005, 619). 319

II. Ersterwerb eines Grundpfandrechts, Rangklasse Nr. 4 (§ 10 Abs. 1 Nr. 4 ZVG)

Wie vorstehend erwähnt bestimmt § 49 InsO den Kreis der Personen, die ein **Recht auf bevorzugte Befriedigung** aus den unbeweglichen Gegenständen der Insolvenzmasse haben (→ Rn. 216), und verweist dabei auf die §§ 10 ff. ZVG, § 155 ZVG (→ Rn. 691). Eine abgesonderte Befriedigung aus diesen Rechten ist jedoch nur möglich, wenn diese **insolvenzfest entstanden** sind. Nachfolgend werden die Entstehungsvoraussetzungen der gängigen Rechte dargestellt. 320

1. Bestellung von Grundpfandrechten

Hierbei ist das Augenmerk zunächst auf die in der Praxis relevanten Grundpfandrechte gem. §§ 1113 ff. BGB zu richten (zu den einzelnen Rechten → Rn. 743). Das wirksam begründete Grundpfandrecht gibt dem Grundpfandgläubiger nach §§ 1147, 1192 Abs. 1 BGB einen **Anspruch auf Duldung der Zwangsvollstreckung**, dh auf Verwertung des Grundstücks und in Insolvenzverfahren ein **Absonderungsrecht** an dem Sicherungsgut. 321

Gemäß **§ 873 Abs. 1 BGB** ist zur Belastung eines Grundstücks mit einem Recht sowie zur Übertragung oder Belastung eines solchen Rechts die **Einigung** des Berechtigten und des anderen Teils über den Eintritt der Rechtsänderung und die **Eintragung der Rechtsänderung** in das Grundbuch erforderlich. Der Berechtigte muss zudem die Eintragung der Änderung gem. **§ 19 GBO bewilligen**. 322

Gemäß § 1113 Abs. 1 BGB kann ein **Grundstück in der Weise belastet** werden, dass an denjenigen, zu dessen Gunsten die Belastung erfolgt, eine bestimmte Geldsumme zur Befriedigung wegen einer ihm zustehenden Forderung aus dem Grundstück zu zahlen ist (**Hypothek**). Die Hypothek entsteht durch eine **Einigung** zwischen dem Forderungsgläubiger mit dem Immobilieneigentümer, wonach für eine zusichernde Forderung an seinem Grundstück eine Hypothek bestellt wird, sowie durch **Eintragung** und ggf. durch **Briefübergabe** (§§ 1113, 873, 1115, 1116 BGB). Gemäß § 1117 Abs. 1 S. 2 BGB kann die **Übergabe des Briefes ersetzt** werden durch die Einigung nach § 929 S. 2 BGB, wenn der Gläubiger den Brief bereits auf andere Weise erlangt hat oder durch Vereinbarung eines Besitzmittlungsverhältnisses (§ 930 BGB) oder durch die Abtretung des Herausgabeanspruchs (§ 931 BGB) gegen den Besitzer des Briefes. Gemäß § 1117 Abs. 2 InsO kann auch vereinbart werden, dass der Gläubiger berechtigt ist, sich den Brief von dem Grundbuchamt aushändigen zu lassen. Nach § 1116 Abs. 2 S. 1 BGB kann die **Erteilung des Briefes ausgeschlossen** werden. Als akzessorisches Sicherungsmittel ist die **Valutierung** der gesicherten Forderung (→ Rn. 353 ff.) Entstehungsvoraussetzung der Hypothek. Solange die Forderung, für welche die Hypothek bestellt ist, nicht zur Entstehung gelangt, steht die Hypothek gem. § 1163 Abs. 1 S. 1 BGB dem Eigentümer als Eigentümergrundschuld zu (§ 1177 Abs. 1 BGB) (zum **Erlöschen der Forderung** und der **Darlegungslast** → Rn. 325). 323

Die Voraussetzungen für die **Entstehung einer Grundschuld** sind nach den §§ 1191, 1192 BGB die gleichen wie bei der Hypothek, mit Ausnahme des Vorliegens der zu sichernden Forderung. Gemäß § 1192 Abs. 1 BGB ist das Entstehen und der Fortbestand der Grundschuld nicht davon abhängig, ob die **zu sichernde Forderung** entstanden und damit valutiert ist, ob sie durch die Rückzahlung des Darlehens bereits ganz oder teilweise erloschen ist und ob die Forderung dem Inhaber des dinglichen Rechts zusteht. Die Grundschuld kann jedoch auch in der Weise bestellt werden, dass sie zur Sicherung eines Anspruchs dient (**Sicherungsgrundschuld**, § 1192 Abs. 1a BGB). In einem zu diesem Zweck geschlossenen formfreien **schuldrechtlichen Vertrag** wird geregelt, welche Forderung und Zinsen durch die bestellte Grundschuld gesichert werden 324

Immobilienverwertung im Insolvenzverfahren

soll (sog. Sicherungszweck), unter welchen Voraussetzungen der Sicherungsnehmer zur Verwertung der Grundschuld berechtigt ist (Sicherungsfall) und unter welchen Voraussetzungen und auf welche Weise der Sicherungsnehmer nach einer Erledigung des Sicherungszwecks zur Aufgabe des dinglichen Rechts (→ Rn. 330) verpflichtet ist (BGH NZI 2018, 601).

2. Erledigung des Sicherungszwecks

325 Wenn die eine Hypothek sichernde **Forderung nicht zur Entstehung** gelangt ist (§ 1163 Abs. 1 S. 1 BGB) oder wenn sie **erlischt** (§ 1163 Abs. 1 S. 2 BGB), oder bei einer Briefhypothek der **Brief nicht übergeben** worden ist (§ 1163 Abs. 2 BGB), der Gläubiger auf die **Hypothek verzichtet** (§ 1168 Abs. 1 BGB), der **unbekannte Gläubiger** im Wege des Aufgebotsverfahrens mit seinem Recht ausgeschlossen wurde (§ 1170 BGB), der einer **Zwangs- oder Arresthypothek** zugrundeliegende Titel aufgehoben wird (§§ 868, 932 Abs. 2 ZPO), erwirbt der Eigentümer die Hypothek, welche sich in eine **Grundschuld umwandelt** (§ 1177 Abs. 1 BGB).

326 Befriedigt der dingliche **Hypothekenschuldner, der zugleich auch persönlicher Schuldner** ist, die **gesicherte Forderung** vollständig, erlischt die Forderung nach § 362 Abs. 1 BGB. Er erwirbt die Hypothek (§ 1163 Abs. 1 S. 2 BGB), welche sich in eine rangwahrende Eigentümergrundschuld umwandelt (§ 1177 Abs. 1 S. 1 BGB) (MüKoBGB/Lieder, 8. Aufl. 2020, BGB § 1142 Rn. 8). Befriedigt der **persönliche Schuldner,** der nicht zugleich dinglicher Hypothekenschuldner ist, die gesicherte Forderung, erlischt diese nach § 362 Abs. 1 BGB. Die Hypothek geht gem. § 1164 Abs. 1 S. 1 BGB auf ihn über. Befriedigt der **dingliche Hypothekenschuldner,** der nicht zugleich auch persönlicher Schuldner ist, den **dinglichen Anspruch,** geht die gesicherte Forderung nach § 1143 Abs. 1 S. 1 BGB auf den dinglichen Gläubiger über. Die Hypothek geht aufgrund ihrer Akzessorietät auf den dinglichen Gläubiger über (§§ 401 Abs. 1, 412 BGB) und wird gem. § 1177 Abs. 2 BGB zur Eigentümerhypothek. Befriedigt er jedoch die **gesicherte Forderung,** erlischt diese nach § 362 Abs. 1 BGB. Die Hypothek wird zur Eigentümergrundschuld (§ 1163 Abs. 1 S. 2 BGB, § 1177 Abs. 1 BGB).

327 Ob die **Zahlung auf das Sicherungsrecht** oder die persönliche Schuld erfolgt, richtet sich nach der **Leistungsbestimmung** des Zahlenden, soweit keine **Anrechnungsvereinbarung** getroffen worden ist. Soweit beides nicht vorliegt, ist auf die Umstände des Einzelfalls abzustellen. So ist **im Zweifel** davon auszugehen, dass der persönliche Schuldner auf die gesicherte Forderung und der dingliche Schuldner, der nicht auch persönlich haftet, auf die dingliche Sicherheit zahlt. Laufende Zahlungen des dinglichen Schuldners, der zugleich auch persönlich haftet, erfolgen regelmäßig auf die persönliche Schuld (BGH NJW-RR 1993, 386). Für den Fall der Zahlung auf **eine von mehreren persönlichen Forderungen** → Rn. 229.

328 Bei einer **Grundschuld** entsteht eine **Eigentümergrundschuld,** wenn der **Grundschuldbrief** dem Gläubiger nicht übergeben wurde (§ 1192 Abs. 1 BGB, § 1163 Abs. 2 BGB), der Gläubiger **auf die Grundschuld verzichtet** hat und dies in das Grundbuch eingetragen wurde (§ 1168 Abs. 1 BGB) oder der **unbekannte Gläubiger** im Aufgebotsverfahren ausgeschlossen wurde (§ 1170 Abs. 2 BGB). Der Eigentümer kann das Grundpfandrecht auch **für sich bestellen** (§ 1196 Abs. 2 ZPO).

329 Zahlt der **Grundschuldschuldner, der zugleich auch persönlicher Schuldner,** ist auf die **persönliche Forderung,** erlischt diese nach § 362 Abs. 1 BGB. Nachdem die Grundschuld kein akzessorisches Sicherungsmittel ist, bleibt auch die Sicherungsgrundschuld nach wie vor existent und das Grundbuch richtig, wenn entsprechend der schuldrechtlichen Sicherungsabrede mit dem Sicherungsgeber nur die durch eine Grundschuld gesicherte **Forderung vollständig befriedigt** wird (BGH NJW-RR 2003, 11) (zum **Rückgewähranspruch** nach Wegfall des Sicherungszwecks → Rn. 330). Doch leistet der Sicherungsgeber gemäß der getroffenen Vereinbarung in der Sicherungsabrede **Zahlung auf die Grundschuld** (BGH NJW-RR 2003, 11), **oder verzichtet** der Grundschuldgläubiger nach Zahlung auf die persönliche Forderung auf die Grundschuld **oder überträgt** er in diesem Fall die Grundschuld zurück (auf eine Forderung des Sicherungsgebers aus dem Sicherungsvertrag → Rn. 330) an den Sicherungsgeber, wird die Grundschuld zur **Eigentümergrundschuld,** welche in die Insolvenzmasse fällt. Der Sicherungsgeber kann dann nach § 894 BGB die **Grundbuchberichtigung** verlangen (bis zur Berichtigung → Rn. 333). Bei der Sicherungsgrundschuld trägt die **Darlegungs- und Beweislast** für das Erlöschen der gesicherten Forderung auch dann in vollem Umfang der Sicherungsgeber, wenn er nicht zugleich Schuldner der Forderung ist (BGH NJW 2000, 1108). **Zahlungen des Insolvenzverwalters** des Eigentümers des unbeweglichen Vermögens an den Gläubiger einer Grundschuld erfolgen grundsätzlich auf die Grundschuld und nicht auf die durch sie gesicherte Forderung, und zwar

auch im Falle einer anderslautende Anrechnungsvereinbarung zwischen Schuldner und Grundschuldgläubiger (BGH NJW 1994, 2692).

Ein Grundstückseigentümer, der Sicherungsgrundschulden bestellt (→ Rn. 324) hat aus dem Sicherungsvertrag gegen den Sicherungsnehmer einen durch den **Wegfall des Sicherungszwecks** aufschiebend bedingten schuldrechtlichen Anspruch auf Abtretung, auf Verzicht oder auf Aufhebung des nicht valutierten Teils der Grundschulden (BGH NZI 2018, 90; 2016, 451). Dient die Grundschuld vereinbarungsgemäß nur der Sicherung einer bestimmten Verbindlichkeit (**enger Sicherungszweck**), tritt die aufschiebende Bedingung bereits mit der Tilgung der Anlassverbindlichkeit ein. Wurde dagegen eine Revalutierung der Grundschuld erlaubt (**weiter Sicherungszweck**), kann die Rückgewähr erst dann verlangt werden, wenn eine solche Revalutierung endgültig nicht mehr in Betracht kommt. Das ist der Fall, wenn die Geschäftsbeziehung endet (BGH NZI 2018, 601). Grundsätzlich muss die Grundschuld, wenn sich aus der Sicherungsvereinbarung nichts anderes ergibt, auf Verlangen des Sicherungsgebers **auch in Teilen** zurückgewährt werden, wenn eine endgültige Übersicherung eingetreten ist, mit der der Sicherungszweck entfallen ist (BGH NZI 2018, 601). 330

Das **Wahlrecht zwischen der Aufhebung der Grundschuld** (§§ 875, 1183, 1192 Abs. 1 BGB), der Abgabe einer Verzichtserklärung (wodurch eine Eigentümergrundschuld entsteht, §§ 1168 Abs. 1, 1192 Abs. 1 BGB) oder Abtretung an sich oder einen Dritten (§§ 1154, 1192 Abs. 1 BGB) steht, soweit keine Vereinbarung getroffen worden ist, grundsätzlich dem Sicherungsgeber zu (BGH NJW 2018, 3098). Eine abweichende Regelung ist **AGB-rechtlich** jedoch nur eingeschränkt möglich (BGH NJW 2014, 3772). 331

Die Person des Sicherungsgebers und damit der **Inhaber des Rückgewähranspruchs** ist nicht nach sachenrechtlichen Gesichtspunkten, sondern durch Auslegung der Sicherungsvereinbarung zu bestimmen. Dabei ist in aller Regel davon auszugehen, dass der **Schuldner der zu sichernden Forderung** Sicherungsgeber sein soll, und zwar auch dann, wenn die Grundschuld auf einem Grundstück lastet, das einem Dritten gehört. Aus der Auslegung der Sicherungsvereinbarung kann sich auch ergeben, dass **der Eigentümer** in diese eingetreten ist. Zudem ist zu prüfen, ob ihm der Sicherungsgeber den Rückgewähranspruch abgetreten hat. Von einer stillschweigenden Abtretung ist insbesondere bei einem Eigentumswechsel auszugehen (BGH NJW 2013, 2894). Zu prüfen ist, ob der **Sicherungsvertrag so auszulegen** ist, dass die Rückgewähr an den Eigentümer vereinbart wurde und dass dieser unmittelbar das Recht erworben hat, die Leistung an sich zu fordern (MüKoInsO/Ganter InsO § 49 Rn. 75b). Im Falle der **Übereignung der Immobilie** geht dieser Anspruch auf den neuen Eigentümer über, soweit er in dem Übergabevertrag abgetreten oder zumindest durch schlüssiges Verhalten mitübertragen wird oder im Wege der Gesamtrechtsnachfolge (§ 1922 Abs. 1 BGB) übergegangen wurde (BGH NZI 2018, 90). Von einer **stillschweigenden Abtretung** ist auszugehen, wenn der Übernehmer die persönlichen Schulden des Übergebers in dem Grundstücksübertragungsvertrag übernimmt, da der Erwerber andernfalls Gefahr liefe, zweimal, aus der übernommenen Schuld und aus der Grundschuld, in Anspruch genommen zu werden (BGH NZI 2018, 90). An diese Verpflichtung ist auch ein **künftiger Zessionar** der Grundschuld gebunden (§ 1192 Abs. 1a BGB) (BGH NZI 2018, 601; NJW 2012, 2354). 332

Die Grundschuld steht als **nicht akzessorisches Recht** ihrem jeweiligen Gläubiger ohne Rücksicht darauf zu, ob eine durch die Grundschuld gesicherte Forderung besteht oder nicht. Doch für die **Erlösverteilung** ist der Bestand des dinglichen Rechts maßgeblich. Erhält der Grundschuldgläubiger somit **auf das dingliche Recht mehr als den Betrag der gesicherten Forderungen,** so ist dieser Mehrbetrag an den Rückgewährberechtigten herauszugeben. Diesem gebührt der Übererlös, der aus der über den Sicherungszweck hinausgehenden dinglichen Belastung des Grundstücks entsteht (BGH NZI 2018, 601; 2018, 90). Der Sicherungsnehmer hat den aufgrund der Zwangsvollstreckung erhaltenen Erlös entsprechend der Sicherungsabrede zu verwenden. Einen **Übererlös** hat er an den Inhaber der Rückgewähransprüche auszukehren, der nicht mit dem Grundstückseigentümer notwendigerweise gleichzusetzen ist (→ Rn. 332) (BGH NZI 2018, 90). 333

Der **Anspruch auf Rückgewähr nicht valutierter Teile** einer Sicherungsgrundschuld begründet ein **Widerspruchsrecht** nach § 115 ZVG. Dieses Recht kann mit der **Vollstreckungsabwehrklage** nach § 767 ZPO verfolgt werden (BGH NZI 2018, 90). Beteiligt sich der Rückgewährberechtigte nicht am Verteilungsverfahren und legt er im Verteilungstermin keinen Widerspruch ein, kann er dennoch sein Recht im Wege der **Bereicherungsklage** außerhalb des Zwangsversteigerungsverfahrens geltend machen (§ 878 Abs. 2 ZPO, § 812 BGB). Nach deren Erlöschen des Anspruchs auf Rückgewähr des nicht valutierten Teils der Grundschulden in der **Zwangsversteigerung,** wandelt er sich in einen Anspruch auf Herausgabe des Übererlöses um 334

Immobilienverwertung im Insolvenzverfahren

(BGH NZI 2018, 90). Im Falle einer mit dem **Absonderungsberechtigten vereinbarten freihändigen Veräußerung** tritt nach der Verwertung aufgrund einer dinglichen Surrogation der Erlös, in Höhe des vereinbarten Ablösebetrages an die Stelle des erloschenen dinglichen Rechts (→ Rn. 897). Hierbei ist der Rückgewähranspruch zu berücksichtigen. Dies gilt jedoch nicht, wenn der Erwerber das Grundpfandrecht erwirbt. In diesem Fall bleibt der Rückgewähranspruch bestehen und ein Absonderungsrecht an dem Erlös entsteht nicht (MüKoInsO/Ganter InsO § 49 Rn. 75a).

335   Dieser schuldrechtliche **Anspruch auf Abtretung, auf Verzicht oder auf Aufhebung** des nicht valutierten Teils der Grundschulden in Höhe des streitgegenständlichen Betrags **fällt in die Insolvenzmasse** (BGH NZI 2017, 608). Liegen die Voraussetzung für den Rückgewähranspruch vor und wurde dieser nicht insolvenzfest gepfändet oder abgetreten (→ Rn. 378) und machen die nachrangigen Grundpfandgläubiger nicht einen Löschungsanspruch aus § 1179a BGB (→ Rn. 375) geltend, kann der Insolvenzverwalter im laufenden Insolvenzverfahren den Rückgewähranspruch aus dem Sicherungsvertrag geltend machen (BGH NZI 2017, 608). In diesem Fall fällt die **Eigentümergrundschuld in die Insolvenzmasse** und verschafft der Insolvenzmasse zugleich die entsprechende Rangstelle in der Zwangsversteigerung und der Zwangsverwaltung (zur Zwangsversteigerung → Rn. 538).

3. Wirksame Verfügung (§ 81 InsO)

336   Im Falle der Bestellung oder Übertragung des Grundpfandrechts durch den Schuldner stellen die **Einigung** nach § 873 Abs. 1 BGB und der **Antrag auf Eintragung** der Rechtsänderung im Grundbuch eine Verfügung nach § 81 InsO dar (BGH NZI 2012, 614) (zur Verfügungseinschränkung und **gutgläubigem Erwerb** → Rn. 268). Gleiche gilt für die **Eintragungsbewilligung** durch den Schuldner sowie die Übergabe des **Grundpfandrechtsbriefes** sowie die diese ersetzende Einigung durch den Schuldner (MüKoInsO/Breuer/Flöther InsO § 91 Rn. 27; MüKoInsO/Ganter InsO Vor § 49/Rn. 18) bzw. die Vereinbarung nach § 1117 Abs. 2 BGB, wonach der Gläubiger berechtigt ist, die Aushändigung des Briefes von dem Grundbuchamt zu verlangen. War im Zeitpunkt der Briefübergabe die Verfügungsbeschränkung im Grundbuch nicht vermerkt, ist ein gutgläubiger Erwerb nach § 892 BGB möglich (→ Rn. 54). Soweit der Anspruch jedoch durch **Vormerkung** gesichert ist, ist ggf. auf den Zeitpunkt des Erwerbes der Vormerkung abzustellen (→ Rn. 374). Die **Valutierung des Grundpfandrechts** stellt keine Verfügung dar (→ Rn. 353). Soweit der Schuldner den bisherigen **Haftungsumfang der Grundschuld** erweitert, könnte darin eine unzulässige Verfügung liegen (→ Rn. 370).

4. Kein unwirksamer sonstiger Erwerb

337   Ist der Erwerb nicht nach § 81 Abs. 1 S. 1 InsO unwirksam, ist ggf. eine Unwirksamkeit nach **§ 91 InsO** zu prüfen (→ Rn. 49). Hiernach ist eine **Eintragung nach Eröffnung** grundsätzlich nicht möglich.

338   § 91 Abs. 2 InsO verweist auch auf § 878 BGB dem **Schutz vor nachträglichen Verfügungsbeschränkungen** (→ Rn. 55, → Rn. 271), sodass die bloß noch zu erfolgende **Eintragung** der Rechtsänderung nach Insolvenzeröffnung nicht mehr verhindert wird. § 91 InsO hindert daher auch den Rechtserwerb nicht, wenn bei einem Briefpfandrecht die Vereinbarung über **die Ersetzung der Übergabe des Briefs** nach § 1117 Abs. 2 BGB dem Grundbuchamt bereits vor Insolvenzeröffnung vorlag. Auch in diesem Fall, hängt der Rechtsübergang nur von der Eintragung im Grundbuch ab (KG NJW 1975, 878; MüKoInsO/Breuer/Flöther InsO § 91 Rn. 27). Zur **Valutierung** der gesicherten Forderung → Rn. 353. Soweit der Anspruch jedoch durch eine **Vormerkung** gesichert ist, ist ggf. auf den Zeitpunkt des Erwerbes der Vormerkung abzustellen (→ Rn. 374).

5. Kein anfechtbarer Erwerb

339   **a) Zeitpunkt der Rechtshandlung.** Die Rechtshandlung **Grundpfandrechtsbestellung** gilt im Zeitpunkt der Eintragung im Grundbuch als vorgenommen, wenn nicht die Voraussetzungen des § 140 Abs. 2 vorliegen (→ Rn. 79). Erfolgt jedoch die dingliche **Einigung ausnahmsweise nach der Eintragung,** bestimmt sich der Zeitpunkt, in dem die Anfechtungsvoraussetzungen vorliegen müssen, nicht nach § 140 Abs. 2 InsO, sondern gem. § 140 Abs. 1 InsO nach dem Zeitpunkt der Einigung (OLG Düsseldorf NZI 2015, 616).

Immobilienverwertung im Insolvenzverfahren

Gemäß § 1163 Abs. 1 S. 1 BGB hängt die **Entstehung der Hypothek** von der Entstehung   340
der zu sichernden Forderung ab. Der für die Anfechtung maßgebliche Eintritt der rechtlichen
Wirkung nach § 140 Abs. 1 InsO (→ Rn. 77) kann nicht vor diesem Zeitpunkt liegen.

b) Entgeltliche oder unentgeltliche Rechtshandlung. Die Bestellung der Grundschuld   341
kann als entgeltliche oder unentgeltliche Rechtshandlung anfechtbar sein (zur Abgrenzung →
Rn. 94). Die **nachträgliche Bestellung einer Sicherheit** für eine eigene, entgeltlich begründete
Verbindlichkeit ist eine entgeltliche Leistung (im Einzelnen → Rn. 99 ff.) (BGH NZI 2016,
773).

c) Unmittelbare/mittelbare Benachteiligung. Zur Abgrenzung → Rn. 82. Zu beachten ist   342
zudem, ob sich durch die Bestellung des Grundpfandrechts die Zugriffslage der Insolvenzgläubiger
verschlechtert hat (→ Rn. 81 ff.) und damit eine Gläubigerbenachteiligung vorliegt (zum bloßen
Austausch einer Sicherheit → Rn. 84).

Erfolgt mit einer **nachträglichen Bestellung einer Hypothek** die nachträgliche Besicherung   343
einer Darlehensforderung, liegt darin grundsätzlich eine unmittelbare Gläubigerbenachteiligung,
weil der Besicherung keine Gegenleistung zugunsten des Schuldners gegenübersteht (BGH NZI
2016, 773). Soweit die **Besicherung gleichzeitig oder im unmittelbaren** Zusammenhang mit
der Darlehensausreichung erfolgt, liegt darin in der Regel keine unmittelbare, ggf. jedoch eine
mittelbare Benachteiligung, wenn die Darlehenssumme nach Insolvenzeröffnung nicht mehr zur
Verfügung steht. Erfolgt die Besicherung zwar nicht in dem unmittelbaren Zusammenhang, jedoch
in einem **engen zeitlichen Zusammenhang** mit der Darlehensausreichung, greift ggf. das Bargeschäftsprivileg
(→ Rn. 85). Maßgeblich ist der übliche Bearbeitungszeitraum. Im Falle eines
Zeitraums von sechs Monaten zwischen der Darlehensgewährung und der Abtretung einer Grundschuld
ist jedoch nicht mehr von einem Bargeschäft auszugehen (BGH BeckRS 2008, 12542).

Im Falle der Begründung und Übertragung von Grundpfandrechten an einer insolvenzfest   344
wertausschöpfend belasteten Immobilie (→ Rn. 276) fehlt es an einer **unmittelbaren
Benachteiligung**, falls das Grundstück im maßgeblichen Zeitpunkt (→ Rn. 82) der Eintragung
eines Grundpfandrechts unter Anlegung des in einem Zwangsversteigerungsverfahren realisierbaren
Erlöses wertausschöpfend belastet war, und zwar auch dann, wenn ein über die dinglichen
Belastungen hinausgehender Marktpreis infolge der späteren Eröffnung eines Insolvenzverfahrens
und der dadurch bedingten Möglichkeit einer freihändigen Veräußerung erwirkt werden kann
(BGH NZI 2016, 773). Setzt der Anfechtungstatbestand, wie etwa § 133 Abs. 4 InsO, eine vor
Verfahrenseröffnung verwirklichte **unmittelbare Gläubigerbenachteiligung** voraus, beurteilt
sich mangels einer Verwertungsbefugnis des Insolvenzverwalters der Eintritts der Gläubigerbenachteiligung
nach dem bei einer Zwangsversteigerung zu erwartendem Erlös (→ Rn. 276) (BGH
NZI 2016, 773).

Setzt die Anfechtungsnorm lediglich eine **mittelbare Benachteiligung** (→ Rn. 82) voraus   345
(§ 133 Abs. 1 InsO), so sind bei der nachträglichen Besicherung die durch die allgemeine Marktlage
bedingten Wertsteigerungen, die seit der Vornahme der anfechtbaren Rechtshandlung eingetreten
sind, in die Prüfung einer Gläubigerbenachteiligung einzubeziehen (→ Rn. 278) (BGH NZI
2016, 773). Hat oder musste der Insolvenzverwalter eine Versteigerung nach der Insolvenzverfahrenseröffnung
hinnehmen (zum **Einstellungsantrag** → Rn. 559) ist der Versteigerungserlös
zugrunde zu legen. Andernfalls ist der mögliche Verwertungserlös zum Schluss der mündlichen
Verhandlung zugrunde zu legen (BGH NZI 2016, 773).

d) Kongruent/inkongruente Sicherung. Insoweit kann auf die allgemeinen Ausführungen   346
in → Rn. 89 ff. verweisen werden.

e) Besondere Anforderung der Vorsatzanfechtung (§ 133 InsO). Die Bestellung des   347
Grundpfandrechtes ist gem. § 133 Abs. 2 InsO nur **innerhalb von vier Jahren** vor Antragstellung
anfechtbar (→ Rn. 109). Im Falle einer kongruenten Sicherung (→ Rn. 346) wird der **Benachteiligungsvorsatz**
gem. § 133 Abs. 3 InsO nur ab dem Zeitpunkt der eingetretenen Zahlungsunfähigkeit
vermutet (→ Rn. 110). Die Bestellung einer Grundschuld, die Hypothekenbestellungen
sowie die einvernehmliche Einräumung der Sicherungshypothek durch den Schuldner bilden
einen Vertrag iSd **§ 133 Abs. 4 InsO**, sodass unter Umständen eine Anfechtung unter erleichterten
Anforderungen möglich ist (→ Rn. 113) (BGH NZI 2016, 773).

f) Bestellung einer Sicherheit für ein Gesellschafterdarlehen (§ 135 Abs. 1 Nr. 1 InsO).   348
Soweit die Insolvenzschuldnerin eine Sicherheit zur Sicherung der Rückzahlung eines Gesellschafterdarlehens
bestellt hat, kommt eine **Anfechtung** nach § 135 Abs. 1 Nr. 1 InsO in Betracht (→
Rn. 115).

Die Darlehensforderung des Gesellschafters ist im Insolvenzverfahren nach § 39 Abs. 1 S. 1   349
Nr. 5 InsO **nachrangig** (→ Rn. 204). Steht jedoch fest, dass der Gesellschafter aus diesem Grund
seine Rückzahlungsforderung dauerhaft nicht mehr durchsetzen und keinerlei Zahlung erwarten

Immobilienverwertung im Insolvenzverfahren

kann, ist er auf Verlangen der Gesellschaft verpflichtet, die **Sicherheit freizugeben**. Auf Verlangen des Insolvenzverwalters ist er daher zur Bewilligung der Löschung und Herausgabe des Grundschuldbriefes verpflichtet (BGH NZI 2009, 338). Eine Anfechtung wird bereits nicht notwendig sein.

350 **g) Rechtsfolge der Anfechtung.** Im Falle der anfechtbaren Begründung oder Übertragung eines Grundpfandrechts kann der Verwalter entweder die **Einwilligung in die Löschung** der Belastung (§ 1183 BGB) oder, um ein Aufrücken nachrangiger Belastungen zu vermeiden, die **Übertragung des Grundpfandrechts** an die Masse geltend machen. Anschließend ist der Verwalter in der Lage, durch eine Veräußerung den Verkehrswert des von anfechtbaren Belastungen freien Grundstücks zu erwirtschaften (BGH NZI 2016, 773). Der Rückgewähranspruch gem. § 143 Abs. 1 S. 1 InsO kann im Falle einer anfechtbaren Grundschuldbestellung durch **Eintragung einer Vormerkung** einstweilen gesichert werden (OLG Karlsruhe NZI 2017, 395).

351 Wenn der **Anfechtungsanspruch verjährt** ist, kann der Verwalter im Falle der Klage des Inhabers eines anfechtbar bestellten Grundpfandrechts auf Duldung der Zwangsvollstreckung (§§ 1147, 1192 Abs. 1 BGB) die Anfechtungseinrede nach § 146 Abs. 2 InsO (→ Rn. 124) erheben (MüKoInsO/Kirchhof/Piekenbrock InsO § 146 Rn. 54).

352 Im Falle der bereits **erfolgten Versteigerung** kann der Insolvenzverwalter gegen die Zuteilung eines Erlöses auf das anfechtbar bestellte Grundpfandrecht nach § 115 Abs. 1 S. 2 ZVG, § 878 ZPO **Widerspruch** gegen den Teilungsplan und im Anschluss **Widerspruchsklage** erheben (MüKoInsO/Kirchhof/Piekenbrock InsO § 146 Rn. 54).

III. Valutierung eines Grundpfandrechtes

1. Wirksame Verfügung/kein unwirksamer sonstiger Erwerb

353 Die erstmalige, nachträgliche oder erneute Valutierung einer Sicherungsgrundschuld und einer Hypothek im Rahmen des bereits bestehenden Sicherungsvertrags ist nur ein sonstiger Rechtserwerb iSv **§ 91 Abs. 1 InsO und keine Verfügung** des Schuldners iSd § 81 InsO (BGH NZI 2018, 601).

354 Die **Valutierung einer Grundschuld** stellt für sich genommen keine verfügungsgleiche Handlung des Schuldners dar, sodass das Abrufen des Darlehens durch den Schuldner auch nach Verfahrenseröffnung und damit die Valutierung der Grundschuld **nicht nach § 81 InsO** unwirksam ist (BGH NZI 2018, 601). Eine **Verfügung** setzt eine Handlung des Schuldners voraus, die eine unmittelbare rechtliche Wirkungen herbeiführt. Hieran fehlt es bei dem durch bloße Entgegennahme der Darlehensvaluta bewirkten Wegfall der Einrede der Nichtvalutierung, weil kein Wille des Empfängers erforderlich ist, die Leistung als Erfüllung entgegenzunehmen (BGH NZI 2018, 601).

355 Die **Valutierung von Sicherungsgrundschulden** zulasten der Masse ist nur eine mittelbare Folge des Verpflichtungsgeschäfts. Der Wegfall der Einrede der Nichtvalutierung ist bei Begründung des Sicherungsrechts bereits angelegt und vollzieht sich mit der Valutierung ohne weitere Handlung des Schuldners und wird daher nicht von § 81 InsO erfasst (BGH NZI 2018, 601). Doch der Wegfall der Einrede der Nichtvalutierung nach Insolvenzeröffnung ist bei einer Sicherungsgrundschuld ein **sonstiger Rechtserwerb iSd § 91 Abs. 1 InsO** (BGH NZI 2018, 601).

356 Auch im Falle der Entgegennahme der Valuta durch den Schuldner im Falle einer **Hypothek** handelt es sich nicht um eine Verfügung (daher nicht § 81 InsO), sondern um eine sonstige Rechtshandlung iSd § 91 Abs. 1 InsO. Die Hypothek entsteht als akzessorisches Sicherungsmittel erst durch die Entgegennahme der Valuta, sodass von einem sonstigen Rechtserwerb in § 91 Abs. 1 InsO auszugehen ist (BGH NZI 2018, 601; MüKoInsO/Breuer/Flöther InsO § 91 Rn. 28).

357 Die **Wirksamkeit der Zahlung an den Schuldner** richtet sich nach § 82 InsO (→ Rn. 8), sodass auch nach Eröffnung und Anordnung eines Verfügungsverbot eine wirksame Zahlung an den Schuldner möglich ist. Zu bedenken ist, dass § 91 InsO im Eröffnungsverfahren nicht gilt (→ Rn. 22).

358 Über die Unwirksamkeit nach § 91 InsO kann der **Schutz der Erwerbsanwartschaft nach § 873 BGB** lediglich im Falle der noch fehlenden Eintragung zum Rechtserwerb verhelfen (→ Rn. 271), nicht jedoch im Fall der noch fehlenden Valutierung. Doch war im Zeitpunkt der Valutierung der Hypothek oder Sicherungsgrundschuld die Insolvenzeröffnung im Grundbuch nichts vermerkt, ist ein **gutgläubiger Erwerb entsprechend § 892 BGB, § 91 Abs. 2 InsO** möglich (→ Rn. 19) (Uhlenbruck/Mock InsO § 91 Rn. 106; offen gelassen BGH NZI 2018, 601).

Soweit die Valutierung nach Insolvenzeröffnung durch Zahlung an den Schuldner oder einen Dritten erfolgt und daher nach § 91 Abs. 1 InsO unzulässig ist, besteht ein **Absonderungsrecht nur in Höhe der Forderung** zum Zeitpunkt der Insolvenzeröffnung.   359

Der verzinsliche Darlehensvertrag fällt in den Anwendungsbereich des § 103 InsO (MüKoInsO/ Huber InsO § 103 Rn. 69). Ist die Darlehensvaluta in der Insolvenz des Darlehensnehmers im Zeitpunkt der Insolvenzeröffnung noch nicht vollständig ausgezahlt, kann der Insolvenzverwalter nach **§ 103 InsO die Erfüllung des Vertrages ablehnen** (MüKoInsO/Huber InsO § 103 Rn. 69). In diesem Fall wird die Einrede der Nichtvalutierung peremptorisch, sodass der Verwalter vom Gläubiger den **Verzicht auf die Grundschuld/Hypothek** (§§ 1169, 1192 Abs. 1 BGB) einfordern kann (MüKoInsO/Breuer/Flöther InsO § 91 Rn. 30). Im Falle der Hypothek kann der Insolvenzverwalter im Volumen ihrer Nichtvalutierung die **Umschreibung der Fremdhypothek** in eine Eigentümergrundschuld verlangen (MüKoInsO/Breuer/Flöther InsO § 91 Rn. 28).   360

2. Kein anfechtbarer Erwerb

a) Zeitpunkt der Rechtshandlung. Bei der **Hypothek** gehört die Valutierung der gesicherten Forderung bereits zu den Entstehungsvoraussetzungen (→ Rn. 323, → Rn. 340) und ist damit in anfechtungsrechtlicher Hinsicht als maßgeblicher Zeitpunkt für den Eintritt der Rechtswirkung nach § 140 Abs. 1 InsO anzusehen.   361

b) Inkongruent/kongruent. Die nachträgliche Besicherung ist grundsätzlich eine inkongruente Rechtshandlung (→ Rn. 89). Dient das Grundpfandrecht vereinbarungsgemäß zur Sicherung aller Ansprüche, und zwar auch der aus einer Abtretung erlangten Ansprüche des Sicherungsnehmers, ist die Abtretung inkongruent (BGH NJW-RR 2004, 1130).   362

IV. Übertragung von Grundpfandrechten

1. Wirksamkeitsvoraussetzungen

Die **Hypothek geht gem. § 1153 Abs. 1 BGB mit der Übertragung** des gesicherten Anspruchs auf den neuen Forderungsinhaber über (§§ 401, 412 BGB). Gemäß § 1154 Abs. 1 S. 1 BGB erfolgt die Abtretung der gesicherten Forderung durch schriftliche **Abtretungserklärung** und ggf. durch die **Briefübergabe** (§ 1117 BGB). Soweit die Erteilung des Hypothekenbriefes ausgeschlossen ist, erfolgt nach § 1154 Abs. 3 BGB gem. § 873 BGB die **Eintragung der Übertragung** im Grundbuch.   363

Zur Übertragung einer bestehenden **Buchgrundschuld** ist eine **Einigung** zwischen dem alten und dem neuen Grundschuldgläubiger über die Abtretung der Grundschuld und die **Eintragung** der Rechtsänderung im Grundbuch erforderlich (§§ 1192, 413, 398, 1154 Abs. 3 BGB, § 873 Abs. 1 BGB) (BGH NZI 2018, 601). Bei einer **Briefgrundschuld** ist anstelle der Eintragung eine Briefübergabe (§ 1117 BGB) erforderlich.   364

2. Wirksame Verfügung

Zu den insolvenzfesten Anforderungen der Übertragung des Grundpfandrechtes kann zunächst auf die Ausführungen zu der Bestellung von Grundpfandrechten verwiesen werden (→ Rn. 336).   365

Die **Abtretung einer Grundschuld,** die der Schuldner bereits vor dem Eintritt von Verfügungsbeschränkungen einem Dritten bestellt hat, ist **keine Verfügung** über das von der Insolvenz betroffene Vermögen iSd § 81 Abs. 1 InsO und ist somit insolvenzrechtlich wirksam (BGH NZI 2018, 601). Gleiches gilt, soweit es sich um eine **Sicherungsgrundschuld** mit einer treuhänderischen Bindung des Sicherungsnehmers handelt. Denn Verfügungen des Treuhänders unterliegen auch dann nicht der Vorschrift des § 81 InsO, wenn der Verfügungsgegenstand wirtschaftlich zur Masse gehört (BGH NZI 2018, 601).   366

Ist das Grundpfandrecht insolvenzfest begründet worden, so beeinträchtigt die Übertragung eines bereits bestehenden Rechts die Rechtsstellung der Insolvenzgläubiger regelmäßig nicht und unterfällt daher **auch nicht § 91 InsO.** Daher kann die Abtretung einer Grundschuld, die der Schuldner einem Dritten vor dem Eintritt von Verfügungsbeschränkungen bestellt hat, insolvenzrechtlich wirksam sein (BGH NZI 2018, 601; 2008, 304). Das gilt bei einer Sicherungsgrundschuld auch, wenn eine treuhänderische Bindung des Sicherungsnehmers besteht (BGH NZI 2018, 601). Denn der Schuldner verliert die ihm zustehenden Ansprüche auf Rückgewähr der Sicherheiten nicht allein durch den Tausch der Gläubiger (BGH NZI 2018, 601).   367

Wird jedoch eine **nicht mehr voll valutierende Grundschuld** abgetreten und wird durch die Zession der Masse die ihr zuvor zustehende **Einrede der mangelnden Valutierung** (→   368

Immobilienverwertung im Insolvenzverfahren

Rn. 355) abgeschnitten, führt dies zu einer Vertiefung der Belastung des Grundstücks durch die Grundschuld. Deshalb fällt in der Insolvenz des Grundstückseigentümers der Verlust der Einrede der Nichtvalutierung in den durch § 91 Abs. 1 InsO geschützten Bereich (BGH NZI 2008, 304).

3. Kein anfechtbarer Erwerb

369   Zudem führt der **Verlust der Einrede der mangelnden Valutierung** durch Abtretung der Grundschuld an einen ungesicherten Gläubiger zu einer Gläubigerbenachteiligung, sodass eine Anfechtung in Betracht kommt. Eine gläubigerbenachteiligende Unterdeckungnahme (→ Rn. 373) ist nicht gegeben, wenn die Sicherungsgrundschuld gemäß der mit dem Zedenten insolvenzfest getroffenen **Sicherungsvereinbarung auch das Darlehen eines Dritten** sichert und die Grundschuld in dieser Höhe an ihn abgetreten wird (BGH NZI 2008, 304). Die gilt auch, wenn die **Abtretung nach Insolvenzeröffnung** erfolgt ist (BGH NZI 2008, 304).

V. Erweiterung des Haftungsumfanges

1. Wirksame Verfügung

370   Erweitert der Schuldner nach Eintritt der Verfügungsbeschränkungen den bisherigen Haftungsumfang der Grundschuld durch eine **neue oder geänderte Sicherungsvereinbarung** und ermöglicht er so eine Neuvalutierung oder eine weitergehende Valutierung der Grundschuld, die nicht durch die frühere Sicherungsvereinbarung gedeckt war, greift er in verfügungsgleicher Weise in den Haftungsbestand seines Vermögens ein, sodass **§ 81 InsO** einschlägig ist (→ Rn. 336) (BGH NZI 2010, 138; 2018, 601). Denn die Erweiterung des Sicherungszwecks gegenüber der bisherigen Sicherungsvereinbarung wirkt wie ein Verzicht auf den bestehenden bedingten Rückgewähranspruch (BGH NZI 2018, 601). Bei der Prüfung der Frage, ob eine Verfügung iSd § 81 InsO im Hinblick auf den Sicherungsumfang der Grundschuld vorliegt, ist darauf abzustellen, **inwieweit vor Änderung der Sicherungsvereinbarung** bereits ein fälliger und durchsetzbarer Rückgewähranspruch des Sicherungsgebers bestand oder ob eine Revalutierung der Grundschuld über die zuletzt noch gesicherte Hauptforderung hinaus nach dem Inhalt der zuvor geschlossenen Sicherungsvereinbarung ausgeschlossen war (BGH NZI 2018, 601).

371   Die **Aufnahme von Ansprüchen Dritter in den Sicherungszweck** der Grundschuld ist zwar rechtlich möglich. Die entsprechende Vereinbarung stellt jedoch ebenfalls eine Verfügung iSd § 81 InsO dar (BGH NZI 2008, 304).

372   Hinsichtlich einer Erweiterung des Sicherungszwecks durch eine unwirksame verfügungsgleiche Handlung des Schuldners besteht kein **Gutglaubensschutz gem. §§ 892, 893 BGB,** auf die § 81 Abs. 1 InsO verweist (→ Rn. 19). Der Gutglaubensschutz erfasst weder die Änderung noch den Abschluss der Sicherungsvereinbarung (BGH NZI 2018, 601). Die Sicherungsvereinbarung ist eine schuldrechtliche Vereinbarung zwischen dem Sicherungsgeber und Sicherungsnehmer. Im Grundbuch eingetragen sind nicht der Sicherungsgeber und Sicherungsnehmer, sondern der Inhaber der Grundschuld und der Eigentümer des Grundstücks. Daher ist der Gutglaubensschutz nach den §§ 892, 893 BGB nicht tangiert (BGH NZI 2018, 601).

2. Kein anfechtbarer Erwerb

373   Die Erweiterung der Sicherungsvereinbarung durch Unterdeckungnahme der Forderung eines bislang nicht gesicherten Dritten ist aufgrund des Verlusts der Einrede der mangelnden Valutierung (→ Rn. 330) gläubigerbenachteiligend und könnte anfechtbar sein. Erfolgt die Erweiterung der Treuhandabrede jedoch Zug um Zug gegen die Auszahlung des Darlehens, fehlt es bereits an einer objektiven Gläubigerbenachteiligung, sodass eine Anfechtung nicht möglich ist (BGH NZI 2008, 304).

VI. Vormerkung

374   Zur **Vorverlagerung des Zeitpunktes** des insolvenzfesten Erwerbs eines Rechts an dem unbeweglichen Vermögen durch eine Vormerkung wird zunächst auf die Ausführungen zur Auflassungsvormerkung in → Rn. 282 ff. verweisen. Auch der **Anspruch auf Bestellung oder Übertragung** eines Grundpfandrechtes kann durch eine wirksam erworbene Vormerkung insolvenzfest gesichert sein. Die Insolvenzfestigkeit besteht jedoch nur, wenn die Vormerkung selbst im Hinblick auf die gem. **§ 81 Abs. 1 S. 1 InsO** eingetretene Verfügungsbeschränkung (→ Rn. 284) und der Erwerbsbeschränkung nach § 91 InsO (→ Rn. 286) wirksam erworben wurde.

Immobilienverwertung im Insolvenzverfahren

Diesbezüglich kauf auf die vorstehenden Ausführungen zur Auflassungsvormerkung verwiesen werden.

VII. Löschungsanspruch nach § 1179a BGB

Soweit ein Gläubiger ein insolvenzfestes, jedoch nur nachrangiges Grundpfandrecht erworben hat, ist an den Anspruch aus § 1179a Abs. 1 S. 1 BGB zu denken. Hiernach kann der **Grundpfandgläubiger von dem Eigentümer** nach § 1179a Abs. 1 S. 1 BGB verlangen, dass dieser eine vorrangige oder gleichrangige Hypothek löschen lässt, wenn sie im Zeitpunkt der Eintragung der Hypothek des Gläubigers mit dem Eigentum in einer Person vereinigt ist oder eine solche Vereinigung später eintritt. Soweit eine **Grundschuld für den Eigentümer** bestellt wurde (§ 1196 Abs. 1 BGB), gilt dies nach § 1196 Abs. 3 BGB nur, nachdem diese zunächst an einen Dritten abgetreten wurde.

Dem Berechtigten steht in diesem Fall ein **Anspruch auf Aufhebung des vorrangigen Rechts** nach § 875 BGB zu. Dieser Anspruch erlischt nach § 1179a Abs. 1 S. 2 BGB auch nicht bei einer Übertragung der Immobilie an einen Dritten. Entfällt somit in der Zwangsversteigerung ein Erlös auf die Eigentümergrundschuld, darf sich der nachrangige Gläubiger diesen Erlös bis zur Höhe seiner Forderung zuteilen lassen (zur Vollstreckung → Rn. 644).

Der gesetzlichen Löschungsanspruch des nachrangigen Grundschuldgläubigers ist nach § 1179a Abs. 1 S. 3 BGB, § 1192 Abs. 1 BGB **in gleicher Weise gesichert,** als wenn mit der begünstigten Grundschuld zugleich eine Vormerkung in das Grundbuch eingetragen worden wäre (BGH NZI 2006, 395). Die Regelung des § 1179a Abs. 1 S. 3 BGB kann dem begünstigten Gläubiger in der Insolvenz des Eigentümers jedoch nicht in jedem Fall eine Befriedigungsrecht entsprechend § 106 Abs. 1 S. 1 InsO verschaffen (so jedoch BGH NZI 2012, 756 unter Aufgabe der bisherigen Rechtsprechung in BGH NZI 2006, 395; krit. MüKoInsO/Ganter InsO § 51 Rn. 209p). Vielmehr dürfte ebenso wie bei einer Vormerkung darauf abzustellen sein, ob ein **sicherer Rechtsboden** für den gesicherten Anspruch bereits gelegt wurde (zur Vormerkung → Rn. 286) (ebenso MüKoInsO/Ganter InsO § 49 Rn. 75c).

VIII. Abtretung des Rückgewähranspruchs

Hat ein Gläubiger lediglich den Rückgewähranspruch des Eigentümers gegen den Grundschuldgläubiger abgetreten bekommen, kann er ggf. in die **Stellung eines Grundpfandgläubigers einrücken.** Der Rückgewähranspruch aus dem Sicherungsvertrag gegen den Sicherungsnehmer (→ Rn. 330) kann an einen **Dritten abgetreten werden.** Eine gesicherte Rechtsposition, die dem Erwerbsverbot des **§ 91 InsO standhält,** erlangt der Zessionar jedoch nur, wenn der abgetretene Anspruch im Zeitpunkt der Insolvenzeröffnung durch endgültigen Wegfall des Sicherungszwecks bereits entstanden war. Entsteht die im Voraus abgetretene Forderung erst nach Insolvenzverfahrenseröffnung, kann der Zessionar gem. § 91 Abs. 1 InsO grundsätzlich kein Forderungsrecht zulasten der Masse mehr erwerben. Die Abtretung ist nur insolvenzfest, wenn er eine gesicherte Rechtsposition hinsichtlich der abgetretenen Forderung bereits vor der Insolvenzverfahrenseröffnung erlangt hat (BGH NZI 2018, 90).

Wie vorstehend dargestellt, entsteht im Falle der Sicherungsgrundschuld die **Eigentümergrundschuld** nicht bereits mit der üblicherweise vereinbarten Zahlung auf die persönliche Schuld (→ Rn. 329). Vielmehr steht dem Sicherungsgeber, je nach der im Sicherungsvertrag getroffenen Vereinbarung (→ Rn. 330), ein **aufschiebend bedingter schuldrechtlicher Anspruch** auf Abtretung, auf Verzicht oder auf Aufhebung des nicht valutierten Teils der Grundschulden zu. Zwar kann dieser Anspruch auf den nachrangigen **Grundpfandgläubiger abgetreten** werden. Ist der Anspruch auf Rückgewähr der Grundschuld abgetreten, muss der Zessionar gem. § 407 Abs. 1 BGB, solange der Sicherungsnehmer von der Abtretung keine Kenntnis hat, **Rechtshandlungen des Zedenten** und des Sicherungsnehmers, die den Bedingungseintritt hinausschieben oder vereiteln, gegen sich gelten lassen. Hat der Sicherungsnehmer dagegen Kenntnis von der Abtretung erlangt, so bestimmt die Sicherungsvereinbarung, ob und inwieweit Zedent und Sicherungsnehmer ohne Zustimmung des Zessionars auf den Bedingungseintritt einwirken dürfen, etwa durch Neuvalutierung der Grundschuld (BGH NJW 2013, 2894 mit Bsp. zu hinnehmbaren Handlungen des Zedenten). Das Erwerbsverbot **§ 91 Abs. 1 InsO greift,** obwohl der Verfügungstatbestand bereits abgeschlossen ist, solange sich der Rechtserwerb nicht vollendet hat oder der Erwerbsanwärter an dem Erwerbsgegenstand noch keine gesicherte Rechtsstellung erlangt hat, so etwa bei der Abtretung eines künftigen oder aufschiebend bedingten Anspruchs (BGH NZI 2012, 17). Im Falle der Abtretung des Rückgewähranspruchs ist der Sicherungswert trotz Abtretung des Rückgewähranspruchs aus der Insolvenzmasse des Sicherungsgebers nicht endgültig ausgeschieden,

Marković

Immobilienverwertung im Insolvenzverfahren

solange der Sicherungsnehmer allein oder im Einvernehmen mit dem Sicherungsgeber selbst oder dem Insolvenzverwalter über dessen Vermögen, etwa zur Besicherung eines Massekredits, die Grundschuld revalutieren kann, ohne dadurch den Inhalt des Rückgewähranspruchs zu verändern (BGH NZI 2012, 17). Nur wenn der abgetretene Anspruch durch Wegfall des Sicherungszwecks entstanden war, bevor das Erwerbsverbot des § 91 Abs. 1 InsO eingreifen konnte, ist der Abtretungsempfänger des Anspruchs auf Rückgewähr einer Sicherungsgrundschuld in seiner Rechtsposition gegenüber dem Schuldner gesichert (BGH NZI 2012, 17) (zum Inhalt des **Anspruchs des Rückgewährberechtigten** → Rn. 333 f.).

380 Soweit die Darlehenstilgung vor Insolvenzeröffnung erfolgte, ist die Werthaltigmachung des Rückforderungsanspruchs **ggf. anfechtbar.**

IX. Erwerb einer Zwangshypothek/Arresthypothek

381 Wie vorstehend erwähnt bestimmt § 49 InsO den Kreis der Personen, die ein **Recht auf bevorzugte Befriedigung** aus den unbeweglichen Gegenständen der Insolvenzmasse haben (→ Rn. 216) und verweist dabei auf die §§ 10 ff., 155 ZVG (→ Rn. 693). Die Zwangshypothek (§§ 867 f. ZPO) und die Arresthypothek (§ 932 ZPO) gewähren ebenfalls ein Absonderungsrecht nach der **Rangklasse Vier** des § 10 Abs. 1 ZVG (→ Rn. 743).

1. Entstehungsvoraussetzungen

382 Der Gläubiger des Insolvenzschuldners kann wegen einer titulierten Geldforderung in das unbewegliche Vermögen des Schuldners durch Eintragung einer Sicherungshypothek nach § 866 Abs. 1 ZPO die Zwangsvollstreckung betreiben. Die Zwangshypothek wird gem. § 867 Abs. 1 S. 1 Hs. 1 ZPO auf **Antrag** des Gläubigers und auf der **Grundlage eines vollstreckbaren Titels** in das Grundbuch eingetragen. Gemäß Hs. 2 ist die Eintragung auf dem vollstreckbaren Titel zu vermerken. Gemäß § 867 Abs. 1 S. 2 ZPO **entsteht die Zwangshypothek** mit der Eintragung im Grundbuch (BGH NZI 2006, 224), ohne dass eine Bewilligung durch den Grundstückseigentümer erforderlich ist, und zwar nur als Sicherungshypothek nach § 1184 BGB (zur **Versteigerung** → Rn. 543).

383 Gemäß § 867 Abs. 1 S. 3 ZPO **haftet das Grundstück** auch für die dem Schuldner zur Last fallenden Kosten der Eintragung (zum Umfang des Absonderungsrechts → Rn. 228).

2. Verfügungsverbot im Eröffnungsverfahren

384 Von dem **Verfügungsverbot im Eröffnungsverfahren** ist die Zwangs- und Arresthypothek nicht erfasst (→ Rn. 24, zum Einstellungsantrag nach § 30d ZVG → Rn. 26).

3. Rückschlagsperre (§ 88 InsO)

385 Die Eintragung der Zwangssicherungs- oder Arresthypothek unterliegt jedoch im Monatszeitraum vor der Insolvenzantragstellung der **Rückschlagsperre** des § 88 InsO (→ Rn. 67). Maßgeblich ist der **Zeitpunkt der Eintragung** der Zwangssicherungshypothek und nicht bereits der Stellung des Eintragungsantrages, selbst wenn sämtliche Eintragungsvoraussetzungen bereits bei Antragstellung vorgelegen haben (BGH NZI 2006, 224; OLG Köln NZI 2015, 486).

386 Die von der Rückschlagsperre erfasste Zwangssicherungshypothek **erlischt mit der Eröffnung** (BGH NZI 2012, 753; 2006, 224). Die Rückschlagsperre führt nicht in entsprechender Anwendung von § 868 ZPO zur Entstehung einer **Eigentümergrundschuld** (BGH NZI 2006, 224).

387 Auf welchem **Weg die Löschung** einer von der insolvenzrechtlichen Rückschlagsperre erfassten Zwangssicherungshypothek erreicht werden soll, ist dem Insolvenzverwalter überlassen. Er kann die **Berichtigung des Grundbuchs** betreiben (§ 13 Abs. 1 S. 2 GBO) oder den eingetragenen Grundpfandrechtsinhaber auf **Erteilung einer Löschungsbewilligung** in Anspruch nehmen, ggf. im Klageweg (§ 894 BGB, § 894 ZPO). Alternativ besteht auch die Möglichkeit die **Berichtigung des Grundbuchs** nach § 22 Abs. 1 GBO zu verlangen (BGH NZI 2012, 753). **Einstweiliger Rechtsschutz** ist durch Widerspruch gem. § 899 BGB möglich (BGH NZI 2006, 224).

388 Für den **Unrichtigkeitsnachweis** ist ein Nachweis durch Urkunden entbehrlich, wenn offenkundig ist, dass die Sicherungshypothek in dem letzten Monat vor dem Eingang des Eröffnungsantrags oder nach diesem Antrag eingetragen worden. Dies ist etwa der Fall, wenn zwischen der Eintragung der Zwangssicherungshypothek und der Eröffnung des Insolvenzverfahrens weniger als ein Monat vergangen sind (BGH NZI 2012, 753). Auch Tatsachen, die das Grundbuchamt

aus seinen Akten entnehmen kann, sind offenkundig (OLG Köln NZI 2015, 486). Eine Bescheinigung des Insolvenzgerichts, in der das Eingangsdatum des Antrags mitgeteilt wurde, auf den hin das Insolvenzverfahren eröffnet wurde, stellt jedoch keinen für das Grundbuchverfahren geeigneten Nachweis dar (BGH NZI 2012, 753). Den Zeitpunkt des Eingangs des Insolvenzantrages stellt nicht das Insolvenzgericht, sondern das über die Klage entscheidende Prozessgericht. Eine Bindung des Prozessgerichts an die Rechtsauffassung des Insolvenzgerichts besteht nur ausnahmsweise, wenn in dem Eröffnungsbeschluss auf den zugrunde liegenden Antrag Bezug genommen wird und vor diesem Antrag keine weiteren Anträge gestellt wurden (BGH NZI 2012, 753). Ist nicht geklärt, ob nur ein Insolvenzantrag gestellt wurde, reicht auch die Datumsangabe in den Gründen des Eröffnungsbeschlusses grundbuchverfahrensrechtlich nicht als Nachweis für den Fristenbeginn (OLG München NZI 2014, 927).

389 Ist der **Unrichtigkeitsnachweis geführt** worden, ist eine **Bewilligung des Gläubigers** nicht notwendig. **Andernfalls** kann eine Berichtigung nur aufgrund entsprechender Bewilligungen des Sicherungsgläubigers nach § 19 GBO erreicht werden (BGH NZI 2012, 753).

390 Entsprechend der Regelung zu § 80 InsO (→ Rn. 64) ist auch die Unwirksamkeit nach § 88 InsO begrenzt. Wird die Immobilie aus der **Insolvenzmasse freigegeben** (→ Rn. 180) und ist die nach § 88 InsO unwirksame Zwangshypothek **als Buchposition noch erhalten**, entsteht diese mit Wegfall der Verfügungsbeschränkung entsprechend § 185 Abs. 1 Alt. 2 BGB neu. § 89 InsO steht dem nicht entgegen (BGH NZI 2006, 224). Allerdings entsteht die Zwangssicherungshypothek nur mit **entsprechend verändertem Rang** (BGH NZI 2012, 753). Soweit im Falle der Freigabe eine **Buchposition dagegen nicht** mehr vorhanden ist, erlischt die Zwangssicherungshypothek und wandelt sich nicht in eine Eigentümergrundschuld um und der Schuldner kann die Löschung der Eintragung der Zwangssicherungshypothek verlangen (→ Rn. 387) (BGH NZI 2006, 224). Gleiches gilt, wenn das Insolvenzverfahren ohne Verwertung des Grundstücks **aufgehoben** wird (BGH NZI 2012, 753).

4. Vollstreckungsverbot (§ 89 InsO)

391 Die Zwangshypothek kann **ab der Insolvenzeröffnung** zugunsten eines Insolvenzgläubigers wegen § 89 Abs. 1 InsO (→ Rn. 71) nicht mehr eingetragen werden. Auf den Zeitpunkt des **Eintragungsantrages** kommt es nicht an (OLG Hamm BeckRS 2012, 5604). Ein **Gutglaubensschutz** findet nicht statt (MüKoInsO/Ganter InsO § 49 Rn. 71).

392 Wird die Zwangshypothek **unzulässigerweise eingetragen,** wird das Grundbuch unrichtig und es entsteht keine Grundstücksbelastung. Die **Grundbuchberichtigung** erfolgt durch Löschung der Zwangshypothek aufgrund Unrichtigkeitsnachweises gem. § 22 Abs. 1 S. 1 GBO (OLG Hamm BeckRS 2012, 5604).

393 Die §§ 90 Abs. 1 und 210 InsO postulieren ein Vollstreckungsverbot für **bestimmte Massegläubiger** (→ Rn. 73). Möglich bleiben somit noch die zulässigen Vollstreckungsmaßnahmen im Falle der sonstigen Masseverbindlichkeiten.

394 Zudem sind zwischen **Beendigung des Insolvenzverfahrens** und dem Ende der Abtretungsfrist Zwangsvollstreckungen nach § 294 Abs. 1 InsO für einzelne Insolvenzgläubiger in das Vermögen des Schuldners nicht zulässig (→ Rn. 75).

5. Kein anfechtbarer Erwerb

395 a) **Inkongruente Sicherung.** Bei der Zwangssicherungshypothek ist zu bedenken, dass diese als inkongruent zu qualifizieren ist, sodass im Dreimonatszeitraum erlangte Sicherungen bereits nach § 131 InsO anfechtbar sein könnten (→ Rn. 87).

396 b) **Benachteiligung.** Im Fall der Eintragung der Sicherungshypothek in das Grundbuch ist die rechtliche Wirkung und damit auch die unmittelbare Benachteiligung bereits mit der Eintragung eingetreten. Eine Vorverlagerung auf den Zeitpunkt der Antragstellung ist bei einer Vollstreckung nicht möglich (→ Rn. 79).

397 c) **Vorsatzanfechtung.** Eine Vorsatzanfechtung dürfte in aller Regel an einer nach § 133 Abs. 1 InsO geforderten Rechtshandlung des Schuldners (→ Rn. 107) scheitern.

X. Ansprüche der persönlichen Gläubiger, Rangklasse 5 (§ 10 Abs. 1 Nr. 5 ZVG)

1. Entstehungsvoraussetzungen

398 Wie vorstehend erwähnt bestimmt § 49 InsO den Kreis der Personen, die ein **Recht auf bevorzugte Befriedigung** aus den unbeweglichen Gegenständen der Insolvenzmasse haben (→

Immobilienverwertung im Insolvenzverfahren

Rn. 216) und verweist dabei auf die §§ 10 ff., 155 ZVG (→ Rn. 693). Aufgrund einer persönlichen Forderung kann ein Recht auf Befriedigung aus einem Grundstück aus der **Rangklasse 5** (→ Rn. 753) und damit ein Absonderungsrecht bestehen (§ 155 Abs. 2 S. 1 ZVG, § 10 Abs. 1 Nr. 5 ZVG), wenn der Gläubiger das Zwangsversteigerungs- (→ Rn. 552) oder Zwangsverwaltungsverfahren (→ Rn. 770) einleitet.

2. Insolvenzfester Erwerb

399 Allein die Tatsache, dass ein persönlicher Gläubiger mit seinem Anspruch in die Rangklasse 5 des § 10 Abs. 1 ZVG eingeordnet ist, verschafft ihm noch kein Befriedigungsrecht aus dem Grundstück (BGH NZI 2009, 382). Das zur Absonderung berechtigende materielle Recht muss zum Zeitpunkt der **Verfahrenseröffnung bereits wirksam begründet** sein (→ Rn. 221). Daher müssten die persönlichen Gläubiger bis zu **diesem Zeitpunkt die Beschlagnahme** des Grundstücks bewirkt haben. Das können sie erreichen, indem sie die Anordnung der Zwangsversteigerung bzw. Zwangsverwaltung selbst erwirken (§§ 20, 146 Abs. 1 ZVG) oder einem laufenden Verfahren beitreten (§§ 27, 151 Abs. 2 ZVG) (BGH NZI 2009, 382) (zur Zwangsversteigerung → Rn. 552, zur Zwangsverwaltung → Rn. 770).

400 **Nach Insolvenzeröffnung** ist eine Beschlagnahme aufgrund des Vollstreckungsverbots des § 89 InsO unwirksam (→ Rn. 71). Wurde die Sicherheit **entgegen der Regelung in § 89 InsO** gewährt, hat das Vollstreckungsgericht gem. § 28 Abs. 2 ZVG das Versteigerungsverfahren für den betreibenden Gläubiger von Amts wegen aufzuheben. Das Grundbuchamt muss im Falle der Kenntnis von der Verfahrenseröffnung die zugunsten eines persönlichen Gläubigers beantragte Eintragung ablehnen. Wird die **Vollstreckungsmaßnahme dennoch** vorgenommen, kann der Insolvenzverwalter hiergegen Vollstreckungserinnerung (§ 766 ZPO) oder sofortige Beschwerde (§ 793 ZPO) bei dem gem. § 89 Abs. 3 InsO zuständigen Insolvenzgericht einlegen (MüKoInsO/Kern InsO § 165 Rn. 60).

401 Eine in den Zeitraum der **Rückschlagsperre fallende Beschlagnahme** (§ 88 InsO, → Rn. 67) wird mit der Verfahrenseröffnung unwirksam und das Verfahren ist gem. § 28 Abs. 2 ZVG durch das Versteigerungsgericht **von Amts wegen aufzuheben** (MüKoInsO/Kern InsO § 165 Rn. 52). Gegebenenfalls ist dies von dem Insolvenzverwalter mit der Vollstreckungserinnerung gem. § 766 ZPO bei dem Insolvenzgericht gem. § 89 Abs. 3 S. 1 InsO durchzusetzen. Die Beschlagnahme muss damit außerhalb des letzten, im Verbraucherinsolvenzverfahren, der letzten drei Monate vor Antragstellung erfolgt sein, um nicht von der Rückschlagsperre erfasst zu sein.

402 Abzustellen ist dabei auf den **Zeitpunkt der Eintragung des Vermerkes** im Grundbuch und nicht auf den Zeitpunkt der Antragstellung (für die Zwangsversteigerung → Rn. 580, zur Zwangsverwaltung → Rn. 786) (MüKoInsO/Kern InsO § 165 Rn. 49).

403 Hat der Gläubiger ein hiernach wirksames Befriedigungsrecht außerhalb der Sperrfrist erworben, ist noch die ggf. mögliche **Anfechtung** wegen inkongruenter Sicherung zu prüfen (→ Rn. 86).

XI. WEG, Rangklasse 2 und 5 (§ 10 Abs. 1 Nr. 2, 5 ZVG)

404 Wie vorstehend erwähnt bestimmt § 49 InsO den Kreis der Personen, die ein **Recht auf bevorzugte Befriedigung** aus den unbeweglichen Gegenständen der Insolvenzmasse haben (→ Rn. 216) und verweist dabei auf die §§ 10 ff., 155 ZVG (→ Rn. 693). Der WEG steht in Bezug auf bestimmte privilegierte Ansprüche in der Zwangsversteigerung ein **Absonderungsrecht aus § 10 Abs. 1 Nr. 2 ZVG** zu (→ Rn. 705), ohne dass diese insoweit ein Vollstreckungstitel erwirkt haben muss. Soweit diese Ansprüche aus § 10 Abs. 1 Nr. 2 ZVG in der Zwangsversteigerung betrieben werden, greift weder die **Rückschlagsperre** noch das **Vollstreckungsverbot** (→ Rn. 720). In der **Zwangsverwaltung** ist eine bevorzugte Befriedigung aus der Rangklasse 2 jedoch nur eingeschränkt möglich (→ Rn. 850, → Rn. 834).

405 Nach einer **freihändigen Verwertung** können diese in der Versteigerung privilegierten Ansprüche gegen die Insolvenzmasse (→ Rn. 1004) und gegen den **freihändigen Erwerber** der Immobilie (→ Rn. 1006) nur eingeschränkt durchgesetzt werden.

406 Zwar kann die WEG ein Absonderungsrecht auch aufgrund einer **persönlichen Forderung** geltend machen, etwa aufgrund der Abtretung, Pfändung bzw. Verpfändung von Mietforderungen (→ Rn. 480) oder der Beschlagnahme zugunsten des persönlichen Gläubigers (→ Rn. 398). Hierbei sind jedoch die dort geschilderten Beschränkungen zu beachten.

Immobilienverwertung im Insolvenzverfahren

XII. Durchsetzung des Absonderungsrechts

1. Absonderungsrecht an Alleineigentum

Der Absonderungsgläubiger ist zu einer **freihändigen Veräußerung** des unbeweglichen 407
Gegenstandes des Insolvenzschuldners nicht berechtigt (BGH NZI 2016, 773).

Das **Recht auf abgesonderte Befriedigung** der in § 10 Abs. 1 ZVG genannten Rechte 408
entsteht mit der Eröffnung des Insolvenzverfahrens. Es entsteht nicht erst und nur im Rahmen einer Zwangsversteigerung. Das Recht besteht daher auch im Falle der rechtsgeschäftlich vereinbarten Veräußerung des unbeweglichen Gegenstandes (BGH NZI 2010, 482) und ist daher auch im Falle der **freihändigen Verwertung** des unbeweglichen Gegenstandes durch den Insolvenzverwalter zu beachten (→ Rn. 892). An die Stelle der Beschlagnahme und der Anordnung der Zwangsversteigerung oder Zwangsverwaltung tritt im Falle der freihändigen Veräußerung der Abschluss des Kaufvertrages (MüKoInsO/Ganter InsO § 49 Rn. 4) (für den Fall der **Nichtbeachtung** → Rn. 226).

Zudem steht es den Gläubiger in den nachstehend aufgezeigten Grenzen frei, die Befriedigung 409
nach den Vorschriften des Zwangsversteigerungsgesetzes (BGH NZI 2010, 482) im Wege der **Zwangsversteigerung** (→ Rn. 540) und der **Zwangsverwaltung** (→ Rn. 771) zu suchen. Ab der Beschlagnahme gilt auch für den Insolvenzverwalter ein **Veräußerungsverbot** für die im Eigentum des Schuldners stehende Immobilie (→ Rn. 586).

2. Verfallabreden/Verkaufsvollmacht

Verfallabreden sind **grundsätzlich unzulässig**. Nach den §§ 1149, 1192 BGB kann der 410
Grundstückseigentümer, solange die durch die Grundschuld **gesicherte Forderung ihm gegenüber nicht fällig** geworden ist, dem Gläubiger nicht das Recht einräumen, die Übertragung des Eigentums an dem Grundstück zum Zweck der Befriedigung zu verlangen. Von einer unzulässige Verfallvereinbarung ist auszugehen, wenn das Recht dem Gläubiger **vor Fälligkeit seiner Forderung eingeräumt** wird und ihm gerade unter der Bedingung zustehen soll, dass er trotz Fälligkeit seiner Forderung nicht ordnungsgemäß befriedigt wird. Zudem muss die Eigentumsverschaffung zum Zweck der Befriedigung des Gläubigers erfolgen. Hierbei muss der **Zwang zur Sachverwertung** durch die vereinbarte Sachübertragung ersetzt worden sein. Doch das Verbot der Verfallabrede ist ein **sachenrechtliches Instrument zur Regelung** der Art der Realisierung eines Pfandrechts und kann daher nicht losgelöst von der Hingabe eines dinglichen Sicherungsrechts als Schutznorm für jeden Eigentümer gegenüber seinen Gläubigern ausgeweitet werden. Daher sind Vereinbarungen mit dinglich nicht gesicherten Gläubigern von dem Verbot nicht erfasst (BGH NJW 2003, 1041).

Die **Einräumung einer unwiderruflichen Verkaufsvollmacht** durch den Insolvenzschuld- 411
ner für den Grundpfandgläubiger für den Fall der Insolvenz zum Zwecke der freihändigen Veräußerung nach Insolvenzeröffnung ohne Mitwirkung (und Erlösbeteiligung) des Insolvenzverwalters ist ebenfalls gem. §§ 1149, 1192 Abs. 1 BGB unzulässig. Solange die durch die Hypothek gesicherte Forderung nicht fällig geworden ist, kann nach § 1149 BGB der Grundstückseigentümer dem Gläubiger nicht das Recht einräumen, zum Zwecke der Befriedigung die Übertragung des Eigentums an dem Grundstück zu verlangen (BGH NJW 1995, 2635; MüKoInsO/Kern InsO § 165 Rn. 184).

Wurde die Verfallklausel **nach Eintritt der Pfandreife** vereinbart und ist sie daher nicht 412
bereits nach den dargestellten Grundsätzen unwirksam, muss jedoch die Form des § 311b BGB eingehalten werden. Zudem ist sie nur **insolvenzfest**, wenn eine Vormerkung eingetragen wird (§ 883 BGB, § 106 InsO) (MüKoInsO/Ganter InsO Vor § 49 Rn. 102b). Zu beachten ist zudem die Ausnahme im Falle eines **gewerblichen Pfandes** nach § 1259 BGB.

3. Ersatzabsonderung

Die Regelung zur Ersatzaussonderung (→ Rn. 210) ist auf Absonderungsrechte entsprechend 413
anzuwenden (BGH NZI 2019, 274).

4. Absonderungsrecht an dem Miteigentum des Schuldners

Wie vorstehend dargestellt unterliegt gem. § 864 Abs. 2 ZPO auch ein Bruchteil der in Abs. 1 414
genannten Objekte (insbesondere Grundstück, grundstücksgleiches Recht) der **Zwangsvollstreckung** in das unbewegliche Vermögen, wenn der Bruchteil in dem Anteil eines Miteigentümers

Immobilienverwertung im Insolvenzverfahren

besteht (§§ 741, 1008 BGB) oder wenn sich der Anspruch des Gläubigers auf ein Recht gründet, mit dem der Bruchteil als solcher belastet ist (→ Rn. 300). Versteigert werden kann jedoch nur der **ideelle Anteil**, für den es regelmäßig keine Nachfrage geben wird (→ Rn. 153).

415   Doch der **Auseinandersetzungsanspruch** kann auch gepfändet werden. Der Teilhaber einer Bruchteilsgemeinschaft (→ Rn. 154, → Rn. 520) hat nach § 749 Abs. 1 BGB einen **Anspruch auf Aufhebung der Gemeinschaft** und auf eine den Miteigentumsanteilen entsprechende Teilung und Auskehrung des Versteigerungserlöses. Diesen Anspruch kann ein **Gläubiger gem. §§ 857, 829 ZPO pfänden** (BGH NZI 2014, 565). Erfolgt die Pfändung **einen Monat vor dem Zugang des Insolvenzantrages** (§ 88 InsO), erwirbt der Gläubiger ein wirksames Pfändungspfandrecht, welches ihn zur abgesonderten Befriedigung aus der gepfändeten Forderung berechtigt (§ 50 Abs. 1 InsO) (BGH NZI 2014, 565). Ist das Absonderungsrecht wirksam erworben, erfolgt die Verwertung des zur Einziehung überwiesenen Anspruch des Schuldners durch Betreiben der **Teilungsversteigerung** (→ Rn. 871). Die Rückschlagsperre ist für die Teilungsversteigerung nicht zu beachten, da diese nur für Insolvenzgläubiger gilt, nicht für Absonderungsberechtigte, die aufgrund ihres dinglichen Rechts in den belasteten Gegenstand vollstrecken (BGH NZI 2014, 565).

5. Absonderungsrecht an dem Anteil an einer Gemeinschaft

416   Steht das unbewegliche Eigentum einer Gemeinschaft zur gesamten Hand (→ Rn. 160), unterliegt es **nicht der Zwangsvollstreckung in das unbewegliche** Vermögen, sodass eine bevorzugte Befriedigung nach § 49 InsO nicht möglich ist (→ Rn. 295).

417   Ist der Schuldner Mitglied einer Gemeinschaft, die Eigentümerin eines unbeweglichen Vermögens ist, kann das **unbewegliche Vermögen** von den Gläubigern des Schuldners **nicht gepfändet werden**. Gepfändet werden kann jedoch die **Mitgliedschaft des Schuldners** (→ Rn. 162). Jeder einzelne Gesellschafter einer gekündigten Gesellschaft ist berechtigt, die **Teilungsversteigerung** des im Eigentum der Gesellschaft stehenden unbeweglichen Vermögens zu beantragen. Im Falle der Pfändung und Überweisung des Anteils eines Gesellschafters an einer GbR einschließlich seines Anspruchs auf Aufhebung der Gemeinschaft durch einen seiner Gläubiger ist der Pfändungsgläubiger zur Ausübung des Rechts des Gesellschafters und damit zur Betreibung der Auseinandersetzung befugt. Er kann nach § 181 Abs. 2 S. 1 ZVG den Antrag auf Teilungsversteigerung stellen (→ Rn. 875) (BGH BeckRS 2016, 17766).

418   Zu beachten ist, dass die mit der Pfändung gegebene Verstrickung der aus der Mitgliedschaft folgenden übertragbaren Vermögensrechte nur den Gewinnanteil nebst dem **Auseinandersetzungsanspruch** bzw. dem Anspruch auf Auszahlung des Auseinandersetzungsguthabens (§ 734 BGB) und die sonstigen gesellschaftsvertraglich begründeten Ansprüche erfasst. Nicht erfasst sind die einzelnen Gegenstände des Gesellschaftsvermögens (§ 895 Abs. 1 S. 2 ZPO). Die Gesellschaft bleibt befugt, über einzelne Gegenstände des Gesellschaftsvermögens **zu verfügen** (BGH BeckRS 2016, 17766).

419   Zu den Voraussetzungen einer **insolvenzfesten Pfändung** kann auf die Pfändung von beweglichen Sachen verweisen werden (→ Rn. 455).

F. Absonderungsrecht an beweglichen Sachen

I. Ansprüche des Grundpfandgläubigers

1. Grundsätzlicher Haftungsverband

420   Die **Zwangsvollstreckung in das unbewegliche Vermögen umfasst** gem. § 865 Abs. 1 ZPO auch Gegenstände, auf die sich bei Grundstücken und Berechtigungen gem. § 854 Abs. 1 ZPO die Hypothek erstreckt (§§ 1120–1130 BGB). Die Hypothekengläubiger (und gem. § 1192 Abs. 1 BGB die Grundschuldgläubiger) können im Zuge der Verwertung nicht nur auf das Grundstück, sondern auch auf die in den §§ 1120 ff. BGB genannten Gegenständen als Sicherungsgut zurückgreifen (**Hypothekenhaftungsverband**). Wie nachstehend dargestellt können diese jedoch bis zur Beschlagnahme aus dem Haftungsverband noch gelöst werden (→ Rn. 438).

421   Der Haftungsverband bleibt auch zugunsten des späteren **Erwerbers einer Eigentümergrundschuld** erhalten (MüKoInsO/Ganter InsO § 49 Rn. 14).

Immobilienverwertung im Insolvenzverfahren

2. Bestandteile und Erzeugnisse

422 Vom Hypothekenhaftungsverband erfasst sind gem. § 1120 BGB zum einen die von dem Grundstück getrennten **Erzeugnisse** (§ 99 BGB) und **sonstigen Bestandteile** (→ Rn. 423), soweit sie nicht mit der Trennung nach den §§ 954–957 in das Eigentum eines anderen als des Eigentümers oder des Eigenbesitzers des Grundstücks (zB Pächters) gelangt sind.

423 Unter **Bestandteile** sind die **wesentlichen Bestandteile** (§§ 93, 94 BGB) (→ Rn. 424) und die **nicht wesentlichen Bestandteile** zu verstehen. Nicht erfasst sich die **Scheinbestandteile** (§ 95 BGB) (→ Rn. 425) (MüKoInsO/Ganter InsO § 49 Rn. 13). Bestandteile einer Sache sind diejenigen körperlichen Gegenstände, die entweder von Natur aus eine Einheit bilden oder die durch die Verbindung miteinander ihre Selbstständigkeit dergestalt verloren haben, dass sie fortan für die Dauer der Verbindung als eine einzige Sache erscheinen. Maßgebend dafür ist die Verkehrsanschauung, bzw. wenn diese fehlt oder nicht festgestellt werden kann, die natürliche Betrachtungsweise eines verständigen Beobachters. Hierbei sind der Zweck und Wesen der Sache und ihrer Bestandteile vom technisch-wirtschaftlichen Standpunkt aus zu beurteilen (BGH NJW 2012, 778).

424 **Wesentliche Bestandteile** sind Bestandteile, die voneinander nicht getrennt werden können, ohne dass der eine oder der andere zerstört oder in seinem Wesen verändert wird (BGH NJW 2012, 778). Zum wesentlichen Bestandteil kann eine Sache **durch Verbindung** (§ 946 BGB), Vermischung (§ 948 BGB) oder Verarbeitung (§ 950 BGB) werden. Hierbei ist eine **Wesensänderung** eines abgetrennten Bestandteils zu verneinen, wenn dieser in gleicher oder in ähnlicher Weise in eine andere Anlage integriert werden und damit wieder seine Funktion erfüllen kann (BGH NJW 2012, 778). Entscheidend ist hierbei, ob nach der Abtrennung des Bestandteils der Bestandteil und die verbleibende Restsache noch in der bisherigen Weise benutzt werden kann, wobei es ausreicht, wenn der Bestandteil zu diesem Zweck wieder mit der anderen Sache verbunden wird. Der abzutrennende Bestandteil ist grundsätzlich als **unwesentlich anzusehen**, wenn er durch ein gleiches oder ähnliches ersetzt werden kann und die Gesamtsache dadurch in gleicher oder ähnlicher Funktion wiederhergestellt werden kann (BGH NJW 2012, 778). Zur Beurteilung der Wesentlichkeit eines abtrennbaren Bestandteils kommt es nicht auf den Aufwand des Besitzers der Restsache für eine Ersatzbeschaffung an. Entscheidend ist lediglich, ob eine **Wertzerstörung oder -minderung durch die Trennung** eintritt (BGH NJW 2012, 778). Die Berücksichtigung des für die **Trennung erforderlichen Aufwands** ist jedoch ein weiteres (ungeschriebenes) Tatbestandsmerkmal des § 93 BGB. Entscheidend ist hier die Unverhältnismäßigkeit der Kosten der Trennung im Verhältnis zu dem Wert des abzutrennenden Bestandteils im Zeitpunkt der Verbindung (BGH NJW 2012, 778). Die Wesentlichkeit bestimmt sich nach den Verhältnissen im **Zeitpunkt der Verbindung,** und nicht im Zeitpunkt der Trennung (BGH NJW 2012, 778). Somit geht das Eigentum an einem Bestandteil in dem Eigentum an der Gesamtsache auf, wenn die Verbindung bewirkt hat, dass eine anschließende Trennung zu einer Zerstörung wirtschaftlicher Werte führte. Dagegen bleibt die Sache trotz Verbindung sonderrechtsfähig, wenn dies nicht der Fall ist. Die **nachfolgenden Wertveränderungen** etwa durch Abnutzung oder Alterung spielen keine Rolle mehr (BGH NJW 2012, 778). **Photovoltaikanlagen** sind, soweit sie nicht in die Dachkonstruktion integriert sind, keine wesentlichen Bestandteile des Grundstücks (MüKoInsO/Ganter InsO § 47 Rn. 25).

425 Dagegen gehören solche Sachen zu den **Scheinbestandteilen** eines Grundstücks, die **nur zu einem vorübergehenden Zweck** mit dem Grund und Boden verbunden (§ 95 Abs. 1 S. 1 BGB) oder nur zu einem vorübergehenden Zweck in ein Gebäude eingefügt worden sind (§ 95 Abs. 2 BGB). **Ein Gebäude oder ein anderes Werk,** welches von dem Berechtigten in Ausübung eines Rechts an einem fremden Grundstück mit dem Grundstück verbunden worden ist, wird gem. § 95 Abs. 1 S. 2 BGB gleichbehandelt. Eine **Verbindung erfolgt zu einem vorübergehenden Zweck,** wenn ihre spätere Aufhebung von Anfang an beabsichtigt ist. Dies gilt auch, wenn die Verbindung für die gesamte Lebensdauer der verbundenen Sache beabsichtigt ist (BGH NJW 2017, 2099). Maßgeblich ist der **innere Wille des Einfügenden** im Zeitpunkt der Verbindung der Sache, der mit dem nach außen in Erscheinung tretenden Sachverhalt in Einklang gebracht werden muss (BGH NJW 2017, 2099). Maßgebend ist hierbei, ob die Sache nach dem inneren Willen des Verbindenden bei einem normalen Lauf der Dinge wieder abgetrennt werden soll (BGH NJW 2012, 778). **Ändert der Einfügende seinen Willen** und will er die von ihm geschaffene Verbindung seinerseits nicht mehr aufheben, wird diese Sache sogleich wesentlicher Bestandteil des Grundstücks. Wenn er jedoch beabsichtigt, die Verbindung entweder freiwillig oder aufgrund einer vertraglichen Verpflichtung zu einem **späteren Zeitpunkt wieder zu lösen,** liegt eine nur vorübergehende Verbindung von Grundstück und Sache vor. Dies hat zur Folge, dass die Sache sonderrechtsfähig bleibt (BGH NJW 2017, 2099). **Verbindet ein Mieter, Pächter** oder ein sonst schuldrechtlich Berechtigter eine Sache mit dem ihm nicht gehörenden Grundstück, spricht eine tatsächliche Vermutung dafür, dass er nicht in der Absicht handelt, die Sache nach Beendigung des Vertragsverhältnisses dem Grundstückseigentümer zufallen zu lassen, also dafür, dass die Verbindung nur vorübergehend ist (BGH NJW 2017, 2099). Dies ist etwa bei der Installation einer **Windkraftanlage** auf einem fremden Grundstück der Fall, auch wenn die Windkraftanlage während der gesamten Lebensdauer auf dem Grundstück verbleiben soll (BGH NJW 2017, 2099; aA mit weitergehenden Ausführungen MüKoInsO/Ganter InsO § 47 Rn. 26 f.). Auch das auf dem Grundstück der Besitzgesellschaft durch die Betriebsgesellschaft **erstellte Gebäude** stellt nach der oben genannten Vermutungsregel nur einen Scheinbestandteil dar (MüKoInsO/Ganter InsO § 47 Rn. 27).

426 Die **ungetrennten Bestandteile sind von dem Haftungsverband** erfasst, unabhängig davon, ob sie vor oder nach der Hypothekenbestellung entstanden sind, es sei denn, es handelt sich um **unwesentliche Bestandteile, die im Eigentum Dritter** stehen (MüKoInsO/Ganter InsO § 49 Rn. 13).

427 Die **getrennten Bestandteile** sind von dem Haftungsverband nicht erfasst, wenn die **Trennung vor der Hypothekenbestellung** erfolgt ist (MüKoInsO/Ganter InsO § 49 Rn. 13). Erfolgt die **Trennung nach der Bestellung** der Hypothek, besteht die Haftung zunächst fort (§ 949 S. 1 BGB, §§ 950 Abs. 2, 1121, 1122 BGB), wenn der Eigentümer (§ 953 BGB) oder Eigenbesitzer (§ 955 Abs. 1 BGB) des Grundstücks das Eigentum an den getrennten Bestandteilen erwirbt (MüKoInsO/Ganter InsO § 49 Rn. 13). **Trennt dagegen der Pächter** die Früchte vom Grundstück, erwirbt er das Eigentum an diesen (§ 956 BGB) und die Früchte werden gem. § 1120 BGB von der Hypothekenhaftung frei (MüKoInsO/Ganter InsO § 49 Rn. 13).

3. Zubehör

428 Gemäß § 97 BGB ist eine bewegliche Sache grundsätzlich **dann Zubehör,** wenn sie, ohne Bestandteil der Hauptsache zu sein (→ Rn. 423), nicht nur vorübergehend (in Abgrenzung zu Scheinbestanteilen → Rn. 425) dem **wirtschaftlichen Zweck der Hauptsache zu dienen** bestimmt ist und zu ihr in einem dieser Bestimmung entsprechenden **räumlichen Verhältnis** steht (BGH NJW 2006, 993). Gemäß § 97 Abs. 1 S. 2 BGB ist eine Sache nicht Zubehör, wenn sie **im Verkehr nicht als Zubehör** angesehen wird.

429 § 97 BGB setzt ein durch die **Überordnung der Hauptsache** (des Grundstücks) und die Unterordnung der Hilfssache (Zubehör) gekennzeichnetes Abhängigkeitsverhältnis voraus. Was bei einem **Gewerbebetrieb Hauptsache** ist, bestimmt sich nach dem wirtschaftlichen Schwerpunkt des Unternehmens und damit danach, wo der wirtschaftliche, betriebstechnische Mittel- und Stützpunkt, der „Brennpunkt" des Betriebes liegt (BGH NJW 1983, 746).

430 **Beispiele für eine solche wirtschaftliche Zweckbestimmung** sind in § 98 BGB enthalten. Ein **Gebäude ist** nach Nr. 1 der Vorschrift **jedenfalls dann Hauptsache,** wenn es **durch seine Gliederung, Einteilung, Eigenart oder Bauart** oder aufgrund seiner **Ausstattung mit betriebsdienlichen Maschinen** und sonstigen Gerätschaften als für einen gewerblichen Betrieb dauernd eingerichtet angesehen wird (BGH NJW 2006, 993). Hiernach ist ein Gebäude für einen gewerblichen Betrieb auch dann dauernd eingerichtet, wenn es mit den Gegenständen, die dem Betrieb dieses Gewerbes dienen, derart verbunden ist, dass das Ganze dazu bestimmt ist, dauernd und nicht für einen von vornherein feststehenden Zeitraum und nicht nur zur Befriedigung der Bedürfnisse des derzeitigen Eigentümers, zum Betrieb eines Gewerbes genutzt zu werden. Hierbei reicht es bereits aus, wenn die bauliche Beschaffenheit den dauernden Betrieb des Gewerbes erkennen lässt. Unter baulicher Beschaffenheit ist dabei die Beschaffenheit des aus dem Bau und den betriebsdienlichen Gegenständen gebildeten Ganzen zu verstehen (BGH NJW 2006, 993). Gefordert wird eine Verknüpfung, wonach der **Wert und die Nutzbarkeit des gewerblich genutzten Grundstücks** wesentlich von der Aufrechterhaltung der Verbindung des Betriebsinventars mit dem Grundstück abhängt (BGH NJW 1983, 746).

431 Zur Qualifizierung als Hauptsache reicht jedoch nicht, dass von dem Grundstück aus der Betrieb geführt wird. Vielmehr muss der **wirtschaftliche Schwerpunkt des Betriebes auf dem Grundstück** liegt. Bei Kraftfahrzeugen eines Unternehmens ist der Bezugszusammenhang gegeben, wenn sie auf dem Grundstück für die Bereitstellung, die Lagerung sowie den An- und Abtransport der für die Produktion notwendigen Rohstoffe und der Erzeugnisse des Betriebes verwendet werden. Dies ist etwa bei Elektrokarren und Gabelstaplern der Fall. Auch der Fahrzeugpark einer Fabrik oder eines Handelsunternehmens dient dem wirtschaftlichen Zweck eines Betriebsgrundstückes, wenn mit diesen die Bedarfsgüter des Betriebes herbeigeschafft oder die

Immobilienverwertung im Insolvenzverfahren

erzeugten Produkte ausgeliefert werden. Daher können auch Personenkraftwagen dem wirtschaftlichen Zweck eines Betriebsgrundstückes dienen, wenn sie für die Tätigkeit eines Mitarbeiters der Betriebsverwaltung mit Außendienstfunktionen erforderlich sind. Dies gilt jedoch nicht für Fahrzeuge, mit denen nur Speditions- und Transportgeschäfte sowie Kran- und Montagearbeiten außerhalb der Betriebsgrundstücke ausgeführt werden (BGH NJW 1983, 746).

Die **Eigentumsverhältnisse** an dem Zubehör spielen für die Zubehöreigenschaft nur insofern eine Rolle, als sie die Dauer der Zweckbestimmung beeinflussen könnte. **432**

Doch nach den §§ 1192 Abs. 1, 1120 BGB erstreckt sich der **Haftungsverband der Grundschuld** und der Hypothek auch auf das Zubehör des Grundstücks mit Ausnahme der Zubehörstücke, die **nicht in das Eigentum** des Grundstückseigentümers gelangt sind (BGH NJW 2006, 993). Wird das **Unternehmen nicht von dem Grundstückseigentümer**, sondern dem Pächter geführt, werden die in seinem Eigentum stehenden Zubehörstücke von dem Haftungsverband nicht erfasst. Gemäß § 1120 BGB erfasst das Grundpfandrecht sämtliches Zubehör des Grundstücks. Gleichgültig ist, ob die einzelnen Gegenstände vor oder nach Eintragung der Hypothek **Zubehör geworden sind** (BGH BeckRS 2008, 16051). **Verlieren die Sachen die Zubehöreigenschaft** vor der Bestellung der Grundschuld, entfällt die Haftung (MüKoInsO/Ganter InsO § 49 Rn. 14) (zum Verlust der Zubehöreigenschaft nach der Bestellung → Rn. 443). **433**

Im Falle des Erwerbs des Zubehörs durch den Grundstückseigentümer unter **Eigentumsvorbehalt** wird zunächst das Anwartschaftsrecht und mit Bedingungseintritt das Zubehör von dem Hypothekenverband der Eigentümergrundschuld erfasst (MüKoInsO/Ganter InsO § 49 Rn. 14). **434**

4. Pfändungsverbot

Das **Zubehör** ist von Beginn an von dem Haftungsverband erfasst (→ Rn. 433) und kann gem. § 865 Abs. 2 S. 1 ZPO **nicht mehr gepfändet** werden, es sei denn es wird gemäß den nachstehenden Grundsätzen (→ Rn. 438, → Rn. 442) von dem Haftungsverband frei. Soweit sie im Rahmen der Immobiliarvollstreckung **nicht mit versteigert werden**, erfolgt die Befriedigung des Gläubigers im Rahmen der Mobiliarvollstreckung (Zöller/Seibel ZPO § 865 Rn. 9). Ist das Zubehör entgegen der Regelung in § 865 Abs. 2 S. 1 ZPO **gepfändet worden**, ist die Pfändung nicht unwirksam, sondern nur anfechtbar (Zöller/Seibel ZPO § 865 Rn. 11). **435**

Bei den **Erzeugnissen und sonstigen Bestandteile** (→ Rn. 426) gilt dies gem. § 865 Abs. 2 S. 2 ZPO erst, wenn ihre Beschlagnahme im Wege der Zwangsvollstreckung in das unbewegliche Vermögen (→ Rn. 444) erfolgt ist (MüKoInsO/Ganter InsO § 49 Rn. 12). Eine **zuvor erfolgte Pfändung** bleibt zwar wirksam, eine Vollstreckung durch den Gerichtsvollzieher ist wegen § 772 ZPO iVm § 23 Abs. 1 S. 1 ZVG ausgeschlossen. Der Pfändungsgläubiger hat sein Recht nach § 37 Nr. 4 ZVG geltend zu machen (Zöller/Seibel ZPO § 865 Rn. 10). **436**

Gegen die **unzulässige Pfändung** ist die Erinnerung nach § 766 ZPO und im Anschluss die sofortige Beschwerde nach § 793 ZPO und für den Grundpfandgläubiger zudem die Drittwiderspruchsklage nach § 771 ZPO (wegen Beschlagnahme iVm § 772 ZPO) statthaft (Zöller/Seibel ZPO § 865 Rn. 12). **Nach der Verwertung** des unzulässig gepfändeten Zubehörs steht den Grundpfandgläubigern gegenüber dem Pfandgläubiger ein Bereicherungsanspruch zu (Zöller/Seibel ZPO § 865 Rn. 12). **437**

5. Freiwerden durch Veräußerung und Entfernung (§ 1121 BGB)

Gemäß § 1121 Abs. 1 BGB werden **Erzeugnisse** und sonstige **Bestandteile** des Grundstücks sowie **Zubehörstücke** von der Haftung (→ Rn. 426, → Rn. 433) frei, wenn sie veräußert und von dem Grundstück entfernt werden, bevor sie zugunsten des Gläubigers in Beschlag genommen (→ Rn. 444) worden sind. Unter **Veräußerung** ist die Übereignung des beweglichen Gegenstandes ohne die Immobilie zu verstehen (MüKoInsO/Ganter InsO § 49 Rn. 15). Bei der **Entfernung** wird eine auf Dauer gerichtete Lösung vom Grundstück, die mit der Veräußerung im Zusammenhang steht, gefordert (MüKoInsO/Ganter InsO § 49 Rn. 15). Eine Veräußerung und Entfernung **innerhalb der Grenzen einer ordnungsgemäßen Wirtschaft** wird im Unterschied zu § 1122 BGB nicht vorausgesetzt (MüKoInsO/Ganter InsO § 49 Rn. 18). Eine solche Handlung führt somit zwar zum Ausscheiden aus dem Haftungsverband, löst jedoch ggf. **Schadensersatzansprüche** des Grundpfandgläubigers gegen den Grundstückseigentümer nach § 823 BGB aus (MüKoInsO/Ganter InsO § 49 Rn. 18). Denn gem. § 1135 BGB steht es einer Verschlechterung des Grundstücks gleich, wenn die Zubehörstücke, auf die sich die Hypothek erstreckt, verschlechtert oder den Regeln einer ordnungsmäßigen Wirtschaft zuwider von dem Grundstück entfernt werden. **438**

Immobilienverwertung im Insolvenzverfahren

439 **Veräußert der Schuldner** vor Insolvenzverfahrenseröffnung oder dem Erlass eines allgemeinen Verfügungsverbotes haftende bewegliche Sachen, ohne dass diese von dem Grundstück entfernt werden, so verbleiben sie im Haftungsverband des Grundpfandrechts (MüKoInsO/Ganter InsO § 49 Rn. 17).

440 Hat der **Schuldner mithaftende Gegenstände gem. § 1121 Abs. 1 BGB veräußert** und von der Immobilie **entfernt** und damit aus dem Haftungsverband gelöst, bevor das Insolvenzverfahren eröffnet oder ein allgemeines Verfügungsverbot nach § 21 Abs. 2 S. 1 Nr. 2 InsO ausgesprochen wurde, fallen die Gegenstände nicht in die Insolvenzmasse. Sie können von dem jeweiligen Erwerber aus der Insolvenzmasse ausgesondert werden (MüKoInsO/Ganter InsO § 49 Rn. 16; FK-InsO/Wimmer InsO § 49 Rn. 18). Unter den Voraussetzungen des § 48 InsO steht den Grundpfandgläubigern an dem entrichteten Kaufpreis ein **Anspruch auf Ersatzabsonderung** zu (MüKoInsO/Ganter InsO § 49 Rn. 16). Die in diesem Zusammenhang entstehenden **Schadensersatz- und Bereicherungsansprüche** stellen dagegen lediglich Insolvenzforderungen dar (MüKoInsO/Ganter InsO § 49 Rn. 16). Ggf. können die zur Enthaftung führende Handlung von dem **Grundpfandgläubiger nach dem Anfechtungsgesetz** angefochten werden. Dieser Anspruch erlischt nicht mit dem Erlöschen des Grundpfandrechts durch den Zuschlag in der Zwangsversteigerung nach § 91 Abs. 1 ZVG (MüKoInsO/Ganter InsO § 49 Rn. 16) (zum **Verkauf durch den Insolvenzverwalter** → Rn. 932).

441 Hatte der Schuldner mit **enthaftender Wirkung mithaftende Gegenstände an Dritte verkauft,** oder wurden diese **von Dritten gepfändet,** kommt nur eine Gläubigerbenachteiligung zulasten der Grundpfandgläubiger in Betracht, sodass ein Insolvenzanfechtung ausgeschlossen ist und eine Anfechtung nach dem AnfG auch während dem Insolvenzverfahren eröffnet ist (BGH NJW 1990, 716; Uhlenbruck/Borries/Hirte InsO § 129 Rn. 20).

6. Freiwerden durch Entfernung, Aufhebung der Zubehöreigenschaft (§ 1122 BGB)

442 Die **Erzeugnisse** und **Bestandteile** scheiden auch ohne Veräußerung nach § 1122 Abs. 1 BGB aus dem Haftungsverband aus, wenn sie innerhalb der Grenzen einer ordnungsmäßigen Wirtschaft von dem Grundstück **getrennt** und vor der Beschlagnahme (→ Rn. 444) von dem Grundstück nicht nur vorübergehend **entfernt** worden sind. Die Entfernung muss ebenfalls nicht in den Grenzen einer ordnungsgemäßen Wirtschaft erfolgen (MüKoInsO/Ganter InsO § 49 Rn. 22).

443 Nach § 1122 Abs. 2 BGB werden **Zubehörstücke** von der Haftung frei, wenn die **Zubehöreigenschaft** vor der Beschlagnahme innerhalb der **Grenzen einer ordnungsmäßigen Wirtschaft** aufgehoben wurde (Zöller/Seibel ZPO § 865 Rn. 4; BGH NJW 1973, 997). Auch die Zubehöreigenschaft endet durch die dauernde, nicht nur vorübergehende **Entfernung der Sache** von dem Grundstück (MüKoInsO/Ganter InsO § 49 Rn. 23). Auch durch die Änderung der **Zweckbestimmung des Grundstücks** kann die Zubehöreigenschaft entfallen (MüKoInsO/Ganter InsO § 49 Rn. 24). Die Zubehöreigenschaft entfällt zudem bereits mit dem **Wegfall der Widmung der Sache** für den wirtschaftlichen Zweck der Hauptsache oder des Unternehmens (MüKoInsO/Ganter InsO § 49 Rn. 23), so etwa bei einer ausgemusterten und für den Abtransport bereitgestellten Maschine (MüKoInsO/Ganter InsO § 49 Rn. 23). Die **Stilllegung des Betriebs** des Insolvenzschuldners vor dem Antrag auf Eröffnung des Insolvenzverfahrens oder durch den Insolvenzverwalter stellte keine ordnungsgemäße Bewirtschaftung des bis dahin als Betriebsgelände genutzten Grundstücks dar und führt daher nicht zur Enthaftung des Zubehörs nach § 1122 Abs. 2 BGB (BGH NJW 1996, 835; BeckRS 2005, 11905; MüKoInsO/Ganter InsO § 49 Rn. 24). Zwar führt die Stilllegung des Betriebes zum Verlust der Zubehöreigenschaft. Doch die Stilllegung eines Betriebes durch den Insolvenzverwalter, der Inventar und Grundstück getrennt verwerten will, ist nicht eine Aufhebung der Zubehöreigenschaft innerhalb der Grenzen einer ordnungsmäßigen Wirtschaft iSd § 1122 Abs. 2 BGB, sodass der Haftungsverband nicht aufgehoben wird (BGH NJW 1973, 997).

7. Beschlagnahme

444 Die Beschlagnahme erfolgt durch die **Anordnung der Zwangsversteigerung** (§§ 20 Abs. 1, 21 ZVG) (→ Rn. 588) oder die **Anordnung der Zwangsverwaltung** (§ 148 Abs. 1 ZVG, § 20 Abs. 1 ZVG, §§ 21, 151 ZVG) (→ Rn. 787). Dies gilt jedoch nicht für die Anordnung der Zwangsversteigerung auf **Antrag des Insolvenzverwalters** (§ 173 S. 1 ZVG) oder des Erben (§§ 176, 173 S. 1 ZVG). Bei den mithaftenden Erzeugnissen und Bestandteilen tritt Beschlagnahme auch durch **Pfändung** aufgrund dinglicher Titel im Wege der Fahrnis-Vollstreckung (§§ 808 ff., 829 ff., 865 ZPO) ein.

Immobilienverwertung im Insolvenzverfahren

8. Freiwerden ab Beschlagnahme

Gemäß § 23 Abs. 1 S. 1 ZVG hat die Beschlagnahme die Wirkung eines **Veräußerungsverbots** 445 (zur Zwangsversteigerung → Rn. 586).

Wenn sich die Beschlagnahme auf bewegliche Sachen erstreckt, kann der Schuldner gem. 446 § 23 Abs. 1 S. 2 ZVG über einzelne Stücke innerhalb **der Grenzen einer ordnungsmäßigen Wirtschaft** auch nach der Beschlagnahme den Gläubiger gegenüber wirksam verfügen. **Der Erlös** aus dem Geschäft verbleibt in diesem Fall bei dem Schuldner (MüKoInsO/Ganter InsO § 49 Rn. 20). Dies gilt jedoch nicht gegenüber an diesen Sachen **absonderungsberechtigten** Gläubigern (MüKoInsO/ Ganter InsO § 49 Rn. 20). Gemäß § 23 Abs. 2 S. 1 ZVG wird für die Frage des **gutgläubigen Erwerbs** nach § 135 Abs. 2 BGB im Hinblick auf das Veräußerungsverbot aufgrund der Beschlagnahme nach § 23 Abs. 1 S. 1 ZVG der Kenntnis der Beschlagnahme die Kenntnis des Versteigerungsantrages oder der Zwangsverwaltung (§ 146 Abs. 1 ZVG) gleichgesetzt. Die Bösgläubigkeit wird zudem gem. S. 2 ab Eintragung des **Versteigerungsvermerkes** oder des Zwangsverwaltungsvermerks (§ 146 Abs. 1 ZVG) im Grundbuch angenommen. Die Bösgläubigkeit aufgrund des Vermerkes gilt jedoch nur für den **Erwerb von dem Grundstückseigentümer,** nicht jedoch bei einem Erwerb von einem Dritten, der das Zubehör von dem Grundstück bereits entfernt hatte (MüKoInsO/Ganter InsO § 49 Rn. 21). Der gute Glaube, dass es sich bei der veräußerten Sache **nicht um Zubehör** des beschlagnahmten Grundstücks handelt, wird dagegen bereits nicht geschützt (MüKoInsO/Ganter InsO § 49 Rn. 21).

Gemäß § 1121 Abs. 2 S. 1 BGB kann sich der Erwerber dem Gläubiger gegenüber nicht darauf 447 berufen, dass er in Ansehung der Hypothek in gutem Glauben gewesen sei, wenn die **Veräußerung vor der Entfernung** erfolgt ist. Entfernt der Erwerber die Sache von dem Grundstück, so ist eine vor der Entfernung erfolgte Beschlagnahme gem. § 1121 Abs. 2 S. 2 BGB ihm gegenüber nur wirksam, wenn er bei der Entfernung in Ansehung der Beschlagnahme nicht in gutem Glauben ist. Dies gilt erst recht bei einer Veräußerung nach der Beschlagnahme (MüKoInsO/Ganter InsO § 49 Rn. 21).

Die Beschlagnahme durch Zwangsversteigerung umfasst gem. § 21 Abs. 1 ZVG nur dann **land-** 448 **und forstwirtschaftliche Erzeugnisse** des Grundstücks, soweit die Erzeugnisse noch mit dem Boden verbunden oder soweit sie Zubehör des Grundstücks sind. Im Falle der Zwangsverwaltung werden diese dagegen von dem Beschlag erfasst (§ 148 Abs. 1 ZVG).

9. Keine Disposition über die Folge der Beschlagnahme

Soweit die beweglichen Sachen von dem **Haftungsverband des Grundpfandrechts** erfasst 449 sind, steht dies nicht zur Disposition des Grundpfandgläubigers. Gemäß § 1121 Abs. 1 BGB werden Erzeugnisse und sonstige Bestandteile des Grundstücks sowie Zubehörstücke **von der Haftung frei,** wenn sie veräußert und von dem Grundstück entfernt werden, bevor sie zugunsten des Gläubigers in Beschlag genommen worden sind (→ Rn. 438). Soweit eine Beschlagnahme bereits erfolgte, sind sie vom Haftungsverband erfasst, selbst wenn der Verkauf nach den Regeln des §§ 166 ff. InsO mit Zustimmung des Grundpfandgläubigers erfolgt (→ Rn. 941).

II. Pfändung/Verpfändung/Sicherungsübereignung (§ 50 Abs. 1 InsO)

Gemäß § 50 Abs. 1 InsO sind Gläubiger, die an einem Gegenstand der Insolvenzmasse ein 450 rechtsgeschäftliches, ein durch Pfändung erlangtes oder ein gesetzliches Pfandrecht haben, nach Maßgabe der §§ 166 ff. InsO für Hauptforderung, Zinsen und Kosten zur abgesonderten Befriedigung aus dem Pfandgegenstand berechtigt.

1. Wirksame Verpfändung/Sicherungsübereignung

Der Schuldner kann bewegliche Sachen (§ 1204 BGB) **verpfänden und zur Sicherheit über-** 451 **eignen.** Auch der **Grundpfandgläubiger kann** sich die vom Haftungsverband des Grundpfandrechts erfassten Gegenstände zur Sicherheit übereignen lassen oder verpfänden lassen.

Ein insolvenzfestes Absonderungsrecht besteht jedoch nur, wenn das materielle Recht zum 452 Zeitpunkt der Verfahrenseröffnung bereits wirksam begründet war (→ Rn. 221). Hier ist auf das **Verfügungsverbot** des Schuldners ab Anordnung der vorläufigen Verwaltung (→ Rn. 6) und nach Eröffnung (→ Rn. 43) zu denken sowie an die **Erwerbsbeschränkung** ab Eröffnung nach § 91 InsO (→ Rn. 49) zu achten.

Zu prüfen ist daher zunächst die Verfügungsbefugnis des Schuldners nach **§ 81 InsO**. Regelmä- 453 ßig fällt der Rechtserwerb als **Verfügungserfolg mit dem letzten Akt** des Verfügungstatbestands

Immobilienverwertung im Insolvenzverfahren

zusammen. Im Falle der **Übertragung beweglicher Sachen** tritt die Rechtsänderung bei Einigkeit über den Rechtsübergang mit der Erlangung des unmittelbaren (§ 929 BGB) oder mittelbaren Besitzes (§ 930 BGB) oder der Abtretung des Herausgabeanspruchs (§ 931 BGB) ein. Der Rechtssatz, wonach die Verfügungsmacht des Verfügenden noch zum Zeitpunkt des Rechtserwerbs vorliegen muss, trifft in diesen Fällen zu (BGH NZI 2009, 888). Doch hat der Schuldner über eine noch **nicht bestehende Sache verfügt,** hindert der Verlust der Verfügungsbefugnis des Schuldners bis zum Entstehen der Sache nicht den wirksamen Erwerb durch den Sicherungsnehmer (zur Verfügung über eine künftige Forderung → Rn. 483) (MüKoInsO/Ganter InsO Vor § 49 Rn. 31).

454 Nach Insolvenzeröffnung kann der Verfügungs**erfolg** durch das Entstehen der Sache gem. **§ 91 InsO** grundsätzlich nicht mehr eintreten. Bis zur Eröffnung muss der **Sicherungsgeber die Sache erworben,** die Übergabe erfolgt oder eine Übergabesurrogat vereinbart worden sein und die Einigung über die Bestellung der Sicherheit im Zeitpunkt der Eröffnung (noch) bestehen (MüKoInsO/Ganter InsO Vor § 49 Rn. 21, 23). Wird jedoch das **Anwartschaftsrecht auf** Erwerb des Eigentums an einer bereits existierenden beweglichen Sache abgetreten oder verpfändet, entsteht eine insolvenzfeste Sicherheit bereits mit Erwerb des Anwartschaftsrechts. Hierzu reicht es aus, dass die Anwartschaft erst nach Eröffnung des Insolvenzverfahrens über das Vermögen des Veräußerers zum Vollrecht erstarkt (MüKoInsO/Ganter InsO Vor § 49 Rn. 22).

2. Wirksame Pfändung

455 Im Hinblick auf die Insolvenzfestigkeit einer Pfändung ist zudem an das mögliche **Vollstreckungsverbot** ab der Anordnung der vorläufigen Verwaltung (→ Rn. 24 ff.) und ab der Insolvenzeröffnung (→ Rn. 71) und in dem Monatszeitraum vor Insolvenzantragstellung an die **Rückschlagsperre** zu denken (→ Rn. 67).

456 Hierbei ist zu beachten, dass das Vollstreckungsverbot des § 89 InsO auch für den **Grundpfandgläubiger** gilt, soweit er die mithaftenden Sachen pfändet (BGH NZI 2016, 824). Gleiches gilt für die Rückschlagsperre des § 88 InsO (zum Pfändungsverbot aufgrund des **Haftungsverbands** → Rn. 435).

III. Durchsetzung des Anspruchs

457 Soweit das Absonderungsrecht nach den insolvenzrechtlichen Vorschriften nicht unwirksam ist, ist zudem zu beachten, dass **Verfallabreden** auch bei Mobiliarpfandrechten grundsätzlich unzulässig sind (→ Rn. 410). Gemäß § 1229 BGB ist eine **vor dem Eintritt der Verkaufsberechtigung** (§ 1228 Abs. 2 S. 1 BGB) getroffene Vereinbarung nichtig, nach welcher dem **Pfandgläubiger**, falls er nicht oder nicht rechtzeitig befriedigt wird, das Eigentum an der Sache zufallen oder übertragen werden soll. Auf Verfallklauseln im Falle einer **Sicherungsübereignung** ist § 1229 BGB analog anwendbar (MüKoInsO/Ganter InsO Vor § 49 Rn. 102).

G. Absonderungsrecht an Mietforderungen

I. Ansprüche des Grundpfandgläubigers

1. Ab der Insolvenzeröffnung, Beschlagnahme zugunsten der Masse

458 Die **Eröffnung des Insolvenzverfahrens** führt zu einer Beschlagnahme der Miet- und Pachtforderungen des Insolvenzschuldners zugunsten der Masse und nicht zugunsten der Grundpfandgläubiger (BGH NZI 2016, 824). Vorbehaltlich einer wirksamen **Beschlagnahme zugunsten des Grundpfandgläubigers** durch die Anordnung der Zwangsverwaltung (→ Rn. 786), steht die Miete ab der Insolvenzverfahrenseröffnung der Insolvenzmasse zu (zu **Zahlungen vor Insolvenzeröffnung** an Grundpfandgläubiger → Rn. 475) und wird von dem Insolvenzverwalter eingezogen (zu den Einzelheiten → Rn. 956).

2. Grundsätzlicher Haftungsverband des Grundpfandrechts

459 Wie vorstehend dargelegt (→ Rn. 302) **umfasst die Zwangsvollstreckung** in das unbewegliche Vermögen gem. § 865 Abs. 1 ZPO auch Gegenstände, auf die sich bei Grundstücken und Berechtigungen die Hypothek erstreckt (§§ 1120–1130 BGB). **Miet- und Pachtforderungen** im Zusammenhang mit der Überlassung des Zubehörs oder der Immobilie (MüKoInsO/Ganter InsO § 49 Rn. 26) unterliegen gem. § 1123 Abs. 1 BGB dem Haftungsverband des Grundpfand-

rechts. Wenn es sich um einen **gemischten Vertrag** handelt, gilt dies für den Anteil, welche für die Überlassung des Zubehörs oder der Immobilie gezahlt wird (MüKoInsO/Ganter InsO § 49 Rn. 26).

Von dem Haftungsverband **erfasst ist die rückständige** (zum Freiwerden → Rn. 462), aber auch die **laufende Miete und Pacht** (MüKoInsO/Ganter InsO § 49 Rn. 26). Auch die **Nutzungsentschädigung** gegen den rechtsgrundlosen Besitzer (§ 546a BGB) ist erfasst (MüKoInsO/Ganter InsO § 49 Rn. 26). Das **Nießbrauchsentgelt** ist von dem Haftungsverband jedoch nicht erfasst (OLG Schleswig BeckRS 2016, 114219; MüKoInsO/Ganter InsO § 49 Rn. 26). Auch Forderungen aus einem **Unterpacht- oder -mietvertrag** sind nicht erfasst (BGH BeckRS 2011, 22038). Das Objekt muss dabei **nicht von dem Grundstückseigentümer vermietet** worden sein. Erfass sind die Objekte auch bei einer Vermietung durch den nachrangige Nießbraucher oder einem sonstigen Eigenbesitzer (MüKoInsO/Ganter InsO § 49 Rn. 26). **460**

Durch die Erstreckung des Haftungsverbandes auf die Miet- und Pachtforderung wird jedoch **kein dingliches Recht an diesen Forderungen** begründet (BGH NZI 2020, 116). Dem Grundpfandgläubiger steht somit bis zur Beschlagnahme des Grundstücks (→ Rn. 463) nur ein schuldrechtliches Recht auf diese Forderungen zu (BGH NZI 2016, 824). **Erst durch die Beschlagnahme** des Grundstücks durch den Grundpfandgläubiger erstarkt die nur potentielle Haftung nach § 1123 Abs. 1 BGB zu einer vollwirksamen (§ 20 Abs. 1, 2 ZVG, § 148 Abs. 1 S. 1 ZVG) (BGH NZI 2010, 58). Erst ab diesem Zeitpunkt scheiden die Miet- und Pachtforderungen für die Insolvenzgläubiger als Zugriffsobjekt aus (§ 1123 Abs. 2 BGB) und sind der Verfügung des Schuldners entzogen (§ 1124 BGB) (BGH NZI 2010, 58). **461**

Die Forderungen werden von dem Haftungsverband zudem gem. § 1123 Abs. 2 S. 1 BGB frei, soweit **nicht innerhalb eines Jahres ab Fälligkeit der Forderung eine Beschlagnahme** zugunsten des Grundpfandgläubigers erfolgt ist. Bei einer im Voraus zu entrichtenden Miete erstreckt sich die Befreiung gem. § 1123 Abs. 2 S. 2 BGB nicht auf die Miete oder Pacht für eine spätere Zeit als den zur Zeit der Beschlagnahme laufenden Kalendermonat; erfolgt die Beschlagnahme nach dem 15. Tag des Monats, so erstreckt sich die Befreiung auch auf den Miet- oder Pachtzins für den folgenden Kalendermonat. **462**

3. Beschlagnahme

Die wirksame Beschlagnahme (zu den Erzeugnissen → Rn. 444 ff.) schließt das **Freiwerden von der hypothekarischen Haftung** aus (Zöller/Seibel ZPO § 865 Rn. 8). Die **Beschlagnahme erstreckt** sich gem. § 148 Abs. 1 S. 1 iVm § 21 Abs. 2 ZVG sowie gem. § 146 Abs. 1 iVm § 20 Abs. 2 ZVG, § 1123 Abs. 1 BGB auch auf die Forderungen aus der Vermietung des verwalteten Grundstücks (BGH NZI 2012, 54). **463**

Die **Beschlagnahme kann** entweder nach §§ 828 ff. ZPO oder durch Anordnung der Zwangsverwaltung (§ 148 Abs. 1 ZVG) (→ Rn. 787) erfolgen (BGH NZI 2016, 824). **464**

Eine **Forderungspfändung** bewirkt die Beschlagnahme jedoch nur dann, soweit Grundlage der Pfändung ein dinglicher und nicht lediglich ein schuldrechtlicher Anspruch gegen den Eigentümer ist (BGH NJW 2008, 1599; MüKoInsO/Ganter InsO § 49 Rn. 28). Zudem kann der Grundpfandgläubiger **ab Eröffnung** des Insolvenzverfahrens gem. § 89 InsO nicht in die Insolvenzmasse vollstrecken und daher mithaftende Mieten oder Pachten pfänden lassen (BGH NZI 2016, 824). Die Pfändung mithaftender Mieten gem. §§ 829, 832, 835 ZPO durch den Grundpfandgläubiger nach Eröffnung des Insolvenzverfahrens über das Vermögen des Schuldners ist nach § 89 InsO unzulässig und der absonderungsberechtigte Gläubiger ist auf den Weg der Zwangsverwaltung verwiesen (BGH NZI 2006, 577). Das **Vollstreckungsverbot des § 89 InsO** gilt auch für den Grundpfandgläubiger, soweit er die Forderung pfändet (BGH NZI 2016, 824). Soweit die Pfändung aufgrund eines **dinglichen Rechts** erfolgt, ist die Pfändung nicht nach § 89 InsO, jedoch nach § 49 InsO unwirksam (AG Hamburg BeckRS 2005, 11227; MüKoInsO/Kern InsO § 165 Rn. 193; MüKoInsO/Ganter InsO § 49 Rn. 86). Gleiches gilt für **die Rückschlagsperre des § 88 InsO.** **465**

Ihm bleibt jedoch die Möglichkeit, gem. § 49 InsO die **Zwangsverwaltung** zu beantragen (BGH NZI 2016, 824). Die **Anordnung der Zwangsverwaltung** gilt gem. § 146 Abs. 1 ZVG iVm § 20 Abs. 1 ZVG zugunsten des Gläubigers, welcher die Zwangsverwaltung betreibt, als Beschlagnahme des Grundstücks. Dies gilt unabhängig davon, ob die Zwangsverwaltung aus einem **dinglichen Recht am Grundstück oder aus einer persönlichen Forderung** gegen den Grundstückseigentümer betrieben wird (BGH NZI 2012, 54). **466**

Die Beschlagnahme kann **nicht aufgrund einer Zwangssicherungshypothek** erwirkt werden. Die Befriedigung des Gläubigers aus dem Grundstück und dem Haftungsverband erfolgt **467** gem. § 1147 BGB im Wege der Zwangsvollstreckung. Diese findet nur aus einem besonderen dinglichen Titel statt, der auf Duldung der Zwangsvollstreckung in das belastete Grundstück aus der Hypothek lautet und nicht der Zwangssicherungshypothek (BGH NJW 2008, 1599; MüKo-InsO/Ganter InsO § 49 Rn. 28). Auch die Beschlagnahme **durch Zwangsvollstreckung** erfasst nicht die Miet- und Pachtforderungen und das Recht des Pächters auf den Fruchtgenuss (§ 21 Abs. 2, 3 ZVG).

468 Mit der Beschlagnahme erwirbt der Grundpfandgläubiger ein **Absonderungsrecht** an den Miet- und Pachtforderungen, welches jedoch ggf. auch **anfechtbar** ist (→ Rn. 478).

4. Verfügung/Pfändung bis zur Beschlagnahme

469 Der **Grundstückseigentümer bleibt bis zur Beschlagnahme** im Verhältnis zum Grundpfandgläubiger in den Grenzen des § 1124 BGB berechtigt, die Mieten einzuziehen oder anderweitig über sie zu **verfügen** (BGH NZI 2020, 116) (zu den **insolvenzrechtlichen Beschränkungen** → Rn. 482). Zulässig bleiben daher die Einziehung, die Zession, Verpfändung, Mietvorauszahlung und Pfändung und Überweisung der Mieten nach §§ 829, 835 (MüKoZPO/Dörndorfer ZPO § 865 Rn. 33).

470 **Zieht der Insolvenzverwalter oder der Schuldner** die Miete oder Pacht vor der Beschlagnahme ein, oder verfügt er vor der Beschlagnahme über diese in anderer Weise, tritt eine Enthaftung ein (zur Einschränkung nach Beschlagnahme → Rn. 471). Die Verfügungen sind gem. § 1124 Abs. 1 S. 1 BGB dem Grundpfandgläubiger gegenüber wirksam (MüKoInsO/Ganter InsO § 49 Rn. 29).

5. Verfügungen/Pfändung ab der Beschlagnahme

471 Ab der Beschlagnahme ist die **Einziehung dem Hypothekar gegenüber** nach §§ 135, 136, § 23 Abs. 1 ZVG grundsätzlich unwirksam. Doch die Beschlagnahme wird dem Mieter gegenüber erst wirksam, wenn ihm das Zahlungsverbot nach § 22 Abs. 2 ZVG, § 151 Abs. 3 ZVG zugestellt wurde, oder er von der Anordnung bereits Kenntnis hatte oder wenn ihm ein Pfändungs- und Überweisungsbeschluss zugestellt wurde (MüKoBGB/Lieder BGB § 1124 Rn. 27).

472 Hat der Grundstückseigentümer die Mietforderungen für die **Zukunft abgetreten**, so ist diese Verfügung nach Maßgabe des § 1124 Abs. 2 BGB gegenüber dem Gläubiger unwirksam, zu dessen Gunsten das Grundstück in Beschlag genommen worden ist (BGH NZI 2012, 54). Die Vorschrift setzt eine Beschlagnahme der Miet- oder Pachtforderungen zugunsten der Grundpfandgläubigers voraus (→ Rn. 463) (BGH NJW 2008, 1599). Gemäß § 1124 Abs. 2 Hs. 1 BGB ist eine Vorausverfügung über Forderungen auf Miete dem Hypothekengläubiger gegenüber unwirksam, soweit sie sich auf die Miete für eine **spätere Zeit als den zur Zeit der Beschlagnahme** laufenden Kalendermonat bezieht. Im Falle der Konkurrenz von Beschlagnahme eines Grundstücks und vorausgegangener Abtretung künftiger Mietforderungen räumt § 1124 Abs. 2 BGB daher den die Beschlagnahme betreibenden Gläubigern den Vorrang ein und weicht **vom Prioritätsprinzip** ab, weil die laufende Miete zugunsten der Grundpfandgläubiger als Haftungsobjekt dienen soll (BGH NZI 2012, 54). Es kommt daher nicht darauf an, ob die Vorausverfügung/Pfändung vor oder nach der Grundpfandrechtsbestellung erfolgt ist (BGH NZI 2012, 54; MüKoInsO/Ganter InsO § 49 Rn. 29).

473 Damit ist mit der Beschlagnahme des Grundstücks bzw. Wohnungseigentums im Zwangsverwaltungsverfahren auch die **Pfändung** der Miet- oder Pachtforderung als Vorausverfügung iSv § 1124 Abs. 2 BGB gegenüber dem Grundpfandrechtsgläubiger unwirksam (BGH NZI 2020, 116). Eine **vor der Beschlagnahme erfolgte Miet- und Pachtpfändung** hat für die spätere Zeit als den zur Zeit der Beschlagnahme laufenden Kalendermonat somit keine Wirkung mehr. Der Einzug erfolgt durch den Zwangsverwalter (§ 1124 Abs. 2 BGB, § 152 ZVG).

6. Aufrechnung durch den Mieter ab der Beschlagnahme (§§ 392, 1125 BGB)

474 Ab der wirksamen Beschlagnahme (→ Rn. 463) kann der Mieter oder der Pächter gem. § 1125 BGB mit **seiner nach der Beschlagnahme erworbenen Gegenforderung** oder soweit diese erst nach der Beschlagnahme und später als die Miet-/Pachtforderung fällig geworden ist, nicht aufrechnen (MüKoInsO/Ganter InsO § 49 Rn. 30). Soweit die Einziehung der Miete oder Pacht dem Hypothekengläubiger gegenüber gem. § 1124 Abs. 2 BGB unwirksam ist (→ Rn. 472), kann der Mieter oder der Pächter gem. § 1125 BGB nicht mit einer ihm gegen den Vermieter zustehenden Forderung gegen den Hypothekengläubiger aufrechnen.

7. Anfechtbarkeit der Mietzahlung an Grundpfandgläubiger

Bis zur Beschlagnahme liegt in der **Zahlung der Miete an den Grundpfandgläubiger** eine Gläubigerbenachteiligung vor, die nach Insolvenzeröffnung ggf. anfechtbar ist (BGH NZI 2010, 58). Vor Eröffnung des Insolvenzverfahrens kann die Beschlagnahme auch durch **Pfändung der Miet- oder Pachtforderungen** aufgrund des dinglichen Anspruchs herbeigeführt werden; nach Eröffnung des Insolvenzverfahrens und innerhalb eines Monats vor Insolvenzantragstellung ist die Pfändung nicht mehr zulässig (BGH NZI 2020, 687). Die **Gläubigerbenachteiligung** folgt aus dem Umstand, dass die vor der Beschlagnahme getilgten Mietforderungen dem Gläubigerzugriff unterlagen (§ 865 Abs. 2 S. 2 ZPO) und den Insolvenzgläubigern die Möglichkeit endgültig abgeschnitten worden ist, sie aus dem Haftungsverband zu lösen (BGH NZI 2020, 687; 2010, 58). Erst **ab dem Zeitpunkt der Beschlagnahme** erwirbt der Grundpfandgläubiger ein Absonderungsrecht an der Miet- und Pachtforderung, welches jedoch ggf. auch anfechtbar ist (→ Rn. 478). 475

Nicht benachteiligend wirkt der bloße **Austausch gleichwertiger Sicherheiten** (→ Rn. 84), der Tausch völlig gleichwertiger Gegenstände, die Ablösung eines vollwertigen Pfandrechts, solange der Pfandgegenstand beim Schuldner verbleibt, oder dessen Zahlung auf ein insolvenz- und anfechtungsfestes Pfändungspfandrecht (vgl. BGH NZI 2010, 58). Von einem masseneutralen Sicherheitentausch ist nicht auszugehen, wenn der Schuldner als Eigentümer eines mit einem Grundpfandrecht belasteten Grundstücks zugunsten des **Grundpfandgläubigers über die Miet- oder Pachtzinsen verfügt** oder im Wege einer vom **Grundpfandgläubiger veranlassten Zwangsvollstreckung auf die Miete** zugegriffen wird (BGH NZI 2010, 58). Bis zum Wirksamwerden eines von dem Grundpfandgläubiger ausgebrachten Pfändungs- und Überweisungsbeschlusses unterliegen die Mietforderungen zwar dem Haftungsverband des Grundpfandrechts; die Haftung ist jedoch nur eine vorläufige, weil die Mietansprüche weder der Verfügung des Schuldners noch dem wirksamen Zugriff der Insolvenzgläubiger entzogen sind. Erst durch die Anordnung der Zwangsverwaltung erstarkt diese „potenzielle Haftung" zu einer voll wirksamen (§ 146 Abs. 1 ZVG, § 20 Abs. 1, 2 ZVG, § 148 Abs. 1 ZVG). Erst hierdurch scheiden die erfassten Mietforderungen für die Insolvenzgläubiger als Zugriffsobjekt endgültig aus. Bei der Zahlung der Miete an den Grundpfandgläubiger vor der Beschlagnahme des Grundstücks ist daher eine Gläubigerbenachteiligung gegeben. Denn die in anfechtbarer Zeit getilgte Mietforderung unterlagen dem Gläubigerzugriff (§ 865 Abs. 2 S. 2 ZPO). Den Insolvenzgläubigern ist erst dadurch die Möglichkeit endgültig abgeschnitten worden ist, sie aus dem Haftungsverband zu lösen (BGH NZI 2010, 58). 476

Soweit jedoch Zahlungen in der **Art einer „Kalten Zwangsverwaltung"** an den Grundpfandgläubiger erfolgen, kann es an einer Gläubigerbenachteiligung fehlen, wenn der Schuldner von der Vorstellung geleitet ist, dass die mit dem Grundpfandgläubiger vor der Eröffnung des Insolvenzverfahrens getroffene Vereinbarung seine übrigen Gläubiger nicht benachteiligt. Vereinbart er daher mit dem Grundpfandgläubiger, dass die aus § 1123 Abs. 1 BGB (iVm § 1192 Abs. 1 BGB) folgende Haftung von Miet- oder Pachtforderungen außergerichtlich in einer den **Wirkungen einer Zwangsverwaltung** nach den §§ 146 ff. ZVG entsprechenden Art verwirklicht wird, fehlt es an einer Benachteiligungsabsicht. Die Vorstellung bedarf allerdings einer hinreichenden tatsächlichen Grundlage und damit eines **Grundpfandrechts,** das sich anfechtungsfest auf die Miet- oder Pachtforderungen erstreckt. Zudem dürfen sich für die Gläubigergesamtheit keine **erheblichen wirtschaftlichen Nachteile** ergeben gegenüber einer Zwangsverwaltung nach den §§ 146 ff. ZVG (BGH NZI 2020, 687). 477

8. Anfechtbarkeit des Pfandrechtes

Zwar ist eine Zahlung aufgrund eines Pfandrechts nicht **gläubigerbenachteiligend,** da dem Gläubiger in der Insolvenz ein Absonderungsrecht zugestanden hätte. Dies gilt nicht, wenn das **betreffende Pfandrecht anfechtbar** war (BGH NZI 2010, 58). 478

Für die Anfechtung des Absonderungsrechts, welches sich **aus dem Grundpfandrecht** ergibt, ist nach § 140 Abs. 1 InsO **auf den Zeitpunkt abzustellen,** in dem der Schuldner als Vermieter die jeweilige Leistung erbracht hat, also den Gebrauch der Mietsache gewährt (→ Rn. 492) (BGH NZI 2010, 58) (zur **Anfechtung einer Pfändung** → Rn. 491). 479

II. Pfändung/Verpfändung/Abtretung (§ 50 Abs. 1 InsO)

Gemäß § 50 Abs. 1 InsO sind Gläubiger, die an einem Gegenstand der Insolvenzmasse ein rechtsgeschäftliches, ein durch Pfändung erlangtes oder ein gesetzliches Pfandrecht haben, nach Maßgabe der §§ 166 ff. InsO für Hauptforderung, Zinsen und Kosten zur abgesonderten Befriedigung aus dem Pfandgegenstand berechtigt. 480

Immobilienverwertung im Insolvenzverfahren

1. Wirksame Verpfändung/Abtretung

481 Der Schuldner kann bewegliche Sachen (§ 1204 BGB), Forderungen (§ 1279 BGB) und sonstige übertragbare Vermögensrechte (§ 1273 BGB) **verpfänden und abtreten**. Auch über die vom **Haftungsverband des Grundpfandrechts** erfassten Mietforderungen kann der Schuldner zugunsten des Grundpfandgläubigers verfügen (→ Rn. 469).

482 Ein insolvenzfestes Absonderungsrecht aufgrund einer Abtretung oder Verpfändung besteht nur, wenn das materielle Recht zum Zeitpunkt der Verfahrenseröffnung bereits wirksam begründet war (→ Rn. 221). Hier ist auf das **Verfügungsverbot** des Schuldners ab Anordnung der vorläufigen Verwaltung (→ Rn. 6) und nach Eröffnung gem. § 81 InsO (→ Rn. 43) und die **Anfechtbarkeit** (→ Rn. 491), sowie die **Erwerbsbeschränkung** ab Eröffnung nach § 91 InsO (→ Rn. 49) zu achten.

483 Zu prüfen ist daher zunächst die Verfügungsbefugnis des Schuldners nach **§ 81 InsO**. Der Rechtserwerb fällt regelmäßig als **Verfügungserfolg mit dem letzten Akt** des Verfügungstatbestandes zusammen. Bei der **Abtretung einer bestehenden Forderung** tritt die Rechtsänderung bereits mit der Einigung (§ 398 BGB) ein (BGH NZI 2009, 888). Dagegen genügt im Falle der **Verfügung über künftige Forderungen,** wie auch bei der Abtretung bestehender Forderungen, als Tatbestand der Verfügung die Einigung der Beteiligten. Doch erst wenn die Forderung entsteht, vollzieht sich der Übergang des Rechts. In diesem Fall fallen Verfügungstatbestand und -erfolg ausnahmsweise auseinander. Die Verfügungsbefugnis muss jedoch lediglich bis zur Vornahme des Verfügungstatbestandes gegeben sein. Die **Beschränkung dieser Befugnis nach bereits erfolgter Einigung** über die Abtretung ist daher unschädlich (BGH NZI 2009, 888). Damit ist im Falle der **Verfügung über künftige Forderungen** der Verfügungstatbestand mit der Einigung der Beteiligten abgeschlossen. Nachdem im vorläufigen Verfahren § 91 InsO nicht gilt (→ Rn. 22), bleibt ein Verfügungserfolg im Falle einer Einigung vor Anordnung der Sicherungsmaßnahme im vorläufigen Verfahren möglich (BGH NZI 2009, 888). Dies gilt auch im Falle der Anordnung eines allgemeinen Verfügungsverbots (MüKoInsO/Ganter InsO Vor § 49 Rn. 31).

484 Nach Insolvenzeröffnung kann der Verfügungserfolg gem. **§ 91 InsO** dagegen nicht mehr eintreten (zur Einschränkung → Rn. 488). Hierbei ist zu beachten, dass bei der **Abtretung oder Verpfändung einer künftigen Forderung** der Rechtsübergang erst mit dem Entstehen der Forderung wirksam wird. Wenn die im Voraus abgetretene oder verpfändete Forderung erst nach der Insolvenzeröffnung entsteht, kann gem. § 91 Abs. 1 InsO der Zessionar oder Pfandrechtsgläubiger kein Recht mehr zulasten der Masse erwerben. Denn nur wenn der Zessionar oder Pfandrechtsgläubiger hinsichtlich der abgetretenen oder verpfändeten Forderung bereits vor der Insolvenzeröffnung eine **gesicherte Rechtsposition** erlangt hat, ist die Abtretung oder Verpfändung insolvenzfest. Dies ist dann der Fall, wenn bereits im Zeitpunkt der Verfahrenseröffnung der **Vermögensgegenstand aus dem Vermögen des Schuldners** ausgeschieden war, ohne dass für ihn die Möglichkeit bestand, diesen aufgrund alleiniger Entscheidung wieder zurückzuerlangen. Die erforderliche gesicherte Rechtsposition hat ein Zessionar einer Sicherungsabtretung oder der Gläubiger eines Pfandrechts an einer künftig erst entstehenden Forderung erst dann, wenn das Recht ohne weiteres Zutun der Parteien entsteht. Die Voraussetzungen für den Erwerb von künftigen Absonderungsrechten an einem erst nach Insolvenzeröffnung entstehenden Recht müssen den Voraussetzungen bei der Aufrechnungsmöglichkeit nach § 95 InsO entsprechen (BGH NJW-RR 2009, 755).

485 Durch die **Anordnung der Zwangsverwaltung** wird die Vorausabtretung der künftigen Mietforderungen durch den Schuldner nach Maßgabe des § 1124 Abs. 2 BGB unwirksam (→ Rn. 472) (BGH NZI 2012, 54). Zwar führt die Beschlagnahme des Grundstücks nach der Regelung des § 1124 Abs. 2 BGB nicht zur absoluten Unwirksamkeit vorausgegangener Verfügungen des Schuldners, sondern nur zur relativen Unwirksamkeit gegenüber dem Gläubiger, welcher die Beschlagnahme betrieben hat (BGH NZI 2012, 54). Die Sicherung des **Zessionars** der künftigen Mietforderungen ist auch dann nicht unbeachtlich, wenn dieser **zugleich Grundpfandgläubiger** ist. Denn der zweifach gesicherte Gläubiger kann die Vorteile der Sicherungszession und der Beschlagnahme nicht kumulieren. Betreibt er die Beschlagnahme des Grundstücks im Wege der Zwangsverwaltung, so muss er hinnehmen, dass die an ihn abgetretenen Mietforderungen nun dem Einziehungsrecht des Zwangsverwalters unterliegen (§ 152 Abs. 1 ZVG). Die Forderungsabtretung an ihn selbst ist insoweit nach § 1124 Abs. 2 BGB unwirksam (BGH NZI 2012, 54).

2. Zulässigkeit der Pfändung

486 Auch von dem **Haftungsverband des Grundpfandrechts** erfasste Mietforderungen können bis zur Beschlagnahme auch von dem Grundpfandgläubiger gepfändet werden (→ Rn. 469).

Immobilienverwertung im Insolvenzverfahren

Im Falle einer Pfändung ist ab der Anordnung der vorläufigen Verwaltung an das mögliche **487 Vollstreckungsverbot** (→ Rn. 24) und ab der Insolvenzeröffnung an das Vollstreckungsverbot nach § 89 InsO (→ Rn. 70) und in dem **Monatszeitraum** vor Insolvenzantragstellung auf die Rückschlagsperre zu achten (→ Rn. 67) (zur Pfändung **durch den Grundpfandgläubiger** → Rn. 465). Zudem wird die Pfändung der künftigen Mietforderungen durch die **Anordnung der Zwangsverwaltung** nach Maßgabe des § 1124 Abs. 2 BGB unwirksam (→ Rn. 472, → Rn. 485) (BGH NZI 2012, 54).

3. Einschränkung der Erwerbsbeschränkung nach § 110 InsO

Hatte der Schuldner als Vermieter oder Verpächter eines unbeweglichen Gegenstands oder von **488** Räumen vor der Eröffnung des Insolvenzverfahrens **über die Miet- oder Pachtforderung für die spätere Zeit verfügt,** so ist diese Verfügung gem. § 110 Abs. 1 S. 1 InsO nur wirksam, soweit sie sich auf die Miete oder Pacht für den zur Zeit der Eröffnung des Verfahrens laufenden Kalendermonat bezieht. Soweit die Eröffnung nach dem fünfzehnten Tag des Monats erfolgt, so ist die Verfügung gem. S. 2 auch für den folgenden Kalendermonat wirksam.

§ 110 Abs. 1 InsO beschränkt nicht die Wirksamkeit von Vorausverfügungen über Mietzinsforderungen. Vielmehr **verdrängt diese Regel in ihrem Anwendungsbereich § 91 InsO** (BGH **489** NZI 2010, 58).

§ 110 Abs. 2 S. 2 InsO stellt klar, dass rechtsgeschäftliche Verfügungen des Schuldners solchen **490** gleichstehen, die im Wege der **Zwangsvollstreckung** erfolgt sind. Erfasst sind damit jedenfalls die **Pfändung und Überweisung einer Forderung** an den Vollstreckungsgläubiger zur Einziehung (BGH NZI 2006, 577). Dagegen begründet eine **Vorauspfändung** von Mieten nach den §§ 829, 832, 835 ZPO spätestens nach Ablauf des nächsten auf die Eröffnung folgenden Kalendermonats kein Absonderungsrecht mehr (BGH NZI 2006, 577).

4. Anfechtbarkeit

Ein **anfechtbar begründetes Pfandrecht** an den Mietforderungen begründet in der Insolvenz **491** kein Absonderungsrecht nach § 50 Abs. 1 InsO. Ist das **Pfandrecht jedoch nicht anfechtbar,** kann die anschließende Befriedigung durch Zahlung nicht mehr angefochten werden, weil sie die Gläubiger nicht iSd § 129 Abs. 1 InsO benachteiligt.

Der **Zeitpunkt der Entstehung des Pfandrechts** an den künftigen Mietansprüchen richtet **492** sich nach § 140 Abs. 1 InsO (→ Rn. 479). Dies gilt gleichermaßen auch für die **Abtretung oder die Verpfändung** künftiger Mietforderungen (BGH NZI 2010, 58, in Abgrenzung zu dem dort erwähnten Ausnahmefall). Zwar ist die Pfändung einer **bestehenden Forderung** grundsätzlich mit Zustellung des Pfändungsbeschlusses an den Drittschuldner und damit gem. § 140 Abs. 1 InsO eingetretenen rechtlichen Wirkungen (§ 829 Abs. 3 ZPO) erfolgt. Im Falle **der Pfändung einer künftigen Forderung** tritt die rechtliche Wirkung dagegen erst mit Erreichen des jeweiligen Nutzungszeitraums, für den die Mietrate geschuldet wird, ein, da die gepfändete Forderung erst mit ihrem Entstehen und damit ab diesem Zeitpunkt werthaltig wird und eine Sicherung begründen kann (BGH NZI 2020, 687; 2010, 58). Denn der Zessionar oder Pfandgläubiger einer künftigen Mietforderung kann sich in „normalen Mietverhältnissen" vor dem Erreichen des jeweiligen Nutzungszeitraums nicht sicher sein, dass am Fälligkeitstag die Zahlung der Miete tatsächlich auch geschuldet ist (BGH NZI 2010, 58). Soweit keine vertraglichen Regelungen getroffen worden sind, ist die **Pacht** nach § 587 Abs. 1 BGB am Ende der Pachtzeit zu entrichten und wenn die Pacht nach Zeitabschnitten bemessen ist, am ersten Werktag nach dem Ablauf der einzelnen Zeitabschnitte. Die **Miete** ist nach § 556b Abs. 1 BGB zu Beginn, spätestens bis zum dritten Werktag der einzelnen Zeitabschnitte zu entrichten, nach denen sie bemessen ist. Auf diesen Zeitpunkt ist im Falle der **Abtretung und Verpfändung** von künftigen Mietforderungen abzustellen.

III. Rangfolge

Der Rang zwischen den einzelnen Berechtigungen richtet sich grundsätzlich nach den **allge- 493 meinen Regeln.**

Hat der nachmalige Insolvenzschuldner seine verpachtete unbewegliche Sache mit einer Hypo- **494** thek belastet und in der Folge die Pachtzinsforderung an einen Dritten verpfändet, geht der **Forderungspfandgläubiger dem Hypothekengläubiger** im Range vor, soweit die Verpfändung dem Hypothekengläubiger gegenüber wirksam ist (§ 1124 Abs. 1 S. 2 BGB) (→ Rn. 472) (MüKoInsO/Ganter InsO Vor § 49 Rn. 76).

Immobilienverwertung im Insolvenzverfahren

IV. Durchsetzung des Anspruchs

1. Verfallabreden

495 Gemäß § 1129 BGB ist eine **vor dem Eintritt der Verkaufsberechtigung** (§ 1128 Abs. 2 S. 1 BGB) getroffene Vereinbarung nichtig, nach welcher dem **Pfandgläubiger,** falls er nicht oder nicht rechtzeitig befriedigt wird, das Eigentum an der Sache zufallen oder übertragen werden soll. Auf Verfallklauseln (→ Rn. 410) im Falle einer **Sicherungsabtretung** ist § 1229 BGB analog anwendbar (MüKoInsO/Ganter Vor § 49 Rn. 102).

2. Ersatzabsonderung

496 § 48 InsO (→ Rn. 210) ist auf **Absonderungsrechte entsprechend** anwendbar (BGH NZI 2019, 274). Die Einziehung einer zur Sicherheit abgetretenen Forderung ist eine **Veräußerung iSd § 48 InsO** (BGH NZI 2010, 339).

497 Zieht der vorläufige Verwalter aufgrund der **allgemeinen Einzugsermächtigung** mit Absonderungsrechten belastete Forderungen ein, können **Aus- oder Ersatzabsonderungsrechte** gegen die Insolvenzmasse bestehen (→ Rn. 34). Wurde die Forderung mit Einverständnis des Sicherungsnehmers durch den vorläufigen Verwalter mit Einzugsbefugnis auf das Schuldnerkonto eingezogen und ist der Erlös nach Eröffnung noch vorhanden, besteht ein Anspruch gegen die Masse entsprechend § 170 Abs. 1 S. 2 InsO. Der Erlös, welchen der vorläufige Insolvenzverwalter eingenommen und verwahrt und den der Insolvenzverwalter mit der Insolvenzeröffnung übernommen hat, ist **ebenso zu behandeln wie der Erlös,** den der Insolvenzverwalter selbst aus der Verwertung von sicherungsabgetretenen Forderungen erzielt hat (BGH NZI 2010, 339) (zur Verwertung durch den Insolvenzverwalter → Rn. 974).

498 Hat das Insolvenzgericht nach **§ 21 Abs. 2 S. 1 Nr. 5 InsO angeordnet,** dass der vorläufige Insolvenzverwalter zur Sicherheit abgetretene Forderungen auch gegen den Widerspruch des Sicherungsnehmers einziehen darf, **scheidet ein Ersatzabsonderungsrecht** am Erlös analog § 48 InsO aus, weil die Einziehung durch den Verwalter nicht „unberechtigt" erfolgt. Die **§§ 170, 171 InsO gelten entsprechend** (§ 21 Abs. 2 S. 1 Nr. 5 S. 3 InsO). Auf den Inhalt des Anspruchs nach § 21 Abs. 2 S. 1 Nr. 5 S. 3 InsO iVm § 170 Abs. 1 S. 2 InsO hat es keinen Einfluss, ob zwischenzeitlich das Insolvenzverfahren eröffnet worden ist (BGH NZI 2010, 339). § 170 Abs. 1 S. 2 InsO gewährt dem absonderungsberechtigten Gläubiger einen **Anspruch auf Auskehr des Erlöses** abzüglich der Feststellungs- und der Verwertungspauschale. Der Erlös ist **nicht Teil der Masse.** Hierbei handelt es sich nicht bloß um eine Masseverbindlichkeit nach § 55 Abs. 1 Nr. 1 InsO. Vielmehr setzt sich das **Absonderungsrecht am Erlös fort,** soweit sich dieser noch unterscheidbar in der Masse befindet. Auch bei Massearmut kann der Sicherungsnehmer folglich Herausgabe des Erlöses (abzüglich der Pauschalen) bis zur Höhe der gesicherten Forderung verlangen (BGH NZI 2010, 339). Soweit der Erlös **nicht mehr vorhanden** ist, besteht nur noch ein Anspruch gegen die Masse entsprechend § 55 Abs. 2 S. 1 InsO (BGH NZI 2010, 339).

H. Zwangsvollstreckung, allgemeine und besondere Voraussetzungen

I. Allgemeine Voraussetzungen (§§ 704–802 ZPO)

1. Antrag (Allgemeine Verfahrensvoraussetzung)

499 Im Vollstreckungsverfahren sind die allgemeinen Verfahrensvoraussetzungen zu beachten. Die Zwangsvollstreckung **beginnt mit dem Antrag** des Vollstreckungsgläubigers (§§ 753, 754, 795 S. 1 ZPO) (zur Zwangsversteigerung → Rn. 524). Der Antrag muss **bestimmt sein** und das **Rechtsschutzbedürfnis** für die Zwangsvollstreckungsmaßnahme muss gegeben sein (Zöller/Seibel ZPO §§ 704–945b Rn. 17).

2. Zuständiges *Vollstreckungsorgan* (Allgemeine Verfahrensvoraussetzung)

500 Der Antrag muss bei dem zuständigen Vollstreckungsorgan gestellt werden. **Sachlich zuständig** ist gem. § 764 Abs. 1 ZPO das Amtsgericht als Vollstreckungsgericht.

501 **Örtlich zuständig** ist gem. § 764 Abs. 2 ZPO das Amtsgericht, in dessen Bezirk das Vollstreckungsverfahren stattfinden soll, soweit das Gesetz nicht etwas anderes bestimmt. Letzteres ist der Fall in § 869 ZPO, §§ 1 ff. ZVG (**Zwangsversteigerung**), § 828 Abs. 2 ZPO (Zwangsvollstreckung in **Forderungen**), § 848 Abs. 1 ZPO (Herausgabe einer **unbeweglichen Sache**), §§ 853–

Immobilienverwertung im Insolvenzverfahren

855a ZPO (Pfändung von Ansprüchen für **mehrere Gläubiger**), § 858 Abs. 2 ZPO (**Schiffspart**), § 872 ZPO (**Verteilungsverfahren**), § 148 Abs. 2 InsO (Herausgabevollstreckung des **Insolvenzverwalters**) gegen den Schuldner) (Zöller/Seibel ZPO § 764 Rn. 5).

Die Vollstreckung muss durch das **funktionell zuständige Vollstreckungsorgan** ausgeführt werden. Die Zwangsvollstreckung wird, soweit sie nicht den Gerichten zugewiesen ist, gem. § 753 Abs. 1 ZPO **durch Gerichtsvollzieher** im Auftrag des Gläubigers durchgeführt. Dies ist im Falle der Einholung der **Vermögensauskunft** (§§ 802c, 807 ZPO), der **Pfändung** von beweglichen Sachen wegen Geldforderungen (§ 808 Abs. 1ff. ZPO) und der **Herausgebevollstreckung** (§§ 883–885, 897 ZPO) der Fall (§ 802a ZPO). Im Falle der Abnahmen der **eidesstattlichen Versicherung** nach bürgerlichem Recht (§ 889 BGB), der **Vollstreckung in Forderungen** und andere Vermögensrechte wegen Geldforderungen (§§ 828 ff., 857 ZPO), sowie der **Vollstreckung in das unbewegliche** Vermögen wegen Geldforderungen (Zwangsversteigerung und Zwangsverwaltung, § 869 ZPO, §§ 15 ff. ZVG und §§ 146 ff. ZVG) und im **Verteilungsverfahren** (§§ 872 ff. ZPO) ist das Vollstreckungsgericht ausschließlich zuständig (§§ 764, 802 ZPO). Zur Eintragung der **Zwangssicherungshypothek** ist das Grundbuchamt zuständig (§ 867 ZPO). Das Prozessgericht erster Instanz ist zuständig im Fall der **Handlungs-, Duldungs- und Unterlassungsvollstreckung** (§§ 887, 888, 890 ZPO). 502

3. Persönliche Verfahrensvoraussetzungen (Allgemeine Verfahrensvoraussetzung)

Zudem müssen die persönlichen Verfahrensvoraussetzungen erfüll sein. So muss der Schuldner der **deutschen Gerichtsbarkeit** nach den §§ 18 ff. GVG unterliegen. Der Gläubiger und der Schuldner müssen **parteifähig** iSd § 50 ZPO sein und beide Parteien müssen auch **prozessfähig** iSd § 51 ZPO oder vertreten sein (Zöller/Seibel ZPO Vor §§ 704–945b Rn. 16). 503

4. Vollstreckungstitel (Allgemeine Vollstreckungsvoraussetzung)

Auch im Insolvenzverfahren sind die **allgemeinen Voraussetzungen der Zwangsvollstreckung** gem. §§ 704–802 ZPO zu beachten. 504

Die Zwangsvollstreckung findet insbesondere gem. § 704 ZPO aus **Endurteilen** nach § 300 ZPO (zur Vollstreckbarkeit ausländischer Urteile: §§ 722, 723 ZPO) statt. Dies gilt auch für **Teilurteile** nach § 301 ZPO und **Vorbehaltsurteile** nach §§ 302, 599 ZPO, die rechtskräftig (§ 705 ZPO) oder für vorläufig vollstreckbar (§§ 708, 709 ZPO) erklärt worden sind (Zöller/Seibel ZPO § 704 Rn. 1). Zu denken ist zudem an die in **§ 794 Abs. 1 ZPO** genannten weiteren Vollstreckungstitel. Im **Insolvenzverfahren** kommen die im Einzelvollstreckungsverfahren zulässigen Vollstreckungstitel in Betracht (im Falle der **Teilungsversteigerung** → Rn. 867). 505

5. Vollstreckungsklausel (Allgemeine Vollstreckungsvoraussetzung)

Die Zwangsvollstreckung wird gem. § 724 Abs. 1 ZPO aufgrund einer mit der **Vollstreckungsklausel** (Definition § 725 ZPO) versehenen Ausfertigung des Urteils (gem. § 795 S. 1 ZPO gilt dies auch für andere Titel) (**vollstreckbare Ausfertigung**) durchgeführt. **Entbehrlich** ist sie nur in Ausnahmefällen, so etwas für den Kostenfestsetzungsbeschluss (§ 795a ZPO), den Vollstreckungsbescheid (§ 796 Abs. 1 ZPO), den Arrestbefehl (§ 929 Abs. 1 ZPO) und für die einstweilige Verfügung (§ 936 ZPO) (Zöller/Seibel ZPO § 724 Rn. 2). 506

6. Bezeichnung der richtigen Partei und Zustellung (Allgemeine Vollstreckungsvoraussetzungen)

Gemäß § 750 Abs. 1 S. 1 ZPO (für die weiteren Titel iVm § 795 Abs. 1 S. 1 ZPO) darf die Zwangsvollstreckung nur beginnen, wenn die **Personen, für und gegen** die sie stattfinden soll, in dem Urteil oder in der ihm beigefügten **Vollstreckungsklausel namentlich bezeichnet** sind. 507

Das Urteil muss nach § 750 Abs. 1 S. 1 ZPO (gem. § 795 S. 1 ZPO gilt dies für die dort genannten weiteren Titel) dem **Schuldner zugestellt werden** (für den Fall der Vollstreckung in ein Grundstück §§ 3 ff. ZVG). Die Zustellung erfolgt gem. § 750 Abs. 2 ZPO mittels einer weiteren Ausfertigung oder einer beglaubigten Abschrift des Urteils. 508

Im Falle einer **Änderung in der Person** des Gläubigers oder des Schuldners im Wege der Rechtsnachfolge ist gem. § 727 ZPO eine vollstreckbare Ausfertigung für und gegen den Rechtsnachfolger zu beantragen. 509

Wird aus einem Titel gegen den Insolvenzschuldner die **Vollstreckung nach der Eröffnung** des Insolvenzverfahrens eingeleitet, muss ein **gegen den Insolvenzschuldner erwirkter Titel** 510

Immobilienverwertung im Insolvenzverfahren

auf Antrag des Gläubigers auf den Verwalter entsprechend § 727 ZPO **umgeschrieben** und diesem nach § 750 Abs. 1, 2 ZPO **zugestellt** werden (BGH NZI 2016, 773). Der Insolvenzverwalter ist zwar nicht Rechtsnachfolger des Insolvenzschuldners; wegen der auf ihn übergegangenen Verwaltungs- und Verfügungsrechte (§ 80 Abs. 1 InsO) kann allein der Insolvenzverwalter der Adressat von Zwangsvollstreckungsmaßnahmen sein (BGH BeckRS 2005, 6436). Der **Nachweis der Rechtsnachfolge** hat durch Vorlage der Bestallungsurkunde (§ 56 Abs. 2 S. 1 InsO) im Original oder in öffentlich beglaubigter Abschrift zu erfolgen. Die Rechtsnachfolge des Insolvenzverwalters ist nicht bereits offenkundig iSd § 727 Abs. 2 ZPO aufgrund der Veröffentlichung des Eröffnungsbeschlusses im Bundesanzeiger, da nicht gewährleistet ist, dass der Verwalter noch im Amt ist (BAG NZI 2014, 870; BGH NZI 2005, 689).

511 Ist die **Beschlagnahme vor der Eröffnung des Insolvenzverfahrens** (oder Anordnung eines allgemeinen Verfügungsverbotes) bereits wirksam geworden, wird sie von den Wirkungen der Insolvenz nicht mehr berührt (§ 80 Abs. 2 S. 2 InsO) (→ Rn. 48). Daher muss eine auf den Schuldner bzw. den vorläufigen starken Insolvenzverwalter lautende Vollstreckungsklausel nicht umgeschrieben werden. Zwar tritt der Insolvenzverwalter wegen der auf ihn übergegangenen Verwaltungs- und Verfügungsrechte an die Stelle des Schuldners. Gegen ihn müssen aber nicht die bereits gegenüber dem Schuldner erfüllten Vollstreckungsvoraussetzungen wiederholt werden (BGH BeckRS 2005, 6436; MüKoInsO/Kern § 165 Rn. 55).

512 Wurde zur Sicherung der Masse im Rahmen der vorläufigen Verwaltung ein **allgemeines Verfügungsverbot** angeordnet (→ Rn. 6), ist der vorläufige Insolvenzverwalter als Rechtsnachfolger des Schuldners anzusehen. Will ein Gläubiger während des Eröffnungsverfahrens in das Vermögen des Schuldners vollstrecken, bedarf es gem. § 727 ZPO der Umschreibung der vollstreckbaren Ausfertigung des Schuldtitels (LG Cottbus NZI 2000, 183). Wird jedoch kein allgemeines Verfügungsverbot erlassen, ist eine Umschreibung nicht veranlasst (MüKoInsO/Kern InsO § 165 Rn. 55).

513 Werden die Vollstreckungsmaßnahmen gegen den Schuldner **erst nach Freigabe** eines Grundstücks durch den Insolvenzverwalter eingeleitet, und liegt eine vollstreckbare **Ausfertigung lediglich gegen den Insolvenzverwalter** vor, ist § 727 ZPO ebenfalls entsprechend anzuwenden. Ab der Freigabe ist nur der Schuldner Adressat von nunmehr einzuleitenden Vollstreckungsmaßnahmen, sodass eine Klauselumschreibung notwendig ist (BGH NZI 2017, 910). Der **Nachweis** der Rechtsnachfolge gem. § 727 Abs. 1 ZPO ist geführt, wenn aufgrund eines Grundbuchauszuges festgestellt werden kann, dass der Insolvenzvermerk gelöscht ist (BGH NZI 2017, 910). Eine Umschreibung ist nicht notwendig, im Falle der **Freigabe der Immobilie aus der Insolvenzmasse nach Einleitung der Vollstreckung.** Eine gegen den Insolvenzverwalter zuvor eingeleitete Vollstreckung wirkt gegen den Schuldner fort (§ 80 Abs. 2 S. 2 InsO). Eine erneute Umschreibung des Titels auf den Schuldner und eine Zustellung an ihn ist nicht erforderlich (BGH BeckRS 2005, 6436).

514 Im Falle der **Eigenverwaltung** muss ein gegen den Schuldner erwirkter Titel nach Insolvenzverfahrenseröffnung nicht umgeschrieben (werden MüKoInsO/Kern InsO § 165 Rn. 56).

II. Überblick über die besonderen Voraussetzungen der Zwangsvollstreckung

1. Besondere Voraussetzungen

515 Im Falle der Zwangsvollstreckung **wegen einer Geldforderung** (Forderungsvollstreckung) sind zunächst die **allgemeinen Vorschriften** (§§ 802a–802l ZPO) zu beachten. Im Falle der Forderungsvollstreckung in das **bewegliche Vermögen des Schuldners** sind die §§ 803–863 ZPO und in das **unbewegliche Vermögen** des Schuldners die §§ 864–871 ZPO sowie gem. § 869 ZPO das ZVG zu beachten.

516 Für die Zwangsvollstreckung wegen des Anspruchs des Gläubigers auf **Herausgabe einer beweglichen oder unbeweglichen Sache** und zur Erwirkung von Handlung und Unterlassen sind die §§ 883–898 ZPO zu beachten.

2. Forderungsvollstreckung in das unbewegliche Vermögen (§§ 864 ff. ZPO)

517 Die der Zwangsvollstreckung in das unbewegliche Vermögen **unterliegenden Gegenstände** sind in § 864 Abs. 1 ZPO näher dargelegt (im Einzelnen → Rn. 295).

518 Die **möglichen Vollstreckungsmaßnahmen** sind in § 866 Abs. 1 ZPO geregelt. Hiernach erfolgt die Zwangsvollstreckung in ein Grundstück durch
- Eintragung einer Sicherungshypothek für die Forderung (§§ 866 Abs. 3, 867 ZPO) (→ Rn. 543),

Immobilienverwertung im Insolvenzverfahren

- durch Zwangsversteigerung (§ 869 ZPO, ZVG) (→ Rn. 523) und
- durch Zwangsverwaltung (→ Rn. 761).

Der Gläubiger hat insoweit ein **Wahlrecht.** Er kann gem. § 866 Abs. 2 ZPO verlangen, dass eine dieser Maßregeln allein oder neben den übrigen ausgeführt wird (Zöller/Seibel ZPO § 866 Rn. 1).

3. Forderungsvollstreckung in andere Vermögensrechte (§ 857 ZPO)

Gemäß § 857 Abs. 1 ZPO gelten für die **Zwangsvollstreckung in andere Vermögensrechte**, die nicht Gegenstand der Zwangsvollstreckung in das unbewegliche Vermögen sind, die vorstehenden Vorschriften entsprechend. 519

Von der Pfändung nach § 857 ZPO werden ua die **Anteilsrechte** nach den §§ 747, 751 S. 2 BGB, die Miteigentumsanteile (→ Rn. 154, → Rn. 415, → Rn. 871) und der Geschäftsanteil der GmbH erfasst. Gepfändet wird der Veräußerungserlösanspruch bzw. auf das Recht hin Geleistete als Surrogat des Pfandobjekts (MüKoZPO/Smid ZPO § 857 Rn. 15). 520

4. Forderungsvollstreckung durch Pfändung von Gesamthandanteilen (§ 859 ZPO)

Gemäß § 859 Abs. 1 S. 1 ZPO ist der Anteil eines Gesellschafters an dem Gesellschaftsvermögen einer nach § 705 BGB eingegangenen Gesellschaft der Pfändung unterworfen (→ Rn. 417, → Rn. 875). 521

III. Prozesskostenhilfe

Prozesskostenhilfe wird lediglich gewährt, wenn Erfolgsaussicht der Rechtsverfolgung besteht und diese nicht mutwillig erscheint (BGH BeckRS 2011, 7604). Eine **Mutwilligkeit** nimmt der BGH im Rahmen der (Teilungs-)Versteigerung nur an, wenn das Verhältnis zwischen dem Verkehrswert des Grundstücks und dem geringsten Gebot voraussichtlich alle in Betracht kommenden Interessenten von der Abgabe von Geboten abhalten wird (BGH BeckRS 2011, 7604). Zugunsten des **Insolvenzverwalters** wird hierbei die Möglichkeit der Antragstellung nach § 174a ZVG (→ Rn. 620) zu berücksichtigen sein (Depré ZVG/Popp ZVG § 172 Rn. 18). 522

I. Zwangsversteigerung

Die Anordnung der Zwangsversteigerung nach § 15 ZVG (iVm § 869 ZPO) erfordert wie jede andere Maßnahme der Zwangsvollstreckung das Vorliegen der allgemeinen Verfahrens- und Vollstreckungsvoraussetzungen (→ Rn. 499) (BGH NZI 2011, 420). 523

I. Antrag (§§ 15 ff. ZVG)/Einstellung/Rücknahme

1. Allgemeines

Gemäß § 15 ZVG wird die Zwangsversteigerung eines Grundstücks von dem Vollstreckungsgericht **auf Antrag angeordnet.** Die **weiteren Anforderungen** (Inhalt des Antrages, beizufügende Urkunden und Nachweise) sind in den §§ 16 ff. ZVG geregelt. 524

Gemäß § 16 ZVG **soll der Antrag** das Grundstück, den Eigentümer, den Anspruch und den vollstreckbaren Titel bezeichnen. Zudem sind die für den Beginn der Zwangsvollstreckung erforderlichen Urkunden, insbesondere der Vollstreckungstitel mit Zustellungsnachweis beizufügen. 525

Die Zwangsversteigerung darf nach § 17 Abs. 1 ZVG nur angeordnet werden, wenn der **Schuldner als Eigentümer** des Grundstücks eingetragen oder wenn er Erbe des eingetragenen Eigentümers ist. Hatte der Insolvenzverwalter die Übertragung der Immobilie auf einen **Dritten erfolgreich angefochten,** reicht ein Urteil, wonach der Anfechtungsgegner zur Duldung der Zwangsversteigerung verurteilt wurde. Eine Eintragung des Insolvenzschuldners als Eigentümer ist nicht erforderlich (MüKoInsO/Kern InsO § 165 Rn. 130). 526

Der **Versteigerungsvermerk** wird auf Ersuchen des Gerichts gem. § 19 Abs. 1 ZVG gem. § 19 Abs. 1 GBO im Grundbuch eingetragen. **Zuzustellen ist der Anordnungsbeschluss** gem. § 22 Abs. 1 S. 1 ZVG dem Schuldner von Amts wegen (§ 3 ZVG). Wie der Titel (→ Rn. 510) ist auch dieser ab Insolvenzeröffnung dem Insolvenzverwalter zuzustellen, da dieser Beteiligter des Verfahrens ist (→ Rn. 534). Für den Fall der Freigabe oder vorzeitigen Aufhebung des Insolvenzverfahrens ist zu empfehlen, den Anordnungsbeschluss auch an den Schuldner zuzustellen, damit das Verfahren im Anschluss weitergeführt werden kann (MüKoInsO/Kern InsO § 165 Rn. 131). 527

Immobilienverwertung im Insolvenzverfahren

2. Antrag des Insolvenzverwalters

528 Gemäß § 165 InsO, § 172 ZVG **kann der Insolvenzverwalter** beim zuständigen Gericht die Zwangsversteigerung oder die Zwangsverwaltung eines unbeweglichen Gegenstands (→ Rn. 295) der Insolvenzmasse (→ Rn. 42) betreiben, auch wenn an dem Gegenstand ein **Absonderungsrecht besteht** (BGH NZI 2010, 482) (zur **Beitrittsmöglichkeit** → Rn. 557, zur **Rangstelle** → Rn. 600). Im Falle der **Eigenverwaltung** kann der Antrag durch den Insolvenzschuldner gestellt werden (MüKoInsO/Kern InsO § 165 Rn. 129, 312).

529 Steht nur ein **Miteigentumsanteil** an einer Immobilie im Eigentum des Schuldners, so kann der Insolvenzverwalter aus seinem Verwertungsrecht über das zur Insolvenzmasse gehörende unbewegliche Vermögen nach § 165 InsO iVm § 172 ZVG die **Zwangsversteigerung** des Miteigentumsanteils, und damit nur des ideellen Anteils, nicht auch des schuldnerfremden Miteigentumsanteils an der Immobilie und damit der gesamten Immobilie betreiben (→ Rn. 153). Dem steht bereits entgegen, dass nach § 84 Abs. 1 S. 1 InsO die Teilung einer zwischen dem Schuldner und einem Dritten bestehenden Bruchteilsgemeinschaft nach den §§ 741 ff. BGB außerhalb des Insolvenzverfahrens erfolgt. Da über das Grundstück insgesamt nach § 747 S. 2 BGB nur die Teilhaber gemeinschaftlich verfügen können, ist auch der Insolvenzverwalter zu einer solchen Verfügung, ohne die Zustimmung eines aussonderungsberechtigten Miteigentümers, nicht befugt (zu § 84 InsO → Rn. 150) (BGH NZI 2012, 575). Der Insolvenzverwalter kann jedoch den dem Schuldner zustehenden Anspruch auf Aufhebung der Gemeinschaft nach § 749 Abs. 1 BGB ausüben und gem. § 753 Abs. 1 BGB iVm §§ 180, 181 ZVG die **Teilungsversteigerung** beantragen (→ Rn. 872) (BGH NZI 2012, 575).

530 Eine vor Eröffnung des Insolvenzverfahrens zwischen dem Schuldner und einem Grundpfandgläubiger getroffene **vollstreckungsbeschränkende Vereinbarung** bindet den Insolvenzverwalter auch dann nicht, wenn das Grundstück zugunsten dieses Gläubigers wertausschöpfend belastet ist (BGH NZI 2011, 138).

531 Im Fall des **Wohnungseigentums** ist zu beachten, dass die Vereinbarung einer Veräußerungsbeschränkung nach § 12 Abs. 3 S. 2 WEG auch für den Fall einer Veräußerung im Wege der Zwangsvollstreckung gilt (→ Rn. 157).

532 Das **Zustimmungserfordernis des § 160** Abs. 2 Nr. 1 InsO gilt nicht, wenn der Insolvenzverwalter die Zwangsversteigerung der Immobilie betreibt.

533 Wird die Zwangsversteigerung oder die Zwangsverwaltung von dem Insolvenzverwalter beantragt, so finden gem. § 172 ZVG die **Vorschriften des ersten und zweiten Abschnitts** entsprechende Anwendung, soweit sich nicht aus den §§ 173, 174 ZVG ein anderes ergibt.

534 Die Vorschriften sind nur entsprechend anzuwenden, da der Insolvenzverwalter in der Liegenschaftsvollstreckung eine doppelte Rolle übernimmt. Nachdem die Verfügungsbefugnis auf den Insolvenzverwalter übergegangen ist (§ 80 Abs. 1 InsO), ist in der Liegenschaftsvollstreckung nicht der Insolvenzschuldner, sondern der Insolvenzverwalter **Verfahrensbeteiligter** iSd § 9 ZVG (BGH NZI 2008, 613). Soweit die Versteigerung auf seinen Antrag hin erfolgt, ist dies in der Terminsbestimmung anzugeben (→ Rn. 591). Daher steht dem Insolvenzverwalter das **Recht nach § 67 ZVG** zu, die Sicherheitsleistung für ein Gebot zu verlangen (Depré ZVG/Popp ZVG § 172 Rn. 9). Dementsprechend hat der Insolvenzschuldner mit der Eröffnung des Insolvenzverfahrens über sein Vermögen die Befugnis verloren, in Verfahren über massezugehörige Bestandteile seines Vermögens Anträge zu stellen oder Rechtsmittel einzulegen (BGH NZI 2008, 613) (zur Freigabe → Rn. 183).

535 Die Versteigerung wird auf Antrag des Insolvenzverwalters durch das **Vollstreckungsgericht angeordnet** (§ 172 ZVG iVm § 15 ZVG).

536 Der Insolvenzverwalter kann die Zwangsversteigerung eines unbeweglichen Gegenstands der Insolvenzmasse gem. § 172 ZVG aus eigenem Recht, **ohne einen Vollstreckungstitel**, beantragen (BGH NZI 2012, 575). Das **Antragsrecht** des Insolvenzverwalters wird durch Vorlage der Bestallungsurkunde im Original (§ 56 Abs. 2 InsO) nachgewiesen (Depré ZVG/Popp ZVG § 172 Rn. 5). Die **Massezugehörigkeit** der Immobilie wird durch den Insolvenzvermerk (→ Rn. 57) belegt. Der **eigenverwaltende** Insolvenzschuldner muss die Anordnung der Eigenverwaltung nachweisen.

537 Die Vollstreckung durch den Insolvenzverwalter führt allein noch **nicht zu einer Beschlagnahme** der Immobilie (→ Rn. 582) und damit nicht zu einem Veräußerungsverbot (→ Rn. 586), sodass eine **freihändige Verwertung** weiterhin möglich bleibt.

Immobilienverwertung im Insolvenzverfahren

3. Versteigerung aus der Eigentümergrundschuld

Entsteht durch eine vor oder nach Eröffnung erfolgte Tilgung einer durch eine Immobilie des Schuldners gesicherten Forderung eine Eigentümergrundschuld (→ Rn. 329), fällt die **Eigentümergrundschuld in die Insolvenzmasse** und verschafft der Insolvenzmasse zugleich die entsprechende Rangstelle in der Zwangsversteigerung und der Zwangsverwaltung. Der Insolvenzverwalter kann aus der entsprechenden Rangstelle die **Zwangsversteigerung der Immobilie betreiben** und den auf die Rangstelle entfallenden Erlös zur Masse ziehen. Zwar kann nach **§ 1197 Abs. 1 BGB** der Eigentümer der Immobilie, der zugleich der Grundschuldgläubiger ist, nicht die Zwangsvollstreckung zum Zwecke seiner Befriedigung betreiben. Dem Insolvenzverwalter gegenüber gilt jedoch die Beschränkung des § 1197 Abs. 1 BGB nicht. Auch die vor der Eröffnung des Insolvenzverfahrens begründete schuldrechtliche Verpflichtung des Schuldners, eine Grundschuld nicht zu revalutieren und sie nicht zu übertragen, steht dem nicht entgegen, da es sich um eine Insolvenzforderung handelt (BGH NZI 2016, 451). Zu beachten ist jedoch, ob ein **insolvenzfester Löschungsanspruch** des nachrangigen Gläubigers nach § 1179a BGB entstanden ist (→ Rn. 375). 538

In diesem Fall handelt es sich jedoch **nicht um eine Insolvenzverwalterversteigerung** nach den §§ 172 ff. ZVG (→ Rn. 600). Vielmehr kann der Verwalter die Vollstreckungsversteigerung aus der **Rangklasse 4** betreiben. Zudem kann dieser Weg interessant sein, wenn die **Eigentümergrundschuld einen guten Rang** hat, sodass ein nicht sehr hohes und ggf. abschreckendes geringstes Gebot notwendig ist. 539

4. Reaktionsmöglichkeit der absonderungsberechtigten Gläubiger

Gemäß § 49 InsO sind Gläubiger, denen ein Recht auf Befriedigung aus unbeweglichen Gegenständen zusteht, nach Maßgabe des Gesetzes über die Zwangsversteigerung und die Zwangsverwaltung zur **abgesonderten Befriedigung berechtigt** (→ Rn. 214) (BGH NZI 2016, 773). Hierbei kommen je nach der **Art des Gläubigers** die nachstehenden erläuterten Möglichkeiten in Betracht. Dabei sind die **Regelungen des ZVG** zur Vollstreckungsversteigerung anzuwenden, ergänzt um die nachstehend dargestellten insolvenzspezifischen Sonderregeln. 540

5. Grundpfandgläubiger, Allgemeines

Das **Verwertungsrecht** des Grundpfandgläubigers besteht nach der Eröffnung des Insolvenzverfahrens grundsätzlich fort (BGH NZI 2010, 482). Der Gläubiger kann seine Rechte dadurch wahren, dass er selbst die **Zwangsversteigerung** oder die Zwangsverwaltung **betreibt** oder einem von einem anderen Berechtigten beantragten Verfahren **beitritt** oder dort seine **Rechte anmeldet** (BGH NZI 2010, 482). 541

Das **Vollstreckungsverbot** nach § 89 InsO (→ Rn. 72) und die **Rückschlagsperre** nach § 88 InsO (→ Rn. 69) sind auf das Absonderungsrecht nicht anzuwenden. Für die Vollstreckung durch den Grundpfandgläubiger gelten die Vorschriften des **Zwangsversteigerungsgesetzes** (BGH NZI 2010, 482). Gegebenenfalls muss der **Titel auf den Insolvenzverwalter umgeschrieben** und diesem zugestellt werden (→ Rn. 507). Der dingliche Gläubiger benötigt einen **dinglichen Titel auf Befriedigung aus dem Grundstück** (§ 1147 BGB), welcher regelmäßig bereits mit der notariellen Vollstreckungsurkunde vorliegen wird (§ 794 Abs. 1 Nr. 5 ZPO, § 800 ZPO). 542

Im Falle **einer Zwangssicherungshypothek** genügt gem. § 867 Abs. 3 ZPO zur Befriedigung aus dem Grundstück durch Zwangsversteigerung der vollstreckbare Titel, auf dem die Eintragung vermerkt ist. Die Sicherungshypothek wird gem. § 867 Abs. 1 S. 1 ZPO im Grundbuch und auf dem Titel eingetragen. Mit diesem Titel kann der Gläubiger sodann gem. § 867 Abs. 3 ZPO die Zwangsversteigerung betreiben. Zudem muss neben den vorstehend dargestellten Vollstreckungsvoraussetzungen der Gläubiger gem. § 866 Abs. 1 S. 1 ZPO über eine titulierte Forderung von mindestens 750,00 EUR verfügen. Die Zwangssicherungshypothek muss zudem **insolvenzfest entstanden** sein (→ Rn. 381 ff.). 543

6. Grundpfandgläubiger, Beitritt

Der Gläubiger kann seine Rechte wahren, in em er dem vom Verwalter oder einem anderen Gläubiger beantragten Verfahren **nach § 27 ZVG beitritt** (BGH NZI 2010, 482). 544

Nachdem **keine zwei Versteigerungsverfahren** über eine Immobilie gleichzeitig anhängig sein können, bestimmt § 27 Abs. 1 S. 1 ZVG, dass wenn ein weiterer Antrag auf Zwangsversteige- 545

Immobilienverwertung im Insolvenzverfahren

rung gestellt wird, anstelle des Versteigerungsbeschlusses die Anordnung erfolgt, dass der Beitritt des Antragstellers zu dem Verfahren zugelassen wird. Für den Antrag auf Beitritt gelten die **gleichen Voraussetzungen** wie für den Antrag auf Versteigerung.

546 Der Beitritt des Gläubigers hat die **Beschlagnahme der Immobilie** zu seinen Gunsten zur Folge (→ Rn. 585). Hatte der **Insolvenzverwalter bereits einen Antrag** zur Versteigerung gestellt, so wird der Antrag eines Gläubigers auf Beitritt als Antrag auf ein neues Vollstreckungsversteigerungsverfahren auszulegen sein (Depré ZVG/Popp ZVG § 172 Rn. 10). Tritt ein Gläubiger einem Versteigerungsverfahren des Insolvenzverwalters bei, führt dies zu einem **Veräußerungsverbot** (→ Rn. 586). Im Falle des Beitritts zu einer Insolvenzverwalterversteigerung kann es zu **verschiedenen Ausgebotsarten** komme (→ Rn. 626).

547 Ein **Beitritt macht nur Sinn** für einen besserrangigen Gläubiger. Nach einem Beitritt des besserrangigen Gläubigers richtet sich das geringste Gebot nach seinem Anspruch. Nur die ihm vorgehenden Rechte müssen im dem geringsten Gebot berücksichtigt werden, soweit ein rechtzeitiger Beitritt erfolgt (→ Rn. 597). Damit erhöht sich das Bargebot, aus dem der beitretende Gläubiger zu befriedigen ist (→ Rn. 605). Der Beitritt eines **nachrangigen Gläubigers** wirkt sich jedoch nicht auf das geringste Gebot aus. Der Beitretende hat jedoch nach dem Beitritt gem. § 27 Abs. 2 ZVG dieselben Rechte, als wenn die Versteigerung auf seinen Antrag hin angeordnet worden wäre.

7. Grundpfandgläubiger, Anmeldung, Ablösung

548 Ein Grundpfandgläubiger kann jedoch auch in dem vom Verwalter oder einem anderen Gläubiger beantragten Verfahren seine Rechte aus § 10 Abs. 1 ZVG **anmelden,** sodass es bei der Feststellung des geringsten Gebots berücksichtigt wird (§ 45 Abs. 1 ZVG) (BGH NZI 2010, 482).

549 Zudem kann er einen Gläubiger der Rangklasse § 10 Abs. 1 Nr. 3 ZVG gem. § 268 BGB **ablösen.** Gemäß § 268 Abs. 1 BGB kann derjenige, der durch eine Zwangsversteigerung Gefahr läuft, ein Recht an einem Gegenstand zu verlieren, den die Zwangsvollstreckung betreibenden Gläubiger befriedigen, mit der Folge, dass die Forderung, deretwegen vollstreckt wurde, auf ihn übergeht (BGH NZI 2011, 939).

8. Grundpfandgläubiger, Zwangsversteigerung

550 Ein absonderungsberechtigter dinglicher Gläubiger (**Rangklasse Nr. 4**) kann gem. § 49 InsO die Zwangsversteigerung eines Massegrundstücks nach Insolvenzeröffnung **(weiter) betreiben,** auch wenn die Beschlagnahme zur Zeit der Verfahrenseröffnung noch nicht wirksam geworden ist (BGH NZI 2016, 773). Eine Unterbrechung gem. **§ 240 ZPO** erfolgt nicht. Er kann zudem auch nach Insolvenzeröffnung die **Zwangsversteigerung beantragen.**

551 Die von einem absonderungsberechtigten Gläubiger im Rahmen einer betriebenen Zwangsversteigerung in eine vom Insolvenzbeschlag erfasste Immobilie angefallenen **Verfahrenskosten** sind keine Masseverbindlichkeiten (OLG Zweibrücken BeckRS 2009, 16409), sodass das Kostenrisiko für den Falle des Scheiterns der Versteigerung der vollstreckende Gläubiger trägt.

9. Persönlicher Gläubiger

552 **Läuft die Zwangsvollstreckung** zum Zeitpunkt der Insolvenzeröffnung auf Antrag eines persönlichen Gläubigers (Rangklasse 5), bleibt diese wirksam, wenn die Beschlagnahme (→ Rn. 584) zum Zeitpunkt der Insolvenzeröffnung bereits wirksam (→ Rn. 399) erfolgt ist. Eine Unterbrechung gem. § 240 ZPO erfolgt nicht. Ist zum Zeitpunkt der Eröffnung die **Beschlagnahme nicht wirksam gewesen,** kann der Zwangsversteigerungsvermerk nicht mehr eingetragen werden. **Nach Insolvenzeröffnung** ist eine Beschlagnahme aufgrund des Vollstreckungsverbots des § 89 InsO unwirksam (→ Rn. 400). Zudem ist zu prüfen, ob ein wirksames Absonderungsrecht erworben worden ist. Hierbei ist zum einen an die **Rückschlagsperre** (→ Rn. 401) und zum anderen an die **Anfechtbarkeit** von inkongruenten Handlungen nach § 131 InsO zu denken (→ Rn. 403).

553 Die aus der Rangklasse 5 vollstreckenden Gläubiger müssen sich jedoch die Befriedigungsrechte der **Rangklasse 1–4 und ggf. 5 vorgehen** lassen (→ Rn. 599).

10. Versteigerung durch einen Massegläubiger

554 Soweit Massegläubiger (→ Rn. 195) gegen den **Insolvenzverwalter einen Titel erwirkt** haben, können sie grundsätzlich ebenfalls einen Antrag auf Versteigerung stellen. Hier sind jedoch

die besonderen **Vollstreckungsverbote** gegen die Insolvenzmasse (→ Rn. 73) zu beachten. Bestehen die genannten Vollstreckungsverbote, sind die Massegläubiger wie persönliche Gläubiger zu behandeln (→ Rn. 552) (MüKoInsO/Kern InsO § 165 Rn. 59). Soweit der Massegläubiger die Versteigerung zu einem Zeitpunkt beantragt, zu dem bereits ein Vollstreckungsverfahren läuft, erfolgt auf den Versteigerungsantrag des Massegläubigers die Anordnung nach § 27 Abs. 1 S. 1 ZVG, dass der **Beitritt** des Antragstellers zugelassen wird.

Greifen die Vollstreckungsverbote nicht, erwirbt der Massegläubiger mit der Beschlagnahme 555 ebenfalls ein dingliches Befriedigungsrecht im **Rang des § 10 Abs. 1 Nr. 5 ZVG.** Damit ist er für den Fall der Anzeige der **Masseunzulänglichkeit** (→ Rn. 196) wirksam gesichert. Die aus der Rangklasse 5 vollstreckenden Gläubiger müssen sich jedoch die Befriedigungsrechte der **Rangklasse 1–4 vorgehen** lassen.

11. WEG, Zwangsversteigerung oder Beitritt

Die WEG kann neben der oben genannten Möglichkeit **als persönlicher Gläubiger** auch 556 wegen den bevorrechtigten Ansprüchen aus **§ 10 Abs. 1 Nr. 2 ZVG** in einem Zwangsversteigerungsverfahren ihre Ansprüche anmelden oder selbst die Versteigerung betreiben oder dieser beitreten (→ Rn. 705). Damit könnte diese auch einen **Antrag nach § 174 ZVG** auf ein abweichendes Gebot stellen (→ Rn. 612).

12. Reaktion des Insolvenzverwalters auf die Gläubigerversteigerung

Der Insolvenzverwalter kann dem bereits eingeleiteten Zwangsversteigerungsverfahren des 557 Gläubigers ebenfalls nach § 27 ZVG **beitreten** (→ Rn. 544). Damit kann er sich die Möglichkeit der Beantragung der Versagung des Zuschlages wegen **Nichterreichung der 7/10-Grenze** sichern (→ Rn. 608) (MüKoInsO/Kern InsO § 165 Rn. 73). Er kann jedoch neben der Vollstreckungsversteigerung die **Insolvenzverwalterversteigerung** gem. § 172 ZVG beantragen.

13. Reaktion bei Unwirksamkeit der Vollstreckung

Wird dem Vollstreckungsgericht ein **aus dem Grundbuch ersichtliches Recht bekannt,** 558 welches der Zwangsversteigerung oder der **Fortsetzung des Verfahrens entgegensteht,** so hat das Gericht nach § 28 Abs. 1 S. 1 ZVG das Verfahren entweder sofort aufzuheben oder unter Bestimmung einer Frist, binnen welcher der Gläubiger die Hebung des Hindernisses nachzuweisen hat, einstweilen einzustellen. Entsprechendes gilt gem. § 28 Abs. 2 ZVG, wenn dem Vollstreckungsgericht eine **Verfügungsbeschränkung** oder ein Vollstreckungsmangel bekannt ist. Zu denken ist hier bei dem **persönlichen Gläubiger** an den Fall der Verstoßes gegen das Vollstreckungsverbot nach § 89 InsO und die Rückschlagsperre nach § 88 InsO und die Rechtsbehelfe des Insolvenzverwalters (→ Rn. 400), sowie an den Fall der **Zwangssicherungshypothek** (→ Rn. 387, → Rn. 391).

14. Einstellungsanträge

Das Verfahren ist gem. **§ 30 Abs. 1 S. 1 ZVG** einstweilen einzustellen, wenn der Gläubiger 559 die **Einstellung bewilligt.** Im Falle des Versteigerungsantrages des Insolvenzverwalters kann auch er die Einstellung bewilligen. Das Verfahren wird nach § 31 Abs. 1 S. 1 ZVG auf Antrag des Gläubigers fortgesetzt. Wird dieser nicht innerhalb von sechs Monaten ab der Einstellung und Belehrung gestellt, ist das Verfahren aufzuheben (§ 31 Abs. 1 S. 2, Abs. 2 lit. a, Abs. 3 ZVG).

Gemäß **§ 30a Abs. 1 ZVG** kann das Verfahren auf **Antrag des Schuldners** einstweilen einge- 560 stellt werden. Im Insolvenzverfahren ist ein nach Eröffnung gestellter Antrag des Insolvenzschuldners mangels Verfügungsbefugnis unbeachtlich (MüKoInsO/Kern InsO § 165 Rn. 75) (nach **Freigabe** → Rn. 187). Ein Antrag des **Insolvenzverwalters** nach § 30a ZVG ist zumindest dann nicht möglich, wenn er selbst die Versteigerung betreibt (MüKoInsO/Kern InsO § 165 Rn. 75).

Der Insolvenzverwalter kann dagegen die einstweile Einstellung einer vom Gläubiger betrie- 561 benen Zwangsversteigerung aus den in **§ 30d Abs. 1 S. 1 ZVG** genannten Gründen beantragen (BGH NZI 2010, 482) (zum Eröffnungsverfahren → Rn. 24, zu den Einzelheiten → Rn. 565).

Ob dem Insolvenzverwalter auch **Vollstreckungsschutz nach § 765a ZPO** zusteht, ist 562 umstritten. Hier wird zu berücksichtigen sein, dass er sich nur auf vermögensbezogene Belange, also den Schutz der Insolvenzgläubiger vor einer Verschleuderung des Grundstücks berufen können wird. Zu denken ist hier an die Verschleuderung der Immobilie in der Versteigerung, der jedoch nach § 85a Abs. 1 ZVG bereits von Amts wegen entgegenzutreten ist (→ Rn. 607). Das Gericht

Marković

Immobilienverwertung im Insolvenzverfahren

schreitet hiernach im ersten Termin ein. Fraglich ist, ob trotz der gesetzlichen Konzeption, wonach das Gericht in dem zweiten Termin nicht einschreiten soll, der Insolvenzverwalter sich auf § 765a ZPO berufen kann (für die Anwendung im Ausnahmefall MüKoInsO/Kern InsO § 165 Rn. 77).

563 **Zwar ist der Schuldner** von der Eröffnung des Insolvenzverfahrens über sein Vermögen an grundsätzlich nicht mehr Beteiligter des Zwangsvollstreckungsverfahrens; seine Stelle wird von dem Insolvenzverwalter eingenommen (→ Rn. 534). Etwas anderes gilt nur, wenn der Insolvenzverwalter den **Vollstreckungsgegenstand freigibt** (→ Rn. 187) (BGH NZI 2009, 163). Der Schuldner verliert mit der Eröffnung des Insolvenzverfahrens und der Bestellung eines Verwalters auch die Befugnis, im Zwangsversteigerungsverfahren über massezugehörige Bestandteile des Vermögens Anträge zu stellen und Rechtsmittel einzulegen. Die gilt jedoch **nicht, wenn nicht die Eigentumsrechte** des Schuldners Streitgegenstand sind, sondern wenn er Vollstreckungsschutz nach § 765a ZPO wegen einer Suizidgefahr für sich oder einen nahen Angehörigen beantragt. Für diesen Fall bleibt der Schuldner antrags- und beschwerdebefugt (BGH NZI 2009, 163). Dass der Schuldner im Falle der Versteigerung Sozialhilfe betragen müsste, dürfe jedoch nicht ausreichen (BGH BeckRS 2010, 31037).

15. Rücknahme des Versteigerungsantrages

564 Das Verfahren ist **gem. § 29 ZVG aufzuheben,** wenn der Versteigerungsantrag von dem **Gläubiger zurückgenommen** wird. Der **Insolvenzverwalter muss den Antrag** zurücknehmen, wenn das Insolvenzverfahren aufgehoben, die Immobilie freihändig veräußert oder freigegeben worden ist (MüKoInsO/Kern InsO § 165 Rn. 134).

II. Einstellungsantrag nach § 30d ZVG

565 Wie vorstehend erwähnt hat der **Insolvenzverwalter und ggf. der Schuldner** im Insolvenzverfahren die Möglichkeit, die Einstellung der Zwangsversteigerung nach § 30d ZVG zu beantragen (→ Rn. 561). Hierdurch soll die **Zerschlagung von Verbundwerten** verhindert werden können (MüKoInsO/Kern InsO § 165 Rn. 94). Im Falle der **Eigenverwaltung** bleibt der Schuldner nach § 30d Abs. 1 ZVG antragsberechtigt (MüKoInsO/Kern InsO § 165 Rn. 100, 312). Im Übrigen bleibt der Schuldner nach § 30d Abs. 2 ZVG antragsberechtigt (→ Rn. 569).

1. Einstellungsgründe (§ 30d Abs. 1 S. 1 ZVG)

566 Der **Insolvenzverwalter kann** die einstweile Einstellung einer vom Gläubiger betriebenen Zwangsversteigerung aus den in § 30d Abs. 1 S. 1 ZVG genannten Gründen beantragen (BGH NZI 2010, 482) (zum Eröffnungsverfahren → Rn. 26).

567 So kann nach **Nr. 1** die Versagung beantragt werden, bis der **Berichtstermin** nach § 29 Abs. 1 Nr. 1 InsO stattfindet. Der Termin für den Berichtstermin muss nach § 29 Abs. 1 Nr. 1 Hs. 2 InsO spätestens drei Monate nach Eröffnung stattfinden. Hierdurch soll sichergestellt werden, dass die Verwertungsmöglichkeiten bis zum Berichtstermin offengehalten und eine Mitbestimmung der Gläubiger ermöglicht wird. Der Insolvenzverwalter hat dem Vollstreckungsgericht mit dem Einstellungsantrag den Eröffnungsbeschluss mit der Terminierung vorzulegen (MüKoInsO/Kern InsO § 165 Rn. 98).

568 Gemäß **Nr. 2** kann eine Einstellung beantragt werden, wenn nach dem Ergebnis des Berichtstermins nach § 29 Abs. 1 Nr. 1 InsO die Immobilie im Insolvenzverfahren für eine **Fortführung des Unternehmens** oder für die **Vorbereitung der Veräußerung** eines Betriebs oder einer anderen Gesamtheit von Gegenständen benötigt wird. Erforderlich ist damit, dass in der Gläubigerversammlung gem. § 157 S. 1 InsO die vorläufige Fortführung des Unternehmens beschlossen und die Entscheidung bis zum Einstellungsantrag nicht nach § 157 S. 3 InsO revidiert worden ist.

569 Nach **Nr. 3** kann der Insolvenzverwalter die Einstellung beantragen, wenn durch die Versteigerung die Durchführung eines vorgelegten **Insolvenzplans gefährdet** wäre. Zwar hat eine Vorprüfung des Insolvenzplanes nach § 231 Abs. 1, 2 InsO nicht zu erfolgen; die Planbestätigung darf jedoch nicht offensichtlich ausgeschlossen sein (MüKoInsO/Kern InsO § 165 Rn. 103). Zudem muss das Grundstück in dem vorgelegten Insolvenzplan in dem gestaltenden Teil oder zumindest in den angestrebten Planzielen, gemäß dem darstellenden Teil, als verfügbares Vermögen eingeplant worden sein (MüKoInsO/Kern InsO § 165 Rn. 103). Soweit der **Schuldner einen Plan vorgelegt** hat, welcher der Vorprüfung nach § 231 InsO standgehalten hat, kann er gem. § 30d Abs. 2 ZVG den Einstellungsantrag selbst stellen.

570 Gemäß § 30d Abs. 1 S. 1 **Nr. 4** ZVG kann die Einstellung der Zwangsversteigerung erwirkt werden, wenn andernfalls eine angemessene **Verwertung der Insolvenzmasse wesentlich**

Immobilienverwertung im Insolvenzverfahren

erschwert werden würde. Hierdurch soll erreicht werden, dass der technisch-organisatorische Verbund des Schuldnervermögens zum Zwecke einer möglichst günstigen Verwertung erhalten bleibt und eine Versteigerung zur Unzeit verhindert wird. Eine Einstellung kommt daher nur in Betracht, wenn konkrete Anhaltspunkte vorliegen, denen zufolge der Verwalter durch eine alsbaldige freihändige Veräußerung sowohl im Interesse der Absonderungsgläubiger als auch der Gläubigergesamtheit einen wesentlich höheren Veräußerungserlös als im Zwangsversteigerungsverfahren erzielen kann (BGH NZI 2016, 773; BT-Drs. 12/2443, 79 und 176). Erwirkt der Verwalter die Einstellung der Zwangsversteigerung, kann er zu der **freihändigen Veräußerung schreiten** (BGH NZI 2016, 773).

2. Dem Gläubiger nicht zuzumuten (§ 30d Abs. 1 S. 2 ZVG)

Der Antrag ist gem. § 30d Abs. 1 S. 2 ZVG abzulehnen, wenn die einstweilige Einstellung dem Gläubiger unter Berücksichtigung seiner wirtschaftlichen Verhältnisse **nicht zuzumuten** ist (zu den weiteren Rechten des betreibenden Gläubigers → Rn. 573). Abzuwägen sind hierbei die Interessen der Gläubigergesamtheit gegen die Interessen des betreibenden Gläubigers. Dabei ist der an den Gläubiger zu zahlende Nachteilsausgleich nach § 30e ZVG zu berücksichtigen (→ Rn. 573). 571

3. Einstellungsverfahren (§ 30d Abs. 3 ZVG)

Nach § 30d Abs. 3 ZVG richtet sich das **Verfahren und die Rechtsmittel** nach § 30b Abs. 2–4 ZVG, mit der Maßgabe, dass an die Stelle des Schuldners der Insolvenzverwalter tritt, wenn dieser den Antrag gestellt hat, und dass die Zwangsversteigerung nur eingestellt wird, wenn die Voraussetzungen für die Einstellung glaubhaft gemacht sind. Nachdem ein Verweis auf § 30b Abs. 1 ZVG fehlt, besteht **keine Frist zur Stellung** des Einstellungsantrages. Der Antrag kann somit bis zur Verkündung des Zuschlages gestellt werden. Danach kann lediglich eine Entscheidung nach § 33 ZVG erreicht werden (MüKoInsO/Kern InsO § 165 Rn. 107). Nach § 30b Abs. 2 S. 1 ZVG ergeht die Entscheidung über den Einstellungsantrag durch **Beschluss.** Zuvor sind nach § 30b Abs. 2 S. 2 ZVG der betreibende Gläubiger und der Schuldner **zu hören.** Nach § 30b Abs. 3 ZVG ist als Rechtsmittel nur die **sofortige Beschwerde** statthaft; eine weitere Beschwerde ist nicht möglich. 572

4. Entschädigung des Gläubigers (§ 30e ZVG)

Die **Interessen des betreibenden Gläubigers** werden zudem in § 30e ZVG berücksichtigt. Hiernach sind an den betreibenden Gläubiger aus der Insolvenzmasse die geschuldeten **Zinsen** zu zahlen (§ 30e Abs. 1, → Rn. 574). Weiterhin besteht eine Ausgleichspflicht für **Wertverluste** (§ 30e Abs. 2, → Rn. 575). 573

Nach **§ 30e Abs. 1 S. 1 ZVG** hat das Gericht auf Antrag des betreibenden Gläubigers die einstweilige Einstellung mit der Auflage zu versehen, dass dem betreibenden Gläubiger für die **Zeit nach dem Berichtstermin** nach § 29 Abs. 1 Nr. 1 InsO laufend die geschuldeten **Zinsen** binnen zwei Wochen nach Eintritt der Fälligkeit aus der Insolvenzmasse gezahlt werden. Der Berichtstermin soll nach § 29 Abs. 1 Hs. 2 InsO nicht über sechs Wochen nach Insolvenzeröffnung und darf nicht über drei Monate danach angesetzt werden. Mit der Zinszahlungspflicht soll verhindert werden, dass der wirtschaftliche Wert des Rechts des betreibenden Gläubigers durch die einstweilige Einstellung vermindert wird und dass der Gläubiger durch den Zeitablauf keinen Schaden erleiden (Begr. zu § 188, BT-Drs. 12/2443, 176; LG Göttingen NZI 2000, 186). Zu zahlen sind die **„geschuldeten Zinsen"**, welche der Gläubiger aufgrund des Rechtsverhältnisses mit dem Schuldner beanspruchen kann. Hierbei handelt es sich **nicht um die dinglichen** Zinsen. Denn die einstweilige Einstellung soll dem Insolvenzverwalter eine Atempause verschaffen, und soll nicht dazu dienen, dass sich die Grundpfandgläubiger auf Kosten der Insolvenzgläubiger bereichern. Der Verwalter schuldet daher nur die Zinsen gemäß der vertraglichen Vereinbarung in dem Kausalverhältnis, auch wenn dieses nicht direkt zwischen der Gläubigerin und der Gemeinschuldnerin besteht. Befindet sich der **Schuldner in Verzug,** können Verzugszinsen verlangt werden. Zugrunde zu legen ist hierbei der **Betrag, wegen dem die Zwangsversteigerung** tatsächlich betrieben wird (LG Göttingen NZI 2000, 186). Zu beachten ist, dass es sich um eine **Masseverbindlichkeit** nach § 55 Abs. 1 Nr. 1 InsO handelt. Die Zinsen sind somit aus der Insolvenzmasse und nicht nur aus dem Wert der Immobilie zu entrichten, sodass es zu einer erheblichen Liquiditätsbelastung der Masse kommen kann (MüKoInsO/Kern InsO § 165 Rn. 109). Der Lauf der dinglichen Zinsen wird jedoch durch die Einstellung nicht unterbrochen, 574

Immobilienverwertung im Insolvenzverfahren

sodass der Grundpfandrechtsgläubiger **wegen nicht geleisteter Zinszahlungen** abgesonderte Befriedigung verlangen kann (MüKoInsO/Kern InsO § 165 Rn. 110).

575 Wenn das Grundstück **für die Insolvenzmasse genutzt** wird, hat das Gericht nach **§ 30e Abs. 2 ZVG** auf Antrag des betreibenden Gläubigers anzuordnen, dass der entstehende **Wertverlust** ab der Einstellung des Versteigerungsverfahrens durch laufende Zahlungen aus der Insolvenzmasse an den Gläubiger auszugleichen ist. Die **Zahlung ist bereits ab der vorläufigen** Einstellung der Zwangsversteigerung zu leisten. Zudem ist die Pflicht zum Ausgleich des Wertersatz **unabhängig von der Zinszahlungspflicht** nach Abs. 1 (MüKoInsO/Kern InsO § 165 Rn. 116). Auszugleichen sind **nur Wertverluste,** welche durch die Nutzung selbst entstehen. Daher ist der während der Nutzung eingetretene Rückgang der Immobilienpreise nicht zu berücksichtigen. Die während der Nutzung eintretende Wertsteigerung ist dagegen zu berücksichtigen, da hierdurch der Nachteil des Gläubigers ausgeglichen wird (MüKoInsO/Kern InsO § 165 Rn. 117). Ein Anspruch auf **Nutzungsentschädigung** besteht dagegen nicht (MüKoInsO/Kern InsO § 165 Rn. 115).

576 Mit der nach Abs. 1 und 2 geschuldeten **Kompensation soll verhindert werden,** dass der wirtschaftliche Wert des Rechts des betreibenden Gläubigers durch die einstweilige Einstellung vermindert wird und dass der Gläubiger durch den Zeitablauf keinen Schaden erleiden (Begr. zu § 188, BT-Drs. 12/2443, 176; LG Göttingen NZI 2000, 186). Ist eine **vollständige Befriedigung** der Haupt- und Nebenforderungen des betreffenden Gläubigers **ohnehin nicht gefährdet,** weil dieser trotz des Wertverlustes aus der Immobilie vollständig befriedigt werden kann, hat er keinen Anspruch auf Ersatz des Wertverlustes durch laufende Zahlungen (MüKoInsO/Kern InsO § 165 Rn. 115). Hätte der Gläubiger in der Versteigerung unabhängig von dem Wertverlust in der Versteigerung **keine oder keine vollständige Befriedigung zu erwarten,** ist der Ausgleich bereits nach Abs. 3 ausgeschlossen (→ Rn. 577).

577 Die **Kompensation nach Abs. 1 und 2** ist gem. **§ 30e Abs. 3 ZVG** für die Gläubiger ausgeschlossen, soweit sie nach der Höhe der Forderung und dem Wert und der sonstigen Belastung des Grundstücks nicht mit einer Befriedigung aus dem Versteigerungserlös rechnen können. Der Gläubiger **soll nicht allein wegen der Einstellung** einen höheren Erlös erzielen. Daher sollen Gläubiger einer sog. **Schornsteinhypothek** (-grundschuld), dh Grundpfandgläubiger, die im Falle der Versteigerung wegen ihres Nachrangs mit keinem Erlös zu rechnen haben, keine Kompensation wegen der Einstellung erhalten. Soweit der Grundpfandgläubiger mit einer **Teilbefriedigung zu rechnen** hat, ist die Zinszahlungspflicht und der Wertersatz entsprechend dem erwarteten Teilbetrag zu zahlen. Zum Zwecke der Berechnung der Kompensation ist der **erwartete Versteigerungserlös** zu ermitteln, wenn eine Einigung zwischen dem Grundpfandgläubiger und dem Insolvenzverwalter nicht zustande kommt. Hierbei kann auf die Verkehrswertermittlung im Zwangsversteigerungsverfahren nach § 74a Abs. 5 ZVG zurückgegriffen werden. Liegt diese nicht vor, ist der zu erwartende Erlös zu schätzen, ggf. durch ein Sachverständigengutachten. Gemäß § 30d Abs. 3 ZVG, § 30b Abs. 2 S. 3 ZVG hat der betreibende Gläubiger seine Angaben auf Verlangen des Gerichts glaubhaft zu machen, wozu auch die Voraussetzung für die Kompensation des Grundpfandgläubigers gehört. Für die Ausnahmeregelung des Abs. 3 ist der Verwalter darlegungs- und beweispflichtig, sodass er ggf. zu beweisen hat, dass der Grundpfandgläubiger in der Versteigerung keinen oder nur einen Erlös in bestimmter Höhe zu erwarten hat (MüKoInsO/Kern InsO § 165 Rn. 113). Sollte der Grundpfandgläubiger oder der Verwalter mit der **Festsetzung der Höhe der Kompensation** durch das Gericht nicht einverstanden sein, muss er sofortige Beschwerde gegen die Festsetzung des Verkehrswertes (→ Rn. 587) bzw. der Schätzung des Gerichts im Einstellungsbeschluss (→ Rn. 572) erheben. Sollte sich nach der Ersteigerung herausstellen, dass der an den betreffenden Grundpfandgläubiger entfallende Erlös tatsächlich höher oder niedriger ist, kann die gerichtlich angeordnete Kompensation nicht mehr entsprechend angepasst werden (MüKoInsO/Kern InsO § 165 Rn. 114).

5. Aufhebung des Einstellungsantrages (§ 30f ZVG)

578 Gemäß § 30f ZVG kann die **Einstellung aufgehoben werden,** wenn die **Voraussetzungen für die Einstellung** fortgefallen sind (§ 30f Abs. 1 S. 1 Fall 1 ZVG), die **Auflagen nach § 30e ZVG** nicht beachtet werden (§ 30f Abs. 1 S. 1 Fall 2 ZVG), nach **Zustimmung des Antragstellers** zur Aufhebung der Einstellung (§ 30f Abs. 1 S. 1 Fall 3 ZVG) und mit **Beendigung des Insolvenzverfahrens** (§ 30f Abs. 1 S. 2 ZVG).

579 Ein **Fortfall der Voraussetzungen** für die Einstellung im vorgenannten Sinne liegt nicht bereits mit dem Wegfall der die Einstellung begründenden Umstände vor. Vielmehr muss glaubhaft gemacht werden, dass alle möglichen Einstellungstatbestände nicht mehr vorliegen (MüKoInsO/

Immobilienverwertung im Insolvenzverfahren

Kern InsO § 165 Rn. 120). Die **Nichtbeachtung der Auflage** wird etwa bei Eintritt der Masseunzulänglichkeit und der Einstellung der Zahlung von Zinsen durch die Masse auftreten (MüKoInsO/Kern InsO § 165 Rn. 121). Der Antragsteller des Einstellungsantrages ist vor der Aufhebung gem. § 30f Abs. 3 S. 1 ZVG **zu hören.** Gegen die Entscheidung ist nach § 30f Abs. 3 S. 2 ZVG, § 30b Abs. 3 ZVG **sofortige Beschwerde** zulässig. Nach rechtskräftiger Entscheidung über der Aufhebungsantrag kann ein **neuer Einstellungsantrag**, aber auch ein neuer Aufhebungsantrag, nur auf neue Gründe infolge veränderter Verhältnisse gestützt werden (MüKoInsO/Kern InsO § 165 Rn. 122).

III. Anordnung der Zwangsversteigerung

Die Zwangsversteigerung wird auf Antrag des die Vollstreckung betreibenden Gläubigers durch das nach § 1 ZVG zuständige Vollstreckungsgericht **gem. § 15 ZVG angeordnet**, wenn die sachlichen und formellen Voraussetzungen für die Anordnung der Zwangsversteigerung vorliegen. Zugleich ersucht es das Grundbuchamt gem. § 19 ZVG um die Eintragung des sog. **Zwangsversteigerungsvermerks.** Mit diesem wird die Wirkung des relativen Veräußerungsverbotes (→ Rn. 586) gesichert. 580

IV. Beschlagnahme (§ 20 ZVG)

Gemäß § 20 Abs. 1 ZVG gilt der Beschluss, durch welchen die Zwangsversteigerung angeordnet wird (→ Rn. 580), **zugunsten des antragstellenden Gläubigers** als Beschlagnahme des Grundstücks. 581

Dies gilt gem. § 173 S. 1 ZVG nicht im Falle eines Antrages durch den **Insolvenzverwalter.** Die Beschlagnahme zugunsten der Insolvenzmasse **erfolgt bereits** mit der Insolvenzeröffnung, jedoch nicht mit der Wirkung des § 20 ZVG. Daher besteht in diesem Fall kein Veräußerungsverbot (→ Rn. 586), solange nicht ein Absonderungs- (→ Rn. 544) oder ein Massegläubiger (→ Rn. 554) diesem Verfahren beitritt (§ 27 Abs. 2 ZVG, § 23 Abs. 1 ZVG). Die **Zustellung des Anordnungsbeschlusses** an den Insolvenzverwalter (→ Rn. 527) gilt jedoch gem. § 173 S. 2 ZVG iSd § 13 ZVG, zum Zweck der Abgrenzung der laufend wiederkehrenden Leistungen von den Rückständen, als Beschlagnahme. 582

Gemäß § 20 Abs. 2 ZVG umfasst die Beschlagnahme auch diejenigen Gegenstände, auf welche sich die **Hypothek bei einem Grundstück erstreckt** (→ Rn. 301 ff.). Wenn die Vollstreckung somit aus dem **dinglichen Recht betrieben** wird, **umfasst die Beschlagnahme** gem. § 20 Abs. 2 ZVG auch diejenigen Gegenstände, auf welche sich bei einem Grundstück die Hypothek erstreckt. Nicht erfasst sind damit Sachen, die im Zeitpunkt der Beschlagnahme von dem **Haftungsverband nicht erfasst oder ausgeschieden** sind (→ Rn. 438, → Rn. 442). Die Folge der Beschlagnahme steht nicht zur **Disposition des Grundpfandgläubigers** (→ Rn. 941), sodass der Ersteher auch Eigentum an der mit Zustimmung des Grundpfandgläubigers freihändig weiterverkauften Sache erhält (→ Rn. 632), soweit die Beschlagnahme noch wirkt (→ Rn. 445). Die Beschlagnahme durch Zwangsvollstreckung erfasst dagegen nicht die **Miet- und Pachtforderungen** und das Recht des Pächters auf den Fruchtgenuss (§ 21 Abs. 2, 3 ZVG) (→ Rn. 467). Wir die Vollstreckung aus einem **persönlichen Recht betrieben** (→ Rn. 552), entsteht die grundstücksmäßige Haftung des Zubehörs erst durch die Beschlagnahme. Die zugunsten des Grundpfandgläubigers bis zur Beschlagnahme bereits geltenden Regelungen (§§ 1120, 1121, 1122 BGB) gelten nicht zugunsten des persönlichen Gläubigers, da bei diesem durch die Beschlagnahme als solche die Haftung überhaupt erst begründet wird. 583

Die Wirkung tritt gem. § 22 Abs. 1 S. 1 ZVG in dem **Zeitpunkt ein,** in welchem der Beschluss, durch den die Zwangsversteigerung angeordnet wird, dem Schuldner (bzw. dem Insolvenzverwalter oder vorläufigen starken Verwalter) zugestellt wird oder gem. § 22 Abs. 1 S. 2 ZVG bereits in welchem das Ersuchen um Eintragung des Versteigerungsvermerks dem Grundbuchamt zugeht, sofern auf das Ersuchen die Eintragung demnächst erfolgt. 584

Im **Falle des Beitrittes** zu einem bereits anhängigen Versteigerungsverfahren (→ Rn. 544) erfolgt nach § 27 Abs. 1 S. 1 ZVG statt des Versteigerungsbeschlusses die Anordnung, dass der Beitritt des Antragstellers zu dem Verfahren zugelassen wird. Die Beschlagnahme wird zugunsten des Beitretenden mit der Zustellung des Beitrittsbeschlusses an den Schuldner gem. § 22 Abs. 1 S. 1 ZVG wirksam. 585

Gemäß § 23 Abs. 1 S. 1 ZVG hat die Beschlagnahme die Wirkung eines **Veräußerungsverbots.** Verboten sind die **Veräußerung des Grundstücks** sowie der vom **Haftungsverband** erfassten beweglichen Sachen (→ Rn. 445). Verboten sind zudem die Veränderungen im **Bestand des Grundstücks** sowie **die Belastungen** des Grundstücks durch beschränkt dingliche Rechte 586

Immobilienverwertung im Insolvenzverfahren

(MüKoInsO/Kern InsO § 165 Rn. 68). Der Insolvenzverwalter kann die Immobilie lediglich noch in den Grenzen einer ordnungsgemäßen Wirtschaft verwalten und benutzen (§ 23 ZVG) (zum **Einstellungsantrag** des Verwalters nach § 30d Abs. 1 S. 1 Nr. 4 ZVG → Rn. 570).

V. Festsetzung des Verkehrswertes

587   Der Grundstückswert (Verkehrswert) wird gem. § 74a Abs. 5 S. 1 ZVG vom **Vollstreckungsgericht von Amts wegen,** nötigenfalls nach Anhörung von Sachverständigen festgesetzt. Den Beteiligten und damit auch dem Insolvenzverwalter ist zuvor **rechtliches Gehör** zu gewähren. Gemäß S. 2 dieser Vorschrift wird der Wert der **beweglichen Gegenstände,** auf die sich die Versteigerung erstreckt, unter Würdigung aller Verhältnisse frei geschätzt.

588   Der Beschluss über die Festsetzung des Grundstückswertes ist mit der **sofortigen Beschwerde** gem. S. 3 anfechtbar und zwar auch durch den Insolvenzverwalter (MüKoInsO/Kern InsO § 165 Rn. 164). Gemäß S. 4 kann der **Zuschlag nicht mit der Begründung** angefochten werden, dass der Grundstückswert unrichtig festgesetzt sei.

589   Wichtig ist der Grundstückswert für die Errechnung der **Grenze zur Versagung** des Zuschlages nach §§ 85a, 74a, 74b ZVG (→ Rn. 607 ff.).

VI. Terminsbestimmung

590   Die Versteigerung wird gem. § 35 ZVG durch das **Vollstreckungsgericht ausgeführt.** Dieses bestimmt hierzu nach § 36 Abs. 1 ZVG nach der Beschlagnahme des Grundstücks und nach dem Eingang der Mitteilungen des Grundbuchamts den **Versteigerungstermin** an der Gerichtsstelle oder einem anderen Ort im Gerichtsbezirk (§ 36 Abs. 3 ZVG).

591   Die **Terminsbestimmung enthält** gem. § 37 ZVG die Bezeichnung des Grundstücks (**Nr. 1** und § 38 Abs. 1 S. 1 ZVG), sowie die Zeit und Ort des Versteigerungstermins (**Nr. 2** und § 36 Abs. 2 ZVG) und die Angabe, dass die Versteigerung im Wege der Zwangsvollstreckung erfolgt (**Nr. 3**). Soweit die Versteigerung auf Antrag des **Insolvenzverwalters betrieben** wird, ist dies in der Terminsbestimmung gem. § 37 Nr. 3 ZVG anzugeben (Depré ZVG/Popp ZVG § 172 Rn. 9). Die Beteiligten sollen sich darauf einstellen können, dass § 174 ZVG zur Anwendung kommen könnte (→ Rn. 612; MüKoInsO/Kern InsO § 165 Rn. 136).

592   Zudem enthält die Terminsbestimmung nach § 37 **Nr. 4** ZVG die Aufforderung, die Rechte, soweit sie zur Zeit der Eintragung des Versteigerungsvermerks aus dem **Grundbuch nicht ersichtlich** waren, spätestens im Versteigerungstermin vor der Aufforderung zur Abgabe von Geboten anzumelden und, wenn der Gläubiger widerspricht, glaubhaft zu machen, um in das geringste Gebot (§ 45 Abs. 1 ZVG) aufgenommen zu werden (BGH NJW 2018, 1613; NZI 2010, 482). Wird dieser Zeitpunkt verpasst, tritt nach Maßgabe von § 110 ZVG ein endgültiger Rangverlust ein (zu den **Zuschlagsfolgen** → Rn. 652) (BGH NJW 2018, 1613). Gemäß § 114 Abs. 1 S. 2 ZVG gelten die Ansprüche eines Gläubigers als angemeldet, soweit sie sich aus dem **Versteigerungsantrag** ergeben. **Anzumelden sind** daher die Ansprüche der **Rangklassen 1–3** des § 10 ZVG. Zudem sind die rückständigen **wiederkehrenden Leistungen** der im Grundbuch eingetragenen Rechte, soweit diese kein Vorrecht genießen (→ Rn. 750, → Rn. 758), und die **Kosten der Rechtsverfolgung** anzumelden.

593   Gemäß § 37 **Nr. 5** ZVG sind in der Terminsbestimmung diejenigen Gläubiger, welche ein der **Versteigerung entgegenstehendes Recht haben,** aufzufordern, die Aufhebung oder einstweilige Einstellung des Verfahrens vor der Erteilung des Zuschlags herbeizuführen, da andernfalls für das Recht der Versteigerungserlös an die Stelle des versteigerten Gegenstandes treten würde (→ Rn. 632).

594   Gemäß § 38 Abs. 1 ZVG soll die Terminsbestimmung die **Angabe zum Verkehrswert** des Grundstücks enthalten; soweit in einem früheren Versteigerungstermin der Zuschlag aus den Gründen des § 74a Abs. 1 ZVG oder § 85a Abs. 1 ZVG versagt worden (→ Rn. 607) ist, ist dies anzugeben.

595   Die Terminsbestimmung ist gem. § 41 ZVG an die **Beteiligten zuzustellen.** Diese sind über den Antragsteller und die verfolgten Ansprüche zu informieren.

VII. Ausgebot

1. Geringste Gebot

596   Das Vollstreckungsgericht setzt vor der Versteigerung die Versteigerungsbedingungen und das geringste Gebot fest.

Immobilienverwertung im Insolvenzverfahren

Gemäß § 44 Abs. 1 ZVG ist nur ein solches Gebot zur Versteigerung zuzulassen, durch welches **597** die dem Anspruch des betreibenden Gläubigers nach der Rangordnung des § 10 ZVG vorgehenden Rechte und die aus dem Versteigerungserlös zu entnehmenden Kosten des Verfahrens gedeckt werden (**geringstes Gebot**). Es handelt sich hierbei um den **Mindestbetrag,** den der Ersteher tragen muss durch Zahlung oder durch Übernahme der Lasten. Dieser Betrag richtet sich nach der **Rangstelle des bestbetreibenden** Gläubigers, also des Gläubigers, zu dessen Gunsten ein Anordnungs- oder Beitrittsbeschluss erging. Alle Ansprüche und **Rechte, die diesem Gläubiger vorgehen,** werden von dem Ersteher entweder übernommen oder bezahlt. Der **Anspruch des bestbetreibenden Gläubigers** und die gleichen oder nachrangigen Ansprüche sind von dem geringsten Gebot nicht erfasst und werden nur insoweit befriedigt, als ein übersteigender Erlös erzielt wird.

Beitreiben mehrere Gläubiger die Versteigerung, ist für das geringste Gebot gem. § 44 **598** Abs. 2 ZVG auf den bestrangig Betreibenden abzustellen, wenn dem Schuldner der diesen Anspruch betreffende Beschluss vier Wochen vor dem Versteigerungstermin zugestellt worden ist

Das **geringste Gebot enthält folgende Positionen,** wenn der Gläubiger aus der folgenden **599** Rangklasse des § 10 Abs. 1 ZVG betreibt:

Nr. 1:
- Kosten nach § 109 ZVG (**Bargebot**)
  (innerhalb der Klasse Nr. 1 besteht Gleichrang)

Nr. 1a:
- Kosten nach § 109 ZVG (**Bargebot**)
- die angemeldeten Ansprüche aus § 10 Abs. 1 Nr. 1 ZVG (**Bargebot**)

Nr. 2:
- Kosten nach § 109 ZVG (**Bargebot**)
- die angemeldeten Ansprüche aus § 10 Abs. 1 Nr. 1 und 1a ZVG (**Bargebot**)

Nr. 3:
- Kosten nach § 109 ZVG (**Bargebot**)
- die angemeldeten Ansprüche aus § 10 Abs. 1 Nr. 1–2 ZVG (**Bargebot**)
  (innerhalb Klasse Nr. 3 besteht nach § 10 Abs. 1 Nr. 3 S. 2 ZVG Gleichrang)

Nr. 4:
- Kosten nach § 109 ZVG (**Bargebot**)
- die angemeldeten Ansprüche aus § 10 Abs. 1 Nr. 1–3 ZVG (**Bargebot**)
- Ansprüche der Rangklasse 4, die nach dem Grundbuchauszug dem Betreibenden vorgehen (§ 11 Abs. 1 ZVG)
- Kosten und Ansprüche auf wiederkehrende Leistungen und andere Nebenleistungen aus den dem bestbetreibenden Gläubiger rangmäßig vorgehenden Rechten (§ 12 Nr. 1, 2 ZVG)

Nr. 5:
- Kosten nach § 109 ZVG (**Bargebot**)
- die angemeldeten Ansprüche aus § 10 Abs. 1 Nr. 1–3 ZVG (**Bargebot**)
- die angemeldeten Ansprüche aus § 10 Abs. 1 Nr. 4 ZVG
- Ansprüche der Rangklasse 5, die gemäß der Beschlagnahmereihenfolge dem Betreibenden vorgehen (§ 11 Abs. 2 ZVG)
- Kosten und Ansprüche auf wiederkehrende Leistungen und andere Nebenleistungen aus den dem bestbetreibenden Gläubiger rangmäßig vorgehenden Rechten (§ 12 Nr. 1, 2 ZVG) (**Bargebot**)

Nr. 5: Im Falle der Versteigerung durch den Insolvenzverwalter
- Kosten nach § 109 ZVG (**Bargebot**)
- die angemeldeten Ansprüche aus § 10 Abs. 1 Nr. 1–3 ZVG (**Bargebot**)
- die angemeldeten Ansprüche aus § 10 Abs. 1 Nr. 4 ZVG
- Ansprüche aus § 10 Abs. 1 Nr. 7 und 8 ZVG
- Ansprüche der Rangklasse 5, die gemäß der Beschlagnahmereihenfolge dem Betreibenden vorgehen (§ 11 Abs. 2 ZVG)
- Kosten und Ansprüche auf wiederkehrende Leistungen und andere Nebenleistungen aus den dem bestbetreibenden Gläubiger rangmäßig vorgehenden Rechten (§ 12 Nr. 1, 2 ZVG) (**Bargebot**)

Der **Insolvenzverwalter nimmt die Versteigerung** aus der Rangstelle eines persönlichen Gläu- **600** bigers vor (§ 10 Abs. 1 Nr. 5 ZVG) (Uhlenbruck/Brinkmann InsO § 165 Rn. 21). In der Zwangsversteigerung haben die Grundpfandgläubiger den Rang des § 10 Abs. 1 Nr. 4 ZVG und gehen dem Verwalter vor (Uhlenbruck/Brinkmann InsO § 165 Rn. 21). Zu **berücksichtigen sind** bei einem Antrag des Insolvenzverwalters somit die Kosten des Verfahrens, die Ansprüche nach § 10 Abs 1 Nr. 1–3 ZVG sowie sämtliche dinglichen Rechte (§ 10 Abs. 1 Nr. 4 ZVG) (Uhlenbruck/Brinkmann InsO § 165 Rn. 21) (→ Rn. 597). Denn der Versteigerungsbeschluss auf Antrag des Insolvenzverwalters wirkt nicht als Beschlagnahme (→ Rn. 582), sodass keine Gläubiger der Rangklasse 4 vorhanden sind, denen gegenüber das Veräußerungsverbot wirksam ist und daher nur in der Rangklasse 6 zu berücksichtigen wären (→ Rn. 755, zur Folge → Rn. 604) (Böttcher/

Immobilienverwertung im Insolvenzverfahren

Keller ZVG § 174 Rn. 3). Nachdem es aufgrund der fehlenden Beschlagnahmewirkung bei der Insolvenzverwalterversteigerung keine nicht ins geringste Gebot fallenden dinglichen Rechte gibt, sind auch die Ansprüche aus § 10 Abs. 1 Nr. 7 und 8 ZVG in das geringste Gebot aufzunehmen (MüKoInsO/Kern InsO § 165 Rn. 143). Damit ist das **geringste Gebot im Insolvenzverfahren** meist sehr hoch, sodass die Erfolgschancen entsprechend niedrig sind. Dem soll durch die Regelungen in § 174 ZVG (→ Rn. 612) und § 174a ZVG (im Falle der Mitversteigerung beweglicher Sachen → Rn. 620) Abhilfe geschaffen werden.

601 Eine bevorzugte Rangstellung der Insolvenzmasse kommt im Falle der **Mitversteigerung von beweglichen Sachen** den Feststellungskosten zugute (Versteigerung aus der Rangklasse Nr. 1a → Rn. 702). Der Insolvenzverwalter kann zu diesem Zweck beantragen, dass das Grundstück mit der **Abweichung nach § 174a ZVG ausgeboten** wird (→ Rn. 621). Zudem kann der Insolvenzverwalter auch die Insolvenzverwalterversteigerung **unmittelbar aus der Rangklasse Nr. 1a** betreiben, jedoch nur wenn mithaftende bewegliche Sachen bereits von einer Zwangsversteigerung erfasst sind (BGH NZI 2012, 575; MüKoInsO/Kern InsO § 165 Rn. 160; für die Möglichkeit, die Vollstreckung aus der Rangklasse 1a zu betreiben, MüKoInsO/Ganter InsO § 49 Rn. 50).

602 Das **geringste Gebot legt fest,** was der Ersteher mindestens in bar zu erbringen und welche Lasten er zu übernehmen hat. Ein **darunter liegendes Gebot** ist gem. § 71 Abs. 1 ZVG als unzulässig zurückzuweisen. Nach den §§ 10–12 ZVG richtet sich, **welches Recht** dem Anspruch des betreibenden Gläubigers iSv § 44 Abs. 1 ZVG vorgeht und daher in dem geringsten Gebot zu berücksichtigen ist (→ Rn. 638 ff.) (BGH DNotZ 2014, 769).

603 Flankiert wird das geringste Gebot durch den **Deckungsgrundsatz,** wonach die nach dem geringsten Gebot zu berücksichtigenden Ansprüche in **bar zu bedienen** sind (Bargebot, § 49 Abs. 1 ZVG, → Rn. 599, → Rn. 605) oder **bestehen bleiben** (die dem Anspruch des betreibenden Gläubigers vorgehenden, nicht auch die gleichstehenden Rechte: § 52 Abs. 1 S. 1 ZVG, → Rn. 599, → Rn. 655). Berücksichtigt werden nur die im Grundbuch **eingetragenen oder rechtzeitig angemeldeten** Rechte (→ Rn. 592). Gemäß § 52 Abs. 1 S. 2 ZVG **erlöschen die Rechte im Übrigen.**

604 Wird eine **nicht insolvenzfeste Belastung berücksichtigt,** muss der Insolvenzverwalter dagegen vorgehen (MüKoInsO/Kern InsO § 165 Rn. 144). Das Vollstreckungsgericht prüft diese materielle Frage nicht (Böttcher/Keller ZVG § 174 Rn. 3).

2. Bargebot/Meistgebot

605 In der Versteigerung wird das **Bargebot abgegeben.** Dieses setzt sich gem. § 49 Abs. 1 ZVG zum einen aus dem in **bar zu zahlenden Teil des geringsten Gebotes,** nämlich
- den Verfahrenskosten (**§ 109 ZVG**),
- den Ansprüchen gem. **§ 10 Nr. 1–3 ZVG,** soweit sie dem betreibenden Gläubiger vorgehen,
- den Ansprüchen auf Ersatz der Kosten der **Rechtsverfolgung** (§ 12 Nr. 1 ZVG, § 10 Abs. 2 ZVG)
- den Ansprüchen auf **wiederkehrende Leistungen** und **Nebenleistungen** (§ 12 Nr. 2 ZVG)
- Ansprüchen aus der **Rangklasse 5,** wenn sie zunächst als bestrangige Gläubiger das Verfahren betreiben, und nach deren Einstellung ein nachrangiger Gläubiger der Rangklasse 5 das Verfahren weiter beitreibt.

Zum anderen kommt noch der das geringste Gebot übersteigende Betrag, das **zusätzliche Angebot** des Bieters hinzu.

606 Tatsächlich aufbringen muss der Ersteigerer damit das **Meistgebot,** bestehend aus dem Bargebot sowie den im geringsten Gebot enthaltenen nicht in bar abzufindenden Rechten (→ Rn. 655). Neben dem geringsten Gebot stellen die **Versteigerungsbedingungen** fest, in welche **weiteren Pflichten** der Ersteher eintritt (→ Rn. 656). Durch das im Versteigerungstermin abzugebende Bargebot sind sämtliche nach den Versteigerungsbedingungen zu übernehmenden Pflichten zu erfüllen (BGH NZI 2012, 383).

3. Mindestgebot (§§ 74a, 85a ZVG)

607 Doch auch wenn das geringste Gebot erreicht wird, soll einer Verschleuderung vorgebeugt werden und der Zuschlag nach **§ 85a Abs. 1 ZVG von Amts wegen versagt** werden, wenn das abgegebene Meistgebot die **Hälfte des Grundstückswertes** nicht erreicht, welches durch das Vollstreckungsgericht geschätzt wurde (→ Rn. 587). Dies gilt gem. § 85a Abs. 3 ZVG nicht, wenn das **Meistgebot von einem zur Befriedigung** aus dem Grundstück Berechtigten abgegeben worden ist und das Gebot einschließlich des Kapitalwertes der nach den Versteigerungsbedingungen bestehenbleibenden Rechte zusammen mit dem Betrag, mit dem der Meistbietende bei der Verteilung des Erlöses ausfallen würde, zumindest die Hälfte des Grundstückswertes erreicht. Ein Eigengebot des Gläubigervertreters in der Zwangsversteigerung von Grundstücken, welches ausschließlich den Zweck hat, die Rechtsfolgen des § 85a Abs. 1 ZVG in einem zweiten Termin gem. Abs. 2 zu umgehen, ist rechtsmissbräuchlich und deshalb unwirksam (BGH NJW 2007, 3279).

Wird dieser Wert erreicht, bleibt jedoch das Meistgebot **unter sieben Zehntel des Grundstückswertes**, so kann nach § 74a Abs. 1 S. 1 ZVG ein Berechtigter, dessen Anspruch ganz oder teilweise durch das Meistgebot nicht gedeckt ist, aber bei einem Gebot in der genannten Höhe voraussichtlich gedeckt sein würde, die Versagung des Zuschlags beantragen (zum Recht des **Insolvenzverwalters** → Rn. 534). Der Insolvenzverwalter kann den Antrag nach § 74a Abs. 1 S. 1 ZVG auch stellen, soweit er der Versteigerung **beigetreten** ist und damit in seiner Funktion als Betreibender auftritt (→ Rn. 557). Ist er der Versteigerung durch einen Gläubiger **nicht beigetreten**, kann er den Antrag stellen, soweit die Masse betroffen ist. Doch soweit der Sicherungsnehmer die Immobilie unter dieser Grenze ersteigert, gilt er bereits gem. § 114a S. 1 ZVG in Höhe der 7/10-Grenze als befriedigt und kann den Ausfall nur für den Rest geltend machen (→ Rn. 234). Die zu diesem Zweck erfolgte Verkehrswertfestsetzung kann nach § 74a Abs. 5 S. 2 ZVG anfechten (BGH NZI 2008, 613). Fällt jedoch, wie vorstehend dargelegt, eine Eigentümergrundschuld in die Insolvenzmasse (→ Rn. 335) und ist eine innerhalb der 7/10-Wertgrenze liegende Eigentümergrundschuld des Insolvenzschuldners vom Ausfall bedroht, steht dem Insolvenzverwalter das Antragsrecht aus § 74a Abs. 1 S. 1 ZVG zu (MüKoInsO/Kern InsO § 165 Rn. 41). Im Rahmen einer **Insolvenzverwalterversteigerung** nach § 172 InsO steht dem Insolvenzverwalter kein Antragsrecht zu. Vielmehr kann er den Antrag zurücknehmen (MüKoInsO/Kern InsO § 165 Rn. 166).

Ist das **Meistgebot von einem zur Befriedigung** aus dem Grundstück Berechtigten abgegeben worden, so findet nach § 74b ZVG die Regelung des § 74a ZVG keine Anwendung, wenn das Gebot einschließlich des Kapitalwertes der nach den Versteigerungsbedingungen bestehenbleibenden Rechte zusammen mit dem Betrag, mit dem der Meistbietende bei der Verteilung des Erlöses ausfallen würde, 7/10 des Grundstückswertes erreicht, wenn dieser Betrag im Range unmittelbar hinter dem letzten Betrag steht, der durch das Gebot noch gedeckt ist.

4. Kein Gebot

Ist ein **Gebot nicht abgegeben** worden oder sind sämtliche Gebote erloschen, so wird das Verfahren nach § 77 Abs. 1 ZVG einstweilen eingestellt.

Bleibt die Versteigerung auch in einem **zweiten Termin ergebnislos**, so wird das Verfahren gem. § 77 Abs. 2 S. 1 ZVG aufgehoben. Wenn die Voraussetzungen für die Anordnung der **Zwangsverwaltung** vorliegen, kann das Gericht nach § 77 Abs. 2 S. 2 ZVG auf Antrag des Gläubigers die Fortsetzung des Verfahrens als Zwangsverwaltung anordnen.

5. Abweichender Antrag eines Absonderungsberechtigten (§ 174 ZVG)

Bei einer allein von dem **Insolvenzverwalter betriebenen Zwangsversteigerung** sind nahezu alle Rangklassen des § 10 Abs. 1 ZVG Teil des geringsten Gebotes (→ Rn. 600), sodass aufgrund der hohen Schwelle die Gefahr der ausbleibenden Gebote besteht. Zudem wird der Gläubiger im Falle des Ausbleibens der Versteigerung seinen tatsächlichen Ausfall nur schwer nachweisen können (→ Rn. 234) (Uhlenbruck/Brinkmann InsO § 165 Rn. 22).

Im Falle einer Zwangsvollstreckung durch den Insolvenzverwalter **kann daher ein Gläubiger** gem. § 174 Hs. 1 ZVG, der für seine Forderung gegen den Insolvenzschuldner von dem Insolvenzverwalter anerkanntes Recht auf Befriedigung aus dem Grundstück hat (→ Rn. 616), bis zum Schluss der Verhandlung im Versteigerungstermin (dh bis zur Aufforderung zur Abgabe von Geboten gem. § 66 Abs. 2 ZVG) verlangen, dass bei der Feststellung des geringsten Gebots nur die **seinem Anspruch vorgehenden Rechte** berücksichtigt werden. Für dieses zusätzliche Ausgebot (**Doppelausgebot**) beginnt eine eigene Bietstunde und die Bietstunde für das reguläre Ausgebot ist entsprechend zu verlängern (MüKoInsO/Kern InsO § 165 Rn. 151).

Durch den wirksamen Antrag wird der Antragsteller **nicht zum betreibenden Gläubiger** (MüKoInsO/Kern InsO § 165 Rn. 148). Er wird jedoch so behandelt, als sei er betreibender Gläubiger mit dem ihm zukommenden Rang nach dem § 10 Abs. 1 Nr. 4 ZVG. Die ihm gleich- oder nachstehender Gläubiger werden durch das **geringste Gebot nicht mehr gedeckt** (→ Rn. 597).

608

609

610

611

612

613

614

Immobilienverwertung im Insolvenzverfahren

615 Diese gleich- oder nachrangigen Gläubiger sollten daher im Termin eine **Ablösung des Anspruchs nach § 268 BGB** prüfen. Die Vorschriften der §§ 1150, 1192 Abs. 1 BGB iVm § 268 BGB geben dem nachrangigen Grundpfandgläubiger die Möglichkeit, den ihm aus dem Befriedigungsverlangen eines vorrangigen Grundpfandgläubigers drohenden Verlust seines Rechts am Grundstück abzuwenden. Dieser kann das Recht des die Zwangsvollstreckung betreibenden Gläubigers nach Beginn der Zwangsversteigerung ablösen. Gemäß § 75 ZVG muss jedoch die Zahlung des nachrangigen Realgläubigers an den mit dem besseren Rang eingetragenen Realgläubiger alle aus dem die Zwangsversteigerung anordnenden Beschluss ersichtlichen Beträge an Hauptschuld, Zinsen und Kosten umfassen. Das Vollstreckungsgericht hat daher eine geringere Zahlung zurückzuweisen. Durch eine solche kann die erstrebte Abwendung der Zwangsversteigerung nicht bewirkt werden (BGH BeckRS 2005, 6665).

616 Der Gläubiger muss, um einen Antrag nach § 174 ZVG stellen zu können, eine **persönliche Forderung** gegen den Insolvenzschuldner als Grundstückseigentümer haben und damit absonderungsberechtigter Insolvenzgläubigers sein. Haftet der Schuldner nur dinglich, ist der Gläubiger nicht antragsberechtigt (MüKoInsO/Kern InsO § 165 Rn. 147). Die Forderung des Gläubigers muss nicht tituliert, aber von dem **Insolvenzverwalter anerkannt** sein. Der beweispflichtige Gläubiger kann den Nachweis der Anerkennung führen, indem er die persönliche Forderung zur Tabelle angemeldete (§§ 174 ff. InsO) und das Absonderungsrecht angibt (§ 28 Abs. 2 InsO) und, soweit der Insolvenzverwalter die Forderung des Gläubigers für den Ausfall anerkannt hat (§ 52 InsO), das Tabellenblatt vorlegen (Depré ZVG/Cranshaw ZVG § 10 Rn. 36). Die Regelung kommt somit Gläubigern zugute, deren Recht noch nicht durch einen **Beitritt oder eine Vollstreckung selbstständig verfolgbar** ist (MüKoInsO/Kern InsO § 165 Rn. 146).

617 Sind die Voraussetzungen erfüllt, wird die Immobilie unter zwei Ausgeboten und geringsten Geboten im Versteigerungstermin angeboten (**Doppelausgebot**), und zwar auf das geringste Gebot des Insolvenzverwalters und auf das dingliche Recht im Range des § 10 Abs. 1 Nr. 4 ZVG. Wird nur auf eines der beiden Ausgebote geboten, ist der Zuschlag für dieses zu erteilen. In der Regel wird lediglich auf das Ausgebot nach § 174 ZVG geboten. In diesem Fall steht auch der Ausfall des Absonderungsberechtigten fest (MüKoInsO/Kern InsO § 165 Rn. 155). Liegen Gebote für beide Ausgebote vor, ist der Zuschlag entgegen § 81 Abs. 1 ZVG auf das Gebot nach § 174 ZVG zu erteilen. Nur so kann der Zweck des § 174 ZVG erreicht werden, nämlich den Ausfall für den absonderungsberechtigten Gläubiger nach § 52 InsO festzustellen (Böttcher/Keller ZVG § 174 Rn. 18; Böttcher/Keller ZVG § 174a Rn. 9). Stellen **mehrere Gläubiger** einen Antrag nach § 174 ZVG, ist nur ein weiteres geringstes Gebot auf der Grundlage des bestrangigen Antragstellers zu berücksichtigen (Böttcher/Keller ZVG § 174 Rn. 11).

618 Zu versagen ist der Zuschlag auch hier nach den allgemeinen Regeln der §§ 85a ZVG und § 74a ZVG (→ Rn. 607). Den Antrag nach § 74a ZVG kann auch der Antragsteller nach § 174 ZVG stellen (MüKoInsO/Kern InsO § 165 Rn. 152).

619 Wird **kein Gebot** abgegeben, ist nach § 77 ZVG zu verfahren (→ Rn. 610). Der Ausfall des Antragstellers ist damit noch nicht festgestellt (MüKoInsO/Kern InsO § 165 Rn. 153).

6. Feststellungskosten der Insolvenzmasse (§ 174a ZVG)

620 Wie vorstehend dargestellt, sind bei einer allein von dem **Insolvenzverwalter betriebenen** Zwangsversteigerung nahezu alle Rangklassen des § 10 Abs. 1 ZVG Teil des geringsten Gebotes (→ Rn. 600), sodass aufgrund der hohen Schwelle die Gefahr der ausbleibenden Gebote besteht, insbesondere wenn die Gläubiger von einem Antrag nach § 174 ZVG absehen (→ Rn. 613).

621 Zu diesem Zweck kann der Insolvenzverwalter nach § 174a ZVG **bis zum Schluss der Verhandlung** im Versteigerungstermin, dh bis zur Aufforderung zur Abgabe von Geboten gem. § 66 Abs. 2 ZVG, und zwar auch im Rahmen einer Insolvenzverwalterversteigerung (MüKoInsO/Kern InsO § 165 Rn. 161), verlangen, dass das Grundstück mit der Abweichung ausgeboten wird, dass bei der Feststellung des geringsten Gebots nur die den Ansprüchen aus § 10 Abs. 1 **Nr. 1a ZVG vorgehenden Rechte** berücksichtigt werden (**Doppelausgebot**), mit der Folge, dass bei einem Zuschlag auf ein nach § 174a ZVG abgegebenes Meistgebot alle dinglichen Rechte am Grundstück erlöschen (BGH NZI 2012, 575).

622 Der Insolvenzverwalter kann jedoch ein Ausgebot nach § 174a ZVG nur verlangen, wenn die **Versteigerung mindestens einen mithaftenden beweglichen** Gegenstand erfasst und daher ein zur Insolvenzmasse gehörender Anspruch nach § 10 Abs. 1 Nr. 1a ZVG auf Ersatz der Kosten der Feststellung der beweglichen Gegenstände begründet ist (→ Rn. 601, → Rn. 702) (BGH NZI 2012, 575; BT-Drs. 12/3803, 69).

Immobilienverwertung im Insolvenzverfahren

Wird ein entsprechender Antrag des Insolvenzverwalters gestellt, kommt es wie im Falle des § 174 ZVG nach § 174a Hs. 2 ZVG zu **Doppelausgeboten** (→ Rn. 617), im vorliegenden Fall ein Ausgebot unter Berücksichtigung des nach § 44 ZVG festgestellten geringsten Gebotes und zudem ein Ausgebot, das sich auf die nach § 174a ZVG festgestellten, den Ansprüchen aus § 10 Abs. 1 Nr. 1a ZVG vorgehenden Rechte bezieht. In der Regel wird nur auf das Ausgebot nach § 174a ZVG geboten. Liegen Gebote für beide Ausgebote vor, ist der Zuschlag auf das Ausgebot nach § 172 ZVG bzw. § 44 ZVG zu erteilen. Denn in diesem Fall sind die Kosten nach § 10 Nr. 1a ZVG gesichert (MüKoInsO/Kern InsO § 165 Rn. 162). Wird zudem ein Antrag nach § 174 ZVG (→ Rn. 612) gestellt (**Dreifachausgebot**) und erfolgen Gebote auf die Mehrfachausgebote, ist der Zuschlag nach den allgemeinen Regeln auf das höhere Gebot (höheres Meistgebot → Rn. 605) zu erteilen (MüKoInsO/Kern InsO § 165 Rn. 163). 623

Ein Recht, welches bei der Feststellung des geringsten Gebotes nicht zu berücksichtigen ist, **erlischt gem. § 52 Abs. 1 S. 2 ZVG, § 91 Abs. 1 ZVG.** Wird der Zuschlag auf das Ausgebot nach § 174a ZVG erteilt, erlöschen alle nachrangig eingetragenen Rechte. Der Insolvenzverwalter wird von diesem **Antrag absehen können,** wenn die absonderungsberechtigten Gläubiger, deren Rechte nach § 91 Abs. 1 ZVG erlöschen würden, die Feststellungskosten übernehmen (MüKoInsO/Kern InsO § 165 Rn. 159). Zudem können die Inhaber der von einem Erlöschen bedrohten Rechte durch den Verlust ihrer Rechte durch Berichtigung der Ansprüche aus § 10 Abs. 1 Nr. 1a ZVG entsprechend § 268 BGB vermeiden (BGH NZI 2012, 575; BT-Drs. 12/3803, 70). Das Vorrecht des Insolvenzverwalters, der Anspruch auf Ersatz der Feststellungskosten und die Rangposition, geht in diesem Fall analog § 268 Abs. 3 BGB auf diesen Gläubiger über (Depré ZVG/Cranshaw ZVG § 10 Rn. 38; BT-Drs. 12/3803, 69). Das übergangene Recht erlischt jedoch, wenn das unbewegliche Vermögen im Anschluss freihändig verwertet oder das Insolvenzverfahren beendet wird (MüKoInsO/Ganter InsO § 49 Rn. 50), sodass der Gläubiger ein gewisses Risiko eingeht. 624

Dem Antrag nach § 174a ZVG können die Gläubiger entgehen, indem sie eine **besondere Versteigerung** der vom Haftungsverband erfassten Sachen nach § 65 ZVG beantragen (MüKoInsO/Kern InsO § 165 Rn. 172). 625

7. Verschiedene Ausgebotsarten

Durch den Beitritt des Insolvenzverwalters zu einer Vollstreckungsversteigerung eines Gläubigers oder durch den Beitritt des Gläubigers zu einer Insolvenzverwalterversteigerung nach § 172 ZVG kann es zu einem Zusammentreffen verschiedener Ausgebotsarten kommen. Der Vorrang zwischen den Ausgebotsarten ist wie folgt zu bestimmen (MüKoInsO/Kern InsO § 165 Rn. 141): 626
- die Ausgebotsart nach §§ 44, 52 ZVG geht der Ausgebotsart nach § 172 ZVG vor (→ Rn. 528)
- im Falle des Antrages nach § 174 ZVG geht die Ausgebotsart nach § 174 ZVG vor; bei mehreren Anträgen nach § 174 ZVG ist darauf abzustellen, wer einen besseren Grundbuchrang hat (→ Rn. 617)
- die Ausgebotsart nach §§ 44, 52 ZVG geht der Ausgebotsart nach § 174a ZVG vor (→ Rn. 623).

VIII. Zuschlag

1. Zuschlagbeschluss

Der Zuschlag ist gem. § 81 Abs. 1 ZVG **an den Meistbietenden** zu erteilen (im Falle mehrere Aufgebote → Rn. 626). 627

Die Bezeichnung des **baren Meistgebots** ist wesentlicher Inhalt des Zuschlagsbeschlusses nach § 82 ZVG. Er begründet und bestimmt die Zahlungspflicht des Erstehers (BGH NZI 2003, 565). Im Verteilungstermin hat der Ersteher das **Bargebot nebst Zinsen** seit dem Zuschlag an das Vollstreckungsgericht zu bezahlen (§ 49 Abs. 1 ZVG, § 107 Abs. 2 ZVG) (BGH NZI 2003, 565). Der Zuschlagsbeschluss legt unmittelbar auch die **Teilungsmasse** fest, auf die nach § 10 ZVG die am Grundstück Berechtigten Anspruch haben (BGH NZI 2003, 565). 628

Der Zuschlag ist aus den in § 83 ZVG genannten **Gründen zu versagen.** Die Wirksamkeit des Zuschlagbeschlusses wird nicht davon berührt, dass der dingliche Gläubiger, der den materiellrechtlichen Folgen eines eigenen Meistgebots zu entgehen versucht (→ Rn. 233), einen Dritten, einen sog. **Strohmann, den Grundbesitz ersteigern lässt** (BGH BeckRS 2005, 6717). 629

Beschwerde gegen den Zuschlagsbeschluss nach § 97 Abs. 1 ZVG kann der Insolvenzverwalter als Beteiligter (→ Rn. 534) einlegen (nicht jedoch wegen des Verkehrswerts → Rn. 587). 630

Immobilienverwertung im Insolvenzverfahren

2. Übergang des Eigentums

631 Gemäß § 90 Abs. 1 ZVG wird der Ersteher durch den Zuschlag **Eigentümer des Grundstücks**, sofern nicht im Beschwerdeweg (→ Rn. 630) der Beschluss rechtskräftig aufgehoben wird.

632 Gemäß § 90 Abs. 2 ZVG erwirbt der Ersteher mit dem Grundstück zugleich die **Gegenstände, auf welche sich die Versteigerung** erstreckt hat und damit nach § 55 Abs. 1 ZVG alle **Gegenstände, deren Beschlagnahme** noch wirksam ist (→ Rn. 583). Diese Gegenstände werden auch dann nicht von dem Haftungsverband frei, wenn der Grundpfandgläubiger einem anderweitigen **freihändigen Verkauf zugestimmt hat** (→ Rn. 941). Auch wenn der Grundpfandgläubiger zudem eine Mobiliarsicherheit hat (**Doppelsicherung**), geht die Grundpfandhaft vor, sodass die Regelung des §§ 166 ff. InsO nicht gilt (MüKoInsO/Ganter InsO § 49 Rn. 49 für die Möglichkeit einer freihändigen Verwertung nach § 166 ff. InsO).

633 Vom **Haftungsverband nicht erfasste** Gegenstände werden nach den §§ 166 ff. InsO verwertet (→ Rn. 948). Gemäß § 55 Abs. 2 ZVG erstreckt sich die Versteigerung auch dann **auf Zubehörstücke**, die sich im Besitz des Schuldners oder eines neu eingetretenen Eigentümers befinden, wenn sie einem Dritten gehören, es sei denn, dass dieser sein Recht entsprechend § 37 Nr. 5 ZVG geltend gemacht hat.

3. Teilungsplan

634 Nach der Erteilung des Zuschlags hat das Gericht gem. § 105 Abs. 1 ZVG **einen Termin zur Verteilung** des Versteigerungserlöses zu bestimmen (§ 113 ZVG). Zu erwähnen ist hier auch die Möglichkeit der **außergerichtlichen Einigung** über die Verteilung nach § 143 ZVG und die außergerichtliche Befriedigung der Berechtigten gem. § 144 ZVG, mit denen der weitere Vorgang ggf. beschleunigt werden könnte. Denn der Verteilungstermin ist gem. § 105 Abs. 4 ZVG zwei Wochen vor dem Termin dem **Ersteher bekanntzugeben**. Das **Bargebot** ist gem. § 49 Abs. 3 ZVG so rechtzeitig durch Überweisung oder Einzahlung auf ein Konto der Gerichtskasse zu begleichen, damit ein Eingang vor dem Verteilungstermin erfolgen kann und so der Nachweis darüber im Termin vorgelegt werden kann. Zur Vorbereitung des Verteilungsverfahrens kann das Gericht gem. § 106 S. 1 ZVG in der Terminsbestimmung die Beteiligten auffordern, eine **Berechnung ihrer Ansprüche** innerhalb von zwei Wochen einzureichen. In diesem Fall hat das Gericht nach S. 2 nach dem Ablauf dieser Frist einen **vorläufigen Teilungsplan** anzufertigen. Spätestens drei Tage vor dem Termin ist dieser auf der Geschäftsstelle zur Einsicht der Beteiligten niederzulegen. In der Regel wird das Gericht erst in dem Verteilungstermin gem. § 113 Abs. 1 ZVG den **Teilungsplan aufstellen**.

635 Im **Protokoll des Verteilungstermins** sind die Aufstellung des **Teilungsplans** (§ 113 ZVG), die **Verhandlung** darüber mit eventuellen Widersprüchen (§ 115 ZVG), die bereits **erfolgte Zahlung** bzw. die Nichtzahlung festzustellen (§§ 117, 118, 128 ZVG).

636 Der **Teilungsplan** enthält die
- Feststellung der **Teilungsmasse** (§ 107 Abs. 1 S. 1 ZVG)
  - bestehend aus dem bar zu zahlenden Meistgebot **nebst Zinsen** ab dem Tag des Zuschlags bis zum Verteilungstermin oder der Zahlung (§ 49 Abs. 4 ZVG)
  - sowie dem Erlös aus einer **besonderen Versteigerung** von Forderungen oder beweglichen Sachen gem. § 65 ZVG (§ 107 Abs. 1 S. 2 ZVG)
  - sowie die **Zuzahlung** für ein im geringsten Gebot berücksichtigtes, tatsächlich nicht bestehendes Recht gem. §§ 50, 51 ZVG
  - abzüglich des aufgrund der **Liegenbelassungsvereinbarung** nach § 91 Abs. 2 und 3 ZVG nicht zu zahlenden Betrages
- Angabe der nach §§ 91, 52 ZVG **nicht erloschenen Rechte** (§ 113 Abs. 2 ZVG)
  - damit diese noch bestritten und somit eine Zuzahlung nach §§ 50, 51 ZVG bestimmt werden kann
- Feststellung der **Schuldenmasse** gemäß dem Grundbuch zum Zeitpunkt der Eintragung des Versteigerungsvermerkes oder gemäß der Anmeldung in Termin (§ 114 Abs. 1 S. 1 ZVG).
- Bestimmung der **Zuteilung auf einzelne Ansprüche** gemäß der festgestellten Rangordnung
- Bestimmung einer unter Umständen erforderlichen **Hilfsverteilung**

637 Die **allgemeinen Verfahrenskosten** (→ Rn. 692) sind vorab aus der Teilungsmasse zu entnehmen und der Gerichtskasse oder dem Vorschusszahler zuzuteilen. Der **Überschuss ist an die weiteren Beteiligten** zuzuteilen. Gemäß § 109 Abs. 2 ZVG ist der Überschuss auf die **durch Zahlung zu deckende Rechte** zu verteilen. Die zu befriedigenden Rechte ergeben sich aus den §§ 10, 37 Nr. 4 und 110 ZVG.

Immobilienverwertung im Insolvenzverfahren

Machen mehrere Gläubiger Ansprüche aus dem Grundbesitz geltend und reicht der Verwertungserlös aus der Versteigerung oder den Erträgen der Zwangsverwaltung **nicht zur Befriedigung alle Gläubiger aus,** bestimmen die **§§ 10 ff. ZVG die Rangfolge** (→ Rn. 691) der Befriedigung der einzelnen Verbindlichkeiten (Depré ZVG/Cranshaw ZVG § 10 Rn. 1). Im Rahmen der Verteilung gilt der Grundsatz, dass ein **Recht aus einer nachfolgenden** Rangklasse erst befriedigt wird, wenn die Ansprüche der vorangehenden Rangklassen vollständig befriedigt sind (Depré ZVG/Cranshaw ZVG § 10 Rn. 1; MüKoInsO/Ganter InsO § 49 Rn. 45). Auf die zeitliche Entstehung der Rechte kommt es insoweit nicht an (BGH DNotZ 2014, 769). 638

Gemäß § 10 Abs. 1 ZVG werden mehrere Rechte der **gleichen Rangklasse** nach dem Verhältnis ihrer Beträge untereinander befriedigt, soweit nicht zwischen den Rechten innerhalb der einzelnen Klasse eine bestimmte Rangordnung gilt (§ 11 Abs. 1 ZVG, für Rangklasse Nr. 4, 6, 8: → Rn. 642, und § 11 Abs. 2 für Rangklasse 5: → Rn. 645). Gemäß § 12 ZVG werden die einzelnen **Ansprüche aus einem und demselben Recht** zunächst mit den Kosten (§ 10 Abs. 2 ZVG), dann den wiederkehrenden Leistungen (§ 13 Abs. 1 ZVG) und Nebenleistungen und den Rückständen aus den letzten zwei Jahren und zuletzt mit dem Hauptanspruch, falls er durch Zuschlag erloschen ist, aufgenommen. 639

Soweit zum **Haftungsverband gehörende bewegliche Sachen** (→ Rn. 583) mit versteigert werden (→ Rn. 632), sind die Feststellungskosten der Insolvenzmasse bevorzugt zu befriedigen (Rangklasse 1a: → Rn. 702). Im Falle der **Versteigerung durch den Insolvenzverwalter** (Rangklasse 5), sind somit neben der Kostenpauschale nur der Überschuss nach der Berücksichtigung der öffentlichen Lasten (Rangklasse 3: → Rn. 727), der Rechte der Grundpfandgläubiger (Rangklasse 4: → Rn. 743) und ggf. der mitbetreibenden persönlichen Gläubiger (Rangklasse 5: → Rn. 753) zur Masse gezogen werden. 640

Gemäß § 10 Abs. 2 ZVG besteht das Recht auf Befriedigung aus dem Grundstück auch für die **Kosten der Kündigung und der Rechtsverfolgung** zum Zwecke der die Befriedigung aus dem Grundstück. Auch diese Kosten sind anzumelden und ggf. glaubhaft zu machen (§§ 37 Nr. 4, 45 Abs. 1 ZVG). 641

Die **Rechte der Klasse 4** (Ansprüche aus Rechten an dem Grundstück: → Rn. 743) werden in die Schuldenmasse gem. § 11 Abs. 1 ZVG nach den in §§ 879–881 BGB vorgegebenen Reihenfolge berücksichtigt (→ Rn. 751) (MüKoInsO/Ganter InsO § 49 Rn. 45). Das Rangverhältnis unter mehreren, ein Grundstück belastenden Rechten, bestimmt sich bei **Rechten aus der selben Abteilung** des Grundbuchs gem. § 879 Abs. 1 S. 1 BGB nach der Reihenfolge der Eintragungen. Sind die Rechte in **verschiedenen Abteilungen eingetragen,** so hat das unter Angabe eines früheren Tages eingetragene Recht gem. § 879 Abs. 1 S. 2 BGB den Vorrang; Rechte, die unter Angabe desselben Tages eingetragen sind, haben gleichen Rang. Eine abweichende Bestimmung des Rangverhältnisses bedarf gem. § 879 Abs. 3 BGB der Eintragung in das Grundbuch (zur Rangänderung vgl. § 880 BGB, zum Rangvorbehalt § 881 BGB). 642

Soweit die **Forderung nicht mehr voll besteht,** hat der Gläubiger dies in der Forderungsanmeldung anzugeben (zur Hypothek: → Rn. 325, zur Grundschuld: → Rn. 328). Falls das Recht des Gläubigers **durch den Zuschlag erlischt,** ist in diesem Fall der eingetragene Gläubiger mit seinen Ansprüchen, nur soweit sein Recht reicht mit seinen Ansprüchen einzustellen. Im Range danach ist der Schuldner/Eigentümer mit dem restlichen Kapital (ohne Zinsen, § 1197 Abs. 2 BGB) einzustellen (§ 1176 BGB). Falls das **Recht des Gläubigers bestehen bleibt,** werden nur die Kosten und Zinsen des eingetragenen Gläubigers berücksichtigt. Bei der **Grundschuld** ist zu beachten, dass sie vom Bestand der Forderung unabhängig ist (→ Rn. 329). Der eingetragene Grundschuldgläubiger ist in die Schuldenmasse daher mit dem **vollen Kapital einzustellen,** wobei hinsichtlich der Zinsen die Minderung zu berücksichtigen ist. Eine Änderung bei der Schuldenmasse ist wie bei der Hypothek nur zu Berücksichtigung, wenn der Gläubiger durch **Abtretung** über das Recht verfügt hat, darauf (teilweise) **verzichtet** oder eine (teilweise) **Aufgabeerklärung** mit Zustimmung des Schuldners abgibt. 643

Steht einem nachrangiger Grundpfandgläubiger gegen den insolventen Grundstückseigentümer nach § 1179a BGB ein Anspruch auf **Löschung der vorrangigen Eigentümergrundschuld** zu, kann er Zuteilung des Erlöses an sich beanspruchen (→ Rn. 375). Wurde dies nicht beachtet und der Erlös an den Insolvenzverwalter ausgekehrt, steht dem Gläubiger ein Anspruch aus § 812 Abs. 1 S. 1 Fall 1 BGB gegen den Insolvenzverwalter zu (MüKoInsO/Kern InsO § 165 Rn. 91). 644

Die betreibenden Gläubiger der **Rangklasse 5** (→ Rn. 753) werden gem. § 11 Abs. 2 ZVG mit ihren Ansprüchen gemäß den Anordnungs- und den Beitrittsbeschlüssen in der Reihenfolge der jeweiligen Beschlagnahme in der Rangklasse 5 des § 10 ZVG berücksichtigt. 645

Wir ein Gläubiger der Rangklasse 4 nach dem Zwangsversteigerungsvermerk in das Grundbuch eingetragen, wird er mit seinen Ansprüchen in die **Rangklasse 6** des § 10 ZVG eingestellt (→ Rn. 755). 646

Immobilienverwertung im Insolvenzverfahren

647 In die **7. Rangklasse** werden sodann die älteren Rückstände aus der dritten Klasse (→ Rn. 756) und in die **8. Rangklasse** die älteren Rückstände der vierten Rangklasse des § 10 ZVG (→ Rn. 749) berücksichtigt.

648 **Zuletzt** sind die Ansprüche zu berücksichtigen, die verspätet angemeldet worden sind (→ Rn. 759).

649 Über den Teilungsplan wird nach § 115 Abs. 1 S. 1 ZVG **sofort verhandelt**.

650 Der festgestellte Teilungsplan kann bei **materiellen Beanstandungen** mit einem Widerspruch (§ 115 ZVG) oder im Falle von **formellen Beanstandungen** mit einer sofortigen Beschwerde (§ 793 ZPO) angegriffen werden. Im Insolvenzverfahren kann der **Insolvenzverwalter Widerspruch** einlegen (MüKoInsO/Kern InsO § 165 Rn. 91, 167). Der Widerspruch kann darauf gestützt werden, dass die im Teilungsplan aufgeführten Rechte nicht wirksam begründet oder aufgrund erfolgreicher **Insolvenzanfechtung** an die Masse zurück zu gewähren sind (→ Rn. 350) (MüKoInsO/Kern InsO § 165 Rn. 167). Der **Anspruch auf Rückgewähr nicht valutierter Teile** einer Sicherungsgrundschuld kann mit einem Widerspruch nach § 115 ZVG durchgesetzt werden (→ Rn. 334).

651 Erfolgt **kein Widerspruch,** stellt das Gericht die erforderliche und erfolgte Zahlung des Erstehers fest.

4. Erlöschen von Rechten/Surrogat am Versteigerungserlös

652 Gemäß § 91 ZVG **erlöschen durch den Zuschlag** die Rechte welche nicht nach den Versteigerungsbedingungen (→ Rn. 596, → Rn. 655) bestehen bleiben sollen. Das Erlöschen selbst in § 52 InsO geregelt. Nach § 52 Abs. 1 S. 2 ZVG erlöschen **nicht in das geringste Gebot** aufgenommene Rechte durch Zuschlag. Damit erlöschen alle dem bestrangig betreibenden Gläubiger gleich- oder nachstehenden Rechte, zusammen mit dem Recht des bestrangig betreibenden Gläubigers selbst. Diese Rechte setzen sich am Versteigerungserlös fort und daraus zu befriedigen, soweit der Erlös reicht und werden nicht von dem Ersteher übernommen (→ Rn. 597). Die **Rechte, die aus dem Grundbuch nicht ersichtlich** sind und nicht angemeldet wurden (→ Rn. 592), werden bei der Erlösverteilung nicht berücksichtigt (§ 114 Abs.1 S. 1 ZVG) (BGH NJW 2018, 1613).

653 Anstelle des erloschenen Rechtes erwirbt der Gläubiger, der sein Recht entsprechend angemeldet hatte bzw. die Zwangsversteigerung selbst betrieben hat oder dieser beigetreten ist, nach § 92 Abs. 1 ZVG einen pfandhaft gesicherten Anspruch auf **Wertersatz aus dem Versteigerungserlös** (BGH NZI 2010, 482). An die Stelle des Grundstücks tritt nämlich im Wege **gesetzlicher Surrogation** durch die Zuschlagserteilung der Versteigerungserlös und die nach § 91 ZVG erloschenen Rechte und früheren Rechtsbeziehungen setzen sich an diesem fort, soweit sie nicht vollständig erlöschen. Die Grundpfandgläubiger erwerben damit anstelle des Grundpfandrechts ein Erlöspfandrecht an dem Versteigerungserlös (BGH NZI 2017, 608). Nach dem Surrogationsgrundsatz setzen sich das dingliche Recht am Grundstück mit dem **bisherigen Inhalt und Rang** fort (Böttcher/Böttcher ZVG § 91 Rn. 4; Depré ZVG/Bachmann ZVG § 91 Rn. 8). Die Ablösung nach § 268 BGB führt zu einem Übergang der Rangposition des Abgelösten auf den Ablösenden (→ Rn. 549, → Rn. 624). Erlischt ein nachrangiges Recht durch den Zuschlag in der Zwangsversteigerung, so erlischt nach § 94 Abs. 4 S. 1 ZVG nicht auch der **Anspruch aus § 1179a BGB** (→ Rn. 376).

654 Die **persönliche Forderung** gegen den Schuldner erlischt jedoch nur insoweit, als der Gläubiger tatsächlich Befriedigung aus dem Versteigerungserlös erlangt (BGH NJW 1991, 286).

5. Bestehen bleibende Rechte

655 Mit dem Zuschlag übernimmt der Ersteher die in das geringste Gebot fallende und nicht in bar zu berichtigende Rechte. Betroffen sind die dem Anspruch des betreibenden Gläubigers nach der **Rangordnung des § 10 ZVG vorgehenden Rechte** (→ Rn. 597), soweit sie aus dem Grundbuch ersichtlich waren oder rechtzeitig angemeldet worden sind (→ Rn. 592). Diese Rechte müssen vom Ersteher nach Maßgabe der für diese Rechte geltenden Vereinbarungen erfüllt werden (Böttcher/Böttcher ZVG § 52 Rn. 1).

6. Übernahme weiterer Pflichten

656 Die Versteigerungsbedingungen legen fest, in welche weiteren Pflichten der Ersteher eintritt (→ Rn. 606).

Immobilienverwertung im Insolvenzverfahren

Die Verpflichtung zur **Rückzahlung einer vom Mieter gewährten Sicherheit** gehört gem. 657
§ 57 ZVG zu den weiteren, von dem Ersteher zu übernehmenden Pflichten (§§ 556, 578 Abs. 1
und 2 BGB) (BGH NZI 2012, 383). Damit geht die Pflicht zur Rückzahlung der Mietsicherheit
kraft Gesetzes mit dem Zuschlag auf den Ersteher über. Dieser hat die Verpflichtung bei eintretender Rückzahlungsreife zu erfüllen, ohne Rücksicht darauf, ob er die Mietsicherheit vom **früheren Vermieter ausgehändigt bekommen** hat oder noch erhalten kann (BGH NZI 2012, 383).

7. Übererlös

Soweit im Verteilungsverfahren Beträge an den Schuldner und Eigentümer zuzuteilen wären, 658
sind diese an die Insolvenzmasse auszukehren (MüKoInsO/Kern InsO § 165 Rn. 167).

Verbleibt bei einer ganz oder teilweise **nicht mehr valutierten Grundschuld ein Übererlös**, 659
der auch nicht einem der nachrangigen Grundpfandgläubiger zusteht, ist der auf den nicht valutierten Teil der Grundschuld entfallende Erlösanteil dem **Rückgewährberechtigten** zu überlassen,
der seinen Anspruch notfalls mit dem Widerspruch gegen den aufgestellten Teilungsplan verfolgen
kann (BGH NZI 2008, 304). Hat der Grundstückseigentümer eine Sicherungsgrundschuld
bestellt, so hat er gegen den Sicherungsnehmer aus dem Sicherungsvertrag einen schuldrechtlichen
Anspruch auf Abtretung, Verzicht oder Aufhebung des nicht valutierten Teils der Grundschulden,
welcher durch den Wegfall des Sicherungszwecks aufschiebend bedingt ist. Dieser schuldrechtliche
Anspruch fällt in die Insolvenzmasse, auch wenn die Immobilie selbst aus der Insolvenzmasse
freigegeben worden ist (BGH NZI 2017, 608). Verzichtet der Sicherungsnehmer teilweise auf
die Zuteilung des Erlöses, erwirbt der Schuldner entsprechend §§ 1168, 1192 Abs. 1 BGB als
Grundstückseigentümer ein Eigentümererlöspfandrecht. Zur Wirksamkeit dieses Verzichtes ist
eine Grundbucheintragung nicht erforderlich (BGH BeckRS 2004, 8024).

Verzichtet der Grundpfandgläubiger teilweise auf Zuteilung des Erlöses, erwirbt die Insol- 660
venzschuldnerin als Grundstückseigentümerin entsprechend §§ 1168, 1192 Abs. 1 BGB ein Eigentümererlöspfandrecht (BGH NZI 2017, 608). Doch sowohl das Erlöspfandrecht als auch der
Anspruch auf Auszahlung des Erlösanteils sind keine Surrogate des Rückgewähranspruchs. Damit
erwirbt die Masse mit dem schuldrechtlichen Rückgewähranspruch kein dingliches Recht an
der Grundschuld. Vielmehr erlischt durch den teilweisen Verzicht des Grundpfandgläubigers auf
Erlöszuteilung der schuldrechtliche Rückgewähranspruch der Masse aus der Sicherungsvereinbarung (§ 362 Abs. 1 BGB). Das Erlöspfandrecht ist nicht an die Stelle des Rückgewähranspruchs
getreten. Der Inhalt des Rückgewähranspruchs des Sicherungsgebers wandelt sich nach dem
Zuschlag in einen Anspruch auf Auszahlung des entsprechenden Teils des Versteigerungserlöses
um (BGH NZI 2017, 608).

IX. Weitere Rechte und Pflichten des Erwerbers

1. Gefahrenübergang/Nutzungen und Lasten

Gemäß § 56 S. 1 ZVG geht die **Gefahr des zufälligen Unterganges** (abzugrenzen von der 661
Gewährleistung nach S. 3, welche die bloße Verschlechterung erfasst) in Ansehung des Grundstücks mit dem Wirksamwerden des Zuschlags gem. § 89 ZVG über. Erfasst sind davon auch die
nicht getrennten Erzeugnisse und die sonstigen wesentlichen Bestandteile des Grundstücks
(Depré ZVG/Bachmann ZVG § 56 Rn. 6). Nach S. 1 dieser Vorschrift geht diese Gefahr in
Ansehung der übrigen **Gegenstände, welche nach § 55 ZVG mit versteigert** werden, mit
dem Schluss der Versteigerung (§ 73 Abs. 2 ZVG) auf den Ersteher über.

Von dem Wirksamwerden des Zuschlags an § 89 ZVG an gebühren gem. § 56 S. 2 ZVG 662
dem Ersteher die **Nutzungen und er trägt jedoch auch die Lasten.**

Nach § 56 S. 2 ZVG gebühren dem Ersteher nur die nach dem Zuschlag aus dem Grundstück 663
gezogenen Nutzungen (BGH NJW 2010, 3033). Dem Ersteher steht kein Anspruch auf die
vor diesem Zeitpunkt erwirtschafteten Nutzungen zu (BGH NZI 2012, 54).

2. Öffentliche Lasten/Steuern

Steuerschuldner der **Grunderwerbssteuer** bei der Zwangsversteigerung ist der Meistbietende 664
(§ 13 Abs. 1 Nr. 4 GrEStG). Zu denken ist auch an den Ausgleichsbetrag nach dem **BBodSchG**
(→ Rn. 730). Die durch die versteigerte Immobilie gesicherte **Grundsteuer** (→ Rn. 728) bleibt
durch die Immobilie weiterhin gesichert (→ Rn. 655).

Immobilienverwertung im Insolvenzverfahren

3. Miete

665 Ab dem Zeitpunkt des Übergangs der Nutzungen auf den Erwerber (→ Rn. 661) steht auch die **Miete und die Pacht** (§ 101 Nr. 2 Hs. 2 BGB) dem Erwerber zu.

666 Der Ersteher ist gem. § 57a S. 1 ZVG berechtigt, das Miet- oder Pachtverhältnis unter Einhaltung der gesetzlichen Frist **zu kündigen,** wobei die Kündigung nach S. 2 ausgeschlossen ist, wenn sie nicht für den ersten Termin erfolgt, für den sie zulässig ist.

667 Gemäß § 57 ZVG ist der Ersteher zur Rückzahlung einer vom **Mieter gewährten Sicherheit** verpflichtet (§§ 566a, 578 Abs. 1, 2 BGB) (BGH NZI 2012, 383) (→ Rn. 656).

4. Eintritt in die Pflichten der WEG

668 Gemäß § 90 Abs. 1 ZVG wird der Ersteher durch den Zuschlag Eigentümer des Grundstücks, ohne dass eine Eintragung im Grundbuch notwendig ist. Der Ersteher wird daher mit dem Tag des Zuschlags kraft Gesetzes **Mitglied der Eigentümergemeinschaft.** Wie vorstehend erwähnt (→ Rn. 662), gebühren dem Ersteher von dem Wirksamwerden des Zuschlags gem. § 89 ZVG an gem. § 56 Abs. 1 S. 2 ZVG die **Nutzungen und er trägt die Lasten.**

669 Für die **Verbindlichkeiten des früheren Eigentümers** gegenüber der WEG haftet der Ersteher nicht.

670 **Ab dem Zeitpunkt des Übergangs** der Nutzungen und Lasten (→ Rn. 662) hat der Ersteher die laufenden **Hausgeldzahlungen als Vorschuss** nach § 28 Abs. 2 WEG zu erbringen (BT-Drs. 16/887, 45).

671 Bei einem Eigentumswechsel innerhalb des Wirtschaftsjahres und nach der Beschlussfassung über den Wirtschaftsplan haftet nach der Fälligkeitstheorie für die bis zu dem Zeitpunkt fällig gewordene **Sonderumlage** und die nach dem alten Wirtschaftsplan von den Wohnungseigentümern zu **erbringenden Vorschüsse** (§ 28 Abs. 2 WEG), so die Wohngeldforderungen, der Veräußerer. Für die danach fällig werdenden Ansprüche haftet der Erwerber bzw. Ersteher (BGH NJW 2018, 2044). Der Erwerber haftet somit für Lasten und Kosten nur soweit sie **nach dem Zuschlag fällig werden** (zur Fälligkeit → Rn. 240 ff.), auch wenn sie vorher beschlossen wurden. Soweit der Beschluss nach der Erteilung des Zuschlages gefasst worden ist, haftet der Erwerber jedoch für den früheren Zeitraum in Höhe der Abrechnungsspitzen (→ Rn. 243) (BGH NJW 1999, 3713).

672 Eine **Regelung in der Teilungserklärung,** wonach der Erwerber des Wohneigentums (gesamtschuldnerisch neben dem Veräußerer) gegenüber der WEG für etwaige Rückstände haftet, gilt nicht für den Ersteher in der Zwangsversteigerung (BGH NJW 1984, 308).

673 Der BGH verneint eine dingliche Wirkung des Vorrechts aus § 10 Abs. 1 Nr. 2 ZVG (BGH NJW 2013, 3515). Gegen den Ersteher kann die WEG ihre **Ansprüche aus der Rangklasse 2** (→ Rn. 705) nicht mehr geltend machen (Depré ZVG/Cranshaw ZVG § 10 Rn. 47).

X. Weitergehende Haftung der Insolvenzmasse

1. Kosten des Verfahrens

674 Die **Gerichtskosten** im Falle der Zwangsversteigerung auf einen Antrag des Insolvenzverwalters stellen Masseverbindlichkeiten nach § 55 Abs. 1 Nr. 1 InsO dar. Soweit sie nicht aus dem Versteigerungserlös zu bedienen sind (→ Rn. 692), haftet für diese die Insolvenzmasse. Die **Kosten des Beschlusses** für die Erteilung des Zuschlages fallen dagegen nach § 58 ZVG dem Ersteher zur Last.

2. Ansprüche aus Ordnungspflichten

675 Soweit Ordnungspflichten die Insolvenzmasse treffen (→ Rn. 143 ff.), wird sie von den in diesem Zusammenhang gegen die Insolvenzmasse bereits entstandenen Ansprüche auch durch eine Versteigerung nicht befreit.

3. Umsatzsteuer

676 Im Falle der Verwertung der Immobilie ist zunächst zu prüfen, ob der Insolvenzschuldner **umsatzsteuerpflichtig** ist (→ Rn. 132) und ob ein **umsatzsteuerpflichtiger Umsatz** vorliegt (→ Rn. 134 sowie nachfolgende Ausführungen).

677 An einem umsatzsteuerpflichtigen Umsatz fehlt es auch bei einer **Geschäftsveräußerung im Ganzen** gem. § 1 Abs. 1a UStG, auch wenn diese im Wege der Versteigerung erfolgt (BFH NZI

2003, 458) (→ Rn. 136). Von einer Geschäftsveräußerung im Ganzen ist etwa im Falle der **Übertragung eines verpachteten Geschäftshauses** auszugehen, wenn der Erwerber die Verpachtung fortsetzt. Wird die Verpachtung lediglich im Hinblick auf einen Teil des Gebäudes fortgesetzt, liegt eine Geschäftsveräußerung iSd § 1 Abs. 1a UStG lediglich hinsichtlich dieses Grundstücksteils vor (BFH BeckRS 2016, 95338).

Die Zwangsversteigerung eines Grundstücks führt grundsätzlich zu einer **umsatzsteuerpflich- 678 tigen Lieferung** des Grundstückseigentümers nach § 1 Abs. 1 Nr. 1 UStG an den Ersteher. Im Falle der Versteigerung einer von dem Insolvenzbeschlag erfassten Immobilie entsteht damit eine **Masseverbindlichkeit** in Höhe der angefallenen Umsatzsteuer. **Das Meistgebot** ist ohne Umsatzsteuer zu zahlen und daher nur ein Nettobetrag (BGH NZI 2003, 565).

Doch die Lieferung einer Immobilie im Wege der Versteigerung ist gem. § 4 Nr. 9a UStG 679 **umsatzsteuerfrei, soweit sie unter das Grunderwerbsteuergesetz** fällt. Das Meistgebot im Zwangsversteigerungsverfahren unterliegt gem. § 1 Abs. 1 Nr. 4 GrEStG der Grunderwerbsteuer. Steuerschuldner der **Grunderwerbsteuer** ist der Erwerber (→ Rn. 664) (BGH NZI 2003, 565).

Auf die Umsatzsteuerbefreiung kann der **Insolvenzverwalter verzichten** (BGH NZI 2003, 680 565). Dies wird der Insolvenzverwalter zu erwägen haben, da im Falle eines umsatzsteuerfreien Verkaufs ein **Vorsteuererstattungsanspruch** begründet werden kann (→ Rn. 135), soweit keine Geschäftsveräußerung im Ganzen vorliegt (→ Rn. 136). Im Zwangsversteigerungsverfahren ist der Verzicht nach § 9 Abs. 3 S. 1 UStG nur bis zum **Versteigerungstermin zulässig** und zwar bis zur Aufforderung zur Abgabe von Geboten. Im Falle des rechtzeitigen Verzichtes ist nach § 13b Abs. 2 Nr. 3, Abs. 5 UStG der Ersteher **Umsatzsteuerschuldner,** wenn er ein Unternehmer oder eine juristische Person ist. Auch im Falle des wirksamen Verzichtes ist das **Meistgebot ein Nettobetrag,** sodass die Umsatzsteuer zusätzlich zu entrichten ist (BGH NZI 2003, 565). Doch wird die Immobilie von einer **Privatperson ersteigert,** geht der Verzicht ins Leere. Die Option kann nur gegenüber einem anderen Unternehmer für dessen Unternehmen ausgeübt werden (BGH NZI 2003, 565). In diesem Fall wird dennoch ein Vorsteuerrückforderungsanspruch als Masseverbindlichkeit begründet (→ Rn. 135).

Von der Grunderwerbsteuerpflicht ist nur die Immobilie erfasst. Die **Ersteigerung von Zube- 681 hör** im Rahmen der Zwangsversteigerung ist nicht umsatzsteuerbefreit gem. § 4 Nr. 9 lit. a UStG, sodass es auf die Ausübung der Option gem. § 9 Abs. 1 UStG nicht ankommt (BGH NZI 2003, 565). Auch insoweit ist das Meistgebot ein Nettobetrag, sodass die Umsatzsteuer zusätzlich zu entrichten ist (BGH NZI 2003, 565). Die Umsatzsteuer wird von der Insolvenzmasse im Falle der Versteigerung nach Insolvenzeröffnung als **Masseverbindlichkeit** geschuldet. Der Erlös ist jedoch nach den vorstehend genannten Grundsätzen (→ Rn. 634) zu verteilen. Ein Einbehalt der Umsatzsteuer entsprechend §§ 170f. InsO ist nicht möglich (MüKoInsO/Kern InsO § 165 Rn. 238, 278). Daran wird auch die **Freigabe der beweglichen Sachen** nichts ändern, wenn die Versteigerung durch den Gläubiger betrieben und damit von der Beschlagnahme der Immobilie erfasst wird (→ Rn. 583). Zudem ist daran zu denken, dass die Beschlagnahme die Wirkung eines Veräußerungsverbotes hat (→ Rn. 586, zu der Möglichkeit der freihändigen Veräußerung → Rn. 931).

Soweit an den vom Haftungsverband des Grundpfandrechts erfassten beweglichen Gegenstän- 682 den auch eine Mobiliarsicherheit besteht (**Doppelsicherheit**), geht zwar die Grundpfandhaft vor. Der Insolvenzverwalter kann jedoch versuchen, mit den Grundpfandgläubigern eine Verwertung der beweglichen Gegenstände im Rahmen einer Verwertungsvereinbarung entsprechend den Regelungen in §§ 170 ff. InsO (→ Rn. 895) zu erreichen.

Die **Feststellungspauschale** nach § 10 Abs. 1 Nr. 1a ZVG ist ebenso wie diese nach § 170 683 Abs. 2 InsO nicht umsatzsteuerpflichtig, da sie eben kein Entgelt für die Verwertung des Objektes für den Gläubiger ist (BFH BeckRS 2011, 96400 zu § 170 Abs. 2 InsO; Depré ZVG/Cranshaw ZVG § 10 Rn. 34).

4. Ertragssteuer

Auch im Falle der Versteigerung der Immobilie kann die **Insolvenzmasse Schuldner** der 684 Ertragssteuer werden (→ Rn. 140).

Wird eine Immobilie versteigert, die Teil des Betriebsvermögens war, können **stille Reserven** 685 aufgedeckt werden, wenn das **Meistgebot über dem Buchwert** liegt, sodass ein steuerbarer Gewinn realisiert wird (→ Rn. 141).

Gemäß § 23 Abs. 1 S. 1 Nr. 1 EStG werden **Veräußerungsgeschäfte bei Grundstücken** und 686 Rechten, die den Vorschriften des BGB über Grundstücke unterliegen, die innerhalb von **zehn Jahren ab der Anschaffung** geschlossen werden, als private Veräußerungsgeschäfte definiert.

Immobilienverwertung im Insolvenzverfahren

Unter das private Veräußerungsgeschäft iSd § 23 EstG fällt **auch die Versteigerung. Ausgenommen** sind gem. § 23 Abs. 1 S. 1 Nr. 1 S. 3 EStG Wirtschaftsgüter, die zwischen der Anschaffung bzw. Fertigstellung und der Veräußerung ausschließlich zu eigenen Wohnzwecken (Alt. 1) oder im Jahr der Veräußerung sowie in den beiden vorangegangenen Jahren zu eigenen Wohnzwecken (Alt. 2) genutzt wurden. Eine Nutzung zu „**eigenen Wohnzwecken**" liegt nicht vor, wenn der Eigentümer die Wohnung nicht auch selbst bewohnt (BFH NJW 2020, 1320). Die **zweite Alternative** ist erfüllt, wenn der Eigentümer die Immobilie zu eigenen Wohnzwecken genutzt hat, wobei eine zusammenhängende Nutzung von einem Jahr und zwei Tagen ausreicht, wobei diese in dem gesamten mittleren Kalenderjahr erfolgen muss, in dem zweiten Jahr vor der Veräußerung und dem Veräußerungsjahr dagegen nur jeweils an einem Tag (BFH NJW 2020, 1320).

687 Wird eine zur Insolvenzmasse gehörende und mit einem Absonderungsrecht belastete Immobilie nach Insolvenzeröffnung auf **Betreiben eines Grundpfandgläubigers** und ohne Zutun des Insolvenzverwalters versteigert und wird infolge Aufdeckung stiller Reserven ein steuerpflichtiger Veräußerungsgewinn ausgelöst, so ist der auf den Gewinn entfallende Teil der Einkommensteuer eine iSd § 55 Abs. 1 Nr. 1 InsO in anderer Weise durch die Verwaltung bzw. Verwertung der Insolvenzmasse begründete **Masseverbindlichkeit.** Dies gilt auch, wenn die Immobilie wertausschöpfend belastet war. Die fehlende **Freigabe der Immobile** (→ Rn. 180) ist das entscheidende Wertungsmoment für die Annahme der Masseverbindlichkeiten (BFH NZI 2020, 1119).

5. Verbindlichkeiten gegenüber dem Mieter

688 Gemäß § 566 Abs. 1 S. 1 BGB **haftet der bisherige Vermieter,** wenn der Erwerber die Neuverbindlichkeiten nicht erfüllt, für den von dem Erwerber zu ersetzenden Schaden wie ein Bürge, der auf die Einrede der Vorausklage verzichtet hat.

XI. Vorteile

689 Im Vergleich zur freihändigen Verwertung der Immobilie sind zwar **folgende Vorteile** hervorzuheben. So findet gem. § 56 S. 3 ZVG ein Anspruch auf **Gewährleistung** nicht statt, und zwar auch nicht für mitversteigertes Zubehör. Das **dingliche Vorkaufsrecht** kann gem. § 1098 Abs. 1 S. 2 BGB dann ausgeübt werden, wenn das Grundstück von dem Insolvenzverwalter aus freier Hand verkauft wird, nicht jedoch im Falle der Versteigerung. Zudem kann der Insolvenzverwalter die Verwertungschance erhöhen, indem er das **geringste Gebot auf die Verfahrenskosten** beschränkt (§ 174a ZVG, → Rn. 620).

690 Auf der anderen Seite ist die in der Regel **lange Verfahrensdauer** im Rahmen der Versteigerung zu berücksichtigen. Zudem entstehen im Versteigerungsverfahren **weitere Kosten.**

J. Rangklassen des § 10 ZVG, Inhalt und Rangordnung

691 Wie vorstehend dargestellt, bestimmt sich nach § 49 InsO der Kreis der Personen, die ein Absonderungsrecht aus den unbeweglichen Gegenständen der Insolvenzmasse haben, nach den §§ 10 ff., 155 ZVG. Die Vorschriften regeln den **Inhalt des Absonderungsrechts** und die **Rangordnung,** nach der mehrere Berechtigte zu befriedigen sind (MüKoInsO/Ganter InsO § 49 Rn. 45) (zur **Reihenfolge** in der Zwangsversteigerung → Rn. 692, in der Zwangsverwaltung → Rn. 831). Die **Rangordnung ist zwingend.** Eine abweichende Vereinbarung kann nur außerhalb des gerichtlichen Verfahrens unter den Beteiligten gelten (BGH NJW 1992, 2629).

I. Allgemeine Verfahrenskosten

692 Gemäß §§ 109 Abs. 1, 155 Abs. 1 ZVG sind aus dem Versteigerungserlös vorweg **zunächst die Kosten** des Verfahrens (sog. **Rangklasse 0**) mit Ausnahme der durch die Anordnung des Verfahrens oder den Beitritt eines Gläubigers durch den Zuschlag (§ 58 ZVG) oder durch nachträgliche Verteilungsverhandlungen entstehenden Kosten zu entnehmen. **Erfasst sind** die Zwangsversteigerungsverfahrensgebühr, die Versteigerungstermingebühr, die Verteilungsverfahrensgebühr sowie die gerichtlichen Auslagen, die in Rechnung gestellt werden dürfen und müssen. **Nicht erfasst** sind die Sonderkosten nach § 10 Abs. 2 ZVG, welche zunächst von dem Gläubiger zu tragen sind und ggf. mit seinem Hauptanspruch zu befriedigen sind (→ Rn. 639). Diese Verfahrenskosten sind **vorab aus der Teilungsmasse** zu entnehmen und der Gerichtskasse oder dem Vorschusszahler zuzuteilen.

II. Zwangsverwaltungsvorschüsse, Rangklasse 1 (§ 10 Abs. 1 Nr. 1 ZVG)

1. Bevorrechtigte Ausgaben

In der Rangklasse 1 wird der Anspruch auf Ersatz der **Ausgaben zur Erhaltung oder nötigen** 693
Verbesserung des Grundstücks des die Zwangsverwaltung betreibenden Gläubigers befriedigt
(→ Rn. 831).

Diese Ausgaben sind jedoch gem. Hs. 2 **vorrangig aus den in der Zwangsverwaltung** zu 694
erzielenden Nutzungen des Objekts zu bestreiten (§ 155 Abs. 1 ZVG). Nur wenn diese nicht
ausreichen, gehe dies unter den engen Voraussetzungen des Nr. 1 zulasten der die Versteigerung
betreibenden Gläubigern (BGH NJW 2003, 2162).

Ausgaben werden jedoch nur insoweit der ersten Rangklasse zugerechnet, als es sich bei ihnen 695
wenigstens um nützliche Verwendungen handelt, von denen eine im Einzelfall festzustellende
objekterhaltende oder -verbessernde Wirkung ausgeht (BGH NJW 2003, 2162). Der Vorschuss leistende Gläubiger muss zudem darlegen und beweisen, dass der Vorschuss für den Gegenstand der Zwangsverwaltung auch zweckentsprechend verwendet worden ist und sich **werterhöhend ausgewirkt hat**. Es reicht nicht, wenn dieser **lediglich nur mittelbar dem Gegenstand**
zugekommen ist, wie etwa im Falle der Verwendung des Vorschusses für Wohngeldzahlungen,
welche zur Bestreitung der Bewirtschaftungskosten der Wohnungseigentumsanlage und des
Gegenstandes der Verwaltung objektiv bestimmt waren (BGH NJW 2003, 2162). Es muss aber
keine messbare Werterhöhung eingetreten sein, sodass Wohngeldzahlungen, soweit sie für die
Feuerversicherung verwendet wurden, zu berücksichtigen sind (BGH NJW 2003, 2162). Nachdem der Gläubiger für den Erhalt der Wertsteigerung nicht haften soll, muss eine eingetretene
Wertsteigerung **nicht im Zeitpunkt des Zuschlages noch vorhanden** sein (Depré ZVG/
Cranshaw ZVG § 10 Rn. 21). Die Gebühren und die Auslagen des Zwangsverwalters können
dem Versteigerungsobjekt nur werterhöhend oder werterhaltend zugutekommen, wenn die Tätigkeit des Zwangsverwalters **über den üblichen Rahmen** hinausgeht (BGH NJW 2003, 2162).
Nach den allgemeinen Grundsätzen hat der Verwalter zwar auch für die Erhaltung des Grundstücks
zu sorgen. Die vorstehend genannten Kosten können jedoch in der Rangklasse Nr. 1 nur berücksichtigt werden, wenn die Zwangsverwaltung gerade deshalb angeordnet worden ist, um die
Immobilie für die Zwangsversteigerung zu erhalten oder wiederherzustellen, so etwa um Verwüstungen der Immobilie durch den Eigentümer zu verhindern (BGH NJW 2003, 2162). Unerheblich
ist dagegen, ob die Ausgaben durch den Gläubiger nur auf Veranlassung durch das Gericht getätigt
wurden (§ 161 Abs. 3 ZVG).

Im Falle der Zwangsversteigerung werden diese Kosten nach Hs. 2 zudem in der Rangklasse 696
1 nur berücksichtigt, wenn die **Verwaltung bis zum Zuschlag fortdauert**. Wird der Antrag
auf Zwangsverwaltung vor dem Zuschlag in der Zwangsversteigerung **zurückgenommen** oder
wegen Nichtzahlung des Vorschusses das Zwangsverwaltungsverfahren eingestellt (§ 161 Abs. 3,
4 ZVG), werden die Ausgaben nicht in der Rangklasse 1 berücksichtigt (Depré ZVG/Cranshaw
ZVG § 10 Rn. 20). Hierbei ist jedoch zu berücksichtigen, dass nach § 12 Abs. 3 S. 1 ZwVwV
der Zwangsverwalter unabhängig von der Aufhebung der Zwangsverwaltung **berechtigt bleibt,**
von ihm begründete Verbindlichkeiten aus der vorhandenen Liquidität zu begleichen und bis zum
Eintritt der Fälligkeit Rücklagen zu bilden. Zudem bleibt nach S. 3 ein weitergehender **Rückgriff
gegen den Gläubiger** unberührt.

Unter die Rangklasse 1 fallen gem. § 155 Abs. 4 ZVG Aufwendungen des Zwangsverwalters 697
oder des Schuldners (§ 150b ZVG), die im Zusammenhang mit der **Verwaltung landwirtschaftlichen Grundbesitzes** stehen (Depré ZVG/Cranshaw ZVG § 10 Rn. 27).

Ob eine bevorrechtigte Ausgabe vorliegt, **prüft das Versteigerungsgericht** (Depré ZVG/ 698
Cranshaw ZVG § 10 Rn. 28).

2. Anspruchsinhaber/Rechtsbehelfe

Anspruch auf bevorzugte Befriedigung hat der Gläubiger, der den Vorschuss geleistet hat, sei 699
es der die **Zwangsverwaltung betreibende** Gläubiger oder der **beigetretene** Gläubiger (§ 27
ZVG) (Depré ZVG/Cranshaw ZVG § 10 Rn. 28).

Wird der Gläubiger im **Teilungsplan nicht berücksichtigt,** kann er nach § 115 Abs. 1 S. 2 700
ZVG, § 878 ZPO Widerspruch gegen den Teilungsplan und im Anschluss Widerspruchsklage
erheben.

Immobilienverwertung im Insolvenzverfahren

3. Anmeldung des Anspruchs

701 Die Ansprüche der Rangklasse 1 müssen im Vollstreckungsverfahren angemeldet werden (§§ 37 Nr. 4, 45 Abs. 1 ZVG) (→ Rn. 592), um den Rang gem. § 110 ZVG nicht zu verlieren (Depré ZVG/Cranshaw ZVG § 10 Rn. 19).

III. Feststellungskosten der Insolvenzmasse, Rangklasse 1a (§ 10 Abs. 1 Nr. 1a ZVG)

702 Werden auf einen Versteigerungsantrag eines Gläubigers oder des Insolvenzverwalters hin im Zuge der Versteigerung auch mithaftende **bewegliche Sachen** versteigert, werden die **Kosten des Insolvenzverwalters** zur Feststellung des Wertes der mitversteigerten beweglichen Sachen nach § 10 Abs. 1 Nr. 1a ZVG in der Rangklasse 1a **pauschal mit vier vom Hundert** des Wertes der beweglichen Gegenstände berücksichtigt, der nach § 74a Abs. 5 S. 2 ZVG festgesetzt wurde. Gemäß § 74a Abs. 5 S. 3 ZVG kann der Beschluss über die **Festsetzung des Grundstückswertes** und in diesem Zusammenhang auch der beweglichen Gegenstände mit der sofortigen Beschwerde angefochten werden (MüKoInsO/Kern InsO § 165 Rn. 235). Der tatsächlich hierfür **erzielte Erlös** spielt keine Rolle (Depré ZVG/Cranshaw ZVG § 10 Rn. 34). Der Anspruch besteht jedoch nur dann, wenn es sich um mithaftende Sachen handelt (zu dem Haftungsverband → Rn. 301), die **tatsächlich versteigert** wurden (Depré ZVG/Cranshaw ZVG § 10 Rn. 34). Andernfalls richtet sich die Erlösverteilung nach den §§ 170 ff. InsO. Nicht erfasst werden jedoch **Rechte und Forderungen,** auch soweit sie mit dem Grundstück verbunden sind, etwa aus Versicherungsleistung (→ Rn. 303) (MüKoInsO/Kern InsO § 165 Rn. 235).

703 Da der Kostenbeitragsanspruch nicht aus dem Grundbuch ersichtlich ist, muss er rechtzeitig **angemeldet werden** (→ Rn. 592). Eine Bezifferung der Kosten ist nicht notwendig, da diese pauschal in Höhe von 4 % des Verkehrswertes berücksichtigt werden.

704 Diese Privilegierung gilt nicht in der **Eigenverwaltung** (MüKoInsO/Kern InsO § 165 Rn. 236, 313; MüKoInsO/Ganter InsO § 49 Rn. 49).

IV. WEG Ansprüche, Rangklasse 2 (§ 10 Abs. 1 Nr. 2 ZVG)

705 Gemäß § 10 Abs. 1 Nr. 2 ZVG fallen **Ansprüche auf Hausgeld** nach § 16 Abs. 2 WEG, § 28 Abs. 2 und 5 WEG im Falle der Vollstreckung in das Wohneigentum in die zweite Rangklasse. Damit besteht für solche Ansprüche nunmehr ein Recht auf Befriedigung aus dem Grundstück, das im Insolvenzverfahren im Wege der abgesonderten Befriedigung verfolgt werden kann, **ohne dass eine Beschlagnahme** des Wohnungseigentums vor Insolvenzeröffnung vorausgesetzt wäre (BGH NZI 2011, 731; 2009, 382) (zum Vorrang gegenüber einer **Auflassungsvormerkung** → Rn. 290).

1. Von dem Vorrecht erfasste Ansprüche

706 Von dem Vorrecht sind nur bestimmte nachstehend dargestellten Rechte erfasst. Die Prüfung, ob eine privilegierte Forderung nach Nr. 2 oder ggf. nur eine nachrangige Forderung nach Nr. 5 vorliegt, **obliegt dem Vollstreckungsgericht** (Depré ZVG/Cranshaw ZVG § 10 Rn. 172).

707 Nach § 10 Abs. 1 Nr. 2 S. 1 ZVG werden folgende Ansprüche bevorrechtigt:
- Ansprüche auf Zahlung der **Beiträge,** die nach § 16 Abs. 2 WEG, § 28 Abs. 2 und 5 WEG geschuldet werden.
  Dies gilt, soweit sie über die Gemeinschaft abgerechnet werden und damit auch für die **Kaltwasserkosten** des Sondereigentums (BT-Drs. 16/887, 44; Depré ZVG/Cranshaw ZVG § 10 Rn. 44).
  Privilegiert sind zudem die Zahlungsverpflichtungen aufgrund der Beschlüsse der WEG gem. § 28 Abs. 5 WEG über die **Jahresabrechnung** oder eine **Sonderumlage** („Beitragsschulden") (BT-Drs. 16/887, 44; Depré ZVG/Cranshaw ZVG § 10 Rn. 44) und Nachzahlungsforderungen aus der Jahresabrechnung (**Abrechnungsspitzen**) (BGH NZI 2011, 731; Depré ZVG/Cranshaw ZVG § 10 Rn. 52).
- **Vorschüsse und Rückstellungen**
  Erfasst sind daher insbesondere die monatlichen Vorschüsse der Wohngeldzahlungen auf den **Wirtschaftsplan** gem. § 28 Abs. 2 WEG sowie die **Instandhaltungsrückstellungsbeiträge** gem. § 21 Abs. 5 Nr. 4 WEG (BT-Drs. 16/887, 44; Depré ZVG/Cranshaw ZVG § 10 Rn. 44, 52).
  sowie die **Rückgriffsansprüche** einzelner Wohnungseigentümer (BT-Drs. 16/887, 44; Depré ZVG/Cranshaw ZVG § 10 Rn. 44).

Immobilienverwertung im Insolvenzverfahren

2. Nur fällige, laufende und rückständige Beträge aus dem Jahre der Beschlagnahme

Nach § 10 Abs. 1 Nr. 2 S. 2 ZVG erfasst das Vorrecht die **laufenden und die rückständigen** 708 Beträge aus dem Jahr (Kalenderjahr, § 28 Abs. 1 S. 1 WEG, BT-Drs. 16/87, 45) der Beschlagnahme und den letzten zwei Jahren (Kalenderjahren) (BT-Drs. 16/87, 45).

Gemäß § 13 Abs. 1 ZVG sind **laufende Beträge** der letzte vor der Beschlagnahme fällig 709 gewordene Betrag und die später fällig werdenden Beträge. Die **älteren Beträge** sind Rückstände (BT-Drs. 16/87, 45; BGH NZI 2011, 731). Die Rückstände können in der Zwangsverwaltung nach § 155 Abs. 2 S. 2 ZVG nur eingeschränkt berücksichtigt werden (→ Rn. 835). Der **Zeitpunkt der Beschlagnahme** bestimmt sich nach den Vorschriften der §§ 20 Abs. 1, 22 Abs. 1 ZVG (BGH NZI 2011, 731) (→ Rn. 584). Gemäß § 20 Abs. 1 ZVG gilt der Beschluss, durch welchen die Zwangsversteigerung angeordnet wird, zugunsten des betreibenden Gläubigers als Grundstücksbeschlagnahme. Die Grundstücksbeschlagnahme wird gem. § 22 Abs. 1 S. 1 ZVG mit Zustellung des Beschlusses an den Schuldner wirksam. Für den beitretenden Gläubiger bestimmt § 27 Abs. 2 ZVG, dass er dieselben Rechte hat, wie wenn auf seinen Antrag hin die Versteigerung angeordnet wäre.

Bei den **wiederkehrenden Leistungen** werden die Beiträge nur bis zum Zeitpunkt des 710 Zuschlags berücksichtigt, da ab diesem Zeitpunkt der Ersteher gem. § 56 S. 2 ZVG die anfallenden Lasten trägt (→ Rn. 662) (BT-Drs. 16/887, 45).

Nach § 10 Abs. 1 Nr. 2 S. 1 ZVG sind **nur die fälligen** und nur die Ansprüche **aus dem** 711 **vollstreckten Wohneigentum** (BT-Drs. 16/887, 45) bevorrechtigt, und zwar nur die im **Zeitraum fällig gewordenen**; nicht Ansprüche, die sich auf den Zeitraum beziehen (BGH NZI 2011, 731). Bestehen bevorrechtigte **Ansprüche wegen mehreren Wohnungen** gegen einen Eigentümer, so kann die Gemeinschaft die Versteigerung wegen des Gesamtbetrages bezüglich aller Einheiten nur in der Rangklasse 5 betreiben und die Gesamtforderung nur in der Rangklasse 5 anmelden (Depré ZVG/Cranshaw ZVG § 10 Rn. 50).

3. Anspruch mindestens drei und maximal auf fünf vom Hundert

Der Hausgeldanspruch, zu dessen Durchsetzung die Zwangsversteigerung zu dulden ist, muss 712 auf **fünf vom Hundert des Verkehrswerts** nach § 74a Abs. 5 ZVG beschränkt werden (BGH NZI 2011, 731). Die WEG darf den Höchstbetrag im gesamten Zwangsversteigerungsverfahren einschließlich der Wiederversteigerung nicht mehrfach, sondern **nur einmal ausschöpfen** (BGH BeckRS 2012, 15370). **Löst ein anderer Gläubiger** die bevorrechtigten Hausgeldansprüche der WEG gegen den Schuldner ab, gehen diese nach § 268 Abs. 3 S. 1 BGB auf ihn über. Gemäß §§ 401, 412 BGB tritt er in vollem Umfang in die Rechtsstellung des bisherigen Gläubigers in dem Zwangsversteigerungsverfahren. Er tritt damit in die gleichen Rangstelle ein und die Zwangsversteigerung wird weiterbetrieben. Die darüberhinausgehenden Ansprüche kann die WEG lediglich in der Rangklasse 5 verfolgen (BGH BeckRS 2012, 15370). **Zahlungen des Schuldners**, die dieser in dem Verfahren auf Hausgeldforderungen leistet, berühren, anders als Ablösezahlungen Dritter nach § 268 BGB, das Vorrecht der WEG nach § 10 Abs. 1 Nr. 2 ZVG wegen weiterer Hausgeldansprüche nicht. Bis zur gesetzlichen Obergrenze kann das Vorrecht weiterhin in Anspruch genommen werden. Zahlt der Schuldner auf die im Verfahren angemeldeten Hausgeldansprüche, rücken die weiteren Hausgeldansprüche aus der Rangklasse 5 in die Rangklasse 2 auf.

Gemäß § 10 Abs. 3 S. 1 Hs. 1 ZVG müssen zur Vollstreckung mit dem Range nach Nr. 2 die 713 dort genannten Beträge die **Höhe des Verzugsbetrages nach § 18 Abs. 2 Nr. 2** des WEG übersteigen. Der Wohnungseigentümer muss sich gem. § 18 Abs. 2 Nr. 2 WEG mit der Erfüllung seiner Verpflichtungen zur Lasten- und Kostentragung (§ 16 Abs. 2) in Höhe eines Betrages, der **drei vom Hundert des steuerlichen Einheitswertes** seines zu versteigernden Wohnungseigentums übersteigt, länger als drei Monate in Verzug befinden. Maßgebend ist dabei der letzte, bei Erlass des Beschlagnahmebeschlusses **festgestellte Einheitswert** (BGH NZI 2011, 731).

4. Durchsetzung außerhalb des Insolvenzverfahrens

Aktivlegitimiert ist die Wohnungs- bzw. Teileigentümergemeinschaft (§ 10 Abs. 6 und 7 714 WEG) (Depré ZVG/Cranshaw ZVG § 10 Rn. 172). Außerhalb der Insolvenz haben die Berechtigten nach § 10 Abs. 1 Nr. 2, Abs. 3 ZVG **zwei Möglichkeiten**, rückständige Hausgeldansprüche durchzusetzen:

Die WEG kann in dem von einem Dritten oder auch von ihnen selbst wegen anderer Forderun- 715 gen betriebenen Zwangsversteigerungsverfahren die in § 10 Abs. 1 Nr. 2 ZVG bevorrechtigten

Immobilienverwertung im Insolvenzverfahren

Hausgeldansprüche anmelden, damit die nicht aus dem Grundbuch ersichtlichen Ansprüche der Rangklasse 2 berücksichtigt und in das geringste Gebot aufgenommen werden (§§ 45 Abs. 1, 114 Abs. 1 S. 1 ZVG) (→ Rn. 592) (BGH NZI 2011, 731). Die Ansprüche sind in dem Zwangsversteigerungsverfahren **durch den Hausverwalter** (§ 27 Abs. 1 Nr. 4 WEG) anzumelden (§ 10 Abs. 1 Nr. 2 S. 4 ZVG) (BGH NJW 2018, 1613). Die **Rückgriffsansprüche einzelner** Wohnungseigentümer werden gem. § 10 Abs. 1 Nr. 2 S. 5 ZVG von diesen angemeldet. Zudem müssen sie **glaubhaft gemacht werden** (§ 45 Abs. 3 ZVG) und zwar durch einen entsprechenden Titel oder durch die Niederschrift der Beschlüsse der Wohnungseigentümer einschließlich ihrer Anlagen oder in sonst geeigneter Weise, sodass die Zahlungspflicht, die Art und der Bezugszeitraum des Anspruchs sowie seine Fälligkeit nachvollziehbar ist (BGH NJW 2018, 1613; NZI 2009, 382).

716 Verfügt die WEG wegen den Hausgeldforderungen über einen Titel, kann sie selbst die **Zwangsversteigerung** durch den Zwangsverwalter nach einer entsprechenden Beschlussfassung der Gemeinschaft betreiben, indem sie die Beschlagnahme (§§ 20–22 ZVG) durch einen **eigenen Antrag** (§ 15 ZVG) erwirkt oder der auf Antrag eines Dritten angeordneten Zwangsversteigerung **beitritt** (§ 27 ZVG) (BGH NJW 2018, 1613). **Die Rückgriffsansprüche einzelner Wohnungseigentümer** werden gem. § 10 Abs. 1 Nr. 2 S. 5 ZVG von diesen betrieben. Hierfür genügt ein **rechtskräftiger oder für vorläufig vollstreckbar** erklärter Zahlungstitel, aus dessen Gründen oder durch Auslegung des Urteils die Verpflichtung des Schuldners zur Zahlung, die Art der Forderung („Hausgeldforderung"), der Bezugszeitraum des Anspruchs sowie seine Fälligkeit zu erkennen sind (§ 10 Abs. 3 S. 2 ZVG) (BGH NZI 2011, 731). Wenn die Art der Forderung und der Bezugszeitraum des Anspruchs sowie seine Fälligkeit sich nicht aus dem Inhalt des Titels ergeben, können sie in geeigneter Weise glaubhaft gemacht werden (§ 10 Abs. 3 S. 3 ZVG) (BT-Drs. 16/887, 46; BGH NZI 2011, 731).

5. Situation im laufenden Insolvenzverfahren

717 Infolge der Verweisung in § 49 InsO stehen diese Möglichkeiten den aus § 10 Abs. 1 Nr. 2 ZVG Berechtigten auch in der **Insolvenz des säumigen Wohnungseigentümers** zu (BGH NZI 2011, 731; 2009, 382).

718 Dies gilt jedoch **nur für Insolvenzforderungen** (zur Abgrenzung → Rn. 237 ff.). Eine Vollstreckung wegen **Masseverbindlichkeiten** ist nicht aus der Rangklasse 2 möglich, da § 49 InsO nicht für Masse-, sondern nur für Insolvenzgläubiger gilt. Zudem schließt § 91 Abs. 1 InsO es aus, dass die WEG nach Eröffnung des Insolvenzverfahrens noch Rechte an Gegenständen der Insolvenzmasse erwerben kann, auch wenn keine Verfügung des Schuldners und keine Zwangsvollstreckung für einen Insolvenzgläubiger zugrunde liegt (BGH NZI 2011, 731; MüKoInsO/Ganter InsO § 49 Rn. 51b sieht nur die Möglichkeit, die Privilegierung über einen ggf. einschlägigen § 91 InsO auszuschließen).

6. Möglichkeit 1: Anmeldung im laufenden Zwangsversteigerungsverfahren (§ 10 Abs. 1 Nr. 2 ZVG)

719 Dementsprechend kann die WEG auch nach der Insolvenzverfahrenseröffnung gem. § 10 Abs. 1 Nr. 2 ZVG die Hausgeldforderungen in einem **Zwangsversteigerungsverfahren anmelden,** welches durch einen anderen absonderungsberechtigten Gläubiger, den Insolvenzverwalter oder durch sie selbst wegen eines anderen zur Absonderung berechtigenden Anspruchs betrieben wird, ohne dass insoweit ein (Zahlungs-)Titel erforderlich ist (BGH NZI 2011, 731; 2009, 382). Hierzu ist eine **Beschlagnahme** des Wohnungseigentums vor Insolvenzeröffnung nicht erforderlich (BGH NZI 2009, 382).

7. Möglichkeit 2: Pfandklage (§ 10 Abs. 3 ZVG)

720 § 49 InsO eröffnet der WEG im Insolvenzverfahren des säumigen Wohnungseigentümers zudem die Möglichkeit, nach § 10 Abs. 3 ZVG die **Zwangsversteigerung zu betreiben.** Die WEG kann hierzu entweder die Beschlagnahme der Wohnung durch den **Antrag auf Zwangsversteigerung** selbst erwirken. Sie kann aber auch der Zwangsversteigerung durch einen anderen absonderungsberechtigten Gläubiger **beitreten** (BGH NZI 2011, 731). Das ist sowohl in dem Fall möglich, wenn die WEG bereits vor Insolvenzeröffnung gegen den Schuldner einen Titel erstritten hat, als auch in den Fällen, in denen sie vor Insolvenzeröffnung den säumigen Wohnungseigentümer wegen der ausstehenden **Hausgeldansprüche noch nicht verklagt hat** (BGH NZI 2009, 382). Aus § 45 Abs. 3 ZVG folgt, dass das Grundstück für die vorgenannten Ansprüche haftet, auch wenn die WEG noch keinen Titel erwirkt hatte. Zudem wird durch den Verweis in

Immobilienverwertung im Insolvenzverfahren

§ 49 InsO auf den § 10 Abs. 3 ZVG wird sichergestellt, dass die WEG wegen den bevorrechtigten Hausgeldansprüchen auch in der Insolvenz des Wohnungseigentümers selbst die Beschlagnahme des haftenden Grundstücks herbeiführen kann (BGH NZI 2009, 382).

Zur Vollstreckung mit dem Range der Nr. 2 ist gem. § 10 Abs. 3 S. 1 ZVG jedoch ein **Titel** **erforderlich,** aus dem die Zahlungsverpflichtung des Schuldners, die Art und der Bezugszeitraum des Anspruchs sowie die Fälligkeit zu erkennen sind. Sind die Art und der Bezugszeitraum des Anspruchs sowie dessen Fälligkeit aus dem Titel nicht zu erkennen, können diese nach S. 2 in sonst geeigneter Weise glaubhaft gemacht werden. Eine Zahlungsklage ist **nach Insolvenzeröffnung nicht mehr zulässig.** Doch die WEG kann ihr Absonderungsrecht im Absonderungsstreit mit der **Klage auf Duldung der Zwangsversteigerung** analog § 1147 BGB geltend machen. Da die WEG einen **Vollstreckungstitel benötigt,** muss sie eine Pfandklage erheben. Nachdem die WEG selbst verwerten kann, muss die Klage darauf gerichtet sein, dass der Insolvenzverwalter auf Duldung der Zwangsversteigerung verklagt wird (BGH NZI 2011, 731). 721

Das auf **Duldung der Zwangsversteigerung lautende Urteil** muss hierbei die Anforderung des § 10 Abs. 1 Nr. 2 ZVG berücksichtigen. Die dort enthaltenen Beschränkungen sind in die Urteilsformel aufzunehmen (BGH NZI 2011, 731). 722

Ist vor der Beschlagnahme das Insolvenzverfahren über das Vermögen des betreffenden Wohnungseigentümers eröffnet worden, kann auf die **Beschlagnahme nach §§ 20, 22 ZVG** (→ Rn. 708) nicht abgestellt werden (BGH NJW 2018, 1613; NZI 2011, 731). Hat die WEG **vor Insolvenzeröffnung noch keinen Zahlungstitel** gegen den Schuldner erlangt und möchte sie nach Insolvenzeröffnung die Zwangsversteigerung in die Eigentumswohnung des Schuldners betreiben, muss sie einen Titel auf Duldung der Zwangsversteigerung erwirken. Das Prozessgericht müsste in diesem Verfahren die Voraussetzungen des § 10 Abs. 1 Nr. 2 ZVG prüfen, obwohl der WEG erst durch den Duldungstitel ermöglicht wird, die Beschlagnahme der Eigentumswohnung zu bewirken. Sofern die Eigentumswohnung nicht schon vorher nach §§ 20, 22 ZVG beschlagnahmt worden ist, ist im **Insolvenzfall unter der Beschlagnahme** iSv § 10 Abs. 1 Nr. 2 S. 2 ZVG, § 13 Abs. 1 ZVG die Insolvenzeröffnung zu verstehen (BGH NJW 2018, 1613; NZI 2011, 731). Die WEG kann deshalb **wegen der vor der Insolvenzeröffnung fälligen Forderungen** aus dem Jahr der Insolvenzeröffnung und zwei weiteren davor liegenden Jahren aus der Rangklasse 2 in die Eigentumswohnung des Schuldners vollstrecken. **Wegen laufender Beträge** kann sie die Vollstreckung nur noch wegen des letzten vor der Insolvenzeröffnung fällig gewordenen Betrages aus der Rangklasse 2 betreiben (§ 10 Abs. 1 Nr. 2 S. 2 ZVG, § 13 Abs. 1 ZVG und → Rn. 708) (BGH NZI 2011, 731). 723

Auch sollte als **Hinweis für das Vollstreckungsgericht in den Titel** aufgenommen werden, dass der Insolvenzverwalter (nur) die Zwangsversteigerung aus der Rangklasse 2 des § 10 Abs. 1 ZVG zu dulden hat (BGH NZI 2011, 731). 724

Bei der Bemessung der Forderungshöhe, welche **3 % des Einheitswerts** der zu versteigernden Eigentumswohnungen übersteigen muss (→ Rn. 713) ist auf den letzten bei Erlass des Beschlagnahmebeschlusses festgestellten Einheitswert abzustellen. Hier ist nicht auf den Zeitpunkt der Eröffnung des Insolvenzverfahrens, sondern auf die Beschlagnahme nach §§ 20, 22 ZVG abzustellen (BGH NZI 2011, 731). 725

Da es sich bei der Klage auf Duldung der Zwangsversteigerung um eine Leistungsklage handelt, muss der **Titel so konkret gefasst** sein, dass aus ihm vollstreckt werden kann. Daher muss die der Zwangsversteigerung zugrundeliegende **Forderung** und das **haftende Grundstück** genau bezeichnet werden. Das Grundstück sollte entsprechend den grundbuchtechnischen Angaben (Gemarkung, Flur, Flurstück und Größe) bezeichnet werden, was aber nicht zwingend ist. Entscheidend ist, dass die Identifizierung zweifelsfrei möglich ist. Weiter sollte der **Miteigentumsanteil** in Verbindung mit der Bezeichnung des Sondereigentums angegeben werden (BGH NZI 2011, 731). 726

V. Öffentliche Lasten, Rangklasse 3 (§ 10 Abs. 1 Nr. 3 ZVG)

In der Zwangsversteigerung berechtigt die öffentliche Last zur bevorrechtigten Befriedigung aus dem Grundstück in der dritten Rangklasse (§ 10 Abs. 1 Nr. 3 ZVG) (BGH NZI 2010, 482). 727

1. Bevorzugte Ansprüche in der Rangklasse 3

Der **Begriff öffentliche Lasten** ist nicht gesetzlich definiert. Unter diesem ist die Abgabenverpflichtung zu verstehen, welche durch wiederkehrende oder einmalige Geldleistung zu erfüllen ist und nicht nur die persönliche Haftung des Schuldners, sondern auch die dingliche Haftung des Grundstücks voraussetzt (BGH NZI 2010, 482). 728

Immobilienverwertung im Insolvenzverfahren

729   Von den **Steuern** ist einzig die Grundsteuer zu nennen, welche gem. § 12 GrStG als öffentliche Last auf dem Grundstück ruht. Von den grundstücksbezogenen **Beiträgen und Abgaben** ist auf der Ebene des Bundesrechts an die **Erschließungskosten** nach dem Baugesetzbuch (§ 134 Abs. 2 BauGB) zu denken. Das **Landesrecht** sieht ebenfalls öffentliche Lasten vor, so etwa Kommunalabgaben wie **Anliegerbeiträge** oder Kosten der **Abwasserversorgung** und Abwasserbeseitigung (BGH NZI 2015, 668; Depré ZVG/Cranshaw ZVG § 10 Rn. 77 ff.).

730   Zu denken ist auch an den **Ausgleichsbetrag nach dem BBodSchG.** Nach § 25 Abs. 1 S. 1 BBodSchG hat der Grundstückseigentümer einen von der zuständigen Behörde festzusetzenden Wertausgleich an den öffentlichen Kostenträger zu leisten, und zwar in Höhe der maßnahmenbedingten Wertsteigerung, wenn sich durch den Einsatz öffentlicher Mittel zur Erfüllung der Pflichten aus § 4 BBodSchG der Verkehrswert eines Grundstücks nicht nur unwesentlich erhöht und der Eigentümer die Kosten hierfür nicht vollständig getragen hat. Gemäß § 25 Abs. 6 S. 1 BBodSchG ruht der Ausgleichsanspruch als öffentliche Last auf dem Grundstück.

731   In das **Grundbuch** werden sie nicht eingetragen (§ 54 GBO). Für alle öffentliche Lasten gilt jedoch die in § 77 Abs. 2 S. 1 AO angeordnete **Duldungspflicht des Eigentümers** (BGH NZI 2015, 668). Damit besteht bei der Grundsteuer eine **dingliche Haftung des Steuerobjektes** und nicht nur eine persönliche Haftung des Steuerschuldners (BGH NZI 2010, 482).

732   Dagegen besteht bei den **Einkommens-, Körperschaftssteuer sowie Umsatzsteuer** sowie der **Grunderwerbsteuer** keine dingliche (pfandrechtsähnliche) Haftung (Depré ZVG/Cranshaw ZVG § 10 Rn. 74).

2. Laufende und rückständige Lasten

733   Gemäß Nr. 3 besteht der Vorrang aus der Rangklasse 3 für die **laufenden** und die **rückständigen** Beträge der letzten vier Jahre.

734   Streitig ist, ob auch öffentliche **Lasten, die erst während des Insolvenzverfahrens** entstanden sind, erfasst werden (bejahend MüKoInsO/Ganter InsO § 49 Rn. 53 und OVG LSA BeckRS 2007, 25656). In der Rangklasse Nr. 2 lässt der BGH jedoch nur eine Bevorzugung von Insolvenzforderungen zu (→ Rn. 718).

735   Im Falle von Ansprüchen auf **einmalige Entrichtung öffentlicher Lasten** (etwa Erschließungskosten) fallen diese in die Rangklasse 3, wenn der Gläubiger innerhalb von vier Jahren (vgl. Hs. 1) ab Fälligkeit die Anordnung der Zwangsversteigerung oder die Zulassung des Beitritts zu einem bereits anhängigen Verfahren wegen dieses Anspruchs beantragt hat (§ 27 Abs. 2 ZVG) oder seinen Anspruch angemeldet hat (§ 37 Nr. 4 ZVG) (BGH NJW 2012, 2504; Depré ZVG/Cranshaw ZVG § 10 Rn. 118).

736   Gemäß § 10 Abs. 1 Nr. 3 ZVG sind auch **wiederkehrende Leistungen,** soweit die laufenden Beträge und die Rückstände aus den letzten zwei Jahren betroffen sind, bevorrechtigt (vgl. Hs. 2 und § 13 Abs. 1 ZVG). Zu denken ist an die Grundsteuern, Zinsen, Zuschläge oder Rentenleistungen (BGH NJW-RR 2010, 671; Depré ZVG/Cranshaw ZVG § 10 Rn. 118).

737   Wenn eine Abgabenforderung als Grundstückslast vorrangig zu befriedigen ist, gilt dies auch für einen darauf entfallenden **Säumniszuschlag** (BGH NJW-RR 2010, 671).

738   Die **älteren Ansprüche,** für die nach § 10 Abs. 1 Nr. 3 S. 1 Hs. 1 ZVG Rangverjährung eingetreten ist, fallen gem. § 10 Abs. 1 Nr. 7 ZVG lediglich in die Rangklasse 7. Dies gilt auch für die hierauf entfallenden Säumniszuschläge (→ Rn. 756) (BGH NJW 2012, 2504). Wenn der Gläubiger allerdings wegen dieser älteren Forderungen **gesondert die Versteigerung betreibt** oder der Versteigerung nach § 27 Abs. 2 ZVG beigetreten ist, erfolgt eine Heraufstufung in die Rangklasse 5 mit den weiteren dortigen Gläubigern (Depré ZVG/Cranshaw ZVG § 10 Rn. 151).

3. Rangordnung, Durchsetzung der Rechte

739   Gemäß Nr. 3 S. 2 stehen öffentliche **Grundstückslasten untereinander,** gleich, ob sie auf Bundes- oder Landesrecht beruhen, **im Range gleich.**

740   Der Anspruch auf Begleichung der öffentlichen Abgaben wird durch **Verwaltungsakt** festgesetzt und nach den Vorschriften des Verwaltungsvollstreckungsrechts gegen den Verpflichteten vollstreckt (Depré ZVG/Cranshaw ZVG § 10 Rn. 72). Zudem kann aufgrund seines vollzugsfähigen Bescheides die **Zwangsversteigerung und die Zwangsverwaltung** nach der ZPO betrieben werden (Depré ZVG/Cranshaw ZVG § 10 Rn. 72). **Gegen den Insolvenzverwalter** kann das Absonderungsrecht wegen öffentlicher Grundstückslasten durch Erlass eines Duldungsbescheides durchgesetzt werden (OVG LSA BeckRS 2010, 53087; Uhlenbruck/Brinkmann InsO § 49 Rn. 61 nur für den Fall der Grundsteuer).

Immobilienverwertung im Insolvenzverfahren

Zur Vollstreckung aus der Rangklasse Nr. 3 müssen auch die öffentlichen Lasten, weil sie **aus** 741
dem Grundbuch nicht erkennbar sind, gem. § 37 Nr. 4 ZVG **angemeldet** (→ Rn. 592), und
ggf. glaubhaft gemacht werden, etwa durch einen Gebührenbescheid (Depré ZVG/Cranshaw
ZVG § 10 Rn. 66). Gemäß § 54 GBO sind die auf dem Grundstück ruhenden öffentlichen Lasten
als solche von der **Eintragung in das Grundbuch ausgeschlossen,** es sei denn, dass ihre
Eintragung gesetzlich besonders zugelassen oder angeordnet ist (so etwa für Altlasten gem. § 26
Abs. 6 BBodSchG). Gemäß § 93a Grundbuchverfügung (GBV) werden öffentliche Lasten auf
einem Grundstück, die im Grundbuch einzutragen sind oder eingetragen werden können, nach
Maßgabe des § 10 GBV in der zweiten Abteilung eingetragen. Wird die **Versteigerung aus
diesen bevorzugten Forderungen** durch den Gläubiger selbst betrieben, gelten gem. § 114
Abs. 1 S. 2 ZVG die Ansprüche eines Gläubigers als angemeldet, soweit sie sich aus dem Versteigerungsantrag ergeben.

Im Falle der Sicherung durch eine **Zwangssicherungshypothek** kann die Vollstreckung ledig- 742
lich aus der Rangklasse Nr. 5 erfolgen, was jedoch im Falle der Sicherung der öffentlichen Last
an einem anderen Grundstück des Abgabenschuldners, für welches nicht der aktuelle Rückstand
besteht, sinnvoll sein kann (Depré ZVG/Cranshaw ZVG § 10 Rn. 71).

VI. Ansprüche aus dinglichen Rechten, Rangklasse 4 (§ 10 Abs. 1 Nr. 4 ZVG)

1. Ansprüche aus Rechten an dem Grundstück

Bevorzugt in der Rangklasse 4 sind nach Nr. 4 Hs. 1 die **Ansprüche aus Rechten an dem** 743
Grundstück (→ Rn. 295), soweit sie nicht infolge der Beschlagnahme dem Gläubiger gegenüber
unwirksam sind (→ Rn. 747).

Von dem Vorrecht der Nr. 4 sind die dinglichen **Rechte in Abt. 2 und 3 des Grundbuchs** 744
(Depré ZVG/Cranshaw ZVG § 10 Rn. 124), aber auch vereinzelte im Grundbuch nicht eingetragene Rechte erfasst (Depré ZVG/Cranshaw ZVG § 10 Rn. 125) etwa Überbau- und Notwegrenten gem. §§ 912 Abs. 2, 914 Abs. 1, 2, 917 Abs. 2 S. 2 BGB.

Hierbei ist an folgende, in **Abt. 2 des Grundbuchs** einzutragenden Rechte zu denken (Depré 745
ZVG/Cranshaw ZVG § 10 Rn. 128 ff.):
- Grunddienstbarkeit (§§ 1018 ff. BGB)
- Nießbrauch (§§ 1030 ff. BGB)
- beschränkt persönliche Dienstbarkeit (§§ 1090 ff. BGB)
- dingliches Wohnungsrechts (§ 1093 BGB)
- dingliches Vorkaufsrecht (§§ 1094 ff., 1097 Hs. 2 BGB)
- Reallast (§§ 1105 ff. BGB) (vgl. auch Erbbauzinsreallast, §§ 9, 9a ErbbauRG)
- Auflassungsvormerkung (§ 883 BGB)
- Erbbaurecht (§§ 1, 10 ErbbauRG)

Von den in der **Abt. 3** des Grundbuches einzutragenden Rechten ist an folgende zu denken: 746
- Hypothek (§§ 1113 ff. BGB)
  o einschließlich Zwangshypothek (§§ 867 f. ZPO) und Arresthypothek (§ 932 ZPO)
  o sowie Sicherungshypothek (§§ 1184, 1190 BGB)
- Grundschuld (§§ 1191 ff. BGB)
  o einschließlich Eigentümergrundschuld (§ 1196 f. BGB)
- Rentenschuld (§§ 1199 ff. BGB)
- Wohnungs- und Teileigentum (§§ 1, 5, 7 WEG)
- Wohnungs- bzw. Teileigentumserbbaurecht (§ 30 WEG)
- Dauerwohnrecht (§§ 31 ff. WEG).

2. Wirksame Beschlagnahme

Gemäß § 10 Abs. 1 Nr. 3 Hs. 1 ZVG gilt das Vorrecht aus der Rangklasse 4 nur gegenüber 747
dem Gläubiger, demgegenüber die Beschlagnahme wirksam ist. Andernfalls ist er in der Rangklasse
6 zu berücksichtigen (Depré ZVG/Cranshaw ZVG § 10 Rn. 140).

Im Falle der Erstreckung der **Beschlagnahme auf bewegliche Sachen** ist das dingliche Recht 748
an dem Grundstück gegenüber dem betreibenden Gläubiger gem. § 23 Abs. 1 S. 2 ZVG (und
gem. § 27 Abs. 2 ZVG gegenüber dem beigetretenen Gläubiger) **relativ unwirksam** (→ Rn. 445
ff.). Der Schuldner kann jedoch, auch wenn sich die Beschlagnahme auf bewegliche Sachen
erstreckt, über einzelne Stücke innerhalb der Grenzen einer ordnungsmäßigen Wirtschaft auch
dem Gläubiger gegenüber wirksam verfügen. In diesem Fall sind die Rechte in die Rangklasse 6
verwiesen (Depré ZVG/Cranshaw ZVG § 10 Rn. 124).

Immobilienverwertung im Insolvenzverfahren

749 Soweit jedoch die **Versteigerung nur wegen den aus der Rangklasse 4 herausgefallenen** Ansprüchen der Klasse 6 betrieben wird, erfolgt eine Aufstufung in die Rangklasse 5 (Depré ZVG/Cranshaw ZVG § 10 Rn. 142).

3. Wiederkehrende Leistung

750 Gemäß Nr. 4 Hs. 2 genießen **Ansprüche auf wiederkehrende Leistungen,** insbesondere Zinsen, Zuschläge, Verwaltungskosten oder Rentenleistungen, das Vorrecht dieser Klasse nur wegen den laufenden und den aus den letzten zwei Jahren rückständigen Beträge. Gemäß § 13 Abs. 1 ZVG sind **laufende Beträge** wiederkehrender Leistungen der letzte vor der Beschlagnahme fällig gewordene Betrag und die später fällig werdenden Beträge. Die älteren Beträge sind nach § 13 Abs. 1 S. 2 ZVG die **Rückstände.** Diese werden nur erfasst, soweit sie in den beiden Jahren vor der Beschlagnahme fällig geworden sind. Soweit diese **nicht erfasst sind,** können die Ansprüche in der Rangklasse 8 verfolgt werden. Soweit jedoch die Versteigerung nur wegen den aus der Rangklasse 4 herausgefallenen Ansprüchen der Klasse 8 betrieben wird, erfolgt eine Aufstufung in die Rangklasse 5 (Depré ZVG/Cranshaw ZVG § 10 Rn. 142).

4. Reihenfolge der Befriedigung

751 Gemäß § 10 Abs. 1 ZVG werden mehrere Rechte der **gleichen Rangklasse** nach dem Verhältnis ihrer Beträge untereinander befriedigt (→ Rn. 642). Die Befriedigung **innerhalb der Klasse 4** erfolgt gem. § 11 Abs. 1 ZVG nach dem Materiellen Recht und damit nach in den §§ 879–881 BGB vorgegebenen Reihenfolge. Abzustellen ist somit **nach der Reihenfolge der Eintragung**, welche bei mehreren Eintragungsanträgen gemäß § 17 GBO nach der Reihenfolge der Anträge erfolgt (MüKoInsO/Ganter InsO § 49 Rn. 45; Depré ZVG/Cranshaw ZVG § 10 Rn. 126). Bei **nicht eintragungsfähigen Rechten** ist auf den Zeitpunkt der früheren Entstehung abzustellen, soweit keine spezielle gesetzliche Regelung vorliegt (Depré ZVG/Cranshaw ZVG § 10 Rn. 127).

5. Durchsetzung der Rechte

752 Soweit aus dem Recht der Rangklasse 4 die **Vollstreckung betrieben wird,** gelten sie ohnehin als angemeldet (§ 114 Abs. 1 S. 2 ZVG) und zwar im Umfang des gestellten Versteigerungs- oder Beitrittsantrages (Depré ZVG/Cranshaw ZVG § 10 Rn. 139). Anderenfalls muss das Recht der Rangklasse 4, nur soweit es aus dem **Grundbuch nicht ersichtlich** ist, gem. § 37 Nr. 4 ZVG angemeldet werden (→ Rn. 592).

VII. Ansprüche der persönlichen Gläubiger, Rangklasse 5 (§ 10 Abs. 1 Nr.5 ZVG)

753 In der Rangklasse 5 werden persönlichen Gläubiger berücksichtigt, die Forderungen ohne eine dingliche Rechtsposition verfolgen (Depré ZVG/Cranshaw ZVG § 10 Rn. 144).

754 Erfasst werden zudem Ansprüche einer grundsätzlich vorrangigen Gruppe, welche **heraufgestuft wurden** (→ Rn. 749, → Rn. 750).

VIII. Ansprüche aus dinglichen Rechten, die nach der Beschlagnahme eingetragen sind, Rangklasse 6 (§ 10 Abs. 1 Nr. 6 ZVG)

755 Unter die Rangklasse 6 fallen Ansprüche der Gläubiger der **Rangklasse 4,** soweit diese dem **betreibenden Gläubiger aus der Rangklasse 5** unwirksam sind. Die Beschlagnahme hat zugunsten des betreibenden Gläubigers die Wirkung eines Veräußerungsverbotes (→ Rn. 586). Daher sind die nach dem Wirksamwerden der Beschlagnahme begründeten Rechte (→ Rn. 747) dem **betreibenden Gläubiger gegenüber relativ unwirksam** und daher in den Rang 6 einzuordnen. Die relative Unwirksamkeit tritt nicht ein, wenn § 878 BGB oder § 892 BGB erfüllt sind (Böttcher/Böttcher ZVG § 10 Rn. 60).

IX. Ältere Rückstände öffentlicher Lasten der Rangklasse 3, Rangklasse 7 (§ 10 Abs. 1 Nr. 7 ZVG)

756 Unter die Gruppe Nr. 7 fallen Rückstände auf Forderungen der **Rangklasse 3,** die älter sind als vier Jahre (Rückstände, die sich nicht auf wiederkehrende Leistungen beziehen) bzw. zwei Jahre (rückständige wiederkehrende Leistungen) (→ Rn. 738) (Depré ZVG/Cranshaw ZVG § 10 Rn. 151).

757 Die Ansprüche müssen **rechtzeitig angemeldet** werden (→ Rn. 592).

Immobilienverwertung im Insolvenzverfahren

X. Wiederkehrende Ansprüche der dinglichen Gläubiger (§ 10 Abs. 1 Nr. 8 ZVG)

Die älteren Rückstände der **wiederkehrenden Leistungen aus der Rangklasse 4** werden der letzten gesetzlichen Rangklasse 8 zugeordnet (→ Rn. 750). 758

XI. Nachrangige Forderungen gem. §§ 37 Nr. 4, 110 ZVG

Ansprüche, welche **weder aus dem Grundbuch erkennbar** sind noch rechtzeitig nach § 37 Nr. 4 ZVG **angemeldet** worden sind oder die **nicht glaubhaft** gemacht wurden (→ Rn. 592), werden in der Literatur in der Rangklasse Nr. 9 gefasst. 759

Diese Ansprüche bleiben bei der Feststellung des **geringsten Gebots unberücksichtigt** (§§ 37 Nr. 4, 45 ZVG). Sie sind im Teilungsplan allen anderen Forderungen gegenüber **nachrangig** (§ 110 ZVG). 760

K. Zwangsverwaltung

I. Allgemeines

1. Mietvertrag im Insolvenzverfahren

Miet- und Pachtverhältnisse des Schuldners über unbewegliche Gegenstände oder Räume bestehen gem. § 108 Abs. 1 S. 1 InsO **mit Wirkung für die Insolvenzmasse fort.** § 108 Abs. 1 InsO verdrängt insoweit § 103 Abs. 1 InsO. Im Hinblick auf das durch den Schuldner vermietete Objekt **schuldet die Insolvenzmasse die Gebrauchsgewährung** (§ 535 Abs. 1 S. 1 BGB) und die **Erhaltung des Objektes** in einem zum vertragsgemäßen Gebrauch geeigneten Zustand (§ 535 Abs. 1 S. 2 BGB) als Masseverbindlichkeit (§ 55 Abs. 1 Nr. 2 Alt. 2 InsO). Daher ist die **laufende Miete** nebst den Nebenkosten an die Insolvenzmasse zu zahlen (im Einzelnen → Rn. 949). 761

2. Grundsätze der Zwangsverwaltung

Die Zwangsverwaltung ist neben der Zwangsversteigerung und der Eintragung einer Zwangshypothek die dritte selbstständige und den anderen Vollstreckungsformen gleichberechtigte **Art der Immobiliarvollstreckung** (§ 866 Abs. 1 ZPO) (BGH BeckRS 2005, 638). 762

Die **Voraussetzungen der Zwangsvollstreckung** müssen daher bei der Zwangsverwaltung ebenfalls erfüllt sein (→ Rn. 499). Gemäß § 146 Abs. 1 ZVG finden auf die Anordnung der Zwangsverwaltung die **Vorschriften über die Anordnung der Zwangsversteigerung** entsprechende Anwendung, soweit sich nicht aus den §§ 147–151 ZVG ein anderes ergibt. 763

Die Zwangsverwaltung kann nach Belieben des Gläubigers für sich **allein oder zusätzlich zu einer weiteren Art der Zwangsvollstreckung** in das unbewegliche Vermögen des Schuldners betrieben werden (§ 866 Abs. 1, 2 ZPO) (BGH BeckRS 2005, 638), sodass die Erträge bis zur Versteigerung gezogen werden können (**Verhältnis zum Insolvenzverfahren** → Rn. 769). 764

Mit der Zwangsverwaltung soll jedoch die **Befriedigung nicht aus dem Stammwert**, sondern aus den **Erträgen erfolgen** (BGH NJW-RR 2011, 1095). Zudem soll der Gläubiger vor einer **Wertminderung des Objekts und sonstigen Beeinträchtigungen geschützt** werden; das Grundstück soll insgesamt in einen guten Zustand gebracht und in diesem erhalten werden. Das Handeln des Zwangsverwalters hat darauf zu zielen, dass ohne Verwertung des Grundstücks die titulierten Ansprüche des Gläubigers erfüllt werden. Die Zwangsverwaltung darf nicht mit dem Ziel der Vorbereitung der Zwangsversteigerung betrieben werden. Zwar kann die Zwangsverwaltung sich günstig auf einen Versteigerungserlös auswirken; die Zwangsverwaltung darf jedoch nicht zu diesem Zweck betrieben werden. Dies würde ihrem Charakter als eigenständiger Vollstreckungsart widersprechen (BGH BeckRS 2005, 638). Im Insolvenzverfahren kann dieses Ziel durch eine Vereinbarung zwischen dem Grundpfandgläubiger und dem Insolvenzverwalter im Rahmen einer **kalten Zwangsverwaltung** erreicht werden (→ Rn. 976). 765

Gemäß § 146 Abs. 1 ZVG, § 15 ZVG wird die Zwangsverwaltung **auf Antrag des Gläubigers** angeordnet (→ Rn. 771). 766

Die Zwangsverwaltung darf nach § 146 Abs. 1 ZVG, § 17 Abs. 1 ZVG nur angeordnet werden, wenn der **Schuldner als Eigentümer** des Grundstücks eingetragen oder wenn er Erbe des eingetragenen Eigentümers ist oder gem. § 147 Abs. 1 das Grundstück im Eigenbesitz nach § 872 BGB hat. 767

Immobilienverwertung im Insolvenzverfahren

768 Der **Zwangsverwaltungsvermerk** wird auf Ersuchen des Gerichts nach § 146 Abs. 1 ZVG, § 19 Abs. 1 ZVG gem. § 19 Abs. 1 GBO im Grundbuch eingetragen. **Zuzustellen ist der Anordnungsbeschluss** gem. § 22 Abs. 1 S. 1 ZVG dem Schuldner. Wie der Titel (→ Rn. 510) ist auch dieser ab Insolvenzeröffnung dem Insolvenzverwalter zuzustellen, da dieser Beteiligter des Verfahrens ist (→ Rn. 534).

II. Antragsberechtigung/Verhältnis zum Insolvenzverfahren

1. Vor Eröffnung angeordnete Zwangsverwaltung

769 Sofern die Beschlagnahme auf einen Antrag eines **Grundpfandgläubigers** auf Zwangsverwaltung vor Eröffnung des Insolvenzverfahrens erfolgt ist, wird das Besitz- und Verwaltungs- sowie das Nutzungsrecht des Zwangsverwalters **durch die Insolvenzeröffnung nicht berührt** (§ 80 Abs. 2 S. 2 InsO iVm §§ 150, 148 ZVG, → Rn. 48) (zur Zwangsversteigerung → Rn. 550). Das Verfahren ist nicht gem. § 240 ZPO unterbrochen. Das laufende Verfahren wird gegen den Insolvenzverwalter fortgesetzt (BGH BeckRS 2016, 7802).

770 Dies gilt auch im Falle der Vollstreckung durch die **persönlichen Gläubiger**, falls die Beschlagnahme rechtzeitig (→ Rn. 552) erfolgt ist.

2. Antragsrecht ab Insolvenzeröffnung

771 Antragsberechtigt bleiben **auch nach Insolvenzeröffnung**, wie im Falle der Zwangsvollstreckung, die **Grundpfandgläubiger**, welche ein insolvenzfestes Absonderungsrechte erworben haben (→ Rn. 540, → Rn. 550) (BGH NJW-RR 2005, 1638). Zu denken ist insbesondere auch an die **Ansprüche der WEG** aus § 10 Abs. 1 Nr. 2 ZVG (→ Rn. 720) (BGH NZI 2009, 382).

772 Im eingeschränkten Umfang wird dies auch **Massegläubigern** möglich sein (→ Rn. 554). **Persönliche Gläubiger** können nach Insolvenzeröffnung aufgrund des Vollstreckungsverbotes in § 89 InsO keinen Vollstreckungsantrag stellen (zur Vollstreckung → Rn. 552).

3. Einstellungsantrag des Insolvenzverwalters

773 Ist über das Vermögen des Schuldners das Insolvenzverfahren eröffnet worden, so ist nach § 153b Abs. 1 ZVG die vollständige oder teilweise **Einstellung der Zwangsverwaltung anzuordnen,** wenn der Insolvenzverwalter dies beantragt und glaubhaft macht, dass eine wirtschaftlich sinnvolle Nutzung der Insolvenzmasse durch die Fortsetzung der Zwangsverwaltung wesentlich erschwert wird. In der **Eigenverwaltung** steht das Antragsrecht dem Schuldner nach § 146 Abs. 1 ZVG, § 30d Abs. 2 ZVG zu (MüKoInsO/Kern InsO § 165 Rn. 315).

774 Die **Glaubhaftmachung** hat nach § 294 ZPO zu erfolgen.

775 Entscheidend ist, ob die **wirtschaftliche Nutzung der Insolvenzmasse insgesamt** und nicht nur der Immobilie wesentlich erschwert wäre. Dabei ist auf die bestmögliche **wirtschaftliche Verwertungsmöglichkeit der Immobilie** abzustellen. Die bloße Ermöglichung des Einzugs der Mieten durch die Insolvenzmasse kann die Zwangsverwaltung nicht verdrängen. Hier ist insbesondere an den Fall zu denken, dass der Insolvenzverwalter die Immobilie für die Betriebsfortführung benötigt und der Zwangsverwalter die Immobilie an einen Dritten vermieten möchte.

776 Vor der Entscheidung des Gerichts sind gem. § 153b Abs. 3 ZVG der Zwangsverwalter und der betreibende Gläubiger **zu hören.**

777 Durch die Einstellung werden das Zwangsverwaltungsverfahren und die Beschlagnahme durch die Zwangsverwaltung **nicht aufgehoben.** Vielmehr wird das Zwangsverwaltungsverfahren angehalten; die Beschlagnahme bleibt bestehen und der Zwangsverwaltungsvermerk bleibt im Grundbuch eingetragen (Böttcher/Keller ZVG § 153b Rn. 7). Die **Verwaltung und Benutzung** der Immobilie erfolgt ab der Einstellung durch den Insolvenzverwalter. Die bis zur Einstellung bereits gezogenen Nutzungen sind von dem Zwangsverwalter zunächst für die Ausgaben der Verwaltung nach § 155 Abs. 1 ZVG zu verwenden und ein verbleibender Überschuss ist nach § 155 Abs. 2 ZVG zu verteilen (→ Rn. 830). Weitere Verfahrenshandlungen nimmt der Zwangsverwalter nicht mehr vor (Böttcher/Keller ZVG § 153b Rn. 7).

778 Da dem Insolvenzverwalter nach einer Einstellung der Zwangsverwaltung gem. § 153b ZVG die **Mietzinsen zustehen,** ist gem. § 153b Abs. 2 ZVG zwingend eine Nachteilsausgleichspflicht in Form von laufenden **Zahlungen aus der Insolvenzmasse** zugunsten der vollstreckenden Gläubiger anzuordnen (OLG Dresden OLG-NL 2001, 164). Zu erstatten sind nur die **nachweisbar erzielbaren Entgelte,** die durch das Gericht zu ermitteln und festzusetzen sind (MüKoInsO/Kern InsO § 165 Rn. 260). Die Zahlungen sind **unmittelbar an die Gläubiger** und nicht an

Immobilienverwertung im Insolvenzverfahren

den Zwangsverwalter zu leisten (Böttcher/Keller ZVG § 153b Rn. 7) und zwar **nur an die Gläubiger,** welche in der Zwangsverwaltung Zahlungen erhalten hätten (→ Rn. 848) und nur für die betreibenden Gläubiger (Böttcher/Keller ZVG § 153b Rn. 5). Die Zahlungen sind **ab der Einstellung** zu leisten (MüKoInsO/Kern InsO § 165 Rn. 261) und stellen **Masseverbindlichkeiten** dar.

Wird die **Auflage nicht beachtet,** hebt das Gericht auf Antrag des betreibenden Gläubigers 779 nach § 153c Abs. 1 ZVG die Anordnung der Einstellung auf. Die **Aufhebung erfolgt zudem,** wenn die Voraussetzungen für die Einstellung fortgefallen sind oder wenn der Insolvenzverwalter der Aufhebung zustimmt. Gemäß § 153c Abs. 2 S. 2 ZVG hat das Gericht vor der Entscheidung den Insolvenzverwalter **anzuhören.**

Wenn keine Aufhebung erfolgt, **enden die Wirkungen der Anordnung** nach § 153c Abs. 2 780 S. 2 ZVG mit der Beendigung des Insolvenzverfahrens.

Gegen die Anordnung oder die Ablehnung der einstweiligen Einstellung sowie gegen die 781 Anordnung oder die Ablehnung bzw. wegen der festgesetzten Höhe der Zahlungsauflage kann der jeweils beschwerte betreibende Gläubiger bzw. der Insolvenzverwalter **sofortige Beschwerde** nach § 11 Abs. 1 RPflG, § 793 Abs. 1 ZPO einlegen. Der Zwangsverwalter ist nicht beschwerdeberechtigt (Böttcher/Keller ZVG § 153b Rn. 6).

4. Zwangsverwaltungsantrag des Insolvenzverwalters

Zwar kann der Insolvenzverwalter gem. § 165 InsO iVm § 172 ZVG auch die **Zwangsverwaltung betreiben** (BGH NZI 2010, 482) oder einem Zwangsverwaltungsverfahren beitreten (→ Rn. 541). Nachdem der Insolvenzverwalter die Mieten der zur Insolvenzmasse gehörenden Immobilie aufgrund seines Verwaltungs- und Verfügungsrechts aus § 80 InsO zur Insolvenzmasse einziehen kann (→ Rn. 761), und diese im Falle der Zwangsverwaltung an die Grundpfandgläubiger auszukehren sind (→ Rn. 785), ist die praktische Bedeutung zur Beantragung der Zwangsverwaltung sehr gering. Soweit jedoch größere Investitionen zur Werterhaltung notwendig sind und eine Einigung mit dem Grundpfandgläubiger nicht möglich ist, könnte dieser Weg sinnvoll sein. Denn die Erhaltungsaufwendungen sind in der Rangklasse 1 und damit vorab zu befriedigen (→ Rn. 831).

Im Falle der **Eigenverwaltung** kann der Antrag durch den Insolvenzschuldner gestellt werden 783 (MüKoInsO/Kern InsO § 165 Rn. 312).

5. Sondermasse

Die **Mietforderungen ab der Insolvenzeröffnung** stehen grundsätzlich der Insolvenzmasse 784 zu (→ Rn. 458).

Die von dem **Beschlag der Zwangsverwaltung erfasste Sondermasse** (→ Rn. 791) unter- 785 liegt auch im Falle der Insolvenzeröffnung der alleinigen Verfügungsbefugnis des Zwangsverwalters und wird separat vom Insolvenzverfahren verwendet (→ Rn. 831). Dies gilt auch dann, wenn der **Mietvertrag durch den Insolvenzverwalter** geschlossen worden ist (OLG Brandenburg BeckRS 1999, 11218). Die **Kosten der Zwangsverwaltung** sind aus der Sondermasse oder von dem betreibenden Gläubiger und nicht von der Insolvenzmasse zu tragen.

III. Beschlagnahme/Wirkung

1. Eintritt der Beschlagnahme

Der Beschluss über die Anordnung der Zwangsverwaltung gilt gem. § 146 Abs. 1 iVm § 20 786 Abs. 1 ZVG **als Beschlagnahme des Grundstücks** (zum Umfang → Rn. 791). Mit dem Erlass des Anordnungsbeschlusses hat das Gericht das Grundbuchamt um Eintragung des Zwangsverwaltungsvermerkes zu ersuchen.

Gemäß § 22 Abs. 1 ZVG wird die **Beschlagnahme wirksam** mit der Zustellung (→ Rn. 768) 787 an den Schuldner bzw. bereits mit Zugang des Eintragungsersuchens bei dem Grundbuchamt (zur Zwangsversteigerung → Rn. 584) bzw. nach § 151 Abs. 1 ZVG bereits mit der Besitzerlangung des Zwangsverwalters am Grundstück nach § 150 ZVG. Im **Falle des Beitritts** wird die Beschlagnahme wirksam mit der Zustellung des Beitrittsbeschlusses bzw. gem. § 151 Abs. 2 ZVG bereits mit Zustellung des Beitrittsbeschlusses an den Zwangsverwalter, wenn dieser sich bereits im Besitz des Grundstücks befindet.

Immobilienverwertung im Insolvenzverfahren

788 Dies gilt gem. § 173 ZVG nicht im Falle eines **Antrages durch den Insolvenzverwalter.** Die Beschlagnahme zugunsten der Insolvenzmasse erfolgt bereits mit der Insolvenzeröffnung (→ Rn. 458).

2. Wirkung der Beschlagnahme

789 Durch die Beschlagnahme wird dem Schuldner gem. § 148 Abs. 2 ZVG die **Verwaltung und Benutzung des Grundstücks entzogen.** Gemäß § 23 Abs. 1 S. 1 ZVG iVm § 146 Abs. 1 ZVG hat die Beschlagnahme die Wirkung eines **Veräußerungsverbots,** sodass dem Schuldner auch die Verfügungsbefugnis entzogen wird (BGH NZI 2018, 212). Diese Befugnis geht gem. § 152 Abs. 1 ZVG auf den **bestellten Zwangsverwalter über** (→ Rn. 804) (BGH NZI 2018, 212; NZM 2016, 278).

790 Für Ansprüche, die von der Beschlagnahmeanordnung umfasst werden, ist ausschließlich der **Zwangsverwalter aktiv- und passivlegitimiert,** und zwar als Partei kraft seines Amtes (→ Rn. 812) (BGH NZI 2018, 212).

3. Umfang der Beschlagnahme

791 Nach § 148 Abs. 1 S. 1 ZVG, § 21 Abs. 2 ZVG **erfasst die Beschlagnahme** auch die nach § 1192 Abs. 1 BGB, § 1123 Abs. 1 BGB in den Haftungsverband des Grundpfandrechts fallenden **Miet- und Pachtzinsforderungen** (BGH NZI 2020, 116; 2018, 212) (→ Rn. 458). Vom Beschlag erfasst sind damit nicht nur die laufenden, sondern im bestimmten Umfang **auch rückständige** Mietzinsforderungen, soweit sie nicht länger als ein Jahr fällig sind (§ 1123 Abs. 2 S. 2 BGB, → Rn. 462); demzufolge werden sie auch von der Beschlagnahme durch Anordnung der Zwangsverwaltung erfasst (§§ 21, 148 Abs. 1 S. 1 ZVG) (BGH NJW 2003, 2320). Soweit die **Miete trotz Beschlagnahme** an die Insolvenzmasse gezahlt wurde, kommt eine Ersatzabsonderung in Betracht.

792 Die **bis zur Beschlagnahme erfolgten Mietzahlungen** stehen, soweit sie an die Insolvenzmasse erfolgt sind, weiterhin dieser zu (→ Rn. 469, → Rn. 956). Vorbehaltlich einer mit dem Grundgläubiger getroffenen Verwertungsvereinbarung (→ Rn. 976) sind die Mieten für den Grundpfandgläubiger auch nicht zu separieren. **Vorausverfügungen** über die Mieten und Pfändungen vor der Beschlagnahme bleiben im gewissen Umfang auch nach der Beschlagnahme wirksam (→ Rn. 472).

793 Dies gilt auch für **Nebenkostenforderungen,** und war auch soweit vereinbarte Vorauszahlungen betroffen sind. Auch sie stellen das Entgelt für bestimmte (Neben-)Leistungen des Vermieters dar, das der Verwalter zugunsten der Haftungsmasse einzuziehen hat. Bestehen Nachforderungen, da Nebenkosten **nicht in ausreichender Höhe gezahlt** worden sind, ist der Zwangsverwalter gem. § 152 Abs. 1 Hs. 2 ZVG zur Durchsetzung dieser Ansprüche verpflichtet (BGH NJW 2003, 2320). Eine **Nebenkostennachforderung** wird erst in dem **Zeitpunkt fällig,** in welchem die entsprechende Abrechnung des Vermieters dem Mieter zugeht. Der Zwangsverwalter ist auch zur Erstellung der Abrechnung für einen zurückliegenden Abrechnungszeitraum und zum Einzug der sich hieraus ergebenden Nebenkostennachforderung verpflichtet (BGH NJW 2003, 2320).

794 Die Verfügungsbefugnis des Verwalters erstreckt sich hinsichtlich des Grundstücks auch auf die darauf befindlichen **Gebäude** und das dem Schuldner gehörenden **Betriebsinventar** (zum Gewerbebetrieb → Rn. 824) (BGH NJW-RR 2005, 1175).

795 Mit der Beschlagnahme werden gem. § 146 Abs. 1 ZVG, § 20 Abs. 2 ZVG auch diejenigen Gegenstände, auf welche sich bei einem Grundstück die Hypothek erstreckt (→ Rn. 420), von der Beschlagnahme erfasst (zur Zwangsversteigerung → Rn. 583). Erfasst ist damit auch **schuldnereigenes Zubehör** (→ Rn. 428). Gemäß § 148 Abs. 1 S. 2 ZVG iVm § 23 Abs. 1 S. 2 ZVG kann der Schuldner, wenn sich die Beschlagnahme auf bewegliche Sachen erstreckt, auch nicht mehr über einzelne Stücke innerhalb der Grenzen einer ordnungsmäßigen Wirtschaft dem Gläubiger gegenüber **wirksam verfügen.** Aufgrund der Beschlagnahmewirkung nach § 148 Abs. 1 ZVG iVm § 21 Abs. 2 ZVG ist der Zwangsverwalter berechtigt, die **Betriebseinrichtung des schuldnerischen Unternehmens** (Zubehör) zu benutzen und die Miete einzuziehen.

IV. Mögliche Objekte

796 Eine Zwangsverwaltung kann über ein **Grundstück** sowie diesem nach § 862 Abs. 2 ZPO gleichgestelltes **Wohnungseigentum** beantragt werden (BGH NZI 2020, 116).

Immobilienverwertung im Insolvenzverfahren

V. Rechte und Pflichten des Zwangsverwalters

1. Person des Zwangsverwalters

Gemäß § 150 Abs. 1 ZVG wird der Zwangsverwalter von dem **Vollstreckungsgericht bestellt** 797
und gem. Abs. 2 wird die **Immobilie an den Verwalter übergeben.** Gehört eine öffentliche
Körperschaft oder eine sonstige in § 150a Abs. 1 ZVG genannte Stelle zu den Beteiligten, kann
dieser Beteiligte eine in seinen Diensten stehende Person als Verwalter vorschlagen (sog. **Institutsverwaltung**). Der vorgeschlagene Verwalter erhält in diesem Fall für seine Tätigkeit nach Abs. 2
S. 2 keine Vergütung. Im Übrigen unterscheidet sich die Institutsverwaltung nicht von einer
externen Verwaltung. Auch **der Insolvenzverwalter** kann zum Zwangsverwalter bestellt werden.
Bei der Zwangsverwaltung eines landwirtschaftlichen, forstwirtschaftlichen oder gärtnerischen
Grundstücks kann nach § 150b Abs. 1 S. 1 ZVG auch der Schuldner zum Verwalter bestellt werden
(**Eigenverwaltung**, §§ 150c–150e ZVG).

2. Besitz des Verwalters

Damit der Verwalter seine **Pflichten erfüllen kann,** muss er den unmittelbaren oder, bei 798
vermieteten oder verpachteten Objekten, den mittelbaren Besitz an der Immobilie erlangen.
Hierzu hat ihm das Vollstreckungsgericht nach § 150 Abs. 2 ZVG durch einen Gerichtsvollzieher
oder durch einen sonstigen Beamten die **Immobilie zu übergeben** oder ihm die Ermächtigung
zu erteilen, sich selbst den Besitz daran zu verschaffen (BGH NJW-RR 2011, 1095).

Der Zwangsverwalter ist **gegenüber dem Insolvenzverwalter** über das Vermögen des Eigen- 799
tümers der Immobilie zum Besitz berechtigt. Gegenüber dem Insolvenzverwalter kann der
Anspruch nach § 47 InsO geltend gemacht werden.

Diesen **Besitz muss der Schuldner** auf den Zwangsverwalter übertragen, indem er diesem 800
die Räume herausgibt (zum Wohnrecht → Rn. 813). Kommt die Schuldnerin dieser Verpflichtung **nicht freiwillig nach,** hat der Gerichtsvollzieher nach § 885 ZPO auf einen entsprechenden
Antrag des Zwangsverwalters hin den Schuldner aus dem Besitz zu setzen und dem Zwangsverwalter den Besitz einzuräumen. Der dafür notwendige Vollstreckungstitel ist der Beschluss über
die Anordnung der Zwangsverwaltung zusammen mit der Ermächtigung des Zwangsverwalters zur
Besitzverschaffung (BGH NJW-RR 2011, 1095).

Herauszugeben und im Wege der Herausgabevollstreckung durchzusetzen sind die bei dem 801
Schuldner vorhandenen **Betriebskostenabrechnungen** für die Mieter, Gebühren- und **Steuerbescheide** sowie **Versicherungsprämienrechnungen.** Die Vollstreckung ist nach § 883 ZPO
durchzuführen. Der Beschluss über die Anordnung der Zwangsverwaltung ist eine ausreichende
Vollstreckungsgrundlage. Die Herausgabepflicht nach § 150 Abs. 2 ZVG erstreckt sich auch auf
die für die Tätigkeit des Zwangsverwalters notwendigen Gegenstände des Schuldners. Erfasst sind
damit auch die ein Miet- oder Pachtverhältnis betreffenden Urkunden (BGH NJW-RR 2011,
1095).

Gegen **Besitzstörungen und Eingriffe Dritter** in den verwalteten Grundbesitz hat der 802
Zwangsverwalter aus eigenem Recht vorzugehen, und zwar ggf. auch gerichtlich (BGH NZI
2018, 212). Der **Herausgabeanspruch** des Vollstreckungsschuldners gegen einen unrechtmäßigen Besitzer nach § 985 BGB ist von dem Zwangsverwalter gerichtlich geltend zu machen (BGH
NZM 2016, 278).

War das beschlagnahmte Objekt bereits einem Mieter oder Pächter überlassen worden, so ist 803
der **Miet- oder Pachtvertrag** gem. § 152 Abs. 2 ZVG auch dem Verwalter gegenüber wirksam
(→ Rn. 809) (BGH NZM 2015, 49). Hat der **Insolvenzverwalter den Vertragsschluss wirksam angefochten,** kann dieser den Vertrag als nicht bestehend behandeln. Der Insolvenzverwalter
kann, wenn er auf Erfüllung des Vertrags in Anspruch genommen wird, dessen Anfechtbarkeit
einwenden, ohne zuvor auf Rückgewähr der Vertragserklärungen des Schuldners klagen zu müssen. Diese Rechtswirkung tritt jedoch ausschließlich im Verhältnis zur Insolvenzmasse ein, nicht
im Verhältnis zu Dritten. Eine Anfechtung entfaltet die Wirkung gegenüber jedermann erst mit
der Erfüllung des Anfechtungsanspruchs. Solange der Mieter die Anfechtung und damit die
Unwirksamkeit des Vertrags nicht akzeptiert, bleibt der Vertrag bestehen und der Zwangsverwalter
an diesen gebunden (BGH NZM 2015, 49).

3. Befugnisse und Aufgaben des Verwalters

Bei der Zwangsverwaltung handelt es sich um eine Einzelvollstreckungsmaßnahme. Die **Befug-** 804
nisse des Zwangsverwalters sind daher auf den **von der Beschlagnahme erfassten Teil** des

Marković

schuldnerischen Vermögens beschränkt (→ Rn. 791). Nur hinsichtlich des beschlagnahmten Teils ist der Zwangsverwalter verwaltungs- und verfügungsbefugt (BGH NJW-RR 2005, 1175).

805 Die **Aufgaben** des Zwangsverwalters bestimmen sich durch den **Zweck der Zwangsverwaltung** (→ Rn. 765), die Ansprüche der Gläubiger aus den Nutzungen des beschlagnahmten Grundstücks zu befriedigen (zur Befriedigungsreihenfolge → Rn. 831) (BGH NJW-RR 2005, 1175).

806 Der Zwangsverwalter ist daher nach § 152 Abs. 1 ZVG berechtigt, aber auch verpflichtet, alle Handlungen vorzunehmen, die erforderlich sind, um das **Grundstück in seinem wirtschaftlichen Bestand zu erhalten** und **ordnungsgemäß zu benutzen** (→ Rn. 808) (BGH NJW-RR 2005, 1175). Gemäß § 5 Abs. 1 ZwVwV soll die bei der Anordnung der Verwaltung **bestehende Art der Grundstücksnutzung beibehalten** werden (BGH NJW-RR 2005, 1175). Das beschlagnahmte Objekt darf **nicht veräußert** und durch **Umbau nachhaltig verändert** und es darf in die vom Schuldner dem Objekt zugedachte **Nutzung nicht in einer Weise eingegriffen** werden, die die wirtschaftliche Beschaffenheit des Grundstücks in ihrem Gesamtcharakter berührt (BGH BeckRS 2005, 638).

807 Gemäß § 154 S. 1 ZVG ist der Verwalter **allen Beteiligten gegenüber verantwortlich** für die Erfüllung der ihm obliegenden Verpflichtungen. Gemäß S. 2 dieser Vorschrift hat er dem Gläubiger und dem Schuldner zudem jährlich und nach der Beendigung der Verwaltung **Rechnung abzulegen.**

4. Eintritt in Rechte und Pflichten des Schuldners

808 Der Zwangsverwalter hat die **Rechte des Eigentümers** im Rahmen der ihm nach § 152 ZVG obliegenden Aufgaben wahrzunehmen (BGH NZM 2016, 278). Ihn treffen aber auch die **Verkehrssicherungspflichten** für die verwaltete Immobilie (BGH NJW 2017, 2905). Die **steuerlichen Pflichten** des Schuldners hat der Zwangsverwalter ebenfalls zu erfüllen, soweit sein Aufgabenbereich betroffen ist (→ Rn. 841).

809 Ist das Grundstück **vor der Beschlagnahme einem Mieter oder Pächter überlassen** worden, so ist gem. § 152 Abs. 2 ZVG der Miet- oder Pachtvertrag auch dem Zwangsverwalter gegenüber wirksam (→ Rn. 803). An bereits geschlossene Miet- und Pachtverträge ist er gebunden (§ 152 Abs. 2 ZVG) (BGH NJW 2003, 2320). Er kann dem Hauptmieter oder -pächter gegenüber somit **nur die Rechte geltend machen,** die dem Schuldner gegen diesen zustehen (BGH BeckRS 2011, 22038). Er ist jedoch berechtigt, alle Rechte des Eigentümers aus diesen Vertragsverhältnissen **selbstständig geltend zu machen** (BGH NZI 2018, 212). Der Zwangsverwalter hat jedoch **auch die Pflichten als Vermieter** oder Verpächter aus den bestehenden Miet- und Pachtverträgen zu erfüllen (BGH BeckRS 2011, 22038).

810 Der Zwangsverwalter ist, soweit er nicht ebenso wie der Schuldner an einen abgeschlossenen Vertrag gebunden ist, nach § 6 Abs. 1 ZwVwV **zur Änderung und zum Abschluss eines neuen Mietvertrages** berechtigt (BGH NZI 2018, 212).

811 Durch die Anordnung der Zwangsverwaltung wird die **Rechtsstellung des Untermieters** oder Unterpächters nicht unmittelbar berührt. Deren Vertragspartner bleibt auch nach Anordnung der Zwangsverwaltung weiterhin der Mieter oder der Pächter des Schuldners (BGH BeckRS 2011, 22038). Wenn jedoch der Hauptmiet- oder Hauptpachtvertrag wegen Vereitelung der Gläubigerrechte nach § 138 BGB nichtig ist, erfasst die Beschlagnahme durch Anordnung der Zwangsverwaltung auch Forderungen aus einem Untermiet- oder Unterpachtverhältnis (BGH NZM 2005, 433).

812 In prozessualer Hinsicht ist der Zwangsverwalter hinsichtlich der Geltendmachung der Rechte des Eigentümers aus den das beschlagnahmte Objekt betreffenden Mietverhältnissen bis zur Aufhebung des Zwangsverwaltungsverfahrens **Prozessstandschafter, Titelgläubiger und Klauselberechtigter** (zur Klage auf Mietzahlung → Rn. 823) (BGH NZI 2018, 212).

5. Wohnrecht des Schuldners

813 **Wohnt der Schuldner** zur Zeit der Beschlagnahme in der Immobilie, so sind ihm gem. § 149 Abs. 1 ZVG die für seinen Hausstand unentbehrlichen Räume kostenfrei zu belassen. Daher regelt auch § 5 Abs. 2 S. 2 Nr. 2 ZwVwV, dass in diesem Fall von dem Schuldner keine Miete eingezogen wird (BGH NZI 2016, 89; 2013, 606). Zu berücksichtigen sind **alle Personen,** die zur Zeit der Beschlagnahme in der betreffenden Immobilie wohnten und zum Hausstand des Eigentümers gehörten. Erfasst ist die Familie des Schuldners und die sonstigen von ihm in den Haushalt aufgenommenen Personen. Dazu gehören die Ehepartner, auch volljährige Kinder, Eltern,

Immobilienverwertung im Insolvenzverfahren

Geschwister, nichteheliche Lebenspartner, Kinder des Lebenspartners oder das Hauspersonal (BGH NZI 2016, 594).

§ 149 Abs. 1 ZVG stellt auf den **Zeitpunkt der Beschlagnahme** ab. Daher besteht nur ein Wohnrecht, wenn der Verfahrensschuldner und Eigentümer in diesem Zeitpunkt bereits in dem betreffenden Objekt gewohnt hat. Er hat also kein Recht, in eine während des Zwangsverwaltungsverfahrens freiwerdende Wohnung einzuziehen. In diesem Fall kann er nur aufgrund eines Mietvertrages mit dem Zwangsverwalter gegen Mietzinszahlung die Wohnung nutzen (BGH NZI 2016, 594). 814

§ 149 Abs. 1 ZVG setzt nach seinem Tatbestand die Wohnnutzung des zwangsverwalteten Grundstücks kraft Eigentums und **unmittelbaren Eigenbesitzes** durch den Verfahrensschuldner und seine mitwohnenden Familienangehörigen voraus. Der Wohnungsschutz aus § 149 Abs. 1 ZVG entfällt, wenn der Eigentümer den Hausstand aufgegeben hat, und zwar auch für die Angehörigen. Dies ist grundsätzlich auch dann der Fall, wenn er das Objekt vollständig an einen Dritten zur alleinigen Nutzung vermietet und übergibt und im Anschluss insgesamt oder in Teilen zu Wohnzwecken zurückmietet. Er besitzt die angemieteten Räumlichkeiten in diesem Fall unmittelbar nicht aufgrund seines Eigentums als Eigen-, sondern aufgrund des (Unter-)Mietvertrags als Fremdbesitzer (BGH NZI 2016, 594). § 149 Abs. 1 ZVG greift auch dann nicht, wenn der Schuldner das Objekt an eine juristische Person vermietet und die Sachherrschaft als Geschäftsführer ausübt (BGH NZI 2016, 594). 815

Das Wohnrecht besteht auch dann, wenn der Eigentümer infolge eines **Insolvenzverfahrens** über sein Vermögen Verbindlichkeiten gegenüber den Verfahrensgläubigern nur noch insolvenzmäßig zu befriedigen hat (BGH NZI 2013, 606). In diesem Fall bestehen das **Wohnrecht des Eigentümers** gegenüber dem Zwangsverwalter nach § 149 Abs. 1 ZVG und das Recht auf pflichtmäßige Ermessensausübung der **Gläubigerversammlung oder des Insolvenzverwalters** nach § 100 Abs. 1 und 2 InsO, ihm den Gebrauch der eigenen Wohnung weiter zu gestatten, nebeneinander (BGH NZI 2013, 606). **Beansprucht der Insolvenzverwalter Besitz** an den Räumen als Massebestandteil und werden diese dem Schuldner insolvenzrechtlich nicht als Unterhalt überlassen, kann der Insolvenzverwalter von dem Schuldner die Räumung auf der Grundlage des § 148 Abs. 1 InsO verlangen und durchsetzen (BGH NZI 2013, 606). Der Zwangsverwalter kann nach § 150 Abs. 2 ZVG vom Insolvenzverwalter als Verfahrensschuldner erst dann die Einräumung des Besitzes an dem insolvenzbefangenen Wohneigentum verlangen (BGH NZI 2013, 606). Der **Zwangsverwalter hat jedoch keinen Anspruch** darauf, dass der Insolvenzverwalter das Wohneigentum des Insolvenzschuldners für die Masse in Besitz nimmt, an einen Dritten vermietet und hierdurch der Zwangsverwaltung zu Einnahmen verhilft (BGH NZI 2013, 606). 816

6. Miete/Kaution

Das **Einziehungsrecht an den Mieten** steht allein dem Zwangsverwalter zu (→ Rn. 791), auch wenn die Mieten **an den Grundpfandgläubiger zusätzlich zur Sicherheit abgetreten** wurden (BGH NZI 2018, 212) (im Falle der **Untervermietung** → Rn. 811). 817

Die beschlagnahmten Mietforderungen werden **nicht wie bei einer Forderungspfändung** nach § 829 ZPO dem Zwangsvollstreckung betreibenden Gläubiger zur Einziehung oder an Zahlung statt überwiesen (§ 835 Abs. 1 ZPO). Vielmehr ist der Zwangsverwalter aufgrund der Beschlagnahmewirkung nach § 148 Abs. 1 ZVG iVm § 21 Abs. 2 ZVG gem. § 152 Abs. 1 Hs. 2 ZVG **verpflichtet, die Mietforderung einzuziehen** (BGH NZI 2020, 116). 818

Der Zwangsverwalter ist verpflichtet, die **Mieten auf ein gesondertes Treuhandkonto** einzuziehen (§ 13 Abs. 2 S. 1 ZwVwV) (BGH NZI 2020, 116). Gemäß § 13 Abs. 1 ZwVwV ist der Massebestand von eigenen Beständen des Verwalters getrennt zu halten. Gemäß § 13 Abs. 2 S. 1 ZwVwV hat der Verwalter für jede Zwangsverwaltung ein gesondertes Treuhandkonto einzurichten, über das er den Zahlungsverkehr führt (BGH NZI 2020, 116). 819

So hat er noch nicht geleistete **Kautionen einzuziehen**. Umgekehrt ist er dem Mieter gegenüber verpflichtet, eine geleistete Kaution nach Eintritt der Voraussetzungen zulasten der Masse **herauszugeben** (BGH NZI 2018, 212). Bei dem Zwangsverwalter ist im Gegensatz zum Insolvenzverwalter (→ Rn. 967) darauf zu achten, dass nach § 152 Abs. 2 ZVG dem Zwangsverwalter gegenüber der Mietvertrag vollumfänglich wirksam ist. Doch § 108 Abs. 1 und 3 InsO unterscheiden für den Insolvenzverwalter ausdrücklich zwischen Ansprüchen für die Zeit vor und nach der Eröffnung des Insolvenzverfahrens. Dies ist bei dem Zwangsverwalter nicht der Fall. Daher kann der Mieter, auch wenn die Kaution vor Anordnung der Zwangsverwaltung von dem Vermieter **nicht insolvenzfest angelegt worden** ist, gegenüber dem Zwangsverwalter die Rückgewähr der Kaution verlangen. Zudem kann er ihre insolvenzfeste Anlage verlangen. Er kann zudem ein 820

Immobilienverwertung im Insolvenzverfahren

Zurückbehaltungsrecht an der laufenden Miete bis zur Höhe der gezahlten Mietkaution nebst Zinsen geltend machen (BGH NZI 2013, 158). Dies gilt auch dann, wenn der Verwalter die Kaution vom Vermieter nicht erhalten hat (BGH NZI 2013, 158).

821 Nachdem die Nebenkostennachforderung ggf. vom Beschlag erfasst ist (→ Rn. 793) und die Höhe einer etwaigen Nachforderung aber nur durch eine ordnungsgemäße **Nebenkostenabrechnung** zu ermitteln ist, obliegt die Erstellung dieser Abrechnung dem Verwalter, jedenfalls insoweit, als eine mögliche Nachforderung der Beschlagnahme unterliegt (BGH NJW 2003, 2320).

822 Soweit der Zwangsverwalter verpflichtet ist, eine Nebenkostenabrechnung zu erstellen (→ Rn. 821), umfasst diese Verpflichtung auch den Ausgleich des sich aus der Abrechnung ergebenden **Nebenkostensaldos.** Es kommt auch nicht darauf an, ob der Zwangsverwalter die Nebenkostenvorauszahlungen von dem Vermieter oder von der von diesem beauftragten Hausverwaltung erhalten hat (BGH NJW 2003, 2320).

823 Soweit die Miete in die Sondermasse des Zwangsverwalters einzuziehen ist, ist der Zwangsverwalter prozessführungsbefugt (→ Rn. 812). Hatte vor Anordnung der Zwangsverwaltung der **Insolvenzverwalter Klage auf Zahlung** der Miete eingereicht, hat die Beschlagnahme einer bereits rechtshängigen Mietzinsforderung im Wege der Zwangsverwaltung auf den laufenden Prozess und die prozessualen Befugnisse des Insolvenzverwalters keine anderen Auswirkungen, als dies gem. § 265 Abs. 2 ZPO im Falle der rechtsgeschäftlichen Abtretung oder der Pfändung und Überweisung einer rechtshängigen Forderung für den Fall wäre. Der Rechtsvorgänger **bleibt weiter prozessführungsbefugt** und darf den Rechtsstreit als Partei im eigenen Namen, in sog. Prozessstandschaft weiterführen, muss aber wegen der veränderten materiellen Rechtslage Leistung an den Rechtsnachfolger verlangen. Ein Urteil im Rechtsstreit um die abgetretene oder gepfändete Forderung darf nur auf Leistung an den Rechtsnachfolger ergehen. **Erfolgt keine Umstellung des Klageantrags,** so ist die Klage aufgrund fehlender Sachbefugnis bzw. Aktivlegitimation unbegründet. **Dem klagenden Insolvenzverwalter** verbleibt nach Übertragung der streitbefangenen Forderung die Prozessführungsbefugnis nach den dargestellten Grundsätzen des § 265 ZPO jedenfalls insoweit, als durch die Einziehung zugunsten des Rechtsnachfolgers die Insolvenzmasse entlastet wird. Der Insolvenzverwalter führt den Rechtsstreit bei derartiger Fallgestaltung in doppelter Prozessstandschaft weiter, nämlich einerseits als Partei kraft Amtes, andererseits nach § 265 Abs. 2 S. 1 ZPO (BGH NJW 1986, 3206).

7. Fortführung eines Betriebes

824 Soweit eine **gewerbliche Tätigkeit erforderlich** ist, gehört auch sie zu den Aufgaben des Zwangsverwalters (BGH NJW-RR 2005, 1175). Der Verwalter ist nicht auf die reine Bodennutzung beschränkt. Vielmehr sind die unternehmerischen Tätigkeiten, wie der Betrieb eines Parkhauses, eines Campingplatzes oder einer Tennishalle, zulässig.

825 Betreibt der Schuldner auf dem beschlagnahmten Grundstück ein gewerbliches Unternehmen, **teilt sich sein Vermögen** mit der Anordnung der Zwangsverwaltung in einen von der Beschlagnahme erfassten Teil (→ Rn. 804), insbesondere das Betriebsgrundstück nebst Zubehör (§ 148 Abs. 1 ZVG, § 20 Abs. 2 ZVG, §§ 1120, 94, 97, 98 BGB) und in das übrige, von der Beschlagnahme unberührte Betriebsvermögen (BGH NJW-RR 2005, 1175).

826 Die Beschlagnahme eines Grundstücks im Zwangsverwaltungsverfahren erfasst den auf dem Grundstück ausgeübten **Gewerbebetrieb des Schuldners als solchen nicht** (BGH NJW-RR 2005, 1175). Wenn dieser **von dem Grundbesitz „ablösbar"** ist, kann er also auch an einem anderen Ort ausgeübt werden, ist der Betrieb von der Beschlagnahme nicht erfasst (BGH NJW-RR 2005, 1175). In diesem Fall kann der Zwangsverwalter dem Schuldner die Räume gegen ein angemessenes Entgelt vermieten oder ihn von dem Grundstück verweisen (BGH NJW-RR 2005, 1175).

827 Anders ist dies bei sog. **grundstücksbezogenen Betrieben,** die auf einem für eine bestimmte gewerbliche Nutzung dauerhaft ausgebauten Grundstück geführt werden, und deren wirtschaftlicher Schwerpunkt also auf dem Grundstück liegt, wie etwa ein Hotel, eine Gaststätte, ein Freizeitpark oder eine Kurklinik. Diese lassen sich zum einen von dem beschlagnahmten Grundstück nicht lösen. Zum anderen kann auch das Grundstück in der Regel nur zu dem Zweck, für das es besonders eingerichtet ist, wirtschaftlich sinnvoll genutzt werden (zur Erhaltungsplicht des Verwalters → Rn. 806) (BGH NJW-RR 2005, 1175). Abzustellen ist hierbei darauf, ob die Fortführung des Betriebes durch den Zwangsverwalter **zur ordnungsgemäßen Nutzung des Grundstücks erforderlich ist.** Zwar ist der Verwalter nach § 5 Abs. 2 ZwVwV gehalten, den Betrieb **zu verpachten.** Solange dies nicht gelingt oder aus anderen Gründen unzweckmäßig erscheint, ist er erforderlichenfalls auch für die gesamte Dauer der Zwangsverwaltung befugt, den

Immobilienverwertung im Insolvenzverfahren

Betrieb selbst fortzusetzen (BGH NJW-RR 2005, 1175). Führt er den Betrieb fort, liegt ein Betriebsübergang iSd § 613a BGB vor (BAG NZM 2012, 384) (zu der **Grenze der Befugnisse** → Rn. 805). Dies gilt auch im **Insolvenzverfahren.** Im Insolvenzverfahren wird der Insolvenzverwalter, soweit er die Fortführung des Betriebes unter Berücksichtigung des an den Zwangsverwalter zu zahlenden Entgelts als zweckmäßig erachtet, die Einstellung der Zwangsverwaltung nach § 153b ZVG beantragen (→ Rn. 773).

Soweit jedoch Rechte des Schuldners unabhängig von ihrer Zugehörigkeit zum Unternehmen durch **§ 823 Abs. 1 BGB** geschützt sind, wie etwa gewerbliche Schutzrechte, Namensrechte oder das Eigentum an Geschäftsbüchern, sind sie vom Beschlag nicht erfasst. Ihre Nutzung kann der Zwangsverwalter nur über vertragliche Regelungen mit dem Schuldner erreichen (BGH NJW-RR 2005, 1175). 828

Mit der Betriebsfortführung ist jedoch **keine „Universalsukzession"** in alle den Gewerbebetrieb betreffende Schuldverhältnisse des Schuldners verbunden (BGH NJW-RR 2005, 1175). 829

VI. Verteilung der Einnahmen

Der Anspruch des Gläubigers aus § 155 Abs. 2 S. 1 ZVG iVm § 10 Abs. 1 Nr. 4 und 5 ZVG gegen den Zwangsverwalter richtet sich auf **Auskehrung eines eventuellen Überschusses,** welcher nach Abzug der gemäß **dem Teilungsplan vorrangig aus den Einkünften** zu bereinigenden Ausgaben, Kosten und Ansprüche verbleibt (BGH NZI 2020, 116). 830

1. Ausgaben der Verwaltung und die Kosten des Verfahrens

Gemäß § 155 Abs. 1 ZVG sind aus den Nutzungen des Grundstücks **die Ausgaben** der Verwaltung (Rangklasse 1, → Rn. 693) sowie die **Kosten des Verfahrens,** mit Ausnahme derjenigen, welche durch die Anordnung des Verfahrens oder den Beitritt eines Gläubigers entstehen, vorweg zu bestreiten (Rangklasse 0, → Rn. 692). 831

Gemäß § 17 Abs. 1 S. 1 ZwVwV hat der Zwangsverwalter nach Maßgabe des § 21 ZwVwV Anspruch auf eine **angemessene Vergütung** für seine Geschäftsführung sowie auf Erstattung seiner Auslagen. Gemäß § 18 Abs. 1 S. 1 ZwVwV erhält der Verwalter bei der Zwangsverwaltung von Grundstücken, die durch Vermietung oder Verpachtung genutzt werden, als Vergütung in der Regel 10 % des für den Zeitraum der Verwaltung an Mieten oder Pachten eingezogenen Bruttobetrags. Im Falle der **Insuffizienz der Zwangsverwaltungsmasse** besteht ein Anspruch des Zwangsverwalters gegen den Gläubiger (§ 12 Abs. 3 S. 2 ZwVwV). 832

Nur die **Überschüsse** werden gem. § 155 Abs. 2 S. 1 ZVG auf die in § 10 Abs. 1 Nr. 2–5 ZVG bezeichneten Ansprüche verteilt (→ Rn. 848). 833

2. Ausgabe: Wohngeld

Bei den von dem Verwalter zu bestreitenden Ausgaben der Verwaltung ist insbesondere an das **Wohngeld, das der Schuldner als Wohnungseigentümer** gem. § 16 Abs. 2 WEG nach dem Wirtschaftsplan anteilig zu zahlen hat, zu denken (BGH NZI 2020, 116). 834

Jedoch sind gem. § 155 Abs. 1 ZVG lediglich die **nach ihrer Anordnung fälligen** Wohngeldansprüche bevorzugt zu begleichen. Die **davor bereits fällig gewesenen Wohngeldansprüche** (→ Rn. 241 ff.) sind gem. § 155 Abs. 2 ZVG lediglich aus dem eventuell vorhandenen Überschüssen zu bedienen (Depré ZVG/Cranshaw ZVG § 10 Rn. 45), wobei nach § 155 Abs. 2 S. 2 ZVG in der Rangklasse Nr. 2 (→ Rn. 705) nur die laufenden Leistungen zu berücksichtigen sind (BGH NZI 2009, 382) und damit gem. § 13 Abs. 1 ZVG noch der letzte vor der Beschlagnahme fällig gewordene Betrag. 835

Kann das **Wohngeld nicht aus den Erträgen** der Verwaltung aufgebracht werden, hat der Gläubiger, der die Anordnung der Zwangsverwaltung erwirkt hat, dem Zwangsverwalter die notwendigen Beträge als Vorschuss bereitzustellen (BGH NZI 2020, 116). 836

3. Ausgabe: Unterhalt für den Schuldner

§ 149 Abs. 3 ZVG und § 150e ZVG sehen einen Anspruch des Schuldners auf Überlassung von Erträgen des Grundstücks bei der Zwangsverwaltung **landwirtschaftlicher, forstwirtschaftlicher oder gärtnerischer Grundstücke** vor. 837

Im Falle der **Zwangsverwaltung anderer Grundstücke** sind dem Schuldner die Erträge der beschlagnahmten Immobilie nicht zu Unterhaltszwecken zu belassen. Die Vorschrift des § 850i ZPO ist im Zwangsverwaltungsverfahren auch nicht entsprechend anwendbar (BGH NZI 2020, 838

116). Im Falle einer Anordnung der Zwangsverwaltung gelten nämlich die auf die Zwangsvollstreckung in Forderungen und andere Vermögensrechte beschränkten Pfändungsschutzvorschriften der §§ 850 ff. ZPO nicht.

839 Im Falle des **Einzugs der Miet- und Pachteinnahmen durch den Insolvenzverwalter** ist § 850i ZPO jedoch zu beachten (→ Rn. 973). Im Gegensatz zu einem Forderungspfändungsgläubiger, der die im Zusammenhang mit der Immobilie anfallenden Kosten, Lasten und Aufwendungen nicht zu tragen hat, erfolgt die Befriedigung in der Zwangsverwaltung erst aus dem Überschuss (BGH NZI 2020, 116). Dies gilt auch im Insolvenzverfahren, wobei dort, wie bereits dargestellt wurde, die Unterhaltsansprüche zu berücksichtigen sind.

4. Ausgabe: Sonstige Kosten

840 Rechtsanwalts- und Gerichts**kosten, welche zur Abwehr einer Besitzstörung** anfallen, sind ebenfalls aus der Zwangsverwaltungsmasse zu bedienen (BGH NZI 2018, 212).

5. Ausgabe: Steuern

841 Steuersubjekt und damit Schuldner der Steuer bleibt der Vollstreckungsschuldner. Daneben hat der **Zwangsverwalter als Vermögensverwalter** die steuerlichen Pflichten des Schuldners als eigene zu erfüllen (§ 34 Abs. 3 AO iVm § 33 AO), soweit seine Aufgaben und Befugnisse reichen. Der Aufgabenkreis des Zwangsverwalters ist gegenständlich begrenzt durch den **Umfang der vollstreckungsrechtlichen Beschlagnahme.** Lediglich die mit dem der Zwangsverwaltung unterliegenden Vermögen in Zusammenhang stehenden Sachverhalte lösen die Rechtsfolgen des § 34 Abs. 3 AO aus. Ist ein Fahrzeug als Zubehör durch die Anordnung der Zwangsverwaltung über ein Grundstück beschlagnahmt worden, so stellt die Kraftfahrzeugsteuer keine Masseverbindlichkeit iSv § 55 Abs. 1 Nr. 1 InsO dar. Sie ist daher gegenüber dem Zwangsverwalter und nicht gegenüber dem Insolvenzverwalter festzusetzen (BFH BeckRS 2012, 96383). Durch die **Dauer des Verfahrens** sind die Rechte und Pflichten des Zwangsverwalters auch zeitlich begrenzt. Sie enden grundsätzlich mit dessen Aufhebung (§ 161 ZVG) (BFH NZI 2015, 672).

842 Der Anspruch des Fiskus richtet sich nur **gegen das liquide Verwaltungsvermögen** (Nutzungen des Grundstücks; vgl. § 155 Abs. 1 ZVG). Zur Verfügung über das der Verwaltung unterliegende Grundstück ist der Zwangsverwalter nicht befugt. Bei einer vorsätzlichen oder grob fahrlässigen Verletzung der ihn treffenden Entrichtungspflicht haftet er mit seinem Privatvermögen gem. § 69 AO (BFH NZI 2015, 672). Gemäß § 156 Abs. 1 S. 1 ZVG sind die laufenden Beträge der öffentlichen Lasten von dem Verwalter **ohne weiteres Verfahren zu berichtigen.**

843 Wenn die **Zwangsverwaltung und die Insolvenzverwaltung** für einen Schuldner zeitlich zusammentreffen, ergibt sich aus § 34 Abs. 3 Hs. 1 AO, dass beide Verwalter die steuerlichen Pflichten des Schuldners zu erfüllen haben, soweit ihre Verwaltung jeweils reicht (BFH NZI 2015, 672).

844 Die das verwaltete Vermögen betreffende **Grundsteuer** ist aus der Zwangsverwaltungsmasse zu bezahlen (BGH NZI 2018, 212).

845 Der Zwangsverwalter hat die **(anteilige) Einkommensteuer** des Vollstreckungsschuldners zu entrichten, soweit sie aus der Vermietung der im Zwangsverwaltungsverfahren beschlagnahmten Grundstücke herrührt (BFH NZI 2019, 308). Erzielt der Zwangsverwalter aus der **Vermietung oder Verpachtung** der seiner Verwaltung unterliegenden Grundstücke gem. § 21 EStG steuerpflichtige **Einnahmenüberschüsse,** ist die darauf entfallende Einkommensteuer des Schuldners unmittelbar durch die Verwaltung verursacht und veranlasst, denn der Verwalter übt die den Besteuerungstatbestand erfüllende Tätigkeit (entgeltliche Überlassung des Grundstücks zur Nutzung) im eigenen Namen, aber für fremde Rechnung selbst aus (BFH NZI 2015, 672). Das gilt auch, wenn während der Zwangsverwaltung das **Insolvenzverfahren** über das Vermögen des Schuldners eröffnet wird, solange die Zwangsverwaltung nicht aufgehoben ist (BFH NZI 2015, 672).

846 Die **Abgrenzung der Steuerschuld** erfolgt wie bei den Insolvenzverfahren (BFH NZI 2015, 672) (→ Rn. 140).

847 Der Zwangsverwalter ist zudem zur **Entrichtung der Umsatzsteuer** verpflichtet, soweit seine Verwaltung reicht. Insoweit sind Umsatzsteuerbescheide an ihn zu richten. Führt der Schuldner außerhalb des beschlagnahmten Unternehmensbereichs Umsätze aus, ist die insoweit entstandene Umsatzsteuer allein durch einen an den Schuldner gerichteten Umsatzsteuerbescheid festzusetzen (BFH NZI 2015, 672). Hier ist die **Steuerbefreiung nach § 4 Nr. 12 S. 1 lit. a UStG** mit den Einschränkungen in S. 2 zu beachten. Auch hier kann auf die Befreiung nach § 9 Abs. 1 UStG verzichtet werden (→ Rn. 907).

Immobilienverwertung im Insolvenzverfahren

6. Auszahlung an die Gläubiger

Nach Begleichung der vorstehend erwähnten Ansprüche ist der Überschuss nach § 155 Abs. 2 S. 1 ZVG, § 156 Abs. 2 S. 2 ZVG, § 157 Abs. 1 ZVG dem **Teilungsplan entsprechend zu verteilen** (BGH NZI 2020, 116). 848

Die Feststellungskosten des Insolvenzverwalters aus der **Rangklasse Nr. 1a** sind nicht zu berücksichtigen (MüKoInsO/Kern InsO § 165 Rn. 237). 849

Gemäß § 155 Abs. 2 S. 2 ZVG werden in den **Rangklassen 2–5** jedoch **nur Ansprüche auf laufende, wiederkehrende Leistungen,** einschließlich der Rentenleistungen, sowie auf diejenigen Beträge berücksichtigt, die zur allmählichen Tilgung einer Schuld als Zuschlag zu den Zinsen zu entrichten sind. 850

Hier ist insbesondere an den Anspruch des Grundschuldgläubigers auf die **dinglichen Zinsen** (Rangklasse 4) zu denken, welcher alle Haupt- und Nebenforderungen sichert (→ Rn. 319). Der Zinsanspruch für das laufende und die nach der Beschlagnahme fällig werdenden Zeiträume und im begrenzten Umfang für die rückständigen Jahre (→ Rn. 750) gewährt dem Grundpfandgläubiger damit ein Recht auf fortlaufende Befriedigung aus der Rangklasse 4. 851

VII. Einstellung wegen Auftragsrücknahme im laufenden Insolvenzverfahren

1. Ende der Beschlagnahme und der Befugnisse

Die **uneingeschränkte Antragsrücknahme** durch den vollstreckenden Grundpfandgläubiger führt zwingend zur Aufhebung des Zwangsverwaltungsverfahrens gem. § 161 Abs. 4 ZVG, § 29 ZVG (BGH NZI 2018, 212). Auch wenn die Verfahrensaufhebung aufgrund einer zulässigen Antragsrücknahme ohne weitere sachliche Prüfung durch das Vollstreckungsgericht zu erfolgen hat, endet die Beschlagnahme des Grundstücks erst mit der Zustellung des daraufhin die Zwangsverwaltung aufhebenden Beschlusses (BGH NZI 2018, 212; 2012, 54). 852

Abgesehen von unaufschiebbaren Abwicklungsmaßnahmen **enden damit** die dem Zwangsverwalter kraft seines Amtes **zustehenden Befugnisse** (BGH NZI 2018, 212). Er darf die Masse nur noch abwickeln und hat keine Zahlungen an öffentliche Lasten oder an Berechtigte eines Teilungsplans zu leisten, es sei denn, die **Rücknahme erfolgte unter Vorbehalt** (→ Rn. 855) (BGH NZI 2012, 54; 2018, 212), oder das Gericht hat den Verwalter ausnahmsweise nach § 12 Abs. 2 S. 1 ZwVwV zur Vornahme **weiterer Handlungen besonders ermächtigt** (BGH NZI 2018, 212). 853

Nach der Aufhebung der Zwangsverwaltung aufgrund Antragsrücknahme hat der Zwangsverwalter das **Grundstück an den Schuldner herauszugeben,** und zwar **einschließlich der Nutzungen,** die von ihm nicht mehr benötigt werden (→ Rn. 856) (BGH NZI 2012, 54). 854

2. Schicksal der eingezogenen Mieten

Hat der Zwangsverwalter Mieten und Pachtforderungen nach anfechtungsfester Beschlagnahme **eingezogen,** so setzt sich das nach § 1123 Abs. 1 BGB erstreckte **Grundpfandrecht im Wege der Surrogation** an dem eingezogenen Erlös nach Maßgabe der §§ 155, 156 ZVG fort (BGH NZI 2018, 212; NJW 2013, 3520). Dies gilt auch im Falle einer Aufhebung der Zwangsverwaltung infolge **Antragsrücknahme mit Wirkung für die Zukunft und unter Vorbehalt** ihres durch die Beschlagnahme bereits entstandenen Erlöspfandrechts (BGH NJW 2013, 3520). 855

Dagegen erlischt die hypothekarische Pfändung des Erlöses zugunsten der beteiligten Verfahrensgläubiger, wenn die Zwangsverwaltung infolge einer **vorbehaltslosen Auftragsrücknahme aufgehoben** wird und eben keine Verteilung dieser Masse nach den §§ 155, 156 ZVG vorbehalten und die Beschlagnahme insoweit nicht aufrechterhalten geblieben ist (BGH NJW 2013, 3520). Der noch vorhandene **Erlösüberschuss steht in diesem Fall dem Eigentümer** des betreffenden Grundbesitzes zu. Dem Grundpfandgläubiger steht kein Anspruch auf abgesonderte Befriedigung nach § 49 InsO zu (BGH NJW 2013, 3520). Der Zwangsverwalter ist verpflichtet, das Grundstück, einschließlich der Nutzungen, die von ihm nicht mehr benötigt werden, an den Schuldner herauszugeben. Zahlungen auf den Teilungsplan erfolgen nicht mehr (BGH NZI 2018, 212). 856

3. Fortwirkung der Prozessführungsbefugnis

Wenn die Zwangsverwaltung durch Antragsrücknahme endet, so **erlischt** die aus § 152 Abs. 1 Hs. 2 ZVG abgeleitete **Prozessführungsbefugnis** des Zwangsverwalters mit dem Aufhebungsbeschluss. Dies gilt auch für anhängige Prozesse. Dies gilt jedoch nicht, wenn das Versteigerungsge- 857

Immobilienverwertung im Insolvenzverfahren

richt eine Fortdauer im Zusammenhang mit der Aufhebung erkennbar bestimmt. Eine solche Anordnung, dass die Beschlagnahmewirkung in derartig begrenzter Weise aufrechterhalten bleiben soll, ist jedenfalls nach einer Antragsrücknahme unschwer möglich und aus Gründen der Rechtsklarheit unverzichtbar geboten, wenn aus dem Recht des Gläubigers weiter prozessiert werden soll (BGH NZI 2004, 54).

858 Mit dem Ende der Befugnisse erlischt auch die aus § 152 Abs. 1 ZVG abgeleitete Prozessführungsbefugnis des Zwangsverwalters, und zwar **auch für bereits anhängige** Prozesse, wenn die Aufhebung der Zwangsverwaltung nicht mit der Ermächtigung des Zwangsverwalters zur Fortführung von Prozessen verbunden wurde (BGH NZI 2018, 212).

4. Anfechtbare Zahlung durch den Insolvenzschuldner an den Zwangsverwalter

859 Rückgewähransprüche des Insolvenzverwalters wegen Zahlungen, die der Zwangsverwalter in insolvenzrechtlich anfechtbarer Weise erlangt hat, sind **während des Zwangsverwaltungsverfahrens** gegen den Zwangsverwalter, **nach unbeschränkter Aufhebung** des Zwangsverwaltungsverfahrens infolge Antragsrücknahme (§ 161 Abs. 4 ZVG, § 29 ZVG) grundsätzlich gegen den Vollstreckungsschuldner (den Eigentümer der Immobilie) geltend zu machen (BGH NZI 2018, 212). Nach Aufhebung der Zwangsverwaltung infolge Antragsrücknahme sind die vor der Aufhebung erfolgten **Mietzahlungen des Insolvenzschuldners an den Zwangsverwalter** als Zahlungen an den Eigentümer des zwangsverwalteten Grundstücks und nicht des Vollstreckungsgläubigers oder des Zwangsverwalters anzusehen. Der sich nach einer Insolvenzanfechtung ergebende Rückgewähranspruch des Insolvenzverwalters richtet sich daher gegen den Eigentümer des zwangsverwalteten Grundstücks (BGH NZI 2018, 212).

VIII. Einstellung wegen Zuschlags im Versteigerungsverfahren

860 Nach der Erteilung des **Zuschlags im Versteigerungsverfahren** dauert die Zwangsverwaltung nach der Vorschrift des § 12 Abs. 1 S. 2 ZwVwV bis zu deren **Aufhebung durch das Vollstreckungsgericht** fort. Nach § 12 Abs. 1 S. 1 ZwVwV wird das Zwangsverwaltungsverfahren formell durch einen Aufhebungsbeschluss des Vollstreckungsgerichts beendet (§ 161 Abs. 1 ZVG).

861 Die **Nutzungen ab dem Zuschlag** gebühren gem. § 56 S. 2 ZVG dem Erwerber des Grundstücks. Der Verwalter hat die nach der Wirksamkeit des Zuschlags (§ 90 Abs. 1 ZVG, § 89 ZVG, § 104 ZVG) erwirtschafteten Überschüsse in entsprechender Anwendung des § 667 BGB an den Erwerber herauszugeben (BGH NZI 2012, 54).

862 Die Wirkungen der Beschlagnahme dauert für die **Nutzungen aus der Zeit vor der Wirksamkeit des Zuschlags** fort. Diese Nutzungen bleiben Teil der Zwangsverwaltungsmasse, die zur Befriedigung des Vollstreckungsgläubigers zur Verfügung steht (BGH NJW 2010, 3033). Sind aus der Zwangsverwaltung vor der Wirksamkeit des Zuschlags Überschüsse erwirtschaftet worden, bleibt der Teilungsplan auch für deren Ausschüttung maßgeblich (BGH NZI 2012, 54).

863 Der Zwangsverwalter ist nach § 152 Abs. 1 ZVG zur Geltendmachung aller Ansprüche verpflichtet, die von der Beschlagnahme erfasst sind. Er muss diese Forderungen **auch nach Aufhebung der Zwangsverwaltung einziehen,** und Überschüsse nach Maßgabe des Teilungsplans auskehren können. Außerdem obliegt dem Zwangsverwalter die Aufgabe, die Verwaltung der Zwangsverwaltungsmasse, zu der vor der Wirksamkeit des Zuschlags die Nutzungen gehören, ordnungsgemäß abzuwickeln (BGH NJW 2010, 3033).

864 Er kann zu diesem Zweck **auch neue Rechtsstreitigkeiten** für die in seiner Amtszeit entstandenen Mietrückstände anhängig machen, nachdem das Grundstück in der Zwangsversteigerung zugeschlagen wurde, wenn der die Zwangsverwaltung betreibende Gläubiger zu diesem Zeitpunkt noch nicht vollständig befriedigt ist (BGH NJW 2010, 3033).

IX. Einstellung wegen vollständiger Befriedigung des betreibenden Gläubigers

865 Neue Rechtsstreitigkeiten für in seiner Amtszeit entstandene Mietrückstände kann der Zwangsverwalter nicht anhängig machen, wenn die Zwangsverwaltung wegen der vollständigen Befriedigung des Gläubigers (§ 161 Abs. 2 ZVG) aufgehoben wurde (BGH NJW 2010, 3033).

Immobilienverwertung im Insolvenzverfahren

L. Teilungsversteigerung im Falle der Mitberechtigung des Schuldners

I. Allgemeine Regelungen des Teilungsversteigerungsverfahrens

Soll die Zwangsversteigerung zum Zwecke der Aufhebung einer Gemeinschaft erfolgen, so finden nach § 180 Abs. 1 ZVG die **Vorschriften des Ersten und Zweiten Abschnitts** entsprechende Anwendung, soweit sich nicht aus den §§ 181–185 ZVG ein anderes ergibt. Erfasst sind hiervon die **Bruchteilsgemeinschaften** (→ Rn. 871) sowie die **Gesamthandsgemeinschaften** (→ Rn. 875). Auch **im Insolvenzverfahren** hat die Aufhebung der Gemeinschaft allein nach den für die Teilungsversteigerung geltenden Bestimmungen zu erfolgen (§ 84 InsO, → Rn. 150) (BGH NZI 2012, 575). 866

Gemäß § 181 ZVG kann der **Teilhaber den Antrag** auf Versteigerung stellen. Nach § 181 Abs. 1 ZVG ist hierfür **kein vollstreckbarer Titel** erforderlich (BGH NJW-RR 2014, 149; BeckRS 2011, 7604). Der Teilhaber muss allerdings nach § 181 Abs. 2 S. 1 ZVG als Mitberechtigter im **Grundbuch eingetragen sein** (BGH NJW-RR 2014, 149). Soweit der andere Teilhaber **Einwendungen** hat, sind diese im Wege einer Klage nach § 771 ZPO geltend zu machen (BGH BeckRS 2011, 7604). 867

Ein bereits **laufendes Teilungsversteigerungsverfahren** wird durch die Insolvenzeröffnung nicht unterbrochen (Ausnahme im Nachlassinsolvenzverfahren, → Rn. 879). 868

Das **geringste Gebot** ist nach § 182 ZVG festzustellen. Die für die Insolvenzverwaltervollstreckung geltenden Vorschriften über die **abweichende Feststellung** des geringsten Gebots nach §§ 174, 174a ZVG (→ Rn. 612, → Rn. 620) sind im Rahmen der Teilungsversteigerung nicht anzuwenden (BGH NZI 2012, 575). 869

Die mit der Anordnung der Teilungsversteigerung verbundene **Beschlagnahme** des unbeweglichen Vermögens (§ 180 Abs. 1 ZVG iVm § 20 Abs. 1 ZVG) erfasst das unbewegliche Vermögen nur insoweit, als dies für die Durchführung des Verfahrens erforderlich ist. Die Beschlagnahme hat, anders als bei der Vollstreckungsversteigerung (§ 23 Abs. 1 S. 1 ZVG), nicht die Wirkung eines an den Schuldner **gerichteten Verbots,** über das Grundstück zu verfügen. Auch wenn das Verfahren von einem Pfändungsgläubiger als Antragsteller betrieben wird, besteht keine Verfügungsverbot (BGH BeckRS 2016, 17766). 870

II. Anteil an einer Bruchteilsgemeinschaft (§ 741 BGB)

Wird der Anspruch des Schuldners auf Aufhebung der Bruchteilsgemeinschaft und auf Teilung und Auskehr des Erlöses (→ Rn. 154) **gepfändet,** kann die Versteigerung des ganzen Grundstücks im Wege der Teilungsversteigerung (§§ 180 ff. ZVG) betrieben werden. 871

Auch die Teilungsversteigerung, die der Insolvenzverwalter in Ausübung der ihm nach § 80 Abs. 1 InsO zustehenden Befugnisse des Schuldners als Miteigentümer betreiben kann, ist allein nach den für die **Teilungsversteigerung geltenden Bestimmungen** durchzuführen (zu § 84 InsO → Rn. 150) (BGH NZI 2012, 575). 872

Die den **Miteigentumsanteil des Schuldners mitbelastenden dinglichen Rechte** sind als nach § 52 Abs. 1 S. 1 ZVG bestehen bleibende Rechte in das geringste Gebot aufzunehmen (BGH NZI 2012, 575). 873

Wie vorstehend dargestellt hat die Beschlagnahme nicht die Wirkung eines an den Schuldner **gerichteten Verbots,** über das Grundstück zu verfügen, und zwar auch dann nicht, wenn das Verfahren von einem Pfändungsgläubiger als Antragsteller betrieben wird (→ Rn. 870). Der Gläubiger eines Miteigentümers kann sich allerdings vor einer Veräußerung des unbeweglichen Vermögens schützen, indem er (**zusätzlich) die Zwangsversteigerung** des dem Schuldner gehörenden Miteigentumsanteils betreibt oder insoweit die Eintragung einer Sicherungshypothek erwirkt (§§ 864 Abs. 2, 866 Abs. 1 ZPO). 874

III. Anteil an einer Gesamthandsgemeinschaft

Soweit die **Gemeinschaft aufgelöst** und eine andere Form der Aufteilung des unbeweglichen Vermögens der GbR nicht vereinbart werden kann, erfolgt die Teilung gem. § 753 Abs. 1 BGB im Wege der Teilungsversteigerung, für die dann die Vorschriften der §§ 181–184 ZVG entsprechend gelten (BGH NJW-RR 2014, 149). 875

Im Falle der Teilungsversteigerung des unbeweglichen Vermögens einer gekündigten GbR **kann den Antrag** auf Teilungsversteigerung jeder Gesellschafter stellen. Gemäß § 181 ZVG kann der Teilhaber das Verfahren einleiten (BGH NJW-RR 2014, 149). 876

Immobilienverwertung im Insolvenzverfahren

877 Der Teilhaber muss allerdings nach § 181 Abs. 2 S. 1 ZVG als Mitberechtigter im **Grundbuch eingetragen sein**. Dies ist bei der GbR der Fall. Hier ist nach Maßgabe von § 47 Abs. 2 GBO der Gesellschafter im Grundbuch einzutragen (BGH NJW-RR 2014, 149).

878 Zudem wird im Teilungsversteigerungsverfahren des Grundstücks einer GbR zum **Nachweis einer wirksamen Kündigung der GbR** die Abgabe und der Zugang der Kündigungserklärung geprüft, nicht jedoch auch deren Wirksamkeit (BGH NJW-RR 2014, 149).

879 Für das **Nachlassinsolvenzverfahren** bestimmt jedoch § 178 Abs. 1 ZVG, dass die von einem Erben beantragte Zwangsversteigerung nicht angeordnet werden soll, wenn die Eröffnung des Nachlassinsolvenzverfahrens beantragt wurde. Dem Nachlassinsolvenzverwalter soll damit die Entscheidung darüber belassen werden, ob er die Zwangsversteigerung beantragt (MüKoInsO/Kern InsO § 165 Rn. 309). Das bereits **laufende Versteigerungsverfahren** wird jedoch gem. § 178 Abs. 2 ZVG durch die Eröffnung des Nachlassinsolvenzverfahrens nicht beendet. Vielmehr gilt für das weitere Verfahren der Insolvenzverwalter als Antragsteller. Dem Insolvenzverwalter wird hierdurch die Möglichkeit der Rücknahme eingeräumt (MüKoInsO/Kern InsO § 165 Rn. 309).

880 Zu beachten ist, dass die **Beschlagnahme** in der Teilungsversteigerung nicht die Wirkungen eines Veräußerungsverbots (§ 23 ZVG) hat. Dies gilt auch dann, wenn die Versteigerung des Grundstücks einer GbR durch einen Gläubiger des Gesellschafters der GbR beantragt worden ist, welcher den Anteil des Gesellschafters an der GbR und dessen Auseinandersetzungsanspruch gepfändet hat (→ Rn. 870) (BGH BeckRS 2016, 17766).

881 Aufgrund der Teilungsversteigerung erlangt weder der Gesellschafter einer GbR noch sein Pfändungsgläubiger einen **Anteil an dem Erlös**. An dem Erlös setzt sich die jeweilige Gemeinschaft als Surrogat fort. Im Falle der Einigkeit der Beteiligten findet dessen Verteilung im Anschluss an die Teilungsversteigerung statt. Liegt diese nicht vor, hat sich das Vollstreckungsgericht auf die Begleichung der Kosten, die Befriedigung etwaiger Realgläubiger und die Feststellung des Erlösüberschusses zu beschränken (BGH BeckRS 2016, 17766).

M. Freihändige Verwertung der Immobilie

I. Verwertungsrecht

882 Das **Recht zur freihändigen Veräußerung** der im Alleineigentum des Schuldners (zu den sonstigen Beteiligungen → Rn. 150 ff.) stehenden unbeweglichen Gegenständen (Definition → Rn. 215), auch wenn sie belastet sind, steht nach Insolvenzeröffnung nur dem Insolvenzverwalter zu, was sich mittelbar aus § 160 Abs. 2 Nr. 1 InsO ergibt (BGH NZI 2010, 482; 2016, 773). Im Falle der **bereits erfolgten Beschlagnahme** durch einen Gläubiger ist das Veräußerungsverbot zu beachten (→ Rn. 586, zu den Rechten der **absonderungsberechtigten** Gläubiger → Rn. 892). In der **Eigenverwaltung** steht das Verwertungsrecht dem Insolvenzschuldner zu (MüKoInsO/Kern InsO § 165 Rn. 176). Die **absonderungsberechtigten Gläubiger** sind zu einer freihändigen Verwertung nicht berechtigt (→ Rn. 407).

883 Von diesem Verwertungsrecht sind auch die beweglichen Sachen erfasst, die im **Haftungsverband der Immobilie** stehen (→ Rn. 301, zur selbstständigen Verwertung → Rn. 931). Sonstige, **sicherungsübereignete bewegliche Sachen** werden nach den §§ 166 ff. InsO verwertet (→ Rn. 944) (MüKoInsO/Kern InsO § 165 Rn. 231). Hat der Grundpfandgläubiger an den vom Haftungsverband des Grundpfandrechts erfassten beweglichen Gegenstände auch eine Mobiliarsicherheit, etwa Sicherungseigentum, erworben (**Doppelsicherung**), geht die Grundpfandhaft vor, sodass die §§ 166 ff. InsO nicht gelten.

884 Eine Verwertung wird der Insolvenzverwalter jedoch nur vornehmen, wenn sich diese für die Insolvenzmasse unter Berücksichtigung der Ansprüche der insolvenzfest gesicherten Gläubiger **wirtschaftlich lohnt** (→ Rn. 890). Andernfalls wird er den Vermögenswert aus der Insolvenzmasse freigeben (→ Rn. 180).

885 Seine **Verfügungsbefugnis** weist der Insolvenzverwalter durch Vorlage der beglaubigten Abschrift seiner Bestallungsurkunde (§ 56 Abs. 2 InsO, § 29 Abs. 1 S. 1 GBO) nach.

886 Gemäß § 160 Abs. 1 S. 1 InsO hat der Insolvenzverwalter die **Zustimmung des Gläubigerausschusses** einzuholen, wenn er Rechtshandlungen vornehmen will, die für das Insolvenzverfahren von besonderer Bedeutung sind. Wenn kein Gläubigerausschuss bestellt worden ist, ist die Zustimmung der Gläubigerversammlung einzuholen. Im Falle der freihändigen Verwertung sieht § 160 Abs. 2 Nr. 1 InsO ein Zustimmungsverpflichtung vor. Die fehlende Zustimmung berührt jedoch nicht die Wirksamkeit des Verkaufs (Uhlenbruck/Brinkmann InsO § 165 Rn. 27).

Immobilienverwertung im Insolvenzverfahren

Im Hinblick auf den **Grundstückskaufvertrag** bestehen keine Besonderheiten. Zu beachten ist jedoch, dass der Verwalter nicht berechtigt ist, die Immobilie **an sich zu verkaufen** (§ 450 Abs. 2 BGB). **887**

II. Herausgabeanspruch gegen die Nutzer

Wird die Immobilie durch den **Schuldner genutzt,** kann der Insolvenzverwalter gem. § 148 Abs. 2 S. 1 InsO aufgrund einer vollstreckbaren Ausfertigung des Eröffnungsbeschlusses die Herausgabe der Immobilie gegen den Schuldner im Wege der Zwangsvollstreckung durchsetzen (→ Rn. 125). **888**

Eine **Räumung von Mitbewohnern** kann der Insolvenzverwalter allerding nur mit einem Vollstreckungstitel gegen den Mitbewohner durchsetzen. **889**

III. Berücksichtigung von vorrangigen Ansprüchen

1. Absonderungsberechtigte Gläubiger/Verwertungsvereinbarung

Auch im Falle der freihändigen Verwertung der Immobilie durch den Insolvenzverwalter sind die insolvenzfest begründeten Rechte (→ Rn. 294 ff.) zu berücksichtigen. **890**

Im Falle der freihändigen Verwertung der Immobilie sind die **§§ 168 ff. InsO nicht** anzuwenden. **891**

Wird die Immobilie **ohne Zustimmung des absonderungsberechtigten** Gläubigers freihändig verkauft (§§ 159, 160 Abs. 2 Nr. 1, 164 InsO), bleibt das Recht des (auch nachrangigen) Grundpfandgläubigers bestehen (BGH NZI 2015, 550). Nach § 1181 Abs. 1 BGB **erlischt das Grundpfandrecht** erst, wenn der Gläubiger aus dem Grundstück im Wege der Zwangsvollstreckung befriedigt wird (→ Rn. 653). Ohne Zustimmung des absonderungsberechtigten Gläubigers wird daher nur ein entsprechend geringerer Kaufpreis zu erzielen sein (BGH NZI 2015, 550) (zum **Umfang des Absonderungsrechts** → Rn. 228), bzw. es wird sich im Falle der fehlenden Löschungsbewilligung bereits kein Käufer finden lassen (MüKoInsO/Kern InsO § 165 Rn. 176). **892**

Nachdem auch der freihändige Verkauf im Rahmen der Insolvenz nur eine „andere Art der Zwangsversteigerung" darstellt, ist auch die **Erlösverteilung den Regularien des ZVG** zu unterstellen (so die Verteilungsreihenfolge in § 10 ZVG, sowie die aus dem Erlös zu begleichenden Kosten nach § 109 ZVG), sofern keine gesonderte Vereinbarung zwischen den Beteiligten erzielt wird (OLG Frankfurt a. M. BeckRS 2013, 7585). Reicht der Veräußerungserlös nicht aus, um die Rechte, die nicht bestehen bleiben sollen, zu befriedigen, wird eine Vereinbarung mit den Gläubigern, entsprechend den Vorgang in der ZVG zu treffen sein (MüKoInsO/Ganter InsO Vor § 49 Rn. 99c). **893**

Ist bei einer freihändigen Veräußerung ein höherer Kaufpreis zu erwarten als bei einer Versteigerung und **übersteigt der erwartete Kaufpreis die gesicherten Forderungen,** wird der Verwalter mit dem Grundpfandgläubiger daher eine als zulässig erachtete sog. **Verwertungsvereinbarung** schließen (BGH NZI 2011, 138). Auch im Falle einer **wertausschöpfenden Belastung** der Immobilie kann sich der Verwalter mit dem absonderungsberechtigten Gläubiger darauf verständigen, dass er die Veräußerung gegen Zahlung eines vereinbarten Kostenbeitrags zugunsten der Masse betreibt (BGH NZI 2011, 138) (zu den nachrangigen Gläubigern → Rn. 899). Der dabei vereinbarte Anteil der Insolvenzmasse am Erlös kommt der Gemeinschaft der (ungesicherten) Insolvenzgläubiger zugute, sodass der Verwalter eine Verwertung im Interesse der Gesamtheit der (ungesicherten) Gläubiger des Schuldners durchführt (BGH NZI 2011, 138). **894**

In der Verwertungsvereinbarung sollten folgende Punkte geregelt werden (MüKoInsO/Kern InsO § 165 Rn. 187): **895**
- Angabe der **gesicherten Forderung** und der Sicherheit des Grundpfandgläubigers
- die Zusicherung des Grundpfandgläubigers, bis zu einem bestimmten Zeitpunkt keinen **Versteigerungsantrag** zu stellen bzw. einen bereits gestellten Antrag bis dahin ruhend zu stellen
- die Zusicherung des Grundpfandgläubigers zur Erteilung einer **Lastenfreistellung** im Falle der Erreichung eines bestimmten Mindestkaufpreises
- die Höhe des **Massekostenbeitrages** (→ Rn. 896)
- die Regelung zur **Kostentragung bis zum Verkauf** (Grundsteuer, Wohngeld, Instandhaltungs- und Instandsetzungs-, Notar- und Maklerkosten)
- Regelung zur **Bewirtschaftung** der Immobilie bis zum Verkauf (zur kalten Zwangsverwaltung → Rn. 976).

Immobilienverwertung im Insolvenzverfahren

- Regelung über die Tragung der ggf. von der Insolvenzmasse zu übernehmenden **öffentlichen Lasten** (→ Rn. 901) oder zu tragenden Ertrags- (→ Rn. 918) und Umsatz**steuer** (→ Rn. 132, → Rn. 904 ff.).
- Regelung zur Ablösung der **nachrangigen Grundpfandgläubiger** (→ Rn. 899)
- Regelung für den Fall der **Rückabwicklung des Kaufvertrages** oder der Geltendmachung von **Gewährleistungsrechten** des Käufers und von Ordnungspflichten (→ Rn. 898).

896 Die Höhe des **Massekostenbeitrages** ist frei verhandelbar und liegt üblicherweise zwischen 3 und 10 % des Kaufpreises (MüKoInsO/Kern InsO § 165 Rn. 182). Die Kostenpauschale nach § 170 InsO fällt nicht an.

897 Im Falle einer mit dem Absonderungsberechtigten vereinbarten freihändigen Veräußerung tritt nach der Verwertung aufgrund einer **dinglichen Surrogation der Erlös**, in Höhe des vereinbarten Ablösebetrages, an die Stelle des erloschenen dinglichen Rechts, sodass der Verwalter Zahlungen an den Absonderungsgläubiger leisten darf. In diesem Fall steht dem Absonderungsberechtigten ein Anspruch auf Auszahlung des vereinbarten Ablösebetrages aufgrund der Verwertungsvereinbarung zu, in der zugleich eine Löschungsbewilligung im Gegenzug für eine Beteiligung an dem Verwertungserlös erteilt wurde (BGH NZI 2010, 399). Doch nur **soweit** die freihändige Veräußerung **zum Untergang des dinglichen Rechts führt**, entsteht das Absonderungsrecht an dem Erlös (nicht bei öffentlichen Lasten → Rn. 902 und dinglichen Erbbauzinsen → Rn. 178) (BGH NZI 2010, 399).

898 Im Rahmen der Verwertungsvereinbarung ist insbesondere auch an die **Vereinbarung einer Gewährleistungsfreistellung** sowie eine **Freistellung von Ordnungspflichten** (→ Rn. 143) durch den Grundpfandgläubiger zu denken. Kann der Verwalter die Gewährleistungen des Käufers der Immobilie nicht vollständig ausschließen, ist es nicht hinnehmbar, dass die Insolvenzmasse den Schaden trägt, obwohl sie lediglich den Massekostenbeitrag in voller Höhe erhält. Ist eine entsprechende Vereinbarung mit dem Grundpfandgläubiger nicht zu erzielen, ist die Freigabe der Immobilie zu erwägen (so auch MüKoInsO/Ganter InsO Vor § 49 Rn. 99g).

2. Nachrangige Grundpfandgläubiger (Lästigkeitsprämie)

899 Wie vorstehend dargelegt **bleibt auch das Recht des nachrangigen** Grundpfandgläubigers im Falle der freihändigen Veräußerung der Immobilie ohne Zustimmung des absonderungsberechtigten Gläubigers bestehen (→ Rn. 892). Ob ein nachrangig durch ein **rechtsgeschäftlich bestelltes** Grundpfandrecht gesicherter Gläubiger verpflichtet ist, die **Löschung seines Rechts zu bewilligen**, um einen freihändigen lastenfreien Verkauf des Grundstücks zu ermöglichen, hat der BGH ausdrücklich offengelassen (BGH NZI 2015, 550 mit Verweis auf die ergangene Rechtsprechung). Verneint wurde eine solche Verpflichtung jedenfalls für den Fall des durch eine **Zwangssicherungshypothek** gesicherten nachrangigen Gläubiger (BGH NZI 2015, 550). Der BGH weist jedoch darauf hin, dass die Ausübung rechtlicher Befugnisse im Rahmen der vollstreckungsrechtlichen Rechtsbeziehung im Falle ihres Missbrauchs nach **Treu und Glauben unzulässig sein kann**. Die Ausübung solcher Befugnisse ist rechtsmissbräuchlich und damit unzulässig, wenn sie nicht den gesetzlich vorgesehenen, sondern zwar nicht notwendig unerlaubten, aber funktionsfremden und rechtlich zu missbilligenden Zwecken dient. Davon ist auszugehen, wenn der Gläubiger seine Rechtsstellung zur Erlangung eines ihm nicht zustehenden Vorteils oder zur Schädigung des anderen Teils benutzt (BGH NZI 2015, 550). Ob dies zumindest im Falle des rechtsgeschäftlich bestellten Grundpfandrechts der Fall ist, ist höchstrichterlich nicht geklärt und bleibt wegen der Möglichkeit, die Zwangsversteigerung einzuleiten, fraglich (MüKoInsO/Kern InsO § 165 Rn. 181).

900 Nach der Rechtsprechung des BGH widerspricht es jedoch offensichtlich dem Insolvenzzweck der gleichmäßigen Befriedigung der Gläubiger, wenn der Insolvenzverwalter einem durch eine wertlose Grundschuld gesicherten Gläubiger für die Erteilung einer Löschungsbewilligung eine **Geldleistung zulasten der Insolvenzmasse verspricht** (sog. Lästigkeitsprämie). Eine darauf gerichtete Vereinbarung ist deshalb nichtig (BGH NZI 2015, 550). Der Ablösebetrag kann deshalb nach **Bereicherungsrecht** (§ 812 Abs. 1 S. 1 Fall 1 BGB) von dem Leistungsempfänger zurückgefordert werden (BGH NZI 2008, 365). Dem steht die Regelung des § 814 BGB nicht entgegen, wenn die Leistung ausdrücklich unter Vorbehalt erbracht und angenommen wurde. Verlangt der Grundpfandgläubiger die vorbehaltlose Zahlung, ist die Regelung nicht anzuwenden, wenn der Insolvenzverwalter zu erkennen gibt, dass er sich dem rechtswidrigen Druck beugt (MüKoInsO/Ganter InsO Vor § 49 Rn. 99e unter Verweis auf BGH NZI 2006, 227: zur Anfechtbarkeit der Zahlung mit Zustimmung des vorläufigen Verwalters auf Druck des Gläubigers, um eine Fortführung des Geschäftsbetriebes des Insolvenzschuldners zu ermöglichen). Die Vereinbarung der Auf-

Immobilienverwertung im Insolvenzverfahren

gabe eines nachrangigen Grundpfandrechts gegen **Zahlung aus dem Erlös des freihändigen Verkaufs** geht zulasten des vorrangig gesicherten Gläubigers, der sich hierzu bereit erklärt und nicht zulasten der Masse und ist daher zulässig (BGH NZI 2015, 550; 2014, 450).

3. Öffentliche Lasten (§ 10 Abs. 1 Nr. 3 ZVG)

Wegen den öffentlichen Lasten des Grundstücks (→ Rn. 728), die gem. § 10 Abs. 1 Nr. 3 ZVG in der Zwangsversteigerung in der dritten Ranglassen zu befriedigen sind, besteht gem. § 49 InsO mit Insolvenzeröffnung ein **Absonderungsrecht,** das auch im Rahmen einer freihändigen Verwertung zu beachten ist (→ Rn. 408) (BGH NZI 2010, 482). Gegen den Insolvenzverwalter kann das Absonderungsrecht wegen öffentlicher Grundstückslasten durch Erlass eines Duldungsbescheides durchgesetzt werden (OVG LSA BeckRS 2010, 53087; MüKoInsO/Ganter InsO § 49 Rn. 53, 53a und Uhlenbruck/Brinkmann InsO § 49 Rn. 61 nur für den Fall der Grundsteuer) (zur Berücksichtigung als **Masseverbindlichkeit** → Rn. 142). 901

Dieses dingliche Recht **erlischt mit der freihändigen Veräußerung nicht** (BGH NZI 2010, 399) und bleibt auf der Immobilie, unbeschadet einer mit dem Grundpfandgläubiger getroffenen Verwertungsvereinbarung ruhen (→ Rn. 897). Es ist daher bei der Kaufpreisfindung und dem Aushandlung des Ablösebetrages für den Grundpfandgläubiger im Auge zu behalten (zur Haftung gegenüber dem Erwerber → Rn. 928). 902

Hierbei ist insbesondere auf die **Grundsteuer** zu achten, welche gem. § 9 GrStG auf dem **Steuergegenstand als öffentliche** Last ruht. Wird das Grundstück nach Festsetzung, Fälligkeit und Vollstreckbarkeit der Steuerforderung veräußert, haftet das Grundstück weiterhin für die Grundsteuer (→ Rn. 927) (BGH NZI 2010, 482). Soweit das Absonderungsrecht an dem Grundstück fortbesteht, setzt es sich **nicht im Wege der dinglichen Surrogation** durch ein Pfandrecht am Veräußerungserlös fort (BGH NZI 2010, 482). 903

4. Umsatzsteuer, grundsätzliche Haftung

Im Falle der freihändigen Verwertung der Immobilie ist zunächst zu prüfen, ob der Insolvenzschuldner **umsatzsteuerpflichtig** ist (→ Rn. 132) und ob **ein umsatzsteuerpflichtiger Umsatz** vorliegt (→ Rn. 134 sowie nachfolgende Ausführungen). Zu denken ist auch hier an die umsatzsteuerfreie **Geschäftsveräußerung im Ganzen** gem. § 1 Abs. 1a UStG (→ Rn. 136, zu den Bsp. im Falle der Verwertung einer Immobilie → Rn. 677). 904

5. Umsatzsteuer, Verwertung einer nicht wertausschöpfend belasteten Immobilie

Veräußert der Insolvenzverwalter eine Immobilie, die unbelastet oder nicht wertausschöpfend belastet ist, liegt **lediglich eine umsatzsteuerpflichtige Lieferung** nach § 1 Abs. 1 Nr. 1 UStG an den Erwerber vor. Hierbei handelt es sich um eine **Masseverbindlichkeit.** Dies gilt auch für den Fall einer freihändigen Verwertung der Immobilie nach der erfolgten **echten Freigabe** (→ Rn. 189), wenn diese im Anschluss der Freigabe verwertet und der Erlös an einen Absonderungsberechtigten ausgekehrt wird, der zugleich Insolvenzgläubiger ist und daher die Insolvenzmasse in dieser Höhe entlastet wird (BFH NZI 2002, 572). 905

Diese Lieferung ist gem. § 4 Nr. 9a UStG **umsatzsteuerfrei, soweit sie unter das Grunderwerbsteuergesetz** fällt. Gemäß § 1 Abs. 1 Nr. 1 GrEStG unterliegt der Grunderwerbsteuer ein Kaufvertrag oder ein anderes Rechtsgeschäft, das den Anspruch auf Übereignung eines inländischen Grundstückes begründet (zur Grunderwerbsteuer → Rn. 924). 906

Zu beachten ist, dass im Falle eines umsatzsteuerfreien Verkaufs ein **Vorsteuererstattungsanspruch** begründet werden kann (→ Rn. 135), soweit keine Geschäftsveräußerung im Ganzen vorliegt (→ Rn. 136). Auf die **Umsatzsteuerbefreiung** des § 4 Nr. 9a UStG kann ein Unternehmer nach § 9 Abs 1 UStG **verzichten,** wenn die Grundstückslieferung an einen Unternehmer für dessen Unternehmen erfolgt. Hiervon sollte Gebrauch gemacht werden, wenn das Grundstück umsatzsteuerpflichtig angeschafft worden ist und wenn sonst ein Vorsteuerrückforderungsanspruch nach § 15a UStG droht. Der Verzicht kann im Falle der freihändigen Veräußerung nur in dem gem. § 311b Abs. 1 BGB notariell zu beurkundendem **Kaufvertrag erklärt werden** (§ 9 Abs. 3 S. 2 UStG). Eine nachträgliche Vereinbarung, auch in einem notariell beurkundeten Vertrag, über den Verzicht ist nicht möglich (BFH DStR 2016, 50). Der Insolvenzverwalter hat nach § 14a Abs. 5 S. 1 UStG **in der Rechnung** auf die Steuerschuldnerschaft des Empfängers hinzuweisen. In der Rechnung darf er insoweit keine Umsatzsteuer ausweisen. 907

Im Falle des Verzichts ist nach § 13b Abs. 2 Nr. 3, Abs. 5 UStG der Leistungsempfänger **Umsatzsteuerschuldner,** wenn er ein Unternehmer oder eine juristische Person ist. Wird die 908

Immobilienverwertung im Insolvenzverfahren

Immobilie von einer **Privatperson erworben,** geht der Verzicht ins Leere. Daher wird dennoch ein Vorsteuerrückforderungsanspruch als Masseverbindlichkeit begründet (→ Rn. 135).

909 Von der Grunderwerbsteuerpflicht ist nur die Immobilie erfasst (→ Rn. 664). Die Veräußerung von **Zubehör** ist daher nicht umsatzsteuerbefreit gem. § 4 Nr. 9 lit. a UStG.

910 In der **Weiterleitung des Restkaufpreises an den Absonderungsberechtigten** liegt keine steuerbare Leistung. Denn eine entgeltliche Leistung liegt nicht vor, wenn der Veräußerungserlös die mit dem Grundpfandrecht besicherte Forderung übersteigt und der Insolvenzverwalter vereinbarungsgemäß in diesem Fall keinen Massekostenbeitrag erhält (BFH BeckRS 2011, 96400).

6. Umsatzsteuer, Verwertung einer wertausschöpfend belasteten Immobilie

911 Im Falle des Verkaufes einer wertausschöpfend belasteten Immobilie liegen ggf. **zwei umsatzsteuerpflichtige Leistungen** vor, und zwar die ggf. umsatzsteuerpflichtige Leistung an den Erwerber (→ Rn. 905) und die Leistung der Insolvenzmasse an den Grundpfandgläubiger.

912 Nach der Rechtsprechung des BFH liegt bei einer freihändigen Veräußerung eines grundpfandrechtsbelasteten Grundstücks durch den Insolvenzverwalter aufgrund einer mit dem Grundpfandgläubiger getroffenen Vereinbarung (sog. kalte Zwangsvollstreckung) zum einen eine Lieferung des Grundstücks durch die **Masse an den Erwerber.** Die Umsatzsteuerverpflichtung aus der Lieferung an den Erwerber bemisst sich nach den vorstehend genannten Kriterien (→ Rn. 905).

913 Darf der Insolvenzverwalter vom Verwertungserlös einen bestimmten Betrag für die Masse einbehalten, liegt zudem eine nach § 1 Abs. 1 Nr. 1 UStG steuerbare und auch steuerpflichtige **Geschäftsbesorgungsleistung der Masse an den Grundpfandgläubiger** (BFH BeckRS 2011, 96400; BMF-Schreiben v. 30.4.2014 – IV D 2 – S 7100/07/10037). Wenn der Insolvenzverwalter aufgrund einer mit dem Grundpfandgläubiger getroffenen Vereinbarung das mit einem Grundpfandrecht belastete Massegrundstück freihändig veräußert, **erbringt er eine sonstige Leistung** iSv § 3 Abs. 9 S. 1 UStG an den Grundpfandgläubiger, da er in dessen Interesse und Auftrag die Veräußerung des Grundstücks betreibt und daher für diesen ein Geschäft besorgt (BFH BeckRS 2011, 96400). Der Grundpfandgläubiger erhält nämlich hierdurch die Möglichkeit einer weitergehenden Tilgung seiner Forderung als bei einer Zwangsversteigerung, und damit einen Vorteil, den der Grundpfandgläubiger ohne die Leistung des Insolvenzverwalters nicht erhalten kann. Der Grundpfandgläubiger ist nämlich nicht zur freihändigen Veräußerung des mit dem Grundpfandrecht belasteten Grundstücks berechtigt. Der Insolvenzverwalter ist dagegen hierzu nicht verpflichtet. Vielmehr kann er sich gem. § 165 InsO darauf beschränken, die Zwangsvollstreckung in das Grundstück zu dulden (BFH BeckRS 2011, 96400). Das **Entgelt besteht** in Höhe des vereinbarten Massekostenbeitrags. Die sich aus dieser Geschäftsbesorgungsleistung ergebende **Umsatzsteuer ist eine Masseschuld** (BMF-Schreiben v. 30.4.2014 – IV D 2 – S 7100/07/10037).

914 Die Abführung der Umsatzsteuer im Falle der Verwertung unbeweglicher Gegenstände wird von der **InsO nicht besonders geregelt.** Im Rahmen der **Verwertungsvereinbarung** (→ Rn. 895) ist daher ggf. zu regeln, dass der Massekostenbeitrag zzgl. Umsatzsteuer geschuldet wird.

7. Umsatzsteuer, Verwertung der vom Haftungsverband erfassten beweglichen Wirtschaftsgüter

915 Der Verkauft der vom Haftungsverband des Grundpfandrechts erfassten beweglichen Gegenstände unterliegt **nicht der Grunderwerbssteuer,** sodass eine Befreiung von der Umsatzsteuer nach § 4 Nr. 9a UStG (→ Rn. 906) nicht in Betracht kommt (BGH NZI 2003, 565).

916 Die **Regelung des § 171 Abs. 2 S. 3 InsO** gilt für diesen Fall nicht. Damit ist der vollständige **Erlös von dem Absonderungsrecht** des Grundpfandgläubigers belastet (→ Rn. 897) und an diesen auszukehren. Daher ist im Rahmen der Verwertungsvereinbarung der Einbehalt der Umsatzsteuer durch die Masse zu regeln.

8. Umsatzsteuer, Verwertung doppelt gesicherter beweglicher Wirtschaftsgüter

917 Hat der Grundpfandgläubiger an dem vom Haftungsverband des Grundpfandrechts erfassten beweglichen Gegenständen auch eine Mobiliarsicherheit, etwa Sicherungseigentum erworben, geht die **Grundpfandhaft** vor, sodass die Regelung des § 171 InsO nicht gilt (→ Rn. 916). Die Erlösverteilung und insbesondere der Einbehalt eines Erlösanteiles für die zu zahlende Umsatzsteuer ist daher ebenfalls in der **Verwertungsvereinbarung** (→ Rn. 895) zu regeln (soweit nur durch Mobiliarsicherheiten belastete bewegliche Wirtschaftsgüter veräußert werden, → Rn. 945).

Immobilienverwertung im Insolvenzverfahren

9. Ertragssteuer, Steuerbarer Umsatz /Masseverbindlichkeit

Sonstige zu versteuernde Einkünfte iSd § 2 Abs. 1 S. 1 Nr. 7 EStG sind gem. § 22 Nr. 2 EStG auch Einkünfte aus **privaten Veräußerungsgeschäft**en nach § 23 EstG (→ Rn. 685).

Bei der Steuerschuld kann es sich um eine **sonstige Masseverbindlichkeiten** iSd § 55 Abs. 1 Nr. 1 InsO handeln (→ Rn. 140).

Die aus der freihändigen **Veräußerung einer massezugehörigen Immobilie** durch den Insolvenzverwalter resultierende Einkommensteuer beruht auf der freihändigen Verwertungshandlung des Insolvenzverwalters. Der Besteuerungstatbestand wurde durch diese Handlung nach Insolvenzeröffnung vollständig verwirklicht und somit insolvenzrechtlich begründet. Die aus der Gewinnrealisierung resultierende Einkommensteuer ist daher als sonstige Masseverbindlichkeit iSd § 55 Abs. 1 Nr. 1 InsO zu qualifizieren (BFH NZI 2013, 709). Dies gilt auch dann, wenn durch die Veräußerung nach Insolvenzeröffnung **stille Reserven aufgedeckt** werden, die vor Eröffnung des Insolvenzverfahrens entstanden sind (→ Rn. 141) (BFH NZI 2013, 709). Auch wenn das verwertete Wirtschaftsgut **mit Absonderungsrechten belastet** war, ist die Steuerschuld in voller Höhe eine Masseverbindlichkeit. Dies gilt auch, wenn nach Vorwegbefriedigung der absonderungsberechtigten Gläubiger aus dem Verwertungserlös der (tatsächlich) **zur Masse gelangte Erlös nicht ausreicht,** um die aus der Verwertungshandlung resultierende Einkommensteuerforderung zu befriedigen (BFH NZI 2013, 709; 2020, 1119).

Wird die Immobilie von dem Insolvenzverwalter aus der **Insolvenzmasse freigegeben** und die Verwertung ausschließlich von einem absonderungsberechtigten Gläubiger betrieben, liegt keine steuerauslösende Verwertungshandlung durch den Insolvenzverwalter vor (BFH NZI 2013, 709).

Daher ist die Steuerschuld im Rahmen der **Verwertungsvereinbarung** (→ Rn. 895) zu berücksichtigen.

Soweit **beweglichen Wirtschaftsgüter** des Betriebsvermögens durch den Insolvenzverwalter veräußert werden, stellt die hieraus resultierende Einkommensteuer ebenfalls eine Masseverbindlichkeit dar (BFH NZI 2013, 709). Dies gilt auch, wenn der Insolvenzverwalter entsprechend § 170 Abs. 2 InsO dem **Gläubiger die Verwertung überlassen** hat (FG RhPf NZI 2020, 529).

10. Grunderwerbsteuer

Steuerschuldner der Grunderwerbssteuer sind im Falle der freihändigen Veräußerung der Veräußerer und der Erwerber als Gesamtschuldner (§ 13 Abs. 1 Nr. 1 GrEStG).

IV. Übergang der Haftung von der Masse auf den Erwerber

1. Gewährleistungsansprüche

Die Vereinbarung eines **Gewährleistungsausschlusses** ist gegenüber Verbrauchern problematisch bzw. unwirksam (Depré ZVG/Popp ZVG § 172 Rn. 1). Zumindest bestehen für einen etwaigen Gewährleistungsausschluss für Altlasten besondere Anforderungen. Soweit diese nicht vorliegen, können die Ansprüche aus § 24 Abs. 2 BBodSchG nicht ausgeschlossen werden (Depré ZVG/Popp ZVG § 172 Rn. 1). Auch hier ist an eine Vereinbarung im Rahmen der Verwertungsvereinbarung zu denken.

2. Öffentliche Lasten

Wie vorstehend ausgeführt, erlöschen öffentliche Lasten des Grundstücks (→ Rn. 728) **mit der freihändigen Veräußerung nicht** (BGH NZI 2010, 399) und bleiben auf der Immobilie, unbeschadet einer mit dem Grundpfandgläubiger getroffenen Verwertungsvereinbarung, ruhen und können aus der Rangklasse 3 in der Zwangsvollstreckung oder der Zwangsverwaltung durchgesetzt werden.

Hierbei ist insbesondere an die Grundsteuer zu denken. Gemäß § 12 GrStG **ruht die Grundsteuer auf dem Steuergegenstand** als öffentliche Last, und zwar unabhängig davon, ob die Zwangsversteigerung eingeleitet worden ist oder nicht (BGH NZI 2011, 731). Die Vorschrift des § 12 GrStG enthält **zwingendes Recht** und kann auch durch eine Vereinbarung eines „lastenfreien Verkaufs" nicht abbedungen werden (BGH NZI 2010, 482). Wird das Grundstück nach Festsetzung, Fälligkeit und Vollstreckbarkeit der Steuerforderung **veräußert,** haftet das Grundstück weiterhin für die Grundsteuer. Die Haftung wird durch einen gegen den neuen Eigentümer gerichteten Duldungsbescheid gem. § 191 Abs. 1 AO geltend gemacht (BGH NZI 2010, 482).

928 Die Lasten erlöschen jedoch, wenn die **Insolvenzmasse die Lasten ablöst**. So ist gem. § 436 Abs. 1 BGB der Verkäufer eines Grundstücks mangels einer anderweitigen Vereinbarung verpflichtet, **Erschließungsbeiträge und sonstige Anliegerbeiträge** für die Maßnahmen zu tragen, die bis zum Tage des Vertragsschlusses bautechnisch begonnen wurden, unabhängig vom Zeitpunkt des Entstehens der Beitragsschuld. Für die Freiheit des Grundstücks von **anderen öffentlichen Abgaben** und von anderen öffentlichen Lasten, die zur Eintragung in das Grundbuch nicht geeignet sind, haftet der Verkäufer nach § 436 Abs. 2 BGB dagegen nicht.

929 § 103 BGB regelt zudem, dass derjenige, der verpflichtet ist, die **Lasten einer Sache** oder eines Rechts bis zu einer bestimmten Zeit oder von einer bestimmten Zeit an zu tragen, die regelmäßig wiederkehrenden Lasten nach dem Verhältnis der Dauer seiner Verpflichtung und andere Lasten insoweit zu tragen sind, als sie während der Dauer seiner Verpflichtung zu entrichten waren, soweit nichts Gegenteiliges geregelt wurde.

3. Verpflichtung als Vermieter

930 Hat der Mieter des veräußerten Wohnraums dem Vermieter **Sicherheit geleistet** für die Erfüllung seiner Pflichten, so tritt nach § 566a S. 1 BGB (§ 578 Abs. 1 und 2 BGB) der Erwerber in die dadurch begründeten Rechte und Pflichten ein. Kann der Mieter die Sicherheit von dem Erwerber bei Beendigung des Mietverhältnisses nicht erlangen, so ist der Vermieter nach S. 2 weiterhin zur Rückgewähr verpflichtet. Die ungeschmälerte Rückzahlungspflicht des Erwerbers besteht fort, auch wenn er die Immobilie von dem Insolvenzverwalter freihändig erworben hat (BGH NZI 2012, 383).

N. Freihändige Verwertung beweglicher Sachen

I. Vom Haftungsverband erfasste bewegliche Sachen

931 Soweit die beweglichen Sachen von dem Haftungsverband einer Immobilie erfasst sind (→ Rn. 420), werden diese zwar ebenfalls vom **Verwertungsrecht des Insolvenzverwalters** an der Immobilie erfasst. Der Grundpfandgläubiger kann jedoch durch die Einleitung der Zwangsversteigerung das **Veräußerungsverbot** erwirken (→ Rn. 586). Zudem können im Falle der freihändigen Veräußerung, wie nachstehend dargestellt wird, **Schadensersatzansprüche** des Grundpfandgläubigers gegen die Insolvenzmasse entstehen. Möglich bleibt, eine Verwertungsvereinbarung mit dem Grundpfandgläubiger auch im Hinblick auf die vom Haftungsverband erfassten beweglichen Sachen zu erzielen (→ Rn. 895).

1. Freiwerden des Haftungsverbandes durch Veräußerung vor Beschlagnahme

932 Veräußert der Insolvenzverwalter bewegliche Sachen und führt er hierdurch das Freiwerden von dem Haftungsverband nach § 1121 BGB herbei (→ Rn. 438), erhält der **Erwerber lastenfreies Eigentum** (BGH NJW 1973, 997). Werden vom Haftungsverband erfasste bewegliche Sachen von dem Insolvenzverwalter nach Insolvenzeröffnung veräußert und entfernt, **erlischt** gem. § 1121 Abs. 1 BGB die Haftung als Zubehör und damit das **Absonderungsrecht** (BGH NJW 1973, 997). Der Kaufpreis tritt **nicht im Wege einer dinglichen Surrogation** an die Stelle des veräußerten Zubehörs (MüKoInsO/Ganter InsO § 49 Rn. 19; offen gelassen BGH NJW 1973, 997). Vielmehr steht er zunächst der Insolvenzmasse zu (MüKoInsO/Kern InsO § 165 Rn. 245).

933 Im Falle der Veräußerung durch den Verwalter **außerhalb der Grenzen der ordnungsgemäßen Wirtschaft** (was nicht mit der ordnungsgemäßen Insolvenzabwicklung gleichzusetzen ist) und damit entgegen § 1135 BGB, ist die Enthaftung der Gegenstände ein rechtsgrundloser Eingriff in das Grundpfandrecht. Gegen die Masse besteht in Höhe des erzielten Kaufpreises ein Bereicherungsanspruch nach § 55 Abs. 1 Nr. 3 InsO und im Fall des schuldhaften Handelns des Insolvenzverwalters ein Schadensersatzanspruch gegen die Masse nach § 55 Abs. 1 Nr. 1 InsO (BGH NJW 1973, 997; MüKoInsO/Ganter InsO § 49 Rn. 19).

934 Erfolgt die Veräußerung **im Rahmen der Grenzen der ordnungsgemäßen Wirtschaft**, etwa im Rahmen der Fortführung des Betriebes, steht der Erlös dagegen ungeschmälert der Insolvenzmasse zu.

2. Freiwerden des Haftungsverbandes durch Entfernung und Aufhebung der Zubehöreigenschaft vor Beschlagnahme

935 Eine Enthaftung kann auch durch **Entfernung der mithaftenden Sachen** oder durch **Aufhebung der Zubehöreigenschaft** erfolgen (→ Rn. 442). In diesem Zusammenhang können ebenfalls Schadensersatzansprüche gegen die Insolvenzmasse erwachsen. Unbeschadet dessen geht auf den Erwerber lastenfreies Eigentum über.

Entfernt der Insolvenzverwalter von dem Haftungsverband noch erfasste Zubehörstücke von dem Grundstück, etwa nach einer vor Insolvenzeröffnung durch den Insolvenzschuldner erfolgten Betriebsaufgabe, so erfolgt diese ebenfalls außerhalb der Grenzen der ordnungsgemäßen Bewirtschaftung eines Betriebsgrundstücks, sodass dem Grundpfandgläubiger ein Schadensersatzanspruch nach § 823 Abs. 1 BGB und nach § 823 Abs. 2 BGB iVm §§ 1192, 1133, 1135 BGB wegen der Verletzung seines Verwertungsrechts zusteht (BGH BeckRS 2005, 11905). 936

Die **Stilllegung des Betriebs** des Insolvenzschuldners durch den Insolvenzverwalter stellte keine ordnungsgemäße Bewirtschaftung der bis dahin als Betriebsgelände genutzten Grundstücks dar und führt daher nicht zur Enthaftung des Zubehörs nach § 1122 Abs. 2 BGB (BGH NJW 1996, 835; BeckRS 2005, 11905; MüKoInsO/Ganter InsO § 49 Rn. 24). Zwar führt die Stilllegung des Betriebes zum Verlust der Zubehöreigenschaft. Doch die Stilllegung eines Betriebes durch den Insolvenzverwalter, der Inventar und Grundstück getrennt verwerten will, ist nicht eine Aufhebung der Zubehöreigenschaft „innerhalb der Grenzen einer ordnungsmäßigen Wirtschaft" iSd § 1122 Abs. 2 BGB, sodass der Haftungsverband nicht aufgehoben wird (→ Rn. 940) (BGH NJW 1973, 997). 937

3. Freiwerden des Haftungsverbandes nach der Beschlagnahme

Nach der Beschlagnahme ist ein Verkauf der beweglichen Sachen nur noch unter den engen Grenzen des § 23 ZVG möglich (→ Rn. 446). 938

Unabhängig davon, dass der Erwerber hiernach lastenfreies Eigentum erwirbt, erfolgt die Veräußerung nach Anordnung der Zwangsvollstreckung bzw. -verwaltung unberechtigt iSd § 48 InsO (→ Rn. 444). Daher besteht unter der Voraussetzung des § 48 InsO ein **Anspruch auf Ersatzaussonderung** des Erlöses. Der Erlös ist an die Grundpfandgläubiger in der Reihenfolge ihres Ranges auszuzahlen (MüKoInsO/Kern InsO § 165 Rn. 246). 939

4. Verkauf ohne Freiwerden des Haftungsverbandes

Soweit Zubehör von dem Schuldner vor Insolvenzeröffnung **verkauft, aber noch nicht entfernt** worden ist, ist es vom Haftungsverband noch erfasst (→ Rn. 439). Die Sachen stehen nicht mehr im Eigentum des Schuldners. Über diese darf der Insolvenzverwalter nicht mehr verfügen. Die Auseinandersetzung erfolgt zwischen dem Grundpfandgläubiger und dem Erwerber. Der Grundpfandgläubiger wird zu überlegen haben, oder er die Beschlagnahme herbeiführt, um die Enthaftung endgültig zu verhindern (→ Rn. 445). 940

Die beweglichen Sachen werden von dem Haftungsverband nur in den gesetzlich vorgesehen Fällen (§§ 1120 ff. BGB) frei (→ Rn. 438 ff.). Liegen diese nicht vor, so werden diese auch dann nicht von dem Verbund frei, wenn der einzige **Grundpfandgläubiger dem Verkauf zustimmt** und der Erlös an den Grundpfandgläubiger fließt (BGH NJW 1996, 835). Die beweglichen Sachen würden im Falle der Versteigerung trotz des erfolgten Verkaufs an einen Dritten mit versteigert werden. Nach § 55 Abs. 1 ZVG erstreckt sich die Versteigerung des Grundstücks auf alle Gegenstände, deren Beschlagnahme noch wirksam ist. Die Beschlagnahme erfasst gem. § 20 Abs. 2 ZVG auch diejenigen Gegenstände, auf welche sich bei einem Grundstück die Hypothek erstreckt. Nach § 90 Abs. 2 ZVG erwirbt der Ersteigerer mit dem Grundstück zugleich die Gegenstände, auf welche sich die Versteigerung erstreckt hat. Hat der Verwalter diese beweglichen Sachen an einen Dritten verkauft, ist er diesem zum Schadensersatz statt der Leistung verpflichtet. Soweit der Verkauf aufgrund einer Vereinbarung mit dem Grundpfandgläubiger erfolgt ist, steht diesem kein Schadensersatz gegen die Insolvenzmasse zu. Der Erlös aus der Versteigerung ist nach der getroffenen Verwertungsvereinbarung zu verteilen. 941

Im Rahmen der Verwertungsvereinbarung ist zu bedenken, dass die Insolvenzmasse, ebenso wie im Falle der freihändigen Verwertung der belasteten Immobilie, die **Umsatzsteuer** aus dem Verkauf des beweglichen Vermögens als Masseverbindlichkeit schuldet. 942

II. Vom Haftungsverband nicht erfasste bewegliche Sachen

1. Verwertungsmöglichkeiten durch den Insolvenzverwalter

Steht das **Zubehör nicht im Eigentum** des Schuldners, wird es vom Haftungsverband nicht erfasst (→ Rn. 433). Dem Eigentümer steht ein **Aussonderungsrecht** zu (→ Rn. 206). Verkauft der Insolvenzverwalter diese Sache, entsteht ein Ersatzaussonderungsanspruch (→ Rn. 210). 943

Immobilienverwertung im Insolvenzverfahren

944   Sonstige **sicherungsübereignete bewegliche Sachen,** welche von dem Haftungsverband einer Hypothek nicht erfasst sind, werden nach den §§ 166 ff. InsO verwertet (MüKoInsO/Kern InsO § 165 Rn. 231).

2. Umsatzsteuerpflicht, Grundsatz

945   Im Falle der Veräußerung eines beweglichen Absonderungsgutes durch den Insolvenzverwalter ist die **Umsatzsteuer aus dem Verkauf** gem. § 171 Abs. 2 S. 3 InsO von dem Verwertungserlös abzuziehen und abzuführen. Dies gilt nach § 168 Abs. 3 S. 1 InsO auch im Falle des **Verkaufs an den Absonderungsberechtigten.** Soweit die Verwertung dem **Gläubiger übertragen** wurde, hat dieser die Umsatzsteuer nach § 170 Abs. 2 InsO aus dem Verwertungserlös vorweg an die Masse abzuführen.

3. Umsatzsteuerpflicht, Dreifachumsatz

946   Zu beachten ist, dass im Falle der Verwertung von mit Absonderungsrechten belasteten beweglichen Gegenständen durch den Insolvenzverwalter gem. § 166 InsO ein Dreifachumsatz vorliegt (BMF-Schreiben v. 30.4.2014 – IV D 2-S. 7100/07/10037).

947   Der Insolvenzverwalter liefert das **Sicherungsgut an den Erwerber** (1. Umsatz). Soweit es sich um einen umsatzsteuerpflichten Umsatz handelt (→ Rn. 131), ist die Umsatzsteuer von der Insolvenzmasse geschuldet (→ Rn. 945). Dieser Lieferung wird eine fiktive **Lieferung des Sicherungsnehmers an die Insolvenzmasse** vorgeschaltet (2. Umsatz). Eine solche ist wiederum nur möglich, wenn der Sicherungsnehmer selbst hieran Verfügungsmacht erhalten hat, sodass eine **Lieferung der Masse an den Sicherungsnehmer fingiert** wird (3. Umsatz). Das Entgelt für diese beiden letztgenannten Lieferung besteht in dem Betrag, um den die Masse von ihren Schulden gegenüber dem Sicherungsnehmer befreit wird.

948   Der Insolvenzverwalter hat sowohl die **Umsatzsteuer aus der Lieferung an den Erwerber** als auch aus der **Lieferung an den Sicherungsnehmer** als Masseschuld anzumelden und die Steuern abzuführen. Aus der **Lieferung des Sicherungsnehmers an die Masse** ist der Insolvenzverwalter zum Vorsteuerabzug nur berechtigt, wenn er nach den §§ 14, 14a UStG ausgestellte Rechnung des Sicherungsnehmers besitzt, oder im Gutschriftswege gem. § 14 Abs. 2 S. 2 UStG abrechnet (Uhlenbruck/Sinz InsO § 171 Rn. 20).

O. Einzug der Mietforderung/Nutzungsentschädigung

I. Mietvertrag im Insolvenzverfahren

949   Miet- und Pachtverhältnisse des Schuldners über unbewegliche Gegenstände oder Räume bestehen gem. § 108 Abs. 1 S. 1 InsO **mit Wirkung für die Insolvenzmasse fort.** Durch die Insolvenzeröffnung wird das Mietverhältnis nicht beendet. § 108 Abs. 1 InsO verdrängt insoweit § 103 Abs. 1 InsO. Die Regelung des § 108 Abs. 1 S. 1 InsO ist unabhängig davon anwendbar, ob der Schuldner als Vermieter/Verpächter oder als Mieter/Pächter an dem Rechtsverhältnis beteiligt ist. Wenn das Mietverhältnis **unbewegliche und bewegliche Gegenstände** betrifft, ist § 108 Abs. 1 S. 1 InsO für den gesamten Vertrag maßgeblich, wenn die Vermietung des unbeweglichen Gegenstandes den Schwerpunkt des Vertrags ausmacht (BGH NZI 2015, 331).

950   Dies gilt nur, wenn der Mietvertrag im Zeitpunkt der Insolvenzeröffnung bereits in **Vollzug gesetzt,** das Mietobjekt damit bereits übergeben war. Wurde der Mietgegenstand im Zeitpunkt der Eröffnung des Insolvenzverfahrens über das Vermögen des Vermieters dagegen noch **nicht übergeben,** steht dem Insolvenzverwalter im Hinblick auf die Erfüllung des bereits geschlossenen Mietvertrages in teleologischer Reduktion des § 108 Abs. 1 S. 1 InsO das Wahlrecht nach § 103 InsO zu (BGH NZI 2007, 713). Im Falle der Erfüllungsablehnung durch den Insolvenzverwalter steht dem Mieter lediglich ein Schadensersatzanspruch wegen Nichterfüllung als einfache Insolvenzforderung zu (§ 103 Abs. 2 InsO). Ein Rücktrittsrecht nach § 109 Abs. 2 InsO besteht nicht.

951   Soweit die Mieträume im Zeitpunkt der Eröffnung des Insolvenzverfahrens über das Vermögen des Vermieters **bereits übergeben** worden sind, hat die Eröffnung gem. § 108 Abs. 1 S. 1 InsO auf den Fortbestand des Vertrags keinen Einfluss. Der geschlossene **Mietvertrag besteht zugunsten, aber auch zulasten** der Masse unverändert weiter. Die Regelung des § 108 Abs. 1 InsO verdrängt insoweit § 103 Abs. 1 InsO (BGH NZI 2014, 614).

952   Auch im Falle der **Freigabe der Immobilie** aus der Insolvenzmasse besteht das Mietverhältnis bis zur Enthaftung zulasten (LG Dortmund BeckRS 2005, 12798) und zugunsten der Masse weiter (→ Rn. 960). Gehört die Immobilie jedoch zu einem **Geschäftsbetrieb** des Insolvenzschuldners,

den der Insolvenzverwalter gem. § 35 Abs. 2 S. 1 InsO freigibt, gehen die der selbstständigen Tätigkeit dienenden Vertragsverhältnisse von der Masse auf den Schuldner über. Damit besteht der Vertrag nicht mehr mit Wirkung für die Masse nach § 108 Abs. 1 S. 1 InsO fort. Ab dem Zugang der Freigabe können die aus den betreffenden Dauerschuldverhältnissen entstehenden Ansprüche nur noch gegen den Schuldner persönlich geltend gemacht werden (BGH NZI 2012, 409).

Gilt der Vertrag nach den oben genannten Grundsätzen zulasten der Masse weiter, gehen im 953 Grundsatz sämtliche **mit der Gebrauchsüberlassung zusammenhängenden Pflichten und Rechte** auf die Insolvenzmasse über (→ Rn. 962). Dies gilt jedoch nicht für die sonstigen in dem Mietvertrag übernommenen Pflichten, welche nicht mietvertraglicher Art sind. Diese können nach § 103 InsO beendet werden. Dabei stellen die Ansprüche aus einem nach § 108 Abs. 1 S. 1 InsO fortbestehenden Mietverhältnis Masseverbindlichkeiten nach § 55 Abs. 1 Nr. 2 InsO dar, wenn ihre **Erfüllung für die Zeit nach der Eröffnung des Insolvenzverfahrens erfolgen muss** (§ 55 Abs. 1 Nr. 2 Fall 2 InsO). Im Übrigen stellen sie Insolvenzforderungen dar (§ 108 Abs. 3 InsO) (BGH NZI 2003, 373).

Im Hinblick auf das durch den Schuldner vermietete Objekt **schuldet die Insolvenzmasse** 954 **die Gebrauchsgewährung** (§ 535 Abs. 1 S. 1 BGB) und die **Erhaltung des Objektes** in einem zum vertragsgemäßen Gebrauch geeigneten Zustand (§ 535 Abs. 1 S. 2 BGB) als Masseverbindlichkeit (§ 55 Abs. 1 Nr. 2 Alt. 2 InsO). Daher ist die **laufende Miete** nebst den Nebenkosten an die Insolvenzmasse zu zahlen (→ Rn. 956).

Der Insolvenzverwalter kann auch einen **Mietvertrag als Vermieter schließen.** In diesem 955 Fall stellen die oben genannten Verpflichtungen aus dem Mietvertrag Masseverbindlichkeiten nach § 55 Abs. 1 Nr. 1 InsO dar.

II. Anspruch auf Miet- und Pachtzinsen

Die Eröffnung des Insolvenzverfahrens führt zu einer **Beschlagnahme der Miet-** und Pacht- 956 forderung des Insolvenzschuldners zugunsten der Masse (BGH NZI 2016, 824). Die Miete kann grundsätzlich schuldbefreiend **nur noch an den Insolvenzverwalter bezahlt** werden.

Vorbehaltlich einer wirksamen Verfügung über bzw. einer Pfändung der Miet- oder Pacht- 957 forderung (zum Absonderungsrecht → Rn. 480) oder eines wirksamen **Absonderungsrechts** des Grundpfandgläubigers aufgrund der Beschlagnahme im Wege der Zwangsverwaltung (→ Rn. 791) oder aufgrund der Regelung im Rahmen der **stillen Zwangsverwaltung** (→ Rn. 976), fallen auch die rückständigen Mietforderungen ab der Insolvenzeröffnung gem. § 35 Abs. 1 InsO in die Masse (BGH NZI 2016, 824).

Dies gilt auch dann, wenn diese mit **Grundpfandrechten belastet** ist (BGH NZI 2016, 824). 958 Bis zur endgültigen Erfassung der Miet- und Pachtforderung von dem Haftungsverband (→ Rn. 463) kann der Insolvenzverwalter diese zur Masse ziehen und muss sie nicht absondern. Der Grundpfandgläubiger wird sich daher mit dem Insolvenzverwalter auf eine kalte Zwangsverwaltung (→ Rn. 976) verständigen oder eine Zwangsverwaltung (→ Rn. 771) beantragen. Die bis zur Insolvenzeröffnung **an den Grundpfandgläubiger gezahlte Mieten** oder Pachten können ggf. angefochten werden (→ Rn. 475).

Das Einziehungsrecht steht dem Insolvenzverwalter nach § 166 Abs. 2 InsO auch dann zu, 959 wenn der Schuldner die Mietforderung zur Sicherung eines Anspruchs **abgetreten hat.** Eine **Vereinbarung zwischen Zessionar und Mieter,** wonach der Mieter trotz Insolvenzverfahrens über das Vermögen des Zedenten und beabsichtigter Verwertung der Forderung durch den Insolvenzverwalter befreiend nur an den Zessionar leisten kann, ist unwirksam. Nach § 166 Abs. 2 InsO steht das Einziehungsrecht des Insolvenzverwalters nicht zur Disposition von Sicherungsgläubiger und Mieter (BGH NZI 2009, 312).

Auch die Mieteinkünfte des Schuldners aus der **freigegebenen Immobilie** fallen als Neuer- 960 werb in die Masse (BGH NZI 2009, 382) (anders bei **Freigabe des Geschäftsbetriebes** → Rn. 952).

Stehen die Mietforderungen nach den genannten Grundsätzen der Insolvenzmasse zu, ist eine 961 schuldbefreiende **Zahlung an den Schuldner** ab der Verfahrenseröffnung nach § 82 S. 1 InsO nur möglich, wenn der Mieter von der Eröffnung des Insolvenzverfahrens keine Kenntnis hatte (→ Rn. 8).

Immobilienverwertung im Insolvenzverfahren

III. Weitere Rechte und Pflichten der Insolvenzmasse

1. Gebrauchsgewährung und Erhaltung

962 Im Hinblick auf das durch den Schuldner vermietete Objekt **schuldet die Insolvenzmasse die Gebrauchsgewährung** (§ 535 Abs. 1 S. 1 BGB) und die **Erhaltung des Objektes** in einem zum vertragsgemäßen Gebrauch geeigneten Zustand (§ 535 Abs. 1 S. 2 BGB) als Masseverbindlichkeit (§ 55 Abs. 1 Nr. 2 Alt. 2 InsO), so insbesondere auch zur Gewährleistung der Wärmeversorgung (LG Dortmund BeckRS 2005, 12798) sowie der Wasser- und Stromversorgung.

963 Die Insolvenzmasse ist auch zur **Herstellung des vertragsgemäßen Zustandes** verpflichtet, auch wenn die Mietsache vor Verfahrenseröffnung nicht vertragsgemäß war (BGH NZI 2003, 373). Kommt der Verwalter mit der Instandsetzung in Verzug, kann der Vermieter den Schadensersatzanspruch wegen Sachmangel aus § 536a Abs. 1 BGB als Masseverbindlichkeit nach § 55 Abs. 1 Nr. 1 InsO geltend machen. Dagegen kann ein Schadensersatzanspruch wegen eines **vor Eröffnung entstandenen Sachmangels** lediglich als Insolvenzforderung nach § 108 Abs. 3 InsO gelten gemacht werden (BGH NZI 2003, 373).

2. Nebenkosten/-abrechnungen

964 Der Insolvenzverwalter ist zur **Abrechnung der Betriebskosten verpflichtet**, wenn das Wirtschaftsjahr nach der Insolvenzverfahrenseröffnung endet und der Abrechnungsanspruch somit nach der Insolvenzverfahrenseröffnung entstanden ist. Hierbei kommt es nicht auf die Abrechnungsfrist des § 556 Abs. 3 S. 2 BGB an.

965 Soweit aus der **Nebenkostenabrechnung** aus dem **Zeitraum vor Eröffnung** des Insolvenzverfahrens ein **Guthaben zugunsten des Mieters** besteht, kann dieses nach § 108 Abs. 3 InsO nur als Insolvenzforderung geltend gemacht werden, für den Zeitraum danach als Masseverbindlichkeit. Der Erstattungsanspruch des Mieters **für das Jahr der Eröffnung** des Insolvenzverfahrens stellt für die Zeit bis zur Eröffnung des Verfahrens eine Insolvenzforderungen, für die Zeit danach eine Masseforderung dar (BGH NZI 2007, 164).

966 Besteht jedoch ein **Guthaben zugunsten der Insolvenzmasse** aus einem Abrechnungszeitraum, welcher vor Eröffnung des Insolvenzverfahrens bereits abgelaufen ist, und wird der Anspruch erst mit der Abrechnung nach Eröffnung des Insolvenzverfahrens fällig, so kann gegen Mietforderungen für den Zeitraum nach Eröffnung des Insolvenzverfahrens nach § 95 Abs. 1 S. 1 InsO **aufgerechnet werden**. § 110 Abs. 3 InsO kommt nicht zum Tragen. Unzulässig ist die Aufrechnung jedoch nach § 95 Abs. 1 S. 3 InsO, wenn die Guthabenforderung erst nach der Mietforderung fällig wird (BGH NZI 2007, 164).

3. Mietkaution

967 Der Mieter kann die von ihm **geleistete Mietkaution** in der Insolvenz des Vermieters nur dann aussondern, wenn der Vermieter sie auf einem entsprechend gekennzeichneten Sonderkonto angelegt hat. Ist dagegen die Kaution entgegen der Regelung in § 551 Abs. 3 S. 3 BGB nicht vom Eigenvermögen des Schuldners getrennt worden, besteht keine Aussonderungsbefugnis für den Mieter. Denn eine Aussonderungsbefugnis gem. § 47 InsO bezüglich eines Kontoguthabens kann nur dann entstanden sein, wenn es sich um ein ausschließlich zur Aufnahme von treuhänderisch gebundenen Fremdgeldern bestimmtes Konto handelt (BGH NZI 2013, 158).

968 Bei dem vor Insolvenzeröffnung geschlossenen Mietverhältnis stellt der Anspruch des Mieters auf vertragsgemäße **Anlage der Mietsicherheit eine einfache Insolvenzforderung** nach § 38 InsO dar, die der Mieter gem. § 108 Abs. 3 InsO nur als Insolvenzgläubiger geltend machen kann. Ein **Zurückbehaltungsrecht im Hinblick auf die Mieten** besteht grundsätzlich nur aus § 273 BGB, das allerdings wegen einer Insolvenzforderung nicht ausgeübt werden kann, und zwar auch nicht wegen vor Insolvenzeröffnung fälligen Mietforderungen. Eine Aufrechnung ist nach § 95 Abs. 1 S. 3 InsO unzulässig, weil der Kautionsauszahlungsanspruch zum Zeitpunkt der Insolvenzeröffnung nicht fällig war. Die Fälligkeit des Rückgewähranspruchs ist nämlich bis Vertragsende und Ablauf der Abrechnungsfrist hinausgeschoben (BGH NZI 2013, 158).

4. Nutzung durch den Schuldner

969 Das **Recht zur Nutzung** des unbeweglichen Vermögens des Schuldners fällt mit der Eröffnung des Insolvenzverfahrens in die Insolvenzmasse (§ 35 Abs. 1 InsO) (BGH NZI 2016, 89). Der **Schuldner** ist daher (anders als im Falle der Zwangsverwaltung, → Rn. 813), im Insolvenzverfah-

Immobilienverwertung im Insolvenzverfahren

ren nur dann berechtigt, seine Wohnung entschädigungslos zu nutzen, wenn ihm dies nach § 100 InsO als Unterhaltsgewährung gestattet wird (BGH NZI 2016, 89).

Beansprucht der Insolvenzverwalter dagegen den Besitz an den Räumen als Massebestand- 970
teil und werden diese dem Schuldner insolvenzrechtlich nicht als Unterhalt überlassen, kann der Insolvenzverwalter von dem Schuldner die **Räumung** auf der Grundlage des § 148 Abs. 1 InsO verlangen und durchsetzen (BGH NZI 2013, 606). Soweit der Schuldner das unbewegliche Vermögen nutzt, ohne dass ihm dies als Unterhalt überlassen worden ist, erfolgt die Nutzung auf Kosten der Insolvenzmasse ohne rechtlichen Grund mit der Folge, dass der Schuldner nach § 812 Abs. 1 S. 1 BGB zur Zahlung einer angemessenen **Nutzungsentschädigung** verpflichtet ist (BGH NZI 2016, 89). Die Verpflichtung des Schuldners, während des Insolvenzverfahrens für die Nutzung des in seinem Eigentum stehenden unbeweglichen Vermögens eine Entschädigung zu zahlen, stellt jedoch **keine Mitwirkungspflicht** iSv § 290 Abs. 1 Nr. 5 InsO dar, sodass aus diesem Grund keine Versagung der Restschuldbefreiung möglich ist (BGH NZI 2016, 89). Der Insolvenzverwalter kann den Schuldner auffordern, die Wohnung zu räumen, um sie an einen Dritten zu vermieten. Kommt der Schuldner dem nicht nach, verletzt er die sich aus der Insolvenzordnung ergebende Pflicht, sein zur Masse gehörendes Vermögen dem Verwalter zur Verfügung zu stellen und verwirklicht dadurch den **Versagungsgrund** nach § 290 Abs. 1 Nr. 5 InsO (BGH NZI 2016, 89).

5. Pflicht zur Begleichung der Kosten

Die im Zusammenhang mit der Immobilie laufenden Kosten, insbesondere die Gebäudeversi- 971
cherung, sind von der Insolvenzmasse zu tragen (→ Rn. 127).

6. Unterhaltsanspruch des Insolvenzschuldners

Die Regelung in § 851b ZPO bietet dem Schuldner einen Schutz vor Pfändung von Miet- 972
und Pachteinnahmen, die zum laufenden **Unterhalt der Immobile benötigt wird.** Dieser Schutz ist im laufenden Insolvenzverfahren entbehrlich (zur Verwaltung durch den Insolvenzverwalter → Rn. 127, zur Verwaltung durch den Zwangsverwalter → Rn. 838).

Doch gem. **§ 850i ZPO** hat das Gericht bei der Pfändung sonstiger Einkünfte des Schuldners, 973
die kein Arbeitseinkommen sind, dem Schuldner auf dessen Antrag so viel zu belassen, als ihm verbleiben würde, wenn sein Einkommen aus laufendem Arbeits- oder Dienstlohn bestünde. Zu den sonstigen Einkünften im Sinne der vorgenannten Vorschrift gehören auch Miet- und Pachteinnahmen (BGH NZI 2018, 326). § 850i ZPO ist auch zu berücksichtigen, wenn die Einnahmen an einen **Sicherungsgläubiger abgetreten** waren (BGH NZI 2018, 326). Gemäß § 36 Abs. 1 S. 1 InsO gehören Gegenstände, die nicht der Zwangsvollstreckung unterliegen, nicht zur Insolvenzmasse.

IV. Berücksichtigung von Absonderungsrechten

Zieht der Insolvenzverwalter nach der Eröffnung insolvenzfest (→ Rn. 491) zur **Sicherung** 974
abgetretene Forderungen ein, gewährt § 170 Abs. 1 S. 2 InsO dem absonderungsberechtigten Gläubiger einen **Anspruch auf Auskehr des Erlöses.** Hiervon sind die Feststellungs- und der Verwertungspauschale in Abzug zu bringen. Hierbei handelt es sich nicht bloß um eine Masseverbindlichkeit nach § 55 Abs. 1 Nr. 1 InsO. Vielmehr setzt sich das **Absonderungsrecht am Erlös** fort, soweit sich dieser noch unterscheidbar in der Masse befindet. Auch im Falle der Massearmut kann der Sicherungsnehmer daher bis zur Höhe der gesicherten Forderung (abzüglich der Pauschalen) die Herausgabe des Erlöses verlangen (BGH NZI 2010, 339). Soweit der **Erlös nicht mehr unterscheidbar in der Masse** vorhanden ist, entsteht eine Masseverbindlichkeit gem. § 170 Abs. 1 S. 2 InsO, § 55 Abs. 1 Nr. 1 oder 3 InsO, sobald der Sicherungsfall für den Absonderungsberechtigten eintritt (BGH NZI 2009, 165; so auch MüKoInsO/Ganter InsO Vor § 49 Rn. 72).

Zu beachten ist, dass der Insolvenzverwalter ebenso wie der Schuldner außerhalb des Insolvenz- 975
verfahrens berechtigt ist, die Ausübung eines Pfandrechts durch **Sicherheitsleistung (§§ 232 ff. BGB) abzuwenden.** Der Insolvenzverwalter kann die abgesonderte Befriedigung durch Sicherheitsleistung etwa in den Fällen der §§ 562c, 592 BGB abwenden (MüKoInsO/Ganter InsO Vor § 49 Rn. 110).

Immobilienverwertung im Insolvenzverfahren

P. Kalte Zwangsverwaltung

I. Grundsätze

976 Der Grundpfandgläubiger kann von der Beantragung einer Zwangsverwaltung nach den §§ 146 ff. ZVG abgehalten werden, indem eine **Vereinbarung** zwischen dem Pfandrechtsgläubiger und dem Insolvenzverwalter für die Masse getroffen wird, wonach dieser die massezugehörigen, aber dem Haftungsverband des Grundpfandgläubigers zugehörigen Miet- und Pachtforderungen einzieht und den Erlös abzüglich der anfallenden Kosten und Ausgaben an den Grundpfandgläubiger im Rahmen seiner Rechte auskehrt und die betreffende Immobilie bewirtschaftet (sog. stille oder **kalte Zwangsverwaltung**) (BGH NZI 2016, 824).

977 Die kalte Zwangsverwaltung bietet **für den Grundpfandgläubiger den Vorteil,** dass er Kosten und den Aufwand einer Zwangsverwaltung spart, nur einen Ansprechpartner in der Person des Insolvenzverwalters hat und keine Einstellung der Zwangsverwaltung nach § 153b ZVG befürchten muss (BGH NZI 2016, 824). Der **Vorteil für die Masse** besteht in der Erlösbeteiligung. Diese ist frei verhandelbar. Zudem wird die freihändige Veräußerung der Immobilie dadurch erleichtert (BGH NZI 2016, 824). Hier bietet sich insbesondere auch eine Kombination mit einer Verwertungsvereinbarung an (→ Rn. 894).

978 Solange die kalte Zwangsverwaltung so gestaltet wird, dass die Masse im Verhältnis zur förmlichen **Zwangsverwaltung nicht schlechter gestellt** wird (→ Rn. 984), bestehen gegen die Zulässigkeit der stillen Zwangsverwaltung keine Bedenken (BGH NZI 2016, 824). Andernfalls können gegen den **Insolvenzverwalter Schadensersatzansprüche** bestehen und im Falle der **Insolvenzzweckwidrigkeit** wäre die Vereinbarung nichtig (BGH NZI 2016, 824).

979 Führt der Insolvenzverwalter eine stille Zwangsverwaltung durch, ist bei der Berechnungsgrundlage für die **Insolvenzverwaltervergütung** entsprechend dem Rechtsgedanken bei der Betriebsfortführung (§ 1 Abs. 2 Nr. 4b InsVV) nur der Überschuss zu berücksichtigen, der zugunsten der Masse erzielt wurde, ggf. einschließlich des von dem Absonderungsberechtigten zugestandenen Massekostenbeitrages (BGH NZI 2016, 824). Wie im Falle der Betriebsfortführung ist zudem zu prüfen, ob trotz der Erhöhung der Regelvergütung ein **(Ausgleichs-)Zuschlag zu gewähren ist,** weil sich die Vergütung ohne Massemehrung bei angemessenem Zuschlag stärker erhöht hätte. Bei der Höhe des dabei anzusetzendem Vergleichszuschlags, der ohne die Massemehrung zuzubilligen gewesen wäre, ist entscheidend, in welchem Maße der Insolvenzverwalter stärker als in Insolvenzverfahren vergleichbaren Zuschnitts ohne diese Tätigkeit in Anspruch genommen worden wäre. Abzustellen ist damit auf den real gestiegenen Arbeitsaufwand. In einer Vergleichsbetrachtung für die Angemessenheit eines Zuschlags für eine stille Zwangsverwaltung kann bei wertender Abwägung der Regelvergütung einbezogen werden, die einem Zwangsverwalter nach § 18 Abs. 1 S. 1 ZwVwV zustehen würde. Die Mehrvergütung darf dabei nicht den in die Masse tatsächlich gelangten Kostenbeitrag überschreiten (BGH NZI 2016, 824).

980 Die **nachrangigen Grundpfandgläubiger** können hierauf lediglich mit einem Antrag auf Zwangsverwaltung reagieren, nicht jedoch mit einer Pfändung der Mietforderungen (→ Rn. 465).

II. Inhalt der Vereinbarung

981 Zu den wesentlichen Punkten eine Verwaltungsvereinbarung gehört der **Verzicht auf die Zwangsversteigerung und -verwaltung** bis zu einem Zeitpunkt durch den Grundpfandgläubiger bzw. die Verpflichtung, einen gestellten Antrag zurückzunehmen oder das Verfahren zumindest ruhend zu stellen. Zudem ist zu regeln, wie zu verfahren ist, wenn die **Zwangsverwaltung durch einen Dritten** beantragt wird.

982 Zugleich solle ein **Verwaltungszeitraum** und ggf. Verlängerungsmöglichkeiten vereinbart werden.

983 Nachdem das unbewegliche Vermögen weiterhin von dem Insolvenzbeschlag erfasst ist (→ Rn. 42), hat sich der Insolvenzverwalter weiterhin um die **ordnungsgemäße Verwaltung** (→ Rn. 127) und den **Einzug der Mieten** zu kümmern (→ Rn. 956). Dies kann zusätzlich vertraglich geregelt werden. Geregelt werden sollte jedenfalls der **Stichtag, ab dem der Überschuss** aus den Mieteinnahmen dem Grundpfandgläubiger zusteht. Zu regeln ist hier, ob die Verwertung durch den Insolvenzverwalter oder ggf. durch Mitarbeiter des Insolvenzschuldners oder eines externen Verwalters erfolgen soll (**kalte Institutszwangsverwaltung**).

984 Zudem wird die Höhe des **Kostenbeitrages der Insolvenzmasse** zu den wesentlichen Punkten gehören (→ Rn. 988). Hierbei ist zu berücksichtigen, dass eine **Schlechterstellung** im Vergleich zur Zwangsverwaltung nicht zulässig ist (→ Rn. 978, → Rn. 988). Daher sind die

Immobilienverwertung im Insolvenzverfahren

durch die stille Zwangsverwaltung geschaffenen Verhältnisse mit denjenigen zu vergleichen, die eintreten würden, wenn die förmliche Zwangsverwaltung beantragt und angeordnet wäre (BGH NZI 2016, 824). Die vorrangige **Auskehr der Erlöse an die Grundpfandgläubiger** ist während der stillen Zwangsverwaltung kein Nachteil für die Masse. Dies gilt jedoch nur, soweit sich die Auskehr auf die Beträge beschränkt, die auch in der Zwangsverwaltung an den Gläubiger zu zahlen wären (BGH NZI 2016, 824). Daher sollte auch vereinbart werden, dass die an den Grundpfandgläubiger geleisteten Zahlungen ebenso wie bei der Zwangsverwaltung **auf die dinglichen Zinsansprüche gezahlt** und auf die gesicherten schuldrechtlichen Ansprüche entsprechend § 52 S. 2 InsO angerechnet werden. Zudem sollte vereinbart werden, dass eine Auskehr erst nach Bedienung des Kostenbeitrages und der nachstehend erwähnten Kosten (→ Rn. 988 ff.) erfolgt.

Die Verteilung der **Bewirtschaftungs-, Instandhaltungs- und Verbesserungskosten** sollte 985 ebenfalls geregelt werden. Zu denken ist an die **Grundsteuer,** aber auch an die Kosten für die **Neuvermietung.** Auch hier ist ein Vergleich mit der Zwangsverwaltung anzustellen und zu prüfen, ob es sich hierbei um eine Aufgabe des Zwangsverwalters (→ Rn. 805) und daher aus den Erträgen oder um eine weitergehende, dem Substanzwert zukommende Maßnahme handelt und daher von der Insolvenzmasse getragen werden darf.

Zudem ist an die **Steuerlast der Insolvenzmasse** zu denken (→ Rn. 995), wofür ein Einbehalt der Einnahmen für die Insolvenzmasse vorzunehmen ist. 986

Die Vereinbarung wird in aller Regel als eine besonders bedeutsame Handlung iSd § 160 InsO 987 anzusehen sein, sodass an die **Zustimmung des Gläubigerausschusses bzw. der -versammlung** zu denken ist (MüKoInsO/Kern InsO § 165 Rn. 190).

III. Pflichten/zu begleichende Kosten

1. Kostenbeitrag der Insolvenzmasse

In der Vergütungsvereinbarung für eine stille Zwangsverwaltung zwischen dem Insolvenzverwalter und dem Absonderungsrechtsgläubiger wird regelmäßig die Zahlung eines Kostenbeitrages in die Insolvenzmasse vereinbart. Hier wird man sich daran zu orientieren, dass eine **Schlechterstellung** im Vergleich zur Zwangsverwaltung nicht erfolgen soll (→ Rn. 978). In der Regel wird eine Orientierung an die **Vergütung des Zwangsverwalters** erfolgen (→ Rn. 832). Eine **kostenlose Tätigkeit** der Insolvenzmasse für den Grundpfandgläubiger dürfte insolvenzzweckwidrig und damit nichtig sein (→ Rn. 978). 988

Zudem kann eine **Vergütungsvereinbarung zwischen dem Insolvenzverwalter** und dem 989 Absonderungsrechtsgläubiger für eine stille Zwangsverwaltung nur in der Weise geschlossen werden, dass der Kostenbeitrag in die Masse fließt. Eine Vergütungsvereinbarung, wonach der Verwalter von dem Absonderungsberechtigten **gesondert vergütet wird,** wäre nichtig (BGH NZI 2016, 824).

2. Unterhaltsansprüche des Insolvenzschuldners

Wie vorstehend dargelegt sind die Unterhaltsansprüche des Insolvenzschuldners aus § 850i ZPO 990 **im Insolvenzverfahren** zu berücksichtigen (→ Rn. 973). Im Rahmen der **Zwangsverwaltung** sind diese jedoch nicht zu berücksichtigen (→ Rn. 837).

Im Rahmen der **stillen Verwaltung** kann die Regelung des § 850i ZPO durch eine Vereinbarung mit dem Grundpfandgläubiger zulasten des Schuldners nicht außer Kraft gesetzt werden. Die Vereinbarung begründet kein der Beschlagnahme entsprechendes Recht des Grundpfandgläubigers an den Miet- und Pachtforderungen des Schuldners (BGH NZI 2018, 326). 991

3. Ansprüche des Mieters

Wie vorstehend dargestellt ist die geleistete **Mietkaution** nach Eintritt der Voraussetzungen 992 durch den **Zwangsverwalter** zulasten der Masse herauszugeben (→ Rn. 820), im Gegensatz zum **Insolvenzverwalter** (→ Rn. 967), welcher hierzu nur verpflichtet ist, wenn die Kaution insolvenzfest angelegt worden ist. Im Rahmen der **stillen Zwangsverwaltung** gelten die Regeln für den Insolvenzverwalter (MüKoInsO/Kern InsO § 165 Rn. 189).

Der Zwangsverwalter ist zudem zum Ausgleich eines Saldos aus einer von diesem noch zu 993 erstellenden **Nebenkostenabrechnung verpflichtet** (→ Rn. 822). Im Insolvenzverfahren über das Vermögen des Vermieters stellen jedoch nur Guthabenansprüche des Mieters, soweit sie dem Zeitraum ab Insolvenzeröffnung zuzuordnen sind, Masseverbindlichkeiten dar und sind im Übri-

Immobilienverwertung im Insolvenzverfahren

gen nur als Insolvenzforderung zu berücksichtigen (→ Rn. 965). Im Rahmen der **stillen Zwangsverwaltung** gelten die Regeln für den Insolvenzverwalter (MüKoInsO/Kern InsO § 165 Rn. 189).

IV. Verteilung des Erlöses

1. Absonderungsberechtigte Gläubiger

994 Der **Insolvenzbeschlag** wird durch die Vereinbarung der kalten Zwangsverwaltung nicht wie im Fall der Zwangsverwaltung beseitigt (zur Zwangsverwaltung → Rn. 786). Der Grundpfandgläubiger erwirbt kein dingliches Recht, sondern hat weiterhin nur einen **schuldrechtlichen Anspruch** an den Mietforderungen (→ Rn. 461). Die ihm aus der mit dem Insolvenzverwalter getroffenen Vereinbarung erwachsenen Ansprüche stellen zwar Masseforderungen nach § 55 Abs. 1 Nr. 1 InsO dar. Die Einnahmen dürfen daher nach Abzug der Aufwendungen an den Grundpfandgläubiger als Zahlung auf das Absonderungsrecht ausgekehrt werden (MüKoInsO/Ganter InsO Vor § 49 Rn. 100a). Doch im Falle der **Masseunzulänglichkeit** sind diese lediglich anteilig mit anderen Massegläubigern zu befriedigen (§ 209 Abs. 1 Nr. 3 InsO). Wurde die Vereinbarung zwischen dem Grundpfandgläubiger und dem Insolvenzverwalter geschlossen, ist dieser auch nicht verpflichtet, die Einnahmen von der Insolvenzmasse zu separieren (MüKoInsO/Ganter InsO Vor § 49 Rn. 100a).

2. Ertragssteuer

995 In der kalten Zwangsverwaltung ist die Ertragssteuer aus der Bewirtschaftung des Grundstücks ebenfalls eine Masseverbindlichkeit (MüKoInsO/Ganter InsO Vor § 49 Rn. 100d) (→ Rn. 140).

3. Umsatzsteuer

996 Im Hinblick auf die Einnahmen aus der kalten Zwangsverwaltung ist zu prüfen, ob der Schuldner der **Umsatzsteuer unterliegt** (→ Rn. 132).

997 Im Falle der freihändigen Verwaltung eines grundpfandrechtsbelasteten Grundstückes durch den Insolvenzverwalter gegen Entgelt aufgrund einer Vereinbarung mit dem Grundpfandgläubiger („kalte Zwangsverwaltung") ist entsprechend dem Fall der Verwertung einer wertausschöpfenden Immobilie (→ Rn. 912) neben einer **Leistung an den Vermieter/Pächter** auch von einer steuerbaren und auch steuerpflichtigen **Geschäftsbesorgungsleistung der Masse** an den Grundpfandgläubiger auszugehen (BFH BeckRS 2011, 96400; BMF-Schreiben v. 30.4.2014 – IV D 2 - S 7100/07/10037). Zieht der Insolvenzverwalter somit im Rahmen der kalten Zwangsverwaltung die Miete ein, so sind die **Mietumsätze der Masse zuzurechnen.** Soweit Umsatzsteuer anfällt (→ Rn. 847), wird diese von der Masse geschuldet und ist von dem Auszahlbetrag an den Grundpfandgläubiger einzubehalten (BFH BeckRS 2011, 96400; BMF-Schreiben v. 30.4.2014 – IV D 2 - S 7100/07/10037). In der **Verwaltungstätigkeit** liegt zudem eine weitere steuerbare und steuerpflichtige Geschäftsbesorgungsleistung. Der vereinbarte Anteil der Masse an den Mieteinnahmen ist das Entgelt für diese Leistung. Die sich aus dieser Geschäftsbesorgungsleistungen ergebende Umsatzsteuer stellt eine **Masseschuld** dar (BFH BeckRS 2011, 96400; BMF-Schreiben v. 30.4.2014 – IV D 2 - S 7100/07/10037).

998 **Übersteigt jedoch der Erlös die besicherte Forderung,** ist kein Massebeitrag geschuldet, und eine Umsatzsteuer für den Erlösanteil der Masse fällt nicht an (MüKoInsO/Kern InsO § 165 Rn. 195).

4. Grundsteuer

999 Soweit es sich bei der Grundsteuer um eine Masseverbindlichkeit handelt (→ Rn. 142), ist diese aus der Insolvenzmasse zu zahlen.

Q. Freihändige Verwertung der Mitberechtigung des Schuldners an unbeweglichen Gegenständen – Wohnungs- oder Teileigentum des Schuldners

I. Verwertung durch den Insolvenzverwalter

1000 Wie vorstehend dargelegt wird das Wohnungs- und Teileigentum gem. § 1 Abs. 2 und 3 WEG **wie das Eigentum am Grundstück behandelt** (→ Rn. 297) und unterliegt daher wie ein

Immobilienverwertung im Insolvenzverfahren

Grundstück der Zwangsvollstreckung in das unbewegliche Vermögen. Es fällt daher in die **Insolvenzmasse** (MüKoInsO/Ganter InsO § 49 Rn. 5; Zöller/Seibel ZPO § 864 Rn. 1), und kann von den Insolvenzverwalter verwertet werden (→ Rn. 159).

Gemäß § 12 Abs. 1 WEG kann als Inhalt des Sondereigentums vereinbart werden, dass ein **1001** Wohnungseigentümer zur Veräußerung seines Wohnungseigentums der **Zustimmung anderer Wohnungseigentümer oder eines Dritten bedarf.** Gemäß § 12 Abs. 3 S. 1 WEG ist im Falle einer dahingehenden Vereinbarung eine Veräußerung des Wohnungseigentums und ein Vertrag, durch den sich der Wohnungseigentümer zu einer solchen Veräußerung verpflichtet, unwirksam, solange nicht die erforderliche Zustimmung erteilt ist. Dies gilt gem. § 12 Abs. 3 S. 2 WEG auch im Falle der Veräußerung durch den Insolvenzverwalter und zwar auch im Falle der Versteigerung (→ Rn. 531). Allerdings kann die Zustimmung nach § 12 Abs. 2 S. 1 WEG nur aus wichtigem Grund versagt werden.

II. Durchsetzung der Rechte der WEG

Soweit es sich bei den Ansprüchen der WEG um **Masseverbindlichkeiten** handelt, kann eine **1002** bevorzugte Befriedigung aus der Insolvenzmasse verlangt werden (→ Rn. 237). Eine Vollstreckung ist, soweit es sich um Masseforderungen und nicht um Absonderungsrechte handelt (→ Rn. 1004), nur aus der Rangklasse 5 möglich (→ Rn. 554).

Soweit es sich bei den **Insolvenzforderungen** um Ansprüche auf Hausgeld handelt, ist an das **1003** Vorrecht des **§ 10 Abs. 1 Nr. 2 ZVG** zu denken (→ Rn. 554). Diese Regelung beschränkt sich nicht nur auf die Rangordnung in der Zwangsversteigerung, sondern gewährt dem Berechtigten wegen der Verweisung in § 49 InsO auch in der Insolvenz des Wohnungseigentümers ein Recht auf abgesonderte Befriedigung (BGH NZI 2011, 731). Daher kann die WEG, auch wenn sie vor der Insolvenzeröffnung keinen Zahlungstitel gegen den insolventen Wohnungseigentümer erwirkt hat, den Insolvenzverwalter wegen der dem Vorrecht unterfallenden Ansprüche analog § 1147 BGB auf **Duldung der Zwangsversteigerung** in Anspruch nehmen (→ Rn. 721) (BGH NJW 2013, 3515).

Das Recht der WEG aus § 10 Abs. 1 S. 1 Nr. 2 ZVG (→ Rn. 705) ist im **Grundbuch nicht** **1004** **eingetragen** (→ Rn. 715). Daher besteht keine Möglichkeit, im Falle einer freihändigen Verwertung von dem Insolvenzverwalter die Löschungsbewilligung von der Zahlung des gesicherten Betrages abhängig zu machen (zu den eingetragenen Gläubigern → Rn. 892).

Höchstrichterlich nicht geklärt ist, ob den aus § 10 Abs. 1 S. 1 Nr. 2 ZVG bevorrechtigten **1005** Ansprüchen im Rahmen der freihändigen Veräußerung ein **Absonderungsrecht an dem Verwertungserlös** zusteht (von BGH NJW 2013, 3515 ausdrücklich offengelassen). Dies wird bei den Grundpfandgläubigern bejaht (→ Rn. 897), soweit das Recht mit der freihändigen Veräußerung erlischt. Bei den öffentlichen Lasten wird dies verneint, nachdem das Recht auch nach einer Veräußerung an der Immobilie nicht erlischt (→ Rn. 926). Daher ist bei den nach Nr. 2 bevorrechtigten Rechten nach einer freihändigen Veräußerung, soweit diese von dem Erwerber nicht zu übernehmen sind (→ Rn. 1006), von einem Absonderungsrecht an dem Verwertungserlös auszugehen. Andernfalls würde die neu gestaltete und gesetzlich gewollte Stärkung bzw. Privilegierung der Hausgeldforderungen in § 10 Abs. 1 Nr. 2 ZVG praktisch leerlaufen (bejahend AG Bochum BeckRS 2016, 15049; MüKoInsO/Kern InsO § 165 Rn. 304).

III. Ansprüche gegen den Erwerber

Nach der gesetzlichen Regelung haftet ein Erwerber von Wohnungseigentum grundsätzlich **1006** nicht für **Hausgeldrückstände des Voreigentümers** (BGH NJW 2013, 3515). Eine solche Haftung des Wohnungseigentums ergibt sich auch nicht aus § 10 Abs. 1 Nr. 2 ZVG. Der Gesetzgeber hat lediglich eine begrenzte bevorrechtigte Beteiligung an dem Veräußerungserlös in der Zwangsversteigerung erreichen wollen (BGH NJW 2013, 3515; 2018, 1613).

Der Wohnungseigentümer hat die **Beitragsvorschüsse zu leisten,** die während der Dauer **1007** seiner Mitgliedschaft in der Eigentümergemeinschaft aufgrund von wirksam beschlossenen Wirtschaftsplänen oder Sonderumlagen fällig werden (sog. „Fälligkeitstheorie") (BGH NJW 2018, 2044). Bei einem **Eigentumswechsel innerhalb des Wirtschaftsjahres,** und somit nach Beschlussfassung über den Wirtschaftsplan, haftet nach der Fälligkeitstheorie für **Vorschüsse,** welche nach dem Wirtschaftsplan von den Wohnungseigentümern zu erbringen sind (§ 28 Abs. 2 WEG), namentlich die Wohngeldforderungen, bis zu dem Zeitpunkt des Eigentumswechsels der Veräußerer und ab diesem Zeitpunkt der Erwerber (BGH NJW 2018, 2044). Der Erwerber haftet für Verbindlichkeiten aus § 16 Abs. 2 WEG auch dann, wenn es sich um **Nachforderungen aus Abrechnungen** für frühere Jahre handelt, sofern nur der Beschluss der WEG, durch den die

Marković

Immobilienverwertung im Insolvenzverfahren

Nachforderungen begründet wurden (§ 28 Abs. 5 WEG), erst nach dem Eigentumserwerb gefasst worden ist. Dagegen haftet der Erwerber für Verbindlichkeiten, die noch vor seinem Eigentumserwerb begründet und fällig geworden sind, nicht (BGH NJW 2018, 2044). Der Erwerber haftet auch für eine **nach dem Eigentumswechsel fällig werdende Sonderumlage,** auch wenn deren Erhebung vor dem Eigentumswechsel beschlossen wurde (BGH NJW 2018, 2044). Die Sonderumlage wird mit Abruf durch den Verwalter fällig, soweit Fälligkeit nicht nach § 21 Abs. 7 WEG durch die WEG beschlossen wurde (BGH NJW 2018, 2044). Zwar besteht ein Risiko für den Erwerber, dass eine Sonderumlage nach Abschluss des Kaufvertrages und vor dem Eigentumswechsel beschlossen und nach dem Eigentumswechsel fällig wird. Dieses kann durch entsprechende kaufvertragliche Regelungen auf den Veräußerer abgewälzt werden (BGH NJW 2018, 2044). In der **Teilungserklärung kann wirksam geregelt werden,** dass der rechtsgeschäftliche Erwerber des Wohneigentums (gesamtschuldnerisch neben dem Veräußerer) gegenüber der WEG für etwaige Rückstände haftet (BGH NJW 1984, 308). Auch eine nachträgliche Regelung wirkt bei entsprechender Eintragung im Grundbuch gem. § 10 Abs. 3 WEG gegen den Erwerber (Depré ZVG/Cranshaw ZVG § 10 Rn. 46). Zudem kann der Erwerber im **Kaufvertrag die Haftung für Wohngeldansprüche** übernehmen (Depré ZVG/Cranshaw ZVG § 10 Rn. 46).

R. Freihändige Verwertung der Mitberechtigung des Schuldners an Mietforderungen – Anteil an einer Bruchteilgemeinschaft

1008 Steht die vermietete Immobilie nur im Bruchteileigentum des Schuldners (→ Rn. 151), kann der Insolvenzverwalter zwar die Miete alleine einfordern, jedoch nur als Leistung an alle Bruchteilseigentümer (BGH NJW 1989, 1091). Die grundsätzlich gem. § 752 BGB teilbare Miete gehört zum Gemeinschaftsvermögen und ist Teil des Auseinandersetzungsanspruchs.

Steuerrecht in der Insolvenz – Ertragssteuerrecht

Übersicht

	Rn.		Rn.
A. Einkommensteuer	1	3. Eröffnung des Insolvenzverfahrens und Wahlrecht	102
I. Einleitung	3	XI. Festsetzung und Aufteilung von Einkommensteuerschulden	106
II. Grundlagen der Ermittlung des Einkommens und der Steuerschuld	5	1. Masseverbindlichkeit/Insolvenzforderung	108
III. Betriebsaufspaltung	14	2. Absonderungsrechte (§§ 49–51 InsO)	116
IV. Betriebsaufgabe/Betriebsveräußerung	21	3. Forderungen und das insolvenzfreie Vermögen	122
V. Beteiligung an Personengesellschaften	27	XII. Erhebung und Anrechnung	130
1. Insolvenz der Gesellschaft	29	1. Insolvenz des Arbeitgebers	137
2. Insolvenz eines Gesellschafters	35	2. Insolvenz des Arbeitnehmers	141
VI. Beteiligung an Kapitalgesellschaften	47	XIII. Besonderheiten der Nachlassinsolvenz	143
1. Veräußerungserlös bei Auflösung (§ 17 Abs. 4 EStG)	47	1. Zivilrechtliche Grundlagen	143
2. Nachträgliche Anschaffungskosten	52	2. Nachlassinsolvenz und Einkommensteuer	146
VII. Verlustabzug	60	**B. Körperschaftsteuer**	152
VIII. Sanierungsgewinne	70	I. Grundlagen der Ermittlung des Einkommens	155
1. Definition des Begriffs Sanierungsertrags (§ 3a Abs. 1 EStG)	70	II. Verdeckte Einlagen	164
2. Rechtsentwicklung der Besteuerung von Sanierungsgewinnen bis zum Beschluss des BFH vom 28.11.2016	71	III. Verlustausgleich	168
3. Beschluss des BFH v. 28.11.2016 und BMF Schreiben v. 27.4.2017	72	1. Verlustvorträge	168
4. § 3a EStG	73	2. Verlustrückträge	172
5. BT-Drs. 19/4455	75	IV. Verlustabzug bei Körperschaften nach § 8c KStG	173
6. Neue Gesetzeslage	76	V. Fortführungsgebundener Verlustvortrag nach § 8d KStG	176
IX. Zuflüsse der Masse durch Geltendmachung insolvenzrechtlicher Ansprüche	80	VI. Körperschaftsteuerliche Organschaft	179
1. BFH 31.10.2018 – III B 77/18; BFHE 253, 482 = BStBl. II 2016, 852	86	1. Voraussetzungen einer körperschaftlichen Organschaft	179
2. BFH 1.4.2008 – X B 201/07	88	2. Zivilrechtliche Auswirkungen	190
3. Rechtliche Würdigung	89	3. Steuerliche Auswirkungen	198
X. Ehegattenveranlagung	94		
1. Zusammenveranlagung (§ 26b EStG)	95		
2. Einzelveranlagung	101		

A. Einkommensteuer

Die sachgerechte Behandlung einkommensteuerlicher Sachverhalte in einem Eigen- oder Fremdverwaltungsverfahren ist – analog der Situation bei den indirekten Steuern – **mangels gesetzlich definierter Schnittstellen zwischen Steuerrecht und Insolvenzrecht** nur auf Grundlage in der Vergangenheit ergangener Rechtsprechung und den in der Literatur entwickelten Ansichten möglich (→ Rn. 2). **1**

Übersicht der grundlegenden ertragsteuerrechtlichen Rechtsprechungen im Insolvenzverfahren **1.1**

Jahr	Urteil	Leitsatz	Fundstelle
2011	BFH 24.2.2011 – VI R 21/10 (ESt: Tätigkeit nach Verfahrenseröffnung)	Gelangt pfändbarer Arbeitslohn des Insolvenzschuldners als Neuerwerb zur Insolvenzmasse, liegt allein darin keine Verwaltung der Insolvenzmasse in anderer Weise i.S. des **§ 55 Abs. 1 Nr. 1 InsO,** so dass die auf die Lohneinkünfte zu zahlende Einkommensteuer keine vorrangig zu befriedigende Masseverbindlichkeit ist.	**BB** 2011, 1110 Nr. 18 **BFH/NV** 2011, 1083 Nr. 6
	BFH 18.8.2011 – VII B 9/11 (Lohnsteueran-	Keine Bindung des Finanzamts an die vom Arbeitgeber ausgestellte Lohnsteuerbescheini-	**BFH/NV** 2011, 2042 Nr. 12

Steuerrecht in der Insolvenz – Ertragssteuerrecht

Jahr	Urteil	Leitsatz	Fundstelle
	rechnung ↔ Insolvenz ArbG)	gung; Berichtigung einer Lohnsteuerbescheinigung durch den Arbeitgeber; Änderung des Lohnsteuerabzugs i.S. des **§ 41c Abs. 3 Satz 1 EStG**	
	BFH 30.11.2011 – I R 100/10 (**Passivierung bei Rangrücktritt**)	Eine Verbindlichkeit, die nur aus künftigen Gewinnen oder einem etwaigen Liquidationsüberschuss erfüllt zu werden braucht, kann mangels gegenwärtiger wirtschaftlicher Belastung nicht ausgewiesen werden.	**BB** 2012, 764 Nr. 12 **BFH/NV** 2012, 631 Nr. 4
2012	BFH 1.3.2012 – VI R 4/11 (Vorfinanzierung Insolvenzgeld ↔ § 32b EStG)	Soweit Insolvenzgeld vorfinanziert wird, das **nach § 188 Abs. 1 SGB III** einem Dritten zusteht, ist die Gegenleistung für die Übertragung des Arbeitsentgeltanspruchs als Insolvenzgeld i.S. des **§ 32b Abs. 1 Nr. 1 Buchst. a EStG** anzusehen. Die an den Arbeitnehmer gezahlten Entgelte hat dieser i.S. des **§ 32b Abs. 1 Nr. 1 Buchst. a EStG** bezogen, wenn sie ihm nach den Regeln über die Überschusseinkünfte zugeflossen sind.	**BFH/NV** 2012, 1222 Nr. 7
2013	BFH 16.5.2013 – IV R 23/11 (ESt: Veräußerung von BV als Masseverbindlichkeit)	Die Einkommensteuerschuld, die aus der Verwertung der zur Insolvenzmasse (und zum Betriebsvermögen) gehörenden Wirtschaftsgüter resultiert, ist als sonstige Masseverbindlichkeit i.S. des **§ 55 Abs. 1 Nr. 1 InsO** zu qualifizieren. 2. Diese Einkommensteuerschuld ist auch dann in voller Höhe Masseverbindlichkeit, wenn das verwertete Wirtschaftsgut mit Absonderungsrechten belastet war und —nach Vorwegbefriedigung der absonderungsberechtigten Gläubiger aus dem Verwertungserlös— der (tatsächlich) zur Masse gelangte Erlös nicht ausreicht, um die aus der Verwertungshandlung resultierende Einkommensteuerforderung zu befriedigen (Aufgabe der anderslautenden Rechtsprechung im BFH-Urteil vom 29. März 1984 IV R 271/83, BFHE 141, 2, BStBl. II 1984, 602, unter 3.).	**BB** 2013, 1814 Nr. 31 **BFH/NV** 2013, 1503 Nr. 9
2014	BFH 5.2.2014 – I R 34/12 (Rangrücktritt für Verb. ↔ Liquidation)	Eine verbindliche Auskunft nach § 89 Abs. 2 AO kann gerichtlich nur daraufhin überprüft werden, ob die Behörde den zu beurteilenden Sachverhalt zutreffend erfasst hat und ob dessen rechtliche Einordnung in sich schlüssig und nicht evident rechtsfehlerhaft ist. Wäre die Erhebung einer Gebühr, die sich nicht am jeweiligen Verwaltungsaufwand orientiert, im Falle der Erteilung einer Negativ-Auskunft als unverhältnismäßig zu beurteilen, könnte dies dazu führen, dass die Behörde nach Maßgabe des § 89 Abs. 7 AO gehalten wäre, wegen Unbilligkeit ganz oder teilweise auf die Erhebung der Gebühr zu verzichten. Eine erweiterte gerichtliche Überprüfungsmöglichkeit vermag die Gebührenerhebung dagegen nicht zu begründen.	**DStRE** 2014, 1083 (Ls.) = BeckRS 2014, 94960

Steuerrecht in der Insolvenz – Ertragssteuerrecht

Jahr	Urteil	Leitsatz	Fundstelle
		Bei Abwicklung einer Kapitalgesellschaft nach der Auflösung ist zur Ermittlung des im Zeitraum der Abwicklung erzielten Gewinns das Abwicklungs-Endvermögen dem Abwicklungs-Anfangsvermögen gegenüberzustellen. Für die Ermittlung des Abwicklungs-Endvermögens sind die sich nach den allgemeinen Vorschriften des BewG ergebenden Werte anzusetzen. Im Hinblick auf die Rechtsprechung des BFH, dass in Ausnahmefällen mit einer bestehenden Schuld keine wirtschaftliche Belastung (mehr) verbunden sein kann und die Schulden demnach außer Ansatz bleiben, war die vom Finanzamt erteilte Auskunft, in der Liquidationsschlussbilanz sei eine Verbindlichkeit gegenüber einem Gesellschafter mangels wirtschaftlicher Belastung nicht zu passivieren, rechtlich vertretbar und nicht evident rechtsfehlerhaft.	
	BFH 7.5.2014 – X R 19/11 („Sanierungszuschuss" ↔ Folgen GmbH-Gesellschafter)	Verdeckte Einlage ist die Zuwendung eines bilanzierbaren Vermögensvorteils aus gesellschaftsrechtlichen Gründen ohne Entgelt in Gestalt von Gesellschaftsrechten. Eine Veranlassung durch das Gesellschaftsverhältnis ist zu bejahen, wenn und soweit ein Nichtgesellschafter bei Anwendung der Sorgfalt eines ordentlichen Kaufmanns der Gesellschaft den Vermögensvorteil nicht eingeräumt hätte. Die Vermutung, dass sich der Teilwert eines Wirtschaftsgutes im Zeitpunkt seiner Anschaffung oder Herstellung mit den tatsächlichen Anschaffungs- oder Herstellungskosten deckt, gilt nicht ohne weiteres – unwiderleglich – für zusätzliche Anschaffungskosten in Gestalt verdeckter Einlagen. Denn durch die Leistung verdeckter Einlagen werden keine neuen Anteile an der Kapitalgesellschaft angeschafft oder hergestellt. Lediglich der Wert der vorhandenen Anteile wird – in der Regel – erhöht. 3. Wird ein Sanierungszuschuss als verdeckte Einlage aufgrund kaufmännischer Erwägungen in erster Linie mit dem Ziel einer Sanierung und damit zur Wiederherstellung der Ertragsfähigkeit, nicht jedoch allein zur Abwendung der drohenden Insolvenz gewährt, kommt eine Teilwertabschreibung im Jahr der Gewährung generell nicht in Betracht. 4. Für die Folgejahre ist jedoch zu prüfen, ob der Teilwert der Beteiligung tatsächlich noch den um den Sanierungszuschuss erhöhten Anschaffungskosten entspricht. Dies gilt grundsätzlich auch, wenn in einem Folgejahr ein erneuter Zuschuss gewährt wurde. Allein dieser ist der Abschreibung nicht zugänglich. Ist der Wert der Beteiligung hingegen unter die Anschaffungskosten zum Bilanzstichtag des Vorjahres gesunken, ist (nur) die Differenz zwi-	**BB** 2014, 2480 Nr. 41 **BB** 2015, 46 Nr. 1 **BFH/NV** 2014, 1736 Nr. 11

Steuerrecht in der Insolvenz – Ertragssteuerrecht

Jahr	Urteil	Leitsatz	Fundstelle
		schen den Vorjahres-Anschaffungskosten und dem aktuellen Teilwert abzuschreiben.	
	BFH 24.6.2014 – VIII R 54/10 (Folgen vGA insolvente GmbH ↔ ESt des Anteilseigners)	Das der Finanzverwaltung eingeräumte Ermessen wird in den Fällen des § 32a KStG regelmäßig auf Null reduziert, wenn die Steuerfestsetzung für den Gesellschafter ohne die Änderung sachlich unrichtig wäre und daher jede andere Entscheidung als die der Änderung der unrichtigen Steuerfestsetzung als ermessenswidrig beurteilt werden müsste. Verpflichtung des für die Besteuerung des Gesellschafters einer insolventen GmbH zuständigen Finanzamts zur Änderung eines Einkommensteuerbescheids nach § 32a Abs. 1 Satz 1 KStG, wenn das für die Besteuerung der GmbH zuständige Finanzamt in einem Insolvenz-Feststellungsverfahren aufgrund einer Vereinbarung mit dem Insolvenzverwalter die ursprünglich angesetzte verdeckte Gewinnausschüttung und seine Anmeldungen zur Insolvenztabelle entsprechend vermindert hat und der Rechtsstreit in der Körperschaftsteuersache in der Hauptsache für erledigt erklärt worden ist.	**BFH/NV** 2014, 1501 Nr. 10
	BFH 27.8.2014 – VIII R 6/12 (Gewerblichkeit bei angestelltem RA als Insolvenzverwalter)	Eine Rechtsanwalts-GbR ist gewerblich tätig, soweit sie einem angestellten Rechtsanwalt die eigenverantwortliche Durchführung von Insolvenzverfahren überträgt. Ihre Einkünfte werden dadurch nicht insgesamt nach **§ 15 Abs. 3 Nr. 1 EStG** zu solchen aus Gewerbebetrieb umqualifiziert, wenn die Nettoumsatzerlöse aus dieser auf den Angestellten übertragenen Tätigkeit 3 v.H. der Gesamtnettoumsatzerlöse der Gesellschaft und den Betrag von 24.500 € im Veranlagungszeitraum nicht übersteigen.	**BFH/NV** 2015, 597 Nr. 4
2015	BFH 16.4.2015 – III R 21/11 (ESt: Masseverbindlichkeiten bei selbständiger Tätigkeit ohne Freigabe)	Die Einkommensteuer ist als Masseschuld aufgrund massebezogenen Verwaltungshandelns gegen den Insolvenzverwalter festzusetzen, wenn dieser die selbständige Tätigkeit des Insolvenzschuldners im Interesse der Masse erlaubt, die Betriebseinnahmen zur Masse zieht, soweit sie dem Schuldner nicht für seinen Unterhalt belassen werden, und die Fortführung der Tätigkeit ermöglicht, indem er zur Masse gehörende Mittel einsetzt, um durch die Tätigkeit entstehende Forderungen Dritter zu begleichen.	**BB** 2015, 2390 Nr. 40 **BFH/NV** 2015, 1638 Nr. 11
2016	BFH 1.6.2016 – X R 26/14 (Zuordnung der Forderungskategorien bei PersG im Folgebescheid)	Die Zuordnung der aus Gewinnanteilen an einer Mitunternehmerschaft resultierenden Einkommensteuerschuld zu den insolvenzrechtlichen Forderungskategorien (Insolvenzforderung, Masseverbindlichkeit, insolvenzfreies Vermögen) betrifft die Einkommensteuerfestsetzung; hierüber ist deshalb nicht im Gewinnfeststellungsverfahren zu entscheiden (Anschluss an BFH-Urteil vom 16. Juli 2015 III R 32/13, BFHE 251, 102, BStBl. II 2016, 251).	**BB** 2016, 2069 Nr. 35 **BB** 2016, 2399 Nr. 40 **BFH/NV** 2016, 1520 Nr. 10

Steuerrecht in der Insolvenz – Ertragssteuerrecht

Jahr	Urteil	Leitsatz	Fundstelle
		Das Feststellungsverfahren und nachfolgend das Einkommensteuerfestsetzungsverfahren werden nicht analog § 240 ZPO unterbrochen, sofern es sich bei der Einkommensteuer auf den Gewinnanteil nicht um eine Insolvenzforderung handelt. Die Einkommensteuerschulden, die aus der Verwaltung eines zur Masse gehörenden Gesellschaftsanteils entstehen, der entweder nach der Insolvenzeröffnung fortgeführt oder durch den Insolvenzverwalter neu begründet und nicht vom Insolvenzverwalter freigegeben worden ist, stellen Masseverbindlichkeiten (§ 55 Abs. 1 Nr. 1 Halbsatz 2 InsO) dar.	
	BFH 13.12.2016 – X R 4/15 (Restschuldbefreiung und Betriebsaufgabe)	Ein Buchgewinn, der aufgrund der Erteilung einer Restschuldbefreiung entsteht, ist grundsätzlich im Jahr der Rechtskraft des gerichtlichen Beschlusses zu erfassen (Bestätigung des Senatsurteils vom 3. Februar 2016 X R 25/12, BFHE 252, 486, BStBl. II 2016, 391). Wurde der Betrieb vor Eröffnung des Insolvenzverfahrens aufgegeben, liegt allerdings ein in das Jahr der Aufstellung der Aufgabebilanz zurückwirkendes Ereignis vor.	**BB** 2017, 1301 Nr. 23 **BB** 2017, 1445 Nr. 25 **BFH/NV** 2017, 995 Nr. 7
2017	BFH 15.3.2017 – III R 12/16 (Ausübung des Veranlagungswahlrechts durch den IV)	Der Antrag auf getrennte Veranlagung kann auch zusammen mit einem gegen den nicht bestandskräftigen Zusammenveranlagungsbescheid eingelegten Einspruch gestellt werden. Erzielt der Insolvenzschuldner nach Eröffnung des Insolvenzverfahrens Einkünfte aus nichtselbständiger Arbeit, die nach § 35 InsO i.V.m. § 36 Abs. 1 InsO als Neuerwerb zur Insolvenzmasse gehören, ist auch ein sich insoweit ergebender, nach § 46 Abs. 1 AO pfändbarer Lohn- oder Einkommensteuererstattungsanspruch der Insolvenzmasse zuzurechnen. Fällt nach Insolvenzeröffnung erzieltes Arbeitseinkommen und ein insoweit in Betracht kommender Lohn- oder Einkommensteuererstattungsanspruch als Neuerwerb in die Insolvenzmasse, steht dem Insolvenzverwalter und im vereinfachten Insolvenzverfahren dem Treuhänder für den betreffenden Besteuerungszeitraum auch die Ausübung des Veranlagungswahlrechts nach § 26 Abs. 2 EStG als Verwaltungsrecht mit vermögensrechtlichem Bezug zu (Anschluss an die BGH-Urteile vom 24. Mai 2007 IX ZR 8/06, HFR 2007, 1246, und vom 18. Mai 2011 XII ZR 67/09, HFR 2011, 1248).	**BFH/NV** 2018, 140 Nr. 1
	BFH 5.4.2017 – II R 30/15 (ErbSt als Masseverbindlichkeit)	Die Erbschaftsteuer auf Erwerbe des Insolvenzschuldners nach Insolvenzeröffnung ist Masseverbindlichkeit i.S. des § 55 Abs. 1 Nr. 1 Halbsatz 2 InsO und als solche gegen den Insolvenzverwalter festzusetzen.	**BB** 2017, 1814 Nr. 32 **BFH/NV** 2017, 1265 Nr. 9
2018	BFH 31.10.2018 – III B 77/18 (Rückzahlung	NV: Die Abgrenzung zwischen Insolvenzforderungen und (sonstigen) Masseverbindlichkeiten	**BFH/NV** 2019, 123 Nr. 2

Steuerrecht in der Insolvenz – Ertragssteuerrecht

Jahr	Urteil	Leitsatz	Fundstelle
	von Betriebsausgaben bei § 4 III EStG nach Insolvenzeröffnung aufgrund Insolvenzanfechtung)	richtet sich ausschließlich nach dem Zeitpunkt der insolvenzrechtlichen Begründung (vgl. ständige BFH-Rechtsprechung). Eine Steuerforderung ist insolvenzrechtlich in dem Zeitpunkt begründet, zu dem der Besteuerungstatbestand vollständig verwirklicht ist. 2. NV: Wann eine Einkommensteuerforderung begründet ist, kann auch von der Art der Gewinnermittlung abhängen. Im Fall der Einnahmen-Überschussrechnung ist dies nach dem Zuflussprinzip erst mit tatsächlicher Vereinnahmung der Fall (vgl. BFH-Urteil vom 9. Dezember 2014 X R 12/12, BFHE 253, 482, BStBl. II 2016, 852).	
	BFH 15.11.2018 – XI B 49/18 (Masseverbindlichkeiten bei Insolvenzplan)	NV: Bei der Körperschaftsteuer, die auf einen Sanierungsgewinn entfällt, der aufgrund eines Insolvenzplans entstanden ist, handelt es sich nicht um eine Insolvenzforderung, die vom FA zur Insolvenztabelle anzumelden wäre.	**BFH/NV** 2019, 208 Nr. 3
2019	BFH 7.1.2019 – IX B 79/18 (**ESt bei Zwangsverwaltung**)	NV: Der Zwangsverwalter hat die Einkommensteuer des Vollstreckungsschuldners zu entrichten, soweit sie aus der Vermietung der im Zwangsverwaltungsverfahren beschlagnahmten Grundstücke herrührt.	**BFH/NV** 2019, 257 Nr. 4
	FG RhPf 14.3.2019 – 4 K 1005/18 (**ESt bei Zwangsversteigerung**)	Wird ein zur Insolvenzmasse gehörendes und mit einem Absonderungsrecht behaftetes Betriebsgrundstück auf Betreiben der Grundpfandgläubiger ohne Zutun des Insolvenzverwalters versteigert und hierdurch ein steuerpflichtiger Veräußerungsgewinn ausgelöst, steht dies der Einordnung der Einkommensteuerschuld als Masseverbindlichkeit nach § 55 Abs. 1 Nr. 1 InsO nicht entgegen. Die Zuordnungsentscheidung des Insolvenzverwalters, das Grundstück weiterhin in der Insolvenzmasse zu belassen, stellt insoweit eine Verwaltungsmaßnahme „in anderer Weise" gemäß § 55 Abs. 1 Nr. 1 2. Alt. InsO dar	**EFG** 2019, 1114
	BFH 2.4.2019 – IX R 21/17 („Masseverbindlichkeiten" nach Verfahrensaufhebung)	Der Insolvenzschuldner erzielt die Einkünfte aus Vermietung und Verpachtung, wenn der Insolvenzverwalter die vom Schuldner als Vermieter begründeten Mietverträge erfüllt. Wird die Einkommensteuer erstmals nach Aufhebung des Insolvenzverfahrens festgesetzt, ist der Steuerbescheid dem vormaligen Insolvenzschuldner als Inhaltsadressat bekannt zu geben; eine Bekanntgabe an den vormaligen Insolvenzverwalter kommt nicht mehr in Betracht.	**BB** 2019, 1557 Nr. 27 **BB** 2019, 1767 Nr. 31 **BFH/NV** 2019, 880 Nr. 8
	BFH 6.6.2019 – V R 51/17 (Fortgesetzte Tätigkeit in der Insolvenz)	Ist bei einer Tätigkeit ohne Wissen und Billigung des Insolvenzverwalters unklar, ob es sich umsatzsteuerrechtlich um eine solche des Insolvenzschuldners handelt, entsteht keine Masseverbindlichkeit.	**BB** 2019, 2901 Nr. 49 **BB** 2020, 100 Nr. 3 **BFH/NV** 2020, 63 Nr. 1
	BFH 10.12.2019 – IX R 1/19 (§ 17 EStG – Vertrauensschutz)	NV: Die bis zum Senatsurteil vom 11.07.2017 - IX R 36/15 (BFHE 258, 427, BStBl. II 2019, 208) anerkannten Grundsätze zur Berücksichtigung von nachträglichen	**BFH/NV** 2020, 504 Nr. 5

Steuerrecht in der Insolvenz – Ertragssteuerrecht

Jahr	Urteil	Leitsatz	Fundstelle
		Anschaffungskosten aus eigenkapitalersetzenden Finanzierungshilfen sind weiter anzuwenden, wenn der Gesellschafter eine eigenkapitalersetzende Finanzierungshilfe bis zum 27.09.2017 geleistet hatte oder wenn eine Finanzierungshilfe des Gesellschafters bis zu diesem Tag eigenkapitalersetzend geworden war (Bestätigung der Rechtsprechung).	
	BFH 18.12.2019 – XI R 10/19 („Verpflichtung" zur Freigabeerklärung)	Hat der Insolvenzverwalter Kenntnis davon, dass der Insolvenzschuldner eine selbständige Tätigkeit ausübt, oder war eine solche Tätigkeit für ihn erkennbar, ist er in einem nach dem 30.06.2007 eröffneten Insolvenzverfahren gemäß § 35 Abs. 2 Satz 1 InsO verpflichtet, unverzüglich zu erklären, ob er die Tätigkeit aus der Insolvenzmasse freigibt oder nicht. Verletzt der Insolvenzverwalter diese Pflicht, führt sein pflichtwidriges Unterlassen dazu, dass Verbindlichkeiten „in anderer Weise" i.S. des § 55 Abs. 1 Nr. 1 InsO begründet werden (Fortführung der BFH-Urteile vom 18.05.2010 - X R 11/09, BFH/NV 2010, 2114; vom 01.06.2016 - X R 26/14, BFHE 253, 518, BStBl. II 2016, 848; vom 06.06.2019 - V R 51/17, BFHE 265, 294). Eine formfrei mögliche Freigabeerklärung wirkt grundsätzlich erst ab ihrem Zugang beim Insolvenzschuldner (ex nunc). Die Überleitung der Vertragsverhältnisse, die der selbständigen Tätigkeit des Schuldners dienen, wirkt nicht auf Forderungen und Verbindlichkeiten zurück, soweit diese vor Wirksamwerden der Erklärung entstanden sind (Anschluss an das BGH-Urteil vom 21.02.2019 - IX ZR 246/17, BGHZ 221, 212).	**BFH/NV** 2020, 743 Nr. 8
2020	BFH 10.3.2020 – IX R 24/19 (Verlustrücktrag – Anfechtung Steuerbescheid)	NV: Über Grund und Höhe des Verlustrücktrags wird auch nach der Neukonzeption des Verhältnisses zwischen Steuerfestsetzung und Verlustfeststellung durch das JStG 2010 ausschließlich im Rahmen der Veranlagung des Rücktragsjahres entschieden. 2. NV: Für die Klage gegen einen auf 0 € lautenden Einkommensteuerbescheid des Verlustentstehungsjahres fehlt die Klagebefugnis i.S. des § 40 Abs. 2 FGO, wenn das Begehren des Steuerpflichtigen nicht auf die Verlustfeststellung, sondern ausschließlich auf den Verlustrücktrag gerichtet ist.	**BFH/NV** 2020, 873 Nr. 10

Gleichzeitig sind einkommensteuerrechtliche Fragen in Insolvenzverfahren natürlicher Personen praktisch überaus bedeutsam, da die Schuldnereinnahmen regelmäßig der **Einkommensteuerpflicht** unterliegen (→ Rn. 3). Auch wenn, wie nicht selten, zugunsten des Schuldners ertragsteuerliche Verlustvorträge bestehen, können etwa Verwertungen, die zu Buchgewinnen (Gewinn, durch über dem Buchwert liegenden Verkaufserlös) führen, aufgrund des beschränkten Verlustabzugs nach § 10d EStG (Mindestbesteuerung) zu (→ Rn. 60) einer ertragsteuerlichen Belastung der Insolvenzmasse führen. Daher sind bei Verwertungshandlungen, sei es eines eigenverwaltenden Schuldners, sei es des Insolvenzverwalters, auch die ertragsteuerlichen Auswirkungen stets zu prüfen. Neben der Frage, ob einkommensteuerlich relevante Tatbestände verwirklicht sind, ist 2

Steuerrecht in der Insolvenz – Ertragssteuerrecht

auch bei den Ertragsteuern von wesentlicher Bedeutung, ob und ggf. in welcher Qualität diese die Insolvenzmasse oder das insolvenzfreie Schuldnervermögen betreffen. Der Einkommensteuer kommt im Insolvenzverfahren daher eine hohe Bedeutung zu. Sowohl in Rechtsprechung als auch in Literatur werden Einzelfragen zur Einkommensteuer diskutiert. Bisher gibt es jedoch auch von Seiten der FinVerw keine einheitlichen Vorgaben. Die grundlegenden Probleme werden daher im Weiteren aufgezeigt und versucht, einer Lösung zuzuführen.

I. Einleitung

3   Nach **§ 1 Abs. 1 S. 1 EStG** sind alle natürlichen Personen, welche im Inland einen Wohnsitz oder ihren gewöhnlichen Aufenthalt haben, **unbeschränkt einkommensteuerpflichtig.** § 8 AO bestimmt, wonach sich der steuerrechtliche Wohnsitz richtet. Die Eröffnung des Insolvenzverfahrens vor einem deutschen Gericht setzt die internationale Zuständigkeit der deutschen Gerichte voraus. Diese richtet sich im Anwendungsbereich der EuInsVO nach deren Art. 3 EuInsVO und wird im Übrigen nach § 3 InsO analog bestimmt. Die örtliche und damit die internationale Zuständigkeit richtet sich in der Praxis zumeist nach § 3 Abs. 1 S. 1 InsO. Die vorrangige Anknüpfung an einen abweichenden Ort des Mittelpunktes einer selbstständigen wirtschaftlichen Tätigkeit (§ 3 Abs. 1 S. 2 InsO) wird verhältnismäßig selten relevant. Gleiches gilt für § 3 Abs. 2 InsO. Nach § 3 Abs. 1 S. 1 InsO ist das Insolvenzgericht örtlich/international zuständig, in welchem der Insolvenzschuldner seinen allgemeinen Gerichtsstand hat. Der allgemeine Gerichtsstand gem. § 13 ZPO wird durch den Wohnsitz einer natürlichen Person bestimmt. Folglich unterliegt eine natürliche Person, über deren Vermögen vor einem deutschen Gericht das Insolvenzverfahren eröffnet wurde, **in aller Regel** der unbeschränkten Einkommensteuerpflicht nach § 1 Abs. 1 EStG.

4   Nur in **Ausnahmefällen** ist die unbeschränkte Einkommensteuerpflicht zu verneinen. Das ist ua dann der Fall, wenn es sich um eine **nach § 16 ZPO wohnsitzlose Person** handelt. Dabei reicht es aus, wenn der Insolvenzschuldner vor Eröffnung des Insolvenzverfahrens seinen Wohnsitz in Deutschland aufgibt.

II. Grundlagen der Ermittlung des Einkommens und der Steuerschuld

5   Auch nach Eröffnung des Insolvenzverfahrens bleibt weiterhin der **Insolvenzschuldner als Träger der Einkunftsquelle Steuerschuldner.** Einkünfte werden ihm weiterhin steuerrechtlich zugerechnet (Roth, Insolvenzsteuerrecht, 2021, Rn. 4.10). Gemäß **§ 2 Abs. 7 EStG** bleibt die Einkommensteuer eine Jahressteuer – der Ermittlungs-, Bemessungs- und Veranlagungszeitraum bleibt folglich das **laufende Kalenderjahr.** Ausschließlich die Qualifizierung der Einkommensteuer zu den insolvenzrechtlichen Forderungskategorien wird durch das Insolvenzverfahren beeinflusst (→ SteuerrechtinderInsolvenz-Umsatzsteuer Rn. 36). Nach Ermittlung der einheitlichen Steuerschuld erfolgt die entsprechende insolvenzrechtliche Zuordnung, welche für den Steuergläubiger bezüglich seiner Befriedigungsquote von beträchtlicher Bedeutung ist.

6   Das entspricht der ständigen Rechtsprechung des **BFH** zum Einkommensteuerrecht (BFHE 78, 172 = BeckRS 1963, 21001883; BFHE 124, 411 = BeckRS 1978, 22004370; BFH/NV 1994, 477–479 = BeckRS 1993, 6266) und der herrschenden Meinung in der **Literatur,** wonach es für die materiell-rechtliche Entstehung der Einkommensteuer irrelevant ist, ob das Insolvenzverfahren eröffnet wurde oder nicht (Sonnleitner InsSteuerR/Petersen/Winkelhog Kap. 4 Rn. 4; Roth, Insolvenzsteuerrecht, 2021, Rn. 4.10 ff.; WUS Insolvenzen/Waza Rn. 1341 ff.). Auch die Regelung des § 155 Abs. 2 InsO, nach dem mit Eröffnung des Insolvenzverfahrens ein neues Wirtschaftsjahr beginnt, ändert an der Qualifizierung der Einkommensteuer als Jahressteuer nichts. Weiter ist und bleibt auch nach dieser Ansicht der Insolvenzschuldner nach Eröffnung des Insolvenzverfahrens selbst Steuerschuldner (→ Rn. 6.1).

6.1   Nach der vom **RFH** früher vertretenen sog. **„Separationstheorie"** sollte mit Eröffnung des Insolvenzverfahrens ein neues, selbstständiges Steuersubjekt neben den Konkursschuldner treten. Nach dieser Rechtsprechung sollte mit Eröffnung des Konkurses über das Vermögen eines Steuerpflichtigen der laufende Steuerabschnitt beendet werden und fortan eine Aufteilung sämtlicher Einkünfte auf den Steuerpflichtigen (Gemeinschuldner) einerseits und die Konkursmasse als eine Art Zweckvermögen andererseits erfolgen. Ein Ausgleich von sich während der Dauer des Konkurses aus der Verwaltung und Verwertung der Konkursmasse ergebenden Einkünften mit solchen Einkünften, die der Gemeinschuldner außerhalb des Konkurses erzielte, sollte ausgeschlossen sein (vgl. hierzu RFH 8.2.1928 – VI A 71/27, RFHE 23, 70–75; 17.12.1930 – VI A 820/29, RFHE 27, 335–337). Der RFH hat seine Rechtsauffassung in seinem Urteil vom 22.6.1938 dahin geändert, dass eine solche Trennung der Vermögensmassen nicht eintrete, da der Konkursschuldner trotz Verfahrenseröffnung weiterhin Steuerschuldner bleibt (RFH 22.6.1938 – VI 687/37, RFHE 44, 162–166).

Für die **Ermittlung der Einkommensteuerschuld** bedarf es der Erfassung **aller Einkünfte** eines Veranlagungszeitraums. Unbeachtlich ist dabei, ob die Einnahmen dem insolvenzfreien Vermögen zugeordnet sind oder der Insolvenzmasse. Außerdem ist irrelevant, durch wessen Tätigkeit, also die des Schuldners selbst oder die des Insolvenzverwalters, die Einnahmen entstanden sind. Wird der Ehegatte des Insolvenzschuldners zusammen mit ihm veranlagt, so sind auch die Einkünfte des Ehegatten in die Veranlagung miteinzubeziehen (Roth, Insolvenzsteuerrecht, 2021, Rn. 4.11). Da mit der Eröffnung des Insolvenzverfahrens die Verwaltungs- und Verfügungsbefugnis auf den Insolvenzverwalter übergeht, ist dieser nach § 80 InsO iVm § 34 Abs. 3 AO zur Abgabe von Steuererklärungen verpflichtet (Roth, Insolvenzsteuerrecht, 2021, Rn. 4.12) (→ Rn. 7.1).   7

Die **Einkommensteuer** wird in mehreren Schritten ermittelt. Gemäß § 2 EStG wird zunächst überprüft, welche Einkünfte der Einkommensteuer unterliegen. Unterliegen Einkünfte (Einnahmen oder Betriebseinnahmen) einer der einkommensteuerpflichtigen sieben Einkunftsarten, ist deren Höhe zu bestimmen. Die Höhe der Einkünfte bestimmt sich nach den Einnahmen abzüglich der Werbungskosten oder Betriebsausgaben. Die Methoden der Gewinnermittlung sind bei den Gewinneinkünften sowie den Überschusseinkünften unterschiedlich. Positive und negative Einkünfte sind in der Regel zu saldieren (horizontaler Verlustausgleich). Abzugsfähig sind ua Verlustrückträge, Verlustvorträge, Sonderausgaben sowie außergewöhnliche Belastungen. Bis zum Grundfreibetrag nach § 32a Abs. 1 S. 2 Nr. 1 EStG bleibt das zu versteuernde Einkommen steuerfrei. Eine insolvenzrechtliche Zuordnung erfolgt erst nach Ermittlung der einheitlichen Einkommensteuerschuld im Verhältnis der Einkünfte.   7.1

Entscheidend für die ertragsteuerliche Zuordnung der Gewinneinkünfte ist die **Gewinnermittlungsart**. Wird der Gewinn durch **Einnahme-Überschussrechnung** gem. § 4 Abs. 3 EStG ermittelt, findet das Zu- und Abflussprinzip gem. § 11 Abs. 1 S. 1 EStG Anwendung. Der Tatbestand der Einkommensbesteuerung ist demnach dann vervollständigt, wenn die Einnahmen dem Insolvenzschuldner, respektive nach Eröffnung des Verfahrens, dem Insolvenzverwalter zufließen. Wird der Gewinn nach **Betriebsvermögensvergleich** gem. § 4 Abs. 1 EStG ermittelt, ist das Realisationsprinzip nach § 252 Abs. 1 Nr. 4 Hs. 2 HGB zu beachten. Demnach ist der Gewinn realisiert, wenn der Leistungsverpflichtete bei gegenseitigen Verträgen die vereinbarte Leistung „wirtschaftlich erfüllt" hat und ihm die Forderung auf die Gegenleistung so gut wie sicher ist (BFHE 186, 429 = BeckRS 1998, 23000373). Mit der steuerrechtlichen Realisation der Forderung ist die Steuerforderung insolvenzrechtlich begründet (BFHE 253, 482 = BeckRS 2015, 94762).   8

Vor Eröffnung des Verfahrens entstandene Verluste können mit Gewinnen, die nach Insolvenzeröffnung entstehen, verrechnet werden (§ 10d Abs. 2 EStG → Rn. 60). Mit **Art. 12 Abs. 1 2. Corona-StHG**, erweitert mit **Art. 1 Nr. 6 3. Corona-StHG vom 10.3.2021**, wurden für die Veranlagungszeiträume 2020 und 2021 (vgl. § 52 Abs. 18b EStG) die Höchstbeträge für Verlustrückträge von 1 Mio. EUR auf nunmehr 10 Mio. EUR bzw. bei Zusammenveranlagung von 2 Mio. EUR auf nunmehr 20 Mio. EUR erhöht.   9

Nach § 37 Abs. 1 S. 2 EStG **entsteht** die **Einkommensteuervorauszahlung** als selbstständiger Anspruch aus dem Steuerschuldverhältnis zu Beginn eines jeden Kalendervierteljahrs. Sie ist am 10. des jeweils letzten Monats im Quartal **fällig**. Dadurch wird die voraussichtliche Vorauszahlungsschuld getilgt. Sie mindern nicht die festgesetzte Steuerschuld, vielmehr ordnet § 36 Abs. 2 EStG an, dass sie im Rahmen der Steuererhebung als Tilgung zu berücksichtigen sind (BFHE 172, 9 = BeckRS 1993, 22010750; Ettlich in Blümich, EStG, KStG, GewStG, Nebengesetze, EStG § 37 Rn. 41, 56). Einkommensteuer-Vorauszahlungen, die vor Eröffnung des Insolvenzverfahrens entstehen, sind als Insolvenzforderungen, und Vorauszahlungen, die danach entstehen, als sonstige Masseverbindlichkeiten iSd § 55 Abs. 1 Nr. 1 InsO zu qualifizieren. Maßgeblicher Zeitpunkt für die Zuordnung der Vorauszahlungsschuld ist der **Entstehungszeitpunkt** zu Beginn eines jeden Kalendervierteljahres. Zu diesem Zeitpunkt ist diese insolvenzrechtlich begründet. Liegt die Eröffnung des Insolvenzverfahrens zwischen dem Beginn des maßgeblichen Kalendervierteljahres und Fälligkeit, so ist die Vorauszahlungsschuld zwar entstanden, jedoch noch nicht fällig. Sie ist mit dem abgezinsten Betrag gem. § 41 Abs. 2 InsO als Insolvenzforderung zur Insolvenztabelle anzumelden. Eine zeitanteilige Aufteilung des Kalendervierteljahres wird nicht vorgenommen.   10

Mit Ablauf des Veranlagungszeitraums iSd § 36 Abs. 1 EStG sind **die entrichteten Vorauszahlungen auf die Jahressteuerschuld aufgrund gesetzlicher Anordnung anzurechnen** gem. § 36 Abs. 2 Nr. 1 EStG. Die Eröffnung des Insolvenzverfahrens hat auf die vorzunehmende Anrechnung keine Auswirkung. Sofern jedoch die Anrechnungsregelung (einheitliche Jahressteuerschuld verrechnet mit einheitlicher Vorauszahlungsschuld) des § 36 Abs. 2 Nr. 1 EStG auf die   11

Steuerrecht in der Insolvenz – Ertragssteuerrecht

Jahressteuerforderungen der FinVerw angewandt werden würde, ergäbe sich entgegen den insolvenzrechtlichen Prinzipien eine mit diesen nicht zu vereinbarende Benachteiligung der übrigen Gläubiger (BFHE 248, 518 = BeckRS 2015, 94734; EFG 2014, 1488 = BeckRS 2014, 95457). Für die insolvenzrechtliche Zuordnung sind daher diese Prinzipien wegen des Vorrangs der InsO nach § 251 Abs. 2 AO im Steuererhebungsverfahren (BFH 19.12.2000 – VII R 69/99, DStRE 2001, 637) – zu dem das Anrechnungsverfahren gehört – auch bei der Anwendung des § 36 Abs. 2 Nr. 1 EStG zu beachten. Die **Trennung erfolgt nach den insolvenzrechtlichen Vermögensmassen.** Mithin sind vor Insolvenzeröffnung entrichtete Vorauszahlungen auf den Teil der Jahressteuerschuld anzurechnen, der den **Insolvenzforderungen** zuzuordnen ist, die nach Insolvenzeröffnung entrichteten Vorauszahlungen dem den **Masseverbindlichkeiten** zuzuordnenden Teil der Jahressteuerschuld. Demzufolge ist eine Aufrechnung mit einer nach dieser periodengerechten Anrechnung verbleibenden **Insolvenzforderung** gegen nach der Anrechnung bestehender **Erstattungsansprüche der Insolvenzmasse** aus der Zeit nach Insolvenzeröffnung unzulässig. Dieser Aufrechnung steht das Aufrechnungsverbot des § 96 Abs. 1 Nr. 1 InsO entgegen.

12   Weitere Steuerabzugsbeträge, welche direkt von den Einnahmen einbehalten werden, stellen die **Lohnsteuer** (→ Rn. 130) und **Kapitalertragsteuer** (§ 36 Abs. 2 Nr. 2 EStG) sowie die **Bauabzugsteuer** (§ 48c EStG) dar. Die Insolvenzeröffnung beeinflusst nicht das Steuerabzugsverfahren, sodass von nach Eröffnung des Verfahrens der Masse zuzurechnenden Einnahmen diese **einzubehalten** und später bei dem insolvenzmassebezogenen Anteil an der Jahressteuerschuld **anzurechnen** sind.

13   Festgestellte **Überzahlungen** sind an die Vermögensmasse zu erstatten, aus der sie geleistet wurden. Dies gilt trotz § 37 Abs. 2 AO, § 36 Abs. 4 S. 2 EStG, wonach Erstattungsansprüche erst nach Ablauf eines VZ und daher nach Eröffnung des Verfahrens entstehen (BFHE 179, 547 = BeckRS 1996, 22011706). Ob sich Erstattungsansprüche oder Anrechnungen von Vorauszahlungen ergeben, ist zu diesem Zeitpunkt ungewiss. An welche Vermögensmasse zu erstatten ist, richtet sich danach, wann der Rechtsgrund des Anspruchs nach insolvenzrechtlichen Grundsätzen gelegt wurde und nicht nach dem Zeitpunkt der Vollrechtsentstehung (WUS Insolvenz/Waza Rn. 1540). Steueranrechnungsbeträge sind aufschiebend bedingte Ansprüche, die der Insolvenzmasse angehören, da der Anspruch bereits zum Zeitpunkt der Zahlung entsteht (BFHE 176, 248 = BeckRS 1994, 22011276).

III. Betriebsaufspaltung

14   Die steuerrechtliche Betriebsaufspaltung führt dazu, dass Einkünfte, die originär als Überschusseinkünfte aus Vermögensverwaltung qualifiziert werden, als **gewerbliche Einkünfte** einzustufen sind (vgl. BFHE 103, 440 = BeckRS 1971, 22001274). Es wird nach der echten Betriebsaufspaltung, bei der aus einem ursprünglich einheitlichen Unternehmen durch Spaltung eine Betriebs- und Besitzgesellschaft hervorgegangen ist, und nach der unechten Betriebsaufspaltung unterschieden. Die Betriebsaufspaltung setzt **eine personelle und sachliche Verflechtung zwischen dem Betriebs- und Besitzunternehmen** voraus. Eine personelle Verflechtung liegt vor, sofern alle Gesellschafter der beiden Unternehmen einen einheitlichen geschäftlichen Betätigungswillen durchsetzen können. Die sachliche Verflechtung erfordert, dass das Besitzunternehmen zumindest einen wesentlichen Betriebsbestandteil dem Betriebsunternehmen überlässt. Ziel der Betriebsaufspaltung ist ua, Vermögen dem Risikobereich des verwaltenden Unternehmens zu entziehen (→ Rn. 14.1).

14.1   Vorteile der Betriebsaufspaltung: Eine Betriebsaufspaltung ist in der Praxis vorwiegend wegen **Haftungsfragen von Vorteil.** Dabei kann wertvolles Anlagevermögen der PersG zugewiesen werden, sodass dieses nicht von Gläubigern der Betriebsgesellschaft beansprucht werden kann. Zudem können sich **Steuerersparnisse** dadurch ergeben, dass **Geschäftsführergehälter bei der GmbH abzugsfähig** sind und **Pensionsrückstellungen** gebildet werden können, wodurch Gewerbesteuerersparnisse erzielt werden können. Zudem kann die **Gewerbesteuer nach § 35 EStG** beim Besitzpersonenunternehmen angerechnet werden. Außerdem besteht ein wesentlicher Vorteil einer Betriebsaufspaltung darin, dass ein **direkter Verlustabzug bei der PersG** erfolgen kann, was dann zur Verrechnung mit anderen Einkünften der Gesellschafter führt. Ferner kann bei der Besitzpersonengesellschaft der **Freibetrag gem. § 11 Abs. 1 S. 3 Nr. 1 GewStG** in Höhe von 24.500 EUR in Ansatz gebracht werden. Es können ua **Rücklagen** iSd § 6b EStG gebildet werden, wenn Voraussetzung die Zugehörigkeit des Wirtschaftsguts zum Betriebsvermögen ist. Dritte können als Geschäftsführer tätig werden, sodass die dabei **anfallenden Gehälter als Betriebsausgaben** abgezogen werden können. Weiter können sich Vorteile bei der Sanierung, Finanzierung, der Rechnungslegung, der Mitbestimmung von Arbeitnehmern sowie der Publizität ergeben.

Steuerrecht in der Insolvenz – Ertragsteuerrecht

Eine Betriebsaufspaltung – welche ein Gebilde der Rechtsprechung ohne explizite gesetzliche Grundlage darstellt – liegt vor, wenn eine Betriebsgesellschaft (KapG/PersG) ihr Kerngeschäft betreibt, während die maßgebliche Betriebsgrundlage in einer separaten **Besitzpersonengesellschaft** gehalten wird, welche diese an die **Betriebsgesellschaft** zur Nutzung überlässt. Stellt eines der beiden Unternehmen einen Antrag auf Insolvenzeröffnung, ist zu prüfen, ob weiterhin die Voraussetzungen der Betriebsaufspaltung erfüllt sind. Insbesondere ist zweifelhaft, ob auch noch nach Eröffnung des Insolvenzverfahrens ein einheitlicher Geschäftswille aller Gesellschafter durchgesetzt werden kann, also ob die Voraussetzungen der personellen Verflechtung noch vorliegen (vgl. Sonnleitner InsSteuerR/Petersen/Winkelhog Kap. 4 Rn. 9). Nach § 80 Abs. 1 InsO geht mit Eröffnung des Insolvenzverfahrens die Verwaltungs- und Verfügungsbefugnis auf den Insolvenzverwalter über. Das elementare Interesse des Insolvenzverwalters besteht darin, alle Gläubiger gleich zu befriedigen. Daher ist eine **einheitliche Willensbildung nach Bestellung des Insolvenzverwalters ausgeschlossen,** infolgedessen entfällt die personelle Verflechtung (BFHE 222, 284 = BeckRS 2008, 24003381; MüKoInsO/Schüppen/Ruh Insolvenzsteuerrecht Rn. 69b). Folglich **endet die Betriebsaufspaltung** grundsätzlich mit der Insolvenzeröffnung über das Vermögen eines der daran beteiligten Unternehmen. Ob dies auch dann gilt, wenn ein Insolvenzplan die Unternehmensfortführung vorsieht, hat der BFH offengelassen. In diesem Fall ist die Betriebsaufspaltung nur unterbrochen, da zwar während des Insolvenzverfahrens eine Art Unterbrechung eintritt, allerdings kann danach wieder ein einheitlicher Geschäftswille gebildet werden (BFHE 183, 85 = BeckRS 1997, 23000765). 15

Bei der Bestellung eines vorläufigen Insolvenzverwalters gilt das nur, sofern dadurch die Durchsetzung eines einheitlichen Willens gehindert ist (so auch WUS Insolvenzen/Uhländer Rn. 1375; MüKoInsO/Schüppen/Ruh Anhang Insolvenzsteuerrecht Rn. 69c). Bei der Bestellung eines **schwachen vorläufigen Insolvenzverwalters** bleibt die Betriebsaufspaltung bestehen. Dies gilt auch für einen **vorläufigen Sachwalter,** wenn die Eigenverwaltung beantragt wurde, da der Sachwalter nach §§ 274 ff. InsO die Durchsetzung eines einheitlichen Willens nicht verhindern kann. Wird das Insolvenzverfahren **in Eigenverwaltung eröffnet,** wird die Betriebsaufspaltung beendet (Sonnleitner InsSteuerR/Petersen/Winkelhog Kap. 4 Rn. 18 ff.). 16

Ein Fortbestehen der Betriebsaufspaltung im Falle der Insolvenz sowohl des Betriebs- als auch des Besitzunternehmens durch Bestellung **desselben Insolvenzverwalters scheidet aus,** da der Insolvenzverwalter vorwiegend im Interesse der Gläubiger der jeweiligen Insolvenzmassen handeln muss und damit über keinen einheitlichen Willen für die Unternehmen verfügt (BFHE 222, 284 = BeckRS 2008, 24003381). Die Betriebsaufspaltung endet auch dann, wenn eines der Unternehmen aufgelöst wird oder wenn der wesentliche dem Besitzunternehmen überlassene Betriebsgegenstand veräußert wird. 17

Mit der Beendigung der Betriebsaufspaltung **endet die gewerbliche Verstrickung** des Vermögens der Besitzgesellschaft, die gewerbliche Tätigkeit wird beendet (BFHE 140, 526 = BeckRS 1983, 22006742; BFHE 155, 538 = BeckRS 1988, 22008810; BFHE 183, 85 = BeckRS 1997, 23000765). Bei der echten Betriebsaufspaltung gehören hierzu ua die Anteile an der Betriebskapitalgesellschaft, welche davor beim Besitzunternehmen Sonderbetriebsvermögen darstellten. Die Beendigung der gewerblichen Tätigkeit steht regelmäßig der **Betriebsaufgabe** des Besitzunternehmens gleich (BFHE 216, 412 = BeckRS 2007, 24002887). Mit der Betriebsaufgabe geht die **Aufdeckung der stillen Reserven im Besitzunternehmen** einher, sodass auch die stillen Reserven der im Sonderbetriebsvermögen gehaltenen Vermögenswerte, ua auch in den **Anteilen an der Betriebsgesellschaft,** aufgelöst werden (BFHE 193, 367 = BeckRS 2000, 24001303 mwN). Das Teileinkünfteverfahren nach §§ 3 Nr. 40, 3c Abs. 2 EStG kommt bei der Beteiligung an Kapitalgesellschaften zur Anwendung, alternativ erfolgt gem. § 8b Abs. 2 und 3 KStG eine Steuerfreistellung. 18

Das ertragsteuerliche Risiko **ist vermeidbar,** wenn die gewerbliche Verstrickung aufgrund eines Ruhenlassens des Betriebs (BFHE 212, 541 = BeckRS 2006, 24002546), einer Betriebsverpachtung (FG LSA BeckRS 2016, 94287, Nichtzulassungsbeschwerde zurückgewiesen: BFH/NV 2016, 34 = BeckRS 2015, 95940) oder durch die gewerbliche Prägung des Besitzunternehmens erhalten werden kann. Letzteres ist bei einer sog. kapitalistischen Betriebsaufspaltung gegeben, bei der die Besitz- und Betriebsgesellschaft jeweils KapG sind, welche Gewerbebetriebe kraft Rechtsform darstellen. Nach Ansicht des BFH ist eine Betriebsaufgabe dann nicht zwingend, sofern **nach Beendigung des Insolvenzverfahrens** die personelle Verflechtung wieder vorliegt oder nur eine Betriebsunterbrechung, die steuerunschädlich ist, gegeben ist (BFHE 181, 1 = BeckRS 1996, 23000475). 19

Mit der Betriebsaufspaltung liegt in der Regel auch eine **umsatzsteuerliche Organschaft** (zur Auswirkung der Insolvenz auf diese detailliert → SteuerrechtinderInsolvenz-Umsatzsteuer 20

Steuerrecht in der Insolvenz – Ertragssteuerrecht

Rn. 8) vor, ausgenommen hiervon sind Fallkonstellationen, bei welchen Personengruppen an beiden Gesellschaften beteiligt sind und diese über die Mehrheit der Stimmrechte verfügen oder eine natürliche Person ohne eigene Umsatztätigkeit als Organträger involviert ist. Bei dem ersteren Fall führt der BFH aus, dass das Erfordernis der Willensdurchsetzung für die umsatzsteuerliche Organschaft durch die reine Addition der Stimmrechte bei Anteilsmehrheit bei beiden Schwestergesellschaften nicht mit der einheitlichen Ausübung der Stimmrechte einhergeht (BFHE 229, 433 = BeckRS 2010, 24004042).

IV. Betriebsaufgabe/Betriebsveräußerung

21 Gibt der Insolvenzverwalter den Betrieb auf oder veräußert er ihn nach Eröffnung des Insolvenzverfahrens, sind für die Inanspruchnahme der Tarifbegünstigung sowie des Freibetrages die **allgemeinen Grundsätze des §§ 16 Abs. 4, 34 Abs. 2 EStG** entsprechend anzuwenden. Mit der ersten vom Aufgabeentschluss des Insolvenzverwalters getragenen Handlung, wie zB der Einstellung des Geschäftsbetriebs (Produktion), respektive der Veräußerung bestimmter für die Fortführung des Betriebs unerlässlicher Wirtschaftsgüter, **beginnt** die Betriebsaufgabe. Diese wird in der Regel nicht vor Abhaltung des Berichtstermins gem. **§ 156 InsO** erfolgen, da hierüber eine Entscheidung der Gläubigerversammlung herbeizuführen ist (→ § 156 Rn. 14). Die Betriebsaufgabe ist **beendet,** wenn die letzte wesentliche Betriebsgrundlage veräußert wurde. Die Stellung eines **Insolvenzeigenantrages wird nicht konkludent als Betriebsaufgabeerklärung** ausgelegt werden (BFH/NV 2016, 34 = BeckRS 2015, 95940 Rn. 20 ff.).

22 Für die **ertragsteuerliche Gewinnverwirklichung** ist nicht der Beginn der Betriebsaufgabe, sondern der Zeitpunkt des einzelnen Aufgabeteilakts relevant, sodass der Betriebsaufgabegewinn **in verschiedenen Veranlagungszeiträumen** entstehen kann (BFH 9.12.2014 – X R 12/12, BStBl. II 2016, 852; BFH DStR 2017, 1156). Erfolgt die Betriebsaufgabe nicht **innerhalb kurzer Zeit,** werden die Gewinne aus der Veräußerung als laufende Gewinne nicht begünstigt. Welche Zeitspanne noch als „kurze Zeit" gilt, hängt vom Einzelfall ab, eine zeitliche Maximalgrenze stellen 36 Monate dar (H 16 (2) EStH – Zeitraum der Betriebsaufgabe). Eine Tarifbegünstigung nach § 34 Abs. 1 und 2 Nr. 1 EStG kommt dann in Betracht, wenn die wesentlichen Betriebsgrundlagen innerhalb kurzer Zeit **einheitlich vom Insolvenzverwalter veräußert** werden (vgl. Uhländer DB 2017, 1224 (1228); BFHE 253, 482 = BeckRS 2015, 94780).

23 Ist es dem Insolvenzverwalter nicht möglich, alle Wirtschaftsgüter zu verwerten (sog. **ewiges Betriebsvermögen**), so scheiden diese im Rahmen der Betriebsaufgabe spätestens zu dem Zeitpunkt aus, zu dem nicht mehr mit einer Veräußerung zu rechnen ist. Eine steuerrechtliche Entnahme entfällt nach hiesiger Auffassung allein aufgrund des Insolvenzbeschlages. Ob die Freigabe des Wirtschaftsgutes an den Schuldner zur privaten Nutzung einer steuerrechtlichen **Privatentnahme** (Warenentnahme für betriebsfremde Zwecke) gleichgestellt werden kann, ist nach den Vorschriften des § 6 Abs. 1 Nr. 4 EStG zu prüfen. Eine steuerliche Auswirkung ist aus dieser Konstellation allerdings nicht zu erwarten, nachdem der Entnahmegewinn mit dem Teilwert (Wert, den der Erwerber des ganzen Betriebs für das jeweilige Wirtschaftsgut zahlen würde) des Wirtschaftsgutes anzusetzen ist, welcher aufgrund der zuvor festgestellten Unverwertbarkeit gen null tendieren dürfte.

24 Im Fall der Betriebsaufgabe ist ein **Wechsel der Gewinnermittlungsart** von der Einnahme-Überschussrechnung gem. § 4 Abs. 3 EStG zum Betriebsvermögensvergleich gem. § 4 Abs. 1 EStG zwingend vorzunehmen. Es ist eine **Aufgabebilanz** zu erstellen. Die vollständige Verwirklichung des Tatbestandes ist damit unter Beachtung des Realisationsprinzips zu prüfen. Die Aufgabebilanz ist zum Zeitpunkt der Aufgabeerklärung gegenüber dem Finanzamt zu erstellen. Die Vermögensgegenstände und Schulden iSv § 16 Abs. 3 EStG sind in der Aufgabebilanz mit dem gemeinen Wert anzugeben. Der Aufgabegewinn oder -verlust ergibt sich aus einem Vergleich der Betriebsvermögen der Schluss- und der Aufgabebilanz, welche durch die Aufgabekosten vermindert werden. Eine Betriebsaufgabe liegt dann vor, wenn der Entschluss zur Einstellung der betrieblichen Tätigkeit gefasst wurde und der Betrieb aufgelöst werden soll. Wurde der Betrieb **vor Eröffnung des Insolvenzverfahrens** aufgegeben, liegt allerdings ein in das Jahr der Aufstellung der Aufgabebilanz **rückwirkendes Ereignis** iSd § 175 Abs. 1 S. 1 Nr. 2 AO vor (→ Rn. 24.1).

24.1 In der Praxis hat daher der Insolvenzverwalter bei vor Eröffnung des Insolvenzverfahrens eingestelltem Geschäftsbetrieb immer zu prüfen, ob die Aufgabe entsprechend der steuerrechtlichen Bestimmungen erklärt wurde; insoweit ist die nach Eröffnung des Verfahrens durch ihn bewirkte Verwertung des betrieblichen Vermögens aufgrund der Rückwirkung auf den Zeitpunkt der Betriebsaufgabe ertragsteuerlich dem vorinsolvenzlichen Bereich zuzuordnen. Dieses gilt nicht für die umsatzsteuerliche Bewertung, insoweit

Steuerrecht in der Insolvenz – Ertragssteuerrecht

unterliegen nachgelagerte Betriebseinnahmen regelmäßig der Umsatzbesteuerung (näher → SteuerrechtinderInsolvenz-Umsatzsteuer Rn. 178). Eine Ausnahme stellt ertragsteuerlich sowie auch umsatzsteuerlich die zur vorinsolvenzlichen Betriebsaufgabe durch den Schuldner vorgenommene Entnahme des Betriebsvermögens in das Privatvermögen dar. Diese ist zum Entnahmezeitpunkt ertragsteuerlich und auch umsatzsteuerlich zu behandeln.

Grundsätzlich hat der BFH mit Urteil vom 13.12.2016 (BFHE 256, 392 = BeckRS 2017, 94653) entschieden, dass ein **Buchgewinn, der aufgrund der Erteilung einer Restschuldbefreiung** entsteht, im Jahr der Rechtskraft des gerichtlichen Beschlusses zur Restschuldbefreiung zu erfassen ist. Wurde der Betrieb jedoch **vor Eröffnung des Insolvenzverfahrens aufgegeben**, liegt ein in das Jahr der Aufstellung der Aufgabebilanz rückwirkendes Ereignis iSd § 175 Abs. 1 S. 1 Nr. 2 AO vor. Diese Annahme entspricht der aktuellen Verwaltungsauffassung (Kanzler in Kanzler/Kraft/Bäuml/Marx/Hechtner, Einkommensteuergesetz, 6. Aufl. 2021, EStG § 3a Rn. 174; OFD NRW NWB AAAAH-06392). Gewinne aus einer ab dem 9.2.2017 rechtskräftig erteilten Restschuldbefreiung sind nach **§ 3a Abs. 5 EStG begünstigt.** Für Gewinne aus einer bis einschließlich zum 8.2.2017 rechtskräftig erteilten Restschuldbefreiung ist grundsätzlich das zur ertragsteuerlichen Behandlung von Sanierungsgewinnen ergangene BMF-Schreiben vom 27.3.2003 – IV A 6 – S 2140 – 8/03, BStBl. I 2003, 240 entsprechend anzuwenden (BMF-Schreiben vom 22.12.2009 – IV C 6 – S 2140/07/10001-01, BStBl. I 2010. 18; BMF-Schreiben vom 27.4.2017 – IV C 6 – S 2140/13/10003, BStBl. I 2017, 741 und BMF-Schreiben vom 29.3.2018 – IV C 6 – S 2140/13/10003, BStBl. I 2018, 588). **25**

Das FG Münster hat mit Urteil vom 8.5.2019 (DStRE 2020, 104) entschieden, dass auch bei **Aufgabe des Betriebes nach Insolvenzeröffnung** ein Zusammenhang der durch die Restschuldbefreiung wegfallenden Verbindlichkeiten mit der Betriebsaufgabe bestehe und damit auch in diesen Fällen von einem rückwirkenden Ereignis iSd § 175 Abs. 1 S. 1 Nr. 2 AO auszugehen sei. Im vorliegenden Fall wäre folglich ein durch den Wegfall der Verbindlichkeiten entstehender Ertrag im Zuge der Restschuldbefreiung **im Jahr der Betriebsaufgabe** zu berücksichtigen. Gegen das Urteil des FG Münster ist Revision eingelegt. Das Verfahren ist unter dem Az. X R 28/19 beim BFH anhängig. In ihm soll ua die Rechtsfrage geklärt werden, ob eine Änderung des Einkommensteuerbescheids aufgrund der Restschuldbefreiung, mithin des rückwirkenden Ereignisses, erfolgen kann, obschon die Festsetzungsverjährung für den Veranlagungszeitraum eingetreten ist. Dies sei aufgrund der Regelung des § 174 Abs. 4 S. 3 AO unbeachtlich (→ Rn. 26.1). **26**

Beide Urteile haben für die Insolvenzverfahren über das Vermögen von ehemals selbstständigen natürlichen Personen, welche die Restschuldbefreiung erlangen, dahingehend Bedeutung, dass bei zum Zeitpunkt der Restschuldbefreiung noch eröffneten Verfahren **erhebliche Auswirkungen auf die Massesituation eintreten können.** Dies ist von Bedeutung bei den Fällen, bei welchen der Schuldner bereits vor Eröffnung des Verfahrens die Aufgabe oder Veräußerung des Geschäftsbetriebes vorgenommen hat und der Insolvenzverwalter nach Eröffnung des Verfahrens die bestehenden Verlustvorträge aus den Einkünften aus Gewerbebetrieb/selbstständiger Tätigkeit des Schuldners weiterhin in den Folgejahren für die Generierung von Einkommensteuererstattungen des Schuldner (zB aufgrund von Lohnsteuerabzug aus nichtselbständiger Tätigkeit) genutzt hat. Treten sodann die Wirkungen der Restschuldbefreiung (ggf. auch vorzeitig, § 300 Abs. 1 S. 2 InsO aF) im eröffneten Insolvenzverfahren ein, erfolgt die Rückwirkung auf den Veräußerungs-/Aufgabezeitpunkt und die Folgen des Sanierungsertrages gem. § 3c EStG (→ Rn. 70) treten vollumfänglich zu diesem Zeitpunkt ein. Infolgedessen geht der Verlustvortrag zu diesem Zeitpunkt unter. Es kommt zur Neufestsetzung der Bescheide nach Eröffnung des Insolvenzverfahrens, was Rückforderungen zunächst zugunsten der Insolvenzmasse festgesetzter Einkommensteuer-Erstattungsansprüche gegenüber der Insolvenzmasse zur Folge haben kann. Eine Lösung dieser Problematik ist hier aufgrund der Chronologie der Abläufe nicht klar gegeben. Der Insolvenzverwalter hat im Interesse der Massesicherungspflicht die Erstattungsansprüche zu erklären und einzuziehen, insbesondere vor dem Hintergrund der Ungewissheit darüber, ob der Schuldner letztlich die Restschuldbefreiung (RSB) erlangen wird, mithin die steuerliche Rückwirkung eintritt. Auch die Bildung einer Rückstellung für dieses Risiko zulasten der Insolvenzmasse und letztlich der zu verteilenden Insolvenzmasse durch den Insolvenzverwalter scheidet mE aus diesem Grund aus. Erst durch Erteilung der RSB wird die Rückwirkung sowie die Neufestsetzung ausgelöst. Ob die masseschmälernde Wirkung auch bei Aufgabe respektive Veräußerung des Betriebes nach Eröffnung des Verfahrens eintreten wird, bleibt vom Ausgang des Revisionsverfahrens abhängig. **26.1**

Steuerrecht in der Insolvenz – Ertragssteuerrecht

Untergang der Verlustvorträge durch Erteilung der Restschuldbefreiung i.S.v. § 3a Abs. 5 EStG i.V.m. 3c EStG zum Zeitpunkt der Betriebsveräußerung/-aufgabe vor Insolvenzeröffnung

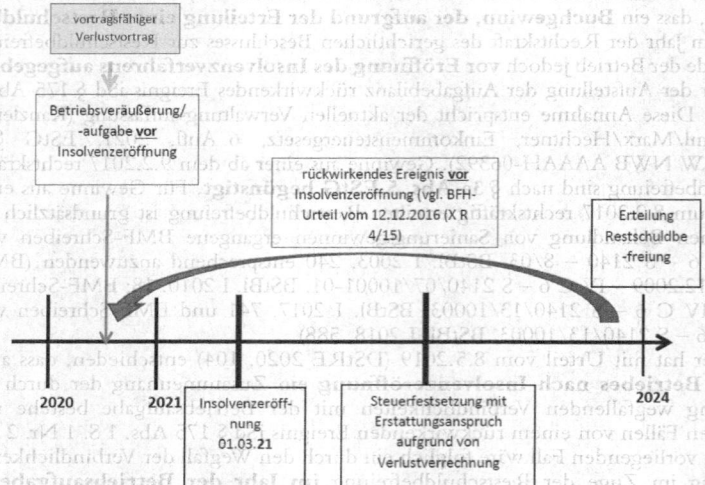

Untergang der Verlustvorträge durch Erteilung der Restschuldbefreiung i.S.v. § 3a Abs. 5 EStG i.V.m. 3c EStG zum Zeitpunkt der Betriebsveräußerung/-aufgabe nach Insolvenzeröffnung

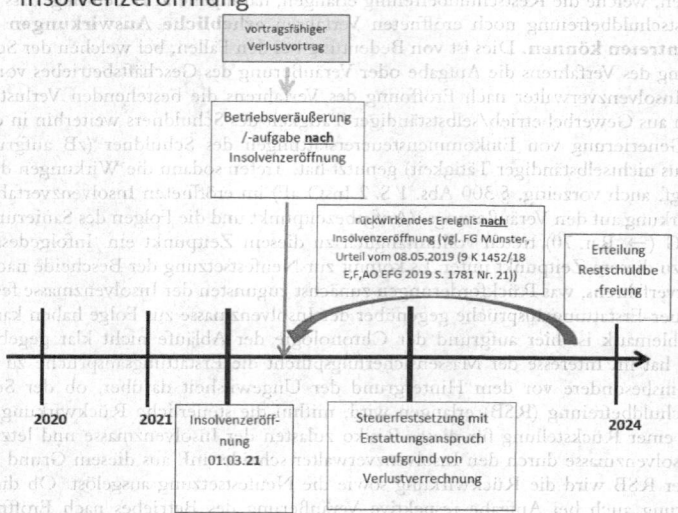

26.2 Die Lösung ist mE insolvenzrechtlich zu suchen, nämlich bei den Voraussetzungen von § 55 InsO. Die Einkommensteuer entsteht aus der Erteilung der Restschuldbefreiung – diese ist aber für den zuvor geschilderten Fall weder Handlung des Insolvenzverwalters noch ist die Erteilung der Restschuldbefreiung

Steuerrecht in der Insolvenz – Ertragssteuerrecht

ein Akt der Verwaltung etc der Insolvenzmasse. Mithin dürfte die Qualifikation als Masseverbindlichkeit ausscheiden.

Für den abgewandelten Fall, dass die Restschuldbefreiung in der Regel zu einem Zeitpunkt erteilt **26.3** wird, zu dem es gar keine Insolvenzmasse gibt, nämlich erst nach Aufhebung des Verfahrens, kann eine Bekanntgabe des Bescheides nur noch gegenüber dem die Verfügungsbefugnis zurückerlangten Insolvenzschuldner erfolgen. Fraglich wäre, ob die Steuerschuld sodann gegenüber dem Insolvenzschuldner einforderbar ist. Für den Fall von nicht beglichenen Masseverbindlichkeiten aufgrund einer angezeigten Masseunzulänglichkeit hat der BFH dies bereits bejaht. Steuerschulden, die als Masseverbindlichkeiten entstanden sind, können nach Abschluss des Insolvenzverfahrens mit Erstattungsansprüchen des ehemaligen Insolvenzschuldners verrechnet werden. Der Verrechnung stehen eine dem Insolvenzverfahren immanente sog. Haftungsbeschränkung bzw. eine Einrede der beschränkten Haftung des Insolvenzschuldners nicht entgegen (BFH BeckRS 2017, 143062). Allerdings ist es wie oben ausgeführt bereits fraglich, ob die Erteilung der Restschuldbefreiung und deren Rückwirkung Masseverbindlichkeiten begründen kann. Bei § 55 Abs. 1 Nr. 1 InsO mangelt es an einer Handlung des Insolvenzverwalters. § 55 Abs. 1 Nr. 2 InsO scheidet von vorneherein aus; bleibt § 55 Abs. 1 Nr. 3 InsO – denkbar wegen § 812 Abs. 1 S. 2 BGB (späterer Wegfall des rechtlichen Grundes). Selbst wenn aber § 812 Abs. 1 S. 2 BGB bei steuerlicher Rückwirkung greifen sollte, wäre dadurch zumindest der Entreicherungseinwand nach § 818 Abs. 3 BGB zugunsten des Insolvenzschuldners eröffnet, also der Fall der bereits erfolgten Verteilung.

V. Beteiligung an Personengesellschaften

Personengesellschaften sind ausschließlich Gewinnermittlungsobjekte, aber keine selbstständi- **27** gen Steuerrechtssubjekte. Daher erfolgt **die ertragsteuerliche Behandlung der Gewinne beim jeweiligen Gesellschafter.** Dasselbe gilt im Insolvenzverfahren entweder der Gesellschaft selbst oder der Gesellschafter (BFH/NV 2015, 470 = BeckRS 2015, 94222; s. Roth, Insolvenzsteuerrecht, 2021, Rn. 4.144 mwN).

Im **Festsetzungsverfahren** der Einkommensteuer ist darüber zu entscheiden, ob die nach **28** Eröffnung des Insolvenzverfahrens wegen Beteiligungen an Personengesellschaften entstehende Einkommensteuer als Masseverbindlichkeit oder Forderung gegen das insolvenzfreie Vermögen (zur Abgrenzung → Rn. 108) zu qualifizieren ist. Die insolvenzrechtlichen Forderungskategorien bleiben von der Bindungswirkung des Feststellungsbescheids iSv § 182 Abs. 1 S. 1 AO **unberührt.**

1. Insolvenz der Gesellschaft

Nach **§ 11 Abs. 2 Nr. 1 InsO** sind Gesellschaften ohne Rechtspersönlichkeit („Personengesell- **29** schaften") insolvenzfähig (→ § 11 Rn. 5). Bei Personengesellschaften führt die Eröffnung des Insolvenzverfahrens zwar zur **handelsrechtlichen Auflösung der Gesellschaft, nicht aber zu deren Beendigung.** Vielmehr ist die Gesellschaft dann noch zu liquidieren.

Die verschiedenen Vermögensmassen sind voneinander abzugrenzen. Die Insolvenzmasse der **30** Gesellschaft umfasst das **Gesamthandvermögen**, die ausstehenden Einlagen sowie Vermögen, das während des Verfahrens erlangt wurde iSv § 35 InsO. Davon zu unterscheiden sind die im zivilrechtlichen Eigentum der Gesellschafter stehenden **Sonderbetriebsvermögen I,** welches der Tätigkeit der PersG dient, sowie **Sonderbetriebsvermögen II** (zB Darlehen des Gesellschafters zur Finanzierung der Beteiligung), welches der Beteiligung der Gesellschafter an der PersG dient. Beide Vermögen werden zwar auf der Ebene der PersG bilanziert, deren Ergebnisse werden jedoch den jeweiligen Gesellschaftern zugerechnet. Das Sonderbetriebsvermögen unterliegt nicht der Verfügungsmacht und Verwaltung durch den Insolvenzverwalter der PersG. Die weitere Nutzung des Sonderbetriebsvermögens iSd §§ 108 ff. InsO nach Eröffnung des Verfahrens wirkt sich nicht auf deren vorherige steuerliche Behandlung aus; wird die Nutzung jedoch eingestellt, liegt eine gewinnerhöhende **Entnahme aus dem Betriebsvermögen** iSd § 4 Abs. 1 bzw. 3 EStG vor. Zur gewerbesteuerlichen Problematik des Sonderbetriebsvermögens in Insolvenzfällen vgl. näher → SteuerrechtinderInsolvenz-SonstigeSteuernundNebenleistungen Rn. 8.

Steuerrechtsubjekt der Einkommensteuer ist nicht die Gesellschaft, sondern **die Gesell- 31 schafter** über die einheitlichen und gesonderten Feststellungen (BFHE 253, 518 = BeckRS 2016, 95214; BFH/NV 2017, 317 = BeckRS 2017, 94044). Gewinne und Verluste sind im Rahmen der Gewinnfeststellung auf die Gesellschafter aufzuteilen und müssen von diesen in den jeweiligen Steuererklärungen nach dem **Transparenzprinzip** berücksichtigt werden. Nach dem Transparenzprinzip werden die gesamthänderisch erzielten Einkünfte **unmittelbar** den Gesellschaftern der PersG (hierzu gehören einkommensteuerlich die Mitunternehmerschaften iSd § 15 Abs. 1 Nr. 2 EStG ggf. iVm § 13 Abs. 7 EStG sowie § 18 Abs. 4 S. 2 EStG und die vermögensverwaltenden Personengesellschaften) zugerechnet, entweder einer natürlichen Person als dem Einkommensteuersubjekt oder einer Körperschaft als dem Körperschaftsteuersubjekt (Gottwald/Haas InsR-HdB Rn. 15). Werden nach Eröffnung des Insolvenzverfahrens Gewinne erzielt, werden auch diese nicht auf Gesellschaftsebene versteuert, sondern von den **jeweiligen Gesellschaftern** (ZInsO 2018, 1740 = BeckRS 2018, 11551; EFG 2018, 1190 = BeckRS 2018, 11551). Zugleich partizipiert der Gesellschafter von einer Steuerminderung im Fall der **Verlusterzielung** durch die Verwertung des insolventen Gesellschaftsvermögens nach Maßgabe der auf seinen Anteil entfallenden Anrechnung. Mit Urteil vom 18.5.2010 hat der BFH entschieden, dass zu den Masseverbindlichkeiten der Gesellschafterinsolvenz auch die Einkommensteuerschulden zuzurechnen sind, welche sich im Fall der Auflösung von Rückstellungen, mithin **kein „echter Ertrag"**, auf Gesellschaftsebene ergeben und dadurch an den Gesellschafter zurechenbare Gewinne entstehen (BFHE 229, 62 = BeckRS 2010, 24004081). Der Insolvenzverwalter in der Gesellschafterinsolvenz ist darauf verwiesen, den schuldnerischen Mitunternehmeranteil hinsichtlich seiner ua auch steuerlichen Risiken zu analysieren, und bereits im außergerichtlichen Einspruchsverfahren sowie ggf. im Klageverfahren gegen den **Feststellungsbescheid** als Grundlagenbescheid vorzugehen.

32 Die Gesellschaftsinsolvenz hat neben der vollumfänglichen Haftung des Gesellschafters für die Verbindlichkeiten der Gesellschaft nach § 93 InsO zur Folge, dass der Gesellschafter das **ertragssteuerliche Risiko der Besteuerung aus den Buchgewinnen der Insolvenzmasse aufgrund der Verwertung des Gesellschaftsvermögens ohne eigenen Zufluss** trägt. Eine noch deutlichere Ausprägung dieser Konsequenzen zeigt sich bei den in der Praxis häufig auftretenden Parallelinsolvenzen der Gesellschaft und des Gesellschafters, insoweit würde diese zur Verminderung der dortigen Insolvenzmasse und zur Verkürzung der Quote der Gläubiger des Gesellschafters führen. Zum Schutz der Insolvenzmasse und zur Vermeidung von Haftungsrisiken wird der Insolvenzverwalter des Gesellschafters in der Regel die Beteiligung freigeben (→ § 35 Rn. 38). Betrachtet man die Konstellation aus haftungsrechtlicher Sicht, so ergibt sich aufgrund der Gesellschaftsgewinne und der damit einhergehenden erhöhten Befriedigung der Gesellschaftsgläubiger für den unbeschränkt haftenden Gesellschafter wiederum eine Verminderung seiner Haftung, sodass es zur Reduzierung der Insolvenzforderungen im Verfahren des Gesellschafters kommt. Gleichwohl kommt es aufgrund der **Dysbalance zwischen Steuerrecht und Insolvenzrecht** in einigen Fällen zu sachwidrigen Ergebnissen. Das Steuerrecht besteuert nach dem Transparenzprinzip im Rahmen der Einkommen- und Körperschaftsteuer die hinter der „transparenten" Gesellschaft stehenden Gesellschafter. Hingegen grenzt das Insolvenzrecht die jeweiligen Insolvenzmassen der PersG und der Gesellschafter ab. Eine Besteuerung ist in dem Fall unter Umständen nicht gerechtfertigt, wenn ein **beschränkt haftender Gesellschafter** seine Einlage erbracht hat und somit keine Veränderung der haftungsrechtlichen Stellung eintritt. Die Gewinne des Gesellschafters dürfen jedoch nicht mit früheren Verlusten verrechnet werden (vgl. § 15a Abs. 1 EStG; MüKo-InsO/Schüppen/Schlösser Insolvenzsteuerrecht Rn. 442). In diesem Fall ist die Einkommensteuer aus sachlichen Billigkeitsgründen gem. § 163 AO nicht festzusetzen oder aber nach § 227 AO zu erlassen (WUS Insolvenzen/Waza Rn. 1511; EFG 2018, 1190 = BeckRS 2018, 11551).

33 Der **Einbehalt von Kapitalertragsteuer** auf Gesellschaftsebene kann zu einer weiteren Masseverkürzung führen. Das Kreditinstitut behält von den Kapitalerträgen 25 % als Quellensteuer ein und führt diese an das Finanzamt gem. §§ 43, 43a, 44 EStG ab, wodurch die Steuerschuld der Gesellschafter getilgt wird. Daher gelangt lediglich der Nettobetrag zur Masse. Bei der Abführung der Kapitalertragsteuer handelt es sich um eine Vorauszahlung iSv § 36 Abs. 2 Nr. 2 EStG, sodass die Insolvenzmasse der PersG zugunsten der Gesellschafter geschmälert wird. Bei der Kapitalertragsteuer handelt es sich nicht um Masseverbindlichkeiten aufgrund der Regelungstechnik des Steuereinbehalts. Dem Insolvenzverwalter bleibt es auch verwehrt, die einbehaltene Kapitalertragsteuer vom Finanzamt nach § 37 Abs. 2 AO zurückzufordern. Ein etwaiger Rückforderungsanspruch kann vom Insolvenzverwalter nur **gegen die Gesellschafter** auf dem Zivilrechtsweg geltend gemacht werden (MüKoInsO/Schüppen/Schlösser Insolvenzsteuerrecht Rn. 442).

34 Der Insolvenzverwalter einer PersG ist nicht verpflichtet, **gesondert und einheitlich die (Gewinn-)Feststellungserklärung** nach § 181 Abs. 1 S. 2 AO zu übermitteln, da diese Erklärungen die Gesellschafter und nicht das Vermögen der insolventen Gesellschaft betreffen (BFHE 128, 322 = BeckRS 1979, 22004937; BFHE 175, 309 = BeckRS 1994, 22011191; BFH/NV 2011, 189 (Ls.) = BeckRS 2010, 25403). Vielmehr sind die Gesellschafter selbst zur gesonderten und einheitlichen Erstellung der Feststellungserklärung verpflichtet. Die Insolvenzmasse ist hiervon nicht betroffen. Der Insolvenzverwalter ist lediglich dazu verpflichtet, den Gesellschaftern eine Gewinnermittlung zur Verfügung zu stellen. Entstehen in der Masse hierdurch Aufwendungen, die lediglich **im Interesse der Gesellschafter** sind, sind diese zu ersetzen (BFH/NV 2011, 189 (Ls.) = BeckRS 2010, 25403).

2. Insolvenz eines Gesellschafters

Wird über das Vermögen eines Gesellschafters das Insolvenzverfahren eröffnet, führt dies grundsätzlich zu dessen **Ausscheiden aus der PersG** nach § 131 Abs. 3 S. 1 Nr. 2 HGB iVm § 161 HGB (Sonnleitner InsSteuerR/Petersen/Winkelhog Kap. 4 Rn. 21) oder zur **Auflösung und Auseinandersetzung der Gesellschaft** (§ 728 Abs. 2 S. 1 BGB, § 730 BGB). Der Fall der Abweisung des Insolvenzantrags über das Vermögen des Gesellschafters **mangels einer die Verfahrenskosten deckenden Masse** führt nach hM nicht zum Ausscheiden des Gesellschafters (BVerwGE 140, 142 = BeckRS 2011, 54051). Die Beteiligung des ausscheidenden Gesellschafters wächst bei den übrigen Gesellschaftern an, sodass die Gesellschaft dem Gesellschafter eine Abfindung schuldet. Dabei handelt es sich im einkommensteuerrechtlichen Sinn um eine **entgeltliche Veräußerung des Gesellschafteranteils** nach § 16 Abs. 1 S. 1 Nr. 2 EStG (BFHE 249, 555 = BeckRS 2015, 95318). Ist der Gesellschafter eine **KapG**, so ist die Abfindung nach §§ 7, 8 KStG als laufender gewerblicher Gewinn zu qualifizieren. 35

Der **BFH folgt der FinVerw** in der Auffassung, dass es sich bei der auf die Veräußerungsgewinne entfallenden Einkommen- oder Körperschaftsteuer des Gesellschafters um **Masseverbindlichkeiten** handelt (BFH/NV 2017, 317 (NV) = BeckRS 2017, 94044). Erst mit der Insolvenzeröffnung, nicht jedoch vorher, wird dann die Beteiligung aufgegeben. Ein Auseinandersetzungsguthaben tritt an die Stelle der Beteiligung und wird Bestandteil der Insolvenzmasse. Führt dies zu einem Veräußerungsgewinn, wird somit der Tatbestand des § 2 Abs. 1 EStG, hier iVm § 15 Abs. 1 S. 1 Nr. 2 EStG, § 16 Abs. 1 EStG, nicht vor, sondern erst in einer **logischen Sekunde nach der Insolvenzeröffnung** vollständig verwirklicht. Die Vorinstanz war dagegen der Ansicht, dass es sich dabei um Insolvenzforderungen handelt, da die Tatbestandsvoraussetzungen des § 55 InsO nicht vorlägen (EFG 2014, 1404 = BeckRS 2014, 95284). 36

Handelt es sich bei dem ausscheidenden Gesellschafter um **einen Kommanditisten, dessen Kapitalkonto negativ ist**, dann wird dieser Negativbetrag mit seinem Veräußerungsgewinn vollständig verrechnet. Dabei bleibt unberücksichtigt, aus welchen Gründen sein Kapitalkonto einen Minusbetrag aufweist (BFHE 249, 555 = BeckRS 2015, 95318). Hat der Mitgesellschafter Gewinne steuerbegünstigt thesauriert, dann kann dies nach § 34a Abs. 6 EStG zu einer **Nachversteuerung** führen (Sonnleitner InsSteuerR/Petersen/Winkelhog Kap. 4 Rn. 24) (→ Rn. 37.1). 37

Zur bilanziellen Darstellung bei Ausscheiden eines Gesellschafters unter Annahme des Transparenz- oder Trennungsprinzips und der damit einhergehenden Haftung des Kommanditisten iSd § 172 Abs. 4 S. 2 HGB vgl. ausführlich Schulze-Osterloh NZG 2016, 161. 37.1

Der BFH hat bezüglich der Anwendung des **§ 35 EStG** entschieden, dass ein Anteil am Gewerbesteuermessbetrag nur für diejenigen Gesellschafter festzustellen ist, welche bis zum Ablauf eines Veranlagungszeitraums an einer PersG beteiligt sind (BFHE 253, 67 = BeckRS 2016, 94670). Sollte ein Gesellschafter also **noch vor Ablauf des Veranlagungszeitraumes ausscheiden**, so wird er dadurch benachteiligt, dass ihm **keine Ermäßigung nach § 35 EStG** gewährt wird. Die FinVerw hat sich dieser Auffassung angeschlossen. 38

Zuvor wurde der Gewerbesteuermessbetrag anteilig gewährt (R 10a.3 Abs. 5 Nr. 9 GewStR 2009). Diese Rechtsprechung wirkt sich bspw. **bei Aufrechnungen des Finanzamtes gegen Ansprüche auf Erstattung** negativ aus (Sonnleitner InsSteuerR/Petersen/Winkelhog Kap. 4 Rn. 26). Bleibt nach Ausscheiden eines Gesellschafters aus einer **zweigliedrigen PersG** noch ein Gesellschafter übrig, führt dies nach allgemeiner Auffassung zur liquidationslosen Vollbeendigung der PersG unter Rechtsnachfolge des verbleibenden Gesellschafters. Gemäß § 738 BGB kommt es zur **Anwachsung des Gesellschaftsvermögens** beim verbleibenden Gesellschafter (vgl. zukünftig § 712a BGB). Dies stellt eine Veräußerung dar, die wegen § 1 Abs. 3 GrEStG grunderwerbsteuerlich relevant sein kann, sofern keine Begünstigung nach § 6 Abs. 1 GrEStG vorliegt. 39

Scheidet der Mitgesellschafter trotz Insolvenzverfahrens **nicht aus** der Gesellschaft aus, werden ihm weiterhin Verluste und Gewinne zugerechnet (BFHE 229, 62 = BeckRS 2010, 24004081). Dabei ist es in Bezug auf die Ertragsteuer als Masseverbindlichkeit unerheblich, ob der Insolvenzmasse des Gesellschafters tatsächlich Gewinne zufließen (vgl. näher → Rn. 30). Sofern der Gesellschaftsanteil dem Insolvenzbeschlag unterliegt, stehen der **Gewinnanteil** und das **Entnahmerecht** der Insolvenzmasse zu (BFHE 265, 300 = BeckRS 2019, 32021 zur Herausgabe des von den Treuhandkommanditisten Erlangten an den Treugeber = Insolvenzschuldner). Der BFH geht davon aus, dass ein **Wiedereintritt in die Gesellschaft steuerrechtlich möglich** ist (vgl. § 41 AO; BFHE 253, 518 = BeckRS 2016, 95214). 40

Steuerrecht in der Insolvenz – Ertragssteuerrecht

41 Wird das Insolvenzverfahren über das Vermögen eines Gesellschafters eröffnet, müssen seine Einkünfte aus der Beteiligung an der Gesellschaft nach den insolvenzrechtlichen Kriterien als Masseverbindlichkeit oder Insolvenzforderung **eingeordnet** werden. Sind die Einkünfte vorinsolvenzlich begründet, handelt es sich um **Insolvenzforderungen**. Werden Steuertatbestände hingegen erst nach Eröffnung des Verfahrens vollständig verwirklicht, liegen entweder **sonstige Masseverbindlichkeiten** oder Forderungen gegen das **insolvenzfreie Vermögen** vor. Wird ein Gesellschaftsanteil vom Insolvenzverwalter **freigegeben,** gehört dieser nicht mehr zur Insolvenzmasse, sodass die Steuerforderungen als Forderungen gegen das insolvenzfreie Vermögen des Schuldners zu qualifizieren sind (BFHE 265, 300 = BeckRS 2019, 32021; Sonnleitner InsSteuerR/ Witfeld Kap. 4 Rn. 113). Scheidet ein Gesellschafter nach Eröffnung des Verfahrens aus der Gesellschaft aus, sind die aufzudeckenden stillen Reserven nach Ansicht des BFH **vollständig als Masseverbindlichkeit zu versteuern**. Nimmt der Verwalter den Erlös entgegen, dann entsteht eine sonstige Masseverbindlichkeit durch die Verwalterhandlung nach § 55 Abs. 1 Nr. 1 Hs. 2 InsO. Durch konkludentes Handeln – die Entgegennahme des Erlöses – erklärt der Verwalter die Zugehörigkeit zur Masse. Die Freigabe der Beteiligung ist möglich nach § 35 InsO, sodass bloßes Untätigbleiben nicht als Verwaltungshandlung eingeordnet werden kann (MüKoInsO/Schüppen/ Schlösser Insolvenzsteuerrecht Rn. 157).

42 Ob Einkommensteuerforderungen aus Gewinnen an einer PersG dem insolvenzfreien Vermögen zuzuordnen ist oder als Masseverbindlichkeit einstufen sind, richtet sich nach dem **Einkommensteuerfestsetzungsverfahren** und nicht nach einem gesonderten Gewinnfeststellungsverfahren (BFHE 253, 518 = BeckRS 2016, 95214; BFHE 251, 102 = BeckRS 2015, 96118).

43 Gehört eine **Beteiligung eines Mitunternehmers zur Insolvenzmasse** nach § 35 InsO, dann ist die anfallende Einkommensteuer als **Masseverbindlichkeit** zu qualifizieren, wenn die Tatbestandsvoraussetzungen des § 55 InsO vorliegen (BFHE 253, 518 = BeckRS 2016, 95214; sehr kritisch zu diesem Urteil äußert sich Kahlert EWiR 2016, 569 (570)). Die Einkommensteuerforderung wird dann vom Insolvenzverwalter des Mitunternehmers eingefordert. Etwaige anteilig zugewiesene Verluste aus der Mitunternehmerschaft kommen der Insolvenzmasse ebenso zugute.

44 Grundsätzlich erfordert die Erfüllung des Tatbestandes des § 55 Abs. 1 Nr. 1 InsO, dass eine Verbindlichkeit durch eine Handlung, Verwaltung oder Verwertung des Insolvenzverwalters begründet wird. Der BFH problematisiert dies jedoch nicht. Nach seiner Ansicht gehört die Beteiligung an einer PersG zur **Verwaltung der Insolvenzmasse**. Allein dadurch wird eine Masseverbindlichkeit begründet (BFHE 229, 62 = BeckRS 2010, 24004081). Für die Begründung als Masseverbindlichkeit genügt es, wenn die Beteiligung bereits bei Eröffnung des Verfahrens zur Masse gehörte, auch, wenn diese bisher unerkannt war und Einkünfte nach Eröffnung erzielt werden. Es bedarf keiner aktiven Handlung des Insolvenzverwalters, die über die reine Vermögensverwaltung hinausgeht.

45 Nach Ansicht des **BFH** werden Masseverbindlichkeiten „**in anderer Weise durch die Verwaltung der Insolvenzmasse**" begründet, sofern der Ursprung der Entstehung der Steuerverbindlichkeit in der Beteiligung des Insolvenzschuldners an einer PersG liegt (BFHE 229, 62 = BeckRS 2010, 24004081). Der BFH hat mit Urteil vom 10.7.2019 (BFHE 265, 300 = BeckRS 2019, 32021) für den Fall einer (treuhänderisch) gehaltenen Beteiligung weiter an seiner Ansicht festgehalten, mit Verweis darauf, dass es keiner besonderen Verwaltungshandlung bedürfe, um **Masseverbindlichkeiten** zu begründen, die aufgrund einer Beteiligung an einer Gesellschaft entstehen. Aufgrund von § 80 Abs. 1 InsO und der Bindung der Beteiligung an die Insolvenzmasse können etwaige Gewinne aus Anteilen an der PersG nicht dem Schuldner und dessen insolvenzfreiem Vermögen zufließen.

46 In jüngerer Rechtsprechung des BFH hat sich dieser mit den Tatbestandsmerkmalen des § 55 Abs. 1 Nr. 1 InsO befasst und eine Handlung des Insolvenzverwalters bejaht, weil dieser den **Gewinnauszahlungsanspruch** eines Mitunternehmers geltend gemacht hat (BFHE 253, 518 = BeckRS 2016, 95214). Unklar bleibt allerdings, wie Fälle zu beurteilen sind, bei denen der Insolvenzverwalter nicht aktiv wird. Dies ist vor allem dann relevant, wenn **Steuerforderungen entstehen, aber der Insolvenzmasse entsprechende Ansprüche nicht zufließen**. In einem solchen Fall kann die **Freigabe der Mitunternehmerschaft** ratsam sein, damit der Insolvenzmasse keine Nachteile entstehen (so Anm. Riewe zu BFH 18.12.1014 – X B 89/14, NZI 2015, 427). Nicht zwingend ist, dass die Einkünfte aus tatsächlichen Gewinnen im Veranlagungszeitraum resultieren. Ergeben sich Gewinne aus der **Auflösung von Rückstellungen** aus den Vorjahren, sind die hierbei anfallenden Einkommensteuern Masseverbindlichkeiten, sofern die Auflösung während des Insolvenzverfahren erfolgt (BFHE 229, 62 = BeckRS 2010, 24004081; aA Roth, Insolvenzsteuerrecht, 2021, Rn. 4.214; krit. auch K. Schmidt InsO/Schmittmann Anhang Steuerrecht Rn. 122).

Steuerrecht in der Insolvenz – Ertragssteuerrecht

VI. Beteiligung an Kapitalgesellschaften

1. Veräußerungserlös bei Auflösung (§ 17 Abs. 4 EStG)

Gemäß § 17 Abs. 4 iVm Abs. 1 EStG gilt die Auflösung einer **KapG** als Veräußerung, welche **47** zu den **Einkünften aus Gewerbebetrieb** zählt, sofern die natürliche Person mit **mindestens 1 %** an der Gesellschaft beteiligt ist und die Beteiligung im Privatvermögen hält. Realisierte Wertsteigerungen und realisierte stille Reserven von Anteilen an Kapitalgesellschaften, die im für die Bemessung der Steuer grundsätzlich nicht erheblichen Privatvermögen gehalten werden, werden durch § 17 EStG der Besteuerung als gewerbliche Einkünfte zugeführt. Damit soll die mit der Realisierung der Wertsteigerung verbundene erhöhte finanzielle Leistungsfähigkeit der Besteuerung unterworfen werden (BeckOK EStG/Trossen, 10. Ed. 1.6.2021, EStG § 17 Rn. 2).

Die Eröffnung des Insolvenzverfahrens zieht eine **gesetzlich angeordnete Auflösung der** **48** **KapG** nach sich (vgl. § 262 Abs. 1 Nr. 3 AktG, § 60 Abs. 1 Nr. 4 GmbHG, § 101 GenG, § 198 Nr. 3 VAG), was wiederum zu einer Steuerpflicht führt. Dasselbe gilt auch für den Fall, dass der Gesellschafter bei der Auflösung weniger als 1 % an der KapG hält, er jedoch in den **vorhergehenden fünf Jahren** zu irgendeinem Zeitpunkt **mindestens zu 1 %** beteiligt war (Sonnleitner InsSteuerR/Petersen/Winkelhog Kap. 4 Rn. 43). In der Insolvenz führt dies in der Praxis regelmäßig zur Geltendmachung von Verlusten und nicht zur Versteuerung von Gewinnen. Nach § 17 Abs. 2 EStG stellt der Auflösungsverlust denjenigen Betrag dar, welcher nach Abzug der Auflösungs- und Anschaffungskosten des Steuerpflichtigen vom zurückgezahlten Vermögen nach Auflösung das Vermögen übersteigt.

Der Auflösungsverlust entsteht erst dann, wenn er dem Grunde nach festgestellt ist. Regel- **49** mäßig wird dies **zum Zeitpunkt des förmlichen Abschlusses des Insolvenzverfahrens** der Fall sein, frühestens jedoch zum Auflösungszeitpunkt (BFHE 191, 115 = BeckRS 2000, 24001356). Es müssen bestimmte **Voraussetzungen** für die Geltendmachung dieser Verluste vorliegen (EFG 2013, 1323 = BeckRS 2013, 95548; BFH/NV 2003, 1305 = BeckRS 2003, 25002135). Ein Auflösungsverlust steht daher fest, wenn der gemeine Wert des dem Steuerpflichtigen zugeteilten oder zurückgezahlten Vermögens und die Liquidations- und Anschaffungskosten des Gesellschafters feststehen. Das Gleiche gilt, wenn sicher ist, dass eine **Zuteilung oder Zurückzahlung von Gesellschaftsvermögen an die Gesellschafter ausscheidet** und wenn die durch die Beteiligung veranlassten Aufwendungen feststehen (BeckOK EStG/Trossen, 10. Ed. 1.6.2021, EStG § 17 Rn. 177).

Es wird empfohlen, den **Auflösungsverlust so früh wie möglich,** am besten zum Zeitpunkt **50** der Insolvenzeröffnung, und in jedem folgenden Veranlagungszeitraum **geltend zu machen,** da der Entstehungszeitpunkt des Auflösungsverlustes streitig ist (Vogt in Blümich, EStG, KStG, GewStG, Nebengesetze, EStG § 17 Rn. 840). So werden eventuelle Einwendungen der FinVerw ausgeschlossen. Wird ein Antrag auf Insolvenzeröffnung wegen Masselosigkeit abgewiesen, entsteht in der Regel zu diesem Zeitpunkt der Auflösungsverlust (Roth, Insolvenzsteuerrecht, 2021, Rn. 4.140).

Anders als im Fall des § 20 Abs. 2 S. 1 Nr. 1 EStG wird mit der Qualifikation als gewerbliche **51** Einkünfte der Gewinn nicht mit Abgeltungsteuer (§ 32d Abs. 1 EStG), sondern nach Maßgabe des **Teileinkünfteverfahrens** (§ 3 Nr. 40 lit. c EStG) besteuert (BeckOK EStG/Trossen, 10. Ed. 1.6.2021, EStG § 17 Rn. 4). Bei dem Teileinkünfteverfahren nach § 3 Nr. 40c EStG iVm § 3c Abs. 2 EStG sind bei **Beteiligungen nach § 17 EStG steuerlich lediglich 60 % des Verlustes** zu berücksichtigen. Es besteht die Möglichkeit, die Verluste vertikal innerhalb der Einkunftsart des § 17 EStG oder horizontal mit Gewinnen aus den anderen Einkunftsarten auszugleichen (Sonnleitner InsSteuerR/Petersen/Winkelhog Kap. 4 Rn. 47).

2. Nachträgliche Anschaffungskosten

Ein praxisrelevanter Streitpunkt bei der Ermittlung des Veräußerungsverlustes ist neben dem **52** Zeitpunkt der Realisierung des Verlustes (→ Rn. 49) die im Rahmen der Ermittlung des Veräußerungsverlustes maßgeblichen (nachträglichen) Anschaffungskosten. Insbesondere die Einordnung der zuvor gewährten Finanzierungshilfen des Gesellschafters sorgt in der Praxis für Auseinandersetzungen zwischen dem Steuerpflichtigen und dem FinVerw. Nach §§ 5, 6 EStG iVm § 255 Abs. 1 S. 1 HGB sind Anschaffungskosten solche **Aufwendungen, die für die Anschaffung eines Wirtschaftsgutes notwendig sind.** Gemäß § 255 Abs. 1 S. 2 HGB gehören dazu auch nachträgliche Anschaffungskosten. Zu den nachträglichen Anschaffungskosten gehören offene/verdeckte Einlagen und Nachschüsse nach §§ 26 ff. GmbHG. Auch zählen dazu nachträgliche Aufwendungen, die aufgrund des Gesellschaftsverhältnisses veranlasst wurden und keine Veräußerungs- und

Steuerrecht in der Insolvenz – Ertragssteuerrecht

Auflösungskosten oder Werbungskosten sind, wenn Regressansprüche gegen die Gesellschaft ohne Wert sind (EFG 2016, 193 = BeckRS 2016, 94008 mwN).

53 Vor der Abschaffung des Eigenkapitalersatzrechtes durch das MoMiG war die Zuordnung zu den nachträglichen Anschaffungskosten bei **Bürgschaften, Gesellschafterdarlehen** etc durch die BFH-Rechtsprechung (BFHE 245, 511 = BeckRS 2014, 95579; BFH/NV 2014, 310 = BeckRS 2014, 94181) sowie BMF-Schreiben (BMF-Schreiben v. 8.6.1999 – IV C 2-S 2244-12/ 99, DStBl. I 1999, 545 = BeckVerw 026725) geklärt. **In der Krise** gewährte Darlehen, die vertraglich krisenbestimmt waren, stellten nachträgliche Anschaffungskosten dar. Ein solches Darlehen wurde mit dem **Nennwert** angesetzt. Vor der Insolvenz gewährte Darlehen, die in der Krise weiterbestanden, stellten nachträgliche Anschaffungskosten dar, die in der Krise vertraglich **zu diesem Zweck bestimmt wurden.** In diesem Sinne krisenbestimmte Darlehen wurden mit dem Nennwert berücksichtigt. Darlehen, die **vor der Krise** gezahlt wurden und während der Insolvenz weiterbestanden, wurden mit dem **gemeinen Wert** angesetzt, welches das Darlehen zu dem Zeitpunkt hatte, in welchem der Gesellschafter das Darlehen nicht zurückforderte. Regelmäßig war der Wert deutlich gemindert. **Vor dem 1.11.2008 gewährte Darlehen** werden noch nach diesen Grundsätzen behandelt (Vogt in Blümich, EStG, KStG, GewStG, Nebengesetze, EStG § 17 Rn. 628). Einschränkungen im Zusammenhang mit den Regelungen des Kapitalersatzrechts sind zu berücksichtigen (zB BFH/NV 2013, 1783 = BeckRS 2013, 96033: nicht geschäftsführender Gesellschafter mit Beteiligung von 10 %).

54 Die Rechtslage hat sich **seit Inkrafttreten des MoMiG** allerdings nur unwesentlich verändert. Insoweit hat die FinVerw ihre damalige Ansicht nur geringfügig abgeändert, um sie der neuen Gesetzeslage anzupassen (BMF-Schreiben v. 21.10.2010, BeckVerw 243308). Laut FG Köln **finden die bisherigen Rechtsprechungsgrundsätze auch nach der Einführung des MoMiG noch Anwendung.** Die Entscheidung ist rechtskräftig geworden (EFG 2016, 193 = BeckRS 2016, 94008). Die OFD Frankfurt a. M. fasst die steuerlichen Folgen des sog. Zwerganteils- bzw. Sanierungsprivilegs auf nachträgliche Anschaffungskosten bei § 17 EStG für Insolvenzeröffnungen bis 30.10.2008 und ab dem 1.11.2008 aktuell zusammen und nimmt darüber hinaus Stellung zur Rechtslage seit Inkrafttreten des § 17 Abs. 2a EStG (OFD Frankfurt a. M. Vfg. v. 14.4.2021 – S 2244 A – 37 - St 519, DStR 2021, 1540; Kirchhain DStR 2021, 139) (→ Rn. 54.1).

54.1 Mit der Grundsatzentscheidung des IX. Senats vom 11.7.2017 (BFHE 258, 427 = BeckRS 2017, 125935) hat der BFH seine Ansicht zur Berücksichtigung **von Finanzierungshilfen,** der Gesellschafter, welche ihre Beteiligung im Privatvermögen halten, geändert. Der Gesetzgeber hat darauf mit der Neuregelung des § 17 Abs. 2a EStG reagiert.

54.2 Durch das MoMiG und der damit einhergehenden Aufhebung des Eigenkapitalersatzrechts ist die gesetzliche Grundlage dafür entfallen, dass Aufwendungen des Gesellschafters aus eigenkapitalersetzenden Finanzierungshilfen nach § 17 EStG als nachträgliche Anschaffungskosten zu qualifizieren sind. Aufwendungen, die der Gesellschafter aufgrund der Inanspruchnahme als Bürge für Verbindlichkeiten der Gesellschaft tätigt, sollen **keine nachträglichen** Anschaffungskosten im Rahmen seiner Beteiligung darstellen.

54.3 Für „Altfälle" gilt Vertrauensschutz, dh dass die bis zum Urteil des BFH vom 11.7.2017 (BFHE 258, 427 = BeckRS 2017, 125935) anerkannten Grundsätze auch weiterhin für die Fälle Anwendung finden, bei denen ein Gesellschafter eigenkapitalersetzende Finanzierungshilfen bis zum 27.9.2017 geleistet oder wenn die Finanzierungshilfe bis dahin eigenkapitalersetzende Wirkung entfaltet hat (ZInsO 2020, 855 = BeckRS 2019, 39896).

54.4 Die Neuregelung des § 17 Abs. 2a EStG enthält eine „Nichtanwendungsbestimmung" bezüglich der BFH-Rechtsprechung zu Finanzierungshilfen eines Gesellschafters einer KapG, welcher seine **Anteile im Privatvermögen** hält. Anschaffungskosten von Anteilen an einer KapG, die im Privatvermögen gehalten werden, sind Aufwendungen, um Anteile nach § 17 Abs. 1 EStG zu erwerben (vgl. § 17 Abs. 2a S. 1 EStG). Nachträgliche Anschaffungskosten sind insbesondere **offene/verdeckte Einlagen,** Ausfälle von Bürgschaftsregressforderungen oder Gesellschafterdarlehensausfälle, die gesellschaftsrechtlich veranlasst waren.

54.5 § 52 Abs. 25a S. 1 EStG bestimmt, dass § 17 Abs. 2a EStG zeitlich erstmals für Veräußerungen iSd § 17 Abs. 1, 4 oder 5 EStG nach dem 31.7.2019 anzuwenden ist. Der Steuerpflichtige kann beantragen, dass § 17 Abs. 2a S. 1–4 EStG auch für Veräußerungen gem. § 17 Abs. 1, 4 oder 5 EStG vor dem 31.7.2019 anzuwenden ist.

55 Allerdings wurde nach Inkrafttreten des MoMiG eine neue dogmatische Begründung gefordert sowie eine höchstgerichtliche Klärung, um weitestgehend Rechtssicherheit herzustellen. Relevant ist dies vor allem, seitdem das private Vermögen steuerpflichtig ist nach § 20 Abs. 2 EStG.

56 Auch insolvenzbedingte **Verluste von Aktien** mit **unwesentlicher Beteiligung** (weniger als 1 %), die im Privatvermögen gehalten werden, sind nach Auffassung des BFH (DStR 2021,

Steuerrecht in der Insolvenz – Ertragssteuerrecht

439 = BeckRS 2020, 43062; DStR 2021, 1414 = BeckRS 2020, 47991) steuerbar und führen zu berücksichtigenden Verlusten des Steuerpflichtigen. Sofern Aktien nach Einführung der Abgeltungssteuer **ab 1.1.2009** erworben wurden, sind insolvenzbedingte Verluste der Aktiengesellschaft unter den Tatbestand des § 20 Abs. 2 EStG zu subsumieren. Die FinVerw vertrat hierzu die Ansicht, dass diese Verluste nicht berücksichtigungsfähig seien (BMF-Schreiben v. 18.1.2016, BStBl. I 2016, 85 = BeckVerw 323200). Verliert der Aktionär seine Einlage, entsteht hierdurch ein steuerbarer Verlust und der Anwendungsbereich des § 20 Abs. 2 S. 1 Nr. 1, Abs. 4 EStG analog wird eröffnet. Eine Tatbestandsverwirklichung liegt dann vor, wenn die **Aktiengesellschaft vollbeendet** wird, sie im Handelsregister gelöscht wird und der Aktionär hierdurch seine Anteile verliert. Eine Vorverlagerung der steuerlichen Realisierung des Verlusts auf den **Zeitpunkt der Ausbuchung aus dem Depot** der Aktien ist möglich, da der Steuerpflichtige bereits dann seine Verfügungsmacht über die Aktien verliere (DStR 2021, 439 = BeckRS 2020, 43062). Eine Verlustrealisierung liege aber zumindest dann nicht schon vor, sofern lediglich die Börsenzulassung widerrufen ist oder wenn nicht mehr mit einer Verteilung des Vermögens unter den Aktionären zu rechnen ist (→ § 225a Rn. 9). Nach Ansicht des BFH sind auch bereits vorhandene Auflösungsverluste iSv § 17 EStG und die diesbezüglich geltenden Voraussetzungen nicht auf § 20 Abs. 2 EStG anwendbar. Weiterhin soll wegen der Abgeltungssteuer das private Kapitalvermögen auch im Fall eines Verlusts steuerbar sein (vgl. Jachmann-Michel DStR 2021, 599 (603)). Dies entspricht dem verfassungsrechtlichen Gedanken, dass nach der jeweiligen wirtschaftlichen Leistungsfähigkeit besteuert werden soll. Die **Verlustverrechnungsbeschränkung** des § 20 Abs. 6 S. 4 EStG findet wegen eines Ereignisses, das veräußerungsgleich ist, ebenfalls Anwendung. Danach sind diese Verluste ausschließlich mit Gewinnen aus Aktienverkäufen der Veranlagungszeiträume 2009 bis 2019 verrechenbar, sog. horizontaler Verlustausgleich (Witfeld NZI 2021, 485).

Steuerlich unbeachtlich ist ein **Ausfall von privaten Darlehen,** sofern die Grundsätze der FinVerw angewendet werden (BMF-Schreiben v. 18.1.2016, BStBl. I 2016 = BeckVerw 323200, 85 Rn. 60 f.; FG Düsseldorf BeckRS 2015, 95020). Ein vertikaler Verlustausgleich (zwischen den einzelnen Einkunftsarten) nach § 20 Abs. 6 EStG ist für Einkünfte iSv § 20 EStG nicht möglich. Ob ein Ausfall von privat gewährten Darlehen steuerlich relevant ist, war bisher nicht abschließend geklärt (BFHE 258, 427 = BeckRS 2017, 125935; BFHE 259, 535 = BeckRS 2017, 135707). Nunmehr sind nach Ansicht des BFH (DStR 2021, 439 = BeckRS 2020, 43062) auch **Verluste ausgefallener Forderungen im Privatvermögen** (ua Verluste aus der ganzen oder teilweisen Uneinbringlichkeit einer Kapitalforderung), die **nach dem 31.12.2019** entstehen, im Wege des § 20 Abs. 6 S. 6 EStG **betragsmäßig beschränkt** zu verrechnen. 57

Nach § 32a Abs. 3 Nr. 2 GmbHG aF wurde das frühere Eigenkapitalersatzrecht bei einem nicht geschäftsführenden Gesellschafter, der maximal 10 % an einer KapG hielt, nicht angewendet. Der BFH vertrat zu diesem Zeitpunkt die Ansicht, dass ausgefallene Darlehen dieses Gesellschafters **keine nachträglichen Anschaffungskosten** darstellten (BFH BeckRS 2013, 96033). Etwas Anderes soll nur gelten, sofern das Darlehen vertraglich wie Eigenkapital qualifiziert wird (BFHE 245, 511 = BeckRS 2014, 95579). Gemäß **§ 39 Abs. 5 InsO,** der durch das MoMiG eingeführt wurde, unterfallen Darlehen eines **nicht geschäftsführenden Gesellschafters, der bis zu 10 % Anteile an der Gesellschaft hält,** nicht dem gesetzlichen Nachrang. Damit gelten auch für diese Beteiligungen bei Insolvenzeröffnungen nach dem 31.10.2008 die gleichen steuerlichen Folgen wie im bisherigen Eigenkapitalersatzrecht des § 32 Abs. 3 S. 2 GmbHG aF. Häufig wird im Darlehensvertrag jedoch ohnehin nach § 39 Abs. 2 InsO ein Rangrücktritt vereinbart. In diesem Fall führt in der Praxis die neue Rechtslage auch zu keinem Nachteil des nicht geschäftsführenden Gesellschafters mit maximal 10 % Kapitalanteil an der KapG. 58

Ob nachträgliche Anschaffungskosten auch noch **nach der Vollbeendigung der KapG** vorliegen, wird differenziert betrachtet (BFHE 230, 326 = BeckRS 2010, 24004170; differenzierter dazu mwN Bode FR 2011, 83 (85), nach dem es sehr wohl Aufwendungen nach Vollbeendigung der Gesellschaft geben könne, sofern eine entsprechende rechtliche Verpflichtung des Gesellschafters noch vor der Beendigung begründet ist und lediglich die Zahlung nach der Beendigung erfolgt. Sonnleitner lehnt dies mangels gesellschaftsrechtlicher Veranlassung ab (Sonnleitner InsSteuerR/Petersen/Winkelhog Kap. 4 Rn. 53). 59

VII. Verlustabzug

Da der Veranlagungszeitraum der Einkommensteuer sich immer auf ein Kalenderjahr bezieht, können Verluste in anderen Veranlagungszeiträumen zum Ausgleich rück- und vorgetragen werden, sodass sich der Betrag der Einkünfte **gem. § 10d EStG als Sonderausgaben mindert** (MüKoInsO/Schüppen/Schlösser Insolvenzsteuerrecht Rn. 32). Die Eröffnung des Insolvenzver- 60 fahrens hat keinen Einfluss auf den Verlustabzug (überperiodisch) sowie den Verlustausgleich (innerperiodisch) gem. § 2 Abs. 3 EStG (BFHE 78, 172 = BeckRS 1963, 21001883; BFHE 97, 16 = BeckRS 1969, 21001160; BFHE 97, 16 = BeckRS 1969, 21001160). Grund hierfür ist, dass insolvenzrechtlich keine Trennung zwischen dem Vermögen des Schuldners und der Insolvenzmasse stattfindet.

61 Nach § 10d S. 2 EStG ist beim Abzug von Verlustvorträgen die **Mindestbesteuerung** zu beachten. Bei Einzelpersonen können Verlustvorträge nur bis zu einer Summe von **1 Mio. EUR** mit den gesamten Einkünften iSd § 2 Abs. 3 EStG verrechnet werden. **Bei Ehegatten** im Rahmen der Zusammenveranlagung erhöht sich der Betrag auf **2 Mio. EUR.** Der Betrag, der darüber hinausgeht, ist mit 40 % zu versteuern (Sonnleitner InsSteuerR/Petersen/Winkelhog Kap. 4 Rn. 67). Gemäß **Art. 12 Abs. 1 2. Corona-StHG, erweitert durch Art. 1 Nr. 6 3. Corona-StHG vom 10.3.2021,** wurden die Höchstbeträge gem. § 52 EStG ab dem Veranlagungszeitraum 2020 für Verlustrückträge **von 1 Mio. EUR auf 10 Mio. EUR** bzw. bei Zusammenveranlagung **von 2 Mio. EUR auf 20 Mio. EUR erhöht.** Die Reduzierung der Höchstbeträge auf das Ausgangsniveau tritt ab dem Veranlagungszeitraum 2022 in Kraft.

62 Der BFH hat dem BVerfG die Norm des § 10d Abs. 2 EStG im Zuge eines Normenkontrollverfahrens wegen Zweifeln an der Verfassungsmäßigkeit vorgelegt (BFHE 246, 27 = BeckRS 2014, 95786). Die Verfassungsmäßigkeit wird wegen **sog. Definitiveffekte angezweifelt,** die sich ergeben können, soweit zB im Insolvenzfall Verlustvorträge aus rechtlichen oder tatsächlichen Gründen ausgeschlossen sind. Hierunter fallen laut BFH keine Verlustvorträge, die aufgrund einer Gesamtrechtsnachfolge auf Erben übergehen, da diese die Verlustvorträge nicht nutzen können sollen (BFHE 220, 129 = BeckRS 2007, 24003227). Im Falle der Verfassungswidrigkeit aufgrund der Nichtberücksichtigung von Definitiveffekten muss der Gesetzgeber tätig werden.

63 Der BFH hat diese Voraussetzungen im Falle einer GmbH-Insolvenz bejaht. Die GmbH hatte lediglich deshalb einen Verlust erwirtschaftet, weil sie für eine andere GmbH deren im Rahmen einer städtebaulichen Entwicklungsmaßnahme anfallenden Aufgaben erfüllte und an diesem Projekt Verluste erzielte. Der **zivilrechtliche Ausgleichsanspruch** wurde gegenüber der auftraggebenden GmbH bilanziert, später aufgrund zunächst erfolgloser Auseinandersetzung **abgeschrieben,** hieraus entstand ein Jahresfehlbetrag. Im Abwicklungszeitraum erfolgte die Mindestbesteuerung. Den Wert der Forderung holte die GmbH wieder auf, nachdem sie im Wege eines Vergleichs den Verlust der anderen GmbH ausglich, wodurch ein Gewinn entstand. Aufwand und Ertrag in gleicher Höhe beruhen daher auf dem gleichen Rechtsgrund. Der Ertrag erscheint dabei nur als zeitverschobener actus contrarius zum Aufwand. Teilwertabschreibung und Wertaufholung eines Bilanzpostens lösen daher wegen der unterschiedlichen Ermittlungsperioden im Zusammenhang mit der **Mindestbesteuerung eine Steuerschuld aus** (OFD Frankfurt a. M. 20.7.2013, BeckVerw 273822). Die in der Besteuerungspraxis der Auflösung von Kapitalgesellschaften (Liquidation, Insolvenzverfahren) häufig auftretenden bilanzsteuerrechtlichen „Umkehreffekte" (zB auch die Auflösung von zunächst gewinnmindernd berücksichtigten Rückstellungen) haben allerdings **weder** einen entsprechenden Liquiditätszufluss **noch** einen Zuwachs an besteuerungswürdiger Leistungsfähigkeit zur Folge (s. auch Farle/Schmitt DB 2013, 1746). Die vorgetragenen Verluste konnten wegen der Mindestbesteuerung nicht vollständig in Abzug gebracht werden (BFHE 246, 27 = BeckRS 2014, 95786).

64 Wurde für das Unternehmen eines insolventen Ehegatten ein Verlustvortrag festgestellt, hat der Insolvenzverwalter der gemeinsamen einkommensteuerlichen Veranlagung zuzustimmen, Zug um Zug gegen eine Freistellungserklärung des anderen solventen Ehegatten bezüglich etwaiger künftiger steuerlicher Nachteile (NZI 2011, 647 = BeckRS 2011, 19003; DStR 2011, 277 = BeckRS 2010, 30148).

65 Für den umgekehrten Fall kann eine Verpflichtung des solventen Ehegatten zur **Zustimmung des Verbrauchs seines Verlustvortrags** zugunsten des insolventen Ehegatten im Zuge der Zusammenveranlagung nach der Rechtsprechung des BGH **nur ausnahmsweise greifen,** da die Argumentation des BGH auf familienrechtlicher Überlagerung beruht und dieses in der Insolvenz versagt. Eine Zustimmungspflicht nimmt der BGH dann an, wenn die negativen Einkünfte während der Ehezeit einen Beitrag zum Familienunterhalt darstellen. Dies ist anzunehmen, sofern der später insolvente Ehegatte über mehr finanzielle Mittel aufgrund der Zusammenveranlagung verfügt hatte. Dann sind steuerliche Verluste als Beitrag zum Familienunterhalt anzusehen (Tiedtke/Szczesny FamRZ 2011, 425; Schlünder/Geißler FamRZ 2011, 272). Solche Sachverhalte dürften die Ausnahme sein, denn derjenige Ehegatte, der zunächst negative Einkünfte hatte, muss in der Zukunft mit verrechnungsfähigen positiven Einkünften gerechnet haben. Wohingegen der Ehegatte, der zunächst positive Einkünfte erzielt hatte, insolvent geworden ist. Selbst bei Vorliegen der oben genannten Voraussetzungen besteht regelmäßig **kein Anspruch auf Zusammenveran-**

Steuerrecht in der Insolvenz – Ertragssteuerrecht

lagung und Verbrauch des Verlustvortrags, da in der Insolvenz das familienrechtliche Argumentationsmuster nicht mehr greift, nachdem die Vorteile der Zusammenveranlagung der Insolvenzmasse und nicht dem Ehegatten zugutekommen würde. Dies widerspricht dem Prinzip der Individualbesteuerung des Steuerpflichtigen, wonach demjenigen der Verlustvortrag zustehen soll, **der den Verlust erlitten hat.** Zudem stellt der Verlustvortrag keine der Insolvenzmasse zugehörige Rechtsposition iSd § 35 Abs. 1 InsO dar (DStR 2011, 277 = BeckRS 2010, 30148). Erst recht muss der Verlustvortrag weiterhin dem solventen Ehegatten zustehen, wenn selbst die Insolvenzgläubiger zugunsten der Masse keinen Zugriff darauf haben; eine Ausdehnung der Insolvenzmasse auf wirtschaftliche Positionen, die dem solventen Ehegatten zuzuordnen sind, ist nicht zu rechtfertigen. Eheleute würden zudem entgegen Art. 6 Abs. 1 GG schlechter gestellt werden als Unverheiratete, sodass eine verfassungswidrige Ungleichbehandlung vorläge.

66 Das OLG Schleswig (NJW 2014, 3523 = BeckRS 2014, 17794) hingegen vertritt die Auffassung, dass dem Insolvenzverwalter überhaupt **kein Zustimmungsanspruch** auf Zusammenveranlagung zustehe, um den Verlustvortrag des anderen Ehegatten zu nutzen. Dem Zustimmungsanspruch stehe entgegen, dass der andere Ehegatte durch Verbrauch seines Verlustvortrags zugunsten der Masse steuerlich belastet werde, da ihm der Verlustvortrag selbst nicht mehr zur Reduzierung seiner Steuerlast zustehe.

67 Zudem geht lediglich das **Veranlagungswahlrecht auf den Insolvenzverwalter** nach § 80 Abs. 1 InsO **über** (näher → Rn. 103). Hieran sind keine Zustimmungspflichten des solventen Ehegatten gebunden. Der Insolvenzverwalter erhält mit Eröffnung des Verfahrens das Recht, die Art der Veranlagung zu wählen. Nur unter bestimmten Voraussetzungen kann der Insolvenzverwalter die Zustimmung zur Zusammenveranlagung nach § 26b EStG fordern. Dies ist nur dann der Fall, wenn der Nachteil, der dem solventen Ehegatten durch den Verbrauch seines Verlustvortrags entsteht, vom Insolvenzverwalter vollständig ausgeglichen werden kann. Faktisch liegt bei wirtschaftlicher Betrachtung kein Zugriff der Gläubiger auf den Verlustvortrag vor (Schöler DStR 2013, 1453).

68 Der **Verlustrücktrag** bedarf eines Antrags, welcher darauf gerichtet ist, dass der Verlustrücktrag ganz oder teilweise nicht durchgeführt wird (werden soll). Er kann inhaltlich eingeschränkt werden (ganz oder teilweise), muss aber in jedem Fall inhaltlich hinreichend bestimmt sein. Das Antragsrecht unterliegt als vermögensbezogenes Recht – wie das Veranlagungswahlrecht (EFG 2016, 1177 = BeckRS 2016, 94903; die Revision wurde vom BFH mit Urteil vom 15.3.2017 als unbegründet zurückgewiesen, BFH/NV 2018, 140 = BeckRS 2017, 131864) – dem Insolvenzbeschlag (§ 80 Abs. 1 InsO) und kann während des Insolvenzverfahrens nur vom **Insolvenzverwalter (mit Wirkung für den Steuerpflichtigen)** ausgeübt werden (ebenso Hallerbach in Herrmann/Heuer/Raupach, Einkommensteuer- und Körperschaftsteuergesetz: EStG KStG, EStG § 10d Rn. 90). Nach Aufhebung des Insolvenzverfahrens steht das Antragsrecht wieder dem Steuerpflichtigen zu (BeckOK EStG/Ratschow, 10. Ed. 1.6.2021, EStG § 10d Rn. 278). Im Fall der **Zusammenveranlagung** hat der Ehegatte oder Lebenspartner das Antragsrecht, der die negativen Einkünfte erzielt hat (BFH 17.9.2008 – IX R 72/06, BStBl. II 2009, 639) (→ Rn. 68.1).

68.1 In der Praxis ist daher der Insolvenzverwalter respektive eigenverwaltende Schuldner gehalten, im Sinne der Massensicherungspflicht bei nicht vollständig möglichem Verlustvortrag aufgrund der Mindestbesteuerung des § 10d Abs. 2 EStG den Verlustrücktrag – soweit die Festsetzungsverjährung im Rücktrittsjahr noch nicht eingetreten ist – so zu erklären, dass dies zur Minderung von fiskalischen Insolvenzforderungen führt respektive dass Masseansprüche generiert werden können.

69 Für Insolvenzfälle hat die FinVerw konkrete Vorgaben aufgestellt, nach denen Verlustrückträge und -vorträge in der Insolvenz zu behandeln sind (AEAO zu § 251 AO, Ziffer 9.1.3.). Ein Verlustvortrag soll nach der FinVerw primär von den Einkünften des Vermögens abgezogen werden, in welchem der Verlust entstanden ist. Letztlich bedeutet das, dass **der Verlustvortrag mit Einkünften verrechnet werden soll, bei welchen die Steuern sonst Insolvenzforderungen sind** (Sonnleitner InsSteuerR/Petersen/Winkelhog Kap. 4 Rn. 68). Bei einem **Verlustrücktrag** gilt entsprechendes. Allerdings erfolgt **eine Verrechnung der Verluste mit Masseverbindlichkeiten oder dem insolvenzfreien Vermögen** (Sonnleitner InsSteuerR/Petersen/Winkelhog Kap. 4 Rn. 69) (→ Rn. 70, → Rn. 18, → Rn. 60).

VIII. Sanierungsgewinne

1. Definition des Begriffs Sanierungsertrags (§ 3a Abs. 1 EStG)

70 Ein steuerlicher Sanierungsertrag liegt dann vor, wenn das Betriebsvermögen dadurch erhöht wird, dass **Verbindlichkeiten zum Zwecke einer Sanierung (teils) erlassen** werden (BMF

Steuerrecht in der Insolvenz – Ertragssteuerrecht

27.3.2003, BeckVerw 037779). Damit ein Sanierungsgewinn steuerlich begünstigt ist, müssen zusätzlich noch weitere Voraussetzungen erfüllt sein. Diese Voraussetzungen ergeben sich aus § 3a Abs. 2 EStG. Danach liegt eine unternehmensbezogene Sanierung vor, sofern der Steuerpflichtige die **Sanierungsbedürftigkeit** und die **Sanierungsfähigkeit** des Unternehmens sowie die **Sanierungseignung** des betrieblichen Schuldenerlasses und die **Sanierungsabsicht** des Gläubigers nachweist. Beim Vorliegen eines **einheitlichen Sanierungsplans** ist davon auszugehen, dass diese Voraussetzungen erfüllt sind (BMF 27.3.2003, BeckVerw 037779).

2. Rechtsentwicklung der Besteuerung von Sanierungsgewinnen bis zum Beschluss des BFH vom 28.11.2016

71 Mit Streichung der Regelung des § 3 Nr. 66 EStG aF und damit mit der Aufhebung der Steuerfreiheit von Sanierungsgewinnen ab dem 1.1.1998 waren Sanierungserträge grundsätzlich wieder steuerpflichtig. Die hieraus resultierenden Zielkonflikte zwischen Steuer- und Insolvenzrecht sollten durch die Privilegierung von Sanierungserträgen durch **die FinVerw mit BMF-Schreiben vom 27.3.2003** gelöst werden (BMF 27.3.2003, BeckVerw 037779).

3. Beschluss des BFH v. 28.11.2016 und BMF Schreiben v. 27.4.2017

72 Mit Beschluss des BFH vom 28.11.2016 (BFHE 255, 482 = BeckRS 2017, 94182) wurde die langjährige Praxis der FinVerw, Sanierungsgewinne steuerlich zu begünstigen, beendet. Nach Ansicht des Großen Senats des BFH **verstößt der Sanierungserlass gegen die Gesetzmäßigkeit der Verwaltung und ist verfassungswidrig.** Daraufhin legte das BMF fest, dass Sanierungserträge, die **sog. Altfälle** betreffen, also Sachverhalte, bei denen der Forderungsverzicht **schon bis zum 8.2.2017** vollzogen war, weiterhin steuerbegünstigt sein sollen (BMF 27.4.2017 – IV C 6 – S-2140 / 13 / 10003, BStBl. I 2017, 741 = BeckVerw 341996). Jedoch war nach Auffassung des BFH auch dieses Vorgehen nicht mit dem Grundsatz der Gesetzmäßigkeit der Verwaltung vereinbar (BFHE 259, 20 = BeckRS 2017, 128806; BFHE 259, 28 = BeckRS 2017, 128823).

4. § 3a EStG

73 Da es durch die Entscheidung des BFH zu erheblicher Rechtsunsicherheit bezüglich der steuerlichen Behandlung von Sanierungserträgen kam, hat der Gesetzgeber mit der Einführung einer neuen gesetzlichen Grundlage in **§ 3a EStG für die Steuerfreiheit von Sanierungsgewinnen** reagiert (vgl. BT-Drs. 18/12128, 31).

74 Allerdings ist das Inkrafttreten dieser Neuregelung der Besteuerung von Sanierungsgewinnen von einem förmlichen Beschluss der EU-Kommission abhängig gemacht worden (sog. Notifizierungsverfahren), um den Bedenken Rechnung zu tragen, die Steuerbefreiung stelle möglicherweise eine verbotene Beihilfe nach Art. 107 AEUV dar. Die EU-Kommission hat ihre Meinung nur in einem „comfort letter" mitgeteilt und auf die Fassung eines förmlichen Beschlusses verzichtet. In diesem **„comfort letter"** hat die Kommission mitgeteilt, dass die beabsichtigte Neufassung des Sanierungserlasses nicht gegen Art. 107 AEUV verstößt. Ein „comfort letter" stellt im Gegensatz zu einem förmlichen Beschluss eine lediglich informelle Mitteilung dar, die für europäische und nationale Gerichte allerdings keine Bindungswirkung entfaltet. Aus dieser Mitteilung ist ausschließlich abzuleiten, dass die EU-Kommission nicht selbst gegen die Neuregelung vorgehen wird. Durch dieses Vorgehen der EU-Kommission fehlte es an dem formellen Beschluss als Voraussetzung des Inkrafttretens, weshalb es eines erneuten Gesetzgebungsverfahrens bedurfte (ZIP 2018, A 64, 213) (→ Rn. 74.1).

74.1 Entscheidendes Kriterium dafür, ob eine nationale Maßnahme als „staatliche Beihilfe" iSv Art. 107 Abs. 1 AUEV gilt, ist die Selektivität des gewährten Vorteils (EuGH BeckRS 2016, 83100 Rn. 57 – Kommission/World Duty Free Group ua [KAAAF-90792]). Die nationale Maßnahme muss **geeignet** sein, **ein bestimmtes Unternehmen oder einen bestimmten Produktionszweig gegenüber anderen Marktteilnehmern zu begünstigen.** Um eine solche Benachteiligung festzustellen, müssen sich die Unternehmen zunächst hinsichtlich des Ziels, welches mit der Regelung verfolgt wird, in einer rechtlich und tatsächlich vergleichbaren Situation befinden. Zudem muss die unterschiedliche Behandlung als Diskriminierung qualifiziert werden (EuGH BeckRS 2016, 83100 Rn. 57 – Kommission/World Duty Free Group ua [KAAAF-90792]). Zweck der Norm des § 8c Abs. 1a KStG ist, dass Unternehmen nicht erneut in finanzielle Schwierigkeiten geraten sollen. Laut EuGH besteht h**insichtlich dieses Zwecks keine Vergleichbarkeit zwischen insolventen und solventen Unternehmen,** da nur bei ersteren die Wiederaufnahme der unternehmerischen Tätigkeit im Vordergrund steht (EuGH 16.3.2017 – C-493/15 – Identi

Steuerrecht in der Insolvenz – Ertragssteuerrecht

Allerdings lässt sich das Ziel der Maßnahme, in Schwierigkeiten befindliche Unternehmen zu fördern, nicht mit der Grundregel des Steuersystems, der Besteuerung nach der Leistungsfähigkeit, rechtfertigen.

5. BT-Drs. 19/4455

Im Gesetzgebungsverfahren (BT-Drs. 19/4455) regte der Bundesrat eine gesetzliche Regelung 75 sog. Altfälle an. Die Neuregelung zur Besteuerung von Sanierungserträgen, die in Folge des BFH-Beschlusses vom 28.11.2016 beschlossen wurde, ist nur für Fälle **nach dem 8.2.2017** anwendbar. Deswegen hat die FinVerw **aus Gründen des Vertrauensschutzes** die Regelungen zur Steuerfreiheit von Sanierungsgewinnen auch auf **sog. Altfälle** angewendet, dh in solchen Fällen, bei denen der Forderungsverzicht bis zum 8.2.2017 erklärt wurde (BMF 27.4.2017, BStBl. I 741). Der BFH hat das BMF-Schreiben daraufhin mit dem Grundsatz der Gesetzmäßigkeit der Verwaltung für unvereinbar erklärt und verworfen (BFHE 259, 20 = BeckRS 2017, 128806; BFHE 259, 28 = BeckRS 2017, 128823). Aus diesen Gründen bestand hinsichtlich der Besteuerung von Sanierungserträgen von Altfällen erhebliche Rechtsunsicherheit, was Unternehmenssanierungen in der Praxis erheblich gefährdet hat. Nach Ansicht von Förster bedarf es daher auch für sog. Altfälle einer gesetzlichen Neuregelung für die Besteuerung von Sanierungserträgen (vgl. Förster, Wortprotokoll Finanzausschuss zur Öffentlichen Anhörung BT-Drucksache 19/4455, 103). Diese Forderung ist politisch nicht ganz unstrittig, da der BFH in der Vergangenheit das BMF-Schreiben bezüglich der Steuerbefreiung von Altfällen angegriffen und dieses als verfassungswidrig gewertet hat.

6. Neue Gesetzeslage

Nach § 3a Abs. 1 S. 1, Abs. 3 und 4 EStG werden **Sanierungserträge steuerfrei gestellt**. 76 Allerdings gilt nach **§ 3c Abs. 4 EStG ein Abzugsverbot für Sanierungsaufwendungen**. Mit der Neuregelung soll der Zielkonflikt zwischen Steuer- und Insolvenzrecht gelöst werden. Außerdem sollen erneute finanzielle Schwierigkeiten vermieden sowie die wirtschaftlichen Interessen der Gläubiger geschützt werden. Zudem wird durch die Regelung Planungssicherheit hergestellt. Die Neuregelung wurde im Gesetzgebungsverfahren als im Einklang mit der seinerzeit noch im Entwurfsstadium befindlichen EU-Restrukturierungsrichtlinie gewertet (vgl. BT-Drs. 18/12128, 31).

Gemäß § 3a Abs. 3 EStG sollen **alle Verluste und sonstigen Steuerminderungspositionen** 77 **bis zur Höhe des geminderten Sanierungsgewinns verbraucht werden**. Diese Regelung dient dem Zweck, den Vorteil durch die Steuerfreiheit von Sanierungserträgen auf ein erforderliches Mindestmaß zu reduzieren sowie eine **sachlich nicht gerechtfertigte Doppelbegünstigung zu vermeiden**. Auch ein interpersoneller Verlustverbrauch als Missbrauchsbekämpfungsvorschrift fördert diesen Zweck (vgl. BT-Drs. 18/12128, 31, 32). Um das größtmögliche Verlustausgleichsvolumen zu generieren, wurde zudem die Pflicht zur gewinnmindernden Ausübung steuerlicher Wahlrechte in § 3a Abs. 1 S. 2, 3 EStG eingefügt.

Grundsätzlich ist auf **Altfälle (bis zum 8.2.2017)** das BMF-Schreiben zum Sanierungserlass 78 **anzuwenden** (vgl. BMF 27.4.2017, BeckVerw 341996; 29.3.2018, BeckVerw 355255). Die Verwaltung ordnete zwar einen Nichtanwendungserlass an wegen der mit dem BMF-Schreiben einhergehenden Rechtsunsicherheit. Demnach sollen die beiden BFH-Urteile nicht über die konkret entschiedenen Einzelfälle hinaus Anwendung finden. Für Schulderlasse bis zum 8.2.2017 ist wegen Gründen des Vertrauensschutzes weiterhin entsprechend dem BMF-Schreiben vom 27.3.2003 (BStBl. I 240 = BeckVerw 037779) zu verfahren. Da die Gemeinden nicht an das BMF-Schreiben gebunden sind, ergeben sich im Bereich der **Gewerbesteuer** besondere Probleme hinsichtlich der **Rechtssicherheit** und des **Rechtsschutzes** (vgl. BFHE 259, 20 = BeckRS 2017, 128806; BFHE 259, 28 = BeckRS 2017, 128823; BFH/NV 2018 = BeckRS 2018, 10971; BFH BeckRS 2018, 11692). Nur in Ausnahmefällen können rückwirkend auf Antrag die §§ 3a, 3c Abs. 4 EStG angewandt werden.

Für **Fälle ab dem 9.2.2017 gilt grundsätzlich die (rückwirkende) Anwendung der §§ 3a,** 79 **3c Abs. 4 EStG**. In Ausnahmefällen wird auf Antrag nach dem BMF-Sanierungserlass nach Billigkeit entschieden. Vertrauensschutz ist dann anzunehmen, wenn verbindliche Auskünfte nach § 89 AO oder Zusagen nach §§ 204 ff. AO vorliegen, welche nicht aufgehoben oder widerrufen werden können. Dies ist dann zu bejahen, sofern ein Vollzug im Wesentlichen vorliegt oder bei anderweitigem Vertrauensschutz im Einzelfall.

IX. Zuflüsse der Masse durch Geltendmachung insolvenzrechtlicher Ansprüche

80 In Folge der nach §§ 129 ff. InsO anfechtbaren Rechtshandlungen mit gläubigerbenachteiligender Wirkung entstehen mit Eröffnung des Insolvenzverfahrens **Rückgewährschuldverhältnisse**. Diese sind gerichtet auf Rückgewähr des anfechtbar Geleisteten zur Insolvenzmasse, also in das Vermögen des Schuldners (§ 143 InsO). Bei anfechtbaren Deckungshandlungen lebt mit dieser Rückgewähr die in anfechtbarer Weise erfüllte Forderung nach § 144 InsO ebenso wieder auf wie die für sie bestellten Sicherheiten mit ihrer vorherigen Rangstufe. Streitig ist, auf welcher **insolvenzrechtlichen Rangstufe** etwaige Steuerforderungen stehen, die sich aus der Rückgewähr des anfechtbar Erlangten ergeben, also ob es sich bei solchen Steuerforderungen um Insolvenzforderungen nach § 38 InsO oder um Masseverbindlichkeiten gem. § 55 InsO handelt. Praktisch relevant sind diese Fälle in der Regel bei den Gewinneinkünften, bei welchen je nach Gewinnermittlungsart ergebniswirksam die zurückgewährten Anfechtungsbeträge zu verbuchen sind.

81 Vor wenigen Jahren hat der BFH (BFH/NV 2019, 123 (NV) = BeckRS 2018, 32579) zu dieser Problematik bezüglich der Einkommensteuer Stellung genommen. Im Ergebnis hat er sich der Entscheidung des BFH aus dem Jahr 2016 (BFHE 253, 482 = BeckRS 2015, 94762) angeschlossen, indem er Einkommensteuerforderungen im Falle der Gewinnermittlung über die **Einnahmen-Überschussrechnung nach dem Zuflussprinzip** erst **zum Zeitpunkt der tatsächlichen Vereinnahmung als begründet** sieht. Dieser Ansatz hat zu Folge, dass es sich bei Steuerforderungen, die aus der Rückgewähr iSd § 143 InsO nach insolvenzrechtlicher Anfechtung des Insolvenzverwalters respektive Sachwalters, also naturgemäß nach Eröffnung des Insolvenzverfahrens entstehen, um **Masseverbindlichkeiten** handeln. Betroffen hiervon ist in ertragsteuerlicher Hinsicht die Anfechtung von Zahlungen auf Verbindlichkeiten, welche bei der steuerlichen Einkommens- oder Gewinnermittlung mindernd zu berücksichtigen sind. Die Rückgewähr nach Insolvenzanfechtung bewirkt den ergebniserhöhenden Zufluss, was unter Umständen zur Entstehung von Ertragsteuer führt.

82 Insoweit ist in der Praxis zu würdigen, dass im Rahmen der Gewinnermittlung nach Betriebsvermögensvergleich iSd § 4 Abs. 1 EStG iVm § 5 EStG eine entsprechende **ergebniserhöhende Auswirkung unterbleibt**. Die Forderung aus der Anfechtung gegenüber dem Anfechtungsgegner ist handels- und steuerrechtlich in der Eröffnungsbilanz mE zum Zeitpunkt der Insolvenzeröffnung zu aktivieren. Spiegelbildlich wird der mit Rückgewähr des angefochtenen Betrages wiederauflebende Anspruch des Anfechtungsgegners gem. § 144 InsO als Rückstellung respektive Verbindlichkeit zu passivieren sein. Demzufolge neutralisiert sich die als Einnahme eingebuchte Forderung mit der als Aufwand passivierten Rückstellung respektive Verbindlichkeit. Das Ergebnis ist neutral.

83 Es ist daher durch den Insolvenzverwalter bei einem die Gewinnermittlung mittels Einnahme-Überschussrechnung aufstellenden Schuldners unter Abwägung der durch die Bilanzierung entstehenden Mehrkosten zu prüfen, ob bei einer sich auf die Ertragsteuer auswirkenden Vielzahl von geltend zu machenden Anfechtungsansprüchen **die Gewinnermittlungsart auf Betriebsvermögensvergleich zu wechseln** wäre. Nach Ansicht des BFH (BFHE 254, 118 = BeckRS 2016, 95296) ist die **tatsächliche Art der durchgeführten Gewinnermittlung** dafür maßgeblich, ob das Gewinnermittlungswahlrecht ausgeübt werden kann. Als Beweis dafür, welche Gewinnermittlungsart endgültig durchgeführt wurde, kann zB das in den Rechtsverkehr bringen der Gewinnermittlung gewertet werden. Dies kann bspw. dann angenommen werden, sofern die Steuererklärung an das Finanzamt übermittelt wurde. Grundsätzlich ist ein Wechsel der bereits durchgeführten Gewinnermittlung vor Eintritt der Bestandskraft für dasselbe Wirtschaftsjahr **nicht mehr möglich**. Lediglich bei Vorliegen eines besonderen wirtschaftlichen Grundes kann der Wechsel zulässig sein. Ein bloßer Irrtum über die steuerrechtlichen Folgen der gewählten Gewinnermittlungsart stellt keinen besonderen wirtschaftlichen Grund dar (NWB 2006, 2640 = BeckRS 2006, 25010057; BFHE 224, 513 = BeckRS 2009, 24003674). Es ist zu prüfen und nachweisbar darzulegen, dass im Jahr vor Eröffnung des Insolvenzverfahrens die Buchführungspflichten eingehalten wurden. Das Urteil stellt diesbezüglich auf den **Zeitpunkt der Fertigstellung bzw. Endgültigkeit der Gewinnermittlung** ab. Der Insolvenzverwalter respektive eigenverwaltende Schuldner hat dafür Sorge zu tragen, dass die von ihm zum letzten Tag vor Eröffnung des Verfahrens aufgestellte Bilanz ordnungsgemäß ist. Nach Ansicht des BFH soll ein nachträglicher Wechsel grundsätzlich dann möglich sein, sofern das Wahlrecht noch nicht ausgeübt wurde. Die Ausübung des Wahlrechts erfolgt mit der Endgültigkeit der Gewinnermittlung, welche regelmäßig mit **Einreichung der Steuererklärung** beim Finanzamt eintritt.

Steuerrecht in der Insolvenz – Ertragssteuerrecht

In der Praxis ist bei der **vergleichsweisen Gesamtabgeltung** zwischen Insolvenzverwalter **84** und Anfechtungsgegner hinsichtlich der Ertragsteuer Vorsicht geboten. Der Anfechtungsgegner verzichtet regelmäßig angesichts der geringeren Quotenerwartung auf die Geltendmachung seiner Forderung iSd § 144 Abs. 1 InsO. Infolgedessen entsteht im Rahmen der Gewinnermittlung gem. § 4 Abs. 1 EStG zum Zeitpunkt des Verzichtes ein **steuerpflichtiger Ertrag**. Dieser Aspekt sollte ua in der steuerlichen Gesamtabwägung des Insolvenzverwalters respektive eigenverwaltenden Schuldners einbezogen werden.

Der BFH rückt mit der Rechtsprechung, es handele sich bei der hieraus resultierenden Steuer **85** um eine Masseverbindlichkeit, von seiner zuvor vertretenen Auffassung ab (vgl. BFH/NV 2008, 925 = BeckRS 2008, 25013224), wonach eine **Insolvenzforderung** als begründet gilt, **wenn der ihr zugrundeliegende zivilrechtliche Sachverhalt vor der Insolvenzeröffnung verwirklicht ist**. Begründet hat er dies damit, dass das Recht auf Rückgewähr nicht erst mit der Anfechtungshandlung besteht, sondern schon dann, wenn eine Rechtshandlung anfechtbar ist. Das **Anfechtungsrecht nach §§ 129 ff. InsO** entsteht dabei automatisch **mit der Vollendung des Anfechtungstatbestandes aufschiebend bedingt**. Es soll nicht darauf ankommen, dass die aus dem Anfechtungsanspruch resultierende Steuerforderung noch nicht nach § 38 AO entstanden ist. Vielmehr ist maßgeblich, ob der zivilrechtliche Sachverhalt, welcher letztlich zur Steuerforderung führt, **vor Eröffnung des Verfahrens** verwirklicht wurde.

1. BFH 31.10.2018 – III B 77/18; BFHE 253, 482 = BStBl. II 2016, 852

In seiner Entscheidung **vom 9.12.2014** (BFHE 253, 482 = BeckRS 2015, 94762) geht der **86** BFH zunächst darauf ein, dass für die Abgrenzung zwischen Masseverbindlichkeit und Insolvenzforderung ausschließlich auf die insolvenzrechtliche Begründung ankommt. Es solle dagegen nicht auf die steuerrechtliche Entstehung und Fälligkeit der Ansprüche aus dem Steuerschuldverhältnis ankommen (BFHE 253, 482 = BeckRS 2015, 94762 Rn. 26). Weiter führt der BFH aus, dass eine Forderung iSd § 38 InsO als begründet gilt, **sofern der Rechtsgrund für den Anspruch gelegt ist**. Der Rechtsgrund eines Steueranspruchs sei mit **Verwirklichung des Besteuerungstatbestandes** gelegt. Die tatbestandliche Verwirklichung des Steuertatbestandes richte sich nach Eröffnung des Verfahrens lediglich nach **steuerrechtlichen Grundsätzen** (BFHE 253, 482 = BeckRS 2015, 94762 Rn. 27). Im Falle einer Einnahmen-Überschussrechnung nach § 4 Abs. 3 EStG gilt das Zuflussprinzip, wonach der Besteuerungstatbestand mit Zufluss der Einnahmen verwirklicht ist (BFHE 253, 482 = BeckRS 2015, 94762 Rn. 29). Beim Betriebsvermögensvergleich iSd § 4 Abs. 1 EStG hingegen gilt das Realisationsprinzip. Danach gilt der Gewinn als realisiert, sofern bei gegenseitigen Verträgen der Verpflichtete die Leistung „wirtschaftlich erfüllt" hat (BFHE 186, 429 = BeckRS 1998, 23000373). In dem zu beurteilenden Fall erfolgte die Gewinnermittlung nach der Einnahmen-Überschussrechnung. Der BFH hat die Einnahmen als im Zeitpunkt des Zuflusses während des Insolvenzverfahrens entstanden gewertet, die daraus resultierende Steuer mithin als **Masseverbindlichkeiten** qualifiziert.

Die nachfolgende Entscheidung des **BFH vom 31.10.2018** (DStRE 2019, 481 = BeckRS **87** 2018, 32579) hat diese Grundsätze bestätigt, indem dort die Begründung zum **Zuflussprinzip** für die aus der Anfechtung resultierenden Ansprüche aufgegriffen und **auf diese übertragen** sind. Der BFH wies die Nichtzulassungsbeschwerde in diesem Fall ua mit der Begründung zurück, dass es bezüglich der Abgrenzungsfrage, ob es sich bei der durch Anfechtung entstehenden Forderung um Masseverbindlichkeiten oder Insolvenzforderungen handelt, keiner höchstrichterlichen Klärung bedarf (vgl. DStRE 2019, 481 = BeckRS 2018, 32579 Rn. 13). Auch fehle es dem klägerischen Vorbringen an der Darstellung einer revisiblen Rechtsfrage, was die Rüge bezüglich der abweichenden Entscheidung des BFH vom 1.4.2008 (ZIP 2008, 1780 = BeckRS 2008, 25013224) gegenstandslos macht.

2. BFH 1.4.2008 – X B 201/07

In der Entscheidung vom **1.4.2008** (ZIP 2008, 1780 = BeckRS 2008, 25013224) hatte der **88** BFH zu der Frage, ob es sich bei durch Anfechtungshandlungen entstehenden Steueransprüchen um Masseverbindlichkeiten oder Insolvenzforderungen handelt, maßgeblich darauf abgestellt, ob der zugrundeliegende zivilrechtliche Sachverhalt vor der Eröffnung des Insolvenzverfahrens verwirklicht war. Nach damaliger Ansicht des BFH sei der **Steueranspruch** nicht erst mit der Anfechtungshandlung begründet, sondern **bereits vor der Verfahrenseröffnung aufschiebend bedingt**. Nach dem sog. **Schuldrechtsorganismus** (WUS Insolvenzen/Waza Rn. 484; Frotscher, Besteuerung bei Insolvenz, 2021, 55) ist der Rechtsgrund für die Entstehung einer Forderung der **die Forderung begründende Tatbestand**. Sobald ein Schuldverhältnis entsteht, sei

Steuerrecht in der Insolvenz – Ertragssteuerrecht

der schuldrechtliche Grund geschaffen, welcher später die Forderung entstehen lässt (BFHE 172, 308 = BeckRS 1993, 22010837; BFH/NV 2007, 1452 = BeckRS 2007, 25011654). Zudem müsse das vorinsolvenzliche Vermögen wirtschaftlich schon mit dem später entstehenden Anspruch belastet sein. Dabei sei lediglich die wertende, sachlich-vermögensmäßige Beziehung zum vorinsolvenzlichen Vermögen ausschlaggebend, und nicht die Verwirklichung der Steuertatbestände. Entscheidend sei auch, ob die mit der Steuerforderung korrespondierende Hauptforderung im Kern bereits entstanden ist (BFH/NV 2006, 369 = BeckRS 2005, 25008962; BMF-Schreiben 17.12.1998, BeckVerw 027655). Die steuerrechtliche Entstehung soll dabei gänzlich irrelevant sein.

3. Rechtliche Würdigung

89   Dogmatisch kommen zwei grundsätzliche Momente in Betracht, auf die für die Würdigung abgestellt werden kann: Zum einen ist denkbar der vorinsolvenzliche **Zeitpunkt der Begründung/Entstehung des Anfechtungsrechts dem Grunde nach,** also schon mit Vornahme des ursprünglichen Rechtsgeschäfts. Das ist letztlich ein Schluss aus der zivilrechtlichen ex tunc-Wirkung der Anfechtung. Zum anderen könnte man den nach der Insolvenzeröffnung liegenden **Zeitpunkt der Durchsetzung des Anfechtungsanspruchs,** also auf die **Rückgewähr des Anfechtungsgegenstandes,** als maßgeblich erachten. In diesem Fall wäre der zivilrechtliche Sachverhalt erst nach Eröffnung des Insolvenzverfahrens verwirklicht und man würde bei aus der Anfechtung resultierender Einkommensteuer im Bereich der Einnahmen-Überschussrechnung eine Masseverbindlichkeit annehmen.

90   Bei der Beurteilung, welches Ergebnis dogmatisch richtig ist, muss man den Sinn und Zweck des insolvenzrechtlichen Anfechtungsrechtes berücksichtigen. Anhaltspunkte hierfür liefert **§ 144 Abs. 1 InsO,** nach dessen Wortlaut **die Forderung des Anfechtungsgegners mit der Rückgewähr seiner Leistung wiederauflebt,** wobei dies mit dem früheren Rang geschieht. Die Anfechtung führt zivilrechtlich also den Zustand herbei, der bestünde, wenn die angefochtene Rechtshandlung nicht vorgenommen worden wäre. Das spricht dafür, auch bei der steuerlichen Beurteilung auf **den Zeitpunkt der Entstehung des Anfechtungsrechts** abzustellen und nicht erst auf den der Erklärung. Es fällt auf, dass der BFH die zivilrechtliche Rückwirkung der Anfechtung in seiner Entscheidung nicht erwähnt. Auch muss zwischen dem steuerlichen Leistungsaustausch und dem gesetzlichen Rückgewährschuldverhältnis differenziert werden. Der die Anfechtung durchsetzende Insolvenzverwalter **steht indes in keiner Leistungsbeziehung zum Anfechtungsgegner.** Die Insolvenzanfechtung dient schließlich vor allem dem Zweck der gerechten und gleichmäßigen Gläubigerbefriedigung. Je nach dem individuellen Steuersatz des Insolvenzschuldners wird nach der jüngeren Rechtsprechung des BFH dieser Zweck der Anfechtung für ein erheblichen Teil des nach Anfechtung zur Masse Zurückgelangten verfehlt, indem die Nichterfüllung einer zB betrieblichen Verbindlichkeit, die ohne die angefochtene Handlung in der vorinsolvenzlichen Zeit steuerlich berücksichtigt worden wäre, durch den für das Finanzamt **zufälligen** Umstand der anfechtbaren Zahlung **in den Rang einer Masseverbindlichkeit erhoben** wird und so den Rückfluss zur Insolvenzmasse für die übrigen Gläubiger schmälert. Auch diese Frage des Verhältnisses der steuerlichen Würdigung zu dem Zweck der Insolvenzanfechtung ist in der recht knapp gehaltenen Entscheidung des BFH nicht diskutiert.

91   In seltenen Fällen kann die steuerliche Behandlung der Anfechtung durch den BFH wegen der **einheitlichen Ermittlung des Steuersatzes für das gesamte Vermögen** des Schuldners zu äußerst problematischen Ergebnissen bis hin zu einer Übermaßbesteuerung des insolvenzfreien Einkommens des Schuldners führen. Diese Gefahr besteht zB, wenn der Schuldner verhältnismäßig geringe Einkünfte aus abhängiger Beschäftigung erzielt und im gleichen Veranlagungsjahr so hohe Massezuflüsse aus Insolvenzanfechtung im Rahmen der Gewinneinkünfte generiert werden, dass sich insgesamt ein deutlich höherer Durchschnittssteuersatz ergibt und damit eine erhebliche Nachforderung auch gegen den Schuldner selbst entsteht, die diesen ggf. so weit überfordert, dass ihm die zur Finanzierung des **Existenzminimums** erforderlichen Mittel nicht mehr verbleiben. Die Rechtsfrage der Aufteilung der Einkommensteuer zwischen dem insolvenzfreien Vermögen und der Insolvenzmasse, hier Berücksichtigung des Grundfreibetrages bei der Aufteilung der Gesamtsteuerschuld, ist bereits Gegenstand des anhängigen Verfahrens vor dem BFH (Az. III R 44/20; anhängig, Vorinstanz: ZIP 2020, 1034 = BeckRS 2020, 3670; näher → Rn. 107).

92   Im Ergebnis käme man danach eher dazu, die insolvenzrechtliche Begründung vor die Eröffnung des Verfahrens zu ziehen. Da die Verwirklichung des Besteuerungstatbestandes von der Anfechtung abhängt, kann man den **Anspruch aus dem Rückgewährschuldverhältnis als originären „Rechtsgrund"** des Steuertatbestandes ansehen, was bedeutet, dass man auf das

insolvenzrechtliche Begründetsein des Anfechtungsrechts abstellen muss. Dieses liegt dann vor, sobald der zivilrechtliche Sachverhalt erfüllt ist. Bei einer Anfechtung liegt der Rechtsgrund schon zum **Zeitpunkt der Vornahme des Rechtsgeschäfts** vor. Eine Insolvenzforderung wäre zu bejahen. Danach vermag die jüngere Rechtsprechung der BFH zur Qualifikation der Einkommensteuer nach Insolvenzanfechtung nicht zu überzeugen. Bis zu einer erneuten Befassung des BFH wird die Praxis dessen Deutung allerdings kaum ignorieren können.

Bezüglich der umsatzsteuerlichen Wertung des der Insolvenzmasse zurückgewährten Anfechtungsanspruchs näher → SteuerrechtinderInsolvenz-Umsatzsteuer Rn. 223. 93

X. Ehegattenveranlagung

Die Einkommensteuer ist grundsätzlich personengebunden. Daher ist die Besteuerung nach 94 der **individuellen Leistungsfähigkeit** eines der Grundprinzipien der Einkommensteuer. Die Ehegattenveranlagung nach den §§ 26 ff. EStG stellt daher eine Ausnahme von diesem Grundsatz dar. Gemäß **§ 26 EStG** können die Ehegatten zwischen der Einzelveranlagung (§ 26a EStG) und der Zusammenveranlagung (§ 26b EStG) wählen, wenn die Voraussetzungen des § 26 Abs. 1 S. 1 EStG vorliegen. Das Veranlagungsjahr als Besteuerungszeitraum bleibt trotz Eröffnung des Verfahrens weiterhin bestehen.

1. Zusammenveranlagung (§ 26b EStG)

Gemäß § 26 Abs. 3 EStG werden die Ehegatten zusammen veranlagt, sofern keiner der Ehegat- 95 ten von seinem **Wahlrecht nach § 26 Abs. 2 EStG** Gebrauch macht. Die Zusammenveranlagung stellt somit den gesetzlichen Regelfall dar (aA BFHE 218, 281 = BeckRS 2007, 24003003). Die Ehegatten können aber auch bewusst gem. § 26 Abs. 2 S. 2 EStG die Zusammenveranlagung wählen. Das Wahlrecht wird einheitlich in der Steuererklärung ausgeübt und kann bis zum Zeitpunkt der Unanfechtbarkeit der Steuerfestsetzung **abgeändert** werden (Seeger in Schmidt, EStG, 40. Aufl. 2021, EStG § 26 Rn. 22). Entscheidet sich allerdings **ein** Ehegatte für die **Einzelveranlagung**, werden beide Ehegatten einzeln veranlagt (vgl. § 26 Abs. 2 S. 1 EStG). Unter bestimmten Voraussetzungen kann ein Ehegatte, der die Zusammenveranlagung anstrebt, aus der gegenseitigen Beistandspflicht nach § 1353 Abs. 1 BGB einen Anspruch gegenüber dem anderen Ehegatten auf Zustimmung zur Zusammenveranlagung haben (BFH/NV 2007, 459 = BeckRS 2007, 10250; MüKoInsO/Schüppen/Roth Insolvenzsteuerrecht Rn. 39). Der **einseitige Antrag** eines Ehegatten auf Einzelveranlagung ist **unwirksam**, sofern der antragstellende Ehegatte selbst **keine eigenen** positiven oder negativen Einkünfte hat. In solcher Antrag ist steuerlich und wirtschaftlich sinnlos, da er auf jeden Fall zu einer höheren Steuerfestsetzung führt (BFHE 166, 295 = BeckRS 1992, 22000070 Rn. 9). Bei der Zusammenveranlagung werden die Einkünfte der Ehegatten **zusammengerechnet** und **zugerechnet**. Sie werden als ein Steuerpflichtiger gem. § 26b EStG behandelt. Folglich wird nur **ein** zu versteuerndes Einkommen gebildet und gegenüber beiden Ehegatten eine **einheitliche** Einkommensteuer festgesetzt (Seeger in Schmidt, EStG, 40. Aufl. 2021, EStG § 26b Rn. 8 ff.). Nach § 32a Abs. 5 EStG wird die Einkommensteuer nach dem Splitting-Verfahren ermittelt. Die Ehegatten sind gem. § 44 Abs. 1 AO **Gesamtschuldner** der Einkommensteuer.

Die **Wahl der Veranlagungsform** wirkt vermögensrechtlich, sodass die Ausübung des Wahl- 96 rechts zur Verwaltung der Insolvenzmasse iSd § 80 InsO zählt. Mit Urteil vom 18.11.2010 bestätigt der BGH diese Sichtweise und weist das Wahlrecht in der Insolvenz eines Ehegatten dem **Insolvenzverwalter** zu (BFH/NV 2011, 559 (Ls.) = BeckRS 2010, 30148). Höchstpersönliche, nicht übergangsfähige Rechte des Insolvenzschuldners darf der Verwalter bzw. Treuhänder hingegen nicht wahrnehmen. Im Anschluss an die ältere BFH-Rechtsprechung (BFHE 81, 236 = BeckRS 1964, 21001771) ordnet der BGH das Wahlrecht des § 26 EStG nicht als höchstpersönliches Recht ein (BFH/NV 2007, 459 = BeckRS 2007, 10250). Die Zustimmung zur Zusammenveranlagung kann der Insolvenzverwalter nur unter bestimmten Voraussetzungen verlangen, hierzu zählt der als steuerlicher Nachteil anerkannte „Verbrauch" des Verlustvortrages nach § 10d EStG (näher → Rn. 65). In diesem Fall hat der Insolvenzverwalter den Verlustvortrag zuzurechnenden nicht insolventen Ehegatten den durch die Zusammenveranlagung bedingten Nachteil auszugleichen. Für den in der Praxis häufiger vorkommenden Umkehrfall vgl. → Rn. 64.

Trotz der Gesamtschuldnerschaft bleibt **gem. § 157 Abs. 1 S. 2 AO jeder einzelne Ehegatte** 97 **für sich Steuerschuldner und Adressat des Steuerbescheids** (Roth, Insolvenzsteuerrecht, 2021, Rn. 4.56). Nach § 155 Abs. 3 S. 1 AO besteht für das Finanzamt die Möglichkeit, dennoch **zusammengefasste** Einkommensteuerbescheide zu erlassen (Roth, Insolvenzsteuerrecht, 2021, Rn. 4.56).

Steuerrecht in der Insolvenz – Ertragssteuerrecht

98 Im Falle von Steuererstattungen sind die Ehegatten **nicht** als Gesamtgläubiger anzusehen (Farr, Die Besteuerung in der Insolvenz, 2005, Rn. 302). Nach § 36 Abs. 4 S. 3 EStG entfaltet eine Steuererstattung auch gegenüber dem anderen Ehegatten Wirkung, allerdings ist nur **derjenige Ehegatte Anspruchsinhaber, der die Steuer zuvor an das Finanzamt gezahlt hat** (§ 37 Abs. 2 S. 1 AO; BFHE 137, 146 = BeckRS 1982, 22006271; BFHE 157, 326 = BeckRS 1989, 22009107). Kann der Anspruchsinhaber nicht eindeutig ermittelt werden, wird von der Rechtsprechung und FinVerw bei „intakter Ehe" unterstellt, dass der zahlende Ehegatte auch auf die Steuerschuld des anderen Ehegatten leisten will, sodass der Steuererstattungsanspruch beiden Ehegatten zu gleichen Teilen zugerechnet wird (krit. Seeger in Schmidt, EStG, 40. Aufl. 2021, EStG § 26b Rn. 21 mwN).

99 Das Insolvenzverfahren wirkt sich auf die materiell-rechtliche Berechnung der Einkommensteuerschuld nicht aus. Dasselbe gilt auch bei der Zusammenveranlagung. Die **Einkünfte** des insolventen Ehegatten werden mit denen des nicht insolventen Ehegatten **zusammengerechnet.** Alle Einkünfte, auch diejenigen, die der Insolvenzverwalter generiert hat, sind bei der Ermittlung des Einkommens im Veranlagungszeitraum zu berücksichtigen (Busch/Winkens/Büker, Insolvenzrecht und Steuern visuell, 3. Aufl. 2020, 176; Roth, Insolvenzsteuerrecht, 2021, Rn. 4.54). Ein etwaiger **Verlustvortrag** der einen Ehegatten kommt auch dem anderen Ehegatten zugute, da eine horizontale und vertikale Saldierung stattfindet (Seeger in Schmidt, EStG, 40. Aufl. 2021, EStG § 26b Rn. 8; Roth, Insolvenzsteuerrecht, 2021, Rn. 4.54). Bezüglich des Antrags auf **Verlustrücktrag** näher → Rn. 68. Da die Ehegatten bei der Zusammenveranlagung **Gesamtschuldner** des Finanzamtes sind, kann dieses seine Forderung sowohl gegenüber dem nicht insolventen Ehegatten geltend machen als auch im Insolvenzverfahren des insolventen Ehegatten nach § 43 InsO. Die Steuerforderung ist nach den allgemeinen Grundsätzen entweder als Insolvenzforderung oder Masseverbindlichkeit zu qualifizieren.

100 Gemäß **§§ 268 ff. AO** haben beide Ehegatten auf Antrag das Recht, dass die gemeinsame Einkommensteuerschuld auf die Ehegatten **aufgeteilt** wird. Der Insolvenzverwalter ist unter Umständen sogar verpflichtet zu beantragen, dass die Steuerschuld aufgeteilt werden soll (Roth, Insolvenzsteuerrecht, 2021, Rn. 4.57). Nach **§ 270 AO** ist eine **fiktive Einzelveranlagung** vorzunehmen, um einen Aufteilungsschlüssel zu ermitteln. Es besteht daneben gem. **§ 274 AO** die Möglichkeit, dass die Steuerschuld nach einem **gemeinsam vorgeschlagenen Schlüssel** aufgeteilt wird. Nach **§ 279 AO** wird der **Aufteilungsbescheid** gegenüber dem nicht insolventen Ehegatten erlassen. Die FinVerw darf für den Teil der gemeinschaftlichen Steuerschuld, welcher auf den nicht insolventen Ehegatten entfällt, einen **Leistungsbescheid** erlassen (BFHE 141, 2 = BeckRS 1984, 22006831). Der Insolvenzverwalter erhält dagegen ausschließlich eine **informatorische Mitteilung** iSv § 251 Abs. 2 AO (Farr, Die Besteuerung in der Insolvenz, 2005, Rn. 301). Die Aufteilung gem. §§ 268 ff. AO führt zur **Beschränkung der Vollstreckung** auf den jeweiligen Aufteilungsbetrag.

2. Einzelveranlagung

101 Bei der Einzelveranlagung gelten die allgemeinen Grundsätze. Alle Einkünfte und Verluste werden nur demjenigen Ehegatten zugerechnet, der die Einkünfte erzielt oder Verluste erlitten hat. Die gesamten Einkünfte und das zu versteuernde Einkommen werden für jeden Ehegatten gesondert ermittelt. Die Einkommensteuer wird nach dem Grundtarif gem. § 32a Abs. 1 EStG berechnet. Eine **Ausnahme** davon stellt **§ 26a Abs. 2 S. 2 EStG dar,** nach welchem auf übereinstimmenden Antrag der Ehegatten Sonderausgaben jeweils zur Hälfte angerechnet werden können. Nach § 26a Abs. 2 S. 3 EStG reicht in begründeten Einzelfällen auch der Antrag des Ehegatten, bei welchem die Sonderausgaben angefallen sind.

3. Eröffnung des Insolvenzverfahrens und Wahlrecht

102 Wem das Wahlrecht zur Veranlagung der Ehegatten zusteht, richtet sich nach der Rechtsnatur des **Veranlagungswahlrechts.** Die Rechtsprechung (BFHE 77, 754 = BeckRS 1963, 21001936; BFHE 81, 236 = BeckRS 1964, 21001771; BFHE 218, 281 = BeckRS 2007, 24003003; DStR 2011, 277 = BeckRS 2010, 30148) geht davon aus, dass es sich bei dem Wahlrecht nach § 26 Abs. 2 EStG um ein **Verwaltungsrecht** handelt, das sich nur vermögensrechtlich auf die Ehe auswirkt. Dem schließt sich die Literatur an (vgl. Busch/Winkens/Büker, Insolvenzrecht und Steuern visuell, 3. Aufl. 2020, 175; ausführlich Frotscher, Besteuerung bei Insolvenz, 2021, 128; Roth, Insolvenzsteuerrecht, 2021, Rn. 4.52; WUS Insolvenzen/Waza Rn. 1401; Sonnleitner InsSteuerR/Petersen/Winkelhog Kap. 4 Rn. 81).

Steuerrecht in der Insolvenz – Ertragssteuerrecht

Die **Wahl der Veranlagungsform** wirkt vermögensrechtlich, sodass die Ausübung des Wahlrechts zur **Verwaltung der Insolvenzmasse** iSd § 80 InsO zählt. Mit Urteil vom 18.11.2010 bestätigt der BGH diese Sichtweise und weist das Wahlrecht in der Insolvenz eines Ehegatten dem **Insolvenzverwalter** zu (DStR 2011, 277 = BeckRS 2010, 30148). Höchstpersönliche, nicht übergangsfähige Rechte des Insolvenzschuldners darf der Verwalter bzw. Treuhänder hingegen nicht wahrnehmen. Im Anschluss an die ältere BFH-Rechtsprechung (BFHE 81, 236 = BeckRS 1964, 21001771) ordnet der BGH das Wahlrecht des § 26 EStG zunächst nicht als höchstpersönliches Recht ein (DStR 2007, 1411 = BeckRS 2007, 10250). Die Zustimmung zur Zusammenveranlagung kann der Insolvenzverwalter nur unter bestimmten Voraussetzungen verlangen, hierzu zählt der als steuerlicher Nachteil anerkannte „**Verbrauch**" **des Verlustvortrages** nach § 10d EStG (näher → Rn. 65). Für den in der Praxis häufiger vorkommenden Umkehrfall vgl. → Rn. 64. 103

Erzielt der insolvente Ehegatte Einkünfte aus **insolvenzfreiem Vermögen,** so erstreckt sich die Verwaltungs- und Verfügungsbefugnis des Insolvenzverwalters nach § 80 InsO nicht auf diesen Teil des Vermögens, sodass der insolvente Ehegatte diesbezüglich weiterhin sein Wahlrecht ausüben kann (Frotscher, Besteuerung bei Insolvenz, 2021, 129; Roth, Insolvenzsteuerrecht, 2021, Rn. 4.53). 104

Sofern der **nicht insolvente Ehegatte** die Zusammenveranlagung **beantragt,** kann der Insolvenzverwalter hierzu seine Zustimmung nicht verweigern. Das gilt auch dann, wenn der dem Insolvenzschuldner zuzurechnende Verlustvortrag dem nicht insolventen Ehegatten vollständig zugerechnet wird (DStR 2011, 277 = BeckRS 2010, 30148; NZI 2011, 647 = BeckRS 2011, 19003). In diesem Fall darf der Insolvenzverwalter seine Zustimmung nicht davon abhängig machen, dass der solvente Ehegatte die erzielten Steuervorteile an die Masse auskehrt (DStR 2011, 277 = BeckRS 2010, 30148). Möchte der Insolvenzverwalter hingegen die **Verlustvorträge des solventen Ehegattens nutzen** und beantragt aus diesem Grund die Zusammenveranlagung, kann der solvente Ehegatte laut Ansicht des OLG Schleswig seine **Zustimmung verweigern** (OLG Schleswig BeckRS 2014, 17794; befürwortend Perleberg-Kölbel NZF 2014, 1080; nicht unkritisch im Hinblick auf die Situation der Gläubiger dagegen Schmittmann VIA 2014, 85). Begründet wird dies mit dem **Telos des § 1363 Abs. 1 S. 1 BGB,** der dem **Familienunterhalt** und der Lebens- und Wirtschaftsgemeinschaft der Eheleute dienen soll. Eine Zusammenveranlagung zum Zwecke der Anrechnung von Verlustvorträgen mit dem Insolvenzvermögen dient hingegen ausschließlich den Interessen der Gläubiger. Daher kann der solvente Ehegatte seine Zustimmung zur Zusammenveranlagung verweigern. Hat sich der **Insolvenzverwalter für die Zusammenveranlagung entschieden** und resultiert hieraus aufgrund der Gesamtschuldnerschaft der Ehegatten eine **Einkommensteuerschuld,** so handelt es sich um eine durch den Insolvenzverwalter begründete **Masseverbindlichkeit** (EFG 2016, 34 = BeckRS 2015, 95942). Sofern die Masse durch die Steuerschuld des solventen Ehegatten belastet wird, wäre die Beantragung der **Aufteilung der Steuerschuld** iSd §§ 268 ff. AO zu prüfen (näher → Rn. 100). 105

XI. Festsetzung und Aufteilung von Einkommensteuerschulden

Im Rahmen einer Insolvenz ist das zu versteuernde Einkommen einheitlich für einen Veranlagungszeitraum zu ermitteln und einkommensteuerrechtlich zu veranlagen. Der **Veranlagungszeitraum bleibt folglich vom Insolvenzverfahren unberührt.** Fallen in einen Veranlagungszeitraum mehrere insolvenzrechtliche Forderungskategorien, so ist die einheitlich zu ermittelnde Einkommensteuer in deren Verhältnis zueinander aufzuteilen (BFHE 271, 15 = BeckRS 2020, 42032). Die **Verteilung der Einkünfte auf die einzelnen Forderungskategorien** respektive insolvenzrechtlichen Vermögensbereiche hat nach Maßgabe der in den einzelnen Abschnitten zu berücksichtigenden **Besteuerungsmerkmalen** insbesondere unter Beachtung der **Gewinnermittlungsvorschriften** (§ 4 Abs. 1 oder Abs. 3 EStG) zu erfolgen (BFHE 253, 482 = BeckRS 2015, 94762). Sofern eine direkte zeitanteilige Zuordnung der Einkünfte zu dem jeweiligen Abschnitten nicht möglich ist, können diese im **Schätzwege** zeitanteilig zugeordnet werden. Eine Schätzung kann nicht erfolgen, sobald eine unzutreffende Verteilung aufgrund zB von Aufdeckung stiller Reserven (BFHE 141, 2 = BeckRS 1984, 22006831), Auflösung von Rückstellungen sowie der Zuordnung zum insolvenzfreien Vermögen vorliegt. Nach höchstrichterlicher Rechtsprechung ist in Ansehung der progressiven Einkommensteuerbelastung die **Aufteilung der Jahressteuerschuld** nach Maßgabe des Verhältnisses der jeweiligen Teileinkünfte **sachgerecht** (ZIP 1994, 1286 = BeckRS 1993, 6266). Diese wird durch das Prinzip der einheitlichen Steuerschuld getragen, nach dem alle Einkommensteile ununterscheidbar zur Jahressteuerschuld beigetragen haben (BFHE 141, 2 = BeckRS 1984, 22006831; ZIP 1994, 1286 = BeckRS 1993, 6266). Erst im 106

Steuerrecht in der Insolvenz – Ertragssteuerrecht

Anschluss hieran wird die Einkommensteuer als Masseverbindlichkeit, Insolvenzforderung oder Forderung gegen das insolvenzfreie Vermögen qualifiziert. Zur besseren Übersicht → Rn. 106.1.

106.1

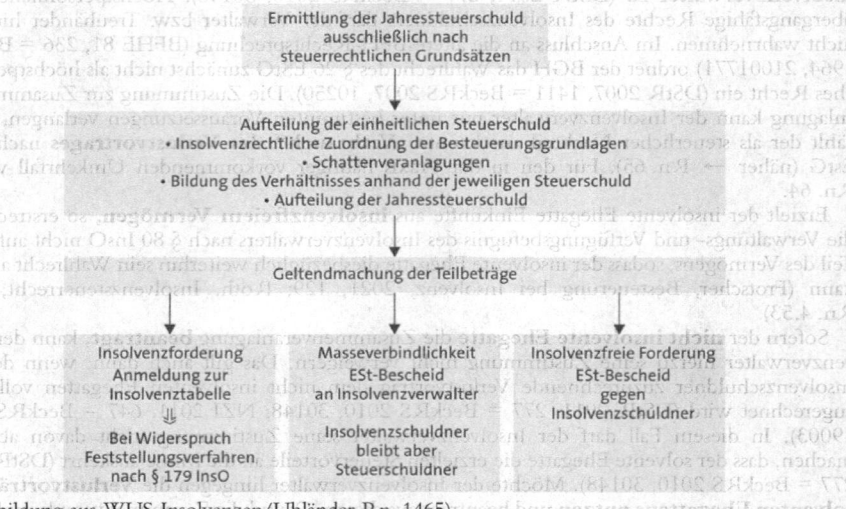

(Abbildung aus WUS Insolvenzen/Uhländer Rn. 1465)

107 Die Aufteilung der Steuerschuld **nach dem Verhältnis der Teileinkünfte** wird in aktueller finanzgerichtlicher Rechtsprechung **als unbillig angesehen** im Hinblick auf die mangelnde Berücksichtigung der Progression des Einkommensteuertarifes und der damit einhergehenden Auswirkungen zulasten des Insolvenzschuldners (EFG 2020, 729 = BeckRS 2020, 3670). Besonders deutlich wird dieses Problem bei einem Zusammentreffen hohen steuerpflichtigen Gewinns aus der Verwertung des schuldnerischen Vermögens durch den Insolvenzverwalter mit nicht der Insolvenzmasse zuzurechnenden Einkünften des Schuldners aus nichtselbstständiger Tätigkeit. Die Berücksichtigung des Grundfreibetrages, welcher dem Zweck des existenzsichernden Minimums einkommensbezogen folgt, würde folglich auf beide Einkünfte aus den verschiedenen Forderungskategorien erfolgen. Letztlich erfolgt so ein Zugriff der Einkommensteuer auf den von Verfassung wegen durch **Gewährung des Grundfreibetrages zu sichernden existenznotwendigen Bedarf** des Insolvenzschuldners. Um diesem Effekt entgegen zu wirken, ist gemäß Auffassung des FG (EFG 2020, 729 = BeckRS 2020, 3670) der Grundfreibetrag iSd § 32a EStG allein zugunsten des Insolvenzschuldners auf das insolvenzfreie Vermögen einzubeziehen. Eine an §§ 268 ff. AO angelehnte Aufteilung (Zusammenveranlagung von Personen als Gesamtschuldner) würde unter Berücksichtigung individueller Faktoren wie Sonderausgaben, Freibeträge und weiterer Elemente den existenzgefährdeten Eingriff neutralisieren. Aufgrund grundsätzlicher Bedeutung wurde die Revision durch das FG zugelassen (anhängiges Verfahren BFH, Az. III R 44/20). Erstmals hat sich der BFH mit Urteil vom 27.10.2020 (BeckRS 2020, 42032) der Kritik am Aufteilungsmaßstab der Teileinkünfte angenähert und eine dem Sinn und Zweck entsprechende **Zuordnung des Altersentlastungsbetrages zu den Teileinkünften** und nicht den Abzug von der Summe der Einkünfte **zugelassen.** Ob hieraus tendenziell eine geänderte Blickrichtung des BFH für das anhängige Revisionsverfahren abgeleitet werden kann, bleibt abzuwarten. Eine im Veranlagungsschema noch **vorgelagerte Zuordnung** bereits im Bereich der Zuordnung der Besteuerungsgrundlagen sieht der 2. Senat des FG Sachsen vor, nachdem er bei einer Betriebsaufgabe im freigegebenen Bereich eine Aufteilung der Gesamtsteuerschuld verneint und die Besteuerungsgrundlage selbst dem freigegebenen Vermögensbereich zuordnet (EFG 2020, 729 = BeckRS 2020, 3670) (→ Rn. 107.1).

107.1 In der Literatur wird dafür plädiert, Besteuerungsabschnitte zu bilden, um die Folgen der Progression abzumildern. Diese Besteuerungsabschnitte richten sich bei bilanzierenden Steuerpflichtigen nach dem Zeitpunkt der Erfolgswirksamkeit, bei Einnahmen-Überschussrechnungen nach dem tatsächlichen Zu- und Abfluss von Zahlungen. Nach §§ 268 ff. AO sollten sodann fiktive, getrennte Teilveranlagungen durchgeführt werden. Nach der weiteren Theorie der sog. **Schattenveranlagung** werden die Sonderausgaben und außergewöhnlichen Belastungen dem Anlass entsprechend zugerechnet und die Pauschbeträge anteilig berücksichtigt, um eine relativ genaue Aufteilung vorzunehmen (WUS Insolvenzen/Uhländer Rn. 1461). Die Steuerschulden werden anschließend für jede Teilveranlagung berechnet und gegenseitig ins Verhältnis gesetzt. Im Ergebnis sind die Steuerbeträge Grundlage der Aufteilung der einheitlichen Steuerschuld, bei denen das Progressionselement zumindest eingeflossen ist. Hierneben stellt Uhländer verschiedene Aufteilungsmodelle vor, und verweist zutreffend, dass über diese nach dem jeweiligen Einzelfall zu entscheiden wäre. Auch im Hinblick auf die Kosten aufgrund der verschiedenen Berechnungen sowie die zumeist eher geringeren steuerlichen Abweichungen ist eine wirtschaftliche Abwägung voranzustellen (WUS Insolvenzen/Uhländer Rn. 1463).

1. Masseverbindlichkeit/Insolvenzforderung

Die Abgrenzung zwischen Masseverbindlichkeiten und Insolvenzforderung richtet sich auch bei **108** der Einkommensteuer nach den allgemeinen Grundsätzen und ist von beträchtlicher Bedeutung. Allerdings wird das Spannungsfeld zwischen Insolvenz- und Einkommensteuerrecht besonders bei der Besteuerung von **nachträglich aufgedeckten stillen Reserven oder bei aufzulösenden Rückstellungen** deutlich. Steuerrechtlich unterliegt ein bestimmter Ertrag dann der Einkommensteuer, wenn er **sich tatsächlich oder rechtlich realisiert,** die vollständige Erfüllung des Besteuerungstatbestands vorliegt. Insolvenzrechtlich widerspricht eine solche Besteuerung indes dem **Grundsatz der Gläubigergleichbehandlung,** wenn der Fiskus Steuerforderungen, die auf Wertzuwächsen vor der Eröffnung des Insolvenzverfahrens beruhen, statt als Insolvenzforderung als Masseverbindlichkeit geltend macht. Dies widerspricht dem System des Insolvenzverfahrens, nach dem die Gläubiger **gemeinschaftlich und gleichmäßig befriedigt** werden sollen (sog. Fiskusprivileg). Jedoch könnte mit dem Argument des Begründens einer Forderung gem. § 38 InsO der steuerrechtliche Sachverhalt dahingehend auszulegen sein, dass die Steuerforderung schon vor der Eröffnung des Insolvenzverfahrens begründet war. In diesem Fall wäre die Steuerforderung **keine** Masseverbindlichkeit, sondern eine Insolvenzforderung (vgl. Frotscher, Besteuerung bei Insolvenz, 2021, 73 f.).

Deckt der Insolvenzverwalter im Rahmen seiner Tätigkeit stille Reserven auf, die aus Wertzu- **109** wächsen von vorangegangen Jahren stammen, dann soll die darauf entfallende Einkommensteuer immer als Masseverbindlichkeit qualifiziert werden, **da sie auf einer Verwertungshandlung des Insolvenzverwalters beruht.** Der BFH stellt fest, dass das bloße Halten stiller Reserven **nicht der Steuerpflicht** unterliege (BFHE 241, 233 = BeckRS 2013, 95615 Rn. 23). Entscheidend ist, wann der Rechtsgrund für den Anspruch gelegt wurde (ZIP 2008, 1780 = BeckRS 2008, 25013224 mwN). Der Rechtsgrund für einen (abstrakten) Steueranspruch ist gelegt, wenn der gesetzliche Besteuerungstatbestand verwirklicht wird (BFHE 141, 2 = BeckRS 1984, 22006831). Ob und wann ein Besteuerungstatbestand nach seiner Art und Höhe tatbestandlich verwirklicht und damit insolvenzrechtlich begründet ist, richtet sich auch im Anschluss an die Eröffnung des Insolvenzverfahrens ausschließlich nach steuerrechtlichen Grundsätzen (BFHE 208, 296 = BeckRS 2004, 24002038; BFHE 218, 435 = BeckRS 2007, 24003089; BFHE 224, 24 = BeckRS 2009, 24003624). Der Steuertatbestand ist dann erst **mit der Verwertungshandlung** vollständig erfüllt und gemäß Auffassung des BFH damit insolvenzrechtlich begründet.

Uhländer kritisiert diese Auffassung damit, dass bei der Aufdeckung stiller Reserven lediglich **110** angesammeltes Vermögen aufgedeckt wird und die Besteuerung an die Gewinnverwirklichung anknüpft. Insolvenzrechtlich hingegen richtet sich die Qualifizierung der Steuerschuld als Insolvenz- oder Masseverbindlichkeit nach deren Begründung. **Der Vermögenszuwachs,** der durch die Aufdeckung stiller Reserven realisiert wird, **besteht dabei buchmäßig schon im Zeitpunkt der Insolvenzeröffnung,** sodass er sich im Ergebnis dafür ausspricht, dass Steuerschulden, die aus der Verwertung von Wirtschaftsgütern resultieren, als **Insolvenzforderungen** zu qualifizieren sind, sofern sich die stillen Reserven vor der Insolvenzeröffnung aufgebaut haben (WUS Insolvenzen/Uhländer Rn. 1472).

Laut BFH kommt es für die Qualifizierung entweder als Insolvenzforderung oder Masseverbind- **111** lichkeit maßgeblich auf die **vollständige Erfüllung des Besteuerungstatbestandes** an (BFHE 241, 233 = BeckRS 2013, 95615; BFHE 229, 62 = BeckRS 2010, 24004081). In der Literatur wird diese Ansicht kritisiert (WUS Insolvenzen/Uhländer Rn. 1469; wenig kritisch hingegen Bodden FR 2014, 1114 (1121)). Nach Auffassung der Literatur entsteht der Steueranspruch unstreitig erst mit der Realisierung des Anspruchs, allerdings sei die Berücksichtigung der insolvenzrechtlichen Forderungskategorien anzuwenden.

Nach **§ 55 Abs. 4 InsO aF** kam es auf den Zeitpunkt der tatsächlichen Vereinnahmung der **112** Einkünfte an, ob durch den **schwachen vorläufigen Insolvenzverwalter** Masseverbindlichkeiten begründet wurden (BeckRS 2020, 36522). Das FG Düsseldorf hat jüngst für die Begründung

Steuerrecht in der Insolvenz – Ertragssteuerrecht

von Masseverbindlichkeiten aus dem Steuerschuldverhältnis durch einen „schwachen" vorläufigen Insolvenzverwalter mit Zustimmungsvorbehalt im Bereich der Einkommensteuer darauf abgestellt, dass es allein auf die für diese bestehenden insolvenzrechtlichen **Befugnisse zur Entgeltvereinnahmung** ankommt (EFG 2021, 306 = BeckRS 2020, 36522). Werden durch den schwachen vorläufigen Insolvenzverwalter oder durch den Insolvenzschuldner mit Zustimmung des schwachen vorläufigen Insolvenzverwalters Ertragsteuern begründet, stellen diese nach Eröffnung des Insolvenzverfahrens Masseverbindlichkeiten iSd § 55 Abs. 4 InsO aF dar (BMF-Schreiben 20.5.2015 – IV A 3 Rn. 24 ff.). Bei der Neufassung von **§ 55 Abs. 4 InsO nF, welche für beantragte Verfahren ab dem 1.1.2021 Anwendung findet,** erfolgte hingegen **keine** Ausweitung der **Masseverbindlichkeiten** auf die Einkommensteuer. Insoweit verwies der Gesetzgeber die Einkommensteuer in die insolvenzrechtliche Forderungskategorie der **Insolvenzforderungen** und entlastet zumindest in diesem Verfahrensabschnitt die zukünftige Insolvenzmasse von den direkten Steuern. Hingegen bleiben die indirekten Steuern, die vom Endverbraucher letztlich zu tragen sind, dem Bereich der Masseverbindlichkeiten iSd § 55 Abs. 4 InsO zugeordnet (→ SteuerrechtinderInsolvenz-Umsatzsteuer Rn. 55).

113 Mit Bestellung eines **starken vorläufigen Insolvenzverwalters** iSd § 22 InsO geht zu diesem Zeitpunkt die Verwaltungsmacht und die Verfügungsbefugnis auf diesen über. Die vom starken vorläufigen Insolvenzverwalter begründeten Verbindlichkeiten, mithin auch die daraus resultierenden Ertragsteuern, gelten mit Verfahrenseröffnung als Masseverbindlichkeiten iSd **§ 55 Abs. 2 InsO**.

114 Eine Einkommensteuerschuld sowie Einkommensteuervorauszahlungen, die auf die nach Eröffnung des Insolvenzverfahrens erzielten gewerblichen Einkünfte des Insolvenzschuldners aus iSd § 35 Abs. 2 InsO **freigegebener** oder **ohne Wissen des Insolvenzverwalters** ausgeübter Tätigkeit entfallen, sind **keine** vorrangig zu befriedigenden **Masseverbindlichkeiten** (EFG 2016, 1906 = BeckRS 2016, 95685; Revisionsverfahren BFHE 265, 300 = BeckRS 2019, 32021). Der **BFH** hat im anschließenden Revisionsverfahren **bestätigt,** dass ein vom Insolvenzverwalter freigegebener Gesellschaftsanteil nicht mehr zur Insolvenzmasse gehöre, sodass die Steuerforderungen als Forderungen gegen das insolvenzfreie Vermögen des Schuldners zu qualifizieren sind (BFHE 265, 300 = BeckRS 2019, 32021; Sonnleitner InsSteuerR/Witfeld Kap. 4 Rn. 113). Scheidet allerdings ein Gesellschafter nach Eröffnung des Verfahrens aus der Gesellschaft aus, sind die aufzudeckenden stillen Reserven nach Ansicht des BFH **vollständig als Masseverbindlichkeit zu versteuern.** Nimmt der Verwalter den Erlös entgegen, dann entsteht eine sonstige Masseverbindlichkeit durch die Verwalterhandlung nach § 55 Abs. 1 Nr. 1 Hs. 2 InsO. Durch konkludentes Handeln – die Entgegennahme des Erlöses – erklärt der Verwalter die Zugehörigkeit zur Masse. Die Freigabe der Beteiligung ist möglich nach § 35 InsO, sodass bloßes Untätigbleiben nicht als Verwaltungshandlung eingeordnet werden kann (MüKoInsO/Schüppen/Schlösser Insolvenzsteuerrecht Rn. 157).

115 Die Ausübung des Veranlagungswahlrechts durch den Insolvenzverwalter stellt eine Handlung iSd § 55 Abs. 1 Nr. 1 InsO dar, die zur Folge hat, dass auch die auf der **Zusammenveranlagung beruhende Einkommensteuerschuld als Masseverbindlichkeit** anzusehen ist (BFHE 271, 15 = BeckRS 2020, 42032; Vorinstanz EFG 2018, 1336 = BeckRS 2018, 11509). In diesem Fall ist die Einkommensteuer auf die Einkünfte des nichtinsolventen Ehegatten im gleichen Verhältnis zwischen der Insolvenzmasse und dem insolvenzfreien Vermögen aufzuteilen wie die durch die Einkünfte des Schuldners ausgelöste Einkommensteuer. In dem in dieser Entscheidung zugrundeliegenden Fall hatte der Schuldner teils Einkünfte erzielt, die der Insolvenzmasse, teils solche, die dem insolvenzfreien Vermögen zuzurechnen waren. Der Insolvenzverwalter hatte die Zusammenveranlagung gewählt. Der BFH hat sodann die gesamte aus der Zusammenveranlagung resultierende Einkommensteuer der Ehegatten in dem zuvor ermittelten Verhältnis der Schuldnereinkünfte zwischen insolvenzfreiem Bereich (Neuverbindlichkeit des Schuldners) und Insolvenzmasse (Masseverbindlichkeit) aufgeteilt. Zu beachten ist dabei, dass die Entscheidung einen Veranlagungszeitraum nach Insolvenzeröffnung betrifft. Ob auch für **frühere Zeiträume allein durch die Veranlagungswahl eine Masseverbindlichkeit** entstehen kann, ist nicht Gegenstand der Entscheidung. Keinen Unterschied für die steuerrechtliche Würdigung dürfte es allerdings machen, ob der Insolvenzverwalter **aus eigenem Antrieb** die Zusammenveranlagung beantragt oder dem Anspruch des anderen Ehegatten auf die Zustimmung zur Zusammenveranlagung **entspricht.** Nicht Gegenstand der Entscheidung des BFH, die sich allein auf die Steuerfestsetzung bezieht, war die Möglichkeit, die Aufteilung der Steuerschuld zu beantragen und die zivilrechtliche Verteilung der Steuer im Innenverhältnis der Gesamtschuldner.

2. Absonderungsrechte (§§ 49–51 InsO)

Besonders in den Fällen, in denen der Insolvenzverwalter Vermögen verwertet, an dem Absonderungsrechte nach den **§§ 49–51 InsO** bestehen, führt die Vorgehensweise des BFH zu Ergebnissen, die geradezu im Widerspruch zum Sinn und Zweck des Insolvenzverfahrens stehen. Gemäß § 166 Abs. 1 InsO verfügt der Insolvenzverwalter bei **beweglichen belasteten Sachen**, die sich **in seinem Besitz** befinden, in der Regel über das **Verwertungsrecht**. Daneben gibt es Fälle, in denen der **Absonderungsberechtigte** zur Verwertung berechtigt ist. Dies ist dann der Fall, wenn der Absonderungsgläubiger bereits **im Besitz** der beweglichen Sache ist (§ 173 Abs. 1 InsO) oder der Insolvenzverwalter dem Absonderungsgläubiger die bewegliche Sache **zur Verwertung überlässt** (§ 170 Abs. 2 InsO). In jeder dieser Verwertungsalternativen **schuldet die Insolvenzmasse die Einkommensteuer** nach der zuletzt im Jahr 2013 ergangenen Rechtsprechung des BFH (BFHE 241, 233 = BeckRS 2013, 95615). In Bezug auf die **Umsatzsteuer** wird hingegen nach der jeweiligen Einzelfällen unterschieden (→ SteuerrechtinderInsolvenz-Umsatzsteuer Rn. 178). Die masseschonende Rechtsprechung, wonach nur der tatsächliche Massezufluss (hier Massekostenbeitrag) zu versteuern war, hat der BFH mit diesem Urteil aufgegeben (BFHE 124, 411 = BeckRS 1978, 22004370; BFHE 141, 2 = BeckRS 1984, 22006831; BFH/NV 1994, 477 = BeckRS 1993, 6266; BFHE 176, 248 = BeckRS 1994, 22011276; BFHE 177, 257 = BeckRS 1995, 22011408; BFH/NV 1996, 117 = BeckRS 1995, 11633). In der Praxis häufen sich die Fälle, in denen bei wertübersteigenden Belastungen von „steuerbetrieblichen" Vermögen nur die gesetzlichen Kostenbeiträge zur Insolvenzmasse iSd § 170 InsO fließen, jedoch aufgrund geringerer Buchwerte (zB durch vorinsolvenzliche Sonderabschreibungen, abgesetzte Zuschüsse etc) **stille** Reserven aufgedeckt werden. Dies kann zur Folge haben, dass bei der Verwertung in einem solchen Fall die entstehende Einkommensteuer nicht durch der Insolvenzmasse zugeflossenen Massekostenanteil **gedeckt ist.** Eine Verwertung wäre dann für die Insolvenzmasse nachteilig. Aus diesem Grund sollte der Insolvenzverwalter **im Vorfeld der Verwertung überprüfen, ob der Verwertungserlös die Einkommensteuer abdeckt** und im Ergebnis der Insolvenzmasse ein Überschuss verbleibt. **116**

Einkommensteuer, die auf der freihändigen Verwertungshandlung nach Eröffnung des Insolvenzverfahrens beruht, wird **vollständig erst zu diesem Zeitpunkt realisiert** und **insolvenzrechtlich begründet**, sodass es sich bei der Einkommensteuer um eine sonstige Masseverbindlichkeit nach § 55 Abs. 1 Nr. 1 InsO handelt. Maßgeblicher für das insolvenzrechtliche Begründetsein ist, durch wen und wann der Besteuerungstatbestand des § 2 Abs. 1 EStG vollständig verwirklicht wird. Es wird an die „**Realisationshandlung**" angeknüpft. Dies gilt auch dann, wenn der Insolvenzverwalter iRd § 80 Abs. 1 InsO handelt und nicht der Steuerpflichtige selbst. Diese Grundsätze gelten auch dann, wenn **nach** Eröffnung des Verfahrens stille Reserven durch eine Veräußerungshandlung aufgedeckt werden, welche schon **vor** Eröffnung entstanden sind (NZI 2017, 115 = BeckRS 2017, 94020). **117**

Die Literatur **kritisiert** die allein nach steuerrechtlichen Grundsätzen ausgerichtete Sichtweise, dass der Gewinn mit Aufdeckung der stillen Reserven zum Veräußerungszeitpunkt realisiert wird, mithin in diesem Veranlagungszeitraum ertragsteuerlich zu versteuern ist, zu Recht (näher Uhländer, → Rn. 110), welcher sich überzeugend für die zeitliche ertragsteuerliche **Zuordnung der anteiligen Aufdeckung der stillen Reserven** nach den insolvenzrechtlichen Forderungskategorien ausspricht. **118**

Hingegen **stimmt** Frotscher der jüngeren Rechtsprechung des BFH zur Einordnung der Einkommensteuer (bzw. Körperschaftsteuer und ggf. Gewerbesteuer) als sonstige Masseverbindlichkeit bei Veräußerung eines mit einem Absonderungsrecht belasteten Wirtschaftsguts – mit einer kleinen differenzierenden Einschränkung – zu (Gottwald/Haas InsR-HdB Rn. 206). Er stellt fest, dass im Fall der Verwertung des Sicherungsgutes als Drittsicherheit, bei welcher der Schuldner dem Absonderungsgläubiger **nicht persönlich haftet,** keine Bereicherung der Insolvenzmasse vorliegt. Demzufolge sei die daraus resultierende Ertragsteuer weder Masseverbindlichkeit noch Insolvenzforderung (→ Rn. 119.1). **119**

Nach hiesiger Auffassung ergibt sich aus diesem Vorgang allerdings handels- sowie auch steuerrechtlich unter Voraussetzung der Bilanzierung des Schuldners ein **neutrales Ergebnis.** Die Verwertung des Sicherungsgutes als Drittsicherheit wird zunächst bei Buchgewinn ergebniserhöhend berücksichtigt. Zugleich wird der (betrieblich veranlasste) Anspruch gegen den Drittschuldner in Höhe des dem Sicherheitengläubiger auszukehrenden Betrages zu aktivieren sein. Nachdem der Drittschuldner aller Voraussicht nach vermindert leistungsfähig sein wird, wäre die Forderung wiederum ergebnismindernd wertzuberichtigen. **119.1**

Der BFH vertritt die Ansicht, dass es sich bei der Steuerforderung um eine **sonstige Masseverbindlichkeit** handelt. Um die Masse nicht mit einem aus der Verwertung eines Gegenstands, an **120**

Steuerrecht in der Insolvenz – Ertragsteuerrecht

dem ein Absonderungsrecht besteht, resultierenden Steueranspruch als Masseverbindlichkeit zu belasten, kann nach Ansicht des BFH der Insolvenzverwalter im allseitigen Interesse von der Verwertung absehen und den Gegenstand **freigeben,** sofern der Einkommensteueranspruch den Verwertungserlös übersteigen würde (BFHE 241, 233 = BeckRS 2013, 95615). Es stünde nach Auffassung des BFH dann für ein **erneutes Insolvenzverfahren** verwertbare Masse zur Verfügung, lediglich der Versagungsgrund des § 290 Abs. 1 InsO könnte dem dann noch entgegenstehen. Meines Erachtens sieht sich – für den Fall, dass der Gegenstand noch im zweiten Verfahren vorhanden ist – die Insolvenzmasse letztlich aufgrund des fortbestehenden Absonderungsrechtes wiederum mit der ertragsteuerlichen Problematik konfrontiert. Für den Fall, dass der Absonderungsberechtigte bereits verwertet hat, steht im zweiten Verfahren keine Insolvenzmasse zur Verfügung, da Kostenbeiträge nicht zum Tragen kommen. Zudem steht dies auch dem Ziel der Insolvenzordnung der Erlangung der Restschuldbefreiung entgegen, da wegen der Sperrfrist dem Schuldner in der Regel das Zweitverfahren häufig nichts nützt. Die Ansicht des BFH greift daher mE zu kurz. In der Praxis ist der Insolvenzverwalter darauf verwiesen, eine **gesonderte Verwertungsvereinbarung** mit dem Absonderungsgläubiger zu treffen, um die Insolvenzmasse zu schützen und im Interesse des Absonderungsgläubigers die Sicherheitenverwertung abzuschließen.

121 Grundpfandrechte begründen ein Absonderungsrecht iSd § 49 InsO. Wird ein zur Insolvenzmasse gehörendes und mit einem **Absonderungsrecht belastetes Betriebsgrundstück** nach Insolvenzeröffnung auf Betreiben eines Grundpfandgläubigers ohne Zutun des Insolvenzverwalters versteigert und hierdurch – infolge Aufdeckung stiller Reserven – ein steuerpflichtiger Veräußerungsgewinn ausgelöst, ist die auf den Gewinn entfallende Einkommensteuer eine „in anderer Weise" durch die Verwaltung bzw. Verwertung der Insolvenzmasse begründete **Masseverbindlichkeit** (BFHE 270, 24 = BeckRS 2020, 30064). Die **Massezugehörigkeit** des Vermögensgegenstandes sowie dessen **fehlende Freigabe** durch den Insolvenzverwalter stellen die entscheidenden Wertungsmomente für die Annahme von Masseverbindlichkeiten dar. Diese Rechtsprechung setzt die Rechtsprechungsserie hinsichtlich der ertragsteuerlichen Sichtweise des BFH seit 2013 fort. Zunächst stellte er fest, dass eine Beschränkung der Masseverbindlichkeiten auf die Höhe des Massezuflusses nicht zu erfolgen hat, sodann erklärt er, dass ein tatsächliches Handeln des Insolvenzverwalters –analog dem Fall des Haltens einer Beteiligung an einer PersG – nicht notwendig erscheint, um die Begründung von Masseverbindlichkeiten anzunehmen.

3. Forderungen und das insolvenzfreie Vermögen

122 Nach Eröffnung des Insolvenzverfahrens richten sich die aus einer nichtselbstständigen Tätigkeit iSd **§ 19 EStG** des Insolvenzschuldners entstehenden Einkommensteueransprüche gegen das **insolvenzfreie Vermögen** des Schuldners (BFHE 232, 318 = BeckRS 2011, 95106).

123 Der BFH hat für den Fall des **pfändbaren Arbeitslohnes als Neuerwerb** zur Masse entschieden, dass es sich hierbei nicht um eine Masseverbindlichkeit, sondern um **nicht vorrangig zu befriedigende Masseverbindlichkeiten** handelt (BFHE 232, 318 = BeckRS 2011, 95106). Daher ist die auf den Arbeitslohn entfallende Einkommensteuer als **Neuverbindlichkeit** des Schuldners (Forderung gegen das insolvenzfreie Vermögen) zu qualifizieren. Der unpfändbare Teil des Lohnanspruches gehört nach der Eröffnung des Insolvenzverfahrens zum insolvenzfreien Vermögen (→ Rn. 122).

124 Der nach § 76 S. 1 EStG eingeschränkt pfändbare **Kindergeldanspruch** des Insolvenzschuldners gehört zum insolvenzfreien Vermögen und nicht zur Insolvenzmasse (EFG 2008, 462 = BeckRS 2007, 26024428). Demzufolge stellen Rückforderungsansprüche aus zu Unrecht ausgezahltem Kindergeld, welche aus dem Zeitraum vor Eröffnung des Verfahrens resultieren, Insolvenzforderungen und Ansprüche nach Eröffnung des Verfahrens Ansprüche gegen das **insolvenzfreie Vermögen** dar. Im letzteren Fall ist der Rückforderungsbescheid gegen den Insolvenzschuldner zu richten.

125 Bei der **Ausübung einer selbstständigen Tätigkeit** richtet sich die Frage, ob die anfallende Einkommensteuer Masseverbindlichkeit oder Forderung gegen das insolvenzfreie Vermögen ist, danach, ob der Insolvenzverwalter nach **§ 35 Abs. 2 und 3 InsO** entscheidet, dass das Einkommen zur Insolvenzmasse gehören soll oder nicht (BFH/NV 2013, 411 = BeckRS 2013, 94219; BFHE 247, 494 = BeckRS 2015, 94308).

126 Die Ausübung einer selbstständigen Tätigkeit des Schuldners **ohne Wissen und Billigung** des Insolvenzverwalters sowie ohne tatsächlichen Massezufluss von Einnahmen aus derselben, begründet **keine** Masseverbindlichkeiten iSd § 55 Abs. 1 Nr. 1 InsO (BFH/NV 2010, 2114 = BeckRS 2010, 25016513). Gleiches gilt, wenn der Insolvenzverwalter die selbstständige Tätigkeit

(wissentlich) duldet und **keine** darüberhinausgehenden Aktivitäten **entfaltet** (BFH/NV 2013, 411 = BeckRS 2013, 94219).

Ob die Freigabe einzelner dem schuldnerischen Betriebsvermögen zuzuordnender Wirtschaftsgüter durch den Insolvenzverwalter an den Insolvenzschuldner als **Privatentnahme** iSd § 6 Abs. 1 Nr. 4 EStG zu werten ist, dürfte wie im Fall der Nichtverwertbarkeit des Wirtschaftsgutes (→ Rn. 21) der gesonderten Prüfung der steuerrechtlichen Voraussetzungen im Einzelfall vorbehalten sein. Sofern der Insolvenzschuldner diese weiterhin betrieblich nutzt, dürfte eine solche Privatentnahme nicht anzunehmen sein. Bezüglich der umsatzsteuerlichen Wertung der Freigabe → SteuerrechtinderInsolvenz-Umsatzsteuer Rn. 95. 127

Für Altfälle, bei denen § 35 InsO aF noch in Kraft war, hat der BFH entschieden, die Einkommensteuer als Masseschuld aufgrund **massebezogenen Verwaltungshandelns** gegen den Insolvenzverwalter festzusetzen, wenn dieser die **selbstständige Tätigkeit des Insolvenzschuldners im Interesse der Masse erlaubt,** die Betriebseinnahmen zur Masse zieht, soweit sie dem Schuldner nicht für seinen Unterhalt belassen werden, und die Fortführung der Tätigkeit ermöglicht, indem er zur Masse gehörende Mittel einsetzt, um durch die Tätigkeit entstehende Forderungen Dritter zu begleichen. Die Einkommensteuer wurde in diesen Fällen als **Masseverbindlichkeit** eingestuft (BFHE 250, 7 = BeckRS 2015, 95591; BFHE 251, 102 = BeckRS 2015, 96118). 128

Bislang strittig wird die Frage der Massezugehörigkeit einer **freiberuflichen Praxis** des Insolvenzschuldners gesehen. Insbesondere aufgrund der Einführung der freiberuflichen Zusammenschlüsse in Gestalt einer GmbH (vgl. BGHZ 124, 224 = BeckRS 9998, 166532) zeigt sich die Tendenz zur Annäherung an das Recht der Handelsgesellschaften. Dies lässt den weiteren Schluss auf die Zuordnung der freiberuflichen Praxis zur **Insolvenzmasse** zu (so Gerhardt FS Gaul, 1997, 139 (145) mwN). Die Gegenansicht (vor allem KPB/Holzer InsO § 35 Rn. 74) bezweifelt die Zugehörigkeit einer freiberuflichen Praxis zur Masse ua deshalb, weil der Freiberufler-Schuldner auch in der Insolvenz berechtigt sei, seine freiberufliche Tätigkeit fortzusetzen, und er sich deshalb auf die **Pfändungsschutzvorschrift des § 811 Nr. 5 und 7 ZPO** berufen könne, solange öffentlich-rechtliche Vorschriften (zB §§ 13, 14 BRAO) nicht entgegenstehen (Uhlenbruck/Hirte/Praß InsO § 35 Rn. 277). Dies lässt sich zudem aus dem Umstand entnehmen, dass der Gesetzgeber die in § 811 Nr. 5 und 7 ZPO genannten Gegenstände nicht in § 36 Abs. 2 InsO aufgenommen hat. Es ist allerdings festzustellen, dass die **punktuell** für die Fortsetzung seiner freiberuflichen Tätigkeit erforderlichen Gegenstände als **insolvenzfreies Vermögen** der Praxis nicht dazu führen, dass die gesamte freiberufliche Praxis als nicht massezugehörig angesehen wird. Eine Betriebsaufgabe liegt bei Freiberuflern nicht zwangsweise mit Eröffnung des Insolvenzverfahrens vor. Ein freiberuflich ausgeübter Betrieb des Insolvenzschuldners stellt einen Vermögenswert iSv § 35 Abs. 1 InsO dar und **fällt daher in die Insolvenzmasse.** Wird der Betrieb des Schuldners durch den Insolvenzverwalter fortgeführt, ist dieser neben der Übernahme der Tätigkeit auch zur Befriedigung von Verbindlichkeiten verpflichtet. Erzielt der selbstständig tätige Schuldner Einkünfte, sind diese vollumfänglich der Masse zugehörig. Er kann lediglich nach § 850i ZPO beantragen, dass ihm durch das Insolvenzgericht ein vergleichbarer Pfändungsschutz zuteil wird wie einem Arbeitnehmer (BFH/NV 2011, 2222 (Ls.) = BeckRS 2011, 17764). 129

XII. Erhebung und Anrechnung

Die **Lohnsteuer** ist eine besondere Art der Erhebung von Einkommensteuern im Bereich der nichtselbstständigen Einkünfte iSd § 19 EStG. Sie ist als **Quellensteuer** ausgestaltet, dh der Arbeitnehmer ist nach **§ 38 Abs. 2 S. 1 EStG** Steuerschuldner (BFHE 243, 524 = BeckRS 2014, 94163). Daneben ist der Arbeitgeber gem. § 38 Abs. 3 S. 1 EStG, § 39b EStG dazu verpflichtet, die Lohnsteuer für den Arbeitnehmer einzubehalten, anzumelden und nach § 41a EStG an das Finanzamt abzuführen. Der Arbeitgeber **haftet** nach § 42d EStG für die Lohnsteuer. Wird der Lohn durch Zahlungen von Dritten geleistet, so haftet der Dritte nach § 42d Abs. 9 EStG ebenso für die Lohnsteuer. 130

Die FinVerw kann bezüglich der **Haftungsinanspruchnahme** ein Ermessen ausüben. Dabei muss der Arbeitnehmer als Steuerschuldner nicht primär in Anspruch genommen werden. Die FinVerw hat eine Auswahl von Aspekten zur Ermessensentscheidung veröffentlicht (H 42d.1 LStR 2015). Nach § 167 Abs. 1 S. 1 AO kann das Finanzamt auch gegenüber dem Entrichtungspflichtigen einen Steuerbescheid erlassen (Nacke DStR 2013, 335 mit Nachweisen und Kritik). Das Haftungsrecht findet auf den Nachforderungsbescheid jedoch nur zum Teil Anwendung (BFH/NV 2012, 695 = BeckRS 2012, 94601: materiell-rechtlich ein Haftungsanspruch). Diese **Grundsätze gelten** auch während des **Insolvenzverfahrens** fort. 131

Steuerrecht in der Insolvenz – Ertragssteuerrecht

132   **Steuerabzugsbeträge** nach § 36 Abs. 2 Nr. 2 EStG werden im Voraus geleistet und stellen damit eine besondere Erhebungsform der Einkommensteuer dar. Im Gegensatz zur Vorauszahlung von Einkommensteuer gem. § 37 EStG werden Steuerabzugsbeträge, wie zB Lohnsteuer oder Kapitalertragsteuer, unmittelbar an der **Quelle** besteuert, indem ein Dritter die Steuer als Entrichtungsschuldner für den Steuerschuldner abführt (Gottwald/Haas InsR-HdB/Frotscher/Schulze Rn. 46).

133   Ein Massezufluss von Kapitalerträgen liegt vor, sofern der Zufluss gem. § 11 Abs. 1 EStG **nach Verfahrenseröffnung** erfolgt. Die hieraus resultierende Kapitalertragsteuer ist sonstige Masseverbindlichkeit. Eine Anrechnung dieser Kapitalertragsteuer kann nur auf die Einkommensteuerjahresschuld erfolgen, welche **sonstige Masseverbindlichkeit** ist (BFHE 176, 248 = BeckRS 1994, 22011276).

134   Der Entrichtungsschuldner **führt die Steuerabzugsbeträge für Rechnung des Steuerschuldners** auch im eröffneten Insolvenzverfahren ab. Das gilt auch, wenn aufgrund der Nutzung von Verlustvorträgen feststeht, dass mangels ausreichender positiver Einkünfte keine Einkommensteuerforderung entsteht. Die Anwendung von § 44a EStG oder § 163 AO, die ein Absehen vom Steuerabzug ermöglichen, kommt **nicht** in Betracht (vgl. BFHE 180, 46 = BeckRS 1995, 22011682).

135   Ist über das Vermögen einer **PersG** das Insolvenzverfahren eröffnet worden, ist die **Kapitalertragsteuer** den Gesellschaftern zuzurechnen, da Kapitalerträge auf Gesellschafterebene steuerlich berücksichtigt werden. Die Erstattung der Kapitalertragsteuer kommt folglich nicht der Insolvenzmasse der Gesellschaft zugute (BFH/NV 1996, 112 = BeckRS 1995, 11368). Der Insolvenzverwalter über das Vermögen der PersG hat einen **Erstattungsanspruch** gegen die Gesellschafter in Höhe der zum Abzug gebrachten Kapitalertragsteuern (DStR 2013, 1391 = BeckRS 2013, 9351; DStR 2016, 1273 = BeckRS 2016, 9151). Die Gesellschafter haben bereits mit der Erhebung der Kapitalertragsteuer einen Vermögensvorteil in Gestalt des Anrechnungsrechts nach § 36 Abs. 2 Nr. 2 EStG erlangt (vgl. DStR 1995, 574 = BeckRS 9998, 13692; BFHE 168, 300 = BeckRS 1992, 22010248; BFHE 181, 7 = BeckRS 1996, 23000494; WUS Insolvenzen/Uhländer Rn. 1566).

136   Sobald nach Anrechnung von Vorauszahlungen und Steueranrechnungsbeträgen im Rahmen der Festsetzung der Einkommensteuer ein Einkommensteuerüberschuss entsteht, ergibt sich ein **Nachzahlungsanspruch** iSd § 36 Abs. 4 S. 1 EStG zugunsten der FinVerw. Fällt die Insolvenzeröffnung in den maßgebliche Veranlagungszeitraum (hier das Kalenderjahr), so ist die Aufteilung nach insolvenzrechtlicher Begründetheit zu den Insolvenzforderungen oder sonstigen Masseverbindlichkeiten vorzunehmen (→ Rn. 108). Diese ist zur Eröffnung des Insolvenzverfahrens noch **nicht entstanden,** sodass sie soweit sie als Insolvenzforderung zu qualifizieren ist, als aufschiebend bedingte Forderung unter Maßgabe des § 191 Abs. 1 InsO an der Verteilung teilnimmt (Gottwald/ Haas InsR-HdB § 120 Rn. 52). Für den Fall, dass die Abschlusszahlung entstanden, jedoch mangels Bescheidung **noch nicht fällig** ist, ist diese mit dem abgezinsten Betrag zur Insolvenztabelle anzumelden iSd § 41 Abs. 2 InsO (→ § 41 Rn. 2). Die Fälligkeit der Einkommensteuer gem. § 36 Abs. 4 S. 1 EStG tritt einen Monat nach Bekanntgabe des Bescheides ein.

1. Insolvenz des Arbeitgebers

137   Der **schwache vorläufige Insolvenzverwalter** ist nicht dazu verpflichtet, die steuerlichen Pflichten des Insolvenzschuldners zu erfüllen (ZIP 2009, 2255 = BeckRS 2009, 25015406). Er haftet demnach **nicht** nach § 69 AO. Der Insolvenzschuldner ist in diesem Stadium des Insolvenzverfahrens noch selbst zur Einbehaltung und Abführung der Lohnsteuer verpflichtet. Die Möglichkeit einer Haftung der Organe des Arbeitgebers nach § 69 AO iVm §§ 34, 35 AO (iVm § 42d EStG) besteht. Lohnauszahlungen an Arbeitnehmer sollten aus diesem Grund nur insoweit erfolgen, dass die Entrichtung der auf den Lohn entfallenden Lohnsteuer sichergestellt ist. Nicht abgeführte Lohnsteuer kann das Finanzamt nach Eröffnung des Insolvenzverfahrens nach **Masseverbindlichkeit gem. § 55 Abs. 4 Nr. 4 InsO** nF durchsetzen. Zu beachten ist dabei allerdings, dass im Insolvenzantragsverfahren bei eingestellter Unternehmenstätigkeit in der Regel keine tatsächlichen Lohnzahlungen mehr erfolgen und bei Fortführung des Unternehmens zumeist eine Insolvenzgeldvorfinanzierung stattfindet. Bei der (späteren) Zahlung von **Insolvenzgeld,** welches nach § 3 Nr. 2 EStG steuerfrei ist und dem Progressionsvorbehalt nach § 32b EStG unterliegt, entsteht keine Lohnsteuer (vgl. MüKoInsO/Schüppen/Ruh Anhang Insolvenzsteuerrecht Rn. 98 ff.).

138   Der **starke vorläufige Insolvenzverwalter** haftet dagegen nach § 69 AO iVm §§ 34, 35 AO. Des Weiteren begründet der starke vorläufige Insolvenzverwalter gem. **§ 55 Abs. 2 InsO**

Masseverbindlichkeiten. Bei der Fortführung des Geschäftsbetriebs nach Eröffnung des Insolvenzverfahrens durch den **Insolvenzverwalter** tritt dieser in die Stellung des Arbeitgebers ein. Soweit es sich bei der Lohnsteuer um Masseverbindlichkeiten handelt, ist der Insolvenzverwalter zum Einbehalt und zur Anmeldung und Abführung der Lohnsteuer verpflichtet. Der Insolvenzverwalter ist **Adressat von Nachforderungs- und Haftungsbescheiden** nach § 42d EStG. Bei einem Verschulden haftet er daneben nach § 69 AO iVm § 34 AO. Wird eine Insolvenzquote einer angemeldeten Bruttolohnforderung an den Arbeitnehmer bezahlt, so muss die Lohnsteuer einbehalten und abgeführt werden. Erfolgt die **Freigabe des Geschäftsbetriebs** durch den Insolvenzverwalter, gehört dieser zum insolvenzfreien Vermögen und der Insolvenzschuldner wird wieder verpflichtet.

Die Lohnsteuer entsteht zum **Zeitpunkt des Zuflusses des Arbeitslohnes beim Arbeitnehmer** (Zeitpunkt der tatsächlichen wirtschaftlichen Verfügungsmacht), dieser ist für die Abgrenzung zwischen Insolvenzforderung und Masseverbindlichkeit maßgeblich. 139

Steuerschuldner der pauschalierten Lohnsteuer ist in Fällen der Pauschalierung nach § 40 Abs. 3 EStG, § 37b Abs. 3 EStG, § 40a Abs. 5 EStG, § 40b Abs. 5 EStG der **Arbeitgeber**. Pauschalierung bedeutet, dass die Lohnsteuer nicht den individuellen Besteuerungsmerkmalen der Arbeitnehmer auf deren Lohnsteuerkarte erhoben wird, sondern mit einem bestimmten Prozentsatz in einem vereinfachten Verfahren zu ermitteln ist. Bei der Veranlagung zur Einkommensteuer des Arbeitnehmers bleibt die pauschale Lohnsteuer außer Ansatz. Es erfolgt weder eine Anrechnung auf die Einkommensteuer noch auf die Jahreslohnsteuer. Diese Steuerschuld ist steuerrechtlich begünstigt. Bei der Qualifizierung der pauschalen Lohnsteuer als Masseverbindlichkeit oder Insolvenzforderung ist **streitig,** ob sich die **Wahlrechtsausübung** der Pauschalierung der Lohnsteuer auf die insolvenzrechtliche Begründung iSv § 38 InsO auswirkt (dafür etwa: WUS Insolvenzen/Waza Rn. 1586; dagegen etwa: Roth, Insolvenzsteuerrecht, 2021, Rn. 4.223). Die Abgrenzung der pauschalierten Lohnsteuer als Insolvenzforderung oder als Masseverbindlichkeit stellt auf die **Erfüllung der pauschalversteuerten Tatbestände** ab. Die pauschale Lohnsteuer auf Lohnnachzahlungen an den Arbeitnehmer nach der Insolvenzeröffnung für vorinsolvenzlich begründete Lohnforderungen ist daher als Insolvenzforderung zu qualifizieren. Gleiches gilt bei der Abgrenzung iSd § 55 Abs. 4 InsO. 140

2. Insolvenz des Arbeitnehmers

Trotz Eröffnung des Insolvenzverfahrens bleibt der **Arbeitgeber verpflichtet,** die Lohnsteuer des Arbeitnehmers **einzubehalten und abzuführen** (MüKoInsO/Schüppen/Ruh Anhang Insolvenzsteuerrecht Rn. 90). Der Insolvenzverwalter ist nicht dazu berechtigt, die Lohnsteuerklasse des Insolvenzschuldners zu ändern (ZIP 2011, 2118 = BeckRS 2011, 96528). Roth hingegen ist der Ansicht, dass es sich bei der Steuerklassenwahl um eine vermögensrechtliche Entscheidung handele, die lediglich die Insolvenzmasse betreffe, sodass dem Insolvenzverwalter das Wahlrecht zustehe (Roth, Insolvenzsteuerrecht, 2021, Rn. 4.100). 141

Unstreitig ist bei Eröffnung des Insolvenzverfahrens über das Vermögen des Arbeitnehmers, dass sich die Qualifizierung der Lohnsteuerschuld danach richtet, **wann der Lohnanspruch entstanden ist** (Roth, Insolvenzsteuerrecht, 2021, Rn. 4.219; MüKoInsO/Schüppen/Ruh Anhang Insolvenzsteuerrecht Rn. 91; WUS Insolvenzen/Waza Rn. 1590). Demnach ist der Zeitpunkt entscheidend, zu welchem der Arbeitnehmer seine **Arbeitsleistung erbracht** hat. Erfolgte die Zahlung nach Insolvenzeröffnung, ist der Lohnanspruch aber schon davor entstanden, kann die Nachforderung der abgeführten Lohnsteuer beim Arbeitnehmer als **Insolvenzforderung** ausschließlich durch Anmeldung zur Insolvenztabelle erfolgen. 142

XIII. Besonderheiten der Nachlassinsolvenz

1. Zivilrechtliche Grundlagen

Gemäß **§ 1922 Abs. 1 BGB** geht das Vermögen einer natürlichen Person mit deren Tod kraft Gesetzes im Wege der Universalsukzession auf die Erben über. Das Vermögen stellt dabei die Summe aller geldwerten Güter des Erblassers dar (zu vererblichen und unvererblichen Rechtsbeziehungen vgl. MüKoBGB/Leipold BGB § 1922 Rn. 19 ff. mwN). Die Erben treten in den gesamten Rechts- und Pflichtenkreis des Erblassers ein. Daher muss der Erbe nach § 1967 Abs. 1 BGB sämtliche Verbindlichkeiten des Erblassers erfüllen. 143

Gemäß § 1967 Abs. 2 BGB gehören zu den Nachlassverbindlichkeiten sowohl vom Erblasser selbst verursachte Schulden („**Erblasserschulden**") als auch solche Verbindlichkeiten, die aus 144

Steuerrecht in der Insolvenz – Ertragssteuerrecht

Anlass des Erbfalls entstehen („**Erbfallschulden**"). Letztere sind zB Kosten für die Beerdigung, Verbindlichkeiten aus Pflichtteilen/Vermächtnissen und die Erbschaftssteuer (BFHE 168, 206 = BeckRS 1992, 22010301; BFHE 252, 389 = BeckRS 2016, 94457). Verbindlichkeiten, die der Erbe bei der Nachlassverwaltung begründet, sog. „**Nachlasserbenschulden**", kommt eine Doppelstellung als Eigenschuld und Nachlassverbindlichkeit zu (MüKoBGB/Küpper BGB § 1967 Rn. 15 mwN).

145 Die rechtliche Qualifizierung von **Nachlasserbenschulden** wird dann relevant, wenn die mit dem Nachlass verbundenen Schulden die Erbmasse übersteigen. Nach § 1975 BGB kann der Erbe die Erbenhaftung auf den Nachlass beschränken, sofern er ein **Nachlassinsolvenzverfahren** einleitet. Im Nachlassinsolvenzverfahren haftet allein der Nachlass (vgl. Kahlert DStR 2016, 1325; Roth ZVI 2014, 45). Grundsätzlich verschmelzen im Zuge der Universalsukzession die Vermögen des Erben und des Erblassers miteinander. Wird jedoch ein Nachlassinsolvenzverfahren eingeleitet, werden die Vermögen wieder in **zwei separate Vermögen getrennt** (vgl. Kahlert DStR 2016, 1325 (1326)). Die Gläubiger des Nachlasses haben dann nur Zugriff auf den Nachlass. Dies gilt jedoch nicht für Nachlasserbenschulden, da sie neben der Nachlassverbindlichkeit auch als Eigenverbindlichkeit angesehen werden. In diesem Fall haben die Gläubiger Zugriff auf beide Vermögensmassen (MüKoBGB/Küpper BGB § 1967 Rn. 15 mwN). Die Erbenhaftung kann daneben nur durch Rechtsgeschäft eingegrenzt werden (vgl. MüKoBGB/Küpper BGB § 1967 Rn. 23 f. mwN).

2. Nachlassinsolvenz und Einkommensteuer

146 Die erbrechtliche Universalsukzession erfasst auch die Ansprüche aus dem Steuerrechtsverhältnis. Nach **§ 45 Abs. 1 AO gehen die Forderungen und Verbindlichkeiten des Erblassers aus dem Steuerschuldverhältnis auf den Erben** über. Ohne dass der Erbe selbst gehandelt hat, werden ihm alle Geschäftsvorfälle zugerechnet. Aus diesem Grund ist der **Erbe** bezüglich der Einkünfte aus der Verwertung und Verwaltung des Nachlasses als **Steuerschuldner** anzusehen (BFHE 164, 546 = BeckRS 1991, 22009997; BFHE 186, 328 = BeckRS 1998, 23000558; DStRE 2016, 562 = BeckRS 2016, 94365; Roth, Insolvenzsteuerrecht, 2021, Rn. 4.161). Eine **Differenzierung** zwischen den originären Einkünften des Erben und denen des Nachlasses findet **nicht statt**. Nicht ohne Weiteres nachvollziehbar erscheint es vor diesem Hintergrund, dass vom Erblasser zu Lebzeiten nicht vollständig genutzte Verlustvorträge iSd § 10d EStG nach Auffassung des BFH mit dessen Tod ungenutzt untergehen sollen (BFHE 220, 129 = BeckRS 2007, 24003227). Sind mehrere Erben vorhanden, so werden die Einkünfte des Nachlasses **gesondert festgestellt** und danach entsprechend den Erbteilen den einzelnen Erben zugerechnet.

147 Die vorgestellten Grundsätze gelten nach Ansicht des BFH auch dann, wenn ein **Nachlassinsolvenzverfahren** eingeleitet wurde (BFHE 164, 54 = BeckRS 1991, 22009997; BFHE 168, 206 = BeckRS 1992, 22010301; DStRE 2016, 562 = BeckRS 2016, 94365; ZIP 2015, 2487 = BeckRS 2015, 95931; BFH/NV 2016, 1453 = BeckRS 2016, 95242). Einkommensteuerlich sind alle Handlungen des Nachlassinsolvenzverwalters **dem Erben zuzurechnen** (EFG 2016, 122 = BeckRS 2016, 94020). Dementsprechend erfolgt **die Einkommensteuerfestsetzung** auch **gegenüber dem Erben** (BFH/NV 2016, 608 = BeckRS 2016, 94365). Korrespondierend dazu treffen den Erben auch die steuerlichen Erklärungs- und Mitwirkungspflichten (§§ 90, 93, 97, 149, 153 AO; s. Roth ZVI 2014, 45 (47)). Dass der Erbe Einkommensteuersubjekt bleibt, wird daneben bspw. auch dann relevant, wenn der Nachlass eine freiberufliche Unternehmung iSd § 18 EStG enthält, die ggf. in eine gewerbliche Unternehmung iSd § 15 EStG **umzuqualifizieren** ist, wenn der Erbe die Voraussetzungen des § 18 EStG nicht erfüllt.

148 Die zumindest formal bestehende Einkommensteuerschuldnerschaft des Erben bestimmt allerdings nicht die Haftung des Erben mit einem bestimmten Vermögen. **§ 45 Abs. 2 S. 1 AO** besagt, dass der Erbe nach den Vorschriften des BGB zur Erbenhaftung haftet, also grundsätzlich unbeschränkt (§ 1967 BGB), aber beschränkbar. Dementsprechend kann er sich auch gegenüber dem Steuergläubiger auf eine etwaige Beschränkung der Erbenhaftung auf den Nachlass berufen (§§ 1975 ff. BGB), also etwa auf die Haftungsbeschränkung infolge des Nachlassinsolvenzverfahren. Nur für Eigenschulden und **Nachlasserbenschulden** haftet der Erbe dann noch mit seinem **übrigen eigenen Vermögen**.

149 **Früher** vertrat der BFH die Auffassung, dass Einkünfte, die nach dem Tod des Erblassers aus dem Nachlass erzielt werden, auch im Falle der Anordnung der Nachlassverwaltung dem Erben zuzurechnen sind. Die auf diese Einkünfte entfallende **Einkommensteuer** sei eine **Eigenschuld des Erben**, für welche die Beschränkung der Erbenhaftung nicht geltend gemacht werden kann (BFHE 168, 206 = BeckRS 1992, 22010301), wobei der BFH letztlich offengelassen hatte, ob es

sich bei dieser Einkommensteuer um eine ausschließliche Eigenschuld des Erben oder um eine **Nachlasserbenverbindlichkeit** handelt, da in beiden Fällen eine nicht auf den Nachlass beschränkbare Haftung des Erben besteht.

Diese Ansicht hat der **BFH mit Urteil vom 10.11.2015** (BStBl. II 2016, 372 = BeckRS 150 2016, 94365; offengelassen in BFHE 186, 328 = BeckRS 1998, 23000558) dahingehend geändert, dass er die bisherige allein steuerrechtliche Anknüpfung des Eigenschuldkonzepts korrigiert hat zugunsten einer Betrachtung, die allein darauf abstellt, „ob zivilrechtlich eine Nachlassverbindlichkeit vorliegt". Der BGH weist zu Recht darauf hin, dass § 45 Abs. 2 S. 1 AO gerade keine Besserstellung des Fiskus normiert, sondern vielmehr bewirkt, dass die **Schutzmöglichkeiten,** die § 1975 BGB dem Erben gibt, auch **gegenüber dem Fiskus** gelten. Insbesondere die Qualifikation der auf die Nachlasseinkünfte entfallenden Einkommensteuer als Nachlasserbenschuld verneint er für den Fall der Nachlassverwaltung mit dem an BGH v. 5.7.2013 (DNotZ 2014, 134 = BeckRS 2013, 12815) angelehnten Argument, dass solche eine eigenhändige Verwaltung des Nachlasses durch die Erben voraussetzen. Löst hingegen der Nachlassverwalter durch sein Handeln eine Einkommensteuerforderung aus, handele es sich dagegen um eine Erbfallschuld in Form einer **Nachlassverwaltungsschuld** (DStRE 2016, 562 = BeckRS 2016, 94365) und damit um Nachlassverbindlichkeiten, womit das Berufen auf die Beschränkung der Erbenhaftung eröffnet ist. Für Steuerschulden, welche aus der Verwaltung und Verwertung des Nachlasses durch einen Nachlassverwalter herrühren, greift damit die Beschränkung der Erbenhaftung auf den Nachlass. Diese Erwägungen des BFH sind unmittelbar auf den Fall der Verwaltung des Nachlasses durch den Insolvenzverwalter **übertragbar.** Auch wenn dessen Handeln Einkommensteuer auslöst, muss daher die Haftungsbeschränkung als Nachlassverbindlichkeit gleichfalls gelten.

Der Erbe kann die Haftungsbeschränkung nicht im Steuerfestsetzungsverfahren, auch nicht 151 gegen das Leistungsgebot, sondern erst im **Zwangsvollstreckungsverfahren** geltend machen (BFHE 186, 328 = DStRE 1998, 816; LSK 2016, 105006 (Ls.) = BeckRS 2016, 95242). Die vom Erben als Gesamtrechtsnachfolger aufgrund Erbanfalls nach § 3 Abs. 1 Nr. 1 ErbStG iVm § 1922 BGB **geschuldete Erbschaftsteuer** ist eine Nachlassverbindlichkeit, die von der FinVerw als Nachlass**insolvenzforderung** im Nachlassinsolvenzverfahren geltend gemacht werden kann (BFHE 252, 389 = BeckRS 2016, 94457).

B. Körperschaftsteuer

Voraussetzung für die Eröffnung des Insolvenzverfahrens in Deutschland ist, dass der Schuldner 152 seinen **allgemeinen Gerichtsstand in Deutschland** hat (vgl. Ausführungen zur Einkommensteuer → Rn. 1). Bei juristischen Personen richtet sich der Gerichtsstand danach, wo der Ort der Geschäftsleitung ist. Wird über das Vermögen einer **juristischen Person** das Insolvenzverfahren eröffnet, unterliegt das Unternehmen in der Regel auch der unbeschränkten Körperschaftsteuerpflicht gem. § 1 Abs. 1 KStG.

Aufgrund **der Rechtsgrundverweisung in § 8 Abs. 1 S. 1 KStG** auf das **Einkommensteu-** 153 **ergesetz** stellen sich bei der Körperschaftsteuer teils die gleichen insolvenzsteuerrechtlichen Fragen wie bei der Einkommensteuer. Daher werden im Weiteren nur **spezielle** Probleme aufgezeigt, die sich ausschließlich bei der Körperschaftsteuer ergeben.

Zivilrechtlich wird eine **Körperschaft mit Eröffnung des Insolvenzverfahrens** nach ua 154 § 60 Abs. 1 Nr. 4 GmbHG, § 262 Abs. 1 Nr. 3 AktG, § 101 GenG aufgrund einer gesetzlichen Anordnung **aufgelöst,** also in das **Liquidationsstadium** überführt. Die Körperschaftsteuerpflicht besteht allerdings fort (Pfirrmann in Blümich, EStG, KStG, GewStG, Nebengesetze, KStG § 11 Rn. 23).

I. Grundlagen der Ermittlung des Einkommens

Bei der Ermittlung des Einkommens einer steuerpflichtigen Körperschaft werden nach 155 §§ 7, 8 Abs. 1 KStG die Regelungen des **KStG** und des **EStG** angewendet.

Gemäß § 7 Abs. 3 S. 1 KStG handelt es sich bei der Körperschaftsteuer um eine **Jahressteuer.** 156 Während des Zeitraums des Insolvenzverfahrens gilt nach § 11 Abs. 7 iVm Abs. 1–6 KStG **der gesamte Zeitraum des Insolvenz- und Liquidationsverfahren als Besteuerungszeitraum** (Hofmeister in Blümich, EStG, KStG, GewStG, Nebengesetze, KStG § 11 Rn. 7; Hageböke in Rödder/Herlinghaus/Neumann, KStG, 1. Aufl. 2015, KStG § 11 Rn. 11; MüKoInsO/Füchsl/ Weishäupl/Jaffé InsO § 155 Rn. 34; Gottwald/Haas InsR-HdB/Frotscher § 96 Rn. 6; MHdB GesR VIII/Kraft § 68 Rn. 7). Dieser Zeitraum kann bis zu mehreren Jahren andauern. Allerdings soll der Besteuerungszeitraum nach § 11 Abs. 1 S. 2 KStG nicht **länger** als drei Jahre andauern.

Steuerrecht in der Insolvenz – Ertragssteuerrecht

157 Zunächst ist **sachliche** Voraussetzung für den Beginn eines Liquidations-Besteuerungszeitraums, dass nach **§ 11 Abs. 7 KStG** die **Körperschaft** wegen des Insolvenzverfahrens **aufgelöst** wurde. Des Weiteren bedarf es eines **tatsächlichen** Abwicklungsvorgangs, der mit **der Vermögensverwertung begonnen** hat (dies für den Fall des Insolvenzplanverfahrens verneinend EFG 2015, 673 = BeckRS 2015, 94416, NZB anhängig: I B 9/15; Stalbold in Gosch, KStG, 4. Aufl. 2020, KStG § 11 Rn. 96). In der Regel beginnt die Vermögensverwertung durch den Insolvenzverwalter nach dem Berichtstermin (§§ 22 Abs. 1 Nr. 2, 157, 158 InsO; WUS Insolvenzen/Uhländer Rn. 1666 f.; Hageböke in Rödder/Herlinghaus/Neumann, KStG, 1. Aufl. 2015, KStG § 11 Rn. 159) oder, wenn nach § 157 **InsO kein Beschluss gefasst** wird (K. Schmidt InsO/Jungmann InsO § 157 Rn. 9; MüKoInsO/Görg/Janssen InsO § 157 Rn. 6). Die Einführung des § 11 Abs. 7 KStG folgt der seit der Konkursordnung bestehenden Rechtsprechung, die den Konkurs (heute die Insolvenzeröffnung) als **faktischen Abwicklungstatbestand** sieht (RFH 5.3.1940, RStBl. 1940, 715). Durch die **Bildung eines Rumpfwirtschaftsjahres** iSd § 155 Abs. 2 S. 1 InsO mit Eröffnung des Insolvenzverfahrens korrespondiert dies mit den insolvenz- und handelsrechtlichen Regelungen.

158 Oft ist unklar, ob es sich bei Handlungen des Insolvenzverwalters schon **um Verwertungshandlungen** handelt oder noch um **vorbereitende Tätigkeiten**. Das FG Köln lehnt Verwertungshandlungen ab, wenn ein Insolvenzplan aufgestellt wird (EFG 2015, 673 = BeckRS 2015, 94416). Wird das **Unternehmen fortgeführt, wird § 11 KStG nicht angewendet,** da keine Vermögensverwertung durch den Insolvenzverwalter vorliegt. In diesem Fall gelten die allgemeinen Rechnungslegungsregeln. Hat der Insolvenzverwalter hingegen schon Vermögen verwertet, hat der Besteuerungszeitraum nach § 11 KStG **begonnen.** Er **endet** mit der Einstellung oder Aufhebung des Insolvenzverfahrens (Stalbold in Gosch, KStG, 4. Aufl. 2020, KStG § 11 Rn. 98).

159 Liegen die Voraussetzungen des § 11 Abs. 7 KStG vor, wird der **Abwicklungsgewinn** ermittelt, indem das Abwicklungs-Anfangsvermögen vom Abwicklungs-Endvermögen abgezogen wird (Hofmeister in Blümich, EStG, KStG, GewStG, Nebengesetze, KStG § 11 Rn. 47 mit Berechnungsschema).

160 Maßgeblicher **Zeitpunkt** für die Ermittlung des Abwicklungs-Endvermögens ist der Abschluss des Insolvenzverfahrens oder der Zeitpunkt, zu dem feststeht, dass für den förmlichen Abschluss nur noch die Höhe der festzusetzenden Körperschaftsteuer fehlt (Stalbold in Gosch, KStG, 4. Aufl. 2020, KStG § 11 Rn. 97; Hageböke in Rödder/Herlinghaus/Neumann, KStG, 1. Aufl. 2015, KStG § 11 Rn. 166).

161 Nach § 11 Abs. 1 S. 2 KStG soll der **Besteuerungszeitraum maximal drei Jahre** betragen. Der BFH geht davon aus, dass dem Finanzamt in atypischen Fällen daher ein Ermessen zukommt bei der Entscheidung darüber, wie lang ein Besteuerungszeitraum sein soll (BFHE 240, 140 = BeckRS 2013, 94656). Besondere Umstände, die zu einem **atypischen Fall** führen können, sind ua wenn die Abwicklung bei Ablauf der drei Jahre zwar noch nicht abgeschlossen ist, dies aber in absehbarer Zeit erreichbar ist, wenn ein Abwicklungsgewinn bisher noch nicht entstanden ist (FG Hmb DStRE 2007, 358) oder die Abwicklung aus Gründen verzögert wird, die die Gesellschaft resp. der Insolvenzverwalter nicht zu vertreten hat. Die FinVerw geht davon aus, dass nach Überschreiten des Dreijahreszeitraums jeder folgende Besteuerungszeitraum **auf ein Jahr beschränkt** ist (R 11 Abs. 1 S. 4 KStR 2015; aA Pfirrmann in Blümich, EStG, KStG, GewStG, Nebengesetze, KStG § 11 Rn. 44; Stalbold in Gosch, KStG, 4. Aufl. 2020, KStG § 11 Rn. 50, wonach auch anschließende mehrjährige Besteuerungszeiträume in Betracht kommen). Ausschließlich der **letzte** Besteuerungszeitraum soll nach den Regeln des § 11 Abs. 2 KStG berechnet werden (R 11 Abs. 3 S. 1 KStR 2015; nach Auffassung von Hageböke in Rödder/Herlinghaus/Neumann, KStG, 1. Aufl. 2015, KStG § 11 Rn. 105 ff. verstößt diese Auslegung evident gegen den Gesetzeswortlaut, denn ein Gegenüberstellen von Abwicklungsanfangs- und Abwicklungsendvermögen ist so nicht möglich). Die Literatur kritisiert diese Ansicht (Bergmann GmbHR 2012, 943). Sollte Sinn und Zweck **der Regelung des § 11 KStG** sein, dass die Abschnittsbesteuerung (gesonderte Besteuerungszeiträume und damit Gewinnermittlungs-, Bemessungs- und Veranlagungszeiträume) nicht gelten soll, dann stünde die Ansicht der FinVerw dem **entgegen.** Im Ergebnis müssen die beiden Ziele, Besteuerung des Totalgewinns und Rechtssicherheit mittels bestandskräftiger Veranlagung, harmonisiert werden (Bergmann GmbHR 2012, 943 (944 f.); Hofmeister in Blümich, EStG, KStG, GewStG, Nebengesetze, KStG § 11 Rn. 43: entscheidendes Argument für abschließende Zwischenveranlagungen). Dieser Tendenz ist **jüngst** mit Urteil vom 18.9.2018 das FG Düsseldorf gefolgt, das für den Fall eines **mehrjährigen Insolvenzverfahrens** abweichend von der Verwaltungsanweisung durch R 11 Abs. 4 KStR 2015 entschieden hat, dass die vorläufigen Zwischenveranlagungen zur Körperschaftsteuer am Ende des Abwicklungszeitraums gem. § 175 Abs. 1 Nr. 2 AO durch eine **einheitliche Veranlagung für den gesamten**

Steuerrecht in der Insolvenz – Ertragssteuerrecht

Abwicklungszeitraum zu ersetzen sind (BeckRS 2018, 24776, Revision eingelegt, BFH I R 36/18, Verfahren ausgesetzt mit Beschluss v. 18.5.2021). Eine höchstrichterliche Lösung hierzu liegt bislang nicht vor (ausdrücklich offen gelassen BFH/NV 2014, 1593 = BeckRS 2014, 95714).

Nach der Rechtsprechung des BFH ist der **Sockelbetrag in Höhe von 1 Mio. EUR** nach § 10d Abs. 2 S. 1 EStG nur einmal anzusetzen und **nicht für jedes Kalenderjahr** und damit mehrfach (BFHE 240, 140 = BeckRS 2013, 94656). Im Zusammenhang damit steht auch die Frage, ob die Mindestbesteuerung verfassungswidrig ist (so Vorlagebeschluss BFHE 246, 27 = BeckRS 2014, 95786), das Normenkontrollverfahren beim BVerfG ist noch anhängig (2 BvL 19/14; ua gegen eine Verfassungswidrigkeit: BFHE 238, 429 = BeckRS 2012, 96587 zur Gewerbesteuer). Näher → Rn. 169. **162**

Die Auslegung der FinVerw könnte **für insolvente Kapitalgesellschaften** dann vorteilhaft sein, sofern sie über **hohe Verlustvorträge** verfügen und der **Sockelbetrag in der regelmäßigen Steuerveranlagung** genutzt werden kann (BFHE 240, 140 = BeckRS 2013, 94656). Dies setzt für einen Insolvenzfall voraus, dass die Aufdeckung der stillen Reserven in verschiedenen Besteuerungszeiträumen **über den Abwicklungszeitraum** von drei Jahren iSd § 11 KStG **hinaus** erfolgt. **163**

II. Verdeckte Einlagen

Bei einer verdeckten Einlage wird außerhalb der gesellschaftsrechtlichen Vorschriften ein einlagefähiger, bilanzierbarer Vermögensvorteil durch den Gesellschafter **ohne** wertadäquate Gegenleistung (Gesellschaftsanteile oder sonstiges Entgelt) der Gesellschaft zugewandt. Durch Auslegung ist zu ermitteln, ob es sich bei dem zur Verfügung gestellten Geld zB um eine **verdeckte Einlage** oder ein **Darlehen** handelt. Von einem Gesellschafterdarlehen kann dann ausgegangen werden, sofern die vereinbarten Konditionen, zB Laufzeit und Rückzahlung, auch zwischen **gesellschaftsfremden Personen** vereinbart worden wären. Rechtsfolge eines zur Verfügung gestellten Darlehens im Insolvenzfall wäre, dass der Gesellschafter seine Forderung als Insolvenzgläubiger geltend machen könnte. Eine geleistete verdeckte Einlage hingegen wird regelmäßig **uneinbringlich** im Fall einer Insolvenz. **164**

Eine **verdeckte Einlage** liegt ua dann vor, wenn der **Gesellschafter** einer KapG gegenüber dieser auf eine **Forderung verzichtet**. Da es an einer Legaldefinition der verdeckten Einlage im KStG mangelt, wird diese in der Regel angenommen, wenn der Gesellschafter oder ein Dritter, der ihm nahe steht, der Körperschaft einen einlagefähigen Vermögenswert zuwendet, welcher **nicht** im Zusammenhang mit der gesellschaftsrechtlichen Einlage steht (R 8.9 Abs. 1 KStR). Die Einlage muss durch das **Gesellschaftsverhältnis veranlasst sein**. Dieser Zusammenhang wird durch einen sog. **Fremdvergleich** festgestellt. Danach ist das Gesellschaftsverhältnis für die Einlage ursächlich, sofern ein Nichtgesellschafter (unter Anwendung der Sorgfalt eines ordentlichen Kaufmanns) der Gesellschaft den Vermögensvorteil **nicht verschafft hätte**. Die Höhe des Einkommens muss von der verdeckten Einlage unberührt bleiben (vgl. § 8 Abs. 3 S. 3 KStG). Wurde der Steuerbilanzgewinn der KapG durch die verdeckte Einlage erhöht, muss sie bei der Einkommensermittlung **abgezogen** werden (§ 8 Abs. 3 S. 3 KStG; R 8.9 Abs. 2 KStR). **165**

Nach Ansicht des BFH entsteht eine verdeckte Einlage auch dann, wenn der Gesellschafter-Geschäftsführer nach Entstehung seines **Gehaltsanspruchs** auf diesen wegen gesellschaftsrechtlicher Gründe **verzichtet**. Denn in dieser Konstellation müsste man eine Gehaltsverbindlichkeit in die Bilanz einstellen (BFHE 254, 134 = BeckRS 2016, 104154). Wird der Verzicht hingegen bereits vor Entstehung des Gehaltsanspruchs erklärt, dann kommt es nicht zum fiktiven Zufluss des Arbeitslohns, da der Gesellschafter unentgeltlich tätig wird. **166**

Eine verdeckte Einlage entsteht gem. § 20 Abs. 2 S. 2 EStG auch dann, wenn der Gesellschafter auf den **werthaltigen Teil eines Darlehensrückzahlungsanspruchs** gegenüber der KapG verzichtet (BFHE 265, 531 = BeckRS 2019, 27735). Voraussetzung hierfür ist, dass der Verzichtsbetrag höher ist als der Nennwert des nicht werthaltigen Teils der Forderung. Der Verzicht auf den **nicht werthaltigen** Teil der Forderung führt, seit Einführung der Abgeltungsteuer, gem. **§ 20 Abs. 2 S. 2 EStG** zu einem **steuerrechtlich relevanten Forderungsausfall,** welcher jedoch nur dann steuerliche Auswirkungen hat, falls der Gesellschafter für den nicht werthaltigen Teil der Forderung Anschaffungskosten aufgewendet hat. Der VIII. Senat des BFH hat entschieden, dass der **endgültige Ausfall einer Forderung auf Ebene des Gesellschafters** zu einem steuerlich **anzuerkennenden Verlust** nach § 20 Abs. 2 Nr. 7, Abs. 4 EStG führen kann (BFHE 265, 531 = BeckRS 2019, 27735). Den Fall des Forderungsverzichts hat er dabei offengelassen, jedoch kann insoweit nichts Anderes gelten. **167**

Steuerrecht in der Insolvenz – Ertragssteuerrecht

III. Verlustausgleich

1. Verlustvorträge

168 Bei der Berücksichtigung von Vorlustvorträgen bei der Körperschaft gibt es zwei relevante Themenkomplexe. Verfügungen über Anteile der Körperschaft können sich nach § 8c KStG auf Verlustvorträge nachteilig auswirken. Gemäß § 10d Abs. 2 S. 1 EStG kann **die Mindestbesteuerung zu einer Steuerbelastung führen, obwohl genügend Verlustvorträge vorhanden sind.**

169 Der BFH hat in diesem Zusammenhang eine Entscheidung zu Insolvenzverfahren getroffen, wonach gem. **§ 11 Abs. 1 KStG der Sockelbetrag in Höhe von 1 Mio. EUR ausschließlich einmal berücksichtigt** werden darf (BFHE 240, 140 = BeckRS 2013, 94656). Hauptargument für diese Entscheidung ist, dass der über mehrere Jahre laufende Abwicklungszeitraum (näher → Rn. 161) als **ein Veranlagungszeitraum** nach § 10d Abs. 2 S. 1 EStG zu qualifizieren ist. **Grundsätzlich** sieht der BFH daher die zeitliche Streckung des Verlustvortrages als **verfassungsgemäß** an. Die Literatur hingegen geht sogar teilweise soweit, dass sie die Entscheidung als **verfassungswidrig** einstuft (Bergmann GmbHR 2013, 489; Bareis DB 2013, 1265; BFHE 246, 27 = BeckRS 2014, 95786). Erst nach der Klärung weiterer Fragestellungen im Zusammenhang mit dieser Ansicht kann eine endgültige Beurteilung der Ansicht des BFH vorgenommen werden. Allerdings ist fraglich, ob diese Auffassung, wenn sie verfassungsmäßig sein sollte, zwingend ist und die Norm des § 11 KStG dem Steuerpflichtigen zum Nachteil gereichen sollte.

170 Der **BFH** hält die Mindestbesteuerung iSv § 10d Abs. 2 S. 1 EStG für **verfassungswidrig**, sofern sie zu **Definitiveffekten** (Untergang von Verlusten) führt. Das ist dann der Fall, wenn **Verluste nicht mehr nutzbar** sind. Dies ist nach Auffassung des BFH insbesondere im Fall einer Insolvenz einschlägig, da ua der Steuerpflichtige **nicht selbstständig über die Nutzung von Verlusten entscheiden kann** (s. Vorlagebeschluss BFHE 246, 27 = BeckRS 2014, 95786 – das Normenkontrollverfahren beim BVerfG ist noch anhängig (2 BvL 19/14); ua gegen die Verfassungswidrigkeit BFHE 238, 429 = BeckRS 2012, 96587 zur Gewerbesteuer).

171 Das **FG Düsseldorf** hat abweichend von dem oben genannten Vorlagebeschluss des BFH vom 26.2.2014 entschieden, dass im Rahmen der endgültigen **Abwicklungsbesteuerung** in einem Insolvenzverfahren die **Verlustabzugsbeschränkung nicht anzuwenden** sei (EFG 2018, 2058 = BeckRS 2018, 24776, Revisionsverfahren vor dem BFH v. 5.6.2019 – I R 36/18, mit Beschluss v. 18.5.2021 Aussetzen/Ruhen des Verfahrens). Ferner sei § 10d Abs. 2 S. 1 EStG im Wege verfassungskonformer Auslegung um das ungeschriebene **Tatbestandsmerkmal** zu ergänzen, dass die Mindestbesteuerung nur eingreift, soweit sie keine definitive Besteuerung auslöst. Dies ergebe sich bereits aus dem erklärten Willen des Gesetzgebers, dass durch die sog. Mindestbesteuerung keine Verluste „endgültig verloren gehen" sollen, vielmehr nur das Steueraufkommen für die öffentlichen Haushalte kalkulierbarer und die Verstetigung der Staatseinnahmen gewährleistet werden soll (BT-Drs. 15/158, 13). Nachdem das FG die über den Dreijahreszeitraum hinausgehenden Veranlagungen als „vorläufige Zwischenveranlagung" wertet, sieht es das **Ende des Abwicklungszeitraums** als rückwirkendes Ereignis iSd **§ 175 Abs. 1 S. 1 Nr. 2 AO** an, sodass auch bestandskräftige Bescheide aus vergangenen bereits materiell bestandkräftig abgeschlossenen Veranlagungszeiträumen änderbar sind. Nach § 175 Abs. 1 S. 2 AO **beginnt** die Verjährung mit Ablauf des Kalenderjahres neu zu laufen, in dem das verteilbare Abwicklungs-Endvermögen **feststeht.** Diese Lösung ist nach Auffassung von Witfeld einer Erledigung „auf anderer Weise" iSd § 124 Abs. 2 AO vorzugswürdig (NZI 2018, 990) (→ Rn. 171.1).

171.1 Solange eine höchstrichterliche Bestätigung durch BFH oder BVerfG nicht vorliegt, sollten **in der Praxis** die von der Mindestbesteuerung betroffenen Insolvenzverfahren (welche eine Massemehrung aus diesen Sachverhalten verzeichnen haben) innerhalb der steuerlichen Verjährungsfristen nach den Kernaussagen des Urteils geprüft werden. Ggf. sind sodann die erforderlichen Rechtsbehelfe einzulegen, um bei einer bestätigenden Entscheidung ua Massezuflüsse abzusichern, anderenfalls wären diese verloren.

2. Verlustrückträge

172 Die Möglichkeit, Verluste aus dem Zeitraum **nach** Insolvenzeröffnung gem. § 10d Abs. 1 EStG in Zeiträume **vor** der Insolvenzeröffnung zurückzutragen, besteht und ist immer dann abzuwägen, wenn dadurch quotenberechtigte Insolvenzforderungen der FinVerw **abgesenkt** werden können respektive Steuerguthaben zur Insolvenzmasse **generiert werden können,** um die bestmögliche Gläubigerbefriedigung zu gewähren (→ Rn. 172.1).

Steuerrecht in der Insolvenz – Ertragssteuerrecht

Gemäß **Art. 12 Abs. 1 2. Corona-StHG** wurden die Höchstbeträge gem. § 52 EStG ab dem Veranlagungszeitraum 2020 für Verlustvorträge von 1 Mio. EUR auf 5 Mio. EUR bzw. bei Zusammenveranlagung von 2 Mio. EUR auf 10 Mio. EUR erhöht. Die Reduzierung der Höchstbeträge auf das Ausgangsniveau tritt ab dem Veranlagungszeitraum 2022 in Kraft. Mit **Art. 12 Abs. 1 2. Corona-StHG**, erweitert mit **Art. 1 Nr. 6 3. Corona-StHG vom 10.3.2021,** wurden für die Veranlagungszeiträume 2020 und 2021 (vgl. § 52 Abs. 18b EStG) die Höchstbeträge für Verlusträckträge von 1 Mio. EUR auf nunmehr 10 Mio. EUR bzw. bei Zusammenveranlagung von 2 Mio. EUR auf nunmehr 20 Mio. EUR erhöht. **172.1**

IV. Verlustabzug bei Körperschaften nach § 8c KStG

Gemäß **§ 8c KStG** sind nach einem **schädlichen Beteiligungserwerb** iSd **§ 8c Abs. 1 S. 1 KStG** bereits bestehende Verluste vollständig **nicht mehr abzugsfähig**. Ein schädlicher Beteiligungserwerb liegt vor, wenn innerhalb von **fünf Jahren mittelbar** oder **unmittelbar** mehr als 50 % des gezeichneten Kapitals, der Mitgliedschaftsrechte, der Beteiligungsrechte oder der Stimmrechte an einer Körperschaft an einen Erwerber oder eine dem Erwerber nahestehende Person **übertragen** werden oder ein vergleichbarer Sachverhalt vorliegt. Die Regelung beruht auf dem Gedanken, dass eine Körperschaft durch eine erhebliche Beteiligung eines neuen Anteilseigners ihre **wirtschaftliche Identität verliert,** sodass früher erwirtschaftete Verluste nicht mit nach dem Beteiligungserwerb anfallenden Gewinnen verrechnet werden sollen (BT-Drs. 16/4841, 76). Durch den Verlustabzug entstehende höhere Ausschüttungsvolumen sollen lediglich denjenigen Anteilseignern zugutekommen, welche bereits zum Zeitpunkt der Entstehung der Verluste am Unternehmen beteiligt waren. **§ 8c Abs. 1 S. 3 KStG** enthält eine **Fiktion,** wonach Kapitalerhöhungen, die die Beteiligungsquote beeinflussen, als Übertragung angesehen werden. **173**

Für bestimmte **konzerninterne Transaktionen** wurde die Verlustuntergangsnorm iSd **§ 8c Abs. 1 KStG** mit Wirkung ab dem Veranlagungszeitraum 2010 abgemildert (§ 8c Abs. 1 S. 4 und 5 ff. KStG). Die vom Verlustuntergang getroffenen Ausnahmeregelungen (sog. **Konzernklausel,** § 8c Abs. 1 S. 4 ff. KStG), kommen überwiegend Unternehmen zugute, welche **in Konzernstrukturen** organisiert sind und in ausreichendem Maß **stille Reserven** zum Verlusterhalt (**stille-Reserven-Klausel,** § 8c Abs. 1 S. 5 ff. KStG), gebildet haben. **174**

Nach § 8c Abs. 1a KStG, der sog. **Sanierungsklausel,** werden Beteiligungserwerbe zum Zwecke der Sanierung unter den dort im Einzelnen normierten Voraussetzungen aus der Regelung des Abs. 1 ausgenommen und Verlustvorträge, die ansonsten untergehen würden, **bleiben nutzbar** (de Weerth ZInsO 2011, 419; Drüen DStR 2011, 289 (293)). Die Anteilsübertragung im Rahmen einer wirtschaftlichen Krise wird damit begünstigt. Die Europäische Kommission hatte diese Regelung moniert, mit einem Hinweis darauf, dass es sich dabei um verbotene Beihilfen nach Art. 107 Abs. 1 AEUV handele, da der Wettbewerb zwischen den Mitgliedstaaten verfälscht werde (Beschluss v. 26.1.2011, KOM K (2011) 275 – EuGH C-7/2010, ABl. 2011 L 235, 26). Mit Urteil vom **28.6.2018** hat der EuGH (BeckRS 2018, 13307) den Beschluss der Kommission aufgehoben und damit die **Grundlage für die Anwendung der Sanierungsklausel hergestellt** (BeckOK KStG/Thonemann-Micker/Kanders KStG § 8c Rn. 48–56). Zur Anwendung der Sanierungsklausel iSd § 8c Abs. 1a KStG durch die **FinVerw** s. Verfügung OFD NRW v. 20.12.2018, BeckVerw 445611. **175**

V. Fortführungsgebundener Verlustvortrag nach § 8d KStG

§ 8d KStG soll entgegen der in Konzernstrukturen organisierten Unternehmen diejenigen Unternehmen begünstigen, die die Voraussetzungen des § 8c KStG (Konzernklausel und Sanierungsklausel) **nicht** erfüllen, bei denen die Unternehmensfinanzierung aber häufig mit einem **Wechsel der Anteilsinhaber verbunden** ist und hierdurch nicht genutzte Verluste wegfallen würden (BT-Drs. 18/9986, 1). Vor allem Start-ups sind frühzeitig auf Investoren angewiesen, die sich am Unternehmen beteiligen, sodass ihnen die Regelung des § 8d KStG zugutekommt (Neumann/Heuser GmbHR 2017, 281 f.). **176**

Die Anwendung des **§ 8c KStG** kann **auf Antrag vermieden** werden, damit ein vorhandener Verlustvortrag in einen **fortführungsgebundenen Verlustvortrag** umgewandelt werden kann. Danach bleiben Verluste weiterhin nutzbar, wenn der Geschäftsbetrieb trotz Wechsel der Anteilseigner erhalten bleibt und auch keine anderweitige Nutzung der Verluste möglich ist (BT-Drs. 18/9986, 1). **177**

Die Anwendung des § 8d KStG dürfte durch die wirtschaftlichen Auswirkungen der **Corona-Pandemie** verstärkt in den Vordergrund treten. Der Wegfall der Verluste durch einen schädlichen Beteiligungserwerb nach § 8c KStG bspw. im Rahmen eines „**share-deals**", bei welchem **mindestens 50 % des gezeichneten Kapitals** innerhalb von fünf Jahren übertragen werden, kann **178**

Steuerrecht in der Insolvenz – Ertragssteuerrecht

nach § 8d KStG verhindert werden. Eine zeitweise Aussetzung der Regelungen zum Verlustuntergang während der Corona-Pandemie wurde durch die Bundesregierung als **nicht** erforderlich angesehen (BT-Drs. 19/23866, 2 f.). Die Voraussetzungen des fortführungsgebundenen Verlustvortrags müssen jedoch schon **vor Anteilsveräußerung** beachtet werden. Hierzu hat das BMF jüngst am 18.3.2021 umfassend Stellung genommen (BMF IV C 2 – S 2745-b/19/10002:002 = BeckVerw 513780). Die Grundsätze dieses Schreibens sind für die **GewSt** entsprechend anzuwenden (GLE v. 19.3.2021, BStBl. I 359 = BeckVerw 515480).

VI. Körperschaftsteuerliche Organschaft

1. Voraussetzungen einer körperschaftlichen Organschaft

179   Die körperschaftsteuerliche Organschaft ist in den **§§ 14 ff. KStG** geregelt. Die **Voraussetzungen** der körperschaftlichen Organschaft lassen sich dem **§ 14 Abs. 1 S. 1 KStG** entnehmen.

180   Der **Organträger** muss **ohne Unterbrechung** vom Beginn des Wirtschaftsjahres der Organgesellschaft an dieser beteiligt sein. Nach § 14 Abs. 1 S. 1 Nr. 1 KStG sind die Mehrheit der Stimmrechte (**sog. finanzielle Eingliederung**) maßgeblich.

181   Die Vorschrift des § 14 KStG sah ursprünglich **drei Eingliederungsvoraussetzungen** vor. Die Organgesellschaft musste demnach nicht nur **finanziell,** sondern auch **organisatorisch** und **wirtschaftlich** in das Unternehmen des Organträgers eingegliedert sein. Um diesen Anforderungen gerecht zu werden, empfahl es sich daher in der Vergangenheit, neben dem reinen Gewinnabführungsvertrag auch einen Beherrschungsvertrag abzuschließen. Mit dem **Steuersenkungsgesetz (StSenkG) v. 23.10.2000** (BGBl. 2000 I 1433) wurde das Eingliederungserfordernis auf die **finanzielle** Eingliederung reduziert, organisatorische und wirtschaftliche Eingliederung entfielen als Voraussetzung der Organschaft. Der Abschluss eines Beherrschungsvertrages ist seitdem nicht mehr erforderlich und in der Praxis inzwischen unüblich.

182   Gemäß **§ 14 Abs. 1 S.1 Nr. 2 KStG** muss der **Organträger eine natürliche Person,** eine nicht von der Körperschaftsteuer befreite Körperschaft, Personenvereinigung oder Vermögensmasse oder PersG nach **§ 15 Abs. 1 S. 1 Nr. 2 EStG** sein. Die PersG kann nur dann als Organträger tätig sein, sofern sie gewerblich tätig ist (BMF-Schreiben v. 10.11.2005 zu „Änderungen bei der Besteuerung steuerlicher Organschaften durch das Steuervergünstigungsabbaugesetz – StVergAbG –", BStBl. I 2005, 1038 Rn. 15).

183   Nach **§ 14 Abs. 1 Nr. 3 KStG** muss der **Gewinnabführungsvertrag** während der **Mindestlaufzeit von fünf Jahren** auch tatsächlich durchgeführt werden.

184   Der gesamte **handelsrechtliche Gewinn** muss vom Gewinnabführungsvertrag umfasst sein. Der **Maximalbetrag des § 301 AktG** darf allerdings nicht überschritten werden. Der Organträger verpflichtet sich hingegen dazu, Verluste nach § 302 Abs. 1 AktG auszugleichen. Sofern die Organgesellschaft eine andere als die in § 14 Abs. 1 S. 1 KStG genannte Rechtsform (Europäische Gesellschaft, Aktiengesellschaft und Kommanditgesellschaft auf Aktien) aufweist, so sind §§ 301, 302 AktG analog anzuwenden und durch entsprechende Vereinbarung abzusichern (vgl. **§ 17 Abs. 1 S. 2 Nr. 1 und 2 KStG**).

185   Beim Vorliegen der Voraussetzungen wird das **Einkommen der Organgesellschaft für körperschaftsteuerliche Zwecke dem Organträger zugerechnet.** Die Organgesellschaft bleibt dennoch weiterhin eigenständiges Steuerrechtssubjekt. Nach § 14 Abs. 5 S. 1 KStG werden Feststellungszeiträume, welche nach dem 31.12.2013 beginnen, gesondert und einheitlich für den Organträger und die Organgesellschaft festgestellt. Die Zurechnung des Einkommens erfolgt gem. § 14 Abs. 1 S. 1 KStG erst **in dem Kalenderjahr des Wirksamwerdens des Gewinnabführungsvertrages,** in welchem das Wirtschaftsjahr der Organgesellschaft endet.

186   Beim Nichtvorliegen auch nur einer der genannten Voraussetzungen kann die Organschaft steuerlich nicht anerkannt werden. Entfällt eine Voraussetzung im Laufe der fünfjährigen Mindestdauer, entfällt die Organschaft von Grund auf, außer es liegt eine **Kündigung des Gewinnabführungsvertrags** aufgrund eines **wichtigen Grundes nach § 14 Abs. 1 S. 1 Nr. 3 S. 2 KStG** für die vorzeitige Beendigung vor. Das Vorliegen eines wichtigen Grundes ist nach Auffassung des BFH dabei unabhängig von zivilrechtlichen Aspekten zu beurteilen und nur anhand **steuerrechtlicher** Maßgaben objektiv zu beurteilen (vgl. BFHE 244, 277 = BeckRS 2014, 94629). Durch eine nachträgliche Nichtanerkennung der Organschaft sind durch Wegfall von organschaftlichen Verlustanrechnungen erhebliche **körperschaftsteuerliche Mehrbelastungen** möglich. Nach § 175 Abs. 1 Nr. 2 AO sind alle Körperschaftsteuerbescheide des Organträgers und der Organgesellschaft **rückwirkend** zu ändern.

Streitig ist, ob und zu welchem **Zeitpunkt** im Fall der Insolvenz **die ertragsteuerliche** 187
Organschaft endet. Höchstrichterliche Entscheidungen sind hierüber noch nicht ergangen.
Der der körperschaftsteuerlichen Organschaft zugrundeliegende Gewinnabführungsvertrag ist 188
grundsätzlich als **zivilrechtlicher Unternehmensvertrag** zu qualifizieren. Daher wird im Folgenden zunächst aus zivilrechtlicher Sicht aufgezeigt, welches Schicksal dem Gewinnabführungsvertrag im Fall der Insolvenz widerfährt. Sodann werden die steuerlichen Auswirkungen und Probleme erläutert.
Bezüglich der Auswirkungen der Organschaft bei der **Umsatzsteuer** → SteuerrechtinderIn- 189
solvenz-Umsatzsteuer Rn. 8.

2. Zivilrechtliche Auswirkungen

Der BGH hatte noch unter der Geltung der Konkursordnung entschieden, dass eine Organ- 190
schaft dann endet, **wenn über das Vermögen des Organträgers das Insolvenzverfahren eröffnet** wird (BGHZ 103, 1 = BeckRS 9998, 164532). Diese Entscheidung deckte sich mit der damals herrschenden Meinung. Nach verbreiteter Ansicht sollte etwas anderes für den Fall des isolierten Gewinnabführungsvertrags gelten. Der Gewinnabführungsvertrag endet danach nicht automatisch, sondern erst mit Kündigung durch die Organgesellschaft (Kuhn/Uhlenbruck, Konkursordnung, 11. Aufl. 1994, Vor § 207 Rn. 3a). Eine Gegenansicht ging davon aus, dass im Falle des Konkurses nur ein Kündigungsrecht aus wichtigem Grund bestehe (ausführlich zum damaligen Streitstand mit zahlreichen Nachweisen MüKoAktG/Altmeppen AktG § 297 Rn. 103 ff.; Uhlenbruck/Hirte InsO § 11 Rn. 407).

Auch die **heute noch herrschende Meinung** vertritt den Standpunkt, dass mit der Eröffnung 191
des Insolvenzverfahrens über das Vermögen des Organträgers alle Unternehmensverträge gem. § 219 AktG enden (MüKoAktG/Altmeppen AktG § 297 Rn. 106; Hüffer/Koch AktG § 297 Rn. 22a; differenzierend Emmerich in Emmerich/Habersack, Aktien- und GmbH-Konzernrecht, 9. Aufl. 2019, AktG § 297 Rn. 52b; ohne nähere Begründung Paschos in Henssler/Strohn, GesR, 5. Aufl. 2021, AktG § 297 Rn. 13, alle jeweils mwN). Begründet wird dies damit, dass der **Zweck der Liquidation** dem Fortbestehen des Unternehmensvertrags widerspricht (MüKoAktG/Altmeppen AktG § 297 Rn. 106; Hüffer/Koch AktG § 297 Rn. 22a). Außerdem soll ein Unternehmensvertrag nach § 291 AktG als sog. „wirtschaftliche Fusion" die Befriedigung der Gläubiger garantieren. Wird das Insolvenzverfahren eröffnet, kann diese Garantie **nicht** mehr gewährleistet werden (MüKoAktG/Altmeppen AktG § 297 Rn. 106 mwN).

Teile der Literatur vertreten die Auffassung, dass **schon mit Anordnung der Eigenverwal-** 192
tung oder mit der **Bestellung eines schwachen vorläufigen Insolvenzverwalters** oder eines starken vorläufigen Insolvenzverwalters mit Zustimmungsvorbehalt die körperschaftsteuerliche Organschaft beendet wird (so Kahlert DStR 2014, 73; Dötsch in Dötsch/Pung/Möhlenbrock, Die Körperschaftsteuer, KStG § 14 Rn. 624 f.). Grund hierfür soll sein, dass die organschaftlichen Pflichten durch das Insolvenzverfahren nicht mehr ausgeführt werden können (Dötsch in Dötsch/Pung/Möhlenbrock, Die Körperschaftsteuer, KStG § 14 Rn. 625; Kahlert DStR 2014, 73).

Aus heutiger Sicht, vor allem unter Berücksichtigung der InsO, ist dieser Auffassung nicht 193
mehr zu folgen. Die damalige Ansicht stützte sich darauf, dass **neben dem Gewinnabführungsvertrag** noch ein **Beherrschungsvertrag** vorlag, was zu einer Konzernleitungspflicht des Organträgers führte (BGHZ 103, 1 = BeckRS 9998, 164532). Mittlerweile ist in der Praxis der **isolierte Gewinnabführungsvertrag** am häufigsten verbreitet, sodass die Ansicht diesbezüglich verworfen werden kann (Fichtelmann GmbHR 2010, 576). Des Weiteren hat mit Inkrafttreten der InsO ein Paradigmenwechsel stattgefunden. Das Insolvenzverfahren soll danach dazu dienen, eine gemeinschaftliche Befriedigung aller Gläubiger herbeizuführen. Das Insolvenzrecht hat im Gegensatz zur Konkursordnung vor allem auch den Zweck, das Unternehmen zu sanieren (Neumann in Gosch, KStG, 4. Aufl. 2020, KStG § 14 Rn. 296; Uhlenbruck/Hirte InsO § 11 Rn. 398, 407; Roth, Insolvenzsteuerrecht, 2021, Rn. 4.301). Dazu gehört auch die Übernahme der bestehenden Konzernstruktur (Roth, Insolvenzsteuerrecht, 2021, Rn. 4.301). Wird die **Aufrechterhaltung des Gewinnabführungsvertrages** vom Insolvenzverwalter für sinnvoll erachtet, kann dieser fortbestehen. Sollte dies nicht im Unternehmensinteresse sein, so kann der Vertrag aus wichtigem Grund außerordentlich **fristlos gekündigt werden** (vgl. Neumann in Gosch, KStG, 4. Aufl. 2020, KStG § 14 Rn. 296; Uhlenbruck/Hirte InsO § 11 Rn. 398, 407; Fichtelmann GmbHR 2010, 576; aA (Kündigungsrecht nur für die Organgesellschaft) Roth, Insolvenzsteuerrecht, 2021, Rn. 4.304). Würde der Gewinnabführungsvertrag automatisch mit der Eröffnung des Insolvenzverfahrens enden, entfiele die Prüfungs- und Wahlmöglichkeit, sodass eine erfolgreiche Sanierung womöglich erschwert oder scheitern würde.

Steuerrecht in der Insolvenz – Ertragssteuerrecht

194 Die **herrschende Meinung** vertritt in Anlehnung an die Entscheidung des BGH (ZIP 1988, 229 = BeckRS 9998, 164532) die Ansicht, dass der Gewinnabführungsvertrag spätestens mit der Eröffnung des Insolvenzverfahrens über das Vermögen der **Organgesellschaft** ende (Paschos in Henssler/Strohn, GesR, 5. Aufl. 2021, AktG § 297 Rn. 13; differenzierend Emmerich in Emmerich/Habersack, Aktien- und GmbH-Konzernrecht, 9. Aufl. 2019, AktG § 297 Rn. 52b, jeweils mwN). In diesem Fall sollen beide Parteien des Gewinnabführungsvertrags dazu berechtigt sein, den Vertrag **aus wichtigem Grund** außerordentlich zu kündigen (Neumann in Gosch, KStG, 4. Aufl. 2020, KStG § 14 Rn. 296; Uhlenbruck/Hirte InsO § 11 Rn. 398).

195 In der **Literatur** wird für den Fall der **beiderseitigen Insolvenz** davon ausgegangen, dass der Gewinnabführungsvertrag mit Eröffnung des Insolvenzverfahrens endet (MüKoInsO/Schüppen/Ruh Anhang Insolvenzsteuerrecht Rn. 88e; Dötsch in Dötsch/Pung/Möhlenbrock, Die Körperschaftsteuer, KStG § 14 Rn. 625; Kahlert DStR 2014, 73; Busch/Winkens/Büker, Insolvenzrecht und Steuern visuell, 3. Aufl. 2020, 339).

196 Nach Ansicht von Roth (Roth, Insolvenzsteuerrecht, 2021, Rn. 4.307) kann es dagegen durchaus wirtschaftlich sein, den **Gewinnabführungsvertrag trotz Insolvenz fortzuführen.** Dies ist ua dann der Fall, wenn nach der erfolgreichen Sanierung aus der Organgesellschaft noch Gewinne zu erwarten sind.

197 Unter Berücksichtigung des Fortführungsgedankens erscheint es auch für den Fall der beiderseitigen Insolvenz sachgerecht, dass den Parteien eine **eigene Prüfungs- und Entscheidungsmöglichkeit** zukommt, statt einer automatischen Beendigung des Gewinnabführungsvertrages.

3. Steuerliche Auswirkungen

198 Nach den zivilrechtlich dargestellten Ansichten scheint auch ein Fortbestehen der körperschaftsteuerlichen Organschaft trotz Insolvenzeröffnung möglich, sofern die Gesellschaften weiterhin am Gewinnabführungsvertrag **festhalten.** Etwas anderes gilt, wenn sich die Parteien zur vorzeitigen Beendigung des Vertrags **durch Kündigung** oder zur einvernehmlichen Vertragsaufhebung entscheiden. Die Organschaft endet in diesen Fällen mit Ablauf des der Kündigung vorangegangenen Wirtschaftsjahrs der Organgesellschaft. Neben der zivilrechtlichen Wirksamkeit des Vertrages tritt für die **steuerrechtliche** Wertung das Tatbestandmerkmal der **tatsächlichen Durchführung des Gewinnabführungsvertrages** hinzu. Die Gewinnabführung kann durch Zahlung oder aber durch eine zur Anspruchserfüllung führende und der tatsächlichen Zahlung gleichstehende Aufrechnung erfolgen (BFH/NV 2016, 1177 = BeckRS 2016, 94928).

199 Die **unschädliche Rückwirkung** auf das Ende des der Kündigung vorangegangenen Wirtschaftsjahrs soll im Fall der Insolvenzeröffnung **auch innerhalb des gesetzlichen Mindestvertragsdauer** iSd § 14 Abs. 1 S. 1 Nr. 3 KStG erfolgen können, da die **Insolvenzeröffnung als wichtiger Grund** nach § 14 Abs. 1 S. 1 Nr. 3 S. 2 KStG anzusehen ist.

200 Diese Ansicht aufgreifend hat das FG Nürnberg mit Urteil vom **11.12.2018** (EFG 2020, 479 = BeckRS 2018, 49718; Revision BFH I R 29/19) die **Insolvenzeröffnung** als vorzeitige, insolvenzbedingte Beendigung (**ohne Kündigung**) innerhalb der gesetzlichen Mindestvertragsdauer als wichtigen Grund anerkannt und als rückwirkendes Vertragsende den Beginn des Wirtschaftsjahres der Insolvenzeröffnung angesehen (FG Nürnberg BeckRS 2018, 49718; Revision BFH I R 29/19). Dabei wurde für die steuerrechtliche Anerkennung der Organschaft in den Vorjahren auf die **tatsächliche Durchführung** des Gewinnabführungsvertrages abgestellt.

201 In der **Literatur** wird teilweise die in Bezug auf die umsatzsteuerrechtliche Organschaft vertretene Auffassung des BFH (→ SteuerrechtinderInsolvenz-Umsatzsteuer Rn. 8) adaptiert, dass **spätestens mit Insolvenzeröffnung** die finanzielle Eingliederung beendet wird (Krumm in Blümich, EStG, KStG, GewStG, Nebengesetze, KStG § 14 Rn. 81 f.; Dötsch in Dötsch/Pung/Möhlenbrock, Die Körperschaftsteuer, KStG § 14 Rn. 625; Kahlert DStR 2014, 73; Busch/Winkens/Büker, Insolvenzrecht und Steuern visuell, 3. Aufl. 2020, 339). Demnach würde auch die körperschaftsteuerliche Organschaft enden (→ Rn. 201.1).

201.1 Allerdings ist fraglich, ob die vom BFH ergangene Entscheidung **uneingeschränkt auf die körperschaftsteuerliche Organschaft anwendbar** ist. Die umsatzsteuerliche Organschaft erfordert im Gegensatz zur körperschaftsteuerlichen Organschaft nicht nur die finanzielle Eingliederung der Organgesellschaft in den Organträger, sondern auch eine wirtschaftliche und organisatorische Eingliederung. Der Gesetzgeber hat **bezüglich der körperschaftsteuerlichen Organschaft bewusst auf diese Tatbestandsmerkmale verzichtet** (BGBl. 2000 I 1433). Solange keine Verfügungen über die Beteiligung des Organträgers an der Organgesellschaft stattfinden, bleibt das Tatbestandsmerkmal der finanziellen Eingliederung von der Insolvenz unberührt.

Steuerrecht in der Insolvenz – Ertragssteuerrecht

Wird über das Vermögen des **Organträgers** das Insolvenzverfahren eröffnet, bleibt das Merkmal der **finanziellen Eingliederung** bestehen, da die Rechte des Mehrheitsgesellschafters durch den Insolvenzverwalter, dem Organträger zurechenbar, ausgeübt werden (Roth, Insolvenzsteuerrecht, 2021, Rn. 4.300; mit gewissen Einschränkungen ebenso Busch/Winkens/Büker, Insolvenzrecht und Steuern visuell, 3. Aufl. 2020, 334 ff.). 202

Der Insolvenzverwalter ist auch für die **Erfüllung von Verlustausgleichen nach § 302 AktG** verantwortlich, sofern er sich für die Fortführung des Gewinnabführungsvertrages entschieden (Roth, Insolvenzsteuerrecht, 2021, Rn. 4.303). Dem steht auch kein Leistungsverweigerungsrecht gem. § 273 BGB der Organgesellschaft entgegen (so aber Kahlert DStR 2014, 73). 203

In tatsächlicher Hinsicht führt die Insolvenz der **Organgesellschaft** zu Einschränkungen der rechtlichen Möglichkeiten des Organträgers aufgrund des Übergangs des Verwaltungs- und Verfügungsmacht auf den Insolvenzverwalter, da ua die Weisungsbefugnis entfällt. Allerdings bleiben rein formal betrachtet nach § 14 Abs. 1 S. 1 Nr. 1 KStG die **Stimmrechte** des Organträgers **unberührt**. Die finanzielle Eingliederung ist indes **weiterhin erfüllt** (s. auch WUS Insolvenzen/Uhländer Rn. 1656; Roth, Insolvenzsteuerrecht, 2021, Rn. 4.306). 204

Geht man von den vorgenannten Erwägungen aus, so besteht die körperschaftsteuerliche Organschaft auch bei der **beiderseitigen Insolvenz** fort. Es verbleibt bei der Möglichkeit der Kündigung aus wichtigem Grund. 205

Die Auswirkungen beim Vorliegen eines **Sanierungsertrags iSd § 3a EStG** sind danach zu beurteilen, ob die **Organgesellschaft** oder der **Organträger** insolvent ist. Die ertragsteuerliche Beurteilung der beiden Gesellschaften hat im Fall der Sanierung **getrennt** voneinander zu erfolgen, da das Einkommen von Organträger und Organgesellschaft unabhängig voneinander ermittelt wird. **§ 15 S. 1 Nr. 1 S. 2 und 3 und Nr. 1a KStG** hat für einen Organträger im Sanierungsfall keine Bedeutung, da die Regelung lediglich an die Sanierung einer **Organgesellschaft** anknüpft und die **Verlustverrechnung** mit den Sanierungserträgen regelt. Die Regelung bezieht sich auf die Anwendbarkeit der §§ 3a, 3c Abs.4 EStG auf die Organgesellschaft und die Rechtsfolgen, falls ein Sanierungsgewinn auch nach Verrechnung mit den sanierungsbedingten Aufwendungen und mit Verlusten aus vororganschaftlichen und dem laufenden Wirtschaftsjahr verbleibt. Der verbleibende Sanierungsertrag soll gem. § 14 Abs. 1 S. 1 dem **Organträger zugerechnet** werden. Der Ertrag wird mit den beim Organträger vorhandenen Verlusten verrechnet. In der Praxis problematisch ist, dass die Verrechnungsmöglichkeit sogar **über das Bestehen der Organschaft** hinausgeht. 206

Gemäß **§ 3a Abs. 1 S. 1 EStG** sind Sanierungserträge, welche aufgrund des Erlasses von betrieblichen Schulden entstehen, steuerfrei. Es soll jedoch nicht zu einer Doppelbegünstigung der insolventen Unternehmen kommen, indem einerseits Sanierungserträge steuerfrei blieben und zudem Verluste, die aus der wirtschaftlichen Krise resultieren, weiterhin mit künftigen Gewinnen nach der erfolgreichen Sanierung verrechenbar wären. Daher bestimmen §§ 3a, 3c Abs.4 EStG, dass der Sanierungsertrag in einem ersten Schritt mit den Sanierungskosten zu verrechnen ist. Ein danach noch vorliegender Ertrag ist mit den **laufenden Verlusten und vorhandenen Verlustvorträgen** des Steuerpflichtigen zu verrechnen (zu der umfangreichen Verrechnungsreihenfolge s. **§ 3a Abs. 3 S. 2 EStG**). 207

Diese Grundsätze gelten auch für die insolvente Organgesellschaft. **Verlustvorträge**, die **vororganschaftlich** begründet wurden, sind während der Dauer der Organschaft für die Einkommensermittlung der Organgesellschaft und der Berücksichtigung beim Organträger **nicht nutzbar**. Um der gesetzgeberischen Intention im Rahmen der Sanierung zu entsprechen, regelt § 15 S. 1 Nr. 1 S. 2 KStG im Fall des Sanierungsertrags die Verrechnung ebendieses „eingefrorenen" Verlustes. Nach der Gesetzesidee soll die Verrechnung von Verlusten der Organgesellschaft auch **nach Beendigung** der Organschaft ausscheiden. Um dies zu vermeiden, ist die Verlustverrechnung mit verbleibenden Sanierungsgewinnen auch nach Beendigung der Organschaft **innerhalb von fünf Jahren** nach § 15 S. 1 Nr. 1a S. 3 KStG möglich. In der Literatur begegnet dies jedoch tiefgreifenden – auch verfassungsrechtlichen – Bedenken im Hinblick auf das objektive Nettoprinzip, insbesondere dann, wenn **Verlustpositionen** des Organträgers betroffen sind, die **erst nach Organschaftsbeendigung** entstanden sind, und/oder die Organgesellschaft zwischenzeitlich an einen Dritten veräußert wurde (vgl. Sistermann/Beutel DStR 2017, 1065) (→ Rn. 208.1). 208

Das ist deshalb problematisch, da der **Fünfjahreszeitraum** auch dann Anwendung findet, wenn Organschaften bereits vorinsolvenzlich beendet wurden, sodass der Verlustuntergang beim ehemaligen Organträger und der ehemaligen Organgesellschaft zurückwirkt. Dadurch werden Gesellschaften „belastet", die aufgrund vorinsolvenzlicher Beendigung der Organschaft ggf. durch Verkauf an Dritte zum Zeitpunkt der Sanierung keine nahestehenden, sich ggf. in einer Konzernstruktur finanzierten Gesellschaften mehr sind. 208.1

Steuerrecht in der Insolvenz – Ertragssteuerrecht

Zudem werden nicht diejenigen Verluste, die zum Zeitpunkt der Beendigung der Organschaft bestanden, mit den Sanierungserträgen verrechnet, sondern diejenigen Verlustvorträge nach § 10d EStG, die zum Zeitpunkt der Entstehung des Sanierungsertrags (= Schuldenerlass) bestehen. Dies gilt auch für vorinsolvenzlich veräußerte Organgesellschaften, die wirtschaftlich nicht mehr mit dem Organträger verbunden sind. Damit geht im Rahmen des M&A-Prozesses von ehemals organschaftlich verbundenen Gesellschaften ein wesentlich erhöhtes Risiko einher. Der ehemalige Organträger riskiert innerhalb der fünf Jahre nach Beendigung der Organschaft den eigenen Verlustuntergang durch den ungewissen Fall eines möglichen Sanierungsertrags bei der ehemaligen Organgesellschaft.

208.2 Fraglich ist, ob durch Freistellung des ehemaligen Organträgers vom Verlust durch Untergang von Verlustvorträgen und anderen Steuerattributen im Zusammenhang mit Sanierungsmaßnahmen bei der Organgesellschaft nach Closing des M&A-Prozesses dieses Risiko wirksam eingedämmt werden kann. Bei Beendigung der Organschaft bzw. bei Veräußerung der Organgesellschaft an einen Dritten wäre vertraglich ein Ausgleichsanspruch des Organträgers gegenüber der Organgesellschaft im Innenverhältnis zu vereinbaren, welcher aufgrund des dann eingetretenen Sanierungsfalls wiederum eher nur quotal ausgeglichen werden kann.

Steuerrecht in der Insolvenz – Umsatzsteuer

Übersicht

	Rn.		Rn.
A. Allgemeines	1	I. Vorsteuerabzug	127
B. Unternehmereigenschaft	4	II. Vorsteuerberichtigung	135
I. Insolvenzschuldner/Unternehmer	5	III. Aufrechnung	137
II. (Vorläufiger) Insolvenzverwalter, (vorläufiger) Sachwalter und Treuhänder	7	H. Umsatzsteueransprüche bei beidseitig nicht vollständig erfüllten Verträgen	142
C. Organschaft	8		
I. Insolvenz der Organgesellschaft	9	I. Werkunternehmer-Insolvenz	144
II. Insolvenz des Organträgers	17	II. Besteller-Insolvenz	149
III. Doppelinsolvenz von Organträger und Organgesellschaft	21	I. Umsatzsteuer bei Immobiliarvermögen	155
IV. Ende der Organschaft und ihre Auswirkungen	23	I. Zwangsversteigerung	156
		II. Freihändige Verwertung	166
V. Unerkannte Organschaft	31	III. Zwangsverwaltung	171
D. Abgrenzung Insolvenzforderung/ Masseverbindlichkeit	36	IV. „Kalte Zwangsverwaltung"	175
I. Abgrenzungsmerkmale	36	J. Umsatzsteuer bei Mobiliarverwertung (Sicherungsübereignung)	178
II. Masseverbindlichkeit (§ 55 Abs. 1 InsO)	39	I. Durch Sicherungsnehmer vor Insolvenzeröffnung	178
III. Masseverbindlichkeit (§ 55 Abs. 2 InsO)	51	II. Durch Sicherungsgeber vor Insolvenzeröffnung	181
IV. Masseverbindlichkeit (§ 55 Abs. 4 InsO)	55	III. Durch Sicherungsnehmer während des Insolvenzeröffnungsverfahrens	185
V. Ist-Besteuerung	61		
VI. Forderungseinzug im Insolvenzantragsverfahren/Sollbesteuerung	64	IV. Durch den vorläufigen starken/schwachen Insolvenzverwalter während des Insolvenzeröffnungsverfahrens	188
VII. Forderungseinzug im eröffneten Insolvenzverfahren/Soll-Besteuerung	75	V. Verwertung von Sicherungsgut im vorläufigen Eigenverwaltungsverfahren	193
E. Besteuerungsverfahren	86		
I. Vergabe der Steuernummer	91	VI. Durch den Insolvenzverwalter nach Insolvenzeröffnung	196
II. Besteuerungsart/Voranmeldungszeitraum	96	VII. Durch den Sicherungsnehmer nach Insolvenzeröffnung	202
III. Entstehungszeitpunkt	100	VIII. Verwertung nach Eröffnung des Eigenverwaltungsverfahrens gem. §§ 270 ff. InsO	210
F. Rechnungserteilung und Rechnungsberichtigung	104		
I. Rechnungserteilung	104	K. Umsatzsteuer bei der Verwertung von Forderungen	211
II. Rechnungsberichtigungen nach § 14c UStG	109	L. Umsatzsteuer bei der Insolvenzanfechtung	223
III. Sonderfall: (geänderte) Wahlrechtsausübung	119		
G. Vorsteuerabzug und Vorsteuerberichtigung	127	M. Haftungstatbestände in der Umsatzsteuer	229

A. Allgemeines

Für das Insolvenzsteuerrecht ist die **Qualifizierung der Umsatzsteuer, entweder als Insolvenzforderung oder als Masseverbindlichkeit,** von zentraler Bedeutung. Jede Insolvenz eines Unternehmens iSd UStG berührt umsatzsteuerliche Fragen. Bestehende Rechtsunsicherheiten, welche durch die mangelnde Abstimmung des Insolvenz- mit dem Steuerrecht bedingt sind, sind bei der Behandlung der Umsatzsteuer im Insolvenzsteuerrecht am deutlichsten erkennbar. Im Insolvenzverfahren wirkt sich das in mehreren Richtungen aus, da es für mögliche Steuerschuldner oder -gläubiger zu enormen Unsicherheiten kommt. Die Umsatzsteuer kann für die Insolvenzmasse entweder eine Steuerverbindlichkeit oder eine Steuerforderung sein. Letztere stellt einen Anspruch gegenüber dem Fiskus dar und trägt folglich zur Mehrung der Insolvenzmasse bei. Dieser Mechanismus ist in dieser Zuspitzung allerdings stark vereinfacht und steht außerdem gem. § 16 Abs. 2 UStG unter dem Vorbehalt der umsatzsteuerlichen Zwangsverrechnung. 1

Steuerrecht in der Insolvenz – Umsatzsteuer

2 Zudem ist die Einordnung der unterschiedlichen Umsatzsteuertatbestände in die **insolvenzrechtlichen Rangstufen** wirtschaftlich von höchster Relevanz, da diese Zuordnung der Umsatzsteuer darüber entscheidet, ob sie als Masseverbindlichkeit gem. § 55 Abs. 1 Nr. 1 InsO (→ § 55 Rn. 1) oder Insolvenzforderung nach § 38 InsO (→ § 38 Rn. 1) zu qualifizieren ist.

3 Als Insolvenzforderung nimmt die Umsatzsteuer nur quotenmäßig an der Verteilung teil, als Masseverbindlichkeit belastet sie die Insolvenzmasse, vorbehaltlich der Masseunzulänglichkeit, in vollem Ausmaß. Außerdem hat diese Abgrenzung Auswirkungen auf eine mögliche vorzeitige Einstellung des Insolvenzverfahrens, wenn absehbar ist, dass Masseunzulänglichkeit nach § 208 Abs. 1 S. 2 InsO vorliegt. Ziel des Insolvenzverwalters ist es, die Masse nicht durch Umsatzsteuerverbindlichkeiten zu belasten, da er verpflichtet ist, die Einstellung des Verfahrens zu beantragen, wenn die Masse des Schuldners nicht ausreicht, um die Kosten des Verfahrens und mögliche andere Masseverbindlichkeiten zu decken (WUS Insolvenzen/Waza Rn. 1964). Wohl bei keiner anderen Steuerart ist das Risiko falscher Anwendung, respektive des Unterlassens der Ausübung von Optionen durch den Insolvenzverwalter so hoch, da eine unmittelbare Auswirkung auf die Insolvenzmasse droht. Allein die Vielzahl der in den letzten Jahren ergangenen höchstrichterlichen und zum Teil divergierenden finanzgerichtlichen Entscheidungen erschwert die praktische Anwendung in den jeweiligen Insolvenzverfahren erheblich.

3.1

Übersicht Umsatzsteuer-Änderungen im Insolvenz- und Eigenverwaltungsverfahren

Jahr	Ereignis	Quelle	Inhalt
2011	Inso-Antrag ab 01.01.2011	Art. 3 Nr. 2 HBeglG vom 09.12.2010	Gem. § 55 Abs. 4 InsO werden Steuerverbindlichkeiten der schwachen vV mit IE zu Masseverbindlichkeiten
2012	IE ab 01.01.2012	BFH, Urteil vom 09.12.2010 - V R 22/10	Bei Zahlungseingang von Altdebitoren (vor IE begründet) nach IE sind diese umsatzsteuerpflichtig (2. Berichtigung, da mit IE/vV uneinbringlich (1. Berichtigung))
2014	Geschäftsvorfall ab 01.07.2014	BMF 30.4.2014 IV D 2 - S 7100/07/10087	Umsatzsteuerrechtlicher Dreifachumsatz bei Verwertung von Sicherungsgut im Insolvenzverfahren
	ZE ab 01.01.2014 / RS Änderung ab 2012/2013	OFD Koblenz 23.8.2013 S 0550 A-St 34 1	Insolvenzrechtliche Anfechtungen sind umsatzsteuer unwirksam Vorsteuerberichtigung gem. § 17 UStG im VZ der Vereinnahmung
2015	Anordnung der schwachen vV ab dem 01.01.2015	BMF 20.5.2015 IV A 3 - S 0550/10/10020-05 BMF 18.11.2015 IV A 3 S 0550/10/10020-05	Trennung von Leistungserbringung (Schuldner) und Forderungseinzug (vV), somit USt-Pflicht aller Forderungen (vor IE begründet) erst bei Zahlungseingang
2016	Anordnung der schwachen vV ab dem 01.01.2016	BMF 18.5.2016 III C 2 – S 7330/09/10001 :002	Trennung von Leistungserbringung (Schuldner) und Forderungseinzug (vV), somit USt-Pflicht aller Forderungen (vor IE begründet) erst bei Zahlungseingang
	Anordnung der starken vV ab dem 01.01.2016	BMF 25.4.2016 III C 2 – S 7242-a/09/10005	Steuerbeträge aus Umsätzen, die nach Bestellung des starken vV erbracht wurden, gelten mit IE als sonstige Masseverbindlichkeiten gem. § 55 Abs. 2 S.1 InsO
2017	In allen offenen Geschäftsvorfällen anzuwenden	BFH, Urteil vom 15.12.2016 - V R 26/16 BFH, Urteil vom 29.3.2017 - XI R 5/16 OLG Naumburg - 06.12.2017 5 U 96/17	Bei ZE eines bereits durch den Schuldner entrichteten Entgelts aufgrund erfolgreicher Insolvenzanfechtung nach IE an den Insolvenzverwalter → VSt-Korrektur gem. § 17 UStG im Zeitpunkt der Vereinnahmung
2020	Geschäftsvorfall ab 30.07.2020	BFH Beschl. 07.05.2020 - V R 14/19 BGH, Urteil vom 22.11.2018 - IX ZR 167/16	Der Umsatzsteueranspruch für einen Besteuerungszeitraum, in dem der Unternehmer einem Eröffnungsverfahren mit vorl. Eigenverwaltung nach § 270a InsO unterliegt, ist weder nach § 55 Abs. 2 InsO noch nach § 55 Abs. 4 InsO eine Masseverbindlichkeit
2021	Insolvenzantrag ab 01.01.2021	Neufassung § 55 Abs. 4 InsO	Anwendung des § 55 Abs. 4 InsO gilt auch auf das vorläufige Eigenverwaltungsverfahren für Anträge ab dem 01.01.2021

Aufstellung der zeitlichen Anwendungen der wesentlichen umsatzsteuerrechtlichen Urteile in der Detailübersicht

B. Unternehmereigenschaft

4 Die Eröffnung des Insolvenzverfahrens hat nach ständiger Rechtsprechung des BFH **keine Auswirkungen auf die Unternehmereigenschaft des Schuldners** (BFHE 150, 211 = BeckRS 1987, 22008157; BFHE 185, 552 = BeckRS 1998, 23000732; BFHE 192, 129 = BeckRS 2000, 24000998; Abschn. 16 Abs. 7 UStR 2008). Hiergegen spricht auch nicht, dass der Schuldner nach Eröffnung des Insolvenzverfahrens keine Umsätze mehr für die Insolvenzmasse erbringt. Denn es ist nicht erforderlich, dass der Schuldner die berufliche oder gewerbliche Tätigkeit eigenhändig ausübt (Rau/Dürrwächter/Frotscher UStG § 18 Rn. 806). Vielmehr wird die Tätigkeit des Insolvenzverwalters dem Schuldner vollständig zugerechnet. Dazu gehören getätigte Umsätze bei der Massewertung, aber auch Umsätze im Rahmen einer Betriebsfortführung (MüKoInsO/Schüppen/Schlösser Insolvenzsteuerrecht Rn. 257). Zudem wird die Besteuerungsart beibehalten (Farr,

Steuerrecht in der Insolvenz – Umsatzsteuer

Die Besteuerung in der Insolvenz, 2005, Rn. 363). Der Insolvenzverwalter übernimmt die steuerlichen Merkmale des Schuldners, der Schuldner bleibt das Steuersubjekt.

I. Insolvenzschuldner/Unternehmer

Aus dem Grundsatz der Unternehmenseinheit, der auch nach Eröffnung des Insolvenzverfahrens 5
gilt, ergibt sich, dass der Unternehmer auch nach dem Insolvenzeröffnungsverfahren seine **umsatzsteuerliche Unternehmereigenschaft** gem. § 2 Abs. 1 UStG **beibehält** (stRspr: BFHE 189, 14 = BeckRS 1999, 24001229; BFHE 192, 132 = BeckRS 2000, 24001050; BFHE 200, 156 = BeckRS 2002, 24000965; aus der Literatur ua Rau/Dürrwächter/Stadie UStG § 18 Rn. 805). Umsätze, die während des Insolvenzverfahrens erwirtschaftet werden, werden nicht isoliert zu solchen eines Steuersubjekts „Insolvenzmasse" (stRspr; BFH/NV 1994, 477 = BeckRS 1993, 6266), sondern werden Teil der Umsätze des insolventen Unternehmens. Es entsteht folglich keine Vermögensmasse mit selbstständigen steuerrechtlichen Pflichten gem. § 34 Abs. 1 S. 1 AO iVm § 34 Abs. 2 S. 3 AO (stRspr; vgl. BFH/NV 1994, 477 = BeckRS 1993, 6266).

Auch eine juristische Person oder eine Personengesellschaft bleibt bis zu dem Zeitpunkt Unter- 6
nehmer im umsatzsteuerrechtlichen Sinne, bis ihre **Rechtsfähigkeit endet** (MüKoInsO/Schüppen/Schlösser Insolvenzsteuerrecht Rn. 258). Insoweit ist für die Einordnung als Unternehmer irrelevant, ob während des Insolvenzverfahrens noch laufende Umsätze stattfinden. Überdies sind die dem Insolvenzverfahren immanenten Aufgaben solche der Forderungseintreibung und damit verbunden die Vereinnahmung von Entgelten sowie die Veräußerung von Betriebsvermögen. Dass der eigentliche Betrieb des Unternehmens weitergeführt wird, ist nicht erforderlich (MüKoInsO/Schüppen/Ruh Insolvenzsteuerrecht Rn. 259). Der Schuldner bleibt während des Verfahrens auch **Schuldner der Umsatzsteuer gem. § 13 UStG**. Es wird auch nicht zwischen Umsätzen aus der Betriebsfortführung und der aus Verwertungsgeschäften differenziert (Rau/Dürrwächter/Stadie UStG Anh. 2 Rn. 4).

II. (Vorläufiger) Insolvenzverwalter, (vorläufiger) Sachwalter und Treuhänder

Während die im Rahmen der Verwertung der Masse einschließlich einer etwaigen Unterneh- 7
mensfortführung anfallenden umsatzsteuerrelevanten Vorgänge, wie eben gezeigt, dem Schuldner zuzurechnen sind, ist hiervon zu unterscheiden die umsatzsteuerliche Stellung des (vorläufigen) Insolvenzverwalters selbst. Der **(vorläufige) Insolvenzverwalter** ist bezüglich der Ausübung seiner Tätigkeit beruflich mit der Abwicklung des Insolvenzverfahrens betraut. Daher gilt er in Ausübung seines Berufs **selbst als Unternehmer** nach § 2 Abs. 1 Nr. 1 UStG. Seine Tätigkeit als (vorläufiger) Insolvenzverwalter stellt eine sonstige Leistung gem. § 1 Abs. 1 Nr. 1 UStG, § 3 Abs. 9 UStG an den Insolvenzschuldner dar. Die Verwaltung, Verwertung und Verteilung der Insolvenzmasse ist eine einheitliche Leistung des Insolvenzverwalters (BFHE 250, 263 = MwStR 2015, 725 Rn. 16). Aufgrund dieser Tätigkeit kann (und muss) er dem Insolvenzschuldner eine Rechnung mit Umsatzsteuerausweis erteilen. Der Insolvenzschuldner steht durch die Rechnungserteilung ein Anspruch auf Vorsteuerabzug zu (→ Rn. 127). Der Beschluss des Insolvenzgerichts über die Festsetzung der Vergütung des Insolvenzverwalters – als Bewilligung des Vergütungsanspruchs – stellt keine Rechnung iSd § 14 Abs. 2 S. 4 UStG dar (BFHE 239, 365 = DStR 2013, 307 Rn. 15). Dasselbe gilt für die Tätigkeit des **(vorläufigen) Sachwalters** und des **Treuhänders** (WUS Insolvenzen/Waza Rn. 1916). Umsatzsteuerlich ähnelt die Erfüllung der Aufgaben des (vorläufigen) Insolvenzverwalters derjenigen von Leistungen eines Geschäftsführers für eine Gesellschaft (Sterzinger NZI 2009, 208 (210); MüKoInsO/Schüppen/Schlösser Insolvenzsteuerrecht Rn. 10).

Streitig ist die umsatzsteuerliche Unternehmereigenschaft jedenfalls in solchen Fällen, bei denen ein 7.1
Gesellschafter einer Sozietät oder ein dort **angestellter Rechtsanwalt** zum Insolvenzverwalter berufen wird. Die FinVerw rechnet alle Umsätze, die der Verwalter erwirtschaftet, der Kanzlei zu (BMF-Schreiben v. 28.7.2009, BeckVerw 163230; anders zuvor OFD Karlsruhe DStR 2008, 923). Ein Leistungsaustausch zwischen Rechtsanwalt und Kanzlei findet nicht statt. Danach erfolgt die Abrechnung der Sozietät unter Angabe der Steuernummer derselben und in ihrem Namen (BMF-Schreiben v. 28.7.2009 BeckVerw 163230 anders zuvor OFD Karlsruhe DStR 2008, 923). Die Literatur hingegen lehnt das Schreiben des BMF mit der Begründung ab, dass die Bestellung des Insolvenzverwalters nicht an die Sozietät gebunden ist, sondern an die Person des Insolvenzverwalters (mwN Rau/Dürrwächter/Stadie UStG § 2 Rn. 568 ff.). Spätestens bei der Rechnungstellung wird diese Frage relevant, da nach § 14 Abs. 4 S. 1 Nr. 1, 2 UStG die Steuernummer, der Name und die Steueridentifikationsnummer des leistenden Unternehmens mitgeteilt werden muss. Gemäß des oben genannten BMF-Schreibens vom 28.7.2009 werden in der Praxis die

Steuerrecht in der Insolvenz – Umsatzsteuer

Rechnungen der Sozietät für den Vorsteuerabzug der Insolvenzmasse anerkannt. Dies gilt sowohl für den Fall eines angestellten als auch für den eines an der Kanzlei als Gesellschafter beteiligten Rechtsanwalts, selbst wenn dieser ausschließlich als Insolvenzverwalter tätig ist und im eigenen Namen handelt.

7.2 Geklärt ist nunmehr auch die Frage, ob diese Ausführungen auch gelten, wenn der (vorläufige) Insolvenzverwalter bei einer juristischen Person angestellt ist. Das BVerfG (NZI 2016, 163) hat die Ansicht das BGH (BGHZ 198, 225 = BeckRS 2013, 17641), dass § 56 Abs. 1 S. 1 InsO, der juristische Personen vom Amt des Insolvenzverwalters ausschließt, verfassungsgemäß ist (NZI 2016, 163). Damit können weiterhin ausschließlich **natürliche Personen nach § 56 Abs. 1 S. 1 InsO als Insolvenzverwalter** tätig sein (Sonnleitner InsSteuerR/Witfeld Kap. 5 Rn. 12).

C. Organschaft

8 Eine Organschaft stellt den **Zusammenschluss von rechtlich selbstständigen Unternehmen zu einem Besteuerungssubjekt** dar. Dabei wird die eine rechtlich selbstständige Gesellschaft („Organgesellschaft") derart in eine andere selbstständige Gesellschaft („Organträger") eingebunden, dass alle steuerlichen Vorgänge der Organgesellschaft dem Organträger als eigene zugerechnet werden. Gemäß § 2 Abs. 2 Nr. 2 UStG liegt eine Organschaft vor, wenn die Organgesellschaft nach der Gesamtschau der organisatorischen, finanziellen und wirtschaftlichen Verhältnisse in das Unternehmen des Organträgers eingegliedert ist (WUS Insolvenzen/Waza Rn. 1931; Sonnleitner InsSteuerR/Witfeld Rn. 385). Nicht jedes Merkmal muss gleichermaßen vorliegen. Defizite bei einer Voraussetzung können durch eine stärkere Ausprägung eines anderen Merkmals ausgeglichen werden (BFHE 79, 316 = BeckRS 1964, 21005200; BFHE 89, 402 = BeckRS 1967, 21005098). Rechtsfolge der Organschaft ist, dass die Organgesellschaft nicht mehr nach § 2 Abs. 1 S. 1 UStG selbstständig ist. Vielmehr gilt ausschließlich der Organträger als Unternehmer für sein Unternehmen und das der Organgesellschaft gem. § 2 Abs. 2 Nr. 2, 3 UStG (Sonnleitner InsSteuerR/Witfeld Kap. 5 Rn. 385; WUS Insolvenzen/Waza Rn. 1931). Welche umsatzsteuerlichen Folgen die Eröffnung des Insolvenzverfahrens oder ein Insolvenzantragsverfahren auf eine Organschaft hat, hängt maßgeblich davon ab, ob die Organgesellschaft, der Organträger oder beide insolvent sind (WUS Insolvenzen/Waza Rn. 1931). Die Rechtsprechung des BFH hierzu war zunächst dynamisch und ist zwischenzeitlich gefestigt. Spätestens mit Eröffnung des Insolvenzverfahrens in Fremd- sowie auch Eigenverwaltung endet nach Auffassung des BFH die umsatzsteuerliche Organschaft.

I. Insolvenz der Organgesellschaft

9 Gemäß § 80 InsO geht mit **Eröffnung des Insolvenzverfahrens** die Verwaltungs- und Verfügungsbefugnis auf den Insolvenzverwalter über. Zu diesem Zeitpunkt verliert der Organträger seinen Einfluss auf die Organgesellschaft und es findet keine einheitliche Willensbildung mehr statt. Die Organgesellschaft wird durch den Insolvenzverwalter selbst steuerlich verpflichtet und wird selbst zum Unternehmer (BFHE 187, 355 = BeckRS 1999, 23000690; BFHE 197, 357 = BeckRS 2002, 24000986; OFD Hannover DStR 2005, 157 Rn. 2.2 f.; Hölzle DStR 2006, 1210).

10 Wird ein **starker vorläufiger Insolvenzverwalter bestellt** und der Organgesellschaft ein allgemeines Verfügungsverbot auferlegt, geht gem. § 22 Abs. 1 InsO die Verwaltungs- und Verfügungsbefugnis auf den starken vorläufigen Insolvenzverwalter über. Der Organträger hat ab dem Zeitpunkt, zu dem der vorläufige Insolvenzverwalter bestellt wird, keine Einflussmöglichkeit mehr auf die Willensbildung der Organgesellschaft. Ab diesem Zeitpunkt endet die Organschaft (WUS Insolvenzen/Waza Rn. 1933).

11 Nach jüngerer Rechtsprechung des BFH ist die Organschaft bereits dann beendet, wenn ein **vorläufiger Insolvenzverwalter mit allgemeinem Zustimmungsvorbehalt** gem. § 21 Abs. 2 Nr. 2 Alt. 2 InsO bestellt wird (BFHE 242, 433 = BeckRS 2013, 95989; bestätigt durch BFHE 255, 310 = BeckRS 2016, 95770). Denn zu diesem Zeitpunkt entfällt die organisatorische Eingliederung der Organgesellschaft. Der Zustimmungsvorbehalt bewirkt, dass der vorläufige Insolvenzverwalter wirksame rechtsgeschäftliche Verfügungen des Schuldners verhindern kann. Der vorläufige Insolvenzverwalter mit Zustimmungsvorbehalt hat sich an dem Ziel zu orientieren, dass Forderungen einzelner Gläubiger nur erfüllt werden – und somit das Schuldnervermögen nur vermindern –, wenn dies im Einzelfall zur Erfüllung der ihm obliegenden Aufgaben, etwa zur Fortführung des Schuldnerunternehmens, im Interesse der Gläubigergesamtheit erforderlich oder wenigstens zweckmäßig erscheint. Auch der vorläufige Insolvenzverwalter mit Zustimmungsvorbehalt muss die künftige Masse sichern und erhalten. Es ist daher insbesondere nicht seine Aufgabe, einer Erfüllungshandlung des Schuldners durch seine Zustimmung Wirksamkeit zu verleihen, falls diese nicht im Interesse aller Gläubiger liegt (BFHE 242, 433 = BeckRS 2013, 95989). In dieser

Konstellation könnte der Organträger den ihm nach § 426 Abs. 1 S. 1 BGB zustehenden Anspruch gegen die Organgesellschaft auf Zahlung der Umsatzsteuer, die durch die wirtschaftliche Tätigkeit der Organgesellschaft verursacht ist, nicht mehr durchsetzen. Hat der vorläufige Insolvenzverwalter die Pflicht zur Massesicherung, ist er berechtigt und in der Regel verpflichtet, seine Zustimmung zur Weiterleitung einer von der Organgesellschaft für Ausgangsleistungen vereinnahmten Umsatzsteuer an den Organträger zu verweigern. Dies steht der Annahme, dass der Organträger aufgrund des Zusammenschlusses zu einem Steuerpflichtigen Steuereinnehmer auch für das Unternehmen der – ohne die Organschaft umsatzsteuerrechtlich selbstständigen – Organgesellschaft sein kann, entgegen (BFHE 242,433 = BeckRS 2013, 95989). Die FinVerw hat sich dem angeschlossen. (Abschn. 2.8 Abs. 12 S. 3 f. UStAE, neu gefasst durch BMF-Schreiben v. 26.5.2017, BeckVerw 342135) Die frühere, „überholte" Ansicht wurde damit begründet, dass der schwache vorläufige Insolvenzverwalter nicht allein über das Vermögen des Schuldners verfügen könne. Die organisatorische Eingliederung bestand nach dieser Auffassung auch dann weiter, wenn der Insolvenzverwalter eine mit dem Organträger vergleichbare Machtstellung erhielt, allerdings keine autonome Willensbildung der Organgesellschaft herbeiführen konnte (BFHE 204, 520 = BeckRS 2004, 24001700; bereits ausdrücklich offengelassen hat der BFH die Frage in BFHE 234, 548 = BeckRS 2011, 96617; ähnlich auch BFHE 235, 5 = BeckRS 2011, 96919). In der Praxis wurden dadurch oft die Organgesellschaften während des Insolvenzeröffnungsverfahrens subventioniert, solange die Organträger nicht auch insolvent waren (hierzu ausführlich Roth, Insolvenzsteuerrecht, 2021, Rn. 4.381). Diese lag darin begründet, dass die Organgesellschaft im Zeitraum der schwachen vorläufigen Insolvenzverwaltung die vereinnahmte Umsatzsteuer als direkten Massezufluss generieren konnte, eine Abführung durch die Insolvenzmasse aber nicht erfolgte. Die Weiterleitung an den Organträger scheiterte letztlich an der Massesicherungspflicht. Der Ausgleichsanspruch des Organträgers stellte lediglich eine Insolvenzforderung nach § 38 InsO, oder sogar eine dem Nachrang zuzuordnende Forderung nach § 39 InsO dar. Hieraus ergaben sich Liquiditätsvorteile der Insolvenzmasse der Organgesellschaft. Diese Vorteile haben sich nunmehr durch die darauffolgende Rechtsprechung des BFH, nach der in allen Konstellationen die Organschaft mit Anordnung der schwachen vorläufigen Insolvenzverwaltung endet (→ Rn. 11), und der Einführung des § 55 Abs. 4 InsO (→ Rn. 23) aufgelöst.

12 Bis zum Jahr 2019 höchstrichterlich nicht entschieden war der Fall der Beendigung der Organschaft bei **Anordnung der vorläufigen Eigenverwaltung.** Das BMF-Schreiben v. 26.5.2017 (BStBl. I 2017, 790 = BeckVerw 342135) ging für den Fall der Anordnung der vorläufigen Eigenverwaltung vom Fortbestand der Organschaft aus. Ausgehend von den für den Fall der vorläufigen Insolvenzverwaltung entwickelten Grundsätzen hat hingegen das FG Münster für den Fall der Anordnung der vorläufigen Eigenverwaltung bei gleichzeitigem Vollstreckungsschutz gem. § 21 Abs. 2 Nr. 3 InsO entschieden, dass damit die organisatorische Eingliederung und damit die umsatzsteuerliche Organschaft entfalle (EFG 2017, 1756 = BeckRS 2017, 127750). Auf die gegen diese Entscheidung eingelegte Revision hin hat der BFH (BFH/NV 2020, 482 = BeckRS 2019, 38325) diese Frage abweichend dahin beurteilt, dass **weder die Anordnung der vorläufigen Eigenverwaltung mit Bestellung eines vorläufigen Sachwalters sowie Anordnung des Vollstreckungsschutzes gem. § 21 Abs. 2 Nr. 3 InsO** bei der Organgesellschaft, noch bildend bei dem Organträger **die Organschaft beendet.** Mit Schreiben des BMF v. 4.3.2021 hat sich die FinVerw dieser Auffassung für alle offenen Fällen angeschlossen (BMF-Schreiben v. 4.3.2021, BeckVerw 512820). In seinem Urteil tritt der Senat der Ansicht des FG entgegen, dass die Rechtsprechung zur Beendigung der Organschaft bei vorläufiger Insolvenzverwaltung sowie bei Eröffnung des Verfahrens in Eigenverwaltung auf den Fall der vorläufigen Eigenverwaltung zu übertragen sei. Dabei stützt er sich auf die vom BGH herausgearbeiteten grundlegenden Unterschiede zwischen vorläufiger und endgültiger Eigenverwaltung. Der Schuldner erlangt bei Eröffnung des Verfahrens in Eigenverwaltung das Recht, die Masse zu verwalten und über sie gleichsam als Amtswalter in eigenen Angelegenheiten zu verfügen. Der Schuldner behält nicht seine „alte" vor Verfahrenseröffnung bestehende Verfügungsmacht über sein Vermögen, sondern übt die verbliebenen Befugnisse als Amtswalter innerhalb der in §§ 270 ff. InsO geregelten Rechte und Pflichten aus. Anders verhält es sich im vorläufigen Eigenverwaltungsverfahren. In diesem steht dem Schuldner die Verwaltungs- und Verfügungsbefugnis über sein Vermögen aus eigenem Recht zu, soweit das Insolvenzgericht keine beschränkenden Anordnungen erlässt (BGHZ 220, 243 = NZI 2019, 236). Ferner handelt der Schuldner in Eigenverwaltung völlig autonom, Forderungen werden – unter Aufsicht des vorläufigen Sachwalters – während der vorläufigen Eigenverwaltung allein vom Schuldner begründet, anders als im vorläufigen Insolvenzverfahren (BGHZ 220, 243 = NZI 2019, 236). Die organisatorische Eingliederung besteht nach diesen Voraussetzungen fort. Hieran ändert auch der erlassene Vollstreckungsschutz nichts, denn der Organträger ist wegen seiner Fähigkeit

Steuerrecht in der Insolvenz – Umsatzsteuer

zur Willensdurchsetzung bei der Geschäftsführung der Organgesellschaft auf diesen nicht angewiesen. In Bezug auf die finanzielle Eingliederung ist die Anwendung des § 276a InsO für den Fall der vorläufigen Eigenverwaltung ausgeschlossen, nachdem die Vorschrift auf die Zustimmung des Sachwalters und nicht des vorläufigen Sachwalters ausdrücklich Bezug nimmt. Es mangelt an einem Verweis von §§ 270a, 270b InsO auf diese Vorschrift, vielmehr schließt sich diese den §§ 270–273 InsO an. Der gegen den Fortbestand der Organschaft im Fall der Eröffnung des Verfahrens eingewandte insolvenzrechtliche Einzelverfahrensgrundsatz kann nach Ansicht des BFH eine vorrangige Wertung des Insolvenzrechts nicht herstellen, da die Tatbestandsmerkmale des § 2 Abs. 2 Nr. 2 UStG nach den herausgestellten Prämissen weiterhin im vorläufigen Eigenverwaltungsverfahren erfüllt sind. Der XI. BFH-Senat erteilt damit einem Vorrang des Insolvenzrechts gegenüber dem Umsatzsteuerrecht eine Absage und prüft die Frage nach dem Fortbestand der Organschaft einzig und allein am Maßstab der vom Gesetzgeber vorgegebenen Eingliederungsvoraussetzungen.

13 Die Begründung des BGH, dass die finanzielle Eingliederung aufgrund des mangelnden Verweises von § 276a InsO aF auf §§ 270a, 270b InsO aF nicht auf den Zeitraum der vorläufigen Eigenverwaltung anzuwenden ist, geht durch Ergänzung des § 276a Abs. 3 InsO nF im Rahmen des **SanInsFoG** nunmehr für Verfahrensbeantragung **ab dem 1.1.2021** ins Leere. Danach ist § 276a Abs. 1 InsO nF auch schon für den **Zeitraum der vorläufigen Eigenverwaltung** bei der **Organgesellschaft anzuwenden.** Infolgedessen verliert die Gesellschafterversammlung resp. das Organ der Organgesellschaft den Einfluss auf die Geschäftsführung der Organgesellschaft. Die finanzielle Eingliederung ist nicht mehr gegeben. Zugleich ist zu berücksichtigen, dass auch im Falle der Insolvenz des **Organträgers** durch Neufassung des § 55 Abs. 4 InsO (→ Rn. 60) die Umsatzsteuer, welche isoliert auf dessen Umsätze im Zeitraum der vorläufigen Eigenverwaltung entsteht, als **Masseverbindlichkeit** zu qualifizieren ist. Eine Ausweitung auf die Umsätze der Organgesellschaft kommt auch im Hinblick auf die bisherige Rechtsprechung nicht in Betracht.

14 In der Praxis bewirkt das Urteil bei **personenidentisch besetzten Geschäftsleitungsorganen** von Organträger und Organgesellschaft eine Kollision verschiedener Pflichtenprogramme der Beteiligten. Mangels eindeutiger Rechtsprechung und Verwaltungsanweisungen der FinVerw ergeben sich daraus verschiedene haftungsrechtliche Folgen. Der Organträger ist nach wie vor verpflichtet, seine eigene Umsatztätigkeit sowie auch die Umsatztätigkeit der Organgesellschaft zu erklären und die Steuer an die FinVerw abzuführen. Diese Pflicht ergibt sich aus § 34 AO, welche bei Nichterfüllung grundsätzlich eine persönliche Haftung gem. § 69 AO nach sich ziehen kann (vgl. aber die Argumente gegen die Haftung etwa bei Boeker in Hübschmann/Hepp/Spitaler, Abgabenordnung, Finanzgerichtsordnung, AO § 69 Rn. 41 ff.; Sonnleitner/Winkelhog BB 2015, 88). Gleichzeitig steht der tatsächlichen Durchsetzung des Ausgleichsanspruchs gegen die Organgesellschaft nach § 426 Abs. 1 BGB die Verpflichtung der Eigenverwaltung zur Verhinderung von Masseschmälerungen durch die Begleichung von Verbindlichkeiten entgegen, welche nicht zur Aufrechterhaltung des Geschäftsbetriebes notwendig sind. Der vorläufige Sachwalter dürfte aus vorgenannten Gründen dem Ausgleich widersprechen. Leistet der Geschäftsleiter der Organgesellschaft dennoch die Zahlung an den Organträger, droht ihm analog §§ 60, 61 InsO eine persönliche Haftung gegenüber den Gläubigern der Organgesellschaft. Zahlt er nicht, befindet er sich im Risiko der zuvor beschriebenen Haftung gegenüber der FinVerw.

15 In der Praxis wird vermehrt bei masseträchtigen Verfahren die Zahlung der Umsatzsteuer aus der eigenen Umsatztätigkeit durch die Organgesellschaft unter ausdrücklicher Bestimmung als **Zahlung auf die eigene Haftungsschuld gem. § 73 AO** an die FinVerw vorgenommen. Durch Tilgung der eigenen Haftungsschuld der Organgesellschaft erlischt ihre Haftungsschuld und zugleich auch die Steuerschuld des Organträgers. Gemäß § 44 Abs. 2 S. 1 AO wirkt die Erfüllung durch den Gesamtschuldner auch für die übrigen Schuldner; Organträger und Organgesellschaft sind Gesamtschuldner iSd § 44 Abs. 2 S.1 AO. Dem Erlass eines Haftungsbescheides kommt dabei nur deklaratorische Wirkung zu, die Haftungsschuld entsteht mit Entstehung der Steuer.

15.1 Kritisch zu würdigen ist die teils in der Literatur vertretene Auffassung, dass die Zahlung der Umsatzsteuer auf die eigene Umsatztätigkeit durch die Organgesellschaft im Verfahren der vorläufigen Eigenverwaltung der Verpflichtung der Geschäftsleitung nachkommt, die aus der originären Geschäftstätigkeit resultierenden Verbindlichkeiten zu erfüllen. Insoweit sei darauf verwiesen, dass die in diesem Zeitraum entstehende Umsatzsteuer weder als Masseverbindlichkeit nach § 55 Abs. 2 InsO noch für Altfälle als Masseverbindlichkeit gem. § 55 Abs. 4 InsO einzustufen ist (vgl. BFH BeckRS 2020, 17457), mithin die Zahlung auf eine Insolvenzforderung erfolgt. Um diesem Dilemma entgegen zu treten, werden im Rahmen von Einzelermächtigungen die Zustimmung zum Ausgleich derartiger Steuerforderungen durch den vorläufigen Sachwalter angeregt und angeordnet. Verweigert dieser nach den vorstehenden Gründen den Ausgleich, greift aus finanzgerichtlicher Sicht eine Haftung nicht (EFG 2020, 58).

Steuerrecht in der Insolvenz – Umsatzsteuer

Mit Eröffnung des **Insolvenzverfahrens in Eigenverwaltung** über das Vermögen einer zu 16 einem Organkreis gehörenden Gesellschaft scheidet diese aus dem umsatzsteuerlichen Organkreis aus. Das Grundsatzurteil des BFH vom 15.12.2016 hat über den damals konkret zu entscheidendem Sachverhalt der Fremdverwaltung hinaus diese Feststellung auch bei der Eröffnung von Eigenverwaltungsverfahren getroffen (BFHE 256, 562 = BeckRS 2017, 94355; Vorinstanz: BeckRS 2016, 94757). Sie resultiert im Kern aus dem Wegfall der finanziellen Eingliederung wegen der Vorschrift des § 276a InsO. Nach dieser verfügt die Gesellschafterversammlung des Organträgers zwar weiterhin über die Möglichkeit, Mehrheitsbeschlüsse zu fassen, insolvenzrechtlich ist sie jedoch gehindert, die Geschäftsführung der Organgesellschaft zu beeinflussen.

II. Insolvenz des Organträgers

Nach der aktuellen Rechtsprechung des BFH endet die Organschaft mit Eröffnung des Insol- 17 venzverfahrens des Organträgers (BFHE 242, 433 = BeckRS 2013, 95989; bestätigt durch BFHE 255, 310 = BeckRS 2016, 95770). Dem hat sich auch die FinVerw angeschlossen (Abschn. 2.8 Abs. 12 S. 1 UStAE, neu gefasst durch BMF-Schreiben v. 26.5.2017, BeckVerw 342135). Den Urteilsgründen liegen zwei Überlegungen zugrunde, welche der Annahme des EuGH folgen, dass eine umsatzsteuerliche Organschaft nach § 2 Abs. 2 Nr. 2 UStG die „Verschmelzung zu einem Steuerpflichtigen" zur Folge hat. Daraus resultiert, dass dem Organträger die Aufgabe des Steuereinnehmers für die komplette Organschaft zukommt (BFHE 256, 562 = BeckRS 2017, 94355; anders noch die Vorinstanz EFG 2016, 863 = BeckRS 2016, 94757). Im Insolvenzrecht bleiben nach der sog. **„insolvenzrechtlichen Verfahrenstrennung"** (BFHE 256, 562 = BeckRS 2017, 94355; früher: „insolvenzrechtlicher Einzelverfahrensgrundsatz", BFHE 244, 156 = BeckRS 2014, 94833), anders als in der reinen umsatzsteuerrechtlichen Betrachtung, die der Organschaft angehörigen Unternehmen selbstständig, sodass es zu keiner homogenen Haftungsmasse kommt. Fraglich ist in diesem Zusammenhang, ob der Fiskus beim Fortbestand der Organschaft den gesamten Steueranspruch des Organkreises vereinnahmen kann. Dies wäre in der Insolvenz letztlich nur dann möglich, wenn der Anspruch als Masseverbindlichkeit eingestuft werden könnte. Allerdings kann die Umsatztätigkeit der Organgesellschaft nicht unter § 55 Abs. 1 Nr. 1 InsO gefasst werden, da diese nicht aus der Verwertung, Verwaltung und Verteilung der Insolvenzmasse des Organträgers stammt (BFHE 256, 562 = BeckRS 2017, 94355). Daher können nur die eigenen Umsätze des Organträgers dessen Insolvenzmasse zugerechnet und dementsprechend auch nur die hieraus folgende Umsatzsteuer dieser gegenüber realisiert werden. Zudem könnte der Fiskus auch bei weiter bestehender Organschaft die Organgesellschaft nicht als Steuerschuldnerin in Anspruch nehmen, da nur der Organträger umsatzsteuerlicher Unternehmer und folglich Steuerschuldner ist. Der umsatzsteuerliche Grundsatz der organschaftlichen Unternehmenseinheit und die damit bezweckte Verwaltungsvereinfachung spricht ebenso gegen eine Inanspruchnahme der Organgesellschaft als Haftende gem. § 73 AO (BFHE 256, 562 = BeckRS 2017, 94355).

Entgegen einer früher vertretenen Meinung in Literatur (statt vieler nur Rau/Dürrwächter/ 18 Stadie UStG § 2 Rn. 1016, der diese Auffassung mittlerweile aufgegeben hat; sowie Bunjes/Korn UStG § 2 Rn. 136, jeweils mwN; ähnlich Roth, Insolvenzsteuerrecht, 2021, Rn. 4.385 f., wonach die Organschaft nur ausnahmsweise dann entfalle, wenn der Insolvenzverwalter des Organträgers tatsächlich keinen Einfluss auf die Organgesellschaft nimmt) und Rechtsprechung (BFHE 187, 355 = BeckRS 1999, 23000690) folgt das vorliegende Grundsatzurteil **der Systematik der umsatzsteuerlichen Organschaft** und passt sich der Annahme an, dass die Umsatzsteuer nach Möglichkeit als Masseverbindlichkeit qualifiziert werden soll. Das Vorliegen der Eingliederungsvoraussetzung gem. § 2 Abs. 2 Nr. 2 UStG ist – unter Ausnahme für den durch den XI. Senat jüngst entschiedenen Fall der vorläufigen Eigenverwaltung (BFHE 268, 240 = BeckRS 2019, 40188), bei welchem diese detailliert abgeprüft wurden – nicht mehr Bestandteil der Rechtsprechung des BFH.

Für den Fall der Anordnung **der vorläufigen Eigenverwaltung** über das Vermögen des 19 Organträgers kommen die Grundsätze des soeben bei der Insolvenz der Organgesellschaft dargestellten Urteils BFH/NV 2020, 481 = BeckRS 2019, 38325 zur Anwendung (→ Rn. 12).

Für den Fall, dass der Insolvenzverwalter des Organträgers die Beteiligung an der Organgesell- 20 schaft aus dem Insolvenzbeschlag freigibt, stellt diese Freigabe insolvenzfreies Vermögen des Organträgers dar. **Die Freigabe iSd § 35 InsO** hat weder auf die finanzielle noch auf die wirtschaftliche Eingliederung der Organgesellschaft Einfluss. Die organisatorische Eingliederung ist nach Eröffnung des Insolvenzverfahrens wiederhergestellt, nachdem der Geschäftsführer der Organgesellschaft insoweit die Verwaltungs- und Verfügungsbefugnis über diese im Bereich des insolvenzfreien Vermögens des Organträgers zurückerlangt. In der Praxis sind für den insolvenzfreien Teil des

Aurich

Steuerrecht in der Insolvenz – Umsatzsteuer

Organträgers im Zusammenschluss mit der Organgesellschaft die Umsätze unter der vorinsolvenzlichen „alten Steuernummer" zu erklären (vgl. Roth, Insolvenzsteuerrecht, 2021, Rn. 4387).

III. Doppelinsolvenz von Organträger und Organgesellschaft

21 In seinem **Grundsatzurteil vom 15.12.2016** hat der V. Senat des BFH zur Insolvenz der Organschaft Stellung genommen. Aufgrund der insolvenzrechtlichen Verfahrenstrennung soll die Organschaft beim Vorliegen einer Doppelinsolvenz beendet werden (BFHE 256, 562 = BeckRS 2017, 94355). Es soll nunmehr nicht mehr darauf ankommen, ob derselbe Insolvenzverwalter bestellt ist. Auch die FinVerw hat sich dem angeschlossen (Abschn. 2.8 Abs. 12 S. 5 UStAE, neu gefasst durch BMF-Schreiben v. 26.5.2017, BeckVerw 342135). Das Urteil des V. Senats stellt ausschließlich auf den insolvenzrechtlichen Einzelverfahrensgrundsatz ab, die Nichterfüllung der in § 2 Abs. 2 Nr. 2 S. 1 UStG genannten Eingliederungsvoraussetzungen tritt dabei in den Hintergrund.

21.1 Zwischenzeitlich wurde in der Literatur erhebliche Kritik gegen den insolvenzrechtlichen Einzelverfahrensgrundsatz erhoben. Die Trennung der Vermögensmassen von Organträger und Organgesellschaft sei kein insolvenzspezifisches Phänomen, sondern bestehe zivilrechtlich unabhängig von der Insolvenz; **Sinn und Zweck der umsatzsteuerlichen Organschaft** sei es, entgegen der zivilrechtlichen Betrachtung zwei eigenständige Rechtsträger zu einem Steuerpflichtigen zusammenzuschließen; allein aus diesem Konstrukt könne sich keine Unvereinbarkeit ergeben. Der Einzelverfahrensgrundsatz wirke deutlich gegen die durch den Gesetzgeber gewollte Richtung der Erleichterung der Bewältigung von Konzerninsolvenzen mit Gesetz vom 13.4.2017. Dieses Instrument bezwecke gerade eine bessere Abstimmung der Verfahren, um die wirtschaftliche Einheit von Konzernen zu erhalten und ihren vollen Wert für die Gläubiger realisieren zu können.

21.2 Das Erfordernis der finanziellen Eingliederung dergestalt, dass der Organträger positiv durch Art und Weise der Geschäftsführung seinen Willen durchsetzen kann, verwischt die Grenzen zwischen finanzieller und organisatorischer Eingliederung. Damit geht die Gefahr einher, dass die Sicherungspflicht der jeweiligen Insolvenzmassen nicht gewahrt wird. Nach hiesiger Auffassung kann diese dadurch gebannt werden, dass der Bestand der durchaus für die Insolvenzmassen wirtschaftlich sinnvollen umsatzsteuerlichen Organschaft – insbesondere im Hinblick auf die nichtsteuerbaren Innenumsätze – weiterhin erhalten wird und im Interesse der Gläubiger der jeweiligen Insolvenzmassen **entsprechende Abführungspflichten iSd § 55 Abs. 4 InsO** geregelt werden.

22 **Früher** wurde für das Fortbestehen der Organschaft darauf abgestellt, ob die beiden Gesellschaften denselben Insolvenzverwalter hatten (so noch zB OFD Frankfurt a. M. BeckVerw 270419, zwischenzeitlich aufgrund der aktuellen BFH-Rechtsprechung außer Kraft gesetzt; s. hierzu OFD Frankfurt a. M. BeckVerw 286994; Roth, Insolvenzsteuerrecht, 2021, Rn. 476). Danach war auch weiterhin eine einheitliche Willensbildung möglich. Somit bestünden nach den seinerzeitig gesetzten Kriterien die organisatorische Eingliederung und damit die umsatzsteuerliche Organschaft fort. Waren verschiedene Insolvenzverwalter bestellt, wurde demgegenüber die Beendigung der umsatzsteuerlichen Eingliederung angenommen (WUS Insolvenzen/Waza Rn. 1939). Zweierlei Gründe sprachen jedoch gegen diese Lösung. Einerseits kann zwischen der Eröffnung des Insolvenzverfahrens der Organgesellschaft und der des Organträgers einige Zeit liegen, sodass es zu erheblichen Unsicherheiten bezüglich des Fortbestehens der Organschaft kommen kann, da es letztlich von einem ungewissen Ereignis abhängt, ob für beide Verfahren derselbe Verwalter bestellt wird (WUS Insolvenzen/Waza Rn. 1940). Zudem kann der Insolvenzverwalter beider Verfahren nur gegenüber den Verfahrensbeteiligten der jeweiligen Insolvenzmasse verpflichtet sein. Diese Verpflichtung umfasst auch die divergierende Pflicht des Insolvenzverwalters zur Sicherung der jeweiligen Insolvenzmasse. Er muss daher zum Vorteil und damit zugleich auch zum Nachteil der jeweiligen Massen entscheiden, sodass keine einheitliche Willensbildung herbeigeführt werden kann.

22.1 Der Vollständigkeit halber sei darauf verwiesen, dass der Insolvenzantrag, die Bestellung eines vorläufigen Insolvenzverwalters per se (vgl. BFHE 225, 172 = NZI 2009, 530, unter II 3b Rn. 23; BFHE 227, 513 = NZI 2010, 272 Rn. 35), die Zahlungsunfähigkeit oder eine Überschuldung eines Mitglieds des Organkreises (vgl. BFH BFH/MV 2012, 1493 = GmbH-Stpr 2012, 371 Rn. 41) oder die Ablehnung der Eröffnung des Insolvenzverfahrens mangels Masse (vgl. BFH BeckRS 2007, 25012940) **nicht zur Beendigung der Organschaft führen**.

Steuerrecht in der Insolvenz – Umsatzsteuer

IV. Ende der Organschaft und ihre Auswirkungen

23 Nach **Beendigung der Organschaft** stellen die Organgesellschaft und der Organträger wieder selbstständige steuerliche Rechtssubjekte dar, sodass u a auch die Umsätze dem jeweiligen Unternehmen zugerechnet werden. Das Ende der Organschaft wirkt sich überwiegend auf die Zurechnung von Umsätzen, den Vorsteuerabzug und die Vorsteuerberichtigungsanspruch aus. Im Übrigen ist für die Zurechnung von Umsätzen, Vorsteueransprüchen oder von Berichtigungen von Umsatzsteuer und Vorsteuer zum ehemaligen Organträger oder zur ehemaligen Organgesellschaft grundsätzlich der Zeitpunkt maßgeblich, in dem der entsprechende Steuertatbestand vollständig verwirklicht wurde (OFD Frankfurt a. M. BeckVerw 344957; Sonnleitner InsSteuerR/Witfeld Kap. 5 Rn. 406 ff).

23.1 Neben den nachfolgend dargestellten Auswirkungen auf die Umsatzsteuer- und Vorsteuerzuordnung und ggf. auch bei Berichtigungsansprüchen, ist praktisch wesentlich, dass die nicht steuerbaren Innenumsätze im Organkreis mit dem Ende der Organschaft in die Besteuerung gelangen. Das kann insbesondere dann **nachhaltige Auswirkungen haben, wenn der Leistungsempfänger nicht zum Vorsteuerabzug berechtigt ist**, etwa Unternehmen des Finanzsektors, der Immobilienwirtschaft oder des Gesundheitswesens. In diesem Fall führt das Ende der Organschaft ggf. dazu, dass bislang als Innenumsatz nicht steuerbare Leistungen eines anderen in die Organschaft einbezogenen Unternehmens zukünftig mit Umsatzsteuerausweis abzurechnen und von der Leistungsempfängerin zu bezahlen sind. Bei fehlender Vorsteuerabzugsberechtigung hat dies einen nicht nur vorübergehenden, sondern dauerhaften zusätzlichen Liquiditätsabfluss zur Folge, der sowohl in der Liquiditätsplanung als auch in der Ergebniskalkulation im Rahmen der Fortführungsentscheidung zu berücksichtigen ist.

24 Entscheidend ist der **Zeitpunkt** des die **Umsatzsteuer auslösenden Ereignisses**. Unerheblich hierbei ist der Zeitpunkt der Rechnungserteilung sowie der Zeitpunkt der Entstehung der Steuer (EFG 1993, 747). Dem Organträger zuzurechnen und von diesem zu versteuern sind folglich die Umsätze, die die Organgesellschaft vor Beendigung der Organschaft ausgeführt hat. Dies gilt auch, wenn die Umsatzsteuer erst nach Ende der Organschaft entsteht. Nach Beendigung der Organgesellschaft sind die Umsätze und durch die Organgesellschaft realisierten Umsätze von der Organgesellschaft selbst zu versteuern (OFD Frankfurt a. M. BeckVerw 321817 unter 3.1.; EFG 1993, 747). Wurden An- und Vorauszahlungen auf Umsätze aus Leistungen der Organgesellschaft bereits vom Organträger gem. § 13 Abs. 1 Nr. 1a S. 4 UStG besteuert, verbleibt es bei der umsatzsteuerlichen Behandlung vor der Beendigung der Organschaft. Die Regelungen über die Entstehung der Steuer für vereinnahmte Anzahlungen nach § 13 Abs. 1 Nr. 1a S. 4 UStG enthalten einen selbstständigen und abschließenden Steuerentstehungstatbestand (BFHE 195, 446 = BeckRS 2001, 24001026). Die Organgesellschaft hat folglich lediglich noch einen etwaigen Restpreis zum Zeitpunkt der Beendigung der Organschaft zu versteuern (BFHE 195, 446 = BeckRS 2001, 24001026).

25 Für die **Zurechnung des Vorsteueranspruchs** ist ebenfalls der Leistungsbezug als auslösendes Ereignis maßgeblich. Vor Beendigung der Organschaft erfolgte Lieferungen und Leistungen an die Organgesellschaft berechtigen den Organträger zum Vorsteuerabzug. Dabei ist irrelevant, ob die Rechnung nach Beendigung der Organschaft von der Organgesellschaft beglichen wurde, mithin sämtliche materiell-rechtlichen Voraussetzungen erfüllt sind (OFD Hannover DStR 2007, 1936 = BeckRS 2007, 25012088; BFHE 216, 375 = BeckRS 2006, 24002850). Der **Vorsteuerberichtigungsanspruch** richtet sich gegen die Organgesellschaft, wenn das Entgelt nach Beendigung der Organschaft uneinbringlich geworden ist. Liegt der Zeitpunkt der Uneinbringlichkeit vor dem Ende der Organschaft, richtet sich der Anspruch gegen den Organträger (OFD Frankfurt a. M. BeckVerw 321817 unter 3.1. Rn. 1034: der Erstattungsanspruch stehe dem Organträger zu, da auch die vorherige Umsatzsteuerzahlung auf seine Rechnung erfolgt war).

26 Wer Anspruchsgegner von **Berichtigungsansprüchen gem. § 17 UStG** ist, richtet sich maßgeblich nach dem Zeitpunkt der Uneinbringlichkeit des Entgelts (vgl. BFHE 227, 513 = BeckRS 2009, 24003926; BFH/NV 2009, 432 = BeckRS 2008, 25014438; BFH/NV 2007, 1936 = BeckRS 2007, 25012088; BFHE 216, 375 = BeckRS 2006, 24002850; Bunjes/Korn UStG § 2 Rn. 146; aA Rau/Dürrwächter/Stadie UStG § 2 Rn. (Beispiel)).

27 Der **Vorsteuerberichtigungsanspruch gem. § 17 Abs. 2 Nr. 1 UStG iVm § 17 Abs. 1 S. 2 UStG** entsteht bereits mit Bestellung des (vorläufigen) Insolvenzverwalters mit Zustimmungsvorbehalt (BFHE 242, 433 = BeckRS 2013, 95989; BFHE 246, 264 = BeckRS 2014, 96014). Der Gläubiger kann für die Dauer des Eröffnungsverfahrens seinen Anspruch aus erbrachten

Steuerrecht in der Insolvenz – Umsatzsteuer

28 Leistungen, gegenüber dem Schuldner – unabhängig davon, ob es zur Verfahrenseröffnung kommt – nicht durchsetzen. Da die Uneinbringlichkeit mit Bestellung eines vorläufigen Insolvenzverwalters eintritt – und damit vor einem möglichen Entfallen der wirtschaftlichen Eingliederung –, ist die Organschaft noch im Zeitpunkt des Eintritts der Uneinbringlichkeit. Der Vorsteuerberichtigungsanspruch richtet sich daher gegen den Organträger (BFHE 242, 433 = BeckRS 2013, 95089).

29 Wurde über das Vermögen des Organträgers das Insolvenzverfahren beantragt und ein vorläufiger Insolvenzverwalter mit Zustimmungsvorbehalt bestellt, gilt nach § 55 Abs. 4 UStG nur die Umsatzsteuer als Masseverbindlichkeit, die auf **eigenen Umsätzen des Organträgers im vorläufigen Verfahren beruht**. Resultiert die Umsatzsteuer auf Umsätzen der Organgesellschaft, ist sie keine Masseverbindlichkeit nach § 55 Abs. 4 InsO, da sie nicht durch eine Handlung des vorläufigen Insolvenzverwalters begründet wurde (WÜS Insolvenzen/Waza Rn. 1941).

30 In Bezug auf die Anwendung der **Doppelberichtigungsrechtsprechung** mit der ersten und zweiten Berichtigung der in den Ausgangsleistungen enthaltenen Umsatzsteuer erfolgt die erste Berichtigung nach dem V. Senat des BFH **eine logische Sekunde vor der Bestellung des vorläufigen Insolvenzverwalters** mit Zustimmungsvorbehalt, welche die Beendigung der Organschaft zur Folge hat (DITTE 247, 460 = BeckRS 2014, 96558). Demzufolge trifft die erste Berichtigung den Organträger in Rahmen der bestehenden Organschaft, die zweite Berichtigung trifft die Organgesellschaft, da diese durch Einzug der Forderung den Berichtigungstatbestand materiell rechtlich verwirkt (BFHE 216, 375 = BeckRS 2006, 24002850; OFD Frankfurt a. M. MwStR 207, 855).

31 Zur Frage der Anwendbarkeit von **§ 15a UStG iRd § 55 Abs. 4 InsO** vertritt der BFH folgende Auffassung: „Bei der Berechnung der Masseverbindlichkeit nach § 55 Abs. 4 InsO nicht zu berücksichtigen sind Berichtigungsansprüche, die wie z. B. § 15a UStG auf anderen Umständen als dem Forderungseinzug durch den vorläufigen Insolvenzverwalter oder den durch ihn veranlassten Zahlungen beruhen." Auch die **Inanspruchnahme aus § 73 AO** (Haftung) beruht auf anderen Umständen, "als dem Forderungseinzug durch den vorläufigen Insolvenzverwalter oder den durch ihn veranlassten Zahlungen". Bei Zugrundelegung der engen Auslegung des § 55 Abs. 4 InsO ist damit kein Raum für die Zurechnung von Haftungsansprüchen im Rahmen der vorläufigen Insolvenzverwaltung. Diese Fragestellung ergibt sich jedoch nur für den Fall der Anordnung der vorläufigen Eigenverwaltung beim Organträger (→ Rn. 19) oder der Organgesellschaft (→ Rn. 12), da nach Auffassung des BFH bei beiden Fällen die Organschaft nicht beendet wird.

V. Unerkannte Organschaft

31.1 Da die umsatzsteuerliche Organschaft kraft Gesetzes entsteht, kann sie sich auch ohne bzw. gegen den Willen der an der Organschaft beteiligten Unternehmen ergeben. Im Falle **der Aufdeckung einer ehemals unerkannten Organschaft** im Laufe des Insolvenzverfahrens sind deren Rechtsfolgen ex tunc zum Zeitpunkt des Vorliegens der Organschaftsvoraussetzungen zu berücksichtigen, da lediglich ein ohnehin gegebener Rechtszustand nachträglich erkannt wird (Roth, Insolvenzsteuerrecht, 2021, Rn. 4.398).

32 Die Idee eines Antrags- und Feststellungsverfahrens für die umsatzsteuerliche Organschaft besteht seit geraumer Zeit. Die Rechtsfolgen der Organschaft würden dann – anders als bei dem derzeit geltenden obligatorischen Gruppensystem – nicht schon bei Vorliegen der tatbestandlichen Merkmale eintreten, sondern erst, wenn das für die Besteuerung des Organträgers zuständige Finanzamt durch einen Grundlagenbescheid mit Wirkung für die Zukunft feststellt, dass die Voraussetzungen vorliegen. Das BMF beabsichtigt die umsatzsteuerliche Regelung zur Organschaft durch eine Gruppenbesteuerung im Antragsverfahren in Anlehnung an die Regelungen des § 11 Mehrwertsteuer-System-RL zu ersetzen. Mit der Einführung wären die Gefahren einer unerkannten Organschaft beseitigt, eine Rechtssicherheit kann auch auf diesem Weg jedoch nur für die Festsetzung zum Zeitpunkt der Bescheidung hergestellt werden.

Es erfolgt eine Rückgängigmachung der Umsatzsteuerfestsetzung gegenüber der Organgesellschaft, da die Bescheidung in einem solchen Fall nicht der materiellen Rechtslage entspricht (vgl. BFH/NV 1995, 580 = GmbHR 196, 952). Die Umsatzsteuer muss dann gegenüber dem Organträger festgesetzt werden. Eine aus Billigkeitsgründen abweichende Steuerfestsetzung scheidet in diesem Fall aus (vgl. BFH/NV 2012, 1493 = BeckRS 2012, 95567). Die Organgesellschaft ist auch dann (vgl. ihr gegenüber beabsichtigten Änderungen grundsätzlich nach § 360 AO oder Dritte iSd § 60 FGO im Rahmen der widerstreitenden Steuerfestsetzung im Verhältnis zum Organträger als Dritte iSd § 174 Abs. 5 AO zu beteiligen. Der Erstattungsanspruch nach **Aufhebung des**

Steuerrecht in der Insolvenz – Umsatzsteuer

Umsatzsteuerbescheides steht der Organgesellschaft zu (BFHE 196, 18 = BeckRS 2001, 24001269; BFH/NV 2005, 660 = BeckRS 2004, 25007457). Früher vertrat der BFH noch die Ansicht, dass nicht nur die Umsätze dem Organträger zuzurechnen sind, sondern auch die Umsatzsteuerzahlungen der Organgesellschaft (BFHE 86, 541 = BeckRS 1966, 21003936; BFH/NV 88, 201 = BeckRS 1987, 5707). Auch wenn er diese Auffassung aufgegeben hat, kommt jedoch nach dem BFH-Urteil v. 10.5.2007 (BFHE 217, 216 = BeckRS 2007, 24002995) eine Aufrechnung mit dem Betrag in Betracht, mit welchem die Organgesellschaft nach § 73 AO haftet. Offen gehalten hat der BFH jedoch, da in dem von ihm entschiedenen Fall die Gesamtvollstreckungsordnung anzuwenden war, ob dieser Aufrechnung § 96 Abs. 1 Nr. 1 InsO entgegenstehen kann.

Soweit in der Literatur die insolvenzrechtliche Unzulässigkeit der Aufrechnung in diesem Fall **33** angenommen wird, stützt sich diese Ansicht im Wesentlichen auf das später ergangene Urteil BFHE 238, 307 = BeckRS 2012, 96300, welches für den Zeitpunkt der Begründung der Forderungen im Falle eines Berichtigungstatbestandes nach § 17 Abs. 1 UStG maßgeblich auf **die vollständige Verwirklichung des materiell-rechtlichen Steuertatbestandes** abstellt. Dabei soll es nicht auf den Erlass des Bescheides ankommen (BFHE 238, 307 = BeckRS 2012, 96300). Im Fall der unerkannten Organschaft soll dies gem. § 37 Abs. 2 AO zu entscheiden sein, mithin zum Zeitpunkt des Wegfalls des bestehenden rechtlichen Grundes für die ursprüngliche Steuerzahlung mithin mit Aufhebung oder respektive Änderung der Umsatzsteuerfestsetzung gegenüber der Organgesellschaft. Damit geht unter Umständen die Festsetzung des Erstattungsanspruchs gegen die Organgesellschaft einher, welche für die Anwendung des § 96 Abs. 1 Nr. 1 InsO nicht notwendig erscheint, nachdem die FinVerw mit dem Haftungsanspruch nach § 73 AO den Rang einer Insolvenzforderung gem. § 38 InsO einnimmt (Sonnleitner InsSteuerR/Witfeld Kap. 5 Rn. 414 f.; Roth, Insolvenzsteuerrecht, 2021, Rn. 4.399; Kahlert ZIP 2013, 500 (508 f.); WUS Insolvenzen/Waza Rn. 1950).

Mit jüngstem Urteil (BFHE 266, 121 = BeckRS 2019, 37945) setzt der VII. Senat schließlich **34** seine begründete Rechtsprechung fort. Danach wäre die Aufrechnung unzulässig, wenn der materiell-rechtliche Besteuerungstatbestand, der das „Schuldigwerden" auslöst, erst nach Eröffnung des Verfahrens materiell-rechtlich verwirklicht worden ist. Dies stellt er im Fall des Erstattungsanspruchs nach § 37 Abs. 2 AO aufgrund zu hoher bzw. nicht geschuldeter Vorauszahlungen auf den Zeitpunkt der Entrichtung der jeweiligen Vorauszahlungen unter die aufschiebende Bedingung, **dass am Ende des Besteuerungszeitraums die geschuldete Steuer geringer ist als die Vorauszahlung** (vgl. BFH/NV 2017, 442 = BeckRS 2017, 94224; für den Fall der Umsatzsteuervorauszahlung vgl. BFH/NV 2005, 1745 = BeckRS 2005, 25008381). Dabei sei angemerkt, dass die eigenständigen Berichtigungsansprüche nach §§ 14c, 17 UStG und zu § 16 GrEStG jeweils eigene materiell-rechtliche Tatbestandsvoraussetzungen haben, an welche sich besondere Rechtsfolgen knüpfen, denen keine Rückwirkung zukommt. An solchen zusätzlichen Voraussetzungen fehlt es im Fall des Erstattungsanspruchs gem. § 37 Abs. 2 AO. Im Ergebnis ist danach der materiell-rechtliche Anspruch vor Eröffnung des Verfahrens entstanden, die FinVerw sei in Bezug auf den Erstattungsanspruch iSv § 96 Abs. 1 Nr. 1 InsO bereits vor Eröffnung des Verfahrens etwas „schuldig geworden", demnach ist die Aufrechnung zulässig. Eine materielle Prüfung der Aufrechnung anhand von § 96 Abs. 1 Nr. 3 InsO hat er dabei mangels weiteren konkreten Vortrags des Klägers nicht vorgenommen.

In Bezug auf die mangelnde Prüfung des § 95 Abs. 1 S. 3 InsO erfährt das Urteil **Kritik aus der** **34.1** **Literatur** (so Kahlert MWStR 2020, 319: BFH Aufrechnung des FA mit Erstattungsansprüchen aus Umsatzsteuer bei nicht erkannter Organschaft). Demnach ist die Aufrechnung ausgeschlossen, wenn der Erstattungsanspruch als Hauptforderung fällig oder erfüllbar war – hier mit der Zahlung der Umsatzsteuer – bevor der Haftungsanspruch als Gegenforderung einredefrei wurde (dazu Thole ZIP 2019, 1353 (1359) unter 3.2.1). Der Haftungsanspruch als Gegenforderung ist solange nicht einredefrei, wie der Organträger leistungsfähig ist (BGHZ 192, 221 = BeckRS 2012, 3447 = ZIP 2012, 280).

Mit jüngstem Beschluss des BGH vom 24.9.2020 hat dieser seine bisherige Rechtsprechung **35** (BGH BeckRS 2015, 20123) bestätigt, dass die Zahlungen der Organgesellschaft als unentgeltliche Leistung gem. § 134 InsO nicht angefochten werden können, nachdem diese aufgrund der materiell rechtlichen Haftung aus § 73 AO auf eine eigene Verbindlichkeit leistet (BeckRS 2020, 26874). Die Zahlungen der Organgesellschaft auf Umsatzsteuerschulden des Organträgers (Drei-Personen-Verhältnis) in den Fällen der unentdeckten als auch der „gelebten" umsatzsteuerlichen Organschaft bewirken, dass diese von der Haftung nach § 73 AO frei wird. Dem Erlass eines Haftungsbescheides kommt dabei nur deklaratorische Wirkung zu, die Haftungsschuld entsteht mit Entstehung der Steuer.

Steuerrecht in der Insolvenz – Umsatzsteuer

D. Abgrenzung Insolvenzforderung/Masseverbindlichkeit
I. Abgrenzungsmerkmale

36 Die Abgrenzung zwischen Insolvenzforderung und Masseverbindlichkeit richtet sich grundsätzlich nach den **§§ 38, 55 InsO**. Die Einordnung der Steuerschuld als Insolvenzforderung oder Masseverbindlichkeit ist deshalb so entscheidend, weil davon abhängt, ob deren Gläubiger – vorbehaltlich einer Masseunzulänglichkeit – in voller Höhe und per Fälligkeit aus der Masse Befriedigung erwarten kann oder ob er diese **Forderung nach den §§ 174 ff. InsO zur Tabelle anmelden** muss. Ansprüche aus dem Steuerschuldverhältnis, die gem. § 174 InsO als Insolvenzforderung zur Tabelle anzumelden sind, dürfen nicht durch Steuerbescheid festgesetzt, sondern nur durch Verwaltungsakt von der FinVerw festgestellt werden. Demgegenüber können Masseverbindlichkeiten iSd § 55 InsO weiterhin durch Steuerbescheid gegenüber dem Insolvenzverwalter festgesetzt werden (Roth, Insolvenzsteuerrecht, 2021, Rn. 4327).

37 Eine **Insolvenzforderung gem. § 38 InsO** liegt dann vor, wenn die Umsatzsteuerforderung schon vor der Insolvenzeröffnung begründet war und kein Ausnahmetatbestand (zB § 55 Abs. 4 InsO) erfüllt ist, bei dem eine vor der Insolvenzeröffnung begründete Forderung dennoch Masseverbindlichkeit ist. Die Umsatzsteuerforderung wird zu dem Zeitpunkt begründet, in dem der Rechtsgrund für die Forderung gelegt wird. Zweifelhaft ist, ob der Steueranspruch auch dann im steuerrechtlichen Sinn als entstanden gilt, sofern lediglich nach insolvenzrechtlichen Aspekten der Rechtsgrund gelegt ist (s. jedenfalls zu der bisherigen Judikatur von BFH und BGH sowie den unterschiedlichen Positionen von Literatur und FinVerw die Ausführungen bei Witfeld, Das Umsatzsteuerverfahren und die Insolvenz, 2016, 172 ff.). Dies galt jedenfalls bis zum Beginn der diesbezüglichen jüngeren Rechtsprechungsserie des V. und XI. Senats des BFH (Sonnleitner InsSteuerR/Witfeld Kap. 5 Rn. 18). Insoweit wird nicht auf die Steuerentstehung, vielmehr auf die vollständige Tatbestandverwirklichung bei der Abgrenzung von Insolvenzforderungen und Masseverbindlichkeiten abgestellt (BFHE 247, 460 = BeckRS 2014, 96358; BFHE 253, 445 = BeckRS 2016, 94924 = BFH/NV 2016, 1310). Dieser Auffassung hat sich mit Urteil vom 25.7.2012 auch der VII. Senat angeschlossen (BFHE 238 (307) = BeckRS 2012, 96300).

37.1

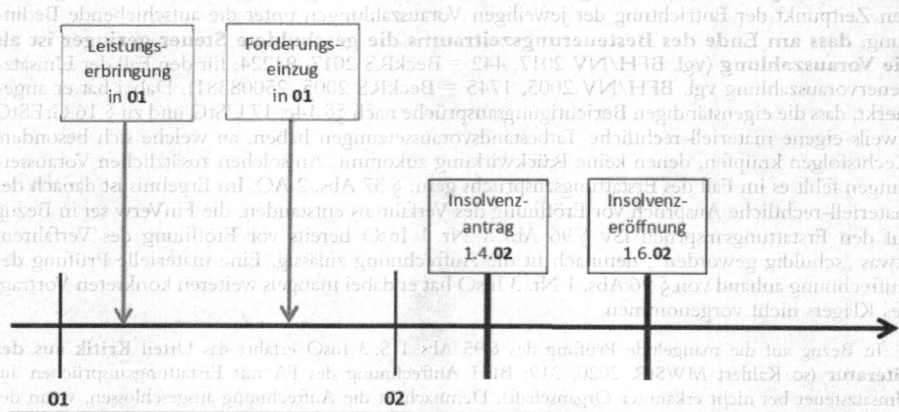

38 Bei der Frage der Begründetheit wird an **jeden einzelnen Umsatz** angeknüpft und nicht erst an die Entstehung der umsatzsteuerlichen Zwangsverrechnung. Der umsatzsteuerliche Lebenssach-

Steuerrecht in der Insolvenz – Umsatzsteuer

verhalt soll iSd § 157 Abs. 2 AO grundsätzlich in positive und negative unselbstständige Besteuerungsgrundlagen aufgeteilt werden (BFHE 235, 137 = BeckRS 2011, 96933 mwN aus der Rechtsprechung; Leipold in Sölch/Ringleb, UStG, UStG § 13 Rn. 6; Rau/Dürrwächter/Nieskens UStG § 13 Rn. 85; ablehnend zur Einbeziehung steuermindernder Bemessungsgrundlagen Witfeld, Das Umsatzsteuerverfahren und die Insolvenz, 2016, 263 ff.; kritisch Onusseit ZIP 2016, 452). Hierdurch wird eine separate insolvenzrechtliche Einordnung der umsatzsteuerlichen Tatbestände ermöglicht. Ferner wird nach **Ist- und Sollbesteuerung** (Besteuerung nach vereinnahmten, respektive vereinbarten Entgelten) differenziert, was sich auch auf die insolvenzrechtliche Einordnung der Umsatzsteuer auswirkt (Sonnleitner InsSteuerR/Witfeld Kap. 5 Rn. 19).

II. Masseverbindlichkeit (§ 55 Abs. 1 InsO)

Steuerverbindlichkeiten, die vom Insolvenzverwalter nach der Eröffnung des Verfahrens **39** begründet werden, stellen unabhängig von der Steuerart **Masseverbindlichkeiten** iSd § 55 Abs. 1 InsO dar (Depré/Dobler in Beck/Depré, Praxis der Insolvenz, 3. Aufl. 2017, § 35 Rn. 3).

Nach der **früheren Rechtsprechung des BFH,** die über lange Zeit mit derjenigen des BGH **40** im Einklang stand (NZI 2011, 953), war für die Einordnung einer Steuerforderung maßgeblich, wann der zur Entstehung der Umsatzsteuerschuld maßgebliche Lebenssachverhalt verwirklicht worden ist. Kam es noch vor Insolvenzeröffnung zu dessen Verwirklichung, lag eine Insolvenzforderung iSd § 38 InsO vor. Da ein Sachverhalt schon dann als verwirklicht galt, wenn ein Schuldrechtsverhältnis vorlag, betraf dies auch Fälle, in denen für den Gläubiger erst nach Eröffnung eine durchsetzbare Forderung bestand. Es kam daher nach dieser Auslegung nicht darauf an, wann die Forderung steuerrechtlich entstanden (§§ 37 ff. AO) oder fällig geworden ist (ZIP 1984, 853; BFHE 172, 308 = BeckRS 1993, 22010837).

In Abkehr von dieser Rechtsprechung stellt der BFH bei der Umsatzsteuer nunmehr darauf **41** ab, ob der anspruchsbegründende Tatbestand nach den Vorschriften des Steuerrechts verwirklicht worden ist. Der insolvenzrechtliche Begriff der Begründetheit in § 55 Abs. 1 InsO wird faktisch durch umsatzsteuerliche Regelungen konkretisiert. Dies mündet in einem **Gleichlauf insolvenzrechtlicher Begründetheit und steuerrechtlicher Entstehung** (Sonnleitner InsSteuerR/Sonnleitner Kap. 3 Rn. 58). Auch die einst unterschiedliche Bestimmung der Begründetheit durch den V. und VII. Senat des BFH (s. zur früheren Rechtsprechung des VII. Senats BFHE 208, 10 = DStR 2005, 190; BFHE 209, 13 = DStR 2005, 865; BFH/NV 2010, 2019 = BeckRS 2010, 25016518) wurde mit Aufgabe der Rechtsprechung des VII. Senats im Urteil v. 25.7.2010 zugunsten der vom V. Senat aufgestellten Erfordernisse vereinheitlicht (BFHE 238, 307 = DStR 2012, 2278; zustimmend im Rahmen der Auslegung von § 96 Abs. 1 Nr. 1 InsO auch der X. Senat, s. BFHE 233, 86 = DStR 2011, 1128 sowie der IV. Senat, s. BFHE 241, 233 = DStR 2013, 1584). Es wird auf die vollständige Tatbestandsverwirklichung abgestellt.

Zwar wird diese Rechtsprechung als unvereinbar mit § 251 Abs. 1 S. 1 AO kritisiert (Kahlert **42** DStR 2013, 1587; Sonnleitner InsSteuerR/Witfeld Kap. 5 Rn. 58), im Ergebnis bleibt es jedoch für die praktische Handhabung zunächst dabei, dass für **die Einordnung als Insolvenzforderung oder Masseverbindlichkeit** darauf abgestellt werden muss, ob die im Zeitpunkt der Insolvenzeröffnung bestehenden Steuerschulden aus einem Umsatzsteuertatbestand resultieren, der vor der Eröffnung bereits vollständig verwirklicht wurde (Insolvenzforderung, § 38 InsO) oder erst nach Eröffnung durch den Insolvenzschuldner oder den Insolvenzverwalter verwirklicht worden ist (Masseverbindlichkeit, § 55 InsO).

Bei der **unentgeltlichen Wertabgabe** ist darauf abzustellen, ob diese vor Eröffnung des Verfahrens **43** erfolgte (Insolvenzforderung) oder nach Eröffnung des Verfahrens (Masseverbindlichkeit). Gleiches gilt für den **innergemeinschaftlichen Erwerb** nach § 1 Abs. 1 Nr. 5 UStG, auch hier wird der vollständige Tatbestandverwirklichung der Ausführung des Erwerbs abgestellt. Diese stellt dann eine Insolvenzforderung dar, wenn der Umsatzsteuertatbestand vor Eröffnung des Verfahrens erfüllt und das Entgelt vor Eröffnung des Verfahrens vereinnahmt wurde.

Bei der Zuordnung der **Einfuhrumsatzsteuer** iSd § 1 Abs. 1 Nr. 4 UStG ist darauf abzustellen, **44** wann die Gegenstände in das Zollgebiet eingeführt wurden. Führt der Schuldner vor Eröffnung des Verfahrens die Gegenstände ein, so handelt es sich bei der EUSt um eine Insolvenzforderung gem. § 38 InsO. Hingegen stellt die nach Eröffnung des Insolvenzverfahrens auf die durch den Insolvenzverwalter eingeführten Gegenstände entfallende Einfuhrumsatzsteuer eine Masseverbindlichkeiten gem. § 55 Abs. 1 InsO dar. Für den Fall der Geschäftsführerhaftung für Einfuhrumsatzsteuer nach Bestellung eines vorläufigen Insolvenzverwalters hat der BFH diese Abgrenzung bestätigt mit Urteil vom 26.9.2017 (BFHE 259, 423 = BeckRS 2017, 135710; Vorinstanz FG Düsseldorf BeckRS 2017, 94069; → Rn. 229). Durch die Sachhaftung nach § 76 Abs. 1 AO auf

Steuerrecht in der Insolvenz – Umsatzsteuer

die einfuhrabgabenpflichtigen Waren verfügt das Hauptzollamt in aller Regel über ein Recht auf abgesonderte Befriedigung nach § 51 Nr. 4 InsO.

45 Zum Fall der **Zollschuld** hat sich der BFH mit Urteil v. 19.4.2011 dahingehend geäußert, dass eine Einfuhrabgabenforderung bereits mit dem Verbringen der jeweiligen Ware in das Zollgebiet der Union als insolvenzrechtlich „begründet" anzusehen ist. Wird die vorschriftsgemäß verbrachte Ware in den zollrechtlich freien Verkehr überführt, bedarf es zwar zur Entstehung der Zollschuld weiterer Realakte und Rechtshandlungen, wie der Gestellung, der Zollanmeldung und der Annahme der Zollanmeldung (Art. 201 Abs. 2 VO (EWG) 2913/92); hierbei handelt es sich jedoch um rein abgabenrechtliche Voraussetzungen der Zollschuldentstehung, auf die es insolvenzrechtlich nicht unbedingt ankommen muss (BFH/NV 2011, 1202 = BeckRS 2011, 95385; vorgehend FG Hessen BeckRS 2010, 26030317).

46 Im Fall der **Änderung der tatsächlichen Verhältnisse** stellte der V. Senat auf die Berichtigung des Vorsteuerabzugs nach **§ 15a UStG** ab (BFHE 236, 274 = DStRE 2012, 749). Nach ständiger Rechtsprechung der beiden für die Umsatzsteuer zuständigen Senate ist es maßgeblich, wann der den Umsatzsteueranspruch begründende Tatbestand nach den steuerrechtlichen Vorschriften vollständig verwirklicht und damit abgeschlossen ist; nicht maßgeblich ist der Zeitpunkt der Steuerentstehung nach § 13 UStG (BFHE 224, 24 = DStR 2009, 851 unter II.1.; BFHE 226, 130 = DStRE 2009, 1064 unter II.1.; BFHE 232, 301= DStR 2011, 720 unter II.1.; BFHE 233, 86 = DStR 2011, 1128 unter II.2.). Nachdem der Insolvenzverwalter mit der Insolvenzmasse die steuerlichen Merkmale des Schuldners übernimmt, wirkt sich die Eröffnung des Insolvenzverfahrens auf die tatsächliche Verwendung der Wirtschaftsgüter iSd § 15a UStG nicht aus. Eine tatsächliche und rechtliche Verwendungsänderung tritt zu diesem Zeitpunkt nicht ein. Der Berichtigungstatbestand des § 15a UStG erschöpft sich **nicht in der Rückgängigmachung des Vorsteuerabzugs, er stellt einen eigenständigen Tatbestand** dar. So hatte in dem dem Urteil des BFH v. 8.3.2012 (BFHE 236, 274 = DStRE 2012, 749) zugrunde liegenden Fall, der Insolvenzverwalter das mit Vorsteuerabzug erworbene Wirtschaftsgut nach Eröffnung des Verfahrens steuerfrei veräußert und damit den Tatbestand, an den das Gesetz der Leistungspflicht knüpft, verwirklicht und abgeschlossen. Insoweit entstanden Masseverbindlichkeiten gem. § 55 Abs. 1 Nr. 1 InsO. Im umgekehrten Fall der zunächst steuerfreien Verwendung durch den Schuldner, während nach der Eröffnung des Verfahrens durch den Insolvenzverwalter eine steuerpflichtige Verwertung erfolgt, ergibt sich für die Masse im Festsetzungsverfahren ein Berichtigungsanspruch aus § 15a UStG. Dieser führt bei Fehlen anderer Umsatztatbestände für den Besteuerungszeitraum zu einem Steuervergütungsanspruch für die Masse. Eine Aufrechnung mit Insolvenzforderungen durch die FinVerw ist im Fall des § 15a UStG nicht möglich, der Steuervergütungsanspruch steht der Masse zu (vgl. OFD Frankfurt a. M. BeckVerw 100472, UStK § 18 UStG S – 7340 Karte 4). Die Vorsteuervergütungsansprüche, welche durch die nunmehr steuerpflichtige Verwendung des Wirtschaftsgutes bestehen, liegen in der zukünftigen Verwendung begründet, sodass der Anspruch nach Eröffnung des Verfahrens vollständig verwirklicht und abgeschlossen ist (detailliertes Berechnungsbeispiel → Rn. 136).

46.1 Vor allem im Bereich der Option zur Umsatzsteuer zB bei Lieferung eines Grundstücks iSd § 9 UStG ist **Vorsicht vor masseschädlichen Verkäufen geboten.** Nach hiesiger Auffassung kann ein durch Unterlassen der Option entstehender Vorsteuerberichtigungsanspruch gem. § 15a UStG erheblich masseminderd und somit quotenschädlich wirken und damit ggf. auch eine Verwalterhaftung nach § 60 InsO nach sich ziehen. Insbesondere auch bei Zwangsversteigerungen ist dies gesondert zu prüfen (→ Rn. 156; ZIP 1991, 238).

47 Bei der **Änderung der Bemessungsgrundlage gem. § 17 UStG** wegen Uneinbringlichkeit des Entgelts stellt der BFH klar, dass der Eintritt der Uneinbringlichkeit keine von einem Willen getragene Rechtshandlung nach § 129 InsO ist, sondern eine anhand objektiver Kriterien festzustellende Tatsache darstellt (BFH/NV 2009, 123 = BeckRS 2008, 25014231). Der Vorsteuerrückforderungsanspruch ist begründet im Zeitpunkt der Uneinbringlichkeit der Entgelte. Der Tatbestand, aus dem sich dieser Anspruch ergibt, ist nicht (bereits) mit dem Abzug der Vorsteuer durch den (späteren) Gemeinschuldner, sondern (erst) mit der Uneinbringlichkeit der dem Vorsteuerabzug zugrundeliegenden Entgelte verwirklicht; durch § 17 Abs. 2 UStG wird nicht lediglich die ursprüngliche Steuerberechnung berichtigt (vgl. bereits BFHE 148, 346 = BeckRS 1986, 22007882). Die zuvor vertretene Rechtsansicht, dass durch eine Berichtigung gem. § 17 Abs. 2 UStG entstehende steuerliche Forderungen bereits mit Begründung der zu berichtigenden Steuerforderung im insolvenzrechtlichen Sinne des § 96 Abs. 1 Nr.1 InsO begründet sind, wurde im Verlauf der nachfolgenden Rechtsprechung nicht mehr aufrechterhalten. Mit Urteil des BFH (BFHE 238, 307 = BeckRS 2012, 96300) stellte der VII. Senat für den Fall der Änderung der

Steuerrecht in der Insolvenz – Umsatzsteuer

Bemessungsgrundlage gem. § 17 UStG klar, dass er seine bisherige Rechtsauffassung dahin ändert, dass es entscheidend darauf ankommt, wann der materiell-rechtliche Berichtigungstatbestand des § 17 Abs. 2 UStG verwirklicht ist.

Im Fall der **Freigabe des Geschäftsbetriebes** aus der Insolvenzmasse durch den Insolvenzverwalter gem. § 35 Abs. 2 S. 1 InsO ist dieser nach dem jüngstem BFH-Urteil in einem nach dem 30.6.2007 eröffneten Insolvenzverfahren verpflichtet, unverzüglich zu erklären, ob er die Tätigkeit aus der Insolvenzmasse freigibt oder nicht. Verletzt er diese Pflicht, führt sein pflichtwidriges Verhalten dazu, dass die Verbindlichkeiten „in anderer Weise" iSd § 55 Abs. 1 Nr. 1 InsO begründet werden (Fortführung der BFH-Urteile BFH/NV 2010, 2114 = BeckRS 2010, 25016513; BFHE 253, 518 = DStR 2016, 1986; BFHE 265, 294 = DStR 2020, 39). Auch in der Umsatzsteuer können Verbindlichkeiten „auf andere Weise" begründet werden, wenn eine Amtspflicht zum Tätigwerden bestand (BFH/NV 2010, 2114 = BeckRS 2010, 25016513 Rn. 23; BFHE 253, 518 = DStR 2016, 1986 Rn. 41). 48

Nachdem eine rückwirkende Freigabe nicht möglich ist, diese vielmehr ex nunc wirkt, **ist unverzüglich die Freigabeerklärung,** bei positiver Kenntnis der selbstständigen Tätigkeit oder wenn eine solche Tätigkeit für ihn erkennbar war, **abzugeben.** Eine ausgeübte Tätigkeit ohne Wissen des Verwalters oder Möglichkeit der Kenntnis führt trotz der Regelungen des § 35 Abs. 2 InsO nicht zu Masseverbindlichkeiten (BFHE 265, 294 = MwStR 2020, 146 mAnm Lauer). Bei Nichtabgabe der Freigabeerklärung aufgrund Unkenntnis von der selbstständigen Tätigkeit verhindert die Unkenntnis das Entstehen von Masseverbindlichkeiten hinsichtlich der Umsatzsteuer; auf die sich in diesem Fall ergebenden Umsatzsteuervergütungsansprüche hat die Insolvenzmasse hingegen Zugriff. 49

Für den Fall der **erklärten Freigabe des Geschäftsbetriebs gem. § 35 Abs. 2 S. 1 InsO** wird die Insolvenzmasse vor der zukünftigen Belastung mit Umsatzsteuer geschützt, zugleich stehen ihr die Erstattungsansprüche aus Umsatzsteuer des freigegebenen Gewerbes nicht zu. Diese kann die FinVerw mit vorinsolvenzlichen Steuerschulden verrechnen (EFG 2015, 1779 = BeckRS 2015, 95505). Der Schuldner geht mit seinem freigegebenen Geschäftsbetrieb Neuverbindlichkeiten ein. 50

III. Masseverbindlichkeit (§ 55 Abs. 2 InsO)

§ 55 Abs. 2 S. 1 InsO erweitert den Anwendungsbereich der Vorschrift auf Verbindlichkeiten, die von einem **starken vorläufigen Insolvenzverwalter,** dh einem vorläufigen Insolvenzverwalter, auf den die Verfügungsbefugnis über das Vermögen des Insolvenzschuldners übergegangen ist (§§ 21 Abs. 2 Nr. 2 Alt. 1, 22 Abs. 1 InsO), **im Eröffnungsverfahren begründet worden sind.** Mit dieser Regelung wird der starke vorläufige Insolvenzverwalter faktisch dem endgültigen Insolvenzverwalter gleichgestellt (Sonnleitner InsSteuerR/Witfeld Kap. 5 Rn. 81). § 55 Abs. 2 S. 2 InsO stellt klar, dass die Regelung auch Verbindlichkeiten aus Dauerschuldverhältnissen umfasst, soweit der starke vorläufige Verwalter die Gegenleistung für die Masse in Anspruch nimmt (→ § 55 Rn. 64, → § 55 Rn. 65). 51

51.1 Leistungserbringung und Entgeltvereinnahmung während der vorläufigen starken Insolvenzverwaltung

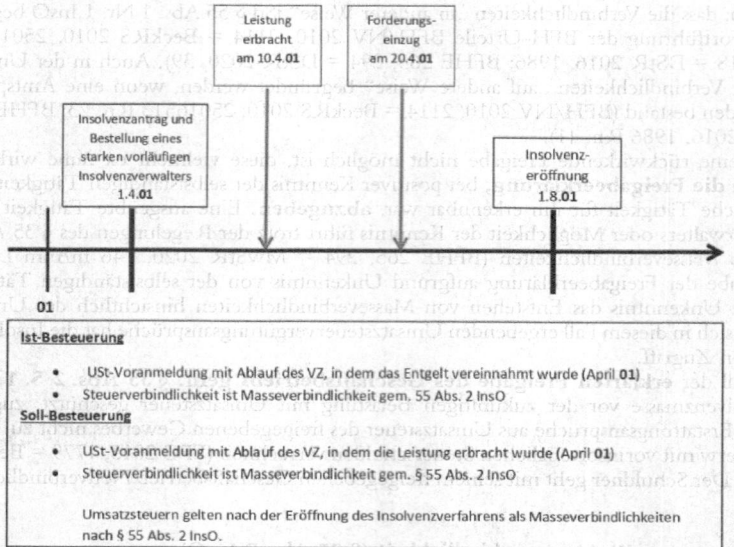

52 Sofern eine **Verwendungsänderung iSd § 15a** UStG im Zeitraum der starken vorläufigen Insolvenzverwaltung erfolgt, ist die aus der Berichtigung resultierende Vorsteuerkorrektur als Masseverbindlichkeit gem. § 55 Abs. 2 InsO mit Eröffnung des Verfahrens zu qualifizieren.

53 Für den Fall der Bestellung eines **schwachen vorläufigen Insolvenzverwalters** (ohne Ermächtigung zum Forderungseinzug, mithin keine Anwendung des § 55 Abs. 4 InsO) sind hingegen **nur punktuelle Einzelermächtigungen zur Begründung von Verbindlichkeiten** bzw. zur Verfügung über das schuldnerische Vermögen denkbar (s. ebenso Roth, Insolvenzsteuerrecht, 2021, Rn. 4.347). In der Literatur wird dieser als „halbstarker vorläufiger Insolvenzverwalter" bezeichnet. Die Finanzgerichte stellen hierbei aus Gründen der Rechtssicherheit, insbesondere für die Verfahrensbeteiligten, hohe Anforderungen an die Bestimmtheit der Ermächtigung (hierzu ausführlich Laroche NZI 2010, 965–973). In dem nachstehenden Urteil des FG Baden-Württemberg zugrundeliegenden Fall hatte das Insolvenzgericht den vorläufigen Insolvenzverwalter auch ohne begleitendes allgemeines Verfügungsverbot dazu ermächtigt, einzelne, im Voraus genau festgelegte Verpflichtungen zulasten der späteren Insolvenzmasse einzugehen, soweit dies für eine erfolgreiche Verwaltung nötig ist. Im Falle der Eingangsumsätze – die durch Einzelermächtigungen zur Eingehung von Masseverbindlichkeiten abgedeckt werden – soll eine Ausweitung der eingeräumten Verfügungsmacht auf die Umsatzsteuerforderungen nicht anzunehmen sein (EFG 2009, 1585 = BeckRS 2009, 26027551: selbst bei Anwendung des § 55 Abs. 2 S. 1 InsO auf Einzelermächtigung sieht das FG die Begründung von Masseverbindlichkeiten bei der Umsatzsteuer nicht als gegeben an).

53.1 Diese Fallkonstellation hat jedoch wenig praktische Relevanz, da üblicherweise ein schwacher vorläufiger Insolvenzverwalter mit Forderungseinzugsermächtigung bestellt wird, sodass hier Masseverbindlichkeiten nach § 55 Abs. 4 InsO bestehen (→ § 55 Rn. 71), oder die starke vorläufige Insolvenzverwaltung angeordnet wird, sodass Masseverbindlichkeiten nach § 55 Abs. 2 InsO (→ § 55 Rn. 63) begründet werden. Interessant wird diese Konstellation aufgrund der fehlenden höchstrichterlichen Rechtsprechung bei den bis zum 31.12.2020 beantragten Insolvenzantragsverfahren in Eigenverwaltung nach § 270a InsO im Fall der Anordnung von Einzelermächtigungen. Insoweit könnte **nach Ansicht der FinVerw** bei Anordnung der hier erläuterten Einzelermächtigungen **die Begründung von Masseverbindlichkeiten auf die Umsatzsteuerforderungen ausgeweitet werden.** Der Umfang des Ermächtigungsbeschlusses bildet dabei den notwendigen Hebel zum Auslösen der gesetzlichen Rechtsfolge „Masseverbindlichkeit". Dabei ist durch die Übertragung der erforderlichen Befugnisse eher die Anwendbarkeit des § 55 Abs. 2 InsO anzunehmen als die Begründung von Masseverbindlichkeiten nach § 55 Abs. 4 InsO. Bei letzterer mangelt es nach hiesiger Auffassung an der erforderlichen Trennung der Beteiligten, die die Entgeltvereinnahmung realisieren und zum anderen die Leistungen erbringen.

Im **Schutzschirmverfahren nach § 270b InsO aF** kann das Insolvenzgericht auf Antrag des Schuldners anordnen, dass dieser Masseverbindlichkeiten gem. § 55 Abs. 2 InsO begründen kann (§ 270b Abs. 3 S. 1 InsO aF). Die Umsatzsteuer, die nach dieser Anordnung begründet wird, ist als Masseverbindlichkeit und nicht als Insolvenzforderung zu behandeln (vgl. EFG 2018, 1229 = BeckRS 2018, 11335). Für den vorgenannten Fall ergibt sich eine Globalermächtigung des eigenverwaltenden Schuldners, bei welcher tatsächlich einiges dafürspricht, dass die Umsatzsteuer aus im Eröffnungsverfahren ausgeführten Umsätzen gem. § 270b Abs. 3 iVm § 55 Abs. 2 InsO aF als Masseverbindlichkeiten einzustufen ist. Der eigenverwaltende Schuldner rückt in die Position eines starken vorläufigen Insolvenzverwalters. Im Gegenzug dazu ist abgrenzungswürdig der Fall der **Einzelermächtigungen,** welcher getragen wurde durch die Motive des Gesetzgebers, dass der eigenverwaltende Schuldner in der Sanierung zu entscheiden hat „beim Gericht Einzelermächtigungen zur Begründung von Masseverbindlichkeiten anzuregen oder von der Möglichkeit Gebrauch zu machen, sich mit einer globalen Ermächtigung ausstatten zu lassen" (BT-Drs. 17/7511, 37). Der Umfang des Ermächtigungsbeschlusses bildet den notwendigen Hebel, sodass der eigenverwaltende Schuldner in eine Position vergleichbar einem „halbstarken" oder „starken" vorläufigen Insolvenzverwalters rückt (EFG 2018, 1229 = BeckRS 2018, 11335). Mit jüngstem Urteil des FG Münster v. 13.8.2020 stellt dieses für den Fall einer **Gruppenermächtigung,** im Hinblick auf die gegenständliche Beschränkung und auf eine bestimmte Gruppe von Gläubigern fest, dass Umsatzsteuerverbindlichkeiten von dieser Gruppenermächtigung nicht umfasst sind (BeckRS 2020, 22656). Dieses Urteil bestätigte die im Jahr 2020 mit Urteil v. 7.5.2020 verdeutlichte Blickrichtung des BFH (BeckRS 2020, 17458), dass in den Eigenverwaltungsverfahren nach aF, Antragstellung bis 31.12.2020, die Umsatzsteuer nicht zur Masseverbindlichkeit erhoben wird. Diese Blickrichtung wurde nach Neufassung des § 55 Abs. 4 InsO ab dem 1.1.2021 überworfen, sodass unabhängig von der Ausgestaltung als Eigenverwaltungsverfahren iSd § 270c InsO noch als Schutzschirmverfahren iSd § 270d InsO die Umsatzsteuern als Masseverbindlichkeit zu qualifizieren sind.

IV. Masseverbindlichkeit (§ 55 Abs. 4 InsO)

Die durch das Haushaltsbegleitgesetz 2011 eingeführte Vorschrift des § 55 Abs. 4 InsO (Art. 3 Nr. 2 Haushaltsbegleitgesetz v. 9.12.2010, BGBl. I 1885) erstreckt den Anwendungsbereich des § 55 InsO **für Insolvenzverfahren, die ab dem 1.1.2011 beantragt wurden,** auf Verbindlichkeiten des Insolvenzschuldners aus dem Steuerschuldverhältnis, die von einem schwachen vorläufigen Insolvenzverwalter oder von dem Schuldner mit Zustimmung eines schwachen vorläufigen Insolvenzverwalters begründet worden sind. Der Begründung des Regierungsentwurfs zufolge sollen hierdurch Nachteile des Fiskus als sog. „Zwangsgläubiger" ausgeglichen werden (BT-Drs. 17/3030, 42 f.). Dem Fiskus entstünden dadurch finanzielle Einbußen, dass regelmäßig nur ein schwacher vorläufiger Insolvenzverwalter ohne Masseschuldbegründungskompetenz bestellt wird. Die Regelung des § 55 Abs. 4 InsO würde an dieser Stelle den notwendigen Ausgleich schaffen. In der Literatur wird hingegen überwiegend die Ansicht geäußert, das Fiskusprivileg würde mit der Vorschrift des § 55 Abs. 4 InsO faktisch wieder eingeführt (Übersicht zum Meinungsstand: Uhlenbruck/Sinz InsO § 55 Rn. 105).

Insoweit entstehen Masseverbindlichkeiten bei Ermächtigung des vorläufigen Insolvenzverwalters, Forderungen des Schuldners einzuziehen, was mit dem Übergang der Verfügungsbefugnis über die Forderungen einhergeht (→ Rn. 75). Nach der Entscheidung des **BFH vom 24.9.2014** (BFHE 247, 460 = BeckRS 2014, 96358) ist die ursprüngliche Zuordnung der FinVerw überholt, nach der Masseverbindlichkeiten begründet wurden nach Handlung des schwachen vorläufigen Insolvenzverwalters, aktive Zustimmung desselben zu Handlungen des Schuldners oder konkludentes Verhalten (Tun, Dulden, Unterlassen). Nunmehr stellt der BFH unabhängig auf die vor oder nach der Verwalterbestellung erbrachten oder bezogenen Leistungen auf die Entgeltvereinnahmung durch den schwachen vorläufigen Insolvenzverwalter oder die Entgeltvereinnahmung durch den Schuldner mit Zustimmung des schwachen vorläufigen Insolvenzverwalters ab. Der BFH setzt damit seine Doppelberichtigungsrechtsprechung hinsichtlich des Forderungseinzugs auf die Fälle des § 55 Abs. 4 InsO fort und trennt zwischen Leistungserbringung durch den Schuldner und Entgeltvereinnahmung durch den schwachen vorläufigen Insolvenzverwalter. Dies geschieht nach Auffassung des BFH – entgegen der chronologischen Trennung dieser Sachverhalte – nach der

Steuerrecht in der Insolvenz – Umsatzsteuer

mit dem Grundsatzurteil vom 9.12.2010 begründeten Doppelberichtigungsrechtsprechung des BFH innerhalb des Zeitraums des Insolvenzeröffnungsverfahrens, mithin auch innerhalb eines Voranmeldezeitraums (BFHE 243, 451 = DStR 2014, 262). Bei der Vereinnahmung der Forderung im Rahmen der vorläufigen Insolvenzverwaltung lässt die Korrektur nach § 17 Abs. 2 Nr. 1 UStG fiktive Masseverbindlichkeiten nach § 55 Abs. 4 InsO entstehen.

56.1 Diese Tendenz der Rechtsprechung des BFH zur Zuordnung der Umsatzsteuer zu den Masseverbindlichkeiten nach vollständiger Tatbestandsverwirklichung respektive zum Zeitpunkt der Entgeltvereinnahmung nach Eintritt des Berichtigungstatbestandes setzt sich auch in den **Fällen des Forderungseinzugs** fort (→ Rn. 64).

57 Die FinVerw hat die Sichtweise des BFH (BFHE 247, 460 = BeckRS 2014, 96358) mit Schreiben vom 20.5.2015 für Sicherungsmaßnahmen, die nach dem 31.12.2014 vollzogen wurden, aufgenommen und dahingehend erweitert, dass die **Einräumung des Forderungseinzugsrechts** zur Anwendung des Urteils nicht nötig ist (BeckVerw 305500). Das zuvor ergangene BMF-Schreiben vom 17.0.2012 stand im Widerspruch zu den Grundsätzen des Urteils vom 24.9.2014, ist aber für Insolvenzantragsverfahren vor dem 1.1.2015 weiterhin anzuwenden (BeckVerw 305500).

57.1 In der Praxis erfolgt im Rahmen **der Steuernummer des vorinsolvenzlichen Unternehmensteils** mit der Schuldnersteuernummer die Meldung der Umsatzsteuer auf die durch den Schuldner ausgeführten Leistungen. Eine juristische Sekunde später, mithin im gleichen Voranmeldezeitraum erfolgt aufgrund der Uneinbringlichkeit des Entgelts aus Rechtsgründen, nachdem der Schuldner die Vereinnahmungszuständigkeit verloren hat, die Korrektur der Umsatzsteuer nach § 17 Abs. 2 Nr. 1 UStG. Nachdem beide Meldungen im gleichen Feld der Voranmeldung erfolgen, kommt es zur sog. „Nullmeldung" des Umsatzes. Die zweite Berichtigung erfolgt sodann über die Steuernummer des Unternehmensteils Insolvenzmasse bei Einzug der Forderung durch den schwachen vorläufigen Insolvenzverwalter.

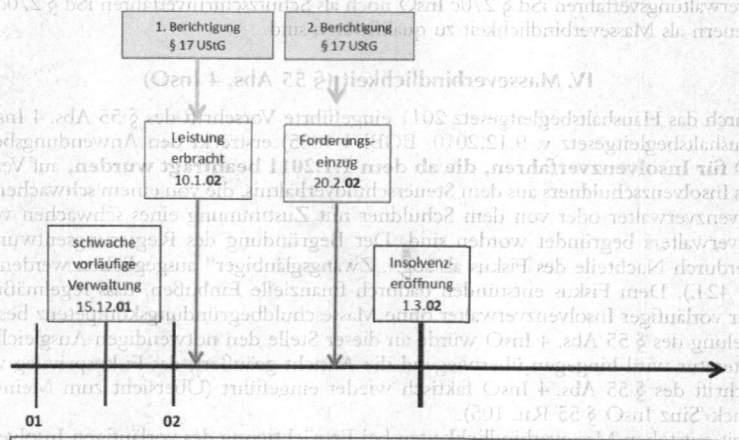

Steuerrecht in der Insolvenz – Umsatzsteuer

Für den Bereich der **unentgeltlichen Wertabgaben** vertritt die FinVerw die Auffassung, dass diese nach Bestellung des schwachen vorläufigen Insolvenzverwalters ebenfalls dem Anwendungsbereich des § 55 Abs. 4 InsO unterfallen (BeckVerw 320240 Rn. 12). 58

Dies ist dogmatisch nicht der Auffassung des BFH im Urteil vom 24.9.2014 zum Anwendungsbereich des § 55 Abs. 4 InsO zu entnehmen. Der BFH hat darin **das Erfordernis einer „tatsächlichen" Zustimmung** des vorläufigen Verwalters als nicht nachprüfbare Unterstellung gewertet. Der Schuldner kann vielmehr ohne Einschränkungen durch die von einem vorläufigen Insolvenzverwalter übertragenen Befugnisse frei entscheiden (BFHE 247, 60 = BeckRS 2014, 96358 Rn. 17). Der privaten Nutzung eines zB der betrieblichen Sphäre zugeordneten Gegenstands kann demnach der schwache vorläufige Verwalter nicht widersprechen. Auch die Prüfung der normierten Maßstäbe für § 55 Abs. 4 InsO hinsichtlich der Trennung der Leistungserbringung und Entgeltvereinnahmung lässt keinen anderen Schluss zu. Die Inanspruchnahme des Unternehmers für unentgeltliche Wertabgaben nach §§ 3a Abs. 1b, 9a UStG erfolgt demnach ausschließlich auf Schuldnerseite, da der Unternehmer insoweit ausnahmsweise als Endverbraucher direkt besteuert wird. Im Ergebnis kann im Bereich der Insolvenzmasse eine Masseverbindlichkeit nicht begründet werden. 58.1

Bei der Berechnung der Masseverbindlichkeit nach § 55 Abs. 4 InsO nicht zu berücksichtigen sind **Berichtigungsansprüche, die wie zB § 15a UStG** auf anderen Umständen als dem Forderungseinzug durch den vorläufigen Insolvenzverwalter oder den durch ihn veranlassten Zahlungen beruhen (BFHE 247, 460 = BeckRS 2014, 96358; BeckVerw 320240 Rn. 22). 59

Auf Grundlage des Gesetzes zur Fortentwicklung des Sanierungs- und Insolvenzrechts (Sanierungs- und Insolvenzrechtsfortentwicklungsgesetz) vom 22.12.2020, welches am 1.1.2021 in Kraft getreten ist, gilt für die **ab dem 1.1.2021 beantragten Verfahren** die Anwendung des **§ 55 Abs. 4 InsO gleichfalls auch für die Insolvenzantragsverfahren, bei welchen ein vorläufiger Sachwalter bestellt** ist (BGBl. 2020 I 3256). Mithin sind die Grundsätze der umsatzsteuerrechtlichen Bewertung für den Zeitraum der vorläufigen Insolvenzverwaltung analog auf das vorläufige Eigenverwaltungsverfahren anzuwenden. Zur Verwertung durch den Sicherungsnehmer im Insolvenzantragsverfahren → Rn. 185 ff., zur Verwertung im Insolvenzantragsverfahren durch den eigenverwaltenden Schuldner → Rn. 188 ff. Im neugefassten § 55 Abs. 4 InsO wird erkennlich nicht unterschieden nach beantragten Eigenverwaltungsverfahren gem. § 270a InsO oder der Beantragung eines Schutzschirmverfahrens. 60

Die nunmehr in Kraft getretene Gesetzesänderung steht nicht im Einklang mit der zum Zeitpunkt der Gesetzgebung des § 55 Abs. 4 InsO gewollten **„Verschonung" der Insolvenzmasse der Eigenverwaltungsverfahren von der Belastung mit Umsatzsteuern** als Masseverbindlichkeiten. In der Überlegung zur Gesetzgebung war vielmehr ausdrücklicher Wille, dadurch den Zugang zu den Eigenverwaltungsverfahren attraktiver zu gestalten. Dass nunmehr auch das Eigenverwaltungsverfahren in seiner vorläufigen Phase durch das eingefügte Fiskusprivileg eine stärkere Liquiditätsbelastung erfährt, könnte sich auch auf die Quoten der Masseunzulänglichkeitsanzeigen nach Eröffnung in diesen Verfahren auswirken. 60.1

V. Ist-Besteuerung

Die Ist-Besteuerung gem. **§ 20 UStG** beschreibt die **Ausnahmeregelung** der Steuerberechnung nach vereinnahmten Entgelten. Aus der Definition geht bereits hervor, dass es ungeachtet der Fallkonstellation lediglich auf die **tatsächliche Vereinnahmung des Entgelts** ankommt (BFHE 224, 24 = DStR 2009, 851). Entscheidend ist mithin allein der Zeitpunkt des Zahlungsflusses. Da ein insolvenzsteuerliches Auseinanderfallen von Entstehung der Umsatzsteuer und Vereinnahmung des Entgelts denklogisch nicht möglich ist, kommt die Doppelberichtigungsrechtsprechung des BFH (BFHE 232, 301 = BeckRS 2011, 95026) im Falle der Ist-Besteuerung nicht zum Zug: Entweder Leistung und Vereinnahmung des Entgelts sind bereits vor Eröffnung des Verfahrens abgeschlossen (für diesen Fall besteht in der Regel eine Insolvenzforderung nach § 38 InsO, soweit nicht Ausnahmetatbestände wie § 55 Abs. 4 InsO erfüllt sind) oder die Vereinnahmung erfolgt erst nach Verfahrenseröffnung, für diesen Fall liegt eine Masseverbindlichkeit iSd § 55 Abs. 1 InsO vor (BFHE 224, 24 = BeckRS 2009, 24003624). Die Literatur hat sich zum erheblichen Teil kritisch mit der Rechtsprechung auseinandergesetzt, und auf die rein insolvenzrechtliche Begründetheit des Anspruchs nicht erst durch Vereinnahmung, sondern bereits durch Ausführung des Umsatzes selbst abgestellt, nach der sich der Steuerschuldner nicht mehr aus eigener Kraft dem materiell verwirklichten Tatbestand entziehen kann (Sonnleitner InsSteuerR/Witfeld Kap. 5 Rn. 28). Infolgedessen würden für den Fall der Leistungserbringung durch den Schuldner vor Eröffnung des Verfahrens (wesentliches Erfordernis der Verwirklichung des Steueranspruchs) und der Entgeltvereinnahmung durch den Insolvenzverwalter nach Eröffnung des Ver- 61

Steuerrecht in der Insolvenz – Umsatzsteuer

fahrens lediglich Insolvenzforderungen iSd § 38 InsO vorliegen. Die Rechtsprechung hatte diese Frage vor der Rechtsprechung des BFH vom 29.1.2009 (BFHE 224, 24 = DStR 2009, 851) ausdrücklich offengelassen (vgl. etwa BFHE 125, 314 = BeckRS 1978, 22004357).

61.1 Die Entscheidung des BFH vom 29.1.2009 nimmt den Grundgedanken der bisher ergangenen Rechtsprechung zur Zuordnung der Steueransprüche auf und stellt auf die vollständige Tatbestandsverwirklichung ab. **Entscheidendes Merkmal der Ist-Besteuerung** ist nach § 13 Abs. 1 Nr. 1 lit. b UStG die **Vereinnahmung des Entgeltes.** Wesentliche Auswirkungen der Rechtsprechung des BFH ergeben sich erst im Bereich der Soll-Besteuerung (→ Rn. 24).

62 Auch für die Vereinnahmung von Entgelten durch den **schwachen vorläufigen Insolvenzverwalter** und den eigenverwaltenden Schuldner bei Leistungserbringung des Schuldners vor Anordnung der vorläufigen Insolvenzverwaltung, ist bei der Ist-Besteuerung eine Masseverbindlichkeit iSd § 55 Abs. 4 InsO anzunehmen, da für diesen Fall der Entstehungstatbestand des Steueranspruchs erst während der vorläufigen Insolvenzverwaltung vollendet ist (BFHE 224, 24 = BeckRS 2009, 24003624; BeckVerw 305500).

63 Zum Fall der Entgeltvereinnahmung vor Verfahrenseröffnung und der Leistungsausführung nach Verfahrenseröffnung liegt keine höchstrichterliche Rechtsprechung vor. Nachdem bei der Soll-Besteuerung die **Vorauszahlung bzw. Anzahlung** nach Meinung des BFH gem. § 13 Abs. 1 Nr. 1 lit. a S. 4 UStG vor Verfahrenseröffnung zu einer Insolvenzforderung führt, kann im Fall der Ist-Besteuerung nichts anderes gelten (hierzu → Rn. 79).

VI. Forderungseinzug im Insolvenzantragsverfahren/Sollbesteuerung

64 Die Anwendung der **Grundsatzentscheidung des BFH vom 24.9.2014** erfolgt für die Forderungseinzüge, bei welchen die Leistungserbringung und Entgeltvereinnahmung in unterschiedlichen Unternehmensteilen, mithin – abgesehen vom Fall des freigegebenen Vermögens – in unterschiedlichen Phasen des Insolvenzverfahrens liegen. Die unterschiedlichen Unternehmensteile werden durch die Doppelberichtigungsrechtsprechung des BFH v. 9.12.2010 definiert, welche damit auch für den Zeitraum der vorläufigen Insolvenzverwaltung ihre Anwendung findet (BFHE 247, 460 = BeckRS 2014, 96358; Vorinstanz: EFG 2014, 69 = BeckRS 2014, 94343). Der Zeitpunkt der Wirkung der Doppelberichtigungsrechtsprechung wird durch die Grundsatzentscheidung auf den Zeitpunkt der Bestellung des schwachen vorläufigen Insolvenzverwalters vorverlagert und schließt damit das Insolvenzantragsverfahren ein.

65 Bei schuldnerischer Leistungserbringung vor Anordnung der schwachen vorläufigen Insolvenzverwaltung und Forderungseinzug im Eröffnungsverfahren durch den **schwachen vorläufigen Insolvenzverwalter** ist die Berichtigung des Steuerbetrages der zum Zeitpunkt der Anordnung der vorläufigen Insolvenzverwaltung noch nicht vereinnahmten Entgeltforderungen gem. § 17 Abs. 2 Nr. 1 S. 1 UStG iVm § 17 Abs. 1 S. 1 UStG vorzunehmen (Uneinbringlichkeit aus Rechtsgründen). Zwar ergibt sich das Recht zum Forderungseinzug nicht aus den einem Insolvenzverwalter gem. §§ 80 ff. InsO zustehenden Befugnissen. Erlässt das Insolvenzgericht aber entsprechend § 23 Abs. 1 S. 3 InsO bei der Bestellung eines vorläufigen Insolvenzverwalters mit Zustimmungsvorbehalt (§ 21 Abs. 2 S.1 Nr. 2 Alt. 2 InsO) das Verbot an Drittschuldner, an den Schuldner zu zahlen, und ermächtigt es den vorläufigen Insolvenzverwalter, Forderungen des Schuldners einzuziehen und eingehende Gelder entgegenzunehmen (§ 22 Abs. 2 InsO), wird damit das Rechtsverhältnis zwischen dem Schuldner und dem vorläufigen Insolvenzverwalter gegenüber Drittschuldnern gem. § 24 Abs. 1 InsO in einer Weise geregelt, die § 80 Abs. 1 InsO und § 82 InsO entspricht (BFHE 247, 460 = MwStR 2015, 100 Rn. 28 mwN). Durch die doppelte Korrektur nach § 17 UStG werden zum Zeitpunkt der Einziehung durch den schwachen vorläufigen Insolvenzverwalter im Unternehmensteil Insolvenzmasse Masseverbindlichkeiten gem. § 55 Abs. 4 InsO begründet (BFHE 247, 460 = BeckRS 2014, 96358; abweichende Auffassung EFG 2015, 1847 = BeckRS 2015, 94684; Rev. eingelegt BFH/NV 2016, 1310 = BeckRS 2016, 95072; bestätigt BeckRS 2016, 95072). Es ist nicht zwischen den vor und nach der Verwalterbestellung erbrachten oder bezogenen Leistungen zu unterscheiden. Ob eine umsatzsteuerliche Verbindlichkeit aus dem Steuerschuldverhältnis Masseverbindlichkeit nach § 55 Abs. 4 InsO wird, entscheidet sich nach der **Entgeltvereinnahmung** durch den vorläufigen Insolvenzverwalter (BFHE 247, 460 = BeckRS 2014, 96358) (→ Rn. 55). Die FinVerw wendet die Rechtsprechung nicht auf Sicherungsmaßnahmen an, die vor dem 1.1.2015 angeordnet wurden.

65.1 Zur **zeitlichen Anwendung** s. BMF v.18.11.2015, BStBl. I 886; zur vollständigen Übernahme der BFH Rechtsprechung s. BMF v. 20.5.2015, BeckVerw 305500.

Steuerrecht in der Insolvenz – Umsatzsteuer

Leistung vor Insolvenzantrag, Forderungseinzug während der schwachen vorläufigen Verwaltung

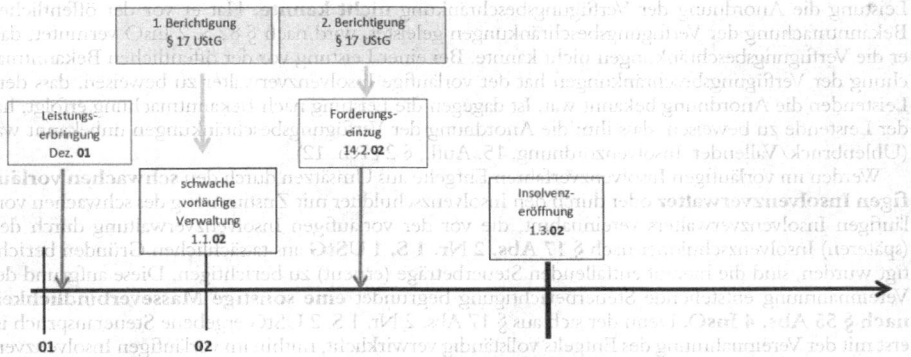

Ist-Besteuerung:
- BFH v. 9.12.2010 - V R 22/10 BStBl 2011 II S. 996; BFH 29.1.2009 – V R 64/07
- durch Vereinnahmung des Entgelts durch den vorl. Insolvenzverwalter entsteht Steueranspruch, zugleich entsteht Masseverbindlichkeit gem. § 55 Abs. 4 InsO

Soll-Besteuerung:
- USt-Voranmeldung mit Ablauf VZ, in dem die Leistung erbracht wurde (Dezember **01**)
- BFH 24.9.2014 V R 48/13, Tz. 13, 18
- Steuerverbindlichkeit ist Masseverbindlichkeit gem. § 55 Abs. 4 bei Entgeltvereinnahmung
- 1. Berichtigung gem. § 17 Abs. 2 N. 1 S. 1 iVm Abs. 1 S. 1 UStG: (Schuldnersteuernummer) USt wird gemeldet und zugleich wegen Uneinbringlichkeit korrigiert
- →Aufrechnung mit Inso-forderungen möglich
- 2. Berichtigung gem. § 17 Abs. 2 Nr. 1 S. 1 iVm Abs. 1 S. 1 UStG: (Massesteuernummer)
- →mit Leistungsgebot ab IE Masseverbindlichkeit gem. § 55 Abs. 4 InsO

Für den Fall der zur Ist-Masse zugehörigen Forderungen, die der Insolvenzschuldner vor Insolvenzantragstellung im Rahmen von **Einzel- oder Globalzessionen** abgetreten hat, ist es maßgeblich für die Einordnung als Masseverbindlichkeit gem. § 55 Abs. 4 InsO, ob das Insolvenzgericht angeordnet hat, dass derartige Forderungen nicht vom Gläubiger, sondern vom schwachen vorläufigen Insolvenzverwalter einzuziehen sind. In diesem Fall ist diese Forderung dem Einflussbereich des Insolvenzschuldners entzogen, die Vereinnahmungszuständigkeit geht auf den schwachen vorläufigen Insolvenzverwalter über. Die Uneinbringlichkeit aus Rechtsgründen tritt auch für diese Entgeltansprüche ein, sodass der Einzug der Forderung hinsichtlich der darin enthaltenen Umsatzsteuer Masseverbindlichkeiten gem. § 55 Abs. 4 InsO begründet (BFHE 247, 460 = BeckRS 2014, 96358). **66**

Von der Ist-Masse abzugrenzen sind regelmäßig die Forderungen, bei welchen ein Inhaberwechsel aufgrund von vorinsolvenzlichen Forderungsverkäufen mit Abtretungen vorliegt. Nachdem diese Forderungen nicht der Insolvenzmasse zugehören, führt die Vereinnahmung weder im Zeitraum der vorläufigen Insolvenzverwaltung noch nach Eröffnung des Verfahrens hinsichtlich der enthaltenen Umsatzsteuer zu einer Masseverbindlichkeit. **66.1**

Für den Fall, dass der Insolvenzschuldner im Zeitraum der schwachen vorläufigen Insolvenzverwaltung Forderungen **ohne Zustimmung** einzieht, hat nunmehr der BFH seine Sicht auf den **Schwerpunkt der tatsächlichen Ausübung der Rechte** durch den vorläufigen schwachen Insolvenzverwalter mit Urteil v. 28.5.2020 dargelegt (BFH BeckRS 2020, 19817). Insoweit stellt er bei der Qualifizierung der Umsatzsteuer als Masseverbindlichkeit iSd § 55 Abs. 4 InsO nicht auf die Befugnisse des schwachen vorläufigen Insolvenzverwalters, sondern auf die **Einziehung der Forderungen** durch diesen ab. In der Vorentscheidung ging das FG davon aus, dass die Zahlung auch mit schuldbefreiender Wirkung an den Insolvenzschuldner erfolgen konnte, da das Insolvenzgericht nicht ausdrücklich das Verbot der Zahlung an den Insolvenzschuldner ausgesprochen habe (HessFG BeckRS 2019, 37415). Damit einhergehend sind Masseverbindlichkeiten iSd § 55 Abs. 4 InsO begründet wor- **67**

Steuerrecht in der Insolvenz – Umsatzsteuer

den. Insoweit ging das FG mit der Annahme der Wirkung des § 82 InsO in Verbindung mit einem gerichtlichen Verbot fehl. Dieses ergibt sich vielmehr aus § 21 Abs. 2 Nr. 2 Fall 2 iVm § 24 Abs. 1 und § 82 InsO. Eine **schuldbefreiende Wirkung** tritt nur ein, soweit der Leistende zum Zeitpunkt der Leistung die Anordnung der Verfügungsbeschränkung **nicht kannte.** Hat er vor der öffentlichen Bekanntmachung der Verfügungsbeschränkungen geleistet, wird nach § 82 S. 2 InsO vermutet, dass er die Verfügungsbeschränkungen nicht kannte. Bei einer Leistung vor der öffentlichen Bekanntmachung der Verfügungsbeschränkungen hat der vorläufige Insolvenzverwalter zu beweisen, dass dem Leistenden die Anordnung bekannt war. Ist dagegen die Leistung nach Bekanntmachung erfolgt, hat der Leistende zu beweisen, dass ihm die Anordnung der Verfügungsbeschränkungen unbekannt war (Uhlenbruck/Vallender, Insolvenzordnung, 15. Aufl., § 24 Rn. 12).

68 Werden im vorläufigen Insolvenzverfahren Entgelte aus Umsätzen durch den **schwachen vorläufigen Insolvenzverwalter** oder durch den Insolvenzschuldner mit Zustimmung des schwachen vorläufigen Insolvenzverwalters vereinnahmt, die vor der vorläufigen Insolvenzverwaltung durch den (späteren) Insolvenzschuldner nach **§ 17 Abs. 2 Nr. 1 S. 1 UStG** aus tatsächlichen Gründen berichtigt wurden, sind die hierauf entfallenden Steuerbeträge (erneut) zu berichtigen. Diese aufgrund der Vereinnahmung entstehende Steuerberichtigung begründet **eine sonstige Masseverbindlichkeit nach § 55 Abs. 4 InsO.** Denn der sich aus § 17 Abs. 2 Nr. 1 S. 2 UStG ergebene Steueranspruch ist erst mit der Vereinnahmung des Entgelts vollständig verwirklicht, mithin im vorläufigen Insolvenzverfahren. Masseverbindlichkeiten nach § 55 Abs. 4 InsO liegen auch dann vor, wenn die Berichtigung aus tatsächlichen Gründen nach § 17 Abs. 2 Nr. 1 S. 1 UStG während der vorläufigen Insolvenzverwaltung erfolgt und das Entgelt durch den schwachen vorläufigen Insolvenzverwalter oder durch den Insolvenzschuldner mit Zustimmung des schwachen vorläufigen Insolvenzverwalters vereinnahmt wird (BeckVerw 270869; Abschn. 17.1. Abs. 14 S. 3 UStAE).

68.1

Vereinnahmung des Entgelts in der vorläufigen Insolvenzverwaltung von bereits vor oder während der vorläufigen Insolvenzverwaltung nach § 17 Abs. 2 Nr. 1 S. 1 UStG (aus sonstigen Gründen) berichtigten Umsätzen

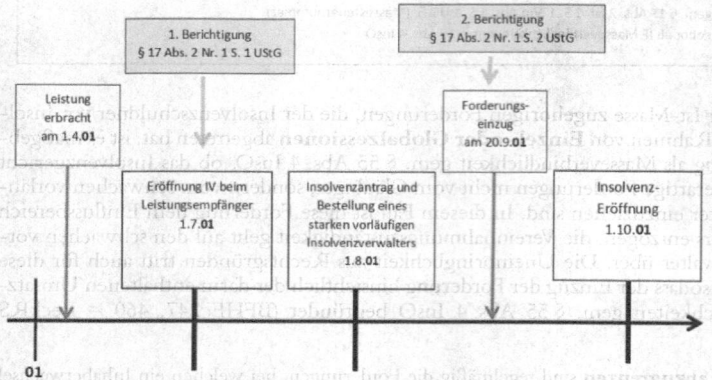

69 Für den Fall der Einsetzung eines **starken vorläufigen Insolvenzverwalters** hat der XI. Senat des BFH entschieden, dass der Steuerbetrag für die steuerpflichtigen Leistungen, die der

Steuerrecht in der Insolvenz – Umsatzsteuer

Unternehmer bis zu der Verwalterbestellung erbracht hat, nach § 17 Abs. 2 Nr. 1 S. 1 UStG wegen Uneinbringlichkeit mit Anordnung der starken vorläufigen Insolvenzverwaltung ebenfalls zu berichtigen ist. Die darauffolgende Vereinnahmung des Entgelts durch den starken vorläufigen Insolvenzverwalter führe gem. § 17 Abs. 2 Nr. 1 S. 2 UStG zu einer zweiten Berichtigung des Steuerbetrags. Insoweit werden Verbindlichkeiten iSv § 55 Abs. 2 S. 1 InsO begründet (BFHE 253, 445 = BeckRS 2016, 94924). Strittig war vor der grundlegenden gerichtlichen Entscheidung, ob hierbei Masseverbindlichkeiten nach § 55 Abs. 4 InsO oder nach § 55 Abs. 2 InsO ausgelöst werden, da die letztgenannte Vorschrift keine Tatbestandsvariante kennt, nach der Masseverbindlichkeiten in anderer Weise begründet werden und in Zweifel stand, dass durch die bloße Vereinnahmung von Entgelten ohne jedes Zutun des starken vorläufigen Insolvenzverwalters eine Berichtigung nach § 17 UStG ausgelöst wird. Durch die in der gerichtlichen Entscheidung enthaltene Vorverlagerung des Zeitpunkts der Aufspaltung des Unternehmens auf die Anordnung der starken vorläufigen Insolvenzverwaltung, ist durch den Wechsel der Einziehungsbefugnis auf den Unternehmensteil Insolvenzmasse der Berichtigungsgrund der Uneinbringlichkeit aus Rechtsgründen gelegt.

69.1

Leistungserbringung vor Anordnung der vorläufigen Insolvenzverwaltung und Entgeltvereinnahmung während der starken vorläufigen Insolvenzverwaltung

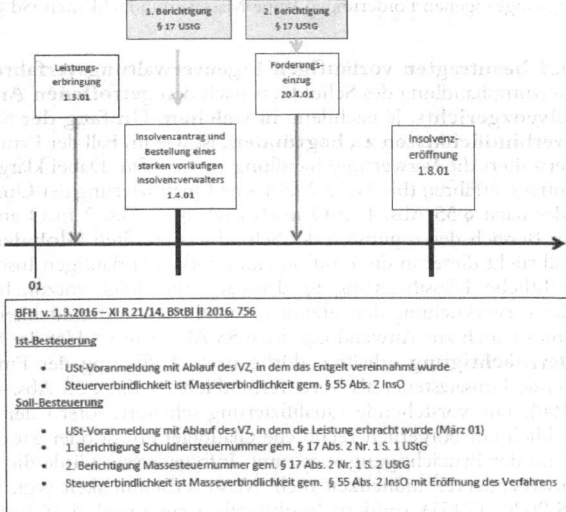

Die Grundsätze des **BMF-Schreibens vom 12.4.2013** (→ Rn. 66) hinsichtlich der Entgeltvereinnahmung von bereits vor oder während der schwachen vorläufigen Insolvenzverwaltung nach § 17 Abs. 2 Nr. 1 S. 1 UStG aus tatsächlichen Gründen berichtigten Umsätzen, gelten auch für die **starke vorläufige Insolvenzverwaltung.** Die sich aus der Berichtigungspflicht nach **§ 17 Abs. 2 Nr. 1 S. 2 UStG** ergebende Umsatzsteuer begründet eine sonstige Masseverbindlichkeit nach § 55 Abs. 2 InsO (vgl. BeckVerw 257322 Rn. 5). Diese Vorschrift findet mit Inkrafttreten der InsO zum 1.1.1999 Anwendung.

Für den Fall des **Insolvenzantragsverfahrens** in **Eigenverwaltung nach § 270a InsO** war eine höchstrichterliche Rechtsprechung dazu, ob und ggf. unter welchen Voraussetzungen die in eingezogenen Forderungen enthaltene Umsatzsteuer zu Masseverbindlichkeiten führt, bis zum Jahr 2020 nicht ergangen. Die Rechtsprechung der Finanzgerichte wies die analoge Anwendung für die im Zeitraum der vorläufigen Eigenverwaltung nach § 270a InsO begründeten Verbindlichkeiten nach § 55 Abs. 2 oder § 55 Abs. 4 InsO ab (EFG 2020, 58 = BeckRS 2019, 21766; EFG 2019, 996 = BeckRS 2019, 7510; beide mit Verweis auf BGHZ 220, 243 = DStR 2019, 174; zuvor bereits EFG 2017, 1756 = BeckRS 2017, 127750; dazu Krumm ZIP 2018, 1049). Letztlich hat der BFH in beiden durch die FinVerw eingelegten Revisionsverfahren höchstrichterlich entschieden, dass es für die Begründung von Masseverbindlichkeiten an der Bestellung eines vorläufi-

70

71

gen Insolvenzverwalters (Übergang der Befugnisse nach § 21 Abs. 2 Nr. 2 Alt. 1 InsO iVm § 22 Abs. 1 InsO im Falle des starken vorläufigen Verwalters, oder § 21 Abs. 2 Nr. 2 Alt. 2 iVm § 22 Abs. 2 InsO für den Fall des schwachen vorläufigen Verwalters) für eine analoge Anwendung fehlt. Die im Zeitraum der vorläufigen Eigenverwaltung gem. **§ 270a InsO entstehende Umsatzsteuer ist keine Masseverbindlichkeit.** Der BFH schloss sich ausdrücklich dem von der FinVerw angegriffenen BGH-Urteil (BGHZ 220, 243 = DStR 2019, 174) an (BeckRS 2020, 17457; DStR 2020, 1674). Demzufolge fehlt es zum Zeitpunkt der Anordnung der vorläufigen Eigenverwaltung gem. § 270a InsO an der Aufspaltung der Unternehmung durch den Übergang der Einziehungsbefugnis auf einen Dritten, sodass bereits zu diesem Zeitpunkt die **Anwendung der Doppelberichtigungsrechtsprechung ausscheidet** (zur Aufspaltung im Zeitpunkt der Eröffnung des Verfahrens in Eigenverwaltung nach § 270a InsO vgl. → Rn. 80). Ob diese Wertung im Licht der Neufassung des § 55 Abs. 4 InsO (→ Rn. 60) für die Antragsverfahren in Eigenverwaltung ab dem 1.1.2021 weiterhin Bestand haben wird, ist derzeit noch nicht absehbar.

71.1 Kahlert hingegen sieht für den Anwendungsbereich der ersten und zweiten Berichtigung der Umsatzsteuer gem. § 17 Abs. 2 Nr. 1 UStG betreffend vorinsolvenzlich begründeter Forderungen einerseits auf das vorläufige Eigenverwaltungsverfahren erstreckt, andererseits auf das Vorliegen von **Zahlungsunfähigkeit** (§ 17 InsO) und **Überschuldung** (§ 19 InsO) eingeschränkt (DStR 2021, 1505). Dies beruht nach seiner Sicht auf dem mit § 15b Abs. 8 InsO neu ausgerichteten Verhältnis von Massesicherungspflicht und Steuerzahlungspflicht. Das heißt, für den Fall der **drohenden Zahlungsunfähigkeit** verneint er die die vorzunehmende Berichtigung iSd § 17 UStG, sodass in diesem Fall die Umsatzsteuern aus den im Zeitraum der vorläufigen Eigenverwaltung eingezogenen Forderungen keine Masseverbindlichkeiten iSd § 55 Abs. 4 InsO darstellen.

72 Für die **vor dem 1.1.2021 beantragten vorläufigen Eigenverwaltungsverfahren** richtet sich die Einstufung der Verwertungshandlung des Schuldners nach den **getroffenen Anordnungen im Beschluss des Insolvenzgerichts.** Je nachdem, **in welchem Umfang der Schuldner ermächtigt wurde, Masseverbindlichkeiten zu begründen,** ist wie im Fall der Ermächtigung eines vorläufigen Insolvenzverwalters die Verwertungshandlung einzustufen. Dabei klargestellt sei, dass in der Regel für diese Antragsverfahren (bis 31.12.2020) eine Qualifizierung der Umsatzsteuer als Masseverbindlichkeit weder nach § 55 Abs. 4 InsO noch nach § 55 Abs. 2 InsO ausscheidet. Grenzfälle können jedoch im Bereich der zugunsten des Schuldners erteilten **Globalermächtigung** auftreten, in diesem Fall rückt dieser in die Position eines starken vorläufigen Insolvenzverwalters. Die umsatzsteuerrechtliche Klassifizierung ist demnach wie folgt vorzunehmen (→ Rn. 189). Im Hinblick auf die Verwirklichung der öffentlich-rechtlichen Verbindlichkeit aus dem Umsatzsteuerverhältnis kommt es auch zur Anwendung des § 55 Abs. 2 InsO. Hat der Schuldner eine **Einzel- oder Bündelermächtigung** erhalten, dürfte nach Auffassung der FinVerw die aus der Verwertung resultierende Umsatzsteuer als Masseverbindlichkeit iSd § 55 Abs. 4 InsO zu qualifizieren sein (→ Rn. 190). Die vorstehende Qualifizierung scheitert, sofern der Beschluss des Insolvenzgerichts ausdrücklich nur bürgerlich-rechtliche Gläubiger erfasst oder gar öffentlich-rechtliche Verbindlichkeiten aus der Ermächtigung ausnimmt. Infolgedessen würde die durch die Verwertung entstandene Umsatzsteuerverbindlichkeit nicht Masseverbindlichkeit (vgl. BFH/NV 2020, 1095 (NV) = BeckRS 2020, 17457), sondern Insolvenzforderung nach § 38 InsO.

73 Für den Fall des **Schutzschirmverfahrens** nach § 270b InsO ist darauf abzustellen, ob eine **Globalermächtigung nach § 270b Abs. 3 InsO iVm § 55 Abs. 2 InsO** vorliegt und der eigenverwaltende Schuldner damit im Eröffnungsverfahren in die Rechtsstellung des starken vorläufigen Insolvenzverwalters rückt. Erteilt das Insolvenzgericht auf Antrag des Schuldners die begehrte Ermächtigung, muss sich der Schuldner hieran festhalten lassen. Vom Umfang des § 55 Abs. 2 InsO werden nicht nur rechtsgeschäftliche, sondern auch gesetzliche Verbindlichkeiten umfasst (→ § 55 Rn. 63). Auf Grundlage der aktuellen Rechtsprechung und im Hinblick auf die Gesetzesbegründung, dass dem Schuldner die Möglichkeit eröffnet werden soll, über eine Anordnung des Gerichts gewissermaßen in die Stellung eines starken vorläufigen Insolvenzverwalters einzurücken (BT-Drs. 17/7511, 37), ist daher zum Zeitpunkt der beantragten Anordnung der Globalermächtigung vom Übergang der Einziehungsbefugnis auf den eigenverwaltenden Schuldner analog einem starken vorläufigen Verwalter von der Aufspaltung der Unternehmung auszugehen. Folgerichtig wird die FinVerw von der Anwendung der Doppelberichtigungsrechtsprechung zu diesem Zeitpunkt analog für den Fall der Anordnung der starken vorläufigen Insolvenzverwaltung (→ Rn. 80) ausgehen.

74 Für den Fall von **Einzelermächtigungen,** welche möglichst hinreichend bestimmt zu formulieren sind, um den Rechtsschein einer Globalermächtigung von vornherein auszuschließen, tritt der eigenverwaltende Schuldner **im Schutzschirmverfahren nach § 270b** InsO in die Rechtsstellung des „halbstarken" vorläufigen Insolvenzverwalters. So liegt es etwa, wenn der Beschluss des Insolvenzgerichts ausschließlich auf bürgerlich-rechtliche Lieferverbindlichkeiten abstellt. Dann dürfte es an dem notwendigen Hebel fehlen, um Masseverbindlichkeiten nach § 270b Abs. 3 InsO iVm § 55 Abs. 2 InsO analog anzunehmen (so auch Kübler/Kahlert in Kübler, HRI – Handbuch Restrukturierung in der Insolvenz, 3. Aufl. 2018, § 57 Rn. 52), wozu allerdings noch keine gerichtlichen Entscheidungen vorliegen (hierzu auch → Rn. 7).

VII. Forderungseinzug im eröffneten Insolvenzverfahren/Soll-Besteuerung

Die **Soll-Besteuerung nach § 16 UStG** beschreibt den Regelfall der Steuerberechnung nach **vereinbarten Entgelten** (Leipold in Sölch/Ringleb, UStG, UStG § 13 Rn. 270). Hierunter fallen auch Lebenssachverhalte, in denen die Leistung zwar bereits vor Eröffnung des Insolvenzverfahrens erbracht wurde, das Entgelt hierfür hingegen erst nach Eröffnung eingeht. Für diese Fallgestaltung hat der BFH mit seiner Berichtigungsrechtsprechung die Rechtsfigur der Doppelkorrektur konstruiert (kritisch hierzu ua Roth, Insolvenzsteuerrecht, 2021, Rn. 4.330 ff.). Indem ausschließlich auf den Zahlungseingang abgestellt wird, stellen die Steuerschulden eine Masseverbindlichkeit gem. § 55 Abs. 1 Nr. 1 InsO iVm § 17 Abs. 2 Ziff. 1 S. 2 UStG dar (so grundlegend BFHE 232, 301 = DStR 2011, 720; BFHE 235, 137 = BeckRS 2011, 96933; BFH/NV 2014, 920 = BeckRS 2014, 94872). 75

Bis zu dieser Grundsatzentscheidung entsprach es der herrschenden Auffassung, dass es für die Abgrenzung von Insolvenz- und Masseverbindlichkeit ankäme auf den **Zeitpunkt der steuerlichen Entstehung bei der Sollbesteuerung nach § 13 Abs. 1 Nr. 1 lit. a UStG** mit Ablauf des Voranmeldezeitraums, in dem die Leistung ausgeführt wurde (BFH/NV 2008, 830 = BeckRS 2008, 25013056; Roth, Insolvenzsteuerrecht, 2021, Rn. 4.331 ff.). Das nimmt diese Ansicht auch an, wenn die Leistung vor Eröffnung des Insolvenzverfahrens erbracht wurde, das Entgelt aber erst nach Eröffnung des Insolvenzverfahrens vereinnahmt wird, da die Umsatzsteuer in diesen Fällen mit Ausführung der Leistung vor Eröffnung des Verfahrens insolvenzrechtlich begründet und steuerrechtlich entstanden sei. Mithin sei sie als Insolvenzforderung nach § 38 InsO zu qualifizieren. 76

Die **Kernelemente der Grundsatzentscheidung des BFH** liegen in der – trotz anzunehmender Unternehmenseinheit – vorgenommenen Aufteilung in verschiedene Unternehmensteile, nämlich in den vorinsolvenzlichen Unternehmensteil, die Insolvenzmasse und das freigegebene Vermögen (BFHE 236, 274 = BeckRS 2012, 94684). Durch den Übergang der Verfügungsmacht, mithin den Übergang der Empfangszuständigkeit, von dem schuldnerisch geführten vorinsolvenzlichen Unternehmensteil auf den durch den Insolvenzverwalter im Rahmen der Insolvenzmasse geführten Unternehmensteil schaffte der BFH hierzu mit einem „kunstvollen Rückgriff auf § 17 UStG" (hierzu Wagner BB 2011, 1511) einen eigenen Berichtigungstatbestand. Dieser resultiert aus der Fiktion, dass das Entgelt mangels Empfangszuständigkeit zum Zeitpunkt der Insolvenzeröffnung für den vorinsolvenzlichen Unternehmensteil uneinbringlich ist iSd § 17 Abs. 2 Nr. 1 S. 1 UStG wird, mit der Folge der umsatzsteuerlichen Berichtigung (Uneinbringlichkeit aus Rechtsgründen). Zum Zeitpunkt der Entgeltvereinnahmung durch den Unternehmensteil Insolvenzmasse wird in dieser Konstruktion der Berichtigungstatbestand iSd § 17 Abs. 2 Nr. 1 S. 2 UStG vollständig verwirklicht und damit abgeschlossen, zu diesem Zeitpunkt entsteht die Masseverbindlichkeit nach § 55 Abs. 1 InsO – auch bei der Sollbesteuerung. Die umsatzsteuerlichen Berechtigungen und Verpflichtungen können dabei nicht zwischen den einzelnen Unternehmensteilen verrechnet werden (eingehend kritisch wegen europarechtlicher und verfassungsrechtlicher Bedenken: Roth, Insolvenzsteuerrecht, 2021, Rn. 4.332 ff.; Hölzle BB 2012, 1571). Anders als bei der Uneinbringlichkeit von Entgelten aus tatsächlichen Gründen ist bei der Uneinbringlichkeit aus Rechtsgründen keine Korrektur bei dem Leistungsempfänger vorzunehmen. Es erfolgt keine zur Umsatzsteuerkorrektur bei dem Leistenden korrespondierende Berichtigung des Vorsteuerabzugs beim Leistungsempfänger. Angesichts dessen, dass hier mittlerweile eine gefestigte Rechtsprechung existiert und keine Anzeichen für eine Abkehr von dieser Ansicht bestehen, wird sich die Praxis bis auf weiteres daran orientieren müssen. 77

Steuerrecht in der Insolvenz – Umsatzsteuer

77.1

Leistung vor, Entgeltvereinnahmung nach Insolvenzeröffnung

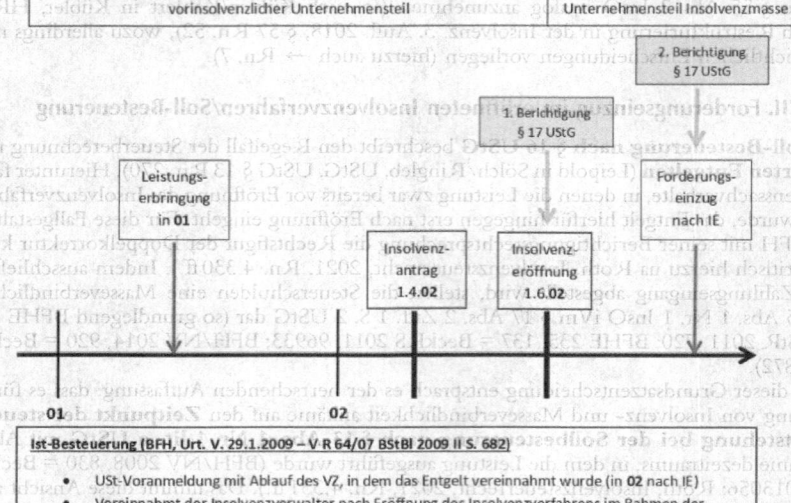

78   Im Rahmen der Soll-Besteuerung sind im Fall von **Teilleistungen** – diese liegen vor, wenn für wirtschaftlich teilbare Leistungen (→ Rn. 142) das Entgelt gesondert vereinbart wird (vgl. BFH/NV 2006, 1530 = BeckRS 2006, 25010021) – Masseverbindlichkeiten anzunehmen, wenn die Leistung bereits vor Eröffnung des Verfahrens erbracht und das Entgelt erst nach Eröffnung des Verfahrens vereinnahmt wurde (BFHE 226, 130 = BeckRS 2009, 24003744). Bei der hierauf entfallenden Umsatzsteuer handelt es sich um eine Masseverbindlichkeit, soweit das vereinbarte Entgelt nicht bereits vor Verfahrenseröffnung vereinnahmt wurde. Dabei ist auf die Entgeltvereinbarung iSd § 13 Abs. 1 Ziff. 1 lit. a S. 3 UStG für bestimmte Teile der wirtschaftlich teilbaren Leistung abzustellen. Insoweit liegt eine vollständige Tatbestandsverwirklichung bei der Erbringung von Teilleistungen und Vereinnahmung des Entgelts vor Eröffnung des Verfahrens vor. Die Umsatzsteuer stellt in diesem Fall eine Insolvenzforderung gem. § 38 InsO dar.

79   Gleiches gilt bei der Vereinnahmung von **Anzahlungen** vor Eröffnung des Verfahrens, die hieraus resultierende Umsatzsteuerforderung stellt eine Insolvenzforderung nach § 38 InsO dar (BFHE 226, 130 = BeckRS 2009, 24003744). Der maßgebliche Lebenssachverhalt ist dabei die Vereinnahmung der An- bzw. Vorauszahlung, die den selbstständigen und abschließenden Besteuerungsgegenstand iSd § 13 Abs. 1 Nr. 1 lit. a S. 4 UStG bildet (BFHE 195, 446 = BeckRS 2001, 24001026; BFHE 226, 130 = BeckRS 2009, 24003744). Die sodann nach Eröffnung des Insolvenzverfahrens erbrachte Leistung stellt wiederum einen weiteren Lebenssachverhalt dar, mit der Folge, dass die anschließende Vereinnahmung des daraus resultierenden Entgelts abzüglich der vorinsolvenzlichen Anzahlung hinsichtlich des enthaltenen Umsatzsteueranteils eine Masseverbindlichkeit gem. § 55 Abs. 1 InsO begründet.

Steuerrecht in der Insolvenz – Umsatzsteuer

(Abschlags-) Zahlung vor Insolvenzeröffnung, Lieferung nach Insolvenzeröffnung durch den Insolvenzverwalter 79.1

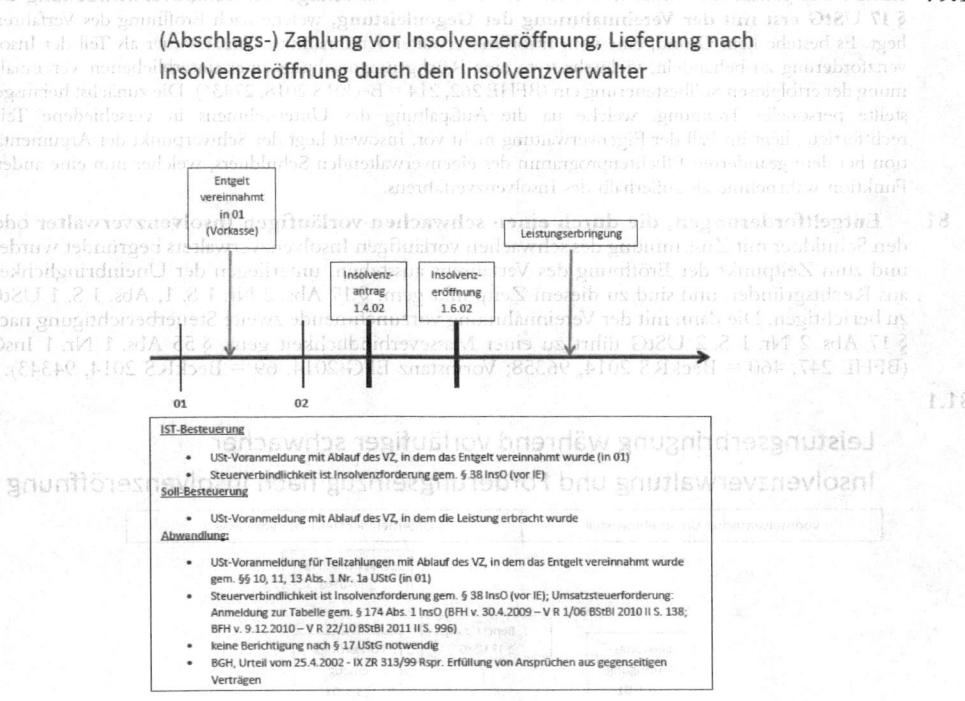

Mit jüngstem die Doppelberichtigungsrechtsprechung bestätigendem Urteil des BFH vom 27.9.2018 stuft der V. Senat wenig überraschend auch für den Fall der Eröffnung des Insolvenzverfahrens in **Eigenverwaltung nach § 270a InsO** die Forderungen des schuldnerischen Unternehmens als uneinbringlich ein (BFHE 262, 214 = BeckRS 2018, 27436; Vorinstanz EFG 2016, 1565 = BeckRS 2016, 95225). Der BFH argumentiert entgegen der zuvor dargelegten Interpretation des Unentgeltlichkeitsbegriffs des § 17 Abs. 2 Nr. 1 UStG nun maßgeblich mit dem Vorrang des Insolvenzrechts (Rn. 15) und der sich daraus ergebenden Notwendigkeit der Trennung der Vermögenssphären (Rn. 17 f.). Zu der insolvenzrechtlichen Trennung in Insolvenzforderung und Masseverbindlichkeit und den sich hieraus weiter ergebenden Folgen für die Anspruchsdurchsetzung soll es auch im Verfahren der Eigenverwaltung nach §§ 270 ff. InsO kommen. Dem stehe die fehlende Bestellung eines Insolvenzverwalters nicht entgegen. Denn im Verfahren der Eigenverwaltung übt der Schuldner die Funktion des Verwalters aus. Er behält somit nicht seine „alte", vor Verfahrenseröffnung bestehende Verfügungsmacht über sein Vermögen, da er nur so nach Verfahrenseröffnung die dem Insolvenzverwalter zugewiesenen Rechte wahrnehmen kann (MüKoInsO/Kern InsO § 270 Rn. 141). Der Schuldner ist dabei nicht mehr kraft eigener Privatautonomie tätig, sondern übt die ihm verbliebenen Befugnisse als Amtswalter innerhalb der in §§ 270 ff. InsO geregelten Rechte und Pflichten aus (MüKoInsO/Kern InsO § 270 Rn. 143). Zudem kommt es nach dem ausdrücklichen Wortlaut von § 270 Abs. 1 S. 1 InsO auch im Insolvenzverfahren mit Eigenverwaltung zur Bildung einer Insolvenzmasse und damit zu einer haftungsrechtlichen Vermögensabsonderung. Die sich hieraus ergebende Beschlagnahme des insolvenzbefangenen Vermögens ist erforderlich, um den Schuldner zur gleichmäßigen und bestmöglichen Gläubigerbefriedigung zu verpflichten (Uhlenbruck/Zipperer InsO § 270 Rn. 12). Die FinVerw teilt die Auffassung, dass auch mit Eröffnung des Insolvenzverfahrens in Eigenverwaltung die Uneinbringlichkeit aus Rechtsgründen eintritt, weshalb auch in der Eigenverwaltung mit Eröffnung des Verfahrens eine vollständige Berichtigung vorzunehmen ist (§ 251 Nr. 9.2 AOAE). 80

In der das Grundsatzurteil vom 9.12.2010 bestätigenden Urteilsbegründung für den Fall der Eigenverwaltung legt der BFH noch einmal mit einer neuen Sichtweise nach. Diese zeigt abermals die Tendenz auf, im Wesentlichen auf die Entgeltvereinnahmung abzustellen, da er durch die unterstellte Teilung der Unternehmenseinheiten den Bogen von der Korrekturvorschrift des § 17 UStG zur Soll-Besteuerung 80.1

Steuerrecht in der Insolvenz – Umsatzsteuer

schlägt. Das gewünschte Ergebnis erreicht er durch die **vollständige Tatbestandverwirklichung des § 17 UStG erst mit der Vereinnahmung der Gegenleistung,** welche nach Eröffnung des Verfahrens liegt. Es bestehe kein Grund, eine vom Insolvenzverwalter vereinnahmte Umsatzsteuer als Teil der Insolvenzforderung zu behandeln, vielmehr trete eine Rückgängigmachung einer unterbliebenen Vereinnahmung der erfolglosen Sollbesteuerung ein (BFHE 262, 214 = BeckRS 2018, 27436). Die zunächst herausgestellte personelle Trennung, welche ua die Aufspaltung des Unternehmens in verschiedene Teile rechtfertigte, liegt im Fall der Eigenverwaltung nicht vor. Insoweit liegt der Schwerpunkt der Argumentation bei dem geänderten Pflichtenprogramm des eigenverwaltenden Schuldners, welcher nun eine andere Funktion wahrnehme als außerhalb des Insolvenzverfahrens.

81 **Entgeltforderungen, die durch einen schwachen vorläufigen Insolvenzverwalter** oder den Schuldner mit Zustimmung des schwachen vorläufigen Insolvenzverwalters begründet wurden und zum Zeitpunkt der Eröffnung des Verfahrens ausstehen, unterliegen der Uneinbringlichkeit aus Rechtsgründen und sind zu diesem Zeitpunkt gem. § 17 Abs. 2 Nr. 1 S. 1, Abs. 1 S. 1 UStG zu berichtigen. Die dann mit der Vereinnahmung vorzunehmende zweite Steuerberichtigung nach § 17 Abs. 2 Nr. 1 S. 2 UStG führt zu einer Masseverbindlichkeit gem. § 55 Abs. 1 Nr. 1 InsO (BFHE 247, 460 = BeckRS 2014, 96358; Vorinstanz EFG 2014, 69 = BeckRS 2014, 94343).

81.1

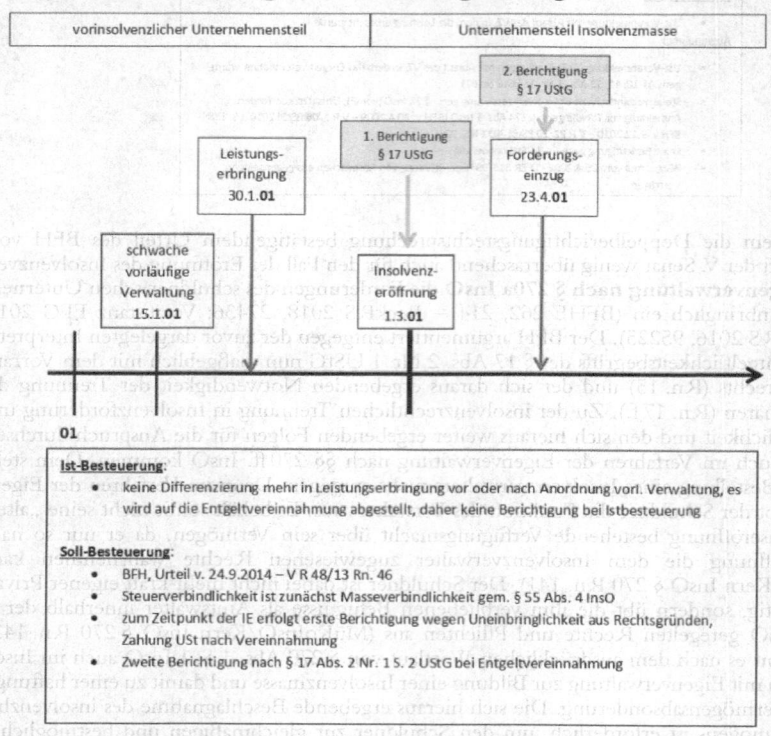

81.2 In dieser Fallkonstellation ergeben sich für die Liquidität der Insolvenzmasse positive Effekte durch die Stundungswirkung nach der neueren Rechtsprechung, nachdem nach Eröffnung des Verfahrens der Forderungseinzug **erst mit tatsächlichem Zahlungsfluss** zugunsten der Masse der Besteuerungs- und Abführungspflicht unterliegt. Auch hinsichtlich der Regelungen zur Prüfung der Masseunzulänglichkeit ist damit gewährleistet, dass die Masse erst mit der Vereinnahmung des Entgelts mit der jeweils anteiligen Umsatzsteuer belastet wird. Nach alter Rechtsprechung waren die Mittelabflüsse als Masseverbindlichkeit gem. § 55 Abs. 4 InsO mit Eröffnung des Verfahrens und Vorlage des Leistungsgebots abzuführen.

81.3 Auch mit dieser Rechtsprechung ist die Tendenz erkennbar, dass die Entwicklung der Rechtsprechung im Wesentlichen auf die vollständige Tatbestandsverwirklichung, mithin die Entgeltvereinnahmung, abstellt.

Steuerrecht in der Insolvenz – Umsatzsteuer

Dies setzt die die **konsequente Anwendung der Doppelberichtigungsrechtsprechung,** welche mit dem Tatbestand der Entgeltvereinnahmung finalisiert wird, fort.

Entgegen der Qualifizierung des Forderungseinzugs aus der Phase der schwachen vorläufigen Insolvenzverwaltung nach Eröffnung des Verfahrens zu Masseverbindlichkeiten gem. § 55 Abs. 1 Nr. 1 InsO, werden die Steuerbeträge aus Umsätzen, die **nach Bestellung des starken vorläufigen Insolvenzverwalters erbracht und nach Eröffnung des Verfahrens eingezogen werden,** gemäß Auffassung der FinVerw nicht erst durch die Vereinnahmung des Entgelts nach Eröffnung des Verfahrens zu Masseverbindlichkeiten nach § 55 Abs. 1 Nr. 1 InsO umqualifiziert, sondern sind mit Verfahrenseröffnung Masseverbindlichkeiten iSd § 55 Abs. 2 InsO. Diese Fallkonstellation war noch nicht Gegenstand einer gerichtlichen Entscheidung. Eine Berichtigung gem. § 17 Abs. 2 Nr. 1 S. 1 UStG iVm § 17 Abs. 1 S. 1 UStG entfällt für diese Umsätze, da bereits mit der Bestellung des starken vorläufigen Insolvenzverwalters die Verwaltungs- und Verfügungsbefugnis über das Vermögen des Schuldners auf diesen übergeht, er mithin Vermögensverwalter iSd § 34 Abs. 3 AO wird. Bereits zu diesem Zeitpunkt tritt die Aufspaltung des Unternehmens in mehrere Unternehmensteile ein, sodass die im Zeitraum der starken vorläufigen Insolvenzverwaltung kraft der Verwaltungs- und Verfügungsbefugnis des starken vorläufigen Insolvenzverwalter veranlasste Leistungserbringung und die darauf entfallende Umsatzsteuerschuld bereits dem Bereich der Insolvenzmasse zuzurechnen ist (BeckVerw 328834, Änderung des Anwendungserlasses Abschn. 17.1 Abs. 12 UStAE zu § 17 UStG; vorangehend BeckVerw 328834; aA Roth, Insolvenzsteuerrecht, 2021, Rn. 4356, welcher eine Berichtigung auch dieser Ansprüche im Sinne von BFHE 247, 460 = BeckRS 2014, 96358 sieht). Nach Ansicht der FinVerw bedarf es daher weder einer ersten noch einer zweiten Berichtigung in diesem Fall (Abschn. 17.1 Abs. 12 S. 6 f., Abs. 13 S. 4 UStAE). 82

82.1 Leistungserbringung während der vorläufigen starken Insolvenzverwaltung, Entgeltvereinnahmung nach Eröffnung des Insolvenzverfahrens

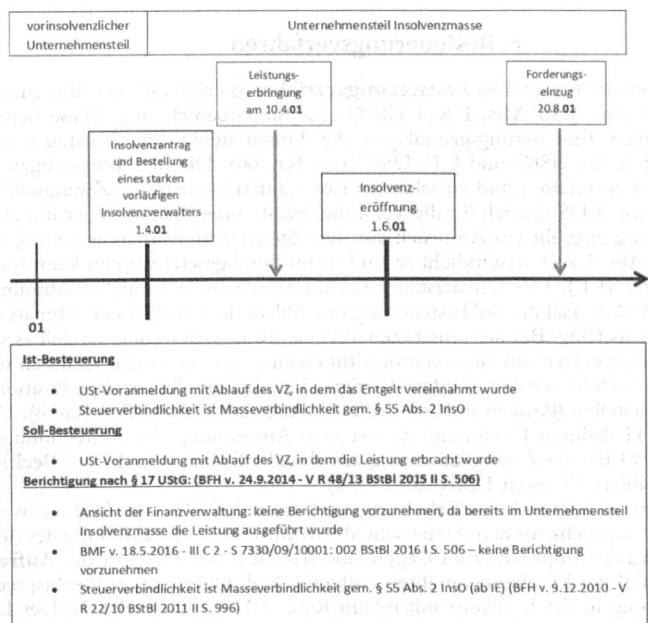

Betrachtet man den Ursprung beider Berichtigungsansprüche bei der schwachen vorläufigen Verwaltung sowie bei der starken vorläufigen Verwaltung, so ist die konsequente Umsetzung für den Fall der starken vorläufigen Verwaltung durch die FinVerw nachvollziehbar und vertretbar. Die Berichtigung iRd § 55 Abs. 4 InsO basiert auf der **Trennung der Leistungserbringung von der Zuständigkeit für die Entgeltvereinnahmung,** dies gilt gleichermaßen für vor wie für während der schwachen vorläufigen Verwal- 82.2

Steuerrecht in der Insolvenz – Umsatzsteuer

tung erbrachte Leistungen. Durch diese regelmäßigen Berichtigungstatbestände angekoppelt an die Entgeltvereinnahmung des jeweiligen Einzelumsatzes entfaltet diese die gleichen rechtlichen Auswirkungen wie die Unternehmensteilung durch die Doppelberichtigungsrechtsprechung. Im Fall der starken vorläufigen Insolvenzverwaltung wird die Leistung direkt durch den starken vorläufigen Insolvenzverwalter kraft seines Amtes erbracht, sodass er eine vergleichbare Stellung wie der Insolvenzverwalter innehat, dies ergibt sich bereits aus der gesetzlichen Anordnung des § 55 Abs. 2 InsO. Infolgedessen kann der ersten Berichtigung aufgrund der Aufspaltung des Unternehmens zum Zeitpunkt der Anordnung der starken vorläufigen Insolvenzverwaltung mit Eröffnung des Verfahrens keine zweite folgen. Im Ergebnis liegen zwei verschiedene Berichtigungstatbestände für die Fälle des Forderungseinzugs aus den vorläufigen Verwaltungsformen nach Eröffnung des Insolvenzverfahrens vor.

82.3   In diesem Fall ist die Liquidität der Insolvenzmasse direkt nach Eröffnung des Verfahrens durch die Masseverbindlichkeiten des § 55 Abs. 2 InsO belastet, nachdem diese mit Eröffnung entsteht und mit Leistungsgebot fällig wird. **Ein Stundungseffekt wie im Fall der schwachen vorläufigen Insolvenzverwaltung ist daher nicht gegeben** (→ Rn. 51.1).

83   Der **BFH sieht in der Doppelberichtigungsrechtsprechung keinen Verstoß gegen insolvenzrechtliche Vorgaben,** gegen den Grundsatz der Unternehmenseinheit oder gegen Art. 90 Mehrwertsteuer-System-RL (BFH/NV 2017, 67 = BeckRS 2016, 95673). Vielmehr bestätigte der BFH diese Rechtsprechung mit den drei darauffolgenden Entscheidungen zum Fall des Forderungseinzugs durch den schwachen vorläufigen Insolvenzverwalter am 24.9.2014 (→ Rn. 56), durch den starken vorläufigen Verwalter am 1.3.2016 (→ Rn. 59) sowie zuletzt im Fall der Eröffnung des Insolvenzverfahrens in Eigenverwaltung am 27.9.2018 (→ Rn. 110).

84   Mit **BMF-Schreiben vom 9.12.2011** hat die FinVerw die Anwendungsregelung des Grundsatzurteils inhaltlich übernommen, jedoch mit zeitlicher Zäsur für alle Insolvenzverfahren, die nach dem 31.12.2011 eröffnet wurden (BeckVerw 255809; Abschn. 17.1. Abs. 11 ff. UStAE).

85   Die **Berichtigungsrechtsprechung des BFH zur Doppelkorrektur** (BFHE 232, 301 = DStR 2011, 720) hat nicht nur Auswirkungen auf den Forderungseinzug im eröffneten Insolvenzverfahren (→ Rn. 75), sondern auch auf das Eröffnungsverfahren (→ Rn. 51) sowie auf die Eigenverwaltung (→ Rn. 71).

E. Besteuerungsverfahren

86   Im Rahmen des umsatzsteuerlichen **Festsetzungsverfahrens** erfolgt für den Besteuerungszeitraum (Kalenderjahr) gem. **§ 16 Abs. 1 S. 3 UStG** eine Steuerberechnung. Diese beinhaltet als jeweils unselbstständige Besteuerungsgrundlagen die Umsatzsteuer, die Vorsteuer sowie die Berichtigungen nach § 15a UStG und § 17 UStG (→ Rn. 66). Die unselbstständigen Besteuerungsgrundlagen sind zu erfassen und zu saldieren (sog. „umsatzsteuerliche Zwangssaldierung"). Dies gilt nach § 18 Abs. 1 UStG auch für die Voranmeldezeiträume. Erst nach der umsatzsteuerlichen Zwangssaldierung entsteht ein Anspruch aus dem Steuerschuldverhältnis gem. § 37 Abs. 1 AO, der nach § 218 Abs. 1 AO verwirklicht ist und damit durchgesetzt werden kann (vgl. Wäger DB 2012, 1460 unter II.1.). Die Umsatzsteuer bei monatlichem Voranmeldezeitraum entsteht gem. § 18 Abs. 1 UStG im Fall der Sollbesteuerung mit Ablauf des betreffenden Monats und wird am 10. des Folgemonats fällig. Bei der umsatzsteuerlichen Zwangssaldierung handelt es sich nicht um eine Aufrechnung, sondern um ein Rechtsinstitut eigener Art, weil nicht rechtlich selbstständige Forderungen verrechnet werden, sondern Beträge, die (nur) unselbstständige Positionen einer Steuerberechnung darstellen (Rüsken in Klein, AO, 14. Aufl. 2018, AO § 226 Rn. 8). Dem trägt der V. Senat des BFH dadurch Rechnung, dass er eine Anwendung des Aufrechnungsverbotes gem. § 96 Abs. 1 InsO für die Zwangssaldierung ausschließt (BFHE 235, 137 = BeckRS 2011, 96933 mkritAnm Kahlert/Onusseit DStR 2012, 334).

87   Im zweiten Schritt schließt sich das **Erhebungsverfahren** (§§ 218–248 AO) an, welches die Verwirklichung des Anspruchs aus dem Steuerschuldverhältnis durch die Erfüllung des (festgesetzten) materiell-rechtlichen Anspruchs zum Gegenstand hat. In dieser Phase ist die **Aufrechnung** gem. § 226 AO als Teil des Erhebungsverfahren enthalten (vgl. Übersicht zu Rechtsprechung ab 2010 über Aufrechnung in der Insolvenz mkritAnm Kahlert DStR 2020, 1993). Der Erlass von Steuerbescheiden und Steuervergütungsbescheiden iSd § 218 Abs. 1 AO ist die Grundlage für die Verwirklichung der Ansprüche aus dem Steuerschuldverhältnis.

88   Mit Eröffnung des Verfahrens werden laufende Festsetzungsverfahren und Rechtsbehelfsverfahren gem. **§ 240 ZPO analog** unterbrochen. Ansprüche gegen das insolvenzbefangene Vermögen können nur noch nach den Vorschriften der Insolvenzordnung durchgesetzt werden. Eine Festsetzung von Steuerforderungen zum Zweck der Verschaffung eines Vollstreckungstitels gegen das

Steuerrecht in der Insolvenz – Umsatzsteuer

insolvenzbefangene Vermögen ist aufgrund des Vorrangs des Insolvenzrechts zu diesem Zeitpunkt nicht möglich.

Hinsichtlich der **Festsetzung der Steueransprüche gegenüber dem Insolvenzverwalter** 89 kommt es maßgeblich darauf an, ob eine Festsetzung bereits vor Eröffnung des Verfahrens gegenüber dem Schuldner erfolgt ist (FG Düsseldorf ZInsO 2012, 1036).

Die vom Schuldner für den Zeitraum der **vorläufigen Insolvenzverwaltung** eingereichten 90 **Umsatzsteuervoranmeldungen** stehen gem. § 168 AO einer Steuerfestsetzung unter dem Vorbehalt der Nachprüfung gleich; für die ggf. notwendige Zustimmung des FA ist Bekanntgabeadressat der Schuldner. Die gegenüber dem Schuldner festgesetzten Steuern, welche mit Eröffnung des Verfahrens zu Masseverbindlichkeiten gem. § 55 Abs. 4 InsO qualifiziert werden, wirken grundsätzlich gegenüber der Insolvenzmasse fort (HambK-InsO/Jarchow/Denkhaus InsO § 55 Rn. 86; jedoch Möglichkeit zum Erlass eines Bescheides → Rn. 98). Insoweit ist der spätere Insolvenzverwalter hinsichtlich eventuell vorzunehmender Korrekturen erklärungspflichtig, sodass eine (ggf. erneute) korrigierte Steueranmeldung durch ihn zu erfolgen hat. Für den Fall der Nichtabgabe von Steueranmeldungen im Voranmeldezeitraum der vorläufigen Insolvenzverwaltung durch den Schuldner kann eine Festsetzung der Steuern im Wege der Schätzung gem. § 162 AO erfolgen, diese ist gegenüber dem Schuldner bekannt zu geben und steht unter dem Vorbehalt der Nachprüfung (Uhlenbruck/Sinz InsO § 55 Rn. 148).

I. Vergabe der Steuernummer

Die Steuererhebungsstelle teilt allen betroffenen Bereichen der FinVerw mit, sobald sie **Kennt-** 91 **nis über einen Antrag auf Eröffnung des Insolvenzverfahrens eines Unternehmens** erhält. Um später die Verfolgung von im insolvenzrechtlichen Prüfungsverfahren erklärten Widersprüchen zu erleichtern, sollten erforderliche Umsatzsteuerfestsetzungen im besten Fall vor der Verfahrenseröffnung wirksam werden (WUS Insolvenzen/Waza Rn. 2031), was allerdings in der Praxis häufig infolge von Defiziten der bisherigen Buchführung des Schuldners nicht möglich ist.

Zur Trennung der Insolvenzforderungen und Masseverbindlichkeiten werden **zwei Steuer-** 92 **nummern** vergeben. Die bereits vorinsolvenzlich bestehende Steuernummer stellt dabei die Insolvenzsteuernummer dar und umfasst die Umsatzsteuer, die nach § 38 InsO als Insolvenzforderung zur Tabelle anzumelden ist. Die mit Eröffnung des Verfahrens zu vergebende weitere Steuernummer, sog. Massesteuernummer, erfasst die Umsatzsteuer, die nach § 55 InsO als Masseverbindlichkeit zu qualifizieren ist.

Sofern in der Literatur diskutiert wird, mit Anordnung der vorläufigen Insolvenzverwaltung 93 eine **dritte Steuernummer** zum Zweck der Abgrenzung der Insolvenzforderungen zu vergeben, ist dies weder durch die AO noch durch sonstige steuerrechtliche Vorschriften gestützt (indirekt auch BeckVerw 305500; Uhlenbruck/Sinz InsO § 55 Rn. 145). Auch insolvenzrechtlich wären in diesem Zeitraum die Umsatzsteuern nicht als Masseverbindlichkeiten zu erklären. In diesem Zeitraum existieren keine Masseverbindlichkeiten, vielmehr werden diese erst zum Zeitpunkt der Eröffnung des Verfahrens zu solchen qualifiziert. Im Fall der Abweisung des Insolvenzantrags mangels einer die Verfahrenskosten deckenden Masse zum Ende des Insolvenzantragsverfahrens ergeben sich keine Masseverbindlichkeiten. Der Schuldner bleibt weiter Steuersubjekt gem. § 33 AO und ist verpflichtet, die Steuern aus diesem Zeitraum zu erklären.

Dennoch wird dies in der Praxis durch die FinVerw verschieden gehandhabt. Nicht untypisch ist es dabei 93.1 insbesondere, dass die Massesteuernummer bereits mit der Anordnung der vorläufigen Insolvenzverwaltung vergeben wird. Jedoch greift das Argument der in diesem Zeitraum nicht existenten Masseverbindlichkeiten durch. Selbst zum Zweck der ordnungsgemäßen Rechnungsausstellung ist die Ergänzung der Massesteuernummer auf den Ausgangsrechnungen nicht von Belang, nachdem die Leistung durch den Schuldner über die Insolvenzsteuernummer erbracht wird. Von praktischer Bedeutung ist die Abgrenzung der Geschäftsvorfälle im Zeitraum der vorläufigen Insolvenzverwaltung dennoch, nachdem der spätere (meist mit dem vorläufigen Verwalter personenidentische) Insolvenzverwalter die daraus entstehenden Masseverbindlichkeiten gem. § 55 Abs. 4 InsO zutreffend ermitteln muss und diese vor Zahlung aus der Insolvenzmasse vor dem Hintergrund der Massesicherungspflicht zu prüfen hat. **Demnach sind diese nicht allein aufgrund der Rechnungslegungspflicht des vorläufigen Insolvenzverwalters gesondert zu führen.** Zu diesem Zweck werden durch Anlage verschiedener Unterkonten gesonderte Einnahmen- und Ausgabenkonten für die jeweiligen Zeiträume geführt, die Übernahme der Bestandskonten in den jeweils anschließenden Unternehmensteil (vorinsolvenzlicher Teil, Insolvenzantragsverfahren, Insolvenzeröffnungsverfahren; wobei die beiden letzteren zusammengefasst den Unternehmensteil Insolvenzmasse darstellen) ermöglicht die zusammengefasste Umsatzsteuererklärung der Insolvenzmasse.

Steuerrecht in der Insolvenz – Umsatzsteuer

94 Die FinVerw legt erst mit Eröffnung des Verfahrens **die Masse-Steuernummer** an (Uhlenbruck/Sinz InsO § 55 Rn. 145; aA (Rückwirkung auf den Zeitpunkt der Bestellung des schwachen vorläufigen Verwalters) Wäger, Das Unternehmen in Krise und Insolvenz, 2013, 147). Der Insolvenzverwalter hat die erforderlichen Umsatzsteuer-Voranmeldungen und Umsatzsteuerjahreserklärungen einzureichen (WUS Insolvenzen/Waza Rn. 2032).

95 Im Fall der **Freigabe einer selbstständigen Tätigkeit** wird die Gesamtheit von Gegenständen und Werten an den Schuldner aus dem Insolvenzbeschlag freigegeben (→ § 35 Rn. 67). Der Schuldner erhält die Verfügungsbefugnis zurück, für die freigegebene selbstständige Tätigkeit erteilt die FinVerw eine dritte Steuernummer zur Abgrenzung der Neuverbindlichkeiten der freigegebenen selbstständigen Tätigkeit gegenüber den Insolvenzforderungen und Masseverbindlichkeiten. Hinsichtlich der steuerrechtlichen Folgen → Rn. 1; Abgrenzungsmerkmale → Rn. 34).

95.1 Bezüglich der Freigabe der selbstständigen Tätigkeit ist darauf hinzuweisen, dass **im Fall des betrieblichen Fahrzeugs und der damit anfallenden Kfz-Steuer** der BFH mit Urteil v. 8.9.2011 (BFHE 235, 1 = BeckRS 2011, 96868) dieses im Fall der Freigabe der selbstständigen Tätigkeit dennoch als Massegegenstand ansieht. Die Freigabe iSv § 35 Abs. 2 InsO hat im Zeitpunkt der Insolvenzeröffnung keine Auswirkungen auf die Massezugehörigkeit eines vorhandenen Kfz. Aus diesem Grund sollten im Rahmen der Freigabe iSv § 35 Abs. 2 InsO die einzelnen Vermögensgegenstände hinreichend benannt werden respektive eine echte Freigabe des Kfz erklärt werden, damit eine Massezugehörigkeit später abgelehnt werden kann.

II. Besteuerungsart/Voranmeldungszeitraum

96 Nach Eröffnung des Insolvenzverfahrens wird die **Besteuerungsart** Soll-Besteuerung (→ Rn. 75) oder Ist-Besteuerung (→ Rn. 61) fortgesetzt. Sofern die Voraussetzungen des § 20 UStG vorliegen, ist auf Antrag des Insolvenzverwalters ein **Wechsel** zur Ist-Besteuerung möglich.

96.1 In der Praxis hat der Wechsel der Besteuerungsart für nach dem 31.12.2011 eröffnete Insolvenzverfahren für den Forderungseinzug keine masseschonende Wirkung. Die Soll-Besteuerung hat aufgrund der Doppelberichtigungsrechtsprechung die gleiche Wirkung wie die Ist-Besteuerung nach Eröffnung des Verfahrens. Die Umsatzsteuer wird in beiden Besteuerungsarten mit Vereinnahmen des Entgelts nach Eröffnung des Verfahrens durch die Insolvenzmasse abgeführt. Einzig **für den Fall der starken vorläufigen Insolvenzverwaltung und den Forderungseinzug** der in diesem Zeitraum begründeten Forderungen nach Eröffnung könnte sich **durch Umstellung auf die Ist-Besteuerung der liquiditätsschonende Effekt** ergeben, dass die Umsatzsteuer als Masseverbindlichkeit iSd § 55 Abs. 2 InsO erst mit Vereinnahmung der Forderung abzuführen wäre.

97 Nach Eröffnung des Verfahrens geht die **Steuererklärungspflicht** auf den Insolvenzverwalter über, sodass dieser ggf. fehlende Voranmeldungen für den Zeitraum der vorläufigen Insolvenzverwaltung nachzuholen hat. Im Fall der vorinsolvenzlichen Festsetzung der Umsatzsteuer im Wege der Schätzung durch die FinVerw gegenüber dem Schuldner hat der Insolvenzverwalter die Änderung der Schätzung gem. § 162 Abs. 2 AO zu beantragen.

97.1 In diesem Fall wird **mit Eröffnung des Verfahrens** durch die FinVerw **lediglich eine Umbuchung der geschätzten Umsatzsteuerzahllast** des Zeitraums der vorläufigen Insolvenzverwaltung von der Insolvenzsteuernummer auf die Massesteuernummer vorgenommen. Sollte sodann ein weiterer Bescheid mit der Aufhebung des Vorbehalts der Nachprüfung an den Insolvenzverwalter als Bekanntgabeadressat ergehen, ist eine letztmalige Änderung in der Rechtsbehelfsfrist dieses Bescheides möglich.

98 Durch die Eröffnung des Verfahrens oder die Anordnung der vorläufigen Insolvenzverwaltung tritt keine Änderung des Besteuerungs- oder Voranmeldezeitraums ein. Letzterer wird auch nicht durch die Eröffnung des Verfahrens gem. § 27 InsO beendet (vgl. BFHE 200, 156 = BeckRS 2002, 24000965). Für die **Voranmeldezeiträume** des Insolvenzeröffnungsverfahrens kann die FinVerw den Umsatzsteueranspruch gem. § 55 Abs. 4 InsO, also die Masseverbindlichkeit, mit Steuerbescheid gegenüber dem Insolvenzverwalter festsetzen (BFHE 247, 460 = BeckRS 2014, 96358). Dies liegt darin begründet, dass die zuvor eingereichten und ggf. auch beschiedenen Umsatzsteuervoranmeldungen einer Steuerfestsetzung unter dem Vorbehalt der Nachprüfung gleichstehen, sodass es erst zum tatsächlichen „Schwur" mit Einreichung der Umsatzsteuerjahreserklärung respektive Umsatzsteuerjahresfestsetzung gem. § 124 Abs. 2 AO kommt (BFHE 143, 101 = BeckRS 1984, 22007088; BFH/NV 1995, 853 = BeckRS 1995, 11658).

99 Eine **Jahressteuerberechnung** hat für den Fall der Insolvenzeröffnung für die Zeit vom Beginn des Jahres der Eröffnung bis zur Insolvenzeröffnung zu erfolgen. Die Festsetzungen der in dem maßgeblichen Zeitraum liegenden Voranmeldezeiträume werden in die Steuerberechnung aufge-

Steuerrecht in der Insolvenz – Umsatzsteuer

nommen und dadurch erledigt; ggf. bestehende Erstattungsansprüche aus den Voranmeldezeiträumen erlöschen (BFHE 238, 302 = BeckRS 2012, 420). Da ein Jahressteuerbescheid nach Eröffnung des Verfahrens nicht mehr ergehen kann, erfolgt die Berechnung „automatisch". In dem entschiedenen Fall machte das FA Vorsteuerberichtigungen aus dem Zeitraum vor Insolvenzeröffnung geltend, der Insolvenzschuldner machte die Hauptforderungen, gegen welche das FA aufrechnete, aus dem gleichen Zeitraum geltend. Auch im vorgenannten Urteil – wie im Fall der Zwangssaldierung innerhalb der Voranmeldezeiträume durch den V. Senat (→ Rn. 86) – hat der BFH der Zwangssaldierung Vorrang eingeräumt.

Dieser Ansicht kann in Bezug auf die Zwangssaldierung innerhalb des Voranmeldezeitraums durch die **99.1** Zusammenfassung der steuerlichen unselbstständigen Besteuerungsgrundlagen gefolgt werden. Hingegen ist der Ansatz kritisch zu sehen, die Zwangssaldierung über mehrere Voranmeldezeiträume zu erstrecken. In diesem Fall stellt diese nichts anderes als eine steuerliche Auslegung des materiell-rechtlichen Steuertatbestands dar. Aus insolvenzrechtlicher Sicht – insbesondere vor dem Hintergrund des § 96 Abs. 1 Nr. 3 InsO – kann dies nicht dazu führen, die Anwendbarkeit der insolvenzrechtlichen Vorschrift auszuschalten. Bereits im Hinblick auf die in der InsO verankerte Gläubigergleichbehandlung verschafft sich die FinVerw mit dieser Fiktion einen wesentlichen Vorteil. Ein anderer Gläubiger, der insolvenznah in anfechtbarer Weise aus Überzahlungen des Schuldners über Guthabenbeträge verfügt, ist auf die Unzulässigkeit der Aufrechnung gem. § 96 Abs. 1 Nr. 3 InsO verwiesen.

III. Entstehungszeitpunkt

Nach Eröffnung des Insolvenzverfahrens richtet sich die **Entstehung** der Steueransprüche **100** weiterhin nach umsatzsteuerlichen Grundsätzen. Die Entstehung der Steueransprüche ist von der Begründetheit der Forderungen (→ Rn. 1, Abgrenzungsmerkmale → Rn. 34) zu unterscheiden. Ohne Bedeutung ist, ob der Voranmeldezeitraum oder Besteuerungszeitraum erst während des Insolvenzverfahrens abläuft (BFHE 224, 24 = BeckRS 2009, 24003624; BFHE 238, 307 = BeckRS 2012, 96300).

Die Masseverbindlichkeit **entsteht** mit **Ablauf des Voranmeldezeitraums,** in dem das Insol- **101** venzverfahren eröffnet wird; die Fälligkeit richtet sich im Fall der Umsatzsteuer nach **§ 18 Abs. 1 UStG** (WUS Insolvenzen/Uhländer Rn. 686).

Eine vor Eröffnung des Verfahrens geleistete **Sondervorauszahlung** nach § 47 UStDV zum **102** Erhalt einer Dauerfristverlängerung ist mit der Voranmeldung des Veranlagungszeitraums zu verrechnen; es gilt die Regelung des § 48 Abs. 4 UStDV. Fällt in den Veranlagungszeitraum die Insolvenzeröffnung, so wäre nach einer Auffassung in der Literatur die Sondervorauszahlung zunächst mit den in dem Veranlagungszeitraum entstandenen Umsatzsteuerschulden als Masseverbindlichkeiten zu verrechnen (Kahlert/Rühland, Sanierungs- und Insolvenzsteuerrecht, 2. Aufl. 2011, Rn. 9651). Andere stützen sich auf die Begründetheit des Erstattungsanspruchs nach § 47 Abs. 1 UStDV zum Zeitpunkt der vorinsolvenzlichen Zahlung, welcher demnach die Aufrechnung gem. § 96 InsO mit Insolvenzforderungen nicht ausschließt (MüKoInsO/Schüppen/Schlösser Insolvenzsteuerrecht Rn. 442, mit ausdrücklichem Verweis auf Rechtsprechung des BFH zu den insolvenzrechtlichen Unternehmensteilen und FG Berlin-Brandenburg zur Anrechnung von vorinsolvenzlichen Zahlungen). In einem weiteren Schritt ist das nach der ersten Verrechnung bestehende Guthaben der vorinsolvenzlich geleisteten Sondervorauszahlung mit der noch nicht beglichenen Jahressteuerschuld zu verrechnen. Sofern die Jahressteuerschuld aus Insolvenzforderungen und Masseverbindlichkeiten besteht, ist vorrangig mit ersterer zu verrechnen (BFH/NV 2005, 1210 = BeckRS 2005, 25008003; BFH/NV 2005, 1745 = BeckRS 2005, 25008381 unter II. 2.b.). Eine gegenseitige Verrechnung von Sondervorauszahlungen aus den Unternehmensteilen Insolvenzmasse und insolvenzfreies Vermögen ist unzulässig. Im Fall des Widerrufs der Fristverlängerung, welcher bei Gefährdung des Steueranspruchs mit Insolvenzeröffnung nach § 46 S. 2 UStDV erfolgen kann, ist die Umsatzsteuerschuld des letzten Monats, für den noch die Fristverlängerung galt, zu verrechnen. Sofern der letzte Voranmeldezeitraum noch vor der Eröffnung des Verfahrens liegt, ist die Sondervorauszahlung mit Insolvenzforderungen zu verrechnen (Abschn. 18.4 Abs. 5 S. 2. UStAE; OFD Cottbus BeckVerw 252477).

Der **Besteuerungszeitraum** für die Umsatzsteuer ist nach § 16 Abs. 1 S. 2 UStG das Kalender- **103** jahr. Die Eröffnung des Insolvenzverfahrens durch Beschluss nach § 27 InsO führt nicht zur Beendigung des Besteuerungszeitraums (BFHE 199, 71 = DStRE 2002, 1203; BFHE 200, 156 = BeckRS 2002, 24000965). Die durch den Insolvenzverwalter zum Ende des Besteuerungszeitraums zu erstellende Umsatzsteuerjahreserklärung ist aufzuteilen in den vorinsolvenzlichen Teil, dieser wird über die Insolvenzsteuernummer des Schuldners erklärt, sowie in den Teil der Insolvenzmasse

Steuerrecht in der Insolvenz – Umsatzsteuer

zuzüglich der Umsatzsteuern gem. § 55 Abs. 4 InsO, welche zusammengefasst über die Massesteuernummer gesondert erklärt werden.

F. Rechnungserteilung und Rechnungsberichtigung

I. Rechnungserteilung

104   Die Verpflichtung, eine Rechnung mit dem Inhalt gem. § 14 Abs. 4 Nr. 1–10 UStG **innerhalb von sechs Monaten** zu erteilen, besteht für den dazu berechtigten Unternehmer, wenn er die steuerpflichtige Lieferung oder Leistung an einen anderen Unternehmer für dessen Unternehmen oder an eine juristische Person ausführt (§ 14 Abs. 2 Nr. 2 S. 2 UStG). Neben der umsatzsteuerlichen Rechnungserteilungspflicht besteht seit 1.1.2020 eine **allgemeine Belegausgabepflicht** nach § 146a AO, sog. „Bonpflicht", wenn ein elektronisches Aufzeichnungssystem verwendet wird (Bunjes/Korn UStG § 14 Rn. 18). Im Fall von steuerfreien Umsätzen besteht keine Rechnungserteilungspflicht, hiervon sind die Sonderfälle nach § 14a UStG ausgenommen. Bei steuerpflichtigen **Werklieferungen gem. § 3 Abs. 4 UStG und sonstigen Leistungen im Zusammenhang mit einem Grundstück** –unabhängig ob an einen Unternehmer oder Nichtunternehmer erbracht – besteht eine grundsätzliche Verpflichtung zur Ausstellung einer Rechnung innerhalb von sechs Monaten nach Leistungserbringung (§ 14 Abs. 2 S. 1 Nr. 1 UStG; Einzelheiten s. Abschn. 14.3 iVm 13b.1 Abs. 3-22 UStAE).

105   Aus § 80 InsO iVm § 34 Abs. 1, 3 AO ist auch die **Verpflichtung des Insolvenzverwalters** abzuleiten, gem. § 14 Abs. 1 UStG Rechnungen über alle Umsätze, die er während des Verfahrens oder die der Schuldner vor Eröffnung des Insolvenzverfahrens ausgeführt hat, zu erteilen (Abschnitt 14.1 Abs. 5 S. 7 UStAE; WUS Insolvenzen/Waza Rn. 2071). Sofern der Insolvenzverwalter, ohne dazu berechtigt gewesen zu sein, eine Rechnung mit separatem Umsatzsteuerausweis erteilt, wird die gem. § 14c Abs. 2 S. 1 UStG hieraus entstehende Umsatzsteuer von der Insolvenzmasse geschuldet. Ist eine solcherart unrichtige Rechnung vor Eröffnung des Verfahrens durch den Schuldner erteilt worden, handelt es sich aufgrund des gleichen Eintritts der Rechtsfolgen des § 14c Abs. 2 S. 1 UStG um eine Insolvenzforderung nach § 38 InsO. Mangels Strafcharakters des § 14c Abs. 2 S. 1 UStG ist diese Forderung nicht als nachrangige Insolvenzforderung gem. § 39 Abs. 1 Nr. 3 InsO zu qualifizieren (Kahlert/Rühland, Sanierungs- und Insolvenzsteuerrecht, 2. Aufl. 2011, Rn. 9635; WUS Insolvenzen/Waza Rn. 2074; Zeuner UR 2006, 153; aA Rau/Dürrwächter/Stadie UStG § 18 Rn. 816 und § 14 Rn. 160).

106   Lehnt der Insolvenzverwalter die Erfüllung eines zum Zeitpunkt der Eröffnung des Verfahrens nicht vollständig erfüllten gegenseitigen Vertrages gem. **§ 103 InsO** ab, liegt aus Sicht der Umsatzsteuer eine umsatzsteuerbare und umsatzsteuerpflichtige (Werk-)leistung vor (andere Sicht des BGH vertiefend → § 103 Rn. 7). Insoweit ist der Insolvenzverwalter grundsätzlich verpflichtet, über diese dem Besteller, auf den die Verfügungsmacht über das unfertige Werk übergeht, Rechnung iSd § 14 UStG zu legen. Der Anspruch ist allerdings vor Eröffnung des Verfahrens begründet und somit Insolvenzforderung (→ Rn. 142).

107   Grundsätzlich darf der Leistungsempfänger, solange der liefernde Unternehmer ihm die Rechnung vorenthält, das **Entgelt nach § 273 BGB zurückbehalten** (vertiefend BeckRS 2014, 94908). Insoweit ist jedoch zu beachten, dass im eröffneten Insolvenzverfahren das Zurückbehaltungsrecht nach § 273 BGB Ansprüchen der Insolvenzmasse nicht entgegengehalten werden kann.

108   Mit Eröffnung des Verfahrens ist bei den **Eingangsrechnungen als Leistungsempfänger die Insolvenzmasse anzugeben.** In der Praxis treten hierbei oftmals Korrekturfälle auf, sodass die schuldnerische Unternehmung weiterhin als Rechnungsempfänger verzeichnet ist. Dies kann im Fall der Prüfung des Vorsteuerabzugs (→ Rn. 127) zu dessen Versagung führen.

II. Rechnungsberichtigungen nach § 14c UStG

109   Die **Berichtigung** einer Rechnung ist vom Rechnungsaussteller vorzunehmen. Der Leistungsempfänger hat auf die Berichtigung einen Anspruch, er darf jedoch von sich aus keine Berichtigung oder Ergänzung vornehmen (BFHE 129, 92 = BeckRS 1979, 22005026; BFHE 130, 348 = BeckRS 1980, 22005306; Weiß UR 1980, 158). Ermächtigt der Aussteller den Empfänger, fehlende Angaben in der Rechnung zu ergänzen, kann dies als Ergänzung durch den Aussteller angesehen werden (vgl. Bunjes/Heidner UStG § 15 Rn. 176; Bunjes/Heidner UStG § 14 Rn. 106 ff.).

110   Die **Rückwirkung der Rechnungsberichtigung** dahingehend, dass die Berechtigung zum Vorsteuerabzug eine rückwirkende Wirkung entfaltet, ist zwischenzeitlich durch den EuGH und

auch den BFH bestätigt wurden (vgl. EuGH DStR 2016, 2211; BFHE 261, 187 = DStR 2018, 1169; BFHE 255, 348 = DStR 2016, 2967; → Rn. 127). Die Berichtigung setzt nach Art. 219 Mehrwertsteuer-System-RL voraus, dass die berichtigte Rechnung spezifisch und eindeutig auf die ursprüngliche bezogen ist. Dem wird dadurch Rechnung getragen, dass fehlende oder unzutreffende Angaben durch ein Dokument, welches eindeutig auf die berichtigte Rechnung bezogen ist, übermittelt werden (BFHE 266, 425 = DStR 2019, 2645; BFHE 255, 474 = DStR 2017/ 258).

Bei **Austausch des zivilrechtlich nicht berechtigten Leistungsempfängers** durch einen **111** richtigen Leistungsempfänger liegt keine Rechnungsberichtigung, sondern eine neue Rechnung vor.

Wird eine Rechnung erteilt, in der eine Umsatzsteuer ausgewiesen ist, die nicht geschuldet **112** wird, entsteht zum Zeitpunkt der Rechnungserteilung eine Umsatzsteuerschuld. Ursächlich für die Berichtigung einer Rechnung kann der **unrichtige** (§ 14c Abs. 1 UStG) oder **unberechtigte** (§ 14c Abs. 2 UStG) **Steuerausweis** sein. Für beide Fälle gibt es hinsichtlich des Schwierigkeitsgrades unterschiedliche Berichtigungsverfahren (kritisch hierzu Wagner UR 2003, 483 (485); Nieskens UR 2004, 105 (118 ff.)). Insolvenzrechtlich entsteht der Anspruch auf Vergütung zum Zeitpunkt der Rechnungserteilung (BFHE 209, 13 = BeckRS 2005, 2400; kritisch Zeuner UR 2006, 153).

Ein **unrichtiger Steuerausweis** liegt nach § 14c Abs. 1 UStG dann vor, wenn der Unterneh- **113** mer in seiner Rechnung einen höheren Steuerbetrag ausweist als den, welchen er nach dem UStG eigentlich schuldet. Die Berichtigung nach § 14c Abs. 1 UStG ist entgegen der Berichtigung im Fall des unberechtigten Steuerausweises vereinfacht. Sie erfordert nicht die Angabe eines besonderen Berichtigungsgrundes, wie etwa die Beseitigung der Gefährdung des Steueraufkommens iSv § 14c Abs. 2 S. 3 UStG.

Berichtigt der Unternehmer seine Rechnung gem. § 14c Abs. 1 S. 2 UStG, ist § 17 Abs. 1 UStG **114** entsprechend anzuwenden. **§ 17 UStG regelt die Änderung der Bemessungsgrundlage.** Nach § 17 Abs. 1 S. 1 UStG ist der geschuldete Steuerbetrag zu berichtigen, welcher sich aus der Änderung der Bemessungsgrundlage für einen steuerpflichtigen Umsatz iSd § 1 Abs. 1 Nr. 1 UStG geändert hat. Die Bemessungsgrundlage ergibt sich aus den §§ 10 ff. UStG. Nach § 10 Abs. 1 UStG ist die Bemessungsgrundlage der Umsatz iSv § 1 Abs. 1 Nr. 1 S. UStG, welcher sich nach dem Entgelt bemisst. Das Entgelt ist der Wert der Gegenleistung für eine Leistung, abzüglich der geschuldeten Umsatzsteuer. Voraussetzung für die Berichtigung des **unrichtigen Steuerbetrages** gegenüber der FinVerw ist die Berichtigung der Rechnung (Abschn. 14c.1 Abs. 5 S. 2 UStAE). Die Ausstellung einer berichtigten Rechnung ist allerdings nicht erforderlich. Eine Berichtigung durch jedes hinreichend bestimmte Schriftstück ist ausreichend (BFHE 255, 474 = BeckRS 2017, 94164; BFHE 219, 266 = BeckRS 2007, 24003242: keine zivilrechtlich besondere Form). Die Übersendung der Abtretungsanzeige gegenüber der FinVerw wird als ausreichend angesehen (→ Rn. 141). Die Erklärung des Leistenden, aus der hervorgeht, dass der Leistende nunmehr mit dem berichtigten Steuerausweis abrechnen will, muss dem Leistungsempfänger tatsächlich zugehen (Abschn. 14c.1 Abs. 7 S. 2 UStAE). Der Zugang ist im Fall der Berichtigung des unrichtigen Steuerausweises Teil der materiell-rechtlichen Tatbestandsvoraussetzungen, die erfüllt sein müssen, damit ein Erstattungsanspruch entsteht. Eine Rückgabe der Rechnung mit dem unrichtigen Steuerausweis an den Aussteller ist nicht erforderlich.

Eine **Aufrechnung** des FA gegen Umsatzsteuer-Erstattungsansprüche **wegen Rechnungsbe- 115 richtigungen nach § 14c Abs. 1 S. 2 UStG** während des Insolvenzverfahrens mit Steuerforderungen aus einem Zeitraum vor Eröffnung des Verfahrens, ist nach § 96 Abs. 1 Nr. 1 InsO unzulässig, da es sich bei den Erstattungsansprüchen um Masseforderungen handelt, bei den Steuerforderungen hingegen um Insolvenzforderungen (BFH/NV 2018, 1289 = BeckRS 2018, 23770). Steuerrechtliche Erstattungsansprüche aufgrund von Umsatzsteuerberichtigungen gem. § 17 Abs. 2 UStG entstehen dann, wenn der steuerrechtliche Tatbestand vollständig verwirklicht und abgeschlossen ist (BFH/NV 2018, 1289 = BeckRS 2018, 23770). Ein Erstattungsanspruch infolge einer Berichtigung nach § 14c wirkt nicht auf den Zeitpunkt der Ausstellung der Rechnung zurück, sondern frühestens im Besteuerungszeitraum der Berichtigung der Rechnung nach § 14c Abs. 1 S. 2 UStG (vgl. BFHE 255, 474 = DStR 2017, 258 Rn. 35 ff.; BFHE 256, 6 = DStR 2017, 544 zu § 14c Abs. 2 UStG). Werden die Rechnungen erst nach Eröffnung des Insolvenzverfahrens berichtigt, entstehen erst zu diesem Zeitpunkt die Erstattungsansprüche. Im Ergebnis handelt es sich um Masseforderungen. Eine Aufrechnung mit Insolvenzforderungen ist daher gem. § 96 Abs. 1 Nr. 1 InsO unzulässig.

Streitig ist, ob § 14c Abs. 1 S. 2 UStG weitere (ungeschriebene) Tatbestandsmerkmale enthält. **116** Es ist weiterhin offen, ob eine wirksame Berichtigung nicht nur die Berichtigung der Rechnung,

Steuerrecht in der Insolvenz – Umsatzsteuer

sondern auch die Rückzahlung der Umsatzsteuer an den Leistungsempfänger voraussetzt (BFHE 219, 220 = DStRE 2008, 30 Rn. 15 unter II.1.c.; BFHE 222, 162 = DStRE 2009, 161 Rn. 43 ff. unter II.3.; BFHE 226, 166 = DStRE 2009, 1132 Rn. 28 unter II.6.). Zuletzt zustimmend das **Urteil des BFH v. 16.5.2018,** welches grundsätzlich davon ausgeht, dass der materiell-rechtliche Steuertatbestand erst mit Rückzahlung der Umsatzsteuer erfüllt sei; gleiches soll auch im Insolvenzverfahren gelten (BFHE 261, 451 = DStR 2018, 1663, aA Weymüller MwStR 2018, 840; Marchal MwStR 2018, 841; Reiß MwStR 2018, 842).

117 Ein **unberechtigter Steuerausweis** liegt nach § 14c Abs. 2 S. 1 UStG dann vor, wenn in einer Rechnung ein Steuerbetrag gesondert ausgewiesen ist, obwohl der Rechnungsersteller zum gesonderten Ausweis nicht berechtigt ist. In diesem Fall schuldet der Rechnungsersteller den unberechtigt ausgewiesenen Steuerbetrag. Gemäß § 14c Abs. 2 S. 3 UStG kann der unberechtigte Steuerausweis berichtigt werden, sofern eine Gefährdung des Steueraufkommens beseitigt worden ist. Nach § 14c Abs. 2 S. 4 UStG ist die Gefährdung des Steueraufkommens beseitigt, wenn ein Vorsteuerabzug beim Empfänger der Rechnung nicht durchgeführt oder die geltend gemachte Vorsteuer dem Finanzamt zurückgezahlt wurde. Der Zugang der berichtigten Rechnung im Fall des unberechtigten Steuerausweises ist keine materiell-rechtliche Voraussetzung.

118 Eine **Aufrechnung** des Finanzamts gegen das aufgrund der **Berichtigung der Rechnung iSd § 14c Abs. 2 UStG** entstehende Umsatzsteuerguthaben mit Insolvenzforderungen ist gem. § 96 Abs. 1 Nr. 1 InsO unzulässig (BFHE 256, 6 = BeckRS 2017, 94317). Maßgeblich für die Erfüllung der materiell-rechtlichen Voraussetzungen des § 14c Abs. 2 UStG ist die Beseitigung der Gefährdung des Steueraufkommens. Hierbei kommt es auf den zustimmenden Verwaltungsakt des Finanzamts iSd § 14c Abs. 2 UStG oder auf die tatsächliche Beseitigung der Gefährdung des Steueraufkommens an (beachte anhängiges Revisionsverfahren EFG 2020, 623 = MwStR 2020, 587; Rev. eingelegt, Az: BFH V R 43/19, ua über die Frage, welcher der beiden Voraussetzungen entscheidend ist). Die Steuerberichtigung wirkt nicht auf den Zeitpunkt der Rechnungsausstellung zurück (BFHE 236, 259 = DStR 2012, 513).

III. Sonderfall: (geänderte) Wahlrechtsausübung

119 Die nach Eröffnung des Verfahrens durch den Insolvenzverwalter vorzunehmende Rechnungsberichtigung kann nicht nur auf einem unrichtigen (→ Rn. 113) oder unberechtigten (→ Rn. 117) Steuerausweis des Schuldners basieren, sie kann auch aus einem **antragsabhängigen Wahlrecht,** welches durch die Beteiligten ausgeübt wird, resultieren. Ob der Insolvenzverwalter für den Zeitraum vor Insolvenzeröffnung überhaupt die umsatzsteuerrechtliche Verfügungsbefugnis hat und damit auch befugt ist, eine Option für Umsätze im vorinsolvenzlichen Zeitraum auszuüben, hatte der BFH bislang soweit ersichtlich noch nicht zu entscheiden gehabt (Anm. de Weerth zu BFH/NV 2016, 87 = MwStR 2015, 974). Der BFH hat die **Rückwirkung** bei Ausübung einer umsatzsteuerlichen Option bejaht (BFH/NV 2013, 1135 = BeckRS 2013, 95061). Die Bestandskraft der jeweils zu ändernden Bescheide begrenzt zeitlich die Optionsmöglichkeit.

120 Für den Fall der Option nach § 19 UStG (Anwendung der sog. **Kleinunternehmerregelung**) sieht der BFH eine Ausübung des Wahlrechts durch den Insolvenzverwalter – für das gesamte Unternehmen des Insolvenzschuldners – nach Eröffnung des Insolvenzverfahrens vor (vgl. BFHE 240, 377 = DStR 2013, 359). Der Verzicht auf die Anwendung des § 19 Abs. 1 UStG kann dem Finanzamt bis zur Unanfechtbarkeit der Steuerfestsetzung (§ 18 Abs. 3 und 4 UStG) des Kalenderjahres erklärt werden, für das er gelten soll. In diesem Fall erkennt die Rechtsprechung eine Option des Insolvenzverwalters für vorinsolvenzliche Zeiträume an.

121 Ein in der jüngeren Vergangenheit häufig auftretendes Problem der Rechnungsberichtigung, dessen praktische Relevanz allerdings aus Verjährungsgründen nachlässt, ergab sich in den Fällen der Erbringung von **Bauleistungen an Bauträger** infolge dessen, dass der BFH mit Urteil vom 22.8.2013 die vorherige Praxis verworfen hat, die in diesen Fällen von der Anwendbarkeit des § 13b UStG (sog. Reverse Charge Verfahren) ausgegangen war. Wenn der Bauträger infolge dieser Rechtsprechung von seinem Wahlrecht Gebrauch macht und im Nachhinein von der Nettorechnung abweicht, sind die Regelungen des § 13b Abs. 2 Nr. 4 S. 1 UStG iVm § 13b Abs. 5 S. 2 und § 14a Abs. 5 UStG nicht mehr anzuwenden, sodass das leistende Unternehmen Steuerschuldner gem. § 13a Abs. 1 Nr. 1 UStG wird. Dann entsteht bei diesem, dem Leistungserbringer eine Umsatzsteuerforderung, die er abzuführen hat. Diese müsste er nachträglich in den schon ausgestellten Rechnungen ändern. Oftmals beruft sich der Leistungsempfänger auf die Verjährung der Forderung und stellt dabei auf den Zeitpunkt der erstmaligen Rechnungserteilung ab. Allerdings erfolgt die Rechnungsberichtigung nur deswegen, weil sich rückwirkend Tatsachen, die den Rechnungsbetrag maßgeblich beeinflussen, durch die Ausübung des Wahlrechts ändern.

Steuerrecht in der Insolvenz – Umsatzsteuer

Daher ist ein Abstellen auf den Zeitpunkt der erstmaligen Rechnungserteilung für die Beurteilung der Verjährung unsachgemäß, da die Ausübung des Wahlrechts ein ungewisses Ereignis darstellt, welches die Vertragsparteien zum Zeitpunkt des Leistungsaustausches nicht berücksichtigen konnten.

Zudem handelt es sich bei der Änderung nicht um eine Berichtigung nach § 14c UStG, da die ursprüngliche Rechnung in dem Sinne als richtig anzusehen ist; **es verändert sich lediglich nachträglich die Steuerschuldnerschaft.** § 14c Abs. 1 UStG setzt voraus, dass die Rechnung zu Unrecht eine Steuer ausweist (BeckOK UStG/Weymüller UStG § 14c Rn. 1). Auch handelt es sich nicht um den Berichtigungstatbestand nach § 17 UStG, da sich die Bemessungsgrundlage iSv § 17 UStG nicht geändert hat. 122

Nach Ansicht des BGH ist in dem dargestellten Fall eine ergänzende Vertragsauslegung dahingehend vorzunehmen, dass dem Bauunternehmer ein ergänzender Werklohnanspruch gegen seinen Vertragspartner in Höhe des Umsatzsteuerbetrages zusteht. Entsprechend der früheren Praxis der FinVerw haben beide Parteien angenommen, dass Umsatzsteuerschuldner der Bauunternehmer nach § 13b Abs. 5 S. 2 Hs. 1 sei. Seit dem **Urteil vom 22.8.2013** und im Falle der Ausübung des Wahlrechts des Bauträgers ist **§ 27 Abs. 19 UStG analog** anwendbar, wonach ein Zahlungsanspruch im Verhältnis Bauunternehmer Bauträger in Höhe der Umsatzsteuer entsteht (BeckRS 2019, 1256). Im Ergebnis wird dadurch ein Masseanspruch begründet. 123

Es kommt bei der Anspruchsbegründung auch nicht darauf an, ob eine ordnungsgemäße und prüfbare Rechnung im Sinne des UStG und der VOB/B nach § 14 Abs. 1 S. 1 VOB/B, aus der sich der Werklohnanspruch ergibt, ausgestellt wurde. Grundsätzlich ist das Rechtsverhältnis zwischen Rechnungsaussteller und Rechnungsempfänger zivilrechtlicher Natur. Soweit zwischen den Beteiligten ein schuldrechtlicher Vertrag besteht, handelt es sich bei der Verpflichtung des Leistenden zur Abrechnung um eine aus § 242 BGB abgeleitete zivilrechtliche Nebenpflicht. **§ 14 Abs. 2 UStG kommt insoweit nur deklaratorische Bedeutung zu.** Streitigkeiten zwischen Rechnungsaussteller und Rechnungsempfänger über die Rechnungsausstellung sind gem. § 13 GVG vor den ordentlichen Gerichten auszutragen (BeckVerw 049673). 124

Fraglich ist, ob sich die FinVerw **unter Berücksichtigung des Gebots der Neutralität der Mehrwertsteuer** selbst haftbar machen kann bzw. als Gesamtschuldner neben den Bauträger tritt, sofern sie die Umsatzsteuer an den Bauträger auskehrt, ohne dass der Bauunternehmer seinen Anspruch gegenüber dem Bauträger schon realisiert hat, da dann der Bauunternehmer in die Lage versetzt ist, seinen Werklohnanspruch im Wege der Zivilrechtsklage durchsetzen zu müssen (BFH/NV 2007, 293 = BeckRS 2007, 70193). 125

Mit Urteil des BFH vom 18.8.2015 wurde über den Fall eines Spielautomatenbetreibers, welcher seine Umsätze als steuerpflichtig behandelte, entschieden. Nach Eröffnung des Verfahrens übte der Insolvenzverwalter das **Wahlrecht iSd Art. 13 Teil B lit. f RL 77/388/EWG** (6. Umsatzsteuer-RL) dahin aus, dass diese Umsätze steuerfrei zu behandeln sind (BFH/NV 2016, 87 = BeckRS 2015, 95849). Das Finanzamt änderte die maßgeblichen Steuerbescheide und verrechnete die festgesetzten Guthaben mit den angemeldeten rückständigen Steuern. Im Wesentlichen begründet sei die Aufrechnung darin, dass die Forderung ihrem Kern nach bereits vor Eröffnung des Verfahrens begründet ist; sämtliche materiell-rechtlichen Tatbestandvoraussetzungen für die Entstehung des Erstattungsanspruchs seien im Zeitpunkt der Eröffnung des Verfahrens erfüllt (vgl. BFHE 217, 8 = DStRE 2007, 1057 mwN). Dies läge darin begründet, dass materiellrechtlich die Umsätze der Glückspielautomaten in unmittelbarer Anwendung des Art. 13 Teil B lit. f RL 77/388/EWG in den maßgeblichen Veranlagungszeiträumen steuerfrei gewesen wären. Auch die Bestimmung, dass der Anspruch geltend gemacht werden muss, soll an der Beurteilung nichts ändern, nachdem der Rechtsanspruch auf Erstattung kraft Gesetz ohne weitere Rechtshandlung der Beteiligten in dem Zeitpunkt entstanden ist (vgl. BFHE 233, 114 = DStR 2011, 1029), in dem die Umsatzsteuer für diese Umsätze entrichtet worden ist. 126

G. Vorsteuerabzug und Vorsteuerberichtigung

I. Vorsteuerabzug

Der Insolvenzschuldner ist in dem Umfang, wie er es vor Insolvenzeröffnung war, auch noch nach Eröffnung des Verfahrens zum Vorsteuerabzug berechtigt gem. § 15 UStG. Das Recht auf Vorsteuerabzug wird maßgeblich anhand der vorinsolvenzlichen Ausgangsumsätze (sog. Abzugsumsätze = steuerpflichtige Leistungen, die nicht den Vorsteuerabzug ausschließen) bestimmt, auf die sich die Eingangsumsätze beziehen. Es muss ein **direkter und unmittelbarer Zusammenhang** zwischen einem bestimmten Eingangsumsatz und einem oder mehreren Ausgangsumsätzen, 127

Steuerrecht in der Insolvenz – Umsatzsteuer

die das Recht auf Vorsteuerabzug eröffnen, bestehen (Bunjes/Heidner UStG § 15 Rn. 18). Bei Fehlen eines direkten und unmittelbaren Zusammenhangs zwischen einem Eingangsumsatz und bestimmten Ausgangsumsätzen wird ein Recht auf Vorsteuerabzug gleichwohl angenommen, wenn die Kosten für die fraglichen Dienstleistungen zu seinen allgemeinen Aufwendungen gehören und – als solche – Bestandteil des Preises der von ihm ausgeführten Lieferungen und Leistungen sind (Bunjes/Heidner UStG § 15 Rn. 19).

128 Dem Insolvenzverwalter wird hierdurch nach § 16 Abs. 2 S. 1 UStG die Möglichkeit eröffnet, die Vorsteuer von der im Besteuerungszeitraum anfallenden Umsatzsteuer abzuziehen. Voraussetzung des Vorsteuerabzuges gem. § 15 Abs. 2 UStG ist, dass eine Rechnung gem. § 15 Abs. 1 S. 1 Nr. 1 S. 2 UStG iVm §§ 14, 14a UStG vorliegt und dass keine vorsteuerschädlichen Umsätze durch den Insolvenzverwalter getätigt wurden (WUS Insolvenzen/Waza Rn. 2091). Für den Vorsteuerabzug müssen **materielle und formelle Voraussetzungen** erfüllt sein. Die materiellen Voraussetzungen finden sich in § 15 Abs. 1 S. 1 Nr. 1 S. 1 UStG wieder, und stellen im Wesentlichen auf die Leistungserbringung von einem Unternehmer an einen Unternehmer für sein Unternehmen ab. Die formellen Voraussetzungen stellen dabei auf das Vorliegen einer ordnungsgemäßen Rechnung ab. Das Recht auf Vorsteuerabzug ist integraler Bestandteil des Mechanismus der Mehrwertsteuer und kann grundsätzlich nicht eingeschränkt werden und für die gesamte Steuerbelastung der vorausgehenden Umsatzstufen sofort ausgeübt werden (EuGH DStRE 2014, 1249 mwN). Dieses Grundprinzip setzt voraus, dass die materiellen Anforderungen erfüllt sind, selbst wenn der Steuerpflichtige den formellen Bedingungen nicht genügen kann (EuGH DStRE 2011, 570 mwN; EuGH DStRE 2012, 893 Rn. 43).

129 In der Praxis ist oftmals bei Vorlage von nicht den Voraussetzungen iSd § 14 UStG genügenden Rechnungen zu bemerken, dass die FinVerw den **Vorsteuerabzug zunächst versagt.** Demnach ist eine Berichtigung dieser Rechnungen immer zu empfehlen, da aufgrund der Rechtsprechung des EuGH die FinVerw rückwirkend den Vorsteuerabzug zu gewähren hat. Eine Rechnungsberichtigung durch Stornierung ist für den Erhalt des Bezugs auf den Zeitpunkt der erstmaligen Rechnungserstellung (Rückwirkung) nicht von Vorteil (s. EuGH BFH/NV 2004, 830 = BeckRS 2004, 74477 – Terra Baubedarf-Handel, bei welcher die Stornierung damit einherging, dass bis zur Neuausstellung der berichtigten Rechnung die Vorlage einer Rechnung für den maßgeblichen Zeitraum durch die FinVerw nicht angenommen wurde). Vielmehr sollte eine Rechnungsberichtigung iSd § 31 Abs. 5 UStDV erfolgen. Die fehlerhaften oder fehlenden Angaben werden durch ein Ergänzungsdokument berichtigt respektive ergänzt. Die Berichtigung der Rechnung ist ein Ereignis, welches steuerliche Wirkung für die Vergangenheit hat (rückwirkendes Ereignis, § 175 Abs. 1 S. 1 Nr. 2 AO).

130 Die **insolvenzrechtliche Zuordnung** des Vorsteueranspruchs – welcher letztlich als unselbstständige Besteuerungsgrundlage in die Steuerberechnung eingeht, detailliert (→ Rn. 86) – zum vorinsolvenzlichen Unternehmensbereich oder zum Bereich der Insolvenzmasse, richtet sich nach denselben Grundsätzen wie bei der Umsatzsteuer der Ausgangsumsätze. Maßgeblich ist, **wann der Lebenssachverhalt des Vorsteueranspruchs gelegt wurde.** Rechtsgrund des Vorsteuervergütungsanspruchs ist die Lieferung oder sonstige Leistung eines Unternehmers an das vorsteuerabzugsberechtigte Unternehmen. Sofern nach der Zwangssaldierung ein Vorsteuerüberhang besteht, ist die zeitliche Zuordnung der Entstehung des Anspruchs der jeweils zum Abzug zu bringenden Vorsteuerbeträge für die Aufrechnung der FinVerw (→ Rn. 137) mit Insolvenzforderungen relevant. Dabei ist bei der umsatzsteuerlichen Einordnung der Vorsteuer nicht von Relevanz, ob eine Ist- oder Soll-Besteuerung vorliegt.

131 Nach Ansicht des VII. Senats des BFH ist eine Rechnung mit Umsatzsteuerausweis nach § 15 Abs. 1 Nr. 1 UStG nur steuerrechtlich relevant. Die Begründung des Vorsteuervergütungsanspruch richtet sich aus insolvenzrechtlicher Sicht hingegen ausschließlich nach dem **Zeitpunkt der Erbringung der Leistung** (vgl. grundlegend BFHE 208, 10 = BeckRS 2004, 24001936; BFHE 208, 296 = BeckRS 2004, 24002038; schon seit längerem vertreten von Onusseit ZIP 2002, 22 ff. (24); Onusseit ZInsO 2002, 1084 ff. (1096)). Dagegen setzt der **V. Senat** (BFHE 224, 24 = BeckRS 2009, 24003624) des BFH in seinem Grundsatzurteil zur Ist-Besteuerung für die Entstehung des Vorsteuervergütungsanspruch voraus, dass sämtliche Tatbestandsmerkmale in umsatzsteuerlicher Hinsicht erfüllt sind. Maßgeblich für den Vorsteuerabzug nach § 15 Abs. 1 Nr. 1 S. 2 UStG ist der Besitz der Rechnung. Folglich kommt es laut dem V. Senat auf den Tag der Rechnungsstellung an (WUS Insolvenzen/Waza Rn. 2093). In der **Literatur** (WUS Insolvenzen/Waza Rn. 2094; so auch im Ergebnis Onusseit ZInso 2006, 1084 ff. (1096); Maus ZInsO 2004, 1078; Farr, Die Besteuerung in der Insolvenz, 2005, Rn. 380 ff.) wird überwiegend der Ansicht des VII. Senats gefolgt, wonach die Rechnung lediglich der Ausübung des Anspruchs nach § 15 Abs. 1 Nr. 1, 2 UStG dient, für die Entstehung des materiellen Anspruchs ist die Rechnung nicht erforderlich. Diese Ansicht geht mit der Sicht des EuGHs einher (→ Rn. 104). Auf den Tag der Rechnungserteilung kommt es für die insolvenzrechtliche Zuordnung der Vorsteuer daher nicht an.

Mit dem vor dem BFH (V R 26/19) vom 20.9.2019 anhängigen Verfahren war die Rechtsfrage zu klären, ob im **Zeitraum der schwachen vorläufigen Insolvenzverwaltung** entstehende Vorsteuerüberhänge dem Unternehmensteil der Insolvenzmasse oder dem vorinsolvenzlichen Unternehmensteil zuzuordnen sind (DStR 2020, 2486; EFG 2019, 1405 = BeckRS 2019, 14303). Mit Urteil vom 23.7.2020 entschied der BFH, dass § 55 Abs. 4 InsO nur auf Masseverbindlichkeiten und nicht auf Vergütungsansprüche zugunsten der Masse anzuwenden ist (BeckRS 2020, 28220 = ZIP 2020, 2248 = LSK 2020, 28220). Der vorläufige, materiell nicht bestandskräftige Vorauszahlungsbescheid ist – entgegen der im Jahressteuerbescheid durchsetzungsfähigen Verbindlichkeit – nicht fähig, über das Bestehen einer Umsatzsteuer(vorauszahlungs)schuld zu entscheiden (BFHE 189, 14 = DStRE 1999, 844). Demzufolge ist erst in der Jahresberechnung über die insolvenzrechtliche Einordnung nach Umsatzsteuerjahresinsolvenzforderung und Umsatzsteuerjahresmasseverbindlichkeit zu entscheiden (→ Rn. 80). Das insolvenzrechtlichen Aufrechnungsverbot ist bei Aufrechnung von Vorsteuerüberhängen aus diesem Zeitraum zu beachten (→ Rn. 141). **132**

Die auf die **Vergütung des Insolvenzverwalters entfallende Vorsteuer** ist aufgrund der erbrachten Leistung des Insolvenzverwalters für die Insolvenzmasse unter bestimmten Voraussetzungen zum Abzug zugelassen (vgl. näher zur Leistung des Insolvenzverwalters → Rn. 7). Für den **Fall einer vorsteuerabzugsberechtigten Insolvenzmasse in dem Insolvenzverfahren über das Vermögen einer natürlichen Person** kommt es bei der Quotelung des Vorsteuerabzugs iSd § 15 Abs. 4 UStG auf das Verhältnis der Befriedigung von – zum Vorsteuerabzug berechtigten – **betrieblichen zu den privaten Verbindlichkeiten** an (vgl. BFHE 250, 263 = DStR 2015, 1239 Rn. 12). Bei der Aufteilung ist zu beachten, dass auf die im Insolvenzverfahren angemeldeten Insolvenzforderungen abzustellen ist. Nachdem die Leistung des Insolvenzverwalters als einheitliche sonstige Leistung mit Beendigung seiner Tätigkeit begründet ist (BFHE 193, 1 = DStRE 2001, 269), ist diese vollständig erst mit Aufhebung des Verfahrens erbracht (BFHE 252, 472 = MwStR 2016, 465 (Ls. 2)). Dies hat zur Folge, dass eine Aufrechnung mit Insolvenzforderungen gem. § 96 Abs. 1 Nr. 1 InsO unzulässig ist. **133**

Mit jüngstem Urteil des FG Münster vom 15.9.2020 gliedert der 15. Senat die spezifischen Aufteilungsgrundsätze nach der oben genannten Rechtsprechung des BFH in Bezug auf den ermittelten Anteil der betrieblichen Verbindlichkeiten weiter auf (EFG 2020, 1806 = BeckRS 2020, 26989). Es werden die durch den BFH nicht gewürdigten Verwertungshandlungen des Insolvenzverwalters herangezogen, da bezogen auf das Gesamtunternehmen **aufgrund von steuerfreien Umsätzen nur noch eine teilweise Vorsteuerabzugsberechtigung** besteht. Das FG Münster meldet Zweifel daran an, dass bei einem vorab nur mit steuerfreien Umsätzen ausgeführten Unternehmen nach Eröffnung des Verfahrens aufgrund der Auslegung der Rechtsprechung des BFH die Annahme bestehen könnte, dass dieses nun eine Vorsteuerabzugsberechtigung erhält. Aus diesem Grund zieht es die Anwendung der allgemeinen Grundsätze für die Gemeinkosten in Betracht. Die Vorsteuerbeträge sind, wenn kein direkter und unmittelbarer Zusammenhang zu den Ausgangsumsätzen hergestellt werden kann und sie damit zu den allgemeinen Aufwendungen des Unternehmens gehören und direkt und unmittelbar mit seiner wirtschaftlichen Gesamttätigkeit zusammenhängen, nach dem Umsatzschlüssel gesamtumsatzbezogen aufzuteilen (BFHE 245, 416 = BeckRS 2014, 95194). In Bezug auf die im zu beurteilenden Fall zu den Gemeinkosten gehörende Leistung des Insolvenzverwalters – im Wesentlichen die Betriebsfortführung mit dem Ziel der gerichtlichen Sanierung – wird eine Analogie zu einem extern beauftragten Interimsmanager gezogen. Dessen Leistungen werden hinsichtlich des Vorsteuerabzugs – mangels wirtschaftlichen Aufteilungsmaßstabs – ebenso nach dem Verhältnis der steuerfreien zu den steuerpflichtigen Umsätzen aufgeteilt. **134**

II. Vorsteuerberichtigung

Eine Insolvenzforderung des Finanzamts ergibt sich aus dem Anspruch der **Vorsteuerberichtigung,** welche aus den unberechtigt angemeldeten (damit geltend gemachten) Vorsteuern aus unbezahlten umsatzsteuerbehafteten Rechnungen an den Schuldner resultieren. Spätestens mit Eröffnung des Insolvenzverfahrens tritt die **Uneinbringlichkeit der Forderung** ein, weil der Gläubiger diese zumindest vorläufig nicht mehr durchsetzen kann (WUS Insolvenzen/Waza Rn. 2117 ff.). Die Berichtigung des Vorsteuerabzugs ist daher gem. § 17 Abs. 1 Nr. 2 UStG iVm § 17 Abs. 2 Nr. 1 UStG durch den späteren Insolvenzverwalter für den vorinsolvenzlichen Zeit- **135**

Steuerrecht in der Insolvenz – Umsatzsteuer

raum zu erklären. Diese Berichtigungsbeträge wird das Finanzamt beim Insolvenzverwalter zur Insolvenztabelle anmelden. Der Vorsteuerrückforderungsanspruch entsteht erst mit Ablauf des Voranmeldezeitraums, ist allerdings bereits zum Zeitpunkt der Eröffnung des Verfahrens begründet, weil spätestens zu diesem Zeitpunkt die Uneinbringlichkeit der Forderung vorlag (BFHE 148, 346 = ZIP 1987, 119; BFHE 196, 376 = ZIP 2002, 136; BeckVerw 053571; BeckVerw 027655). Der BGH ist der Auffassung des BFH gefolgt und nimmt die Uneinbringlichkeit mit dem Eintritt der Zahlungsunfähigkeit – spätestens mit Verfahrenseröffnung – an (BFHE 222, 453 = DStR 2008, 1824).

135.1 In der Praxis ermittelt das Finanzamt zum Zweck der Anmeldung zur Insolvenztabelle die Vorsteuerberichtigung im Wege der Schätzung durch **Ansatz der geltend gemachten Vorsteuern der letzten neun Monate** (OFD Hannover BeckVerw 252418 Rn. 5.3.1). In der Praxis ist die Erklärung dieser Vorsteuern durch den Insolvenzverwalter insbesondere bei möglichen Quotenausschüttung auf die Insolvenzforderungen von Relevanz. Die erste vorinsolvenzliche Berichtigung dieser Vorsteuern gem. § 17 Abs. 1 UStG iVm § 17 Abs. 2 Nr. 1 UStG ist Grundlage für die – zum Zeitpunkt der Ausschüttung der Quoten auf die vorsteuerrelevanten Insolvenzforderungen durch die Insolvenzmasse zu erklärende – zweite Berichtigung gem. § 17 Abs. 2 Nr. 1 S. 2 UStG. Insoweit erfolgt ein Massezufluss der anteilig auf die in der Quotenzahlung enthaltene Vorsteuer.

135.2

> Über das Vermögen des Insolvenzschuldners S wurde am 10.3.01 das vorläufige Insolvenzverfahren eröffnet und I zum vorläufigen Insolvenzverwalter nach § 21 Abs. 2 Nr. 2 Alt. 2 InsO bestimmt.
>
> **1. Berichtigung**
> I korrigiert die Vorsteuer, der mit Eröffnung uneinbringlich gewordenen Entgeltforderungen und -verbindlichkeiten, gem. § 17 Abs. 2 Nr. 1 UStG in der Umsatzsteuervoranmeldung April 01 unter der Steuernummer des Insolvenzschuldners (alte Steuernummer). Der Vorsteuerrückforderungsanspruch stellt eine Insolvenzforderung nach § 38 InsO dar. Es ist dabei ohne Bedeutung ob der Voranmeldungszeitraum oder der Besteuerungszeitraum erst während der Insolvenzverfahrens abläuft. Zwingend notwendig ist jedoch, dass die die 1. Berichtigung tatsächlich erfolgt.
>
> **2. Berichtigung**
> Mit quotaler Befriedigung der Gläubiger kommt es zur erneuten Berichtigung der Vorsteuer nach § 17 Abs. 2 Nr. 1 S. 2 UStG und somit der Forderung des Finanzamts.
>
> | | Hauptforderung zzgl. Kosten ohne Zinsen | Quotenauszahlung (15%) | Enth. Vorsteuer |
> | --- | --- | --- | --- |
> | Forderung A | 9.500 EUR | 1.425 EUR | 227,52 EUR |
> | Forderung B | 45.000 EUR | 6.750 EUR | 907,56 EUR |
> | Forderung C | 14.500 EUR | 2.175 EUR | 347,27 EUR |
> | Forderung FA | 6.000 EUR | 900 EUR | |
>
> Mit Auszahlung der Quoten sind die Vorsteuervergütungsansprüche in der Umsatzsteuervoranmeldung iHv 1.482,35 EUR zu erklären. Es empfiehlt sich, der Voranmeldung das Verteilungsverzeichnis sowie ein Begleitschreiben unter Hinweis der BFH Rechtsprechung (BFHE 238, 307 = BeckRS 2012, 96300) beizufügen. Eine Aufrechnung des Finanzamts mit Insolvenzforderungen ist nicht zulässig (BFHE 238, 307 = BeckRS 2012, 96300).
>
> Seitens der Finanzverwaltung wird zum Teil die Auffassung vertreten, dass entscheidend ist ob die Vorsteuerberichtigung nach § 17 UStG durch den Insolvenzverwalter unter Angabe der alten Steuernummer erklärt wurde oder eine Schätzung seitens des **Finanzamts** ergangen ist (bestätigt durch FG Münster EFG 2018, 697 mAnm Norbert Tiebing). Sollte durch das Finanzamt eine Schätzung ergangen sein, so würde die Rechtsprechung vom 25.7.2012 nicht zur Anwendung gelangen, da die ursprüngliche Schätzung durch die Tabellenauszahlung berichtigt wird. Die ursprüngliche Schätzung hat ihre Begründetheit bereits vor Insolvenzeröffnung erlangt. Daher besteht im Falle der ergangenen Schätzung die Möglichkeit der Aufrechnung nach § 96 InsO.

136 Die **Vorsteuerberichtigung nach § 15a UStG,** welche im Wesentlichen durch Verwendungsänderungen eines zunächst umsatzsteuerpflichtig behandelten Gegenstandes eintritt, ist eine eigene materiell-rechtliche Berichtigungsvorschrift (BFHE 236, 274 = BeckRS 2012, 94684). Ist der vorherige Vorsteuerabzug unzutreffend gewesen, findet § 15a UStG keine Anwendung. Ob eine Korrektur noch vorgenommen werden kann, bestimmt sich in diesem Fall nach verfahrensrechtlichen Vorschriften (§§ 169 ff., 164 Abs. 2, 172 ff. AO). Zur Abgrenzung der Vorsteuerberichtigung nach § 15a UStG zwischen Masseverbindlichkeiten (→ Rn. 39, → Rn. 51) und Insolvenzforderungen ist maßgeblich, ob **der die Steuerberichtigung begründende Tatbestand nach den steuerrechtlichen Vorschriften vor oder nach Eröffnung des Verfahrens vollständig verwirklicht** und damit abgeschlossen ist (vgl. BFHE 233, 86 = BeckRS 2011, 95517; BFHE 236, 274 = BeckRS 2012, 94684). Der Zeitpunkt der Steuerentstehung ist zur insolvenzrechtlichen Abgrenzung nicht relevant. Der Berichtigungsanspruch ist ein eigenständiger Tatbestand, bei dem es zur Anspruchsentstehung darauf ankommt, wann der Berichtigungstatbestand erfüllt war (vgl. BFHE 236, 274 = BeckRS 2012, 94684; BFHE 232, 301 = BeckRS 2011, 95026 zu § 17 UStG).

136.1

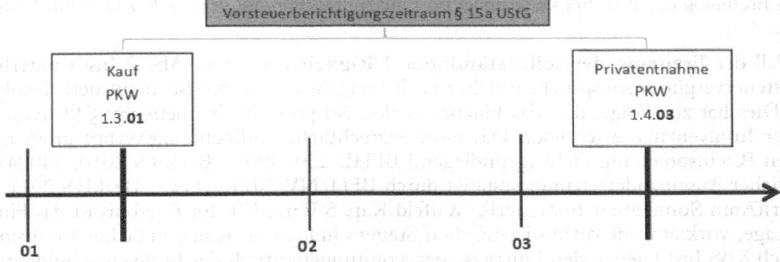

- A erwarb mit Kaufvertrag vom 1.3.01 einen PKW, welchen er fortan zur Ausführung steuerpflichtiger Umsätze verwendete.
- Im Zusammenhang mit dem PKW wurden Vorsteuerbeträge iHv insg. 10 TEUR nach § 15 UStG in Abzug gebracht.
- Am 1.4.03 entnimmt A den PKW in sein Privatvermögen.
- Mit dem Übergang in die private Vermögenssphäre des A, tritt eine 100 %-ige Nutzungsänderung ein, wonach die Vorsteuer gem. § 15a Abs. 1 S. 1 UStG zu berichtigen ist.
- Der Berichtigungszeitraum beträgt 5 Jahre mit Beginn der tatsächlichen Verwendung des Wirtschaftsgutes (§ 15a Abs. 1 S. 1 UStG).

Berechnung:
- Vorsteuerabzug 10 TEUR x 24 Monate / 60 Monate = 4 TEUR
- Den iSd § 15a Abs. 1 UStG ermittelten Betrag iHv 4 TEUR hat A in der USt-VA 04/03 als negativen Vorsteuerbetrag zu erklären.

III. Aufrechnung

Praktisch relevant ist die Zuordnung der Vorsteuer im Bereich der **Aufrechnung**. Die FinVerw versucht tendenziell, Vorsteuervergütungsansprüche, die originäre Masseansprüche sind, mit Umsatzsteuerforderungen, welche Insolvenzforderungen darstellen, aufzurechnen (WUS Insolvenzen/Waza Rn. 2095).

Ein nach der **Zwangssaldierung** bestehender Vorsteuerüberhang (= nach der Verrechnung verbleibende negative Steuerschuld), welcher ausschließlich auf vor der Eröffnung des Verfahrens begründeten Vorsteuerbeträgen beruht, unterliegt nicht dem Aufrechnungsverbot iSd § 96 Abs. 1 Nr. 1 InsO.

Ergibt sich bei der Steuerberechnung und Steuerfestsetzung für die Masse hingegen ein Vorsteuererhalt, welcher auf **vor und nach Eröffnung des Verfahrens begründeten Vorsteuerbeträgen** beruht, ist das Finanzamt nach der zu Abrechnungsbescheiden gem. § 218 Abs. 2 AO ergangenen Rechtsprechung des VII. Senats des BFH auch unter Berücksichtigung von § 96 Abs. 1 Nr. 1 InsO zur Aufrechnung gem. § 226 AO in eingeschränktem Maße berechtigt. Die Aufrechnung gegen den sich für die Masse aus der Steuerberechnung nach §§ 16 ff. UStG ergebenden Vergütungsanspruch ist insoweit zulässig, soweit der Vergütungsanspruch auf Vorsteuer- oder Berichtigungsbeträgen beruht, die „insolvenzrechtlich vor Verfahrenseröffnung begründet worden" sind (BFHE 216, 390 = DStRE 2007, 726 unter II.) Zu beachten sind dabei die in § 96 Abs. 1 Nr. 3 InsO normierten Grenzen des insolvenzrechtlichen Aufrechnungsverbotes (vgl. vertiefend → Rn. 99.1).

Nach der Rechtsprechung des VII. Senats ist im Rahmen der Zwangssaldierung die nachinsolvenzliche Umsatzsteuer zunächst mit der vorinsolvenzlichen Vorsteuer zu saldieren. Der danach verbleibende Vorsteuerüberhang ist nur insoweit insolvenzfest aufrechenbar, als er aus vorinsolvenzlichen Vorsteuerabzügen resultiert. Eine erhebliche praktische Relevanz ist diesem Thema nicht zuzuschreiben, da die zuvor ergangene Vorsteuerberichtigung vor Eröffnung des Verfahrens (→ Rn. 66) aufgrund der Nichtzahlung der

Steuerrecht in der Insolvenz – Umsatzsteuer

vorinsolvenzlichen Lieferungen und Leistungen dann zum Zeitpunkt der Zahlung **eine zweite Berichtigung erfährt gem. § 17 UStG.** Im Ergebnis ist diese zumeist auf Aus- und Absonderungsansprüchen basierte Zahlung durch die zweite Berichtigung nach § 17 UStG ein eigenständiger Besteuerungstatbestand, der nach Eröffnung des Verfahrens begründet ist. Eine Aufrechnung ist gem. § 96 Abs. 1 Nr. 1 InsO nicht zulässig.

139 Im Fall der **Freigabe der selbstständigen Tätigkeit** gem. § 35 Abs. 2 InsO unterliegt der Umsatzsteuervergütungsanspruch, welcher nach Freigabe begründet ist, nicht dem Insolvenzbeschlag. Dies hat zur Folge, dass das Finanzamt den Anspruch nicht mehr iSv § 96 Abs. 1 Nr. 1 InsO der Insolvenzmasse schuldet. Das insolvenzrechtliche Aufrechnungsverbot greift nach der ständigen Rechtsprechung nicht (grundlegend BFHE 230, 490 = BeckRS 2010, 24004190 mit ausführlicher Auseinandersetzung; bestätigt durch BFH/NV 2011, 2115 = BeckRS 2011, 96543; vgl. mkritAnm Sonnleitner InsSteuerR/Witfeld Kap. 5 Rn. 317). Im Ergebnis ist das Finanzamt in der Lage, wirksam mit vorinsolvenzlichen Steuerschulden im Rang einfacher Insolvenzforderung nach § 38 InsO gegen den Umsatzsteuervergütungsanspruch des Insolvenzschuldners aufzurechnen (Sonnleitner InsSteuerR/Witfeld Kap. 5 Rn. 317 ff.). Dabei macht es keinen Unterschied, ob sich der Insolvenzschuldner im eröffneten Insolvenzverfahren oder in der sich anschließenden Wohlverhaltensphase zur Erlangung der Restschuldbefreiung befindet; für beide Phasen sieht der erkennende Senat keine normierten Aufrechnungsverbote.

139.1 **Die herrschende Meinung in der Literatur** rügt zu Recht das damit einhergehende Fiskusprivileg, die in der Praxis zumeist wertlosen Insolvenzforderungen erlangen in dieser Höhe eine vollständige Befriedigung, während die übrigen Insolvenzgläubiger auf die häufig marginale Quote verwiesen sind, da eine Aufrechnung ihrer Forderungen ausgeschlossen ist. Die vom Schuldner ab Wirksamwerden einer Freigabeerklärung aus der selbstständigen Tätigkeit erzielte Einkünfte stehen grundsätzlich nur den Gläubigern als Haftungsmasse zur Verfügung, deren Forderungen erst nach der Freigabeerklärung entstanden sind (BGH NZI 2013, 641 Rn. 22 f.). Selbst wenn eine Zwangslage des Schuldners angenommen werden kann, wird diese in Sonderfällen (zB Stornierungen etc) zu einer derartigen Aufrechnungslage führen. Dass der Senat strikt auf die insolvenzrechtlichen Aufrechnungsverbote abstellt und die eigens durch ihn installierte Teilung der Unternehmung – als schlichte Zuordnung zu den Vermögensmassen – unbeachtet lässt, vermag nicht zu überzeugen, insbesondere vor dem Hintergrund, dass eine Finanzierung der Vermögensmasse „freigegebene selbstständige Tätigkeit" auch im Sinne der Neutralität des Mehrwertsteuersystems durch den Vorsteuerabzug erfolgt. Dieser stützt die Finanzierung der Ausgleichszahlung des Schuldners an die Insolvenzmasse. In der wirtschaftlichen Gesamtbetrachtung greift in Bezug auf die Finanzierung der Ausgleichszahlung das Argument des VII. Senates daher zu kurz.

140 In Bezug auf die Aufrechnung des **Vorsteuervergütungsanspruchs aus der Vergütung des vorläufigen Insolvenzverwalters** hat der BFH seine bislang anderslautende Rechtsprechung (BGHZ 162, 219 = BeckRS 2005, 3881) aufgegeben und mit Urteil v. 2.11.2010 (Änderung der Rechtsprechung) sich der Auffassung des BGH (BeckRS 2009, 86944; dazu ausf. de Weerth NZI 2010, 272) angeschlossen, dass eine Aufrechnung dieser Ansprüche gem. § 96 Abs. 1 Nr. 3 InsO iVm §§ 130, 131 InsO unzulässig ist (vgl. BFHE 231, 488 = BeckRS 2011, 94145). Streitig war, ob im Fall der Umsatzsteuerentstehung eine Rechtshandlung iSd § 96 InsO vorliegt. Der BGH hat in seinem Urteil darauf hingewiesen, dass Steuertatbestände in der Regel an Rechtshandlungen des Steuerpflichtigen oder Dritten anknüpfen und hieraus die Steuerpflicht ableiten. Nach Ansicht des BGH und sich anschließender Ansicht des BFH ändert dies nichts daran, dass die betreffenden umsatzsteuerpflichtigen Leistungen, welche zum Entstehen der Steuerforderungen führen, Rechtshandlungen iSd § 96 Abs. 1 Nr. 3 InsO darstellen (BeckRS 2009, 86944). Die Umsatzsteuer entsteht kraft Gesetzes und zugleich korrespondierend die Berechtigung des Leistungsempfängers zum Vorsteuerabzug iSd § 15 UStG. Die Tätigkeit des vorläufigen Insolvenzverwalters löst neben dem Anspruch auf Entgelt auch das Entstehen der Aufrechnungslage für die FinVerw aus. Zu diesem Zeitpunkt ist die maßgebliche Rechtshandlung (im zivilrechtlichen Sinn kein Rechtsgeschäft) im insolvenzrechtlichen Sinn ausgelöst. Mit Leistungserbringung ist der Vorsteuervergütungsanspruch insolvenzrechtlich begründet, der Besteuerungstatbestand ist verwirklicht – der Anspruch ist aufschiebend bedingt durch das Eintreten der verfahrensrechtlichen Voraussetzungen entstanden. Damit setzt der VII. Senat seine Auffassung zur Begründung der Vorsteuervergütungsansprüche fort (→ Rn. 127). Nachdem naturgemäß die Tätigkeit des vorläufigen Verwalters nach dem Insolvenzantrag mit seiner Bestellung beginnt, liegen die Voraussetzungen des § 131 Abs. 1 Nr. 1 InsO vor. Eine Aufrechnung der FinVerw mit Insolvenzforderungen iSd § 38 InsO ist unzulässig.

141 Mit gleichem Datum entschied der VII. Senat des BFH über den Fall der Aufrechnung von **vorinsolvenzlichen Vorsteuervergütungsansprüchen,** welche in den letzten zwei Monaten vor Insolvenzeröffnung entstanden sind (BFHE 232, 290 = BeckRS 2011, 94790). Auch in diesem Urteil ist der BFH der Rechtsprechung des BGH gefolgt und stellt damit eine Einheitlichkeit der Rechtsprechung her. Einzig die Auffassungen zum Zeitpunkt der Anspruchsbegründung differieren zwischen BFH und BGH. Laut Urteilsbegründung des BFH (NZI 2011, 378 Rn. 34 – der eine eindeutige Aussage hierzu nicht trifft) scheint der Empfang der bewirkten Leistung im umsatzsteuerlichen Sinne die anfechtungsrechtlich relevante Rechtshandlung abzuschließen. Der BGH stellt hingegen auf das letzte relevante Teilelement – die Entgegennahme der Rechnung (§§ 14, 15 Abs. 1 Nr. 1 UStG) – ab (vgl. NZI 2011, 18 Rn. 18). Nachdem im zu beurteilenden Fall nach Empfang der Leistung der Vorsteuerabzug vorgenommen wurde und die Vorsteuerabzugsberechtigung während des Zeitraums der vorläufigen Insolvenzverwaltung bestand, ist die Aufrechnung des sich ergebenden Vorsteuerüberhangs mit zur Insolvenztabelle angemeldeten Steuerforderungen als Insolvenzforderungen iSd § 38 InsO nach §§ 96 Abs. 1 Nr. 3, 131 Abs. 1 Nr. 1 InsO unzulässig.

H. Umsatzsteueransprüche bei beidseitig nicht vollständig erfüllten Verträgen

Gemäß § 103 Abs. 1 InsO hat der Insolvenzverwalter bei beidseitig nicht erfüllten gegenseitigen Verträgen ein Wahlrecht, ob der nicht erfüllte Vertrag noch erfüllt werden soll oder nicht. Lehnt der Insolvenzverwalter die Erfüllung des Vertrages ab, kann der andere Teil die Forderung wegen Nichterfüllung des Vertrages nur als Insolvenzgläubiger und damit als Insolvenzforderung geltend machen (§ 103 Abs. 2 InsO). Durch die Eröffnung des Insolvenzverfahrens werden alle Verträge zivilrechtlich umgestaltet. Nach früherer Auffassung des BGH erlöschen zum Zeitpunkt der Eröffnung des Insolvenzverfahrens die gegenseitigen Leistungsverpflichtungen. Diese Erlöschenstheorie wurde mit Grundsatzurteil des BGH vom 25.4.2002 abgelöst von der sog. **Theorie vom Verlust der Durchsetzbarkeit** (→ § 103 Rn. 7). Beide Vertragsparteien können ihre vertraglichen Erfüllungsansprüche infolge der Eröffnung des Insolvenzverfahrens nicht mehr durchsetzen. Wählt der Insolvenzverwalter allerdings die Vertragserfüllung, so wird der Anspruch auf die ausstehende Restleistung des Vertragspartners zugunsten der Masse durchsetzbar, gleichzeitig aber auch der noch vom Schuldner zu erbringende Leistungsteil zu einer sonstigen Masseverbindlichkeit nach § 55 InsO, welche der Verwalter leisten muss (WUS Insolvenz/Waza Rn. 2171; Braun/Kroth InsO § 103 Rn. 58; s. auch BGHZ 106, 236 = BeckRS 9998, 164824). Bei teilbaren Leistungen wird demgegenüber der Anspruch auf die Gegenleistung für eine **vorinsolvenzliche Vorleistung** des Vertragspartners nicht zu einer Masseverbindlichkeit qualifiziert, sie bleibt Insolvenzforderung. Sind bereits Teilleistungen in dem vorstehenden Sinne erbracht worden, erfasst das Wahlrecht gem. § 105 InsO mithin nur den ausstehenden Rest des Vertrages. Teilbare Leistungen iSv § 105 InsO sind nicht mit Teilleistungen im bürgerlich-rechtlichen bzw. umsatzsteuerlichen Sinne gleichzusetzen (BFHE 226, 130 = BeckRS 2009, 24003744).

142

Bei **Teilleistungen gem. § 13 Abs. 1 Nr. 1a S. 2 UStG** entsteht die Umsatzsteuer nicht erst mit Ablauf des Voranmeldezeitraums, in dem die gesamte Leistung ausgeführt worden ist, sondern wenn ein bestimmter Teil abgeschlossen ist. Teilleistungen in diesem Sinne liegen vor, wenn für bestimmte Teile einer wirtschaftlich teilbaren Leistung ein gesondertes Entgelt vereinbart wurde (→ § 105 Rn. 10). Wurde die Teilleistung vor Eröffnung des Verfahrens verwirklicht, so stellt die Umsatzsteuer eine Insolvenzforderung dar. Insoweit ist auf die vorinsolvenzliche zivilrechtliche Vereinbarung der Parteien abzustellen. Bei innerhalb der Leistungserbringung eingetretener Insolvenz ist die Abgrenzung ähnlich der einer ungeteilten Werklieferung oder -leistung vorzunehmen (→ Rn. 144).

143

I. Werkunternehmer-Insolvenz

Wird über das Vermögen eines Werkunternehmers das Insolvenzverfahren eröffnet, kommt es nicht selten vor, dass **Werklieferungen iSd § 3 Nr. 4 UStG** nicht fertig gestellt werden konnten („halbfertige Arbeiten"). Eine Werklieferung liegt vor, wenn der Unternehmer die Bearbeitung oder Verarbeitung eines Gegenstandes übernommen hat und hierbei Stoffe verwendet, die er selbst beschafft hat.

144

Werkleistungen liegen hingegen vor, wenn der Besteller den überwiegenden Teil von mehreren Hauptstoffen beisteuert. Es überwiegt bei der durch den Werkunternehmer erbrachten Leistung die Dienstleistung, nicht die Lieferung. Auch in diesem Fall ist die Leistung zu dem Zeitpunkt erbracht, zu dem das Werk vertragsgerecht hergestellt ist; der wirtschaftliche Vorteil den Besteller erreicht.

144.1

Entscheidet sich der Insolvenzverwalter gem. § 103 Abs. 2 S. 1 InsO **gegen die Erfüllung des Vertrages** und damit die Fertigstellung des Werkes, dann wird der schon fertig gestellte Teil

145

des Werkes gem. § 3 Abs. 4 UStG als neuer Gegenstand qualifiziert (stRspr seit BFHE 125, 314 = BeckRS 1978, 22004357; s. auch Abschn. 3.9 Abs. 1 UStAE). Dem schon fertig gestellten Teil ist der objektive Wert nach § 10 Abs. 1 Nr. 1 UStG als Bemessungsgrundlage zugrunde zu legen (WUS Insolvenzen/Waza Rn. 2173). Etwaige Schadenersatzansprüche des Bestellers aus der Nichtfertigstellung des noch offenen Teils des Werkes bleiben bei der zuvor genannten Berechnungsgrundlage außer Ansatz. Diese können sich aus der Differenz zwischen dem Wert der unmöglich gewordenen (Rest-)Leistung sowie dem entgangenen Gewinn und der eigenen ersparten Gegenleistung bemessen (Palandt/Grünberg BGB § 281 Rn. 27–29). Da die Reduktion des Umsatzes mit Eröffnung des Insolvenzverfahrens erfolgt, ist die auf den schon fertig gestellten Teil des Werkes entfallende Umsatzsteuer vor der Eröffnung des Verfahrens begründet und folglich als Insolvenzforderung nach § 38 InsO einzustufen (für das Konkursverfahren stRspr seit BFHE 125, 314 = BeckRS 1978, 22004357; vgl. zum Insolvenzrecht Abschn. 3.9 Abs. 1 UStAE; Rau/Dürrwächter/Stadie UStG § 18 Rn. 860). Die Insolvenzmasse wird demnach nicht durch die anfallende Umsatzsteuer gemindert (WUS Insolvenzen/Waza Rn. 2174). Auf **geleistete Anzahlungen** entfallende Umsatzsteuern sind ebenfalls Insolvenzforderungen. Mögliche Rechnungsberichtigungen wegen Überzahlungen sind vom Insolvenzverwalter vorzunehmen (→ Rn. 109), falls die Anzahlungen vorher versteuert wurden gem. § 13 Abs. 1 Nr. 1a S. 4 UStG (WUS Insolvenzen/Waza Rn. 2174).

145.1 Bei der **Vereinnahmung von Anzahlungen im Rahmen der vorläufigen Insolvenzverwaltung** liegen hingegen Masseverbindlichkeiten iSd § 55 Abs. 2, 4 InsO vor. Dieser Fall dürfte indes wenig praktische Relevanz haben, nachdem der Besteller erst mit Eröffnung des Verfahrens durch Ausübung des Wahlrechts gem. § 103 InsO des Insolvenzverwalters Sicherheit über die vollständige Beendigung des Werkes erlangt – demnach Anzahlungen zunächst zurückstellen wird. Von praktischer Relevanz dürften hingegen die Fälle sein, bei welchen die Abnahme des Werkes im Zeitraum der vorläufigen Insolvenzverwaltung erklärt wird und Vereinnahmung des Entgeltes erfolgt. Im Fall der starken vorläufigen Insolvenzverwaltung dürfte die auf das Entgelt entfallende Umsatzsteuer mit Eröffnung des Verfahrens zu Masseverbindlichkeit gem. § 55 Abs. 2 InsO erwachsen. Im Fall der schwachen vorläufigen Verwaltung bei Entgeltvereinnahmung vor Eröffnung des Verfahrens stellt diese ebenso eine Masseverbindlichkeit dar (§ 55 Abs. 4 InsO).

146 Sind halbfertige Arbeiten geleistet worden, deren Wert den bisher geleisteten Werklohn übersteigt, wird der Insolvenzverwalter meistens die **Erfüllung des Vertrages** wählen. Gemäß § 13 Abs. 1 Nr. 1a UStG entsteht die Umsatzsteuerschuld durch die Abnahme des Werkes durch den Besteller (BFHE 148, 346 = BeckRS 1986, 22007882; s. auch Rau/Dürrwächter UStG § 3 Rn. 436 mwN). Die Umsatzsteuer, die dann auf die komplette Werklieferung entfällt, ist erst nach Eröffnung des Verfahrens begründet und stellt damit nach hM eine Masseverbindlichkeit nach § 55 Abs. 1 Nr. 1 InsO dar (BFHE 226, 130 = BeckRS 2009, 24003744; das Urteil wird in der Literatur nicht unkritisch gesehen: Onusseit ZIP 2009, 2180; Hess InsO § 55 Rn. 576; Rau/Dürrwächter/Stadie UStG § 18 Rn. 862; einen differenzierteren Ansatz bietet Onusseit/Kunz, Steuern in der Insolvenz, 1994, 132 f., wonach die Umsatzsteuer auf die bereits bei Eröffnung des Insolvenzverfahrens erbrachten Teile der Leistung Insolvenzforderung ist und nur hinsichtlich des Teils, der vom Insolvenzverwalter erstellt worden ist, den Masseverbindlichkeiten zuzurechnen ist; so auch Reiß in Reiß/Kraeusel/Langer, Umsatzsteuergesetz, UStG § 13 Rn. 92).

147 Bei Werklieferungen und sonstigen Leistungen, die zu den **Bauleistungen** gem. § 13b Abs. 2 Nr. 4 UStG zählen, schuldet der Leistungsempfänger – der Besteller – die Steuer. Für diese Fälle ist aus Sicht des insolventen Werkunternehmers die Qualifikation als Insolvenzforderung oder Masseverbindlichkeit entbehrlich.

148 In der Praxis wird häufig versucht, eine umsatzsteuerliche Masseverbindlichkeit zu verhindern, indem mit dem Besteller ein **Neuabschluss des Vertrages** herbeigeführt wird. Um das zu erreichen, wird iSd § 103 Abs. 2 InsO gegenüber dem Besteller der alte Vertrag abgelehnt und ein neuer Vertrag über den unfertigen Teil abgeschlossen. Umsatzsteuerrechtliches Resultat dieses Vorgehens ist, dass die Umsatzsteuer aus dem bis zur Eröffnung des Verfahrens erbrachten Teil als Insolvenzforderung qualifiziert wird. Ausschließlich der noch zu erstellende Teil des Werkes ab Eröffnung des Insolvenzverfahrens und die hierauf entfallende Umsatzsteuer gilt dann als Masseverbindlichkeit und belastet die Insolvenzmasse. Allerdings besteht die Gefahr, dass die FinVerw im Abschluss von Neuverträgen einen Missbrauch der Gestaltungsmöglichkeiten iSv § 42 AO sieht (s. ua OFD Frankfurt a. M. BeckVerw 100472). Frotscher (Frotscher, Besteuerung bei Insolvenz, 2021, 207 unter Verweis auf EFG 1998, 155 = BeckRS 1997, 31019867; so auch Onusseit/Kunz, Steuern in der Insolvenz, 1994, 138) dagegen stellt darauf ab, dass es sowohl steuerliche als auch zivilrechtliche Erwägungen gibt, welche die Begründung eines Neuvertrages rechtfertigen. Es ist daher anzuraten, die außersteuerlichen Gründe ausreichend zu dokumentieren. Darunter fällt ua die Beschränkung von Gewährleistungsansprüchen, die sich aus den vom Insolvenzverwalter ausgeführten Arbeiten ergeben können (Begründung zur Nichtanwendung § 42 AO bei EFG 2010, 2134 Rn. 25 = BeckRS 2010, 26030169). Ausschlaggebender Grund ist der Schutz der Insolvenzmasse.

II. Besteller-Insolvenz

Die Besteller-Insolvenz richtet sich nach den gleichen Grundsätzen wie die Werkunternehmer-Insolvenz (Rondorf NWB F. 7, 5418). Maßgeblich ist dabei nicht wie im Fall des Werkunternehmers die Beurteilung der Umsatzsteuer, sondern die **Zuordnung des Vorsteuerabzugs und dessen Berichtigung.** Eine Ausnahme hiervon stellen die Bauleistungen gem. § 13b Abs. 2 Nr. 4 UStG dar, im Fall der Insolvenz des Bestellers ist dieser Leistungsempfänger der Bauleistungen und demnach Steuerschuldner (→ Rn. 121). 149

Lehnt der Insolvenzverwalter des Bestellers **die weitere Erfüllung des Vertrages ab,** geht der BFH analog zum Fall der Insolvenz des Werkunternehmers davon aus, dass die Verfügungsmacht über das halbfertige Bauwerk im Zeitpunkt der Eröffnung des Verfahrens auf den Besteller übergeht, weil der Gegenstand der Lieferung sich kraft Gesetzes von einem fertigen Bauwerk in ein halbfertiges Bauwerk gewandelt hat (Bunjes/Leonard/Robisch UStG § 3 Rn. 111; BFHE 130, 470 = BeckRS 1980, 22005322, mit Hinweisen auf die Berechnung der Ermittlungsgrundlage; s. auch Abschn. 3.9 Abs. 1 UStAE; mkritAnm Meierkord DB 1981, 1203). In diesem Fall beschränkt sich der Leistungsaustausch auf den durch den Werkunternehmer gelieferten Teil des Werkes, nach § 105 InsO kann dieser nicht mehr zurückgefordert werden (Abschn. 3.9 Abs. 1 S. 2 UStAE mit Verweis auf BFHE 130, 470 = BeckRS 1980, 22005322). Zur Problematik der Teilung der Leistung eines einheitlichen Bauvorhabens vgl. EFG 2003, 198 = BeckRS 2002, 14810 sowie die Ausführungen zur Insolvenz des Werkunternehmers hinsichtlich der Ermittlung der Berechnungsgrundlage (→ Rn. 144). 150

Sofern der Besteller **höhere Anzahlungen** geleistet hat als die bisher erbrachten Leistungen des Werkunternehmers, entsteht ein Erstattungsanspruch des Bestellers. Bei An- und Vorauszahlungen entsteht das Vorsteuerabzugsrecht bereits vor Ausführung der Leistung (§ 13 Abs. 1 Nr. 1 lit. 1 S. 4 und lit. b UStG, § 15 Abs. 1 Nr. 1 S. 3 UStG). Der zunächst mit seiner Werklieferung in der Position des Gläubigers stehende Werkunternehmer ist nunmehr Drittschuldner im Insolvenzverfahren des Bestellers. Durch die Ablehnung der Erfüllung des Vertrages liegt eine Nichtausführung der Leistung nach § 17 Abs. 2 Nr. 2 UStG vor. Die Bemessungsgrundlage muss bei beiden Beteiligten gem. § 17 Abs. 1 S. 1, 2 UStG berichtigt werden. Eine Berichtigung nach der Doppelberichtigungsrechtsprechung iSv § 17 Abs. 2 Nr. 1 UStG kommt hinsichtlich des vorinsolvenzlich entstandenen Erstattungsanspruchs, welcher nach Eröffnung des Verfahrens nur durch den Insolvenzverwalter eingezogen werden kann, durchaus in Betracht. Dieser Schlussfolgerung steht jedoch entgegen, dass es sich im Kern der Berichtigung um den Vorsteuerabzug und nicht wie im Fall der Doppelberichtigungsrechtsprechung um die Berichtigung der Umsatzsteuer handelt. Beide Berichtigungen iSd § 17 UStG vor Eröffnung des Verfahrens bewirken dennoch die gleiche Folge, dass mit Einzug der Forderungen nach Eröffnung des Verfahrens die Verwirklichung des materiellen Steuertatbestandes iSd § 17 UStG eintritt. In der jüngsten Rechtsprechung des BFH ist § 17 UStG als eigenständiger Berichtigungstatbestand anerkannt, sodass mit Rückzahlung nach Eröffnung des Verfahrens dieser verwirklicht ist. Die außerhalb von der Anwendung im Insolvenzfall ergangene Rechtsprechung trifft die Feststellung, dass allein durch die Tatsache, dass trotz der Anzahlung die Leistung nicht ausgeführt wird, ein die Besteuerung und das Vorsteuerabzugsrecht auslösender Sachverhalt tatsächlich nicht verwirklicht wird. Erst **wenn die Anzahlung tatsächlich zurückgewährt wird, kommt es zu einer Minderung der Bemessungsgrundlage** und Vorsteuerkorrektur (BFHE 231, 321 = BeckRS 2010, 24004226; BFHE 235, 507 = BeckRS 2011, 96932; BFHE 235, 501 = BeckRS 2012, 94412; ebenso Abschn. 17.1 Abs. 7 UStAE). Im Ergebnis stellt die in dem zurückgewährten Erstattungsbetrag enthaltene Vorsteuer eine Masseverbindlichkeit iSd § 55 Abs. 1 InsO dar. Soweit ersichtlich war diese Konstellation in Bezug auf die Eröffnung eines Insolvenzverfahrens über das Vermögen des Bestellers bislang kein Gegenstand einer höchstrichterlichen Rechtsprechung. Nach der zuvor erläuterten Rechtsprechung dürften sich die zuvor beschriebenen Rechtsfolgen ergeben. 151

Hat der Besteller **keine Anzahlung** geleistet und der **Werkunternehmer (teilweise) vorgeleistet,** so stellt die Forderung des Werkunternehmers eine Insolvenzforderung iSd § 38 InsO in der Insolvenz des Bestellers dar. Die steuerrechtliche Würdigung hängt davon ab, ob die Eingangsumsätze bereits in den Umsatzsteuervoranmeldungen des Bestellers berücksichtigt wurden, mithin er den Vorsteuerabzug aus diesen Rechnungen geltend gemacht hat. Ist dies der Fall, wird spätes- 152

Steuerrecht in der Insolvenz – Umsatzsteuer

tens mit Eröffnung des Verfahrens – im Fall von Sicherungsmaßnahmen vor deren Anordnung – das Entgelt uneinbringlich, sodass die Vorsteuer wegen tatsächlicher Uneinbringlichkeit gem. § 17 Abs. 1 S. 2 UStG iVm § 17 Abs. 2 Nr. 1 UStG beim Besteller zu berichtigen ist. Der hieraus resultierende Anspruch des Fiskus stellt eine Insolvenzforderung gem. § 38 InsO dar.

153   Sofern die Voraussetzungen einer **Bauleistung** gem. § 13b Abs. 2 Nr. 4 S. 1 UStG vorliegen, schuldet der ebenfalls Bauleistungen ausführende Besteller als Leistungsempfänger die Umsatzsteuer. Im Fall der Ablehnung der weiteren Erfüllung des Vertrages durch den Insolvenzverwalter des Bestellers ist die Umsatzsteuer vor der Insolvenzeröffnung begründet und demnach Insolvenzforderung gem. § 38 InsO.

154   Sollte sich der Insolvenzverwalter des Bestellers für die **Erfüllung des Vertrages** entscheiden, entsteht aus der vereinbarten Vergütung eine Masseverbindlichkeit gem. § 55 Abs. 1 Nr. 2 InsO. Sollte es zu Überzahlungen des Vorsteuerabzuges gekommen sein, steht der den tatsächlichen Vorsteuerabzug übersteigende Teil der Insolvenzmasse zu (WUS Insolvenzen/Waza Rn. 2183 f.). Die vor der Insolvenz durch den Besteller geleisteten Teil- oder Anzahlungen bleiben bei der Würdigung des Vorsteueranspruchs unberücksichtigt. Für den Teil der Leistungen, die zum Zeitpunkt der Eröffnung des Verfahrens erbracht, jedoch unbezahlt blieben, ist hinsichtlich des durch den späteren Insolvenzschuldner geltend gemachten Vorsteuerabzugs eine Berichtigung wegen tatsächlicher Uneinbringlichkeit des Entgelts iSd § 17 Abs. 2 Nr. 1 UStG vorzunehmen. Der Vorsteuerberichtigungsanspruch stellt eine Insolvenzforderung gem. § 38 InsO dar. Unbeachtlich dabei bleibt der spätere Umstand, dass der Insolvenzverwalter nach Eröffnung des Verfahrens die Erfüllung gem. § 103 InsO wählt (vgl. BFHE 227, 513 Rn. 41 f. = BeckRS 2009, 24003926; anders noch BFHE 192, 129 = BeckRS 2000, 24000998). Im Voranmeldezeitraum der Zahlung des (restlichen) Forderungsbetrages durch den Insolvenzverwalter ist die Vorsteuer iSd § 17 Abs. 1 S. 2 iVm § 17 Abs. 2 Nr. 1 S. 2 UStG erneut zu berichtigen. Bei einem Vorsteuerüberhang ist dieser zur Insolvenzmasse zu ziehen, eine Aufrechnung mit als Insolvenzforderungen gem. § 38 InsO zu qualifizierten Steuerforderungen ist unzulässig gem. § 96 Abs. 1 Nr. 1 InsO.

I. Umsatzsteuer bei Immobiliarvermögen

155   Nach § 49 InsO steht einem Gläubiger, welcher ein Sicherungsrecht am unbeweglichen Vermögen innehat, ein Recht auf Absonderung im Rahmen der Insolvenz zu. Die Norm bestimmt einerseits, was alles zum „unbeweglichen Vermögen" (vgl. §§ 864, 865 ZPO) gehört und andererseits verweist sie bei der Frage nach dem Recht auf Befriedigung auf § 10 ff. ZVG (MüKoInsO/Ganter InsO § 49 Rn. 3). Die Verwertung von Immobilien in der Insolvenz kann nach dem Gesetz im Wege der Zwangsversteigerung und – für die Erträge aus der Immobilie – im Wege der Zwangsverwaltung erfolgen. Anstelle der gerichtlich angeordneten Zwangsverwaltung kann der Insolvenzverwalter selbst die sog. „kalte Zwangsverwaltung" betreiben oder aber die Immobilie im Zuge eines freihändigen Verkaufs veräußern (Sonnleitner InsSteuerR/Witfeld Kap. 5 Rn. 254). Eine weitere Möglichkeit zur Sicherung der Insolvenzmasse vor den laufenden Grundstückskosten sowie den Risiken zB durch Kontamination des Grundstücks ist die Freigabeerklärung gegenüber dem Schuldner.

I. Zwangsversteigerung

156   Der Insolvenzverwalter kann im Rahmen seines pflichtgemäßen Ermessens gem. § 165 InsO darüber entscheiden, ob eine Immobilie, an der ein Absonderungsrecht (ua Grundpfandrechte) besteht, zwangsversteigert wird oder nicht (MüKoInsO/Tetzlaff InsO § 165 Rn. 119). Wird eine **Zwangsversteigerung** betrieben, wird dem Insolvenzverwalter sowohl die Stellung des Vollstreckungsschuldners als auch die des betreibenden Gläubigers zuteil (MüKoInsO/Tetzlaff InsO § 165 Rn. 119). Die Zwangsversteigerung im Wege des Insolvenzverfahrens wird im ZVG eigens als sog. „Verwalterversteigerung" in den §§ 172 ff. ZVG geregelt. Die freie Insolvenzmasse partizipiert an dem Versteigerungserlös nur mit den in § 10 Abs. 1 Nr. 1a ZVG geregelten Feststellungskostenpauschalen bei zum Haftungsverband gehörendem Grundstückszubehör (s. Depré/Lambert ZfIR 2012, 1 (2)) sowie mit einem etwaigen Übererlös über die Verbindlichkeiten iSd § 10 ZVG. Treten dem durch den Insolvenzverwalter betriebenen Zwangsversteigerungsverfahren die grundsätzlich verwertungsberechtigten Gläubiger bei, ist diesem mangels Verfügungsbefugnis die Möglichkeit der freihändigen Verwertung genommen.

157   Umsatzsteuerrechtlich handelt es sich bei der öffentlichen Vollstreckung einer Immobilie durch staatliche Organe um eine **steuerbare Lieferung** des Insolvenzschuldners, vertreten durch den Insolvenzverwalter, an den Ersteher (grundlegend BFHE 146, 484 = BeckRS 1985, 22007531; bestätigt durch BFHE 235, 22 = BeckRS 2011, 96400). Es liegt nur eine Lieferung vor, die

Rechtsprechung zum Doppelumsatz (→ Rn. 179) findet keine Anwendung. Das Eigentum an dem versteigerten Grundstück geht im Zwangsversteigerungsverfahren grundsätzlich (vgl. § 81 ZVG) durch den an den Meistbietenden zu erteilenden Zuschlag auf den Ersteher über (§ 90 Abs. 1 ZVG). Dass die Leistung unfreiwillig erbracht wurde, ist irrelevant. Nach § 1 Abs. 1 Nr. 1 S. 2 UStG entfällt die Steuerbarkeit auch nicht dadurch, dass der Umsatz infolge behördlicher oder gesetzlicher Anordnung erfolgt ist (vgl. hierzu Tehler in Reiß/Kraeusel/Langer, Umsatzsteuergesetz, UStG § 1 Rn. 118).

Es ist denkbar und daher im Einzelfall zu prüfen, ob es sich bei der Versteigerung eines **158** Grundstücks um die **Geschäftsveräußerung im Ganzen** (§ 1 Abs. 1a UStG) handelt, welche, wenn sie von einem Unternehmer an einen anderen erfolgt, nicht umsatzsteuerbar ist (BFHE 198, 230 = BeckRS 2002, 24001021; aA Stadie in Stadie, Umsatzsteuergesetz, 3. Aufl. 2015, UStG § 1 Rn. 135, nach dem bei einer Zwangsversteigerung nicht von einer Geschäftsveräußerung gesprochen werden kann). Berichtigungsansprüche hinsichtlich der Vorsteuerabzüge nach § 15a UStG sind in diesem Fall nicht zu prüfen.

Nach § 4 Nr. 9 lit. a UStG ist ein umsatzsteuerbarer Grundstücksumsatz generell **steuerfrei**, **159** wenn das GrEStG anwendbar ist. Die Steuerpflicht nach dem GrEStG ergibt sich aus §§ 1 Abs. 1 Nr. 4, 8 Abs. 1, 9 Abs. 1 Nr. 4 GrEStG (s. zu den steuerrechtlichen Belangen Meßbacher-Hönsch in Boruttau, Grunderwerbsteuergesetz, 19. Aufl. 2019, GrEStG § 1 Rn. 419 ff.). In diesem Fall fällt nur Grunderwerbsteuer an, welche der Meistbietende gem. § 13 Nr. 4 GrEStG schuldet.

Allerdings ist von der Umsatzsteuer lediglich die Verwertung des Grundstücks „an sich" befreit. Der **160** umsatzsteuerrechtliche Grundstücksbegriff schließt in Abweichung von dem Gegenstand der Immobiliarvollstreckung, der durch die Reichweite des Haftungsverbandes der Grundpfandrechte bestimmt ist (§ 1120 BGB iVm § 865 Abs. 1 ZPO) bestimmt ist, nicht das **Zubehör** ein, wie etwa Maschinen oder andere Einrichtungen, die zum Betrieb gehören (Bunjes/Heidner UStG § 4 Nr. 9 Rn. 8). Daneben gilt es die weiteren Einschränkungen und Erweiterungen des grunderwerbsteuerlichen Begriffs des Grundstücks zu beachten, die sich auch auf die Steuerfreiheit iSd § 4 Nr. 9 lit. a UStG auswirken (hierzu ausführlich Rau/Dürrwächter/Klenk UStG § 4 Nr. 9 Rn. 92 ff.).

Problematisch für die Massesituation ist dabei, dass **auch der Erlös des Grundstückszubehörs durch** **160.1** **die Zubehörhaftung an den Absonderungsberechtigten im Rahmen des Zwangsversteigerungsverfahrens ausgekehrt wird.** Ein Massezufluss ist unter Umständen nicht gegeben, die Umsatzsteuer auf das Grundstückszubehör wird allerdings durch die Insolvenzmasse geschuldet, nachdem die Lieferung von der Insolvenzmasse an den Ersteher erfolgt. Eine Verpflichtung zur Vorwegabführung der Umsatzsteuer an die Insolvenzmasse gem. § 171 Abs. 2 InsO besteht allerdings nicht – auch nicht im Rahmen des Zwangsversteigerungsverfahrens gem. § 19 Abs. 1 Nr. 1a ZVG –, diese umfasst ausschließlich die Verwertung von beweglichen Sachen. Um diesem vorzubeugen, ist eine vorherige freihändige Verwertung des Zubehörs unter späterer Auskehrung an die Absonderungsgläubiger und Einbehaltung der Kostenbeiträge iSd § 171 Abs. 1 InsO sowie der Umsatzsteuer gem. § 171 Abs. 2 InsO vorzuziehen.

Um die Insolvenzmasse vor Vorsteuerberichtigungsansprüchen gem. § 15a UStG (→ Rn. 135) **161** zu schützen, kann die **Option zur Umsatzsteuerpflicht** gewählt werden, wenn der Umsatz nach § 9 Abs. 1 UStG an einen anderen Unternehmer für dessen Unternehmen ausgeführt wird (Roth, Insolvenzsteuerrecht, 2021, Rn. 4.485). Ausschließlich der Insolvenzverwalter ist berechtigt, die Option zur Steuerpflicht dem Vollstreckungsgericht mitzuteilen (Kraeusel in Reiß/Kraeusel/Langer, Umsatzsteuergesetz, UStG § 9 Rn. 48.18). Die Möglichkeit zur Option ist zeitlich nach § 9 Abs. 3 UStG **nur bis zur Aufforderung zur Abgabe von Geboten zum Termin der Zwangsversteigerung möglich** (Sonnleitner InsSteuerR/Witfeld Kap. 5 Rn. 258).

Ist der Erwerber Unternehmer, wird er gem. § 13b Abs. 2 Nr. 3, Abs. 5 UStG als **Leistungsemp-** **162** **fänger zugleich Steuerschuldner.** Bemessungsgrundlage ist der Nettobetrag des Höchstgebots im Zwangsversteigerungsverfahren. Folglich muss der komplette Nettobetrag ungekürzt an das Vollstreckungsgericht gezahlt werden (so auch Roth, Insolvenzsteuerrecht, 2021, Rn. 4485 unter Verweis auf BGHZ 154, 327 = BeckRS 2003, 3850, wo der Streit, ob das Meistgebot ein Brutto- oder ein Nettobetrag ist, im letztgenannten Sinn entschieden wurde. Nachdem der Erwerber als Unternehmer auch zugleich unter den Voraussetzungen des § 15 Abs. 1 Nr. 4 UStG einen Vorsteueranspruch geltend machen kann, tritt eine finanzielle Belastung für diesen effektiv nicht ein.

Für den in der Praxis äußerst selten vorkommenden Fall, dass der Empfänger der Leistung **163** hingegen nicht Unternehmer oder juristische Person ist, soll **nach Auffassung in der Literatur** die durch die Option entstehende **Umsatzsteuer als Masseverbindlichkeit** zu zahlen sein (WUS Insolvenzen/Waza Rn. 2291). Daher haftet die Insolvenzmasse (so auch Roth in Haase/Jachmann, Beck'sches Handbuch Immobiliensteuerrecht, 2. Aufl. 2020, § 11 Rn. 44, dessen Ausführungen wohl auch für „belastete Immobilien" gelten). Nach hM stellt sich dieses Problem nicht, da die

Steuerrecht in der Insolvenz – Umsatzsteuer

Option lediglich für den in § 9 Abs. 1 UStG genannten Personenkreis möglich ist. Sollte dennoch Umsatzsteuer in Rechnung gestellt worden sein, dürfte dies über die Regelungen des § 14c UStG zu berichtigen sein. Der Versteigerungserlös steht dem Grundpfandrechtsgläubiger vollumfänglich zu. Eine Anwendung von § 171 Abs. 2 S. 3 InsO (analog) oder § 10 Abs. 1 Nr. 1a ZVG kommt nicht in Betracht (Rühland in Kahlert/Rühland, Sanierungs- und Insolvenzsteuerrecht, 2. Aufl. 2011, Rn. 9574).

163.1 In der Praxis ist vor Eintritt in das Zwangsversteigerungsverfahren einer **wertübersteigend belasteten Immobilie** zu prüfen, ob zur Sicherung der Insolvenzmasse vor ggf. entstehenden Berichtigungsansprüchen nach § 15a UStG oder vor der Problematik bezüglich der Umsatzsteuerpflicht des Grundstückzubehörs eine klarstellende Freigabe des Grundvermögens (→ § 165 Rn. 39) aus der Insolvenzmasse notwendig und erforderlich erscheint. Insbesondere bei in der Praxis häufig auftretenden unklaren Verhältnissen bezüglich der umsatzsteuerlichen Zuordnung der Immobilie und der Prognose, dass durch die Zwangsversteigerung ein Massezufluss nicht zu generieren sein wird, ist die Freigabe vorzunehmen. Nicht zu unterschätzen sind die bei einer im Betriebsvermögen gehaltenen Immobilie und deren Verwertung nach Eröffnung des Insolvenzverfahrens sich ergebenden ertragsteuerlichen Auswirkungen, welche generell ebenfalls vor Verwertung der Immobilie zu prüfen sind.

164 Wird die Option zur Steuerpflicht nicht gewählt, so kann es zu **Vorsteuerberichtigungen nach § 15a UStG** kommen. Das trifft für die Grundstücksveräußerungen zu, bei denen nach Anschaffung innerhalb der letzten zehn Jahre Vorsteuern aus den Anschaffungs- und Herstellungskosten gezogen wurden. Die Berichtigungsbeträge stellen sodann Masseverbindlichkeiten nach § 55 Abs. 1 Nr. 1 InsO dar, da sie aus einer Handlung des Insolvenzverwalters resultieren.

164.1

Vorsteuerberichtigung nach § 15a UStG in der Insolvenz

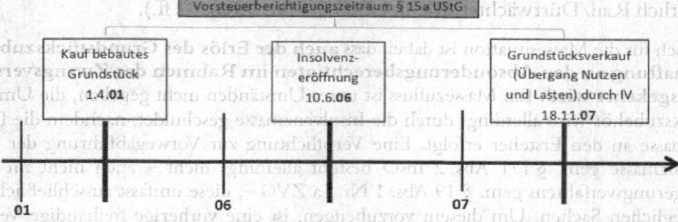

- Insolvenzschuldner S erwarb mit Kaufvertrag vom 1.4.01 ein bebautes Grundstück, welches er fortan zur Ausführung steuerpflichtiger Umsätze verwendete
- Im Zusammenhang mit dem erworbenen Grundstück wurden Vorsteuerbeträge iHv insg. 600 TEUR nach § 15 UStG in Abzug gebracht
- Am 10.6.06 wurde über das Vermögen des S das Insolvenzverfahren eröffnet und im Rahmen dessen das bebaute Grundstück verwertet
- Verkauf des Grundstücks erfolgte durch den Insolvenzverwalter I am 18.11.07, ohne Verzicht auf die Steuerfreiheit nach § 4 Nr. 9a UStG (eine Geschäftsveräußerung im Ganzen iSd § 1 Abs. 1a UStG soll hier außer Betracht gelassen werden)
- Mit dem Übergang von Nutzen und Lasten tritt somit eine 100 %-ige Nutzungsänderung ein, wonach die Vorsteuer gem. § 15a Abs. 1 S. 2 UStG zu berichtigen ist
- Der Berichtigungszeitraum beträgt 10 Jahre mit Beginn der tatsächlichen Verwendung des Grundstücks (§ 15a Abs. 1 S. 2 UStG).

Berechnung:
Vorsteuerabzug 600 TEUR x 40 Monate / 120 Monate = 200 TEUR

- Der iSd § 15a Abs. 1 UStG ermittelte Betrag iHv 200 TEUR zählt zu den Masseverbindlichkeiten nach § 55 Abs. 1 Nr. 1 InsO. Der Insolvenzverwalter hat die Vorsteuerberichtigung unter der Massesteuernummer in der USt-VA 11/07 als negativen Vorsteuerbetrag zu erklären.

165 Ein möglicher, **nachträglicher Verzicht auf die Steuerbefreiung** muss in Absprache mit dem Leistungsempfänger möglich sein, damit eine Vorsteuerberichtigung gem. § 15a UStG ver-

Steuerrecht in der Insolvenz – Umsatzsteuer

mieden werden kann (das entspricht dem Schutzzweck des § 9 Abs. 3 S. 1 UStG; so auch Stadie in Stadie, Umsatzsteuergesetz, 3. Aufl. 2015, UStG § 9 Rn. 44). Nach höchstrichterlicher Rechtsprechung ist der nachträgliche Verzicht nach dem Termin zur Verteilung des Versteigerungserlöses nicht mehr möglich (BFHE 198, 230 = BeckRS 2002, 24001021). Streitig ist allerdings, ob ein bereits erklärter Verzicht rückgängig gemacht werden kann (vgl. hierzu Roth, Insolvenzsteuerrecht, 2021, Rn. 4485; Stadie in Stadie, Umsatzsteuergesetz, 3. Aufl. 2015, UStG § 9 Rn. 46).

Der Streit über die Rückgängigmachung des erklärten Verzichts hat keine hohe praktische Relevanz, 165.1 da bei Unsicherheiten hinsichtlich der steuerpflichtigen/steuerfreien Verwendung von Grundstücken der Insolvenzverwalter wegen der oben genannten Haftungsgefahren den Verzicht auf die Steuerbefreiung erklären wird, um Berichtigungsansprüche gem. § 15a UStG auszuschließen. Generell ist im Interesse der Massegenerierung ua zu überlegen, ob nicht sogar bei bislang steuerfreier Verwendung von Grundstücken die Option zur Umsatzsteuerpflicht im Rahmen der Verwertung des Grundstücks zu Massezuflüssen führen kann. Die auf die mit der Verwertung der Immobilie entstehenden Kosten entfallenden Vorsteuern werden zum Abzug zugelassen, welche wiederum zur Masse generiert werden könnten. Da es mit dem steuerpflichtigen Verkauf der Immobilie innerhalb des Zehnjahreszeitraums zu einer Verwendungsänderung iSd § 15a Abs. 1 UStG kommt, erhält der Steuerpflichtige mit Änderung der Verhältnisse eine Vorsteuerberichtigung zu seinen Gunsten (vgl. § 15 Abs. 8 UStG, Abschn. 15a.2 Abs. 2 Nr. 2 UStAE), welche ebenfalls zur Insolvenzmasse zu generieren wäre.

II. Freihändige Verwertung

Statt der Zwangsversteigerung kann sich der Insolvenzverwalter dazu entscheiden, die Immobi- 166 lie freihändig zu veräußern („kalte Zwangsvollstreckung"), dies stellt aufgrund der seit geraumer Zeit anhaltenden positiven Entwicklung des Immobilienmarktes in der Praxis den Regelfall dar. Die Grundpfandrechtsgläubiger müssen hierzu **ihre Zustimmung erteilen** (→ § 49 Rn. 41; Uhlenbruck/Zipperer InsO § 159 Rn. 12), soweit die Verwertung in ihre Rechtsposition eingreift, nicht also bei uneingeschränkter Übernahme der Belastung durch den Erwerber. Zugleich stellt die Verwertung von Grundvermögen aus freier Hand eine **Rechtshandlung iSd § 160 Abs. 1, 2 Nr. 1 InsO** dar, welcher der Zustimmung des Gläubigerausschusses, respektive der Gläubigerversammlung bedarf (→ § 160 Rn. 6).

Der Verkauf einer Immobilie durch den Insolvenzverwalter stellt eine umsatzsteuerbare Liefe- 167 rung dar, welche nach **§ 4 Nr. 9a UStG steuerfrei** ist (BMF-Schreiben v. 30.4.2014, BeckVerw 284699 unter I.). Gemäß **§ 9 Abs. 1 UStG** kann auch hier **optiert** werden, dass die Umsätze **steuerpflichtig** sein sollen, sofern an einen Unternehmer für sein Unternehmen veräußert wird. Ein solcher Verzicht auf die Steuerbefreiung ist gem. § 9 Abs. 3 S. 2 UStG iVm § 311b Abs. 1 BGB notariell im Grundstückskaufvertrag zu beurkunden (zum Widerruf der Option zur Steuerpflicht nach § 9 UStG durch den Insolvenzverwalter s. Tehler/Tehler UR 2016, 576). Eine nachträgliche Verzichtserklärung ist stets unwirksam (BFHE 251, 474 = BeckRS 2015, 96123; s. hierzu die Anm. Winkelhog/Krüsmann ZfIR 2016, 359 ff.). Wird nach der Optionsausübung umsatzsteuerpflichtig veräußert, hat dies grundsätzlich die Entstehung einer Masseverbindlichkeit nach § 55 Abs. 1 Nr. 1 InsO zur Folge. Der Erwerber als Unternehmer wird gem. § 13b Abs. 2 Nr. 3, Abs. 5 UStG als **Leistungsempfänger zugleich Steuerschuldner**.

Entscheidet sich der Insolvenzverwalter dazu, dass die Lieferung steuerfrei bleiben soll, kann 168 dies **Vorsteuerberichtigungen gem. § 15a UStG** nach sich ziehen (zur Berechnung eines Beispielsfalls → Rn. 164.1). Der Rechtsprechung des V. Senats des BFH zufolge stellt der sich daraus ergebende Berichtigungsanspruch eine Masseverbindlichkeit gem. § 55 Abs. 1 Nr. 1 InsO dar (BFHE 236, 274 = BeckRS 2012, 94684).

Als Gegenleistung für die Geschäftsbesorgung des Insolvenzverwalters für den Grundpfand- 169 rechtsgläubiger aus dem Verkauf der Immobilie wird oft eine sog. **Massekostenbeteiligung** vereinbart, welche dazu führt, dass der Insolvenzverwalter einen Teil des Erlöses für die Masse einbehält (Sonnleitner InsSteuerR/Witfeld Kap. 5 Rn. 265). Diese Geschäftsbesorgung stellt eine sonstige umsatzsteuerbare und -steuerpflichtige Leistung gem. §§ 1 Abs. 1 Nr. 1, 3 Abs. 9 UStG dar (BFHE 235, 22 = BeckRS 2011, 96400; BFHE 211, 551 = BeckRS 2005, 24002334; ZIP 2005, 2119; ZInsO 2005, 815). Dieser Auffassung hat sich die FinVerw angeschlossen (BeckVerw 284699 unter I.).

Noch mit Urteil vom 10.2.2005 hat der V. Senat des BFH die **Fälle der Verwertung von** 170 **beweglichem Sicherungsgut ungleich zu den Fällen der Verwertung von überschuldeten Grundstücken** behandelt. In erstgenannten Fällen nahm er die Verwertungskosten nicht als Entgelt für die Geschäftsbesorgung an (ZInsO 2005, 813). Die Ungleichbehandlung führte zu Kritik

Steuerrecht in der Insolvenz – Umsatzsteuer

in der Literatur (Mitlehner EWiR 2011, 673 (674); Johann DStZ 2012, 127 (130)) bis zur jüngsten Entscheidung des BFH vom 28.7.2011, mit welcher er im Rahmen der Änderung seiner Rechtsprechung die anderweitige Behandlung aufgab und in der Verwertung von beweglichem Sicherungsgut ebenfalls eine steuerbare Geschäftsbesorgungsleistung des Insolvenzverwalters an den Sicherungsnehmer sieht. In beiden Fällen liegen dennoch verschiedene Umsätze vor. Bei der Verwertung des Grundvermögens kommt es zu einem Einfachumsatz zwischen Insolvenzmasse und Erwerber unter Geschäftsbesorgungsleistung der Insolvenzmasse an die Grundpfandrechtsgläubiger. Der Vorwurf aus der Literatur an den BFH, es fehle an der Fremdnützigkeit der „Geschäftsbesorgung" durch den Insolvenzverwalter, ist zutreffend, da er kraft seines gesetzlichen Auftrags allein im Interesse der Gläubigergemeinschaft als Gesamtheit handelt (so auch Wagner FS Reiß, 2008, 185 (193)). Bemessungsgrundlage der anfallenden Umsatzsteuer für die Geschäftsbesorgung ist das einbehaltende Entgelt in Höhe des Massekostenbeitrags (vgl. § 10 Abs. 1 S. 1, 2 UStG). Bei der Verwertung von beweglichem Sicherungsgut wird in der Regel von einem Dreifachumsatz ausgegangen (→ Rn. 182).

III. Zwangsverwaltung

171 Ein Grundpfandrechtsgläubiger kann beim Vollstreckungsgericht beantragen, dass das mit seinem Grundpfandrecht belastete Grundstück gem. §§ 15, 146 ZVG zwangsverwaltet werden soll. Der Besitz am Grundstück wird sodann dem Zwangsverwalter verschafft (vgl. § 150 Abs. 2 ZVG). Das zwangsverwaltete Grundstück wird **vom Insolvenzbeschlag getrennt**. Die Verwaltungs- und Verfügungsbefugnis des Insolvenzverwalters endet. Das Grundstück bildet eine separate Sondermasse, die neben der Insolvenzmasse besteht und von dieser abzugrenzen ist (Uhlenbruck/Brinkmann InsO § 165 Rn. 31). Andere Ansichten in der Literatur sprechen von einer Sondermasse in der Insolvenzmasse (KPB/Flöther InsO § 165 Rn. 55; Roth, Insolvenzsteuerrecht, 2021, Rn. 4488). Diese Trennung führt dazu, dass der **Zwangsverwalter** – soweit seine Verwaltungsbefugnisse reichen – die **Steuerpflicht für den Insolvenzschuldner nach § 34 Abs. 3 AO zu erfüllen** hat. Der Insolvenzschuldner bleibt dabei gem. § 43 AO selbst Steuerschuldner. Im Rahmen des Festsetzungsverfahrens ist dieser auch Inhaltsadressat. Bekanntgabeadressat ist hingegen der Zwangsverwalter, den auch insoweit die Erklärungs- und Steuerabführungspflicht trifft.

172 Hat der Zwangsverwalter gem. **§ 4 Nr. 12 UStG unter den Voraussetzungen des § 9 UStG auf die Steuerbefreiung verzichtet, muss er Umsatzsteuervorauszahlungen leisten und Umsatzsteuervoranmeldungen abgeben** (Sonnleitner InsSteuerR/Witfeld Kap. 5 Rn. 267). Etwaige persönliche Steuerbefreiungen oder -ermäßigungen richten sich nach dem Insolvenzschuldner als Steuerschuldner, diese werden beim Leistungsaustausch des Zwangsverwalters berücksichtigt (BFHE 154, 181 = BeckRS 1988, 22008589; BFHE 182, 432 = BeckRS 1997, 23000680 und BFH/NV 1994, 77; BeckVerw 027221; Milatz UR 1984, 229; Forgach DB 1986, 1037 und DB 1986, 1093).

173 Die Umsatzsteuerschuld, die wegen der Einziehung des Mietzinses entsteht, gehört zu den „vorweg zu bestreitenden" Ausgaben der Verwaltung nach § 155 Abs. 1 ZVG (Boeker in Hübschmann/Hepp/Spitaler, Abgabenordnung, Finanzgerichtsordnung, AO § 34 Rn. 83; grundlegend bereits RFHE 32, 212; aA Onusseit, ZfIR 2005, 265 (269)). Dazu zählt auch eine Umsatzsteuerschuld, die aufgrund von **Vorsteuerberichtigungen gem. § 15a UStG** entstanden ist (BFH/NV 2011, 1931 = BeckRS 2011, 96200). Der BFH bezieht sich bei der Begründung seines Urteils auf die Analogie im zu beurteilenden Fall der Bestellung eines Insolvenzverwalters (BFHE 233, 86 = NJW 2011, 2608), welcher ebenfalls durch Verwendungsänderung einen Berichtigungsanspruch iSd § 15a UStG herbeiführen kann.

174 Werden Mietforderungen eingezogen, welche bereits vor Insolvenzeröffnung begründet wurden, sind die darin enthaltenen Umsatzsteuerbeträge als Masseverbindlichkeit zu berichten. Folglich kommt hier die Doppelberichtigungsrechtsprechung des V. Senats des BFH zur Anwendung (→ Rn. 75). Die vorstehende Vorgehensweise ist jedoch derzeit höchstrichterlich nicht geklärt, wird jedoch in der hiesigen Literatur auch für die Zwangsverwaltung einer belasteten Immobilie bejaht (Depré/Lambert ZfIR 2012, 1 (6); Sonnleitner InsSteuerR/Witfeld Kap. 5 Rn. 268). Es ist demnach nur folgerichtig, dass **mit Bestellung eines Zwangsverwalters die bisher nicht eingezogenen Mietforderungen uneinbringlich iSd § 17 Abs. 2 Nr. 1 UStG werden**. Die Mietforderungen fallen damit, als Nutzungen nach § 155 Abs. 1 ZVG, in die Zwangsverwaltungsmasse und deren Vereinnahmung folglich in die Verfügungsbefugnis des Zwangsverwalters (Sonnleitner InsSteuerR/Witfeld Kap. 5 Rn. 268).

Steuerrecht in der Insolvenz – Umsatzsteuer

IV. „Kalte Zwangsverwaltung"

Bei der sog. kalten Zwangsverwaltung verständigen sich Insolvenzverwalter und Grundpfand- 175
rechtsgläubiger darauf, dass der Insolvenzverwalter das **Grundstück freihändig verwaltet** im Interesse des Grundpfandgläubigers. Dieser verpflichtet sich im Gegenzug, keinen Antrag auf Zwangsverwaltung zu stellen, und erlaubt dem Insolvenzverwalter, einen Teil der erwirtschafteten Einnahmen aus dem Grundstück für die Insolvenzmasse zu vereinnahmen. Einen weiteren Vorteil der kalten Zwangsverwaltung stellt die Erhaltung der wirtschaftlichen Einheit des Unternehmens dar. Der Insolvenzverwalter hat die Verfügungsmacht über das Betriebsgrundstück sowie den darauf betriebenen Geschäftsbetrieb, sodass dieser störungsfrei, etwa zum Zweck der Sanierung oder Übertragung weiterbetrieben werden kann.

Die auf die vom Insolvenzverwalter eingezogenen Mietforderungen entfallende **Umsatzsteuer** 176
ist nach dem V. Senat des BFH eine Masseverbindlichkeit. Gleichgültig ist, ob die Forderungen vor oder nach Eröffnung des Verfahrens begründet wurden (vgl. Depré/Lambert ZfIR 2012, 1 (6) (für das unbelastete Grundstück); Roth in Haase/Jachmann, Beck'sches Handbuch Immobiliensteuerrecht, 2. Aufl. 2020, § 11 Rn. 11). Das gilt zumindest nach der **Doppelberichtigungsrechtsprechung** des V. Senats des BFH (→ Rn. 75) im Ergebnis auch bezüglich der Vereinnahmung von Mietforderungen im Rahmen des vorläufigen Insolvenzverfahrens. Der insolvenzrechtliche Anknüpfungspunkt ist dann abhängig von der Ausgestaltung des vorläufigen Insolvenzverwalters (§ 55 Abs. 2 oder Abs. 4 InsO, → Rn. 64). Eine Doppelberichtigung nach § 17 Abs. 2 Nr. 1 UStG ist spätestens dann vorzunehmen, wenn die Mietforderung vor Eröffnung des Insolvenzverfahrens entstanden ist und nach Eröffnung des Verfahrens eingezogen wird (→ Rn. 75).

Die Verwaltung durch den Insolvenzverwalter stellt eine **Geschäftsbesorgung für den** 177
Grundpfandrechtsgläubiger dar (Roth in Haase/Jachmann, Beck'sches Handbuch Immobiliensteuerrecht, 2. Aufl. 2020, § 11 Rn. 67). Das Entgelt iSd § 10 UStG bemisst sich nach dem zur Insolvenzmasse einbehaltenen **Massekostenbeitrag** (BFHE 235, 22 = BeckRS 2011, 96400). Die darauf entstehende Umsatzsteuerschuld stellt eine Masseverbindlichkeit dar. Ein möglicher **Vorsteuerberichtigungsanspruch gem. § 15a UStG** aus einer durch den Insolvenzverwalter herbeigeführten Verwendungsänderung stellt ebenfalls eine Masseverbindlichkeit dar (BFHE 233, 86 = BeckRS 2011, 95517; → Rn. 135). In der Praxis ist es ratsam, das Grundstück unter Verzicht auf die Steuerbefreiung nach § 4 Abs. 12 UStG an einen Unternehmer zu vermieten, da hierdurch die Insolvenzmasse vor Vorsteuerberichtigungsansprüchen geschützt werden kann (Roth in Haase/Jachmann, Beck'sches Handbuch Immobiliensteuerrecht, 2. Aufl. 2020, § 11 Rn. 36).

J. Umsatzsteuer bei Mobiliarverwertung (Sicherungsübereignung)

I. Durch Sicherungsnehmer vor Insolvenzeröffnung

Eine Sicherungsverwertung kommt immer dann in Betracht, sofern der Sicherungsgeber seinen 178
Verpflichtungen aus dem zugrundeliegenden Schuldverhältnis nicht mehr nachkommt. Der Sicherungsnehmer kann sich durch Veräußerung der Sache an Dritte befriedigen. Diese Veräußerung wird auch als „zweite" Lieferung des Sicherungsnehmers an den Erwerber bezeichnet, eine juristische Sekunde davor erfolgt die „erste" Lieferung des Sicherungsgebers an den Sicherungsnehmer. Mit der ersten Lieferung erstarkt das Sicherungsrecht des Sicherungsnehmers am Sicherungsgut. Beide Umsätze werden **Doppelumsatz** genannt (vgl. BFHE 225, 198 = BeckRS 2009, 24003655). Wird das Sicherungsgut direkt vom Sicherungsgeber an den Erwerber übergeben, stellt dieser Vorgang ein umsatzsteuerliches Reihengeschäft nach § 3 Abs. 6 S. 5 UStG dar (OFD Frankfurt a. M. DStR 2007, 1910).

Erfolgt die Verwertung der sicherungsübereigneten Gegenstände **außerhalb des Insolvenz-** 179
verfahrens, ist die Umsatzsteuer aus der Verwertungshandlung nicht als Masseverbindlichkeit gem. § 55 InsO zu qualifizieren. Das ist ua der Fall, wenn der Sicherungsnehmer das Sicherungsgut verwertet, nachdem der Insolvenzverwalter dieses an den Insolvenzschuldner freigegeben hat. In diesem Fall wird die Steuerschuldnerschaft bezüglich der ersten Lieferung umgekehrt, sog. reverse charge nach § 13b Abs. 2 Nr. 2 UStG iVm § 13b Abs. 5 UStG (klarstellend zur Abgrenzung der Fälle außerhalb des Insolvenzverfahrens vgl. BFH/NV 98, 628 = BeckRS 1997, 13076; vgl. Wäger UVR 2015, 27 ff.). Das bedeutet, dass die auf die **erste Lieferung** entfallende Umsatzsteuer vom Sicherungsnehmer geschuldet wird, welcher wiederum vom Vorsteuerabzug nach § 15 Abs. 1 Nr. 4 UStG Gebrauch machen kann. Das Entgelt für die erste Lieferung bemisst sich dabei mindestens nach dem **Wert der Schuldbefreiung** gegenüber dem Sicherungsgeber, i.e. der

Steuerrecht in der Insolvenz – Umsatzsteuer

Nettoverwertungserlös aus der Lieferung 2 an den Erwerber abzüglich der dem Sicherungsnehmer entstandenen (netto) Verwertungskosten (BFHE 150, 379 = BeckRS 1987, 22008116). Falls ein die gesicherte Forderung übersteigender „Übererlös" erzielt worden ist, ist auch dieser in die Bemessungsgrundlage einzubeziehen. Die **zweite Lieferung** wird hingegen nach dem umsatzsteuerlichen Regelfall bewertet. Der an den Erwerber leistende Sicherungsnehmer schuldet nach § 13a Abs. 1 Nr. 1 UStG die Umsatzsteuer.

179.1 In der Praxis nehmen die Position des Sicherungsnehmers regelmäßig **Kreditinstitute** ein, welche wiederum steuerfreie vom Vorsteuerabzug ausgeschlossene Ausgangsumsätze iSd § 4 Nr. 8 UStG erbringen, sodass sich die Frage des Vorsteuerabzugs aus dem Doppelumsatz zugunsten des Sicherungsnehmers stellt. Nachdem die zweite Ausgangslieferung an den Erwerber steuerpflichtig ist und die erste Lieferung in unmittelbarem Zusammenhang mit der zweiten Lieferung an den Erwerber steht, ist ein Vorsteuerabzug iSd § 15 UStG für das Kreditinstitut in voller Höhe zulässig.

180 **Zur Umkehr der Steuerschuldnerschaft kommt es dann nicht,** wenn der Massegegenstand durch den Sicherungsnehmer vor Eröffnung des Verfahrens in Besitz genommen und erst nach Eröffnung des Verfahrens verwertet wird (BFHE 217, 310 = BeckRS 2007, 24003075; BFH/NV 2010, 1142 = BeckRS 2010, 25016116).

II. Durch Sicherungsgeber vor Insolvenzeröffnung

181 Vor Eröffnung des Insolvenzverfahrens kann der Sicherungsgeber befugt sein, im Sicherungsfall selbst das Sicherungsgut zu veräußern. In Höhe der Verbindlichkeit **gegenüber dem Sicherungsnehmer hat der Sicherungsgeber den Veräußerungserlös an diesen herauszugeben.** Umsatzsteuerlich kommen in diesem Fall zwei Konstellationen in Betracht. Aus der Veräußerung **im Namen und für Rechnung des Sicherungsnehmers** resultiert ein **Doppelumsatz**. Die erste Lieferung erfolgt vom Sicherungsgeber an den Sicherungsnehmer. Stellt die hierauf entfallende Umsatzsteuer keine Masseverbindlichkeit nach § 55 InsO dar, ist Umsatzsteuerschuldner der Sicherungsnehmer (vgl. § 13b Abs. 2 Nr. 2 UStG iVm § 13b Abs. 5 UStG). Er ist zum Vorsteuerabzug berechtigt gem. § 15 Abs. 1 Nr. 4 UStG. Umsatzsteuerschuldner der zweiten Lieferung bleibt der Leistende.

182 Mit der Veräußerung des Sicherungsguts durch den Sicherungsgeber **im eigenen Namen und für Rechnung des Sicherungsnehmers** entsteht insgesamt ein sog. **Dreifachumsatz** (BFHE 226, 421 = BeckRS 2009, 24003801). In diesem Vorgang sieht die FinVerw – analog der Veräußerung des Sicherungsgutes durch den Insolvenzverwalter innerhalb des Insolvenzverfahrens (→ Rn. 185) – ein Verkaufskommissionsgeschäft. Voraussetzung ist, dass die Veräußerung des Sicherungsgutes von dem Sicherungsgeber an den Erwerber tatsächlich als eine Verwertungshandlung anzusehen ist. Dies setzt voraus, dass (a) das Sicherungsgut erst nach Eintritt der Verwertungsreife veräußert wird und (b) es sich dabei um eine Verwertung entsprechend den vertraglichen Abreden zwischen Sicherungsgeber und Sicherungsnehmer zur Rückführung der besicherten Forderung handelt (Heuermann in Sölch/Ringleb, UStG, UStG § 13b Rn. 140 ff.). Ein Dreifachumsatz kommt hingegen nicht zum Tragen, wenn es sich um eine Veräußerung des Sicherungsgutes im Rahmen des gewöhnlichen Geschäftsbetriebes handelt, mithin der Sicherungsgeber nicht daran gebunden ist, den Verwertungserlös zur Tilgung der Forderung des Sicherungsnehmers zu verwenden (BFHE 226, 421 = BeckRS 2009, 24003801).

183 In den Fällen des Dreifachumsatzes stellt die **erste Lieferung vom Sicherungsgeber an den Sicherungsnehmer** die Sicherungsübereignung dar, die bis zur Verwertungsreife nicht umsatzsteuerbar war. Mit dieser Lieferung erstarkt das Sicherungsrecht. Nach § 13b Abs. 2 Nr. 2 UStG iVm § 13b Abs. 5 UStG schuldet die Umsatzsteuer der Leistungsempfänger, der wiederum vom Vorsteuerabzug gem. § 15 Abs. 1 Nr. 4 UStG Gebrauch machen kann. Für die **zweite Lieferung vom Sicherungsnehmer an den Sicherungsgeber**, als Kommissionsgeschäft nach § 3 Abs. 3 UStG, schuldet der Sicherungsnehmer die Umsatzsteuer gem. § 13a Abs. 1 Nr. 1 UStG. Der die Leistung empfangende Sicherungsgeber ist zum Vorsteuerabzug berechtigt. Die **dritte Lieferung des Sicherungsgebers an den Erwerber** wird umsatzsteuerlich gleich behandelt wie die zweite Lieferung, sodass der Sicherungsgeber nach § 13a Abs. 1 Nr. 1 UStG die Umsatzsteuer schuldet. Zum Vorsteuerabzug berechtigt ist der Erwerber, sofern er Unternehmer ist. Zur grafischen Darstellung des Dreifachumsatzes (→ Rn. 185).

184 Macht im obigen Fall der Sicherungsnehmer die Verwertung nur davon abhängig, dass der Sicherungsgeber im eigenen Namen verwertet und den Kaufpreis auf ein bei ihm geführtes Konto einzahlt, ist darin eine konkludente Vereinbarung einer Abtretung zu sehen. Es liegt nach Auffassung der Literatur ein **Einfachumsatz** zwischen Sicherungsgeber und Erwerber vor (Heu-

Steuerrecht in der Insolvenz – Umsatzsteuer

ermann in Sölch/Ringleb, UStG, UStG § 13b Rn. 142 iVm Rn. 141). Sofern der Sicherungsgeber seiner steuerlichen Verpflichtung zur Abführung der Umsatzsteuer aus der Verwertung an den Erwerber nicht nachkommt, kommt es zu einer Haftung des Sicherungsgebers nach § 13c UStG.

III. Durch Sicherungsnehmer während des Insolvenzeröffnungsverfahrens

Mit dem Beginn des **Insolvenzeröffnungsverfahrens** wird regelmäßig ein vorläufiger Insolvenzverwalter bestellt. Bei der **Verwertung beweglichen Sicherungsguts** ist jedoch zu beachten, dass das Verwertungsrecht des Insolvenzverwalters nach § 166 InsO erst mit der Eröffnung des Insolvenzverfahrens entsteht. Demzufolge hat vornehmlich der Sicherungsnehmer nach § 173 Abs. 1 InsO das Recht der eigenständigen Verwertung. Hat der Sicherungsnehmer den Gegenstand vor Antragstellung in Besitz genommen, so ist er auch nicht verpflichtet, das Sicherungsgut in die (zukünftige) Insolvenzmasse zurückzugeben. **Veräußert der Sicherungsnehmer das Sicherungsgut während des Insolvenzeröffnungsverfahrens,** kommt es mit der Lieferung an einen Dritterwerber zu einem umsatzsteuerlichen **Doppelumsatz.** Zunächst erfolgt die Lieferung des Gegenstandes durch den Sicherungsgeber an den Sicherungsnehmer (1. Lieferung). Liefert der Sicherungsnehmer den Gegenstand sodann an den Erwerber, kommt es hiermit zur 2. Lieferung. Die aus der 1. Lieferung entstandene Umsatzsteuerverbindlichkeit kann mangels einer rechtsgeschäftsbegründenden Handlung bzw. einer Zustimmung des vorläufigen Insolvenzverwalters weder Masseverbindlichkeit gem. § 55 Abs. 2 InsO noch gem. § 55 Abs. 4 InsO sein. Kann die Umsatzsteuer nicht Masseverbindlichkeit sein, kommt es zur Umkehr der Steuerschuldnerschaft nach § 13b Abs. 2 Nr. 2 UStG iVm § 13b Abs. 5 UStG. 185

Nichts anderes gilt für den Fall, dass der **vorläufige Insolvenzverwalter das Sicherungsgut an den Sicherungsnehmer** liefert. Auch dann handelt es sich um einen **Doppelumsatz.** Der Sicherungsnehmer ist sodann Steuerschuldner der ersten Lieferung nach § 13b Abs. 1 Nr. 2 UStG iVm § 13b Abs. 5 UStG sowie der der zweiten Lieferung nach § 13a Abs. 1 Nr. 1 UStG. Die Vorsteuer aus der ersten Lieferung kann der Sicherungsnehmer gem. § 15 Abs. 1 Nr. 4 UStG abziehen. Es kommt zur Umkehr der Steuerschuldnerschaft nach § 13b Abs. 2 Nr. 2 UStG iVm § 13b Abs. 5 UStG. 186

Veräußert der Sicherungsnehmer den beweglichen Gegenstand **nach Eröffnung des Insolvenzverfahrens,** kommt es zu einem **Doppelumsatz** zwischen Sicherungsgeber und Sicherungsnehmer sowie dem Sicherungsnehmer und dem Dritterwerber. Für den durch die Verwertung entstandenen Umsatz zwischen Sicherungsgeber und Sicherungsnehmer entsteht eine Umsatzsteuerverbindlichkeit gegenüber der Insolvenzmasse. Da es sich bei der Verwertung des Gegenstandes um einen Massegegenstand handelt, ist die entstandene Umsatzsteuerverbindlichkeit als Masseverbindlichkeit nach § 55 Abs. 1 Nr. 1 InsO zu qualifizieren. In der Praxis ist die Verwertung durch den Sicherungsnehmer im Insolvenzeröffnungsverfahren dann nicht möglich, wenn das Insolvenzgericht die Sicherungsanordnung nach § 21 Abs. 2 Nr. 3, 5 InsO erteilt hat. 187

IV. Durch den vorläufigen starken/schwachen Insolvenzverwalter während des Insolvenzeröffnungsverfahrens

In der Praxis kommt es vor, dass der sog. starke vorläufige Insolvenzverwalter Sicherungsgut verwertet oder auch **Verwertungsvereinbarungen** zwischen dem **Sicherungsnehmer und dem schwachen vorläufigen Insolvenzverwalter** getroffen werden, mit denen diesem das Recht gewährt wird, das Sicherungsgut zu veräußern und im Gegenzug die offenen Verbindlichkeiten des Sicherungsnehmers mit dem erzielten Verwertungserlös zu bedienen. Im Gegensatz zur Verwertung im Insolvenzverfahren besteht im Antragsverfahren kein gesetzliches Einbehaltungsrecht nach §§ 170 Abs. 1, 171 InsO für die Kosten der Feststellung und Verwertung sowie die Umsatzsteuer. 188

Veräußert der durch das Insolvenzgericht bestellte **starke vorläufige Insolvenzverwalter** das bewegliche Sicherungsgut an einen Erwerber, ist die aus der Lieferung resultierende Umsatzsteuerverbindlichkeit als Masseverbindlichkeit iSd § 55 Abs. 2 InsO zu qualifizieren. Es findet kein Leistungsaustausch zwischen Sicherungsgeber und Sicherungsnehmer statt, somit liegt **kein Doppel- oder Dreifachumsatz** vor. Mithin ist § 13b Abs. 1 S. 1 Nr. 2 UStG iVm § 13b Abs. 5 UStG nicht anzuwenden (OFD Frankfurt a. M. DStR 2012, 1280). 189

Erhält der vorläufige Insolvenzverwalter durch das Insolvenzgericht eine **Einzelermächtigung** (vgl. hierzu BGHZ 151, 353 = BeckRS 2002, 7078), Sicherungsgut zu veräußern und folglich Masseverbindlichkeiten zu begründen (sog. halbstarker vorläufiger Insolvenzverwalter), soll es ihm gewährt werden, für den Sicherungsgeber das Sicherungsgut an einen Dritten zu liefern. In diesem Fall kommt es zu keinem Doppelumsatz. Macht also der Sicherungsnehmer nicht von seinem Verwertungsrecht 190

Steuerrecht in der Insolvenz – Umsatzsteuer

Gebrauch, sodass der **halbstarke vorläufige Insolvenzverwalter** im Zuge der erteilten Ermächtigung verwertet, ist die Umsatzsteuerverbindlichkeit als Masseverbindlichkeit iSd § 55 Abs. 4 InsO zu qualifizieren. Nach älteren vereinzelten Auffassungen stellt die aus der Verwertung resultierende Umsatzsteuerverbindlichkeit eine Masseverbindlichkeit nach § 55 Abs. 2 InsO dar (Sonnleitner InsSteuerR/Witfeld Kap. 5 Rn. 225). Dies ist zumindest dann der Fall, wenn der Insolvenzverwalter selbst handelt und im Rahmen der Verwertung Masseverbindlichkeiten nach § 55 Abs. 2 InsO analog begründet. Für die Umsatzsteuerverbindlichkeit gilt dies, sofern die öffentlich-rechtliche Verbindlichkeit von dem Beschluss umfasst ist. Anderenfalls ist die Umsatzsteuerverbindlichkeit nach § 55 Abs. 4 InsO einzustufen. Unabhängig von dieser Frage der Einstufung der Masseverbindlichkeit kommt es nicht zu einer Umkehr der Steuerschuldnerschaft nach § 13b UStG.

191 Eine Verwertung durch den Sicherungsgeber selbst sowie den **schwachen vorläufigen Insolvenzverwalter** kann nur in Abstimmung mit dem Sicherungsnehmer erfolgen. Dem schwachen vorläufigen Insolvenzverwalter obliegt es regelmäßig nicht, die Verwertung vorzunehmen (vgl. BGHZ 146, 165 = BeckRS 2001, 1466). In beiden Fällen steht den Handelnden keine eigene, originäre Verwertungsbefugnis zu. Die Verwertung kann nur mit einer separaten Beauftragung erfolgen. **Verwertet also der Sicherungsgeber oder der schwacher vorläufige Insolvenzverwalter das Sicherungsgut,** kommt es zu einem **Dreifachumsatz** (→ Rn. 182). Demnach liegen drei umsatzsteuerrechtliche Lieferungen vor. In der ersten Lieferung liefert der Sicherungsgeber oder der schwache vorläufige Insolvenzverwalter an den Sicherungsnehmer (1. Lieferung). Für die Lieferung schuldet der Sicherungsnehmer als Leistungsempfänger die Umsatzsteuer nach § 13b Abs. 2 Nr. 2 UStG iVm § 13b Abs. 5 UStG. Dieser wiederum liefert das Sicherungsgut wieder im vorgennannten Verhältnis zurück (2. Lieferung). In der 3. Lieferung kommt es zur tatsächlichen Lieferung des Gegenstandes an den Erwerber.

192 Zusammenfassend unterscheiden sich die Verwertungshandlungen des schwachen vorläufigen und des starken vorläufigen Insolvenzverwalters dahin, **nach welcher Vorschrift die Umsatzsteuerforderung als Masseverbindlichkeit einzustufen ist.** Weder im wirtschaftlichen noch im rechtlichen Sinne macht es im Ergebnis einen Unterschied, ob die Umsatzsteuer als Masseverbindlichkeit **nach § 55 Abs. 2 InsO (schwacher vorläufiger Insolvenzverwalter) oder § 55 Abs. 4 InsO (starker vorläufiger Insolvenzverwalter)** einzustufen ist. Als Masseverbindlichkeit ist stets gleich zu verfahren. Das Steueraufkommen ist damit auch bei Bestellung des schwachen vorläufigen Insolvenzverwalters gesichert, ohne dass es der Umkehr der Steuerschuldnerschaft nach § 13b Abs. 2 Nr. 2 UStG iVm § 13b Abs. 5 UStG bedarf. Dies ist zumindest insoweit zutreffend, als im Insolvenzverfahren keine Masseunzulänglichkeit nach § 208 InsO eintritt und angezeigt wird (Weber/Hiller ZinsO 2014, 2559).

V. Verwertung von Sicherungsgut im vorläufigen Eigenverwaltungsverfahren

193 Der Schuldner ist im eröffneten Verfahren – im Einvernehmen mit dem Sachwalter – für die Verwertung der Insolvenzmasse und dabei gem. § 282 InsO auch der Sicherungsgüter analog einem Insolvenzverwalter im **Fremdverwaltungsverfahren** zuständig. Für das vorläufige Eigenverwaltungsverfahren – bei welchem die Zugriffsbeschränkungen des § 282 InsO nicht greifen – kann der Schuldner – analog den Möglichkeiten eines vorläufigen Insolvenzverwalters – durch Anregung einer entsprechenden Anordnung des Insolvenzgerichts Sicherungsmaßnahmen nach § 21 Abs. 1, Abs. 2 Nr. 3, 5 InsO erlangen.

194 Auf Grundlage des Gesetzes zur Fortentwicklung des Sanierungs- und Insolvenzrechts (Sanierungs- und Insolvenzrechtsfortentwicklungsgesetz) vom 22.12.2020, welches am 1.1.2021 in Kraft getreten ist, gilt für die **ab dem 1.1.2021 beantragten Verfahren § 55 Abs. 4 InsO gleichfalls auch für Insolvenzantragsverfahren, bei welchem ein vorläufiger Sachwalter bestellt ist** (BGBl. I 3256). Mithin sind in den von dieser Regelung zeitlich erfassten Antragsverfahren in Eigenverwaltung auch die Grundsätze der umsatzsteuerrechtlichen Behandlung der Verwertung von Sicherungsgut im Zeitraum der vorläufigen Insolvenzverwaltung anzuwenden (vgl. → Rn. 185 ff. für die Verwertung durch den Sicherungsnehmer, vgl. → Rn. 188 ff. für die Verwertung im Insolvenzantragsverfahren durch den eigenverwaltenden Schuldner). Dabei unterscheidet der neugefasste § 55 Abs. 4 InsO nicht zwischen den beiden in §§ 270a und 270b InsO geregelten Formen der Antragsverfahren in Eigenverwaltung.

194.1 Die nunmehr in Kraft getretene Gesetzesänderung steht nicht mehr im Einklang mit der zum Zeitpunkt der Gesetzgebung des § 55 Abs. 4 InsO gewollten **„Verschonung" der Insolvenzmasse der Eigenverwaltungsverfahren von der Belastung mit Umsatzsteuern als Masseverbindlichkeiten,** um so den Zugang zu den Eigenverwaltungsverfahren attraktiver zu gestalten. Das nunmehr auch das Eigenverwaltungsverfahren in seiner vorläufigen Phase durch das eingeführte Fiskusprivileg eine stärkere Liquiditätsbe-

Steuerrecht in der Insolvenz – Umsatzsteuer

lastung erfährt, dürfte sich auch auf die Häufigkeit von Masseunzulänglichkeitsanzeigen nach Eröffnung in diesen Verfahren auswirken und dürfte so letztlich auch die Quote der Verfahren steigern, in denen von der Eigenverwaltung in das Regelverfahren übergegangen wird.

Für die **vor dem 1.1.2021 beantragten vorläufigen Eigenverwaltungsverfahren** richtet sich die Einstufung der Verwertungshandlung des Schuldners nach den getroffenen Anordnungen im Beschluss des Insolvenzgerichts. Je nachdem, **in welchem Umfang der Schuldner ermächtigt wurde, Masseverbindlichkeiten zu begründen,** ist wie im Fall der Ermächtigung eines vorläufigen Insolvenzverwalters die Verwertungshandlung einzustufen. Dabei klargestellt sei, dass in der Regel für diese Antragsverfahren eine Qualifizierung der Umsatzsteuer als Masseverbindlichkeit nach § 55 Abs. 4 InsO oder § 55 Abs. 2 InsO ausscheidet. Grenzfälle können jedoch bei einer dem Schuldner erteilten **Globalermächtigung** zur Eingehung von Masseverbindlichkeiten auftreten, durch die der Schuldner in die Position eines starken vorläufigen Insolvenzverwalters rückt (näher zu den umsatzsteuerrechtlichen Folgen → Rn. 189). Auch im Hinblick auf die Verwirklichung der öffentlich-rechtlichen Verbindlichkeit aus dem Umsatzsteuerverhältnis kommt es zur Anwendung des § 55 Abs. 2 InsO. Hat der Schuldner eine **Einzel- oder Bündelermächtigung** erhalten, dürfte nach Auffassung der FinV die aus der Verwertung resultierende Umsatzsteuer als Masseverbindlichkeit iSd § 55 Abs. 4 InsO zu qualifizieren sein (→ Rn. 190). Die vorstehende Einstufung scheitert, sofern der Beschluss des Insolvenzgerichts ausdrücklich nur bürgerlich-rechtliche Gläubiger erfasst oder gar öffentlich-rechtliche Verbindlichkeiten aus der Ermächtigung ausnimmt. Damit würde die durch die Verwertung entstandene Umsatzsteuerverbindlichkeit nicht Masseverbindlichkeit (vgl. BFH/NV 2020, 1095 (NV) = BeckRS 2020, 17457), sondern Insolvenzforderung nach § 38 InsO.

VI. Durch den Insolvenzverwalter nach Insolvenzeröffnung

Die Verwertung von zur Insolvenzmasse gehörendem Sicherungsgut obliegt vornehmlich dem Insolvenzverwalter. Dieser ist berechtigt, alle in seinem Besitz befindlichen beweglichen – aber auch unbewegliche – Gegenstände, an denen ein Absonderungsrecht besteht, zu verwerten (**§ 166 Abs. 1 InsO**). Es steht dem Insolvenzverwalter grundsätzlich frei, auf sein Verwertungsrecht zu verzichten und dem Sicherungsnehmer (Gläubiger) die Verwertung des Sicherungsgutes zu gestatten oder es ihm zur freien Verfügung zu überlassen (§§ 168 Abs. 3, 170 Abs. 2 InsO). Sofern der Insolvenzverwalter nicht im Besitz des Sicherungsgutes ist, kann der Sicherungsnehmer selbst die Verwertung vornehmen (§ 173 Abs. 1 InsO). Je nachdem, durch wen die Verwertung des Sicherungsgutes erfolgt, ergeben sich die entsprechenden umsatzsteuerlichen Rechtsfolgen.

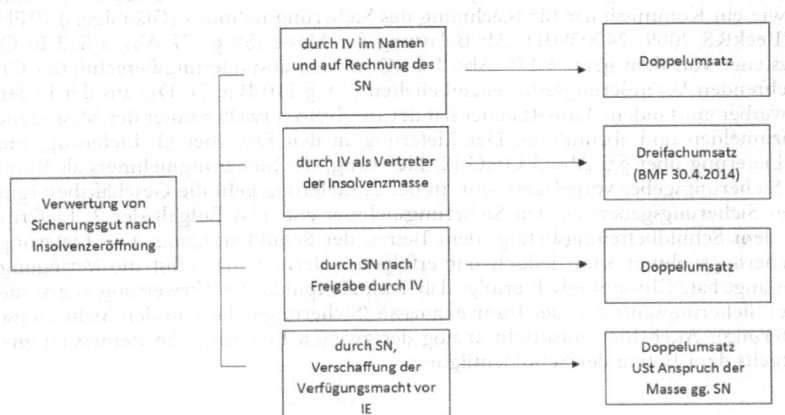

Alternativen der Verwertung nach Insolvenzeröffnung

Steuerrecht in der Insolvenz – Umsatzsteuer

197 Verwertet der **Insolvenzverwalter das Sicherungsgut im Namen und im Auftrag des Sicherungsnehmers iSd § 170 Abs. 2 InsO** und macht somit nicht von seinem Verwertungsrecht iSd § 166 Abs. 1 InsO Gebrauch, liegt ein sog. **Doppelumsatz** bzw. eine Doppellieferung vor. In dieser in der Praxis selten vorkommenden Fallkonstellation liefert der Insolvenzverwalter als Vertreter der Masse im Zeitpunkt der Verwertung das Sicherungsgut an den Sicherungsnehmer (1. Lieferung). Zeitgleich liefert der Sicherungsnehmer das bewegliche Gut an den Erwerber (2. Lieferung) (BMF-Schreiben v. 30.4.2014, BeckVerw 284699). Die Kosten der Feststellung gem. § 170 Abs. 2 InsO sind vorweg an die Masse auszukehren und gehören nicht zum Entgelt der ersten Lieferung iSd § 10 Abs. 1 S. 2 UStG. Wird hingegen für die Verwertung zwischen Insolvenzverwalter und Sicherungsnehmer eine Massekostenbeteiligung ausgehandelt, stellt der dafür einbehaltene Betrag wiederum umsatzsteuerpflichtiges Entgelt für die Geschäftsbesorgung dar.

197.1 Die Vereinbarung im Fall der zunächst durch den Insolvenzverwalter an den Gläubiger übertragenen Verwertung und der späteren Vereinbarung einer Massekostenbeteiligung für die Verwertung durch die Insolvenzmasse wird **in der Literatur kritisch als Rücknahme der Überlassung nach § 170 Abs. 2 InsO gewertet** (Sonnleitner InsSteuerR/Witfeld Kap. 5 Rn. 243). In diesem Fall würde durch das Aufleben des Verwertungsrechts des Insolvenzverwalters die Lieferung zwischen Insolvenzmasse und Erwerber begleitend zu der Geschäftsbesorgung von der Insolvenzmasse an den Sicherungsnehmer zum Tragen kommen (Roth, Insolvenzsteuerrecht, 2021, Rn. 4478).

198 Die **Bemessungsgrundlage** für die erste Lieferung entspricht dem Betrag der Schuldbefreiung (BFHE 235, 22 = BeckRS 2011, 96400 Rn. 28). Die aus der ersten Lieferung zwischen Insolvenzmasse und Sicherungsnehmer – sowie ggf. aus der für die Verwertung ausgehandelten Massekostenbeteiligung – resultierende Umsatzsteuer stellt eine Masseverbindlichkeit iSd § 55 Abs. 1 Nr. 1 InsO dar und wird mangels Anwendung der Umkehr der Steuerschuldnerschaft nach § 13b UStG von der Insolvenzmasse geschuldet.

199 Veräußert der **Insolvenzverwalter im Rahmen seiner Verwertungsbefugnis iSd § 166 Abs. 1 InsO das bewegliche Sicherungsgut** freihändig für die Masse, ist von einem steuerbaren und steuerpflichtigen Ausgangsumsatz der Insolvenzmasse an den Leistungsempfänger des jeweiligen Gegenstandes, den Erwerber, auszugehen. Begleitend zu diesem Ausgangsumsatz erbringt die Insolvenzmasse eine Geschäftsbesorgungsleistung an den Sicherungsnehmer. Diese Form der Verwertung beweglicher Sicherungsgüter ähnlich eines Verkaufskommissionsgeschäftes führt, nach Auffassung der FinVerw, zu einem **Dreifachumsatz** (BeckVerw 284699). Umsatzsteuerrechtlich liegt ein steuerbarer und steuerpflichtiger Ausgangsumsatz der Insolvenzmasse an den Leistungsempfänger (Erwerber) für die Lieferung des beweglichen Gegenstands vor (Sonnleitner InsSteuerR/Witfeld Kap. 5 Rn. 233). Der Insolvenzverwalter tritt bei der tatsächlichen Lieferung an den Erwerber (3. Lieferung) als Vertreter der Masse auf, wodurch ihr der Umsatz zuzurechnen ist. Durch die mit der Eröffnung des Insolvenzverfahrens eingetretene Verwertungsreife erbringt der Insolvenzverwalter den Umsatz im Namen der Masse wie ein Kommissionär für Rechnung des Sicherungsnehmers (Gläubigers) (BFHE 226, 421 = BeckRS 2009, 24003801). Als Belastung der Masse iSv § 171 Abs. 2 S. 3 InsO ist die Umsatzsteuer von dem gem. § 170 Abs. 1 InsO an den absonderungsberechtigten Gläubiger auszukehrenden Veräußerungserlös einzubehalten (→ § 170 Rn. 7). Die aus der Lieferung an den Erwerber entstandene Umsatzsteuer hat der Insolvenzverwalter unter der Massesteuernummer anzumelden und abzuführen. Der Lieferung an den Erwerber (3. Lieferung) muss eine fiktive Lieferung über § 3 Abs. 3 UStG (2. Lieferung) des Sicherungsnehmers als Kommittent an den Sicherungsgeber vorgelagert sein. In der 2. Lieferung geht die Geschäftsbesorgungsleistung des Sicherungsgebers an den Sicherungsnehmer auf. Das Entgelt der 2. Lieferung entspricht dem Schuldbefreiungsbetrag, dem Betrag der Schuldentilgung. Die Lieferung durch den Sicherungsnehmer kann jedoch nur erfolgen, sofern dieser selbst die Verfügungsmacht daran erlangt hat. Chronologisch erfolgt daher im Zeitpunkt der Verwertung zuerst die Lieferung des Sicherungsguts von der Insolvenzmasse (Sicherungsgeber) an den Sicherungsnehmer (1. Lieferung). Auch hier entspricht analog der zweiten Lieferung die Bemessungsgrundlage des Entgelts dem Betrag der Schuldentilgung.

Steuerrecht in der Insolvenz – Umsatzsteuer

199.1

> Über das Vermögen des Insolvenzschuldners S wurde am 30.1.01 das Insolvenzverfahren eröffnet. Der Insolvenzverwalter I verwertet im Namen und auf Rechnung des Sicherungsnehmers am 1.3.01 das in seinem Besitz befindliche bewegliche Sicherungsgut nach § 166 Abs. 1 InsO für Insgesamt **1.190 €** (brutto) an den Erwerber **E**. Für die Verwertung des entstehen I **Kosten** in Höhe von **83,30 €** Gegenüber dem Insolvenzschuldner S hat G eine **Insolvenzforderung** in Höhe von **1.000 €**.

```
                 Insolvenzmasse (I)      Lieferung 1       Gläubiger (G)
                 Sicherungsgeber   ←                       Sicherungsnehmer
                                   Lieferung 2
                                 Lieferung 3
                                          Erwerber (E)
```

Abrechnung gegenüber G		Rechnung (Lieferung 1) → Rechnung des I an G	
Brutto-Verwertungserlös	1.190,00 €	Sicherungsgut (Nettoveräußerungsbetrag)	882,40 €
./. USt 19 % (§ 171 Abs. 2 Satz 3 InsO)	190,00 €	zzgl. USt 19%	167,66 €
./. Kosten der Feststellung	47,60 €	**Gesamtbetrag**	**1.050,06 €**
(4% v. Bruttoerlös § 171 Abs. 1 InsO)		(Anmerkung:	
./. Kosten der Verwertung § 171 Abs. 2 InsO	70,00 €	Nettoveräußerungsbetrag = Betrag der Schuldtilgung)	
Betrag der Schuldtilgung (Netto-Entgelt)	**882,40 €**		
USt 19 %	167,66 €	Gutschrift (Lieferung 2) → Gutschrift des I an G	
Brutto-Entgelt	1.050,06 €	Sicherungsgut (Nettoveräußerungsbetrag)	882,40 €
./. USt 19 % (§ 171 Abs. 2 Satz 3 InsO)	167,66 €	zzgl. USt 19%	167,66 €
Auskehrungbetrag an G	**882,40 €**	**Gesamtbetrag**	**1.050,06 €**

Abzuführende USt durch den Insolvenzverwalter (I)	
19 % USt lt. Rechnung (171 Abs. 2 S. 3 InsO)	167,66 €
./. VSt aus Gutschrift	167,66 €
./. VSt aus Verwertungskosten	13,30 €
zzgl. 19 % USt auf Verwertungserlös (171 Abs. 2 S. 3 InsO)	190,00 €
abzuführende USt an FA	**176,70 €**

Der Insolvenzverwalter hat die Abrechnung gegenüber dem Sicherungsnehmer mit Auskehrung des 199.2 Verwertungserlöses unverzüglich nach der Verwertung vorzunehmen. Durch den von der FinVerw statuierten Dreifachumsatz ist es erforderlich, für jede der Lieferungen eine den Anforderungen der §§ 14 ff. UStG entsprechende Rechnung zu erstellen. Die Umsatzsteuer aus der Lieferung 1 und die Vorsteuer aus der Lieferung 2 wirkt sich für die Insolvenzmasse in der Regel aufgrund der wertgleichen Höhe der Berechnungsgrundlage neutralisierend aus. Dennoch ist es aus praktischen und auch aus wirtschaftlichen Gesichtspunkten geboten, die zu erstellende Rechnung der 1. Lieferung sowie sodann für die 2. Lieferung eine Rechnung in Form der Gutschrift iSd § 14 Abs. 2 S. 2 UStG, in die Verantwortung des Insolvenzverwalters zu legen. Das wirkte der Gefahr eines späteren oder ausbleibenden Vorsteuerabzugs aus der 2. Lieferung wegen zeitlich nachgelagerter oder versäumter Abrechnung durch den Sicherungsnehmer entgegen. Nachdem der Sicherungsnehmer der Gutschrift gem. § 14 Abs. 2 S. 3 UStG widersprechen kann, ist es geboten, zur Sicherung des Vorsteueranspruchs der Insolvenzmasse eine Bestätigung der Gutschrift binnen 14 Tagen zu fordern. Das UStG selbst sieht keine Frist zur Ausübung des Widerspruchsrechts vor, daher ist auf die regelmäßige Verjährungsfrist nach § 195 BGB abzustellen (vgl. BeckRS 2018, 38796).

Sofern die Forderung des Sicherungsnehmers durch die Verwertungshandlung nicht gedeckt 200 werden kann, ist der Differenzbetrag zur Insolvenztabelle gem. **§ 174 Abs. 1 InsO** anzumelden. Nach Auskehrung des Verwertungserlöses aus der Verwertung des Sicherungsgutes an den Sicherungsnehmer kommt es im Fall der Begleichung einer umsatzsteuerpflichtigen Verbindlichkeit zum Zeitpunkt der Zahlung zu einer Vorsteuerberichtigung gem. § 17 Abs. 2 UStG. Der im Auskehrbetrag enthaltene Vorsteuerbetrag ist durch die Insolvenzmasse geltend zu machen und fließt dieser wieder zu. Zur vertiefenden Darstellung und den Voraussetzungen → Rn. 135.

In der Rechtsprechung (BFHE 235, 22 = BeckRS 2011, 96400) und Teilen der Literatur 201 (§ 3 UStG, Martin in Sölch/Ringleb, UStG, Rn. 104) wird der durch die FinVerw statuierte Dreifachumsatz kritisch gesehen. Dabei steht die analoge Anwendung des Kommissionsgeschäfts auf die Sicherheitenverwertung durch den Insolvenzverwalter mit der Insolvenzmasse (hier Sicherungsgeber) in Verhältnis zum Gläubiger (Sicherungsnehmer) im Fokus der Kritik. Im Rahmen dessen handelt der Sicherungsgeber im Namen und auf Rechnung des Sicherungsnehmers und hat den, durch die Verwertung erzielten, Erlös für die Schuldentilgung herauszugeben. Die Konstellation des Kommisionsgeschäfts hat **der BFH mit Urteil vom 28.7.2011** (BFHE 235, 22 = BeckRS 2011, 96400) für den Fall der Verwertung eines Grundstücks durch den Insolvenzverwalter und der ermöglichten Schuldtilgung gegenüber dem Grundpfandrechtsgläubiger ebenfalls nicht gesehen. Dabei stellte er fest, dass die Verwertung keinem Handeln im Namen und auf Rechnung des Sicherungsnehmers entsprach, vielmehr stellte er auf die Leistungsbeziehung zwischen Insolvenzmasse und Sicherungsnehmer ab und qualifizierte diese als Geschäftsbesorgung iSd § 675 BGB, mithin als eine sonstige Leistung nach §§ 1 Abs. 1 Nr. 1, 3 Abs. 9 UStG. Höchstrichterliche Rechtsprechung für den Fall der freihändigen Verwertung von beweglichem Sicherungsgut iSd

Steuerrecht in der Insolvenz – Umsatzsteuer

§ 166 Abs. 1 InsO gibt es bislang nicht. Deutlich wird diese Überlegung bei der Erzielung eines Übererlöses. Die Verwertung läge zwar im Interesse des Gläubigers, erfolgte allerdings nicht auf dessen Rechnung, da der die besicherte Forderung übersteigende Erlös aus der Verwertung des Sicherungsgutes ohnehin der Insolvenzmasse zustünde. Eine vergleichbare Beurteilung läge bei der Vorausabtretung von Forderungen im allgemeinen Geschäftsverkehr vor (zB bei einer Globalzession, zu deren Voraussetzungen vgl. zB MüKoBGB/Roth/Kieninger BGB § 398 Rn. 138). In diesem Fall würde auch keine Veräußerung im Interesse des Sicherungsnehmers und Abtretungsempfängers unterstellt. Insbesondere nach der Entscheidung des BFH vom 28.7.2011 ist durchaus zweifelhaft, ob die Theorie des Dreifachumsatzes weiterhin Bestand haben wird. Es gibt letztlich keinen materiell überzeugenden Grund für eine unterschiedliche Beurteilung der freihändigen Verwertung eines mit Grundpfandrechten belasteten Grundstücks und der Verwertung besicherten Mobiliarvermögens. Dass in der rechtlichen Konstruktion der Dreifachumsatz bei Grundstücken nicht funktioniert, erklärt nicht, weshalb beide Fälle unterschiedlich zu werten sind, sondern spricht dafür, dass diese Konstruktion auch bei Mobilien nicht zutrifft. In beiden Fällen erfolgt die Verwertungshandlung zwar im Interesse des Sicherungsnehmers, dient jedoch der Tilgung der besicherten Schuld des Sicherungsgebers auf dessen Rechnung (vgl. Wäger UVR 2015, 24; de Weerth NZI 2015, 884). Mit der Verwertung der Sicherheit nach Verwertungsreife durch den Sicherungsgeber mit Einverständnis des Sicherungsnehmers liegt nur noch ein Einzelumsatz vor (ausdrücklich offen gelassen bei BFHE 235, 22 = BeckRS 2011, 96400; aA UStAE 1.2: Dreifachumsatz).

VII. Durch den Sicherungsnehmer nach Insolvenzeröffnung

202 Gemäß **§ 168 Abs. 1 InsO** hat der Insolvenzverwalter vor Verwertung eines Gegenstandes, an dem ein Absonderungsrecht besteht, dem absonderungsberechtigten Gläubiger **binnen Wochenfrist** Gelegenheit zu geben, auf eine andere günstigere Möglichkeit der Verwertung hinzuweisen. Die Wochenfrist stellt keine Ausschlussfrist dar; Rechtzeitigkeit liegt solange vor, bis die Verwertung noch nicht begonnen hat (→ § 168 Rn. 18). Verweist der Gläubiger rechtzeitig, vor der Verwertung, auf eine andere Verwertungsmöglichkeit, so hat der Verwalter diese Verwertung entweder durchzuführen oder den Gläubiger so zu stellen, als wäre sie durchgeführt worden. Günstigkeit liegt vor, sofern der Veräußerungserlös höher ist als bei der durch den Verwalter vorgesehenen Verwertung. Die Ausübung des Wahlrechts durch den Gläubiger erzeugt jedoch für den Insolvenzverwalter keine Bindungswirkung, sondern löst lediglich eventuelle Schadensersatzansprüche aus (→ § 168 Rn. 21).

203 Überlässt der **Insolvenzverwalter nach § 170 Abs. 2 InsO die Verwertung dem Sicherungsnehmer** und macht damit nicht von seinem gesetzlichen Verwertungsrecht Gebrauch, liegt ein sog. **Doppelumsatz** vor (BFHE 217, 310 = BeckRS 2007, 24003075). Der Sicherungsgeber (Schuldner) liefert zunächst das Sicherungsgut an den Sicherungsnehmer (Gläubiger) (1. Lieferung). Dieser wiederum liefert den Gegenstand an einen Dritterwerber (2. Lieferung). Mit Verwertungshandlung des Gläubigers werden beide Lieferungen zeitgleich verwirklicht (BFHE 212, 146 = BeckRS 2005, 24002377). In diesem Zeitpunkt geht die Verfügungsmacht auf den Sicherungsnehmer über (vgl. § 3 Abs. 1 UStG). Aus Sicht der Insolvenzmasse wird mit der Verwertung des Sicherungsgutes ein Ausgangsumsatz verwirklicht. Die dadurch entstandene Umsatzsteuer ist Masseverbindlichkeit nach § 55 Abs. 1 Nr. 1 InsO. Es folgt keine tatsächliche Belastung der Insolvenzmasse mit dem Umsatzsteuerbetrag, da dieser – wie auch die Kosten der Feststellung – vom Gläubiger vorweg vom Verwertungserlös an die Masse abzuführen ist (vgl. § 170 Abs. 2 InsO iVm § 171 Abs. 2 S. 3 InsO). Die dem Sicherungsnehmer tatsächlich entstandenen Kosten der Verwertung sind nicht in das Entgelt der 1. Lieferung einzubeziehen (Rau/Dürrwächter/Stadie UStG § 18 Rn. 845). Sie werden mit dem Nettobetrag, sofern der Sicherungsnehmer zum Vorsteuerabzug berechtigt ist, berücksichtigt. Pauschale Verwertungskosten iSd § 171 Abs. 2 S. 1 InsO können nicht beansprucht werden (de Weerth UR 2003, 295 Rn. 164).

203.1 Lange Zeit umstritten war, ob das Entgelt durch den Abzug der Feststellungskosten iSd § 170 Abs. 2 InsO iVm § 171 Abs. 1 InsO zu mindern sei. Dafür spricht, dass die Kosten dem Sicherungsnehmer gesetzlich auferlegt werden, um die Lieferung zu erhalten. Der BFH hat mit seiner Entscheidung vom 28.7.2011 (BFHE 235, 22 = BeckRS 2011, 96400) festgelegt, dass die vorweg zu begleichenden Kosten der Feststellung nicht zum Entgelt gehören.

204 Die Bemessungsgrundlage der an die Insolvenzmasse auszukehrenden Umsatzsteuerverbindlichkeit ist die Gegenleistung für die Lieferung zwischen Sicherungsgeber und Sicherungsnehmer (**§ 10 Abs. 1 S. 2 UStG**). Als Gegenleistung ist die Tilgung der Darlehensforderung des Gläubigers

Steuerrecht in der Insolvenz – Umsatzsteuer

anzusehen. Der Tilgungsbetrag (**Betrag der Schuldtilgung**) bestimmt sich nach der Höhe des Netto-Veräußerungserlöses aus der Weiterbelieferung des Sicherungsnehmers an den Dritterwerber. Von diesem sind die tatsächlich entstandenen Kosten der Verwertung sowie die pauschalen Feststellungskosten abzuziehen. Maßgebliche Berechnungsgrundlage der Feststellungskosten ist der Brutto-Verwertungserlös (→ § 171 Rn. 3). Der Insolvenzverwalter hat als Vertreter des Insolvenzschuldners über die Lieferung an den Sicherungsnehmer eine Rechnung auszustellen. Der Sicherungsnehmer hat naturgemäß Kenntnis über die Höhe des Entgelts der zweiten Lieferung an den Dritterwerber, über die entstandenen Verwertungskosten sowie auch über die Höhe der Feststellungskosten. Daher ist es gängige Praxis, dass dieser eine Gutschrift mit gesondertem Ausweis der Umsatzsteuer gegenüber der Insolvenzmasse ausstellt. Diese gilt nach § 14 Abs. 2 S. 3 UStG als Rechnung. Zudem hat der Sicherungsnehmer eine gesonderte Abrechnung über den erzielten Kaufpreis gegenüber dem Dritterwerber zu erstellen. Die Umkehr der Steuerschuldnerschaft gem. § 13b Abs. 2 UStG ist nicht anwendbar, da sie schon nach dem Gesetzeswortlaut eine Verwertung außerhalb des Insolvenzverfahrens voraussetzt.

Ein bei der Verwertung durch den Sicherungsnehmer erzielter **Übererlös** ist dem Sicherungsgeber auszukehren. Dieser ist ungekürzt in die Bemessungsgrundlage einzubeziehen (Uhlenbruck/Sinz InsO § 22 Rn. 216). **205**

Nach **§ 173 Abs. 1 InsO** steht dem Sicherungsnehmer das **Recht zur selbstständigen Verwertung des Sicherungsgutes** zu, sofern er vor Eröffnung des Verfahrens an der Sache unmittelbaren Besitz erlangt hat und damit dem Insolvenzverwalter kein Verwertungsrecht nach § 166 InsO zusteht (Uhlenbruck/Brinkmann InsO § 173 Rn. 4; → § 173 Rn. 1). Ferner ist er nicht dazu verpflichtet, die Sache an die Insolvenzmasse zurückzugeben. **206**

Bei der Verwertung durch den Sicherungsnehmer kommt es umsatzsteuerrechtlich zu einem **Doppelumsatz** im Zeitpunkt der Veräußerung des Sicherungsgutes an den Erwerber. Dabei stellt die Lieferung des Gläubigers an den Erwerber den 2. Umsatz dar, das erhaltene Entgelt ist als 1. Umsatz vom Insolvenzschuldner an den Sicherungsnehmer zu qualifizieren (Welzel ZIP 1998, 1823 (1824); de Weerth BB 1999, 821 (824)). **207**

Die mit dem ersten Umsatz entstandene Umsatzsteuer stellt eine Masseverbindlichkeit gem. § 55 Abs. 1 Nr. 1 Alt. 2 InsO dar, welche der Verwalter vorrangig aus der Insolvenzmasse zu befriedigen hat. **Der Umsatzsteueranteil, der durch den 2. Umsatz am Verwertungserlös entsteht, darf vom Sicherungsnehmer einbehalten werden.** Demnach wäre der Sicherungsnehmer infolge einer Verwertung gem. § 173 Abs. 1 InsO nicht verpflichtet, den Umsatzsteueranteil entsprechend § 170 Abs. 2 InsO vorweg an die Masse abzuführen (Uhlenbruck/Brinkmann InsO § 173 Rn. 9). **208**

Ohne **Korrektur dieses Ergebnisses** bliebe allerdings die Insolvenzmasse mit der Umsatzsteuerverbindlichkeit des 1. Umsatzes belastet, ohne Einflussmöglichkeit des Insolvenzverwalters. Eine Korrektur dahin, dass der Sicherungsnehmer als Leistungsempfänger nach § 13b Abs. 5 UStG iVm § 13b Abs. 2 Nr. 2 UStG Steuerschuldner werden solle, hat der **BFH** mit der Begründung abgelehnt, es liege keine „Lieferung eines sicherungsübereigneten Gegenstands durch den Sicherungsgeber an den Sicherungsnehmer außerhalb des Insolvenzverfahrens" iSd § 13b Abs. 1 S. 1 Nr. 2 UStG vor (BFHE 217, 310 = BeckRS 2007, 24003075). Der **BGH hingegen wendet § 13b Abs. 2 Nr. 2 UStG, §§ 170 Abs. 2, 171 Abs. 3 InsO analog an**, sodass der Sicherungsnehmer zur **Erstattung der Umsatzsteuer gegenüber der Masse verpflichtet wird** (BGH NZI 2007, 394 Rn. 15 ff.). Der BGH geht im Ergebnis davon aus, dass eine planwidrige Regelungslücke vorliege, da der Gesetzgeber den Fall, dass der Sicherungsnehmer den Besitz zwar vor Eröffnung des Verfahrens erlangt habe, er aber erst nach Eröffnung verwerte, nicht erkannt und berücksichtigt habe. Ohne die zum Fall des § 170 Abs. 2 InsO gezogene Analogie läge ein Ergebnis vor, das geradezu im Hinblick auf die InsO und die Regelung des § 13b Abs. 2 Nr. 2 UStG wertungswidersprüchlich ist, da stets der Gläubiger die Umsatzsteuer tragen solle, die wegen des 1. Umsatzes entsteht. Dem 1. Umsatz soll als Bemessungsgrundlage der Netto-Veräußerungserlös des 2. Umsatzes zugrunde gelegt werden. **209**

VIII. Verwertung nach Eröffnung des Eigenverwaltungsverfahrens gem. §§ 270 ff. InsO

Das zugunsten des Insolvenzverwalters in § 166 InsO normierte Recht zur Verwertung von Gegenständen, welche mit Absonderungsrechten belastet sind, steht im Verfahren mit Eigenverwaltung gem. § 282 InsO dem Schuldner zu. Dabei sind die allgemeinen Vorschriften der §§ 164 ff. InsO anwendbar, sodass die Rechte des Schuldners nicht diejenigen des Insolvenzverwalters übersteigen (→ § 282 Rn. 1, → § 282 Rn. 5). **Wesentlichster Unterschied zur Verwertung im Rahmen der Fremdverwaltung ist die Kostenbeteiligung des absonderungsberechtigten** **210**

Steuerrecht in der Insolvenz – Umsatzsteuer

Gläubigers. Aufgrund der Tatsache, dass der Schuldner aufgrund seiner Nähe zur verwaltenden Masse über umfangreiche Kenntnis der seinerzeit durch ihn gewährten Rechte der Gläubiger verfügt, können für deren Feststellung keine Kosten anfallen. In Bezug auf die Verwertungskosten ist ein Ansatz nur geboten, sofern diese tatsächlich und unvermeidbar entstanden sind. Im Rahmen der Auskehrung an den absonderungsberechtigten Gläubiger ist analog dem fremd verwalteten Verfahren neben den tatsächlichen Verwertungskosten der aus dem Verwertungsgeschäft resultierende Umsatzsteuerbetrag gem. § 282 Abs. 1 S. 3 InsO einzubehalten und an das Finanzamt abzuführen. Die Verwertung im Eigenverwaltungsverfahren ist, gemäß vorherrschender Meinung der Literatur, wie im Regelinsolvenzverfahren umsatzsteuerrechtlich als **Dreifachumsatz** zu bewerten (Braun/Riggert InsO § 282 Rn. 4; MüKoInsO/Kern InsO § 282 Rn. 27; Sonnleitner InsSteuerR/Witfeld Kap. 5 Rn. 289).

K. Umsatzsteuer bei der Verwertung von Forderungen

211   Der Insolvenzverwalter verfügt nach Eröffnung des Insolvenzverfahrens über die Befugnis, die zur Sicherheit abgetretenen Forderungen einzuziehen oder in andere Weise zu verwerten (vgl. § 166 Abs. 2 InsO). Der absonderungsberechtige Sicherungszessionar verliert gem. § 51 Nr. 1 InsO die Einziehungsbefugnis hinsichtlich der abgetretenen Forderung. Der Drittschuldner kann **nach Eröffnung des Insolvenzverfahrens nicht mehr schuldbefreiend an den Zessionar leisten**, außer er befand sich in Unkenntnis der Eröffnung des Insolvenzverfahrens (→ § 166 Rn. 36). Der Leistende wird nach § 24 Abs. 1 InsO iVm § 82 InsO nur frei, wenn er zur Zeit der Leistung die Verfügungsbeschränkungen nicht kannte. Mithin kommt es nicht darauf an, ob das Geleistete zur Insolvenzmasse gelangt ist. Hat der Drittschuldner vor der öffentlichen Bekanntmachung der Verfügungsbeschränkungen geleistet, wird nach § 82 Abs. 2 InsO vermutet, dass er die Verfügungsbeschränkungen nicht kannte (vgl. BFH/NV 2020, 1180 = BeckRS 2020, 37415).

212   Sowohl dem **schwachen** als auch dem **starken vorläufigen** Insolvenzverwalter stehen im Insolvenzeröffnungsverfahren **keine Verwertungshandlungen iSd § 166 Abs. 2 InsO** zu (vgl. § 21 Abs. 2 S. 1 Nr. 2 Alt. 1 InsO, § 22 Abs. 1 InsO). Sofern ein Widerruf des Einzugsrechts rechtzeitig durch den Sicherungsgläubiger gegenüber dem Insolvenzschuldner erfolgt ist, kann dieser im Insolvenzeröffnungsverfahren bis zur Eröffnung des Insolvenzverfahrens die zedierten Forderungen nicht einziehen. In diesem Fall greift hinsichtlich der durch den **Sicherungszessionar im Insolvenzeröffnungsverfahren eingezogenen Umsatzsteuerbeträge** die Haftung desselben nach § 13c UStG (→ Rn. 229). Während des Insolvenzeröffnungsverfahrens kann dem Sicherungszessionar die **Berechtigung zum Forderungseinzug aufgrund einer gerichtlichen Anordnung** gem. § 21 Abs. 2 S. 1 Nr. 5 InsO **entzogen werden**. Infolgedessen wird der schwache vorläufige Insolvenzverwalter ermächtigt, die zur Sicherung eines Anspruchs abgetretene Forderung anstelle des Gläubigers einzuziehen. Ein tatsächlicher Liquiditätszufluss ergibt sich aus der Einzugsermächtigung nicht. Der vorläufige Insolvenzverwalter darf die eingezogenen Beträge ohne Absprache mit dem Sicherungsgläubiger nicht für den laufenden Geschäftsbetrieb einsetzen. Er hat sie entweder abzuführen oder unterscheidbar zu verwahren, damit der Sicherungsgläubiger nach Verfahrenseröffnung sein Absonderungsrecht aus § 51 InsO geltend machen kann (→ § 166 Rn. 35a). Zieht der vorläufige Insolvenzverwalter die Forderungen ein, gelten § 21 Abs. 2 S. 1 Nr. 5 InsO sowie §§ 170, 171 InsO entsprechend (Sonnleitner InsSteuerR/Witfeld Kap. 5 Rn. 294).

213   Auch bei der **Verwertung von Forderungen im Insolvenzeröffnungsverfahren ist die Regelung des § 55 Abs. 4 InsO zu beachten**. Die **Doppelberichtigungsrechtsprechung** (→ Rn. 176) greift im Fall der schwachen vorläufigen Insolvenzverwaltung mit Recht zum Forderungseinzug (BFH/NV 2016,1310) sowie auch im Fall der starken vorläufigen Insolvenzverwaltung (BFHE 253, 445 = BeckRS 2016, 94924) jeweils zum Zeitpunkt der Anordnung der vorläufigen Insolvenzverwaltung. Der sodann im Insolvenzeröffnungsverfahren erfolgte Forderungseinzug führt zur zweiten Berichtigung nach § 17 Abs. 2 Nr. 1 S. 2 UStG.

214   Gleiches gilt für den **Einzug der zur Sicherheit abgetretenen Forderung durch den Insolvenzverwalter während des eröffneten Verfahrens** nach § 166 Abs. 2 InsO. Es erfolgt ebenfalls eine erste Berichtigung gem. § 17 Abs. 2 Nr. 1 UStG im vorinsolvenzrechtlichen Unternehmensbereich wegen rechtlicher Uneinbringlichkeit. Der BFH qualifiziert diese Berichtigung als Masseverbindlichkeit (BFHE 247, 460 = BeckRS 2014, 96358, dort stellt der erkennende Senat im Rahmen der Maßgaben für den zweiten Rechtsgang durch das FG fest, dass die Doppelberichtigung auch auf die Sicherungszession anzuwenden ist). Mangels Einziehungsbefugnis des Zessionars bleibt der Insolvenzschuldner wirtschaftlicher Eigentümer, sodass die Sicherungszession

Steuerrecht in der Insolvenz – Umsatzsteuer

keine anderweitige umsatzsteuerliche Wertung bewirkt. Nach Witfeld soll eine Haftung gem. § 13c UStG des Zessionars ausscheiden (Sonnleitner InsSteuerR/Witfeld Kap. 5 Rn. 295).

Führt eine durch den Insolvenzschuldner ausgeübte Tätigkeit zu umsatzsteuerpflichtigen Leistungen, **ohne** dass der Insolvenzverwalter **Kenntnis** darüber erlangt, und gelangen diese Entgelte nicht zur Insolvenzmasse, entsteht **keine Masseverbindlichkeit nach § 55 Abs. 1 InsO** (BFHE 265, 294 = DStRE 2020, 39 Rn. 12). Unzureichend ist die Vereinnahmung des Entgelts durch den Insolvenzschuldner ohne Zustimmung des Insolvenzverwalters (BFH/NV 2020, 1180 = BeckRS 2020, 19817). 215

Die durch die Forderungseinziehung anfallenden Kosten setzen sich – gemessen jeweils am Bruttoeinzugsbetrag – grundsätzlich aus 5 % Verwertungs- und 4 % Feststellungskosten zusammen (vgl. §§ 170, 171 InsO). Die durch den Einzug der zedierten Forderung im Insolvenzeröffnungsverfahren sowie auch nach Eröffnung des Verfahrens entstehende **Umsatzsteuer ist aufgrund der Abführungspflicht der (zukünftigen) Insolvenzmasse nach § 171 Abs. 2 S. 3 InsO einzubehalten.** Der Einzug der zedierten Forderungen durch den (vorläufigen) Insolvenzverwalter zugunsten des Zessionars stellt eine Geschäftsbesorgung, mithin eine umsatzsteuerbare sonstige Leistung nach §§ 1 Abs. 1 Nr. 1, 3 Abs. 9 S. 1 UStG an den absonderungsberechtigten Gläubiger dar (BFHE 235, 22 = BeckRS 2011, 96400). Die gesetzlich geschuldeten – sowie auch frei verhandelte –Verwertungskostenbeiträge gem. § 171 Abs. 2 InsO stellen das **Entgelt für die Geschäftsbesorgung** dar. Die auf das Entgelt entfallende gesetzliche Umsatzsteuer belastet die Masse, sodass diese ebenfalls nach den Regelungen des § 171 Abs. 2 S. 3 InsO vom auszuführenden Erlös einzubehalten ist. Ob für den Fall des Einzugs von zedierten Forderungen nach Eröffnung des Verfahrens die Regelungen des Dreifachumsatzes zur Anwendung kommen, wurde bislang in der höchstrichterlichen Rechtsprechung offengelassen. Nach hiesiger Auffassung kann diese nicht zum Tragen kommen, nachdem es an der Verwertung an einen Dritten mangelt. Bezüglich der detaillierten Berechnung: 216

216.1

Vor Eröffnung des Insolvenzverfahrens hat der spätere Insolvenzschuldner **S** eine Forderung in Höhe von 150.000 EUR brutto an eine Bank **B** abgetreten. Die Leistung wurde bereits vor Insolvenzeröffnung erbracht, das Entgelt jedoch bisher nicht vereinnahmt. Nach Eröffnung des Insolvenzverfahrens zieht der Insolvenzverwalter **I** die Forderung des **S** in voller Höhe für **B** ein.

Abrechnung nach Forderungseinzug	
Brutto-Forderung	150.000,00 €
./. USt 19 % (2. Berichtigung § 17 Abs. 1 UStG § 171 Abs. 2 Satz 3 InsO)	23.949,58 €
./. Kosten der Feststellung (4% v. Bruttoerlös § 171 Abs. 1 InsO)	6.000,00 €
./. Kosten der Verwertung (5% v. Bruttoerlös § 171 Abs. 2 InsO)	7.500,00 €
./. USt 19% auf Kosten der Verwertung	1.425,00 €
Auskehrungsbetrag an B – Betrag der Schuldtilgung	**111.125,42 €**

Mit Einziehung der zedierten Forderung durch I wird die Insolvenzmasse mit Umsatzsteuer belastet, da ein Doppelberichtigungsanspruch iSd § 17 Abs. 2 UStG ausgelöst wird. Diese ist umsatzsteuerlich unter der Massesteuernummer zu erfassen. Die durch den Forderungseinzug ausgelöste Umsatzsteuer stellt eine Masseverbindlichkeit iSd § 55 Abs. 1 Nr. 1 InsO dar. Demzufolge sind 23.949,58 EUR an das FA abzuführen. Zudem ist der Bruttoforderungsbetrag um die Feststellungs- und Verwertungskostenpauschale zu kürzen. Der Insolvenzverwalter hat somit einen Erlös in Höhe von insgesamt **111.125,42 EUR** an B auszukehren.

Wird die **abgetretene Forderung trotz Einziehungsverbot vom Sicherungsgläubiger eingezogen,** kann die Einziehung vom Insolvenzverwalter genehmigt werden (BFHE 247, 460 = BeckRS 2014, 96358). Außerdem können dann Feststellungskosten iHv 4 % geltend gemacht werden (BGHZ 154, 72 = NZI 2003, 259; zu weiteren Sachverhaltsalternativen in bürgerlich-rechtlicher Hinsicht HK-InsO/Schröder InsO § 21 Rn. 69i). Gemäß § 170 Abs. 2 InsO analog ist der Sicherungszessionar verpflichtet, die Umsatzsteuer an die Insolvenzmasse abzuführen. Wird 217 die Genehmigung nicht erteilt, haftet der Sicherungsgläubiger gem. § 13c UStG (Sonnleitner InsSteuerR/Witfeld Kap. 5 Rn. 297).

218 Mit dem Übergang des Einziehungsrechts auf den Insolvenzverwalter **verliert der Gläubiger auch die Möglichkeit, das Einziehungsrecht der Forderungen zu übertragen** (→ § 166 Rn. 38).

219 Bei dem zum Zweck der Liquiditätsgenerierung vereinbarten **echten Factoring** zwischen dem Insolvenzschuldner und der Factoringbank übernimmt letztere das Forderungsausfall-Risiko und finanziert die abgetretene Forderung zu einem bestimmten Prozentsatz vor. Der verbleibende Betrag wird abzüglich Zinsen und Gebühren zum Zeitpunkt der Zahlung durch die Debitoren im Nachgang ausbezahlt. Waza weist darauf hin, dass in der Praxis vermehrt Fälle auftreten, in denen die Factoringbanken nach Forderungseinzug eine Auszahlung an den Insolvenzschuldner unter Hinweis auf die **Haftung nach § 13c UStG** verweigern (WUS Insolvenzen/Waza Rn. 2357). Als Begründung wird auf die Entscheidung des BFH v. 16.12.2015 (BFHE 6, 500 = BeckRS 2016, 94362) verwiesen. Demnach ist die Haftung des Abtretungsempfängers für Umsatzsteuer nach § 13c UStG nicht ausgeschlossen, wenn er dem Unternehmer, der ihm die Forderung abgetreten hat, im Rahmen des echten Factorings liquide Mittel zur Verfügung gestellt hat, und dieser die Umsatzsteuerschuld hätte begleichen können. Nach Waza besteht jedoch kein Raum für ein derartiges Zurückbehaltungsrecht, da die FinVerw das Urteil mit einer Anwendungsregel versehen hat. Dadurch würde die Haftung durch die Factoringbank in der Regel ausgeschlossen. Gemäß § 13c Abs. 1 S. 3 ff. UStG gilt in den Fällen des Forderungsverkaufs die Forderung als nicht beim Abtretungsempfänger vereinnahmt, sofern der leistende Unternehmer für die Abtretung der Forderung **eine Gegenleistung in Geld vereinnahmt** (bspw. bei Asset-Backed-Securities). Dies setzt jedoch voraus, dass der Geldbetrag tatsächlich in den Verfügungsbereich des leistenden Unternehmers gelangt. Dies ist nicht der Fall, sofern der Geldbetrag auf ein Konto gezahlt wird, auf welches der Abtretungsempfänger Zugriff hat.

220 Nachdem beim echten Factoring eine Massezugehörigkeit der bereits verkauften Forderungen nicht besteht, kommt es **nicht zur Anwendung der Doppelberichtigungsrechtsprechung** zum Zeitpunkt der Anordnung der vorläufigen Insolvenzverwaltung respektive Eröffnung des Verfahrens. Der Schuldner verfügt im Rahmen des echten Factorings nicht mehr über diese Forderungen, diese scheiden vielmehr zum Zeitpunkt der Begründung der Forderungen und des sich anschließenden Ankaufs durch den Factor aus der Istmasse aus. Eine Berichtigung dieses Forderungsbestandes aus Rechtsgründen ist daher obsolet. Zieht der vorläufige Insolvenzverwalter demzufolge die Kaufpreisforderung gegenüber der Factoringbank ein, besteht ua auch mangels der zuvor erfolgten ersten Berichtigung der Umsatzsteuer gem. § 17 UStG aus Rechtsgründen für die Insolvenzmasse keine Verpflichtung zur zweiten Berichtigung der Umsatzsteuer des eingezogenen Betrages. Eine Masseverbindlichkeit gem. **§ 55 Abs. 4 InsO** wird für die zum Zeitpunkt der Anordnung **bereits verkauften Forderungen** nicht begründet. Nachdem die Insolvenzmasse nicht mit der Umsatzsteuer iSd § 170 Abs. 2 InsO belastet ist, hat der (vorläufige) Insolvenzverwalter den Bruttobetrag bei der Absonderung an den Factor herauszugeben.

220.1 Auszug aus UStH 2018/2019, § 2, 2.4 Abs. 3, 7104: „Beim Forderungskauf mit Übernahme des tatsächlichen Einzugs und ggf. des Ausfallrisikos durch den Forderungskäufer (Absatz 1 Sätze 2 und 3) erbringt der Forderungsverkäufer (Anschlusskunde) mit der Abtretung seiner Forderung keine Leistung an den Factor (**BFH-Urteil vom 4.9.2003, V R 34/99, BStBl 2004 II S. 667**). 2Vielmehr ist der Anschlusskunde Empfänger einer Leistung des Factors. 3Die Abtretung seiner Forderung vollzieht sich im Rahmen einer nicht steuerbaren Leistungsbeistellung. 4Dies gilt nicht in den Fällen des Forderungskaufs ohne Übernahme des tatsächlichen Einzugs der Forderung durch den Forderungskäufer (Absatz 2 Sätze 1 und 2). 5Die Abtretung einer solchen Forderung stellt einen nach **§ 4 Nr. 8 Buchstabe c UStG steuerfreien Umsatz** im Geschäft mit Forderungen dar. 6Mit dem Einzug der abgetretenen Forderung (Servicing) erbringt der Forderungsverkäufer dann keine weitere Leistung an den Forderungskäufer, wenn er auf Grund eines eigenen, vorbehaltenen Rechts mit dem Einzug der Forderung im eigenen Interesse tätig wird. 7Beruht seine Tätigkeit dagegen auf einer gesonderten Vereinbarung, ist sie regelmäßig als Nebenleistung zu dem nach § 4 Nr. 8 Buchstabe c UStG steuerfreien Umsatz im Geschäft mit Forderungen anzusehen."

221 Für die **Haftung des Abtretungsempfängers nach § 13c UStG** ist eine festgesetzte und fällige Umsatzsteuer Voraussetzung. Ist vor Eröffnung des Insolvenzverfahrens weder eine Jahressteuerfestsetzung noch eine Umsatzsteuervoranmeldung für den die Forderung betreffenden Zeitraum ergangen, so soll eine folgende Eintragung der Umsatzsteuer in der Insolvenztabelle nicht ausreichend sein. Allein die Eintragung in der Insolvenztabelle würde nach jüngster Entscheidung des V. Senats des BFH auch keine Fälligkeit bewirken, da die Anordnung des § 41 Abs. 1 InsO gegenüber dem Haftungsschuldner nach § 13c UStG keine Wirkung hat (vgl. BeckRS 2020,

27378 = DStR 2020, 2420 mAnm Heuermann; aA WUS Insolvenzen/Waza Rn. 2345; näher → Rn. 229).

Wird eine **Forderung verpfändet, findet keine analoge Anwendung des § 166 Abs. 2 InsO statt.** Der Gläubiger hat in diesem Falle das alleinige Verwertungsrecht (BGH NZI 2013, 596 Rn. 15; ausführlich → § 166 Rn. 40, → SteuerrechtinderInsolvenz-Ertragssteuerrecht Rn. 1 ff.). **222**

L. Umsatzsteuer bei der Insolvenzanfechtung

Eine der Hauptaufgaben des Insolvenzverwalters ist die Ermittlung von Rechtshandlungen, die nach den §§ 129 ff. InsO anfechtbar sind. Vor allem die insolvenzantragsnahe Befriedigung einzelner Gläubiger, die durch Zahlung oder Aufrechnung herbeigeführt wurde, steht im Fokus der Anfechtung. Im Ergebnis einer erfolgreichen Anfechtung oder eines im Rahmen des Anfechtungsprozesses geschlossenen Vergleichs ist der Leistende verpflichtet, das vom Insolvenzschuldner vereinnahmte Entgelt an die Insolvenzmasse zurückzugewähren. Weil sich eine erklärte Anfechtung auf den Bruttobetrag bezieht, ist fraglich, wie **eine Rückgewähr an die Insolvenzmasse gem. § 143 Abs. 1 InsO** umsatzsteuerrechtlich zu behandeln ist. Die umsatzsteuerlichen Folgen sind unterschiedlich und bislang höchstrichterlich noch nicht für alle Fallkonstellationen entschieden. **223**

Nach Auffassung der **Oberfinanzdirektion Koblenz** soll der Insolvenzverwalter die Vorsteuer gem. § 17 Abs. 2 Nr. 1 S. 1 UStG iVm § 17 Abs. 1 S. 2 UStG in Folge der **Rückgewähr einer erfolgreichen Anfechtung** berichtigen. Die steuererhöhende Rückzahlung ist unter der Massesteuernummer, also im Unternehmensteil der Insolvenzmasse, zu erfassen. Entstehen bei der umsatzsteuerlichen **Zwangsverrechnung** (→ Rn. 1, → Rn. 38) Steuerforderungen gegenüber der Insolvenzmasse, sollen diese als Masseverbindlichkeiten nach § 55 Abs. 1 Nr. 1 InsO zu qualifizieren sein (OFD Koblenz BeckVerw 277766; im Einzelnen folgend Uhlenbruck/Borries/Hirte InsO § 143 Rn. 237). Die darauffolgende **finanzgerichtliche Rechtsprechung** hat sich dieser Auffassung **angeschlossen** (FG Sachsen BeckRS 2016, 94918; BeckRS 2016, 94487 (nrkr, Az. der Revision V R 43/16); BeckRS 2016, 95811; EFG 2017, 165 = BeckRS 2016, 95809 (nrkr, Az. der Revision V R 56/16)). Umsatzsteuerrechtlich lässt sich das dadurch begründen, dass § 17 UStG einen selbstständigen Berichtigungstatbestand regelt, welcher die ursprüngliche Steuerfestsetzung nicht rückwirkend verändert. Vielmehr ist die Besteuerungsgrundlage in dem Zeitraum zu berücksichtigen, in welchem sie verwirklicht wird. Der **V. und XI. Senat des BFH** haben schließlich höchstrichterlich dieses Ergebnis **bestätigt** (BFHE 256, 571 = DStR 2017, 493 mAnm Heuermann (Vorinstanz FG Sachsen BeckRS 2016, 94918); BFHE 257, 465 = DStR 2017, 1200 (Vorinstanz FG Sachsen BeckRS 2016, 95811)). Danach sind die Berichtigungstatbestände während der Masseverwaltung entstanden und stellen somit Masseverbindlichkeiten nach § 55 Abs. 1 Nr. 1 InsO dar, die die Umsatzsteuerjahresschuld erhöhen. Darunter fallen ua nach **§ 17 Abs. 2 Nr. 1 S. 2, Abs. 1 S. 2 UStG** entstandenen Vorsteuerberichtigungsansprüche, die aus der Anfechtung resultieren. Der umsatzsteuerliche Berichtigungstatbestand sei als selbstständig anzusehen, seine Erfüllung trete nicht schon mit seiner Entstehung, sondern erst **durch die Rückzahlung des Entgeltes** ein. Die FinVerw wendet die Rechtsprechung des BFH (BFHE 256, 571 = BeckRS 2017, 94261; BFHE 257, 465 = MwStR 2017, 549) in allen offenen Fällen ab Veröffentlichung des BMF-Schreibens an (BMF v. 3.7.2017, BeckVerw 342890). **224**

Die Literatur steht der von der Rechtsprechung vertretenen Meinung nicht unkritisch gegenüber. Roth (Roth, Insolvenzsteuerrecht, 2021, Rn. 4410) vertritt die Ansicht, dass schon **keine Uneinbringlichkeit gem. § 17 Abs. 2 Nr. 1 UStG** oder andere Veränderung der Bemessungsgrundlage nach § 17 Abs. 1 S. 1 UStG vorliege, allenfalls seien deren Folgen als Insolvenzforderungen einzustufen. Nach Roth stellen der umsatzsteuerliche Leistungsaustausch sowie das gesetzliche Rückgewährschuldverhältnis, welches durch die Insolvenzanfechtung entsteht, zwei separate Sonderverbindungen dar. Da der insolvenzrechtliche Anfechtungsanspruch auch kein Rücktrittsrecht darstelle, kann sich die Ausübung der Anfechtung auch nicht auf das Schuldverhältnis, welches dem umsatzsteuerlichen Leistungsaustausch zugrunde liegt, auswirken. Zudem widerspreche die Einordnung als Masseverbindlichkeit geradezu dem Zweck des insolvenzrechtlichen Anfechtungsrechts (Roth, Insolvenzsteuerrecht, 2021, Rn. 4410; ähnlich in Begründung und Ergebnis Zistler ZInsO 2015, 833 ff.). **224.1**

Kahlert (Kahlert ZIP 2012, 1433 ff.) hingegen ist der Ansicht, dass **eine Vorsteuerberichtigung** vorzunehmen ist, die allerdings im vorinsolvenzrechtlichen Teil des Unternehmens zu erfolgen hat und als Insolvenzforderung gem. § 38 InsO zu qualifizieren ist. Begründet wird dies mit der Rechtsfolge des § 144 Abs. 1 InsO. Danach lebt die Forderung des Anfechtungsgegners zu dem Zeitpunkt wieder auf, in welchem er dem Insolvenzverwalter das anfechtbar Erlangte wieder zurückzahlt. Die erste Berichtigung nach § 17 UStG wird auch hier vor Eröffnung des Insolvenzverfahrens begründet. Eine zweite Berichtigung ist erst **224.2**

Steuerrecht in der Insolvenz – Umsatzsteuer

dann erforderlich, sofern der Leistende eine Insolvenzquote auf die wiederaufgelebte Forderung erhält. Diese ist dann der Insolvenzmasse zuzuordnen (Kahlert ZIP 2012, 1433 (1435 f.)).

224.3 **Sonnleitner** (Sonnleitner InsSteuerR/Witfeld Kap. 5 Rn. 343) folgt der Auffassung Kahlerts mit der Begründung, dass nur so **eine hinreichende Berücksichtigung des insolvenzanfechtungsrechtlichen Rückgewährschuldverhältnisses auf die steuerliche Bemessungsgrundlage erfolgt.** Insbesondere sei die ratio legis des § 17 Abs. 2 Nr. 1 UStG eine zutreffende Umsatzsteuerbelastung, ausgerichtet an der Ist-Besteuerung, bei denjenigen, die am Leistungsaustausch beteiligt sind, zu ermöglichen. Dies entspreche auch dem Telos einer Verbrauchssteuer und der Umsatzsteuersystematik. Auch die von der hM vertretene schuldrechtliche Theorie (BeckRS 2006, 13451; mwN aus Rechtsprechung und Literatur Uhlenbruck/Borries/Hirte InsO § 129 Rn. 4 ff.; Nerlich/Römermann/Nerlich InsO § 143 Rn. 3) steht dem nicht entgegen.

224.4 Die Kritik der Literatur verdient uneingeschränkte Zustimmung, insbesondere weil der BFH bei seiner Würdigung den Zweck der Insolvenzanfechtung vollständig außer Betracht lässt und so den Normzielkonflikt von Insolvenz- und Steuerrecht nicht zu einem Ausgleich führt.

225 Der Ursprung der Uneinbringlichkeit ist für die Anwendbarkeit des § 17 Abs. 2 Nr. 1 UStG zudem irrelevant. Für umsatzsteuerliche Zwecke gilt es jedoch zu beantworten, in welchem Besteuerungszeitraum die Berichtigung vorzunehmen ist. Insolvenzrechtlich ist die Zuordnung der Berichtigung als Masseverbindlichkeit oder Insolvenzforderung zu klären (Sonnleitner InsSteuerR/Witfeld Kap. 5 Rn. 343). Steht zum Zeitpunkt der Entstehung des insolvenzrechtlichen Anfechtungsanspruchs, der an den Zeitpunkt vor Eröffnung des Insolvenzverfahrens anknüpft, fest, dass die Forderung rückwirkend entfällt, muss eine **status quo ante-Betrachtung** vorgenommen werden. Folglich muss auf den Zeitpunkt direkt vor der Entstehung des Anfechtungstatbestandes abgestellt werden. Dasselbe gilt für die Beantwortung der Frage der Uneinbringlichkeit. Nur so lassen sich der Zeitpunkt und der Gegenstand der Uneinbringlichkeit exakt bestimmen. Die umsatzsteuerrechtliche Bewertung der rückwirkend wiederaufgelebten Forderung wird sodann unter Berücksichtigung der Insolvenzeröffnung vorgenommen. Spätestens zum Zeitpunkt der Insolvenzeröffnung ist nach Rechtsprechung des BFH der Vorsteuerberichtigungsanspruch begründet. Im Falle der Anordnung eines Zustimmungsvorbehalts des Insolvenzgerichts tritt schon damit Uneinbringlichkeit ein (BFHE 242, 433 = BeckRS 2013, 95989; BFHE 247, 460 = BeckRS 2014, 96358). Die Vorsteuerberichtigung erfolgt daher im vorinsolvenzrechtlichen Unternehmensteil (vgl. § 38 InsO; im Einzelnen ebenso Schädlich/Wons NWB 2014, 3962 (3966 f.)). Indes gilt sie als Insolvenzforderung. Erfolgt die Berichtigung erst während des Insolvenzverfahrens, kann daraus nicht zwingend geschlossen werden, dass es sich um eine Masseverbindlichkeit handelt. Denn nicht der Berichtigungszeitpunkt ist hierfür maßgeblich, sondern die Begründung des Tatbestandes. § 55 Abs. 1 Nr. 1 InsO ist teleologisch dahingehend zu reduzieren, dass der Wortlaut „Handlungen des Insolvenzverwalters" keine Anfechtungshandlungen erfasst. Schon der Sinn und Zweck von §§ 129 ff. InsO spricht gegen die Annahme, dass durch die Anfechtung zurückerlangte Beträge wieder der Umsatzbesteuerung unterliegen sollen. Dies würde letztlich dazu führen, dass dem Fiskus an den Umsatzsteueranteilen ein „Aussonderungs- bzw. Absonderungsrecht" zustehen würde. Ein solches Ergebnis widerspräche den gesetzgeberischen Intentionen (Sonnleitner InsSteuerR/Witfeld Kap. 5 Rn. 343).

226 Die finanzgerichtliche Rechtsprechung qualifiziert im Rahmen eines Anfechtungsprozesses durch einen **gerichtlichen Vergleich** ausgelöste Vorsteuerberichtigungsansprüche als Masseverbindlichkeiten (FG Münster Urt. v. 17.3.2011 – 5 K 1861/07 U (rkr.); FG München BeckRS 2014, 95970 (rkr.)). Die Forderung des Anfechtungsgegners lebt in Höhe des Vergleichsbetrages wieder auf, weil insoweit die Erfüllungswirkung beseitigt wird. Die Rückgewähr der nach dem gerichtlichen Vergleich zu entrichtenden Beträge löst die Vorsteuerberichtigung nach § 17 Abs. 1 UStG aus. Die veränderte Bemessungsgrundlage folgt aus § 17 Abs. 1 S. 2 UStG. Das resultiert laut FG Münster (Urt. v. 17.3.2011 – 5 K 1861/07 U) daraus, dass ein tatsächlich bereits gezahltes Entgelt nicht mehr uneinbringlich werden könne, da es schon erfolgreich „eingebracht" ist. Die aus dem Vergleich resultierende Vorsteuerberichtigung ist durch die Handlung des Insolvenzverwalters begründet, demnach liegt eine Masseverbindlichkeit gem. § 55 Abs. 1 Nr. 1 InsO vor (FG München BeckRS 2014, 95970 Rn. 20 (rkr.)).

227 Die Rechtsprechung übersieht allerdings auch hier wieder, **dass nach § 144 Abs. 1 InsO die Forderung des Anfechtungsgegners wiederauflebt** und nicht erst begründet wird (Kahlert ZIP 2012, 1433 (1434 f.)). Insoweit sind die vorangegangenen Ausführungen auch hier zutreffend. Damit sind auch die durch einen gerichtlichen Vergleich hervorgerufenen Vorsteuerberichtigungsansprüche als Insolvenzforderungen zu qualifizieren (vgl. Kahlert ZIP 2012, 1433 (1434 f.); aA WUS Insolvenzen/Waza Rn. 2388).

Steuerrecht in der Insolvenz – Umsatzsteuer

Der in der Praxis eher seltene Fall des **Verzichts des Insolvenzverwalters auf das Anfechtungsrecht** geht meistens mit der Leistung eines Entgeltes durch den Anfechtungsgegner einher. Dies stellt einen sonstigen Leistungsaustausch (BFH/NV 2011, 1724 Rn. 24 = BeckRS 2011, 96065) dar. Die auf das Entgelt der sonstigen Leistung entfallende Umsatzsteuer ist eine Masseverbindlichkeit (WUS Insolvenzen/Waza Rn. 2385). Da der Insolvenzverwalter durch den Verzicht von seinem Anfechtungsrecht keinen Gebrauch macht, lebt auch die Forderung nicht wieder auf. In diesem Fall kommt es nicht zur Änderung der Bemessungsgrundlage iSd § 17 UStG. Vielmehr tritt neben das ursprüngliche Rechtsverhältnis ein neues (zur Abgrenzung Kahlert ZIP 2012, 1433 (1436)). Der Anfechtungsgegner erhält durch den Verzicht einen **wirtschaftlichen Vorteil**. Dieser führt in umsatzsteuerlicher Hinsicht zu einem Verbrauch. Eine **sonstige Leistung nach §§ 1 Abs. 1 Nr. 1, 3 Abs. 9 UStG** liegt vor. Das zu zahlende Entgelt entspricht daher dem Nettobetrag (exklusive Umsatzsteuer), da andernfalls die Gefahr besteht, dass der Massezufluss durch Abführung der Umsatzsteuer zulasten der Insolvenzmasse geschmälert wird. Dem Anfechtungsgegner bleibt es unbenommen, eine Rechnung mit Umsatzsteuerausweis zu verlangen (Kahlert ZIP 2012, 1433 (1436); BFH/NV 2011, 1724 Rn. 22 ff. = BeckRS 2011, 96065). 228

M. Haftungstatbestände in der Umsatzsteuer

Nach § 13c Abs. 1 S. 1 UStG haftet der Abtretungsempfänger für die durch die abgetretene Forderung entstandene Umsatzsteuer, die der Zedent nicht (vollständig) abgeführt hat. Dadurch werden Darlehensgläubiger gehindert, ihr Kreditsicherungsvolumen um den Umsatzsteuerbetrag von 19 % zu erhöhen, da der Steuergläubiger letztlich entweder durch den Zedenten oder den Zessionar nach § 13c Abs. 1 S. 1 UStG befriedigt wird (Rau/Dürrwächter/Stadie UStG § 13c Rn. 4). 229

Bereits **vor Inkrafttreten der Regelung zum 7.11.2003** war diese Wertung § 170 Abs. 2 InsO iVm § 171 Abs. 2 S. 3 InsO und § 13b Abs. 1 S. 1 Nr. 2 UStG für Fälle der Verwertung sicherungsübereigneter Gegenstände zu entnehmen (WUS Insolvenzen/Waza Rn. 2342). Eine Haftung des Zessionars für vor dem 7.11.2003 abgetretene Forderungen scheidet aus (BFHE 226, 183 = BeckRS 2009, 24003796). 229.1

Zweifel daran, dass § 13c UStG wegen der **FED-Tec-Entscheidung des EuGH** (EuGH BeckRS 2006, 70370) gegen Unionsrecht verstoße (so zB Rau/Dürrwächter/Stadie UStG § 13c Rn. 11; Roth, Insolvenzsteuerrecht, 2021, Rn. 4.503), haben sowohl der XI. Senat des BFH (BFHE 6, 500 = BeckRS 2016, 94362) als auch der V. Senat des BFH (BFHE 244, 70 = BeckRS 2014, 94484) eine Absage erteilt. Der BFH geht im Ergebnis davon aus, dass kein Verstoß gegen das Rechtsstaatsgebot oder gegen die Rechtssicherheit vorliege. 230

Voraussetzungen für eine Haftungsinanspruchnahme des Zessionars nach § 13c Abs. 1 S. 1 UStG sind eine **festgesetzte Umsatzsteuer** gegenüber dem Zedenten, die **Fälligkeit** der Steuer, die **Nichtabführung der Steuer** sowie die **Vereinnahmung der Forderung** durch den Zessionar oder einen Dritten. Im Übrigen bewirkt die Eintragung des Umsatzsteueranspruchs für das Kalenderjahr zur Insolvenztabelle auch unter Berücksichtigung von § 41 Abs. 1 InsO gemäß jüngster Entscheidung des V. Senat des BFH keine Fälligkeit zulasten des Zessionars bei der Haftung nach § 13c UStG (vgl. BeckRS 2020, 27378 = DStR 2020, 2420). Gemäß § 13c Abs. 2 S. 2 UStG ist dem Zessionar ein Haftungsbescheid auszustellen. Der Finanzverwaltung wird insoweit kein Ermessen eingeräumt. 231

Eine **Nichtentrichtung der Steuer** liegt auch dann vor, wenn lediglich eine Quote ausbezahlt werden kann. Die Umsatzsteuerverbindlichkeit ist um diese Quote zu kürzen und ein schon ergangener Haftungsbescheid zu widerrufen (WUS Insolvenzen/Waza Rn. 2351). 232

Der Begriff der **Vereinnahmung** ist laut der Finanzverwaltung weit zu verstehen, sodass diese schon vorliegt, wenn zwar der Zedent die Forderung einzieht, jedoch nur der Zessionar Zugriff auf das Konto hat, auf welches das Geld überwiesen wurde (s. Abschnitt 13c1. Abs. 21 UStAE). 233

Auch hat die **Insolvenzanfechtung** nach Auffassung des BFH keinen Einfluss auf die Haftung nach § 13c UStG, sofern die Vereinnahmung nicht rückgängig gemacht wird und nach § 143 Abs. 1 InsO an die Masse zurückfließt (BFHE 244, 70 = BeckRS 2014, 94484). Das Schrifttum hingegen differenziert zunächst zwischen der Haftung nach und vor der Anfechtung (vgl. Molitor ZInsO 2006, 80). Ein Haftungsanspruch soll nach der Anfechtungshandlung nicht vorliegen, sofern die Erlöse wieder zurück an die Masse geflossen sind, da der Zessionar in diesem Fall die Umsatzsteuer **nicht vereinnahmt hat.** Vor der Anfechtungshandlung hingegen hat der Zessionar die Umsatzsteuer vereinnahmt, sodass die Finanzverwaltung verpflichtet ist, einen Haftungsbescheid zu erlassen. Laut Waza (WUS Insolvenzen/Waza Rn. 2355) könnte man eine Korrektur dieses Ergebnisses nur erreichen, indem die Finanzverwaltung den Haftungsbescheid aus sachlichen 234

Steuerrecht in der Insolvenz – Umsatzsteuer

Billigkeitsgründen widerruft, sofern der Zessionar verpflichtet ist, nach erfolgreicher Anfechtung die zuvor vereinnahmten Erlöse an die Insolvenzmasse zurückzugewähren (s. auch Farr, Die Besteuerung in der Insolvenz, 2005, 193; zur Hinterlegung bis zur endgültigen Klärung des Haftungsanspruchs nach § 13c UStG s. Siebert UStB 2006, 333; aA Roth, Insolvenzsteuerrecht, 2021, Rn. 4.510 f., der insoweit die Anwendbarkeit des § 13c UStG trotz Anfechtbarkeit bejaht).

235 Die Haftung gem. § 13c Abs. 1 S. 1 UStG gilt nach § 13c Abs. 3 UStG auch für die **Verpfändung und Pfändung**. Auch findet die Regelung nach ihrem Wortlaut Anwendung auf **jegliche Arten der Abtretung iSv § 398 BGB**, wie zB Globalzessionen und auch für bedingte/künftige Forderungen.

236 Die **Umsatzsteuerfestsetzung nach § 13c Abs. 2 S. 2 UStG** hat auch während des Insolvenzverfahrens zu erfolgen und auch dann, wenn mangels Masse das Verfahren nicht eröffnet wird. Eine etwaige Festsetzung einer Umsatzsteuervorauszahlung erledigt sich, wenn die Forderung zur Insolvenztabelle angemeldet wird (BFHE 244, 70 = BeckRS 2014, 94484).

237 Erfolgt die Verwertung oder Einziehung der Forderung **durch den Insolvenzverwalter nach § 166 Abs. 2 InsO**, ist § 13c UStG ebenfalls anwendbar, da die Verwertung durch das Absonderungsrecht am erhaltenen Ertrag abzüglich der Feststellungs- und Verwertungskosten gem. § 170 InsO oder durch Auskehren des Bruttobetrags der Forderung erfolgt (WUS Insolvenzen/Waza Rn. 2350).

238 Unter Zugrundelegung verschiedener Begründungsansätze wurde bis zur Neufassung des § 13c Abs. 1 S. 4 und 5 UStG die Haftung von Factoringunternehmen nach § 13c UStG unter bestimmten Voraussetzungen ausgeschlossen. Diese berufen sich häufig auf ein Zurückbehaltungsrecht an der Auszahlungssumme eingezogener Forderungen wegen einer möglichen Haftung aus § 13c Abs. 1 S. 1 UStG. Zur Begründung wird das Urteil des **BFH vom 16.12.2015** herangezogen (BFHE 6, 500 = BeckRS 2016, 94362), wonach eine Haftung aus § 13c UStG für Factoringunternehmen (Zessionar) nicht ausgeschlossen sei, sofern der Zessionar im Zuge eines „**echten Factorings**" dem Zedenten (späteren Insolvenzschuldner) liquide Mittel zur Verfügung stellt. Erfolgt sodann eine Einziehung der Forderung inklusive Umsatzsteuer durch den Zessionar, führt dies zu Umsatzsteuerausfällen, wenn es dem Zedenten finanziell nicht mehr möglich ist, die geschuldete Umsatzsteuer abzuführen (BFHE 6, 500 = BeckRS 2016, 94362 Rn. 49). Dem steht allerdings entgegen, dass der BFH ausdrücklich auf die Möglichkeit der Vermeidung einer Inanspruchnahme nach § 13c Abs. 2 S. 4 UStG hinweist. Danach kann der Zessionar die Haftung umgehen, indem er die in der abgetretenen Forderung enthaltene Umsatzsteuer an das für den Zedenten zuständige Finanzamt abführt und diesem lediglich den Restbetrag auszahlt, der um die Umsatzsteuer gekürzt ist (BFHE 6, 500 = BeckRS 2016, 94362 Rn. 60). Die **FinVerw** hingegen stellte darauf ab, dass keine Vereinnahmung durch den Zessionar iSv § 13c Abs. 1 S. 1 UStG vorliegt, soweit der Zedent als Gegenleistung für die Abtretung Geld erhält, was den Regelfall des Factorings darstellt (Abschn. 13c.1. Abs. 27 S. 1 UStAE). Seit der Neufassung der § 13c Abs. 1 S. 4 und 5 UStG nF gilt für Forderungen, die **ab dem 1.1.2017** abgetreten wurden, eine Rückgängigmachung der Haftungsinanspruchnahme im Rahmen von Factoring-Abtretungen. Für Forderungen, die **vor dem 1.1.2017** abgetreten wurden, ist Abschn. 13c.1. Abs. 27 S. 1 UStAE zugrunde zu legen, wonach die Forderung nicht als durch den Zessionar vereinnahmt gilt, sofern der Zedent (Insolvenzschuldner) als Gegenleistung für die Abtretung Geld vereinnahmt (BMF v. 9.5.2018, BeckVerw 434830).

Steuerrecht in der Insolvenz – Sonstige Steuern und Nebenleistungen

Übersicht

	Rn.		Rn.
A. Gewerbesteuer	1	**D. Kirchensteuer**	50
I. Grundlagen der Ermittlung Gewerbeertrag	9	**E. Kraftfahrzeugsteuer**	53
II. Verlustausgleich	14	I. Grundlagen	53
III. Gewerbesteuerliche Organschaft	20	II. Insolvenzrechtliche Qualifizierung	58
B. Grunderwerbsteuer	24	1. Besitz von Fahrzeugen	64
I. Unbedenklichkeitsbescheinigung nach § 22 GrEStG	30	2. Unpfändbarkeit	66
II. Anfechtung gem. §§ 129 ff. InsO	32	3. Erstattung der Kraftfahrzeugsteuer	67
III. Aufrechnungsverbot bei Erstattung der GrESt infolge der Ablehnung der Erfüllung nach § 103 InsO	35	4. Freigabe des Fahrzeuges	68
		F. Sonstige Verbrauchsteuern und Zölle	73
C. Grundsteuer	36	**G. Erbschafts- und Schenkungssteuer**	80
I. Insolvenzrechtliche Qualifizierung	39	**H. Säumnis- und Verspätungszuschläge**	91
II. Einheitswert- und Grundsteuermessbescheide	43	**I. Vollstreckungskosten**	105
III. Rechts- und Billigkeitsgründe	46	**J. Zinsen**	108
		K. Zwangs- und Ordnungsgelder, Geldbußen und -strafen	111

A. Gewerbesteuer

Die Gewerbesteuer ist gem. **§§ 3 Abs. 2, 22 AO eine Realsteuer.** Sie lastet als Objektsteuer **1** auf dem Gewerbebetrieb und lässt die Leistungsfähigkeit einer Person (des Steuersubjekts) unberücksichtigt. Die Gewerbesteuer steht, wie die Grundsteuer nach Art. 106 Abs. 6 S. 1 GG, § 1 GewStG, § 1 GrStG den Gemeinden und Städten zu.

Wird der Gewerbebetrieb nach Eröffnung des Insolvenzverfahrens weitergeführt, müssen für **2** den in der Insolvenzmasse befindliche Gewerbebetrieb durch den Insolvenzverwalter **Gewerbesteuererklärungen** abgegeben werden. Die Gewerbesteuererklärung wird weiterhin als **Jahressteuer** erhoben, da es keine der § 11 KStG entsprechenden Regel (mehrjähriger Abwicklungszeitraum) für die Gewerbesteuer gibt.

Das Betriebsfinanzamt setzt den **Gewerbesteuermessbetrag** gem. **§§ 11, 14 GewStG iVm** **3** **§ 22 Abs. 1 S. 1 AO** fest. Der Gewerbesteuermessbetrag kann erforderlichenfalls nach § 28 ff. GewStG **zerlegt** werden. Anschließend wird durch die Gemeinde deren Hebesatz angewendet und gegenüber dem Steuerschuldner die Gewerbesteuer festgesetzt. Die Gewerbesteuer wird von der **hebeberechtigten Gemeinde** nach Eröffnung des Insolvenzverfahrens als Insolvenzforderung zur Insolvenztabelle angemeldet (WUS Insolvenzen/Waza Rn. 1892 f.).

Gemäß **§ 15 Abs. 2 S. 1 EStG** ist **Steuerschuldner der Gewerbesteuer der inländische** **4** **Gewerbebetrieb.** Werden Mitunternehmeranteile einer PersG veräußert, erhöhen diese Veräußerungsvorgänge die gewerbesteuerliche Bemessungsgrundlage (Drüen in Blümich, EStG, KStG, GewStG, GewStG § 7 Rn. 118). Die Pflicht zur Abführung der Gewerbesteuer dauert bei **natürlichen Personen und PersG** so lange an bis der Gewerbebetrieb **eingestellt** wird, da § 4 Abs. 1 GewStDV keine Anwendung findet (Drüen in Blümich, EStG, KStG, GewStG, GewStG § 2 Rn. 255; BFHE 238, 198 = BeckRS 2012, 96271; aA Keß in Lenski/Steinberg, Kommentar zum Gewerbesteuergesetz, GewStG § 2 Rn. 4618). In diesem Fall ist wegen des Objektcharakters der Gewerbesteuer im Gegensatz zur Einkommensteuer die Veräußerung der Wirtschaftsgüter des Anlagevermögens und damit die **Aufdeckung der stillen Reserven nicht (mehr) gewerbesteuerpflichtig,** denn mit der Auflösung des Betriebsvermögens erlischt jede werbende Tätigkeit (ZIP 1980, 795 = BeckRS 1980, 22005320; BFHE 176, 138 = BeckRS 1994, 22011295).

Bei **KapG** hingegen findet **§ 4 Abs. 1 GewStDV** Anwendung, so dass die Gewerbesteuer- **5** pflicht bis zum **Ende der Abwicklung** der Gesellschaft besteht. Die Abwicklung ist daher noch als gewerbliche Tätigkeit anzusehen und endet dann, wenn das gesamte **Vermögen verteilt** ist. Infolgedessen unterliegen die in diesem Zeitraum aufgedeckten **stillen Reserven** und die im Abwicklungszeitraum **erzielten Erträge** der **Gewerbesteuerpflicht** (BFHE 158, 440 = BeckRS 1989, 22009064; BFHE 165, 191 = BeckRS 1991, 22009978; BFHE 183, 208 = BeckRS 1997, 23000873).

Steuerrecht in der Insolvenz – Sonstige Steuern und Nebenleistungen

6 Im Ergebnis bleibt die **Gewerbesteuerpflicht** grundsätzlich von der Eröffnung des Insolvenzverfahrens **unberührt** (vgl. § 4 Abs. 2 GewStDV). Bei PersG/natürliche Personen muss danach **differenziert** werden, ob der Insolvenzverwalter den Betrieb **fortführt** oder ihn **einstellt**. Der Insolvenzverwalter wird in der Regel den Betrieb bis zum Berichtstermin fortführen, da er diesen in der Regel erst durch Zustimmung der Gläubigerversammlung einstellen kann (→ § 157 Rn. 2). Führt er also den Gewerbebetrieb zunächst fort und stellt diesen später ein, beginnt der Abwicklungszeitraum (→ Rn. 12) mit dem Jahr, auf dessen **Anfang** oder **in dessen Verlauf** die Abwicklungsphase eröffnet wird (→ § 155 Rn. 32). KapG bleiben hingegen **weiterhin** gewerbesteuerpflichtig.

7 Mit Begründung der Steuerpflicht entsteht die Vorauszahlung auf die GewSt jeweils **zu Beginn** des Kalendervierteljahres, in dem sie zu leisten ist (**§ 21 GewStG**). Ist das Insolvenzverfahren **nach** dem Beginn des Kalendervierteljahres eröffnet, stellt diese Vorauszahlung eine Insolvenzforderung dar. Nach Neuregelung des § 55 Abs. 4 InsO für beantragte Verfahren ab dem 1.1.2021 stellt die Gewerbsteuer bei der Anordnung der **schwachen vorläufigen Insolvenzverwaltung** für den Zeitraum des Insolvenzantragsverfahrens **keine** Masseverbindlichkeit mehr dar.

8 Ein Sonderfall ergibt sich im Insolvenzfall bei der gewerbesteuerlichen Einordnung von **Sonderbetriebsvermögens eines Mitunternehmers** einer PersG. Die Grundwertung des Einkommensteuerrechts bei der Besteuerung von durch eine PersG erzielten Einkünften, geht davon aus, dass die Gesellschafter selbst Unternehmensträger und damit Schuldner der Steuer sind. Hingegen ist nach § 5 Abs. 1 S. 3 GewStG **Schuldner der Gewerbesteuer** die **PersG** selbst. Daher ist die Einordnung des Sonderbetriebsvermögens bei der Gewerbesteuer problematisch, da Schuldner der Gewerbesteuer auch bei Einnahmen aus laufenden Gewinnen oder Veräußerungsgewinnen (Sonderbetriebsvermögen I und II) die Gesellschaft ist. Die auf das Sonderbetriebsvermögen entfallende Gewerbesteuer ist jedoch **keine Masseverbindlichkeit,** da sie **nicht** auf die Verfügung und Verwaltung des Insolvenzverwalters der PersG zurückzuführen ist. Da der Gesellschafter **nicht** Steuerschuldner ist, kann die Gewerbesteuerschuld nicht gegenüber diesem geltend gemacht werden, obwohl die Gewerbesteuer aufgrund der wirtschaftlichen Betätigung des Gesellschafters entsteht. Der Gesellschafter kann lediglich über einen Haftungstatbestand in Anspruch genommen werden, zB über § 128 HGB. Im Fall der **Gesellschafterinsolvenz** kann dieser Anspruch Masseverbindlichkeit sein, sofern dieser aus einer Verwaltungs- oder Verfügungsbefugnis des Insolvenzverwalters über das Sonderbetriebsvermögen resultiert (Gottwald/Haas InsR-HdB § 96 Rn. 43).

I. Grundlagen der Ermittlung Gewerbeertrag

9 Der im Erhebungszeitraum bezogene Gewinn stellt den Gewerbeertrag dar, welcher nach §§ 7 ff. GewStG ermittelt wird. In einem **ersten** Schritt wird der körperschaftsteuerrechtlich bzw. einkommensteuerrechtlich ermittelte Gewinn des Gewerbebetriebs als Berechnungsgröße herangezogen (→ SteuerrechtinderInsolvenz-Ertragsteuerrecht Rn. 1 ff.). In einem **zweiten** Schritt wird dieser Gewinn durch Hinzurechnungen nach § 8 GewStG und Kürzungen nach § 9 GewStG modifiziert. Der **Gewerbeertrag** wird nach Abzug des Gewerbeverlustes iSd § 10a GewStG (→ Rn. 14) sowie der Freibeträge iSd § 11 Abs. 1 S. 3 Nr. 1, 2 GewStG mit der Steuermesszahl iSd § 11 Abs. 2 GewStG multipliziert, sodass der **Gewerbesteuermessbetrag** ermittelt wird. Dieser wird unabhängig der Insolvenzeröffnung im Laufe des Kalenderjahres **einheitlich** ermittelt. Das Zweite Gesetz zur Umsetzung steuerlicher Hilfsmaßnahmen zur Bewältigung der Corona-Krise (sog. Zweites Corona-Steuerhilfegesetz) v. 29.6.2020 hat den Freibetrag des § 8 Nr. 1 GewStG von bislang 100.000 EUR auf 200.000 EUR erhöht. **§ 10a GewStG** (vgl. → Rn. 14 ff.) ist **nicht** geändert worden.

10 Nach § 14 S. 2 GewStG wird die Gewerbesteuer für den **Zeitraum eines Kalenderjahres** berechnet, auch im Falle einer Insolvenz (BFHE 240, 140 = BeckRS 2013, 94656). Eine **Unterbrechung** des Veranlagungszeitraums erfolgt **nicht**, vielmehr wird eine gemeinsame Veranlagung für die Zeit vor und nach Insolvenzeröffnung vorgenommen. Entstehungszeitpunkt der Gewerbesteuer ist der **Ablauf des Erhebungszeitraums** nach § 18 GewStG. Das gilt auch im Insolvenzfall (EFG 2016, 1971 = BeckRS 2016, 95608, Revision zurückgenommen: BFH I R 70/16). Unabhängig vom Entstehungszeitpunkt ist die auf den einheitlichen Messbetrag festgesetzte Gewerbesteuer nach dem Zeitpunkt ihres **Begründetseins** als Insolvenzforderung iSd § 38 InsO oder sonstige Masseverbindlichkeit iSd § 55 InsO einzuordnen.

11 Die Zuordnung zu den **insolvenzrechtlichen Forderungskategorien** ist durch die einheitliche und nicht progressive Besteuerung der GewSt erleichtert. Demnach wird der Gewerbesteuermessbetrag in den Zeitraum vor und nach Insolvenzöffnung **im Verhältnis** des erzielten Gewinns in den jeweiligen Zeiträumen aufgeteilt. Die Verrechnung des Verlustvortrags innerhalb **dieses**

Zeitraums und auch für die **Folgejahre nach Insolvenzeröffnung** ist gem. den Voraussetzungen des § 10a GewStG möglich (näher → Rn. 16). Die GewSt die als Insolvenzforderung **im Jahr der Insolvenzeröffnung** vorinsolvenzlich begründet ist, gilt als **aufschiebend bedingte** Forderung. Insoweit gilt für deren Verteilung § 191 InsO. Bei beendeten Veranlagungszeiträumen der Vorjahre, ist die Gewerbesteuerabschlusszahlung **abgezinst** iSd § 41 InsO als Insolvenzforderung zur Insolvenztabelle anzumelden.

Da das Gewerbesteuerrecht im Liquidationsfall keine mit der Regelung des § 11 KStG vergleichbaren Norm kennt (BFHE 240, 140 = BeckRS 2013, 94656), wird ausschließlich bezüglich des Begriffs des **Abwicklungszeitraums** hierauf zurückgegriffen (EFG 2016, 1971 = BeckRS 2016, 95608, Revision zurückgenommen: BFH I R 70/16). § 16 Abs. 2 GewStDV kommt daher nur dann zur Anwendung, sofern eine Abwicklung des insolventen Unternehmens **(Beginn der Verwertung der wesentlichen Betriebsgrundlagen)** vorgenommen wird. Der Gewinn ist für den **gesamten** Abwicklungszeitraum zu ermitteln. Sodann ist der auf den gesamten Gewinnermittlungszeitraum ermittelte Gewinn **ratierlich** auf die einzelnen Kalenderjahre des Abwicklungszeitraums aufzuteilen (EFG 2016, 1971 = BeckRS 2016, 95608). Ein **nachträglich festgestellter** Abwicklungszeitraum ist nach § 16 GewStDV zu berücksichtigen. In diesem Fall sind die Gewerbesteuerbescheide gem. § 175 Abs. 1 S. 1 Nr. 2 AO zu **ändern** (EFG 2016, 1971 = BeckRS 2016, 95608). 12

Der BFH und die FinVerw entscheidet im Falle **mehrerer Zwischenveranlagungen** in einem Abwicklungszeitraum unterschiedlich hinsichtlich der Frage, ob sich jeweils immer erneut die Festsetzung des Gewerbesteuermessbetrags anschließt (BFHE 219, 61 = BeckRS 2007, 24003143; verneinend BStBl. I 2008, 542 = BeckVerw 114304; offen gelassen BFHE 240, 140 = BeckRS 2013, 94656). 13

II. Verlustausgleich

Ergeben sich für vorhergehende Erhebungszeiträume nach den §§ 7 ff. GewStG **Fehlbeträge, mindern diese nach § 10a S. 1 GewStG den Gewerbeertrag,** sofern diese Fehlbeträge nicht schon im Voraus berücksichtigt wurden. Die vortragsfähigen Fehlbeträge sind gem. § 10a S. 2 GewStG der Höhe nach am Ende des Erhebungszeitraums **festzustellen**. 14

Über den Sockelbetrag von 1 Mio. EUR hinaus sind Fehlbeträge nur zu 60 % abziehbar. Bezüglich der Mindestbesteuerung iSv § 10a GewStG hat der BFH die Vorschrift zur Überprüfung der Verfassungsmäßigkeit dem BVerfG vorgelegt (BFHE 246, 27 = BeckRS 2014, 95786, anhängig beim BVerfG Az. 2 BvL 19/14). Der I. Senat hat sich dabei nicht der Ansicht des IV. Senats (BFHE 238, 429 = BeckRS 2012, 96587) des BFH angeschlossen, dass **die Mindestbesteuerung bei der Gewerbesteuer hinsichtlich Definitiveffekten verfassungskonform ist.** Gemäß **Art. 12 Abs. 1 des 2. Corona-StHG** wurden die Höchstbeträge gem. § 52 EStG ab dem Veranlagungszeitraum 2020 für Verlustvorträge von 1 Mio. EUR auf 5 Mio. EUR bzw. bei Zusammenveranlagung von 2 Mio. EUR auf 10 Mio. EUR erhöht. Die Reduzierung der Höchstbeträge auf das Ausgangsniveau tritt ab dem Veranlagungszeitraum 2022 in Kraft (→ SteuerrechtinderInsolvenz-Ertragssteuerrecht Rn. 1 ff.). 15

Des Weiteren wird für den Abzug von Fehlbeträgen die **Unternehmensidentität** und die **Unternehmeridentität** bei PersG und Einzelunternehmern vorausgesetzt (BFHE 245, 253 = BeckRS 2014, 95356). Unternehmensidentität liegt vor, sofern der Gewerbebetrieb, der den Fehlbetrag abziehen möchte mit dem Gewerbebetrieb, der den Verlust erlitten hat, identisch ist (R 10a.2 GewStR 2009; Drüen in Blümich, EStG, KStG, GewStG, GewStG § 2 Rn. 45 ff.). Unternehmeridentität ist zu bejahen, wenn der Gewerbetreibende den Verlust zuvor persönlich erlitten hat (R 10a.3 GewStR 2009; Drüen in Blümich, EStG, KStG, GewStG, GewStG § 2 Rn. 61 ff.). 16

Diese Voraussetzungen sind besonders in den Fällen der **Mitunternehmerschaft** in PersG problematisch, da ua das Ausscheiden eines Mitunternehmers zu einem **Untergang** quotal diesem Mitunternehmer zuzurechnenden anteiligen gewerbesteuerlichen **Verlustvorträge** führt (BFH/NV 2016, 1489 (NV) = BeckRS 2016, 95216). Das im Insolvenzfall des Gesellschafters „automatische" Ausscheiden desselbigen kann daher auch gewerbesteuerlich **nachteilige** Folgen für die Gesellschaft haben (→ SteuerrechtinderInsolvenz-Ertragssteuerrecht Rn. 1 ff.). 17

Die **Freigabe** der gewerbliche Tätigkeit iSd § 35 InsO führt **nicht** zum Verlust der Unternehmensidentität sowie der Unternehmeridentität, so dass die Verluste iSd § 10a GewStG weiterhin zu berücksichtigen sind. Die Möglichkeit eines gewerbesteuerlicher Verlustrücktrag wie iSd § 10d Abs. 1 S. 5 EStG besteht **nicht**. Hingegen führt bei nach Eröffnung des Insolvenzverfahrens durch den Insolvenzschuldner **neu gegründeten Gewerbebetriebs** zu einem Verlust der Unterneh- 18

Steuerrecht in der Insolvenz – Sonstige Steuern und Nebenleistungen

mensidentität, sodass Verluste iSd § 10a GewStG des „alten" Betriebes **nicht** mit dem Gewerbeertrag des neuen Gewerbebetriebes verrechnet werden können. Ein Gewerbetreibender, der gleichzeitig mehrere Gewerbebetriebe nebeneinander unterhält, kann nicht die in dem einen Unternehmen erlittenen Verluste aus Vorjahren von dem Gewerbeertrag des anderen Unternehmens kürzen. Das Erfordernis der Unternehmensgleichheit ist die Folge des Objektsteuercharakters der Gewerbesteuer, deren Besteuerungsgrundlagen der Gewerbeertrag und das Gewerbekapital des jeweiligen Gewerbebetriebes sind (BFHE 94, 342 = BeckRS 1968, 21003042) (→ Rn. 18.1).

18.1 Um durch die **Coronakrise** betroffenen Unternehmen weitere Steuererleichterungen zuzuführen, wurde die Möglichkeit des Verlustrücktrags bei der Gewerbesteuer vorgelegt (BT-Drs. 19/24696). Doch die Bundesregierung lehnte diesen Vorschlag ab (BT-Drs. 19/25127).

19 Für die Fälle von **Sanierungserträgen** ermöglicht die gesetzliche Neuregelung des § 7b GewStG eine gesetzliche **Steuerbefreiung** bei der Festsetzung der Gewerbesteuermessbeträge (§ 184 AO) durch die Finanzbehörden. Die Gemeinden haben bei dieser Regelung keine Billigkeitsmaßnahmen im Erhebungsverfahren mehr zu prüfen (näher → SteuerrechtinderInsolvenz-Ertragssteuerrecht Rn. 70).

III. Gewerbesteuerliche Organschaft

20 Gemäß § 2 Abs. 2 S. 2 GewStG gilt eine KapG dann als Betriebsstätte des Organträgers, wenn die KapG nach §§ 14, 17 KStG als Organgesellschaft zu qualifizieren ist (**„Betriebsstättenfiktion"**). Demnach entsprechen die Voraussetzungen der gewerbesteuerlichen Organschaft der körperschaftsteuerlichen (Drüen in Blümich, EStG, KStG, GewStG, GewStG § 2 Rn. 129). Indes liegt eine gewerbesteuerliche Organschaft dann vor, wenn eine körperschaftsteuerliche vorliegt. Das Ende der gewerbesteuerlichen Organschaft hängt vom Ende der körperschaftsteuerlichen Organschaft ab (→ SteuerrechtinderInsolvenz-Ertragssteuerrecht Rn. 198).

21 Beim Vorliegen einer gewerbesteuerlichen Organschaft wird der **Gewerbeertrag des Organkreises zweistufig ermittelt.** Zunächst werden die Gewerbeerträge des Organträgers und der Organgesellschaft separat ermittelt (R 2.3 Abs. 1 S. 4 GewStR). Durch die separate Ermittlung können **beide** Gesellschaften von den Freibeträgen nach § 8 Nr. GewStG profitieren (Drüen in Blümich, EStG, KStG, GewStG, GewStG § 2 Rn. 158). Mit § 14 Abs. 5 KStG vergleichbare Regeln fehlen bei der Gewerbesteuer, weshalb keine einheitliche Feststellung bei der Organgesellschaft erfolgt. In einem zweiten Schritt wird zunächst der Gewerbeertrag der Organgesellschaft zugerechnet. Im Zuge der Festsetzung des Gewerbesteuermessbetrags ist der gesamte Betrag zu berücksichtigen.

22 Sind mehrere Gemeinden vom Organkreis umfasst, wird das Gewerbesteueraufkommen beim Organträger nach § 28 GewStG zerlegt. Nach § 29 GewStG sind in der Regel in den Betriebsstätten gezahlten Arbeitslöhne der **Zerlegungsmaßstab.** Unerheblich sind dagegen die von den Gesellschaften erzielten Gewerbeerträge (Drüen in Blümich, EStG, KStG, GewStG, GewStG § 2 Rn. 160).

23 Die **Eröffnung des Insolvenzverfahrens** hat bei der gewerbesteuerlichen Organschaft die gleichen Auswirkungen wie bei der körperschaftsteuerlichen. Insoweit kann auf die dortigen Ausführungen verwiesen werden (→ SteuerrechtinderInsolvenz-Ertragssteuerrecht Rn. 179).

B. Grunderwerbsteuer

24 Mit der Grunderwerbsteuer werden **Erwerbsvorgänge** iSd § 1 GrEStG besteuert, häufigste Anwendungsfälle sind dabei der Anspruch auf Übereignung eines Grundstücks. Es handelt sich dabei um eine **Sonderumsatzsteuer** (Tipke/Lang SteuerR/Englisch § 18 Rn. 3). Da sie an **Rechtsvorgänge** nach § 1 Abs. 1–3 GrEStG anknüpft, handelt es sich der Natur nach um eine **Rechtsverkehrsteuer** (Pahlke in Pahlke, GrEStG, 6. Aufl. 2018, GrEStG Einl. Rn. 8). In dem Erwerb eines Grundstückes durch Zahlung eines Geldbetrages wird eine **steuerliche Leistungsfähigkeit** ausgedrückt, welche eine Besteuerung rechtfertigt (Pahlke in Pahlke, GrEStG, 6. Aufl. 2018, GrEStG Einl. Rn. 9). Infolgedessen ruht die GrESt daher nicht auf dem Grundstück, eine abgesonderte Befriedigung des Steuergläubigers nach § 49 InsO **scheidet** aus diesem Grund **aus**. Das Grunderwerbsteuergesetz ist im Verhältnis zum Umsatzsteuergesetz **lex specialis** (vgl. § 4 Nr. 9a UStG). Gemäß § 3 Nr. 2 GrEStG haben die Schenkungssteuer und die Erbschaftsteuer Vorrang vor der Grunderwerbsteuer (Pahlke in Pahlke, GrEStG, 6. Aufl. 2018, GrEStG Einl. Rn. 25).

25 Von § 1 Abs. 1 GrEStG werden die Fälle erfasst, welche eine **zivilrechtliche Übereignung** zum Gegenstand haben. Nach § 1 Abs. 2 GrEStG werden auch diejenigen Vorgänge der Grunder-

Steuerrecht in der Insolvenz – Sonstige Steuern und Nebenleistungen

werbsteuer unterworfen, welche nur den Übergang der wirtschaftlichen Verwertungsbefugnis zum Gegenstand haben. Erwerbsvorgänge in Gesellschaften werden von § 1 Abs. 2aa, 3, 3a GrEStG erfasst. Diese sind vor allem bei Unternehmensumstrukturierungen zu beachten (zur tabellarischen Aufstellung einzelner Erwerbsvorgänge und deren Verwirklichung s. Halaczinsky UVR 2015, 300 ff.).

Ist gem. § 3 GrEStG eine Steuerbefreiung unmöglich, wird die Grunderwerbsteuer **nach der Gegenleistung bemessen** (vgl. § 8 Abs. 1 GrEStG). § 9 GrEStG konkretisiert den Begriff der Gegenleistung. Danach wird dasjenige als Gegenleistung definiert, was der Erwerber leistet um Eigentümer zu werden (Tipke/Lang SteuerR/Englisch § 18 Rn. 55; Pahlke in Pahlke, GrEStG, 6. Aufl. 2018, GrEStG § 9). Der Steuersatz ist § 11 Abs. 1 GrEStG ist dann auf die Bemessungsgrundlage anzuwenden. Der **Steuersatz beträgt 3,5 %**, sofern die Bundesländer keine davon abweichenden Regelungen treffen (das ergibt sich aus Art. 105 Abs. 2a S. 2 GG, Art. 125a Abs. 1 GG). Alle Bundesländer, außer Sachsen und Bayern, haben abweichende Regelungen erlassen. Die Steuersätze betragen in diesen Ländern zwischen **4,5 % und 6,5 %**. 26

Die Bemessungsgrundlage bleibt von der Eröffnung eines Insolvenzverfahrens unberührt (BFHE 255, 286 = BeckRS 2016, 95486). Nach § 13 Nr. 1 GrEStG sind die **Vertragspartner des Erwerbsvorgangs Schuldner der Grunderwerbsteuer.** Grundsätzlich sind die Vertragsparteien Gesamtschuldner gem. § 44 AO. Abweichende individualvertragliche Regelungen sind im Außenverhältnis **unwirksam**. 27

Da die Grunderwerbsteuer eine **Stichtagsteuer** ist, ist der exakte Zeitpunkt der Entstehung der Steuer maßgeblich. Der Steuerentstehungszeitpunkt fällt nicht zwingend mit dem des Erwerbsvorgangs zusammen, so dass diesbezüglich differenziert werden muss (Pahlke in Pahlke, GrEStG, 6. Aufl. 2018, GrEStG § 14 Rn. 2 f.). Nach § 38 AO entsteht der Anspruch aus dem Steuerschuldverhältnis mit **Verwirklichung des Tatbestandes an dem das Gesetz die Leistungspflicht** knüpft. Hat der Steuerpflichtige vor der Verfahrenseröffnung den Tatbestand iSd § 1 GrEStG erfüllt, ist die entstandene Steuerforderung als **Insolvenzforderung** iSd § 38 InsO zu qualifizieren. § 14 GrEStG regelt Ausnahmefälle und stellt auf den **Zeitpunkt des Bedingungseintritts oder auf die Genehmigungserteilung** ab. Liegen diese Zeitpunkte **nach** Eröffnung des Verfahrens und ist der rechtswirksame Erwerbsvorgang bereits **vor** Eröffnung des Verfahrens durch den Schuldner begründet, handelt es sich bei der GrESt ebenfalls um eine **Insolvenzforderung** iSd § 38 InsO. Auf die steuerrechtliche Entstehung erst zum Zeitpunkt nach Eröffnung des Verfahrens kommt es **nicht** an. Das nach Eröffnung des Verfahrens liegende Entstehen bleibt in diesem Fall von einer persönlichen Handlung des Schuldners und dessen Rechtssphäre **unberührt**. Die Möglichkeit der Ausübung des Wahlrechts iSd § 103 InsO durch den Insolvenzverwalter ändert ebenso **nichts** an der Zuordnung zu den Insolvenzforderungen (BFHE 128, 516 = BeckRS 1979, 22004969). 28

Fällig ist die GrESt nach § 15 GrEStG einen Monat nach Bekanntgabe des Steuerbescheides. Im Fall der Eröffnung des Insolvenzverfahrens und mangelnden Bescheidung der GrESt gilt die **Fiktion** der Fälligkeit nach § 41 InsO, sofern die Steuer iSv § 14 GrEStG entstanden ist. Die Grunderwerbsteuer kann sodann als Insolvenzforderung zur Insolvenztabelle mit einem **abgezinsten** Betrag angemeldet werden (BeckHdB ImmobilienStR/Roth § 14 Rn. 3). Berechnungsgrundlage ist der in § 246 BGB gesetzlich bestimmte Zinssatz von **4%** mangels anderweitiger Vorgaben des Gesetzes (vgl. Frotscher Besteuerung Insolvenz 60 ff., 234). 29

I. Unbedenklichkeitsbescheinigung nach § 22 GrEStG

Gemäß § 22 Abs. 1 S. 1 GrEStG wird der Erwerber eines Grundstückes erst dann als Eigentümer in das Grundbuch eingetragen, wenn die FinVerw **bescheinigt,** dass der Eintragung keine steuerlichen Bedenken entgegenstehen. Ausnahmen können die obersten Landesfinanzbehörden und die Landesjustizverwaltungen einvernehmlich regeln (das Land Nordrhein-Westfalen hat in einigen Fällen von der Erforderlichkeit einer Unbedenklichkeitsbescheinigung abgesehen, s. Erlass FM NRW v. 2.5.2011 – S 4540 –1-V A 6, BeckVerw 253403. Die Erlasslage ist jeweils landesspezifisch zu prüfen). Die Bescheinigung muss **unverzüglich** erteilt werden, wenn Steuerfreiheit vorliegt oder die Grunderwerbsteuer entrichtet wurde. Auch eine **Stundung** oder **Sicherstellung** führt zu diesem Anspruch. Ist die Steuerforderung nicht gefährdet obliegt es im Ermessen der Finanzbehörde eine Unbedenklichkeitsbescheinigung auszustellen (vgl. § 22 Abs. 2 S. 2 GrEStG). 30

Wurde die Grunderwerbsteuer zur Insolvenztabelle **festgestellt,** ist sie nach § 22 Abs. 2 S. 1 GrEStG sichergestellt. Spätestens dann ist der Anspruch auf die Erteilung der Unbedenklichkeitsbescheinigung **entstanden** und **durchsetzbar** (Jaeger/Fehrenbacher InsO Anh. Steuerrecht in der Insolvenz Rn. 258; Heine ZInsO 2004, 230; Rühland in Kahlert/Rühland, Sanierungs- und 31

Steuerrecht in der Insolvenz – Sonstige Steuern und Nebenleistungen

Insolvenzsteuerrecht, 2. Aufl. 2011, Rn. 9.1036, die § 22 Abs. 2 S. 2 GrEStG anwenden und von einer Ermessensreduktion auf Null ausgehen; Roth InsSteuerR Rn. 4.632; BeckHdB ImmobilienStR/Roth § 14 Rn. 12; MüKoInsO/Schüppen/Ruh Anh. Insolvenzsteuerrecht Rn. 227, ebenfalls Anspruch nach § 22 Abs. 2 S. 2 GrEStG. Auf eine Sicherheitsleistung nach § 241 AO kommt es nicht an). Das soll auch gelten, sobald die FinVerw die **Möglichkeit hat die Forderung zur Tabelle anzumelden,** sie es aber versäumt. Denn ansonsten könnte die FinVerw den dinglichen Vollzug vereiteln, was letztlich zum Scheitern einer Umstrukturierung führen kann. Handelt es sich bei der Grunderwerbsteuerforderung um eine Insolvenzforderung gem. § 38 InsO muss die Unbedenklichkeitsbescheinigung **unabhängig** von der Zahlung aus der Insolvenzmasse erteilt werden (BeckHdB ImmobilienStR/Roth § 14 Rn. 12).

II. Anfechtung gem. §§ 129 ff. InsO

32 Infolge einer wirksamen **Insolvenzanfechtung einer Grundstücksübertragung** nach §§ 129 ff. InsO werden schuldrechtliche Rückgewähransprüche begründet, welche darauf gerichtet sind das Grundstück zurück zu übereignen. Die Anfechtung hat weder eine dingliche Wirkung, noch führt sie zur Unwirksamkeit oder Nichtigkeit des Rechtsgeschäfts (BFHE 130, 186 = BeckRS 1980, 22005198).

33 Gemäß § 16 Abs. 2 Nr. 2 GrEStG analog muss die FinVerw die vor der Eröffnung des Insolvenzverfahrens gezahlte Grunderwerbsteuer **an die Masse erstatten** (Loose in Boruttau, GrEStG, 19. Aufl. 2019, GrEStG § 16 Rn. 166; Roth InsSteuerR Rn. 4.622; WUS Insolvenzen/Waza Rn. 2418; MüKoInsO/Schüppen/Ruh Anh. Insolvenzsteuerrecht Rn. 227). Auch der Rückgewähranspruch ist durch § 16 Abs. 2 GrEStG begünstigt (Pahlke in Pahlke, GrEStG, 6. Aufl. 2018, GrEStG § 16 Rn. 88). Gegen den Erstattungsanspruch auf die Grunderwerbsteuer kann die FinVerw nicht mit anderen Insolvenzforderungen aufrechnen, denn es gilt nach § 96 Abs. 1 Nr. 3 InsO ein **Aufrechnungsverbot** (BFHE 263, 305 =BeckRS 2019, 3650; BeckHdB ImmobilienStR/Roth § 14 Rn. 18; Roth InsSteuerR 2021 Rn. 4.634). Die übrigen Voraussetzungen, insbesondere die Fristen der Anzeigepflicht iSd § 16 Abs. 5 iVm §§ 18–20 GrEStG sind zu beachten.

34 Für den Fall einer **vergleichsweisen Einigung** unter Zahlung eines ausgleichenden Betrages an die Insolvenzmasse, stellt dieser isoliert einen eigenen Besteuerungstatbestand dar, welcher nach Eröffnung des Verfahrens erfüllt ist. Die nachträgliche **zusätzliche Gegenleistung** iSv § 9 Abs. 2 Nr. 1 GrEStG ist mit zusätzlichem Bescheid gegen die Insolvenzmasse grunderwerbsteuerrechtlich zu erfassen (BFHE 174, 380 = BeckRS 1994, 22011062).

III. Aufrechnungsverbot bei Erstattung der GrESt infolge der Ablehnung der Erfüllung nach § 103 InsO

35 Bei gegenseitigen Verträgen steht dem Insolvenzverwalter nach **§ 103 InsO** ein Wahlrecht zu, ob er an der Erfüllung des Vertrags festhält oder, ob er die Erfüllung ablehnt. Handelt es sich bei dem Vertrag um einen Grundstückskaufvertrag, so entsteht der **Anspruch auf Erstattung der Grunderwerbssteuer** nach § 16 Abs. 1 Nr. 2 GrEStG im Falle der **Ablehnung** gem. § 103 Abs. 2 InsO erst **während des Insolvenzverfahrens** (vgl. BFHE 263, 305 = BeckRS 2019, 3650). Gegen den Erstattungsanspruch auf die Grunderwerbsteuer kann die FinVerw nicht mit anderen Insolvenzforderungen aufrechnen, denn es gilt nach § 96 Abs. 1 Nr. 3 InsO ein **Aufrechnungsverbot.** Wählt der Insolvenzverwalter die **Erfüllung** oder kann der Gläubiger die Erfüllung wegen der **Eintragung einer Vormerkung** iSd § 883 BGB verlangen, liegt insolvenzrechtlich der Rechtsgrund für die Entstehung des Anspruchs bereits **vor** Eröffnung des Verfahrens (→ Rn. 28). Die vorinsolvenzlich begründete GrESt stellt in diesen Fällen eine **Insolvenzforderung** dar.

C. Grundsteuer

36 Bei der Grundsteuer handelt es sich um eine **Realsteuer** (Tipke/Lang SteuerR/Seer § 16 Rn. 1). Die Grundsteuer besteuert den Vermögensbestand als Sollertragsteuer. Der Grundbesitz stellt den Vermögensbestand dar, welcher **unabhängig** von den persönlichen Verhältnissen des Eigentümers besteuert werden. Ein Großteil der in der Literatur verbreiteten Ansicht vertritt die Auffassung die Grundsteuer abzuschaffen (s. hierzu statt vieler nur in Tipke/Lang SteuerR/Seer § 16 Rn. 4 mwN). Begründet wird dies mit dem der Grundsteuer zugrundeliegenden Steuermaßstab, dem Grundstückseinheitswert, der zu ungleichen Wertverzerrungen führt und damit den Anforderungen des BVerfG widerspricht. Im Zuge einer konkreten Normenkontrolle hatte der

Steuerrecht in der Insolvenz – Sonstige Steuern und Nebenleistungen

BFH dem BVerfG die Regelungen über die Einheitsbewertung wegen eines möglichen Verstoßes gegen Art. 3 Abs. 1 GG vorgelegt (BFHE 247, 150 = BeckRS 2014, 96351; BVerfGE 148, 147–217 = BeckRS 2018, 4904). Zuvor entschied der BFH, dass die Normen der Einheitsbewertung des Grundvermögens jedenfalls bis zum Stichtag des 1.1.2007 verfassungskonform seien (BFHE 230, 78 = BeckRS 2010, 24004093). Unter dem 21.12.2016 hat nun auch der Bundesrat mit dem Entwurf eines Gesetzes zur Änderung des Bewertungsgesetzes (BT-Drs. 18/10753) ein Gesetzgebungsverfahren initiiert, dass insbesondere eine Neufassung der Bewertungsregeln für Zwecke der Grundsteuer beinhaltet. Das BVerfG hat mit seinem Urteil vom 19.4.2018 die Wertermittlung der Grundsteuer als mit dem Grundgesetz unvereinbar erklärt (→ Rn. 36.1).

36.1 Der Deutsche Bundestag hat am 18.10.2019 eine **Grundsteuerreform** verabschiedet (BT-Drs. 19/11085). Diese sieht neben der Anpassung des BewG vor, dass die Bundesländer Gesetzgebungskompetenz erhalten. Der vom Bundestag vorgesehene Bewertungsstichtag für das Bundesmodell ist der 1.1.2022 für Hauptveranlagungen ab 2025 gem. § 266 BewG. Lediglich Baden-Württemberg hat bisher eine eigene Grundsteuerreform verabschiedet (BW-LT-Drs. 16/8907). Die Bemühungen der anderen Bundesländer sind hingegen noch nicht fortgeschritten und uneinheitlich. Sollten die Länder von ihrer Gesetzgebungskompetenz für Landesmodelle bis zum **1.1.2022** keinen Gebrauch machen, tritt hier das bundesgesetzliche Modell in Kraft (s. näher zum Reformstand: Bräutigam DStR 2021, 1330).

37 Steuergegenstand der Grundsteuer ist der Grundbesitz gemäß dem **Bewertungsgesetz.** Ob es sich dabei um Privatvermögen oder um Unternehmensvermögen handelt ist irrelevant. Die Grundsteuer wird nach dem **Stichtagsprinzip** gem. § 27 Abs. 1 GrStG zu **Beginn eines jeden Kalenderjahres** von der Gemeinde festgesetzt und erhoben. **Entstehungszeitpunkt** ist der Beginn eines jeden Kalenderjahres nach § 9 Abs. 2 GrStG. Der Fälligkeitszeitpunkt richtet sich nach § 28 GrStG, der grundsätzlich eine **vierteljährliche Fälligkeit** vorsieht.

38 Die Erhebung der Grundsteuer erfolgt **in drei Stufen** (Tipke/Lang SteuerR/Seer § 16 Rn. 31). Zunächst wird durch das Lagefinanzamt der **Einheitswert** des Grundbesitzes (näher → Rn. 43) mit einem Einheitswertbescheid, welcher ein Grundlagenbescheid iSv § 171 Abs. 10 S. 1 AO ist, festgestellt. Daraufhin wird in Folgebescheiden aus Einheitswert und Steuermesszahl ein **Steuermessbetrag** festgesetzt (vgl. §§ 14, 15 GrStG). Auf der dritten Stufe wird die Grundsteuer nach § 25 GrStG, aus **Hebesatz** und Steuermessbetrag, durch die Gemeinde erhoben. Der Hebesatz wird durch eine Gemeindesatzung bestimmt. Das Grundsteueraufkommen steht der Gemeinde zu. Sie ist im Insolvenzfall auch Insolvenzgläubigerin.

I. Insolvenzrechtliche Qualifizierung

39 Die Grundsteuer ist den insolvenzrechtlichen Forderungskategorien als Insolvenzforderung nach § 38 InsO oder Masseverbindlichkeit nach § 55 InsO zuzuordnen. Gehört das Grundstück infolge der Freigabe durch den Insolvenzverwalter zum **insolvenzfreien Vermögen,** wird der Grundsteuerbescheid gegenüber dem Insolvenzschuldner erlassen.

40 Bezieht sich die Grundsteuerforderung auf ein Kalenderjahr, welches vor dem Insolvenzverfahren liegt, handelt es sich um eine **Insolvenzforderung.** Bei dem Kalenderjahr, welches dem Insolvenzeröffnungsverfahren folgt, handelt es sich dagegen um **Masseverbindlichkeiten** (BeckHdB ImmobilienStR/Roth § 15 Rn. 5 f.; K. Schmidt InsO/Schmittmann InsO Anh. Steuerrecht Rn. 338; MüKoInsO/Schüppen/Ruh Anh. Insolvenzsteuerrecht Rn. 220a). Auch bezüglich der Grundsteuer werden die gleichen Grundsätze zur Abgrenzung von Masseverbindlichkeiten und Insolvenzforderungen angewendet (ZIP 2014, 693 = BeckRS 2014, 45979). Bei der Eröffnung des Insolvenzverfahrens in einem laufenden Kalenderjahr, ist die entstandene Grundsteuer **vollumfänglich** als Insolvenzforderung zu qualifizieren (HHS/Jatzke AO § 251 Rn. 400; Roth InsSteuerR Rn. 4.642; BeckHdB ImmobilienStR/Roth § 15 Rn. 7; WUS Insolvenzen/Waza Rn. 2442; K. Schmidt InsO/Schmittmann InsO Anh. Steuerrecht Rn. 338; Wipperfürth, Das Grundstück in der Insolvenz, 2014, Rn. 756; Wipperfürth ZfIR 2014, 221; abl. OVG Bln-Bbg BeckRS 2009, 4794). Es erfolgt in diesem Fall **keine** Unterscheidung zwischen Masseverbindlichkeit und Insolvenzforderung (Jaeger/Fehrenbacher InsO Anh. Steuerrecht in der Insolvenz Rn. 260; und Frotscher Besteuerung Insolvenz 283; Gottwald/Haas InsR-HdB/Frotscher § 125 Rn. 11). Ist der Grundsteuertatbestand nach dem Stichtagsprinzip zu **Beginn des Kalenderjahres** verwirklicht, reicht dies für das **Begründetsein nach § 38 InsO** aus. Fälligkeitszeitpunkte gem. § 28 GrStG, die erst nach der Insolvenzeröffnung entstehen, sind für diese Beurteilung **nicht** maßgeblich, da nach § 41 Abs. 1 InsO alle Forderungen mit der Eröffnung des Insolvenzverfahrens fällig werden.

41 Erfolgt während eines Kalenderjahres die **Freigabe eines Grundstücks,** so wird erst im darauffolgenden Jahr die Grundsteuer gegen das insolvenzfreie Vermögen und damit gegenüber dem

Steuerrecht in der Insolvenz – Sonstige Steuern und Nebenleistungen

Insolvenzschuldner festgesetzt (OVG Bln-Bbg BeckRS 2009, 4794; ZInsO 2010, 51 Rn. 21 = BeckRS 2009, 41261; Roth InsSteuerR Rn. 4.645; BeckHdB ImmobilienStR/Roth § 15 Rn. 19; Schmidberger NZI 2012, 953; K. Schmidt InsO/Schmittmann InsO Anh. Steuerrecht Rn. 339). Dies folgt aus der Anwendung des Stichtagsprinzips, wonach die Verhältnisse maßgeblich sind, **die zu Beginn eines jeden Kalenderjahres vorliegen** (VG Dresden 14.10.2008 – 2 K 845/06 Rn. 13 (juris); SächsOVG BeckRS 2010, 54098).

42 Wird die **Zwangsvollstreckung** betrieben, kann der Gemeinde ein **Absonderungsrecht** bezüglich der Grundsteuer als öffentliche Last nach **§ 49 InsO** iVm § 10 Abs. 1 Nr. 3 ZVG zustehen (MüKoInsO/Schüppen/Ruh Anh. Insolvenzsteuerrecht Rn. 220a; BeckHdB ImmobilienStR/Roth § 15 Rn. 23). Das Absonderungsrecht bezieht sich dabei nur auf **Insolvenzforderungen,** nicht auf Masseverbindlichkeiten, (Schmidberger NZI 2012, 953 (956)). In diesem Szenario erwächst dem Insolvenzverwalter aus der Qualifizierung der Grundsteuer als Insolvenzforderung kein Vorteil. Nur im Falle der **freihändigen Veräußerung** des Grundstücks, kann aus dem Veräußerungserlös **keine** abgesonderte Befriedigung mehr verlangt werden. Erfolgt die Veräußerung nach Festsetzung, Fälligkeit und Vollstreckbarkeit **haftet der neue Eigentümer** für die Grundsteuer. Aus diesem Grund kann das Absonderungsrecht nicht infolge einer dinglichen Surrogation durch ein Pfandrecht am Erlös fort bestehen (ZInsO 2010, 914 = BeckRS 2010, 11493; BeckHdB ImmobilienStR/Roth § 15 Rn. 24).

II. Einheitswert- und Grundsteuermessbescheide

43 Das **Steuerfestsetzungsverfahren** wird nach § 240 ZPO analog durch das Insolvenzeröffnungsverfahren unterbrochen (statt vieler mit Nachweisen aus der Rechtsprechung nur Tipke/Kruse/Loose AO § 251 Rn. 42; MüKoInsO/Schüppen/Ruh Anh. Insolvenzsteuerrecht Rn. 24b; WUS Insolvenzen/Waza Rn. 491 f.). Die FinVerw kann folglich nach der Verfahrenseröffnung **keine** Steuerbescheide erlassen, welche Insolvenzforderungen gem. § 38 InsO zum Gegenstand haben. Ebenso ist es **unzulässig** Besteuerungsgrundlagen festzusetzen, welche Einfluss auf die Höhe der anzumeldenden Insolvenzforderungen haben könnten (BFHE 244, 209 = BeckRS 2014, 94381; BFHE 244, 209 = BeckRS 2014, 94381).

44 Das gilt allerdings nicht für den Erlass des **Einheitswertbescheides.** Dieser kann weiterhin gegenüber dem Insolvenzverwalter erlassen werden. Der BFH begründet das damit, dass der Einheitswertbescheid **dingliche Wirkung** entfaltet (vgl. BFH/NV 2003, 8 = BeckRS 2002, 25001071; so im Ergebnis auch unter Verweis auf die dingliche Wirkung FG Brandenburg EFG 2007, 708 = BeckRS 2006, 26022788; FG MV BeckRS 1998, 30842908). Jatzke (HHS/Jatzke AO § 251 Rn. 168, unter Verweis auf Hagen StW 2008, 135 (137)) ist der Auffassung, dass der Erlass von Einheitswert- und Grundsteuermessbescheiden allenfalls dann zulässig sei, wenn er mit einer Erläuterung versehen ist, aus der sich der **informatorische Charakter** ergibt. Dies verneint das FG Bbg mit Urt. v. 14.9.2006 unter Hinweis auf BFH v. 2.7.1997 (BFH/NV 1998, 241 = BeckRS 1997, 23000155). Auch nach Eröffnung des Insolvenzverfahrens ist der **Erlass eines Einheitswertbescheides und eines Grundsteuermessbescheid zulässig** (FG Bbg BeckRS 2006, 26022788; zust. Roth InsSteuerR Rn. 4.647; BeckHdB ImmobilienStR/Roth § 15 Rn. 10 f.). Gemäß § 347 AO kann der Insolvenzverwalter gegen den Einheitswertbescheid **außergerichtlichen Rechtsbehelf oder Klage erheben.**

45 Einheitswertbescheide stellen Grundlagenbescheide iSv § 171 Abs. 10 S. 1 AO dar, sie können **rückwirkend** durch Steueränderungsbescheide **geändert** werden, wenn sich die Bemessungsgrundlage nachträglich geändert hat. Aus § 175 Abs. 1 Nr. 1 AO ergibt sich wiederum die Änderungspflicht der Folgebescheide (Grundsteuerbescheid) trotz Bestandskraft früherer Steuerbescheide (BFHE 172, 219 = BeckRS 1993, 22010805). Eine zeitliche Beschränkung sieht die Änderungsvorschrift für den Fall des § 175 Abs. 1 S. 1 Nr. 1 AO nicht vor (→ Rn. 45.1).

45.1 Die Möglichkeit der FinVerw bereits bestandskräftige Folgebescheide durch Änderung von Grundlagenbescheide, wie im Fall der Änderung des Einheitswertbescheides, kann in der Praxis zu nicht kalkulierbaren Masseabflüssen führen. Die schuldnerische Immobilie wird in der Regel unter Zusicherung der Lastenfreiheit an einen Dritten im eröffneten Verfahren veräußert. Die sodann nachträgliche Änderung der Einheitswertbescheide führt zu einer nachträglichen Erhöhung der Grundsteuerbelastung zulasten der Masse. Aufgrund des lastenfreien Erwerbs kann die geänderte, resp. höhere Steuerfestsetzung nicht gegenüber dem Erwerber geltend gemacht werden. Dies führt wiederum zur Belastung der Insolvenzmasse.

III. Rechts- und Billigkeitsgründe

46 **Als Real- oder Objektsteuer** wird die Grundsteuer, unabhängig vom realen Ertrag eines Grundstückes, erhoben. Die Bemessungsgrundlage richtet sich nach dem **typisierten Verkehrs-**

wert des Grundstückes. Der andauernde verminderte Ertrag einer Immobilie kann wertbeeinflussend durch die normierten Erlassregeln iSd §§ 32, 33 GrStG Eingang in die **Bemessungsgrundlage** finden. Der Erlass muss bei der zuständigen Gemeinde, **spätestens bis zum 31.3.** des Folgejahres, beantragt werden (Tipke/Lang SteuerR/Seer § 16 Rn. 35).

Bis zum Urteil des BFH vom **24.10.2007** (BFHE 218, 396 = BeckRS 2007, 24003137) hatte die **Erlassregel des § 33 GrStG** kaum Bedeutung, da „atypische und vorübergehende Ertragsminderungen" vorausgesetzt wurden (vgl. Rechtsentwicklung bei Kühnold in Lippross/Seibel, Basiskommentar Steuerrecht, GrStG § 33 Rn. 4). Davon war beispielsweise leerstehender Wohn- oder Gewerberaum nicht erfasst. Das BVerwG (24.4.2007 – GmS-OGB 1/07) stellte klar, dass auch **strukturell bedingte Ertragsminderungen**, die nicht nur vorübergehend sind, für den Grundsteuererlass nach § 33 Abs. 1 GrStG ausreichen. Daher muss nicht mehr danach differenziert werden, ob es sich um typische oder atypische, sondern ob es sich um **strukturelle** oder nur **um vorübergehende Ertragsminderungen** handelt (BFHE 248, 197 = BeckRS 2015, 94305). Nicht geklärt ist, ob dies auch für Fälle gilt, die sich auf die aF des § 33 Abs. 1 GrStG vom 1.1.2008 beziehen. Daher muss jeder Einzelfall überprüft werden (dagegen OVG NRW NWVBl 2011, 358 = BeckRS 2011, 48871). 47

Gemäß § 33 Abs. 5 GrStG gilt überdies der **Vorrang der Wertfortschreibung.** Danach wird **kein** Erlassgrund angenommen, wenn die Ertragsminderung hätte – ggf. auch bei rechtzeitigem Antrag – berücksichtigt werden können, indem der Einheitswert fortgeschrieben worden wäre. In jedem Fall empfiehlt es sich für den **Insolvenzverwalter** – bei längerem Leerstand eines gewerblichen Objektes – einen **Antrag auf Minderung oder Erlass der Grundsteuer** zu stellen, damit keine Masseverbindlichkeiten entstehen (K. Schmidt InsO/Schmittmann InsO Anh. Steuerrecht Rn. 342; WUS Insolvenzen/Waza Rn. 2450) (→ Rn. 48.1). 48

Insbesondere vor dem Hintergrund des Pandemiegeschehens ab dem Jahr 2020 könnten **Mieterinsolvenzen** Insolvenzverfahren von Vermietern nach sich ziehen. In dem Verfahren der Vermieterinsolvenz wäre die Mieterinsolvenz ein **Erlassantragsgrund iSd § 33 GrStG.** Nachfolgende Voraussetzungen für den Erlassantrag sind ua zu beachten: 48.1

- Veränderungen der allgemeinen wirtschaftlichen Verhältnisse und andere wertbeeinflussende in die Hauptfeststellung des Einheitswertes eingehende Umstände scheiden als Erlassgrund aus,
- allgemeiner Leerstand von Wohn- und Gewerberäumen auf Grund der Marktverhältnisse scheidet als Erlassgrund aus,
- Ertragsminderung von gewisser Dauer beläuft sich auf 50 % des normalen Rohertrages,
- Ertragsminderung ist nicht vom Grundstückseigentümer zu vertreten (zB überhöhte Mietzinsforderungen über marktüblichen Zins, bei Überangebot muss er sich nicht am unteren Rand des am Markt erzielbaren Preis bewegen),
- Grundstückseigentümer hat sich bei Leerstand nachhaltig um Vermietung bemüht (Maklerbeauftragung, Zeitungs- Internetanzeigen).

Nach der verwaltungsgerichtlichen Rechtsprechung ist § 33 GrStG ausschließlich auf den materiell-rechtlichen Grundsteuerschuldner ausgerichtet und soll **dessen** wirtschaftlichen Interessen schützen, so dass der Erlassantrag im Insolvenzverfahrens kritisch zu werten ist. Mit der Eröffnung des Insolvenzverfahrens ist die wirtschaftliche Existenz des Insolvenzschuldners bereits weggefallen, so dass ein Erlass ausschließlich die **Insolvenzgläubiger bevorteilen** würde, was dem Telos der Norm **widerspräche** (ZInsO 2009, 192 = BeckRS 2008, 36544; OVG RhPf BeckRS 2010, 50300; NVwZ 1984, 311 = BeckRS 9998, 44967). Mangels entsprechenden Antrags nicht in der Sache geprüft hat das SächsOVG (DVBl 2011, 123 (Ls.) = BeckRS 2010, 51956). Allerdings ist hinsichtlich des **Objektcharakters der Grundsteuer** zweifelhaft, ob man dieser Ansicht folgen kann. Denn § 33 GrStG regelt Fälle, die gerade nicht aus der Person des Schuldners resultieren. Zudem kann nicht ausgeschlossen werden, dass der Schuldner durch den Erlass nicht final davon profitiert, beispielsweise, wenn eine **erfolgreiche Sanierung** ermöglicht wird (BeckHdB ImmobilienStR/Roth § 15 Rn. 15). 49

D. Kirchensteuer

Rechtsgrund für die Möglichkeit der Erhebung von Kirchensteuer durch Religionsgemeinschaften bildet **Art. 140 GG.** Die Kirchensteuer wird durch landesrechtliche Vorschriften zum Kirchensteuergesetz erhoben. Aufgrund des öffentlich-rechtlichen Charakters der Kirchensteuer kann diese durch Verwaltungszwang **durchgesetzt** werden. Die Kirchensteuer wird als Zuschlag zur Lohn- und Einkommensteuer als fester Prozentsatz erhoben. Verwaltet wird die Kirchensteuer, 50

Steuerrecht in der Insolvenz – Sonstige Steuern und Nebenleistungen

außer in Bayern, in Auftragsverwaltung von den Finanzbehörden (vgl. zum Erlass von Kirchensteuer gem. **§ 227 AO** iVm § 5 Abs. 3 HessKiStG: DÖV 2013, 239 (Ls.) = BeckRS 2013, 45258).

51 Übersteigt die anfallende Kirchensteuer eine übliche Quote, muss der Steuerberater seinen Mandanten hierauf hinweisen (FH/NV 2007, 119 = BeckRS 2006, 10299). Es besteht allerdings trotz Haftungsmöglichkeiten keine Verpflichtung des Steuerberaters den Mandanten den Austritt aus der Kirche zu empfehlen. Auch ist der Insolvenzverwalter nicht dazu berechtigt den **Kirchenaustritt** für den Insolvenzschuldner zu erklären, da es sich um ein **höchstpersönliches Recht** handelt, welches durch Art. 4 Abs. 1, 2 GG geschützt ist.

52 Die insolvenzrechtliche Beurteilung, ob es sich bei der Kirchensteuer um eine **Masseverbindlichkeit oder eine Insolvenzforderung** handelt, richtet sich nach den allgemeinen Grundsätzen (→ SteuerrechtinderInsolvenz-Ertragsteuerrecht Rn. 107). → SteuerrechtinderInsolvenz-Umsatzsteuer Rn. 1

E. Kraftfahrzeugsteuer

I. Grundlagen

53 Die Kraftfahrzeugsteuer ist als **direkte Aufwandsteuer** zu qualifizieren. Historisch wurde die Kraftfahrzeugsteuer mit einem Abgeltungsgedanken gerechtfertigt. Die Nutzung und Abnutzung der öffentlichen Straßen sollten damit ausgeglichen werden. Mittlerweile wird sie maßgeblich von **umweltpolitischen** Erwägungen getragen (Tipke/Lang SteuerR/Englisch § 18 Rn. 85 f.). Seit 2009 steht das Aufkommen der Steuer nach Art. 106 Abs. 1 Nr. 3 GG dem **Bund** zu. Gemäß Art. 106b GG wird den Ländern aus dem Gesamtbetrag ein Anteil gewährt. Die Kraftfahrzeugsteuer wird seit dem 1.7.2014 (§ 18a Abs. 1 FVG) vom Bund verwaltet. Dabei agieren die **Hauptzollämter** als Bundesbehörde bezüglich der Steuererhebung, der Steuerfestsetzung und der Vollstreckung.

54 Gemäß § 1 Abs. 1 Nr. 1 KraftStG ist Steuergegenstand das Halten von inländischen Fahrzeugen zum Verkehr auf öffentlichen Straßen. Für die insolvenzsteuerrechtliche Qualifizierung ist der **Steuergegenstand** der Kraftfahrzeugsteuer maßgeblich. Daneben normiert § 1 Abs. 1 KraftStG noch das Halten von ausländischen Fahrzeugen zum Verkehr auf öffentlichen Straßen, solange die Fahrzeuge sich im Inland befinden (Nr. 2), die widerrechtliche Benutzung von Fahrzeugen (Nr. 3) und die Zuteilung von Oldtimer- und roten Kennzeichen (Nr. 4). Nach § 2 Abs. 1 KraftStG fallen nicht nur Kraftfahrzeuge, sondern auch Fahrzeuganhänger unter diese Norm. Sobald das Fahrzeug **verkehrsrechtlich zum Verkehr zugelassen** wird, wird **steuerrechtlich** das Halten eines Fahrzeuges erfüllt. Gemäß § 3 FVZ darf das Fahrzeug erst dann in Betrieb genommen werden. Wird das Fahrzeug bei der örtlichen Zulassungsbehörde angemeldet, gilt diese **Anmeldung** als Kraftfahrzeugsteuererklärung (vgl. § 3 Abs. 2 KraftStDV).

55 Grundsätzlich ist **Schuldner der Kraftfahrzeugsteuer diejenige Person, auf welche das Fahrzeug zugelassen wurde** (vgl. § 7 Nr. 1 KraftStG), sofern keine Befreiungstatbestände nach § 3 KraftStG vorliegen oder keine sonstigen Voraussetzungen der §§ 3a, 3b oder 3d KraftStG erfüllt sind. § 3d KraftStG wurde zuletzt eingefügt durch Art. 2. Nr. 2 des Verkehrsteueränderungsgesetzes v. 5.12.2012 (BGBl. I 2431 (2435)) und regelt die Steuerbefreiung für Elektrofahrzeugen.

56 Sind **mehrere** Personen als Halter zugelassen, sind diese Personen **Gesamtschuldner** der Kraftfahrzeugsteuer. Nach § 80 Abs. 1 InsO geht die Verwaltungs- und Verfügungsbefugnis mit Insolvenzeröffnung auf den **Insolvenzverwalter** über, sodass dieser nach § 34 Abs. 3 AO iVm § 34 Abs. 1 AO die steuerlichen Pflichten des Insolvenzschuldners erfüllen muss. Gemäß § 33 Abs. 1 AO ist er **Steuerpflichtiger und Bekanntgabeadressat** der Steuerbescheide betreffend die Kraftfahrzeugsteuer. Der Insolvenzschuldner bleibt **Steuerschuldner** und ist der richtige **Inhaltsadressat** (Horner/Rand NZI 2011, 898 (899); Tipke/Kruse/Seer AO § 122 Rn. 17 f.).

57 Nach § 6 KraftStG **beginnt** die Steuerpflicht zum **Zeitpunkt der Zulassung** des Fahrzeuges. Handelt es sich um fortlaufende Entrichtungszeiträume entsteht die Steuerpflicht immer mit dem jeweiligen Beginn eines Zeitraumes. Die Dauer eines Zeitraumes beträgt nach § 11 Abs. 1 KraftStG **ein Jahr,** aber nicht ein Kalenderjahr. **Fällig** ist die Steuer jährlich im Voraus. Grundsätzlich wird die Steuerpflicht **unbefristet** festgesetzt, sofern kein Beendigungszeitpunkt feststeht (vgl. § 12 Abs. 1 S. 1 Alt. 1 KraftStG). In allen anderen Fällen wird die Steuer nach § 12 Abs. 1 S. 1 Alt. 2 KraftStG für bestimmte Zeiträume festgesetzt. Gemäß § 8 KraftStG bemisst sich die Steuer nach dem zulässigen Gesamtgewicht, dem Hubraum oder den Emissionen. Der Steuersatz wird von § 9 KraftStG normiert.

II. Insolvenzrechtliche Qualifizierung

Für die Zuordnung zu den insolvenzrechtlichen Forderungskategorien ist maßgeblich die **insolvenzrechtliche Begründetheit iSd § 38 InsO**, auf die Entstehung der KraftSt nach § 6 KraftStG kommt es nicht an. Wird das Insolvenzverfahren mitten in einem **laufenden Entrichtungszeitraum** eröffnet, wird die Kraftfahrzeugsteuer **anteilig** auf die jeweiligen Tage vor und nach der Insolvenzeröffnung verteilt (BFH/NV 2015, 240 = BeckRS 2014, 96446; BFH/NV 2014, 581 = BeckRS 2014, 94397; Jaeger/Fehrenbacher InsO Anh. Steuerrecht in der Insolvenz Rn. 265; Gottwald/Haas InsR-HdB/Frotscher § 125 Rn. 14; WUS Insolvenzen/Waza Rn. 2535; MüKoInsO/Schüppen/Ruh Anh. Insolvenzsteuerrecht Rn. 228; de Weerth NZI 2015, 42). Im Zeitpunkt der Eröffnung des Insolvenzverfahrens **noch nicht entrichtete** KraftSt, die die Zeit vor Eröffnung des Verfahrens betrifft, ist als **Insolvenzforderung iSd § 38 InsO** anzumelden. Für den Fall, dass die KraftSt bereits entrichtet war, ergibt sich für den Zeitraum nach Eröffnung des Verfahrens ein **Erstattungsguthaben**, welches der Insolvenzmasse zu erstatten ist (BFH/NV 2014, 581 = BeckRS 2014, 94397). Gegen das Guthaben kann das Hauptzollamt mit Insolvenzforderungen **aufrechnen** (BFHE 207, 371 = BeckRS 2004, 24001935) (→ Rn. 67). 58

Mit **Eröffnung des Verfahrens** wird die für den Zeitraum nach Eröffnung des Verfahrens entfallende und noch nicht entrichtete KraftSt gem. § 12 Abs. 3 KraftStG gegenüber dem Insolvenzverwalter festgesetzt (BFH/NV 2015,240 = BeckRS 2014, 96446). Dieser kann die **Masseverbindlichkeiten** nach §§ 53, 55 InsO vorweg aus der Masse berichtigen (BFHE 234, 97 = BeckRS 2011, 96299). Gehört das Fahrzeug allerdings nicht (mehr) zur Masse, so kann sich die Kraftfahrzeugsteuerforderung ebenso gegen das insolvenzfreie Vermögen richten. Somit gilt es bis zu drei Vermögensmassen zu differenzieren, welchen die Kraftfahrzeugsteuer zugeordnet werden kann (BFH/NV 2014, 581 = BeckRS 2014, 94397) (→ SteuerrechtinderInsolvenz-Umsatzsteuer Rn. 36). 59

In jüngerer Rechtsprechung des BFH hat sich seine Ansicht bezüglich der Definition, was eine vermögenswerte Position ist, grundlegend geändert. **Früher** wurde die Meinung vertreten, dass nicht das Fahrzeug zur Insolvenzmasse gehört, sondern erst die **Rechtsposition des Fahrzeughalters** die Zuordnung zur Insolvenzmasse möglich machte (BFHE 218, 435 = BeckRS 2007, 24003089; BFHE 218, 432 = BeckRS 2007, 24003087; Klein/Humberg JR 2008, 224 ff.). Seit **Urteil vom 13.4.2011** geht der BFH davon aus, dass die Rechtsposition des Halters nicht als Vermögen nach § 35 InsO einzustufen ist. Sondern lediglich **Sachen und geldwerte Güter** unter den Begriff des Vermögens zu subsumieren sind (BFHE 234, 97 = BeckRS 2011, 96299; BFHE 235, 1 = BeckRS 2011, 96868). Daher ist auf das **Fahrzeug selbst als bewegliche Sache abzustellen**. Ist das Fahrzeug Bestandteil der Insolvenzmasse und liegt nach § 55 Abs. 1 Nr. 1 Alt. 2 InsO eine Verwaltung der Insolvenzmasse vor, werden die Kraftfahrzeugsteuerschulden den **Masseverbindlichkeiten** zugeordnet (BFHE 264, 106 = BeckRS 2019, 14815). 60

Der Insolvenzverwalter kann die weitere Art und Weise der Nutzung des Fahrzeuges beeinflussen. Um zu verhindern, dass weitere Kraftfahrzeugsteuerforderungen entstehen, kann der Insolvenzverwalter das Fahrzeug **abmelden** oder **veräußern**. Die Veräußerungsmeldung des bisherigen Halters ist zumindest dann entbehrlich, wenn der neue Halter/Erwerber des Fahrzeugs seiner Pflicht zur Beantragung eines (neuen) amtlichen Kennzeichens nachgekommen ist. Dann werden die für die Verwaltung der KfZ-Steuer zuständigen Hauptzollämter im Wege eines automatisierten Datenaustauschs informiert. Die sich aus der Abmeldung und der taggenauen Abrechnung ergebenden Erstattungsansprüche stehen der Insolvenzmasse zu. Ein Fahrzeug, das bereits vor Insolvenzeröffnung **untergegangen aber noch nicht abgemeldet** ist, fällt nicht unter den Insolvenzbeschlag gem. § 35 Abs. 1 InsO (BFHE 264, 106 = BeckRS 2019, 14815). 61

Ist ein **starker vorläufiger Insolvenzverwalter** bestellt, geht die FinVerw bei der auf die Eröffnung des Verfahrens entfallende Kraftfahrzeugsteuer von **Masseverbindlichkeiten gem. § 55 Abs. 2 InsO** aus (Umkehrschluss aus AEAO zu § 251, Rn. 5.1. unter Beispiel 5 (Kraftfahrzeugsteuer)). So auch schon vor der Rechtsprechungsänderung durch den II. Senat des BFH (Wohlers ZInsO 2002, 1074 (1075)). Fraglich ist, ob man dieser Ansicht unstreitig folgen kann. **Dagegen** spricht zunächst, dass die Insolvenzmasse zum **Zeitpunkt der Eröffnung** des Insolvenzverfahrens zu bestimmen ist. Außerdem kennt der Tatbestand des § 55 Abs. 2 InsO keine Alternative, nach welcher die Verwaltung der Insolvenzmasse umfasst wird. Der BFH stützt hingegen seine Argumentation hierauf. Indes sind von § 55 Abs. 2 S. 1 InsO nur solche Rechtsgeschäfte des starken vorläufigen Insolvenzverwalters erfasst, welche als Neugeschäft zu qualifizieren sind (s. hierzu MüKoInsO/Hefermehl § 55 Rn. 228; Uhlenbruck/Sinz InsO § 55 Rn. 94). Das bloße Halten eines Kraftfahrzeuges kann hierunter nicht fallen. Allerdings werden von § 55 Abs. 2 InsO auch solche Geschäfte erfasst, die ipso jure zu Steuerverbindlichkeiten führen (vgl. hierzu statt 62

Steuerrecht in der Insolvenz – Sonstige Steuern und Nebenleistungen

vieler MüKoInsO/Hefermehl § 55 Rn. 228). Die Kraftfahrzeugsteuer kann demnach dann als Masseverbindlichkeit eingestuft werden, sofern der starke vorläufige Insolvenzverwalter die Nutzung der Fahrzeuge **billigt bzw. fördert**.

63 Ist ein **schwacher oder halbstarker vorläufiger Insolvenzverwalter** bestellt muss bei der Frage nach der insolvenzrechtlichen Zuordnung der Steuer bezüglich der Anwendbarkeit des § 55 Abs. 4 InsO differenziert werden. Danach reicht auch hier das bloße Halten für die Begründung eines Neugeschäfts und damit die Bejahung einer Masseverbindlichkeit nicht aus. Lediglich die Neuzulassung eines zur Insolvenzmasse gehörenden Fahrzeuges kann als Masseverbindlichkeit qualifiziert werden (so noch BMF-Schreiben v. 17.1.2012, BStBl. I 2012, 120 Rn. 23 f. Dieses wurde mittlerweile ersetzt durch BMF-Schreiben v. 20.5.2015, BStBl. I 2015, 476, dort findet die Kraftfahrzeugsteuer keine Erwähnung mehr). Bei der **Neufassung von § 55 Abs. 4 InsO** nF, welche für beantragte Verfahren ab dem **1.1.2021** Anwendung findet, erfolgen hingegen eine ausdrückliche Benennung der Kraftfahrzeugsteuer. Insoweit verwies der Gesetzgeber die Kraftfahrzeugsteuer als indirekte Steuer in die insolvenzrechtliche Forderungskategorie der **Masseverbindlichkeiten**.

1. Besitz von Fahrzeugen

64 Bei Fahrzeugen, welche nicht im Eigentum des Insolvenzschuldners stehen, ist zu prüfen, ob es sich dabei um Vermögen nach § 35 InsO handelt. Wurde ein Fahrzeug des Insolvenzschuldners **sicherungsübereignet**, bleibt er weiterhin Steuerschuldner. Im Insolvenzfall entsteht an dem Fahrzeug ein Absonderungsrecht für den Sicherungsnehmer gem. § 51 Nr. 1 InsO. Bis zur Absonderung bleibt das Fahrzeug Bestandteil der Insolvenzmasse. Die Kraftfahrzeugsteuerforderung wird als **Masseverbindlichkeit nach § 55 Abs. 1 Nr. 1 InsO** eingestuft (Hartmann NZI 2012, 168 (170); Roth InsSteuerR Rn. 4.589).

65 Hat der Insolvenzschuldner ein Fahrzeug **geleast**, kann der Insolvenzverwalter nach **§ 103 Abs. 1 InsO das Wahlrecht** ausüben (K. Schmidt InsO/Thole InsO § 47 Rn. 76). Entscheidet sich der Insolvenzverwalter dafür die Vertragserfüllung **abzulehnen**, liegt kein Vermögen nach § 35 InsO vor, so dass auch keine Masseverbindlichkeit angenommen werden kann (Hartmann NZI 2012, 168 (170)). Aus der früheren halterbezogenen Sicht des II. Senats hätte die bloße Ablehnung der Vertragserfüllung noch nicht zur Verhinderung von Masseverbindlichkeiten geführt. Es wurde zudem die Außerbetriebsetzung des Fahrzeuges vorausgesetzt (BFH/NV 2008, 113 = BeckRS 2007, 25012480). **Wählt** der Insolvenzverwalter hingegen die Vertragserfüllung, hat dies die Entstehung von Masseverbindlichkeiten zur Folge (→ Rn. 60).

2. Unpfändbarkeit

66 Durch die mit Urteil vom 13.4.2011 geänderte Sichtweise des II. Senats – weg von der Zuordnung aus der Rechtsposition des Halters, hin zur massebezogenen Sicht des Gegenstands iSd § 35 InsO – ist im Fall der **Unpfändbarkeit eines Fahrzeugs** nach **§ 811 ZPO** die Begründung von Masseverbindlichkeiten auch hinsichtlich der Kraftfahrzeugsteuer **ausgeschlossen**. Gegenstände gehören nach § 36 Abs 1 S. 1 InsO dann **nicht zur Insolvenzmasse**, sofern sie nicht der Zwangsvollstreckung unterliegen (BFHE 234, 97 = BeckRS 2011, 96299; BFHE 235, 1 = BeckRS 2011, 96868; BFH/NV 2010, 68 = BeckRS 2009, 25015727). Nach § 811 Nr. 5 ZPO sind solche Gegenstände unpfändbar, die der Fortsetzung einer Erwerbstätigkeit dienen. Daher sind diese Gegenstände nach § 36 Abs. 1 S. 1 InsO insolvenzfrei. Der Bescheid über die Kraftfahrzeugsteuer ist gegen den Insolvenzschuldner festzusetzen.

3. Erstattung der Kraftfahrzeugsteuer

67 Wurde zum Zeitpunkt des Insolvenzeröffnungsverfahrens bereits die Kraftfahrzeugsteuer vollständig entrichtet, muss die Steuer **gegenüber dem Insolvenzverwalter erneut festgesetzt werden**. Der Rechtsgrund des Erstattungsanspruchs ist insolvenzrechtlich durch Vorauszahlung auf die Steuerschuld bereits vor Eröffnung des Verfahrens gelegt worden. In Höhe der Differenz zwischen Vorauszahlung und nach Tagen anteilig geschuldeter Steuer besteht der aufschiebend bedingte Erstattungsanspruch. Dieser ist zugunsten der Insolvenzmasse zu erstatten. Die Finanzbehörde kann gegen diesen Anspruch mit Insolvenzforderungen **aufrechnen**. Da der Erstattungsanspruch bereits **vor** dem Insolvenzeröffnungsverfahrens entstanden ist, gilt das Aufrechnungsverbot des § 96 Abs. 1 Nr. InsO **nicht** (BFH/NV 2014, 581 = BeckRS 2014, 94397). Die Literatur **folgt** dem bislang größtenteils (s. statt vieler nur Jaeger/Fehrenbacher InsO Anh. Steuerrecht in der Insolvenz Rn. 265). Insgesamt **gegen** den auszugsweise zitierten Beschluss des BFH und damit auch gegen die Aufrechnungsmöglichkeit siehe Kahlert (ZIP 2014, 981 ff. und K. Schmidt InsO/ Schmittmann InsO Anh. Steuerrecht Rn. 354 erkennt in der Judikatur eine „Privilegierung der FinVerw").

4. Freigabe des Fahrzeuges

Bei der **echten Freigabe** gibt der Insolvenzverwalter einen Gegenstand aus der Insolvenzmasse an den Schuldner frei. In Abgrenzung hierzu handelt es sich bei der sog unechten Freigabe um eine nicht konstitutiv, sondern bloß deklaratorisch wirkende Erklärung, da es sich bei dem „freizugebenden" Gegenstand ohnehin um einen solchen handelt, der überhaupt nicht Bestandteil der Insolvenzmasse ist, bspw. mit einem Aussonderungsrecht behaftet ist. Der Schuldner erlangt die vollständige Verfügungsbefugnis über den Gegenstand (MüKoInsO/Peters § 35 Rn. 85, 103). Die Freigabe erfolgt durch eine einseitige, empfangsbedürftige Willenserklärung gegenüber dem Schuldner. 68

Regelmäßig wird der Insolvenzverwalter die Freigabe eines Fahrzeuges erklären, sofern die Verwertung des Fahrzeugs unvorteilhaft für die Insolvenzmasse ist. Dies ist regelmäßig dann der Fall, **sofern die Verwertungskosten den Verwertungserlös übersteigen.** Bei der Freigabe von Fahrzeugen, die zum Insolvenzvermögen gehören, wird das Fahrzeug Bestandteil des insolvenzfreien Vermögens. Aus diesem Grund ist die Kraftfahrzeugsteuer ab diesem Zeitpunkt nicht mehr als Masseverbindlichkeit anzusehen und muss gegen das insolvenzfreie Vermögen des Schuldners festgesetzt werden (EFG 2011, 570 = BeckRS 2011, 94086). 69

Für den Fall der durch den Insolvenzverwalter erklärten **Freigabe des Geschäftsbetriebes iSv § 35 Abs. 2 InsO** gegenüber dem Insolvenzschuldner sieht der BFH **nicht** zugleich die Freigabe (sämtliches) bereits vorhandenen unternehmerisches Vermögen des Schuldners. Er stellt dabei auf den **Erklärungsinhalt** der jeweiligen Freigaben ab, und sieht bei der Freigabe iSv § 35 Abs. 2 InsO die inhaltlichen Voraussetzungen für die echte Freigabe eines Gegenstandes als **nicht** erfüllt an (BFH v. 8.9.2011 = BeckRS 2011, 94086) (→ Rn. 70.1). 70

Der Insolvenzverwalter ist daher gehalten die Freigabe eines Fahrzeugs detailliert und hinreichend bestimmt gegenüber dem Insolvenzschuldner zu erklären. Ein Zustellnachweis ist ua auch zum Zwecke des Nachweises gegenüber dem Hauptzollamt zu empfehlen. 70.1

Für den Fall das der Insolvenzschuldner nach Eröffnung des Insolvenzverfahrens im Rahmen seines **freigegebenen Gewerbes** ein Fahrzeug anschafft, ist dieses als insolvenzbeschlagfreies Vermögen zu qualifizieren. Die in diesem Zusammenhang entstehende KraftSt ist eine insolvenzfreie **Neuverbindlichkeit** des Insolvenzschuldners. 71

Dem Insolvenzverwalter fehlt die Verwaltungs- und Nutzungsbefugnis auch bei einem Fahrzeug des Schuldners, das als **Grundstückszubehör** schon vor Insolvenzeröffnung durch Anordnung der Zwangsverwaltung gem. §§ 146, 20 ZVG **beschlagnahmt** worden ist; die nach Eröffnung entstandene Kfz.-Steuer kann daher nur gegenüber dem Zwangsverwalter festgesetzt werden (MüKoInsO/Hefermehl InsO § 55 Rn. 78). 72

F. Sonstige Verbrauchsteuern und Zölle

Die Verbrauchsbesteuerung ist wesentlich dadurch gekennzeichnet, dass die Steuer **nicht direkt beim Verbraucher erhoben** wird, sondern der Entstehungszeitpunkt der Steuer in die Sphäre des Herstellers vorverlagert wird. Gegenstand der Verbrauchsteuern sind ua Kaffee, Energie, Schaumweine, Branntweine, Tabak, Bier und Alcopops. Eine klassische Verbrauchsteuer stellt die Energiesteuer dar, welche steuerrechtlich nicht an den Zeitpunkt des Verbrauchs der Energie anknüpft. Der Steuertatbestand der Energiesteuer ist demnach schon zu dem Zeitpunkt erfüllt, in dem das Energieerzeugnis nach § 1 Abs. 2 und Abs. 3 EnergieStG das Steuerlager **verlässt**. Aus §§ 20 ff. EnergieStG folgen weitere Entstehungstatbestände. **Insolvenzrechtlich** ist der Energiesteueranspruch der FinVerw begründet, wenn der **Steuertatbestand** zu den jeweiligen Entstehungszeitpunkten **erfüllt** wird. Liegt die Begründung einer Steuerforderung **vor** dem Insolvenzeröffnungsverfahren, handelt es sich um eine Insolvenzforderung iSd § 38 InsO. Entsteht die Steuerforderung hingegen erst **mit bzw. nach** der Eröffnung des Verfahrens liegt eine Masseverbindlichkeit nach § 55 InsO vor. 73

Die nach § 2 Abs. 1 Nr. 1–4 EnergieStG zu versteuernden Energieerzeugnisse können auf Antrag des Verkäufers nach § 60 EnergieStG zu Steuerentlastungen führen, sofern **wegen Zahlungsunfähigkeit ein Ausfall beim Warenempfänger vorliegt** (BFH/NV 1999, 831 = BeckRS 1998, 30039589) (→ Rn. 74.1). 74

Steuerrecht in der Insolvenz – Sonstige Steuern und Nebenleistungen

74.1 Eine Steuerentlastung gem. **§ 60 EnergieStG** wird in den folgenden Fällen gewährt:
- der Steuerbetrag übersteigt den Betrag von 5.000 EUR zum Zeitpunkt der Zahlungsunfähigkeit. Nach der Rechtsprechung handelt es sich hier um **einen echten Selbstbehalt** (vgl. BFH BFH/NV 1999, 831 = BeckRS 1998, 30039589)
- die Zahlungsunfähigkeit wurde **nicht durch kollusives Zusammenwirken** von Käufer und Verkäufer bewirkt
- der **Zahlungsausfall war unvermeidbar.** Nachlässigkeiten wirken sich zu Lasten des Lieferanten aus. Die Anforderungen an eine gerichtliche Verfolgung sind erst durch die Einreichung der Klageschrift beim Gericht gewahrt und nicht durch die Beauftragung eines Rechtsanwalts mit der Erstellung der Klage. Weiterhin entfällt der Vergütungsanspruch im Falle der Eröffnung des Insolvenzverfahrens über das Vermögen des Schuldners, wenn die Forderung nicht bis zum Prüfungstermin zur Insolvenztabelle angemeldet wird (so BFH BFH/NV 2011, 1022 = BeckRS 2011, 95036), dh dieser ist trotz rechtzeitiger Mahnung bei Zahlungsverzug, eines vereinbarten Eigentumsvorbehalts und laufender Überwachungen der Zahlungseingänge entstanden (BFHE 216, 471 = BeckRS 2007, 24002918)
- der Warenempfänger und der Verkäufer **dürfen wirtschaftlich nicht miteinander verbunden** sein. Eine wirtschaftliche Verbindung ist dann anzunehmen, sofern sie Gesellschafter oder Teilhaber am gleichen Unternehmen sind oder gem. § 15 AO als Angehörige einzuordnen sind. Außerdem liegt eine solche Verbindung vor, wenn Verkäufer und Käufer den Betrieb des jeweils anderen leiten.

75 Gemäß § 60 Abs. 2 EnergieStG muss der **schriftliche Antrag auf die Steuerentlastung** spätestens bis zum Ablauf des Jahres gestellt werden, welches auf das Jahr der Zahlungsunfähigkeit des Käufers folgt. Für einen vollständigen Antrag bedarf es der Beifügung eines Nachweises über den Verkauf des Mineralöls an den Empfänger, einen Nachweis über die Zahlungsunfähigkeit sowie Belege über die Herkunft, Beschaffenheit und Besteuerung des Mineralöls.

76 Nach § 60 Abs. 3 EnergieStG erfolgt **die Steuerentlastung auflösend bedingt** durch eine nachträgliche Leistung des Käufers. Der Verkäufer ist verpflichtet nachträgliche Zahlungen des Käufers unverzüglich dem Hauptzollamt mitzuteilen. Wird die Forderung durch die Zahlung nicht vollständig beglichen, führt dies zu einer quotalen Erstattung bzw. Vergütung in Höhe des Anteils der Leistung, welcher dem ausgefallenen Steuerforderungsanteil entspricht. Durch das Hauptzollamt kann eine Anordnung ergehen, welche den Verkäufer dazu verpflichtet seine Forderung in Höhe der ausgefallenen Steuerforderung gegen den Käufer an die Bundesfinanzämter abzutreten.

77 Erlischt eine Steuer durch den **Bedingungseintritt eines Steuervergünstigungstatbestandes** wirkt sich dies nicht auf das Begründetsein aus. Gemäß § 42 InsO müssen bedingte Insolvenzforderungen als unbedingte Steuerforderungen geltend gemacht werden. Eine Insolvenztabellenanmeldung muss korrigiert werden, sofern die Forderung durch den Bedingungseintritt erlischt. Nach § 42 Abs. 2 InsO darf die unter einer auflösenden Bedingung stehende Forderung nur abgezinst zur Insolvenztabelle angemeldet werden, da sie noch nicht fällig ist.

78 Nach **§ 76 AO** kann es im Zuge eines Insolvenzverfahrens zur **Sachhaftung** kommen (vgl. DB 2000, 253; Roth InsSteuerR Rn. 4.664 ff.). Waren, auf welche eine Verbrauchsteuer entfällt, dienen als Sicherheit für die darauf entfallende Steuerforderung (RFHE 20, 255 (257)). Es entsteht ein dingliches, öffentlich-rechtliches Verwertungsrecht, welches dem Steuergläubiger **ohne Rücksicht auf Rechte anderer** an der Sache zusteht. Er kann damit seine Forderung durchsetzen (BFHE 156, 46 = BeckRS 1989, 22008889). Aus der Sachhaftung folgte nach der Konkursordnung ein **Absonderungsrecht** an den Waren. Dieses Absonderungsrecht wurde vom Gesetzgeber in § 51 Nr. 4 InsO verankert. Der absonderungsberechtigte Steuergläubiger darf gem. § 52 InsO seine Forderung nur in Höhe der **Ausfallforderung** als Insolvenzforderung zur Tabelle anmelden.

79 Die aufgezeigten Grundsätze gelten auch für **Waren, die einfuhrzollpflichtig sind.** Begründet wird der Anspruch mit der Übertragung einer zollpflichtigen Ware in den freien Warenverkehr (Art. 201 VO (EWG) Nr. 2913/92 v. 12.10.1992 (VSF Z 0200) – Zollkodex). Mithin ist es von diesem Zeitpunkt abhängig, ob eine Insolvenzforderung oder Masseverbindlichkeit vorliegt. Die Differenzierung richtet sich nach den allgemeinen Grundsätzen. Zollschulden, die noch nicht fällig sind, gelten insolvenzrechtlich als fällig iSv § 41 InsO. Die Sachhaftung gem. § 76 AO ist auch in diesem Fall relevant, so dass dem Fiskus an den zollpflichtigen Waren nach § 51 Nr. 4 InsO ein **Absonderungsrecht** zusteht. Gemäß § 52 InsO stellt dies eine bedingte Ausfallforderung dar.

G. Erbschafts- und Schenkungssteuer

80 Aufgrund der Rechtsprechung des BVerfG muss das Erbschaft- und Schenkungssteuerrecht reformiert werden. Der Gesetzgeber wurde verpflichtet **bis zum 30.06.2016** die entsprechenden

Steuerrecht in der Insolvenz – Sonstige Steuern und Nebenleistungen

Gesetze neu zu regeln (BFH/NV 2015, 301 (Ls.) = BVerfGE 138, 136 = BeckRS 2014, 59427). Daraufhin wurden Anordnungen der obersten Finanzbehörden erlassen, wonach Erbschaft- und Schenkungsteuerfestsetzungen nach § 165 Abs. 1 S. 2 Nr. 2 AO **nur vorläufig** erfolgen (Oberste Finanzbehörden der Länder, Erlass v. 12. 3. 2015 = DStR 2015, 654 (vorläufige Festsetzung § 165 Abs. 1 AO der Erbschaftsteuer (Schenkungsteuer)).

Bezüglich der ertragsteuerlichen Behandlung der **Nachlassinsolvenz** näher → Steuerrechtin- 81 derInsolvenz-Ertragsteuerrecht Rn. 143.

Für die Einordnung der ErbSt in die insolvenzrechtlichen Forderungskategorien ist es maßgeb- 82 lich, wann der **Erbfall stattgefunden** hat, wann die Steuer entstanden ist. Für Erbfälle nach Eröffnung des Insolvenzverfahrens stellt die ErbSt eine **Masseverbindlichkeit** dar (BFHE 257, 510 = BeckRS 2017, 119029).

Auch im Insolvenzfall kann die im ErbStG geregelte sog. **Nachversteuerung** ua zu Masseab- 83 flüssen in der Erbeninsolvenz führen, welche aufgrund der in der Vergangenheit liegenden Übertragungen zu prüfen sind. Es besteht für den Fall, dass Anteile eines Unternehmens **vererbt oder verschenkt** werden unter den Voraussetzungen des **§ 13a ErbStG** die Möglichkeit einen **Abzugsbetrag sowie eine 85 %-ige Steuerbefreiung (Verschonungsabschlag bei Regelverschonung)** für **begünstigtes Vermögen** iSd § 13b Abs.1 ff. ErbStG in Anspruch zu nehmen. Diese Begünstigung kann allerdings nach § 13a Abs.6 ErbStG **ex tunc** entfallen, sofern die Anteile in einem Zeitraum von **fünf Jahren** nach der Übereignung der Anteile wieder **weiter veräußert** werden oder der Betrieb **aufgegeben** wird (sog. **Nachversteuerung**). Es erfolgt durch das Abschmelzungsmodell eine **anteilige** Berechnung des **Wegfalls** der steuerlichen Begünstigungen. Sofern eine unwiderrufliche Erklärung des Erwerbers vorliegt kann dieser die **Vollverschonung** (Optionsverschonung) von 100% gem. § 13a Abs. 10 ErbStG beantragen. Bei dieser erhöht sich die Quote der einzuhaltenden Mindestlohnsummen sowie die Behaltensfrist auf **sieben** Jahre.

Der Erwerber ist nach § 13a Abs. 6 ErbStG **zur Anzeige des Unterschreitens der Lohnsum-** 84 **mengrenze** verpflichtet. Diese Anzeige hat innerhalb von sechs Monaten nachdem die Lohnsummenfrist abgelaufen ist zu erfolgen (§ 13a Abs. 7 ErbStG).

Insbesondere die **insolvenzbedingte** Betriebsaufgabe stellt aus **Sicht der FinVerw** einen 85 Nachsteuertatbestand dar, da mit der Eröffnung des Insolvenzverfahrens in der Regel **keine** Fortführung des Betriebs verbunden ist (ErbStR E 13a.13 Abs. 1 S. 3, ErbStH E 13a.13 Erzwungene Betriebsaufgabe; BeckOK ErbStG/Claussen/Thonemann-Micker, 11. Ed. 1.4.2021, ErbStG § 13a Rn. 229). Diese Sichtweise **bestätigte** der BFH mit Urteil vom 21.3.2007 und erklärte ausdrücklich auch für Insolvenzfälle gäbe es keine Einschränkungen des Anwendungsbereichs des § 13a Abs. 5 Nr. 4 S. 2 Alt. 1 ErbStG aF (BFH/NV 2007, 1321 = BeckRS 2007, 25011474). Dies differenzierte er sodann mit der nachfolgenden jüngeren Rechtsprechung im Jahr 2020 (→ Rn. 88).

Der nachträgliche Wegfall der Steuerbegünstigung des Betriebsvermögens gem. § 13a Abs. 5 86 Nr. 1 S. 1 ErbStG aF tritt unabhängig davon ein, aus welchen Gründen das Betriebsvermögen veräußert wurde und ob die Veräußerung **freiwillig oder unfreiwillig** erfolgte (BFHE 244, 449 = BeckRS 2014, 94864).

Der Nachbesteuerungstatbestand gilt als **rückwirkendes Ereignis nach § 175 Abs. 1 Nr. 2** 87 **AO.**

Analog der Sicht der FinVerw hat das FG Nürnberg mit Urteil vom 26.4.2018 im Fall der 88 Eröffnung des Insolvenzverfahrens über das Vermögen einer **KG** die schädliche Verfügung bereits **zum Zeitpunkt der Eröffnung** angenommen (EFG 2018, 1276 = BeckRS 2018, 11337). Der Insolvenzverwalter hatte im zu entscheidenden Fall den Betrieb der KG fortgeführt und erst im darauffolgenden Jahr die Veräußerung begonnen. Durch das jüngste Urteil des BFH vom 1.7.2020 wurde die Entscheidung aufgehoben und festgestellt, dass die Eröffnung über das Vermögen der KG als **PersG** ertragsteuerlich **nicht** zu einer Betriebsaufgabe und der Erfassung eines entsprechenden Veräußerungsgewinns führt, folglich führt die **bloße** Eröffnung des Insolvenzverfahrens noch **nicht** zum **nachträglichen Wegfall** des Verschonungsabschlags (BFHE 269, 450 = BeckRS 2020, 30072). Der BFH trifft entgegen der Sichtweise der FinVerw sowie auch der überwiegend in der Literatur vertretenen Meinung, dass bereits die Eröffnung des Insolvenzverfahrens über eine **PersG** eine Betriebsaufgabe iSd § 13a Abs.6 ErbStG darstellt (Jülicher in Troll/Gebel/Jülicher/Gottschalk, ErbStG, § 13a Rn. 271; Stalleiken in von Oertzen/Loose, ErbStG, 2. Aufl., § 13a Rn. 140; Esskandari in Stenger/Loose, Bewertungsrecht, ErbStG § 13a Rn. 180; differenzierend Geck in Kapp/Ebeling, ErbStG, § 13a Rn. 122) **differenziert nach den Gesellschaftsrechtsformen** seine Feststellungen. So stellt er fest, dass bei KapG (§ 60 Abs. 1 Nr. 4 GmbHG, § 262 Abs. 1 Nr. 3 AktG) – wie bei PersG (§ 161 Abs. 2 HGB iVm § 131 Abs. 1 Nr. 3 HGB) – die Eröffnung des Insolvenzverfahrens zur Auflösung der Gesellschaft führt. Ertragsteuerrechtlich führt die Auf-

Steuerrecht in der Insolvenz – Sonstige Steuern und Nebenleistungen

lösung der **KapG** zu einer **Veräußerung iSd § 17 Abs. 1 EStG** (§ 17 Abs. 4 S. 1 EStG). Erbschaftsteuer- und schenkungssteuerrechtlich führt die Auflösung der KapG zum nachträglichen Wegfall des Verschonungsabschlags (§ 13a Abs. 6 ErbStG). Folglich fällt mit **Eröffnung des Insolvenzverfahrens** über das Vermögen einer KapG die Steuervergünstigung nach § 13a Abs. 1 ErbStG für den Erwerb eines Anteils an einer KapG **anteilig rückwirkend weg** (BFH/NV 2007, 1321 = BeckRS 2007, 25011474).

89 Hätte sich die **Erbschaftsteuer nach § 13a ErbStG ermäßigt,** gilt die Geltendmachung des Erbschaftsteueranspruchs **nicht als unbillig,** sollte der Anteil im Rahmen einer Insolvenz innerhalb der sieben Jahre untergehen (FG Nürnberg DStRE 2006, 1283 ff., rkr). Hieraus folgt auch **kein Erlassgrund** nach § 227 AO (BFHE 228, 130 = BeckRS 2010, 24003991). Infolge der Rechtsprechung ist nicht davon auszugehen, dass die Erbschaftsteuer in Insolvenzfällen erlassen werden kann. Ein **Verlust von Betriebsvermögen** soll innerhalb der Frist des § 13a Abs. 5 ErbStG aF nicht sachlich zur Unbilligkeit der Nachbesteuerung führen. Auch Versuche des Steuerpflichtigen die Insolvenz abzuwenden führen zu keinem anderen Ergebnis (EFG 2008, 1049 = BeckRS 2008, 26025172; DStRE 2006, 1283 = BeckRS 9998, 42929).

90 Im Sanierungsfall einer KapG könnte aufgrund der Neuregelung des Ende 2011 in Kraft getretenen **§ 7 Abs. 8 ErbStG** durch den **Forderungsverzicht** eine Schenkung vorliegen, welche Schenkungsteuer auslöst. Als Schenkung gilt auch die **Werterhöhung von Anteilen an einer KapG,** die eine an der Gesellschaft unmittelbar oder mittelbar beteiligte natürliche Person oder Stiftung (Bedachte) durch die Leistung einer anderen Person (Zuwendender) an die Gesellschaft erlangt. Die Literatur zweifelt diese Regelung im Hinblick auf mögliche **Forderungsverzichte zum Zwecke der Sanierung** an (vgl. Maile DB 2012, 1952 (1954); Kreide KSI 2012, 214 (215); Kahlert/Schmidt DStR 2012, 1208 (1211)). Einerseits wird die Auffassung vertreten, dass ein Forderungsverzicht zum Zwecke einer Sanierung **keine** Schenkung darstellt (gleichlautender Erlass betreffend Schenkungen unter Beteiligung von KapG oder Genossenschaften v. 16.3.2012 – 3 – S 381.0/35, BStBl. I 2012, 331 ff.). Andererseits wird davon ausgegangen, dass vor dem Forderungserlass ein Forderungsverkauf durchgeführt wird. Hierbei wird zunächst der Anteil einer Forderung zum Verkehrswert an die anderen Gesellschafter veräußert. Im Anschluss daran kommt es zu einem Forderungsverzicht durch die anderen Gesellschafter (Kreide KSI 2012, 214 (215)). Kahlert/Schmidt spricht sich für eine **teleologische Reduktion** auf den in der Gesetzesbegründung normierten Zweck des § 7 Abs. 8 ErbStG aus (Kahlert/Schmidt DStR 2012, 1208 (1211)).

H. Säumnis- und Verspätungszuschläge

91 Wird eine Steuer nicht zum Fälligkeitsdatum entrichtet, werden gesetzlich **Säumniszuschläge nach § 240 Abs. 1 S. 1 AO in Höhe von 1% pro angefangenen Monat** verwirkt. Zweck eines Säumniszuschlages sind der Einsatz als **Druckmittel,** Abschöpfung des wirtschaftlichen Vorteils beim Steuerpflichtigen durch Nichtzahlung und Abgeltung des Verwaltungsaufwands für die verspätete Tilgung (vgl. zu Säumniszuschlägen der Sozialversicherungsträger Zimmermann ZInsO 2001, 495 ff.; aA MüKoInsO/Kling/Schüppen/Ruh Insolvenzsteuerrecht Rn. 235b, die lediglich einen doppelten Zweck sehen: Druckmittel und Gegenleistung für das Hinausschieben der Zahlung; BFHE 110, 318 = BeckRS 1973, 22002292; BFHE 203, 8 = BeckRS 2003, 24000293; BFHE 184, 193 = BeckRS 1997, 23000768). Säumniszuschläge sind nach § 3 Abs. 4 AO als **steuerliche Nebenleistung** zu qualifizieren. Da sie nicht der Einnahmeerzielung dienen, sind sie keine steuerartigen Abgaben (BFHE 138, 169 = BeckRS 1983, 22006486).

92 In Höhe eines Anteils von **50 % wird dem Säumniszuschlag** von der Rechtsprechung **Druckmittelcharakter** zugeschrieben. Die andere Hälfte des Säumniszuschlags soll dabei als Gegenleistung für die verspätete Zahlung der Steuerschulden und dem damit einhergehenden Verwaltungsaufwand angesehen werden. Da eine weitere Differenzierung zwischen den einzelnen Beträgen nicht erfolgt, bleibt offen inwieweit **Zinsanteil** und **Verwaltungsaufwand** nach § 238 Abs. 1 S. 1 AO bemessen werden (EFG 2020, 1815 = BeckRS 2020, 29863).

93 Die genannten Grundsätze gelten ebenso für **Verspätungszuschläge gem. § 152 AO** (vgl. Buhmann/Woldrich ZInsO 2004, 1238 ff.). Zweck dieser Zuschläge ist es, dass Steuererklärungen **rechtzeitig abgegeben** werden und die Steuerforderungen rechtzeitig entrichtet werden (vgl. Rühland in Kahlert/Rühland, Sanierungs- und Insolvenzsteuerrecht, 2. Aufl. 2011, Rn. 2519). Zweck der Verspätungszuschläge sind sowohl präventiv als auch repressiv (BFH/NV 2005, 1001 = BeckRS 2005, 25007719). Sie dienen daneben dem Ausgleich des Zinsverlustes durch die verzögerte Steuerfestsetzung. Verspätungszuschläge entstehen nicht ipso jure sondern aufgrund von **Ermessensentscheidungen** der FinVerw (HHS/Jatzke AO § 251 Rn. 70; aA BGHZ 19, 163 = BeckRS 1955; FG München EFG 1981, 116).

Steuerrecht in der Insolvenz – Sonstige Steuern und Nebenleistungen

Alle **vor der Eröffnung** des Insolvenzverfahrens entstandenen Zuschläge gelten nach § 38 **94**
InsO als Insolvenzforderung. Sie sind keine nachrangigen Insolvenzforderungen gem. § 39
Abs. 1 Nr. 3 InsO, da sie **mit Zwangsgeldern nicht vergleichbar** sind.

Zuschläge und Zinsen, die nach der Eröffnung des Insolvenzverfahrens entstehen sind gem. **95**
§ 39 Abs. 1 Nr. 1 InsO als nachrangige Insolvenzforderung einzustufen.

Erlass kommt ua auch dann in Betracht, wenn der Steuerpflichtige aufgrund von Zahlungsunfä- **96**
higkeit nicht mehr leisten kann (BFHE 140, 421 = BeckRS 1984, 22006806; Schmittmann StuB
2006, 527 f.). **Säumniszuschläge** entstehen **ipso jure** mit unterbliebener Zahlung (BFHE 117,
352 = BeckRS 1975, 22003447).

Säumniszuschläge als Druckmittel verlieren dann ihren Sinn, sofern der Steuerpflichtige **zah-** **97**
lungsunfähig ist. In diesem Fall sind sie als **sachlich unbillig** anzusehen (BFHE 203, 8 =
BeckRS 2003, 24000293; vgl. Rühland in Kahlert/Rühland, Sanierungs- und Insolvenzsteuerrecht, 2. Aufl. 2011, Rn. 2515). Diese sind nach Eintritt der Zahlungsunfähigkeit **zur Hälfte zu**
erlassen, da sie (nur) den Zweck verloren haben, als Druckmittel zur pünktlichen Steuerzahlung
anzuhalten (BFHE 217, 233 = BeckRS 2007, 24003051).

In Bezug auf die auf den **Zinscharakter reduzierte Funktion der Säumniszuschläge** beste- **98**
hen nach Auffassung in der Literatur **verfassungsrechtliche** Bedenken über die Höhe des Zinssatzes wie im gleichgelagerten Fall der Höhe des Zinssatzes von Nachzahlungszinsen (6 % sind nicht
statthaft) iSd § 233a (BFHE 260, 431 = BeckRS 2018, 8042). Die FinVerw wendet dagegen ein,
dass bislang keine Verfassungsbeschwerde wegen der Höhe der Säumniszuschläge anhängig sei,
das FG Hamburg hat von einem Normenkontrollverfahren vor dem BVerfG abgesehen. Daher
sind die Säumniszuschläge weiterhin verfassungskonform. Zudem ist auch der Ausgang des Verfahrens zur Verfassungsmäßigkeit des § 238 Abs. 1 S. 1 AO und der Höhe der Zinssätze noch offen
(1 BvIt. 2237/14 und 1 Bvit. 2422/17). Ein Zinssatz in Höhe von 0,5 % monatlich ist bis dahin
verfassungsgemäß. Dennoch ist hierüber über das in dem Vorinstanz beim FG Hamburg v.
1.10.2020 geführte Verfahren nunmehr die Revision vor dem BFH anhängig (BFH VII R 55/
20). Es ist daher abzuwägen und zu empfehlen bei den als Insolvenzforderungen in der Insolvenztabelle oder Masseverbindlichkeiten gegenüber der Insolvenzmasse verwirkten Säumniszuschlägen
zu handeln (→ Rn. 98.1).

In Anbetracht des vor dem BFH anhängigen Revisionsverfahrens (VII R 55/20) über die Verfassungs- **98.1**
mäßigkeit hinsichtlich des enthaltenen Zinsanteils in den Säumniszuschlägen gem. § 240 AO, wird als
Lösungsansatz für die verschiedenen Fallkonstellationen nachfolgend empfohlen vorzugehen:

1. zur Tabelle anzumeldende Säumniszuschläge (Insolvenzforderungen) – immer anzuwenden
Im Rahmen der Tabellenprüfung sind Säumniszuschläge unter Verweis auf das Revisionsverfahren (vgl.
VII R 55/20) mit der Begründung „Verfassungsmäßigkeit fraglich, Erlass wird beantragt" zu bestreiten.
Die bestrittenen Säumniszuschläge bleiben weiterhin bestritten, auch wenn die FinVerw den Erlassantrag
ablehnt. Ferner obliegt der FinVerw die weitere Feststellung der Säumniszuschläge zu betreiben.

2. festgesetzte Säumniszuschläge (Masseverbindlichkeiten)
   a) bei Masseunzulänglichkeit
Bislang konnte bei Säumniszuschlägen, welche dem Rang von Altmasseverbindlichkeiten zukommen,
regelmäßig der hälftige Erlass beantragt werden. In diesen Fällen könnte zukünftig auch unter Verweis auf
den Zeitpunkt der Entstehung der Säumniszuschläge (vor bzw. nach IE) der vollständige Erlass sinngemäß
entsprechenden Begründung beantragt werden. Dies gilt auch in Fällen der andauernden Masseunzulänglichkeit.
   b) Keine Masseunzulänglichkeit – Einzelfallentscheidung
Besteht keine Masseunzulänglichkeit, wäre zur Geltendmachung einer etwaigen Verfassungswidrigkeit
der Säumniszuschläge der reguläre Verfahrensweg zu beschreiten, da ein Erlassantrag insoweit grundsätzlich keine Aussicht auf Erfolg hätte. Das bedeutet, dass es zunächst eines Abrechnungs- oder Feststellungs-
bescheides bedarf, da verfassungsrechtliche Zweifel nicht im Billigkeitsverfahren berücksichtigt werden können (vgl. BFH BeckRS 2020, 37145). Gegen den vorbezeichneten Bescheid ist sodann Einspruch einzulegen und im Zuge dessen das Ruhen des Einspruchsverfahrens bis zur Entscheidung des BFH im Verfahren
VII R 55/20 zu beantragen.

Das BVerfG hat Voraussetzungen aufgestellt, die zur Auslegung des Merkmals der „**unbilligen** **99**
Härte" berücksichtigt werden müssen (DStRE 2009, 1343 (Ls.) = BeckRS 2009, 39516; DStRE
2010, 1467 (Ls.) = BeckRS 2010, 54624; BFH/NV 2011, 961 = BeckRS 2011, 95023).

Ein Abrechnungsbescheid stellt die Ansprüche der FinVerw dar, die zum Zeitpunkt des Erlasses **100**
des Bescheides vorliegen. Im **Abrechnungsverfahren** können allerdings keine Einwendungen
geltend gemacht werden, die sich aus der materiell-rechtlichen Unrichtigkeit ergeben (vgl. BFHE
147, 117 = BeckRS 1986, 22007733; BFHE 168, 206 = BeckRS 1992, 22010301).

Steuerrecht in der Insolvenz – Sonstige Steuern und Nebenleistungen

101   Befindet sich der Steuerpflichtige bereits im Insolvenzverfahren, so sind Säumniszuschläge als Zinsen anzusehen, welche ab dem **Zeitpunkt der Eröffnung** des Verfahrens **nicht** mehr geltend gemacht werden können (BFHE 203, 8 = BeckRS 2003, 24000293; BFHE 212, 23 = BeckRS 2006, 24002529).

102   Bei Säumniszuschlägen auf **Masseverbindlichkeiten nach § 55 InsO** handelt es sich ebenso um Masseverbindlichkeiten. Sind die Säumniszuschläge aufgrund der Verwertung von Sicherungsgut entstanden, sind sie **steuerliche Nebenleistungen** nach § 3 Abs. 4 AO und sind **vorweg** aus der Masse zu befriedigen (BFHE 180, 516 = BeckRS 1996, 22011790).

103   Säumniszuschläge entstehen gem. § 240 Abs. 1 S. 1 AO auch nach Anzeige der **Masseunzulänglichkeit** kraft Gesetzes (BFHE 266, 113 = BeckRS 2019, 35582).

104   Ein **Erlass von Säumniszuschlägen auf Masseverbindlichkeiten** kommt meistens nicht in Betracht, da die Funktion der Zuschläge fortbesteht. Auch, wenn die Zuschläge darauf zurück zu führen sind, dass der Insolvenzverwalter wegen haftungs- bzw. insolvenzrechtlicher Gründe Zahlungen zurückhält, da er noch nicht darüber entschieden hat, ob eine mögliche Masseunzulänglichkeit vorliegt, ist dies kein Grund für die Finanzbehörde die Zuschläge in voller Höhe zu erlassen. Allenfalls ein anteiliger Erlass kann geboten sein, da die Säumniszuschläge **ihre Wirkung als Druckmittel verlieren.** Die Steuerforderung **gilt** dann als verzinslich gestundet.

I. Vollstreckungskosten

105   Vollstreckungskosten, die vor der Eröffnung des Insolvenzverfahrens entstanden sind, sind nach § 38 InsO als Insolvenzforderung zur Tabelle anzumelden. Kosten der Zwangsvollstreckung, die bis zum Insolvenzeröffnungsverfahren entstanden sind, gehören gem. §§ 337 ff. AO dazu. Nach der Konkursordnung wurden die Vollstreckungskosten als **Hauptforderung iSv § 62 Nr. 1 KO** angesehen (HHS/Jatzke AO § 251 Rn. 67; Kuhn/Uhlenbruck, KO, § 61 Anm. 55).

106   Kosten, welche erst nach der Eröffnung des Konkursverfahrens entstanden sind, konnten gem. **§ 63 Nr. 2 KO** nicht geltend gemacht werden.

107   Nach der Insolvenzordnung ist deren Geltendmachung nunmehr gem. § 39 Abs. 1 Nr. 2 InsO möglich, jedoch stehen diese Forderungen im **Rang unter den Forderungen der übrigen Insolvenzgläubiger** (Frotscher Besteuerung Insolvenz 59).

J. Zinsen

108   Zinsen, die vor der Eröffnung des Insolvenzverfahrens festgesetzt und rückständig sind, sind **Insolvenzforderungen.**

109   Nach der Konkursordnung konnten die laufenden Zinsen, welche während eines Konkursverfahrens entstanden sind, nicht geltend gemacht werden (vgl. § 63 Nr. 1 KO). Seit der Einführung der Insolvenzordnung können **Zinsen als Insolvenzforderungen zur Insolvenztabelle angemeldet werden.** Allerdings werden sich gem. § 39 Abs. 1 Nr. InsO im Verhältnis zu anderen Insolvenzforderungen nachrangig berücksichtigt (Frotscher Besteuerung Insolvenz 59).

110   Werden Zinsen aus **Billigkeitsgründen von der FinVerw erlassen,** ist eine Tabellenanmeldung ausgeschlossen. Unbilligkeitsgründe können sich aus **persönlichen** oder **sachlichen** Gründen ergeben. Eine Überschuldung- oder Zahlungsunfähigkeit stellt **keinen** unbilligen Grund dar (BFHE 184, 193 = BeckRS 1997, 23000768; BFHE 180, 516 = BeckRS 1996, 22011790; BFHE 152, 310 = BeckRS 1987, 22008316). Ein Verzicht des Fiskus kommt aber nicht bloß deshalb in Betracht, weil der Steuerschuldner wegen verspäteter Zahlungen keinen Zinsvorteil erzielt hat. Sinn und Zweck von Stundungs- und Aussetzungszinsen ist es den **Nachteil des Abgabengläubigers auszugleichen,** welchen er durch die fehlende Verfügungsmacht über die geschuldeten Beträge erleidet.

K. Zwangs- und Ordnungsgelder, Geldbußen und -strafen

111   Zwangsgelder, die vor der Eröffnung des Insolvenzverfahrens festgesetzt wurden, allerdings noch offen sind, werden regelmäßig nach der Verfahrenseröffnung aufgehoben, da **Sinn und Zweck des Zwangsgeldes** entfallen. Diese bestehen darin eine bestimmte Handlung herbei zu führen. Im Falle der Insolvenz ist es dem Schuldner nicht mehr möglich die Handlung nachzuholen, zudem tritt der Insolvenzverwalter in die Rechtsposition des Schuldners ein und verhält sich pflichtgemäß.

112   Der Vollzug von Zwangsgeldern ist in diesem Fall gem. § 335 AO einzustellen. Besteht hingegen keine Möglichkeit die Zwangsgelder aufzuheben, werden sie sodann nachrangig befriedigt

Steuerrecht in der Insolvenz – Sonstige Steuern und Nebenleistungen

gem. § 39 Abs. 1 Nr. 3 InsO. Nach der früheren Gesetzeslage war eine Anmeldung der Zwangsgelder zur Konkurstabelle gem. § 63 Nr. KO unmöglich (HHS/Jatzke AO § 251 Rn. 73). Gemäß § 63 Nr. 3 KO konnten Geldbußen und Geldstrafen kraft Gesetzes nicht geltend gemacht werden, sofern es sich nicht um einen Nachlasskonkurs iSv §§ 226 Abs. 1, 2 Nr. 2 KO handelte. Indes konnte ausschließlich in das konkursfreie Vermögen des Schuldners vollstreckt werden. Gemäß § 39 Abs. 1 Nr. 3 InsO sind Geldbußen und Geldstrafen heute als nachrangige Insolvenzforderung geltend zu machen.

Steuerrecht in der Insolvenz – Steuerverfahrensrecht

Übersicht

	Rn.		Rn.
A. Allgemeines	1	1. Insolvenzforderungen und mangelnde Festsetzungsbefugnis	126
I. Einleitung	1	2. Insolvenzrechtliches Prüfungsverfahren	128
II. Verfahrensrechtliche Stellung der Beteiligten	13	3. Festsetzung von Masseverbindlichkeiten	138
1. Regelinsolvenzverfahren	13	4. Freigegebenes Vermögen und Festsetzung	139
2. Eigenverwaltung	42	III. Bekanntgabe von Steuerverwaltungsakten	140
III. Auskunftsrechte und Auskunftspflichten der Beteiligten	45	1. Inhaltsadressat	141
1. Auskunftspflichten des Insolvenzverwalters	49	2. Bekanntgabeadressat	142
2. Auskunftspflichten des Treuhänders nach § 292 InsO	54	**D. Durchsetzung von Ansprüchen aus dem Steuerschuldverhältnis**	145
3. Auskunftspflicht des vorläufigen Insolvenzverwalters	55	I. Erhebungsverfahren	145
4. Auskunftspflicht des Schuldners	57	II. Vollstreckungsverfahren	160
5. Auskunftsrechte des Insolvenzverwalters zu steuerlichen Daten der Finanzbehörden:	60	**E. Rechtsschutz**	166
B. Rechnungslegungs- und Deklarationspflichten	76	I. Auswirkungen der Eröffnung des Insolvenzverfahrens auf laufende Rechtsbehelfs- und Rechtsmittelverfahren	166
I. Rechnungslegungspflichten	76	1. Vorinsolvenzlich titulierte Forderung	170
II. Abgabe von Steuererklärungen	80	2. Unterbrochene Einspruchsverfahren	171
1. Allgemeines	80	3. Auswirkungen eines Feststellungsbescheids nach § 251 Abs. 3 AO	172
2. Einfluss der Verfahrenseröffnung	81	4. Vorinsolvenzlich nicht titulierte Steuerforderung	173
3. Umfang der Erklärungspflichten	84	II. Rechtsschutz gegen Insolvenzanträge der Finanzverwaltung	174
4. Einzelne Steuersubjekte	89	**F. Haftung**	178
5. Mangelnde Deckung von Steuerberatungskosten	95	I. Steuerrechtliche Vertreterhaftung nach § 69 AO	178
III. Berichtigungspflichten	97	1. Personeller Anwendungsbereich	180
C. Festsetzung von Ansprüchen aus dem Steuerschuldverhältnis	99	2. Umfang der Haftung	189
I. Abgrenzung Insolvenzforderung und Masseverbindlichkeit	99	3. § 15b Abs. 8 InsO	193
1. Insolvenzforderungen	99	4. Pflichtverletzung des Vertreters	201
2. Masseverbindlichkeiten	104	5. Steuerlicher Haftungsschaden/Steuerausfall	217
II. Festsetzung von Steuerforderungen im Rahmen der Insolvenz	125	6. Verschulden	220
		II. Haftung bei Steuerhinterziehung (§ 71 AO)	224

A. Allgemeines

I. Einleitung

1 Das Insolvenzsteuerrecht, also die Gesamtheit der rechtlichen Regeln zur Behandlung von Steuerforderungen im Insolvenzverfahren, ist von erheblicher praktischer Bedeutung. In nahezu jedem Regelinsolvenzverfahren und häufig auch in Verbraucherinsolvenzverfahren stellen sich ua auch steuerrechtliche Fragen.

2 Ungeachtet der erheblichen Bedeutung dieses Rechtsgebiets fehlt es an einer Kodifikation des Insolvenzsteuerrechts. Zudem bieten die wenigen, über verschiedene Gesetze verstreuten ausdrücklichen gesetzlichen Regelungen kein hinreichend dichtes Normgefüge, um allein daraus ein abgeschlossenes System ableiten zu können. Eine wesentliche Weichenstellung folgt jedoch aus **§ 251 Abs. 2 S. 1 AO,** aus dem der sog. **Vorrang des Insolvenzrechts** abgeleitet wird. Diese Vorschrift ist Ausgangspunkt der folgenden grundlegenden Einordnung.

3 Die auch in anderen Rechtsgebieten teils nicht reibungslose Harmonisierung des Insolvenzrechts mit dem jeweils berührten materiellen Rechtsgebiet und seinem spezifischen Verfahrensrecht, vgl. etwa das Problem der **Störerverantwortlichkeit** bei Bodenverunreinigungen (BVerwGE 122, 75 = BeckRS 2004, 25208), ist im Verhältnis zum Steuerrecht mit besonders hohen Herausforderungen verbunden, vornehmlich deshalb, weil beide Rechtsgebiete mit der insolvenzrechtlichen Gläubigergleichbehandlung und der Gleichmäßigkeit der Besteuerung divergierende Regelungsziele verfolgen (vgl. Sonnleitner InsSteuerR Kap. 1 Rn. 1) und weil die rechtlichen Zäsuren, die das Insolvenzrecht etwa mit der Eröffnung des Insolvenzverfahrens oder dessen Aufhebung setzt, regelmäßig in laufende Besteuerungszeiträume fallen, was Fragen der Zuordnung der Steuerforderungen auslöst (vgl. Roth InsSteuerR 2021 Rn. 1.4). Von nicht zu unterschätzender Bedeutung für die Entwicklung des Insolvenzsteuerrechts zu einer eigenständigen Rechtsmaterie ist dabei auch der Umstand, dass die Entscheidung insolvenzsteuerrechtlicher Fragen häufig, nicht aber ausnahmslos, in die Zuständigkeit der Finanzgerichtsbarkeit fällt, nicht in die der Insolvenzgerichte oder der allgemeinen Zivilgerichte.

Die **materiell-rechtliche** Verwirklichung eines Steuertatbestandes, mithin die Entstehung des jeweiligen Steueranspruchs nach Grund und Höhe, richtet sich dabei allein nach dem jeweils einschlägigen Steuergesetzen, nicht nach insolvenzrechtlichen Regeln. In materiell-rechtlicher Hinsicht berührt das Insolvenzrecht mithin die autonomen steuerrechtlichen Regeln nicht (vgl. Jaeger/Fehrenbacher InsO Anh. InsSteuerR Rn. 1); dieser Grundsatz schließt es allerdings nicht aus, dass das materielle Steuerrecht seinerseits an insolvenzrechtliche Tatbestände wie die Eröffnung eines Insolvenzverfahrens anknüpft, etwa bei der Beurteilung des Fortbestehens steuerlicher Organschaften oder einer Gemeinnützigkeit des Insolvenzschuldners. **Verfahrensrechtlich,** also hinsichtlich der Feststellung und Durchsetzung des Steueranspruchs im Insolvenzverfahren, gilt demgegenüber gem. § 251 Abs. 2 S. 1 AO, dass die Regelungen der Insolvenzordnung von den allgemeinen Regelungen über die Durchsetzung von Steuerforderungen unberührt bleiben. In diesem Sinne hat die viel zitierte Formulierung des Vorrangs des Insolvenzrechts vor dem Steuerrecht (vgl. BFHE 247, 300 = BeckRS 2015, 94001) eine Berechtigung. 4

Der Grundsatz, dass das jeweilige materielle Recht unberührt bleibt und das Insolvenzrecht nur die verfahrensrechtliche Durchsetzung beeinflusst, ist dabei keine Besonderheit des Insolvenzsteuerrechts, sondern ein allgemeines Prinzip, dass nur in wenigen Bereichen durchbrochen ist, zu denen die Insolvenzordnung materiell-rechtliche Regelungen trifft. So bleiben beispielsweise auch im Arbeitsrecht dessen materiell-rechtliche Regeln grundsätzlich unberührt, soweit nicht die §§ 113 ff. InsO modifizierend eingreifen (vgl. schon BAGE 26, 257 = BeckRS 9998, 149454; MüKoInsO/Caspers InsO Vor §§ 113–128 Rn. 2 ff.), während sich das Insolvenzrecht vornehmlich auf die verfahrensrechtliche Durchsetzung von Ansprüchen aus dem Arbeitsverhältnis auswirkt. Ähnliches gilt im allgemeinen Zivilrecht oder auch im Verwaltungsrecht. 5

Ob sich die Durchsetzung einer Steuerforderung primär nach insolvenz- oder nach steuerrechtlichen Verfahrensregeln richtet, hängt maßgeblich davon ab, ob es sich um eine Insolvenzforderung (§§ 38, 39 InsO), um eine sonstige Masseverbindlichkeit (§ 55 InsO) oder um eine Neuverbindlichkeit des Schuldners handelt. 6

Liegt eine Insolvenzforderung vor, richtet sich deren Durchsetzung nach den allgemeinen insolvenzrechtlichen Vorschriften zur Behandlung von Insolvenzforderungen. Ihre weitere Verfolgung ist – vorbehaltlich unanfechtbarer Sicherungsrechte – nur noch durch Anmeldung zur Tabelle zulässig. Das Steuerfestsetzungs- oder Rechtsbehelfsverfahren wird gem. § 240 ZPO analog durch die Eröffnung des Insolvenzverfahrens unterbrochen (MüKoInsO/Schumacher InsO Vor § 85 Rn. 51). Eine Festsetzung von Insolvenzforderungen durch Steuerbescheid ist unzulässig; ein dennoch ergehender Festsetzungsbescheid ist nichtig (stRspr seit RFHE 19, 355). Als Insolvenzforderungen einzustufende Steuerforderungen partizipieren mit der allgemeinen Befriedigungsquote an im Insolvenzverfahren erfolgenden Verteilungen; ein Fiskusprivileg, wie es die KO in § 61 Abs. 1 Nr. 2 KO kannte, besteht unter Geltung der InsO nicht. Die wirtschaftliche Realisierung als Insolvenzforderungen einzustufender Ansprüche des Fiskus hängt daher von der allgemeinen Verteilungsquote ab (vgl. Jaeger/Fehrenbacher InsO Anh. InsSteuerR Rn. 3). Gemäß § 89 Abs. 1 InsO, § 251 Abs. 2 S. 1 AO können solche Ansprüche der Finanzbehörde grundsätzlich nicht mehr von dieser selbst vollstreckt werden. 7

Stellen die Steuerforderungen hingegen sonstige Masseverbindlichkeiten gem. § 55 InsO dar, kann die zuständige Finanzbehörde sie gem. § 155 AO durch Steuerbescheid festsetzen und vorbehaltlich der Masseunzulänglichkeit vollstrecken; eine analoge Anwendung des § 240 ZPO erfolgt insoweit nicht (vgl. Jaeger/Fehrenbacher InsO Anh. InsSteuerR Rn. 32). Da Masseverbindlichkeiten nach § 53 InsO vorab aus der Insolvenzmasse berichtigt werden, kann der Fiskus als sonstige Masseverbindlichkeiten einzuordnende Steuerforderungen bei Vorliegen einer Masseverbindlichkeit in der Regel vollständig durchsetzen (Sonnleitner InsSteuerR Kap. 1 Rn. 3). 8

Das gilt zwar nicht bei Eintritt und Anzeige der Masseunzulänglichkeit nach § 208 InsO. Aber auch in diesem Fall besteht zumindest Aussicht auf eine quotale Befriedigung, während die Insolvenzgläubiger in dieser Situation leer ausgehen. 9

Nach § 251 Abs. 3 AO kann auch eine Insolvenzforderung erforderlichenfalls durch einen schriftlichen Verwaltungsakt **festgestellt** werden. Diese Befugnis der Finanzverwaltung (vgl. § 185 10

Steuerrecht in der Insolvenz – Steuerverfahrensrecht

S. 1 InsO) tritt an die Stelle der von anderen Gläubigern zu erhebenden Feststellungsklage nach § 179 InsO. Ein Erfordernis für einen solchen Feststellungsbescheid besteht, wenn der Insolvenzverwalter oder ein anderer Gläubiger die Steuerforderung im Prüfungstermin bestreitet und eine Beseitigung des Widerspruchs auf anderem Weg nicht erreicht wird, sofern nicht zuvor bereits ein Steuerbescheid erlassen wurde.

11   An sich ermöglichen die gesetzlichen Vorgaben in der Mehrzahl der Fälle dogmatisch saubere Ergebnisse für das Besteuerungsverfahren. In der Praxis wird die Komplexität jedoch erheblich durch ein deutliches Bestreben der Finanzverwaltung gesteigert, für ihre Forderungen möglichst weitgehend die Einstufung als Masseverbindlichkeiten zu erreichen, wobei der BFH solche Tendenzen in seiner jüngeren Rechtsprechung mehrfach mit in der Literatur teils heftig kritisierten Entscheidungen bestätigt hat, worauf im Zuge der folgenden Einzeldarstellungen eingegangen wird (s. zum grundlegenden Problem etwa Roth InsSteuerR Rn. 1.5). Mit Wirkung seit dem 1.1.2021 hat der Gesetzgeber dieser Tendenz punktuell durch § 15b Abs. 8 InsO und die Beschränkung des § 55 Abs. 4 InsO nF auf einzelne Steuerarten entgegengewirkt.

12   Alternativ zu der Abwicklung eines Regelinsolvenzverfahren mit Einsetzung eines Insolvenzverwalters kann die Eigenverwaltung (§§ 270 ff. InsO) angeordnet werden und/oder ein Insolvenzplan kann als verfahrensbeendender oder (seltener) als verfahrensleitender Plan die Folgen der Insolvenzeröffnung modifizieren. Beide Varianten werfen besondere Fragen auch im Bereich des Insolvenzsteuerrechts auf. Angesichts des weitgehenden Fehlens gesetzlicher Regelungen ist die Rechtsprechung im besonderen Maße aufgerufen, diese Fragen einer verlässlichen Klärung zuzuführen. Das ist allerdings noch nicht vollständig erreicht, sodass teils noch keine zielführenden, mit Rechtssicherheit einhergehenden Lösungen bestehen.

II. Verfahrensrechtliche Stellung der Beteiligten

1. Regelinsolvenzverfahren

13   **a) Insolvenzschuldner.** Mit Eröffnung des Insolvenzverfahrens geht nach § 80 Abs. 1 InsO die Verwaltungs- und Verfügungsbefugnis über die Insolvenzmasse auf den Insolvenzverwalter über. Der Insolvenzschuldner behält allerdings seine Rechts- und Geschäftsfähigkeit und bleibt Eigentümer des zur Insolvenzmasse gehörenden Vermögens (Roth InsSteuerR Rn. 3.1). Auch bleibt er Schuldner der Insolvenzforderungen und Masseverbindlichkeiten (vgl. BFHE 260, 26 = BeckRS 2017, 143062) und Gläubiger der Forderungen, die zur Insolvenzmasse gehören, auch soweit es sich um Verbindlichkeiten und Forderungen aus dem Steuerverhältnis handelt. Die Insolvenzmasse ist kein eigenständiges Rechtssubjekt, welches den Schuldner aus seiner materiellen Rechtsinhaberschaft verdrängen würde.

14   Der Verlust der Verwaltungs- und Verfügungsbefugnis ist zudem beschränkt auf die Insolvenzmasse (§ 35 Abs. 1 InsO). Daher verbleibt sie dem Schuldner bezüglich seines insolvenzfreien Vermögens (vgl. Jaeger/Windel InsO § 80 Rn. 10; Jaeger/Fehrenbacher InsO Anh. InsSteuerR Rn. 33), also sowohl für unpfändbares als auch für aus dem Insolvenzbeschlag freigegebenes Vermögen. Hierher gehört insbesondere auch der nach § 35 Abs. 2 InsO „freigegebene" Geschäftsbetrieb.

15   Wird nach § 270 Abs. 1 S. 1 InsO die Eigenverwaltung angeordnet, verbleibt die Verwaltungs- und Verfügungsbefugnis auch hinsichtlich der Insolvenzmasse beim Insolvenzschuldner. Dieser darf insoweit jedoch nicht mehr frei und nach Gutdünken disponieren. Insbesondere verwaltet er die Insolvenzmasse nicht im primär eigenen Interesse, sondern unterliegt gewissermaßen als sein eigener Insolvenzverwalter in gleicher Weise wie der Insolvenzverwalter in der Regelinsolvenz insolvenzrechtlichen Beschränkungen und insbesondere der Bindung an das Verfahrensziel der bestmöglichen Gläubigerbefriedigung und an das Prinzip der gleichmäßigen Befriedigung. Er unterliegt insoweit der Überwachung und iRd § 275 InsO der Mitbestimmung durch den vom Gericht bestellten Sachwalter (s. dazu auch HK-InsO/Landfermann InsO § 270 Rn. 30), wie auch des Insolvenzgerichts und ggf. des Gläubigerausschusses, dessen Zustimmung der Schuldner bei Rechtshandlungen von besonderer Bedeutung einzuholen hat (§ 276 InsO). Zudem kann gem. § 277 Abs. 1 S. 1 InsO auf Antrag der Gläubigerversammlung und gem. § 277 Abs. 2 InsO in besonderen Fällen auch auf Antrag der dort genannten Einzelgläubiger die Verfügungsbefugnis dahingehend begrenzt werden, dass der Schuldner für bestimmte Rechtsgeschäfte der Zustimmung des Sachwalters bedarf (vgl. zu den Rechtsfolgen MüKoInsO/Kern InsO § 277 Rn. 38 ff.).

16   Da das Steuerschuldverhältnis auch nach Eröffnung des Verfahrens fortbesteht, bleibt der Schuldner Steuersubjekt (Steuerpflichtiger). Ihm werden weiterhin die massezugehörigen Gegenstände abgabenrechtlich als seine Wirtschaftsgüter iSd § 39 AO zugerechnet (Frotscher Besteuerung

Steuerrecht in der Insolvenz – Steuerverfahrensrecht

Insolvenz 23; Jaeger/Fehrenbacher InsO Anh. InsSteuerR Rn. 31), anders formuliert sind ihm die Besteuerungsgrundlagen der Insolvenzmasse zuzurechnen (Sonnleitner InsSteuerR Kap. 3 Rn. 10). Materiell-rechtlich ergeben sich hinsichtlich der Person des Steuersubjekts im Insolvenzverfahren mithin keine Änderungen. Der Schuldner ist sowohl Schuldner des Steueranspruchs als auch Gläubiger eines etwaigen Erstattungsanspruchs. Durch den Insolvenzverwalter verwirklichte Steuertatbestände werden dem Insolvenzschuldner zugerechnet (Sonnleitner InsSteuerR Kap. 3 Rn. 10).

Der Insolvenzverwalter übernimmt grundsätzlich nach § 34 Abs. 3 AO alle steuerrelevanten Pflichten für den Insolvenzschuldner, insbesondere die Steuererklärungspflichten nach § 149 Abs. 1 AO. Dies gilt jedoch, wie stets bei Vermögensverwaltern, nur soweit seine Verwaltung reicht, also nur bezüglich der Insolvenzmasse. Da die steuerlichen Pflichten des Schuldners nur insoweit von dem Insolvenzverwalter zu erfüllen sind, wie dessen Verwaltung reicht, bleiben im insolvenzfreien Bereich Pflichten, die der Schuldner selbst zu erfüllen hat. Damit kommt es zu einem Parallellauf bei dem Schuldner verbleibender Rechte und Pflichten mit solchen, die auf den Insolvenzverwalter übergehen. Hieraus ergeben sich Auswirkungen sowohl hinsichtlich der Person des Erklärungspflichtigen als auch hinsichtlich des für eine entstehende Steuer haftenden Vermögens.

17

Für den Bereich der Umsatzsteuer ist diese Abgrenzung ohne Überlagerungen möglich, da insoweit sowohl für die Insolvenzmasse als auch für einen freigegebenen Betrieb eigenständige Besteuerungsverfahren mit jeweils eigener Steuernummer durchgeführt werden können.

18

Wesentlich schwieriger und für die Praxis noch nicht vollständig befriedigend gelöst ist die Behandlung des Zusammentreffens von Insolvenzmasse und insolvenzfreiem Vermögen im Bereich der Ertragsteuern, bei denen wegen des Prinzips der einheitlichen Besteuerung eines Rechtsträgers und wegen des einheitlichen Besteuerungszeitraums die Erklärungspflichten des Insolvenzverwalters und diejenigen des Schuldners im Rahmen der Ermittlung einer einheitlichen Steuerer zusammentreffen, die erst im Anschluss auf die Vermögenssphären verteilt wird. Das zeigt sich besonders deutlich bei einer nach § 35 Abs. 2 InsO freigegebenen selbstständigen Tätigkeit des Schuldners. Für diese ist der Insolvenzverwalter mangels Erstreckung seiner Verwaltungsbefugnisse auf diese Vermögenssphäre und auf die darin erzielten Einkünfte nicht Adressat der steuerlichen Pflichten.

19

Gleichzeitig ist der Insolvenzverwalter in der Regel erklärungspflichtig für die Zeit bis zur Eröffnung des Insolvenzverfahrens und für die Vermögensverwertung in der Insolvenzmasse, was insbesondere im Jahr der Verfahrenseröffnung zu einer erheblichen Komplexität führt.

20

Dabei sollte es in der Regel angestrebt werden, dass eine einheitliche Steuererklärung entsteht, bei der Insolvenzverwalter und Schuldner in der Weise zusammenwirken, dass jeder zwar nur den von ihm zu erklärenden Teilbereich verantwortet, dennoch aber im Ergebnis eine alle Vermögenssphären erfassende, koordinierte Erklärung entsteht. Das erfordert ggf. auch eine sachgerechte Aufteilung etwaiger entstehender Steuerberatungskosten, die sicherstellt, dass die Insolvenzmasse keine Steuerberatungskosten für den insolvenzfreien Bereich trägt. Ein solcher Vermögenstransfer wäre, jedenfalls in der Regel, insolvenzzweckwidrig.

21

Der Insolvenzverwalter kann die Steuererklärung auch nicht insgesamt dadurch „an sich ziehen", dass er den Schuldner zur Erteilung von Auskünften zu den Ergebnissen des insolvenzfreien Geschäftsbetriebs oder zu dem Einkommen aus sonstigen, nicht massezugehörigen Tätigkeiten auffordert. Zum einen kann der Schuldner diesbezügliche Angaben mangels Auskunftspflicht über sein insolvenzfreies Vermögen verweigern, zum anderen wäre eine nicht dem Schuldner als eigene Erklärung zuzurechnende Steuererklärung, die der Insolvenzverwalter auch für das insolvenzfreie Vermögen abgibt, formell nicht wirksam.

22

Kommt es nicht zu einer koordinierten Erklärung des Insolvenzverwalters und des Schuldners, so sind der Insolvenzverwalter ebenso wie der Schuldner verpflichtet, die Besteuerungsgrundlagen für das ihrer jeweiligen Verwaltung unterliegende Vermögen dem Finanzamt mitzuteilen (vgl. AEAO zu § 251 Ziff. 4.2 Abs. 2 S. 2). Da hierdurch das Prinzip der einheitlichen Steuerermittlung nicht entfällt, ergeben sich in der Praxis hierbei häufig erhebliche Abwicklungsverzögerungen, wenn etwa der Schuldner seine Teilerklärung nicht abgibt. Noch ungelöst ist auch die Folgefrage, ob und ggf. wie der Insolvenzverwalter in solchen Fällen auf Schätzungen des Finanzamtes reagieren kann, die sich mittelbar auf die Besteuerung der Insolvenzmasse auswirken.

23

Ein gravierendes materielles Problem ergibt sich als Konsequenz der einheitlichen Ermittlung des Steuersatzes für die Insolvenzmasse, das insolvenzfreie Vermögen und den vorinsolvenzlichen Zeitraum dadurch, dass die Ergebnisse in den einzelnen Vermögenssphären die Steuerlast der jeweils anderen Sphären beeinflussen. Hat etwa der Schuldner vorinsolvenzlich ein hohes steuerlich relevantes Einkommen erzielt, werden ggf. auch geringe Einkünfte des Schuldners aus der Zeit nach der Verfahrenseröffnung oder geringe Erträge, die in der Insolvenzmasse entstehen, mit einem hohen Einkommensteuersatz versteuert, was im ersten Fall zu einer Übermaßbesteuerung

24

Steuerrecht in der Insolvenz – Steuerverfahrensrecht

und im zweiten Fall zur Verfehlung des Insolvenzverfahrenszwecks führen kann. Auch grundsätzlich ist die wechselseitige Beeinflussung von insolvenzfreiem Vermögen und Insolvenzmasse ein Fremdkörper in der Struktur des Insolvenzrechts. Eine überzeugende Lösung für diese Probleme ist bislang nicht erreicht und ohne Aufgabe steuerlicher Grundsätze auch kaum erreichbar.

25 Der Übergang der steuerlichen Pflichten auf den Insolvenzverwalter nach §§ 34 und 35 AO bedeutet nicht, dass der Insolvenzschuldner von allen steuerlichen Pflichten entbunden wäre. Eine solche vollständige Entbindung kommt nur bei rechtlicher oder tatsächlicher Unmöglichkeit in Betracht (Frotscher Besteuerung Insolvenz 28). Ein rechtliches Hindernis liegt vor, soweit der Insolvenzschuldner seine steuerlichen Pflichten nicht mehr erfüllen kann, weil das Verwaltungs- und Verfügungsrecht auf den Insolvenzverwalter übergegangen ist. Daher ist der Schuldner nicht mehr selbst zur Abgabe von Steuererklärungen der vorinsolvenzlichen Zeit und für die Insolvenzmasse verpflichtet. In der Regel wird es allerdings so sein, dass der Insolvenzschuldner zumindest auskunftspflichtig bleibt, da er für die vorinsolvenzliche Zeit eine bessere Kenntnis über die steuerrelevanten Tatsachen im Unternehmen hat als der Insolvenzverwalter (so Frotscher Besteuerung Insolvenz 28). Dass der Insolvenzschuldner nach § 97 InsO dem Insolvenzverwalter zur Auskunft verpflichtet ist, hat nicht zur Folge, dass die Finanzverwaltung nur noch den Insolvenzverwalter als ihr gegenüber auskunftspflichtige Person behandeln dürfte. Auch wenn der Insolvenzverwalter im Rahmen seiner eigenen steuerlichen Mitwirkungspflichten auch die insolvenzrechtlichen Informationsrechte gegenüber dem Schuldner durchsetzen muss, bleibt die originäre Informationspflicht des Schuldners gegenüber der Finanzverwaltung unberührt. Die §§ 97 ff. InsO regeln nur die Mitwirkungspflichten des Schuldners im Insolvenzverfahren. Zu Auskunftspflichten gegenüber Dritten treffen sie keine Aussage, diese bleiben mithin unberührt.

26 **b) Insolvenzverwalter.** Der Insolvenzverwalter ist ab Eröffnung des Insolvenzverfahrens für die Verwaltung des Insolvenzvermögens zuständig. Dabei gilt er als Vermögensverwalter nach § 34 Abs. 3 AO und ist daher verpflichtet, den steuerlichen Pflichten des Insolvenzschuldners nachzukommen. Die Stellung des Insolvenzverwalters ist maßgeblich dafür verantwortlich, welche steuerlichen Pflichten er im Einzelnen zu erfüllen hat. Hierzu wurden verschiedene Theorien aufgestellt (vgl. etwa HHS/Jatzke AO § 251 Rn. 132), deren Hauptgruppen hier skizziert seien, da sie sich auf das grundlegende Verständnis der Rollen von Insolvenzverwalter und Insolvenzschuldner im Besteuerungsverfahren auswirken.

27 Die **Schuldnervertretertheorie** betrachtet den Insolvenzverwalter als gesetzlichen Vertreter des Insolvenzschuldners (Bley ZZP 62 (1941), 111). Der Schuldner wird dabei letztlich wie ein Geschäftsunfähiger behandelt. Das Handeln des Insolvenzverwalters rechnet diese Ansicht dem Schuldner nach § 278 BGB zu. Der Insolvenzschuldner sei parteifähig und werde im Prozess vom Insolvenzverwalter vertreten (vgl. mwN MüKoInsO/Vuia InsO § 80 Rn. 76). Das würde nach dieser Theorie entsprechend im Steuerverfahrensrecht gelten. Ein Vorzug dieser Theorie liegt darin, dass sie die aus der Rechtsstellung des Schuldners abgeleitete Reichweite des Verwalterhandelns deutlich macht. Jedoch vermag sie die vom Schuldnerwillen unabhängige und vorrangig dem Interesse der Gläubiger verpflichtete Position des Insolvenzverwalters nicht zu erklären.

28 Nach anderer Ansicht, der „**Organtheorie**", handelt der Insolvenzverwalter als Organ für die Insolvenzmasse, die als selbstständiges Quasi-Rechtssubjekt zu qualifizieren sei (vgl. Bötticher ZZP 71 (1958), 314 ff.). Da die Insolvenzmasse selbst Rechtsträger ist, werden die Handlungen des Insolvenzverwalters der Insolvenzmasse und nicht dem Schuldner zugerechnet (vgl. Frotscher Besteuerung Insolvenz 32). Im Steuerrecht hätte die rechtliche Verselbstständigung der Masse zur Folge, dass diese ertragsteuerlich als eigenständiges Steuersubjekt anzusehen wäre. Damit wären nicht dem Schuldner, sondern der Masse die Besteuerungsgrundlagen zuzurechnen. Das würde zwar die Abgrenzungsfragen und das oben skizzierte Problem der wechselseitigen Beeinflussung der Vermögenssphären lösen und hätte so das Potential, den Ausweg aus wesentlichen Zweifelsfragen im Grenzbereich von Insolvenz- und Steuerrecht zu lösen. Eine gesetzliche Grundlage für die Annahme, die Insolvenzmasse sei ein selbst rechtsfähiges Sondervermögen, ist jedoch nicht ersichtlich. Vielmehr definiert § 35 Abs. 1 InsO die Insolvenzmasse explizit als vom Insolvenzverfahren erfasstes Vermögen des Schuldners.

29 Die sog. **modifizierte Organ- bzw. Vertretertheorie** verbindet beide Ansätze in der Weise, dass sie den Insolvenzverwalter als gesetzlichen Vertreter des Schuldners sieht, der bei juristischen Personen als obligatorischer Fremdliquidator deren Organ sei (K. Schmidt, Wege zum Insolvenzrecht der Unternehmen, 1. Aufl. 1990, 107 ff.). Diese Lehre hat letztlich zur Konsequenz, dem Insolvenzverwalter bei juristischen Personen die Aufgabe der vollständigen Liquidation zuzuweisen und steht damit in einem erheblichen Spannungsverhältnis zu der Bestimmung der Verfahrensziele in § 1 InsO. Zudem liefert der Gesetzeswortlaut keine ausreichenden Anhaltspunkte für die Annahme zweier unterschiedlicher Arten von Insolvenzverwaltern.

Steuerrecht in der Insolvenz – Steuerverfahrensrecht

Die sog. **Amtstheorie** geht davon aus, dass der Insolvenzverwalter im eigenen Namen und kraft des ihm übertragenen Amtes aus eigenem Recht handelt (RGZ 29, 29 f.; BGHZ 35, 180 ff. = BeckRS 1961; BGHZ 51, 125 (128 ff.) = BeckRS 1968), wobei die Handlungen des Insolvenzverwalters ihre rechtliche Wirkung gegenüber dem Schuldner als Rechtsträger der Masse entfalten. Der Insolvenzverwalter ist im Prozess Partei kraft Amtes (vgl. MüKoInsO/Vuia InsO § 80 Rn. 27). Diese Ansicht vertritt der BGH in ständiger Rechtsprechung (BGHZ 88, 331 = BeckRS 1983, 113; BGHZ 100, 346 = BeckRS 9998, 164406; BGHZ 113, 262 = BeckRS 9998, 165692; BGH ZInsO 2006, 260 = BeckRS 2006, 2722). Auch der BFH schließt sich dem erkennbar an (vgl. BFH BFH/NV 1995, 7 Rn. 17 = BeckRS 1994, 07854; BFH BFH/NV 2005, 1095 Rn. 9 = BeckRS 2004, 25007680). Der entscheidende Vorzug dieser Ansicht liegt letztlich gerade darin, dass sie dem eigenständigen Charakter der Stellung des Insolvenzverwalters und vergleichbarer Vermögensverwalter, wie etwa des Nachlassverwalters, Raum lässt und es vermeidet, durch zu enge Anleihen bei anderen Rechtsinstituten die in verschiedene Interessenrichtungen wirkende Funktion des Insolvenzverwalters aus dem Blick zu verlieren. **30**

Der Insolvenzverwalter ist steuerlich zur Buchführung, Mitwirkung und Auskunft nach §§ 140 ff., 90, 93 AO verpflichtet. Außerdem ist er zur Abführung der Steuern verpflichtet und hat ggf. die Vollstreckung in die Insolvenzmasse zu dulden (hiervon geht auch die Finanzverwaltung in AEAO zu § 34 Nr. 1 S. 3 aus, (vgl. auch Jaeger/Fehrenbacher InsO Anh. InsSteuerR Rn. 33 ff.). Die die Insolvenzmasse betreffenden Steuerbescheide sind dem Insolvenzverwalter bekannt zu geben (vgl. WUS Insolvenzen/Uhländer Rn. 541 f.). Der Insolvenzverwalter wird nicht nur verpflichtet, sondern auch berechtigt, zB zur Ausübung der Option zur Umsatzsteuerpflicht nach § 9 UStG oder zum Verzicht nach § 19 Abs. 2 UStG auf die Kleinunternehmerregelung (BFHE 200, 482 = BeckRS 2002, 24000061; BFHE 240, 377 = BeckRS 2013, 94422). **31**

c) Vorläufiger Insolvenzverwalter. Die Stellung des vorläufigen Insolvenzverwalters richtet sich danach, welche Kompetenzen das Insolvenzgericht diesem zuerkennt. **32**

Der sog. starke vorläufige Insolvenzverwalter nach § 22 Abs. 1 InsO, also der vorläufige Insolvenzverwalter, auf den die Verwaltungs- und Verfügungsbefugnis dadurch übergegangen ist, dass dem Schuldner ein allgemeines Verfügungsverbot auferlegt wurde, steht steuerverfahrensrechtlich dem endgültigen Verwalter gleich, er ist mithin ebenfalls als abgabenrechtlicher Vertreter des Schuldners iSd § 34 AO zu werten (BFHE 247, 460 = BeckRS 2014, 96358; Jaeger/Fehrenbacher InsO Anh. InsSteuerR Rn. 46; AEAO zu § 251 AO Rn. 4.2). **33**

Wird dem Schuldner kein allgemeines Verfügungsverbot auferlegt, so bestimmt das Gericht die Stellung eines von ihm eingesetzten vorläufigen Insolvenzverwalters (§ 22 Abs. 2 InsO). In der Praxis wird zumeist ein vorläufiger Insolvenzverwalter bestellt, dessen Befugnisse durch eine Anordnung des Gerichts nach § 21 Abs. 2 S. 1 Nr. 2 Alt. 2 InsO geprägt sind, dass Verfügungen des Schuldners nur mit Zustimmung des vorläufigen Insolvenzverwalters wirksam sind. Der vorläufige Insolvenzverwalter mit Zustimmungsvorbehalt wird zumeist als schwacher vorläufiger Verwalter bezeichnet. Diese übliche Begrifflichkeit wird auch hier im Folgenden verwendet, obwohl die teils verwendete Bezeichnung als „mitbestimmender vorläufiger Verwalter" dogmatisch präziser ist. Ist dem vorläufigen Insolvenzverwalter nicht mehr als eine solche Mitentscheidungsbefugnis übertragen, so ist er kein Vermögensverwalter, da die Verwaltungs- und Verfügungsrechte des Schuldners nicht auf ihn übergehen (MüKoInsO/Haarmeyer/Schildt InsO § 22 Rn. 194; AEAO zu § 251 AO Rn. 3.1). **34**

Auch soweit ein vorläufiger Insolvenzverwalter mit Zustimmungsvorbehalt durch das Insolvenzgericht zusätzlich über Einzelermächtigungen zur Eingehung von Masseverbindlichkeiten ermächtigt wird, ist er im Regelfall kein Vermögensverwalter iSd § 34 Abs. 3 AO und auch kein Verfügungsberechtigter iSd § 35 AO, da die Einzelermächtigung durch ihren begrenzten Anwendungsbereich in der Regel keine hinreichend umfassende Verfügungskompetenz begründet (so zutr. Roth InsSteuerR Rn. 2.51). Anders könnte es allerdings sein, wenn das Insolvenzgericht – ohne dass die Zulässigkeit einer solchen Anordnung hier erörtert werden soll – den vorläufigen Insolvenzverwalter ermächtigt, für einen abgrenzbaren Vermögensbereich Masseverbindlichkeiten zu begründen, und ihm so etwa hinsichtlich eines Grundstücks eine Rechtsstellung einräumt, die der eines Zwangsverwalters im Wesentlichen gleichkommt. In diesem Fall ist der vorläufige Insolvenzverwalter auch steuerrechtlich einem Zwangsverwalter gleichzustellen und daher wie dieser (vgl. BFHE 196, 372 = BeckRS 2001, 24000994), als Vermögensverwalter für den betreffenden Bereich iSd § 34 Abs. 3 AO anzusehen (so auch MüKoInsO/Haarmeyer/Schildt InsO § 22 Rn. 194; Blank ZInsO 2003, 308 (310)). **35**

Abgesehen von diesem Ausnahmefall einer Bereichsermächtigung bleiben die allgemeinen Regeln zum schwachen vorläufigen Verwalter auch bei Einzelermächtigungen maßgeblich. **36**

Steuerrecht in der Insolvenz – Steuerverfahrensrecht

37 **d) Finanzbehörde.** Die Zuständigkeit des Finanzamtes, sowohl in sachlicher als auch in örtlicher Hinsicht, bleibt von der Eröffnung des Insolvenzverfahrens unberührt (vgl. OFD Hannover DStR 2009, 588 = BeckVerw 153815).

38 Bis zur Entscheidung über einen anhängigen Insolvenzantrag, bis zur Aufhebung oder Einstellung eines eröffneten Insolvenzverfahrens oder während der Liquidation einer Personengesellschaft oder juristischen Person erfolgt nach § 26 S. 3 AO kein Zuständigkeitswechsel. Verlegt der Schuldner seinen Wohnsitz oder werden die Geschäfte außerhalb des Zuständigkeitsbereichs des Finanzamtes fortgeführt, führt dies in den genannten Fällen daher nicht zu einem Wechsel der örtlichen Zuständigkeit. Seit der Einfügung des § 26 S. 3 AO durch das Jahressteuergesetz 2008 hat die Geschäftsführung durch den Insolvenzverwalter in seinen eigenen Räumlichkeiten somit keinen Einfluss auf die bisherige Zuständigkeit des Finanzamtes. Die Gesetzesänderung ist als Bestätigung der früheren Verwaltungspraxis zu sehen, die ebenfalls bereits annahm, die Wahrnehmung der Aufgaben durch den Insolvenzverwalter in seinen Geschäftsräumen lasse die örtliche Zuständigkeit des Finanzamtes unberührt, da es unzweckmäßig sei „kurz vor dem Erlöschen der Steuerpflicht ein anderes Finanzamt mit der Bearbeitung eines ggf. komplizierten Steuerfalles zu befassen" (vgl. OFD Hannover DStR 2009, 588 = BeckVerw 153815, auch zur abweichenden Behandlung der erstmaligen Aufnahme einer unternehmerischen Tätigkeit).

39 Im Rahmen eines Restschuldbefreiungsverfahrens kommt es demgegenüber zum Wechsel der örtlichen Zuständigkeit, wenn während der Wohlverhaltensphase der Wohnsitz des Schuldners in einen anderen Finanzamtsbezirk verlegt wird (vgl. auch hierzu OFD Hannover DStR 2009, 588). Grund hierfür ist, dass sich die Wohlverhaltensphase an ein beendetes Insolvenzverfahren anschließt und daher § 26 S. 3 AO nicht mehr eingreift (Sonnleitner InsSteuerR Kap. 3 Rn. 28).

40 Die Finanzverwaltung geht auch bei der Beteiligung sog. „Firmenbestatter" am Kauf insolventer Unternehmen nicht von einem Zuständigkeitswechsel aus, um zusätzlichen Verwaltungsaufwand zu vermeiden, s. hierzu auch die Umschreibung der OFD Hannover DStR 2009, 588: „Sog ‚Firmenbestatter' kaufen insolvente oder insolvenzgefährdete Unternehmen (zumeist GmbHs) auf. [...] Im Anschluss an die Übernahme sämtlicher Geschäftsanteile beantragen sie regelmäßig eine Umfirmierung sowie die Sitzverlegung des Unternehmens, i. d. R. ins Ausland). Firmenaufkäufe, die erkennbar nur zum Zweck der Liquidation erfolgen, sollen [...] nicht zu einem Zuständigkeitswechsel führen. [...]".

41 Diese Ansicht der Verwaltung ist im Ergebnis überzeugend. Selbst wenn die gesellschaftsrechtlichen Maßnahmen im Zuge der Firmenbestattung im Einzelfall einmal wirksam sein sollten, ist doch zu konstatieren, dass die Firmenbestattung auf eine faktische, wenngleich ungeordnete, Liquidation abzielt, indem der Geschäftsbetrieb gerade nicht mehr durch die bisherige Unternehmensträgerin weitergeführt werden soll.

2. Eigenverwaltung

42 In Fällen der Eigenverwaltung gem. §§ 270 ff. InsO bleibt der Schuldner sowohl im Antragsverfahren als auch im eröffneten Insolvenzverfahren Inhaber der Verwaltungs- und Verfügungsbefugnis. Lediglich die Zwecksetzung seines Handelns wird durch die Bindung an die Zwecke des Insolvenzverfahrens (§ 1 InsO) verändert, indem er in gleicher Weise wie ein (vorläufiger) Insolvenzverwalter der bestmöglichen Gläubigerbefriedigung verpflichtet wird. Die abgabenrechtliche Stellung des Schuldners, resp. seiner Organe, besteht daher fort. Der Schuldner hat weiterhin die steuerrechtlichen Pflichten zu erfüllen.

43 Die Aufgabe des in Verfahren mit Eigenverwaltung eingesetzten (vorläufigen) Sachwalters beschränkt sich im Wesentlichen auf die Beaufsichtigung des Schuldners (§ 274 Abs. 2 InsO) und seiner Verfahrensführung. Die Mitbestimmungsrechte des Sachwalters bleiben in ihrer Reichweite noch hinter den Befugnissen eines schwachen vorläufigen Insolvenzverwalters mit Zustimmungsvorbehalt zurück. Der Sachwalter ist daher nicht abgabenrechtlicher Vertreter iSd § 34 Abs. 3 AO. Daran ändert auch eine etwaige, seit dem 1.1.2021 mögliche, Anordnung nach § 274 Abs. 2 S. 2 InsO nichts, da sie nicht zu einer Verdrängung des Schuldners in den dort genannten Bereichen führt, sondern nur die rechtliche Grundlage für eine Unterstützung des Schuldners durch den Sachwalter schafft, womit einem Bedürfnis der Praxis Rechnung getragen wird, in der Dritte häufig eine Mitwirkung des Sachwalters fordern, bevor sie mit dem eigenverwaltenden Schuldner kontrahieren. Mit der Beschränkung des Sachwalters auf eine Unterstützung des Schuldners bestätigt die Neuregelung, dass die Befugnisse als solche beim Schuldner verbleiben.

44 Auch die Übernahme der Kassenführung durch den Sachwalter gem. § 275 Abs. 2 InsO bedeutet nicht eine Übernahme der Verwaltungs- und Verfügungsbefugnis, sondern nur eine Verstärkung der Überwachungskompetenz. Der Sachwalter entscheidet auch in diesen Fällen nicht

Steuerrecht in der Insolvenz – Steuerverfahrensrecht

selbst über die Begründung von Verbindlichkeiten und deren Erfüllung. Er darf auch den Ausgleich vom Schuldner eingegangener Zahlungspflichten in der Regel nicht verweigern, soweit diese nicht insolvenzzweckwidrig sind (wie hier: MüKoInsO/Kern InsO § 275 Rn. 26). Daher führt die Übernahme der Kassenführungsbefugnis richtigerweise auch nicht dazu, dass der Sachwalter in die Stellung eines Vermögensverwalters iSd § 34 AO einrückt (zutr. MüKoInsO/Kern InsO § 275 Rn. 25).

III. Auskunftsrechte und Auskunftspflichten der Beteiligten

In der Praxis stellt sich zu Beginn des Insolvenz(antrags)verfahrens die Lage häufig so dar, 45 dass die Buchhaltung des Schuldnerunternehmens lückenhaft geführt ist und/oder Belege nicht aufgefunden werden können. Die Spanne reicht dabei von Fällen, in denen – etwa aus Unwissenheit, Geldmangel oder auch zur gezielten Verschleierung – zu keiner Zeit geordnete Aufzeichnungen geführt wurden, über solche, in denen die zuvor vorhandenen Geschäftsunterlagen im Zuge einer sog. Firmenbestattung vernichtet wurden oder nach Rückgabe der Geschäftsräume durch deren Vermieter entsorgt wurden, bis zu den vornehmlich bei Insolvenzen kleiner Unternehmensträger häufigen Fällen einer schon Monate vor dem Insolvenzantrag vollständig zum Erliegen gekommenen Buchhaltung.

Gerade aus diesen Defiziten resultiert eine erhebliche praktische Bedeutung der Frage, ob 46 und inwieweit den an der Insolvenzbesteuerung Beteiligten Auskunftsrechte untereinander sowie gegenüber Dritten zustehen, die mit entsprechenden Auskunftspflichten korrelieren. Beispielhaft gibt es häufig Nachfragen der Finanzverwaltung zu besteuerungsrelevanten Sachverhalten, die der Schuldner vorinsolvenzlich nicht beantwortet hat, oder der Insolvenzverwalter findet beim Schuldner bereits an das Finanzamt übermittelte Steuererklärungen nicht vor, die ihm die Finanzverwaltung zugänglich machen könnte.

Die geschilderte Ausgangslage erschwert sowohl die Abwicklung des Insolvenzverfahrens als 47 auch die richtige Besteuerung, weshalb ein erhebliches Informationsinteresse sowohl des Insolvenzverwalters als auch umgekehrt des Finanzamtes besteht.

Die folgenden Ausführungen behandeln dabei nicht ausführlich die insolvenzrechtlichen Aus- 48 kunftspflichten des Schuldners und seiner (ehemaligen) Vertreter, Angestellten und rechtlichen und steuerlichen Vertreter gegenüber dem Insolvenzgericht und dem (vorläufigen) Insolvenzverwalter nach den §§ 97 ff. InsO. Erörtert werden vielmehr Auskunftspflichten des Insolvenzverwalters und des Schuldners gegenüber dem Finanzamt und die Frage, inwieweit Auskunftsansprüche des Insolvenzverwalters gegen das Finanzamt bestehen und welche Grenzen das Steuergeheimnis dem Finanzamt im Insolvenzverfahren setzt.

1. Auskunftspflichten des Insolvenzverwalters

Als abgabenrechtlicher Vertreter des Insolvenzschuldners ist der Insolvenzverwalter zur Auskunft 49 im Besteuerungsverfahren verpflichtet (§ 93 AO). Das ist Ausfluss der allgemeinen Mitwirkungspflicht im Besteuerungsverfahren. Allerdings beschränkt sich die Auskunftspflicht des Insolvenzverwalters auf die vorinsolvenzliche Zeit und auf die Insolvenzmasse, also auf das seiner Verwaltung unterliegende Vermögen. Zum insolvenzfreien Vermögen des Schuldners oder gar zu den Vermögensverhältnissen Dritter kann er allenfalls in den Grenzen herangezogen werden, in denen die Finanzverwaltung nach allgemeinen Regeln Drittauskünfte einholen kann. Die grundsätzliche Beschränkung der Auskunftspflicht auf den Aufgabenkreis des Insolvenzverwalters korreliert mit der Reichweite seiner Zugriffsrechte auf Auszeichnungen und Geschäftsbücher des Schuldners und seines Auskunftsanspruchs nach § 97 InsO gegen den Insolvenzschuldner und damit mit der Reichweite des Informationsstandes, den sich der Insolvenzverwalter kraft des ihm übertragenen Amtes verschaffen kann. Nur im Umfang seiner Verwaltungsbefugnis ist der Insolvenzverwalter als abgabenrechtlicher Vertreter verpflichtet oder auch nur instande, für die Besteuerung relevante Informationen zu geben. Zum insolvenzfreien Vermögen, insbesondere zu einem nach § 35 Abs. 2 InsO freigegebenen Betrieb ist er daher grundsätzlich nicht auskunftspflichtig. Ähnliches gilt, soweit massezugehöriges Vermögen der Zuständigkeit des Insolvenzverwalters entzogen ist, wie etwa ein unter Zwangsverwaltung stehendes Grundstück oder Vermögensgegenstände, die der Verwaltung durch einen Sonderinsolvenzverwalter unterstellt sind.

Während diese Grenzen die materielle Reichweite des Auskunftsanspruchs der Finanzverwal- 50 tung determinieren, ergibt sich eine weitere Einschränkung aus der tatsächlichen Erfüllbarkeit, nämlich aus dem allgemeinen Rechtsgrundsatz, dass Unmögliches nicht verlangt werden kann. Soweit sich Auskunftsverlangen des Finanzamtes auf Vorgänge beziehen, die vor Ernennung des Insolvenzverwalters stattgefunden haben, kann dieser Insolvenzverwalter darüber nicht aus origi-

Steuerrecht in der Insolvenz – Steuerverfahrensrecht

rem eigenem Wissen Angaben tätigen. Er kann für die Informationsgewinnung insoweit vielmehr nur auf die ihm selbst von dem Schuldner oder auch von Dritten ereilten Auskünfte und zur Verfügung gestellten Unterlagen zurückgreifen. Sind diese Informationsquellen unergiebig, so kann der Insolvenzverwalter die durch das Finanzamt geforderten Auskünfte tatsächlich nicht erteilen. Insoweit beschränkt sich die Auskunftspflicht daher auf das Bemühen, die Informationen einzuholen. Fehlen etwa beim Schuldnerunternehmen sämtliche Kassenaufzeichnungen und -belege, sodass der Verbleib vom Geschäftskonto abgehobener Beträge den vorhandenen Unterlagen nicht entnommen werden kann, so kann von dem Insolvenzverwalter verlangt werden, durch Befragung des Schuldners und ggf. weiterer Auskunftspersonen den Verbleib nach Möglichkeit aufzuklären. Erklären die Auskunftspersonen aber, sie könnten keine Angaben machen, so sind die Erkenntnismöglichkeiten des Insolvenzverwalters regelmäßig erschöpft und damit auch die Reichweite der Auskunftspflicht.

51 Mit der Auskunftserteilung verbundener finanzieller Aufwand ist als Masseverbindlichkeit iSd § 55 Abs. 1 Nr. 1 InsO zu werten. Vorbehaltlich der Masseunzulänglichkeit darf und muss der Insolvenzverwalter daher auch notwendige finanzielle Aufwendungen tätigen, um sich in die Lage zu versetzen, Auskünfte zu erteilen. So hat er etwa ggf. zur Informationsbeschaffung Ersatzkontoauszüge bei Banken und ggf. auch Ersatzbelege bei anderen Vertragspartnern anzufordern. Gleichzeitig muss er jedoch auch die Pflicht berücksichtigen, Masseverbindlichkeiten nach Möglichkeit zu vermeiden. Er ist daher gehalten, das Finanzamt auf einen unverhältnismäßig erscheinenden Ermittlungsaufwand hinzuweisen und so den Versuch zu unternehmen, einen Verzicht auf die betreffende Information zu erreichen.

52 Soweit der Insolvenzverwalter selbst gehandelt hat, kann er sich nicht auf fehlende Informationen des Schuldners berufen. Hier ist er originär selbst in der Pflicht, die steuerlich relevanten Informationen zu sichern und Aufzeichnungen zu führen.

53 Die Auskunftspflicht des Insolvenzverwalters hängt an seiner Amtsstellung und endet daher grundsätzlich mit der Aufhebung des Insolvenzverfahrens. Zu Vorgängen nach der Verfahrensaufhebung ist er daher nicht zur Auskunft verpflichtet. Die Auskunftspflicht besteht jedoch über die Beendigung des Amtes hinaus fort für solche Vorgänge, die sich während der Amtstätigkeit oder vor dem Insolvenzverfahren abgespielt haben. Das gilt jedoch nur, soweit diese Informationen bei dem Insolvenzverwalter noch tatsächlich vorhanden sind. Eine Ermittlungs- und Erkundigungspflicht des Verwalters kann dagegen nicht mehr begründet werden, da entsprechende Auskunftsansprüche des Verwalters gegenüber Dritten nicht mehr bestehen. Hat der Verwalter daher die Geschäftsunterlagen dem Schuldner bereits zurückgegeben, so entfällt damit typischerweise auch die Auskunftspflicht zu Umständen, zu deren Aufklärung es des Zugriffs auf diese Unterlagen bedarf. Das Finanzamt ist hierdurch nicht unbillig beeinträchtigt, da es sich nach Aufhebung des Insolvenzverfahrens an den Schuldner wenden kann.

2. Auskunftspflichten des Treuhänders nach § 292 InsO

54 Der Treuhänder in der Wohlfahrtsphase ist nicht abgaberechtlicher Vertreter des Schuldners und daher nicht Adressat einer originären Auskunftspflicht gegenüber der Finanzverwaltung.

3. Auskunftspflicht des vorläufigen Insolvenzverwalters

55 Der sog. starke vorläufige Insolvenzverwalter nach § 22 Abs. 1 InsO steht, da auch er abgabenrechtlicher Vertreter ist, hinsichtlich der steuerlichen Auskunftspflichten dem endgültigen Insolvenzverwalter gleich (→ Rn. 49). Allerdings wird ihm zuzubilligen sein, dass er in diesem frühen Stadium zu Vorgängen aus der Zeit vor seiner Ernennung häufig noch keine vertieften Kenntnisse hat und daher ggf. nicht zu Auskunftserteilung in der Lage ist.

56 Der sog. schwache vorläufige Insolvenzverwalter ist in aller Regel noch kein abgabenrechtlicher Vertreter des Schuldners und damit auch nicht als Beteiligter nach § 93 Abs. 1 AO zu qualifizieren. Denkbar ist aber, dass er als „andere Person" auskunftspflichtig ist zu Umständen, von denen er während seiner Tätigkeit Kenntnis erlangt hat. Zwar sollen andere Personen nur subsidiär zu den Beteiligten zu Auskünften herangezogen werden. Diese Voraussetzungen werden aber bei dem vorläufigen Insolvenzverwalter häufig vorliegen.

4. Auskunftspflicht des Schuldners

57 Die Auskunftspflicht des Schuldners gegenüber der Finanzverwaltung besteht grundsätzlich neben derjenigen des Insolvenzverwalters fort. Sie erstreckt sich zudem auch auf Vorgänge, die nicht die Insolvenzmasse betreffen.

Steuerrecht in der Insolvenz – Steuerverfahrensrecht

Allerdings kann der Schuldner gegebenenfalls einwenden, deshalb nicht über die angeforderten 58
Informationen zu verfügen, weil er die erforderlichen Belege an den Insolvenzverwalter übergeben habe.

Handelt es sich bei dem Insolvenzschuldner um eine juristische Person oder eine Personenge- 59
sellschaft, so ist originär der gesetzliche Vertreter (zB der Geschäftsführer) auskunftspflichtig.

5. Auskunftsrechte des Insolvenzverwalters zu steuerlichen Daten der Finanzbehörden:

Die Frage, ob der Insolvenzverwalter vom Finanzamt Auskünfte über die steuerlichen Verhält- 60
nisse des Schuldners verlangen kann, ihm also etwa ein Anspruch auf einen Auszug des Steuerkontos oder auf die Vorlage früherer Steuererklärungen und -bescheide zustehen kann, ist umstritten.

In Betracht kommen grundsätzlich drei Wege, auf denen Auskunftsansprüche geltend gemacht 61
werden können, nämlich die Einsicht in die Steuerakten, Ansprüche nach dem Informationsfreiheitsgesetz oder schließlich zivilrechtliche Auskunftsansprüche.

a) Akteneinsichtsrecht. Einen originären gesetzlichen Anspruch des Steuerpflichtigen auf 62
Einsicht in die ihn betreffenden Akten gibt es im Finanzverwaltungsverfahren nicht. Es besteht lediglich ein Anspruch auf ermessensfehlerfreie Entscheidung über ein Akteneinsichtsgesuch (BFHE 83, 630 = BeckRS 1965, 21000494; BFHE 143, 503 = BeckRS 1985, 22007257; BFH/NV 1994, 311 = BeckRS 1993, 7926; BFH/NV 1996, 64 = BeckRS 1995, 11433; BFH/NV 2011, 992 = BeckRS 2011, 95127). Da der Insolvenzverwalter die steuerlichen Pflichten des Insolvenzschuldners zu erfüllen hat, geht der BFH davon aus, dass dann, wenn der Verwalter während des Besteuerungsverfahrens die Erteilung von steuerlichen Kontoauszügen beantragt, das Finanzamt auch darüber nach pflichtgemäßem Ermessen entscheiden muss (BFH/NV 2013, 1190 = BeckRS 2013, 95145).

Beantragt der Insolvenzverwalter die Akteneinsicht, so liegt darin zugleich der Antrag auf 63
ermessensfehlerfreie Entscheidung über dieses Gesuch mit der Folge, dass das Finanzamt hierüber entscheiden muss und in der Regel die Entscheidung auch zu begründen hat, da sonst eine Prüfung auf Ermessensfehler nicht möglich wäre.

In der Praxis lehnen Finanzämter Akteneinsichtsgesuche häufig formelhaft mit der Begründung 64
ab, aus den Akten gewonnene Erkenntnisse könnten gegebenenfalls zur Prüfung und Geltendmachung von Anfechtungsansprüchen gegen die Finanzverwaltung eingesetzt werden.

Ein solcherart formelhaftes Vorgehen ist jedoch ermessensfehlerhaft, solange keine Auseinan- 65
dersetzung mit dem Einzelfall stattfindet. Allerdings muss der Insolvenzverwalter in seinem Antrag auf Erteilung von Auskünften die Gründe anführen, die im konkreten Fall für die Auskunftserteilung oder die Akteneinsicht sprechen. Nennt er diese nicht im Verwaltungsverfahren, so kann er sie im finanzgerichtlichen Verfahren nicht nachreichen, für das bei Ermessensentscheidungen der Zeitpunkt der letzten Behördenentscheidung maßgeblich ist.

In die bei der Ermessensentscheidung zu treffende Abwägung fließen jedenfalls folgende 66
Aspekte ein (s. auch Roth InsSteuerR Rn. 3.30 ff.):
- Zweck der Auskunft (zB Vorbereitung von Steuererklärungen, Überprüfung der Forderungsanmeldung des Finanzamtes, Vorbereitung von steuerlichen oder zivilrechtlichen Erstattungsansprüchen)
- Angewiesenheit auf Auskunft (Vorhandensein der Information beim Insolvenzverwalter, ggf. auch beim Schuldner)
- Klärungsbedürftige Abweichungen zwischen vorliegenden Steuererklärungen/-bescheiden und Forderungen des Finanzamtes (Auskunft über erfolgte Umbuchungen)
- Eigenes Interesse des Finanzamtes, zB an der Besteuerung gem. den tatsächlichen Verhältnissen anstelle von Schätzungen oder an der Feststellung berechtigter Forderungen zur Insolvenztabelle bei Vermeidung eines Feststellungsrechtsstreits
- Widersprüchliches Verhalten (Finanzamt fordert Steuererklärungen unter Zwangsgeldandrohungen und -festsetzung und verweigert hierfür notwendige Auskünfte)
- Wahrscheinlichkeit zivilrechtlicher Ansprüche

Sind solche für oder gegen die Erteilung der Auskunft streitenden Gründe für das Finanzamt 67
ersichtlich, so muss es diese für eine ermessensfehlerfreie Entscheidung berücksichtigen. Allein die abstrakte Möglichkeit, dass Auskünfte in irgendeiner Weise zur Vorbereitung zivilrechtlicher Ansprüche genutzt werden können, kann dabei nicht ausreichen, um pauschal jede Auskunft abzuwehren. Eine solche Möglichkeit zivilrechtlicher Inanspruchnahmen besteht abstrakt gesehen letztlich immer. Es ist also mindestens zu verlangen, dass das Finanzamt in seine Abwägung einfließen lässt, ob die geforderten Auskünfte tatsächlich geeignet sind zur Vorbereitung von zB

Steuerrecht in der Insolvenz – Steuerverfahrensrecht

Anfechtungsansprüchen zu dienen. Das ist bei Steuererklärungen des Schuldners und daraufhin erlassenen Bescheiden zumeist nicht der Fall, bei einem Zahlungen und Verrechnungen ausweisenden Steuerkonto dafür umso eher. Das kann eine differenzierte Entscheidung gebieten, bei der eine partielle Akteneinsicht gewährt wird. Fordert das Finanzamt den Insolvenzverwalter auf, Steuererklärungen für das Jahr x einzureichen, so wird es dem Insolvenzverwalter jedenfalls dann die Einsicht in die Vorjahreserklärungen und –bescheide nicht verweigern können, wenn der Verwalter glaubhaft dargelegt hat, dass er über diese Daten nicht verfügt, und das Finanzamt gleichzeitig Zwangsmittel zur Durchsetzung der Erklärungspflichten einsetzt.

68   **b) Auskunftsanspruch nach Informationsfreiheitsgesetzen resp. Art. 15 DS-GVO.** Neben dem abgabenrechtlichen Auskunftsanspruch, resp. dem Anspruch auf ermessensfehlerfreie Entscheidung darüber, kommen Auskunftsansprüche nach dem jeweiligen Informationsfreiheitsgesetz in Betracht. Hierzu hat das BVerwG mit Beschluss vom 28.10.2019 entschieden, dass für solche Ansprüche der Rechtsweg zu den Verwaltungsgerichten eröffnet ist und die neu eingeführten Regeln der §§ 32a ff. AO daran nichts geändert haben (BVerwG NZI 2020, 34 = BeckRS 2019, 31818). Diese setzen vielmehr das Bestehen von Ansprüchen nach dem Informationsfreiheitsgesetz dem Grunde nach voraus, ohne die gerichtliche Zuständigkeit geregelt zu haben. Nicht entschieden ist dabei, inwieweit die §§ 32a ff. AO die materielle Reichweite der Auskunftsansprüche einschränken.

69   Zur Vereinbarkeit der §§ 32a ff. AO mit Art. 15 DS-GVO hatte das BVerwG (ZIP 2019, 1677 = BeckRS 2019, 31818) ein Vorabentscheidungsersuchen nach Art. 267 AEUV an den EuGH gerichtet. Dieser hat darüber mit Urteil vom 10.12.2020 (ZVI 2021, 152 = BeckRS 2020, 34340) entschieden, jedoch nicht materiell, sondern die Zulässigkeit des Vorabentscheidungsersuchens verneint. Da der vom BVerwG vorgelegte Fall eine juristische Person betraf und damit einen nicht dem Anwendungsbereich der DS-GVO unterfallenden Steuerschuldner, sei der Bezug zur DS-GVO nur aufgrund des einfachen nationalen Gesetzesrechts gegeben. In solchen Fällen greift der Grundsatz der alleinigen Auslegung des Europarechts durch den EuGH nicht, da sonst der einzelne Mitgliedstaat Entscheidungskompetenzen des EuGH über den unmittelbaren europarechtlichen Regelungsbereich hinaus eröffnen könnte. Ist der Anwendungsbereich des Europarechts nur durch entsprechende, erweiternde Einbeziehung in das nationale Recht eröffnet, bleibt es vielmehr bei der Auslegungskompetenz der nationalen Gerichte, was zur Folge haben kann, dass der EuGH im unmittelbaren Anwendungsbereich des Europarechts dessen Regelungen anders auslegt als die nationalen Gerichte im Erweiterungsbereich.

70   Damit bleibt bis auf weiteres ungeklärt, ob die Einschränkungen der Informationsfreiheitsrechte durch die §§ 32a f. AO im unmittelbaren Anwendungsbereich der DS-GVO europarechtskonform sind oder nicht.

71   Das Auskunftsrecht aus Art. 15 DS-GVO kann der Insolvenzverwalter nicht geltend machen. Dieses ist ein höchstpersönliches Recht desjenigen, dessen Daten verarbeitet werden, und fällt daher nicht in die Insolvenzmasse (so im Ergebnis auch BVerwG GewArch 2021, 23). Unbenommen ist es aber dem Schuldner, diesen Auskunftsanspruch geltend zu machen und das Ergebnis der mitgeteilten Auskünfte auch dem Insolvenzverwalter zur Verfügung zu stellen. Verpflichtet hierzu ist der Schuldner allerdings auch nach den §§ 97 ff. InsO nicht.

72   **c) Zivilrechtlicher Auskunftsanspruch:** In gewissen Grenzen kann dem Insolvenzverwalter auch ein zivilrechtlicher Auskunftsanspruch zustehen. Dieser richtet sich nach den allgemeinen Regeln und besteht daher nur, soweit dem Grunde nach das Bestehen eines Anfechtungsanspruches sicher festgestellt werden kann, lediglich sein Umfang nicht feststeht.

73   Insgesamt bestehen daher durchaus Möglichkeiten des Insolvenzverwalters, Auskünfte von der Finanzverwaltung zu erhalten, wenngleich der Weg hierzu oftmals zeitaufwändig sein wird. Da die notwendigen Informationen zu Anfechtungsansprüchen häufig auch auf anderem Wege erlangt werden können, insbesondere durch die Auswertung von Unterlagen des Schuldners, kann der Insolvenzverwalter oftmals dem Einwand des Finanzamtes, die Auskünfte könnten zur Ermittlung zivilrechtlicher Ansprüche dienen, auch dadurch vorbeugen, dass er die denkbaren Anfechtungen bereits vor dem Auskunftsbegehren durchsetzt. Danach kann das Finanzamt schwerlich noch unter Berufung auf eine mögliche Anfechtbarkeit die Auskünfte ablehnen.

74   Im Verfahren mit Eigenverwaltung treffen nicht nur die Auskunftspflichten, die im Regelverfahren für den Insolvenzverwalter bestehen, allein den Schuldner, sondern auch umgekehrt stehen die Ansprüche gegenüber dem Finanzamt auf Auskunft resp. auf ermessensfehlerfreie Entscheidung hierüber dem Schuldner zu. Modifikationen ergeben sich allerdings daraus, dass der Schuldner nur in Ausnahmefällen geltend machen kann, ihm lägen Informationen nicht vor, die ihm bereits zugestellt wurden.

Noch weitgehend ungeklärt ist, ob die Finanzverwaltung auch einem Auskunftsverlangen des 75
eigenverwaltenden Schuldners entgegenhalten kann, dass die Auskünfte gegebenenfalls zur Vorbereitung einer Insolvenzanfechtung dienen könnten. Hieran könnten Zweifel entstehen, da in der Eigenverwaltung die Insolvenzanfechtung gerade nicht in die Kompetenz des Schuldners fällt, sondern allein dem Sachwalter übertragen ist. Eine Auskunft an den Schuldner kann daher nur mittelbar herangezogen werden, um Anfechtungsansprüche zu begründen. Dennoch spricht einiges dafür, hier – abgesehen von der Anwendbarkeit des Art. 15 DS-GVO – die gleichen Maßstäbe anzuwenden wie bei der Fremdverwaltung, da der Schuldner verpflichtet ist, dem Sachwalter die ihm zugehenden Informationen weiterzugeben.

B. Rechnungslegungs- und Deklarationspflichten

I. Rechnungslegungspflichten

Gemäß § 155 Abs. 1 InsO bleiben handels- und steuerrechtliche Pflichten des Schuldners zur 76
Buchführung und Rechnungslegung von der Insolvenz unberührt und sind in Bezug auf die Insolvenzmasse vom Insolvenzverwalter zu erfüllen. Dem Wortlaut nach gelten diese Pflichten also während des Insolvenzverfahrens uneingeschränkt fort. Ob sie dennoch in bestimmten Fällen durch die Insolvenzsituation überlagert sind, wird in der Literatur ausführlich diskutiert (vgl. ua Onusseit/Kunz, Steuern in der Insolvenz, 1. Aufl. 1997, 82 ff. mwN; Kunz/Mundt DStR 1997, 664 (669 ff.); Weisang BB 1998, 1149; Heni ZInsO 1999, 609). Problematisch ist dies insbesondere in Insolvenzverfahren, die nur durchgeführt werden können, weil dem Schuldner die Kostenstundung gem. § 4a InsO bewilligt ist, sowie bei Vorliegen von Masseunzulänglichkeit, also in Fällen, in denen die Kosten für die Rechnungslegung überhaupt nicht aus der Masse beglichen werden können (Uhlenbruck ZIP 1982, 125 (131)).

Der BFH vertrat schon zur Konkursordnung die Auffassung, dass Buchführungs- und Bilanzie- 77
rungspflichten „im übergeordneten öffentlichen Interesse" durch den Insolvenzverwalter zu erfüllen sind (BFHE 175, 309 = BeckRS 1994, 22011191). Nach einer in der Literatur vertretenen Gegenansicht seien die §§ 238 ff. HGB im Wege der teleologischen Reduktion dahin auszulegen, dass Rechnungslegungspflichten bei massearmen Insolvenzen entfallen (Kunz/Mundt DStR 1997, 664 (669)). Für eine solche Auslegung spricht, dass der Zweck der Rechnungslegung in diesen Fällen verringert ist. Die handelsrechtliche Rechnungslegung verliert in massearmen oder masseunzulänglichen Verfahren zumindest teilweise ihre Informations- und Warnfunktion für potentielle Vertragspartner, auch unabhängig davon, dass diese ohnehin schon durch die Insolvenzsituation gewarnt sind. Zum einen findet in solchen Fällen in aller Regel kein Neugeschäft statt, bei dem mögliche Vertragspartner vor wirtschaftlichen Risiken eines Vertragsschlusses zu schützen wären, zum anderen wirkt sich der durch die Insolvenzverwalterhaftung nach § 61 InsO geschaffene Schutz nicht nur auf der Sekundärebene aus, sondern bereits in der Phase der Vertragsanbahnung, indem der Insolvenzverwalter zur Haftungsvermeidung mögliche Erfüllbarkeitsrisiken bezüglich von ihm einzugehender Masseverbindlichkeiten sorgfältig prüfen und die Vertragspartner ggf. auf solche hinweisen muss. Die steuerlichen Aufzeichnungs- und Deklarationspflichten sind in Fällen nicht behebbarer Masseunzulänglichkeit jedenfalls insoweit teils ihrer Funktion entkleidet, eine gleichmäßige und richtige Besteuerung zu ermöglichen, das öffentliche Interessen an ihrer Erfüllung mithin reduziert, als es um vorinsolvenzliche Zeiträume geht, bei denen die in ihnen entstandenen Steuerverbindlichkeiten einfache Insolvenzforderungen sind. Da diese Forderungen jedenfalls gegenüber dem Schuldner selbst materiell wertlos sind, ergeben sich aus der Erfüllung der steuerlichen Aufzeichnungs- und Erklärungspflichten keine materiellen Konsequenzen für das Steueraufkommen. Gegen eine generelle teleologische Reduktion der Buchhaltungs- und Rechnungslegungspflichten bei Masseunzulänglichkeit spricht jedoch materiell gesehen, dass die Masseunzulänglichkeit nicht selten im Verlauf des Insolvenzverfahrens behoben wird und damit auch den Insolvenzforderungen ein Wert zuzurechnen sein kann. Jedenfalls aber war dem Gesetzgeber der InsO das Problem der Masseunzulänglichkeit bekannt, sodass das Fehlen von Einschränkungen der Pflichten nach § 155 InsO in diesen Fällen als bewusste Entscheidung des Gesetzgebers zu werten ist (vgl. zu diesem Thema Onusseit/Kunz, Steuern in der Insolvenz, 1. Aufl. 1997, Rn. 84). Sind die Buchführungs- und Rechnungslegungspflichten mithin nicht schon deshalb suspendiert, weil erkennbar ist, dass sich keinesfalls tatsächliche steuerliche Auswirkungen ergeben werden, so empfiehlt es sich für den Insolvenzverwalter dennoch, in solchen Fällen den Versuch zu unternehmen, vom Finanzamt im Einzelfall das Einverständnis damit zu erlangen, dass die in diesen Fällen nur symbolischen Buchführungs- und Erklärungspflichten nur eingeschränkt erfüllt und die Steuern so realistisch wie möglich geschätzt werden.

Steuerrecht in der Insolvenz – Steuerverfahrensrecht

78 Erfüllt der Insolvenzverwalter die Rechnungslegungspflichten nicht oder nur teilweise, kann er in Haftung genommen werden (Kunz/Mundt DStR 1997 664 (671)). Gemäß § 69 AO kann der Insolvenzverwalter wegen der Nichterfüllung steuerlicher Pflichten in Anspruch genommen werden (WUS Insolvenzen/Uhländer Rn. 1005). Zudem besteht die Möglichkeit, dass andere Gläubiger gegen den Insolvenzverwalter nach § 60 InsO Schadensersatzansprüche geltend machen, wenn ein Verstoß gegen die Sorgfaltspflichten dergestalt vorliegt, dass wegen der Nichterfüllung von Rechnungslegungs- und Erklärungspflichten überhöhte Steuerschätzungen ergehen, welche die Befriedigungsaussichten der materiell berechtigten konkurrierenden Forderungen schmälern (WUS Insolvenzen/Uhländer Rn. 1006).

79 Ähnlich wie bei den Auskunftspflichten ist allerdings auch bei den Buchführungspflichten eine Grenze zu ziehen bei der Möglichkeit der Pflichterfüllung. Das betrifft vornehmlich die Erfüllung der Buchführungspflichten für vorinsolvenzliche Zeiträume. Sind die Unterlagen des Schuldners so unvollständig, dass die Erstellung einer geordneten, ordnungsgemäßen Buchführung nicht möglich ist und können diese Lücken auch nicht anderweitig, durch Drittauskünfte, geschlossen werden, so kann der Verwalter nicht verpflichtet sein, eine vollständige Buchhaltung zu erstellen.

II. Abgabe von Steuererklärungen

1. Allgemeines

80 Nach § 34 Abs. 3 AO hat der Insolvenzverwalter alle Steuererklärungspflichten des Schuldners gem. § 149 S. 1 AO, welche aus der Insolvenzmasse herrühren, zu erfüllen (vgl. AEAO zu § 34 Nr. 1 S. 3, zu § 251 Rn. 4.2. Abs. 1 S. 1; Jaeger/Fehrenbacher InsO Anh. InsSteuerR Rn. 33, 34). Wird von einem Einzelsteuergesetz die Unterschrift unter der Steuererklärung vorausgesetzt, hat der Insolvenzverwalter diese zu leisten (vgl. § 150 Abs. 3 S. 1 AO, sowie Jaeger/Fehrenbacher InsO Anh. InsSteuerR Rn. 34; MüKoInsO/Schüppen/Schlösser Anh. InsSteuerR Rn. 14).

2. Einfluss der Verfahrenseröffnung

81 Handelsrechtlich beginnt nach § 155 Abs. 2 S. 1 InsO mit der Verfahrenseröffnung ein neues Geschäftsjahr. Somit endet das laufende Geschäftsjahr vorzeitig. Die Änderung des Geschäftsjahres ist folglich auch in steuerrechtlicher Hinsicht nachzuvollziehen. Da die Umstellung des Geschäftsjahres unmittelbar aus § 155 InsO resultiert, ist eine Zustimmung des Finanzamtes zur Umstellung des Geschäftsjahres gem. § 4a Abs. 1 S. 1 Nr. 2 S. 2 EStG nicht erforderlich (Uhlenbruck/Sinz InsO § 155 Rn. 19; IDW RH HFA 1.012 Rn. 25). Eine andere Ansicht hingegen hält die Zustimmung des Finanzamtes dennoch für erforderlich. Jedoch soll das Ermessen dahin reduziert sein, dass die Zustimmung regelmäßig zu erteilen ist (so KPB/Kübler InsO § 155 Rn. 89, mit Verweis auf BT-Drs. 12/2443, 172). Das bisherige Geschäftsjahr wird zu einem Rumpfgeschäftsjahr. Das neue Geschäftsjahr stellt meist ein volles Geschäftsjahr dar (Sonnleitner InsSteuerR Kap. 3 Rn. 36).

82 Dem Insolvenzverwalter steht es jedoch frei von § 155 Abs. 2 S. 1 InsO abzuweichen und ein neues Rumpfgeschäftsjahr zu bilden, um zum laufenden Geschäftsjahr zurückzukehren. Die Entscheidungsbefugnis für diese Umstellung folgt aus § 80 Abs. 1 InsO. Die Einführung eines neuen Rumpfgeschäftsjahres kann grundsätzlich formfrei erfolgen und setzt nicht die Zustimmung der Gesellschafterversammlung voraus, da zum satzungsmäßigen Geschäftsjahr zurückgekehrt wird (vgl. Uhlenbruck/Sinz InsO § 155 Rn. 16; NZI 2014, 418 = BeckRS 2014, 2427; so KPB/Kübler InsO § 155 Rn. 28; HHS/Boeker AO § 34 Rn. 73). Eine Abweichung von § 155 Abs. 2 S. 1 InsO ist allerdings nur dann wirksam, wenn sie in das Handelsregister des Insolvenzschuldners eingetragen wird (so OLG Frankfurt NZI 2012, 845 = BeckRS 2012, 16614), wobei zweifelhaft ist, ob die an sich formfrei mögliche Wahl der Rückkehr zum alten Geschäftsjahr in notarieller Form beim Registergericht anzumelden ist und so verfahrensrechtlich doch eine Formbedürftigkeit besteht. Eine rückwirkende Eintragung ist nicht möglich, wenn das beabsichtigte abweichende Geschäftsjahr bereits abgelaufen ist (vgl. HHS/Boeker AO § 34 Rn. 73).

83 Entspricht das Wirtschaftsjahr nach der Umstellung dem Kalenderjahr, ist eine erneute Zustimmung des Finanzamtes für steuerliche Belange nicht nötig. Nicht abschließend geklärt ist allerdings die Frage, ob für die Rückkehr zum vorherigen abweichenden Geschäftsjahr eine Zustimmung des Finanzamtes nach § 4a Abs. 1 S. 2 Nr. 2 EStG notwendig ist (so KPB/Kübler InsO § 155 Rn. 31). Da § 4a Abs. 1 S. 2 Nr. 2 EStG ungerechtfertigte Steuervorteile vermeiden möchte, welche durch die Umstellung des Geschäftsjahres entstehen, sollte eine Rückkehr zum vorherigen Wirtschaftsjahr ohne Zustimmung möglich sein, da bloß der status quo ante wiederhergestellt wird (Sonnleitner InsSteuerR Kap. 3 Rn. 38).

Steuerrecht in der Insolvenz – Steuerverfahrensrecht

3. Umfang der Erklärungspflichten

Gemäß § 34 Abs. 1 iVm Abs. 3 AO beginnt die Pflicht zur Abgabe von Steuererklärungen mit der Verfahrenseröffnung. Diese Verpflichtung endet mit Aufhebung des Insolvenzverfahrens (vgl. AEAO zu § 251 Rn. 4.2. Abs. 1 S. 3). Der ertragsteuerliche Veranlagungszeitraum bleibt trotz Umstellung des Geschäftsjahres das Kalenderjahr (so BFH/NV 1994, 477 = BeckRS 1993, 6266; vgl. auch MüKoInsO/Jaffé InsO § 155 Rn. 26). Der Veranlagungszeitraum wird also nicht durch die Verfahrenseröffnung unterbrochen. Der Insolvenzmasse wird dementsprechend auch keine eigene Einkommen- oder Körperschaftsteuernummer erteilt. Anders ist es im Ergebnis bei der Umsatzsteuer, bei der für die Insolvenzmasse eine eigenständige, zeitlich exakt abgegrenzte Steuerermittlung mit einer eigenen Steuernummer sowohl möglich ist als auch erfolgt (Sonnleitner InsSteuerR Kap. 4 Rn. 167 ff.). 84

Hat der Insolvenzschuldner für Besteuerungszeiträume vor Eröffnung des Insolvenzverfahrens noch keine Steuererklärung abgegeben, erstreckt sich die Verpflichtung des Insolvenzverwalters zur Abgabe von Steuererklärungen auch auf diese Zeiträume (vgl. BFH/NV 2008, 334 = BeckRS 2007, 25012691; BFHE 175, 309 = BeckRS 1994, 22011191). Dies entspricht auch der Ansicht der Finanzverwaltung (vgl. AEAO zu § 251 Rn. 4.2. Abs. 1 S. 3). Der Insolvenzverwalter hat die Pflichten des Insolvenzschuldners vollständig zu erfüllen. Diese Verpflichtung erstreckt sich auch auf vergangene Erklärungspflichten. Gemäß § 34 Abs. 3 AO bezieht sich der Pflichtenkreis jedoch ausschließlich auf die Insolvenzmasse ohne zeitliche Zäsur (so auch Jaeger/Fehrenbacher InsO Anh. InsSteuerR Rn. 35). Für das insolvenzfreie Vermögen bleibt demgegenüber der Schuldner selbst verpflichtet, die erforderlichen Steuererklärungen abzugeben. Das führt zu der bereits erörterten Frage (→ Rn. 24), wie bei zwei voneinander unabhängigen Erklärungspflichtigen das Prinzip der einheitlichen Ermittlung der Ertragssteuern gewahrt werden kann, ohne dass sich entgegen der insolvenzrechtlichen strikten Trennung der Insolvenzmasse und des insolvenzfreien Vermögens steuerlich wechselseitige Beeinflussungen ergeben. Die Erklärungspflichten des Insolvenzverwalters können über die Aufhebung des Insolvenzverfahrens hinaus fortbestehen, sofern die Insolvenzmasse betroffen ist (vgl. schon BFHE 55, 522 = BeckRS 1951, 21004583 sowie Frotscher Besteuerung Insolvenz 42; MüKoInsO/Schüppen/Schlösser InsSteuerR Rn. 16; WUS Insolvenzen/Uhländer Rn. 501). Nach § 153 AO kann der Insolvenzverwalter zu Berichtigungen schon abgegebener Steuererklärungen verpflichtet sein (Sonnleitner InsSteuerR Kap. 3. Rn. 41). 85

Gemäß § 60 EStDV ist der Insolvenzverwalter dazu verpflichtet alle Anlagen den Erklärungen beizufügen (vgl. Jaeger/Fehrenbacher InsO Anh. InsSteuerR Rn. 35). Bei Gewerbetreibenden richtet sich die Gewinnzuweisung nach § 4a Abs. 2 Nr. 2 EStG, weshalb sich die abzugebenden Steuererklärungen auch auf mehr als ein Geschäftsjahr beziehen können. In diesem Fall sind die erforderlichen Unterlagen aus dem der Verfahrenseröffnung vorangegangenen Wirtschaftsjahr, dem neuen Wirtschaftsjahr sowie der Wirtschaftsjahre, die im Zeitraum des Insolvenzverfahrens liegen anzufertigen und als Anlagen der Steuererklärung beizufügen (vgl. HHS/Boeker AO § 34 Rn. 73a). 86

Der Insolvenzschuldner ist selbst während des Insolvenzverfahrens nicht mehr zur Abgabe von Steuererklärungen für die Insolvenzmasse verpflichtet und auch nicht berechtigt. In einer strafrechtlichen Entscheidung formuliert der BGH recht plastisch: „Die Erklärungspflichten oblagen damit zum Abgabezeitpunkt nicht mehr den im Rechtssinne handlungsunfähigen Angeklagten [...] als Schuldner." (vgl. wistra 2018, 42 = BeckRS 2017, 124936). Er muss ausschließlich gem. § 97 InsO seinen Mitwirkungspflichten nachkommen und dem Insolvenzverwalter alle nötigen Unterlagen für die Erstellung der Steuererklärung zur Verfügung stellen (Sonnleitner InsSteuerR Kap. 3 Rn. 11). 87

Nach der Rechtsprechung des BGH (NZI 2014, 21 = BeckRS 2013, 20846) gehört die Erstellung verhältnismäßig weniger, einfach zu erstellender Steuererklärungen zu den Regelaufgaben des Insolvenzverwalters. Erst wenn diese Schwellen überschritten sind, die Erstellung der Steuererklärungen also als Sonderaufgabe zu werten ist, ist der Insolvenzverwalter berechtigt, die Insolvenzmasse zusätzlich zu der Vergütung seiner Tätigkeit mit Gebühren eines Steuerberaters zu belasten. Können solche Gebühren allerdings im Zustand der Masseunzulänglichkeit aus der Insolvenzmasse nicht gedeckt werden, so ist zu fragen, ob dadurch die Pflicht zu Abgabe der betreffenden Steuererklärungen entfällt (hierzu → Rn. 95). 88

4. Einzelne Steuersubjekte

a) Natürliche Personen. Das Insolvenzverfahren einer natürlichen Person betrifft dem Grunde nach immer auch Fragen der Einkommensteuer. Der Insolvenzverwalter ist gem. § 149 AO iVm § 25 Abs. 3 S. 1 EStG und § 56 EStDV verpflichtet, die Einkommensteuererklärungen abzugeben, 89

Steuerrecht in der Insolvenz – Steuerverfahrensrecht

soweit in der Person des Schuldners oder aufgrund seiner Einkommensverhältnisse Umstände verwirklicht sind, die eine Erklärungspflicht auslösen. Besteht im Einzelfall keine Erklärungspflicht, so ist der Verwalter dennoch zu Erklärungsabgabe berechtigt, was nicht selten wegen in den Vorjahren durch die Schuldner selbst nicht realisierter Einkommensteuerguthaben zu beachtlichen Massezuflüssen führt. Sämtliche Tatsachen, die sich auf das insolvenzfreie Vermögen beziehen, bleiben für die Erklärungen des Verwalters unberücksichtigt. Der Insolvenzverwalter soll die Steuerforderung insolvenzrechtlich in einer Anlage beurteilen, also den Sphären der Insolvenzmasse und des freien Schuldnervermögens zuordnen. In der Anlage bedarf es zudem einer Differenzierung zwischen Insolvenzforderungen und Masseverbindlichkeiten, wenn die Verfahrenseröffnung unterjährig erfolgt (vgl. mwN MüKoInsO/Jaffé InsO § 155 Rn. 33). Der Insolvenzschuldner hat Steuererklärungen die das insolvenzfreie Vermögen betreffen selbst abzugeben (vgl. AEAO § 251 Rn. 4.2 Abs. 2 S. 2). Hierunter fällt zB die Besteuerungsgrundlage bei Zusammenveranlagung von Ehe- oder Lebenspartnern oder die außerhalb des Insolvenzverfahrens liegende Besteuerungsgrundlage des Schuldners sowie außergewöhnliche Belastungen und Sonderausgaben (zu diesen Beispielen vgl. Frotscher Besteuerung Insolvenz 39). Dies gilt auch für Einnahmen aus pfändungsfreiem oder freigegebenem Vermögen. Zu dem Problem der Koordination der Erklärungen des Schuldners und des Insolvenzverwalters → Rn. 21.

90 Ist ein Gewerbebetrieb vom Insolvenzverfahren betroffen, sind auch ausstehende Umsatz- und Gewerbesteuererklärungen für die vorinsolvenzliche Zeit sowie für die Insolvenzmasse vom Insolvenzverwalter abzugeben (vgl. AEAO § 251 Rn. 4.2 Abs. 1 S. 2). Da die Eröffnung des Insolvenzverfahrens als solche keinen Einfluss auf die Unternehmereigenschaft nach § 2 UStG hat, folgt die fortgeltende umsatzsteuerliche Erklärungspflicht aus § 18 Abs. 1–3 UStG (vgl. MüKoInsO/Jaffé InsO § 155 Rn. 38; AEAO § 251 Rn. 4.2 S. 2)

91 Hat ein Insolvenzverfahren die Einstellung des Betriebs eines Einzelunternehmers zur Folge, erlischt die Pflicht zur Abgabe von Gewerbesteuererklärungen für die Folgezeit, ab Einstellung. Wird das Unternehmen hingegen fortgeführt, besteht auch die Erklärungspflicht nach § 14a GewStG fort (MüKoInsO/Jaffé InsO § 155 Rn. 36 f.).

92 Der Insolvenzverwalter hat auch Lohnsteueranmeldungen gem. § 41a EStG abzugeben, zum einen für Arbeitslöhne, die ihrerseits Masseverbindlichkeiten sind, da die daraus resultierende Lohnsteuer deren Rangstufe teilt, zum anderen für die Lohnsteuer aus vorinsolvenzlicher Zeit, wobei bei letzteren weiter zu differenzieren ist nach erstmals abzugebenden Anmeldungen und zu korrigierenden Anmeldungen.

93 **b) Personengesellschaften.** Handelt es sich bei der Insolvenzschuldnerin um eine Personengesellschaft muss der Insolvenzverwalter die Umsatz- und Gewerbesteuererklärung abgeben (vgl. Jaeger/Fehrenbacher InsO Anh. InsSteuerR Rn. 35). Bezüglich der Ertragsteuer ist er nicht erklärungspflichtig. Dies ist Aufgabe der Gesellschafter, welche nicht persönlich vom Insolvenzverfahren betroffen sind (BFHE 219, 129 = BeckRS 2007, 24003179; MüKoInsO/Schüppen/Schlösser InsSteuerR Rn. 17; Roth InsSteuerR Rn. 3.177; aA WUS Insolvenzen/Uhländer Rn. 500; Lohkemper BB 1998, 2030). Dies liegt darin begründet, dass die Gewinnfeststellung ausschließlich die Vermögen der Gesellschafter betrifft, da sie selbst persönlich aus ihrem Vermögen zur Abgabe der Einkommens- und Körperschaftsteuer verpflichtet sind. Die Insolvenzmasse bleibt davon unberührt. Vielmehr handelt es sich dabei um eine insolvenzfreie Angelegenheit (vgl. dazu BFHE 175, 309 = BeckRS 1994, 22011191; AEAO zu § 251 Nr. 4.4.1.1.). In der Praxis erfolgt die Erstellung und Abgabe der Steuererklärung allerdings zumeist in enger Zusammenarbeit zwischen Insolvenzverwalter und Gesellschaftern, da die Gesellschafter für ihre Einkommen- oder Körperschaftsteuererklärungen auf die Kenntnis der Unternehmenszahlen angewiesen sind (s. Frotscher Besteuerung Insolvenz 40).

94 **c) Juristische Personen.** Bei einer juristischen Person als Schuldnerin gibt der Insolvenzverwalter alle Steuererklärungen ab, da eine juristische Person kein vom Gesellschaftsvermögen getrennt privates Vermögen hat, sodass immer das komplette Vermögen der Gesellschaft der Insolvenz zugehörig ist. Hierunter fallen die Körperschaftsteuererklärung gem. § 49 KStG iVm §§ 149, 34 Abs. 1 und 3 AO, die Gewerbesteuererklärung nach § 14a GewStG sowie die Umsatzsteuervoranmeldung gem. § 18 Abs. 1 und 2 UStG bzw. die Jahreserklärung nach § 18 Abs. 3 UStG. Bei juristischen Personen hat eine Betriebseinstellung keine besonderen Auswirkungen, vielmehr bleibt die Erklärungspflicht solange bestehen, wie die juristische Person existiert. Unabhängig davon ist auch bei der Körperschaftsteuer zwischen Insolvenzforderung und Masseverbindlichkeiten zu differenzieren (so etwa MüKoInsO/Jaffé InsO § 155 Rn. 34).

Steuerrecht in der Insolvenz – Steuerverfahrensrecht

5. Mangelnde Deckung von Steuerberatungskosten

Im Fall der Masseunzulänglichkeit können ggf. die Kosten, die für die Erstellung der Steuererklärungen anfallen, nicht mehr aus der vorhandenen Insolvenzmasse gedeckt werden. Es könnte hier die Auffassung vertreten werden, dass der Insolvenzverwalter nicht mehr zur Steuererklärung verpflichtet ist, da die Finanzverwaltung durch die ordnungsgemäße Durchführung des Besteuerungsverfahrens gerade für Veranlagungszeiträume vor Insolvenzeröffnung, aus denen allenfalls Erkenntnisse zu weiteren Insolvenzforderungen gewinnen kann. Bei fortbestehender Masseunzulänglichkeit jedoch sind solche Insolvenzforderungen wertlos. Die Ermittlung weiterer Steuerforderungen führt damit nicht zu weiteren tatsächlichen Steuereinnahmen. Die Abgabe der ausstehenden Steuererklärungen hat daher nicht selten nur einen formellen Wert. Es ist fraglich, ob es dem Insolvenzverwalter zugemutet werden kann weitere Kosten trotz Masseunzulänglichkeit zu verursachen (s. dazu die Darstellung bei Roth InsSteuerR Rn. 3.180 ff.). Der BFH (BFHE 239, 15 = BeckRS 2013, 94010) lehnt eine solche Einschränkung wegen des öffentlichen Interesses an der Erklärungsabgabe ab und erachtet auch die Festsetzung von Zwangsgeldern als zulässig (so bereits BFHE 175, 309 = BeckRS 1994, 22011191; BFH/NV 2008, 334 = BeckRS 2007, 25012691). Der Fiskus würde in diesem Fall von Zwangsmaßnahmen absehen und die Besteuerungsgrundlage schätzen (AEAO § 251 Rn. 4.2 Abs. 3 S. 4). Nach Teilen der Literatur hingegen sollen die Erklärungspflichten des Insolvenzverwalters dann entfallen, wenn gem. § 207 Abs. 1 InsO das Verfahren eingestellt wurde (so Welzel DStZ 1999, 559; WUS Insolvenzen/Uhländer Rn. 502). Nicht erörtert ist in der Entscheidung des BFH, dass die Verpflichtung des Insolvenzverwalters, Steuererklärungen auch dann zu erstellen, wenn die Insolvenzmasse die dafür erforderlichen Gebühren eines Steuerberaters nicht decken kann, letztlich zur Folge hat, dass der Insolvenzverwalter diese Gebühren aus eigenen Mitteln ausgleichen muss. Ökonomisch entspricht das einer Kürzung der Vergütung des Insolvenzverwalters, die ggf. dessen Vergütungsanspruch vollständig aufzehren kann. Diese Konsequenz ist unvereinbar mit der Rangfolge des § 209 InsO, in der Verfahrenskosten vorrangig vor den sonstigen Masseverbindlichen zu begleichen sind. Obwohl daher gewichtige Gründe gegen die Richtigkeit der Auffassung des BFH sprechen, muss sich die Praxis letztlich mit ihr arrangieren.

Bei solchen Insolvenzverfahren natürlicher Personen, die nur auf der Basis einer dem Schuldner gewährten Verfahrenskostenstundung nach § 4a InsO durchgeführt werden können, hat der BGH eine Lösung für dieses Problem entwickelt, indem der Insolvenzverwalter, wenn das Finanzamt trotz eines diesbezüglichen Hinweises die Abgabe der Steuererklärungen fordert, ggf. erreichen kann, dass die Steuerberatergebühren als Teil der Auslagen des Insolvenzverwalters den Kosten des Insolvenzverfahrens iSd § 54 InsO zugeordnet werden. Dadurch werden sie von der Kostenstundung erfasst und sind dem Insolvenzverwalter somit erforderlichenfalls aus dem Landeshaushalt zu ersetzen (s. BGHZ 160, 176 = BeckRS 2004, 8015).

III. Berichtigungspflichten

Gemäß § 153 AO sind sowohl der Insolvenzverwalter als auch der Insolvenzschuldner zur Berichtigung falscher oder unvollständigen Steuererklärungen verpflichtet (so AEAO § 251 Rn. 4.2 S. 12). Den Insolvenzschuldner trifft diese Pflicht nur, sofern er die Steuererklärung noch selbst abgegeben hat (so Frotscher Besteuerung Insolvenz 29 (41)). Der Insolvenzverwalter ist zunächst dann nach § 153 Abs. 1 S. 2 AO zur Berichtigung verpflichtet, wenn er die fehlerhafte Steuererklärung abgegeben hat. Erkennt der Insolvenzverwalter allerdings, dass bereits der Insolvenzschuldner eine fehlerhafte Steuererklärung abgegeben hat, so ist er ebenso nach § 153 Abs. 1 S. 2 AO zur Berichtigung verpflichtet; dies gilt unabhängig von eventuellen steuerstrafrechtlichen Angelegenheiten des Schuldners (so statt vieler Tipke/Kruse/Seer AO § 153 Rn. 3; aA Frotscher Besteuerung Insolvenz 41, der in diesem Fall dem Insolvenzverwalter unter Berufung auf die dem Insolvenzschuldner originär zustehende und von ihm abgeleitete strafrechtliche Selbstbelastungsfreiheit ein Wahlrecht einräumen will). Dem Insolvenzschuldner sollte es unbenommen bleiben sich gem. § 371 AO selbst strafbefreiend anzuzeigen (Sonnleitner InsSteuerR Kap. 3 Rn. 51), wobei allerdings anzumerken ist, dass dies häufig an § 371 Abs. 3 AO scheitert, weil der jeweilige Schuldner im laufenden Insolvenzverfahren kaum einmal über ausreichende Mittel verfügt, um die danach erforderliche Nachzahlung zu leisten.

Streitig ist, ob auch den Insolvenzschuldner eine Berichtigungspflicht trifft bei vom Insolvenzverwalter fehlerhaft abgegebenen Steuererklärungen. Frotscher geht davon aus, dass es sich bei einer Berichtigungserklärung ausschließlich um eine Wissenserklärung handelt, daher sei § 80 InsO nicht berührt und der Insolvenzschuldner weiterhin zur Berichtigung verpflichtet (so Frotscher Besteuerung Insolvenz 29). Sonnleitner hingegen hält es für überzeugender, dass sich mögliche

Steuerrecht in der Insolvenz – Steuerverfahrensrecht

Berichtigungspflichten mit den Steuererklärungspflichten decken, so dass allein der Insolvenzverwalter die Richtigkeit der Steuererklärungen zu verantworten hat (Sonnleitner InsSteuerR Kap. 3 Rn. 52). Da der BGH (BGH NStZ 2018, 648 = BeckRS 2017, 139912) den Insolvenzschuldner nicht mehr als handlungsfähig hinsichtlich der Abgabe von Steuererklärungen wertet, dürfte entsprechendes für die Erstellung von Berichtigungen gelten Mithin wird ausschließlich der Insolvenzverwalter nach § 153 Abs. 1 S. 2 AO verpflichtet.

C. Festsetzung von Ansprüchen aus dem Steuerschuldverhältnis

I. Abgrenzung Insolvenzforderung und Masseverbindlichkeit

1. Insolvenzforderungen

99   Die Abgrenzung zwischen Insolvenzforderungen und Masseverbindlichkeiten ist maßgeblich für das Besteuerungsverfahren in der Insolvenz. Masseverbindlichkeiten werden vorrangig aus der Insolvenzmasse beglichen. Erst danach werden die Insolvenzforderungen in Höhe der insolvenzrechtlichen Verteilungsquote befriedigt (Sonnleitner InsSteuerR Kap. 3 Rn. 53). Steuerforderungen können, etwa bei nach § 35 Abs. 2 InsO freigegebener selbstständiger Tätigkeit des Insolvenzschuldners, auch als Neuverbindlichkeiten des Schuldners entstehen. Forderungen und Verbindlichkeiten aufgrund insolvenzfreier Tätigkeiten sind nicht Bestandteil des Insolvenzverfahrens. Solche Steuerforderungen können nur persönlich gegenüber dem Schuldner geltend gemacht werden. Dann steht ausschließlich das insolvenzfreie Vermögen als Haftungsvermögen zur Verfügung (Sonnleitner InsSteuerR Kap. 3 Rn. 54).

100   Gemäß § 38 InsO dient die Insolvenzmasse der Befriedigung der Gläubiger, welche einen bereits zum Zeitpunkt der Verfahrenseröffnung bestehenden Anspruch gegen den Schuldner haben. Für Steuerforderungen kommt es darauf an, ob diese zum Zeitpunkt der Eröffnung des Insolvenzverfahrens schon begründet waren (Sonnleitner InsSteuerR Kap. 3 Rn. 55).

101   Insolvenzrechtlich richtet sich das Begründetsein des Anspruchs gem. § 38 InsO danach, ob der Tatbestand noch vor Verfahrenseröffnung vollständig erfüllt ist. Der BGH verlangt nur das Vorliegen der schuldrechtlichen Anspruchsvoraussetzungen. Letztlich kommt es danach darauf an, ob der dem Anspruch zugrundeliegende Lebenssachverhalt verwirklicht ist. Die Forderung muss jedoch noch nicht entstanden und fällig sein (NZI 2011, 953 = BeckRS 2011, 24544).

102   Der BFH geht im Ansatz von denselben Grundsätzen aus wie der BGH, indem er für die formelle Einordnung einer Steuerforderung als Insolvenzforderung oder Masseverbindlichkeit ebenfalls auf die insolvenzrechtliche Begründetheit abstellt, wobei sich die Frage der dafür erforderlichen materiellen Anspruchsvoraussetzungen nach dem jeweiligen materiellen Recht richtet, hier dem Steuerrecht. Bei dieser Betrachtung ist gegenüber der älteren Rechtsprechung (vgl. etwa BFHE 141, 2 = BeckRS 1984, 22006831; BFHE 172, 308 = BeckRS 1993, 22010837; BFH/NV 2008, 925 = BeckRS 2008, 25013224) insbesondere für die Umsatzsteuer eine Steigerung der Anforderungen zu konstatieren, indem der BFH zunächst für die sog. Ist-Besteuerung (§ 13 Abs. 1 Nr. 1 lit. b UStG) entschieden hat, dass bei dieser die Steuerforderung nicht schon mit der Leistungserbringung im insolvenzrechtlichen Sinne begründet ist. Vielmehr gehört der Vereinnahmung des Entgelts zum steuerlichen Tatbestand. Daher ist die Umsatzsteuer Masseverbindlichkeit, wenn das Entgelt nach Insolvenzeröffnung vereinnahmt wird (BFHE 224, 24 = BeckRS 2009, 24003624). Diese für die Ist-Besteuerung zutreffende Rechtsprechung hat er in der Folge ausgeweitet auf die sog. Soll-Besteuerung und sukzessive auf die Zeit der vorläufigen Insolvenzverwaltung (BFHE 232, 301 = BeckRS 2011, 95026; BFHE 247, 460 = BeckRS 2014, 96358). Formell ist dabei die Maßgeblichkeit der Begründung in insolvenzrechtlicher Sicht nicht aufgegeben (vgl. BFH/NV 2019, 123 (NV) = BeckRS 2018, 32579), sondern die Anforderungen an den hierfür erforderlichen Grad der steuerlichen Tatbestandsverwirklichung gesteigert. Der Entstehungszeitpunkt der Steuer muss allerdings weiterhin nicht erreicht sein (vgl. Jaeger/Fehrenbacher InsO Anh. InsSteuerR Rn. 5); er ist nur dann relevant, wenn er vor dem für die Abgrenzung insolvenzrechtlich maßgeblichen Zeitpunkt, in der Regel also vor der Eröffnung des Insolvenzverfahrens liegt. Dann ist die entstandene Steuer Insolvenzforderung.

103   Die Literatur hingegen lehnt die neue Rechtsprechung des BFH überwiegend ab (vgl. mwN hierzu Roth FR 2014, 243 ff.; Kahlert DStR 2013, 1587 f.). Begründet wird dies damit, dass die Regelungen der Insolvenzordnung vom Steuerrecht unberührt bleiben sollen (vgl. § 251 Abs. 2 S. 1 AO). Die Wertungen des Insolvenzrechts würden durch die vom BFH im Ergebnis geschaffene Gleichsetzung der insolvenzrechtlichen Begründetheit und der steuerlichen Entstehung unterlaufen. Dies würde zu einem klaren Wertungswiderspruch führen und zur Missachtung des Grundsat-

zes des Vorrangs des Insolvenzrechts (s. dazu RFHE 19, 355 (356 f.); sowie Loose StuW 1999 20 (21). Zuletzt noch bestätigend BFHE 247, 300 = BeckRS 2015, 94001).

2. Masseverbindlichkeiten

Gemäß § 53 InsO sind die Kosten des Insolvenzverfahrens und die sonstigen Masseverbindlichkeiten vorweg aus der Insolvenzmasse zu begleichen. Was sonstige Masseverbindlichkeiten sind, bestimmt als Ausgangsnorm § 55 Abs. 1 InsO, der ein eröffnetes Insolvenzverfahren voraussetzt (Sonnleitner InsSteuerR Kap. 3 Rn. 78). Eine steuerliche Masseverbindlichkeit entsteht, sofern sich ein Steuertatbestand durch die Verwaltung, Verwertung und Verteilung der Masse verwirklicht (vgl. BFHE 232, 318 = BeckRS 2011, 95106). Zum einen können Steueransprüche als Masseverbindlichkeiten nach § 55 Abs. 1 Nr. 1 Hs. 1 entstehen, wenn sie durch die Tätigkeit des Insolvenzverwalters begründet werden. Grundsätzlich denkbar ist dabei wegen seiner umfassenden Verwaltungs- und Verfügungsbefugnis hinsichtlich der Insolvenzmasse, dass der Verwalter jede Art von Steuerverbindlichkeiten auslöst. Der praktische Schwerpunkt liegt dabei zwar auf der Umsatzsteuer, der Lohnsteuer und Ertragssteuern (Einkommensteuer, Körperschaftsteuer, Gewerbesteuer), die jeweils sowohl bei der Weiterführung eines Schuldnerunternehmens als auch bei der Liquidation des Schuldnervermögens entstehen können (vgl. Sonnleitner InsSteuerR Kap. 3 Rn. 79). Insbesondere, aber nicht allein, bei der Fortführung des schuldnerischen Unternehmens muss der Insolvenzverwalter aber auch andere Steuerarten beachten, die aus seinem Handeln resultieren können, so etwa branchenspezifische Verbrauchssteuern wie die Bier- oder die Schaumweinsteuer. Nicht selten sind Steueransprüche aber auch unabhängig von einer Handlung des Insolvenzverwalters als in anderer Weise durch die Verwaltung, Verwertung und Verteilung der Insolvenzmasse begründet (§ 55 Abs. 1 Nr. 1 Hs. 2 InsO) zu qualifizieren. Das gilt insbesondere dann, wenn die Entstehung der Steuer an das Vorhandensein von Gegenständen anknüpft, die zur Insolvenzmasse gehören. Beispielhaft zu nennen sind hier zunächst die Grundsteuer und die Kfz-Steuer. Bei der Zuordnung solcher Steuern zu den Insolvenzforderungen oder den Masseverbindlichkeiten ist allerdings auch ihr steuerlicher Entstehungszeitpunkt zu berücksichtigen. Zwar werden Jahressteuerschulden bei einer unterjährigen Insolvenzeröffnung in der Regel so aufgeteilt, dass die auf die Zeit vor Eröffnung entfallende Steuer eine Insolvenzforderung und diejenige für die Folgezeit eine Masseverbindlichkeit nach § 55 Abs. 1 Nr. 1 Alt. 2 InsO darstellt, so etwa zeitanteilig an die Haltereigenschaft anknüpfende Kfz-Steuer (vgl. BFHE 234, 97 = BeckRS 2011, 96299). Das lässt sich jedoch nicht auf alle Steuerarten übertragen. So entsteht die Grundsteuer zu Beginn des Kalenderjahres und wird für das gesamte Jahr „nach den Verhältnissen zu Beginn des Kalenderjahres festgesetzt" (§ 9 Abs. 1 GrStG). Steuerpflichtiger ist, wem zu diesem Zeitpunkt das Steuerobjekt zugerechnet ist (§ 10 GrStG), regelmäßig der Eigentümer oder Erbbauberechtigte. Die Grundsteuer für das Jahr der Insolvenzeröffnung ist daher richtigerweise in voller Höhe Insolvenzforderung (so zutr. WUS Insolvenzen/Schmittmann Rn. 2442; Roth InsSteuerR Rn. 4.642; aA Frotscher Besteuerung Insolvenz 232), wobei allerdings § 10 Abs. 1 Nr. 3 ZVG zu beachten ist.

Nach der Eröffnung des Insolvenzverfahrens entstehende Einkommensteuerschulden des Insolvenzschuldners können Masseverbindlichkeiten nach § 55 Abs. 1 Nr. 1 Hs. 2 InsO darstellen. Das hat der BFH etwa entschieden für Einkommensteuer aufgrund des Auseinandersetzungsguthabens eines Gesellschafters, der aufgrund der Eröffnung des Insolvenzverfahrens über sein Vermögen aus einer Personengesellschaft ausscheidet (BFH/NV 2017, 317 = BeckRS 2017, 94044). Unbefriedigend hieran ist aus dem Blickwinkel der gesetzlichen Zwecke des Insolvenzverfahrens, dass sich der Wert der Beteiligung als entscheidender Parameter der Ermittlung des Auseinandersetzungsguthabens vollständig vor der Eröffnung des Insolvenzverfahrens gebildet hat. Tatsächlich findet in der juristischen Sekunde zwischen Insolvenzeröffnung und Ausscheiden aus der Personengesellschaft kein materieller Zuwachs im Vermögen des Schuldners statt. Dass dennoch die vorinsolvenzliche Wertbildung allein deshalb, weil sie einem formellen Aktivierungsverbot unterliegt, zur Folge haben soll, dass im Moment ihrer Realisierung Einkommensteuer als Masseverbindlichkeit entsteht, kann nicht überzeugen. Es kommt hinzu, dass diese Masseverbindlichkeit angesichts ihrer Entstehung schon eine juristische Sekunde nach der Insolvenzeröffnung nicht durch Freigabe der Beteiligung aus dem Insolvenzbeschlag vermieden werden kann. Denkbar ist allenfalls, die Beteiligung des Schuldners einvernehmlich bereits im Antragsverfahren zu beenden.

Eine ähnliche Problemlage besteht, wenn sich nach Eröffnung des Insolvenzverfahrens bei der Zwangsversteigerung eines (wertübersteigend) belasteten Grundstück ein Buchgewinn ergibt, also stille Reserven aufgedeckt werden. Auch in diesem Fall soll nach der Rechtsprechung des BFH die daraus resultierende Einkommensteuer eine Masseverbindlichkeit nach § 55 Abs. 1 Nr. 1 Hs. 2

Steuerrecht in der Insolvenz – Steuerverfahrensrecht

bilden (BFHE 270, 24 = BeckRS 2020, 30064). Demgegenüber wird in der Literatur für Fälle, in denen der materielle Wertzuwachs ganz oder zumeist teils bereits vor der Insolvenzeröffnung entstanden ist, die Ansicht vertreten, die Einkommensteuer sei nach dem Zeitpunkt der realen Wertsteigerung als Insolvenzforderung oder Masseverbindlichkeit einzustufen (WUS Insolvenzen/ Uhländer Rn. 1472). Obwohl auch diese Lösung nicht frei von rechtlichen wie auch tatsächlichen Problemen ist, ermöglicht sie eine deutlich überzeugendere Harmonisierung von Insolvenz- und Steuerrecht als die rein steuerrechtliche Sichtweise des BFH.

107 Verhältnismäßig geringe insolvenzsteuerrechtliche Probleme ergeben sich bei den Masseverbindlichkeiten gem. den beiden Varianten des § 55 Abs. 1 Nr. 2 InsO. Wird die Vertragserfüllung gewählt, so teilen die daraus resultierenden steuerlichen Folgen die insolvenzrechtliche Rangstufe der vertraglichen Ansprüche. Gleiches gilt für die sog. oktroyierten Masseverbindlichkeiten (§ 55 Abs. 1 Nr. 2 Hs. 2 InsO), deren einziger praktisch relevanter steuerlicher Anwendungsfall die Lohnsteuer aus den Bruttolohnansprüchen der betroffenen Arbeitnehmer für die Zeit bis zum Wirksamwerden der Kündigungen ist. Besonderheiten ergeben sich in diesen Fällen vornehmlich bei Masseunzulänglichkeit, da insoweit die Bruttolohnansprüche wegen § 209 Abs. 2 Nr. 2 InsO den Altmasseverbindlichkeiten zuzurechnen sein können, was auch für die Lohnsteuerforderungen ein erhöhtes Ausfallrisiko bedeutet.

108 Erfolgt nach der Verfahrenseröffnung eine ungerechtfertigte Bereicherung der Masse, etwa durch Zufluss einer unberechtigten Steuererstattung, stellt der Rückforderungsanspruch eine Masseverbindlichkeit gem. § 55 Abs. 1 Nr. 3 InsO dar (so bspw. FG Berlin EFG 2003, 1520 Rn. 17 f. = BeckRS 2003, 26014844).

109 Keine Masseverbindlichkeiten bilden solche Steuerforderungen, die nach Eröffnung des Insolvenzverfahrens mittels nicht massezugehörigen Vermögens erzielt werden. Neben Erträgen aus der Verwertung aus dem Insolvenzbeschlag freigegebenen Vermögens, einschließlich solcher aus einer nach § 35 Abs. 2 InsO freigegebenen selbstständigen oder gewerblichen Tätigkeit, betrifft das auch die Einkommensteuer, die aus Einkünften aus nichtselbständiger Arbeit resultiert, weil die Arbeitskraft als solche nicht zum pfändbaren Vermögen gehört und daher nicht Massebestandteil ist (BGH NJW 2009, 1750 = BeckRS 2009, 10603). Daher sind etwaige Einkommensteuernachzahlungen, die aus der nichtselbständigen Arbeit des Schuldners resultieren, keine Masseverbindlichkeiten (BFHE 232, 318 = BeckRS 2011, 95106), sondern Neuverbindlichkeiten des Schuldners, die er aus seinem insolvenzfreien Vermögen begleichen muss.

110 Begründet ein starker vorläufiger Insolvenzverwalter Verbindlichkeiten, gelten diese gem. § 55 Abs. 2 InsO nach Eröffnung des Insolvenzverfahrens als Masseverbindlichkeiten. Das bedeutet eine weitgehende Gleichstellung der Wirkungen der Handlungen des starken vorläufigen Insolvenzverwalters mit denjenigen des Insolvenzverwalters im eröffneten Insolvenzverfahren. Für sie gelten nach der Eröffnung des Insolvenzverfahrens dieselben Regelungen wie für originäre Masseverbindlichkeiten iSv § 55 Abs. 1 InsO (Sonnleitner InsSteuerR Kap. 3 Rn. 81). Die Beschränkung des § 55 Abs. 4 InsO in der seit dem 1.1.2021 geltenden Fassung auf bestimmte Steuerarten ist auf § 55 Abs. 2 InsO nicht übertragbar.

111 Kommt es nicht zur Eröffnung des Insolvenzverfahrens, weil der Antragsteller den Insolvenzantrag zurücknimmt oder für erledigt erklärt, weil der Antrag als unzulässig zurückgewiesen oder weil er als unbegründet oder mangels einer die Verfahrenskosten deckenden Masse abgewiesen wird, so entsteht keine Insolvenzmasse und damit auch keine Masseverbindlichkeiten. Vielmehr fällt die Verwaltungs- und Verfügungsbefugnis auf den Schuldner zurück, der auch hinsichtlich der steuerlichen Konsequenzen an die Handlungen des vorläufigen Verwalters gebunden ist.

112 Zu beachten ist allerdings, dass der starke vorläufige Verwalter nach wohl überwiegender Auffassung im Falle einer Abweisung des Insolvenzantrags mangels Masse nicht vor einer persönlichen Haftung gem. § 61 InsO iVm § 21 Abs. 2 S. 1 Nr. 1 InsO für von ihm nach § 55 Abs. 2 InsO eingegangene Verbindlichkeiten gefeit ist, wenn diese bei Begründung durch einen endgültigen Insolvenzverwalter eine Haftung nach dieser Vorschrift ausgelöst hätten (vgl. MüKoInsO/Schoppmeyer InsO § 61 Rn. 37 mwN). Daneben tritt ggf. die Vertreterhaftung nach § 69 AO.

113 Gemäß § 55 Abs. 4 InsO in der bis zum 31.12.2020 gültigen Fassung gelten auch Verbindlichkeiten aus dem Steuerschuldverhältnis, die durch einen vorläufigen Insolvenzverwalter oder vom Schuldner mit Zustimmung eines vorläufigen Insolvenzverwalters begründet worden sind, nach Eröffnung des Insolvenzverfahrens als Masseverbindlichkeiten. Mit dieser sprachlich etwas missglückten Regelung sollte eine mögliche Benachteiligung des Fiskus als sog. Zwangsgläubiger vermieden werden. Eine solche Benachteiligung hatte sich nach der Wertung des Gesetzgebers bis zur Einführung des § 55 Abs. 4 InsO daraus ergeben, dass Steuerverbindlichkeiten aus dem Insolvenzantragsverfahren regelmäßig einfache Insolvenzforderung waren, weil zumeist bei der Einsetzung eines vorläufigen Insolvenzverwalters nur ein Zustimmungsvorbehalt angeordnet, also ein sog. schwacher vorläufiger Insolvenzverwalter bestellt wird, auf dessen Handlungen § 55 Abs. 2 InsO nicht anwendbar ist (vgl. mwN Onusseit ZInsO 2011, 641 (643)). So werde der Fiskus auch durch die fehlende Möglichkeit, sich seine Schuldner aussuchen zu können, benachteiligt. In der Literatur wurde § 55 Abs. 4 InsO teils heftig kritisiert als „Wiedereinführung des Fiskusprivilegs" und damit als Verstoß gegen den Grundsatz der Gläubigergleichbehandlung (vgl. Hölzle BB 2012, 1571 ff.; Onusseit ZInsO 2011, 641 (643 f.); Kahlert ZIP 2010, 1274 ff.; Pape ZInsO 2010, 2155). Bemerkenswert offen ist in der Gesetzesbegründung ausgesprochen, dass der Gesetzgeber dem Fiskus durch die Neuregelung primär zusätzliche Einnahmen im Insolvenzverfahren sichern wollte (BT-Drs. 17/3030, 42).

§ 55 Abs. 4 InsO gilt nur für den schwachen vorläufigen Insolvenzverwalter, der keine Verwaltungs- und Verfügungsbefugnis nach § 22 Abs. 1 InsO hat. Die Regelung des § 55 Abs. 4 InsO ändert nichts an der Stellung des schwachen vorläufigen Insolvenzverwalters, der nicht nach § 34 Abs. 3 AO als Vermögenverwalter anzusehen ist (vgl. Graf-Schlicker/Paul InsO § 55 Rn. 70). Folglich ist er weder zur Erfüllung der Steuerpflichten des Schuldners verpflichtet noch berechtigt (Sonnleitner InsSteuerR Kap. 3 Rn. 84). **114**

Anwendung findet § 55 Abs. 4 InsO aF auf alle Steuerarten (vgl. nur MüKoInsO/Hefermehl InsO § 55 Rn. 240; aA wohl nur Nawroth ZInsO 2011, 107 ff., der den Anwendungsbereich auf die USt beschränken will). Steuerliche Nebenleistungen werden behandelt wie die dazugehörige Hauptforderung, stellen also entweder Masseverbindlichkeiten oder Insolvenzforderungen dar (Sonnleitner InsSteuerR Kap. 3 Rn. 85, 75 ff.; vgl. WUS Insolvenzen/Schmittmann Rn. 2583). § 55 Abs. 4 InsO findet allerdings keine Anwendung auf Zwangsgelder, Verspätungszuschläge oder Verzögerungsgelder, da diese nicht durch den schwachen vorläufigen Verwalter begründet werden können (Sonnleitner InsSteuerR Kap. 3 Rn. 85.; vgl. dazu auch Frotscher Besteuerung Insolvenz 79). **115**

Durch die zum 1.1.2021 in Kraft getretene Neufassung ist der Anwendungsbereich des § 55 Abs. 4 InsO in den seither beantragten Insolvenzverfahren beschränkt auf die Umsatzsteuer und die ihr in Abs. 4 S. 2 gleichgestellten Steuern, also sonstige Ein- und Ausfuhrabgaben, bundesgesetzlich geregelte Verbrauchssteuern, Luftverkehrs- und Kfz-Steuer sowie Lohnsteuer. Letztere bildet in dieser Positivliste einen gewissen Fremdkörper. Ihre tatsächliche Bedeutung ist allerdings durch das Zuflussprinzip relativiert, nach dem die Lohnsteuer mit wenigen Ausnahmen erst mit der tastsächlichen Nettolohnzahlung entsteht. Soweit im Insolvenzantragsverfahren eine Insolvenzgeldvorfinanzierung durchgeführt wird, wie es bei der Fortführung des Unternehmens in der Regel der Fall ist, erfolgen in deren Rahmen formal keine Nettolohnzahlungen des Arbeitgebers. Daher fällt insoweit keine Lohnsteuer an. Anders ist es, wenn mit Zustimmung des vorläufigen Insolvenzverwalters Gehaltsbestandteile oberhalb der Beitragsbemessungsgrenze tatsächlich ausgezahlt werden oder Lohnzahlungen vollständig erfolgen, weil der betreffende Arbeitnehmer oder der Geschäftsführer nicht insolvenzgeldberechtigt ist. In diesen Fällen ist die Lohnsteuer für die Monate des Insolvenzantragsverfahrens zu ermitteln und gem. § 55 Abs. 4 InsO nach der Eröffnung des Insolvenzverfahrens als Masseverbindlichkeit zu begleichen. Die wesentliche Änderung der Neufassung des § 55 Abs. 4 InsO gegenüber der bisherigen Rechtslage besteht darin, dass die Positivliste die Ertragssteuern (Einkommensteuer, Körperschaftsteuer und Gewerbesteuer) nicht umfasst. Insoweit führt das Handeln des sog. schwachen vorläufigen Insolvenzverwalters nicht zur Entstehung von Masseverbindlichkeiten. Für die Praxis bedeutet dies nicht nur eine Entlastung der zukünftigen Insolvenzmassen von sonstigen Masseverbindlichkeiten, die zudem zum Zeitpunkt ihrer Auslösung kaum sicher prognostiziert werden können, sondern auch eine praktische Erleichterung, da hierdurch in der einheitlichen Steuererklärung zumindest für die Zeit der vorläufigen Verwaltung kein gesonderter Teilzeitraum gebildet werden muss. **116**

§ 55 Abs. 4 InsO setzt tatbestandlich die Begründung einer Steuerschuld durch den vorläufigen Insolvenzverwalter, durch den Schuldner mit Zustimmung des vorläufigen Insolvenzverwalters oder durch den Schuldner nach Bestellung eines vorläufigen Sachwalters voraus. **117**

Der BFH hat in seinem Urteil vom 24.9.2014 (BFH NZI 2015, 240 = BeckRS 2014, 96358) weitere Voraussetzungen für die Anwendbarkeit des § 55 Abs. 4 InsO aufgestellt. Diese wurden in den BMF-Schreiben vom 20.5.2015 (BStBl. I 2015, 476 = BeckVerw 305500) und 18.5.2016 (BStBl. I 2016, 506 = BeckVerw 328834) von der Finanzverwaltung bestätigt und erweitert. **118**

Ob § 55 Abs. 4 InsO anwendbar ist, hängt von den rechtlichen Befugnissen des vorläufigen Insolvenzverwalters ab. Die Ansprüche des Fiskus sollen zwar durch § 55 Abs. 4 InsO erweitert werden, allerdings nur soweit wie der Insolvenzverwalter rechtlich dazu befugt ist (BFHE 247, 460 = BeckRS 2014, 96358). **119**

Der BFH verneint zudem die Ansicht der Finanzverwaltung, dass nur solche Verbindlichkeiten keine Masseverbindlichkeiten darstellen, welchen der Insolvenzverwalter ausdrücklich widerspro- **120**

Steuerrecht in der Insolvenz – Steuerverfahrensrecht

chen hat. Dies steht in Konflikt mit den insolvenzrechtlichen Regelungen des § 55 Abs. 4 InsO (BFHE 247, 460 = BeckRS 2014, 96358).

121 Ob ein bloßes passives Dulden des Insolvenzverwalters für das Begründen nach § 55 Abs. 4 InsO ausreicht, oder eine aktive Handlung erforderlich ist, ist streitig. In seinem Urteil vom 24.9.2014 hat der BFH die bloße Entgegennahme von Zahlungen als ausreichend erachtet. Die Gegenauffassung geht hingegen davon aus, dass der vorläufige Insolvenzverwalter bei Neugeschäften zumindest konkludent mitwirken muss (vgl. MüKoInsO/Hefermehl InsO § 55 Rn. 245).

122 § 55 Abs. 4 InsO in der bis zum 31.12.2020 geltenden Fassung war nicht auf die Eigenverwaltung im Insolvenzantragsverfahren anwendbar (s. dazu Harder NZI 2016, 867). Die Ansicht des LG Erfurt (NZI 2016 32 mAnm Sterzinger; dazu auch Kahlert EWiR 2015, 709), diese Norm sei in teleologischer Auslegung auch auf den eigenverwaltenden Schuldner nach § 270a InsO anzuwenden, der als Partei kraft Amtes wie der vorläufige Insolvenzverwalter zu behandeln und daher in der Lage sei, Masseverbindlichkeiten zu begründen, haben das OLG Jena als Berufungsgericht (OLG Jena NZI 2016, 784 mAnm Sterzinger) und der BGH als Revisionsgericht (BGHZ 220, 243 = BeckRS 2018, 31252) zurückgewiesen. Es fehle an einer planwidrigen Regelungslücke, da die Erstreckung des § 55 Abs. 4 InsO auf das Antragsverfahren in Eigenverwaltung im Gesetzgebungsverfahren erörtert, aber bewusst nicht ins Gesetz aufgenommen wurde. Überdies fehle es auch an der Vergleichbarkeit der Tatbestände.

123 Mit der Neuregelung des § 55 Abs. 4 InsO zum 1.1.2021 hat der Gesetzgeber nunmehr den erheblichen Liquiditätsvorteil beseitigt, der sich bei der Eigenverwaltung gegenüber dem Regelverfahren aus der bisherigen Rechtslage ergab und in der Praxis nicht selten als Argument für die Eigenverwaltung genutzt wurde.

124 Für die Zeit des Antragsverfahrens wird durch das Finanzamt in der Regel keine neue Umsatzsteuernummer erteilt, da der Insolvenzschuldner Steuersubjekt bleibt. Mit Eröffnung des Verfahrens wird eine separate Steuernummer, die sog. Massesteuernummer vergeben. Dem vorläufigen Insolvenzverwalter obliegt es insoweit nur, die Geschäftsvorfälle, welche unter § 55 Abs. 4 InsO fallen, getrennt aufzuzeichnen (vgl. etwa Uhlenbruck/Sinz InsO § 55 Rn. 146). Nach Eröffnung des Insolvenzverfahrens werden diese Steuerschulden als Masseverbindlichkeiten qualifiziert.

II. Festsetzung von Steuerforderungen im Rahmen der Insolvenz

125 Werden Forderungen zur Insolvenztabelle festgestellt, haben diese Feststellungen die Wirkung einer bestandskräftigen Steuerfestsetzung. Diese Forderungen sind mit ordentlichen Rechtsbehelfen nicht mehr anfechtbar (NJW 2019, 47 = BeckRS 2018, 22692). Damit hat das insolvenzrechtliche Anmeldungs- und Prüfungsverfahren eine erhebliche verfahrensrechtliche Bedeutung.

1. Insolvenzforderungen und mangelnde Festsetzungsbefugnis

126 Die Finanzverwaltung darf während des Insolvenzverfahrens keine Steuerbescheide erlassen, die Insolvenzforderungen gem. § 38 InsO festsetzen (vgl. etwa BFHE 225, 278 = BeckRS 2009, 24003727; BFHE 244, 209 = BeckRS 2014, 94381). Nach § 240 S. 1 ZPO analog werden sowohl Steuerfestsetzungs- als auch Rechtsbehelfsverfahren ab Eröffnung des Insolvenzverfahrens unterbrochen, bis sie nach den Vorschriften der Insolvenzordnung wieder aufgenommen oder das Insolvenzverfahren aufgehoben wird (vgl. auch AEAO zu § 251 Rn. 4.1.2. Abs. 1). Gemäß § 89 InsO darf der Fiskus seine Ansprüche nicht mehr eigenständig festsetzen und vollstrecken. Ein dennoch erlassener Steuerbescheid ist nach ständiger Rechtsprechung nichtig iSv §§ 125 Abs. 1, 124 Abs. 3 AO (BFHE 183, 365 = BeckRS 1997, 23000155; BFHE 201, 392 = BeckRS 2002, 24000129; BFHE 207, 10 = BeckRS 2004, 24001895; BFH/NV 2009, 719 = BeckRS 2008, 25014683). Diese Meinung teilt auch die Literatur (Tipke/Kruse/Loose AO § 251 Rn. 44; HHS/Rozek AO § 125 Rn. 66; Jaeger/Gerhardt InsO § 174 Rn. 34). Der Insolvenzverwalter muss dies zwar nicht tun, kann aber den Rechtsschein eines bestehenden Verwaltungsaktes beseitigen, indem er nach § 125 Abs. 5 AO die Nichtigkeitsfeststellung durch die Finanzbehörde beantragt oder gem. § 41 FGO vor dem Finanzgericht Nichtigkeitsfeststellungsklage erhebt. Alternativ kann er eine Anfechtungsklage, gerichtet auf die Aufhebung des Steuerbescheids, erheben, in deren Rahmen ebenfalls die Nichtigkeit des Bescheids festgestellt werden kann, hierzu ist allerdings vorab ein Einspruchsverfahren durchzuführen (vgl. BFHE 145, 7 = BeckRS 1985, 22007355). In aller Regel wird die Klärung in diesen Fällen im Einspruchsverfahren oder im behördlichen Verfahren nach § 125 Abs. 5 AO erreicht.

127 Die Finanzbehörden müssen, um am Prüfungsverfahren und an Verteilungen im Insolvenzverfahren teilzunehmen, ihre Insolvenzforderungen gem. § 174 InsO zur Insolvenztabelle anmelden (Sonnleitner InsSteuerR Kap. 3 Rn. 105) und, wie jeder andere Gläubiger auch, ihrer Anmeldung

Steuerrecht in der Insolvenz – Steuerverfahrensrecht

Unterlagen beizufügen, aus denen sich die Forderung ergibt. Das erfordert in aller Regel die Vorlage der für die angemeldeten Forderungen ergangenen Bescheide, resp., soweit noch keine Bescheide ergangen sind, von formlosen Berechnungsmitteilungen, welche die Forderungen nachvollziehbar machen. Nicht ausreichend ist demgegenüber die in der Praxis häufige Vorlage einer bloßen tabellarischen Auflistung mit Angaben zum Verfahrensstand (Roth InsSteuerR Rn. 3.253 ff.). Steuerbescheide gegen den Insolvenzschuldner, welche sich auf Insolvenzforderungen auswirken, können grundsätzlich erst wieder nach Beendigung des Insolvenzverfahrens erlassen werden (vgl. hierzu auch Roth InsSteuerR Rn. 3.253). Das betrifft nicht nur Festsetzungsbescheide, sondern auch Grundlagenbescheide, wie den Gewerbesteuermessbescheid, mit denen Elemente des Steuertatbestandes verbindlich festgeschrieben werden. Ausnahmsweise können dann schon während des laufenden Verfahrens Steuerbescheide erlassen werden, wenn sie keine unmittelbaren Auswirkungen im Insolvenzverfahren haben (vgl. Sonnleitner InsSteuerR Kap. 3 Rn. 106). Diese Möglichkeit besteht dann, wenn aus dem Bescheid keine Insolvenzforderung resultiert, die zur Tabelle angemeldet werden muss, wobei auch eine Auswirkung auf Insolvenzforderungen betreffende Folgebescheide auszuschließen sein muss (vgl. BFHE 225, 278 = BeckRS 2009, 24003727). Insbesondere gilt das für Steuerbescheide, die als sog. Nullbescheide zu qualifizieren sind, die also weder eine Steuer noch eine Erstattung festsetzen, sowie für Bescheide, mit denen eine Erstattung festgesetzt wird (vgl. Sonnleitner InsSteuerR Kap. 3 Rn. 106).

2. Insolvenzrechtliches Prüfungsverfahren

Der Insolvenzverwalter und die übrigen Gläubiger entscheiden im Prüfungstermin darüber, ob angemeldete Steuerforderungen festgestellt und anerkannt werden gem. § 178 InsO, oder ihnen widersprochen, sie also bestritten werden (vgl. Sonnleitner InsSteuerR Kap. 3 Rn. 107). Zwar kann auch der Schuldner angemeldeten Forderungen widersprechen, sein Widerspruch hindert jedoch, außer gem. § 283 Abs. 1 InsO bei der Eigenverwaltung, die Feststellung und damit die Teilhabe an Verteilungen im Insolvenzverfahren nicht. **128**

Bleiben die Steuerforderungen vom Insolvenzverwalter und den übrigen Gläubigern unbestritten, ist keine weitere Steuerfestsetzung mehr erforderlich. Die Forderung ist dann gem. § 178 Abs. 1 InsO festgestellt und wird im Rahmen der gleichmäßigen Gläubigerbefriedigung mit der Verteilungsquote des jeweiligen Insolvenzverfahrens realisiert (Sonnleitner InsSteuerR Kap. 3 Rn. 108). **129**

Die Tabelleneintragung ist wirkungsgleich wie ein rechtskräftiges Urteil. Gemäß § 201 Abs. 2 InsO kann daraus nach der Beendigung des Insolvenzverfahrens vollstreckt werden (vgl. Sonnleitner InsSteuerR Kap. 3 Rn. 109). Nur unter den Voraussetzungen der §§ 130 f. AO kann eine Tabellenänderung erfolgen (BFHE 235, 137 = BeckRS 2011, 96933). **130**

Wird eine Insolvenzforderung vom Insolvenzverwalter oder einen anderen Gläubiger bestritten, so ist sie nicht zur Tabelle gem. § 178 Abs. 1 S. 1 InsO festgestellt. Das gilt auch bei dem gelegentlich praktizierten sog. vorläufigen Bestreiten. Dieses bildet keine eigenständige Kategorie des Prüfungsergebnisses und ist rechtlich als uneingeschränktes Bestreiten zu qualifizieren (vgl. mwN Becker DStR 2016, 919; Sonnleitner InsSteuerR Kap. 3 Rn. 110). Sein Ziel ist es letztlich nur, dem betreffenden Gläubiger zu signalisieren, dass sich das Ergebnis noch ändern kann, um ihn so im besten Fall von einer Feststellungsklage abzuhalten. Nach § 178 Abs. 2 InsO wird ein Widerspruch in die Tabelle eingetragen. Bei den rechtlichen Wirkungen ist zwischen dem Bestreiten titulierter und bei Eröffnung des Insolvenzverfahrens nicht titulierter Forderungen zu differenzieren. **131**

Ist die bestrittene Forderung schon vorinsolvenzlich tituliert worden, muss der Bestreitende den Widerspruch gem. § 179 Abs. 2 InsO verfolgen (vgl. im Einzelnen AEAO zu § 251 Rn. 5.3.1.2.). Ist dieser Titel, hier in der Regel ein Steuerbescheid, aber auch eine einem solchen steuerverfahrensrechtlich gleichgestellte (Vor-)Anmeldung, noch nicht rechts- oder bestandskräftig und hat der Insolvenzschuldner bisher keinen Rechtsbehelf eingelegt, so führt die Eröffnung des Insolvenzverfahrens nach § 240 ZPO analog zur Hemmung der Rechtsbehelfsfrist. Erklärt das Finanzamt gegenüber dem Bestreitenden, dass es das Besteuerungsverfahren aufnimmt, endet damit die Hemmung der Rechtsbehelfsfrist (so AEAO zu § 251 Rn. 5.3.1.2.1. Abs. 1). Kommt es zu begründeten Einsprüchen muss die Forderungsanmeldung korrigiert werden (vgl. AEAO zu § 251 Rn. 5.3.1.2.1. Abs. 1 S. 2). Die Forderung gilt dann nach § 183 Abs. 1 InsO als festgestellt, wenn die rechts- oder bestandskräftige Entscheidung über den Einspruch oder ggf. die gerichtliche Entscheidung bezüglich des Tabellenwiderspruchs dahin ausfällt, dass dem Gläubiger die angemeldete Forderung zusteht (vgl. AEAO zu § 251 Rn. 5.3.1.2.1. Abs. 2 und Rn. 5.3.3. Abs. 1). **132**

Steuerrecht in der Insolvenz – Steuerverfahrensrecht

133 Für einen gesonderten Feststellungsbescheid nach § 251 Abs. 3 AO neben einem fortzuführenden Rechtsbehelfsverfahren ist nach zutreffender Ansicht des BFH kein Raum (vgl. BFHE 209, 23 = BeckRS 2005, 24002110). § 251 Abs. 3 AO erfasst daher an sich nur Fälle vorinsolvenzlich nicht titulierter Forderungen (vgl. Frotscher Besteuerung Insolvenz 319). Wird dennoch ein Feststellungsbescheid nach § 251 Abs. 3 AO von der Finanzbehörde erlassen und bestandskräftig, so entfällt das Feststellungsinteresse an einer über diesen Streitgegenstand eingeleiteten Insolvenzfeststellungsklage, die damit als unzulässig abzuweisen ist (BFHE 251, 125 = BeckRS 2015, 96058).

134 Anhängige Einspruchs- oder Klageverfahren, die nach § 240 ZPO analog ausgesetzt wurden, können durch den Widerspruchsführer wieder aufgenommen und ausgehend von dem bereits erreichten Verfahrensstand weitergeführt werden (Sonnleitner InsSteuerR Kap. 3 Rn. 115). Wird der Einspruch als unbegründet zurückgewiesen und ändert sich an diesem Ergebnis auch im ggf. anschließenden gerichtlichen Verfahren nichts, resp. wird die Klage im wieder aufgenommenen Rechtsstreit abgewiesen, so gilt die Forderung als festgestellt gem. § 183 Abs. 1 InsO iVm §§ 180 Abs. 2, 185 S. 2 InsO. Die Feststellung der Forderung entfaltet nach § 178 Ab. 1 S. 1 InsO Bindungswirkung gegenüber den Insolvenzgläubigern, dem Verwalter und dem Schuldner, wenn er nicht widersprochen hat. Bei anteiligem oder vollständigem Erfolg des Einspruchs oder der Klage ist die Forderungsanmeldung entsprechend zu ändern oder insgesamt zurückzunehmen (vgl. AEAO zu § 251 Rn. 5.3.1.2.2. Abs. 4 und 7). Ein Feststellungsbescheid nach § 251 Abs. 3 AO ist, sofern er bestandskräftig wird, auch in diesen Fällen geeignet, dem Einspruch oder der Klage das Feststellungsinteresse zu nehmen, diese mithin unzulässig werden zu lassen (vgl. → Rn. 133).

135 Erhebt der Insolvenzschuldner bezüglich einer titulierten Steuerforderung gem. § 184 Abs. 2 InsO Widerspruch, so muss er diesen nach dem Prüfungstermin binnen eines Monats verfolgen (Sonnleitner InsSteuerR Kap. 3 Rn. 116). Der Widerspruch gilt als nie erhoben, falls er dieser Obliegenheit nicht nachkommt (so Becker DStR 2016, 919 (920)).

136 Eine bereits bei Insolvenzeröffnung bestehende Bestandskraft einer Steuerfestsetzung wirkt im Ergebnis auch gegenüber dem Insolvenzverwalter und bestreitenden Drittgläubigern. Gemäß § 179 Abs. 2 InsO hat der Widersprechende den Widerspruch zu verfolgen, wobei er in die verfahrensrechtliche Stellung des Insolvenzschuldners eintritt (vgl. etwa Becker DStR 2016, 919). Die bestrittene Forderung wird ansonsten gem. § 189 Abs. 1 InsO in die Verteilung miteinbezogen. Eine Änderung des Steuerbescheids kann aufgrund des Ablaufs der Rechtsbehelfsfristen ausschließlich nach den §§ 172 ff., 129 ff. AO erfolgen. Sind keine Korrekturvorschriften anwendbar, muss die Finanzverwaltung nach § 251 Abs. 3 AO die Bestandskraft der Steuerforderung feststellen, indem sie einen ablehnenden Feststellungsbescheid erlässt (so AEAO zu § 251 Rn. 5.3.1.2.3.). Dieser Feststellungsbescheid umfasst das Nichteingreifen von Wiedereinsetzungsgründen oder Korrekturvorschriften. Wenn der Adressat innerhalb der maßgeblichen Rechtsbehelfsfrist keinen (außer-)gerichtlichen Finanzrechtstreit einleitet, gilt die Forderung als festgesetzt – anderenfalls erst nach Abschluss des finanzgerichtlichen Verfahrens. Der vor Eröffnung des Insolvenzverfahrens erlassene Steuerbescheid stellt einen vollstreckbaren Titel gem. § 179 Abs. 2 InsO dar (s. insoweit BFHE 228, 134 = BeckRS 2010, 24003985). Die Forderung gilt dann als festgestellt gem. § 178 Abs. 1 InsO (dies folgt aus AEAO zu § 251 Rn. 5.3.3. Abs. 1). Wird dagegen eine Korrekturvorschrift angewendet, so hat die rechtskräftige Entscheidung nach §§ 183 Abs. 1, 185 InsO feststellende Wirkung. Daher bedarf es keines gesonderten Feststellungsbescheids iSv § 251 Abs. 3 AO (Sonnleitner InsSteuerR Kap. 3 Rn. 117).

137 Wurden hingegen bei Insolvenzeröffnung noch nicht titulierte Forderungen eines Gläubigers bestritten, muss der Gläubiger, sofern keine außergerichtliche Klärung erreicht wird, gem. § 179 Abs. 1 InsO iVm § 180 Abs. 1 S. 1 InsO Feststellungsklage erheben (Sonnleitner InsSteuerR Kap. 3 Rn. 111–112). Die Finanzbehörde als Gläubigerin kann nach §§ 179, 185 InsO iVm § 251 Abs. 3 AO für die Steuerforderung einen Feststellungsbescheid erlassen. Wird der Feststellungsbescheid, ggf. in der Form des Einspruchsbescheids, bestandskräftig, so ist die bestreffende Forderung als festgestellt in die Insolvenztabelle einzutragen. Tenor des Bescheides ist dabei das Bestehen der Steuerforderung der Höhe nach. Dabei ist der jeweils Bestreitende der Inhalts- und Bekanntgabeadressat (vgl. AEAO zu § 251 Rn. 5.3.1.1., Tipke/Kruse/Loose AO § 251 Rn. 65 und Becker DStR 2016, 919). Legt der Schuldner fristgerecht Widerspruch gegen die Forderung nach § 184 Abs. 2 InsO ein, entfaltet der Tabelleneintrag ihm gegenüber nach Aufhebung des Insolvenzverfahrens keine Wirkung. Das Besteuerungsverfahren ist nach Verfahrensende daher fortzuführen.

Steuerrecht in der Insolvenz – Steuerverfahrensrecht

3. Festsetzung von Masseverbindlichkeiten

Beim Vorliegen von Masseverbindlichkeiten kann der Fiskus auch während des Insolvenzverfahrens seine Ansprüche gem. § 155 AO durch Steuerbescheid festsetzen. Diese Forderungen sind nach § 53 InsO vorrangig aus der Insolvenzmasse zu begleichen (§ 240 ZPO analog findet hier keine Anwendung; vgl. Jaeger/Fehrenbacher InsO Anh. InsSteuerR Rn. 32). Es besteht ebenfalls die Möglichkeit in die Masse zu vollstrecken (Sonnenleitner InsSteuerR Kap. 3 Rn. 118), wobei ggf. die zeitliche Einschränkung des § 90 Abs. 1 InsO zu beachten ist. Zudem ist die Vollstreckung im Falle der Anzeige der Masseunzulänglichkeit (§§ 208 ff. InsO) unzulässig, die den Massegläubigern nur noch die Aussicht auf die Verteilung in der Rangfolge des § 209 InsO eröffnet.

138

4. Freigegebenes Vermögen und Festsetzung

Aus der Tätigkeit des Insolvenzschuldners entstehende Steuerschulden, die das insolvenzfreie Vermögen betreffen, sind ihm gegenüber durch Steuerbescheid festzusetzen (vgl. bspw. HHS/Jatzke AO § 251 Rn. 330; Klein/Werth AO § 251 Rn. 15). Die daraus resultierenden Steuerzahlungen hat der Insolvenzschuldner selbst zu tragen (so AEAO zu § 251 Rn. 7 Abs. 2 S. 3). Für Steuererstattungsansprüche gilt dies, soweit sie sich nach der Freigabe aus einer nach § 35 Abs. 2 InsO freigegebenen Tätigkeit ergeben oder aus der Nutzung sonstiger aus dem Insolvenzbeschlag freigegebener Gegenstände ergeben, sodass in diesen Fällen die Finanzverwaltung ausschließlich an den Schuldner schuldbefreiend leisten kann, nicht an den Insolvenzverwalter (vgl. AEAO zu § 251 Rn. 7 Abs. 2 S. 1 und 2). Anders ist es bei Einnahmen aus nichtselbständiger Arbeit. Da diese nicht aus dem Insolvenzbeschlag freigegeben ist, sondern originär nicht in die Masse fällt, sind die aus ihr resultierenden pfändbaren Vermögenswerte Neuerwerb iSd § 35 InsO und damit Teil der Masse.

139

III. Bekanntgabe von Steuerverwaltungsakten

Gemäß § 124 Abs. 1 S. 1 AO werden Steuerverwaltungsakte mit deren Bekanntgabe wirksam. Die Bekanntgabe erfolgt gem. §§ 119 Abs. 1, 122 Abs. 3, 4 AO schriftlich, elektronisch, mündlich, durch öffentliche Bekanntgabe oder in sonstiger Form. Zu beachten und zu differenzieren sind der Inhaltsadressat und der Bekanntgabeadressat des Verwaltungsaktes.

140

1. Inhaltsadressat

Der Insolvenzschuldner bleibt während des gesamten Insolvenzverfahrens selbst Inhaltsadressat der Steuerbescheide. Der Übergang der Verwaltungs- und Verfügungsbefugnis auf den Insolvenzverwalter lässt die Steuerschuldnerschaft des Insolvenzschuldners unberührt (s. dazu Jaeger/Fehrenbacher InsO Anh. InsSteuerR Rn. 53).

141

2. Bekanntgabeadressat

Wurde ein Insolvenzverwalter eingesetzt, der gem. § 34 Abs. 3 AO alle steuerlichen Pflichten zu erfüllen hat, ist er Bekanntgabeadressat von Steuerbescheiden, die sich gegen die Insolvenzmasse richten. Solche Bescheide sind an den Insolvenzverwalter, der das Vermögen des im Steuerbescheid benannten Insolvenzschuldners verwaltet, zu adressieren, müssen also sowohl die Stellung als Insolvenzverwalter als auch das verwaltete Vermögen benennen.

142

Der starke vorläufige Insolvenzverwalter wird behandelt wie der endgültige Insolvenzverwalter, da er als Vermögensverwalter nach dem § 34 Abs. 3 AO zu qualifizieren ist. Daher ist auch er Bekanntgabeadressat.

143

Bei der Einsetzung eines sog. schwachen vorläufigen Insolvenzverwalters, auch eines solchen mit angeordnetem Zustimmungsvorbehalt, sind die Steuerbescheide weiterhin, bis zur Verfahrenseröffnung, gegenüber dem Insolvenzschuldner bekannt zu machen.

144

D. Durchsetzung von Ansprüchen aus dem Steuerschuldverhältnis

I. Erhebungsverfahren

Die nach der Abgabenordnung festgesetzten Steueransprüche werden im Erhebungsverfahren nach §§ 218 ff. AO verwirklicht. Die Abgabenordnung trennt das Erhebungsverfahren strikt von dem Festsetzungsverfahren (vgl. Klein/Rüsken AO § 218 Rn. 1). Anwendungsbereich der Vorschriften über das Erhebungsverfahren sind die zuvor festgesetzten Steuerforderungen des Fiskus

145

Steuerrecht in der Insolvenz – Steuerverfahrensrecht

und die Erstattungs- und Vergütungsansprüche des Steuerschuldners, sowie die unmittelbar kraft Gesetzes entstehenden Säumniszuschläge und die Zinsen. Spezifische Fragen des Insolvenzsteuerrechts wirft hierbei vornehmlich die Aufrechnung nach § 226 AO auf, die durch die insolvenzrechtlichen Vorschriften der §§ 94 ff. InsO beeinflusst wird.

146 Inwiefern Aufrechnungen im Insolvenzverfahren zulässig sind, muss differenziert betrachtet werden. Für die Finanzverwaltung ist eine Aufrechnung wirtschaftlich vorteilhaft, sofern Steuerforderungen als Insolvenzforderungen gem. § 38 InsO gegen Steuererstattungsansprüche aufgerechnet werden können. Während Insolvenzforderungen im insolvenzrechtlichen Verteilungsverfahren vollständig oder nahezu wertlos sein können, verschafft eine Aufrechnungsmöglichkeit dem betreffenden Insolvenzgläubiger wirtschaftlich eine vollständige Befriedigung, durch die der Wert der ursprünglichen Forderung dem Fiskus zufließt. Die Möglichkeit in einer solchen Situation die Forderungen gegeneinander aufzurechnen wird durch §§ 94 ff. InsO begrenzt (vgl. WUS Insolvenzen/Waza Rn. 813).

147 Gemäß § 226 Abs. 1 AO gelten die Regelungen der Aufrechnung des BGB auch für Ansprüche aus dem Steuerschuldverhältnis. Die Aufrechnung ist daher wirksam, sofern alle Tatbestandsvoraussetzungen nach §§ 387 ff. BGB vorliegen. Dabei sind auch die Aufrechnungshindernisse nach §§ 390 ff. BGB zu beachten.

148 Gegenüber den zivilrechtlichen Regeln wird die Möglichkeit der Aufrechnung jedoch durch § 226 Abs. 2 und 3 AO eingeschränkt. Sind Ansprüche aus dem Steuerschuldverhältnis durch Verjährung erloschen (§ 232 AO), sind diese nach § 226 Abs. 2 AO abweichend von der Rechtslage im Zivilrecht (§ 215 BGB) auch dann nicht mehr gegen andere Ansprüche aufrechenbar, wenn sich die Ansprüche unverjährt gegenüberstanden. Daher ist die Aufrechnung mit Steuerforderungen zwingend vor Ablauf der Verjährungsfrist zu erklären (vgl. BFHE 143, 1 = BeckRS 1984, 22007108; Koenig/Fritsch AO § 226 Rn. 34). Zudem kann der Steuerpflichtige nach § 226 Abs. 3 AO nur mit unbestrittenen bzw. rechtskräftig festgestellten Ansprüchen aufrechnen (vgl. mwN Tipke/Kruse/Loose AO § 226 Rn. 39 ff.).

149 Eine wirksame Aufrechnung hat das Erlöschen der Steuerforderung zur Folge. Die Ansprüche erlöschen ex tunc zu dem Zeitpunkt, in welchem sie sich erstmals aufrechnungsgeeignet gegenüberstanden (s. dazu HHS/Rozek AO § 226 Rn. 110). Säumniszuschläge bleiben trotz der Rückwirkung wirksam bestehen (vgl. § 240 Abs. 1 S. 5 AO). Ergeht nach der Aufrechnung ein Änderungsbescheid, durch den eine der aufgerechneten Forderungen unter den Aufrechnungsbetrag absinkt, so wird die Aufrechnung entsprechend der Änderung unwirksam (vgl. Koenig/Fritsch AO § 226 Rn. 54; HHS/Rozek AO § 226 Rn. 118; BFHE 147, 398 = BeckRS 1986, 22007755). Wird die Gegenforderung durch den Änderungsbescheid herabgesetzt, so gilt die Forderung zu diesem Anteil als nicht erloschen (vgl. auch dazu BFHE 160, 108 = BeckRS 1990, 22009358).

150 Die zivilrechtlichen Regeln zur Aufrechnung werden im Insolvenzverfahren durch §§ 94 ff. InsO modifiziert, was sich auch auf die Aufrechnung nach § 226 AO auswirkt. Liegt zum Zeitpunkt der Eröffnung des Insolvenzverfahrens eine Aufrechnungslage vor, kann der Insolvenzgläubiger gem. § 94 InsO weiterhin mit seiner Forderung aufrechnen und muss sich dann nicht am Insolvenzverfahren beteiligen (s. Jaeger/Fehrenbacher InsO Anh. InsSteuerR Rn. 54). Damit wird die gleiche Wirkung erzielt als wäre er absonderungsberechtigt (so WUS Insolvenzen/Waza Rn. 815). Das Vertrauen des Gläubigers, dass er jederzeit die Aufrechnung erklären könne, soll trotz der Eröffnung des Insolvenzverfahrens geschützt werden (NZI 2005, 624 = BeckRS 2005, 9699; BGHZ 160, 1 = BeckRS 2004, 7443; s. auch Uhlenbruck/Sinz InsO § 94 Rn. 1). Die Aufrechnungserklärung erfolgt gegenüber dem Insolvenzverwalter (WUS Insolvenzen/Waza Rn. 811). Diese Grundsätze gelten auch für Steuerforderungen, die vor der Insolvenz entstanden sind. Die Möglichkeit zur Aufrechnung im Insolvenzverfahren setzt auch bei Steuerforderungen, deren Fälligkeit an sich von der Festsetzung oder Feststellung in Bescheidform abhinge, weder voraus, dass ein solcher Bescheid bereits vor der Insolvenzeröffnung ergangen ist, noch, dass die Forderung zur Insolvenztabelle angemeldet oder festgestellt ist. Anderenfalls wäre der Fiskus hinsichtlich der Aufrechnung strukturell schlechter gestellt als andere Gläubiger. Maßgeblich für die Aufrechnung ist vielmehr nur die Entstehung der Steuerforderung (BFHE 205, 409 = BeckRS 2004, 24001738; BFHE 217, 216 = BeckRS 2007, 24002995). Erfolgt eine Aufrechnung der Finanzverwaltung, muss nach § 218 Abs. 2 AO ein Abrechnungsbescheid ergehen (so etwa WUS Insolvenzen/Waza Rn. 812).

151 Umstritten ist, ob mit Forderungen aufgerechnet werden kann, welche durch einen rechtskräftigen Insolvenzplan erlassen wurden. Der BGH hat in seiner Entscheidung vom 19.5.2011 die Aufrechnungsmöglichkeit bejaht, woran auch die Zustimmung des aufrechnungsberechtigten Gläubigers zum Insolvenzplan jedenfalls solange nichts ändere, wie der Insolvenzplan nicht erkennbar einen Eingriff in die Aufrechnungsmöglichkeiten vorsieht (NZI 2011, 538 = BeckRS 2011,

15430). Zwar treten gem. § 254 Abs. 1 S. 1 InsO die materiellen Wirkungen des Insolvenzplans für alle Beteiligten ein, was in der Regel mit einem Teilerlass oder Teilverzicht auf den die Planquote übersteigenden Forderungsteil verbunden ist, durch den diese übersteigenden Forderungen ihre Durchsetzbarkeit verlieren. Mit einer nicht durchsetzbaren Forderung könnte nach den allgemeinen Regeln regelmäßig nicht aufgerechnet werden, wobei schon das allgemeine Zivilrecht mit § 215 BGB eine wichtige Ausnahme von diesem Grundsatz regelt. Der BGH wertet in der zitierten Entscheidung die bereits vorinsolvenzlich entstandene Aufrechnungslage als durch § 94 InsO so stark geschützt, dass sie in der Regel durch die Regelungen eines Insolvenzplans nicht berührt wird.

Der BGH sieht hierin keine zwingende Unbilligkeit, da die Aufrechnungsmöglichkeit bei der Plangestaltung erkennbar ist und in Rechnung gestellt werden könne. So könne der Insolvenzverwalter versuchen, den potentiell zur Aufrechnung berechtigten Gläubiger zu einem Verzicht auf die Aufrechnung zu bewegen. Gelinge dies nicht, so müsse er die fortbestehende Aufrechnungsmöglichkeit bei der Erstellung des Gestaltenden Teils des Insolvenzplans beachten. Teile der Literatur folgen dieser Ansicht unter Berücksichtigung der Gesetzgebungshistorie und des unvollständigen Wortlauts des § 254 Abs. 1 InsO (vgl. Jaeger/Windel InsO § 94 Rn. 21; MüKoInsO/Brandes/Lohmann InsO § 94 Rn. 7; FK-InsO/Bernsau InsO § 94 Rn. 52; HK-InsO/Kayser InsO§ 94 Rn. 67). **152**

Andere, etwa Sonnleitner (Sonnleitner InsSteuerR Kap. 3 Rn. 151), lehnen diese Auffassung ab. Sie sei mit dem Sinn und Zweck des Insolvenzplanverfahrens unvereinbar, der zu einer Gleichbehandlung aller am Verfahren Beteiligter führen und die vermögensrechtlichen Beziehungen abschließend regeln solle (vgl. BFHE 247, 300 = BeckRS 2015, 94001). Zudem solle der Schuldner durch den Insolvenzplan in seinem eigenen wirtschaftlichen Fortbestand geschützt werden. Eine nachträgliche finanzielle Belastung durch die Ausübung eines Aufrechnungsrechts könnte den wirtschaftlichen Fortbestand in Gefahr bringen. Daher widerspreche die Annahme nach Planwirksamkeit fortbestehender Aufrechnungsmöglichkeit dem Zweck des Insolvenzplanverfahrens (s. auch OLG Celle ZInsO 2008, 1327 = BeckRS 2008, 24569; Uhlenbruck/Sinz InsO § 94 Rn. 83 ff. mwN; MüKoInsO/Sinz InsO § 248 Rn. 29). Des Weiteren verkenne der BGH, die Auswirkungen dessen, dass die nach dem Plan nicht gedeckten Insolvenzforderungen, wie § 254 Abs. 3 InsO zeigt, zu unvollkommenen Verbindlichkeiten werden. Unvollkommene Verbindlichkeiten stellen zwar einen Rechtsgrund für schon erhaltenen Leistungen dar, sind jedoch nicht mehr durchsetzbar. Die Forderungen werden gem. § 390 BGB einredebehaftet, was eine Erfüllung durch Aufrechnung ausschließt (s. auch OLG Celle ZInsO 2008, 1327; Uhlenbruck/Sinz InsO § 94 Rn. 83 ff. mwN; MüKoInsO/Sinz InsO § 248 Rn. 29). Die Ansicht des BGH führt nach dieser Gegenansicht letztlich zu einem verkappten Fiskusprivileg (so Schwarz/Lehre ZInsO 2011, 1540 ff.). Trotz dieser durchaus beachtlichen Einwände erscheint die Auffassung der BGH letztlich als zutreffend, obwohl nicht zu leugnen ist, dass sie erhebliche Risiken für die Planerfüllbarkeit mit sich bringen kann. Maßgeblich ist insoweit, dass § 94 InsO, indem er das in der Aufrechnungsbefugnis liegende Recht zur Selbstvollstreckung mittels Zugriffs auf die Hauptforderung im Insolvenzverfahren unberührt lässt, die Aufrechnung einem durch Pfändung erwirkten Absonderungsrecht an der Hauptforderung gleichstellt, mithin einer nach § 223 Abs. 1 S. 1 InsO fortbestehenden Rechtsposition, sofern der Plan keinen Eingriff in diese vorsieht. Die Wechselwirkung zwischen der Aufrechnungsmöglichkeit nach § 94 InsO und der rechtsgestaltenden Wirkung des Insolvenzplans gem. § 254 Abs. 1 InsO ist damit allerdings noch nicht abschließend geklärt. Das gilt etwa für die Frage, ob der Insolvenzplan regeln kann, dass die Aufrechnungshindernisse gem. § 96 InsO auch nach Rechtskraft des Insolvenzplans und Aufhebung des Insolvenzverfahrens Geltung beanspruchen. **153**

§ 95 Abs. 1 S. 1 Hs. 2 InsO erweitert die Aufrechnungsmöglichkeit gegenüber § 94 InsO auf Aufrechnungslagen, welche bei Insolvenzeröffnung bereits angelegt waren, sich aber erst nach der Eröffnung des Insolvenzverfahrens durch Bedingungs- oder Fälligkeitseintritt vollendet haben oder dadurch, dass die wechselseitigen Ansprüche gleichartig geworden sind. Die Aufrechnung ist allerdings gem. § 95 Abs. 1 S. 3 InsO ausgeschlossen, wenn die Hauptforderung, also die Forderung des Schuldners, unbedingt und fällig geworden ist, bevor die Aufrechnung erfolgen kann. Wie § 95 Abs. 1 S. 2 InsO ausdrücklich klarstellt, greift die Fälligkeitsfiktion gem. § 41 InsO nicht ein, dh dass nicht fällige Forderungen nicht automatisch mit Eröffnung des Verfahrens als fällig gelten. § 41 InsO dient der Gleichbehandlung der Gläubiger und der Funktionalität des Insolvenzverfahrens, nicht dazu, die Gleichbehandlung der Gläubiger durch eine Ausweitung der Aufrechnungsmöglichkeiten zu beeinträchtigen (vgl. dazu KPB/Lüke InsO § 95 Rn. 7). Daher sind für die Bestimmung der Fälligkeit der Gegenforderung die allgemeinen Grundsätze anzuwenden. Zu diesen allerdings gehört auch die Fälligkeitsfiktion des § 220 Abs. 2 S. 1 AO, wonach bei Fehlen **154** einer besonderen gesetzlichen Fälligkeitsregelung Ansprüche aus dem Steuerrechtsverhältnis schon mit der Entstehung fällig sind (s. dazu BFHE 205, 409 = BeckRS 2004, 24001738; BFHE 217, 216 = BeckRS 2007, 24002995. Vgl. auch zu einem ergänzenden Fallbeispiel, in dem es mangels Voranmeldung auf Grundlage des § 220 Abs. 2 S. 1 AO zur Fälligkeit kommt, WUS Insolvenzen/Waza Rn. 820).

155 Die Aufrechnungsverbote gem. § 96 Abs. 1 InsO schließen eine Aufrechnung aus, die dem aufrechnenden Gläubiger bei Eröffnung des Insolvenzverfahrens noch nicht zustand. Insbesondere soll § 96 Abs. 1 Nr. 2 InsO der missbräuchlichen Ausübung der Aufrechnung entgegenwirken, indem künstlich herbeigeführte Aufrechnungslagen nicht anerkannt werden. Nach Ansicht des BGH sind die Normen des § 96 InsO nicht dispositiv und daher zwingend (NJW 1996, 1351 = BeckRS 9998, 55334; BGHZ 81, 15 = BeckRS 9998, 103819). Die Aufrechnungsverbote gelten jedoch nur für die Dauer des Insolvenzverfahrens. Nach der Beendigung des Insolvenzverfahrens gelten die allgemeinen Grundsätze nach § 226 AO iVm §§ 387 ff. BGB.

156 Nach § 96 Abs. 1 Nr. 1 InsO ist eine Aufrechnung unzulässig, sofern ein Insolvenzgläubiger erst nach der Eröffnung des Verfahrens etwas zur Insolvenzmasse schuldig geworden ist. Das dient dazu, dass Forderungen, die mit Mitteln der Insolvenzmasse erwirtschaftet wurden, auch tatsächlich zugunsten aller Gläubiger realisiert werden und nicht nur einem Einzelgläubiger über die Aufrechnung zur Befriedigung seiner Insolvenzforderung dienen. Für das Steuerverhältnis bedeutet das, dass das Finanzamt oder die Gemeinde nicht mit Insolvenzforderungen gegen nach Insolvenzeröffnung entstandene Erstattungsansprüche der Insolvenzmasse aufrechnen können. Die Zulässigkeit der Aufrechnung hängt daher entscheidend davon ab, ob die aufzurechnende Steuerforderung eine Insolvenzforderung oder eine Masseverbindlichkeit darstellt. An dieser Stelle wirkt sich daher der Rechtsprechungswandel des V. Senats des BFH (BFHE 224, 24 = BeckRS 2009, 24003624; BFHE 232, 301 = BeckRS 2011, 95026; BFHE 247, 460 = BeckRS 2014, 96358) stark aus. Gleichermaßen hat die Rechtsprechung des VII. Senats des BFH (BFHE 205, 409 = BeckRS 2004, 24001738; BFHE 217, 216 = BeckRS 2007, 24002995) zur Fiktion der Fälligkeit für vorinsolvenzliche Steuerforderungen nach § 220 Abs. 2 S. 1 AO einen entscheidenden Einfluss auf die Wirksamkeit der Aufrechnung (vgl. dazu Sonnleitner InsSteuerR Kap. 3 Rn. 55 ff. sowie Rn. 151 ff.; WUS Insolvenzen/Waza Rn. 827 f.). Wertlose Steuerforderungen können somit nicht nachträglich durch Aufrechnungen werthaltig gemacht werden.

157 § 96 Abs. 1 Nr. 2 InsO schließt die Aufrechnung aus, wenn ein Insolvenzgläubiger seine Forderung erst nach Verfahrenseröffnung von einem anderen Gläubiger erwirbt (MüKoInsO/Brandes/Lohmann InsO § 96 Rn. 20 ff.). Ohne eine solche Regelung könnten Drittschuldner der Masse gezielt Insolvenzforderungen von Dritten ankaufen, zumeist für einen geringen Teil des Nominalwertes, um mit diesen Forderungen in Höhe des Nominalwertes aufzurechnen, was die Masse schmälern würde. Das Aufrechnungshindernis schützt somit die anderen Gläubiger und dient dem insolvenzrechtlichen Gleichbehandlungsgrundsatz. Für das Steuerverhältnis hat diese Regelung eine relativ geringe praktische Bedeutung. Rechnet der Steuergläubiger mit einer ihm abgetretenen Forderung auf, ist allerdings immer der Zeitpunkt der Abtretung zu prüfen. Zu beachten ist dabei, dass es kein Erwerb von einem anderen Gläubiger ist, wenn die Forderung nur im Zuständigkeitsbereich einer anderen Behörde des gleichen Hoheitsträgers entstanden ist. Daher kann etwa das Finanzamt auch nach Insolvenzeröffnung mit einer Insolvenzforderung gegen einen vor Insolvenzeröffnung entstandenen Werklohnanspruch des Schuldners gegen dasselbe Land aufrechnen.

158 Die Aufrechnung ist nach § 96 I Nr. 3 InsO unzulässig, wenn der Gläubiger die Aufrechnungsmöglichkeit durch anfechtbare Rechtshandlung erlangt hat. Der BFH hatte am 16.11.2004 (BFHE 208, 296 = BeckRS 2004, 24002038) zunächst entschieden, das hindere nicht die Aufrechnung des Finanzamtes mit Insolvenzforderungen gegen einen Vorsteuerüberhang, der sich aufgrund der Vorsteuer aus der Vergütung des vorläufigen Insolvenzverwalters ergibt. Es fehle an einer (anfechtbaren) Rechtshandlung, da die Verpflichtung des Schuldners, die Vergütung zu zahlen, nicht aus einer vertraglichen Vereinbarung resultiere, sondern auf gerichtlichem Bestellungsakt, und die Umsatzsteuer kraft Gesetzes entstehe. Diese Ansicht hat der BFH jedoch unter Anschluss an die weite Auslegung des Begriffs der Rechtshandlung durch den BGH (vgl. NZI 2010, 17 = BeckRS 2009, 86944) aufgegeben und für den Vorsteuerüberhang aus der Vergütung des vorläufigen Insolvenzverwalters wie für andere Fälle des Vorsteuerüberhangs entschieden, dass die maßgebliche Rechtshandlung die Erbringung der Leistung ist, aus deren Vergütung die Vorsteuer resultiert. Damit ist bei Vorliegen der weiteren Anfechtungsvoraussetzungen der Anwendungsbereich des § 96 Abs. 1 Nr. 3 InsO eröffnet (vgl. BFHE 231, 488 = BeckRS 2011, 94145; BFHE 232, 290 = BeckRS 2011, 94790; s. auch Kahlert/Onusseit DStR 2012, 334 ff.).

Steuerrecht in der Insolvenz – Steuerverfahrensrecht

§ 96 Abs. 1 Nr. 4 InsO schließt eine Aufrechnung auch für Forderungen gegen das insolvenzfreie Vermögen mit Verbindlichkeiten gegenüber der Insolvenzmasse aus (vgl. dazu etwa KPB/Lüke InsO § 96 Rn. 88). Eine Aufrechnung gegen Erstattungsansprüche der Insolvenzmasse mit Steuerforderungen gegen das insolvenzfreie Vermögen ist daher nicht möglich (vgl. WUS Insolvenzen/Waza Rn. 833, 841). Im umgekehrten Fall eines im insolvenzfreien Vermögen des Schuldners, zumeist im nach § 35 Abs. 2 InsO freigegebenen Unternehmen, entstandenen Steuererstattungsanspruchs soll die Finanzverwaltung hingegen nicht an der Aufrechnung mit Insolvenzforderungen gehindert sein (BFHE 230, 490 = BeckRS 2010, 24004190). Diese Ansicht ist de lege lata zutreffend. Es ist jedoch nicht zu übersehen, dass diese Aufrechnungsmöglichkeit bei zumeist geringem positiven Effekt für das Steueraufkommen den von der InsO gewünschten wirtschaftlichen Neustart des Schuldners erheblich erschweren kann. Der Insolvenzverwalter hat in diesen Fällen darauf zu achten, dass der Fiskus der mit der Aufrechnung erreichten Reduktion seiner Insolvenzforderungen durch Korrektur der Anmeldung zur Insolvenztabelle, resp. durch anteilige Abstandnahme von der weiteren Verfahrensteilnahme Rechnung trägt, was in der Praxis häufig unterbleibt. 159

II. Vollstreckungsverfahren

Die §§ 249 ff. AO regeln das Vollstreckungsverfahren von Steuerverwaltungsakten. Sie verdrängen als speziellere Regeln die Vollstreckungsvorschriften der ZPO. Die strukturellen Unterschiede beider Normgruppen sind allerdings letztlich überschaubar und überwiegend Resultat der Selbstvollstreckungsbefugnis der Finanzverwaltung, die sich insbesondere auf die Zuständigkeiten und die Rechtsbehelfe im Vollstreckungsverfahren auswirkt. Flankiert werden die §§ 249 ff. durch interne Verwaltungsanweisungen des BMF, namentlich die Allgemeine Verwaltungsvorschrift über die Durchführung der Vollstreckung nach der AO (Vollstreckungsanweisung – VollStrA) und die Vollziehungsanordnung – VollzA (vgl. mwN Koenig/Fritsch AO Vor §§ 249–346 Rn. 4). 160

Maßgeblich für das Insolvenzsteuerrecht ist § 251 Abs. 2 S. 1 AO, wonach die Regelungen der Insolvenzordnung Anwendungsvorrang genießen (so BFHE 181, 202 = BeckRS 1996, 23000604). Abschnitt 60 VollstrA bestätigt den Anwendungsvorrang und enthält zudem Sonderregelungen für den Ablauf des Anmeldeverfahrens von vorinsolvenzlichen Steuerforderungen zur Insolvenztabelle. 161

Während des Insolvenzverfahrens ist gem. § 89 Abs. 1 InsO die Zwangsvollstreckung für einzelne Insolvenzgläubiger in die Insolvenzmasse nicht zulässig. Als Insolvenzforderungen zu qualifizierende Steuerforderungen können nur noch durch Anmeldung zur Insolvenztabelle (§ 174 InsO) verfolgt werden. Diese hat lediglich informatorischen Charakter und stellt mangels Regelungswirkung keinen Verwaltungsakt dar. Änderungen der Anmeldung sind daher zulässig. (vgl. BFHE 207, 10 = BeckRS 2004, 24001895; vgl. Roth InsSteuerR Rn. 3.190). 162

Nach § 53 InsO sind die Verfahrenskosten (§ 54 InsO) und die sonstigen Masseverbindlichkeiten (§ 55 InsO) vorweg aus der Insolvenzmasse zu befriedigen, also nicht erst anlässlich von Verteilungen an die Insolvenzgläubiger. Ihre Realisierung erfolgt damit außerhalb des insolvenzrechtlichen Verteilungsverfahrens (vgl. Roth in Pape/Uhlenbruck, Insolvenzrecht, 1. Aufl. 2002, InsO § 53 Rn. 11; HHS/Jatzke AO § 251 Rn. 429). Die Entstehung, Fälligkeit und Durchsetzung, auch im Vollstreckungswege, sonstiger Masseverbindlichkeiten richtet sich damit im Grundsatz nach den jeweiligen materiellen und verfahrensrechtlichen Regeln des betroffenen Rechtsgebiets, bei Steuerforderungen also nach den materiellen Vorschriften des jeweiligen Steuergesetzes und den verfahrensrechtlichen Bestimmungen der AO (vgl. AEAO zu § 251 Rn. 6.2. S. 2; vgl. auch HHS/Jatzke AO § 251 Rn. 431). Vorschriften der Insolvenzordnung wirken sich dabei nur in wenigen Fällen aus. Zum einen gilt nach § 90 InsO eine Sperrfrist von sechs Monaten seit Eröffnung des Insolvenzverfahrens für die Vollstreckung von Masseverbindlichkeiten, wenn diese nicht durch den Insolvenzverwalter begründet wurden, zum anderen ist nach Anzeige der Masseunzulänglichkeit (§ 208 InsO) das Vollstreckungsverbot des § 210 InsO zwingend zu beachten. 163

Nach § 89 Abs. 1 InsO sind Vollstreckungsmaßnahmen in das insolvenzfreie Vermögen während der Dauer des Insolvenzverfahrens verboten. Nur Vollstreckungsmaßnahmen aufgrund von Forderungen, die gegen das insolvenzfreie Vermögen gerichtet sind, sind zulässig. Steuerforderungen, die bei Erlass und Durchsetzung das insolvenzfreie Vermögen betreffen, spielen sich in einen insolvenzfreien Raum ab (vgl. HHS/Jatzke AO § 251 Rn. 327). 164

§ 201 Abs. 1 InsO ermöglicht es Gläubigern, welche im Insolvenzverfahren unbefriedigt geblieben sind, nach Beendigung des Verfahrens ihre Forderung gegen den Schuldner geltend zu machen. Dabei sind folgende Konstellationen denkbar: (1) Nach § 201 Abs. 2 InsO kann die Vollstreckung (nur) mittels eines vollstreckbaren Auszugs aus der Insolvenztabelle erfolgen, wenn die Forderung festgestellt ist und der Schuldner der Forderung im Prüfungstermin nicht widerspro- 165 chen hat oder sein Widerspruch beseitigt ist (vgl. Roth InsSteuerR Rn. 3.388); eine Vollstreckung aus dem Steuerbescheid scheidet aus (vgl. MüKoInsO/Hintzen InsO § 201 Rn. 20). (2) Ist eine Forderung, auch eine Steuerforderung, im Insolvenzverfahren nicht angemeldet oder nicht festgestellt worden, oder ist ein Schuldnerwiderspruch nicht beseitigt, so kann kein vollstreckbarer Tabellenauszug erteilt werden. Der Gläubiger kann jedoch nach dem Insolvenzverfahren die Beitreibungsbemühungen fortsetzen. Liegt bereits ein vollstreckbarer Steuerbescheid vor, so kann daraus nach den §§ 249 ff. AO vollstreckt werden (vgl. Sonnleitner InsSteuerR Kap. 3 Rn. 177); ein nach § 240 ZPO (analog) unterbrochenes gerichtliches oder behördliches Verfahren setzt sich fort (vgl. zB EFG 2012, 727 = BeckRS 2011, 96814). Es kommt auch der erstmalige Erlass eines Steuerbescheids in Betracht, wobei dann wegen der oft mehrjährigen Dauer von Insolvenzverfahren eine mögliche Festsetzungsverjährung in Betracht zu ziehen ist (vgl. hierzu Sonnleitner InsSteuerR Kap. 3 Rn. 178). (3) Für eine im Insolvenzverfahren unvollständig bediente Masseverbindlichkeit, die durch den Insolvenzverwalter begründet wurde, haftet der Schuldner nach überwiegender Auffassung nur mit dem Vermögen, das aus der vormaligen Insolvenzmasse an ihn zurückgelangt ist (vgl. MüKoInsO/Hefermehl InsO § 53 Rn. 34a; MüKoInsO/Hintzen InsO § 201 Rn. 15 f. mwN; HK-InsO/Lohmann § 53 Rn. 9; aA Schmidt/Thole InsO § 53 Rn. 12). Der BGH hat diese Frage jüngst offengelassen, jedoch entschieden, dass eine solche gegenständliche Beschränkung der Haftung jedenfalls nicht gilt für Masseverbindlichkeiten, die aus eigenem Handeln des Schuldners resultieren, wie im konkreten Fall eine Gewerbesteuerforderung (NJW 2021, 938 = BeckRS 2021, 2181). (4) Wird ein Insolvenzplanverfahren durchgeführt und der Insolvenzplan rechtskräftig bestätigt, ist eine Vollstreckung in das Vermögen des Insolvenzschuldners nur im Rahmen der Vollstreckung aus dem Plan nach § 257 InsO zulässig, eine weitergehende Vollstreckung aber unzulässig (vgl. Roth InsSteuerR Rn. 3.388). Die Möglichkeit einer nachinsolvenzlichen Vollstreckung über den Insolvenzplan hinaus widerspräche der Neuordnung der Rechtsbeziehungen durch den Insolvenzplan (Sonnleitner InsSteuerR Kap. 3 Rn. 180). (5) Wird nach § 300 Abs. 1 InsO die Restschuldbefreiung erteilt, so kann nicht mehr wegen einer Insolvenzforderung vollstreckt werden (vgl. auch zur Aufrechnung AEAO zu § 251 Rn. 15), soweit die Forderung nicht von der Restschuldbefreiung ausgenommen ist, was im steuerlichen Bereich vornehmlich die Fälle des § 302 Ziff. 1 Alt. 3 InsO betrifft, also der Schuldner im Zusammenhang mit der betreffenden Steuerforderung wegen einer Steuerstraftat nach §§ 370, 373 oder 374 AO rechtskräftig verurteilt und die Forderung unter Angaben dieses Rechtsgrundes zur Insolvenztabelle angemeldet ist. Bereits zuvor gilt in der sog. Wohlverhaltensphase für die Insolvenzgläubiger das Vollstreckungsverbot des § 294 Abs. 1 InsO.

E. Rechtsschutz

I. Auswirkungen der Eröffnung des Insolvenzverfahrens auf laufende Rechtsbehelfs- und Rechtsmittelverfahren

166 Gemäß § 240 S. 1 ZPO analog (in finanzgerichtlichen Verfahren: § 240 ZPO iVm § 155 S. 1 FGO) werden alle anhängigen Rechtsbehelfs- und Rechtsmittelverfahren mit Eröffnung des Insolvenzverfahrens unterbrochen (AEAO zu § 251 Rn. 4.1.2. Abs. 1; BFHE 183, 365 = BeckRS 1997, 23000155; BFHE 207, 10 = BeckRS 2004, 24001895). Damit zusammenhängende Rechtsbehelfs- und Rechtsmittelfristen werden ebenso unterbrochen (so ausdrücklich AEAO zu § 251 Rn. 4.1.2. Abs. 1 Alt. 3). Mit Eröffnung des Insolvenzverfahrens entfällt das Rechtsschutzinteresse für Anträge auf Aussetzung der Vollziehung. Diese sind gem. § 361 AO, resp. § 69 FGO als unzulässig zurückzuweisen, weil die Vollziehung des Steuerbescheides während des Insolvenzverfahrens ohnehin unzulässig ist (BFH NZI 2017, 319 = BeckRS 2017, 94327). Bei der Bestellung eines starken vorläufigen Insolvenzverwalters tritt mit dessen Bestellung die Unterbrechung schon vor der Verfahrenseröffnung ein (§ 240 S. 2 ZPO, vgl. BFH/NV 2013, 1805 = BeckRS 2013, 96031; BFH/NV 2005, 331 = BeckRS 2004, 25007314).

167 Entscheidungen oder Verfahrenshandlungen, die trotz Unterbrechung ergehen, sind nicht wirksam. Für die Entscheidung des Gerichts folgt dies aus § 249 Abs. ZPO (s. auch BFH/NV 2012, 1638 = BeckRS 2012, 95763). Die Unterbrechungswirkung umfasst jedoch nicht auch die Tätigkeiten der Finanzbehörden, welche der Ermittlung der Besteuerungsgrundlagen dienen. Jegliche Mitwirkungspflichten der beteiligten Personen sowie die Ermittlungsrechte und -pflichten der Finanzbehörde nach § 88 AO sind von der Unterbrechungswirkung ausgenommen, das Ermittlungsverfahren bleibt somit, weil es nur um die Feststellung des Sachverhaltes geht, von der Unterbrechungswirkung unberührt (vgl. AEAO zu § 251 Rn. 4.1.2. Abs. 3).

Steuerrecht in der Insolvenz – Steuerverfahrensrecht

Hinsichtlich der Aufnahme des unterbrochenen gerichtlichen oder behördlichen Verfahrens ist zwischen Aktiv- und Passivrechtsstreiten zu unterscheiden, wobei – unabhängig von der verfahrensrechtlichen Parteirolle (vgl. NZI 2021, 669 = BeckRS 2021, 11547) – Aktivrechtsstreite solche sind, mit denen eine zur Insolvenzmasse rechnende Position des Aktivvermögens verfolgt wird (§ 85 InsO, vgl. Tipke/Kruse/Loose AO § 251 Rn. 54).) und Passivrechtsstreite (§§ 86, 87 InsO) im Umkehrschluss hierzu solche, die eine Position des Passivvermögens betreffen, mit denen also ein Recht oder Anspruch gegen den Schuldner verfolgt oder durch diesen abgewehrt werden soll. Aktivrechtsstreite nach § 85 InsO kann der Insolvenzverwalter jederzeit aufnehmen. Gemäß § 86 InsO können Passivprozesse sowohl vom Insolvenzverwalter als auch vom Gegner aufgenommen werden, sofern diese die Aussonderung einer Sache aus der Masse oder eine Absonderung oder eine Masseverbindlichkeit betreffen (vgl. Sonnleitner InsSteuerR Kap. 3 Rn. 192). Soweit der Passivrechtsstreit eine einfache Insolvenzforderung betrifft, kann er erst nach Anmeldung und Prüfung der Forderung zur Insolvenztabelle aufgenommen werden (NZI 2021, 669 = BeckRS 2021, 11547). **168**

Ist ein nach § 155 FGO iVm § 240 ZPO analog unterbrochenes Verfahren bezüglich einer Steuerforderung anhängig, die sodann nach Anmeldung zur Insolvenztabelle festgestellt wird, so liegt in der Feststellung ein erledigendes Ereignis. Das Gericht muss dann nach dem Ende der Unterbrechung, in diesen Fällen zumeist nach dem Ende des Insolvenzverfahrens, bei entsprechender Erledigungserklärung lediglich noch über die Kosten entscheiden oder die Erledigung durch Urteil feststellen. Ist der Steueranspruch als Insolvenzforderung zu qualifizieren und wird der Tabellenanmeldung widersprochen, so kann danach die Wiederaufnahme des unterbrochenen Verfahrens zur Feststellung der Forderung erfolgen. **169**

1. Vorinsolvenzlich titulierte Forderung

Wurde das ein Einspruch- oder Rechtsbehelfsverfahren für eine schon vorinsolvenzlich titulierte Forderung unterbrochen, kann das Verfahren nach dem Bestreiten gem. § 180 Abs. 2 InsO wieder aufgenommen werden. Gemäß § 179 Abs. 2 InsO obliegt es bei titulierten Forderungen dem Bestreitenden, den Widerspruch zu verfolgen. Bei bereits anhängigem behördlichem oder gerichtlichem Rechtsbehelfsverfahren, im Steuerrecht zumeist eine Anfechtung eines Steuerbescheids, erfolgt dies durch Aufnahme des unterbrochenen Rechtsstreits. Die Wiederaufnahme führt zur Umwandlung des Anfechtungsklageverfahrens in ein Insolvenzfeststellungsverfahren (BFH/NV 2017, 437 (NV) = BeckRS 2017, 94222; s. auch BFHE 220, 289 = BeckRS 2007, 24003370; s. auch HHS/Jatzke AO § 251 Rn. 181 f.). Der Antrag ist dabei zu richten auf die Feststellung, dass der Widerspruch begründet ist (NZI 2021, 669 = BeckRS 2021, 11547; Tipke/Kruse/Loose AO § 251 Rn. 53a; HHS/Jatzke AO § 251 Rn. 182). Dabei deutet die Rechtsprechung bei Fehlen einer ausdrücklichen Antragsumstellung nach dem Gebot der interessengerechten Auslegung von Prozessanträgen in der Regel den bisherigen Klageantrag als nunmehr auf diese Feststellung gerichtet, jedenfalls soweit nicht eine ausdrückliche abweichende Erklärung vorliegt (NZI 2021, 669 = BeckRS 2021, 11547). Auch der Gläubiger der bestrittenen titulierten Forderung selbst kann den Rechtsstreit als Feststellungsrechtsstreit aufnehmen (s. Tipke/Kruse/Loose AO § 251 Rn. 53) mit dem Antrag, die Unbegründetheit des Widerspruchs festzustellen. Das führt dazu, dass die Parteirollen vertauscht werden (BFHE 220, 289 = BeckRS 2007, 24003370; HHS/Jatzke AO § 251 Rn. 182). Obwohl seine Forderung trotz des Widerspruchs an den Verteilungen im Insolvenzverfahren teilnimmt, fehlt dem Gläubiger für eine solche Klage nicht das Rechtsschutzinteresse (BFHE 220, 289 = BeckRS 2007, 24003370). Hat der Schuldner widersprochen, so obliegt ihm ebenfalls, seinen Widerspruch zu verfolgen; beim Insolvenzschuldner richtet sich die Aufnahme nach § 184 Abs. 2 InsO. Es obliegt also, anders als nach dem bis zum 30.6.2007 geltenden § 184 InsO aF (dazu: BFHE 212, 11 = BeckRS 2006, 24002517), auch im Falle des Schuldnerwiderspruchs gegen eine titulierte Forderung dem Bestreitenden, den Widerspruch zu verfolgen. Zu beachten ist dabei, dass der Schuldner seinen Widerspruch innerhalb eines Monats verfolgen muss, anderenfalls der Widerspruch als nicht erhoben gilt (§ 184 Abs. 2 S. 2, 3 InsO). **170**

2. Unterbrochene Einspruchsverfahren

Entsprechend § 180 Abs. 2 InsO sind auch unterbrochene Einspruchsverfahren aufzunehmen, ebenfalls nunmehr gerichtet auf Feststellung der Begründetheit oder Nichtbegründetheit des Widerspruchs. Die Aufnahme erfolgt entweder durch Erklärung des Bestreitenden gegenüber der Finanzbehörde oder durch Verfahrensaufnahme durch die Finanzbehörde selbst (s. etwa BFHE 209, 23 = BeckRS 2005, 24002110; vgl. auch AEAO zu § 251 Rn. 5.3.1.2.2 Abs. 1; sowie Tipke/Kruse/Loose AO § 251 Rn. 65). **171**

Steuerrecht in der Insolvenz – Steuerverfahrensrecht

3. Auswirkungen eines Feststellungsbescheids nach § 251 Abs. 3 AO

172   Ergeht trotz bereits vorinsolvenzlich erfolgter Titulierung an sich zu Unrecht ein Feststellungsbescheid nach § 251 Abs. 3 AO gegenüber dem Bestreitenden und wird dieser Bescheid während der Unterbrechung eines Finanzgerichtsverfahrens nach § 240 ZPO analog bestandskräftig, so entfällt das Feststellungsinteresse für die Insolvenzfeststellungsklage. Diese wäre dann nach § 41 FGO unzulässig (so BFHE 251, 125 = BeckRS 2015, 96058). Eine Übertragung dieser Grundsätze auf das Einspruchsverfahren ist möglich (Sonnleitner InsSteuerR Kap. 3 Rn. 188).

4. Vorinsolvenzlich nicht titulierte Steuerforderung

173   Wird eine vorinsolvenzlich nicht titulierte Forderung im Prüfungstermin bestritten, so kann gem. § 251 Abs. 3 AO ein Feststellungsbescheid erlassen werden. Der Bestreitende kann diesen Bescheid mit den allgemeinen Rechtsbehelfen, also dem Einspruch und ggf. der anschließenden Anfechtungsklage, angreifen.

II. Rechtsschutz gegen Insolvenzanträge der Finanzverwaltung

174   Ein Antrag der Finanzbehörde als Gläubigerin auf Eröffnung des Insolvenzverfahrens stellt mangels Regelungswirkung keinen Verwaltungsakt dar (Roth InsSteuerR Rn. 3.403). Der Schuldner kann sich hiergegen nicht nur im Rahmen des Insolvenzantragsverfahrens mit Einwendungen gegen die Zulässigkeit und Begründetheit des Insolvenzantrags, sondern zusätzlich auch mit einem Antrag auf einstweilige Anordnung gem. § 114 FGO wehren, gerichtet auf die Verpflichtung zur Rücknahme des Insolvenzantrags, neben der die theoretisch mit gleichem Rechtsschutzziel denkbare allgemeine Leistungsklage nach § 40 Abs. 1 FGO schon wegen der Dauer eines finanzgerichtlichen Hauptsacheverfahrens keine praktische Bedeutung hat. Das Finanzgericht prüft in erster Linie, ob die Finanzbehörde bei der Entscheidung über den Insolvenzantrag ihr Ermessen fehlerfrei und pflichtgemäß ausgeübt hat (Sonnleitner InsSteuerR Kap. 3 Rn. 194).

175   Die einstweilige Anordnung ist nach den allgemeinen prozessualen Regeln begründet, wenn ein Anordnungsanspruch und ein Anordnungsgrund dargelegt und glaubhaft gemacht sind.

176   Zur Darlegung des Anordnungsanspruchs kann der Schuldner das Nicht-Vorliegen eines Insolvenzeröffnungsgrundes, einen Ermessensnicht- oder -fehlgebrauch, die Stellung des Insolvenzantrages aufgrund sachfremder Erwägungen oder die Unverhältnismäßigkeit vortragen. Der Anordnungsanspruch kann allerdings nicht schon allein damit begründet werden, dass es noch an einer bestandskräftigen Festsetzung der Steuerforderung fehle. Des Weiteren müssen auch eine geringe Forderungshöhe oder das bloße Stellen von Anträgen auf Vollstreckungsaufschub, Stundung oder Erlass unberücksichtigt bleiben (Sonnleitner InsSteuerR Kap. 3 Rn. 196; Roth InsSteuerR Rn. 3.406).

177   Der Anordnungsgrund ist bei bestehendem Anordnungsanspruch in der Regel zu bejahen, da sich die Eilbedürftigkeit schon daraus ableitet, dass im Insolvenzantragsverfahren jederzeit Anordnungen des Insolvenzgerichts möglich sind, welche erhebliche Eingriffe in Vermögensrechte des Schuldners bedeuten, bis hin zur Eröffnung des Insolvenzverfahrens.

F. Haftung

I. Steuerrechtliche Vertreterhaftung nach § 69 AO

178   Die sog. steuerrechtliche Vertreterhaftung nach § 69 AO – eine etwas unglückliche Terminologie, da diese Haftung nicht auf Vertreter im zivilrechtlichen Sinne beschränkt ist – beschreibt Fälle der Haftung eines Dritten für die Steuerschuld. Abgesehen von dem präventiven, verhaltenssteuernden Effekt einer Haftungsnorm gewinnt diese Regelung ihre maßgebliche praktische Relevanz in Fällen der materiellen und/oder formellen Insolvenz des Steuerschuldners, wenn also der Steueranspruch ihm gegenüber nicht mehr oder zumindest nicht mehr kurzfristig durchsetzbar ist. Solange der Steuerschuldner in der Lage ist, seinen Zahlungspflichten kurzfristig selbst nachzukommen, wird in aller Regel der Steueranspruch unmittelbar bei ihm durchgesetzt. Ähnlich wie die Drohung mit der Einleitung eines gewerberechtlichen Verfahrens oder mit einem Insolvenzantrag wird auch der Hinweis auf die Haftung nach § 69 AO von der Finanzverwaltung als probates informelles Druckmittel neben der Einzelvollstreckung genutzt, um eine Zahlung des Steuerpflichtigen zu erwirken. Soweit es zur Inanspruchnahme des Haftungsschuldners kommt, kann dieser von dem originär Pflichtigen in der Regel vor der Zahlung auf die Haftungsforderung die Freistellung beanspruchen und nach der Zahlung deren Erstattung. Anders ist es, wenn der

Steuerrecht in der Insolvenz – Steuerverfahrensrecht

Haftungsschuldner auch im Innenverhältnis zum Steuerschuldner (allein) haftet, insbesondere, weil er durch seine Pflichtverletzungen, die Steuerschuld erst zum Entstehen gebracht hat. Das ist hinsichtlich der Hauptforderung eher ein Ausnahmefall, bei steuerlichen Nebenforderungen aber häufig anzunehmen, da deren Entstehung regelmäßig auf einer Pflichtverletzung des Vertreters im Innenverhältnis basiert.

Vornehmlich zum Tragen kommt die Haftung nach § 69 AO daher, wenn der Steuerschuldner **179** selbst zum Ausgleich der Steuerschuld mangels ausreichender Liquidität oder wegen (insolvenzrechtlicher) Verfügungsbeschränkungen nicht mehr in der Lage ist, so dass seine Inanspruchnahme nicht mehr kurzfristig und vollständig die Durchsetzung der Steuerforderung erwarten lässt. In diesem Fall zeigt sich die materielle Funktion einer Haftung als in gewissem Maße einer Bürgschaft ähnelnde Sicherheit.

1. Personeller Anwendungsbereich

Zum Personenkreis der Haftungsschuldner verweist § 69 AO auf §§ 34, 35 AO. **180**

Eine vorsätzliche oder grob fahrlässige Pflichtverletzung führt nach § 69 AO zu einer persönli- **181** chen Haftung der in den §§ 34, 35 AO aufgeführten Personen (Pahlke/Koenig/Intemann AO § 69 Rn. 22; Tipke/Kruse/Loose AO § 69 Rn. 6). Gesetzliche Vertreter von juristischen und auch natürlichen Personen werden daher unmittelbar vom Anwendungsbereich des § 69 AO erfasst. Für juristische Personen haften nach Maßgabe des § 69 AO die Personen, die tatsächlich mit der Wahrnehmung der Geschäftsführung beauftragt sind, auch wenn sie nur faktisch als Geschäftsführer auftreten (vgl. Pahlke/Koenig/Intemann AO § 69 Rn. 22; Tipke/Kruse/Loose AO § 69 Rn. 6). Die genannten Personen haften gesamtschuldnerisch (BFHE 186, 132 = BeckRS 1998, 23000588). Die Verantwortung für die Nichterfüllung steuerlicher Pflichten der Geschäftsführung bzw. des Vorstandes trifft im Außenverhältnis jede als Geschäftsführer oder als Vorstand tätige Person nach dem Prinzip der Gesamtverantwortung in vollem Umfang (BFHE 186, 132 = BeckRS 1998, 23000588). Gerät ein Unternehmen in wirtschaftliche Schwierigkeiten (BFHE 141, 443 = BeckRS 1984, 22006857; BFHE 146, 23 = BeckRS 1986, 22007594; BFH/NV 2006, 906 = BeckRS 2006, 25009571; Tipke/Kruse/Loose AO § 69 Rn. 32 mwN), so sind alle Geschäftsführungsorgane, auch wenn sie originär einen anderen Tätigkeitsbereich verantworten, verpflichtet, sich mit den steuerlichen Fragen auseinanderzusetzen (stRspr, vgl. BFHE 146, 23 = BeckRS 1986, 22007594; BFH/NV 2004, 157 = BeckRS 2003, 25002745; FG RhPf GmbHR 2014, 442 = BeckRS 2014, 94558).

Werden Prokuristen steuerliche Aufgaben übertragen, so haften auch diese nach § 69 AO iVm **182** § 35 AO (BFHE 142, 11 = BeckRS 1984, 22006946; BFHE 217, 209 = BeckRS 2007, 24002999; HHS/Boeker AO § 35 Rn. 19; Pahlke/Koenig/Intemann AO § 69 Rn. 27). Auch sonstige Bevollmächtigte, die mit steuerlichen Verfügungsbefugnissen betraut sind und dies nach außen erkennbar ist, können nach § 69 AO haften (Tipke/Kruse/Loose AO § 69 Rn. 10).

Neben den gesetzlichen Vertretern natürlicher und juristischer Personen sind die Gesellschafter **183** von Personengesellschaften soweit ihre Verwaltung bzw. Verfügungsberechtigung reicht, Vermögensverwalter und Verfügungsberechtigte, mithin ebenfalls der Haftung unterworfen.

Der endgültige Insolvenzverwalter ist Vermögensverwalter gem. § 34 Abs. 3 AO und Verfü- **184** gungsberechtigter nach § 35 AO. Die steuerlichen Pflichten sind von ihm zu erfüllen und er hat dafür zu sorgen, dass die Steuerlasten aus den Mitteln entrichtet werden, die er verwaltet (§ 34 Abs. 1 S. 2 AO). Er haftet, genau wie Geschäftsführungsorgane, nach § 69 AO, soweit Ansprüche aus dem Steuerschuldverhältnis durch vorsätzliche oder grob fahrlässige Pflichtverletzung nicht oder nicht rechtzeitig erfüllt werden bzw. Steuervergütungen oder Steuererstattungen ohne rechtlichen Grund geleistet werden (vgl. ua Vortmann in Mohrbutter/Ringstmeier, Handbuch der Insolvenzverwaltung, 9. Aufl. 2015, § 31 Rn. 39).

Einem vorläufigen Insolvenzverwalter, dem vom Insolvenzgericht mit Verwaltungs- und Verfügungs- **185** befugnis ausgestattet wurde (sog. starker vorläufiger Insolvenzverwalter), fällt genau wie der endgültige Insolvenzverwalter in den Personenkreis der §§ 34, 35 AO und haftet dementsprechend nach § 69 AO (vgl. ua Sonnleitner InsSteuerR Kap. 3 Rn. 245). Die unternehmerische Geschäftsleitung bleibt zwar vorerst im Amt, jedoch werden alle Geschäfte aufgrund des allgemeinen Verfügungsverbots durch den starken vorläufigen Verwalter getätigt, sodass die eigentlichen Geschäftsführungsorgane lediglich noch unterstützend agieren (Ziegenhagen/Thieme, Besteuerung in Krise und Insolvenz, 2010, § 4 Rn. 37). Der vorläufige Insolvenzverwalter mit entsprechender Befugnis unterscheidet sich in seiner Stellung vom endgültigen Insolvenzverwalter letztlich vornehmlich dadurch, dass er das Vermögen des Schuldners erhalten muss, jedoch in der Regel keine über Notfallmaßnahmen hinausreichende Verwertungsbefugnis hat und keine Verteilungen

Steuerrecht in der Insolvenz – Steuerverfahrensrecht

vornimmt. Neben seinen Buchführungspflichten muss er für die Umsatzsteuervoranmeldungen und die Lohnsteueranmeldungen Sorge tragen. Die Steuern als Masseverbindlichkeiten aus den verwalteten Mitteln zu entrichten, bleibt jedoch dem endgültigen Insolvenzverwalter vorbehalten.

186 Bei einem vorläufigen Insolvenzverwalter ohne Verwaltungs- und Verfügungsbefugnis (sog. schwacher vorläufiger Insolvenzverwalter), bleibt der ursprüngliche Schuldner bzw. das Geschäftsführungsorgan verwaltungs- und verfügungsbefugt. Dass es zur Wirksamkeit dieser Verfügungen ggf. der Zustimmung des vorläufigen Insolvenzverwalters bedarf, führt nicht dazu, dass dieser selbst in die Stellung des abgabenrechtlichen Vertreters eintritt. Der schwache vorläufige Insolvenzverwalter haftet demnach in aller Regel nicht § 69 AO.

187 Die Vertreterhaftung erfasst nur Pflichtverletzungen, welche während der Amtszeit begangen wurden (BFH/NV 1985, 20; Pahlke/Koenig/Intemann AO § 69 Rn. 33). Eine Haftung für Steueransprüche, die aus Pflichtverletzungen resultieren, die erst nach dem Ausscheiden aus dem Anwendungsbereich von §§ 34 Abs. 3, 35 begangen wurden, besteht nicht (Tipke/Kruse/Loose AO § 69 Rn. 44). Die Amtszeit endet im Falle einer Abberufung mit der Bekanntgabe des Abberufungsbeschlusses der Gesellschafterversammlung oder des Aufsichtsrates. Bei einer Amtsniederlegung kommt es auf den Zugang der Erklärung an, nicht erst auf die Handelsregistereintragung (BFH/NV 1985, 20; BFH/NV 1988, 485; Baumbach/Hueck/Zöllner/Noack GmbHG § 38 Rn. 99; Pahlke/Koenig/Intemann AO § 69 Rn. 33). Ist die nach der Amtszeit eingetretene Steuerausfall auf eine während der Amtszeit begangene Pflichtverletzung zurück zu führen, so haftet der Vertreter hierfür (Pahlke/Koenig/Intemann AO § 69 Rn. 33). Der aktuell bestellte abgabenrechtliche Vertreter ist nach § 153 AO zu Berichtigungen verpflichtet, sofern ein vorheriger Verantwortlicher den Steuerausfall durch unrichtige Erklärungen verursacht hat. Kommt er dieser Pflicht nicht nach, haftet er, wenn die Fehler nachträglich erkennbar waren und er sie hätte berichtigen müssen (vgl. BFH/NV 2007, 1801 = BeckRS 2007, 25011868; Pahlke/Koenig/Intemann AO § 69 Rn. 33).

188 Nach Ansicht des BFH zum bisherigen Recht besteht auch während der bislang einheitlich dreiwöchigen Frist nach § 15a Abs 1 InsO aF das Haftungsrisiko gem. § 69 AO (BFHE 222, 228 = BeckRS 2008, 24003518; krit. Kahlert ZIP 2012, 2089 ff.). Spätestens mit der Bestellung des Insolvenzverwalters und dem damit einhergehenden Übergang der Verwaltungs- und Verfügungsbefugnis nach § 80 Abs. 1 InsO endet jedoch das Haftungsrisiko für die Gesellschaftsorgane (BFHE 222, 228 = BeckRS 2008, 24003518; Nacke, Haftung für Steuerschulden, 4. Aufl. 2017, 181 Rn. 431). Gleiches gilt mit Bestellung eines starken vorläufigen Insolvenzverwalters (BFHE 222, 228 = BeckRS 2008, 24003518; Nacke DB 2013, 1628 ff.; Nacke, Haftung für Steuerschulden, 4. Aufl. 2017, 177 Rn. 422). Wird ein „schwacher" vorläufiger Insolvenzverwalter bestellt, so endet nach der finanzgerichtlichen Rechtsprechung die Haftung des Geschäftsführungsorgans dagegen nicht stets, vgl. BFHE 222, 228; FG Köln NZI 2014, 627 = BeckRS 2014, 95287; Nacke DB 2013, 1628 ff.). Jedoch kann die Bestellung eines vorläufigen Insolvenzverwalters mit Zustimmungsvorbehalt dem Schuldner die Erfüllung der steuerlichen Pflichten unmöglich machen, wenn der vorläufige Insolvenzverwalter seine Zustimmung verweigert.

2. Umfang der Haftung

189 Die Haftungsnorm des § 69 AO ist Schadensersatzansprüchen ähnlich (BFHE 153, 512 = BeckRS 1988, 22008621). Den Umfang nach beschränkt sich die Haftung auf den Betrag, der infolge einer vorsätzlichen bzw. grob fahrlässigen Pflichtverletzung der Geschäftsführung oder des Vorstandes nicht oder nicht fristgerecht entrichtet worden ist (BFHE 192, 249 = BeckRS 2000, 24001197). Die Haftungsnorm des § 69 AO umfasst alle Ansprüche iSd § 37 AO, dh alle Steueransprüche, steuerliche Nebenleistungen und Zuschläge (Klein/Rüsken AO § 69 Rn. 14; Tipke/Kruse/Loose AO § 69 Rn. 44).

190 Dem Fiskus steht als Haftungsmasse grundsätzlich das gesamte pfändbare Vermögen des Haftungsschuldners zur Verfügung (Klein/Rüsken AO § 69 Rn. 1, 2 und Klein/Rüsken AO § 71 Rn. 1, 2 mwN).

191 Voraussetzung eines Zugriffs der Finanzverwaltung auf das persönliche Vermögen des Haftenden ist ein Haftungsbescheid nach § 191 Abs. 1 S. 1 AO; der Steuerbescheid ist nicht ausreichend. Gegenüber welchem von mehreren Haftungsschuldnern ein Haftungsbescheid ergeht, liegt im pflichtgemäßen Ermessen der Finanzverwaltung. In der Praxis ergeht ein Haftungsbescheid erst, wenn die Erfüllung der Steuerverbindlichkeiten durch den Steuerschuldner (das Unternehmen) nicht erfolgt und nicht zu erwarten ist (Talaska BB 2012, 1198).

192 Ist die Steuerforderung, für welche die Haftung nach § 69 AO geltend gemacht wird, oder eine Inanspruchnahme der Haftenden zu erwarten ist, eine Insolvenzforderung, so kann wegen

der Vorrangs des insolvenzrechtlichen Prüfungsverfahrens der Haftende materielle Einwendungen gegen die Forderung nur über einen Widerspruch gegen die Insolvenzforderung im Prüfungsverfahren geltend machen. Unterbleibt dies und wird die Forderung zur Insolvenztabelle festgestellt, so ist sie damit unanfechtbar festgestellt, mit der Folge der Rechtskrafterstreckung nach § 166 AO auf die dort genannten Dritten, die materielle Einwendungen gegen die Steuerforderung sodann nicht mehr gegen den Haftungsbescheid richten können (BFHE 257, 515 = BeckRS 2017, 118168; EFG 2016, 1931 = BeckRS 2016, 95626). Das gilt jedoch nur für die in § 166 AO Genannten, also nur für solche, die in der Lage gewesen wären, die Feststellung zu verhindern, in der Regel also nicht für bereits vor dem Prüfungstermin ausgeschiedene Haftungsschuldner etc.

3. § 15b Abs. 8 InsO

Eine wesentliche Beschränkung der Haftung für die Nichtzahlung von Steuern nach § 69 AO enthält der zum 1.1.2021 in Kraft getretene § 15b Abs. 8 InsO. Mit § 15b InsO wurde die bislang formell im Gesellschaftsrecht bei den einzelnen Gesellschaftsformen (zB § 64 GmbHG) verortete Organträgerhaftung für Zahlungen nach Eintritt der Zahlungsunfähigkeit und/oder Überschuldung in das Insolvenzrecht überführt und hierbei teils die bisherigen Maßstäbe der Rechtsprechung kodifiziert, teils aber auch Erweiterungen oder Einschränkungen diesen gegenüber vorgenommen. Nachdem zunächst in Ermangelung einer Übergangsregelung unklar war, welcher Umstand für die Abgrenzung der Anwendbarkeit noch des bisherigen oder bereits des neuen Rechts maßgeblich ist, stellt der Gesetzgeber zukünftig mit Art. 36 MoPeG (vgl. zum Inkrafttreten: Art. 137 Ziff. 2 MoPeG) durch Ergänzung in Art. 103m S. 2, 3 EGInsO klar, dass maßgeblich für das anzuwendende Recht der Zeitpunkt der Zahlung ist. Ist diese bis zum 31.12.2020 geleistet, so gilt danach das alte, für Zahlungen ab dem 1.1.2021 das neue Recht. **193**

Die bisherigen gesetzlichen Haftungsvorschriften enthielten keine Regelung zu dem Spannungsverhältnis zwischen der gesellschaftsrechtlichen persönlichen Haftung der Organträger gegenüber der Gesellschaft für nach Insolvenzreife geleistete Zahlungen und der abgabenrechtlichen persönlichen Haftung nach § 69 AO bei unterbliebenen Steuerzahlungen. Diese Konstellation hat die Rechtsprechung bislang in der Weise gelöst, dass eine Pflichtenkollision des Geschäftsführers oder sonstigen Organträgers angenommen wurde, infolge derer dieser nicht nach zB § 64 GmbHG ersatzpflichtig war für Zahlungen, bei deren Ausbleiben er einer Haftung § 69 AO ausgesetzt wäre (BFHE 222, 228 = BeckRS 2008, 24003518; NJW 2007, 2118 = BeckRS 2007, 10246; BFH/NV 2011, 958 (Ls.) = BeckRS 2011, 3868; missverständlich BGH NJW 2009, 295 = BeckRS 2008, 23094; Nacke DB 2013, 1628 ff.; Nacke, Haftung für Steuerschulden, 4. Aufl. 2017, 63 Rn. 159b; Frotscher Besteuerung Insolvenz 60; Tipke/Kruse/Loose AO § 69 Rn. 43a; krit. Kahlert ZIP 2012, 2089 ff.; HHS/Boeker AO § 69 Rn. 41e). Zwingend war dies schon nach dem bisherigen Recht nicht. Zum einen ist schon die Annahme einer rechtfertigenden Pflichtenkollision zu hinterfragen, da es der potentielle Haftungsschuldner weitgehend in der Hand hat, den Widerstreit der Pflichten durch die Stellung eines Insolvenzantrags aufzulösen, ohne eine der konfligierenden Pflichten verletzen zu müssen. Zudem steht die haftungsrechtliche Privilegierung von Steuerzahlungen trotz Insolvenzreife mindestens in einem Spannungsverhältnis zu dem in § 251 Abs. 2 S. 1 AO niedergelegten Grundgedanken. Dieser lässt sich dahin formulieren, dass sich im Insolvenzfall die Regeln des Insolvenzrechts gegenüber der Durchsetzung von Abgabenforderungen durch Einzelzugriff durchsetzen. Zwar waren die Haftungsregeln bislang formell im Gesellschaftsrecht verortet, nicht in der InsO, womit § 251 Abs. 2 S. 1 AO nicht unmittelbar galt. Dennoch handelte es sich um Regelungen, welche an die materielle Insolvenz anknüpfend dem Erhalt der zukünftigen Insolvenzmasse dienten, also letztlich dem Ziel der bestmöglichen gleichmäßigen Gläubigerbefriedigung. Das der Geschäftsleiterhaftung zugrundeliegende Verbot, Zahlungen an einzelne Gläubiger zu leisten, war damit der Sache nach schon in der Vergangenheit eine insolvenzrechtliche Vorschrift im weiteren Sinne. Daher hätte es schon zum alten Recht nähergelegen, zur Auflösung der Pflichtenkollision auf den Vorrang der gleichmäßigen Gläubigerbefriedigung vor dem Einzelbefriedigungsinteresse abstellend das Zahlungsverbot als vorrangig zu werten. **194**

Die finanzgerichtliche Rechtsprechung hat sich dagegen zum bisherigen Recht auf den Standpunkt gestellt, die Haftung nach § 69 entfalle auch mit der Insolvenzantragstellung nicht; vielmehr müsse der abgabenrechtliche Vertreter noch nach diesem Zeitpunkt dafür Sorge tragen, dass der materiell insolvente Rechtsträger die steuerlichen Pflichten erfülle (BFHE 222, 228 = BeckRS 2008, 24003518). Auch die Anordnung einer vorläufigen Insolvenzverwaltung mit Zustimmungsvorbehalt ändere hieran nichts, da bei dieser die Verfügungsbefugnis des Schuldners fortbestehe **195**

Steuerrecht in der Insolvenz – Steuerverfahrensrecht

(BFHE 257, 515 = BeckRS 2017, 118168; BFHE 259, 423 = BeckRS 2017, 135710). Zwar könne der Geschäftsführer sich ggf. damit entlasten, dass der vorläufige Verwalter die Zustimmung verweigert hat, weshalb die Zahlung nicht möglich gewesen sei. Das aber müsse konkret vorgetragen werden, da es ein Umstand sei, der ausschließlich in der Sphäre des Schuldners liege. Das FG Münster hat diese Grundsätze übertragen auf die vorläufige Eigenverwaltung (FG Münster NZI 2017, 492 = BeckRS 2017, 94399; FG Münster NZI 2018, 762 = BeckRS 2018, 11546 – gleiche Sache) und angenommen, auch der Geschäftsführer eines Schuldners in der vorläufigen Eigenverwaltung sei bei im Antragsverfahren unterbleibenden Steuerzahlungen der Haftung nach § 69 AO unterworfen, die auch nicht schon allein dadurch entfalle, dass der vorläufige Sachwalter der Verfügung widersprochen habe. Nur wenn das Insolvenzgericht einen solchen Zustimmungsvorbehalt explizit für Steuerzahlungen angeordnet habe, sei der Geschäftsführer bei Widerspruch des Sachwalters entlastet (FG Münster NZI 2017, 495 = BeckRS 2017, 94724).

196 Schon die Rechtsprechung des BFH überzeugt nicht. Sie ist nicht konsistent zu der Bedeutung, die der BFH etwa im Umsatzsteuerrecht sonst der Bestellung eines vorläufigen Insolvenzverwalters mit Zustimmungsvorbehalt beimisst, wenn er annimmt, damit verlören die Forderungen des Schuldners gegen Dritte ebenso aus Rechtsgründen ihre Durchsetzbarkeit wie Forderungen Dritter gegen den Schuldner. Dieser Durchsetzbarkeitsverlust muss konsequenterweise auch die steuerlichen Verbindlichkeiten treffen. Hiermit harmoniert es nicht, den Geschäftsführer einer persönlichen Haftung zu unterwerfen, wenn er eine rechtlich nicht mehr durchsetzbare Forderung nicht erfüllt. Zudem erscheint in der Rechtsprechung nicht ausreichend berücksichtigt, dass es einen Unterschied bedeutet, ob eine Zahlung vor oder nach dem Insolvenzantrag und vor oder nach Anordnungen gem. §§ 21, 22 InsO erfolgt. Der Insolvenzantrag leitet ein gerichtliches Verfahren zur bestmöglichen, gleichmäßigen Gläubigerbefriedigung ein. Die Annahme, es sei eine grob fahrlässige Pflichtverletzung, wenn der Schuldnergeschäftsführer sich diesem gesetzlichen Verfahrensziel entsprechend verhält, bedürfte zumindest einer überzeugenderen Begründung als sie der BFH gefunden hat. Zudem wird es auch der gesetzlichen Pflichtenstellung des vorläufigen Insolvenzverwalters nicht gerecht, dem Geschäftsführer die Darlegungslast dafür zuzuweisen, dass dieser die Zustimmung zur Bezahlung einfacher Insolvenzforderungen verweigert hätte. Es ist gerade die Kernfunktion des Zustimmungsvorbehalts, solche Begünstigungen einzelner Insolvenzgläubiger zu verhindern. Die Zustimmung zur Erfüllung vor dem Insolvenzantrag entstandener einfacher Insolvenzforderungen wäre eine schwerwiegende Pflichtverletzung, die den Insolvenzverwalter seinerseits der persönlichen Haftung nach §§ 21 Abs. 2 Nr. 1, 60 InsO gegenüber den sonstigen Gläubigern aussetzen würde. Es spricht daher mindestens ein erster Anschein für die Verweigerung der Zustimmung. Daher müsste das Finanzamt Gründe aufzeigen, dass der gänzlich atypische Fall gegeben sei, in dem der vorläufige Insolvenzverwalter dem Ausgleich einer einfachen Insolvenzforderung zugestimmt hätte.

197 Selbst wenn man trotz dieser Einwände dem BFH noch folgen wollte, geht jedenfalls die Übertragung dieser Grundsätze auf die vorläufige Eigenverwaltung fehl. Das FG Münster verkennt hier, dass der Schuldner mit der Anordnung der (vorläufigen) Eigenverwaltung einem grundlegend anderen Pflichtenprogramm unterworfen wird als nach den allgemeinen gesellschaftsrechtlichen Regeln. Er agiert als sein eigener (vorläufiger) Insolvenzverwalter (vgl. BGHZ 218, 290 = BeckRS 2018, 7872) und ist damit in gleicher Weise unmittelbar an den Zweck des Insolvenzverfahrens gebunden, wie der (vorläufige) Insolvenzverwalter, weshalb der BGH in dem genannten Urteil zurecht die Organträger des Schuldners in Eigenverwaltung in entsprechender Anwendung der §§ 60, 61 InsO dem gleichen Haftungsregime unterworfen hat wie den Insolvenzverwalter im Regelverfahren (nunmehr: § 276 a Abs. 2 mit Gleichstellung des Antragsverfahrens, Abs. 3). Auch wenn die Entscheidung des BGH ein eröffnetes Insolvenzverfahren betraf, sind keine Gründe ersichtlich, diese Haftungsmaßstäbe nicht auch im Antragsverfahren anzuwenden. Mit der Stellung des Schuldners als sein eigener Insolvenzverwalter und der Haftung der Geschäftsleiter nach den gleichen Maßstäben wie ein Insolvenzverwalter wäre es unvereinbar, sie nach der Anordnung der (vorläufigen) Eigenverwaltung für die Nichterfüllung eines Insolvenzforderung eines im Insolvenzverfahren den übrigen Insolvenzgläubigern gleichrangigen Einzelgläubigers persönlich haften zu lassen.

198 Die finanzgerichtliche Rechtsprechung ist trotz ihrer fehlenden Überzeugungskraft in Altfällen zu berücksichtigen. So empfiehlt es sich, schon im Insolvenzantrag des Schuldners Anordnungen des Insolvenzgerichts anzuregen, die auch nach der Rechtsprechung verhindern, dass zur Vermeidung einer Haftung nach § 69 AO insolvenzzweckwidrige Verfügungen getätigt werden. So ist es häufig angezeigt, eine vorläufige Insolvenzverwaltung anzuregen oder bei der vorläufigen Eigenverwaltung für Steuerzahlungen einen Zustimmungsvorbehalt zugunsten des vorläufigen Sachwalters vorzusehen.

Im Ergebnis wird § 69 AO in der Zeit ab Insolvenzantragstellung somit letztlich zu einer Haftungsvorschrift für den insolvenzrechtlich nicht beratenen Geschäftsführer. Auch diese selektive Wirksamkeit spricht gegen das Konzept der BFH-Rechtsprechung. **199**

Für die Zeit ab dem 1.1.2021 schafft § 15b Abs. 8 InsO nunmehr ein deutlich von der bisherigen Rechtsprechungsansicht abweichendes Verhältnis zwischen insolvenzrechtlichem Zahlungsverbot und Haftung nach § 69 AO, indem er unter Abkehr von der Annahme des Vorrangs der steuerlichen Zahlungspflicht vor dem insolvenzbedingten Zahlungsverbot folgendes regelt: „Eine Verletzung steuerrechtlicher Zahlungspflichten liegt nicht vor, wenn zwischen dem Eintritt der Zahlungsunfähigkeit nach § 17 oder der Überschuldung nach § 19 und der Entscheidung des Insolvenzgerichts über den Insolvenzantrag Ansprüche aus dem Steuerschuldverhältnis oder nicht rechtzeitig erfüllt werden, sofern die Antragspflichtigen ihren Verpflichtungen nach § 15a nachkommen. Wird entgegen der Verpflichtung nach § 15a ein Insolvenzantrag verspätet gestellt, gilt dies nur für die nach Bestellung eines vorläufigen Insolvenzverwalters oder Anordnung der vorläufigen Eigenverwaltung fällig werdenden Ansprüche aus dem Steuerschuldverhältnis. Wird das Insolvenzverfahren nicht eröffnet und ist dies auf eine Pflichtverletzung der Antragspflichtigen zurückzuführen, gelten die Sätze 1 und 2 nicht." Nicht erst mit dem Insolvenzantrag, sondern bereits mit dem Eintritt der materiellen Insolvenzreife werden somit diejenigen Geschäftsführer etc. vor der steuerlichen Haftung geschützt, die im Anschluss rechtzeitig den Insolvenzantrag stellen, indem in diesem Fall keine steuerrechtliche Pflichtverletzung vorliegt. Der Gesetzgeber löst mithin nicht allein eine Pflichtenkollision anders auf als die bisherige Rechtsprechung, vielmehr besteht nach der Neuregelung konstruktiv schon keine Pflichtenkollision. Im Ergebnis erscheint dies ebenso angemessen wie der zweite Teil der Regelung, wonach auch bei nicht rechtzeitigem Antrag unmittelbar mit Anordnung der vorläufigen Insolvenz- oder Eigenverwaltung die Nichtzahlung keine steuerliche Pflichtverletzung mehr darstellt. **200**

4. Pflichtverletzung des Vertreters

§ 69 AO setzt voraus, dass die Geschäftsführungsorgane eine Pflicht gem. § 34 AO verletzen. Zu diesen Pflichten gehören sämtliche steuerlichen Pflichten (Klein/Rüsken AO § 69 Rn. 14; Tipke/Kruse/Loose AO § 69 Rn. 44, jeweils mwN). Ein handels-, gesellschafts- oder insolvenzrechtlicher Pflichtenverstoß reichen für eine Haftung nach § 69 AO nicht aus (BFHE 123, 398 = BeckRS 1977, 22004209; Pahlke/Koenig/Intemann AO § 69 Rn. 32). Die verspätete Stellung eines Insolvenzantrags per se löst daher keine Haftung nach § 69 AO aus. Allerdings muss der Insolvenzantragspflichtige mit einer Differenzhaftung zur Quote bei Verstoß gegen die Antragspflicht nach § 15 a Abs. 1 InsO rechnen (vgl. Tipke/Kruse/Loose AO § 69 Rn. 35 mwN). Steuerliche Pflichten können sowohl aktiv als auch passiv verletzt werden. Eine aktive steuerliche Pflichtverletzung liegt regelmäßig in der Abgabe unrichtiger Steuererklärungen – hier kommt ggf. auch eine strafrechtliche Verfolgung aufgrund Steuerhinterziehung oder leichtfertiger Steuerverkürzung, sowie die Haftung nach § 71 AO in Betracht. Eine passive steuerliche Pflichtverletzung besteht häufig aus der Unterlassung der Entrichtung fälliger Steuern bzw. der Nichtabgabe von Steuererklärungen und -anmeldungen. Auch bei diesen passiven Pflichtverletzungen kommt eine strafrechtliche Verfolgung und eine persönliche Haftung nach § 71 AO in Betracht (Tipke/Kruse/Loose AO § 69 Rn. 12). **201**

a) Entrichtungspflicht. Gemäß § 34 Abs. 1 S. 2 AO sind die Geschäftsführungsorgane verpflichtet, die vom Unternehmen geschuldeten Steuern zu entrichten. Diese Entrichtungspflicht ist auf die vom Unternehmen verwalteten Mittel beschränkt (BFHE 96, 149 = BeckRS 1969, 21003492; BFHE 164, 203 = BeckRS 1991, 22009893; HHS/Boeker AO § 69 Rn. 14; Tipke/Kruse/Loose AO § 34 AO Rn. 22). Sie entfällt, wenn die erforderlichen Mittel nicht vorhanden sind. So besteht keine Pflicht Mittel durch bspw. Darlehen oder Vermögensverwertung zu beschaffen (vgl. Tipke/Kruse/Loose AO § 34 Rn. 22; ebenso – mit Einschränkungen – HHS/Boeker AO § 34 Rn. 48). Eine Haftung ist in diesen Fällen ausgeschlossen (Pahlke/Koenig/Intemann AO § 69 Rn. 57). **202**

Werden tatsächlich mögliche Steuerzahlungen nicht rechtzeitig geleistet, hat das die Haftung zur Folge. Die Fälligkeit von Steuerforderungen richtet sich gem. § 220 Abs. 1 AO grundsätzlich nach den Regelungen der Einzelsteuergesetze. Bei Fehlen einer solchen Regelung werden Steuerforderungen nach § 220 Abs. 2 S. 1 AO mit ihrer Entstehung fällig. Bei anzumeldenden Steuern, etwa der Lohn- oder Umsatzsteuer, wird für die Haftung darauf abgestellt wann die Steuer bei pflichtgemäßem Verhalten fällig geworden wäre (BFHE 153, 199 = BeckRS 1988, 22008485; BFHE 164, 203 = BeckRS 1991, 22009893; Tipke/Kruse/Loose AO § 69 Rn. 18 mwN). **203**

Steuerrecht in der Insolvenz – Steuerverfahrensrecht

204 Im Fall der Stundung von Steuerforderungen iSv § 222 AO ist eine Haftung ausgeschlossen, sofern die Zahlungsunfähigkeit zwischen dem ursprünglichen Fälligkeitsdatum und dem durch die Stundung herbeigeführten Datum eintritt (HHS/Boeker AO § 69 Rn. 28; Tipke/Kruse/Loose AO § 69 Rn. 18). Eine bereits entstandene Haftung nach § 69 AO kann nicht nachträglich durch eine rückwirkende Stundung entfallen (BFHE 206, 309 = BeckRS 2004, 24001800; HHS/Boeker AO § 69 Rn. 28).

205 Bei der Gewährung der Aussetzung der Vollziehung wird nach hM der Fälligkeitszeitpunkt nicht hinausgeschoben (vgl. § 361 AO sowie § 69 FGO; HHS/Boeker AO § 69 Rn. 28a; HHS/Heuermann AO § 240 Rn. 56; jeweils mwN; aA Tipke/Kruse/Loose AO § 69 Rn. 18). Nach Auffassung des BFH mangelt es dem Vollziehungsverbot an einer den Verwaltungsakt qualifizierenden Regelungswirkung, welche auch die Fälligkeit umfasst (BFHE 205, 335 = BeckRS 2004, 24001725). Das Geschäftsführungsorgan hat indes die zur Begleichung der Steuer erforderlichen Mittel bereit zu halten (BFH BFH/NV 1998 = BeckRS 2000, 25005417; BFHE 205, 335 = BeckRS 2004, 24001725; BFH/NV 2005, 2149 = BeckRS 2005, 25008724; Nacke, Haftung für Steuerschulden, 4. Aufl. 2017, 21 Rn. 53 und 47 Rn. 117; differenzierend HHS/Boeker AO § 69 Rn. 28a). Begründet wird dies damit, dass der Steuerpflichtige jederzeit mit einem negativen Ausgang des Verfahrens rechnen muss (BFH/NV 2005, 2149 = BeckRS 2005, 25008724).

206 Dass eine nicht geleistete Zahlung, wäre sie noch erfolgt, nach den §§ 129 ff. InsO anfechtbar gewesen wäre, soll die Haftung nach § 69 AO nicht ausschließen, da hypothetische Kausalverläufe nicht vom Schutzzweck der Norm umfasst sind (BFHE 217, 209 = BeckRS 2007, 24002999; BFHE 217, 233 = BeckRS 2007, 24003051; BFH/NV 2008, 18 = BeckRS 2007, 25012489; Tipke/Kruse/Loose AO § 69 Rn. 21; krit. Klein/Rüsken AO § 69 Rn. 131a; HHS/Boeker AO § 69 Rn. 32e). Dasselbe soll nach der bisherigen Rechtslage für den Zeitraum nach Stellung des Insolvenzantrags gelten, da der Geschäftsführer dadurch nicht von seinen steuerlichen Pflichten befreit wird, sofern er nicht in seiner Verfügungsbefugnis beschränkt ist (vgl. Frotscher Besteuerung Insolvenz 60).

207 Die Möglichkeit einer Haftung besteht auch für die nach Insolvenzanfechtung gem. § 144 Abs. 1 InsO wiederauflebende Forderung, wenn die Steuer zwar geleistet wurde, das aber in einer Weise verspätet, dass sie im Insolvenzverfahren nach §§ 129 ff. InsO angefochten werden kann und zurückgewährt werden muss (NZI 2009, 405 = BeckRS 2008, 24003578; Tipke/Kruse/Loose AO § 69 Rn. 21). Werden Steuerforderungen vor ihrem Fälligkeitszeitpunkt geleistet und sind später gem. § 131 InsO wegen inkongruenter Deckung anfechtbar, fehlt es an einer Pflichtverletzung, sodass eine Haftung auszuschließen ist.

208 Die Geschäftsführungsorgane können nur dann nach § 69 AO haften, sofern die zur Verfügung stehenden Mittel des Unternehmens ausreichend gewesen wären, um die Steuerforderungen zu befriedigen. Der Fiskus wird insoweit allerdings nicht dadurch privilegiert, dass er vorrangig befriedigt werden muss (vgl. jeweils mwN Nacke, Haftung für Steuerschulden, 4. Aufl. 2017, 27 Rn. 72; Pahlke/Koenig/Intemann AO § 69 Rn. 94; Tipke/Kruse/Loose AO § 69 Rn. 34). Eine Pflichtverletzung liegt gem. § 34 AO daher nur dann vor, wenn der Fiskus gegenüber anderen Gläubigern benachteiligt wird (Nacke, Haftung für Steuerschulden, 4. Aufl. 2017, 27 Rn. 72; HHS/Boeker AO § 69 Rn. 45; Pahlke/Koenig/Intemann AO § 69 Rn. 94; Tipke/Kruse/Loose AO § 69 Rn. 34). Nach dem Grundsatz der anteiligen Tilgung des BFH sollen Steuerschulden in gleichem Umfang getilgt werden wie die Forderungen der anderen Gläubiger (BFHE 141, 443 = BeckRS 1984, 22006857; BFHE 143, 488 = BeckRS 1985, 22007221; BFHE 150, 312 = BeckRS 1987, 22008149). Wurden zu Unrecht Vorsteuererbeträge ausgezahlt und haben die Geschäftsführer es pflichtwidrig unterlassen Umsätze anzumelden, haften sie unbeschränkt (BFH/NV 1996, 97 = BeckRS 1995, 22011665; HHS/Boeker AO § 69 Rn. 45; Pahlke/Koenig/Intemann AO § 69 Rn. 100).

209 Einen Sonderfall bildet insoweit allerdings die Lohnsteuer. Deren Steuerschuldner ist nicht der Arbeitgeber, sondern der Arbeitnehmer selbst. Die Lohnsteuer kann als Vorauszahlung auf die Einkommensteuerschuld qualifiziert werden (Krüger in Schmidt, EStG, 40. Aufl. 2021, EStG § 38 Rn. 1 mwN). Der Arbeitgeber ist allerdings nach §§ 39b, 41a EStG zum Einbehalt und der Abführung der Lohnsteuer verpflichtet. Verletzt er diese Verpflichtung, haftet er nach § 42d EStG für die unrechtmäßige Nichtabführung der Lohnsteuer. Die Vertreterhaftung gem. § 69 AO erstreckt sich auf diese Haftungsschuld (HHS/Boeker AO § 69 Rn. 15, 24).

210 Die Lohnsteuer wird vom Arbeitgeber in der steuerlichen Wertung, die sich von den tatsächlichen sachenrechtlichen Verhältnissen löst, nur treuhänderisch für den Fiskus und den Arbeitnehmer einbehalten. Da es sich für den Arbeitgeber um „fremde" Gelder handelt, darf er diese selbst nicht für andere Zwecke verwenden (BFHE 57, 412 = BeckRS 1953, 21002873; BFHE 135, 416 = BeckRS 1982, 22006104; BFHE 153, 512 = BeckRS 1988, 22008621; aA Tipke/Kruse/Loose AO § 69 Rn. 41 mwN). Die Nichtabführung der Lohnsteuer wird vom BFH (BFHE 57, 412 = BeckRS 1953, 21002873; BFHE 135, 416 = BeckRS 1982, 22006104; BFHE 153, 512 =

Steuerrecht in der Insolvenz – Steuerverfahrensrecht

BeckRS 1988, 22008621; BFHE 216, 491 = BeckRS 2007, 24002985) als schuldhafte Pflichtverletzung nach § 69 AO angesehen, daher nimmt er grundsätzlich eine Haftung nach § 69 AO der Geschäftsführungsorgane an (aA Tipke/Kruse/Loose AO § 69 Rn. 41). Zudem soll der Fiskus bezüglich der Lohnforderung im Verhältnis zum Arbeitnehmer nicht benachteiligt werden (BFH/NV 1988, 764; Klein/Rüsken AO § 69 Rn. 71; Pahlke/Koenig/Intemann AO § 69 Rn. 109). Der Arbeitgeber ist daher verpflichtet, die Lohnforderung um die Lohnsteuer zu kürzen, damit die Lohnsteuer am Fälligkeitsdatum ausgezahlt werden kann (BFHE 153, 512 = BeckRS 1988, 22008621; BFHE 216, 491 = BeckRS 2007, 24002985; HHS/Boeker AO § 69 Rn. 17 und 47; Klein/Rüsken AO § 69 Rn. 71).

Nach Ansicht des BFH scheidet eine Haftung nur aus, sofern die Zahlungsunfähigkeit des Unternehmens unvorhersehbar zwischen dem Zeitpunkt der Lohnzahlung und dem Fälligkeitstermin der Lohnsteuer eintritt. Das Auseinanderfallen der beiden Termine folgt daraus, dass die Lohnsteuer gem. § 38 Abs. 2 S. 2 EStG zwar schon zum Zeitpunkt der Auszahlung des Arbeitslohnes entsteht, ihre Fälligkeit jedoch nach § 41a Abs. 1 S. 1 Nr. 2 EStG immer erst am 10. des Folgemonats eintritt. Aus diesem Grund sind die geschäftsführenden Organe nicht gehalten, die Lohnsteuer schon zum Zeitpunkt der Lohnzahlung bereitzuhalten. Sie dürfen vielmehr darauf vertrauen, dass die Lohnsteuer aus den zur Verfügung stehenden Mittel bei Fälligkeit entrichtet werden kann (BFH/NV 1997, 4 = BeckRS 9998, 155167; HHS/Boeker AO § 69 Rn. 18 und 40). **211**

Die Geschäftsführungsorgane haften nur für den Lohnsteuerbetrag, der sich dadurch ergibt, dass die Löhne entsprechend des zur Verfügung stehenden Mittels gekürzt werden (HHS/Boeker AO § 69 Rn. 47; Pahlke/Koenig/Intemann AO § 69 Rn. 110). Diese Haftungsbeschränkung gilt allerdings nicht für den Fall, dass trotz Nichtabführung der Lohnsteuer in vorhergehenden Monaten die Löhne weiterhin ungekürzt ausgezahlt wurden. Die Haftungssumme kann lediglich für den Zeitraum beschränkt werden, in welchem keine Verbindlichkeiten mehr getilgt werden (BFHE 153, 512 = BeckRS 1988, 22008621; HHS/Boeker AO § 69 Rn. 48; Klein/Rüsken AO § 69 Rn. 75; Pahlke/Koenig/Intemann AO § 69 Rn. 111). **212**

b) Erklärungspflicht. Gemäß § 34 AO sind die Geschäftsführungsorgane verpflichtet, für das Unternehmen Steuererklärungen abzugeben. Eine Verletzung dieser Pflicht kann ggf. eine Steuerhinterziehung (§ 370 AO) oder eine leichtfertige Steuerverkürzung (§ 378 AO) darstellen. In diesen Fällen kommt eine Haftung nach § 69 AO in Betracht, soweit der Schuldner zum Fälligkeitszeitpunkt der Steuern noch solvent war. Nach dem Grundsatz der anteiligen Tilgung ist die Haftung begrenzt, wenn keine ausreichenden Mittel zur Verfügung standen, um alle Verbindlichkeiten in gleichem Umfang zu tilgen (BFHE 164, 203 = BeckRS 1991, 22009893; BFH/NV 1994, 526 = BeckRS 1993, 8008; BFH/NV 1996, 97 = BeckRS 1995, 22011665; HHS/Boeker AO § 69 Rn. 35 f.; Pahlke/Koenig/Intemann AO § 69 Rn. 101). Werden durch die Verletzung der Erklärungspflichten aussichtsreiche Vollstreckungsmöglichkeiten oder Aufrechnungs- bzw. Verrechnungsmöglichkeiten vereitelt, haften die Geschäftsführungsorgane unbeschränkt (BFHE 164, 203 = BeckRS 1991, 22009893; HHS/Boeker AO § 69 Rn. 35; Pahlke/Koenig/Intemann AO § 69 Rn. 101). **213**

c) Mittelvorsorgepflicht. Mit der Geschäftsführung eines Unternehmens gehen unternehmerische Risiken einher, welche auch in Krisenzeiten eingegangen werden dürfen (BFH/NV 1987, 2; BFHE 200, 482 = BeckRS 2002, 24000061; BFHE 204, 391 = BeckRS 2003, 24001620; FG München EFG 2013, 585 = BeckRS 2013, 94553; HHS/Boeker AO § 69 Rn. 14a; Tipke/Kruse/Loose AO § 69 Rn. 37; BFH BFH/NV 1988, 485; Klein/Rüsken AO § 69 Rn. 57). Das Steuerrecht gebietet es nicht, dass Unternehmen Geschäfte allein deshalb nicht tätigen, weil diese Steuern auslösen, die möglicherweise nicht gezahlt werden können. Das gilt auch für die Ausübung des Optionsrechts gem. § 9 UStG (BFHE 200, 482 = BeckRS 2002, 24000061; BFHE 204, 391 = BeckRS 2003, 24001620; Klein/Rüsken AO § 69 Rn. 57a; Tipke/Kruse/Loose AO § 69 Rn. 37; ausführlich zu Umfang und Grenzen des Umsatzsteueroptionsrechts bereits Valentin DStR 1997, 1794 ff.). Im Zivilrecht hingegen droht den Geschäftsführungsorganen die volle Haftung gegenüber Neugläubigern, wenn sie Geschäfte nach Insolvenzreife tätigen (vgl. BGHZ 126, 181 = BeckRS 1994, 4233). **214**

Die Geschäftsführung hat allerdings dafür Sorge zu tragen, dass bereite Mittel zur Begleichung der Steuer zum Zeitpunkt der Fälligkeit vorliegen. Diese Mittelvorsorgepflicht beschränkt die unternehmerische Entscheidungsfreiheit, um die rechtzeitige Entrichtung der Steuern zu gewährleisten (BFHE 200, 482 = BeckRS 2002, 24000061; BFH/NV 2013, 1063 = BeckRS 2013, 95180; FG München EFG 2013, 585 = BeckRS 2013, 94553; HHS/Boeker AO § 69 Rn. 14a; Klein/Rüsken AO § 69 Rn. 55). **215**

Werden unter Verletzung der Mittelvorsorgepflicht andere Gläubiger durch vorherige Befriedigung begünstigt und können hierdurch die Steuerforderungen nicht mehr beglichen werden, begründet das die Haftung der Geschäftsführung nach §§ 34, 69 AO. **216**

Happe 1443

Steuerrecht in der Insolvenz – Steuerverfahrensrecht

5. Steuerlicher Haftungsschaden/Steuerausfall

217   Durch die Pflichtverletzung muss außerdem ein Schaden entstanden sein. Der Schaden iSd § 69 AO besteht regelmäßig aus einem Steuerausfall, der dadurch entsteht, dass Ansprüche aus dem Steuerschuldverhältnis gem. § 37 Abs. 1 AO gar nicht oder nicht in voller Höhe festgesetzt, oder bei Fälligkeit nicht oder nicht ausreichend erfüllt wurden (Ziegenhagen/Thieme, Besteuerung in Krise und Insolvenz, 2010, § 4 Rn. 16).

218   Ein Steuerschaden kann auch durch Steuervergütungen oder -erstattungen iSv § 37 Abs. 2 AO entstehen, wenn sie ohne Rechtgrund gezahlt wurden. Dies ist dann vorliegend, wenn bspw. die in Rechnung gestellte Umsatzsteuer als Vorsteuer abgegrenzt wird (§ 16 Abs. 2 S. 1 UStG), obwohl faktisch kein Vorsteuerabzug nach § 15 UStG vorliegt (Ziegenhagen/Thieme, Besteuerung in Krise und Insolvenz, 2010, § 4 Rn. 17).

219   Steuerliche Nebenleistungen, wie Verspätungs- und Säumniszuschläge sind von der Haftung nach § 69 AO nicht ausgenommen (BFH/NV 2000, 1322 = BeckRS 2000, 25004804; Tipke/Kruse/Loose AO § 69 Rn. 2).

6. Verschulden

220   Die Pflichtverletzung durch einen Vertreter iSd §§ 34, 35 AO führt ausschließlich dann zu Haftung, wenn ein vorsätzliches oder grob fahrlässiges Handeln bzw. Unterlassen vorliegt.

221   Der Vertreter handelt vorsätzlich, wenn er Kenntnis vom Bestehen steuerlicher Pflichten hat und diesen bewusst nicht nachkommt (vgl. BFHE 138, 424 = BeckRS 1983, 22006563). Abgrenzend zu einer Steuerhinterziehung muss sich der Vorsatz nicht auf eine Steuerverkürzung beziehen (Klein/Rüsken AO § 69 Rn. 31).

222   Grob fahrlässig handelt der Vertreter, wenn er die Sorgfalt, zu welcher er nach der Berücksichtigung aller Umständen und seiner persönlichen Kenntnisse und Fähigkeiten verpflichtet und imstande war, in hohem Maße außer Acht lässt (BFHE 156, 46 = BeckRS 1989, 22008889). Der BFH bejaht ein grob fahrlässiges Handeln ggf. auch beim einem Auswahlverschulden, etwa wenn der potentielle Haftungsschuldner bestimmte Angelegenheiten mangels eigener Sachkunde nicht oder nur ungenügend selbst erfüllen kann, diese aber an einen erkennbar nicht sachkundigen Dritten übertragen hat (vgl. BFHE 175, 509 = BeckRS 1994, 22011197). Ebenso handelt der Vertreter auch dann grob fahrlässig, wenn er zwar eine sachkundige Person mit der Erbringung der steuerlichen Aufgaben beauftragt, sie jedoch nicht laufend oder sorgfältig überwacht hat (vgl. BFHE 175, 509 = BeckRS 1994, 22011197). Ein grob fahrlässiges Verschulden kann tatsächlich also auch dann vorliegen, wenn die Geschäftsführung unerfahren ist (Jakob, Abgabenordnung, 5. Aufl. 2009, AO § 69 Rn. 398).

223   Der Insolvenzverwalter hat grundsätzlich die Sorgfalt eines ordentlichen und gewissenhaften Insolvenzverwalters zu wahren (§ 60 Abs. 1 S. 2 InsO).

II. Haftung bei Steuerhinterziehung (§ 71 AO)

224   Neben der Haftung nach § 69 AO steht die Haftung des Steuerhinterziehers oder Steuerhehlers sowie der Tatbeteiligten nach § 71 AO. In diesen Fällen strafbaren Verhaltens (§§ 370, 374 AO) haften der Täter wie auch die Beteiligten „für die verkürzten Steuern und die zu Unrecht gewährten Steuervorteile sowie für die Zinsen nach § 235 und die Zinsen nach § 233a, soweit diese nach § 235 Absatz 4 auf die Hinterziehungszinsen angerechnet werden". Durch die Einbeziehung der Beteiligten ist der Kreis der Haftungsschuldner gegenüber § 69 AO deutlich erweitert, etwa auf Steuerberater, sollten sich diese an einer Steuerhinterziehung beteiligt haben. Die Haftung reicht dabei nur so weit wie der Vorsatz des Täters.

225   Auch für diese Haftung gilt der Grundsatz der anteiligen Tilgung, nach dem die Haftung begrenzt ist, wenn keine ausreichenden Mittel zur Verfügung standen, um alle Verbindlichkeiten in gleichem Umfang zu tilgen (vgl. BFHE 169, 13 = BeckRS 1992, 22010415; BFH/NV 1994, 359; BFH/NV 1994, 526 = BeckRS 1993, 8008; HHS/Boeker AO § 71 Rn. 28–31). Werden durch die Verletzung der Erklärungspflichten aussichtsreiche Vollstreckungsmöglichkeiten oder Aufrechnungs- bzw. Verrechnungsmöglichkeiten vereitelt, haften die Geschäftsführungsorgane in deren Umfang unbeschränkt (BFH/NV 2001, 1100 = BeckRS 2001, 25005851; Pahlke/Koenig/Intemann AO § 71 Rn. 21).

Sachverzeichnis

Fett gedruckte Zahlen/Begriffe bezeichnen Abschnitte, mager gedruckte Zahlen Randnummern.

Abkürzung	Abschnitt	Band
InsO	Insolvenzordnung	I
InsO aF	Eigenverwaltung idF bis 31.12.2020	I
COVInsAG	Gesetz zur vorübergehenden Aussetzung der Insolvenzantragspflicht und zur Begrenzung der Organhaftung bei einer durch die COVID-19-Pandemie bedingten Insolvenz	I
InsVV	Insolvenzrechtliche Vergütungsverordnung	I
EuInsVO	Europäische Insolvenzverordnung	I
GB	Länderbericht England	II
F	Länderbericht Frankreich	II
I	Länderbericht Italien	II
A	Länderbericht Österreich	II
Pl	Länderbericht Polen	II
S	Länderbericht Spanien	II
CZ	Länderbericht Tschechische Republik	II
US	Länderbericht USA	II
G	Geschichte	II
B/ArR	Bau- und Architektenrecht in der Insolvenz	II
DS	Datenschutz in der Insolvenz	II
ImoV	Immobilienverwertung im Insolvenzverfahren	II
StR-ESt	Steuerrecht in der Insolvenz – Ertragssteuerrecht	II
StR-USt	Steuerrecht in der Insolvenz – Umsatzsteuer	II
StR-Nl	Steuerrecht in der Insolvenz – Sonstige Steuern und Nebenleistungen	II
StR-Verf	Steuerrecht in der Insolvenz – Steuerverfahrensrecht	II

Abberufung InsO § 15 12 ff.
– Antragsteller **InsO § 15** 12 ff.
– Geschäftsleitung **InsO § 276a** 8 ff., 28 ff.
– Gläubigerausschuss, vorläufiger **InsO § 22a** 75
– Koordinator **EUInsVO 75** 2 ff.
Abnahme B/ArR 90 ff.
Abschlagsverteilung InsO § 192 1 ff.; **InsO § 195** 1 ff.
Absonderung
– Abgrenzung zu Aussonderung **InsO § 47** 13
– AGB-Pfandrecht KI **InsO § 50** 7
– aus Gesetzen, anderen **InsO § 49** 9 ff.
– aus InsO **InsO § 49** 8
– Auseinandersetzungsguthaben **InsO § 118** 16
– Ausfall Befriedigung **InsO § 52** 1 ff.
– Ausfallhaftung **ImoV** 231 ff.
– Befriedigung *siehe dort*
– Begrenzungen **ImoV** 221
– Begründung/Disposition Rechte **InsO § 49** 4 ff.
– Berechtigung **ImoV** 298
– Bestandserweiterung **ImoV** 313
– Bestandteile **ImoV** 301, 422 ff.
– Bestreiten **InsO § 49** 22
– Bruchteil **ImoV** 300
– Doppelausgebot **ImoV** 612 ff.
– Durchsetzung **ImoV** 407 ff., 457

– Einkommensteuer **StR-ESt** 116
– Einstellung Verfahren **InsO § 213** 14 f.
– Entstehungsvoraussetzungen **ImoV** 220 ff.
– Erbbaurecht **ImoV** 298
– Erlösverteilung **InsO § 170** 1 ff.
– Ersatzabsonderung **InsO § 47** 14; **InsO § 49** 31 ff.; **A** 320; **ImoV** 226, 236, 413, 496 ff.
– Ersetzungsbefugnis **InsO § 167** 10 f.
– Erwerbsbeschränkung **ImoV** 221
– Erzeugnisse **ImoV** 301, 422 ff.
– Fälligkeit **ImoV** 222
– Forderungen **InsO § 41** 11 f.; **InsO § 174** 2; **ImoV** 302, 458 ff.
– Gemeinschaftsanteil **ImoV** 416 ff.
– Gesamthypothek **ImoV** 314 ff.
– Gesellschaftsanteil **InsO § 84** 20 f.
– Gläubigerverzeichnis **InsO § 152** 7 ff.
– Grundpfandrechte **ImoV** 407 ff.
– Grundstücke **ImoV** 296
– Gruppenbildung **InsO § 222** 12
– Haftungsumfang **ImoV** 317 ff.
– Haftungsverband **ImoV** 301 ff.
– Immobilien **InsO § 49** 1 ff.; **ImoV** 211 ff., 220 ff., 294 ff.
– Insolvenzplan *siehe dort*
– Kostenbeteiligung **InsO § 171** 1 ff.
– Leistung, wiederkehrende **ImoV** 310 ff.

Sachverzeichnis

- Masseverbindlichkeiten **InsO § 49** 15a ff.
- Miteigentumsanteil **ImoV** 414 f.
- Mitteilung Veräußerungsabsicht **InsO § 168** 1 ff.
- Nachranggläubiger **InsO § 49** 16 ff.
- Nichtbeachtung **ImoV** 226
- Pfändung/Verpfändung/ Sicherungsübereignung **ImoV** 450 ff.
- Pfändungsverbot **ImoV** 435 ff.
- Prozesse **InsO § 86** 12 ff.
- Rangfragen **InsO § 49** 35 f.; **ImoV** 223 f.
- Reaktion auf Zwangsversteigerung **ImoV** 540
- Recht, internationales **InsO § 351** 10 ff.; **A** 231, 319 ff.; **CH** 164
- Rechte, dingliche **InsO § 351** 10 ff.
- Rechte, grundstücksgleiche **ImoV** 298
- Regelung, gesetzliche **ImoV** 213
- Rückschlagsperre **InsO § 88** 20 ff.; **ImoV** 221
- Sachen, bewegliche *siehe dort*
- Schiffe/Luftfahrzeuge/Bahneinheiten **ImoV** 299
- Schutz vor Verzögerung **InsO § 169** 1 ff.
- Sicherheiten Dritter **A** 319 ff.
- Sicherungsabtretung **ImoV** 34, 974
- Sicherungsübereignung **InsO § 51** 1 ff.
- Stimmrecht **InsO § 237** 7 f.; **InsO § 238** 1 ff.
- Teilhaber an Gemeinschaft **ImoV** 219
- Umfang **ImoV** 228 ff.
- Unterrichtung Gläubiger **InsO § 167** 1 ff.
- Veräußerung/Entfernung **InsO § 165** 45; **ImoV** 442 ff.
- Verfahren **InsO § 49** 30; **InsO § 50** 27
- Verfallabreden **ImoV** 410 ff.
- Verfügungsbeschränkung **ImoV** 221
- Vergütung **InsO § 63** 9 f.; **InsVV § 1** 16 ff.; **InsVV § 3** 18 ff.; **InsVV § 11** 9 ff.
- Verkaufsvollmacht **ImoV** 411
- Versicherungsleistungen **ImoV** 303 ff.
- Verteilungsverzeichnis **InsO § 190** 1 ff.
- Verwalter, vorläufiger starker **InsO § 22** 40 ff.
- Verwalterpflichten **InsO § 49** 23 ff.
- Verwertung **InsO § 49** 38 ff.; **ImoV** 890 ff.
- Vollstreckungsverbot **ImoV** 221
- WEG-Recht **ImoV** 297
- Zubehör **ImoV** 428 ff.
- Zurückbehaltungsrecht **InsO § 51** 9 ff.
- Zwangs-/Arresthypothek **ImoV** 381 ff.

Abtretung
- AGB **B/ArR** 488
- Baurecht **B/ArR** 283 ff., 435 ff.
- Forderungen **ImoV** 480 ff.
- Frist **InsO § 287** 21 ff.
- Haftung **StR-USt** 221
- Individualisierbarkeit Anspruch **InsO § 287** 31 f.
- Recht, internationales **CH** 185 ff., 359 ff.; **F** 517 ff.; **Pl** 739 f.
- Restschuldbefreiung **InsO § 287** 17 ff.
- Sicherungsabtretung **InsO § 82** 19 f.; **B/ArR** 435 ff.; **ImoV** 34 f., 974
- Umfang **InsO § 287** 21 ff.
- Verbote **B/ArR** 489
- Verfahrenseröffnung **B/ArR** 283 ff.
- Verpfändung **InsO § 287** 33 ff.
- Vorausabtretung **InsO § 103** 109 ff.

Aktiengesellschaft (AG) **InsO § 225a** 8 f., 22; **Pl** 632 ff.; **StR-ESt** 56 *siehe auch Gesellschaft*
Altersrente **InsO § 36** 12 f., 16
Altersvorsorge **US** 209 f.
Amtsermittlungsgrundsatz **InsO § 5** 1 ff.; **InsO § 296** 21 ff.
Anfechtung **B/ArR** 118, 124 ff.
- Abschlagzahlungen **B/ArR** 126
- Absichtsanfechtung **CH** 328 ff.
- Anfechtung **ImoV** 106 ff.
- Anfechtungsklage **InsO § 143** 46 ff.; **InsO § 259** 7 f.; **CH** 335 f.; **Pl** 759 ff., 1081 ff.
- Ansprüche Gegner **InsO § 144** 1 ff.
- Anspruchskonkurrenzen **InsO § 129** 10 ff.
- Anweisung **InsO § 129** 68 ff.
- Anwendung Vorschriften, allgemeine **InsO § 143** 15 ff.
- Anwendungsbereich **InsO § 339** 9 f.
- Ausnahmen **COVInsAG § 2** 15 f.
- Ausschluss **A** 373, 375
- Aussonderung **InsO § 47** 120 ff.
- Bargeschäft **InsO § 142** 1 ff.; **ImoV** 85
- Baurecht *siehe dort*
- Befreiung von Gesellschaftersicherheit **InsO § 135** 48 ff.; **ImoV** 119 ff.
- Befriedigung/Sicherung Gesellschafter **InsO § 135** 17 ff.
- Berechtigter **InsO § 143** 4 ff.
- Besicherung **InsO § 135** 37 ff.
- Beweiserleichterungen **InsO § 131** 34
- Corona-Pandemie **InsO § 129** 18a
- Darlegungs-/Beweislast *siehe dort*
- Deckung, inkongruente *siehe dort*
- Deckung, kongruente *siehe dort*
- Direktzahlungen **B/ArR** 127 ff.
- Doppelinsolvenz **InsO § 129** 78 f.
- Drei-/Mehrpersonenverhältnisse **InsO § 129** 63 f.; **InsO § 131** 14 ff.; **ImoV** 103 ff.
- Drittwiderspruchsklage **InsO § 129** 5a ff.; **InsO § 143** 51
- Eigenverwaltung **InsO § 129** 16; **InsO aF § 270a** 48 ff.; **InsO § 280** 1 ff.
- England **GB** 354 ff.
- Erben **InsO § 145** 5 ff.
- Erbfolge, vorweggenommene **ImoV** 101
- Erbschaft/Vermächtnis **InsO § 83** 17 ff.
- Erlangung Aufrechnungsmöglichkeit **InsO § 96** 29 ff.
- Erwerb *siehe dort*
- floating charges **GB** 366 f.
- Forderungsliste **Pl** 793 ff.
- Frankreich **F** 537
- Frist *siehe dort*
- Gegner **InsO § 130** 11 ff.; **InsO § 131** 31, 36; **InsO § 135** 9 ff., 34; **InsO § 143** 7 ff.
- Geltendmachung **InsO § 143** 8 ff.
- Gesellschaft, stille **InsO § 136** 1 ff.
- Gesellschafterdarlehen **InsO § 135** 1 ff.
- Gläubigerbenachteiligung *siehe dort*
- Gläubigerliste **E** 777 ff.
- Grundlagen **B/ArR** 118 ff.
- Grundsätze **InsO § 129** 1 ff.; **InsO § 143** 21 ff.
- Grundstücksübertragung **ImoV** 281; **StR-Nl** 32 ff.
- Gütergemeinschaft **InsO § 333** 23
- Immobilienverwertung **ImoV** 76 ff.

Sachverzeichnis

- Inhalt **InsO § 129** 3
- Insolvenz Leistungsmittler **InsO § 129** 77 f.
- Insolvenzplan **InsO § 129** 15; **InsO § 221** 10
- Inventar **E** 777 ff.
- Italien **I** 295
- Kenntnis Zahlungsunfähigkeit **InsO § 130** 20 ff.
- Konkursanfechtungsklage **I** 235 ff.
- Kredit-/Finanzdienstleistungsinstitut **InsO § 129** 17
- Kreditgeschäft, wucherisches **GB** 368
- Leistungen **InsO § 129** 80 ff.; **InsO § 134** 1 ff.; **InsO § 143** 36 ff.
- Mängelbeseitigung auf Kosten Masse **B/ArR** 221
- Margensicherheiten **InsO § 130** 33 ff.
- Maßnahmen, vorläufige **InsO § 21** 147 ff.
- Mietvertrag **InsO § 110** 23; **ImoV** 475 ff., 491 ff.
- Mithaftung **InsO § 129** 87 f.
- Nachlassinsolvenz **InsO § 129** 18; **InsO § 322** 1 ff.
- Nutzungen **InsO § 143** 22 ff.
- Nutzungsüberlassung **InsO § 135** 61 ff.
- Österreich **A** 355 ff., 477
- paulianische **CH** 316 ff.
- Personen, nahestehende **InsO § 131** 39 f.; **InsO § 138** 1 ff.
- Pfandrecht **ImoV** 478 f., 491 ff.
- Planverfahren **InsO § 129** 15
- Polen **Pl** 727 ff., 793 ff., 1081 ff.
- Prozessuales **InsO § 129** 89 ff.
- Rangrücktritt **InsO § 135** 18
- Recht, internationales **InsO § 339** 1 ff.; **EUInsVO** 7 63 ff.
- Rechtsfolgen **InsO § 135** 35, 46, 56 ff.; **InsO § 143** 1 ff.; **InsO § 339** 18 ff.; **B/ArR** 206 ff.; **ImoV** 105, 122 ff., 281, 350 ff.
- Rechtshandlungen/-geschäfte *siehe dort*
- Rechtsnachfolger **InsO § 145** 1 ff.
- Rechtsnatur **InsO § 129** 4 ff.; **InsO § 143** 1 ff.
- Refinanzierungsvereinbarung **E** 93 ff.
- Richterentscheidungen **InsO § 6** 2 ff.
- Rückforderungsausschluss **InsO § 137** 3 ff.
- Rückgewähr **InsO § 143** 12 ff.
- Schenkung **InsO § 134** 15 ff.; **CH** 321 ff.; **ImoV** 91 ff.
- Schweiz **CH** 172 ff., 235 f., 316 ff.
- Spanien *siehe dort*
- Stellung von Sicherheiten **B/ArR** 146 ff.
- Surrogate **InsO § 143** 25
- Systematik **InsO § 129** 7 ff.
- Tatbestände **A** 366
- Teilanfechtung **InsO § 135** 53
- Titel, vollstreckbarer **InsO § 141** 1 ff.
- Treuhand **InsO § 129** 82 f.
- Überbrückungskredit **A** 477
- Überschuldungsanfechtung **CH** 324 ff.
- Umsatzsteuer **StR-USt** 79, 223 ff.
- Unterhalt aus Masse **InsO § 100** 28
- USA **US** 46, 182 ff.
- Verfügungen Insolvenzverwalter **InsO § 143** 8 ff.
- Vergleich *siehe dort*
- Vergütungsfestsetzung **EUInsVO** 77 9 f.
- Verjährung **InsO § 135** 36; **InsO § 146** 1 ff.; **B/ArR** 222 ff.
- Vertrag mit Person, nahestehender **InsO § 131** 35 ff.
- Vertrag zu Gunsten Dritter **InsO § 129** 72
- Vertrag, entgeltlicher **InsO § 131** 38 f.
- Verwendungsersatz **InsO § 143** 33 ff.
- Vollstreckungsmaßnahmen **InsO § 80** 79 ff.; **InsO § 141** 8 ff.; **ImoV** 395 ff.
- Voraussetzungen **InsO § 129** 2; **InsO § 130** 16 ff., 29 ff.; **InsO § 131** 27 ff.; **InsO § 339** 11 ff.; **GB** 355 ff.
- Vormerkung **InsO § 106** 45 f.
- Vorsatz **ImoV** 106 ff.
- Wechsel-/Scheckzahlungen **InsO § 137** 1 ff.
- Wertersatz **InsO § 143** 26 ff.
- Werthaltigmachen einer Forderung **B/ArR** 212 ff.
- Wiederaufleben Forderung **InsO § 144** 5 ff.
- Zahlungen **B/ArR** 144 f., 172 ff.; **E** 153 ff.; **ImoV** 859
- Zahlungsunfähigkeit **InsO § 130** 17 ff.
- Zahlungszeitpunkt **B/ArR** 137
- Zeitpunkt **InsO § 135** 31 ff., 42 ff.; **InsO § 140** 1 ff.
- Zeitraum **InsO § 131** 11 ff., 41; **A** 371; **ImoV** 109
- Zurechnungszusammenhang **InsO § 129** 61 ff.
- Zusammenhang, ursächlicher **InsO § 129** 55 ff.
- Zuständigkeit **InsO § 339** 27 ff.; **CH** 335 f.; **EUInsVO** 5 1 ff.
- Zuwendungen, mittelbare **InsO § 129** 65 ff.
- Zweck **InsO § 129** 1
- Zwei-Personen-Verhältnis **ImoV** 99 ff.

Anfechtungsklage
- Prozessrecht **US** 182 ff.

Anhörung
- Antrag **InsVV § 9** 3
- Aufenthalt, unbekannter **InsO § 10** 16
- Aufhebung **InsO § 270e** 31 f.
- Auslandsaufenthalt **InsO § 10** 13 ff.
- Begriff **InsO § 10** 1 ff.
- Durchführung **InsO § 10** 7 ff.
- Eigenverwaltung, vorläufige **InsO § 270b** 32 ff.
- Einstellung **InsO § 214** 8
- Entbehrlichkeit **InsO § 10** 11 ff.
- Entlassung Mitglied Ausschuss **InsO § 70** 13
- Gesellschaft **InsO § 10** 21 ff.
- Gläubiger **InsO § 309** 17 ff.; **InsO § 314** 8 f.
- Gläubigerausschuss, vorläufiger **InsO § 56a** 4 ff.; **InsO § 270b** 32 ff.; **InsO § 270e** 31 f.
- Insolvenzplan **InsO § 248** 7; **InsO § 248a** 6
- Massearmut/-losigkeit **InsO § 207** 4 f.
- Notwendigkeit **InsO § 10** 4 ff.
- Person, natürliche **InsO § 10** 12
- Postsperre **InsO § 99** 22 ff.
- Restschuldbefreiung **InsO § 287** 43 ff.; **InsO § 287a** 7; **InsO § 297** 10 f.; **InsO § 300** 19 ff.
- Schuldenbereinigungsplan **InsO § 309** 17 ff.
- Schuldner **InsO § 10** 1 ff.; **InsO § 14** 21 ff.; **InsO § 98** 28 ff.; **InsO § 287a** 7
- unterlassene **InsO § 10** 27 ff.
- Verbraucherinsolvenz **InsO § 306** 20 ff.
- Vergütung **InsVV § 16** 5; **InsVV § 17** 12 f.

Sachverzeichnis

- Vertreter/Angehöriger **InsO § 10** 17 ff.; **InsO § 14** 22
- Verwalter **InsO § 59** 15 ff.
- Verzögerung, übermäßige **InsO § 10** 13 ff.

Antrag
- ab Insolvenzeröffnung **ImoV** 771 f.
- abgewiesener **InsO § 139** 12
- Ablehnung **CZ** 62 ff.
- Abtretungserklärung **InsO § 305** 28 f.
- Abweisung **InsO § 13** 43 f.; **InsO § 26** 1 ff.; **InsO § 139** 13
- Amtsniederlegung/Abberufung Antragsteller **InsO § 15** 12 ff.
- Änderungen, nachträgliche **InsO § 269c** 31 ff.
- Anfechtung **US** 46
- Anhörung **InsVV § 9** 3
- Anlagen **InsO § 305** 25 ff.
- Antragsberechtigung/-befugnis *siehe dort*
- Antragspflicht *siehe dort*
- Antragsrücknahme **GB** 73
- Aufhebung **InsO § 270e** 9 ff.; **InsO § 272** 13 ff.
- Aussichtslosigkeit **InsO aF § 270a** 12 ff.
- Baurecht **B/ArR** 59, 67 ff.
- Bedingungsfeindlichkeit **InsO aF § 270** 17 ff.; **InsO § 270a** 7 ff.
- Begründung Verbindlichkeiten **InsO aF § 270b** 23 f.
- Bekanntmachung **InsO § 345** 6 ff.
- Berichtigung **InsO § 297** 5 f.
- Bescheinigung Scheitern Vorverfahren **InsO § 305** 15 ff.
- Beschluss Gläubigerversammlung **InsO § 78** 4 f.
- Beschwerdebefugnis **InsO § 15** 16
- Bestimmtheit **InsO § 13** 4
- Darlegungs-/Beweislast **InsO § 139** 15
- Eigenantrag **InsO § 287** 1 ff.
- Eigenverwaltung **InsO aF § 270** 9 ff.; **InsO § 270a** 1 ff.; **InsO aF § 270a** 7 ff.; **InsO aF § 270b** 18 f. **InsO § 272** 13 ff.; **COVInsAG § 5** 24 ff.
- Einberufung Gläubigerversammlung **InsO § 75** 1 ff.
- Einstellung Verfahren **InsO § 212** 2 ff.; **InsO § 213** 2 ff.; **InsO § 214** 2
- England *siehe dort*
- Entlassung Verwalter **InsO § 59** 10 f.
- Erledigung **InsO § 13** 35 ff., 45 ff.; **InsO § 139** 14
- erneuter **InsO § 269c** 31 ff.
- Eröffnung **InsO § 5** 2 ff.; **InsO § 13** 1 ff.; **InsO § 54** 5 ff.; **InsO § 139** 1 ff.; **InsO § 270a** 9 ff.; **InsO aF § 270b** 13 ff.; **InsO § 305** 1 ff.; **EUInsVO 38** 4 ff.
- Ersetzung Zustimmung **InsO § 309** 1 ff.
- Finanzbehörde **StR-Verf** 174 ff.
- Form **InsO aF § 270** 12 ff.; **InsO § 270a** 6; **InsO § 287** 11 f.; **InsO § 290** 9 ff.
- Formulare, unvollständige **InsO § 305** 53 ff.
- Formularzwang **InsO § 13** 46; **InsO § 305** 11 ff.
- Frankreich *siehe dort*
- freiwilliger **US** 40 ff.
- Fremdantrag **InsO § 287** 7 ff.
- Frist *siehe dort*
- Glaubhaftmachung **InsO § 290** 14 ff.

- Gläubiger **InsO § 13** 8 ff.; **InsO § 14** 1 ff.; **InsO § 277** 6 ff.; **InsO § 304** 28 f.; **InsO § 306** 15 ff.; **CH** 106 ff.; **COVInsAG § 3** 1 ff.; **CZ** 31 ff.
- Gläubiger-/Forderungsverzeichnis **InsO § 305** 38 ff.
- Gläubigerausschuss, vorläufiger **InsO § 22a** 27 f.
- Gläubigerversammlung **InsO § 277** 3 ff.
- Grundbucheintragungen **InsO § 346** 11 f.
- Gründe **Pl** 343 f.
- Gruppengerichtsstand **InsO § 3a** 7 ff.; **InsO § 13a** 1 ff.
- Gruppen-Gläubigerausschuss **InsO § 269c** 5 ff.
- Gutachten **InsO § 21** 10
- Identifizierung **InsO § 13** 21 ff.
- Inhalt **InsO § 13** 20 ff.; **InsO § 270a** 9 ff.; **InsO § 287** 13 ff.; **InsO § 290** 12 ff.; **CZ** 26; **InsVV § 8** 7 ff.; **InsVV § 9** 4 ff.; **Pl** 64 ff., 224 ff., 234
- Inkassounternehmen **InsO § 290** 11a
- Insolvenzgrund **InsO § 13** 24 ff.
- Insolvenzplan **InsO § 248** 8
- Italien **I** 131 ff., 353 f.
- Konkursabwendungsvergleich **I** 131 ff.
- Koordinationsgericht **InsO § 269d** 4 ff.
- Koordinationsverfahren **EUInsVO 61** 1 ff.
- Kosten **InsO § 54** 5 ff.
- Kündigungsschutz **InsO § 126** 13 ff.
- Mängel **InsO § 13** 32 ff.
- mehrere **InsO § 13** 3; **InsO § 139** 9 ff.
- Nachlassinsolvenz *siehe dort*
- nachträglicher **InsO aF § 270** 31 f.
- Österreich **A** 32 ff.
- Partikularverfahren **InsO § 354** 17 ff.
- Personengesellschaften *siehe dort*
- Polen *siehe dort*
- Postsperre **InsO § 99** 21
- Rechtsschutz **StR-Verf** 174 ff.
- Restschuldbefreiung **InsO § 287** 1 ff.; **InsO § 290** 1 ff.; **InsO § 295a** 15 ff.; **InsO § 296** 1 ff.; **InsO § 305** 25 ff.
- Rücknahme **InsO § 13** 35 ff., 45 ff.; **InsO § 15** 15 f.; **InsO § 139** 14; **InsO § 287** 16a f.; **InsO § 306** 14; **CZ** 66 f.; **ImoV** 564
- schriftlicher **InsVV § 8** 1
- Schuldenbereinigungsplan **InsO § 305** 46 ff.
- Schuldner **InsO § 13** 13 ff.; **InsO aF § 270** 19 f.; **InsO § 270f** 3; **InsO § 304** 21 ff.; **InsO § 305** 1 ff.; **CH** 111 ff.; **CZ** 29 f.; **Pl** 66 f.
- Schutzschirmverfahren *siehe dort*
- Schweiz **CH** 29 f., 106 ff.
- Sekundärverfahren **InsO § 356** 15 ff.
- Sicherungsmaßnahmen **InsO § 344** 8 ff.
- Spanien **E** 72 ff., 118 ff., 564 ff.
- Stellung durch Berechtigte, einzelne **InsO § 15** 10 ff.
- Treuhänder **InsO § 298** 1 ff.
- Tschechische Republik *siehe dort*
- unfreiwilliger **US** 44 ff.
- Unterhalt aus Masse **InsO § 100** 13 ff.
- USA **US** 40 ff.
- Verbraucherinsolvenz **InsO § 304** 19 f.; **InsO § 305** 1 ff.; **InsO § 306** 15 ff.
- vereinfachter **Pl** 335 ff.
- Verfahren nach **InsO § 270a** 25 ff.

Sachverzeichnis

- Verfahrenskosten **InsO § 4a** 13 ff.; **InsO § 4b** 4 f.; **InsO § 13** 41 ff.
- Verfahrenspfleger **InsO § 21** 9
- Vergütungsfestsetzung **InsO § 64** 4 ff.; **InsVV § 7** 2 ff.; **InsVV § 8** 1 ff.; **InsVV § 9** 1 ff.; **InsVV § 12a** 14; **InsVV § 17** 6 ff.
- Vermögensübersicht **InsO § 305** 30 ff.
- Vermögensverzeichnis **InsO § 305** 33 ff.
- Versicherung, eidesstattliche **InsO § 153** 15 ff.
- Vertretung **InsO § 305** 7 ff.
- Verwalter **InsO § 253** 12 ff.; **ImoV** 782 f.
- Verweisungsantrag **InsO § 3d** 4 ff.
- Verwertungsaussetzung **EUInsVO 46** 2 f., 9
- Verzeichnisse **InsO § 13** 28 ff.; **InsO § 305** 30 ff.
- Vollstreckungsschutz **InsO aF § 270b** 21 f.
- von Amts wegen **CH** 116 ff.
- Weiterleitung **InsO § 348** 15 ff.
- Zeitpunkt **InsVV § 8** 2 ff.
- Zulässigkeit **InsO § 21** 5 ff.
- Zulassungsverfahren **InsO § 5** 2 ff.
- Zurückweisung **InsO § 253** 12 ff.; **CZ** 68 ff.
- Zwangsversteigerung **ImoV** 524 ff., 565 ff.
- Zwangsverwaltung **ImoV** 769 ff.
- Zwangsvollstreckung **ImoV** 499

Antragsberechtigung/-befugnis InsO § 13 7 ff.; **InsO § 290** 1 ff.
- Eigenverwaltung **InsO § 270a** 3 ff.
- Einstellung Verfahren **InsO § 212** 2; **InsO § 213** 2
- England **GB** 69 ff., 94, 126
- Erbe **InsO § 330** 16 ff.
- Erben **InsO § 317** 4 ff.
- Frankreich **F** 171
- Gesellschaft ohne Rechtspersönlichkeit **InsO § 15** 1 ff.
- Gesellschaft, ausländische **InsO § 15** 9
- Gesellschaft, führungslose **InsO § 15** 4 ff.
- Glaubhaftmachung **InsO § 14** 9 ff.
- Gläubiger **InsO § 14** 1 ff.; **InsO § 39** 128; **InsO § 75** 8 ff.
- Gläubigerausschuss **InsO § 75** 4
- Gruppengerichtsstand **InsO § 3a** 8 ff.
- Gütergemeinschaft **InsO § 333** 7 ff.
- Insolvenzverwalter **InsO § 75** 1 ff.
- Interesse, rechtliches **InsO § 14** 2 ff.
- Italien **I** 170 ff.
- Kapitalgesellschaft **InsO § 18** 3 ff.
- Nachlassgläubiger **InsO § 317** 22 ff.
- Nachlassinsolvenz **InsO § 317** 1 ff.
- Österreich **A** 32 ff.
- Partikularverfahren **InsO § 354** 19 ff.
- Person, juristische **InsO § 13** 19; **InsO § 15** 1 ff.
- Person, natürliche **InsO § 13** 16 ff.
- Personengesellschaft **InsO § 13** 19; **InsO § 18** 3 ff.
- Polen **Pl** 53 ff., 222, 374, 895
- Restschuldbefreiung **InsO § 296** 2 ff.
- Schuldner **InsO § 18** 1 ff.
- Sekundärinsolvenzverfahren **EUInsVO 37** 1 ff.
- Sekundärverfahren **InsO § 356** 15 ff.
- Spanien siehe dort
- Staatsanwaltschaft **InsO § 13** 19 a f.
- Verbraucherinsolvenz **InsO § 305** 18 ff.
- Vergütung **InsVV § 9** 2

- Wegfall Recht **InsO § 13** 39 ff.

Antragspflicht InsO § 15a 1 ff.; **InsO § 15b** 16; **InsO § 317** 26 ff.
- Adressaten **InsO § 15a** 7 ff.
- Aufbauhilfe/Hochwasser **InsO § 15a** 28e ff.
- Auslandsgesellschaften **InsO § 15a** 6, 15
- Aussetzung **COVInsAG § 1** 1 ff.; **COVInsAG § 2** 1 ff.; **E** 216; **EUInsVO 38** 4 ff.
- COVID-Pandemie **InsO § 15a** 28b ff.
- Gesellschaft, führungslose **InsO § 15a** 11 ff.
- Gesellschaftsformen **InsO § 15a** 1 ff.
- Haftung **InsO § 15a** 29 ff.
- Inhalt **InsO § 15a** 17 ff.
- Kapitalgesellschaften **InsO § 15a** 2 ff.
- Kenntnis **InsO § 15a** 16
- Kreditinstitute/Finanzdienstleister **InsO § 15a** 4
- Nichterfüllung **E** 215
- Personengesellschaften **InsO § 15a** 5 ff.
- Polen **Pl** 62 ff., 223, 1200 ff.
- Spanien **E** 213 ff.
- Tschechische Republik **CZ** 630

Anwartschaftsrecht InsO § 35 7; **InsO § 47** 29

Anzeigepflicht
- Eigenverwaltung, vorläufige **InsO § 270c** 56 f.
- Recht, internationales **A** 440
- Restschuldbefreiung **InsO § 295** 15 ff.
- Sachwalter **InsO aF § 270a** 58 f.; **InsO § 270c** 56 f.
- Verwalter **InsO § 262** 2 ff.

Arbeitsrecht
- Abfindung **InsO § 35** 11; **InsO § 55** 55 ff.; **CZ** 452 ff.; **Pl** 644 ff.; **US** 202
- Abschlagszahlungen **InsO § 123** 25
- Altersvorsorge **US** 209 f.
- Änderung, wesentlich Sachlage **InsO § 125** 37 ff.
- Angestellte **InsO § 276a** 47
- Angestellte, leitende **A** 439
- Arbeitnehmer **InsO § 55** 50; **InsO § 220** 9 ff.; **InsO § 221** 13 ff.; **InsO § 222** 23, 30 ff.; **InsO § 224** 5; **A** 292; **F** 415; **Pl** 639, 1040
- Arbeitnehmervertreter **InsO § 269c** 20 ff.
- Arbeitseinkommen **InsO § 55** 68 ff.; **InsO § 81** 25 ff.; **InsO § 89** 30 ff.; **InsO § 113** 1 ff.; **InsO § 292** 2 ff., 18 ff.; **InsO § 294** 10 ff.
- Arbeitskraft Schuldner **InsO § 35** 13
- Arbeitsvertrag **E** 558 ff.; **EUInsVO 13** 1 ff.
- Arbeitszeugnis **InsO § 55** 58
- Aufgaben Verwalter **E** 402
- Aufwandsentschädigung **InsO § 36** 10
- Ausschlussfristen, tarifliche **InsO § 123** 29
- Beendigung Arbeitsverhältnisse **CZ** 450 f.; **Pl** 635 ff.
- Beschlussverfahren **InsO § 122** 19 ff.; **InsO § 126** 1 ff.
- Betrieb, betriebsratsloser **InsO § 126** 9 ff.
- Betriebsänderung **InsO § 121** 1 ff.; **InsO § 122** 1 ff.; **InsO § 125** 6 ff.; **A** 290 f.
- Betriebsübergang **InsO § 128** 6 ff.; **GB** 294 ff.; **Pl** 653 ff., 1045 ff.
- Betriebsvereinbarungen **InsO § 120** 1 ff.
- Corona-Prämien **InsO § 35** 11; **InsO § 36** 10b
- Dienstverhältnis **InsO § 108** 18 ff., 62 ff.; **InsO § 113** 1 ff.

1449

Sachverzeichnis

- Direktversicherung **InsO § 35** 14, 23
- Eigenverwaltung **InsO § 113** 15 f.; **InsO § 279** 7
- Einkommen, unpfändbares **InsO § 35** 11
- Entgeltumwandlung **InsO § 35** 14
- Erwerberhaftung **InsO § 128** 29
- Erwerbermodell **InsO § 125** 18
- Feststellungsverfahren, kollektivrechtliche **E** 297 f.
- Freigabe Arbeit, selbstständige **InsO § 35** 65 ff.
- Gläubiger, lokaler **EUInsVO 36** 21
- Individualarbeitsrecht **A** 282 ff.
- Insolvenzausfallgeld **A** 293 ff.; **CZ** 465 ff.
- Insolvenzplan **InsO § 220** 9 ff.; **InsO § 221** 13 ff.
- Insolvenzverwalter, vorläufiger **InsO § 22** 37 f., 54
- Interessenausgleich **InsO § 125** 10 ff.; **InsO § 128** 31 f.
- internationales **InsO § 337** 1 ff.; **A** 282 ff.; **CZ** 450 ff.; **E** 297 ff., 349 ff., 402, 558 ff.; **EUInsVO 13** 1 ff.; **F** 233, 304 ff., 331 ff.; **GB** 290 ff.; **Pl** 634 ff., 1037 ff.; **US** 196 ff.
- kollektives **A** 300 ff.; **CZ** 469; **US** 205 ff.
- Konsultationsverfahren **InsO § 125** 46 ff.
- Kündigung **InsO § 113** 1 ff.; **InsO § 125** 42 ff.; **InsO § 126** 4 ff.; **GB** 290 ff.; **Pl** 1038 f.
- Kündigungsschutz **InsO § 125** 1 ff.; **InsO § 126** 1 ff.; **InsO § 127** 1 ff.; **A** 283 ff.; **E** 574
- Leiharbeit **InsO § 125** 33 ff.
- Leistungen **Pl** 1042 ff.
- Leistungsträgerklausel **InsO § 125** 34 ff.
- Lohnforderungen **US** 196 ff.
- Masseforderungen **InsO § 35** 10 ff.
- Massenentlassung **InsO § 125** 39 ff.; **CZ** 455 ff.; **Pl** 640 ff., 1041
- Masseverbindlichkeiten **InsO § 55** 49 ff.
- Mehrarbeitsstunden **InsO § 35** 11
- Nachkündigung **InsO § 113** 18 ff.
- Namensliste **InsO § 125** 17 ff.
- Nebenverfahren **E** 349 ff.
- Pensionsverpflichtungen **InsO § 19** 52
- Personalstruktur, angemessene **InsO § 125** 28 ff.
- Personen, nahestehende **InsO § 138** 31 ff.
- Pflichten Insolvenzverwalter **InsO § 60** 51 ff.
- Rechtskraft **InsO § 126** 23
- Rechtsmittel **InsO § 122** 24 ff.; **InsO § 126** 22
- Restrukturierung **CZ** 454; **Pl** 1037 ff.
- Sonderzuwendungen **InsO § 55** 51
- Sozialauswahl **InsO § 125** 34 ff.
- Sozialplan **InsO § 19** 47; **InsO § 123** 1 ff.; **InsO § 124** 1 ff.; **InsO § 209** 16; **F** 334
- Sozialversicherungsbetrug **CZ** 631 ff.
- Stellung Verwalter **InsO § 80** 45
- Stellungnahme Betriebsrat **InsO § 125** 49 ff.
- Tarifverträge **Pl** 661
- Teileinigung **InsO § 125** 19
- Unternehmensveräußerung **InsO § 128** 1 ff.
- Unterrichtung **InsO § 122** 10 ff.; **InsO § 125** 15 f.
- Urlaub **InsO § 55** 52 f.
- Urlaubsgeld **InsO § 36** 10
- USA **US** 196 ff.
- Vereinbarung, abweichende **InsO § 113** 22 ff.
- Vereinbarungen, kollektivrechtliche **US** 205 ff.
- Verfrühungsschaden **InsO § 113** 23 ff.
- Verfügung, einstweilige **InsO § 122** 26 f.
- Verfügungsverbote **InsO § 81** 25 ff.
- Vergütung **InsVV § 3** 32 ff.; **Pl** 747 ff.
- Verjährung **InsO § 123** 27 ff.
- Vermittlungsverfahren **InsO § 121** 1 ff.
- Vollstreckungsverbot **InsO § 123** 26
- Vorausverfügungen Arbeitseinkommen **InsO § 287** 33 ff.
- Vorsorgeleistungen **US** 203 ff.
- Wechselschichtzulage/Zulagen **InsO § 36** 10
- Weihnachtsgeld **InsO § 36** 10
- Zuständigkeit **EUInsVO 13** 14
- Architekt/Ingenieur **B/ArR** 14 f., 385 ff.
- Asset-Deal **DS** 100 ff.
- Aufbauhilfe/Hochwasser **InsO § 15a** 28e ff.
- Aufenthaltsbeschränkungen **InsO § 21** 75 f.
- Aufhebung **InsO § 270e** 24 ff.
- Anhörung **InsO § 270e** 31 f.
- Antrag **InsO § 272** 13 ff.
- Beschluss Gläubigerversammlung **InsO § 78** 1 ff.; **InsO § 272** 13 ff.
- Eigenverwaltung **InsO § 272** 1 ff.; **InsO § 277** 23; **InsO § 280** 13
- Eigenverwaltung, vorläufige **InsO § 270e** 1 ff.; **InsO § 270f** 12 f.
- Entscheidung **InsO § 4c** 27 ff.; **InsO § 200** 7 ff.; **InsO § 272** 29 ff.
- Gläubiger **InsO § 272** 13 ff.
- Grund **InsO § 4c** 1 ff.; **InsO § 270e** 3 ff.; **InsO § 270f** 12 f.
- Österreich **A** 69 ff.
- Rechte Gläubiger nach - **InsO § 201** 1 ff.
- Rechtsmittel **InsO § 270e** 29; **InsO § 272** 33 f.
- Registereintragungen **InsO § 200** 12 ff.
- Schuldner **InsO § 272** 26 ff.
- Schutzschirmverfahren **InsO aF § 270b** 92 ff.
- Sicherungsmaßnahmen **InsO § 25** 1 ff.
- Stundung **InsO § 4c** 1 ff.
- Überwachung Insolvenzplan **InsO § 268** 1 ff.
- Verfahren **InsO § 200** 1 ff.; **InsO § 201** 1 ff.; **InsO § 258** 1 ff.; **InsO § 270e** 9 ff.; **Pl** 124 ff., 183 ff., 295 ff.
- Verhältnis zur Restschuldbefreiung **InsO § 201** 17
- Voraussetzungen **InsO § 200** 5 f.; **InsO § 272** 6 ff.
- Wirkungen **InsO § 259** 1 ff.
- Zustimmungsbedürftigkeit **InsO § 277** 23
- Zwangsvollstreckungsmaßnahmen **InsO § 201** 13 ff.
- Zweckverfehlung **InsO § 4c** 26

Aufrechnung
- Arbeitsentgelte **InsO § 294** 10 ff.
- Aufrechnungslage **InsO § 94** 1 ff.
- Aufrechnungsvereinbarung **B/ArR** 613 ff.
- Ausschluss **InsO § 95** 30 ff.
- Baurecht **B/ArR** 230 ff., 283 ff., 329 ff., 365 ff., 613 ff.
- Befugnis **InsO § 94** 5 f., 12 ff., 30 ff.
- Darlegungs-/Beweislast **InsO § 94** 50
- durch Abtretung **InsO § 96** 14 f.
- Durchsetzbarkeit **InsO § 94** 27 f.
- Durchsetzung **InsO § 94** 48 ff.
- Eigenverwaltung **InsO § 94** 61

Sachverzeichnis

- Entstehung HF nach Eröffnung **B/ArR** 238 ff.
- Erfüllbarkeit Hautforderung **InsO** § 94 29
- Erfüllungsablehnung **B/ArR** 329 ff.
- Erklärung **InsO** § 94 48; **InsO** § 287 39
- Erlangung, anfechtbare **InsO** § 96 29 ff.
- Eröffnungsverfahren **InsO** § 94 57
- Erwerb GegenF nach Eröffnung **B/ArR** 246 f.
- Erwerb Gegenforderung nach Eröffnung **InsO** § 96 20 ff.
- Fälligkeit **InsO** § 95 24 ff.
- Forderungen **InsO** § 96 44 ff.; **Pl** 558 f.
- Forderungsanmeldung **B/ArR** 556
- Fremdwährung **InsO** § 95 35 ff.
- Gegenseitigkeit **InsO** § 94 13 ff.
- Geltendmachung **InsO** § 94 49 f.
- Gläubigerverzeichnis **InsO** § 152 10
- Gleichartigkeit **InsO** § 94 23 ff.; **InsO** § 95 27 ff.
- Hauptforderung nach Eröffnung **InsO** § 96 8 ff.
- Herbeiführung, anfechtbare Aufrechnungslage **B/ArR** 250 f.
- Konzernverrechnungsklausel **InsO** § 94 36 ff.
- Lageeintritt im Verfahren **InsO** § 95 1 ff.
- Mängelrechte **B/ArR** 230 ff.
- Mietforderungen **InsO** § 110 17 ff.; **ImoV** 474
- Nachlassinsolvenz **InsO** § 323 9 ff.; **InsO** § 327 19 ff.
- Planverfahren **InsO** § 94 59 f.
- Privilegierung (§ 95 Abs. 1 S. 3 InsO) **B/ArR** 252 ff.
- Recht, anwendbares **EUInsVO** 7 34 ff.
- Recht, internationales **InsO** § 338 1 ff.; **A** 250 ff.; **CH** 231 ff.; **CZ** 433 ff.; **E** 530 ff.; **EUInsVO** 9 1 ff.; **F** 392 ff.; **GB** 276 ff.; **I** 223; **Pl** 558 f.; **US** 179 ff.
- Rechtsausübung, unzulässige **InsO** § 94 43 f.
- Rechtsfolgen **InsO** § 94 51 ff.; **InsO** § 294 17 f.
- Rechtsweg **InsO** § 96 3 ff.
- Restschuldbefreiung **InsO** § 94 58; **InsO** § 294 10 ff.
- Schuldenbereinigungsplan **InsO** § 309 37
- Schutz künftiger - **InsO** § 95 5 ff.
- Steuererstattungen **InsO** § 95 16 ff.
- Teildeckung **InsO** § 94 54 ff.
- Überschuldung **InsO** § 19 48
- Umsatzsteuer durch Finanzamt **StR-USt** 118, 137 ff.
- Unzulässigkeit **InsO** § 96 1 ff.
- Verbote **InsO** § 21 38; **InsO** § 94 39 ff.; **InsO** § 96 5 ff.; **InsO** § 210 16; **B/ArR** 236 ff.; **StR-Nl** 35
- Verfahrenseröffnung **B/ArR** 283 ff.
- Verrechnungsvereinbarung **InsO** § 94 33 ff.
- Verträge, gegenseitige/laufende **InsO** § 103 107 ff.
- Verzicht auf - **B/ArR** 233
- Vollzugsvereinbarung **InsO** § 94 32
- Voraussetzungen **InsO** § 338 10 ff.; **B/ArR** 232 ff.

Aufsichtspflicht InsO § 58 1 ff.; **InsO** § 292 5
Aufspaltung StR-ESt 14 ff.
Ausgebot ImoV 596 ff., 607 ff., 612 ff., 620 ff.

Auskunft/Unterrichtung/Mitteilung InsO § 4c 2; **InsO** § 357 4 ff.; **StR-Verf** 62 ff.
- Akteneinsicht **StR-Verf** 62 ff.
- Angestellte (ehemalige) **InsO** § 101 31 ff.
- Ansprüche, materiell-rechtliche **InsO** § 101 40
- Anwendungsbereich **InsO** § 20 5 ff.; **InsO** § 97 3 ff.
- Art/Umfang **InsO** § 97 25 ff.; **InsO** § 167 4 f.
- Aussonderung **InsO** § 47 139 f.
- Baurecht **B/ArR** 271 f.
- Berater **InsO** § 97 12 ff.
- Berechtigte **InsO** § 20 10 ff.; **InsO** § 79 1 ff.; **InsO** § 97 16 ff.; **InsO** § 101 28
- Betriebsrat **F** 62
- Bruchteil **InsO** § 195 13 f.
- Datenabfrage, steuerliche **StR-Verf** 60 ff.
- datenschutzrechtlicher **InsO** § 36 20b
- Datenspeicherung **EUInsVO** 83 1
- Dritte **InsO** § 97 12 ff.
- Durchsetzung **InsO** § 20 46 f.; **InsO** § 97 40 f.; **InsO** § 98 1 ff.; **InsO** § 101 35 ff.; **InsO** § 167 12 f.; **InsO** § 269a 21 ff.; **InsO** § 269b 13
- Ehegatten/Angehörige **InsO** § 97 11
- Eigenverwaltung **InsO** § 281 1 ff.
- Einholung Drittauskünfte **InsO** § 98 52 ff.
- Emgland **GB** 169
- Eröffnungsverfahren **InsO** § 20 4 ff.
- Führungslosigkeit **InsO** § 101 17 ff.
- Gegenstand **InsO** § 97 20 ff.; **InsO** § 167 3
- Gläubiger **InsO** § 97 12 ff.; **InsO** § 167 1 ff.
- Gläubigerversammlung **InsO** § 79 1 ff.
- Grenzen **InsO** § 20 41 ff.; **InsO** § 167 6 ff.
- Gruppen-Koordinationsverfahren **EUInsVO** 63 1 ff.
- Hand, öffentliche **InsO** § 97 14 ff.
- Informationsfreiheitsgesetze **StR-Verf** 68 ff.
- Inhalt **InsO** § 20 20 ff.; **InsO** § 97 20 ff.; **InsO** § 101 22 ff.
- Insolvenzgeheimnis **InsO** § 97 27 ff.
- Insolvenzplan **InsO** § 269a 8 ff.
- Kosten **InsO** § 97 42; **InsO** § 167 12 f.
- Missachtung **InsO** § 290 67 ff.
- Polen **Pl** 171 ff., 288 ff.
- Recht, internationales **InsO** § 342 13 ff.; **EUInsVO** 23 12; **EUInsVO** 51 5
- Rechtsfolgen Verletzung **InsO** § 20 53 ff.
- Rechtsmittel **InsO** § 97 43
- Restschuldbefreiung **InsO** § 303 8 ff.
- Schuldner **InsO** § 97 1 ff.; **E** 462 ff.; **StR-Verf** 57 ff.
- Schweiz **CH** 16 ff.
- Selbstoffenbarungspflicht **InsO** § 97 24
- Sicherheiten **InsO** § 28 8 ff.
- Spanien **E** 462 ff., 960 ff.
- Steuerrecht **StR-Verf** 45 ff.
- Strafrecht **Pl** 1198 f.
- Treuhänder **StR-Verf** 54
- Tschechische Republik **CZ** 55 ff., 340 ff.
- Umfang **InsO** § 79 6
- Unterhaltsgewährung **InsO** § 101 41 ff.
- USA **US** 51 ff., 65 ff.
- Verfahrenseröffnung **B/ArR** 271 f.
- Verlangen **InsO** § 97 24
- Verletzung **InsO** § 290 48 ff.
- Vermögen, erworbenes **InsO** § 295 15 ff.

1451

Sachverzeichnis

- Verpflichtete **InsO § 20** 14 ff.; **InsO § 97** 7 ff.
- Verschwiegenheitspflicht **InsO § 97** 19
- Vertreter, organschaftliche **InsO § 101** 7 ff.
- Verwalter *siehe dort*
- Verweigerung **InsO § 98** 20 f.
- Verwendungsverbot **InsO § 97** 27 ff.
- Voraussetzungen **InsO § 20** 5 ff.
- zivilrechtliche **StR-Verf** 72 ff.
- Zwangsmittel **InsO § 101** 35 f.

Auslagen InsO § 63 25 f.; **InsO § 73** 21 ff.; **InsVV § 4** 12 ff.; **InsVV § 8** 11 ff.; **InsVV § 11** 26; **InsVV § 12** 26; **InsVV § 12a** 13; **InsVV § 14** 14; **InsVV § 18** 1 ff.

Aussetzung
- Antrag **EUInsVO 38** 4 ff.
- Insolvenzplan **InsO § 233** 1 ff.
- Verwertung **EUInsVO 46** 1 ff.
- Verwertung/Verteilung **InsO § 159** 16 f.; **InsO § 233** 1 ff.
- Zinsen **F** 300

Aussonderung InsO § 47 1 ff.
- Abgrenzung zu Absonderung **InsO § 47** 13 f.
- Abgrenzung zu Masseverbindlichkeiten **InsO § 47** 5 f.
- Abgrenzung zu Schadenersatz **InsO § 47** 7 ff.
- Alleineigentum **ImoV** 259 f.
- Anfechtungsansprüche **InsO § 47** 120 ff.
- Anwartschaftsrecht **InsO § 47** 29
- Auskunfts-/Nachforschungspflichten **InsO § 47** 139 f.
- Aussonderungssperre **InsO § 135** 64 ff.
- Bar-/Buchgeld **InsO § 47** 93 ff.
- Berechtigte **InsO § 47** 18 ff.; **ImoV** 206 ff.
- Berechtigung, fehlende **InsO § 48** 12 ff.
- Besitz **InsO § 47** 61
- Daten, analoge **InsO § 47** 78 ff.
- Daten, digitale **InsO § 47** 85 ff.
- Eigentum **InsO § 47** 26 ff.
- Eigentumserwerb **ImoV** 267 ff.
- Eigentumsvorbehalt **InsO § 47** 32 ff.; **InsO § 107** 37 f.; **F** 478
- Erbansprüche **InsO § 47** 60 f.
- Ersatzaussonderung **InsO § 48** 1 ff.; **A** 309 ff.
- Factoring **InsO § 47** 98 f.
- Forderungsanmeldung **InsO § 174** 2
- Forderungsinhaberschaft **InsO § 47** 58 f.
- Fracht/Spedition **InsO § 47** 117 ff.
- Gegenstand **InsO § 48** 6; **ImoV** 258 ff., 267 ff.
- Gesamthand **ImoV** 266
- Grundlagen **InsO § 47** 1 ff.
- Herausgabeansprüche **InsO § 47** 116a
- Immobilienverwertung **ImoV** 206 ff., 257 ff.
- Insolvenzplan **InsO § 217** 7 ff.; **InsO § 221** 22
- Internetdomain **InsO § 47** 75 ff.
- Kommission **InsO § 47** 117 ff.
- Kosten **InsO § 47** 130
- Kreditwesen **InsO § 47** 116b
- Leasing **InsO § 47** 96 ff.
- Lizenzen **InsO § 47** 65 ff.; **InsO § 108** 81 ff.
- Mängelhaftungsbürgschaft **B/ArR** 169 ff.
- Mietkaution **InsO § 47** 53
- Miteigentum **ImoV** 265
- Mitwirkungspflicht Berechtigter **InsO § 47** 141 f.
- Nutzungsüberlassung **InsO § 135** 64 ff.

- Objekte **InsO § 47** 15 ff.
- Pacht/Leihe **InsO § 47** 54
- Prozesse **InsO § 86** 7 ff.
- Prüf-/Sorgfalts-/Rücksichtnahmepflichten **InsO § 47** 134 ff.
- Recht, internationales **InsO § 351** 10 ff.; **A** 231, 307 ff.; **CH** 161 ff., 227 ff.; **E** 592 ff.; **F** 476 ff.; **Pl** 671 ff.
- Rechte, dingliche **InsO § 47** 62 f.; **InsO § 351** 10 ff.
- Rechtsfolgen **InsO § 48** 18 ff.
- Rückgabeanspruch Vermieter **InsO § 47** 48 ff.
- Rückgewähransprüche, schuldrechtliche **InsO § 47** 57
- Sanierungsplan **A** 205
- Schutzrechte, gewerbliche/immaterielle **InsO § 47** 71 ff.
- Sicherungseigentum **InsO § 47** 30 f.
- Sperre für Gesellschafter **ImoV** 261 ff.
- Treuhand **InsO § 47** 106 ff.
- Umfang **InsO § 47** 21 ff.
- Urheberrechte **InsO § 47** 64
- Veräußerung **InsO § 48** 7 ff.
- Vergütung **InsVV § 1** 23; **InsVV § 3** 18 ff.; **InsVV § 11** 9 ff.
- Verwahrvertrag **InsO § 47** 55
- Verwalter, vorläufiger starker **InsO § 22** 40 ff.
- Vorkaufsrecht, dingliches **InsO § 47** 31
- Vormerkung **InsO § 47** 30
- Wertpapiere **InsO § 47** 116b; **F** 482
- Wertpapierverwahrung **InsO § 47** 56
- Zweck **InsO § 47** 1 ff.

Auszahlung
- Verwertung **InsO § 170** 11 ff.

Bargeld
- Aussonderung **InsO § 47** 93 f.

Bargeschäft
- Anfechtung **InsO § 142** 1 ff.; **ImoV** 85
- Darlegungs-/Beweislast **InsO § 142** 24 f.
- Gesellschafterdarlehen **InsO § 135** 88 ff.
- Gläubigerbenachteiligung **ImoV** 114
- Massearmut/-losigkeit **InsO § 207** 7 ff.
- Rechtsfolgen **InsO § 142** 21 ff.
- Vergleich **B/ArR** 204 ff.

Baurecht B/ArR 1 ff.
- Abnahme **B/ArR** 90 ff.
- Abrechnung **B/ArR** 82 ff.
- Abweisung mangels Masse **B/ArR** 69c
- Adressat Kündigung **B/ArR** 74
- Anfechtung **B/ArR** 78 f., 113 ff., 126 ff., 172 ff.
- Anspruch Herstellung Bauwerk **B/ArR** 9
- Anwendbarkeit §§ 103 ff. InsO **B/ArR** 278 ff.
- Architekt **B/ArR** 14 f.
- Architekt/Ingenieur **B/ArR** 385 ff.
- Auflösung/Fortbestand ARGE **B/ArR** 502 ff.
- Aufrechnung *siehe dort*
- Auftraggeber **B/ArR** 12 f., 409 ff.
- Auftragnehmer **B/ArR** 12 f.
- Auseinandersetzungsbilanz **B/ArR** 514 ff.
- Auskunfts-/Mitwirkungspflicht **B/ArR** 271 f.
- Bau-ARGE **B/ArR** 490 ff., 537 ff.
- BauFoSiG **B/ArR** 448 ff., 477 f.
- Bauhandwerkersicherung **B/ArR** 168
- Bauinsolvenzrecht **B/ArR** 1 ff.

Sachverzeichnis

- Baustoffe/Bauteile **B/ArR** 445 ff., 461 ff.
- Baustofflieferant **B/ArR** 459 ff.
- Bautenstandsfeststellung **B/ArR** 80 f.
- Bauträger **B/ArR** 351 ff.
- Bauträgervertrag **B/ArR** 4, 351 ff., 362 ff.; **Pl** 389 ff., 922 ff.
- Bauunternehmer **B/ArR** 294 ff.
- Bauvertrag **B/ArR** 3 ff., 36 ff., 224 ff., 276 ff.
- Beendigung Verfahren **B/ArR** 50 ff.
- Begrifflichkeiten **B/ArR** 1 ff.
- BGBWerkV/BGB-BauV **B/ArR** 75 ff.
- Bürgschaft siehe dort
- Direktzahlungen **B/ArR** 127 ff.
- Durchsetzungssperre **B/ArR** 508 ff.
- Eewerbsschutz **B/ArR** 354
- Eigenantrag **B/ArR** 59, 67 ff.
- Eigenverwaltung **B/ArR** 34a
- Einheitspreisvertrag **B/ArR** 84, 303
- Entgegennahme Bauleistungen **B/ArR** 212 ff.
- Erfüllungswahl siehe dort
- Eröffnung siehe dort
- Erschließungs-/Anliegerbeiträge **B/ArR** 382 ff.
- Fachplaner **B/ArR** 14 f.
- Fertigstellungsmehrkosten **B/ArR** 95 ff.
- Forderungsanmeldung **B/ArR** 548 ff.
- Fortführung/Verwertung Praxis **B/ArR** 391 ff.
- Freistellungsanspruch nach § 110 VVG **B/ArR** 403 ff.
- Gegenansprüche **B/ArR** 365 ff.
- Gegenrechte **B/ArR** 94 ff.
- Generalplaner/Generalunternehmer **B/ArR** 341 ff.
- Generalübernehmer (GÜ) **B/ArR** 13
- Generalunternehmer (GU) **B/ArR** 13
- Gestaltungsmöglichkeiten **B/ArR** 209 ff.
- Gläubiger **B/ArR** 8
- Grundlagen, insolvenzrechtliche **B/ArR** 19 ff.
- Grundpfandrechte **B/ArR** 376 ff., 421 ff.
- Haftpflichtversicherer **B/ArR** 398 ff.
- Haftung, gesamtschuldnerische **B/ArR** 247
- in Bau-Arge **B/ArR** 567
- Ingenieur **B/ArR** 14 f.
- Insolvenz, materielle **B/ArR** 41 ff.
- Insolvenzplan **B/ArR** 52
- Kongruenzvereinbarung **B/ArR** 140 ff.
- Kosten **B/ArR** 9
- Krise **B/ArR** 16 ff., 56 ff.
- Kündigung Auftraggeber **B/ArR** 56 ff., 501
- Kündigung Auftragnehmer **B/ArR** 106 ff.
- Leistungsaustausch, fehlender **B/ArR** 297 ff., 327 ff.
- Leistungsgleichstand **B/ArR** 300 ff., 334 ff.
- Leistungsstandfeststellung **B/ArR** 610 f.
- Leistungsteil, kaufvertraglicher **B/ArR** 352 f.
- Leistungsüberschuss **B/ArR** 319 ff., 338 f.
- Leistungsverweigerungsrecht **B/ArR** 99, 109 ff.
- Mängelrechte/Gewährleistungsansprüche siehe dort
- Nachschieben Kündigungsgründe **B/ArR** 70 ff.
- Nachunternehmer **B/ArR** 108, 154, 346 ff., 477
- Pauschalvertrag **B/ArR** 85 ff., 304 ff.
- Produzent **B/ArR** 481 ff.
- Prozessuales **B/ArR** 548 ff.
- Rechtshandlung **B/ArR** 120, 138
- Restabwicklungsvereinbarung **B/ArR** 598 ff., M 633
- Restrukturierung (StaRUG) **B/ArR** 34b
- Restvergütungsanspruch **B/ArR** 365 ff.
- Sachwalter **B/ArR** 34a
- Schadenersatz **B/ArR** 327
- Schiedsgerichtsvereinbarung **B/ArR** 560 f.
- Schnittstellen zum InsR **B/ArR** 35 ff.
- Schuldner **B/ArR** 6 f.
- Schutzschirm **B/ArR** 34a
- Sicherheiten **B/ArR** 617
- Sicherheitenstellung **B/ArR** 146 ff., 370 ff.
- Sicherheitseinbehalt **B/ArR** 101, 157 ff.
- Sicherheitsleistung **B/ArR** 439 ff.
- Sicherheitsverlangen **B/ArR** 430 ff.
- Sicherungsabtretung **B/ArR** 435 ff.
- Sicherungshypothek **B/ArR** 421 ff.
- Steuerrecht **B/ArR** 223a ff.
- Totalübernehmer **B/ArR** 13
- Überschuldung **B/ArR** 24 f.
- Vereinbarkeit § 8 Abs. 2 Nr. 1 VOB/§ 119 InsO **B/ArR** 60 ff.
- Vergleiche **B/ArR** 182 ff.
- Verjährungsfristen **B/ArR** 51 ff.
- Verjährungsverzichtserklärungen **B/ArR** 222 ff.
- Vermögensansprüche **B/ArR** 9 ff.
- Verteidigung gegen Eigentumsübertragung **B/ArR** 379 ff.
- Vertragsstrafe **B/ArR** 102 ff., 367
- Vertragstermine **B/ArR** 618
- Verwalter **B/ArR** 26 ff.
- Verzugsschaden **B/ArR** 102 ff., 367
- VOB-Vertrag **B/ArR** 3 ff.
- Vorgehen nach Kündigung **B/ArR** 80 ff.
- Werthaltigmachen einer Forderung **B/ArR** 212 ff.
- Zahlungen siehe dort
- Zweiteilung Bauvertrag **B/ArR** 242, 264, 283 ff.

Beendigung InsO § 308 8 f.; **B/ArR** 50 ff., 570 f.; **EUInsVO 48** 1 f.
- Amt Koordinator **EUInsVO 75** 1
- Bekanntmachung **InsO § 345** 12
- England **GB** 91, 120 ff., 145 ff.
- Frankreich **F** 346 ff.
- Gläubigerausschuss, vorläufiger **InsO § 22a** 72 ff.
- Gründe **E** 1025 ff.
- Insolvenzverwalteramt **InsO § 56** 48
- Konkurs **I** 306 ff.
- Masseunzulänglichkeit **E** 1043 ff.
- Miet-/Pachtverhältnisse **InsO § 108** 40 ff., 56 ff.
- Österreich **A** 69 ff.
- Polen siehe dort
- Prozesse **InsO § 86** 31 ff.
- Rechnungslegung **InsO § 66** 1 ff.
- Recht, anwendbares **EUInsVO 7** 56 ff.
- Restschuldbefreiung **InsO § 299** 1 ff.
- Schutzschirmverfahren **InsO aF § 270b** 81 ff.; **InsO § 270d** 68 ff.
- Spanien **E** 313, 1024 ff.
- Tschechische Republik siehe dort
- USA **US** 240 ff.

1453

Sachverzeichnis

- Verträge, gegenseitige/laufende **InsO § 104** 38 ff.
- Verwalter **InsO § 56** 48
- Verwertungsphase **E** 1027 ff.
- vorzeitige **InsO aF § 270b** 81 ff.; **InsVV § 3** 46 ff.; **InsVV § 12** 37 ff.
- Warentermingeschäfte/Finanzleistungen **InsO § 104** 38 ff.
- Wirkungen **E** 1060 ff.

Befriedigung InsO § 135 23 ff.
- abgesonderte **InsO § 49** 13 ff.; **InsO § 50** 1 ff.; **InsO § 52** 1 ff.; **B/ArR** 403 ff.
- Ausfall **InsO § 52** 1 ff.
- Baurecht **B/ArR** 403 ff.
- Befriedigungsverbot **Pl** 557
- bestmögliche **InsO § 1** 5
- Ersterwerb Grundpfandrecht **ImoV** 320 ff.
- Forderungen **InsO § 135** 17 ff.; **InsO § 300** 10 ff.
- Freistellungsanspruch nach § 110 VVG **B/ArR** 403 ff.
- Gläubiger **InsO § 187** 1 ff.; **InsO § 199** 4; **InsO § 270** 40; **InsO § 283** 1 ff.; **InsO § 300** 10 ff.; **Pl** 403 f., 813 ff.
- Immobilienverwertung **ImoV** 211 f.
- Masseverbindlichkeiten **InsO § 209** 1 ff.
- nachrangige **InsO § 44a** 16 ff.
- Pfandgläubiger **InsO § 50** 1 ff.
- Polen **Pl** 403 f., 813 ff.
- Rangfolge **GB** 380 ff.
- Regressanspruch **InsO § 44a** 16 ff.
- Verfahren **InsO § 49** 13 ff.
- Verzicht **InsO § 52** 16 ff.
- vorzugsweise **ImoV** 211 f., 320 ff., 381 ff.
- Zwangs-/Arresthypothek **ImoV** 381 ff.

Behinderungsverbot InsO § 101 26
Beihilfe, europarechtswidrige InsO § 38 37
Bekanntmachung, öffentliche
- Recht, internationales **EUInsVO 28** 1 ff.; **EUInsVO 29** 1 ff.; **EUInsVO 31** 12 ff.

Bekanntmachung/-gabe, öffentliche InsO § 9 1 ff.; **InsO § 312** 1 ff.
- Abweisung mangels Masse **InsO § 26** 23
- Art/Weise **InsO § 9** 4 ff.; **InsO § 345** 10 ff.
- auf Antrag Verwalter **InsO § 345** 6 ff.
- Aufhebung Sicherungsmaßnahmen **InsO § 25** 4 ff.
- Beendigung **InsO § 345** 12
- Beginn Rechtsmittelfristen **InsO § 9** 15 ff.
- Bestellung Verwalter **InsO § 56** 45
- Datenschutz/Datenumgang **InsO § 9** 18 ff.; **EUInsVO 81** 1
- Eigenverwaltung **InsO § 273** 1 ff.
- Einstellung **InsO § 207** 18 f.; **InsO § 214** 3 f.; **InsO § 215** 2
- Eröffnung **InsO § 30** 1 ff.; **E** 272 ff., 361 ff.
- Erörterungs-/Abstimmungstermin **InsO § 235** 5
- fakultative **InsO § 9** 22 f.
- Grundbucheintragung **InsO § 23** 16 f.
- im Ausland **EUInsVO 28** 1 ff.; **EUInsVO 30** 1 ff.; **EUInsVO 31** 12 ff.
- Inhalt **InsO § 9** 7 f.; **InsO § 30** 5 f.; **InsO § 345** 10 ff.
- InsIntBekV **InsO § 9** 18 ff.
- Insolvenzgericht **InsO § 345** 10 ff.
- Insolvenzplan **InsO § 235** 5; **InsO § 252** 1 ff.; **InsO § 253** 11; **InsO § 267** 1 ff.; **InsO § 312** 7 f.
- Kosten **InsO § 9** 5.1; **InsO § 345** 18
- Masseunzulänglichkeit **InsO § 208** 6
- Notwendigkeit **InsO § 9** 1 ff.
- Publizitätswirkung **InsO § 9** 17
- Recht, internationales **InsO § 345** 1 ff.; **CZ** 55 ff.; **E** 272 ff., 361 ff.; **Pl** 171 ff., 288 ff.; **US** 65 ff.
- Rechtsmittel **InsO § 345** 19 f.
- Restschuldbefreiung **InsO § 290** 77
- Sicherungsmaßnahmen **InsO § 345** 13 f.
- Steuerrecht **StR-Verf** 140 ff.
- Übermittlung **InsO § 23** 12 ff.
- Verfahrensaufhebung **InsO § 258** 8
- Verfügungsbeschränkungen **InsO § 23** 1 ff.
- Vergütungsfestsetzung **InsO § 64** 8 ff.; **InsVV § 9** 18; **InsVV § 12a** 19
- Veröffentlichung **InsO § 23** 3 ff.
- von Amts wegen **InsO § 345** 14 ff.
- Wirkung **InsO § 9** 9 ff.; **InsO § 30** 7 f.
- Zuständigkeit **InsO § 345** 17
- Zustellung **InsO § 23** 9 ff.
- Zustellungsnachweis **InsO § 9** 12 ff.

Berater InsO § 97 12 ff.; **InsO § 270** 23 ff.; **InsO aF § 270** 70 ff.; **InsO § 276a** 42 ff.
Bereitschaftspflicht InsO § 98 1 ff.
Berichtstermin InsO § 29 2 ff.; **InsO § 156** 1 ff.; **InsO § 157** 1 ff.; **InsO § 159** 1 ff.
Beschlagnahme InsO § 88 21
- Apothekerinventar **InsO § 36** 30
- Betriebsmittel, landwirtschaftliche **InsO § 36** 30
- Ende **ImoV** 852 ff.
- Freiwerden/Freigabe *siehe dort*
- Gegenstände, unpfändbare **InsO § 36** 26 ff.
- Geschäftsbücher **InsO § 36** 27 ff.
- Maßnahmen, vorläufige **InsO § 21** 77 ff.
- Mieten, eingezogene **ImoV** 855 f.
- nach StPO **InsO § 50** 12a ff.
- Recht, internationales **A** 303 ff.; **CH** 239; **CZ** 470 ff.; **F** 54, 325 ff.; **GB** 302 ff.; **Pl** 663 ff.
- Rechte, dingliche **ImoV** 747 ff.
- Sachen, bewegliche **ImoV** 444 ff.
- Umfang **A** 303 ff.; **GB** 302 ff.; **ImoV** 791 ff.; **Pl** 663 ff.
- Veräußerung vor – **ImoV** 932 ff.
- Wirkung **ImoV** 789 f.
- zugunsten Masse **ImoV** 458
- Zwangsversteigerung **ImoV** 581 ff.
- Zwangsverwaltung **ImoV** 786 ff.
- Zwangsvollstreckung **InsO § 80** 76

Beschleunigungsgrundsatz InsO § 9 15.1
Beschwerde, sofortige InsO § 6 10 ff.; **InsO § 34** 3 ff.
- Abhilfeentscheidung **InsO § 6** 17
- Ablehnung Eröffnung **InsO § 34** 7 ff.
- Aufhebung Eröffnung **InsO § 34** 16 ff.
- Auskunfts-/Mitwirkungspflicht **InsO § 97** 43
- Beiordnungsablehnung **InsO § 4d** 3 f.
- Beschwer **InsO § 6** 11 f., 13
- Beschwerdebefugnis **InsO § 6** 10; **InsO § 15** 16; **InsO § 21** 150 ff.; **InsO § 34** 9 f.; **InsO § 59** 24; **InsO § 64** 11; **InsO § 216** 2 ff.; **InsO § 253** 3
- Beteiligte, sonstige **InsO § 4d** 10 f.

1454

Sachverzeichnis

- Einstellung Verfahren **InsO § 216** 1 ff.
- Entlassung Verwalter **InsO § 59** 21, 24
- Entscheidung Beschwerdegericht **InsO § 59** 25
- Entscheidung Landgericht **InsO § 6** 19 ff.
- Eröffnungsbeschluss **InsO § 34** 11 ff.
- Frist **InsO § 6** 14; **InsO § 34** 4; **InsO § 64** 12
- Inhalt **InsO § 34** 5
- Insolvenzplan **InsO § 253** 1 ff.
- Kosten **InsO § 34** 21
- Maßnahmen, vorläufige **InsO § 21** 147 ff.
- Postsperre **InsO § 99** 40 ff.
- Rechtsbeschwerde **InsO § 6** 26 ff.; **InsO § 64** 16
- Staatskasse **InsO § 4d** 7 ff.
- Verfahren **InsO § 4d** 12 ff.; **InsO § 6** 15 ff.; **InsO § 21** 158 ff.; **InsO § 253** 16; **Pl** 131 ff., 262 f.
- Verfahrenskostenstundung **InsO § 4d** 1 ff.
- Vergütungsfestsetzung **InsO § 64** 9 ff.
- Verstoß gegen Vollstreckungsverbot **InsO § 21** 100
- Voraussetzungen **InsO § 253** 4 ff.
- Wirkung **InsO § 34** 6
- Wirkung, aufschiebende **InsO § 6** 15 f.
- Zulässigkeit **InsO § 6** 10 ff.
- Zurückweisung **InsO § 253** 12 ff.
- Zuständigkeit **InsO § 34** 3
- Zustimmungsersetzung Bereinigungsplan **InsO § 309** 45

Besserungsklausel InsO § 39 122
Bestandteile ImoV 301, 422 ff., 435 ff., 450 ff.
Bestellung
- Abschlussprüfer **InsO § 155** 38 ff.
- Gläubigerausschuss **Pl** 471 f.
- Gläubigerausschuss, vorläufiger **InsO § 22a** 1 ff.; **InsO § 56a** 1 ff.; **InsO § 56b** 28 f.
- Gläubigerbeteiligung **InsO § 56a** 1 ff.
- Grundpfandrechte **ImoV** 321 ff.
- isolierte **InsO § 21** 56 ff.
- Kontrollorgane **I** 480
- Neubestellung Geschäftsleitung **InsO § 276a** 8 ff., 28 ff.
- Polen **Pl** 989
- Sachwalter **InsO aF § 270c** 1 ff.; **InsO § 270f** 19 ff.; **InsO § 274** 4 ff.
- Sicherheiten *siehe dort*
- Verwalter **InsO § 26a** 9; **InsO § 55b** 1 ff.; **InsO § 56** 41 ff.; **InsO § 272** 35; **EUInsVO 22** 1 ff.
- Verwalter, vorläufiger **InsO § 21** 56 ff.; **InsO § 270e** 30
- Vormerkung **InsO § 106** 17 ff.

Betreuungsrecht InsO § 22 88 ff.
Betrieb *siehe Unternehmen, siehe auch Arbeitsrecht*
Betriebsmittel, landwirtschaftliche InsO § 36 30
Bruchteilsgemeinschaft ImoV 151 ff., 300, 871 ff.
Buchführungs-/Rechnungslegungspflichten
- Abgabe Steuererklärungen **InsO § 155** 28 ff., 37
- Abrechnung **B/ArR** 82 ff.
- Auseinandersetzungsbilanz **B/ArR** 514 ff.
- Beginn Geschäftsjahr, neues **InsO § 155** 33 ff.
- Bestellung Abschlussprüfer **InsO § 155** 38 ff.
- Durchsetzung **InsO § 66** 13

- Eigenverwaltung **InsO § 281** 14 f.
- Einstellung **InsO § 211** 11
- Eröffnungsbilanz, handelsrechtliche **InsO § 155** 15 ff.
- Haftung **InsO § 155** 31 f.
- handels-/steuerrechtliche **InsO § 155** 1 ff.
- Inhalt **InsO § 66** 4
- Insolvenzplan **InsO § 66** 10 f.; **InsO § 217** 25 f.
- Insolvenzverwalter **InsO § 66** 1 ff.; **InsO § 155** 6 ff.
- Jahresabschluss **InsO § 155** 12 ff.
- Konzernabschlüsse **InsO § 155** 24
- Nachtragsverteilung **InsO § 205** 6 ff.
- Offenlegungspflichten **InsO § 155** 21, 37
- Person, verpflichtete **InsO § 66** 8 ff.
- Pflichtübergang **InsO § 155** 6 ff., 25 ff.
- Prolongation Pflichten **InsO § 155** 37
- Prüfung **InsO § 66** 10 ff.
- Reichweite **InsO § 155** 10 f.
- Schlussbericht **E** 758 ff., 785 ff.
- Schlussbilanz, handelsrechtliche **InsO § 155** 22 f.
- Schlussrechnung **InsO § 197** 9 ff.; **InsO § 211** 11; **InsO § 221** 42; **InsVV § 1** 2 ff.
- Schuldner **InsO § 155** 25 ff.
- Spanien **E** 492 ff.
- Steuerrecht **StR-Verf** 76 ff.
- Treuhänder **InsO § 292** 7 f.
- Tschechische Republik **CZ** 661 ff.
- Umfang **InsO § 66** 11
- Umsetzung, praktische **InsO § 66** 6
- Verwalter **InsO § 66** 1 ff.; **InsO § 155** 6 ff.; **CZ** 661 ff.; **Pl** 1259 ff.
- Zuständigkeit **InsO § 66** 10 f.
- Zwangsmittel **InsO § 155** 31 f.
- Zwischenrechnungslegung **InsO § 66** 7

Bürgschaft InsO § 43 15
- Anspruch auf Rückgabe **B/ArR** 162
- Baurecht **B/ArR** 53, 155 ff., 372, 540 ff.
- Einkommensteuer **StR-ESt** 53 ff.
- Insolvenz Bürge **GB** 331
- Insolvenz Hauptschuldner **GB** 328 ff.
- Insolvenzmasse **InsO § 35** 16
- Insolvenzplan **InsO § 221** 26
- Mängelhaftungsbürgschaft **B/ArR** 163 f., 169 ff.
- Partnerausschüttungsbürgschaft **B/ArR** 540 ff.
- Recht, internationales **A** 329 ff.; **E** 691 ff.; **F** 452; **GB** 324 ff.; **I** 395
- Rechte Bürge **InsO § 44** 1 ff.
- Sanierungsplan **A** 332
- selbstschuldnerische **F** 452
- Vertragserfüllungsbürgschaft **B/ArR** 161, 243 ff.
- Vorauszahlungsbürgschaft **B/ArR** 165
- Zahlung nach Insolvenzeröffnung **B/ArR** 156
- Zahlung vor Insolvenzeröffnung **B/ArR** 155

Compliance DS 65 ff., 106 ff., **C** 91
Corona-Pandemie
- Anfechtung **InsO § 129** 18a
- Antragspflicht **InsO § 15a** 28b ff.
- Aussetzung Antragspflicht **COVInsAG § 1** 1 ff.; **COVInsAG § 2** 1 ff.
- Aussetzungsfristen **COVInsAG § 2** 16 f.
- Besicherung, privilegierte **InsO § 44a** 24 ff.

1455

Sachverzeichnis

- Corona-Prämien **InsO § 35** 11; **InsO § 36** 10b
- Corona-Soforthilfe **InsO § 35** 15a, 25a
- Darlehen **COVInsAG § 2** 7
- Deckung, inkongruente **InsO § 131** 24a; **COVInsAG § 2** 9 ff.
- Deckung, kongruente **InsO § 130** 10a f.; **COVInsAG § 2** 9 ff.
- Eigenverwaltung **COVInsAG § 5** 1 ff.
- Eröffnungsgrund bei Gläubigerantrag **COVInsAG § 3** 1 ff.
- Gesellschafterdarlehen **COVInsAG § 2** 6
- Gläubiger, nachrangige **InsO § 39** 6a
- Gläubigerbenachteiligung **InsO § 131** 10 f.; **COVInsAG § 2** 2 ff.
- Gläubigergleichbehandlung **COVInsAG § 7** 1 ff.
- Hilfsprogramme, staatliche **COVInsAG § 2** 8 ff.
- Kredite, privilegierte **InsO § 135** 93 ff.
- Kreditprivileg ab 1.3.2020 **InsO § 39** 106a ff.
- Österreich **A** 460a ff.
- Polen **Pl** 39b ff.
- Prognosezeitraum Überschuldung **COVInsAG § 4** 1 ff.
- Schutzschirmverfahren **COVInsAG § 6** 1 ff.
- Sicherheitenbestellung **COVInsAG § 2** 5 f.
- StaRUG **InsO § 129** 18b; **InsO § 130** 10a f.; **InsO § 131** 10 f., 24a, 29a; **InsO § 132** 21a f.; **InsO § 134** 4b f.
- Stundung **COVInsAG § 2** 13 f.
- Vergütung **InsVV § 2** 20; **InsVV § 11** 46; **InsVV § 12** 40; **InsVV § 19** 15
- Zahlungsunfähigkeit **COVInsAG § 1** 3 ff.
- Zustimmungsvorbehalt **COVInsAG § 5** 35 ff.

Darlegungs-/Beweislast
- Anfechtung **InsO § 129** 90 ff.; **InsO § 130** 38 ff.; **InsO § 131** 32 ff.; **InsO § 143** 54 ff.; **B/ArR** 119; **ImoV** 279
- Antrag **InsO § 139** 15
- Aufrechnung **InsO § 94** 50
- Bargeschäft **InsO § 142** 24 f.
- Beweisanzeichen/Umstände **InsO § 131** 19 ff.
- Beweiserleichterungen **InsO § 130** 44 f.; **InsO § 131** 34
- Beweislastumkehr **InsO § 131** 20 ff.
- Ersatzaussonderung **InsO § 48** 17a
- Frankreich **F** 487
- Gesellschaft, stille **InsO § 136** 12
- Gesellschafterdarlehen **InsO § 135** 90
- Glaubhaftmachung **InsO § 296** 7 ff.
- Gläubigerbenachteiligung **InsO § 131** 32 ff.; **InsO § 132** 23 ff.; **EUInsVO § 16** 21 f.
- Gutglaubensschutz **InsO § 82** 14 ff.
- Gutgläubigkeit **InsO § 9** 17
- Insolvenzverschleppung **InsO § 19** 60
- Interessenausgleich **InsO § 125** 22 ff.
- Kenntnis **InsO § 130** 42 f.
- Nachrangigkeit **InsO § 39** 131
- Nichterfüllung Massenverbindlichkeiten **InsO § 61** 39
- Person, nahestehende **InsO § 138** 33
- Überschuldung **InsO § 19** 58 ff.
- Unentgeltlichkeit **InsO § 134** 18 ff.
- Wechsel-/Scheckzahlungen **InsO § 137** 15
- Zahlungsunfähigkeit **InsO § 130** 39 ff.

- Zeitpunkt Rechtshandlung **InsO § 140** 29 f.

Darlehen InsO § 108 32 ff.
- besichertes **InsO § 39** 98
- Besicherung, privilegierte **InsO § 44a** 24 ff.
- Cash-Pool **InsO § 135** 29
- Corona-Pandemie **COVInsAG § 2** 7
- Deckung, inkongruente **InsO § 131** 14
- Doppelbesicherung **InsO § 44a** 20 ff.
- Drittdarlehen, gesellschafterbesicherte **InsO § 44a** 19
- Förderbanken, staatliche **InsO § 39** 98a ff.
- Fortbestand **InsO § 108** 64 ff.
- Frankreich **F** 216
- Gesellschafterdarlehen siehe dort
- Hilfen, staatliche **InsO § 135** 99
- Insolvenzdarlehen **InsO § 39** 86
- Insolvenzmasse **InsO § 35** 16
- Insolvenzplan **InsO § 39** 87; **InsO § 221** 31; **InsO § 264** 1 ff.
- Kontokorrent **InsO § 135** 28
- Kredite, privilegierte **InsO § 39** 106a ff.; **InsO § 135** 93 ff.
- Kreditrahmen **InsO § 264** 1 ff.
- Rangrücktrittsvereinbarung **InsO § 39** 107 ff.
- revolvierendes **InsO § 135** 28
- Rückgewähr bis 30.9.2023 **InsO § 135** 93 ff.
- Rückgewähr bis 31.3.2022 **InsO § 135** 99
- Rückgewähr während Aussetzungszeitraum **InsO § 135** 98
- Sicherheiten **InsO § 44a** 9 ff.; **EUInsVO 7** 88
- USA **US** 218 f.
- Versprechen **InsO § 135** 21
- Vertragsspaltung **InsO § 108** 34
- zur Kostendeckung **InsO § 302** 23
- Zustimmung Gläubigerausschuss **InsO § 160** 8 f.

Datenschutz DS 1 ff.
- Akteneinsichtsrecht **StR-Verf** 62 ff.
- Anforderungen an Abfrage **InsO § 9** 21
- Asset-Deal **DS** 100 ff.
- Aufgaben EU-Kommission **EUInsVO 80** 1
- Auftragsverarbeiter **DS** 10
- Auskunftsrecht **EUInsVO 83** 1
- Aussonderung Daten **InsO § 47** 78 ff.
- Bedeutung für Insolvenz **DS** 1 ff.
- Begrifflichkeiten **DS** 5 ff.
- Bekanntmachung, öffentliche **InsO § 9** 18 ff.
- Beschäftigtendatenschutz **DS** 84 f., 101 ff.
- Bußgeldrisiken **DS** 112 ff.
- Daten, analoge **InsO § 47** 78 ff.
- Daten, personenbezogene **DS** 92 ff.
- Daten, personenbezogene **DS** 6
- Datenabfrage, steuerliche **StR-Verf** 60 ff.
- Datenschutzbeauftragter, betrieblicher **DS** 71 ff.
- Drittverträge, datenschutzrelevante **DS** 53 ff.
- Einwilligungen **DS** 53 ff.
- Hinweise **DS** 78
- Informationsfreiheitsgesetze **StR-Verf** 68 ff.
- Informationspflichten **EUInsVO 81** 1
- InsIntBekV **InsO § 9** 18 ff.
- Kundendaten **DS** 103 ff.
- Löschung **InsO § 9** 20
- Managementsystem **DS** 124 ff.
- Melde-/Benachrichtigungspflichten **DS** 81 ff.
- Nachweis Rechtmäßigkeit **DV** 40 ff.
- Person, betroffene **DS** 8, 76 ff.

Sachverzeichnis

- Planverfahren **DS** 97
- Recht, internationales **EUInsVO** 27 1; **EUInsVO** 78 1; **EUInsVO** 79 1
- Reputationsverlust **DS** 123
- Schadenersatz **DS** 120
- Schuldnerverzeichnis **InsO** § 303a 2 ff.
- Share-Deal **DS** 98
- Sicherung **InsO** § 9 19
- Speicherung **EUInsVO** 82 1
- Stelle, nicht-öffentliche **DS** 33 ff.
- Stellung Insolvenzverwalter **DS** 11 ff.
- Strafvorschriften **DS** 119
- Termine, virtuelle **InsO** § 4 16 ff.
- TOM **DS** 86 f.
- Übernahme/Fortführung Compliance **DS** 65 ff., **C** 91
- Umgang Aufsichtsbehörden **DS** 88 ff.
- Umwandlungsrecht **DS** 99
- Verantwortlicher **DS** 9, 19 ff., 51
- Verarbeitung **DS** 7
- Verarbeitungsverzeichnis **DS** 74 f.
- Verfahrenseröffnung **DS** 15 ff., 40 ff.
- Verwalter **InsO** § 80 53.3; **DS** 106 ff.
- Verwertung Daten **DS** 50
- Verwertungs-/Restrukturierungsszenarien **DS** 94 ff.

Dauerwohnrecht InsO § 35 9; **ImoV** 244 f.
Deckung, inkongruente InsO § 131 1 ff.
- Corona-Pandemie **InsO** § 131 24a
- Erwerb Grundpfandrecht **ImoV** 346
- Gegenleistung, angemessene **CZ** 530 ff.
- Gewährung/Ermöglichung Sicherung/Befriedigung **InsO** § 131 7 ff.
- Immobilienverwertung **ImoV** 86 ff.
- Inkongruenz **InsO** § 131 5 ff.
- Kenntnis **InsO** § 131 27.3
- Kongruenzvereinbarung **B/ArR** 140 ff.
- Polen **Pl** 731 ff., 1064
- Valutierung Grundpfandrecht **ImoV** 362
- Vergleich **B/ArR** 191 ff.
- Zahlungsverkehr **COVInsAG** § 2 11 ff.

Deckung, kongruente InsO § 130 1 ff.; **InsO** § 131 20.3; **B/ArR** 118
- Corona-Pandemie **InsO** § 130 10a f.; **COVInsAG** § 2 9 ff.
- Deckung **InsO** § 130 6 ff.
- Erwerb Grundpfandrecht **ImoV** 346
- Gewährung/Ermöglichung Sicherung/Befriedigung **InsO** § 130 6 ff.
- Immobilienverwertung **ImoV** 86 ff.
- Kongruenz **InsO** § 130 10
- Kongruenzvereinbarung **B/ArR** 140 ff.
- Polen **Pl** 741 ff.
- Rechtshandlung **InsO** § 130 4 ff.
- Valutierung Grundpfandrecht **ImoV** 362
- Vergleich **B/ArR** 191 ff.
- Vorteil, gleichwertiger **InsO** § 129 49 ff.

Deliktsrecht InsO § 129 12 ff.
Dienstbarkeit, beschränkt persönliche InsO § 35 9; **ImoV** 250 ff.
Dienstverhältnis *siehe Arbeitsrecht*
Doppelausgebot ImoV 612 ff.
Doppelinsolvenz InsO § 129 78 f.; **StR-USt** 21 ff.
Drittwiderspruchsklage InsO § 129 5a ff.; **InsO** § 143 51

Durchsuchung Geschäftsräume InsO § 21 77 ff.; **InsO** § 22 88 ff.

Eigentumsvorbehalt
- Absonderung **InsO** § 51 6 ff.
- Anspruch gegen Masse **InsO** § 107 20 ff.
- Aussonderung **InsO** § 47 32 ff.; **InsO** § 107 37 f.; **F** 478
- Begründung, vorinsolvenzliche **InsO** § 107 31 ff.
- Besitzerlangung Käufer **InsO** § 107 34 ff.
- Besitzübertragung an Käufer **InsO** § 107 15 ff.
- einfacher **InsO** § 47 36 ff.; **InsO** § 107 9.1; **B/ArR** 462 ff.
- Entstehung Anwartschaftsrecht **InsO** § 107 11 f.
- Erfüllungswahlrecht **InsO** § 107 36 ff.
- erweiterter **InsO** § 47 44 ff.; **InsO** § 107 9.2
- Insolvenzrecht, internationales **EUInsVO** 10 1 ff.
- Käuferinsolvenz **InsO** § 47 35 ff.; **InsO** § 107 29 ff.
- Mängel **InsO** § 107 28 f.
- Nebenleistungen **InsO** § 107 25 ff.
- nur dinglicher **InsO** § 107 9.8
- Recht, internationales **CZ** 432; **F** 456, 506 ff.; **I** 258; **Pl** 570
- Rechtsfolgen **InsO** § 107 19 ff., 35 ff.
- Sache, bewegliche **InsO** § 107 13 f.
- Unwirksamkeit Zwischenverfügungen **InsO** § 107 23 f.
- Verarbeitungsklausel **InsO** § 47 39 ff.
- Verkauf unter - **InsO** § 107 6 ff.
- Verkäuferinsolvenz **InsO** § 47 32; **InsO** § 107 5 ff.
- verlängerter **InsO** § 47 39 ff.; **InsO** § 107 9.3; **B/ArR** 465 ff.
- Verschlechterungsgefahr **InsO** § 107 42 ff.
- Vertragsspaltung **InsO** § 107 10, 26 f.
- Vertragteile, weitere **InsO** § 107 25

Eigenverwaltung InsO § 1 41; **InsO** § 270 1 ff.; **InsO aF** § 270 1 ff.
- Abberufung/Neubestellung Geschäftsleitung **InsO** § 276a 8 ff., 28 ff.
- Abgrenzung zum Sachwalter **InsO** § 270 12
- Abgrenzung Zuständigkeitszuweisung **InsO** § 270 20 ff.
- Ablehnung **InsO aF** § 270 51 ff.
- Anfechtung **InsO** § 129 16; **InsO aF** § 270a 48 ff.; **InsO** § 280 1 ff.
- Anordnung **InsO aF** § 270 40 ff.; **InsO** § 271f 14 ff.; **InsO** § 271 12 ff.
- Anordnung Zustimmungsbedürftigkeit **InsO** § 277 1 ff.
- Antrag *siehe dort*
- Anwendung Vorschriften **InsO aF** § 270 79 ff.
- Anwendungsbereich **InsO** § 270 8 ff.; **InsO aF** § 270 7 f.
- Arbeitsrecht **InsO** § 113 15 f.; **InsO** § 279 7
- Aufgaben Sachwalter **InsO** § 270 17 ff.
- Aufgaben/Pflichten Schuldner **InsO** § 270 13 ff.
- Aufhebung *siehe dort*
- Aufrechnung **InsO** § 94 61
- Auskunftspflichtberechtigter **InsO** § 101 30
- Ausschluss Gesellschaftsorgane **InsO** § 276a 8 ff.

1457

Sachverzeichnis

- Aussichtslosigkeit **InsO aF § 270a** 12 ff.; **InsO § 270e** 7 f.; **InsO § 272** 11 f.
- Baurecht **B/ArR** 34a
- Bedeutung, praktische **InsO § 270** 6 ff.; **InsO aF § 270** 6 ff.
- Bedingungsfeindlichkeit **InsO aF § 270** 17 ff.
- Befriedigung Gläubiger **InsO § 283** 1 ff.
- Befriedigung Insolvenzgläubiger **InsO § 270** 40
- Befugnisse Schuldner **InsO § 279** 2 ff.
- Begriff **EUInsVO 2** 4 f.
- Begründung Verbindlichkeiten **InsO aF § 270a** 38 ff.; **InsO § 275** 3 ff.
- Bekanntmachung, öffentliche **InsO § 273** 1 ff.; **InsO § 312** 9
- Berater **InsO § 270** 23 ff.; **InsO aF § 270** 70 ff.
- Berichtspflicht **InsO § 281** 12 f.
- Bescheinigung Rückführbarkeit **COVInsAG § 5** 9 ff.
- Bestellung Sachwalter **InsO aF § 270c** 1 ff.
- Beteiligte **InsO § 270** 37
- Betriebsaufspaltung **StR-ESt** 16
- Bindung an Verfahrenszweck **InsO § 270** 22
- Corona-Pandemie **COVInsAG § 5** 1 ff.
- Durchführung **InsO § 270** 22 ff.; **InsO aF § 270** 69 ff.
- Einflussnahme, erlaubte **InsO § 276a** 22 ff.
- Einstellung **InsO § 270** 40
- Entscheidungen Insolvenzgericht **InsO aF § 270a** 21 ff.
- Entstehungsgeschichte **InsO § 270** 1 ff.; **InsO aF § 270** 1 f.
- Erfüllungswahlrecht **InsO § 103** 51
- Erklärungen Schuldner **InsO § 270a** 21 ff.
- Eröffnung **InsO aF § 270a** 1 ff.
- Eröffnungsverfahren **InsO § 270** 37 f.
- Finanzplan **InsO § 270a** 12 ff.
- Forderungsfeststellung **InsO § 178** 6; **InsO § 283** 2 ff.
- Frankreich **F** 200 ff.
- Geschäftsbetrieb, gewöhnlicher **InsO § 275** 7
- Gesellschaft ohne Rechtspersönlichkeit **InsO § 270** 29 ff.; **InsO aF § 270** 72 ff.
- Gesellschaftsrecht **InsO § 80** 47
- Gläubigerausschuss *siehe dort*
- Gläubigerbenachteiligung **COVInsAG § 5** 38 ff.
- Gläubigerversammlung **InsO § 271** 3 ff.
- Grundsatz **InsO § 270** 1 ff.
- Haftung **InsO aF § 270** 71; **InsO § 276a** 38 ff.; **InsO § 280** 1 ff.
- Hinweispflicht **InsO aF § 270a** 69 ff.
- Immobilienverwertung **ImoV** 193 f.
- Insolvenzplan **InsO § 269e** 17; **InsO § 270** 41; **InsO § 284** 19 ff.
- Insolvenzverwalter **InsO § 272** 35
- Insolvenzverwaltung, vorläufige **InsO § 21** 23 f.
- Kassenführung **InsO § 275** 15 ff.
- Kleinverfahren **InsO § 270** 43
- Konzept **InsO § 270a** 13 f.
- Kooperationspflicht **InsO § 269a** 26
- Koordinationsverfahren **EUInsVO 76** 1 ff.
- Kosten **InsO § 270a** 19 ff.
- Masseunzulänglichkeit **InsO § 285** 1 ff.
- Minderheitenschutz **InsO § 271** 7 f.

- Mittel zur Lebensführung Schuldner **InsO § 278** 1 ff.
- Mitwirkung **InsO § 275** 1 ff.; **InsO § 276** 1 ff.; **InsO § 276a** 1 ff.
- Nachlassinsolvenz **InsO § 315** 59 ff.
- Niederlegung **InsO § 281** 8
- Normzweck **InsO § 270** 4 f.
- Offenlegungspflichten **InsO § 270a** 24
- Organhaftung **InsO § 270** 31; **InsO aF § 270** 74 ff.
- Organschaft **InsO aF § 270** 77a; **StR-USt** 12 ff., 18
- Österreich **A** 122 ff.
- Personen, juristische **InsO § 270** 29 ff.; **InsO aF § 270** 72 ff.
- Personengesellschaften **InsO § 276a** 25 ff., 36 f.
- Planung **InsO § 270a** 10 ff.; **InsO § 270e** 6
- Postsperre **InsO § 99** 7; **InsO aF § 270a** 34
- Prognoseentscheidung **InsO aF § 270** 26 ff.
- Rechnungslegung **InsO § 281** 14 f.
- Recht, internationales **InsO § 270** 45
- Rechtshandlungen **InsO § 129** 33; **InsO aF § 270a** 48 ff.; **InsO § 276** 2 ff.; **InsO § 277** 17 f.
- Rechtsmittel **InsO aF § 270** 55 ff.; **InsO § 270a** 35 f.; **InsO § 271** 19
- Restschuldbefreiung **InsO § 270** 42
- Sachlage, unklare **InsO aF § 270a** 30
- Sachverhaltsaufklärung **InsO aF § 270a** 18
- Sachwalter *siehe dort*
- Sanierungsverfahren **A** 122 ff.
- Sanktionen gegen Schuldner **InsO § 279** 8 ff.
- Schuldner **InsO § 270g** 3 ff.; **InsO § 271** 9 ff.
- Schuldnerhandeln, eigenmächtiges **InsO § 276** 10 ff.
- Schuldnerstellung **InsO § 270** 12 ff.
- Schutzschirmverfahren **InsO aF § 270b** 1 ff.
- Sekundärverfahren **EUInsVO 38** 1 ff.; **EUInsVO 41** 12
- Sicherungsübereignung **StR-USt** 193 ff.
- Stellung Organe **InsO § 270** 30; **InsO aF § 270** 73
- Stellung Sachwalter **InsO aF § 270d** 8 ff.
- Stellung Sachwalter, vorläufiger **InsO aF § 270a** 53 ff.
- Stellung Schuldner **InsO aF § 270** 59 ff.; **InsO aF § 270a** 37 ff.; **InsO aF § 270d** 3 ff.; **InsO § 270g** 3 ff.
- Steuerrecht **InsO aF § 270a** 50 ff.; **StR-Verf** 42 ff.
- Tatsachenänderung **InsO aF § 270a** 19 ff.
- Übergang aus Regelverwaltung **InsO § 271** 20 ff.; **InsO § 272** 37 ff.
- Überwachung **InsO § 284** 23 ff.
- Umsatzsteuer **InsO § 282** 12; **StR-USt** 71 ff., 80
- Unternehmensgruppe **InsO § 269e** 17; **InsO § 270g** 1 ff.; **InsO aF § 270d** 1 ff.
- Unterrichtung Gläubiger **InsO § 281** 1 ff.
- Verbraucherinsolvenzverfahren **InsO § 270** 43
- Verfahrensarten **InsO § 270** 44
- Verfügungsverbote **InsO aF § 270a** 28 ff.
- Vergütung **COVInsAG § 5** 41
- Verhandlung mit Beteiligten **InsO § 270a** 14 ff.
- Vermögen, erfasstes **InsO § 270** 37

Sachverzeichnis

- Verteilungsverfahren **InsO § 283** 13 ff.
- Verträge, gegenseitige **InsO § 279** 1 ff.
- Verwaltung **InsO § 270** 39
- Verwertung **InsO § 270** 39
- Verwertung Sicherungsgut **InsO § 282** 1 ff.
- Verzeichnisse **InsO § 281** 1 ff.
- Voraussetzungen **InsO § 270** 10 ff.; **InsO aF § 270** 9 ff.; **InsO § 270f** 3 ff.
- Vorbereitung Sanierung **InsO aF § 270b** 1 ff.
- Vorkehrungen Pflichterfüllung **InsO § 270a** 18
- vorläufige *siehe dort*
- Vorschriften **InsO § 270** 32 ff.
- Wahrung Gläubigerinteressen **InsO aF § 270** 20 ff.
- Widerspruch Sachwalter **InsO § 275** 11 f.
- Zahlungsunfähigkeit, drohende **InsO aF § 270a** 69 ff.
- Zeitpunkt **InsO aF § 270a** 15 f.
- Zuständigkeit *siehe dort*
- Zustimmung Sachwalter **InsO § 276a** 28 ff.
- Zustimmungsvorbehalt **COVInsAG § 5** 35 ff.
- Zwangsmaßnahmen **InsO aF § 270a** 34
- Zwangsverwaltung **ImoV** 783
- Zweck **InsO aF § 270** 3 ff.
- Zweckbindung **InsO aF § 270** 69

Eigenverwaltung, vorläufige InsO § 21 23 f.; **InsO § 270b** 1 ff.; **StR-USt** 193 ff.
- Ablehnung **InsO § 270b** 53 ff.
- Anordnung **InsO § 270b** 3 ff., 31 ff., 47 ff.
- Anzeigepflicht **InsO § 270c** 56 f.
- Aufhebung **InsO § 270e** 1 ff.; **InsO § 270f** 12 f.
- Aufsicht **InsO § 270c** 64
- Beauftragung Sachwalter, vorläufiger **InsO § 270c** 7 ff.
- Begründung Masseverbindlichkeiten **InsO § 270c** 20 ff.
- defizitäre **InsO § 270b** 18 ff.
- Entscheidungen Insolvenzgericht **InsO § 270c** 6 ff.
- Entstehungsgeschichte **InsO § 270b** 1 f.
- Eröffnungsverfahren **InsO § 270c** 58 ff.
- Finanzierung, unzureichende **InsO § 270b** 20 f.
- Gläubiger **InsO § 270e** 16 ff.
- Gläubigerausschuss **InsO § 270b** 32 ff.
- Hinweispflicht **InsO § 270c** 67 ff.
- Kosten, überschießende **InsO § 270b** 22 f.
- Mängel, behebbare **InsO § 270b** 16 f.
- Mitteilungspflicht **InsO § 270c** 39
- Mitwirkung **InsO § 270c** 58 ff.; **InsO § 276a** 54 ff.
- Planforderungen **InsO § 270c** 22 ff.
- Planung, ordnungsgemäße **InsO § 270b** 6 ff.
- Postsperre **InsO § 270c** 15
- Prognoseentscheidung **InsO § 270b** 26 ff.
- Rechtsfolge **InsO § 270c** 78 ff.
- Rechtshandlungen Schuldner **InsO § 270c** 40 ff.
- Rechtsmittel **InsO § 270b** 58 f.; **InsO § 270c** 34 f.
- Sachwalter, vorläufiger **InsO § 270c** 50 f.; **InsO § 270e** 10 f.
- Schutzschirmverfahren **InsO § 270d** 1 ff.
- Sicherungsmaßnahmen **InsO § 270c** 14 ff.
- Sicherungsübereignung **StR-USt** 210 ff.
- Stellung Schuldner **InsO § 270c** 36 ff.; **InsO § 270e** 13 ff.
- Steuerpflicht **InsO § 270c** 43 ff.
- Tatsachen, zugrunde gelegte **InsO § 270b** 13 ff.
- Überprüfung Lage/Geschäftsführung **InsO § 270c** 52 ff.
- Verfahren **InsO § 270b** 31; **InsO § 270c** 1 ff.
- Verstoß gegen Offenlegungsverpflichtung **InsO § 270b** 25
- Vollständigkeit/Schlüssigkeit **InsO § 270b** 6 ff.
- Vollstreckungs-/Verwertungssperren **InsO § 270b** 24
- Zahlungsrückstände **InsO § 270b** 23
- Zuständigkeit **InsO § 270b** 31
- Zustimmungsvorbehalt **InsO § 270c** 12 f.
- Zwangsmaßnahmen **InsO § 270c** 16

Einfuhrumsatzsteuer StR-USt 44
Einheitspreisvertrag B/ArR 84, 303
Einkommensteuer StR-ESt 1 ff.
- Abgrenzung Insolvenzforderung/Masseverbindlichkeit **StR-ESt** 108 ff.
- Absonderungsrechte **StR-ESt** 116
- Aktienverluste **StR-ESt** 56
- Anschaffungskosten, nachträgliche **StR-ESt** 52 ff.
- Ausfall Privatdarlehen **StR-ESt** 57
- Bauabzugsteuer **StR-ESt** 12
- Beteiligungen **StR-ESt** 27 ff., 47 ff.
- Betriebsaufgabe/-veräußerung **StR-ESt** 21 ff.
- Betriebsaufspaltung **StR-ESt** 14 f.
- Betriebsgrundstück **StR-ESt** 121
- Betriebsvermögen, ewiges **StR-ESt** 23
- Betriebsvermögensvergleich **StR-ESt** 8
- Bürgschaft **StR-ESt** 53 ff.
- Ehegattenveranlagung **StR-ESt** 94 ff.
- Einnahmen-/Überschussrechnung **StR-ESt** 8
- Einkommensermittlung **StR-ESt** 3 ff.
- Einkommensteuerpflicht **StR-ESt** 2 f.
- Einzelveranlagung **StR-ESt** 101
- Erhebung/Anrechnung **StR-ESt** 130 ff.
- Ermittlung Steuerschuld **StR-ESt** 7 ff.
- Ermittlungs-/Bemessungs-/Veranlagungszeitraum **StR-ESt** 5
- Festsetzung/Aufteilung EkSt-Schulden **StR-ESt** 106 ff.
- Gesellschafterdarlehen **StR-ESt** 53 ff.
- Gewinnermittlung **StR-ESt** 8
- Insolvenz Arbeitgeber **StR-ESt** 137 ff.
- Insolvenz Arbeitnehmer **StR-ESt** 141 ff.
- Insolvenz Gesellschaft **StR-ESt** 29 ff.
- Insolvenz Gesellschafter **StR-ESt** 35 ff.
- Kapitalertragsteuer **StR-ESt** 12
- Lohnsteuer **StR-ESt** 12, 130 ff.; **StR-Verf** 210 ff.
- Masse **InsO § 38** 31
- Masseverbindlichkeiten **InsO § 55** 28
- Massezufluss durch Geltendmachung Ansprüche **StR-ESt** 80 ff.
- nach Insolvenzeröffnung **StR-ESt** 122 ff.
- Nachlassinsolvenz **StR-ESt** 146 ff.
- Recht, internationales **A** 446 ff., 455 ff.; **CZ** 642 f.; **Pl** 1263 ff.
- Rechtsprechungsübersicht **StR-ESt** 1.1
- Restschuldbefreiung **StR-ESt** 26 ff.
- Sanierungsgewinne **StR-ESt** 70 ff.
- Separationstheorie **StR-ESt** 6.1

Sachverzeichnis

- Sonderausgaben **StR-ESt** 60
- Überzahlungen **StR-ESt** 13
- Veranlagungswahl **StR-ESt** 96, 102 ff.
- Veräußerungserlös Auflösung **StR-ESt** 47 ff.
- Verlustabzug **StR-ESt** 60 ff.
- Verlustvorschreibung **StR-ESt** 9
- Vermögen, insolvenzfreies **StR-ESt** 122 ff.
- Vorauszahlung **StR-ESt** 10 f.
- Zusammenveranlagung **StR-ESt** 95 ff.

Einstellung
- Abwicklungsverhältnis **InsO § 215** 9
- Anhörung **InsO § 214** 8
- Antrag **InsO § 212** 2 ff.; **InsO § 213** 2 ff.; **InsO § 214** 2
- Befriedigung Gläubiger, vollständige **ImoV** 865
- Bekanntgabe **InsO § 207** 18 f.; **InsO § 214** 3 f.; **InsO § 215** 2
- Berichtigung Forderungen **InsO § 214** 9 ff.
- Beschluss **InsO § 211** 6 ff.; **InsO § 213** 16
- Eigenverwaltung **InsO § 270** 40
- Eintragung Schuldnerverzeichnis **InsO § 207** 24
- Folgen **InsO § 207** 18 ff.
- Genossenschaft/VVaG **InsO § 213** 18
- Gesellschaftsinsolvenz **InsO § 207** 26 ff.
- Gläubiger, absonderungsberechtigte **InsO § 213** 14 f.
- im Versteigerungsverfahren **ImoV** 860 ff.
- Masseunzulänglichkeit **InsO § 207** 1 ff.; **InsO § 208** 1 ff.; **InsO § 211** 1 ff.
- mit Zustimmung Gläubiger **InsO § 213** 1 ff.
- nach Verteilung **InsO § 211** 6 ff.
- Nachtragsverteilung **InsO § 211** 12 ff.
- Niederlegung **InsO § 214** 3 f.
- Prozesse **InsO § 207** 21 ff.
- Prozessführungsbefugnis **InsO § 207** 21 ff.
- Rechnungslegung **InsO § 211** 10
- Recht, internationales **CH** 33 ff.; **CZ** 74 ff.; **Pl** 109 ff., 317 ff.
- Rechtsmittel **InsO § 207** 18 f.; **InsO § 213** 19; **InsO § 215** 10; **InsO § 216** 1 f.
- Restschuldbefreiung **InsO § 215** 8; **InsO § 289** 1 ff.
- Unterrichtung **InsO § 215** 3 f.
- Verfahren **InsO § 207** 1 ff.; **InsO § 212** 7 f.; **InsO § 214** 1 ff.; **InsO § 289** 1 ff.
- Verwaltungs-/Verfügungsbefugnis **InsO § 207** 20
- Vollstreckungsmaßnahmen **ImoV** 566 ff., 572
- Vollstreckungsverbote **InsO § 207** 25; **InsO § 208** 7; **InsO § 210** 1 ff.
- Wegfall Eröffnungsgrund **InsO § 212** 1 ff.
- Widerspruch **InsO § 214** 5 ff.
- Wirkungen **InsO § 212** 9; **InsO § 215** 5
- Zwangsversteigerung *siehe dort*
- Zwangsverwaltung *siehe dort*

England GB 1 ff.
- Adjucator **GB** 162
- administration **GB** 93 ff., 155 f., 435 ff.
- Akteneinsicht **GB** 169
- Anerkennung nach common law **GB** 172 f.
- Anerkennung Verfahren im Ausland **GB** 189 ff.
- Anerkennung Verfahren, ausländische **GB** 170 ff.
- Anfechtung **GB** 354 ff.
- Anordnung, vorläufige **GB** 155 f.
- Ansprüche, sozialrechtliche **GB** 299 ff.
- Antragsberechtigung **GB** 69 ff., 94, 126
- Antragsrücknahme **GB** 73
- Antragstellung **GB** 69 ff., 93 ff., 125 ff.
- Antragsverfahren **GB** 72
- Anwendungsbereich **GB** 192
- Aufrechnung (set-off) **GB** 276 ff.
- bankruptcy **GB** 125 ff., 403 ff., 447 f.
- Beendigung **GB** 91, 120 ff., 145 ff.
- Beendigung Arbeitsverhältnis **GB** 290 ff.
- Beschränkungsanordnung **GB** 430 ff.
- Beteiligte **GB** 223 ff.
- Betriebsübergang **GB** 294 ff.
- Bilanzierungsperiode **GB** 435
- Brexit **GB** 188
- Bürgschaft **GB** 324 ff.
- Company Directors Disqualification Act **GB** 413 ff.
- Company Voluntary Arrangement (CVA) **GB** 41 ff.
- Compulsory Winding up by the Court **GB** 69 ff.
- Creditors Voluntary Winding up **GB** 65 ff.
- Cross-Border Insolvency Regulations 2006 **GB** 177 ff.
- Durchgriffshaftung, gesellschaftsrechtliche **GB** 332 ff.
- Entwicklungen, neueste **GB** 8 ff.
- Eröffnung **GB** 258 ff.
- Eröffnungsentscheidung **GB** 81 ff., 109 ff., 139 ff.
- EuInsO **GB** 187
- Falschangaben **GB** 402, 408
- Fehlverhalten während Liquidation **GB** 397 ff.
- floating charges **GB** 366 f.
- Flucht Schuldner **GB** 410
- Folgen, gesellschaftsrechtliche **GB** 284 ff.
- Forderungsanmeldung **GB** 370 f.
- Geschäftsleiterhaftung **GB** 344 ff.
- Geschäftstätigkeit **GB** 412
- Geschichte **GB** 2 ff.
- Gläubiger, einzelner **GB** 227 ff.
- Gläubigerausschuss **GB** 240
- Gläubigerbegünstigung **GB** 359 ff.
- Gläubigergemeinschaft **GB** 232 ff.
- Gläubigerzugriff **GB** 258 ff.
- Haftungsansprüche **GB** 332 ff.
- Individual Voluntary Arrangement (IVA) **GB** 51 ff.
- Information Verfahrensbeteiligte **GB** 166 ff.
- Insolvenzfähigkeit **GB** 214 ff.
- Insolvenzgericht **GB** 241 f.
- Insolvenzgründe **GB** 193 ff.
- Kapitalaufbringung/-erhaltung **GB** 338 ff.
- Kapitalgesellschaften **GB** 6 ff., 225 f.
- Kooperation **GB** 174 f.
- Kosten **GB** 157 ff., 382
- Kreditgeschäft, wucherisches **GB** 368
- Kreditgeschäfte **GB** 412
- Liquidation **GB** 65 ff., 392 ff., 435 ff.
- Liquidationsausschuss **GB** 240
- Masse **GB** 302 ff.
- Moratorien **GB** 115, 155 f., 28a ff., 381a
- Offenlegungen, unterlassene **GB** 405
- Person, natürliche **GB** 3 ff., 51 ff., 125 ff., 223 f., 430 ff.

Sachverzeichnis

- piercing/lifting the corporate veil **GB** 332 ff.
- Rahmenbedingungen, institutionelle **GB** 18 ff.
- Rangfolge Befriedigung **GB** 380 ff.
- Rangfolge Steuerforderungen **GB** 436 ff.
- Rechtsmittel **GB** 81 ff., 144
- Rechtsquellen **GB** 26
- Rechtsstreit, anhängiger **GB** 281 ff.
- Restrukturierung, vorinsolvenzliche **GB** 27 ff.
- Restrukturierungsplanverfahren **GB** 40a ff.
- Restschuldbefreiung **GB** 145 ff.
- Sanierungsmöglichkeiten **GB** 255 ff.
- Scheme of Arrangement **GB** 29 ff.
- Sicherheiten Dritter **GB** 320 ff.
- Steuerforderungen nach Verfahrensbeginn **GB** 439 ff.
- Steuerrecht **GB** 434 ff.
- Strafrecht **GB** 390 ff.
- Tätigkeitsverbote **GB** 413 ff.
- Techt, materielles **GB** 192 ff.
- Transaktionen **GB** 357 ff., 396, 409, 411
- Überschuldung **GB** 198 ff.
- Umfang Beschlagnahme **GB** 302 ff.
- Unterlassen von Angaben **GB** 401
- Unternehmensfortführung **GB** 284 ff.
- Verfahren **GB** 63 ff., 90 ff., 114 ff., 145 ff.
- Verfahren, vorläufiges **GB** 148 ff.
- Verfahrensarten **GB** 23 ff.
- Verfahrensöffentlichkeit **GB** 165
- Verfälschung Bücher **GB** 400, 407
- Verfügungsbefugnis **GB** 264 ff.
- Verhalten, betrügerisches **GB** 394 ff.
- Verschleierung Vermögenswerte **GB** 406
- Verteilung Masse **GB** 369 ff.
- Verteilungsverfahren **GB** 375 ff.
- Verträge, laufende **GB** 268 ff.
- Verwalter **GB** 158, 160 f., 243 f., 245 ff.
- Verwalter, vorläufiger **GB** 149 ff., 159
- Verwaltung, staatliche **GB** 19 ff.
- Verwertung Masse **GB** 318 ff.
- Wirtschaftsjahr **GB** 435
- Zahlungsunfähigkeit **GB** 194 ff.
- Ziele **GB** 204 ff.
- Zuständigkeit **GB** 77 ff., 108, 133 ff.

Erbbaurecht InsO § 35 8; **ImoV** 176 ff., 298

Erben
- Anfechtung gegenüber - **InsO § 145** 5 ff.
- Aufwendungen **InsO § 323** 1 ff.; **InsO § 324** 6 ff.
- Erbengemeinschaft **ImoV** 160 ff., 172 ff.
- Erbschaftskauf **InsO § 330** 1 ff.
- Herausgabepflicht **InsO § 295** 12 ff.

Erbeninsolvenz InsO § 43 34; **InsO § 52** 21; **InsO § 315** 62; **InsO § 331** 1 ff.

Erbschaft PL 560 ff., 1005 ff.
- Annahme/Ausschlagung **InsO § 83** 1 ff.
- Aussonderung **InsO § 47** 60 f.
- Nachlassinsolvenz *siehe dort*
- Steuerrecht **StR-Nl** 80 ff.
- Vorerbschaft **InsO § 83** 28 ff.

Erfüllung *siehe auch Leistung, siehe auch Zahlung*
- Ablehnung **InsO § 87** 23 ff.
- an Schuldner **InsO § 350** 1 ff.
- Anspruch gegen Masse **InsO § 106** 33 ff.
- Begriff **InsO § 103** 38 ff.
- beiderseitige nicht vollständige **InsO § 103** 37 ff., 83 ff.
- Dauerschuldverhältnisse **InsO § 90** 6 ff.
- Erlöschen Anspruch/Netting **InsO § 104** 41 ff.
- Gewährung/Ermöglichung **InsO § 130** 6 ff.; **InsO § 131** 7 ff.
- im Eröffnungsverfahren **InsO § 103** 114 f.
- Insolvenzplan **InsO § 231** 13
- Kostentragungspflicht **InsO § 14** 26 f.
- Lizenzen **InsO § 108** 73 ff.
- Mietzahlung **InsO § 108** 48 ff.
- nach Antragstellung **InsO § 14** 7 ff.
- nach Eröffnung **InsO § 55** 42 ff.
- Nachlassverbindlichkeiten **InsO § 326** 5 ff.
- Nichterfüllung Masseverbindlichkeiten **InsO § 61** 1 ff.
- Recht, internationales **InsO § 350** 1 ff.
- Schutzschirmverfahren **InsO § 103** 115
- Surrogate **InsO § 103** 41; **InsO § 131** 17a ff.; **InsO § 135** 54
- Teilerfüllung **InsO § 103** 44 ff.
- Teilleistung, vorinsolvenzliche **InsO § 105** 23 ff.
- Vorleistung **InsO § 105** 23 ff.
- Wiederaufleben Forderung **InsO § 144** 5 ff.
- Zeitpunkt **InsO § 103** 43 f.

Erfüllungswahl InsO § 55 40 f.; **InsO § 103** 1 ff.
- Ablehnung **InsO § 87** 23 ff.; **InsO § 103** 72 ff.; **B/ArR** 323 ff., 361 ff., 416 ff., 473
- Aufforderung Ausübung **B/ArR** 287 ff., 295 ff., 475 f.
- Auslegung/Wirksamkeit Willenserklärung **InsO § 103** 57 ff.
- Ausübung, einheitliche **InsO § 103** 55 f.
- Ausübung, fehlende **InsO § 103** 72 ff.
- Ausübungsaufforderung **InsO § 103** 61 ff.
- Ausübungsmaßstab **InsO § 103** 53 ff.
- Baurecht **B/ArR** 287 ff., 323 ff., 343 ff., 356 ff., 409 ff., 473 ff.
- Bewertungsgrundsätze **B/ArR** 301 ff.
- doppelte **B/ArR** 343 ff.
- Eigentumsvorbehalt **InsO § 107** 36 ff.
- Eigenverwaltung **InsO § 103** 51
- Einheitspreisvertrag **B/ArR** 303
- Erklärungsaufforderung **InsO § 109** 44 f.
- Frist **InsO § 107** 40 ff.
- Gläubigerausschuss **InsO § 103** 50
- Insolvenz Bauunternehmer **B/ArR** 295 ff.
- Mängelrechte **B/ArR** 309 ff., 335 ff.
- Massemehrung **InsO § 103** 53 ff.
- Masseverbindlichkeiten **InsO § 209** 5 ff.
- Miet-/Pachtverhältnisse **InsO § 108** 38 ff.
- Österreich **A** 242
- Pauschalvertrag **B/ArR** 304 ff.
- Rechtsfolgen **InsO § 103** 67
- Schutz künftiger Aufrechnung **InsO § 95** 10 ff.
- Tatbestand **InsO § 103** 16 ff.
- Verbraucherinsolvenz **InsO § 103** 51.1
- Verhältnis zu Vorschriften, anderen **InsO § 103** 116
- Verschleuderungsgefahr **InsO § 107** 42 ff.
- Verwalter **InsO § 103** 52; **B/ArR** 33
- Vormerkung **InsO § 106** 1 ff.
- Warentermingeschäfte/Finanzleistungen **InsO § 104** 1 ff.
- Zuständigkeit **InsO § 103** 49 ff.

Ergebnis-/Finanzplan InsO § 229 1 ff.

1461

Sachverzeichnis

Eröffnung InsO § 5 5 f.
- Abweisung mangels Masse **InsO § 26** 1 ff.; **B/ArR** 69c
- Abwicklung Verwaltung, vorläufige **InsO § 25** 7 ff.
- Aktivprozesse **InsO § 85** 1 ff.
- Antrag *siehe dort*
- Auflösung Gesellschaften **InsO § 118** 1 ff.
- Aufrechnung **InsO § 94** 1 ff., 57
- Aufträge Schuldner **InsO § 115** 1 ff.
- Auskunfts-/Mitwirkungspflichten **InsO § 20** 1 ff.; **InsO § 101** 28; **B/ArR** 271 f.
- Baurecht **B/ArR** 46 ff., 49, 56 ff., 265 ff., 69a
- Bekanntmachung/-gabe, öffentliche *siehe dort*
- Berichtstermin **InsO § 29** 2 ff.
- Buchführungs-/Rechnungslegungspflichten **InsO § 155** 12 ff.
- Datenschutz **DS** 15 ff., 40 ff.
- Eigenverwaltung **InsO § 270** 37 f.; **InsO aF § 270a** 1 ff.; **InsO § 270c** 58 ff.
- Einstufungsverfahren **E** 994 ff.
- England *siehe dort*
- Entscheidungen, höchstpersönliche **InsO § 83** 1 ff.
- Erbschaft/Vermächtnis **InsO § 83** 1 ff.
- Erfüllung in - **InsO § 103** 114 f.
- Erfüllungswahl *siehe dort*
- Erklärungspflicht **StR-Verf** 81 ff.
- Erlöschen Vollmacht **InsO § 117** 1 ff.
- Eröffnungsentscheidung **InsO § 27** 1 ff.; **EUInsVO 2** 14 f.; **EUInsVO 38** 1 ff.
- Forderungsanmeldung *siehe dort*
- Frankreich **F** 320 ff.
- Gesamtschaden **InsO § 92** 1 ff.
- Gewerbesteuer **StR-Nl** 6
- Gläubigerausschuss **InsO § 67** 9; **InsO § 69** 29 ff.
- Grunderwerbsteuer **StR-Nl** 27
- Gütergemeinschaft **InsO § 83** 24 ff.
- im Ausland **InsO § 343** 4 ff.
- Inhalt **E** 269
- In-Kraft-Treten **E** 270
- Insolvenzgrund **InsO § 16** 1 ff.
- Koordinationsverfahren **EUInsVO 68** 1 ff.
- Leistungen an Schuldner **InsO § 82** 1 ff.
- Leistungsverbot **InsO § 28** 14 ff.
- Miet-/Pachtverhältnisse **InsO § 110** 1 ff.
- Mitteilung an Gläubiger **E** 657 ff.
- Mitwirkungspflicht **InsO § 20** 1 ff.; **InsO § 101** 29
- Nachlassinsolvenz **InsO § 316** 1 ff.
- nachträgliche **EUInsVO 50** 1 f.
- Nutzung für Masse **InsO § 172** 16
- Österreich **A** 193 ff.
- Partikularverfahren **InsO § 354** 5 ff.
- Polen **Pl** 1001 ff.
- Postsperre, vorläufige **InsO § 99** 5
- Prozesskosten **B/ArR** 594 ff.
- Prozessunterbrechung **B/ArR** 562 ff.
- Prüfungstermin **InsO § 29** 7 ff.
- Recht, internationales **InsO § 335** 15 ff.; **InsO § 345** 6 f.; **InsO § 346** 8 ff.
- Rechtshandlungen nach - **InsO § 147** 1 ff.
- Rechtsmittel **InsO § 27** 19; **InsO § 34** 1 ff.; **EUInsVO 39** 1 ff.
- Registereintragungen **InsO § 31** 1 ff.; **InsO § 32** 1 ff.; **InsO § 346** 6 ff.
- Restrukturierung **Pl** 1001 ff.
- Ruhen **InsO § 306** 1 ff.
- Sachverhaltsermittlung **CZ** 335 ff.
- Schutzschirmverfahren **InsO aF § 270b** 13 ff.
- Schweiz **CH** 9 f., 27 ff., 88 ff.
- Sekundärverfahren *siehe dort*
- Sicherung Insolvenzmasse **CZ** 343 ff.
- Spanien *siehe dort*
- Terminsbestimmung **InsO § 29** 1 ff.
- Tschechische Republik **CZ** 335 ff.
- Unkenntnis von - **InsO § 82** 9 ff.; **InsO § 350** 14 ff.
- Verfahrenskosten **InsO § 13** 42
- Vermeidung durch Zusicherung **EUInsVO 36** 1 ff.
- Verwaltungs-/Verfügungsrecht **InsO § 80** 5 ff.
- Verwertung **InsO § 170** 18 f.
- Verwertung vor - **InsO § 166** 25
- Vollstreckungsmaßnahmen *siehe dort*
- Widerruf **E** 1029 ff.
- Wirksamkeit Beschluss **InsO § 343** 8
- Wirkungen **A** 228 ff.; **B/ArR** 265 ff., 385 ff.; **E** 453 ff.; **EUInsVO 8** 1 ff.; **EUInsVO 34** 19 ff.
- Zahlungen **InsO § 15b** 23 f.
- Zahlungsunfähigkeit **InsO § 17** 1 ff.
- Zeitpunkt **EUInsVO 2** 15 ff.
- Zulässigkeit **InsO § 11** 1 ff.
- Zuständigkeit **InsO § 29** 10
- Zustellung **InsO § 30** 9 f.

Erschließungs-/Anliegerbeträge B/ArR 382 ff.
Ertragsteuerrecht StR-ESt 1 ff.
- Körperschaftsteuer **StR-ESt** 152 ff.
- Masseverbindlichkeit **ImoV** 918 ff.
- Nachlassinsolvenz **StR-ESt** 143 ff.
- Pflichten Insolvenzverwalter **ImoV** 139 ff.
- Tschechische Republik **CZ** 657
- Umsatz, steuerbarer **ImoV** 918 ff.
- Verwaltungsvereinbarung **ImoV** 995
- Verwertung, freihändige **ImoV** 918 ff.
- Zwangsversteigerung **ImoV** 684 ff.
- Zwangsverwaltung **ImoV** 995

Erwerb
- anfechtbarer **InsO § 135** 48 ff.; **InsO § 328** 1 ff.; **ImoV** 60 f., 272 ff., 339 ff., 361 f., 369, 373
- Ausschluss **InsO § 91** 1 ff.
- Beschränkungen **ImoV** 49 ff.
- Grundpfandrechte **ImoV** 320 ff., 339 ff., 347, 361 f., 369, 373
- gutgläubiger *siehe Gutglaubensschutz*
- insolvenzfester **ImoV** 399 ff.
- Neuerwerb **InsO § 35** 46 ff.; **InsO § 148** 6
- sonstiger **ImoV** 22 f.
- unentgeltlicher **InsO § 145** 18 ff.
- unwirksamer sonstiger **ImoV** 337 f., 353 ff.

Erwerbsobliegenheit InsO § 4c 17 ff.; **InsO § 287b** 1 ff.; **InsO § 290** 64 ff.; **InsO § 295** 5 ff.; **InsO § 295a** 1 ff.
Erzeugnisse ImoV 301, 422 ff., 436 ff.

Factoring InsO § 47 98 ff.; **InsO § 226** 5 ff.
siehe auch Forderungen
Fälligkeit
- Absonderung **ImoV** 222
- Aufrechnung **InsO § 95** 24 ff.

Sachverzeichnis

- Begriff **InsO § 17** 8 ff.
- Fiktion **InsO § 41** 20 ff.
- Forderungen **InsO § 41** 20 ff.; **Pl** 555 f.
- Guthaben Auseinandersetzungsbilanz **B/ArR** 533
- Polen **Pl** 555 f.
- Vergütung **InsO § 63** 15 ff.; **InsVV § 12** 27; **InsVV § 14** 15; **InsVV § 17** 46 f.
- Zahlungsunfähigkeit **InsO § 17** 8 ff.
- Zeitpunkt, nicht feststehender **InsO § 41** 33 ff.
- Sicherung/Befriedigung Schuld vor **Pl** 736 ff.

Finanzplan InsO § 270a 12 ff.
Folgeinsolvenz InsO § 266 3
Forderungen InsO § 35 10 ff.; **InsO § 39** 10 ff.; **InsO § 41** 1 ff.; **InsO § 87** 1 ff.
- Abgrenzung zur Masseverbindlichkeit **StR-Verf** 99 ff.
- Abrechnung **InsO § 221** 28
- Absonderung siehe dort
- Abtretung **Pl** 739 f.
- Altersrente **InsO § 36** 12 f., 16
- Anerkennung **E** 673 ff.
- Anfechtung siehe dort
- Anmeldung siehe Forderungsanmeldung
- Anrechnung **InsO § 342** 9a ff.; **InsVV § 1** 24
- Anwendungsbereich **InsO § 87** 7 ff.
- arbeitsrechtliche siehe Arbeitsrecht
- auflösend bedingte **InsO § 42** 1 ff.
- auflösend befristete **InsO § 42** 6 ff.
- Aufrechnung siehe dort
- aufschiebend bedingte **InsO § 42** 30 ff.; **InsO § 95** 5 ff.; **InsO § 191** 1 ff.
- aufschiebend befristete **InsO § 41** 13 ff.
- Ausfall Privatdarlehen **StR-ESt** 57
- Ausfallbetrag **InsO § 44a** 12 ff.
- Ausfallforderungen **InsO § 256** 1 ff.
- ausgeschlossene **A** 410
- Aussonderung siehe dort
- Baurecht **B/ArR** 9 ff.
- bedingte **InsO § 41** 5 ff.; **E** 686
- Befriedigung siehe dort
- befristete **InsO § 41** 5 ff.
- bereits titulierte **StR-Verf** 170
- Bestimmtheit **InsO § 46** 9 ff.
- bestrittene **InsO § 77** 6; **InsO § 87** 19 ff.; **InsO § 176** 11 ff.; **InsO § 189** 4 ff.; **InsO § 213** 10 ff.; **InsO § 221** 23 ff.; **CZ** 212 ff.
- Dauerschuldverhältnisse **InsO § 90** 6 ff.
- Ehegatte **CZ** 204
- Einkommensteuer **StR-ESt** 108 ff.
- Eintritt Bedingung, auflösende **InsO § 42** 18 ff.
- Einzelerörterung **InsO § 176** 11 ff.
- Einzug **InsO § 22** 30 ff.; **InsO § 292** 9 ff.; **ImoV** 32 ff.
- Erbschaft/Vermächtnis **InsO § 35** 18
- Erfüllungsablehnung **InsO § 87** 23 ff.
- Erlass **InsO § 224** 5 f.; **InsO § 225** 3 ff.
- Erstattungsansprüche, öffentlich-rechtliche **InsO § 38** 41
- Factoring siehe dort
- Fälligkeit **InsO § 41** 20 ff.; **Pl** 555 f.
- festgestellte **InsO § 87** 16 ff.; **InsO § 189** 1 ff.
- Finanzmarktstabilisierungsfonds **InsO § 43** 35
- Forderungseinzug **StR-USt** 64 ff.

- Forderungsprüfung/-feststellung siehe dort
- Forderungstabelle siehe dort
- Frankreich siehe dort
- Fremdwährung **InsO § 95** 35 ff.
- Geldbetrag, unbestimmter **InsO § 45** 14 ff.
- Geldbuße **InsO § 302** 22
- Geldsanktionen **InsO § 39** 27 ff.
- Geltendmachung **InsO § 87** 12 ff.
- geprüfte **InsO § 176** 8 f.
- Gesamtschuldner/Bürge **InsO § 44** 7 ff.
- Gesamtschuldverhältnisse **InsO § 43** 14
- Glaubhaftmachung **InsO § 14** 12 ff.
- Gläubiger, nachrangige **InsO § 87** 23 ff.
- Gläubigergleichbehandlung **COVInsAG § 7** 1 ff.
- Grundsätze Schätzung/Umrechnung **InsO § 45** 24 ff.
- Haftung mehrerer/Mithaftung **InsO § 43** 1 ff.
- Honorarforderungen Berufe, freie **InsO § 36** 17
- Inhaberschaft **InsO § 47** 58 f.
- Insolvenzplan siehe dort
- Kreditinstitute **InsO § 36** 20a
- künftig zu erwerbende **InsO § 44** 4 ff.
- künftige **InsO § 89** 30 ff.; **Pl** 739 f.
- Kürzung **InsO § 224** 3 ff.
- Liste **Pl** 781 ff.
- Masse **InsO § 35** 10 ff.
- Miet-/Pachtforderungen **InsO § 35** 25b; **ImoV** 302, 458 ff.
- Nachhaftung **A** 389
- nachrangige **InsO § 39** 10 ff.; **InsO § 177** 18; **InsO § 221** 36; **A** 409 f.; **ImoV** 759 f.
- Neuforderungen **InsO § 302** 24 f.
- nicht angemeldete **InsO § 224** 9 f.; **InsO § 256** 5 f.
- nicht auf Geld gerichtete **InsO § 45** 6 ff.
- nicht fällige **InsO § 41** 1 ff.
- nicht titulierte **InsO § 179** 7 ff.; **InsO § 189** 5 ff.; **StR-Verf** 173
- Nichtgeltendmachung **InsO § 44** 12 ff.
- Österreich **A** 377 ff., 390 ff., 443 ff.
- Personalsicherheiten **InsO § 35** 16
- Pfandrecht **F** 544 ff.
- Pflichtteilsanspruch **InsO § 36** 8
- Polen siehe dort
- privilegierte **InsO § 43** 36 ff.; **InsO § 96** 44 ff.; **InsO § 302** 1 ff.
- Rangrücktrittsvereinbarung **InsO § 39** 107 ff.
- Rechnungseinheit **InsO § 45** 21 ff.
- Rechte nach Aufhebung **A** 407 f.
- Saldo Girokonto **InsO § 35** 25a
- Säumniszuschläge **InsO § 39** 18
- Schadenersatz **InsO § 47** 7 ff.
- Schweiz **CH** 263 ff., 401 ff.
- sicherungsabgetretene **InsO § 21** 106, 111 ff.; **InsO § 166** 34 ff.
- Sozialplanforderungen **InsO § 209** 16
- Spanien **E** 161 ff., 688 ff., 1138 ff. siehe dort
- Steuererstattungen **InsO § 35** 17
- Steuerforderungen **InsO § 38** 29 ff.; **InsO § 80** 32; **InsO § 155** 29 f.; **InsO § 221** 43; **InsO § 224** 6; **InsO § 302** 20 ff.; **CH** 401 ff.; **CZ** 636 ff., 671 ff.; **E** 1138 ff.; **Pl** 726, 1204 ff.
- streitige **InsO § 179** 1 ff.; **InsO § 256** 1 ff.; **E** 688 ff.
- Stundung **InsO § 4a** 24 ff.; **InsO § 224** 7 f.

Sachverzeichnis

- titulierte **InsO § 87** 20 ff.; **InsO § 179** 11 ff.; **InsO § 189** 4
- Tschechische Republik *siehe dort*
- Übergang **Pl** 652
- Umrechnung **InsO § 45** 1 ff.
- unbestrittene **InsO § 77** 5
- Uneinbringlichkeit **StR-USt** 135
- ungewisse **E** 687
- unpfändbare **InsO § 36** 8 f.
- Unterhalt **InsO § 36** 11; **InsO § 89** 34 ff.; **InsO § 302** 19 ff.
- Urheberrecht **InsO § 36** 18
- USA **US** 114 ff., 253 ff.
- Veränderung bei Feststellung **InsO § 201** 6
- Verhältnis, besonderes **E** 733 ff.
- Verjährung/-sfristen *siehe dort*
- verpfändete **InsO § 166** 40
- Versicherungen **InsO § 35** 20 ff.; **InsO § 36** 14 f.; **ImoV** 303 ff.
- Vertreter, gemeinsamer **InsO § 38** 36
- Verwertung **InsO § 166** 34 ff.; **A** 403 ff.
- Verzicht **StR-ESt** 165 ff.; **US** 253 ff.
- verzinsliche **InsO § 41** 31 f.
- Vollberücksichtigungsprinzip **InsO § 43** 2 ff.
- vollstreckbare **InsO § 257** 3 ff.
- Vollstreckungsschutz **InsO § 259a** 2 f.
- von Bereinigung ausgenommene **InsO § 308** 17 ff.
- von Restschuldbefreiung ausgenommene **InsO § 302** 1 ff.
- Vorschuss **Pl** 651
- Währung, ausländische **InsO § 45** 21 ff.
- Wiederaufleben **InsO § 221** 46; **InsO § 255** 1 ff.; **InsO § 257** 10; **InsO § 308** 20 f.
- Zahlungsverbot **F** 389 ff.
- Zinsen *siehe dort*
- Zugewinnausgleich **InsO § 36** 8
- zukünftige **InsO § 41** 8 f.

Forderungsanmeldung InsO § 174 1 ff.
- Änderung/Ergänzung **InsO § 174** 42 ff.; **InsO § 177** 2 ff.
- Anmeldeempfänger **InsO § 174** 11 ff.
- Anwendungsbereich **InsO § 174** 1 ff.
- Aufforderung **InsO § 174** 31 f.; **B/ArR** 548 f.
- Aufrechnung **B/ArR** 556
- Aus-/Absonderungsrechte **InsO § 174** 2
- ausländische **InsO § 174** 4 f., 17
- Baurecht **B/ArR** 548 ff.
- Berechtigung **InsO § 174** 5 f.
- Bestimmtheitsanforderungen **InsO § 174** 22 ff.
- Bestreiten **EUInsVO 55** 17
- Bevollmächtigung Dritter **InsO § 174** 7 ff.
- Dokument, schriftliches/elektronisches **InsO § 174** 16 ff.
- Dokumentation Forderung **InsO § 174** 19 ff.
- Doppelanmeldung **InsO § 44** 1 ff.; **InsO § 174** 5
- Eigenverwaltung **InsO § 270f** 21 ff.
- Eröffnungsbeschluss **InsO § 28** 1 ff.
- Feststellungsklage **B/ArR** 558a f.
- Forderungen, nachrangige **InsO § 174** 31 ff.; **InsO § 221** 36
- Forderungen, streitige/bestrittene **InsO § 179** 1 ff.
- Form **InsO § 174** 5 ff.; **B/ArR** 550 ff.
- Frist *siehe dort*
- Inhalt **InsO § 174** 22 ff.
- Inkassounternehmen **InsO § 174** 8
- Insolvenzplan **InsO § 221** 35; **InsO § 256** 5 f.
- Kommunikationsmittel **EUInsVO 53** 1
- Korrektur **B/ArR** 559 f.
- Massegläubiger **InsO § 174** 3
- Mehrfachanmeldung **InsO § 341** 2 ff.; **InsO § 342** 9a ff.
- Mitteilung Sicherheiten **InsO § 28** 8 ff.
- nachträgliche **InsO § 44** 16 ff.; **InsO § 177** 1 ff.
- Nachweis **EUInsVO 55** 17
- Nichtanmeldung **InsO § 44** 12 ff.
- Planverfahren **InsO § 174** 52 f.
- Prüfung durch Gericht **InsO § 174** 41
- Prüfung durch Verwalter **InsO § 174** 36 ff.
- Recht auf – **EUInsVO 53** 1 ff.
- Recht, anwendbares **EUInsVO 7** 47 ff.
- Recht, internationales **InsO § 174** 4 f., 17; **InsO § 341** 2 ff.; **A** 391 ff.; **CZ** 510; **E** 663 ff.; **EUInsVO 45** 1 ff.; **EUInsVO 53** 1 ff.; **EUInsVO 55** 1 ff.; **F** 410 ff., 488; **GB** 370 ff.; **Pl** 776 ff.
- Restschuldbefreiung **InsO § 174** 29; **InsO § 300a** 11
- Risikotragung **InsO § 174** 14
- Rücknahme **InsO § 174** 43 ff.
- Sachwalter **InsO aF § 270c** 5 ff.; **InsO § 270f** 21 ff.
- Sekundärverfahren **EUInsVO 45** 1 ff.
- Sprache **EUInsVO 55** 6
- Standardformular **EUInsVO 55** 1 ff.
- Unterbleiben **InsO § 174** 51 ff.
- Verjährung **InsO § 174** 46 ff.
- Vertretung **InsO § 174** 7 ff.; **F** 418 f.
- Verwalter **InsO § 341** 5 ff.
- Wirkung **InsO § 174** 45 ff.
- Zeitpunkt **InsO § 177** 1 ff.
- Zuständigkeit **InsO § 180** 1 ff.

Forderungsprüfung/-feststellung InsO § 174 1 ff.; **InsO § 178** 1 ff.
- Änderung Forderung **InsO § 201** 6
- Aufnahme Rechtsstreit **InsO § 180** 16 ff.
- Beitreibungslast **InsO § 184** 5 ff.
- Berichtigung **InsO § 178** 22
- Bestreiten **InsO § 283** 7 f.
- Eigenverwaltung **InsO § 178** 6; **InsO § 283** 2 ff.
- Fehlerkorrektur **InsO § 181** 7 f.
- Feststellungsklage *siehe Prozessrecht*
- Forderung, geprüfte **InsO § 176** 8 f.
- Forderungen, nachrangige **InsO § 177** 18
- Forderungen, streitige/bestrittene **InsO § 179** 1 ff.; **InsO § 221** 23 ff.
- Forderungsabrechnung **InsO § 221** 28
- Forderungstabelle *siehe dort*
- Gläubiger, nachrangige **InsO § 178** 7
- Insolvenzplan **InsO § 256** 2 ff.
- Insolvenztabelle **InsO § 175** 1 ff.
- Klage gegen Widerspruch **InsO § 184** 1 ff.
- Prüfanspruch **InsO § 177** 1 ff.
- Prüfdokumentation **InsO § 178** 19 ff.
- Prüfergebnis **InsO § 176** 14 ff.
- Prüftermin **InsO § 176** 1 ff.; **InsO § 177** 12 ff.
- Prüfung **Pl** 780 ff.
- Prüfung, nachträgliche **InsO § 177** 11 ff.

Sachverzeichnis

- Prüfungsablauf **InsO § 176** 10 ff.; **InsO § 177** 7 ff.
- Prüfverfahren **A** 396 ff.
- Rangfolge **CZ** 202, 221 ff.; **US** 114
- Recht, internationales **A** 396 ff.; **CH** 165 ff.; **E** 506 ff.
- Rechtsweg **InsO § 185** 4 ff.
- Schuldurkunden **InsO § 178** 23
- Streitwert **InsO § 182** 1 ff.
- Umfang **InsO § 181** 1 ff.
- Verfahren, ordentliches **InsO § 180** 1 ff.
- Voraussetzungen **InsO § 178** 2 f.
- Widerspruch *siehe dort*
- Wiedereinsetzung Schuldner **InsO § 186** 1 ff.
- Wirkung Feststellungsurteil **InsO § 183** 1 ff.
- Wirkungen **InsO § 178** 18, 24 ff.
- Zuständigkeit **InsO § 180** 1 ff.; **InsO § 185** 1 ff.

Forderungstabelle InsO § 175 1 ff.; **InsO § 178** 19 ff.
- Auslage/Einsicht **InsO § 175** 14 ff.
- Auszug/Mitteilung **InsO § 179** 20 f.
- Bedeutung **InsO § 175** 1 ff.
- Berichtigung **InsO § 183** 6 ff.; **InsO § 214** 9 ff.
- Bestreiten **InsO § 283** 7 f.
- Form/Inhalt **InsO § 175** 8 ff.
- Führung/Pflege **InsO § 175** 3 ff.
- Verbraucherinsolvenz **InsO § 305** 38 ff.
- Widerspruch **InsO § 283** 3 ff.

Fortbestehensprognose InsO § 19 10 ff.
Fortführungsprognose InsO § 320 26 ff.
Fracht/Spedition InsO § 47 117 ff.
Frankreich F 1 ff.
- Abgabe Angebote **F** 357 ff.
- Anfechtung **F** 537
- Antrag **F** 33 ff., 88, 102 ff., 137 ff., 171, 289 f., 425 f.
- Anwendungsbereich **F** 24 ff., 75 ff., 98, 131 ff.
- Arbeitnehmerforderungen **F** 415
- Arbeitnehmervertreter **F** 186
- Aufrechnung **F** 392 ff.
- Ausdehnung Verfahren **F** 298
- Auskunftsrechte Betriebsrat **F** 62
- Aussetzung Rechtsverfolgungsmaßnahme **F** 398 ff.
- Aussetzung Zinsen **F** 300
- Aussonderung **F** 476 ff.
- Ausweitung **F** 188 ff.
- Beendigung **F** 346 ff.
- Beendigung Schwierigkeiten, wirtschaftliche **F** 207
- Beobachtungsphase **F** 296 ff., 194 ff.
- Beschlagnahme **F** 54, 325 ff.
- Beschränkungen, insolvenzrechtliche **F** 389 ff.
- Beweislastvorschriften **F** 487
- borderau Daily **F** 517 ff.
- Bürgschaft **F** 452
- conciliation **F** 96 ff.
- Eigentumsvorbehalt **F** 456, 506 ff.
- Eigenverwaltung **F** 200 ff.
- Entlassungen **F** 233, 304 ff., 331 ff.
- Entwicklung, geschichtliche **F** 1 f.
- Eröffnung **F** 168 ff., 320 ff.
- Eröffnungsgrund **F** 168 ff.
- Eröffnungsurteil **F** 176 ff.
- faillite personelle **F** 622 ff.
- fiducie-sûreté **F** 521 ff., 537 ff.
- Forderungsabtretung, fiduziarische **F** 517 ff.
- Forderungsanmeldung **F** 410 ff., 488
- Forderungsprüfung **F** 430 ff.
- gage-espèces **F** 543
- Geldbußen **F** 31
- Geschichte/Chronik **G/C** 27 f.
- Gesellschaftsvertrag **F** 217
- Gläubigerausschüsse **F** 187, 531
- Gläubigerkomitees **F** 256 ff.
- Gläubigervertreter **F** 182 ff.
- Grundlagen, gesetzliche **F** 1 ff.
- Gutgläubigkeit **F** 28 f.
- Haftung **F** 585 ff., 602 ff.
- Hypothek **F** 558 ff.
- Inhaber Schuldverschreibungen **F** 272
- Insolvenzfolgen, persönliche **F** 620 ff.
- Insolvenzplan **F** 448 f.
- interdiction de gérer **F** 626 ff.
- Ipso-Facto-Klauseln **F** 220 f.
- Kontrolleure **F** 185
- Kreditgewährung, fahrlässige **F** 585 ff.
- Leasing **F** 379, 538 ff.
- Liquidation (liquidation judiciaire) **F** 318 ff., 457 ff., 534 ff.
- Lohnausfallversicherung **F** 468 ff.
- loi Petroplus **F** 298
- mandat ad hoc **F** 86 ff.
- Masseforderung **F** 436
- Massegläubiger **F** 434 ff.
- Masseschulden **F** 414, 447
- Mediation, staatliche **F** 64 ff.
- Mobilia, dinglich abgesicherte **F** 462
- Moratorium **F** 35 ff., 286
- Neutralität **F** 461
- Nichtigkeit Rechtshandlung **F** 561 ff.
- nullité de droit **F** 567 ff.
- nullité facultative **F** 579 ff.
- pacte commissoire **F** 395
- période suspecte **F** 561 ff.
- Pfandrecht Forderungen **F** 544 ff.
- Pfandrecht Gelddepot **F** 543
- Pfandrecht Zurückbehaltungsrecht **F** 546 ff.
- plan de cession **F** 353 ff.
- Prävention Schwierigkeiten, wirtschaftliche **F** 56 ff.
- Prépack-cession-Verfahren **F** 144 ff.
- prévention-détection **F** 56 ff.
- procédure d'alerte **F** 56
- Rang Befriedigungsvorzugsrecht **F** 442 ff.
- Recht, materielles **F** 148 ff.
- Rechtsmittel **F** 48, 52, 179 f., 298, 370 ff., 431 ff.
- redressement judiciaire **F** 281 ff.
- Regelverfahren **F** 168 ff.
- Restrukturierung **F** 43 ff., 82 ff., 168 ff., 532
- Restschuldbefreiung **F** 50 ff., 349 ff.
- rétablissement personnel **F** 50 ff.
- Richter, verfahrensleitender **F** 181
- Rolle Gericht **F** 163 ff.
- Rolle Verfahrensbeteiligte **F** 153 ff.
- Sanierung, übertragende **F** 293, 319, 353 ff., 450 ff.
- Sanierungsplan *siehe dort*
- Sanktionen **F** 600 f.
- sauvegarde (financière) accélérée (SA/SFA) **F** 127 ff., 477

1465

Sachverzeichnis

- Schicksal Verträge **F** 375 ff.
- Schuldenerlass **F** 47
- Sicherung, dingliche **F** 496 ff.
- Sicherungsrechte, publizierte **F** 413
- Sicherungsübereignung **F** 215, 409
- Sicherungsübertragung **F** 521 ff.
- Situation Gläubiger **F** 154 ff.
- Sonderregelungen, spezialgesetzliche **F** 16 ff.
- Sozialplan **F** 334
- Sperrkonto **F** 402
- Stellung Arbeitnehmer **F** 167, 463 ff.
- Stellung Gesamtschuldner/Garanten **F** 404, 429
- Stellung Gesellschafter **F** 312 ff., 617 ff.
- Stellung Gläubiger **F** 373, 386 ff., 448 ff., 496 ff.
- Stellung Leitungsorgane **F** 297, 309 ff.
- Stellung Staatsanwalt **F** 166 ff.
- Stellung Verwalter **F** 158 ff., 299
- Straftaten **F** 629 f.
- surrendettement des particuliers **F** 21 ff.
- Überblick **F** 70 ff.
- Überlegungen Gläubiger **F** 387 ff.
- Übernahme Arbeitnehmer **F** 374
- Überschuldungskommission **F** 33 ff.
- Umwandlung Verfahren **F** 126, 205 ff., 295
- Unternehmensfortführung **F** 203 f., 301 ff., 324 ff.
- Unternehmensveräußerung **F** 459
- Unternehmensverpachtung **F** 383 ff.
- Verbot Eintragung Sicherungsrechte **F** 408
- Verbraucherinsolvenz **F** 21 ff.
- Verfahren **F** 21 ff., 148 ff., 281 ff., 342 ff., 403, 475
- Verjährungsunterbrechung **F** 423
- Verteilungsschlüssel Beträge, freie **F** 458
- Verträge, laufende **F** 208 ff.
- Vertragsstrafen **F** 441
- Verwalter **F** 158 ff., 182 ff., 360
- Verwertung **F** 44 ff., 213, 336 ff., 460
- Vorladung durch Präsident Gericht **F** 53
- Vorverfahren, präventives **F** 359
- Wertpapiere **F** 482
- Wirtschafts-/Sozialbilanz **F** 194
- Zahlungsunfähigkeit **F** 281 ff.
- Zahlungsverbot **F** 389 ff.
- Ziele **F** 174 f., 292 ff., 318 ff.
- Zinsen **F** 406 f.
- Zurückbehaltungsrecht **F** 455, 546 ff.
- Zuständigkeit **F** 172 f., 599
- Zwangsversteigerung **F** 46
- Zweckmäßigkeit **F** 438 ff.

Freigabe/Freiwerden InsO § 35 57 ff.; **InsO § 80** 23 ff.
- Arbeit, selbstständige **InsO § 35** 65 ff.
- Aufhebung Zubehöreigenschaft **ImoV** 935 ff.
- Beschlagnahme **ImoV** 444 ff.
- echte **InsO § 80** 24; **InsO § 165** 46
- Entfernung **ImoV** 935 ff.
- Ermessen, pflichtgemäße **InsO § 35** 58
- Fahrzeug **StR-Nl** 68 ff.
- Folgen **ImoV** 183 ff.
- Geschäftsbetrieb **StR-USt** 48 ff.
- Immobilien **InsO § 165** 39 ff.; **ImoV** 180 ff., 442 ff.
- nach Beschlagnahme **ImoV** 938 ff.
- Österreich **A** 315 ff.

- Pflichten, öffentlich-rechtliche **ImoV** 192
- Schuldverhältnisse **InsO § 103** 78
- Sicherungsgut **InsO § 35** 62
- Steuerrecht **InsO § 165** 46 f.; **ImoV** 188 ff.
- Tätigkeit, selbstständige **StR-USt** 95
- Umsatzsteuer **StR-USt** 48 ff., 95
- unechte **InsO § 35** 61; **InsO § 80** 24; **InsO § 165** 47
- Unternehmensfreigabe **InsO § 80** 29
- Veräußerung/Entfernung **ImoV** 442 ff., 940 ff.
- Vermögen, insolvenzfreies **InsO § 80** 28
- Verwalter, vorläufiger starker **InsO § 22** 14
- Verwertung, freihändige *siehe Verwertung*
- Willenserklärung, einseitige empfangsbedürftige **InsO § 80** 27 ff.
- Zeitpunkt **InsO § 35** 59

Frist
- Abänderung Stundungsentscheidung **InsO § 4b** 19
- Abtretung **InsO § 287** 21 ff.
- Anfechtung **InsO § 130** 28; **InsO § 131** 32a; **InsO § 134** 14 f.; **InsO § 135** 31 ff., 42 ff.; **InsO § 146** 6 ff.; **E** 780 f.
- Antrag **InsO § 15a** 20 ff.; **InsO § 212** 3; **InsO § 213** 3; **InsO aF § 270b** 20; **InsO § 290** 9 ff.; **A** 469 ff.
- Antragspflichtaussetzung **COVInsAG § 2** 16 f.
- Aufstellung Gläubigerverzeichnis **InsO § 152** 15 f.
- Aufstellung Vermögensübersicht **InsO § 153** 10 ff.
- Ausschlussfrist Insolvenzplan **InsO § 221** 18 ff.
- Ausschlussfristen, tarifliche **InsO § 123** 29
- Behebung Einwendungen **InsO § 194** 9 ff.
- Beschwerde, sofortige **InsO § 6** 14; **InsO § 34** 4; **InsO § 64** 12
- Einberufung Gläubigerversammlung **InsO § 74** 16 f.
- Erfüllungswahlrecht **InsO § 107** 40 ff.
- Eröffnungsantrag **InsO § 139** 1 ff.
- Finanzleistungen **InsO § 104** 32 f.
- Forderungsanmeldung **InsO § 28** 6 ff.; **InsO § 174** 15; **B/ArR** 557 f.; **EUInsVO 55** 15 f.; **F** 410 ff.
- Fristbestimmungsantrag **InsO aF § 270b** 20
- Inbesitznahme **InsO § 148** 11
- Insolvenzplan **InsO § 231** 18; **InsO § 232** 7; **InsO § 235** 20; **InsO § 241** 6; **InsO § 249** 9 f.; **InsO aF § 270b** 53 ff.
- Konkursvergleichsvorschlag **I** 332
- Masseverzeichnis **InsO § 151** 10 f.
- Österreich **A** 479 ff.
- Prozessunterbrechung **InsO § 85** 17 ff.
- Recht, internationales **InsO § 319** 15 ff.
- Rechtsbeschwerde **InsO § 6** 31
- Rechtsmittel **InsO § 9** 15 ff.
- Restschuldbefreiung **InsO § 290** 9 ff.; **InsO § 296** 5 f.; **InsO § 297** 7; **InsO § 300** 31 ff.
- Schuldenbereinigungsplan **InsO § 307** 19
- Schweiz **CH** 68
- Spanien **E** 16
- Sperrfristen **InsO § 287a** 13 ff.; **EUInsVO 3** 16
- Stellungnahme Gläubiger **InsO § 309** 19
- Terminsbestimmung **InsO § 29** 1 ff.
- Verbraucherinsolvenz **InsO § 306** 16 ff.

Sachverzeichnis

- Verjährung/-sfristen *siehe dort*
- Vermögensverzeichnis/-übersicht **InsO § 153** 10 ff.
- Versäumnis **InsO aF § 270b** 80
- Verteilungsverzeichnis **InsO § 189** 9 ff.
- Warentermingeschäfte **InsO § 104** 17

Garantie InsO § 35 16; **InsO § 43** 16
Geheimhaltungsvereinbarung US 38
Genehmigungen, behördliche InsO § 35 44 f.
Generalplaner/Generalunternehmer B/ArR 13, 341 ff.
Genossenschaft/VVaG InsO § 213 18; **InsO § 221** 11
Gesamtgut/Gütergemeinschaft InsO § 37 1 ff.; **InsO § 83** 24 ff.; **InsO § 331** 15 ff.; **InsO § 332** 1 ff.; **InsO § 333** 1 ff.; **ImoV** 160 ff.
Gesamthand ImoV 160 ff., 172 ff.
- Aussonderungsrecht **ImoV** 266
- Teilungsversteigerung **ImoV** 875 ff.

Gesamthypothek ImoV 314 ff.
Geschichte/Chronik G/C 1 ff.
- Code de Commerce Frankreich **G/C** 27 ff.
- Deutschland vor 1855 **G/C** 32 ff.
- Konkursordnung Preußen **G/C** 65 ff.
- Konkursrecht Spanien **G/C** 23 ff.
- Personalexekution **G/C** 3 ff.
- Realexekution **G/C** 7 ff.
- Reichskonkursordnung **G/C** 76 ff.
- Statuarrecht Italien **G/C** 18 ff.

Gesellschaft *siehe auch Unternehmen*
- Aktiengesellschaft (AG) *siehe dort*
- Amtsniederlegung/Abberufung Antragsteller **InsO § 15** 12 ff.
- Anhörung **InsO § 10** 21 ff.
- Anschaffungskosten, nachträgliche **StR-ESt** 52 ff.
- Antrag **InsO § 18** 3 ff.
- Antragsberechtigung **InsO § 15** 1 ff.
- Antragspflicht **InsO § 15a** 2 ff.
- Auseinandersetzung **InsO § 84** 1 ff.
- Auseinandersetzungsausschluss **InsO § 84** 22 ff.
- Ausfall Privatdarlehen **StR-ESt** 57
- ausländische **InsO § 11** 6 ff.; **InsO § 15** 9; **InsO § 19** 7; **InsO § 39** 55; **InsO § 135** 8
- Bedeutung, untergeordnete **InsO § 3a** 13 ff.
- Beendigung **EUInsVO 48** 1 f.
- Einkommensteuer **StR-ESt** 47 ff.
- Einstellung Verfahren **InsO § 207** 26 ff.
- England **GB** 6 ff., 225 f.
- führungslose **InsO § 10** 24 ff.; **InsO § 15** 4 ff.
- GbR **InsO § 221** 29; **ImoV** 160 ff.
- Genossenschaft/VVaG **InsO § 213** 18; **InsO § 221** 11
- Geschäftsführer **InsO § 15b** 8
- Geschäftsführerhaftung **I** 478 f.
- Gesellschafterdarlehen *siehe dort*
- Gesellschafterleistungen **InsO § 39** 39 ff.
- Gesellschaftsrecht **A** 267 ff.
- GmbH **InsO § 225a** 22a ff.; **Pl** 629 ff.
- Insolvenzfähigkeit **InsO § 11** 2 ff.
- Interessenmittelpunkt **InsO § 3e** 2 ff.
- Kapitalaufbringung/-erhaltung **CZ** 503 f.
- Kapitalschnitt **InsO § 225a** 4 ff.

- KG *siehe Kommanditgesellschaft (KG)*
- Konzern **InsO § 94** 36 ff.
- Liquidationsgesellschaft **InsO § 101** 3
- Maßnahmen, gesellschaftsrechtliche *siehe dort*
- ohne Rechtspersönlichkeit **InsO § 11** 5; **InsO § 15** 1 ff.; **InsO § 84** 8 ff.; **InsO § 93** 5 ff.; **InsO § 118** 1 ff.; **InsO § 230** 5 ff.; **InsO § 270** 29 ff.; **InsO aF § 270** 72 ff.
- Organschaft *siehe dort*
- Partnerschaftsgesellschaft **Pl** 625
- Personengesellschaften *siehe dort*
- Registereintragungen **InsO § 31** 1 ff.
- stille **InsO § 39** 65 ff.; **InsO § 84** 17 ff.; **InsO § 136** 1 ff.
- Übernahmegesellschaft **InsO § 260** 6
- Überschuldung **InsO § 19** 5 ff.
- Veräußerungserlös Auflösung **StR-ESt** 47 ff.
- WEG-Recht **InsO § 84** 26
- Zuständigkeit **EUInsVO 3** 7 ff.

Gesellschafter
- Aussonderung **InsO § 47** 19
- beteiligte **InsO § 138** 20 ff.
- Haftung *siehe dort*
- Insolvenz **InsO § 80** 48 f.
- Insolvenzplanvorlage **InsO § 218** 7 f.
- iSv Anteilseigner *siehe Insolvenzplan*
- Leistungen **InsO § 39** 39 ff.
- persönlich haftender **InsO § 138** 19 f., 19 ff.; **InsO § 227** 9 ff.
- Vermögen, pfändbares **InsO § 93** 14 f.

Gesellschafterdarlehen InsO § 44a 1 ff.; **InsO § 49** 18 ff.; **COVInsAG § 2** 6
- Anfechtung **InsO § 135** 1 ff.
- Art Finanzierungsleistung **InsO § 135** 12 f.
- Bargeschäftseinwand **InsO § 135** 88 ff.
- Beweislast **InsO § 135** 90
- Einkommensteuer **StR-ESt** 53 ff.
- Gerichtsstand **InsO § 135** 91 f.
- Gesellschafterleistungen **InsO § 39** 39 ff.
- Gläubigerbenachteiligung, mittelbare **InsO § 135** 4 ff.
- Konkurrenzen **InsO § 135** 86 ff.
- Kredite, privilegierte **InsO § 135** 93 ff.
- Recht, internationales **InsO § 135** 16a ff.
- Sachverhalt, grenzüberschreitender **InsO § 135** 16a ff.
- Übergangsrecht **InsO § 135** 13a ff.

Gewerbesteuer InsO § 38 33; **InsO § 55** 32; **CZ** 669 f.; **StR-NI** 1 ff.
Gewerbeuntersagung Pl 1214 ff.
Glaubhaftmachung
- Antrag **InsO § 14** 9 ff.; **InsO § 290** 14 ff.
- Darlegungs-/Beweislast **InsO § 296** 7 ff.
- Forderungen **InsO § 14** 12 ff.
- Gegenglaubhaftmachung **InsO § 14** 19 ff.
- Insolvenzgrund **InsO § 14** 16 ff.; **InsO § 212** 5 f.
- Restschuldbefreiung **InsO § 290** 14 ff., 35; **InsO § 297** 8 f.

Gläubiger InsO § 53 1 ff.; **InsO § 174** 3; **InsO § 201** 9 ff.; **InsO § 224** 1 ff.; **InsO § 289** 6 f. *siehe auch Länder*
- Absicherung **InsO § 165** 38
- Absonderung **InsO § 167** 1 ff.; **InsO § 222** 12
- Anleihe **InsO § 38** 36; **InsO § 222** 19 ff.
- Antrag *siehe dort*
- Auskunftspflicht **InsO § 97** 12 ff.

1467

Sachverzeichnis

- ausländische **EUInsVO 54** 1 ff.
- Ausschluss von Verteilung **InsO § 206** 1 ff.
- Ausübung Rechte **InsO § 341** 1 ff.; **EUInsVO 45** 1 ff.
- Baurecht **B/ArR** 8
- Befriedigung *siehe dort*
- Befriedigungsrecht, eingeschränktes **InsO § 206** 5 ff.
- Begriff **InsO § 38** 1 ff.; **EUInsVO 2** 31 ff.
- Begünstigung **GB** 359 ff.; **Pl** 1188 ff.
- Beitreibungslast **InsO § 179** 1 ff.
- Betreiben Zwangsversteigerung **InsO § 165** 17 ff.
- betroffene **InsO § 89** 5 ff.
- Deliktsgläubiger **InsO § 89** 34 ff.; **InsO § 221** 27; **InsO § 222** 26
- Durchsetzungsbefugnisse **InsO § 201** 1 ff.
- Eigenverwaltung **InsO § 270** 40; **InsO § 281** 1 ff.
- Eigenverwaltung, vorläufige **InsO § 270e** 16 ff.
- Eigenverwertung **InsO § 49** 39 f.
- Entlassung Verwalter **InsO § 59** 14a ff.
- Gefährdung Interessen **InsO § 3a** 27 ff.
- Gesamtschaden **InsO § 92** 1 ff.
- Gläubigerausschuss *siehe dort*
- Gläubigerinformationssystem **InsO § 5** 26 ff.; **InsO § 80** 35
- Großgläubiger **InsO § 75** 8
- Gruppen, besondere **InsO § 187** 13 ff.
- Gruppenbildung **InsO § 220** 21 ff.
- Gütergemeinschaft **InsO § 333** 21 f.
- Herausgabepflicht **InsO § 342** 5 ff.; **EUInsVO 23** 1 ff.
- Hinweismöglichkeit **InsO § 168** 18 ff.
- Immobilienverwertung **ImoV** 195 ff.
- Insolvenzplan *siehe dort*
- Italien *siehe dort*
- Kenntnis **InsO § 206** 3 f.
- Kleingläubiger **InsO § 22a** 48
- Kosten **InsO § 39** 21 ff., 126 f.
- kraft Umqualifizierung **InsO § 38** 40
- maßgeblich beteiligter **InsO § 162** 4
- Mehrheit **InsO § 309** 5 ff.
- Nachlassgläubiger **InsO § 317** 22 ff.
- nachrangige **InsO § 39** 1 ff.; **InsO § 49** 16 ff.; **InsO § 87** 23 ff.; **InsO § 165** 34 ff.; **InsO § 178** 7; **InsO § 187** 25; **InsO § 217** 15; **InsO § 222** 14; **InsO § 223** 11; **InsO § 225** 1 ff.; **InsO § 246** 1 ff.; **InsO § 265** 1 ff.; **InsO § 266** 1 ff.; **ImoV** 204 f.
- Neugläubiger **InsO § 217** 16 ff.; **InsO § 265** 1 ff.; **InsO § 295** 14g
- Nichtgläubiger **InsO § 22a** 44
- persönlicher **InsO § 38** 4 ff.
- Pfandgläubiger **InsO § 50** 1 ff.
- Pflichten **ImoV** 225
- Pflichten Verwalter **InsO § 60** 32 ff.
- Rangordnung **InsO § 39** 7 ff.
- Recht nach Aufhebung Verfahren **InsO § 201** 9 ff.
- Recht, internationales **InsO § 341** 1 ff.; **InsO § 342** 5 ff.; **EUInsVO 23** 11 ff.
- Rechte **InsO § 201** 1 ff.; **InsO § 223** 9 ff.; **InsO § 224** 1 ff.; **InsO § 225** 1 ff.
- Rechtshandlung **InsO § 129** 28
- Restdurchsetzung **InsO § 201** 5 ff.
- Restschuldbefreiung *siehe dort*
- Schuldenbereinigungsplan **InsO § 307** 20 ff.
- Schutz vor Verzögerung **InsO § 169** 1 ff.
- Schutzverbände **A** 186 ff.
- Selbsteintritt **InsO § 168** 22 ff.
- Selbstverwaltung **InsO § 39** 130
- Stellung **InsO § 14** 1
- Stimmrecht **InsO § 237** 1 ff.
- Struktur **InsO § 220** 19
- Unterhaltsforderungen **InsO § 89** 34 ff.
- Unterhaltsgläubiger **InsO § 222** 13
- Unterrichtung **InsO § 281** 1 ff.; **EUInsVO 54** 1 ff.
- Vermögensanspruch, begründeter **InsO § 38** 7 ff.
- Verwertung **InsO § 170** 20 ff.; **InsO § 173** 1 ff.
- Verzeichnis **InsO § 152** 1 ff.; **InsO § 154** 1 ff.; **InsO § 281** 6; **InsO § 305** 38 ff.; **E** 681, 766 ff.
- Vorwegbefriedigung **InsO § 53** 3 ff.
- Zinsen **InsO § 39** 126 f.
- Zustimmung **InsO § 165** 29 ff.; **InsO § 213** 1 ff.; **EUInsVO 36** 9 ff.

Gläubigerausschuss
- Abschlagsverteilung **InsO § 195** 9 ff.
- Abstimmung **InsO § 72** 3
- Antrags- **InsO § 67** 6
- Antragsberechtigung **InsO § 75** 4
- Arbeitnehmervertreter **InsO § 269c** 20 ff.
- Arbeitsweise **InsO § 69** 2 ff.
- Aufgaben **InsO § 69** 1 ff.
- Außenwirkung **InsO § 69** 31
- Befähigung **InsO § 67** 15 ff.
- Befugnisse **InsO § 69** 17 ff.; **Pl** 477 ff.
- Bereitschaft **InsO § 67** 15 ff.
- Beschlüsse **InsO § 72** 12 ff.; **Pl** 484 ff.
- Bestellung **Pl** 471 f.
- Eigenverwaltung **InsO § 67** 21; **InsO aF § 270** 37 f.; **InsO § 276** 1 ff.
- Einer-Ausschuss **InsO § 67** 9a
- Einsetzung **InsO § 67** 1 ff.
- Entlassung **InsO § 70** 1 ff.
- Entlassung Verwalter **InsO § 59** 12 ff.
- Entsetzung **InsO § 269c** 15 ff.
- Erfüllungswahlrecht **InsO § 103** 50
- Ermessens- **InsO § 67** 6
- Eröffnungsverfahren **InsO § 67** 9; **InsO § 69** 29 ff.
- Formen **InsO § 67** 4 ff.
- Geschäftsordnung **InsO § 72** 7 ff.
- Gläubigerversammlung *siehe dort*
- Gruppen- **InsO § 269c** 5 ff.
- Haftung **InsO § 71** 1 ff.; **InsO § 269c** 35; **Pl** 487
- Insolvenzplan *siehe dort*
- Interessenkonflikt **InsO § 67** 18 ff.
- Interims- **InsO § 67** 5
- Kassenprüfer **InsO § 69** 10 ff.
- Mitglieder, entsandte **InsO § 73** 15
- Mitglieder, vermeintliche **InsO § 73** 16
- Mitgliedschaftsbeginn/-ende **InsO § 67** 19 ff.; **InsO § 68** 7 ff.
- Nach-/Umbesetzung **InsO § 67** 7
- Nicht-Gläubiger **InsO § 67** 11 ff.
- Öffentlichkeit **InsO § 69** 26
- Organisation **InsO § 269c** 24 f.

Sachverzeichnis

- Person, juristische **InsO § 67** 17 f.
- Pflicht- **InsO § 67** 6
- Pflichten **InsO § 269c** 25 ff.
- Planverfahren **InsO § 67** 23
- präsumtiver **InsO § 67** 5
- Protokolle **InsO § 72** 7 ff.
- Prüfung/Überwachung Geldverkehr/-bestand **InsO § 69** 5 ff.
- Recht, internationales **A** 180 ff.; **CH** 137 f.; **F** 187, 256 ff., 531; **GB** 240; **I** 206 ff., 363 ff.; **Pl** 471 ff., 989 ff.; **US** 142 ff., 166
- Rechte **InsO § 269c** 25 ff.
- Rechte Gläubigerversammlung **InsO § 68** 1 ff.; **InsO § 69** 28
- Rechtshandlungen, besonders bedeutsame **InsO § 160** 1 ff.
- Schuldnerhandeln, eigenmächtiges **InsO § 276** 10 f.
- Schutzschirmverfahren **InsO § 67** 22
- Sitzungen **Pl** 484 ff.
- Stellung **InsO § 69** 2 ff.
- Stimmverbote/Inhabilität **InsO § 72** 4 ff.
- Unternehmensgruppe **InsO § 269c** 1 ff.
- Untersagungen, vorläufige **InsO § 161** 1 ff.
- Vergütung *siehe dort*
- Verhältnis zu Gericht **InsO § 69** 27 f.
- Verschulden **InsO § 71** 8 ff.
- Verschwiegenheit **InsO § 69** 26
- Vertreter, gemeinsamer nach SchVG **InsO § 67** 12.1 ff.
- vorläufiger *siehe dort*
- Wahlvorgang **InsO § 68** 5 ff.
- Zusammenarbeit **InsO § 269c** 1 ff.
- Zusammensetzung **InsO § 67** 7 ff.; **InsO § 269c** 15 ff.; **Pl** 473 ff.
- Zustimmung **InsO § 160** 12 ff.; **InsO § 162** 6; **InsO § 164** 2

Gläubigerausschuss, vorläufiger InsO § 21 59 ff.
- Abberufung/Entlassung Mitglieder **InsO § 22a** 75
- Anhörung **InsO § 56a** 4 ff.; **InsO § 270b** 32 ff.; **InsO § 270e** 31 f.
- Antrag **InsO § 22a** 29 f.
- Antrags- **InsO § 22a** 12 ff., 33, 34
- Anwendungsbereich **InsO § 22a** 1 ff.
- Aufgaben **InsO § 21** 64; **InsO § 22a** 63 ff.
- Auskunftspflichtberechtigter **InsO § 101** 28
- Ausschlusstatbestände **InsO § 22a** 15 ff.
- beantragter **InsO § 56a** 18 f.
- Beendigung **InsO § 22a** 72 ff.
- Beschlussform **InsO § 56a** 8
- Bestellung **InsO § 22a** 1 ff.
- Beteiligung bei Bestellung **InsO § 56a** 1 ff.; **InsO § 56b** 28 f.
- Beteiligung, nachträgliche **InsO § 56a** 28 ff.
- Eigenverwaltung **InsO aF § 270** 42 ff.; **InsO § 270b** 32 ff.; **InsO § 270e** 10 f.; **InsO § 270f** 15 ff.
- Einsetzung **InsO § 22a** 6, 31 ff.
- Ermessens- **InsO § 21** 60; **InsO § 22a** 34
- Größe **InsO § 22a** 2 ff.
- Haftung **InsO § 22a** 69
- Insolvenzplan **InsO § 284** 9 f.
- Kleingläubiger **InsO § 22a** 48
- Kontrolldichte **InsO § 56a** 33 ff.
- Mehrheitserfordernisse **InsO § 56a** 22 ff.

- Mitgliederauswahl **InsO § 22a** 50 ff.
- Mitgliedschaft **InsO § 22a** 12 ff.
- Nichtgläubiger **InsO § 22a** 44
- obligatorischer **InsO § 56a** 20 f.
- Pflicht- **InsO § 22a** 7 ff., 32, 34
- Rechtsmittel **InsO § 22a** 59 ff.
- Rechtsschutz **InsO § 56a** 33 ff.
- Rechtsstellung **InsO § 22a** 62
- Schutzschirmverfahren **InsO aF § 270b** 67, 86
- Stellung **InsO § 21** 64
- Tschechische Republik **CZ** 317 ff.
- Unternehmensstilllegung **InsO § 22a** 17 ff.
- Verfahrensrecht **InsO § 22a** 26 ff.
- Vergütung **InsO § 22a** 70 f.; **InsVV § 17** 35 ff.
- Zeitpunkt Einsetzung **InsO § 22a** 35 ff.
- Zusammensetzung **InsO § 21** 63; **InsO § 22a** 39 ff.

Gläubigerbenachteiligung InsO § 129 41 ff.; **InsO § 130** 4 f.; **InsO § 131** 1 ff.; **InsO § 132** 1 ff.; **ImoV** 81 ff.
- Abtretung Forderung, künftige **Pl** 739 f.
- Anfechtung **ImoV** 81 ff.
- Ausschluss **COVInsAG § 2** 2 ff.
- Bargeschäft **ImoV** 114
- Billigung **InsO § 131** 18 ff.
- Corona-Pandemie **InsO § 131** 10 f.
- COVInsAG **InsO § 132** 21a f.
- Darlegungs-/Beweislast *siehe dort*
- Deckung, inkongruente *siehe dort*
- Deckung, kongruente *siehe dort*
- Erwerb Grundpfandrecht **ImoV** 342 ff.
- Geltendmachung **EUInsVO 16** 14
- Gesellschaft, stille **InsO § 136** 8
- Gesellschafterdarlehen **InsO § 135** 4 ff.
- Immobilienverwertung **ImoV** 81 ff.
- Italien **I** 228 ff.
- mittelbare **InsO § 129** 53 ff.; **InsO § 130** 5; **InsO § 135** 4 ff.; **InsO § 309** 27 f.
- Nachlassinsolvenz **InsO § 322** 13 ff.
- Nachteil, besonderer **InsO § 132** 19 ff.
- objektive **B/ArR** 121 f.
- Polen **Pl** 321 ff., 727 ff., 896 ff., 1062 ff., 1170 ff.
- Postsperre **InsO § 99** 15 ff.
- Prognose **COVInsAG § 5** 38 ff.
- Recht, internationales **EUInsVO 16** 1 ff.
- Rechtshandlungen/-geschäfte **InsO § 99** 16; **InsO § 130** 4 f.; **InsO § 132** 6 ff. *siehe auch dort*
- Restschuldbefreiung **InsO § 296** 25 ff.
- Rückerstattung **Pl** 1072 ff.
- Sanierung **InsO § 131** 20.1 f.
- Schuldenbereinigungsplan **InsO § 309** 24 ff.
- Schweiz **CH** 319 f.
- Sicherheiten **ImoV** 84; **Pl** 753 ff., 1065 ff.
- Sicherung/Befriedigung Schuld **Pl** 736 ff.
- Sittenwidrigkeit **InsO § 131** 3 ff.
- Spanien **E** 633 ff.
- StaRUG **InsO § 132** 21a f.
- Strafrecht **Pl** 1170 ff.
- Tschechische Republik **CZ** 528 ff.
- Übertragungen, betrügerische **US** 185 ff.
- Übertragungen, bevorzugte **US** 189 f.
- unmittelbare **InsO § 129** 46 ff.; **InsO § 131** 40; **InsO § 132** 10 ff.; **InsO § 309** 25 f.; **ImoV** 90 ff.

Sachverzeichnis

- USA **US** 185 ff.
- Vergleich **B/ArR** 184 ff., 197 ff.
- Vergütung, unverhältnismäßige **Pl** 1068 ff.
- Vergütungsvereinbarung **Pl** 747 ff.
- Vertrag mit Person, nahestehender **ImoV** 113
- Vertragsstrafen **Pl** 756 f.
- Voraussetzungen **EUInsVO** 16 3 ff.
- Vorgang, neutraler **InsO** § 129 47 ff.
- Vorsatz **InsO** § 131 1 ff.; **CH** 328 f.; **ImoV** 110 ff.; **US** 186 ff.
- Zahlungserleichterungen **InsO** § 131 30 ff., 34c
- Zeitpunkt **InsO** § 131 21
- Zurechnungszusammenhang **InsO** § 129 61 ff.
- Zusammenhang, ursächlicher **InsO** § 129 55 ff.

Gläubigerversammlung InsO § 313 10 ff.
- Ablauf **Pl** 464 ff., 978 ff.
- Aufgaben **InsO** § 74 2 f.
- Auskunftsrecht **InsO** § 79 1 ff.
- Befugnisse **InsO** § 74 2 f.
- Berichtstermin **InsO** § 156 1 ff.
- Beschlüsse **InsO** § 76 2; **InsO** § 78 1 ff.; **Pl** 469 f., 982 f.
- Eigenverwaltung **InsO** § 271 3 ff.
- Einberufung **InsO** § 74 8 ff.; **InsO** § 75 1 ff.; **InsO** § 161 6; **InsO** § 176 1 f.; **Pl** 462 f., 976 f.
- Gläubigerausschuss **InsO** § 68 1 ff.; **InsO** § 69 28; **InsO** § 74 4 ff.
- Insolvenzplan **InsO** § 74 14 f.; **InsO** § 269i 8 ff.; **InsO** § 284 9 f.
- Insolvenzplanvorlage **InsO** § 218 13 ff.
- Kassenprüfung **InsO** § 79 7
- Leitung **InsO** § 76 1 ff.
- Maßnahmen vor Berichtstermin **InsO** § 158 6 ff.
- Mehrheiten **InsO** § 76 3
- nach SchVG **InsO** § 74 7
- Österreich **A** 175 ff.
- Parteienlösung **InsO** § 77 7
- Polen **Pl** 462 ff., 552 f., 976 ff., 428a ff.
- Prüftermin **InsO** § 176 1 ff.; **InsO** § 177 12 ff.
- Rechtsmittel **InsO** § 75 18 f.; **InsO** § 77 10
- Restschuldbefreiung **InsO** § 292 29 ff.
- Schlusstermin **InsO** § 197 1 ff.
- Schweiz **CH** 136, 155 ff., 178 ff., 354
- Sitzungsprotokoll **E** 878
- Spanien **E** 130 ff., 868 ff.
- Stimmrecht **InsO** § 76 4; **InsO** § 77 1 ff.; **Pl** 464 ff., 978 ff.
- Teilnahmeberechtigung **InsO** § 74 19 ff.
- Tschechische Republik **CZ** 105 ff., 299 ff., 582 ff.
- Unterhalt aus Masse **InsO** § 100 16 ff.
- Vergleich **E** 868 ff.; **Pl** 552 f., 984 ff.

Grundbucheintragungen *siehe auch Registereintragungen*
- Antrag **InsO** § 346 11 f.
- Eintragungsersuchen **InsO** § 346 13 f.
- Eröffnung **InsO** § 346 6 ff.
- Eröffnungsbeschluss **InsO** § 32 1 ff.
- Inhalt **InsO** § 346 18 f.
- Insolvenzvermerk **ImoV** 18 ff., 57 ff., 64 ff.
- Löschung **InsO** § 32 20 ff.; **InsO** § 346 19 f.
- Rechtsmittel **InsO** § 346 21 ff.

- Verfahren **InsO** § 32 9 ff.
- Verfahren, ausländisches **InsO** § 346 1 ff.
- Verfügungsbeschränkungen **InsO** § 23 16 f.; **InsO** § 346 6 ff.
- Vollzug **InsO** § 32 17
- Wirkung **InsO** § 32 18 f.
- Zwangsverwaltungsvermerk **ImoV** 768

Grunderwerbsteuer InsO § 165 41, 43; **CZ** 646; **ImoV** 924; **StR-Nl** 24 ff.

Grundpfandrechte
- Absonderungsrecht **ImoV** 407 ff.
- Ansprüche Gläubiger, persönliche **ImoV** 398 ff.
- Baurecht **B/ArR** 376 ff., 421 ff.
- Bestellung **ImoV** 321 ff.
- Erledigung Sicherungszweck **ImoV** 325 ff.
- Ersatzabsonderung **ImoV** 413
- Erweiterung Haftungsumfang **ImoV** 370 ff.
- Erwerb *siehe dort*
- Frankreich **F** 558 ff.
- Gemeinschaftsanteil **ImoV** 416 ff.
- Grundpfandgläubiger **ImoV** 541 ff.
- Grundschuld **InsO** § 35 9; **ImoV** 378 ff., 538 f.
- Haftungsverband **ImoV** 463 ff.
- Hypothek **F** 558 ff.
- Lästigkeitsprämie **ImoV** 899 f.
- Löschungsanspruch nach § 1179a BGB **ImoV** 375 ff.
- Mietforderungen **ImoV** 458 ff.
- Miteigentumsanteil **ImoV** 414 f.
- Sachen, bewegliche **ImoV** 420 ff.
- Übertragung **ImoV** 363 ff.
- Valutierung **ImoV** 353 ff.
- Verfallabreden **ImoV** 410 ff.
- Verfügung, wirksame **ImoV** 336 ff., 353 ff., 365 ff., 370 ff.
- Verkaufsvollmacht **ImoV** 411
- Vormerkung **ImoV** 374
- WEG-Recht **ImoV** 404 ff.
- Zwangs-/Arresthypothek **InsO** § 321 13; **ImoV** 381 ff.
- Zwangsversteigerung *siehe dort*

Grundsteuer InsO § 38 35; **InsO** § 55 33; **ImoV** 142, 999; **StR-Nl** 36 ff.

Gruppenbildung InsO § 222 1 ff.; **InsO** § 225a 12; **InsO** § 226 2
- Insolvenzplan **InsO** § 210a 4; **InsO** § 220 21 ff.; **InsO** § 222 1 ff., 39 ff.; **InsO** § 231 6

Gutglaubensschutz InsO § 81 14 ff.; **ImoV** 60 f.
- Anfechtung **ImoV** 60 f.
- Darlegungs-/Beweislast **InsO** § 82 14 ff.
- Erwerber **InsO** § 81 14 ff.; **InsO** § 145 12.1; **ImoV** 18 ff., 54
- Frankreich **F** 28 f.
- Grundpfandrechte **ImoV** 358
- Leistungen **InsO** § 82 6 ff.
- Schutz Dritterwerber **EUInsVO** 17 1 ff.
- Unkenntnis Eröffnung **InsO** § 82 9 ff.

Haftung
- (vor-)vertragliche **InsO** § 60 83 ff.
- Absicherung **InsO** § 71 22 ff.
- Abtretungsempfänger **StR-USt** 221
- Amtspflichtverletzung **InsO** § 21 170 ff.
- Angestellte **InsO** § 276a 47

Sachverzeichnis

- Anspruchsgrundlagen **InsO § 60** 81 f.
- Antragspflicht **InsO § 15a** 29 ff.
- Antragspflichtiger **InsO § 15b** 16
- arbeitsrechtliche **InsO § 60** 100 ff.
- Aufsichtsrat **InsO § 15b** 10
- Ausfallhaftung **ImoV** 231 ff.
- Ausschluss aus Funktion **CZ** 515 ff.
- Außenhaftung, akzessorische **InsO § 93** 21 ff.
- bedingte **InsO § 43** 33
- Beispiele **InsO § 71** 21
- Beschränkung **InsO § 315** 13 ff.
- Buchführungs-/Rechnungslegungspflichten **InsO § 155** 31 f.
- Business Judgement Rule **US** 235 ff.
- cic **InsO § 15a** 39
- deliktische **InsO § 15a** 30 ff.; **InsO § 60** 87 ff.
- Differenzhaftung **InsO § 254** 8
- Dritter **E** 1189 ff.
- Durchgriff **A** 349
- Ehegatte **InsO § 334** 1 ff.
- Eigenverwaltung **InsO § 280** 1 ff.
- Entgeltherausgabe/Nachfüllung Passiva **CZ** 519 ff.
- Erbenhaftung **InsO § 315** 18 ff.; **InsO § 325** 24 ff.
- Erbschaftskauf **InsO § 330** 10 ff.
- Erwerberhaftung **InsO § 128** 29
- Exkulpation **InsO § 71** 18 ff.
- Freizeichnung **InsO § 61** 33
- Gegenansprüche **InsO § 71** 15 ff.
- Gehilfen **E** 993 ff., 1013
- Geltendmachung Haftungsanspruch **InsO § 60** 69 ff.
- Gesamthaftungsansprüche **CZ** 501 f.; **Pl** 699 ff.
- gesamtschuldnerische **InsO § 60** 78 f.
- Gesamtverantwortung **InsO § 15b** 5
- Geschäftsleitung **InsO § 60** 4a; **InsO § 276a** 38 ff.; **A** 350 ff.; **CZ** 505 ff.; **GB** 344 ff.; **Pl** 719 ff., 1269 ff.; **US** 224 ff.
- Gesellschafter **InsO § 15b** 9; **InsO § 43** 18 ff.; **InsO § 93** 1 ff.; **InsO § 276a** 51 ff.
- gestufte **InsO § 43** 29 ff.
- Gläubiger **F** 585 ff.
- Gläubigerausschuss **InsO § 22a** 69; **InsO § 71** 1 ff.; **InsO § 269c** 35; **Pl** 487
- Haftpflichtversicherer **B/ArR** 398 ff.
- Haftpflichtversicherung **InsVV § 4** 18 f.; **InsVV § 18** 10 ff.
- Haftungsverband *siehe Immobilienverwertung*
- Informationspflichtverletzung **InsO § 357** 9
- Insolvenz, schuldhafte **E** 966 ff.
- Insolvenzgericht **InsO § 58** 29 ff.
- Insolvenzplan **InsO § 217** 30; **InsO § 227** 1 ff.; **InsO § 229** 9 ff.; **InsO § 254** 8
- Kapitalaufbringung/-erhaltung **A** 339 ff.; **Pl** 702 ff.
- Kausalität **InsO § 60** 55 f.; **InsO § 61** 23 ff.
- Kenntnis **InsO § 82** 9 ff. *siehe dort*
- Konkursverschleppung **Pl** 712 ff.
- Kostenvorschuss **InsO § 15a** 40
- Leitungsorgane **F** 602 ff.
- Masse **InsO § 22** 123 f.; **InsO § 43** 1 ff.; **InsO § 60** 69 ff., 88; **InsO aF § 270a** 47; **ImoV** 674 ff.
- Masseverbindlichkeiten **InsO aF § 270a** 47

- mehrerer/Mithaftung **InsO § 43** 1 ff.; **InsO § 129** 87 f.
- mittelbare **InsO § 43** 33
- Nachforschungspflicht **InsO § 47** 139 f.
- Nachhaftung **A** 389
- Nachlassinsolvenz **InsO § 315** 13 ff.
- Nichterfüllung Masseverbindlichkeiten **InsO § 61** 2 ff.
- Normen **InsO § 276a** 48 ff.
- öffentlich-rechtliche **InsO § 60** 89 f.
- Organe **InsO § 270** 31; **InsO aF § 270** 74 ff.; **A** 350 ff., 453 f.; **Pl** 725a; **StR-Verf** 193 ff.
- Personenkreis **E** 989 ff.
- Pflichten, insolvenzspezifische **InsO § 22** 120 ff.; **InsO § 60** 13 ff.
- Prozessrecht **InsO § 60** 107 ff.
- Prüfpflicht **InsO § 47** 134 ff.
- Recht, internationales *siehe einzelne Länder*
- Ressortaufteilung **InsO § 276a** 45 f.
- Rücksichtnahmepflicht **InsO § 47** 134 ff.
- Sachverständiger **InsO § 60** 7
- Sachwalter **InsO § 60** 4; **InsO § 270c** 65; **InsO § 274** 8 ff.; **InsO § 280** 11 f.; **Pl** 949 ff.
- Sanierungsberater **InsO § 276a** 42 ff.
- Schaden **InsO § 60** 55 f., 74 f.; **InsO § 61** 23 ff.; **StR-Verf** 217 ff.
- Schuldner **InsO § 43** 1 ff.; **InsO § 217** 30; **InsO § 227** 1 ff.; **InsO § 270** 28; **InsO aF § 270** 71
- Sonderinsolvenzverwalter **InsO § 60** 2
- Sorgfaltsmaßstab **InsO § 22** 116 ff.
- Sorgfaltspflicht **InsO § 47** 134 ff.; **CZ** 514
- sozialversicherungsrechtliche **InsO § 60** 104 ff.
- Staatshaftung **InsO § 58** 29 ff.
- steuerrechtliche **InsO § 60** 91 ff.; **E** 1179 ff.; **Pl** 726, 1269 ff.; **StR-USt** 229 ff.; **StR-Verf** 178 ff.
- strafrechtliche *siehe Strafrecht*
- Teilmithaftung **InsO § 43** 23 ff.
- Treuhänder **InsO § 60** 6; **InsO § 292** 6
- Umfang **InsO § 71** 15 ff.; **StR-Verf** 189 ff.
- unbeschränkte **InsO § 316** 10 ff.
- Unternehmenseinheiten **E** 1191 f.
- Verbraucherinsolvenzverfahren **InsO § 60** 5
- Verfahrenskosten **InsO § 26** 20 ff.
- Verfrühungsschaden **InsO § 113** 23 ff.
- Vergütung **InsVV § 17** 33
- Verjährung **InsO § 60** 80; **InsO § 62** 1 ff.; **InsO § 71** 20
- Vermögensseparierung **InsO § 315** 14 ff.
- Verschulden **InsO § 56** 55 f.; **InsO § 61** 25 ff.; **InsO § 71** 8 ff.; **StR-Verf** 220 ff.
- Vertreter **StR-Verf** 178 ff., 201 ff.
- Verwalter **InsO § 60** 1 ff.; **InsO § 164** 3 ff.; **CZ** 676; **E** 429 ff.; **Pl** 451 ff.
- Verwalter, vorläufiger **InsO § 22** 113 ff.; **InsO § 60** 3
- Verzicht **InsO § 15b** 39
- Voraussetzungen **InsO § 60** 2 ff.
- Zahlungen **InsO § 15a** 41 ff.
- zivilrechtliche **InsO § 60** 83 ff.
- Zuständigkeit **InsO § 60** 107 ff.; **F** 599

Hauptstichwort
- Unterstichwort **InsO §§/Art./Nr./VV** Rn f./ff. *Verweis*

Hausrat InsO § 36 32 ff.

Sachverzeichnis

Herausgabepflicht ImoV 888 f.
- Aussonderung InsO § 47 116a
- Gläubiger InsO § 342 5 ff.; EUInsVO 23 1 ff.
- Insolvenzmasse InsO § 35 79
- Insolvenzverwalter InsO § 58 24
- Recht, internationales InsO § 342 1 ff.; EUInsVO 23 1 ff.
- Vermögen, erworbenes InsO § 295 12 ff.

Hinterlegung InsO § 149 8 ff.; InsO § 198 7 ff.

Hinweispflicht
- Eigenverwaltung InsO aF § 270a 69 ff.
- Eigenverwaltung, vorläufige InsO § 270c 67 ff.
- Koordinator EUInsVO 71 13
- Restschuldbefreiung InsO § 20 56 ff.; InsO § 175 20 ff.
- Veräußerungsabsicht InsO § 168 1 ff.

Hypothek InsO § 35 9

Immaterialgüterrechte InsO § 47 65 ff.
- Internetdomain InsO § 35 37; InsO § 47 75 ff.
- Lizenzen/Nutzungsrechte InsO § 35 33 ff.; InsO § 47 64 ff.; InsO § 108 69 ff.
- Marken-/Patentrecht EUInsVO 15 1 ff.
- Recht am eigenen Bild InsO § 35 55
- Schutzrechte, gewerbliche InsO § 35 27 ff.; InsO § 47 71 ff.
- Software InsO § 35 36
- Urheberrechte InsO § 35 32 ff.; InsO § 36 18; InsO § 47 64 ff.
- Verwertung InsO § 166 48 ff.

Immobilienverwertung InsO § 165 1 ff.; ImoV 1 ff.
- Abrechnungsspitze ImoV 243
- Absonderung InsO § 49 1 ff.; ImoV 211 ff., 220 ff.
- Anfechtung ImoV 76 ff.
- Ansprüche Gläubiger, persönliche ImoV 398 ff.
- Anteil Gesamthandsgemeinschaft ImoV 160 ff.
- Auseinandersetzung Gemeinschaft ImoV 150
- Aussonderung ImoV 206 ff., 257 ff.
- Befriedigung siehe dort
- Bestandserweiterung ImoV 313
- Bestandteile ImoV 301, 422 ff., 435 ff., 450 ff.
- Bruchteil ImoV 300
- Bruchteilsgemeinschaft ImoV 151 ff.
- Dauerwohnrecht ImoV 244 f.
- Dienstbarkeit, beschränkt persönliche ImoV 250 ff.
- Durchsetzung Rechte ImoV 225 ff.
- Eigenverwaltung ImoV 193 f.
- Einzug Forderungen ImoV 32 ff.
- England GB 318 ff.
- Erbbaurecht ImoV 176 ff.
- Erbengemeinschaft ImoV 160 ff.
- Erbfolge, vorweggenommene ImoV 101
- Erlöschen von Vollmachten ImoV 62 f.
- Ertragssteuern ImoV 139 ff.
- Erwerb siehe dort
- Erzeugnisse ImoV 301, 422 ff., 436
- Freigabe InsO § 165 39 ff.; ImoV 180 f., 442 ff.
- freihändige siehe Verwertung
- Gesamthypothek ImoV 314 ff.
- Geschäftsanteil Person, juristische ImoV 175
- Gesellschaft bürgerlichen Rechts (GbR) ImoV 160 ff.
- Gläubigerstellung ImoV 195 ff.
- Grundsteuer ImoV 142
- Grundstücksübertragung ImoV 267 ff.
- Gütergemeinschaft, eheliche ImoV 160 ff.
- Haftungsumfang ImoV 370 ff.
- Haftungsverband ImoV 301 ff., 463 ff., 883, 915 f., 931 ff.
- Herausgabeanspruch gegen Nutzer ImoV 888 f.
- Insolvenzantragsverfahren ImoV 1 ff.
- Insolvenzmasse ImoV 148 ff.
- Insolvenzvermerk ImoV 18 ff., 57 ff., 64 ff.
- Kommanditgesellschaft (KG) ImoV 160 ff.
- Leistung, wiederkehrende ImoV 310 ff.
- Löschungsanspruch nach § 1179a BGB ImoV 375 ff.
- Mängelrechte ImoV 925
- Massezugehörigkeit InsO § 165 9
- Miet-/Pachtverhältnisse siehe dort
- Nachlassinsolvenz ImoV 167 f.
- Nießbrauch ImoV 246 ff.
- oHG ImoV 160 ff.
- Pfändung/Verpfändung/Sicherungsübereignung ImoV 450 ff.
- Pfändungsverbot ImoV 435 ff.
- Pflichten, öffentlich-rechtliche ImoV 143 ff., 192
- Rangklassen ImoV 691 ff.
- Recht, internationales CH 72 ff.; CZ 644 f.; E 702 ff.; F 44 ff., 213, 337 f., 460; Pl 391 ff., 681
- Rechte/Pflichten Verwalter ImoV 125 ff.
- Rückauflassungsanspruch ImoV 291 ff.
- Rückgewähranspruch Grundschuld ImoV 378 ff.
- Sachen, bewegliche ImoV 420 ff.
- Steuerrecht ImoV 128 ff., 188 ff., 904 ff.; StR-USt 155 ff.
- Übertragung Grundpfandrechte ImoV 363 ff.
- Unterbindung Verfügungen ImoV 5 ff.
- Valutierung Grundpfandrechte ImoV 353 ff.
- Verbote ImoV 35 ff.
- Verbraucherinsolvenz ImoV 67
- Verein ImoV 160 ff.
- Verfügungen InsO § 349 1 ff.; ImoV 14 f.
- Verfügungsbeschränkungen ImoV 1 ff., 55 f., 64 ff.
- Verfügungsverbote ImoV 6 ff., 12, 39 f.
- Verfügungszeitpunkt ImoV 16 f.
- Verhaltensverantwortlichkeit ImoV 147
- Vermögen, erfasstes ImoV 13
- Vermögen, unbewegliches InsO § 165 8
- Versicherungsleistungen ImoV 303 ff.
- Vertrag nach § 133 Abs. 3 InsO ImoV 267 ff.
- Verwalter, vorläufiger ImoV 31 ff.
- Verwertungsvereinbarung ImoV 894 ff.
- Vollstreckungsmaßnahmen ImoV 24 ff., 67 ff., 499 ff.
- Vorkaufsrecht ImoV 255 f.
- Vormerkung InsO § 106 1 ff.; ImoV 282 ff.
- WEG-Recht ImoV 157 ff., 237 ff., 404 ff.
- Wirkungen Insolvenzverfahren ImoV 42 ff.
- Wohnungsrecht ImoV 253 f.

Sachverzeichnis

- Zubehör **InsO § 165** 10 f.; **ImoV** 428 ff.
- Zustellung **ImoV** 510 ff.
- Zustimmungsvorbehalt **ImoV** 9 ff.
- Zwangs-/Arresthypothek **ImoV** 381 ff.
- Zwangsversteigerung *siehe dort*
- Zwangsverwaltung *siehe dort*

Inbesitznahme InsO § 22 16 ff.
Informationsfreiheitsgesetze StR-Verf 68 ff.
Insider InsO § 162 3 ff.
Insolvenz(-ausfall-)geld InsO § 12 6; **InsO § 22** 83 ff.; **CZ** 465 ff.
Insolvenzfähigkeit InsO § 11 1 ff.; **InsO § 12** 1 ff.
- England **GB** 214 ff.
- Österreich **A** 99
- Recht, internationales **EUInsVO 7** 23 ff.
- Spanien **E** 188 ff.
- Tschechische Republik **CZ** 99 ff.

Insolvenzgeheimnis InsO § 97 27 ff.
Insolvenzgericht InsO § 348 6 ff.
- Abhilfe **InsO § 6** 17
- Abweisung mangels Masse **InsO § 26** 1 ff.
- Amtsermittlungsgrundsatz **InsO § 5** 1 ff.; **InsO § 296** 21 ff.
- Amtsgericht **InsO § 2** 1 ff.
- Angaben unvollständige/unrichtige **InsO § 290** 53 ff.
- Annexverfahren **InsO § 2** 6 f.
- Anordnung Anfechtbarkeit **InsO § 6** 3 ff.
- Anordnung Maßnahmen, vorläufige **InsO § 21** 1 ff.
- Anordnung Zustimmungsbedürftigkeit **InsO § 277** 12 ff.
- Anordnungsentscheidung **InsO aF § 270** 40 ff.; **InsO § 270f** 14 ff.; **InsO § 271** 12 ff.
- Aufhebung *siehe dort*
- Aufsicht **InsO § 1** 33 f.; **InsO § 58** 1 ff.
- Auskunftsanspruch **EUInsVO 51** 5
- Aussetzung Verwertung/Verteilung **InsO § 233** 14 f.
- Begriff **EUInsVO 2** 11 ff.
- Bekanntmachung **InsO § 345** 10 ff.
- Beschleunigungsgrundsatz **InsO § 1** 33 f.
- Bestellung Verwalter **InsO § 56** 42 f.
- Eignungsprüfung **InsO § 57** 7 ff.
- Einberufung Gläubigerversammlung **InsO § 74** 1 ff.; **InsO § 75** 15 ff.
- Einstellung *siehe dort*
- Einwendungen Verteilungsverzeichnis **InsO § 194** 12 ff.
- Entlassung Ausschussmitglieder **InsO § 70** 1 ff.
- Ermessen **InsO § 56** 34
- Erwerbsobliegenheit **InsO § 295a** 1 ff.
- Feststellungsbeschluss **InsO § 308** 4 ff.
- Gerichtskosten **InsO § 54** 3 ff.
- Gläubigerbeteiligung **InsO § 56a** 1 ff.
- Gläubigerversammlung **InsO § 76** 1 ff.
- Grundbucheintragung **InsO § 32** 9 ff.
- Gruppenfolgeverfahren **InsO § 3c** 1 ff.
- Haftung **InsO § 58** 29 ff.
- Insolvenzplan **InsO § 261** 8
- Koordinationsgericht **InsO § 269d** 1 ff.
- Koordinationsplan **InsO § 269h** 18 ff.
- Masseunzulänglichkeit **InsO § 208** 5
- Maßnahmen vor Berichtstermin **InsO § 158** 13 f.
- Mitteilungspflicht **EUInsVO 63** 1 ff.
- Pandemiebezug, fehlender **COVInsAG § 5** 30 ff.
- Polen **Pl** 102 ff., 250 ff.
- Prüfung Forderungsanmeldung **InsO § 174** 41
- Rechtsmittel *siehe dort*
- Rechtspflegerentscheidungen **InsO § 6** 8 ff.
- Restschuldbefreiung **InsO § 175** 20 ff.; **InsO § 287a** 1 ff.; **InsO § 290** 70 ff.; **InsO § 292** 29 ff.; **InsO § 314** 10 ff.
- Richterentscheidungen **InsO § 6** 2 ff.
- Schlussrechnung **InsO § 211** 11
- Schlussverteilung **InsO § 196** 10 ff.
- Schuldenbereinigungsplan **InsO § 306** 6 ff.
- Schweiz **CH** 139
- Spanien **E** 293 ff.
- Tabellen/Verzeichnisse **InsO § 5** 24 ff.
- Termine, virtuelle **InsO § 4** 16 ff.
- Treuhänder **InsO § 292** 5
- Tschechische Republik **CZ** 224 ff.
- Unternehmensveräußerung **InsO § 163** 4 ff.
- Unterrichtungspflicht **EUInsVO 38** 1 ff.
- Untersagung Maßnahmen **InsO § 161** 1 ff.
- Untersuchungsgrundsatz **InsO § 5** 8 ff.
- Urkundsbeamter **InsO § 6** 1
- Verbindung **InsO § 29** 11 f.
- Verfahrensgrundsätze **InsO § 5** 1 ff.
- Verfahrenskostenstundung **InsO § 4a** 21 ff.; **InsO § 4b** 9 ff., 20 ff.
- Vergütung *siehe dort*
- Verhältnis zu Verwalter **InsO § 195** 3 f.
- Verweisung **InsO § 3c** 5; **InsO § 3d** 1 ff.
- Verwertungsverbot **ImoV** 35 ff.
- Verzicht auf Verhandlung, mündliche **InsO § 5** 21 ff.
- Vollstreckungsgericht **InsO § 2** 8 ff.
- Vorgespräch **InsO § 10a** 1 ff.
- Wertbestimmung **InsO § 295** 14e f.
- Zurückweisung Insolvenzplan **InsO § 231** 19
- Zusammenarbeit **InsO § 269b** 1 ff.; **InsO § 348** 11 ff.; **EUInsVO 42** 1 ff.; **EUInsVO 43** 1 ff.; **EUInsVO 57** 1 ff.; **EUInsVO 58** 1 ff.
- Zuständigkeit *siehe dort*
- Zustimmungsersetzung **InsO § 309** 43 f.
- Abstimmung **InsO § 56b** 13 ff.
- Aufhebung **InsO § 78** 5
- Stimmrechtsfeststellung **InsO § 77** 8

Insolvenzgrund
- Antrag **InsO § 13** 24 ff.
- Corona-Pandemie **COVInsAG § 3** 1 ff.
- England **GB** 193 ff.
- Eröffnung **InsO § 16** 1 ff.
- Glaubhaftmachung **InsO § 14** 16 ff.; **InsO § 212** 5 f.
- Gütergemeinschaft **InsO § 333** 5 f.
- Nachlassinsolvenz **InsO § 320** 1 ff.
- Österreich **A** 83 ff., 464 ff.
- Partikularverfahren **InsO § 354** 12 ff.
- Sekundärinsolvenzverfahren **EUInsVO 34** 15 ff.
- Spanien **E** 192 ff.
- Tschechische Republik **CZ** 83 ff.
- USA **US** 16 ff.
- Vorliegen **InsO § 15a** 18 f.
- Wegfall **InsO § 212** 1 ff.
- Zahlungsunfähigkeit **InsO § 17** 1 ff.

Insolvenzplan InsVV § 6 15 ff.
- Absonderung **InsO § 217** 10 ff.; **InsO § 223** 1 ff.; **InsO § 237** 7 f.; **InsO § 238** 1 ff.; **ImoV** 226 f.

1473

Sachverzeichnis

- Absonderungsgläubiger InsO § 221 9
- Abstimmung InsO § 210a 5 f.
- Abstimmungstermin InsO § 241 1 ff.; InsO § 251 6 ff.
- Abweichungen vom Verteilungsverfahren InsO § 187 12
- Abwicklung Verfahren InsO § 217 23 ff.
- Änderung InsO § 240 1 ff.
- Anfechtung InsO § 129 15; InsO § 221 10
- Anhörung InsO § 248 7; InsO § 248a 6
- Anlagen InsO § 219 5; InsO § 230 1 ff.
- Anleihen nach SchVG InsO § 221 11
- Anteilseigner InsO § 221 12; InsO § 225a 1 ff.; InsO § 238a 1 ff.; InsO § 244 9; InsO § 245 15 ff.; InsO § 246a 1 f.
- Anteilsübernahmeerklärung InsO § 230 9 ff.
- Arbeitnehmer InsO § 220 9 ff.; InsO § 221 13 ff.
- Arbeitnehmerforderungen InsO § 224 5
- Aufhebung Überwachung InsO § 268 1 ff.
- Aufhebung Verfahren InsO § 221 47; InsO § 258 1 ff.
- Aufrechnung InsO § 94 59 f.
- Aufstellung InsO § 217 1 ff.
- Ausarbeitung InsO § 284 7 ff.
- Ausfallforderungen InsO § 256 1 ff.
- Ausschlussfristen InsO § 221 18 ff.
- Aussetzung Verwertung/Verteilung InsO § 233 1 ff.
- Aussonderung InsO § 217 7 ff.; InsO § 221 22
- Baurecht B/ArR 52
- bedingte InsO § 249 1 ff.
- Befriedigungsaussicht InsO § 220 24 ff.
- Befriedigungsfiktion InsO § 227 2 ff.
- Bekanntmachung/-gabe, öffentliche siehe dort
- Berechtigung, fehlende InsO § 231 2 ff.
- Berichtigung InsO § 248a 1 ff.
- Berichtstermin InsO § 157 4
- Bestätigung, gerichtliche InsO § 248 1 ff.; InsO § 248a 1 ff.; InsO § 252 1 ff.
- Beteiligte InsO § 221 5 f.; InsO § 254a 4; InsO § 254b 1 ff.
- Beteiligung, stille InsO § 221 11
- Bindungswirkung InsO § 269i 10 ff.
- Bürgen InsO § 221 26
- Darlehen siehe dort
- Daten, personenbezogene DS 97
- Deliktsgläubiger InsO § 221 27
- Differenzhaftung InsO § 254 8
- Dispositionsrecht InsO § 218 23
- Drittsicherheiten InsO § 217 32 ff.
- Drittwirkung InsO § 254 5 ff.
- Eigenverwaltung InsO § 269e 17; InsO § 270 41; InsO § 284 19 ff.
- Einbeziehungsvereinbarung InsO § 264 10 ff.
- Eingriffsmöglichkeiten InsO § 221 7 ff.
- erfolglos vorgelegter InsO § 231 14 ff.
- Erfolgsaussichten, mangelnde InsO § 231 9 ff.
- Ergebnis-/Finanzplan InsO § 229 1 ff.
- Erklärungen Dritter InsO § 230 13 f.
- Erlassfiktion InsO § 225 3 ff.
- Erlösauskehrung InsO § 223 7
- Erörterungs-/Abstimmungstermin InsO § 235 1 ff.
- Erträge, laufende InsO § 229 2 f.
- Eventualverbindlichkeiten InsO § 229 6 ff.

- Forderung, nicht angemeldete InsO § 224 9 f.
- Forderungen InsO § 224 3 ff.
- Forderungen, bestrittene InsO § 221 23 ff.
- Forderungen, streitige InsO § 256 1 ff.
- Forderungsabrechnung InsO § 221 28
- Forderungsanmeldung InsO § 174 52 f.
- Forderungsanmeldung, nachträgliche InsO § 221 35
- Forderungserlass InsO § 224 5 f.
- Forderungsfestsetzung InsO § 256 2 ff.
- Forderungskauf InsO § 226 5 ff.
- Forderungskürzung InsO § 224 3 ff.
- Fortführungserklärung InsO § 230 2 ff.
- Fragen, nicht regelbare InsO § 217 27 ff.
- Frist siehe dort
- GbR/ARGE InsO § 221 29
- Geldstrafen InsO § 225 7
- Genossenschaft InsO § 221 11
- Geschäfte, zustimmungsbedürftige InsO § 263 1 ff.
- Gesellschaftsrecht InsO § 217 31
- Gläubiger InsO § 217 13 ff.; InsO § 221 30; InsO § 237 1 ff.
- Gläubiger, nachrangige InsO § 246 1 ff.; InsO § 265 1 ff.; InsO § 266 1 ff.
- Gläubigerausschuss InsO § 67 23; InsO § 218 16 ff.; InsO § 261 7
- Gläubigerausschuss, vorläufiger InsO § 284 9 f.
- Gläubigerrechte InsO § 223 9 ff.; InsO § 224 1 ff.; InsO § 225 1 ff.
- Gläubigerstruktur InsO § 220 19
- Gläubigerversammlung InsO § 74 14 f.; InsO § 218 13 ff.; InsO § 269i 8 ff.; InsO § 284 9 f.
- Gleichbehandlung InsO § 226 1 ff.
- Gliederung InsO § 219 1 ff.
- Gruppenbildung InsO § 210a 4; InsO § 220 21 ff.; InsO § 222 1 ff., 39 f.; InsO § 225a 12; InsO § 231 6
- Gruppen-Gläubigerausschuss InsO § 269c 5 ff.; InsO § 269e 12 ff.; InsO § 269h 15 ff.
- Gruppenmitglieder InsO § 226 2
- Gütergemeinschaft InsO § 333 24; InsO § 334 7 ff.
- Haftung InsO § 217 30; InsO § 227 1 ff.; InsO § 254 8
- Haftungsrisiko InsO § 229 9 ff.
- Heilung Mängel InsO § 250 12
- Inhalt InsO § 269h 5 ff.
- Inhalt, fehlerhafter InsO § 231 5 ff.
- Insolvenzgericht InsO § 261 8
- Kapitalmaßnahmen InsO § 220 27
- Kennzahlen, wirtschaftliche InsO § 220 14
- Koordinationsgericht InsO § 269d 1 ff.
- Koordinationsplan InsO § 269h 1 ff.; InsO § 269i 1 ff.; EUInsVO 70 1 ff.
- Koordinator InsO § 269e 1 ff.; InsO § 269f 1 ff.; InsO § 269g 1 ff.
- Kosten InsO § 218 24 ff.; InsO § 269 1 ff.
- Kreditrahmen InsO § 264 1 ff.
- Ladung Beteiligte InsO § 235 6 ff.
- Mangel, behebbarer InsO § 231 8 f.
- Massegläubiger InsO § 217 16 ff.
- Massekosten InsO § 221 32
- Masseunzulänglichkeit InsO § 210a 1 ff.; InsO § 225 8
- Masseverbindlichkeiten InsO § 221 33

1474

Sachverzeichnis

- Maßnahmen, gesellschaftsrechtliche **InsO § 254a** 4 f.
- Maßnahmen, sachenrechtliche **InsO § 221** 40
- Maßnahmen, umgesetzte **InsO § 220** 20
- mehrere **InsO § 218** 21
- Mehrheiten, erforderliche **InsO § 244** 1 ff.
- Minderheitenschutz **InsO § 251** 1 ff.
- Mitschuldner **InsO § 221** 26
- Nachbesserungsklausel **InsO § 221** 34
- Nachlassinsolvenz **InsO § 315** 59 ff.
- Nachrangforderungen **InsO § 221** 36
- Nachtragsverteilung **InsO § 203** 9
- Nachzahlung **InsO § 256** 10
- Nachzügler **InsO § 254b** 2 ff.
- Neugläubiger **InsO § 217** 16 ff.; **InsO § 265** 1 ff.; **InsO § 266** 1 ff.
- Neukredite **InsO § 221** 31
- Niederlegung **InsO § 234** 1 ff.
- Nießbrauchsberechtigte **InsO § 244** 8 f.
- Obstruktionsverbot **InsO § 245** 1 ff.
- Partikularverfahren **InsO § 355** 6 ff.
- Pensionssicherungsverein **InsO § 220** 13; **InsO § 221** 37
- Personen, natürliche **InsO § 217** 2; **InsO § 230** 2 ff.; **InsO § 245a**
- Pfandgläubiger **InsO § 244** 8 f.
- Quotenzahlung **InsO § 221** 39
- Rangrücktritt **InsO § 224** 8
- Rechnungslegung **InsO § 217** 25 f.
- Recht, internationales **InsO § 355** 6 ff.; **EUInsVO** 41 10; **F** 448 f.
- Rechtsänderungen **InsO § 254a** 3 ff.
- Rechtsfolgen Nichtbeachtung **InsO § 221** 52
- Rechtsmittel **InsO § 248a** 9; **InsO § 253** 1 ff.; **InsO § 269h** 26 ff.
- Registereintragungen **InsO § 228** 9 f.; **InsO § 254a** 6 ff.; **InsO § 267** 4 f.
- Rückgewähr Erlangtes **InsO § 254** 7 f.
- Rückstand Erfüllung **InsO § 255** 6 ff.
- Rückzahlung **InsO § 256** 11
- Salvatorische Klausel **InsO § 221** 41 f.
- Sanierung, vorinsolvenzliche **InsO § 217** 5 ff.
- Sanierungskonzept **InsO § 220** 28 ff.
- Schlechterstellungsverbot **InsO § 245** 1 ff.; **InsO § 245a**; **InsO § 251** 11 ff.
- Schlussrechnungslegung **InsO § 221** 42
- Schuldner *siehe dort*
- Schutzschirmverfahren **InsO § 217** 3 ff.
- Sicherheiten **InsO § 220** 33b; **InsO § 223** 8; **InsO § 223a** 1 ff.
- Sicherheiten Dritter **InsO § 238b** 1 f.; **InsO § 245** 14e
- Stellungnahme **InsO § 232** 1 ff.
- Steuerforderungen **InsO § 221** 43; **InsO § 224** 6
- Stimmabgabe **InsO § 242** 1 ff.; **InsO § 243** 1 ff.
- Stimmliste **InsO § 239** 1 ff.
- Stimmrecht **InsO § 237** 1 ff.; **InsO § 238** 1 ff.; **InsO § 238a** 1 ff.; **InsO § 238b** 1 f.; **InsO § 244** 8 ff.; **InsO § 256** 7 ff.
- Stundung **InsO § 224** 7 f.
- Tabelle **InsO § 221** 44
- Teil, darstellender **InsO § 219** 3; **InsO § 220** 1 ff.; **InsO § 222** 6 f.
- Teil, gestaltender **InsO § 219** 4; **InsO § 221** 1 ff.; **InsO § 222** 6 f.

- Übernahmegesellschaft **InsO § 260** 6
- Überwachung **InsO § 221** 38, 48; **InsO § 259** 6; **InsO § 260** 1 ff.; **InsO § 261** 1 ff.; **InsO § 262** 1 ff.; **InsO § 267** 1 ff.; **InsO § 268** 1 ff.; **InsO § 284** 23 ff.; **InsVV § 6** 15 ff.
- Umsetzungs-/Korrekturbevollmächtigung **InsO § 221** 49 ff.
- Unterhaltsberechtigte **InsO § 221** 45
- Unterlagen, notwendige **InsO § 229** 4 f.
- Unternehmensdaten **InsO § 220** 7 f.
- Unternehmensgruppe **InsO § 269a** 1 ff.; **InsO § 269b** 1 ff.; **InsO § 269c** 1 ff.; **InsO § 269d** 1 ff.; **InsO § 269e** 1 ff.; **InsO § 269h** 1 ff.; **InsO § 269i** 1 ff.
- Unterrichtung **InsO § 269a** 8 ff.
- Verbindung mit Prüftermin **InsO § 236** 1 ff.
- Verfahrensverstöße **InsO § 250** 1 ff.
- Verfügung, einstweilige **InsO § 253** 17 f.
- Vergleichsberechnung **InsO § 220** 24 ff.
- Vergütung *siehe dort*
- Verhältnisse, sachenrechtliche **InsO § 228** 1 ff.
- Verjährung **InsO § 224** 9 ff.; **InsO § 259b** 1 ff.
- Vermögenslage/-übersicht **InsO § 220** 15 ff.; **InsO § 229** 1 ff.
- Verpflichtungserklärungen **InsO § 254a** 8 f.
- Versagung Berichtigung **InsO § 248a** 7 f.
- Versagung Bestätigung **InsO § 250** 4 ff.
- Versagungsantrag **InsO § 248** 8
- Verteilung **InsO § 217** 22
- Vertragsanpassungen **InsO § 221** 46a
- Verwertung *siehe dort*
- Vollstreckung aus - **InsO § 257** 1 ff.
- Vorlage **InsO § 218** 1 ff.
- Vorlageberechtigung **InsO § 269h** 13 f.
- Vorprüfungsverfahren **InsO § 232** 8 f.
- Vorsorgeregelung **InsO § 251** 16 ff.
- Weiterleitung **InsO § 232** 2 ff.
- Wesentlichkeit **InsO § 250** 13
- Widerspruch **InsO § 247** 2 ff.; **InsO § 251** 6 ff.
- Wiederaufleben Forderungen **InsO § 221** 46
- Wiederauflebensklausel **InsO § 255** 1 ff.
- Wirkungen **InsO § 254** 1 ff.; **InsO § 254b** 1 ff.; **InsO § 269h** 22 ff.
- Ziel **InsO § 220** 6
- Zielsetzung **InsO § 217** 1 ff.
- Zurückweisung **InsO § 231** 1 ff.
- Zuständigkeit **InsO § 231** 18
- Zustimmung **InsO § 269h** 15 ff.
- Zustimmungsfiktion **InsO § 247** 2 ff.
- Zustimmungsvorbehalt **InsO § 221** 48
- Zweck **InsO § 221** 1 ff.

Internetdomain InsO § 35 37; **InsO § 47** 75 ff.
Ipso-Facto-Klauseln F 220 f.
Italien I 1 ff.
- Anfechtung **I** 295
- Anforderungen **I** 7 ff.
- Antrag **I** 131 ff., 353 ff.
- Antragsberechtigung **I** 170 ff.
- Aufrechnung **I** 223
- Auswirkungen **I** 69 ff., 155 ff., 249 ff.
- Bankrott **I** 439 ff.
- Befreiungstatbestände **I** 241
- Bescheinigung durch Sachverständigen **I** 53 ff.

Sachverzeichnis

- Bestellung Kontrollorgane **I** 480
- Bildung Passivbestand **I** 268 ff.
- Bürgschaft **I** 395
- Ehegatten **I** 245
- Eigentumsvorbehalt **I** 258
- Einführungsphase **I** 384 ff.
- Enteignung **I** 211
- Entschuldung **I** 535 ff.
- Entwicklung **I** 1 ff.
- Feststellungsurteil Konkurs **I** 182
- Frühwarnsysteme **I** 486 ff.
- Gerichtsbarkeit **I** 176 ff.
- Geschäftsführerverantwortung **I** 478 f.
- Geschäftsführungsmaßnahmen **I** 157
- Gesetzbuch Unternehmenskrise **I** 470 ff.
- Gläubiger, nicht existente **I** 453
- Gläubigerausschuss **I** 206 ff., 363 ff.
- Gläubigerbenachteiligung **I** 228 ff.
- Handelsunternehmer **I** 11 ff.
- Hinterlegung/Registrierung **I** 86 ff.
- Insolvenzbegriff **I** 17 ff.
- Klassifizierung Verbindlichkeiten **I** 211
- Konkurs **I** 4, 168 ff.
- Konkursabwendungsvergleich **I** 4, 124 ff., 244
- Konkursanfechtungsklage **I** 235 ff.
- Konkursbeendigung **I** 306 ff.
- Konkursgericht **I** 190 f.
- Konkursgläubiger **I** 214 ff., 340 ff., 371 ff., 392 ff.
- Konkursschuldner **I** 211 ff., 390 f.
- Konkurssteuerrecht **I** 460 ff.
- Konkursverfahren **I** 168 ff.
- Konkursvergleich **I** 4, 322 ff., 355 ff., 370, 384 ff., 398 ff., 412 ff.
- Konkursverwalter **I** 194 ff., 319, 359 ff., 455
- Konkursverwaltung **I** 259 ff.
- Konkurswirkungen **I** 183
- Kontrolle, gerichtliche **I** 69 ff.
- Konzern **I** 43 ff.
- Kreditinanspruchnahme, missbräuchliche **I** 452
- Krise **I** 22 ff.
- Krisenbewältigungsvereinbarung **I** 420 ff.
- Kurzübersicht **I** 4 ff.
- Leitlinien Reform **I** 471 f.
- Liquidation **I** 5, 298 ff., 433 ff.
- Maßnahmen, außergewöhnliche **I** 237 ff.
- Mustervereinbarungen **I** 84 f.
- Organisationsstruktur Unternehmen **I** 474 ff.
- Pflichten Unternehmensleitung **I** 533 ff.
- Prognose Befriedigung, unzureichende **I** 297
- Prozessführungsbefugnis **I** 212
- Prüfungsphase **I** 278 ff.
- Rechtsmittel **I** 104 ff., 184 ff., 295 ff., 386 f.
- Rechtstreitigkeiten, anhängige **I** 397 f.
- Reformnormen, sofort anwendbare **I** 473 ff.
- Restrukturierungsrahmen, präventiver **I** 497 ff.
- Restrukturierungsrichtlinie **I** 481 ff.
- Restrukturierungsvereinbarung **I** 4, 77 ff., 104 ff.
- Restschuldbefreiung **I** 436 ff.
- Richter, beauftragter **I** 192 f., 368 f.
- Sanierungsplan **I** 4, 30 ff.
- Schwellenwerte, quantitative **I** 16
- Sonderbehandlung Steuern/Sozialversicherungen **I** 463 ff.
- Sondergesetze **I** 6
- Spezialregelungen Einzelverträge **I** 258
- Steuerforderungen **I** 461 ff.
- Stillhaltevereinbarung **I** 116 ff.
- Strafrecht **I** 438 ff.
- Teilvergleich **I** 350 ff.
- Überschuldung **I** 27 ff.
- Umschuldungsvereinbarung **I** 469
- Umstände, straferhöhende **I** 456
- Unternehmen **I** 318 ff.
- Unternehmensfortführung **I** 130, 298
- Unternehmenspacht **I** 299
- Unternehmer, ausgeschiedener/verstorbener **I** 179
- Untersuchungsphase **I** 355 ff.
- Verbraucherplan **I** 431 ff.
- Verfahren zur Überwindung Überschuldung **I** 6, 414 ff.
- Verfahrenseffizienzsteigerung **I** 540
- Verfahrensorgane **I** 189 ff.
- Vermögensverteilung **I** 306 ff.
- Verträge, laufende **I** 158 f., 258
- Verwaltung, außerordentliche **I** 6
- Vollstreckbarkeit **I** 292 ff.
- Voraussetzungen Konkurserklärung **I** 7 ff.
- Vorbereitungsphase **I** 275 ff.
- Vorkonkursverfahren **I** 180 f.
- Vorrechte, gesetzliche **I** 462 ff.
- Widerruf Zulassung Verfahren **I** 160
- Widersprüche **I** 386 f.
- Wiedereröffnung Konkurs **I** 407 ff.
- Zulassung Vergleich **I** 151 ff.
- Zuständigkeit **I** 88, 178
- Zwangsliquidation **I** 5

Jagd-/Fischereirechte InsO § 35 8

Kassenführung InsO § 275 15 ff.
Kassenprüfer InsO § 69 10 ff.
Kassenprüfung InsO § 79 7
Kenntnis
- Anfechtung **InsO § 145** 15 ff.
- bei Leistung **EUInsVO 31** 9 ff.
- Beweisanzeichen **InsO § 131** 27 ff.
- Darlegungs-/Beweislast **InsO § 130** 42 f.
- Deckung, inkongruente **InsO § 131** 27.3
- Entfallen **InsO § 130** 25 ff.
- Gläubigerbenachteiligung **InsO § 132** 16
- Insolvenzrecht, internationales **EUInsVO 31** 9 ff.
- Irrtum **InsO § 131** 25 ff.
- Kenntnisvermutung **InsO § 145** 17
- Massegläubiger **InsO § 206** 3 f.
- Person, nahestehende **InsO § 145** 17
- positive **InsO § 131** 23 ff.
- Teil, anderer **InsO § 131** 22 ff.
- Unkenntnis **InsO § 115** 22 ff.; **InsO § 116** 25; **InsO § 131** 24 f.
- Vermutung **InsO § 131** 26 ff.
- Vertreter/Repräsentanten **InsO § 130** 26 ff.
- von Eröffnung **InsO § 350** 14 ff.
- Zahlungsunfähigkeit **InsO § 130** 20 ff.; **InsO § 131** 19 ff.
- Zeitpunkt **InsO § 131** 23a

Kirchensteuer StR-Nl 50 ff.
Kleinbeteiligtenprivileg InsO § 39 75 ff.; **InsO § 135** 85 f.
Kleinverfahren InsO § 270 43; **A 134**; **CZ** 127 ff.

Sachverzeichnis

Kommanditgesellschaft (KG) InsO § 93 5 ff.
siehe auch Gesellschaft
- auf Aktien (KGaA) Pl 627 f.
- Auflösung InsO § 118 1 ff.
- Immobilienverwertung ImoV 160 ff.
- Nachlassinsolvenz InsO § 315 55 ff.
- Polen Pl 626

Koordinationsverfahren
- Abberufung Koordinator EUInsVO 75 1 ff.
- Antrag EUInsVO 61 1 ff.
- Aufgaben/Rechte Koordinator EUInsVO 71 1 ff.
- Eigenverwaltung EUInsVO 76 1 ff.
- Einwendungen EUInsVO 64 1 ff.; EUInsVO 65 1 ff.; EUInsVO 67 1 f.
- Eröffnungsentscheidung EUInsVO 68 1 ff.
- Gerichtsstandswahl EUInsVO 66 1 ff.
- Koordinationsplan InsO § 269h 1 ff.; InsO § 269i 1 ff.; EUInsVO 70 1 ff.
- Koordinator InsO § 269e 1 ff.; InsO § 269f 1 ff.; InsO § 269g 1 ff.
- Kosten EUInsVO 77 1 ff.
- Opt-In-Entscheidung EUInsVO 69 1 ff.
- Prioritätsregel EUInsVO 62 1 ff.
- Recht, internationales EUInsVO 61 1 ff.
- Sprache EUInsVO 73 1 ff.
- Zusammenarbeit EUInsVO 74 1 ff.

Körperschaftsteuer StR-ESt 152 ff.
- Besteuerungszeitraum StR-ESt 156 ff.
- Einkommensermittlung StR-ESt 155 ff.
- Einlagen, verdeckte StR-ESt 164 ff.
- Fortführung StR-ESt 176 ff.
- Insolvenzmasse InsO § 38 32
- Masseverwertung Pl 1234 ff.
- Organschaft StR-ESt 179 ff.
- Recht, internationales A 446 ff., 455 ff.; E 1172 ff.; Pl 1243 ff.
- Unternehmensfortführung Pl 1246 ff.
- Verlustabzug StR-ESt 173 ff.
- Verlustausgleich StR-ESt 168 ff.
- Verlustrückträge StR-ESt 172 f.
- Verlustvorträge StR-ESt 168 ff.

Kosten InsO § 38 38 f.; InsO § 54 1 ff.; InsVV § 4 12 ff.
- Absonderung InsO § 171 1 ff.
- Abweisung InsO § 13 43 f.; InsO § 26 29 f.
- Abweisung Antrag Pflichtverletzung InsO § 101 44 ff.
- Anschaffungskosten, nachträgliche StR-ESt 52 ff.
- Antrag *siehe dort*
- Anwendung ZPO InsO § 4 7 ff.
- Aufwendungen InsO § 323 1 ff.; InsO § 324 6 ff.
- Auskunfts-/Unterrichtungsrechte/-pflichten InsO § 97 42; InsO § 167 12 f.
- Auslagen InsO § 54 38 ff.
- Aussonderung InsO § 47 130
- Baurecht B/ArR 9
- Beerdigungskosten InsO § 324 15 ff.
- Befriedigung Massegläubiger InsO § 209 2
- Beiordnung InsO § 4a 33 ff.; InsO § 4c 30
- Bekanntmachung/-gabe, öffentliche InsO § 9 5.1; InsO § 345 18
- besondere InsVV § 4 12 ff.
- Darlehen zur Deckung InsO § 302 23 ff.
- Deckung InsO § 207 2 ff.
- Deckung, fehlende/mangelnde InsO § 26 11 ff.; A 56 ff.; CH 206 ff.; CZ 52 ff.; GB 163 f., 384; Pl 146 ff., 275 ff., 372
- Durchführung Verfahren InsO § 54 22 ff.
- Eigenverwaltung InsO § 270a 19 ff.
- England GB 157 ff., 382
- Erfüllung InsO § 14 26 f.
- Erhaltungskosten InsO § 171 12 ff.
- Eröffnung B/ArR 594 ff.
- Erstattung B/ArR
- Fertigstellungsmehrkosten B/ArR 95 ff.
- Feststellungskosten InsO § 171 1 ff.; InsO § 282 9 ff.; ImoV 620 ff., 702 ff.
- Forderungsprüfung, nachträgliche InsO § 177 17 ff.
- Gerichtskosten InsO § 54 3 ff.
- Geschäftskosten InsVV § 4 1 ff.
- gestundete InsO § 293 13 ff.
- Gläubiger InsO § 39 21 ff., 126 f.
- Gläubiger, nachrangiger InsO § 39 126 f.
- Haftung InsO § 15a 40
- Hinterlegung InsO § 198 9
- Insolvenzplan InsO § 218 24 ff.; InsO § 269 1 ff.
- Koordinationsverfahren EUInsVO 77 1 ff.
- Kostenerstattungsanspruch InsO § 35 23a
- Kostenfestsetzungsverfahren InsO § 210 10 f.
- Mängelbeseitigungskosten B/ArR 98, 221
- Massearmut/-losigkeit InsO § 207 17
- Massekosten InsO § 38 38 f.; InsO § 54 1 ff.; InsO § 221 32
- Massekostenbeitrag ImoV 896
- Masseunzulänglichkeit InsO § 208 2 f.
- Mitwirkungspflicht InsO § 97 42
- Nachlassabwicklung InsO § 324 21 ff.
- Nachlassinsolvenz InsO § 317 36 ff.
- Nachtragsverteilung InsO § 205 6 ff.
- Nebenkosten InsO § 108 52 ff.; InsO § 109 33 ff.; ImoV 964 ff.
- Österreich A 56 ff.
- Partikularverfahren InsO § 354 16
- Polen Pl 146 ff., 275 ff., 372, 901 f.
- Prozesskosten InsO § 183 9 f.; InsO § 317 36 ff.; B/ArR 594 ff.; ImoV 522
- Prozesskostenhilfe InsO § 80 41.1 ff.; InsO § 148 23 ff.; InsO § 317 36 ff.
- Prozessunterbrechung InsO § 85 39 ff.
- Ratenzahlung InsO § 4b 10 f.
- Räumungs-/Wiederherstellungskosten InsO § 108 57
- Recht, anwendbares EUInsVO 7 61 ff.
- Rechtsmittel InsO § 4d 1 ff.; InsO § 34 21
- Registereintragungen EUInsVO 30 1 ff.
- Restschuldbefreiung InsO § 290 78; InsO § 296 29 f.
- Rückgriffsanspruch InsO § 26 20 ff.
- Schuldenbereinigungsplan InsO § 310 1 ff.
- Schweiz CH 206 ff.
- Sekundärverfahren EUInsVO 40 1 ff.; EUInsVO 44 1 f.
- Spanien E 744 ff.
- Steuerberaterkosten StR-Verf 95 ff.
- Stundung *siehe dort*
- Tschechische Republik CZ 52 ff.
- überschießende InsO § 270b 22 f.
- Überwachung Insolvenzplan InsO § 269 1 ff.
- Verfahrensteilnahme InsO § 39 21 ff.

1477

Sachverzeichnis

- Vergütung **InsO § 54** 36 ff.
- Verträge, gegenseitige/laufende **InsO § 105** 20 ff.
- Verwaltungsvereinbarung **ImoV** 988 f.
- Verwertung **InsO § 170** 1 ff.; **InsO § 171** 1 ff.; **InsO § 282** 8 ff.
- Vollstreckungskosten **StR-Nl** 105 ff.
- Vorführung, zwangsweise/Inhaftnahme **InsO § 98** 50
- Vorschuss **InsO § 15a** 40; **InsO § 26** 16 ff.; **InsO § 207** 10 ff.; **CZ** 216; **EUInsVO** 40 1 ff.
- Vorschusserstattung **InsO § 54** 35
- Widerruf **InsO § 303** 15 f.
- Zahlungsrückstand **InsO § 4c** 15 f.
- Zusammenarbeit **EUInsVO** 59 1 f.
- Zuständigkeit **InsO § 4b** 12
- Zwangsversteigerung **ImoV** 674
- Zwangsverwaltung **ImoV** 840
Kraftfahrzeugsteuer StR-Nl 53 ff.
Kredit-/Finanzdienstleistungsinstitute
- AGB-Pfandrecht KI **InsO § 50** 7
- Anfechtung **InsO § 129** 17
- Antragspflicht **InsO § 15a** 4
- Aufrechnung, privilegierte **InsO § 96** 44 ff.
- Aussonderung **InsO § 47** 116b
- England **GB** 412
- Finanzleistungen **InsO § 104** 1 ff.
- Finanzmarktstabilisierungsfonds **InsO § 43** 35
- Förderbanken, staatliche **InsO § 39** 98a ff.
- Forderung gegen - **InsO § 36** 20 a
- Geschäftsbesorgungsvertrag **InsO § 116** 10 ff., 26 ff.
- Insolvenzrecht, internationales **InsO § 340** 1 ff.
- Märkte, organisierte **InsO § 340** 1 ff.
- Pensionsgeschäfte **InsO § 340** 1 ff.
- Polen **Pl** 398 ff.
- USA **US** 211 ff.
- Verrechnung im Clearingsystem **InsO § 147** 13
- Zahlungs-/Abwicklungssysteme **EUInsVO** 12 1 ff.
Kryptowährungen InsO § 35 37 a

Landwirt US 108 f.
Lasten, öffentliche
- Durchsetzung Rechte **ImoV** 739 ff.
- laufende rückständige **ImoV** 733 ff.
- Masseverbindlichkeiten **InsO § 55** 34
- Österreich **A** 318
- Rangordnung **ImoV** 739 ff.
- Rückstände, ältere als Klasse 3 **ImoV** 756 f.
- Übergang auf Erwerber **ImoV** 926 ff.
- Verwertung, freihändige **ImoV** 901 ff., 926 ff.
- Zwangsversteigerung **ImoV** 727 ff.
Lästigkeitsprämie InsO § 165 34 ff.; **ImoV** 899 f.
Leasing InsO § 47 96 ff.; **InsO § 108** 22 ff., 59 ff.; **F** 379, 538 ff.
Leistungen
- an Schuldner **InsO § 82** 1 ff.; **EUInsVO** 31 1 ff.
- an Sicherungszessionar **InsO § 82** 19 f.
- Anfechtung **InsO § 143** 36 ff.; **B/ArR** 200 ff.
- Austausch, fehlender **B/ArR** 329 ff.
- Baurecht *siehe dort*

- COVInsAG **InsO § 134** 4b f.
- Darlegungs--/Beweislast **InsO § 134** 18 ff.
- Drei-Personen-Verhältnis **InsO § 134** 11 ff.
- Entgeltvereinbarung **InsO § 134** 7 ff.
- Eröffnungsverfahren **InsO § 28** 14 ff.
- Gegenleistung **InsO § 142** 6 ff.
- Gelegenheitsgeschenk **InsO § 134** 15 ff.
- Gesellschafter **InsO § 39** 39 ff.
- Gleichstand **B/ArR** 334 ff.
- Gleichwertigkeit mit Gegenleistung **InsO § 142** 12 ff.
- Gutglaubensschutz **InsO § 82** 6 ff.
- Irrtum über Entgeltlichkeit **InsO § 134** 9 ff.
- Kenntnis **EUInsVO 31** 9 ff.
- Klageverbot **InsO § 210** 10 f.
- Nachrangigkeit **InsO § 39** 34 ff.
- nicht befreiende **InsO § 82** 17 ff.
- Schuldner *siehe dort*
- StaRUG **InsO § 134** 4b f.
- teilbare **InsO § 103** 82 ff.; **InsO § 105** 10 ff.
- Teilleistung, vorinsolvenzliche **InsO § 105** 23 ff.
- Überschuss **B/ArR** 338 ff.
- unentgeltliche **InsO § 39** 34 ff.; **InsO § 134** 5 ff.; **InsO § 143** 36 ff.; **B/ArR** 200 ff.
- Unmittelbarkeit Gegenleistung **InsO § 142** 17 ff.
- unteilbare **InsO § 105** 21 f.
- Verbot **InsO § 28** 14 ff.
- Verfügungsbeschränkungen **InsO § 24** 13 ff.
- von Mithaftenden nach Eröffnung **InsO § 44** 24 ff.
- Vorleistung **InsO § 105** 23 ff.
- Wertigkeit Gegenleistung **InsO § 134** 6 ff.
- wiederkehrende **InsO § 38** 21 ff.; **InsO § 46** 1 ff.; **ImoV** 310 ff., 750
- Zeitpunkt **InsO § 82** 4 f.
Liquidation
- England *siehe dort*
- Frankreich **F** 318 ff., 457 f., 534 ff.
- freiwillige **GB** 65 ff.
- Italien **I** 5, 298 ff., 433 ff.
- Liquidationsausschuss **GB** 240
- Liquidationsvergleich **I** 129
- nachgeschaltete gesellschaftsrechtliche **A** 281
- Österreich **A** 281
- Polen **Pl** 35 ff., 490 ff.
- Tschechische Republik **CZ** 552 f.
- USA **US** 74 f., 241 f., 246 ff., 258 f.
- vorbereitende **Pl** 35 ff.
- vorbereitete **Pl** 490 ff.
- Zwangsliquidation **I** 5
Lizenzen/Nutzungsrechte InsO § 35 33 ff.; **InsO § 47** 64 ff.; **InsO § 108** 69 ff.
Lohnsteuer InsO § 38 34; **StR-ESt** 130 ff. *siehe auch Einkommensteuer*

Mängelrechte/Gewährleistungsansprüche B/ArR 98 ff., 160 ff., 221, 224 ff., 309 ff., 335 ff., 346 ff., 619 ff.; **ImoV** 925
Masse
- Absonderung *siehe dort*
- Anwartschaftsrecht **InsO § 35** 7
- arbeitsrechtliche **InsO § 35** 11 ff.
- Aufträge Schuldner **InsO § 115** 1 ff.
- Auslandsvermögen **InsO § 148** 5
- Aussonderung *siehe dort*

Sachverzeichnis

- Bargeld **InsO § 36** 41
- Begriff **InsO § 35** 1 ff.
- Beihilfe, europarechtswidrige **InsO § 38** 37
- Belastung, unverhältnismäßige **InsO § 22a** 21 ff.
- Belegenheitsort **EUInsVO 2** 17 ff.
- Berechnung **InsVV § 1** 15 ff.
- Beteiligungen **InsO § 35** 38 ff.
- Bezug **InsO § 88** 9 ff.
- Buchführungs-/Rechnungslegungspflichten **InsO § 155** 2 ff.
- Corona-Soforthilfe **InsO § 35** 15a, 25a
- Daten, personenbezogene **DS** 92 ff.
- Dauerschuldverhältnisse **InsO § 38** 21 ff.
- Eigentumsvorbehalt **InsO § 107** 20 ff.
- Erbschaft/Vermächtnis **InsO § 35** 18, 52
- Erstattungsansprüche, öffentlich-rechtliche **InsO § 38** 41
- Erwerbsverbot **InsO § 91** 1 ff.
- Feststellung **CH** 140 ff.
- Forderungen *siehe dort*
- Freigabe *siehe dort*
- Gegenstände *siehe Massegegenstände*
- Genehmigungen, behördliche **InsO § 35** 44 f.
- Gesamtgut/Gütergemeinschaft **InsO § 37** 1 ff.
- Gesellschafterdarlehen **InsO § 44a** 1 ff.
- Gesellschafterleistungen **InsO § 39** 39 ff.
- Gesellschaftsanteil **InsO § 84** 14 ff.
- Gläubiger **InsO § 53** 3 ff.
- Gläubigerausschuss, vorläufiger **InsO § 22a** 21 ff.
- große **InsVV § 3** 50 f.
- Grundstück **InsO § 35** 8 f.
- Gütergemeinschaft **InsO § 333** 13 ff.
- Haftung *siehe dort*
- Herausgabeklage **InsO § 35** 79
- Immaterialgüterrechte **InsO § 35** 27 ff.
- Immobilienverwertung **ImoV** 148 ff.
- Inbesitznahme **InsO § 148** 2
- Inbesitznahmefrist **InsO § 148** 11
- insolvenzfreie **InsO § 35** 54 ff.
- Inventar **E** 594, 761 ff.
- Inventarisierung **InsO § 22** 22 ff.
- Kosten *siehe dort*
- Kryptowährungen **InsO § 35** 37a
- Leistungen, wiederkehrende **InsO § 38** 21 ff.
- Marken-/Patentrecht **EUInsVO 15** 1 ff.
- Massearm-/-losigkeit **InsO § 26** 1 ff.; **InsO § 203** 6 ff.; **InsO § 207** 4 ff., 17; **InsO § 210** 9; **InsO § 324** 37
- Massebezug **InsO § 55** 39a f.; **InsO § 103** 18 ff.; **InsO § 116** 14
- Miet-/Pachtverhältnisse *siehe dort*
- Neuerwerb **InsO § 35** 46 ff.; **InsO § 148** 6
- Nutzung Sache für - **InsO § 172** 1 ff.
- Nutzungsentschädigung **ImoV** 962 ff.
- Personalsicherheiten **InsO § 35** 16
- Pflichten bei Verwaltung/Verwertung **InsO § 60** 15 ff.
- Prozessunterbrechung **InsO § 85** 7 ff.
- Ratenzahlungsanspruch **InsO § 35** 82
- Recht, internationales **CH** 140 ff., 214 ff.; **CZ** 470 ff.; **GB** 302 ff.; **Pl** 663 ff., 776 ff.; **US** 161 ff.
- Rechte Gesamtschuldner/Bürge **InsO § 44** 1 ff.
- Rechte, grundstücksgleiche **InsO § 35** 8 f.
- Rechte, höchstpersönliche **InsO § 35** 55 f.
- Rechtslage ab 2022 **InsO § 35** 83
- Restschuldbefreiung **StR-ESt** 26 ff.
- Rückgriffs-/Ausgleichsansprüche **InsO § 38** 25 f.
- Sachen, bewegliche **InsO § 35** 6 ff.
- Sachen, pfändbare **InsO § 36** 39 f.
- Schadenersatzansprüche **InsO § 38** 27 f.
- Schenkung **InsO § 35** 52
- Schiff/Flugzeug **InsO § 35** 7a
- Sicherung **InsO § 148** 1 ff.
- Software **InsO § 35** 36
- Sondermasse **InsVV § 1** 36 ff.
- Steuerrecht **InsO § 38** 29 ff., 30 f.; **StR-ESt** 80 ff.
- Streit über Zugehörigkeit **InsO § 35** 78 ff.
- Surrogation **InsO § 35** 53
- Treuhand **InsO § 35** 40 ff.
- Übergang Verwaltungs-/Verwertungsbefugnis **InsO § 148** 1
- Unterhalt *siehe dort*
- Unzulänglichkeit *siehe Masseunzulänglichkeit*
- Verbindlichkeiten *siehe Masseverbindlichkeiten*
- Vermögen, zu übernehmendes **InsO § 148** 3 ff.
- Vermögensübersicht **InsO § 153** 1 ff.
- Verteilung *siehe dort*
- Vertragsangebot **InsO § 35** 25
- Verwaltungs-/Verfügungsrecht **InsO § 80** 10 ff.; **InsO § 148** 14 ff.
- Verwaltungsvereinbarung **ImoV** 988 f.
- Verwertung *siehe dort*
- Verzeichnis **InsO § 151** 1 ff.; **InsO § 154** 1 ff.; **InsO § 281** 4 f.; **Pl** 667 ff.
- Vormerkung **InsO § 106** 33 ff.
- Zufluss **InsVV § 1** 10; **InsVV § 6** 4
- Zugehörigkeit **EUInsVO 7** 27 ff.

Massegegenstände InsO § 35 5 ff.; **InsO § 91** 2 ff., 21 ff.; **InsO § 165** 9
- Ausgleichforderung **InsO § 314** 6
- Bewertung **InsO § 151** 14 ff.
- Daten, personenbezogene **DS** 92 ff.
- Herausgabevollstreckung **InsO § 148** 16 ff.
- Hinterlegung/Annahme **InsO § 149** 8 ff.
- körperliche **InsO § 148** 7 ff.
- Masseverzeichnis **InsO § 151** 1 ff.
- nicht betroffene **InsO § 314** 5
- Siegelung **InsO § 150** 1 ff.
- unkörperliche **InsO § 148** 10
- unpfändbare **InsO § 36** 1 ff.
- Wertgegenstände **InsO § 149** 1 ff.

Masseunzulänglichkeit InsO § 324 35 f.
- Anzeige **InsO § 208** 1 ff.
- Baurecht **B/ArR** 69c
- Bekanntmachung, öffentliche **InsO § 208** 6
- Eigenverwaltung **InsO § 285** 1 ff.
- eingetretene **InsO § 208** 1 ff.
- Einstellung **InsO § 207** 1 ff.; **InsO § 208** 1 ff.; **InsO § 211** 1 ff.
- erneute **InsO § 208** 9 ff.
- Fristberechnung **InsO § 139** 13
- Gruppenbildung **InsO § 222** 37
- Insolvenzplan **InsO § 210a** 1 ff.; **InsO § 225** 8
- Nachtragsverteilung **InsO § 203** 6 ff.
- Prognoseentscheidung **InsO § 26** 8 ff.

Sachverzeichnis

- Recht, internationales **A** 382 ff.; **CH** 144 ff.; **E** 314, 1043 ff.
- Rechtsfolgen **InsO § 26** 22 ff.
- Rechtsmittel **InsO § 26** 26 ff.
- Steuerberaterkosten **StR-Verf** 95 ff.
- Steuerforderungen **InsO § 155** 29 f.
- Verfahrenskosten **InsO § 26** 11 ff.; **InsO § 208** 2
- Vertragsspaltung **InsO § 105** 39
- Vollstreckungsverbot **InsO § 207** 25; **InsO § 208** 7; **InsO § 210** 1 ff.

Masseverbindlichkeiten InsO § 53 6 ff.; **InsO § 129** 44
- Abgrenzung zu Aussonderung **InsO § 47** 5 f.
- Abgrenzung zur Insolvenzforderung **StR-Verf** 99 ff.
- Absonderung **InsO § 49** 15a ff.
- Altlasten **InsO § 55** 35 ff.
- Antrag Begründungsbefugnis **InsO aF § 270b** 23 f.
- anzusetzende **InsO § 17** 5 ff.; **InsO § 18** 10 ff.
- Arbeitsrecht **InsO § 55** 49 ff.
- Befriedigung **InsO § 209** 1 ff.
- Begründung **InsO § 55** 25 ff.; **InsO § 61** 2 ff.; **InsO § 80** 30 ff.; **InsO § 209** 3 f., 13 f.; **InsO § 210** 6 ff.; **InsO § 270c** 20 ff.; **InsO § 270d** 55 f.; **InsO § 275** 3 ff.
- Bereicherung, ungerechtfertigte **InsO § 55** 59 ff.
- Dauerschuldverhältnisse **InsO § 209** 10 ff.
- Eigenverwaltung **InsO aF § 270a** 38 ff.
- Eigenverwaltung, vorläufige **InsO § 270c** 20 ff.
- Einkommensteuer **StR-ESt** 108 ff.
- Einordnung, fehlerhafte **InsO § 53** 8
- Erfüllungswahlrecht **InsO § 209** 5 ff.
- Eröffnungsverfahren **InsO aF § 270a** 38 ff.
- Ersatzanspruch **InsO § 115** 20 ff.; **InsO § 116** 19 ff.
- Eventualverbindlichkeiten **InsO § 229** 6 ff.
- Festsetzung **StR-Verf** 138
- Gegenleistung nach Anfechtung **InsO § 144** 15 ff.
- Geltendmachung **InsO § 53** 9 ff.
- gewillkürte **InsO § 90** 3 ff.
- Gläubigerverzeichnis **InsO § 152** 11 f.
- Haftung **InsO § 22** 123 f.; **InsO § 53** 12 ff.; **InsO aF § 270a** 47
- Hilfskräfte **InsO § 55** 14 ff.; **InsVV § 4** 4 ff.
- Insolvenzplan **InsO § 221** 33
- Lasten, öffentliche **InsO § 55** 34
- Massebezug **InsO § 55** 39a f.
- Miete **InsO § 55** 43 ff.
- Nachlassinsolvenz **InsO § 324** 1 ff.
- Nachlassverwaltung **InsO § 324** 28 ff.
- nicht erfüllte **InsO § 22** 123 f.
- Nichterfüllung **InsO § 61** 1 ff.
- oktroyierte **InsO § 55** 42 f.; **InsO § 90** 3 ff.
- Prozessrecht **InsO § 61** 38 ff.; **InsO § 86** 15 ff.
- Recht, internationales **CH** 279 ff.; **F** 414, 447
- Rechtsgeschäfte **InsO § 324** 24 ff.
- Schutzschirmverfahren **InsO aF § 270b** 68 ff.
- sonstige **InsO § 55** 1 ff.
- Sozialplanforderungen **InsO § 209** 16
- Steuerrecht **InsO § 55** 26 ff., 69 ff.
- streitbefangene **InsO § 18** 14 ff.
- Umsatzsteuer **InsO § 55** 29; **StR-USt** 39 ff.
- unangemessene **InsO § 295** 26 ff.
- Vergütung **InsVV § 1** 25 ff.; **InsVV § 17** 45
- Verträge, gegenseitige/laufende *siehe dort*
- Verwalter **InsO § 55** 5 ff., 63 ff.
- Verwalter, vorläufiger *siehe dort*
- Vollstreckungsverbote **InsO § 90** 1 ff.; **InsO § 210** 6 ff.

Maßnahmen, gesellschaftsrechtliche InsO § 80 46 ff.; **InsO § 101** 27; **InsO § 119** 35 f.; **InsO § 138** 34 ff.; **InsO § 166** 45 ff.; **InsO § 225a** 1 ff.; **InsO § 254a** 4 f.; **InsO aF § 270b** 76 ff.; **CZ** 446 ff.; **F** 217; **Pl** 620 ff., 1035 f.; **US** 193 ff.

Maßnahmen, vorläufige InsO § 21 1 ff.; **A** 139 ff.
- Anfechtbarkeit **InsO § 21** 147 ff.
- Anordnungsvoraussetzungen **InsO § 21** 4 ff.
- Aufenthaltsbeschränkungen **InsO § 21** 75 f.
- Aufrechnungsverbot **InsO § 21** 38
- Beschlagnahme/Durchsuchung **InsO § 21** 77 ff.
- Entscheidung **InsO § 21** 133 ff.
- Gegenstand **InsO § 21** 19 f.
- gegenüber Dritten **InsO § 21** 127 ff.
- Gehör, rechtliches **InsO § 21** 139 ff.
- Gläubigerausschuss, vorläufiger **InsO § 21** 59 ff.
- Haftung Amtspflichtverletzung **InsO § 21** 170 ff.
- Normzweck **InsO § 21** 1 ff.
- Postsperre, vorläufige **InsO § 21** 67 ff.
- Rechtsfolgen unzulässige/unverhältnismäßige **InsO § 21** 170 ff.
- Rechtsmittel/-behelfe **InsO § 21** 147 ff.
- Sicherungsmaßnahmen gegen Schuldner **InsO § 21** 66 ff.
- Verfahren **InsO § 21** 132 ff.
- Verfügungsverbote **InsO § 21** 34 ff.; **ImoV** 384
- Verhältnismäßigkeit **InsO § 21** 14 ff.
- Verpflichtungsvorbehalt **InsO § 21** 36
- Verwalter, vorläufiger **InsO § 21** 25 ff.
- Verwaltung, vorläufige **InsO § 21** 22 ff.
- Verwertungs-/Einziehungsverbote **InsO § 21** 102 ff.
- Vollstreckungsverboe **InsO § 21** 80 ff.
- Wirksamkeit/Wirksamwerden **InsO § 21** 144 ff.
- Zuständigkeit **InsO § 21** 133 ff.
- Zustimmungsvorbehalt **InsO § 21** 34 ff.
- Zwangsmaßnahmen **InsO § 21** 165 ff.

Miet-/Pachtverhältnisse InsO § 55 43 ff.
- Anfechtung **InsO § 110** 23
- Aufrechnung **InsO § 110** 17 ff.
- Aussonderung **InsO § 47** 48 ff.
- Beendigung **InsO § 108** 40 ff., 56 ff.
- Enthaftungserklärung **InsO § 109** 20 ff.
- Erfüllungswahlrecht **InsO § 108** 38 ff.
- Erklärungsaufforderung **InsO § 109** 44 f.
- Ersatzansprüche **InsO § 109** 18 ff.
- Fortbestand **InsO § 108** 38 ff.
- Gebrauchsgewährung **InsO § 108** 48 ff.
- Gegenstand **InsO § 112** 10 ff.
- Immobilienverwertung **InsO § 108** 4 ff.; **InsO § 109** 1 ff.; **InsO § 111** 1 ff.; **ImoV** 458 ff., 665 ff., 817 ff., 855 f., 949 ff., 1008

Sachverzeichnis

- Instandsetzung-/Schönheitsreparaturen **InsO** § 55 47
- Kaution **InsO** § 108 54 ff.; **InsO** § 109 35
- Kündigungssperre **InsO** § 112 1 ff.
- Masse **InsO** § 38 23
- Mietkaution **InsO** § 47 53
- Mietzahlung **InsO** § 108 48 ff.
- Nebenkosten/-abrechnungen **InsO** § 108 52 ff.; **InsO** § 109 33 ff.; **ImoV** 964 ff.
- Pfandrecht **InsO** § 50 17 ff.
- Rangfragen **InsO** § 108 43 ff.; **InsO** § 109 18 ff., 30 ff.; **InsO** § 111 14 ff.
- Räumungs-/Wiederherstellungskosten **InsO** § 108 57
- Rückgabeanspruch Vermieter **InsO** § 47 48 ff.; **InsO** § 55 44
- Rücktritt vor Überlassung **InsO** § 109 38 ff.
- Schuldner als Mieter/Pächter **InsO** § 109 1 ff.
- Schuldner als Vermieter **InsO** § 110 1 ff.
- Sicherheiten **InsO** § 108 54 ff.
- Sonderkündigungsrecht **InsO** § 109 6 ff.; **InsO** § 111 12 f.
- Tschechische Republik **CZ** 425 ff.
- Überlassung Mietsache **InsO** § 108 16 ff.
- Verhältnis zu Vorschriften, anderen **InsO** § 109 48 ff.
- Verschlechterung Vermögensverhältnisse **InsO** § 112 17 ff.
- Vertragseintritt Erwerber **InsO** § 111 8 ff.
- Vertragsspaltung **InsO** § 108 43 ff.
- Vertragstypologie **InsO** § 112 6 ff.
- Verwaltungsvereinbarung **ImoV** 992 f.
- Verwertung, freihändige **ImoV** 930
- Verzug vor Eröffnung **InsO** § 112 13 ff.
- Vorausverfügungen **InsO** § 110 4 ff.
- Wohnraum Schuldner **InsO** § 109 3, 20 ff.
- Zwangsversteigerung **ImoV** 665 ff.
- Zwangsverwaltung *siehe dort*

Minderheitenschutz InsO § 251 1 ff.; **InsO** § 271 7 f.

Mitteilungspflichten *siehe Auskunft/Unterrichtung/Mitteilung*

Mitwirkung
- Angestellte (ehemalige) **InsO** § 101 31 ff.
- Aussonderung **InsO** § 47 141 f.
- Baurecht **B/ArR** 271 f.
- Berechtigte **InsO** § 101 29
- Durchsetzung **InsO** § 20 46 ff.; **InsO** § 97 40 f.; **InsO** § 98 1 ff.; **InsO** § 101 35 ff.
- Eigenverwaltung, vorläufige **InsO** § 270c 58 ff.
- Eröffnungsverfahren **InsO** § 20 4 ff.
- Führungslosigkeit **InsO** § 101 17 ff.
- Grenzen **InsO** § 20 41 ff.
- Inhalt **InsO** § 20 34 ff.; **InsO** § 101 26
- Kosten **InsO** § 97 42
- Recht, internationales **CZ** 142, 340 ff.; **E** 462 ff.; **EUInsVO** 45 7; **US** 51 ff.
- Rechtsfolgen Verletzung **InsO** § 20 53 ff.
- Rechtsmittel **InsO** § 97 43
- Sachwalter **InsO** § 270 17; **InsO aF** § 270a 60 ff.
- Schuldner **InsO** § 97 31 ff.; **E** 462 ff.
- Unterhaltsgewährung **InsO** § 101 41 ff.
- Verfahrenseröffnung **B/ArR** 271 f.
- Verletzung **InsO** § 290 48 ff.
- Verpflichtete **InsO** § 20 14 ff.

- Vertreter, organschaftliche **InsO** § 101 7 ff.
- Vertreter, organschaftliche ehemalige **InsO** § 101 14 ff.
- Verwalter **EUInsVO** 45 7
- Verweigerung **InsO** § 98 23
- Zwangsmittel **InsO** § 101 35 f.

Moratorium
- England **GB** 115, 155 f., 28a ff.
- Frankreich **F** 35 ff., 286
- Italien **I** 116 ff.
- Restrukturierung **GB** 28a ff.
- Tschechische Republik **CZ** 104, 116 ff., 511
- vereinbartes **I** 116 ff.
- vorläufiges **GB** 155 f.

Nachbesserungsklausel InsO § 221 34
Nachlassinsolvenz InsO § 43 34
- Aktiva **InsO** § 315 37 ff.
- Anfechtung **InsO** § 129 18; **InsO** § 322 1 ff.
- Ansprüche Erben **InsO** § 326 1 ff.
- Ansprüche gegen Erblasser **InsO** § 326 3 f.
- Antrag **InsO** § 317 1 ff.; **InsO** § 318 1 ff.; **InsO** § 330 16 ff.
- Antragspflicht **InsO** § 317 26 ff.
- Aufgebotsverfahren **InsO** § 315 65
- Auflagen **InsO** § 327 12 ff.
- Aufrechnung **InsO** § 323 9 ff.; **InsO** § 327 19 ff.
- Aufwendungen **InsO** § 323 1 ff.; **InsO** § 324 6 ff.
- Beerdigungskosten **InsO** § 324 15 ff.
- Besonderheiten Aktiva **InsO** § 315 36 ff.
- Besonderheiten Passiva **InsO** § 315 46 ff.
- Eigenschulden Erbe **InsO** § 321 19 ff.
- Eigenverwaltung **InsO** § 315 59 ff.
- Einkommensteuer **StR-ESt** 146 ff.
- Einzelunternehmen **InsO** § 315 50 f.
- Erbenhaftung **InsO** § 315 18 ff.; **InsO** § 325 24 ff.
- Erbeninsolvenz, gleichzeitige **InsO** § 331 1 ff.
- Erbfallschulden **InsO** § 325 15 ff.
- Erblasserschulden **InsO** § 325 7 ff.
- Erbschaftsannahme, fehlende **InsO** § 316 7 ff.
- Erbschaftskauf **InsO** § 330 1 ff.
- Erbteil **InsO** § 316 17 ff.
- Erfüllung Verbindlichkeiten **InsO** § 326 5 ff.
- Eröffnungsgründe **InsO** § 320 1 ff.
- Eröffnungsverfahren **InsO** § 316 1 ff.
- Fortführungsprognose **InsO** § 320 26 ff.
- Gegenstände, zurückgewährte **InsO** § 328 1 ff.
- Gesamtgut **InsO** § 318 1 ff.
- Gläubigerbenachteiligung **InsO** § 322 13 ff.
- Grundlagen, zivilrechtliche **StR-ESt** 143 ff.
- Haftung, unbeschränkte **InsO** § 316 10 ff.
- Haftungsbeschränkung **InsO** § 315 13 ff.
- Immobilienverwertung **ImoV** 167 f.
- Insolvenzplan **InsO** § 315 59 ff.
- KG **InsO** § 315 55 ff.
- Kosten **InsO** § 317 36 ff.
- Masseunzulänglichkeit/-armut **InsO** § 324 35 ff.
- Masseverbindlichkeiten **InsO** § 324 1 ff.
- Mehrheit Erben **InsO** § 316 14 ff.
- Nacherbfolge **InsO** § 329 1 ff.
- Nachlasserbenschulden **InsO** § 325 21 ff.
- Nachlasspfleger/-verwalter **InsO** § 315 27 f., 28; **InsO** § 317 17 ff.; **InsO** § 325 19 ff.

1481

Sachverzeichnis

- Nachlassverbindlichkeiten **InsO § 315** 13; **InsO § 321** 18; **InsO § 325** 1 ff.
- Passiva **InsO § 315** 46 ff.
- Personengesellschaft **InsO § 315** 52 ff.
- Pflichtteil **InsO § 327** 9 f.
- Pflichtteilsvermächtnis **InsO § 327** 11
- Postsperre **InsO § 99** 6
- Prozesskostenhilfe **InsO § 317** 36 ff.
- Recht, internationales **CH** 123 ff.; **E** 190, 279 ff.
- Rechtshandlung Erben **InsO § 322** 1 ff.
- Rechtsmittel **InsO § 317** 34 f.; **InsO § 318** 7 ff.
- Schuldner **InsO § 315** 24 ff.
- Steuerrecht **StR-ESt** 143 ff.; **StR-NL** 80 ff.
- Testamentsvollstrecker **InsO § 315** 29; **InsO § 317** 17 ff.
- Tod Schuldner **InsO § 315** 31
- Überblick **InsO § 315** 9 ff.
- Überschuldung **InsO § 320** 19 ff.
- Verbindlichkeiten, nachrangige **InsO § 327** 1 ff.
- Verfahrensüberblick **InsO § 315** 9 ff.
- Vermächtnisse **InsO § 327** 12 ff.
- Vermögensseparierung **InsO § 315** 14 ff.
- vom Erben Ersetztes **InsO § 328** 7 a ff.
- Zahlungsunfähigkeit **InsO § 320** 6 ff.
- zugleich mit Erbeninsolvenz **InsO § 52** 21
- Zuständigkeit **InsO § 315** 1 ff.

Nachtragsverteilung InsO § 203 1 ff.; **InsO § 211** 12 ff.; **InsVV § 6** 1 ff.
- Ablehnung **InsO § 204** 4 ff.
- Anordnung **InsO § 203** 10 ff.; **InsO § 204** 7 f.
- Durchführung **InsO § 203** 20 ff.; **InsO § 205** 3 ff.
- Einstellung nach – **InsO § 211** 12 ff.
- Insolvenzplanverfahren **InsO § 203** 9
- Kosten **InsO § 205** 6 ff.
- Massearmut/-losigkeit **InsO § 207** 7 ff.
- Masseunzulänglichkeit **InsO § 203** 6 ff.
- Rechnungslegung **InsO § 205** 6 ff.
- Rechtsmittel **InsO § 204** 1 ff.
- Vollzug **InsO § 205** 1 ff.
- Voraussetzungen **InsO § 203** 1 ff.
- Vorbehalt **InsO § 203** 16 ff.

Namensrecht InsO § 35 55
Nießbrauch InsO § 244 8 f.; **ImoV** 246 ff.
Notgeschäftsführung InsO § 115 15 ff.; **InsO § 116** 22 ff.; **InsO § 117** 14 ff.; **InsO § 118** 14
Nutzungsrecht InsO § 108 77
Nutzungsüberlassung InsO § 135 61 ff.

Offene Handelsgesellschaft (oHG) InsO § 36 5; **ImoV** 160 ff.; **Pl** 623 f. *siehe auch Gesellschaft*
Offenlegungspflicht InsO § 270b 25
Organschaft
- Auswirkungen, steuerliche **StR-ESt** 198 ff.
- Auswirkungen, zivilrechtliche **StR-ESt** 190
- Beherrschungsvertrag **StR-ESt** 193
- Doppelinsolvenz **StR-USt** 21 ff.
- Eingliederung, finanzielle **StR-ESt** 180 ff.
- Ende bei Eröffnung **StR-ESt** 191
- Ende/Auswirkungen Ende **StR-USt** 23 ff.
- gewerbesteuerliche **StR-Nl** 20 ff.
- Gewinnabführungsvertrag **StR-ESt** 183 ff.
- Insolvenz Organgesellschaft **StR-USt** 9 ff.
- Insolvenz Organträger **StR-USt** 17 ff.
- köperschaftssteuerliche **StR-ESt** 179 ff.
- Umsatzsteuer **InsO aF § 270** 77 a; **StR-USt** 8 ff.
- unerkannte **StR-USt** 31 ff.

Österreich A 1 ff.
- Abschöpfungsverfahren/Restschuldbefreiung **A** 411 ff.
- Akteneinsicht **A** 62 f.
- Anerkennung Verfahren im Ausland **A** 64 ff.
- Anerkennung Verfahren, ausländisches **A** 76 ff.
- Anfechtung **A** 355 ff., 477
- Angestellte, leitende **A** 439
- Antragsfrist **A** 469 ff.
- Antragspflicht/-recht **A** 32 ff.
- Anwendungsbereich **A** 83 ff.
- Anzeigepflicht Insolvenzgericht **A** 440
- Arbeitnehmer **A** 292
- Arten **A** 10, 100 ff.
- Aufhebung **A** 69 ff.
- Auflösung Gesellschaft **A** 267
- Aufrechnung **A** 250 ff.
- Aus-/Absonderungsrechte **A** 231, 319 ff.
- Ausgleich, außergerichtlicher **A** 18 ff.
- Aussonderung **A** 307 ff.
- Bankrottstraftaten **A** 425 ff.
- Beendigung **A** 69 ff.
- Beschlagnahmeumfang **A** 303 ff.
- Beteiligte **A** 141 ff.
- Betriebsänderung **A** 290 ff.
- Bürgen **A** 329 ff.
- Eigenkapitalrecht **A** 478 f.
- Eigenverwaltung **A** 122 ff.
- Einkommensteuer **A** 446 ff.
- Entwicklung, historische **A** 1 ff.
- Erfüllungswahl **A** 242
- Eröffnungsverfahren **A** 193 ff.
- Eröffnungswirkungen **A** 228 ff.
- Exekutionssperre **A** 228 ff.
- Folgen, gesellschaftsrechtliche **A** 267 ff.
- Forderungen **A** 377 ff., 390 ff., 443 ff.
- Freigabe **A** 315 ff.
- Gesamthaftungsansprüche **A** 333 ff.
- Geschäftsführer **A** 350 ff.
- Gläubiger **A** 175 ff.
- Gläubigerausschuss **A** 180 ff.
- Gläubigerschutzverbände **A** 186 ff.
- Gläubigerversammlung **A** 175 ff.
- Gläubigerzugriff **A** 228 ff.
- Gründe **A** 83 ff., 464 ff.
- Grundsätze **A** 62 f.
- Gutachter **A** 184 f.
- Haftung **A** 333 ff., 453 f.
- In Empfangnahme von Leistungen **A** 235 f.
- Individualarbeitsrecht **A** 282 ff.
- Insolvenzausfallgeld **A** 293 ff.
- Insolvenzfähigkeit **A** 99
- Insolvenzgericht **A** 144 ff.
- Insolvenzverschleppung/-verursachung **A** 350 ff., 476
- Kapitalaufbringung/-erhaltung **A** 339 ff.
- Kollektivarbeitsrecht **A** 300 ff.
- Konkurs, geringfügiger **A** 134
- Konkursverfahren **A** 14 f., 103 ff.
- Körperschaftsteuer **A** 446 ff., 455 ff.
- Kosten **A** 56 ff.
- Kündigungsschutz **A** 283 ff.

1482

Sachverzeichnis

- Leitbild **A** 9
- Liquidation **A** 281
- Masseunzulänglichkeit **A** 382 ff.
- Mitverpflichtete **A** 324 ff.
- Nachhaftung **A** 389
- Ordnungspflichten, öffentlich-rechtliche **A** 318
- Pandemiesituation **A** 460a ff.
- Privatinsolvenz **A** 135 ff.
- Prozess-/Exekutionssperre **A** 72, 262
- Rahmenbedingungen **A** 8 ff.
- Rechtshandlung **A** 359
- Rechtsmittel **A** 50
- Rechtsstreitigkeiten, anhängige **A** 262 ff.
- Reorganisationsverfahren **A** 21 ff.
- Restrukturierung **A** 18 ff., 31a ff., 31d, 31g ff.
- Rückschlagsperre **A** 229
- Sanierung **A** 11 ff., 110 ff., 196 ff., 218 ff., 446 ff.
- Sanierungsplan **A** 16, 196 ff., 215 ff., 329 ff., 483 ff., 489
- Schuldenregulierungsverfahren **A** 135 ff.
- Schuldner **A** 141 ff.
- Schuldnerberatungsstelle **A** 190 ff.
- Sicherheiten Dritter **A** 319 ff.
- Sozialversicherungsbetrug **A** 441 f.
- Steuerrecht **A** 443 ff.
- Strafrecht **A** 425 ff., 476
- Treuhänder **A** 418 ff.
- Überschuldung **A** 91 ff., 464 ff.
- Umsatzsteuer **A** 457 ff.
- Unternehmensfortführung **A** 215 ff.
- Veräußerung, kridamäßige **A** 314
- Verbrauchsteuern **A** 457 ff.
- Verfahrensöffentlichkeit **A** 53, 62 f.
- Verfahrensrecht **A** 32 ff.
- Verfolgungsbefugnis **A** 313
- Verfügungsbefugnis **A** 232 ff.
- Verletzung Antragspflicht **A** 431 ff.
- Verteilung **A** 376 ff., 403 ff.
- Verträge, laufende **A** 237 ff.
- Verwalter **A** 147 ff., 455 ff.
- Verwertung **A** 314 ff.
- Vorkehrungen, einstweilige **A** 193 ff.
- Vorstand **A** 350 ff.
- Vorverfahren **A** 17
- Wirkungen **A** 49 ff.
- Zahlungsplan **A** 222 ff., 485 ff.
- Zahlungsunfähigkeit **A** 87 ff., 354, 464 ff.
- Zuständigkeit **A** 41 ff.
- Zweck/Ziel **A** 94 ff.

Partikularverfahren
- Anerkennung **EUInsVO** 20 12 ff.
- Eröffnung **InsO § 354** 5 ff.
- Gläubigerantrag **InsO § 354** 17 f.
- Insolvenzgrund **InsO § 354** 12 ff.
- Insolvenzplan **InsO § 355** 6 ff.
- Niederlassung **InsO § 354** 8
- Recht, anwendbares **EUInsVO 35** 4
- Rechtsfolge **InsO § 354** 24 f.
- Restschuldbefreiung **InsO § 355** 4 f.
- Verfahrenskosten **InsO § 354** 16
- Voraussetzungen **InsO § 354** 1 ff.
- Zeitpunkt, maßgeblicher **InsO § 354** 11
- Zuständigkeit **InsO § 354** 23; **EUInsVO** 3 27 ff.

Patronatserklärung InsO § 35 16; **InsO § 43** 16

Pauschalvertrag B/ArR 85 ff., 304 ff.

Personen, juristische InsO § 60 10 f.
- Antrag **InsO § 13** 19
- Antragsberechtigung **InsO § 15** 1 ff.
- Eigenverwaltung **InsO § 270** 29 ff.; **InsO aF § 270** 72 ff.
- Gegenstände, unpfändbare **InsO § 36** 5
- Geschäftsanteil **ImoV** 175
- Gläubigerausschuss **InsO § 67** 17 f.
- Insolvenzfähigkeit **InsO § 11** 2 ff.; **InsO § 12** 1 ff.
- Person, nahestehende **InsO § 138** 13 ff.
- Recht, internationales **A** 99; **CZ** 25, 99; **E** 109 f., 191, 487 ff.; **US** 18
- Recht, öffentliches **InsO § 12** 1 ff.
- Registereintragungen **InsO § 31** 1 ff.
- Steuerrecht **StR-Verf** 94
- Zuständigkeit **EUInsVO** 3 7 ff.

Personen, nahestehende InsO § 138 1 ff.; **InsO § 162** 3
- Darlegungs-/Beweislast **InsO § 138** 33
- Ehegatte **InsO § 138** 4
- Gemeinschaft, häusliche **InsO § 138** 8 ff.
- Gesellschafter, persönlich haftender **InsO § 138** 19 ff.
- Gesellschaftsrecht **InsO § 138** 11 ff., 16 ff.
- Insider, gesellschaftsrechtliche **InsO § 138** 34 ff.
- Kenntnisvermutung **InsO § 145** 17
- Lebenspartner **InsO § 138** 5
- Person, juristische **InsO § 138** 13 ff.
- Verbindung, gesellschafts-/vertragsrechtliche **InsO § 138** 24 ff.
- Verschwiegenheitspflicht **InsO § 138** 37 ff.
- Vertretungs-/Aufsichtsorgane **InsO § 138** 16 ff.
- Verwandte **InsO § 138** 6 f.

Personen, natürliche
- Anhörung **InsO § 10** 12
- Antrag **InsO § 13** 16 ff.
- Ehegatten **InsO § 39** 70; **InsO § 138** 4; **CZ** 100; **Pl** 603 ff., 1007 f.
- England siehe dort
- Insolvenzfähigkeit **InsO § 11** 1
- Insolvenzplan **InsO § 217** 2; **InsO § 230** 2 ff.; **InsO § 245a**
- Italien **I** 179
- Lebenspartner **InsO § 138** 5
- Österreich **A** 99
- Person, nahestehende **InsO § 138** 1 ff.
- Polen **Pl** 865 ff.
- Restschuldbefreiung **InsO § 286** 1 ff.
- Spanien **E** 108 ff., 477 ff.
- Steuerrecht **StR-Verf** 89 ff.
- Tod Schuldner **CZ** 101
- Tschechische Republik **CZ** 99
- Unternehmer, ausgeschiedener/verstorbener **I** 179
- Verbraucherinsolvenz **InsO § 304** 4 f.
- Verwalter **InsO § 56** 15
- Zuständigkeit **EUInsVO** 3 23 ff.

Personengesellschaften InsO § 60 9
- Antrag **InsO § 13** 19; **InsO § 15a** 5 ff.; **InsO § 18** 3 ff.
- Eigenverwaltung **InsO § 276a** 25 ff., 36 f.

1483

Sachverzeichnis

- Einkommensteuer Beteiligung **StR-ESt** 27 ff.
- Insolvenz Gesellschaft **StR-ESt** 29 ff.
- Insolvenz Gesellschafter **StR-ESt** 35 ff.
- Nachfolgeklausel, qualifizierte **InsO § 315** 54
- Nachlassinsolvenz **InsO § 315** 52 ff.
- Steuerrecht **StR-Verf** 93
- USA **US** 18

Persönlichkeitsrechte InsO § 35 55; **InsO § 36** 42

Pfandrechte
- AGB-Pfandrecht KI **InsO § 50** 7
- Anfechtung **ImoV** 478 f.
- Befriedigung, abgesonderte **InsO § 50** 1 ff.
- Entstehung **InsO § 50** 2 ff.
- Gelddepot **F** 543
- gesetzliches **InsO § 50** 17 ff.
- Pfändungspfandrecht **InsO § 50** 8 ff.
- Recht, internationales **F** 543 ff.; **Pl** 683 ff.
- Registerpfand **Pl** 683 ff.
- Zurückbehaltungsrecht **F** 546 ff.

Pfändung/Verpfändung InsO § 80 76; **ImoV** 521
- Arbeitseinkommen **InsO § 287** 36 ff.
- Bestandteile **ImoV** 435 ff.
- Erzeugnisse **ImoV** 435 ff.
- Fahrzeug **StR-Nl** 66
- Gegenstände, unpfändbare **InsO § 36** 1 ff.
- Gesamthandanteile **ImoV** 521
- Miet-/Pachtverhältnisse **ImoV** 480 ff.
- Pfändungsschutz **InsO § 36** 21 ff.
- Pfändungsverbot **ImoV** 435 ff.
- Sachen, bewegliche auf Grundstück **ImoV** 450 ff.
- Schweiz **CH** 43 ff., 223 ff., 416 f.
- Verstrickung, öffentlich-rechtliche **InsO § 88** 18 ff.
- Verzicht **InsO § 36** 21 ff.
- Vollstreckungsverbot **InsO § 21** 91.1
- Vorausabtretung **InsO § 103** 109
- Zubehör **ImoV** 435 ff.
- Zulässigkeit **ImoV** 486 f.

Planverfahren siehe Insolvenzplan

Polen
- Abfindung **Pl** 644 ff.
- Abtretung **Pl** 739 f.
- Abweisung Eröffnung **Pl** 106 ff., 254
- Akteneinsicht **Pl** 171 ff., 288 ff.
- Änderung Vergleich **Pl** 305 ff.
- Anerkennung im Ausland **Pl** 177 ff., 293 f.
- Anerkennung Verfahren, ausländische **Pl** 195 ff., 341 f.
- Anfechtung **Pl** 727 ff., 793 ff., 1081 ff.
- Anfechtungsklage, paulianische **Pl** 1081 ff.
- Anleiheemittenten **Pl** 423 ff., 930 ff.
- Annullierung/Auslaufen Vergleich **Pl** 311 ff.
- Antrag **Pl** 52 ff., 221 ff., 335 ff., 895
- Arbeits-/Sozialrecht **Pl** 634 ff., 1037 ff.
- Aufhebung **Pl** 124 ff., 183 ff., 295 ff.
- Aufrechnung **Pl** 558 f.
- Auslaufen Vergleich **Pl** 314
- Aussonderung **Pl** 671 ff.
- Bauträger **Pl** 389 ff., 922 ff.
- Bedeutung Konkurserklärung **Pl** 555 ff.
- Beendigung **Pl** 183 ff., 295 ff., 821 ff., 1153 ff.
- Befriedigung Gläubiger **Pl** 403 f., 813 ff.
- Befugnisse **Pl** 993 ff.
- Begriffserklärung **Pl** 3 ff.

- Beschwerdeverfahren **Pl** 131 ff., 262 f.
- Bestellung **Pl** 989
- Beteiligte **Pl** 429 ff., 937 ff.
- COVID-19-Epidemie **Pl** 39b ff.
- Deckung, inkongruente **Pl** 731 ff., 1064
- Deckung, kongruente **Pl** 741 ff.
- Ehegatten **Pl** 1007 f.
- Eigenantrag **Pl** 66 f.
- Eigentumsvorbehalt **Pl** 570
- Einleitung **Pl** 103 ff.
- Einstellung **Pl** 109 ff., 317 ff.
- Entscheidungen Konkursgericht **Pl** 102 ff., 250 ff.
- Eröffnung Restrukturierung **Pl** 1001 ff.
- Folgen, gesellschaftsrechtliche **Pl** 620 ff., 1035 f.
- Forderungen **Pl** 555 ff., 688, 903 ff.
- Forderungen, steuerrechtliche **Pl** 726, 1204 ff.
- Forderungsanmeldung **Pl** 776 ff.
- Forderungsliste **Pl** 781 ff., 1083 ff.
- Forderungsübergang **Pl** 652
- Gerichtsverfahren, laufende **Pl** 609 ff., 1019 ff.
- Gesamthaftungsansprüche **Pl** 699 ff.
- Geschäftsführer **Pl** 1269 ff.
- Geschichte **Pl** 6 ff.
- Gewerbeuntersagung **Pl** 1214 ff.
- Gläubiger **Pl** 373, 440, 942
- Gläubigerausschuss **Pl** 471 ff., 989 ff.
- Gläubigerbenachteiligung siehe dort
- Gläubigerversammlung siehe dort
- Haftung **Pl** 699 ff., 1060 ff., 1155 ff., 1269 ff.
- Hilfe, staatliche **Pl** 39i
- Immobilienverwertung **Pl** 391 ff., 681
- Insolvenzrecht, materielles **Pl** 879 ff.
- Kapitalaufbringung/-erhaltung **Pl** 702 ff.
- Konkurrenz Konkurs/Restrukturierung **Pl** 76 ff., 235
- Konkurs-/Restrukturierungsregister **Pl** 36 ff., 175 f., 292
- Konkurserklärung **Pl** 96 ff.
- Konkursfähigkeit **Pl** 378 ff.
- Konkursrecht **Pl** 52 ff., 343 ff.
- Kreditinstitute **Pl** 398 ff.
- Liquidation, vorbereitende **Pl** 35 ff., 490 ff.
- Liquiditätsverlust **Pl** 353 ff., 886 ff.
- Masse **Pl** 663 ff., 776 ff.
- Masseverzeichnis **Pl** 667 ff.
- Person, natürliche **Pl** 865 ff.
- Pre-Pack **Pl** 490 ff.
- Rahmenbedingungen **Pl** 1 ff.
- Rechtsakte **Pl** 1 f.
- Rechtshandlung **Pl** 727 ff., 741 ff.
- Rechtsmittel **Pl** 127 ff., 258 ff.
- Registerpfand **Pl** 683 ff.
- Restrukturierung siehe dort
- Restschuldbefreiung **Pl** 826 ff.
- Rückzahlungsplan **Pl** 866 ff., 829a ff.
- Sache, bewegliche **Pl** 682
- Sachwalter/Verwalter **Pl** 943 ff.
- Sanierung, übertragende **Pl** 489 ff.
- Sanierungsmasse **Pl** 1055 f.
- Sanierungsmöglichkeiten **Pl** 488 ff.
- Sanierungsverfahren **Pl** 231 ff., 267, 335 ff., 1022, 1025, 1031 ff., 1064 ff.
- Schuldner **Pl** 429 ff., 937 ff.
- Schuldnerregister **Pl** 36 ff., 175 f., 292
- Sicherheiten Dritter **Pl** 694 ff., 1057 ff.

Sachverzeichnis

- Sicherheiten, dingliche **Pl** 753 ff.
- Sicherung/Befriedigung Schuld **Pl** 736 ff.
- Sicherungsübereignung **Pl** 597
- Sicherungsverfahren **Pl** 135 ff., 264 ff.
- Steuerrecht **Pl** 1234 ff.
- Strafrecht **Pl** 1155 ff.
- Tod Schuldner **Pl** 386 ff.
- Überschuldung **Pl** 362 ff., 890 ff.
- Umfang Beschlag **Pl** 663 ff.
- Umwandlungsmaßnahmen **Pl** 51
- Unternehmensfortführung **Pl** 390 ff., 662, 1246 ff.
- Unternehmensübertragung **Pl** 50
- Unternehmensveräußerung **Pl** 50, 653 ff., 1045
- Verbraucherkonkurs **Pl** 23 ff., 69 f., 193 f., 675, 689 f., 829 f., 428a ff.
- Vereinbarungen, bi-/multilaterale **Pl** 49
- Verfahren **Pl** 95 ff., 95, 139 ff., 245, 338 ff., 385 ff., 39c
- Verfahrensarten **Pl** 381 ff., 915 ff.
- Verfahrenskosten *siehe Kosten*
- Verfahrensöffentlichkeit **Pl** 171 ff., 288 ff.
- Verfahrensrecht **Pl** 52 ff.
- Verfahrensziele **Pl** 375 ff., 907 ff.
- Vergleichserfüllung **Pl** 300 ff.
- Vergleichsmasse **Pl** 1047 ff.
- Vergleichsverfahren **Pl** 225 ff., 265 f., 300 ff., 542 ff., 1020 ff., 1047 ff., 1083 ff., 1103, 1108 ff., 1129 ff.
- Vergleichsverfahren, beschleunigtes **Pl** 227 ff.
- Verjährungshemmung **Pl** 779b
- Vermögen, geerbtes **Pl** 599 ff., 1015 f.
- Vermögensbeziehungen, eheliche **Pl** 603 ff.
- Versicherungs-/Rückversicherungsunternehmen **Pl** 413 ff.
- Verteilungsplan **Pl** 802 ff.
- Verträge, laufende **Pl** 560 ff., 1005 ff.
- Vertragsstrafen **Pl** 756 ff.
- Verwalter **Pl** 21 ff., 443 ff., 1254 ff.
- Verwertung **Pl** 548 ff., 676 ff., 688, 1234 ff.
- Wirkungen **Pl** 1001 ff., 1153 f.
- Wohnbedürfnisse Schuldner **Pl** 806a
- Zahlungsunfähigkeit **Pl** 346 ff., 646, 882 ff.
- Zurückweisung Eröffnung **Pl** 120 ff.
- Zusammensetzung **Pl** 990 ff.
- Zuständigkeit **Pl** 82 ff., 236 ff.

Postsperre InsO § 21 67 ff.; InsO § 99 1 ff.; InsO § 101 1 ff.; InsO aF § 270a 34; InsO § 270c 15

Pre-Pack **E** 183, 314, 854, 941 ff.; **Pl** 490 ff.

Privilegierung
- Aufrechnung **B/ArR** 252 ff.
- Sanierungsprivileg InsO § 39 73, 99 ff.; InsO § 135 85 f.
- Sicherheiten COVInsAG InsO § 44a 24 ff.; COVInsAG § 2 5 f.
- Widerspruch InsO § 184 20 ff.

Prognoseentscheidung InsO § 26 8 ff.; InsO aF § 270 26 ff.; InsO § 270b 18 ff.

Prozessrecht
- Abänderungsklage **B/ArR** 559 f.
- Ablehnung Aufnahme InsO § 85 43 ff.
- Absonderung InsO § 86 12 ff.
- Anerkenntnis. sofortiges InsO § 86 28 ff.
- Anfechtungsklage *siehe Anfechtung*
- Anhängigkeitszeitpunkt InsO § 352 13

- Aufnahme InsO § 85 29 ff.; InsO § 86 19 ff.; InsO § 160 10 f.; InsO § 180 16 ff.; InsO § 352 16 ff.
- Aussetzung *siehe dort*
- Aussonderung InsO § 35 81; InsO § 86 7 ff.
- Drittwiderspruchsklage InsO § 129 5a ff.; InsO § 143 51
- Einstellung InsO § 207 21 ff.; InsO § 215 6 f.
- Eröffnung InsO § 85 1 ff.
- Eröffnung im Ausland InsO § 352 1 ff.
- Feststellungsklage InsO § 85 26b f.; InsO § 180 5 ff.; InsO § 283 9 ff.; **B/ArR** 558a f.
- Feststellungsurteil InsO § 182 1 ff.
- Fortwirkung **ImoV** 857 ff.
- Insolvenzgericht *siehe dort*
- Kostenfestsetzungsverfahren InsO § 210 10 f.
- Kündigungsschutzklage InsO § 127 1 ff.; **E** 574
- Leistungsklageverbot InsO § 210 10 f.
- Massebezug InsO § 352 11 f.
- Masseverbindlichkeiten InsO § 61 38 ff.; InsO § 86 15 ff.
- nach Einstellung InsO § 211 3
- neue InsO § 55 17 f.
- Parteibezeichnung **ImoV** 507 ff.
- Pfandklage **ImoV** 720 ff.
- Prozessführungsbefugnis InsO § 207 21 ff.; **ImoV** 797 ff., 857 f.
- Prozesskosten *siehe Kosten*
- Prozessunterbrechung InsO § 85 2 ff.; InsO § 127 11 ff.; InsO § 352 1 ff.; **A** 262; **B/ArR** 562 ff., 568 f., 572 ff., 584 ff., 591 ff.
- Prozessvergleich InsO § 308 9 ff.
- Recht, internationales **A** 262 ff.; **CZ** 436 ff.; **E** 497 ff.; **EUInsVO** 7 68, 89; **EUInsVO** 18 1 ff.; **I** 212; **Pl** 609 ff.; **US** 191 f.
- Schuldmassestreit **B/ArR** 584 ff.
- Schuldner InsO § 80 66 ff.
- Sicherungsmaßnahmen InsO § 352 19 f.
- Streitwert InsO § 182 1 ff.
- Verfahren, anhängige InsO § 55 19 ff.
- Verfügungsbeschränkungen InsO § 24 18 ff.
- Verwalter InsO § 22 102 ff.; InsO § 80 38 ff.
- Verzögerung Aufnahme InsO § 85 41 f.
- Vollstreckungsgegenklage InsO § 143 51
- Widerspruchsklage InsO § 184 1 ff.; **ImoV** 352
- Wiedereinsetzungsantrag **F** 425 f.
- Wirkung Feststellungsurteil InsO § 183 1 ff.
- Zuständigkeit *siehe dort*
- Zustimmung Gläubigerausschuss InsO § 160 10 f.
- Zwangsverwalter **ImoV** 797 ff.

Prüftermin InsO § 29 7 ff.; InsO § 186 1 ff.
- Forderungsfeststellung InsO § 176 1 ff.; InsO § 177 12 ff.
- Insolvenzplan InsO § 236 1 ff.
- Prüfungsverfahren **StR-Verf** 128 ff.
- Tschechische Republik **CZ** 577 ff.

Rangfolge
- Absonderungsberechtigte InsO § 49 35 f.
- Absonderungsrecht **ImoV** 223 f.
- Befriedigung **GB** 380 ff.
- Befriedigung Massegläubiger InsO § 209 1 ff.
- England **GB** 380 ff., 436 ff.
- Folgeinsolvenz InsO § 266 3

1485

Sachverzeichnis

- Forderungen **E** 695 ff.; **US** 114
- Gläubiger **InsO** § 39 7 ff.
- Masseverbindlichkeiten **I** 212
- Massverbindlichkeiten **InsO** § 327 1 ff.
- Miet-/Pachtverhältnisse **InsO** § 108 43 ff.; **InsO** § 109 18 ff., 30 ff.; **InsO** § 111 14 ff.
- Polen **Pl** 813 ff.

Rangklassen
- Anmeldung **ImoV** 693 ff.
- Ansprüche aus Rechten, dinglichen **ImoV** 743 ff.
- Anspruchsinhaber/Rechtsbehelfe **ImoV** 693 ff.
- Ausgaben, bevorrechtigte **ImoV** 693 ff.
- Feststellungkosten Masse **ImoV** 702 ff.
- Immobilienverwertung **ImoV** 691 ff.
- Klasse 1 **ImoV** 693 ff.
- Klasse 1a **ImoV** 702 ff.
- Klasse 2 **ImoV** 705 ff.
- Klasse 3 **ImoV** 727 ff.
- Klasse 4 **ImoV** 743 ff.
- Lasten, öffentliche **ImoV** 727 ff.
- Recht, interntionales **F** 155
- Verfahrenskosten, allgemeine **ImoV** 692
- WEG-Recht/-Ansprüche **ImoV** 705 ff.
- Zwangsverwaltungsvorschüsse **ImoV** 693 ff.

Rangrücktrittsvereinbarung InsO § 39 107 ff.; **InsO § 135** 18; **InsO § 224** 8

Ratenzahlung InsO § 35 82; **B/ArR** 195

Rechnungslegung siehe *Buchführungs-/Rechnungslegungspflichten*

Recht am eigenen Bild InsO § 35 55

Recht, internationales
- Anerkennung D im Ausland **A** 64 ff.; **CZ** 61; **GB** 189 ff.; **Pl** 177 ff., 293 f.; **US** 69 ff.
- Anerkennung Entscheidungen **InsO § 179** 12.1; **InsO § 343** 18 ff.; **CH** 293 ff.; **E** 1212 ff.; **EUInsVO 32** 1 ff.; **GB** 172 f.
- Anerkennung Verfahren **InsO § 343** 1 ff.; **InsO § 345** 6 f.; **InsO § 346** 8 ff.; **A** 76 ff.; **CH** 284 ff.; **CZ** 77 ff.; **EUInsVO 19** 1 ff.; **EUInsVO 20** 1 ff.; **GB** 170 ff.; **Pl** 195 ff., 341 f.
- Anerkennungsfolgen **InsO § 343** 15 ff.
- Anerkennungshindernisse **InsO § 343** 9 ff.
- Anfechtung **InsO § 339** 1 ff.
- Anfechtungsklage **InsO § 143** 46 ff.
- Anhörung **InsO § 10** 13 ff.
- Anrechnung **InsO § 342** 1 ff.; **EUInsVO 23** 1 ff.
- Antrag *siehe dort*
- Anwendungsbereich **InsO § 3** 29; **InsO § 335** 6 ff.; **InsO § 336** 1 f.; **EUInsVO 1** 9 ff.; **EUInsVO 84** 1 f.
- Arbeitsrecht **InsO § 337** 1 ff.; **EUInsVO 13** 1 ff.
- Aufhebung EuInsVO **EUInsVO 91** 1
- Aufrechnung **InsO § 338** 1 ff.; **EUInsVO 9** 1 ff.
- Auskunftsanspruch **InsO § 342** 13 ff.; **EUInsVO 23** 12
- Auslandsgesellschaft **InsO § 11** 6 ff.; **InsO § 15** 9; **InsO § 19** 7; **InsO § 39** 55; **InsO § 135** 8
- Auslandsvermögen **InsO § 148** 5
- Auslegung **EUInsVO 1** 5 ff.
- Ausschlussverfahren **EUInsVO 89** 1

- Ausübung Gläubigerrechte **InsO § 341** 1 ff.; **EUInsVO 45** 1 ff.
- Beendigung Wirkungen **EUInsVO 48** 1 f.
- Befugnisse Verwalter **EUInsVO 21** 1 ff.
- Begriffsbestimmungen **EUInsVO 2** 1 ff.
- Bekanntmachung/-gabe, öffentliche *siehe dort*
- Beschwerderecht **InsO § 21** 152
- Brexit **GB** 188
- Cross-Border Insolvency Regulations 2006 **GB** 177 ff.
- Datenschutz *siehe dort*
- Dienstleistungsrichtlinie **InsO § 56** 3 ff.
- Eigentumsvorbehalt **EUInsVO 10** 1 ff.
- Eigenverwaltung **InsO § 270** 45
- England **GB** 1 ff.
- Entsprechungstabelle/Synopse **EUInsVO Anh. D**
- Eröffnung **InsO § 335** 15 ff.
- EuInsVO **EUInsVO 1** 1 ff.; **GB** 187
- Exequaturverfahren **E** 1213 ff.
- Forderungsanmeldung *siehe dort*
- Frankreich **F** 1 ff.; **G/C** 27 ff.
- Fremdwährung **InsO § 45** 21 ff.; **InsO § 95** 35 ff.
- Fristbeginn **InsO § 319** 15 ff.
- Geltung, unmittelbare **EUInsVO 1** 4
- Gesellschafterdarlehen **InsO § 135** 16a ff.
- Gläubigerbenachteiligung **EUInsVO 16** 1 ff.
- Grundbucheintragungen **InsO § 346** 1 ff.
- Grundsatz **InsO § 335** 1 ff.
- Grundstücksverträge **EUInsVO 11** 1 ff.
- Gruppen-Koordinationsverfahren *siehe Koordinationsverfahren*
- Herausgabepflicht **InsO § 342** 1 ff.; **EUInsVO 23** 1 ff.
- Historie **EUInsVO 1** 1 f.
- Immobilienverfügungen **InsO § 349** 1 ff.
- Immobilienvertrag **InsO § 336** 1 ff.
- Inkrafttreten EuInsVO **EUInsVO 92** 1
- Insolvenzgericht *siehe dort*
- Insolvenzplan **InsO § 355** 6 ff.; **EUInsVO 41** 10; **F** 448 f.
- Insolvenzregister *siehe Registereintragungen*
- IPR-England **E** 1193 ff.
- Italien **G/C** 18 ff.; **I** 1 ff.
- Kollisionsregel **EUInsVO 7** 4 ff.
- Leistungen an Schuldner **InsO § 350** 1 ff.; **EUInsVO 31** 1 ff.
- Marken-/Patentrecht **EUInsVO 15** 1 ff.
- Märkte, organisierte **InsO § 340** 1 ff.
- materielles **GB** 192 ff.
- Nachweis Verwalterbestellung **InsO § 347** 4 ff.; **EUInsVO 22** 1 ff.
- Ordre-Public-Vorbehalt **EUInsVO 33** 1 ff.
- Österreich **A** 1 ff.
- Partikularverfahren *siehe dort*
- Pensionsgeschäfte **InsO § 340** 1 ff.
- Personen, juristische **InsO § 276a** 6
- Polen **Pl** 1 ff.
- Recht, anwendbares **E** 1199 ff.; **EUInsVO 7** 1 ff.; **EUInsVO 35** 1 ff.
- Rechte, dingliche **InsO § 336** 5 ff.; **InsO § 351** 1 ff.; **EUInsVO 8** 1 ff.
- Rechte, eintragungspflichtige **EUInsVO 14** 1 ff.
- Rechtsinformationsaustausch **EUInsVO 86** 1
- Registereintragungen *siehe dort*

Sachverzeichnis

- Registervernetzung **EUInsVO 87** 1
- Restschuldbefreiung **InsO § 286** 13 ff.; **InsO § 355** 4 f.
- Sanierungsplan *siehe dort*
- Sanierungsprüfung **EUInsVO 41** 10
- Schutz Dritterwerber **EUInsVO 17** 1 ff.
- Schweiz **CH** 1 ff.
- Sekundärverfahren *siehe dort*
- Sicherung *siehe dort*
- Spanien **E** 1 ff.; **G/C** 23 ff.
- Sprache **EUInsVO 55** 6; **EUInsVO 73** 1 ff.
- Staatsverträge Schweiz **CH** 311 ff.
- Standardformulare **EUInsVO 55** 1 ff.; **EUInsVO 88** 1
- Tschechische Republik **CZ** 1 ff.
- Überprüfungsklausel **EUInsVO 90** 1
- Unterbrechung Rechtsstreit im Inland **InsO § 352** 1 ff.
- Unternehmensgruppe
- Unterrichtungspflichten **InsO § 347** 14 ff.; **EUInsVO 54** 1 ff.
- USA **US** 1 ff.
- Verfahren, andere **EUInsVO 60** 1 ff.
- Verfahrensarten **EUInsVO Anh. A**
- Verfahrensbegriff **EUInsVO 1** 10 f.
- Verhältnis zu Übereinkünften, anderen **EUInsVO 85** 1
- Vermögen, ausländisches **InsO § 21** 20
- Verordnungen, aufgehobene **EUInsVO Anh. C**
- Versicherungs-/Rückversicherungsunternehmen **Pl** 422
- Verwalter, vorläufiger **EUInsVO 52** 1 ff.
- Verwalterbezeichnungen **EUInsVO Anh. B**
- Verwertung **EUInsVO 41** 11; **EUInsVO 46** 1 ff.; **EUInsVO 60** 9 ff.
- Vollstreckbarkeit **InsO § 353** 1 ff.; **EUInsVO 32** 1 ff.
- Vormerkung **InsO § 349** 15 ff.
- Wirkung auf Prozesse/Rechtsstreitigkeiten **EUInsVO 18** 1 ff.
- Zahlungs-/Abwicklungssysteme **EUInsVO 12** 1 ff.
- Zusammenarbeit **InsO § 357** 1 ff.; **E** 1218 ff.; **GB** 174 ff. *siehe auch Koordinationsverfahren*
- Zusicherung **EUInsVO 36** 1 ff.; **EUInsVO 37** 10 f.; **EUInsVO 38** 2 f.
- Zuständigkeit *siehe dort*
- Zustellung **InsO § 8** 21 f.; **InsO § 307** 15

Rechte, dingliche
- Aus-/Absonderung **InsO § 47** 62 f.; **InsO § 351** 10 ff.
- Beschlagnahme **ImoV** 747 ff.
- beschränkte **InsO § 47** 62 f.
- Dritter im Inland **InsO § 351** 8 ff.
- Durchsetzung **ImoV** 752
- Eröffnungswirkung **EUInsVO 8** 1 ff.
- im Ausland **EUInsVO 8** 18 ff.
- Immobilie, inländische **InsO § 351** 15 ff.
- Leistungen, wiederkehrende **ImoV** 750
- nach Beschlagnahme eingetragene **ImoV** 755
- Nießbrauchsberechtigte **InsO § 244** 8 f.
- Recht, internationales **InsO § 336** 5 ff.; **InsO § 351** 1 ff.; **EUInsVO 8** 1 ff.
- Rechte, erfasste **ImoV** 744 ff.
- Reihenfolge Befriedigung **ImoV** 751
- Rückstände, ältere als Klasse 4 **ImoV** 758

- Sekundärverfahren **EUInsVO 8** 27
- Sicherheiten *siehe dort*
- Zwangsversteigerung **ImoV** 743 ff.

Rechte, grundstücksgleiche InsO § 35 8 f.
Rechte, höchstpersönliche InsO § 80 12 ff.
Rechtsbeschwerde InsO § 6 26 ff.
Rechtshandlungen/-geschäfte InsO § 132 17 ff.
- absichtlich kürzende **CZ** 537
- Abtretung Forderung, künftige **Pl** 739 f.
- Anfechtung **InsO § 129** 19 ff.
- Baurecht **B/ArR** 120, 138
- Bedingung/Befristung **InsO § 140** 25 ff.
- Befreiung von Gesellschaftersicherheit **InsO § 135** 51 ff.
- Befriedigung *siehe dort*
- Begriff **ImoV** 80
- begünstigte **CZ** 533 ff.
- besonders bedeutsame **InsO § 160** 1 ff.
- Bevollmächtigte **InsO § 129** 29 f.
- darlehensgleiche **InsO § 39** 88 ff.
- Dritte **InsO § 129** 28
- Dritter **InsO § 135** 52
- Eigenverwaltung **InsO § 129** 33; **InsO aF § 270a** 48 ff.; **InsO § 276** 2 ff.; **InsO § 277** 17 ff.
- Eigenverwaltung, vorläufige **InsO § 270c** 40 ff.
- Einzelfälle **InsO § 129** 19.1 ff.
- England *siehe dort*
- Erben **InsO § 322** 9 ff.
- Frankreich **F** 561 ff.
- Gegenstände, zurückgewährte **InsO § 328** 1 ff.
- Gläubiger **InsO § 129** 28
- Gläubigerbenachteiligung *siehe dort*
- Handelnder **InsO § 129** 28 ff.
- Immobilien **InsO § 349** 1 ff.
- nach Eröffnung **InsO § 147** 1 ff.
- Nichtigkeit **EUInsVO 7** 63 ff.; **F** 561 ff.
- Österreich **A** 359
- Polen **Pl** 727 ff., 741 ff.
- Recht, anwendbares **EUInsVO 7** 63 ff.
- Rechtsfolgen Unwirksamkeit **Pl** 767 ff.
- Rechtsvorgänger **InsO § 129** 30
- Schuldner **InsO § 131** 5 ff.; **InsO § 132** 6 ff.; **InsO § 270c** 40 ff.
- Schutzschirmverfahren **InsO § 129** 33
- Sicherung/Befriedigung Schuld **Pl** 736 ff.
- unentgeltlich/entgeltlich **ImoV** 341
- unentgeltliche **ImoV** 94 ff., 102
- ungültige **CZ** 529
- Unterlassen **InsO § 129** 34 ff.
- Untersagung, vorläufige **InsO § 161** 1 ff.; **InsO § 276** 8 f.
- unwirksame **InsO § 80** 18 ff.; **A** 232 ff.; **CZ** 538; **EUInsVO 7** 63 ff.
- Vertreter, gesetzliche **InsO § 129** 29 f.
- Verwalter **InsO § 129** 31 ff.; **InsO § 164** 1
- Wirksamkeit **InsO § 164** 1 ff.
- Zeitpunkt *siehe dort*
- Zurechnungszusammenhang **InsO § 129** 61 ff.
- Zusammenhang, ursächlicher **InsO § 129** 55 ff.

Rechtsmittel
- Ablehnung Eröffnung **InsO § 34** 1 ff.
- Abweisung mangels Masse **InsO § 26** 26 ff.

Sachverzeichnis

- Arbeitsrecht **InsO § 122** 24 ff.; **InsO § 126** 22
- Aufhebung **InsO § 270e** 29; **InsO § 272** 33 f.
- Aufsichtsmaßnahmen **InsO § 58** 25 ff.
- Auskunftspflicht **InsO § 97** 43
- Auswirkungen Insolvenzeröffnung **StR-Verf** 166 ff.
- Bekanntmachung **InsO § 345** 19 f.
- Beschlussaufhebung **InsO § 78** 6
- Beschwerde, sofortige **InsO § 6** 1 ff.
- Bestellung Verwalter **InsO § 26a** 9; **InsO § 56** 47; **InsO § 56a** 33 ff.
- Eigenverwaltung **InsO aF § 270** 55 ff.; **InsO § 271** 19
- Eigenverwaltung, vorläufige **InsO § 270b** 58 f.; **InsO § 270c** 34 f.
- Einberufung Gläubigerversammlung **InsO § 75** 18 f.
- Einstellung *siehe dort*
- England **GB** 81 ff., 144
- Entlassung Verwalter **InsO § 59** 21 ff.
- Eröffnung **InsO § 27** 19; **InsO § 34** 1 ff.; **EUInsVO 39** 1 ff.
- Feststellung Stimmrecht **InsO § 77** 10
- Forderung, bereits titulierte **StR-Verf** 170
- Forderung, noch nicht titulierte **StR-Verf** 173
- Frankreich *siehe dort*
- Frist **InsO § 9** 15 ff.; **InsO § 194** 20 f.
- Gläubiger **InsO § 14** 3 ff.
- Gläubigerausschuss, vorläufiger **InsO § 22a** 59 ff.
- Grundbucheintragungen **InsO § 346** 21 ff.
- Inbesitznahme **InsO § 148** 20 ff.
- Insolvenzantrag **StR-Verf** 174 ff.
- Insolvenzgericht **InsO § 272** 33 f.
- Insolvenzplan **InsO § 248a** 9; **InsO § 253** 1 ff.; **InsO § 269h** 26 ff.
- Italien *siehe dort*
- Listing/Delisting Insolvenzverwalter **InsO § 56** 26 ff.
- Maßnahmen, vorläufige **InsO § 21** 147 ff.
- Mitwirkungspflicht **InsO § 97** 43
- Nachlassinsolvenz **InsO § 317** 34 f.; **InsO § 318** 7 ff.
- Nachtragsverteilung **InsO § 204** 1 ff.
- Österreich **A** 50
- Polen **Pl** 127 ff., 258 ff.
- Recht, internationales **EUInsVO 39** 1 ff.
- Rechtsbeschwerde **InsO § 6** 26 ff.
- Restschuldbefreiung **InsO § 290** 76; **InsO § 296** 28
- Schuldenbereinigungsplan **InsO § 309** 45
- Sicherungsmaßnahmen **InsO § 344** 17
- Sonderfälle **InsO § 21** 112 ff.
- Spanien **E** 353 ff.
- Steuerrecht **StR-Verf** 166 ff.
- Tschechische Republik **CZ** 47 ff.
- Unternehmensveräußerung **InsO § 162** 7
- USA **US** 59 ff.
- Verfahrenskosten **InsO § 4** 1 ff.
- Vergütungsfestsetzung **InsO § 64** 9 ff.; **InsO § 73** 26; **InsVV § 8** 25 ff.; **InsVV § 9** 20 f.; **InsVV § 17** 17 f.
- Vermögensübersicht **InsO § 153** 24 f.
- Versicherung, eidesstattliche **InsO § 98** 17
- Verteilungsverzeichnis **InsO § 194** 20 f.
- Verwalter *siehe dort*
- Vollstreckungsmaßnahmen *siehe dort*
- Vollstreckungsverbote **InsO § 210** 12 f.; **InsO § 294** 7 b
- Vorführung, zwangsweise/Inhaftnahme **InsO § 98** 46 ff.
- Zuständigkeitsanfechtung **EUInsVO 5** 1 ff.

Registereintragungen InsO § 31 1 ff.; **EUInsVO 14** 1 ff. *siehe auch Grundbucheintragungen*
- Aufhebung **InsO § 200** 12 ff.
- Datenschutz **EUInsVO 27** 1; **EUInsVO 79** 1
- Eigenverwaltung **InsO aF § 270c** 7 f.
- Eröffnung **InsO § 31** 1 ff.; **InsO § 32** 1 ff.; **InsO § 346** 6 ff.
- Gesellschaft **InsO § 31** 1 ff.
- im Ausland **EUInsVO 29** 1 ff.
- Insolvenzplan **InsO § 228** 9 f.; **InsO § 254a** 6 ff.; **InsO § 267** 4 f.
- Insolvenzregister **CZ** 42, 57 ff.; **E** 272 f.; **EUInsVO 24** 1; **EUInsVO 25** 1; **EUInsVO 26** 1; **EUInsVO 27** 1; **EUInsVO 79** 1; **Pl** 36 ff., 175 f., 292
- Kosten **EUInsVO 30** 1 ff.
- Personen, juristische **InsO § 31** 1 ff.
- Registervernetzung **EUInsVO 87** 1
- Sachwalter **InsO aF § 270c** 7 f.
- Schiffe/Luftfahrtzeuge **InsO § 33** 1 ff.
- Schuldnerverzeichnis *siehe Schuldner*
- Zeitpunkt **InsO § 140** 14 ff.

Restabwicklungsvereinbarung B/ArR 598 ff., M 633

Restruktuierung US 36 ff.
- Abstimmung **US** 91
- Arbeitsrecht **Pl** 1037 ff.
- außerinsolvenzliche **CZ** 22 f.
- Baurecht **B/ArR** 34b
- Chapter 11-Verfahren **US** 27 ff.
- Daten, personenbezogene **DS** 94 ff.
- Durchführung **Pl** 1149 ff.
- einleitender **Pl** 1152
- England **GB** 27 ff., 381a, 40a ff.
- Entschuldung **I** 535 ff.
- Erfüllung **CZ** 411
- Erstellung **Pl** 1149 ff.
- Falschaussage **Pl** 1196 f.
- Frankreich **F** 43 ff., 82 ff., 168 ff., 532
- Frühwarnsysteme **I** 486 ff.
- Funktion/Inhalt **Pl** 1144 f.
- Italien **I** 4, 77 ff., 481 ff.
- Moratorium *siehe dort*
- Österreich **A** 18 ff., 31a ff., 31d, 31g ff.
- Pflichten Unternehmensleitung **I** 533 ff.
- Polen **Pl** 29 ff., 221 ff., 268 ff., 1144 ff., 39d ff.
- Pre-Arranged **US** 33 ff.
- Rekonstruierungssache **InsO § 56** 39a f.
- Reorganisation **US** 22 ff.
- Reorganisationsplan **CZ** 348 f., 405 ff., 454, 512 f.; **US** 243 f.
- Reorganisationsverfahren **A** 21 ff.
- Restrukturierungsfähigkeit **Pl** 910 ff.
- Restrukturierungsgericht **InsO § 3a** 38
- Restrukturierungsordnung **A** 31a ff.
- Restrukturierungsplan **GB** 40a ff.; **US** 36 ff.
- Restrukturierungsrahmen, präventiver **E** 7 f.; **I** 497 ff.; **Pl** 40 ff.
- Restrukturierungsrichtlinie **I** 535 ff.
- Rückschlagsperre **InsO § 88** 8a ff.

Sachverzeichnis

- Sanierungsmaßnahmen **Pl** 1146
- Schuldtitel außerhalb Verfahren **US** 22 ff.
- Spanien **E** 7 ff.
- Steuerforderungen **Pl** 1221 ff.
- Tschechische Republik **CZ** 22 f.
- USA **US** 22 ff.
- Vereinbarung **F** 116 ff., 121 ff.; **I** 4, 77 ff., 104 ff.
- Verfahrenseffizienzsteigerung **I** 540
- Vermögensverkauf **Pl** 1147
- vorinsolvenzliche **A** 18 ff.; **CZ** 22 f.; **E** 7 ff.; **GB** 27 ff.; **Pl** 40 ff.

Restrukturierung
- Arten **Pl** 915 ff.
- außerinsolvenzliche **CZ** 22 f.
- Möglichkeiten, sonstige **Pl** 48 ff.
- Polen **Pl** 879 ff.
- Reorganisation **CZ** 351, 512 f.; **US** 243 f.
- Reorganisationsplan **CZ** 348 f., 378 ff., 554; **US** 82 ff., 249 ff., 260 ff.
- Restrukturierungsplan **Pl** 1144 ff.
- Verfahren **Pl** 246 ff., 39d ff.

Restschuldbefreiung InsO § 88 24a f.
- Abtretungserklärung **InsO § 287** 17 ff.
- als Verfahrensfolge **InsO § 1** 14a ff.
- Altverfahren **InsO § 287** 40 ff.
- Angaben unvollständige/unrichtige **InsO § 290** 53 ff.
- Anhörung **InsO § 287** 43 ff.; **InsO § 287a** 7; **InsO § 297** 10 f.; **InsO § 300** 19 ff.
- Anordnungen Insolvenzgericht **InsO § 292** 23 ff.
- Antrag *siehe dort*
- Anzeige-/Auskunfts-/Mitteilungspflichten **InsO § 295** 15 ff.
- Aufrechnung **InsO § 94** 58
- Aufrechnungsverbot **InsO § 294** 10 ff.
- aus Gläubigersicht **InsO § 286** 12
- Auskunfts-/Mitteilungspflicht **InsO § 303** 8 ff.
- Beendigung, vorzeitige **InsO § 299** 1 ff.
- Bekanntmachung **InsO § 290** 77
- Bestimmung Einkommensteile, abgetretene **InsO § 292** 18 ff.
- Bestimmung Treuhänder **InsO § 288** 1 ff.
- Betriebsaufgabe/-veräußerung **StR-ESt** 26 ff.
- Durchsetzung Pflichten Schuldner **InsO § 98** 4
- Eigenverwaltung **InsO § 270** 42
- Einkommensteuer **StR-ESt** 26 ff.
- Einstellung **InsO § 215** 8; **InsO § 289** 1 ff.
- England **GB** 145 ff.
- Entscheidung **InsO § 300** 1 ff.
- Entscheidungsbefugnis **InsO § 287a** 8 ff.
- Erbschaft/Vermächtnis **InsO § 83** 19 ff.
- Erwerbsobliegenheit **InsO § 4c** 17 ff.; **InsO § 287b** 1 ff.; **InsO § 295** 5 ff.; **InsO § 295a** 1 ff.
- Folgen Entscheidung **InsO § 290** 79
- Folgen Zurückweisung **InsO § 287a** 11 ff.
- Forderungen, ausgenommene **InsO § 302** 1 ff.
- Forderungsanmeldung **InsO § 174** 29; **InsO § 300a** 11
- Form **InsO § 290** 9 ff.
- Fortführung Verfahren **InsO § 300** 29 f.
- Fortwirkung Sicherungsrechte **InsO § 301** 5 ff.
- Frankreich **F** 50 ff., 349 ff.
- Frist *siehe dort*
- Gerichtsentscheidung **InsO § 290** 70 ff.
- Glaubhaftmachung **InsO § 290** 14 ff., 35; **InsO § 297** 8 f.
- Gläubigerbenachteiligung **InsO § 296** 25 ff.
- Gleichbehandlungsgrundsatz **InsO § 295** 22 ff.
- Grundsatz **InsO § 286** 1 ff.
- Herausgabe Vermögen, erworbenes **InsO § 295** 12 ff.
- Hinweispflicht **InsO § 20** 56 ff.; **InsO § 175** 20 ff.
- in der EU **InsO § 286** 13 ff.
- Inhalt **InsO § 290** 9 ff.
- Insolvenzgericht *siehe dort*
- Insolvenzstraftaten **InsO § 297** 1 ff.; **InsO § 303** 6 f.
- Italien **I** 436 f.
- Kosten **InsO § 290** 78; **InsO § 296** 29 f.
- Lebensstil, unangemessener **InsO § 290** 38 ff.
- Masse **StR-ESt** 26 f.
- Neuerwerb **InsO § 300a** 1 ff.
- Neugläubiger **InsO § 295** 14g
- Obliegenheiten Schuldner **InsO § 295** 1 ff.
- Obliegenheitsverletzung **InsO § 303** 1 ff.
- Österreich **A** 411 ff.
- Partikularverfahren **InsO § 355** 4 f.
- Personen, natürliche **InsO § 286** 1 ff.
- Polen **Pl** 826 ff.
- Prüfung Zulässigkeit **InsO § 287a** 1 ff.
- Rechtsmittel **InsO § 290** 76; **InsO § 296** 28
- Reformgesetz 2013 **InsO § 290** 46 f.
- Schuldenerlass **F** 47
- Spanien **E** 1069 ff.
- Sperrfristen **InsO § 287a** 13 ff.
- Steuerrecht **InsO § 301** 10 ff.
- Straftat **InsO § 290** 19 ff.
- Stundungsverlängerung **InsO § 4b** 1 ff.
- Treuhänder **InsO § 292** 1 ff.
- Tschechische Republik **CZ** 284 ff., 555 ff.
- Überwachung **InsO § 292** 29 f.
- unmittelbare **E** 1078 ff.
- Verbindlichkeiten, nicht erfüllte **InsO § 286** 10 ff.
- Verbindlichkeiten, unangemessene **InsO § 295** 26 ff.
- Verbot von Sonderabkommen **InsO § 294** 8 ff.
- Verbraucherinsolvenz **InsO § 305** 25 ff.
- Verbraucherinsolvenzverfahren **InsO § 287** 5 f.
- Verfahren **InsO § 300** 16 ff.
- Verfahren vor 1.10.2020 **InsO § 300** 31 ff.
- Verfahren, eröffnetes **InsO § 286** 6 ff.
- Verfahrensaufhebung **InsO § 201** 17
- Verfahrensziele **InsO § 1** 14 ff.
- Verletzung Auskunfts-/Mitwirkungspflichten **InsO § 290** 48 ff.
- Verletzung Erwerbsobliegenheit **InsO § 290** 64 ff.
- Versagung **InsO § 4c** 24 f.; **InsO § 290** 1 ff.; **InsO § 295a** 15 ff.; **InsO § 296** 1 ff.; **InsO § 298** 3 ff.; **InsO § 314** 17 f.
- Versagungsgründe **InsO § 290** 19 ff.; **InsO § 295** 5 ff.; **InsO § 297a** 1 ff.; **InsO § 299** 1
- Vollstreckungsverbote **InsO § 294** 1 ff.; **InsO § 300a** 7 f.

1489

Sachverzeichnis

- Vorausverfügungen Arbeitseinkommen **InsO § 287** 33 ff.
- vorzeitige **InsO § 35** 48
- Widerruf **InsO § 4c** 24 f.; **InsO § 287a** 18; **InsO § 303** 1 ff.
- Wirkungen **InsO § 301** 1 ff.; **CZ** 595 ff.
- Wohlverhaltensphase **InsO § 295** 1 ff.
- Zahlungsplan **E** 1083 ff.
- Zuständigkeit **InsO § 290** 75

Rückauflassungsanspruch ImoV 291 ff.

Rückschlagsperre InsO § 88 1 ff.; **InsO § 106** 44; **InsO § 110** 14; **InsO § 312** 5 f.; **A** 229; **ImoV** 221

Sachen, bewegliche
- Absonderung **InsO § 166** 1 ff.
- Aufhebung Zubehöreigenschaft **ImoV** 935 ff.
- Begriff **InsO § 166** 9 ff.
- Besitz **InsO § 166** 15 ff.
- Besitzschutz **InsO § 166** 22 ff.
- dinglich gesicherte **F** 462
- Eigentumsvorbehalt **InsO § 107** 13 f.
- Entfernung **ImoV** 935 ff.
- Gegenstände, unpfändbare **InsO § 36** 2 ff.
- Insolvenzmasse **InsO § 35** 6 ff.
- nicht vom Haftungsverband erfasste **ImoV** 943 ff.
- Polen **Pl** 682
- Schweiz **CH** 69 ff.
- Umsatzsteuer **InsO § 166** 30 ff.; **ImoV** 915 ff.
- Verkauf **ImoV** 940 ff.
- Verwertung **InsO § 166** 1 ff.; **InsO § 172** 1 ff.; **InsO § 173** 1 ff.; **F** 339 ff.; **ImoV** 931 ff.

Sachverständiger
- Antragsvoraussetzungen **InsO § 21** 10
- Auskunftspflichtberechtigter **InsO § 101** 28
- Bewertung Massegegenstände **InsO § 151** 21 f.
- Fortbestehensprognose **InsO § 19** 17
- Haftung **InsO § 60** 7
- Österreich **A** 184 f.
- Sachwalter, vorläufiger **InsVV § 12a** 28 ff.
- Tschechische Republik **CZ** 291 ff.
- USA **US** 154 ff.
- Verwalter, vorläufiger **InsO § 22** 81 ff.; **InsVV § 11** 40 ff.

Sachwalter InsO aF § 270 64 ff.; **InsO § 270f** 18 ff.; **InsO § 275** 1 ff.
- Abberufung/Neubestellung Geschäftsleitung **InsO § 276a** 28 ff.
- Abgrenzung zur Eigenverwaltung **InsO § 270** 12
- Anordnung Zustimmungsbedürftigkeit **InsO § 277** 1 ff.
- Anzeigepflicht **InsO aF § 270a** 58 f.; **InsO § 270c** 56 f.
- Aufgaben/Pflichten **InsO § 270** 17 ff.; **InsO aF § 270** 64 ff.; **InsO § 270c** 52 ff.; **InsO § 281** 9 ff.; **InsO § 283** 17 ff.
- Aufsicht **InsO aF § 270a** 65 f.; **InsO § 274** 7
- Auskunftsberechtigter **InsO § 101** 30
- Baurecht **B/ArR** 34 f.
- Beendigung, vorzeitige **InsVV § 12** 37 ff.
- Begründung Verbindlichkeiten **InsO § 61** 18 ff.; **InsO aF § 270a** 46
- Bestellung **InsO aF § 270c** 1 ff.; **InsO § 270f** 19 ff.; **InsO § 274** 4 ff.

- Eigenverwaltung **InsO aF § 270** 64 ff.; **InsO aF § 270c** 1 ff.; **InsO § 270f** 18 ff.; **InsO § 270g** 8 ff.
- Eigenverwaltung, vorläufige **InsO § 270c** 50 f.; **InsO § 270e** 10 f.
- Ergänzungspflicht Verzeichnisse **InsO § 281** 11 f.
- Forderungsanmeldung **InsO aF § 270c** 5 ff.; **InsO § 270f** 21 ff.
- Haftung *siehe dort*
- Insolvenzplanvorlage **InsO § 218** 3
- Kassenführung **InsO § 275** 15 ff.
- Masseunzulänglichkeit **InsO § 285** 1 ff.
- Mitwirkung **InsO aF § 270a** 60 ff.; **InsO § 275** 1 ff.
- Polen **Pl** 943 ff.
- Prüfung Verzeichnisse **InsO § 281** 9 f.
- Prüfung Wirtschaftslage/Geschäftsführung **InsO aF § 270a** 54 ff.
- Prüfungspflicht **InsO § 274** 21 ff.
- Rechtsstellung **InsO § 274** 1 ff.
- Registereintragungen **InsO aF § 270c** 7 f.
- Sachverständiger **InsVV § 12a** 28 ff.
- Schuldnerhandeln, eigenmächtiges **InsO § 275** 13 f.
- Schutzschirmverfahren **InsO aF § 270b** 56 ff.; **InsO § 270d** 47 ff.
- Stellung **InsO aF § 270d** 8 ff.; **InsO § 280** 4 ff.
- Steuerrecht **StR-USt** 7 f.; **StR-Verf** 43 f.
- Überprüfung Lage/Geschäftsführung **InsO § 274** 21 ff.
- Unternehmensgruppe **InsO aF § 270d** 1 ff.; **InsO § 270g** 8 ff.
- Unterrichtungspflicht **InsO § 274** 29 ff.
- Vergütung **InsO § 63** 19 f.; **InsO aF § 270a** 67 ff.; **InsO § 270c** 66; **InsO § 274** 14 ff.; **InsVV § 3** 38 ff.; **InsVV § 10** 6; **InsVV § 12** 1 ff.; **InsVV § 12a** 1 ff.
- vorläufiger **InsO § 63** 19 f.; **InsO § 218** 3; **InsO aF § 270a** 22 ff., 53 ff.; **InsO § 270c** 7 ff., 50 f., 64 ff.; **InsO § 270e** 10 f.; **InsVV § 12** 3 ff., 37 ff.; **InsVV § 12a** 1 ff.; **Pl** 943 ff., 949 ff.; **StR-Verf** 43 f.
- Widerspruch **InsO § 275** 11 ff.

Salvatorische Klausel InsO § 221 41 f.

Sanierung
- Anfechtung **InsO § 131** 33.1
- Aussichtslosigkeit **InsO aF § 270b** 82 ff.
- Berichtstermin **InsO § 156** 9 f.
- Eigenverwaltung **A** 122 ff.
- Gläubigerbenachteiligung **InsO § 131** 20.1 f.
- Masse **Pl** 1055 f.
- Möglichkeiten **Pl** 488 ff.
- Österreich *siehe dort*
- Polen *siehe dort*
- Restrukturierung *siehe dort*
- Sanierung, vor-/außerinsolvenzliche **InsO § 1** 43 f.
- Sanierungsgewinne **A** 446 ff.; **CZ** 657; **StR-ESt** 70 ff.
- Sanierungskonzept **InsO § 220** 28 ff.; **CZ** 347
- Sanierungsmaßnahmen **Pl** 1146
- Sanierungsplan *siehe dort*
- Sanierungsprivileg **InsO § 39** 73, 99 ff.; **InsO § 135** 85 f.
- Sanierungsprüfung **EUInsVO 41** 10

Sachverzeichnis

- Schutzschirmverfahren *siehe dort*
- Schweiz **CH** 340 ff.
- Tschechische Republik **CZ** 347 ff., 350 ff., 657
- übertragende **F** 293, 319, 353 ff., 450 ff.; **PL** 489 ff.
- Vorbereitung **InsO § 217** 3 ff.
- vorinsolvenzliche **InsO § 217** 5 ff.

Sanierungsplan
- Abänderung **F** 279 f.
- Ablehnung **F** 278 f.
- Auswirkungen **A** 329 ff.; **I** 69 ff.
- Bestätigung, gerichtliche **F** 275 ff.
- Bürge **A** 329 ff.
- Drittwirkung **F** 307 f.
- Empfänger **I** 47
- erleichterter **A** 489
- Erstellung **I** 48
- Form **I** 49 ff.
- Frankreich **F** 44, 55, 142 f., 194, 234 ff., 473
- Inhalt **I** 49 ff.
- Italien **I** 4, 30 ff.
- Kontrolle, gerichtliche **I** 69 ff.
- Österreich *siehe dort*
- Pandemiesituation **A** 483 f.
- Sachverständiger **I** 53 ff.
- Sekundärverfahren **EUInsVO 47** 1 f.
- Spanien **E** 36 ff.
- Verbraucherplan **I** 431 ff.

Säumnis-/Verspätungszuschläge InsO § 39 18; **StR-Nl** 91 ff.

Schenkung
- Anfechtung **InsO § 134** 15 ff.; **CH** 321 ff.; **ImoV** 91 ff.
- Gelegenheitsgeschenk **InsO § 134** 15 ff.
- Herausgabepflicht **InsO § 295** 14a f.
- Masse **InsO § 35** 52
- Steuerrecht **StR-Nl** 80 ff.

Schiedsgerichtsvereinbarung B/ArR 560 f.

Schiffe/Luftfahrzeuge/Bahneinheiten InsO § 33 1 ff.; **InsO § 35** 7a; **InsO § 106** 25; **InsO § 336** 5 ff.; **ImoV** 299

Schlussverteilung InsO § 192 4 f.; **InsO § 196** 1 ff.; **InsO § 197** 1 ff., 4 ff.; **InsO § 198** 1 ff.; **InsO § 199** 1 ff.

Schuldenbereinigungsplan
- Abschriften **InsO § 306** 10 ff.; **InsO § 307** 1 ff.
- Änderung **InsO § 307** 27 ff.
- Änderung Schuldnerverhältnisse **InsO § 308** 21
- Anhörung **InsO § 309** 17 ff.
- Annahme **InsO § 308** 1 ff.
- Antragsteil **InsO § 305** 46 ff.
- Aussichtslosigkeit **InsO § 306** 9
- Beendigung Verfahren **InsO § 308** 8 f.
- Beiordnung **InsO § 309** 46
- Durchführungsentscheidung **InsO § 306** 6 ff.
- Einwendungen **InsO § 311** 2 ff.
- Entfallen Wirkungen **InsO § 308** 20 f.
- Entscheidung Gericht **InsO § 309** 43 ff.
- Ersetzung Zustimmung **InsO § 309** 1 ff.
- Feststellungsbeschluss **InsO § 308** 4 ff.
- Forderungen, ausgenommene **InsO § 308** 17 ff.
- Frist **InsO § 307** 19
- Gläubigerbenachteiligung **InsO § 309** 24 ff.
- Hindernisse Zustimmungsersetzung **InsO § 309** 21 ff.
- Kosten **InsO § 310** 1 ff.
- Pattsituation **InsO § 309** 16
- Prozessvergleich **InsO § 308** 9 ff.
- Reaktion Gläubiger **InsO § 307** 20 f.
- Recht, internationales *siehe Restrukturierung, siehe auch Restrukturierungsplan*
- Rechtsmittel **InsO § 309** 45
- Refinanzierungsvereinbarungen *siehe Spanien*
- Regeln/Klauseln, besondere **InsO § 309** 37
- Rücknahmefiktion **InsO § 306** 14
- Rüge Mehrheitsverhältnisse **InsO § 309** 21 ff.
- Schlechterstellung ggü. Insolvenzverfahren **InsO § 309** 29 ff.
- Schuldenbereinigungsversuch **InsO § 305a** 1 ff.
- Schuldenregulierungsverfahren **A** 135 ff.
- Schweiz **CH** 340 ff., 370 ff.
- Sicherheiten **InsO § 308** 15 f.
- Verbraucherinsolvenz **InsO § 305** 46 ff.
- Wesen **InsO § 308** 9 ff.
- Widerspruch **InsO § 307** 22 ff.
- Wiederaufleben Forderungen **InsO § 308** 20 f.
- Wirkung **InsO § 308** 9 ff.
- Zustellung **InsO § 307** 1 ff.

Schuldner
- Abwicklungsverhältnis **InsO § 215** 9
- als Mieter/Pächter **InsO § 109** 1 ff.
- Änderung Verhältnisse **InsO § 308** 21
- Anhörung *siehe dort*
- Aufenthalt, unbekannter **InsO § 10** 16
- Aufgaben in Verteilung **InsO § 283** 17 ff.
- Aufgaben/Pflichten Eigenverwaltung **InsO § 270** 13 ff.
- Aufstellung Masseverzeichnis **InsO § 151** 12 f.
- Auskunftspflicht **InsO § 97** 1 ff.; **InsO § 115** 1 ff.
- Aussonderung **InsO § 47** 20
- Baurecht **B/ArR** 6 f.
- Begriff **EUInsVO 2** 4 f.
- Behinderungshandlungen **InsO § 98** 25
- Bereitschaftspflicht **InsO § 97** 36 ff.
- Beschränkung Berufsausübung **InsO § 80** 70
- Bestreiten Forderungen **InsO § 87** 28 f.
- Bewilligung Vormerkung **InsO § 106** 21 ff.
- Buchführungs-/Rechnungslegungspflichten **InsO § 155** 25 ff.
- Ehegatten **InsO § 37** 1 ff.; **InsO § 83** 24 ff.; **InsO § 332** 1 ff.; **InsO § 333** 1 ff., 19 f.
- Eigenverwaltung **InsO § 270** 12 ff.; **InsO aF § 270** 59 ff.; **InsO aF § 270a** 37 ff.; **InsO aF § 270d** 3 ff.; **InsO § 270g** 3 ff.
- Eigenverwaltung, vorläufige **InsO § 270c** 40 ff.; **InsO § 270e** 13 ff.
- Entziehung/Vorbereitung Flucht **InsO § 98** 24
- Erklärungen **InsO § 4c** 8 ff.; **InsO § 270a** 21 ff.
- Erlöschen Vollmacht **InsO § 117** 1 ff.
- Erwerbsobliegenheit *siehe dort*
- Gegenglaubhaftmachung **InsO § 14** 19 ff.
- Geschäftsbesorgungsvertrag **InsO § 116** 1 ff.
- Gewerbeerlaubnis **InsO § 80** 71 ff.
- Gütergemeinschaft **InsO § 333** 19 f.
- Haftung *siehe dort*

1491

Sachverzeichnis

- Herausgabepflicht **InsO § 295** 12 ff.
- Informations-/Äußerungs-/ Berücksichtigungsrecht **InsO § 10** 7
- Informationspflichtverletzung **InsO § 4c** 2
- Insolvenzplan **InsO § 247** 1 ff.; **InsO § 284** 15 ff.
- Insolvenzplanvorlage **InsO § 218** 4 ff.
- Kaufmannseigenschaft **InsO § 80** 69 f.
- Klage gegen Widerspruch **InsO § 184** 1 ff.
- Leistungen **InsO § 82** 1 ff.; **InsO § 134** 4 ff.; **InsO § 314** 7; **InsO § 350** 1 ff.
- Mitteilungspflicht **InsO § 270c** 39
- Mittel zur Lebensführung **InsO § 278** 1 ff.
- Mitwirkungspflicht **InsO § 97** 31 ff.; **E** 462 ff.
- Nachlassinsolvenz **InsO § 315** 24 ff.
- Nachlasspfleger/-verwalter **InsO § 315** 27 f.
- Partei-/Prozessfähigkeit **InsO § 80** 66 ff.
- Pflichten Verwalter gegenüber – **InsO § 60** 28 ff.
- Polen **PL** 429 ff., 937 ff.
- Postsperre **InsO § 99** 1 ff.
- Rechtshandlungen/-geschäfte **InsO § 131** 5 ff.; **InsO § 132** 6 ff.; **InsO § 270c** 40 ff.; **InsO § 312** 6 ff.
- Restschuldbefreiung *siehe dort*
- Sanktionen gegen – **InsO § 279** 8 ff.
- Schuldnerberatungsstelle **A** 190 ff.
- Schuldnerhandeln, eigenmächtiges **InsO § 275** 13 f.; **InsO § 276** 10 f.
- Schuldnerverzeichnis **InsO § 26** 24 f.; **InsO § 31** 2 ff.; **InsO § 207** 24; **InsO § 303a** 1 ff.; **Pl** 36 ff., 175 f., 292
- Schweiz **CH** 237 ff.
- Spanien **E** 453 ff.
- Stellung **InsO § 80** 63 ff.; **InsO § 270c** 36 ff.
- Steuerpflicht **InsO § 270c** 43 ff.
- Testamentsvollstrecker **InsO § 315** 29
- Tod **InsO § 315** 31
- Überwachung **InsO § 278** 12 f.
- Unterhalt *siehe dort*
- Unterlassungspflicht **InsO § 97** 39 ff.
- Unternehmensgruppe *siehe dort*
- USA **US** 111
- Vergütung **InsVV § 14** 12 f.
- Vermieter/Verpächter **InsO § 110** 1 ff.
- Vermögensrecht, materielles **InsO § 80** 64 f.
- Vermögensübersicht **InsO § 153** 1 ff.
- Versicherung, eidesstattliche **InsO § 98** 8 ff.
- Verwertung **InsO § 282** 2 ff.
- Vorführung, zwangsweise/Inhaftnahme **InsO § 98** 18 ff.
- Vorgespräch **InsO § 10a** 1 ff.
- Wiedereinsetzung **InsO § 186** 1 ff.
- Zustimmung **InsO § 271** 9 ff.

Schuldübernahme InsO § 35 16

Schutzrechte, gewerbliche InsO § 35 27 ff.; **InsO § 47** 71 ff.

Schutzschirm
- Unternehmensgruppe **InsO aF § 270d** 1 ff.

Schutzschirmverfahren InsO aF § 270b 1 ff.; **InsO § 270d** 1 ff.
- Ablauf **InsO aF § 270b** 53 ff.; **InsO § 270d** 63 f.
- Anordnung **InsO § 270d** 57 ff.
- Antrag **InsO aF § 270b** 12 ff., 86 ff.; **InsO § 270d** 13 ff., 53 f.
- Aufhebung **InsO aF § 270b** 92 ff.
- Baurecht **B/ArR** 34a
- Beantragung **InsO § 270d** 12 ff.
- Beendigung **InsO aF § 270b** 81 ff.; **InsO § 270d** 68 ff.
- Begründung Masseverbindlichkeiten **InsO § 270d** 55 f.
- Bescheinigung **InsO aF § 270b** 25 ff.; **InsO § 270d** 21 ff.; **COVInsAG § 6** 6 ff.
- Eigenverwaltung **InsO aF § 270b** 1 ff.; **InsO § 270d** 18 f.
- Entstehung **InsO aF § 270b** 8 ff.; **InsO § 270d** 8 ff.
- Erfüllung **InsO § 103** 115
- Gesellschaftsrecht **InsO aF § 270b** 76 ff.
- Gesetzgebung **InsO aF § 270b** 8 ff.
- Gläubigerausschuss **InsO § 67** 22
- Gläubigerausschuss, vorläufiger **InsO aF § 270b** 67, 86
- Insolvenzplan **InsO § 217** 3 ff.; **InsO aF § 270b** 53 ff.
- Masseverbindlichkeiten **InsO aF § 270b** 68 ff.
- Prüfung durch Gericht **InsO aF § 270b** 51 f.
- Rechtshandlung **InsO § 129** 33
- Sachwalter **InsO aF § 270b** 56 ff.; **InsO § 270d** 47 ff.
- Sicherungsmaßnahmen **InsO aF § 270b** 62 ff.; **InsO § 270d** 53 f.
- Vergütung **COVInsAG § 6** 16
- Vorschlag Sachwalter **InsO § 270d** 47 ff.
- Zahlungsunfähigkeit **InsO aF § 270b** 90 f.; **InsO § 270d** 65 ff.; **COVInsAG § 6** 3 ff.
- Zugangserleichterung **COVInsAG § 6** 1 ff.
- Zulässigkeit **InsO aF § 270b** 12 ff.
- Zweck **InsO aF § 270b** 1 ff.; **InsO § 270d** 1 ff.

Schweiz CH 1 ff.
- Absichtsanfechtung **CH** 328 ff.
- Abtretung **CH** 185 ff., 359 ff.
- Akteneinsicht **CH** 16 ff.
- Anerkennung Verfahren, ausländische **CH** 284 ff.
- Anfechtung, paulianische **CH** 316 ff.
- Anschlusskonkurs **CH** 289 ff.
- Anschlusspfändung **CH** 58 ff.
- Antrag **CH** 29 f., 106 ff.
- Aufsichts-/Gerichtsbehörden **CH** 139
- Aussonderung/Admassierung **CH** 161 ff., 227 ff.
- Beitreibung auf Konkurs **CH** 93 ff.
- Beitreibung auf Pfändung **CH** 43 ff.
- Beitreibung, fehlende **CH** 104 ff.
- Betreibungsbegehren/Antrag **CH** 29 f.
- Betreibungsort **CH** 27 f.
- Durchführung Pfändung **CH** 43 ff.
- Einleitungsverfahren **CH** 9 f., 27 f.
- Forderungen **CH** 263 ff.
- Forderungsprüfung **CH** 165 ff.
- Fortsetzung Beitreibung **CH** 41 f.
- Frist **CH** 68
- Generalexekution **CH** 14 f., 88 ff.
- Gläubigerausschuss **CH** 137 f.
- Gläubigerschädigung **CH** 319 f.
- Gläubigerversammlung *siehe dort*
- Grundlagen, gesetzliche **CH** 1 ff.
- Immobilienverwertung **CH** 72 f.
- Kollokationsklage **CH** 172 ff.
- Kollokationsplan **CH** 77, 165 ff.

Sachverzeichnis

- Konkursamt **CH** 131
- Konkursaufschub **CH** 343 ff.
- Konkursbeschlag **CH** 239
- Konkurseröffnung **CH** 88 ff.
- Konkursorgane **CH** 131 ff.
- Konkursverfahren **CH** 129 ff.
- Konkursverlustschein **CH** 193 ff.
- Konkursverwaltung, außerordentliche **CH** 132 ff.
- Liquidationsverfahren **CH** 363 ff.
- Mängel, gesellschaftsrechtliche **CH** 126 ff.
- Masse **CH** 140 ff., 214 ff.
- Masseunzulänglichkeit **CH** 144 ff.
- Masseverbindlichkeiten **CH** 279 ff.
- Nachlassinsolvenz **CH** 123 ff.
- Nachlassverfahren/-vertrag **CH** 346 ff.
- Öffentlichkeit **CH** 16 ff.
- Pfändung **CH** 223 ff., 416 f.
- Pfändungsverlustschein **CH** 78 f.
- Pfandverwertung **CH** 80 ff.
- Rechtsstellung Gläubiger **CH** 243 ff.
- Rechtsstellung Schuldner **CH** 237 ff.
- Rechtsvorschlag/Einstellung **CH** 33 ff.
- Reinerlös, ungenügender **CH** 76 f.
- Sachen, bewegliche **CH** 69 ff.
- Sanierung **CH** 340 ff.
- Schenkungsanfechtung **CH** 321 ff.
- Schuldenbereinigung, einvernehmliche **CH** 370 ff.
- Schuldenruf **CH** 153 f.
- Spezialexekution **CH** 11 ff.
- Staatsverträge **CH** 311 ff.
- Stellung Konkursverwalter **CH** 428 ff.
- Steuerrecht **CH** 395 ff.
- Strafrecht **CH** 373 ff.
- Überschuldungsanfechtung **CH** 324 ff.
- Unternehmensfortführung **CH** 422 ff.
- Verfahren, summarisches **CH** 148 ff.
- Verfahrenskosten **CH** 206 ff.
- Verfahrensübersicht **CH** 5 ff.
- Vermögen, entdecktes **CH** 203 ff.
- Vermögen, neues **CH** 197 ff.
- Verrechnung **CH** 231 ff.
- Verteilung **CH** 74 ff., 190, 420 f.
- Verträge, laufende **CH** 244 ff.
- Verwertung **CH** 67 ff., 80 ff., 182 ff., 420 f.
- Wechselbeitreibung **CH** 103
- Wechselexekution **CH** 14
- Widerruf Konkurs **CH** 282 ff.
- Widerspruchsverfahren **CH** 64 ff.
- Wiedereröffnung **CH** 203 ff.
- Zahlungsbefehl **CH** 31 f.
- Zuständigkeit **CH** 335 f.
- Zwangsvollstreckung **CH** 409 ff.

Sekundärverfahren InsO § 356 1 ff.; **EUInsVO 19** 9
- Antrag **InsO § 356** 15 ff.; **EUInsVO 37** 1 ff.
- Ausübung Gläubigerrechte **EUInsVO 45** 1 ff.
- Eigenverwaltung **EUInsVO 38** 1 ff.; **EUInsVO 41** 12
- Eröffnung **InsO § 356** 4 ff.; **EUInsVO 19** 9; **EUInsVO 34** 1 ff.
- Eröffnung Hauptverfahren, nachträgliche **EUInsVO 50** 1 f.
- Eröffnungsentscheidung **EUInsVO 38** 1 ff.; **EUInsVO 39** 1 ff.
- Forderungsanmeldung **EUInsVO 45** 1 ff.
- Informationspflicht **InsO § 357** 4 ff.
- Konzeption **EUInsVO 34** 2 ff.
- Kosten **InsO § 356** 13; **EUInsVO 40** 1 ff.; **EUInsVO 44** 1 f.
- Planinitiativrecht **InsO § 357** 15 ff.
- Recht, anwendbares **EUInsVO 35** 1 ff.
- Recht, internationales **InsO § 356** 1 ff.; **E** 1205 ff.; **EUInsVO 34** 1 ff.
- Rechte, dingliche **EUInsVO 8** 27
- Sanierungsplan **EUInsVO 47** 1 f.
- Schlussverteilung **InsO § 358** 1 ff.
- Sicherungsmaßnahmen **InsO § 344** 13 ff.; **EUInsVO 38** 6 f.; **EUInsVO 52** 1 ff.
- Stellungnahme **InsO § 357** 15 ff.
- Teilnahmerecht **InsO § 357** 13 f.
- Überschuss **EUInsVO 49** 1 ff.
- Umwandlung **EUInsVO 51** 1 ff.
- Verteilung **InsO § 358** 1 ff.
- Verwalter **InsO § 357** 4 ff.; **EUInsVO 34** 28 f.; **EUInsVO 41** 1 ff.
- Verwertung **InsO § 357** 10 ff.; **EUInsVO 46** 1 ff.
- Voraussetzungen **InsO § 356** 8 ff.
- Vorschriften **InsO § 356** 5 ff.
- Wirkungen **InsO § 356** 20 ff.; **EUInsVO 34** 19 ff.
- Zulässigkeit **InsO § 356** 4
- Zusammenarbeit/Kommunikation **InsO § 357** 1 ff.; **EUInsVO 41** 1 ff.; **EUInsVO 42** 1 ff.; **EUInsVO 43** 1 ff.
- Zuständigkeit **InsO § 356** 14; **EUInsVO 3** 28 ff.

Selbstoffenbarungspflicht InsO § 97 24
Sicherheiten
- Abgaben, öffentliche **InsO § 51** 15
- Besicherung, privilegierte **COVInsAG InsO § 44a** 24 ff.; **COVInsAG § 2** 5 f.
- dingliche **E** 521 ff.; **F** 496 ff.; **GB** 320 ff., 381; **Pl** 753 ff.
- Doppelbesicherung **InsO § 44a** 20 ff.
- Drittdarlehen, gesellschafterbesicherte **InsO § 44a** 19; **InsO § 143** 41 ff.
- Dritter **A** 319 ff.; **CZ** 500; **Pl** 694 ff., 1057 ff.
- Dritter, gruppeninterner **InsO § 222** 15a; **InsO § 223a** 1 ff.; **InsO § 238b** 1 f.; **InsO § 245** 14e
- England **GB** 320 ff.
- Finanzsicherheiten **InsO § 104** 29 f.
- Forderungsanmeldung **InsO § 28** 8 ff.
- Fortwirkung **InsO § 301** 5 ff.
- Frankreich **F** 408
- Gesellschafterdarlehen *siehe dort*
- Gewährung/Ermöglichung **InsO § 130** 6 ff.; **InsO § 131** 7 ff.
- Inanspruchnahme **InsO § 44a** 12 ff.
- Insolvenzplan *siehe dort*
- Kreditsicherheiten **InsO § 143** 13.1
- Margensicherheiten **InsO § 130** 33 ff.
- nach Einstellung **InsO § 211** 4 f.
- Neuordnung **InsO § 223** 8
- Polen *siehe dort*
- publizierte **F** 413
- Recht, anwendbares **EUInsVO 7** 88
- Rückschlagsperre **InsO § 88** 14a ff.
- Schuldenbereinigungsplan **InsO § 308** 15 f.
- Sicherheitseinbehalt **B/ArR** 157 ff.

Sachverzeichnis

- Sicherungsabtretung **InsO § 82** 19 f.; **B/ArR** 435 ff.; **ImoV** 33 f., 974
- Sicherungshypothek **InsO § 88** 22 ff.
- Sicherungsübereignung *siehe dort*
- Steuerforderungen **CH** 405 ff.
- Tschechische Republik **CZ** 500
- Unwirksamkeit, absolute schwebende **InsO § 88** 17 ff.
- Verstrickung, öffentlich-rechtliche **InsO § 88** 18 ff.
- Verträge, gegenseitige/laufende **InsO § 103** 112 f.
- Vormerkung **InsO § 106** 1 ff.

Sicherungsmaßnahmen
- Anordnung **InsO § 344** 15 ff.
- Antrag **InsO § 344** 8 ff.
- Aufhebung **InsO § 25** 1 ff.; **InsO § 344** 16 ff.
- Bekanntmachung **InsO § 345** 13 f.
- Eigenverwaltung, vorläufige **InsO § 270c** 14 ff.
- Mietforderungen **InsO § 110** 14
- Mitwirkung Überwachungsorgane **InsO § 276a** 54 ff.
- Recht, internationales **InsO § 344** 1 ff.; **InsO § 352** 19 f.; **InsO § 353** 10 f.; **EUInsVO 32** 13 ff.; **EUInsVO 52** 1 ff.
- Rechtsfolgen **InsO § 344** 15 ff.
- Rechtsmittel **InsO § 344** 17
- Rechtsstreit **InsO § 352** 19 f.
- Schutzschirmverfahren **InsO aF § 270b** 62 ff.; **InsO § 270d** 53 f.
- Sekundärverfahren **InsO § 344** 13 ff.; **EUInsVO 38** 6 f.; **EUInsVO 52** 1 ff.
- Verbraucherinsolvenz **InsO § 306** 5
- vor Hauptverfahren **InsO § 344** 11 f.
- Voraussetzungen **InsO § 344** 8 ff.
- Zuständigkeit **InsO § 344** 10

Sicherungsübereignung InsO § 108 29 ff.
- Absonderung **InsO § 51** 1 ff.
- Ausgleich Wertverlust **InsO § 172** 6 ff.
- Aussonderung **InsO § 47** 30 f.
- Bestandteile **ImoV** 450 ff.
- Doppelumsatz **StR-USt** 178
- Eigenverwaltung **StR-USt** 210 ff.
- Eigenverwaltung, vorläufige **StR-USt** 193 ff.
- Erzeugnisse **ImoV** 450 ff.
- Frankreich **F** 215, 409, 521 ff.
- Polen **Pl** 597
- Umsatzsteuer **StR-USt** 178 ff.
- Veräußerung nach Insolvenzeröffnung **StR-USt** 196 ff.
- Veräußerung vor Insolvenzeröffnung **StR-USt** 178 ff.
- Veräußerung während Insolvenzeröffnung **StR-USt** 185 ff.
- Verbindung/Vermischung/Verarbeitung **InsO § 172** 17 ff.
- Verbrauch **InsO § 172** 5
- Zubehör **ImoV** 450 ff.

Siegelung InsO § 150 1 ff.
Software InsO § 35 36
Sonderinsolvenzverwalter InsO § 56 51 ff.; **InsO § 56b** 23 ff.; **InsO § 59** 23; **InsO § 60** 2; **InsVV § 5** 11 ff.
Spanien E 1 ff.
- Abschlussbericht **E** 758 ff., 785 ff.
- Abschlussbericht, vorläufiger **E** 772 ff.

- Aktivinventar **E** 761 ff.
- Aktivmasse **E** 583 ff.
- Aktivmasseninventar **E** 594
- Amtsausübung Verwalter **E** 397 ff.
- Anerkennung Entscheidungen, ausländische **E** 1212 ff.
- Anfechtung **E** 93 ff., 633 ff.
- Anfechtung Inventar/Gläubigerliste **E** 181 f., 777 ff.
- Anfechtung Zahlungsvereinbarung **E** 153 ff.
- Annahme Vergleich **E** 824 ff.
- Antrag **E** 72 ff., 118 ff., 564 ff.
- Antragsberechtigung/-befugnis **E** 107 ff., 164 ff., 206 ff., 283 ff.
- Antragspflicht **E** 213 ff.
- Arbeitsrecht **E** 297 ff., 349 ff., 402, 558 ff.
- Aufrechnung **E** 530 ff.
- Auskunfts-/Mitwirkungspflichten **E** 462 ff.
- Auskunftsrechte **E** 960 ff.
- Auslandsbezug **E** 1205 ff.
- Aussonderung **E** 592 ff.
- Bankrott **E** 1109 ff.
- Beendigung **E** 313, 1024 ff.
- Beitritt **E** 825 ff.
- Bekanntmachung **E** 272 ff., 361 ff.
- Bewertung **E** 763 ff.
- Bindung Einstufung für Gerichte, ordentliche **E** 1015
- Buchhaltungsfälschung **E** 1130 ff.
- Bürgschaft **E** 691 ff.
- Durchführbarkeitsplan **E** 48, 63 f., 807
- Einstufung Insolvenz **E** 964 ff.
- Einstufungsverfahren **E** 998 ff.
- Entlassung/Rücktritt Verwalter **E** 442 ff.
- Entwicklung, historische **E** 3 ff., 9 ff.
- Erfüllung/Nichterfüllung Vergleich **E** 905 ff.
- Erfüllung/Nichterfüllung Zahlungsvereinbarung **E** 160 ff.
- Erhalt Aktivmasse **E** 601 ff.
- Ermächtigung, richterliche **E** 352
- Eröffnung **E** 453 ff.
- Eröffnung Einstufungsverfahren **E** 994 ff.
- Eröffnungsbeschluss **E** 269 ff.
- Eröffnungsverfahren **E** 187 ff., 313
- Exequaturverfahren **E** 1213 ff.
- Expressinsolvenzverfahren **E** 314, 1056 ff.
- Feststellungsverfahren **E** 506 ff.
- Forderungen **E** 529 ff., 681 ff., 695 ff., 736 ff.
- Forderungen, öffentlich-rechtliche **E** 161 ff.
- Forderungsanerkennung **E** 673 ff.
- Forderungsanmeldung **E** 663 ff.
- Geschichte/Chronik **G/C** 23 ff.
- Gläubiger **E** 65 ff., 110, 944 ff.
- Gläubiger, ausländische **E** 662 ff.
- Gläubigerbegünstigung, unrechtmäßige **E** 1125 ff.
- Gläubigerbenachteiligung **E** 633 ff.
- Gläubigerliste **E** 681, 766 ff.
- Gläubigerversammlung **E** 130 ff., 868 ff.
- Glossar **E** Anh.
- Haftung **E** 429 ff., 993 ff., 1013, 1179 ff.
- Hilfskräfte, bevollmächtigte **E** 393 ff.
- Insolvenz, schuldhafte **E** 966 ff.
- Insolvenzdelikte **E** 1107 ff., 1133 ff.
- Insolvenzeinstufung **E** 313
- Insolvenzfähigkeit **E** 188 ff.
- Insolvenzgründe **E** 192 ff.

Sachverzeichnis

- Insolvenzrecht, materielles **E** 187 ff.
- Insolvenzregister, öffentliches **E** 276 f.
- Koordination Verfahren, in-/ausländisches **E** 1218 ff.
- Körperschaftssteuer **E** 1172 ff.
- Masseforderungen **E** 736 ff.
- Masseunzulänglichkeit **E** 314, 1043 ff.
- Mediation, insolvenzrechtliche **E** 103 ff.
- Mediator **E** 123 ff.
- Mindestanzahl Passiva **E** 38 f.
- Mitteilung Eröffnung an Gläubiger **E** 657 ff.
- Nachlassinsolvenz **E** 190, 279 ff.
- Passivmasse **E** 654 ff.
- Personenkreis, haftender **E** 989 ff.
- Personenregister **E** 272 ff.
- Pflichten, buchhalterische **E** 492 ff.
- Pre-Pack **E** 183, 314, 854, 941 ff.
- Prozessfähigkeit ab Eröffnung **E** 497 ff.
- Rahmen, konzeptioneller **E** 1 f.
- Recht, anwendbares **E** 1199 ff.
- Recht, internationales **E** 1193 ff.
- Rechtsmittel **E** 353 ff.
- Refinanzierungsvereinbarung **E** 172
- Refinanzierungsvereinbarung, Anfechtung **E** 93 ff.
- Refinanzierungsvereinbarung, individuelle **E** 44 ff.
- Refinanzierungsvereinbarung, kollektive **E** 32 ff.
- Refinanzierungsvereinbarung, zugelassene **E** 58 ff.
- Refinanzierungsvereinbarungen **E** 29 ff.
- Refinanzierungsvereinbarungsinhalt **E** 81 ff.
- Restrukturierung **E** 7 ff.
- Restschuldbefreiung **E** 1069 ff.
- Sanierungsplan **E** 36 ff.
- Schuldhaftigkeitsvermutung **E** 170 ff.
- Schuldner **E** 453 ff.
- Schuldvermutung **E** 973 ff.
- Sekundärinsolvenzverfahren **E** 1205 ff.
- Sicherheiten, dingliche **E** 521 ff.
- Steuerforderungen **E** 1138 ff.
- Steuerrecht **E** 1137 ff.
- Strafrecht **E** 1088 ff.
- Übertragung Vermögenswerte/Rechte **E** 612 ff.
- Umsatzsteuer **E** 1159 ff., 1174
- Unternehmensfortführung **E** 595 ff.
- Veräußerung Unternehmenseinheiten **E** 622 ff.
- Verfahren **E** 164 ff., 187 ff., 313, 335 ff., 573
- Verfahren, freiwilliges **E** 217 ff.
- Verfahren, ordentliches **E** 319 ff.
- Verfahren, schriftliches **E** 881 ff.
- Verfahren, unfreiwilliges **E** 219 ff., 245 ff.
- Verfahren, verbundene **E** 371 f.
- Verfahren, verkürztes **E** 321 ff.
- Verfahrenshäufung **E** 328 ff.
- Verfahrenskosten **E** 744 ff.
- Verfahrensparteien **E** 315 f.
- Verfahrensregeln, allgemeine **E** 313 ff.
- Verfügungsbefugnis **E** 466 ff., 601 ff.
- Vergleich **E** 798 ff.
- Vergleich, ordentlicher **E** 855 ff.
- Vergleichsmaßnahmen **E** 808 ff.
- Vergleichsphase **E** 313 f.
- Vergleichsregeln **E** 802 ff.
- Vergleichsvorschlag, vorgezogener **E** 841 ff.
- Vergütung Verwalter (nach Phasen) **E** 407 ff.
- Verhältnis, besonderes **E** 733 ff.
- Verhandlung mit Gläubigern **E** 13 ff.
- Verjährungshemmung **E** 541 ff.
- Vermögensregister **E** 278 ff.
- Verträge, laufende **E** 544 ff., 580 ff.
- Verwalter siehe dort
- Verwertung **E** 313 f., 912 ff., 924 ff., 1027 ff.
- Vollstreckungsvereitelung **E** 1092 ff., 1133 ff.
- Vollstreckungsverfahren **E** 516 ff.
- Vorinsolvenzverfahren **E** 13 ff.
- Widerruf Eröffnung **E** 1029 ff.
- Widerspruch/Genehmigung **E** 885 ff.
- Wiederaufnahme **E** 1067 ff.
- Wiedereröffnung **E** 1062 ff.
- Wirkungen **E** 55 ff., 77 f., 127 ff., 148 ff., 453 ff., 477 ff., 899 ff., 1006 ff., 1060 ff.
- Wirtschaftsprüfer **E** 38 f., 66 f.
- Zahlungen **E** 944 ff.
- Zahlungsplan **E** 807, 1083 ff.
- Zahlungsunfähigkeit **E** 33, 46, 192 ff.
- Zahlungsvereinbarung, außergerichtliche **E** 103 ff., 173, 180
- Zinsen **E** 947
- Zulassungsverbot Zahlungsvereinbarung **E** 111 ff.
- Zusammensetzung Aktivmasse **E** 584 ff.
- Zuständigkeit **E** 15, 116 f., 165, 293 ff., 331, 642, 1197 f.

Spielgewinn InsO § 295 14c f.
Steuerrecht
- Abgrenzung Insolvenzforderung/Masseverbindlichkeit **StR-Verf** 99 ff.
- Anspruchsdurchsetzung **StR-Verf** 145 ff.
- Anspruchsfestsetzung **StR-Verf** 125 ff.
- Anteilsrechte **InsO § 225a** 11 f.
- Antrag Finanzbehörde **StR-Verf** 174 ff.
- Auskunftsrechte/-pflichten **StR-Verf** 45 ff.
- Auswirkung Feststellungsbescheid **StR-Verf** 172
- Bausteuerrecht **B/ArR** 223a ff.
- Bekanntgabe **StR-Verf** 140 ff.
- Berichtigungspflichten **StR-Verf** 97 f.
- Bilanzierungsperiode **GB** 435
- Eigenverwaltung **InsO aF § 270a** 50 ff.; **StR-Verf** 42 ff.
- Eigenverwaltung, vorläufige **InsO § 270c** 43 ff.
- Einspruchsverfahren **StR-Verf** 171
- England **GB** 434 ff.
- Entrichtungspflicht **StR-Verf** 202 ff.
- Erbschaft-/Schenkungssteuer **StR-Nl** 80 ff.
- Erhebungsverfahren **StR-USt** 87; **StR-Verf** 145 ff.
- Erklärungspflicht **StR-Verf** 80 ff., 213
- Eröffnung **StR-Verf** 81 ff.
- Ertragssteuerrecht siehe dort
- Festsetzungsbefugnis **StR-Verf** 126 f.
- Festsetzungsverfahren **StR-USt** 86
- Finanzbehörde **StR-Verf** 37 ff.
- Freigabe Immobilie **InsO § 165** 46 f.
- Freigabefolgen **ImoV** 188 ff.
- Geldbußen/-strafen **StR-Nl** 111 f.
- Grunderwerbsteuer **StR-Nl** 24 ff.
- Grundsteuer siehe dort
- Haftung siehe dort

Sachverzeichnis

- Haftungsschaden **StR-Verf** 217 ff.
- Immobilienverwertung **ImoV** 128 ff., 188 ff., 904 ff.; **StR-USt** 155 ff.
- Inhaltsadressat **StR-Verf** 141
- Insolvenzmasse **InsO § 38** 33
- Insolvenzverwaltervergütung **CZ** 669 f.
- Italien **I** 460 ff.
- Kfz-Steuer **InsO § 55** 31
- Kirchensteuer **StR-Nl** 50 ff.
- Körperschaftssteuer *siehe dort*
- Kraftfahrzeugsteuer **StR-Nl** 53 ff.
- Masseverbindlichkeiten **InsO § 55** 26 ff., 32, 69 ff.
- Mittelvorsorgepflicht **StR-Verf** 214 ff.
- Nachlassinsolvenz **StR-ESt** 143 ff.
- Österreich **A** 443 ff.
- Pflichten Insolvenz Verwalter **ImoV** 128 ff.
- Polen **Pl** 1204 ff.
- Prüfungsverfahren, insolvenzrechtliches **StR-Verf** 128 ff.
- Rangfolge Steuerforderungen **GB** 436 ff.
- Rangrücktrittsvereinbarung **InsO § 39** 125 f.
- Rechnungslegungspflichten **StR-Verf** 76 ff.
- Rechtsschutz **StR-Verf** 166 ff.
- Regelinsolvenzverfahren **StR-Verf** 13 ff.
- Restschuldbefreiung **InsO § 301** 10 ff.
- Sachwalter **StR-Verf** 43 f.
- Säumnis-/Verspätungszuschläge **StR-Nl** 91 ff.
- Schuldner **StR-Verf** 13 ff., 42
- Schweiz **CH** 395 ff.
- Sonderfall Zahlungsverbote **InsO § 15b** 26 ff.
- Spanien **E** 1137 ff.
- Stellung Beteiligte **StR-Verf** 13 ff.
- Steuerausfall **StR-Verf** 217 ff.
- Steuerberaterkosten **StR-Verf** 95 ff.
- Steuererlass **CH** 407 ff.
- Steuererstattungen **InsO § 95** 16 ff.
- Steuerforderungen *siehe Forderungen*
- Steuerhinterziehung **StR-Verf** 224 f.
- Steuersubjekte **StR-Verf** 65 ff.
- Strafrecht **Pl** 1204 ff.
- Tschechische Republik **CZ** 636 ff.
- Umfang Erklärungspflicht **StR-Verf** 84 ff.
- Umsatzsteuer *siehe dort*
- Unternehmensfortführung **CH** 422 ff.
- Veräußerung, freihändige **InsO § 165** 43 ff.
- Verbrauchsteuern **StR-Nl** 73 ff.
- Verfahrensrecht **StR-USt** 86 ff.; **StR-Verf** 1 ff.
- Vermögen, freigegebenes **StR-Verf** 139
- Verschulden **StR-Verf** 220 ff.
- Verwalter **InsO § 80** 56 ff.; **CH** 428 ff.; **StR-Verf** 26 ff.
- Verwalterpflichten **InsO § 80** 56 ff.; **CZ** 658 ff.; **E** 1175 ff., 1189; **ImoV** 128 ff.; **Pl** 1254 ff.; **StR-USt** 7 f.
- Vollstreckungskosten **StR-Nl** 105 ff.
- Vollstreckungsverfahren **StR-Verf** 160 ff.
- Wahl Lohnsteuerklasse **InsO § 287b** 10 f.
- Wirtschaftsjahr **GB** 435
- Zinsen **StR-Nl** 108 ff.
- Zölle **StR-Nl** 73 ff.
- Zuschlagswirkungen **ImoV** 664
- Zwangs-/Ordnungsgeld **StR-Nl** 111 f.
- Zwangsversteigerung *siehe dort*
- Zwangsverwaltung *siehe dort*

Stilllegung Unternehmen *siehe Unternehmensstilllegung*

Stimmrecht
- Absonderung **InsO § 237** 7 f.; **InsO § 238** 1 ff.
- Feststellung, gerichtliche **InsO § 77** 8 ff.
- Gläubiger **InsO § 237** 1 ff.
- Gläubigerversammlung **InsO § 76** 4; **InsO § 77** 1 ff.; **Pl** 464 ff., 978 ff.
- Insolvenzplan *siehe dort*

Strafrecht
- Angestellte, leitende **A** 439
- Antragspflichtverletzung **InsO § 15a** 45 ff.; **Pl** 1200 ff.
- Arrest/Beschlagnahme **InsO § 50** 12a ff.
- Bankrott **A** 425 ff.; **CZ** 612 ff.; **E** 1109 ff.; **I** 439 ff.
- Bestechung **Pl** 1194 f.
- Bestrafung/Stigmatisierung Schuldner **InsO § 1** 49 f.
- Betrug **Pl** 1166 ff.
- Buchführungspflichten **Pl** 1191 ff.
- Buchhaltungsfälschung **E** 1130 ff.
- Dritte **I** 454
- England **GB** 390 ff.
- Erpressung/Nachrede **CZ** 629
- Falschaussage **Pl** 1196 f.
- Forderungsanmeldung, zu hohe **CZ** 510
- Frankreich **F** 629 f.
- Geldbußen/-strafen **F** 31; **StR-Nl** 111 f.
- Gläubigerbegünstigung **CZ** 618; **E** 1125 ff.; **Pl** 1188 ff.
- Gläubigerbenachteiligung **Pl** 1170 ff.
- Gläubigerschädigung **CZ** 615 ff.
- Herausgabe-/Auskunftspflichten **Pl** 1198 f.
- Herbeiführung Konkurs/Zahlungsunfähigkeit **Pl** 1183 ff.
- Insolvenzdelikte **E** 1107 ff., 1133 ff.
- Insolvenzverschleppung **InsO § 15a** 48; **InsO § 15b** 25; **InsO § 19** 60; **InsO § 135** 33; **A** 476; **CZ** 505 ff.
- Irrtum **InsO § 131** 25 ff.
- Italien **I** 438 ff.
- Kredit-/Leistungserschleichung/-vermeidung **InsO § 290** 25 ff.
- Kreditinanspruchnahme, missbräuchliche **I** 452
- Machenschaften **CZ** 623 f.
- Missbildung Vermögenszustand **CZ** 627 f.
- Österreich **A** 425 ff., 476
- Pflichtverletzungen **A** 431 ff.; **CZ** 511 ff., 622, 625 f., 630
- Polen **Pl** 1155 ff.
- Restschuldbefreiung **InsO § 290** 19 ff.; **InsO § 297** 1 ff.; **InsO § 303** 6 f.
- Schaden Organisationseinheit, wirtschaftliche **Pl** 1155 ff.
- Schaffung Wirtschaftseinheit, neue **Pl** 1179 ff.
- Schweiz **CH** 373 ff.
- Sozialversicherungsbetrug **A** 441 f.; **CZ** 631 f.; **Pl** 1213
- Spanien **E** 1088 ff.
- Steuerrecht **Pl** 1204 ff.
- Tschechische Republik **CZ** 505 ff., 612 ff.
- Umstände, straferhöhende **I** 456
- Versagung Restschuldbefreiung **InsO § 290** 36 f.

Sachverzeichnis

- Verschwiegenheitspflicht **InsO § 80** 60
- Verursachung Vermögensverfall **CZ** 619 ff.
- Verurteilung, einschlägige **InsO § 290** 19 ff.
- Verwalter **InsO § 80** 59 ff.
- Verwalter, vorläufiger **InsO § 22** 125 ff.
- Vollstreckungsvereitelung **E** 1092 ff., 1133 ff.
- Vorsatz **InsO § 131** 12 ff.

Stundung
- Aufhebung **InsO § 4c** 12 ff.
- Corona-Pandemie **COVInsAG § 2** 13 f.
- Forderung **InsO § 224** 7 f.
- Insolvenzplan **InsO § 224** 7 f.
- Stundungsvereinbarung **InsO § 39** 89 ff.
- Verfahrenskosten **InsO § 4a** 6 ff.; **InsO § 4b** 1 ff.; **InsO § 4c** 1 ff.; **InsO § 26** 19; **InsO § 63** 28; **InsO § 207** 17
- Vergütung **InsVV § 17** 33
- Verlängerung **InsO § 4b** 1 ff.
- Zahlungsunfähigkeit **InsO § 17** 9

Summenmehrheit InsO § 309 11 ff.
Surrogation, dingliche InsO § 36 31

Teilungsplan ImoV 634 ff.
Teilungsversteigerung ImoV 417, 866 ff. *siehe auch Zwangsversteigerung*
Tiere InsO § 36 7 a
Treuhand InsO § 35 40 ff.; **InsO § 47** 106 ff.; **InsO § 129** 82 f.
Treuhänder InsO § 59 22; **InsO § 314** 1 ff.
- Aufgaben **InsO § 292** 9 ff.; **InsO § 313** 7 ff.
- Aufsicht **InsO § 292** 5
- Auskunftsrechte/-pflichten **StR-Verf** 54
- Bestimmung **InsO § 288** 1 ff.
- Haftung **InsO § 60** 6; **InsO § 292** 6
- Rechnungslegung **InsO § 292** 7 f.
- Recht, internationales **A** 418 ff.; **US** 146 ff., 166
- Sicherungsübertragung, treuhänderische **F** 521 ff.
- Stellung **InsO § 292** 1 ff.
- Umsatzsteuer **StR-USt** 7 f.
- Vergütung **InsO § 293** 1 ff.; **InsO § 298** 1 ff.; **InsO § 313** 1 ff.; **InsVV § 14** 1 ff.; **InsVV § 15** 1 ff.; **InsVV § 16** 1 ff.
- Verteilung **InsO § 292** 11 ff.

Tschechische Republik CZ 1 ff.
- Akteneinsicht **CZ** 55 ff.
- Anerkennung Verfahren **CZ** 61, 77 ff.
- Antrag **CZ** 24 ff., 26, 29 f., 31 ff., 63, 66 f., 559 ff.
- Arbeits-/Sozialrecht **CZ** 450 ff.
- Arten **CZ** 103 ff.
- Aufrechnung **CZ** 433 ff.
- Auskunftspflicht **CZ** 340 ff.
- Ausschluss aus Funktion **CZ** 515 ff.
- Bankrottstraftaten **CZ** 612 ff.
- Beendigung **CZ** 62 ff., 219 f., 552 ff., 600 ff.
- Befriedigung, quotale **CZ** 541 ff.
- Bereicherung, ungerechtfertigte **CZ** 529
- Beschlagnahme **CZ** 470 ff.
- Bestreiten Forderung **CZ** 212 ff.
- Beteiligte **CZ** 132 ff.
- Dritte **CZ** 671 ff.
- Ehegatten **CZ** 100, 204
- Eigentumsvorbehalt **CZ** 432
- Eigenverwaltung/Schutzschirm **CZ** 115 ff.
- Einkommensteuer **CZ** 642 f.
- Einstellung Verfahren **CZ** 74 ff.
- Entgeltherausgabe/Nachfüllung Passiva **CZ** 519 ff.
- Entwicklung, rechtliche **CZ** 1 ff.
- Erfüllung Reorganisationsplan **CZ** 411
- Eröffnungsverfahren **CZ** 335 ff.
- Erpressung/Nachrede **CZ** 629
- Ertragsteuern **CZ** 657
- Folgen, gesellschaftsrechtliche **CZ** 446 ff.
- Forderungen **CZ** 161 ff., 202, 221 ff., 510
- Geldwäsche **CZ** 170 ff.
- Gesamthaftungsansprüche **CZ** 501 f.
- Geschäftsführer/Vorstände **CZ** 505 ff., 671 ff.
- Gläubiger **CZ** 159 ff., 482 ff.
- Gläubigerausschuss (vorläufiger) **CZ** 317 ff.
- Gläubigerbegünstigung **CZ** 618
- Gläubigerbenachteiligung **CZ** 528 ff.
- Gläubigerschädigung **CZ** 615 ff.
- Gläubigerversammlung **CZ** 105 ff., 299 ff., 582 ff.
- Gläubigerzugriff **CZ** 414
- Gutachter **CZ** 291 ff.
- Haftung **CZ** 501 ff., 671 ff.
- Insolvenzfähigkeit **CZ** 99 ff.
- Insolvenzgeld **CZ** 465 ff.
- Insolvenzgericht **CZ** 224 ff.
- Insolvenzgesetz **CZ** 7 ff.
- Insolvenzgründe **CZ** 83 ff.
- Insolvenzregister **CZ** 42, 57 ff.
- Insolvenzverschleppung **CZ** 505 ff.
- Kapitalaufbringung/-erhaltung **CZ** 503 f.
- Kleinverfahren **CZ** 127 ff.
- Konkurs **CZ** 112 ff., 552 f.
- Konzern **CZ** 242
- Kostenvorschuss **CZ** 216
- Kreditfinanzierung **CZ** 153 ff.
- Liegenschaftserwerbsteuer **CZ** 646
- Liegenschaftssteuer **CZ** 644
- Liquidation **CZ** 552 f.
- Lösung Vermögensverfall **CZ** 364 ff.
- Machenschaften **CZ** 623 f.
- Masse **CZ** 470 ff., 540 ff.
- Masseforderungen **CZ** 196 ff.
- Mehrwertsteuer **CZ** 647 ff.
- Missbildung Vermögenszustand **CZ** 627 f.
- Mitwirkungspflicht **CZ** 142, 340 ff.
- Moratorium **CZ** 104, 116 ff., 511
- Pflichtverletzungen **CZ** 622, 625 f., 630
- Plan, vorvereinbarter **CZ** 412 f.
- Prüfungsverhandlung **CZ** 182 ff., 577 ff.
- Rechnungslegungspflichten **CZ** 661 ff.
- Recht, materielles **CZ** 83 ff.
- Rechte/Pflichten Beteiligte **CZ** 132 ff.
- Rechtsgeschäfte **CZ** 529 ff.
- Rechtsmittel **CZ** 47 ff.
- Rechtsprechung **CZ** 21
- Rechtsstreitige, anhängige **CZ** 436 ff.
- Regelverfahren **CZ** 103 ff.
- Regorganisation/Restrukturierung *siehe Restrukturierung*
- Restschuldbefreiung **CZ** 555 ff.
- Sachverhaltsermittlung **CZ** 335 ff.
- Sanierungsgewinne **CZ** 657
- Sanierungskonzept **CZ** 347
- Sanierungsmöglichkeiten **CZ** 350 ff.
- Schlussbericht **CZ** 109 f.
- Schuldbefreiung **CZ** 284 ff.

1497

Sachverzeichnis

- Schuldner **CZ** 132 ff.
- Sicherheiten Dritter **CZ** 500
- Sicherung Insolvenzmasse **CZ** 343 ff.
- Sorgfalt Kaufmann, ordentlicher **CZ** 514
- Sozialversicherungsbetrug **CZ** 631 ff.
- Steuerrecht **CZ** 636 ff.
- Strafrecht **CZ** 505 ff., 612 ff.
- Straßensteuer **CZ** 645
- Tod Schuldner **CZ** 101
- Überschuldung **CZ** 92 ff.
- Umwandlung Reorganisation/Konkurs **CZ** 408 ff.
- Unbegründetheit/Missbrauch **CZ** 64 f.
- Unternehmensfortführung **CZ** 554, 655
- Urteil Unwirksamkeit **CZ** 539
- Verbrauchsteuer **CZ** 653 f.
- Verfahren **CZ** 24 ff.
- Verfahren, vorläufiges **CZ** 347 ff.
- Verfahrenskosten **CZ** 52 ff.
- Verfahrensöffentlichkeit **CZ** 55 ff.
- Verfahrensziele **CZ** 96 f.
- Verfügungsbefugnis **CZ** 136 ff., 415, 553
- Vermögensverfall **CZ** 567 ff., 619 ff.
- Verteilung **CZ** 540 ff.
- Verteilungsbeschluss **CZ** 111
- Verträge, laufende **CZ** 416 ff.
- Verwalter **CZ** 233 ff., 658 ff.
- Verwertung **CZ** 485 ff., 591, 656
- Vorrechte **CZ** 540
- Wirkungen **CZ** 205 ff., 414 ff., 595 ff.
- Wohlverhaltensphase **CZ** 592
- Zahlungsunfähigkeit **CZ** 84 ff.
- Zurückweisung Antrag **CZ** 68 ff.
- Zuständigkeit **CZ** 36 ff.

Überschuldung InsO § 19 1 ff.
- Abgrenzung zur Zahlungsunfähigkeit **InsO § 19** 4
- Aktivseite **InsO § 19** 20 ff.
- Ansatz **InsO § 19** 20 ff., 40 f.
- Anwendungsbereich **InsO § 19** 5 ff.
- Aussetzung Antragspflicht **COVInsAG § 1** 10 ff.
- Baurecht **B/ArR** 24 f.
- Begriff **InsO § 19** 2 ff.
- Beweislast **InsO § 19** 58 ff.
- Bewertung **InsO § 19** 20 ff., 40 f.
- Fallgruppen Aktivseite **InsO § 19** 23 ff.
- Fallgruppen Passivseite **InsO § 19** 42 ff.
- Fortbestehensprognose **InsO § 19** 10 ff.
- Historie **InsO § 19** 1
- Nachlassinsolvenz **InsO § 320** 19 ff.
- Passivseite **InsO § 19** 40 ff.
- Prognosezeitraum **COVInsAG § 4** 1 ff.
- Prüfung Tatbestand **InsO § 19** 8 f.
- rechnerische **InsO § 19** 18 ff.
- Recht, internationales **A** 91 ff., 464 ff.; **CZ** 92 ff.; **GB** 198 ff.; **I** 27 ff., 414 ff.; **Pl** 362 ff., 890 ff.
- Stichtagsprinzip **InsO § 19** 57
- Überschuldungsanfechtung **CH** 324 ff.
- Verfahren zur Überwindung Überschuldung **I** 414 ff.
- Verwertungsprognose **InsO § 19** 22
- Zahlungen **InsO § 15b** 1 ff.

Umsatzsteuer
- Abgrenzungsmerkmale **StR-USt** 36 ff.

- Anfechtung **StR-USt** 79, 223 ff.
- Aufrechnung *siehe dort*
- Besteller-Insolvenz **StR-USt** 149 ff.
- Besteuerungsart **StR-USt** 96 f.
- Besteuerungszeitraum **StR-USt** 103
- Doppelumsatz **InsO § 55** 30; **StR-USt** 178
- Dreifachumsatz **ImoV** 946 ff.
- Eigenverwaltung **InsO § 282** 12; **StR-USt** 71 ff., 80
- Einfuhrumsatzsteuer **StR-USt** 44
- Entstehungszeitpunkt **StR-USt** 100 ff.
- Erhebungsverfahren **StR-USt** 87
- Festsetzungsverfahren **StR-USt** 86
- Forderungseinzug **StR-USt** 64 ff.
- Freigabe Geschäftsbetrieb **StR-USt** 48
- Freigabe Tätigkeit **StR-USt** 95
- Haftungstatbestände **StR-USt** 229 ff.
- Immobilienverwertung **ImoV** 130 ff., 905 ff.; **StR-USt** 155 ff.
- Ist-Besteuerung **StR-USt** 61 ff.
- Lieferbeziehung **InsO § 171** 20 ff.
- Masse **InsO § 38** 30 f.
- Masseverbindlichkeiten **InsO § 55** 29 f.; **StR-USt** 39 ff.
- nach Eröffnung **StR-USt** 39 ff.
- Organschaft **InsO aF § 270** 77a; **StR-USt** 8 ff.
- Pflichten Insolvenzverwalter **ImoV** 130 ff.
- Rechnungserteilung **StR-USt** 104 ff.
- Recht, internationales **A** 457 ff.; **CH** 421, 423; **CZ** 647 ff.; **E** 1159 ff., 1174; **Pl** 1234 ff.
- Rechtsprechungsübersicht **StR-USt** 3
- Sachwalter **StR-USt** 7 f.
- Satz **InsVV § 7** 5 ff.
- Sicherungsübereignung **StR-USt** 178 ff.
- Soll-Besteuerung **StR-USt** 64 ff., 75 ff.
- Sonderumsatzsteuer **StR-Nl** 24
- Steuerausweis, unberechtigter **StR-USt** 117
- Steuerbetrag, unrichtiger **StR-USt** 114
- Steuerrecht **StR-USt** 1 ff.
- Teilleistungen **StR-USt** 143
- Treuhänder **StR-USt** 7 f.
- Uneinbringlichkeit Forderung **StR-USt** 135
- Unternehmensfortführung **Pl** 1246 ff.
- Unternehmereigenschaft **StR-USt** 4 ff.
- Veräußerung, freihändige **InsO § 165** 33 f., 44 f.
- Verfahren **StR-USt** 86 ff.
- Vergabe Steuernummer **StR-USt** 91 ff.
- Vergütung **InsO § 63** 10, 26; **InsO § 73** 18; **InsVV § 7** 1 ff.; **InsVV § 11** 27; **InsVV § 14** 14; **InsVV § 18** 13 ff.
- Verträge, beiderseitig nicht voll erfüllte **StR-USt** 142 f.
- Verwalter **Pl** 1267 f.; **StR-USt** 7 f.
- Verwalter, vorläufiger schwacher **StR-USt** 55 ff.
- Verwalter, vorläufiger starker **StR-USt** 51 ff.
- Verwaltungsvereinbarung **ImoV** 996 ff.
- Verwertung **InsO § 159** 18 f.; **InsO § 166** 30 ff.; **InsO § 170** 6; **InsO § 171** 18 ff.; **InsO § 282** 12; **ImoV** 904 ff., 945 ff.; **Pl** 1234 ff.; **StR-USt** 166 ff., 211 ff.
- Voranmeldungen **StR-USt** 90, 97 f., 109, 127 ff.
- Vorsteuerberichtigung **StR-USt** 135 ff., 164 ff.

Sachverzeichnis

- Wahlrechtsausübung, geänderte **StR-USt** 119 ff.
- Werkunternehmer-Insolvenz **StR-USt** 144 ff.
- Wirtschaftsgüter, bewegliche **ImoV** 915 ff.
- Zölle **StR-USt** 45
- Zwangsversteigerung *siehe dort*
- Zwangsverwaltung **StR-USt** 171 ff.

Umwandlungsrecht *siehe auch Maßnahmen, gesellschaftsrechtliche*
- Daten, personenbezogene **DS** 99
- Sekundärverfahren **EUInsVO** 51 1 ff.
- Umwandlungsmaßnahmen **Pl** 51

Unterhalt InsO § 36 11; **InsO § 40** 1 ff.; **InsO § 100** 1 ff.
- Anfechtung **InsO § 100** 28
- Antrag **InsO § 100** 13 ff.
- Auskunft/Unterrichtung/Mitteilung **InsO § 101** 41 ff.
- Forderungen **InsO § 36** 11; **InsO § 89** 34 ff.; **InsO § 302** 19 ff.
- Gläubigerversammlung **InsO § 100** 16 ff.
- Gruppenbildung **InsO § 222** 13
- Insolvenzplan **InsO § 221** 45
- Mitwirkung bei Gewährung **InsO § 101** 41 ff.
- Unterhaltsberechtigte **InsO § 221** 45
- Verwalter, vorläufiger starker **InsO § 22** 15
- Verwaltungsvereinbarung **ImoV** 990 f.
- vorläufiger **InsO § 22** 15; **InsO § 100** 29 ff.
- Zuständigkeit **InsO § 100** 16 ff., 29 f.
- Zwangsverwaltung **ImoV** 837 ff., 972 f., 990 f.

Unterlassungspflicht InsO § 97 39 ff.; **InsO § 98** 1 ff.

Unternehmen *siehe auch Gesellschaft*
- Anteilseigner **InsO § 218** 7 f.; **InsO § 238a** 1 ff.
- ausländisches **InsO § 11** 6 ff.; **InsO § 15** 9; **InsO § 15a** 6, 15; **InsO § 19** 7; **InsO § 39** 55; **InsO § 135** 8
- Begriff **EUInsVO** 2 2 f.
- Beteiligung **InsO § 35** 38 ff.; **InsO § 221** 11
- Eigenbetrieb, staatlicher **InsO § 12** 4
- Fortführung *siehe Unternehmensfortführung*
- Geschäftsleiter **InsO § 60** 4a
- Insolvenz **InsO § 218** 7 f.
- Italien **I** 318 ff.
- Mithaftung **InsO § 43** 18 ff.
- Mutterunternehmen **EUInsVO** 2 36 ff.
- Niederlassung **EUInsVO** 2 26 ff.
- Personen, nahestehende **InsO § 138** 11 ff.
- Recht, anwendbares **EUInsVO** 7 69 ff.
- Staatsbeteiligung **InsO § 12** 5
- Stilllegung *siehe Unternehmensstilllegung*
- Unternehmensgruppe *siehe dort*
- Unternehmenspacht **I** 299
- Veräußerung *siehe Unternehmensveräußerung*
- Verbundenheit **InsO § 3e** 7 ff.
- Zweigniederlassung **EUInsVO** 28 10 ff.

Unternehmensfortführung
- Bauträger **Pl** 390 ff.
- Berichtstermin **InsO § 157** 2
- Betriebsänderungen **InsO § 121** 1 ff.; **InsO § 122** 1 ff.
- Bewertung Massegegenstände **InsO § 151** 18 ff.
- England **GB** 284 ff.
- Frankreich **F** 203 f., 301 ff., 324 ff.
- Gewinn **InsO § 63** 16a

- Italien **I** 130, 298
- Maßnahmen laut Insolvenzplan **InsO § 217** 31
- Maßnahmen vor Berichtstermin **InsO § 158** 3 ff.
- Mietvertrag **InsO § 112** 11
- Österreich **A** 215 ff.
- Polen **Pl** 390 ff., 662, 1246 ff.
- Schweiz **CH** 422 ff.
- Spanien **E** 595 ff.
- Tschechische Republik **CZ** 554, 655
- Vergütung **InsVV § 1** 28 ff.; **InsVV § 3** 23 ff.
- Verwalter, vorläufiger schwacher **InsO § 22** 63
- Verwalter, vorläufiger starker **InsO § 22** 31 ff.
- Zwangsverwaltung **ImoV** 824 ff.

Unternehmensgruppe EUInsVO 2 35; **EUInsVO** 3 17 ff.; **EUInsVO** 56 1 ff.
- Begriff **InsO § 3e** 1 ff.
- Eigenverwaltung **InsO § 269e** 17; **InsO aF § 270d** 1 ff.; **InsO § 270g** 1 ff.
- Gläubigerausschuss **InsO § 269c** 1 ff.
- Gruppengerichtsstand **InsO § 2** 30 ff.; **InsO § 3a** 1 ff.; **InsO § 3b** 1 ff.; **InsO § 3d** 1 ff.; **InsO § 13a** 1 ff.
- Insolvenzplan *siehe dort*
- Konzern **InsO § 39** 64; **EUInsVO** 3 17 ff.
- Koordinationsverfahren *siehe dort*
- Organschaft *siehe dort*
- Recht, internationales **EUInsVO** 56 1 ff.
- Sachwalter **InsO aF § 270d** 1 ff.; **InsO § 270g** 8 ff.
- Schuldner **InsO § 269a** 1 ff.; **InsO § 269b** 1 ff.; **InsO aF § 270d** 1 ff.; **InsO § 270g** 1 ff.; **EUInsVO** 56 1 ff.
- Schutzschirm **InsO aF § 270d** 1 ff.
- Sicherheiten, gruppeninterne **InsO § 222** 15a; **InsO § 223a** 1 ff.; **InsO § 238b** 1 f.; **InsO § 245** 14e
- Verwalter **InsO § 56b** 1 ff.
- Verwalterbestellung **InsO § 56b** 1 ff.
- Zusammenarbeit Gerichte **InsO § 269b** 1 ff.
- Zusammenarbeit Verwalter **InsO § 269a** 1 ff.
- Zuständigkeit **EUInsVO** 3 17 ff.

Unternehmensstilllegung
- Berichtstermin **InsO § 157** 3; **InsO § 158** 3 ff.
- Bewertung Massegegenstände **InsO § 151** 16 f.
- Einkommensteuer **StR-ESt** 21 ff.
- Gläubigerausschuss, vorläufiger **InsO § 22a** 17 ff.
- Verwalter, vorläufiger starker **InsO § 22** 31 ff., 48 ff.
- Zeitpunkt/Restschuldbefreiung **StR-ESt** 25 ff.

Unternehmensveräußerung InsO § 128 1 ff.; **InsO § 162** 1 ff.; **InsO § 163** 1 ff.; **E** 622 ff.; **F** 459; **Pl** 50; **PL** 653 ff.; **Pl** 1045; **StR-ESt** 21 ff.

Unterstützungspflicht InsO § 20 34 ff.
Untersuchungsgrundsatz InsO § 5 8 ff.
Urheberrechte InsO § 35 32 ff.; **InsO § 36** 18; **InsO § 47** 64 ff.
USA US 1 ff.
- Abfindungsansprüche **US** 202
- Abschlussverfahren **US** 257 ff.
- Abstimmungen **US** 91

1499

Sachverzeichnis

- Abweisung, strukturierte **US** 98 ff.
- Akteneinsicht **US** 65 ff.
- Änderungen/Reformen **US** 11 f.
- Anerkennung im Ausland **US** 69 ff.
- Anfechtung **US** 46, 182 ff.
- Antrag **US** 40 ff.
- Arbeits-/Sozialrecht **US** 196 ff.
- Aufrechnung **US** 179 ff.
- Auswirkungen, gesellschaftsrechtliche **US** 193 ff.
- Barsicherheiten **US** 220 f.
- Beendigung **US** 240 ff.
- Best-Interest-Test **US** 92
- Beteiligte **US** 111 ff.
- Beweisaufnahme **US** 63
- Bundesrecht **US** 13 ff.
- Business Judgement Rule **US** 235 ff.
- Chapter 11-Verfahren **US** 27 ff.
- Cramdown **US** 94
- Diskriminierung, unfaire **US** 95 f.
- Durchführbarkeit **US** 93
- Einleitung Verfahren **US** 40 ff.
- Entwicklung, historische **US** 7 ff., 213 ff.
- fair/gerecht **US** 97
- Forderungen **US** 114 ff., 253 ff.
- Geheimhaltungsvereinbarung **US** 38
- Geltendmachung Gläubigeransprüche **US** 239
- Gerichtshof, oberster **US** 140 f.
- Geschäftsleitung **US** 224 ff.
- Gläubiger **US** 112 ff.
- Gläubigerausschuss **US** 142 ff., 166
- Gläubigerbenachteiligung **US** 185 ff.
- Gutachter **US** 154 ff.
- Haftung **US** 224 ff.
- Informationspflicht **US** 51 ff.
- Informationsquellen **US** 21
- Insolvenzgericht **US** 128 ff.
- Insolvenzgründe **US** 16 ff.
- Kernverfahren **US** 56 f.
- Kommunen (Chapter 9) **US** 105 ff.
- Kreditaufnahme Grundlagen, gesetzliche **US** 218 f.
- Kreditbeschaffung/DIP-Financing **US** 211 ff.
- Landwirte (Chapter 12) **US** 108 f.
- Liquidation (Chapter 7) **US** 74 f., 241 f., 246 f., 258 f.
- loan-to-own/roll-up **US** 222 ff.
- Loyalitätspflichten **US** 234
- Masse **US** 161 ff.
- Mitwirkungspflicht **US** 51 ff.
- Nutzung/Verkauf/Verpachtung **US** 168 ff.
- Office of the US Trustee **US** 157 ff.
- Pflichten, treuhänderische **US** 229 ff.
- Pre-Arranged **US** 33 ff.
- Pre-Pack **US** 29 ff.
- Rechtsbehelfe **US** 59 ff.
- Rechtsstreitigkeiten, anhängige **US** 191 f.
- Restrukturierung/Reorganisation *siehe Restrukturierung*
- Schuldbefreiung **US** 245 ff.
- Schuldner **US** 111
- Schutz, angemessener **US** 216 f.
- Sicherstellung Vermögenswerte **US** 53
- Sorgfaltspflichten **US** 232 f.
- Treuhänder **US** 146 ff., 166
- Überblick **US** 1 ff.
- Übertragungen, betrügerische **US** 185 ff.
- Übertragungen, bevorzugte **US** 189 f.
- Unternehmen, kleine **US** 100 ff.
- Verbraucherinsolvenz (Chapter 13) **US** 110 f.
- Verfahrensabweisung (Dismissal) **US** 73 ff.
- Verfahrensarten **US** 59 ff., 61, 63, 79 ff., 104 ff.
- Verfahrensöffentlichkeit **US** 65 ff.
- Verfahrensziele **US** 19 f.
- Verfahrenszugang für Gläubiger **US** 165 ff.
- Verträge, laufende **US** 172 ff.
- Vorsorgeleistungen **US** 203 f.
- Zuständigkeit **US** 54 ff., 128 ff., 136 ff.

Verbraucherinsolvenz InsO § 304 1 ff.
- Abtretungserklärung **InsO § 305** 28 f.
- Altverfahren **InsVV § 13** 11 f.
- Anhörung **InsO § 306** 20 ff.
- Antrag **InsO § 304** 19 f.; **InsO § 305** 1 ff.; **InsO § 306** 15 ff.
- Anwendbarkeit **InsO § 304** 1 ff.
- Bescheinigung **InsO § 305** 15 ff., 21 ff.
- Eigenverwaltung **InsO § 270** 43
- Erfüllungswahlrecht **InsO § 103** 51.1
- Formulare, unvollständige **InsO § 305** 53 ff.
- Frankreich **F** 21 ff.
- Haftung **InsO § 60** 5
- Immobilienverwertung **ImoV** 67
- Italien **I** 431 ff.
- Massefeststellung **Pl** 675
- Maßnahmen, vorläufige **InsO § 21** 28
- Polen *siehe dort*
- Restschuldbefreiung *siehe dort*
- Ruhen Verfahren **InsO § 306** 1 ff.
- Schuldenbereinigungsplan *siehe dort*
- Schuldenbereinigungsversuch **InsO § 305** 15 ff.; **InsO § 305a** 1 ff.
- Schweiz **CH** 370 ff.
- Sicherungsmaßnahmen **InsO § 306** 5
- Unterhalt aus Masse **InsO § 100** 1 ff.
- USA (Chapter 13) **US** 110 f.
- Verfahren, asymmetrisches **InsVV § 13** 10
- Verfahrensablauf **InsO § 304** 29 ff.
- Vergütung **InsVV § 13** 1 ff.
- Vertretung Schuldner bei Antrag **InsO § 305** 15 ff.
- Verwalter, vorläufiger **InsO § 21** 28
- Verzeichnisse **InsO § 305** 30 ff.
- Vollstreckungsmaßnahmen **InsO § 80** 78

Verbrauchssteuern A 457 ff.; **StR-Nl** 73 ff.
Verein ImoV 160 ff.
Verfahren
- andere **EUInsVO** 60 1 ff.
- Annexverfahren **InsO § 2** 6 f.
- Anwendung ZPO **InsO § 4** 1 ff.
- Anzeige Masseunzulänglichkeit **InsO § 208** 1 ff.
- asymmetrisches **InsVV § 13** 10
- Aufhebung *siehe dort*
- Auseinandersetzung außerhalb - **InsO § 84** 1 ff.
- ausländisches **InsO § 343** 6 ff.
- Ausschlussverfahren **EUInsVO 89** 1 f.
- Begriff **EUInsVO 1** 10 f.; **EUInsVO 2** 6
- Beschlussverfahren, arbeitsgerichtliches **InsO § 122** 19 ff.
- Beschwerdeverfahren **InsO § 4d** 12 ff.
- Effizienzsteigerung **I** 540

Sachverzeichnis

- Eigenverwaltung *siehe dort*
- Eigenverwaltung, vorläufige **InsO § 270b** 31; **InsO § 270c** 1 ff.
- Eilbedürftigkeit **InsO § 4** 13
- Einheitsverfahren **InsO § 1** 42 ff.
- Einstellung *siehe dort*
- England *siehe dort*
- Entlassung Verwalter **InsO § 59** 7 ff.
- Entscheidung Fortgang **InsO § 157** 1 ff.
- eröffnetes **InsO § 5** 7 ff.; **InsO § 286** 6 ff.
- Eröffnung *siehe dort*
- Folgeinsolvenz **InsO § 266** 3
- Forderungsprüfung/-feststellung **InsO § 180** 1 ff.
- Frankreich *siehe dort*
- Gegenstand **InsO § 1** 35 ff.
- Gesamtverfahren **EUInsVO 2** 1
- Grundbucheintragung **InsO § 32** 9 ff.
- Grundsätze **InsO § 5** 1 ff.
- Gruppenfolgeverfahren **InsO § 3c** 1 ff.
- Gütergemeinschaft **InsO § 332** 1 ff.; **InsO § 333** 1 ff.; **InsO § 334** 1 ff.
- Koordinator **InsVV § 3** 54 f.
- laufendes **GB** 281 ff.
- Maßnahmen vor Berichtstermin **InsO § 158** 1 ff.
- Maßnahmen, vorläufige **InsO § 21** 132 ff.
- Mediation, insolvenzrechtliche **E** 103 ff.
- Mietvertrag **ImoV** 949 ff.
- Nachfolgeinsolvenzverfahren **InsO § 73** 17.1
- Nachlassinsolvenz **InsO § 315** 9 ff.
- Österreich **A** 32 ff.
- Partikularverfahren **EUInsVO 3** 27 ff.
- Polen *siehe dort*
- Prinzipien **InsO § 1** 22 ff.; **InsO § 4** 13
- Restschuldbefreiung *siehe dort*
- Ruhen **InsO § 306** 1 ff.
- schriftliches **InsO § 5** 20; **InsO § 176** 7
- Schutzschirmverfahren *siehe dort*
- Schweiz **CH** 129 ff.
- Sekundärverfahren *siehe dort*
- Sonderverfahren **InsO § 1** 45 ff.
- Spanien *siehe dort*
- Steuerrecht **StR-Ust** 86 ff.; **StR-Verf** 13 ff.
- Tschechische Republik *siehe dort*
- Umsatzsteuer **StR-USt** 86 ff.
- USA **US** 27 ff.
- Verfahrensarten **EUInsVO 3** 1; **EUInsVO Anh. A**
- Vermittlungsverfahren **InsO § 121** 1 ff.
- Versammlungen/Termine, virtuelle **InsO § 4** 16 ff.
- Verteilungsverfahren **InsO § 187** 4 ff.
- Vollstreckbarkeitserklärung **InsO § 353** 12 f.
- Vollstreckungsverfahren **StR-Verf** 160 ff.
- Vorgespräch **InsO § 10a** 1 ff.
- vorherige **InsO § 270a** 23
- vorläufiges **CZ** 347 ff.; **GB** 148 ff.
- Vorrang InsO **InsO § 4** 5 ff.
- WEG-Recht **ImoV** 237 ff.
- Widerruf **InsO § 303** 10 ff.
- Widerspruch **CH** 64 ff.
- Wiederaufnahme **B/ArR** 572 ff.; **CH** 203 ff.; **E** 1062 ff., 1067 ff.
- wirtschaftlich verbundene **InsO § 73** 17 f.
- Ziele **InsO § 1** 1 ff.
- Zulassungsverfahren **InsO § 5** 2 ff.
- Zustimmungsverfahren **InsO § 160** 12 ff.; **InsO § 162** 6

Verfallabrede ImoV 457, 495
Verfügung *siehe Rechtshandlungen/-geschäfte*
Verfügung, einstweilige InsO § 253 17 f.
Verfügungsbefugnisse
- Einstellung **InsO § 207** 20
- Schuldner **E** 466 ff.
- Spanien **E** 466 ff., 601 ff.
- Tschechische Republik **CZ** 136 ff., 415, 553
- Verfügungsbeschränkungen **InsO § 23** 1 ff.; **InsO § 24** 1 ff.; **InsO § 346** 6 ff.; **ImoV** 1 ff., 55 f., 64 ff., 221
- Verfügungsverbote *siehe dort*
- Verfügungszeitpunkt **ImoV** 16 f.
- Verwalter **CZ** 273

Verfügungsverbote ImoV 6 ff., 12, 39 f.
- absolute **InsO § 81** 1 ff.
- Anwendungsbereich **InsO § 81** 1 ff.
- Bezüge aus Dienstverhältnis **InsO § 81** 25 ff.
- Erwerb, gutgläubiger **InsO § 81** 14 ff.
- gegenständlich beschränkte **ImoV** 12
- isoliertes **InsO § 21** 53 ff.
- Maßnahmen, vorläufige **InsO § 21** 34 ff.; **ImoV** 384
- Rechtsfolge **InsO § 81** 10 ff.
- Rückgewähranspruch **InsO § 81** 18 ff.
- Veräußerungsverbote **InsO § 80** 72 ff.
- Verfügungsbegriff **InsO § 21** 35
- Verwalter, schwacher vorläufiger **InsO § 21** 50 ff.
- Verwalter, starker vorläufiger **InsO § 21** 43 ff.
- Verwertung nach – **ImoV** 39 f.
- Vorerbschaft **InsO § 83** 31 ff.
- Wirkungen **InsO § 21** 39 ff.
- Zeitpunkt Eingreifen **InsO § 81** 20 f.
- Zeitpunkt Verfügung **InsO § 81** 22 ff.
- Zwangs-/Arresthypothek **ImoV** 384

Vergleich
- Anfechtung **B/ArR** 182 ff., 190 ff., 206 ff.
- Annahme **E** 824 ff.
- Ausgleich, außergerichtlicher **A** 18 ff.
- Baurecht **B/ArR** 182 ff.
- Beitritt **E** 825 ff.
- Erfüllung/Nichterfüllung **E** 905 ff.
- Gestaltungsmöglichkeiten **B/ArR** 209 ff.
- Gläubigerversammlung **E** 868 ff.; **PL** 552 f., 984 ff.
- Insolvenzvergleich **E** 798 ff.
- Italien *siehe dort*
- Konkursvergleich **I** 322 ff.
- Liquidationsvergleich **I** 129
- Maßnahmen **E** 808 ff.
- ordentlicher **E** 855 ff.
- Polen *siehe dort*
- Ratenzahlung **B/ArR** 195
- Spanien *siehe dort*
- Vollzug **B/ArR** 194
- vorgezogener **E** 841 ff.
- Widerspruch/Genehmigung **E** 885 ff.
- Wirkungen **E** 899 ff.
- Zahlungsverbote **InsO § 15b** 40

Vergütung
- Abschläge **InsO § 63** 21 ff.; **InsVV § 3** 1 ff., 39 ff.; **InsVV § 11** 25; **InsVV § 12** 24; **InsVV § 12a** 12; **InsVV § 13** 9 f.
- Absonderung *siehe dort*

Sachverzeichnis

- Abzüge **InsO § 63** 8
- Allgemeines **InsO § 63** 1 ff.
- Angemessenheit **InsVV § 2** 1 ff.; **InsVV § 3** 1 ff.; **InsVV § 4** 17; **InsVV § 5** 2 ff.
- Anhörung **InsVV § 16** 5; **InsVV § 17** 12 f.
- Anrechnungen **InsVV § 12** 25
- Antrag *siehe dort*
- Arbeitsaufwand, erhöhter **InsVV § 3** 1 ff.
- Arbeitsrecht **InsVV § 3** 32 ff.
- Auslagen *siehe dort*
- Aussonderung *siehe dort*
- Bekanntgabe *siehe dort*
- Berechnung **InsO § 63** 6 ff.
- Berechnungsgrundlage **InsO § 63** 7 ff.; **InsVV § 1** 1 ff.; **InsVV § 11** 2 ff.; **InsVV § 12** 9a f.; **InsVV § 12a** 8 ff.; **InsVV § 14** 2 ff.
- Corona-Pandemie **InsVV § 2** 20; **InsVV § 11** 46; **InsVV § 12** 40; **InsVV § 19** 15
- Degressionsausgleich **InsVV § 3** 29 ff.
- Eigenverwaltung **COVInsAG § 5** 41
- Fallgruppen A-Z **InsVV § 3** 38 ff.; **InsVV § 11** 24
- Fälligkeit *siehe dort*
- Gegenstandswert **InsVV § 1** 49
- Gesamtwürdigung **InsVV § 3** 15 f.
- Geschäftskosten **InsVV § 4** 1 ff.
- Gläubigerausschuss **InsO § 22a** 70 ff.; **InsO § 54** 47; **InsO § 73** 1 ff.; **InsO § 269c** 29 f.; **InsVV § 17** 1 ff.
- Grundlagen **InsO § 73** 2
- Haftpflichtversicherung **InsVV § 4** 18 f.; **InsVV § 18** 10 ff.
- Haftung **InsVV § 17** 33
- Hausverwaltung **InsVV § 3** 27 f.
- Hilfskräfte **InsVV § 4** 4 ff.; **InsVV § 18** 8 f.
- Höhe **InsO § 73** 3 ff.
- Insolvenzplan **InsO § 217** 24 ff.; **InsO § 269g** 1 ff.; **InsVV § 3** 36 f.; **InsVV § 6** 15 ff.
- InsVV **InsVV § 1** 1 ff.
- Koordinator **EUInsVO 77** 1 ff.
- Kosten, besondere **InsVV § 4** 12 ff.
- Masseverbindlichkeiten **InsVV § 1** 25 ff.; **InsVV § 17** 45
- Mindestvergütung **InsO § 63** 20, 28; **InsVV § 2** 10 ff.; **InsVV § 12** 10a; **InsVV § 13** 4 ff.; **InsVV § 14** 8 ff.
- Mitglieder, entsandte **InsO § 73** 15
- nach InsVV **InsO § 63** 3
- Nachtragsverteilung **InsVV § 6** 1 ff.
- Nachweis Zeitaufwand **InsO § 73** 13
- Nebenarbeiten **InsO § 73** 14
- Notwendigkeit **InsVV § 4** 8 ff.
- Pflichtverletzungen **InsO § 64** 14 f.
- Rechtsmittel *siehe dort*
- Regelung, abschließende **InsO § 63** 4
- Regelvergütung **InsO § 63** 18 ff.; **InsVV § 2** 1 ff.; **InsVV § 12a** 6 f.; **InsVV § 13** 4 ff.
- Restvergütungsanspruch **B/ArR** 365 ff.
- Sachkunde, besondere **InsVV § 1** 26 f.; **InsVV § 5** 1 ff.; **InsVV § 12** 11
- Sachwalter *siehe dort*
- Schätzung **InsVV § 1** 11 ff.
- Schuldner **InsVV § 14** 12 f.
- Schutzschirmverfahren **COVInsAG § 6** 16
- Sonderaufgaben **InsO § 63** 29
- Sonderinsolvenzverwalter **InsVV § 5** 11 ff.
- Sondermasse **InsVV § 1** 36 ff.
- Stundung **InsVV § 17** 33
- Treuhänder *siehe dort*
- Übergangsrecht **InsVV § 19** 1 ff.
- Umsatzsteuer *siehe dort*
- Unternehmensfortführung **InsVV § 1** 28 ff.; **InsVV § 3** 23 ff.
- Verbraucherinsolvenz **InsVV § 13** 1 ff.
- Verfahren, wirtschaftlich verbundene **InsO § 73** 17 f.
- Verfahrenskoordinator **InsO § 269g** 1 ff.; **InsVV § 3** 54 f.
- Verfahrenskosten **InsO § 54** 36 ff.
- Vergütungsfestsetzung **InsO § 64** 1 ff.; **InsO § 73** 11 ff.; **InsO § 293** 10 ff.; **EUInsVO 77** 5 ff.; **InsVV § 6** 22 ff.; **InsVV § 8** 1 ff.; **InsVV § 9** 16 f.; **InsVV § 11** 28 ff.; **InsVV § 12** 28 ff.; **InsVV § 12a** 15 ff.; **InsVV § 14** 15; **InsVV § 16** 1 ff.; **InsVV § 17** 14
- Vergütungsvereinbarung **InsO § 63** 5 ff.; **Pl** 747 ff.
- Verjährung **InsO § 63** 17; **InsO § 73** 19; **InsVV § 8** 33 ff.; **InsVV § 11** 33; **InsVV § 12a** 23; **InsVV § 17** 48
- Vermögensverhältnisse, überschaubare **InsVV § 3** 52 f.
- Verordnungsermächtigung/InsVV) **InsO § 65** 1 ff.
- Verwalter **InsVV § 54** 37; **InsO § 63** 1 ff.; **InsO § 300a** 9 f.; **CZ** 275 ff., 669 f.; **E** 407 ff.; **InsVV § 1** 1 ff.; **Pl** 456 ff., 1263 ff.
- Verwalter, vorläufiger **InsO § 26a** 1 ff.; **InsO § 54** 43 ff.; **InsO § 63** 14 ff.; **InsVV § 3** 40 ff.; **InsVV § 10** 5 ff.; **InsVV § 11** 1 ff.
- Verwirkung **InsVV § 8** 28 ff.; **InsVV § 12a** 24
- Vorschuss **InsO § 63** 27; **InsO § 73** 20; **InsVV § 1** 34 f.; **InsVV § 9** 1 ff.; **InsVV § 11** 34; **InsVV § 12** 35 f.; **InsVV § 12a** 21; **InsVV § 14** 15; **InsVV § 16** 13 ff.; **InsVV § 17** 34; **InsVV § 18** 15 f.
- Wertermittlung **InsO § 63** 15 ff.
- Zufluss, nachlaufender **InsVV § 1** 10
- zusätzliche **InsO § 63** 29
- Zuschläge **InsO § 63** 21 ff.; **InsVV § 3** 1 ff.; **InsVV § 11** 20 ff.; **InsVV § 12** 12 ff.; **InsVV § 12a** 11; **InsVV § 13** 8; **InsVV § 17** 32
- Zuschüsse **InsVV § 1** 34 f.
- Zustellung **InsVV § 8** 17 ff.

Verhältnismäßigkeit InsO § 21 14 ff.; **InsO § 98** 31 ff.; **InsO § 99** 19

Verjährung/-sfristen InsO § 62 1 ff.; **B/ArR** 51 ff.
- Anfechtung **InsO § 135** 36; **InsO § 146** 1 ff.; **B/ArR** 222 ff.
- Ausschluss **InsO § 146** 12
- Baurecht **B/ArR** 51 ff.
- Forderung, nicht angemeldete **InsO § 224** 9 f.
- Forderungsanmeldung **InsO § 174** 46 ff.
- Haftung **InsO § 60** 80; **InsO § 62** 1 ff.; **InsO § 71** 20
- Hemmung **InsO § 39** 129; **InsO § 62** 24; **InsO § 146** 10 f.; **InsO § 259b** 6; **E** 541 ff.; **Pl** 779 b
- Höchstfrist **InsO § 259b** 5
- Insolvenzplan **InsO § 224** 9 f.; **InsO § 259b** 1 ff.

Sachverzeichnis

- Neubeginn **InsO § 146** 10 f.
- Pflichtverletzung Verwalter **InsO § 62** 1 ff.
- Spanien **E** 541 ff.
- Unterbrechung **F** 423
- Vergütung *siehe dort*
- Verkürzung **B/ArR** 53
- Verzichtserklärung **B/ArR** 222 ff.
- Zahlungen **InsO § 15b** 41 f.

Vermächtnis InsO § 35 18; **InsO § 83** 1 ff.; **InsO § 327** 11 ff.

Vermögensverfall CZ 567 ff., 619 ff.

Vermögensverzeichnis/-übersicht InsO § 153 1 ff.
- Eigenverwaltung **InsO § 281** 7
- Form/Frist **InsO § 153** 10 ff.
- Inhalt **InsO § 153** 3 ff.
- Insolvenzplan **InsO § 220** 15 ff.; **InsO § 229** 1 ff.
- Niederlegung in Geschäftsstelle **InsO § 154** 1 ff.
- Rechts-/Zwangsmittel **InsO § 153** 24 f.
- Stichtag **InsO § 153** 8 f.
- Verbraucherinsolvenz **InsO § 305** 30 ff.
- Versicherung, eidesstattliche **InsO § 153** 13 ff.
- Zustellung **InsO § 307** 1 ff.

Verschwiegenheitspflicht InsO § 97 19, 27 ff.

Versicherung, eidesstattliche InsO § 98 8 ff.; **InsO § 153** 13 ff.

Versicherungsleistungen InsO § 35 20 ff.; **InsO § 36** 14 f.; **ImoV** 303 ff.

Verteilung InsO § 170 1 ff.; **InsO § 187** 1 ff.
- Abschlagsverteilung **InsO § 191** 3; **InsO § 195** 1 ff.
- Abweichungen durch Insolvenzplan **InsO § 187** 12
- anteilige **InsO § 269g** 3 ff.
- Aufgaben Sachwalter **InsO § 283** 17 ff.
- Aufgaben Schuldner **InsO § 283** 1 ff.
- Ausführung **InsO § 187** 19 ff.
- Ausschluss von Massegläubigern **InsO § 206** 1 ff.
- Aussetzung **InsO § 233** 1 ff.
- Berücksichtigung, nachträgliche **InsO § 192** 1 ff.
- Beträge, zurückbehaltene **InsO § 198** 1 ff.
- Eigenverwaltung **InsO § 283** 13 ff.
- Einstellung nach **InsO § 211** 6 ff.
- Gegenstände, nicht verwertbare **InsO § 197** 12 f.
- Gläubiger, nachrangige **InsO § 187** 25
- Gläubigergruppen, besondere **InsO § 187** 13 ff.
- Hinterlegung **InsO § 198** 7 ff.
- Insolvenzplan **InsO § 217** 22
- Nachtragsverteilung *siehe dort*
- Recht, internationales **A** 376 ff.; **CH** 74 ff., 190, 420 f.; **CZ** 546 ff.; **EUInsVO 7** 51 f.; **GB** 369 ff.; **Pl** 802 ff.
- Schlussrechnung **InsO § 197** 9 ff.
- Schlusstermin **InsO § 197** 1 ff.
- Schlussverteilung **InsO § 191** 4 f.; **InsO § 196** 1 ff.
- Sekundärverfahren **InsO § 358** 1 ff.
- Treuhänder **InsO § 292** 11 ff.
- Überschuss **InsO § 199** 1 ff.
- Verhältnis zum Prüf-/Feststellungsverfahren **InsO § 187** 1 ff.
- Verteilung, fehlerhafte **InsO § 187** 26 ff.
- Verteilungsarten **InsO § 187** 4 ff.
- Verteilungsverzeichnis **InsO § 187** 16 ff.; **InsO § 188** 1 ff.; **InsO § 189** 1 ff.; **InsO § 190** 1 ff.; **InsO § 191** 1 ff.; **InsO § 193** 1 ff.; **InsO § 194** 1 ff.
- Zuständigkeit **InsO § 187** 8 ff.
- Zwangsverwaltung **ImoV** 830 ff., 994

Verträge, gegenseitige/laufende InsO § 55 40 ff.
- Anfechtung **InsO § 131** 38 f.
- Anpassungen durch Insolvenzplan **InsO § 221** 46a
- arbeitsrechtliche *siehe Arbeitsrecht*
- atypische/gemischte **InsO § 103** 33 ff.
- Aufrechnung **InsO § 103** 107 ff.
- Aufträge Schuldner **InsO § 115** 1 ff.
- Aufwertung/Qualitätssprung **InsO § 103** 68 ff.
- Ausschluss/Beschränkung **§§ 103–118 InsO § 119** 8 ff.
- Begriff **InsO § 103** 24 ff.
- Beispiele **InsO § 103** 30 ff.
- Bindung an Vertrag, bestehenden **InsO § 103** 70 ff.
- Darlehen *siehe dort*
- Durchsetzbarkeit, suspendierte **InsO § 103** 72 ff.
- Eigentumsvorbehalt *siehe dort*
- Eigenverwaltung **InsO § 279** 1 ff.
- Entwicklung **InsO § 103** 5 ff.
- Erfüllung *siehe dort*
- Erfüllungswahl *siehe dort*
- Erlöschen **InsO § 103** 75 ff.
- Fortbestandsfiktion **InsO § 115** 22 ff.; **InsO § 116** 22 ff.
- Gegenpartei, zentrale **InsO § 104** 34 ff.
- gemischte **InsO § 105** 19 ff.
- Geschäftsbesorgung **InsO § 116** 1 ff.
- Grundstückverträge **EUInsVO 11** 1 ff.
- Interessenausgleich Masse/Vertragspartner **InsO § 103** 1 ff.
- Leasingverträge **InsO § 108** 22 ff.
- Leihvertrag **CZ** 424
- Leistungen *siehe dort*
- Leistungsstörungsrecht **InsO § 103** 79 ff.
- Lizenzen **InsO § 35** 32 ff.; **InsO § 47** 64 ff.; **InsO § 108** 69 ff.
- Lösungsrechte, andere **InsO § 119** 39 ff.
- Massebezug Erfüllungspflicht **InsO § 103** 18 ff.
- Miet-/Pachtverhältnisse *siehe dort*
- Person, nahestehende **ImoV** 113
- Pflichten, synallagmatische **InsO § 103** 26 ff.
- Prozess-/Verfahrenskosten **InsO § 105** 20 ff.
- Rahmenvertrag **InsO § 104** 34 ff., 48
- Recht, internationales **A** 237 ff.; **CH** 244 ff.; **CZ** 416 ff., 423; **E** 544 ff., 580 ff.; **EUInsVO 7** 37 ff.; **GB** 268 ff.; **I** 158 f., 258; **Pl** 560 ff., 1005 ff.; **US** 172 ff.
- Restrukturierung **Pl** 1001 ff.
- Rückforderungsausschluss **InsO § 105** 34 ff.
- Rückgewährschuldverhältnisse **InsO § 103** 36
- Rückschlagsperre *siehe dort*
- Rücktritt **Pl** 562 ff.
- Spezialregelungen Einzelverträge **I** 258
- Spezialvorschriften, vorrangige **InsO § 103** 17
- Systematik **InsO § 103** 12 ff.

Sachverzeichnis

- Teilbarkeit **InsO § 105** 5 ff.
- Umsatzsteuer **StR-USt** 142 f.
- Vereinbarung, abweichende **InsO § 104** 49 ff.; **InsO § 113** 22 ff.; **InsO § 119** 1 ff.
- Verhältnis zu Vorschriften, anderen **InsO § 103** 116; **InsO § 104** 53 f.; **InsO § 105** 37 ff.; **InsO § 106** 43 ff.; **InsO § 107** 45 f.; **InsO § 108** 67 f.; **InsO § 109** 48 ff.; **InsO § 119** 39 ff.
- Vertragsspaltung **InsO § 103** 32, 67, 81.1 ff.; **InsO § 105** 27 ff.; **InsO § 106** 41 ff.; **InsO § 107** 10, 26 f.; **InsO § 108** 34, 43 ff.
- Vertragsstrafe **B/ArR** 102 ff.
- Verwahrvertrag **InsO § 47** 55
- VOB-Vertrag **B/ArR** 3 ff.
- Vorausabtretung **InsO § 103** 109 ff.
- Vorleistungen **InsO § 103** 81, 84, 87 f.; **InsO § 105** 23 ff.
- Warentermingeschäfte/Finanzleistungen **InsO § 104** 1 ff.

Vertreter/Vertretung/Bevollmächtigung
- Antragspflicht **InsO § 15a** 7 ff.
- Anwendungsbereich, personeller **StR-Verf** 180 ff.
- Bevollmächtigte **InsO § 129** 29 f.
- Erlöschen **InsO § 117** 1 ff.; **ImoV** 62 f.
- Forderungsanmeldung **InsO § 174** 7 ff.; **F** 418 f.
- gemeinsamer **InsO § 38** 36
- Hilfskräfte Verwalter **E** 393 ff.; **InsVV § 18** 8 f.
- Immobilienverwertung **ImoV** 62 f.
- Kenntnis **InsO § 130** 26 ff.
- Organträgerhaftung **StR-Verf** 193 ff.
- Pflichtverletzungen Vertreter **StR-Verf** 201 ff.
- Schuldner bei Antrag **InsO § 305** 7 ff.
- Steuerrecht **StR-Verf** 178 ff.
- Umfang **StR-Verf** 189 ff.
- Verkaufsvollmacht **ImoV** 411

Verwalter InsO § 1 40; **InsO § 56** 1 ff.
- abgewählter **InsO § 57** 11 ff.
- Ablehnung **InsO § 56** 49; **E** 390 ff.
- Abschlagsverteilung **InsO § 195** 1 ff.
- Abschlussbericht **E** 758 ff., 785 ff.
- Abwicklungsverhältnis **InsO § 215** 9
- Aktenführung **CZ** 60
- Anerkenntnis. sofortiges **InsO § 86** 28 ff.
- Anhörung **InsO § 59** 15 ff.
- Anwendungsbereich **InsO § 56** 7
- Anzeigepflicht **InsO § 262** 2 ff.
- Arbeitsrecht **InsO § 80** 45
- Aufgaben **B/ArR** 26 ff., 34; **E** 397 ff., 399 ff.
- Aufnahmekriterien für Liste **InsO § 56** 14 ff.
- Aufrechnung siehe dort
- Aufsicht **InsO § 58** 1 ff.
- Auskunft/Unterrichtung/Mitteilung **InsO § 22** 97 ff.; **InsO § 47** 139 f.; **InsO § 79** 4 f.; **InsO § 97** 15; **InsO § 342** 13 ff.; **StR-Verf** 49 ff.
- ausländischer **InsO § 21** 152; **InsO § 347** 14 ff.
- Ausscheiden **InsO § 85** 46 ff.
- Auswahl **InsO § 56** 8 ff., 33 ff.
- Beendigung Amt **InsO § 56** 48
- Befangenheit **CZ** 242
- Befugnisse **EUInsVO 21** 1 ff.; **EUInsVO 56** 10 f.; **EUInsVO 60** 1 ff.; **StR-Verf** 60 ff.
- Begriff **EUInsVO 2** 7 ff.
- Berichtigungspflichten **StR-Verf** 97 f.
- Berichtspflichten **InsO § 80** 34 ff.
- Besitz **InsO § 166** 15 ff.
- Bestellung siehe dort
- Bezeichnungen, internationale **EUInsVO Anh. B**
- Buchführungs-/Rechnungslegungspflichten siehe dort
- Datenschutz/Compliance **InsO § 80** 53.3; **DS** 106 ff.
- Delisting **InsO § 56** 29 ff.
- Eignung **InsO § 56** 16 ff.; **InsO § 57** 7 ff.
- Einstellung Verfahren **InsO § 207** 2; **ImoV** 773 ff.
- Einzeltätigkeit **InsO § 56** 50
- England siehe dort
- Entlassung **InsO § 59** 1 ff., 26 f.; **E** 442 ff.
- Entscheidung Listing **InsO § 56** 26 ff.
- Erfüllungswahl siehe dort
- Erklärungspflicht **StR-Verf** 80 ff., 213
- Ersetzungsbefugnis **InsO § 167** 10 f.
- Frankreich **F** 158 ff., 182 ff., 360
- Geltendmachung Haftungsanspruch **InsO § 60** 69 ff.
- Gesamtschaden **InsO § 92** 25 ff.
- Geschäftskundigkeit **InsO § 56** 17
- Gesellschafterhaftung **InsO § 93** 32 ff.
- Gesellschaftsrecht **InsO § 80** 46 ff.
- Gewerbesteuerpflicht **CZ** 669 f.
- Gläubigerbeteiligung **InsO § 56a** 1 ff.
- Gläubigerinformationssystem, elektronisches **InsO § 5** 26 ff.
- Grundbucheintragung **InsO § 32** 14 ff.
- Haftpflichtversicherung **CZ** 241
- Haftung siehe dort
- Handelsrecht **InsO § 80** 49 ff.
- Herausgabepflicht **InsO § 58** 24
- Hilfskräfte **E** 393 ff.; **InsVV § 18** 8 f.
- Höchstpersönlichkeit Amt **InsO § 56** 18 ff.
- Immobilienverwertung **ImoV** 1 ff.
- Inbesitznahmepflicht **InsO § 148** 7 ff.
- Informationspflicht **InsO § 357** 4 ff.
- In-sich-Geschäfte **InsO § 80** 37 ff.
- Insolvenzplanvorlage **InsO § 218** 2
- Italien siehe dort
- Leistungsverweigerungsrecht **InsO § 146** 17 ff.
- Liste **InsO § 56** 9 ff.
- Masseverbindlichkeiten **InsO § 55** 5 ff., 63 ff.
- Mitwirkungsrecht **EUInsVO 45** 7
- Nachweis Bestellung **InsO § 347** 4 ff.
- Neubestellung/Austausch **CZ** 246 ff.
- Opt-In-Entscheidung **EUInsVO 69** 1 ff.
- Österreich **A** 147 ff., 455 ff.
- Parteieigenschaft **InsO § 60** 110 f.
- Person, natürliche **InsO § 56** 15
- Pflicht zur Unterrichtung Gericht **InsO § 347** 14 ff.
- Pflichten **InsO § 60** 13 ff.; **InsO § 80** 60; **InsO § 148** 14 f.; **InsO § 159** 3 ff.; **ImoV** 125 ff., 143 ff.; **Pl** 446 ff.
- Pflichtverletzungen **InsO § 64** 14 f.
- Polen **Pl** 21 ff., 443 ff., 1254 ff.
- Prozesshandlungen **InsO § 55** 16 ff.
- Prozesskostenhilfe **InsO § 148** 23 ff.
- Prüf-/Sorgfalts-/Rücksichtnahmepflichten **InsO § 47** 134 ff.; **InsO § 174** 36 ff.

Sachverzeichnis

- Qualitätskriterien **InsO § 56** 24
- Rahmen, rechtlicher **InsO § 56** 3 ff.
- Rangstelle **ImoV** 600 f.
- Reaktion auf Zwangsversteigerung **ImoV** 557
- Recht, öffentliches **InsO § 80** 53 ff.
- Rechte **ImoV** 125 ff.; **Pl** 446 ff.
- Rechtshandlung **InsO § 129** 31 ff.; **InsO § 164** 1
- Rechtsmittel **InsO § 56** 26 ff., 47; **InsO § 58** 26 ff.; **InsO § 59** 21 ff.
- Rekonstruierungssache, vorherige **InsO § 56** 39a f.
- Reputationsverlust **DS** 123
- Rücktritt **E** 442 ff.
- Sachkunde, besondere **InsVV § 5** 1 ff.
- Schiedsgerichtsvereinbarung **B/ArR** 560 f.
- Sekundärverfahren **InsO § 357** 4 ff.; **EUInsVO 34** 28 f.; **EUInsVO 41** 1 ff.
- Sonderinsolvenzverwalter **InsO § 56** 51 ff.; **InsO § 56b** 23 ff.; **InsVV § 5** 11 ff.
- Spanien **E** 179 ff., 364 ff., 1175 ff., 1189
- Stellung **InsO § 80** 20 f., 20 ff., 38 ff.; **DS** 11 ff.
- Steuerrecht *siehe dort*
- Strafrecht **InsO § 80** 59 ff.
- Tätigkeiten, unvereinbare/Unvereinbarkeit **E** 380 ff.
- Tilgungsbestimmungsrecht **InsO § 170** 17
- Tschechische Republik **CZ** 233 ff., 658 ff.
- Überschuss **InsO § 199** 5 f.
- Überwachung Insolvenzplan **InsO § 261** 1 ff.; **InsO § 262** 1 ff.
- Unabhängigkeit **InsO § 56** 20, 36 ff.; **InsO § 56b** 17 ff.
- Unterhalt, vorläufiger aus Masse **InsO § 100** 29 ff.
- Unternehmensgruppe **InsO § 56b** 1 ff.
- Unterrichtungspflicht **InsO § 161** 1 f.; **InsO § 269a** 8 ff.
- Veranlagungswahl **StR-ESt** 64 ff., 96, 102 ff.
- Verfahrenskosten **InsO § 207** 2
- Verfügungen **InsO § 143** 8 ff.
- Verfügungsbefugnisse **CZ** 273
- Vergütung *siehe dort*
- Verhältnis zu Gericht **InsO § 195** 3 f.
- Verschulden **InsO § 56** 55 f.; **InsO § 60** 57 ff.
- Versicherung **E** 435 ff.
- Verwertung *siehe dort*
- Voraussetzungen, organisatorische **InsO § 56** 21 ff.
- Vorauswahl **InsO § 56** 9 ff.
- vorläufiger *siehe Verwalter, vorläufiger*
- Vorschlagsrecht **InsO § 56** 40
- Wahl anderer **InsO § 57** 1 ff.
- Wettbewerbsrecht **InsO § 80** 62; **DS** 121 f.
- Wirksamkeit Handlungen **InsO § 164** 1 ff.
- Zahlungen Zwangsverwalter **ImoV** 859
- Zuleitungsempfänger **InsO § 99** 32 ff.
- Zusammenarbeit **InsO § 269a** 1 ff.; **InsO § 269f** 11 ff.; **InsO § 269h** 1 ff.; **InsO § 357** 1 ff.; **EUInsVO 41** 1 ff.; **EUInsVO 43** 1 ff.; **EUInsVO 56** 1 ff.; **EUInsVO 58** 1 ff.; **EUInsVO 74** 1 ff.
- Zusicherung **EUInsVO 36** 1 ff.; **EUInsVO 38** 2 f.
- Zwangsversteigerungsantrag **ImoV** 528 ff.
- Zwangsverwalter *siehe Zwangsverwaltung*
- Zwangsvollstreckungsantrag **ImoV** 782 f.

Verwalter, vorläufiger InsO § 21 22 ff., 25 ff.
- Auskunftspflichten **InsO § 22** 97 ff.
- Auskunftsrechte/-pflichten **StR-Verf** 55 f.
- Aussonderung **InsO § 47** 143 ff.
- Baurecht **B/ArR** 27 ff.
- Befugnisse **EUInsVO 52** 1 ff.
- Begründung Treuhand **InsO § 47** 114 ff.
- Bestellung **InsO § 21** 56 ff.; **InsO § 270e** 30
- Betretungsrecht **InsO § 22** 88 ff.
- Durchsuchung Geschäftsräume **InsO § 22** 88 ff.
- Einsichtsrecht Bücher/Geschäftspapiere **InsO § 22** 92 ff.
- England **GB** 149 ff., 159
- Erfüllungswahlrecht **InsO § 103** 52; **B/ArR** 33
- Forderungsanmeldung **InsO § 174** 12
- Haftung **InsO § 22** 113 ff.; **InsO § 60** 3
- Immobilienverwertung **ImoV** 31 ff.
- Insolvenzgeldvorfinanzierung **InsO § 22** 83 ff.
- Insolvenzplanvorlage **InsO § 218** 2
- Masseverbindlichkeiten **InsO § 61** 18 ff.; **B/ArR** 30
- Mitteilungspflichten **InsO § 22** 97 ff.
- Pflichten **InsO § 22** 78 ff.; **InsO § 49** 27 ff.; **InsO § 60** 48 ff.
- Polen **Pl** 461
- Prozessrecht **InsO § 22** 101 ff.
- Rechtshandlung **InsO § 129** 32 ff.
- Rechtsmittel **InsO § 22** 128 ff.; **InsO § 26a** 9
- Rechtsstellung **InsO § 22** 1 ff.
- Risiken Baurecht **B/ArR** 602 ff.
- Sachverständiger **InsO § 22** 81 ff.; **InsVV § 11** 40 ff.
- schwacher *siehe Verwalter, vorläufiger schwacher*
- Sicherungsmaßnahmen *siehe dort*
- Sicherungsübereignung *siehe dort*
- Sorgfaltsmaßstab **InsO § 22** 116 ff.
- starker *siehe Verwalter, vorläufiger starker*
- Steuerrecht **StR-USt** 7 f.; **StR-Verf** 32 ff.
- Strafrecht **InsO § 22** 125 ff.
- Tschechische Republik **CZ** 233 ff.
- Verfügungsverbote **InsO § 21** 43 ff., 50 ff.
- Vergütung *siehe dort*
- Verwaltung **InsO § 60** 48 ff.
- Zusammenarbeit **InsO § 269f** 11 ff.; **InsO § 269h** 1 ff.
- Zustimmung zu Zahlungen **B/ArR** 181
- Zustimmungsvorbehalt **InsO § 22** 65 ff.
- Zwangsbefugnisse **InsO § 22** 87 ff.

Verwalter, vorläufiger schwacher InsO § 22 52 ff.; **DS** 27 ff.; **StR-ESt** 16
- Abwicklung Verwaltung **InsO § 25** 10 ff.
- Arbeitsrecht **InsO § 22** 54
- Aussonderung **InsO § 47** 147
- Baurecht **B/ArR** 28 ff.
- Einzelermächtigungen **InsO § 22** 69 ff.
- Gewerbesteuer **StR-Nl** 8
- Lohnsteuer **StR-ESt** 137
- Massverbindlichkeiten **InsO § 22** 55
- Pflichten **InsO § 22** 57 ff.
- Prozessrecht **InsO § 22** 107 ff.
- Umsatzsteuer **StR-USt** 55 ff.
- Unternehmensfortführung **InsO § 22** 63
- Verfügungsverbote **InsO § 21** 50 ff.
- Vertretung Schuldner **B/ArR** 31 f.

Sachverzeichnis

Verwalter, vorläufiger starker B/ArR 562 ff.; **DS** 24 ff.
- Abwicklung Verwaltung **InsO § 25** 7 ff.
- Arbeitsrecht **InsO § 22** 37 f.; **InsO § 55** 54a
- Baurecht **B/ArR** 28 ff.
- Erhaltung Vermögen **InsO § 22** 26 f.
- Forderungseinzug **InsO § 22** 30 f.
- Freigabe **InsO § 22** 14
- Gläubiger, aus-/absonderungsberechtigte **InsO § 22** 40 ff.
- Inbesitznahme **InsO § 22** 16 ff.
- Inventarisierung **InsO § 22** 22 ff.
- Lohnsteuer **StR-ESt** 138
- Masseverbindlichkeiten **StR-USt** 51 ff.
- Massverbindlichkeiten **InsO § 22** 9
- Prozessrecht **InsO § 22** 102 ff.
- Rechtsstellung **InsO § 22** 6 ff.
- Schweigepflicht **InsO § 22** 12
- Umsatzsteuer **StR-USt** 51 ff.
- Unterhalt **InsO § 22** 15
- Unternehmensfortführung/-stilllegung **InsO § 22** 31 ff., 48 ff.
- Verfügungsverbote **InsO § 21** 43 ff.
- Vermögenssicherung/-erhalt **InsO § 22** 13 ff.
- Verwaltungs-/Verfügungsrecht **InsO § 60** 15 ff., 48 ff.; **InsO § 80** 1 ff.; **InsO § 300a** 5 f.; **I** 6; **ImoV** 981 ff.
- Verwertung **InsO § 22** 28 ff.

Verwertung InsO § 159 1 ff.; **InsO § 217** 20 ff.; **InsO § 314** 1 ff.
- Abrechnung **InsO § 170** 11 ff.
- Abschluss **E** 963
- Absonderungsgegenstand **InsO § 49** 38 ff.
- Art/Weise **InsO § 166** 25 ff.
- Arten **InsO § 159** 6 ff.
- Aufgabendelegation **InsO § 157** 5
- Ausgleichsansprüche Gläubiger **InsO § 21** 122 ff.
- Auskunft **E** 960 ff.
- Ausschluss **InsO § 166** 52
- Aussetzung *siehe dort*
- Begriff **InsO § 159** 1 f.
- Daten, personenbezogene **DS** 94 ff.
- durch Schuldner **InsO § 282** 2 ff.
- durch Verwalter **InsO § 166** 27 ff.
- Durchführung **InsO § 166** 41 ff.; **InsO § 168** 26 ff.
- eigenmächtige **InsO § 170** 27 ff.
- Eigenverwaltung **InsO § 270** 39; **InsO § 282** 1 ff.
- Erhaltungskosten **InsO § 171** 12 ff.
- Erlösverteilung *siehe Verteilung*
- Eröffnungsverfahren **InsO § 170** 18 f.
- Forderungen **InsO § 166** 34 ff.; **A** 403 ff.
- fortgeschrittene **InsVV § 3** 44 f.
- Frankreich *siehe dort*
- freihändige **InsO § 49** 41 f.; **InsO § 165** 28 ff.; **ImoV** 882 ff., 901 ff., 925 ff., 943 ff., 1000 ff.; **StR-USt** 166 ff.
- Gegenstände mit Absonderungsrecht *siehe Absonderung*
- Gegenstände, unbewegliche *siehe Immobilienverwertung*
- Gläubiger **InsO § 170** 20 ff.; **InsO § 173** 1 ff.
- Immaterialgüterrechte *siehe dort*
- Insolvenzplan **InsO § 217** 20 ff.; **InsO § 223** 5 ff.; **InsO § 233** 1 ff.

- Kosten **InsO § 170** 1 ff.; **InsO § 171** 1 ff.; **InsO § 282** 8 ff.
- Nachweis **InsO § 190** 7 ff.
- Nutzung für Masse **InsO § 172** 1 ff.
- Österreich **A** 314 ff.
- Pflichten Insolvenzverwalter **InsO § 60** 15 ff.
- Polen *siehe dort*
- Prozessaufnahme **InsO § 160** 10 f.
- Recht, beschränktes **InsO § 313** 14 ff.
- Recht, internationales **EUInsVO 41** 11; **EUInsVO 46** 1 ff.; **EUInsVO 60** 9 ff.
- Rechte, sonstige **InsO § 166** 44 ff.
- Rechtsgrundlage **InsO § 166** 50 f.
- Rechtsnatur Auszahlungsanspruch **InsO § 170** 14 ff.
- Rechtsübergang **InsO § 173** 7 ff.
- Sachen, bewegliche *siehe dort*
- Schutz vor Verzögerung **InsO § 169** 1 ff.
- Schweiz *siehe dort*
- Sekundärverfahren **InsO § 357** 10 ff.; **EUInsVO 46** 1 ff.
- Selbsteintritt Gläubiger **InsO § 168** 22 ff.
- Sicherheiten **InsO § 135** 25
- Sicherungsgut **InsO § 282** 1 ff.
- Sonderfälle **InsO § 159** 9 ff.
- Spanien *siehe dort*
- Steuerrecht **Pl** 1234 ff.
- Tilgungsbestimmungsrecht **InsO § 170** 17
- Tschechische Republik **CZ** 485 ff., 591, 656
- Umsatzsteuer *siehe dort*
- Unternehmensbeteiligungen **InsO § 166** 45 ff.
- Veräußerung **InsO § 160** 6 f.; **InsO § 162** 1 ff.; **InsO § 163** 1 ff.
- Verfahren bei - durch Gläubiger **InsO § 49** 39 f.
- Verteilungsverzeichnis **InsO § 190** 7 ff.
- Verwalter **InsO § 22** 28 ff.; **InsO § 170** 4 ff.; **ImoV** 148 ff.
- Verwertungs-/Einziehungsverbote **InsO § 21** 104 ff.; **InsO § 97** 27 ff.; **ImoV** 35 ff.
- Verwertungspflicht **InsO § 159** 3 ff.
- Verwertungsplan **E** 924 ff.
- Verwertungsvereinbarung **ImoV** 894 ff.
- vor Eröffnung **InsO § 166** 25
- Vorschlagsrecht **InsO § 357** 10 ff.
- Wirksamkeit Handlungen **InsO § 164** 1 ff.
- Zinsen **InsO § 169** 1 ff.

Verzicht
- auf Verhandlung, mündliche **InsO § 5** 21 ff.
- Befriedigung, abgesonderte **InsO § 52** 16 ff.
- Restschuldbefreiung **InsO § 301** 3 ff.
- Verjährung **B/ArR** 222 ff.

Vollstreckungsmaßnahmen InsO § 80 76 ff.; **InsO § 89** 14 ff.; **InsO § 135** 52; **InsO § 210** 5
- Änderung Sachlage **InsO § 259a** 13
- Anfechtung **InsO § 80** 79 ff.; **InsO § 141** 8 ff.; **ImoV** 395 ff.
- Antrag nach § 30d ZVG **ImoV** 565 ff.
- Aufhebung Einstellungsantrag **ImoV** 578 f.
- Aufhebung/Untersagung **InsO § 259a** 2 ff.
- aus Insolvenzplan **InsO § 257** 1 ff.
- Beschlagnahme **InsO § 80** 76
- Einstellung **ImoV** 566 ff., 572
- Forderungsvollstreckung **InsO § 89** 30 ff.
- gegen Erben **InsO § 321** 22
- gegen Insolvenzplan **InsO § 259a** 1 ff.

Sachverzeichnis

- Gläubigerentschädigung **ImoV** 573 ff.
- Herausgabevollstreckung **InsO** § 148 16 ff.
- Immobilienverwertung **ImoV** 24 ff., 67 ff., 499 ff.
- in Vermögen, unbewegliches **ImoV** 517 f.
- in Vermögensrechte, andere **ImoV** 519 f.
- Klausel **ImoV** 506
- Kosten **StR-Nl** 105 ff.
- Mietforderungen **InsO** § 110 13 f.
- nach Aufhebung Verfahren **InsO** § 201 13 ff.
- nach Erbfall **InsO** § 321 1 ff.
- Parteibezeichnung **ImoV** 507 ff.
- Pfändung/Verpfändung *siehe dort*
- Prozesskostenhilfe **ImoV** 522
- Recht, internationales **CH** 409 ff.; **E** 516 ff.; **EUInsVO** 32 1 ff.
- Rechtsmittel **InsO** § 88 25 ff.; **InsO** § 89 36 ff.; **InsO** § 259a 12
- Rückschlagsperre **InsO** § 88 1 ff.
- Titel **ImoV** 504 f.
- Unterbindung **ImoV** 24 ff.
- Unwirksamkeit **ImoV** 67 ff.
- unzulässige **ImoV** 70 ff.
- Verbraucherinsolvenzverfahren **InsO** § 80 78
- Verfahren **StR-Verf** 160 ff.
- Vollstreckungsorgan, zuständiges **ImoV** 500 ff.
- Vollstreckungsschutz **InsO** § 259a 1 ff.; **InsO aF** § 270b 21 f.; **ImoV** 559 ff., 773 ff.
- Vollstreckungsverbote *siehe dort*
- Voraussetzungen **ImoV** 499 ff.
- Zumutbarkeit **ImoV** 571
- Zuständigkeit *siehe dort*
- Zustellung **ImoV** 510 ff.
- Zwangsversteigerung *siehe dort*
- Zwangsverwaltung *siehe dort*

Vollstreckungsverbote InsO § 89 1 ff.; **InsO § 90** 1 ff.; **InsO § 123** 26
- Absonderung **ImoV** 221
- Altmasseverbindlichkeit **InsO § 210** 4
- Einstellung **InsO § 207** 25; **InsO § 208** 7; **InsO § 210** 1 ff.
- Gläubiger, betroffene **InsO § 294** 1 ff.
- Masseunzulänglichkeit **InsO § 207** 25; **InsO § 208** 7; **InsO § 210** 1 ff.
- Maßnahmen, vorläufige **InsO § 21** 80 ff.
- Mietforderungen **ImoV** 487
- Neumasseverbindlichkeit **InsO § 210** 6 ff.
- Rechtsmittel **InsO § 210** 12 f.; **InsO § 294** 7b
- Reichweite **InsO § 21** 85 ff.
- Restschuldbefreiung **InsO § 294** 1 ff.; **InsO § 300a** 7 f.
- Titel/Bescheide **InsO § 210** 3
- Verstoß gegen - **InsO § 21** 96 ff.
- Vorpfändung **InsO § 21** 91.1
- Wirkungen **InsO § 21** 92 ff.; **InsO § 294** 7 a

Vorführung, zwangsweise/Inhaftnahme InsO § 98 19 ff.

Vorgespräch InsO § 10a 1 ff.

Vorkaufsrechte InsO § 47 31; **InsO § 106** 29 ff.; **ImoV** 255 f.

Vormerkung InsO § 47 30; **InsO § 106** 1 ff.; **InsO § 349** 15 ff.; **ImoV** 282 ff., 374

Warentermingeschäfte InsO § 104 1 ff.

WEG-Recht
- Anmeldung Zwangsversteigerung **ImoV** 719
- Ansprüche gegen Erwerber **ImoV** 1006 f.
- Anspruchsgrenzen **ImoV** 712 ff.
- Beträge, fällige, laufende, rückständige **ImoV** 708 ff.
- Durchsetzung **ImoV** 1002 ff.
- Durchsetzung Ansprüche außerhalb Insolvenz **ImoV** 714 ff.
- Gesellschaft **InsO § 84** 26
- Grundpfandrechte **ImoV** 404 ff.
- Hausverwaltung **InsVV § 3** 27 f.
- Immobilienverwertung **ImoV** 237 ff., 404 ff.
- Insolvenz Wohneigentümer **ImoV** 717 f.
- Pfandklage **ImoV** 720 ff.
- Rangklasse 2 **ImoV** 705 ff.
- Verwertung, freihändige **ImoV** 1000 ff.
- Vorrecht Ansprüche **ImoV** 706 ff.
- Wohneigentum **ImoV** 157 ff.
- Zuschlagswirkungen **ImoV** 668 ff.
- Zwangsversteigerung **ImoV** 556

Wertpapiere
- Anleihegläubiger **InsO § 222** 19 ff.
- Aussonderung **InsO § 47** 116b; **F** 482
- Emittenten **Pl** 930 ff.
- Insolvenzplan **InsO § 221** 11
- Verwahrung **InsO § 47** 56

Wettbewerbsrecht InsO § 80 62; **DS** 121 f.

Widerruf
- Aussetzung Antrag **EUInsVO 38** 8 f.
- Konkurs **CH** 282 ff.
- Kosten **InsO § 303** 15 f.
- Restschuldbefreiung *siehe dort*
- Sozialplan **InsO § 124** 5 ff.
- Sperrfrist nach - **InsO § 287a** 18
- Verfahren **InsO § 303** 10 ff.
- Wirkungen **InsO § 303** 14

Widerspruch E 885 ff.
- Ausrichtung **InsO § 178** 11 ff.
- begründeter **InsO § 183** 1 ff.
- Begründung **InsO § 178** 10
- Berechtigung **InsO § 178** 4 ff.
- Beschränkung **InsO § 178** 13 f.
- Beseitigung **InsO § 178** 15 ff.
- Betriebsübergang **InsO § 128** 14
- Einstellung Verfahren **InsO § 214** 5 ff.
- Erhebung **InsO § 178** 8 ff.
- Forderungsprüfung/-feststellung **InsO § 176** 14 ff.; **InsO § 178** 3 ff.; **InsO § 283** 3 ff.
- formunwirksamer **InsO § 307** 22 ff.
- Insolvenzplan **InsO § 247** 2 ff.; **InsO § 251** 6 ff.
- Insolvenztabelle **InsO § 283** 3 ff.
- Klage gegen **InsO § 184** 1 ff.
- Privilegierung **InsO § 184** 20 ff.
- Sachwalter **InsO § 275** 11 f.
- Schuldenbereinigungsplan **InsO § 307** 22 ff.
- unbegründeter **InsO § 183** 4 f.
- Verfahren **CH** 64 ff.
- Verfolgung **InsO § 179** 16 ff.
- Vergleich **E** 885 ff.
- Vergütungsfestsetzung **EUInsVO 77** 5 ff.
- verspäteter **InsO § 178** 9; **InsO § 307** 22 ff.
- vorläufiger **InsO § 178** 14
- Widerspruchsklage **InsO § 184** 1 ff.; **ImoV** 352

Wohlverhaltensphase InsO § 83 19 ff.; **InsO § 289** 6 f.; **InsO § 295** 1 ff.; **CZ** 592; **F** 296 ff.

Wohnrecht InsO § 35 9; **ImoV** 244 f., 253 f., 813 ff., 834 ff.

Sachverzeichnis

Zahlungen
- Abschlag InsO § 123 25; B/ArR 126, 612
- an Gesellschafter InsO § 15b 37 ff.
- an Gläubiger E 944 ff.
- Anfechtung siehe dort
- Begriff InsO § 15b 11 f.
- Einstellung B/ArR 69b
- Eröffnung InsO § 15b 23 f.
- Erstattungsanspruch InsO § 15b 27 ff.
- Geschäftsgang, ordentlicher InsO § 15b 13 ff.; COVInsAG § 2 1
- im Eröffnungsverfahren InsO § 15b 23 f.
- Insolvenzverschleppung InsO § 15b 25
- mit Zustimmung Verwalter B/ArR 181
- Neuregelung InsO § 15b 15
- privilegierte InsO § 15b 14 ff.
- Recht, internationales A 235 f.; E 619, 944 ff.
- Steuerzahlungen InsO § 15b 26 ff.; StR-ESt 10 f.
- Stundung A 485 ff.
- überfällige B/ArR 144
- Überschuldung InsO § 15b 1 ff.
- Überzahlungen InsO § 43 43 f.; StR-ESt 13
- unter Druck B/ArR 145
- verbotene InsO § 15a 41 ff.
- Vereinbarung, außergerichtliche E 103 ff., 173, 180
- Verjährung InsO § 15b 41 f.
- Vermeidung Überzahlungen InsO § 43 40 ff.
- vor Antragstellung InsO § 15b 17 ff.
- Zahlungsplan A 222 ff., 485 ff.; E 807, 1083 ff.
- Zahlungsunfähigkeit siehe dort
- Zahlungsverbote siehe dort
- Zahlungsverkehr B/ArR 612
- Zeitpunkt B/ArR 137

Zahlungsunfähigkeit B/ArR 21 ff.
- Abgrenzung zur Stockung InsO § 17 13 f.
- Abgrenzung zur Unwilligkeit InsO § 17 15
- Anfechtung InsO § 130 17 ff.
- Anzeige InsO § 270d 65 ff.
- Baurecht B/ArR 21 ff.
- Beruhen COVInsAG § 1 6
- Beseitigung eingetretener InsO § 17 28 f.
- Beseitigungsaussicht COVInsAG § 1 7 ff.
- Beweisanzeichen/Umstände InsO § 131 19 ff.
- Bugwelle InsO § 17 27
- Corona-Pandemie COVInsAG § 1 3 ff.
- Darlegungs-/Beweislast InsO § 130 39 ff.
- drohende InsO § 18 1 ff.; InsO aF § 270a 69 ff.; InsO § 270c 67 ff.; InsO § 320 16 ff.
- Eigenverwaltung InsO aF § 270a 69 ff.
- England GB 194 ff.
- Fälligkeitsbegriff InsO § 17 8 ff.
- Frankreich F 281 ff.
- Gläubigerbenachteiligung InsO § 132 16
- Herbeiführung A 354; Pl 1183 ff.
- Illiquidität, materielle InsO § 17 16 ff.
- Insolvenzgrund InsO § 17 1 ff.
- Kenntnis InsO § 130 20 ff.; InsO § 131 19 ff.
- Nachlassinsolvenz InsO § 320 16 ff.
- Österreich A 87 ff., 354, 464 ff.
- Polen Pl 346 ff., 646, 882 ff.
- Prognose InsO § 17 25; InsO § 18 21 ff.; B/ArR 25
- Schutzschirmverfahren siehe dort
- Spanien E 33, 46, 192 ff.
- Tschechische Republik CZ 84 ff.
- Überschuldung siehe dort
- Verbindlichkeiten, anzusetzende InsO § 17 5 ff.
- Verbindlichkeiten, streitbefangene InsO § 18 14 ff.
- Vermutung InsO § 130 27, 44
- Zahlungseinstellung InsO § 17 30 ff.
- Zahlungsmittel, anzusetzende InsO § 18 17 ff.
- Zahlungspflichten InsO § 17 4 ff.; InsO § 18 10 ff.

Zahlungsverbote InsO § 15b 1 ff.
- an Gesellschafter InsO § 15b 37 f.
- Anwendungsbereich, persönlicher InsO § 15b 3 ff.
- Anwendungsbereich, sachlicher InsO § 15b 1
- Aufsichtsratshaftung InsO § 15b 10
- Ausnahme InsO § 15b 13 ff.
- Erstattungsanspruch InsO § 15b 27 ff.
- Forderungen F 389 ff.
- Geltungsbereich, zeitlicher InsO § 15b 43 f.
- Gesamtverantwortung InsO § 15b 5
- Geschäftsführer, faktische InsO § 15b 8
- Gesellschafterhaftung InsO § 15b 9
- Haftungsverzicht InsO § 15b 39
- Legitimation durch Beschlussfassung InsO § 15b 36
- Organe, bestellte InsO § 15b 4, 7
- Ressortverteilung InsO § 15b 5
- Strohmann InsO § 15b 6
- Übergangsrecht InsO § 15b 43 f.
- Vergleich InsO § 15b 40
- Zahlungsbegriff InsO § 15b 11 f.
- Zahlungspflichten, steuerliche InsO § 15b 26 ff.

Zeitpunkt InsO § 140 2 ff.
- Anfechtung InsO § 135 31 ff., 42 ff.
- Anhängigkeit InsO § 352 13
- Bestellung Verwalter InsO § 56 41
- Eigenverwaltung InsO aF § 270 15 f.
- Entscheidung Restschuldbefreiung InsO § 290 73 f.; InsO § 300 1 ff.
- Erfüllung InsO § 103 43 f.
- Eröffnung EUInsVO 2 15 ff.
- Forderungsanmeldung InsO § 177 1 ff.
- Freigabe InsO § 35 59
- Insolvenzplanvorlage InsO § 218 9 ff.
- Kenntnis InsO § 131 23a
- Leistungen InsO § 82 4 f.
- Massezufluss InsVV § 6 4
- Nacherbfolge InsO § 329 6 ff.
- Partikularverfahren InsO § 354 11
- Prozessunterbrechung InsO § 85 24 ff.
- Prüfung Benachteiligung InsO § 129 52, 54
- Rechtshandlungen/-geschäfte InsO § 81 22 ff.; InsO § 129 38 ff.; InsO § 132 15; InsO § 140 1 ff.; A 374; ImoV 77 ff., 339, 361
- Registereintrag InsO § 140 14 ff.
- Restschuldbefreiung InsO § 287a 1 ff.
- Schlussverteilung InsO § 196 1 ff.
- Unterrichtung Interessenausgleich InsO § 125 15 f.
- Verfügungsverbote InsO § 81 20 ff.
- Vergütung InsVV § 11 3
- Vergütungsfestsetzung InsVV § 8 2 ff.
- Wirkung Insolvenzplan InsO § 254 2 ff.

Sachverzeichnis

- Zahlungen **B/ArR** 137
- Zuständigkeit **InsO** § 3 3, 11 ff.; **EUInsVO 3** 6 f.
- Zustellung **InsO** § 307 9 ff.
Zinsen InsO § 39 10 ff.; **InsO** § 135 19
- Abzinsung **InsO** § 41 24 ff.; **InsO** § 46 13 ff.
- Aussetzung **F** 300
- Forderungen **InsO** § 39 10 ff.; **InsO** § 41 24 ff.; **InsO** § 46 13 ff.
- Gläubiger, nachrangiger **InsO** § 39 126 f.
- Recht, internationales **E** 536 ff., 947; **F** 300, 406 f.; **Pl** 789
- Steuerrecht **StR-Nl** 108 f.
- Verzögerung Verwertung **InsO** § 169 1 ff.
Zölle StR-Nl 73 ff.; **StR-USt** 45
Zubehör ImoV 428 ff., 435 ff., 450 ff.
Zurückbehaltungsrecht B/ArR 283 ff.; **F** 455
Zuschlag siehe *Zwangsversteigerung*
Zuständigkeit EUInsVO 3 3 ff.
- Anfechtung **InsO** § 143 46 ff.; **InsO** § 339 27 ff.; **CH** 335 f.
- Annahme **InsO** § 3 22
- Arbeitsrecht **EUInsVO** 13 14
- Ausübung Erfüllungswahlrecht **InsO** § 103 49 ff.
- Bekanntmachung **InsO** § 345 17
- Beschwerde, sofortige **InsO** § 34 3
- Bestellung Verwalter **InsO** § 56 44
- Betriebsrat **InsO** § 125 16 f.
- Eigenverwaltung **InsO aF** § 270 40 f.; **InsO** § 270b 31; **InsO** § 270f 14
- Einwendungen Verteilungsverzeichnis **InsO** § 194 12
- England **GB** 77 ff., 108, 133 ff.
- Entlassung Verwalter **InsO** § 59 18 ff.
- Eröffnung **InsO** § 27 3; **InsO** § 29 10
- Erschleichung **InsO** § 3 26 ff.
- Feststellungsklage **InsO** § 180 13 ff.
- Forderungsprüfung/-feststellung **InsO** § 180 1 ff.; **InsO** § 185 1 ff.
- Frankreich **F** 172 f., 599
- funktionelle **InsO** § 2 17 ff.; **InsO** § 4b 12; **InsO** § 27 3; **InsO** § 32 11
- Gegenstände, unpfändbare **InsO** § 36 35 f.
- Gerichtsentscheidungen **InsO** § 3 21 ff.
- Gerichtsstand **InsO** § 2 30 ff.; **InsO** § 3 4 ff.; **InsO** § 3a 1 ff.; **InsO** § 3b 1 ff.; **InsO** § 3c 1 ff.; **InsO** § 3d 1 ff.; **InsO** § 13a 1 ff.; **InsO** § 135 91 f.
- Gesellschaft **EUInsVO 3** 7 ff.
- Haftung **InsO** § 60 107 ff.; **F** 599
- Handelsrecht **InsO** § 80 51 ff.
- Insolvenzgericht **InsO** § 2 1 ff.; **InsO** § 348 6 ff.
- Insolvenzplan **InsO** § 231 18
- Italien **I** 88, 178
- Konkurs **I** 172
- Konzern **EUInsVO 3** 17 ff.
- Koordinationsgericht **InsO** § 269d 1 ff.
- Koordinationsverfahren **EUInsVO** 62 1 ff.; **EUInsVO** 66 1 ff.
- Landesermächtigung **InsO** § 2 27 ff.
- Maßnahmen, vorläufige **InsO** § 21 133 ff.
- mehrfache **InsO** § 3 17 ff.
- Nachlassinsolvenz **InsO** § 315 1 ff.
- örtliche **InsO** § 3 1 ff.; **InsO** § 315 1 ff.
- Österreich **A** 41 ff.

- Partikularverfahren **InsO** § 354 23; **EUInsVO 3** 27 ff.
- Personen, juristische **EUInsVO 3** 7 ff.
- Personen, natürliche **EUInsVO 3** 23 ff.
- Polen **Pl** 82 ff., 236 ff.
- Postsperre **InsO** § 99 20
- Prioritätsregel **EUInsVO** 62 1 ff.
- Prozesse **EUInsVO** 6 1 ff.
- Prüfung von Amts wegen **InsO** § 2 13 ff.; **InsO** § 3 21
- Rechnungslegung **InsO** § 66 10 f.
- Recht, internationales **InsO** § 3 9 ff., 28 ff.; **InsO** § 315 5 ff.; **InsO** § 335 22 ff.; **InsO** § 339 27 ff.; **InsO** § 348 6 ff.; **EUInsVO 3** 1 ff.; **EUInsVO** 4 1 ff.; **EUInsVO** 5 1 ff.; **EUInsVO** 6 1 ff.; **EUInsVO** 62 1 ff.; **EUInsVO** 66 1 ff.
- Rechtspflegerzuständigkeit **InsO** § 2 22 ff.
- Restrukturierungsgericht **InsO** § 3 24a ff.; **InsO** § 3a 38; **I** 88
- Restschuldbefreiung **InsO** § 290 75
- Richterzuständigkeit **InsO** § 2 17 ff.
- sachliche **InsO** § 2 1 ff.; **InsO** § 315 8
- Schweiz **CH** 335 f.
- Sekundärverfahren **InsO** § 356 14; **EUInsVO 3** 28 ff.
- Sicherungsmaßnahmen **InsO** § 344 10
- Sitzverlegung **InsO** § 3 25 ff.
- Sonderanknüpfung COMI **InsO** § 3 9 ff.
- Spanien siehe dort
- Sperrfrist **EUInsVO 3** 16
- Tätigkeit, selbstständige wirtschaftliche **InsO** § 3 9 ff.
- Terminsbestimmung **InsO** § 29 10
- Tschechische Republik **CZ** 36 ff.
- Unterhalt **InsO** § 100 16 ff., 29 f.
- Unternehmensgruppe **EUInsVO 3** 17 ff.
- USA **US** 54 ff., 128 ff., 136 ff.
- Verfahrenskosten **InsO** § 4b 12
- Vergütungsfestsetzung **InsO** § 64 3; **InsVV** § 8 19 ff.
- Versicherung, eidesstattliche **InsO** § 98 9 f.
- Verteilungsverfahren **InsO** § 187 8 ff.
- Vertragsänderungen **EUInsVO** 11 16 f.
- Verweisung **InsO** § 3 23 f.
- Vollstreckungsmaßnahmen **InsO** § 2 8 ff.; **InsO** § 88 19, 25 ff.; **InsO** § 202 1 ff.; **ImoV** 500 ff.
- Vorführung, zwangsweise/Inhaftnahme **InsO** § 98 26
- Wahlgerichtsstand **InsO** § 3c 3 f.
- Zeitpunkt **InsO** § 3 3, 11 ff.; **EUInsVO 3** 6 f.
- Zurückweisung Insolvenzplan **InsO** § 231 18
- Zusammenhang **EUInsVO** 6 17
- Zuständigkeitskonzentration **InsO** § 3a 1 ff.; **InsO** § 348 14
- Zuweisung **InsO** § 270 20 ff.
- Zwangsmittel **InsO** § 101 35 f.
Zustellung InsO § 8 1 ff.
- Adressat **InsO** § 8 5 f.
- Art **InsO** § 8 8 ff.
- Aufenthalt, unbekannter **InsO** § 8 15 ff.
- Aufhebungsbeschluss **InsO** § 273 1 ff.
- Ausland **InsO** § 8 21 f.; **InsO** § 307 15
- Bekanntmachung, öffentliche **InsO** § 9 12 ff.; **InsO** § 23 9 ff.
- durch Aufgabe zur Post **InsO** § 8 9 ff.

1509

Sachverzeichnis

- durch Insolvenzverwalter **InsO § 8** 18 ff.
- Entlassung Verwalter **InsO § 59** 20
- Erforderlichkeit **InsO § 8** 1 ff.
- Erleichterungen **InsO § 307** 17 f.
- Eröffnungsbeschluss **InsO § 30** 9 f.
- Form **InsO § 307** 12 ff.
- förmliche **InsO § 8** 12 f.
- Heilung fehlerhafter **InsO § 8** 14
- Immobilienverwertung **ImoV** 510 ff.
- Nachweis **InsO § 9** 12 ff.
- Schriftstücke, zuzustellende **InsO § 8** 2 ff.
- Schuldenbereinigungsplan **InsO § 307** 1 ff.
- übertragene **InsVV § 8** 17 ff.
- Unmöglichkeit **InsO § 307** 16
- Verfügungsbeschränkungen **InsO § 23** 9 ff.
- Vergütung **InsVV § 8** 17 ff.
- Vermögensübersicht **InsO § 307** 1 ff.
- Verwalter, vorläufiger **InsO § 26a** 7 f.
- Vollstreckungsmaßnahmen **ImoV** 510 ff.
- von Amts wegen **InsO § 8** 8
- Vorführung, zwangsweise/Inhaftnahme **InsO § 98** 37 f.
- Wirkung **InsO § 8** 7
- Zeitpunkt **InsO § 307** 9 ff.
- **Zustimmung**
- Anordnung **InsO § 277** 1 ff.
- Aufhebung **InsO § 277** 23
- Eigenverwaltung **InsO § 276a** 28 ff.; **COVInsAG § 5** 35 ff.
- Eigenverwaltung, vorläufige **InsO § 270c** 12 f.
- Ersetzung **InsO § 309** 1 ff.
- Geschäfte, zustimmungsbedürftige **InsO § 263** 1 ff.
- Gläubiger **InsO § 165** 29 ff.; **InsO § 213** 1 ff.; **EUInsVO 36** 9 ff.
- Gläubigerausschuss **InsO § 160** 8 ff.; **InsO § 162** 6; **InsO § 164** 2
- Immobilienverwertung **ImoV** 9 ff.
- Insolvenzgericht **InsO § 277** 12 ff.; **InsO § 309** 43 f.
- Insolvenzplan **InsO § 221** 48; **InsO § 247** 2 ff.; **InsO § 263** 1 ff.; **InsO § 269h** 15 ff.
- Maßnahmen, vorläufige **InsO § 21** 34 ff.
- Prozessrecht **InsO § 160** 10 f.
- Sachwalter **InsO § 276a** 28 ff.; **InsO § 277** 1 ff.
- Schuldenbereinigungsplan **InsO § 309** 21 ff.
- Schuldner **InsO § 271** 9 ff.
- Zahlungen **B/ArR** 181
- Zustimmung **InsO § 269h** 15 ff.
- Zustimmungsbedürftigkeit **InsO § 277** 1 ff.
- Zustimmungsersetzung **InsO § 309** 43 ff.
- Zustimmungsfiktion **InsO § 247** 2 ff.
- Zustimmungsvorbehalt **InsO § 21** 34 ff.; **InsO § 22** 65 ff.; **InsO § 221** 48; **InsO § 270c** 12 f.; **COVInsAG § 5** 35 ff.; **ImoV** 9 ff.
- **Zwangsmaßnahmen InsO § 98** 18 ff.; **InsO § 155** 31 f.
- Eigenverwaltung **InsO aF § 270a** 34; **InsO § 270c** 16
- Vollstreckungsmaßnahmen *siehe dort*
- Vorlage Vermögensverzichnis **InsO § 153** 24 f.
- vorläufige **InsO § 21** 165 ff.
- Zwangs-/Arresthypothek **InsO § 321** 13; **ImoV** 381 ff.
- Zwangs-/Ordnungsgeld **InsO § 58** 18 ff.; **StR-Nl** 111 f.
- Zwangsversteigerung *siehe dort*
- Zwangsvollstreckung *siehe Vollstreckungsmaßnahmen*

Zwangsversteigerung InsO § 165 1 ff.; **ImoV** 743 ff.
- Anordnung **ImoV** 580
- Ansprüche **ImoV** 675, 753 f., 758
- Antrag **ImoV** 524 f., 565 f.
- auf Betreiben Gläubiger **InsO § 165** 17 ff.
- Aufhebung Einstellungsantrag **ImoV** 578 f.
- aus Eigentümergrundschuld **ImoV** 538 f.
- Ausgebot **ImoV** 596 ff.
- Beschlagnahme **ImoV** 581 ff.
- durch Insolvenzverwalter **InsO § 165** 12 ff.
- Einstellung **ImoV** 26 ff., 559 ff., 860 ff.
- Ertragsteuern **ImoV** 684 ff.
- Forderungen, nachrangige **ImoV** 759 f.
- Gefahrenübergang **ImoV** 661 ff.
- Gläubiger, persönlicher **ImoV** 552 f.
- Gläubigerentschädigung **ImoV** 573 f.
- Grundpfandgläubiger **ImoV** 541 ff.
- Haftung Masse, weitergehende **ImoV** 674 ff.
- Lasten, öffentliche **ImoV** 756 f.
- Leistungen, wiederkehrende **ImoV** 750
- Massegläubiger **ImoV** 554 f.
- Mietforderungen **ImoV** 665 ff.
- Nutzungen/Lasten **ImoV** 661 ff.
- Rangklassen *siehe dort*
- Reaktion Insolvenzverwalter **ImoV** 557
- Reaktionsmöglichkeiten Gläubiger **ImoV** 540
- Rechte, dingliche **ImoV** 743 ff.
- Rücknahme Antrag **ImoV** 564
- Steuerrecht **InsO § 165** 41 f.; **ImoV** 664, 676 ff.; **StR-USt** 156 ff.
- Teilungsversteigerung **ImoV** 866 ff.
- Terminsbestimmung **ImoV** 590 ff.
- Übernahme Pflichten Ersteher **ImoV** 661 ff.
- Unwirksamkeit Vollstreckung **ImoV** 558
- Verbindlichkeiten ggü. Mietern **ImoV** 688
- Verkehrswertfestsetzung **ImoV** 587 ff.
- Versteigerungserlös **ImoV** 652 ff., 658 ff.
- Voraussetzungen **ImoV** 523 f.
- Vormerkung **ImoV** 288
- Vorteile **ImoV** 689 f.
- WEG-Recht *siehe dort*
- Zumutbarkeit **ImoV** 571
- Zuschlag **ImoV** 618, 627 ff., 652 ff.

Zwangsverwaltung InsO § 165 21 ff.; **ImoV** 30, 763
- Antragsberechtigung **ImoV** 769 ff.
- Auszahlung an Gläubiger **ImoV** 848 ff.
- Beschlagnahme **ImoV** 786 ff.
- Besitz **ImoV** 798 ff.
- Eigenverwaltung **ImoV** 783
- Einstellung **ImoV** 30, 773 ff., 852 ff.
- Eintritt in Schuldnerrechte/-pflichten **ImoV** 808 ff.
- Erhaltung **ImoV** 962 f.
- Ertragsteuer **ImoV** 995
- Fortwirkung Prozessführungsbefugnis **ImoV** 857 f.
- Gebrauchsgewährung **ImoV** 962 ff., 969 ff.
- Grundsätze **ImoV** 762 ff.
- Grundsteuer **ImoV** 999
- Immobilienverwertung **ImoV** 761 ff.
- kalte **InsO § 165** 24 ff.; **ImoV** 765, 976 ff.; **StR-USt** 175 ff.

Sachverzeichnis

- Kosten **ImoV** 840
- Miet-/Pachtverträge **ImoV** 761, 784, 817 ff., 855 f., 949 ff., 992 f.
- Objekte, mögliche **ImoV** 796
- Sondermasse **ImoV** 784 f.
- Steuern **ImoV** 841 ff., 996 ff.; **StR-USt** 171 ff.
- Unterhalt Schuldner **ImoV** 837 ff., 972 f., 990 f.
- Unternehmensfortführung **ImoV** 824 ff.
- Verfahren **InsO § 165** 22 f.; **ImoV** 831 ff.
- Verhältnis zum Insolvenzverfahren **ImoV** 769 ff.
- Verteilung Einnahmen **ImoV** 830 ff.
- Verteilung Erlös **ImoV** 994
- Verwalter **ImoV** 797 ff., 852 ff.
- Verwaltungsausgaben **ImoV** 831 ff.
- Verwaltungsvereinbarung **ImoV** 981 ff.
- Voraussetzungen **ImoV** 763
- Vorschüsse **ImoV** 693 ff.
- Wohngeld Schuldner **ImoV** 834 ff.
- Wohnrecht Schuldner **ImoV** 813 ff.
- Zahlungen Insolvenzverwalter **ImoV** 859
- Zwangsverwaltungsvermerk **ImoV** 768